Stiegler/Berjasevic (Hrsg.)

UmwG

UmwG

Kommentar zum Umwandlungsgesetz

Herausgegeben von

Prof. Dr. Sascha Stiegler, LL.M., Berlin
Prof. Dr. Nefail Berjasevic, EMBA, LL.M. (NYU), Köln

Bearbeitet von

Dr. Christoph Allmendinger, Prof. Dr. Caspar Behme, Prof. Dr. Nefail Berjasevic, Davor Brčić, Dr. Bastian Brunk, Dr. Kristina Cyglakow, Dr. Karl Döding, Dr. Lilly Fiedler, Dr. Philipp Heinrichs, Dr. Sebastian Hoefling, Dr. Axel Hoppe, Ralf Knaier, Dr. Jochen Laufersweiler, Dr. Finn Lubberich, Raimund Mallmann, Dr. Barbara Maske-Reiche, Pia Meven, Dr. Patrick Mückl, Dr. Christoph Nolden, Prof. Dr. Sabine Otte, Dr. Tobias de Raet, Prof. Dr. Julia Redenius-Hövermann, Dr. Martin Schaper, Julian Schwalm, Dr. Sebastian Schwind, Dr. Günter Seulen, Prof. Dr. Sascha Stiegler, Dr. Jasper Wentz, Dr. Kilian Wentz

RWS Verlag Kommunikationsforum GmbH & Co. KG · Köln

Die Deutsche Nationalbibliothek verzeichnet diese Publikation in der Deutschen Nationalbibliografie; detaillierte bibliografische Daten sind im Internet über http://dnb.d-nb.de abrufbar.

Postfach 27 01 25, 50508 Köln
E-Mail: info@rws-verlag.de, Internet: http://www.rws-verlag.de

Satz und Datenverarbeitung: SEUME Publishing Services GmbH, Erfurt
Druck und Verarbeitung: CPI books GmbH, Leck

Vorwort

Seit der Verabschiedung des Gesetzes zur Bereinigung des Umwandlungsrechts vor mehr als 30 Jahren und damit dem Inkrafttreten des Umwandlungsgesetzes (UmwG) als eigenständiges Gesetz am 1.1.1995, erlangten Unternehmensumwandlungen eine erhebliche praktische Bedeutung. Vor allem auch im Vorfeld und im Rahmen von Insolvenz- und Sanierungsmaßnahmen spielen Umstrukturierungen auf Basis des UmwG eine zunehmende Rolle. Das Umwandlungsrecht hat sich dabei in den letzten Jahren dynamisch entwickelt.

Vor allem die Rechtsprechung mit Bezug zum UmwG, die in den letzten Jahren spürbar zugenommen hat, entwickelte sich zu einem beachtbaren Faktor bei der Ausgestaltung und Fortentwicklung des Umwandlungsrechts. Dies gilt sowohl aus nationaler Perspektive (z. B. BGH, Beschl. v. 18.3.2025 – II ZB 1/24 – bzgl. der Handelsregisternachreichung der beizufügenden Schlussbilanz; BGH, Beschl. v. 18.3.2025 – II ZB 7/24 – bzgl. der wirtschaftlichen Bewertung des genossenschaftlichen Geschäftsguthabens) als auch aus europäischer Perspektive (z. B. EuGH, Urt. v. 29.7.2024 – C-713/22 (LinaNova) – bzgl. im Spaltungsplan „vergessener" Passiva).

Der vorliegende Kommentar zum UmwG bietet eine umfassende und praxisorientierte Erläuterung sämtlicher Regelungen des Gesetzes. Praxisnah, prägnant und wissenschaftlich fundiert werden die komplexen Fragestellungen des UmwG analysiert und mit Blick auf die Bedürfnisse der rechtsberatenden Praxis aufbereitet. Die einzelnen Kommentierungen orientieren sich eng an aktueller Rechtsprechung sowie praktischen Herangehensweisen und berücksichtigen umfassend die jüngsten Reformen u. a. durch das Gesetz zur Umsetzung der Umwandlungsrichtlinie mit Wirkung zu 2023 (UmRUG), das Gesetz über die Mitbestimmung der Arbeitnehmer bei grenzüberschreitendem Formwechsel und grenzüberschreitender Spaltung mit Wirkung zu 2023 (MgFSG), das Gesetz zur Modernisierung des Personengesellschaftsrechts mit Wirkung zu 2024 (MoPeG) und das Vierte Bürokratieentlastungsgesetz mit Wirkung zu 2025 (BEG IV). Diese wurden jeweils vollumfänglich in den Kommentierungen berücksichtigt.

Auch die Einflüsse des erst im Februar 2026 in Kraft getretenen Standortfördergesetz (StoFöG) konnten überwiegend noch berücksichtigt werden. Die akademischen Vorschläge zur Änderung des Umwandlungsgesetzes im Hinblick auf die Einführung einer Gesellschaft mit gebundenem Vermögen vom September 2024 sowie das im März 2026 vom BMJV und BMF diesbezüglich vorgelegte Rahmenkonzept wurden ebenfalls partiell bereits thematisiert. Mangels Bestehens eines (offiziellen) Gesetzesentwurfs des Bundesministeriums der Justiz oder der Bundesregierung zum Zeitpunkt der Manuskriptfertigstellungen konnte eine weitergehende Behandlung der in Aussicht gestellten Neuregelungen nicht verlässlich gewährleistet werden.

Der Autorenkreis ist bewusst divers ausgestaltet und besteht aus mit dem Umwandlungsrecht befassten Praktikerinnen und Praktikern aus Anwaltschaft, Notariat und Unternehmen sowie Professorinnen und Professoren mit umfassenden praktischen Erfahrungen im Umwandlungsrecht. Diese Kombination soll einen von allen Seiten beleuchtenden Blick auf das Umwandlungsrecht schaffen, um so eine möglichst differenzierte Betrachtung für den Leser sicherzustellen.

Besonderer Dank gebührt Frau Rechtsanwältin *Iris Theves-Telyakar*, die diese Erstauflage eines Kommentars zum UmwG mit großer Sorgfalt und viel Geduld betreut hat. Im

RWS Verlag hat Herr Rechtsanwalt *Markus J. Sauerwald* als Verlagsleiter maßgeblich zum Gelingen des Werks beigetragen. Auch ihm ist in besonderer Weise zu danken.

Anregungen und Kritik sind jederzeit herzlich willkommen.

Berlin/Köln im April 2026

Sascha Stiegler

Nefail Berjasevic

Inhaltsübersicht

Bearbeiterverzeichnis

Dr. Christoph Allmendinger, LL.M. (LSE)

Rechtsanwalt, Partner — §§ 214–225c

SZA Schilling Zutt & Anschütz Rechtsanwaltsgesellschaft mbH, Frankfurt a. M.

Prof. Dr. Caspar Behme

Professor für Bürgerliches Recht, insb. Vertragsrecht und Vertragsgestaltung mit Forschungsschwerpunkt Unternehmensrecht — §§ 39–45

Frankfurt University of Applied Sciences

Prof. Dr. Nefail Berjasevic, EMBA, LL.M. (NYU)

Rechtsanwalt, Attorney at Law (New York), Partner — §§ 2–3

Oppenhoff & Partner Rechtsanwälte Steuerberater mbB, Köln — §§ 226–250

Davor Brčić

Rechtsanwalt, — §§ 251–271

Genoba Rechtsanwälte,

Stuttgart

Dr. Bastian Brunk

Wissenschaftlicher Referent, Max-Planck-Institut für ausländisches und internationales Privatrecht, Hamburg — §§ 305–319 mit *de Raet*

Dr. Kristina Cyglakow

Notarin, — §§ 152–160

Vilseck

Dr. Karl Döding

Wissenschaftlicher Referent, Max-Planck-Institut für ausländisches und internationales Privatrecht, Hamburg — §§ 123–125 mit *K. Wentz*; §§ 301–304

Dr. Lilly Fiedler

Rechtsanwältin, Notarin, Partnerin — §§ 198–202

YPOG GmbH & Co. KG, Berlin

Dr. Philipp Heinrichs

Rechtsanwalt, FA für Handels- und Gesellschaftsrecht, Partner — §§ 320–345

Oppenhoff & Partner Rechtsanwälte Steuerberater mbB, Köln

Dr. Sebastian Hoefling

Rechtsanwalt, Notar — §§ 13–19

notiq Rechtsanwälte Bärwaldt Hasselbrink Hoefling PartG mbB, Berlin

Dr. Axel Hoppe

Rechtsanwalt, Partner — §§ 29–35

Fieldfisher Partnerschaft v. Rechtsanwälten mbB, Düsseldorf

Ralf Knaier

Rechtsanwalt — §§ 99–108

Wiesentheid — §§ 120–122m

§§ 147–150

Dr. Jochen Laufersweiler, LL.M. (Tulane University)

Rechtsanwalt, Partner — §§ 4–12

Linklaters LLP, Frankfurt a. M. — §§ 36–38

mit *Redenius-Hövermann*

Dr. Finn Lubberich, LL.M. (Bristol)

Rechtsanwalt, Partner — §§ 20–21, 24–28

Flick Gocke Schaumburg Rechtsanwälte Wirtschaftsprüfer Steuerberater Partnerschaft mbB, Frankfurt a. M. — §§ 129–131, 133–137

Raimund Mallmann

Rechtsanwalt — §§ 109–119, 151

Wilhelm Rechtsanwälte Partnerschaft von Rechtsanwälten mbB, Düsseldorf — §§ 291–300

Dr. Barbara Maske-Reiche

Rechtsanwältin, Counsel — §§ 45a–45e

Gleiss Lutz Hootz Hirsch PartmbB Rechtsanwälte Steuerberater, Düsseldorf — §§ 346–350

Pia Meven

Rechtsanwältin, Associated Partner — §§ 190–197, 203
YPOG GmbH & Co. KG, Berlin — mit *Schaper*

Dr. Patrick Mückl

Rechtsanwalt, FA für Arbeitsrecht, Partner — § 35a
Noerr Partnerschaftsgesellschaft mbB Rechtsanwälte — §§ 132–132a
Steuerberater Wirtschaftsprüfer, Düsseldorf — Anh. zu § 345

Dr. Christoph Nolden

Rechtsanwalt, Partner — §§ 60–78
SZA Schilling Zutt Anschütz Rechtsanwaltsgesellschaft mbH, Frankfurt a. M. — §§ 141–146

Prof. Dr. Sabine Otte, LL.M. (Bristol)

Professorin für Bürgerliches Recht, Handels- und Gesellschaftsrecht — §§ 46–59
Hochschule Düsseldorf
Of Counsel, Berner Fleck Wettich Partnerschaft mbB, Düsseldorf

Dr. Tobias de Raet

Rechtsanwalt, Partner — §§ 305–319
Lindenpartners Partnerschaft mbB, Berlin — mit *Brunk*

Prof. Dr. Julia Redenius-Hövermann

Professorin für Bürgerliches Recht und Unternehmensrecht, Frankfurt School of Finance & Management — §§ 4–12
Direktorin Corporate Governance Institute (CGI) und Frankfurt Competence Centre for German and Global Regulation (FCCR), Frankfurt a. M. — §§ 36–38 mit *Laufersweiler*

Dr. Martin Schaper, LL.M. (University of Cambridge)

Rechtsanwalt, Partner — §§ 190–197, 203
YPOG GmbH & Co. KG, Berlin — mit *Meven*

Julian Schwalm, LL.B.

Rechtsanwalt, Senior Associate — §§ 161–173
SZA Schilling Zutt Anschütz Rechtsanwaltsgesellschaft mbH, Mannheim — mit *Schwind*

Dr. Sebastian Schwind

Rechtsanwalt, Associate — §§ 161–173 mit *Schwalm*

SZA Schilling Zutt Anschütz Rechtsanwaltsgesellschaft mbH, Mannheim

Dr. Günter Seulen

Rechtsanwalt, Partner — §§ 204–213

Oppenhoff & Partner Rechtsanwälte Steuerberater mbB, Köln

Prof. Dr. Sascha Stiegler, LL.M.

Professor für Wirtschaftsprivatrecht, insb. Bürgerliches Recht, Handels- und Gesellschaftsrecht — Einl., §§ 1, 22–23, §§ 79–98, 138–140, §§ 272–290, §§ 351–355

Hochschule für Wirtschaft und Recht (HWR), Berlin

Dr. Jasper Wentz

Rechtsanwalt, Associate — §§ 174–189 mit *K. Wentz*

Kirkland & Ellis International LLP, Frankfurt a. M.

Dr. Kilian Wentz

Rechtsanwalt, Associate — §§ 123–125 mit *Döding*, §§ 126–128, §§ 174–189 mit *J. Wentz*

Linklaters LLP, Frankfurt a. M.

Literaturverzeichnis

Adler/Düring/Schmaltz
Rechnungslegung und Prüfung der Unternehmen, 6. Aufl., 1995
(zit.: *Adler/Düring/Schmaltz*, Rechnungslegung u. Unternehmensprüfung)

Althanns/Leißl
Genossenschafts-Handbuch, Loseblatt, 4. EL Stand: 9/2025
(zit.: *Bearbeiter* in: Althanns/Leißl, GenG-Hdb.)

Altmeppen
GmbHG, Kommentar, 11. Aufl., 2023
(zit.: Altmeppen-*Bearbeiter*, GmbHG)

Annuß/Kühn/Rudolph/Rupp
Europäisches Betriebsräte-Gesetz, Kommentar, 1. Aufl., 2014
(zit.: Annuß/Kühn/Rudolph/Rupp-*Bearbeiter*, EBRG)

Ascheid/Preis/Schmidt, I.
Kündigungsrecht, Kommentar, 7. Aufl., 2024 (s. a. Folgeauflage *Linck/Preis*)
(zit.: Ascheid/Preis/Schmidt-*Bearbeiter*, Kündigungsrecht)

Assmann/Pötzsch/Schneider
WpÜG, Kommentar, 4. Aufl., 2024
(zit.: Assmann/Pötzsch/Schneider-*Bearbeiter*, WpÜG)

Assmann/Schütze/Buck-Heeb
Handbuch des Kapitalanlagerechts, 6. Aufl., 2024
(zit.: *Bearbeiter* in: Assmann/Schütze/Buck-Heeb, Hdb. des Kapitalanlagerechts)

Bachmann/Eidenmüller/Engert/Fleischer/Schön
Rechtsregeln für die geschlossene Kapitalgesellschaft, 2012
(zit.: *Bachmann/Eidenmüller/Engert/Fleischer/Schön*, Rechtsregeln für die geschlossene Kapitalgesellschaft)

Bachner/Gerhardt/Matthießen
Arbeitsrecht bei der Umstrukturierung von Unternehmen und Betrieben, 5. Aufl., 2018
(zit.: *Bearbeiter* in: Bachner/Gerhardt/Matthießen, Arbeitsrecht bei der Umstrukturierung)

Baetge/Kirsch/Thiele
Bilanzrecht, Kommentar, 123. EL Stand: 6/2025
(zit.: Baetge/Kirsch/Thiele-*Bearbeiter*, Bilanzrecht)

Baumann/Sikora
Hand- und Formularbuch des Vereinsrechts, 4. Aufl., 2026
(zit.: *Bearbeiter* in: Baumann/Sikora, Hdb./FormB Vereinsrecht)

Bayer/Habersack
Aktienrecht im Wandel, 1. Aufl., 2007 (Bd. I: Entwicklung des Aktienrechts; Bd. II: Grundsatzfragen des Aktienrechts)
(zit.: *Bearbeiter* in: Bayer/Habersack, Entwicklung des Aktienrechts/Aktienrecht im Wandel)

Bayreuther/Dornbusch/Krumbiegel
AR-Kommentar, 10. Aufl., 2021
(zit.: *Bearbeiter* in: AR-Komm)

Becker/Hatje/Schoo/Schwarze
EU-Kommentar, 4. Aufl., 2019
(zit.: Becker/Hatje/Schoo/Schwarze-*Bearbeiter*, EU-Kommentar)

Beck-online.Großkommentar zum AktG
hrsg. v. Stilz/Veil, Stand: 1.1.2025
(zit.: *Bearbeiter* in: BeckOGK-AktG)

Beck-online.Großkommentar zum BeurkG
hrsg. v. Müller-Engels, Stand: 1.3.2025
(zit.: *Bearbeiter* in: BeckOGK-BeurkG)

Beck-online.Großkommentar zum BGB
hrsg. v. Gsell/Krüger/Lorenz/Reymann, Stand: 1.1.2025
(zit.: *Bearbeiter* in: BeckOGK-BGB)

Beck-online.Großkommentar zum GmbHG
hrsg. v. Lieder/Schaub/Schmidt/Vetter, Stand: 1.3.2025
(zit.: *Bearbeiter* in: BeckOGK-GmbHG)

Beck-online.Großkommentar zum HGB
hrsg. v. Henssler/Herresthal/Paschke, Stand: 1.5.2025
(zit.: *Bearbeiter* in: BeckOGK-HGB)

Beck-online.Großkommentar zum SpruchG
hrsg. v. Stilz/Veil, Stand: 1.2.2025
(zit.: *Bearbeiter* in: BeckOGK-SpruchG)

Beck-online Großkommentar zum UmwG
hrsg. v. Habersack/Wicke, Stand: 1.10.2025
(zit.: *Bearbeiter* in: BeckOGK-UmwG)

Beck'sche Online-Formulare Vertrag
hrsg. v. Krauß/Weise, 73. Ed. 2025
(zit.: *Bearbeiter* in: BeckOF-Vertrag)

Beck'scher Bilanz-Kommentar
hrsg. v. Grottel/Justenhoven/Kliem/Schubert, 14. Aufl., 2024
(zit.: Bearbeiter in: Beck-BilanzKomm)

Beck'scher Online Kommentar BeurkG
hrsg. v. Bremkamp/Kindler/Winnen, Ed. 10 Stand: 1.3.2024
(zit.: *Bearbeiter* in: BeckOK-BeurkG)

Beck'scher Online Kommentar BGB
hrsg. v. Hau/Poseck, Ed. 73 Stand: 1.2.2025
(zit.: *Bearbeiter* in: BeckOK-BGB)

Beck'scher Online Kommentar FamFG
hrsg. v. Hahne/Schlögel/Schlünder, Ed. 54 Stand: 1.6.2025
(zit.: *Bearbeiter* in: BeckOK-FamFG)

Beck'scher Online Kommentar GmbHG
hrsg. v. Ziemons/Jaeger/Pöschke, Ed. 64 Stand: 1.5.2025
(zit.: *Bearbeiter* in: BeckOK-GmbHG)

Beck'scher Online Kommentar HGB
hrsg. v. Häublein/Hoffmann-Theinert/Poll, Ed. 47 Stand: 1.7.2025
(zit.: *Bearbeiter* in: BeckOK-HGB)

Beck'scher Online Kommentar StaRUG
hrsg. v. Skauradszun/Fridgen, Ed. 14 Stand: 1.10.2024
(zit.: *Bearbeiter* in: BeckOK-StaRUG)

Beck'scher Online Kommentar VAG
hrsg. v. *Erdmann/Diehl/Schradin*, Ed. 26 Stand: 1.9.2024
(zit.: *Bearbeiter* in: BeckOK-VAG)

Beck'scher Online Kommentar WpHR
hrsg. v. Seibt/Buch-Heeb/Harnos, Ed. 13 Stand: 1.10.2024
(zit.: *Bearbeiter* in: BeckOK-WpHR)

Beck'sches Formularhandbuch Bürgerliches, Handels- und Wirtschaftsrecht
hrsg. v. Gebele/Scholz, 14. Aufl., 2022
(zit.: *Bearbeiter* in: BeckFormB BHW)

Beck'sches Formularbuch Zivil-, Wirtschafts- und Unternehmensrecht: Deutsch-Englisch
hrsg. v. Walz, 5. Aufl., 2022
(zit.: *Bearbeiter* in: BeckFormB ZWU)

Beck'sches Handbuch der AG
hrsg. v. Drinhausen/Eckstein, 3. Aufl., 2018
(zit.: *Bearbeiter* in: BeckHdb. AG)

Beck'sches Handbuch der Personengesellschaften
hrsg. v. Prinz/Kahle, 5. Aufl., 2020
(zit.: *Bearbeiter* in: BeckHdb. Personengesellschaften)

Beck'sches Mandatshandbuch Unternehmenskauf
hrsg. v. Hettler/Stratz/Hörtnagl, 2. Aufl., 2013
(zit.: *Bearbeiter* in: Beck-Mandatshdb. Unternehmenskauf)

Beck'sches M&A-Handbuch
hrsg. v. Meyer-Sparenberg/Jäckle, 2. Aufl., 2022
(zit.: *Bearbeiter* in: BeckM&A-Hdb.)

Beck'sches Notar Handbuch
hrsg. v. Heckschen/Herrler/Münch, 8. Aufl., 2024
(zit.: *Bearbeiter* in: Beck'sches Notar-Hdb.)

Bengel/Reimann/Holtz/Röhl
Handbuch Testamentsvollstreckung, 8. Aufl., 2023
(zit.: *Bearbeiter* in: Bengel/Reimann/Holtz/Röhl, Hdb. Testamentsvollstreckung)

Berkefeld/Sikora/Wagner
Handelsregisteranmeldungen, 8. Aufl., 2023
(zit.: *Bearbeiter* in: Berkefeld/Sikora/Wagner, Handelsregisteranmeldungen)

Beurskens/Ehricke/Ekkenga
WpÜG, Kommentar, 2. Aufl., 2021
(zit.: Beurskens/Ehricke/Ekkenga-*Bearbeiter*, WpÜG)

Beuthien
Genossenschaftsgesetz, Kommentar, 16. Aufl., 2018
(zit.: Beuthien-*Bearbeiter*, GenG)

Blaurock
Handbuch Stille Gesellschaft, 9. Aufl., 2020
(zit.: *Bearbeiter* in: Blaurock, Hdb. Stille Gesellschaft)

Bork/Schäfer
GmbHG, Kommentar, 5. Aufl., 2022

Bormann/Diehn/Sommerfeldt
GNotKG, Kommentar, 4. Aufl., 2021
(zit.: Bormann/Diehn/Sommerfeldt-*Bearbeiter*, GNotKG)

Breuer/Flöther
Formularbuch Sanierung und Insolvenz, 4. Aufl., 2026
(zit.: *Bearbeiter* in: Breuer/Flöther, FormB Sanierung und Insolvenz)

Bumiller/Harders/Schwamb
FamFG, Kommentar, 13. Aufl., 2022
(zit.: Bumiller/Harders/Schwamb-*Bearbeiter*, FamFG)

Bürgers/Fett
Die Kommanditgesellschaft auf Aktien, Handbuch, 3. Aufl., 2022
(zit.: *Bearbeiter* in: Bürgers/Fett, KGaA)

Burgi/Habersack
Handbuch Öffentliches Recht des Unternehmens, 2023

von der Bussche/Voigt
Konzerndatenschutz, Handbuch, 2. Aufl., 2019
(zit.: *Bearbeiter* in: v. d. Bussche/Voigt, Konzerndatenschutz)

Buth/Hermanns
Restrukturierung, Sanierung, Insolvenz, 5. Aufl., 2022
(zit.: *Bearbeiter* in: Buth/Hermanns, Restrukturierung, Sanierung, Insolvenz)

Cascante/Tyrolt/Hitzer/Bingel
WpÜG, Kommentar, 2024
(zit.: Cascante/Tyrolt/Hitzer/Bingel-*Bearbeiter*, WpÜG)

Dauses/Ludwigs
Handbuch des EU-Wirtschaftsrechts, 61. EL Stand: 9/2024
(zit.: *Bearbeiter* in: Dauses/Ludwigs, Hdb. EU-Wirtschaftsrecht)

Deubert/Förschle/Störk
Sonderbilanzen, 6. Aufl., 2021
(zit.: *Bearbeiter* in: Deubert/Förschle/Störk, Sonderbilanzen)

Deutler
Das neue GmbH-Recht, 1980

Diehl
Versicherungsunternehmensrecht, 1. Aufl., 2020

Diehn
Notarkostenberechnungen, 9. Aufl., 2024
(zit.: *Diehn*, Notarkostenberechnungen)

Dreher
Versicherungsaufsichtsgesetz, Kommentar, hrsg. v. Dreher, 14. Aufl., 2024
(zit.: Dreher -*Bearbeiter*, VAG)

Dreier/Fritzsche/Verfürth
SpruchG, Kommentar, 2. Aufl., 2016
(zit.: Dreier/Fritzsche/Verfürth-*Bearbeiter*, SpruchG)

Ebenroth/Boujong
HGB, Kommentar, hrsg. v. Joost/Strohn/Poelzig/Sander, 5. Aufl., 2024
(zit.: Ebenroth/Boujong-*Bearbeiter*, HGB)

Ellenberger/Bunte
Bankrechts-Handbuch, 6. Aufl., 2022
(zit.: *Bearbeiter* in: Ellenberger/Bunte, BankR-Hdb.)

Emmerich/Habersack
Aktien- und GmbH-Konzernrecht, Kommentar, 10. Aufl., 2022
(zit.: Emmerich/Habersack-*Bearbeiter*, Aktien- und GmbH-Konzernrecht)

Engl/Fox/Traßl
Formularbuch Umwandlungen, hrsg. v. Fox/Traßl, 6. Aufl., 2023
(zit.: *Bearbeiter* in: Engl/Fox/Traßl, FormB Umwandlungen)

Erfurter Kommentar zum Arbeitsrecht
hrsg. v. Müller-Glöge/Preis/Gallner/Schmidt, 25. Aufl., 2025
(zit.: *Bearbeiter* in: ErfK-ArbR)

Erman
BGB, Kommentar, 17. Aufl., 2023
(zit.: Erman-*Bearbeiter*, BGB)

Esser/Rübenstahl/Saliger/Tsambikakis
Wirtschaftsstrafrecht, Kommentar, 1. Aufl., 2017
(zit.: Esser/Rübenstahl/Saliger/Tsambikakis-*Bearbeiter*, Wirtschaftsstrafrecht)

Fehling/Kastner/Störmer
Verwaltungsrecht, Kommentar, 5. Aufl., 2021
(zit.: Fehling/Kastner/Störmer-*Bearbeiter*, VerwR)

Fitting/Trebinger/Linsemaier/Schelz/Schmidt
BetrVG, Kommentar, 32. Aufl., 2024
(zit.: Fitting/Trebinger/Linsemaier/Schelz/Schmidt-*Bearbeiter*, BetrVG)

Fleischer
Rechtsformneuschöpfungen im in- und ausländischen Gesellschaftsrecht, 2024
(zit.: *Bearbeiter* in: Fleischer, Rechtsformneuschöpfungen)

Fleischer/Hüttemann
Rechtshandbuch Unternehmensbewertung, 3. Aufl., 2024
(zit.: *Bearbeiter* in: Fleischer/Hüttemann, Rechtshdb. Unternehmensbewertung)

Fleischer/Koch/Schmolke
Gesellschaftsrecht im Spiegel großer Debatten, 2024

Fleischer/Mock
Große Gesellschaftsverträge aus Geschichte und Gegenwart, 2021

Frankfurter Kommentar z. EU-ProspektVO 2017 und WpPG
hrsg. v. Berrar/Meyer/Schnorbus/Singhof/Wolf, 3. Aufl., 2024
(zit.: *Bearbeiter* in: FK-EUProspektVO/WpPG)

Franzen/Gallner/Oetker
Kommentar zum europäischen Arbeitsrecht, 5. Aufl., 2024
(zit.: Franzen/Gallner/Oetker-*Bearbeiter*, EuArbR)

Fuchs/Zimmermann
Wertpapierhandelsrecht, Kommentar, 3. Aufl., 2024
(Fuchs/Zimmermann-*Bearbeiter*, WpHG)

Ganske
Umwandlungsrecht, 2. Aufl., 1995
(zit.: Umwandlungsrecht)

Gaul
Arbeitsrecht der Umstrukturierung, 2. Aufl., 2021
(zit.: *Bearbeiter* in: Gaul, Umstrukturierung)

Gaul/Ludwig/Forst
Europäisches Mitbestimmungsrecht, 2015
(zit.: *Bearbeiter* in: Gaul/Ludwig/Forst, EuMitbestR)

Geibel/Heinze/Verse
Binnenmarktrecht als Mehrebenensystem, 2023

Geßler/Hefermehl/Eckardt/Kropff
AktG, Kommentar, 1994

Ghassemi-Tabar
Deutscher Corporate Governance Kodex: DCGK, 2. Aufl., 2023
(zit.: Ghassemi-Tabar-*Bearbeiter*, DCGK)

GmbH-Handbuch
hrsg. v. Centrale für GmbH Dr. Otto Schmidt, 190. EL Stand: 11/2024
(zit.: *Bearbeiter* in: GmbH-Handbuch)

v. Godin/Wilhelmi
AktG, 1971

von Godin/Wilhelmi, H.
AktG, Kommentar, 1971

Godzierz
Compliance Checklisten, 6. Aufl., 2025
(zit.: *Bearbeiter* in: Godzierz, Compliance Checklisten)

Gola/Heckmann
DS-GVO/BDSG, Kommentar, 3. Aufl., 2022
(zit.: Gola/Heckmann-*Bearbeiter*, DS-GVO/BDSG)

Goutier/Knopf/Tulloch
UmwR, Kommentar, 1. Aufl., 1996
(zit.: Goutier/Knopf/Tulloch-*Bearbeiter*, UmwR)

Graf/Jäger/Wittig
Wirtschafts- und Steuerstrafrecht, Kommentar, 3. Aufl., 2024
(zit.: Graf/Jäger/Wittig-*Bearbeiter*, Wirtschafts- und Steuerstrafrecht)

Grigoleit
AktG, Kommentar, 2. Aufl., 2020
(zit.: Grigoleit-*Bearbeiter*, AktG)

Groeger
Arbeitsrecht im Öffentlichen Dienst, 3. Aufl., 2020

Groß
Kapitalmarktrecht, 8. Aufl., 2022
(zit.: *Groß*, KapMarktR)

Großfeld/Egger/Tönnes
Recht der Unternehmensbewertung, 9. Aufl., 2020
(zit.: *Bearbeiter* in: Großfeld/Egger/Tönnes, Recht der Unternehmensbewertung)

Großkommentar zum AktG
hrsg. v. Hirte/Mülbert/Roth, Bd. 2: 5. Aufl., 2016
(zit.: *Bearbeiter* in: Großkomm-AktG)

Grüneberg
BGB, Kommentar, 84. Aufl., 2025
(zit.: Grüneberg-*Bearbeiter*, BGB)

Haberer/Krejci
Gesellschaftsrecht Allgemeiner Teil, 2. Aufl., 2023
(zit.: *Haberer/Krejci*, GesR AT)

Habersack/Casper/Löbbe
GmbHG, Kommentar, 3. Aufl., 2020
(zit.: Habersack/Casper/Löbbe-*Bearbeiter*, GmbHG)

Habersack/Drinhausen
Recht der SE und grenzüberschreitende Umwandlungen SE-Recht, Kommentar, 3. Aufl., 2022
(zit.: Habersack/Drinhausen-*Bearbeiter*, SE-Recht)

Habersack/Henssler/Höpfner
Mitbestimmungsrecht, Kommentar, 5. Aufl., 2025
(zit.: Habersack/Henssler/Höpfner-*Bearbeiter*, MitbestR)

Habersack/Mülbert/Schlitt
Unternehmensfinanzierung am Kapitalmarkt, 5. Aufl., 2025
(zit.: *Bearbeiter* in: Habersack/Mülbert/Schlitt, Unternehmensfinanzierung am Kapitalmarkt)

Habersack/Schäfer
Das Recht der OHG, Kommentar, 2. Aufl., 2019
(zit.: Habersack/Schäfer-*Bearbeiter*, Das Recht der OHG)

Habersack/Verse
Europäisches Gesellschaftsrecht, 5. Aufl., 2019
(zit.: *Habersack/Verse*, Europäisches Gesellschaftsrecht)

Habersack/Wicke
UmwG, Kommentar, 3 Aufl., 2023

Hamburger Kommentar zum Insolvenzrecht
hrsg. v. A. Schmidt, 10. Aufl., 2023
(zit.: *Bearbeiter* in: HambKomm-InsR)

Happ/Bednarz
Umwandlungsrecht, Kommentar, 2. Aufl., 2021
(zit.: Happ/Bednarz-*Bearbeiter*, UmwR)

Haritz/Menner/Bilitewski
UmwStG, Kommentar, 6. Aufl., 2024
(zit.: Haritz/Menner/Bilitewski-*Bearbeiter*, UmwStG)

Hauschild/Kallrath/Wachter
Notarhandbuch Gesellschafts- und Unternehmensrecht, 3. Aufl., 2022
(zit.: *Bearbeiter* in: Hauschild/Kallrath/Wachter, Notarhdb. Gesellschafts- und Unternehmensrecht)

Heckschen/Heidinger
Die GmbH in der Gestaltungs- und Beratungspraxis, 5. Aufl., 2023
(zit.: *Bearbeiter* in: Heckschen/Heidinger, Die GmbH in der Gestaltungs- und Beratungspraxis)

Heckschen/Simon
Umwandlungsrecht: Gestaltungsschwerpunkte der Praxis, 1. Aufl., 2003
(zit.: Heckschen/Simon-*Bearbeiter*, UmwG)

Heidel/Hirte
Das neue Personengesellschaftsrecht – Das MoPeG in der Gestaltungspraxis, 2023
(zit.: *Bearbeiter* in: Heidel/Hirte, Das neue PersGesR)

Heidelberger Kommentar zum AktG
hrsg. v. Bürgers/Lieder, 6. Aufl., 2024
(zit.: *Bearbeiter* in: HK-AktG)

Heidelberger Kommentar zum UmwG
hrsg. v. Maulbetsch/Klumpp/Rose, 2. Aufl., 2017
(zit.: *Bearbeiter* in: HK-UmwG)

Henssler/Moll/Bepler
Der Tarifvertrag, 2. Aufl., 2016
(zit.: *Bearbeiter* in: Henssler/Moll/Bepler, Tarifvertrag)

Henssler/Strohn
Gesellschaftsrecht, Kommentar, 6. Aufl., 2024
(zit.: Henssler/Strohn-*Bearbeiter*, GesR)

Henssler/Willemsen/Kalb
Arbeitsrecht, Kommentar, 11. Aufl., 2024
(zit.: Henssler/Willemsen/Kalb-*Bearbeiter*, ArbR)

Herrler
Gesellschaftsrecht in der Notar- und Gestaltungspraxis, 3. Aufl., 2025
(zit.: *Bearbeiter* in: Herrler, GesR in der Notar- und Gestaltungspraxis)

Hesselmann/Mueller-Thuns
Handbuch GmbH & Co. KG, 23. Aufl., 2024
(zit.: *Bearbeiter* in: Hesselmann/Mueller-Thuns, Hdb. GmbH & Co. KG)

Heymann
HGB, Kommentar, 3. Aufl., 2019
(zit.: Heymann-*Bearbeiter*, HGB)

Hidien/Jürgens
Die Besteuerung der öffentlichen Hand, 2. Aufl., 2023
(zit.: *Bearbeiter* in: Hidien/Jürgens, Die Besteuerung der öffentlichen Hand)

Hirte
Kapitalgesellschaftsrecht, 9. Aufl., 2023

Hölters
Handbuch Unternehmenskauf, 10. Aufl., 2022
(zit.: *Bearbeiter* in: Hölters, Hdb. Unternehmenskauf)

Hölters/Weber
AktG, Kommentar, 4. Aufl., 2022
(zit.: Hölters/Weber-*Bearbeiter*, AktG)

Holzborn
EU-ProspVO/WpPG, 3. Aufl., 2024
(zit.: Holzborn-*Bearbeiter*, EU-ProspVO/WpPG)

Hommelhoff/Hopt/Leyens
Unternehmensführung durch Vorstand und Aufsichtsrat, 2024
(zit.: *Bearbeiter* in: Hommelhoff/Hopt/Leyens, Unternehmensführung durch Vorstand und Aufsichtsrat)

Hopt
HGB, Kommentar, 44. Aufl., 2025
(zit.: Hopt-*Bearbeiter*, HGB)

Hopt/Binder/Böcking
Handbuch Corporate Governance von Banken und Versicherungen, 2. Aufl., 2020
(zit.: *Bearbeiter* in: Hopt/Binder/Böcking, Hdb. Corporate Governance)

IDW
WP-Handbuch 2014, Bd. II, 14. Aufl., 2014

Jannott/Frodermann
Handbuch der Europäischen Aktiengesellschaft, Societas Europaea, 2. Aufl., 2014
(zit.: *Bearbeiter* in: Jannott/Frodermann, Hdb. SE)

Jauernig
BGB, Kommentar, hrsg. v. Stürner, 19. Aufl., 2023
(zit.: Jauernig-*Bearbeiter*, BGB)

Jung/Krebs/Stiegler
Gesellschaftsrecht in Europa, 2019
(zit.: *Bearbeiter* in: Jung/Krebs/Stiegler, Gesellschaftsrecht in Europa)

juris PraxisKommentar BGB
hrsg. v. Herberger/Martinek/Rüßmann/Weth/Würdinger, 10. Aufl., 2023
(zit.: *Bearbeiter* in: jurisPK-BGB)

Kallmeyer
UmwG, Kommentar, 8. Aufl., 2024
(zit.: Kallmeyer-*Bearbeiter*, UmwG)

Kalss/Deutsch
Europäisches Gesellschaftsrecht, 2. Aufl., 2025
(zit.: *Bearbeiter* in: Kalss/Deutsch, Europäisches Gesellschaftsrecht)

Kark
Compliance-Risikomanagement, 3. Aufl., 2024

Kaulbach/Bähr/Pohlmann
VAG, Kommentar, 6. Aufl., 2019
(zit.: Kaulbach/Bähr/Pohlmann-*Bearbeiter*, VAG)

Keller
Insolvenzrecht, 2. Aufl., 2020
(zit.: *Keller*, InsR)

Kindler/Lieder
European Corporate Law, 2021
(zit.: *Bearbeiter* in: Kindler/Lieder, European Corporate Law)

Kleinhenz
Die grenzüberschreitende Verschmelzung unter Beteiligung deutscher Unternehmen nach Umsetzung der Richtlinie 2005/56/EG, 2008

Klöhn
Das System der aktien- und umwandlungsrechtlichen Abfindungsansprüche, 2009

Koch
AktG, Kommentar, 19. Aufl., 2025
(zit.: Koch-*Bearbeiter*, AktG)

Koch
Personengesellschaftsrecht, Kommentar, 2023
(zit.: Koch-*Bearbeiter*, PersonengesellschaftsR)

Koller/Kindler/Drüen
HGB, Kommentar, 10. Aufl., 2023
(zit.: Koller/Kindler/Drüen-*Bearbeiter*, HGB)

Kölner Handbuch Gesellschaftsrecht
hrsg. v. Eckhardt/Hermanns, 5. Aufl., 2024
(zit.: *Bearbeiter* in: KölnHdb.-GesR)

Kölner Handbuch Handels- und Gesellschaftsrecht
hrsg. v. v. Rechenberg/Ludwig, 4. Aufl., 2017
(zit.: *Bearbeiter* in: KölnHdb.-HGB)

Kölner Kommentar zum AktG
hrsg. v. Zöllner/Noack, 4. Aufl., 2023
(zit.: *Bearbeiter* in: KölnKomm-AktG)

Kölner Kommentar zum UmwG
hrsg. v. Dauner-Lieb/Leuering/Wilsing, 2. Aufl., 2024
(zit.: *Bearbeiter* in: KölnKomm-UmwG)

Korintenberg
GNotKG, Kommentar, 23. Aufl., 2025
(zit.: Korintenberg-*Bearbeiter*, GNotKG)

Kraakman/Armour/Davies
The Anatomy of Corporate Law, 3. Aufl., 2017
(zit.: *Bearbeiter* in: Kraakman/Armour/Davies, The Anatomy of Corporate Law)

Krafka
Registerrecht, Handbuch, 12. Aufl., 2024
(zit.: *Krafka*, Registerrecht)

Kraft/Redenius-Hövermann
Umwandlungsrecht, 2. Aufl., 2020
(zit.: Kraft/Redenius-Hövermann-*Bearbeiter*, UmwR)

Kremer/Bachmann/Favoccia/v. Werder
Deutscher Corporate Governance Kodex, 9. Aufl., 2023
(zit.: Kremer/Bachmann/Favoccia/v. Werder-*Bearbeiter*, DCGK)

Krieger/Schneider
Handbuch Managerhaftung, 4. Aufl., 2023
(zit.: *Bearbeiter* in: Krieger/Schneider, Hdb. Managerhaftung)

Kuhner/Maltry
Unternehmensbewertung, 2006

Küting/Weber
Handbuch der Rechnungslegung, 42. EL Stand: 5/2024
(zit.: *Bearbeiter* in: Küting/Weber, Hdb. Rechnungslegung)

Lackner/Kühl/Heger
StGB, Kommentar, 30. Aufl., 2023

Lang/Weidmüller
GenG, Kommentar, 40. Aufl., 2022
(zit.: Lang/Weidmüller-*Bearbeiter*, GenG)

Lange
Privatisierung der Rechtsform, 1984

Lappe/Gattringer
Carve-out-Transaktionen, 2. Aufl., 2021
(zit.: *Bearbeiter* in Lappe/Gattringer, Carve-out-Transaktionen)

Lenz
Gesellschafter- und Gläubigerschutz bei dem Formwechsel einer oHG in eine GmbH, 2000

Leutner/Schlotter/Zätzsch
Beurkundung von Unternehmenstransaktionen, 2. Aufl., 2025
(zit.: *Leutner/Schlotter/Zätzsch*, Beurkundung von Unternehmenstransaktionen)

Lieder/Bialluch
Handels- und Gesellschaftsrecht in 100 Leitentscheidungen, 2022
(zit.: *Lieder/Bialluch*, Handels- und Gesellschaftsrecht in 100 Leitentscheidungen)

Limmer
Handbuch der Unternehmensumwandlung, 7. Aufl., 2024
(zit.: *Bearbeiter* in: Limmer, Hdb. Unternehmensumwandlung)

Limmer/Hertel/Frenz
Würzburger Notarhandbuch, 7. Aufl., 2026
(zit.: *Bearbeiter* in: Würzburger Notarhdb.)

Linck/Preis
Kündigungsrecht, Kommentar, 8. Aufl., 2026
(zit.: Linck/Preis-*Bearbeiter*, Kündigungsrecht)

Lutter
UmwG, Kommentar, 7. Aufl., 2023
(zit.: Lutter-*Bearbeiter*, UmwG)

Lutter/Bayer
Holding-Handbuch, 7. Aufl., 2024
(zit.: *Bearbeiter* in: Lutter/Bayer, Holding-Handbuch)

Lutter/Bayer/Schmidt, J.
Europäisches Unternehmens- und Kapitalmarktrecht, 6. Aufl., 2017

Lutter/Hommelhoff
GmbHG, Kommentar, 21. Aufl., 2023
(zit.: Lutter/Hommelhoff-*Bearbeiter*, GmbHG)

Lutter/Hommelhoff/Teichmann
SE-Kommentar, 3. Aufl., 2024
(zit.: Lutter/Hommelhoff/Teichmann-*Bearbeiter*, SE-Kommentar)

Mandl/Rabel
Unternehmensbewertung, 1997

Marsch-Barner/Schäfer
Handbuch börsennotierte AG, 6. Aufl., 2025
(zit.: *Bearbeiter* in: Marsch-Barner/Schäfer, Hdb. börsennotierte AG)

Maurer/Waldhoff
Allgemeines Verwaltungsrecht, 21. Aufl., 2024 (zit.: Allg. VerwR)

Medicus/Lorenz
Schuldrecht II, 18. Aufl., 2018
(zit.: *Medicus/Lorenz*, SchuldR II)

Meilicke/Graf v. Westphalen/Hoffmann/Lenz/Wolff
PartGG, Kommentar, 4. Aufl., 2024
(zit.: Meilicke/Graf v. Westphalen/Hoffmann/Lenz/Wolff-*Bearbeiter*, PartGG)

Mertens
Umwandlung und Universalsukzession, 1993

Michalski/Heidinger/Leible/J. Schmidt
Kommentar zum Gesetz betreffend die Gesellschaften mit beschränkter Haftung (GmbHG), 4. Aufl., 2023
(zit.: Michalski/Heidinger/Leible/J. Schmidt-*Bearbeiter*, GmbHG)

Miras
Die neue Unternehmergesellschaft, 2. Aufl., 2011
(zit.: *Miras*, Unternehmergesellschaft)

Möllers
Juristische Methodenlehre, 6. Aufl., 2025
(zit.: *Möllers*, Juristische Methodenlehre)

Moosmayer/Lösler
Corporate Compliance, 4. Aufl., 2024
(zit.: *Bearbeiter* in: Moosmayer/Lösler, Corporate Compliance)

Morgen
StaRUG, 2. Aufl., 2022
(zit.: Morgen-*Bearbeiter*, StaRUG)

Moxter
Grundsätze ordnungsgemäßer Unternehmensbewertung, 2. Aufl., 1983

Mückl
Arbeitsrecht in Krise und Insolvenz, 2. Aufl., 2015
(zit.: *Bearbeiter* in: Mückl, Arbeitsrecht in Krise und Insolvenz)

Mückl/Fuhlrott/Niklas/Otto/Schwab
Arbeitsrecht in der Umstrukturierung, 4. Aufl., 2017
(zit.: *Bearbeiter* in: Mückl/Fuhlrott/Niklas/Otto/Schwab, Umstrukturierung)

Münchener Anwaltshandbuch Aktienrecht
hrsg. v. Schüppen/Schaub, 4. Aufl., 2024
(zit.: *Bearbeiter* in: Münch-AHB AktR)

Münchener Anwaltshandbuch Erbrecht
hrsg. v. Scherer, 6. Aufl., 2024
(zit.: Bearbeiter in: Münch-AHB ErbR)

Münchener Anwaltshandbuch GmbH-Recht
hrsg. v. Römermann, 5. Aufl., 2023
(zit.: *Bearbeiter* in: Münch-AHB GmbH-Recht)

Münchener Anwaltshandbuch Insolvenz und Sanierung
hrsg. v. Nerlich/Kreplin/Rhode, 4. Aufl., 2023
(zit.: *Bearbeiter* in: Münch-AHB Insolvenz und Sanierung)

Münchener Anwaltshandbuch Personengesellschaftsrecht
hrsg. v. Gummert, 4. Aufl., 2023
(zit.: *Bearbeiter* in: Münch-AHB Personengesellschaftsrecht)

Münchener Handbuch des Gesellschaftsrechts
Bd. 1, 2: hrsg. v. Gummert/Schäfer, 6. Aufl., 2024; Bd. 3: hrsg. v. Wicke/Bachmann, 6. Aufl., 2023; Bd. 4: hrsg. v. Hoffmann-Becking/Austmann, 6. Aufl., 2024; Bd. 5: hrsg. v. Beuthien/Gummert/Schöpflin, 5. Aufl., 2021; Bd. 6: hrsg. v. Leible/Reichert, 5. Aufl., 2022; Bd. 7: hrsg. v. Born/Ghassemi-Tabar/Gehle, 6. Aufl., 2020; Bd. 8: hrsg. v. Lieder/Ghassemi-Tabar, 6. Aufl., 2025; Bd. 9: hrsg. v. Bochmann/Scheller/Prütting, 6. Aufl., 2021 (zit.: *Bearbeiter* in: MünchHdb. GesR)

Münchener Handbuch zum Arbeitsrecht
hrsg. v. Kiel/Lunk/Oetker, 6. Aufl., 2024
(zit.: *Bearbeiter* in: MünchHdb. ArbR)

Münchener Kommentar zum AktG
hrsg. v. Goette/Habersack/Kalss, 6. Aufl., 2024
(zit.: *Bearbeiter* in: MünchKomm-AktG)

Münchener Kommentar zum BGB
hrsg. v. Säcker/Rixecker/Oetker/Limperg; Bd. 1: 10. Aufl., 2025; Bd. 2, 3, 9, 11: 9. Aufl., 2022; Bd. 4, 5, 6, 8: 9. Aufl., 2023; Bd. 7, 10, 12: 9. Aufl., 2024; Bd. 13: 8. Aufl., 2021
(zit.: *Bearbeiter* in: MünchKomm-BGB)

Münchener Kommentar zum Bilanzrecht
Bd. 1: hrsg. v. Hennrichs/Kleindiek/Watrin, Ed. 5 Stand: 9/2014; Bd. 2: hrsg. v. Hennrichs/Kleindiek/Watrin, 1. Aufl., 2013
(zit.: *Bearbeiter* in: MünchKomm-BilanzR)

Münchener Kommentar zum FamFG
hrsg. v. Rauscher, 4. Aufl., 2025
(zit.: *Bearbeiter* in: MünchKomm-FamFG)

Münchener Kommentar zum GmbHG
hrsg. v. Fleischer/Goette, 4. Aufl., 2022
(zit.: *Bearbeiter* in: MünchKomm-GmbHG)

Münchener Kommentar zum HGB
hrsg. v. Drescher/Ebke/Fleischer/K. Schmidt, 5. Aufl., 2022
(zit.: *Bearbeiter* in: MünchKomm-HGB)

Münchener Kommentar zum StaRUG
hrsg. v. Stürner/Eidenmüller/Schoppmeyer/Madaus, 1. Aufl., 2023
(zit.: *Bearbeiter* in: MünchKomm-StaRUG)

Münchener Kommentar zum StGB
hrsg. v. Erb/Schäfer, 4. Aufl., 2020
(zit.: *Bearbeiter* in: MünchKomm-StGB)

Münchener Vertragshandbuch
Bd. 1: Gesellschaftsrecht, hrsg. v. Böhm/Burmeister, 8. Aufl., 2018
(zit.: *Bearbeiter* in: Münchener Vertragshdb., Bd. 1 GesR)

Nagel/Freis/Kleinsorge
SEBG, SCEBG, MgVG, Kommentar, 3. Aufl., 2018
(zit.: Nagel/Freis/Kleinsorge-*Bearbeiter*, SEBG/SCEBG/MgVG)

Neuner
Allgemeiner Teil des Bürgerlichen Rechts, 13. Aufl., 2023
(zit.: *Neuner*, BGB AT)

Nietsch
Corporate Social Responsibility Compliance, 2021

Noack/Servatius/Haas
GmbHG, Kommentar, 24. Aufl., 2025
(zit.: Noack/Servatius/Haas-*Bearbeiter*, GmbHG)

Nomos Handkommentar zur GbR
hrsg. v. Heidel, 2023
(zit.: *Bearbeiter* in: NHK-GbR)

Nomos Handkommentar zum VAG
hrsg. v. Brand/Baroch Castellvi, 2. Aufl., 2024
(zit.: *Bearbeiter* in: NHK-VAG)

Nomos Kommentar zum Aktienrecht und Kapitalmarktrecht
hrsg. v. Heidel, 6. Aufl., 2024
(zit.: *Bearbeiter* in: NK-AktR/KapMR)

Nomos Kommentar zum BGB
Bd. 1: hrsg. v. Heidel/Hüßtege/Mansel/Noack, 4. Aufl., 2021; Bd. 2: hrsg. v. Dauner-Lieb/Langen, 4. Aufl., 2021; Bd. 3: hrsg. v. Ring/Grziwotz/Schmidt-Räntsch, 5. Aufl., 2022; Bd. 4: hrsg. v. Kaiser/Schnitzler/Schilling/Sanders, 4. Aufl., 2021; Bd. 5: hrsg. v. Kroiß/Horn, 6. Aufl., 2021; Bd. 6: hrsg. v. Hüßtege/Mansel, 4. Aufl., 2024
(zit.: *Bearbeiter* in: NK-BGB)

Nomos Kommentar zum EBRG
hrsg. v. Blanke/Hayen/Kunz/Carlson, 3. Aufl., 2019
(zit.: *Bearbeiter* in: NK-EBRG)

Nomos Kommentar zum Gesamten Arbeitsrecht
hrsg. v. Boecken/Düwell/Diller/Hanau, 2. Aufl., 2023
(zit.: *Bearbeiter* in: NK-Ges. ArbR)

Nomos Kommentar zum HGB
hrsg. v. Heidel/Schall, 4. Aufl., 2024
(zit.: *Bearbeiter* in: NK-HGB)

Nomos Kommentar zum StiftR
hrsg. v. Andrick/Muscheler/Uffmann, 2023
(zit.: *Bearbeiter* in: NK-StiftR)

Nomos Kommentar zum UmwG
hrsg. v. Böttcher/Habighorst/Schulte, 3. Aufl., 2024
(zit.: *Bearbeiter* in: NK-UmwG)

Oetker
HGB, Kommentar, 8. Aufl., 2024
(zit.: Oetker-*Bearbeiter*, HGB)

Olbing/Schwedhelm/Streck
Sozietäten und andere Zusammenschlüsse rechts- und steuerberatender Berufe (Beratungsakzente 26), 1999

Park
Kapitalmarktstrafrecht, Kommentar, 6. Aufl., 2024
(zit.: Park-*Bearbeiter*, Kapitalmarktstrafrecht)

Paschos/Fleischer
Handbuch Übernahmerecht nach dem WpÜG, 2017
(zit.: *Bearbeiter* in: Paschos/Fleischer, Hdb. Übernahmerecht nach dem WpÜG)

Petersen
Versicherungsunternehmensrecht, 2003

Petersen/Zwirner
Systematischer Praxiskommentar Bilanzrecht, 4. Aufl., 2020
(zit.: Petersen/Zwirner-*Bearbeiter*, System. PraxisKomm. BilanzR)

Pöhlmann/Fandrich/Bloehs
Genossenschaftsgesetz, Kommentar, 4. Aufl., 2012
(zit.: Pöhlmann/Fandrich/Bloehs-*Bearbeiter*, GenG)

Pöllath/Saenger
200 Jahre Wirtschaftsanwälte in Deutschland, 2009

Preis/Sagan
Europäisches Arbeitsrecht, 3. Aufl., 2024
(zit.: *Bearbeiter* in: Preis/Sagan, EuArbR)

Redler
Kettenumwandlung nach dem Umwandlungsgesetz, 1. Aufl., 2025
(zit.: *Redler*, Kettenumwandlung)

Reichert
Arbeitshandbuch für die Hauptversammlung, 6. Aufl., 2024
(zit.: *Bearbeiter* in: Reichert, ArbHdb. Hauptversammlung)

Reichert
GmbH & Co. KG, 9. Aufl., 2024
(zit.: *Bearbeiter* in: Reichert, GmbH & Co. KG)

Reul/Heckschen/Wienberg
Insolvenzrecht in der Gestaltungspraxis, 3. Aufl., 2022
(zit.: *Bearbeiter* in: Reul/Heckschen/Wienberg, InsR)

Richardi
BetrVG, Kommentar, 17. Aufl., 2022
(zit.: Richardi-*Bearbeiter*, BetrVG)

Richter
Stiftungsrecht, 2. Aufl., 2023
(zit.: *Bearbeiter* in: Richter, StiftR)

Riesenhuber
Europäisches Arbeitsrecht, 2. Aufl., 2021
(zit.: *Bearbeiter* in: Riesenhuber, EuArbR)

Rödder/Herlinghaus/van Lishaut
UmwStG, Kommentar, 3. Aufl., 2019
(zit.: Rödder/Herlinghaus/van Lishaut-*Bearbeiter*, UmwStG)

Röhricht/Graf v. Westphalen/Haas/Mock/Wöstmann
HGB, Kommentar, 6. Aufl., 2023
(zit.: Röhricht/Graf v. Westphalen/Haas/Mock/Wöstmann-*Bearbeiter*, HGB)

Rowedder/Pentz
GmbHG, Kommentar, 7. Aufl., 2022
(zit.: Rowedder/Pentz-*Bearbeiter*, GmbHG)

Sagasser/Bula
Umwandlungen, 6. Aufl., 2024
(zit.: *Bearbeiter* in: Sagasser/Bula, Umwandlungen)

Salamon
Entgeltgestaltung, 2. Aufl., 2025
(zit.: *Bearbeiter* in: Salamon, Entgeltgestaltung)

Sanders/Dauner-Lieb/Kempny/Möslein/Neitzel/Teichmann
Gesetz zur Einführung einer Gesellschaft mit gebundenem Vermögen, Akademischer Entwurf mit Nebengesetzen und Erläuterungen, 2024
(zit.: Sanders/Dauner-Lieb/Kempny/Möslein/Neitzel/Teichmann, Akad. Entwurf)

Sauter/Schweyer/Waldner
Der eingetragene Verein, 22. Aufl., 2025
(zit.: *Bearbeiter* in: Sauter/Schweyer/Waldner, Der eingetragene Verein)

Schäfer
Das neue Personengesellschaftsrecht, 2022
(zit.: *Bearbeiter* in: Schäfer, Das neue Personengesellschaftsrecht)

Schäfer/Ott
Lehrbuch der ökonomischen Analyse des Zivilrechts, 6. Aufl., 2020
(zit.: *Schäfer/Ott*, Lehrbuch der ökonomischen Analyse des Zivilrechts)

Schauhoff/Kirchhain
Handbuch der Gemeinnützigkeit, 4. Aufl., 2023
(zit.: *Bearbeiter* in: Schauhoff/Kirchhain, Hdb. der Gemeinnützigkeit)

Schauhoff/Mehren
Stiftungsrecht nach der Reform, 2. Aufl., 2024
(zit.: *Bearbeiter* in: Schauhoff/Mehren, Stiftungsrecht nach der Reform)

Schaumburg/Rödder
Umwandlungesetze und –steuergesetze, 1995

Schiemzik
Segmentwechsel börsenaktiver Unternehmen, 2005

Schlitt
Die Satzung der Kommanditgesellschaft auf Aktien, Formularhandbuch, 1999
(zit.: *Schlitt*, Die Satzung der KGaA)

Schmidt, K.
Gesellschaftsrecht, 4. Aufl., 2002
(zit.: *K. Schmidt*, GesR)

Schmidt, K./Lutter
AktG, Kommentar, 5. Aufl., 2024
(zit.: K. Schmidt/Lutter-*Bearbeiter*, AktG)

Schmitt/Hörtnagl
UmwG, UmwStG, Kommentar, 10. Aufl., 2024
(zit.: Schmitt/Hörtnagl-*Bearbeiter*, UmwG/UmwStG)

Schmitz
Die Verschmelzungsprüfung gem. § 340b AktG, 1993

Scholz
GmbHG, Kommentar, 13. Aufl., 2024
(zit.: *Scholz*-Bearbeiter, GmbHG)

Schöne
Die Spaltung unter Beteiligung von GmbH gem. §§ 123 ff. UmwG, 1998

Schöner/Stöber
Grundbuchrecht, 16. Aufl., 2020
(zit.: *Bearbeiter* in: Schöner/Stöber, Grundbuchrecht)

Schubert/Wißmann/Kleinsorge
Mitbestimmungsrecht, Kommentar, 6. Aufl., 2024
(zit.: Schubert/Wißmann/Kleinsorge-*Bearbeiter*, MitbestR)

Schultze
Methoden der Unternehmensbewertung: Gemeinsamkeiten, Unterschiede, Perspektiven, 2. Aufl., 2003

Schwark/Zimmer
Kapitalmarktrechts-Kommentar, 5. Aufl., 2020
(zit.: Schwark/Zimmer-*Bearbeiter*, KapMarktR-Komm.)

Schwedhelm/Stenert
Die Unternehmensumwandlung, Handbuch, 11. Aufl., 2025

Schwerdtfeger
Gesellschaftsrecht, Kommentar, 4. Aufl., 2025
(zit.: Schwerdtfeger-*Bearbeiter*, GesR)

Segna/Möslein/Omlor/von Buttlar
eWpG, Kommentar, 2024
(zit.: Segna/Möslein/Omlor/v. Buttlar-*Bearbeiter*, eWpG)

Semler/Stengel/Leonard
UmwG, Kommentar, 6. Aufl., 2025
(zit.: Semler/Stengel/Leonard-*Bearbeiter*, UmwG)

Servatius
GbR, Kommentar, 2023
(zit.: *Servatius*, GbR)

Simitis/Hornung/Spiecker gen. Döhmann
Datenschutzrecht, DS-GVO/BDSG, 2. Aufl., 2025
(zit.: Simitis/Hornung/Spiecker-*Bearbeiter*, Datenschutzrecht)

Staub
HGB, Kommentar, 6. Aufl., 2021 ff.
(zit.: Staub-*Bearbeiter*, HGB)

Staudinger
BGB, Kommentar, 1993 ff.
(zit.: Staudinger-*Bearbeiter*, BGB)

Staudinger
Eckpfeiler des Zivilrechts, 8. Aufl., 2022
(zit.: *Bearbeiter* in: Staudinger, Eckpfeiler des Zivilrechts)

Stein/Jonas
ZPO, Kommentar, 23. Aufl., 2016
(zit.: Stein/Jonas-*Bearbeiter*, ZPO)

Stengel
Stiftung und Personengesellschaft, 1993

Sternal
FamFG, Kommentar, 21. Aufl., 2023
(zit.: Sternal-*Bearbeiter*, FamFG)

Stoye-Benk/Cutura
Handbuch Umwandlungsrecht, 4. Aufl., 2021
(zit.: *Bearbeiter* in: Stoye-Benk/Cutura, Hdb. UmwR)

Uhlenbruck
InsO, Kommentar, 16. Aufl., 2023
(zit.: Uhlenbruck-*Bearbeiter*, InsO)

Umnuß
Corporate Compliance Checklisten, 5. Aufl., 2022
(zit.: *Bearbeiter* in: Umnuß, Corporate Compliance Checklisten)

Veith
Der Gläubigerschutz beim Formwechsel nach dem Umwandlungsgesetz, 2003

Wachter
AktG, Kommentar, 4. Aufl., 2022
(zit.: Wachter-*Bearbeiter*, AktG)

Wandtke/Bullinger
Praxiskommentar Urheberrecht, 6. Aufl., 2022
(zit.: Wandtke/Bullinger-*Bearbeiter*, UrhR)

Weimann
Strukturmaßnahmen und Kapitalmarktkommunikation, 2024
(zit.: *Weimann*, Strukturmaßnahmen und Kapitalmarktkommunikation)

Weitnauer
Handbuch Venture Capital, 7. Aufl., 2022
(zit.: *Bearbeiter* in: Weitnauer, Hdb. Venture Capital)

Werner/Saenger/Fischer
Die Stiftung, 2. Aufl., 2019
(zit.: *Bearbeiter* in: Werner/Saenger/Fischer, Die Stiftung)

Westermann/Wertenbruch
Handbuch Personengesellschaften, 92. EL 6/2025
(zit.: *Bearbeiter* in: Westermann/Wertenbruch, Hdb. Personengesellschaften)

von Westphalen/Thüsing/Pamp
Vertragsrecht und AGB-Klauselwerke, Handbuch, 52. Aufl., 2025 Stand: 5/2025
(zit.: *Bearbeiter* in: v. Westphalen/Thüsing/Pamp, Vertragsrecht und AGB-Klauselwerke)

Wicke
GmbHG, Kommentar, 5. Aufl., 2024
(zit.: *Wicke*, GmbHG)

Widmann/Mayer
Umwandlungsrecht, Kommentar, 221. EL 7/2025
(zit.: Widmann/Mayer-*Bearbeiter*, UmwR, § UmwG)

Wiedemann
Gesellschaftsrecht, Band 1, 1980
(zit.: *Wiedemann*, GesR I)

Willemsen/Hohenstatt/Schweibert/Seibt
Umstrukturierung und Übertragung von Unternehmen, 7. Aufl., 2026
(zit.: *Bearbeiter* in: Willemsen/Hohenstatt/Schweibert/Seibt, Umstrukturierung und Übertragung von Unternehmen)

Winheller/Geibel/Jachmann-Michel
Gesamtes Gemeinnützigkeitsrecht, Kommentar, 3. Aufl., 2024
(zit.: Winheller/Geibel/Jachmann-Michel-*Bearbeiter*, GemeinnützigkeitsR)

Winnefeld
Bilanz-Handbuch, 5. Aufl., 2025
(zit.: *Bearbeiter* in: Winnefeld, Bilanz-Hdb.)

Wirth
Spaltung einer eingetragenen Genossenschaft, 1998

Wurzel/Schraml/Gaß
Rechtspraxis der kommunalen Unternehmen, 4. Aufl., 2021

Einleitung zum Umwandlungsgesetz (UmwG)

Literatur: *Anzinger*, Künstliche Intelligenz und Gesellschaftsrecht, ZHR 189 (2025), 124; *Armour/Ringe*, European Company Law 1999–2010: Renaissance and Crisis, CMLR 48 (2011), 125; *Austmann/Frost*, Vorwirkungen von Verschmelzungen, ZHR 169 (2005), 431; *Bachmann*, AktG 2065: Zukunfts- und Reformfragen des deutschen Aktienrechts, NZG 2025, 1171; *Bachmann*, Außer Wesen nichts gewesen?, ZHR 185 (2021), 52; *Bar*, Rezension zu Zivilwissenschaft. Bausteine für eine Zivilrechtstheorie, hrsg. v. Eisfeld/Klippel/Löhnig/Pahlow, RabelsZ 88 (2024), 414; *Bannier*, Zusammenwirken von Vorstand und Aufsichtsrat – Führen die europäischen Nachhaltigkeitsvorgaben zu einer Neuorientierung?, ZIP 2025, 1635; *Baschnagel/Hilser*, Nachreichung einer Schlussbilanz bei Umwandlungen – Neue Rechtsprechung bringt Erleichterungen für die Praxis, BWNotZ 2025, 203; *Baschnagel/Hilser*, Grenzüberschreitende Umwandlungen von Personengesellschaften nach dem MoPeG und dem UmRUG – aktuelle Entwicklungen sowie rechtspolitische und rechtsdogmatische Perspektiven, ZPG 2024, 81; *Baschnagel/Hilser*, Gläubigerschutz bei grenzüberschreitenden Umwandlungen nach dem UmRUG, NZG 2022, 1333; *Baschnagel/Hilser/Wagner*, Unternehmerische Mitbestimmung bei grenzüberschreitenden Umwandlungen nach dem MgFSG, RdA 2023, 103; *Bayer*, 1.000 Tage neues Umwandlungsrecht – eine Zwischenbilanz, ZIP 1997, 1613; *Bayer/Hoffmann*, Empirie zur Vermögensübertragung gem. §§ 174 ff. UmwG, AG 2021, R36; *Bayer/Hoffmann*, Restrukturierung von Aktiengesellschaften durch umwandlungsrechtliche Maßnahmen, AG-Report 2006, R468; *Bayer/Rauch*, Sonderrechte in der Aktiengesellschaft (Teil 1), AG 2024, 717; *Bayer/Schmidt, J.*, Gläubigerschutz bei (grenzüberschreitenden) Verschmelzungen, ZIP 2016, 841; *Bayer/Schmidt, J.*, Wer ist mit welchen Anteilen bei Strukturveränderungen abfindungsberechtigt?, ZHR 178 (2014), 150; *Bayer/Schmidt, J.*, Grenzüberschreitende Sitzverlegung und grenzüberschreitende Restrukturierungen nach MoMiG, Cartesio und Trabrennbahn, ZHR 173 (2009), 735; *Bayer/Schmidt, J.*, Der Regierungsentwurf zur Änderung des Umwandlungsgesetzes – Eine kritische Stellungnahme, NZG 2006, 841; *Bayer/Schmidt, J./Hoffmann*, Verschmelzungen nach Inkrafttreten des 2. UmwÄndG, Der Konzern 2012, 225; *Bayer/Wirth*, Eintragung der Spaltung und Eintragung der neuen Rechtsträger – oder: Pfadsuche im Verweisungsdschungel des neuen Umwandlungsrechts, ZIP 1996, 817; *Beckmann/Hoffmannbeck*, Konzernverschmelzungen gem. § 62 UmwG: Mehr Rechtssicherheit jetzt, weitere Erleichterungen in der Zukunft?, NZG 2024, 1589; *Behme*, Umwandlungssperre bei der Gesellschaft mit gebundenem Vermögen, ZRP 2023, 38; *Behme*, Die britische Limited mit Verwaltungssitz in Deutschland: Gewissheiten und Ungewissheiten, ZIP 2021, 2557; *Behme*, Europäisches Umwandlungsrecht – Stand und Perspektiven, ZHR 182 (2018), 32; *Bender*, Niederlassungsfreiheit und Gesellschaftskollisionsrecht, DNotZ 2025, 804; *Benrath/König*, Nicht überraschend doch erforderlich: Die Rechtsprechung des EuGH zur grenzüberschreitenden Umwandlung durch Formwechsel – Anmerkung zu EuGH, Urt. v. 12.7.2012 – Rs. C-378/10 (Vale), Der Konzern, 2012, 377; *Benz*, Symbiotische Gesellschaftsrechtsentwicklung, Heidelberg 2024 (Diss.); *Bernhagen*, Der UmwSt-Erlass 2025 und die Einbringung in eine Kapitalgesellschaft nach §§ 21–23 und 25 UmwStG, GmbHR 2025, 393; *Beuthien/Helios*, Die Umwandlung als transaktionslose Rechtsträgertransformation – Zur Neuordnung des Umwandlungsrechts, NZG 2006, 369; *Blasche*, Umwandlungsmöglichkeiten bei Auflösung, Überschuldung oder Insolvenz eines der beteiligten Rechtsträger, GWR 2010, 441; *Blechmann*, Die Zuleitung des Umwandlungsvertrags an den Betriebsrat, NZA 2005, 1143; *Boche/Gebert*, ESG auf dem Weg zur Norm: Wichtige Trends 2022, M&A Review 2022, 86; *Bochmann*, Statutarische Gestaltung virtueller Gesellschafterversammlungen nach dem DiREG, in: Festschrift für Andreas Heidinger, 2023, S. 37; *Bork*, Anfechtung als Kernstück der Gläubigergleichbehandlung, ZIP 2014, 797; *Bork/Jacoby*, Das Schicksal des Zivilprozesses bei Abspaltungen, ZHR 167 (2003), 440; *Bormann/Stelmaszczyk*, Grenzüberschreitende Spaltungen und Formwechsel nach dem EU-Company Law Package, ZIP 2019, 353; *Böttcher/Kraft*, Grenzüberschreitender Formwechsel und tatsächliche Sitzverlegung – Die Entscheidung VALE des EuGH,

NJW 2012, 2701; *Brandes*, Cross Border Merger mittels der SE, AG 2005, 177; *Brandi/Schmidt, M. K.*, Der grenzüberschreitende Formwechsel nach dem RegE zum UmRUG, DB 2022, 1880; *Brühl/Weiss*, „Check the box" from good old Germany – Die Option zur Besteuerung als Körperschaft nach dem Entwurf des KöMoG, DStR 2021, 889; *Bücker/Kopp*, Erste Praxiserfahrungen mit einem grenzüberschreitenden Hereinformwechsel nach dem neuen UmwG in die Rechtsform der Aktiengesellschaft, AG 2023, 764; *Bungert*, Ausgliederung durch Einzelrechtsübertragung und analoge Anwendung des Umwandlungsgesetzes, NZG 1998, 367; *Bungert/Reidt*, Die (grenzüberschreitende) Verschmelzung nach dem RefE zur Umsetzung der Umwandlungsrichtlinie, DB 2022, 1369; *Bungert/Strothotte*, Die Regierungsentwürfe zu grenzüberschreitenden. Verschmelzungen, Spaltungen und Formwechseln, DB 2022, 1818; *Bungert/Strothotte*, Die grenzüberschreitende Spaltung nach dem Referentenentwurf des UmRUG, BB 2022, 1411; *Burg/Marx*, Vinkulierungen und Konsortialverträge in Umwandlungsfällen, NZG 2013, 127; *Casper*, Das Zukunftsfinanzierungsgesetz, ZHR 187 (2023), 5; *Decher*, Das IDW und der Börsenkurs – von der Fundamentalopposition zu einem sachgerechten Ampelsystem entsprechend IDW ES 17?, AG 2025, 572; *Deck*, Rechtliche Grenzen der Missbrauchskontrolle von Zustimmungsbeschlüssen zu grenzüberschreitenden Strukturmaßnahmen, NZG 2021, 629; *Denga*, Zur Reform des Genossenschaftsrechts, NZG 2024, 1155; *Denga*, Unternehmensberatungsverträge, ZHR 186 (2022), 543; *Denga/Grottke*, Das Standortfördergesetz im Kontext europäischer Wettbewerbspolitik, WM 2026, 417; *Denninger*, Gestaltungsoptionen beim Delisting – Börsenrückzug ohne Abfindungsangebot?, AG 2026, 25; *Deubert/Müller*, HGB-Übernahmebilanzierung nach den Änderungen durch die EU-Umwandlungsrichtlinie – Bedeutung für die M&A-Praxis, BB 2024, 170; *Drinhausen/Keinath*, Regierungsentwurf eines Gesetzes zur Umsetzung der Umwandlungsrichtlinie, BB 2022, 1923; *Dzida*, Die Unterrichtung des „zuständigen" Betriebsrats bei innerstaatlichen und grenzüberschreitenden Verschmelzungen, GmbHR 2009, 459; *Ebenroth/Offenloch*, Kollisionsrechtliche Untersuchung grenzüberschreitender Ausgliederungen, RIW 1997, 1; *Eidenmüller*, Gesellschaftsstatut und Insolvenzstatut, RabelsZ 70 (2006), 474; *Eidenmüller*, Mobilität und Restrukturierung von Unternehmen im Binnenmarkt, JZ 2004, 24; *Eidenmüller/Rehm*, Niederlassungsfreiheit versus Schutz des inländischen Rechtsverkehrs: Konturen des Europäischen Internationalen Gesellschaftsrechts, ZGR 2004, 159; *Engel/Haubner*, Die GmbH mit gebundenem Vermögen und das Europarecht, DStR 2022, 844; *Engelmeyer*, Die Spaltung von Aktiengesellschaften nach dem neuen Umwandlungsrecht, AG 1996, 193; *Farian/Furs*, Anteilsgewährung bei der Verschmelzung von beteiligungsidentischen Kommanditgesellschaften, GmbHR 2016, 1298; *Fehrenbach*, Das internationale Gesellschaftsrecht im Verhältnis zu Drittstaaten, in: Festschrift für Thomas Rauscher, 2025, S. 91; *Feldthusen/Kalss/Teichmann*, Unternehmensträger mit Vermögensbindung, ZGR 2024, 862; *Fietz*, Vorabentscheidungsverfahren bei überschießender Richtlinienumsetzung; Haftung bei Unternehmensspaltung, WuB 2025, 24; *Fink/Chilevych*, Grenzüberschreitende Formwechsel nach und aus Deutschland – Vorauseilende Umsetzung der Änderungen der EU-Mobilitäts-Richtlinie, NZG 2020, 544; *Fleischer*, Hauptversammlungszuständigkeiten beim Beteiligungserwerb de lege lata und de lege ferenda, DB 2025, 1879; *Fleischer*, Der Zoo der Gesellschaftsformen in Deutschland, ZIP 2023, 1505; *Fleischer*, Ein Rundflug über Rechtsformneuschöpfungen im in- und ausländischen Gesellschaftsrecht, NZG 2022, 827; *Fleischer*, Höchstrichterliche Leitsätze und richterliche Normbildung im Gesellschaftsrecht, ZIP 2018, 605; *Fleischer*, Vergleichende Corporate Governance in der geschlossenen Kapitalgesellschaft, ZHR 179 (2015), 404; *Fleischer*, Gesetz und Vertrag als alternative Problemlösungsmodelle im Gesellschaftsrecht, ZHR 168 (2004), 673; *Fleischer*, Schnittmengen des WpÜG mit benachbarten Rechtsmaterien – eine Problemskizze, NZG 2002, 545; *Fleischer/Pendl*, Scheme of Arrangement – Triangular Merger – Aktientausch: Variationen zum Konzerntransaktionsrecht, AG 2026, 61; *Fleischer/Wedemann*, Kodifikation und Derogation von Richterrecht, AcP 209 (2009), 597; *Florstedt*, Die Grenzen der Gestaltungsfreiheit beim verschmelzungsrechtlichen Squeeze-out, NZG 2015, 1212; *Flume, J.*, Partielle Universalsukzession außerhalb des Spaltungsrechts?, ZHR 179 (2006), 737; *Flume, W.*, Ungelöste steuerliche Probleme der Unternehmenskonzentration, DB 1967, 2050; *Freitag/Korch*, Gedanken zum Brexit – Mögliche Auswirkungen im internationalen Gesellschaftsrecht,

ZIP 2016, 1361; *Freytag*, Neues zum Recht der Konzernverschmelzung und des Squeeze-out, BB 2010, 1611; *Ganske*, Reform des Umwandlungsrechts – ein Bericht, WM 1993, 1117; *Garbe/Hesprich*, Der Übergang von privatrechtlichen Zertifizierungen von Unternehmen im Wege der Spaltung, GWR 2024, 377; *Garcia-Nieto/Bueno-Rodríguez/Ramón-Jerónimo/Flórez-López*, Trends and Risks in Mergers and Acquisitions: A Review, Risks 2024, 12(9); *Gattringer*, Die rätselhafte Begrenzung der Nachhaftung auf das Nettoaktivvermögen bei der Spaltung, NZG 2023, 443; *Geck*, Die Spaltung von Unternehmen nach dem neuen Umwandlungsrecht, DStR 1995, 416; *Geibel*, Genossenschaftsrechtsreform – ein Entwurf mit Licht und Schatten, ZRP 2024, 208; *Gerweck*, Zwischen rechtlichen Vorgaben und menschlicher Führung – Erfolgsfaktoren der Restrukturierung, ZAU 2025, 38; *Goette*, Das Gesetz zur Umsetzung der Umwandlungsrichtlinie – Ein Überblick, DStR 2023, 157; *Goette*, Gesellschaftsrechtliche Grundfragen im Spiegel der Rechtsprechung, ZGR 2008, 436; *Gontschar*, Umwandlungsmaßnahmen im Insolvenzplanverfahren, Mannheim 2017 (Diss.); *Grabbe/Fett*, Pflichtangebot im Zuge von Verschmelzungen, NZG 2003, 755; *Grauschopf*, Das Haftungssystem des Umwandlungsgesetzes bei Carve-out-Transaktionen, 2025; *Grohmann*, Das Informationsmodell im Europäischen Gesellschaftsrecht, 2006; *Großfeld*, Internationales Umwandlungsrecht, AG 1996, 302; *Grunewald*, Rechtsmissbräuchliche Umwandlungen, in: Festschrift für Volker Röhricht, 2005, S. 129; *Habbe/Vogt*, Compliance Due Diligence und Sorgfaltspflichten bei M&A-Transaktionen: Besser Risiken erkennen als die „Katze im Sack" kaufen, BB 2025, 131; *Habersack*, EU-weite Unternehmensmobilität und Mitbestimmungssicherung nach Umsetzung der Mobilitätsrichtlinie, ZHR 187 (2023), 48; *Habersack*, Die Mobilitätsrichtlinie und das nationale Umwandlungsrecht, ZHR 186 (2022), 1; *Habersack*, Privatrechtsdogmatik und Gesellschaftsrecht, in: Festschrift für Claus-Wilhelm Canaris, 2017, S. 813; *Habersack/Wenzel*, Gegenleistungsfreiheit bei Verschmelzungen? Bedeutung und Reichweite der umwandlungsrechtlichen Barzahlungsschranken in §§ 54 Abs. 4, 68 Abs. 3 UmwG, in: Festschrift für Oliver Vossius, 2023, S. 91; *Häfele*, Die Vermischung von Umwandlungsarten, 2019; *Harnos*, Entwurf eines IDW Standards zur Beurteilung der Angemessenheit börsenkursbasierter Kompensationen (IDW ES 17), AG 2025, R189; *Hasselbach/Alles*, Die Business Judgement Rule in der M&A-Praxis, DB 2021, 3015; *Haupt/Komanek*, Die Übertragung von Kundendaten im Wege des Asset Deals, NZG 2022, 344; *Heckschen*, Vorlage der Schlussbilanz bei Umwandlungsvorgängen – Erleichterungen für die Praxis, GWR 2025, 249; *Heckschen*, Die Reform des Umwandlungsrechts – eine erste Bestandsaufnahme, DNotZ 2024, 404; *Heckschen*, Britische Ltd. nach dem Brexit – Zugleich Anmerkung zu OLG München v. 5.8.2021 – 29 U 2411/21 Kart, GWR 2022, 1; *Heckschen*, Umstrukturierungen unter Beteiligung der öffentlichen Hand in private Rechtsformen und umgekehrt, GmbHR 2018, 779; *Heckschen*, Die umwandlungsrechtliche Universalsukzession und ihre haftungsrechtliche Kompensation, GmbHR 2017, 953; *Heckschen*, Inhalt und Umfang der Gesamtrechtsnachfolge – sog. Vertrauensstellung und Mitgliedschaft, GmbHR 2014, 626; *Heckschen*, Der Verzicht auf Anteilsgewähr bei Umwandlungsvorgängen aus gesellschafts- und steuerrechtlicher Sicht, GWR 2010, 101; *Heckschen*, Identität der Anteilseigner beim Formwechsel, DB 2008, 2122; *Heckschen*, Die Pflicht zur Anteilsgewährung im Umwandlungsrecht, DB 2008, 1363; *Heckschen*, Die Reform des Umwandlungsrechts, DNotZ 2007, 444; *Heckschen*, Umstrukturierung von Kapitalgesellschaften vor und während der Krise: Umwandlungsmaßnahmen vor dem Insolvenzeröffnungsantrag, DB 2005, 2283; *Heckschen*, Die Zustimmung zur Umwandlung durch Verschmelzung, NotBZ 1997, 2; *Heckschen*, Die Verschmelzung auf den Alleingesellschafter – eine missglückte gesetzliche Regelung?, ZIP 1996, 450; *Heckschen/Gruppe*, Squeeze-Out per nicht verhältniswahrender Umwandlung?, NZG 2025, 291; *Heckschen/Hilser*, Grenzüberschreitender Gesellschaftszuzug aus Drittstaaten nach Deutschland am Praxisbeispiel einer Schweizer Aktiengesellschaft, (Teil I), DStR 2022, 1005, (Teil II), DStR 2022, 1053; *Heckschen/Knaier*, Die größte Reform des Umwandlungsrechts: Endlich in Kraft!, GmbHR 2023, 317; *Heckschen/Knaier*, Reform des Umwandlungsrechts kurz vor dem Ziel, ZIP 2022, 2205; *Heckschen/Knaier*, Größte Reform des Umwandlungsrechts – nicht nur Richtlinienumsetzung!, Teil 1), GmbHR 2022, 501, (Teil 2), GmbHR 2022, 613; *Heckschen/Knaier*, Das UmRUG auf der Zielgeraden, GmbHR 2022, R376; *Heckschen/Knaier*, Update UmRUG, GmbHR 2022, R260; *Heckschen/*

Kreußlein, Aktuelle Entwicklungen und Praxisprobleme im Umwandlungsrecht (UmwG/UmwStG), notar 2024, 367; *Heckschen/Michel*, Bedeutung der (partiellen) Gesamtrechtsnachfolge beim Übergang von öffentlich-rechtlichen Personalerlaubnissen, GmbHR 2025, 959; *Heckschen/Michel*, Bedeutung der (partiellen) Gesamtrechtsnachfolge beim Übergang von öffentlich-rechtlichen Personalerlaubnissen – Zugleich Besprechung von VGH Baden-Württemberg v. 9.4.2025 – 6 S 460/24, GmbHR 2025, 959; *Heckschen/Salomon*, Erste Erfahrungen mit dem UmRUG, LRZ 2024, Rz. 627; *Heckschen/Weitbrecht*, Registerwechsel ohne materielle Wirkungen – Eine kleine Entzauberung des Statuswechsels, GmbHR 2026, 57; *Heckschen/Weitbrecht*, Umwandlung von Einzelunternehmen (Teil I), ZPG 2023, 211; *Heidenhain*, Partielle Gesamtrechtsnachfolge bei der Spaltung, ZHR 168 (2004), 468; *Heidenhain*, Spaltungsvertrag und Spaltungsplan, NJW 1995, 2873; *Hennrichs*, Neubewertung oder Buchwertfortführung bei Verschmelzung und Spaltung, in: Festschrift für Gerd Krieger, 2020, S. 329; *Hennrichs*, Zum Formwechsel und zur Spaltung nach dem neuen Umwandlungsgesetz, ZIP 1995, 794; *Henssler*, 50 Jahre Mitbestimmungsgesetz 1976, ZFA 2026, 7; *Henssler*, Die Ausgliederung von Versorgungsverpflichtungen auf eine Rentnergesellschaft, RdA 2023, 20; *Henze*, Zur Kontinuität der Rechtsprechung im Gesellschaftsrecht, ZHR 172 (2008), 127; *Herfs*, Der steinige Weg zur Börsenkursbewertung, NZG 2026, 387; *Herrler*, Das Vergütungsvotum der Hauptversammlung, ZHR 184 (2020), 408; *Hersch*, Verschmelzung von Versicherungsvereinen auf Gegenseitigkeit nach dem Umwandlungsgesetz, NZG 2016, 611; *Hirte*, Das Recht der Umwandlung – ein Überblick (Teil I), ZInsO 2004, 353, (Teil II), ZInsO 2004, 419; *Hoger*, Kontinuität beim Formwechsel nach dem UmwG und der grenzüberschreitenden Verlegung des Sitzes einer SE, Mainz 2008 (Diss.) (zit.: Kontinuität beim Formwechsel); *Hoger/Lieder*, Die grenzüberschreitende Anwachsung, ZHR 180 (2016), 613; *Hommelhoff*, Der Schutz des Anteilsinhaber-Vermögens bei Umwandlungen nach dem RefE UmRUG, NZG 2022, 683; *Hommelhoff*, Minderheitenschutz bei Umstrukturierungen, ZGR 1993, 452; *Hopt*, M&A, Due Diligence und Kautelarpraxis, ZHR 186 (2022), 7; *Hopt*, Europäisches Gesellschaftsrecht im Lichte des Aktionsplans der Europäischen Kommission vom Dezember 2012, ZGR 2013, 165; *Hopt*, Vergleichende Corporate Governance, ZHR 175 (2011), 444; *Hörger*, Spaltung von Kapitalgesellschaften, EWS 1992, 125; *Hübner*, Der grenzüberschreitende Formwechsel nach Vale – zur Satzungssitzverlegung von Luxemburg nach Deutschland, IPRax 2015, 134; *Hüther*, Was hält die Rechtsprechung von der Rechtswissenschaft?, JZ 2024, 72; *Ihrig*, Verschmelzung und Spaltung ohne Gewährung neuer Anteile?, ZHR 160 (1996), 317; *Irriger/Longrée*, Aktienrechtliche Mitteilungspflichten gem. § 20 AktG nach Formwechsel in eine AG, NZG 2013, 1289; *Ising*, Wegfall des Umwandlungsbeschlusses im Konzern – Probleme in der Praxis, NZG 2011, 1368; *Ising*, Umwandlungen im Konzern – Verzicht auf Hauptversammlungsbeschluss, NZG 2010, 1403; *Ittner*, Die Spaltung nach dem neuen Umwandlungsrecht, MittRhNotK 1997, 106; *Joost*, „Holzmüller 2000" vor dem Hintergrund des Umwandlungsgesetzes, ZHR 163 (1999), 164; *Jordan*, Umwandlungssteuerliche Implikationen des heterogenen Formwechsels einer Kapital – in eine Personengesellschaft – Eine Auseinandersetzung mit ausgewählten Einzelfragen und Brennpunkten, Ubg 2025, 417; *Jung*, Internationale Ausstrahlungs- und Vorbildwirkung des deutschen Gesetzes zur Modernisierung des Personengesellschaftsrechts?, BWNotZ 2024, 247; *Kallmeyer*, Umwandlung nach UmwG und Unternehmensakquisition, DB 2002, 568; *Kallmeyer*, Torsten Schöne, Die Spaltung unter Beteiligung von GmbH gem. §§ 123 ff. UmwG, ZHR 166 (2002), 510; *Kallmeyer*, Der Ein- und Austritt der Komplementär-GmbH einer GmbH & Co. KG bei Verschmelzung, Spaltung und Formwechsel nach dem UmwG 1995, GmbHR 1996, 80; *Kallmeyer*, Kombination von Spaltungsarten nach dem neuen Umwandlungsrecht, DB 1995, 81; *Kallmeyer*, Das neue Umwandlungsgesetz, ZIP 1994, 1746; *Kallmeyer*, Die Auswirkungen des neuen Umwandlungsrechts auf die mittelständische GmbH, GmbHR 1993, 461; *Kallmeyer/Kappes*, Grenzüberschreitende Verschmelzungen und Spaltungen nach SEVIC Systems und der EU-Verschmelzungsrichtlinie, AG 2006, 224; *Kalss*, Das Kommen, Gehen und Wiederkommen des Mehrstimmrechts, ZHR 187 (2023), 438; *Kalss*, Gläubigerschutz bei Verschmelzungen von Kapitalgesellschaften, ZGR 2009, 74; *Kampschulte/Eibach*, Pensionen im M&A-Prozess: Fallstricke bei der Verhandlung vermeiden, ZAU 2024, 22; *Kappenhagen/Wentz*, Vorbereitungsphase grenzüberschreitender Spaltungen – ein Vergleich mit den Vorschriften zu innerstaatlichen Spaltungen, WM 2023, 2113; *Karpen*, Die Verweisung als Mittel der Gesetzgebungstechnik, 1970; *Kecskés/Halász*, Redefining the Conceptual Ground of Corporate Governance Regulation, ECFR 2024, 269; *Kerschbaumer*, Praktische Probleme bei der Anwendung der GmbH-Gründungsvorschriften beim Formwechsel von der AG in die GmbH nach § 197, NZG 2011, 892; *Kiem*, Die Regelung der grenzüberschreitenden Verschmelzung im deutschen UmwG, WM 2006, 1091; *Kindler*, Unternehmensmobilität nach „Polbud“: Der grenzüberschreitende Formwechsel in Gestaltungspraxis und Rechtspolitik, NZG 2018, 1; *Kleba*, Die grenzüberschreitende Spaltung von Kapitalgesellschaften aus deutscher Sicht, RNotZ 2016, 273; *Klein/Stegmaier*, Cross-Border Merger einer deutschen GmbH auf eine Drittstaatengesellschaft – Formwechsel und Anwachsung als steuerneutrale Alternativgestaltung?, DStR 2024, 1097; *Kleindiek*, Funktion und Geltungsanspruch des Pflichtangebots nach dem WpÜG, ZGR 2002, 546; *Klett*, Das Vierte Gesetz zur Änderung des Umwandlungsgesetzes, NZG 2019, 292; *Klöhn*, Börsenkurs und Bewertung, ZHR 189 (2025), 496; *Klöhn/Schmolke*, Unternehmensreputation (Corporate Reputation), NZG 2015, 689; *Knaier*, Die Digitalisierung des deutschen Gesellschaftsrechts durch den Referentenentwurf eines Gesetzes zur Umsetzung der Digitalisierungs-RL im Gesellschaftsrecht und Handelsregisterrecht (RefE-DiRUG), GmbHR 2021, 169; *Koch*, Freie Sitzwahl für Personengesellschaften, ZHR 173 (2009), 101; *Korch*, Unternehmenskaufverträge, Hamburg 2022 (Diss.); *Kraft*, Pflichtprüfung und Anschlusszwang im Kontext grenzüberschreitender Genossenschaftsmobilität, RabelsZ 90 (2026) 92, 97; *Kraft*, Das Widerspruchmodell bei der Verschmelzung unter Beteiligung einer eGbR, ZGR 2025, 719; *Kraft*, Personenbezogene Mehrstimmrechtsaktien, ZHR 188 (2024), 833; *Kraft*, Kontinuität in der Diskontinuität – Zur Einführung von Mehrstimmrechtsaktien durch Rechtsfortschreibung beim Formwechsel, ZGR 2024, 574; *Kraft/Redenius-Hövermann*, Die Fristberechnung in der Konzernverschmelzung, ZIP 2013, 961; *Krauel/Winter*, Vermögensübertragungen durch umwandlungsrechtliche Maßnahmen bei Erstversicherungsunternehmen unter dem Blickwinkel aufsichtsbehördlicher Genehmigungspflichtigkeit, VersR 2020, 1559; *Krause/Kulpa*, Grenzüberschreitende Verschmelzungen – Vor dem Hintergrund der „Sevic“-Entscheidung und der Reform des deutschen Umwandlungsrechts, ZHR 171 (2007), 38; *Kremer*, Der Einsatz von KI in Aufsichtsräten, AG 2025, 479; *Krohn/Stangl/Sturm*, Ausgewählte Aspekte des neuen Umwandlungssteuererlasses, Der Konzern 2025, 198; *Kümpel*, Restrukturierungsrecht als Übernahmerecht? – Ansätze zum Schutz der (Minderheits-)Aktionäre bei der Umsetzung von Kapitalmaßnahmen über einen Restrukturierungsplan, ZRI 2026, 57; *Kuthe*, Der Referentenentwurf eines Zweiten Gesetzes zur Finanzierung von zukunftssichernden Investitionen (ZuFinG II), BB 2024, 2371; *Leuering/Kurka*, Anwendbarkeit des § 174 BGB auf Auskunftsrecht aus § 51a GmbHG, NJW-Spezial 2024, 463; *Leuering/Kurka*, Rechnungslegung und Offenlegung rund um einen Formwechsel, NJW-Spezial 2024, 335; *Leydecker*, Gläubigerschutz bei grenzüberschreitenden Umwandlungen, Heidelberg 2021 (Diss.); *Lieder*, Die Umwandlung eingetragener BGB-Gesellschaften nach dem modernisierten Umwandlungsgesetz, NotBZ 2024, 361; *Lieder*, Die Publizität des Handelsregisters nach dem DiRUG, DNotZ 2021, 830; *Lieder*, Die Bedeutung des Vertrauensschutzes für die Digitalisierung des Gesellschaftsrechts, NZG 2020, 81; *Lieder*, Auslandsbeurkundung umwandlungsrechtlicher Strukturmaßnahmen, ZIP 2018, 1517; *Lieder*, Die rechtsgeschäftliche Sukzession, 2015; *Lieder/Bialluch*, Brexit-Prophylaxe durch das 4. UmwG-ÄndG, NJW 2019, 805; *Lieder/Hilser*, Die Ersetzungsbefugnis bei umwandlungsrechtlichen Nachbesserungsansprüchen nach dem UmRUG, ZIP 2023, 1; *Lieder/Hilser*, Die Neuordnung des Rechtsschutzsystems gegen ein unangemessenes Umtauschverhältnis bei Umwandlungsmaßnahmen nach dem UmRUG, ZIP 2022, 2521; *Lieder/Hoffmann*, Bundesweite Rechtstatsachen zum Unternehmens- und Gesellschaftsrecht (Stand: 1.1.2025), GmbHR 2025, 785; *Lieder/Koch*, Umwandlungsrechtliche Gesamtrechtsnachfolge in öffentlich-rechtliche Positionen, GmbHR 2022, 389; *Lieder/Scholz*, Vinkulierte Forderungen und Gesellschaftsanteile in der umwandlungsrechtlichen Universalsukzession, ZIP 2015, 1705; *Liedges*, Update UmwStE 2025: Zu den „August-Anpassungen“ und den unverändert bestehenden unterschiedlichen Maßstäben bei der Vergleichbarkeitsprüfung, Der Konzern 2026, 9; *Limmer*, Verzichtserklärungen im Umwandlungsrecht, in: Festschrift für Oliver Vossius, 2023, S. 149; *Lin/Wei*, The Role of Business Ethics in Merger and Acquisition Success: An Empirical Study, Journal of Business Ethics 69 (2006) 95; *Löbbe*, Vorstandsvergütung bei Übernahmen und Verschmelzungen, in: Festschrift für Walter G. Paefgen, 2025, S. 325; *Löbbe*, Die grenzüberschreitende Umwandlung nach dem UmRUG, ZHR 187 (2023), 498; *Lutter*, Grenzüberschreitende Umstrukturierung von Unternehmen im Binnenmarkt: Versuch eines Resümees, ZGR 1994, 87; *Lutter/Drygala*, Internationale Verschmelzungen in Europa, JZ 2006, 770; *Lutter/Leinekugel*, Planmäßige Unterschiede im umwandlungsrechtlichen Minderheitenschutz?, ZIP 1999, 261; *Lutter/Timm*, Konzernrechtlicher Präventivschutz im GmbH-Recht, NJW 1982, 409; *Luy*, Grenzüberschreitende Umwandlungen nach dem Company Law Package, NJW 2019, 1905; *Luy*, Status quo und weitere Entwicklung grenzüberschreitender Formwechsel im Europäischen Binnenmarkt, ZGR 2025, 418; *Luy/Redler*, Immer mit Plan – der Referentenentwurf eines Gesetzes zur Umsetzung der Umwandlungsrichtlinie (UmRUG), notar 2022, 163; *Maier/Reimer*, Vereinfachte Kapitalherabsetzung durch Verschmelzung?, GmbHR 2004, 1128; *Markworth*, Börsenkursbasierte Kompensationen im Lichte von IDW ES 17 und StoFöG, AG 2025, 825; *Marsch-Barner/Mackenthun*, Das Schicksal gespeicherter Daten bei Verschmelzung und Spaltung von Unternehmen, ZHR 165 (2001), 426; *Martens*, Die GmbH und der Minderheitsschutz, GmbHR 1984, 265; *Mayer*, Erste Zweifelsfragen bei der Unternehmensspaltung, DB 1995, 861; *Mayer*, Zivilrechtliche Möglichkeiten und Haftungsrisiken bei der ertragsteuerlich neutralen Spaltung einer GmbH, GmbHR 1992, 129; *Mayer/Weiler*, Neuregelungen durch das Zweite Gesetz zur Änderung des Umwandlungsgesetzes (Teil I), DB 2007, 1235; *Mock*, Der „shift of duties" bei wahrscheinlicher Insolvenz, ZInsO 2025, 1452; *Möslein*, Contract Governance in the Network Economy: Implications for Company Law and Directors' Duties, EBLR 2024, 383; *Möslein*, Contract Governance und Corporate Governance im Zusammenspiel – Lehren aus der globalen Finanzkrise, JZ 2010, 72; *Möslein/Riesenhuber*, Contract Governance – A Draft Research Agenda, ERCL 5 (2009), 248; *Möslein/Sanders*, Vermögensbindung und Europäisches Gesellschaftsrecht, JZ 2022, 923; *Mülbert*, Die rechtsfähige Personengesellschaft – Rechtsfähigkeit, akzessorische Mitgliederhaftung und das Umwandlungsrecht, AcP 199 (1999), 38; *Müller-Bonanni/Jenner*, Unternehmensmitbestimmung bei grenzüberschreitenden Umwandlungen, Spaltungen und Verschmelzungen, AG 2022, 457; *Mutter/Werner*, Vorstandsvergütung durch virtuelle Aktienoptionen: (Wirksamkeits-)Schranken durch aktuelle BAG-Rechtsprechung? – zu BAG v. 19.3.2025 – 10 AZR 67/24, AG 2025, 541, AG-Report 2025, R208; *Nagel/Thies*, Die nicht verhältniswahrende Abspaltung als Gestaltungsinstrument im Rahmen von Unternehmenszusammenschlüssen, GmbHR 2004, 83; *Nentwig*, Verlegung des Satzungssitzes einer deutschen GmbH ins europäische Ausland – dargestellt am Beispiel Luxemburg, GWR 2015, 447; *Neuhöfer*, Die Bilanz in der umwandlungsrechtlichen Praxis, DStR 2025, 1819; *Neye*, Das neue Umwandlungsrecht vor der Verabschiedung im Bundestag, ZIP 1994, 917; *Neye*, Der Regierungsentwurf zur Reform des Umwandlungsrechts, ZIP 1994, 165; *Nicolussi*, Die Mehrstimmrechtsaktie, AG 2024, 296; *Noack/Göbel*, Die eingetragene Personengesellschaft zwischen Rechtsformwahl und Rechtsformzwang, GmbHR 2021, 569; *Noll*, Gesetzgebungslehre, 2023; *Notz*, Sitzwahl- und Niederlassungsfreiheit für Personengesellschaften nach reformiertem Recht, IWRZ 2025, 68; *Obernosterer*, Die GmbH mit gebundenem Vermögen – eine GmbH mit beschränkter Niederlassungsfreiheit?, GmbHR 2023, 434; *Oser*, Der Formwechsel im Bilanzrecht, StuB 2022, 370; *Paefgen*, „Cartesio": Niederlassungsfreiheit minderer Güte – Zum Urteil des EuGH vom 16.12.2008 („Cartesio"), WM 2009, 529; *Paefgen*, Umwandlung, europäische Grundfreiheiten und Kollisionsrecht, GmbHR 2004, 463; *Palme*, Die Einhaltung des Klimaschutzrechts als Compliance-Herausforderung, CB 2024, 378; *Petersen*, Vereinfachte Kapitalherabsetzung durch Verschmelzung?, GmbHR 2004, 728; *Petersen*, Der Gläubigerschutz im System des Umwandlungsrechts, Der Konzern 2004, 185; *Petersen*, Der Gläubigerschutz im Umwandlungsrecht, München 2001 (Halbl.); *Pfüller/Anders*, Delisting-Motive vor dem Hintergrund neuerer Rechtsentwicklungen, NZG 2003, 459; *Pieckenbrock*, Zur praktischen Anwendung von Art. 13 EuInsVO, IPRax 2016, 219; *Piller*, Zum übernahmerechtlichen Squeeze-out nach § 39a WpÜG, WM 2025, 1365; *Pineiro*, Actio pauliana and EU private international law. A complex personality in a binary world, in Festschrift für

Reinhard Bork, 2026, S. 1163; *Pitzal/Rickli*, Erweiterung der umwandlungssteuerlichen Rechtsnachfolge durch den BFH, DStR 2025, 1545; *Poppe*, Der Entwurf eines Gesetzes zur Stärkung der genossenschaftlichen Rechtsform – zwischen sinnvoller Gesetzesreform und kontraproduktivem Verbesserungsversuch, npor 2025, 13; *Pototzky/Gimmy*, Unternehmensmitbestimmung bei grenzüberschreitenden Formwechseln und Spaltungen innerhalb der Europäischen Union und dem Europäischen Wirtschaftsraum, BB 2023, 1140; *Priester*, Anteilsgewährung und sonstige Leistungen bei Verschmelzung und Spaltung, ZIP 2013, 2033; *Priester*, Personengesellschaften im Umwandlungsrecht, DStR 2005, 788; *Priester*, Die klassische Ausgliederung – ein Opfer des Umwandlungsgesetzes 1994?, ZHR 163 (1999), 187; *Priester*, Mitgliederwechsel im Umwandlungszeitpunkt – Die Identität des Gesellschafterkreises – ein zwingender Grundsatz?, DB 1997, 560; *Priester*, Das neue Umwandlungsrecht aus notarieller Sicht, DNotZ 1995, 427; *Priester*, Das neue Verschmelzungsrecht, NJW 1983, 1459; *Przybilla*, Unternehmensbewertung bei grenzüberschreitenden Umwandlungen nach dem UmRUG, ZIP 2026, 79; *Recktenwald*, Verschmelzung unter Beteiligung überschuldeter Gesellschaften, BB 2025, 1417; *Redler*, Kettenumwandlungen nach dem Umwandlungsgesetz, Würzburg 2025 (Diss.) (zit.: Kettenumwandlungen); *Redler/Obermann*, Der Gläubigerschutz bei innerstaatlichen und grenzüberschreitenden Umwandlungen, ZPG 2024, 24; *Reichert*, Folgen der Anteilsvinkulierung für Umstrukturierungen von Gesellschaften mit beschränkter Haftung und Aktiengesellschaften nach dem Umwandlungsgesetz 1995, GmbHR 1995, 176; *Reidt/Gläßner*, Durchführung grenzüberschreitender Formwechsel unter Beteiligung von Personengesellschaften, ZPG 2026, 1; *Reiff*, Verantwortungseigentum im GmbHG? Zur Forderung nach einer eigenständigen Rechtsform mit gebundenem Vermögen, NZG 2023, 770; *Reuter*, Parteifähigkeit einer britischen Limited mit Verwaltungssitz in Deutschland nach dem Brexit, GPR 2022, 97; *Rieble*, Verschmelzung und Spaltung von Unternehmen und ihre Folgen für Schuldverhältnisse mit Dritten, ZIP 1997, 301; *Rodewald*, Der Umgang mit Stamm- und Grundkapitalziffern bei Verschmelzungsvorgängen – Gläubigerschutz jenseits gesetzlicher Erfordernisse?, GmbHR 2005, 515; *Roesener*, Die Rolle der Rechtsprechung im deutschen Gesellschaftsrecht, NZG 2023, 9; *Rosener*, Parallele Aufspaltung von Gesellschaften, in: Festschrift für Johannes Semler, 1993, S. 593; *Rosenkranz*, Grenzüberschreitender Formwechsel von Kapitalgesellschaften in der EU, RNotZ 2024, 361; *Rubner/Leuering*, Die spaltungsrechtliche Nachhaftung, NJW-Spezial 2025, 655; *Ruthardt*, Entwurf eines IDW Standards: Beurteilung der Angemessenheit börsenkursbasierter Kompensationen (IDW ES 17), AG 2025, 557; *Ruthardt*, Unternehmensbewertung im Spiegel der Rechtsprechung, AG 2024, 770; *Sanders/Neitzel/Dauner-Lieb/Kempny/Möslein/Teichmann*, Die Gesellschaft mit gebundenem Vermögen, NZG 2024, 1199; *Sauerbrey*, Der Mitbestimmungsschutz bei grenzüberschreitenden Umwandlungen nach dem UmRUGMitbestG, GmbHR 2023, 5; *Schall*, Der grenzüberschreitende Formwechsel in Europa nach Polbud, ZfPW 2018, 176; *Schall*, Grenzüberschreitende Umwandlungen der Limited (UK) mit deutschem Verwaltungssitz – Optionen für den Fall des Brexit, ZfPW 2016, 407; *Schaper*, Reinvermögensdeckung beim Formwechsel einer GmbH in eine AG, AG 2019, 69; *Schilling*, Wandlungen des modernen Gesellschaftsrechts, JZ 1953, 489; *Schmidt, J.*, Die weitreichende Reform des Umwandlungsrechts, NJW 2023, 1241; *Schmidt, J.*, Company Law Package: RegE zur Umsetzung der UmwRL in Deutschland/government drafts to implement the Mobility Directive in Germany, NZG 2022, 986; *Schmidt, J.*, Der UmRUG-Referentenentwurf: grenzüberschreitende Umwandlungen 2.0 – und vieles mehr, NZG 2022, 579 und NZG 2022, 635; *Schmidt, J.*, Umwandlungen im Konzern nach dem UmRUG-Regierungsentwurf: Besonderheiten bei Bericht, Prüfung und Beschluss, DK 2022, 309; *Schmidt, J.*, Brexit: Implikationen des EU-UK TCA im Bereich des Gesellschaftsrechts, GmbHR 2021, 229; *Schmidt, J.*, DiRUG-RefE: Ein Digitalisierungs-Ruck für das deutsche Gesellschafts- und Registerrecht, ZIP 2021, 112; *Schmidt, J.*, Spaltung versus actio pauliana – Die Entscheidung des EuGH in der Rs. I.G.I., EuZW 2020, 372; *Schmidt, J.*, Auswirkungen des Brexits im Bereich des Gesellschaftsrechts, ZIP 2019, 1093; *Schmidt, K.*, Die Verwendung von GmbH-Mänteln und ihre Haftungsfolgen: ein Thema von gestern? Rechtsunsicherheit nach drei neuen Urteilen und ein Weg, ihr zu entgehen, ZIP 2010, 857; *Schmidt, K.*, Rechtsfortbildung im Unternehmens- und Gesellschaftsrecht durch die Rechtsprechung des BGH, NJW 2000, 2927; *Schmidt, K.*, Volleinzahlungsgebot beim Formwechsel in die AG oder GmbH?, ZIP 1995, 1385; *Schmidt, K.*, Formwechsel zwischen GmbH und GmbH & Co. KG, GmbHR 1995, 693; *Schmidt, K.*, Gläubigerschutz bei Umstrukturierungen – Zum Referentenentwurf eines Umwandlungsgesetzes, ZGR 1993, 366; *Schmidt, K.*, Universalsukzession kraft Rechtsgeschäfts – Bewährungsproben eines zivilrechtsdogmatischen Rechtsinstituts im Unternehmensrecht, AcP 191 (1991), 495; *Schmidt, K.*, Konzeption des neuen Umwandlungsgesetzes, ZGR 1990, 580; *Schmoll*, Zukunftsfinanzierungsgesetz II – Erwartbares, Erhofftes und Überraschendes, NZG 2024, 1197; *Schniepp/Hensel*, Probleme mit der Chain of Title – Die Verschmelzung der Ziel-GmbH als Königs- oder Holzweg?, NZG 2014, 857; *Schnitzler*, Grenzüberschreitende Sitzverlegung von Personengesellschaften, Düsseldorf 2024 (Diss.); *Schnorbus*, Grundlagen der persönlichen Haftung von Organmitgliedern nach § 25 Abs. 1 UmwG, ZHR 167 (2003), 666; *Schnorbus*, Grundlagen zur Auslegung des allgemeinen Teils des UmwG, WM 2000, 2321; *Schollmeyer*, Neuerungen für Umwandlungen durch das UmRUG, NJW-Spezial 2023, 207; *Schollmeyer*, Mehr als Umsetzung, NZG 2022, 937; *Schollmeyer*, Geht es für britische Ltd. nach dem Brexit zurück auf die Trabrennbahn?, NZG 2021, 692; *Schollmeyer*, Überschießende Richtlinienumsetzung schafft überschießende EuGH-Rechtsprechung: Beispiel Umwandlungsrecht, NZG 2020, 589; *Schollmeyer*, Der Verschmelzungs-, Spaltungs- und Formwechselbericht nach der neuen Umwandlungsrichtlinie, AG 2019, 541; *Scholz*, Die Krisenpflichten von Geschäftsleitern nach Inkrafttreten des StaRUG, ZIP 2021, 219; *Schön*, Die Personengesellschaft im europäischen Gesellschaftsrecht, ZHR 187 (2023), 123; *Schöne*, Die Spaltung unter Beteiligung von GmbH – Grundlagen, Anteilsgewährung, Beschlussfassung, Informationspflichten, Köln 1998 (Diss.) (zit.: Die Spaltung unter Beteiligung von GmbH); *Schöne*, Das Aktienrecht als „Maß aller Dinge" im neuen Umwandlungsrecht?, GmbHR 1995, 325; *Schöne/Arens*, Die Erosion des umwandlungsrechtlichen Versammlungszwangs durch das Europäische Gesellschaftsrecht, WM 2012, 381; *Schubert*, Mitbestimmungssicherung bei grenzüberschreitender Umwandlung – Arbeitnehmerbeteiligung nach Maßgabe des MgVG und des MgFSG, ZFA 2023, 339; *Schulte*, Der grenzüberschreitende EU-Formwechsel von Personen(handels)gesellschaften aus der Sicht des Handelsregisterverfahrens, GmbHR 2026, 14; *Schulte*, Grenzüberschreitende Heraus- und Hineinverschmelzung der GmbH in der Praxis des Registerverfahrens, GmbHR 2025, 407; *Schulte*, Die „Missbrauchskontrolle" durch das Registergericht bei grenzüberschreitenden Umwandlungsvorgängen, NZG 2024, 1018; *Schulte*, Möglichkeiten der Umwandlung rechtsfähiger Vereine, ZStV 2018, 189; *Schumacher/Urhahn*, Von der Schweiz über Luxemburg nach Deutschland – Die Umwandlungsrichtlinie im Spiegel der Niederlassungsfreiheit, NZG 2024, 1171; *Schurr*, Schutzbestimmungen und Verfahrensregeln in der neuen Richtlinie zu grenzüberschreitenden Umwandlungen, Verschmelzungen und Spaltungen, EuZW 2019, 539; *Schütze*, Die verkannte Funktion der Rechtsprechung, in: Festschrift für Hanns Prütting, 2018, S. 131; *Schwarz*, Das neue Umwandlungsgesetz, DStR 1994, 1694; *Schwetlik*, Der neue Umwandlungssteuererlass (II), EStB 2025, 332; *Seibt*, Unternehmen und Politik aus der Sicht des Gesellschaftsrechts, ZHR 189 (2025), 330; *Seibt*, Unternehmen und Politik aus der Sicht des Gesellschaftsrechts, ZHR 189 (2025), 330; *Seibt/Berenbrok*, Schutz der Unternehmenskultur in M&A-Transaktionen, NZG 2025, 243; *Seibt/Heiser*, Regelungskonkurrenz zwischen neuem Übernahmerecht und Umwandlungsrecht, ZHR 165 (2001), 466; *Seibt/Wollenschläger*, Haftungsrisiken für Manager wegen fehlgeschlagener Post Merger Integration, DB 2009, 1579; *Simon/Brünkmans*, Die Ausgliederung von sanierungswürdigen Betriebsteilen mithilfe des Insolvenzplanverfahrens, ZIP 2014, 657; *Simon/Merkelbach*, Gesellschaftsrechtliche Strukturmaßnahmen im Insolvenzplanverfahren nach dem ESUG, NZG 2012, 121; *Simons*, Die Neuerungen durch das UmRUG (sowie das MoPeG und das DiRUG/DiReG) im Recht des innerstaatlichen Formwechsels, AG 2023, 754; *Skoluda/Janitschke*, Auswirkungen eines Formwechsels auf den handelsrechtlichen Jahresabschluss, WPg 2013, 521; *Smid*, Überleben die innere Stimmigkeit und Effizienz des deutschen Insolvenzrechts eine Harmonisierung der europäischen Insolvenzrechte?, DZWIR 2024, 119; *Solheim*, Die wachsende Bedeutung von ESG-Faktoren für den M&A-Prozess, M&A Review 2020, 394; *Spindler/Eitinger*, Die Zusammensetzung des Aufsichtsrats nach dem MgVG und dem MgFSG, AG 2023, 593; *Stelmaszczyk*, Der grenzüberschreitende Formwechsel von Kapitalgesellschaften nach geltendem und künftigem Recht – Teil 1, notar 2021, 107; *Stelmaszczyk*, Grenzüberschreitende Spaltungen de lege lata und de lege ferenda (Teil 1: Anwendbares Recht, Anwendungsbereich, Verfahren), Der Konzern 2021, 1; *Stelmaszczyk*, Der materielle Stakeholderschutz nach der neuen Umwandlungsrichtlinie, ZIP 2019, 2437; *Stern*, Mithaftung bei der Spaltung zwischen Bürgerlichem, Gesellschafts- und Insolvenzrecht, ZGR 2026, 146; *Stiegler*, Im Fokus: Neuregelung zur Geschlechterdiversität in Leitungsorganen, DivRuW 2025, 45; *Stiegler*, Gesellschaftsrechtliche Sonderanknüpfungen und Niederlassungsfreiheit, ZHR 188 (2024), 620; *Stiegler*, Das neue Recht für Mehrstimmrechtsaktien – Ein Überblick, NotBZ 2024, 286; *Stiegler*, Umwandlungsrechtliche Änderungen im Zuge des 4. Bürokratieentlastungsgesetzes, GmbHR 2024, 234; *Stiegler*, Gläubigeranfechtung und Spaltungsrecht, GmbHR 2020, 405; *Stiegler*, Verzichtsmöglichkeiten bei der Verschmelzung von Aktiengesellschaften, AG 2019, 708; *Stiegler*, 4. UmwÄndG – Brexit und Verschmelzung auf Personengesellschaften: Way to go oder halbherziger Kompromiss?, ZIP 2018, 2351; *Stiegler*, Grenzüberschreitender Formwechsel: Zulässigkeit eines Herausformwechsels, AG 2017, 846; *Stiegler*, Grenzüberschreitende Mobilität von Personengesellschaften, ZGR 2017, 312; *Tamcke/Dembinski*, Kein grenzüberschreitender Formwechsel in die Türkei, GWR 2023, 45; *Technau*, Übernahmerechtliche Austrittsrechte in Verschmelzungsfällen, AG 2002, 260; *Teichmann*, Das Konzept des „Rechtsmissbrauchs" im Europäischen Umwandlungsrecht, ZGR 2022, 376; *Teichmann*, Grundlinien eines europäischen Umwandlungsrechts: Das „EU-Company Law Package 2018", NZG 2019, 241; *Teichmann*, Die Spaltung von Rechtsträgern als Akt der Vermögensübertragung, ZGR 1993, 396; *Teichmann/Kiessling*, Datenschutz bei Umwandlungen, ZGR 2001, 33; *Teichmann/Knaier*, Grenzüberschreitende Umwandlungen zwischen Primärrecht und Sekundärrecht, in: Unternehmensmobilität im EU-Binnenmarkt, ZGR Sonderheft 26/2023, S. 1; *Teichmann/Knaier*, Grenzüberschreitender Formwechsel nach „Polbud", GmbHR 2017, 1314; *Teichmann/Knaier*, Brexit – Was nun?, IWRZ 2016, 243; *Tettinger*, Die Barzuzahlung gem. § 15 UmwG – Für mehr Gestaltungsfreiheit im Verschmelzungsrecht, NZG 2008, 93; *Tettinger*, UG (umwandlungsbeschränkt?) – Die Unternehmergesellschaft nach dem MoMiG-Entwurf und das UmwG, DK 2008, 75; *Thees*, Überblick über die wesentlichen Neuerungen des IDW ES 1 „Grundsätze zur Durchführung von Unternehmensbewertungen, BB 2025, 299; *Theißen*, Gläubigerschutz bei der Spaltung von Gesellschaften nach dem Umwandlungsgesetz, Hamburg 2001 (Diss.) (zit.: Gläubigerschutz bei der Spaltung von Gesellschaften); *Thole*, Der Kommissionsvorschlag für eine Richtlinie zur Harmonisierung bestimmter Aspekte des Insolvenzrechts, COM(2022) 702, ZIP 2023, 389; *Thomale/Schmid*, Das neue Recht der grenzüberschreitenden Umwandlung – Eine Einführung (Teil I), NotBZ 2023, 91; *Thümmel/Hack*, Die grenzüberschreitende Verschmelzung von Personengesellschaften, Der Konzern 2009, 1; *Thüsing/Peisker*, Mitbestimmung bei grenzüberschreitenden Vorhaben – eine verpasste Zusammenführung?, NJOZ 2022, 1377; *Timm*, Einige Zweifelsfragen zum neuen Umwandlungsrecht, ZGR 1996, 247; *Timm*, Die Rechtsfähigkeit der Gesellschaft bürgerlichen Rechts und ihre Haftungsverfassung – Notwendigkeit einer Neuorientierung im Anschluß an §§ 191, 202 UmwG, NJW 1995, 3209; *Titze*, Unternehmensmitbestimmung bei grenzüberschreitendem Formwechsel und grenzüberschreitender Spaltung, NZA 2021, 752; *Tönnes*, Börsenkurs als Wertmaßstab der Unternehmensbewertung, BB 2025, 1643; *Trölitzsch*, Aktuelle Tendenzen im Umwandlungsrecht, DStR 1999, 764; *Uffmann*, Unternehmensmitbestimmung zwischen Europa und nationalen Wünschen, AG 2022, 427; *Veil*, Umwandlung einer Aktiengesellschaft in eine Gesellschaft mit beschränkter Haftung, Berlin 1996 (Diss.); *Veith*, Der Gläubigerschutz beim Formwechsel nach dem Umwandlungsgesetz, Mainz 2003 (Diss.) (zit.: Der Gläubigerschutz beim Formwechsel); *Verse*, Der Gleichbehandlungsgrundsatz im Recht der Kapitalgesellschaften, 2006; *Vetter*, Pflichtangebot nach Kontrollerwerb im Wege der Verschmelzung oder Spaltung?, WM 2002, 1999; *Wanie*, Auswirkungen des Referentenentwurfs des Bundesministeriums zum Entwurf eines Gesetzes zur Stärkung der genossenschaftlichen Rechtsform auf die registergerichtliche Praxis und die Handlungsfähigkeit der Genossenschaft, RPfleger 2025, 125; *Weber-Rey/Schütz*, Zum Verhältnis von Übernahmerecht und Umwandlungsrecht, AG 2001, 325; *Weiler*, Grenzen der Dispositionsfreiheit bei der umwandlungsrechtlichen Anteilsgewähr, GmbHR 2021, 473; *Weiler*, Die „Spaltung zu Null" als Mittel der Umstrukturierung von Unternehmen, NZG 2013, 1326; *Weiler*, Grenzen des Verzichts auf die Anteilsgewährung im Umwandlungsrecht – Kritische Betrachtung der §§ 54 I 3, 68 I 3 UmwG n. F. und mögliche Mechanismen zum Schutz von Minderheitsgesellschaftern, NZG 2008, 527; *Weller*, Corporate Governance in geschlossenen Gesellschaften: Status quo und Anforderungen, ZGR 2012, 386; *Weller/Rentsch*, Die Kombinationslehre beim grenzüberschreitenden Rechtsformwechsel – Neue Impulse durch das Europarecht, IPRax 2013, 530; *Wenzel*, Gesellschafterhaftung und Verschmelzung, Tübingen 2025 (Diss.); *Wertenbruch*, Partnerschaftsgesellschaft und neues Umwandlungsrecht, ZIP 1995, 712; *Wertenbruch/Alm*, Der Statuswechsel zwischen Personengesellschaften nach MoPeG, ZPG 2023, 201; *Widmann*, Das Wertpapierdarlehen und der verschmelzungsspezifische Squeeze-out, AG 2014, 189; *Wiedemann*, Identität beim Formwechsel, ZGR 1999, 568; *Wiedemann*, Rechtsethische Maßstäbe im Unternehmens- und Gesellschaftsrecht, Rektoratsrede, ZGR 1980, 147; *Wiedemann*, Das Abfindungsrecht – ein gesellschaftsrechtlicher Interessenausgleich, ZGR 1978, 477; *Wiedemann/Thüsing*, Gewerkschaftsfusionen nach dem Umwandlungsgesetz, (Teil I), WM 1999, 2237; *Winter*, Die Anteilsgewährung – zwingendes Prinzip des Verschmelzungsrechts?, in: Festschrift für Marcus Lutter, 2000, S. 1279; *Witfeld*, Steuerliche Leitplanken für Umwandlungen, NZG 2025, 97; *Wollin*, Der Referentenentwurf eines Gesetzes zur Umsetzung der Umwandlungsrichtlinie (UmRUG-E), ZIP 2022, 989; *Zapf*, Das finale BMF-Schreiben zum Optionsmodell, NWB 2021, 3792; *Zimmermann/Weller*, Nachhaltigkeit – Notwendigkeit neuer Rechtsformen?, ZHR 187 (2023), 594; *Zöllner*, Umwandlung und Datenschutz, ZHR 165 (2001), 440; *Zöllner*, Aktienrechtsreform in Permanenz – Was wird aus den Rechten des Aktionärs?, AG 1994, 336; *Zöllner*, Bemerkungen zu allgemeinen Fragen des Referentenentwurfes eines Umwandlungsgesetzes, ZGR 1993, 334; *Zwirlein*, EU-Überseegesellschaften – Welches Gesellschaftskollisionsrecht gilt gegenüber Gesellschaften aus den mit der EU assoziierten überseeischen Ländern und Hoheitsgebieten?, GPR 2017, 182; *Zwirlein*, Grenzüberschreitender Formwechsel – europarechtlich veranlasste Substitution im UmwG, ZGR 2017, 114; *Zwirner/Schöffel*, Entwurf IDW ES 17 veröffentlicht, DB 2025, 1642; *Zwirlein-Forschner*, Geschöpf ohne Schöpfer – die gesellschaftsrechtliche Niederlassungs- und Mobilitätsfreiheit als biographieneutrale Gewährleistung, IPRax 2026, 49; *Zwirlein-Forschner*, EU-Digitalisierungs-„Upgrade" für Personen- und Kapitalgesellschaften, NZG 2023, 863; *Zwirlein-Forschner*, Grenzüberschreitende Umwandlungen außerhalb der Mobilitätsrichtlinie in: Unternehmensmobilität im EU-Binnenmarkt, ZGR Sonderheft 26/2023, S. 195; *Zwirlein-Forschner*, Jenseits des Acquis – Probleme der Registeranmeldung einer Limited nach Ende des Brexit-Übergangszeitraums, IPRax 2021, 357.

Übersicht

I. Systematische Einordnung des Umwandlungsrechts

Verfassungsrechtlich durch Art. 2 Abs. 1 GG und Art. 9 Abs. 1 GG verbürgt, eröffnet die 1
Vereinigungsfreiheit Unternehmen die grundsätzliche Wahlfreiheit unter den gesetzlich zugelassenen Gesellschaftsformen.[1] Dies umfasst auch eine sekundäre Rechtsformwahl und Umstrukturierung mittels Umwandlung. Es besteht daher i. R. der zulässigen Umwandlungsarten und -varianten die Freiheit, sein Unternehmen umzuwandeln, d. h. entweder insbesondere zu verschmelzen, zu spalten oder dessen Rechtsform zu wechseln **(Umwandlungsfreiheit)**.[2] Das bestehende Umwandlungsrecht unterstützt dabei die strukturelle und wirtschaftliche Anpassungsfähigkeit von Unternehmen und trägt zur Stabilisierung und Flexibilisierung der Wirtschaftsordnung bei.[3] In seiner Gesamtheit ermöglicht es eine effiziente Neuordnung rechtlicher und wirtschaftlicher Unternehmensstrukturen, was es zu einem unverzichtbaren Bestandteil des deutschen Rechtssystems macht. Die Möglichkeit, rechtliche Strukturen effizient zu ändern, ohne aufwendige Neugründungen durchführen zu müssen, spart Transaktionskosten und fördert die Allokation von Ressourcen in ihrer produktivsten Verwendung. Die die rechtlichen Rahmenbedingungen vorgebende Basis ist dabei das im Jahr 1995 in Kraft getretene Umwandlungsgesetz **(UmwG)** (siehe zur Historie Rz. 36 ff.). Mittlerweile hat sich das im UmwG geregelte Umwandlungsrecht zu einem „eigenständigen Rechtssystem" verfestigt.[4]

1) *Lieder* in: MünchHdb. GesR, Bd. 8, § 2 Rz. 2.

2) *Petersen* in: KölnKomm-UmwG, § 190 Rz. 4; Semler/Stengel/Leonard-*Zessel/Schwanna*, UmwG, § 190 Rz. 23 Fn. 75.

3) Kraft/Redenius-Hövermann-*Kraft*, UmwR, § 1 Rz. 1.

4) *Beuthien/Helios*, NZG 2006, 369; vgl. auch *Flume* in: KölnKomm-UmwG, Einl. B Rz. 1 – „geschlossenes System".

2 Gleichwohl muss das Umwandlungsrecht als integraler Bestandteil der institutionellen Zivil- und Unternehmensrechtsordnung begriffen, gemessen und ausgestaltet werden.[5] Insofern fordert eine systematische Einordnung des Umwandlungsrechts in das deutsche Rechtssystem eine Betrachtung seiner **Wechselwirkungen** vor allem mit dem Gesellschaftsrecht und dem Zivilrecht (zum Verhältnis zu weiteren (Teil-)rechtsgebieten siehe Rz. 154 ff.).[6] Die allgemeinen zivil- oder gesellschaftsrechtlichen Normen können dabei ggf. zum einen durch die im UmwG enthaltenen Spezialvorschriften verdrängt werden,[7] aber in Abhängigkeit vom Themenkomplex auch ergänzend neben diese treten.[8] Daher stellt das UmwG gerade kein vollkommen in sich geschlossenes System dar.[9] Wie schon die Gesetzesbegründung zum UmwG betonte, setzt dieses vielmehr an zahlreichen Stellen die Geltung der zivil- und gesellschaftsrechtlichen Normen, die die verschiedenen Rechtsformen der Unternehmensträger regeln, voraus.[10]

3 Methodisch betrachtet ist das Umwandlungsrecht Bestandteil des **allgemeinen Gesellschaftsrechts,**[11] auch wenn dieses als solches nicht kodifiziert ist. Hintergrund ist, dass es gerade nicht unmittelbar an eine bestimmte Gesellschaftsform als Unternehmensträger anknüpft und damit auch nicht als rein betriebliche Umorganisation zu verstehen ist, sondern dem Grunde nach rechtsformunabhängig als gesellschaftsrechtliche Strukturmaßnahme begriffen wird.[12] Diese grundsätzliche Einordnung darf allerdings nicht darüber hinweg täuschen, dass das UmwG mit mittlerweile mehr als 350 Einzelparagrafen sowie zahlreichen Bezugnahmen durch andere Gesetze eine komplexe **„Materie für Spezialisten"** ist,[13] deren Verständnis und Anwendung in der Praxis und Ausbildung immer wieder Schwierigkeiten bereitet. Dies wird zum einen durch die Vielzahl von Verweisen innerhalb des UmwG selbst als auch auf andere Gesetze (siehe zur entsprechenden Verweistechnik Rz. 63) als auch durch eine grundsätzlich schutzbezogene Auslegung einzelner Normen[14] bestärkt.

4 Als **Bestandteil des Gesellschaftsrechts** ist das Umwandlungsrecht auch **Teildisziplin** dieses.[15] Insofern ist die sachgerechte und rechtssichere Anwendung des UmwG zwingend mit hinreichenden gesellschaftsrechtlichen Kenntnissen verbunden. Dies leuchtet plakativ schon im Hinblick z. B. auf die Norm des § 197 Satz 1 ein, wonach bei einem Rechtsformwechsel die rechtsformspezifischen Gründungsvorschriften auf den Zielrechtsträger der Umwandlung anzuwenden sind. Durch diese immanente Verbindung zwischen Gesellschafts- und Umwandlungsrecht wird aber gleichzeitig auch ersichtlich, dass Letzteres aus systematischer Sicht stets „plausibel" sein muss,[16] d. h. die gesellschaftsrechtlichen Grundwertungen der einzelnen Rechtsformen durch die Bestimmungen des UmwG und

5) *K. Schmidt*, ZGR 1990, 580, 583.

6) *Schöne*, Die Spaltung unter Beteiligung von GmbH, S. 9.

7) BGH, Urt. v. 21.2.2014 –V ZR 164/13, ZIP 2014, 776.

8) *Ganske*, WM 1993, 1117, 1119; *Schwarz*, DStR 1994, 1694, 1697.

9) OLG Stuttgart, Beschl. v. 14.10.2010 – 20 W 16/06, ZIP 2010, 2404.

10) Begr. Fraktionsentwurf UmwBerG, BT-Drucks. 12/6699, S. 80.

11) *K. Schmidt*, Die Personengesellschaft als Rechtsträger, in: Personengesellschaft und Bilanzierung. Vorträge und Diskussionen, IDW-Symposium „Personengesellschaften", 1989, S. 41, 42; *Böttcher* in: NK-UmwG, Einl. Rz. 27; *Haberer/Krejci*, GesR AT, S. 258.

12) So bereits *W. Flume*, DB 1967, 2050; zuletzt auch *Flume* in: KölnKomm-UmwG, Einl. B Rz. 34; *Willemsen* in: Willemsen/Hohenstatt/Schweibert/Seibt, Umstrukturierung und Übertragung von Unternehmen, Kap. 2 Rz. 81.

13) *Bayer*, ZIP 1997, 1613, 1626.

14) Vgl. OLG Stuttgart, Beschl. v. 14.10.2010 – 20 W 16/06, ZIP 2010, 2404; Lutter-*Drygala*, UmwG, § 1 Rz. 35.

15) *K. Schmidt*, GesR, § 12 I. 1. a).

16) *K. Schmidt*, ZGR 1990, 580, 587.

deren Auslegung grundsätzlich nicht vorbehaltlos unterlaufen werden dürfen. Auch dies darf indes wiederum nicht dergestalt verstanden werden, dass umwandlungsrechtliche Abweichungen vom rechtsformspezifischen Gesellschaftsrecht verboten wären. Vielmehr hat sich der Gesetzgeber mit der Einführung eines eigenständigen Umwandlungsgesetzes bewusst dafür entschieden, aus zweckbezogenen Erwägungen bestimmte Normen z. B. des GmbHG oder AktG i. R. von Umwandlungsmaßnahmen unangewendet zu lassen.[17)] Zudem können allgemeine gesellschaftsrechtliche Normen durch die im UmwG enthaltenen **Spezialvorschriften** verdrängt werden.[18)] Dies zwingt stückweise zu einem gesellschaftsrechtlichen Umdenken,[19)] was so weit geht, dass auch bei der **Auslegung** von Rechtsbegriffen innerhalb des UmwG nicht unbenommen auf dieselben Bezeichnungen in rechtsformspezifischen Gesetzen (z. B. des AktG)[20)] Rückgriff genommen werden darf.[21)] Enthält oder fordert das Umwandlungsrecht hingegen im Einzelfall keine abweichende Betrachtung, ist grundsätzlich von der Terminologie und der Geltung der allgemeinen Regelungen auch bei Umwandlungen auszugehen.[22)] Gerade dieses mittels Auslegung zu ermittelndes Verhältnis macht das UmwG aber teilweise gerade undurchsichtig.

Neben dem Gesellschaftsrecht gilt das Umwandlungsrecht auch als **„Sondermaterie des Zivilrechts“**[23)].[24)] Dies schon allein deswegen, da auch das Gesellschaftsrecht als solches als entsprechendes Sonderprivatrecht gilt.[25)] Einerseits werden daher zivilrechtliche Bestimmungen durch die spezialgesetzlichen Vorgaben des UmwG verdrängt oder modifiziert. Es besteht ein grundsätzlicher Vorrang der Umwandlungsfreiheit vor zivilrechtlichen Instituten des BGB.[26)] Eindrucksvoll zeigt sich dies bei der Einzelrechtsnachfolge des § 399 Alt. 2 BGB, die einen rechtsgeschäftlichen Einzelakt voraussetzt sowie der damit zusammenhängenden Zustimmung nach § 415 BGB. Die verdrängend anwendbare Universalsukzession des UmwG[27)] weicht bewusst hiervon ab und bestimmt im Gegensatz eine weitreichende **Gesamtrechtsnachfolge** (siehe dazu Rz. 70) sowie die Obsoletheit einer Vertragspartnerzustimmung. Dadurch wird es Gesellschaften ermöglicht, auf Basis der Privatautonomie ihre rechtliche Struktur frei zu gestalten. 5

Andererseits werden dort, wo keine umwandlungsrechtlichen Sonderregelungen bestehen oder erforderlich sind, die allgemein-zivilrechtlichen Wertungen zur Anwendung gebracht. So setzt die Durchführung einer Strukturmaßnahme nach dem UmwG voraus, dass es sich bei einer Umwandlung im Grunde um ein **Rechtsgeschäft** handelt,[28)] welches ein Grundlagendokument als Basis besitzt.[29)] Im Kontext des UmwG wird dieses Dokument[30)] – in Abhängigkeit von der jeweiligen (nationalen oder grenzüberschreitenden) Um- 6

17) S. z. B. § 29 Abs. 1 Satz 1, § 69 Abs. 1 Satz 1, § 72b Abs. 2, § 207 Abs. 1 Satz 1.

18) BGH, Urt. v. 21.2.2014 – V ZR 164/13, ZIP 2014, 776.

19) *Timm*, NJW 1995, 3209, 3217.

20) So aber wohl *Schöne*, GmbHR 1995, 325 – Aktienrecht als „Maß der Dinge“.

21) *Schnorbus*, WM 2000, 2321, 2328.

22) *Schwarz*, DStR 1994, 1694, 1697.

23) Nicht zwangsläufig, wenngleich überwiegend, auch des Privatrechts; vgl. insofern zur Unterscheidung zwischen Zivil- und Privatrecht *v. Bar*, RabelsZ 88 (2024), 414.

24) *Schwarz*, DStR 1994, 1694, 1698.

25) Vgl. nur *Medicus/Lorenz*, SchuldR II, § 47 Rz. 3.

26) Vgl. *Lamprecht* in: Blaurock, Hdb. Stille Gesellschaft, § 17 Rz. 17.22.

27) In Bezug auf § 399 Alt. 2 BGB vgl. BGH, Urt. v. 22.9.2016 – VII ZR 298/14, ZIP 2016, 2015; in Bezug auf § 415 BGB vgl. Staudinger-*Rieble*, BGB, § 414 Rz. 23.

28) *K. Schmidt*, AcP 191 (1991), 495.

29) Insofern auch zur Auslegung nach den allgemein-zivilrechtlichen Grundsätzen *Wicke* in: BeckOGK-UmwG, § 4 Rz. 8 – zur Verschmelzung; *J. Schmidt* in: MünchHdb. GesR, Bd. 8, § 22 Rz. 100 – zur Spaltung.

30) Eine mündliche Abfassung ist insofern nicht möglich.

wandlungsart als **Vertrag** oder **Plan** bezeichnet. Diese sprachliche Differenzierung basiert zum einen darauf, dass ein „Vertrag" (auch wenn im Kapitalgesellschaftsrecht bei der Einpersonen-Gesellschaft davon abgewichen wird) naturgemäß von mehreren Personen eingegangen wird, während ein „Plan" die originäre Beteiligung nur eines Rechtsträgers fordert. Ist daher (zunächst) nur eine Gesellschaft an der Umwandlung beteiligt, ist die Bezeichnung als Plan die sprachlich passendere. Dies ist in erster Linie bei der Spaltung zur Neugründung (vgl. § 136)[31] sowie dem Rechtsformwechsel der Fall. Da bei einer Verschmelzung zwangsläufig zwei Rechtsträger das Grundlagendokument verabschieden, ist hingegen die Bezeichnung als Vertrag angemessen.

7 Andererseits und davon abweichend ist bei **grenzüberschreitenden** Umwandlungen unabhängig von der Umwandlungsart allerdings generell von einem Plan die Rede (vgl. §§ 307, 322, 335). Diese sprachliche Differenzierung basiert aber überwiegend auf den zugrunde liegenden europäischen Rechtstexten, die in deutscher Sprache jeweils von Plan anstelle von Vertrag sprechen.[32] Der deutsche Gesetzgeber hat daher der Einfachheit halber die **europäischen Formulierungen** übernommen. Vor allem bei einer grenzüberschreitenden Verschmelzung wird der Plan allerdings abweichend von seinem inländischen Pendant[33] von der h. M. nur als gesellschaftsrechtlicher Organisationsakt ohne schuldrechtliche Wirkung charakterisiert.[34] Tiefgreifende praktische Unterschiede folgen hieraus gleichwohl nicht.[35] Insbesondere ist in beiden Fällen eine inhaltliche Einigung der beteiligten Gesellschaften erforderlich.[36] Insofern erscheint eine zwingende Abgrenzung hier nur bedingt nachvollziehbar, vor allem, weil auch ein gemeinsam erstellter und verabschiedeter Plan zumindest quasi- bzw. vorvertragliche Pflichten der Beteiligten begründen kann.

II. Rechtliche Einflussfaktoren auf die Umwandlungspraxis

8 Das praktische Bedürfnis nach unternehmerischen Strukturmaßnahmen in Form von Umwandlungen ist selbstverständlich geprägt von den aus rechtlicher Sicht bestehenden Möglichkeiten dieser und wie sie im Detail ausgestaltet sind, d. h. vor allem, welche rechtlichen Vorgaben hierfür zu beachten sind. Diesbezüglich arbeiten generell die **Gesetzgebung**, die **Wissenschaft** und die **Rechtsprechung** in einem kooperativ-arbeitsteiligen Verhältnis zusammen.[37] Dies gilt im Grundsatz auch für das Umwandlungsrecht.[38] Nicht selten auf Vorbereitungen und Meinungen des (wissenschaftlichen und/oder praxisorientierten) Schrifttums aufbauend, sind die Gesetzgebung und die Rechtsprechung dabei die Treiber der Rechtsfortbildung i. S. von Weiterentwicklung. Neben einem durchaus bestehenden Maß an unternehmerischer Gestaltungsfreiheit haben diese insofern Einfluss auf die Umwandlungspraxis.

1. Gesetzgebung

9 Allgemein gelten im Gesellschafts- und damit auch im Umwandlungsrecht normative Regelungen als „Problemlösungsmodelle".[39] Das bedeutet, dass gesetzliche Vorschriften nicht nur Vorgaben als solche enthalten, sondern auch als **Modelle zur Lösung** spezifischer

31) Vgl. insofern nur *Weiß* in: BeckOGK-UmwG, § 136 Rz. 2.
32) Lutter-*J. Schmidt*, UmwG, § 307 Rz. 10.
33) Vgl. nur *Wicke* in: BeckOGK-UmwG, § 4 Rz. 6; *Leuering* in: KölnKomm-UmwG, § 4 Rz. 5.
34) *Klett* in: BeckOGK-UmwG, § 307 Rz. 11; Lutter-*J. Schmidt*, UmwG, § 307 Rz. 10; Schmitt/Hörtnagl-*Hörtnagl*, UmwG/UmwStG, § 307 UmwG Rz. 5; Kallmeyer-*Biller/Wilk*, UmwG, § 307 Rz. 4; Widmann/Mayer-*Mayer*, UmwR, § 307 UmwG Rz. 17; a. A. *Becker* in: HK-UmwG, § 122c Rz. 5.
35) Vgl. auch *Kappenhagen/Wentz*, WM 2023, 2113, 2115.
36) Schmitt/Hörtnagl-*Hörtnagl*, UmwG/UmwStG, § 307 UmwG Rz. 5.
37) Aus jüngerer Zeit in Bezug auf das Verwaltungsrecht *Hüther*, JZ 2024, 72.
38) Wohl zurückhaltender in Bezug auf das Zivilrecht als Ganzes *v. Bar*, RabelsZ 88 (2024), 414, 421.
39) Zum Gesellschaftsrecht *Fleischer*, ZHR 168 (2004), 673, 674.

Probleme betrachtet werden. Regelungen sind folglich so konzipiert, dass sie auch konkrete gesellschafts- oder wirtschaftsrechtliche Probleme adressieren und deren Lösung ermöglichen. Diese Modelle dienen als Orientierungshilfe für die Praxis, um Konflikte und Herausforderungen, die im Kontext von Umwandlungen auftreten können, strukturiert und rechtssicher zu bewältigen. Zudem ermöglichen sie zum Teil überhaupt erst die Durchführung einer angedachten Umwandlung. Zu Recht ist daher auch von einer gesetzlich geprägten **„Vereinfachungsfunktion"** des Umwandlungsrechts die Rede.[40] Grundlegende Voraussetzung dafür ist allerdings – und dies ist teilweise durchaus eine gewisse Schwäche des bestehenden UmwG, dass die entsprechenden gesetzlichen Vorgaben effizient, inhaltlich klar und handlungsleitend sind.[41]

Anders als im Bereich des originären Gesellschaftsrechts (abgesehen des Aktienrechts) ist das Umwandlungsrecht des UmwG wesentlich weniger von dispositiven Regelungen geprägt, sondern diese sind **überwiegend zwingender Natur** (vgl. auch § 1 Abs. 3).[42] Das wird regelmäßig damit begründet, dass das Umwandlungsrecht zu einem großen Teil auch als **Schutzrecht einzelner Share- und Stakeholdergruppen** ausgestaltet ist (siehe dazu im Detail Rz. 95 ff.). Dies wird gleichwohl dadurch relativiert, dass die ergänzende Anwendung des rechtsformspezifischen Gesellschaftsrechts (siehe bereits Rz. 4) auch im umwandlungsrechtlichen Kontext essenziell ist, was wiederum der diesbezüglichen Dispositivität und damit der Gestaltungsfreiheit der Beteiligten entsprechend Raum gibt (siehe auch Rz. 15). Insofern lässt sich durchaus feststellen, dass dem Umwandlungsrecht als Ganzes[43] ein gewisser Zwiespalt innewohnt, indem es auf der einen Seite durch zwingende Verfahrensregelungen den Schutz der Betroffenen und des Rechtsverkehrs sicherstellen will, und auf der anderen Seite Unternehmensumwandlungen i. R. einer **Ermöglichungsfunktion** der Gestaltungsfreiheit der handelnden Personen unterwirft. Im Ergebnis sollte diese Diskrepanz aber auch nicht übermäßig betont werden, da sie letztlich ein bereits aus dem allgemeinen Gesellschafts- und Unternehmensrecht bekannte Herangehensweise gesetzlicher Regelsetzung ist.[44] Aus praktischer Perspektive ist sie vielmehr hinzunehmen und jeweils einzelfallbezogen zu betrachten. 10

2. Umwandlungsbezogene Rechtsprechung

Wie das rechtsformspezifische Gesellschaftsrecht[45] ist auch das Umwandlungsrecht als dessen Spezialgebiet in einem nicht unerheblichen Maß **von Rechtsprechung geprägt.**[46] Inwiefern und -weit die Rechtsprechung dabei ihre gerichtlichen Ausführungen überwiegend eher auf Meinungen und Erörterungen aus dem gesellschafts- und umwandlungsrechtlichen Schrifttum stützt oder doch eigene (originäre) Erkenntnisse entwickelt, kann hier nicht weiter dargestellt werden; ein interessantes Forschungsdesiderat wäre es indes. Zumindest ein spürbares „Auseinanderfallen der Meinungen" zwischen Rechtsprechung und Schrifttum bzw. Wissenschaft ist im Umwandlungsrecht bisher nicht offenkundig. 11

---

40) Kraft/Redenius-Hövermann-*Kraft*, UmwR, § 1 Rz. 7.

41) Allg. *Noll*, Gesetzgebungslehre, S. 146 ff.

42) Vgl. nur Kallmeyer-*Oppenhoff*, UmwG, § 1 Rz. 22; *Böttcher* in: NK-UmwG, Einl. Rz. 51.

43) Also nicht nur i. R. des UmwG.

44) Vgl. auch *Fleischer*, ZHR 168 (2004), 673, 692.

45) Vgl. z. B. *Fleischer*, ZIP 2018, 605; *Fleischer/Wedemann*, AcP 209 (2009), 597; *Goette*, ZGR 2008, 436; *Henze*, ZHR 172 (2008), 127; *K. Schmidt*, NJW 2000, 2927; *Roesener*, NZG 2023, 9; zur Entwicklung des Gesellschaftsrechts im Hinblick auf die Rolle der Rspr. auch *Benz*, Symbiotische Gesellschaftsrechtsentwicklung.

46) Vgl. in diesem Zusammenhang die dargestellten Entscheidungen Nr. 88–92 in *Lieder/Bialluch*, Handels- und Gesellschaftsrecht in 100 Leitentscheidungen, S. 731 ff.

12 Auch im Umwandlungsrecht kommen der Rechtsprechung grundsätzlich verschiedene Funktionen zu. Sie besitzt zunächst die Funktion und Aufgabe der **Auslegung** von Normen bzw. Bestimmungen des UmwG. Die Rechtsprechung (insbesondere des BGH und der Oberlandesgerichte) trägt hierbei auch im umwandlungsrechtlichen Kontext nicht unerheblich zu dessen Weiterentwicklung bei, indem sie Gesetzeslücken schließt und unklare Regelungen präzisiert. Weiterhin kommt der Rechtsprechung im Einzelfall eine **Rechtsfortbildungsfunktion** zu.[47)] Das Analogieverbot des § 1 Abs. 2 schließt eine etwaige analoge Anwendung als Rechtsfortbildung dabei zumindest nicht per se aus (siehe § 1 Rz. 61 [*Stiegler*]). Beispielhaft sei nur die Geltung des Klageausschlusses nach § 210 auch in Bezug auf abfindungswertbezogene Informationsmängel[48)] genannt. Wie i. R. der Auslegung trägt die Rechtsprechung dabei zur Weiterentwicklung des Umwandlungsrechts bei. Teleologische Reduktionen von Normen des UmwG bejahte die Rechtsprechung bislang darüber hinaus kaum, obwohl das Schrifttum hier durchaus an verschiedensten Stellen – jedoch zumeist streitig – Vorschläge unterbreitet.[49)]

13 Neben der Auslegungs- und Fortbildungsfunktion kommt der Rechtsprechung im Umwandlungsrecht zuweilen auch eine gewisse **Ergänzungsfunktion** zu, insbesondere dort, wo der Gesetzgeber bewusst eigentlich regelungsbedürftige Aspekte ungeregelt und insofern der Judikatur überlässt.[50)] Gekennzeichnet ist dies dadurch, dass vor allem in den Gesetzesbegründungen zum UmwG 1994 an verschiedenen Stellen sich der Passus findet, dass eine „Entscheidung […] der Rechtsprechung überlassen bleiben [soll]“.[51)] Ist Bezugspunkt dabei – wie nicht selten – ein (unbestimmter) Begriff innerhalb einer Norm, führt dies freilich zur bereits dargestellten Auslegung (siehe Rz. 12) dieses Begriffs. Häufig nimmt die Rechtsprechung diesen Regelungsauftrag sodann mit der Zeit auch an, so z. B. in Bezug auf den Begriff der Offensichtlichkeit in § 16 Abs. 3 Satz 2 Nr. 1.[52)]

14 Auswahl der **relevantesten Gerichtsentscheidungen** mit umwandlungsrechtem Bezug **seit** Beginn des Jahres **2023** im Überblick:

Entscheidung	**Kernaussage (bzgl. des UmwG)**	**Referenz**
OLG München, Beschl. v. 22.5.2024 – 34 Wx 71/24e, ZIP 2024, 1395	Eine GbR kann sich nur an einer Verschmelzung beteiligen, wenn sie bereits im Gesellschaftsregister eingetragen ist.	§ 3 Rz. 8
BGH, Beschl. v. 19.9.2023 – II ZB 15/22, ZIP 2023, 2356	Die Vorschriften des UmwG kommen nicht analog auf eine Vereinigung von Sparkassen zu Anwendung.	§ 1 Rz. 59 § 16 Rz. 6
OLG Düsseldorf, Beschl. v. 2.2.2023 – I-3 Wx 22/22, NZG 2023, 757	Es bedarf keines Verschmelzungsberichts bei einer grenzüberschreitenden Konzernverschmelzung, wenn alle Gesellschaften arbeitnehmerlos sind und die Anteilsinhaber des übernehmenden Mutterunternehmens auf die Erstellung verzichten.	§ 309 Rz. 27

47) Allg. zum Gesellschaftsrecht *Habersack* in: FS Canaris, S. 813, 824; Staudinger-*Lieder*, Eckpfeiler des Zivilrechts, R1.

48) S. BGH, Urt. v. 18.12.2000 – II ZR 1/99, ZIP 2001, 199.

49) Diskutiert wird z. B. eine Reduktion der spaltungsbedingten Schutzvorschrift des § 133 Abs. 1 im Insolvenzplanverfahren, vgl. dazu *Simon/Brünkmans*, ZIP 2014, 657 ff.

50) Allg. *Schütze* in: FS Prütting, S. 131, 136.

51) S. z. B. Begr. Fraktionsentwurf UmwBerG, BT-Drucks. 12/6699, S. 89, 100, 106.

52) Vgl. OLG Stuttgart, Beschl. v. 26.11.2007 – 20 W 8/07, AG 2008, 464; OLG Schleswig, Beschl. v. 15.10.2007 – 5 W 50/07, ZIP 2007, 2162; OLG Jena, Beschl. v. 5.11.2008 – 6 W 288/08, AG 2009, 582.

BayObLG, Beschl. v. 9.2.2024 – 101 W 169/23, NZG 2024, 733	§ 85 stellt eine „Sonderregelung" zu §§ 14 Abs. 1, § 15 Abs. 1 dar. Bei Genossenschaften gibt das Geschäftsguthaben i. R. des § 85 nicht den vollen Vermögenswert der Mitgliedschaft wieder, sondern spiegelt den Wertanteil am Genossenschaftsvermögen vielmehr „nur sehr begrenzt" wider.	§ 14 Rz. 21 § 85 Rz. 1
KG Berlin, Beschl. v. 25.9.2023 – 12 AktG 3/23, NZG 2024, 352	Im Rahmen des Freigabeantrags nach § 16 Abs. 3 muss der Antragsgegner auch dann seine Mindestbeteiligung fristgemäß nachweisen, wenn das Erreichen des Quorums unstreitig ist. Die Auslagepflicht nach § 63 Abs. 1 Satz 1 Nr. 1, § 125 Abs. 1 Satz 1 Nr. 3 sind auch dann erfüllt, wenn der Beschluss zu einem abgeänderten Vertragstext gefasst wird.	§ 16 Rz. 43 § 63 Rz. 14 § 125 Rz. 20
OLG Düsseldorf, Beschl. v. 12.1.2024 – 3 Wx 181/23, NZG 2024, 639	Die Verschmelzung einer GmbH kann nur dann im Handelsregister eingetragen werden, wenn eine im Zeitpunkt der Handelsregisteranmeldung bereits existente Schlussbilanz des zu übertragenden Rechtsträgers vorliegt. Ob die Bilanz dem Registergericht bereits mit der Anmeldung vorgelegt oder nachgereicht wird, ist unerheblich.	§ 17 Rz. 38
OLG Schleswig, Urt. v. 6.3.2024 – 9 U 11/23, NZG 2024, 553	Durch die Verschmelzung tritt die übernehmende Gesellschaft hinsichtlich sämtlicher Verträge, die von der übertragenden Gesellschaft geschlossen wurden, als Partei an deren Stelle. Der übernehmende Rechtsträger erlangt aus der Universalsukzession keine andere, insbesondere keine bessere Rechtsposition, als sie der übertragende Rechtsträger innehatte. Ferner gewährt § 23 lediglich einen schuldrechtlichen Anspruch auf Gewährung gleichwertiger Rechte.	§ 20 Rz. 38 § 23 Rz. 33
OLG München, Beschl. v. 21.11.2023 – 17 U 2817/23e, 17 W 1372/23e	Die verschmelzungsrechtliche Gesamtrechtsnachfolge umfasst sämtliche Vermögensmassen, sodass im Zuge des Wirksamwerdens der Umwandlung keine zwei solcher bestehen können.	§ 20 Rz. 8
BGH, Beschl. v. 8.11.2023 – VII ZB 20/20, MittBayNot 2024, 298 = NZG 2024, 641	Bei einer (Gesamt-)Rechtsnachfolge durch Verschmelzung ist diese zunächst im Register des Sitzes des übertragenden Rechtsträgers und sodann in das Register des Sitzes des übernehmenden Rechtsträgers einzutragen (§§ 2, 19 Abs. 1, § 20 Abs. 1).	§ 20 Rz. 50
BGH, Beschl. v. 24.5.2023 – VII ZB 69/21, ZIP 2023, 1640	Bei einer (Gesamt-)Rechtsnachfolge durch Verschmelzung ist diese zunächst im Register des Sitzes des übertragenden Rechtsträgers und sodann in das Register des Sitzes des übernehmenden Rechtsträgers einzutragen (§§ 2, 19 Abs. 1, § 20 Abs. 1).	§ 20 Rz. 50
OLG Brandenburg, Urt. v. 8.11.2023 – 7 U 102/22	Sowohl Genussrechte als auch stille Beteiligungen stellen Sonderrechte i. S. des § 23 dar, da sie keine Stimmrechte gewähren, aber eine Gewinnbeteiligung vorsehen.	§ 23 Rz. 27
BGH, Beschl. v. 31.1.2024 – II ZB 5/22, NZG 2024, 935	Die Angemessenheit einer anzubietenden Barabfindung kann bei börsennotierten Unternehmen allein auf den Börsenkurs gestützt werden kann, wenn dieser eine verlässliche Aussage über den Verkehrswert erlaubt.[53)]	§ 30 Rz. 4 f. § 313 Rz. 14

53) Zur Anwendbarkeit auf Umwandlungsfälle *Herfs*, AG 2024, 653 (Urteilsanm.).

OLG Karlsruhe, Beschl. v. 16.4.2024 – 12 W 27/23, NZG 2024, 1178	Eine Barabfindung gemäß § 62 Abs. 5 i. V. m. § 327a Abs. 1 Satz 1 AktG ist nur dann angemessen, wenn dem ausscheidenden Aktionär eine volle Entschädigung im Verhältnis zum vollen Wert seiner Beteiligung am Unternehmen gewährt wird. Dabei gilt der Börsenwert der Aktie als Untergrenze, der sich nach dem Durchschnittskurs innerhalb einer dreimonatigen Referenzperiode vor Bekanntmachung der beabsichtigten Verschmelzung bestimmt.	§ 62 Rz. 81
OLG Frankfurt/M., Beschl. v. 9.2.2024 – 21 W 129/22, ZIP 2024, 822	Bei einem verschmelzungsrechtlichen Squeeze-out nach § 62 Abs. 5 kann im Fall hinreichender Marktliquidität der Börsenkurs im Einzelfall auch dann zur Bestimmung des inneren Wertes des Gesellschaftsanteils herangezogen werden, sofern ein knappes Jahr vor dem Bewertungsstichtag ein öffentliches Übernahmeangebot abgegeben worden ist und eine überschlägige Ertragswertberechnung keinen höheren inneren Wert nahelegt.	§ 62 Rz. 81
OLG Celle, Beschl. v. 13.6.2024 – 9 W 37/24, NZG 2024, 1041	Eine Kapitalerhöhung einer GmbH mit Aufnahme eines ausgegliederten Einzelunternehmens als Sachagio ist nicht möglich, wenn entgegen § 126 Nr. 2 für das Sachagio keine Anteile oder Mitgliedschaften am aufnehmenden Unternehmen gewährt werden.	§ 126 Rz. 32
EuGH, Urt. v. 29.7.2024 – Rs. C-713/22 (LinaNova), BB 2024, 1857	Art. 137 Abs. 3 Unterabs. 2 der Gesellschaftsrechts-Richtlinie gilt auch für im Spaltungsplan/-vertrag nicht zugeteilte „vergessene" Passiva. Dies umfasst wiederum u. a. Sanierungskosten und Umweltschäden, wofür sodann eine gesamtschuldnerische Haftung der beteiligten Rechtsträger besteht.	§ 126 Rz. 68
OLG München, Urt. v. 9.4.2024 – 9 U 4221/23 Bau e, MDR 2024, 894	Bei einer spaltungsrechtlichen Ausgliederung handelt es sich in Aktivprozessen um eine Rechtsnachfolge i. S. von § 265 ZPO mit der Folge, dass diese auf einen laufenden Prozess keinen Einfluss hat.	§ 131 Rz. 41
OLG Düsseldorf, Urt. v. 2.3.2023 – 5 U 1/22 (Kart)	Schuldrechtliche Beziehungen bestehen nach einem Formwechsel unverändert fort. Der Formwechsel hat daher keinen Einfluss auf gesetzliche Unterlassungsansprüche, z. B. aufgrund energiewirtschafts- oder wettbewerbsrechtlicher Verstöße.	§ 202 Rz. 13
BGH, Beschl. v. 31.1.2023 – II ZR 11/22, NZG 2023, 1031	Auch die (nachträgliche) Nichtigkeit des zugrunde liegenden Formwechselbeschlusses wird durch die Eintragung der Umwandlung gemäß § 202 Abs. 3 geheilt.	§ 202 Rz. 54
OLG München, Urt. v. 31.7.2024 – 7 U 4535/22	Bei einem Formwechsel einer AG in eine GmbH ist in der Regel von einem Ende der Organstellung der vormaligen Vorstandsmitglieder auszugehen.	§ 202 Rz. 19
BAG, Urt. v. 21.3.2024 – 2 AZR 113/23, MDR 2024, 1132	Eine Stiftung des öffentlichen Rechts ist nach den Vorgaben des UmwG nicht umwandlungsfähig.	§ 301 Rz. 27
LG Itzehoe, Urt. v. 31.1.2023 – 5 HKO 22/22	Bei einer stillen Gesellschaft handelt es sich nicht um mit Sonderrechten ausgestatteten Gesellschafter i. S. von § 122c Abs. 2 Nr. 7 a. F. Vielmehr handelt es sich um eine rein schuldrechtlich wirkende wechselseitige Verpflichtung zur Verfolgung eines gemeinsamen Zwecks zwischen dem Kaufmann und dem stillen Gesellschafter.	§ 307 Rz. 36

OLG Karlsruhe, Beschl. v. 24.4.2024 – 1 W 40/23 (Wx), NZG 2024, 1189	Ein grenzüberschreitender Formwechsel nach §§ 333 Abs. 1, 334 Satz 1 Nr. 1 liegt auch dann vor, wenn die betreffende Gesellschaft ursprünglich zwar in einen Drittstaat gegründet, aber nachfolgend aufgrund Umwandlung als Gesellschaftsform eines EU-Staates firmiert.	§ 321 Rz. 13 § 334 Rz. 12
LAG Düsseldorf, Beschl. v. 7.12.2023 – 3 Ta 273/23, NZG 2024, 496	Eine Umwandlung führt nicht zur Vertragsumwandlung eines Arbeitsverhältnisses in ein freies Geschäftsführer-Dienstverhältnis eines ehemaligen Arbeitnehmers.	§ 35a Rz. 82
LAG Berlin-Brandenburg, Urt. v. 17.11.2023 – 12 Sa 418/23, NZA-RR 2024, 239	Eine Verschmelzung führt regelmäßig zu einem Betriebsübergang nach § 613a BGB, wobei der übernehmende Rechtsträger i. R. der Gesamtrechtsnachfolge neue Beklagte bei einer etwaigen Kündigungsschutzklage wird.	§ 35a Rz. 83
KG, Beschl. v. 11.11.2024 – 22 W 48/24, NZG 2025, 618	Es steht der Eintragung der Verschmelzung zweier Partnerschaftsgesellschaften nicht entgegen, wenn die übernehmende Partnerschaftsgesellschaft einzige Gesellschafterin der übertragenden GmbH ist. Ist der übernehmende Rechtsträger als Personen- oder Partnerschaftsgesellschaft an einem übertragenden Rechtsträger beteiligt, erwirbt er im Zuge der Verschmelzung keine Gesellschafterstellung im übernehmenden Rechtsträger und damit an sich selbst.	§ 20 Rz. 64 § 45a Rz. 4
KG, Beschl. v. 18.2.2025 – 22 W 64/24, NZG 2025, 615	Die einer Abspaltung zugrunde liegende Schlussbilanz muss zum Zeitpunkt der Anmeldung jedenfalls aufgestellt und festgestellt sein. Die nach § 17 Abs. 2 notwendige Bilanz irgendwann nachzureichen, genügt nicht.	§ 17 Rz. 44
BGH, Beschl. v. 18.3.2025 – II ZB 1/24, ZIP 2025, 1721	Die nach § 17 Abs. 2 Satz 1 der Anmeldung einer Umwandlung beizufügende Schlussbilanz des übertragenden Rechtsträgers kann auch nachgereicht werden, sofern dies zeitnah nach der Anmeldung geschieht. Das gilt unabhängig davon, ob die nachgereichte Schlussbilanz im Zeitpunkt der Anmeldung bereits erstellt war.	§ 17 Rz. 44
BGH, Beschl. v. 18.3.2025 – II ZB 7/24, ZIP 2025, 1325	Geschäftsguthaben i. S. von § 85 Abs. 2 ist der Nominalwert der Beteiligung des Mitglieds an der Genossenschaft, d. h. der bilanziell auszuweisende Betrag, den das Mitglied tatsächlich auf den oder die Geschäftsanteile eingezahlt hat, zu- bzw. abzüglich etwaiger Gewinn- oder Rückvergütungsgutschriften und Verlustabschreibungen.	§ 85 Rz. 8
BGH, Urt. v. 3.6.2025 – II ZR 156/23, BeckRS 2025, 12768 bzw. BGH, Urt. v. 15.7.2025 – II ZR 132/23, BeckRS 2025, 17776	Ein Verstoß gegen § 23 kann zu einen Schadensersatzanspruch des Betroffenen gemäß § 280 Abs. 1 BGB führen, da durch die insofern rechtswidrige Verschmelzung ein Schaden zugefügt wurde. Hinsichtlich der Schadenshöhe ist aber auch insoweit in den Blick zu nehmen, in welcher Höhe das Anlagekapital tatsächlich von Verlusten aufgezehrt worden ist.	§ 23 Rz. 38

KG Berlin, Beschl. v. 16.6.2025 – 22 W 11/25, BeckRS 2025, 15464	Wenn das vom Einzelkaufmann betriebene Unternehmen nach § 152 S. 1 aus dessen Vermögen ausgegliedert und durch eine bestehende GmbH übernommen werden soll, ist bei der GmbH grundsätzlich das Kapital zu erhöhen, um dem ausgliedernden Einzelkaufmann eine wertentsprechende Beteiligung an der GmbH zukommen zu lassen. Die Notwendigkeit einer Kapitalerhöhung ist allerdings nicht zwingend. Der Berechtigte kann auf sie verzichten.	§ 152 Rz. 35
OLG Dresden, Urt. v. 18.9.2025 – 12 U 178/25, BeckRS 2025, 38865	Der Wirksamkeit des Übergangs eines Mietvertrages auf Vermieterseite auf einen anderen Rechtsträger im Wege der Ausgliederung nach §§ 123 Abs. 1, 131 steht nicht entgegen, dass der Mieter dazu nicht seine Zustimmung erklärt hat.	§ 131 Rz. 25
OLG Frankfurt/M., Beschl. v. 15.9.2025 – 6 W 115/25, 6 U 60/18, ZIP 2025, 2557	Übernimmt ein Rechtsträger aufgrund einer Abspaltung zur Aufnahme einen Betriebsteil, wird er dadurch in Bezug auf eine titulierte gesetzliche Unterlassungspflicht des übertragenden Rechtsträgers nicht dessen Rechtsnachfolger i. S. v. § 727 Abs. 1 ZPO. Hieran ändert die gesamtschuldnerische Haftung der an der Spaltung beteiligten Rechtsträger gem. § 133 Abs. 1 nichts.	§ 133 Rz. 47

3. Vertrags- und Gestaltungsfreiheit

15 Auch wenn nur in eingeschränktem Umfang, spielt im Umwandlungsrecht schließlich die privatautonome Gestaltungsfreiheit eine Rolle. Dies umfasst neben der Frage, ob überhaupt eine entsprechende Umstrukturierung durchgeführt werden soll, insbesondere Aspekte der Umwandlungsdokumentation i. R. der angedachten Strukturmaßnahme. Zwar spielen auch die Ausgestaltungen der Gesellschaftsverträge/Satzungen der an der Umwandlung beteiligten Rechtsträger teilweise eine Rolle für die Durchführung des jeweiligen Umwandlungsverfahrens, z. B. was spezifische (ergänzende) Zustimmungserfordernisse oder Minderheitenschutzbestimmungen anbelangt, jedoch liegt der vertragsgestalterische Fokus eher auf der **Ausgestaltung des Umwandlungsvertrags-** bzw. **-plans**[54] als Grundlagendokumente der Strukturmaßnahme. Für die Berichtspflichten besteht hingegen ein überwiegend enges gesetzliches Korsett, sodass Abweichungen zum Schutz der Betroffenen nur in eingeschränktem Maß möglich sind. Sind diese allerdings involviert, können sie als Ausfluss der Gestaltungsfreiheit auch auf die Berichtspflicht des Leitungsorgans verzichten (vgl. nur § 8 Abs. 3 Satz 1).

16 Eine Vertrags- und Gestaltungsfreiheit besteht grundsätzlich nur dort, wo die gesetzlichen Regelungen (teilweise) **dispositiv**, d. h. gerade nicht zwingender Natur sind. Aufgrund der weitgehenden Schutzfunktion zahlreicher Regelungen des UmwG (siehe zu den einzelnen Schutzprinzipien Rz. 95 ff.) finden sich ausdrücklich dispositive Bestimmungen allerdings vergleichsweise selten. So scheinen auf der Umwandlungsfreiheit basierende Vorschläge zur Ausgestaltung verschiedener Normen als dispositiv[55] aus systematischer Sicht wenig erfolgversprechend.[56] Dies gilt im Grundsatz auch für Aspekte, wo nicht unmittelbar eindeutig ist, ob eine gesetzliche Regelung zwingender Natur ist oder nicht,

54) Bezeichnung in Abhängigkeit von der jeweiligen Umwandlungsart.

55) Z. B. bei sprachlicher Orientierung an § 45 Abs. 2 GmbHG.

56) Bspw. für eine dispositive Ausgestaltung des Ausschlusses von auf ein unangemessenes Umtauschverhältnis gestützten Klage gegen den Verschmelzungsbericht *Tettinger*, NZG 2008, 93.

denn eine zu umwandlungsfreundliche Auslegung kann eine ungerechtfertigte Einschränkung der Privatautonomie vor allem der betroffenen Anteilsinhaber darstellen.[57]

Im Zusammenhang mit den gestalterischen Freiheiten i. R. von Umwandlungsmaßnahmen 17
sind insbesondere aus praktischer Sicht die an verschiedensten Stellen des UmwG wiederzufindenden **Verzichtsmöglichkeiten** zu nennen. Das Gesetz ermöglicht durchaus zahlreich in unterschiedlichen Konstellationen und unter bestimmten Voraussetzungen auf einzelne Aspekte des Umwandlungsverfahrens zu verzichten.[58] Prominentestes Beispiel ist hierbei wiederum der Verzicht der Anteilsinhaber auf die Erstattung eines Verschmelzungsberichts mittels notariell beurkundeter Erklärung gemäß § 8 Abs. 3 Satz 1. Aber auch sonst kennt das UmwG zahlreiche Verzichtsmöglichkeiten.[59] Selbst der Grundsatz der Anteilsgewährung (siehe dazu Rz. 82) ist rechtsträgerübergreifend disponibel, wenn alle Anteilsinhaber der übertragenden Rechtsträger darauf verzichten.[60]

III. Rechtspraktische Bedeutung von (Unternehmens-)Umwandlungen

Der Gesetzgeber hat mit den umwandlungsrechtlichen Vorschriften einen verfassungs- 18
rechtlich zulässigen Freiraum für die Entfaltung unternehmerischer Initiative geschaffen (siehe bereits Rz. 1).[61] In diesem Sinne trägt das UmwG dem Bedürfnis Rechnung, die rechtlichen Strukturen eines Unternehmens zügig und ohne große formelle und steuerliche Hürden an die wirtschaftlichen **Verhältnisse anzupassen.**[62] Sowohl in Abhängigkeit von der bestehenden als auch im Zuge der Umwandlung geplanten Rechtsform sowie der jeweiligen Umwandlungsart, sind die Beweggründe für die Durchführung einer Umwandlung als Strukturmaßnahme dabei vielschichtig.[63] Unterschiedliche Einflüsse des Wirtschafts- und Rechtsgeschehens führen dazu, dass Unternehmen im größeren Maße als früher Umwandlungsvorgängen unterworfen sind.[64] **Motivation** für die Durchführung einer Umwandlung (nach dem UmwG) sind dabei generell vor allem die Anpassung der betriebswirtschaftlichen Organisationsstruktur, die Organisation eines Konzerns unter Berücksichtigung betriebswirtschaftlicher Notwendigkeiten, steuerorientierte Umstrukturierungen, gesellschaftsrechtlich motivierte Umwandlungen, Umwandlung zur Lösung von Gesellschafterkonflikten, der Einsatz des Umwandlungsrechts zu Sanierungszwecken[65] sowie gewandelte sonstige bilanzielle, ökonomische oder andere Rahmenbedingungen.

Ein wirtschaftliches Bedürfnis für Umwandlungen besteht vor allem in **Konzernsachver-** 19
halten.[66] In der Praxis finden die übertragenden Umwandlungen (insbesondere Verschmelzung und Spaltung) somit regelmäßig i. R. eines Konzerns oder auch in solchen Konstellationen statt, bei dem ein Anteilsinhaber rechtlich oder/und tatsächlich einen herrschenden

57) Vgl. *Rieble*, ZIP 1997, 301, 308; *Heckschen/Weitbrecht* in: Westermann/Wertenbruch, Hdb. Personengesellschaften, Rz. 5360; insofern de lege ferenda für mehr Gestaltungsfreiheit *Bachmann*, NZG 2025, 1171, 1177; die beschränkte Gestaltungsfreiheit hingegen begrüßend Neuhöfer, NZG 2025, 1417, 1420 (Urteilsanm.).

58) Vgl. hierzu auch *Limmer* in: FS Vossius, S. 149 ff.

59) Im Überblick für die Verschmelzung von AGs *Stiegler*, AG 2019, 708, 709 ff.; s. auch *Limmer* in: FS Vossius, S. 149 ff.

60) *Limmer* in: Limmer, Hdb. Unternehmensumwandlung, Kap. 2 Rz. 39.

61) *Weber-Rey/Schütz*, AG 2001, 325, 330; zur Verschmelzung auch OLG Köln, Beschl. v. 22.1.2020 – 18 Wx 22/19, ZIP 2020, 556.

62) BGH, Urt. v. 21.2.2014 – V ZR 164/13, ZIP 2014, 776; vgl. auch *Kuhlmann/Ahnis*, Konzern- und Umwandlungsrecht, § 7 Rz. 995.

63) Vgl. nur *Böttcher* in: NK-UmwG, § 1 Rz. 1; *Lieder* in: MünchHdb. GesR, Bd. 8, § 2 Rz. 1.

64) *Limmer* in: Limmer, Hdb. Unternehmensumwandlung, Kap. 2 Rz. 124.

65) Zu den Motiven für die Durchführung von Umwandlungsmaßnahmen in der Unternehmenskrise *Gontschar*, Umwandlungsmaßnahmen im Insolvenzplanverfahren, S. 69 ff.

66) *Lieder* in: MünchHdb. GesR, Bd. 8, § 2 Rz. 5.

Einfluss auf einen beteiligten Rechtsträger ausüben kann.[67] Hintergrund ist aus rechtlicher Perspektive, dass hierbei ein vereinfachtes Umwandlungsverfahren genutzt werden kann und aus sonstiger (insbesondere steuerlicher und bilanzieller) Sicht eine in der Regel vorteilhafte Holdingstruktur geschaffen werden kann. Aber auch zur Durchführung einer **Unternehmensakquisition** im Wege der Verschmelzung oder Spaltung oder zur Vorbereitung bzw. nachträglichen Umstrukturierung im Zusammenhang mit einem Unternehmenskauf kann eine Umwandlung vorgenommen werden.[68] Als M&A-Maßnahme[69] sind Umwandlungen zudem häufig für Unternehmen in einer Wachstums- oder Transformationsphase von hoher strategischer Bedeutung.[70]

1. Überblick

20 Umwandlungsrecht ist das Recht der „Unternehmensneuorganisation" und Rechtsformänderungen.[71] In der juristischen Praxis und Lehre wird der Begriff der **„Umwandlung"** dabei in der Regel als Oberbegriff für die im UmwG genannten Strukturmaßnahmen verstanden, obwohl dieser Terminus nicht explizit definiert wird. Vielmehr bietet § 1 Abs. 1 Nr. 1 – 4 eine erschöpfende Liste der Strukturänderungen.[72] Zur Spezifizierung der verschiedenen Arten von Umwandlungen ist jeweils auf die entsprechenden Bestimmungen im UmwG Bezug zu nehmen, was sich in diesem Kontext sodann auch in den Motiven und Beweggründen für die jeweilige Umwandlungsart (insbesondere Verschmelzung, Spaltung, Formwechsel) widerspiegelt. Der praktische Vorzug von Umwandlungen liegt in diesem Zusammenhang in der **Kontinuität der Rechtsverhältnisse** des Unternehmens. Sie ergibt sich bei Verschmelzung und Spaltung aus dem Prinzip der **Gesamtrechtsnachfolge**. Der Formwechsel wiederum ermöglicht einen Wechsel der Rechtsform ohne vorherige Auflösung.[73] Gerade die Entbehrlichkeit von Einzelübertragungen im Vergleich zu den allgemeinen schuld- und sachrechtlichen Bestimmungen macht eine Umwandlung nach dem UmwG attraktiv.[74]

21 Wenngleich nicht explizit im UmwG genannt, sind auch **Kombinationen** von den im UmwG bestimmten Umwandlungsarten grundsätzlich denkbar. So ist z. B. eine Kombination von Abspaltung und Ausgliederung in der Weise möglich, dass ein Teil der Anteile an dem übernehmenden Rechtsträger den Anteilsinhabern des übertragenden Rechtsträgers, der andere Teil dagegen dem übertragenden Rechtsträger selbst, gewährt wird.[75] Auch ist eine Kombination von Elementen der Aufspaltung und der Ausgliederung insofern möglich, dass sämtliche Vermögensteile des übertragenden Rechtsträgers auf übernehmende Rechtsträger gegen Gewährung von Anteilen der übernehmenden Rechtsträger an den übertragenden Rechtsträger übergehen.[76] Möglich sind ferner sowohl sog. **Kettenumwandlungen**[77] als auch sog. **Mischumwandlungen.**[78]

67) Vgl. nur *Bayer/J. Schmidt/Hoffmann*, Der Konzern 2012, 225, 228; *Lutter/Timm*, NJW 1982, 409, 413; *Stiegler*, AG 2019, 708 – jeweils zur Verschmelzung.

68) Vgl. nur *Kallmeyer*, DB 2002, 568.

69) Vgl. diesbezüglich zum M&A-Begriff nur *Hopt*, ZHR 186 (2022), 7 ff.

70) *Seibt* in: Hommelhoff/Hopt/Leyens, Unternehmensführung durch Vorstand und Aufsichtsrat, § 20 Rz. 3.

71) Kraft/Redenius-Hövermann-*Kraft*, UmwR, § 1 Rz. 1 f.

72) *Drinhausen/Keinath* in: BeckOGK-UmwG, § 1 Rz. 11.

73) *Teichmann*, NZG 2019, 241, 242.

74) *Schwarz*, DStR 1994, 1694, 1697.

75) Vgl. BGH, Urt. v. 23.2.2021 – II ZR 65/19, ZIP 2021, 738; Lutter-*Lieder*, UmwG, § 123 Rz. 64; Kallmeyer-*Sickinger*, UmwG, § 123 Rz. 13.

76) *Kallmeyer*, DB 1995, 81, 83; a. A. *Mayer*, DB 1995, 861.

77) OLG Hamm, Beschl. v. 19.12.2005 – 15 W 377/05, GmbHR 2006, 255; Widmann/Mayer-*Heckschen*, UmwR, § 1 UmwG Rz. 406.5; Semler/Stengel/Leonard-*Stengel*, UmwG, § 1 Rz. 69; *Knaier*, NZG 2025, 893, 897 (Urteilsanm.); *Heckschen*, DNotZ 2026, 78, 79; i. Erg. auch *Wicke* in: BeckOGK-UmwG, § 5 Rz. 132 ff.; ausf. zu sog. Kettenumwandlungen, *Redler*, Kettenumwandlungen.

78) *Lieder* in: MünchHdb. GesR, Bd. 8, § 4 Rz. 11.

2. Verschmelzung

Die **Motive und Beweggründe** für die Durchführung einer Verschmelzung (vgl. § 2) als Umwandlungsmaßnahme sind zahlreich. Da Verschmelzungen typischerweise innerhalb eines Konzerns stattfinden, ist die entsprechende Umwandlung häufig der Abschluss eines bereits andauernden Konzernierungsprozesses und dient insofern der **Vereinfachung von Konzernstrukturen**.[79] Dabei ist neben rechtlichen Erwägungen eine **Bündelung von Ressourcen** oftmals ausschlaggebend. Eine solche Konzentration von Ressourcen kann auf bestimmten Märkten von erheblichem Vorteil sein, sei es, weil durch die Verschmelzung eine Machtstellung zur Sicherung des Absatz- oder Beschaffungsmarktes erlangt wird, sei es, weil sich die Finanzierungsbasis erweitert. Weitere Motive sind z. B. die gemeinsame Verwertung von Patenten, die Vereinheitlichung von Abläufen, die Komplementierung von Ressourcen und somit leichtere Durchführung des Produktionsprogrammes, eine unternehmerische Neuausrichtung oder die leichtere Durchführung von Rationalisierungsmaßnahmen.[80] All diese Motive werden dabei maßgebend mit dem Vorteil der umwandlungsrechtlichen Universalsukzession verbunden, da es gerade keiner separaten Übertragung von Vermögensgegenständen sowie keiner etwaigen Zustimmung von Gläubigern bedarf (siehe bereits Rz. 5).[81] 22

In der Praxis werden (Konzern-)Verschmelzungen auch regelmäßig dazu verwendet, um **(Tochter-)Gesellschaften** schnell und **unkompliziert aufzulösen**. Denn gemäß dem umwandlungsgesetzlichen Leitbild erlöschen die übertragenden Rechtsträger einer Verschmelzung im Zuge deren Wirksamwerdens liquidationslos (vgl. § 20 Abs. 1 Nr. 2). Eines vor allem für Handelsgesellschaften aufwendigen Liquidations- und Beendigungsverfahren und ggf. der Einhaltung des sog. Sperrjahres bedarf es somit nicht. Für Verschmelzungen einer Tochter- auf ihre Muttergesellschaft kann unter Nutzung der umwandlungsrechtlichen Vereinfachungen für Konzernverschmelzungen in Kombination mit verschiedenen Verzichtsmöglichkeiten ein zügiger und in der Regel einfacher Prozess der Beendigung von (zahlreichen) Gesellschaften vollzogen werden. 23

3. Spaltung

Die Spaltung als **„Gegenstück"** zur Verschmelzung[82] ist zunächst ebenfalls geprägt von der (partiellen) Universalsukzession im Vergleich zur zivilrechtlichen Einzelrechtsübertragung. Die Spaltung dient dabei sowohl als Strukturänderung für den übertragenden Rechtsträger als auch als Akt der Vermögensübertragung zum übernehmenden oder neu zu gründenden Rechtsträger.[83] Speziell eine nicht-verhältniswahrende Abspaltung (siehe dazu auch Rz. 84 f.) kommt ferner als Gestaltungsinstrument i. R. von Unternehmenszusammenschlüssen zum Tragen.[84] 24

Darüber hinaus lassen sich die Motive für eine Spaltung im **Überblick** wie folgt darstellen:[85] 25

- Dekonzernierung und insofern Gegenteil zur Verschmelzung;
- Umstrukturierung von Konzernen;[86]

---

79) *Lieder* in: MünchHdb. GesR, Bd. 8, § 2 Rz. 14.

80) *Sagasser* in: Sagasser/Bula, Umwandlungen, § 8 Rz. 1.

81) *Lieder* in: MünchHdb. GesR, Bd. 8, § 2 Rz. 8.

82) Statt vieler *Kallmeyer*, ZIP 1994, 1746, 1748; *Schwarz*, DStR 1994, 1694, 1699; vgl. auch *J. Schmidt* in: MünchHdb. GesR, Bd. 8, § 20 Rz. 2 – „Spiegelbild zur Verschmelzung"; ebenso *Teichmann*, ZGR 1993, 396; *Hirte*, ZInsO 2004, 419, 420.

83) *Teichmann*, ZGR 1993, 396, 398.

84) *Nagel/Thies*, GmbHR 2004, 83; speziell in Bezug auf Immobilien-GbR im Zuge des MoPeG auch *Röder/Schollmeyer*, ZPG 2024, 241, 243.

85) Detaillierter Überblick auch bei Widmann/Mayer-*Weiler*, UmwR, § 123 UmwG Rz. 13.

86) *Lieder* in: MünchHdb. GesR, Bd. 8, § 2 Rz. 26; Widmann/Mayer-*Weiler*, UmwR, § 123 UmwG Rz. 14.

- Isolierung von Haftungsrisiken;
- Vorbereitung der Veräußerung von Unternehmensteilen;[87)]
- Lösung von familien- oder erbrechtlichen Streitigkeiten;[88)]
- „Rückgängigmachung" fehlerhafter/erfolgloser Verschmelzungen;[89)]
- Verminderung der Publizität durch Veränderung der Größenklassen eines Unternehmens.[90)]

4. Formwechsel

26 Schon aufgrund der verschiedensten Formwechselvarianten, die das UmwG anbietet, insbesondere zwischen Kapitalgesellschaften, einer Personen- in eine Kapitalgesellschaft oder umgekehrt, sind die Motive für einen **identitätswahrenden Wechsel** der Rechtsform vielseitig und in der Regel abhängig von den Grundstrukturen der jeweiligen Gesellschaftsformen. Ausgangspunkt ist insofern die Unterschiedlichkeit des bestehenden Ausgangs- vom Zielrechtsträger des Formwechsels und damit die (vermeintliche) Vorteilhaftigkeit des Letzteren gegenüber Ersteren. Wird folglich aus unternehmerischer und/oder rechtlicher Sicht die **Gesamtvorteilhaftigkeit** einer Rechtsform gegenüber der derzeit bestehenden ausgemacht, ist eine formwechselnde Umwandlung bei Identität des Rechtsträgers in Betracht zu ziehen. Nicht primär rechtliche Beweggründe sind dabei vor allem eine geordnete Nachfolgeplanung, die Neuausrichtung des Unternehmens sowie die Erlangung neuer Finanzierungsmittel und -möglichkeiten.[91)] Auch steuerliche Motive spielen insbesondere beim Formwechsel einer Kapital- in eine Personengesellschaft eine wichtige Rolle.[92)]

27 Vor allem mit einem Wechsel in eine Aktiengesellschaft oder KGaA kann die Grundlage für einen späteren **Zugang zum Kapitalmarkt** geschaffen werden, denn nur diese Gesellschaftsformen sind als solche börsenfähig, insbesondere die GmbH hingegen nicht. Gleiches gilt selbstverständlich i. R. der Umwandlung in eine europäische Aktiengesellschaft (SE) (zur Geltung des UmwG für die SE s. § 1 Rz. 15 f. [*Stiegler*]) oder einen ausländischen Rechtsträger als börsenfähiges Unternehmen. Umgekehrt kann aber auch die Umwandlung einer börsennotierten AG/SE/KGaA in eine GmbH einen faktischen Rückzug vom Kapitalmarkt (sog. **kaltes Delisting**)[93)] bewirken **(„going private")**.[94)]

28 In jüngerer Zeit wird vor allem ein Formwechsel einer GmbH in eine Aktiengesellschaft zudem zur **Vorbereitung der Gründung** einer Europäischen Aktiengesellschaft **(SE)** genutzt. Hintergrund ist, dass vor allem auch jüngere Unternehmen in der Rechtsform einer GmbH die aus unternehmerischer Sicht (insbesondere mitbestimmungsrechtlichen) Vorteile einer SE gegenüber einer deutschen Gesellschaftsform erkannt haben, aber nur selten eine der Gründungsanforderungen des Art. 2 Abs. 2, 3 SE-VO unmittelbar erfüllen. Der Formwechsel in eine AG und nachfolgenden Gründung einer ausländischen (oftmals österreichischen) Aktiengesellschaft durch diese erfüllt dann jedoch den Tatbestand des Art. 2

87) *Schöne*, Die Spaltung unter Beteiligung von GmbH, S. 11.

88) *Hirte*, ZInsO 2004, 419, 420; *Schöne*, Die Spaltung unter Beteiligung von GmbH, S. 11.

89) Begr. Fraktionsentwurf UmwBerG, BT-Drucks. 12/6699, S. 74.

90) *Mayer*, GmbHR 1992, 129, 130.

91) Vgl. Widmann/Mayer-*Vossius*, UmwR, § 190 UmwG Rz. 37.

92) *Lieder* in: MünchHdb. GesR, Bd. 8, § 2 Rz. 33.

93) Vgl. nur *Pfüller/Anders*, NZG 2003, 459; *Denninger*, AG 2026, 25, 26.

94) Kallmeyer-*Kocher*, UmwG, Anh. II Rz. 15; Lutter-*Göthel*, UmwG, § 226 Rz. 9; *Sagasser* in: Sagasser/Bula, Umwandlungen, § 8 Rz. 7; *Böttcher* in: NK-UmwG, Einl. Rz. 35.

Abs. 1 SE-VO und eine Verschmelzung zur Aufnahme auf den deutschen Rechtsträger unter „Gründung" einer SE ist möglich.[95]

5. Vermögensübertragung

Die Vermögensübertragung ist dadurch gekennzeichnet, dass bei ihr im Gegensatz zur Verschmelzung und Spaltung die Gegenleistung nicht in der Gewährung von Mitgliedschaften am Zielrechtsträger besteht.[96] Vielmehr muss die Gegenleistung stets in anderen Leistungen/Vermögenswerten bestehen.[97] Dies ist vor allem beim Anteilserwerb bei der Übertragung auf die **öffentliche Hand** der Fall.[98] Gemeinsam ist jeder dieser Umwandlungsarten mit anderen Umwandlungsarten, dass der Gesetzgeber eine (partielle) Gesamtrechtsnachfolge gewährt. 29

Die Vermögensübertragung nach den §§ 174 ff. hat **kaum praktische Bedeutung.**[99] Hintergrund ist, dass diese Umwandlungsart grundsätzlich nur die Übertragung von Vermögen auf öffentlich-rechtliche Rechtsträger unter Beteiligung von Versicherungsgesellschaften betrifft. Praktische Bedeutung kann die Vermögensübertragung auf die öffentliche Hand namentlich dann haben, wenn Eigen- oder Beteiligungsgesellschaften der öffentlichen Hand in öffentlich-rechtliche Organisationsformen zurückgeführt werden sollen.[100] Vor allem die erfassten Versicherungsunternehmen bedienen sich in der Regel der formal einfacheren Bestandsübertragung nach dem Versicherungsaufsichtsgesetz (VAG) oder der Verschmelzung nach § 109.[101] Dies schon deswegen, da es ebenfalls bei der Vermögensübertragung eines vom VAG umfassten Versicherungsunternehmens gemäß § 14 VAG der Genehmigung der Aufsichtsbehörde bedarf.[102] 30

6. Grenzüberschreitende Umwandlungen

Aufgrund der zunehmend internationalen Verflechtung des Wirtschaftslebens sowie der Etablierung rechtssicherer Regularien auf europäischer Ebene (siehe dazu auch Rz. 178),[103] spielen grenzüberschreitenden Unternehmensumwandlungen in der Praxis eine immer größere Rolle.[104] Dies nicht zuletzt durch die durch das UmRUG[105] (siehe dazu Rz. 52) eingeführten Neuregelungen der **§§ 305 ff.**[106] Eine Umwandlung ist dabei dann grenzüberschreitend, wenn **mindestens** einer der beteiligten Rechtsträger bzw. der Ziel- oder Ausgangsrechtsträger dem Recht eines anderen Staates unterliegt. Es sind also mehrere Rechtsordnungen zu beachten. Wesenskern einer grenzüberschreitenden Umwandlung ist dabei allgemein ein Statutenwechsel.[107] 31

---

95) Zahlreiche (ehemalige) Start-ups, wie z. B. die Delivery Hero SE, Hello Fresh SE oder Flaschenpost SE, haben bereits diese Variante vollzogen.

96) Widmann/Mayer-*Heckschen*, UmwR, § 174 UmwG Rz. 3; *Johannsen-Roth* in: MünchHdb. GesR, Bd. 8, § 41 Rz. 1.

97) *Heckschen*, GmbHR 2018, 779, 793.

98) Vgl. OLG Dresden, Beschl. v. 22.10.2014 – 17 W 1160/14, NotBZ 2015, 313.

99) *Kammerer-Galahn* in: NK-UmwG, § 174 Rz. 10; *Scheel/Harzenetter* in: BeckOGK-UmwG, § 174 Rz. 8; Kallmeyer-*Sickinger*, UmwG, § 174 Rz. 6; empirisch auch *Bayer/Hoffmann*, AG 2021, R36.

100) Lutter-*Schmidt*, UmwG, Vor §§ 174 ff. Rz. 1.

101) *Leuering* in: KölnKomm-UmwG, § 174 Rz. 4; *Sagasser* in: Sagasser/Bula, Umwandlungen, § 25 Rz. 6; vgl. auch *Hersch*, NZG 2016, 611.

102) Lutter-*Wilm*, UmwG, § 178 Rz. 14; *Krauel/Winter*, VersR 2020, 1559; zur Anwendbarkeit des § 14 VAG auch *Rüdt* in: BeckOK-VAG, § 14 Rz. 11; *Diehl/Seemayer* in: NHK-VAG, § 14 Rz. 87.

103) Vgl. auch RegE UmRUG, BT-Drucks. 20/3822, S. 2.

104) Vgl. nur *Knaier* in: Limmer, Hdb. Unternehmensumwandlung, Kap. 16 Rz. 2.

105) Gesetz zur Umsetzung der Umwandlungsrichtlinie und zur Änderung weiterer Gesetze (UmRUG), v. 22.2.2023, BGBl. I 2023, Nr. 51.

106) *Heckschen*, DNotZ 2024, 404; *Heckschen/Salomon*, LRZ 2024, Rz. 627.

107) *Teichmann*, NZG 2019, 241, 242.

32 Die **Motive** bzw. Beweggründe eines Unternehmens eine jeweilige grenzüberschreitende Umwandlung durchzuführen bzw. sich an einer solchen zu beteiligen, sind dabei generell wie bei innerstaatlichen Umwandlungen vielseitig und unternehmensspezifisch. Beispielsweise erkennt selbst der Regierungsentwurf zum UmRUG ausdrücklich an, dass grenzüberschreitende Umwandlungsmaßnahmen der Sanierung von Gesellschaften dienen können, „die unter wirtschaftlichen Schwierigkeiten" leiden.[108)]

33 Eine **grenzüberschreitende Verschmelzungen** (innerhalb der EU) (vgl. §§ 305 ff.) wird als Mittel der länderübergreifenden Unternehmensstrukturierung[109)] immer mehr genutzt, um vor allem auch dem wachsenden Bedürfnissen aufgrund fortschreitender Globalisierung und die Internationalisierung der Wirtschaftsbeziehungen Rechnung zu tragen.[110)] Die Motive für eine grenzüberschreitende Verschmelzung sind dabei in der Regel entweder rechtlich-organisatorischer Art, aufgrund steuerlicher Vorteile oder die Nutzung von Rationalisierungs- bzw. Synergieeffekten.[111)] In der Praxis findet sich die entsprechende Strukturmaßnahme häufig i. R. einer **Reorganisation** im grenzüberschreitenden **Konzern,**[112)] vor allem z. B. die Verschmelzung einer oder mehrerer ausländischen/r Tochtergesellschaft(en) auf das deutsche Mutterunternehmen (Cross-border Downstream Merger). Ferner können Unternehmen mittels einer grenzüberschreitenden Verschmelzung ggf. regulatorische Beschränkungen vermeiden, die möglicherweise im Inland existieren. Dies kann den Zugang zu neuen Märkten erleichtern und administrative Hürden abbauen. Schließlich war ein Wechsel des anwendbaren Rechts ein Grund für eine grenzüberschreitende Verschmelzung, insbesondere stellte im Hinblick auf den EU-Austritts Großbritanniens eine grenzüberschreitende Verschmelzung einer britischen Limited z. B. auf eine deutsche GmbH, ein geeignetes Mittel dar, um einer drohenden Zwangsauflösung einer britischen Gesellschaft mit Verwaltungssitz in Deutschland zu entgehen.[113)] Normativ wird speziell diese Konstellation von § 319 (bis 1.3.2023: § 122m) geregelt.

34 Auch bei einer **grenzüberschreitenden Spaltung** (vgl. §§ 320 ff.) sind deren Basis in der Regel rechtliche und/oder wirtschaftliche Erwägungen, die eine Spaltung unter Beteiligung eines ausländischen Rechtsträgers in Betracht kommen lassen.[114)] Spiegelbildlich zu den Beweggründen für eine grenzüberschreitende Verschmelzung wird zudem die **Vermeidung des deutschen Mitbestimmungsrechts** als eines der Kernmotive für eine grenzüberschreitende Spaltung gesehen.[115)] Zudem kann wiederum ähnlich wie bei einer grenzüberschreitenden Verschmelzung durch eine Spaltung ein Unternehmensteil in ein Land verlagert werden, dessen Rechtsordnung für bestimmte Geschäftsaktivitäten vorteilhafter ist, sei es aufgrund flexiblerer Corporate-Governance-Regeln, geringerer Regulierung oder besserer Schutzmechanismen für Investoren. Damit kann letztlich auch eine stärkere Fokussierung auf lokale Märkte bewerkstelligt werden. Schließlich kann, wie bei einer innerstaatlichen Spaltung, eine grenzüberschreitende Spaltung dazu verwendet werden, Haftungsrisiken zu isolieren.

---

108) Begr. RegE UmRUG, BT-Drucks. 20/3822, S. 100.

109) *Knaier* in: Limmer, Hdb. Unternehmensumwandlung, Kap. 18 Rz. 2.

110) Vgl. nur *Gutkès* in: Sagasser/Bula, Umwandlungen, § 12 Rz. 4.

111) *Stiegler* in: Jung/Krebs/Stiegler, Gesellschaftsrecht in Europa, § 24 Rz. 8; *Gutkès* in: Sagasser/Bula, Umwandlungen, § 12 Rz. 4; *Willemsen* in: Willemsen/Hohenstatt/Schweibert/Seibt, Umstrukturierung und Übertragung von Unternehmen, Kap. 2 Rz. 83.

112) *Gutkès* in: Sagasser/Bula, Umwandlungen, § 12 Rz. 4.

113) *Schall*, ZfPW 2016, 407, 438; *Freitag/Korch*, ZIP 2016, 1361, 1364; *Teichmann/Knaier*, IWRZ 2016, 243, 247.

114) *Kallmeyer/Kappes*, AG 2006, 224, 234; *Kraft/Redenius-Hövermann* in: MünchHdb. GesR, Bd. 8, § 30 Rz. 3.

115) *Kleba*, RNotZ 2016, 273; *Kraft/Redenius-Hövermann* in: MünchHdb. GesR, Bd. 8, § 30 Rz. 3.

Aufgrund der rechtlichen Ausgestaltung geht ein **grenzüberschreitender Formwechsel** (vgl. §§ 333 ff.) mit einer Verlegung des Satzungssitzes der Gesellschaft in einen anderen EU/EWR-Mitgliedstaat einher.[116] Die Motive für den entsprechenden Rechtsformwechsel sind daher auch mit denen für eine Verlegung des Satzungssitzes der Gesellschaft ins Ausland verbunden. Schon jetzt und noch mehr in der Zukunft ist ein grenzüberschreitender Formwechsel dabei die bedeutendste grenzüberschreitende Umwandlungsmaßnahme.[117] Dies schon deshalb, da anders als bei den übertragenden Umwandlungen wie grenzüberschreitender Verschmelzung und Spaltung nur ein Rechtsträger involviert ist. Aufgrund der Möglichkeit einer nachträglichen europaweiten Rechtsformwahl kann durch einen grenzüberschreitenden Formwechsel die Wahl eines attraktiveren, auf den Rechtsträger **im Ausland anwendbaren Gesellschaftsrechts** ermöglicht werden.[118] Gesellschaftsrechtliche Hauptmotive sind insbesondere eine Rechtsarbitrage, d. h. das Nutzen von rechtlichen Vorteilen, die eine andere Rechtsordnung z. B. im Hinblick Corporate Governance- oder Haftungsstrukturen im Vergleich zur inländischen Rechtsordnung bereit hält, Ausgestaltung von Gesellschafter- bzw. Aktionärsrechten, Strukturvereinfachungen und Flexibilisierungen (im Konzern), eine Verkleinerung eines etwaigen Aufsichtsrats oder einfach eine Einsparung von Verwaltungskosten.[119] Faktisch ist darüber hinaus der Wechsel der steuerrechtlichen Anknüpfung zentrales Motiv.[120] Auch aus restrukturierungs- und/oder insolvenzrechtlicher Sicht kann ein grenzüberschreitender Formwechsel Vorteile mit sich bringen.[121] Aufgrund speziell der gesetzlichen Ausgestaltung der Regelungen des neuen MgFSG kann ein grenzüberschreitender Formwechsel aus Deutschland ferner ggf. zu einer rechtlich zulässige Vermeidung einer ansonsten zukünftigen unternehmerischen Arbeitnehmermitbestimmung dienen.[122] 35

IV. Entwicklung des Umwandlungsrechts

Das im Jahr 1994 verabschiedete und zum 1.1.1995 in Kraft getretene Umwandlungsgesetz (UmwG) feierte vor kurzem sein **30-jähriges Bestehen**. Wie jedes andere Rechtsgebiet bzw. Gesetz ist es bzw. das Umwandlungsrecht dabei einem laufenden Wandel unterworfen. Gleichwohl blieben die Kernwertungen und -bestimmungen über die Jahre hinweg bislang gleich. Auch wenn es vor dem Jahr 1995 bereits umwandlungsrechtliche Bestimmungen gab, stellte das UmwG als solches seinerzeit eine Zäsur dar, da erstmalig ein für eine Vielzahl von Umwandlungsformen anwendbares Gesetz bestand (siehe auch Rz. 42).[123] 36

1. Vor Verabschiedung des UmwG 1994

Das Recht der Unternehmensumwandlungen bestand bereits viele Jahrzehnte vor der Verabschiedung des vereinheitlichenden Umwandlungsgesetzes aus dem Jahr 1994. Das entsprechende Umwandlungsrecht war dabei jedoch **weitgehend heterogen** und nur partiell normativiert. Insbesondere wurde jeweils nur an bestimmte Unternehmensformen angeknüpft und allgemeine Grundsätze waren gesetzlich nicht formuliert.[124] 37

116) Vgl. nur *Stiegler* in: NK-UmwG, § 333 Rz. 15.

117) *Knaier* in: Limmer, Hdb. Unternehmensumwandlung, Kap. 20 Rz. 1.

118) Vgl. nur *Teichmann*, ZGR 2022, 376, 381; *Sagasser/Clasen* in: Sagasser/Bula, Umwandlungen, § 33 Rz. 1.

119) *Stiegler* in: NK-UmwG, Vor §§ 333 ff. Rz. 2; *Stelmaszczyk*, notar 2021, 107, 108.

120) *Nentwig*, GWR 2015, 447; *Benrath/König*, Der Konzern 2012, 377, 378.

121) *Heckschen/Knaier*, GmbHR 2023, 317, 319.

122) Vgl. *Sauerbrey*, GmbHR 2023, 5, 7; *Heckschen/Knaier*, GmbHR 2022, 613, 620; *Titze*, NZA 2021, 752, 754; *Henssler*, ZFA 2026, 7, 40.

123) Zu den „Anfänge[n] des Umwandlungsrechts" auch *Lieder* in: MünchHdb. GesR, Bd. 8, § 1 Rz. 1 ff.

124) Begr. Fraktionsentwurf UmwBerG, BT-Drucks. 12/6699, S. 73.

38 Historisch betrachtet nimmt das deutsche Umwandlungsrecht seinen Ausgang im Recht der Verschmelzung (früherer Sprachgebrauch: **„Fusion"**) als Umwandlungsart.[125] Die entsprechend im Allgemeinen Deutschen Handelsgesetzbuch **(ADHGB)** von 1863 erstmals normativ bestimmten Regelungen gelten dabei als „Keimzelle des Rechts der rechtsgeschäftlichen Universalsukzession".[126] Schon zur damaligen Zeit wurde eine umwandlungsrechtliche Verschmelzung als Vorgang des liquidationslosen Erlöschens einer Gesellschaft i. V. m. dem Übergang des Vermögens im Form einer Gesamtrechtsnachfolge verstanden.[127] Im Handelsgesetzbuch **(HGB)** aus dem Jahr **1897** wurde das Verschmelzungsrecht des ADHGB sodann weitgehend übernommen und teilweise erweitert.[128] Da die GmbH als solches zu diesem Zeitpunkt noch nicht „erschaffen" war, konzentrierten sich die entsprechenden Regelungen (§§ 303 ff. HGB 1897) weiterhin auf Aktiengesellschaften. Auch die Möglichkeit der Umwandlung unter Beteiligung von Personengesellschaften war noch nicht vorgesehen. Durch das Reichsgesetz vom 1.6.1922 wurde zudem die Möglichkeit der Verschmelzung von Genossenschaften zur Aufnahme in den §§ 93a–93c GenG geschaffen.

39 Ein „eigenständiges" Umwandlungsgesetz (wenngleich nicht mit dem heutigen UmwG 1994 in dieser Form vergleichbar) wurde erstmals im **Jahr 1934** in einem Gesetz über die Umwandlung von Kapitalgesellschaften[129] verabschiedet, wonach Kapitalgesellschaften sowie die bergrechtliche Gewerkschaft in Personengesellschaften im Wege der sog. übertragenden Umwandlung umstrukturiert werden konnten. Darauf aufbauend wurde mit dem **AktG 1937** in den damaligen §§ 233 ff. ein in wesentlichen Zügen modernisiertes und detaillierter geregeltes Verschmelzungsrecht geschaffen. Kernpunkte in Bezug auf die Gestaltungsmöglichkeiten bei der Verschmelzung waren die Einführung der Verschmelzung von Aktiengesellschaften zur Neugründung, die Möglichkeit der Verschmelzung zur Aufnahme einer GmbH auf eine AG sowie die Möglichkeit der Verschmelzung bergrechtlicher Gewerkschaften auf eine AG/KGaA. Obgleich schon vorher möglich,[130] wurde im AktG 1937 erstmalig auch der Formwechsel als identitätswahrende, nicht-übertragende Umwandlung von Gesellschaften explizit reguliert.[131]

40 Durch das Gesetz über die Umwandlung von Kapitalgesellschaften und bergrechtlichen Gewerkschaften von 1956 **(UmwG 1956)**[132] wurde das UmwG 1934 dann endgültig ersetzt. Mit dem Umwandlungsgesetz von 1969[133] **(UmwG 1969)** wurden die bereits im UmwG 1956 bestehenden Umwandlungsalternativen dahingehend erweitert, dass nun auch Personengesellschaften im Wege der Umwandlung auf Kapitalgesellschaften übertragen werden konnten.[134] Durch das Kapitalerhöhungsgesetz (KapErhG)[135] aus dem Jahr 1980 wurden die Verschmelzungsmöglichkeiten für GmbH erweitert. Die Umsetzung der

---

125) *Veil* in: Bayer/Habersack, Aktienrecht im Wandel, Bd. II, Kap. 24 Rz. 6; *Flume* in: KölnKomm-UmwG, Einl. B Rz. 8; Lutter-*Bayer*, UmwG, Einl. I Rz. 5.

126) *K. Schmidt*, AcP 191 (1991), 495, 503.

127) *Flume* in: KölnKomm-UmwG, Einl. B Rz. 14 m. w. N.

128) *Flume* in: KölnKomm-UmwG, Einl. B Rz. 16; Lutter-*Bayer*, UmwG, Einl. I Rz. 5.

129) Gesetz über die Umwandlung von Kapitalgesellschaften, v. 5.7.1934, RGBl. I 1934, 569.

130) *Flume* in: KölnKomm-UmwG, Einl. B Rz. 57; Lutter-*Bayer*, UmwG, Einl. I Rz. 5.

131) *Flume* in: KölnKomm-UmwG, Einl. B Rz. 64.

132) Gesetz über die Umwandlung von Kapitalgesellschaften und bergrechtlichen Gewerkschaften, v. 12.11.1956, BGBl. I 1956, 844.

133) Gesetz über steuerliche Maßnahmen bei Änderung der Unternehmensform, v. 14.8.1969, BGBl. I 1969, 1163.

134) Lutter-*Bayer*, UmwG, Einl. I Rz. 5.

135) Gesetz zur Änderung des Gesetzes betreffend die Gesellschaften mit beschränkter Haftung und anderer handelsrechtlicher Vorschriften (Kapitalerhöhungsgesetz – KapErhG [GmbH-Novelle]), BGBl. I 1980, 836.

damaligen europäischen **Verschmelzungsrichtlinie**[136)] im Jahr 1982 brachte weitere Anpassungen der immer noch aktienrechtlichen Vorschriften für die Verschmelzung von AGs.[137)] Für Spaltungen sah zwar die europäische **Spaltungs-Richtlinie** aus dem Jahr 1982[138)] Regelungen zur Vereinheitlichung des entsprechenden Umwandlungsrechts vor, jedoch bestand anders als bei der Verschmelzungsrichtlinie kein Umsetzungszwang sowie eine Beschränkung auf AGs. Vor dem UmwG 1994 bestand daher noch kein normativrechtlicher Rahmen für die umwandlungsrechtliche Spaltung auf Basis einer partiellen Gesamtrechtsnachfolgen nach dem Modell der heutigen §§ 123 ff.

2. UmwG 1994

Wie dargestellt, bestand bis zum Jahr 1994 eine „starke Zersplitterung und Unübersichtlichkeit des Umwandlungsrechts".[139)] Basierend auf umfangreichen Vorarbeiten in Form eines **„Diskussionsentwurf** für ein Gesetz zur Bereinigung des Umwandlungsrechts" aus dem Jahr 1988 sowie nachfolgender Auseinandersetzungen mit diesem im wissenschaftlichen Schrifttum, wurde dem zugrunde liegend im April 1992 der „Referentenentwurf für ein Gesetz zur Bereinigung des Umwandlungsrechts" vorlegt und auf diesem wiederum aufbauend der entsprechende Regierungsentwurf vom Januar 1994. Am 28.10.1994 wurde dann das **„Gesetz zur Bereinigung des Umwandlungsrechts** (UmwBerG)" verabschiedet und im BGBl. verkündet[140)]. Die damit einhergehende Schaffung eines neuen Umwandlungsgesetzes (UmwG 1994) trat am **1.1.1995** in Kraft. 41

Das neue Umwandlungsrecht des UmwG 1994 stellt nunmehr ein weitgehend **geschlossenes System** der Umwandlungsmöglichkeiten von Unternehmen dar.[141)] Dies gerade war auch das Ziel des damaligen Gesetzgebers, nämliche die „bestehenden Möglichkeiten zur Veränderung (Umstrukturierung, Reorganisation) von Unternehmen zusammen[zu]fassen und [zu] systematisieren".[142)] Zwar hat das Gesetz an vielen Stellen auch wenig neues im Vergleich zum bisherigen Recht gebracht,[143)] allerdings wurden zumindest formal die schon bestehenden gesetzlichen Möglichkeiten zur Umwandlung eines Unternehmens durch Vermögensübertragung mittels (partieller) Gesamtrechtsnachfolge oder durch identitätswahrenden Rechtsformwechsel mit dem Ziel der Rechtsbereinigung aus fünf verschiedenen Gesetzen (UmwG 1969; AktG; KapErhG; GenG; VAG) herausgelöst, für gleichgelagerte Sachverhalte aneinander angeglichen und zusammengefasst.[144)] 42

Durch diese **„Bereinigung"** wurde die Flexibilität bezüglich Umwandlungsmaßnahmen für Unternehmen maßgeblich erhöht.[145)] Mittels der Vorgabe eines standardisierten Umwandlungsverfahrens konnten eine Vielzahl vorher noch bestehender Widersprüche besei- 43

136) Dritte Richtlinie 78/855/EWG v. 9.10.1978 gemäß Art. 54 Abs. 3 Buchst. g des Vertrages betreffend die Verschmelzung von Aktiengesellschaften (Verschmelzungsrichtlinie), ABl. (EG) L 295/36 v. 20.10.1978, in deutsches Recht umgesetzt durch das Gesetz zur Durchführung der Dritten Richtlinie des Rates der Europäischen Gemeinschaften zur Koordinierung des Gesellschaftsrechts (Verschmelzungsrichtlinie-Gesetz), v. 25.10.1982, BGBl. I 1982, 1425.

137) *Flume* in: KölnKomm-UmwG, Einl. B Rz. 50.

138) Sechste Richtlinie 82/891/EWG v. 17.12.1982 gemäß Art. 54 Abs. 3 Buchst. g des Vertrages betreffend die Spaltung von Aktiengesellschaften (Spaltungsrichtlinie), ABl. (EG) L 378/47 v. 31.12.1982.

139) Begr. Fraktionsentwurf UmwBerG, BT-Drucks. 12/6699, S. 72.

140) Gesetz zur Bereinigung des Umwandlungsrechts (UmwBerG), v. 28.10.1994, BGBl. I 1994, 3210.

141) Vgl. *Drinhausen/Keinath* in: BeckOGK UmwG, § 1 Rz. 9; *Flume* in: KölnKomm-UmwG, Einl. B Rz. 1; *Hirte*, ZInsO 2004, 353, 354.

142) Begr. Fraktionsentwurf UmwBerG, BT-Drucks. 12/6699, S. 71.

143) Insofern zur Kritik *Zöllner*, AG 1994, 336, 340; vgl. auch *Ganske*, Umwandlungsrecht, S. 41.

144) Begr. Fraktionsentwurf UmwBerG, BT-Drucks. 12/6699, S. 71.

145) *Kallmeyer*, GmbHR 1993, 461, 465 – für GmbH; *Bayer/Hoffmann*, AG-Report 2006, R468, R470 – für AG; generell auch *Heckschen* in: Beck'sches Notar-Hdb., § 24 Rz. 5.

tigt werden, was insbesondere auch für Aspekte des Gläubiger-, Arbeitnehmer- und Minderheitenschutzes gilt.[146] Dies trägt dabei nicht unerheblich zur Verlässlichkeit der neuen Regelungen bei.[147] Schließlich wurde durch die Gesamtkodifikation für Verschmelzung, Spaltung, Formwechsel und Vermögensübertragung sowie der Einbeziehung vieler bislang ganz oder teilweise von entsprechenden Umstrukturierungsmaßnahmen ausgeschlossener Rechtsformen eine in den Grenzen des numerus clausus des § 1 Abs. 2 (siehe dazu § 1 Rz. 55 [*Stiegler*]) bestehende Erweiterung der Umwandlungsfreiheit (siehe dazu bereits Rz. 1) etabliert.[148] Diese **Einführung neuer Umwandlungsarten** bzw. -varianten[149] zeigt sich aus praktischer Sicht vor allem durch die erstmalig normative Regulierung der Spaltung in Ausgestaltung einer Auf- oder Abspaltung sowie Ausgliederung[150] (vgl. § 123 Abs. 1–3). Zu Recht wird dies daher auch als „Hauptleistung" des Gesetzgebers angesehen.[151]

3. Bedeutende Reformen

44 Das nunmehr innerhalb eines Gesetzes weitgehend zusammengefasste und vereinheitlichte Umwandlungsrecht ist selbstverständlich nicht in Stein gemeißelt und starr, sondern unterliegt wie grundsätzlich jedem regulativen Rahmen im Laufe der Zeit normativen Änderungen. So hat das UmwG 1994 in den letzten 30 Jahren **zahlreiche** sowohl kleinere als auch größere **Anpassungen** erlebt. Die bedeutendsten werden nachfolgenden im Überblick kurz dargestellt:[152]

45 **(Erstes) Gesetz** zur Änderung des UmwG, des PartGG und anderer Gesetze:[153] Im Zuge der Schaffung der Partnerschaftsgesellschaft in einem eigenständigen Partnerschaftsgesellschafts-Gesetz (PartGG) wurde die **PartG** in den Kreis der umwandlungsfähigen Rechtsträger des UmwG aufgenommen. Dies führte faktisch auch zu einer Öffnung des Gesetzes für Freiberufler-GbR (z. B. Architekten- und Steuerbüros, Anwalts- und Ärztegemeinschaften, Werbeagenturen).[154] Weitere Änderungen betrafen den damaligen § 43 Abs. 2, § 217 Abs. 1 Satz 3 sowie §§ 29, 126, 139.

46 Spruchverfahrensneuordnungsgesetz **(SpruchG)**:[155] Durch die Schaffung eines eigenständigen Spruchverfahrensgesetzes wurden die bis dahin im UmwG bestehenden Regelungen zum umwandlungsrechtlichen Spruchverfahren herausgelöst und in das neue SpruchG überführt. Da das UmwG aber weiterhin, vor allem im Hinblick auf die Angemessenheit

146) *Lutter/Leinekugel*, ZIP 1999, 261.

147) *Ganske*, WM 1993, 1117, 1119; *Schwarz*, DStR 1994, 1694, 1697.

148) Vgl. Lutter-*Bayer*, UmwG, Einl. I Rz. 9.

149) Vgl. rückblickend *Beuthin*, NZG 2006, 369.

150) Die vormals als „klassische Ausgliederung" bezeichnete Einzelrechtsnachfolge, die z. B. im berühmten Holzmüller-Fall (BGH, Urt. v. 25.2.1982 – II ZR 174/80 (Holzmüller), BGHZ 83, 122 = ZIP 1982, 568) zugrunde lag, bleibt gleichwohl zulässig, unterliegt aber auch weiterhin der Hauptversammlungszuständigkeit, vgl. *Priester*, ZHR 163 (1999), 187, 203; *Joost*, ZHR 163 (1999), 164, 185; zum Begriff der Ausgliederung auch *Behme/Brühl*, NZG 2024, 1502, 1503 f. (Urteilsanm.). Abzugrenzen ist die umwandlungsrechte Ausgliederung ferner von – englischsprachig – „Spin-off", wie er vor allem im US-amerikanischen Recht bekannt ist. Solch ein Spin-off bedeutet i. d. R., dass ein bestehendes Unternehmen einen Teilbereich (z. B. eine Tochtergesellschaft oder einen Geschäftszweig) ausgliedert und dessen Anteile pro rata an die bestehenden Aktionäre der Muttergesellschaft ausgibt. Dieses Vorgehen ist gesellschaftsrechtlich kein Vermögensübergang i. S. des UmwG, sondern eher eine Aktiendividende oder ein Aktientausch, ohne dass ein Ausgliederungsbeschluss nach dem UmwG erfolgt.

151) *Engelmeyer*, AG 1996, 193, 194; *Schwarz*, DStR 1994, 1694, 1696.

152) S. auch *Heckschen* in: Beck'sches Notar-Hdb., § 24 Rz. 14; Lutter-*Bayer*, UmwG, Einl. I Rz. 20 ff.; Semler/Stengel/Leonard-*Stengel*, UmwG, Einl. A Rz. 28 ff.

153) Gesetz zur Änderung des Umwandlungsgesetzes, des Partnerschaftsgesellschaftsgesetzes und anderer Gesetze, v. 22.7.1998, BGBl. I 1998, 1878.

154) *Heckschen* in: Beck'sches Notar-Hdb., § 24 Rz. 14.

155) Gesetz zur Neuordnung des gesellschaftsrechtlichen Spruchverfahrens (Spruchverfahrensneuordnungsgesetz), v. 12.6.2003, BGBl. I 2003, 838.

einer etwaigen Barabfindung an vielen Stellen auf die Geltung des SpruchG verweist (vgl. z. B. § 34, § 212), sind beide Gesetz eng miteinander verbunden.[156] Im Zuge des UmRUG[157] und des Zukunftsfinanzierungsgesetzes (ZuFinG)[158] wurde das SpruchG im Jahr 2023 umfassend geändert und an aktuelle (z. T. empirische) Bedingungen angepasst. Für Strukturmaßnahmen wie Umwandlungen hat es – vor allem auch bei börsennotierten Gesellschaften – daher eine weiterhin gewichtige Bedeutung[159] und dient letztlich dem Schutz von Minderheitsgesellschaftern bzw. -aktionären.[160]

Zweites Gesetz zur Änderung des UmwG:[161] Die bis dahin größte Änderung des UmwG 47
brachte das 2. Änderungsgesetz zum UmwG aus dem Jahr 2007. Anlass dieses war zunächst die europarechtliche Verpflichtung zur Einführung von Verfahrensbestimmungen für eine grenzüberschreitende EU-Verschmelzung auf Basis der ehemaligen Richtlinie 2005/56/-EG.[162] Das UmwG wurde dabei um die **§§ 122a–122l**[163] ergänzt und insofern auf grenzüberschreitende Verschmelzungen von mitgliedstaatlichen Kapitalgesellschaften ausgedehnt. Der deutsche Gesetzgeber nahm die erforderlich werdenden Änderungen aber auch zum Anlass, weitere Aspekte des Umwandlungsrechts zu reformieren und damit das bestehende UmwG anzupassen. So erfolgte u. a. neben Anpassungen des Freigabeverfahrens nach § 16, der Neufassung der §§ 35, 105 und der Lockerung des Spaltungsverbot des § 141 auch die Aufhebung der einschränkenden Gesamtrechtsnachfolge des ehemaligen § 132 sowie des Erfordernisses einer Vermögensaufstellung beim Formwechsel gemäß § 192 Abs. 2 a. F.

Gesetz zur Umsetzung der Aktionärsrechte-Richtlinie (**ARUG**):[164] Die verpflichtende Um- 48
setzung der europäischen Aktionärsrechte-Richtlinie[165] brachte neben zahlreichen Änderungen des AktG auch einige Änderungen des UmwG mit sich. So wurden Erleichterungen für das Freigabeverfahren nach § 16 Abs. 3 eingeführt, eine Genehmigungsurkunde wurde auch bei Anmeldung von Umwandlung entbehrlich und es kann zu einzelnen Erleichterungen in Hinblick auf die Durchführung der zustimmenden Anteilsinhaberversammlungen.[166]

Drittes Gesetz zur Änderung des UmwG:[167] Aufgrund der Verpflichtung zur Umsetzung 49
der europäischen Änderungsrichtlinie 2009/109/EG[168] wurde im Jahr 2011 eine weitere

---

156) Lutter-*Bayer*, UmwG, Einl. I Rz. 21.

157) Gesetz zur Umsetzung der Umwandlungsrichtlinie und zur Änderung weiterer Gesetze (UmRUG), v. 22.2.2023, BGBl. I 2023, Nr. 51.

158) Gesetz zur Finanzierung von zukunftssichernden Investitionen (Zukunftsfinanzierungsgesetz – ZuFinG), v. 11.12.2023, BGBl. I 2023, 354.

159) Vgl. jüngst auch *Weimann*, Strukturmaßnahmen und Kapitalmarktkommunikation, S. 192 ff.

160) *Drescher* in: BeckOGK-AktG, § 1 SpruchG Rz. 2; *Koch*, AktG, § 1 SpruchG Rz. 2.

161) Zweites Gesetz zur Änderung des Umwandlungsgesetzes, v. 19.4.2007 (2. UmwGÄndG), BGBl. I 2007, 542.

162) Richtlinie 2005/56/EG des Europäischen Parlaments und des Rates v. 26.10.2005 über die Verschmelzung von Kapitalgesellschaften aus verschiedenen Mitgliedstaaten (Verschmelzungsrichtlinie [grenzüberschreitend]), ABl. (EG) L 310/1 v. 25.11.2005; mittlerweile Art. 118 ff. der Richtlinie (EU) 2017/1132 des Europäischen Parlaments und des Rates v. 14.6.2017 über bestimmte Aspekte des Gesellschaftsrechts (Gesellschaftsrechtsrichtlinie), ABl. (EU) L 169/46 v. 30.6.2017, s. dazu auch Rz. 186.

163) Nunmehr §§ 305–318 i. d. F. des UmRUG.

164) Gesetz zur Umsetzung der Aktionärsrechterichtlinie (ARUG), v. 30.7.2009, BGBl. I 2009, 2479.

165) Richtlinie 2007/36/EG des Europäischen Parlaments und des Rates v. 11.7.2007 über die Ausübung bestimmter Rechte von Aktionären in börsennotierten Gesellschaften (Aktionärsrechterichtlinie), ABl. (EU) L 184/17 v. 14.7.2007.

166) Vgl. auch *Heckschen* in: Beck'sches Notar-Hdb., § 24 Rz. 14.

167) Drittes Gesetz zur Änderung des Umwandlungsgesetzes (3. UmwGÄndG), v. 11.7.2011, BGBl. I 2011, 1338.

168) Richtlinie 2009/109/EG des Europäischen Parlaments und des Rates v. 16.9.2009 zur Änderung der Richtlinien 77/91/EWG, 78/855/EWG und 82/891/EWG des Rates sowie der Richtlinie 2005/56/EG hinsichtlich der Berichts- und Dokumentationspflicht bei Verschmelzungen und Spaltungen (Änderungsrichtlinie 2009/109/EG), ABl. (EU) L 259/14 v. 2.10.2009.

Anpassung des UmwG erforderlich. Basierend auf den entsprechenden EU-Vorgaben kam es dabei in erster Linie zu Erleichterungen für Konzernverschmelzungen und -spaltungen.[169) So wurde u. a. ein umwandlungsrechtliches Squeeze-out in § 62 Abs. 5 für AGs,[170) die Entbehrlichkeit eines Hauptversammlungsbeschlusses bei einer Tochter-Mutter-Verschmelzung und die Erleichterung von Berichts- und Dokumentationspflichten eingeführt.

50 **Viertes Gesetz** zur Änderung des UmwG:[171)Aus Anlass des EU-Austritts des Vereinigten Königreichs (**„Brexit"**) wurden die bestehenden §§ 122a ff. angepasst und um einen neuen § 122m[172) ergänzt. Es wurde zum einen ein zeitlich begrenzter Bestandsschutz für britische Gesellschaften mit Verwaltungssitz in Deutschland auch nach EU-Austritt Großbritanniens statuiert sowie die Möglichkeit einer grenzüberschreitenden Verschmelzung auch in eine deutsche Personenhandelsgesellschaft eröffnet.

51 Gesetz zur Umsetzung der Digitalisierungsrichtlinie **(DiRUG)**[173): Aufgrund der europäischen Vorgaben der Richtlinie 2019/1151[174) im „Hinblick auf den Einsatz digitaler Werkzeuge und Verfahren im Gesellschaftsrecht" (sog. Digitalisierungsrichtlinie) wurden u. a. zahlreiche Änderungen im HGB erforderlich, insbesondere auch des bestehenden § 10 HGB. Die durch das DiRUG erfolgten Anpassungen der §§ 19, 22, 137, 201 sind dabei alles „Folgeänderungen" zum angepassten § 10 HGB, der die Bekanntmachungen von Handelsregistereintragungen und sonstigen Registerbekanntmachungen neu regelt. Nunmehr erfolgen die jeweiligen Bekanntmachungen allein über die Abrufbarkeit der Eintragung über das Registerportal,[175) welche dabei auch für Publizitätswirkung gemäß § 15 HGB maßgeblich ist.

52 Gesetz zur Umsetzung der Umwandlungsrichtlinie **(UmRUG)**:[176) Die bislang größte und wohl bedeutendste Reform des UmwG[177) erfolgte im Jahr 2023 durch das UmRUG.[178) Dieses wurde am 22.2.2023 (verspätet)[179) verabschiedet und trat am 1.3.2023 in Kraft. Damit wurde die Richtlinie 2019/2121[180) (sog. Mobilitätsrichtlinie) in das deutsche Recht umgesetzt. Wie bekannt, war Kerninhalt des UmRUG dabei die umfassende Regulierung des Rechts grenzüberschreitender Umwandlung innerhalb der EU und damit der erstmaligen

---

169) Lutter-*Bayer*, UmwG, Einl. I Rz. 23; Semler/Stengel/Leonard-*Stengel*, UmwG, Einl. A Rz. 29.

170) Dazu aus jüngerer Zeit auch OLG Karlsruhe, Beschl. v. 16.4.2024 – 12 W 27/23, NZG 2024, 1178; OLG Frankfurt/M., Beschl. v. 9.2.2024 – 21 W 129/22, ZIP 2024, 737.

171) Viertes Gesetz zur Änderung des Umwandlungsgesetzes (4. UmwGÄndG), v. 19.12.2018, BGBl. I 2018, 2694; dazu *Klett*, NZG 2019, 292; *Lieder/Bialluch*, NJW 2019, 805; *J. Schmidt*, ZIP 2019, 1093; *Stiegler*, ZIP 2018, 2351.

172) Nunmehr § 319 i. d. F. des UmRUG.

173) Gesetz zur Umsetzung der Digitalisierungsrichtlinie (DiRUG), v. 5.7.2021, BGBl. I 2021, 3338.

174) Richtlinie (EU) 2019/1151 des Europäischen Parlaments und des Rates v. 20.6.2019 zur Änderung der Richtlinie (EU) 2017/1132 im Hinblick auf den Einsatz digitaler Werkzeuge und Verfahren im Gesellschaftsrecht (Digitalisierungsrichtlinie), ABl. (EU) L 186/80 v. 11.7.2019.

175) Vgl. *J. Schmidt*, ZIP 2021, 112; *Lieder*, DNotZ 2021, 830; *Knaier*, GmbHR 2021, 169.

176) Gesetz zur Umsetzung der Umwandlungsrichtlinie und zur Änderung weiterer Gesetze (UmRUG), v. 22.2.2023, BGBl. I 2023, Nr. 51.

177) Vgl. *Löbbe*, ZHR 187 (2023), 498; *Heckschen/Knaier*, GmbHR 2023, 317; *Simons*, AG 2023, 754.

178) Vgl. zum RefE *Bungert/Reidt*, DB 2022, 1369; *Bungert/Strothotte*, BB 2022, 1411; *DAV*, NZG 2022, 849; *Heckschen/Knaier*, GmbHR 2022, 501; *Heckschen/Knaier*, GmbHR 2022, 613; *Hommelhoff*, NZG 2022, 683; *Luy/Redler*, notar 2022, 163; *Müller-Bonanni/Jenner*, AG 2022, 457; *J. Schmidt*, NZG 2022, 579; *Wollin*, ZIP 2022, 989; zum RegE *Baschnagel/Hilser*, NZG 2022, 1333; *Brandi/M. K. Schmidt*, DB 2022, 1880; *Bungert/Strothotte*, DB 2022, 1818; *Drinhausen/Keinath*, BB 2022, 1923; *Heckschen/Knaier*, GmbHR 2022, R260; *J. Schmidt*, NZG 2022, 986; *J. Schmidt*, DK 2022, 309; *Schollmeyer*, NZG 2022, 937.

179) Zur Entstehungsgeschichte s. *Heckschen/Knaier*, GmbHR 2023, 317 ff.

180) Richtlinie (EU) 2019/2121 des Europäischen Parlaments und des Rates v. 27.11.2019 zur Änderung der Richtlinie (EU) 2017/1132 in Bezug auf grenzüberschreitende Umwandlungen, Verschmelzungen und Spaltungen (Mobilitätsrichtlinie), ABl. (EU) L 321/1 v. 12.12.2019.

Normierung von Vorschriften für die grenzüberschreitende Spaltung (siehe §§ 320 ff.) und den grenzüberschreitenden Formwechsel (siehe §§ 333 ff.). Aufgrund der einheitlichen Zusammenfassung als **„Grenzüberschreitende Umwandlungen"** im Sechsten Buch des UmwG wurden die bis dahin für die grenzüberschreitende Verschmelzung bestehenden Bestimmungen der §§ 122a–122m aufgehoben und in die neuen §§ 305–319 transferiert. Aus arbeitnehmermitbestimmungsrechtlicher Sicht wurde im Zuge dessen mit dem „Gesetzes zur Umsetzung der Bestimmungen der Umwandlungsrichtlinie über die Mitbestimmung der Arbeitnehmer bei grenzüberschreitendem Formwechsel und grenzüberschreitender Spaltungen" **(MgFSG)**[181] ebenfalls ein neuer Rechtsrahmen geschaffen.[182] Neben diesen Neuerungen brachte das UmRUG aber auch für das Recht der innerstaatlichen Umwandlungen insgesamt mehr als 60 Änderungen mit sich und hatte insofern ebenfalls erhebliche Konsequenzen.[183] Zu nennen seien an dieser Stelle nur das neue Rechtsschutzsystem gegen unangemessene Umtauschverhältnisse und die damit verbundenen Änderungen des SpruchG[184] sowie die Einfügung der **§§ 72a, 72b** betreffend die Möglichkeit der Gewährung zusätzlicher Anteile anstelle einer baren Zuzahlung gemäß § 15.

Gesetz zur Modernisierung des Personengesellschaftsrechts **(MoPeG)**:[185]Auch die vor allem für die Gesellschaft bürgerlichen Rechts (GbR) durch das MoPeG gebrachten Änderungen hatten Einfluss auf das Umwandlungsrecht des UmwG. Verschiedenste Normen wurden entweder angepasst, neu gefasst oder eingefügt. Diese Änderungen basieren dabei jeweils in erster Linie auf der gesetzlichen Anerkennung der Rechtsfähigkeit der **Außen-GbR** sowie deren Möglichkeit zur Eintragung in das neue Gesellschaftsregister als eGbR. In diesem Zusammenhang wurde durch das MoPeG insbesondere die **Umwandlungsfähigkeit** der Außen-GbR festgeschrieben.[186] Diese kann nunmehr als verschmelzungs- und spaltungsfähiger Rechtsträger ([§ 124 Abs. 1 i. V. m.] § 3 Nr. 1) sowie formwechselfähiger Rechtsträger nach § 191 Abs. 1 Nr. 1 an Umwandlungen teilnehmen.[187] Die **Innen-GbR** als nicht-rechtsfähige Gesellschaft bleibt aber weiter umwandlungsunfähig. Dass die Außen-GbR bis zum Inkrafttreten des MoPeG aus dem Kreis der umwandlungsfähigen Rechtsträger ausgeschlossen war, wurde schon früher, sogar bereits i. R. der Beratungen um das UmwG 1994, kritisiert.[188] Im Ergebnis ähnelt die Situation daher der Partnerschaftsgesellschaft (PartG), da dieser ebenfalls erst aufgrund von Kritik im Schrifttum[189] die Umwandlungsfähigkeit im Zuge des Ersten Gesetzes zur Änderung des UmwG (siehe Rz. 45) ermöglicht wurde. Vergleichbar mit dieser wurden durch das MoPeG dann auch die **§§ 39–39f** geändert bzw. neu eingefügt, die konkret die Verschmelzung unter Beteiligung einer GbR betreffen. Diese enthalten vor die Klammer gezogene Grundnormen,[190] auf welche für die Verschmelzung von Personenhandels- und Partnerschaftsgesellschaften weitgehend ver- 53

181) Gesetz zur Umsetzung der Bestimmungen der Umwandlungsrichtlinie über die Mitbestimmung der Arbeitnehmer bei grenzüberschreitendem Formwechsel und grenzüberschreitender Spaltungen (MgFSG), v. 4.1.2023, BGBl. I 2023, Nr. 10.

182) Dazu *Müller-Bonanni/Jenner*, AG 2022, 457; *Uffmann*, AG 2022, 427; *Sauerbrey*, GmbHR 2023, 5; *Pototzky/Gimmy*, BB 2023, 1140; *Thüsing/Peisker*, NJOZ 2022, 1377; *Baschnagel/Hilser/Wagner*, RdA 2023, 103; *Schubert*, ZFA 2023, 339; s. a. *Spindler/Eitinger*, AG 2023, 593.

183) *Simons*, AG 2023, 754.

184) Dazu *Lieder/Hilser*, ZIP 2022, 2521.

185) Gesetz zur Modernisierung des Personengesellschaftsrechts (Personengesellschaftsrechtsmodernisierungsgesetz – MoPeG), v. 10.8.2021, BGBl. I 2021, 3436.

186) Vgl. auch *Lieder*, NotBZ 2024, 361, 362.

187) Vgl. nur *Kraft*, ZGR 2025, 719, 721; *Röder/Schollmeyer*, ZPG 2024, 241.

188) S. *K. Schmidt*, ZGR 1990, 580, 590 ff.; *Zöllner*, ZGR 1993, 334, 340 f.; *Priester*, DStR 2005, 788; *Schöne*, GmbHR 1995, 325.

189) Vgl. nur *Schöne*, GmbHR 1995, 325; *Wertenbruch*, ZIP 1995, 712, 716.

190) Lutter-*Bayer*, UmwG, Einl. I Rz. 34.

wiesen wird. Weiterhin – bewusst – nicht vom UmwG geregelt bleibt aber der „Formwechsel“ zwischen Personengesellschaften. Dieser vollzieht sich wie bisher entweder rein faktisch oder nach dem neuen **Statuswechselverfahren** des § 707c BGB (siehe dazu § 1 Rz. 41 [*Stiegler*]). So vollzieht sich der Statuswechsel in eine ins Gesellschaftsregister eingetragene eGbR nach § 707c BGB,[191] wobei die Regelung als Referenznorm für den Statuswechsel einer oHG/KG und PartG dient.[192]

54 **Viertes Bürokratieentlastungsgesetz** (BEG IV):[193] Das am 29.10.2024 verabschiedete und weitgehend am 1.1.2025 in Kraft getretenen BEG IV mit dem Ziel der weiteren Digitalisierung und Entbürokratisierung des Unternehmensrechts brachte auch einzelne Änderungen des UmwG mit sich.[194] Im Ergebnis wurde aber lediglich jeweils das bestehende Schriftformerfordernis in § 22 Abs. 1 Satz 1 (siehe dazu auch § 22 Rz. 36 f. [*Stiegler*]) und in § 100 Satz 2 (siehe dazu auch § 100 Rz. 31 [*Knaier*]) durch die Textform ersetzt.

4. Ausblick

55 Wie die Reformen des Gesellschafts- und Umwandlungsrechts der letzten Jahre zeigten, unterliegt auch das UmwG einer fortwährenden Anpassung, welche auch zukünftig bestehen bleiben wird. Welches Ausmaß diese haben wird, ist kaum abseh- bzw. prognostizierbar. Gewisse Tendenzen i. S. eines Ausblicks lassen sich gleichwohl ausmachen. Im Rahmen einer weiteren Digitalisierung des Umwandlungsrechts denkbar (und auch angebracht) scheint vor allem die Ersetzung des zwingend schriftlichen Erstellens des Verschmelzungs-, Spaltungs- und Formwechselberichts (vgl. §§ 8 Abs. 1 Satz 1, 127 Satz 1, 192 Abs. 1 Satz 1) durch die **Textform** des jeweiligen **Berichts**.[195] Wünschenswert, wenngleich auf absehbare Zeit wohl nicht angezeigt, wäre ferner die vollständige Erweiterung des Anwendungsbereichs der §§ 305 ff. (grenzüberschreitende Umwandlungen) auf **Personengesellschaften.**[196]

56 Die in Aussicht gestellte **Reform des Genossenschaftsrechts** durch den zunächst im Juli 2024 verkündeten und im Juni 2025 nochmals erneuerten[197] Referentenentwurf zur „Stärkung der genossenschaftlichen Rechtsform“[198] und die damit verbundenen Änderungen des UmwG sollen ferner ebenfalls die Digitalisierung des Umwandlungsrechts weiter vorantreiben. So sollen einzelne Vorschriften (§§ 82, 83, 91, 260, 261) betreffend die Beteiligung einer Genossenschaft an einer Verschmelzung oder einem Formwechsel an die Möglichkeit der elektronischen Übermittlungen bzw. Zugänglichmachungen angepasst

191) Dazu im Detail *Noack/Göbel*, GmbHR 2021, 569 ff.; *Wertenbruch/Alm*, ZPG 2023, 201 ff.; zu Recht insofern gegen eine analoge Anwendung der §§ 190 ff. *Heckschen/Weitbrecht*, GmbHR 2026, 57, 63; *Kraft*, ZGR 2025, 719, 722.

192) *Schäfer* in: MünchKomm-BGB, § 707c Rz. 1; *Krafka* in: BeckOGK-BGB, § 707c Rz. 4.

193) Viertes Gesetz zur Entlastung der Bürgerinnen und Bürger, der Wirtschaft sowie der Verwaltung von Bürokratie (Viertes Bürokratieentlastungsgesetz – BEG IV), v. 29.10.2024, BGBl. I 2024, 323.

194) Speziell dazu *Stiegler*, GmbHR 2024, 234 ff.

195) Fordernd auch *Stiegler*, GmbHR 2024, 234, 236 f.

196) Dies bereits im Zuge des UmRUG fordernd *J. Schmidt*, NJW 2023, 1241; *Luy/Redler*, notar 2022, 163, 165; *Heckschen/Knaier*, ZIP 2022, 2205, 2213.

197) (Zweiter) RefE Gesetz zur Stärkung der genossenschaftlichen Rechtsform, v. 25.7.2025, abrufbar unter https://www.bmjv.de/SharedDocs/Downloads/DE/Gesetzgebung/RefE/RefE_Genossenschaftsrecht.pdf?__blob=publicationFile&v=2 (Abrufdatum: 26.2.2026).

198) (Erster) RefE Gesetz zur Stärkung der genossenschaftlichen Rechtsform, v. 3.7.2024, BT-Drucks. 20/14501; dazu *Denga*, NZG 2024, 1155; *Geibel*, ZRP 2024, 208; *Poppe*, npor 2025, 13; *Wanie*, RPfleger 2025, 125.

werden. Hintergrund ist in erster Linie, dass Generalversammlungen einer Genossenschaft spätestens seit 2022 auch virtuell oder hybrid stattfinden können.[199)]

Die durch das Standortfördergesetz (StoFöG) zum 10.2.2026 erfolgte Erweiterung des § 8 AktG durch einen neuen Absatz 7 kann ebenfalls Einfluss auf die Umwandlungspraxis haben.[200)] Denn damit wird sowohl die Ausgabe von Nenn- als auch Stückaktien zu einem Mindestbetrag von nur 1 Cent anstelle von bisher 1 € und damit die Einführung sog. **Penny Stocks** möglich;[201)] so kann bei einer übernehmenden AG die ggf. bestehende Notwendigkeit eines Spitzenausgleichs in bar (vgl. § 5 Abs. 1 Nr. 3 i. V. m. § 15) vermieden werden. Damit würde auch die Gefahr einer Unter-Pari-Emission bei einer dazugehörigen Kapitalerhöhung i. R. einer Umwandlung sinken.[202)] Andererseits wurde bereits im Zuge des UmRUG die Möglichkeit der Gewährung zusätzlicher Aktien anstelle einer baren Zuzahlung geschaffen (vgl. §§ 72a f.). Zudem sind bare Zuzahlungen schon derzeit zum Ausgleich von Spitzenbeträgen zulässig (vgl. § 54 Abs. 4, § 68 Abs. 3),[203)] wenngleich beschränkt auf maximal 10 % des Gesamtbetrags der gewährten Anteile.[204)] 57

Trotz des erklärten Ziels des UmwG 1994, ein geschlossenes Rechtssystem bezüglich Unternehmensumwandlungen zu schaffen (siehe Rz. 42), zeigt sich in jüngerer Zeit die Tendenz, dass verschiedene, mit den Umwandlungen nach dem UmwG vergleichbare Strukturmaßnahmen nicht i. R. einer Erweiterung der Umwandlungsmöglichkeiten dieses Gesetzes umgesetzt wurden, sondern als Spezialmaterie in den allgemein-zivilrechtlichen Bestimmungen. Zu nennen sind hier die Zulegung und Zusammenlegung von **Stiftungen** (vgl. §§ 86 ff. BGB) im Zuge der Stiftungsrechtsreform 2023 (siehe dazu § 1 Rz. 45 [*Stiegler*]) und das **Statuswechselverfahren** zwischen Personengesellschaften (vgl. insbesondere § 707c BGB) i. R. des MoPeG (siehe dazu Rz. 53 sowie § 1 Rz. 41 [*Stiegler*]). Dies führt entgegen der eigentlichen Intention des damaligen Gesetzgebers dazu, dass das deutsche Umwandlungsrecht wieder **heterogener** wird. Andererseits muss dies nicht bedeuten, dass in Zukunft keine weiteren Umwandlungsarten im UmwG ergänzt werden könnten. Der Gesetzgeber schien mit der Erweiterung der Umwandlungsarten auf grenzüberschreitende Fälle im Zuge des UmRUG zunächst diese etablieren zu wollen, ohne eine noch größere Anpassung des Gesetzes notgedrungener Weise vornehmen zu müssen. Da aber auch in Deutschland der Gesetzgeber nicht generell abgeneigt ist, perspektivisch **neue Rechtsformvarianten** zu schaffen,[205)] stellt sich dem nachfolgend stets die Frage nach der Umwandlungsfähigkeit dieser ggf. neuen Gesellschaftsformen und insofern der Erweiterung des UmwG auf diese. 58

Aktuell zeigt sich diese Thematik beim Vorschlag für eine **„Gesellschaft mit gebundenen Vermögen“** (GmgV) als zumindest aus akademischer Perspektive[206)] eigenständige, neue 59

199) Begr. RefE Gesetz zur Stärkung der genossenschaftlichen Rechtsform, v. 3.7.2024, S. 54, BT-Drucks. 20/14501.

200) Gesetz zur Förderung privater Investitionen und das Finanzstandorts (Standortfördergesetz – StoFöG), v. 4.2.2026, BGBl. I 2026, Nr. 33.

201) Vgl. auch *Schmoll*, NZG 2024, 1197; *Kuthe*, BB 2024, 2371 f.; Denga/Grottke, WM 2026, 417, 423.

202) Vgl. auch *Sagasser/Luke* in: Sagasser/Bula, Umwandlungen, § 9 Rz. 318.

203) *Habersack/Wenzel* in: FS Vossius, S. 91; Widmann/Mayer-*Rieger*, UmwR, § 68 UmwG Rz. 38.

204) Krit. zu dieser „Barzahlungsschranke“ *Bachmann*, ZHR 185 (2021), 52, 90; *Priester*, ZIP 2013, 2033, 2036 f.; vgl. auch *Habersack/Wenzel* in: FS Vossius, S. 91 ff.

205) Vgl. *Fleischer* in: Fleischer, Rechtsformneuschöpfungen, S. 1, 7 f.; *Fleischer*, NZG 2022, 827, 829 f.; insofern zur „Erweiterungen des Rechtsformenangebots durch den Gesetzgeber“ *Fleischer*, ZIP 2023, 1505, 1509; zur etwaigen „Notwendigkeit“ neuer Rechtsformen auch *Zimmermann/Weller*, ZHR 187 (2023), 594.

206) S. *Sanders/Dauner-Lieb/Kempny/Möslein/Neitzel/Teichmann*, Gesetz zur Einführung einer Gesellschaft mit gebundenem Vermögen. Akademischer Entwurf mit Nebengesetzen und Erläuterungen, 2024 (Akad. Entwurf) – zur GmgV; vgl. auch *Feldthusen/Kalss/Teichmann*, ZGR 2024, 862 ff.

Rechtsform (siehe dazu auch § 1 Rz. 19 [*Stiegler*]).[207] Vorentwürfe und zunächst wohl auch das BMJ tendierten hingegen noch für eine „thesaurierende Kapitalgesellschaft" als Rechtsformvariante (Sonderform) der GmbH.[208] Das gemeinsam von BMJV und BMF im März 2026 präsentierte „Rahmenkonzept" betrachtet die GmgV jedoch als Gesellschaftsform sui generis und damit nicht mehr nur als Rechtsformvariante der GmbH. Sie soll vielmehr der Genossenschaft ähnlich sein. Der Akademische Entwurf aus dem Jahr 2024[209] sieht dabei auch zahlreiche Anpassungen des UmwG vor, die die angedachte **Umwandlungsfähigkeit** der GmgV gewährleisten soll. Der Entwurf sieht insofern die Möglichkeit der **Verschmelzung** zwischen mehreren GmgVs (§ 3 Abs. 1 Nr. 7 i. V. m. Abs. 4, § 122a Abs. 1 Nr. 1 UmwG-Akad. Entwurf) und der Verschmelzung zwischen einer GmgV und den gängigen Rechtsformen (insbesondere Personengesellschaften, GmbH, AG) vor. Dabei kann die GmgV grundsätzlich sowohl als übertragender, übernehmender oder auch als neu zu gründender Rechtsträger agieren (§ 122a Abs. 1 UmwG-Akad. Entwurf). Übernehmender Rechtsträger kann sie jedoch nur sein, wenn alle Anteilsinhaber der übertragenden Rechtsträger entweder natürliche Personen, Gebietskörperschaften, ebenfalls eine GmgV sind oder eine mit dieser vergleichbaren Vermögensbindung aufweisen (§ 122a Abs. 2 i. V. m. § 9 Abs. 1 Satz 1, 2 GmgVG-Akad. Entwurf). Zudem kann eine GmgV spaltungsfähig und an einer **Spaltung** beteiligungsfähiger Rechtsträger sein (§ 125 Abs. 1 Satz 1 i. V. m. §§ 122a ff. UmwG-Akad. Entwurf). Alle Spaltungsvarianten stehen der GmgV dabei grundsätzlich offen, aber nur, wenn bei einer Spaltung zur Aufnahme alle übernehmenden Rechtsträger GmgV sind oder wenn bei einer Spaltung zur Neugründung ausschließlich GmgV gegründet werden. Schließlich kann eine GmgV Zielrechtsträger eines **Formwechsels** sein (§ 191 Abs. 2 Nr. 4 i. V. m. §§ 257a ff., 266a ff., 290a ff. UmwG-Akad. Entwurf); nicht hingegen formwechselnder Rechtsträger.

60 Auch die Beteiligung einer GmgV an einer **grenzüberschreitenden Umwandlung** soll möglich sein.[210] Allerdings nur in eine EU-ausländische Rechtsform mit vergleichbarer Vermögensbindung (§ 306 Abs. 1 Nr. 4 lit. c, § 321 Abs. 3 Nr. 3, § 334 Abs. 3 Nr. 3 UmwG-Akad. Entwurf). Als übertragender Rechtsträger an einer grenzüberschreitenden Verschmelzung sollte nach einem ursprünglichen Entwurf für eine Erweiterung des GmbH-Gesetzes die neue Rechtsformvariante noch nicht genutzt werden dürfen (vgl. § 77n Abs. 4 GmbHG-Entwurf).[211] Bemerkenswert ist noch der Vorschlag eines nicht-dispositiven **Einstimmigkeitserfordernis** bei Verschmelzung und Spaltung anderer Gesellschaftsformen in eine GmgV als übernehmender Rechtsträger (vgl. § 39c Abs. 2 Satz 1, § 45d Abs. 2 Satz 1, § 50 Abs. 1 Satz 2, § 65 Abs. 1 Satz 2, § 84 Satz 2, § 103 Satz 2 UmwG-Akad. Entwurf).[212]

---

207) So *Sanders/Dauner-Lieb/Kempny/Möslein/Neitzel/Teichmann*, Gesetz zur Einführung einer Gesellschaft mit gebundenem Vermögen. Akademischer Entwurf mit Nebengesetzen und Erläuterungen, 2024 (Akad. Entwurf) – zur GmgV, S. 65; *Sanders/Neitzel/Dauner-Lieb/Kempny/Möslein/Teichmann*, NZG 2024, 1199; *Reiff*, NZG 2023, 770; *Möslein/Sanders*, JZ 2022, 923, 933; *Feldthusen/Kalss/Teichmann*, ZGR 2024, 862.

208) S. *Sanders/Neitzel/Dauner-Lieb/Kempny/Möslein/Teichmann*, NZG 2024, 1199.

209) *Sanders/Dauner-Lieb/Kempny/Möslein/Neitzel/Teichmann*, Gesetz zur Einführung einer Gesellschaft mit gebundenem Vermögen. Akademischer Entwurf mit Nebengesetzen und Erläuterungen, 2024 (Akad. Entwurf).

210) Vgl. auch *Sanders/Neitzel/Dauner-Lieb/Kempny/Möslein/Teichmann*, NZG 2024, 1199, 1206.

211) Krit. dazu im Hinblick auf die Europarechtskonformität *Obernosterer*, GmbHR 2023, 434, 443; *Engel/Haubner*, DStR 2022, 844, 846; a. A. zum grenzüberschreitenden Formwechsel *Möslein/Sanders*, JZ 2022, 923, 933; *Behme*, ZRP 2023, 38, 41; *Zimmermann/Weller*, ZHR 187 (2023), 594, 609 f.

212) Vgl. auch *Sanders/Neitzel/Dauner-Lieb/Kempny/Möslein/Teichmann*, NZG 2024, 1199, 1206; zur vertraglichen Möglichkeit einer Mehrheitsentscheidung anstelle eigentlichem Einstimmigkeitserfordernis s. z. B. § 39c Abs. 2.

V. Aufbau und Systematik des UmwG

61 Das UmwG folgt einer besonderen Systematik, die sich auch in dessen formalen Aufbau widerspiegelt.[213)] Bekannt ist diese unter dem sog. **Baukastensystem** bzw. -methode.[214)] Der Begriff („Baukasten-Technik") stammt aus der Gesetzesbegründung zum UmwG 1994 selbst.[215)] Das entsprechende Prinzip bedeutet dabei, dass die allgemeinen Grundsätze innerhalb des Gesetzes sowie innerhalb der einzelnen Bücher den spezielleren Vorschriften vor allem in Bezug auf rechtsformspezifische Umwandlungsarten vorangestellt sind. Die jeweils allgemeinen Teile enthalten dabei rechtsformunabhängige Regelungen und generelle Voraussetzungen, die für alle entsprechend nachfolgenden Umwandlungsmaßnahmen gleichermaßen gelten und insofern „vor die Klammer gezogen" sind.[216)] Dies zeigt sich auch an den amtlichen (offiziellen) Teilüberschriften der einzelnen Bücher des UmwG, wo überwiegend zunächst die „Allgemeinen Vorschriften" aufgeführt und sodann die „Besonderen Vorschriften" in Bezug auf die Beteiligung der unterschiedlichen Gesellschaftsformen geregelt sind.[217)]

62 Aus dieser Systematik folgt, dass die in den allgemeinen Teilen befindlichen Regelungen für alle Umwandlungsvorgänge im Grundsatz **einheitlich auszulegen** sind.[218)] Dies finden lediglich dort seine Grenze, wo entweder **rechtsformspezifisch** unterschiedliche Interessen und Sachlagen eine differenzierte Behandlung erforderlich machen oder aufgrund **europäischer Vorgaben** abweichende Beurteilungen verpflichtend sind.[219)] Die das gesamte UmwG bestimmende und wichtige Grundsatzbestimmung findet sich ferner in § 1 Abs. 1, der die verschiedenen Umwandlungsmöglichkeiten beschreibt (siehe dazu § 1 Rz. 4 [*Stiegler*]).[220)]

63 Die Baukastenmethode zeigt sich aber auch dadurch, dass bücherübergreifend innerhalb des UmwG **zahlreiche Verweise** bestehen. Dies gilt vor allem in Bezug auf die Umwandlungsarten der Verschmelzung und der Spaltung, wobei sehr häufig auf die verschmelzungsrechtlichen Vorschriften des Zweiten Buches (§§ 2 ff.) Bezug genommen wird bzw. diese „entsprechend" zur Anwendung kommen sollen und insofern ebenfalls diese stückweise als „ Allgemeiner Teil des Umwandlungsrechts" bezeichnet werden können.[221)] Daraus folgt, dass der Gesetzgeber die Verschmelzung als den „Grundtatbestand" der im UmwG aufgeführten Umwandlungsarten betrachtet.[222)] Diese **„Verweisungstechnik"**[223)] beruht auf dem Willen des Gesetzgebers, mit dem UmwG eine rechtsbereinigende und systematische Regulierung des Umwandlungsrechts zu schaffen.[224)]

64 Sie ist allerdings nicht frei von Kritik, die vor allem darauf beruht, dass durch Verweisungstechnik zwar der Gesetzestext vom Umfang her entlastet, gleichzeitig aber das Verständnis der Materie erschwert wird.[225)] Zudem ist nicht immer eindeutig, welche Konsequenzen

213) Ausführlich zur Gesetzessystematik bereits *K. Schmidt*, ZGR 1990, 580, 583 ff.

214) *Heckschen* in: Beck'sches Notar-Hdb., § 24 Rz. 17; Semler/Stengel/Leonard-*Stengel*, UmwG, § 1 Rz. 51; mit anderer Bedeutung jedoch *Dauner-Lieb/Gadomski* in: KölnKomm-UmwG, § 1 Rz. 40.

215) Begr. Fraktionsentwurf UmwBerG, BT-Drucks. 12/6699, S. 79.

216) Kraft/Redenius-Hövermann-*Kraft*, UmwR, § 1 Rz. 33.

217) Vgl. auch *Dauner-Lieb/Gadomski* in: KölnKomm-UmwG, § 1 Rz. 31.

218) *Schwarz*, DStR 1994, 1694, 1697.

219) In Bezug auf Ersteres *Schöne*, GmbHR 1995, 325, 335; *Schnorbus*, WM 2000, 2321, 2328.

220) *Heckschen* in: Beck'sches Notar-Hdb., § 24 Rz. 6.

221) So Kraft/Redenius-Hövermann-*Kraft*, UmwR, § 1 Rz. 34.

222) *Drinhausen/Keinath* in: BeckOGK-UmwG, § 2 Rz. 2; Lutter-*Drygala*, UmwG, § 2 Rz. 1; *Böttcher* in: NK-UmwG, § 2 Rz. 2.

223) *Zöller*, AG 1994, 336, 340.

224) Vgl. Begr. Fraktionsentwurf UmwBerG, BT-Drucks. 12/6699, S. 71.

225) *K. Schmidt*, ZGR 1990, 580, 584; zum „Verweisungsdschungel" im Spaltungsrecht auch *Bayer/Wirth*, ZIP 1996, 817.

i. S. von Anpassungen im Detail mit einer nur **„entsprechend[en]" Anwendung** der Normen eines anderen Themenkomplexes verbunden sind. Prominent wird dies vor allem bei der Regelung des § 125 Abs. 1 Satz 1, die für die Spaltung umfassend auf das Recht der Verschmelzung verweist, obwohl die Spaltung teilweise abweichenden Grundprinzipien folgt.[226] Eine entsprechende Anwendung bedingt daher ggf. auch Modifikation des anwendbaren Rechts.[227] Dies ruft nicht selten Schwierigkeiten bei der „korrekten" Rechtsanwendung hervor und erschwert eine zielgerichtete Rechtsberatung. Zu Recht wird diesbezüglich daher postuliert, dass das Umwandlungsrecht eine nicht einfach zu durchdringende „Materie für Spezialisten" darstelle.[228] Zudem lässt sich aufgrund der entsprechenden Anwendbarkeit anderer Regelungen des UmwG grundsätzlich noch kein Rückschluss ziehen, ob es sich normbezogen dabei methodisch eher um eine Rechtsgrund- oder eine Rechtsfolgenverweisung handelt. Eine Rechtsgrundverweisung, wie sie z. B. bei § 35a Abs. 2 weitgehend bejaht wird (siehe § 35a Rz. 5 [*Mückl*]), wird sich jedoch vor allem dann oftmals als nicht sachgerecht erweisen, wenn es sich um die entsprechende Anwendung i. S. eines Verweises auf eine andere Umwandlungsart handelt. Auch die Erfassung nur als Rechtsfolgenverweisung wird einer entsprechenden Anwendbarkeit nicht vollumfänglich gerecht.[229]

65 Die entsprechende Verweisungstechnik und das Baukastensystem gelten in vergleichbarer Weise auch für die **grenzüberschreitenden Umwandlungen** der §§ 305 ff.[230] Innerhalb dieses Buches dienen die Bestimmungen zur grenzüberschreitenden **Verschmelzung als Regelungsvorbild** für das Verfahren der Spaltung und des Formwechsels.[231] Diese Regelungstechnik erlaubt es, verschiedene Wertungen des innerstaatlichen Umwandlungsrechts, sofern der grenzüberschreitenden Charakter der Umwandlung keine abweichende Beurteilung erfordert[232] und in den §§ 305 ff. keine anderweitigen Spezialregelungen enthalten sind, in ihren Grundzügen auch für grenzüberschreitende Umwandlungen heranzuziehen.[233]

66 Das bestehende Umwandlungsgesetz gliedert sich im Zuge der Reform durch das UmRUG 2023[234] derzeit in **acht Bücher.**

Buch	Norm(en)	Inhalt
Erstes Buch	§ 1	Möglichkeiten von Umwandlungen
Zweites Buch	§§ 2–122	Verschmelzung
Drittes Buch	§§ 123–173	Spaltung
Viertes Buch	§§ 174–189	Vermögensübertragung
Fünftes Buch	§§ 190–304	Formwechsel

226) Vgl. diesbezüglich zur Unanwendbarkeit des § 125 Abs. 1 Satz 1 auch *Leuering* in: KölnKomm-UmwG, § 125 Rz. 7; Lutter-*Lieder*, UmwG, § 125 Rz. 6.

227) In Bezug auf § 125 Abs. 1 Satz 1 *Verse* in: BeckOGK-UmwG, § 125 Rz. 1; generell auch *Karpen*, Die Verweisung als Mittel der Gesetzgebungstechnik, S. 78.

228) *Bayer*, ZIP 1997, 1613, 1626.

229) Zur Differenzierung zwischen einer Rechtsgrundverweisung und einer entsprechenden Anwendung („Rechtsanalogie") in Begr. RegE MoPeG, BT-Drucks. 19/27635, S. 222, 251, 274.

230) Vgl. *Klaassen-Kaiser* in: KölnKomm-UmwG, § 305 Rz. 4 – zur grenzüberschreitenden Verschmelzung; Henssler/Strohn-*Galla/Cé. Müller*, GesR, § 320 UmwG Rz. 6; *Kappenhagen/Wentz*, WM 2023, 2113, 2115 – jeweils zur grenzüberschreitenden Spaltung; *Stiegler* in: NK-UmwG, Vor §§ 333 ff. Rz. 33 – zum grenzüberschreitenden Formwechsel; prognostizierend auch bereits *Habersack*, ZHR 186 (2022), 1, 4.

231) Vgl. Begr. RegE UmRUG, BT-Drucks. 20/3822, S. 45.

232) Dazu *Stiegler* in: Jung/Krebs/Stiegler, Gesellschaftsrecht in Europa, § 10 Rz. 145.

233) *Gontschar* in: BeckOGK-UmwG, § 1 Rz. 457.

234) Gesetz zur Umsetzung der Umwandlungsrichtlinie und zur Änderung weiterer Gesetze (UmRUG), v. 22.2.2023, BGBl. I 2023, Nr. 51.

Sechstes Buch	§§ 305–345	Grenzüberschreitende Umwandlungen
Siebtes Buch	§§ 346–350	Strafvorschriften und Zwangsgelder
Achtes Buch	§§ 351–355	Übergangs- und Schlussvorschriften

Schließlich besteht im Umwandlungsrecht des UmwG, ähnlich wie im allgemeinen Gesellschaftsrecht,[235)] ein gewisses **Wechselspiel**[236)] zwischen der Gewährleistung unternehmerischer Gestaltungsfreiheit und dem Schutz betroffener Personengruppen mittels zwingender gesetzlicher Regelungen. In Bezug auf Ersteres betonte dies bereits die Gesetzbegründung zum UmwG 1994, indem sie statuiert, dass das Gesetz „von der Eigenverantwortlichkeit der Anteilsinhaber" der beteiligten Rechtsträger ausgeht und „jeden Umwandlungsvorgang ihrer freien Entscheidung" unterwirft, sodass „staatliche Aufsicht und behördliche Genehmigungen auf das unvermeidliche Maß beschränkt" werden.[237)] 67

VI. Strukturprinzipien des UmwG

Im geltenden Umwandlungsrecht wird zwischen **übertragenden** und **formwechselnden** Umwandlungen unterschieden.[238)] Dies geschieht, obwohl das UmwG seinem Wortlaut nach dem Ausdruck „übertragende Umwandlung" nicht enthält. Die übertragenden Umwandlungen sind die Verschmelzung, Spaltung und die Vermögensübertragung i. S. von § 174; formwechselnde, nicht-übertragende Umwandlung ist der Rechtsformwechsel gemäß § 190. An diese Differenzierung knüpfen sodann auch verschiedene, nicht jedoch alle, umwandlungsartspezifischen Strukturprinzipien des Gesetzes an. 68

1. Überblick

Die aus rechtlicher Sicht einer Unternehmensumwandlung zugrunde liegenden Kernmerkmale, die auch in der Praxis die Basis des Ergebnisses der Strukturmaßnahme bilden, ist je nach Umwandlungsart die (partielle) **Gesamtrechtnachfolge** (Verschmelzung/Spaltung)[239)] (siehe Rz. 70) und **Rechtsträgerkontinuität** (sog. Identitätsprinzip)[240)] (Formwechsel) (siehe Rz. 79).[241)] Während also der Anknüpfungspunkt des Formwechsels der Rechtsträger als solches ist, ist es bei den anderen Umwandlungsarten im Hinblick auf die (partielle) Gesamtrechtsnachfolge grundsätzlich das Vermögen des Unternehmens.[242)] Insofern ist vor allem die Identität der Anteilsinhaber vor und nach der Umwandlung kein zwingendes Merkmal aller Umwandlungsvorgänge.[243)] Das UmwG sieht diese zwar im Grundsatz vor (vgl. § 20 Abs. 1 Nr. 3 für die Verschmelzung, § 131 Abs. 1 Nr. 3 für die Spaltung und § 202 Abs. 1 Nr. 2 für den Formwechsel). Allerdings steht es jeweils zur Disposition der Beteiligten (siehe auch Rz. 84 f.). Aufgrund der gesetzlichen Normierung wird gleichwohl das Konzept des automatischen Erwerbs (Verschmelzung/Spaltung) bzw. des Über- 69

---

235) Vgl. dazu nur *Bachmann/Eidenmüller/Engert/Fleischer/Schön*, Rechtsregeln für die geschlossene Kapitalgesellschaft, S. 23 f.; *Fleischer*, ZHR 168 (2004), 673, 691.

236) Vgl. dazu nur *Bachmann/Eidenmüller/Engert/Fleischer/Schön*, Rechtsregeln für die geschlossene Kapitalgesellschaft, S. 23 f.; *Fleischer*, ZHR 168 (2004), 673, 691.

237) Begr. Fraktionsentwurf UmwBerG, BT-Drucks. 12/6699, S. 79.

238) Vgl. nur *Beuthien/Helios*, NZG 2006, 369.

239) Sog. Universalsukzession; monografisch dazu *Mertens*, Umwandlung und Universalsukzession; ausführlich auch *K. Schmidt*, AcP 191 (1991), 495 ff.

240) Statt vieler Lutter-*Hoger*, UmwG, § 190 Rz. 1 f.; ausführlich auch *Wiedemann*, ZGR 1999, 568 ff.

241) Kraft/Redenius-Hövermann-*Kraft*, UmwR, § 1 Rz. 3.

242) *K. Schmidt*, ZGR 1990, 580, 606.

243) *Drinhausen/Keinath* in: BeckOGK-UmwG, § 1 Rz. 15; Kallmeyer-*Marsch-Barner/Oppenhoff*, UmwG, § 1 Rz. 10; vgl. auch Semler/Stengel/Leonard-*Stengel*, UmwG, § 1 Rz. 37; *Heckschen/Kreußlein*, notar 2024, 367 f.

gangs (Formwechsel) der Mitgliedschaft als Grundsatz der **„Mitgliedschaftsperpetuierung“** verstanden.[244] Weiterhin ist allen Umwandlungsarten gemeinsam, dass keine Abwicklung der übertragenden Rechtsträger stattfindet.[245]

2. (Partielle) Gesamtrechtsnachfolge bei Verschmelzung und Spaltung

70 Erklärtes Ziel des UmwG ist es (siehe bereits Rz. 42), dem praktischen Bedürfnis von Unternehmen nach zügigen und ohne große formelle Hürden bestehenden rechtlichen Umstrukturierungen Rechnung zu tragen.[246] Die Bedeutung von Unternehmensumwandlungen ist in diesem Zusammenhang wesentlich durch das **Prinzip der Gesamtrechtsnachfolge** bedingt,[247] welches als das vermeintlich wichtigste Strukturprinzip der übertragenden Umwandlungen nach dem UmwG gilt[248] und insofern auch als deren „Herzstück“ bezeichnet wird.[249] Es ist gesetzlich für die Verschmelzung in § 20 Abs. 1 Nr. 1 und für die Spaltung in § 131 Abs. 1 Nr. 1 ausdrücklich kodifiziert.[250] Neben innerstaatlichen Umwandlungen gilt es in gleichbedeutender Weise für grenzüberschreitende übertragende Umwandlungen.[251] Dies ergibt sich normativ aus europäischer Sicht vor allem aus Art. 119 Nr. 2 (grenzüberschreitende Verschmelzung) und Art. 160b Nr. 4 (grenzüberschreitende Spaltung) der Richtlinie 2017/1132 (sog. Gesellschaftsrechtsrichtlinie)[252].

71 Die (partielle) Gesamtrechtsnachfolge ist das als parteiautonom gestaltete Mittel einer Vermögensübertragung zwischen den an der jeweiligen Umwandlung beteiligten Rechtsträger.[253] Sie reflektiert den zivilrechtlichen Grundsatz der Vertragsfreiheit, indem sie den Gesellschaften ermöglicht, ihre rechtliche Struktur i. R. einer rechtlich vorgegebenen Strukturmaßnahme frei zu gestalten. Insofern ist die **Privatautonomie** die Grundlage der umwandlungsrechtlichen Sukzessionsfreiheit in Form der Gesamtrechtsnachfolge mit dem Verschmelzungs-/Spaltungsvertrag bzw. -plan als rechtsgeschäftliche Basis.[254]

72 Bei der umwandlungsrechtlichen Gesamtrechtsnachfolge **geht das Vermögen** des übertragenden Rechtsträgers auf den übernehmenden Rechtsträger per gesetzlicher Anordnung **über, ohne** das es **einzelner Übertragungsakte** bedarf.[255] Damit sollen die Vermögenspositionen des/der übertragenden Rechtsträger als Einheit erhalten und ihr Übergang auf den übernehmenden Rechtsträger bewirkt werden.[256] Es handelt sich also letztlich um ein gesetzgeberisches Mittel zur Gewährleistung von zum einen Rechtsklarheit für die Betroffenen und zum anderen **Vereinfachung** der Strukturmaßnahme für die an der Umwandlung

244) Generell *Dauer-Lieb/Gadomski* in: KölnKomm-UmwG, Einl. A Rz. 53; OLG Düsseldorf, Urt. v. 4.4.2019 – 6 U 24/18, Rz. 154, BeckRS 2019, 54123 – zur Spaltung; *Drinhausen/Keinath* in: BeckOGK-UmwG, § 2 Rz. 16; *Schniepp/Hensel*, NZG 2014, 857, 861 – jeweils zur Verschmelzung.

245) *Drinhausen/Keinath* in: BeckOGK-UmwG, § 1 Rz. 13; Kallmeyer-*Marsch-Barner/Oppenhoff*, UmwG, § 1 Rz. 8.

246) BGH, Urt. v. 21.2.2014 – V ZR 164/13, ZIP 2014, 776.

247) *Heckschen*, GmbHR 2014, 626, 627; *Kuhlmann/Ahnis*, Konzern- und Umwandlungsrecht, § 7 Rz. 999; zur Gesamtrechtsnachfolge als „rechtstechnischer Begriff“ auch *Zöllner*, ZHR 165 (2001), 440, 442.

248) Vgl. nur *Drinhausen/Keinath* in: BeckOGK-UmwG, § 1 Rz. 12; ähnlich *Heckschen/Michel*, GmbHR 2025, 959.

249) So bereits *K. Schmidt*, AcP 191 (1991), 495, 504 – zur Verschmelzung.

250) Vgl. auch OLG Düsseldorf, Urt. v. 17.8.2023 – 15 U 39/22, GRUR-RS 2023, 42708.

251) *Schurr*, EuZW 2019, 539, 541.

252) Richtlinie (EU) 2017/1132 des Europäischen Parlaments und des Rates v. 14.6.2017 über bestimmte Aspekte des Gesellschaftsrechts (Gesellschaftsrechtsrichtlinie), ABl. (EU) L 169/46 v. 30.6.2017.

253) So bereits *Teichmann*, ZGR 1993, 396, 398.

254) Vgl. *Lieder*, Die rechtsgeschäftliche Sukzession, S. 83, 722.

255) Aus jüngerer Zeit vgl. nur OLG Schleswig, Urt. v. 5.6.2024 – 9 U 62/23, ZRI 2024, 553 = ZIP 2024, 1933.

256) Vgl. nur *Leuering* in: KölnKomm-UmwG, § 2 Rz. 33.

beteiligten Gesellschaften.[257] Bei der Verschmelzung ist diese umwandlungsrechtliche Sukzession dabei „total“ i. S. von vollumfänglich, d. h. der Zielrechtsträger übernimmt das gesamte Vermögen der übertragenden Ausgangsrechtsträger (siehe zur Spaltung sogleich Rz. 74).[258] Nach Wirksamwerden der Verschmelzung erlöschen sodann die zwischen den beteiligten Rechtsträges bestehenden Rechtsverhältnisse aufgrund Kollision.[259]

Bedeutendster Vorteil der Gesamtrechtsnachfolge ist die Möglichkeit des **Verzichts** auf die Einhaltung der **Vorschriften für die Einzelrechtsübertragung.**[260] Die rechtsgeschäftliche Übertragung wird durch die Eintragung im Handelsregister ersetzt und der übertragende Rechtsträger erlischt. Eine Nachtragsliquidation findet nicht statt. Es bedarf gerade nicht der Zustimmung Dritter, insbesondere von Gläubigern (§§ 414, 415 BGB), Schuldnern (§§ 399 2. Alt., 413 BGB) und staatlicher Behörden, was bei der zivilrechtlichen Einzelrechtsübertragung erforderlich wäre.[261] Die Gesamtrechtsnachfolge soll insofern einen Vermögensübergang ermöglichen, der als Einzelrechtsübertragung praktisch deutlich erschwert wäre oder aufgrund des nicht voraussehbaren Verhaltens außenstehender Dritter scheitern könnte.[262] 73

Auch bei der **Spaltung** als übertragende Umwandlungsart kommt das Prinzip der Gesamtrechtsnachfolge zur Geltung.[263] Dem stehen, wie sich aus § 133 Abs. 1 Satz 2 ergibt, selbst die handelsrechtlichen Regelungen der §§ 25, 28 HGB nicht entgegen, da es sich bei der dort geregelten Haftung bei Firmenfortführung nicht um eine (spaltungsbedingte) Vertragsübernahme handelt.[264] Anders als bei der Verschmelzung tritt bei der Spaltung allerdings nur eine **partielle Gesamtrechtsnachfolge** ein. Hintergrund ist, dass jeder übernehmende Rechtsträger nur einen Teil des Vermögens des sich spaltenden Ausgangsrechtsträgers erhält.[265] Dies ist der Konzeption einer Spaltung geschuldet, wo in Abweichung zur Verschmelzung Gesellschaften gerade nicht fusionieren bzw. sich zusammenführen, sondern ein Rechtsträger sein Vermögen auf mehrere (bestehende oder neue) Rechtsträger auf-/verteilt. Besonders deutlich wird dies bei der **Ausgliederung** nach § 123 Abs. 3, wo gerade nur ein „Teil oder mehrere Teile“ vom Vermögen des übertragenden Rechtsträges ausgegliedert werden und es somit nur zu einer in Bezug auf das Gesamtvermögen stückweisen Gesamtrechtsnachfolge kommt.[266] 74

Bei der Spaltung besteht dergestalt eine Gestaltungsfreiheit, dass der Gesetzgeber inhaltlich nicht vorgibt, was wie i. R. der Umwandlung aufgeteilt werden darf.[267] Es besteht daher 75

257) Vgl. auch *Mertens*, Umwandlung und Universalsukzession, S. 158.

258) *Lieder/Scholz*, ZIP 2015, 1705; *Heckschen*, GmbHR 2017, 953, 954.

259) Vgl. nur OLG München, Beschl. v. 21.11.2023 – 17 U 2817/23e, 17 W 1372/23e, BeckRS 2023, 33169.

260) Kraft/Redenius-Hövermann-*Kraft*, UmwR, § 1 Rz. 16.

261) OLG Dresden, Urt. v. 18.9.2025 – 12 U 178/25, BeckRS 2025, 38865; *Heidenhain*, ZHR 168 (2004), 468, 478; *Heckschen*, GmbHR 2017, 953, 960.

262) Lutter-*Grunewald*, UmwG, § 20 Rz. 7; Semler/Stengel/Leonard-*Leonard/Simon*, UmwG, § 20 Rz. 8.

263) Speziell dazu *Heidenhain*, ZHR 168 (2004), 468 ff.; grundlegend auch *K. Schmidt*, AcP 191 (1991), 495, 510 ff.

264) KG Berlin, Beschl. v. 19.6.2008 – 12 U 204/07, NZG 2009, 836; de lege ferenda für eine Angleichung des § 25 HGB an die partielle Gesamtrechtsnachfolge *J. Flume*, ZHR 170 (2006), 737, 763.

265) Bereits die Gesetzesbegründung zum UmwG 1994 verwendet den Begriff der partiellen Universalsukzession, vgl. Begr. RegE UmwBerG, BR-Drucks. 75/94, S. 71.

266) Vgl. zuletzt auch OLG Köln, Urt. v. 30.11.2023 – 15 U 132/22, ZUM 2024, 535; OLG Frankfurt/M., Beschl. v. 15.9.2025 – 6 W 115/25, 6 U 60/18, ZIP 2025, 2557; ferner zur Ausgliederung als Rechtsnachfolge i. S. von § 265 ZPO OLG München, Urt. v. 9.4.2024 – 9 U 4221/23 Bau e, BeckRS 2024, 10700; Stein/Jonas-*Roth*, ZPO, § 265 Rz. 5.

267) Vgl. Begr. Fraktionsentwurf UmwBerG, BT-Drucks. 12/6699, S. 118; *Engelmeyer*, AG 1996, 193, 196; *Heidenhain*, NJW 1995, 2873, 2876.

eine weitreichende Freiheit der Vermögensaufteilung (sog. **Spaltungsfreiheit**)[268] als „systemprägende[s] Prinzip" des Umwandlungsrechts.[269] Normativ lässt sich dies vor allem aus § 126 Abs. 1 Nr. 9 herleiten, der lediglich eine „genaue Bezeichnung und Aufteilung" der Vermögensgegenstände vorgibt. Das Gesetz kennt also gerade keine bestimmte finanzielle Ausstattungspflicht für ausgegliederte oder abgespaltene Gesellschaften. Aufgrund der Spaltungsfreiheit steht es den Beteiligten vielmehr frei, Verbindlichkeiten und haftendes Vermögen weitgehend zu trennen oder jedenfalls disproportional zuzuweisen.[270] Partiell kompensiert wird zum Schutz von Gläubiger die entsprechende Spaltungsfreiheit allerdings durch die gesetzliche Anordnung einer gesamtschuldnerischen Haftung der an der Spaltung beteiligten Rechtsträger gemäß § 133.[271]

76 Aus Sicht der **Gläubiger** bzw. Vertragspartner der übertragenden Gesellschaft führt die umwandlungsrechtliche Gesamtrechtsnachfolge zu einem **automatischen Wechsel des Vertragspartners** im Zuge des Wirksamwerdens der Umwandlung.[272] Dies kann insbesondere dann bedeutsam sein, wenn die aus der Verschmelzung hervorgehende Gesellschaft anderen für die Gläubiger relevanten Rechtsregeln unterliegt als die übertragenden Gesellschaften (z. B. niedrigeres Stamm- oder Grundkapital). Die Vermögensvereinigung bei einer Verschmelzung oder Aufteilung bei einer Spaltung kann insofern für die Gläubiger der beteiligten Gesellschaften eine Beeinträchtigung der Bonität ihres Schuldners mit sich bringen.[273] Diese potenzielle Gefahr hat der Gesetzgeber aber bewusst in Kauf genommen. Ein sog. **Summengrundsatz** des Kapitals besteht nach h. M. gerade **nicht**.[274] Der Gesetzgeber sieht dies offenbar ebenso, indem er i. R. des Zweiten Gesetzes zur Änderung des UmwG aus dem Jahr 2007 (siehe dazu Rz. 47) in § 54 Abs. 1 Satz 3 und § 68 Abs. 1 Satz 3 eine Ausnahme durch Verzicht festlegt hat.[275] Beide Normen bestimmen nunmehr, dass eine Kapitalerhöhung beim übernehmenden Rechtsträger zur Disposition der Anteilsinhaber des übertragenden Rechtsträgers steht. Im Zuge des UmRUG gilt dies auch für die Spaltung, da § 125 Abs. 1 nicht mehr vollständig die Geltung der §§ 54, 68 ausschließt.[276] Vielmehr sind betroffene Gläubiger neben ihrem etwaigen Anspruch auf Sicherheitsleistung (vgl. [§ 125 Abs. 1 Satz 1 i. V. m.] § 22) auf die Eintragung der Umwandlung ins Handelsregister und den dortigen Kapitalinformationen über die beteiligten Kapitalgesellschaften als „allgemeinkundige Tatsache" verwiesen.[277]

77 Sowohl bei der Verschmelzung als auch Spaltung[278] ist der **Umfang der Gesamtrechtsnachfolge**, also welche Rechtsverhältnisse hiervon erfasst sind, denkbar weit. Es werden

---

268) Vgl. nur *Verse* in: BeckOGK-UmwG, § 126 Rz. 96.

269) Lutter-*Priester/Lieder*, UmwG, § 126 Rz. 88.

270) Hinsichtlich der zivilprozessualen Folgen im Hinblick auf die Unterscheidung zwischen Aktiva und Passiva vgl. auch *Bork/Jacoby*, ZHR 167 (2003), 440, 457 f.

271) *Leuering* in: KölnKomm-UmwG, § 133 Rz. 1; vgl. auch BAG, Urt. v. 22.9.2020 – 3 AZR 304/18, ZIP 2021, 99; OLG Frankfurt/M., Beschl. v. 15.9.2025 – 6 W 115/25, 6 U 60/18, ZIP 2025, 2557; *Stern*, ZGR 2026, 146, 147 f.

272) Vgl. zuletzt nur OLG München, Urt. v. 29.4.2024 – 19 U 3278/23e, BeckRS 2024, 8891.

273) *Kalss*, ZGR 2009, 74, 122.

274) So explizit *Maier-Reimer*, GmbHR 2004, 1128, 1132; *Priester*, ZIP 2013, 2033, 2035; *Rodewald*, GmbHR 2005, 515; *Mayer*, DB 1995, 861; *Farian/Furs*, GmbHR 2016, 1298, 1300; *Leuering* in: KölnKomm-UmwG, § 2 Rz. 112; a. A. *Petersen*, Der Konzern 2004, 185, 188; *Petersen*, GmbHR 2004, 728, 730; *Winter* in: FS Lutter, S. 1279, 1284; unklar AG Charlottenburg, Urt. v. 28.05.2008 – 99 AR 3278/08, GmbHR 2008, 993.

275) *Limmer* in: Limmer, Hdb. Unternehmensumwandlung, Kap. 2 Rz. 38.

276) *Verse* in: BeckOGK-UmwG, § 125 Rz. 58; Lutter-*Lieder*, UmwG, § 125 Rz. 66; *Fischer* in: NK-UmwG, § 125 Rz. 4; vgl. auch Begr. RegE UmRUG, BT-Drucks. 20/3822, S. 82 f.

277) BGH, Beschl. v. 24.5.2023 – VII ZB 69/21, ZIP 2023, 1640.

278) In Abhängigkeit von den Zuteilungen nach § 126 Abs. 1 Nr. 9; s. insofern zur „Spaltungsfreiheit" Rz. 75.

im Grundsatz alle Sachen, Rechte, Rechtsverhältnisse, Aktiva und Passiva erfasst.[279)] Vor allem die verschmelzungsrechtliche Universalsukzession erstreckt sich insofern auf sämtliche Vermögensmassen, sodass im Zuge des Wirksamwerdens der Umwandlung keine zwei solcher mehr bestehen können.[280)] Insbesondere in Bezug auf (bewegliche und unbewegliche)[281)] Sachen erfolgt die Eigentumsübergang dabei kraft Gesetzes. Ein gutgläubiger Erwerb i. R. der Gesamtrechtsnachfolge ist hingegen ausgeschlossen;[282)] der Übergang des Besitzes an Sachen aufgrund analoger Anwendung der Norm des § 857 BGB allerdings nicht.[283)] Übergehen können ferner Immaterialgüterrechte, wie z. B. gewerbliche Schutzrechte und Lizenzen,[284)] Pensionszusagen[285)] und Namenaktien sowie GmbH-Geschäftsanteile an anderen Unternehmen.[286)] Selbst Vinkulierungsabreden in Bezug auf Anteile am übertragenden Rechtsträger sollen nach der Umwandlung fortbestehen.[287)] Gleiches gilt für stille Beteiligungen[288)] sowie nach umstrittener Meinung für dokumentierte Daten i. S. der Datenschutz-Grundverordnung (DSGVO),[289)] was u. a. auch die datenschutzrechtliche Einwilligung in die Datenverarbeitung nach dieser umfassen soll.[290)] Schließlich umfasst die Gesamtrechtsnachfolge grundsätzlich alle Passiva, für die der Rechtsgrund bereits vor Wirksamwerden der jeweiligen Umwandlung gelegt wurde.[291)] Dies ist auch sachgerecht, vor allem da bei einer Verschmelzung das Erlöschen der übertragenden Gesellschaft nur dann gerechtfertigt erscheint, wenn auch das Passivvermögen dieser in seiner Gesamtheit auf die übernehmende Gesellschaft übergeht.[292)] Dies gilt aus europäischer Sicht selbst für nicht definierte Gegenstände wie Geldbußen, Sanierungskosten oder begangene Umweltschäden.[293)] Im deutschen Recht ist dies partiell bereits in § 30 Abs. 2a OWiG klargestellt.

Vollkommen umfassend ist die Gesamtrechtsnachfolge gleichwohl nicht, sondern sie unterliegt auch einzelnen **Einschränkungen**. Von ihr ausgenommen sind insbesondere höchstpersönliche Rechte und Pflichten einzelner Personen,[294)] sowie anderweitig untrennbar 78

279) Vgl. nur *Heckschen*, GmbHR 2014, 626.

280) OLG München, Beschl. v. 21.11.2023 – 17 U 2817/23e, 17 W 1372/23e, BeckRS 2023, 33169.

281) Hierbei hat eine Grundbuchberichtigung gemäß § 894 BGB zu erfolgen.

282) *Rieckers/Cloppenburg* in: BeckOGK-UmwG, § 20 Rz. 13; Lutter-*Grunewald*, UmwG, § 20 Rz. 9.

283) H. M., vgl. nur *Rieckers/Cloppenburg* in: BeckOGK-UmwG, § 20 Rz. 34; *Erkens* in: KölnKomm-UmwG, § 20 Rz. 18; Lutter-*Grunewald*, UmwG, § 20 Rz. 8; *Rieckers/Cloppenburg* in: BeckOGK-UmwG, § 20 Rz. 13; Lutter-*Grunewald*, UmwG, § 20 Rz. 9.

284) OLG Düsseldorf, Urt. v. 17.8.2023 – 15 U 39/22, GRUR-RS 2023, 42708; *Rieckers/Cloppenburg* in: BeckOGK-UmwG, § 20 Rz. 38; Widmann/Mayer-*Vossius*, UmwR, § 20 UmwG Rz. 181.

285) OLG Karlsruhe, Urt. v. 20.9.2024 – 20 UF 153/20, FamRZ 2025, 451.

286) *Lieder/Scholz*, ZIP 2015, 1705, 1711.

287) OLG Hamm, Urt. v. 16.4.2014 – I-8 U 82/13, ZIP 2014, 1479; *Burg/Marx*, NZG 2013, 127, 132.

288) OLG Schleswig, Urt. v. 6.3.2024 – 9 U 11/23, NZG 2024, 553.

289) Verordnung (EU) 2016/679 des Europäischen Parlaments und des Rates v. 27.4.2016 zum Schutz natürlicher Personen bei der Verarbeitung personenbezogener Daten, zum freien Datenverkehr und zur Aufhebung der Richtlinie 95/46/EG (Datenschutz-Grundverordnung – DSGVO), ABl. (EU) L 119/1 v. 4.5.2016 (ber. ABl. (EU) L 314/72 v. 22.11.2016, ABl. (EU) L 127/2 v. 23.5.2018).

290) Lutter-*Grunewald*, UmwG, § 20 Rz. 42 m. w. N. – vor allem zum damaligen BDSG; a. A. Semler/Stengel/Leonard-*Leonard/Simon*, UmwG, § 20 Rz. 11a; Kallmeyer-*Marsch-Barner/Oppenhoff*, UmwG, § 20 Rz. 23a.

291) *J. Schmidt*, BB 2024, 1859, 1874.

292) *Stiegler*, EWiR 2015, 369, 370 (Urteilsanm.).

293) Vgl. EuGH, Urt. v. 29.7.2024 – Rs. C-713/22 (LivaNova), BB 2024, 1857 – zur Spaltung von AGs; EuGH, Urt. v. 5.3.2015 – Rs. C 343/13 (MCH/ACT), BB 2015, 717 – zur Verschmelzung von AGs); in Bezug auf „vergessene" Passiva kann es bei einer Spaltung insofern zur einer gesamtschuldnerischen Haftung nach § 133 Abs. 1 kommen, vgl. Semler/Stengel/Leonard-*Greitemann*, UmwG, § 126 Rz. 80; Lutter-*Priester/Lieder*, UmwG, § 126 Rz. 79; im Umkehrschluss wohl auch OLG Frankfurt/M., Beschl. v. 15.9.2025 – 6 W 115/25, 6 U 60/18, ZIP 2025, 2557.

294) Vgl. nur BGH, Urt. v. 13.8.2015 – VII ZR 90/14, ZIP 2015, 1823; BGH, Urt. v. 21.2.2014 – V ZR 164/13, ZIP 2014, 776.

mit diesen verbunden Rechtspositionen.[295] Auch führt eine Strukturmaßnahme nach dem UmwG grundsätzlich nicht zu einer automatischen Vertragsumwandlung eines Arbeits- in ein freies Dienstverhältnis.[296] Beim Formwechsel einer AG soll ferner nach h. M. die Organstellung der vormaligen Vorstandsmitglieder enden.[297]

3. Rechtsträgeridentität beim Formwechsel

79 Anders als bei der Verschmelzung und der Spaltung gehört es zum Wesen des Formwechsels als Umwandlungsart, dass dieser nicht mit einem Vermögensübergang verbunden ist. Es handelt sich also nicht um eine übertragende Umwandlung. Das Vermögen verbleibt vielmehr bei dem Rechtsträger, bei dem es sich befindet und der nach dem Formwechselbeschluss bestimmten Rechtsform fortbesteht.[298] Es besteht mithin das **Prinzip der Rechtsträgeridentität.**[299] Normativ stellt dies § 202 Abs. 1 Nr. 1 ausdrücklich klar. Die Identität des Ausgangsrechtsträgers bleibt als im Zuge des Formwechsels bei Kontinuität dessen Vermögens erhalten und es ändert sich lediglich die Verfassung, also das „Rechtskleid",[300] der Gesellschaft (zur Anteilsinhaberidentität s. sogleich Rz. 82).[301]

80 In gewissem Widerspruch zur Rechtsträgeridentität scheint auf den ersten Blick die Regelung des § 197 Satz 1 zu stehen, wonach beim Formwechsel „die für die neue Rechtsform geltenden **Gründungsvorschriften anzuwenden**" sind.[302] Hieraus folgt indes keine rechtliche Gleichstellung des Formwechsels mit der Gründung einer Gesellschaft.[303] Ein Formwechsel stellt keine Neugründung des formwechselnden Rechtsträgers dar, sodass sich auch an der Identität des Rechtsträgers nichts ändert.[304] Die „Gründung" wird mittels weitgehender Anordnung der Geltung der jeweiligen Gründungsbestimmungen vielmehr fingiert.[305] Es bedarf insofern der strikten **Trennung** zwischen dem Rechtsträger des Unternehmens (siehe zum Begriff auch § 1 Rz. 13 f. [*Stiegler*]) und der Rechtsform der Gesellschaft. Im Hinblick darauf, dass es somit anders als bei einer Sachgründung zu keiner Vermögensübertragung kommt, handelt es sich bei der angeordneten Geltung der für die neue Rechtsform geltenden Gründungsvorschriften nur um deren sinngemäße Geltung bzw. es sind trotz der Verweisung des § 197 Satz 1 nicht sämtliche Sachgründungsvorschriften anwendbar.[306] Beispielhaft nennt § 197 Satz 2 hier die Vorschriften über die Bildung und Zusammensetzung des ersten Aufsichtsrats bei einer AG.

---

295) *Verse* in: BeckOGK-UmwG, § 126 Rz. 99; *Lieder/Koch*, GmbHR 2022, 389, 399; vgl. auch *Garbe/Hesprich*, GWR 2024, 377, 379; *Heckschen/Michel*, GmbHR 2025, 959, 961.

296) LAG Düsseldorf, Beschl. v. 7.12.2023 – 3 Ta 273/23, ZIP 2024, 351.

297) So OLG München, Urt. v. 31.7.2024 – 7 U 4535/22, BeckRS 2024, 25184; Widmann/Mayer-*Vossius*, UmwR, § 202 UmwG Rz. 110; Kallmeyer-*Berger*, UmwG, § 202 Rz. 24; a. A. Lutter-*Hoger*, UmwG, § 202 Rz. 40; *Simons* in: BeckOGK-UmwG, § 202 Rz. 19.

298) OLG Frankfurt/M., Beschl. v. 19.3.2015 – 20 W 160/13, ZIP 2015, 1229; Kallmeyer-*Berger*, UmwG, § 197 Rz. 23.

299) Vgl. aus jüngerer Zeit nur BGH, Beschl. v. 17.1.2024 – VII ZB 54/21, ZRI 2024, 395 = NZG 2024, 592.

300) *Limmer* in: Limmer, Hdb. Unternehmensumwandlung, Kap. 7 Rz. 336; *Wansleben* in: MünchHdb. GesR, Bd. 8, § 36 Rz. 1; steuerrechtlich auch Schmitt/Hörtnagl-*Schmitt*, UmwG/UmwStG, § 20 UmwStG Rz. 198.

301) *K. Schmidt*, ZGR 1990, 580, 594; jüngst auch *Kraft*, ZGR 2024, 574.

302) Zu praktischen Problemen bei der Anwendung der GmbH-Gründungsvorschriften beim Formwechsel von der AG in die GmbH s. *Kerschbaumer*, NZG 2011, 892.

303) OLG Frankfurt/M., Beschl. v. 19.3.2015 – 20 W 160/13, ZIP 2015, 1229.

304) Statt vieler Lutter-*Hoger*, UmwG, § 197 Rz. 5.

305) Vgl. Semler/Stengel/Leonard-*Bärwaldt*, UmwG, § 197 Rz. 6; *Heckschen/Weitbrecht* in: Westermann/Wertenbruch, Hdb. Personengesellschaften, Rz. 5545; *Schall*, ZfPW 2016, 407, 441.

306) OLG Frankfurt/M., Beschl. v. 19.3.2015 – 20 W 160/13, ZIP 2015, 1229; Semler/Stengel/Leonard-*Schlitt*, UmwG, § 218 Rz. 8.

Im Zusammenhang mit der entsprechenden Anwendung der Gründungsvorschriften auf den Zielrechtsträger des Formwechsels i. R. der Rechtsträgerkontinuität kommt vor allem aus Gläubigerschutzaspekten (siehe diesbezüglich auch Rz. 121) dem sog. **Gebot der Reinvermögensdeckung** Bedeutung zu.[307)] Zum Schutz der Gesellschaftsgläubiger wird damit das für Kapitalgesellschaften geltende Prinzip der effektiven Kapitalaufbringung für den Formwechsel umgesetzt.[308)] Für einen Formwechsel einer Personen- in eine Kapitalgesellschaft ergibt sich dies aus § 220 Abs. 1, wonach der Nennbetrag des Stamm- bzw. Grundkapitals das nach Abzug der Schulden verbleibende Vermögen der formwechselnden Gesellschaft nicht übersteigen darf. Über § 245 Abs. 1 Satz 2, Abs. 2 Satz 2, Abs. 3 Satz 2 gilt dies auch für den Formwechsel einer GmbH in eine AG/KGaA.[309)] Ferner gilt für einen grenzüberschreitenden Formwechsel nach den §§ 333 ff. entsprechendes.[310)] Im Rahmen der Reinvermögensdeckung ist dabei jeweils der **wirkliche Wert** des Gesellschaftsvermögens maßgebend.[311)] Bei einer materiellen Unterbilanz scheitert daher ein Formwechsel grundsätzlich aus; nicht hingegen bei einer bloß bilanziell betrachteten Unterbilanz.[312)] Im Ergebnis kann das Gebot der Reinvermögensdeckung daher auch dazu führen, dass fehlendes Nettovermögen durch zusätzliche Einlageleistungen der Gesellschafter mittels einer Kapitalerhöhung ausgeglichen werden muss.[313)] Andererseits besteht vor allem beim Formwechsel in eine GmbH keine Volleinzahlungspflicht.[314)] 81

4. Anteilsinhaberidentität

Eng mit dem Prinzip der Rechtsträgerkontinuität beim Formwechsel ist auch das Prinzip der Identität der Anteilsinhaber als strukturprägendes Merkmal einer Umwandlung verbunden.[315)] Es gilt dabei nicht nur für den Formwechsel, sondern partiell auch für übertragende Umwandlungen wie die Verschmelzung und Spaltung. Zu Recht wird es insofern als ein **tragender Grundsatz** des gesamten Umwandlungsrechts bezeichnet.[316)] Das Prinzip der Anteilsinhaberidentität beruht dabei auch auf einer normativen Grundlage. So fordert die Legaldefinition einer Verschmelzung gemäß § 2 die Anteilsgewährung „an die Anteilsinhaber" der übertragenden Rechtsträger, was wirtschaftlich gesehen die Gegenleistung für den Verlust der Mitgliedschaft an diesem darstellt.[317)] Gleiches gilt für die Auf- und Abspaltung[318)] nach § 123 Abs. 1, 2. Bei einem Formwechsel bestimmt § 202 Abs. 1 Nr. 2 Satz 1, dass die Anteilsinhaber des formwechselnden Rechtsträgers an dem Rechtsträger nach den für die neue Rechtsform geltenden Vorschriften zu beteiligen sind. Hiernach erfolgt daher weder eine Übertragung bestehender noch Zeichnung neuer Anteile am Ziel- 82

307) Aus der Rspr. vgl. OLG Naumburg, Beschl. v. 1.8.2003 – 7 Wx 2/03; ZIP 2004, 566; OLG Frankfurt/M., Beschl. v. 19.3.2015 – 20 W 160/13, ZIP 2015, 1229; LG Berlin, Urt. v. 30.1.2009 – 100a O 7/07, ZInsO 2009, 1822.

308) Vgl. Begr. RegE UmwBerG, BR-Drucks. 75/94, S. 150.

309) Vgl. dazu *Herfs/Link* in: BeckOGK-UmwG, § 245 Rz. 42 ff.; s. a. *K. Schmidt*, ZIP 1995, 1385; *Schaper*, AG 2019, 69.

310) *Bücker/Kopp*, AG 2023, 764, 769; *Stiegler* in: NK-UmwG, § 333 Rz. 29.

311) OLG Frankfurt/M., Beschl. v. 19.3.2015 – 20 W 160/13, ZIP 2015, 1229.

312) OLG Frankfurt/M., Beschl. v. 19.3.2015 – 20 W 160/13, ZIP 2015, 1229.

313) *Priester*, DStR 2005, 788, 794.

314) *K. Schmidt*, ZIP 1995, 1385, 1386.

315) Vgl. nur *K. Schmidt*, GesR, § 13 II. 1. d).

316) Vgl. *Kallmeyer*, GmbHR 1996, 80, 81; *Priester*, DB 1997, 560, 563; *K. Schmidt*, GmbHR 1995, 693.

317) *Bachmann*, ZHR 185 (2021), 52, 53.

318) Bei der Ausgliederung erhält hingegen der übertragende Rechtsträger Anteile.

rechtsträger, sondern es kommt vielmehr zu einem automatischen Erhalt der Mitgliedschaft an diesem.[319)]

83 Nach Ansicht des Gesetzgebers sollen Umwandlungen weder dazu führen, dass Anteilsinhaber ausscheiden müssen, noch das Dritte als neue Anteilsinhaber hinzutreten können.[320)] Die noch vor Verabschiedung des UmwG 1994 bestehenden Möglichkeiten der Mehrheitsumwandlung mit zwangsweisem Ausscheiden dissentierender Minderheitsgesellschafter ist nach nunmehrigem Recht grundsätzlich nicht mehr gestattet.[321)] Für den Formwechsel bedeutet dies, dass Anteilsinhaber des Zielrechtsträgers grundsätzlich diejenigen werden, die im Zeitpunkt der Eintragung des Formwechsels ins Handelsregister auch Anteilsinhaber des formwechselnden Ausgangsrechtsträgers sind. Zeitlicher Bezugspunkt ist dabei die erforderliche **Handelsregistereintragung** (siehe auch Rz. 86). Der Grundsatz der Anteilsinhaberidentität bedeutet daher nicht, dass nicht privatautonom bis zur Eintragung und damit Wirksamwerden des Formwechsels Verfügungen stattfinden können, sondern er bezieht sich eher darauf, dass die Anteilsinhaber der beteiligten Rechtsträger kompensationslos und gegen ihren Willen im Zuge der Umwandlung aus der Gesellschaft ausscheiden.[322)] Dieses Verständnis zeigt z. B. auch § 207 Abs. 1, wonach ein Rückerwerb von Anteilen eines gegen die Umwandlungen stimmenden Anteilsinhabers gegen Barabfindung möglich ist (siehe auch § 207 Rz. 4 [*Seulen*]).

84 Der Grundsatz der Mitgliederidentität ist allerdings nicht absolut. Anders als z. B. die (partielle) Gesamtrechtsnachfolge oder die Rechtsträgeridentität sind Abweichungen möglich. Dies ist auch von praktischer Bedeutung, da die Umwandlung von Anteilen oder sonstigen Mitgliedschaftsrechte in Beteiligungen am neuen bzw. übernehmenden Rechtsträger sich als durchaus schwierig herausstellen kann.[323)] Es kann insofern ein Bedürfnis bestehen, dass abweichend vom Prinzip der Anteilsinhaberidentität die Beteiligungsstrukturen im Zuge der Umwandlungsmaßnahme nicht unverändert bleiben. Auch **nicht-verhältniswahrende Umwandlungen** sind in diesem Zusammenhang zulässig. So ermöglicht bspw. für eine Auf- und Abspaltung § 128 eine nicht-verhältniswahrende Umwandlung, wobei die Anteilsinhaber der sich spaltenden Gesellschaft nicht in ihrem bisherigen Beteiligungsverhältnis solche der neuen bzw. aufnehmenden Gesellschaft werden und sich insofern die Beteiligungsverhältnisse verändern können.[324)]

85 Dies geht so weit, dass sogar eine sog. **Spaltung zu null** hiervon erfasst ist, also ein oder mehrere Anteilsinhaber im Zuge der Umwandlung vollständig aus einem der beteiligten Rechtsträger ausscheiden.[325)] Auch ein Formwechsel ist als solches grundsätzlich nicht-verhältniswahrende möglich,[326)] was wiederum sogar einen **Formwechsel zu null** umfasst.[327)]

---

319) *Dauer-Lieb/Gadomski* in: KölnKomm-UmwG, Einl. A Rz. 53.

320) S. aber auch die formwechselbedingten Ausnahmen z. B. in §§ 221, 233, 236 f. UmwG.

321) *K. Schmidt*, GmbHR 1995, 693, 695.

322) BGH, Urt. v. 18.10.2016 – II ZR 314/15, ZIP 2017, 14; OLG Bremen, Urt. v. 1.10.2015 – 5 U 21/14, ZIP 2015, 2417; BayObLG, Beschl. v. 2.4.2003 – 3Z BR 57/03, ZIP 2003, 1145 – jeweils zum Formwechsel.

323) Begr. Fraktionsentwurf UmwBerG, BT-Drucks. 12/6699, S. 140; vgl. auch Lutter-*Hoger*, UmwG, § 195 Rz. 10; *Simons*, AG 2023, 754, 756.

324) Vgl. zuletzt *Röder/Schollmeyer*, ZPG 2024, 241, 243.

325) Vgl. nur OLG München, Beschl. v. 10.7.2013 – 31 Wx 131/13, ZIP 2013, 1468; Lutter-*Lieder*, UmwG, § 128 Rz. 14; *Weiler*, NZG 2013, 1326; aus europäischer Sicht auch *Kalss/Deutsch*, Europäisches Gesellschaftsrecht, Rz. 234.

326) Vgl. KG Berlin, Beschl. v. 19.12.2018 – 22 W 85/18, ZIP 2019, 176; KG Berlin, Beschl. v. 26.10.2021 – 22 W 44/21, ZIP 2021, 2333; OLG Oldenburg, Beschl. v. 19.12.2019 – 12 W 133/19 (HR), ZIP 2020, 558; aus praktischer Sicht zurückhaltend jedoch *Weiler*, GmbHR 2021, 473, 476.

327) KG Berlin, Beschl. v. 19.12.2018 – 22 W 85/18, ZIP 2019, 176; *Bayer*, ZIP 1997, 1613, 1617; *Priester*, DB 1997, 560, 566.

Schließlich wird auch dergestalt eine nicht-verhältniswahrende Umwandlung faktisch bewirkt, wenn einzelne Anteilsinhaber im Zuge der Umwandlung gegen Barabfindung (vgl. §§ 29, 207) aus der übertragenden bzw. formwechselnden Gesellschaft ausscheiden. Da die erworbenen Anteile aber dann regelmäßig zu eigenen Anteilen der Gesellschaft werden, sind die diesbezüglich gesetzlichen Vorgaben zu beachten und können beschränkend wirken, was aufgrund der von § 33 GmbHG abweichenden Regelung des § 71 AktG insbesondere beim Formwechsel einer GmbH in eine AG relevant ist.[328)]

5. Registerkontrolle, Publizität und Bestandsschutz

Ein weiterer, umwandlungsartübergreifender Kernbestandteil eines Umwandlungsverfahrens nach dem UmwG und damit auch Strukturprinzip dessen, ist die vorbeugende **Rechtmäßigkeitskontrolle** der jeweiligen Umwandlung durch ein Registergericht als öffentliche Stelle sowie damit verbunden die Publizität und der Bestandsschutz der Umwandlung nach deren Abschluss.[329)] Alle im UmwG geregelt Umwandlungsvorgänge haben gemeinsam, dass eine Wirksamkeit dieser erst eintreten kann, wenn die jeweilige Umwandlung im Handelsregister als solche vermerkt ist, was wiederum eine vorherige **Anmeldung zwingend** erforderlich macht (vgl. [§ 125 Abs. 1 Satz 1 i. V. m.] § 16 Abs. 1, § 198 Abs. 1). Fällt die jeweilige Rechtsmäßigkeitskontrolle durch das zuständige Registergericht negativ aus, wird die Eintragung der Umwandlung abgelehnt und sie kann nicht wirksam werden. Man spricht insofern auch von einer **„Registersperre"**.[330)] Die konkreten Anmeldemodalitäten und -abläufe unterscheiden sich im Detail in Abhängigkeit, ob es sich um eine übertragende oder formwechselnde Umwandlung handelt, basierend auf der Tatsache, dass bei einem Formwechsel nur ein Rechtsträger beteiligt ist.[331)] Unabhängig von der Registerkontrolle, sieht der durch das Bankenrichtlinienumsetzungs- und Bürokratieentlastungsgesetz (BRUBEG) neu einzufügende § 2i KWG eine aufsichtsrechtliche Vorfeldkontrolle für Verschmelzungen und Spaltungen von CRR-Kreditinstituten und Finanzholding-Gesellschaften vor. Entsprechende Umwandlungsvorhaben sind dann frühzeitig anzuzeigen und unterliegen einer behördlichen Bewertung, bevor sie vollzogen werden. Es wird somit eine zusätzliche präventive Bankenaufsicht für Umwandlungen dieser Unternehmen eingeführt.[332)] 86

Der Grundsatz der registergerichtlichen Umwandlungskontrolle mit vorherigen Handelsregisteranmeldung gilt als solches auch für die **grenzüberschreitenden Umwandlungen** der §§ 305 ff.[333)] Ein Unterschied besteht jedoch sowohl darin, dass die Register bzw. öffentlichen Stellen aller an der grenzüberschreitenden Umwandlung beteiligten Rechtsträger zu involvieren sind, als auch, dass aufgrund dessen zwangsläufig eine zweistufige Rechtmäßigkeitskontrolle sowohl durch den Wegzugs- als auch den Zuzugsstaat erfolgen muss.[334)] 87

Fällt die Prüfung positiv durch alle beteiligten Registergerichte aus, wird die Eintragung ins Handelsregister vollzogen und die Umwandlung wird samt der damit verbunden Rechtsfolgen wirksam. Dies geht so weit, dass selbst etwaige Mängel des Umwandlungsverfah- 88

328) Bzgl. eines Barabfindungsangebots ist zudem die Regelung des § 207 Abs. 1 zu beachten.

329) Vgl. auch *Böttcher* in: NK-UmwG, Einl. Rz. 28.

330) Lutter-*Decher*, UmwG, § 16 Rz. 29 – zur Verschmelzung; *Verse* in: BeckOGK-UmwG, § 123 Rz. 47 – zur Spaltung; *Petersen* in: KölnKomm-UmwG, § 198 Rz. 17 – zum Formwechsel.

331) Vgl. auch BGH, Beschl. v. 8.11.2023 – VII ZB 20/20, MittBayNot 2024, 298 = NZG 2024, 641.

332) *Hantel* et al., BKR 2026, 193, 196.

333) Vgl. nur *Rosenkranz*, RNotZ 2024, 361, 376 f. – zum grenzüberschreitenden Formwechsel.

334) Lutter-*J. Schmidt*, UmwG, § 318 Rz. 3; *Stiegler* in: NK-UmwG, § 343 Rz. 3; *Kalss/Deutsch*, Europäisches Gesellschaftsrecht, Rz. 217.

rens mit der Eintragung geheilt werden (vgl. §§ 20 Abs. 2, 131 Abs. 2, 202 Abs. 3) (sog. **Heilungswirkung** der Eintragung).[335)]

89 Hieraus ergibt sich, dass eine **Rückumwandlung** weitestgehend **ausgeschlossen** ist. Hintergrund ist, dass eine Rückabwicklung einer einmal wirksam gewordenen Umwandlung aus praktischer Sicht mit in der Regel schwerwiegenden Problemen verbunden ist und damit zum Zweck des Verkehrsschutzes die Fälle der Nichtigkeit einer Umwandlung in erheblichem Maß eingeschränkt sind. Mit Blick auf teilweise zugrunde liegendes europäisches Recht wird dies sogar normativ explizit festgehalten (für innerstaatliche Umwandlungen vgl. Art. 108, Art. 153 Richtlinie 2017/1132; für grenzüberschreitende Umwandlungen vgl. Art. 86t Abs. 1, Art. 134 Abs. 1, Art. 160u Abs. 1 Richtlinie 2017/1132). Die entsprechende Irreversibilität der Umwandlung tritt aber grundsätzlich erst mit rechtmäßig erfolgter Eintragung in das Handelsregister ein, was insofern der maßgebende Zeitpunkt ist (vgl. § 20 Abs. 1, 2, § 131 Abs. 1, 2, § 202 Abs. 1).[336)] Danach besteht allerdings ein weitreichender **Bestandsschutz**, der nach Ansicht des BGH sogar bei rechtswidriger Umgehung des gesetzlichen Gläubigerschutzes greift.[337)] Aus der aus dem Handelsregister ersichtlichen Eintragung der Umwandlung sei vielmehr ein hinreichender Schutz gewährleistet.[338)]

6. Umwandlungsrecht als Verfahrensrecht

90 Das Umwandlungsrecht des UmwG ist in erheblichem Maße „Verfahrensrecht",[339)] welchem materielle Wertungen und Schutzaspekte zugrunde liegen.[340)] Insbesondere sollen durch gesetzliche Regelungen die divergierenden Interessen der Beteiligten zum Ausgleich gebracht werden. Es müssen dabei von den Initiatoren verschiedene **(Verfahrens-)Schritte** eingehalten werden, um den Betroffenen ihre gesetzlichen vorgegebenen Rechte zu gewähren. Solch detaillierte Regelung der Verfahrensabläufe dienen letztlich der Rechtsklarheit und Transparenz, da ein **verlässliches Procedere** gesetzlich bestimmt wird, welches größtenteils auch nicht abdingbar ist. Die verfahrensrechtlichen Komponenten einer Umwandlung nach dem UmwG (zum Ablauf s. auch Rz. 195 ff.) werden vom Gesetzgeber dabei ausführlich bestimmt, wie z. B.

- die Erstellung und Offenlegung von Umwandlungsverträgen bzw. -plänen,
- die grundsätzliche Berichtspflicht der Leitungsorgane,
- die externe Prüfung der Umwandlungsmaßnahme,
- die Mitwirkungs- und Zustimmungsrechte der Anteilsinhaber sowie
- die Anmeldpflicht und gerichtliche Kontrolle der geplanten Umwandlung.

7. Umwandlungsrecht als Schutzrecht

91 Das UmwG ist jedoch kein Gesetz mit ausschließlich verfahrenstechnischer Ausrichtung. In einer Vielzahl von Normen werden vielmehr materielle, umwandlungsrechtliche Mindeststandards festgelegt, insbesondere für die Bereiche des Gläubiger- und Minderheitenschutzes.[341)] Weiteres Wesensmerkmal des UmwG ist daher dessen Charakter als Schutzrecht. Damit wird ein **Ausgleich** zur weitreichenden Umwandlungsfreiheit inklusive der

335) Statt vieler Lutter-*Drygala*, UmwG, § 1 Rz. 57.

336) Vgl. BGH, Urt. v. 18.12.1995 – II ZR 294/93, ZIP 1996, 225.

337) BGH, Beschl. v. 20.6.2023 – II ZB 18/22, ZIP 2023, 1744.

338) BGH, Beschl. v. 24.5.2023 – VII ZB 69/21, ZIP 2023, 1640.

339) Natürlich nicht i. S. des Zivilprozessrechts, sondern faktisch.

340) *K. Schmidt*, GesR, § 12 I. 5. b); Kraft/Redenius-Hövermann-*Kraft*, UmwR, § 1 Rz. 9.

341) *Timm*, ZGR 1996, 247, 250.

anderen Strukturprinzipien des Gesetzes geschaffen, um einseitige Einschränkungen zulasten von Share- und Stakeholdern der beteiligten Unternehmen zu minimieren.[342] Die umwandlungsrechtlichen Regelungen sind dabei in das die Besonderheiten der einzelnen Rechtsformen berücksichtigende Gesamtschutzsystem einzupassen (zu den einzelnen Schutzprinzipien s. Rz. 95 ff.), insbesondere was den **Schutz der Gläubiger** und von **Minderheitsgesellschaftern** anbelangt.[343] Andererseits sollten im Hinblick auf die Gewährleistung der Umwandlungsfreiheit (siehe Rz. 1) Schutzinstrumente aber auch nicht „überstrapaziert" und damit weitestmöglich ausgelegt werden.[344]

Kernbestandteil des umwandlungsbezogenen Schutzrechts sind die gesetzlichen Verpflich- 92
tungen zur Informationsbereitstellung.[345] Es wird ein **Schutz durch Vorab-Information** gewährleistet.[346] So ist bspw. bei der Verschmelzung der Verschmelzungsvertrag oder sein Entwurf dem zuständigen Betriebsrat zuzuleiten (§ 3 Abs. 3), ein Verschmelzungsbericht in der Regel zu erstellen und zu prüfen (§§ 8 f.) und der Verschmelzungsvertrag den Anteilsinhabern i. R. der beschließenden Versammlung zukommen zu lassen (§ 13 Abs. 3 Satz 2). Wie im gesamten Gesellschaftsrecht[347] gilt jeweils der **Gleichbehandlungsgrundsatz.**[348] Die von einer Umwandlung tangierten Anteilsinhaber der beteiligten Rechtsträger sind daher grundsätzlich gleich zu behandeln, was insofern auch eines der zentralen Instrumente des Minderheitenschutzes ist.[349]

Zudem sind bei Umwandlungsvorgängen zahlreiche **Formerfordernisse** zu beachten.[350] 93
Das gilt nicht nur für die einer Umwandlung zugrunde liegenden Verträge bzw. Pläne, sondern auch für die Beschlüsse der Anteilsinhaber für bestimmte Zustimmungs- und Verzichtserklärungen sowie die Handelsregisteranmeldung. Die verschiedenen Formvorschriften dienen dabei nicht nur dem Übereilungsschutz, sondern auch der Gewährleistung materieller Rechtmäßigkeit, der Rechtssicherheit und dem Schutz des Rechtsverkehrs.[351] Zumindest dort, wo es nicht um die notarielle Beurkundung, sondern „nur" um eine schriftliche Abfassung eines Dokuments geht, kann dieses – wie jüngere Tendenzen zeigen (siehe Rz. 55) – im Grundsatz auch durch die Textform sichergestellt werden.

Ergänzt werden die einzelnen, vom UmwG bestimmten Schutzinstrumente durch eine 94
potenzielle **Schadensersatzhaftung** der Geschäftsführungs- und ggf. Aufsichtsratsmitglieder der an der Umwandlung beteiligten übertragenden bzw. formwechselnden Rechtsträger. Die entsprechende Norm des § 25 Abs. 1 Satz 1 gilt kraft Verweisung dabei auch für die verschiedenen Spaltungsvarianten sowie die Vermögensübertragung. Schließlich begründet § 205 Abs. 1 Satz 1 einen vergleichbaren Haftungsanspruch für Schäden, die durch den Formwechsel entstehen, und verweist stückweise ebenfalls auf § 25 Abs. 1. § 25 Abs. 1

342) Vgl. in Bezug auf die Regelung des § 25 Abs. 1 *Schnorbus*, ZHR 167 (2003), 666, 700.

343) *Timm*, ZGR 1996, 247, 250.

344) Vgl. zum Gläubigerschutz des § 22 UmwG *Schulte* in: NK-UmwG, § 22 Rz. 1; in diesem Sinne wohl auch *Heckschen/Gruppe*, NZG 2025, 291, 297 („Tendenz des Gesetzgebers, zur Förderung von Umwandlungsmaßnahmen den Minderheitenschutz zu begrenzen").

345) *Luttermann*, BB 2001, 382, 383 (Urteilsanm.).

346) *Priester*, ZHR 163 (1999), 187, 192; aus europäischer Sicht auch *Lutter/Bayer/J. Schmidt*, Europäisches Unternehmens- und Kapitalmarktrecht, Rz. 20.29; *Stiegler* in: Jung/Krebs/Stiegler, Gesellschaftsrecht in Europa, § 22 Rz. 5; *Kalss/Deutsch*, Europäisches Gesellschaftsrecht, Rz. 187.

347) Grundlegend bereits *Cohn*, AcP 132 (1930), 139; aus neuer Zeit *Verse*, Der Gleichbehandlungsgrundsatz im Recht der Kapitalgesellschaften.

348) So bereits *Schilling*, JZ 1953, 489, 490; vgl. auch *Ittner*, MittRhNotK 1997, 106, 114 – zur Spaltung; Lutter-*Drygala*, UmwG, § 5 Rz. 20; *Böttcher* in: NK-UmwG, § 5 Rz. 21 – jeweils zur Verschmelzung.

349) Allg. OLG Jena, Urt. v. 28.10.2010 – 1 U 238/10, BeckRS 2011, 22761; *Schäfer* in: MünchKomm-BGB, § 705 Rz. 304 – jeweils zur GbR.

350) Vgl. auch *Leutner/Schlotter/Zätzsch*, Beurkundung von Unternehmenstransaktionen, § 5 Rz. 7 ff.

351) *Lieder*, ZIP 2018, 1517, 1527.

Satz 1 statuiert dabei eine eigene Anspruchsgrundlage der Betroffenen, die auf eine **unmittelbare persönliche Außenhaftung** von Organmitgliedern abzielt.[352] Haftungsbefreiend kann allerdings die Anwendung der **Business Judgement Rule** gemäß § 93 Abs. 1 Satz 2 AktG (analog) für die handelnden Personen eingreifen (siehe auch § 25 Rz. 8 [*Lubberich*]).[353]

VII. Schutzprinzipien des UmwG

95 Wie im vorherigen Abschnitt bereits angesprochen, verwirklicht sich das umwandlungsbezogene Schutzrecht in verschiedenen gesetzlich normierten Regelungen, aus denen sich wiederum einzelne Schutzprinzipien des UmwG in Abhängigkeit von den von der Umwandlung betroffenen Personengruppen herausbilden lassen. Das Bestehen solcher Schutzprinzipien erscheint dabei auch erforderlich, da Umwandlungsvorgänge mit den verschiedensten Interessen dieser Betroffenen im potenziellen Konflikt stehen können.[354] Schon die Diskussionen i. R. der Verabschiedung des UmwG 1994 haben gezeigt, dass **zahlreiche Schutzanliegen** berücksichtigt werden müssen, insbesondere der Anteilsinhaber (siehe Rz. 97), der Gläubiger (siehe Rz. 114) sowie der Arbeitnehmer (siehe Rz. 129).[355] Dies gilt aber nicht nur für innerstaatliche Umwandlungen, sondern, teilweise verstärkt sogar, auch für grenzüberschreitende Umwandlungsvorgänge, wo Anteilsinhaber, Gläubiger und Arbeitnehmer zusätzlich durch einen etwaigen Wechsel des anwendbaren Rechts Nachteile erleiden können.[356]

96 Die einzelnen Schutzprinzipien des UmwG stehen nicht vollkommen losgelöst voneinander, sondern haben teilweise **Auswirkungen aufeinander** bzw. bedingen sich.[357] So kann bspw. die Höhe der den ausscheidenden Anteilsinhabern zu zahlende Barabfindung (vgl. nur §§ 29 f.) Einfluss auf die Liquidität der Gesellschaft und insofern Relevanz für die Gläubiger haben. Gleiches gilt umgekehrt für die Leistung etwaiger Gläubigersicherheiten und der damit verbundenen Konsequenzen für die wirtschaftliche Lage der Gesellschaften und damit auch der Anteilsinhaber und ggf. Arbeitnehmer.

1. Anteilsinhaberschutz

97 Umwandlung sind Strukturmaßnahmen eines Unternehmens, die die Interessen der Anteilsinhaber erheblich beeinträchtigen können. Dies gilt im Grundsatz gleichermaßen für innerstaatliche wie grenzüberschreitende Umwandlungsvorgänge. Praktisch geht es dabei primär um den Schutz von Minderheitsgesellschaftern und auch hier wieder in erster Linie, aber nicht ausschließlich, um diejenigen des übertragenden Rechtsträgers.[358] Umwandlungsrechtlicher Anteilsinhaberschutz erfolgt daher maßgebend in seiner Ausprägung als **Minderheitenschutz**.[359] Der entsprechende Minderheitenschutz gilt als eine grundsätzlich in sich geschlossene Sonderrechtsordnung,[360] sodass rechtsformspezifische Minderhei-

352) Vgl. nur *Schnorbus*, ZHR 167 (2003), 666, 667.

353) *Rieder* in: BeckOGK-UmwG, § 25 Rz. 7; *Erkens* in: KölnKomm-UmwG, § 25 Rz. 29.

354) Vgl. nur *Kallmeyer*, ZHR 166 (2002), 510.

355) *Limmer* in: Limmer, Hdb. Unternehmensumwandlung, Kap. 2 Rz. 26; Schwerdtfeger-*Ballreich*, GesR, Teil 2 Kap. 2 Rz. 3.

356) *Teichmann*, NZG 2019, 241, 242; zum Verhältnis zu innerstaatlichen Umwandlungen vgl. auch *Habersack*, ZHR 186 (2022), 1, 5.

357) In Bezug auf den Gläubiger- und Minderheitenschutz *Schöne*, Die Spaltung unter Beteiligung von GmbH, S. 59.

358) So bereits *Priester*, NJW 1983, 1459, 1460.

359) Zu den normativen Ausgestaltungen des Minderheitenschutzes s. auch *Hommelhoff*, ZGR 1993, 452, 453 ff.

360) Vgl. Lutter-*Vetter*, UmwG, § 50 Rz. 25; Semler/Stengel/Leonard-*Reichert*, UmwG, § 50 Rz. 15.

tenschutzinstrumente nur eingeschränkt ergänzend zur Anwendung kommen. Dies gilt z. B. in Bezug auf die Nicht-Anwendung des Stimmverbots des § 47 Abs. 4 Satz 2 GmbHG bei Konzernverschmelzungen.[361)]

Zum Schutz der Anteilsinhaber besteht grundsätzlich eine **Anteilsgewährungspflicht.**[362)] 98
Bei der Verschmelzung durch Aufnahme sind den bisherigen Anteilsinhabern des übertragenden Rechtsträgers in der Regel Geschäftsanteile am übernehmenden Rechtsträger zu gewähren.[363)] Entsprechendes gilt bei der Auf- und Abspaltung sowie dem Formwechsel (siehe bereits Rz. 84 f.). Auf diese Anteilsgewährung kann jedoch verzichtet werden.[364)]

Das UmwG berücksichtigt die Interessen der Anteilsinhaber auf verschiedene Arten. Prä- 99
gend ist dabei der Unterschied zwischen dem **institutionellen** (siehe Rz. 100 ff.) und dem **individuellen** (siehe Rz. 109 ff.) Anteilsinhaberschutz. Beide kommen grundsätzlich nebeneinander zur Geltung. Im Hinblick auf die Gewährleistung der Umwandlungsfreiheit (siehe Rz. 1) sind sie indes so als abschließend zu betrachten, wie sie gesetzlich normiert sind.

a) Institutionelle Schutzvorkehrungen

Der institutionelle Anteilsinhaberschutz ist objektiv angelegt und umfasst insofern **gene-** 100
ralpräventive Normativbestimmungen, die zum Schutz aller Anteilsinhaber dienen sollen, also nicht nur einzelnen von diesen. Faktisch werden aufgrund eines bestehenden Machtgefüges beim Vorhandensein eines Mehrheitsgesellschafters gleichwohl überwiegend Minderheitsgesellschafter damit geschützt.

Hauptaspekt des institutionellen Anteilsinhaberschutzes ist die **Zustimmung der Anteilin-** 101
haber zur geplanten Umwandlungsmaßnahme (vgl. [§ 125 Abs. 1 Satz 1 i. V. m.] § 13 Abs. 1 Satz 1, § 193 Abs. 1 Satz 1, § 312 Abs. 1, § 326 Abs. 1, § 339 Abs. 1). Bereits die Gesetzesbegründung zum UmwG 1994 führte aus, dass nur so „die eigenverantwortliche Entscheidungsbefugnis der Anteilsinhaber der Unternehmen gestärkt wird".[365)] Eine materielle Rechtfertigungspflicht der Umwandlung i. S. der Kali + Salz-Rechtsprechung des BGH[366)] besteht hingegen nicht.[367)] Die Zustimmungspflicht der Anteilsinhaber und somit einer Beschlussfassung der Gesellschafter- bzw. Hauptversammlung als Organ des umwandlungswilligen Rechtsträgers ist, abgesehen von bestimmten Konzernkonstellationen (vgl. § 62 Abs. 1 Satz 1, Abs. 4), auch nicht disponibel.[368)] Selbst z. B. bei einer Ausgliederung nur weniger oder geringwertiger Vermögensteile ist sie verpflichtend. Ein Ausschluss für **Bagatellfälle**, wie er noch in einem Entwurf des UmwG 1994 vorgesehen war,[369)] ist gerade nicht Gesetz geworden.[370)]

Die Zustimmung der Anteilsinhaber muss in einer **Versammlung** dieser erfolgen. Dies 102
geben vor allem § 13 Abs. 1 Satz 2 und § 193 Abs. 1 Satz 2 ausdrücklich vor. Damit wird der

361) Bereits Begr. Fraktionsentwurf UmwBerG, BT-Drucks. 12/6699, S. 100; Kallmeyer-*Zimmermann*, UmwG, § 50 Rz. 14 m. w. N.; zweifelnd hingegen Michalski/Heidinger/Leible/J. Schmidt-*Römermann*, GmbHG, § 47 Rz. 287; Noack/Servatius/Haas-*Noack*, GmbHG, § 47 Rz. 90.

362) Hierzu aus historischer Perspektive auch *Flume* in: KölnKomm-UmwG, Einl. B Rz. 33 ff.

363) Vgl. nur *Kleindiek* in: NK-UmwG, § 55 Rz. 1.

364) OLG Köln, Beschl. v. 22.1.2020 – 18 Wx 22/19, ZIP 2020, 556; *Genc/Hirsch*, GmbHR 2024, 972, 973 (Urteilsanm.).

365) Begr. Fraktionsentwurf UmwBerG, BT-Drucks. 12/6699, S. 71.

366) BGH, Urt. v. 13.3.1978 – II ZR 142/76 (Kali + Salz), BGHZ 41, 70 = AG 1978, 196.

367) OLG Frankfurt/M., Beschl. v. 8.2.2006 – 12 W 185/05, ZIP 2006, 370; *Kallmeyer*, ZHR 166 (2002), 510, 511; *Weiler*, NZG 2008, 527, 530; a. A. *Wiedemann*, ZGR 1980, 147, 157; *Martens*, GmbHR 1984, 265, 269.

368) Vgl. auch schon *Hommelhoff*, ZGR 1993, 452, 453.

369) S. § 204 DiskE UmwG 1994.

370) Vgl. auch Lutter-*Lieder*, UmwG, § 123 Rz. 61; *Priester*, ZHR 163 (1999), 187, 192.

Diskurs über die geplante Umwandlung und damit eine gemeinsame Willensbildung der Anteilsinhaber sichergestellt.[371] Auf Basis einer BGH-Entscheidung aus dem Jahr 2021[372] ist indes davon auszugehen, dass die zustimmende Beschlussfassung auch **virtuell** oder **hybrid** stattfinden kann, sofern die diesbezüglich gesetzlichen Vorgaben (für die AG z. B. §§ 118a, 130a AktG) eingehalten werden.[373] Hintergrund ist, dass § 13 Abs. 1 Satz 2 (i. V. m. § 125 Abs. 1 Satz 1) und § 193 Abs. 1 Satz 2 lediglich von einer Beschlussfassung i. R. einer „Versammlung" sprechen, ohne jedoch deren Format zwingend vorzugeben. Für die GmbH bestimmt nunmehr § 48 Abs. 1 Satz 2 GmbHG explizit, dass Versammlungen auch „fernmündlich oder mittels Videokommunikation abgehalten werden" können.[374] Eine versammlungslose Beschlussfassung i. S. des § 48 Abs. 2 GmbHG (Umlaufverfahren) ist hingegen weiterhin nicht möglich.[375] Insofern ist auch vorgegeben, dass der jeweilige Umwandlungsbeschluss stets **notariell beurkundet** werden muss (vgl. nur §§ 13 Abs. 3 Satz 1). Dadurch soll vor allem Rechtssicherheit mittels „Überwachung durch den Notar" gewährleistet werden.[376] Dieser Grundgedanke gilt grundsätzlich auch im Zuge der fortschreitenden Digitalisierung durch das DiRUG[377] und DiREG[378].[379] Er wird auch durch die zukünftige Einführung einer elektronischer Präsenzbeurkundung nicht beeinträchtigt.

103 Da jede Umwandung als Strukturmaßnahme eine die Verfassung eines Unternehmens beeinträchtigende Grundlagenentscheidung darstellt, bedarf es zwingend mindestens einer **qualifizierten Stimmenmehrheit** (vgl. nur § 50 Abs. 1 Satz 1). Die Beschlussfassung mit qualifizierter Mehrheit bei Kapitalgesellschaften ist dabei halbzwingender Natur: Geringere Quoren dürfen weder statutarische noch in sonstiger Weise vereinbart werden; strengere Beschlussmehrheiten sind hingegen zulässig und können in der Satzung bzw. dem Gesellschaftsvertrag der an der Umwandlung beteiligten Gesellschaft bestimmt werden. Dies zeigt unmittelbar z. B. § 50 Abs. 1 Satz 2 für die GmbH-Verschmelzung, wonach der Gesellschaftsvertrag „eine größere Mehrheit und weitere Erfordernisse bestimmen" kann. Dies gilt in dieser Form zumindest für innerstaatliche Umwandlungen.

104 Für **grenzüberschreitende EU-Umwandlungen** fordert die Richtlinie 2017/1132 jedoch nach wohl h. A. eine richtlinienkonform einschränkende Auslegung des § 50 Abs. 1 Satz 2 und § 65 Abs. 1 Satz 2 auf eine Mehrheit von maximal 90 %, sodass darüber hinausgehende Mehrheitsanforderungen nicht zur Ablehnung der grenzüberschreitenden Umwandlung führen dürfen (a. A. sowie zum Streitstand § 339 Rz. 9 [*Heinrich*]).[380]

105 Die zweite Säule des institutionellen Anteilsinhaberschutzes bei Umwandlungen ist der normativierte **Schutz durch Informationsgewährung** (siehe bereits Rz. 92).[381] Hierbei geht

371) *Schöne/Arens*, WM 2012, 381, 387.

372) BGH, Beschl. v. 5.10.2021 – II ZB 7/21, ZIP 2021, 2276; vgl. auch OLG Karlsruhe, Beschl. v. 13.12.2021 – 19 W 29/21 (Wx), BeckRS 2021, 54602.

373) Im Detail und rechtsformspezifisch Widmann/Mayer-*Heckschen*, UmwR, § 13 UmwG Rz. 43.2 ff.; vgl. auch Lutter-*Drygala*, UmwG, § 13 Rz. 10; *Erkens* in: KölnKomm-UmwG, § 13 Rz. 11; für die eGbR auch *Lieder*, NotBZ 2024, 361, 363.

374) Insofern zur Gleichwertigkeit der physischen und nicht-physischen Versammlung *Bochmann* in: FS Heidinger, S. 37, 46.

375) Vgl. nur Widmann/Mayer-*Heckschen*, UmwR, § 13 UmwG Rz. 2; Lutter-*Drygala*, UmwG, § 13 Rz. 9.

376) Begr. Fraktionsentwurf UmwBerG, BT-Drucks. 12/6699, S. 86.

377) Gesetz zur Umsetzung der Digitalisierungsrichtlinie (DiRUG), v. 5.7.2021, BGBl. I 2021, 3338.

378) Gesetz zur Ergänzung der Umsetzung der Digitalisierungsrichtlinie (DiREG), v. 15.7.2022, BGBl. I 2022, 1146.

379) Vgl. *Simons*, AG 2023, 754, 756; *Stiegler*, GmbHR 2024, 234, 237.

380) *Bungert/Strothotte*, BB 2022, 1411, 1415; *Stelmaszczyk*, Der Konzern 2021, 1, 9; *Luy* in: BeckOGK-UmwG, § 339 Rz. 25; Lutter-*J. Schmidt*, UmwG, § 339 Rz. 25; *Stiegler* in: NK-UmwG, § 339 Rz. 5; Schmitt/Hörtnagl-*Winter*, UmwG/UmwStG, § 339 UmwG Rz. 4.

381) Vgl. auch BGH, Urt. v. 18.12.2000 – II ZR 1/99, ZIP 2001, 199.

es in erster Linie um einen angemessenen Minderheitenschutz durch Vorab-Information.[382] Das zugunsten der Anteilsinhaber der beteiligten Rechtsträger etablierte Informationssystem setzt sich dabei aus spezifisch umwandlungsrechtlichen und rechtsformspezifischen Informationsrechten zusammen. Rechtsformspezifische Informationsrechte stellen sich in der Regel als Auskunftsrechte der Anteilsinhaber dar.[383] Zentrales Anliegen ist, dass die Anteilsinhaber vor der Beschlussfassung umfassende Kenntnis über die für den Rechtsträger mit der Umwandlung eventuell verbundenen Vor- und Nachteile erhalten. Basis und Hauptelement der Informationsgewährung ist die grundsätzliche Pflicht zur Erstellung eines **Umwandlungsberichts** (Verschmelzungs-, Spaltungs-, Formwechselbericht).[384] Hierdurch sollen die Anteilsinhaber in die Lage versetzt werden, über die Umwandlung im Wissen aller für die Strukturmaßnahme maßgebenden Umstände sachgerecht abstimmen zu können.[385]

Ergänzt wird diese Pflicht zur Aufstellung eines Umwandlungsberichts durch die Pflicht **106** zur Information der Anteilsinhaber.[386] Je nach Rechtsform sind entweder der Umwandlungsvertrag/-plan oder Umwandlungsbericht zuzusenden oder zumindest Vertrag/Plan, Bericht und ggf. Prüfungsbericht in den Geschäftsräumen und später auch in der Anteilsinhaberversammlung zur Einsichtnahme für die Anteilsinhaber auszulegen (vgl. z. B. §§ 42, 47, 49, 61, 63, 64, 216, 230, 238, 251). Da die jeweiligen Informationen in ihrer Ausgestaltung aber zumindest bei innerstaatlichen Umwandlungen[387] ausschließlich den Anteilsinhabern dienen,[388] ist gemäß allgemein-zivilrechtlichen Wertungen auch ein **Verzicht** dieser hierauf möglich. Das UmwG sieht dies an verschiedensten Stellen vor, prominent vor allem bei § 8 Abs. 3 Satz 1, auf den diesbezüglich oftmals in anderen Normen verwiesen wird. Voraussetzung ist jedoch, dass alle Anteilsinhaber ihren Verzicht formgerecht erklären, da es sich bei den jeweiligen Informationsgewährungen um ein objektiv-institutionelles Recht handelt (siehe bereits Rz. 100).

Die genannten Schutzinstrumente werden durch verschiedene **Aufklärungs- und Unterrichtungspflichten** gegenüber den Anteilsinhabern der an der Umwandlung beteiligten **107** Rechtsträger ergänzt.[389] Diese sollen vor allem die „Meinungsbildung" der Anteilsinhaber für eine informierte Abstimmung erleichtern.[390] Zusätzliche Erläuterungen und Unterrichtungen durch die Geschäftsleitung i. R. der beschließenden Versammlung haben zudem bei einer AG als beteiligten Rechtsträger zu erfolgen (vgl. § 64 Abs. 1 Satz 2), sofern nicht

382) *Hommelhoff*, ZGR 1993, 452, 453 ff.; *Kraft*, ZGR 2025, 719, 728.

383) Z. B. § 51a GmbHG. Nach einer zu Recht sehr kritisierten Entscheidung des LG Hannover soll aber die Geltendmachung des diesbezüglichen Auskunfts- und Informationsanspruchs immer nur konkret in Bezug auf die in Rede stehende Maßnahme (hier: Umwandlung) erforderlich sein, vgl. LG Hannover, Beschl. v. 21.2.2024 – 23 O 4/24, GmbHR 2024, 707; zur Kritik *Leuschner/Enneking*, npor 2024, 195, 200 (Urteilsanm.); *Scheuch*, NZG 2024, 538, 543 (Urteilsanm.); weniger krit. hingegen *Mock*, GmbHR 2024, 707, 712 (Urteilsanm.). Der entsprechende Auskunftsanspruch kann dabei jedoch auch durch einen Vertreter ausgeübt werden, vgl. *Leuering/Kurka*, NJW-Spezial 2024, 463, 465; generell richtig ist, dass das Auskunfts- und Einsichtsrecht eines Gesellschafters aber kein Selbstzweck sein darf, vgl. OLG Saarbrücken, Beschl. v. 28.3.2025 – 1 W 22/24, NZG 2025, 985.

384) *Erkens* in: KölnKomm-UmwG, § 8 Rz. 1.

385) Vgl. nur OLG Rostock, Beschl. v. 10.2.2021 – 1 W 37/20, ZIP 2021, 526; OLG Saarbrücken, Beschl. v. 7.12.2010 – 4 U AktG 476/10, ZIP 2011, 469; OLG Düsseldorf, Beschl. v. 11.8.2006 – I-15 W 110/05, AG 2007, 363.

386) *Schöne*, GmbHR 1995, 325.

387) Zum erweiterten Adressatenkreis bei grenzüberschreitenden Umwandlungen vgl. *Stiegler* in: NK-UmwG, § 324 Rz. 7, § 337 Rz. 6.

388) Vgl. nur Henssler/Strohn-*Heidinger/Knaier*, GesR, § 8 UmwG Rz. 1 – zum Verschmelzungsbericht.

389) Begr. Fraktionsentwurf UmwBerG, BT-Drucks. 12/6699, S. 79.

390) Begr. Fraktionsentwurf UmwBerG, BT-Drucks. 12/6699, S. 79.

hierauf wirksam verzichtet wurde.[391] Für Personengesellschaften und insbesondere die GmbH besteht diese Verpflichtung hingegen (auch analog) nicht (siehe auch § 49 Rz. 11 [*Otte*]).[392]

108 Aufgrund der Beteiligung ein oder mehrerer ausländischer Gesellschaften und Rechtsordnungen und der damit potenziell verbundenen Gefahren vor allem in Bezug auf eine etwaige Beteiligung an einem nicht-deutschen Rechtsträger im Zuge der Strukturmaßnahme, sind bei **grenzüberschreitenden Umwandlungen** (im Anwendungsbereich des UmwG) zusätzliche Schutzmaßnahmen für die Anteilsinhaber erforderlich. Ein umfassender Anteilsinhaber- und Minderheitenschutz ist insofern auch bei diesen ein Kernanliegen des europäischen Gesetzgebers.[393] Zu nennen sind hier insbesondere eine erweiterte Erläuterungs- und Begründungspflicht im „anteilsinhaberspezifischen Abschnitt" des Umwandlungsberichts (vgl. § 309 Abs. 4 [i. V. m. § 324 Abs. 1 Satz 2]), § 337 Abs. 2), zusätzliche Pflichtangaben im Umwandlungsplan sowie eine präventive Missbrauchskontrolle durch das zuständige Registergericht.[394]

b) Individualschutz

109 In Abgrenzung zum institutionellen Anteilsinhaberschutz geht es beim individuellen Schutz – wie der Name schon sagt – primär um die **subjektiven Rechte einzelner** Anteilsinhaber. Der individuelle Anteilsinhaberschutz ist somit im Kern Minderheitenschutz. Anders als wiederum beim institutionellen Anteilsinhaberschutz muss sich der Betroffene aber ggf. auf **sein jeweiliges Recht auch berufen** (vgl. § 30: „Anspruch[s] auf Barabfindung"). Insofern wird den Inhabern stimmrechtsloser Sonderrechte gemäß § 23 (i. V. m. § 125 Abs. 1 Satz 1 bzw. § 204) ein (schuldrechtlicher)[395] Anspruch auf Gewährung eines wirtschaftlich gleichwertigen Rechts im übernehmenden Rechtsträger als Individualrecht eingeräumt, womit ein Verwässerungsschutz für diese Personen sichergestellt werden soll.[396] Ergänzt werden die einzelnen Individualrechte wiederum durch einen etwaigen **Schadensersatzanspruch** der betroffene Anteilsinhaber gegenüber Geschäftsführungs- und ggf. Aufsichtsratsmitglieder (siehe bereits Rz. 94) (vgl. § 25 Abs. 1 Satz 1 [i. V. m. § 125 Abs. 1 Satz 1], § 205 Abs. 1 Satz 1).

110 Neben den beschlussbezogenen Zustimmungsrechten aller Anteilsinhaber sieht das UmwG noch ergänzende **Individualzustimmungsrechte** vor. Hintergrund für die Statuierung solcher Individualzustimmungsrechte einzelner Anteilsinhaber ist eine etwaige Beeinträchtigung deren bestehender **Sonderrechte** im Zuge der Umwandlung. Basierend auf der verbandsrechtlichen Grundnorm des § 35 BGB[397] ist es dabei Ausdruck des allgemeinen Rechtsgedankens, dass Sonderrechte nicht ohne Zustimmung des Berechtigten beeinträchtigt werden dürfen.[398] Sonderrechte sind dabei typischerweise solche Rechte, die nur einem oder einzelnen Anteilsinhabers oder einer bestimmten Gruppe von diesen einge-

---

391) Zur entsprechenden Verzichtsmöglichkeit vgl. *Habersack* in: BeckOGK-UmwG, § 64 Rz. 15; *Stiegler*, AG 2019, 708, 713; s. auch *Limmer* in: FS Vossius, S. 149 ff.

392) H. M., vgl. nur Lutter-*Vetter*, UmwG, § 49 Rz. 46; Semler/Stengel/Leonard-*Reichert*, UmwG, § 49 Rz. 11.

393) *Löbbe*, ZHR 187 (2023), 498, 502.

394) Zum Minderheitenschutzinstrument der Missbrauchskontrolle vgl. auch *Deck*, NZG 2021, 629, 638.

395) Vgl. OLG Schleswig, Urt. v. 6.3.2024 – 9 U 11/23, NZG 2024, 553.

396) Begr. Fraktionsentwurf UmwBerG, BT-Drucks. 12/6699, S. 92.

397) Vgl. bereits RG, Urt. v. 23.12.1938 – II 102/38, RGZ 159, 272; RG, Urt. v. 4.2.1943 – II 94/42, RGZ 170, 358; s. a. *Bayer/Rauch*, AG 2024, 717 f.

398) Vgl. Begr. Fraktionsentwurf UmwBerG, BT-Drucks. 12/6699, S. 139 – zu § 193 Abs. 2.

räumt wurden.[399] Aufgrund ihrer personalistischen Struktur sind Sonderrechte dabei **vor allem bei Personengesellschaften und GmbH** verbreitet. Gesetzliche Individualzustimmungsrechte finden sich im UmwG für grundsätzlich alle Umwandlungsarten: Für die Verschmelzung insbesondere in § 13 Abs. 2 und § 50 Abs. 2, die ebenfalls für die Spaltung entsprechend zur Anwendung kommen, und für den Formwechsel in § 193 Abs. 2 und den §§ 241 f. Werden diese Individualzustimmungsrechte nicht hinreichend beachtet, ist der jeweilige Umwandlungsbeschluss unwirksam; die Umwandlung kann mithin nicht erfolgreich durchgeführt werden. Neben den umwandlungsrechtlichen Individualzustimmungsrechten sind daneben in Abhängigkeit vom Vorliegen deren Voraussetzungen ggf. auch rechtsformspezifische Zustimmungsrechte zu beachten. Dies gilt vor allem für die Leistungsvermehrung nach § 53 Abs. 4 GmbHG.[400]

Kein Anteilsinhaber darf gezwungen werden, im Zuge der Umwandlung gegen seinen Willen 111
am übernehmenden/neuen bzw. Zielrechtsträger der Strukturmaßnahme beteiligt zu sein/bleiben.[401] Als allgemeiner Rechtsgedanken steht daher jedem Minderheitsgesellschafter[402] ein individuelles **Austrittsrecht** zu.[403] Geregelt ist dieses in § 29 Abs. 1 Satz 1 (i. V. m. § 125 Satz 2) für die Verschmelzung bzw. Auf- und Abspaltung und in § 207 Abs. 1 Satz 1 für den Formwechsel. Da ein kompensationsloses Austrittsrecht den (wirtschaftlich betrachteten) Entscheidungsspielraum bezüglich des Ausscheidens erheblich einschränken würde, ist die betreffende Gesellschaft verpflichtet, dem desertierungswilligen Anteilsinhaber den Erwerb seiner Anteile gegen eine angemessene **Barabfindung** anzubieten. Mit dem Austrittsrecht verbunden ist daher auch ein Recht auf angemessene Kompensation im Gegenzug für das Ausscheiden.[404] Voraussetzung ist jedoch immer,[405] dass der jeweilige Anteilsinhaber bei der Beschlussfassung über die Umwandlung gegen diese gestimmt und seinen Widerspruch zur Niederschrift erklärt hat. Andernfalls würde er sich widersprüchlichen Verhaltens schuldig machen. Das Barabfindungsangebot der Gesellschaft kann auch grundsätzlich nicht durch Gesellschaftsvertrag/Satzung oder Umwandlungsvertrag/-plan abgeändert oder eingeschränkt werden.[406]

Aus unternehmerischer Sicht ist insbesondere die Einräumung einer Barabfindung aber oft- 112
mals problematisch, da es zum einen finanzielle Ungewissheit (Liquiditätsbelastung) darstellt und in diesem Zusammenhang eine Überprüfung der Angemessenheit im Spruchverfahren erfolgen könnte.[407] Zum anderen ist damit regelmäßig eine Unternehmensbewertung erforderlich, die regelmäßig zeit- und kostspielig ist. Ferner kann das Recht auf

---

399) Vgl. allg. nur *Wiedemann*, GesR I, 1980, S. 380; irreführend erscheint daher eine Entscheidung des OLG Hamm (Urt. v. 21.12.2015 – 8 U 67/15, ZIP 2016, 1481) zum heutigen § 53 Abs. 4 GmbHG, wonach eine Zustimmungspflicht aller Gesellschafter ein individuelles Sonderrecht eines jeden einzelnen Gesellschafters begründet.

400) So bereits zum damaligen § 53 Abs. 3 GmbHG *Bayer*, ZIP 1997, 1613, 1623; *Reichert*, GmbHR 1995, 176, 179.

401) Insofern zum Barabfindungsrecht als Minderheitenschutzinstrument *Simons* in: BeckOGK-UmwG, § 207 Rz. 3; Lutter-*Hoger*, UmwG, § 207 Rz. 1 – jeweils zum Formwechsel; zu grenzüberschreitenden Umwandlungen auch *Wollin*, ZIP 2022, 989, 991.

402) Faktisch besteht dieses zwar auch für einen Mehrheitsgesellschafter, jedoch kann ohne dessen Zustimmung die Umwandlung ohnehin nicht vollzogen werden.

403) Vgl. Lutter-*Hoger*, UmwG, § 207 Rz. 1; Semler/Stengel/Leonard-*Kalss*, UmwG, § 207 Rz. 1 – jeweils zum Formwechsel; s. a. schon *Wiedemann*, ZGR 1978, 477 ff.

404) Vgl. nur *Bayer/Schmidt*, ZHR 178 (2014), 150, 153.

405) *Erkens* in: KölnKomm-UmwG, § 29 Rz. 61.

406) OLG Karlsruhe, Urt. v. 26.9.2002 – 9 U 195/01, ZIP 2003, 78; Widmann/Mayer-*Wälzholz*, UmwR, § 29 UmwG Rz. 4; Schmitt/Hörtnagl-*Winter*, UmwG/UmwStG, § 29 UmwG Rz. 2; Kallmeyer-*Berger*, UmwG, § 207 Rz. 4.

407) Entsprechend zur Neuregelung des § 72a s. *Habighorst* in: NK-UmwG, § 72a Rz. 2.

Barabfindung Anreizstrukturen innerhalb des Unternehmens verändern. Anteilsinhaber könnten dazu neigen, im Zuge der Umwandlung aus der Gesellschaft auszutreten, um eine unmittelbare finanzielle Abfindung zu erhalten, anstatt langfristig am Unternehmen beteiligt zu bleiben.[408] Denkbar und auch rechtlich zulässig ist daher ein formgerechter Verzicht aller Anteilsinhaber auf ein Abfindungsangebot im Umwandlungsvertrag/-plan.[409]

113 Um auch tatsächlich eine werthaltige Kompensation für den Verkauf der Anteile/Aktien und damit verbundenen Austritt aus der übertragenden/formwechselnden Gesellschaft darstellen zu können, muss das unterbreitete Barabfindungsangebot stets **angemessen** sein (vgl. §§ 29 Abs. 1 Satz 1, 207 Abs. 1 Satz 1). Dies gilt auch für einen Anspruch auf bare Zuzahlung (vgl. §§ 15 Abs. 1 Satz 1, 72a Abs. 3, 196 Satz 1). Angemessen ist eine Abfindung, die dem ausscheidenden Aktionär eine volle Entschädigung dafür verschafft, was seine Beteiligung an dem Unternehmen wert ist, die also dem vollen Wert seiner Beteiligung entspricht.[410] Der BGH tendiert bei börsennotierten Gesellschaften dabei mittlerweile zur Maßgeblichkeit des Börsenwertes der Aktien.[411] Endgültige Klarheit besteht indes noch nicht.[412] Bei nicht-börsennotierten Gesellschaften besteht davon unabhängig oftmals die problembehaftete Frage, wann die angebotene Barabfindung (oder bare Zuzahlung) wirklich angemessen ist.[413] Auch diesbezüglich sieht das UmwG jedoch Schutzmechanismen zugunsten der betroffenen Anteilsinhaber vor: Zum einen muss die Angemessenheit ggf. durch einen unabhängigen Prüfer kontrolliert werden (vgl. §§ 30 Abs. 2, 208) und zum anderen kann sie durch Antrag gerichtlich i. R. des **Spruchverfahrensgesetz** (SpruchG) **überprüft** werden (vgl. §§ 15 Abs. 1 Satz 2, 212 Satz 1). Eine (Anfechtungs-) Klage gegen den Umwandlungsbeschluss als solchen ist jedoch ausgeschlossen (vgl. §§ 14 Abs. 2, 210).

2. Gläubigerschutz

114 Der Schutz der Gläubiger ist ein Grundanliegen der Rechtsordnung und auch im Gesellschafts- und angrenzenden Umwandlungsrecht als allgemeines Rechtsprinzip anerkannt.[414] Allgemein können Umwandlungsmaßnahmen für die bestehenden Gläubiger der beteiligten Gesellschaften **verschiedene Gefahren** beinhalten und damit mit nachteiligen Konsequenzen verbunden sein. So kann eine Umwandlung (je nach Ausgestaltung) potenziell zu einer Verschlechterung der Befriedigungsaussichten der Gläubiger in Form der Verminderung des Haftungssubstrats der Schuldnergesellschaft beitragen,[415] eine Verschmelzung kann zum Entstehen von Ausschüttungspotential und zur Auflösung gebundener Rücklagen führen,[416] die gesetzlichen Kapitalschutzbestimmungen können bei der aus der Umwandlung hervorgehenden Gesellschaft schwächer ausgestaltet sein als beim Ausgangs- bzw. übertragenden Rechtsträger und auch ein Schuldnerwechsel im Zuge der Umwandlung als solches kann risikobegründend wirken. Dies vor allem deshalb, da, insbesondere

408) Vgl. *Fleischer*, ZHR 179 (2015), 404, 432.

409) *Stiegler*, AG 2019, 708, 710 – zur AG-Verschmelzung.

410) BVerfG, Urt. v. 7.8.1962 – 1 BvL 16/60, NJW 1962, 1667; BGH, Beschl. v. 12.3.2001 – II ZB 15/00, ZIP 2001, 734; jüngst auch OLG Karlsruhe, Beschl. v. 16.4.2024 – 12 W 27/23, BeckRS 2024, 7902.

411) Allg. BGH, Beschl. v. 21.2.2023 – II ZB 12/21, ZIP 2023, 795; BGH, Beschl. v. 31.1.2024 – II ZB 5/22, AG 2024, 665 – zu § 305 Abs. 1 AktG; im Detail auch *Bungert* in: Fleischer/Hüttemann, Rechtshdb. Unternehmensbewertung, Rz. 22.27 ff.; *Ruthardt*, AG 2024, 770 ff.

412) *Korch* in: Fleischer/Koch/Schmolke, Gesellschaftsrecht im Spiegel großer Debatten, S. 253, 278.

413) Eine Bewertung erfolgt hier oftmals nach der Ertragswertmethode und/oder dem IDW Standard S 1; zum neuen IDW ES 1 s. *Thees*, BB 2025, 299.

414) Vgl. nur *Wiedemann*, GesR I, 1980, S. 516.

415) *Kalss*, ZGR 2009, 74, 76 f.; *Redler/Obermann*, ZPG 2024, 24, 30.

416) *Kalss*, ZGR 2009, 74, 77; *K. Schmidt*, ZIP 2010, 857, 864.

bei der Verschmelzung, gerade kein sog. Summengrundsatz (siehe bereits Rz. 76) besteht. Auch durch eine Spaltung können essenzielle Aktiva und Betriebsteile von der Schuldnergesellschaft abgelöst werden (siehe insofern zur Spaltungsfreiheit Rz. 75) und damit nachteilig für deren Gläubiger wirken. Zudem kann es zu einem Liquiditätsabfluss zulasten der Gläubiger durch Barabfindungen und/oder bare Zuzahlungen an einzelne Anteilsinhaber kommen, die die Gesellschaft i. R. der Umwandlung leisten muss.

Dies erkannte jeweils auch der Gesetzgeber und betrachtet die **Gewährleistung des Gläubigerschutzes** als eines der **Kernziele des UmwG.**[417] Der Schutz der Gläubiger war insofern eines der Grundanliegen bei der Schaffung des damaligen UmwG.[418] Auch bei grenzüberschreitenden Umwandlungen ist er ein Kernanliegen des europäischen Gesetzgebers.[419] Der umwandlungsrechtliche Gläubigerschutz ist dabei sowohl als Interessen- als auch Vertrauensschutz ausgestaltet,[420] d. h. es sollen durch gesetzliche Regelungen zum einen die mit der Umwandlung potenziell verbundenen Gefahren eingedämmt und zum anderen das Vertrauen der Gläubiger in den Bestand ihrer Forderungen gewährleistet werden. 115

Natürlich muss eine Umwandlung aber für die Gläubiger nicht zwangsläufig mit diesen Gefahren verbunden sein. Vor allem eine Verschmelzung einer sich in wirtschaftlichen Schwierigkeiten befindlichen oder sogar insolventen Gesellschaft auf einen anderen Rechtsträger kann für deren Gläubiger auch **positive Auswirkungen** dergestalt haben, dass beim übernehmenden oder aus der Umwandung hervorgehenden Rechtsträger eine umfangreichere Vermögensausstattung/Liquidität besteht und damit eine zur Gläubigerbefriedigung erhöhte Haftungsmasse vorhanden ist. Vergleichbares gilt bei einem Formwechsel in eine AG als Vorbereitung eines Börsengangs und damit verbundenen Kapitalzuflusses. 116

Neben den gesetzlichen Schutzvorschriften können ein Gläubiger und die umwandlungswillige Gesellschaft selbstverständlich auch **vertragliche Schutzmechanismen** vorsehen.[421] Gleichwohl muss dabei bedacht werden, dass sowohl im Zuge der Rechtsträgeridentität beim Formwechsel als auch der Gesamtrechtsnachfolge bei Verschmelzung und Spaltung es grundsätzlich zunächst nicht zu einem Verfall vertraglicher Ansprüche des Gläubigers kommt.[422] Auch die Anwendung von § 313 BGB wird man in Bezug auf Umwandlungsfälle weitgehend verneinen müssen, da entsprechende Strukturmaßnahmen mittlerweile zum alltäglichen Wirtschaftsgeschehen dazuzählen und kaum noch als unvorhersehbare Vertragsgrundlagenänderungen betrachtet werden können.[423] 117

Ferner stellt sich die Frage, ob die im UmwG für die Gläubiger vorgesehenen Schutzinstrumente abschließend sind, insbesondere im Hinblick auf eine sog. **actio pauliana.** Die aus dem römischen Recht stammende actio pauliana stellt dabei eine Klage des Gläubigers zur Anfechtung von Geschäften des Schuldners dar.[424] Sie dient primär dem Schutz der Gläu- 118

417) Vgl. Begr. Fraktionsentwurf UmwBerG, BT-Drucks. 12/6699, S. 92; monografisch speziell zum umwandlungsbezogenen Gläubigerschutz *Petersen*, Der Gläubigerschutz im Umwandlungsrecht; *Theißen*, Gläubigerschutz bei der Spaltung von Gesellschaften; *Veith*, Gläubigerschutz beim Formwechsel; *Leydecker*, Gläubigerschutz bei grenzüberschreitenden Umwandlungen.

418) Vgl. *Ganske*, WM 1993, 1117, 1125; *K. Schmidt*, ZGR 1993, 366.

419) *Löbbe*, ZHR 187 (2023), 498, 522.

420) Zum Interessenschutz *Limmer* in: Limmer, Hdb. Unternehmensumwandlung, Kap. 2 Rz. 27; vgl. auch BGH, Urt. v. 15.3.2013 – V ZR 156/12, ZStV 2013, 182; zum Vertrauensschutz *Hirte*, Kapitalgesellschaftsrecht, Rz. 6.162.

421) Da diesbezüglich keine „abschließende Regelung" besteht, steht dem auch § 1 Abs. 3 Satz 2 (s. dazu § 1 Rz. 67 [*Stiegler*]) nicht entgegen.

422) Vgl. bereits *Rieble*, ZIP 1997, 301, 303.

423) Lutter-*Grunewald*, UmwG, § 20 Rz. 56; zu damit zusammenhängenden kollisionsrechtlichen Fragen Piñeiro in: FS Bork, S. 1163.

424) Zum Begriff *Stiegler*, GmbHR 2020, 405, 406; zu damit zusammenhängenden kollisionsrechtlichen Fragen Piñeiro in: FS Bork, S. 1163.

biger vor benachteiligenden Handlungen des Schuldners. Ein vergleichbarer Rechtsgedanke ist im deutschen Recht[425] in den §§ 1 ff. AnfG kodifiziert.[426] In Bezug auf das Umwandlungsrecht ist der Schuldner dabei die übertragende bzw. sich auf- bzw. einen Betriebsteil abspaltende Gesellschaft. Die actio pauliana ist in diesem Kontext die ursprüngliche Form der Insolvenzanfechtung nach den §§ 129 ff. InsO.[427] Sie wird daher überwiegend nur im insolvenzrechtlichen Kontext thematisiert; nicht hingegen im Gesellschafts- und Umwandlungsrecht. Zwar hat der EuGH in Bezug auf die ehemalige Spaltungsrichtlinie[428] festgestellt, dass auch von der Richtlinie nicht geregelte Gläubigerschutzinstrumente des nationalen Rechts grundsätzlich zulässig seien und neben die verpflichtend bestehenden Regelungen treten können,[429] jedoch würde eine entsprechende (nachträgliche) Anfechtung der Spaltung zum einen ein vorsätzliches Handeln der sich spaltenden Gesellschaft als Schuldners zulasten des Gläubigers sowie eine Uneinbringlichkeit einer offenen Forderung, voraussetzen. Zum anderen würde § 131 Abs. 2, der einen umfassenden Bestandschutz der Spaltung nach Eintragung vorgibt (siehe Rz. 89), dem entgegenstehen.[430] In der Tendenz lässt sich dies auch einer jüngeren BGH-Entscheidung zu Formwechsel entnehmen.[431]

119 Gemeinhin wird im Umwandlungsrecht zwischen dem **institutionellen** und dem **individuellen Schutz** der Gläubiger unterschieden.[432] Institutioneller Gläubigerschutz (siehe Rz. 120) basiert auf objektivem Recht und bezweckt den Schutz der Gläubiger als Gesamtheit. Demgegenüber ist vom individuellem Gläubigerschutz (siehe Rz. 125) die Rede, wenn es um Haftungs- und Sicherstellungsansprüche zugunsten einzelner Gläubiger geht, also subjektive Rechte thematisiert sind. Diese systematische Differenzierung zwischen individuellem und institutionellen Gläubigerschutz ist als solches auch auf grenzüberschreitende Umwandlungen übertragbar.[433]

a) Institutioneller Schutz

120 Der institutionelle Gläubigerschutz ist **generalpräventiv** angelegt und hat die Beachtung der für die an der Umwandlung beteiligte Rechtsform geltenden Haftungs- und Kapitalaufbringungsvorschriften zum Ziel. Einerseits verwirklicht er sich aus **formeller** Sicht durch die Geltungsanordnung der gesetzlichen Gründungsprüfungsvorschriften bei übertragenden Umwandlungen zur Neugründung und beim Formwechsel. Andererseits wird ein **materieller** institutioneller Gläubigerschutz durch die Grundsätze der Kapitalaufbringung und -erhaltung beim jeweils neuen bzw. Zielrechtsträger gewährleistet. Neben der Geltung letzterer werden die Gläubiger zudem durch die Regelungen zur handelsrechtlichen und bilanzrechtlichen Publizität sowie durch besondere insolvenzrechtliche Vorschriften geschützt.

425) Rechtsvergleichend auch *Piekenbrock*, IPRax 2016, 219, 228.

426) *Stiegler*, GmbHR 2020, 405, 410.

427) *Keller*, InsR, Rz. 1464; vgl. auch *Bork*, ZIP 2014, 797 f.; *Smid*, DZWIR 2024, 119, 122 f.; *Thole*, ZIP 2023, 389, 390.

428) Sechste Richtlinie 82/891/EWG des Rates v. 17.12.1982 gemäß Art. 54 Abs. 3 Buchst. g des Vertrages betreffend die Spaltung von Aktiengesellschaften (Spaltungsrichtlinie), ABl. (EG), L 378/47 v. 31.12.1982.

429) EuGH, Urt. v. 30.1.2020 – Rs. C-394/18, GmbHR 2020, 418; dazu *J. Schmidt*, EuZW 2020, 372 (Urteilsanm.); *Stiegler*, GmbHR 2020, 405; *Schollmeyer*, NZG 2020, 589; *Thole*, ZEuP 2021, 145 (Urteilsanm.).

430) *J. Schmidt*, EuZW 2020, 372, 374; *Förster* in: BeckOGK-UmwG, § 131 Rz. 126; zur Verschmelzung auch Widmann/Mayer-*Heckschen*, UmwR, § 121 UmwG Rz. 50.3.

431) BGH, Beschl. v. 20.6.2023 – II ZB 18/22, ZIP 2023, 1744.

432) Prägend *K. Schmidt*, ZGR 1993, 366, 367; vgl. auch *Ihrig*, ZHR 160 (1996), 317, 334; *Kalss*, ZGR 2009, 74, 80 ff.

433) *Leydecker*, Gläubigerschutz bei grenzüberschreitenden Umwandlungen, S. 93; *Thomale/Schmid*, NotBZ 2023, 91, 99 f.

In den Fällen, in denen es zur Neugründung einer Gesellschaft im Zuge der Umwandlung kommt (z. B. einer Verschmelzung zur Neugründung, vgl. §§ 36 ff.), ist zusätzlich zu den speziellen Umwandlungsvorschriften des UmwG das **individuelle Gründungsrecht** des zu gründenden Rechtsträgers **anzuwenden.** Das UmwG stellt dies durch eine Reihe von Verweisungsvorschriften sicher (z. B. § 36 Abs. 2, § 135 Abs. 2; § 197 Satz 1). Gleiches gilt bei einem Formwechsel aufgrund der Regelung des § 197 Satz 1: „Auf den Formwechsel sind die für die neue Rechtsform geltenden Gründungsvorschriften anzuwenden […]". Da es sich dabei nach überwiegender Auffassung bei einer Umwandlung zur Neugründung bzw. beim Formwechsel rechtstechnisch (fingiert) um eine Sachgründung durch Leistung einer Sacheinlage handelt,[434] kommen weitgehend[435] die Vorschriften für Sachgründungen in Bezug auf die jeweils neu zu gründende Gesellschaft zur Anwendung. Dass es bei den übertragenden Umwandlungen für ggf. damit verbundene Kapitalerhöhungen bei den beteiligten Rechtsträgern weitgehend der Beachtung der rechtsformspezifischen Kapitalerhöhungsvorschriften bedarf, ergibt sich dabei aus einem Umkehrschluss zu (§ 125 Abs. 1 Satz 1) i. V. m § 69 Abs. 1 (AG) bzw. § 55 Abs. 1 (GmbH), die jeweils bei einer Verschmelzung/Spaltung „mit Kapitalerhöhung" nur einzelne Kapitalerhöhungsbestimmungen nicht zur Anwendung bringen lassen. Zu beachten ist weiterhin, dass die im Zuge einer Kapitalerhöhung geschaffenen Anteile auch den tatsächlichen Gegenwert für die Vermögensübertragung darstellen, wofür es regelmäßig einer Unternehmensbewertung bedarf.[436] 121

Die Geltung der rechtsformspezifischen Kapitalaufbringungs- und -erhaltungsvorschriften kommen aber **nur insoweit** zur Anwendung, als das UmwG nicht i. S. von Spezialregelungen Erleichterungen oder Erschwerungen[437] diesbezüglich vorsieht (vgl. §§ 36 Abs. 2 Satz 1, 135 Abs. 2 Satz 2). Geltung erlangt aber bspw. das Verbot der Unter-Pari-Emission, also die Vorgabe, dass bei einer Umwandlung zur Neugründung die neuen Anteile weder unter ihrem Nennwert noch unter dem festgelegten Mindestbetrag ausgegeben werden dürfen.[438] Das Kapitalschutzrecht des Gründungsrechts wird abgesichert durch eine Schadensersatzhaftung der Verwaltungsträger der übertragenden Rechtsträger (§§ 25 ff., 125, 205 f., für grenzüberschreitende Umwandlungen §§ 305 Abs. 2, 320 Abs. 2, 333 Abs. 2). 122

Beim Formwechsel und der Verschmelzung wird allein durch die Rechtsträgeridentität bzw. Gesamtrechtsnachfolge gewährleistet, dass die ursprüngliche Haftungsmasse den Gläubigern erhalten bleibt. Da dies bei der **Spaltung** nicht möglich ist und es in der Regel zu einer Verkleinerung der bisherigen Haftungsmasse kommt, waren besondere Schutzvorschriften im Bereich des Spaltungsrechts erforderlich. Der Gesetzgeber hat sich hierbei mit § 133 für eine **gesamtschuldnerische Haftung** entschieden. Für die Verbindlichkeiten des übertragenden Rechtsträgers, die vor dem Wirksamwerden der Spaltung begründet worden sind, haften die an der Spaltung beteiligten Rechtsträger daher als Gesamtschuldner. Von der gesamtschuldnerischen Haftung bleiben die allgemeinen handelsrechtlichen Haftungstatbestände, die an eine Vermögensübernahme bzw. Unternehmensfortführung anknüpfen, unberührt (vgl. § 133 Abs. 1 Satz 2). Gleiches gilt z. B. für die Haftung des übernehmenden 123

434) Vgl. zur Verschmelzung *Niessen* in: KölnKomm-UmwG, § 36 Rz. 36; zur Spaltung *Weiß* in: BeckOGK-UmwG, § 135 Rz. 40; zum Formwechsel Lutter-*Hoger*, UmwG, § 197 Rz. 5; zum grenzüberschreitenden Hereinformwechsel *Stiegler* in: NK-UmwG, § 345 Rz. 20.

435) Nicht zwingend jedoch alle Sachgründungsvorschriften, vgl. OLG Frankfurt/M., Beschl. v. 19.3.2015 – 20 W 160/13, ZIP 2015, 1229; einschränkend auch Lutter-*Hoger*, UmwG, § 197 Rz. 6.

436) *Schöne*, Die Spaltung unter Beteiligung von GmbH, S. 63; in Bezug auf die Problematik bei grenzüberschreitenden Umwandlungen auch *Przybilla*, ZIP 2026, 79, 80 f.

437) Z. B. die zwingende Erstellung eines Sachgründungsberichts bei der Spaltung zur Gründung einer GmbH nach § 138.

438) Vgl. nur Lutter-*Priester/Lieder*, UmwG, § 139 Rz. 3 – zur GmbH.

Rechtsträgers für betriebliche Steuerverbindlichkeiten (vgl. § 75 AO). Durch das UmRUG[439] wurde im Jahr 2023 für die Spaltung die Nachhaftung des § 133 auf den Wert des zugeteilten Nettoaktivvermögens begrenzt. Das Nettoaktivvermögen berechnet sich dabei grundsätzlich als Wert der Gegenstände des Aktivvermögens abzüglich des Wertes der Gegenstände des Passivvermögens (siehe auch § 133 Rz. 70 [*Lubberich*]).[440]

124 Die Gläubiger der an einem **Formwechsel** beteiligten Rechtsträger sind in erster Linie dadurch geschützt, dass ihnen die haftende Vermögensmasse für ihre Ansprüche erhalten bleibt. Aufgrund des identitätswahrenden Charakters des Formwechsels erfolgt grundsätzlich keine Veränderung der Haftungsmasse. Ausgenommen davon sind jedoch Formwechsel, bei denen die neue Rechtsform geringere Schutzvorschriften zur Kapitalerhaltung aufweist, wie bspw. der Wechsel von einer Kapitalgesellschaft in eine Personengesellschaft oder der Wechsel von einer AG in eine GmbH.

b) Individualschutz

125 Unter dem individuellen Gläubigerschutz ist der Schutz von Gläubigern solcher Forderungen zu verstehen, die vor einem vor der Umwandlung gelegenen Stichtag entstanden sind. Es handelt sich mithin um sog. Altgläubiger, die eine **subjektive Rechtsposition** gegenüber den an der Umwandlung beteiligten Rechtsträgern besitzen.

126 Die einzelnen Gesellschaftsformen in Deutschland unterliegen einem **unterschiedlich** ausgestalteten **Kapitalerhaltungsregime**. Dies gilt selbst bei einer GmbH im Vergleich zu einer AG.[441] Insbesondere bei einem Formwechsel kann es daher zu einem Abbau der Kapitalbindung kommen, z. B. auch durch die Möglichkeit des Erwerbs eigener Anteile oder keiner gesetzlichen Pflicht zur Rücklagenbildung. Der institutionelle Gläubigerschutz hilft den Betroffenen dabei kaum weiter, da vor allem der Schutz durch die Geltung der Gründungsvorschriften denklogisch zur so weit reicht, wie es für den jeweils neu gegründeten bzw. Zielrechtsträger kapital- und gläubigerschützende Bestimmungen für diese Gesellschaftsform gibt. Deutlich größer als die Gefahr des Verlustes der Forderung ist für die Gläubiger daher der Umstand, dass durch die Umwandlung die Erfüllungsaussichten ihrer Forderung beeinträchtigt werden.[442] Die Ursache hierfür liegt dabei regelmäßig in der Verringerung des Haftungssubstrats im Zuge einer Umwandlung sowie der mangelnden Geltung eines Summengrundsatzes.[443] Vielmehr erachtet es der Gesetzgeber als ausreichend, wenn der individuelle Gläubigerschutz über spezifischen Bestimmungen (z. B. § 22) gewährleistet wird.

127 Der individuelle Gläubigerschutz verwirklicht sich bei Umwandlungsmaßnahmen in erster Linie durch einen **Anspruch** einzelner Gläubiger auf **Sicherheitsleistung**. Dieser ist von zentraler Bedeutung für den Schutz der Altgläubiger. Normative Grundlage dieses Anspruchs ist die Regelung des § 22, auf die für die Spaltung (vgl. § 133 Abs. 1 Satz 2) und den Formwechsel (vgl. § 204) unmittelbar verwiesen wird. Auch für grenzüberschreitende Umwandlungsvorgänge bestehen vergleichbare, wenngleich im Detail modifizierte, Gläu-

439) Gesetz zur Umsetzung der Umwandlungsrichtlinie und zur Änderung weiterer Gesetze (UmRUG), v. 22.2.2023, BGBl. I 2023, Nr. 51; Grauschopf, Das Haftungssystem des Umwandlungsgesetzes bei Carve-out-Transaktionen, S. 52.

440) *Gattringer*, NZG 2023, 443, 454; *Rubner/Leuering*, NJW-Spezial 2025, 655.

441) Lutter-*Hoger*, UmwG, § 204 Rz. 13; *Simons* in: BeckOGK-UmwG, § 204 Rz. 15.1; a. A. *Petersen* in: KölnKomm-UmwG, § 204 Rz. 12.

442) Semler/Stengel/Leonard-*Seulen*, UmwG, § 22 Rz. 23.

443) Speziell für eine Aufspaltung zur Neugründung *Schöne*, Die Spaltung unter Beteiligung von GmbH, S. 71.

bigerschutzregelungen (vgl. §§ 314, 328, 341).[444] Die Abweichungen zum innerstaatlichen Recht basieren dabei – europäisch geprägt – zum einen auf einer angenommenen erhöhten Gefährdungslage für die Gläubiger und zum anderen der nur partiellen Anwendung deutschen Umwandlungsrechts.[445] Insbesondere besteht anders als bei § 22 kein nachgelagerter, sondern ein vorgelagerter **(ex ante-)**Gläubigerschutz, d. h. Sicherheiten sind bereits vor Eintragung der grenzüberschreitenden Umwandlung zu leisten.[446]

Der Anspruch auf Sicherheitsleistung nach **§ 22 Abs. 1** steht indes nicht allen Gläubigern der an der jeweiligen Umwandlung beteiligten Rechtsträger zu. Vielmehr werden hieran verschiedene, in der Praxis nicht immer leicht zu erfüllende, Voraussetzungen gestellt. Dies gilt sowohl in zeitlicher, formeller als auch materieller Hinsicht. So muss, neben der spätestens sechs Monate nach Eintragung der Umwandlung in Textform (zur Änderung im Zuge des BEG IV s. Rz. 54) zu erfolgende Anmeldung des Anspruchs, es sich um eine vor der Wirksamkeit der Umwandlung begründete, aber noch nicht fällige Forderung handeln, deren Erfüllung aufgrund der Strukturmaßnahme gefährdet ist. Hierfür ist eine konkrete Gefährdungslage des jeweiligen Gläubigers nachweisbar **(„glaubhaft machen“)** erforderlich (dazu im Detail § 22 Rz. 29 ff. [*Stiegler*]).[447] Die Tatsachen, die eine Gefährdung begründen, müssen dabei überwiegend wahrscheinlich sein.[448] Das Risiko eines Forderungsausfalls muss sich für den Gläubiger im Hinblick auf die konkrete Förderung spürbar erhöhen.[449] Neben der Vermögenslage ist dabei auch die Ertrags- und Finanzlage der Gesellschaft zu berücksichtigen.[450] Ein konkreter Schaden muss dagegen nicht eingetreten sein. § 22 betrifft zudem ausschließlich den Schutz von Gläubigern, deren Ansprüche bereits **vor der Umwandlung begründet** wurden. Ein Schutz von sog. **Neugläubigern**, die erst nach Wirksamwerden der Umwandlung Forderungen gegen den/die umgewandelte(n) Gesellschaft(en) besitzen, werden nicht geschützt, sondern vor allem auf den institutionellen Gläubigerschutz verwiesen. 128

3. Arbeitnehmerschutz

Als wichtige Stakeholdergruppe sind bei Umwandlungen auch die Interessen der betroffenen Arbeitnehmer und deren Vertreter hinreichend zu wahren.[451] Denn je nach Ausgestaltung und Art der Umwandlung können diese durch die Strukturmaßnahme negativ beeinflusst werden.[452] Das UmwG sieht in diesem Zusammenhang zum Schutz der Arbeitnehmer der an der jeweiligen Umwandlung beteiligten Unternehmen (als Arbeitgeber) (zum Verhältnis zum Arbeitsrecht s. auch Rz. 165) **verschiedene Bestimmungen** vor. Als Schutzinstrument zugunsten der Arbeitnehmer[453] ist zunächst der erstellte Umwandlungs- 129

444) Vgl. *Redler/Obermann*, ZPG 2024, 24, 28.

445) Vgl. *Stiegler* in: NK-UmwG, § 341 Rz. 2.

446) Krit. dazu *Luy/Redler*, notar 2022, 163, 168; *Baschnagel/Hilser*, NZG 2022, 1333, 1340; vgl. auch *Heckschen/Knaier*, ZIP 2022, 2205, 2209; *Löbbe*, ZHR 187 (2023), 498, 525.

447) Vgl. BGH, Urt. v. 26.4.2002 – LwZR 20/01, ZIP 2002, 1490; weniger streng *Veil*, Umwandlung einer Aktiengesellschaft in eine Gesellschaft mit beschränkter Haftung, 1996, S. 243.

448) Vgl. nur *Rieder* in: BeckOGK-UmwG, § 22 Rz. 30; *Erkens* in: KölnKomm-UmwG, § 22 Rz. 48; Semler/Stengel/Leonard-*Seulen*, UmwG, § 22 Rz. 35.

449) *Hoger*, Kontinuität beim Formwechsel, S. 146.

450) Semler/Stengel/Leonard-*Seulen*, UmwG, § 22 Rz. 33.

451) Begr. Fraktionsentwurf UmwBerG, BT-Drucks. 12/6699, S. 71.

452) Andererseits kann vor allem bei einer Verschmelzung ein solche aber auch dann für einzelnen Mitarbeiter (finanziell) deutlich vorteilhaft sein, wenn diese (virtuelle) Anteile oder Anteilsoptionen an der übertragenden Gesellschaft halten, da eine Umwandlung gemäß den zugrunde liegenden Mitarbeiterbeteiligungsprogrammen oftmals ein „Trigger-Event“ zur Auszahlung/Ausübung darstellt.

453) Vgl. Begr. Fraktionsentwurf UmwBerG, BT-Drucks. 12/6699, S. 83; *Blechmann*, NZA 2005, 1143; *Dzida*, GmbHR 2009, 459.

vertrag bzw. sein Entwurf dem zuständigen **Betriebsrat** zuzuleiten, sofern ein solcher bei der an der Umwandlung beteiligten Gesellschaft besteht (vgl. §§ 5 Abs. 3, 126 Abs. 3, 194 Abs. 2). Dieser bewertet sodann vor allem die im jeweiligen Vertrag enthaltenen Angaben zu den „Folgen [der jeweiligen Umwandlung] für die Arbeitnehmer und ihre Vertretungen sowie die insoweit vorgesehenen Maßnahmen" (§§ 5 Abs. 1 Nr. 9, 126 Abs. 1 Nr. 11, 194 Abs. 1 Nr. 7).

130 Im Zuge des UmRUG 2023 wurde ferner mit **§ 35a** eine neue Norm in Bezug auf den Arbeitnehmerschutz eingefügt. Materiell entspricht diese aber den ehemaligen §§ 323 Abs. 2, 324, sodass keine Abweichungen im Vergleich zum früheren Recht bestehen.[454] § 35a gilt sowohl für die Verschmelzung als auch aufgrund des Verweises in § 125 Abs. 1 Satz 1 für die Spaltung.[455] Da es aufgrund der Rechtsträgeridentität beim Formwechsel nicht zu einer Betriebsneuordnung oder einem Betriebsübergang kommt, gilt die Norm nicht für die formwechselnde Umwandlung. Gemäß §§ 305 Abs. 2, 320 Abs. 2 findet § 35a auch Anwendung auf grenzüberschreitende Verschmelzungen und Spaltungen, wobei jedoch zu beachten ist, dass die Norm in ihrem Anwendungsbereich grundsätzlich auf **Arbeitnehmer/Betriebe im Inland** beschränkt ist.[456] Mit § 35a Abs. 1 wird das Problem der Zuordnung von Arbeitsverhältnissen aufgegriffen, wenn Arbeitnehmer im Zuge der Umwandlung einem bestimmten Betrieb oder Betriebsteil zugeordnet werden (siehe auch § 35a Rz. 2 [*Mückl*]).[457] § 35a Abs. 2 stellt mit seinem Verweis auf § 613a BGB sicher, dass es auch i. R. einer übertragenden Umwandlung bei der Zuordnung der Arbeitsverhältnisse zu den Betriebsmitteln bleibt.[458] Dies gilt auch bei Abschluss eines Interessenausgleichs zwischen Arbeitgeber und Betriebsrat nach § 35a Abs. 1.[459]

131 Da bei einer **Spaltung** aufgrund der Vermögensaufteilungsfreiheit, welche grundsätzlich auch Betriebe/Betriebsteile im arbeitsrechtlichen Sinn und damit Arbeitsverhältnisse umfasst,[460] besondere Gefahren für die Arbeitnehmer hervorgerufen werden können, sieht das UmwG hier nochmals spezifische Bestimmungen vor. Dies sind zunächst die im Zuge des UmRUG 2023 geschaffenen **§§ 132, 132a**. Diese fassen die damaligen §§ 322, 323 Abs. 1, 325 a. F. zusammen und übernehmen weitgehend deren Inhalt.[461] Mit § 132 Abs. 1 wird klarstellend bestimmt, dass, wenn nach einer Spaltung der übertragende und der/die übernehmende(n) bzw. neue(n) Rechtsträger zusammen einen Gemeinschaftsbetrieb im arbeitsrechtlichen Sinne bilden, dieser als Betriebs i. S. des KSchG gilt.[462] § 132 Abs. 2 hingegen statuiert ein kündigungsrechtliches **Verschlechterungsverbot** der Arbeitnehmer für eine Dauer von zwei Jahren.[463] § 132a übernimmt ferner den Inhalt des ehemaligen § 325 a. F. und ist über § 320 Abs. 2 auch auf die grenzüberschreitende Spaltung anwendbar.[464] Die Norm bestimmt die **Beibehaltung der Unternehmensmitbestimmung** aufgrund der bei einer Spaltung eintretenden Veränderungen beim übertragenden Rechtsträger im Hinblick auf bei diesem bislang maßgebenden Bestimmungen sowie auf die Beteiligungsrechte des Betriebs-

---

454) Begr. RegE UmRUG, BT-Drucks. 20/3822, S. 72.

455) Vgl. nur *Schramm* in: KölnKomm-UmwG, § 35a Rz. 2.

456) Henssler/Willemsen/Kalb-*Willemsen/Müller-Bonanni*, ArbR, § 35a UmwG Rz. 2.

457) *Oetker* in: ErfK-ArbR, § 35a UmwG Rz. 1.

458) Insofern zu einer Verschmelzung als Betriebsübergang auch LAG Berlin-Brandenburg, Urt. v. 17.11.2023 – 12 Sa 418/23, ZInsO 2024, 628.

459) Vgl. BAG, Urt. v. 19.10.2017 – 8 AZR 63/16, ZIP 2018, 441.

460) Vgl. nur Lutter-*Priester/Lieder*, UmwG, § 126 Rz. 64.

461) Vgl. Begr. RegE UmRUG, BT-Drucks. 20/3822, S. 83.

462) Vgl. auch BAG, Urt. v. 15.2.2007 – 8 AZR 310/06, ZIP 2007, 1618.

463) Krit. zur sprachlichen Ausgestaltung der Norm Henssler/Willemsen/Kalb-*Willemsen/Müller-Bonanni*, ArbR, § 132 UmwG Rz. 10 – „die wohl rätselhafteste Bestimmung des gesamten UmwG".

464) *Oetker* in: ErfK-ArbR, § 132a UmwG Rz. 1.

rats. Schließlich kann auch die Anordnung der gesamtschuldnerischen Haftung nach § 133 arbeitnehmerschützenden Charakter haben, da „Gläubiger" hierbei auch Arbeitnehmer des übertragenden Rechtsträgers sein können.[465)]

Für die Arbeitnehmer und deren Vertretungen bestehen bei **grenzüberschreitenden Umwandlungen** zusätzliche Schutzbestimmungen, die sich sowohl bei der betrieblichen als auch insbesondere der unternehmerischen Mitbestimmung zeigen. Ähnlich wie beim Gläubigerschutz wird dies mit einer besonderen Gefährdungslage aufgrund etwaiger Geltung ausländischen Rechts begründet.[466)] Zunächst hat der jeweilige **Umwandlungsplan** zusätzliche arbeitnehmerbezogene Inhalte zu enthalten, wie Angaben zum Mitbestimmungsbeteiligungsverfahrens der Arbeitnehmer und Informationen über die Auswirkungen der grenzüberschreitenden Umwandlung auf Betriebsrenten und Betriebsrentenanwartschaften (vgl. §§ 307 Abs. 2 Nr. 10, 16, 335 Abs. 2 Nr. 13, 14). Mittels Bekanntmachung des Plans und einem Hinweis hierauf werden der zuständige Betriebsrat oder die Arbeitnehmer direkt hinreichend informiert (vgl. § 308 Abs. 1 Satz 2 Nr. 4 lit. b). Auch muss der jeweilige Umwandlungsbericht einen „arbeitnehmerspezifischen Abschnitt" oder einen eigenständigen Arbeitnehmerbericht enthalten, der dem Betriebsrat oder Arbeitnehmern direkt zugänglich zu machen ist (vgl. §§ 309 Abs. 5, 310 Abs. 1). 132

Da bei grenzüberschreitenden Umwandlungen der räumliche Geltungsbereich des Mitbestimmungsgesetzes (MitbestG) oder des Drittelbeteiligungsgesetzes (DrittelbG) wegfallen kann, ist ein Kernanliegen des Arbeitnehmerschutzes die Gewährleistung eines unionsrechtlich determinierten **Mitbestimmungsbestandsschutzes.**[467)] In Umsetzung europäischer Vorgaben hat sich der deutsche Gesetzgeber dabei dafür entschieden, mit dem **MgVG**[468)] und dem **MgFSG**[469)] eigenständige Gesetze betreffend der Ausgestaltung und des Verfahrens der Arbeitnehmermitbestimmung bei grenzüberschreitenden Umwandlungen zu erlassen. Diese beinhalten insbesondere Regelungen zur Bildung und Zusammensetzung eines **besonderen Verhandlungsgremiums**, zum Verhandlungsverfahren über die zukünftige Mitbestimmung sowie zur Mitbestimmung kraft Vereinbarung und kraft Gesetzes. Im UmwG sind die entsprechenden Vorgaben dergestalt verankert, dass die Mitglieder des Vertretungsorgans zu versichern haben, dass ein Verfahren über die Verhandlung über die Arbeitnehmermitbestimmung bereits begonnen hat. 133

4. Schutz sonstiger Dritter

Sonstige Dritte, also insbesondere zukünftige Vertragspartner der umgewandelten Gesellschaft(en) sowie der Rechtsverkehr als solcher, werden durch das UmwG nicht gesondert geschützt. Vielmehr ergibt sich deren Schutz mittelbar aus den bereits angesprochen Bestimmungen. So werden **Neugläubiger** der umgewandelten Gesellschaft(en) überwiegend durch den institutionellen Gläubigerschutz abgesichert, da die Ansprüche auf Sicherheitsleistung (siehe Rz. 127) und Schadensersatz (siehe Rz. 94) grundsätzlich nur den Altgläubigern zustehen. Der **Rechtsverkehr** wird durch den weitgehenden Bestandschutz einer Umwandlung sowie dessen Registereintragung inklusive öffentlich zugänglichem Register- 134

465) Vgl. *Henssler*, RdA 2023, 20, 24; *Oetker* in: ErfK-ArbR, § 133 UmwG Rz. 1.

466) Vgl. *Baschnagel/Hilser/Wagner*, RdA 2023, 103, 104; *Titze*, NZA 2021, 752, 757; *Sauerbrey*, GmbHR 2023, 5, 6; *Goette*, DStR 2023, 157, 159.

467) *Habersack*, ZHR 187 (2023), 48, 50 f.

468) Gesetz zur Umsetzung der Regelungen über die Mitbestimmung der Arbeitnehmer bei einer Verschmelzung von Kapitalgesellschaften aus verschiedenen Mitgliedstaaten (MgVG), v. 21.12.2006, BGBl. I 2006, 3332.

469) Gesetz über die Mitbestimmung der Arbeitnehmer bei grenzüberschreitendem Formwechsel und grenzüberschreitender Spaltung (MgFSG), v. 4.1.2023, BGBl. I 2023, Nr. 10.

inhalt geschützt (siehe dazu bereits Rz. 89). Die entsprechende Registereintragung stellt dabei sogar eine allgemeinkundige Tatsache i. S. von § 727 ZPO dar.[470)]

VIII. Corporate Governance bei Unternehmensumwandlungen

135 Die Entscheidung, eine Unternehmensumwandlung, sei es konzernintern oder nicht, innerstaatlich oder grenzüberschreitend, zu lancieren und damit eine entsprechende Strukturmaßnahme durchzuführen, liegt originär beim **Leitungsorgan** der Gesellschaft. Zwar kann die Haupt- bzw. Gesellschafterversammlung beschließen, dass die Geschäftsführung eine Umwandlungsmaßnahme vorbereiten soll,[471)] jedoch bestehen grundsätzlich keine (ungeschriebene) Kompetenzen eine jeweilige Umwandlung auf eine ganz bestimmte Weise umzusetzen.[472)] Auch eine nachträgliche Zweckmäßigkeitsprüfung durch die Share- und/oder Stakeholder des Unternehmens ist rechtlich nur bedingt möglich.[473)] In diesem Zusammenhang spielt die Unternehmensführung und -gestaltung (Governance) schon bei der Planung einer Umwandlung eine Rolle und setzt sich in den verschiedenen Phasen der Strukturmaßnahme fort, bis hin zur faktischen und organisatorischen Implementierung der rechtlich bereits Wirksamkeit erlangten Umwandlung. Hauptakteur bei der Beurteilung der Corporate Governance i. R. von Unternehmensumwandlungen sind daher die Leitungsorgane, insbesondere also der Vorstand bzw. die Geschäftsführung der umwandlungswilligen Gesellschaft.[474)]

136 Der Corporate Governance bezogene Pflichtenkatalog für Unternehmensorgane steigt immer weiter an.[475)] Eine verantwortungsvolle, auf nachhaltige Wertschöpfung ausgerichtete Unternehmensführung ist mittlerweile essenziell für den langfristigen Erfolg eines Unternehmens geworden. In diesem Zusammenhang gilt dies auch für Umwandlungsmaßnahmen und die **Ausgestaltung der Unternehmensführung** i. R. des Prozesses einer Umwandlung (zum Umwandlungsrecht als „Verfahrensrecht“ s. auch Rz. 90). Auch wenn keine spezialgesetzlichen Vorgaben für die Corporate Governance von Unternehmensumwandlungen bestehen, haben vor allem im aktienrechtlichen Kontext die entsprechenden Regelungen und Vorgaben grundsätzlich Beachtung zu finden. Dies ist insofern wichtig zu beachten, da sich durch Umwandlungen u. a. die interne Unternehmensorganisation, das rechtliche und ggf. faktische Machtgefüge sowie die Anteilsinhaberstruktur ändern kann. Übergreifend bestehen die Aufgaben und Ziele der Corporate Governance insofern darin, Lösungen für die auch bei Umwandlungsmaßnahmen bestehenden Interessengegensätzen und die daraus resultierenden Probleme zu formulieren.[476)]

137 Allgemein versteht man unter Corporate Governance das System der **Leitung** und **Kontrolle** eines Unternehmens.[477)] Dies ist weit zu verstehen begreifen und umfasst neben Fragen der Verwaltung und der internen Überwachung der Gesellschaft auch Aspekte der Anteilsinhaberstruktur, der (unternehmerischen) Arbeitnehmermitbestimmung sowie der

---

470) BGH, Beschl. v. 24.5.2023 – VII ZB 69/21, ZIP 2023, 1640.

471) *Seibt* in: Hommelhoff/Hopt/Leyens, Unternehmensführung durch Vorstand und Aufsichtsrat, § 20 Rz. 36.

472) Generell *Koch*, AktG, § 119 Rz. 22; K. Schmidt/Lutter-*Spindler*, AktG, § 119 Rz. 35; in der Tendenz auch *Fleischer*, DB 2025, 1879, 1882 f.

473) In Bezug auf eine mangelnde Rechtfertigungspflicht vgl. OLG Frankfurt/M., Beschl. v. 8.2.2006 – 12 W 185/05, ZIP 2006, 370; *Kallmeyer*, ZHR 166 (2002), 510, 511.

474) Vgl. *Hopt*, ZHR 175 (2011), 444, 523.

475) *Bayer/Hoffmann/Selentin* in: Hommelhoff/Hopt/Leyens, Unternehmensführung durch Vorstand und Aufsichtsrat, § 3 Rz. 56.

476) *Hopt/Leyens* in: Hopt/Binder/Böcking, Hdb. Corporate Governance, § 1 Rz. 8.

477) *Hopt*, ZHR 175 (2011), 444, 448 f.; *Fleischer*, ZHR 179 (2015), 404, 406.

Abschlussprüfung.[478] Es geht also um die Befolgung oder zumindest Beachtung sowohl gesetzlicher Vorgaben als auch unternehmensinterne Verhaltensregeln.[479] Wie schon der Geltungsbereich des Deutschen Corporate Governance Kodex (DCGK)[480] zeigt, beziehen sich die rechtlichen Fragen der Corporate Governance in erster Linie auf börsennotierte (Groß-)Unternehmen.[481] Das bedeutet selbstverständlich nicht, dass **kleinere** (geschlossene) **Gesellschaften** keine Berührungspunkte zur Corporate Governance als solches hätten.[482] Dies zeigt sich bei Umwandlungsmaßnahmen auch daran, dass ein nicht zu vernachlässigender Bestandteil der Corporate Governance die sog. **Contract Governance** ist.[483] Bedeutung hat diese z. B. bei der Ausgestaltung des Verschmelzungs-, Spaltungs- oder Formwechselplans bzw. -vertrags und den darin enthalten ökonomischen Parametern wie der Bestimmung der Höhe des Umtauschverhältnisses oder der anzubietenden Barabfindung. Insofern kann eine speziell umwandlungsbezogene Vertragsgestaltung auch Einfluss auf die Auslegung und ggf. Ergänzung des jeweiligen Dokuments haben.[484] Zudem kann in diesem Zusammenhang ein daran angelehntes Vertragsmanagement Unklarheiten beseitigen und haftungsmindern wirken.[485]

Die Ermittlung des Umtauschverhältnisses und die Höhe der Barabfindung erfordern regelmäßig eine **Unternehmensbewertung**, wobei zugunsten des Vorstands der Grundsatz der freien Methodenwahl gilt, solange die gewählte Methode vertretbar und insbesondere in Wissenschaft und Praxis für den konkreten Anwendungsfall anerkannt ist.[486] In der Praxis werden unterschiedliche Methoden verwendet, insbesondere das Ertragswert- oder Discounted Cashflow Verfahren.[487] Bei börsennotierten Gesellschaften erachtet der BGH aber mittlerweile den durchschnittlichen Börsenkurs der letzten drei Monate als angemessenen Referenz zur Wertbestimmung.[488] 138

Die „gute" Unternehmensführung i. R. von Umwandlungen beginnt naturgemäß bei der initialen **Planung der Strukturmaßnahme**. Für börsennotierte Gesellschaften kann dabei bereits der in Aussicht gestellte Beginn der Durchführung einer Umwandlung oder Gespräche hierüber eine veröffentlichungspflichtige Insiderinformation darstellen, da diese regelmäßig ein Kursbeeinflussungspotenzial besitzen.[489] Eine entsprechende Insiderinformation betrifft insofern direkt oder indirekt einen oder mehrere Emittenten oder ein oder 139

478) Vgl. nur Kremer/Bachmann/Favoccia/v. Werder-*v. Werder*, DCGK, Teil 2 Rz. 1 f.

479) Vgl. nur Ghassemi-Tabar-*Schmeing*, DCGK, Vorb. § 161 Rz. 5.

480) Deutscher Corporate Governance Kodex (DCGK), abrufbar unter https://www.dcgk.de/de/ (Abrufdatum: 26.2.2026).

481) Generell zur Funktion des DCGK *Leyens* in: Fleischer/Koch/Schmolke, Gesellschaftsrecht im Spiegel großer Debatten, S. 751, 754 f.

482) Dazu *Fleischer*, ZHR 179 (2015), 404 ff.; *Weller*, ZGR 2012, 386 ff.

483) Allg. *Möslein*, JZ 2010, 72; s. a. *Denga*, ZHR 186 (2022), 543, 566; *Hopt*, ZHR 175 (2011), 444, 453; *Möslein*, EBLR 2024, 383; zum Begriff *Möslein/Riesenhuber*, ERCL 5 (2009), 248.

484) Ähnlich zu Unternehmenskaufverträgen *Korch*, Unternehmenskaufverträge, S. 219, 262 f.

485) Vgl. *Fietz* in: Godzierz, Compliance Checklisten, § 16 Rz. 143 f.

486) Vgl. OLG Frankfurt/M., Beschl. v. 3.9.2010 – 5 W 57/09, ZIP 2010, 1947; OLG Stuttgart, Beschl. v. 8.3.2006 – 20 W 5/05, AG 2006, 420 – jeweils in Bezug auf eine Verschmelzung; zur Problematik bei grenzüberschreitenden Umwandlungen auch *Przybilla*, ZIP 2026, 79, 80.

487) Vgl. auch *Winner* in: Fleischer/Hüttemann, Rechtshdb. Unternehmensbewertung, § 16 Rz. 16.56 ff.; Lutter-*Drygala*, UmwG, § 5 Rz. 29.

488) BGH, Beschl. v. 31.1.2024 – II ZB 5/22, AG 2024, 665; vgl. auch OLG Frankfurt/M., Beschl. v. 9.2.2024 – 21 W 129/22, ZIP 2024, 737; generell zum Verhältnis *Klöhn*, ZHR 189 (2025), 496; dem im Grundsatz folgend auch der Entwurf des neuen IDW ES 17, dazu *Decher*, AG 2025, 572; *Harnos*, AG 2025, R189; *Ruthardt*, AG 2025, 557; *Tönnes*, BB 2025, 1643; *Zwirner/Schöffel*, DB 2025, 1642; *Markworth*, AG 2025, 825; zum Verhältnis beider Herfs, NZG 2026, 387.

489) Vgl. *Buck-Heeb* in: BeckOK-WpHR, Art. 17 MAR Rz. 71; Happ/Bednarz-*Göthel*, UmwR, Kap. 5.03, e).

mehrere Finanzinstrumente.[490] Bei AGs als an einer Umwandlung beteiligten Rechtsträger sollte zudem eine frühzeitige Einbindung und **Information des Aufsichtsrats** durch den handelnden Vorstand in Bezug auf die geplante Strukturmaßnahme stattfinden.[491] Normativ ergibt sich dies aus §§ 93 Abs. 1, 90 Abs. 1 Satz 1 Nr. 1, 4 AktG.[492] Dies gilt grundsätzlich auch für die Geschäftsführung einer GmbH, bei der ein (fakultativer) Aufsichtsrat oder (korporativer oder schuldrechtlicher) Beirat besteht.

140 Vor allem bei Personengesellschaften und GmbHs empfiehlt sich ferner eine frühzeitige Einbindung der Gesellschafter/Investoren in das geplante Vorhaben. Eine rechtzeitige Abstimmung der Umwandlungsdokumentation und Erläuterung, warum es aus Sicht der Unternehmensleitung überhaupt einer Umwandlung bedarf, erhöht in der Praxis regelmäßig die Chancen auf Zustimmung der Anteilsinhaber in der verpflichtenden Versammlung. Zudem ist es für die **rechtliche Dokumentation** oftmals entscheidend, sich der späteren Zustimmung der Anteilsinhaber umfassend gewiss zu sein, da diese regelmäßig vor allem in Bezug auf Verzichtserklärungen nicht selten bei deren Erstellung antizipiert werden. Erfolgversprechend kann dies aber häufig nur sein, wenn die die Verzichtserklärung abzugebenden Anteilsinhaber bereits vorab hierüber in Kenntnis gesetzt wurden und nicht erst i. R. der Gesellschafter-/Hauptversammlung erstmalig davon erfahren. Insofern ist die Entscheidung über den Projektstart und den Zeitpunkt der Erstellung der rechtlich nach dem UmwG erforderlichen Dokumentation auch aus Governance-Gesichtspunkten nicht zu vernachlässigen.[493]

141 In diesem Zusammenhang spielt auch die Heranziehung von **alternativen Gestaltungsvarianten** und generellen **Abwägungen** im Hinblick auf die Erforderlich- und Vorteilhaftigkeit der angedachten Umwandlungsart eine Rolle.[494] Die diesbezüglichen Abwägungen beziehen sich vor allem auf die Frage nach der Reversibilität der Entscheidung, die mit der Umwandlung verbundenen Chancen und Risiken, die Transaktionssicherheit des Vorhabens sowie alternative Optionen zur Strategieverfolgung.[495] Aber auch generell sollte i. R. einer teilweise stakeholderorientierten Corporate Governance zumindest hinterfragt werden, ob die gewählte Umwandlungsmaßnahme nicht z. B. bereits etablierte und wohlwollend aufgenommene ESG/CSR- oder Diversitätsbemühungen der Gesellschaft beeinträchtigten könnte.[496] Ein diesbezügliches Corporate Reputation Management als Bestandteil guter Unternehmensführung im Kontext der Planung einer Unternehmensumwandlung erscheint daher ebenfalls angebracht.[497] Verantwortlich hierfür ist letztlich die Geschäfts- bzw. Unternehmensleitung.[498]

---

490) *Veil* in: Hommelhoff/Hopt/Leyens, Unternehmensführung durch Vorstand und Aufsichtsrat, § 19 Rz. 19.

491) Allg. auch *Bannier*, ZIP 2025, 1635; insofern zur Stärkung des Aktionärsengagements (bei M&A-Transaktionen) *Fleischer*, DB 2025, 1879, 1886 f.

492) Vgl. *Fleischer* in: BeckOGK-AktG, § 90 Rz. 19.

493) Vgl. *Seibt* in: Hommelhoff/Hopt/Leyens, Unternehmensführung durch Vorstand und Aufsichtsrat, § 20 Rz. 41.

494) Zur diesbezüglichen Dokumentation im Hinblick auf die Business Judgement Rule *Fietz* in: Godzierz, Compliance Checklisten, § 16 Rz. 32; zur Beachtung alternativer Gestaltungen bei grenzüberschreitenden Umwandlungen vgl. *Stiegler* in: NK-UmwG, Vor §§ 333 ff. Rz. 23.

495) *Seibt* in: Hommelhoff/Hopt/Leyens, Unternehmensführung durch Vorstand und Aufsichtsrat, § 20 Rz. 50.

496) In vergleichbarem Kontext zur Bedeutung von ESG-Bemühungen *Boche/Gebert*, M&A Review 2022, 86; *Solheim*, M&A Review 2020, 394.

497) Allg. zur Bedeutung *Klöhn/Schmolke*, NZG 2015, 689, 691 ff.

498) Vgl. *Fleischer* in: BeckOGK-AktG, § 76 Rz. 60; *Seibt*, ZHR 189 (2025), 330, 354 f.

142 Die bereits frühzeitigen Informationsobliegenheiten des Vorstands bzw. der Geschäftsführung setzen sich in der **weiteren Planung und Durchführung** der Umwandlungsmaßnahme fort. Eine verpflichtende Zustimmung des Aufsichtsrats kann dabei in der Satzung oder einer Geschäftsordnung für den Vorstand geregelt sein (vgl. § 111 Abs. 4 Satz 1 AktG).[499)] Gleiches gilt trotz mangelnder gesetzlicher Regelung auch im GmbH- und Personengesellschaftsrecht. Vor allem sind weitere **interne Genehmigungserfordernisse**, wie vor allem die Zustimmung von Aufsichtsgremien (Aufsichtsrat/Beirat) oder einzelner Investoren zu berücksichtigen.[500)] Zu beachten sind auch mögliche Vorgaben in Aktionärs- oder Gesellschaftervereinbarungen, an die die Mitglieder der Geschäftsführung häufig als Partei gebunden sind, sowie darin enthaltene Mehrheitserfordernisse und Vetorechte.[501)] Vor allem bei konzerninternen Umwandlungsmaßnahmen gilt gleiches in Bezug auf das Bestehen eines etwaigen (Business) Relationship Agreements.[502)]

143 Ein wichtiger Aspekt der Corporate Governance bei Unternehmensumwandlungen ist die Vorbeugung und die Behandlung von **Interessenkonflikten.** Hauptaufgabe ist insofern die Beseitigung von Fehlanreizen.[503)] Daraus ergibt sich, dass die an der Entscheidung teilnehmenden Personen bei ihrem Verfolgen des Unternehmensinteresses gutgläubig sein und ohne (gravierende) Interessenkonflikte und sachfremde Einflüsse handeln müssen.[504)] Die Freiheit von Interessenkonflikten und sachfremden Einflüssen erfordert insofern eine sachliche Unbefangenheit. Dies bedeutet aber nicht zwangsläufig, dass aus Sicht der Mitglieder des Leitungsorgans mit der geplanten Umwandlung keine **Sondervorteile** für diese verbunden sein dürfen. Denn § 5 Abs. 1 Nr. 8, § 126 Abs. 1 Nr. 8, § 307 Abs. 2 Nr. 8 (i. V. m. § 322 Abs. 2), § 335 Abs. 2 Nr. 9 legitimieren gerade im Grundsatz „besonderen Vorteile" eines Mitglieds des Vertretungs- oder Aufsichtsorgans der an der Umwandlung beteiligten Rechtsträger. Abgesehen davon kann sich das Bestehen solcher Sonderinteressen einzelner Organmitglieder aber auf den Umfang der Geltung der **Business Judgement Rule** auswirken, da diese im Grundsatz ein Handeln ohne Interessenkonflikte und sachfremde Einflüsse voraussetzt.[505)] Wie gesagt, darf daraus aber nicht geschlossen werden, dass entsprechende Individualinteressen und deren Verfolgung bei Umwandlungsvorgängen per se unzulässig wären. Vielmehr setzt die diesbezügliche Corporate Governance nur eine gesteigerte Transparenz und einen sachgemäßen Umgang mit ihnen voraus. Für börsennotierte Gesellschaften als an einer Umwandlung beteiligte Rechtsträger ergibt sich dies schon aus der Empfehlung E.2 DCGK 2022.

144 Aus individueller Sicht einzelner Mitglieder des Vorstands bzw. der Geschäftsführung als Initiatoren einer Umwandlung spielen nicht selten auch **Vergütungsfragen** derselben eine nicht zu unterschätzende Rolle und stellen somit ein zu beachtendes Corporate-Governance-Thema dar. Sofern einschlägig, sind hierbei zunächst die generellen gesetzlichen Regelungen (insbesondere §§ 87 f. AktG) sowie ggf. des DCGK zu beachten. Darüber hinaus ist es aber auch wichtig, die (fortwährende) Loyalität und Leistungsbereitschaft der Leitungsorgane mittels angemessener finanzieller Anreize sicherzustellen.[506)] Dies kann

499) K. Schmidt/Lutter-*Drygala*, AktG, § 111 Rz. 59.

500) *Rosengarten* in: BeckM&A-Hdb., § 5 Rz. 28.

501) Im Detail *Spindler* in: MünchKomm-AktG, § 77 Rz. 17 ff.

502) Vgl. auch *Seibt* in: Hommelhoff/Hopt/Leyens, Unternehmensführung durch Vorstand und Aufsichtsrat, § 20 Rz. 20.

503) Allg. *Herrler*, ZHR 184 (2020), 408, 437; *Hopt*, ZHR 175 (2011), 444, 524.

504) Begr. RegE UMAG, BT-Drucks. 15/5092, S. 11.

505) *Rieckers* in: BeckM&A-Hdb., § 26 Rz. 62; zur Konkretisierung der Business Judgement Rule für M&A-Transaktionen vgl. auch OLG Karlsruhe, Beschl. v. 23.3.2022 – 11 U 58/17 (n. v.); *Hasselbach/Alles*, DB 2021, 3015, 3017.

506) *Fleischer*, ZHR 168 (2004), 673, 706; zur Thematik auch Löbbe in: FS Paefgen, S. 325.

durch das Inaussichtstellen einer Vergütungserhöhung oder anderer Gratifikationen wie Aktienoptionen, Pensionszusagen etc. im Zuge der Umwandlung geschehen, wobei zumindest letztere im Umwandlungsvertrag zu thematisieren sind (vgl. § 5 Abs. 1 Nr. 8). Oder aber umgekehrt i. R. eines sog. **Golden Handshake** als (sehr) hohe Abfindung oder umfangreiches Entschädigungspaket, welches gewährt wird, damit die betreffende Person i. R. der Umwandlung aus dem Unternehmen freiwillig ausscheidet. Da dies zur Vermeidung von Doppelbesetzungen häufig bei Verschmelzung in Betracht zu ziehen ist, ist auch hier die Regelung des § 5 Abs. 1 Nr. 8 zu beachten.[507)] Für Börsengesellschaften ist zudem die Empfehlung G.13 DCGK 2022 zu berücksichtigen,[508)] die ein diesbezügliches Abfindungs-Cap vorsieht. Als (motivationsbestimmendes) Anreizinstrument[509)] kann ein Golden Handshake dabei sogar aus finanzieller Sicht vorteilhaft sein, wenn im Gegenzug auf sonstige Ansprüche durch das Vorstands- bzw. Geschäftsführungsmitglied verzichtet wird.

145 Vor allem bei einer Spaltung kann es aber auch genau gegenteilig bezweckt und ausgestaltet sein, nämlich dergestalt, dass einzelne Mitglieder des bestehenden Führungspersonals (zeitweise) in ein abgespaltenes bzw. ausgegliedertes Unternehmen „abgeschoben" werden, damit diese sich dort entweder zu beweisen haben oder aber auch, um damit faktisch zu zeigen, dass keine berufliche Weiterentwicklung mehr im Konzernmutterunternehmen, welches die Ausgliederung vorgenommen hat, angedacht ist. Dies kann zum einen zu, eigentlich zu verhindernden, Fehlanreizen bei den betroffenen Personen führen, und zum anderen müssen hierbei stets die arbeits- und dienstrechtlichen Vorgaben, insbesondere auch was Zusatz- und Bonusgehälter sowie (virtuelle) Anteile und Optionen anbelangt, hinreichend beachtet werden. Insofern mögen hierbei ggf. auch jüngere arbeits- und zivilgerichtliche Entscheidungen wie das BAG-Urteil zum Verfall bereits gevesteter Optionsrechte[510)] sowie eine Entscheidung des Kammergerichts zur Zulässigkeitsgrenzen einer sog. Bad Leaver-Klausel in einer schuldrechtlichen Gesellschaftervereinbarung[511)] von Relevanz sein.

146 Ein weiterer wichtiger Governance-Aspekt ist, wie auch sonst, die Berücksichtigung der Shareholder-Belange, also insbesondere der **Anteilsinhaberschutz**. Essenziell für eine erfolgreiche Unternehmensumwandlung ist insofern die hinreichende Beachtung der gesetzlich bestehenden Minderheitenrechte. Kernbestandteil der Corporate Governance ist dabei das Anbieten einer angemessenen Barabfindung an ausscheidenswillige Anteilsinhaber.[512)] Daneben ist die Information und Unterrichtung der Anteilsinhaber und damit Transparenz ein Gesichtspunkt guter Unternehmensführung (siehe bereits Rz. 139 f.). Gesetzlich bestehen zwar verschiedene Berichts- und Offenlegungsanforderungen, die grundsätzlich auch verpflichtet sind, jedoch im Hinblick auf ihr Ausmaß und ihre Ausführlichkeit durchaus Spielraum lassen. Gute Corporate Governance kann sich dabei dadurch auszeichnen, dass in den entsprechenden Berichten und Dokumenten ein möglichst informativ umfassendes Bild über die geplante Umwandlung gegeben wird, jedoch unter gleichzeitiger Beachtung gebotener Verschwiegenheitsobliegenheiten zum Wohle der Gesellschaft.

---

507) *Herrler* in: BeckOGK-UmwG, § 5 Rz. 78; Lutter-*Drygala*, UmwG, § 5 Rz. 79.

508) Zum Hintergrund Kremer/Bachmann/Favoccia/v. Werder-*Bachmann*, DCGK, G.13 Rz. 2.

509) Allg. *Tröger* in: KölnKomm-AktG, § 120 Rz. 16; Hirte/Mülbert/Roth-*Kort*, AktG, § 87 Rz. 299.

510) BAG, Urt. v. 19.3.2025 – 10 AZR 67/24, NZA 2025, 927; zumindest im aktienrechtlichen Kontext hingegen von einer nur bedingten Bedeutung der Entscheidung ausgehend *Mutter/Werner*, AG-Report 2025, R208 f.

511) KG, Urt. v. 19.5.2025 – 2 U 15/25, NZG 2025, 932.

512) *Fleischer*, ZHR 179 (2015), 404, 435.

Auch die Inhaber von **Mehrstimmrechten** genießen im Umwandlungsrecht einen besonderen Schutz.[513)] Da diese im Zuge des Zukunftsfinanzierungsgesetzes (ZuFinG) nicht nur für die GmbH, sondern auch AGs zulässig sind, ist deren praktische Bedeutung nicht zu unterschätzen. Die generelle Diskussion um die Begründung, Beibehaltung oder Auflösung von Mehrstimmrechtsanteilen aus Corporate-Governance-Perspektive[514)] kann dabei grundsätzlich auf Umwandlungsmaßnahmen übertragen werden. Umwandlungsgesetzlich werden Mehrstimmrechte auf verschiedene Weise adressiert. Nach § 5 Abs. 1 Nr. 7, § 126 Abs. 1 Nr. 7, § 194 Abs. 1 Nr. 5 müssen im Umwandlungsvertrag bzw. -plan die Rechte im übernehmenden bzw. Zielrechtsträger bezeichnet werden, die bestehenden Inhabern von Mehrstimmrechtsanteilen gewährt werden sollen. Zudem bedarf es der Beachtung eines ggf. bestehenden gesonderten Zustimmungsrechts der Mehrstimmrechtsinhaber gemäß § 50 Abs. 2 (i. V. m. § 241 Abs. 2 bzw. § 125 Abs. 1 Satz 1), sofern deren Rechte, also deren Stimmgewicht, im Zuge der Umwandlung beeinträchtigt werden.[515)] Zum Schutz der übrigen Anteilsinhaber ohne Mehrstimmrechte sind bei AGs zudem die Vorgaben der Neuregelung des § 135a AktG zu beachten. Auf eine Umwandlung als solches in Form der Zustimmung der Anteilsinhaber wirken sich Mehrstimmrechte darüber hinaus aber grundsätzlich nicht aus,[516)] da Bezugspunkt grundsätzlich die **Kapital- und nicht Stimmenmehrheit** ist (vgl. § 65 Abs. 1 Satz 1, § 240 Abs. 1 Satz 1).[517)] 147

Neben dem Schutz der Anteilsinhaber ist die **Sicherstellung der Arbeitnehmerbelange** in Ausgestaltung der unternehmerischen Mitbestimmung ein Kernaspekt der umwandlungsbezogenen Corporate Governance.[518)] Bei grenzüberschreitenden Umwandlungen wird dies sogar dergestalt in den Mittelpunkt gerückt, dass ohne ein entsprechendes Verhandlungsverfahren die Umwandlung nicht vollzogen werden kann. Die Etablierung einer gesetzeskonformen Beteiligung von Arbeitnehmervertretern im Aufsichtsrat im Zuge einer Umwandlung ist daher ebenfalls Bestandteil guter Unternehmensführung.[519)] Durch Umwandlungen kann sich der mitbestimmungsrechtliche Status eines der beteiligten Unternehmen ändern, sodass der Aufsichtsrat sodann erstmals oder in geänderter Form gemäß den Vorgaben des DrittelbG oder des MitbestG mit Arbeitnehmervertretern zu besetzen ist. Aber auch umgekehrt kann eine Umwandlung die mitbestimmungsrechtlichen Vorgaben tangieren, sodass ggf. bei AGs ein Statusverfahren nach § 97 AktG einzuleiten ist.[520)] Für eine übertragende Umwandlung zur Neugründung einer AG ist ferner § 30 Abs. 2, 3 AktG zu beachten. Für den Formwechsel gilt die Norm aufgrund von § 197 Satz 2 Alt. 2 hingegen nicht, sofern nach dem Formwechsel ein mitbestimmter Aufsichtsrat neu oder anders als beim formwechselnden Rechtsträger zu bilden ist. Wird dieser beim Zielrechtsträger hingegen in gleicher Weise wie beim Ausgangsrechtsträger gebildet und zusammengesetzt, besteht nach § 203 Satz 1 Amtskontinuität. Dieses durchaus verzweigte Regelungsgefüge zeigt, dass der richtigen Besetzung und Zusammensetzung eines etwaigen Aufsichtsrats auch bei Umwandlungen hinreichend Beachtung zukommen muss. Für grenzüberschreitende Umwandlungsvorgänge ist dies mit § 96 Abs. 1, 3 AktG gesetzlich normiert. Da- 148

513) *Kraft*, ZGR 2024, 574.

514) Vgl. dazu *Casper*, ZHR 187 (2023), 5, 24 ff.; *Kalss*, ZHR 187 (2023), 438, 480 ff.

515) *Kalss*, ZHR 187 (2023), 438, 480; zur Anwendung des § 50 Abs. 2 auf Mehrstimmrechte auch Schmitt/Hörtnagl-*Missio*, UmwG/UmwStG, § 50 UmwG Rz. 4; *Kleindiek* in: NK-UmwG, § 50 Rz. 19.

516) *Stiegler*, NotBZ 2024, 286, 288.

517) In diesem Zusammenhang *Nicolussi*, AG 2024, 296; *Kalss*, ZHR 187 (2023), 438, 492 f.; *Koch*, AktG, § 135a Rz. 8; gleichwohl zur „mitverwaltungsrechtliche[n]“ Bedeutung *Kraft*, ZHR 188 (2024) 833, 849.

518) Vgl. zu deren Einbindung als Stakeholder *Seibt* in: Hommelhoff/Hopt/Leyens, Unternehmensführung durch Vorstand und Aufsichtsrat, § 20 Rz. 41.

519) Vgl. *Hopt*, ZHR 175 (2011), 444, 524.

520) *Meyer-Sparenberg* in: BeckM&A-Hdb., § 23 Rz. 4.

rüber hinaus sollte sich eine arbeitnehmerbezogene Governance bei Umwandlungen als Unternehmensumstrukturierungen durch eine frühzeitige und konfliktvermeidende Kommunikation mit den Arbeitnehmervertretern auszeichnen.[521)]

149 Nicht zuletzt bei Unternehmensumwandlungen kommt Aspekten der **Compliance** und des **Risikomanagements** in jüngerer Zeit eine zunehmende Bedeutung bei der Corporate Governance zu.[522)] Die Problematik besteht dabei auch darin, dass es hierbei nicht nur um vordergründig rechtliche Fragen geht, sondern auch um organisatorische, nämlich wie die Integration der bestehenden Compliance-Organisation im Zuge der erfolgten Umwandlung erfolgen sowie welche Rolle vor allem das Compliance-Management i. R. der neuen Governance-Strukturen spielen soll.[523)] Nur so können Haftungsrisiken, die ggf. im Zuge der Umwandlung entstehen, erkannt und behoben werden. Als geschäftsführungsbezogene und damit auch Governance-relevante Vorgabe gilt es dabei, potenzielle Unternehmensrisiken in Bezug auf die Durchführung einer Umwandlung zu vermeiden oder zumindest zu minimieren.[524)] Schon jetzt und noch mehr perspektivisch kann diesbezüglich auch eine KI-gestützte Risikoanalyse bzw. -bewertung angebracht sein.[525)] Dies spielt bei der formwechselnden Umwandlung, wo nur ein Rechtsträger beteiligt ist und es insofern nicht zu einer Vermögensvermischung und -aufteilung kommt, eine geringere Bedeutung als bei den übertragenden Umwandlungen (Verschmelzung, Spaltung) mit Beteiligung mehrerer Rechtsträger. Gleichwohl sind bei formwechselnden Umwandlungen in eine AG die konzernrechtlichen Mitteilungspflichten besonders zu beachten (siehe dazu Rz. 156). Vor allem bei Verschmelzungen sollte im Vorfeld der geplanten Umwandlung andererseits ein besonderes Augenmerkt auf die Compliance und das Compliance-Management der ansonsten beteiligten Gesellschaften gelegt werden. Eine sorgfältige Compliance Due Diligence scheint damit nahezu unerlässlich.[526)]

150 Zu beachten ist auch, dass es grundsätzlich zur Übernahme der Haftung für **Umweltschäden** des übertragenden Rechtsträgers i. R. der Gesamtrechtsnachfolge (siehe Rz. 77) kommt.[527)] Hierauf ist im Zuge einer immer weiter fortschreitenden Nachhaltigkeitsdebatte und -gesetzgebung besonderes Augenmerk, vor allem durch ein nachhaltigkeitsbezogenes Risikomanagement i. R. einer Verschmelzung oder Spaltung, zu legen.[528)] Wird während der Rechtshängigkeit einer **Restrukturierungssache** nach den Vorgaben des Unternehmensstabilisierungs- und -restrukturierungsgesetzes (StaRUG)[529)] eine Umwandlung durchgeführt, gelten ferner die Pflichtenbestimmung und der Maßstab des § 43 Abs. 1 Satz 1

521) Allg. *Gerweck*, ZAU 2025, 38, 39; bezüglich Pensionsverpflichtungen auch *Kampschulte/Eibach*, ZAU 2024, 22.

522) Zur Bedeutung in M&A-Transaktionen vgl. *Garcia-Nieto et al.*, Risks 2024, 12(9), 143.

523) Vgl. *Liese/Theusinger* in: Moosmayer/Lösler, Corporate Compliance, § 21 Rz. 92, 94.

524) Allg. auch *Hommelhoff* in: Hommelhoff/Hopt/Leyens, Unternehmensführung durch Vorstand und Aufsichtsrat, § 14 Rz. 30; zur Risikovermeidung durch Compliance *Kark*, Compliance-Risikomanagement, Rz. 830 ff.

525) Allg. *Anzinger*, ZHR 189 (2025), 124, 163 f.; *Kremer*, AG 2025, 479, 481 (jeweils zum Aufsichtsrat).

526) Entsprechend bei M&A-Transaktionen *Habbe/Vogt*, BB 2025, 131.

527) Vgl. EuGH, Urt. v. 29.7.2024 – Rs. C-713/22 (LivaNova), BB 2024, 1857; zur einer gesamtschuldnerische Haftung nach § 133 Abs. 1 vgl. Semler/Stengel/Leonard-*Greitemann*, UmwG, § 126 Rz. 80; Lutter-*Priester/Lieder*, UmwG, § 126 Rz. 79.

528) Vgl. Nietsch-*Schmidt/Kube*, Corporate Social Responsibility Compliance, § 9 Rz. 14; allg. zur Einhaltung des Klimaschutzrechts als Compliance-Herausforderung auch *Palme*, CB 2024, 378; als Bestanteil der Corporate Governance auch *Kecskés/Halász*, ECFR 2024, 269, 293.

529) Gesetz über den Stabilisierungs- und Restrukturierungsrahmen für Unternehmen (Unternehmensstabilisierungs- und -restrukturierungsgesetz – StaRUG), v. 22.12.2020, BGBl. I 2020, 3256.

StaRUG.[530] Die geplante Umwandlung als Rechtstrukturierungsangelegenheit muss daher mit der Sorgfalt eines ordentlichen und gewissenhaften Geschäftsleiters betrieben und die Interessen der Gesamtheit der Gläubiger gewahrt werden.[531]

Aus Compliance-Sicht der handelnden Personen ist die Einhaltung der **Business Judgement Rule** (vgl. § 93 Abs. 1 Satz 2 AktG [analog]) auf die von der Geschäftsleitung zu treffenden unternehmerischen Entscheidungen in der Regel die wichtigste rechtliche Rahmenbedingung im Laufe eines Umwandlungsverfahrens. Hierbei muss die Geschäftsleitung vernünftigerweise davon ausgehen können, dass sie auf der Basis angemessener Information handelt und nach sorgfältiger Abwägung der Vor- und Nachteile der zur Entscheidung stehenden Fragen (und möglicher Alternativhandlungen) eine mit Blick auf das Unternehmenswohl vertretbare Entscheidung trifft (siehe bereits Rz. 141). Der enthaftende Schutz der Business Judgement Rule gilt aber nur nach vorheriger angemessener Identifizierung und Abschätzung aller relevanten Risiken inklusive der Beurteilung der Vorteilhaftigkeit der Umwandlung aus unternehmerischer und rechtlicher Sicht. 151

Aus dem M&A-Bereich bekannt und insofern vor allem bei der Verschmelzung von Unternehmen von Bedeutung ist die Sicherstellung einer ordnungsgemäßen **Post Merger Integration** (PMI).[532] Diese wird mittlerweile als integraler Bestandteil guter Unternehmensführung i. S. von Corporate Governance verstanden,[533] was auch umwandlungsbezogen gilt. Praktische Bedeutung besteht zudem insofern, als generell Post-M&A-Streitigkeiten in den letzten Jahren zugenommen haben. Allgemein ist eine PMI die sich an einen Unternehmenskauf oder -zusammenschluss anschließende Phase der Integration des übertragenden in das übernehmende Unternehmen und betrifft je nach unternehmerischem Konzept die Integration unterschiedlicher Bereiche. Sie umfasst dabei auch die bereits thematisierte (siehe Rz. 149) Einbettung eines hinreichenden Compliance-Systems in den nach der Umwandlung bestehenden Rechtsträger.[534] Zur Sicherstellung einer auch zukünftigen guten Corporate Governance muss neben der rechtlichen also auch die organisatorische Eingliederung in das Unternehmen des übernehmenden Rechtsträgers erfolgen.[535] Gegenstand einer PMI sind dabei in erster Linie die Neu-/oder Umbesetzung von Führungspositionen, die Einführung neuer Governance-Strukturen, Integrierung der Arbeitnehmer sowie intensive Kommunikation mit Kunden, Lieferanten oder anderen Vertragspartnern. Das bedeutet aber nicht, dass hier keine rechtlich relevanten Vorgänge stattfinden, sondern es bestehen durchaus Haftungsrisiken der handelnden Personen aufgrund fehlgeschlagener oder mangelhafter PMI.[536] Im Zusammenhang mit einer Neubesetzung oder Umstrukturierung des Aufsichtsrats sind zudem die aktienrechtlichen Regelungen zu beachten, insbesondere im Hinblick auf die **Qualifikation** und **Unabhängigkeit** der Aufsichtsratsmitglieder sowie ggf. der Geschlechterdiversität. Vor allem bei der Verschmelzung unter Beteiligung von börsennotierten Gesellschaften gelten dabei die Empfehlungen des DCGK. Die praktische Bedeutung mehrheitlich unabhängig und hinreichend fachkundig besetzter 152

530) Insofern allg. zum Anwendungsbereich des § 43 Abs. 1 Satz 1 StaRUG *J. Schmidt* in: MünchKomm-StaRUG, § 43 Rz. 3; *Scholz*, ZIP 2021, 219, 223.

531) Eine generelle Überlagerung i. S. von Erweiterung des kapitalgesellschaftsrechtlichen Pflichtenregimes geht zu Recht damit jedoch nicht zwangsläufig einher, vgl. *Mock*, ZInsO 2025, 1452.

532) Vgl. auch *Fietz* in: Godzierz, Compliance Checklisten, § 16 Rz. 150; zum allg. Ablauf einer PMI s. auch *Billing/Flötotto* in: Hölters, Hdb. Unternehmenskauf, Kap. 2 Rz. 2.21 ff.

533) Vgl. nur *Zwirner/Boecker* in: Beck-Mandatshdb. Unternehmenskauf, § 12 Rz. 59.

534) Vgl. *Liese/Theusinger* in: Moosmayer/Lösler, Corporate Compliance, § 21 Rz. 93; *Fietz* in: Godzierz, Corporate Compliance Checklisten, § 16 Rz. 158; s. im Zusammenhang mit gestiegen Compliance-Anforderungen auch *Rosengarten* in: BeckM&A-Hdb., § 5 Rz. 42.

535) Allg. *Rosengarten* in: BeckM&A-Hdb., § 5 Rz. 42.

536) *Seibt/Wollenschläger*, DB 2009, 1579; vgl. auch *Kulenkamp* in: Krieger/Schneider, Hdb. Managerhaftung, § 33 Rz. 33.98.

Aufsichtsräte sollte insofern nicht unterschätzt werden und bei der Neubesetzung im Zuge einer Unternehmensumwandlung hinreichend Aufmerksamkeit erfahren.[537] Reputative PMI als Corporate Governance-Bestandteil kann sich dabei auch dadurch widerspiegeln, dass über das gesetzliche Maß hinaus bzw. proaktiv die Besetzung von neuen Leitungsposition diverser als bisher erfolgt.[538]

153 Nicht zuletzt kann es auch erforderlich sein, unterschiedliche Unternehmenskulturen miteinander in Einklang zu bringen.[539] Auch die Beibehaltung oder Verbesserung der bestehenden **Unternehmenskultur** und -ethik ist bei übertragenden Umwandlungen daher Bestandteil der Corporate Governance.[540] Dies gilt vor allem dann, wenn mit den geplanten Umwandlungen nicht nur rein rechtliche, sondern auch organisatorische, betriebs- und andere stakeholderbezogene Änderungen verbunden sein werden.[541] Eine diesbezüglich wertorientierte Unternehmensführung kann dabei nicht zuletzt die Akzeptanz der Umwandlungsmaßnahme als solche stützen und so potenziell zum langfristigen Wohl des Unternehmens beitragen.[542] Wirksame Corporate Governance erfordert in diesem Zusammenhang auch eine gewisse Balance zwischen formaler Regelkonformität und Werteorientierung i. S. der Beibehaltung einer funktionierenden Unternehmenskultur.

IX. Verhältnis und Verbindung zu anderen Rechtsgebieten

154 Da das Umwandlungsrecht des UmwG als Teildisziplin des Gesellschaftsrechts gesehen und damit auch Bestandteil des Privat- und Unternehmensrechts ist, bestehen in der Praxis selbstverständlich **Berührungspunkte** und **Überschneidungen** zu anderen Rechtsgebieten. Das Umwandlungsrecht ist daher gerade keine vollständig isoliert zu betrachtende Materie, sondern besitzt Einfluss auf Regelungen und Konzeptionen anderer Gesetze. Dies gilt indes auch umgekehrt, sodass andere Rechtsgebiete Einfluss auf umwandlungsrechtliche Bestimmungen haben und/oder diese sogar überlagern bzw. verdrängen können.

155 Als Teil des Gesellschaftsrechts im weiteren Sinne ist, wie an obiger Stelle bereits dargestellt (siehe Rz. 4), das Umwandlungsrecht eng mit den Vorschriften der einzelnen Gesellschaftsformen verbunden. Schon formal zeigt sich dies am Aufbau des UmwG und den diesbezüglich „besonderen Vorschriften" für die Umwandlung unter Beteiligung bestimmter Rechtsformen.[543] Außerdem wird im UmwG an verschiedenen Stellen explizit auf (rechtsformspezifische) **Regelungen aus anderen Gesetzen** Bezug genommen.[544] Plakativ zeigt sich dies im Allgemeinen in Bezug auf die Anwendung der rechtsformspezifischen Gründungsvorschriften auf den Zielrechtsträger eines Formwechsels.[545]

537) Vgl. *Roth* in: Hommelhoff/Hopt/Leyens, Unternehmensführung durch Vorstand und Aufsichtsrat, § 22 Rz. 79.

538) Zur entsprechenden Gestaltung vgl. auch *Stiegler*, DivRuW 2025, 45, 49 f.

539) Allg. *Bruhns* in: KölnHdb.-HGB, Kap. 23 Rz. 215 ff.

540) Zur Bedeutung der Unternehmensethik bei M&A-Transaktionen vgl. *Lin/Wei*, Journal of Business Ethics 69 (2006) 95; vgl. auch *Seibt*, ZHR 189 (2025), 330, 353.

541) Zum Schutz der Unternehmenskultur bei M&A-Transaktionen vgl. auch *Seibt/Berenbrok*, NZG 2025, 243, 248.

542) Vgl. allg. auch *v. Rohr* in: Hommelhoff/Hopt/Leyens, Unternehmensführung durch Vorstand und Aufsichtsrat, § 15 Rz. 23 f.

543) Z. B. „Verschmelzung unter Beteiligung von Aktiengesellschaften" gemäß §§ 60–76.

544) *Dauner-Lieb/Gadomski* in: KölnKomm-UmwG, Einl. A Rz. 63.

545) S. § 197 Satz 1; für den grenzüberschreitenden Formwechsel § 345 Abs. 3; allg. gilt dies grundsätzlich für alle Umwandlungen „zur Neugründung".

1. Aktien- und Konzernrecht

Basierend auf der engen Verbindung zwischen Umwandlungs- und Gesellschaftsrecht bestehen vor allem spezielle Berührungspunkte des UmwG mit dem Aktien- und Konzernrecht, die aus praktischer Sicht ergänzend zu beachten sind.[546] Im konzernrechtlichen Kontext sind vor allem die **Mitteilungspflichten** nach §§ 20 f. AktG zu beachten. Im umwandlungsrechtlichen Kontext spielen diese Mitteilungspflichten in erster Linie i. R. einer formwechselnden Umwandlung in eine AG eine Rolle. Bei einer solchen sind grundsätzlich die entsprechenden Mitteilungspflichten zu beachten.[547] „Entsteht" eine AG im Zuge einer Umwandlung werden die Mitteilungspflichten des § 20 AktG dieser gegenüber (erstmalig) ausgelöst.[548] Aufgrund des Sitzerfordernisses im Inland gilt dies auch im Zuge einer grenzüberschreitenden Umwandlung in eine AG.[549] Keine Meldepflicht wird hingegen durch den Formwechsel eines gemäß § 20 AktG meldepflichtigen Unternehmens ausgelöst, denn diese Maßnahmen berühren weder die Inhaberschaft an den Aktien noch die Stimmrechte.[550] 156

Ein unmittelbarer und überschneidender Bezugspunkt zwischen Aktien- und Umwandlungsrecht besteht auch beim aktienrechtlichen und umwandlungsrechtlichen **Squeeze-out** nach §§ 327a ff. AktG bzw. § 62 Abs. 5. (siehe in der Gegenüberstellung auch § 62 Rz. 51 [*Nolden*]).[551] Beide sind dabei Mechanismen, die es einem Mehrheitsaktionär ermöglichen, die Minderheitsaktionäre aus einer AG zu verdrängen. Trotz ähnlicher Zielsetzungen gibt es aber wesentliche Unterschiede zwischen den beiden Verfahren. Zwar sind sie jeweils zunächst unabhängig voneinander durchführbar und kommen zur Geltung, jedoch erfordert das aktienrechtliche Squeeze-out eine Beteiligungsschwelle von 95 % des Grundkapitals an der Gesellschaft. Nur ein Hauptaktionär, der diese Schwelle erreicht oder überschreitet, kann das Verfahren einleiten. Im umwandlungsrechtlichen Kontext genügt hingegen bereits eine Beteiligung von 90 % des Grundkapitals der übertragenden Gesellschaft.[552] 157

Schließlich sieht das UmwG in einzelnen **Konzernkonstellationen** verschiedene **Erleichterung** bezüglich des Umwandlungsverfahrens für die beteiligten Rechtsträger vor.[553] Zu nennen sind hier nur die Entbehrlichkeit des Verschmelzungs- bzw. Spaltungsberichts nach § 8 Abs. 3 Satz 3 Nr. 1, 2 (i. V. m. § 127 Satz 2), die Entbehrlichkeit der Prüfung der Umwandlung nach § 125 Abs. 1 (i. V. m. § 9 Abs. 2) oder die Entbehrlichkeit des AG-Verschmelzungsbeschlusses nach § 62 Abs. 1. Diese spielen in der Praxis jeweils eine hervorgehobene Rolle, da sich Verschmelzungen und Spaltungen regelmäßig i. R. eines Konzerns abspielen bzw. der Konzernierung dienen (siehe bereits Rz. 19). 158

---

546) Vgl. auch Kraft/Redenius-Hövermann-*Kraft*, UmwR, § 1 Rz. 46; *Böttcher* in: NK-UmwG, Einl. Rz. 29; faktisch i. Erg. auch *Fleischer/Pendl*, AG 2026, 61, 70 f.

547) Vgl. *Irriger/Longrée*, NZG 2013, 1289, 1993.

548) K. Schmidt/Lutter-*Veil*, AktG, § 20 Rz. 17; LG Düsseldorf, Urt. v. 26.11.2009 – 32 O 65/09, ZIP 2010, 1129.

549) Schwerdtfeger-*Stiegler*, GesR, § 20 AktG Rz. 10.

550) OLG Köln, Urt. v. 17.6.2009 – 18 U 139/08, ZIP 2009, 1762; OLG Karlsruhe, Urt. v. 13.11.1998 – 14 U 24/98, AG 1999, 470.

551) Vgl. OLG Karlsruhe, Beschl. v. 16.4.2024 – 12 W 27/23, NZG 2024, 1178; daneben kann auch das übernahmerechtliche Squeeze-out-Verfahren gemäß § 39a WpÜG zur Geltung kommen, vgl. hierzu jüngst *Piller*, WM 2025, 1365.

552) Speziell dazu auch OLG Karlsruhe, Beschl. v. 16.4.2024 – 12 W 27/23, BeckRS 2024, 7902; *Florstedt*, NZG 2015 1212; *Freytag*, BB 2010, 1611; *Widmann*, AG 2014, 189; zur Vorteilhaftigkeit des § 62 Abs. 5 insofern auch *Habersack*, ZHR 186 (2022), 1, 4.

553) Im Detail dazu auch *Kiefner/Seibel* in: MünchHdb. GesR, Bd. 8, § 16 Rz. 1 ff.; s. ferner zu einzelnen Aspekten *Ising*, NZG 2011, 1368; *Ising*, NZG 2010, 1403; *Kraft/Redenius-Hövermann*, ZIP 2013, 961.

2. Übernahmerecht

159 Das öffentliche Übernahmerecht in Bezug auf Gesellschaften ist im Wertpapiererwerbs- und Übernahmegesetz (**WpÜG**) geregelt. Zeitlich trat dieses erst Ende des Jahres 2001 in Kraft und damit in Kenntnis des UmwG. Der Gesetzgeber hat bei Erlass des WpÜG in diesem Zusammenhang aber bewusst von einer Abstimmung der Regelungen des WpÜG mit denen des UmwG abgesehen.[554)] Überschneidungen zwischen dem Übernahmerecht des WpÜG und dem Umwandlungsrecht des UmwG können gleichwohl entstehen, vor allem wenn der übertragende Rechtsträger im Vorfeld einer Umwandlungsmaßnahme mehr als 30 % der Stimmrechte an einer börsennotierten Gesellschaft hält, denn diese Stimmrechte können durch die Umwandlungsmaßnahme auf den übernehmenden Rechtsträger übergehen.[555)] In einem solchen Fall führt die Umwandlungsmaßnahme zu einem Kontrollerwerb des übernehmenden Rechtsträgers i. S. des § 35 Abs. 1 Satz 1 i. V. m. § 29 Abs. 2 WpÜG.[556)]

160 Betreffend das Verhältnis von Übernahmerecht und Umwandlungsrecht geht die überwiegende Meinung im Schrifttum von einem Nebeneinander, d. h. keiner konkurrierenden Anwendung, beider Rechtsgebiete aus.[557)] Auch die BaFin ist wohl dieser Auffassung.[558)] Vor allem die Vorgaben für ein Pflichtangebot nach §§ 35 ff. WpÜG können daher grundsätzlich ergänzend zu den Vorgaben des UmwG zur Geltung kommen und sind zu beachten.[559)] Eine, wenngleich nicht unbeachtliche, Mindermeinung[560)] konnte sich bislang nicht final durchsetzen. Das grundsätzliche Nebeneinander von Übernahme- und Umwandlungsrecht darf indes nicht zu der Fehlvorstellung führen, dass Regelungen des WpÜG auf umwandlungsrechtliche Tatbestände dann ggf. analog angewandt werden könnten.[561)]

3. Wertpapierhandelsrecht

161 Im kapitalmarktrechtlichen Kontext kann es zudem zu einer parallelen (zusätzlichen) Anwendung der Vorgaben des Wertpapierhandelsgesetzbuches (**WpHG**) neben denen des UmwG kommen. Führt eine Umwandlungsmaßnahme nämlich dazu, dass der übernehmende Rechtsträger oder ein Anteilsinhaber die Schwellen der §§ 33 ff. WpHG über- oder unterschreitet, sind entsprechende Meldungen vorzunehmen.[562)] Diese Mitteilungs- und Veröffentlichungspflichten finden dabei grundsätzlich auch neben den übernahmerechtlichen Veröffentlichungspflichten des Bieters in Bezug auf die ihm zustehenden Stimmrechte (insbesondere nach § 35 WpÜG) Anwendung.[563)]

---

554) Begr. RegE, v. 5.10.2001. BT-Drucks. 14/7034, S. 31; vgl. auch *Dauner-Lieb/Gadomski* in: KölnKomm-UmwG, Einl. A Rz. 67.

555) Lutter-*Bayer*, UmwG, Einl. I Rz. 65; *Drinhausen/Keinath* in: BeckOGK-UmwG, § 1 Rz. 58.

556) Assmann/Pötzsch/Schneider-*Krause/Pötzsch*, WpÜG, § 35 Rz. 140; Cascante/Tyrolt/Hitzer/Bingel-*Tyrolt/Cascante*, WpÜG, § 35 Rz. 108 f.; in diesem Sinne auch OLG Köln, Urt. v. 16.12.2020 – 13 U 166/11, ZIP 2021, 848.

557) *Kleindiek*, ZGR 2002, 546, 568; *Seibt/Heiser*, ZHR 165 (2001), 466, 475; *Technau*, AG 2002, 260, 262.

558) *Fleischer* in: Paschos/Fleischer, Hdb. Übernahmerecht nach dem WpÜG, § 2 Rz. 45.

559) *Fleischer*, NZG 2002, 545, 549; *Kleindiek*, ZGR 2002, 546, 569; *Seibt/Heiser*, ZHR 165 (2001), 466, 470; *Schlitt/Biller* in: MünchKomm-AktG, § 35 WpÜG Rz. 134 ff.; Assmann/Pötzsch/Schneider-*Krause/Pötzsch*, WpÜG, § 35 Rz. 140.

560) S. z. B. *Grabbe/Fett*, NZG 2003, 755, 756; *Vetter*, WM 2002, 1999, 2001; *Weber-Rey/Schütz*, AG 2001, 325, 328.

561) *Weber-Rey/Schütz*, AG 2001, 325, 329.

562) *Drinhausen/Keinath* in: BeckOGK-UmwG, § 1 Rz. 59; *Dauner-Lieb/Gadomski* in: KölnKomm-UmwG, Einl. A Rz. 67.

563) *Dieckmann* in: BeckOK-WpHR, § 35 WpÜG Rz. 26; Cascante/Tyrolt/Hitzer/Bingel-*Tyrolt/Cascante*, WpÜG, § 35 Rz. 171 f.

4. Steuerrecht

Das Steuerrecht, insbesondere i. R. des Umwandlungssteuergesetzes (**UmwStG**), beeinflusst die Praxis der Unternehmensumwandlungen erheblich.[564] Die Möglichkeit einer **steuerneutralen Umwandlung** kann ein entscheidender Faktor für die Wahl einer Umwandlung nach dem UmwG sein. In der Tat ist es so, dass Unternehmen ihre Umstrukturierungen oft so planen bzw. rechtlich ausrichten, dass sie die Voraussetzungen des UmwStG erfüllen, um etwaige Steuerbelastungen im Zuge der Umwandlung zu vermeiden. Beispielsweise könnte ein Unternehmen bei einer geplanten Verschmelzung genau prüfen, ob die Buchwerte fortgeführt werden können und ob die Voraussetzungen für eine Betriebsfortführung erfüllt sind. Dadurch wird das Umwandlungsrecht in der Praxis oft durch steuerliche Erwägungen geprägt. Umgekehrt prägt aber auch das Umwandlungsrecht die steuerlichen Regelungen. Die gesetzlichen Vorgaben des UmwG setzen den Rahmen, innerhalb dessen das UmwStG seine steuerlichen Konsequenzen regelt. Von praktischer Bedeutung ist in diesem Zusammenhang auch der Anfang des Jahres 2025 vom Bundesfinanzministerium veröffentliche neue Umwandlungssteuererlass (**UmwStE 2025**).[565] Dies gilt nicht zuletzt für den praktisch immer relevanter werdenden grenzüberschreitenden Formwechsel aus Deutschland hinaus. Hierzu führt Randziffer 01.38b des UmwStE 2025 bspw. aus, dass ein solcher weder unter das UmwstG fällt noch zu einer Aufdeckung stiller Reserven führt, soweit nach dem Hinausformwechsel noch eine beschränkte oder unbeschränkte Steuerpflicht besteht. Zudem bleiben i. R. einer vorherigen beschränkten Steuerpflicht entstandene Verluste erhalten. **162**

Zentral für die steuerliche Behandlung von Umwandlungen sind somit die Vorgaben des UmwStG und dessen Auslegung. Das Gesetz enthält detaillierte Regelungen, die sicherstellen, dass Umwandlungen unter bestimmten Bedingungen **steuerneutral** durchgeführt werden können.[566] Ziel ist es, steuerliche Belastungen zu vermeiden, die rein durch die rechtliche Umstrukturierung entstehen können. Ein zentrales Prinzip des UmwStG ist dabei die **Fortführung der Buchwerte**.[567] Bei einer steuerneutralen Umwandlung werden die steuerlichen Buchwerte der Vermögensgegenstände und Verbindlichkeiten nicht angepasst, wodurch stille Reserven unberührt bleiben. Auch ist für die Anwendung der steuerneutralen Regelungen des UmwStG in der Regel eine **Betriebsfortführung** notwendig. Bei einer Verschmelzung können die Buchwerte fortgeführt werden, wenn die Voraussetzungen des § 11 UmwStG erfüllt sind. Dies schließt die Fortführung der bisherigen Buchwerte und die Betriebsfortführung im übernehmenden Rechtsträger ein. Hierbei ist auch zu beachten, dass die Anteilsinhaber des übertragenden Rechtsträgers Anteile am übernehmenden Rechtsträger erhalten müssen, um die Steuerneutralität zu wahren.[568] Bei Spaltungen kann ebenfalls die Buchwertfortführung gewählt werden (vgl. § 15 UmwStG). Die steuerlichen Vorschriften stellen sicher, dass auch hier die stillen Reserven nicht realisiert werden müssen, sofern die Voraussetzungen, wie die Fortführung des Betriebes im übernehmenden Rechtsträger und die Anteilsgewährung erfüllt sind.[569] **163**

Ferner kann im Zuge des bestehenden § 1a Abs. 1 KStG ein Formwechsel einer Kapitalgesellschaft in eine Personengesellschaft nach den §§ 228 ff. weitgehend **körperschaftssteuerneutral** durchgeführt werden, da der betroffene Rechtsträger grundsätzlich die Wahl **164**

564) *Cordes* in: MünchHdb. GesR, Bd. 8, § 47 Rz. 1.

565) *Bundesfinanzministerium*, Anwendung des Umwandlungssteuergesetzes, BMF-Schreiben v. 2.1.2025 – IV C 2 – S 1978/00035/020/040, BStBl. I 2025, 92, dazu *Bernhagen*, GmbHR 2025, 393; *Krohn/Stangl/Sturm*, Der Konzern 2025, 198; *Witfeld*, NZG 2025, 97; *Liedges*, Der Konzern 2026, 9; *Schwetlik*, EStB 2025, 332.

566) *Heckschen/Kreußlein*, notar 2024, 367, 372.

567) Dazu auch *Baldamus* in: BeckOGK-UmwG, § 1 Rz. 67 f.; Lutter-*Schuhmacher*, UmwG, Einl. II Rz. 6.

568) Vgl. *Bula/Thees* in: Sagasser/Bula, Umwandlungen, § 31 Rz. 6.

569) Vgl. *Schiffers* in: GmbH-Handbuch, Rz. 4216.

hat, auch im Zuge einer entsprechenden Umwandlung für die Körperschaftsbesteuerung der neuen Personengesellschaft zu optieren.[570] Hierfür gelten indes die Mehrheitserfordernisse des § 217 Abs. 1 (vgl. § 1 Abs. 1 Satz 1 Halbs. 2 KStG). Anders als nach § 193 Abs. 1 Satz 2 soll hierbei auch das (schriftliche) Umlaufverfahren möglich sein.[571] Insgesamt lässt sich daraus entnehmen, dass sprachlich gleichlautende Begrifflichkeiten im UmwG und im UmwStG nicht zwangsläufig materiell gleichbedeutend sind. So besitzt z. B. die umwandlungssteuerliche (Gesamt-)Rechtsnachfolge eine funktional andere Ausrichtung als § 20 UmwG und bezieht sich vielmehr auf die etwaige Fortgeltung einer steuerlichen Organschaft und potenzielle Erleichterungen für das gewerbesteuerliche Schachtelprivileg,[572] ungeachtet einer zivilrechtlichen Universalsukzession.

5. Arbeitsrecht

165 Auch die Arbeitnehmer und ihre Vertretungen der beteiligten Rechtsträger können durch Unternehmensumwandlungen in ihrer Rechtsstellung tangiert werden; mithin besitzen Umwandlungsmaßnahmen häufig auch arbeitsrechtliche Konsequenzen.[573] Der Schutz der Arbeitnehmer wird i. R. des UmwG dabei in erster Linie durch **Transparenz** und **Informationsbereitstellung** gewährleistet.[574] So ist z. B. der Verschmelzungsvertrag bzw. dessen Entwurf dem Betriebsrat der an der Umwandlung beteiligten Rechtsträger zuzuleiten (§ 5 Abs. 3), wobei der Vertrag(-sentwurf) selbst Ausführungen zu den „Folgen der Verschmelzung für die Arbeitnehmer und ihre Vertretungen sowie die insoweit vorgesehenen Maßnahmen" zu enthalten hat (§ 5 Abs. 2 Nr. 9). Entsprechende gilt grundsätzlich für die Spaltung und den Formwechsel. Bei grenzüberschreitenden Umwandlungen kommen aufgrund der potenziell gesteigerten Gefahrenlage für die Arbeitnehmer zusätzliche Pflichtangaben hinzu. Hierbei hat der in der Regel erforderliche Verschmelzungs-, Spaltungs- oder Formwechselbericht speziell auch einen „arbeitnehmerspezifischen Abschnitt" zu enthalten, der insbesondere die Auswirkungen der grenzüberschreitenden Umwandlung auf die Arbeitsverhältnisse sowie etwaige Änderungen der anwendbaren Beschäftigungsbedingungen darstellen muss (§ 309 Abs. 5 Nr. 1, 2 [i. V. m. § 324 Abs. 2 bzw. § 337 Abs. 1]).

166 Weiterhin kennt das UmwG **spezifische arbeitsrechtliche Vorschriften**, die sowohl Voraussetzungen für die Durchführung von Umwandlungsmaßnahmen formulieren als auch die arbeitsrechtlichen Folgen von Umwandlungen selbstständig regeln. So wurde z. B. § 35a im Zuge des UmRUG 2023[575] neu eingefügt und regelt die Zuordnung von Arbeitsverhältnissen i. R. einer Verschmelzung sowie den Arbeitnehmerschutz bei einem etwaigen Betriebsübergang nach § 613a BGB.[576] Die Norm ist mit den früheren §§ 323 Abs. 2, 324 a. F. materiell identisch;[577] findet allerdings keine Anwendung auf Strukturmaßnahmen außerhalb des UmwG.[578] Auch die Regelung des § 312 wurde durch das UmRUG neu ein-

570) *Klein/Stegmaier*, DStR 2024, 1097, 1102; zur umwandlungssteuerrechtlichen Durchführung auch *Jordan*, Ubg 2025, 417 ff.; 2024 sind z. B. ca. 300 GmbHs in KGs formgewechselt worden, *Lieder/Hoffmann*, GmbHR 2025, 785, 794.

571) So Haritz/Menner/Bilitewski-*Bilitewski*, UmwStG, § 1a KStG Rz. 95; *Zapf*, NWB 2021, 3792, 3795; a. A. *Brühl/Weiss*, DStR 2021, 889, 891.

572) Vgl. hierzu *Pitzal/Rickli*, DStR 2025, 1545.

573) *Lakenberg* in: MünchHdb. GesR, Bd. 8, § 55 Rz. 1; *Willemsen* in: Willemsen/Hohenstatt/Schweibert/Seibt, Umstrukturierung und Übertragung von Unternehmen, Kap. 2 Rz. 83.

574) *Lakenberg* in: MünchHdb. GesR, Bd. 8, § 56 Rz. 4.

575) Gesetz zur Umsetzung der Umwandlungsrichtlinie und zur Änderung weiterer Gesetze (UmRUG), v. 22.2.2023, BGBl. I 2023, Nr. 51.

576) *Oetker* in: ErfK-ArbR, § 35a UmwG Rz. 1.

577) Begr. RegE UmRUG, BT-Drucks. 20/3822, S. 72.

578) BAG, Urt. v. 15.2.2007 – 8 AZR 397/06, ZIP 2007, 1227.

gefügt und fasst die vorherigen §§ 322, 323 Abs. 1 a. F. inhaltlich zusammen.[579)] Arbeitsrechtliche Bedeutung hat ferner der seit 2023 bestehende § 132a, der § 325 a. F. entspricht. Die Vorschrift regelt dabei die im Zuge einer Spaltung maßgebenden Bestimmungen zur Unternehmensmitbestimmung sowie die Beteiligungsrechte des Betriebsrats.[580)]

So kann es durch eine Umwandlung in Form einer Verschmelzung oder Spaltung zu einem Arbeitgeberwechsel aus Sicht der betroffenen Arbeitnehmer und somit zu einem **Betriebsübergang** i. S. des **§ 613a BGB** kommen. Zudem können entsprechende Umwandlungsvorgänge eine Betriebsänderung i. S. des § 111 Satz 3 Nr. 3 BetrVG darstellen.[581)] Sonstige arbeitsrechtliche Vorschriften, die materiell gleiche Aspekte wie Normen des UmwG betreffen, finden allerdings neben diesem grundsätzlich keine Anwendung, soweit nicht ausdrücklich abweichendes bestimmt ist.[582)] 167

Besondere arbeitsrechtliche Bestimmungen bestehen ferner bei grenzüberschreitenden EU-Umwandlungsvorgängen. Hintergrund ist, dass das deutsche Recht der **unternehmerischen Mitbestimmung** nach den Vorgaben des DrittelbG und des MitbestG im rechtsvergleichenden Kontext strenge und arbeitnehmerfreundliche Vorgaben zur Arbeitnehmervertretung im Aufsichtsrat eines Unternehmens macht und in diesem Zusammenhang die Gefahr bzw. Befürchtung besteht, dass im Zuge des „Wegzugs" einer deutschen Gesellschaft mittels Umwandlung dieses Mitbestimmungsrecht zulasten der Arbeitnehmer (missbräuchlich) vermieden wird.[583)] Um dieser Gefahrenlage zu begegnen, hat sich der deutscher Gesetzgeber dazu entschieden, jeweils für die grenzüberschreitenden Verschmelzung mit dem MgVG[584)] und für die grenzüberschreitende Spaltung und den grenzüberschreitenden Formwechsel mit dem MgFSG[585)] eigenständige Gesetze zum Verfahren der Arbeitnehmerbeteiligung zu schaffen.[586)] Diese beinhalten jeweils insbesondere Regelungen zur Bildung und Zusammensetzung eines besonderen Verhandlungsgremiums, zum Verhandlungsverfahren über die zukünftige Mitbestimmung sowie zur Mitbestimmung kraft Vereinbarung und kraft Gesetzes. Im UmwG sind die entsprechenden Vorgaben dergestalt verankert, dass die Mitglieder des Vertretungsorgans zu versichern haben, dass ein Verfahren über die Verhandlung über die Arbeitnehmermitbestimmung stattfindet.[587)] 168

6. Insolvenz- und Sanierungsrecht

Umwandlungsrechtliche Strukturmaßnahmen sollen nicht selten dazu dienen, eine sich abzeichnende oder bereits bestehende Unternehmenskrise entgegenzuwirken bzw. nicht vertiefen zu lassen.[588)] Auch i. R. von Verschmelzungen und Unternehmenskäufen bzw. -übernahmen gelten abweichende, vor allem insolvenzrechtliche, Regelungen, wenn sich eines 169

579) Vgl. Begr. RegE UmRUG, BT-Drucks. 20/3822, S. 83 f.

580) *Oetker* in: ErfK-ArbR, § 132a UmwG Rz. 1.

581) *Lakenberg* in: MünchHdb. GesR, Bd. 8, § 55 Rz. 3.

582) *Lakenberg* in: MünchHdb. GesR, Bd. 8, § 55 Rz. 15.

583) *Baschnagel/Hilser/Wagner*, RdA 2023, 103, 104; *Titze*, NZA 2021, 752, 757.

584) Gesetz über die Mitbestimmung der Arbeitnehmer bei einer grenzüberschreitenden Verschmelzung (MgVG), v. 21.12.2006, BGBl. I 2006, S. 3332.

585) Gesetz über die Mitbestimmung der Arbeitnehmer bei grenzüberschreitendem Formwechsel und grenzüberschreitender Spaltung (MgFSG), v. 4.1.2023, BGBl. I 2023, Nr. 10.

586) Zur (neuen) Mitbestimmung nach dem MgFSG *Sauerbrey*, GmbHR 2023, 5; *Pototzky/Gimmy*, BB 2023, 1140; *Thüsing/Peisker*, NJOZ 2022, 1377; *Baschnagel/Hilser/Wagner*, RdA 2023, 103; *Schubert*, ZFA 2023, 339; *Spindler/Eitinger*, AG 2023, 593; s. a. die Kommentierung in diesem Werk Anh. § 345 [MgVG/MgFSG] [*Mückl*].

587) *Stiegler* in: NK-UmwG, Vor §§ 333 ff. Rz. 34 – zum grenzüberschreitenden Formwechsel.

588) Vgl. *Blasche*, GWR 2010, 441; zur praktischen Bedeutung auch *Brünkmans* in: MünchHdb. GesR, Bd. 8, § 44 Rz. 2.

oder mehrere der beteiligten Unternehmen in der Krise befindet (Stichwort: **Distressed M&A**).[589] Insofern werden die gesellschafts- und umwandlungsrechtlichen Vorgaben teilweise durch die spezialgesetzlichen Möglichkeiten der InsO oder des StaRUG überlagert.

170 Normative Basis für Umwandlungen i. R. eines Insolvenzverfahrens sind die §§ 3 Abs. 3, 124 Abs. 2, 191 Abs. 3, die jeweils in Bezug auf die entsprechende Umwandlungsart (Verschmelzung, Spaltung, Formwechsel) bestimmen, dass sich **auch aufgelöste Rechtsträger** grundsätzlich an einer Umwandlung beteiligen können.[590] Dies gilt als solches auch für grenzüberschreitende EU-Umwandlungen.[591] Die Eröffnung eines Insolvenzverfahrens führt zur Auflösung eines Unternehmens (vgl. z. B. § 60 Abs. 1 Nr. 4 GmbHG, § 272 Abs. 2 Nr. 1 AktG). Voraussetzung ist dabei jedoch, dass i. R. des Insolvenzverfahrens die Fortsetzung der Gesellschaft noch beschlossen werden kann.[592] Gerade dies ermöglicht aber die Norm des § 225a Abs. 3 InsO i. R. eines Insolvenzplanverfahrens. Entsprechendes sieht für ein vorinsolvenzliches Restrukturierungsverfahren[593] § 2 Abs. 3 StaRUG vor. „Gesellschaftsrechtlich zulässige" Maßnahmen sind dabei jeweils vor allem auch Unternehmensumwandlungen.[594]

171 Insolvenzrechtliche Besonderheiten bestehen zudem dergestalt, dass verschiedene, sich im UmwG aufzufindende, **Umwandlungsverbote in der Insolvenz** eines übertragenden Rechtsträgers nicht gelten.[595] Dies gilt vor allem für den Verschmelzungsausschluss für aufgelöste GbR als übertragende Rechtsträger nach § 39. Da § 39 nur autonom bestimmte Auseinandersetzungsarten betrifft, ist die insolvenzbedingte Auflösung nach § 729 Abs. 1 Nr. 2 BGB hiervon nicht umfasst.[596] Eine teleologische Reduktion der Norm für den Fall der Insolvenz bedarf es hingegen nicht, da schon grammatikalisch eine pflichtbedingte Insolvenzauflösung nicht vom Wortlaut erfasst ist.[597] Auch eine teilweise vertretene Reduktion des Spaltungsverbots nach § 141 wird man aufgrund des bewusst gesetzgeberischen Handelns ablehnen müssen.[598]

7. Bilanzrecht

172 Aufgrund ihres strukturändernden Charakters haben Umwandlungen regelmäßig **handelsbilanzielle Konsequenzen** für die beteiligten Rechtsträger.[599] So kann es im Zuge einer Verschmelzung oder Spaltung z. B. zur Entstehung von Geschäfts- oder Firmenwert kommen, welcher als immaterieller Vermögenswert ggf. zu aktivieren und abzuschreiben ist, zur Anpassung der Bilanzposten, zur Neubewertung von Vermögensgegenständen oder zur Erstellung einer Eröffnungsbilanz bei einer Verschmelzung/Spaltung zur Neugründung.[600] Bei einer formwechselnden Umwandlung, wo es nicht zu einer Vermögensübertra-

---

589) *Blech/Tasma* in: BeckM&A-Hdb., § 70 Rz. 1; vgl. auch *Recktenwald*, BB 2025, 1417, 1418.

590) Bei Verschmelzungen und Spaltungen kann die aufgelöste Gesellschaft allerdings nur übertragender Rechtsträger sein, vgl. OLG Brandenburg, Beschl. v. 27.1.2015 – 7 W 118/14, ZIP 2015, 929.

591) Vgl. zum grenzüberschreitende Formwechsel *Stiegler* in: NK-UmwG, § 334 Rz. 6.

592) Vgl. BGH, Beschl. v. 8.4.2020 – II ZB 3/19, ZRI 2020, 297 = ZIP 2020, 1124.

593) Eintrittsschwelle ist dabei die drohende Zahlungsunfähigkeit der Gesellschaft (vgl. § 14 Abs. 1 StaRUG).

594) In Bezug auf § 225a Abs. 3 InsO *Thies* in: HambKomm-InsR, § 225a Rz. 54; in Bezug auf § 2 Abs. 3 StaRUG *Skauradszun* in: BeckOK-StaRUG, § 2 Rz. 90; *Kümpel*, ZRI 2026, 57, 61.

595) *Gontschar* in: BeckOGK-UmwG, § 1 Rz. 367.

596) Koch-*Kraft*, PersonengesellschaftsR, § 39 UmwG Rz. 20; Semler/Stengel/Leonard-*Heinrichs*, UmwG, § 39 Rz. 12; Lutter-*H. Schmidt*, UmwG, § 39 Rz. 16.

597) A. A. *Gontschar* in: BeckOGK-UmwG, § 1 Rz. 368.

598) So auch *Oppenhoff* in: MünchHdb. GesR, Bd. 8, § 29 Rz. 19; *Simon* in: KölnKomm-UmwG, 1. Aufl. 2009, § 141 Rz. 6; a. A. *Gontschar* in: BeckOGK-UmwG, § 1 Rz. 371.

599) Vgl. *Link* in: MünchHdb. GesR, Bd. 8, § 58 Rz. 1; *Neuhöfer*, DStR 2025, 1819 f.

600) Für eine „Buchwertverknüpfung" und gegen eine Neubewertung *Hennrichs* in: FS Krieger, S. 341, 351.

gung kommt, werden die Bilanzwerte hingegen grundsätzlich ohne Unterbrechung fortgeführt.[601] Problematisch erscheint hier nur, wenn der Formwechsel erst nach dem Abschlussstichtag, aber vor der Aufstellung des Jahresabschlusses wirksam wird.[602]

Die wesentlichen Regelungen des UmwG, die die Bilanzierung betreffen, finden sich in den §§ 17, 24 und gelten rechtsformübergreifend sowohl für die Verschmelzung als auch für die Spaltung.[603] Der übertragende Rechtsträger einer Verschmelzung oder Spaltung[604] hat demnach gemäß § 17 Abs. 2 Satz 1 eine **Schlussbilanz** aufzustellen, die der Registeranmeldung der Umwandlung beizufügen ist. Diese sollte, muss aber wohl nach Ansicht des BGH nicht zwingend,[605] bereits bei der Handelsregisteranmeldung existent sein; kann aber auch nachgereicht werden.[606] Die Nachreichung hat aber „zeitnah" zu erfolgen, grundsätzlich spätestens nach einem Monat.[607] Der Stichtag dieser Schlussbilanz darf dabei grundsätzlich nicht mehr als acht Monate vor dem Tag der Handelsregisteranmeldung liegen. Ist an der Umwandlung eine AG beteiligt und wurden die Schlussbilanzen der beteiligten Rechtsträger auf einen Zeitpunkt aufgestellt, der zum Zeitpunkt der Aufstellung des Verschmelzungsvertrages oder der Aufstellung des Entwurfs länger als sechs Monate zurückliegt, ist ferner gemäß § 63 Abs. 1 Nr. 3 grundsätzlich die Aufstellung einer **Zwischenbilanz** erforderlich.[608] Erfolgt die Umwandlung hingegen zur Neugründung, hat der neu entstehende Rechtsträger eine **Eröffnungsbilanz** zu erstellen.[609] Nach § 24 hat der übernehmende Rechtsträger einer übertragenden Umwandlung grundsätzlich die Wahl, ob er die Vermögensgegenstände nach dem Anschaffungsprinzip (vgl. § 253 Abs. 1 HGB) oder nach der **Buchwertfortführung** bilanziert.[610] Ausgangspunkt der Bilanzierung im Falle der Buchwertfortführung ist dabei die Schlussbilanz nach § 17 Abs. 2.[611] Dies hat insbesondere den Vorteil, dass dadurch etwaige stille Reserven nicht aufgelöst werden müssen. Denn stille Reserven, die im Zuge der Umwandlung aufgedeckt werden (müssen), können zu einer Erhöhung der Rücklagen und damit zu einer verstärkten Kapitalbindung führen. 173

8. Kartellrecht

Der Zweck des Kartellrechts liegt im Wesentlichen in der Sicherstellung eines funktionierenden Wettbewerbs innerhalb eines (nationalen und/oder internationalen) Marktes. In diesem Zusammenhang ist Bestandteil des Kartellrechts auch die sog. **Fusionskontrolle**. Hierbei werden stattfindende „Fusionen" überprüft und bewertet, ob durch den entsprechenden Unternehmenszusammenschluss nicht eine unzulässige markbeherrschende Stel- 174

601) *Oser*, StuB 2022, 370; *Skoluda/Janitschke*, WPg 2013, 521.

602) Dazu *Leuering/Kurka*, NJW-Spezial 2024, 335 f.

603) *Bilitewski/Hoffmann/Wilken* in: Limmer, Hdb. Unternehmensumwandlung, Kap. 28 Rz. 4.

604) Zu den Besonderheiten bei der Spaltung Semler/Stengel/Leonard-*Schwanna/Zessel*, UmwG, § 17 Rz. 23.

605) BGH, Beschl. v. 18.3.2025 – II ZB 1/24, ZIP 2025, 1721; a. A. noch KG, Beschl. v. 18.2.2025 – 22 W 64/24, NZG 2025, 615; OLG Düsseldorf, Beschl. v. 12.1.2024 – 3 Wx 181/23, ZIP 2024, 757.

606) BGH, Beschl. v. 18.3.2025 – II ZB 1/24, ZIP 2025, 1721; OLG Düsseldorf, Beschl. v. 12.1.2024 – 3 Wx 181/23, ZIP 2024, 757; *Bulgrin*, NJW 2025, 2293, 2294 f. (Urteilsanm.); *Bungert/Zuber*, DB 2025, 1672, 1674 (Urteilsanm.); *Heckschen*, GWR 2025, 249; *Baschnagel/Hilser*, BWNotZ 2025, 203; *J. Wentz*, WuB 2025, 228, 232 (Urteilsanm.); *Neuhöfer*, DStR 2025, 1819, 1825; Kallmeyer-*Zimmermann/Lanfermann*, UmwG, § 17 Rz. 8; Baschnagel/Hilser, BWNotZ 2025, 203, 208; a. A. noch OLG Schleswig, Beschl. v. 11.4.2007 – 2 W 58/07, DNotZ 2007, 957.

607) BGH, Beschl. v. 18.3.2025 – II ZB 1/24, ZIP 2025, 1721; KG, Beschl. v. 18.2.2025 – 22 W 64/24, NZG 2025, 615; zust. *Baschnagel/Hilser*, BWNotZ 2025, 203, 208; ebenfalls zust. sowie zur Geltung auch für die Spaltung *Heckschen*, GWR 2025, 249, 251.

608) Vgl. im Detail Lutter-*Priester*, UmwG, § 24 Rz. 18 ff.

609) *Bilitewski/Hoffmann/Wilken* in: Limmer, Hdb. Unternehmensumwandlung, Kap. 28 Rz. 4.

610) Zum entsprechenden Bewertungswahlrecht bei grenzüberschreitenden Umwandlungen *Deubert/Müller*, BB 2024, 170, 171 f.

611) Henssler/Strohn-*Müller*, GesR, § 24 UmwG Rz. 2.

lung eines Unternehmens begründet oder verstärkt wird. Fusionen i. S. der einschlägigen gesetzlichen Regelungen der §§ 35 ff. GWG bzw. Art. 3 Fusionskontrollverordnung (FKVO)[612] stellen dabei regelmäßig auch Verschmelzungen nach § 2 dar.[613] Ist dies der Fall und sind die jeweiligen Umsatzschwellen dieser Normen erfüllt, besteht grundsätzlich die Pflicht die geplante Verschmelzung beim Bundeskartellamt bzw. der EU-Kommission anzumelden. Die Verschmelzung darf nicht vor Ablauf der Fristen für Eröffnung und Beendigung des Fusionskontrollverfahrens vollzogen werden (vgl. § 41 Abs. 1 Satz 2 GWB – **Vollzugsverbot**); der Abschluss des Verschmelzungsvertrags und sonstige vorbereitende Handlungen sind indes schon vorher zulässig und möglich.[614] Wird durch die Umwandlungsmaßnahme jedoch eine marktbeherrschende Stellung begründet oder verstärkt, ist die jeweilige Verschmelzung zu untersagen (vgl. § 36 Abs. 1 GWB). Gegebenenfalls unter Vorbehalt abgeschlossene Verträge sind dann rückabzuwickeln. Entsprechendes gilt jeweils weitgehend auch i. R. der FKVO, wenn der geplanten Verschmelzung als Unternehmenszusammenschluss eine „gemeinschaftsweite Bedeutung" zukommt (vgl. Art. 1 Abs. 1 FKVO).

9. Datenschutzrecht

175 Im Rahmen von übertragenden Umwandlungen (insbesondere Verschmelzung) kommt es regelmäßig zu einer **Übermittlung personenbezogener Daten** vom übertragenden auf den übernehmenden Rechtsträger, sodass sich die Frage der datenschutzrechtlichen Zulässigkeit nach den Vorgaben der DSGVO stellt. Umwandlungsrechtliche Kernregelung ist in diesem Zusammenhang die Anordnung der (partiellen) Gesamtrechtsnachfolge gemäß § 20 Abs. 1, § 131 Abs. 1 Nr. 1. Als zivilrechtliche Übertragungsnormen stehen diese der Datenübertragung grundsätzlich nicht entgegen. Zwar erfolgt aus Sicht der Betroffenen eine Auswechslung des Vertragspartners, jedoch ändern sich das Vertragsverhältnis und das Ausmaß der Datenverarbeitung als solches nicht, sodass streng genommen gar keine Übermittlung von Daten i. S. des DSGVO stattfindet.[615] Eine Einwilligung der Betroffenen (z. B. Arbeitnehmer, Geschäftspartner, Kunden) muss daher nicht eingeholt werden.[616] Zu beachten ist allerdings, dass die datenschutzrechtlichen Verantwortlichkeiten nun beim (neuen) übernehmenden Rechtsträger liegen und dieser die Vorgaben der DSGVO entsprechend zu beachten hat.[617] Kommt es bei einer Spaltung zur Datenübertragung kann zudem das berechtigte Interesse der übertragenden Gesellschaft an der Datennutzung wegfallen, sodass dann die einschlägigen Löschungsobliegenheiten und- fristen zu beachten sind.

176 Im Rahmen der Vorbereitung einer Verschmelzung oder Spaltung (z. B. bei einer **Due-Diligence**-Prüfung) ist die Offenlegung als Übermittlung von personenbezogenen (Mitarbeiter-)Daten grundsätzlich vom Erlaubnistatbestand des Art. 6 Abs. 1 lit. f DSGVO gedeckt und es bedarf daher auch insofern keiner Zustimmung/Einwilligung des Betroffenen.[618] Sicherheitshalber sollte gleichwohl der Abschluss eines Auftragsverarbeitungs-

612) Verordnung (EG) Nr. 139/2004 des Rates v. 20.1.2004 über die Kontrolle von Unternehmenszusammenschlüssen (Fusionskontrollverordnung – FKVO), ABl. (EU) L 24/1 v. 29.1.2004.

613) *Drinhausen/Keinath* in: BeckOGK-UmwG, § 1 Rz. 60; Semler/Stengel/Leonard-*Stengel*, UmwG, § 2 Rz. 70 f.; *Bischke/Röhrig* in: BeckM&A-Hdb., § 32 Rz. 69.

614) Vgl. nur *Bischke/Röhrig* in: BeckM&A-Hdb., § 32 Rz. 55.

615) Simitis/Hornung/Spiecker-*Schantz*, Datenschutzrecht, Art. 6 DSGVO Rz. 23; *Haupt/Komanek*, NZG 2022, 344; *Plath* in: v. d. Busche/Voigt, Konzerndatenschutz, Teil 6 Rz. 66; Gola/Heckmann-*Schulz*, DS-GVO/BDSG, Art. 6 Rz. 160.

616) So bereits *Teichmann/Kiessling*, ZGR 2001, 33, 74; *Zöllner*, ZHR 165 (2001), 440, 443; im umwandlungsrechtlichen Schrifttum wird eine die Einwilligung ersetzende Gesamtrechtsnachfolge jedoch krit. beurteilt, vgl. Semler/Stengel/Leonard-*Leonard*, UmwG, § 20 Rz. 11a; Kallmeyer-*Marsch-Barner/Oppenhoff*, UmwG, § 20 Rz. 23a; s. a. Rz. 77.

617) OLG Frankfurt/M., Urt. v. 14.4.2022 – 3 U 21/20, MDR 2022, 1158.

618) *Plath* in: v. d. Busche/Voigt, Konzerndatenschutz, Teil 6 Rz. 27; zum alten Recht des BDSG auch *Marsch-Barner/Mackenthun*, ZHR 165 (2001), 426, 439.

vertrags (AVV) zwischen den an der Umwandlung beteiligten Rechtsträgern erwogen werden. In Betracht zu ziehen ist auch eine vorherige vollständige Anonymisierung aller personenbezogenen Daten.[619)]

X. Europäische Einflüsse

Als Mitglied der EU ist Deutschland an deren primär- und sekundärrechtlichen Vorgaben gebunden. Dies gilt auch für das Umwandlungsrecht in- und außerhalb des UmwG sowie dazu bestehende Rechtsprechung. Das Umwandlungsrecht ist dabei wie nur wenige gesellschaftsrechtliche Kodifikationen maßgeblich durch europäisches Gedankengut geprägt.[620)] Dies begann bereits durch die Verabschiedung der damaligen Verschmelzungsrichtlinie im Jahr 1978,[621)] mit der insofern viele Jahre vor dem Erlass des deutschen UmwG 1994 der Grundstein für ein einheitliches **„europäisches Modell für Strukturmaßnahmen"** gelegt wurde.[622)] Umwandlungen wurden und werden dabei als wichtiger Faktor zur Gewährleistung unternehmerischer Freiheit in Europa betrachtet.[623)] Dies gilt sowohl für innerstaatliche als auch grenzüberschreitende Umwandlungsvorgänge. 177

Das diesbezügliche europäische Umwandlungsrecht ist vom **Zusammenspiel** von europäischem Sekundärrecht in Form von EU-Richtlinien und europäischem Primärrecht vor allem in Ausgestaltung der durch den EuGH interpretierten Niederlassungsfreiheit von Gesellschaften gemäß Art. 49, 54 AEUV geprägt. Richtlinienbezogen ist das europäische Umwandlungsrecht mittlerweile einheitlich kodifiziert in der **Richtlinie 2017/1132** „über bestimmte Aspekte des Gesellschaftsrechts" geregelt. Diese enthält neben Bestimmungen zur Verschmelzung von AGs (Art. 87 ff.) und Spaltung von AGs (Art. 135 ff.) seit dem Jahr 2019 umfassend auch Regelungen zu transnationalen Umwandlungsvorgängen wie dem grenzüberschreitenden Formwechsel (Art. 86a ff.), der grenzüberschreitenden Verschmelzung (Art. 118 ff.) und der grenzüberschreitenden Spaltung (Art. 160a ff.). Europäisch geprägt bzw. auf europäischem Recht basierend sind daher insbesondere die umwandlungsrechtlichen Vorschriften der §§ 60–76, §§ 141–146, §§ 305–345. Faktisch sowie i. R. einer überschießenden Richtlinienumsetzung[624)] haben die europäischen Bestimmungen darüber hinaus ebenfalls Einfluss auf das „allgemeine" Umwandlungsrecht des UmwG, also das, welches nicht rechtsformspezifische Vorgaben enthält.[625)] Beispielhaft zeigt sich dies an der jüngeren EuGH-Entscheidung in der Rs. LinaNova[626)] bezüglich der gesamtschuldnerischen Haftung für „vergessene" Passiva bei einer Spaltung von AGs i. R. des Art. 137 Abs. 3 Unterabs. 2 Richtlinie 2017/1132. Diese hat auch bei anderen Spaltungsarten sowie ohne Beteiligung einer AG gemäß §§ 133 Abs. 1 Satz 1 i. V. m. § 126 Abs. 1 Nr. 9 grundsätzlich zu gelten (siehe auch § 126 Rz. 68 [*Wentz*]). 178

619) Gola/Heckmann-*Schulz*, DS-GVO/BDSG, Art. 6 Rz. 157.

620) So bereits *Schnorbus*, WM 2000, 2321; im Vergleich zum Aktienrecht indes *Bachmann*, NZG 2025, 1171, 1177 – „weniger stark europäisch geprägt".

621) Dritte Richtlinie 78/855/EWG des Rates v. 9.10.1978 gemäß Art. 54 Abs. 3 Buchst. g des Vertrages betreffend die Verschmelzung von Aktiengesellschaften (Verschmelzungsrichtlinie), ABl. (EG) L 295/36 v. 20.10.1978.

622) Vgl. *Lutter/Bayer/J. Schmidt*, Europäisches Unternehmens- und Kapitalmarktrecht, Rz. 20.3; *Kalss/Deutsch*, Europäisches Gesellschaftsrecht, Rz. 77, 210; auch Lutter-*Bayer*, UmwG, Einl. I Rz. 74.

623) *Jung/Stiegler* in: Jung/Krebs/Stiegler, Gesellschaftsrecht in Europa, § 18 Rz. 82.

624) Mittlerweile z. B. in Bezug auf die grenzüberschreitende Verschmelzung einer Personengesellschaft nach §§ 305 Abs. 2 Satz 2, 306 Abs. 1 Nr. 2; vgl. auch *Böttcher* in: NK-UmwG, Einl. Rz. 39.

625) Semler/Stengel/Leonard-*Drinhausen*, UmwG, Einl. C Rz. 69; *Fietz*, WuB 2025, 24, 27; wohl auch *Dauner-Lieb/Gadomski* in: KölnKomm-UmwG, Einl. A Rz. 28.

626) EuGH, Urt. v. 29.7.2024 – Rs. C-713/22 (LinaNova), BB 2024, 1857.

179 Der europäische Hintergrund einer Vielzahl von Regelungen des UmwG fordert eine **richtlinienkonforme Auslegung** dieser Normen. Bei Auslegungszweifeln sind daher die zugrunde liegenden Richtlinienbestimmungen der Richtlinie 2017/1132 (sowie die diesbezüglichen ErwG der Richtlinie) zu beachten und bei der Ermittlung des Auslegungsergebnisses grundsätzlich vorrangig heranzuziehen.[627] Daneben müssen die nationalen Bestimmungen, vor allem die zu grenzüberschreitenden Umwandlungen, den Vorgaben der Niederlassungsfreiheit gerecht werden. Es bedarf im Zweifel daher auch einer **primärrechtskonformen Auslegung.** Dies gilt sowohl in Bezug auf Aspekte des Umwandlungsverfahrens, bei denen die zugrunde liegenden Richtlinienbestimmungen bewusst keine Regelung enthalten und insofern grundsätzlich den Mitgliedstaaten die Regelungshoheit überlassen, als auch betreffend solcher Themen, die überhaupt nicht durch europäisches Sekundärrecht geregelt, aber vom Schutzbereich der Niederlassungsfreiheit umfasst sind.[628] Beispielhaft gilt dies nach überwiegender Ansicht für die Beteiligung einer Personenhandelsgesellschaft an einer grenzüberschreitenden Spaltung oder einem grenzüberschreitenden Formwechsel (siehe auch Rz. 189).[629] In diesem Fall ist insbesondere das Inlandssitzgebot des § 1 Abs. 1 (siehe dazu § 1 Rz. 22 [*Stiegler*]) aufgrund bestehender EuGH-Rechtsprechung primärrechtskonform zu verstehen und darf einem entsprechenden Vorgang nicht per se entgegenstehen.[630]

1. Innerstaatliche Umwandlungen

180 Innerstaatliche Umwandlungen, also solche ohne Beteiligung eines ausländischen Rechtsträgers,[631] sind normativ auf europäischer Ebene durch die auf der ehemaligen Verschmelzungs-[632] und Spaltungsrichtlinie[633] basierenden Bestimmungen der Art. 87 ff. und Art. 135 ff. Richtlinie 2017/1132 geregelt. Daneben haben die angrenzenden Richtlinien bzw. deren einzelne Bestimmungen einen mittelbaren Einfluss auf die rechtliche Ausgestaltung eines Umwandlungsverfahrens. Zu nennen sind hier insbesondere die Betriebsübergangsrichtlinie,[634] die Bilanzrichtlinie,[635] einzelne Aspekte der Aktionärsrechterichtlinie[636] sowie der

627) *Stiegler* in: NK-UmwG, Vor §§ 333 ff. Rz. 14.

628) *Stiegler* in: NK-UmwG, Vor §§ 333 ff. Rz. 15.

629) Vgl. nur *Heckschen/Knaier*, ZIP 2022, 2205, 2213; *Löbbe*, ZHR 187 (2023), 498, 499; *Luy/Redler*, notar 2022, 163, 166; *J. Schmidt*, NJW 2023, 1241; im Detail auch *Stiegler*, ZGR 2017, 312, 334 ff.

630) Vgl. nur Widmann/Mayer-*Heckschen*, UmwR, § 1 UmwG Rz. 135 ff.

631) Ob dagegen die Anteilsinhaber der Gesellschaft in- oder ausländische natürliche oder juristische Personen sind, ist unerheblich.

632) Richtlinie 2011/35/EU des Europäischen Parlaments und des Rates v. 5.4.2011 über die Verschmelzung von Aktiengesellschaften (Verschmelzungsrichtlinie), ABl. (EU) L 110/1 v. 29.4.2011.

633) Sechste Richtlinie 82/891/EWG des Rates v. 17.12.1982 gemäß Art. 54 Abs. 3 Buchst. g des Vertrages betreffend die Spaltung von Aktiengesellschaften (Spaltungsrichtlinie), ABl. (EG), L 378/47 v. 31.12.1982.

634) Richtlinie 2001/23/EG des Rates v. 12.3.2001 zur Angleichung der Rechtsvorschriften der Mitgliedstaaten über die Wahrung von Ansprüchen der Arbeitnehmer beim Übergang von Unternehmen, Betrieben oder Unternehmens- oder Betriebsteilen (Betriebsübergangsrichtlinie), ABl. (EG) L 82/16 v. 22.3.2001.

635) Richtlinie 2013/34/EU des Europäischen Parlaments und des Rates v. 26.6.2013 über den Jahresabschluss, den konsolidierten Abschluss und damit verbundene Berichte von Unternehmen bestimmter Rechtsformen und zur Änderung der Richtlinie 2006/43/EG des Europäischen Parlaments und des Rates und zur Aufhebung der Richtlinien 78/660/EWG und 83/349/EWG des Rates (Bilanzrichtlinie), ABl. (EU) L 182/19 v. v 29.6.2013.

636) Richtlinie 2007/36/EG des Europäischen Parlaments und des Rates v. 11.7.2007 über die Ausübung bestimmter Rechte von Aktionären in börsennotierten Gesellschaften (Aktionärsrechterichtlinie), ABl. (EU) L 184/17 v. 14.7.2007.

ehemaligen Publizitäts-[637] und Kapitalrichtlinie[638] (nunmehr: Art. 13 ff. bzw. Art. 44 ff. Richtlinie 2017/1132).

Insgesamt ist der Einfluss des europäischen Sekundärrechts auf das Recht innerstaatlicher Umwandlung bislang eher gering, da zum einen nur wenig EuGH-Rechtsprechung hierzu existiert und zum anderen mangelnde oder fehlerhafte Umsetzung ins deutsche Recht selten ist. In Bezug auf die europäischen Bestimmungen zur Verschmelzung (von AGs) lassen sich bisher nur zwei einschlägige EuGH-Entscheidungen ausmachen: Bei der Entscheidung in der Rs. C-343/13 (**Modelo Continente Hipermercados**)[639] ging es um die Reichweite der gesetzlichen Gesamtrechtsnachfolge in Bezug auf den Übergang einer ordnungswidrigkeitsrechtlichen Geldbuße auf die übernehmende Gesellschaft. Bei der Entscheidung in der Rs. C-483/14 (**KA Finanz**)[640] ging es um die Abgrenzung zwischen Inhabern von Schuldverschreibungen und Inhabern von mit Sonderrechten verbundenen Wertpapieren, die keine Aktien sind, sowie den Rechten, die den letzteren zustehen. Einer richtlinienkonformen Auslegung des deutschen Aktien-Verschmelzungsrechts bedarf es zudem im Hinblick auf das eher als Textform zu verstehende Schriftformerfordernis z. B. bei Art. 91 Abs. 1 Richtlinie 2017/1132[641] sowie der Berechnung der Monatsfrist bei § 61 Satz 1 i. V. m. § 123 Abs. 1 AktG.[642] Hinsichtlich der europäischen Bestimmungen zur innerstaatlichen Spaltung ist in erster Linie die EuGH-Entscheidung in der Rs. C-713/22 (**LinaNova**)[643] bezüglich der gesamtschuldnerischen Haftung für „vergessene" Passiva zu nennen. 181

2. Grenzüberschreitende Umwandlungen

Zwar umfasst die europäische Harmonisierung dem Grundsatz nach sowohl innerstaatliche als auch grenzüberschreitende Sachverhalte, allerdings lässt sich in den letzten Jahren eine immer größere Dominanz der Regulierung grenzüberschreitender Fragen feststellen.[644] Dies gilt auch im Umwandlungsrecht. Ergänzt wird diese sekundärrechtliche Rechtssetzung wiederum durch die Rechtsprechung zur Niederlassungsfreiheit, die hier nicht selten als Katalysator einer späteren Gesetzgebung fungiert. Unterscheiden lassen sich beide Aspekte aber im Grundsatz dadurch, dass die EuGH-Rechtsprechung nur die **Zulässigkeit** einer nationalen Maßnahme anhand primärrechtlicher Wertungen bestimmt, während das Richtlinienrecht ausführliche **Durchführungs-** und **Verfahrensbestimmungen** statuiert. Genauso ist es weitgehend auch bei den grenzüberschreitenden Umwandlungen (zum entsprechenden Zusammenspiel siehe bereits Rz. 178). Nach jahrzehntelangen Querelen konnte man sich 182

637) Ehemals Richtlinie 2009/101/EG des Europäischen Parlaments und des Rates v. 16.9.2009 zur Koordinierung der Schutzbestimmungen, die in den Mitgliedstaatenden Gesellschaften im Sinne des Artikels 48 Absatz 2 des Vertrags im Interesse der Gesellschafter sowie Dritter vorgeschrieben sind, um diese Bestimmungen gleichwertig zu gestalten (Publizitätsrichtlinie), ABl. (EU) L 258/11 v. 1.10.2009.

638) Ehemals Richtlinie 2012/30/EU des Europäischen Parlaments und des Rates v. 25.10.2012 zur Koordinierung der Schutzbestimmungen, die in den Mitgliedstaaten den Gesellschaften im Sinne des Artikels 54 Absatz 2 des Vertrages über die Arbeitsweise der Europäischen Union im Interesse der Gesellschafter sowie Dritter für die Gründung der Aktiengesellschaft sowie für die Erhaltung und Änderung ihres Kapitals vorgeschrieben sind, um diese Bestimmungen gleichwertig zu gestalten (Kapitalrichtlinie), ABl. (EU) L 315/74 v. 14.11.2012.

639) EuGH, Urt. v. 5.3.2015 – Rs. C-343/13 (MCH/ACT), BB 2015, 1294.

640) EuGH, Urt. v. 7.4.2016 – Rs. C-483/14 (KA Finanz), ZIP 2016, 712.

641) *Lutter/Bayer/J. Schmidt*, Europäisches Unternehmens- und Kapitalmarktrecht, Rz. 20.32; *Stiegler* in: Jung/Krebs/Stiegler, Gesellschaftsrecht in Europa, § 22 Rz. 21.

642) *Lutter/Bayer/J. Schmidt*, Europäisches Unternehmens- und Kapitalmarktrecht, Rz. 20.46; *Stiegler* in: Jung/Krebs/Stiegler, Gesellschaftsrecht in Europa, § 22 Rz. 26.

643) EuGH, Urt. v. 29.7.2024 – Rs. C-713/22 (LinaNova), BB 2024, 1857.

644) *Armour/Ringe*, CMLR 48 (2011), 125, 150; *Hopt*, ZGR 2013, 165, 185 f.

auf europäischer Ebene auf Basis immer vordringlich werdender EuGH-Rechtsprechung (siehe dazu sogleich bei Rz. 185)[645] einigen, neben grenzüberschreitenden Verschmelzungen auch einen einheitlichen Rechtsrahmen für die grenzüberschreitende Spaltung sowie den grenzüberschreitenden Formwechsel zu schaffen. Dies geschah im Jahr 2019 durch die sog. **Mobilitätsrichtlinie.**[646] Diese erweiterte die bestehende Richtlinie 2017/1132 um neue Regelungen für die genannten Umwandlungsarten (Art. 86a ff., Art. 160a ff. Richtlinie 2017/1132). Darauf basierend trat am 1.3.2023 das UmRUG[647] in Kraft (siehe dazu Rz. 52) und schuf mit den neuen §§ 320–345 sowohl explizite Verfahrensbestimmungen für eine grenzüberschreitende Spaltung als auch einen grenzüberschreitenden Formwechsel innerhalb der EU.

a) Primärrechtliche Grundlagen

183 Primärrechtliche Grundlage grenzüberschreitender Mobilität in Form von Umwandlungsmaßnahmen ist vor allem die europäische **Niederlassungsfreiheit** von Gesellschaften gemäß Art. 49, 54 AEUV. Diese gewährleistet das Recht der freien Niederlassung von Unternehmen eines Mitgliedstaates in einem anderen Mitgliedstaat und ihr kommt insofern im Unionsrecht eine hervorgehobene Bedeutung zu.[648] Das Ziel der Niederlassungsfreiheit besteht dabei vor allem darin, es den Gesellschaften der Mitgliedstaaten zu ermöglichen, in einem anderen Mitgliedstaat eine Haupt- oder Zweigniederlassung zu errichten und sich an grenzüberschreitenden Strukturmaßnahmen zu beteiligen, um dort ihren wirtschaftlichen Tätigkeiten nachzugehen. In diesem Zusammenhang hat sich vor allem im letzten Jahrzehnt die Niederlassungsfreiheit auch als sog. **Rechtswahlfreiheit** etabliert.[649] Im Hinblick auf gesellschaftsrechtliche Strukturmaßnahmen verwirklicht sich diese als Umwandlungsfreiheit für EU-Unternehmen im grenzüberschreitenden Kontext.[650]

184 Diese grenzüberschreitende Rechtsformwahl- und Umwandlungsfreiheit hat sich aber erst im Laufe der Zeit durch die immer liberaler werdende **Rechtsprechung des EuGH** entwickelt. Basis war und ist dabei, dass die Niederlassungsfreiheit als allgemeines Beschränkungsverbot zu verstehen ist[651] und grundsätzlich solche nationalen Regelungen verbietet, die in ihrer Wirkung den Marktzugang oder die Wettbewerbsgleichheit von Gesellschaften innerhalb der EU beeinträchtigen.[652] Die Ausübung der Niederlassungs- u. a. als Umwandlungsfreiheit darf insofern, vorbehaltlich etwaiger Rechtfertigungsmöglichkeiten, durch die Mitgliedstaaten weder unterbunden, behindert noch weniger attraktiv gemacht werden.[653] Auch gesellschafts- bzw. umwandlungsrechtliche Sonderanknüpfungen einen Mitgliedstaates erscheinen im Lichte der Edil Work 2-Entscheidung des EuGH (siehe dazu sogleich Rz. 185) kaum noch haltbar.[654]

645) Vgl. auch *Habersack/Verse*, Europäisches Gesellschaftsrecht, § 4 Rz. 30 f.; *Löbbe*, ZHR 187 (2023), 498, 500.

646) Richtlinie (EU) 2019/2121 des Europäischen Parlaments und des Rates v. 27.11.2019 zur Änderung der Richtlinie (EU) 2017/1132 in Bezug auf grenzüberschreitende Umwandlungen, Verschmelzungen und Spaltungen (Mobilitätsrichtlinie), ABl. (EU) L 321/1 v. 12.12.2019.

647) Gesetz zur Umsetzung der Umwandlungsrichtlinie und zur Änderung weiterer Gesetze (UmRUG), v. 22.2.2023, BGBl. I 2023, Nr. 51.

648) Allg. *Eidenmüller/Rehm*, ZGR 2004, 159, 163.

649) Vgl. nur *Habersack*, ZHR 186 (2022), 1; *Stiegler*, ZHR 188 (2024), 620, 634.

650) *Teichmann/Knaier*, GmbHR 2017, 1314; *Schollmeyer*, NJW-Spezial 2023, 207.

651) Vgl. nur EuGH, Urt. v. 20.6.2013 – Rs. C-186/12 (Impacto Azul), EuZW 2013, 664; EuGH, Urt. v. 29.11.2011, Rs. C-371/10 (National Grind Indus), ZIP 2012, 169.

652) *Eidenmüller*, RabelsZ 70 (2006), 474, 479.

653) Vgl. zuletzt auch EuGH, Urt. v. 25.4.2024 – Rs. C-276/22 (Edil Work 2), ZIP 2024, 1192.

654) Vgl. *Stiegler*, ZHR 188 (2024), 620, 659 f.; i. Erg. auch *Fehrenbach* in: FS Rauscher, S. 91, 108 f.; Bender, DNotZ 2025, 804, 815.

185 Unter Berücksichtigung dessen war der Ausgangspunkt für die Zulässigkeit grenzüberschreitender Umwandlungen in Europa die EuGH-Entscheidung in der Rs. C-411/03 **(Sevic)**,[655] wonach eine Verschmelzung einer Gesellschaft mit einem Rechtsträger aus einem anderen EU-Mitgliedstaat von der Niederlassungsfreiheit erfasst ist und nicht generell verweigert werden darf. Da der Gerichtshof hierbei bestimmte, dass neben einer grenzüberschreitenden Verschmelzung ebenfalls „andere Gesellschaftsumwandlungen" ein entsprechendes Umgestaltungsbedürfnisse besitzen, können die Grundwertungen des Urteils insbesondere auf die Fälle einer grenzüberschreitenden **Spaltung** übertragen werden.[656] Was einen grenzüberschreitenden **Formwechsel** anbelangt, herrschte jedoch weiterhin Unklarheit, vor allem weil mit diesem zwangsläufig eine identitätswahrende Verlegung des Satzungssitzes ins Auslands verbunden ist, was zu potenziellen Risiken für Arbeitnehmer und Gläubiger der umwandlungswilligen Gesellschaft führen kann. Mit der Entscheidung in der Rs. C-210/06 **(Cartesio)**[657] begann der EuGH – zunächst in Form eines obiter dictums – sich nun auch dieser Umwandlungsvariante zu widmen und führte aus, dass ein identitätswahrender Herausformwechsel in einen anderen Mitgliedstaat anders als eine bloße Verwaltungssitzverlegung durchaus vom Schutzbereich der Niederlassungsfreiheit umfasst ist. Dies bestätigte der EuGH in der Rs. C-106/16 **(Polbud)**[658] nochmals ausdrücklich und stellte fest, dass dies sogar die Freiheit einer sog. isolierten Satzungssitzverlegung bei Umwandlung in eine Gesellschaftsform ausländischen Rechts beinhaltet.[659] Einige Jahre zuvor wurde in der Rs. C-378/10 **(Vale)**[660] bereits klarstellt, dass ein grenzüberschreitender Hereinformwechsel auch von dem Mitgliedstaat, dessen Recht der Zielrechtsträger des Formwechsels unterliegt, grundsätzlich nicht beschränkt werden darf, zumindest dann nicht, wenn er einen innerstaatlichen Formwechsel in diese Rechtsform gestattet. Das durch diese Entscheidungen jeweils zum Ausdruck kommende weitreichende Recht von Unternehmen grenzüberschreitend mittels Verlegung des Satzungssitzes ihre Rechtsform identitätswahrend zu wechseln, wurde durch die Rs. C-276/22 **(Edil Work 2)**[661] im Frühjahr 2024 erneut durch den EuGH bestätigt.[662] Im Ergebnis sind somit alle grenzüberschreitenden Umwandlungsvarianten im Grundsatz vom Schutzbereich der Niederlassungsfreiheit umfasst.[663] Obgleich der Beschränkung auf Kapitalgesellschaften, zeigt sich dies schließlich auch durch die im Jahr 2019 erlassene Mobilitätsrichtlinie (siehe dazu bereits Rz. 182).

b) Innerhalb des UmwG

186 Innerhalb des UmwG ist das Recht der grenzüberschreitenden Umwandlungen seit dem UmRUG und dessen Inkrafttreten im März 2023 einheitlich in einem gemeinsamen Abschnitt geregelt (vgl. §§ 305–345). Es umfasst jeweils gesondert die grenzüberschreitende Verschmelzung (**§§ 305 ff.**), die grenzüberschreitende Spaltung (**§§ 320 ff.**) und den grenzüberschreitenden Formwechsel (**§§ 333 ff.**). Die Vorschriften dienen dabei jeweils der Um-

655) EuGH, Urt. v. 13.12.2005 – Rs. C-411/03 (Sevic), ZIP 2005, 2311.

656) Vgl. nur *Bayer/J. Schmidt*, NZG 2006, 841; Widmann/Mayer-*Heckschen*, UmwR, § 1 UmwG Rz. 261.1.

657) EuGH, Urt. v. 16.12.2008 – Rs. C-210/06 (Cartesio), ZIP 2009, 24.

658) EuGH, Urt. v. 25.10.2017 – Rs. C-106/16 (Polbud), ZIP 2017, 2381.

659) Vgl. nur Staudinger-*Renner*, BGB, Int. GesR, Rz. 226; *Lieder* in: MünchHdb. GesR, Bd. 8, § 5 Rz. 20; *Kalss/Deutsch*, Europäisches Gesellschaftsrecht, Rz. 131; im Ansatz seinerzeit krit. jedoch *Stiegler*, AG 2017, 846, 850.

660) EuGH, Urt. v. 12.7.2012 – Rs. C-378/10 (Vale), ZIP 2012, 1394.

661) EuGH, Urt. v. 25.4.2024 – Rs. C-276/22 (Edil Work 2), ZIP 2024, 1192.

662) Vgl. auch *Stiegler*, ZHR 188 (2024), 620, 632 f.; Staudinger-*Renner*, BGB, Int. GesR, Rz. 226; *Bender*, DNotZ 2025, 804, 815.

663) Statt vieler *Behme*, ZHR 182 (2018), 32, 60; Habersack/Casper/Löbbe-*Hoffmann*, GmbHG, Einl. B Rz. 174.

setzung der einschlägigen Bestimmungen der durch die Mobilitätsrichtlinie erweiterten Richtlinie 2017/1132. Die jeweiligen Regelungen enthalten allerdings keine vollumfängliche Kodifikation des Rechts der grenzüberschreitenden Umwandlungen, sondern schaffen überwiegend nur punktuelle Sonderregelung aufgrund des grenzüberschreitenden Charakter der Umwandlungsmaßnahmen, sodass weitgehend auf das Recht innerstaatlicher Verschmelzungen/Spaltungen/Formwechsel von Kapitalgesellschaften verwiesen wird (vgl. nur § 305 Abs. 2 UmwG).[664] Das Recht der grenzüberschreitenden Verschmelzung war indes schon vorher durch die ehemalige Internationale Verschmelzungsrichtlinie bestimmt, die seinerzeit mit den §§ 122a–122l a. F. in nationales Recht umgesetzt wurde. Die arbeitnehmermitbestimmungsrechtlichen Fragen bei grenzüberschreitenden Umwandlungen sind aufgrund ihres Umfangs und ihrer Komplexität gesondert im **MgVG** für die Verschmelzung und im **MgFSG** für die Spaltung und den Formwechsel geregelt. Kernanliegen des unionsrechtlich determinierten Mitbestimmungsrechts ist dabei die Sicherstellung eines weitreichenden Bestandschutzes der Arbeitnehmerbeteiligung.[665] Für die nähere Ausgestaltung des Verfahrens grenzüberschreitender Umwandlungen inklusive der Verhandlung über die Arbeitnehmermitbestimmung kann auf die einschlägigen Kommentierungen hierzu in diesem Werk verwiesen werden (siehe insbesondere Anh. § 345 [MgVG/MgFSG] Rz. 1 ff. [*Mückl*]).

187 Die Rechtsprechung des EuGH zur Umwandlungsfreiheit gilt im Grundsatz gleichermaßen für **Kapitalgesellschaften und Personengesellschaften.** Dies ergibt sich zum einen daraus, dass auch Personengesellschaften, sofern sie einen Erwerbszweck verfolgen, gemäß Art. 54 Abs. 2 AEUV vom Anwendungsbereich der Niederlassungsfreiheit erfasst sind.[666] Zum anderen spricht der EuGH in der Sevic-Entscheidung (bewusst) von „Gesellschaften" und will damit wohl auch Personengesellschaften vom Recht auf grenzüberschreitende Umwandlungen umfasst sehen.[667] Trotz der primärrechtlichen Zulässigkeit einer grenzüberschreitenden Umwandlung unter Beteiligung einer Personengesellschaft bestehen gleichwohl keine sekundärrechtlichen Vorgaben zu deren jeweiliger Durchführung.[668] Auch in Bezug auf das Umwandlungsrecht werden Personengesellschaften insofern als „das Stiefkind des europäischen Gesellschaftsrechts" bezeichnet.[669] Der Grund hierfür wird vor allem darin gesehen, dass das nationale Personengesellschaftsrecht weitaus heterogener ist als das Kapitalgesellschaftsrecht der Mitgliedstaaten sowie eine noch tiefergehende Verbindung mit dem allgemeinen Zivilrecht besteht.[670] Ein immer noch offener, aber aus praktischer Sicht durchaus regelungsbedürftiger Aspekt, bleibt daher die Erweiterung der Mobilitätsrichtlinie auf Personengesellschaften.[671]

188 Die mangelnde Regulierung durch den europäischen Gesetzgeber bedeutet gleichwohl nicht, dass das deutsche Umwandlungsrecht diese Konstellationen (richtlinienüberschie-

664) Habersack/Casper/Löbbe-*Hoffmann*, GmbHG, Einl. B Rz. 178.

665) *Habersack*, ZHR 187 (2023), 48, 50 f.; *Henssler* in: Habersack/Henssler/Höpfner, Mitbestimmungsrecht, § 343 UmwG Rz. 16; Kritik insofern am deutschen MitbestG *Henssler*, ZFA 2026, 7, 40.

666) Dies gilt wohl auch im Falle einer gesetzlichen Vermögensbindung wie bei einer geplanten Gesellschaft mit gebundenem Vermögen, vgl. *Obernosterer*, GmbHR 2023, 434, 443; *Engel/Haubner*, DStR 2022, 844, 846; diff. *Möslein/Sanders*, JZ 2022, 923, 933; *Behme*, ZRP 2023, 38, 41.

667) In diesem Zusammenhang *Bayer/J. Schmidt*, ZHR 173 (2009), 735, 761; *Paefgen*, WM 2009, 529, 531; *Stiegler*, ZGR 2017, 312, 346; *Thümmel/Hack*, Der Konzern 2009, 1, 3.

668) Vgl. zuletzt *Notz*, IWRZ 2025, 68, 72.

669) So *Schön*, ZHR 187 (2023), 123, 124; *Löbbe*, ZHR 187 (2023), 498, 499; *Zwirlein-Forschner*, NZG 2023, 863.

670) Zuletzt *Jung*, BWNotZ 2024, 247, 256; vgl. auch *Kalss/Deutsch*, Europäisches Gesellschaftsrecht, Rz. 13; *Stiegler*, ZGR 2017, 312, 326.

671) Jüngst Habersack/Verse, Europäisches Gesellschaftsrecht, § 3 Rz. 48.

ßend) nicht regeln dürfte. Aufgrund der primärrechtlichen Zulässigkeit ist es sogar verpflichtet, ein diskriminierungsfrei angewandtes Verfahren zur Verfügung zu stellen. Für die **grenzüberschreitende Verschmelzung** unter Beteiligung einer Personengesellschaft tat er dies mit Wirkung zum 1.1.2019, indem der Anwendungsbereich der damaligen §§ 122a ff. **auf mitbestimmungsfreie Personenhandelsgesellschaften** erweitert wurde (vgl. § 122b Abs. 1 Nr. 2 a. F.). Im Zuge des UmRUG gibt nunmehr § 306 Abs. 1 Nr. 2 vor, dass das Umwandlungsverfahren der §§ 305 ff. weitgehend zur Geltung kommt (vgl. § 305 Abs. 2 Satz 2). Eine Personenhandelsgesellschaft kann allerdings auch nur als übernehmender oder neuer Rechtsträger und damit einer Hereinverschmelzung nach Deutschlang beteiligt sein; bei einer Herausverschmelzung und/oder als übertragender Rechtsträger ist dies weiterhin nicht möglich. Obgleich im Zuge des MoPeG ebenfalls als verschmelzungsfähiger Rechtsträger aufgenommen (vgl. § 3 Abs. 1 Nr. 1 i. d. F. seit 1.1.2024), ist ebenfalls die im Gesellschaftsregister eingetragene **GbR** weiterhin dem Wortlaut nach nicht von § 306 Abs. 1 Nr. 2 erfasst. Aufgrund der diesbezüglich wohl bewussten Entscheidung des Gesetzgebers wird auch eine analoge Anwendung verneint.[672] Die eGbR kann sich daher auch weiterhin nicht an einer grenzüberschreitenden Verschmelzung nach den §§ 305 ff. beteiligen.[673] Unglücklich und wenig nachvollziehbar ist dies dennoch.[674]

Für die **grenzüberschreitende Spaltung** unter Beteiligung einer Personengesellschaft sowie den **grenzüberschreitenden Formwechsel** in eine deutsche Personengesellschaft oder einer solchen als Ausgangsrechtsträger sieht die rechtliche Lage hingegen deutlich komplizierter aus.[675] Zwar besteht auch hier aufgrund der genannten EuGH-Rechtsprechung weitreichende Zulässigkeit der Umwandlungsmaßnahme, jedoch gibt es gerade keine mit § 306 Abs. 1 Nr. 2 vergleichbare Regelung im einschlägigen § 321 bzw. § 334. Vielmehr ist ebenso wie bei den zugrunde liegenden Richtlinienbestimmungen der Anwendungsbereich explizit auf Kapitalgesellschaften beschränkt. 189

Trotz der berechtigten Kritik hieran,[676] ist daher zumindest eine direkte Anwendung der §§ 320 ff. bzw. §§ 333 ff. nicht möglich.[677] Mangels Planwidrigkeit der diesbezüglichen Regelungslücke kann aus rechtsmethodischer Sicht aber auch eine analoge Anwendung bezweifelt werden.[678] Dies schließt gleichwohl eine (faktische) Orientierung an den Verfahrensbestimmungen für die grenzüberschreitende Spaltung bzw. den grenzüberschreitenden Formwechsel von Kapitalgesellschaften nicht aus. Es ist davon auszugehen, dass auch die Rechtsprechung so verfahren wird, wenn sie ebenfalls eine direkte und analoge Anwendung ausschließen sollte. Denn zumindest das Inlandssitzerfordernis des § 1 Abs. 1 steht dem grundsätzlich nicht entgegen, da der dortige Sitz in europarechtskonformer Aus- 190

672) *Klett* in: BeckOGK-UmwG, § 306 Rz. 22, 36; Widmann/Mayer-*Heckschen*, UmwR, § 306 UmwG Rz. 91.

673) Vgl. auch Schmitt/Hörtnagl-*Hörtnagl*, UmwG/UmwStG, § 306 UmwG Rz. 14; *Schulte*, GmbHR 2025, 407, 408.

674) In diesem Sinne krit. auch *Baschnagel/Hilser*, ZPG 2024, 81, 84; wohl auch Ebenroth/Boujong-*Wertenbruch*, HGB, § 105 Rz. 682.

675) Krit. insofern auch *Baschnagel/Hilser*, ZPG 2024, 81, 84; *Heckschen/Knaier*, GmbHR 2022, R376, R378; vgl. im Detail auch *Schnitzler*, Grenzüberschreitende Sitzverlegung von Personengesellschaften, S. 264 ff.; *Schulte*, GmbHR 2026, 14 ff.; *Reidt/Gläßner*, ZPG 2026, 1 ff.

676) Vgl. *J. Schmidt*, NJW 2023, 1241; *Goette*, DStR 2023, 157, 158; *Luy/Redler*, notar 2022, 163, 165; *Heckschen/Knaier*, ZIP 2022, 2205, 2213.

677) Vgl. nur *Stiegler* in: NK-UmwG, § 321 Rz. 9, Vor §§ 333 ff. Rz. 18; offenlassend *Luy*, ZGR 2025, 418, 422.

678) Thematisierend, gleichwohl aber weniger streng *Baschnagel/Hilser*, ZPG 2024, 81, 85; *Luy* in: BeckOGK-UmwG, § 334 Rz. 18; *Schulte*, GmbHR 2026, 14, 20; wohl auch Kallmeyer-*Biller/Wilk*, UmwG, § 306 Rz. 11.

legung nicht zwingend die Beteiligung von nur deutschen Rechtsträgern fordert.[679] Im Ergebnis hat für die verfahrensrechtliche Durchführung eine Orientierung (bzw. ggf. analoge Anwendung)[680] an den Bestimmungen der §§ 320 ff. bzw. §§ 333 ff. zu erfolgen sowie, um speziell den Bedürfnissen einer Personenhandelsgesellschaft gerecht zu werden, eine hilfsweise analoge Anwendung der spezifischen Regelungen der §§ 125 Abs. 1 Satz 1 i. V. m. §§ 40 bzw. §§ 214 ff. bzw. §§ 228 ff.[681] Dies ist auch stimmig mit § 305 Abs. 2 Satz 2 für die grenzüberschreitende Verschmelzung einer Personenhandelsgesellschaft, da darin ebenfalls subsidiär auf die §§ 40 ff. verwiesen wird.

c) Außerhalb des UmwG

191 Neben den nicht originär umwandlungsrechtlichen Strukturmaßnahmen außerhalb des UmwG, die per se nicht vom Anwendungsbereich des § 1 Abs. 1 erfasst sind (siehe dazu § 1 Rz. 31 ff. [*Stiegler*]), spielen in der Praxis insbesondere grenzüberschreitenden Umwandlungen unter Beteiligung von **Drittstaatengesellschaften** (z. B. aus der Schweiz,[682] der Türkei[683] oder (mittlerweile) dem Vereinigten Königreich[684] (siehe dazu auch Rz. 193) immer wieder eine Rolle.[685] Die §§ 305 ff. gelten nur für innereuropäische grenzüberschreitende Umwandlungen. Es müssen daher alle beteiligten Rechtsträger EU-/EWR-Gesellschaften sein. Gesellschaften außerhalb der EU bzw. des EWR und damit aus Drittstaaten, können nicht beteiligt sein.[686] Weder besteht eine europäische Grundlage hierfür noch regelt das deutsche Sach- und/oder Kollisionsrecht explizit diesen Fall.[687] Dies gilt gleichermaßen für Personen- und Kapitalgesellschaften aus Drittstaaten. Auch wenn die §§ 305 ff. eine grenzüberschreitende Umwandlung unter Beteiligung von Drittstaaten nicht ermöglichen, ist es eine solche nicht zwingend verboten, so dass es zumindest nicht contra legem wäre, wenn ein Registergericht diesen in Anlehnung an die Verfahrensvorschriften der §§ 305 ff. zulässt.[688] Eine Überlagerung des deutschen Umwandlungsrechts durch die europäischen Vorgaben der Niederlassungsfreiheit erfolgt jedoch nicht.

679) Lutter-*Drygala*, UmwG, § 1 Rz. 5 – Beschränkung auf Inlandssitz ist „funktionslos" geworden; vgl. auch *Drinhausen/Keinath* in: BeckOGK-UmwG, § 1 Rz. 23; unklar hingegen OLG Oldenburg, Beschl. v. 30.6.2020 – 12 W 23/20 (HR), ZIP 2020, 1865; ferner zum für eine Genossenschaften relevanten Sitz *Kraft*, RabelsZ 90 (2026), 92, 97 ff.

680) Für eine vordergründige Anwendung der §§ 190 ff. UmwG oder sogar §§ 707, 707c BGB und nur eine sekundäre Anwendung der §§ 333 ff. UmwG hingegen *Schnitzler*, Grenzüberschreitende Sitz-verlegung von Personengesellschaften, S. 324 ff.; zu Recht wohl krit. dazu *Foerster*, RabelsZ 89 (2025), 362, 366.

681) *Luy* in: BeckOGK UmwG, § 334 Rz. 18; *Schulte*, GmbHR 2026, 14, 20; *Reidt/Gläßner*, ZPG 2026, 1, 10; wohl auch *Schön*, ZHR 187 (2023), 123, 156; *Luy*, ZGR 2025, 418, 422; umgekehrt hingegen für eine nur „ergänzend[e]" Berücksichtigung der §§ 320 ff. bzw. §§ 333 ff. UmwG *Baschnagel/Hilser*, ZPG 2024, 81, 86.

682) Zur mangelnden Geltung und damit Überlagerung durch europäische Vorgaben in diesem Fall vgl. BGH, Urt. v. 27.10.2008 – II ZR 158/06, ZIP 2008, 2411.

683) Zur mangelnden Geltung und damit Überlagerung durch europäische Vorgaben in diesem Fall vgl. OLG Zweibrücken, Beschl. v. 11.7.2022 – 3 W 12/22, ZIP 2023, 359.

684) Zur mangelnden Geltung und damit Überlagerung durch europäische Vorgaben in diesem Fall vgl. BGH, Beschl. v. 16.2.2021 – II ZB 25/17, ZIP 2019, 1277.

685) Ferner zur Beurteilung von „EU-Überseegesellschaften" *Zwirlein*, GPR 2017, 182 ff.

686) Vgl. OLG Zweibrücken, Beschl. v. 11.7.2022 – 3 W 12/22, ZIP 2023, 359; *Heckschen*, DNotZ 2024, 404, 411; *Tamcke/Dembinski*, GWR 2023, 45.

687) Vgl. nur *Teichmann/Knaier*, in: Unternehmensmobilität im EU-Binnenmarkt, ZGR Sonderheft 26/2023, S. 1, 28 f.; Habersack/Casper/Löbbe-*Hoffmann*, GmbHG, Einl. B Rz. 169.

688) *Stiegler* in: NK-UmwG, Vor 333 ff. Rz. 22; *Zwirlein-Forschner*, in: Unternehmensmobilität im EU-Binnenmarkt, ZGR Sonderheft 26/2023, S. 195, 219 ff.; strenger *Hilser*, EWiR 2023, 327, 328 (Urteilsanm.) – zumindest keine „analoge Anwendung".

Als zwingende Anwendungsbedingung setzen die §§ 305 ff., 320 ff., 333 ff. somit jeweils die Beteiligung von nur EU/EWR-Gesellschaften voraus.[689] Denkbar und zulässig ist es aber, dass Mitgliedstaaten, die eine grenzüberschreitende Umwandlung auch unter Beteiligung von Drittstaatengesellschaft zulassen (z. B. Luxemburg), als Zwischenstation genutzt werden, um dann von diesem Mitgliedstaat aus eine grenzüberschreitende Umwandlung nach den §§ 305 ff. durchzuführen.[690] Um bspw. eine Verschmelzung einer deutschen GmbH auf eine Drittstaatengesellschaft zu erreichen, kommen daher auch **Ausweichgestaltungen** in Betracht. Zu erwähnen ist hier eine sog. „zweistufige Verschmelzung", d. h. eine Verschmelzung der GmbH auf eine (ggf. eigens zu diesem Zweck gegründete) EU/EWR-Gesellschaft als Zwischenschritt.[691] Bei einer GmbH mit einer 100%igen Anteilsinhaberin in einem Drittstaat ist zudem denkbar, dass die GmbH zunächst in eine GmbH & Co. KG formgewechselt wird und im Anschluss die Komplementär-GmbH aus der KG austritt. Durch die nachfolgende Anwachsung gemäß § 712a BGB kommt es i. R. einer Gesamtrechtsnachfolge zu einer Übertragung des gesamten Vermögens der GmbH auf die ausländische Anteilsinhaberin, ohne dass es eines Übertragungsaktes oder einer Übernahmeerklärung bedarf.[692] Im wirtschaftlichen Ergebnis ist damit eine Verschmelzung der GmbH auf die Drittstaatengesellschaft erreicht. 192

Eine Eröffnung des Anwendungsbereichs des UmwG in Bezug auf grenzüberschreitende Umwandlungen unter Beteiligung von Gesellschaften aus Drittstaaten kann sich auch aufgrund verpflichtender **bilateraler Staatsverträge** zwischen Deutschland und dem entsprechenden Drittstaat ergeben. Allerdings müssen hierin grenzüberschreitende Umwandlungen wohl ausdrücklich angesprochen sein. Die bloße Statuierung der gegenseitigen Anerkennung ausländischer Gesellschaft in Form der Geltung der Gründungstheorie reicht noch nicht aus, um das Inlandserfordernis des § 1 Abs. 1 zu überlagern.[693] Dies gilt vor allem für Gesellschaften aus den **USA**, auch wenn der Deutsch-Amerikanische Freundschafts-, Handels- und Schifffahrtsvertrag eine Anerkennungspflicht vorschreibt. Dies ist allerdings umstritten, sodass Rechtsklarheit nur eine zukünftige (höchstrichterliche) Entscheidung zu bringen vermag. Gleiches muss erst recht für Gesellschaften aus dem **Vereinigten Königreich** gelten, da nach überwiegender Auffassung sich schon keine Niederlassungsfreiheit britischer Gesellschaften aus dem Handels- und Kooperationsabkommen zwischen der EU und dem Vereinigten Königreich ergibt[694] und zudem der im Juli 2025 lancierte Freundschaftsvertrag zwischen Deutschland und dem Vereinigten Königreich dies nicht thematisiert. Auch ein Vertrauens- oder Bestandsschutz wegen der frühen EU-Mitgliedschaft und Geltung europäischen Rechts besteht diesbezüglich nicht (mehr).[695] 193

---

689) Vgl. auch OLG Karlsruhe, Beschl. v. 24.4.2024 – 1 W 40/23 (Wx), NZG 2024, 1189; *Leuering/Rubner*, NJW-Spezial 2024, 592 (Urteilsanm.); *Schumacher/Urhahn*, NZG 2024, 1171, 1172; *Stiegler*, ZIP 2024, 2518 – jeweils zum grenzüberschreitenden Formwechsel.

690) Zur Zulässigkeit eines entsprechenden Vorgehens OLG Karlsruhe, Beschl. v. 24.4.2024 – 1 W 40/23 (Wx), NZG 2024, 1189; zust. *Zwirlein-Forschner*, IPRax 2026, 49, 52; vorschlagend auch *Heckschen*, DNotZ 2024, 404, 411 f.; *Heckschen/Hilser*, DStR 2022, 1053.

691) *Klett* in: BeckOGK-UmwG, § 306 Rz. 43.

692) *Klein/Stegmaier*, DStR 2024, 1097.

693) Lutter-*Bayer/J. Schmidt*, UmwG, § 306 Rz. 20; *Kindler* in: MünchKomm-BGB, IntGesR Rz. 871; Kallmeyer-*Biller/Wilk*, UmwG, § 306 Rz. 6; Widmann/Mayer-*Heckschen*, UmwR, § 306 UmwG Rz. 102; *Heckschen/Hilser*, DStR 2022, 1005, 1012; wohl a. A. Lutter-*Drygala*, UmwG, § 1 Rz. 27; *Klett* in: BeckOGK-UmwG, § 306 Rz. 38; *Klein/Stegmaier*, DStR 2024, 1097.

694) Vgl. *Behme*, ZIP 2021, 2557, 2562; *Schollmeyer*, NZG 2021, 692, 694; *Reuter*, GPR 2022, 97, 99; *Knaier*, GmbHR 2021, 486, 491 (Urteilsanm.); zumindest für eine niederlassungsrechtliche Meistbegünstigung aber *J. Schmidt*, GmbHR 2021, 229, 233; *Zwirlein-Forschner*, IPRax 2021, 357, 360; *Brandi*, IWRZ 2021, 181, 182 (Urteilsanm.).

695) Vgl. nur *Heckschen*, GWR 2022, 1, 2; *Behme*, ZIP 2021, 2557, 2560; *Schollmeyer*, NZG 2021, 692, 694.

194 Sollten aber Umwandlungsfälle explizit in einem völkervertraglichen Abkommen angesprochen sein, kommt kollisionsrechtlich im Hinblick auf das Umwandlungsverfahren die sog. **Vereinigungstheorie**[696)] oder **Kombinationslehre**[697)] zur Geltung. Danach müssen bei der Durchführung der Strukturmaßnahme die Gesellschaftsstatute aller beteiligten Rechtsträger beachten werden.[698)]

XI. Ablauf des Umwandlungsverfahrens (Überblick)

195 Umwandlungen sind **zeitlich gestreckte Vorgänge**, die in der Regel mit Vorgesprächen zwischen den Geschäftsleitungen der beteiligten Unternehmen und/oder internen/r Absprachen/Kommunikation zwischen den Entscheidungsträgern beginnen und mit der Eintragung der Umwandlung in das Handelsregister enden.[699)] Ziel dieser Gespräche/Absprache und der dann folgenden vorbereitenden Maßnahmen ist es, eine Entscheidungsgrundlage für das Ob und Wie der geplanten Umwandlung zu erarbeiten. Kern der entsprechenden **Vorbereitungshandlungen** ist somit der Austausch von Informationen, Meinungen und Zielvorstellungen über die angedachte Strukturmaßnahme, auf deren Basis die Durchführung und der Ablauf des Umwandlungsverfahrens geplant wird. Dies ist umso wichtiger, wenn man bedenkt, dass Umwandlungsvorgänge häufig sehr zeit- und kostenintensiv sind und ein Verfahrensabbruch aufgrund voreiliger Maßnahmen insofern negativ wirken kann.[700)]

1. Innerstaatliche Umwandlungen

196 Trotz der Vielzahl an Umwandlungsvorgängen, welche das UmwG regelt, liegt jeder Umwandlung ein bestimmtes Grundschema zugrunde, an welchem sich die Regelungen für alle Umwandlungsarten orientieren. Dieses **Grundschema** ist in drei Abschnitte eingeteilt und umfasst nach nahezu einhelliger Ansicht in eine **Vorbereitungs-**, eine **Beschluss-** und eine **Vollzugsphase.**[701)]

197 Nach stattgefunden Eingangsüberlegungen und initialen Gesprächen/Absprachen (siehe Rz. 195), beginnt das (formale) Umwandlungsverfahren mit der **Vorbereitungsphase**. Ziel dieser Phase ist es, die **Entscheidung der Anteilsinhaber** der an einer Umwandlung beteiligten Rechtsträger **vorzubereiten.** Im Zentrum steht die Erstellung der rechtsgeschäftlichen Grundlagen. Dies gilt grundsätzlich für alle Umwandlungsarten. Neben dieser müssen in dieser Phase die verschiedenen **Berichtspflichten** erfüllt werden, sofern diese nicht entbehrlich sind. Zudem ist eine ggf. gesetzlich vorgeschriebene **Prüfung** der Umwandlung durch unabhängige **Sachverständige** durchzuführen. Im Ergebnis bedarf es innerhalb der Vorbereitungsphase daher

– der Aufstellung des Umwandlungsvertrags bzw. -plans, inkl. des gesetzlich vorgesehenen Pflichtinhalts,

---

696) *Kindler* in: MünchKomm-BGB, IntGesR Rz. 803; Semler/Stengel/Leonard-*Drinhausen*, UmwG, Einl. C Rz. 16; Widmann/Mayer-*Heckschen*, UmwR, § 1 UmwG Rz. 270.

697) *Hoffmann* in: NK-BGB, Bd. 1, Rz. 195; *Weller/Rentsch*, IPRax 2013, 530; *Hübner*, IPRax 2015, 134; *Schall*, ZfPW 2016, 407, 421.

698) *Drinhausen/Keinath* in: BeckOGK-UmwG, § 1 Rz. 35; *Foerster*, RabelsZ 89 (2025), 362, 366; Habersack/Casper/Löbbe-*Hoffmann*, GmbHG, Einl. B Rz. 169.

699) *Austmann/Frost*, ZHR 169 (2005), 431, 432.

700) Vgl. Lutter-*Bayer*, UmwG, Einl. I Rz. 73; *Böttcher* in: NK-UmwG, Einl. Rz. 23.

701) *Ganske*, WM 1993, 1117, 1121; *Schwarz*, DStR 1994, 1694, 1700; *Heckschen* in: Beck'sches Notar-HdB., § 24 Rz. 19; Kraft/Redenius-Hövermann-*Kraft*, UmwR, § 2 Rz. 99; vgl. auch Lutter-*Bayer*, UmwG, Einl. I Rz. 74.

- die zum Schutz der Betroffenen[702] umfangreichen Berichts und Prüfungspflichten,[703] deren Verzicht nur unter besonderen, strengen Voraussetzungen möglich und auch grundsätzlich nur bei Konzernkonstellationen entbehrlich ist sowie
- Einberufungs- und Informations- bzw. Bekanntmachungsvorschriften[704] im Vorfeld der beschließenden Anteilsinhaberversammlung,[705] wobei zusätzlich zu den umwandlungsrechtlichen Bestimmungen rechtsformspezifische Regelungen für die jeweilige an der Umwandlung beteiligte Gesellschaftsform zu beachten sind.

Zur Sicherstellung der rechtzeitigen Information der Arbeitnehmer bzw. deren Vertreter,[706] gehört zu letzterem auch eine etwaige **Unterrichtung des Betriebsrats** der beteiligten Gesellschaft (vgl. § 5 Abs. 3), wobei jedoch bislang nicht abschließend geklärt ist, ob hierauf auch verzichtet werden kann.[707] 198

Der Vorbereitungsphase schließt sich die **Beschlussphase** an. Hauptgegenstand dieser Phase ist die auf den vorherigen Pflichten basierende Einberufung, Vorbereitung und Durchführung der notwendigen **Versammlungen** der Anteilsinhaber der an der Umwandlung beteiligten Rechtsträger, in denen diese der Strukturmaßnahme zustimmen müssen. Zur Beschlussphase gehören dabei auch **mögliche Klagen** einzelner Anteilsinhaber gegen die Wirksamkeit des jeweiligen Umwandlungsbeschlusses.[708] Zu beachten sind zudem die verschiedenen Vorgaben für die Einberufung der beschließenden Versammlung, die sich rechtsformspezifisch sowohl aus dem UmwG als auch den allgemeinen gesellschaftsrechtlichen Bestimmungen für die Rechtsform (z. B. §§ 121 ff. AktG) ergeben. Grundsätzlich zwingend bedarf es einer **zustimmenden Beschlussfassung** der Anteilsinhaber der an der Umwandlung beteiligten Rechtsträger. Ausnahmen von diesem Beschlusserfordernis bestehen nur in besonderen Fallkonstellationen, wie i. R. einer Konzernverschmelzung von AGs (vgl. § 62 Abs. 1–4)[709] oder der Verschmelzung auf einen Alleingesellschafter (vgl. §§ 120 ff.). Die Beschlussfassung als primäres Anteilsinhaberschutzinstrument (siehe Rz. 101) wird dadurch verstärkt, dass hieran sowohl materielle als auch formelle Anforderungen von Gesetzes wegen gestellt werden: Als Grundlagenentscheidung bedarf der Beschluss sowohl einer qualifizierten ¾-Kapitalmehrheit als auch ggf. der Zustimmung einzelner Anteilsinhaber (z. B. nach § 51 Abs. 1 Satz 1, 3). Der Zustimmungsbeschluss muss zwingend notariell beurkundet werden, was zwar nicht eine Beschlussfassung innerhalb einer virtuellen oder hybriden Versammlung (siehe bereits Rz. 102), aber einer im (schriftlichen) Umlaufverfahren ausschließt. 199

Um Wirksamkeit zu erlangen, muss die jeweilige Umwandlung rechtsgültig vollzogen werden, was sich in der letzten, der **Vollzugsphase**, widerspiegelt. In dieser Phase geht es in erster Linie darum, die von den Anteilsinhabern der beteiligten Rechtsträger beschlossene Umwandlung **wirksam werden zu lassen**. Dies erfordert die **Eintragung** in die zu- 200

702) Vgl. nur LG Mannheim, Urt. v. 19.12.2013 – 23 O 50/13, ZIP 2014, 970.

703) *Heckschen* in: Beck'sches Notar-HdB., § 24 Rz. 20.

704) Insofern zur Schutzfunktion BGH, Urt. v. 18.12.2000 – II ZR 1/99, ZIP 2001, 199.

705) *Heckschen* in: Beck'sches Notar-HdB., § 24 Rz. 21.

706) Vgl. Begr. RegE UmRUG, BT-Drucks. 20/3822, S. 83; *Böttcher* in: NK-UmwG, § 5 Rz. 115.

707) Dafür: *Wicke* in: BeckOGK-UmwG, § 5 Rz. 154; Semler/Stengel/Leonard-*Simon/Fischer*, UmwG, § 5 Rz. 146; Widmann/Mayer-*Mayer*, UmwR, § 5 UmwG Rz. 266; *Heckschen* in: Beck'sches Notar-HdB., § 24 Rz. 22; dagegen OLG Naumburg, Beschl. v. 17.3.2003 – 7 Wx 6/02, GmbHR 2003, 1433; Kallmeyer-*Willemsen*, UmwG § 5 Rz. 77b; Lutter-*Drygala*, UmwG, § 5 Rz. 148; *Böttcher* in: NK-UmwG, § 5 Rz. 119; *Maulbetsch* in: HK-UmwG, § 5 Rz. 203.

708) Zur Beschränkung der Klagemöglichkeiten im Zuge des UmRUG *Lieder/Hilser*, ZIP 2023, 1; *J. Schmidt*, NZG 2022, 635, 641.

709) De lege ferenda für eine Erstreckung auf GmbH *Beckmann/Hoffmannbeck*, NZG 2024, 1589, 1594; bzgl. einer analogen Anwendung insb. des § 62 Abs. 4 s. § 138 Rz. 27 *(Stiegler)*.

ständigen Handelsregister. Der Vollzug umfasst somit die Durchführung der entsprechenden Registerverfahren. Hierfür ist die Anmeldung der Umwandlung zur Eintragung in das für jeden beteiligten Rechtsträger zuständige Register erforderlich, sowie ggf. das Zusammenwirken mehrerer betroffener Registergerichte. Ist die registergerichtliche Prüfung erfolgt und die wirksamkeitsbegründende Eintragung wurde vorgenommen, besteht ein weitreichender Bestandschutz der Umwandlung (siehe bereits Rz. 89) und die Strukturmaßnahme als solches kann nicht mehr angegriffen werden.[710)] Die Handelsregistereintragung setzt deren Anmeldung voraus (vgl. nur § 16 Abs. 1 Satz 1). Das Procedere und der Inhalt (inklusive Anlagen) der entsprechenden Anmeldung sind dabei weitgehend gesetzlich vorgegeben und umfassen z. B. auch die Angabe verschiedener (strafbewährter) Versicherungen (vgl. § 16 Abs. 2) sowie der Vorlage einer Schlussbilanz bei Verschmelzungen und Spaltungen (vgl. § 17 Abs. 2) (siehe zum Zeitpunkt der Vorlage der entsprechenden Bilanz Rz. 173 sowie § 17 Rz. 44 [*Hoefling*]).[711)]

201 Nach erfolgter Anmeldung in elektronischer und öffentlich beglaubigter Form (vgl. § 12 Abs. 1 Satz 1 HGB) erfolgt eine umfassende **Registerprüfung**, die bei Umwandlungen zur Neugründung auch eine Gründungsprüfung umfasst. Funktional zuständig ist bei Umwandlungen von Kapitalgesellschaften sowie grundsätzlich grenzüberschreitenden Sachverhalten der/die Registerrichter(in); ansonsten der/die Rechtpfleger(in) am zuständigen Amts- als Registergericht (vgl. § 17 Nr. 1 lit. c RPflG). Bei einer Umwandlung unter Registerwechsel bedarf es zudem der Beachtung einer bestimmten Eintragungsreihenfolge (vgl. z. B. § 198 Abs. 2 Satz 2),[712)] wodurch Rechtsklarheit und damit -sicherheit gewährleistet werden soll.[713)]

2. Grenzüberschreitende Umwandlungen

202 Auch das in den §§ 305 ff. geregelte Recht der grenzüberschreitenden Umwandlungen folgt dem Grunde nach dem bereits bei innerstaatlichen Umwandlungen vorzufindenden **dreiphasigen Ablauf** (siehe Rz. 196).[714)] Die Umsetzung des diesbezüglich europäischen Rechts ins UmwG erfolgte mithin unter möglichst weitgehender Wahrung der Grundsätze und Systematik des deutschen Umwandlungsrechts.[715)] Im Rahmen der Verweisungs- und Baukastentechnik (siehe Rz. 61 ff.) lässt sich daher ebenfalls eine Unterteilung in Vorbereitungs-, Beschlussfassungs- und Vollzugsphase vornehmen. Aufgrund der Beteiligung mehrerer Rechtsordnungen am Umwandlungsverfahren ist deren jeweilige Ausgestaltung jedoch modifiziert und folgt **noch strengeren gesetzlichen Vorgaben**. So bestehen bspw. gesteigerte/ergänzende Anforderungen an den Inhalt des Umwandlungsberichts im Vergleich zu innerstaatlichen Umwandlungen,[716)] die registergerichtliche Prüfung umfasst auch eine sog. Missbrauchskontrolle[717)] und aufgrund der **„sukzessiven Anwendung“**[718)] der be-

---

710) Vgl. auch BGH, Beschl. v. 31.1.2023 – II ZR 11/22, ZIP 2023, 1179.

711) Zum Zeitpunkt der Erstellung dieser OLG Düsseldorf, Beschl. v. 12.1.2024 – 3 Wx 181/23, ZIP 2024, 757.

712) Vgl. auch BGH, Beschl. v. 8.11.2023 – VII ZB 20/20, MittBayNot 2024, 298 = NZG 2024, 641; BGH, Beschl. v. 19.9.2023 – II ZB 15/22, ZIP 2023, 2356 – jeweils zur Verschmelzung.

713) BGH, Beschl. v. 31.1.2023 – II ZB 10/22, ZIP 2023, 583.

714) *Rosenkranz*, RNotZ 2024, 361, 379.

715) *Gontschar* in: BeckOGK-UmwG, § 1 Rz. 456.

716) *Teichmann*, NZG 2019, 241.

717) Speziell dazu aus registergerichtlicher Sicht *Schulte*, NZG 2024, 1018.

718) OLG Zweibrücken, Beschl. v. 11.7.2022 – 3 W 12/22, ZIP 2023, 359; OLG Frankfurt/M., Beschl. v. 3.1.2017 – 20 W 88/15, ZIP 2017, 611; *Keuthen* in: Lutter/Bayer, Holding-Handbuch, Rz. 15.366; aus europäischer Sicht auch EuGH, Urt. v. 12.7.2012 – Rs. C-378/10 (Vale), ZIP 2012, 1394.

teiligten Rechtsordnungen bedarf es einer gesetzlich normierten Verfahrenskoordinierung zwischen den mitgliedstaatlichen Rechtsordnungen.[719)]

Der (zeitliche) **Ablauf** einer grenzüberschreitenden Umwandlung lässt sich darauf beruhend (allgemein) wie folgt darstellen:[720)] 203

1. generelle Vorbereitungsmaßnahmen (z. B. Evaluierung der Zulässigkeit der geplanten Umwandlung, Gremiensitzungen etc.);
2. Erstellung des Entwurfs des Umwandlungsplans;
3. Erstellung des Umwandlungsberichts bzw. der verschiedenen Umwandlungsberichte;
4. Einleitung des Arbeitnehmerbeteiligungsverfahrens;
5. Zugänglichmachung des Umwandlungsberichts bzw. der verschiedenen Umwandlungsberichte;
6. Bekanntmachung des Umwandlungsplans bzw. dessen Entwurf;
7. Durchführung des Arbeitnehmerbeteiligungsverfahrens;
8. Einberufung und Ladung zur abstimmenden Anteilsinhaberversammlung;
9. Auslage der erforderlichen Unterlagen im Vorfeld der Anteilsinhaberversammlung;
10. Beschlussfassung über die grenzüberschreitende Umwandlung;
11. Anmeldung der Umwandlung beim deutschen Registergericht;
12. Registerkontrolle und Ausstellung einer Umwandlungsbescheinigung;
13. Rechtmäßigkeitskontrolle und Eintragung im anderen EU-Mitgliedstaat.

---

719) *Teichmann*, NZG 2019, 241, 242; *Przybilla*, ZIP 2026, 79.

720) Vgl. *Stiegler* in: Jung/Krebs/Stiegler, Gesellschaftsrecht in Europa, § 10 Rz. 140; ähnlich Lutter-*Bayer*, UmwG, Einl. I Rz. 74.

Umwandlungsgesetz (UmwG)

Artikel 1 des Gesetzes zur Bereinigung des Umwandlungsrechts
vom 28. Oktober 1994, BGBl. I 1994, 3210; BGBl. I 1995, 428,
zuletzt geändert durch
Art. 17 des Vierten Bürokratieentlastungsgesetzes
vom 23. Oktober 2024, BGBl. I 2024, Nr. 323

Erstes Buch
Möglichkeiten von Umwandlungen

§ 1
Arten der Umwandlung; gesetzliche Beschränkungen*)

(1) Rechtsträger mit Sitz im Inland können umgewandelt werden

1. durch Verschmelzung;

2. durch Spaltung (Aufspaltung, Abspaltung, Ausgliederung);

3. durch Vermögensübertragung;

4. durch Formwechsel.

(2) Eine Umwandlung im Sinne des Absatzes 1 ist außer in den in diesem Gesetz geregelten Fällen nur möglich, wenn sie durch ein anderes Bundesgesetz oder ein Landesgesetz ausdrücklich vorgesehen ist.

(3) [1]Von den Vorschriften dieses Gesetzes kann nur abgewichen werden, wenn dies ausdrücklich zugelassen ist. [2]Ergänzende Bestimmungen in Verträgen, Satzungen oder Willenserklärungen sind zulässig, es sei denn, daß dieses Gesetz eine abschließende Regelung enthält.

*) § 1 i. d. F. des UmwBerG geändert durch Art. 14 des Gesetzes zur Einführung der Europäischen Genossenschaft und zur Änderung des Genossenschaftsrechts (SCEEG), v. 14.8.2006, BGBl. I 2006, 1911.

Literatur: *Arbeitskreis Umwandlungsrecht*, Vorschläge zum Referentenentwurf eines Umwandlungsgesetzes, ZGR 1993, 321; *Baschnagel/Hilser*, Grenzüberschreitende Umwandlungen von Personengesellschaften nach dem MoPeG und dem UmRUG – aktuelle Entwicklungen sowie rechtspolitische und rechtsdogmatische Perspektiven, ZPG 2024, 81; *Bayer*, 1000 Tage neues Umwandlungsrecht – eine Zwischenbilanz, ZIP 1997, 1613; *Bayer/Schmidt, J.*, Grenzüberschreitende Sitzverlegung und grenzüberschreitende Restrukturierungen nach MoMiG, Cartesio und Trabrennbahn, ZHR 173 (2009), 735; *Behme*, Europäisches Umwandlungsrecht – Stand und Perspektiven, ZHR 182 (2018), 32; *Bergmann*, Der Mauracher Gesetzentwurf der Expertenkommission für die Modernisierung des Personengesellschaftsrechts, DB 2020, 994; *Bieniek*, Neues Stiftungsrecht regelt Zulegung und Zusammenlegung – das sind die Voraussetzungen, SB 2023, 187: *Bühler*, Die Anwachsung im Personengesellschaftsrecht nach dem MoPeG, NZG 2024, 51; *Bungert*, Ausgliederung durch Einzelrechtsübertragung und analoge Anwendung des Umwandlungsgesetzes, NZG 1998, 367; *Bungert*, Entwicklungen im internationalen Gesellschaftsrecht Deutschlands, AG 1995, 489; *Burgard*, Umwandlung einer Stiftung des öffentlichen Rechts „ipso iure“ in eine Stiftung bürgerlichen Rechts?, npoR 2025, 124; *Burgard/Heimann*, Die Zulegung und Zusammenlegung von Stiftungen – Ein Leitfaden, ZIP 2024, 1989; *Cranshaw*, Umwandlungen von Stiftungen, npor 2024, 93; *Damm*, Umwandlungsrecht, DNotZ 2025, 79; *Ege/Klett*, Aktuelle gesellschaftsrechtliche und steuerliche Aspekte von Anwachsungsmodellen, DStR 2010, 2463; *Fleischer*, Hauptversammlungszuständigkeiten beim Beteiligungserwerb de lege lata und de lege ferenda, DB 2025, 1879; *Flume*, Ungelöste steuerliche Probleme der Unternehmenskonzentration, DB 1967, 2050; *Freiherr v. Proff*, Die Anwachsung als Gestaltungsmodell bei Personengesellschaften, DStR 2016, 2227; *Gasteyer*, Die Unternehmergesellschaft (haftungsbeschränkt) – Praktische Umsetzung des § 5a GmbHG aus anwaltlicher Sicht, NZG 2009, 1364; *Großfeld*, Internationales Umwandlungsrecht, AG 1996, 302; *Habersack/Schürnbrand*, Das Schicksal gebundener Ansprüche beim Formwechsel, NZG 2007, 81; *Häfele*, Die Vermischung von Umwandlungsarten, 2019; *Heckschen*, Umstrukturierungen unter Beteiligung der öffentlichen Hand in private Rechtsformen und umgekehrt, GmbHR 2018, 779; *Heckschen*, Die Umwandlung in der Krise und zur Bewältigung der Krise, ZInsO 2008, 824; *Heckschen/Hilser*, Grenzüberschreitender Gesellschaftszuzug aus Drittstaaten nach Deutschland am Praxisbeispiel einer Schweizer Aktiengesellschaft (Teil I), DStR 2022, 1005; *Heckschen/Nolting*, Das MoPeG ist verkündet – Verbesserungen am Gesetz noch auf der Zielgeraden, BB 2021, 2946; *Heckschen/Temme*, Umstrukturierungen außerhalb des Umwandlungsgesetzes am Beispiel eines Landesinnungsverbandes, ZIP 2025, 2275; *Heckschen/Weitbrecht*, Registerwechsel ohne materielle Wirkungen - Eine kleine Entzauberung des Statuswechsels, GmbHR 2026, 57; *Heidenhain*, Partielle Gesamtrechtsnachfolge bei der Spaltung, ZHR 168 (2004), 468; *Hennrichs*, Neubewertung oder Buchwertfortführung bei Verschmelzung und Spaltung, in: Festschrift Krieger, 2020, S. 341; *Hennrichs*, Die UG (haftungsbeschränkt) – Reichweite des Sacheinlageverbots und gesetzliche Rücklage, NZG 2009, 1161; *Hoger/Lieder*, Die grenzüberschreitende Anwachsung, ZHR 180 (2016), 613; *Hommelhoff/Goll/Stern*, Die 28. Rechtsform, NZG 2025, 915; *Joost*, „Holzmüller 2000" vor dem Hintergrund des Umwandlungsgesetzes, ZHR 163 (1999), 164; *Kallmeyer*, Grenzüberschreitende Verschmelzung und Spaltungen?, ZIP 1996, 535; *Kallmeyer*, Kombination von Spaltungsarten nach dem neuen Umwandlungsrecht, DB 1995, 81; *Kallmeyer*, Das neue Umwandlungsgesetz, ZIP 1994, 1746; *Kiehnle*, „Fehlen der Kaufmannseigenschaft" und neues Gesellschaftsregister: § 707a III 1 BGB n. F., NZG 2023, 1060; *Lautner*, Das neue Gesellschaftsregister (Teil 2), MittBayNot 2024, 230; *Leuering/Kurka*, Rechnungslegung und Offenlegung rund um einen Formwechsel, NJW-Spezial 2024, 335; *Lieder*, Der Statuswechsel zwischen Personengesellschaften, GmbHR 2024, 897; *Lieder*, Die Umwandlung eingetragener BGB-Gesellschaften nach dem modernisierten Umwandlungsgesetz, NotBZ 2024, 361; *Lingelbach*, Zulegung und Zusammenlegung – nur Chancen?, ZStV 2024, 121; *Lorenz/Fassin*, Das neue Stiftungsregister - Transparenzpflichten und Handlungsmöglichkeiten für (Familien-)Stiftungen, NJW 2025, 1526; *Lutter/Leinekugel*, Planmäßige Unterschiede im umwandlungsrechtlichen Minderheitenschutz?, ZIP 1999, 261; *Lutter/Leinekugel*, Der Ermächtigungsbeschluss der Hauptversammlung zu grundlegenden Strukturmaßnahmen – zulässige Kompetenzübertragung oder unzulässige Selbstentmachtung?, ZIP 1998, 805; *Luy*, Status quo und weitere Entwicklung grenzüberschreitender Formwechsel im Europäischen Binnenmarkt, ZGR 2025, 418; *Madaus*, Umwandlungen als Gegenstand eines Insolvenzplans nach dem ESUG, ZIP 2012, 2133; *Maus*, Die Analogiefähigkeit im Falle einer bewussten Regelungslücke, ZfPW 2023, 25; *Mayer*, Erste Zweifelsfragen bei der Unternehmensspaltung, DB 1995, 861; *Menkel*, Ausscheiden des vorletzten Gesellschafters gem. § 712a BGB nF., NZG 2023, 683; *Möslein/Sanders*, Vermögensbindung und Europäisches Gesellschaftsrecht, JZ 2022, 923; *Neye*, Das neue Umwandlungsrecht vor der Verabschiedung im Bundestag, ZIP 1994, 917; *Noack/Göbel*, Die eingetragene Personengesellschaft zwischen Rechtsformwahl und Rechtsformzwang, GmbHR 2021, 569; *Notz*, Sitzwahl- und Niederlassungsfreiheit für Personengesellschaften nach reformiertem Recht, IWRZ 2025, 68; *Orth*, Zur Neuregelung der Zulegung und Zusammenlegung von Stiftungen, ZStV 2020, 81; *Paefgen*, „Holzmüller" und der Rechtsschutz des Aktionärs gegen das Verwaltungshandeln im Rechtsvergleich, ZHR 172 (2008), 42; *Poelzig*, Die geschlossene Kapitalgesellschaft im europäischen Gesellschaftsrecht, ZGR 2023, 571; *Priester*, Personengesellschaften im Umwandlungsrecht – Praxisrelevante Fragen und offene Posten, DStR 2005, 788; *Priester*, Die klassische Ausgliederung – ein Opfer des Umwandlungsgesetzes 1994?, ZHR 163 (1999), 187; *Priester*, Das neue Umwandlungsrecht aus notarieller Sicht, DNotZ 1995, 427; *Prüm*, Die grenzüberschreitende Spaltung, Heidelberg 2006 (Diss.); *Recktenwald*, Verschmelzung unter Beteiligung überschuldeter Gesellschaften, BB 2025, 1417; *Recktenwald*, Die grenzüberschreitende Herein-Anwachsung, NZG 2024, 3; *Recktenwald*, Die grenzüberschreitende Hinaus-Anwachsung als Gestaltungsmaßnahme, NZG 2023, 539; *Reiff*,

Verantwortungseigentum im GmbHG? Zur Forderung nach einer eigenständigen Rechtsform mit gebundenem Vermögen, NZG 2023, 770; *Sanders/Neitzel/Dauner-Lieb/Kempny/Möslein/Teichmann*, Die Gesellschaft mit gebundenem Vermögen, NZG 2024, 1199; *Schall*, Grenzüberschreitende Umwandlungen der Limited (UK) mit deutschem Verwaltungssitz – Optionen für den Fall des Brexit, ZfPW 2016, 407; *Schauer*, Zulegung und Zusammenlegung von Stiftungen nach neuem Recht, ZEV 2022, 512; *Schauer*, Stellungnahme zu den Regelungen des Referentenentwurfs zur Zu- und Zusammenlegung, npoR 2021, 35; *Schauer*, Die Zusammenführung rechtsfähiger Stiftungen, Hamburg 2017 (Diss.); *Schauhoff/Mehren*, Die Reform des Stiftungsrechts, NJW 2021, 2993; *Schaumburg*, Grenzüberschreitende Umwandlungen, GmbHR 1996, 501; *Schmidt, J.*, BB-Gesetzgebungs- und Rechtsprechungsreport zum Europäischen Unternehmensrecht 2024/2025, BB 2025, 1795; *Schmidt, K.*, Konzeption des neuen Umwandlungsgesetzes, ZGR 1990, 580; *Schnitzler*, Grenzüberschreitende Sitzverlegung von Personengesellschaften, Düsseldorf 2024 (Diss.); *Schnorbus*, Analogieverbot und Rechtsfortbildung im Umwandlungsrecht, DB 2001, 1654; *Schnorbus*, Grundlagen zur Auslegung des allgemeinen Teils des UmwG, WM 2000, 2321; *Schöne*, Das Aktienrecht als „Maß aller Dinge" im neuen Umwandlungsrecht?, GmbHR 1995, 325; *Schwarz*, Das neue Umwandlungsrecht, DStR 1994, 1694; *Simons*, Die Neuerungen durch das UmRUG (sowie das MoPeG und das DiRUG/DiReG) im Recht des innerstaatlichen Formwechsels, AG 2023, 754; *Stiegler*, Das SE-Sitzkopplungsgebot auf dem Prüfstand, AG 2024, 557; *Stiegler*, Grenzüberschreitende Mobilität von Personengesellschaften, ZGR 2017, 312; *Teichmann*, Die Freiheit zum formwechselnden Wegzug, ZIP 2009, 393; *Teichmann*, Die Spaltung von Rechtsträgern als Akt der Vermögensübertragung, ZGR 1993, 396; *Wertenbruch/Alm*, Der Statuswechsel zwischen Personengesellschaften nach MoPeG, ZPG 2023, 201; *Wiedemann*, Identität beim Formwechsel, ZGR 1999, 568; *Würdinger*, Die Analogiefähigkeit von Normen – Eine methodologische Untersuchung über Ausnahmevorschriften und deklaratorische Normen, AcP 206 (2006), 946.

Übersicht

I. Bedeutung und Zweck der Vorschrift

Als allererste Norm des UmwG ist § 1 nicht nur von einleitender, sondern auch **systematischer** Bedeutung für das Umwandlungsrecht. Da sie generell den Anwendungsbereich des Gesetzes bestimmt und sich gerade nicht auf eine bestimmte Umwandlungsart (zu diesen siehe Rz. 4 ff.) bezieht, gilt § 1 auch als **Generalnorm** für das gesamte UmwG.[1) 1

1) Vgl. *Drinhausen/Keinath* in: BeckOGK-UmwG, § 1 Rz. 2; *Böttcher* in: NK-UmwG, § 1 Rz. 1.

Im Rahmen eines eigenständigen Buches des Gesetzes regelt die Norm insofern – im Überblick – den **„allgemeinen Teil"** des Umwandlungsrechts.[2] Ganz generell beschreibt § 1 dabei den persönlichen, sachlichen und räumlichen Anwendungsbereich des UmwG.[3] Bestimmt wird, was unter dem Begriff eines Rechtsträgers zu verstehen ist (siehe Rz. 13 f.), was überhaupt eine Umwandlung i. R. des Gesetzes darstellt sowie welche Umwandlungsfälle hiernach erfasst sind und welche nicht (siehe Rz. 4) und schließlich welche geografische Reichweite das Gesetz besitzt (siehe Rz. 22). § 1 stellt insofern grundlegende Regelungen und Begriffsbestimmungen für alle Umwandlungsarten auf und ist prägend für den gesamten Geltungsbereich des UmwG.[4]

II. Anwendungsbereich des UmwG (§ 1 Abs. 1)

2 Vermeintlich zunächst trivial bestimmt § 1 Abs. 1 in vielfacher Hinsicht den Anwendungsbereich des UmwG. Durch dessen sprachliche Gestaltung werden neben dem **persönlichen** Anwendungsbereich („Rechtsträger") auch der **räumliche** Anwendungsbereich („Sitz im Inland") und der **sachliche** Anwendungsbereich („Umwandlung") geregelt. Grundsätzlich nur – zur europarechtskonformen Interpretation des Inlandssitzerfordernisses siehe Rz. 25 f. – dann, wenn alle diese Anwendungsvoraussetzungen erfüllt sind, kann sich ein Unternehmen auf die begünstigenden Vorgaben (z. B. Gesamtrechtsnachfolge oder Rechtsträgeridentität) des UmwG in Abhängigkeit von der gewählten Umwandlungsart berufen.[5]

3 Der **zeitliche** Geltungsbereich des UmwG ist zwar in § 1 nicht explizit angesprochen, ergibt sich aber aus den Übergangs- und Schlussvorschriften der §§ 351 ff.[6] Das Gesetz erlangt daher grundsätzlich erst für Umwandlungen Geltung, die ab dem 1.1.1995, also dessen offiziellen Inkrafttreten, initiiert worden sind (siehe dazu im Detail § 352 Rz. 2 [*Stiegler*]). Entsprechend zeitbezogene Bestimmungen gelten auch in Bezug auf die verschiedenen Änderungen des UmwG (z. B. bezüglich des UmRUG 2023 nach § 355).

1. Umwandlung i. S. des UmwG (Umwandlungsarten)

4 Obgleich nicht explizit als solches definiert,[7] beschreibt § 1 Abs. 1 eine Umwandlung als Oberbegriff für die nach dem UmwG vorgesehenen Strukturmaßnahmen von Unternehmen.[8] § 1 Abs. 1 **Nr. 1–4** statuiert dabei eine Liste von Strukturänderungen i. S. von Umwandlungsarten, die unter das Gesetz fallen.[9] Folglich dient der Begriff der Umwandlung als Sammelbegriff für alle im UmwG vorgesehenen Maßnahmen.[10] Zur Spezifizierung der verschiedenen Arten ist sodann jeweils auf die entsprechenden Bestimmungen Bezug zu nehmen, für die Verschmelzung also auf § 2, für die Spaltung auf § 123, für die Vermögensübertragung auf § 174 und für den Formwechsel auf § 190. Die dieses Verständnis sprachlich konterkarierende Bezeichnungen „Umwandlungsbericht" in der früheren Fassung des § 192 und „Umwandlungsbeschluss" in § 193 a. F. jeweils für Aspekte des Form-

2) Widmann/Mayer-*Heckschen*, UmwR, § 1 UmwG Rz. 1; vgl. auch *Stoye-Benk* in: Stoye-Benk/Cutura, Hdb. UmwR, Kap. 2 Rz. 1; *Schöne*, GmbHR 1995, 325, 327; *Schnorbus*, WM 2000, 2321.

3) Semler/Stengel/Leonard-*Stengel*, UmwG, § 1 Rz. 1; Henssler/Strohn-*Wamser*, GesR, § 1 UmwG Rz. 1.

4) *Drinhausen/Keinath* in: BeckOGK-UmwG, § 1 Rz. 2.

5) Vgl. auch Begr. Fraktionsentwurf UmwBerG, BT-Drucks. 12/6699, S. 80 – „Das Erste Buch regelt grundlegend, inwieweit Umwandlungen von Rechtsträgern überhaupt möglich sind."

6) Vgl. auch Widmann/Mayer-*Heckschen*, UmwR, § 1 UmwG Rz. 22.

7) *Drinhausen/Keinath* in: BeckOGK-UmwG, § 1 Rz. 11.

8) Henssler/Strohn-*Wamser*, GesR, § 1 UmwG Rz. 2; *Dauner-Lieb/Gadomski* in: KölnKomm-UmwG, § 1 Rz. 2; Widmann/Mayer-*Heckschen*, UmwR, § 1 UmwG Rz. 345; vgl. auch Begr. RegE UmRUG, BT-Drucks. 20/3822, S. 85.

9) Vgl. Begr. Fraktionsentwurf UmwBerG, BT-Drucks. 12/6699, S. 80.

10) Vgl. Begr. RegE UmRUG, BT-Drucks. 20/3822, S. 85.

wechsels als Umwandlungsart wurden glücklicherweise im Zuge des UmRUG 2023[11)] geändert. In der Terminologie des UmwG ist nun richtigerweise vom Formwechselbericht und Formwechselbeschluss die Rede.[12)]

Entsprechend dem im Gesellschaftsrecht geltenden Typenzwang ist die Aufzählung der Umwandlungsarten **abschließend.**[13)] Aufgrund dieses numerus clausus (siehe Rz. 55) ist es darüber hinaus nicht möglich, die einzelnen Umwandlungsarten zu vermischen, z. B. i. R. einer „verschmelzenden Spaltung". Eine solche ist grundsätzlich[14)] unzulässig.[15)] Davon unberührt bleibt jedoch die Möglichkeit der zeitlichen Hintereinanderschaltung und damit schuldrechtliche Verknüpfung einer Verschmelzung mit einer Spaltung.[16)] Auch steht es dem Gesetzgeber im Grundsatz offen, weitere Umwandlungsarten zu kreieren und in den Kreis der Strukturmaßnahmen des § 1 Abs. 1 aufzunehmen. Gleichwohl ist dies unwahrscheinlich und es zeichnet sich eher die Tendenz ab, mit den bestehenden Umwandlungsarten vergleichbare Fälle außerhalb des UmwG in anderen Gesetzen zu regeln (siehe auch Rz. 41, 45). 5

Der Begriff der Umwandlung mit seinen einzelnen Arten ist als **gesellschaftsrechtliche Strukturmaßnahme** zu verstehen und nicht als betriebliche Reorganisation.[17)] Er erfasst insofern nur die körperschaftliche (statutarische) Seite einer Gesellschaft und nicht etwa ihre Vermögensstruktur.[18)] Eine Umstrukturierungen durch Kauf oder Verkauf von Anlagevermögen oder Mitgliedschaften stellen daher keine Umwandlung i. S. des UmwG dar. Der Begriff ist folglich insbesondere auch **nicht mit dem des Umwandlungssteuergesetzes** (UmwStG) **gleichzusetzen** (siehe auch Einl. Rz. 164 [*Stiegler*]).[19)] Keine Umwandlungen i. S. des UmwG sind daher Strukturmaßnahmen, die nicht explizit von diesem Gesetz erfasst sind und damit außerhalb dessen Geltungsbereichs liegen, auch wenn sie das gleiche Ergebnis haben oder vergleichbaren Regelungen unterliegen (siehe zu den vergleichbaren Strukturmaßnahmen außerhalb des UmwG Rz. 31 ff.). 6

Die erste vom UmwG geregelte Umwandlungsart ist nach § 1 Abs. 1 Nr. 1 die **Verschmelzung.** Bei dieser übertragen ein oder mehrere Rechtsträger unter Auflösung ohne Abwicklung ihr gesamtes Vermögen auf entweder einen bereits bestehenden oder zu diesem Zweck neu gegründeten Rechtsträger gegen Gewährung von Anteilen/Mitgliedschaften des übernehmenden oder neuen Rechtsträgers an die Anteilsinhaber der übertragenden Rechtsträger (§ 2). Kennzeichnend für diesen Vorgang ist die gesetzlich angeordnete Gesamtrechtsnachfolge (siehe dazu als Strukturprinzip des UmwG Einl. Rz. 70 [*Stiegler*]). 7

Als „Spiegelbild"[20)] bzw. Gegenstück[21)] zur Verschmelzung besteht die in § 1 Abs. 1 Nr. 2 geregelte **Spaltung.** Bei dieser vereinigen i. S. von fusionieren nicht mehrere Rechtsträger, sondern ein bestehender Rechtsträger teilt gegen Gewährung von Anteilen oder Mitglied- 8

11) Gesetz zur Umsetzung der Umwandlungsrichtlinie und zur Änderung weiterer Gesetze (UmRUG), v. 22.2.2023, BGBl. I 2023, Nr. 51.

12) Vgl. Begr. RegE UmRUG, BT-Drucks. 20/3822, S. 85; Lutter-*Drygala*, UmwG, § 1 Rz. 3.

13) Begr. Fraktionsentwurf UmwBerG, BT-Drucks. 12/6699, S. 80.

14) Eine Ausnahme soll indes für die Ausgliederung von Gebietskörperschaften nach § 168 gelten, vgl. *DNotI*, DNotI-Report 2015, 123, 124.

15) *Verse* in: BeckOGK-UmwG, § 123 Rz. 90; s. auch *Häfele*, Die Vermischung von Umwandlungsarten.

16) *J. Schmidt* in: MünchHdb. GesR, Bd. 8, § 20 Rz. 21.

17) So bereits *Flume*, DB 1967, 2050; vgl. auch *Hennrichs* in: FS Krieger, S. 341, 351.

18) *Hirte*, Kapitalgesellschaftsrecht, § 6 Rz. 6.89.

19) Vgl. Haritz/Menner/Bilitewski-*Dautzenberg*, UmwStG, § 1 Rz. 67; Rödder/Herlinghaus/van Lishaut-*Graw*, UmwStG, § 1 Rz. 7.

20) Begr. RegE UmwBerG, BR-Drucks. 75/94, S. 115; *Teichmann*, ZGR 1993, 396.

21) *Kallmeyer*, ZIP 1994, 1746, 1748; *Schwarz*, DStR 1994, 1694, 1699.

schaften sein Vermögen stückweise auf einen oder mehrere andere Unternehmen auf. Wie bei der Verschmelzung besteht dabei eine (partielle) Gesamtrechtsnachfolge. In § 123 werden mit der Abspaltung, der Aufspaltung und der Ausgliederung drei verschiedene Arten der Spaltung voneinander unterschieden. Bei der Aufspaltung teilt ein übertragender Rechtsträger unter Auflösung ohne Abwicklung sein gesamtes Vermögen auf und überträgt die Vermögensteile im Wege der partiellen Gesamtrechtsnachfolge auf mindestens zwei andere Rechtsträger unter Gewährung von Anteilen der aufnehmenden Rechtsträger an die Anteilsinhaber des übertragenden Rechtsträgers (§ 123 Abs. 1). Bei der Abspaltung bleibt der übertragende Rechtsträger bestehen (vgl. § 131 Abs. 1), da er nur einen Teil seines Vermögens, in der Regel einen Betrieb oder mehrere Betriebe, auf einen oder mehrere andere Rechtsträger überträgt, und zwar wiederum gegen Gewährung von Anteilen des/der Rechtsträger(s) (§ 123 Abs. 2). Schließlich werden bei der Ausgliederung, ebenso wie bei der Abspaltung, nur Teile des Vermögens eines Rechtsträgers auf einen oder mehrere andere Rechtsträger übertragen. Im Unterschied erlangt jedoch der übertragende Rechtsträger selbst Anteile am aufnehmenden Rechtsträger und nicht dessen Anteilseigner (§ 123 Abs. 3).[22] Auch eine **Kombination** der verschiedenen Spaltungsarten ist nach h. M. weitgehend zulässig.[23]

9 Sowohl die Verschmelzung als auch allen Arten der Spaltung können jeweils in zwei unterschiedlichen Ausgestaltungen auftreten: **Zur Aufnahme** und **zur Neugründung**. Der Unterschied zwischen beiden besteht darin, dass das zu übertragende Vermögen entweder auf einem bereits bestehenden Rechtsträger (Aufnahme) oder auf einen extra zu diesem Zweck neu gegründeten Rechtsträger (Neugründung) übergehen soll. Wie § 123 Abs. 4 klarstellt, können beide Ausgestaltungen auch kombiniert werden.

10 Als **nicht-übertragende** und insofern einzige Umwandlung mit Beteiligung nur eines Rechtsträgers ist in § 1 Abs. 1 Nr. 4 der **Formwechsel** als Umwandlungsart aufgezählt. Eine formwechselnde Umwandlung lässt dabei die Identität des Rechtsträgers unberührt und ändert allein dessen Verfassung. Bildlich gesprochen tauscht der Rechtsträger nur sein „Rechtskleid" aus.[24] Das Vermögen verbleibt bei dem Rechtsträger, bei dem es sich befindet.[25] Es besteht mithin das Prinzip der Rechtsträgeridentität (siehe auch Einl. Rz. 79 [*Stiegler*]).[26]

11 Schließlich besteht nach § 1 Abs. 1 Nr. 3 mit der **Vermögensübertragung** eine letzte Umwandlungsart, die aus praktischer Sicht jedoch deutlich bedeutungsärmer als die Verschmelzung, die Spaltung und der Formwechsel ist. Die Vermögensübertragung ist dadurch gekennzeichnet, dass bei ihr im Gegensatz zur Verschmelzung und Spaltung die Gegenleistung nicht in der Gewährung von Mitgliedschaften am Zielrechtsträger besteht.[27] Vielmehr muss die Gegenleistung stets in anderen Leistungen/Vermögenswerten vollzogen werden (§ 174 Abs. 1).[28] Dies ist vor allem beim Anteilserwerb bei der Übertragung auf

22) Hierbei ist auch eine vollständige Übertragung aller Vermögensteile denkbar, vgl. nur OLG München, Beschl. v. 15.11.2011 – 31 Wx 482/11, ZIP 2011, 2359.

23) Lutter-*Lieder*, UmwG, § 123 Rz. 64; Kallmeyer-*Sickinger*, UmwG, § 123 Rz. 13; Semler/Stengel/Leonard-*Schwanna*, UmwG, § 123 Rz. 20.

24) Vgl. nur *Habersack/Schürnbrand*, NZG 2007, 81; *Leuering/Kurka*, NJW-Spezial 2024, 335.

25) OLG Frankfurt/M., Beschl. v. 19.3.2015 – 20 W 160/13, ZIP 2015, 1229; Kallmeyer-*Berger*, UmwG, § 197 Rz. 23.

26) *Wiedemann*, ZGR 1999, 568; aus jüngerer Zeit vgl. nur BGH, Beschl. v. 17.1.2024 – VII ZB 54/21, ZRI 2024, 395 = NZG 2024, 592.

27) Widmann/Mayer-*Heckschen*, UmwR, § 174 UmwG Rz. 3; *Johannsen-Roth* in: MünchHdb. GesR, Bd. 8, § 41 Rz. 1.

28) Vgl. auch *Heckschen*, GmbHR 2018, 779, 793.

die öffentliche Hand der Fall.[29] Gemeinsam mit den anderen übertragenden Umwandlungsarten ist der Vermögensübertragung jedoch, dass der Gesetzgeber auch für diese eine (partielle) Gesamtrechtsnachfolge gewährt.

Die Umwandlungsarten des UmwG im **Überblick:** 12

Umwandlung			
mit Vermögensübertragung			ohne Vermögensübertragung
Verschmelzung (§§ 2 ff.)	**Spaltung** (§§ 123 ff.)	**Vermögensübertragung** (§§ 174 ff.)	**Formwechsel** (§§ 190 ff.)
zur Aufnahme zur Neugründung	zur Aufnahme zur Neugründung	Vollübertragung Teilübertragung	
	Abspaltung Aufspaltung Ausgliederung		
innerstaatlich grenzüberschreitend	innerstaatlich grenzüberschreitend		innerstaatlich grenzüberschreitend

2. Umwandlungsfähige Rechtsträger

Gemäß § 1 Abs. 1 können nur „Rechtsträger" nach den Vorgaben des UmwG umgewandelt werden. Um in den Genuss des Gesetzes zu kommen, muss es sich insofern um ein umwandlungsfähiges Gebilde handeln. Ganz bewusst wird dabei nicht der Begriff des Unternehmens verwendet, da es nicht darauf ankommen soll, ob ein Rechtsträger ein Unternehmen im betriebswirtschaftlichen und rechtlichen Sinne betreibt.[30] Entscheidend ist vielmehr, dass jeweils an die **im Rechtsverkehr auftretende Rechtsform** angeknüpft wird.[31] Das UmwG baut daher auf dem sog. **Rechtsträgerprinzip** auf.[32] Der Rechtsträger fungiert mithin als Subjekt einer Umwandlung,[33] sodass grundsätzlich jede unternehmerische Einheit in Betracht kommt, die Träger von Rechten und Pflichten sein kann.[34] Abweichend zum sonstigen Gesellschafts- und Konzernrecht ist die Bezeichnung „Rechtsträger" daher vielmehr als Oberbegriff für die beteiligungsfähigen Organisationen zu verstehen.[35] 13

Welche Organisationsformen dabei genau umwandlungsfähige Rechtsträger darstellen, wird nicht in § 1 Abs. 1, sondern **bei den einzelnen Umwandlungsarten** geregelt.[36] So bestimmt z. B. § 3 Abs. 1, 2, dass neben den gängigen Personen- und Kapitalgesellschaften auch andere juristische Personen wie eingetragene **Genossenschaften** und eingetragene Vereine, genossenschaftliche Prüfungsverbände und ggf. wirtschaftliche **Vereine** und sogar **natürliche Personen** an einer Verschmelzung beteiligt sein können. Vergleichbares gilt für die Spaltung (vgl. § 124 Abs. 1) und den Formwechsel (vgl. § 191 Abs. 1, 2). Seit Geltung des 14

29) Vgl. OLG Dresden, Beschl. v. 17.10.2014 – 17 W 1160/14, NotBZ 2015, 313.

30) Begr. Fraktionsentwurf UmwBerG, BT-Drucks. 12/6699, S. 71; *Priester*, DNotZ 1995, 427, 429.

31) Begr. Fraktionsentwurf UmwBerG, BT-Drucks. 12/6699, S. 71.

32) Vgl. *K. Schmidt*, ZGR 1990, 580, 592.

33) *Drinhausen/Keinath* in: BeckOGK-UmwG, § 1 Rz. 16.

34) *Lieder* in: MünchHdb. GesR, Bd. 8, § 4 Rz. 2.

35) Lutter-*Drygala*, UmwG, § 1 Rz. 4.

36) S. im Überblick auch Semler/Stengel/Leonard-*Stengel*, UmwG, § 1 Rz. 17 f.

MoPeG 2024[37] wird auch die **GbR** als teilweise umwandlungsfähig anerkannt, allerdings unter der Bedingung, dass sie bereits in das Gesellschaftsregister eingetragen ist.[38] Anders als noch nach früherem Recht, wo jede (Außen-)GbR zumindest Zielrechtsträger eines Formwechsels sein konnte (vgl. § 191 Abs. 2 Nr. 1 a. F.), ist die nicht-eingetragene GbR nunmehr generell umwandlungsunfähig.[39] Bis zur Eintragung und damit dem Bestehen einer eGbR kann die noch nicht eingetragene GbR gleichwohl schon Vorbereitungshandlungen treffen und somit eine aufschiebend auf das Vorliegen einer eGbR bedingte Umwandlung initiieren.[40] Auch **Stiftungen** des öffentlichen Rechts stellen keine Rechtsträger i. S. des UmwG dar.[41] Gleiches gilt für die Innen-GbR,[42] die **stille Gesellschaft**,[43] den nicht-rechtsfähigen Verein[44] und andere Gemeinschaften, die schon keine „Gesellschaften" i. S. der Dogmatik des deutschen Gesellschaftsrechts sind (z. B. Erben-, Güter- und Miteigentumsgemeinschaft)[45].

15 Obgleich nicht in den §§ 3, 124, 191 als solches aufgelistet, stellen auch die verschiedenen **supranationalen Rechtsformen der EU** grundsätzlich Rechtsträger i. S. des § 1 Abs. 1 dar.[46] Beispielsweise bei § 3 Abs. 1 Nr. 1–3 ist daher die **EWIV** ebenfalls eine entsprechende Personenhandelsgesellschaft, die **SE** eine entsprechende Kapitalgesellschaft und die **SCE** eine entsprechende Genossenschaft. Voraussetzung ist jedoch, dass die jeweilige supranationale Rechtsform ihren maßgebenden **Sitz in Deutschland** hat. Maßgebender Sitz ist derjenige, der als Verweis auf das subsidiär zur Geltung kommende mitgliedstaatliche (deutsche) Recht dient (für die SE z. B. Art. 9 Abs. 1 lit. c Ziff. ii SE-VO, § 1 SEAG). Sowohl für die SE, die SCE als auch die EWIV ist dies daher der Register- bzw. Satzungssitz.[47] „Ausländische" SE/SCE/EWIV mit Sitz in einem anderen EU-Mitgliedstaat sind nicht erfasst (siehe ferner zur Anwendbarkeit auf Auslandsgesellschaft Rz. 25 f.).[48]

16 Eine weitere Beschränkung besteht dergestalt, dass supranationale Rechtsformen nur dann vom Anwendungsbereich des UmwG umfasst sein können, wenn die jeweilige **EU-Verordnung** (SE-VO; SCE-VO; EWIV-VO) **keine abschließenden**, vorrangig zur Geltung kommenden Regelungen hinsichtlich der Umwandlung und dessen Verfahren bestimmt. Die EWIV kann daher z. B. nicht Zielrechtsträger eines Formwechsels nach den §§ 190 ff. sein;[49] eine SE kann nicht i. R. einer (grenzüberschreitenden) Verschmelzung zur Neu-

---

37) Gesetz zur Modernisierung des Personengesellschaftsrechts (Personengesellschaftsrechtsmodernisierungsgesetz – MoPeG), v. 10.8.2021, BGBl. I 2021, 3436.

38) OLG München, Beschl. v. 22.5.2024 – 34 Wx 71/24 e, BeckRS 2024, 10808; *Lieder*, NotBZ 2024, 361, 362.

39) *Dauner-Lieb/Gadomski* in: KölnKomm-UmwG, § 1 Rz. 8; *Althoff* in: NK-UmwG, § 191 Rz. 11; krit. dazu *Foerster* in: BeckOGK-UmwG, § 191 Rz. 19.

40) *Kraft*, ZGR 2025, 719, 725.

41) BAG, Urt. v. 21.3.2024 – 2 AZR 113/23, BB 2024, 1278; *Burgard*, npoR 2025, 124; in Bezug auf den Anwendungsbereich des § 301 auch Lutter-*Schmidt*, UmwG, § 301 Rz. 5; Semler/Stengel/Leonard-*Krebs*, UmwG, § 301 Rz. 22; Widmann/Mayer-*Vossius*, UmwR, § 301 UmwG Rz. 21.

42) Vgl. nur *Foerster* in: BeckOGK-UmwG, § 191 Rz. 14; Widmann/Mayer-*Vossius*, UmwR, § 191 UmwG Rz. 5.

43) Vgl. nur Widmann/Mayer-*Heckschen*, UmwR, § 1 UmwG Rz. 86.

44) Vgl. nur Semler/Stengel/Leonard-*Stengel*, UmwG, § 1 Rz. 21.

45) Widmann/Mayer-*Heckschen*, UmwR, § 1 UmwG Rz. 75 ff.; vgl. auch *Böttcher* in: NK-UmwG, § 1 Rz. 15.

46) *Dauner-Lieb/Gadomski* in: KölnKomm-UmwG, § 1 Rz. 19 ff.; Widmann/Mayer-*Heckschen*, UmwR, § 1 UmwG Rz. 60 ff.; vgl. auch *Böttcher* in: NK-UmwG, § 1 Rz. 16.

47) Zur Maßgeblichkeit des Registersitzes bei der EWIV vgl. *Jung* in: Jung/Krebs/Stiegler, Gesellschaftsrecht in Europa, § 7 Rz. 98.

48) Dabei spielt auch die Belegenheit der Hauptverwaltung bzw. des Verwaltungssitzes keine Rolle, da (noch) bei allen bestehenden supranationalen Rechtsformen das sog. Sitzkopplungsgebot gilt, vgl. (inkl. Kritik) *Stiegler*, AG 2024, 557 f.

49) Widmann/Mayer-*Heckschen*, UmwR, § 1 UmwG Rz. 62.

gründung oder eines (grenzüberschreitenden) Formwechsels entstehen.[50] Auch ein Formwechsel einer **SE** (zurück) in eine nationale AG ist mit Art. 66 SE-VO vorrangig und damit nicht vom UmwG geregelt. Nach überwiegender Ansicht verschließt diese Norm aber nicht sonstige Umwandlungsvorgänge,[51] sodass sich eine SE insbesondere sowohl an einer Verschmelzung zur Aufnahme als übertragender und übernehmender Rechtsträger,[52] an einer Verschmelzung zur Neugründung als übertragender Rechtsträger,[53] an einer Spaltung zur Aufnahme als übertragender oder übernehmender (bestehender) Rechtsträger,[54] an eine Spaltung zur Neugründung als übertragender, sich spaltender Rechtsträger,[55] an einem Formwechsel in eine Rechtsform, die keine AG ist, als Ausgangsrechtsträger[56] beteiligen kann. Abgesehen von einem grenzüberschreitenden Formwechsel[57] in die Rechtsform einer SE gilt dies sowohl für innerstaatliche als auch für grenzüberschreitenden Umwandlungsvorgänge.[58] Der grenzüberschreitende Formwechsel aus einer SE ist jedoch von der Niederlassungsfreiheit verbürgt und insofern nach deutschem UmwG zuzulassen.[59] Das Gesagte gilt jeweils gleichermaßen für die SCE.[60]

17 In Abhängigkeit von der jeweiligen Ausgestaltung einer EU-Verordnung oder EU-Richtlinie würde entsprechendes für **zukünftige supranationale Rechtsformen** der EU gelten, wie z. B. eine Europäische Stiftung (FE),[61] einen Europäischen Verein (ECBA),[62] eine Société européenne simplifiée (SES)[63] oder am 18. März 2026 von der EU-Kommission veröffentlichten Verordnungsvorschlag für eine „EU Inc." (COM[2026] 321) als speziell für Start-Up und Scale-Up Privatgesellschaften konzipierte europäische Rechtsform.[64]

18 Als Rechtsformvariante der GmbH ist auch die **UG (haftungsbeschränkt)** im Grundsatz umwandlungsfähig.[65] Dies gilt zunächst sowohl für die Verschmelzung, Spaltung als auch den Formwechsel. Einschränkungen ergeben sich jedoch vor allem aus dem für die UG (haftungsbeschränkt) zwingend geltenden **Sacheinlageverbot** des § 5a Abs. 2 Satz 2 GmbHG. Obgleich dessen Geltung i. R. der Entstehung einer UG (haftungsbeschränkt)

---

50) *Dauner-Lieb/Gadomski* in: KölnKomm-UmwG, § 1 Rz. 20; Widmann/Mayer-*Heckschen*, UmwR, § 1 UmwG Rz. 66.

51) *Eberspächer* in: BeckOGK-AktG, Art. 66 SE-VO Rz. 2; Habersack/Drinhausen-*Drinhausen*, SE-Recht, Art. 66 SE-VO Rz. 3; *Kiem* in: KölnKomm-AktG, Art. 66 SE-VO Rz. 10; *Schäfer* in: MünchKomm-AktG, 5. Aufl. 2021, Art. 66 SE-VO Rz. 1.

52) *Leuering* in: KölnKomm-UmwG, § 3 Rz. 29 f.; *Böttcher* in: NK-UmwG, § 3 Rz. 9.

53) *Knaier* in: Limmer, Hdb. Unternehmensumwandlung, Kap. 23 Rz. 11.

54) *Verse* in: BeckOGK-UmwG, § 124 Rz. 16.

55) *Verse* in: BeckOGK-UmwG, § 124 Rz. 17.

56) OLG Frankfurt/M., Beschl. v. 2.12.2010 – 5 Sch 3/10, NZG 2012, 351 – Formwechsel in eine KGaA; generell auch Lutter/Hommelhoff/Teichmann-*J. Schmidt*, SE-Kommentar, Art. 66 SE-VO Rz. 6.

57) Vgl. *Stiegler* in: NK-UmwG, § 334 Rz. 10; *Luy*, ZGR 2025, 418, 423.

58) Zur Verschmelzung vgl. auch *Leuering* in: KölnKomm-UmwG, § 3 Rz. 29; *Knaier* in: Limmer, Hdb. Unternehmensumwandlung, Kap. 23 Rz. 11.

59) Lutter/Hommelhoff/Teichmann-*J. Schmidt*, SE-Kommentar, Art. 66 Rz. 4; *Luy*, ZGR 2025, 418, 424.

60) *Dauner-Lieb/Gadomski* in: KölnKomm-UmwG, § 1 Rz. 21.

61) Zu den vergleichbaren Umwandlungsmöglichkeiten nach dem Entwurf einer FE-VO wie bei der SE-VO s. *Jung* in: Jung/Krebs/Stiegler, Gesellschaftsrecht in Europa, § 8 Rz. 43 ff., 231.

62) Zur Umwandlung von nationalen Vereinen in einen ECBA s. Art. 17 des Vorschlags für eine Richtlinie des Europäischen Parlaments und des Rates über europäische grenzübergreifende Vereine, v. 5.9.2023, COM (2023) 516.

63) Zu deren Umwandlungsfähigkeit vgl. *Poelzig*, ZGR 2023, 571, 578.

64) Zur Gestaltungsidee solch einer neuen „28. Rechtsform" *Hommelhoff/Goll/Stern*, NZG 2025, 915; *J. Schmidt*, BB 2025, 1795, 1800 f.

65) Einhellige Auffassung, vgl. statt vieler nur BGH, Beschl. v. 11.4.2011 – II ZB 9/10, ZIP 2011, 1054; Lutter-*Drygala*, UmwG, § 1 Rz. 50.

durch Umwandlung teilweise bezweifelt wird,[66] geht mittlerweile die h. M. in Rechtsprechung und Schrifttum von dessen Relevanz auch bei Umwandlungsvorgängen aus.[67] Das bedeutet, dass übertragende Umwandlungen (Verschmelzung/Spaltung) zur Neugründung sowie ein Formwechsel mit einer UG (haftungsbeschränkt) als Zielrechtsträger unzulässig sind.[68] Dies gilt auch für einen grenzüberschreitenden Hereinformwechsel.[69] Bei Umwandlungen zur Aufnahme kann die UG (haftungsbeschränkt) abweichend dazu allerdings als übertragende oder übernehmende Gesellschaft durchaus beteiligter Rechtsträger sein. Ist die UG (haftungsbeschränkt) jedoch übernehmender Rechtsträger und erfolgt im Zuge der Umwandlung eine Sachkapitalerhöhung bzw. wird eine solche erforderlich, ist wiederum das Sacheinlageverbot des § 5a Abs. 2 Satz 2 GmbHG zu beachten; das Kapital darf daher nicht auf weniger als 25.000 € erhöht werden.[70] Eine Sachkapitalerhöhung auf 25.000 € oder mehr und damit unter gleichzeitiger Umfirmierung in eine GmbH ist hingegen möglich.[71] Gleiches gilt, wenn mit der Umwandlung auf eine UG (haftungsbeschränkt) keine Kapitalerhöhung verbunden ist.[72] Schließlich kann die UG (haftungsbeschränkt) Ausgangsrechtsträger eines Formwechsels sein, da sie als Kapitalgesellschaft mit von § 191 Abs. 1 Nr. 2 erfasst ist.[73] Mangels eigener Rechtsformqualität kommt selbstverständlich aber ein „Formwechsel" einer UG (haftungsbeschränkt) in eine GmbH nicht als Umwandlung i. S. des UmwG in Betracht.

19 Im Rahmen eines akademischen Vorschlags zur Einführung einer **„Gesellschaft mit gebundenen Vermögen"** (GmgV)[74] als eigenständige, neue Rechtsform (siehe dazu auch Einl. Rz. 59 [*Stiegler*]),[75] ist auch die Umwandlungsfähigkeit solch einer GmgV angedacht.[76] Sie wäre damit ein Rechtsträger i. S. des § 1 Abs. 1. Alles andere wäre aus systematischer Sicht auch kaum vertretbar.[77] Inwiefern sich die GmgV dann jedoch im Detail an einer spezifischen Umwandlung beteiligten kann, ist eine andere Frage. So sieht z. B. der derzeitige Vorschlag für eine diesbezügliche Anpassung des UmwG vor, dass eine GmgV nicht als formwechselnder Rechtsträger agieren kann und als übernehmender Rechtsträger

66) So *Schall*, ZfPW 2016, 407, 442; *Gasteyer*, NZG 2009, 1364, 1369; *Hennrichs*, NZG 2009, 1161, 1163.

67) Vgl. BGH, Beschl. v. 11.4.2011 – II ZB 9/10, ZIP 2011, 1054; OLG Frankfurt/M., Beschl. v. 9.3.2010 – 20 W 7/10, ZIP 2010, 1798; Michalski/Heidinger/Leible/J. Schmidt-*J. Schmidt*, GmbHG, § 5a Rz. 45; Hessler/Strohn-*Heidinger/Knaier*, GesR, § 3 UmwG Rz. 12 m. w. N.

68) Statt vieler Michalski/Heidinger/Leible/J. Schmidt-*J. Schmidt*, GmbHG, § 5a Rz. 46 m. w. N.; speziell zur Spaltung auch BGH, Beschl. v. 11.4.2011 – II ZB 9/10, ZIP 2011, 1054; OLG Frankfurt/M., Beschl. v. 9.3.2010 – 20 W 7/10, ZIP 2010, 1798.

69) Vgl. *Stiegler* in: NK-UmwG, § 333 Rz. 18; a. A. *Schall*, ZfPW 2016, 407, 442.

70) Zur Verschmelzung: Henssler/Strohn-*Heidinger/Knaier*, GesR, § 3 UmwG Rz. 12; zur Spaltung: *Verse* in: BeckOGK-UmwG, § 124 Rz. 13.

71) Vgl. BGH, Beschl. v. 11.4.2011 – II ZB 9/10, ZIP 2011, 1054.

72) Vgl. nur *Rieder* in: MünchKomm-GmbHG, § 5a Rz. 60; Lutter-*Lieder*, UmwG, § 124 Rz. 5.

73) Vgl. nur *Petersen* in: KölnKomm-UmwG, § 191 Rz. 8; Lutter-*Hoger*, UmwG, § 191 Rz. 2.

74) S. *Sanders/Dauner-Lieb/Kempny/Möslein/Neitzel/Teichmann*, Gesetz zur Einführung einer Gesellschaft mit gebundenem Vermögen. Akademischer Entwurf mit Nebengesetzen und Erläuterungen, 2024 (Akad. Entwurf) – zur GmgV.

75) *Sanders/Dauner-Lieb/Kempny/Möslein/Neitzel/Teichmann*, Gesetz zur Einführung einer Gesellschaft mit gebundenem Vermögen. Akademischer Entwurf mit Nebengesetzen und Erläuterungen, 2024 (Akad. Entwurf), S. 65 – zur GmgV; vgl. auch *Sanders/Neitzel/Dauner-Lieb/Kempny/Möslein/Teichmann*, NZG 2024, 1199; *Reiff*, NZG 2023, 770; *Möslein/Sanders*, JZ 2022, 923, 933. Das BMJ tendiert derzeit allerdings wohl eher dafür, die GmgV als „thesaurierende Kapitalgesellschaft" als neue Rechtsformvariante (Sonderform) der GmbH schaffen zu wollen.

76) S. *Sanders/Dauner-Lieb/Kempny/Möslein/Neitzel/Teichmann*, Gesetz zur Einführung einer Gesellschaft mit gebundenem Vermögen. Akademischer Entwurf mit Nebengesetzen und Erläuterungen, 2024 (Akad. Entwurf), S. 133 – zur GmgV.

77) Nicht zwingend jedoch, wenn man die GmgV wie die UG (haftungsbeschränkt) ebenfalls „nur" als Unter- bzw. Sonderform der GmbH ausgestalten würde.

einer Verschmelzung auch nur, wenn alle Anteilsinhaber der/die übertragende(n) Rechtsträger entweder natürliche Personen, Gebietskörperschaften, ebenfalls eine GmgV sind oder eine mit dieser vergleichbaren Vermögensbindung aufweisen (§ 122a Abs. 2 i. V. m. § 9 Abs. 1 Satz 1, 2 GmgVG-Akad. Entwurf). Eine davon abweichende Denkrichtung gibt das im März 2026 gemeinsam vom BMJV und BMF vorgestellte „Rahmenkonzept" für eine Gesellschaft mit gebundenem Vermögen vor. Danach soll die GmgV zwar weiterhin eine Rechtsform eigener Art sein, sich jedoch nicht an nationalen Umwandlungen gemäß des UmwG beteiligen können.[78] Auch grenzüberschreitende Umwandlungen sollen „nur in Rechtsformen mit vergleichbarer Vermögensbindung" möglich sein. Zwar stützt sich das Rahmenkonzept dabei aufgrund Annäherung der GmgV an die Genossenschaft auf die bestehende Mitgliedstaatenoption des Art. 120 Abs. 2 Gesellschaftsrechtsrichtlinie, jedoch ist dies kritisch zu beurteilen und im Ergebnis betreffend der Umwandlungsfähigkeit der geplanten GmgV eher dem oben genannten akademischen Vorschlag zu folgen.

Vor-Kapitalgesellschaften wie die Vor-GmbH und die Vor-AG sind als solches kein Rechtsträger i. S. des § 1 Abs. 1 und nicht umwandlungsfähig.[79] Deren zukünftigen Vertreter können allerdings bereits einen Umwandlungsvertrag/-plan abschließen, die Zustimmungsbeschlüsse fassen lassen und die Anmeldung zum Handelsregister vornehmen. Spätestens zum Zeitpunkt der Eintragung der jeweiligen Umwandlung muss die GmbH/AG aber selbst aufgrund ihrer Handelsregistereintragung entstanden sein.[80] 20

Ein Rechtsträger ist auch dann umwandlungsfähig, wenn er sich im Stadium der **Auflösung** befindet.[81] Wie § 3 Abs. 3 (Verschmelzung), § 124 Abs. 2 (Spaltung) und § 191 Abs. 3 (Formwechsel) klarstellen, ist Voraussetzung dabei jedoch, dass die Fortsetzung des/der übertragenden bzw. des formwechselnde Rechtsträger(s) noch beschlossen werden kann.[82] Somit sind insbesondere auch Umwandlungen nach der Eröffnung des Insolvenzverfahrens vor allem i. R. eines Planverfahrens sowie vor Verfahrenseröffnung i. R. eines Restrukturierungsverfahrens nach den Vorgaben des **StaRUG**[83] möglich. Bei der Ablehnung der Eröffnung des Insolvenzverfahrens mangels Masse ist eine Fortsetzung allerdings nicht mehr möglich,[84] sodass diesbezüglich auch keine Umwandlungsfähigkeit mehr besteht.[85] **Rechtsträgerbezogene Einschränkungen** bestehen ferner für Personen- und Partnerschaftsgesellschaften nach § 39 (i. V. m. § 42 bzw. § 45e Satz 1). Nach h. M. soll bei übertragenden Umwandlungen der/die – von § 3 Abs. 3 bzw. § 124 Abs. 2 nicht erfassten – übernehmende(n) Rechtsträger zudem eine Umwandlung einer aufgelösten Gesellschaft nur dann möglich sein, wenn diese nicht nur ihre Fortsetzung theoretisch beschließen könnte, sondern ein entsprechender Fortsetzungsbeschluss auch tatsächlich gefasst wird.[86] 21

78) Dazu *Lieder*, NZG 2026, 385.

79) Henssler/Strohn-*Heidinger/Knaier*, GesR, § 3 UmwG Rz. 13.

80) Kallmeyer-*Marsch-Barner/Oppenhoff*, UmwG, § 3 Rz. 10; Lutter-*Drygala*, UmwG, § 3 Rz. 7 – jeweils zur Verschmelzung.

81) Vgl. nur *Müller* in: MünchKomm-GmbHG, § 69 Rz. 54.

82) Was ggf. auch konkludent durch einen Umwandlungsbeschluss geschehen kann; vgl. zur Verschmelzung überschuldeter Gesellschaften auch *Recktenwald*, BB 2025, 1417 ff.

83) Gesetz über den Stabilisierungs- und Restrukturierungsrahmen für Unternehmen (Unternehmensstabilisierungs- und -restrukturierungsgesetz – StaRUG), v. 22.12.2020, BGBl. I 2020, 3256.

84) Vgl. nur BGH, Beschl. v. 25.1.2022 – II ZB 8/21, ZRI 2022, 366 = ZIP 2022, 839.

85) OLG Stuttgart, Beschl. v. 4.10.2005 – 8 W 426/05, ZIP 2005, 2066.

86) Zur Verschmelzung vgl. nur Lutter-*Drygala*, UmwG, § 3 Rz. 31; a. A. (wohl aber veraltet) KG, Beschl. v. 22.9.1998 – 1 W 2161–97, GmbHR 1998, 1232; zur Spaltung vgl. nur OLG Brandenburg, Beschl. v. 27.1.2015 – 7 W 118/14, ZIP 2015, 929; *Verse* in: BeckOGK-UmwG, § 124 Rz. 38; für eine „teleologische Erweiterung des § 3 Abs. 3 jedoch *Madaus*, ZIP 2012, 2133, 2135; diff. auch *Heckschen*, ZInsO 2008, 824, 828.

3. Sitz im Inland

22 Der räumliche Anwendungsbereich des UmwG wird durch das **Inlandssitzerfordernis** des § 1 Abs. 1 begrenzt.[87] Nach dessen Wortlaut können sich nur Rechtsträger mit „Sitz im Inland" an einer Umwandlungsmaßnahme nach dem UmwG beteiligen. Es müssen daher alle an der Umwandlung beteiligten Rechtsträger ihren maßgebenden Sitz (siehe dazu sogleich bei Rz. 23 f.) im Inland haben; bei der Verschmelzung, Spaltung und Vermögensübertragung daher alle übertragenden und übernehmenden (neuen) Rechtsträger und beim Formwechsel sowohl der Ausgangs- als auch der Zielrechtsträger der Umwandlung.[88] Rechtsträger mit Sitz im Ausland sind insofern nicht umwandlungsfähig nach den Vorgaben des Gesetzes. Die diesbezügliche Gesetzesbegründung führte insofern aus, dass die „Beschränkung der Umwandlungsmöglichkeiten auf Rechtsträger mit Sitz im Inland [...] in fast allen Fällen dem geltenden Recht [entspricht]" und „[a]ngesichts der Bemühungen der Europäischen Gemeinschaften um eine Regelung grenzüberschreitender Vorgänge, insbesondere der internationalen Fusion, [...] eine Regelung dieses Komplexes zurückgestellt werden [sollte]".[89]

23 § 1 Abs. 1 spricht allgemein nur vom „Sitz" eines Rechtsträgers. Unklar ist aber, **welcher Sitz darunter zu verstehen ist.** Denn nach juristischem Sprachverständnis des deutschen Rechts kann (historisch) damit im Ausgangspunkt sowohl der Verwaltungssitz i. S. des Ortes der Hauptverwaltung als auch der statutarische Sitz als der im Gesellschaftsvertrag bzw. in der Satzung des Rechtsträgers bestimmte Sitz gemeint sein. Überwiegend wurde[90] und wird[91] unter dem Sitz des § 1 Abs. 1 der Satzungssitz verstanden. Dies mag aus heutiger (aktueller) Sicht zumindest für Kapitalgesellschaften richtig sein. Im Ergebnis entscheidend und insofern Zweck des Sitzerfordernisses ist jedoch, dass damit die Verbindung zum deutschen Recht hergestellt werden soll. Der Sitz ist insofern Anknüpfungskriterium für das Bestehen einer deutschen Gesellschaftsform. Für Kapitalgesellschaften ist dies nach § 4a GmbHG bzw. § 5 AktG der Satzungssitz.

24 Für **Personengesellschaften** wurde aber als maßgebender Sitz lange Zeit der Verwaltungssitz betrachtet. Im Zuge des MoPeG hat sich dies partiell geändert. Nunmehr bestimmt § 706 BGB, dass zwar der Sitz einer Personengesellschaft zunächst der Ort ist, „an dem deren Geschäfte tatsächlich geführt werden (Verwaltungssitz)". Ist die Gesellschaft im Gesellschaftsregister eingetragen und haben die Gesellschafter einen Ort im Inland als Sitz vereinbart (Vertragssitz), so ist abweichend dieser Sitz maßgebend (§ 706 Satz 2 BGB).[92] Über den Verweis in § 105 Abs. 3 HGB (i. V. m. § 161 Abs. 2 HGB) wird die Norm **entsprechend** auf die **oHG** und die **KG** angewandt. Wird daher im Gesellschaftsvertrag der Personengesellschaft ein Sitz bestimmt, ist dieser nach § 706 Satz 2 BGB maßgeblich. Für die **GbR** gilt dies allerdings nur, wenn die Gesellschaft auch im Gesellschaftsregister eingetragen ist; es sich mithin um eine eGbR handelt. Diese Konzeption des Sitzverständnisses bei Personengesellschaften ist im Grundsatz auch auf die umwandlungsrechtliche Sitzbestimmung des § 1 Abs. 1 anzuwenden. Hat eine Personengesellschaft daher keinen vom Verwaltungssitz abweichenden Vertragssitz bestimmt, ist der Verwaltungssitz, also der tat-

---

87) *Dauner-Lieb/Gadomski* in: KölnKomm-UmwG, § 1 Rz. 25.

88) Vgl. auch OLG Saarbrücken, Beschl. v. 7.1.2020 – 5 W 79/19, ZIP 2020, 712; OLG Frankfurt/M., Beschl. v. 3.1.2017 – 20 W 88/15, ZIP 2017, 611; *Priester*, DNotZ 1995, 427, 429 f.

89) Begr. Fraktionsentwurf UmwBerG, BT-Drucks. 12/6699, S. 80.

90) Vgl. z. B. *Bungert*, AG 1995, 489, 502; *Großfeld*, AG 1996, 302; *Schaumburg*, GmbHR 1996, 501, 502; a. A. *Kallmeyer*, ZIP 1996, 535.

91) Vgl. *Drinhausen/Keinath* in: BeckOGK-UmwG, § 1 Rz. 18; Kallmeyer-*Oppenhoff*, UmwG, § 1 Rz. 2; *Böttcher* in: NK-UmwG, § 1 Rz. 17.

92) Vgl. auch *Schnitzler*, Grenzüberschreitende Sitzverlegung von Personengesellschaften, S. 69.

sächliche Sitz der Hauptverwaltung,[93] maßgeblich. Ungenau ist daher die Aussage, dass der „Sitz" des § 1 Abs. 1 immer der Satzungs- bzw. Vertragssitz eines Rechtsträgers sei.[94] Genauer ist vielmehr die Maßgeblichkeit des **Registersitzes**[95] der Gesellschaft.[96] Denn zwar ist bei Kapitalgesellschaften und anderen juristischen Personen der Satzungs- weitgehend mit dem Registersitz gleichzusetzen, bei Personengesellschaften ist dies jedoch gerade nicht zwangsläufig der Fall, sondern nur, wenn von der Option des § 706 Satz 2 BGB (i. V. m. § 105 Abs. 3 HGB) Gebrauch gemacht wurde.[97] Da die nicht-eingetragene GbR im Zuge des MoPeG generell keine Umwandlungsfähigkeit mehr besitzt (siehe bereits Rz. 13 f.), können an einer Umwandlung nach dem UmwG ohnehin nur Personengesellschaften partizipieren, die in ein Register eintragen sind.[98]

Die mit dem Inlandssitzerfordernis verbundenen Konsequenzen sind im Laufe der letzten 25
Jahrzehnte aufgrund fortschreitender Liberalisierung des europäischen Umwandlungsrechts und der Ermöglichung **grenzüberschreitender Umwandlungen** durch die Rechtsprechung des EuGH immer mehr in Zweifel gezogen wurden. Schon i. R. der Diskussionen um das UmwG 1994[99] wurde angeregt, durch Streichung der Worte „mit Sitz im Inland" das neue Umwandlungsrecht auch für grenzüberschreitende Umwandlungsvorgänge anwendbar zu machen.[100] Fest steht auf jeden Fall, dass grenzüberschreitende Umwandlungen von Kapitalgesellschaften sowohl in Form einer Verschmelzung, einer Spaltung als auch eines Formwechsels seit dem UmRUG 2023[101] unstreitig zulässig sind (vgl. §§ 305 ff.) und das Inlandserfordernis des § 1 Abs. 1 sich nur noch auf den beteiligten Rechtsträger bezieht, der entweder im Vorfeld oder im Zuge der geplanten Umwandlung als deutscher Rechtsträger deutschem Recht unterliegt.[102] Aufgrund vorangegangener EuGH-Rechtsprechung insbesondere in den Rechtssachen **Sevic,**[103] **Cartio,**[104] **Vale**[105] und **Polbud**[106] wurde deren Möglichkeit aber auch schon vorher ganz überwiegend bejaht (siehe auch Einl. Rz. 170 [*Stiegler*]).[107]

Rechtsmethodisch lässt sich dies im Grundsatz sowohl durch eine primärrechtskonforme 26
Auslegung des Sitzbegriffes als auch durch eine entsprechende Rechtsfortbildung des § 1 Abs. 1 erreichen. **Maßgebliches Abgrenzungskriterium** ist insofern die Grenze des weitestgehend zu verstehenden Wortlauts der Norm. Aufgrund der sprachlichen Mehrdeutigkeit des Sitzbegriffs wird zur Erreichung der europäischen Vorgaben in der Regel eine Auslegung i. S. des Europarechts ausreichend sein.[108] Dort, wo der Wortlaut potenziell einer

93) Vgl. nur BGH, Urt. v. 21.6.2016 – X ZR 41/15, ZIP 2016, 1703.

94) Insofern zur Differenzierung zwischen Personen- und Kapitalgesellschaften auch *Prüm*, Die grenzüberschreitende Spaltung, S. 30.

95) Mangels Eintragung problematisch ist dies jedoch beim wirtschaftlichen Verein als übertragendem Rechtsträger (vgl. § 3 Abs. 2 Nr. 1). Für die Praxis spielt dies allerdings kaum eine Rolle.

96) Obgleich noch nicht die eGbR im Zuge des MoPeG erfassend auch *Dauner-Lieb/Gadomski* in: KölnKomm-UmwG, § 1 Rz. 24; unklar hingegen Henssler/Strohn-*Wamser*, GesR, § 1 UmwG Rz. 9.

97) Vgl. *Schäfer* in: MünchKomm-BGB, § 707 Rz. 14; Oetker-*Lieder*, HGB, § 106 Rz. 17.

98) Wohl auch *Schall* in: NHK-GbR, § 706 Rz. 78.

99) Gesetz zur Bereinigung des Umwandlungsrechts (UmwBerG), v. 28.10.1994, BGBl. I 1994, 3210.

100) *Neye*, ZIP 1994, 917, 919 f.

101) Gesetz zur Umsetzung der Umwandlungsrichtlinie und zur Änderung weiterer Gesetze (UmRUG), v. 22.2.2023, BGBl. I 2023, Nr. 51.

102) Vgl. *Dauner-Lieb/Gadomski* in: KölnKomm-UmwG, § 1 Rz. 27.

103) EuGH, Urt. v. 13.12.2005 – Rs. C-411/03 (Sevic), ZIP 2005, 2311.

104) EuGH, Urt. v. 16.12.2008 – Rs. C-210/06 (Cartesio), ZIP 2009, 24.

105) EuGH, Urt. v. 12.7.2012 – Rs. C-378/10 (Vale), ZIP 2012, 1394.

106) EuGH, Urt. v. 25.10.2017 – Rs. C-106/16 (Polbud), ZIP 2017, 2381.

107) Vgl. nur *Bayer/J. Schmidt*, ZHR 173 (2009), 735, 757 ff.; *Behme*, ZHR 182 (2018), 32, 33 ff.

108) In diesem Sinne auch Habersack/Casper/Löbbe-*Hoffmann*, GmbHG, Einl. B Rz. 173.

Auslegung entgegensteht, wird man sich mit einer rechtsfortbildenden Analogie weiterhelfen können, um den vor allem primärrechtlich vorgegebenen Zielen nachzukommen.[109] Im Ergebnis ist damit für grenzüberschreitende Umwandlungen unter Beteiligung von EU/EWR-Kapitalgesellschaften das Inlandssitzerfordernis des § 1 Abs. 1 aufgrund sowohl überlagernder EuGH-Rechtsprechung als auch mittlerweile einschlägigen EU-Sekundärrechts durch die Richtlinie 2017/1132[110] und deren Umsetzung in den §§ 305 ff. „funktionslos" geworden (siehe auch Einl. Rz. 189 [*Stiegler*]).[111]

27 Aufgrund mangelnder EU-sekundärrechtlicher Regelungen teilweise problematisch ist darüber hinaus aber die Beteiligung von **Personengesellschaften** an grenzüberschreitenden Umwandlungen und die diesbezügliche Bedeutung des Inlandssitzerfordernisses. Zwar ist mittlerweile einhellige Auffassung, dass sich auch Personengesellschaften, wenn sie einen auf Dauer angelegten Erwerbszweck verfolgen, auf die primärrechtlich verbürgte Umwandlungsfreiheit berufen können.[112] Dies steht aber generell unter der Prämisse, dass das deutsche Umwandlungsrecht in der konkreten Ausgestaltung eine vergleichbare innerstaatliche Umwandlung einer Personengesellschaft zulässt.[113] Hierbei spielt nun das sich im Zuge des MoPeG geänderte Sitzverständnis (vgl. § 706 BGB; siehe Rz. 23 f.) eine entscheidende Rolle, vor allem für die GbR. Sofern diese ins Gesellschaftsregister eingetragen ist und die Maßgeblichkeit des Vertragssitzes gemäß § 706 Satz 2 BGB bestimmt hat, ist die Situation mit denen bei Kapitalgesellschaften vergleichbar und bei der eGbR steht das Inlandssitzerfordernis einer EU-grenzüberschreitenden Herein- und Herausumwandlung nicht entgegen.[114] Dies gilt selbst dann, wenn nicht auch der Verwaltungssitz der Gesellschaft im Zuge der Umwandlung verlegt werden soll und es sich insofern um eine isolierte Vertragssitzverlegung handelt.[115] Bei Maßgeblichkeit des Verwaltungssitzes nach § 706 Satz 1 BGB wird man allerdings auch unter Geltung der Niederlassungsfreiheit annehmen müssen, dass eine Personengesellschaft, die nicht von der Option des § 706 Satz 2 BGB Gebrauch gemacht hat, eine identitätswahrende, aber rechtsformändernde Umwandlung nur dann vornehmen kann, wenn sie auch ihren Verwaltungssitz entsprechend ins Ausland verlegt.[116] Bei einer Hereinumwandlung in eine deutsche Personengesellschaft muss spiegelbildlich, sofern in deren Zuge nicht ein abweichender Vertragssitz gemäß § 706 Satz 2 BGB gewählt wird, der Verwaltungssitz nach Deutschland verlegt werden.

28 Aufgrund des generell auf die deutsche Rechtsordnung **beschränkten territorialen Geltungsbereichs** des UmwG sind bei grenzüberschreitenden Umwandlungsvorgängen die Vorgaben des Gesetzes nicht auf den beteiligten ausländischen Rechtsträger anzuwenden,[117]

---

109) Im Detail zur diesbezüglich rechtsmethodischen Herangehensweise Widmann/Mayer-*Heckschen*, UmwR, § 1 UmwG Rz. 135 ff.

110) Richtlinie (EU) 2017/1132 des Europäischen Parlaments und des Rates v. 14.6.2017 über bestimmte Aspekte des Gesellschaftsrechts (Gesellschaftsrechtsrichtlinie), ABl. (EU) L 169/46 v. 30.6.2017.

111) Lutter-*Drygala*, UmwG, § 1 Rz. 5; vgl. auch *Drinhausen/Keinath* in: BeckOGK-UmwG, § 1 Rz. 23; unklar hingegen OLG Oldenburg, Beschl. v. 30.6.2020 – 12 W 23/20 (HR), ZIP 2020, 1865.

112) Statt vieler *Kalss/Deutsch*, Europäisches Gesellschaftsrecht, Rz. 12; *Notz*, IWRZ 2025, 68, 72.

113) *Bayer/J. Schmidt*, ZHR 173 (2009), 735, 759; *Stiegler*, ZGR 2017, 312, 335; *Teichmann*, ZIP 2009, 393, 402.

114) *Schöne/Enders* in: BeckOK-BGB, § 706 Rz. 27; Erman-*Lieder*, BGB, § 706 Rz. 15; *Schall* in: NHK-GbR, § 706 Rz. 71; *Notz*, IWRZ 2025, 68, 72.

115) Koch-*Koch/Harnos*, PersonengesellschaftsR, § 706 BGB Rz. 21; entsprechend für die oHG Oetker-*Lieder*, HGB, § 106 Rz. 23; allg. auch *Lieder* in: MünchHdb. GesR, Bd. 8, § 5 Rz. 20.

116) Unklar hingegen *Schall* in: NHK-GbR, § 706 Rz. 77.

117) Vgl. insofern zur (sukzessiven) Anwendung aller beteiligten Rechtsordnungen OLG Zweibrücken, Beschl. v. 11.7.2022 – 3 W 12/22, ZIP 2023, 359; OLG Frankfurt/M., Beschl. v. 3.1.2017 – 20 W 88/15, ZIP 2017, 611; aus europäischer Sicht auch EuGH, Urt. v. 12.7.2012 – Rs. C-378/10 (Vale), ZIP 2012, 1394.

sondern nur – dann aber auch verpflichtend – auf den deutschen Rechtsträger mit maßgebendem Sitz in Inland.[118)]

29 Die dargestellte Überlagerung des Inlandssitzerfordernisses des § 1 Abs. 1 durch europäische Vorgaben gilt nicht in Bezug auf Rechtsträger aus **Drittstaaten** (Nicht-EU/EWR-Staaten). In diesem Fall findet die Niederlassungsfreiheit keine Anwendung und kann insofern keine vom herkömmlichen Sitzverständnis abweichende Beurteilung gebieten. Vorbehaltlich etwaiger Sonderbestimmungen über die Anerkennung ausländischer Gesellschaften durch **völkervertragliche Abkommen** zwischen Deutschland und dem jeweiligen Drittstaat,[119)] müssen daher alle beteiligten Rechtsträger ihren Sitz im Inland haben, also nationale Gesellschaftsformen sein.[120)] Andernfalls würde die Eintragung ins deutsche Handelsregister verweigert werden. Eine Änderung der Gerichtspraxis würde wohl erst durch eine Änderung des § 1 Abs. 1 und/oder des deutschen Gesellschaftskollisionsrechts betreffend grenzüberschreitende Umwandlungen erfolgen.

30 Neben typischerweise der Schweiz sind seit dem Austritt des **Vereinigten Königreichs** aus der EU („Brexit") auch dort angesiedelte Gesellschaften als Drittstaatengesellschaften zu qualifizieren.[121)] Eine Ausnahme hiervon gilt lediglich nach § 319 bezüglich einer grenzüberschreitenden Verschmelzung unter Beteiligung einer Gesellschaft aus dem Vereinigten Königreich **als übertragender Rechtsträger**. Da der Brexit aber nunmehr schon vor mehr als fünf Jahre Wirksamkeit erlangte, besitzt diese Konstellation in der Praxis grundsätzlich keine Bedeutung mehr.[122)]

4. Strukturmaßnahmen außerhalb des UmwG

31 Mittlerweile ist anerkannt, dass auch außerhalb des Anwendungsbereichs des UmwG Strukturmaßnahmen durchgeführt werden können, die aus praktischer und/oder wirtschaftlicher Sicht zu einem vergleichbaren Ergebnis wie eine Umwandlung nach dem UmwG führt.[123)] Der numerus clausus des § 1 Abs. 2 (siehe Rz. 55) steht dem nicht entgegen. Die jeweiligen Umstrukturierungen vollziehen sich nach den **allgemeinen zivil-** und **gesellschaftsrechtlichen Vorgaben**, unabhängig von den Bestimmungen des UmwG. So kann sich bspw. eine formwechselnde Umwandlung auch kraft der gesetzlichen Vorschriften außerhalb des UmwG vollziehen, was sich zumindest mittelbar schon im Umkehrschluss aus § 190 Abs. 2 ergibt.[124)]

32 In verschiedenen Konstellationen können sich Strukturmaßnahmen außerhalb des UmwG sogar **einfacher** und **kostengünstiger** darstellen als die Umwandlungsarten des § 1 Abs. 1. In diesem Zusammenhang ist es wiederum Aufgabe des Gesetzgebers bzw. der Rechtsordnung als solches, auf der einen Seite die privatautonome Gestaltungsfreiheit der Bet-

118) Vgl. auch *Dauner-Lieb/Gadomski* in: KölnKomm-UmwG, § 1 Rz. 25.

119) Indes aber wohl auch nur, wenn im entsprechenden Abkommen grenzüberschreitenden Umwandlung auch thematisiert sind, was vor allem in Bezug auf den Deutsch-amerikanischen Freundschaftsvertrag umstritten ist, vgl. zum Streitstand nur *Luy*, ZGR 2025, 418, 426 f.

120) *Stiegler* in: Jung/Krebs/Stiegler, Gesellschaftsrecht in Europa, § 10 Rz. 133; *Damm*, DNotZ 2025, 79, 80; Habersack/Casper/Löbbe-*Hoffmann*, GmbHG, Einl. B Rz. 169; offenlassend OLG Zweibrücken, Beschl. v. 11.7.2022 – 3 W 12/22, ZIP 2023, 359.

121) *Heckschen/Hilser*, DStR 2022, 1005, 1011; *Schall* in: NHK-GbR, § 706 Rz. 68; *Schöne/Enders* in: BeckOK-BGB, § 706 Rz. 27.

122) Vgl. *Sitter* in: NK-UmwG, § 319 Rz. 3; Schmitt/Hörtnagl-*Hörtnagl*, UmwG/UmwStG, § 319 UmwG Rz. 2; Henssler/Strohn-*Polley*, GesR, § 319 UmwG Rz. 1.

123) *Kallmeyer*, ZIP 1994, 1746, 1747; *Limmer* in: Limmer, Hdb. Unternehmensumwandlung, Kap. 2 Rz. 22; Semler/Stengel/Leonard-*Stengel*, UmwG, Einl. A Rz. 58.

124) Vgl. OLG München, Beschl. v. 30.11.2015 – 34 Wx 70/15, ZIP 2016, 269; vgl. auch *Foerster* in: BeckOGK-UmwG, § 190 Rz. 46.

roffenen mittels alternativer Strukturmaßnahmen hinreichend zu gewährleisten und andererseits Schutzinteressen von etwaigen Minderheiten und Stakeholdern nachzukommen.[125] Nicht selten stellt sich daher die Frage nach einer ggf. entsprechenden Anwendung einzelner (Schutz-)Vorschriften des UmwG auf vergleichbare Strukturmaßnahmen (siehe insbesondere im Kontext der Einbringung Rz. 37).

33 Die jeweils außerhalb des UmwG liegenden Strukturmaßnahmen sind dabei grundsätzlich **national** als auch **international**, also grenzüberschreitend, denkbar.[126] Im europäischen Kontext spielte dies vor allem vor der endgültigen Öffnung des UmwG auch für grenzüberschreitende Spaltungen und den grenzüberschreitenden Formwechsel durch das UmRUG eine erhebliche Rolle, wenngleich man sich basierend auf der vorherigen Rechtsprechung des EuGH auf eine analoge Anwendung der umwandlungsrechtlichen Vorschriften in diesen Fällen berufen hat (siehe dazu auch Einl. Rz. 189 [*Stiegler*]).

34 Keine Strukturmaßnahmen außerhalb des UmwG im hier verstandenen Sinne ist der „Formwechsel" einer **UG (haftungsbeschränkt)** in eine GmbH.[127] Diese Konstellation ist auch nicht vom UmwG umfasst.[128] Gleiches würde für die Umfirmierung einer GmbH in eine etwaige Gesellschaft mit gebundenen Vermögen (GmgV) gelten, sofern man diese nicht als eigenständige Rechtsform, sondern nur als Sondervariante der GmbH gestalten würde. Hintergrund ist jeweils, dass solch ein Vorgang schon gar keine Umwandlung im rechtstechnischen Sinne darstellt, da die UG (haftungsbeschränkt) lediglich eine Unter- bzw. Sonderform der GmbH[129] und damit keine von dieser abweichende Rechtsform ist.[130] Für den Formwechsel z. B. einer GmbH in eine **UG & Co. KG** gilt dies jedoch nicht und die Umwandlung unterliegt den Regelungen der §§ 226 ff.[131]

a) Einbringung im Wege der Einzelrechtsnachfolge

35 Eine Einbringung im Wege der Einzelrechtsnachfolge **(Singularsukzession)** erfolgt grundsätzlich durch Einzelakte, die jeweils eines besonderen Übertragungsaktes (z. B. Abtretung) bedürfen. Insofern erfordert eine Einzelrechtsnachfolge anders als die umwandlungsrechtliche Gesamtrechtsnachfolge für jeden Vermögensgegenstand oder jedes Recht einen eigenen Übertragungsakt nach den jeweiligen zivilrechtlichen Vorschriften; es gibt also gerade keine automatische Übertragung aller Rechte und Pflichten des Rechtsvorgängers.[132] Ob sich ein Rechtsträger dabei der zivilrechtlichen Einzelrechtsübertragung oder der umwandlungsrechtlichen Gesamtrechtsnachfolge bedient, ist seine Entscheidung und es besteht insofern ein **Wahlrecht**.[133]

36 In der Praxis finden sich entsprechende Einbringungsvorgänge vor allem als Alternative zur spaltungsrechtlichen Ausgliederung nach § 123 Abs. 3. Die Ausgliederung im Wege der Einzelrechtsnachfolge ist dadurch gekennzeichnet, dass die zum Gesellschaftsvermögen

125) *Lutter/Leinekugel*, ZIP 1999, 261, 262; *K. Schmidt*, ZGR 1990, 580, 587.

126) Semler/Stengel/Leonard-*Stengel*, UmwG, Einl. A Rz. 59.

127) S. § 5a Abs. 5 GmbHG.

128) *Foerster* in: BeckOGK-UmwG, § 190 Rz. 64; *Petersen* in: KölnKomm-UmwG, § 190 Rz. 17; Lutter-*Hoger*, UmwG, § 190 Rz. 18; Semler/Stengel/Leonard-*Schwanna*, UmwG, § 191 Rz. 4

129) Vgl. Begr. RegE MoMiG, BT-Drucks. 16/6140, S. 31.

130) Vgl. nur *Lieder/Becker* in: BeckOGK-GmbHG, § 5a Rz. 155, uneindeutig hingegen Semler/Stengel/Leonard-*Stengel*, UmwG, Einl. A Rz. 64.

131) OLG Oldenburg, Beschl. v. 19.12.2019 – 12 W 133/19 (HR), ZIP 2020, 558.

132) Vgl. nur *Heidenhain*, ZHR 168 (2004), 468, 478; ferner zur entsprechenden Umstrukturierung von Landesinnungsverbänden *Heckschen/Temme*, ZIP 2025, 2275.

133) Lutter-*Bayer*, UmwG, Einl. I Rz. 58; Kallmeyer-*Sickinger*, UmwG, § 123 Rz. 17; Semler/Stengel/Leonard-*Schlitt*, UmwG, Anh. § 173 Rz. 2; vgl. auch schon *Teichmann*, ZGR 1993, 396, 401 f.; *Priester*, ZHR 163 (1999), 187, 199.

gehörenden und zur Ausgliederung vorgesehenen Vermögensgegenstände durch Einzelübertragung i. R. einer **Sachgründung oder Sachkapitalerhöhung** in eine oder mehrere bestehende oder eigens zu diesem Zweck neu gegründete Gesellschaften eingebracht werden.[134] Dadurch kann z. B. die Verlagerung von Teilbetrieben in Tochter- oder Beteiligungsgesellschaften erreicht werden, um Unternehmensbereiche zu trennen oder zusammenzuführen.[135] Auch ein verschmelzungsähnliches Ergebnis kann durch die Einzelübertragung des Vermögens eines Rechtsträgers erreicht werden, z. B. wenn nach der erfolgten Einbringung die übertragende Gesellschaft liquidiert wird.[136]

Eine Einbringung im Wege der Einzelrechtsnachfolge als umwandlungsrechtliches Äquivalent unterliegt – und dies wird häufig als deren Vorteil betrachtet – **weniger strengen Schutzvorschriften**, insbesondere zugunsten von Minderheitsgesellschaftern. Insofern kommt die Frage auf, ob die Vorschriften des UmwG nicht **analog** hierfür zur Anwendung kommen müssen, um ein gleichwertiges Schutzniveau herzustellen. Dem steht nach h. M. auch das **Analogieverbot** des § 1 Abs. 2 (siehe dazu Rz. 59) nicht zwingend entgegen.[137] Inwieweit man nun die Vorschriften der ausgliedernden Spaltung im Detail auf eine Einbringung im Wege der Einzelrechtsnachfolge anzuwenden hat, ist sowohl in Rechtsprechung als auch Schrifttum **noch nicht abschließend geklärt.**[138] Nimmt man die BGH-Entscheidung „Altana/Milupa" aus dem Jahr 2001 als Ausgangspunkt, ist zumindest die analogen Anwendung einzelner Schutzvorschriften im Einzelfall nicht ausgeschlossen.[139] Darauf basierend wird man im Hinblick auf eine unmittelbar bestehende vergleichbare Interessenlage aber nur dann eine Ausstrahlwirkung i. S. einer Analogie bejahen können, wenn mindestens die Kriterien der Holzmüller[140]-/Gelantine[141]-Grundsätze erfüllt sind, also ein hinreichend schwerer Eingriff in die Rechte der Minderheitsgesellschafter i. S. eines Mediatisierungseffekts zu befürchten und mindestens ca. 80 % des Gesellschaftsvermögens von der Einbringung im Wege der Einzelrechtsnachfolge faktisch betroffen sind.[142] Solch eine strikte Betrachtungsweise fordert im Hinblick auf das Erfordernis der Zustimmung der Anteilsinhaber zur Einbringung wohl auch die Macrotron-[143] und Frosta[144]-Entscheidungen des BGH.[145] 37

134) Semler/Stengel/Leonard-*Schlitt*, UmwG, Anh. § 173 Rz. 1; im Detail auch Widmann/Mayer-*Mayer*, UmwR, Anh. 5 Rz. 14 ff.

135) Semler/Stengel/Leonard-*Schlitt*, UmwG, Anh. § 173 Rz. 1.

136) Semler/Stengel/Leonard-*Stengel*, UmwG, Einl. A Rz. 61.

137) *Drinhausen/Keinath* in: BeckOGK-UmwG, § 1 Rz. 50; Lutter-*Drygala*, UmwG, § 1 Rz. 60; Semler/Stengel/Leonard-*Stengel*, UmwG, § 1 Rz. 63; *Joost*, ZHR 163 (1999), 164, 185.

138) Zur diesbezüglichen Rspr. im Detail *Drinhausen/Keinath* in: BeckOGK-UmwG, § 1 Rz. 52 ff.; *Limmer* in: Limmer, Hdb. Unternehmensumwandlung, Kap. 2 Rz. 24 f. m. w. N.

139) BGH, Urt. v. 15.1.2001 – II ZR 124/99 (Altana/Milupa), BGHZ 146, 288 = ZIP 2001, 416; so auch *Drinhausen/Keinath* in: BeckOGK-UmwG, § 1 Rz. 54.

140) BGH, Urt. v. 25.2.1982 – II ZR 174/80 (Holzmüller), BGHZ 83, 122 = ZIP 1982, 568.

141) BGH, Urt. v. 26.4.2004 – II ZR 154/02 (Gelantine), BGHZ 159, 30 = ZIP 2004, 993.

142) Vgl. Lutter-*Bayer*, UmwG, Einl. I Rz. 62 f.; Semler/Stengel/Leonard-*Schlitt*, UmwG, Anh. § 173 Rz. 10; in diesem Sinne auch LG München I, Urt. v. 8.6.2006 – 5 HK O 5025/06, ZIP 2006, 2036; a. A. *Sagasser* in: Sagasser/Bula, Umwandlungen, § 18 Rz. 198.

143) BGH, Urt. v. 25.11.2002 – II ZR 133/01 (Macrotron), BGHZ 153, 47 = ZIP 2003, 387.

144) BGH, Beschl. v. 8.10.2013 – II ZB 26/12 (Frosta), ZIP 2013, 2254.

145) In diesem Sinne *Limmer* in: Limmer, Hdb. Unternehmensumwandlung, Kap. 2 Rz. 24; allg. weniger streng hingegen *Fleischer*, DB 2025, 1879, 1888.

b) Anwachsung

38 Eine weitere, in der Praxis bedeutend umwandlungsähnliche Strukturmaßnahme außerhalb des Anwendungsbereichs des UmwG ist die sog. Anwachsung.[146)] Die Anwachsung ist dabei eine Form des **Vermögensübergangs von einer Personengesellschaft** auf einen Gesellschafter. Dieser Vorgang ist in § 712 Abs. 1 BGB (§ 738 Abs. 1 BGB a. F.) normiert und gilt neben der (e)GbR auch für die oHG und KG.[147)] Mit der Anwachsung kann gezielt erreicht werden, dass das Vermögen der Personengesellschaft liquidationslos mit Ausscheiden des vorletzten Gesellschafters auf den einzig verbliebenen Gesellschafter ipso iure übergeht.[148)] Dies ist im Zuge des MoPeG nunmehr explizit eigenständig in **§ 712a Abs. 1 BGB** geregelt.[149)] Dieser bestimmt, dass die Gesellschaft ohne Liquidation erlischt, wenn nur noch ein Gesellschafter vorhanden ist und das Gesellschaftsvermögen auf diesen verbliebenen Gesellschafter im Wege der **Gesamtrechtsnachfolge** übergeht. Es kann daher ein mit einer Verschmelzung[150)] vergleichbares Ergebnis erzielt werden, vor allem wenn der letzte Gesellschafter seinerseits eine Personen- oder Kapitalgesellschaft ist. Rechtliche Basis ist, dass es eine Ein-Personen-Personengesellschaft grundsätzlich nicht geben kann und es in dieser Konstellation zwingend zur entsprechenden **Anwachsung** zu kommen hat. Die Mitgliedschaft, insbesondere verkörpert durch den Gesellschaftsanteil, geht dabei unter und die Personengesellschaft wird beendet.[151)] Tatsächlich sieht in diesem Zusammenhang § 39 sogar vor, dass sich zumindest eine aufgelöste GbR nicht mehr nach den Vorgaben des UmwG verschmelzen kann, wenn bereits eine Anwachsung gemäß § 712a Abs. 1 BGB (gesellschaftsvertraglich) vereinbart wurde.[152)]

39 Gegenüber der umwandlungsrechtlichen Verschmelzung einer Personengesellschaft hat die **Anwachsung** gemäß § 712a Abs. 1 BGB als Gestaltungsalternative insbesondere den **Vorteil**, dass es keiner Übernahmeerklärung oder eines zugrunde liegenden (Übernahme-)Vertrags bedarf.[153)] Auch kommen die umwandlungsrechtlichen Schutzbestimmungen (z. B. §§ 39a ff.) grundsätzlich nicht entsprechend bzw. analog zur Anwendung.[154)] Insofern ist mit der Anwachsung regelmäßig ein geringerer Zeit- und Kostenaufwand verbunden.[155)] Nachteilig ist, dass eine Anwachsung nur in Bezug auf eine Personengesellschaft als übertragenden Rechtsträger möglich ist, sodass es ggf. erst der Umwandlung der bestehenden Kapitalgesellschaft in eine solche (z. B. in eine GmbH & Co. KG) bedarf.[156)]

---

146) Insofern zur Anwachsung als Alternative zur Verschmelzung *Pathe* in: Münch-AHB Personengesellschaftsrecht, § 22 Rz. 26; *Sagasser/Bula/Abele* in: Sagasser/Bula, Umwandlungen, § 37 Rz. 5.

147) BGH, Urt. v. 19.5.1960 – II ZR 72/59, BGHZ 32, 307; BGH, Urt. v. 13.12.1965 – II ZR 10/64, NJW 1966, 827; im Zuge des MoPeG auch Koch-*Können*, PersonengesellschaftsR, § 712 BGB Rz. 3.

148) Vgl. nur *Freiherr v. Proff*, DStR 2016, 2227.

149) Speziell dazu *Menkel*, NZG 2023, 683; im grenzüberschreitenden Kontext auch *Recktenwald*, NZG 2024, 3.

150) Zur eher ungenauen Bezeichnung als „Rechtsformwechsel" außerhalb des UmwG hingegen Koch-*Können*, PersonengesellschaftsR, § 712a BGB Rz. 13; in diese Richtung wohl auch *Foerster* in: BeckOGK-UmwG, § 190 Rz. 60 f.

151) Zuletzt im Zuge des MoPeG *Bühler*, NZG 2024, 51, 55; vgl. auch *Schöne* in: BeckOK-BGB, § 712 Rz. 5.

152) *Burg/Nordhues* in: NK-UmwG, § 39 Rz. 10.

153) Beschlussempfehlung d. Ausschusses R/V z. RegE MoPeG, BT-Drucks. 19/30942, S. 20.

154) *Freiherr v. Proff*, DStR 2016, 2227; *Lieder* in: MünchHdb. GesR, Bd. 8, § 3 Rz. 23; für die grenzüberschreitende Anwachsung auch *Hoger/Lieder*, ZHR 180 (2016), 613, 656.

155) Vgl. auch *Lieder* in: MünchHdb. GesR, Bd. 8, § 3 Rz. 19.

156) *Lieder* in: MünchHdb. GesR, Bd. 8, § 2 Rz. 21.

Die für die Anwachsung dargestellten Modalitäten sowie die Vor- und Nachteile gelten grundsätzlich in gleicher Weise für eine **grenzüberschreitende Anwachsung.**[157] Kollisionsrechtlich kann § 712a Abs. 1 BGB dabei aber nur für eine Heraus-Anwachsung aus Deutschland herangezogen werden, da nur in diesem Fall die übertragende Personengesellschaft deutschem Recht unterliegt.[158] 40

c) Statuswechsel von Personengesellschaften

Seit jeher ist anerkannt, dass eine formwechselnde Umwandlung **von einer Personengesellschaft in eine andere Personengesellschaft** (z. B. GbR zu oHG; oHG zu KG) nicht vom UmwG umfasst ist (vgl. auch § 214 Abs. 1).[159] Es fehlen schlicht gesetzliche Regelungen, die diese Konstellationen umfassen. Das bedeutet gleichwohl nicht, dass solch eine „Umwandlung" unzulässig und damit nicht möglich wäre.[160] Vielmehr erfolgt ein entsprechender Formwechsel rein **faktisch** im Hinblick auf die objektiven Entstehungsvoraussetzungen der jeweiligen Personengesellschaft.[161] Insofern wird der Übergang von einer Personengesellschaft in eine andere auch als „fließend" beschrieben.[162] Im Zuge des MoPeG hat der Gesetzgeber mit Wirkung zum 1.1.2024 jedoch eine weitere Möglichkeit, den Formwechsel von einer in eine andere Personengesellschaft, vorgesehen,[163] nämlich mittels eines sog. **Statuswechsels.**[164] Der Gesetzgeber hat sich dabei bewusst dafür entschieden, die Vorgaben für den Statuswechsel nicht im UmwG, sondern bei den Vorschriften für die einzelnen Personengesellschaftsformen zu regeln.[165] So vollzieht sich der Statuswechsel in eine eGbR nach **§ 707c BGB,**[166] eine oHG/KG nach § 106 Abs. 3–5, § 107 Abs. 3 HGB und eine PartG nach § 4 Abs. 4 PartGG,[167] wobei die Regelung des § 707c BGB als Referenznorm dient, auf die jeweils umfassend verwiesen wird.[168] Hintergrund ist, dass sich der Gesetzgeber des MoPeG gegen ein Einheits- und stattdessen für das gesonderte Gesellschaftsregister entschieden hat.[169] Diese Entscheidung wurde weitgehend aufgrund der vorangegangenen Probleme mit der GbR im Grundbuch getroffen. Beachtenswert ist in diesem Zusammenhang auch, dass aufgrund der Neuregelungen ein Wechsel zwischen Handels- (oHG, KG), Gesellschafts- (eGbR) und Partnerschaftsregister (PartG) (und umgekehrt) nunmehr **nur im Wege des Statuswechsels erfolgen kann.**[170] 41

---

157) Dazu *Hoger/Lieder*, ZHR 180 (2016), 613; *Recktenwald*, NZG 2024, 3; *Recktenwald*, NZG 2023, 539; *Johannsen-Roth* in: MünchHdb. GesR, Bd. 8, § 42 Rz. 39 ff.; *Hoffmann* in: MünchHdb. GesR, Bd. 6, § 49 Rz. 1 ff.

158) *Hoger/Lieder*, ZHR 180 (2016), 613; *Ege/Klett*, DStR 2010, 2463.

159) Vgl. nur OLG München, Beschl. v. 30.11.2015 – 34 Wx 70/15, ZIP 2016, 269; OLG Oldenburg, Beschl. v. 30.6.2020 – 12 W 23/20 (HR), ZIP 2020, 1865; *Heckschen/Weitbrecht*, GmbHR 2026, 57.

160) Vgl. auch Begr. Fraktionsentwurf UmwBerG, BT-Drucks. 12/6699, S. 80, 136 f.; *Foerster* in: BeckOGK-UmwG, § 190 Rz. 47; Lutter-*Hoger*, UmwG, § 190 Rz. 9; *Heckschen* in: Beck'sches Notar-Hdb., § 24 Rz. 2.

161) Z. B. das Bestehen eines Handelsgewerbes nach § 1 Abs. 2 HGB für die oHG/KG oder das Vorhandensein mindestens eines Komplementärs und eines Kommanditisten bei einer KG.

162) *Krafka* in: BeckOGK-BGB, § 707c Rz. 2; *Kiehnle*, NZG 2023, 1060.

163) Insofern ebenfalls zum Nebeneinander beider Formwechselarten auch im Zuge des MoPeG OLG München, Beschl. v. 22.5.2024 – 34 Wx 71/24 e, BeckRS 2024, 10808; vgl. auch *Lieder*, GmbHR 2024, 897, 898.

164) Krit. zur Bezeichnung als „Rechtsformwechsel" *Runge*, NotBZ 2024, 253, 254; *Lieder*, NotBZ 2024, 361, 362.

165) *Bergmann*, DB 2020, 994, 997; vgl. auch *Herrler* in: MünchHdb. GesR, Bd. 1, § 12 Rz. 1; *Lieder*, NotBZ 2024, 361.

166) Dazu im Detail *Noack/Göbel*, GmbHR 2021, 569 ff.; *Wertenbruch/Alm*, ZPG 2023, 201 ff.

167) Im Überblick zu den jeweiligen „Grundkonstellationen" *Herrler* in: MünchHdb. GesR, Bd. 1, § 12 Rz. 2.

168) *Schäfer* in: MünchKomm-BGB, § 707c Rz. 1; *Krafka* in: BeckOGK-BGB, § 707c Rz. 4.

169) RegE MoPeG, BT-Drucks. 19/27635, S. 2.

170) *DNotI*, DNotI-Report 2024, 121; wohl auch Begr. RegE MoPeG, BT-Drucks. 19/27635, S. 276.

42 Der Begriff des **Statuswechsels** wird in § 707c Abs. 1 Satz 1 BGB legaldefiniert als die „Anmeldung zur Eintragung einer bereits in einem Register eingetragenen Gesellschaft unter einer anderen Rechtsform einer rechtsfähigen Personengesellschaft in ein anderes Register". Der entsprechende Statuswechsel ist dabei ein außerhalb des UmwG bestehender Sonderfall des Formwechsels,[171)] ohne dass es sich jedoch um eine Umwandlung im Rechtssinn handelt.[172)] § 707c BGB bezieht sich **nur** auf den Statuswechsel **in eine eGbR**; nicht hingegen von einer solchen in eine andere Personengesellschaft[173)] oder aber auch in eine nicht-eingetragene GbR.[174)] Die Zulässigkeit und Möglichkeit des rein **faktischen Formwechsels** einer (e)GbR in eine oHG oder umgekehrt, bleibt von den Neuregelungen zum Statuswechsel daneben im Grundsatz unberührt.[175)] Auch in diesem Fall kommt das UmwG weiterhin nicht zur Geltung.[176)] Dies gilt für die „Umwandlung" einer GbR (ggf. als Innengesellschaft) in eine eGbR als Außengesellschaft.[177)] Handelt es sich aber um einen faktischen Formwechsel einer eGbR in eine oHG/KG, gelten gleichwohl die Vorgaben des § 106 Abs. 3–5 HGB, es bedarf also der Anmeldung des eigentlich materiell-rechtlich bereits vollzogenen Statuswechsels in das Gesellschaftsregister der (ehemaligen) eGbR.[178)] Die darauffolgende Eintragung der neuen oHG ins das Handelsregister hat in diesem Fall allerdings – abweichend zum konstitutiven Statuswechsel – nur **deklaratorischen Charakter.**[179)] Der dennoch zumindest registerverfahrenstechnische Gleichlauf zwischen beiden „Arten" des Statuswechsels ist indes zu begrüßen, da andernfalls § 707c BGB und § 106 Abs. 3–5 HGB stückweise ihrer Geltung beraubt worden wären.

43 § 707c BGB beschränkt sich neben der Definition eines Statuswechsels weitgehend auf **verfahrensrechtliche** (registerbezogene) **Vorgaben.**[180)] Geregelt werden Aspekte der Anmeldung des Statuswechsels beim zuständigen (Handels-)Register (sog. **Statuswechselvermerk**) (§ 707c Abs. 2 Satz 1 BGB), das Registerverfahren als solches (§ 707c Abs. 2 Satz 2–5 BGB), das Bestehen von einzelnen Eintragungshindernissen (§ 707c Abs. 3 BGB), den Inhalt der Neueintragung im Gesellschaftsregister (§ 707c Abs. 4 BGB) und Sonderbestimmungen für den Statuswechsel in einen KG (§ 707c Abs. 5 BGB). Registergerichtlich **zuständig** ist für einen Statuswechsel jeweils ein Rechtspfleger bzw. eine Rechtspflegerin.[181)]

---

171) Vgl. Begr. RegE MoPeG, BT-Drucks. 19/27635, S. 138; ebenfalls als „Umwandlung außerhalb des UmwG" bezeichnend Kallmeyer-*Blasche*, UmwG, § 214 Rz. 4; Oetker-*Lieder*, HGB, § 106 Rz. 39; Erman-*Lieder*, BGB, § 707c Rz. 1; Koch-*Kraft*, PersonengesellschaftsR, § 214 Rz. 5; *Lieder*, GmbHR 2024, 897, 898; *Lieder* in: MünchHdb. GesR, Bd. 8, § 2 Rz. 39; ferner *Simons*, AG 2023, 754, 762; zurückhaltender *Lautner*, MittBayNot 2024, 230; zumindest sprachlich unklar *Sanders* in: BeckOGK-HGB, § 106 Rz. 37.

172) *Baschnagel/Hilser*, ZPG 2024, 81, 82.

173) Dies regelt in erster Linie § 106 Abs. 3–5 HGB.

174) *Krafka* in: BeckOGK-BGB, § 707c Rz. 3; *Servatius*, GbR, § 707c BGB Rz. 4; *Wertenbruch/Alm*, ZPG 2023, 201, 203; unter Verweis auf § 107 Abs. 2 Satz 2 HGB auch Erman-*Lieder*, BGB, § 707c Rz. 2.

175) Koch-*Koch/Harnos*, PersonengesellschaftsR, § 707c BGB Rz. 3; Ebenroth/Boujong-*Born*, HGB, § 106 Rz. 56; *Wertenbruch/Alm*, ZPG 2023, 201, 203; *Lautner*, MittBayNot 2024, 230, 232.

176) Vgl. bereits BGH, Urt. v. 19.5.1960 – II ZR 72/59, NJW 1960, 1664; zuletzt auch (zur nicht-eingetragenen GbR) *DNotI*, DNotI-Report 2024, 89, 91.

177) *Noack* in: MünchHdb. GesR, Bd. 1, § 56 Rz. 35.

178) Begr. RegE MoPeG, BT-Drucks. 19/27635, S. 136 f.; *Schäfer* in: MünchKomm-BGB, § 707c Rz. 5.

179) Oetker-*Lieder*, HGB, § 106 Rz. 40; Ebenroth/Boujong-*Born*, HGB, § 106 Rz. 56; *Wertenbruch/Alm*, ZPG 2023, 201, 203; Röhricht/Graf v. Westphalen/Haas/Mock/Wöstmann-*Haas/Wöstmann*, HGB, § 106 Rz. 22.

180) OLG München, Beschl. v. 22.5.2024 – 34 Wx 71/24 e, BeckRS 2024, 10808; *Schäfer* in: MünchKomm-BGB, § 707c Rz. 5; *Lautner*, MittBayNot 2024, 230, 231; *Herrler* in: MünchHdb. GesR, Bd. 1, § 12 Rz. 1; *Lieder*, GmbHR 2024, 897, 898; *Lieder*, NotBZ 2024, 361, 362; *Heckschen/Weitbrecht*, GmbHR 2026, 57, 64.

181) Koch-*Koch/Harnos*, PersonengesellschaftsR, § 707c BGB Rz. 5, § 106 Rz. 16; *Lieder*, GmbHR 2024, 897, 902; *Servatius*, GbR, § 707c BGB Rz. 8.

Insgesamt **ähnelt** der konstitutive Statuswechsel zwischen Personengesellschaften und dessen Verfahren durchaus stark dem bestehenden **Formwechselrecht des UmwG** unter Beteiligung von Personengesellschaften.[182)] So sind insbesondere die Rechtsfolgen eines jeweiligen Formwechsels identisch, nämlich die **Identität des Rechtsträgers** und der Gesellschafter bei mangelnder Vermögensübertragung.[183)] Zudem kommt es zur (Gründungs-) Prüfung durch das Gericht des Zielrechtsträgers,[184)] einer vorherigen Anmeldung des Statuswechsels beim Ausgangsregister,[185)] sowie der Eintragung eines vorläufigen Statuswechselvermerks.[186)] Auch stellt ein geplanter Statuswechsel in eine andere Personengesellschaft regelmäßig eine Grundlagenänderung der Gesellschaft dar, sodass es der **Zustimmung der Gesellschafter** bedarf.[187)] Als Kernprinzip des Personengesellschaftsrechts gilt hier grundsätzlich das Erfordernis der Einstimmigkeit, wenngleich in Anlehnung an § 217 Abs. 1 Satz 2, 3 auch eine gesellschaftsvertragliche ¾-Mehrheit wirksam vereinbart werden kann.[188)] Dies würde auch mit dem Analogieverbot des § 1 Abs. 2 im Einklang stehen (siehe auch Rz. 59). Notfalls wäre eine analoge Anwendung des § 732 BGB denkbar, der ebenfalls eine mindestens ¾-Mehrheit vorgibt.[189)] Eine **bedeutende Abweichung** des Statuswechsels im Vergleich zum umwandlungsrechtlichen Formwechsels besteht aber dergestalt, dass – anders als die zwingende Doppelanmeldung nach § 198 Abs. 2 Satz 2, 3[190)] – gemäß § 707c Abs. 2 Satz 3 BGB beim Statuswechselverfahren nur eine **Registeranmeldung** der Gesellschaft erforderlich ist und das Register des Ausgangsrechtsträgers das Verfahren dann an das zukünftige Register des Zielrechtsträgers abgibt.[191)] 44

d) „Zulegung" und „Zusammenlegung" von Stiftungen

Im Zuge der Stiftungsrechtsreform[192)] sind seit Juli 2023 die Regelungen in den §§ 86–86i BGB n. F.[193)] über die „Zulegung" und „Zusammenlegung" von Stiftungen in Kraft.[194)] Hierbei handelt es sich um besondere, stiftungsrechtliche Verfahren,[195)] die jeweils mit einer umwandlungsrechtlichen Verschmelzung nach dem UmwG vergleichbar sind. Auch hinsichtlich der Systematik und Terminologie orientieren sich die **§§ 86 ff. BGB** am be- 45

182) In diesem Sinne Koch-*Koch/Harnos*, PersonengesellschaftsR, § 707c BGB Rz. 1; *Heckschen/Knaier* in: Westermann/Wertenbruch, Hdb. Personengesellschaften, § 9 Rz. 229k; *Heckschen/Nolting*, BB 2021, 2946, 2953; *Enders* in: BeckOK-BGB, § 707c Rz. 17.

183) Oetker-*Lieder*, HGB, § 106 Rz. 40; *Schäfer* in: MünchKomm-BGB, § 707c Rz. 4; Koch-*Koch/Harnos*, PersonengesellschaftsR, § 707c BGB Rz. 1; *Lieder*, GmbHR 2024, 897, 903; unklar hingegen *Herrler* in: MünchHdb. GesR, Bd. 1, § 12 Rz. 1.

184) Im umwandlungsrechtlichen Kontext vgl. § 197 Satz 1.

185) Im umwandlungsrechtlichen Kontext vgl. § 198 Abs. 2 Satz 3; s. a. OLG München, Beschl. v. 22.5.2024 – 34 Wx 71/24 e, BeckRS 2024, 10808.

186) Im umwandlungsrechtlichen Kontext vgl. § 198 Abs. 2 Satz 4.

187) Oetker-*Lieder*, HGB, § 106 Rz. 40; Erman-*Lieder*, BGB, § 707c Rz. 3; *Schäfer* in: MünchKomm-BGB, § 707c Rz. 3; *Heckschen/Nolting*, BB 2021, 2946, 2953.

188) Oetker-*Lieder*, HGB, § 106 Rz. 40; Erman-*Lieder*, BGB, § 707c Rz. 3; *Schäfer* in: MünchKomm-BGB, § 707c Rz. 3.

189) Ansprechend auch *Schäfer* in: MünchKomm-BGB, § 707c Rz. 3.

190) Vgl. nur Semler/Stengel/Leonard-*Schwanna*, UmwG, § 198 Rz. 4.

191) Vgl. Begr. RegE MoPeG, BT-Drucks. 19/27635, S. 137; zur insofern bestehenden Vorteilhaftigkeit des Statuswechsels *Heckschen/Knaier* in: Westermann/Wertenbruch, Hdb. Personengesellschaften, § 9 Rz. 229m; *Krafka* in: BeckOGK-BGB, § 707c Rz. 10; *Sanders* in: BeckOGK-HGB, § 106 Rz. 38.

192) Gesetz zur Vereinheitlichung des Stiftungsrechts und zur Änderung des Infektionsschutzgesetzes, v. 16.7.2021, BGBl. I 2021, 2947.

193) Speziell dazu *Bieniek*, SB 2023, 187; *Burgard/Heimann*, ZIP 2024, 1989; *Cranshaw*, npoR 2024, 93; *Lingelbach*, ZStV 2024, 121; *Schauer*, ZEV 2022, 512.

194) Systematisch krit. zu diesen *Burgard/Heimann*, ZIP 2024, 1989.

195) Erman-*Wiese*, BGB, § 86 Rz. 1; Henssler/Strohn-*Heuel*, GesR, § 86 BGB Rz. 2.

stehenden UmwG.[196] Hintergrund der Neuregelungen ist dabei auch, dass die Verschmelzungsfähigkeit von Stiftungen bislang nicht im UmwG geregelt ist und sie daher von einer Beteiligung an einer Verschmelzung ausgeschlossen sind,[197] was vor allem daran lag, dass bei einer Stiftung die zu beteiligenden Anteilsinhaber als solche nicht vorhanden sind.[198] Dies bedeutet allerdings nicht, dass Regularien außerhalb des UmwG nicht zulässig wären, da die §§ 86a ff. BGB von § 1 Abs. 2 erfasste Normen eines „Bundesgesetzes" sind.[199] Im UmwG geregelt ist weiterhin nur, dass **übertragende Rechtsträger einer Ausgliederung** nach § 123 Abs. 3 auch eine Stiftung sein kann (vgl. § 124 Abs. 1, §§ 161 ff.). Da § 161 aber nur Stiftungen i. S. der §§ 80 ff. BGB umfasst, sind Stiftungen des öffentlichen Rechts wiederum ausgeschlossen.[200] Insofern ist weitergehend auch ein Formwechsel von einer rechtsfähigen Stiftung des öffentlichen Rechts zu einer solchen des bürgerlichen Rechts mangels Rechtsgrundlage unzulässig.[201]

46 Trotz der Ähnlichkeit zur Verschmelzung hat sich der Gesetzgeber **bewusst gegen eine Regelung** der Zulegung und Zusammenlegung von Stiftungen **im UmwG entschieden.**[202] Vielmehr regelt er mit einer Erweiterung des BGB-Stiftungsrechts in den §§ 86 ff. BGB das Verfahren der entsprechenden Strukturmaßnahme dort abschließend. In der Praxis kommt das Verfahren einer Zu- oder Zusammenlegung von Stiftungen vor allem dann Betracht, wenn die übertragende Stiftung aufgrund ihrer Vermögens- und Ertragslage ihren Stiftungszweck nur noch bedingt verfolgen kann und somit zu deren zweckbezogenen Fortführung einer „Partnerstiftung" bedarf.[203] § 86 BGB (Zulegung) und § 86a BGB (Zusammenlegung) sind dabei als **Parallelregelungen** ausgestaltet und entsprechen sich inhaltlich weitgehend.[204] Der Unterschied zwischen beiden besteht darin, dass eine Zusammenlegung nicht von einer zumindest partiellen Zweckidentität abhängig gemacht wird, da durch die Zusammenlegung ohnehin eine neue Stiftung mit einem neuen Zweck entsteht.[205]

47 Bei der **Zusammenlegung** übertragen zwei oder mehrere Stiftungen (sog. übertragende Stiftungen) ihr Vermögen auf eine neu zu errichtende Stiftung (sog. übernehmende Stiftung) im Wege der Gesamtrechtsnachfolge, wodurch wiederum die Vollbeendigung der übertragenden Stiftungen eintritt (§ 86f Abs. 2 BGB).[206] Die entsprechende Zusammen-

196) *Winkler* in: NK-StiftR, § 86 BGB Rz. 10.

197) *Drinhausen/Keinath* in: BeckOGK-UmwG, § 3 Rz. 8; Kallmeyer-*Oppenhoff*, UmwG, § 3 Rz. 2; *Sagasser/Luke* in: Sagasser/Bula, Umwandlungen, § 9 Rz. 25.

198) *Leuering* in: KölnKomm-UmwG, § 161 Rz. 2; *Lieder* in: MünchHdb. GesR, Bd. 8, § 29 Rz. 394; *Winkler* in: NK-StiftR, § 86 BGB Rz. 12.

199) In diesem Sinne *Cranshaw*, npor 2024, 93, 95.

200) *Verse* in: BeckOGK-UmwG, § 124 Rz. 23; *Leuering* in: KölnKomm-UmwG, § 161 Rz. 8; mangels Anpassung des § 161 durch das MoPeG bleibt die Ausgliederung einer Stiftung auf eine eGbR jedoch unzulässig, vgl. *Runge*, NotBZ 2024, 253, 254.

201) Explizit BAG, Urt. v. 21.3.2024 – 2 AZR 113/23, BB 2024, 1278; LAG München, Urt. v. 8.3.2023 – 11 Sa 343/22, BeckRS 2023, 16352; diff. in Abhängigkeit von bestehenden landesrechtlichen Regelungen *Cranshaw*, npor 2024, 93, 97; klarer hingegen *Burgard*, npoR 2025, 124, 132, in Bezug auf einen Statusfeststellungsbescheid des Bayerischen Staatsministeriums für Wissenschaft und Kunst vom 2.9.2024.

202) Begr. RegE StiftRVEG, BT-Drucks. 19/28173, S. 69; *Weitemeyer* in: MünchKomm-BGB, § 86 Rz. 1; für eine (teilweise) Regelung im UmwG hingegen *Orth*, ZStV 2020, 81; *Schauer*, npoR 2021, 35, 37.

203) *Burgard/Heimann*, ZIP 2024, 1989, 1995; vgl. auch *Cranshaw*, npor 2024, 93, 99; *Winkler* in: NK-StiftR, § 86 BGB Rz. 7; *Leuering* in: KölnKomm-UmwG, § 3 Rz. 50; zur Problematik jedoch auch *Lingelbach*, ZStV 2024, 121, 122.

204) *Winkler* in: NK-StiftR, § 86 BGB Rz. 5.

205) Ferner zu den Gemeinsamkeiten und Unterschieden *Winkler* in: NK-StiftR, § 86 BGB Rz. 20 f.

206) Vgl. auch *Burgard/Heimann*, ZIP 2024, 1989; *Schauhoff/Mehren*, NJW 2021, 2993, 2998; *Winkler* in: NK-StiftR, § 86 BGB Rz. 3; *Weitemeyer* in: MünchKomm-BGB, § 86 Rz. 3; bereits vor der Reform ausführlich *Schauer*, Die Zusammenführung rechtsfähiger Stiftungen.

legung ähnelt damit einer Verschmelzung durch Neugründung i. S. des § 2 Nr. 2.[207] Die Zulegung ist hingegen eher mit Verschmelzung durch Aufnahme nach § 2 Nr. 1 vergleichbar.[208]

In den §§ 86b ff. BGB sind das **Verfahren** (§§ 86b–86e BGB), die Wirkungen (§ 86f BGB), der Gläubigerschutz (§§ 86g f. BGB) und die Publizität (§ 86i BGB) einer Zulegung und Zusammenlegung von Stiftungen normiert. Die neue Stiftung entsteht durch den Zu- oder Zusammenlegungsvertrag (§ 86b Abs. 1 BGB) mit vorgegebenen Mindestinhalt (vgl. § 86c Abs. 1, 2 BGB) und dessen Genehmigung durch die zuständige Behörde. Anders als bei den Umwandlungsvorgängen nach dem UmwG bedarf das entsprechende Grundlagendokument aber nicht der notariellen Form, sondern Schriftform ist ausreichend (§ 86d BGB). Seit dem 1.1.2026 hat bei einer Zulegung zudem der Vorstand der übernehmenden Stiftung das Erlöschen der übertragenden Stiftung nach § 86f Abs. 1 BGB zur Eintragung in das Stiftungsregister anzumelden, sobald die **behördliche Genehmigung** des Zulegungsvertrags unanfechtbar geworden ist (§ 86i Abs. 1 Satz 1 BGB i. V. m. § 7 Abs. 1 StiftRG).[209] Basierend auf dem Grundlagencharakter einer Zu- oder Zusammenlegung von Stiftungen wird in Anlehnung an § 13 Abs. 1, § 163 ferner vertreten, dass es der zustimmenden Beschlussfassung des für Grundlagenänderungen zuständigen Organs bedarf, was satzungsdispositiv in der Regel dem Stiftungsvorstand obliegt.[210] Schließlich sind sowohl bei einer Zulegung als auch einer Zusammenlegung den Gläubigern der beteiligten Stiftungen Sicherheiten zu leisten (vgl. § 86h BGB), wobei das Procedere große Ähnlichkeiten zur umwandlungsrechtlichen Regelung des § 22 Abs. 1 besitzt.[211] 48

e) Aktienrechtliche Ein- und Ausgliederung

Neben Umwandlungen kennt vor allem das AktG weitere Strukturmaßnahmen mit vergleichbarem Grundlagencharakter, die im wirtschaftlichen Ergebnis einer Umwandlung nahekommen.[212] Dies sind zunächst die aktienrechtlichen Eingliederungsbestimmungen der §§ 319 ff. AktG, welche die Voraussetzungen der **Eingliederung** und das Eingliederungsverfahren regeln und dabei zwischen der Eingliederung einer 100%igen Tochter (§ 319 AktG) und der Eingliederung durch Mehrheitsbeschluss (§§ 320–320b AktG) differenzieren, wobei letztere Variante das Ausscheiden der Minderheitsaktionäre und den Übergang der Aktien auf die Hauptgesellschaft zur Folge hat.[213] Generell bewirkt die Eingliederung, dass mit deren Eintragung in das Handelsregister alle Aktien, die sich nicht in der Hand der Hauptgesellschaft befinden, auf diese übergehen (§ 320a Satz 1 AktG). Auch ansonsten besteht ein durchaus mit einer Verschmelzung nach dem UmwG vergleichbares Verfahren. 49

Eine (annähernd) **vollständige Vermögensübertragung** einer AG auf einen anderen Rechtsträger, ohne dass diese eine Verschmelzung oder insbesondere Spaltung in Form der Aus- 50

207) Henssler/Strohn-*Heuel*, GesR, § 86a BGB Rz. 1; *Vieweg* in: jurisPK-BGB, § 86a Rz. 1; *Burgard/Heimann*, ZIP 2024, 1989.

208) Henssler/Strohn-*Heuel*, GesR, § 86 BGB Rz. 3; *Burgard/Heimann*, ZIP 2024, 1989; *Cranshaw*, npor 2024, 93, 94; *Winkler* in: NK-StiftR, § 86 BGB Rz. 11; Häming, npoR 2025, 244; einschränkend *Lingelbach*, ZStV 2024, 121.

209) Vgl. *Kirchhain* in: Schauhoff/Mehren, Stiftungsrecht nach der Reform, Kap. 9 Rz. 105; *Lorenz/Fassin*, NJW 2025, 1526, 1527.

210) *Burgard/Heimann*, ZIP 2024, 1989, 1996; *Orth*, ZStV 2020, 81, 88; *Winkler* in: NK-StiftR, § 86 BGB Rz. 11.

211) *Stürner* in: BeckOK-BGB, § 86h Rz. 1; *Winkler* in: NK-StiftR, § 86h BGB Rz. 3; *Cranshaw*, npor 2024, 93, 96.

212) Vgl. *Lutter/Leinekugel*, ZIP 1999, 261.

213) Emmerich/Habersack-*Habersack*, Aktien- und GmbH-Konzernrecht, § 319 AktG Rz. 2.

gliederung nach dem UmwG darstellt, ist weiterhin in **§ 179a AktG** adressiert. Danach bedarf solch eine Vermögensübertragung vergleichbar wie bei Umwandlungsmaßnahmen eines qualifizierten Hauptversammlungsbeschlusses der Aktionäre der übertragenden AG (§ 179a Abs. 1 Satz 1 AktG). Aufgrund der im wirtschaftlichen Ergebnis bestehenden Ähnlichkeit zur umwandlungsrechtlichen Ausgliederung wurde teilweise vorgebracht, dass einzelne **Schutzvorschriften** des UmwG analog/entsprechend auf Maßnahmen des § 179a AktG anzuwenden seien.[214)] Diese Ansicht hat sich jedoch nicht durchsetzen können.[215)] Auch ansonsten hat die Bedeutung der Norm nachgelassen, da mittlerweile gerichtlich geklärt ist, dass sie nicht analog für die GmbH[216)] oder andere kapitalmarktorientierte Personengesellschaften[217)] gilt. Inwiefern daneben § 179a AktG auch auf einen (bedeutende) Beteiligungserwerb Anwendung findet,[218)] ist ein anderes Thema und bedarf hier keiner tiefergehenden Auseinandersetzung.

51 Ferner bleibt die vormals als **„klassische Ausgliederung"** bezeichnete Einzelrechtsnachfolge i. R. einer annähernd vollständigen Vermögensübertragung, die z. B. im Holzmüller-Fall[219)] zugrunde lag, zulässig, unterliegt aber auch weiterhin der Hauptversammlungszuständigkeit (zur ggf. analogen Anwendung einzelnen Umwandlungsvorschriften in diesem Fall im Hinblick auf das Analogieverbot des § 1 Abs. 2 siehe Rz. 59).[220)]

f) Umwandlungen supranationaler Rechtsformen

52 Wie bereits erläutert (siehe Rz. 31), sperrt das UmwG grundsätzlich nicht die Möglichkeit der Durchführung von (vergleichbaren) Strukturmaßnahmen außerhalb des Gesetzes. Schon aufgrund europäischer Verpflichtungen muss dies erst recht für Umwandlungsvorgänge supranationaler Rechtsformen gelten. Wie dabei das Verhältnis i. S. eines **Geltungsvorrangs** der in den jeweiligen EU-Verordnungen geregelten Umwandlungsmaßnahmen zu denen des UmwG mit Beteiligung einer supranationalen Rechtsform ist, hängt davon ab, inwiefern die europäischen Vorgaben als abschließend zu betrachten sind. Hierzu kann auf die bereits oben (siehe Rz. 15 f.) erfolgten Ausführungen zur Umwandlungsfähigkeit supranationaler Rechtsformen verwiesen werden. Dies gilt auch für die im März 2026 von der EU-Kommission vorgebrachte „EU Inc", die sowohl durch innerstaatliche oder grenzüberschreitende Umwandlung nach dem jeweils nationalen Umwandlungsrecht entstehen können (vgl. Art. 3 lit. d VO-Entwurf), als auch ansonsten umwandlungsfähig sein soll (vgl. Art. 41 VO-Entwurf).

III. Erfasste Umwandlungsfälle (§ 1 Abs. 2)

53 Gemäß § 1 Abs. 2 ist eine Umwandlung nach dem UmwG außer in den gesetzlichen bestimmten Fällen nur möglich, wenn sie durch ein anderes Bundes- oder Landesgesetz ausdrücklich vorgesehen ist. Entsprechend des im Gesellschaftsrecht geltenden Typenzwangs ist die Aufzählung der Umwandlungsarten somit **abschließend**.[221)] Zwar wurde i. R. des Gesetzgebungsverfahrens noch die Streichung des § 1 Abs. 2 diskutiert, vor allem die Erfahrungen mit Umwandlungen in der Endphase der DDR und in den neuen Bundes-

---

214) So insb. *Lutter/Leinekugel*, ZIP 1998, 805, 806.

215) Im Detail *Koch*, AktG, § 179a Rz. 26 m. w. N.; s. a. *Holzborn* in: BeckOGK-AktG, § 179a Rz. 51.

216) BGH, Urt. v. 8.1.2019 – II ZR 364/18, ZIP 2019, 1796.

217) BGH, Urt. v. 15.2.2022 – II ZR 235/20, ZIP 2022, 746.

218) Jüngst im Grundsatz bejahend *Fleischer*, DB 2025, 1879, 1880; außerhalb der Holzmüller-/Gelatine-Grundsätze abl. *Bungert* in: MünchHdb. GesR, Bd. 4, § 35 Rz. 79.

219) BGH, Urt. v. 25.2.1982 – II ZR 174/80 (Holzmüller), BGHZ 83, 122 = ZIP 1982, 568.

220) Vgl. *Priester*, ZHR 163 (1999), 187, 203; *Joost*, ZHR 163 (1999), 164, 185.

221) Begr. Fraktionsentwurf UmwBerG, BT-Drucks. 12/6699, S. 80.

ländern ließen aus Gründen der Rechtssicherheit die Beibehaltung des Analogieverbots dennoch seinerzeit als vorzugswürdig erscheinen.[222)]

§ 1 Abs. 2 soll zum einen den umwandlungsrechtlichen **numerus clausus** sicherstellen, wonach die sukzessionsrechlichen Vorteile nur dort gewährt werden, wo dies vom UmwG vorgesehen ist.[223)] Zum anderen bestimmt die Norm ein **Analogieverbot** im Hinblick auf die beteiligungsfähigen Rechtsträger einer Umwandlung.[224)] § 1 Abs. 2 dient dabei der Rechtssicherheit und Vorhersehbarkeit umwandlungsrechtlicher Maßnahmen,[225)] bewirkt andererseits aber auch eine gewisse Einschränkung unternehmerischer Flexibilität und Gestaltungsfreiheit im Hinblick auf Unternehmensstrukturierungen, indem ggf. vorteilhaftere Strukturmaßnahmen vom UmwG ausgeschlossen werden. Aber auch aus Perspektive der Betroffenen lässt sich kritisch anmerken, dass durch eine Verengung der Umwandlungsmöglichkeiten deren Schutz beeinträchtigt wird, da anderweitige Vorschriften möglicherweise nicht denselben Schutzstandard gewährleisten wie das UmwG. 54

1. Numerus Clausus der Umwandlungsfälle

§ 1 Abs. 2 bestimmt, dass eine Umwandlung nach dem UmwG nur in den ausdrücklich im Gesetz normierten Fällen zulässig ist. Es besteht damit ein **„geschlossener Kreis** (numerus clausus) **der Umwandlungsmöglichkeiten“**.[226)] Dadurch soll eine entsprechende Anwendung der Normen des UmwG auf Rechtsträger, die das Gesetz bewusst aus dem Kreis der umwandlungsfähigen Rechtsträger ausgeschlossen hat, verhindert werden.[227)] Ebenfalls wird damit die privatautonome Schaffung neuer Umwandlungsformen im Grundsatz ausgeschlossen.[228)] Durch den numerus clausus wird vom Gesetzgeber bewusst eine Einschränkung der Gestaltungsfreiheit und damit Privatautonomie im umwandlungsrechtlichen Kontext vorgenommen. 55

Bezugspunkt der begrenzten Umwandlungsmöglichkeiten nach § 1 Abs. 2 sind Umwandlungen „im Sinne des Absatzes 1 […] **in diesem Gesetz**“. Das bedeutet, dass sich der numerus clausus nur auf die im Gesetz geregelten Umwandlungsarten bezieht und diese nicht erweitert werden dürfen.[229)] Nur diesbezüglich sind die in § 1 Abs. 1 Nr. 1–4 aufgezählten Umwandlungsarten abschließend.[230)] Andere (faktische) Umwandlungsmöglichkeiten außerhalb des UmwG werden durch § 1 Abs. 2 nicht ausgeschlossen.[231)] Dies gilt z. B. für (Sach-)Einbringungsvorgänge im Wege der Einzelrechtsnachfolge[232)] oder die allgemeinen zivilrechtlichen Anwachsungsvorgänge.[233)] In diesen Fällen müssen die Vorgaben des UmwG grundsätzlich nicht beachtet werden.[234)] Voraussetzung ist aber, dass die jeweilige außer- 56

222) *Neye*, ZIP 1994, 917, 920.

223) OLG Stuttgart, Beschl. v. 14.10.2010 – 20 W 16/06, ZIP 2010, 2404.

224) Insofern zum „doppelten Regelungsgehalt“ des § 1 Abs. 2 *Schnorbus*, DB 2001, 1654, 1660.

225) Vgl. BGH, Urt. v. 15.3.2013 – V ZR 156/12, WM 2013, 989; *Maulbetsch/Rebel* in: HK-UmwG, § 1 Rz. 14.

226) Begr. Fraktionsentwurf UmwBerG, BT-Drucks. 12/6699, S. 80.

227) Semler/Stengel/Leonard-*Stengel*, UmwG, § 1 Rz. 58.

228) *Dauner-Lieb/Gadomski* in: KölnKomm-UmwG, § 1 Rz. 39; eingehend zur Geschichte des umwandlungsrechtlichen Typenzwangs *Mertens*, Umwandlungen und Universalsukzessionen, S. 38 ff.

229) *Bungert*, NZG 1998, 367, 368; *Kallmeyer*, DB 1995, 81, 83.

230) Vgl. Begr. Fraktionsentwurf UmwBerG, BT-Drucks. 12/6699, S. 80.

231) OLG Frankfurt/M., Beschl. v. 25.8.2003 – 20 W 354/02, ZIP 2004, 1458.

232) H. M., vgl. nur LG Hamburg, Urt. v. 21.1.1997 – 402 O 122/96, AG 1997, 238; *Bayer*, ZIP 1997, 1613, 1625; Kallmeyer-*Oppenhoff*, UmwG, § 1 Rz. 17; a. A. LG Karlsruhe, Beschl. v. 6.11.1997 – O 43/97 KfH I, ZIP 1998, 385.

233) *Priester*, DStR 2005, 788; vgl. auch OLG Frankfurt/M., Beschl. v. 25.8.2003 – 20 W 354/02, GmbHR 2003, 1358.

234) Vgl. Begr. Fraktionsentwurf UmwBerG, BT-Drucks. 12/6699, S. 80.

halb des UmwG zu vollziehende Strukturmaßnahme auch gesetzlich überhaupt vorgesehen ist.[235)]

57 Im Grundsatz unschädlich ist weiterhin eine Zusammenfassung von mehreren Umwandlungen in einem einheitlichen Vorgang **(Mischumwandlung)**.[236)] Gleiches gilt für die **Kombination** von Umwandlungsvorgängen. Zulässig sind daher nach h. M. mehrere hintereinandergeschaltete Umwandlungen, insbesondere sog. **Kettenumwandlungen** oder **Mehrfachumwandlungen.**[237)] Zuletzt hat der BGH auch, ohne die Frage zu problematisieren, die Kombination von Abspaltung und Ausgliederung für zulässig erklärt.[238)] Dies geschieht in der Weise, dass ein Teil der Anteile an dem übernehmenden Rechtsträger den Anteilsinhabern des übertragenden Rechtsträgers, der andere Teil dagegen dem übertragenden Rechtsträger selbst gewährt wird.[239)] Auch eine Kombination von Elementen der Aufspaltung und der Ausgliederung ist dergestalt denkbar, dass sämtliche Vermögensteile des übertragenden Rechtsträgers auf den übernehmenden Rechtsträger übergehen, und zwar gegen Gewährung von Anteilen des übernehmenden Rechtsträgers an den übertragenden Rechtsträger.[240)]

58 Zudem besteht ein Vorbehalt zugunsten einer in einem anderen **Bundesgesetz** oder einem **Landesgesetz** bestimmten Umwandlungsart wie solchen des § 1 Abs. 1. Der numerus clausus zeitigt daher **keinen absoluten Vorrang** vor anderen Gesetzen, was die Möglichkeit von Umwandlungsmaßnahmen anbelangt. Weiterhin möglich ist daher z. B. die landesrechtliche Vereinigungen von Sparkassen als öffentliche-rechtliche Anstalten[241)] oder die Zusammenlegung von Stiftungen nach den §§ 86a ff. BGB, selbst wenn damit ebenfalls eine Gesamtrechtsnachfolge verbunden ist.

2. Analogieverbot

59 Der numerus clausus der Umwandlungsfälle wird durch ein ebenfalls in § 1 Abs. 2 geregeltes Analogieverbot ergänzt. Wie der numerus clausus (siehe Rz. 55) ist dabei auch das Analogieverbot als Grenze der unternehmerischen Gestaltungsfreiheit und damit der Privatautonomie im umwandlungsrechtlichen Kontext einzustufen.[242)] Zu beachten ist jedoch, dass sich das Analogieverbot nur auf die Anwendung umwandlungsgesetzlicher Regelungen **auf außerhalb des Gesetzes bestimmte Strukturmaßnahmen bezieht.** Bestimmungen innerhalb des UmwG können daher durchaus analogiefähig sein und auf andere durch das Gesetz bestimmte Sachverhalte zur Anwendung kommen.[243)] Die Anwendung umwandlungsrechtlicher Verfahrensvorschriften auf nicht-umwandlungsrechtliche Sachver-

235) *Maulbetsch/Rebel* in: HK-UmwG, § 1 Rz. 12; Widmann/Mayer-*Heckschen*, UmwR, § 1 UmwG Rz. 406.4.

236) *Lieder* in: MünchHdb. GesR, Bd. 8, § 4 Rz. 11; *Böttcher* in: NK-UmwG, § 1 Rz. 48 f.; Widmann/Mayer-*Heckschen*, UmwR, § 1 UmwG Rz. 406.1 f.; a. A. Schmitt/Hörtnagl-*Hörtnagl*, UmwG/UmwStG, § 1 UmwG Rz. 65; als problematisch erachtend Semler/Stengel/Leonard-*Stengel*, UmwG, § 1 Rz. 69.

237) OLG Hamm, Beschl. v. 19.12.2005 – 15 W 377/05, GmbHR 2006, 255; Widmann/Mayer-*Heckschen*, UmwR, § 1 UmwG Rz. 406.5; Semler/Stengel/Leonard-*Stengel*, UmwG § 1 Rz. 69; *Knaier*, NZG 2025, 893, 897 (Urteilsanm.); i. Erg. auch *Wicke* in: BeckOGK-UmwG, § 5 Rz. 132 ff.; ausf. zu sog. Kettenumwandlungen, *Redler*, Kettenumwandlungen.

238) BGH, Urt. v. 23.2.2021 – II ZR 65/19, ZIP 2021, 738.

239) *Kallmeyer*, DB 1995, 81, 83.

240) *Kallmeyer*, DB 1995, 81, 83; a. A. *Mayer*, DB 1995, 861.

241) BGH, Beschl. v. 19.9.2023 – II ZB 15/22, ZIP 2023, 2356; vgl. auch OLG Brandenburg, Beschl. v. 16.2.2009 – 3 U 49/08, BeckRS 2009, 22143.

242) Krit. zum Analogieverbot des § 1 Abs. 2 *Arbeitskreis Umwandlungsrecht*, ZGR 1993, 321, 322; vgl. bereits zuvor *K. Schmidt*, ZGR 1990, 580, 590 f.

243) Vgl. nur *Schnorbus*, DB 2001, 1654, 1660.

halte ist aufgrund des Analogieverbots hingegen weitestgehend ausgeschlossen.[244)] So können z. B. die Bestimmungen des UmwG nicht auf die Vereinigung von Sparkassen herangezogen werden, auch wenn der numerus clausus des § 1 Abs. 2 diesem Vorgang nicht entgegensteht.[245)]

Eine konkretisierende Ausprägung des Analogieverbots findet sich speziell für formwechselnde Umwandlungen in § 190 Abs. 2.[246)] Denn ein **identitätswahrender Formwechsel** liegt nicht nur bei einer Umwandlung gemäß §§ 1 Abs. 1 Nr. 4, 190 Abs. 1 vor, sondern kann sich auch kraft gesetzlicher Vorschriften außerhalb des UmwG vollziehen.[247)] Auf sonstige Änderungen der Rechtsform findet das UmwG daher grundsätzlich keine Anwendung. Dieser Grundsatz findet indes dort seine Grenzen, wo vor allem **aufgrund europäischer Vorgaben** eine weitgehende Anwendung nationalen Umwandlungsrechts **geboten** ist, also insbesondere in Bezug auf den grenzüberschreitenden Formwechsel einer bzw. in eine Personengesellschaft (siehe auch Einl. Rz. 189 [*Stiegler*]). 60

Gleichwohl ist das Analogieverbot nicht absolut. Vor allem dort, wo spürbare **Regelungs- und Schutzlücken außerhalb des UmwG** bestehen und insbesondere zum Schutz von Minderheitsgesellschaftern eine entsprechende Anwendung von Regelungen des Gesetzes zwingend erforderlich ist, wird das Analogieverbot aufgeweicht.[248)] Voraussetzung ist jedoch auch in diesem Fall, dass es sich rechtsmethodisch überhaupt um eine Analogie handelt, also eine **unbewusste Lücke im Gesetz** vorliegt. Indes stehen aber auch **gewollte Regelungslücken** einem Analogieschluss nicht grundsätzlich entgegen, sondern eine bewusste Nichtregelung eines Sachverhalts ist vielmehr lediglich als Vermutung für die Planmäßigkeit einer Lücke zu werten.[249)] Gleiches gilt für die nicht zwingende Analogiefeindlichkeit von Ausnahmeregelungen.[250)] In der Praxis wird eine Analogie mangels Vorliegens einer konkreten Regelungslücke gleichwohl zumeist scheitern. Neuen Aufwind brachte diesbezüglich hingegen die **liberale EuGH-Rechtsprechung** zu grenzüberschreitenden Umwandlungsvorgängen (siehe auch Rz. 25 f.), wo eine analoge Anwendung der einzige Weg schien, um den europäischen Vorgaben hinreichend nachzukommen. Dies gilt wohl auch jetzt noch in Bezug auf eine grenzüberschreitende Umwandlung unter Beteiligung einer Personengesellschaft. 61

Umfangreich diskutiert wurde die Geltung des Analogieverbots des § 1 Abs. 2 bei der mit einer Spaltung vergleichbaren **Einbringung im Wege der Einzelrechtsnachfolge**. Als umwandlungsrechtliches Äquivalent unterliegt eine solche – und dies wird häufig als deren Vorteil betrachtet – weniger strengen Schutzvorschriften, insbesondere zum Nachteil von Minderheitsgesellschaftern. Insofern kommt die Frage auf, ob die Vorschriften des UmwG nicht **analog** hierfür zur Anwendung kommen müssen, um ein gleichwertiges Schutzniveau herzustellen. Dem steht nach h. M. auch das **Analogieverbot nicht zwingend entgegen**.[251)] Inwieweit man nun die Vorschriften der Ausgliederung im Detail auf eine Einbringung im Wege der Einzelrechtsnachfolge anzuwenden hat, ist sowohl in Rechtsprechung als auch 62

244) LG München I, Urt. v. 8.6.2006 – 5 HK O 5025/06, ZIP 2006, 2036; *Paefgen*, ZHR 172 (2008), 42, 69; *Flume* in: KölnKomm-UmwG, Einl. B Rz. 29.

245) BGH, Beschl. v. 19.9.2023 – II ZB 15/22, ZIP 2023, 2356.

246) Begr. Fraktionsentwurf UmwBerG, BT-Drucks. 12/6699, S. 137.

247) OLG München, Beschl. v. 30.11.2015 – 34 Wx 70/15, ZIP 2016, 269.

248) Vgl. OLG Stuttgart, Beschl. v. 14.10.2010 – 20 W 16/06, ZIP 2010, 2404; *Priester*, ZHR 163 (1999), 187, 192; *Hoger/Lieder*, ZHR 180 (2016), 613, 634.

249) *Maus*, ZfPW 2023, 25, 34.

250) Allg. *Säcker* in: MünchKomm-BGB, Einl. BGB Rz. 123 ff.; *Würdinger*, AcP 206 (2006), 946, 957.

251) *Drinhausen/Keinath* in: BeckOGK-UmwG, § 1 Rz. 50; Lutter-*Drygala*, UmwG, § 1 Rz. 60; Semler/Stengel/Leonard-*Stengel*, UmwG, § 1 Rz. 63.

Schrifttum noch nicht abschließend geklärt.[252] Nimmt man die BGH-Entscheidung „Altana/Milupa" aus dem Jahr 2001 als Ausgangspunkt, ist zumindest die analogen Anwendung einzelner Schutzvorschriften im Einzelfall nicht ausgeschlossen.[253] Darauf basierend wird man im Hinblick auf eine unmittelbar bestehende vergleichbare Interessenlage aber nur dann eine Ausstrahlwirkung i. S. einer Analogie bejahen können, wenn mindestens die Kriterien der Holzmüller[254]-/Gelantine[255]-Grundsätze erfüllt sind, also ein hinreichend schwerer Eingriff in die Rechte der Minderheitsgesellschafter i. S. eines Mediatisierungseffekts zu befürchten und mindestens ca. 80 % des Gesellschaftsvermögens von der Einbringung im Wege der Einzelrechtsnachfolge faktisch betroffen sind.[256] Solch eine Betrachtungsweise fordern im Hinblick auf das Erfordernis der Zustimmung der Anteilsinhaber zur Einbringung wohl auch die Macrotron-[257] und Frosta[258]-Entscheidungen des BGH.[259]

IV. Zwingender Charakter (§ 1 Abs. 3)

63 Die Regelungen des UmwG sind im Grundsatz zwingendes Recht (sog. **Grundsatz der Gesetzesstrenge**).[260] § 1 Abs. 3 Satz 1 beschreibt dies dergestalt, dass er betont, dass von den Vorschriften dieses Gesetzes nur abgewichen werden kann, „wenn dies ausdrücklich zugelassen ist". Auch ergänzende Bestimmungen in Verträgen, Satzungen oder Willenserklärungen sind nur zulässig, wenn das UmwG keine abschließende Regelung enthält (§ 1 Abs. 3 Satz 2). Auch diese Regelungen dienen dem Schutz der Gläubiger und dem Interesse an Rechtssicherheit.[261]

1. Umwandlungsrecht als zwingendes Recht (§ 1 Abs. 3 Satz 1)

64 „Von den Vorschriften [des UmwG] kann nur abgewichen werden, wenn dies ausdrücklich zugelassen ist" (§ 1 Abs. 3 Satz 1). Damit stellt das Gesetz klar, dass dessen Vorschriften weitestgehend zwingendes Recht enthalten.[262] Damit wird zum Schutz der von einer Umwandlung potenziell Betroffenen (insbesondere Minderheitsgesellschafter und Gläubiger) die **Gestaltungsfreiheit** der umwandlungswilligen Gesellschaft **eingeschränkt**, indem nur in einem begrenzten Maß Abweichungen möglich sind.[263] Das Umwandlungsrecht ist damit nur in sehr geringem Maße dispositives Recht. Dies gilt aber selbstverständlich nur, sofern es sich um eine Umwandlung nach dem UmwG handelt; die außerhalb des Gesetzes bestehenden Strukturmaßnahmen sind mithin nicht betroffen. Auch an-

252) Zur diesbezüglichen Rspr. im Detail *Drinhausen/Keinath* in: BeckOGK-UmwG, § 1 Rz. 52 ff.; *Limmer* in: Limmer, Hdb. Unternehmensumwandlung, Kap. 2 Rz. 24 f. m. w. N.

253) BGH, Urt. v. 15.1.2001 – II ZR 124/99 (Altana/Milupa), BGHZ 146, 288 = ZIP 2001, 416; so auch *Drinhausen/Keinath* in: BeckOGK-UmwG, § 1 Rz. 54.

254) BGH, Urt. v. 25.2.1982 – II ZR 174/80 (Holzmüller), BGHZ 83, 122 = ZIP 1982, 568.

255) BGH, Urt. v. 26.4.2004 – II ZR 154/02 (Gelantine), BGHZ 159, 30 = ZIP 2004, 993.

256) Vgl. Lutter-*Bayer*, UmwG, Einl. I Rz. 62 f.; Semler/Stengel/Leonard-*Schlitt*, UmwG, Anh. § 173 Rz. 10; in diesem Sinne auch LG München I, Urt. v. 8.6.2006 – 5 HK O 5025/06, ZIP 2006, 2036; a. A. *Sagasser* in: Sagasser/Bula, Umwandlungen, § 18 Rz. 198.

257) BGH, Urt. v. 25.11.2002 – II ZR 133/01 (Macrotron), BGHZ 153, 47 = ZIP 2003, 387.

258) BGH, Beschl. v. 8.10.2013 – II ZB 26/12 (Frosta), ZIP 2013, 2254.

259) In diesem Sinne *Limmer* in: Limmer, Hdb. Unternehmensumwandlung, Kap. 2 Rz. 24.

260) *Drinhausen/Keinath* in: BeckOGK-UmwG, § 1 Rz. 55; Henssler/Strohn-*Wamser*, GesR, § 1 UmwG Rz. 29; Widmann/Mayer-*Heckschen*, UmwR, § 1 UmwG Rz. 419.

261) BGH, Urt. v. 15.3.2013 – V ZR 156/12, ZStV 2013, 182

262) Begr. Fraktionsentwurf UmwBerG, BT-Drucks. 12/6699, S. 80.

263) Vgl. OLG Stuttgart, Beschl. v. 14.10.2010 – 20 W 16/06, ZIP 2010, 2404; OLG Karlsruhe, Urt. v. 26.9.2002 – 9 U 195/01, ZIP 2003, 78; krit. zur Reichweite *Heckschen* in: Beck'sches Notar-Hdb., § 24 Rz. 6.

sonsten ist eine Auslegung des UmwG nach den allgemeinen Grundsätzen weiterhin möglich und angebracht.[264)]

65 Die entscheidende Frage im Zusammenhang mit § 1 Abs. 3 Satz 1 ist zum einen, wann eine Regelung des UmwG eine Abweichung „ausdrücklich" zulässt, und zum anderen, was genau unter einer Abweichung zu verstehen ist. Wie bei § 23 Abs. 5 Satz 1 AktG[265)] ist **ausdrücklich** wörtlich i. S. einer klaren und positiven Aussage des Gesetzes zu verstehen.[266)] Vor allem ein bloßes Schweigen des Gesetzes kann daher keine Abweichungsbefugnis begründen.[267)] **Abweichung** bedeutet daneben, dass die gesetzliche Regelung durch eine andere Bestimmung ersetzt wird, also privatautonom (z. B. i. R. des Umwandlungsvertrags) etwas anderes bestimmt wird, als das UmwG anordnet. Bloße Wortlautabweichungen, die zu keiner sachlichen Änderung führen, sind indes unschädlich.[268)] Gleiches gilt für ergänzende Bestimmungen zu zwingenden Regelungen zumindest dann, wenn es sich um Mindeststandards handelt (siehe auch Rz. 67).[269)] Weitergehende, über den Gesetzeswortlaut hinausgehende, Regelungen zum Schutz der Betroffenen sind ebenfalls zulässig.[270)] Bedeutsame Abweichungsmöglichkeiten enthalten z. B. § 8 Abs. 3, § 9 Abs. 2, § 192 Abs. 3, aber u. a. auch § 39c Abs. 2 (i. V. m. § 42) oder § 45d Abs. 2, die anstelle eines einstimmigen Gesellschafterbeschlusses jeweils einen satzungsmäßig bestimmten, qualifizierten Mehrheitsbeschluss ermöglichen.[271)]

66 Trotz dieser durchaus strengen Wertungen muss bedacht werden, dass das UmwG als solches bereits an zahlreichen Stellen normative Schutzmechanismen eingebaut hat. Ergänzend zu § 1 Abs. 3 Satz 1 bestehen daher auch ergänzende Kontrollmechanismen, sodass im Hinblick auf eine sachgerechte Abwägung zwischen unternehmerischer Umwandlungsfreiheit und Betroffenenschutz (siehe dazu Einl. Rz. 15 ff. [*Stiegler*]) § 1 Abs. 3 Satz 1 **tendenziell restriktiv**, also auch nicht zu streng, auszulegen ist.

2. Ergänzende Bestimmungen (§ 1 Abs. 3 Satz 2)

67 Um die unternehmerische Umwandlungsfreiheit aber nicht zu weitgehend durch den numerus clausus, das Analogieverbot sowie zwingendes Recht nach § 1 Abs. 3 Satz 1 einzuschränken, bestimmt § 1 Abs. 3 Satz 2, dass zu den gesetzlichen Regelungen ergänzende Bestimmungen in Verträgen, Satzungen oder Willenserklärungen zulässig sind, solange das **UmwG diesbezüglich keine abschließende Regelung enthält**. Auch solche privatautonomen Ergänzungen müssen sich indes an die zuvor genannten Beschränkungen halten, dürfen also z. B. nicht das Analogieverbot konterkarieren.[272)] Eine **Ergänzung** liegt nur vor, wenn das Gesetz den entsprechenden Regelungsinhalt enthält und die gesetzliche

264) Vgl. OLG Dresden, Beschl. v. 17.10.2014 – 17 W 1160/14, NotBZ 2015, 313; *Dauner-Lieb/Gadomski* in: KölnKomm-UmwG, § 1 Rz. 51.

265) Zur Anlehnung des § 1 Abs. 3 Satz 1 UmwG an § 23 Abs. 5 Satz 1 AktG vgl. Begr. Fraktionsentwurf UmwBerG, BT-Drucks. 12/6699, S. 80.

266) Zu § 23 Abs. 5 AktG *Pentz* in: MünchKomm-AktG, § 23 Rz. 161; *Arnold* in: KölnKomm-AktG, § 23 Rz. 142.

267) Semler/Stengel/Leonard-*Stengel*, UmwG, § 1 Rz. 80; zu § 23 Abs. 5 AktG vgl. nur *Koch*, AktG, § 23 Rz. 35; a. A. Schmitt/Hörtnagl-*Hörtnagl*, UmwG/UmwStG, § 1 UmwG Rz. 74.

268) Zu § 23 Abs. 5 AktG *Arnold* in: KölnKomm-AktG, § 23 Rz. 141.

269) Vgl. Schmitt/Hörtnagl-*Hörtnagl*, UmwG/UmwStG, § 1 UmwG Rz. 74; Lutter-*Drygala*, UmwG, § 1 Rz. 64.

270) Lutter-*Drygala*, UmwG, § 1 Rz. 62; *Böttcher* in: NK-UmwG, § 1 Rz. 51.

271) Eine weitergehende Auflistung findet sich bei *Dauner-Lieb/Gadomski* in: KölnKomm-UmwG, § 1 Rz. 52; *Böttcher* in: NK-UmwG, § 1 Rz. 55; Widmann/Mayer-*Heckschen*, UmwR, § 1 UmwG Rz. 422.

272) In diesem Sinne *Böttcher* in: NK-UmwG, § 1 Rz. 56.

Regelung ihren Gedanken nach weitergeführt wird.[273] Die Ergänzung lässt die gesetzliche Regelung daher im Grundsatz unberührt, ordnet also keine von ihr abweichenden Rechtsfolgen an, fügt ihr aber eine oder mehrere weitere Regelungen hinzu, welche die gesetzlichen Bestimmungen konkretisieren oder einen von ihr nicht geregelten Freiraum ausfüllen. Zulässig und von § 1 Abs. 3 Satz 2 gedeckt ist z. B. eine satzungsmäßige Bestimmung, wonach ein etwaiger Umwandlungsbeschluss der Anteilsinhaberversammlung zu seiner Wirksamkeit zwingend der Zustimmung des Aufsichtsrates oder eines Beirates bedarf. Hintergrund ist, dass das UmwG selbst keine Regelungen über die Kompetenzverteilung der Gesellschaftsorgane untereinander beinhaltet, sondern es bei den jeweiligen Umwandlungsarten lediglich bestimmt, dass der entsprechende Anteilsinhaberbeschluss zu seiner Wirksamkeit der Zustimmung der Anteilsinhaber bedarf. Es enthält gerade keine ausdrückliche Bestimmung, die eine statutarisch vorgeschriebene Beteiligung anderer Organe an der Beschlussfassung für unzulässig erklärt.

68 Eine Ergänzung ist nur zulässig, wenn die gesetzliche Regelung **nicht abschließend** ist. Ob dies der Fall, ist vor allem von dem für die Eintragung zuständigen Registergericht zu beurteilen[274] und ergibt sich aus der Auslegung sowie dem Kontext der konkreten Norm.[275] Typischerweise spielen dabei teleologische Gesichtspunkte, also der Sinn und Zweck der in Rede stehenden Norm, eine große Rolle;[276] vor allem im Umwandlungsrecht, aber auch bezüglich der systematischen Stellung der Regelung im UmwG. Generell ist eine gesetzliche Regelung als abschließend zu betrachten, wenn für darüber hinausgehende (privatautonome) Bestimmungen weder Raum noch Bedarf besteht.

69 Teilweise statuiert das UmwG aber auch ausdrücklich, dass ergänzende Bestimmungen zulässig sind, insbesondere bei den Regelungen zu den obligatorischen Umwandlungsverträgen bzw. -plänen (z. B. § 5 Abs. 1, § 126 Abs. 1, § 194 Abs. 1, § 307 Abs. 1), die jeweils nur einen **gesetzlichen Mindestinhalt** vorgeben („muss mindestens folgende Angaben enthalten“) und darüber hinaus privatautonome Gestaltungen erlauben. Grenzen bestehen diesbezüglich jedoch dergestalt, dass durch die zusätzlichen Angaben im entsprechenden Dokument nicht deren Sinn- und Zweckgehalt bezüglich der verpflichtenden Informationen eingeschränkt wird. Der Vertrag bzw. Plan darf daher trotz Zulässigkeit ergänzender Bestimmungen gemäß § 1 Abs. 3 Satz 2 nicht überfrachtet werden.[277]

273) Semler/Stengel/Leonard-*Stengel*, UmwG, § 1 Rz. 82; krit. zur Formulierung Widmann/Mayer-*Heckschen*, UmwR, § 1 UmwG Rz. 423.

274) Kallmeyer-*Oppenhoff*, UmwG, § 1 Rz. 23; *Böttcher* in: NK-UmwG, § 1 Rz. 57.

275) Kallmeyer-*Oppenhoff*, UmwG, § 1 Rz. 23.

276) *Maulbetsch/Rebel* in: HK-UmwG, § 1 Rz. 15.

277) Einschränkend auch *Dauner-Lieb/Gadomski* in: KölnKomm-UmwG, § 1 Rz. 53.

Zweites Buch
Verschmelzung

Erster Teil
Allgemeine Vorschriften

Erster Abschnitt
Möglichkeit der Verschmelzung

§ 2

Arten der Verschmelzung*)

Rechtsträger können unter Auflösung ohne Abwicklung verschmolzen werden

1. **im Wege der Aufnahme durch Übertragung des Vermögens eines Rechtsträgers oder mehrerer Rechtsträger (übertragende Rechtsträger) als Ganzes auf einen anderen bestehenden Rechtsträger (übernehmender Rechtsträger) oder**
2. **im Wege der Neugründung durch Übertragung der Vermögen zweier oder mehrerer Rechtsträger (übertragende Rechtsträger) jeweils als Ganzes auf einen neuen, von ihnen dadurch gegründeten Rechtsträger**

gegen Gewährung von Anteilen oder Mitgliedschaften des übernehmenden oder neuen Rechtsträgers an die Anteilsinhaber (Gesellschafter, Partner, Aktionäre oder Mitglieder) der übertragenden Rechtsträger.

*) § 2 geändert durch Art. 14 des Gesetzes zur Einführung der Europäischen Genossenschaft und zur Änderung des Genossenschaftsrechts (SCEEG), v. 14.8.2006, BGBl. I 2006, 1911; § 2 i. d. F. des UmwBerG geändert durch Art. 1 des Gesetzes zur Änderung des Umwandlungsgesetzes, des Partnerschaftsgesellschaftsgesetzes und anderer Gesetze (UmwGÄndG), v. 22.7.1998, BGBl. I 1998, 1878.

Literatur: *Beuthien/Helios*, Die Umwandlung als transaktionslose Rechtsträgertransformation, NZG 2006, 369; *DNotI*, Gutachten Nr. 118876 (zur Kettenumwandlung), DNotI-Report 2012, 124; *Ganske*, Reform des Umwandlungsrechts, WM 1993, 1117; *Gerold*, Die Verschmelzung nach dem neuen Umwandlungsrecht, MittRhNotK 1997, 205; *Heckschen*, Die Pflicht zur Anteilsgewährung im Umwandlungsrecht, DB 2008, 1363; *Heckschen*, Fusion von Kapitalgesellschaften im Spiegel der Rechtsprechung, WM 1990, 377; *Ihrig*, Verschmelzung und Spaltung ohne Gewährung neuer Anteile?, ZHR 160 (1996), 317; *Ihrig*, Gläubigerschutz durch Kapitalaufbringung bei Verschmelzung und Spaltung nach neuem Umwandlungsrecht, GmbHR 1995, 622; *Impelmann*, Die Verschmelzung und der Formwechsel von Unternehmen nach dem neuen Umwandlungsrecht, DStR 1995, 769; *Kallmeyer*, Das neue Umwandlungsgesetz – Verschmelzung, Spaltung und Formwechsel von Handelsgesellschaften, ZIP 1994, 1746; *Lieder/Bialluch*, Differenzhaftung und Existenzvernichtungshaftung bei Verschmelzung, ZGR 2019, 760; *Mertens*, Aktuelle Fragen der Verschmelzung von Mutter- auf Tochtergesellschaften, AG 2005, 785; *Pfeiffer*, Auswirkungen der geplanten Notarkostenreform auf gesellschaftsrechtliche Vorgänge und M&A-Transaktionen, NZG 2013, 244; *Priester*, Personengesellschaften im Umwandlungsrecht, DStR 2005, 788; *Priester*, Mitgliederwechsel im Umwandlungszeitpunkt – Die Identität des Gesellschafterkreises ein zwingender Grundsatz?, DB 1997, 560; *Priester*, Das neue Umwandlungsrecht aus notarieller Sicht, DNotZ 1995, 427; *Reimann*, Die kostenrechtlichen Auswirkungen des Umwandlungsgesetzes 1995, MittBayNot 1995, 1; *Schmidt, K.*, Universalsukzession kraft Rechtsgeschäfts, AcP 191 (1991), 495; *Schwenn*, Kettenverschmelzung bei Konzernsachverhalten, Der Konzern 2007, 173;

Tillmann, Die Verschmelzung von Schwestergesellschaften unter Beteiligung von GmbH und GmbH & Co. KG, GmbHR 2003, 740; *Weber*, Vormitgliedschaftliche Treuebindungen, 2001; *Wicke*, Der Grundsatz der Anteilsgewährung bei der Verschmelzung und seine Ausnahmen, ZGR 2017, 527.

Übersicht

I. Allgemeines

1. Norminhalt und Normzweck

1 Nach der gesetzlichen Konzeption dient die Verschmelzung als Grundtatbestand für die im UmwG geregelten Umwandlungsarten.[1)] Auf ihre Vorschriften wird weitgehend verwiesen, wenn in den folgenden Büchern die anderen Umwandlungsarten geregelt werden. Dies gilt insbesondere für das Dritte Buch (Spaltung, §§ 123 bis 173) und das Vierte Buch (Vermögensübertragung, §§ 174 bis 189). § 2 enthält die gesetzliche **Definition der Verschmelzung** und trifft die für die Gesetzessystematik wesentliche Unterscheidung zwischen den beiden nach dem UmwG möglichen Verschmelzungsarten: Verschmelzung durch Aufnahme (Zweiter Abschnitt, §§ 4 bis 35) und Verschmelzung durch Neugründung (Dritter Abschnitt, §§ 36 bis 38). Diese Unterscheidung durchzieht (nahezu)[2)] das gesamte

1) Vgl. Lutter-*Drygala*, UmwG, § 2 Rz. 1; *Drinhausen/Keinath* in: BeckOGK-UmwG, § 2 Rz. 2; Semler/Stengel/Leonard-*Stengel*, UmwG, § 2 Rz. 2; *Böttcher* in: NK-UmwG, § 2 Rz. 2; *Kallmeyer*, ZIP 1994, 1746; *Priester*, DNotZ 1995, 427, 430.

2) Eine Ausnahme bilden die Regelungen zur Verschmelzung unter Beteiligung von Personengesellschaften (§§ 39–45e), bei welchen die sonst übliche Unterteilung wegen der geringen Zahl der Sonderregelungen für entbehrlich gehalten wurde; vgl. Lutter-*Drygala*, UmwG, § 2 Rz. 2.

Zweite Buch (Verschmelzung, §§ 2 bis 122). Neben der Definition des umwandlungsrechtlichen Verschmelzungsbegriffs enthält § 2 auch eine **Legaldefinition des Anteilsinhabers.** Hiernach gelten für das gesamte UmwG als Anteilsinhaber neben Gesellschaftern, Partnern und Aktionären auch Mitglieder von Genossenschaften, genossenschaftlichen Prüfverbänden, Versicherungsvereinen auf Gegenseitigkeit und rechtsfähigen Vereinen.

2. Rechtsgeschichtliche Skizze

Das Verschmelzungsrecht war bis zum Inkrafttreten des UmwG im Jahr 1994 auf verschiedene Gesetze verteilt. Diese enthielten sowohl inhaltsgleiche als auch rechtsformbedingt besondere Regelungen. Mit Inkrafttreten des UmwG wurden diese Regelungen systematisiert, in ein einheitliches Gesetz überführt und in einen allgemeinen Teil (§§ 2–38) und in einen besonderen rechtsformspezifischen Teil (§§ 39–122) untergliedert. 2

a) AG, KGaA

Die **ersten gesetzlichen Regelungen** zur Verschmelzung finden sich im **ADHGB** von 1861.[3] Gemäß Art. 215, 247 ADHGB 1861 konnten AGs „durch Übertragung ihres Vermögens und ihrer Schulden an eine andere AG gegen Gewährung von Aktien der letzteren aufgelöst" werden. Dabei hatte die aufnehmende AG die beiden Vermögensmassen zunächst getrennt zu verwalten. Erst nach dreimaligem Gläubigeraufruf (Art. 243, 245 ADHGB 1861) und nach Ablauf eines weiteren Sperrjahres durfte die Vereinigung der Vermögen erfolgen (Art. 247 Nr. 5 Satz 2 ADHGB 1861). Zum Regelungsbereich gehörte ausweislich des gesetzlichen Wortlauts allein die Verschmelzung von AGs durch Aufnahme. Allerdings wurden auch Verschmelzungen von AGs durch Neuaufnahme in entsprechender Anwendung des Art. 247 ADHGB 1861 für zulässig erachtet.[4] Das aktienrechtliche Verschmelzungsrecht nach ADHGB 1861 wies bereits sämtliche Merkmale auf, die für eine Verschmelzung nach heutigem Verständnis wesentlich sind (d. h. Gesamtrechtsnachfolge, Auflösung ohne Abwicklung und Mitgliedschaftsperpetuierung), und kann daher auch nicht „lediglich als Form einer vereinfachten Liquidation"[5] eingeordnet werden.[6] 3

Das aktienrechtliche Verschmelzungsrecht in den §§ 303 bis 307 **HGB 1897** entsprach im Wesentlichen den Verschmelzungsregelungen im ADHGB 1861.[7] Dies galt auch für die Verschmelzung durch Neuaufnahme, die im HGB 1897 ebenfalls noch nicht vorgesehen war. Allerdings war nunmehr – über den für das Recht der KGaA umfassenden Verweis des § 320 Abs. 3 HGB 1897 auf das Aktienrecht – die Verschmelzung zweier KGaA oder einer KGaA mit einer AG möglich. 4

Einen **Modernisierungsschub** erfuhr das aktienrechtliche Verschmelzungsrecht erst wieder durch das **AktG 1937**. Dies galt insbesondere mit Blick auf den Gläubigerschutz. So wurden die getrennte Verwaltung der Vermögensmassen, der dreimalige Gläubigeraufruf und das Sperrjahr abgeschafft und durch das Recht auf Sicherheitsleistung zugunsten der Aktionäre der übertragenden Gesellschaft (§ 241 AktG 1937) ersetzt. Im AktG 1937 wurde erstmals die Möglichkeit der Verschmelzung durch Neugründung kodifiziert (§ 233 Nr. 2 AktG 1937). Zudem wurde der Kreis der übertragungsfähigen Gesellschaften um die GmbH und 5

---

3) Zu den Anfang des 19. Jahrhunderts auf vertraglicher Grundlage durchgeführten Fusionen (insbesondere von Eisenbahngesellschaften), vgl. *Flume* in: KölnKomm-UmwG, Einl. B Rz. 8.

4) Vgl. *Leuering* in: KölnKomm-UmwG, § 2 Rz. 7; *Drinhausen/Keinath* in: BeckOGK-UmwG, § 2 Rz. 5; a. A. Lutter-*Drygala*, UmwG, § 2 Rz. 4.

5) Lutter-*Drygala*, UmwG, § 2 Rz. 4; ähnl. Semler/Stengel/Leonard-*Stengel*, UmwG, § 2 Rz. 6.

6) Vgl. *Leuering* in: KölnKomm-UmwG, § 2 Rz. 9.

7) Vgl. *Leuering* in: KölnKomm-UmwG, § 2 Rz. 10; Lutter-*Drygala*, UmwG, § 2 Rz. 4; *Drinhausen/Keinath* in: BeckOGK-UmwG, § 2 Rz. 6; Semler/Stengel/Leonard-*Stengel*, UmwG, § 2 Rz. 8.

die bergrechtliche Gewerkschaft erweitert. Schließlich wurde durch das AktG 1937 auch der Begriff der Verschmelzung in das Aktienrecht eingeführt, nachdem er bereits in §§ 93a ff. GenG[8] verwendet worden war.[9]

6 Keine wesentlichen Neuerungen brachte das **AktG 1965**. Vielmehr ging der Gesetzgeber davon aus, dass sich die verschmelzungsrechtlichen Vorschriften des AktG 1937 „im Großen und Ganzen bewährt"[10] hätten. Lediglich Streitfragen wie die in § 339 Abs. 2 AktG 1965 zugelassene Verschmelzung aufgelöster Gesellschaften wurden geklärt.

7 **Tiefgreifende Änderungen** des aktienrechtlichen Verschmelzungsrechts brachte schließlich die Umsetzung der Dritten Gesellschaftsrechtlichen Richtlinie[11] durch das **Verschmelzungsrichtliniengesetz 1983**[12]. Die europarechtlichen Vorgaben führten insbesondere zu einer Stärkung des Aktionärs- und Gläubigerschutzes. So wurden der Mindestinhalt des Verschmelzungsvertrages (heute: § 5), die Berichts- und Prüfungspflichten (heute: §§ 8, 9, 11) sowie die Pflicht zur Offenlegung von Unterlagen im Vorfeld der über die Verschmelzung beschließenden Hauptversammlung (heute: § 63) zwingend vorgeschrieben.

b) GmbH

8 Die Möglichkeit der Verschmelzung einer GmbH mit einer AG oder einer KGaA war bereits im **AktG 1937** vorgesehen – allerdings nur in der Rolle des übertragenden Rechtsträgers. Dies änderte sich mit der **GmbH-Novelle von 1980**, die in den §§ 19 ff. KapErhG die Verschmelzung der AG, der KGaA oder der GmbH auf die GmbH in der Rolle des übernehmenden Rechtsträgers regelte. Anders als bei der AG oder der KGaA ließ das KapErhG eine Verschmelzung mehrerer übertragender Rechtsträger auf eine bestehende oder neu gegründete GmbH nicht zu. Dies ist erst seit Inkrafttreten des **UmwG 1994** möglich.

c) Genossenschaft, Versicherungsverein auf Gegenseitigkeit

9 Die Verschmelzung von Genossenschaften untereinander wurde **erstmals 1922** durch Inkrafttreten der §§ 93a–93d GenG zugelassen. Diese Bestimmungen wurden 1943[13] durch Regelungen ersetzt, die sich stark an den Verschmelzungsvorschriften des AktG 1937 orientierten. Grundlegende Änderungen des genossenschaftsrechtlichen Verschmelzungsrechts brachte die Reform des **GenG von 1973**[14]. Diese sah u. a. die Möglichkeit der Verschmelzung von Genossenschaften durch Neugründung vor. Nicht zulässig war hingegen die Verschmelzung von Genossenschaften mit Rechtsträgern anderer Rechtsformen. Dies änderte sich erst mit Inkrafttreten des **UmwG 1994**.

8) Gesetz zur Änderung des Gesetzes betreffend die Erwerbs- und Wirtschaftsgenossenschaften, v. 1.7.1922, RGBl. I 1922, 567.

9) Vgl. *Leuering* in: KölnKomm-UmwG, § 2 Rz. 12; *Drinhausen/Keinath* in: BeckOGK-UmwG, § 2 Rz. 6; Semler/Stengel/Leonard-*Stengel*, UmwG, § 2 Rz. 9.

10) Begr. RegE AktG 1965, abgedruckt in RegBegr. *Kropff*, AktG 1965, S. 455.

11) Dritte Richtlinie 78/855/EWG des Rates v. 9.10.1978 gemäß Artikel 54 Absatz 3 Buchstabe g des Vertrages betreffend die Verschmelzung von Aktiengesellschaften, ABl. (EG) L 295/36 v. 20.10.1978.

12) Gesetz zur Durchführung der Dritten Richtlinie des Rates der Europäischen Gemeinschaften zur Koordinierung des Gesellschaftsrechts (Verschmelzungsrichtlinie-Gesetz), v. 25.10.1982, BGBl. I 1982, 1425.

13) Dritte Verordnung über Maßnahmen auf dem Gebiet des Genossenschaftsrechts, v. 13.4.1943, RGBl. I 1943, 251.

14) Gesetz zur Änderung des Gesetzes betreffend die Erwerbs- und Wirtschaftsgenossenschaften, v. 9.10.1973, BGBl. I 1973, 1451.

Gesetzlich geregelt wurde die Verschmelzung von VVaGs **erstmals 1969.**[15] Vom Bundesaufsichtsamt für Versicherungswesen und von der Rechtsprechung anerkannt ist sie bereits **seit 1953.**[16] 10

d) Personenhandelsgesellschaft

Die Verschmelzung von Personenhandelsgesellschaften wurde erstmals durch das **UmwG 1969** geregelt. Die §§ 3 bis 14, 20, 23 bis 29 UmwG 1969 sahen die sog. **verschmelzende Umwandlung** vor. Hiernach konnten bestehende Personenhandelsgesellschaften als übernehmende Rechtsträger an einer Verschmelzung von Kapitalgesellschaften oder bergrechtlichen Gewerkschaften beteiligt werden. Erforderlich hierfür war allerdings, dass die übernehmende Personenhandelsgesellschaft mindestens 75 % der Anteile an der übertragenden Gesellschaft hielt. 11

3. Europarechtliche Einflüsse

Das Verschmelzungsrecht ist in seiner heutigen Form wesentlich durch die **Dritte Gesellschaftsrechtliche Richtlinie** geprägt; diese wurde 2011 durch die Verschmelzungsrichtlinie 2011/35/EU[17] neu gefasst und ist seit 2017 in den Art. 87 ff. der Gesellschaftsrechtsrichtlinie 2017/1132[18] kodifiziert. Die europarechtlichen Vorgaben gelten insbesondere für die Anforderungen an Struktur und Arten der Verschmelzung, den Mindestinhalt des Verschmelzungsvertrages sowie die Notwendigkeit von Verschmelzungsbericht und Verschmelzungsprüfung.[19] 12

Obschon sich die Richtlinienvorgaben nur auf die Verschmelzung unter Beteiligung von AGs beziehen, hat der deutsche Gesetzgeber diese u. a. auch im allgemeinen Teil des Verschmelzungsrechts umgesetzt. Da dieser Teil des Verschmelzungsrechts rechtsformübergreifend gilt, können sich Richtlinienvorgaben damit mittelbar auch auf Verschmelzungen von Rechtsformen, die nicht Adressaten der europäischen Vorgaben sind, auswirken. Die **richtlinienkonforme Auslegung** von Vorschriften, die im Falle der Verschmelzung unter Beteiligung von AGs verpflichtend ist, kann damit auch bei der Anwendung dieser Vorschriften auf andere Rechtsformen veranlasst sein.[20] Zwar besteht europarechtlich hierzu keine Pflicht;[21] indes spricht die systematische Aufteilung des Verschmelzungsrechts in einen allgemeinen und einen besonderen Teil ohne Differenzierungen zwischen den einzelnen Rechtsformen im allgemeinen Teil dafür, dass der Gesetzgeber eine einheitliche Auslegung der Normen gewollt hat.[22] 13

4. Motive für eine Verschmelzung

Die Gründe für eine Verschmelzung sind vielfältig. Mit Blick darauf, dass die meisten Verschmelzungsvorgänge verbundene Unternehmen i. S. des §§ 15 ff. AktG (Konzernver- 14

---

15) Gesetz zur Ergänzung handelsrechtlicher Vorschriften über die Änderung der Unternehmensform, v. 15.8.1969, BGBl. I 1969, 1171.

16) Vgl. BayObLG, Beschl. v. 15.3.1966 – BReg. 2 Z 89/65, OLGZ 1966, 468 = NJW 1967, 52; OLG Bremen, Urt. v. 10.3.1966 – 1 W 144/65, VersR 1967, 1165; vgl. auch *Leuering* in: KölnKomm-UmwG, § 2 Rz. 17; Lutter-*Drygala*, UmwG, § 2 Rz. 7.

17) Richtlinie 2011/35/EU des EU Parlaments und des Rates v. 5.4.2011 über die Verschmelzung von Aktiengesellschaften, ABl. (EU) L 110/1 v. 29.4.2011.

18) Richtlinie (EU) 2017/1132 des EU Parlaments und des Rates v. 14.6.2017 über bestimmte Aspekte des Gesellschaftsrechts, ABl. (EU) L 169/46 v. 30.6.2027.

19) Vgl. *Leuering* in: KölnKomm-UmwG, § 2 Rz. 19.

20) Vgl. *Leuering* in: KölnKomm-UmwG, § 2 Rz. 19; *Drinhausen/Keinath* in: BeckOGK-UmwG, § 2 Rz. 9; Lutter-*Drygala*, UmwG, § 2 Rz. 8 ff.

21) Vgl. EuGH, Urt. v. 16.7.1998 – Rs. C-264/96 (ICI), EuZW 1999, 20, 23 = NZG 1998, 650, 653.

22) Vgl. Lutter-*H. Schmidt*, UmwG, § 39 Rz. 13; Semler/Stengel/Leonard-*Drinhausen*, UmwG, Einl. C. Rz. 70.

schmelzungen) betreffen,[23] wird mit Verschmelzungen häufig die **Vereinfachung der Gruppenstruktur** bezweckt. Im Vordergrund steht dabei regelmäßig die Reduzierung des organisatorischen und finanziellen Aufwands für die Führung und Verwaltung von Konzern-/Gruppengesellschaften (z. B. Vergütung von Organmitgliedern, Erstellen von Jahresabschlüssen). Daneben können sowohl **operative Gründe** – so z. B., wenn das in der Tochtergesellschaft betriebene Geschäft zukünftig von der Muttergesellschaft wahrgenommen werden soll[24] – als auch **steuerliche Erwägungen** – wie z. B. die Nutzung von Verlustvorträgen[25] – für eine Verschmelzung innerhalb bestehender Konzern-/Gruppenstrukturen sprechen.

15 Daneben kann die Verschmelzung auch eingesetzt werden, um rechtlich und wirtschaftlich unabhängige Unternehmen zusammenzuführen. Bezweckt wird in solchen Fällen regelmäßig durch die Bildung **schlagkräftigerer Einheiten** neue Märkte zu erschließen, die Konkurrenzfähigkeit zu erhalten und/oder Synergiepotentiale zu heben.[26] Das wohl (immer noch) prominenteste Beispiele in diesem Zusammenhang ist die Verschmelzung der Thyssen AG und der Friedr. Krupp AG Hoesch-Krupp zur ThyssenKrupp AG.

II. Begriff und Wesensmerkmale der Verschmelzung

1. Begriff

16 Die Verschmelzung ist eine **Form der Umwandlung** von Rechtsträgern (§ 1 Abs. 1 Nr. 1). Rechtsformübergreifend kann sie definiert werden als Vereinigung der Vermögen mehrerer Rechtsträger durch Gesamtrechtsnachfolge bei gleichzeitiger liquidationsloser Auflösung des übertragenden Rechtsträgers unter Gewährung von Anteilen oder Mitgliedschaften des übernehmenden Rechtsträgers an die Anteilsinhaber des übertragenden Rechtsträgers.[27]

2. Wesensmerkmale

17 Die Verschmelzung ist damit durch **drei Wesensmerkmale** gekennzeichnet, die bereits dem Verschmelzungsbegriff des ADHGB 1861 zugrunde lagen[28]:

- die Vermögensübertragung im Wege der Gesamtrechtsnachfolge,
- die Auflösung des übertragenden Rechtsträgers ohne Abwicklung sowie
- die Mitgliedschaftsperpetuierung durch Gewährung von Anteilen des übernehmenden Rechtsträgers an die Anteilsinhaber des übertragenden Rechtsträgers.

18 Nicht möglich ist die Verschmelzung ohne Gesamtrechtsnachfolge oder ohne Auflösung des übertragenden Rechtsträgers; zulässig ist hingegen eine Verschmelzung ohne Anteilsgewährung, wenn z. B. gemäß § 54 Abs. 1 Satz 3 oder § 69 Abs. 1 Satz 3 hierauf verzichtet wird.

a) Gesamtrechtsnachfolge

19 Die Übertragung des Vermögens des übertragenden Rechtsträgers auf den übernehmenden Rechtsträger im Wege der Gesamtrechtsnachfolge wird mitunter als „Herzstück der Ver-

---

23) Vgl. Semler/Stengel/Leonard-*Stengel*, UmwG, § 2 Rz. 57, der vermutet, dass weniger als 2 % der inländischen Verschmelzungen außerhalb von Konzernen-/Gruppenkonstellationen stattfinden.

24) Vgl. Semler/Stengel/Leonard-*Stengel*, UmwG, § 2 Rz. 20.

25) Vgl. Lutter-*Drygala*, UmwG, § 2 Rz. 11; Semler/Stengel/Leonard-*Stengel*, UmwG, § 2 Rz. 20; *Hoger* in: MünchHdb. GesR, Bd. 8, § 6 Rz. 4.

26) Vgl. *Leuering* in: KölnKomm-UmwG, § 2 Rz. 5; *Böttcher* in: NK-UmwG, § 2 Rz. 1.

27) Vgl. Widmann/Mayer-*Fronhöfer*, UmwR, § 2 UmwG Rz. 21; Lutter-*Drygala*, UmwG, § 2 Rz. 28; Semler/Stengel/Leonard-*Stengel*, UmwG, § 2 Rz. 3.

28) Vgl. *Leuering* in: KölnKomm-UmwG, § 2 Rz. 20; *Drinhausen/Keinath* in: BeckOGK-UmwG, § 2 Rz. 10.

schmelzung"[29] bezeichnet. Gemeint ist, dass der Vermögensübergang bei der Verschmelzung nicht durch rechtsgeschäftliche Übertragung einzelner Gegenstände erfolgt, sondern **kraft Gesetzes** als Ganzes mit der Eintragung der Verschmelzung in das Handelsregister des übernehmenden Rechtsträgers gemäß § 20 Abs. 1 Nr. 1. Dabei umfasst der Vermögensbegriff nicht nur – wie bei § 311b Abs. 2 BGB[30] – das **Aktivvermögen**, sondern auch alle **Verbindlichkeiten** des übertragenden Rechtsträgers (§ 20 Abs. 1 Nr. 1); dies gilt unabhängig von der Erfassung als Aktiv- bzw. Passivposten in der Bilanz des übertragenden Rechtsträgers.[31] Der Übergang betrifft das **gesamte Vermögen** des übertragenden Rechtsträgers; einzelne Aktiv- und/oder Passivposten können nicht ausgenommen werden.[32] Entgegenstanden Abreden sind gemäß § 134 BGB nichtig.[33] Sollen einzelne Vermögensgegenstände nicht mit übergehen, müssen diese mit dinglicher Wirkung vor dem Wirksamwerden der Verschmelzung aus dem Vermögen des übertragenden Rechtsträgers ausscheiden **(Carve-out)**.[34] Durch die Übertragung des Vermögens **als Ganzes** können – anders als bei der Einzelrechtsübertragung – Vermögensgegenstände ohne Beachtung des sachenrechtlichen Spezialitätsgrundsatzes und Verbindlichkeiten ohne Zustimmung der Gläubiger gemäß §§ 414 ff. BGB übertragen werden.[35]

b) Auflösung ohne Abwicklung

Ein weiteres begriffsnotwendiges Merkmal der Verschmelzung ist die Auflösung des übertragenden Rechtsträgers. Mit Wirksamwerden der Verschmelzung **erlischt** der übertragende Rechtsträger kraft Gesetzes. Die Eintragung der Löschung des übertragenden Rechtsträgers im Register ist lediglich deklaratorischer Natur.[36] Der Untergang des übertragenden Rechtsträgers ist zwingende Folge der Verschmelzung. Abweichende Vereinbarungen sind unwirksam.[37] Eine **Abwicklung** des übertragenden Rechtsträgers scheidet bereits aufgrund des Übergangs des gesamten Vermögens auf den übernehmenden Rechtsträger mangels Vermögensmasse aus. Im Gesetz wird der Ausschluss der Abwicklung (dennoch) ausdrücklich klargestellt („Auflösung ohne Abwicklung"); er ist für die Verschmelzung ebenfalls begriffsnotwendig.[38] Eine ähnliche Klarstellung empfiehlt sich auch für die Praxis: zwar muss im Verschmelzungsvertrag gemäß § 5 Abs. 1 Nr. 2 nur die Übertragung des Vermögens vereinbart werden; indes hat es sich in der Praxis durchgesetzt, den Passus „unter Auflösung ohne Abwicklung" aus Klarstellungsgründen zusätzlich mitaufzunehmen.[39] 20

29) *Leuering* in: KölnKomm-UmwG, § 2 Rz. 32; vgl. auch *K. Schmidt*, AcP 191 (1991), 495, 504.

30) Vgl. *Schreindorfer* in: BeckOGK-BGB, § 311b Rz. 398.

31) Vgl. *Drinhausen/Keinath* in: BeckOGK-UmwG, § 2 Rz. 14; Semler/Stengel/Leonard-*Stengel*, UmwG, § 2 Rz. 35.

32) Vgl. Widmann/Mayer-*Fronhöfer*, UmwR, § 2 UmwG Rz. 24; Semler/Stengel/Leonard-*Stengel*, UmwG, § 2 Rz. 36; Kallmeyer-*Oppenhoff*, UmwG, § 2 Rz. 9; *Hoger* in: MünchHdb. GesR, Bd. 8, § 6 Rz. 17.

33) Vgl. Lutter-*Drygala*, UmwG, § 2 Rz. 29; Semler/Stengel/Leonard-*Stengel*, UmwG, § 2 Rz. 36; *Böttcher* in: NK-UmwG, § 2 Rz. 18; Kallmeyer-*Oppenhoff*, UmwG, § 2 Rz. 9.

34) Vgl. Widmann/Mayer-*Fronhöfer*, UmwR, § 2 UmwG Rz. 25; Semler/Stengel/Leonard-*Stengel*, UmwG, § 2 Rz. 36; Kallmeyer-*Oppenhoff*, UmwG, § 2 Rz. 9.

35) Vgl. Widmann/Mayer-*Fronhöfer*, UmwR, § 2 UmwG Rz. 23; *Drinhausen/Keinath* in: BeckOGK-UmwG, § 2 Rz. 14; Semler/Stengel/Leonard-*Stengel*, UmwG, § 2 Rz. 35; Schmitt/Hörtnagl-*Winter*, UmwG/UmwStG, § 2 UmwG Rz. 6.

36) Vgl. *Leuering* in: KölnKomm-UmwG, § 2 Rz. 74; *Hoger* in: MünchHdb. GesR, Bd. 8, § 6 Rz. 18.

37) Vgl. Lutter-*Drygala*, UmwG, § 2 Rz. 33; Semler/Stengel/Leonard-*Stengel*, UmwG, § 2 Rz. 37; Kallmeyer-*Oppenhoff*, UmwG, § 2 Rz. 11; *Heckschen*, WM 1990, 377, 387.

38) Vgl. Semler/Stengel/Leonard-*Stengel*, UmwG, § 2 Rz. 38; Kallmeyer-*Oppenhoff*, UmwG, § 2 Rz. 10.

39) So auch Semler/Stengel/Leonard-*Stengel*, UmwG, § 2 Rz. 39; Kallmeyer-*Oppenhoff*, UmwG, § 2 Rz. 10.

c) Mitgliedschaftsperpetuierung

21 Mit Wirksamwerden der Verschmelzung erlischt nicht nur der übertragende Rechtsträger, sondern auch die Beteiligung der jeweiligen Anteilsinhaber an diesem. Als „Kompensation“[40] erhalten die Anteilsinhaber zeitgleich gleichwertige Anteile oder Mitgliedschaften an dem übernehmenden Rechtsträger (Verschmelzung durch Aufnahme) bzw. neuen Rechtsträger (Verschmelzung durch Neugründung). Dabei wird die alte Beteiligung durch die neue fortgesetzt (**Grundsatz der Mitgliedschaftsperpetuierung**). Dies hat u. a. zur Folge, dass etwaige noch offenen Verpflichtungen der Anteilsinhaber aus der alten Beteiligung (z. B. rückständige Einlageverpflichtungen) auch nach Wirksamwerden der Verschmelzung bestehen bleiben.[41] Die Kompensation der Anteilsinhaber des übertragenden Rechtsträgers erfolgt durch die **Gewährung von Anteilen oder Mitgliedschaften** an dem übernehmenden bzw. neuen Rechtsträger. Sie kann grundsätzlich weder durch Geld noch durch sonstige Sachleistungen ersetzt bzw. ergänzt werden.[42] Ausnahmen bestehen lediglich für Barabfindungen (§ 29) sowie für bare Zuzahlungen (§§ 15, 36).

22 Die Anteils- bzw. Mitgliedschaftsgewährung an die Anteilsinhaber des übertragenden Rechtsträgers ist zwar ein typisches, aber **kein zwingendes Wesensmerkmal** der Verschmelzung,[43] da auf sie verzichtet werden kann (§ 54 Abs. 1 Satz 3 bzw. § 68 Abs. 1 Satz 3).[44] Sie unterbleibt i. Ü. auch bei Kapitalerhöhungsverboten (§ 54 Abs. 1 Satz 1 Nr. 1 bzw. § 68 Abs. 1 Satz 1 Nr. 1).[45]

III. Arten der Verschmelzung

23 Das Gesetz unterscheidet zwischen **zwei Arten** der Verschmelzung:

- die Verschmelzung durch Aufnahme (§ 2 Nr. 1) und
- die Verschmelzung durch Neugründung (§ 2 Nr. 2).

24 Dabei bildet die Verschmelzung durch Aufnahme, die in den §§ 4–35 geregelt ist, in **systematischer Hinsicht** den Grundfall der Verschmelzung. Auf diesen setzt die Verschmelzung durch Neugründung auf (§ 36 Abs. 1 Satz 1).

1. Verschmelzung durch Aufnahme (§ 2 Nr. 1)

25 Bei der Verschmelzung durch Aufnahme wird das Vermögen eines oder mehrerer Rechtsträger (übertragende Rechtsträger) auf einen **bereits bestehenden Rechtsträger** (übernehmender Rechtsträger) übertragen. Dabei erwirbt der übernehmende Rechtsträger das Vermögen der übertragenden Rechtsträger im Wege der Gesamtrechtsnachfolge. Gleichzeitig erlöschen die übertragenden Rechtsträger und deren Anteilsinhaber erhalten Anteile bzw. Mitgliedschaften am übernehmenden Rechtsträger. Der übernehmende Rechtsträger besteht mit dem übernommenen Vermögen fort; eine Änderung seiner rechtlichen Identität

40) Vgl. hierzu *Beuthien/Helios*, NZG 2006, 369, 371, die die Überbetonung des tauschähnlichen Vorgangs i. R. der Anteilsgewährung durch die h. L. kritisieren. In der Tat ist die Verwendung des Begriffs „Gegenleistung“ in diesem Zusammenhang (vgl. z. B. Semler/Stengel/Leonard-*Stengel*, UmwG, § 2 Rz. 40; Kallmeyer-*Oppenhoff*, UmwG, § 2 Rz. 12) nicht sachgerecht, da das Vermögen von dem übertragenden Rechtsträger und nicht von dessen Anteilsinhabern auf den übernehmenden Rechtsträger übertragen wird.

41) Vgl. Lutter-*Drygala*, UmwG, § 2 Rz. 32; Kallmeyer-*Oppenhoff*, UmwG, § 2 Rz. 12; *Hoger* in: MünchHdb. GesR, Bd. 8, § 6 Rz. 20; *Priester*, DB 1997, 560; *Lieder/Bialluch*, ZGR 2019, 760, 766 f.

42) Vgl. Semler/Stengel/Leonard-*Stengel*, UmwG, § 2 Rz. 41; Kallmeyer-*Oppenhoff*, UmwG, § 2 Rz. 12.

43) Vgl. Lutter-*Drygala*, UmwG, § 2 Rz. 32; Kallmeyer-*Oppenhoff*, UmwG, § 2 Rz. 12; *Kallmeyer*, ZIP 1994, 1746, 1747; *Heckschen*, DB 2008, 1363, 1365; Schmitt/Hörtnagl-*Winter*, UmwG/UmwStG, § 2 UmwG Rz. 15, spricht von „grundsätzlich zwingendes[…]Wesensmerkmal“.

44) Vgl. *Wicke*, ZGR 2017, 527, 528 ff.

45) Vgl. *Ihrig*, ZHR 160 (1996), 317, 326 ff.

findet nicht statt. **Unzulässig** ist sowohl eine Verschmelzung, bei welcher der übernehmende Rechtsträger mit Wirksamwerden der Verschmelzung erlischt,[46] als auch eine solche, bei welcher die übertragenden Rechtsträger fortbestehen.

Bei Verschmelzungen unter Beteiligung einer Kapitalgesellschaft als übernehmendem Rechtsträger ist regelmäßig eine **Kapitalerhöhung** erforderlich (§§ 53 ff., 66 ff., 78), bevor den Anteilsinhabern des übertragenden Rechtsträgers Anteile an der übernehmenden Kapitalgesellschaft gewährt werden können. Falls der übernehmende Rechtsträger eigene Anteile hält, können diese gewährt werden (§§ 54 Abs. 1, 68 Abs. 1). Die Anteilsinhaber des übertragenden Rechtsträgers können aber auch auf die Gewährung von Anteilen am übernehmenden Rechtsträger verzichten (§§ 54 Abs. 1, 68 Abs. 1 Satz 3). Bei der Verschmelzung einer Tochtergesellschaft auf ihre Alleingesellschafterin ist eine Kapitalerhöhung ausdrücklich ausgeschlossen (§§ 54 Abs. 1 Nr. 1, 68 Abs. 1 Nr. 1). 26

2. Verschmelzung durch Neugründung (§ 2 Nr. 2)

Bei der Verschmelzung durch Neugründung, die im AktG 1965 noch Verschmelzung durch Neubildung hieß, wird das Vermögen eines oder mehrerer Rechtsträger (übertragende Rechtsträger) im Wege der Gesamtrechtsnachfolge auf einen **gleichzeitig neu gegründeten Rechtsträger** (neuer Rechtsträger) übertragen. Dabei erlöschen die übertragenden Rechtsträger, wobei deren Anteilsinhaber Anteile bzw. Mitgliedschaften am übernehmenden Rechtsträger erhalten. Da im Unterschied zur Verschmelzung durch Aufnahme bei dieser Verschmelzungsart ein neuer Rechtsträger gegründet wird, müssen sowohl rechtsformspezifische Gründungsvorschriften für den neuen Rechtsträger eingehalten (§ 36 Abs. 2) als auch der Gesellschafts- bzw. Partnerschaftsvertrag des neu gegründeten Rechtsträgers im Verschmelzungsvertrag erhalten bzw. feststellen (§ 37) werden. 27

3. Vor- und Nachteile der einzelnen Verschmelzungsarten

Die Verschmelzung **durch Aufnahme** ist nicht nur in systematischer Hinsicht der Regelfall, sie **überwiegt** auch **in der Praxis.**[47] Die Verschmelzung **durch Neugründung** ist demgegenüber relativ selten. Ihr Vorteil gegenüber der Verschmelzung durch Aufnahme wird darin gesehen, dass sie Konflikte vermeidet, wenn zwei wirtschaftlich gleich starke Partner durch Verschmelzung zusammengeführt werden sollen, ohne dass der Eindruck entsteht, ein Partner übernehme den anderen **(Merger of Equals).**[48] Neben diesem (zumeist psychologischen) Vorteil kann die Verschmelzung zur Neugründung eingesetzt werden, wenn die Verschmelzung mit einem gleichzeitigen Rechtsformwechsel eingehgehen soll (z. B. Verschmelzung zweier Rechtsträger zur Neugründung eines Rechtsträgers anderer Rechtsform). Bis zur Änderung des § 14 Abs. 2 durch das UmRuG[49] im Jahr 2023 sprach für die Verschmelzung zur Neugründung zudem der Umstand, dass Anteilsinhaber übernehmender Rechtsträger – nicht jedoch Anteilsinhaber übertragender Rechtsträger – die Rüge, dass das Umtauschverhältnis der Anteile nicht angemessen sei, mit der Anfechtungsklage verfolgen und so die Registersperre gemäß § 16 Abs. 2 Satz 2 auslösen konn- 28

46) Vgl. OLG Hamm, Beschl. v. 24.6.2010 – 15 Wx 360/09, GmbHR 2010, 985 = NZG 2010, 1309; Kallmeyer-*Oppenhoff*, UmwG, § 2 Rz. 3; *Maulbetsch/Rebel* in: HK-UmwG, § 2 Rz. 2.

47) Vgl. *Leuering* in: KölnKomm-UmwG, § 2 Rz. 23; Semler/Stengel/Leonard-*Stengel*, UmwG, § 2 Rz. 23; *Böttcher* in: NK-UmwG, § 2 Rz. 7; Kallmeyer-*Oppenhoff*, UmwG, § 2 Rz. 7.

48) Vgl. Lutter-*Drygala*, UmwG, § 2 Rz. 27; Semler/Stengel/Leonard-*Stengel*, UmwG, § 2 Rz. 30; Kallmeyer-*Oppenhoff*, UmwG, § 2 Rz. 7; *Hoger* in: MünchHdb. GesR, Bd. 8, § 6 Rz. 15.

49) Gesetz zur Umsetzung der Umwandlungsrichtlinie und zur Änderung weiterer Gesetze, v. 22.2.2023, BGBl. I 2023, 51.

ten.[50] Seit 2023 kann die Bewertungsrüge von keiner Gruppe mit der Anfechtungsklage geltend gemacht werden.

29 Gegen die Verschmelzung durch Neugründung sprechen **grunderwerbsteuerliche Nachteile**, die dadurch entstehen können, dass bei dieser Verschmelzungsart das gesamte Grundvermögen sämtlicher beteiligten Rechtsträger grunderwerbsteuerpflichtig übertragen wird.[51] Daneben fallen bei der Verschmelzung durch Neugründung regelmäßig auch **höherer Kosten für die Beurkundung** an, da sich die Notargebühren für die Beurkundung des Verschmelzungsvertrages nach dem Wert des Aktivvermögens der übertragenden Rechtsträger richten. Im Vergleich zur Verschmelzung durch Aufnahme ist die Verschmelzung durch Neugründung zeitlich und organisatorisch **aufwendiger**, da bei ihr zusätzlich zu den verschmelzungsrechtlichen Regelungen auch die Gründungsvorschriften des neuen Rechtsträger eingehalten werden müssen (§ 36 Abs. 2).

IV. Besondere Erscheinungsformen

1. Konzernverschmelzungen

30 Das UmwG sieht zahlreiche Besonderheiten bzw. Erleichterungen vor, wenn Tochter- auf Muttergesellschaften verschmolzen werden **(Upstream-Merger)**. Wird die Tochtergesellschaft auf die alleinige Muttergesellschaft verschmolzen, findet keine Anteilsgewährung zugunsten der Muttergesellschaft statt (§ 20 Abs. 1 Nr. 3 Satz 1). Konsequenterweise darf bei der übernehmenden Kapitalgesellschaft auch keine Kapitalerhöhung zum Zwecke der Anteilsgewährung durchgeführt werden (§§ 54 Abs. 1 Satz 1 Nr. 1, 68 Abs. 1 Satz 1 Nr. 1). Angaben zur Anteilsgewährung im Verschmelzungsvertrag entfallen (§ 5 Abs. 2). Die Erstellung eines Verschmelzungsberichts ist ebenso wenig erforderlich (§ 8 Abs. 3 Satz 3 Nr. 1) wie die Durchführung einer Verschmelzungsprüfung (§ 9 Abs. 2) bzw. die Erstellung eines anschließenden Prüfungsberichts (§ 12 Abs. 3). Handelt es sich bei den verschmelzenden Rechtsträgern um AGs, ist zudem auch der Verschmelzungsbeschluss entbehrlich; dies gilt sowohl für den übertragenden Rechtsträger (§ 62 Abs. 4 Satz 1) als auch für den übernehmenden Rechtsträger (§ 62 Abs. 1 Satz 1).

31 Sämtliche der genannten Erleichterungen gelten nur bei einer Verschmelzung auf die alleinige Muttergesellschaft. Ausnahmsweise braucht auf Ebene des übernehmenden Rechtsträgers auch dann kein Verschmelzungsbeschluss gefasst werden, wenn es sich bei dem Rechtsträger um eine AG handelt und diese mindestens 90 % des Stamm- bzw. Grundkapitals der übertragenden Kapitalgesellschaft hält (§ 62 Abs. 1 Satz 1).

32 Wird die alleinige Muttergesellschaft auf ihre 100%ige Tochtergesellschaft verschmolzen **(Downstream-Merger)**, gehen die von der Muttergesellschaft gehaltenen Anteile an der Tochtergesellschaft mit Wirksamwerden der Verschmelzung ohne Durchgangserwerb der übernehmenden Tochtergesellschaft auf die Gesellschafter der übertragenden Muttergesellschaft über.[52] Dabei finden die formellen Erleichterungen des § 5 Abs. 2 keine Anwendung.[53] Sind die Anteile der Muttergesellschaft an der Tochtergesellschaft voll eingezahlt, braucht das Kapital der Tochtergesellschaft nicht erhöht zu werden (§§ 54 Abs. 1 Satz 2 Nr. 2, 68 Abs. 1 Satz 2 Nr. 2). Ob die Erstellung eines Verschmelzungsberichts bzw. die Durchführung einer Verschmelzungsprüfung (nebst Erstellung des Prüfungsbericht) erfor-

---

50) Vgl. Lutter-*Drygala*, UmwG, § 2 Rz. 27; *Drinhausen/Keinath* in: BeckOGK-UmwG, § 2 Rz. 18; Semler/Stengel/Leonard-*Stengel*, UmwG, § 2 Rz. 30; Kallmeyer-*Oppenhoff*, UmwG, § 2 Rz. 7.

51) Vgl. Semler/Stengel/Leonard-*Stengel*, UmwG, § 2 Rz. 31.

52) Vgl. *Leuering* in: KölnKomm-UmwG, § 2 Rz. 146; *Hoger* in: MünchHdb. GesR, Bd. 8, § 6 Rz. 32.

53) Vgl. Semler/Stengel/Leonard-*Schröer/Greitemann*, UmwG, § 5 Rz. 134; *Hoger* in: MünchHdb. GesR, Bd. 8, § 6 Rz. 32; *Mertens*, AG 2005, 785, 786.

derlich ist, hängt davon ab, ob an der Muttergesellschaft mehr als nur ein Anteilsinhaber beteiligt ist (§ 8 Abs. 3 Satz 2 Nr. 2). Ist eine Kapitalgesellschaft als übernehmender Rechtsträger beteiligt, können sich Fragen der Kapitalerhaltung stellen. Wird i. R. der Übertragung des Vermögens der Muttergesellschaft auf die Tochter-GmbH die Stammkapitalziffer des übernehmenden Rechtsträgers unterschritten, z. B. weil das Aktivvermögen der Muttergesellschaft deren Schulden nicht deckt, verstößt die Verschmelzung gegen § 30 GmbHG und ist somit unzulässig.[54)]

Keine Erleichterungen sieht das UmwG für die Verschmelzung von zwei oder mehr Rechts- 33
trägern mit identischen Anteilsinhabern **(Sidestream-Merger)** vor. So sind auch beim Sidestream-Merger für die untergehenden Anteile an dem übertragenden Rechtsträger neue Anteile an dem übernehmenden Rechtsträger zu gewähren, auch wenn eine solche Anteilsgewährung aus Sicht des gemeinsamen Anteilsinhabers regelmäßig nicht erforderlich ist.[55)] In der Praxis wird vor diesem Hintergrund regelmäßig auf die Anteilsgewährung verzichtet (§§ 54 Abs. 1 Satz 3, 68 Abs. 1 Satz 3). Sofern die Verzichtserklärungen – notariell beurkundet – bei der Beschlussfassung der Verschmelzung vorliegen, können in entsprechender Anwendung des § 5 Abs. 2 auch die Angaben im Verschmelzungsvertrag nach § 5 Abs. 1 Nr. 2–5 über den Anteilstausch entfallen.[56)] Verzichten werden der bzw. die Anteilsinhaber bei einem Sidestream-Merger regelmäßig auch auf die Erstellung eines Verschmelzungsbericht und die Durchführung einer Verschmelzungsprüfung (nebst Erstellung eines anschließenden Prüfungsberichts) (§§ 8 Abs. 3 Satz 1, 9 Abs. 2, 12 Abs. 3).

Von einer **Enkelverschmelzung** wird gesprochen, wenn die Tochter der eigenen Tochter- 34
gesellschaft (Enkelgesellschaft) auf die Muttergesellschaft verschmilzt. In diesem Zusammenhang wird die Frage diskutiert, ob der Tochtergesellschaft im Zuge der Verschmelzung Anteile an der Muttergesellschaft gewährt werden müssen. Teilweise wird dies für unzulässig gehalten; so sei die Tochtergesellschaft **als Dritter i. S. des § 54 Abs. 2 bzw. § 68 Abs. 2** einzuordnen und die Kapitalerhöhung auf Ebene der Muttergesellschaft unzulässig.[57)] Diese Argumentation überdehnt den Begriff des Dritten i. S. des § 54 Abs. 2 bzw. § 68 Abs. 2.[58)] Richtigerweise wird man auch bei einer Enkelverschmelzung der Tochtergesellschaft grundsätzlich Anteile an der Muttergesellschaft gewähren müssen,[59)] wobei die Übernahme von Anteilen der Muttergesellschaft durch die Tochtergesellschaft auch keinen Verstoß gegen das Verbot des Erwerbs eigener Anteile darstellt.[60)] In der Praxis wird sich das Problem selten stellen, da auf die Gewährung von Anteilen auch bei der Enkelverschmelzung verzichtet werden kann (§§ 54 Abs. 1 Satz 3, 68 Abs. 1 Satz 3).

2. Mehrfachverschmelzungen

Unter dem Begriff der Mehrfachverschmelzung werden Sachverhalte zusammengefasst, bei 35
denen **mehrere übertragende Rechtsträger** auf einen übernehmenden Rechtsträger dergestalt verschmolzen werden, dass die einzelnen Verschmelzungen zeitgleich oder in unmittelbarem zeitlichen Zusammenhang wirksam werden (sollen).[61)] Dabei kann die Mehr-

54) Vgl. *Leuering* in: KölnKomm-UmwG, § 2 Rz. 153; *Hoger* in: MünchHdb. GesR, Bd. 8, § 6 Rz. 33.

55) Vgl. *Leuering* in: KölnKomm-UmwG, § 2 Rz. 167; Schmitt/Hörtnagl-*Winter*, UmwG/UmwStG, § 2 UmwG Rz. 22; *Tillmann*, GmbHR 2003, 740, 742.

56) Vgl. *Hoger* in: MünchHdb. GesR, Bd. 8, § 6 Rz. 36.

57) Vgl. Heckschen/Simon-*Heckschen*, UmwG, § 3 Rz. 37.

58) Vgl. Semler/Stengel/Leonard-*Schröer/Greitemann*, UmwG, § 5 Rz. 139.

59) Vgl. Semler/Stengel/Leonard-*Schröer/Greitemann*, UmwG, § 5 Rz. 139; *Hoger* in: MünchHdb. GesR, Bd. 8, § 6 Rz. 38.

60) So aber *Leuering* in: KölnKomm-UmwG, § 2 Rz. 173.

61) Vgl. Kallmeyer-*Oppenhoff*, UmwG, § 2 Rz. 4; *Hoger* in: MünchHdb. GesR, Bd. 8, § 6 Rz. 45.

fachverschmelzung durch gemeinsame Verschmelzung (Einheitsverschmelzung) oder durch mehrere getrennte Verschmelzungen (Einzelverschmelzungen) erfolgen.[62] Bei der **Einheitsverschmelzung** werden die Verschmelzung mehrerer übertragender Rechtsträger auf einen übernehmenden Rechtsträger im Verschmelzungsvertrag einheitlich geregelt. Dies führt dazu, dass Eintragungshindernisse (z. B. Anfechtungsklage), die nur eine Verschmelzung betreffen, dem Wirksamwerden der gesamten Verschmelzung entgegenstehen.[63] Ist eine verschmelzungsbedingte Kapitalerhöhung erforderlich, so ist auch bei der Einheitsverschmelzung für jeden übertragenden Rechtsträger eine gesonderte Anteilsgewährung durchzuführen; dies gilt selbst dann, wenn die Anteilsinhaber der übertragenden Rechtsträger identisch sind.[64] Soll die Wirksamkeit der einzelnen Verschmelzung bei der Mehrfachverschmelzung nicht voneinander abhängen, sind **Einzelverschmelzungen** zu vereinbaren. Bei diesen werden die einzelnen Verschmelzungen in separaten Verschmelzungsverträgen geregelt, so dass sich Eintragungshindernisse nur bei den betreffenden Einzelverschmelzungen auswirken. Auch wenn bei Einzelverschmelzungen die Verschmelzungen getrennt geregelt und vollzogen werden, kann hinter ihnen ein gemeinsames Konzept stehen. Ist dies der Fall, sind die rechtlichen und wirtschaftlichen Bedingungen der einzelnen Verschmelzungen in einem einheitlichen Verschmelzungsbericht zu erläutern.[65] Mehrfachverschmelzungen kommen in der Praxis – sowohl als Einheitsverschmelzung, als auch als Einzelverschmelzungen – relativ häufig vor.[66]

3. Kettenverschmelzungen

36 Ebenfalls häufig sind Kettenverschmelzungen.[67] Im Unterschied zu Mehrfachverschmelzungen erfolgen bei diesen die Verschmelzungsvorgänge nicht parallel, sondern **in einer festgelegten Reihenfolge nacheinander**. So schließt bei einer Kettenverschmelzung der übernehmende Rechtsträger der ersten Verschmelzung bereits vor deren Wirksamwerden als übertragender Rechtsträger einen Verschmelzungsvertrag mit einem weiteren übernehmenden Rechtsträger. Eine solche Praxis ist inzwischen gerichtlich anerkannt.[68] Da auch bei Kettenverschmelzungen die materiell-rechtlichen Voraussetzungen der jeweiligen Verschmelzung zum Zeitpunkt ihres Wirksamwerdens durch Eintragung in das jeweilige Handelsregister vorliegen müssen, werden die einzelnen Verschmelzungsverträge regelmäßig **aufschiebend bedingt** auf die Eintragung der jeweils vorausgehenden Verschmelzung geschlossen.[69] Um die geplante Verschmelzungskette zu bewirken, ist darauf zu achten, dass der dingliche Vollzug der einzelnen Verschmelzungen durch Eintragung in das jeweilige Handelsregister in der richtigen Reihenfolge erfolgt, was sich in der Praxis durch die Reihenfolge der einzelnen Handelsregisteranmeldungen steuern lässt.[70]

---

62) Vgl. Kallmeyer-*Oppenhoff*, UmwG, § 2 Rz. 4; *Hoger* in: MünchHdb. GesR, Bd. 8, § 6 Rz. 44 ff.

63) Vgl. Kallmeyer-*Oppenhoff*, UmwG, § 2 Rz. 4.

64) Vgl. OLG Frankfurt/M., Beschl. v. 10.3.1998 – 20 W 60/98, NZG 1998, 649 = GmbHR 1998, 542; a. A. h. L., wonach es dem übernehmenden Rechtsträger freistehen soll, in diesem Fall einen einheitlichen Anteil zu gewähren (vgl. *Leuering* in: KölnKomm-UmwG, § 2 Rz. 191; *Hoger* in: MünchHdb. GesR, Bd. 8, § 6 Rz. 45).

65) Vgl. *Leuering* in: KölnKomm-UmwG, § 2 Rz. 196; *Hoger* in: MünchHdb. GesR, Bd. 8, § 6 Rz. 47.

66) Ähnlich *Leuering* in: KölnKomm-UmwG, § 2 Rz. 180.

67) Vgl. Henssler/Strohn-*Heidinger*/*Knaier*, GesR, § 2 UmwG Rz. 18; *Hoger* in: MünchHdb. GesR, Bd. 8, § 6 Rz. 49; *Schwenn*, Der Konzern 2007, 173.

68) Vgl. OLG Hamm, Beschl. v. 19.12.2005 – 15 W 377/05, DNotZ 1999, 157 = GmbHR 2006, 255; OLG Düsseldorf, Beschl. v. 2.7.1998 – 10 W 58–98, NJW-RR 1999, 399 = DB 1998, 2004.

69) Vgl. OLG Hamm, Beschl. v. 19.12.2005 – 15 W 377/05, DNotZ 2006, 378 = GmbHR 2006, 255; Henssler/Strohn-*Heidinger*/*Knaier*, GesR, § 2 UmwG Rz. 18.

70) Vgl. *Hoger* in: MünchHdb. GesR, Bd. 8, § 6 Rz. 49.

37 Im Rahmen von Kettenverschmelzungen können Verschmelzungsverträge sogar **für erst zukünftig entstehenden Rechtsträger** abgeschlossen werden. In diesen Fällen können die organschaftlichen Vertreter der bestehenden Rechtsträger auch für die zukünftig entstehenden Rechtsträger handeln.[71)] Bei den **Zustimmungsbeschlüssen** der an Kettenverschmelzungen beteiligten Rechtsträger ist darauf zu achten, dass die jeweiligen **formellen Voraussetzung zum Zeitpunkt der tatsächlichen Beschlussfassung** vorliegen. Eine Beschlussfassung unter Beteiligung künftiger Anteilsinhaber ist nicht zulässig. Allerdings ist bei der Beschlussfassung auf die berechtigten Interessen zukünftig hinzutretender Anteilsinhaber i. R. sog. vormitgliedschaftlicher Treuepflichten Rücksicht zu nehmen.[72)]

V. Ablauf einer Verschmelzung

38 Das Verschmelzungsverfahren kann in **drei Phasen** untergliedert werden:

- Vorbereitungsphase,
- Beschlussphase und
- Vollzugsphase.[73)]

39 Zeitlich orientiert sich das Verschmelzungsverfahren in der Praxis häufig an der **Acht-Monats-Frist** in § 17 Abs. 2 Satz 4.[74)]

1. Vorbereitungsphase

40 In der Vorbereitungsphase werden die **Schlussbilanzen** der übertragenden Rechtsträger aufgestellt.[75)] Daneben werden für die Festlegung des Umtauschverhältnisses der Anteile regelmäßig externen **Unternehmensbewertungen** für die beteiligten Rechtsträger in Auftrag gegeben. In der Vorbereitungsphase wird bereits der **Verschmelzungsvertrag** (bzw. sein Entwurf) durch die Vertretungsorgane der beteiligten Rechtsträger abgeschlossen (§ 5). Dieser ist in besonderen Fallkonstellationen auch schon **vor der Verschmelzung** zur **Eintragung** in das Handelsregister einzureichen (§§ 61, 111) und zudem zwingend einen Monat vor dem Tag des beabsichtigten Verschmelzungsbeschlusses den zuständigen Betriebsräten der beteiligten Rechtsträger **zuzuleiten** (§ 5 Abs. 3). Bei der Verschmelzung durch Neugründung ist überdies der Abschluss bzw. der endgültige Entwurf eines Gesellschaftsvertrags des neuen Rechtsträgers erforderlich.

41 Daneben erstellen die betreffenden Organe in der Vorbereitungsphase auch den **Verschmelzungsbericht**, wenn hierauf nicht durch sämtliche Anteilsinhaber der jeweils beteiligten Rechtsträger verzichtet wird (§ 8). Ebenfalls verzichten können die Anteilsinhaber auf die Durchführung einer **Verschmelzungsprüfung**. Anderenfalls sind die Unternehmensbewertung und das daraus abgeleitete Umtauschverhältnis durch einen externen Verschmelzungsprüfer zu prüfen, der auf Antrag der Vertretungsorgane der beteiligten Rechtsträger vom Gericht bestellt wird und einen schriftlichen Prüfungsbericht erstattet (§§ 9, 10, 11, 12). Ist zur Durchführung der Verschmelzung eine **Kapitalerhöhung** erforderlich (§§ 53,

---

71) Vgl. *DNotI*, Gutachten Nr. 118876, DNotI-Report 2012, 124, 125; Henssler/Strohn-*Heidinger/Knaier*, GesR, § 2 UmwG Rz. 18; *Hoger* in: MünchHdb. GesR, Bd. 8, § 6 Rz. 49.

72) Vgl. *Leuering* in: KölnKomm-UmwG, § 2 Rz. 214; *Hoger* in: MünchHdb. GesR, Bd. 8, § 6 Rz. 49; *Weber*, Vormitgliedschaftliche Treuebindungen, S. 216 ff.

73) Vgl. *Drinhausen/Keinath* in: BeckOGK-UmwG, § 2 Rz. 23; Semler/Stengel/Leonard-*Stengel*, UmwG, § 2 Rz. 55; *Gerold*, MittRhNotK 1997, 205, 212; *Impelmann*, DStR 1995, 769, 770; *Ganske*, WM 1993, 1117, 1121; vier Phasen (Planungs-, Vorbereitungs-, Beschluss- und Vollzugsphase) unterscheiden Lutter-*Drygala*, UmwG, § 2 Rz. 34, und *Hoger* in: MünchHdb. GesR, Bd. 8, § 6 Rz. 25.

74) Vgl. Lutter-*Drygala*, UmwG, § 2 Rz. 34; *Drinhausen/Keinath* in: BeckOGK-UmwG, § 2 Rz. 24; *Hoger* in: MünchHdb. GesR, Bd. 8, § 6 Rz. 25.

75) Vgl. Lutter-*Drygala*, UmwG, § 2 Rz. 34; *Ihrig*, GmbHR 1995, 622, 627.

55 bzw. §§ 66, 69), ist diese ebenfalls vorzubereiten. Schließlich erfolgt in der Vorbereitungsphase die **Einberufung der Versammlung** der Anteilsinhaber nach den für die jeweilige Rechtsform geltenden Vorschriften.

2. Beschlussphase

42 In der Beschlussphase stimmen die Anteilsinhaber der beteiligten Rechtsträger dem Verschmelzungsvertrag durch Beschluss **(Verschmelzungsbeschluss)** zu (§ 13). Dabei müssen die Verschmelzungsbeschlüsse zwingend in **Versammlungen** der Anteilsinhaber gefasst werden; eine Beschlussfassung im Umlaufverfahren ist nicht möglich.[76] Die notwendigen **Beschlussmehrheiten** ergeben sich aus den rechtsformspezifischen Vorschriften (§§ 39 ff.). In der Regel ist eine Drei-Viertel-Mehrheit des vertretenen Kapitals bzw. der erschienenen Gesellschafter ausreichend (§§ 50 Abs. 1 Satz 1, 65 Abs. 1 Satz 1, 84 Satz 1, 103 Satz 1). Das Erfordernis eines einstimmigen Beschlusses kann sich aus Bestimmungen im Gesellschaftsvertrag (§§ 50 Abs. 1 Satz 2, 65 Abs. 1 Satz 2, 84 Satz 2, 103 Satz 2) oder bei Personengesellschaften aus dem Gesetz (§ 39c Abs. 1) ergeben. Bei Personengesellschaften kann vom Prinzip der Einstimmigkeit abgewichen werden, wobei auch hier die Drei-Viertel-Mehrheit eine Grenze bildet (§ 39c Abs. 2).[77] Bei der Verschmelzung durch Neugründung ist zudem die Zustimmung der Anteilsinhaber zum Gesellschaftsvertrag des neuen Rechtsträgers erforderlich.

43 Schließlich ist das Kapital des aufnehmenden Rechtsträgers durch **Kapitalerhöhungsbeschluss** seiner Anteilsinhaber zu erhöhen, falls dies zwecks verschmelzungsbedingter Anteilsgewährung erforderlich ist. Da sowohl die Verschmelzungsbeschlüsse (§ 13 Abs. 3) als auch der Verschmelzungsvertrag (§ 6) **notariell zu beurkunden** ist, erfolgt dies in der Praxis häufig gleichzeitig in einer Urkunde.

3. Vollzugsphase

44 In der Vollzugsphase wird die Verschmelzung von den Vertretungsorganen der beteiligten Rechtsträger bei den Registern (Handelsregister, Genossenschaftsregister, Gesellschaftsregister, Partnerschaftsregister oder Vereinsregister) des Sitzes des jeweiligen Rechtsträgers **angemeldet**. Nach Prüfung durch das zuständige Register erfolgt die **Eintragung** der Verschmelzung am Sitz der beteiligten Rechtsträger, wobei die Verschmelzung zunächst im Register der übertragenden und dann im Register des übernehmenden Rechtsträgers einzutragen ist (§ 19 Abs. 1). Erst die Eintragung der Verschmelzung in das Register des übernehmenden Rechtsträgers wirkt **konstitutiv**, so dass erst dann die in § 20 geregelten Rechtsfolgen der Verschmelzung eintreten.

45 Im Zusammenhang mit der Verschmelzung erforderliche **Kapitalerhöhungen** sind noch vor der Eintragung der Verschmelzung anzumelden und einzutragen. Bei der Beteiligung von AGs sind die an die Anteilseigner der übertragenden Rechtsträger zu übertragenden Aktien vor Eintragung der Verschmelzung an einen Treuhänder zu übergeben, der diese dann nach Eintragung der Verschmelzung an die ehemaligen Anteilsinhaber der übertragenden Rechtsträge übergibt.

4. Besonderheiten bei Konzernverschmelzungen

46 Die meisten Verschmelzungen betreffen verbundene Unternehmen i. S. der §§ 15 ff. AktG (Konzernverschmelzungen).[78] Dies hat Auswirkungen sowohl auf die **Dauer** der Ver-

76) Vgl. OLG Karlsruhe, Beschl. v. 26.3.2021 – 1 W 4/21 (Wx), NZG 2021, 696 = ZIP 2021, 1323; *Rieckers/Cloppenburg* in: BeckOGK-UmwG, § 13 Rz. 41.

77) Vgl. *Priester*, DStR 2005, 788, 790.

78) Vgl. Semler/Stengel/Leonard-*Stengel*, UmwG, § 2 Rz. 20.

schmelzungsvorgänge als auch auf mögliche **prozedurale Hürden**. So wird bei Konzernverschmelzungen aus **Vereinfachungsgründen** regelmäßig die letzte Jahresbilanz des übertragenden Rechtsträgers als Schlussbilanz verwendet.[79] Zudem findet **keine (formale) Unternehmensbewertung** statt. Auf die Erstellung eines Verschmelzungsberichts wird (vorsorglich) ebenso verzichtet wie auf die Durchführung einer Verschmelzungsprüfung. Zwar kann auf die Zuleitung des Verschmelzungsvertrages (bzw. seines Entwurfs) an den **Betriebsrat** nicht verzichtet werden; in der Praxis wird allerdings häufig zumindest eine Verkürzung der Zuleitungsfrist mit dem zuständigen Betriebsrat vereinbart. Schließlich wird mit den beteiligten Organvertretern ein Beurkundungstermin abgestimmt; eine förmliche Einladung zur Anteilsinhaberversammlung unterbleibt.[80]

VI. Kartellrechtliche Zusammenschlusskontrolle

47 Verschmelzungstatbestände können in den Anwendungsbereich der kartellrechtlichen Zusammenschlusskontrolle fallen. Je nachdem, ob bzw. welche Schwellenwerte erreicht werden, ist die Verschmelzung vor Vollzug beim Bundeskartellamt oder bei der Europäischen Kommission anzumelden.

1. Nationale Kontrolle

48 Eine Verschmelzung ist beim **Bundeskartellamt** anzumelden, wenn die an der Verschmelzung beteiligten Rechtsträger im letzten Jahr vor der Verschmelzung weltweit Umsatzerlöse von mehr als 500 Mio. € (§ 35 Abs. 1 Nr. 1 GWB) und im Inland mindestens ein beteiligter Rechtsträger Umsatzerlöse von mehr als 50 Mio. € und ein anderer beteiligter Rechtsträger Umsatzerlöse von mehr als 17,5 Mio. € erzielt haben (§ 35 Abs. 1 Nr. 2 GWB). Dabei hat das Bundeskartellamt die Verschmelzung zu untersagen, wenn durch diese der wirksame Wettbewerb erheblich behindert würde, insbesondere, wenn zu erwarten ist, dass durch die Verschmelzung eine marktbeherrschende Stellung begründet oder verstärkt wird (§ 36 Abs. 1 GWB). Ob die Verschmelzung ggf. den wirksamen Wettbewerb behindert und damit in das Hauptprüfverfahren einzutreten ist, ist vom Bundeskartellamt **innerhalb eines Monats** nach Eingang der (i. S. von § 39 Abs. 2 GWB vollständigen) Anmeldung zu entscheiden. Erfolgt innerhalb der Monatsfrist keine Mitteilung über den Eintritt in das Hauptprüfverfahren, gilt die Verschmelzung als unbeanstandet (§ 40 Abs. 1 Satz 1 GWB).

49 Wird das **Hauptprüfverfahren eröffnet**, muss das Bundeskartellamt **innerhalb von fünf Monaten** nach Eingang der (i. S. von § 39 Abs. 2 GWB vollständigen) Anmeldung durch förmliche Verfügung entscheiden, ob die Verschmelzung untersagt oder freigegeben wird (§ 40 Abs. 1 Satz 1 GWB). Wird die Verfügung nicht innerhalb der Frist zugestellt, gilt die Verschmelzung als freigegeben (§ 40 Abs. 1 Satz 2 GWB). Die Verschmelzung darf nicht vor Ablauf der Monatsfrist (§ 40 Abs. 1 Satz 1 GWB) bzw. – wenn in das Hauptprüfverfahren eingetreten wird – nicht vor der Freigabe (§ 40 Abs. 2 Satz 1) oder der Fiktion der Freigabe (§ 40 Abs. 2 Satz 2 GWB) durch Eintragung in das Handelsregister des übernehmenden Rechtsträgers vollzogen werden (§ 41 Abs. 1 Satz 1 GWB). Erfolgt die Eintragung trotz **Vollzugsverbot**, lässt dies die Wirksamkeit der Verschmelzung unberührt (§ 41 Abs. 1 Satz 3 Nr. 2 GWB); allerdings handelt ordnungswidrig, wer vorsätzlich oder fahrlässig gegen das Vollzugsverbot verstößt (§ 81 Abs. 2 Nr. 1).

---

79) Vgl. *Drinhausen/Keinath* in: BeckOGK-UmwG, § 2 Rz. 24; Semler/Stengel/Leonard-*Stengel*, UmwG, § 2 Rz. 54.

80) Vgl. Semler/Stengel/Leonard-*Stengel*, UmwG, § 2 Rz. 54.

2. Europarechtliche Kontrolle

50 Eine Verschmelzung ist bei der **Europäischen Kommission** anzumelden, wenn diese als Zusammenschluss von gemeinschaftsweiter Bedeutung i. S. des FKVO[81)] zu qualifizieren ist. Ist dies der Fall und die Zuständigkeit der Europäischen Kommission eröffnet, finden die Vorschriften des GWB keine Anwendung (§ 35 Abs. 3 GWB). Von gemeinschaftsweiter Bedeutung ist ein Zusammenschluss, wenn die beteiligten Rechtsträger in dem letzten abgeschlossenen Geschäftsjahr zusammen einen weltweiten Umsatz von mehr als 5 Mrd. € und mindestens zwei der beteiligten Rechtsträger einen EU-weiten Umsatz von mehr als 250 Mio. € erzielt haben, sofern die EU-weiten Umsätze nicht zu mehr als zwei Dritteln in einem Mitgliedstaat erzielt worden sind.

VII. Kosten der Verschmelzung

51 Während die möglichen Kosten für die rechtliche, steuerliche und/oder betriebswirtschaftliche Beratung i. R. einer Verschmelzung von den Beteiligten beeinflusst werden können, ist dies für die Kosten für Beurkundungen, Handelsregistereintragungen und ggf. Grundbuchberichtigungen nicht der Fall. Diese Kosten fallen zwingend an und werden in der Praxis regelmäßig von dem übernehmenden bzw. neu gegründeten Rechtsträger getragen.[82)]

1. Kosten für Beurkundungen

52 Für die Beurkundung des **Verschmelzungsvertrages** fällt eine doppelte Geschäftsgebühr an (Nr. 21100 Anlage I GNotKG). Die Geschäftsgebühr richtet sich nach dem Geschäftswert (§ 3 Abs. 1 GNotKG), der bei der Verschmelzung nach dem Aktivvermögen der übertragenden Rechtsträger ohne Abzug der Verbindlichkeiten bestimmt wird.[83)] Den Wert des Aktivvermögens hat der Notar grundsätzlich anhand der Schlussbilanzen der beteiligten Rechtsträger zu bestimmen.[84)] Der Geschäftswert beträgt mindestens 30.000 € und höchstens 10 Mio. € (§ 107 Abs. 1 GNotKG); die Gebühr für die Beurkundung des Verschmelzungsvertrages beträgt damit maximal 22.770 €.[85)]

53 Wird auf den Verschmelzungsbericht, die Verschmelzungsprüfung und/oder den Prüfungsbericht verzichtet, sind die Erklärungen ebenfalls notariell zu beurkunden (§§ 8 Abs. 3 Satz 2, 9 Abs. 2, 12 Abs. 3). Die Beurkundung der **Verzichtserklärungen** löst eine volle Gebühr aus (Nr. 21200 Anlage I GNotKG). Der Geschäftswert ist dabei nach freiem Ermessen zu bestimmen (§ 36 Abs. 1 GNotKG), wobei ein Wert von 10 % des Geschäftswerts des betreffenden Verschmelzungsvertrages angemessen erscheint.[86)] Werden mehrere Verzichtserklärungen in einer Urkunde zusammengefasst, bestimmt sich die Gebühr nach dem höchsten Einzelwert. Werden die Verzichtserklärungen in dem Verschmelzungsvertrag mitbeurkundet, fällt für die Beurkundung der Verzichtserklärungen keine (zusätzliche) Gebühr an (§ 109 Abs. 2 Nr. 4 lit. g GNotKG).

54 Zudem sind die **Verschmelzungsbeschlüsse** zu beurkunden. Hierfür fällt eine doppelte Geschäftsgebühr an (Nr. 21100 Anhang I GNotKG). Der Geschäftswert für die Berechnung

81) Verordnung (EG) Nr. 139/2004 des Rates v. 20.1.2004 über die Kontrolle von Unternehmenszusammenschlüssen („EG-Fusionskontrollverordnung“), ABl. (EU) L 024/1 v. 29.1.2004.

82) Vgl. Lutter-*Drygala*, UmwG, § 2 Rz. 57; *Hoger* in: MünchHdb. GesR, Bd. 8, § 6 Rz. 65.

83) Vgl. *Drinhausen/Keinath* in: BeckOGK-UmwG, § 2 Rz. 40; Semler/Stengel/Leonard-*Stengel*, UmwG, § 2 Rz. 77; *Böttcher* in: NK-UmwG, § 2 Rz. 29; *Pfeiffer*, NZG 2013, 244, 247; *Reimann*, MittBayNot 1995, 1, 2.

84) Vgl. Widmann/Mayer-*Fronhöfer*, UmwR, § 2 UmwG Rz. 83.

85) Vgl. Lutter-*Drygala*, UmwG, § 2 Rz. 49; Semler/Stengel/Leonard-*Stengel*, UmwG, § 2 Rz. 77.

86) Vgl. Lutter-*Drygala*, UmwG, § 2 Rz. 50; *Drinhausen/Keinath* in: BeckOGK-UmwG, § 2 Rz. 41; Semler/Stengel/Leonard-*Stengel*, UmwG, § 2 Rz. 78; *Hoger* in: MünchHdb. GesR, Bd. 8, § 6 Rz. 58.

der Gebühren entspricht dem Geschäftswert für die Beurkundung des Verschmelzungsvertrags (§ 108 Abs. 3 Satz 1 GNotKG); er ist auf maximal 5.000.000 € begrenzt (§ 108 Abs. 4 GNotKG). Die Verschmelzungsbeschlüsse können in einer Beurkundung zusammengefasst werden; in diesem Fall fällt die doppelte Gebühr nur einmal an. Die Verschmelzungsbeschlüsse können zudem in derselben Urkunde mit dem Verschmelzungsvertrag beurkundet werden. Die Verschmelzungsbeschlüsse und der Verschmelzungsvertrag sind zwar gegenstandsverschieden (§ 110 Nr. 1 GNotKG); allerdings kommt es bei der gemeinsamen Beurkundung zu einer Addition der Geschäftswerte (§ 35 Abs. 1 GNotKG) und damit ggf. insgesamt zu einer geringeren Gesamtgebühr.[87)] Ist i. R. der Verschmelzung die Fassung eines **Kapitalerhöhungsbeschlusses** durch die Versammlung der Anteilsinhaber des übernehmenden Rechtsträgers erforderlich, ist auch dieser zu beurkunden. Hierfür fällt ebenfalls eine doppelte Geschäftsgebühr an (Nr. 21100 Anhang I GNotKG). Der Geschäftswert für den Kapitalerhöhungsbeschluss entspricht dem Erhöhungsbetrag, wobei dieser mit dem Geschäftswert für die Verschmelzungsbeschlüsse zusammenzurechnen ist (§ 94 Abs. 1 GNotKG).[88)]

2. Kosten für Handelsregistereintragungen

Die Verschmelzung ist zur Eintragung in das Handelsregister sowohl beim übertragenden 55
als auch beim übernehmenden Rechtsträger anzumelden (§ 16 Abs. 1 Satz 1). Die **Anmeldungen** sind notariell zu beglaubigen (§ 12 Abs. 1 Satz 1 HGB). Hierfür fällt jeweils eine halbe Gebühr an (Nr. 21201 Nr. 5 Anlage 1 GNotKG). Der Geschäftswert richtet sich nach der Rechtsform der beteiligten Rechtsträger (§ 105 GNotKG); er ist auf maximal 1.000.000 € begrenzt (§ 106 GNotKG). Wird zeitglich eine Kapitalerhöhung angemeldet, ist der Nennbetrag der Kapitalerhöhung dem Geschäftswert der Anmeldung der Verschmelzung hinzuzurechnen, wobei auch hierbei der Höchstwert von 1.000.000 € gilt.[89)] Die **Eintragung** in das Handelsregister löst ebenfalls eine Gebühr aus, wobei regelmäßig jeweils eine volle Gebühr anfällt.[90)]

3. Kosten für Grundbuchberichtigungen

Ist als Folge der Verschmelzung eine Grundbuchberichtigung nötig, fallen auch hierfür 56
Kosten an. So ist der **Antrag** auf Grundbuchberichtigung notariell zu beglaubigen bzw. je nach Fallkonstellation zu beurkunden[91)] (§ 22 GBO), wofür eine halbe Gebühr anfällt (Nr. 21201 Nr. 4 Anlage 1 GNotKG). Diese Kosten fallen nicht an, wenn der Grundbuchberichtigungsantrag in den Verschmelzungsvertrag mitaufgenommen wird, da in einem solchen Fall Gegenstandsgleichheit vorliegt (§ 109 Abs. 1 GNotKG).[92)] Für die **Eintragung** im Grundbuch fällt eine volle Gebühr an (Nr. 14110 Nr. 1 Anlage 1 GNotKG).

VIII. Abgrenzung zu verschmelzungsähnlichen Strukturmaßnahmen

Neben der Verschmelzung existieren andere Strukturmaßnahmen, auf die zur Reorganisa- 57
tion von Unternehmen zur Erreichung wirtschaftlich ähnlicher Wirkungen zurückgegriffen werden kann.

87) Vgl. Lutter-*Drygala*, UmwG, § 2 Rz. 52.
88) Vgl. Lutter-*Drygala*, UmwG, § 2 Rz. 52; Semler/Stengel/Leonard-*Stengel*, UmwG, § 2 Rz. 79; *Hoger* in: MünchHdb. GesR, Bd. 8, § 6 Rz. 59.
89) Vgl. *Leuering* in: KölnKomm-UmwG, § 2 Rz. 265; *Böttcher* in: NK-UmwG, § 2 Rz. 31; *Hoger* in: MünchHdb. GesR, Bd. 8, § 6 Rz. 61.
90) Vgl. Lutter-*Drygala*, UmwG, § 2 Rz. 53.
91) Vgl. *Hoger* in: MünchHdb. GesR, Bd. 8, § 6 Rz. 63.
92) Vgl. *Leuering* in: KölnKomm-UmwG, § 2 Rz. 268; Lutter-*Drygala*, UmwG, § 2 Rz. 55; *Hoger* in: MünchHdb. GesR, Bd. 8, § 6 Rz. 63.

1. Vermögensübertragung

58 So kann sich ein Rechtsträger etwa verpflichten, sein gesamtes Vermögen auf einen Dritten zu übertragen. Anders als bei der Verschmelzung i. S. des UmwG findet in einem solchen Fall **keine Gesamtrechtsnachfolge** statt; vielmehr müssen die zum Vermögen des übertragenden Rechtsträgers gehörenden Vermögenswerte durch einzelne Übertragungsakte im Wege der Einzelrechtsnachfolge unter Beachtung der allgemeinen Prinzipien des Sachenrechts (ins. Bestimmtheitsgrundsatz) übertragen werden. In einem solchen Fall wird der übertragenden Rechtsträger auch **nicht** wie bei der Verschmelzung **aufgelöst;** vielmehr besteht er grundsätzlich weiter fort und muss ggf. nach erfolgter Vermögensübertragung liquidiert werden. Dies hat Folgen für die Anteilsinhaber, die grundsätzlich lediglich an dem übertragenden Rechtsträger beteiligt bleiben und grundsätzlich keine Möglichkeit haben, an dem Rechtsträger beteiligt zu bleiben, der den (bisherigen) Geschäftsbetrieb fortführt **(fehlende Mitgliedschaftsperpetuierung)**.[93] Verpflichtet sich eine AG zur Übertragung ihres ganzen oder nahezu ganzen Vermögens, ist § 179a AktG zu beachten.

2. Eingliederung (§§ 319 ff. AktG)

59 Die Eingliederung gemäß §§ 319 ff. AktG stellt die **intensivste konzernrechtliche Verbindung** zweier Gesellschaften dar.[94] Durch sie können Reorganisationen vorgenommen werden, die wirtschaftlich der Verschmelzung i. S. des UmwG weitgehend entsprechen.[95] Bei der Eingliederung wird die eingegliederte Gesellschaft der Leistungsmacht einer anderen Gesellschaft (sog. Hauptgesellschaft) unterstellt (§ 323 AktG). Zudem steht das Vermögen der eingegliederten Gesellschaft nach erfolgter Eingliederung bis zur Grenze des zur Deckung der Grundkapitalziffer notwendigen Betrages zur Disposition der Hauptgesellschaft; dafür unterliegt die Hauptgesellschaft der unbeschränkten Mithaftung für sämtliche Verbindlichkeiten der eingegliederten Gesellschaft (§ 322 AktG) sowie der Verlustausgleichspflicht (§ 324 Abs. 3 AktG). Anders als bei der Verschmelzung bleibt bei ihr die eingegliederte Gesellschaft **rechtlich selbständig.**

60 Die Eingliederung ist nur zwischen **AGs** mit Sitz im Inland möglich, wobei die **SE** mit statutarischem Sitz in Deutschland der AG gleichgestellt ist;[96] die **KGaA** kann demgegenüber nach zutreffender Ansicht weder als Hauptgesellschaft noch als eingegliederte Gesellschaft an einer Eingliederung beteiligt werden.[97]

61 Für die Eingliederung ist zudem erforderlich, dass die Hauptgesellschaft zu **100 %** (§ 319 AktG) oder mindestens zu **95 %** (§ 320 AktG) an der einzugliedernden Gesellschaft beteiligt ist. Bei der Mehrheitseingliederung gemäß § 320 AktG scheiden die Minderheitsaktionäre gegen Gewährung von Anteilen an der Hauptgesellschaft oder Barabfindung (§ 320b AktG) aus der eingegliederten Gesellschaft aus.

3. Unternehmensverträge i. S. von § 291 AktG

62 Ein Konzernverhältnis kann zwischen zwei Gesellschaften auch durch den Abschluss eines **Beherrschungs- und Gewinnabführungsvertrages** (§ 291 AktG) begründet werden. Die dadurch herbeigeführte Unternehmensverbindung ist indes weniger eng als bei der Ein-

---

93) Vgl. Semler/Stengel/Leonard-*Stengel*, UmwG, § 2 Rz. 50.

94) Vgl. Grigoleit-*Grigoleit/Rachlitz*, AktG, § 319 Rz. 1.

95) Vgl. Semler/Stengel/Leonard-*Stengel*, UmwG, § 2 Rz. 45; *Hoger/Hoger* in: MünchHdb. GesR, Bd. 8, § 2 Rz. 25.

96) Vgl. *Koch*, AktG, § 319 Rz. 4; Grigoleit-*Grigoleit/Rachlitz*, AktG, § 319 Rz. 6.

97) Vgl. *Grunewald* in: MünchKomm-AktG, § 319 Rz. 9; *Koch*, AktG, § 319 Rz. 4; Grigoleit-*Grigoleit/Rachlitz*, AktG, § 319 Rz. 6; a. A. Emmerich/Habersack-*Habersack*, Aktien- und GmbH-Konzernrecht, § 319 AktG Rz. 6.

gliederung. So ist das Weisungsrecht der sog. Obergesellschaft beim Beherrschungsvertrag (§ 308 AktG) weniger weitreichend als bei der Eingliederung.[98] Auch das wirtschaftliche Risiko der Obergesellschaft ist bei der Eingliederung höher als beim Abschluss von Beherrschungs- und Gewinnabführungsverträgen. Die abhängige Gesellschaft ist i. R. des Gewinnabführungsvertrages zwar verpflichtet, ihr finanzielles Ergebnis an die Obergesellschaft abzuführen (§ 291 Abs. 1 Alt. 2 AktG), wofür die Obergesellschaft den von der abhängigen Gesellschaft erwirtschafteten Verlust auszugleichen hat (§ 302 AktG). Indes trifft die Obergesellschaft – anders als bei der Eingliederung (§ 322 AktG) – keine direkte Mithaftung für die Verbindlichkeiten der abhängigen Gesellschaft.

98) Vgl. *Hoger* in: MünchHdb. GesR, Bd. 8, § 2 Rz. 26.

§ 3
Verschmelzungsfähige Rechtsträger*)

(1) An Verschmelzungen können als übertragende, übernehmende oder neue Rechtsträger beteiligt sein:

1. eingetragene Gesellschaften bürgerlichen Rechts, Personenhandelsgesellschaften (offene Handelsgesellschaften, Kommanditgesellschaften) und Partnerschaftsgesellschaften;

2. Kapitalgesellschaften (Gesellschaften mit beschränkter Haftung, Aktiengesellschaften, Kommanditgesellschaften auf Aktien);

3. eingetragene Genossenschaften;

4. eingetragene Vereine (§ 21 des Bürgerlichen Gesetzbuchs);

5. genossenschaftliche Prüfungsverbände;

6. Versicherungsvereine auf Gegenseitigkeit.

(2) An einer Verschmelzung können ferner beteiligt sein:

1. wirtschaftliche Vereine (§ 22 des Bürgerlichen Gesetzbuchs), soweit sie übertragender Rechtsträger sind;

2. natürliche Personen, die als Alleingesellschafter einer Kapitalgesellschaft deren Vermögen übernehmen.

(3) An der Verschmelzung können als übertragende Rechtsträger auch aufgelöste Rechtsträger beteiligt sein, wenn die Fortsetzung dieser Rechtsträger beschlossen werden könnte.

(4) Die Verschmelzung kann sowohl unter gleichzeitiger Beteiligung von Rechtsträgern derselben Rechtsform als auch von Rechtsträgern unterschiedlicher Rechtsform erfolgen, soweit nicht etwas anderes bestimmt ist.

*) § 3 geändert durch Art. 60 des Gesetzes zur Modernisierung des Personengesellschaftsrechts (Personengesellschaftsrechtsmodernisierungsgesetz (MoPeG), v. 10.8.2021, BGBl. I 2021, 3436; § 3 i. d. F. des UmwBerG geändert durch Art. 1 des Gesetzes zur Änderung des Umwandlungsgesetzes, des Partnerschaftsgesellschaftsgesetzes und anderer Gesetze (UmwGÄndG), v. 22.7.1998, BGBl. I 1998, 1878.

Literatur: *Bayer*, 1000 Tage neues Umwandlungsrecht – eine Zwischenbilanz, ZIP 1997, 1613; *Blasche*, Umwandlungsmöglichkeiten bei Auflösung, Überschuldung oder Insolvenz eines der beteiligten Rechtsträger, GWR 2010, 441; *Casper*, Numerus Clausus und Mehrstaatlichkeitserfordernis bei der SE-Gründung, AG 2007, 9; *Gasteyer*, Die Unternehmergesellschaft (haftungsbeschränkt), NZG 2009, 1364; *Heckschen*, Die Entwicklung des Umwandlungsrechts aus Sicht der Rechtsprechung und Praxis, DB 1998, 1385; *Hennrichs*, Die UG (haftungsbeschränkt) – Reichweite des Sacheinlageverbots und gesetzliche Rücklage, NZG 2009, 1161; *Klein/Stephanblome*,

Der Downstream Merger – aktuelle umwandlungs- und gesellschaftsrechtliche Fragestellungen, ZGR 2007, 351; *Oplustil/Schneider*, Zur Stellung der Aktiengesellschaft im Umwandlungsrecht, NZG 2003, 13; *Rubner/Leuering*, Verschmelzung einer überschuldeten Gesellschaft, NJW-Spezial 2012, 719; *Wachter*, Umwandlung insolventer Gesellschaften, NZG 2015, 858; *Weber*, Die Unternehmergesellschaft (haftungsbeschränkt), BB 2009, 842; *Weiler*, Grenzen des Verzichts auf die Anteilsgewährung im Umwandlungsrecht, NZG 2008, 527.

Übersicht

I. Allgemeines

1. Norminhalt und Normzweck

1 § 3 legt den Kreis der **verschmelzungsfähigen Rechtsträger** abschließend fest. Dabei unterscheidet das Gesetz zwischen uneingeschränkter (§ 3 Abs. 1) und eingeschränkter (§ 3 Abs. 2) Verschmelzungsfähigkeit. Daneben regelt § 3 Abs. 3, dass unter bestimmten Voraussetzungen auch **aufgelöste Rechtsträger** an einer Verschmelzung beteiligt sein können. § 3 Abs. 4 stellt schließlich klar, dass neben der Verschmelzung von Rechtsträgern derselben Rechtsform auch sog. **Mischverschmelzungen** möglich sind.

2 § 3 bezweckt die Schließung der bis zum Inkrafttreten des UmwG bestehenden Lücken bei der Umstrukturierungen von Rechtsträgern mit Sitz im Inland.[1] Vor 1995 konnten nur bestimmte Rechtsträger verschmolzen werden (Kapitalgesellschaften, bergrechtliche Gewerkschaften, Genossenschaften und VVaG). Dieser Kreis wird durch § 3 erweitert.[2]

2. Anwendungsbereich

a) Rechtsträger

3 Das UmwG verwendet den Begriff des Rechtsträgers. Darunter ist **jede im Rechtverkehr auftretende juristische Einheit** zu verstehen.[3] Der Begriff geht über den Begriff der

1) Vgl. Begr. RegE bei *Ganske*, Umwandlungsrecht, S. 47.

2) Vgl. Widmann/Mayer-*Fronhöfer*, UmwR, § 3 UmwG Rz. 1; Lutter-*Drygala*, UmwG, § 3 Rz. 1; *Drinhausen/Keinath* in: BeckOGK-UmwG, § 3 Rz. 2; Semler/Stengel/Leonard-*Stengel*, UmwG, § 3 Rz. 1.

3) Vgl. Widmann/Mayer-*Fronhöfer*, UmwR, § 3 UmwG Rz. 4; *Leuering* in: KölnKomm-UmwG, § 3 Rz. 1; Lutter-*Drygala*, UmwG, § 3 Rz. 2; *Drinhausen/Keinath* in: BeckOGK-UmwG, § 3 Rz. 4.

juristischen Person hinaus.[4)] Er umfasst sowohl Gesellschaften als auch sonstige Körperschaften. Zudem stellt die Verwendung des Begriffs Rechtsträger klar, dass Gegenstand des Übertragungsvorgangs das Vermögen – und nicht das Unternehmen – des jeweiligen Rechtsträgers ist und dass sich Umwandlungen auf den Rechtsträger als Rechtssubjekt beziehen.[5)] Der Rechtsträger muss kein Unternehmensträger sein; vielmehr ist dort, wo das UmwG den Begriff des Unternehmens verwendet (z. B. §§ 168 ff.), das Vorhandensein eines Unternehmens eine zusätzliche materielle Voraussetzung des Umwandlungsvorgangs.[6)]

b) Verschmelzungsfähigkeit

In § 3 Abs. 1 und Abs. 2 sind diejenigen Rechtsträger aufgezählt, die an einer Verschmelzung beteiligt sein können – mithin **verschmelzungsfähig** sind. Während Absatz 1 diejenigen Rechtsträger auflistet, die uneingeschränkt verschmelzungsfähig sind, regelt Absatz 2 zwei Sonderfälle eingeschränkter Verschmelzungsfähigkeit. Rechtsträger, die weder in Absatz 1 noch in Absatz 2 aufgelistet sind, sind nicht verschmelzungsfähig. 4

Rechtsträger sind **uneingeschränkt verschmelzungsfähig**, wenn sie sowohl als übertragender, übernehmender als auch als neu gegründeter Rechtsträger an einer Verschmelzung beteiligt sein können.[7)] Darunter fallen gemäß § 3 Abs. 1 Personenhandelsgesellschaften, PartG, Kapitalgesellschaften, eGs, rechtsfähige Vereine, genossenschaftliche Prüfungsverbände, VVaGs und – seit Inkrafttreten des MoPeG[8)] am 1.1.2024 – auch die eingetragene GbR. § 3 Abs. 1 regelt nur die grundsätzliche uneingeschränkte Verschmelzungsfähigkeit, so dass **rechtsformspezifische** besondere **Vorschriften** die Verschmelzungsfähigkeit auf bestimmte Verschmelzungskonstellationen beschränken können.[9)] 5

Rechtsträger sind **eingeschränkt verschmelzungsfähig**, wenn sie nur in besonderen Konstellationen an einer Verschmelzung beteiligt sein können. Eingeschränkt verschmelzungsfähig sind gemäß § 3 Abs. 2 wirtschaftliche Vereine und natürliche Personen. Wirtschaftliche Vereine i. S. von § 22 BGB können nur als übertragende Rechtsträger an einer Verschmelzung beteiligt sein (§ 3 Abs. 2 Nr. 1). Natürliche Personen sind nur insoweit verschmelzungsfähig, als sie als Alleingesellschafter einer Kapitalgesellschaft deren Vermögen übernehmen (§ 3 Abs. 2 Nr. 2). 6

Die Aufzählung in § 3 Abs. 1 und 2 ist abschließend;[10)] dies ergibt sich aus § 1 Abs. 2.[11)] Rechtsträger, die nicht in § 3 Abs. 1 oder 2 aufgelistet sind, können damit nicht an einer Verschmelzung teilnehmen. **Nicht verschmelzungsfähig** sind etwa Bruchteilsgemeinschaften, nicht rechtsfähige Vereine, stille Gesellschaften, Stiftungen, Körperschaften des öffentlichen Rechts und Erbengemeinschaften.[12)] Dies galt bis zum Inkrafttreten des MoPeG 7

4) Vgl. Lutter-*Drygala*, UmwG, § 3 Rz. 2; *Drinhausen/Keinath* in: BeckOGK-UmwG, § 3 Rz. 5.

5) Vgl. Widmann/Mayer-*Fronhöfer*, UmwR, § 3 UmwG Rz. 5; Lutter-*Drygala*, UmwG, § 3 Rz. 4; *Drinhausen/Keinath* in: BeckOGK-UmwG, § 3 Rz. 6; Semler/Stengel/Leonard-*Stengel*, UmwG, § 3 Rz. 3.

6) Vgl. Lutter-*Drygala*, UmwG, § 3 Rz. 2.

7) Vgl. Widmann/Mayer-*Fronhöfer*, UmwR, § 3 UmwG Rz. 1; *Leuering* in: KölnKomm-UmwG, § 3 Rz. 2; Lutter-*Drygala*, UmwG, § 3 Rz. 1; Semler/Stengel/Leonard-*Stengel*, UmwG, § 3 Rz. 4.

8) Gesetz zur Modernisierung des Personengesellschaftsrechts (Personengesellschaftsrechtsmodernisierungsgesetz – MoPeG), v. 10.8.2021, BGBl. I 2021, 3436.

9) Vgl. *Leuering* in: KölnKomm-UmwG, § 3 Rz. 2; *Drinhausen/Keinath* in: BeckOGK-UmwG, § 3 Rz. 6; Semler/Stengel/Leonard-*Stengel*, UmwG, § 3 Rz. 7.

10) Vgl. Widmann/Mayer-*Fronhöfer*, UmwR, § 3 UmwG Rz. 5; Lutter-*Drygala*, UmwG, § 3 Rz. 2; *Drinhausen/Keinath* in: BeckOGK-UmwG, § 3 Rz. 5; Kallmeyer-*Oppenhoff*, UmwG, § 3 Rz. 2.

11) Vgl. *Leuering* in: KölnKomm-UmwG, § 3 Rz. 5; *Drinhausen/Keinath* in: BeckOGK-UmwG, § 3 Rz. 5; Semler/Stengel/Leonard-*Stengel*, UmwG, § 3 Rz. 10; Schmitt/Hörtnagl-*Winter*, UmwG/UmwStG, § 3 UmwG Rz. 5.

12) Vgl. Widmann/Mayer-*Fronhöfer*, UmwR, § 3 UmwG Rz. 38; Lutter-*Drygala*, UmwG, § 3 Rz. 7; *Drinhausen/Keinath* in: BeckOGK-UmwG, § 3 Rz. 8.

auch für die GbR. Nunmehr ist nur noch die nicht eingetragene GbR nicht verschmelzungsfähig. Nicht verschmelzungsfähig sind schließlich auch noch nicht entstandene Rechtsträger. Dies gilt insbesondere für Vorgesellschaften.[13] Diese können zwar Vorbereitungshandlungen für eine Verschmelzung treffen; zum Zeitpunkt der rechtlichen Wirksamkeit der Verschmelzung müssen die betreffenden Rechtsträger allerdings bereits entstanden sein.

II. Verschmelzungsfähige Rechtsträger (§ 3 Abs. 1 und Abs. 2)

1. Uneingeschränkt verschmelzungsfähige Rechtsträger (§ 3 Abs. 1)

a) Personengesellschaften und PartG (§ 3 Abs. 1 Nr. 1)

8 Uneingeschränkt verschmelzungsfähig ist – seit Inkrafttreten des MoPeG – gemäß § 3 Abs. 1 Nr. 1 die **eingetragene GbR.** Dabei gilt das Erfordernis der Eintragung für jede Form der Beteiligung einer GbR an einer Verschmelzung – d. h. für die Beteiligung als übertragender, übernehmender oder als neuer Rechtsträger. Nicht verschmelzungsfähig ist weiterhin die nicht eingetragene GbR. Die fehlende Eintragung einer an einer Verschmelzung beteiligten GbR ist ein Vollzugshindernis, das das Gericht von Amts wegen zu berücksichtigen hat. Die Verschmelzung darf erst dann eingetragen werden, wenn die betreffende GbR in das Gesellschaftsregister eingetragen ist.[14] Für die Verschmelzung unter Beteiligung einer eingetragenen GbR enthalten die §§ 39 bis 39f **Sondervorschriften.**

9 Daneben sind auch Personenhandelsgesellschaften gemäß § 3 Abs. 1 Nr. 1 uneingeschränkt verschmelzungsfähig. Zu den Personenhandelsgesellschaften zählt § 3 Abs. 1 Nr. 1 ausdrücklich die **oHG** und die **KG.** Hiervon erfasst sind auch die **GmbH & Co. KG, AG & Co. KG** und die **Publikums-KG.**[15] Dies gilt auch für die (Europäische Wirtschaftliche Interessenvereinigung) **EWIV**, die gemäß § 1 EWIV-Ausführungsgesetz der oHG gleichgestellt ist.[16] Nicht zu den Personenhandelsgesellschaft zählt die stille Gesellschaft i. S. von §§ 230 ff. HGB.[17] Für die Verschmelzung unter Beteiligung einer Personenhandelsgesellschaft enthalten die §§ 40 bis 42 **Sondervorschriften.**

10 **Personenhandelsgesellschaften**, die einen Gewerbebetrieb gemäß § 1 HGB betreiben und bei denen die weiteren Merkmale des § 105 Abs. 1 HGB erfüllt sind, sind auch schon vor ihrer Eintragung in das Handelsregister als oHG bzw. KG verschmelzungsfähig.[18] Da die Verschmelzung gemäß § 19 in das Handelsregister der beteiligten Rechtsträger eingetragen werden muss, muss die (nicht eingetragene) Personenhandelsgesellschaft spätestens für den Vollzug der Verschmelzung eingetragen werden.[19] Nicht verschmelzungsfähig sind hingegen Gesellschaften, bei denen – wie z. B. bei Gesellschaften gemäß § 105 Abs. 2 HGB – die Eintragung in das Handelsregister für das Entstehen einer Personenhandelsgesellschaft konstitutiv ist; bei diesen beginnt die Verschmelzungsfähigkeit erst mit ihrer Eintragung in das Handelsregister.[20]

13) Vgl. Lutter-*Drygala*, UmwG, § 3 Rz. 7; *Drinhausen/Keinath* in: BeckOGK-UmwG, § 3 Rz. 9.
14) Vgl. Lutter-*Drygala*, UmwG, § 3 Rz. 9a; Kallmeyer-*Oppenhoff*, UmwG, § 3 Rz. 5a.
15) Vgl. Widmann/Mayer-*Fronhöfer*, UmwR, § 3 UmwG Rz. 8; Kallmeyer-*Oppenhoff*, UmwG, § 3 Rz. 3; *Hoger* in: MünchHdb. GesR, Bd. 8, § 7 Rz. 5.
16) Vgl. Widmann/Mayer-*Fronhöfer*, UmwR, § 3 UmwG Rz. 12; *Drinhausen/Keinath* in: BeckOGK-UmwG, § 3 Rz. 14; Kallmeyer-*Oppenhoff*, UmwG, § 3 Rz. 4; Schmitt/Hörtnagl-*Winter*, UmwG/UmwStG, § 3 UmwG Rz. 11.
17) Vgl. Kallmeyer-*Oppenhoff*, UmwG, § 3 Rz. 5; *Hoger* in: MünchHdb. GesR, Bd. 8, § 7 Rz. 5.
18) Vgl. Widmann/Mayer-*Fronhöfer*, UmwR, § 3 UmwG Rz. 10; *Hoger* in: MünchHdb. GesR, Bd. 8, § 7 Rz. 6; a. A. *Leuering* in: KölnKomm-UmwG, § 3 Rz. 11.
19) Vgl. Widmann/Mayer-*Fronhöfer*, UmwR, § 3 UmwG Rz. 10; *Hoger* in: MünchHdb. GesR, Bd. 8, § 7 Rz. 6.
20) Vgl. Widmann/Mayer-*Fronhöfer*, UmwR, § 3 UmwG Rz. 9; *Leuering* in: KölnKomm-UmwG, § 3 Rz. 11a; *Hoger* in: MünchHdb. GesR, Bd. 8, § 7 Rz. 6.

Schließlich zählen gemäß § 3 Abs. 1 Nr. 1 auch **PartG** zu den uneingeschränkt verschmelzungsfähigen Rechtsträgern. Dabei sind allerdings die Beschränkungen, die sich aus den **Sondervorschriften** in §§ 45a bis 45e ergeben, zu beachten. So ist eine Verschmelzung auf eine PartG gemäß § 45a Satz 1 nur möglich, wenn im Zeitpunkt ihres Wirksamwerdens alle Anteilsinhaber der übertragenden Rechtsträger natürliche Personen sind, die einen freien Beruf i. S. von § 1 Abs. 1 und 2 PartGG ausüben. Die **PartG mbB** ist eine Variante der PartG und insofern in gleicher Weise wie diese verschmelzungsfähig.[21] 11

b) Kapitalgesellschaften (§ 3 Abs. 1 Nr. 2)

Kapitalgesellschaften sind gemäß § 3 Abs. 1 Nr. 2 uneingeschränkt verschmelzungsfähig. 12
Kapitalgesellschaften sind nach der Legaldefinition in § 3 Abs. 1 Nr. 2 die **GmbH**, die **AG** und die **KGaA**. Die rechtsformspezifischen **Sondervorschriften**, die bei der Verschmelzung unter Beteiligung einer Kapitalgesellschaft zu beachten sind, finden sich für die GmbH in den §§ 46 bis 59, für die AG in den §§ 60 bis 77 und für die KGaA in § 78.

Die **UG (haftungsbeschränkt)** ist keine eigene Rechtsform, sondern eine Rechtsformvariante der GmbH. Sie ist damit wie diese grundsätzlich verschmelzungsfähig.[22] Einschränkungen hinsichtlich der Verschmelzungsfähigkeit der UG ergeben sich aus dem Verbot der Sachgründung gemäß § 5a Abs. 2 Satz 2 GmbHG. Uneingeschränkt verschmelzungsfähig ist die UG (haftungsbeschränkt), wenn sie als **übertragender Rechtsträger** an der Verschmelzung beteiligt ist, da sie in diesen Fällen kein Vermögen erwirbt, sondern ihr Vermögen als Ganzes auf einen anderen Rechtsträger überträgt.[23] Die Verschmelzung zur **Neugründung einer UG** (haftungsbeschränkt) ist hingegen nicht möglich.[24] Dies ergibt sich aus § 36 Abs. 2 Satz 1, wonach für die Gründung des neuen Rechtsträgers die für dessen Rechtsform geltenden Gründungsvorschriften anzuwenden sind, zu denen bei der UG (**haftungsbeschränkt**) auch das **Verbot der Sachgründung** nach § 5a Abs. 2 Satz 2 GmbHG gehört. Bei der Verschmelzung zur Neugründung erfolgt die Aufbringung des Stammkapitals des neuen Rechtsträgers zwingend im Wege der Sacheinlage durch Übertragung des Vermögens des übertragenden Rechtsträgers.[25] Bei der Beteiligung der UG (haftungsbeschränkt) als **übernehmender** Rechtsträger an einer Verschmelzung ist zu differenzieren: Wird die Verschmelzung zur Aufnahme ohne verschmelzungsbedingte Kapitalerhöhung durchgeführt, ist die UG (haftungsbeschränkt) als aufnehmender Rechtsträger verschmelzungsfähig, da in einem solchen Fall das Verbot der Sachgründung gemäß § 5a Abs. 2 Satz 2 GmbHG keine Anwendung findet.[26] Gleiches gilt, wenn das Stammkapital der UG (haftungsbeschränkt) im Zuge der Verschmelzung auf mindestens 25.000 € erhöht wird.[27] Nicht verschmelzungsfähig ist die UG (haftungsbeschränkt) hingegen, wenn das Stammkapital der UG (haftungsbeschränkt) im Zuge der Verschmelzung nicht auf mindestens 25.000 € erhöht wird. 13

21) Vgl. Widmann/Mayer-*Fronhöfer*, UmwR, § 3 UmwG Rz. 13; Semler/Stengel/Leonard-*Stengel*, UmwG, § 3 Rz. 19; Kallmeyer-*Oppenhoff*, UmwG, § 3 Rz. 6.

22) Vgl. *Leuering* in: KölnKomm-UmwG, § 3 Rz. 21; *Drinhausen/Keinath* in: BeckOGK-UmwG, § 3 Rz. 14; *Hennrichs*, NZG 2009, 1161, 1163 f.; *Gasteyer*, NZG 2009, 1364, 1367.

23) Vgl. Widmann/Mayer-*Fronhöfer*, UmwR, § 3 UmwG Rz. 16.3; *Leuering* in: KölnKomm-UmwG, § 3 Rz. 21; Lutter-*Drygala*, UmwG, § 3 Rz. 12; Kallmeyer-*Oppenhoff*, UmwG, § 3 Rz. 9.

24) Vgl. Widmann/Mayer-*Fronhöfer*, UmwR, § 3 UmwG Rz. 16.3; *Leuering* in: KölnKomm-UmwG, § 3 Rz. 21; Lutter-*Drygala*, UmwG, § 3 Rz. 12; *Hoger* in: MünchHdb. GesR, Bd. 8, § 7 Rz. 16.

25) Vgl. *Hoger* in: MünchHdb. GesR, Bd. 8, § 7 Rz. 16.

26) Vgl. *Leuering* in: KölnKomm-UmwG, § 3 Rz. 21; Lutter-*Drygala*, UmwG, § 3 Rz. 13.

27) Vgl. Widmann/Mayer-*Fronhöfer*, UmwR, § 3 UmwG Rz. 16.3; *Leuering* in: KölnKomm-UmwG, § 3 Rz. 21; Lutter-*Drygala*, UmwG, § 3 Rz. 13; *Maulbetsch/Rebel* in: HK-UmwG, § 3 Rz. 8; a. A. *Weber*, BB 2009, 842, 846 f.; vgl. auch BGH, Beschl. v. 19.4.2011 – II ZB 25/10, NJW 2011, 1881, 1882 = NZI 2011, 547, 548 – Anwendbarkeit des § 5a Abs. 2 Satz 2 GmbHG bei Kapitalerhöhung.

14 Kapitalgesellschaften erlangen die Rechts- und damit auch Verschmelzungsfähigkeit erst durch ihre **Eintragung in das Handelsregister.**[28)] Ist eine Kapitalgesellschaft in das Handelsregister eingetragen, kann diese selbst dann an einer Verschmelzung beteiligt sein, wenn sie **fehlerhaft** errichtet oder nichtig ist.[29)] Kapitalgesellschaften im **Gründungsstadium** sind hingegen nicht verschmelzungsfähig.[30)] Das gilt sowohl für die **Vorgründungsgesellschaft** als auch für die **Vorgesellschaft.** Erfüllt die Vorgründungsgesellschaft die Voraussetzung einer Personen- oder Personenhandelsgesellschaft, ist sie erst mit Eintragung der betreffenden GbR bzw. oHG im Gesellschafter- bzw. Handelsregister verschmelzungsfähig.[31)] Bei der Vorgesellschaft kommt ein solcher Rückgriff auf das Personengesellschaftsrecht nicht in Betracht, da die Vorgesellschaft keine Personengesellschaft, sondern eine mit der späteren Kapitalgesellschaft identische Rechtsperson sui generis ist.[32)] Die Vorgesellschaft kann aber bereits Vorbereitungshandlungen (z. B. Abschluss des Verschmelzungsvertrages und/oder Fassen des Verschmelzungsbeschlusses) für die Verschmelzung nach ihrer Eintragung vornehmen.[33)]

15 Die Europäische Aktiengesellschaft (SE) mit Sitz in Deutschland ist gemäß Art. 9 Abs. 1 lit. c Ziff. ii SE-VO i. V. m Art. 10 der SE-VO der deutschen AG gleichgestellt und damit wie diese grundsätzlich **verschmelzungsfähig.**[34)] Zu beachten ist, dass die Neugründung einer SE durch Verschmelzung abschließend in der SE-VO geregelt ist.[35)] Die bereits existierende SE kann an Verschmelzungen nach dem UmwG uneingeschränkt sowohl als übernehmender als auch als übertragender Rechtsträger beteiligt sein. Die zweijährige Sperrfrist des Art. 66 Abs. 1 SE-VO findet bei der Verschmelzung einer SE als übertragender Rechtsträger weder direkt noch analog Anwendung.[36)]

c) Eingetragene Genossenschaften (§ 3 Abs. 1 Nr. 3)

16 Eingetragene Genossenschaften (eGs) sind gemäß § 3 Abs. 1 Nr. 3 uneingeschränkt verschmelzungsfähig. Die Verschmelzungsfähigkeit der eG beginnt wie bei Kapitalgesellschaften mit der Eintragung der Genossenschaft in das Genossenschaftsregister.[37)] Genossenschaften im Gründungsstadium sind damit nicht verschmelzungsfähig.[38)] Für die Verschmelzung unter Beteiligung einer eG enthalten die §§ 79 bis 98 **Sondervorschriften.**

28) Vgl. *Leuering* in: KölnKomm-UmwG, § 3 Rz. 23; *Drinhausen/Keinath* in: BeckOGK-UmwG, § 3 Rz. 15; Semler/Stengel/Leonard-*Stengel*, UmwG, § 3 Rz. 22; *Hoger* in: MünchHdb. GesR, Bd. 8, § 7 Rz. 19.

29) Vgl. *Leuering* in: KölnKomm-UmwG, § 3 Rz. 22; Semler/Stengel/Leonard-*Stengel*, UmwG, § 3 Rz. 22; Schmitt/Hörtnagl-*Winter*, UmwG/UmwStG, § 3 UmwG Rz. 20; *Hoger* in: MünchHdb. GesR, Bd. 8, § 7 Rz. 21.

30) Vgl. Widmann/Mayer-*Fronhöfer*, UmwR, § 3 UmwG Rz. 74; *Leuering* in: KölnKomm-UmwG, § 3 Rz. 23; Lutter-*Drygala*, UmwG, § 3 Rz. 7; *Hoger* in: MünchHdb. GesR, Bd. 8, § 7 Rz. 19.

31) Ähnl. *Leuering* in: KölnKomm-UmwG, § 3 Rz. 26.

32) Vgl. *Leuering* in: KölnKomm-UmwG, § 3 Rz. 26.

33) Vgl. *Leuering* in: KölnKomm-UmwG, § 3 Rz. 24; Semler/Stengel/Leonard-*Stengel*, UmwG, § 3 Rz. 48; Kallmeyer-*Oppenhoff*, UmwG, § 3 Rz. 10; *Hoger* in: MünchHdb. GesR, Bd. 8, § 7 Rz. 20.

34) Vgl. *Leuering* in: KölnKomm-UmwG, § 3 Rz. 27; *Drinhausen/Keinath* in: BeckOGK-UmwG, § 3 Rz. 26; Kallmeyer-*Oppenhoff*, UmwG, § 3 Rz. 11; *Hoger* in: MünchHdb. GesR, Bd. 8, § 7 Rz. 26.

35) Vgl. Widmann/Mayer-*Fronhöfer*, UmwR, § 3 UmwG Rz. 35; *Leuering* in: KölnKomm-UmwG, § 3 Rz. 34; Lutter-*Drygala*, UmwG, § 3 Rz. 19; *Hoger* in: MünchHdb. GesR, Bd. 8, § 7 Rz. 26.

36) Vgl. Widmann/Mayer-*Fronhöfer*, UmwR, § 3 UmwG Rz. 36; *Leuering* in: KölnKomm-UmwG, § 3 Rz. 30; Lutter-*Drygala*, UmwG, § 3 Rz. 21; a. A. *Casper*, AG 2007, 97, 104; *Oplustil/Schneider*, NZG 2003, 13, 15 f.

37) Vgl. Widmann/Mayer-*Fronhöfer*, UmwR, § 3 UmwG Rz. 17; *Leuering* in: KölnKomm-UmwG, § 3 Rz. 34; *Drinhausen/Keinath* in: BeckOGK-UmwG, § 3 Rz. 16; *Hoger* in: MünchHdb. GesR, Bd. 8, § 7 Rz. 22.

38) Vgl. *Böttcher* in: NK-UmwG, § 3 Rz. 11; Kallmeyer-*Oppenhoff*, UmwG, § 3 Rz. 12.

Die Europäische Genossenschaft (SCE) ist gemäß Art. 8 Abs. 1 lit. c Ziff. ii und Art. 9 SCE-VO[39] der eG gleichgestellt und damit wie diese grundsätzlich **verschmelzungsfähig.**[40] Zu beachten ist, dass die Neugründung einer SCE durch Verschmelzung abschließend in der SCE-VO geregelt ist.[41] Die bereits existierende SCE kann an Verschmelzungen nach dem UmwG uneingeschränkt sowohl als übernehmender als auch als übertragender Rechtsträger beteiligt sein. Wie bei der SE besteht auch bei der SCE keine Notwendigkeit, die zweijährige Sperrfrist (Art. 76 SCE-VO) auf die Beteiligung der SCE als übertragender Rechtsträger einer Verschmelzung – weder direkt noch analog – anzuwenden.[42] 17

d) Eingetragene Vereine (§ 3 Abs. 1 Nr. 4)

Der **e. V.** i. S. von § 21 BGB ist gemäß § 3 Abs. 1 Nr. 4 uneingeschränkt verschmelzungsfähig. Dabei erfasst § 3 Abs. 1 Nr. 4 nur den sog. Idealverein, dessen Zweck im Gegensatz zum wirtschaftlichen Verein i. S. von § 22 BGB, der gemäß § 3 Abs. 2 Nr. 1 nur eingeschränkt verschmelzungsfähig ist, nicht auf einen wirtschaftlichen Geschäftsbetrieb gerichtet ist.[43] Die Verschmelzungsfähigkeit des e. V. beginnt mit seiner Eintragung in das Vereinsregister.[44] Für die Verschmelzung unter Beteiligung eines e. V. enthalten die §§ 99–104a **Sondervorschriften**. Beschränkt wird die Verschmelzungsfähigkeit des e. V. durch § 99 Abs. 2, wonach der e. V. weder einen Rechtsträger anderer Rechtsform durch Verschmelzung aufnehmen, noch durch Verschmelzung von Rechtsträgern anderer Rechtsform neu gegründet werden darf. 18

e) Genossenschaftliche Prüfungsverbände (§ 3 Abs. 1 Nr. 5)

Genossenschaftliche Prüfungsverbände sind eine Spezialform des e. V.[45] Sie sind gemäß § 3 Abs. 1 Nr. 5 verschmelzungsfähig. Im Unterschied zum e. V. beginnt die Verschmelzungsfähigkeit der genossenschaftlichen Prüfungsverbände nicht bereits mit ihrer Eintragung als Verein i. S. des § 21 BGB, sondern erst mit Verleihung des Prüfungsrecht gemäß § 63 GenG.[46] Nach Eintragung im Vereinsregister und bis zur Verleihung des Prüfungsrechts gemäß § 63 GenG ist der Rechtsträger als e. V. gemäß § 3 Abs. 1 Nr. 4 verschmelzungsfähig. Für die Verschmelzung unter Beteiligung genossenschaftlicher Prüfungsverbände gelten die **Sondervorschriften** in §§ 105 bis 108. Beschränkt wird die Verschmelzungsfähigkeit genossenschaftlicher Prüfungsverbände durch § 105, wonach genossenschaftliche Prüfungsverbände grundsätzlich nur miteinander verschmolzen werden können und nur in engen Grenzen eine Mischverschmelzung mit einem rechtsfähigen Verein zulässig ist. 19

---

39) Verordnung (EG) Nr. 1435/2003 des Rates v. 22.7.2003 über das Statut der Europäischen Genossenschaft (SCE) (SCE-VO), ABl. (EU) L 207/1 v. 18.8.2003.

40) Vgl. *Leuering* in: KölnKomm-UmwG, § 3 Rz. 37; Lutter-*Drygala*, UmwG, § 3 Rz. 22; *Drinhausen/Keinath* in: BeckOGK-UmwG, § 3 Rz. 25; Kallmeyer-*Oppenhoff*, UmwG, § 3 Rz. 13.

41) Vgl. Widmann/Mayer-*Fronhöfer*, UmwR, § 3 UmwG Rz. 36.3; *Leuering* in: KölnKomm-UmwG, § 3 Rz. 37; Lutter-*Drygala*, UmwG, § 3 Rz. 22; Kallmeyer-*Oppenhoff*, UmwG, § 3 Rz. 13.

42) Vgl. *Leuering* in: KölnKomm-UmwG, § 3 Rz. 38; *Hoger* in: MünchHdb. GesR, Bd. 8, § 7 Rz. 27; a. A. *Drinhausen/Keinath* in: BeckOGK-UmwG, § 3 Rz. 25.

43) Vgl. *Leuering* in: KölnKomm-UmwG, § 3 Rz. 39; *Drinhausen/Keinath* in: BeckOGK-UmwG, § 3 Rz. 17; Kallmeyer-*Oppenhoff*, UmwG, § 3 Rz. 14; *Hoger* in: MünchHdb. GesR, Bd. 8, § 7 Rz. 23.

44) Vgl. *Leuering* in: KölnKomm-UmwG, § 3 Rz. 39; Schmitt/Hörtnagl-*Winter*, UmwG/UmwStG, § 3 UmwG Rz. 27.

45) Vgl. *Leuering* in: KölnKomm-UmwG, § 3 Rz. 41; *Drinhausen/Keinath* in: BeckOGK-UmwG, § 3 Rz. 18; Semler/Stengel/Leonard-*Stengel*, UmwG, § 3 Rz. 26; Kallmeyer-*Oppenhoff*, UmwG, § 3 Rz. 15.

46) Vgl. *Leuering* in: KölnKomm-UmwG, § 3 Rz. 41; *Drinhausen/Keinath* in: BeckOGK-UmwG, § 3 Rz. 18; Schmitt/Hörtnagl-*Winter*, UmwG/UmwStG, § 3 UmwG Rz. 30; *Hoger* in: MünchHdb. GesR, Bd. 8, § 7 Rz. 24.

f) **VVaG (§ 3 Abs. 1 Nr. 6)**

20 Gemäß § 3 Abs. 1 Nr. 6 sind auch **VVaGs** i. S. von §§ 15 ff. VAG verschmelzungsfähig. Für die Erlangung der Verschmelzungsfähigkeit ist neben der Eintragung der VVaG in das Handelsregister die Erlaubnis durch die Aufsichtsbehörde gemäß § 15 VAG erforderlich.[47] **Sondervorschriften** für die Verschmelzung von VVaG finden sich in §§ 109 bis 119. Beschränkt wird die Verschmelzungsfähigkeit von VVaG durch § 109, wonach VVaGs nur miteinander oder als übertragender Rechtsträger durch Verschmelzung auf eine Versicherungs-AG verschmolzen werden können.

2. **Eingeschränkt verschmelzungsfähige Rechtsträger (§ 3 Abs. 2)**

a) **Wirtschaftliche Vereine (§ 3 Abs. 2 Nr. 1)**

21 Wirtschaftliche Vereine i. S. von § 22 Satz 1 BGB sind nur eingeschränkt verschmelzungsfähig. Sie können gemäß § 3 Abs. 2 Nr. 1 lediglich als **übertragender Rechtsträger** an einer Verschmelzung beteiligt sein. Rechtspolitisch geht diese Beschränkung darauf zurück, dass wirtschaftliche Vereine aus Sicht des Gesetzgebers nur ausnahmsweise als Unternehmensträger geeignet sind.[48] Dies wird damit begründet, dass wirtschaftliche Vereine nur einer eingeschränkten Rechnungslegungspflicht und keinen Vorschriften über die Kapitalaufbringung und -erhaltung unterliegen; zudem verweist der Gesetzgeber auf die geringeren Kontrollmöglichkeiten der Mitglieder über den Vorstand und die fehlende gesetzlich vorgeschriebene Arbeitnehmermitbestimmung beim wirtschaftlichen Verein.[49] Die Vergrößerung oder Neugründung wirtschaftlicher Vereine im Wege der Verschmelzung soll daher verhindert werden. Für die Verschmelzungen unter Beteiligung wirtschaftlicher Vereine gelten dieselben **Sondervorschriften** wie für die Verschmelzung unter Beteiligung von Idealvereinen (§§ 99 bis 104a).

b) **Natürliche Personen (§ 3 Abs. 2 Nr. 2)**

22 Natürliche Personen sind ebenfalls nur eingeschränkt verschmelzungsfähig. Gemäß § 3 Abs. 2 Nr. 2 können natürliche Personen an einer Verschmelzung beteiligt sein, wenn sie als Alleingesellschafter einer Kapitalgesellschaft deren Vermögen übernehmen. **Sondervorschriften** für die Verschmelzung auf eine natürliche Person finden sich in §§ 120 – 122. Die Stellung als Alleingesellschafter ist zwingend; eine Mehrheitsbeteiligung reicht nicht aus.[50] Weitere Eigenschaften der natürlichen Person verlangt das Gesetz nicht. Die übernehmende natürliche Person muss daher weder voll geschäftsfähig,[51] noch Kaufmann i. S. von § 1 HGB sein.[52] Sie muss weder die deutsche Staatsangehörigkeit besitzen, noch einen inländischen Wohnsitz haben.[53] Ist der übernehmende Rechtsträger nicht in das Handelsregister eingetragen, wird die Verschmelzung gemäß § 122 Abs. 2 mit der Eintragung in das Handelsregister der übertragenden Kapitalgesellschaft wirksam.

---

47) Vgl. *Leuering* in: KölnKomm-UmwG, § 3 Rz. 43; *Drinhausen/Keinath* in: BeckOGK-UmwG, § 3 Rz. 19; *Böttcher* in: NK-UmwG, § 3 Rz. 15; *Hoger* in: MünchHdb. GesR, Bd. 8, § 7 Rz. 25.

48) Vgl. Begr. RegE bei *Ganske*, Umwandlungsrecht, S. 47.

49) Vgl. Begr. RegE bei *Ganske*, Umwandlungsrecht, S. 47.

50) Vgl. *Drinhausen/Keinath* in: BeckOGK-UmwG, § 3 Rz. 21; *Böttcher* in: NK-UmwG, § 3 Rz. 17; Kallmeyer-*Oppenhoff*, UmwG, § 3 Rz. 20.

51) Vgl. Kallmeyer-*Oppenhoff*, UmwG, § 3 Rz. 20.

52) Vgl. *Leuering* in: KölnKomm-UmwG, § 3 Rz. 48; *Böttcher* in: NK-UmwG, § 3 Rz. 17, *Hoger* in: MünchHdb. GesR, Bd. 8, § 7 Rz. 30.

53) Vgl. *Leuering* in: KölnKomm-UmwG, § 3 Rz. 48; *Drinhausen/Keinath* in: BeckOGK-UmwG, § 3 Rz. 21; *Böttcher* in: NK-UmwG, § 3 Rz. 17; Kallmeyer-*Oppenhoff*, UmwG, § 3 Rz. 20; *Hoger* in: MünchHdb. GesR, Bd. 8, § 7 Rz. 30.

III. Verschmelzung aufgelöster Rechtsträger (§ 3 Abs. 3)

An einer Verschmelzung können gemäß § 3 Abs. 3 auch aufgelöste Rechtsträger beteiligt sein, wenn ihre Fortsetzung beschlossen werden könnte. Hierdurch sollen vor allem Sanierungsfusionen erleichtert werden.[54] Der Wortlaut in § 3 Abs. 3 beschränkt die Beteiligung aufgelöster Rechtsträger auf ihre Rolle als übertragender Rechtsträger. 23

1. Aufgelöste Rechtsträger als übertragender Rechtsträger

Die Verschmelzungsfähigkeit eines aufgelösten Rechtsträgers setzt zunächst voraus, dass dieser vor seiner Auflösung **verschmelzungsfähig** i. S. von § 3 Abs. 1 oder Abs. 2 war.[55] 24

Zudem darf der Rechtsträger noch **nicht vollbeendet** sein; die Abwicklung darf maW noch nicht abgeschlossen sein. Vollbeendigung liegt vor, wenn kein Vermögen des aufgelösten Rechtsträgers mehr vorhanden ist. Bei Rechtsträgern, die durch Eintragung in ein Register entstehen, muss zusätzlich die Eintragung des Rechtsträgers im Register gelöscht werden.[56] Liegt eine solche Löschung vor, begründet dies die widerlegbare Vermutung der Vollbeendigung.[57] 25

Die Fortsetzung des aufgelösten Rechtsträgers darf **nicht ausgeschlossen** sein. Bei **aufgelösten Kapitalgesellschaften** ist dies der Fall, wenn bereits mit der Verteilung des Vermögens des Rechtsträgers an die Anteilsinhaber begonnen wurde. Der Ausschluss der Fortsetzung ergibt sich bei der AG aus § 274 Abs. 1 Satz 1, Abs. 3 Satz 2 AktG, der auf die KGaA gemäß § 278 Abs. 3 AktG – und auf die GmbH entsprechend[58] – Anwendung findet. Gleiches gilt für die eG gemäß § 79a Abs. 1 Satz 1 GenG und für den VVaG gemäß § 206 Abs. 1 Satz 1 VAG. Ist bereits Vermögen verteilt worden, kann die Verschmelzungsfähigkeit aufgelöster Rechtsträger auch nicht dadurch wiederhergestellt werden, dass die erhaltene Leistung zurückgewährt wird.[59] Der Beginn der Vermögensverteilung steht hingegen bei oHG, KG, Vereinen und genossenschaftlichen Prüfungsverbände einer Fortsetzung des aufgelösten Rechtsträgers nicht entgegen.[60] Bei **aufgelösten Personengesellschaften** ist eine Verschmelzung aufgelöster Rechtsträger gemäß § 39 nicht möglich, wenn die Gesellschafter eine andere Auseinandersetzungsart als die Liquidation oder Verschmelzung vereinbart haben (z. B. Übernahme des Handelsgeschäfts durch einen Gesellschafter oder Realteilung des Gesellschaftsvermögens). Dies gilt gemäß § 45e auch für Partnerschaftsgesellschaften. Besteht eine solche Vereinbarung zwischen den Gesellschaftern bzw. Partnern, kann diese vor der Verschmelzung (z. B. i. R. des Verschmelzungsbeschlusses) aufgehoben werden.[61] 26

---

54) Vgl. Begr. RegE bei *Ganske*, Umwandlungsrecht, S. 47.

55) Vgl. *Leuering* in: KölnKomm-UmwG, § 3 Rz. 53; *Drinhausen/Keinath* in: BeckOGK-UmwG, § 3 Rz. 27; *Hoger* in: MünchHdb. GesR, Bd. 8, § 7 Rz. 31.

56) Vgl. Widmann/Mayer-*Fronhöfer*, UmwR, § 3 UmwG Rz. 46; *Leuering* in: KölnKomm-UmwG, § 3 Rz. 53; *Drinhausen/Keinath* in: BeckOGK-UmwG, § 3 Rz. 29; Semler/Stengel/Leonard-*Stengel*, UmwG, § 3 Rz. 37.

57) Vgl. Widmann/Mayer-*Fronhöfer*, UmwR, § 3 UmwG Rz. 46; *Drinhausen/Keinath* in: BeckOGK-UmwG, § 3 Rz. 29; Semler/Stengel/Leonard-*Stengel*, UmwG, § 3 Rz. 37; *Hoger* in: MünchHdb. GesR, Bd. 8, § 7 Rz. 33.

58) Vgl. OLG Düsseldorf, Beschl. v. 13.7.1979 – 3 W 139/79, GmbHR 1979, 276, 277 = DNotZ 1980, 170; Widmann/Mayer-*Fronhöfer*, UmwR, § 3 UmwG Rz. 48; *Hoger* in: MünchHdb. GesR, Bd. 8, § 7 Rz. 35.

59) Vgl. Lutter-*Drygala*, UmwG, § 3 Rz. 25; *Drinhausen/Keinath* in: BeckOGK-UmwG, § 3 Rz. 30; Semler/Stengel/Leonard-*Stengel*, UmwG, § 3 Rz. 39; *Heckschen*, DB 1998, 1385, 1387.

60) Vgl. Widmann/Mayer-*Fronhöfer*, UmwR, § 3 UmwG Rz. 48; Lutter-*Drygala*, UmwG, § 3 Rz. 25; *Drinhausen/Keinath* in: BeckOGK-UmwG, § 3 Rz. 30; *Hoger* in: MünchHdb. GesR, Bd. 8, § 7 Rz. 35.

61) Vgl. *Leuering* in: KölnKomm-UmwG, § 3 Rz. 56; Semler/Stengel/Leonard-*Stengel*, UmwG, § 3 Rz. 40; Kallmeyer-*Oppenhoff*, UmwG, § 3 Rz. 25; *Hoger* in: MünchHdb. GesR, Bd. 8, § 7 Rz. 36.

27 Erfolgt die Auflösung des übertragenden Rechtsträgers aufgrund eines anderen Grundes als des Auflösungsbeschlusses, muss dieser **besondere Auflösungsgrund** erst beseitigt werden, bevor die Fortsetzung beschlossen werden kann.[62] Ist über das Vermögen des Rechtsträgers ein Insolvenzverfahren eröffnet worden, ist der Insolvenzgrund (bzw. die Insolvenzgründe) zu beseitigen, bevor eine Fortsetzung möglich ist.[63] Da der Fortsetzungsbeschluss gemäß § 225a Abs. 3 InsO bereits im Insolvenzplan selbst enthalten sein kann, sind Rechtsträger, über deren Vermögen ein Insolvenzverfahren eröffnet wurde, potentiell verschmelzungsfähig; das eröffnete Insolvenzverfahren steht damit – seit Inkrafttreten des ESUG[64] – einer Verschmelzung aufgelöster Rechtsträger nicht mehr entgegen.[65] Wird die Eröffnung des Insolvenzverfahrens mangels Masse abgelehnt, ist eine Fortsetzung bei AG, KGaA, GmbH und VVaV ausgeschlossen.[66]

28 Schließlich muss die Fortsetzung des aufgelösten Rechtsträgers **beschlossen** werden können. Nicht erforderlich ist, dass tatsächlich ein Fortsetzungsbeschluss gefasst wird.[67] Es genügt, wenn die Voraussetzungen für eine Fortsetzung vorliegen. Falls kein ausdrücklicher Fortsetzungsbeschluss gefasst wurde, wird dieser für gewöhnlich in dem Verschmelzungsbeschluss mitenthalten sein.[68]

29 Ist die Verschmelzung des aufgelösten Rechtsträgers in das Handelsregister eingetragen, obwohl die Voraussetzungen des § 3 Abs. 3 nicht vorlagen, **bleibt die Verschmelzung wirksam.** Die fehlerhafte Anwendung des § 3 Abs. 3 ist in einem solchen Fall unbeachtlich.[69]

2. Aufgelöste Rechtsträger als übernehmender Rechtsträger

30 Nicht ausdrücklich geregelt ist die Frage, ob aufgelöste Rechtsträger auch als übernehmende Rechtsträger an einer Verschmelzung beteiligt sein können. Der Wortlaut in § 3 Abs. 3 beschränkt sich auf die Beteiligung aufgelöster Rechtsträger als übertragende Rechtsträger. Teilweise wird vertreten, dass § 3 Abs. 3 nur das frühere Recht übernommen habe und nicht darauf abziele, die Verschmelzungsfähigkeit aufgelöster Rechtsträger als übernehmende Rechtsträger auszuschließen.[70] Zudem würden Verschmelzungen auf sanierungsbedürftige Rechtsträger Sanierungen erleichtern, womit auch die ratio legis des § 3 Abs. 3 die Erweiterung der Verschmelzungsfähigkeit aufgelöster Rechtsträger auf übernehmende Rechtsträger nahelege.[71] Indes verkennt diese Ansicht, dass der Gesetzgeber in § 3 Abs. 3 zwar Sa-

62) Vgl. Widmann/Mayer-*Fronhöfer*, UmwR, § 3 UmwG Rz. 51; *Leuering* in: KölnKomm-UmwG, § 3 Rz. 54; *Drinhausen/Keinath* in: BeckOGK-UmwG, § 3 Rz. 28; *Hoger* in: MünchHdb. GesR, Bd. 8, § 7 Rz. 37.

63) Vgl. Kallmeyer-*Oppenhoff*, UmwG, § 3 Rz. 23; *Hoger* in: MünchHdb. GesR, Bd. 8, § 7 Rz. 37.

64) Gesetz zur weiteren Erleichterung der Sanierung von Unternehmen (ESUG), v. 13.12.2011, BGBl. I 2011, 2582.

65) Vgl. *Leuering* in: KölnKomm-UmwG, § 3 Rz. 54; Lutter-*Drygala*, UmwG, § 3 Rz. 27; *Drinhausen/Keinath* in: BeckOGK-UmwG, § 3 Rz. 2; Semler/Stengel/Leonard-*Stengel*, UmwG, § 3 Rz. 44.

66) Vgl. Widmann/Mayer-*Fronhöfer*, UmwR, § 3 UmwG Rz. 57; *Hoger* in: MünchHdb. GesR, Bd. 8, § 7 Rz. 37.

67) Vgl. *Leuering* in: KölnKomm-UmwG, § 3 Rz. 54; Lutter-*Drygala*, UmwG, § 3 Rz. 26; *Böttcher* in: NK-UmwG, § 3 Rz. 19; Kallmeyer-*Oppenhoff*, UmwG, § 3 Rz. 24; *Hoger* in: MünchHdb. GesR, Bd. 8, § 7 Rz. 44.

68) Vgl. Lutter-*Drygala*, UmwG, § 3 Rz. 26; *Böttcher* in: NK-UmwG, § 3 Rz. 19; Kallmeyer-*Oppenhoff*, UmwG, § 3 Rz. 24; *Hoger* in: MünchHdb. GesR, Bd. 8, § 7 Rz. 44.

69) Vgl. Widmann/Mayer-*Fronhöfer*, UmwR, § 3 UmwG Rz. 44; *Hoger* in: MünchHdb. GesR, Bd. 8, § 7 Rz. 45.

70) Vgl. Kallmeyer-*Oppenhoff*, UmwG, § 3 Rz. 26; *Bayer*, ZIP 1997, 1613, 1614; *Heckschen*, DB 1998, 1385, 1387; *Wachter*, NZG 2015, 858, 860 f.; wohl auch Schmitt/Hörtnagl-*Winter*, UmwG/UmwStG, § 3 UmwG Rz. 41.

71) Vgl. *Bayer*, ZIP 1997, 1613, 1614; *Heckschen*, DB 1998, 1385, 1387; *Wachter*, NZG 2015, 858, 861.

nierungsfusionen, nicht aber Abwicklungsfusionen ermöglichen wollte.[72] Zudem muss von einer bewussten Entscheidung des Gesetzgebers gegen die Erweiterung auf übernehmende Rechtsträger ausgegangen werden, wenn dieser in Kenntnis der umstrittenen Rechtslage zu § 19 Abs. 2 KapErhG und § 339 Abs. 2 a. F. deren Formulierung – ohne Erweiterung auf übernehmender Rechtsträger – übernommen hat.[73] Mit der **h. M.** ist daher die Zulässigkeit der Verschmelzung aufgelöster Rechtsträger als übernehmende Rechtsträger abzulehnen.[74] In der Praxis dürfte der Meinungsstreit selten relevant werden, da die Anteilsinhaber neben dem Zustimmungsbeschluss zum Verschmelzungsvertrag zugleich auch einen Beschluss zur Fortsetzung des übernehmenden Rechtsträgers als werbende Gesellschaft fassen können (und sollten).

IV. Verschmelzung von Rechtsträgern unterschiedlicher Rechtsform (§ 3 Abs. 4)

Gemäß § 3 Abs. 4 sind neben Verschmelzungen mehrerer Rechtsträger derselben Rechtsform auch Verschmelzungen von Rechtsträgern unterschiedlicher Rechtsformen (sog. **Mischverschmelzungen**) zulässig. Eine Mischverschmelzung liegt vor, wenn ein übertragender Rechtsträger auf einen übernehmenden Rechtsträger anderer Rechtsform verschmolzen wird. Als Mischverschmelzung ebenfalls zulässig sind Fälle, in denen mehrere Rechtsträger unterschiedlicher Rechtsform als übertragende Rechtsträger an derselben Verschmelzung beteiligt sind. Unzulässig ist hingegen die Verschmelzung auf mehrere aufnehmende oder neu zu gründende Rechtsträger unterschiedlicher Rechtsform, da in einem einheitlichen Verschmelzungsvorgang Rechtsträger nur auf einen aufnehmenden oder neu zu gründenden Rechtsträger übertragen werden können.[75] Die **Komplexität** von Mischverschmelzungen ergibt sich daraus, dass die jeweiligen besonderen Anforderungen aller beteiligten Rechtsformen kumulativ anzuwenden sind.[76] **Beschränkungen** der Mischverschmelzung ergeben sich aus § 79 (für eGs), aus § 99 (für rechtsfähige Vereine), aus § 105 (für genossenschaftliche Prüfverbände), aus § 109 (für VVaG) sowie aus § 120 (für natürliche Personen). Mischverschmelzung sind von Mehrfach- (siehe hierzu § 2 Rz. 30 [*Berjasevic*]) und Kettenverschmelzungen (siehe hierzu § 2 Rz. 31 [*Berjasevic*]) abzugrenzen. 31

V. Verschmelzung überschuldeter Rechtsträger

Die bloße Überschuldung eines (nicht aufgelösten) Rechtsträgers steht seiner Verschmelzung **nicht entgegen**. Dies gilt sowohl für den übertragenden als auch für den übernehmenden Rechtsträger.[77] 32

Da bei der Verschmelzung auf eine Kapitalgesellschaft in der Regel eine Kapitalerhöhung erforderlich ist, die voraussetzt, dass der **übertragenden Rechtsträger** über ein positives Nettovermögen verfügt, ist die Verschmelzung eines (real und nicht nur bilanziell) überschuldeten Rechtsträgers auf eine Kapitalgesellschaft grundsätzlich nicht möglich. Verzichten 33

---

72) Vgl. OLG Naumburg, Beschl. v. 12.2.1997 – 10 Wx 1–97, GmbHR 1997, 1152 = NJW-RR 1998, 178, 180; *Leuering* in: KölnKomm-UmwG, § 3 Rz. 58; Semler/Stengel/Leonard-*Stengel*, UmwG, § 3 Rz. 46; *Hoger* in: MünchHdb. GesR, Bd. 8, § 7 Rz. 48.

73) Vgl. Lutter-*Drygala*, UmwG, § 3 Rz. 31; Semler/Stengel/Leonard-*Stengel*, UmwG, § 3 Rz. 46; *Böttcher* in: NK-UmwG, § 3 Rz. 21; *Hoger* in: MünchHdb. GesR, Bd. 8, § 7 Rz. 48.

74) Vgl. OLG Naumburg, Beschl. v. 12.2.1997 – 10 Wx 1–97, GmbHR 1997, 1152 = NJW-RR 1998, 178, 180; Lutter-*Drygala*, UmwG, § 3 Rz. 31; Semler/Stengel/Leonard-*Stengel*, UmwG, § 3 Rz. 46; *Böttcher* in: NK-UmwG, § 3 Rz. 21; Henssler/Strohn-*Heidinger*/*Knaier*, GesR, § 3 UmwG Rz. 21; *Hoger* in: MünchHdb. GesR, Bd. 8, § 7 Rz. 48.

75) Vgl. Henssler/Strohn-*Heidinger*/*Knaier*, GesR, § 3 UmwG Rz. 22.

76) Vgl. *Leuering* in: KölnKomm-UmwG, § 3 Rz. 60; *Drinhausen*/*Keinath* in: BeckOGK-UmwG, § 3 Rz. 36; Kallmeyer-*Oppenhoff*, UmwG, § 3 Rz. 29; *Hoger* in: MünchHdb. GesR, Bd. 8, § 7 Rz. 56.

77) Vgl. Lutter-*Drygala*, UmwG, § 3 Rz. 24; *Klein*/*Stephanblome*, ZGR 2007, 351, 367.

die Anteilsinhaber des übertragenden Rechtsträgers in einer solchen Situation auf die Durchführung einer Kapitalerhöhung (§§ 54 Abs. 1 Satz 3, 68 Abs. 1 Satz 3), kann dies die Vermögensinteressen der Anteilsinhaber des übernehmenden Rechtsträgers erheblich beeinträchtigen. Daher ist die Forderung, in solchen Fällen einen einstimmigen Verschmelzungsbeschluss aufseiten des übernehmenden Rechtsträgers zu verlangen,[78] durchaus sachgerecht.

34 Ist nicht der übertragende, sondern der **übernehmende Rechtsträger** überschuldet, können die Vermögensinteressen der Anteilsinhaber des übertragenden Rechtsträgers beeinträchtigt werden, da ihnen im Zuge der Verschmelzung Anteile am übernehmenden Rechtsträger gewährt werden, die ggf. wertlos sind. In diesen Fällen wird vorgeschlagen, den Anteilsinhaber des übertragenden Rechtsträgers einen wertmäßigen Ausgleich durch eine Kapitalherabsetzung zu Lasten der Anteilsinhaber des übernehmenden Rechtsträger zu gewähren.[79]

78) Vgl. Lutter-*Drygala*, UmwG, § 3 Rz. 24; *Böttcher* in: NK-UmwG, § 3 Rz. 18; wohl auch *Klein/Stephanblome*, ZGR 2007, 351, 368; a. A. Kallmeyer-*Oppenhoff*, UmwG, § 3 Rz. 22; *Rubner/Leuering*, NJW-Spezial 2012, 719; *Weiler*, NZG 2008, 527, 530 ff.

79) Vgl. Kallmeyer-*Oppenhoff*, UmwG, § 3 Rz. 22; *Blasche*, GWR 2010, 441, 444.

Zweiter Abschnitt
Verschmelzung durch Aufnahme

§ 4
Verschmelzungsvertrag*)

(1) [1]Die Vertretungsorgane der an der Verschmelzung beteiligten Rechtsträger schließen einen Verschmelzungsvertrag. [2]§ 311b Abs. 2 des Bürgerlichen Gesetzbuchs gilt für ihn nicht.

(2) Soll der Vertrag nach einem der nach § 13 erforderlichen Beschlüsse geschlossen werden, so ist vor diesem Beschluß ein schriftlicher Entwurf des Vertrags aufzustellen.

*) § 4 i. d. F. des UmwBerG geändert durch Art. 1 des Zweiten Gesetzes zur Änderung des Umwandlungsgesetzes (2. UmwGÄndG), v. 19.4.2007, BGBl. I 2007, 542.

Übersicht

I. Allgemeines

1. Normzweck

Der Verschmelzungsvertrag zwischen den beteiligten Rechtsträgern ist die **vertragliche Basis** und damit Grundvoraussetzung für eine **Verschmelzung.**[1] Die **charakteristischen Merkmale** jeder Verschmelzung sind die Übertragung des gesamten Vermögens des übertragenden Rechtsträgers auf den übernehmenden Rechtsträgers im Wege der **Gesamtrechtsnachfolge,** wobei **in der Regel** Anteile oder Mitgliedschaften am übernehmenden Rechtsträger als **Gegenleistung** gewährt werden. Zudem **erlischt** der übertragende Rechtsträger **ohne** Durchführung einer **Liquidation.**[2] 1

Im Rahmen dieses umwandlungsrechtlichen Vorgangs dient der **Verschmelzungsvertrag** als **zentrale Informationsgrundlage** für sämtliche von der Verschmelzung betroffene **Interessengruppen,** wie bspw. Arbeitnehmer und Gesellschafter. Die betroffenen Gesellschafter der beteiligten Rechtsträger stimmen zusätzlich gemäß **§ 13** über den notariell zu beurkundenden Verschmelzungsvertrag ab. Diese **Zustimmung** der Anteilsinhaber und das **notarielle Formerfordernis** sind **Wirksamkeitsvoraussetzungen** für den Verschmelzungsvertrag. 2

Die Regelung des § 4 gilt grundsätzlich für alle Verschmelzungsvorgänge.[3] Sie findet **unmittelbare** Anwendung bei der **Verschmelzung durch Aufnahme** und wird über die Verweisung in **§ 36 Abs. 1** auch entsprechend für die **Verschmelzung durch Neugründung** herangezogen.[4] Bei der Verschmelzung durch Neugründung ist die **Besonderheit** des **§ 37** zu beachten, wonach der Verschmelzungsvertrag zusätzlich den **Gesellschaftsvertrag** des neu gegründeten übernehmenden Rechtsträgers enthalten muss.[5] 3

Eine **Ausnahme** im Zusammenhang mit den verschiedenen Verschmelzungsarten stellt die **grenzüberschreitende Verschmelzung** dar, bei der der Verschmelzungsvertrag gemäß **§ 307** durch einen Verschmelzungsplan abgelöst wird. 4

Bei der **Spaltung** unterscheidet man zwischen der Spaltung zur Aufnahme und der Spaltung zur Neugründung. Bei der **Spaltung zur Aufnahme** sind die Regelungen des § 4 entsprechend auf den Spaltungs- und Übernahmevertrag anzuwenden, was sich aus der Verweisnorm des § 125 ergibt. Anders verhält es sich bei der **Spaltung zur Neugründung,** bei der anstelle des Spaltungs- und Übernahmevertrags ein **Spaltungsplan** gemäß § 136 tritt, der als einseitige Erklärung ausgestaltet ist. Weitere Sonderregelungen sind im Zusammenhang mit der **grenzüberschreitenden Spaltung** und dem **grenzüberschreitenden Formwechsel** gemäß **§ 322 bzw. § 335** zu berücksichtigen. 5

2. Rechtsentwicklung

Der Verschmelzungsvertrag bildete bereits im **Jahre 1966** die vertragliche Grundlage jeder Verschmelzung. Die entsprechenden Regelungen fanden sich **in § 340 AktG a. F. und § 341 AktG a. F.**[6] 6

1) *Wicke* in: BeckOGK-UmwG, § 4 Rz. 2; Kallmeyer-*Oppenhoff*, UmwG, § 4 Rz. 1; *Simon* in: KölnKomm-UmwG, § 4 Rz. 1; *Böttcher* in: NK-UmwG, § 4 Rz. 1; Widmann/Mayer-*Mayer*, UmwR, § 4 UmwG Rz. 2.

2) *Simon* in: KölnKomm-UmwG, § 4 Rz. 1.

3) *Wicke* in: BeckOGK-UmwG, § 4 Rz. 2; Lutter-*Drygala*, UmwG, § 4 Rz. 2; *Maulbetsch* in: HK-UmwG, § 4 Rz. 1.

4) Widmann/Mayer-*Mayer*, UmwR, § 4 UmwG Rz. 3.

5) *Simon* in: KölnKomm-UmwG, § 4 Rz. 1.

6) Schmitt/Hörtnagel-*Winter*, UmwG/UmwStG, § 5 UmwG Rz. 2; *Simon* in: KölnKomm-UmwG, § 4 Rz. 2; *Wicke* in: BeckOGK-UmwG, § 4 Rz. 4; *Maulbetsch* in: HK-UmwG, § 4 Rz. 6; Widmann/Mayer-*Mayer*, UmwR, § 4 UmwG Rz. 4.

7 Mit der Einführung des **UmwG**, besteht die Norm des § 4, die seit ihrem Inkrafttreten im Jahr **1995** bis heute **nahezu unverändert** geblieben ist. Ursprünglich verwies § 4 Abs. 1 Satz 2 auf die Bestimmung des § 310 BGB, die inzwischen in § 311b Abs. 2 BGB zu finden ist.[7)]

II. Der Verschmelzungsvertrag

1. Rechtsnatur

8 Die rechtliche Einordnung des Verschmelzungsvertrages bedarf einer genaueren Betrachtung. Der Verschmelzungsvertrag hat eine **gemischte Rechtsnatur**, er verbindet organisationsrechtliche und schuldrechtliche Elemente miteinander.[8)]

9 Zunächst enthält der Verschmelzungsvertrag einen **organisationsrechtlichen Teil**. Hierunter ist bspw. die grundlegend **neue Zuordnung des übertragenden Vermögens** zu fassen. Der Verschmelzungsvertrag sieht als Rechtsfolge den Übergang sämtlichen Vermögens einschließlich Verbindlichkeiten vom übertragenden auf den übernehmenden Rechtsträger im Wege der Universalsukzession vor. Zudem lässt sich die Änderung der **Struktur der Anteilseigner**, die eine Verschmelzung üblicherweise zur Folge hat, dem organisationsrechtlichen Teil zuordnen. Typischerweise führt die Verschmelzung zu einer **Fortführung der Mitgliedschaft** der Anteilseigner, indem die Anteilseigner des übertragenden Rechtsträgers Anteilseigner des übernehmenden Rechtsträgers werden. Auch das **liquidationslose Erlöschen** des übertragenden Rechtsträgers weist organisationsrechtliche Merkmale auf.[9)]

10 Neben dem organisationsrechtlichen Teil enthält der Verschmelzungsvertrag auch klassische **schuldrechtliche Regelungen**, welche die Beziehungen zwischen den Vertragspartnern untereinander betreffen. Dazu gehört insbesondere der **Anspruch auf Durchführung** der Verschmelzung zu den vertraglich festgelegten Konditionen.[10)] Dieser Anspruch, gerichtet auf die Durchführung der Verschmelzung, entsteht jedoch nicht bereits mit dem bloßen Abschluss des Verschmelzungsvertrages, sondern erst mit dessen **wirksamen Abschluss**. Nach **§ 13 Abs. 1** ist ein Zustimmungsbeschluss der Anteilseigner erforderlich. Darüber hinaus ist das notarielle Formerfordernis gemäß **§ 6** zu beachten. Zu den schuldrechtlichen Aspekten zählen zudem **vertragliche Nebenabreden.**[11)]

2. Vertragsauslegung

11 Bei der Auslegung des Verschmelzungsvertrages muss dessen rechtliche Einordnung sorgfältig betrachtet werden, insbesondere aufgrund seines **gemischten Charakters** als **organisationsrechtlicher Akt mit schuldrechtlichen Elementen.**

12 Soweit allgemein **schuldrechtliche Teile** des Verschmelzungsvertrages betroffen sind, sind diese stringent nach den **allgemeinen Regelungen der §§ 133, 157 BGB** auszulegen.[12)] In

7) Lutter-*Drygala*, UmwG, § 4 Rz. 1; *Wicke* in: BeckOGK-UmwG, § 4 Rz. 4; *Simon* in: KölnKomm-UmwG, § 4 Rz. 2.

8) *Wicke* in: BeckOGK-UmwG, § 4 Rz. 5; *Böttcher* in: NK-UmwG, § 4 Rz. 2.

9) *Simon* in: KölnKomm-UmwG, § 4 Rz. 4; Kallmeyer-*Oppenhoff*, UmwG, § 4 Rz. 10; *Wicke* in: BeckOGK-UmwG, § 4 Rz. 5.

10) Kallmeyer-*Oppenhoff*, UmwG, § 4 Rz. 10; *Simon* in: KölnKomm-UmwG, § 4 Rz. 5; *Wicke* in: BeckOGK-UmwG, § 4 Rz. 6 *Böttcher* in: NK-UmwG, § 4 Rz. 7; Lutter-*Drygala*, UmwG, § 4 Rz. 5; *Maulbetsch* in: HK-UmwG, § 4 Rz. 7.

11) *Simon* in: KölnKomm-UmwG, § 4 Rz. 5. Es ergeben sich aus §§ 4, 13 UmwG auch keine Kapitaldeckungszusagen seitens der Anteilseigner, BGH, Urt. v. 12.3.2007 – II ZR 302/05, Rz. 7 ff., BGHZ 171, 293 = NZG 2007, 513 – AG; BGH, Urt. v.6.11.2018 – II ZR 199/17, Rz. 18, BGHZ 220, 179 = NZG 2019, 187 – GmbH.

12) Widmann/Mayer-*Mayer*, UmwR, § 4 UmwG Rz. 15; *Simon* in: KölnKomm-UmwG, § 4 Rz. 6. *Böttcher* in: NK-UmwG, § 4 Rz. 7.

erster Linie kommt es daher auf den übereinstimmenden Willen der Vertragsparteien an, und sollte ein solcher nicht ermittelbar sein, ist der objektive Empfängerhorizont maßgeblich.

Diese allgemeinen Auslegungsgrundsätze passen allerdings nicht für die **organisationsrechtlichen Elemente** des Verschmelzungsvertrages und können daher nicht herangezogen werden. Hintergrund ist, dass die organisationsrechtlichen Regelungen nicht in erster Linie die Interessen der Vertragspartner betreffen, sondern vor allem **Auswirkungen auf Belange Dritter** wie Gesellschafter, Gläubiger und Arbeitnehmer haben.[13] Konsequent ist es daher, dass Umstände, die allein für die Vertragsparteien relevant sind, unberücksichtigt bleiben müssen. Stattdessen hat die Auslegung aus einem **rein objektiven Blickwinkel** zu erfolgen. Dabei dürfen nur solche **Umstände** herangezogen werden, die sich direkt aus dem **Verschmelzungsvertrag** ergeben oder allgemein zugänglich sind, wie etwa Unterlagen und Angaben, die zum **Handelsregister** eingereicht wurden.[14] 13

In der **praktischen Anwendung** muss daher im **Einzelfall** sorgfältig ermittelt werden, welcher Teil des Vertrages ausgelegt werden soll und welche Rechtsnatur dieser aufweist. Entsprechend dieser Einordnung ist der Vertrag unter Berücksichtigung der beschriebenen Besonderheiten auszulegen. 14

3. Form

Mit **§ 6** besteht für den Verschmelzungsvertrag eine spezielle Formvorschrift, die eine **notarielle Beurkundung** verlangt. 15

4. Zustimmung Anteilsinhaber

Neben der Einhaltung der Formvorschrift stellt **§ 13 Abs. 1** eine weitere Voraussetzung für die **Wirksamkeit** des Verschmelzungsvertrags auf.[15] Demgemäß wird dieser erst wirksam, wenn der entsprechende **Verschmelzungsbeschluss** durch die Anteilseigner der an der Verschmelzung beteiligten Rechtsträger vorliegt.[16] Das bedeutet, dass hierdurch ein einklagbarer **Anspruch** der beteiligten Rechtsträger auf **Herbeiführung der Verschmelzung** geschaffen wird.[17] Den Anteilsinhabern wird damit als wirtschaftliche Eigentümer des Gesellschaftsvermögens das entscheidende Mitspracherecht in Bezug auf die Durchführung der Verschmelzung eingeräumt. 16

Ein solcher Beschluss muss in einer **Versammlung** der Anteilseigner getroffen werden und die **Zustimmung** zu dem vorgelegten Verschmelzungsvertrag enthalten. Bei einer **GmbH** ist es daher unerlässlich, dass der Beschluss in einer Gesellschafterversammlung gefasst wird, so dass ein schriftlicher Beschluss oder in Textform gemäß § 48 Abs. 2 GmbHG nicht ausreicht. 17

Bei Vorhandensein eines **Aufsichtsrates** ist es in der **Praxis** ratsam, in der **Satzung/Gesellschaftsvertrag oder in den Geschäftsordnungen nachzuprüfen**, ob der Verschmelzungsvertrag der **Zustimmung** der Aufsichtsratsmitglieder bedarf. Zu beachten ist allerdings, dass eine solche Regelung nur im **Innenverhältnis** Wirkung entfaltet.[18] Ein Fehlen der Zustimmung hätte demnach keine Auswirkungen auf die Wirksamkeit.[19] 18

---

13) Kallmeyer-*Oppenhoff*, UmwG, § 4 Rz. 10; Widmann/Mayer-*Mayer*, UmwR, § 4 UmwG Rz. 15.

14) *Simon* in: KölnKomm-UmwG, § 4 Rz. 6; Lutter-*Drygala*, UmwG, § 4 Rz. 12.

15) *Böttcher* in: NK-UmwG, § 4 Rz. 14; *Wicke* in: BeckOGK-UmwG, § 4 Rz. 15.

16) Lutter-*Drygala*, UmwG, § 4 Rz. 12; *Maulbetsch* in: HK-UmwG, § 4 Rz. 18; Widmann/Mayer-*Mayer*, UmwR, § 4 UmwG Rz. 42.

17) *Simon* in: KölnKomm-UmwG, § 4 Rz. 30.

18) Kallmeyer-*Oppenhoff*, UmwG, § 4 Rz. 4; Lutter-*Drygala*, UmwG, § 4 Rz. 13; Widmann/Mayer-*Mayer*, UmwR, § 4 UmwG Rz. 41.

19) *Maulbetsch* in: HK-UmwG, § 4 Rz. 19.

19 Eine weitere Besonderheit ist bei der **AG als übernehmenden Rechtsträger** nach **§ 67** zu beachten. Ist die AG zum Zeitpunkt des Abschlusses des notariellen Verschmelzungsvertrages noch **nicht mehr als zwei Jahre im Handelsregister eingetragen,** so wird eine **Nachgründung** gemäß § 52 AktG erforderlich.[20)]

5. Abschlusskompetenz (§ 4 Abs. 1 Satz 1)

20 Vertragsparteien des Verschmelzungsvertrages sind die an der **Verschmelzung beteiligten Rechtsträger,** also der übernehmende und der übertragende Rechtsträger, und **nicht die Anteilsinhaber.**[21)] Gemäß § 4 Abs. 1 Satz 1 wird zudem die **interne Abschlusskompetenz** der beteiligten Rechtsträger festgelegt. Diese müssen beim Vertragsschluss durch ihre **Vertretungsorgane** vertreten werden. Diese Regelung zielt auf die organschaftliche Vertretungsmacht ab, es ist daher im konkreten Einzelfall zu bestimmen, wie diese bei den beteiligten Rechtsträgern ausgestaltet ist.[22)] Im Falle einer **GmbH** sind dies die Geschäftsführer in vertretungsberechtigter Anzahl, und bei einer **AG** die Mitglieder des Vorstandes, ebenfalls in vertretungsberechtigter Zahl.[23)] **Prokuristen** sind nicht allein durch ihre Prokura befugt, die Gesellschaft beim Abschluss eines Verschmelzungsvertrages zu vertreten; hierfür bedürfen sie einer speziellen rechtsgeschäftlichen Vollmacht, die sie explizit zum Abschluss des Verschmelzungsvertrages ermächtigt.[24)] Wenn jedoch ein Prokurist zusammen mit einem satzungsmäßigen Vertreter i. R. einer **unechten Gesamtvertretung** handelt, leitet sich seine Vertretungsmacht aus den Regelungen ab, die für den organschaftlichen Vertreter gelten, so dass hierfür keine zusätzliche rechtsgeschäftliche Vollmacht erforderlich ist.[25)]

21 Es ist zu beachten, dass der Wortlaut des § 4 Abs. 1 Satz 1 nicht als Einschränkung der Abschlusskompetenz dahingehend verstanden werden darf, dass ausschließlich die Vertretungsorgane zum Handeln berechtigt sind. Über den Wortlaut hinaus ist auch die Vertretung durch **rechtsgeschäftliche Vertreter** möglich.[26)]

22 Eine besondere **Form** ist für die **Erteilung der Vollmacht** grundsätzlich nicht vorgeschrieben, insbesondere ergibt sich eine solche nicht aus dem Formerfordernis des Verschmelzungsvertrages gemäß § 6.[27)] Hintergrund ist **§ 167 Abs. 1 BGB,** wonach eine Vollmacht nicht dieselbe Form erfordert wie das Rechtsgeschäft, für das sie erteilt wird.[28)] Darüber hinaus ergibt sich das Formerfordernis auch nicht aus § 55 Abs. 1 Satz 1, wonach eine Stellvertretung bei der Übernahmeerklärung i. R. einer Kapitalerhöhung nur durch nota-

---

20) Widmann/Mayer-*Mayer*, UmwR, § 4 UmwG Rz. 41; Lutter-*Drygala*, UmwG, § 4 Rz. 14; *Maulbetsch* in: HK-UmwG, § 4 Rz. 20.

21) Lutter-*Drygala*, UmwG, § 4 Rz. 7; *Maulbetsch* in: HK-UmwG, § 4 Rz. 11; *Böttcher* in: NK-UmwG, § 4 Rz. 12; Widmann/Mayer-*Mayer*, UmwR, § 4 UmwG Rz. 32; Schmitt/Hörtnagel-*Winter*, UmwG/' UmwStG, § 5 UmwG Rz. 13.

22) *Böttcher* in: NK-UmwG, § 4 Rz. 12; *Wicke* in: BeckOGK-UmwG, § 4 Rz. 11; *Simon* in: KölnKomm-UmwG, § 4 Rz. 12; Lutter-*Drygala*, UmwG, § 4 Rz. 7; *Maulbetsch* in: HK-UmwG, § 4 Rz. 11.

23) Kallmeyer-*Oppenhoff*, UmwG, § 4 Rz. 4; *Maulbetsch* in: HK-UmwG, § 4 Rz. 11; Widmann/Mayer-*Mayer*, UmwR, § 4 UmwG Rz. 34.

24) Henssler/Strohn-*Heidinger-Knaier*, GesR, § 4 UmwG Rz. 7, 8; *Maulbetsch* in: HK-UmwG, § 4 Rz. 12; *Wicke* in: BeckOGK-UmwG, § 4 Rz. 13; *Böttcher* in: NK-UmwG, § 4 Rz. 12; Schmitt/Hörtnagel-*Winter*, UmwG/UmwStG, § 5 UmwG Rz. 15; Kallmeyer-*Oppenhoff*, UmwG, § 4 Rz. 5.

25) *Maulbetsch* in: HK-UmwG, § 4 Rz. 12; Schmitt/Hörtnagel-*Winter*, UmwG/UmwStG, § 5 UmwG Rz. 8; Kallmeyer-*Oppenhoff*, UmwG, § 4 Rz. 5; Lutter-*Drygala*, UmwG, § 4 Rz. 8; Widmann/Mayer-*Mayer*, UmwR, § 4 UmwG Rz. 35.

26) *Simon* in: KölnKomm-UmwG, § 4 Rz. 13; Lutter-*Drygala*, UmwG, § 4 Rz. 9.

27) *Wicke* in: BeckOGK-UmwG, § 4 Rz. 13; Lutter-*Drygala*, UmwG, § 4 Rz. 9.

28) Widmann/Mayer-*Mayer*, UmwR, § 4 UmwG Rz. 40; *Maulbetsch* in: HK-UmwG, § 4 Rz. 15.

rielle Vollmacht wirksam erteilt werden kann.[29] Dies gilt hier, weil es i. R. der Verschmelzung regelmäßig zu Kapitalerhöhungen kommt. Hintergrund ist, dass die Fortführung der Mitgliedschaft nach § 20 Abs. 1 Nr. 3 ipso iure erfolgt und es somit keiner Übernahmeerklärung bedarf.

In der **Praxis** empfiehlt es sich, die Vollmacht **zumindest schriftlich** zu erteilen. Dies erleichtert die Prüfung der ordnungsgemäßen Stellvertretung durch das **Handelsregister**, da die Vollmacht gemeinsam mit dem Verschmelzungsvertrag vorgelegt wird.[30] Darüber hinaus sollte, insbesondere i. R. von **internen Umstrukturierungen**, stets geprüft werden, ob eine Befreiung vom Selbstkontrahierungsverbot gemäß **§ 181 BGB** erforderlich ist.[31] 23

Anders verhält es sich jedoch bei einer **Verschmelzung zur Neugründung**, da gemäß § 37 die Satzung des neu zu gründenden übernehmenden Rechtsträgers im Verschmelzungsvertrag enthalten sein muss.[32] Folglich erfordert die Vollmacht, welche zugleich die **Gründungsvollmacht** darstellt die **notarielle Form bzw. notarielle Beglaubigung**, wie es in § 2 Abs. 2 GmbHG, § 23 Abs. 1 Satz 2 AktG und § 280 Abs. 1 Satz 3 UmwG vorgesehen ist.[33] 24

III. Änderung des Verschmelzungsvertrages

Mit Blick auf die Möglichkeit, den Verschmelzungsvertrag nachträglich zu ändern bzw. aufzuheben, ist eine genaue **Differenzierung** zwischen den einzelnen **Phasen und Zeiträumen** erforderlich.[34] 25

Grundsätzlich gilt, dass eine Änderung oder Aufhebung des Verschmelzungsvertrags **bis** zum Zeitpunkt der **Eintragung der Verschmelzung im Handelsregister des übernehmenden** Rechtsträgers möglich ist.[35] 26

1. Stadium: Ab Entwurf bis Verschmelzungsbeschluss

Solange die Anteilseigner dem Verschmelzungsvertrag gemäß § 13 noch nicht zugestimmt haben, bleibt dieser **frei veränderbar und aufhebbar.**[36] Dies liegt darin begründet, dass der Verschmelzungsvertrag bis zur Zustimmung durch die Versammlungen der Anteilseigner der beteiligten Rechtsträger **schwebend unwirksam** ist.[37] Daher können die Vertretungsorgane der beteiligten Rechtsträger selbstständig über Änderungen oder die Aufhebung des Vertrags entscheiden.[38] 27

Es ist jedoch zu beachten, dass auch ein **geänderter Vertrag** den Anforderungen des § 6 entsprechen muss.[39] Dies bedeutet, dass er **notariell beurkundet** werden muss und die An- 28

29) *Simon* in: KölnKomm-UmwG, § 4 Rz. 14; *Wicke* in: BeckOGK-UmwG, § 4 Rz. 13; Kallmeyer-*Oppenhoff*, UmwG, § 4 Rz. 5.

30) *Simon* in: KölnKomm-UmwG, § 4 Rz. 13; *Wicke* in: BeckOGK-UmwG, § 4 Rz. 13; *Böttcher* in: NK-UmwG, § 4 Rz. 13.

31) *Maulbetsch* in: HK-UmwG, § 4 Rz. 13; Widmann/Mayer-*Mayer*, UmwR, § 4 UmwG Rz. 36.

32) *Simon* in: KölnKomm-UmwG, § 4 Rz. 15; *Wicke* in: BeckOGK-UmwG, § 4 Rz. 13; *Böttcher* in: NK-UmwG, § 4 Rz. 13; Kallmeyer-*Oppenhoff*, UmwG, § 4 Rz. 5; Widmann/Mayer-*Mayer*, UmwR, § 4 UmwG Rz. 41.

33) Lutter-*Drygala*, UmwG, § 4 Rz. 9; *Maulbetsch* in: HK-UmwG, § 4 Rz. 16.

34) Semler/Stengel/Leonard-*Schröer/Greitemann*, UmwG, § 4 Rz. 27; *Maulbetsch* in: HK-UmwG, § 4 Rz. 42.

35) Kallmeyer-*Oppenhoff*, UmwG, § 4 Rz. 16; Lutter-*Drygala*, UmwG, § 4 Rz. 26; Widmann/Mayer-*Mayer*, UmwR, § 4 UmwG Rz. 62, 64.

36) Semler/Stengel/Leonard-*Schröer/Greitemann*, UmwG, § 4 Rz. 28; *Wicke* in: BeckOGK-UmwG, § 4 Rz. 40; *Simon* in: KölnKomm-UmwG, § 4 Rz. 19; Lutter-*Drygala*, UmwG, § 4 Rz. 26; *Maulbetsch* in: HK-UmwG, § 4 Rz. 43; Widmann/Mayer-*Mayer*, UmwR, § 4 UmwG Rz. 62.

37) *Böttcher* in: NK-UmwG, § 4 Rz. 27; *Simon* in: KölnKomm-UmwG, § 4 Rz. 10.

38) Kallmeyer-*Oppenhoff*, UmwG, § 4 Rz. 16; *Wicke* in: BeckOGK-UmwG, § 4 Rz. 40.

39) Widmann/Mayer-*Mayer*, UmwR, § 4 UmwG Rz. 65.

teilseigner erstmals durch einen **Zustimmungsbeschluss** darüber abstimmen müssen. Im Gegensatz dazu erfordert ein **aufgehobener** Verschmelzungsvertrag **keine gesonderte Zustimmung** der Anteilseigner.

2. Stadium: Zwischen Verschmelzungsbeschluss und Eintragung im Handelsregister

29 Sobald die Zustimmungsbeschlüsse gemäß § 13 gefasst wurden, treten der Verschmelzungsvertrag sowie die daraus resultierenden Ansprüche **wirksam in Kraft**. Ab diesem Zeitpunkt erfolgt die Änderung oder Aufhebung des Vertrags nach allgemeinen zivilrechtlichen Grundsätzen, was die **Zustimmung der Anteilseigner** erfordert.[40]

30 Zu beachten ist, dass die **Kompetenz** zur Änderung bzw. Aufhebung des Verschmelzungsvertrags nach wie vor bei den **Vertretungsorganen** der beteiligten Rechtsträger verbleibt und nicht etwa auf die Anteilsinhaberversammlungen übergeht.[41] Allerdings wird die **geänderte** Fassung des Verschmelzungsvertrags erst nach **nochmaliger Zustimmung** der betroffenen Anteilsinhaberversammlungen wirksam.[42] Notwendig ist daher ein erneuter Zustimmungsbeschluss.[43] Bezüglich der anzuwendenden Form- und Mehrheitserfordernisse ist zwischen Vertragsänderung und Vertragsaufhebung weiter zu unterscheiden.[44]

31 Die **Abänderung** des Vertrags bedarf als actus contrarius derselben Form, wie der Abschluss selbst und muss somit nach **§ 6 notariell beurkundet** werden.[45] Möglich ist dies in einer **Nachtragsurkunde.**[46] Der notariellen Beurkundung bedarf auch der erneute **Zustimmungsbeschluss** der Anteilsinhaber.[47] Erforderlich ist nach **§ 50 Abs. 1** eine **qualifizierte Mehrheit.**[48] Zu beachten ist außerdem, dass für den erneuten Zustimmungsbeschluss alle **formellen** Erfordernisse im Zusammenhang mit der **Vorbereitung des Beschlusses** erneut eingehalten werden müssen.[49] Zu denken ist hierbei insbesondere an eine etwaige **Zuleitung an den Betriebsrat** unter Beachtung der Frist des **§ 5 Abs. 3.**

32 Auch im Falle der **Aufhebung** des Verschmelzungsvertrags muss die **Zustimmung** der Anteilseigner eingeholt werden.[50] Die Frage, mit welcher **Mehrheit** die Aufhebung zu erfolgen hat, ist **umstritten.** Ein erheblicher Teil der Literatur spricht sich für eine **einfache Mehrheit** aus.[51] Während ein anderer Teil empfiehlt, in entsprechender Anwendung von § 50 eine **Drei-Viertel-Mehrheit** zu fordern.[52] Dieses qualifizierte Mehrheitserfordernis lässt sich damit rechtfertigen, dass die Aufhebung als actus contrarius zum Abschluss gilt

---

40) *Simon* in: KölnKomm-UmwG, § 4 Rz. 21; Semler/Stengel/Leonard-*Schröer/Greitemann*, UmwG, § 4 Rz. 29; Lutter-*Drygala*, UmwG, § 4 Rz. 26; *Maulbetsch* in: HK-UmwG, § 4 Rz. 43; Widmann/Mayer-*Mayer*, UmwR, § 4 UmwG Rz. 62.

41) Widmann/Mayer-*Mayer*, UmwR, § 4 UmwG Rz. 64.

42) *Maulbetsch* in: HK-UmwG, § 4 Rz. 44; *Simon* in: KölnKomm-UmwG, § 4 Rz. 22; Kallmeyer-*Oppenhoff*, UmwG, § 4 Rz. 16.

43) *Böttcher* in: NK-UmwG, § 4 Rz. 28; *Wicke* in: BeckOGK-UmwG, § 4 Rz. 48.

44) Lutter-*Drygala*, UmwG§ 4 Rz. 26.

45) Semler/Stengel/Leonard-*Schröer/Greitemann*, UmwG, § 4 Rz. 30; Kallmeyer-*Oppenhoff*, UmwG, § 4 Rz. 18.

46) Lutter-*Drygala*, UmwG, § 4 Rz. 26.

47) *Wicke* in: BeckOGK-UmwG, § 4 Rz. 42.

48) Lutter-*Drygala*, UmwG, § 4 Rz. 26; *Maulbetsch* in: HK-UmwG, § 4 Rz. 48.

49) Semler/Stengel/Leonard-*Schröer/Greitemann*, UmwG, § 4 Rz. 30; *Wicke* in: BeckOGK-UmwG, § 4 Rz. 42; Kallmeyer-*Oppenhoff*, UmwG, § 4 Rz. 18; *Maulbetsch* in: HK-UmwG, § 4 Rz. 48.

50) *Simon* in: KölnKomm-UmwG, § 4 Rz. 25; *Wicke* in: BeckOGK-UmwG, § 4 Rz. 40.

51) *Simon* in: KölnKomm-UmwG, § 4 Rz. 25; *Wicke* in: BeckOGK-UmwG, § 4 Rz. 43; *Böttcher* in: NK-UmwG, § 4 Rz. 28; Semler/Stengel/Leonard-*Schröer/Greitemann*, UmwG, § 4 Rz. 32; *Maulbetsch* in: HK-UmwG, § 4 Rz. 45; Lutter-*Drygala*, UmwG, § 4 Rz. 27.

52) Kallmeyer-*Oppenhoff*, UmwG, § 4 Rz. 17; Widmann/Mayer-*Mayer*, UmwR, § 4 UmwG Rz. 62.

und für diesen nach § 30 Abs. 1 eine Drei-Viertel-Mehrheit gefordert wird.[53] Andererseits stellt die Aufhebung gerade **keine positive Änderungsmaßnahme** der Strukturen dar, sondern unterlässt diese gerade.[54] Darüber hinaus kann auf das allgemeine Prinzip verwiesen werden, wonach **auch andere satzungsändernde Beschlüsse** bzw. Strukturmaßnahmen von Kapitalgesellschaften, die eine qualifizierte Mehrheit erfordern, für den Falle der Aufhebung eine *einfache Mehrheit ausreichen* lassen.[55]

Angesichts der unterschiedlichen Auswirkungen von Abschluss und Aufhebung ist es **sinnvoll**, im letzteren Falle lediglich eine **einfache Mehrheit** zu fordern.[56] Damit einher geht auch die Auffassung, dass für die Aufhebung selbst die **sonstigen Formvorschriften**, die für den Vertragsabschluss gelten würden, wie z. B. die notarielle Beurkundung, **nicht** zu beachten sind.[57] Ein Formerfordernis des Zustimmungsbeschlusses zur Aufhebung kann sich allenfalls aus anderen gesetzlichen Vorschriften außerhalb des UmwG ergeben, wie etwa aus § 130 AktG für Aktiengesellschaften als beteiligte Rechtsträger.[58] 33

3. Stadium: Ab Eintragung im Handelsregister

Sobald die Verschmelzung im Handelsregister des **übernehmenden Rechtsträgers** eingetragen wird, treten die Rechtsfolgen gemäß § 20 Abs. 1 in Kraft. In diesem Moment erfolgt auch der Vermögensübergang als Ganzes im Wege der Universalsukzession. Dies geschieht in der Regel gegen Mitgliedschaftsperpetuierung und gleichzeitigem liquidationslosem Erlöschen des übertragenden Rechtsträgers. Diese Wirkungen können **nicht mehr rückgängig gemacht** werden.[59] Infolgedessen ist eine nachträgliche Änderung oder Aufhebung des Verschmelzungsvertrages **grundsätzlich ausgeschlossen.**[60] 34

IV. Rechtsfolgen des Verschmelzungsvertrages

Auch i. R. von Verschmelzungen ist das Trennungs- und Abstraktionsprinzip von Bedeutung, welches die Unterscheidung zwischen dem schuldrechtlichen Verpflichtungsgeschäft und dem dinglichen Verfügungsgeschäft verlangt. Dies bedeutet, dass die **Wirksamkeit des Verschmelzungsvertrages** und die **Wirksamkeit der Verschmelzung selbst** strikt voneinander **getrennt** betrachtet werden müssen.[61] 35

Ein schuldrechtlicher Anspruch, welcher einen **verbindlichen Anspruch** auf die **Durchführung der Verschmelzung** schafft, kann nicht allein durch den Abschluss des Verschmelzungsvertrages herbeigeführt werden.[62] Um diese bindende Grundlage zur Umsetzung zu schaffen, ist die **Zustimmung der Anteilseigner gemäß § 13 Abs.** 1 erforderlich. Außerdem ist die Formvorschrift des § 6 zu beachten, die bestimmt, dass der Verschmelzungsvertrag für seine Wirksamkeit notariell beurkundet werden muss.[63] 36

---

53) Kallmeyer-*Oppenhoff*, UmwG, § 4 Rz. 17.

54) Semler/Stengel/Leonard-*Schröer/Greitemann*, UmwG, § 4 Rz. 32.

55) *Maulbetsch* in: HK-UmwG, § 4 Rz. 45; Lutter-*Drygala*, UmwG, § 4 Rz. 27.

56) *Böttcher* in: NK-UmwG, § 4 Rz. 28.

57) *Simon* in: KölnKomm-UmwG, § 4 Rz. 26; *Wicke* in: BeckOGK-UmwG, § 4 Rz. 44; *Böttcher* in: NK-UmwG, § 4 Rz. 28; Semler/Stengel/Leonard-*Schröer/Greitemann*, UmwG, § 4 Rz. 33; Lutter-*Drygala*, UmwG, § 4 Rz. 27.

58) *Maulbetsch* in: HK-UmwG, § 4 Rz. 46.

59) *Böttcher* in: NK-UmwG, § 4 Rz. 29.

60) *Maulbetsch* in: HK-UmwG, § 4 Rz. 49; *Wicke* in: BeckOGK-UmwG, § 4 Rz. 45; *Simon* in: KölnKomm-UmwG, § 4 Rz. 28; Semler/Stengel/Leonard-*Schröer/Greitemann*, UmwG, § 4 Rz. 36; Kallmeyer-*Oppenhoff*, UmwG, § 4 Rz. 18; *Maulbetsch* in: HK-UmwG, § 4 Rz. 47; OLG Frankfurt/M., Beschl. v. 22.10.2002 – 20 W 299/02, NZG 2003, 236 = DB 2003, 599.

61) Schmitt/Hörtnagel-*Winter*, UmwG/UmwStG, § 5 UmwG Rz. 24.

62) *Simon* in: KölnKomm-UmwG, § 4 Rz. 3.

63) Schmitt/Hörtnagel-*Winter*, UmwG/UmwStG, § 5 UmwG Rz. 6.

37 Der **dingliche Teil**, also die im Verschmelzungsvertrag **festgelegten Rechtsfolgen**, tritt auch durch den wirksamen Abschluss des Verschmelzungsvertrages noch nicht in Kraft. Diese sind an **weitere Vollzugshandlungen** gebunden.[64] Die Verschmelzung entfaltet seine dingliche Wirkung erst mit der **Eintragung** der Verschmelzung **im Handelsregister** des übernehmenden Rechtsträgers nach **§ 20 Abs. 1**, wonach es zur Universalsukzession und im Regelfall zu einer Mitgliedschaftsperpetuierung kommt.[65]

V. Kostentragung

38 Für die **Beurkundung des Verschmelzungsvertrages** fällt gemäß §§ 97 Abs. 1, Abs. 3, 107 Abs. 1 des GNotKG i. V. m. Anlage 1 Nr. 21100 KV eine doppelte Geschäftsgebühr an, welche sich nach dem Geschäftswert richtet.[66] Der Geschäftswert muss gemäß § 107 GNotKG mindestens auf 30.000 € und maximal auf 10 Mio. € lauten.[67] Damit ergibt sich eine maximale Beurkundungsgebühr von 22.770 €.[68]

39 Ebenso ist für die **Beurkundung der Zustimmungsbeschlüsse** der beteiligten Rechtsträger eine doppelte Geschäftsgebühr gemäß § 3 Abs. 2 GNotKG i. V. m. Anlage 1 Nr. 21100 KV zu entrichten.[69]

40 Beim **Verzicht** der Anteilseigner auf einen **Verschmelzungs- oder Prüfungsbericht** fällt gemäß § 3 Abs. 2 GNotKG i. V. m. Nr. 21200 Anlage 1 GNotKG eine vollständige Geschäftsgebühr an.[70] Der Geschäftswert wird hierbei nach freiem Ermessen festgelegt (§ 36 Abs. GNotKG), wobei die Höchstgrenze bei 5 Mio. € liegt.[71] **Keine zusätzlichen Kosten** entstehen, wenn die **Verzichtserklärungen** im Verschmelzungsvertrag mit beurkundet werden.[72]

41 Des Weiteren müssen die Kosten berücksichtigt werden, die im Zusammenhang mit der **Anmeldung und Eintragung** der Verschmelzung **im Handelsregister** entstehen.

VI. Mängel des Verschmelzungsvertrages

42 Im Hinblick auf die rechtlichen Konsequenzen im Zusammenhang mit Mängeln im Verschmelzungsvertrag ist eine differenzierende Betrachtungsweise erforderlich. Insbesondere sind die **allgemeinen zivilrechtlichen Regelungen** zu beachten.[73] Verstöße können zur **Nichtigkeit** des Verschmelzungsvertrages nach z. B. **§§ 134, 138 BGB** führen. Bei einer möglichen **Teilnichtigkeit** ist **§ 139 BGB** relevant.[74] **Irrtümer**, die auf den Vertretungsorganen der beteiligten Rechtsträger beruhen, könnten nach **§§ 119, 123 BGB zur Anfecht-**

---

64) *Wicke* in: BeckOGK-UmwG, § 4 Rz. 7; *Simon* in: KölnKomm-UmwG, § 4 Rz. 5; *Wicke* in: BeckOGK-UmwG, § 4 Rz. 7; Schmitt/Hörtnagel-*Winter*, UmwG/UmwStG, § 5 UmwG Rz. 6; *Maulbetsch* in: HK-UmwG, § 4 Rz. 8.

65) Henssler/Strohn-*Heidinger-Knaier*, GesR, § 4 UmwG Rz. 2; *Wicke* in: BeckOGK-UmwG, § 4 Rz. 2; *Simon* in: KölnKomm-UmwG, § 4 Rz. 3; *Böttcher* in: NK-UmwG, § 4 Rz. 2; Schmitt/Hörtnagel-*Winter*, UmwG/UmwStG, § 5 UmwG Rz. 8; Lutter-*Drygala*, UmwG, § 4 Rz. 6.

66) *Simon* in: KölnKomm-UmwG, § 2 Rz. 255; *Böttcher* in: NK-UmwG, § 4 Rz. 31.

67) *Böttcher* in: NK-UmwG, § 4 Rz. 31.

68) *Simon* in: KölnKomm-UmwG, § 2 Rz. 255.

69) *Simon* in: KölnKomm-UmwG, § 2 Rz. 259.

70) *Böttcher* in: NK-UmwG, § 4 Rz. 31; *Simon* in: KölnKomm-UmwG, § 2 Rz. 256.

71) *Böttcher* in: NK-UmwG, § 4 Rz. 31; *Simon* in: KölnKomm-UmwG, § 2 Rz. 256.

72) *Böttcher* in: NK-UmwG, § 4 Rz. 31; *Simon* in: KölnKomm-UmwG, § 2 Rz. 257.

73) *Böttcher* in: NK-UmwG, § 4 Rz. 30; Semler/Stengel/Leonard-*Schröer*/*Greitemann*, UmwG, § 4 Rz. 38; Kallmeyer-*Oppenhoff*, UmwG, § 4 Rz. 13.

74) *Maulbetsch* in: HK-UmwG, § 4 Rz. 50.

barkeit führen.[75] Dieses Anfechtungsrecht ergibt sich direkt aus dem Verschmelzungsvertrag und bedarf keiner Zustimmung durch die Anteilseigner.[76]

43 Solange die Verschmelzung **noch nicht im Handelsregister** des übernehmenden Rechtsträgers verzeichnet ist, können Mängel von jeder Vertragspartei oder bei Anfechtung vom anfechtungsberechtigten Beteiligten geltend gemacht werden.[77]

44 Fehler im Zusammenhang mit dem in **§ 5 Abs. 1** festgelegten Mindestinhalt des Verschmelzungsvertrages sowie bei **zwingenden Formvorgaben**, wie in § 6 beschrieben, führen dazu, dass die Eintragung der Verschmelzung im **Handelsregister abzulehnen** ist.[78]

45 Sollten Mängel bestehen und die Verschmelzung **dennoch im Handelsregister** des übernehmenden Rechtsträgers **eingetragen** werden, ist weiter zu differenzieren. Gemäß § 20 **Abs. 1 Nr. 4** werden alle Mängel im Zusammenhang mit der **notariellen Beurkundung** durch die Eintragung **geheilt.**[79] Aber auch **andere Mängel** beeinträchtigen die Wirksamkeit der Eintragung gemäß § 20 **Abs. 2** nicht; die Eintragung und damit auch die Verschmelzung als solche bleiben somit rechtswirksam.[80] Die Wirkung des § 20 Abs. 2 tritt bei sämtlichen Mängeln ein und differenziert nicht weiter danach, ob der Mangel zur Nichtigkeit oder zur bloßen Anfechtbarkeit führt.[81]

46 Der **Zustimmungsbeschluss** zu fehlerhaften oder unvollständigen Verschmelzungsverträgen, kann mit einer Klage nach **§ 14 Abs. 1** angegriffen werden.[82] Eine Geltendmachung nach § 14 Abs. 1 ist jedoch dann nicht möglich, wenn es zu Fehlern im Zusammenhang mit den Angaben nach § 5 Abs. 1 Nr. 9 über die Folgen für die Arbeitnehmer und ihre Vertretungen kam. **Alternativ** kann die Nichtigkeit durch eine **allgemeine Feststellungsklage nach § 256 ZPO** geltend gemacht werden.[83]

VII. Keine Beschränkung für künftige Versprechen gemäß § 311b Abs. 2 BGB (§ 4 Abs. 1 Satz 2)

47 In § 4 Abs. 1 Satz 2 wird klargestellt, dass die Bestimmungen von **§ 311 Abs. 2 BGB keine Anwendung** finden. Nach § 311 Abs. 2 BGB sind Vereinbarungen, die eine Verpflichtung zur Übertragung des **künftigen** Vermögens oder eines Teils davon beinhalten, grundsätzlich nichtig.

48 Diese Rechtsfolge wäre jedoch bei Verschmelzungsverträgen **wenig praktikabel.** Bei solchen Verträgen verpflichtet sich der übertragende Rechtsträger, sein gesamtes Vermögen in dem zum Zeitpunkt der Wirksamkeit der Verschmelzung vorhandenen Zustand zu übertragen. Zwischen dem Vertragsschluss und dem Wirksamwerden der Verschmelzung durch die Eintragung im Handelsregister des übernehmenden Rechtsträgers gemäß § 20 **vergeht zwangsläufig eine nicht genau vorhersehbare Zeitspanne,** auf deren Länge die Vertrags-

---

75) Kallmeyer-*Oppenhoff*, UmwG, § 4 Rz. 13; *Böttcher* in: NK-UmwG, § 4 Rz. 30; Henssler/Strohn-*Heidinger-Knaier*, GesR, § 4 UmwG Rz. 13 f.; Semler/Stengel/Leonard-*Schröer/Greitemann*, UmwG, § 4 Rz. 42; *Maulbetsch* in: HK-UmwG, § 4 Rz. 50.

76) Lutter-*Drygala*, UmwG, § 4 Rz. 41a.

77) Lutter-*Drygala*, UmwG, § 4 Rz. 41a; *Maulbetsch* in: HK-UmwG, § 4 Rz. 52; Widmann/Mayer-*Mayer*, UmwR, § 4 UmwG Rz. 72.

78) Schmitt/Hörtnagel-*Winter*, UmwG/UmwStG, § 5 UmwG Rz. 16; Henssler/Strohn-*Heidinger-Knaier*, GesR, § 4 UmwG Rz. 13; *Wicke* in: BeckOGK-UmwG, § 4 Rz. 48.

79) *Maulbetsch* in: HK-UmwG, § 4 Rz. 53.

80) *Maulbetsch* in: HK-UmwG, § 4 Rz. 54.

81) Widmann/Mayer-*Mayer*, UmwR, § 4 UmwG Rz. 70.

82) *Wicke* in: BeckOGK-UmwG, § 4 Rz. 51.

83) *Wicke* in: BeckOGK-UmwG, § 4 Rz. 51.

parteien keinen Einfluss haben.[84] Setzt der übertragende Rechtsträger seine Geschäftstätigkeit in dieser Zeit fort, umfasst seine Verpflichtung zwangsläufig auch dieses zukünftige Vermögen.[85]

49 Der Ausschluss von § 311 Abs. 2 BGB hat daher lediglich **klarstellenden Charakter,** indem er ausdrücklich sicherstellt, dass diese besonderen Umstände Berücksichtigung finden und eine reibungslose Abwicklung ermöglicht wird. Dies dient der Schaffung von **Rechtssicherheit und Klarheit** für die beteiligten Parteien.[86]

VIII. Entwurf des Verschmelzungsvertrages (§ 4 Abs. 2)

50 § 4 Abs. 2 behandelt den Entwurf des Verschmelzungsvertrages. Demnach ist es zum **Zeitpunkt der Beschlussfassung** durch die beteiligten Rechtsträger gemäß § 13 noch nicht erforderlich, dass ein notariell beurkundeter Verschmelzungsvertrag, der mit Bindungswillen geschlossen wurde, zur Abstimmung vorliegt.[87] Vielmehr kann die Zustimmung bereits zu einem **privatschriftlichen Entwurf** des Verschmelzungsvertrages erfolgen.[88] In diesem Zusammenhang ist jedoch zu beachten, dass die **rechtliche Wirksamkeit** des Verschmelzungsvertrages **erst mit dessen notarieller Beurkundung** eintritt.[89] Zusätzlich muss der später gefasste Verschmelzungsvertrag sich **inhaltlich** mit dem genehmigten Entwurf **decken.**[90]

51 Gegenstand des Beschlusses ist in diesem Fall der von den beteiligten Rechtsträgern erstellte und schriftlich fixierte Entwurf des Verschmelzungsvertrages, der zur Zustimmung vorgelegt wird.[91] Die **Erstellung** dieses Entwurfs erfolgt ebenso wie der Vertrag selbst durch die Vertretungsorgane der beteiligten Rechtsträger.[92] Zu beachten ist, dass der vorgelegte Entwurf des Verschmelzungsvertrages **vollständig** sein muss, inklusive aller notwendigen **Anlagen.**[93] Dies stellt sicher, dass alle relevanten Aspekte der Verschmelzung berücksichtigt werden und somit den Vertretungsorganen eine fundierte Entscheidungsgrundlage zur Verfügung steht.[94]

52 Der **Wille der beteiligten Rechtsträger** muss es sein, den Entwurf mit einem bestimmten Inhalt den Anteilsinhabern zur Zustimmung vorzulegen.[95] In der Praxis drücken die Vertretungsorgane der beteiligten Rechtsträger diesen Willen häufig durch einen internen Beschluss des Vorstands oder durch die Paraphierung des Entwurfs aus.[96]

---

84) *Simon* in: KölnKomm-UmwG, § 2 Rz. 10; *Wicke* in: BeckOGK-UmwG, § 4 Rz. 10; Kallmeyer-*Oppenhoff*, UmwG, § 4 Rz. 6; Lutter-*Drygala*, UmwG, § 4 Rz. 25.

85) *Simon* in: KölnKomm-UmwG, § 2 Rz. 10; *Wicke* in: BeckOGK-UmwG, § 4 Rz. 10.

86) Lutter-*Drygala*, UmwG, § 4 Rz. 25; Semler/Stengel/Leonard-*Schröer/Greitemann*, UmwG, § 4 Rz. 7; *Wicke* in: BeckOGK-UmwG, § 4 Rz. 10; *Simon* in: KölnKomm-UmwG, § 2 Rz. 10; Kallmeyer-*Oppenhoff*, UmwG, § 4 Rz. 6; Widmann/Mayer-*Mayer*, UmwR, § 4 UmwG Rz. 75.

87) *Wicke* in: BeckOGK-UmwG, § 4 Rz. 19.

88) Lutter-*Drygala*, UmwG, § 4 Rz. 15; Schmitt/Hörtnagel-*Winter*, UmwG/UmwStG, § 5 UmwG Rz. 23; *Böttcher* in: NK-UmwG, § 4 Rz. 24; *Simon* in: KölnKomm-UmwG, § 2 Rz. 7; *Wicke* in: BeckOGK-UmwG, § 4 Rz. 19; Kallmeyer-*Oppenhoff*, UmwG, § 4 Rz. 7; *Maulbetsch* in: HK-UmwG, § 4 Rz. 35.

89) *Wicke* in: BeckOGK-UmwG, § 4 Rz. 21; Widmann/Mayer-*Mayer*, UmwR, § 4 UmwG Rz. 8.

90) *Böttcher* in: NK-UmwG, § 4 Rz. 24; Schmitt/Hörtnagel-*Winter*, UmwG/UmwStG, § 5 UmwG Rz. 24; *Maulbetsch* in: HK-UmwG, § 4 Rz. 40.

91) Schmitt/Hörtnagel-*Winter*, UmwG/UmwStG, § 5 UmwG Rz. 23; *Simon* in: KölnKomm-UmwG, § 2 Rz. 8; *Wicke* in: BeckOGK-UmwG, § 4 Rz. 19.

92) *Simon* in: KölnKomm-UmwG, § 2 Rz. 8.

93) *Maulbetsch* in: HK-UmwG, § 4 Rz. 36; Lutter-*Drygala*, UmwG, § 4 Rz. 15; *Wicke* in: BeckOGK-UmwG, § 4 Rz. 20; Semler/Stengel/Leonard-*Schröer/Greitemann*, UmwG, § 4 Rz. 18.

94) Widmann/Mayer-*Mayer*, UmwR, § 4 UmwG Rz. 6.

95) *Simon* in: KölnKomm-UmwG, § 2 Rz. 8.

96) Schmitt/Hörtnagel-*Winter*, UmwG/UmwStG, § 5 UmwG Rz. 23; *Simon* in: KölnKomm-UmwG, § 2 Rz. 8.

53 Nach **Zustimmung** zum Entwurf des Verschmelzungsvertrages sind die beteiligten Rechtsträger dazu **verpflichtet**, den **Vertrag abzuschließen** und die Verschmelzung entsprechend den vereinbarten Bedingungen **durchzuführen.**[97] Diese Verpflichtungen müssen von den **Vertretungsorganen** der beteiligten Rechtsträger umgesetzt werden.[98]

54 In der **Praxis** wird die Vorlage eines **Entwurfs** zur Beschlussfassung **bevorzugt**, wenn die Leitungsorgane der beteiligten Rechtsträger **unsicher** sind, ob die Gesellschafterversammlungen dem Entwurf zustimmen werden oder sie mit **Widerstand rechnen.**[99] Wird dieser Weg eingeschlagen, ist es wichtig zu berücksichtigen, dass bereits mit der Vorlage des Entwurfs eine **gewisse Signalwirkung** eintritt und dass die vorgeschlagenen Bedingungen als **verhandelbare Grundlage** dienen.[100]

55 Dabei kann es sinnvoll sein, den Entwurf in den Punkten, bei denen mit Widerstand gerechnet wird, mit **verschiedenen Alternativen** auszugestalten.[101] Diese Alternativen können dann gemeinsam mit den Gesellschaftern ausgewählt und festgelegt werden.

56 Ein weiterer strategischer Vorteil dieser Vorgehensweise liegt in der potenziellen **Einsparung von Beurkundungskosten.**[102] Sollte der Entwurf auf Ablehnung stoßen, werden diese Kosten vermieden, da ein endgültiger, notariell beurkundeter Vertrag noch nicht geschlossen wurde. Das Verständnis dieser Dynamik hilft, den Entscheidungsprozess strategisch zu steuern und die Akzeptanz bei den Gesellschaftern zu fördern.

---

97) *Wicke* in: BeckOGK-UmwG, § 4 Rz. 20; Semler/Stengel/Leonard-*Schröer/Greitemann*, UmwG, § 4 Rz. 18; *Maulbetsch* in: HK-UmwG, § 4 Rz. 41.

98) *Simon* in: KölnKomm-UmwG, § 2 Rz. 9; Semler/Stengel/Leonard-*Schröer/Greitemann*, UmwG, § 4 Rz. 18.

99) *Maulbetsch* in: HK-UmwG, § 4 Rz. 37; *Böttcher* in: NK-UmwG, § 4 Rz. 25; Kallmeyer-*Oppenhoff*, UmwG, § 4 Rz. 7.

100) *Böttcher* in: NK-UmwG, § 4 Rz. 25.

101) Semler/Stengel/Leonard-*Schröer/Greitemann*, UmwG, § 4 Rz. 7; *Maulbetsch* in: HK-UmwG, § 4 Rz. 39; Widmann/Mayer-*Mayer*, UmwR, § 4 UmwG Rz. 12.

102) Widmann/Mayer-*Mayer*, UmwR, § 4 UmwG Rz. 14; Lutter-*Drygala*, UmwG, § 4 Rz. 15; Schmitt/Hörtnagel-*Winter*, UmwG/UmwStG, § 5 UmwG Rz. 23; Semler/Stengel/Leonard-*Schröer/Greitemann*, UmwG, § 4 Rz. 18; Kallmeyer-*Oppenhoff*, UmwG, § 4 Rz. 7; *Maulbetsch* in: HK-UmwG, § 4 Rz. 37.

§ 5

Inhalt des Verschmelzungsvertrags*)

(1) Der Vertrag oder sein Entwurf muß mindestens folgende Angaben enthalten:

1. **den Namen oder die Firma und den Sitz der an der Verschmelzung beteiligten Rechtsträger;**
2. **die Vereinbarung über die Übertragung des Vermögens jedes übertragenden Rechtsträgers als Ganzes gegen Gewährung von Anteilen oder Mitgliedschaften an dem übernehmenden Rechtsträger;**
3. **das Umtauschverhältnis der Anteile und gegebenenfalls die Höhe der baren Zuzahlung oder Angaben über die Mitgliedschaft bei dem übernehmenden Rechtsträger;**
4. **die Einzelheiten für die Übertragung der Anteile des übernehmenden Rechtsträgers oder über den Erwerb der Mitgliedschaft bei dem übernehmenden Rechtsträger;**
5. **den Zeitpunkt, von dem an diese Anteile oder die Mitgliedschaften einen Anspruch auf einen Anteil am Bilanzgewinn gewähren, sowie alle Besonderheiten in bezug auf diesen Anspruch;**

6. den Zeitpunkt, von dem an die Handlungen der übertragenden Rechtsträger als für Rechnung des übernehmenden Rechtsträgers vorgenommen gelten (Verschmelzungsstichtag);

7. die Rechte, die der übernehmende Rechtsträger einzelnen Anteilsinhabern sowie den Inhabern besonderer Rechte wie Anteile ohne Stimmrecht, Vorzugsaktien, Mehrstimmrechtsaktien, Schuldverschreibungen und Genußrechte gewährt, oder die für diese Personen vorgesehenen Maßnahmen;

8. jeden besonderen Vorteil, der einem Mitglied eines Vertretungsorgans oder eines Aufsichtsorgans der an der Verschmelzung beteiligten Rechtsträger, einem geschäftsführenden Gesellschafter, einem Partner, einem Abschlußprüfer oder einem Verschmelzungsprüfer gewährt wird;

9. die Folgen der Verschmelzung für die Arbeitnehmer und ihre Vertretungen sowie die insoweit vorgesehenen Maßnahmen.

(2) Befinden sich alle Anteile eines übertragenden Rechtsträgers in der Hand des übernehmenden Rechtsträgers, so entfallen die Angaben über den Umtausch der Anteile (Absatz 1 Nr. 2 bis 5), soweit sie die Aufnahme dieses Rechtsträgers betreffen.

(3) Der Vertrag oder sein Entwurf ist spätestens einen Monat vor dem Tage der Versammlung der Anteilsinhaber jedes beteiligten Rechtsträgers, die gemäß § 13 Abs. 1 über die Zustimmung zum Verschmelzungsvertrag beschließen soll, dem zuständigen Betriebsrat dieses Rechtsträgers zuzuleiten.

*) § 5 i. d. F. des UmwBerG geändert durch Art. 1 des Gesetzes zur Änderung des Umwandlungsgesetzes, des Partnerschaftsgesellschaftsgesetzes und anderer Gesetze (UmwGÄndG), v. 22.7.1998, BGBl. I 1998, 1878.

Literatur: *Drygala*, Die neue Pflicht des Vorstands zur Bescheidenheit, in: Festschrift für Karsten Schmidt, 2009, S. 275; *Gebhard*, Pennystocks made in Germany? Die Neuregelung des aktienrechtlichen Mindestnennbetrags, ZIP 2024, 2617; *Hausch*, Arbeitsrechtliche Pflichtangaben nach dem UmwG, RNotZ 2007, 308; *Hülsmann*, Gesellschafterabfindung und Unternehmensbewertung nach der Ertragswertmethode im Lichte der Rechtsprechung, ZIP 2001, 450; *Ihrig*, Gläubigerschutz durch Kapitalaufbringung bei Verschmelzung und Spaltung nach neuem Umwandlungsrecht, GmbHR 1995, 622; *Neye*, Partnerschaft und Umwandlung, ZIP 1997, 722; *Priester*, Bilanzierung bei schwebender Verschmelzung, BB 1992, 1594.

Übersicht

I. Allgemeines

1. Normzweck

1 Die Norm zum Inhalt des Verschmelzungsvertrages dient in erster Linie der Schaffung von **Transparenz** und als **Informationsgrundlage** für die von der Verschmelzung betroffenen Anteilsinhaber, Arbeitnehmer und ihre Vertretungen (§ 5 Abs. 3).[1] Nach § 13 stimmen die Gesellschafter der beteiligten Rechtsträger über den notariell zu beurkundenden Verschmelzungsvertrag ab. Der **zwingende Mindestinhalt** des Verschmelzungsvertrages bzw. dessen Entwurfs nach § 4 Abs. 2, wird in § 5 Abs. 1 aufgelistet und gilt für sämtliche Rechtsformen gleichermaßen. Rechtsformspezifische Regelungen ergänzen diese allgemeine Regelung (§§ 40, 45b, 46, 57, 80, 110).[2] Der Verschmelzungsvertrag dient damit als **verbindliche und informierte Entscheidungsgrundlage** für die Anteilsinhaber, die i. R. des Verschmelzungsbeschlusses über die Maßnahme abstimmen.[3]

2 Über den Mindestinhalt hinaus besteht die Möglichkeit, **weitere Punkte** im Verschmelzungsvertrag zu regeln, die nicht oder nur mittelbar mit der Verschmelzung in Zusammenhang stehen, wie z. B. Wechsel in der Geschäftsführung, Kostentragung und Kündigungsrechte. **Erleichterungen** sind vorgesehen, im Zusammenhang mit bestimmten **Konzernverschmelzungen** (100%igen Upstream-Merger), so kann auf gewisse Angaben verzichtet werden (§ 5 Abs. 2).[4]

1) *Böttcher* in: NK-UmwG, § 5 Rz. 2; *Simon* in: KölnKomm-UmwG, § 5 Rz. 1.

2) Kallmeyer-*Oppenhoff/Lanfermann/Müller-Bonanni/Willemsen*, UmwG, § 5 Rz. 1; Winheller/Geibel/Jachmann-Michel-*Heinze/Vogelbusch*, GemeinnützigkeitR, Teil 1 4. Rz. 31.

3) Semler/Stengel/Leonard-*Schröer/Greitemann*, UmwG, § 5 Rz. 1, *Simon* in: KölnKomm-UmwG, § 5 Rz. 1.

4) *Wicke* in: BeckOGK-UmwG, § 5 Rz. 2; *Simon* in: KölnKomm-UmwG, § 5 Rz. 2.

3 Die Regelung des § 5 ist im Zweiten Buch des UmwG enthalten und bezieht sich ausdrücklich auf Verschmelzungen **durch Aufnahme**. Über die Verweisung in § 36 Abs. 1 gilt die Norm entsprechend für Verschmelzungen **durch Neugründung**, wobei § 37 eine zusätzliche Pflichtangabe vorsieht. Entsprechende Regelungen enthält das UmwG auch für die **übrigen umwandlungsrechtlichen Maßnahmen**. Nahezu inhaltsgleiche Regelungen enthalten die §§ 126, 136 Satz 2 für die Spaltung und die §§ 176, 177 einen entsprechenden Verweis für die Vermögensübertragung. Der Mindestinhalt des Formwechselbeschlusses ist in § 194 festgelegt, wobei im Vergleich zur Verschmelzung der Besonderheit des fehlenden Vermögensübergangs Rechnung getragen wird. Die §§ 307, 322 und 335 enthalten Sonderregelungen im Zusammenhang mit grenzüberschreitenden Umwandlungen.

2. Rechtsentwicklung

4 Die Norm des § 5 ist Anfang 1995 in Kraft getreten und besteht seitdem nahezu unverändert fort. Lediglich § 5 Abs. 1 Nr. 8 wurde um die Personengruppe der Partner erweitert, um die Gleichstellung der PartG mit anderen Rechtsformen zu erreichen.

5 Die Regelungen des § 5 Abs. 1 Nr. 1 bis Nr. 8 und des Abs. 2 lassen sich auf alte Fassungen der § 340 Abs. 2 AktG bzw. § 352b AktG und Art. 5 Abs. 2 bzw. Art. 24 Satz 2 der Dritten Verschmelzungs-Richtlinie 78/855/EWG vom 9.101978 zurückführen.[5)] Die Richtlinie 78/855/EWG wurde abgelöst durch die Richtlinie 2011/35/EU vom 5.4.2011 zur Verschmelzung von Aktiengesellschaften (Verschmelzungsrichtlinie)[6)] und schließlich durch die Richtlinie 2017/1132/EU vom 14.6.2017 zu bestimmten Aspekten des Gesellschaftsrechts (Gesellschaftsrechtsrichtlinie)[7)] in aktueller Fassung vom 12.8.2022[8)] abgelöst, wobei die in § 5 umgesetzten inhaltlichen Anforderungen, nunmehr in Art. 91 Abs. 2, Art. 109 bzw. Art. 110 Satz 3, inhaltlich unverändert geblieben sind.

6 § 5 Abs. 3 wurde im Laufe der Beratungen des UmwG in Anlehnung an § 2 Abs. 4 SpTrUG[9)] eingefügt.[10)]

3. Mängel des Verschmelzungsvertrages

7 Bei Mängeln des Verschmelzungsvertrags ist zu unterscheiden, ob sie zu dessen Nichtigkeit führen oder nicht. In beiden Fällen ist jedoch ein auf diesen Mängeln beruhender Zustimmungs**beschluss** nicht nichtig, sondern kann aufgrund fehlerhafter Informationsgrundlage **angefochten** werden.[11)]

8 **§ 5 Abs. 1 Nr. 1 bis 3** gehören zu den **wesentlichen Vertragsbestandteilen**, deren Fehlen zur **Nichtigkeit** des Verschmelzungs**vertrages** führen.[12)] Eine Heilung durch Eintragung

---

5) Dritte Richtlinie 78/855/EWG des Rates v. 9.10.1978 gemäß Artikel 54 Absatz 3 Buchstabe g) des Vertrages betreffend die Verschmelzung von Aktiengesellschaften, ABl. (EG) L 295/36 v. 20.10.1978.

6) Richtlinie 2011/35/EU des Europäischen Parlaments und des Rates v. 5.4.2011 über die Verschmelzung von Aktiengesellschaften (Verschmelzungsrichtlinie), ABl. (EU) L 110/1 v. 29.4.2011.

7) Richtlinie (EU) 2017/1132 des Europäischen Parlaments und des Rates v. 14.6.2017 über bestimmte Aspekte des Gesellschaftsrechts (Gesellschaftsrechtsrichtlinie), ABl. (EU) L 169/46 v. 30.6.2017.

8) Konsolidierter Text der Richtlinie (EU) 2017/1132, abrufbar unter https://eur-lex.europa.eu/legal-content/DE/TXT/HTML/?uri=CELEX:02017L1132-20220812 (Abrufdatum: 26.2.2026).

9) Gesetz über die Spaltung der von der Treuhandanstalt verwalteten Unternehmen (SpTrUG), v. 5.4.1991, BGBl. I 1991, 854.

10) *Wicke* in: BeckOGK-UmwG, § 5 Rz. 3.

11) Henssler/Strohn-*Heidinger*/*Knaier*, GesR, § 5 UmwG Rz. 38; Lutter-*Drygala*, UmwG, § 5 Rz. 157.

12) Henssler/Strohn-*Heidinger*/*Knaier*, GesR, § 5 UmwG Rz. 38; Semler/Stengel/Leonard-*Schröer*/*Greitemann*, UmwG, § 5 Rz. 127; Lutter-*Drygala*, UmwG, § 5 Rz. 155; Winheller/Geibel/Jachmann-Michel-*Heinze*/*Vogelbusch*, GemeinnützigkeitsR, Teil 1, 4. Rz. 32; *Simon* in: KölnKomm-UmwG, § 5 Rz. 1.

nach § 20 Abs. 1 Nr. 4 scheidet aus, da es sich hierbei nicht um einen bloßen Formmangel handelt.[13)] Zu beachten bleibt jedoch, dass die wesentlichen Vertragsinhalte in gewissen Konstellationen **entbehrlich** sein können, so z. B. im Falle der Konzernverschmelzung nach § 5 Abs. 2 oder einer Verschmelzung, an der nur VVaGs beteiligt sind nach § 110. Darüber hinaus kann auf die Angaben nach § 5 Abs. 1 Nr. 2 bis Nr. 5 gemäß §§ 54 Abs. 1 Satz 3 und 68 Abs. 1 Satz 3 **verzichtet** werden. In all diesen Fällen ist das Fehlen **unschädlich**. Zur Erleichterung der Prüfung durch das Handelsregister und um Zwischenverfügungen zu vermeiden, empfiehlt es sich in der **Praxis**, auf einen erfolgten Verzicht oder deren Entbehrlichkeit im Verschmelzungsvertrag ausdrücklich **hinzuweisen**.[14)]

Fehler im Zusammenhang mit § 5 Abs. 1 **Nr. 4 bis 8** führen hingegen nicht zur Nichtigkeit des Verschmelzungsvertrages, sondern nur zur **Anfechtbarkeit des Zustimmungsbeschlusses**.[15)] Eine sich hieraus ergebende inhaltliche Unrichtigkeit oder Unvollständigkeit des Verschmelzungsvertrages führt dazu, dass das **Registergericht** die Eintragung der Verschmelzung in das Handelsregister aufgrund der ihm zustehenden formellen Prüfungsbefugnis **ablehnt**.[16)] Eine dennoch erfolgte Eintragung führt grundsätzlich nach **§ 20 Abs. 1 Nr. 4** zur **Heilung** von Vertragsmängeln.[17)] Eine **Negativformulierung** im Zusammenhang mit **Sonderrechten und Sondervorteilen** i. S. des Absatz 1 Nr. 7 und Nr. 8 wird in der **Praxis** empfohlen.[18)] 9

Mängel oder Unvollständigkeiten im Zusammenhang mit den arbeitsrechtlichen Angaben nach § 5 Abs. 1 **Abs. 1 Nr. 9** stellen wegen ihres bloßen **Informationscharakters** keinen Anfechtungsgrund dar.[19)] 10

II. Obligatorischer Mindestinhalt des Verschmelzungsvertrages (§ 5 Abs. 1)

1. Name/Firma und Sitz der beteiligten Rechtsträger (§ 5Abs. 1 Nr. 1)

§ 5 Abs. 1 Nr. 1 schreibt die Angabe des Namens bzw. der Firma und des Sitzes der beteiligten Rechtsträger vor. Wie bei jedem Vertrag **gehören** auch hier die identifizierenden Angaben der Vertragsparteien **zu den wesentlichen Vertragsbestandteilen**.[20)] 11

Den Angaben sind die **aktuellen Registereintragungen** im Handels-, Gesellschafts-, Genossenschafts- und Vereinsregister zugrunde zu legen.[21)] Besondere Sorgfalt ist bei **Kettenverschmelzungen** geboten, da zum Zeitpunkt des Vertragsschlusses die Änderungen im Zusammenhang mit den Vorstufen häufig bereits beschlossen, aber noch nicht im Handelsregister eingetragen sind.[22)] In der Praxis empfiehlt es sich, **zusätzlich** zu den aktuellen 12

13) Teilweise wird aber eine Heilung nach § 20 Abs. 2 angenommen: Widmann/Mayer-*Mayer*, UmwR, § 4 UmwG Rz. 70.

14) Semler/Stengel/Leonard-*Schröer*/*Greitemann*, UmwG, § 5 Rz. 127.

15) Semler/Stengel/Leonard-*Schröer*/*Greitemann*, UmwG, § 5 Rz. 68; Lang/Weidmüller-*Holthaus*/*Lehnhoff*, GenG, § 5 UmwG Rz. 47; Lutter-*Drygala*, UmwG, § 5 Rz. 155.

16) Semler/Stengel/Leonard-*Schröer*/*Greitemann*, UmwG, § 5 Rz. 68; *Tiesler* in: HK-UmwG, § 5 Rz. 149.

17) LAG Nürnberg, Urt. v. 26.8.2004 – 2 Sa 463/02, BeckRS 2004, 41744 = ZIP 2005, 398; Henssler/Strohn-*Heidinger*/*Knaier*, GesR, § 20 UmwG Rz. 62.

18) Semler/Stengel/Leonard-*Schröer*/*Greitemann*, UmwG, § 5 Rz. 69, 75; *Tiesler* in: UmwG, § 5 Rz. 149.

19) Semler/Stengel/Leonard-*Schröer*/*Greitemann*, UmwG, § 5 Rz. 98; Kallmeyer-*Oppenhoff*/*Lanfermann*/*Müller-Bonanni*/*Willemsen*, UmwG, § 5 Rz. 64; Lang/Weidmüller-*Holthaus*/*Lehnhoff*, GenG, § 5 UmwG Rz. 47; Lutter-*Drygala*, UmwG, § 5 Rz. 156; *Tiesler* in: HK-UmwG, § 5 Rz. 150 f.

20) *Simon* in: KölnKomm-UmwG, § 5 Rz. 4.

21) *Maulbetsch* in: HK-UmwG, § 5 Rz. 12; Lutter-*Drygala*, UmwG, § 5 Rz. 11; Widmann/Mayer-*Mayer*, UmwR, § 5 UmwG Rz. 4.

22) Kallmeyer-*Oppenhoff*/*Lanfermann*/*Müller-Bonanni*/*Willemsen*, UmwG, § 5 Rz. 2; Lutter-*Drygala*, UmwG, § 5 Rz. 11; OLG Hamm, Beschl. v. 19.12.2005 – 15 W 377/05, GmbHR 2006, 255, 256 = NotBZ 2006, 400.

Registerdaten auch die **künftigen Änderungen** anzugeben (z. B. „künftig firmierend als XY GmbH").[23] Die gleichen Maßstäbe gelten auch für die Verlegung des Sitzes oder die Änderung der Firma, die i. R. von **Verschmelzungen durch Aufnahme** beschlossen werden. Auch in diesem Fall sollten neben den aktuellen Registerdaten die für die Zukunft geplanten Angaben enthalten sein.[24]

13 Bei der **Verschmelzung durch Neugründung** gibt es für den neu gegründeten Rechtsträger mangels Eintragung noch keine Registerangaben, auf die zurückgegriffen werden könnte. Maßgeblich sind daher die Angaben im Gesellschaftsvertrag bzw. in der Satzung.[25] Anzugeben sind lediglich der **künftige** Name bzw. die Firma und der Sitz.[26]

14 Zur Angabe des Namens bzw. der Firma gehört nach allgemeinen gesellschaftsrechtlichen Grundsätzen der **Rechtsformzusatz.**[27] Um eine eindeutige **Identifizierung** der Vertragsparteien zu gewährleisten, ist die Angabe des **Sitzes** als Registersitz des Rechtsträgers ebenfalls erforderlich.[28] Darüber hinaus ist in der Praxis die Angabe der Registernummer üblich.[29] Es reicht aus, den Namen bzw. die Firma und den Sitz im **Urkundenmantel** zu nennen, eine Aufnahme in den eigentlichen Vertragstext ist hingegen nicht erforderlich.[30] Ferner ist anzugeben, wer **übernehmender** und wer **übertragender Rechtsträger** ist.[31]

2. Vereinbarung zur Vermögensübertragung (§ 5 Abs. 1 Nr. 2)

15 Die Vereinbarung darüber, dass das Vermögen jedes übertragenden Rechtsträgers als **Ganzes im Wege der Universalsukzession gegen Anteils- oder Mitgliedschaftsgewährung** an dem übernehmenden Rechtsträger erfolgt, bestimmt den **Vertragsinhalt und die Gegenleistung** als die **beiden zentralen Elemente** der Verschmelzung. Diese gehören zu den **wesentlichen Bestandteilen** des Verschmelzungsvertrages und § 5 Abs. 1 Nr. 2 erklärt die Angaben zum zwingenden Mindestinhalt des Verschmelzungsvertrages. Die Vereinbarung der Gegenleistung in Form der Gewährung von Anteilen bzw. Mitgliedschaften stellt den gesetzlichen Regelfall dar, nur in bestimmten im Gesetz geregelten Fällen ist die Gegenleistung entbehrlich (z. B. §§ 5 Abs. 2, 54 Abs. 1, 68 Abs. 1).[32]

16 Eine möglichst enge Anlehnung an den **Gesetzeswortlaut** wird empfohlen, ist aber nicht zwingend.[33] Es genügt, wenn durch **Auslegung** ermittelt werden kann, dass eine Verschmelzung i. S. des UmwG gemeint ist.[34] Darüber hinaus ist es in der Praxis üblich, anzugeben, in welcher **Form** die Verschmelzung erfolgen soll – entweder als Verschmelzung durch

23) *Böttcher* in: NK-UmwG, § 5 Rz. 10; *Wicke* in: BeckOGK-UmwG, § 5 Rz. 7; Semler/Stengel/Leonard-*Schröer/Greitemann*, UmwG, § 5 Rz. 5; Kallmeyer-*Oppenhoff/Lanfermann/Müller-Bonanni/Willemsen*, UmwG, § 5 Rz. 2; Widmann/Mayer-*Mayer*, UmwR, § 5 UmwG Rz. 11.

24) *Maulbetsch* in: HK-UmwG, § 5 Rz. 13, Rz. 16; Widmann/Mayer-*Mayer*, UmwR, § 5 UmwG Rz. 11.

25) *Wicke* in: BeckOGK-UmwG, § 5 Rz. 7.

26) *Böttcher* in: NK-UmwG, § 5 Rz. 9.

27) Lutter-*Drygala*, UmwG, § 5 Rz. 11; *Maulbetsch* in: HK-UmwG, § 5 Rz. 12; Widmann/Mayer-*Mayer*, UmwR, § 5 UmwG Rz. 11.

28) Widmann/Mayer-*Mayer*, UmwR, § 5 UmwG Rz. 11.

29) *Wicke* in: BeckOGK-UmwG, § 5 Rz. 7.

30) Widmann/Mayer-*Mayer*, UmwR, § 5 UmwG Rz. 11.

31) Lang/Weidmüller-*Holthaus/Lehnhoff*, GenG, § 5 UmwG Rz. 10; Lutter-*Drygala*, UmwG, § 5 Rz. 13; *Maulbetsch* in: HK-UmwG, § 5 Rz. 15; Widmann/Mayer-*Mayer*, UmwR, § 5 UmwG Rz. 11.

32) *Böttcher* in: NK-UmwG, § 5 Rz. 13.

33) *Wicke* in: BeckOGK-UmwG, § 5 Rz. 8; Kallmeyer-*Oppenhoff/Lanfermann/Müller-Bonanni/Willemsen*, UmwG, § 5 Rz. 3; Lutter-*Drygala*, UmwG, § 5 Rz. 14; *Maulbetsch* in: UmwG, § 5 Rz. 19; *Simon* in: KölnKomm-UmwG, § 5 Rz. 5.

34) *Wicke* in: BeckOGK-UmwG, § 5 Rz. 8.

Neugründung oder als Verschmelzung zur Aufnahme.[35] Dies erhöht den **Informationswert** des Verschmelzungsvertrages.

a) Vermögensübertragung

Wesentlicher Inhalt des Verschmelzungsvertrages ist die Vermögensübertragung im Wege der **Gesamtrechtsnachfolge.** Eine genaue Bezeichnung der einzelnen Vermögensgegenstände, wie sie sonst im Sachenrecht üblich ist, ist nicht erforderlich.[36] Vielmehr gehen sämtliche Aktiva und Passiva des übertragenden Rechtsträgers als Ganzes **ipso iure** auf den übernehmenden Rechtsträger über.[37] 17

Die **Vermögensübertragung als Ganzes** ist eine **zwingende Folge** und kann grundsätzlich vertraglich nicht abweichend gestaltet werden. Es ist daher nicht möglich, einzelne Vermögensgegenstände von der Verschmelzung auszunehmen.[38] Ein solcher Ausschluss im Verschmelzungsvertrag ist unwirksam und führt grundsätzlich zur **Teilnichtigkeit**, wobei eine Gesamtnichtigkeit des Verschmelzungsvertrages nach § 139 BGB regelmäßig nicht anzunehmen ist.[39] 18

Es ist jedoch möglich, **einzelne Vermögensgegenstände** bereits vor Eintragung der Verschmelzung in das Handelsregister des übernehmenden Rechtsträgers und damit **vor Wirksamwerden** der Verschmelzung an Dritte zu übertragen.[40] Folglich gehören die übertragenden Vermögensgegenstände im maßgeblichen **Wirksamkeitszeitpunkt** nicht mehr zum Vermögen des übertragenden Rechtsträgers. Eine solche **vorgelagerte Übertragung** kann bereits im Verschmelzungsvertrag selbst geregelt werden und wird in der Praxis zu Beweiszwecken auch empfohlen.[41] Alternativ kann sich der übernehmende Rechtsträger im Verschmelzungsvertrag auch **schuldrechtlich** zur Übertragung einzelner Vermögensgegenstände auf einen Dritten verpflichten.[42] 19

b) Gegenleistung

Das Gesetz sieht die Gewährung von Anteilen oder Mitgliedschaftsrechten am übernehmenden Rechtsträger als Gegenleistung **für die Vermögensübertragung** vor.[43] Die Anteile werden den Anteilsinhabern des übertragenden Rechtsträgers gewährt. Im Verschmelzungsvertrag sind **Art, Gattung und Umfang** der Anteile anzugeben.[44] Hinsichtlich der neu geschaffenen Anteile oder Mitgliedschaften besteht **keine Veräußerungssperre.** Es ist daher möglich, dass ein Anteilsinhaber des übertragenden Rechtsträgers seine neuen Anteile an dem übernehmenden Rechtsträger vor Eintragung der Verschmelzung beim übernehmenden Rechtsträger und damit vor Wirksamwerden der Verschmelzung veräußert.[45] 20

---

35) *Böttcher* in: NK-UmwG, § 5 Rz. 13; Lutter-*Drygala*, UmwG, § 5 Rz. 14; *Simon* in: KölnKomm-UmwG, § 5 Rz. 5.

36) *Wicke* in: BeckOGK-UmwG, § 5 Rz. 8.

37) *Maulbetsch* in: HK-UmwG, § 5 Rz. 20.

38) *Böttcher* in: NK-UmwG, § 5 Rz. 14; *Wicke* in: BeckOGK-UmwG, § 5 Rz. 9; Kallmeyer-*Oppenhoff/Lanfermann/Müller-Bonanni/Willemsen*, UmwG, § 5 Rz. 4; Lutter-*Drygala*, UmwG, § 5 Rz. 15; *Maulbetsch* in: HK-UmwG, § 5 Rz. 20; *Simon* in: KölnKomm-UmwG, § 5 Rz. 5.

39) *Wicke* in: BeckOGK-UmwG, § 5 Rz. 9; Lutter-*Drygala*, UmwG, § 5 Rz. 15.

40) *Böttcher* in: NK-UmwG, § 5 Rz. 14.

41) *Wicke* in: BeckOGK-UmwG, § 5 Rz. 9; *Maulbetsch* in: HK-UmwG, § 5 Rz. 20; *Böttcher* in: NK-UmwG, § 5 Rz. 14; Widmann/Mayer-*Mayer*, UmwR, § 5 UmwG Rz. 14.

42) *Maulbetsch* in: HK-UmwG, § 5 Rz. 20.

43) *Maulbetsch* in: HK-UmwG, § 5 Rz. 21.

44) *Wicke* in: BeckOGK-UmwG, § 5 Rz. 24; Lutter-*Drygala*, UmwG, § 5 Rz. 17.

45) *Böttcher* in: NK-UmwG, § 5 Rz. 26.

21 In der Praxis ist darauf zu achten, dass die **Kapitalerhöhung im Verschmelzungsvertrag** geregelt wird. Ansonsten fehlt es an einem **einklagbaren Anspruch** auf Durchführung der Kapitalerhöhung und damit auf Schaffung der neuen Anteile an dem übernehmenden Rechtsträger.[46)]

aa) Anteilsgewährung

22 Neue Anteile am übernehmenden Rechtsträger werden **regelmäßig** durch eine **Kapitalerhöhung gegen Sacheinlage** begründet.[47)] In diesem Zuge ist es notwendig, dass die Sacheinlage in Form des übertragenden Vermögens **werthaltig** ist und mindestens der Summe der gewährten Anteile am übernehmenden Rechtsträger entspricht.[48)] Dies führt zu Problemen, wenn beim übertragenden Rechtsträger eine **Überschuldung** vorliegt.[49)] In diesem Fall ist der Wert des übertragenen Vermögens geringer als der Wert der Anteile am übernehmenden Rechtsträger. Eine Verschmelzung scheidet dann grundsätzlich aus. In einer solchen Konstellation kommt eine Verschmelzung nur in Betracht, wenn auf die Gewährung von Anteilen **verzichtet** wird oder ausnahmsweise keine Anteile gewährt werden, wie z. B. bei einem **100%igen Upstream-Merger** nach **§ 5 Abs. 2**, wenn sämtliche Anteile des übertragenden Rechtsträgers von dem übernehmenden Rechtsträger gehalten werden.[50)]

23 Eine **Kapitalerhöhung** ist in bestimmten Fällen **nicht nötig**. Ist der **übernehmende Rechtsträger** eine Kapitalgesellschaft und verfügt über **eigene Anteile**, so kann er diese als Gegenleistung gewähren. Besitzt der **übertragende Rechtsträger voll eingezahlte Anteile** am übernehmenden Rechtsträger, können auch diese übertragen werden, da sie i. R. der Verschmelzung auf den übernehmenden Rechtsträger übergehen.[51)]

bb) Gesetzliche Ausnahmen

24 **Grundsätzlich** erfolgt die Vermögensübertragung i. R. der Verschmelzung gegen Gewährung von **Anteilen bzw. Mitgliedschaften**. Zwingend ist dies allerdings nicht immer. Im Gesetz finden sich zahlreiche Ausnahmefälle.

25 Nach **§§ 5 Abs. 2, 20 Abs. 1 Nr. 3 Halbs. 2 Alt. 1** ist die Gegenleistung im Falle eines **Upstream-Mergers** ausgeschlossen, d. h. wenn der übernehmende Rechtsträger als Muttergesellschaft **100 %** der Anteile des übertragenden Rechtsträgers als Tochtergesellschaft hält.[52)] Durch diese Ausnahme wird also verhindert, dass der Anteilsinhaberin des übertragenden Rechtsträgers (Muttergesellschaft) Anteile an sich selbst gewährt werden. Diese Ausnahme gilt jedoch nur, wenn ein unmittelbares Konzernverhältnis besteht, also im **Mutter-Tochter-Verhältnis**. Sie gilt **nicht** bei **mittelbarer** Beteiligung, also Verschmelzung der Enkelgesellschaft auf die Mutter, da die Tochtergesellschaft die Anteile grundsätzlich nicht für Rechnung der Mutter, sondern auf eigene Rechnung hält.[53)]

---

46) *Böttcher* in: NK-UmwG, § 5 Rz. 27.

47) *Wicke* in: BeckOGK-UmwG, § 5 Rz. 9.

48) Widmann/Mayer-*Mayer*, UmwR, § 5 UmwG Rz. 14.1.

49) *Böttcher* in: NK-UmwG, § 5 Rz. 23; *Wicke* in: BeckOGK-UmwG, § 5 Rz. 10; Lutter-*Drygala*, UmwG, § 5 Rz. 16.

50) OLG Stuttgart, Beschl. v. 4.10.2005 – 8 W 426/05, DStR 2006, 338 = NZG 2006, 159; LG Leipzig, Beschl. v. 18.1.2006 – 1 HKT 7414/04, DB 2006, 885 = BeckRS 2010, 22831; *Böttcher* in: NK-UmwG, § 5 Rz. 24.

51) Widmann/Mayer-*Mayer*, UmwR, § 5 UmwG Rz. 56.1.

52) *Böttcher* in: NK-UmwG, § 5 Rz. 17; Lutter-*Drygala*, UmwG, § 5 Rz. 17; *Maulbetsch* in: HK-UmwG, § 5 Rz. 18.

53) *Wicke* in: BeckOGK-UmwG, § 5 Rz. 16.

Die Gegenleistung in Form der Gewährung von Anteilen ist auch ausgeschlossen, **soweit** der **übertragende Rechtsträger eigene Anteile** hält gemäß § 20 **Abs. 1 Nr. 3 Satz 2 Alt. 2**, da diese mit dem Wirksamwerden der Verschmelzung erlöschen. 26

cc) Rechtsgeschäftliche Ausnahmen

Darüber hinaus wird seit 2007 das umwandlungsrechtliche Dogma der Anteilsgewährungspflicht durchbrochen, wonach gemäß §§ **54 Abs. 1 Satz 3, 68 Abs. 1 Satz 3** auf die Anteilsgewährung durch **Verzichtserklärung** sämtlicher Anteilsinhaber des übertragenden Rechtsträgers verzichtet werden kann. Voraussetzung ist, dass die Erklärung **notariell beurkundet** wird und der übernehmende Rechtsträger eine **Kapitalgesellschaft** ist.[54] Die Verzichtsmöglichkeit ist insbesondere bei der Verschmelzung von **Schwestergesellschaften** im Wege des **Sidestream-Mergers** von Bedeutung. 27

Barabfindungen sind grundsätzlich nicht möglich, nur bare Zuzahlungen sind vorgesehen.[55] **Ausnahmsweise** sind Barabfindungen bei **gemischten Verschmelzungen** möglich, wenn der übernehmende Rechtsträger eine andere Rechtsform hat als der übertragende Rechtsträger.[56] Darüber hinaus kann eine Barabfindung aber auch als **letztes Mittel** geboten sein.[57] Dies kommt insbesondere dann in Betracht, wenn der betroffene Anteilsinhaber nur mit einem sehr geringen Anteil an dem übertragenden Rechtsträger beteiligt ist und eine Beteiligung auch nicht dadurch erreicht werden kann, dass die kleinstmögliche Stückelung der Anteile gewählt wird, wobei die Anteile in jedem Fall mindestens einen Nennwert von 1 € haben müssen. 28

dd) Grundsätze der Anteilsgewährung

Bei der Anteils- bzw. Mitgliedschaftsgewährung gilt es einige Grundsätze zu beachten. Zunächst ist der **allgemeine gesellschaftsrechtliche Gleichbehandlungsgrundsatz** zu berücksichtigen.[58] Dieser schreibt vor, dass sämtliche Anteilsinhaber gleichzubehandeln sind. Daraus folgt zugleich, dass sämtliche Gesellschafter bei der Anteilsgewährung zu berücksichtigen sind.[59] 29

Darüber hinaus ist der Grundsatz der **Quotenidentität** zu beachten. Demnach müssen die Anteilsinhaber des übertragenden Rechtsträger mit unveränderten Quoten untereinander auch nach der Verschmelzung bestehen bleiben.[60] Eine Besonderheit ergibt sich dabei für Personengesellschaften als übernehmende Rechtsträger. Ist ein und dieselbe Person sowohl Anteilsinhaber des übernehmenden als auch des übertragenden Rechtsträgers, muss die Anteilsgewährung im Wege der **Aufstockung** erfolgen.[61] Die Notwendigkeit der Aufstockung ergibt sich daraus, dass – anders als bei Kapitalgesellschaften – ein und dieselbe Person nur einen Anteil halten kann. 30

Schließlich ist das **Prinzip der Gleichwertigkeit** zu berücksichtigen. Dieses besagt, dass der Wert der neuen Beteiligung am übernehmenden Rechtsträger dem Wert der Beteiligung am übertragenden Rechtsträger entsprechen muss. Daraus ergibt sich, dass eine Besserstellung des Anteilsinhabers möglich, eine Schlechterstellung aber unzulässig ist.[62] 31

54) *Böttcher* in: NK-UmwG, § 5 Rz. 17; *Wicke* in: BeckOGK-UmwG, § 5 Rz. 11, 13.
55) *Wicke* in: BeckOGK-UmwG, § 5 Rz. 13.
56) *Wicke* in: BeckOGK-UmwG, § 5 Rz. 11, 23; Lutter-*Drygala*, UmwG, § 5 Rz. 18.
57) *Böttcher* in: NK-UmwG, § 5 Rz. 21; *Wicke* in: BeckOGK-UmwG, § 5 Rz. 23.
58) *Wicke* in: BeckOGK-UmwG, § 5 Rz. 27; Widmann/Mayer-*Mayer*, UmwR, § 5 UmwG Rz. 24.2.
59) *Maulbetsch* in: HK-UmwG, § 5 Rz. 22; Widmann/Mayer-*Mayer*, UmwR, § 5 UmwG Rz. 19.
60) *Böttcher* in: NK-UmwG, § 5 Rz. 16; Widmann/Mayer-*Mayer*, UmwR, § 5 UmwG Rz. 15.
61) *Böttcher* in: NK-UmwG, § 5 Rz. 19.
62) *Böttcher* in: NK-UmwG, § 5 Rz. 20.

3. Umtauschverhältnis und bare Zuzahlung bzw. Mitgliedschaftsangaben (§ 5 Abs. 1 Nr. 3)

32 § 5 Abs. 1 Nr. 3 legt fest, dass zu den Mindestangaben des Verschmelzungsvertrages auch das **Umtauschverhältnis** der Anteile und je nach **Einzelfall** die **Höhe** der **baren Zuzahlungen** oder Angaben zur **Mitgliedschaft** bei dem übernehmenden Rechtsträger zählen. Besonders wichtig sind diese Angaben für die Anteilsinhaber des übertragenden Rechtsträgers, da sie hierdurch den Wert ihrer Gegenleistung besser abschätzen können.[63] Im Vordergrund steht dabei die **Angemessenheit** des Umtauschverhältnisses.[64] Die im Verschmelzungsvertrag gemachten Angaben werden **ergänzt** durch weitere erläuternde Angaben zu rechtlichen und wirtschaftlichen Details des Umtauschverhältnisses im **Verschmelzungsbericht** (§ 8 Abs. 1).[65]

33 Die enorme Bedeutung des Umtauschverhältnisses i. R. der Verschmelzung wird zudem an weiteren Stellen des UmwG deutlich. Nach § 13 Abs. 2 ist der gerichtlich bestellte Verschmelzungsprüfer verpflichtet, in seinem **Bericht** die **Angemessenheit** des Umtauschverhältnisses festzustellen.[66] Dabei ist zu beachten, dass aufgrund fehlender registerrechtlicher Prüfungen eine eventuelle **Fehlerhaftigkeit** des Umtauschverhältnisses keine Auswirkungen auf die Wirksamkeit des Verschmelzungsvertrages hat.[67] In der Praxis kommt die Wichtigkeit des Umtauschverhältnisses häufig dadurch zum Ausdruck, dass es Gegenstand vieler Streitigkeiten bildet. Es ist jedoch zu berücksichtigen, dass eine **Klage** gegen den Verschmelzungsbeschluss nach § 14 Abs. 2 gesetzlich **ausgeschlossen** ist. Stattdessen besteht die Möglichkeit, eine **angemessene Zuzahlung** im **Spruchverfahren** nach § 15 Abs. 1 geltend zu machen.[68]

34 Mangels Anteilsgewährung bei einem **100%igen Upstream-Merger** entfallen denklogisch sämtliche Angaben zum Umtauschverhältnis gemäß § 5 Abs. 2.[69]

a) Umtauschverhältnis

35 Das Umtauschverhältnis setzt die Werte der Anteile der beteiligten Rechtsträger zueinander fest. Es bestimmt also, wie viele Anteile ein Anteilsinhaber des übertragenden Rechtsträgers am übernehmenden Rechtsträger **für einen Anteil am übertragenden Rechtsträger bekommt.**[70]

36 Das Umtauschverhältnis muss genau und eindeutig **beziffert** werden.[71] Es ist dabei nicht erforderlich, die Beziehung der Anteile durch ein **relationales Verhältnis** auszudrücken (z. B. 1:2 oder 3:2). In der **Praxis** werden im Verschmelzungsvertrag die jeweiligen Beteiligungsverhältnisse der beteiligten Rechtsträger und die als Gegenleistung gewährten Anteile angegeben, wodurch sich das Umtauschverhältnis ebenfalls ermitteln lässt.[72] Die

63) *Wicke* in: BeckOGK-UmwG, § 5 Rz. 29; Schmitt/Hörtnagl-*Winter*, UmwG/UmwStG, § 5 UmwG Rz. 5; Semler/Stengel/Leonard-*Schröer/Greitemann*, UmwG, § 5 Rz. 25.

64) *Simon* in: KölnKomm-UmwG, § 5 Rz. 8.

65) *Wicke* in: BeckOGK-UmwG, § 5 Rz. 29; Schmitt/Hörtnagl-*Winter*, UmwG/UmwStG, § 5 UmwG Rz. 5.

66) *Wicke* in: BeckOGK-UmwG, § 5 Rz. 29; Schmitt/Hörtnagl-*Winter*, UmwG/UmwStG, § 5 UmwG Rz. 5.

67) *Böttcher* in: NK-UmwG, § 5 Rz. 28; Henssler/Strohn-*Heidinger/Knaier*, GesR, § 5 UmwG Rz. 11; Semler/Stengel/Leonard-*Schröer/Greitemann*, UmwG, § 5 Rz. 25; OLG Brandenburg, Beschl. v. 18.5.2022 – 7 AktG 1/22, Rz. 15, NZG 2022, 967 = ZIP 2022, 1322

68) *Wicke* in: BeckOGK-UmwG, § 5 Rz. 29.; Henssler/Strohn-*Heidinger/Knaier*, GesR, § 5 UmwG Rz. 11; Schmitt/Hörtnagl-*Winter*, UmwG/UmwStG, § 5 UmwG Rz. 13.

69) Schmitt/Hörtnagl-*Winter*, UmwG/UmwStG, § 5 UmwG Rz. 9.

70) *Böttcher* in: NK-UmwG, § 5 Rz. 29; Henssler/Strohn-*Heidinger/Knaier*, GesR, § 5 UmwG Rz. 10.

71) *Böttcher* in: NK-UmwG, § 5 Rz. 28, 29.

72) *Wicke* in: BeckOGK-UmwG, § 5 Rz. 30.

jeweilige **Bezugsgröße** zur Ermittlung des Umtauschverhältnisses ist zudem abhängig von der **Rechtsform** der beteiligten Rechtsträger.[73)] Bei Kapitalgesellschaften ist grundsätzlich der **Nennbetrag** maßgeblich, wohingegen bei Personenhandelsgesellschaften auf die **bereinigten Gesellschafterkonten** abzustellen ist.[74)]

Die Grundannahme ist zunächst, dass das Umtauschverhältnis zu einem umfassenden wirtschaftlichen Ausgleich für die übertragenen Anteile führt.[75)] Den Anteilseigner bleibt es allerdings unbenommen, auch ein **unangemessenes** Umtauschverhältnis zu akzeptieren – möglicherweise aus strategischen Gründen oder sonstigen Überlegungen.[76)] 37

An der Gegenleistung nehmen **eigene Anteile des übertragenden Rechtsträgers** sowie Anteile, die vom **übernehmenden Rechtsträger am übertragenden Rechtsträger** gehalten werden, **nicht teil.**[77)] Daher bleiben sie bei der Bestimmung des Umtauschverhältnisses unberücksichtigt.[78)] Anders verhält es sich im umgekehrten Fall, wenn der übertragende Rechtsträger Anteile am übernehmenden Rechtsträger hält.[79)] 38

b) Ermittlung Umtauschverhältnis

Die Ermittlung des Umtauschverhältnisses zielt auf einen **Wertvergleich** der beteiligten Rechtsträger ab.[80)] Im Fokus steht die Festlegung des Verhältnisses zwischen den beteiligten Rechtsträgern, nicht die Ermittlung ihrer absoluten Werte. Ziel ist es, die **Werte der Unternehmen zueinander** angemessen zu bestimmen, um eine gerechte und ausgeglichene Austauschrelation sicherzustellen. Dadurch wird gewährleistet, dass die Anteile jeder Partei korrekt bewertet werden, ohne dass die Gesamtwerte der einzelnen Unternehmen genau festgestellt werden müssen.[81)] 39

Da es sich bei den beteiligten Rechtsträger um aktive Marktteilnehmer handelt und sie damit gewissen Wertschwankungen unterliegen, muss ein **einheitlicher Bewertungsstichtag** ermittelt werden.[82)] Der Gesetzgeber gibt hierzu keine spezifischen Vorgaben, und auch in der Fachliteratur ist diese Frage **umstritten.** Es erscheint jedoch sinnvoll, den **Zeitpunkt der Beschlussfassung über die Verschmelzung** als Bewertungsstichtag heranzuziehen.[83)] Dies ist auch in der **Praxis** der meistgewählte Zeitpunkt.[84)] Hintergrund ist die Regelung des § 30 Abs. 1, wonach für die Bemessung der Barabfindung eben jener Zeitpunkt maßgeblich ist.[85)] Die Barabfindung nach § 29 Abs. 1 ist als Ersatz für die zu gewährenden Anteile anzusehen. Dieser Ansatz ermöglicht einen übersichtlichen und praktikablen Weg, um einen Bewertungsstichtag festzulegen, was Rechtssicherheit und Klarheit im Bewerbungsprozess schafft. 40

73) Henssler/Strohn-*Heidinge/Knaier*, GesR, § 5 UmwG Rz. 10; *Böttcher* in: NK-UmwG, § 5 Rz. 29; OLG Brandenburg, Beschl. v. 18.5.2022 – 7 AktG 1/22, Rz. 15 f., NZG 2022, 967 = ZIP 2022, 1322.

74) *Böttcher* in: NK-UmwG, § 5 Rz. 29, 30; Henssler/Strohn-*Heidinger/Knaier*, GesR, § 5 UmwG Rz. 10; Semler/Stengel/Leonard-*Schröer/Greitemann*, UmwG, § 5 Rz. 27.

75) *Simon* in: KölnKomm-UmwG, § 5 Rz. 12.

76) *Böttcher* in: NK-UmwG, § 5, Rz. 35; Schmitt/Hörtnagl-*Winter*, UmwG/UmwStG, § 5 UmwG Rz. 8.

77) Semler/Stengel/Leonard-Schröer/Greitemann, UmwG, § 5 Rz. 29;) *Böttcher* in: NK-UmwG, § 5 Rz. 34.

78) *Wicke* in: BeckOGK-UmwG, § 5 Rz. 32; *Böttcher* in: NK-UmwG, § 5 Rz. 34.

79) *Böttcher* in: NK-UmwG, § 5 Rz. 34; Semler/Stengel/Leonard-*Schröer/Greitemann*, UmwG, § 5 Rz. 29.

80) *Böttcher* in: NK-UmwG, § 5 Rz. 28; Henssler/Strohn-*Heidinger/Knaier*, GesR, § 5 UmwG Rz. 11; Schmitt/Hörtnagl-*Winter*, UmwG/UmwStG, § 5 UmwG Rz. 6; Schmitt/Hörtnagl-*Winter*, UmwG/UmwStG, § 5 UmwG Rz. 61.

81) *Simon* in: KölnKomm-UmwG, § 5 Rz. 11.

82) *Böttcher* in: NK-UmwG, § 5 Rz. 35; *Simon* in: KölnKomm-UmwG, § 5 Rz. 17.

83) *Wicke* in: BeckOGK-UmwG, § 5 Rz. 49; BGH, Urt. v. 4.12.2012 – II ZR 17/12, Rz. 27, NZG 2013, 233 = AG 2013, 165.

84) *Simon* in: KölnKomm-UmwG, § 5 Rz. 18.

85) *Simon* in: KölnKomm-UmwG, § 5 Rz. 18; *Wicke* in: BeckOGK-UmwG, § 5 Rz. 49.

Zudem gewährleistet ein einheitliches Abstellen auf den Zeitpunkt des Beschlusses eine **konsistente** Einhaltung der Rechtsvorschriften und hilft, mögliche Konflikte oder Mehraufwand zu reduzieren.

41 Einer genaueren Betrachtung bedarf die Festlegung des Bewertungsstichtages nach dieser Methode dann, **wenn** die **Verschmelzungsbeschlüsse** der beteiligten Rechtsträger **nicht** allesamt **am selben Tage** gefasst werden. Sinnvoll erscheint es insoweit auf den **zuerst gefassten Verschmelzungsbeschluss** abzustellen, denn sämtliche Ereignisse bis dahin könnten noch im Verschmelzungsvertrag bzw. dessen Entwurfes berücksichtigt werden.[86)]

42 Eine gesetzlich vorgeschriebene Methode zur Unternehmensbewertung existiert indes nicht.[87)] Hintergrund ist, dass der Wert eines Unternehmens stark von **subjektiven** Zielen, Bedürfnissen und Einzelfallumständen des jeweiligen Anteilseigners abhängt.[88)] In der Praxis vorherrschend sind das **Ertragswertverfahren** und das **Discounted-Cash-Flow**-Verfahren zur Unternehmensbewertung.[89)] Da die zugrunde gelegte Bewertungsmethode nicht zu den zwingenden Angaben des Verschmelzungsvertrages gehört, wird die konkrete Berechnung häufig aus Gründen der Übersichtlichkeit und zur besseren Nachvollziehbarkeit in den **Verschmelzungsbericht** verlagert.[90)]

c) Bare Zuzahlungen

43 Zusätzlich sind bestehende bare Zuzahlungen ihrer Höhe nach anzugeben, soweit diese vereinbart wurden. Dabei handelt es sich um Zahlungen, die an **die Anteilsinhaber des übertragenden Rechtsträgers** erfolgen, um **Nachteile im Umtauschverhältnis** auszugleichen. Zu beachten ist, dass der Ausgleich nur in eine Richtung funktioniert. Bare Zuzahlungen im **umgekehrten Fall**, also an die Anteilseigner des übernehmenden Rechtsträgers sind nicht vorgesehen.[91)] Dies bedeutet jedoch nicht, dass eine mögliche Benachteiligung der Anteilseigner des übernehmenden Rechtsträgers unbeachtet bleibt. In Betracht kommen **alternative Ausgleichsmechanismen**, wie eine vorweggenommene gesonderte Dividendenzahlung oder eine verzögerte Gewinnbezugsberechtigung der neuen Anteile.[92)]

44 Die baren Zuzahlungen sind im Verschmelzungsvertrag als Pflichtangabe auszuweisen. Zu den zwingenden Angaben gehören der **Gesamtbetrag** und die **jeweiligen Teilbeträge** der Anteilseigner des übertragenden Rechtsträgers.[93)]

45 Die **Gründe** für das Erfordernis einer baren Zuzahlung sind vielfältig und ergeben sich aus unterschiedlichen Situationen. Sie werden dann notwendig, wenn die Gegenleistung in Form der Anteile am übernehmenden Rechtsträger nicht ausreicht bzw. es sonst zu einem unrunden Umtauschverhältnis kommen würde.[94)] Ein **unausgeglichenes Gegenseitigkeits-**

86) *Simon* in: KölnKomm-UmwG, § 5 Rz. 23, 24.

87) *Simon* in: KölnKomm-UmwG, § 5 Rz. 13; BVerfG, Beschl. v. 26.4.2011 – 1 BvR 2658/10, Rz. 23, NJW 2011, 2497 = NZG 2011, 869; BGH, Urt. v. 13.3.2006 – II ZR 295/04, DB 2006, 999, 1000 = NZG 2006, 425; BayObLG, Beschl. v. 29.9.1998 – 3Z BR 159/94, ZIP 1998, 1872, 1874 = NZG 1998, 946; *Hülsmann*, ZIP 2001, 450 f.

88) *Simon* in: KölnKomm-UmwG, § 5 Rz. 14, 259; *Moxter*, Grundsätze ordnungsgemäßer Unternehmensbewertung, S. 23 ff.; *Mandl/Rabel*, Unternehmensbewertung, S. 5 ff.; *Kuhner/Maltry*, Unternehmensbewertung, S. 53 ff.; *Schultze*, Methoden der Unternehmensbewertung: Gemeinsamkeiten, Unterschiede, Perspektiven, S. 7 ff.

89) *Wicke* in: BeckOGK-UmwG, § 5 Rz. 36; Henssler/Strohn-*Heidinger/Knaier*, GesR, § 5 UmwG Rz. 13; Schmitt/Hörtnagl-*Winter*, UmwG/UmwStG, § 5 UmwG Rz. 11.

90) *Böttcher* in: NK-UmwG, § 5 Rz. 28.

91) *Böttcher* in: NK-UmwG, § 5 Rz. 37; Semler/Stengel/Leonard-*Schröer/Greitemann*, UmwG, § 5 Rz. 32.

92) *Böttcher* in: NK-UmwG, § 5 Rz. 37; Semler/Stengel/Leonard-*Schröer/Greitemann*, UmwG, § 5 Rz. 32.

93) *Simon* in: KölnKomm-UmwG, § 5 Rz. 50.

94) *Böttcher* in: NK-UmwG, § 5 Rz. 37; Semler/Stengel/Leonard-*Schröer/Greitemann*, UmwG, § 5 Rz. 31.

verhältnis kann insbesondere aus den gesetzlichen Vorgaben zur **Stückelung** resultieren, wonach der Nennbetrag eines Anteils mindestens auf einen vollen Euro lauten muss. Eine kleinere Stückelung ist nicht möglich, obgleich sie in speziellen Fällen notwendig wäre, um die Äquivalenz von Leistung und Gegenleistung herzustellen. In einem solchen Fall dient die bare Zuzahlung als Lösung, um Disparitäten auszugleichen und ein ausgewogenes Umtauschverhältnis zu gewährleisten.[95] Daneben ergibt sich ein Bedürfnis für bare Zuzahlungen dann, wenn beim übertragenden Rechtsträger **unterschiedliche Anteilsgattungen** existieren wie bspw. Stimm- und Vorzugsaktien, die durch einheitliche Anteile am übernehmenden Rechtsträger vergütet werden.[96]

Die vorgeschlagene Zulassung von Aktien mit einem (rechnerischen) Mindestnennbetrag von 0,01 €[97] würde sich in praktischer Hinsicht zweifach auf bare Zuzahlungen auswirken. Zum einen böte sich bei einer AG als übernehmendem Rechtsträger die Möglichkeit, durch die Umstellung der Aktiennennbeträge notwendige Zuzahlungen zu reduzieren. Anderseits nähme die Notwendigkeit von baren Zuzahlungen zu, soweit AGs mit 0,01 €-Aktien auf eine GmbH verschmolzen werden. 46

Alternativ zur baren Zuzahlung lassen sich Anteilsspitzen aufgrund des Umtauschverhältnisses auch durch den **Teilrechtshandel** ausgleichen, vor allem bei der Verschmelzung auf börsennotierte AGs. 47

Wenn es sich bei dem übernehmenden Rechtsträger um eine **Kapitalgesellschaft** (z. B. AG, KGaA, GmbH oder Genossenschaft) handelt, gilt es die **10 %-Grenze** zu beachten. Gemäß den Bestimmungen der § 54 Abs. 4, § 68 Abs. 3, § 87 Abs. 2 Satz 2, wird damit gewährleistet, dass die bare Zuzahlung nicht dazu verwendet wird, einen Gesellschafter zu verwässern.[98] 48

4. Einzelheiten für Anteilsübertragung oder Mitgliedschaftserwerb (§ 5 Abs. 1 Nr. 4)

Nach § 5 Abs. 1 Nr. 4 sind die Einzelheiten der Übertragung der Anteile oder des Erwerbs der Mitgliedschaft an dem übernehmenden Rechtsträger durch die Anteilsinhaber der übertragenden Rechtsträger anzugeben. In zeitlicher Hinsicht beziehen sich die Angaben nach dem Wortlaut der Vorschrift nur auf den **Zeitraum bis zum Wirksamwerden** der Verschmelzung, danach eintretende Einzelheiten sind nicht anzugeben.[99] Im Fokus stehen dabei insbesondere die Frage der **Herkunft** und der **Übertragungsmodalitäten** der Anteile am übernehmenden Rechtsträger. 49

In der Literatur ist **umstritten**, ob und welche Angaben zu den mit der Anteilsübertragung verbundenen **Kosten** im Verschmelzungsvertrag zu machen sind. Teilweise wird vertreten, dass neben der **Kostentragungsregelung** auch die **Höhe** der Kosten anzugeben ist, soweit diese bereits bekannt sind.[100] Zum Teil wird die Meinung vertreten, dass nur die **Kostentragung**, nicht aber die Höhe der Kosten geregelt werden muss.[101] Schließlich wird die Auffassung vertreten, dass **weder** die Kostentragung **noch** die Höhe der Kosten im Verschmelzungsvertrag geregelt werden müsse. Begründet wird dies mit dem **Wort-** 50

95) *Wicke* in: BeckOGK-UmwG, § 5 Rz. 33.

96) *Böttcher* in: NK-UmwG, § 5 Rz. 38; Semler/Stengel/Leonard-*Schröer/Greitemann*, UmwG, § 5 Rz. 32; *Ihrig*, GmbHR 1995, 622, 630.

97) Vgl. zur Ergänzung des § 8 AktG Begr. RegE ZuFinG II z. Art. 24, BT-Drucks. 20/14513, S. 53, 171; *Gebhard*, ZIP 2024, 2617; *Koch*, AktG, § 8 Rz. 18.

98) Widmann/Mayer-*Mayer*, UmwR, § 5 UmwG Rz. 133.2.

99) *Böttcher* in: NK-UmwG, § 5 Rz. 41; Semler/Stengel/Leonard-*Schröer/Greitemann*, UmwG, § 5 Rz. 35; Lutter-*Drygala*, UmwG, § 5 Rz. 66; *Maulbetsch* in: HK-UmwG, § 5 Rz. 73; Widmann/Mayer-*Mayer*, UmwR, § 5 UmwG Rz. 141.

100) Lutter-*Drygala*, UmwG, § 5 Rz. 64; *Böttcher* in: NK-UmwG, § 5 Rz. 41.

101) Semler/Stengel/Leonard-*Schröer/Greitemann*, UmwG, § 5 Rz. 35; Kallmeyer-*Oppenhoff/Lanfermann/Müller-Bonanni/Willemsen*, UmwG, § 5 Rz. 24.

laut der Norm, der eindeutig nur auf die Anteilsübertragung und nicht auf die sich daraus ergebenden Rechtsfolgen abstelle.[102)]

51 Der **zuletzt genannten Ansicht ist zuzustimmen.** Sollte eine Kostentragungsregelung zwingender Inhalt des Verschmelzungsvertrages sein, müsste dies ausdrücklich gesetzlich geregelt werden. § 5 Abs. 1 beschreibt umfassend den gesetzlichen Mindestinhalt des Verschmelzungsvertrages und ist damit als **abschließendes Regelwerk** zu verstehen. Der Wortlaut der Norm bezieht sich nur auf die Einzelheiten der Anteilsübertragung bzw. der Mitgliedschaftsbegründung. Die Übertragung bzw. der Erwerb ist zwar mittelbar ursächlich für eine Kostenvereinbarung. Die **Kostenvereinbarung** ist jedoch ein von der Übertragung zu **trennendes Rechtsgeschäft.** Auch wenn es sich nicht um ein zwingendes gesetzliches Erfordernis handelt, **empfiehlt** sich in der Praxis die Aufnahme einer Kostentragungsregelung, um dem Informationsinteresse der Beteiligten gerecht zu werden.

52 Die **Rechtsform** des **übernehmenden** Rechtsträgers spielt eine entscheidende Rolle bei der Frage, welche Angaben zu den Einzelheiten der Anteilsübertragung bzw. des Mitgliedschaftserwerbs zu machen sind.[103)] Angegeben werden müssen in **jedem Fall** die **Art und Weise** der Übertragung sowie die **Herkunft** der Anteile.[104)] Die Übertragung der Anteile erfolgt nicht mittels Rechtsgeschäft sondern ipso iure mit der Eintragung der Verschmelzung in das Handelsregister des übernehmenden Rechtsträgers und damit mit dem Wirksamwerden der Verschmelzung.

a) GmbH oder AG als übernehmender Rechtsträger

53 Handelt es sich bei dem übernehmenden Rechtsträger um eine **AG** oder **GmbH**, so ist hinsichtlich der **Herkunft** der Anteile zu unterscheiden, ob bereits bestehende Anteile verwendet werden oder ob diese erst durch eine Kapitalerhöhung geschaffen werden müssen.[105)]

54 Werden bereits **bestehende** Geschäftsanteile des übernehmenden Rechtsträgers verwendet, so sind diese mit ihren **laufenden Nummern** präzise zu bezeichnen. In diesem Fall sind im Verschmelzungsvertrag oder seinem Entwurf gemäß **§ 46 Abs. 3** die **Anteilsinhaber** und die **Nennbeträge** der vorhandenen Geschäftsanteile anzugeben.[106)] Eine Anpassung im Verschmelzungsvertrag ist jedoch nicht erforderlich, wenn nach Abschluss des Verschmelzungsvertrags, aber vor Wirksamwerden der Verschmelzung ein **Gesellschafterwechsel** aufseiten des übertragenden Rechtsträgers eintritt.[107)]

55 In der Praxis wird in der Regel die Bildung von Geschäftsanteilen im Wege einer **Kapitalerhöhung** erforderlich sein. Die wesentlichen Einzelheiten zum Anteilsübergang sind bereits durch die gesetzlichen Vorschriften der §§ 55, 56 festgelegt.[108)] Nach **§ 46 Abs. 2** müssen dabei **Unterschiede** in den Rechten und Pflichten im Vergleich zu anderen Geschäftsanteilen der übernehmenden Gesellschaft angegeben werden. Durch die Angabe der **Herkunft** im Verschmelzungsvertrag wird zugleich die vertragliche Verpflichtung des übernehmenden Rechtsträgers zur Bildung der neuen Geschäftsanteile **begründet.**[109)]

---

102) *Maulbetsch* in: HK-UmwG, § 5 Rz. 72; Widmann/Mayer-*Mayer*, UmwR, § 5 UmwG Rz. 139.1; *Wicke* in: BeckOGK-UmwG, § 5 Rz. 50.

103) *Wicke* in: BeckOGK-UmwG, § 5 Rz. 50; Henssler/Strohn-*Heidinger/Knaier*, GesR, § 5 UmwG Rz. 19; Semler/Stengel/Leonard-*Schröer/Greitemann*, UmwG, § 5 Rz. 35; *Maulbetsch* in: HK-UmwG, § 5 Rz. 74.

104) *Wicke* in: BeckOGK-UmwG, § 5 Rz. 50; *Maulbetsch* in: HK-UmwG, § 5 Rz. 74; Widmann/Mayer-*Mayer*, UmwR, § 5 UmwG Rz. 138.

105) *Wicke* in: BeckOGK-UmwG, § 5 Rz. 51; *Maulbetsch* in: HK-UmwG, § 5 Rz. 75.

106) Kallmeyer-*Oppenhoff/Lanfermann/Müller-Bonanni/Willemsen*, UmwG, § 5 Rz. 25; Semler/Stengel/Leonard-*Schröer/Greitemann*, UmwG, § 5 Rz. 38.

107) Semler/Stengel/Leonard-*Schröer/Greitemann*, UmwG, § 5 Rz. 38.

108) *Wicke* in: BeckOGK-UmwG, § 5 Rz. 51.

109) Semler/Stengel/Leonard-*Schröer/Greitemann*, UmwG, § 5 Rz. 36.

Handelt es sich bei dem übernehmenden Rechtsträger um eine **AG** oder eine **KGaA**, so ist gemäß **§ 71 Abs.** 1 auch ein **Treuhänder** zu bestellen, der für die Entgegennahme der zu gewährenden Aktien und damit für den Empfang der Aktienurkunde zuständig ist. Der Treuhänder ist hinreichend zu konkretisieren und seine Aufgaben sind festzulegen, d. h. in welcher Art und Weise er die Aktien in Empfang nimmt und wie die Weiterleitung an die Anteilsinhaber des übertragenden Rechtsträgers erfolgt. Obwohl der Treuhänder im Verschmelzungsvertrag benannt wird, ist er nicht Vertragspartei des Verschmelzungsvertrags. 56

b) Personengesellschaft als übernehmender Rechtsträger

Handelt es sich bei dem übernehmenden Rechtsträger um eine **Personengesellschaft**, so ist gemäß **§ 40 Abs. 1** anzugeben, ob die Anteilsgewährung als **Kommanditist** oder **Komplementär** erfolgt.[110] 57

Ferner ist die **Einheitlichkeit der Mitgliedschaft** in der Personengesellschaft zu berücksichtigen. Jeder Gesellschafter einer Personengesellschaft kann nur einen einzigen Gesellschaftsanteil halten. Eine Mehrfachmitgliedschaft ist ausgeschlossen. Ist ein Anteilsinhaber des übertragenden Rechtsträgers bereits vor Wirksamwerden der Verschmelzung an dem übernehmenden Rechtsträger beteiligt, kann ihm kein zusätzlicher Anteil als Gegenleistung gewährt werden. Vielmehr ist eine **Aufstockung** des bereits bestehenden Anteils erforderlich.[111] Die Aufstockung ist im Verschmelzungsvertrag zu bestimmen.[112] 58

c) Genossenschaft und Vereine übernehmender Rechtsträger

Wenn es sich bei dem übernehmenden Rechtsträger um eine Genossenschaft oder einen Verein handelt, besteht die **Gegenleistung** in dem Erwerb einer **Mitgliedschaft** am übernehmenden Rechtsträger.[113] 59

5. Gewinnbeteiligungszeitpunkt (§ 5 Abs. 1 Nr. 5)

Der **Zeitpunkt**, von dem an die Geschäftsanteile oder die Mitgliedschaft am **Bilanzgewinn** teilhaben, ist nach § 5 Abs. 1 Nr. 5 im Verschmelzungsvertrag bzw. dessen Entwurf anzugeben. Darüber hinaus sind alle in diesem Zusammenhang stehenden **Besonderheiten** offenzulegen. 60

Diese Angabe **entfällt** bei einem 100%igen Upstream-Merger nach **§ 5 Abs. 2**, da keine Anteilsgewährung erfolgt.[114] Eine Bestimmung des Zeitpunkts der Gewinnbeteiligung ist auch dann **nicht erforderlich**, wenn bereits **bestehende** Anteile des übernehmenden Rechtsträgers genutzt werden, da die bestehenden Anteile bereits abstrakt gewinnbezugsberechtigt sind, so dass eine Regelung entbehrlich ist.[115] 61

Der **Begriff** des Bilanzgewinns ist nicht bilanzrechtlich, sondern rechtsformübergreifend zu verstehen und umfasst rechtsformübergreifend den Gewinnanspruch, der sich aus dem 62

---

110) *Wicke* in: BeckOGK-UmwG, § 5 Rz. 53; *Maulbetsch* in: HK-UmwG, § 5 Rz. 76; Widmann/Mayer-*Mayer*, UmwR, § 5 UmwG Rz. 139.

111) *Maulbetsch* in: HK-UmwG, § 5 Rz. 77.

112) *Wicke* in: BeckOGK-UmwG, § 5 Rz. 53.

113) Semler/Stengel/Leonard-*Schröer/Greitemann*, UmwG, § 5 Rz. 40; Begr. RegE UmwBerG, BT-Drucks. 75/94, S. 82.

114) Schmitt/Hörtnagl-*Winter*, UmwG/UmwStG, § 5 UmwG Rz. 72.

115) Semler/Stengel/Leonard-*Schröer/Greitemann*, UmwG, § 5 Rz. 42; Widmann/Mayer-*Mayer*, UmwR, § 5 UmwG Rz. 144; *Böttcher* in: NK-UmwG, § 5 Rz. 45; a. A. Widmann/Mayer-*Mayer*, UmwR, § 5 UmwG Rz. 144.

Jahresüberschuss des übernehmenden Rechtsträgers ergibt (vgl. § 29 GmbHG, § 58 Abs. 4 AktG, § 120 HGB, § 709 Abs. 3 BGB, § 161 Abs. 2 HGB).116)

63 Der **Zeitpunkt** der Gewinnbeteiligung ist **frei wählbar.**117) Die beteiligten Rechtsträger haben die Möglichkeit, zwischen einer **fixen** und einer **variablen** Ausgestaltung zu wählen. Der in § 5 Abs. 1 **Nr. 5** genannte Zeitpunkt betrifft ausschließlich das **Innenverhältnis**, ohne dass dadurch ein individueller schuldrechtlicher Zahlungsanspruch begründet wird.118) Davon zu unterscheiden ist das **Außenverhältnis**, für das der **Verschmelzungsstichtag** nach § 5 Abs. 1 **Nr. 6** maßgeblich ist. In der Praxis werden diese beiden Zeitpunkte häufig auf den **gleichen** Tag gelegt, was jedoch nicht zwingend erforderlich ist.119)

64 Durch die freie Wahl des Zeitpunktes der Gewinnbeteiligung wird dem **Flexibilitätsinteresse** entsprochen, gleichzeitig können Ungenauigkeiten bei Nachkommastellen im Umtauschverhältnis korrigiert werden.120) Ohne eine vertragliche Festlegung des Zeitpunkts der Gewinnbezugsberechtigung würden die Anteilseigner des übertragenden Rechtsträger mit **Wirksamwerden** der Verschmelzung zu Anteilseignern des übernehmenden Rechtsträger werden, und wären ab diesem Zeitpunkt auch gewinnbezugsberechtigt.121) Damit käme es darauf an, wann die Verschmelzung in das Handelsregister des übernehmenden Rechtsträgers **eingetragen** wird.122) Dies führt jedoch zu praktischen **Schwierigkeiten** bei der Gewinnverteilung, da der Zeitpunkt der Eintragung nur bedingt oder gar nicht **beeinflusst** werden kann.123) Eine taggenaue Abstimmung des Eintragungszeitpunktes mit dem zuständigen Registerbeamten ist nicht immer möglich, was zu Unsicherheiten und Ungenauigkeiten bei der Gewinnverteilung führen könnte.

65 In der Praxis wird regelmäßig ein Interesse daran bestehen, dass sich die Gewinnberechtigung der Anteilsinhaber des übertragenden Rechtsträgers aus den neuen Anteilen unmittelbar an die Beendigung der Gewinnberechtigung aus den alten Anteilen am übertragenden Rechtsträgers anschließt und damit eine **nahtlose Fortsetzung der Gewinnberechtigung** gewährleistet ist.124) Damit wird eine unterjährige Gewinnabgrenzung vermieden.125) Bei **gleichlaufenden Geschäftsjahren** der beteiligten Rechtsträger wird daher der Beginn des Geschäftsjahres des übernehmenden Rechtsträgers gewählt, der auf den Stichtag der letzten Jahresbilanz des übertragenden Rechtsträgers folgt.126) Stimmt das Geschäftsjahr des über-

116) *Wicke* in: BeckOGK-UmwG, § 5 Rz. 55; Kallmeyer-*Oppenhoff/Lanfermann/Müller-Bonanni/Willemsen*, UmwG, § 5 Rz. 27; Widmann/Mayer-*Mayer*, UmwR, § 5 UmwG Rz. 144.

117) Henssler/Strohn-*Heidinger/Knaier*, GesR, § 5 UmwG Rz. 20; Schmitt/Hörtnagl-*Winter*, UmwG/UmwStG, § 5 UmwG Rz. 69; Kallmeyer-*Oppenhoff/Lanfermann/Müller-Bonanni/Willemsen*, UmwG, § 5 Rz. 28; Lutter-*Drygala*, UmwG, § 5 Rz. 68; BGH, Urt. v. 4.12.2012 – II ZR 17/12, Rz. 27, NZG 2013, 233 = AG 2013, 165.

118) *Böttcher* in: NK-UmwG, § 5 Rz. 48; Semler/Stengel/Leonard-*Schröer/Greitemann*, UmwG, § 5 Rz. 42.

119) *Böttcher* in: NK-UmwG, § 5 Rz. 48; Schmitt/Hörtnagl-*Winter*, UmwG/UmwStG, § 5 UmwG Rz. 71; Lang/Weidmüller-*Holthaus/Lehnhoff*, GenG, § 5 UmwG Rz. 14; *Maulbetsch* in: HK-UmwG, § 5 Rz. 86.

120) *Böttcher* in: NK-UmwG, § 5 Rz. 45.

121) *Wicke* in: BeckOGK-UmwG, § 5 Rz. 55.

122) *Wicke* in: BeckOGK-UmwG, § 5 Rz. 55.

123) *Böttcher* in: NK-UmwG, § 5 Rz. 48; Kallmeyer-*Oppenhoff/Lanfermann/Müller-Bonanni/Willemsen*, UmwG, § 5 Rz. 28; *Maulbetsch* in: HK-UmwG, § 5 Rz. 85.

124) *Wicke* in: BeckOGK-UmwG, § 5 Rz. 56; Semler/Stengel/Leonard-*Schröer/Greitemann*, UmwG, § 5 Rz. 43; *Maulbetsch* in: HK-UmwG, § 5 Rz. 87; Lutter-*Drygala*, UmwG, § 5 Rz. 68; *Priester*, BB 1992, 1594, 1594.

125) Schmitt/Hörtnagl-*Winter*, UmwG/UmwStG, § 5 UmwG Rz. 71.

126) *Böttcher* in: NK-UmwG, § 5 Rz. 49; *Wicke* in: BeckOGK-UmwG, § 5 Rz. 56; Henssler/Strohn-*Heidinger/Knaier*, GesR, § 5 UmwG Rz. 20; Semler/Stengel/Leonard-*Schröer/Greitemann*, UmwG, § 5 Rz. 43; Kallmeyer-*Oppenhoff/Lanfermann/Müller-Bonanni/Willemsen*, UmwG, § 5 Rz. 28; Lutter-*Drygala*, UmwG, § 5 Rz. 68; *Maulbetsch* in: HK-UmwG, § 5 Rz. 87; Widmann/Mayer-*Mayer*, UmwR, § 5 UmwG Rz. 144.

tragenden Rechtsträgers nicht mit dem Geschäftsjahr des übernehmenden Rechtsträgers überein, so wird ein **unterjähriger** Beginn, d. h. innerhalb eines laufenden Geschäftsjahres des übernehmenden Rechtsträgers vereinbart.[127)]

Ist eine lückenlose Teilnahme am Gewinnbezugsrecht nicht erwünscht, kommt auch ein **späterer Beginn** in Betracht. In diesem Fall wird den Anteilsinhabern des übernehmenden Rechtsträgers für einen gewissen **Zwischenzeitraum** nach Wirksamwerden der Verschmelzung **kein Gewinnbezugsrecht** gewährt. Die Vereinbarung eines späteren Beginns kommt daher praktisch nur in Betracht, um ein günstiges Umtauschverhältnis zugunsten des übertragenden Rechtsträgers auszugleichen.[128)] Es ist zudem zu beachten, dass die anteiligen Gewinnberechtigungen für das betroffene Geschäftsjahr abgegrenzt werden müssen, was mit zusätzlichem Verwaltungsaufwand einhergeht.[129)] 66

Möglich ist auch die Festlegung eines **rückwirkenden** Beginns der Gewinnbezugsberechtigung. Dies bedeutet, dass der Stichtag in jenes Geschäftsjahr fällt, welches vor dem Inkrafttreten der Verschmelzung liegt. In diesem Zusammenhang ist auf etwaige bereits gefasste Beschlüsse über die Gewinnverwendung für den Zeitraum vor dem Wirksamwerden der Verschmelzung Rücksicht zu nehmen. Liegt ein solcher Beschluss bereits vor, ist eine rückwirkende Beteiligung nicht möglich.[130)] 67

Schließlich ist noch auf die Möglichkeit hinzuweisen, einen **variablen Gewinnbezugszeitpunkt** zu vereinbaren.[131)] Dieser kann an den Zeitpunkt der **Eintragung** der Verschmelzung in das Handelsregister des übernehmenden Rechtsträgers geknüpft werden und kommt insbesondere dann in Betracht, wenn die Gefahr besteht, dass die Eintragung der Verschmelzung in das Handelsregister des übernehmenden Rechtsträgers erst im nächsten Geschäftsjahr erfolgt.[132)] Grund für eine solche **Verzögerung** kann eine drohende Anfechtungsklage sein. 68

6. Verschmelzungsstichtag (§ 5 Abs. 1 Nr. 6)

Nach § 5 Abs. 1 Nr. 6 ist der Verschmelzungsstichtag anzugeben. Dieser bestimmt den Zeitpunkt, von dem an die Handlungen des übertragenden Rechtsträgers als **für Rechnung des übernehmenden Rechtsträgers** vorgenommen gelten. Aus dem Verb „gelten" lässt sich schließen, dass es sich hierbei allein um eine **Fiktion** handelt.[133)] Daraus ergibt sich, dass sämtliche Handlungen des übertragenden Rechtsträgers im **Innenverhältnis** zwischen den **beteiligten Rechtsträgern** in die Gewinn und Verlustrechnung des übernehmenden Rechtsträgers Eingang finden, so dass eine **Ergebnisabgrenzung** stattfindet und eine Ausschüttung der ab dem Verschmelzungsstichtag erwirtschafteten Gewinne des übertragenden Rechtsträgers an seine Anteilseigner einer **Sperre** unterliegen.[134)] Allerdings entfaltet der Ver- 69

---

127) *Böttcher* in: NK-UmwG, § 5 Rz. 49; Semler/Stengel/Leonard-*Schröer-Greitemann*, UmwG, § 5 Rz. 44; *Maulbetsch* in: HK-UmwG, § 5 Rz. 87.

128) Semler/Stengel/Leonard-*Schröer/Greitemann*, UmwG, § 5 Rz. 46; Kallmeyer-*Oppenhoff/Lanfermann/Müller-Bonanni/Willemsen*, UmwG, § 5 Rz. 28; *Maulbetsch* in: HK-UmwG, § 5 Rz. 88; Widmann/Mayer-*Mayer*, UmwR, § 5 UmwG Rz. 145.

129) *Simon* in: KölnKomm-UmwG, § 5 Rz. 67.

130) *Böttcher* in: NK-UmwG, § 5 Rz. 49; Semler/Stengel/Leonard-*Schröer/Greitemann*, UmwG, § 5 Rz. 45; BGH, Urt. v. 4.12.2012 – II ZR 17/12, Rz. 27, NZG 2013, 233 = AG 2013, 165.

131) BGH, Urt. v. 4.12.2012 – II ZR 17/12, Rz. 27, NZG 2013, 233 = AG 2013, 165; *Wicke* in: BeckOGK-UmwG, § 5 Rz. 57.

132) Schmitt/Hörtnagl-*Winter*, UmwG/UmwStG, § 5 UmwG Rz. 71; Lutter-*Drygala*, UmwG, § 5 Rz. 69; *Maulbetsch* in: HK-UmwG, § 5 Rz. 89; Widmann/Mayer-*Mayer*, UmwR, § 5 UmwG Rz. 146; Semler/Stengel/Leonard-*Schröer/Greitemann*, UmwG, § 5 Rz. 47.

133) *Simon* in: KölnKomm-UmwG, § 5 Rz. 73.

134) *Böttcher* in: NK-UmwG, § 5 Rz. 52; Henssler/Strohn-*Heidinger/Knaier*, GesR, § 5 UmwG Rz. 21; Pöhlmann/Fandrich/Bloehs-*Heidinger/Knaier*, GenG, § 5 UmwG Rz. 8; Semler/Stengel/Leonard-*Schröer/Greitemann*, UmwG, § 5 Rz. 51; *Simon* in: KölnKomm-UmwG, § 5 Rz. 88.

schmelzungsstichtag im **Außenverhältnis keine Wirkung**, so dass der übertragende Rechtsträger dennoch bis zum Wirksamwerden der Verschmelzung mit Eintragung im Handelsregister des übernehmenden Rechtsträgers **buchführungs- und jahresabschlusspflichtig bleibt.**[135] Unberührt bleibt weiter das Gewinnbezugsrecht der beteiligten Rechtsträger, welches durch den Stichtag der erstmaligen Gewinnberechtigung gemäß § 5 Abs. 1 Nr. 5 festgelegt wird.[136]

70 Grundsätzlich sind die beteiligten Rechtsträger in ihrer Wahl zur Bestimmung des Verschmelzungsstichtages **frei.**[137] In der **Praxis** gilt es zu beachten, dass der Verschmelzungsstichtag taktisch und in Abhängigkeit von anderen Stichtagen bzw. Zeitpunkten gewählt werden sollte.[138] Häufig erfolgt eine Orientierung an den jeweiligen **Geschäftsjahren** der beteiligten Rechtsträger.

71 Der Verschmelzungsstichtag legt zugleich den Stichtag für die **Schlussbilanz** des **übertragenden Rechtsträgers** fest, denn dieser geht dem im Verschmelzungsvertrag vereinbarten Verschmelzungsstichtag zwingend **unmittelbar voraus.**[139] Für den Fall, dass der Verschmelzungsstichtag auf den 10.4., 0:00 Uhr gelegt wird, lautet der Schlussbilanzstichtag auf den 9.4., 24:00 Uhr. Für den Fall einer Verschmelzung durch **Neugründung** bestimmt § 242 Abs. 1 HGB das Zusammenfallen von Verschmelzungsstichtag und Eröffnungsbilanzstichtag.[140] Die Vorschriften über die Jahresbilanz und deren Prüfung sind gemäß § 17 Abs. 2 Satz 2 entsprechend anzuwenden, wobei die Schlussbilanz nach § 17 Abs. 2 Satz 3 nicht bekannt gemacht zu werden braucht. Darüber hinaus ist gemäß § 17 Abs. 2 Satz 3 zu berücksichtigen, dass der Schlussbilanzstichtag nicht mehr als **acht Monate vor dem Tage der Anmeldung der Verschmelzung** zum Handelsregister des übernehmenden Rechtsträgers liegen darf.[141] Die zeitliche Einschränkung soll dem **Werterhalt** der bilanzierten Vermögensgegenstände dienen und sicherstellen, dass die übergehenden Vermögenswerte tatsächlich noch vorhanden sind.[142]

72 Der **Stichtag der Schlussbilanz** des übertragenden Rechtsträgers hat auch auf steuerrechtlicher Ebene Auswirkungen, indem er den **steuerlichen Übertragungszeitpunkt** festlegt.[143] Demnach gelten die steuerlichen Wirkungen der Verschmelzung bereits mit diesem Zeitpunkt und nicht erst mit Wirksamkeit der Verschmelzung.[144]

73 Um keine neue Bilanz erstellen zu müssen, wird der Verschmelzungsstichtag in der **Praxis** regelmäßig auf den Tag der letzten Jahresbilanz des übertragenden Rechtsträgers abgestimmt mit der Folge, dass die **Jahresbilanz als Schlussbilanz** verwendet werden kann. Voraussetzung hierfür ist allerdings gemäß § 17 Abs. 2 Satz 3, dass die letzte Jahresbilanz im Zeitpunkt der Anmeldung der Eintragung der Verschmelzung **nicht älter als acht Monate** ist. Andernfalls ist ein **Rumpfgeschäftsjahr** zu bilden, so dass ein separater Jahresabschluss

---

135) Henssler/Strohn-*Heidinger*/*Knaier*, GesR, § 5 UmwG Rz. 21; Schmitt/Hörtnagl-*Winter*, UmwG/UmwStG, § 5 UmwG Rz. 76; *Simon* in: KölnKomm-UmwG, § 5 Rz. 88.

136) *Simon* in: KölnKomm-UmwG, § 5 Rz. 88.

137) Henssler/Strohn-*Heidinger*/*Knaier*, GesR, § 5 UmwG Rz. 21; Schmitt/Hörtnagl-*Winter*, UmwG/UmwStG, § 5 UmwG Rz. 73; Semler/Stengel/Leonard-*Schröer*/*Greitemann*, UmwG, § 5 Rz. 53.

138) *Wicke* in: BeckOGK-UmwG, § 5 Rz. 68; *Böttcher* in: NK-UmwG, § 5 Rz. 53.

139) *Wicke* in: BeckOGK-UmwG, § 5 Rz. 68; Schmitt/Hörtnagl-*Winter*, UmwG/UmwStG, § 5 UmwG Rz. 75; Semler/Stengel/Leonard-*Schröer*/*Greitemann*, UmwG, § 5 Rz. 54.

140) *Böttcher* in: NK-UmwG, § 5 Rz. 58; Semler/Stengel/Leonard-*Schröer*/*Greitemann*, UmwG, § 5 Rz. 56.

141) *Böttcher* in: NK-UmwG, § 5 Rz. 56; Semler/Stengel/Leonard-*Schröer*/*Greitemann*, UmwG, § 5 Rz. 54.

142) Semler/Stengel/Leonard-*Schröer*/*Greitemann*, UmwG, § 5 Rz. 54.

143) Schmitt/Hörtnagl-*Winter*, UmwG/UmwStG, § 5 UmwG Rz. 75; Semler/Stengel/Leonard-*Schröer*/*Greitemann*, UmwG, § 5 Rz. 57; FG Berlin-Brandenburg, Urt. v. 5.3.2019 – 6 K 6071/18, EFG 2019, 739 = BB 2019, 1456.

144) *Böttcher* in: NK-UmwG, § 5 Rz. 59; Henssler/Strohn-*Heidinger*/*Knaier*, GesR, § 5 UmwG Rz. 22.

für diese Zwecke zu bilden ist. Diese Praxis hat zur Folge, dass der Verschmelzungsstichtag vor dem Wirksamwerden der Verschmelzung liegt. Kommt es nicht zur Eintragung der Verschmelzung, werden die internen Wirkungen bis zum Verschmelzungsstichtag **rückgängig gemacht.**

Für beteiligte **AGs** enthält § 63 Abs. 1 Nr. 3 AktG eine engere zeitliche Vorgabe. Demnach darf der Stichtag der letzten Jahresbilanz im Zeitpunkt des Abschlusses des Verschmelzungsvertrages oder der Aufstellung des Entwurfs nicht älter als **sechs Monate** sein.[145] Andernfalls ist eine **Zwischenbilanz** erforderlich.[146] Der Stichtag dieser Zwischenbilanz darf allerdings nicht vor dem ersten Tag des dritten Monats liegen, der dem Abschluss oder der Aufstellung vorausgeht. Wenn **mehrere übertragende Rechtsträger** mit **unterschiedlichen Geschäftsjahren** beteiligt sind, ist es möglich **unterschiedliche Verschmelzungsstichtage** für die jeweiligen Rechtsträger festzulegen.[147] Auch für den Fall unterschiedlicher Geschäftsjahre ist die Bildung von Rumpfgeschäftsjahren nicht erforderlich.[148] Die jeweiligen Bilanzsätze der übertragenden Rechtsträger werden in die nächste reguläre Bilanz des übernehmenden Rechtsträgers übernommen.[149] 74

Nicht zu empfehlen ist es, den Verschmelzungsstichtag am Zeitpunkt des dinglichen Vollzugs der Verschmelzung auszurichten, denn auf den Wirksamkeitszeitpunkt und damit die **Eintragung** der Verschmelzung im Handelsregister des übernehmenden Rechtsträgers haben die beteiligten Rechtsträger **nur begrenzt Einfluss.**[150] 75

Wie auch bei der Festlegung des Gewinnbeteiligungszeitpunktes nach § 5 Abs. 1 Nr. 5, kann ein **variabler Verschmelzungsstichtag** festgelegt werden. Ein möglicher Grund für die Wahl eines variablen Zeitpunktes liegt auch hier in einer möglichen Verzögerung der Wirksamkeit der Verschmelzung.[151] Durch die Festlegung eines variablen Verschmelzungsstichtags wird zugleich ein **variabler Schlussbilanzstichtag** begründet.[152] 76

In der **Praxis** lautet der Verschmelzungsstichtag häufig auf den **Beginn** eines bestimmten Tages (z. B. 5.4., 0:00 Uhr). Dies ist jedoch nicht zwingend. Der Verschmelzungsstichtag kann auf **jeden beliebigen Zeitpunkt** innerhalb eines Tages gelegt werden. Relevant wird dies insbesondere im Zusammenhang mit **Kettenverschmelzungen,** so dass eine nacheinander folgende Taktung innerhalb eines Tages möglich ist (z. B. 5.4., 0:00 Uhr und 0:01 Uhr usw.).[153] 77

7. Sonderrechte (§ 5 Abs. 1 Nr. 7)

Gemäß § 5 Abs. 1 Nr. 7 sind Rechte, die der übernehmende Rechtsträger einzelnen Anteilsinhabern oder den Inhabern besonderer Rechte gewährt, im Verschmelzungsvertrag anzugeben. Die Norm erfasst sowohl Sondervorteile durch **AGs**[154] als auch durch **GmbHs.**[155] 78

---

145) Semler/Stengel/Leonard-*Schröer/Greitemann*, UmwG, § 5 Rz. 55.
146) Semler/Stengel/Leonard-*Schröer/Greitemann*, UmwG, § 5 Rz. 55.
147) *Wicke* in: BeckOGK-UmwG, § 5 Rz. 73; *Böttcher* in: NK-UmwG, § 5 Rz. 53; Henssler/Strohn-*Heidinger/Knaier*, GesR, § 5 UmwG Rz. 23; Schmitt/Hörtnagl-*Winter*, UmwG/UmwStG, § 5 UmwG Rz. 80; Semler/Stengel/Leonard-*Schröer/Greitemann*, UmwG, § 5 Rz. 61.
148) Semler/Stengel/Leonard-*Schröer/Greitemann*, UmwG, § 5 Rz. 61.
149) *Böttcher* in: NK-UmwG, § 5 Rz. 53.
150) *Böttcher* in: NK-UmwG, § 5 Rz. 52; Semler/Stengel/Leonard-*Schröer/Greitemann*, UmwG, § 5 Rz. 51.
151) *Böttcher* in: NK-UmwG, § 5 Rz. 54; Semler/Stengel/Leonard-*Schröer/Greitemann*, UmwG, § 5 Rz. 62.
152) *Böttcher* in: NK-UmwG, § 5 Rz. 56; Semler/Stengel/Leonard-*Schröer/Greitemann*, UmwG, § 5 Rz. 62.
153) Schmitt/Hörtnagl-*Winter*, UmwG/UmwStG, § 5 UmwG Rz. 74.
154) § 5 Abs. 1 Nr. 7 nennt dem Wortlaut nach ausschließlich Rechte an AGs.
155) Widmann/Mayer-*Mayer*, UmwR, § 5 UmwG Rz. 168; Semler/Stengel/Leonard-*Schröer/Greitemann*, UmwG, § 5 Rz. 67; *Böttcher* in: NK-UmwG, § 5 Rz. 65.

79 Die Angabe dient der **Transparenz** und ermöglicht es den Anteilsinhabern der beteiligten Rechtsträger, die Einhaltung des **Gleichbehandlungsgrundsatzes** und der **Wertäquivalenz** zu überprüfen.[156] Dabei sind sämtliche individuellen Vorteile anzugeben, es kommt gerade nicht darauf an, ob der Sondervorteil rechtmäßig ist oder eine ungerechtfertigte Ungleichbehandlung vorliegt.[157] Nicht erfasst sind Begünstigungen, die alle Anteilseigner gleichermaßen erhalten. Solche allgemeinen geltenden Begünstigungen fallen nicht in den Anwendungsbereich, da sie keine unterschiedliche Behandlung zwischen den einzelnen Anteilseignern verursachen und somit keine individuelle Besserstellung bewirken. **Beispiele** hierfür könnten allgemeine Dividendenausschüttungen oder Sonderzahlungen sein, die an alle Anteilseigner in gleicher Weise erfolgen.

80 Zu den im Verschmelzungsvertrag anzugebenden Sonderrechtsinhabern zählen sowohl **Anteilsinhaber** als auch **Inhaber besonderer Rechte**, denen, ohne Anteilsinhaber zu sein, Vergünstigungen gewährt werden. Anzugeben sind die individuell begünstigten Anteilsinhaber aller beteiligten Rechtsträger, also sowohl die Begünstigten auf Eben des übertragenden als auch des übernehmenden Rechtsträger.[158]

81 Die **Aufzählung** in § 5 Abs. 1 Nr. 7 ist lediglich **beispielhaft**[159] und umfasst u. a. Anteile ohne Stimmrecht, Vorzugsaktien und Mehrstimmrechtsaktien, wobei die Inhaber dieser Sonderrechte zugleich Anteilseigner sind. Als Beispiele für mitgliedschaftslose besonderer Rechte, werden Schuldverschreibungen und Genussrechte, aber etwa auch Begünstigte von Aktienoptionsprogrammen genannt.[160]

82 Im Verschmelzungsvertrag sind sämtliche vereinbarte Rechte anzugeben. Von **praktischer** Bedeutung sind vor allem **besondere Vermögens- und Verwaltungsrechte**, wie Vorzugsrechte auf Gewinn- oder Liquidationserwerb oder **Mitverwaltungsrechte** wie Bestellungsrechte, Sonderstimmrechte oder Vorerwerbsrechte, aber auch **Kompensationen** für Inhaber von Options-, Wandel- und Genussrechten, deren Bezugsrechte auf Aktien der übertragenden Gesellschaft mit der Verschmelzung erlöschen.[161]

83 Sonderrechte sind nur dann anzugeben, wenn sie von **einem der beteiligten Rechtsträger schuldrechtlich oder gesellschaftsrechtlich** gewährt werden.[162] Dabei ist es unerheblich, ob die Sonderrechte anlässlich der Verschmelzung vereinbart worden sind oder schon zuvor bestanden haben.[163] Nicht erfasst sind Sonderrechte **kraft Gesetzes** oder solche, die mit **anderen Anteilsinhabern oder Dritten** schuldrechtlich vereinbart wurden, wie Stimmbindungsvereinbarungen oder Optionsrechte.[164] Der Gleichbehandlungsgrundsatz wirkt lediglich im Verhältnis der beteiligten Rechtsträger und entfaltet keine Drittwirkung.[165]

---

156) *Wicke* in: BeckOGK-UmwG, § 5 Rz. 74; Henssler/Strohn-*Heidinger/Knaier*, GesR, § 5 UmwG Rz. 25.

157) *Simon* in: KölnKomm-UmwG, § 5 Rz. 116.

158) A. A. OLG Hamburg, Urt. v. 16.4.2004 – 11 U 11/03, NZG 2004, 729 = Der Konzern 2004, 433.

159) § 5 Abs. 1 Nr. 7 ist insoweit nicht abschließend.

160) Dies gilt unabhängig davon, ob die Option aus bedingtem Kapital bedient werden soll oder ein Aktienrückkauf oder ein Barausgleich vorgesehen ist, vgl. Semler/Stengel/Leonard-Schröer/Greitemann, UmwG, § 5 Rz. 67. Der Kreis der Inhaber von Sonderrechten kann grundsätzlich in Anlehnung an § 23 bestimmt werden.

161) Semler/Stengel/Leonard-Schröer/Greitemann, UmwG, § 5 Rz. 67; in diesem Fall ist dem jeweiligen Inhaber Ersatz zu gewähren, etwa durch Barzahlung.

162) Semler/Stengel/Leonard-Schröer/Greitemann, UmwG, § 5 Rz. 65.

163) *Böttcher* in: NK-UmwG, § 5 Rz. 65; Semler/Stengel/Leonard-*Schröer/Greitemann*, UmwG, § 5 Rz. 65.

164) Semler/Stengel/Leonard-*Schröer/Greitemann*, UmwG, § 5 Rz. 65; *Wicke* in: BeckOGK-UmwG, § 5 Rz. 74; *Böttcher* in: NK-UmwG, § 5 Rz. 65.

165) *Simon* in: KölnKomm-UmwG, § 5 Rz. 115.

Entgegen dem Wortlaut sind **sowohl vom übernehmenden als auch vom übertragenden Rechtsträger gewährte Begünstigungen** erfasst.[166] Auch wenn der Wortlaut des § 5 Abs. 1 Nr. 7 allein auf den übernehmenden Rechtsträger abstellt, gehen die mit dem übertragenden Rechtsträger vereinbarten Rechte mit der Verschmelzung im Wege der **Gesamtrechtsnachfolge** auf den übernehmenden Rechtsträger über und sind von diesem zu erfüllen, so dass ein vergleichbares Informationsbedürfnis der Anteilseigner besteht. Maßgeblich ist lediglich, dass **nach Wirksamwerden** der Verschmelzung, ausschließlich solche Rechte erfasst sind, bei denen der **übernehmende Rechtsträger verpflichtet** wird.[167] 84

Werden keine besonderen Rechte nach § 5 Abs. 1 Nr. 7 vereinbart, muss dies nicht gesondert im Verschmelzungsvertrag festgestellt werden.[168] Eine derartige Angabe ist allerdings ratsam und in der Praxis durchaus üblich **(sog. Negativerklärung).** 85

Die **fehlende** Angabe vereinbarter Rechte hat zwar keine Auswirkung auf deren **zivilrechtliche Wirksamkeit**, führt allerdings zur **Unvollständigkeit** des Verschmelzungsvertrags und somit zur **Anfechtbarkeit** der Zustimmungsbeschlüsse zum Verschmelzungsvertrag.[169] Das Registergericht ist in diesem Fall an der **Eintragung** der Verschmelzung im Handelsregister gehindert.[170] Zudem können mögliche **Schadensersatzansprüche** gegen die Organe der Gesellschaft entstehen.[171] 86

8. Sondervorteile (§ 5 Abs. 1 Nr. 8)

Von besonderem praktischem Interesse ist § 5 Abs. 1 Nr. 8, der festlegt, dass im Verschmelzungsvertrag jeder Sondervorteil anzugeben ist, der Mitgliedern eines Vertretungs- oder Aufsichtsorgans der beteiligten Rechtsträger, einem Partner oder einem Abschluss- oder Verschmelzungsprüfer anlässlich der Verschmelzung gewährt wird. Sinn und Zweck dieser Regelung besteht in der Gewährleistung von **Transparenz** und der **Vermeidung von Interessenkonflikten** zum Schutz der Anteilsinhaber. Diese sollen in der Lage sein zu beurteilen, ob die für die Verschmelzung **relevanten Entscheidungsträger** unbeeinflusst von eigenen wirtschaftlichen Interessen handeln oder ob ihre Objektivität möglicherweise durch gewährte Vorteile beeinträchtigt wird.[172] Besonders relevant sind Begünstigungen, die als Kompensation für den mit der Verschmelzung einhergehenden Amtsverlust von Organen des übertragenden Rechtsträgers einhergehen.[173] 87

Erfasst werden **sämtliche Sondervorteile an begünstigte Entscheidungsträger**, unabhängig davon, ob der begünstigte Entscheidungsträger, auf Ebene des übertragenden oder 88

166) So etwa auch *Böttcher* in: NK-UmwG, § 5 Rz. 65; Semler/Stengel/Leonard-*Schröer/Greitemann*, UmwG, § 5 Rz. 65; Henssler/Strohn-*Heidinger/Knaier*, GesR, § 5 UmwG Rz. 25.

167) *Simon* in: KölnKomm-UmwG, § 5 Rz. 114.

168) OLG Frankfurt/M., Beschl. v. 4.4.2011 – 20 W 466/10, NZG 2011, 1278, 1279 f. = AG 2011, 793; Lutter-*Drygala*, UmwG, § 5 Rz. 3; *Böttcher* in: NK-UmwG, § 5 Rz. 5.

169) So auch *Böttcher* in: NK-UmwG, § 5 Rz. 65; Henssler/Strohn-*Heidinger/Knaier*, GesR, § 5 UmwG Rz. 25.

170) Das Prüfrecht des Registers bezieht sich jedoch ausschließlich auf die Vollständigkeit des Verschmelzungsvertrags, d. h. bzgl. der Angabe gewährter Vergünstigungen. Ein Prüfrecht besteht hinsichtlich der Angemessenheit einer gewährten Vergütung, so auch *Böttcher* in: NK-UmwG, § 5 Rz. 65.

171) Henssler/Strohn-*Heidinger/Knaier*, GesR, § 5 UmwG Rz. 26.

172) Vgl. auch *Wicke* in: BeckOGK-UmwG, § 5 Rz. 78; Pöhlmann/Fandrich/Bloehs-*Fandrich*, GenG, § 5 UmwG Rz. 11; Henssler/Strohn-*Heidinger/Knaier*, GesR, § 5 UmwG Rz. 27.

173) Mit der Verschmelzung erlischt die Stellung als Organ. Der Anstellungsvertrag selbst erlischt jedoch nicht, sondern geht gemäß § 20 Abs. 1 Nr. 1 auf den neuen Rechtsträger über.

des übernehmenden Rechtsträgers steht.[174] Darüber hinaus kommt es nicht darauf an, von welchem beteiligten Rechtsträger die Sondervorteile gewährt werden.[175]

89 Unter einem Sondervorteil verstehen sich **Vergünstigungen jeder Art** an die in § 5 Abs. 1 Nr. 8 gewährten Personen, d. h. sowohl **finanzielle** Vorteile als auch Vorteile hinsichtlich **sonstiger Rechte und Pflichten**, sowohl rechtlicher als rein tatsächlicher Natur, die der Begünstigte **ohne entsprechende Gegenleistung** erhält oder **ohne die Verschmelzung so nicht erhalten würde. Nicht erfasst sind** daher angemessene Gehälter für erbrachte Arbeits- oder Dienstleistungen.

90 **Beispielhaft** genannt seien Abfindungszahlungen, aber auch Zusagen etwa hinsichtlich einer Organstellung am übernehmenden Rechtsträger oder einer Entlastungserteilung sowie erstmalige Pensionszusagen an Organmitglieder des übertragenden Rechtsträgers im Zusammenhang mit ihrer neuen Organstellung am übernehmenden Rechtsträger.[176] Gemeinsam ist ihnen, dass sie allesamt geeignet sind, die Objektivität des begünstigten Entscheidungsträgers zu beeinträchtigen und dadurch die Verschmelzung zu beeinflussen.

91 Ob ein relevanter Sondervorteil vorliegt, beurteilt sich anhand einer **Gesamtwürdigung der Umstände** des Einzelfalls unter Berücksichtigung der Interessen des Begünstigten und der die Begünstigung gewährenden Gesellschaft.[177] Es müssen nur diejenigen Sondervorteile angegeben werden, die mit der Verschmelzung in Verbindung stehen und möglicherweise Einfluss auf die Unparteilichkeit der Entscheidungsträger haben könnten. Bei der Beurteilung spielt der **zeitliche Zusammenhang** eine eher untergeordnete Rolle.[178] Es sind jedoch nur solche Vorteile erfasst, die in einem **Kausalzusammenhang** zur Verschmelzung stehen. Vor den konkreten Verschmelzungsverhandlungen gewährte Vorteile sind nicht erfasst, selbst dann nicht, wenn diese im Voraus abstrakt für den Verschmelzungsfall vereinbart wurden.[179]

92 Jeder Sondervorteil muss im Verschmelzungsvertrag unter **Nennung des Namens** des Begünstigten sowie **Art und Umfang des Vorteils** angegeben werden.[180] Die Beschreibung des Umfangs anhand von Anknüpfungsmerkmalen[181] ist regelmäßig ausreichend, so dass eine genaue Wertangabe nicht erforderlich ist.[182]

93 Eine **Negativerklärung** dahingehend, dass keine besonderen Vorteile vereinbart wurden, muss nicht in den Vertrag aufgenommen werden,[183] ist in der **Praxis** aber üblich.

94 Streitig ist, ob Sondervorteile, die **entgegen § 5 Abs. 1 Nr. 8** nicht im Verschmelzungsvertrag angegeben werden, dennoch zivilrechtlich **wirksam vereinbart** sind. Während mit Hinweis auf den Transparenzgedanken teilweise vertreten wird, dass der übernehmende

---

174) *Simon* in: KölnKomm-UmwG, § 5 Rz. 126; OLG Hamburg, Urt. v. 16.4.2004 – 11 U 11/03, NZG 2004, 729 = Der Konzern 2004, 433.

175) *Simon* in: KölnKomm-UmwG, § 5 Rz. 128.

176) Vgl. *Böttcher* in: NK-UmwG, § 5 Rz. 68; Henssler/Strohn-*Heidinger/Knaier*, GesR, § 5 UmwG Rz. 27; Pöhlmann/Fandrich/Bloehs-*Fandrich*, GenG, § 5 UmwG Rz. 14.

177) So auch Pöhlmann/Fandrich/Bloehs-*Fandrich*, GenG, § 5 UmwG Rz. 13.

178) *Böttcher* in: NK-UmwG, § 5 Rz. 68.

179) D. h. dass zum Vereinbarungszeitpunkt eine Verschmelzung weder beabsichtigt noch vorhersehbar war, vgl. Pöhlmann/Fandrich/Bloehs-*Fandrich*, GenG, § 5 UmwG Rz. 12.

180) *Wicke* in: BeckOGK-UmwG, § 5 Rz. 78; Pöhlmann/Fandrich/Bloehs-*Fandrich*, GenG, § 5 UmwG Rz. 16.

181) Beispielhaft genannt sei etwa die Angabe des Zeitraums einer bezahlten Freistellung, die Anzahl der Monatsgehälter, aus denen sich eine Abfindung zusammensetzt, oder die Erhöhung der Prozentpunkte einer betrieblichen Altersversorgungszusage, vgl. Pöhlmann/Fandrich/Bloehs-*Fandrich*, GenG, § 5 UmwG Rz. 16.

182) Dazu am Fall einer wertmäßig nicht eingrenzbaren Aktienoption s. OLG Hamburg, Urt. v. 16.4.2004 – 11 U 11/03, NZG 2004, 729 = Der Konzern 2004, 433.

183) OLG Frankfurt/M., Beschl. v. 4.4.2011 – 20 W 466/10, NZG 2011, 1278, 1279 f. = AG 2011, 793.

Rechtsträger an derartige Vereinbarungen nicht gebunden sei,[184)] sprechen indes die besseren Argumente für eine zivilrechtliche Wirksamkeit des Sondervorteils, verbunden mit der **Möglichkeit** den Zustimmungsbeschluss zum Verschmelzungsvertrag, wie auch im Fall von § 5 Abs. 1 Nr. 7, **anzufechten.**[185)] Bei der Regelung des § 5 Abs. 1 Nr. 8 handelt es sich um eine **Ordnungsvorschrift** i. S. einer Berichtspflicht, nicht jedoch um ein Verbotsgesetz i. S. des § 134 BGB, welches bei Vorliegen eines Verstoßes zur Nichtigkeit des vereinbarten Sondervorteils führen würde.[186)] Die Vereinbarung eines Sondervorteils unterfällt außerdem nicht der, für den Verschmelzungsvertrag selbst geltenden, notariellen Form des § 6,[187)] so dass eine Nichtigkeit auch nicht aus § 125 BGB folgen kann. Gemäß § 20 Abs. 2 lassen Mängel des Verschmelzungsvertrags die Wirksamkeit der Eintragung der Verschmelzung außerdem unberührt, weshalb es nicht nachvollziehbar wäre, weshalb ein Verstoß gegen § 5 Abs. 1 Nr. 8 zugleich zur Unwirksamkeit des vertraglich vereinbarten Sondervorteils führen sollte. Nicht zuletzt ist ein Gleichlauf der Rechtsfolgen von § 5 Abs. 1 Nr. 7 und Nr. 8 konsequent.

9. Verschmelzungsfolgen für die Arbeitnehmer und ihre Vertretung (§ 5 Abs. 1 Nr. 9)

Abschließend schreibt § 5 Abs. 1 in seiner letzten Nr. 9 vor, dass im Verschmelzungsver- 95
trag bzw. dessen Entwurf, die **Folgen** der Verschmelzung für die **Arbeitnehmer** und ihre **Vertretungen** sowie die insoweit **vorgesehenen Maßnahmen** darzustellen sind. Hierbei sind die **arbeitsrechtlichen Konsequenzen** sowohl für den **übernehmenden** als auch für den **übertragenden** Rechtsträger darzustellen, nicht jedoch für Tochtergesellschaften der beteiligten Rechtsträger. Diese Bestimmung wurde **nachträglich** eingeführt, um den Interessen der Arbeitnehmer i. R. der Umwandlung besser Rechnung zu tragen.[188)]

a) Bedeutung

§ 5 Abs. 1 Nr. 9 ist gemeinsam und im **Zusammenhang mit § 5 Abs. 3** zu lesen und lässt 96
sich dem arbeitsrechtlichen Teil einer Verschmelzung zuordnen. Dies sticht besonders im Regelungsgefüge des § 5 hervor, da die restlichen Bestimmungen überwiegend gesellschaftsrechtlicher Natur sind.[189)] Es ist jedoch zu beachten, dass hiermit **kein unmittelbarer Schutz** der Arbeitnehmer gewährleistet wird.[190)] Vielmehr entsteht ein **mittelbarer Schutz**, der durch die frühzeitige Einbeziehung und Information der **Arbeitnehmervertretungen** der beteiligten Rechtsträger gemäß Absatz 3 vermittelt wird.[191)] Auch wenn das Umwandlungsrecht dem Betriebsrat **kein Recht** zur **Stellungnahme** einräumt, bleiben seine Beteiligungsrechte nach dem **BetrVG**[192)] zum Schutz der Arbeitnehmer unberührt und können weiterhin ausgeübt werden.[193)]

---

184) Vgl. Lutter-*Drygala*, UmwG, § 5 Rz. 82; *Drygala* in: FS K. Schmidt, S. 275, 286 f.

185) So auch Henssler/Strohn-*Heidinger/Knaier*, GesR, § 5 UmwG Rz. 27; *Böttcher* in: NK-UmwG, § 5 Rz. 68; Pöhlmann/Fandrich/Bloehs-*Fandrich*, GenG, § 5 UmwG Rz. 17.

186) Grüneberg-Ellenberger, BGB, § 134 Rz. 8.

187) Vgl. *Böttcher* in: NK-UmwG, § 5 Rz. 68; Pöhlmann/Fandrich/Bloehs-*Fandrich*, GenG, § 5 UmwG Rz. 17.

188) *Simon* in: KölnKomm-UmwG, § 5 Rz. 135.

189) Henssler/Strohn-*Heidinger/Knaier*, GesR, § 5 UmwG Rz. 28.

190) Henssler/Strohn-*Heidinger/Knaier*, GesR, § 5 UmwG Rz. 28; Semler/Stengel/Leonard-*Schröer/Greitemann*, UmwG, § 5 Rz. 79.

191) Henssler/Strohn-*Heidinger/Knaier*, GesR, § 5 UmwG Rz. 29; Begr. Fraktionsentwurf UmwBerG, BT-Drucks. 12/6699, S. 82 ff.; *Böttcher* in: NK-UmwG, § 5 Rz. 73.

192) Betriebsverfassungsgesetz (BetrVG), v. 25.9.2001 (Neufassung), BGBl. I 2001, 2518.

193) *Oetker* in: ErfK-ArbR, § 5 UmwG Rz. 1; *Böttcher* in: NK-UmwG, § 5 Rz. 73; Schmitt/Hörtnagl-*Langner*, UmwG/UmwStG, § 5 UmwG Rz. 91.

97 Angaben beziehen sich zudem nur auf die **unmittelbaren inländischen** Betriebe der beteiligten Rechtsträger.[194] Für die Angabepflicht spielt es keine Rolle, ob die beschriebenen arbeitsrechtlichen Auswirkungen für die Arbeitnehmer im konkreten Fall **positiv oder negativ** sind.[195]

b) Umfang und Inhalt

98 Die arbeitsrechtlichen Auswirkungen einer Verschmelzung können sehr unterschiedlich und vielfältig sein, weshalb es stets auf die konkreten Umstände des Einzelfalles ankommt, welche Angaben genau gefordert sind.[196] Hinzutritt, dass der **genaue Umfang** der im Verschmelzungsvertrag oder dessen Entwurf erforderlichen arbeitsrechtlichen Angaben, bislang **nicht eindeutig geklärt** ist, so dass an diese Stellen in der Praxis oft mit Unsicherheiten einhergehen. Auch die Begründung des RegE liefert keinen eindeutig Mehrgewinn für die Frage des Umfangs, indem darauf hingewiesen wird, dass **„individual- und kollektivarbeitsrechtliche Änderungen"** darzustellen sind.[197]

99 Da in der **Rechtsprechung** ein **strenger Maßstab** angelegt wird, empfiehlt es sich in der Praxis, **möglichst detaillierte** Angaben zu machen, um das Konfliktpotential zu senken.[198] Demnach genügt es nicht etwa auf anwendbare Normen zu verweisen, wie z. B. auf § 613a BGB.[199] Gleichzeitig sollte der Verschmelzungsvertrag jedoch auch nicht mit arbeitsrechtlichen Themen überladen werden.[200] Häufig wird deshalb auf eine **vermittelnde Lösung** zurückgegriffen: Es sollen nur solche Folgen angegeben werden, die sich entweder **unmittelbar** auf die **Arbeitnehmer** oder deren **Vertretungen auswirken** oder die **unmittelbare Folge der Verschmelzung** sind, wobei die Verschmelzung der **Hauptgrund** der Änderung ist, wie bspw. Änderungen der kündigungsrechtlichen Struktur.[201]

100 Darüber hinaus gewinnt in der **Praxis** auch eine sog. **Negativerklärung** an Bedeutung. Eine solche Negativerklärung kann in zwei Situationen nötig werden: Zum einen, wenn ein beteiligter Rechtsträger **keine Arbeitnehmer** beschäftigt,[202] und zum anderen, wenn durch die Verschmelzung **keine Änderungen** für die Arbeitnehmer eintreten.[203] In beiden Fällen sollte hierauf im Verschmelzungsvertrag explizit hingewiesen werden.

c) Rechtsfolgen

101 Das Registergericht ist **nicht** für die **materielle Prüfung** der Angaben zuständig; es können lediglich **formelle Fehler** überprüft werden, die dann zu einem **Eintragungshindernis** führen.[204] Formelle Fehler haben zwar keine Auswirkungen auf die Wirksamkeit des Ver-

194) *Oetker* in: ErfK-ArbR, § 5 UmwG Rz. 1; Semler/Stengel/Leonard-*Simon*, UmwG, § 5 Rz. 76.

195) *Oetker* in: ErfK-ArbR, § 5 UmwG Rz. 3; *Wicke* in: BeckOGK-UmwG, § 5 Rz. 90; OLG Düsseldorf, Beschl. v. 15.5.1998 – 3 Wx 156/98, NZG 1998, 648 = ZIP 1998, 1190.

196) Henssler/Strohn-*Heidinger/Knaier*, GesR, § 5 UmwG Rz. 30.

197) Begr. Fraktionsentwurf UmwBerG, BT-Drucks. 12/6699, S. 82 f.

198) Henssler/Strohn-*Heidinger/Knaier*, GesR, § 5 UmwG Rz. 30.

199) OLG Düsseldorf, Beschl. v. 15.5.1998 – 3 Wx 156/98, LS, NZG 1998, 648 = ZIP 1998, 1190.

200) Semler/Stengel/Leonard-*Schröer/Greitemann*, UmwG, § 5 Rz. 82.

201) Pöhlmann/Fandrich/Bloehs-*Fandrich*, GenG, § 5 UmwG Rz. 19; *Simon* in: KölnKomm-UmwG, § 5 Rz. 146; *Hausch*, RNotZ 2007, 308, 320.

202) *Oetker* in: ErfK-ArbR, § 5 UmwG Rz. 6; *Böttcher* in: NK-UmwG, § 5 Rz. 74; *Simon* in: KölnKomm-UmwG, § 5 Rz. 209.

203) *Böttcher* in: NK-UmwG, § 5 Rz. 92.

204) Henssler/Strohn-*Heidinger/Knaier*, GesR, § 5 UmwG Rz. 29; OLG Düsseldorf, Beschl. v. 15.5.1998 – 3 Wx 156/98, LS, NZG 1998, 648 = ZIP 1998, 1190; *Böttcher* in: NK-UmwG, § 5 Rz. 96; *Simon* in: KölnKomm-UmwG, § 5 Rz. 213 ff.

schmelzungsvertrages selbst, können jedoch die **Anfechtbarkeit** des Verschmelzungsbeschlusses begründen.[205)]

III. Weitere obligatorischen Regelungen des Verschmelzungsvertrages

Zusätzlich zu den allgemein verpflichtenden Vertragsinhalten gemäß **§ 5 Abs. 1** sind in bestimmten Konstellationen **weitere zwingende Regelungen** bei der Ausgestaltung des Verschmelzungsvertrages zu berücksichtigen.[206)] 102

Die verpflichtenden zusätzlichen Angaben hängen sowohl von der **Rechtsform** der beteiligten Rechtsträger als auch von **spezifischen Besonderheiten** der jeweiligen Verschmelzung ab. 103

1. Abfindungsangebot

Falls die geplante Verschmelzung 104

- zwischen Rechtsträgern unterschiedlicher Rechtsformen erfolgt (sog. **Mischverschmelzung**) – ausgenommen die Kombinationen KGaA/AG und AG/SE –,
- der übertragende Rechtsträger durch die Verschmelzung seine Börsennotierung verliert (sog. **kaltes Delisting**) oder
- eine **Verfügungsbeschränkung** der Anteile aufseiten des **übernehmenden** Rechtsträgers besteht,

ist im Verschmelzungsvertrag der Wortlaut des **Abfindungsangebot** gemäß **§ 29 Abs. 1** aufzunehmen.[207)] 105

Das Angebot ist **dem Grunde nach** und in **angemessener Höhe** zu beziffern.[208)] Zudem hat ein Hinweis zur **Annahmefrist** nach **§ 31** zu erfolgen.[209)] 106

Ein **Abfindungsangebot** und dessen Aufnahme in den Verschmelzungsvertrag sind **nicht erforderlich**, wenn die Anteilseigner rechtswirksam und notariell beurkundet auf ihr Widerspruchsrecht und eine Abfindung **verzichten** (§§ 8 Abs. 3, 9 Abs. 2 analog) oder wenn der übernehmende Rechtsträger **alle Anteile** des übertragenden Rechtsträgers **hält** (§ 5 Abs. 2 analog). 107

Für **weitere Details** zum Abfindungsangebot siehe § 29 Rz. 47 ff. [*Hoppe*]. 108

2. Sonderbestimmungen nach Rechtsform

Im UmwG finden sich darüber hinaus einige Sonderbestimmungen, die an die Rechtsform, der an der jeweiligen Verschmelzung beteiligten Rechtsträger anknüpfen und **zusätzliche zwingende Vertragsinhalte** für den Verschmelzungsvertrag festlegen:[210)] 109

- Für **Personenhandelsgesellschaften** als **übernehmenden** Rechtsträger ist § 40 relevant, wonach anzugeben ist, ob die Beteiligung als persönlich haftender Gesellschafter oder Kommanditist ausgestaltet ist.[211)]

---

205) *Oetker* in: ErfK-ArbR, § 5 UmwG Rz. 8; a. A. *Wicke* in: BeckOGK-UmwG, § 5 Rz. 113.
206) Henssler/Strohn-*Heidinger/Knaier*, GesR, § 5 UmwG Rz. 32; *Böttcher* in: NK-UmwG, § 5 Rz. 101.
207) Henssler/Strohn-*Heidinger/Knaier*, GesR, § 5 UmwG Rz. 34; Semler/Stengel/Leonard-*Schröer/Greitemann*, UmwG, § 5 Rz. 102; Schmitt/Hörtnagl-*Winter*, UmwG/UmwStG, § 5 UmwG Rz. 67, § 29 Rz. 3 ff.; Lutter-*Drygala*, UmwG, § 5 Rz. 119; *Maulbetsch* in: HK-UmwG, § 5 Rz. 155; Widmann/Mayer-*Mayer*, UmwR, § 5 UmwG Rz. 236.
208) Schmitt/Hörtnagl-*Winter*, UmwG/UmwStG, § 5 UmwG Rz. 67; *Maulbetsch* in: HK-UmwG, § 5 Rz. 155; Lutter-*Drygala*, UmwG, § 5 Rz. 119.
209) *Maulbetsch* in: HK-UmwG, § 5 Rz. 155; Lutter-*Drygala*, UmwG, § 5 Rz. 119.
210) Lutter-*Drygala*, UmwG, § 5 Rz. 121; Widmann/Mayer-*Mayer*, UmwR, § 5 UmwG Rz. 238.
211) *Wicke* in: BeckOGK-UmwG, § 5 Rz. 124; Lutter-*Drygala*, UmwG, § 5 Rz. 124; Widmann/Mayer-*Mayer*, UmwR, § 5 UmwG Rz. 239.

- Bei **GmbHs** als **übernehmenden** Rechtsträgern sind gemäß **§ 46 Abs. 1** die Nennbeträge der Geschäftsanteile für jeden neuen Anteilsinhaber zu bestimmen.[212)]
- Für **PartGs** ist **§ 45b Abs. 1** zu berücksichtigen, wonach für jeden neuen Partner sowohl der in der **übernehmenden** Partnerschaft ausgeübte Beruf als auch der vollständige Name und Wohnort anzugeben sind.[213)]
- **Unbenannte Aktionäre** einer **übertragenden AG/KGaA** sind in bestimmten Konstellationen gemäß **§ 35** durch die Angabe des insgesamt auf sie entfallenden Teils des Grundkapitals der Gesellschaft sowie der auf sie nach der Verschmelzung entfallenden Anteile zu bezeichnen.[214)]
- Zusätzlich ist auf die Sonderregelung des **§ 80 für die eG** hinzuweisen.[215)]

110 Obwohl das UmwG hierzu **keine explizite Regelung** enthält, erweist es sich in der **Praxis** als besonders ratsam, im Verschmelzungsvertrag auf die besonderen **Zustimmungserfordernisse** gemäß **§ 51 Abs. 1** hinzuweisen.[216)]

3. Verschmelzung durch Neugründung

111 Für den Fall, dass der übernehmende Rechtsträger i. R. des Verschmelzungsvorgangs neu gegründet wird (sog. Verschmelzung durch Neugründung), sind **zusätzlich** die Vorschriften der **§§ 36 ff. zu beachten.**

112 Im Verschmelzungsvertrag muss gemäß **§ 37 das Statut** (Gesellschaftsvertrag oder Satzung) des neu gegründeten Rechtsträger **veröffentlicht** werden.[217)] Diese Veröffentlichungspflicht gilt **auch** bei der Gründung von **Personengesellschaften**, obwohl diese normalerweise ihren Gesellschaftsvertrag nicht publizieren.[218)] In der **Praxis** wird der Gesellschaftsvertrag bzw. die Satzung meist als **Anlage zum Verschmelzungsvertrag** beigefügt und gemäß **§ 9 Abs. 1 Satz 2 BeurkG** notariell beurkundet.[219)]

IV. Fakultativer Inhalt des Verschmelzungsvertrages

113 Zusätzlich zu den verpflichtenden Angaben ist es möglich, im Verschmelzungsvertrag weitere freiwillige Angaben zu machen. Möglich ist es, dass diese nur mittelbar im Zusammenhang mit der Verschmelzung stehen bzw. bei Gelegenheit der Verschmelzung mitgeregelt werden wie z. B. Änderungen in der Geschäftsführung und Unternehmensgegenstand sowie Regelungen über Rücktrittsrechte und Kostentragung.

212) *Wicke* in: BeckOGK-UmwG, § 5 Rz. 123; Lutter-*Drygala*, UmwG, § 5 Rz. 123; Widmann/Mayer-*Mayer*, UmwR, § 5 UmwG Rz. 240.

213) *Wicke* in: BeckOGK-UmwG, § 5 Rz. 125: *Neye*, ZIP 1997, 722, 723; Semler/Stengel/Leonard-*Schröer/Greitemann*, UmwG, § 5 Rz. 105; Lutter-*Drygala*, UmwG, § 5 Rz. 128; Widmann/Mayer-*Mayer*, UmwR, § 5 UmwG Rz. 242.1.

214) *Wicke* in: BeckOGK-UmwG, § 5 Rz. 122; Semler/Stengel/Leonard-*Schröer/Greitemann*, UmwG, § 5 Rz. 105; Lutter-*Drygala*, UmwG, § 5 Rz. 122; Widmann/Mayer-*Mayer*, UmwR, § 5 UmwG Rz. 242.

215) *Wicke* in: BeckOGK-UmwG, § 5 Rz. 125; Lutter-*Drygala*, UmwG, § 5 Rz. 125; Widmann/Mayer-*Mayer*, UmwR, § 5 UmwG Rz. 242.1.

216) *Simon* in: KölnKomm-UmwG, § 5 Rz. 228.

217) Semler/Stengel/Leonard-*Schröer/Greitemann*, UmwG, § 5 Rz. 103; Henssler/Strohn-*Heidinger/Knaier*, GesR, § 5 UmwG Rz. 33; *Wicke* in: BeckOGK-UmwG, § 5 Rz. 120; *Böttcher* in: NK-UmwG, § 5 Rz. 102; Widmann/Mayer-*Mayer*, UmwR, § 5 UmwG Rz. 242.2; *Maulbetsch* in: HK-UmwG, § 5 Rz. 163.

218) *Böttcher* in: NK-UmwG, § 5 Rz. 102.

219) Lutter-*Drygala*, UmwG, § 5 Rz. 129; *Wicke* in: BeckOGK-UmwG, § 5 Rz. 120.

1. Präambel

In der Praxis ist es **weit verbreitet**, dem Verschmelzungsvertrag eine **Präambel bzw. Einleitung** voranzustellen. Hierin werden die **Hintergründe** der Verschmelzung sowie die **Beteiligungsverhältnisse** näher dargestellt.[220] 114

2. Bedingung und Befristung

Es besteht die Möglichkeit, den Verschmelzungsvertrag unter **Bedingungen oder Befristungen** zu stellen, wobei zwischen aufschiebenden und auflösenden Bedingungen/Befristungen unterschieden wird. 115

Praktisch relevant sind **aufschiebende Bedingungen**, die besagen, dass der Verschmelzungsvertrag an die Zustimmung oder das Ausbleiben einer Untersagung durch die Kartellbehörde innerhalb der gesetzlich vorgeschriebenen Frist (sog. **Kartellvorbehalt**) oder an sonstige Genehmigungen, wie bspw. eine Kapitalerhöhung, gebunden ist.[221] Zudem können aufschiebende Bedingungen bei **Mehrfach- oder Kettenverschmelzungen** auftreten.[222] 116

Auflösende Bedingungen hingegen zielen darauf ab, die Verpflichtungen aus dem Verschmelzungsvertrag bei Nichteintritt bestimmter Bedingungen aufzulösen. **Anstelle** von auflösenden Bedingungen können auch **Rücktrittsrechte** im Verschmelzungsvertrag vereinbart werden.[223] 117

3. Rücktrittsrecht

Wie im vorhergehenden Absatz bereits erläutert, wird in der Praxis oft auf **Rücktrittsrechte** anstelle von auflösenden Bedingungen zurückgegriffen. Der Vorteil von Rücktrittsrechten liegt darin, dass sie ein höheres Maß an **Flexibilität** gewähren. Im Falle des Bedingungseintritts kann das Rücktrittsrecht ausgeübt werden, es ist jedoch nicht zwingend erforderlich. Im Gegensatz dazu treten auflösende Bedingungen automatisch ein und können nicht verhindert werden, unabhängig von einer Erklärung.[224] Häufig wird bei der **GmbH** das Rücktrittsrecht als eine sog. **„reserved matter"** ausgestaltet, was bedeutet, dass die organschaftlichen Vertreter zunächst die **Zustimmung der Anteilseigner** einholen müssen, bevor sie das Rücktrittsrecht ausüben können. 118

4. Satzungsänderung

Bei **Verschmelzungen zur Aufnahme** enthalten Verschmelzungsverträge häufig Regelungen zur zukünftigen Satzung des übernehmenden Rechtsträgers. Dabei verpflichtet sich der übernehmende Rechtsträger oft, seine **Firma und den Unternehmensgegenstand** zu ändern.[225] Es ist jedoch wichtig zu beachten, dass eine **bloße Verpflichtung** allein eine Satzungsänderung nicht bewirkt. Diese muss in einem anschließenden Schritt tatsächlich **umgesetzt** werden.[226] Die **Durchführung** kann dabei durch **Rücktrittsrechte** oder **aufschiebende Bedingungen** abgesichert werden.[227] 119

---

220) *Wicke* in: BeckOGK-UmwG, § 5 Rz. 126; Kallmeyer-*Oppenhoff/Lanfermann/Müller-Bonanni/Willemsen*, UmwG, § 5 Rz. 62; Lutter-*Drygala*, UmwG, § 5 Rz. 131.

221) Lutter-*Drygala*, UmwG, § 5 Rz. 136; Semler/Stengel/Leonard-*Schröer/Greitemann*, UmwG, § 5 Rz. 118.

222) Semler/Stengel/Leonard-*Schröer/Greitemann*, UmwG, § 5 Rz. 117; *Böttcher* in: NK-UmwG, § 5 Rz. 104; *Simon* in: KölnKomm-UmwG, § 5 Rz. 230.

223) *Wicke* in: BeckOGK-UmwG, § 5 Rz. 131; *Simon* in: KölnKomm-UmwG, § 5 Rz. 230.

224) *Wicke* in: BeckOGK-UmwG, § 5 Rz. 131; Widmann/Mayer-*Mayer*, UmwR, § 5 UmwG Rz. 233.

225) *Simon* in: KölnKomm-UmwG, § 5 Rz. 232; Widmann/Mayer-*Mayer*, UmwR, § 5 UmwG Rz. 216.

226) Henssler/Strohn-*Heidinger/Knaier*, GesR, § 5 UmwG Rz. 37.

227) Widmann/Mayer-*Mayer*, UmwR, § 5 UmwG Rz. 218 f.; *Wicke* in: BeckOGK-UmwG, § 5 Rz. 128.

5. Kosten

120 In der Praxis sind Kostenregelungen weit verbreitet, welche festlegen, wie die mit der Verschmelzung verbundenen Kosten zwischen den Vertragsparteien verteilt werden. Dabei ist zu beachten, dass diese Regelung vor allem bei Verschmelzungen durch Aufnahme **im Falle eines Scheiterns** der Verschmelzung von **Bedeutung** wird.[228] Im Falle der Wirksamkeit der Verschmelzung erlischt der übertragende Rechtsträger und alle seine Verbindlichkeiten gehen auf den übernehmenden Rechtsträger über, so dass dieser für die Kosten im Ergebnis ohnehin verantwortlich ist. Allerdings hat die Verteilung der Kosten auch bei **erfolgreicher Verschmelzung steuerliche Konsequenzen**, die berücksichtigt werden müssen.[229]

6. Besetzung der Organe

121 Darüber hinaus kann im Verschmelzungsvertrag die Absicht festgehalten werden, dass ein Vertretungsorgan oder ein Anteilseigner des übertragenden Rechtsträgers nach der Verschmelzung als Vertretungsorgan des übernehmenden Rechtsträgers bestellt werden soll. Zur **Umsetzung** dieser Absicht sind entsprechende **Bestellungs- und ggf. Abberufungsbeschlüsse** erforderlich.[230] Diese können auch schriftlich außerhalb des Beurkundungstermins erfolgen.

V. Konzernverschmelzung (§ 5 Abs. 2)

122 Konzernverschmelzungen stellen **besondere Situationen** i. R. von Verschmelzungen dar und sind im UmwG durch zahlreiche **Ausnahmeregelungen und Erleichterungen** geregelt. Eine entsprechende Erleichterung findet sich in **§ 5 Abs. 2** und gilt **unmittelbar** für den Fall, dass eine **100%ige Tochtergesellschaft auf ihre Muttergesellschaft** verschmolzen wird.

123 In der **Praxis** findet ein erheblicher Teil der Verschmelzungen innerhalb eines **Konzerns** statt. Hierbei lassen sich **unterschiedliche Fallgruppen** identifizieren, die im Folgenden detaillierter erläutert werden.[231]

- **Upstream-Merger**: Bei der Aufwärtsverschmelzung erfolgt die Verschmelzung einer Tochtergesellschaft auf ihre Muttergesellschaft.
- **Downstream-Merger**: Im umgekehrten Szenario der Abwärtsverschmelzung wird die Muttergesellschaft auf eine Tochtergesellschaft verschmolzen.
- **Sidestream-Merger**: Bei einer Seitwärtsverschmelzung kommt es zur Verschmelzung zweier Schwesterngesellschaften, die beide dem gleichen Mutterkonzern angehören.

124 Diese verschiedenen Formen der Konzernverschmelzung spiegeln die Vielgestaltigkeit der in der Praxis vorkommenden Strukturen innerhalb von Unternehmensgruppen wieder. Jede dieser Verschmelzungsformen geht mit **spezifischen rechtlichen und organisatorischen Besonderheiten** einher, die bei der strategischen Planung und Durchführung der Verschmelzung gemäß den Regelungen des UmwG zu berücksichtigen sind.

1. Upstream-Merger

125 Für den Fall der Verschmelzung einer **100%igen** Tochtergesellschaft auf ihre Muttergesellschaft (Upstream-Merger) sind nach § 5 Abs. 2 sämtliche **Pflichtangaben über den Um-**

---

228) Lutter-*Drygala*, UmwG, § 5 Rz. 133; Kallmeyer-*Oppenhoff/Lanfermann/Müller-Bonanni/Willemsen*, UmwG, § 5 Rz. 62; *Simon* in: KölnKomm-UmwG, § 5 Rz. 236; Widmann/Mayer-*Mayer*, UmwR, § 5 UmwG Rz. 230.

229) Widmann/Mayer-*Mayer*, UmwR, § 5 UmwG Rz. 230; *Wicke* in: BeckOGK-UmwG, § 5 Rz. 138.

230) *Wicke* in: BeckOGK-UmwG, § 5 Rz. 140; Widmann/Mayer-*Mayer*, UmwR, § 5 UmwG Rz. 226.

231) Widmann/Mayer-*Mayer*, UmwR, § 5 UmwG Rz. 243.

tausch der Anteile (§ 5 Abs. 1 Nr. 2 bis 5), soweit sie die Aufnahme der **Tochtergesellschaft** betreffen, im **Verschmelzungsvertrag** zwischen Mutter und Tochtergesellschaft **entbehrlich**.

§ 5 Abs. 2 ist auf **alle verschmelzungsfähigen Rechtsformen** anwendbar und kommt immer dann zur Anwendung, wenn der übernehmende Rechtsträger **alle Mitgliedschaften** am übertragenden Rechtsträger hält.[232] Für Personenhandelsgesellschaften ist es allerdings wesensmäßig, dass mehrere Personen beteiligt sind und es keinen Alleingesellschafter gibt. Demnach **scheidet** eine **Personenhandelsgesellschaft als übertragender Rechtsträger** schon aus tatsächlichen Gründen **aus**.[233] Bei einer Verschmelzung einer GmbH & Co. KG als beteiligtem Rechtsträger bedeutet dies, dass Absatz 2 **nicht** anwendbar ist, wenn die **KG auf die GmbH** verschmolzen wird. Dagegen ist Absatz 2 **anwendbar**, wenn die **KG auf eine GmbH** verschmolzen wird, deren Anteile sie selbst als Komplementärin hält (sog. **Einheits-GmbH**).[234] 126

Der **maßgebliche Zeitpunkt** für das Vorliegen der erforderlichen Beteiligung ist **spätestens** der Zeitpunkt der **Handelsregistereintragung**.[235] Im Übrigen sind ausschließlich unmittelbare Beteiligungen relevant, die der übernehmende Rechtsträger **selbst** hält.[236] Eine **mittelbare** Beteiligung durch Zurechnung über § 16 Abs. 4 AktG ist im Umwandlungsrecht **nicht ausreichend**.[237] Damit einhergeht, dass § 5 Abs. 2 **nicht** auf Verschmelzungen **durch Neugründung** anwendbar ist.[238] 127

Die Regelung des § 5 Abs. 2 ist eng **verknüpft mit § 20 Abs. 1 Nr. 3 Satz 1 Halbs. 2 Alt. 1**, wonach eine **Beteiligung** der Anteilsinhaber des übertragenden Rechtsträgers am übernehmenden Rechtsträger dann **nicht stattfindet**, wenn und soweit der **übernehmende Rechtsträger zugleich Anteilsinhaber des übertragenden Rechtsträgers** ist.[239] Dies ergibt auch Sinn, da sonst die Muttergesellschaft an sich selbst beteiligt werden würde, was unter **Konfusionsgesichtspunkten** nicht in Betracht kommt.[240] 128

In **§ 20 Abs. 1 Nr. 3 Satz 1 Halbs. 2** findet sich noch eine zweite Alternative, in der eine **Anteilsgewährung** am übernehmenden Rechtsträger **ausscheidet**: Wenn der übertragende Rechtsträger **eigene Anteile** hält oder ein **Treuhänder** Anteile für den übertragenden Rechtsträger hält. Sind neben den Anteilen des übernehmenden Rechtsträgers am übertragenden Rechtsträger **nur noch (treuhänderisch gehaltene) eigene Anteile** des übertragenden 129

---

232) Lutter-*Drygala*, UmwG, § 5 Rz. 139; *Wicke* in: BeckOGK-UmwG, § 5 Rz. 141; *Simon* in: KölnKomm-UmwG, § 5 Rz. 238; Semler/Stengel/Leonard-*Schröer/Greitemann*, UmwG, § 5 Rz. 132; Widmann/Mayer-*Mayer*, UmwR, § 5 UmwG Rz. 30.

233) *Böttcher* in: NK-UmwG, § 5 Rz. 111; *Wicke* in: BeckOGK-UmwG, § 5 Rz. 141.

234) *Wicke* in: BeckOGK-UmwG, § 5 Rz. 141; Semler/Stengel/Leonard-*Schröer/Greitemann*, UmwG, § 5 Rz. 132; Kallmeyer-*Oppenhoff/Lanfermann/Müller-Bonanni/Willemsen*, UmwG, § 5 Rz. 68; Lutter-*Drygala*, UmwG, § 5 Rz. 139.

235) Kallmeyer-*Oppenhoff/Lanfermann/Müller-Bonanni/Willemsen*, UmwG, § 5 Rz. 70; Semler/Stengel/Leonard-*Schröer/Greitemann*, UmwG, § 5 Rz. 129; *Wicke* in: BeckOGK-UmwG, § 5 Rz. 143; *Maulbetsch* in: HK-UmwG, § 5 Rz. 11; a. A. – Zeitpunkt des Verschmelzungsbeschlusses maßgeblich – Lutter-*Drygala*, UmwG, § 5 Rz. 141; Widmann/Mayer-*Mayer*, UmwR, § 5 UmwG Rz. 34.

236) *Wicke* in: BeckOGK-UmwG, § 5 Rz. 142; Semler/Stengel/Leonard-*Schröer/Greitemann*, UmwG, § 5 Rz. 133.

237) Kallmeyer-*Oppenhoff/Lanfermann/Müller-Bonanni/Willemsen*, UmwG, § 5 Rz. 69; *Simon* in: KölnKomm-UmwG, § 5 Rz. 238.

238) Semler/Stengel/Leonard-*Schröer/Greitemann*, UmwG, § 5 Rz. 130; *Böttcher* in: NK-UmwG, § 5 Rz. 110; *Wicke* in: BeckOGK-UmwG, § 5 Rz. 141.

239) *Simon* in: KölnKomm-UmwG, § 5 Rz. 237; *Wicke* in: BeckOGK-UmwG, § 5 Rz. 145; *Böttcher* in: NK-UmwG, § 5 Rz. 109; Lutter-*Drygala*, UmwG, § 5 Rz. 142.

240) Semler/Stengel/Leonard-*Schröer/Greitemann*, UmwG, § 5 Rz. 128; *Maulbetsch* in: HK-UmwG, § 5 Rz. 179.

Rechtsträgers vorhanden, ist die **Interessenlage** mit der in § 5 Abs. 2 **vergleichbar.**[241] Des Weiteren liegt eine planwidrige Regelungslücke vor, so dass auch in einem solchen Fall **§ 5 Abs. 2 analog** anzuwenden ist. Demnach sind die Angaben bezogen auf den Anteilstausch nach Absatz 1 Nr. 2 bis 5 entbehrlich.

130 In der **Praxis** empfiehlt es sich, im **Verschmelzungsvertrag eine Negativerklärung** zu formulieren, dass keine Gegenleistung gewährt wird, da der übernehmende Rechtsträger sämtliche Anteile des übertragenden Rechtsträgers hält und somit die Angaben nach § 5 Abs. 1 Nr. 2 bis 5 entfallen.[242]

131 **Zusätzlich** zu der Erleichterung nach § 5 Abs. 2 **entfällt** im Falle der Verschmelzung einer 100%igen Tochter auf ihre Mutter nach § 8 Abs. 3, § 9 Abs. 2 und § 12 Abs. 3 der **Verschmelzungsbericht sowie die Verschmelzungsprüfung.**[243] Handelt es sich bei dem **übernehmenden** Rechtsträger um eine **AG** und bei dem **übertragenden** Rechtsträger um eine **GmbH oder AG**, sind die **zusätzlichen Erleichterungen des § 62** zu beachten.[244] Nach **§ 62 Abs. 1** ist der Verschmelzungsbeschluss der übernehmenden Muttergesellschaft entbehrlich, und nach **§ 62 Abs. 4 Satz 1** ist auch der Verschmelzungsbeschluss der übertragenden Tochtergesellschaft hinfällig, wenn es sich um eine 100%ige Tochter handelt, was eine beschlusslose Verschmelzung als reine Geschäftsführungsmaßnahme ermöglicht.[245] Darüber hinaus ist eine **Kapitalerhöhung** für die aufnehmende Muttergesellschaft gemäß **§ 54 Abs. 1 Satz 1** (für die GmbH) und gemäß **§ 68 Abs. 1 Satz 2 Nr. 1** (für die AG) **verboten.**[246]

2. Sidestream-Merger

132 Eine direkte Anwendung der Erleichterung nach § 5 Abs. 2 für die Verschmelzung von Schwesterngesellschaften, wenn sämtliche Anteile jeweils von derselben Muttergesellschaft gehalten werden (sog. Sidestream-Merger), kommt aufgrund des eindeutigen Wortlauts von § 5 Abs. 2 **zunächst nicht in Betracht.**[247]

133 Der Anwendbarkeit **vorgelagert** ist die Frage, ob eine **Anteilsgewährung** im Falle einer Verschmelzung von Schwergesellschaften **notwendig ist oder nicht.** Mit der Einführung von **§ 54 Abs. 1 Satz 3** im Jahre 2007 durch das 2. UmwGÄndG[248], wurde klargestellt, dass eine Anteilsgewährung grundsätzlich stattfindet.[249] Nur wenn **sämtliche** Gesellschafter des übertragenden Rechtsträgers durch **notariell beurkundete Erklärung** auf die Anteilsgewährung an einer übernehmenden GmbH oder AG/KGaA **verzichten,** ist diese entbehrlich.[250] Für den Fall, dass ein solcher Anteilsgewährungsverzicht erklärt wurde, müssen denklogisch im Verschmelzungsvertrag **keine Angaben zur Anteilsgewährung** enthalten sein.[251] Eine **analoge** Anwendung von § 5 Abs. 2 ist in Betracht zu ziehen.[252]

241) *Simon* in: KölnKomm-UmwG, § 5 Rz. 239.

242) *Böttcher* in: NK-UmwG, § 5 Rz. 109.

243) Semler/Stengel/Leonard-*Schröer/Greitemann*, UmwG, § 5 Rz. 128; Widmann/Mayer-*Mayer*, UmwR, § 5 UmwG Rz. 32.

244) Widmann/Mayer-*Mayer*, UmwR, § 5 UmwG Rz. 34.

245) Widmann/Mayer-*Mayer*, UmwR, § 5 UmwG Rz. 34.

246) Widmann/Mayer-*Mayer*, UmwR, § 5 UmwG Rz. 30.

247) Lutter-*Drygala*, UmwG, § 5 Rz. 140; *Maulbetsch* in: HK-UmwG, § 5 Rz. 183.

248) Zweites Gesetz zur Änderung des Umwandlungsgesetzes (2. UmwGÄndG), v. 19.4.2007, BGBl. I 2007, 542.

249) Widmann/Mayer-*Mayer*, UmwR, § 5 UmwG Rz. 43.

250) *Simon* in: KölnKomm-UmwG, § 5 Rz. 239a; *Wicke* in: BeckOGK-UmwG, § 5 Rz. 142; *Böttcher* in: NK-UmwG, § 5 Rz. 114.

251) *Wicke* in: BeckOGK-UmwG, § 5 Rz. 144.

252) *Maulbetsch* in: HK-UmwG, § 5 Rz. 184; Lutter-*Drygala*, UmwG, § 5 Rz. 140; OLG Köln, Beschl. v. 22.1.2020 – 18 Wx 22/19, NZG 2020, 421 = Der Konzern 2020, 203.

In der **Praxis** ist es ratsam, dass der **Verzicht** auf die Anteilsgewährung gemäß § 54 Abs. 1 Satz 3 im Verschmelzungsvertrag explizit erwähnt wird.[253)] Durch die explizite Erwähnung des Verzichts im Verschmelzungsvertrag wird klargestellt, dass keine Pflichtangaben zur Anteilsgewährung notwendig sind. 134

3. Downstream-Merger

Für den umgekehrten Fall der **Abwärtsverschmelzung** der Muttergesellschaft auf ihre 100%ige Tochtergesellschaft (sog. Downstream-Merger), gilt **§ 5 Abs. 2** jedoch **nicht.**[254)] Grund dafür ist, dass hierbei eine **Gegenleistung** in Form von Mitgliedschaftsrechten **gewährt** wird. Die Anteilsinhaber der Muttergesellschaft erhalten Mitgliedschaftsrechte an der Tochtergesellschaft. 135

In diesem Fall ist jedoch eine **andere Besonderheit** zu berücksichtigen. Nach **§ 54 Abs. 1 Satz 2 Nr. 2, § 68 Abs. 1 Satz 2 Nr. 2** kann auf eine **Kapitalerhöhung** bei der übernehmenden Tochtergesellschaft **verzichtet** werden. Stattdessen können die bereits vorhandenen **voll eingezahlten Anteile** der übertragenden Muttergesellschaft an der Tochtergesellschaft verwendet werden, um diese **direkt** den Anteilseignern der übertragenden Gesellschaft zu gewähren, **ohne** dass es zu einem **Durchgangserwerb** durch die Mutter kommt.[255)] 136

In der **Praxis** werden Abwärtsverschmelzungen aus **unterschiedlichen Gründen** gewählt. Abwärtsverschmelzungen können in bestimmten Fällen genutzt werden, um **steuerliche Vorteile** zu erzielen. Diese können sich bspw. aus der Verlustverrechnung oder durch die Vermeidung bestimmter steuerlicher Belastungen ergeben.[256)] Zusätzlich kann es strategische Vorteile geben, wie z. B. die Motivation zum Ausscheiden gegen Barabfindung nach § 29. Dies kann insbesondere dann von Bedeutung sein, wenn Minderheitsgesellschafter aus dem Unternehmen gegen eine Abfindung ausscheiden wollen.[257)] 137

VI. Beteiligung des Betriebsrates (§ 5 Abs. 3)

1. Allgemeines

§ 5 Abs. 3 stellt sicher, dass der Betriebsrat und dadurch auch die Arbeitnehmer **rechtzeitig** über die wesentlichen Inhalte der Verschmelzung **informiert** werden.[258)] Demnach ist der **Verschmelzungsvertrag** bzw. dessen Entwurf dem Betriebsrat spätestens einen Monat vor dem Tag der Versammlung der Gesellschafter, die über die Zustimmung zum Verschmelzungsvertrages beschließen soll, zu **übermitteln.** Zu involvieren ist der Betriebsrat **jedes beteiligten Rechtsträgers**, also in der Regel sowohl des übernehmenden als auch des übertragenden Rechtsträgers. Der Hintergrund dieser Regelung besteht darin, einen Zeitraum zu gewähren, in dem der **Betriebsrat** die Möglichkeit hat, eine **Stellungnahme** zur geplanten umwandlungsrechtlichen Maßnahme auf informierter Grundlage und somit **Bedenken** vorzubringen oder **Änderungsvorschläge** unterbreiten.[259)] 138

---

253) *Wicke* in: BeckOGK-UmwG, § 5 Rz. 144.

254) *Böttcher* in: NK-UmwG, § 5 Rz. 112; Kallmeyer-*Oppenhoff/Lanfermann/Müller-Bonanni/Willemsen*, UmwG, § 5 Rz. 71; Lutter-*Drygala*, UmwG, § 5 Rz. 139; *Maulbetsch* in: HK-UmwG, § 5 Rz. 189.

255) *Wicke* in: BeckOGK-UmwG, § 5 Rz. 17; *Böttcher* in: NK-UmwG, § 5 Rz. 113; Widmann/Mayer-*Mayer*, UmwR, § 5 UmwG Rz. 37.

256) Widmann/Mayer-*Mayer*, UmwR, § 5 UmwG Rz. 36.

257) Widmann/Mayer-*Mayer*, UmwR, § 5 UmwG Rz. 36.

258) Widmann/Mayer-*Mayer*, UmwR, § 5 UmwG Rz. 250; *Böttcher* in: NK-UmwG, § 5 Rz. 115; *Oetker* in: ErfK-ArbR, § 5 UmwG Rz. 1.

259) *Wicke* in: BeckOGK-UmwG, § 5 Rz. 146; *Simon* in: KölnKomm-UmwG, § 5 Rz. 246; Henssler/Willemsen/Kalb-*Willemsen/Müller-Bonanni*, ArbR, § 5 UmwG Rz. 19; *Tiesler* in: HK-UmwG, § 5 Rz. 194.

139 Dieser Absatz lässt sich dem **arbeitsrechtlichen Teil** der Verschmelzung zuordnen. Vor diesem Hintergrund ist § 5 Abs. 3 eng **mit § 5 Abs. 1 Nr. 9 verknüpft**, der die Darstellung der Folgen der Verschmelzung für die Arbeitnehmer und ihre Vertretung zu den zwingenden Inhalten des Verschmelzungsvertrages bzw. dessen Entwurfes erklärt.[260)] Zuzuleiten sind jedoch nicht nur die spezifischen arbeitsrechtlichen Inhalte nach Absatz 1 Nr. 9, sondern der **gesamte Verschmelzungsvertrag.**[261)]

140 Die Zuleitungspflicht wird nicht nur i. R. von Verschmelzungen relevant, sondern auch bei anderen umwandlungsrechtlichen Vorgängen. Eine vergleichbare Zuleitungspflicht findet sich für die **Spaltung** in § 126 Abs. 3 und für den **Formwechsel** in § 194 Abs. 2.[262)]

141 Für die **grenzüberschreitende Verschmelzung** sind einige **Besonderheiten** zu beachten. § 310 Abs. 1 Satz 1 bestimmt, dass der Verschmelzungs**bericht** den zuständigen Betriebsräten **elektronisch** zugänglich zu machen ist. Die Monatsfrist wurde außerdem durch eine **Sechs-Wochen-Frist** ersetzt.

2. Zuleitungspflicht

142 Im Mittelpunkt des § 5 Abs. 3 steht die Zuleitung. **Gegenstand** der Zuleitungspflicht ist der **Verschmelzungsvertrag in seiner Gesamtheit** ohne Beschränkung auf den arbeitsrechtlichen Spezialinhalt nach Absatz 1 Nr. 9.[263)] Umfasst sind darüber hinaus sämtliche wesentliche **Nebenabreden** und **Anlagen.**[264)]

143 Bei der Verschmelzung durch **Neugründung** ist § 37 zu berücksichtigen.[265)] Demzufolge sind in dem Verschmelzungsvertrag ebenfalls die **Satzung** bzw. der **Gesellschaftsvertrag** des neu gegründeten Rechtsträgers anzugeben.[266)] Folglich sind auch diese Gründungsdokumente an den Betriebsrat weiterzuleiten.

144 Für die **Begriffsauslegung** der „Zuleitung" ist auf den **„Zugang" von Willenserklärungen** nach § 130 Abs. 1 Satz 1 BGB zurückzugreifen.[267)] Zuleitung liegt demnach dann vor, wenn der Verschmelzungsvertrag bzw. dessen Entwurf auf Veranlassung der beteiligten Gesellschaft so in den Machtbereich des Betriebsrates gelangt, dass unter normalen Umständen mit dessen Kenntnisnahme zu rechnen ist.[268)] Damit einhergehend kommt es nicht darauf an, ob der Betriebsrat von dem zugeleiteten Verschmelzungsvertrag tatsächlich Kenntnis genommen hat. Maßgeblich ist allein, ob eine Übermittlung in seinen **Machtbereich** stattgefunden hatte und er somit die **Möglichkeit der Kenntnisnahme** hatte.

260) Lutter-*Drygala*, UmwG, § 5 Rz. 143; Henssler/Strohn-*Heidinger/Knaier*, GesR, § 5 UmwG Rz. 41; *Simon* in: KölnKomm-UmwG, § 5 Rz. 246; Widmann/Mayer-*Mayer*, UmwR, § 5 UmwG Rz. 250.

261) *Oetker* in: ErfK-ArbR, § 5 UmwG Rz. 9; *Simon* in: KölnKomm-UmwG, § 5 Rz. 248; *Böttcher* in: NK-UmwG, § 5 Rz. 115.

262) Henssler/Willemsen/*Kalb-Willemsen/Müller-Bonanni*, ArbR, § 5 UmwG Rz. 19; *Wicke* in: BeckOGK-UmwG, § 5 Rz. 146; Schmitt/Hörtnagel-*Langner*, UmwG/UmwStG, § 5 UmwG Rz. 116; Widmann/Mayer-*Mayer*, UmwR, § 5 UmwG Rz. 250.

263) OLG Naumburg, Beschl. v. 17.3.2003 – 7 Wx 6/02, GmbHR 2003, 1433; *Simon* in: KölnKomm-UmwG, § 5 Rz. 248; *Böttcher* in: NK-UmwG, § 5 Rz. 115; Schmitt/Hörtnagel-*Langner*, UmwG/UmwStG, § 5 UmwG Rz. 117.

264) Henssler/Willemsen/Kalb-*Willemsen/Müller-Bonanni*, ArbR, § 5 UmwG Rz. 19; *Wicke* in: BeckOGK-UmwG, § 5 Rz. 155; *Böttcher* in: NK-UmwG, § 5 Rz. 115.

265) *Böttcher* in: NK-UmwG, § 5 Rz. 115; *Simon* in: KölnKomm-UmwG, § 5 Rz. 248; Widmann/Mayer-*Mayer*, UmwR, § 5 UmwG Rz. 250.

266) *Wicke* in: BeckOGK-UmwG, § 5 Rz. 15; Schmitt/Hörtnagel-*Langner*, UmwG/UmwStG, § 5 UmwG Rz. 117.

267) *Wicke* in: BeckOGK-UmwG, § 5 Rz. 157; *Böttcher* in: NK-UmwG, § 5 Rz. 115.

268) BGH, Urt. v. 3.11.1976 – VIII ZR 140/75, BGHZ 67, 271, 275 = NJW 1977, 194; BGH, Urt. v. 26.11.1997 – VIII ZR 22/97, BGHZ 137, 205, 208 = NJW 1998, 976.

Die Zuleitung ist als verpflichtende Regelung ausgestaltet und steht richtigerweise **nicht zur Disposition** des Betriebsrates.[269] Ein solches Verständnis folgt aus der Systematik der betriebsverfassungsrechtlichen Beteiligungsregeln, mit denen die Unterrichtungspflicht des Betriebsrates vergleichbar sei.[270] 145

3. Wesentliche Änderungen

Die überwiegende Auffassung, gestützt auf den Rechtsausschuss des Deutschen Bundestages i. R. des Gesetzgebungsverfahrens, geht davon aus, dass **bloß unwesentliche Änderungen** des Verschmelzungsvertrages bzw. seines Entwurfes, die nach der Zuleitung an den Betriebsrat erfolgen, **keine erneute Zuleitungspflicht** auslösen.[271] Unwesentliche Änderungen sind insbesondere rein **rechtstechnischer** oder **redaktioneller** Natur, in Anlehnung an § 317 ZPO.[272] 146

Eine **erneute Zuleitungspflicht** besteht hingegen immer dann, wenn eine **wesentliche** Änderung vorgenommen wurde, die die Regelungen in **§ 5 Abs. 1 Nr. 9** betreffen.[273] In der **Praxis** ist zu raten, dem Betriebsrat jede wesentliche Änderung erneut zuzuleiten, unabhängig davon, ob sie inhaltlich Bezug zu Arbeitnehmerinteressen hat. Dies gilt insbesondere in Fällen, in denen Unsicherheiten über den Umfang der Änderungen besteht.[274] 147

4. Empfänger

Seine Zuleitungspflicht erfüllt ein beteiligtes Unternehmen nur dann, wenn es den Verschmelzungsvertrag bzw. dessen Entwurf an den **zuständigen Betriebsrat** weiterleitet. Demnach ist die Beantwortung der Frage, welcher Betriebsrat zuständig ist, in der Praxis von enormer Bedeutung. 148

Die Ermittlung des richtigen **Adressaten** bestimmt sich nicht nach den Vorschriften des UmwG, sondern nach den Vorschriften des **BetrVG**.[275] In der Regel wird die Zuständigkeit bei dem **Einzel- bzw. Gesamtbetriebsrat** liegen.[276] 149

Besteht ein beteiligtes Unternehmen lediglich aus einem **einzelnen Betriebsrat**, so ist dieser zuständig. 150

Wenn in einem beteiligten Unternehmen mehrere Betriebsräte gebildet wurden, ist nach § 47 Abs. 1 BetrVG ein **Gesamtbetriebsrat** eingerichtet werden. Die Zuständigkeitsnorm des Gesamtbetriebsrates ergibt sich aus **§ 50 Abs. 1 BetrVG**, wonach der Gesamtbetriebsrates zuständig ist, wenn es sich um eine Angelegenheit handelt, die das Gesamtunternehmen betrifft. Da Verschmelzungen das gesamte Unternehmen betreffen, ist in einem solchen 151

269) *Simon* in: KölnKomm-UmwG, § 5 Rz. 256.

270) *Simon* in: KölnKomm-UmwG, § 5 Rz. 256; *Wicke* in: BeckOGK-UmwG, § 5 Rz. 154.

271) Beschlussempfehlung und Bericht d. RA z. UmwBerG, BT-Drucks. 12/7850, S. 142; *Simon* in: KölnKomm-UmwG, § 5 Rz. 250, 257 *Wicke* in: BeckOGK-UmwG, § 5 Rz. 156.

272) Lutter-*Drygala*, UmwG, § 5 Rz. 149a.

273) *Oetker* in: ErfK-ArbR, § 5 UmwG Rz. 12; *Böttcher* in: NK-UmwG, § 5 Rz. 121; Henssler/Willemsen/Kalb-*Willemsen/Müller-Bonanni*, ArbR, § 5 UmwG Rz. 24.

274) Beschlussempfehlung und Bericht d. RA z. UmwBerG, BT-Drucks. 12/7850, S. 142; *Simo* in: KölnKomm-UmwG, § 5 Rz. 250; *Wicke* in: BeckOGK-UmwG, § 5 Rz. 16.

275) Beschlussempfehlung und Bericht d. RA z. UmwBerG, BT-Drucks. 12/7850, S. 142; *Simon* in: KölnKomm-UmwG, § 5 Rz. 251; *Wicke* in: BeckOGK-UmwG, § 5 Rz. 147, 157; *Böttcher* in: NK-UmwG, § 5 Rz. 116; Schmitt/Hörtnagel-*Langner*, UmwG/UmwStG, § 5 UmwG Rz. 121; Henssler/Willemsen/Kalb-*Willemsen/Müller-Bonanni*, ArbR, § 5 UmwG Rz. 20; Lutter-*Drygala*, UmwG, § 5 Rz. 144; Widmann/Mayer-*Mayer*, UmwR, § 5 UmwG Rz. 250.

276) Beschlussempfehlung und Bericht d. RA z. UmwBerG, BT-Drucks. 12/7850, S. 142.

Fall der Gesamtbetriebsrat regelmäßig der richtige Adressat.[277] Für den Fall, dass es ein Unternehmen, trotz Bestehens mehrerer Betriebsräte, versäumt hat, einen Gesamtbetriebsrat zu installieren, sollte der Verschmelzungsvertrag bzw. dessen Entwurf sämtlichen Betriebsräten des Unternehmens zugeleitet werden.[278]

152 Gehört ein beteiligtes Unternehmen einem **Konzern i. S. des § 18 AktG** an, so besteht nach § 54 BetrVG die Möglichkeit einen **zusätzlichen Konzernbetriebsrat** zu bilden. Dieser ist nach **§ 58 BetrVG** immer dann zuständig, wenn eine Angelegenheit den gesamten Konzern oder mehrere Konzernunternehmen gleichzeitig betrifft. Dies ist **bei Verschmelzungen grundsätzlich nicht** der Fall.[279] Gegen die Zuständigkeit des Konzernbetriebsrates spricht zum einen der **Wortlaut** von § 5 Abs. 3, der von der Zuleitung an den zuständigen Betriebsrat **„dieses" Rechtsträgers** spricht.[280] Der Konzernbetriebsrat besteht gemäß § 55 BetrVG aus Vertretern der einzelnen Gesamtbetriebsräte eines Konzerns und lässt sich nicht einem einzelnen an einer Verschmelzung beteiligten Rechtsträger zuweisen. Dieses Verständnis wird durch den **Telos der Norm** unterstützt, wonach der Einzel- bzw. Gesamtbetriebsrat eine **größere Sachnähe** zum Thema der Verschmelzung aufweist, als der Konzernbetriebsrat.[281] Zu beachten ist jedoch, dass in der einschlägigen Gesetzesbegründung auch der Konzernbetriebsrat als zuständiger Betriebsrat aufgezählt wird.[282]

153 Aufgrund dieser Divergenz und der Tatsache, dass es hierzu noch keine höchstrichterliche Rechtsprechung gibt, empfiehlt es sich in der **Praxis** jedoch, den Verschmelzungsvertrag bzw. dessen Entwurf **sicherheitshalber** auch **an alle nur möglicherweise in Betracht kommenden Betriebsräte** zuzuleiten.[283] Diese vorsorgliche Zuleitung sollte jedoch **mit dem Hinweis „ohne Anerkennung einer Rechtspflicht"** erfolgen.[284] Hierdurch können etwaige Eintragungsverzögerungen durch das Handelsregister nach § 17 vorgebeugt werden.

154 **Innerhalb des Betriebsrates** liegt die Zuständigkeit beim **Vorsitzende** des Betriebsrates und im **Verhinderungsfall** dessen **Stellvertreter** nach **§ 26 Abs. 2 Satz 2 BetrVG analog.**[285] Eine Zustellung an ein **anderes Betriebsratsmitglied** ist nur dann möglich, wenn sowohl der Vorsitzende als auch der Stellvertreter **verhindert** sind.[286] Diese Verhinderung sollte beim **Nachweis** gegenüber dem Handelsregister nach **§ 17 Abs. 1 offengelegt** und erläutert werden.[287]

277) Widmann/Mayer-*Mayer*, UmwR, § 5 UmwG Rz. 252; *Böttcher* in: NK-UmwG, § 5 Rz. 116; *Wicke* in: BeckOGK-UmwG, § 5 Rz. 147; *Oetker* in: ErfK-ArbR, § 5 UmwG Rz. 10; Schmitt/Hörtnagel-*Langner*, UmwG/UmwStG, § 5 UmwG Rz. 121; Henssler/Willemsen/Kalb-*Willemsen*/*Müller-Bonanni*, ArbR, § 5 UmwG Rz. 20; Lutter-Drygala, UmwG, § 5 Rz. 144.

278) *Simon* in: KölnKomm-UmwG, § 5 Rz. 251; a. A. Schmitt/Hörtnagel-*Langner*, UmwG/UmwStG, § 5 UmwG Rz. 124.

279) *Wicke* in: BeckOGK-UmwG, § 5 Rz. 147; *Böttcher* in: NK-UmwG, § 5 Rz. 116; *Oetker* in: ErfK-ArbR, § 5 UmwG Rz. 10; Schmitt/Hörtnagel-*Langner*, UmwG/UmwStG, § 5 UmwG Rz. 122; Henssler/' Willemsen/Kalb-*Willemsen*/*Müller-Bonanni*, ArbR, § 5 UmwG Rz. 20; Lutter-*Drygala*, UmwG, § 5 Rz. 144.

280) *Oetker* in: ErfK-ArbR, § 5 UmwG Rz. 10; *Simon* in: KölnKomm-UmwG, § 5 Rz. 252; *Wicke* in: BeckOGK-UmwG, § 5 Rz. 147.

281) *Simon* in: KölnKomm-UmwG, § 5 Rz. 252; *Wicke* in: BeckOGK-UmwG, § 5 Rz. 147; Widmann/Mayer-*Mayer*, UmwR, § 5 UmwG Rz. 253.

282) Beschlussempfehlung und Bericht d. RA z. UmwBerG, BT-Drucks. 12/7850, S. 142.

283) *Wicke* in: BeckOGK-UmwG, § 5 Rz. 149; *Böttcher* in: NK-UmwG, § 5 Rz. 116; Schmitt/Hörtnagel-*Langner*, UmwG/UmwStG, § 5 UmwG Rz. 122.

284) *Simon* in: KölnKomm-UmwG, § 5 Rz. 252.

285) *Wicke* in: BeckOGK-UmwG, § 5 Rz. 157; *Simon* in: KölnKomm-UmwG, § 5 Rz. 247.

286) *Wicke* in: BeckOGK-UmwG, § 5 Rz. 157.

287) *Wicke* in: BeckOGK-UmwG, § 5 Rz. 158.

5. Zuleitungsfrist

Nach § 5 Abs. 3 ist die Frist zur Zuleitung nur dann gewahrt, wenn der Verschmelzungsvertrag bzw. sein Entwurf **spätestens einen Monat vor dem Tage der Versammlung** der Anteilseigner jedes beteiligten Rechtsträgers zugeleitet wird. **Zweck** der Zuleitungsfrist ist es, dem Betriebsrat genügend Zeit zu verschaffen, um die **arbeitsrechtlichen Folgen** der Verschmelzung **nachzuprüfen.** Neben dieser Überprüfung dient die Monatsfrist dem Betriebsrat dazu, eine **Stellungnahme** abzugeben.[288] In der Praxis ist die genaue **Berechnung und Einhaltung** der Frist von entscheidender Bedeutung, um etwaige Rechtsnachteile zu vermeiden. 155

Aus der Schutzrichtung der Monatsfrist ergibt sich, dass ein **Verzicht** auf die Einhaltung dieser **Monatsfrist** durch den Betriebsrat, für **zulässig** erachtet wird.[289] Anders als die Zuleitung als solche, dient die Monatsfrist ausschließlich dem Schutz des Betriebsrates. Dem Betriebsrat steht es frei, eigenständig zu entscheiden, ob er auf die Frist besteht oder auch eine kürzere Frist für ausreichend empfindet.[290] Dieser Verzicht auf die Monatsfrist sollte **schriftlich festgehalten** werden, um einen **Nachweis** gegenüber dem **Handelsregister** nach **§ 17 Abs. 1** zu erbringen.[291] 156

Bezugspunkt der Monatsfrist ist der Tag der Versammlung der Anteilseigner **jedes beteiligten Rechtsträgers**, der gemäß **§ 13 Abs. 1 über die Zustimmung** zum Verschmelzungsvertrag **beschließen** soll. Maßgeblich ist jeweils der Termin der Gesellschafterversammlung desjenigen Rechtsträgers, dessen Betriebsrat der Verschmelzungsvertrag bzw. dessen Entwurf zugeleitet werden soll.[292] Für jeden der beteiligten Rechtsträger ist die Zuleitungsfrist daher **gesondert zu berechnen.**[293] Bei der Zuleitung des Verschmelzungsvertrages bzw. dessen Entwurfs an den Betriebsrat des übertragenden Rechtsträgers muss in der Regel auf das Datum der Gesellschafterversammlung des übertragenden Rechtsträgers abgestellt werden. Entsprechendes gilt für die Zuleitung an den Betriebsrat des übernehmenden Rechtsträgers, hier ist grundsätzlich auf die Gesellschafterversammlung des übernehmenden Rechtsträgers abzustellen. 157

Bei **Konzernverschmelzungen** kann es vorkommen, dass **Verschmelzungsbeschlüsse entbehrlich** sind. Eine ausdrückliche gesetzliche Regelung findet sich im Falle des **§ 62 Abs. 1**, wonach die übernehmende AG keinen Verschmelzungsbeschluss zur Aufnahme der übertragenden Gesellschaft fassen muss. Die Fristberechnung wird in der **Praxis** mangels Existenz des Verschmelzungsbeschlusses des übernehmen Rechtsträgers, zutreffend an den Beschlusstermin des **übertragenden Rechtsträgers geknüpft.**[294] 158

Für den Fall einer **beschlusslosen Verschmelzung**, findet sich eine ausdrückliche Regelung in **§ 62 Abs. 4 Satz 1, 2 und 5**. Demnach ist die Zuleitung an den Betriebsrat spätestens einen 159

---

288) *Simon* in: KölnKomm-UmwG, § 5 Rz. 246.

289) Henssler/Strohn-*Heidinger*/*Knaier*, GesR, § 5 UmwG Rz. 40; *Böttcher* in: NK-UmwG, § 5 Rz. 119; Henssler/Willemsen/Kalb-*Willemsen*/*Müller-Bonanni*, ArbR, § 5 UmwG Rz. 23; Lutter-*Drygala*, UmwG, § 5 Rz. 148.

290) *Wicke* in: BeckOGK-UmwG, § 5 Rz. 154; *Simon* in: KölnKomm-UmwG, § 5 Rz. 256; *Oetker* in: ErfK-ArbR, § 5 UmwG Rz. 11.

291) Henssler/Willemsen/Kalb-*Willemsen*/*Müller-Bonanni*, ArbR, § 5 UmwG Rz. 23; *Böttcher* in: NK-UmwG, § 5 Rz. 119; *Oetker* in: ErfK-ArbR, § 5 UmwG Rz. 13.

292) *Böttcher* in: NK-UmwG, § 5 Rz. 118; *Simon* in: KölnKomm-UmwG, § 5 Rz. 255.

293) *Wicke* in: BeckOGK-UmwG, § 5 Rz. 152; Henssler/Willemsen/Kalb-*Willemsen*/*Müller-Bonanni*, ArbR, § 5 UmwG Rz. 21.

294) *Simon* in: KölnKomm-UmwG, § 5 Rz. 255; *Wicke* in: BeckOGK-UmwG, § 5 Rz. 152; *Böttcher* in: NK-UmwG, § 5 Rz. 118; Henssler/Willemsen/Kalb-*Willemsen*/*Müller-Bonanni*, ArbR, § 5 UmwG Rz. 21; Widmann/Mayer-*Mayer*, UmwR, § 5 UmwG Rz. 257.

Monat vor dem Tage der Eintragung der Verschmelzung in das Register des übernehmenden Rechtsträgers zu erfüllen.[295)]

160 Eine weiter Besonderheit ist für den **umwandlungsrechtlichen Squeeze-out** in **§ 62 Abs. 5 Satz 4** enthalten, wonach die Zuleitung spätestens bei Beginn der in § 62 Abs. 5 Satz 3 genannten Auslegungsfrist zu erfüllen ist.[296)]

161 Die Berechnung der Monatsfrist ist als **Rückwärtsfrist** ausgestaltet, so muss die Zuleitung spätestens einen Monat vor dem Tag des Zustimmungsbeschluss des jeweiligen Rechtsträgers erfolgen.[297)] Für die Fristberechnung sind die allgemeinen Regelungen der **§§ 186 ff. BGB in entsprechender Anwendung** zurückzugreife.[298)] Dies bedeutet, dass der **Versammlungstag** der Anteilseigner über die Zustimmung das **fristauslösende Ereignis** i. S. des § 187 Abs. 1 BGB darstellt und folglich **nicht mitgerechnet** wird.[299)] Die Montagsfrist beginnt daher am Tage vor der Versammlung und wird rückwärts gerechnet.[300)]

162 Das **Ende** der Monatsfrist bestimmt sich nach **§ 188 Abs. 2 BGB** und fällt auf den Ablauf des Tages des letzten Monats, der durch seine Zahl dem Tag entspricht, in den das Ereignis fällt. Darüber hinaus ist bei der Berechnung des Fristendes **§ 193 BGB** zu beachten. Dieser führt dazu, dass das Fristende auf den **davor liegenden Werktag verschoben** wird, falls die Berechnung dazu führt, dass das Fristende auf einen Samstag, Sonntag oder Feiertag fällt.[301)]

163 **Konkret** angewandt bedeutet dies: wenn die Zustimmung nach § 13 in einer **Gesellschafterversammlung am 10.4.** beschlossen werden soll, beginnt die Monatsfrist am 9.4. **Spätestens mit Ablauf des 9.3.** ist der Verschmelzungsvertrag, bzw. sein Entwurf, dem zuständigen Betriebsrat zuzuleiten. Somit ist jede Zuleitung **vor** dem 10.3. fristgerecht.

6. Nachweispflicht nach § 17 Abs. 1

164 § 17 Abs. 1 bestimmt, dass ein **Nachweis über die Zuleitung** des Verschmelzungsvertrages oder seines Entwurfs an den Betriebsrat bei der **Anmeldung** der Verschmelzung **beizufügen** sind und damit vor dem **Handelsregister offenzulegen** sind. Durch dieses Erfordernis wird die Zuleitungspflicht zur **Eintragungsvoraussetzung** erhoben, so dass ohne den Nachweis der Zuleitung keine Eintragung der Verschmelzung erfolgen kann.[302)] Über einen entsprechenden Verweis in den **§§ 125 und 199**, gilt die Nachweispflicht auch für die **Spaltung und den Formwechsel.**[303)]

165 Dabei ist zu berücksichtigen, dass nicht nur die bloße **Zuleitung** an sich nachzuweisen ist, sondern auch die **Rechtzeitigkeit** der Zuleitung, sowie die Zuleitung an den **zuständigen** Betriebsrat.

---

295) Lutter-*Drygala*, UmwG, § 5 Rz. 149.

296) Henssler/Willemsen/Kalb-*Willemsen/Müller-Bonanni*, ArbR, § 5 UmwG Rz. 22; *Wicke* in: BeckOGK-UmwG, § 5 Rz. 153.

297) Henssler/Strohn-*Heidinger/Knaier*, GesR, § 5 UmwG Rz. 39.

298) *Grothe* in: MünchKomm-BGB, § 187 Rz. 4; *Wicke* in: BeckOGK-UmwG, § 5 Rz. 151; *Böttcher* in: NK-UmwG, § 5 Rz. 116; *Oetker* in: ErfK-ArbR, § 5 UmwG Rz. 11; Lutter-*Drygala*, UmwG, § 5 Rz. 147.

299) Henssler/Willemsen/Kalb-*Willemsen/Müller-Bonanni*, ArbR, § 5 UmwG Rz. 21; *Böttcher* in: NK-UmwG, § 5 Rz. 117; *Wicke* in: BeckOGK-UmwG, § 5 Rz. 151; Widmann/Mayer-*Mayer*, UmwR, § 5 UmwG Rz. 256.

300) *Böttcher* in: NK-UmwG, § 5 Rz. 117.

301) *Oetker* in: ErfK-ArbR, § 5 UmwG Rz. 11; *Böttcher* in: NK-UmwG, § 5 Rz. 117.

302) Henssler/Willemsen/Kalb-*Willemsen/Müller-Bonanni*, ArbR, § 5 UmwG Rz. 19; *Simon* in: KölnKomm-UmwG, § 5 Rz. 246; *Oetker* in: ErfK-ArbR, § 5 UmwG Rz. 13; Lutter-*Drygala*, UmwG, § 5 Rz. 150.

303) Widmann/Mayer-*Mayer*, UmwR, § 5 UmwG Rz. 258.

Es finden sich keine gesetzlichen Vorgaben, in welcher Form der Nachweis über die Zuleitung vor dem Handelsregister zu erbringen ist. In der **Praxis** empfiehlt es sich jedoch, eine Empfangsbestätigung des Zugangs vorzulegen, die **handschriftlich** vom **Betriebsratsvorsitzenden** oder dessen Stellvertreter (im Falle der Verhinderung des Vorsitzenden) mit **Datumsangabe** unterzeichnet ist. Diese Vorgehensweise stellt sicher, dass der Nachweis über die Zuleitung des Verschmelzungsvertrages bzw. dessen Entwurfs in einer rechtlich einwandfreien Form erbracht wird und spätere Streitigkeiten hinsichtlich der Rechtzeitigkeit und ordnungsgemäßen Zuleitung vermieden werden.[304] 166

7. Fehlen eines Betriebsrates

Für den Fall, dass bei einem beteiligten Rechtsträger kein Betriebsrat besteht, **entfällt** die **Zuleitungspflicht** nach § 5 Abs. 3 mangels Adressaten.[305] Auch wenn ein Betriebsrat erst innerhalb der Monatsfrist nach Absatz 3 gebildet wird, entfällt die Zuleitungspflicht.[306] In solchen Fällen entfällt die Zuleitungspflicht **ersatzlos**, insbesondere ist es nicht nötig, eine Zuleitung unmittelbar an die Arbeitnehmer vorzunehmen.[307] 167

In der **Praxis** empfiehlt es sich jedoch, das **Nichtbestehen** eines Betriebsrates in die **Handelsregisteranmeldungen** der beteiligten Rechtsträger aufzunehmen. Besonders bewährt hat sich eine **klarstellende Erklärung**, nach der ein Betriebsrat bei dem anzumeldenden Rechtsträger nicht besteht.[308] Hierdurch lassen sich Zeitverluste resultierend aus zusätzlichen Nachfragen durch das Handelsregister bzgl. des fehlenden Nachweises der Zuleitung vorsorglich begegnen. Diese Erklärung sollte aufgrund der aktuell ungeklärten Rechtslage sicherheitshalber in Übereinstimmung mit den Vorgaben des Amtsgerichts Duisburg[309] in Form einer **eidesstattlichen Versicherung** der beteiligten gesetzlichen Vertreter erfolgen.[310] 168

Wichtig ist weiterhin, dass trotz des Fehlens eines Betriebsrats und der damit einhergehenden Tatsache, dass eine Zuleitung nach Absatz 3 entfällt, der **Verschmelzungsvertrag dennoch Angaben nach § 5 Abs. 1 Nr. 9** enthalten muss.[311] Hintergrund ist, dass Absatz 1 Nr. 9 nicht nur dazu dient, die Betriebsräte zu informieren.[312] 169

8. Rechtsfolgen

§ 17 Abs. 1 sieht für erkennbare Fehler im Zusammenhang mit der Zuleitung die Verweigerung der Eintragung als **Eintragungshindernis** vor.[313] Eine Durchsetzung im arbeitsgerichtlichen Beschlussverfahren nach **§ 23 Abs. 3 BetrVG scheidet aus**, da die Zuleitung nicht betriebsverfassungsrechtlicher Natur ist.[314] Die Zuleitung dient allein Informationsinteressen im Zusammenhang mit der Verschmelzung und ist daher umwandlungsrechtlicher 170

---

304) Henssler/Willemsen/Kalb-*Willemsen/Müller-Bonanni*, ArbR, § 5 UmwG Rz. 19; *Simon* in: KölnKomm-UmwG, § 5 Rz. 257; *Böttcher* in: NK-UmwG, § 5 Rz. 119; *Oetker* in: ErfK-ArbR, § 5 UmwG Rz. 13.

305) Henssler/Willemsen/Kalb-*Willemsen/Müller-Bonanni*, ArbR, § 5 UmwG Rz. 26; *Wicke* in: BeckOGK-UmwG, § 5 Rz. 150; Lutter-*Drygala*, UmwG, § 5 Rz. 145.

306) *Wicke* in: BeckOGK-UmwG, § 5 Rz. 150.

307) *Böttcher* in: NK-UmwG, § 5 Rz. 122; *Wicke* in: BeckOGK-UmwG, § 5 Rz. 150; *Oetker* in: ErfK-ArbR, § 5 UmwG Rz. 10; Henssler/Willemsen/Kalb-*Willemsen/Müller-Bonanni*, ArbR, § 5 UmwG Rz. 26.

308) *Wicke* in: BeckOGK-UmwG, § 5 Rz. 150.

309) AG Duisburg; Beschl. v. 4.1.1996 – 23 HRB 4942, 23 HRB 5935, GmbHR 1996, 372.

310) *Böttcher* in: NK-UmwG, § 5 Rz. 122.

311) Henssler/Willemsen/Kalb-*Willemsen/Müller-Bonanni*, ArbR, § 5 UmwG Rz. 26; *Böttcher* in: NK-UmwG, § 5 Rz. 123; Henssler/Strohn-*Heidinger/Knaier*, GesR, § 5 UmwG Rz. 42; a. A. LG Stuttgart, Beschl. v. 29.3.1996 – 4 KfH T 1/96, DNotZ 1996, 701, 702.

312) Lutter-*Drygala*, UmwG, § 5 Rz. 146.

313) *Wicke* in: BeckOGK-UmwG, § 5 Rz. 15, *Oetker* in: ErfK-ArbR, § 5 UmwG Rz. 13.

314) *Oetker* in: ErfK-ArbR, § 5 UmwG Rz. 13; *Wicke* in: BeckOGK-UmwG, § 5 Rz. 159.

Natur.[315] Sie räumt dem Betriebsrat keine zusätzlichen Beteiligungsrechte ein. Folgerichtig kommt auch das Vorliegen einer Ordnungswidrigkeit nach § 121 Abs. 1 BetrVG nicht in Betracht.[316]

171 Die **einzige festgelegte Sanktion** für erkennbar fehlerhafte Zuleitungen ist somit das Eintragungshindernis gemäß **§ 17 Abs. 1**. Dies unterstreicht die Rolle der Zuleitungspflicht als **Informationsinstrument im Umwandlungskontext**, ohne dem Betriebsrat weitergehende Rechte zu gewähren. Diese rechtliche Konstellation verhindert, dass die Nichterfüllung der Zuleitungspflicht in den Bereich des Betriebsverfassungsrechts fällt, was eine andere rechtliche Behandlung erforderlich machen würde.

315) *Simon* in: KölnKomm-UmwG, § 5 Rz. 259; *Böttcher* in: NK-UmwG, § 5 Rz. 120.

316) *Wicke* in: BeckOGK-UmwG, § 5 Rz. 159.

§ 6

Form des Verschmelzungsvertrags

Der Verschmelzungsvertrag muß notariell beurkundet werden.

Übersicht

I. Beurkundungserfordernis

1. Formvorschrift

1 Nach § 6 wird für den Verschmelzungsvertrag die **notarielle Beurkundung** als zwingende Formvorschrift vorgeschrieben.[1] Das Formerfordernis gilt, anders als noch die Vorgängerregelung vor Inkrafttreten des UmwG, **unabhängig von der Rechtsform** der beteiligten Rechtsträger.[2] Die **universelle Anwendbarkeit** dieser Vorschrift gewährleistet eine Harmonisierung der Voraussetzungen bei Verschmelzungsfällen, insbesondere wenn verschiedene Rechtsformen involviert sind.[3]

2. Verfahren

2 Das Verfahren zur notariellen Beurkundung des Verschmelzungsvertrags folgt den Vorschriften des **BeurkG**, insbesondere den Regelungen der **§§ 8 ff. BeurkG**, die generell die Beurkundung von Willenserklärungen betreffen.[4] Diese Vorschriften verlangen, dass die **Niederschrift**, einschließlich der vorangestellten **Feststellung** zu den beteiligten Parteien,

1) Semler/Stengel/Leonard-*Schröer/Greitemann*, UmwG, § 6 Rz. 1; *Wicke* in: BeckOGK-UmwG, § 6 Rz. 1.

2) Henssler/Strohn-*Heidinger-Knaier*, GesR, § 6 UmwG Rz. 1; *Wicke* in: BeckOGK-UmwG, § 6 Rz. 2; *Böttcher* in: NK-UmwG, § 6 Rz. 1; Schmitt/Hörtnagl-*Winter*, UmwG/UmwStG, § 6 UmwG Rz. 1; Semler/Stengel/Leonard-*Schröer/Greitemann*, UmwG, § 6 Rz. 1; Kallmeyer-*Zimmermann*, UmwG, § 6 Rz. 1; *Maulbetsch* in: HK-UmwG, § 6 Rz. 1.

3) *Maulbetsch* in: HK-UmwG, § 6 Rz. 1; *Wicke* in: BeckOGK-UmwG, § 6 Rz. 4; Schmitt/Hörtnagl-*Winter*, UmwG/UmwStG, § 6 UmwG Rz. 2.

4) Schmitt/Hörtnagl-*Winter*, UmwG/UmwStG, § 6 UmwG Rz. 6; *Maulbetsch* in: HK-UmwG, § 6 Rz. 8.

deren Vertretungsbefugnissen und den abgegebenen Erklärungen, zusammen mit dem **Verschmelzungsvertrag** vollständig **vorgelesen** wird.[5)]

3 Die Pflicht zur notariellen Beurkundung erstreckt sich nicht nur auf die zwingenden gesetzlichen Regelungen des Verschmelzungsvertrags selbst, sondern umfasst auch sämtliche **zusätzlichen inhaltlichen und Nebenabreden**, die nach dem subjektiven Willen der Beteiligten mit dem Vertrag in untrennbarer Verbindung stehen und somit ein **Gesamtregelwerk** nach § 139 BGB bilden (sog. „Regelungen, die miteinander stehen und fallen sollen").[6)] Darüber hinaus sind auch **nachträgliche Änderungen inhaltlicher Art** des Verschmelzungsvertrages **beurkundungspflichtig.**[7)] Etwas anderes gilt für **Aufhebung** des Verschmelzungsvertrages, nach h. M. ist dafür **keine notarielle Beurkundung** erforderlich.[8)]

4 Es ist ferner zu beachten, dass sich die Formvorschrift ausschließlich auf den Verschmelzungsvertrag in seiner **endgültigen Fassung** bezieht, wie er abgeschlossen werden soll. Der **Entwurf** des Verschmelzungsvertrages gemäß § 4 Abs. 2 ist **grundsätzlich nicht** beurkundungspflichtig.[9)] Die Pflicht zur **Beurkundung** kann jedoch für **Vor-Verträge** bestehen, insbesondere dann, wenn diese bereits eine **rechtliche Verpflichtung** enthalten, die auf den Abschluss des Verschmelzungsvertrages abzielen.[10)] Ein Beispiel dafür wäre, wenn der Entwurf so gestaltet ist, dass er die Anteilseigner der beteiligten Rechtsträger bereits zur Zustimmung zur Verschmelzung verpflichtet.[11)] Die Beurkundungspflicht kann auch durch eine **indirekte Verpflichtung** ausgelöst werden, wenn die Verweigerung der Zustimmung mit Nachteilen, wie **Vertragsstrafen** oder sog. **Break-up-Fees**, verknüpft ist, wodurch die Zustimmung durch die Höhe bzw. die konkrete Gestaltung der Klausel in eine bestimmte Richtung beeinflusst und letztlich erzwungen werden soll. Auf diese Weise entsteht eine **faktische Bindung.**[12)]

5 Im Kontext einer **Verschmelzung zur Neugründung** unterliegt auch die Satzung bzw. der Gesellschaftsvertrag des neu gegründeten Rechtsträgers der Pflicht zur **notariellen Beurkundung.** Dies ist selbst dann der Fall, wenn das Statut nach den allgemeinen gesellschaftsrechtlichen Vorgaben formfrei abgeschlossen werden könnte.[13)] Dies ergibt sich aus **§ 37**, wonach das Gründungsstatut zu einem zwingenden Bestandteil des Verschmelzungsvertrages erklärt wird.[14)]

---

5) *Böttcher* in: NK-UmwG, § 6 Rz. 1; Henssler/Strohn-*Heidinger-Knaier*, GesR, § 6 UmwG Rz. 1; Semler/Stengel/Leonard-*Schröer/Greitemann*, UmwG, § 6 Rz. 1; Kallmeyer-*Zimmermann*, UmwG, § 6 Rz. 1.

6) *Simon* in: KölnKomm-UmwG, § 6 Rz. 2; *Wicke* in: BeckOGK-UmwG, § 6 Rz. 7; *Böttcher* in: NK-UmwG, § 6 Rz. 5; Henssler/Strohn-*Heidinger-Knaier*, GesR, § 6 UmwG Rz. 2; Schmitt/Hörtnagl-*Winter*, UmwG/UmwStG, § 6 UmwG Rz. 4; Semler/Stengel/Leonard-*Schröer/Greitemann*, UmwG, § 6 Rz. 5; Kallmeyer-*Zimmermann*, UmwG, § 6 Rz. 7; Lutter-*Drygala*, UmwG, § 6 Rz. 2; *Maulbetsch* in: HK-UmwG, § 6 Rz. 5.

7) *Simon* in: KölnKomm-UmwG, § 6 Rz. 5; *Böttcher* in: NK-UmwG, § 6 Rz. 9; Semler/Stengel/Leonard-*Schröer/Greitemann*, UmwG, § 6 Rz. 9; Kallmeyer-*Zimmermann*, UmwG, § 6 Rz. 8; *Maulbetsch* in: HK-UmwG, § 6 Rz. 7.

8) Semler/Stengel/Leonard-*Schröer/Greitemann*, UmwG, § 6 Rz. 10; Henssler/Strohn-*Heidinger-Knaier*, GesR, § 6 UmwG Rz. 2; Kallmeyer-*Zimmermann*, UmwG, § 6 Rz. 9; *Maulbetsch* in: HK-UmwG, § 6 Rz. 7.

9) *Simon* in: KölnKomm-UmwG, § 6 Rz. 3; Kallmeyer-*Zimmermann*, UmwG, § 6 Rz. 1; Lutter-*Drygala*, UmwG, § 6 UmwG Rz. 2.

10) *Wicke* in: BeckOGK-UmwG, § 6 Rz. 14; Semler/Stengel/Leonard-*Schröer/Greitemann*, UmwG, § 6 Rz. 6; Lutter-*Drygala*, UmwG, § 6 Rz. 3; *Maulbetsch* in: HK-UmwG, § 6 Rz. 6.

11) *Simon* in: KölnKomm-UmwG, § 6 Rz. 3; *Böttcher* in: NK-UmwG, § 6 Rz. 8.

12) *Böttcher* in: NK-UmwG, § 6 Rz. 7; *Wicke* in: BeckOGK-UmwG, § 6 Rz. 14; Henssler/Strohn-*Heidinger-Knaier*, GesR, § 6 UmwG Rz. 5; Semler/Stengel/Leonard-*Schröer/Greitemann*, UmwG, § 6 Rz. 6; Kallmeyer-*Zimmermann*, UmwG, § 6 Rz. 1; Lutter-*Drygala*, UmwG, § 6 Rz. 4.

13) Semler/Stengel/Leonard-*Schröer/Greitemann*, UmwG, § 6 Rz. 6; *Wicke* in: BeckOGK-UmwG, § 6 Rz. 8; Henssler/Strohn-*Heidinger-Knaier*, GesR, § 6 UmwG Rz. 2; Lutter-*Drygala*, UmwG, § 6 Rz. 2.

14) Henssler/Strohn-*Heidinger-Knaier*, GesR, § 6 UmwG Rz. 2.

6 In der **Praxis** wird insbesondere bei Konzernverschmelzungen häufig eine **Gesamturkunde** erstellt, die den Verschmelzungsvertrag, die Verschmelzungsbeschlüsse der beteiligten Rechtsträger und eventuell erklärte Verzichtserklärungen umfasst.[15] Diese Vorgehensweise bietet den Vorteil, **Notargebühren** zu sparen.[16] Der Hintergrund ist, dass die Zustimmungsbeschlüsse der beteiligten Rechtsträger als ein Beurkundungsgegenstand gemäß § 109 GNotKG gelten. Obwohl der Verschmelzungsvertrag und die Zustimmungsbeschlüsse gemäß § 110 Nr. 1 GNotKG als separate Beurkundungsgegenstände eingestuft werden, wird deren Geschäftswert zusammengefasst. Dadurch kann der **Degressionseffekt** genutzt werden, insbesondere wenn der Verschmelzungsvertrag allein bereits den **Höchstbetrag** auslöst.[17]

3. Sinn und Zweck

7 Das Erfordernis der notariellen Beurkundung erfüllt gleich mehrere wichtige Zwecke. Die Verlesung des Vertrags durch den Notar gewährleistet dessen **Prüfungs- und Belehrungsfunktion.**[18] Zusätzlich sorgt die notarielle Urkunde für eine gesicherte Beweisführung, was die **Rechtssicherheit** stärkt.[19] Nicht zuletzt bietet die Beteiligung des Notars, mit dessen Vorprüfungsfunktion und persönlicher Haftung, eine Gewährleistung für die **materielle Richtigkeit.**[20]

4. Vollmachten

8 Wie bei Vollmachten üblich, greift eine Formvorschrift betreffend das Rechtsgeschäft, auf das sich die Vollmacht bezieht, nicht auf die Erteilung der Vollmacht selbst durch, gemäß **§ 167 Abs. 2 BGB.**[21] Das bedeutet, dass eine Vollmacht zum Abschluss eines Verschmelzungsvertrages durch die beteiligten Rechtsträger im **Grundsatz formfrei** erteilt werden kann.[22]

9 Insbesondere ergibt sich aus der mit der Verschmelzung verbundene **Kapitalerhöhung** keine Formvorschrift für die Vollmacht. Zwar erfordert eine Kapitalerhöhung, welche außerhalb einer Verschmelzung beschlossen wird eine notariell beglaubigte Vollmacht gemäß § 55 Abs. 1 GmbHG i. V. m. § 2 Abs. 2 GmbHG analog. Allerdings erfolgt die Kapitalerhöhung im Zusammenhang mit der Verschmelzung kraft Gesetzes automatisch, so dass **keine Übernahmeerklärung** nötig ist und die **Formvorschrift nicht** zur Anwendung kommt.[23]

10 **Praktisch** ist es jedoch empfehlenswert, **zumindest die Schriftform** einzuhalten, da die Vollmachten häufig zum Nachweis der Vertretungsbefugnis beim Handelsregister eingereicht werden.[24]

11 **Formvorschriften** für Vollmachten könnten sich jedoch **außerhalb des Umwandlungsrechts** ergeben, besonders wenn eine Kapitalgesellschaft im Zuge der Verschmelzung ge-

15) *Simon* in: KölnKomm-UmwG, § 6 Rz. 1; *Wicke* in: BeckOGK-UmwG, § 6 Rz. 5, *Böttcher* in: NK-UmwG, § 6 Rz. 1; Kallmeyer-*Zimmermann*, UmwG, § 6 Rz. 3.

16) Kallmeyer-*Zimmermann*, UmwG, § 6 Rz. 3.

17) Semler/Stengel/Leonard-*Schröer/Greitemann*, UmwG, § 6 Rz. 1; *Böttcher* in: NK-UmwG, § 6 Rz. 21.

18) *Böttcher* in: NK-UmwG, § 6 Rz. 2; Henssler/Strohn-*Heidinger-Knaier*, GesR, § 6 UmwG Rz. 1; Semler/Stengel/Leonard-*Schröer/Greitemann*, UmwG, § 6 Rz. 2; *Maulbetsch* in: HK-UmwG, § 6 Rz. 2.

19) *Böttcher* in: NK-UmwG, § 6 Rz. 2; *Wicke* in: BeckOGK-UmwG, § 6 Rz. 3; Henssler/Strohn-*Heidinger-Knaier*, GesR, § 6 UmwG Rz. 1; Semler/Stengel/Leonard-*Schröer/Greitemann*, UmwG, § 6 Rz. 2; *Maulbetsch* in: HK-UmwG, § 6 Rz. 2.

20) Henssler/Strohn-*Heidinger-Knaier*, GesR, § 6 UmwG Rz. 1; *Simon* in: KölnKomm-UmwG, § 6 Rz. 1; *Wicke* in: BeckOGK-UmwG, § 6 Rz. 3; *Böttcher* in: NK-UmwG, § 6 Rz. 2; Lutter-*Drygala*, UmwG, § 6 Rz. 1; *Maulbetsch* in: HK-UmwG, § 6 Rz. 2.

21) Semler/Stengel/Leonard-*Schröer/Greitemann*, UmwG, § 6 Rz. 11; Kallmeyer-*Zimmermann*, UmwG, § 6 Rz. 6; Lutter-*Drygala*, UmwG, § 6 Rz. 7.

22) *Wicke* in: BeckOGK-UmwG, § 6 Rz. 11; Henssler/Strohn-*Heidinger-Knaier*, GesR, § 6 UmwG Rz. 3.

23) Kallmeyer-*Zimmermann*, UmwG, § 6 Rz. 6; Lutter-*Drygala*, UmwG, § 6 Rz. 7.

24) Kallmeyer-*Zimmermann*, UmwG, § 6 Rz. 6.

gründet wird.[25)] In diesen Fällen ist eine notarielle Beglaubigung nach § 2 Abs. 2 GmbHG, § 23 Abs. 1 Satz 2 AktG oder § 280 Abs. 1 Satz 3 AktG erforderlich.[26)]

II. Zeitliche Reihenfolge

1. Sukzessivbeurkundung

Eine **gleichzeitige Anwesenheit** der Vertreter der beteiligten Rechtsträger ist **nicht erforderlich.** Gemäß **§ 152 Satz 1 BGB** können die Abgabe der jeweiligen Erklärungen betreffend Angebot und Annahme zum Abschluss des Verschmelzungsvertrages auch unabhängig voneinander in **separaten Notarterminen** erfolgen, die zu **verschiedenen Zeiten** stattfinden.[27)] 12

Aufgrund der kraft Gesetzes ausgelösten Gesamtrechtsnachfolge ist **selbst dann** keine gleichzeitige Anwesenheit der Beteiligten nach § 925 Abs. 1 Satz 1 BGB erforderlich, wenn das zu übertragende Vermögen **Grundstücke** umfasst, da i. R. der Verschmelzung **keine Auflassung** zu erklären ist.[28)] 13

2. Zustimmungsbeschlüsse

Die Beurkundung des Verschmelzungsvertrags kann **sowohl vor als auch nach der Beurkundung der Zustimmungsbeschlüsse** der Anteilseigner gemäß § 13 erfolgen.[29)] 14

Wichtig ist jedoch zu beachten, dass die alleinige Beurkundung des Verschmelzungsvertrags im Grunde noch nicht zu dessen Wirksamkeit führt.[30)] Für die **Wirksamkeit des Verschmelzungsvertrags** ist stets die **Zustimmung der beteiligten Anteilseigner** gemäß § 13 erforderlich.[31)] Etwas anderes gilt nur dann, wenn nach den gesetzlichen Regelungen die Zustimmungsbeschlüsse gänzlich entbehrlich sind.[32)] 15

In der **Praxis** empfiehlt es sich, den Zeitpunkt der Beurkundung je nach den Umständen des **Einzelfalls** zu wählen. Bei **Unsicherheiten** darüber, ob die Anteilseigner Änderungen am Verschmelzungsvertrag verlangen könnten, sollte zunächst ein **formfreier Entwurf** vorgelegt werden. Danach kann der **geänderte Vertrag** in der von den Anteilseignern festgelegten Form **beurkundet** werden, wodurch eine **Mehrfachbeurkundung vermieden** wird, die bei vorheriger Beurkundung erforderlich wäre.[33)] In diesem Fall ist es Aufgabe des **Notars**, die **Übereinstimmung** zwischen dem Vertragsentwurf, dem die Anteilseigner zugestimmt haben, und dem beurkundeten Verschmelzungsvertrag zu **überprüfen** und sicherzustellen, dass sie inhaltlich gleich sind.[34)] Bei **Überzeugung von der Übereinstimmung** wird der Verschmelzungsvertrag üblicherweise in **demselben Beurkundungstermin** wie die Zustimmungsbeschlüsse verabschiedet und erfolgt **direkt vor der Zustimmung.** 16

25) Kallmeyer-*Zimmermann*, UmwG, § 6 Rz. 12; Lutter-*Drygala*, UmwG, § 6 Rz. 7.

26) Henssler/Strohn-*Heidinger-Knaier*, GesR, § 6 UmwG Rz. 3.

27) Lutter-*Drygala*, UmwG, § 6 Rz. 6; *Böttcher* in: NK-UmwG, § 6 Rz. 4, 12; Henssler/Strohn-*Heidinger-Knaier*, GesR, § 6 UmwG Rz. 2; Semler/Stengel/Leonard-*Schröer/Greitemann*, UmwG, § 6 Rz. 14; Kallmeyer-*Zimmermann*, UmwG, § 6 Rz. 4; *Maulbetsch* in: HK-UmwG, § 6 Rz. 8.

28) Kallmeyer-*Zimmermann*, UmwG, § 6 Rz. 4.

29) Lutter-*Drygala*, UmwG, § 6 Rz. 5; *Simon* in: KölnKomm-UmwG, § 6 Rz. 8; *Böttcher* in: NK-UmwG, § 6 Rz. 11; Semler/Stengel/Leonard-*Schröer/Greitemann*, UmwG, § 6 Rz. 13; *Maulbetsch* in: HK-UmwG, § 6 Rz. 10.

30) Kallmeyer-*Zimmermann*, UmwG, § 6 Rz. 2.

31) *Wicke* in: BeckOGK-UmwG, § 6 Rz. 9.

32) Kallmeyer-*Zimmermann*, UmwG, § 6 Rz. 2.

33) *Böttcher* in: NK-UmwG, § 6 Rz. 10.

34) *Böttcher* in: NK-UmwG, § 6 Rz. 10; Semler/Stengel/Leonard-*Schröer/Greitemann*, UmwG, § 6 Rz. 8; Kallmeyer-*Zimmermann*, UmwG, § 6 Rz. 2; *Maulbetsch* in: HK-UmwG, § 6 Rz. 9.

III. Beurkundungen mit Auslandsbezug

17 Ob und unter welchen Voraussetzungen eine Beurkundung des Verschmelzungsvertrags im Ausland in Betracht kommt, ist in der **Literatur umstritten.** Mit dem Beschluss des OLG München vom 7.5.2026 liegt nunmehr eine obergerichtliche Entscheidung speziell zur Auslandsbeurkundung eines Verschmelzungsvertrags nach § 6 UmwG vor.[35] In der Praxis spielte die Auslandsbeurkundung von Umwandlungsmaßnahmen bislang, vor allem auch wegen der überschaubaren Kostenfolgen (siehe unten Rz. 21 f.), keine große Rolle. Nach der jüngsten obergerichtlichen Rechtsprechung könnte ihre praktische Relevanz allerdings künftig zunehmen.

18 Sollte eine Auslandsbeurkundung dennoch als einzige Option in Betracht kommen, ist zu beachten, dass die überwiegende Meinung davon ausgeht, dass für Strukturbeschlüsse, zu denen auch die Verschmelzung zählt, das **Gesellschaftsstatut maßgeblich** ist.[36] Das bedeutet, dass bei der Beurkundung die Formvorschrift des **§ 6 einzuhalten** ist, auch wenn die Beurkundung durch einen **ausländischen Notar** erfolgen soll.[37] Nach der Entscheidung des OLG München steht die Anwendung des Gesellschaftsstatuts der Beurkundung durch einen ausländischen Notar nicht entgegen, sofern die ausländische Beurkundung den Anforderungen an die Gleichwertigkeit genügt. Voraussetzung ist, dass die ausländische **Urkundsperson** nach Ausbildung und Stellung im Rechtsleben eine dem deutschen Notar vergleichbare Funktion ausübt und das ausländische **Beurkundungsprozess** den Grundsätzen des deutschen Beurkundungsrechts gleichwertig ist.[38]

19 Die Gleichwertigkeit einer ausländischen Urkundsperson wird insbesondere dann **infrage gestellt**, wenn das **Haftungsregime** der ausländischen Urkundsperson Abweichungen aufweist oder **Haftungsbeschränkungen**, wie bei Züricher Notaren üblich, vereinbart sind.[39] Fehlt es hingegen an tragenden Verfahrensgrundsätzen – etwa an der Verlesung, Genehmigung oder Unterzeichnung der Urkunde –, dürfte die **Gleichwertigkeit** regelmäßig ausscheiden.[40] Nach der Entscheidung des OLG München steht es der **Wirksamkeit der Auslandsbeurkundung** nicht entgegen, dass der ausländische Notar keine umfassende Belehrung zum deutschen Recht vornimmt. Die materielle Richtigkeitsgewähr zählt danach nicht zu den zwingenden Wirksamkeitsvoraussetzungen der Beurkundung.[41] Bei umwandlungsrechtlichen Maßnahmen, die oft einen hohen Grad an juristischer Komplexität aufweisen, kann dies mit Unsicherheit verbunden sein, sollte jedoch nicht grundsätzlich in Abrede gestellt werden.[42] Wenn nicht schon aus Gründen der Vorsicht von einer Beurkundung im Ausland

35) OLG München, Beschl. v. 7.5.2026 – 34 Wx 41/26 e, wonach die Beurkundung durch einen österreichischen Notar ausdrücklich als formwirksam anerkannt wurde.

36) Begr. RegE IPR-Neuregelungsgesetz, BT-Drucks. 10/504, S. 49; *Simon* in: KölnKomm-UmwG, § 6 Rz. 9; *Wicke* in: BeckOGK-UmwG, § 6 Rz. 17; Semler/Stengel/Leonard-*Schröer/Greitemann*, UmwG, § 6 Rz. 16.

37) *Maulbetsch* in: HK-UmwG, § 6 Rz. 13; *Simon* in: KölnKomm-UmwG, § 6 Rz. 10.

38) BGH, Beschl. v. 17.12.2013 – II ZB 6/13, Rz. 14 ff., NZG 2014, 219 = DNotZ 2014, 457, in Fortführung von BGH, Beschl. v. 16.2.1981 – II ZB 8/80, ZIP 1981, 402 = NJW 1981, 1160; *Böttcher* in: NK-UmwG, § 6 Rz. 16; Henssler/Strohn-*Heidinger-Knaier*, GesR, § 6 UmwG Rz. 6; Kallmeyer-*Zimmermann*, UmwG, § 6 Rz. 10; Lutter-*Drygala*, UmwG, § 6 Rz. 10; *Maulbetsch* in: HK-UmwG, § 6 Rz. 14.

39) *Simon* in: KölnKomm-UmwG, § 6 Rz. 12; *Wicke* in: BeckOGK-UmwG, § 6 Rz. 18; *Böttcher* in: NK-UmwG, § 6 Rz. 16; Lutter-*Drygala*, UmwG, § 6 Rz. 10; *Maulbetsch* in: HK-UmwG, § 6 Rz. 14. Anzumerken ist, dass das OLG München der Notarhaftung jedoch keine entscheidende Bedeutung für die Gleichwertigkeit der Beurkundung beimisst (OLG München, Beschl. v. 7.5.2026 – 34 Wx 41/26 e).

40) *Böttcher* in: NK-UmwG, § 6 Rz. 16; Semler/Stengel/Leonard-*Schröer/Greitemann*, UmwG, § 6 Rz. 17; Kallmeyer-*Zimmermann*, UmwG, § 6 Rz. 11; *Maulbetsch* in: HK-UmwG, § 6 Rz. 14.

41) Henssler/Strohn-*Heidinger-Knaier*, GesR, § 6 UmwG Rz. 6; Schmitt/Hörtnagl-*Winter*, UmwG/UmwStG, § 6 UmwG Rz. 15; Semler/Stengel/Leonard-*Schröer/Greitemann*, UmwG, § 6 Rz. 17; *Maulbetsch* in: HK-UmwG, § 6 Rz. 14.

42) *Böttcher* in: NK-UmwG, § 6 Rz. 16; *Maulbetsch* in: HK-UmwG, § 6 Rz. 14.

abgesehen wird, ist es in jedem Fall **empfehlenswert**, die geplante Auslandsbeurkundung frühzeitig mit dem zuständigen **Handelsregister abzustimmen.**[43)]

IV. Beurkundungsfehler

Fehler bei der Beurkundung führen gemäß **§§ 125 Satz 1, 139 BGB** zur **Nichtigkeit** des Verschmelzungsvertrages.[44)] Grundsätzlich müsste das **Registergericht** die Eintragung einer fehlerhaften Verschmelzung **verweigern.**[45)] Sollte eine **Eintragung** der Verschmelzung im Handelsregister dennoch erfolgen, wird dadurch der Formmangel gemäß § 20 Abs. 1 Nr. 4 **geheilt.**[46)] 20

V. Kosten

Der **Geschäftswert** für Verschmelzungsverträge hat eine **Untergrenze** von **30.000 €.**[47)] Die **Geschäftswertobergrenze** für die Bemessung der Beurkundungskosten liegt gemäß § 107 Abs. 1 Satz 1 GNotKG bei **10 Mio. €.**[48)] Damit liegt der **Höchstbetrag** der Beurkundung bei **22.770 €.**[49)] 21

In der **Praxis** bedeutet die Festlegung des **Höchstbetrags**, dass der Gang zu einem ausländischen Notar allein aufgrund der Kostenüberlegungen weniger attraktiv erscheint.[50)] 22

---

43) *Maulbetsch* in: HK-UmwG, § 6 Rz. 15; *Böttcher* in: NK-UmwG, § 6 Rz. 16; Henssler/Strohn-*Heidinger-Knaier*, GesR, § 6 UmwG Rz. 6a; Schmitt/Hörtnagl-*Winter*, UmwG/UmwStG, § 6 UmwG Rz. 18; Semler/Stengel/Leonard-*Schröer/Greitemann*, UmwG, § 6 Rz. 17; Kallmeyer-*Zimmermann*, UmwG, § 6 Rz. 11.

44) *Böttcher* in: NK-UmwG, § 6 Rz. 18; Henssler/Strohn-*Heidinger-Knaier*, GesR, § 6 UmwG Rz. 4, Schmitt/Hörtnagl-*Winter*, UmwG/UmwStG, § 6 UmwG Rz. 5; Semler/Stengel/Leonard-*Schröer/Greitemann*, UmwG, § 6 Rz. 19; Lutter-*Drygala*, UmwG, § 6 Rz. 16; *Maulbetsch* in: HK-UmwG, § 6 Rz. 16.

45) Henssler/Strohn-*Heidinger-Knaier*, GesR, § 6 UmwG Rz. 4; Semler/Stengel/Leonard-*Schröer/Greitemann*, UmwG, § 6 Rz. 19; Lutter-*Drygala*, UmwG, § 6 Rz. 16; *Maulbetsch* in: HK-UmwG, § 6 Rz. 16.

46) *Böttcher* in: NK-UmwG, § 6 Rz. 18; Henssler/Strohn-*Heidinger-Knaier*, GesR, § 6 UmwG Rz. 4; Schmitt/Hörtnagl-*Winter*, UmwG/UmwStG, § 6 UmwG Rz. 5; Semler/Stengel/Leonard-*Schröer/Greitemann*, UmwG, § 6 Rz. 19; Lutter-*Drygala*, UmwG, § 6 Rz. 16; *Maulbetsch* in: HK-UmwG, § 6 Rz. 16.

47) *Wicke* in: BeckOGK-UmwG, § 6 Rz. 24; *Böttcher* in: NK-UmwG, § 6 Rz. 20; Kallmeyer-*Zimmermann*, UmwG, § 6 Rz. 13.

48) Schmitt/Hörtnagl-*Winter*, UmwG/UmwStG, § 6 UmwG Rz. 20; Henssler/Strohn-*Heidinger-Knaier*, GesR, § 6 UmwG Rz. 7; Semler/Stengel/Leonard-*Schröer/Greitemann*, UmwG, § 6 Rz. 20; Kallmeyer-*Zimmermann*, UmwG, § 6 Rz. 13.

49) *Simon* in: KölnKomm-UmwG, § 6 Rz. 8¸ *Böttcher* in: NK-UmwG, § 6 Rz. 20; Lutter-*Drygala*, UmwG, § 6 Rz. 14; *Maulbetsch* in: HK-UmwG, § 6 Rz. 19.

50) Semler/Stengel/Leonard-*Schröer/Greitemann*, UmwG, § 6 Rz. 15.

§ 7
Kündigung des Verschmelzungsvertrags

[1]Ist der Verschmelzungsvertrag unter einer Bedingung geschlossen worden und ist diese binnen fünf Jahren nach Abschluß des Vertrags nicht eingetreten, so kann jeder Teil den Vertrag nach fünf Jahren mit halbjähriger Frist kündigen; im Verschmelzungsvertrag kann eine kürzere Zeit als fünf Jahre vereinbart werden. [2]Die Kündigung kann stets nur für den Schluß des Geschäftsjahres des Rechtsträgers, dem gegenüber sie erklärt wird, ausgesprochen werden.

Literatur: *Hoffmann-Becking*, Das neue Verschmelzungsrecht in der Praxis, in: Festschrift für Hans-Joachim Fleck, 1988, S. 105; *Kiem*, Die schwebende Umwandlung, ZIP 1999, 173.

Übersicht

I. Allgemeines

1. Normzweck

1 Zweck der Norm ist die Wiederherstellung der **Dispositionsfreiheit** der Parteien nach Ablauf eines Zeitraums, nach dem jedenfalls wahrscheinlich ist, dass die wirtschaftlichen Eckpunkte des Verschmelzungsvertrags, insbesondere das vereinbarte Umtauschverhältnis, nicht länger die Realität widerspiegeln.[1] Das Gesetz unterstellt entsprechend ein pauschales Interesse, sich nach **Ablauf dieses Zeitraums einseitig von dem Vertrag lösen** zu können, ohne dabei etwa mit der Beweislast – wie i. R. der Störung der Geschäftsgrundlage nach § 313 Abs. 3 Satz 1 BGB – belastet zu sein. Tatsächlich wird der Zeitraum von **fünf Jahren** für die meisten Fälle bereits zu lang bemessen sein, um diesem Interesse ausreichend Rechnung zu tragen (siehe zur Modifizierbarkeit der Norm Rz. 15).[2]

2 Der Normzweck erklärt sich **historisch** aus der Nutzung von Verschmelzungsverträgen i. R. der **Beendigung von Interessengemeinschaften** durch die die vormals vertragliche Verflechtung gesellschaftsrechtlich verfestigt wurde. Im Rahmen von Interessengemeinschaften wurden Verschmelzungsverträge daher häufig betagt vereinbart; hier sah § 235 Abs. 2 Satz 1 AktG 1937 (und § 341 Abs. 2 Satz 1 AktG 1965) ein gesetzliches Kündigungsrecht vor.[3] Diese Überlegungen spielen heute keine Rolle mehr, erklären aber die Besonderheiten des § 7, wie die Kündigung zum Geschäftsjahresende und die aus heutigem Blickwinkel ungewöhnlich lange Schwebezeit von fünf Jahren.[4]

2. Norminhalt

3 Die Norm vermittelt den Parteien eines Verschmelzungsvertrags ein **gesetzliches Kündigungsrecht** für den Fall, dass **eine vertraglich vereinbarte Bedingung** nach Ablauf von fünf Jahren seit Vertragsschluss **noch nicht eingetreten** ist.

4 Die Kündigung kann mit **halbjähriger Frist** zum Ende eines Geschäftsjahres des jeweils anderen Vertragsteils ausgeübt werden. Terminologisch ist die Norm zumindest unscharf; da der Verschmelzungsvertrag kein Dauerschuldverhältnis begründet, müsste eher von einem Rücktrittsrecht als einem Kündigungsrecht die Rede sein.[5]

5 Neben dem eigentlichen Regelungsgehalt verdeutlicht die Norm, dass Verschmelzungsverträge nicht bedingungsfeindlich sind.[6]

---

1) Schmitt/Hörtnagl-*Winter*, UmwG/UmwStG, § 7 UmwG Rz. 7; Lutter-*Drygala*, UmwG, § 7 Rz. 1; Kallmeyer-*Oppenhoff*, UmwG, § 7 Rz. 1; *Hoffmann-Becking* in: FS Fleck, S. 105, 117 ff.

2) Ähnl. auch Semler/Stengel/Leonard-*Schröer/Greitemann*, UmwG, § 7 Rz. 1.

3) Zum historischen Hintergrund ausf.: *Leuering* in: KölnKomm-UmwG, § 7 Rz. 1 ff. Vgl. auch *Böttcher* in: NK-UmwG, § 7 Rz. 2.

4) *Leuering* in: KölnKomm-UmwG, § 7 Rz. 2 f.

5) So auch: *Leuering* in: KölnKomm-UmwG, § 7 Rz. 5 f.

6) Widmann/Mayer-*Mayer*, UmwR, § 5 UmwG Rz. 235.1; Lutter-*Drygala*, UmwG, § 5 Rz. 136; *Wicke* in: BeckOGK-UmwG, § 5 Rz. 2; Schmitt/Hörtnagl-*Winter*, UmwG/UmwStG, § 7 UmwG Rz. 4 ff.

3. Umfasste Vertragsgestaltungen

Während der Wortlaut von § 7 nur **aufschiebende** Bedingungen des Verschmelzungsvertrags umfasst, umfasst die Norm nach vorzugswürdiger **Auslegung auch auflösende Bedingungen, Befristungen sowie vergleichbare Fallgestaltungen.** 6

Auflösende Bedingung sind schon deshalb als vom Anwendungsbereich der Norm umfasst anzusehen, da eine aufschiebende Bedingung in ihrem Umkehrschluss auch als auflösende Bedingung vereinbart werden kann. Den Parteien ist daher auch ein Kündigungsrecht nach § 7 zuzugestehen, wenn der Verschmelzungsvertrag unter auflösender Bedingung vereinbart worden ist und nach Ablauf von fünf Jahren der Eintritt der auflösenden Bedingung weiterhin denkbar ist.[7] 7

Befristungen fallen schon allein deshalb in den Anwendungsbereich der Norm, da der Anwendungsbereich andernfalls kaum trennscharf zu ziehen ist, so dass auch dann den Parteien ein Kündigungsrecht zusteht, wenn der Verschmelzungsvertrag auf **mehr als fünf Jahre** befristet ist.[8] 8

Daneben spricht viel dafür, die Norm auch auf **Fälle mit vergleichbarer Interessenlage** anzuwenden. Anzuwenden ist die Norm nach vorzugswürdiger Auffassung daher auf die Vereinbarung, dass eine Vertragspartei berechtigt ist, jederzeit Vollzug des Verschmelzungsvertrags verlangen zu können, bzw. einseitig ein dauerhaft bindendes Angebot vorliegt.[9] 9

4. Berücksichtigung im Registerverfahren

Als Wirksamkeitsvoraussetzung des Verschmelzungsvertrags ist der Eintritt (echter) aufschiebender Bedingungen bzw. aufschiebender Befristungen oder das Ausbleiben auflösender Bedingungen **dem Registergericht** gegenüber bei der Anmeldung der Verschmelzung nach § 16 **nachzuweisen.**[10] 10

Trägt das Registergericht die Verschmelzung ein, obwohl es am Eintritt einer erforderlichen Bedingung fehlt oder eine auflösende Bedingung noch hätte eintreten können, wird die Verschmelzung dennoch wirksam, ein späterer Eintritt einer auflösenden Bedingung hat auf die Verschmelzung keinen Einfluss (§ 20 Abs. 2).[11] 11

II. Voraussetzung der Ausübung des gesetzlichen Kündigungsrechts

1. Bedingter Verschmelzungsvertrag

Grundvoraussetzung des Kündigungsrechts ist der **wirksame Abschluss** eines Verschmelzungsvertrags unter einer Bedingung (oder anderer umfasster Fallgestaltungen, siehe Rz. 6 ff.).[12] Eine **fehlende notarielle Beurkundung** oder ein ausgebliebener Bestätigungsbeschluss der Anteilsinhaber (siehe aber oben zum Fall einseitiger Bindung, Rz. 9) schließt das Kündigungsrecht aus. 12

---

7) Für die Anwendung auch auf auflösende Bedingungen auch: *Böttcher* in: NK-UmwG, § 7 Rz. 3; Widmann/Mayer-*Heckschen*, UmwR, § 7 UmwG Rz. 25. Gegen die Anwendung auf die auflösende Bedingung: *Maulbetsch* in: HK-UmwG, § 7 Rz. 11.

8) *Böttcher* in: NK-UmwG, § 7 Rz. 3; Semler/Stengel/Leonard-*Schröer/Greitemann*, UmwG, § 7 Rz. 13; *Leuering* in: KölnKomm-UmwG, § 7 Rz. 11.

9) Semler/Stengel/Leonard-*Schröer/Greitemann*, UmwG, § 7 Rz. 11 f.; Lutter-*Drygala*, UmwG, § 7 Rz. 4; *Wicke* in: BeckOGK-UmwG, § 7 Rz. 10.

10) *Wicke* in: BeckOGK-UmwG, § 7 Rz. 6; *Maulbetsch* in: HK-UmwG, § 7 Rz. 11; Widmann/Mayer-*Heckschen*, UmwR, § 7 UmwG Rz. 18.

11) *Wicke* in: BeckOGK-UmwG, § 7 Rz. 7; Semler/Stengel/Leonard-*Leonard/Simon*, UmwG, § 20 Rz. 99.

12) *Böttcher* in: NK-UmwG, § 7 Rz. 4, 10.

13 Ebenso berechtigen **rein faktische oder rechtliche Hindernisse** des Vollzugs des Verschmelzungsvertrags nicht zur Kündigung nach § 7, soweit nicht eine entsprechende Bedingung im Verschmelzungsvertrag vereinbart worden ist.[13)]

2. Kündigungserklärung

14 Die Kündigung des Verschmelzungsvertrags ist durch das Vertretungsorgan einer Vertragspartei **gegenüber der anderen Vertragspartei** zu erklären.[14)] Ein Beschluss durch die Anteilseignerseite ist nach gesetzlicher Konzeption nicht erforderlich, es können aber Zustimmungsvorbehalte vertraglich vorgesehen werden.[15)]

3. Schwebezeitraum von fünf Jahren und Kündigungsfrist

15 Die Kündigung kann nach fünf Jahren mit einer **Frist von einem halben Jahr zum Ende des Geschäftsjahres** des Kündigungsempfängers erklärt werden. Der Schwebezeitraum von fünf Jahren **beginnt** mit formwirksamem Vertragsschluss.[16)] Auf spätere Wirksamkeitsvoraussetzungen wie Zustimmungsbeschlüsse der Anteilsinhaber kommt es wegen des Normzwecks nicht an, da mit dem Vertragsschluss das Umtauschverhältnis bereits festgelegt ist.[17)] Der Zeitraum von fünf Jahren begrenzt lediglich den **Zeitpunkt der Wirksamkeit der Kündigung**, so dass die Erklärung der Kündigung bereits innerhalb des Zeitraums von fünf Jahren erfolgen kann.[18)]

16 Sofern es während der sechsmonatigen Kündigungsfrist zum Eintritt der Bedingung kommt, ist die **Kündigung hinfällig** und entfaltet keine Wirkung.[19)] Gleiches gilt – auch ohne Eintritt der Bedingung (siehe oben Rz. 8) – für eine zwischenzeitliche Wirksamkeit der Verschmelzung.[20)]

III. Abdingbarkeit und Modifizierbarkeit

17 Das Kündigungsrecht nach § 7 ist **weder abdingbar noch einschränkbar.** Eine **Verlängerung** der Kündigungsfrist oder des Schwebezeitraums bis zur Kündigung ist daher nach h. A. nicht möglich.[21)]

18 Die Kündigung kann jedoch **erleichtert** werden; entsprechend kann eine **Verkürzung** der Kündigungsfrist vorgesehen werden.[22)] Daneben kann vereinbart werden, dass die Kündigung zu einem **anderen Termin** als zum Ende des Geschäftsjahres erfolgen kann[23)] (was ohnehin nur aus der historischen Verbindung zur Interessengemeinschaft erklärlich ist)[24)].

---

13) *Böttcher* in: NK-UmwG, § 7 Rz. 4; Semler/Stengel/Leonard-*Schröer/Greitemann*, UmwG, § 7 Rz. 4; Lutter-*Drygala*, UmwG, § 7 Rz. 3. Zu Verzögerungen bei Umwandlungen: *Kiem*, ZIP 1999, 173.

14) Kallmeyer-*Oppenhoff*, UmwG, § 7 Rz. 4; *Böttcher* in: NK-UmwG, § 7 Rz. 12.

15) Henssler/Strohn-*Heidinger*, GesR, § 7 UmwG Rz. 4; Lutter-*Drygala*, UmwG, § 7 Rz. 6; Kallmeyer-*Oppenhoff*, UmwG, § 7 Rz. 4; *Leuering* in: KölnKomm-UmwG, § 7 Rz. 11; *Wicke* in: BeckOGK-UmwG, § 7 Rz. 12. A. A.: Widmann/Mayer-*Heckschen*, UmwR, § 7 UmwG Rz. 42 ff.

16) *Leuering* in: KölnKomm-UmwG, § 7 Rz. 14; Semler/Stengel/Leonard-*Schröer/Greitemann*, UmwG, § 7 Rz. 7.

17) Begr. RegE UmwBerG, BR-Drucks. 75/94, S. 83; *Wicke* in: BeckOGK-UmwG, § 7 Rz. 11; Semler/Stengel/Leonard-*Schröer/Greitemann*, UmwG, § 7 Rz. 7.

18) *Wicke* in: BeckOGK-UmwG, § 7 Rz. 13; Semler/Stengel/Leonard-*Schröer/Greitemann*, UmwG, § 7 Rz. 9.

19) *Leuering* in: KölnKomm-UmwG, § 7 Rz. 18; Semler/Stengel/Leonard-*Schröer/Greitemann*, UmwG, § 7 Rz. 9; Henssler/Strohn-*Heidinger*, GesR, § 7 UmwG Rz. 4.

20) *Wicke* in: BeckOGK-UmwG, § 7 Rz. 13; Kallmeyer-*Oppenhoff*, UmwG, § 7 Rz. 5.

21) *Leuering* in: KölnKomm-UmwG, § 7 Rz. 16; Lutter-*Drygala*, UmwG, § 7 Rz. 7; Kallmeyer-*Oppenhoff*, UmwG, § 7 Rz. 3. A. A.: Schmitt/Hörtnagl-*Winter*, UmwG/UmwStG, § 7 UmwG Rz. 9.

22) Lutter-*Drygala*, UmwG, § 7 Rz. 2; *Leuering* in: KölnKomm-UmwG, § 7 Rz. 16.

23) Lutter-*Drygala*, UmwG, § 7 Rz. 2; *Leuering* in: KölnKomm-UmwG, § 7 Rz. 16.

24) *Leuering* in: KölnKomm-UmwG, § 7 Rz. 4.

Daneben sieht § 7 Satz 1 Halbs. 2 schon ausdrücklich vor, dass der Zeitraum bis zur möglichen Kündigung von fünf Jahren verkürzt werden kann.

Solche Modifikationen sind in der Praxis häufig zu empfehlen, da in der Regel schon vor Ablauf von fünf Jahren nach Abschluss des Verschmelzungsvertrages mit erheblichen Veränderungen der wirtschaftlichen Umstände der Parteien zu rechnen sein wird.[25] 19

IV. Parallel bestehende Rechte

§ 7 verdrängt nicht etwaige daneben bestehende gesetzliche oder vertragliche Rechte. 20

1. Gesetzliche Rechte

Neben dem Kündigungsrecht nach § 7 können insbesondere die **Rücktrittsrechte** des **allgemeinen Vertragsrechts** bestehen. Die Rechte gemäß § 313 Abs. 3 Satz 1 BGB und § 323 BGB treten neben das Kündigungsrecht aus § 7.[26] 21

Im Rahmen des § 313 Abs. 3 Satz 1 BGB ist zu beachten, dass die **Vertragsanpassung** der gesetzliche Regelfall, der Rücktritt nur der Ausnahmefall ist.[27] Gleichwohl dürfte es sich bei einem erheblichen Anpassungsbedarf des Umtauschverhältnisses um einen solchen Fall handeln.[28] 22

Die in einem Verschmelzungsvertrag niedergelegten Pflichten der Parteien stehen in einem **synallagmatischen Verhältnis**; erbringt eine Partei ihre Pflichten aus den Verschmelzungen nicht oder nicht vertragsgemäß, kann der anderen Partei daher ein Rücktrittsrecht gemäß **§§ 323 ff. BGB** zustehen.[29] 23

2. Vertraglich eingeräumte Rechte

Neben dem gesetzlichen Kündigungsrecht können ohne weiteres ergänzende vergleichbare vertragliche Rechte eingeräumt werden.[30] Solche bieten sich insbesondere für umsetzungsbezogene Rücktrittsrechte an. Regelungstechnisch ließe sich der Verschmelzungsvertrag auch auf solche Umstände bedingen. Das Rücktrittsrecht bietet den Parteien demgegenüber jedoch größere Flexibilität. 24

V. Anwendungsbereich über die Verschmelzung hinaus

§ 7 ist über die Verschmelzung hinaus auf die **Spaltung** (§ 125), die **Vermögensübertragung** (§§ 176 Abs. 1, 177 Abs. 1, 125) und die **grenzüberschreitenden** Pendants der Verschmelzung (§ 305 Abs. 2) und der Spaltung (§§ 320 Abs. 2, 125) anwendbar. 25

Daneben findet die Norm Anwendung bei der Gründung von **SE und SCE**, wenn diese durch eine Verschmelzung erfolgt (Art. 18 SE-VO[31]; Art. 20 SCE-VO[32]).[33] 26

25) Lutter-*Drygala*, UmwG, § 7 Rz. 2; Semler/Stengel/Leonard-*Schröer/Greitemann*, UmwG, § 7 Rz. 1; Widmann/Mayer-*Heckschen*, UmwR, § 7 UmwG Rz. 4.

26) Henssler/Strohn-*Heidinger*, GesR, § 7 UmwG Rz. 5; *Böttcher* in: NK-UmwG, § 7 Rz. 15; *Leuering* in: KölnKomm-UmwG, § 7 Rz. 20.

27) *Finkenauer* in: MünchKomm-BGB, § 313 BGB Rz. 81; Jauernig-*Stadler*, BGB, § 313 Rz. 29.

28) Lutter-*Drygala*, UmwG, § 4 Rz. 41; Schmitt/Hörtnagl-*Winter*, UmwG/UmwStG, § 7 UmwG Rz. 26.

29) Schmitt/Hörtnagl-*Winter*, UmwG/UmwStG, § 7 UmwG Rz. 28 f.; *Böttcher* in: NK-UmwG, § 7 Rz. 15; *Wicke* in: BeckOGK-UmwG, § 4 Rz. 37.

30) *Leuering* in: KölnKomm-UmwG, § 7 Rz. 22; Lutter-*Drygala*, UmwG, § 4 Rz. 40.

31) Verordnung (EG) Nr. 2157/2001 des Rates v. 8.10.2001 über das Statut der Europäischen Gesellschaft (SE) (SE-VO), ABl. (EU) L 294/1 v. 10.11.2001.

32) Verordnung (EG) Nr. 1435/2003 des Rates v. 22.7.2003 über das Statut der Europäischen Genossenschaft (SCE) (SCE-VO), ABl.(EU) L 207/1 v. 18.8.2003.

33) *Wicke* in: BeckOGK-UmwG, § 7 Rz. 14; Widmann/Mayer-*Heckschen*, UmwR, § 7 UmwG Rz. 2, 9.

§ 8
Verschmelzungsbericht*)

(1) [1]Die Vertretungsorgane jedes der an der Verschmelzung beteiligten Rechtsträger haben einen ausführlichen schriftlichen Bericht (Verschmelzungsbericht) zu erstatten, in dem Folgendes rechtlich und wirtschaftlich erläutert und begründet wird:

1. die Verschmelzung,
2. der Verschmelzungsvertrag oder sein Entwurf im Einzelnen, insbesondere
   a) das Umtauschverhältnis der Anteile einschließlich der zu seiner Ermittlung gewählten Bewertungsmethoden oder die Angaben über die Mitgliedschaft bei dem übernehmenden Rechtsträger sowie
   b) die Höhe einer anzubietenden Barabfindung einschließlich der zu ihrer Ermittlung gewählten Bewertungsmethoden.

[2]Der Verschmelzungsbericht kann von den Vertretungsorganen auch gemeinsam erstattet werden. [3]Auf besondere Schwierigkeiten bei der Bewertung der Rechtsträger sowie auf die Folgen für die Beteiligung der Anteilsinhaber ist hinzuweisen. [4]Ist ein an der Verschmelzung beteiligter Rechtsträger ein verbundenes Unternehmen im Sinne des § 15 des Aktiengesetzes, so sind in dem Bericht auch Angaben über alle für die Verschmelzung wesentlichen Angelegenheiten der anderen verbundenen Unternehmen zu machen. [5]Auskunftspflichten der Vertretungsorgane erstrecken sich auch auf diese Angelegenheiten.

(2) [1]In den Bericht brauchen Tatsachen nicht aufgenommen zu werden, deren Bekanntwerden geeignet ist, einem der beteiligten Rechtsträger oder einem verbundenen Unternehmen einen nicht unerheblichen Nachteil zuzufügen. [2]In diesem Falle sind in dem Bericht die Gründe, aus denen die Tatsachen nicht aufgenommen worden sind, darzulegen.

(3) [1]Der Bericht ist nicht erforderlich, wenn alle Anteilsinhaber des beteiligten Rechtsträgers auf seine Erstattung verzichten. [2]Die Verzichtserklärungen sind notariell zu beurkunden. [3]Der Bericht ist ferner nicht erforderlich

1. für den übertragenden und den übernehmenden Rechtsträger, wenn
   a) sich alle Anteile des übertragenden Rechtsträgers in der Hand des übernehmenden Rechtsträgers befinden oder
   b) sich alle Anteile des übertragenden und des übernehmenden Rechtsträgers in der Hand desselben Rechtsträgers befinden, sowie
2. für denjenigen an der Verschmelzung beteiligten Rechtsträger, der nur einen Anteilsinhaber hat.

*) § 8 i. d. F. des UmwBerG geändert durch Art. 1 des Gesetzes zur Umsetzung der Umwandlungsrichtlinie und zur Änderung weiterer Gesetze (UmRUG), v. 22.2.2023, BGBl. I 2023, Nr. 51.

Übersicht

I. Allgemeines

1 **Sinn und Zweck** des nach § 8 für Verschmelzungen – unabhängig von der Rechtsform der beteiligten Rechtsträger[1] – erforderlichen **Verschmelzungsberichts** ist der Schutz der Anteilsinhaber zur Schaffung einer ausreichenden Informationsgrundlage für den durch diese zu fassenden Verschmelzungsbeschluss gemäß § 13.[2]

2 Die grundsätzliche Berichtspflicht und der Inhalt des durch die Vertretungsorgane zu erstattenden Berichts werden **durch § 8 Abs. 1** der Regelung **konkretisiert.** In den weiteren Absätzen werden in ihrem Umfang zunehmende Ausnahmen von der Berichtspflicht gemacht. **§ 8 Abs. 2** sieht für den Fall von **Geheimhaltungsinteressen** Erleichterungen hinsichtlich der Berichtspflicht vor. **§ 8 Abs. 3** erlaubt in einer Zahl abschließend aufgezählter Fälle einen gänzlichen **Verzicht** auf die Berichtspflicht.

3 Die Regelung hat durch das UmRUG[3] mit Geltung ab dem 1.3.2023 eine Reform erfahren, infolge welcher Absatz 1 nunmehr regelt, dass auch die zur Ermittlung des **Umtauschverhältnisses** sowie der **Barabfindung** gewählten Bewertungsmethoden zu erläutern sind. Zudem wurden die Ausnahmetatbestände des Absatz 3 erweitert (siehe hierzu unter Rz. 21).[4]

II. Erstattungspflicht der Vertretungsorgane (§ 8 Abs. 1)

4 Die in § 8 Abs. 1 geregelte Berichtspflicht ist als **Organpflicht** für die vertretungsberechtigten Organe selbst ausgestaltet. Sie trifft das jeweilige Vertretungsorgan **jeder** an der Verschmelzung **beteiligten Gesellschaft.**[5] Insoweit trifft die Pflicht das jeweilige Organ unmittelbar selbst und nicht die Gesellschaft.[6] Das Organ hat den Bericht selbst zu erstatten, eine **Delegation** an einzelne Organmitglieder oder an Dritte i. S. einer Vertretung ist nicht zulässig.[7] Die Heranziehung von **Hilfspersonen** bei der Erstellung des Berichts ist zulässig.[8]

5 Möglich ist gemäß § 8 Abs. 1 Satz 2 die **gemeinsame Erstattung** des Verschmelzungsberichts von Vertretungsorganen der beteiligten Gesellschaften. Dieses Vorgehen wird in der Literatur mit Blick auf die gemäß § 8 Abs. 1 Satz 1 darzulegenden rechtlichen und wirtschaftlichen Implikationen der Maßnahme, die ohnehin ein Eingehen auf die beteiligten Rechtsträger erfordert, empfohlen.[9] Im Übrigen dürfte auch dies der Übersichtlichkeit und der

1) Semler/Stengel/Leonard-*Gehling*, UmwG, § 8 Rz. 1.

2) Henssler/Strohn-*Heidinger/Knaier*, GesR, § 8 UmwG Rz. 1; Semler/Stengel/Leonard-*Gehling*, UmwG, § 8 Rz. 1; Kallmeyer-*Oppenhoff*, UmwG, § 8 Rz. 1; Schmitt/Hörtnagl-*Winter*, UmwG/UmwStG, § 8 UmwG Rz. 1, der in Rz. 5 zu Recht betont, dass der Normzweck bei Auslegung stets ausreichend zu berücksichtigen ist.

3) Gesetz zur Umsetzung der Umwandlungsrichtlinie und zur Änderung weiterer Gesetze (UmRUG), v. 22.2.2023, BGBl. I 2023, Nr. 51.

4) S. zu den Änderungen durch das UmRUG auch: Henssler/Strohn-*Heidinger/Knaier*, GesR, § 8 UmwG Rz. 19 ff; Schmitt/Hörtnagl-*Winter*, UmwG/UmwStG, § 8 UmwG Rz. 4.

5) Schmitt/Hörtnagl-*Winter*, UmwG/UmwStG, § 8 UmwG Rz. 6; Semler/Stengel/Leonard-*Gehling*, UmwG, § 8 Rz. 5; Kallmeyer-*Oppenhoff*, UmwG, § 8 Rz. 1.

6) Henssler/Strohn-*Heidinger/Knaier*, GesR, § 8 UmwG Rz. 3.

7) Schmitt/Hörtnagl-*Winter*, UmwG/UmwStG, § 8 UmwG Rz. 8.

8) Semler/Stengel/Leonard-*Gehling*, UmwG, § 8 Rz. 5; Lutter-*Drygala*, UmwG, § 8 Rz. 7.

9) So etwa Schmitt/Hörtnagl-*Winter*, UmwG/UmwStG, § 8 UmwG Rz. 9; Kallmeyer-*Oppenhoff*, UmwG, § 8 Rz. 4.

Effizienz des Gesamtprozesses dienen. Dies gilt insbesondere im Lichte der Tatsache, dass eine Vielzahl der darzulegenden Inhalte Erklärungen zu den jeweils anderen Gesellschaften erfordern.[10)]

6 § 8 Abs. 1 sieht die **schriftliche Erstattung** des Berichts vor, wobei diesbezüglich § 126 Abs. 1 BGB auf die Wissenserklärung des § 8 Abs. 1 anzuwenden ist.[11)] Es bedarf der **Unterzeichnung** durch eine vertretungsberechtigte Anzahl von Mitgliedern des Vertretungsorgans.[12)]

7 Eine rechtzeitige **Bereitstellung vor der Beschlussfassung** gemäß § 13 ist dabei sicherzustellen. Eine gesetzlich bestimmte Frist besteht nicht. Insoweit bedarf es einer Prüfung im Einzelfall.[13)] *Gehling* hält mit überzeugendem Verweis auf die Möglichkeit der Erklärung zwischenzeitlicher Entwicklungen auf der Anteilseignerversammlung einen zeitlichen Vorlauf von drei Monaten zwischen dem Verschmelzungsstichtag und dem Tag der Aufstellung für unproblematisch.[14)]

8 Eine **Mitwirkung der übrigen Organe** der Gesellschaft ist nicht erforderlich.[15)] § 8 stellt ausweislich seines Wortlauts ausschließlich auf die jeweiligen Vertretungsorgane ab. Etwaige Mitwirkungspflichten können sich höchstens im Einzelfall aus Satzungsregelungen, etwa wegen eines Zustimmungserfordernisses des § 111 Abs. 4 Satz 2 AktG in beteiligten AGs, ergeben. Im Übrigen gelten die allgemeinen Regeln.[16)]

III. Inhalte des Verschmelzungsberichts

9 § 8 Abs. 1 sieht in seiner enumerativen Aufzählung Berichtspflichten in Form rechtlicher und wirtschaftlicher Erläuterungen hinsichtlich

- der Verschmelzung (§ 8 Abs. 1 Satz 1 Nr. 1) und
- des Verschmelzungsvertrags oder seines Entwurfes (§ 8 Abs. 1 Satz 1 Nr. 2) vor, wobei insbesondere auf das Umtauschverhältnis oder die Angaben über die Mitgliedschaft bei dem übernehmenden Rechtsträger (lit. a) sowie die Höhe einer anzubietenden Barabfindung (lit. b) einzugehen ist.[17)]

10 Seit der Neufassung der Norm durch das **UmRUG** sind ausweislich des Wortlauts der Barabfindung die zur Ermittlung verwendeten Bewertungsmethoden hinsichtlich des Umtauschverhältnisses sowie der anzubietenden Barabfindung zu erläutern und zu begründen.[18)]

1. Bericht zur Verschmelzung

11 Hinsichtlich der Verschmelzung an sich ((§ 8 Abs. 1 Satz 1 Nr. 1) bedarf es also einer **Erläuterung rechtlicher und wirtschaftlicher Art.** Hierbei sind die **Motive** für die Ver-

---

10) So auch Schmitt/Hörtnagl-*Winter*, UmwG/UmwStG, § 8 UmwG Rz. 9.

11) Hierzu überzeugend Semler/Stengel/Leonard-*Gehling*, UmwG, § 8 Rz. 7; dagegen Lutter-*Drygala*, UmwG, § 8 Rz. 6.

12) Schmitt/Hörtnagl-*Winter*, UmwG/UmwStG, § 8 UmwG Rz. 7; Lutter-*Drygala*, UmwG, § 8 Rz. 6; Semler/Stengel/Leonard-*Gehling*, UmwG, § 8 Rz. 7.

13) Semler/Stengel/Leonard-*Gehling*, UmwG, § 8 Rz. 7.

14) Semler/Stengel/Leonard-*Gehling*, UmwG, § 8 Rz. 7; *Heidinger*/*Knaier* schlagen eine Erstellung innerhalb von ca. acht Monaten zum Umwandlungsstichtag vor, Henssler/Strohn-*Heidinger*/*Knaier*, GesR, § 8 UmwG Rz. 2.

15) Semler/Stengel/Leonard-*Gehling*, UmwG, § 8 Rz. 8 f.

16) Hierzu Gehling/Semler/Stengel/Leonard, § 8 Rz. 8 f.

17) Schmitt/Hörtnagl-*Winter*, UmwG/UmwStG, § 8 UmwG Rz. 11; Henssler/Strohn-*Heidinger*/*Knaier*, GesR, § 8 UmwG Rz. 6.

18) Schmitt/Hörtnagl-*Winter*, UmwG/UmwStG, § 8 UmwG Rz. 22, 24, s. zur Unternehmensbewertung: Semler/Stengel/Leonard-*Gehling*, UmwG, § 8 Rz. 24 ff.

schmelzung ebenso wie mögliche **Alternativen** darzulegen.[19] Sowohl Vorteile, als auch denkbare Risiken der Maßnahmen sind dabei darzustellen.[20]

Nicht ausreichend sind allgemeine bzw. abstrakte Ausführungen zu der beabsichtigten Strukturmaßnahme im Allgemeinen. Das Vertretungsorgan hat zunächst die **beteiligten Rechtsträger** selbst darzustellen, insbesondere umfassend das jeweils andere Unternehmen[21] – im gemeinsamen Bericht also beide Unternehmen. Es hat weiter darzubringen, wie und wieso die Maßnahme nach der Vorstellung der Beteiligten vorteilhaft ist und wie genau diese **Vorteile** realisiert werden können.[22] Die Darstellung hat dabei umfassend zu erfolgen. Vor- und Nachteile sind ebenso wie Alternativen darzustellen. Die Anteilseigner müssen so informiert werden, dass ihnen eine für die Abstimmung **ausreichende Informationsgrundlage** vorgelegt wird.[23] 12

2. Bericht zum Verschmelzungsvertrag oder seines Entwurfs

Bezüglich des Verschmelzungsvertrags oder seines Entwurfs (§ 8 Abs. 1 Satz 1 Nr. 2) bedarf es nach der allgemeinen Darlegung der Verschmelzung durch die Vorgaben des Absatz 1 Satz 1 Nr. 1 einer **Darlegung der vertraglichen Vereinbarung** im Einzelnen. Hierbei ist sowohl auf die rechtlichen als auch auf die ökonomischen Hintergründe der vertraglichen Abrede einzugehen.[24] 13

Einzugehen ist dabei gemäß § 8 Abs. 1 Nr. 2 lit. a einerseits auf das **Umtauschverhältnis** der Anteile einschließlich der zur Ermittlung gewählten **Bewertungsmethoden** und die **Angaben über die Mitgliedschaft** bei dem übernehmenden Rechtsträger. Die Angaben sind entgegen dem insoweit missverständlichen Wortlaut so umfassend zu tätigen, wie sie für die in Rede stehende Maßnahme relevant sind. Dem Vertretungsorgan kommt kein Wahlrecht zwischen Angaben über das Umtauschverhältnis oder der Mitgliedschaft bei dem übernehmenden Rechtsträger zu.[25] Dies gilt allerdings nur, soweit sie i. R. der jeweiligen Strukturmaßnahme wirtschaftlich relevant sind. So ist das Umtauschverhältnis für die **Verschmelzung von Schwestergesellschaften** mit gleicher Anteilseignerstruktur **weniger relevant** als bei unterschiedlichen Anteilseignern.[26] 14

Weiterhin erforderlich sind gemäß § 8 Abs. 1 Satz 1 Nr. 2 lit. b Angaben zur **Höhe** einer anzubietenden **Barabfindung** einschließlich der zu ihrer Ermittlung gewählten **Bewertungsmethoden**. Darzulegen sind dabei die wirtschaftlichen Grundlagen der gefundenen Angebotshöhe und eine Erklärung, wie diese die **gesetzlichen Anforderungen erfüllen.**[27] § 8 Abs. 1 Satz 1 Nr. 2 lit. a und b sind durch die Konjunktion „sowie“ verbunden, was eine 15

19) Henssler/Strohn-*Heidinger/Knaier*, GesR, § 8 UmwG Rz. 7; Schmitt/Hörtnagl-*Winter*, UmwG/UmwStG, § 8 UmwG Rz. 11; Kallmeyer-*Oppenhoff*, UmwG, § 8 Rz. 7 ff.; umfassend zu den Erläuterungs- und Begründungspflichten auch Semler/Stengel/Leonard-*Gehling*, UmwG, § 8 Rz. 16 ff.

20) Kallmeyer-*Oppenhoff*, UmwG, § 8 Rz. 7; Lutter-*Drygala*, UmwG, § 8 Rz. 13.

21) Semler/Stengel/Leonard-*Gehling*, UmwG, § 8 Rz. 16; Schmitt/Hörtnagl-*Winter*, UmwG/UmwStG, § 8 UmwG Rz. 14.

22) Semler/Stengel/Leonard-*Gehling*, UmwG, § 8 Rz. 17; Schmitt/Hörtnagl-*Winter*, UmwG/UmwStG, § 8 UmwG Rz. 14.

23) Semler/Stengel/Leonard-*Gehling*, UmwG, § 8 Rz. 17; Schmitt/Hörtnagl-*Winter*, UmwG/UmwStG, § 8 UmwG Rz. 14.

24) Umfassend zu den Pflichten: Schmitt/Hörtnagl-*Winter*, UmwG/UmwStG, § 8 UmwG Rz. 16; Henssler/Strohn-*Heidinger/Knaier*, GesR, § 8 UmwG Rz. 7; Semler/Stengel/Leonard-*Gehling*, UmwG, § 8 Rz. 21 ff.; Kallmeyer-*Oppenhoff*, UmwG, § 8 Rz. 9 ff.

25) Semler/Stengel/Leonard-*Gehling*, UmwG, § 8 Rz. 46 ff.

26) Semler/Stengel/Leonard-*Gehling*, UmwG, § 8 Rz. 22 – unter Darlegung der in diesen Konstellationen erforderlichen Informationen.

27) Semler/Stengel/Leonard-*Gehling*, UmwG, § 8 Rz. 49.

verpflichtende Angabe zu beiden Informationen suggeriert. Auch diesbezüglich ist gleichwohl die Einschränkung zu treffen, dass es ebendieser Informationen nur insoweit bedarf, wie sie **tatsächlich vorgesehen sind.**[28)]

16 Der Wortlaut „insbesondere" zeigt dabei auf, dass die **Aufzählung** hinsichtlich des Verschmelzungsvertrags und der darzulegenden Inhalte in § 8 Abs. 1 Satz 1 Nr. 2 lit. b **nicht abschließend** ist. Die Berichtspflichten sind dabei im Zweifel i. S. der Information der Anteilseigner weit auszulegen, so dass diesen eine Plausibilitätskontrolle des Umtauschverhältnisses möglich ist.[29)]

17 Etwaige **Bewertungsschwierigkeiten** hinsichtlich des Rechtsträgers sind im Verschmelzungsbericht gemäß § 8 Abs. 1 Satz 3 offenzulegen. Auf die **Folgen** für die Beteiligung der Anteilsinhaber ist hinzuweisen.[30)] Infolge der konkreter umrissenen Inhaltsangaben des § 8 Abs. 1 Satz 1, die nunmehr auch ausweislich des Wortlauts verwendete Bewertungsmethoden umfassen, dürfte der direkte Anwendungsbereich des § 8 Abs. 1 Satz 3 sich verkleinert haben.[31)]

18 Sofern ein beteiligter Rechtsträger ein **verbundenes Unternehmen** i. S. des § 15 AktG ist, ist gemäß § 8 Abs. 1 **Satz 4** der Verschmelzungsbericht, um Angaben über alle für die Verschmelzung wesentlichen Angelegenheiten zu erweitern, wobei § 8 Abs. 1 **Satz 5** eine diesbezügliche Auskunftspflicht der Vertretungsorgane regelt.[32)]

IV. Nicht aufzunehmende Tatsachen (§ 8 Abs. 2)

19 **§ 8 Abs. 2 Satz 1** erlaubt es, Informationen nicht in den Verschmelzungsbericht aufzunehmen, hinsichtlich derer ein **besonderes Geheimhaltungsinteresse** der Gesellschaft besteht. Hierfür erforderlich ist, dass diese Informationen im Falle ihres Bekanntwerdens dazu geeignet wären, der Gesellschaft **nicht unerhebliche Nachteile** zuzufügen. Das dem Vertretungsorgan ausweislich des Wortlauts grundsätzlich zustehende Ermessen kann sich dabei im Einzelfall zu einer Pflicht verdichten, wenn es von einer Eignung der jeweiligen Information zur Herbeiführung erheblicher Nachteile im Falle ihrer Veröffentlichung auszugehen ist.[33)]

20 Sollte von dieser Möglichkeit Gebrauch gemacht werden, sind gemäß § 8 Abs. 2 Satz 2 die **Gründe** für das Auslassen darzulegen, so dass die Anteilsinhaber auch die Möglichkeit haben, sich hierüber ein Bild zu machen.[34)] Diesbezüglich reicht eine formelhafte Begründung nicht aus. Es bedarf einer Darlegung, die dem Anteilsinhaber erlaubt, die Entscheidung im Einzelfall nachzuvollziehen und einzuordnen.

---

28) Semler/Stengel/Leonard-*Gehling*, UmwG, § 8 Rz. 49.

29) Zum Umfang: Henssler/Strohn-*Heidinger/Knaier*, GesR, § 8 UmwG Rz. 8; Semler/Stengel/Leonard-*Gehling*, UmwG, § 8 Rz. 22; Schmitt/Hörtnagl-*Winter*, UmwG/UmwStG, § 8 UmwG Rz. 11, der in Rz. 13, richtigerweise dahingehend einschränkt, dass eine der Verständlichkeit entgegenstehende Überfrachtung mit Datenmaterial zu vermeiden ist.

30) Henssler/Strohn-*Heidinger/Knaier*, GesR, § 8 UmwG Rz. 9; Schmitt/Hörtnagl-*Winter*, UmwG/UmwStG, § 8 UmwG Rz. 25.

31) Zum konkreten Anwendungsbereich des § 8 Abs. 1 Satz 3: Schmitt/Hörtnagl-*Winter*, UmwG/UmwStG, § 8 UmwG Rz. 25 f.; Henssler/Strohn-*Heidinger/Knaier*, GesR, § 8 UmwG Rz. 9; Semler/Stengel/Leonard-*Gehling*, UmwG, § 8 Rz. 51.

32) Schmitt/Hörtnagl-*Winter*, UmwG/UmwStG, § 8 UmwG Rz. 28; Henssler/Strohn-*Heidinger/Knaier*, GesR, § 8 UmwG Rz. 10; Lutter-*Drygala*, UmwG, § 8 Rz. 43 f.

33) Semler/Stengel/Leonard-*Gehling*, UmwG, § 8 Rz. 67.

34) Semler/Stengel/Leonard-*Gehling*, UmwG, § 8 Rz. 65; Henssler/Strohn-*Heidinger/Knaier*, GesR, § 8 UmwG Rz. 11; Schmitt/Hörtnagl-*Winter*, UmwG/UmwStG, § 8 UmwG Rz. 32; Kallmeyer-*Oppenhoff*, UmwG, § 8 Rz. 1.

V. Ausnahmen der Berichtspflicht

1. Verzicht aller Anteilsinhaber (§ 8 Abs. 3 Satz 1)

21 Die Pflicht zur Erstattung des Verschmelzungsberichts erfolgt ausschließlich zum **Schutz der Anteilseigner** (siehe unter Rz. 1). Sie dient nicht dem Schutz von Gläubigern und Arbeitnehmern.[35] Dies findet Niederschlag in § 8 Abs. 3 Satz 1, der das Erfordernis des Versammlungsberichts als für die Anteilseigner disponibles Recht für einen Verzicht ebendieser eröffnet. Dies ist **für jeden Rechtsträger getrennt** zu beurteilen; sofern nur die Anteilseigner des einen Rechtsträgers verzichten, ist für den anderen Rechtsträger ein Bericht anzufertigen.[36]

22 Wenn alle Anteilseigner auf seine Erstattung verzichten, ist ein Verschmelzungsbericht nicht erforderlich.[37] Ein **Verzicht** kann dabei nicht generell, sondern nur im Einzelfall mit Bezug zu der jeweils in Rede stehenden Verschmelzung erklärt werden.[38]

23 Der Verzicht ist zum Schutz der Anteilseigner an die strenge Form der **notariellen Beurkundung** gemäß § 8 Abs. 3 Satz 2 gebunden.[39] Der einmal erklärte Verzicht ist dabei bindend und nicht widerruflich – er kann aber unter eine zeitliche Befristung gestellt werden.[40]

2. Keine Berichtspflicht in Konzernsituationen (§ 8 Abs. 3 Satz 3)

24 Eines Verschmelzungsberichts bedarf es weiterhin nicht in den in § 8 Abs. 3 Satz 3 aufgeführten Fällen. **§ 8 Abs. 3 Satz 3 Nr. 1** beschreibt dabei **Konzernkonstellationen**, in welchen bei wirtschaftlicher Betrachtung auf beiden Seiten der Maßnahme identische Beteiligte stehen.

- Im Falle des § 8 Abs. 3 Satz 3 Nr. 1 lit. a liegen alle Anteile des übertragenden Rechtsträgers beim übernehmenden Rechtsträger; es handelt sich um eine Verschmelzung einer **vollständigen Tochter- auf die Muttergesellschaft.**[41]
- Im Falle des § 8 Abs. 3 Satz 3 Nr. 1 lit. b – eingefügt durch das UmRUG mit Geltung zum 1.3.2023 – liegen **sämtliche Anteile** an übertragendem und übernehmendem Rechtsträger **in der Hand desselben Rechtsträgers**; es handelt sich mithin um die Verschmelzung von **Schwestergesellschaften.**[42] In diesen Konstellationen besteht kein Bedarf an einem Verschmelzungsbericht, weil den personenidentischen Anteilseignern keine rechtlichen oder wirtschaftlichen Risiken drohen.[43] Gerade hierfür ist der Verschmelzungsbericht ausweislich des Wortlauts des **§ 8 Abs. 1 Satz 1** aber **vorgesehen.**

25 **§ 8 Abs. 3 Satz 3 Nr. 2** regelt eine Ausnahme von der Berichtspflicht für Konstellationen, in denen einer der Rechtsträger **nur einen Anteilsinhaber** hat. Zwar liegt hier keine Personenidentität auf beiden Seiten vor. Hierbei wird es um Konzernkonstellationen ohne

35) Lutter-*Drygala*, UmwG, § 8 Rz. 3; Henssler/Strohn-*Heidinger/Knaier*, GesR, § 8 UmwG Rz. 1.

36) Schmitt/Hörtnagl-*Winter*, UmwG/UmwStG, § 8 UmwG Rz. 37; Lutter-*Drygala*, UmwG, § 8 Rz. 53.

37) Semler/Stengel/Leonard-*Gehling*, UmwG, § 8 Rz. 68; Henssler/Strohn-*Heidinger/Knaier*, GesR, § 8 UmwG Rz. 12.

38) Semler/Stengel/Leonard-*Gehling*, UmwG, § 8 Rz. 69; Schmitt/Hörtnagl-*Winter*, UmwG/UmwStG, § 8 UmwG Rz. 37.

39) Semler/Stengel/Leonard-*Gehling*, UmwG, § 8 Rz. 71; Henssler/Strohn-*Heidinger/Knaier*, GesR, § 8 UmwG Rz. 12; Kallmeyer-*Oppenhoff*, UmwG, § 8 Rz. 38; Lutter-*Drygala*, UmwG, § 8 Rz. 55.

40) Semler/Stengel/Leonard-*Gehling*, UmwG, § 8 Rz. 69.

41) Schmitt/Hörtnagl-*Winter*, UmwG/UmwStG, § 8 UmwG Rz. 39.

42) Schmitt/Hörtnagl-*Winter*, UmwG/UmwStG, § 8 UmwG Rz. 39; Henssler/Strohn-*Heidinger/Knaier*, GesR, § 8 UmwG Rz. 21; Lutter-*Drygala*, UmwG, § 8 Rz. 57.

43) Semler/Stengel/Leonard-*Gehling*, UmwG, § 8 Rz. 73; Schmitt/Hörtnagl-*Winter*, UmwG/UmwStG, § 8 UmwG Rz. 39.

direkte Konzernverbindung zwischen den Beteiligten gehen.[44] Der Gesetzgeber geht aber in dieser Konstellation davon aus, dass der alleinige Anteilseigner derartig in die Geschicke der Gesellschaft eingebunden ist, dass er zur Wahrnehmung seiner Rechte und Information keines i. S. des § 8 formalisierten Berichtsprozesses bedarf.[45]

3. Keine Berichtspflicht bei persönlich haftenden Gesellschaftern in einer Personengesellschaft (§§ 39a, 45c)

26 Gemäß § 39a bedarf es keines Verschmelzungsberichts für eine **GbR**, bei der alle Gesellschafter zur Geschäftsführung berechtigt sind. Die Regelung findet wegen der Anordnung des § 42 Anwendung auf **sämtliche Personengesellschaften.**

27 Ebenso bedarf es gemäß § 45c Satz 1 eines Verschmelzungsberichts nicht für eine an der Verschmelzung beteiligte **PartG**, wenn kein Partner gemäß § 6 Abs. 2 PartGG von der Geschäftsführung ausgeschlossen ist.[46]

VI. Konsequenzen fehlerhafter Verschmelzungsberichte

28 Im Falle des Verstoßes des Verschmelzungsberichts gegen die Vorgaben des § 8 Abs. 1 oder im Falle des Fehlens eines Verschmelzungsberichts ist ein gemäß § 13 Abs. 1 Satz 1 gefasster Beschluss grundsätzlich nicht nichtig, aber gemäß § 14 Abs. 1 **innerhalb eines Monats anfechtbar,**[47] sofern es je nach Rechtsform keine besonderen Anfechtungstatbestände gibt.

29 Die **Begründetheit der Unwirksamkeitsklage** setzt dabei voraus, das zwischen dem fehlenden Verschmelzungsbericht und dem Abstimmungsergebnis des Beschlusses über den Verschmelzungsvertrag gemäß § 13 Abs. 1 Satz 1 ein **Ursächlichkeitszusammenhang** i. S. eines Beruhens besteht, der sich aus einer wertenden Betrachtung des Normzwecks des § 8 und der konkreten Sachlage ergibt.[48]

30 Sofern die Anteilsinhaber der übertragenden Gesellschaftsich gegen die Angaben des Verschmelzungsberichts gemäß § 8 Abs. 1 zum **Abfindungsangebot** wenden, steht ihnen hierfür die Wirksamkeitsklage gegen den Verschmelzungsbericht nicht zu, weil selbst bei gänzlichem Fehlen eines solchen gemäß § 32 kein Angriff außerhalb des **Spruchverfahrens** gemäß § 15 möglich wäre.[49]

31 Eine **Heilung** eines fehlenden Verschmelzungsberichts kommt dabei grundsätzlich nicht in Betracht. Dies gilt unabhängig von einer direkten oder konkludenten Rüge der Anteilseigner oder etwaiger anderweitiger Zurverfügungstellung von verschmelzungsbezogenen Informationen – jedes andere Ergebnis würde das Erfordernis des § 8 Abs. 1 und damit den gebotenen Anteilseignerschutz durch den in § 8 geregelten und formalisierten Prozess in Form eines schriftlichen Verschmelzungsberichts unterlaufen.[50]

32 Eine grundsätzliche **Ergänzung** der im Bericht erteilten Informationen **in der Versammlung ist möglich.** Zu berücksichtigen ist dabei aber, dass bei ausufernden Korrekturmög-

44) Henssler/Strohn-*Heidinger/Knaier*, GesR, § 8 UmwG Rz. 22.

45) Hierzu Henssler/Strohn-*Heidinger/Knaier*, GesR, § 8 UmwG Rz. 22; Kallmeyer-*Oppenhoff*, UmwG, § 8 Rz. 40.

46) Henssler/Strohn-*Heidinger/Knaier*, GesR, § 8 UmwG Rz. 1.

47) Schmitt/Hörtnagl-*Winter*, UmwG/UmwStG, § 8 UmwG Rz. 40; Henssler/Strohn-*Heidinger/Knaier*, GesR, § 8 UmwG Rz. 15; Kallmeyer-*Oppenhoff*, UmwG, § 8 Rz. 33.

48) Schmitt/Hörtnagl-*Winter*, UmwG/UmwStG, § 8 UmwG Rz. 42; Lutter-*Drygala*, UmwG, § 8 Rz. 59; Henssler/Strohn-*Heidinger/Knaier*, GesR, § 8 UmwG Rz. 15; Semler/Stengel/Leonard-*Gehling*, UmwG, § 8 Rz. 77. Zur Anfechtung in Personengesellschaften s. Lutter-*Drygala*, UmwG, § 8 Rz. 63.

49) Semler/Stengel/Leonard-*Gehling*, UmwG, § 8 Rz. 80. Anders wenn ein Fall des § 243 Abs. 4 Satz 2 AktG vorliegt, hierzu Semler/Stengel/Leonard-*Gehling*, UmwG, § 8 Rz. 80.

50) So überzeugend Schmitt/Hörtnagl-*Winter*, UmwG/UmwStG, § 8 UmwG Rz. 41.

lichkeiten die strengen Regelungen des § 8 Abs. 1 unterlaufen werden könnten, soweit deren **Pflichtinhalte** betroffen sind.[51] Insoweit ist jedenfalls diesbezüglich eine restriktive Handhabung dahingehend geboten, dass eine Heilung von Mängeln des Verschmelzungsberichts nicht möglich ist.[52]

Auch **Korrekturen** des Verschmelzungsberichts sind – außerhalb der Einberufungsfristen der Versammlung – unproblematisch möglich, erfordern aber eine **erneute Zusendung** der Materialien. Soweit die Einberufungsfrist bereits zu laufen begonnen hat, bedarf es einer Einzelfallbetrachtung unter Heranziehung des Umfangs der Korrektur und der Prüfmöglichkeit Anteilsinhaber.[53] Reine Tippfehler bedürfen bereits keiner Korrektur, weil diesbezüglich keine relevante Fehlinformation droht.[54] 33

Im Falle **unrichtiger Darstellungen** kommt eine Strafbarkeit gemäß § 346 Abs. 1 Nr. 1 UmwG in Betracht.[55] Die angeordnete formelle Subsidiarität gegenüber § 331 Abs. 1 Nr. 1 HGB greift für den Fall des in § 346 Abs. 1 Nr. 1 UmwG ausdrücklich aufgezählten Verschmelzungsberichts nicht.[56] 34

51) Semler/Stengel/Leonard-*Gehling*, UmwG, § 8 Rz. 82.
52) Semler/Stengel/Leonard-*Gehling*, UmwG, § 8 Rz. 82.
53) Ähnl. Semler/Stengel/Leonard-*Gehling*, UmwG, § 8 Rz. 83.
54) Semler/Stengel/Leonard-*Gehling*, UmwG, § 8 Rz. 83.
55) Zu den Voraussetzungen i. E.: Park-*Eidam*, Kapitalmarktstrafrecht, § 346 UmwG Rz. 7 ff.
56) Park-*Eidam*, Kapitalmarktstrafrecht, § 346 UmwG Rz. 19.

§ 9
Prüfung der Verschmelzung*)

(1) Soweit in diesem Gesetz vorgeschrieben, ist der Verschmelzungsvertrag oder sein Entwurf durch einen oder mehrere sachverständige Prüfer (Verschmelzungsprüfer) zu prüfen.

(2) § 8 Abs. 3 ist entsprechend anzuwenden.

*) § 9 i. d. F. des UmwBerG geändert durch Art. 1 des Gesetzes zur Umsetzung der Umwandlungsrichtlinie und zur Änderung weiterer Gesetze (UmRUG), v. 22.2.2023, BGBl. I 2023, Nr. 51.

Literatur: *Bayer*, 1000 Tage neues Umwandlungsrecht – eine Zwischenbilanz, ZIP 1997, 1613; *Bayer*, Informationsrechte bei der Verschmelzung von Aktiengesellschaften, AG 1988, 323; *Becker*, Die gerichtliche Kontrolle von Maßnahmen bei der Verschmelzung von Aktiengesellschaften, AG 1988, 223; *Dirrigl*, Die Angemessenheit des Umtauschverhältnisses bei einer Verschmelzung als Problem der Verschmelzungsprüfung und der gerichtlichen Überprüfung, (Teil I) WPg 1989; 413; *Ganske*, Änderungen des Verschmelzungsrechts, DB 1981, 1551; *Leuering*, Die parallele Angemessenheitsprüfung durch den gerichtlich bestellten Prüfer, NZG 2004, 606; *Mertens*, Die Gestaltung von Verschmelzungs- und Verschmelzungsprüfungsbericht, AG 1990, 20; *Nonnenmacher*, Das Umtauschverhältnis bei der Verschmelzung von Kapitalgesellschaften, AG 1982, 153; *Priester*, Strukturänderungen – Beschlussvorbereitung und Beschlussfassung, ZGR 1990, 420; *Priester*, Das neue Verschmelzungsrecht, NJW 1983, 1459; *Schedlbauer*, Sonderprüfungen im Zusammenhang mit Verschmelzungen, WPg 1984, 33.

Übersicht

I. Allgemeines

1 Die Verschmelzungsprüfung wird in den §§ 9 bis 12 im Allgemeinen Teil des UmwG geregelt. In § 9 geht es insbesondere um den Prüfungsgegenstand.[1] Auf die

- grenzüberschreitende Verschmelzung (§ 311 Abs. 1 Satz 1); siehe § 311 Rz. 9 ff. [*de Raet/Brunk*],
- Spaltung (§ 125 Abs. 1); siehe § 125 Rz. 8 [*Döding/K. Wentz*],
- grenzüberschreitende Spaltung (§ 325 Abs. 1); siehe § 325 Rz. 1 ff. [*Heinrichs*],
- grenzüberschreitende Formwechsel (§ 338 Abs. 1 Satz 1); siehe § 338 Rz. 1 ff. [*Heinrichs*] sowie
- Vermögensübertragung (§ 176); siehe § 176 passim [*J. Wentz/K. Wentz*].

2 finden die Vorschriften der §§ 9 bis 12 ebenfalls Anwendung.

3 § 9 Abs. 1 entspricht grundsätzlich **§ 340b Abs. 1 AktG a. F.**[2] Mit § 9 wurde die Verschmelzungsprüfung auf alle Formen der Verschmelzung erweitert.[3] Durch das **UmRUG**[4] wurde § 9 Abs. 2 a. F. gestrichen. Dieser entsprach weitestgehend § 8 Abs. 3. § 9 Abs. 3 a. F. ist § 9 Abs. 2 geworden und verweist auf § 8 Abs. 3.

4 Durch die Verschmelzungsprüfung gemäß § 9 sollen die **Anteilsinhaber** der an der Verschmelzung beteiligten Rechtsträger **präventiv geschützt werden**, denn es handelt sich um eine grundlegende und in der Praxis häufig nicht rückgängig zu machende Transaktion.[5] So überprüft der Verschmelzungsprüfer den Verschmelzungsvertrag oder dessen Entwurf auf **Vollständigkeit und Richtigkeit** sowie auf **Angemessenheit** des festgelegten **Umtauschverhältnisses.**[6] Dabei zählt die Angemessenheit des Umtauschverhältnisses grundsätzlich für die Anteilsinhaber zu den entscheidenden Aspekten der Verschmelzung und stellt somit einen der zentralen Prüfungsschwerpunkte dar.[7] Der präventive Schutz der Anteilsinhaber gemäß §§ 9 bis 12 wird ergänzt durch den **nachträglichen Schutz der Anteilsinhaber** des übertragenden Rechtsträgers gemäß § 15 (siehe § 15 passim [*Hoefling*])[8] im

1) Semler/Stengel/Leonard-*Zeidler*, UmwG, § 9 Rz. 1; Henssler/Strohn-*Heidinger/Knaier*, GesR, § 9 UmwG Rz. 4; Schmitt/Hörtnagl-*Winter*, UmwG/UmwStG, § 9 UmwG Rz. 1.

2) Schmitt/Hörtnagl-*Winter*, UmwG/UmwStG, § 9 UmwG Rz. 1; Semler/Stengel/Leonard-*Zeidler*, UmwG, § 9 Rz. 13; zu § 340b AktG a. F. vgl. auch *Schmitz*, Die Verschmelzungsprüfung gemäß § 340b AktG, 1993.

3) Semler/Stengel/Leonard-*Zeidler*, UmwG, § 9 Rz. 13; *Fromholzer* in: BeckOGK-UmwG, § 9 Rz. 6, 8.

4) Gesetz zur Umsetzung der Umwandlungsrichtlinie und zur Änderung weiterer Gesetze (UmRUG), v. 22.2.2023, BGBl. I 2023, Nr. 51.

5) *Fromholzer* in: BeckOGK-UmwG, § 9 Rz. 2; *Illert/Wilk/Tamcke* in: MünchHdb. GesR, Bd. 8, § 9 Rz. 1 f.; Semler/Stengel/Leonard-*Zeidler*, UmwG, § 9 Rz. 2; *Nonnenmacher*, AG 1982, 153, 157; zum Schutz der Anteilseigner durch den Verschmelzungsbericht und Prüfungsbericht vgl. auch BGH, Urt. v. 22.5.1989 – II ZR 206/88 (Kochs Adler), BGHZ 107, 296 = NJW 1989, 2689, 2690.

6) Semler/Stengel/Leonard-*Zeidler*, UmwG, § 9 Rz. 2; *Illert/Wilk/Tamcke* in: MünchHdb. GesR, Bd. 8, § 9 Rz. 1.

7) *Illert/Wilk/Tamcke* in: MünchHdb. GesR, Bd. 8, § 9 Rz. 1; Henssler/Strohn-*Heidinger/Knaier*, GesR, § 9 UmwG Rz. 5.

8) Semler/Stengel/Leonard-*Zeidler*, UmwG, § 9 Rz. 3.

Wege des **Spruchverfahrens** bzw. des übernehmenden Rechtsträgers gemäß § 14 (siehe § 14 passim [*Hoefling*])[9] im Wege der Anfechtung.

Die Verschmelzungsprüfung ist von der **regelmäßigen Jahresabschlussprüfung** gemäß §§ 316 ff. HGB **abzugrenzen**, da letztere den jeweils vergangenen Berichtszeitraum betrifft, während die Verschmelzungsprüfung den geplanten Zusammenschluss in den Fokus nimmt.[10] Des Weiteren ist die **Schlussbilanz**, auf die Vorschriften der Jahresabschlussprüfung Anwendung finden, von der Verschmelzungsprüfung zu unterscheiden.[11] 5

Auch muss zwischen Verschmelzungsprüfung und **Sacheinlageprüfung** differenziert werden. Die Sacheinlageprüfung ist i. R. einer Verschmelzung erforderlich bei: 6

- einer Gründungsprüfung gemäß §§ 75 UmwG i. V. m. 32 AktG[12] bei einer Verschmelzung durch Neugründung auf eine AG oder KGaA, außer wenn der übertragende Rechtsträger eine Kapitalgesellschaft oder eG ist[13] (siehe auch § 75 Rz. 12 [*Nolden*]);
- einer Nachgründungsprüfung gemäß §§ 67, 78 UmwG i. V. m. § 52 AktG[14] bei einer Verschmelzung, bei der der übernehmende Rechtsträger eine AG oder KGaA ist[15] siehe auch §§ 67, 78 [*Nolden*];
- einer Kapitalerhöhungsprüfung gemäß §§ 183 f. AktG[16] bei einer Verschmelzung, bei der der übernehmende Rechtsträger eine AG oder KGaA ist und die Voraussetzungen der §§ 69 Abs. 1 Satz 1 Halbs. 2, 78 UmwG vorliegen.[17]

Ziel der Sacheinlageprüfung ist es, i. S. der Kapitalerbringungsgrundsätze zu überprüfen,[18] ob die Gesellschaft durch den Einlagegegenstand den **angemessenen Gegenwert** erhält.[19] Auf die Sacheinlageprüfung kann i. S. des Gläubigerschutzes **nicht** seitens der Anteilsinhaber **verzichtet werden.**[20] 7

Schließlich ist noch die i. R. der Verschmelzungsprüfung durchgeführte Prüfung der Angemessenheit des Umtauschverhältnisses von der **Prüfung der Barabfindung von ausgeschlossenen Minderheitsaktionären** i. R. eines umwandlungsrechtlichen Squeeze-outs bei einem Upstream-Merger gemäß §§ 327c Abs. 2 Satz 2, 62 Abs. 5 Satz 8 AktG **zu unterscheiden.**[21] 8

---

9) Kallmeyer-*Lanfermann*, UmwG, § 9 Rz. 3; Semler/Stengel/Leonard-*Zeidler*, UmwG, § 9 Rz. 3.

10) *Illert/Wilk/Tamcke* in: MünchHdb. GesR, Bd. 8, § 9 Rz. 2.

11) Henssler/Strohn-*Heidinger/Knaier*, GesR, § 9 UmwG Rz. 6; Semler/Stengel/Leonard-*Zeidler*, UmwG, § 9 Rz. 5.

12) Schmitt/Hörtnagl-*Missio*, UmwG/UmwStG, § 75 UmwG Rz. 2; MüKoAktG/Pentz, 6. Aufl., 2024, § 32 Rz. 1 ff.

13) Schmitt/Hörtnagl-*Missio*, UmwG/UmwStG, § 75 UmwG Rz. 1; Semler/Stengel/Leonard-*Zeidler*, UmwG, § 9 Rz. 4.

14) Schmitt/Hörtnagl-*Missio*, UmwG/UmwStG, § 67 UmwG Rz. 1 f., § 78 UmwG Rz. 1 ff.; MüKoAktG/Pentz, 6. Aufl., 2024, § 32 Rz. 1 ff.

15) Schmitt/Hörtnagl-*Missio*, UmwG/UmwStG, § 67 UmwG Rz. 1 f., § 78 UmwG Rz. 1 ff.; Semler/Stengel/Leonard-*Zeidler*, UmwG, § 9 Rz. 4.

16) *Schürnbrand/Verse* in: MünchKomm-AktG, § 183 Rz. 1 ff.

17) Schmitt/Hörtnagl-*Missio*, UmwG/UmwStG, § 69 UmwG Rz. 1 ff., § 78 UmwG Rz. 1 ff.; Semler/Stengel/Leonard-*Zeidler*, UmwG, § 9 Rz. 4.

18) *Illert/Wilk/Tamcke* in: MünchHdb. GesR, Bd. 8, § 10 Rz. 4, die im Hinblick auf die Sacheinlageprüfung explizit den Gläubigerschutz hervorheben.

19) Vgl. zum Instrument der Sacheinlageprüfung Henssler/Strohn-*Stelmaszczyk*, GesR, § 183 AktG Rz. 23; *Illert/Wilk/Tamcke* in: MünchHdb. GesR, Bd. 8, § 10 Rz. 4; *Schürnbrand/Verse* in: MünchKomm-AktG, § 183, Rz. 78 ff.

20) *Illert/Wilk/Tamcke* in: MünchHdb. GesR, Bd. 8, § 10 Rz. 4.

21) *Illert/Wilk/Tamcke* in: MünchHdb. GesR, Bd. 8, § 10 Rz. 5.

II. Anwendungsbereich

1. Allgemeines

9 Eine Verschmelzungsprüfung ist nicht immer erforderlich; das Prüfungserfordernis richtet sich nach der Rechtsform.[22] Dabei wird von Gesetzeswegen zwischen

- Prüfungspflicht **ohne Verzichtsmöglichkeit,**
- Prüfungspflicht **mit Verzichtsmöglichkeit** und
- **Antragsprüfungen**

10 unterschieden.[23] Denkbar ist zudem, dass eine Verschmelzungsprüfung auf **freiwilliger Basis** erfolgt.[24] Voraussetzung ist, dass sie ausdrücklich seitens der Vertretungsorgane oder der Anteilsinhaber der beteiligten Rechtsträger beschlossen wird.[25]

2. Prüfungspflicht ohne Verzichtsmöglichkeit

11 § 81 regelt die **Prüfungspflicht ohne Verzichtsmöglichkeit** für Verschmelzungssachverhalte, an denen mindestens eine eG beteiligt ist (siehe auch § 81 Rz. 1 [*Stiegler*]).[26] Für jede beteiligte Genossenschaft muss ein **Prüfungsgutachten des genossenschaftlichen Prüfungsverbands** eingeholt werden.[27] § 81 stellt eine lex specialis dar, die Vorrang vor §§ 9 bis 12 hat. Daher finden §§ 9 ff. keine Anwendung auf die an der Verschmelzung beteiligte eG.[28] Bei sog. **Mischverschmelzungen**, bei denen eine eG und ein Rechtsträger anderer Rechtsform beteiligt sind, gilt § 81 für die eG, während für den anderen Rechtsträger §§ 9 ff. maßgeblich sind.[29] Siehe auch § 81 Rz. 10 [*Stiegler*].

3. Prüfungspflicht mit Verzichtsmöglichkeit

12 Bei Verschmelzungen durch **Aufnahme oder Neugründung unter Beteiligung**

- einer AG (§ 60)[30],
- einer KGaA (§ 78)[31],
- eines wirtschaftlichen Vereins (§ 100 Satz 1)[32] bzw.

22) Kallmeyer-*Lanfermann*, UmwG, § 9 Rz. 7; *Illert/Wilk/Tamcke* in: MünchHdb. GesR, Bd. 8, § 10 Rz. 6; Semler/Stengel/Leonard-*Zeidler*, UmwG, § 9 Rz. 6.

23) Lutter-*Drygala*, UmwG, § 9 Rz. 5 f.; Kallmeyer-*Lanfermann*, UmwG, § 9 Rz. 7; *Illert/Wilk/Tamcke* in: MünchHdb. GesR, Bd. 8, § 10 Rz. 7.

24) *Illert/Wilk/Tamcke* in: MünchHdb. GesR, Bd. 8, § 10 Rz. 7; Semler/Stengel/Leonard-*Zeidler*, UmwG, § 9 Rz. 12.

25) *Illert/Wilk/Tamcke* in: MünchHdb. GesR, Bd. 8, § 10 Rz. 7; Kallmeyer-*Lanfermann*, UmwG, § 9 Rz. 8.

26) *Illert/Wilk/Tamcke* in: MünchHdb. GesR, Bd. 8, § 10 Rz. 9; Semler/Stengel/Leonard-*Zeidler*, UmwG, § 9 Rz. 8; *Fromholzer* in: BeckOGK-UmwG, § 9 Rz. 23.

27) *Illert/Wilk/Tamcke* in: MünchHdb. GesR, Bd. 8, § 10 Rz. 9; Semler/Stengel/Leonard-*Zeidler*, UmwG, § 9 Rz. 8.

28) *Illert/Wilk/Tamcke* in: MünchHdb. GesR, Bd. 8, § 10 Rz. 9; Semler/Stengel/Leonard-*Scholderer*, UmwG, § 81 Rz. 1.

29) *Illert/Wilk/Tamcke* in: MünchHdb. GesR, Bd. 8, § 10 Rz. 10; Lutter-*Bayer*, UmwG, § 81 Rz. 2; Widmann/Mayer-*Fronhöfer*, UmwR, § 81 UmwG Rz. 2; Semler/Stengel/Leonard-*Scholderer*, UmwG, § 81 Rz. 33.

30) *Illert/Wilk/Tamcke* in: MünchHdb. GesR, Bd. 8, § 10 Rz. 12; Semler/Stengel/Leonard-*Zeidler*, UmwG, § 9 Rz. 9; *Fromholzer* in: BeckOGK-UmwG, § 9 Rz. 12.

31) *Illert/Wilk/Tamcke* in: MünchHdb. GesR, Bd. 8, § 10 Rz. 14; Semler/Stengel/Leonard-*Zeidler*, UmwG, § 9 Rz. 9; *Fromholzer* in: BeckOGK-UmwG, § 9 Rz. 12.

32) *Illert/Wilk/Tamcke* in: MünchHdb. GesR, Bd. 8, § 10 Rz. 15; Semler/Stengel/Leonard-*Zeidler*, UmwG, § 9 Rz. 9; *Fromholzer* in: BeckOGK-UmwG, § 9 Rz. 12.

- bei einer grenzüberschreitenden Verschmelzung (§ 311)[33] oder
- einer Verschmelzung durch Neugründung einer SE (Art. 17 ff. SE-VO[34])[35]

gelten die §§ 9–12.[36] Grundsätzlich besteht damit eine Prüfungspflicht, auf die jedoch gemäß § 9 Abs. 2 entweder seitens der Anteilsinhaber **verzichtet** werden kann oder der Prüfungsbericht der AG **entbehrlich** ist (siehe auch Rz. 33).[37] 13

4. Auf Antrag zu prüfende Verschmelzungen

Eine Verschmelzungsprüfung des Verschmelzungsvertrags oder dessen Entwurfs hat nur **auf Antrag** zu erfolgen, wenn eine Verschmelzung **unter Beteiligung** 14

- einer eGbR (§ 39e)[38]; siehe § 39e Rz. 6 ff. [*Behme*],
- einer oHG oder einer KG (§ 42)[39]; siehe § 42 Rz. 9 [*Behme*],
- einer PartG (§ 45e); siehe § 45e Rz. 4 [*Maske-Reiche*],
- einer GmbH (§ 48)[40]; siehe § 48 Rz 7 ff. [*Otte*] oder
- eines e. V. (§ 100 Abs. 2)[41]; siehe § 100 passim [*Knaier*].

an der Verschmelzung beteiligt ist, und zwar unabhängig davon, ob die Gesellschaft bzw. der e. V. übertragender oder übernehmender Rechtsträger ist. **Antragsberechtigt** sind die Gesellschafter bzw. die Vereinsmitglieder. 15

Ein Prüfungsverlangen bei **eGbR, oHG, KG oder PartG** kann gemäß §§ 39e Satz 1, 42, 45e i. V. m. § 39c Abs. 2 nur gestellt werden, wenn der Gesellschaftsvertrag betreffend den Verschmelzungsbeschluss **mindestens eine Drei-Viertel-Mehrheitsentscheidung** vorsieht (vgl. §§ 39e, 42, 45e, 39c).[42] Bei den Personengesellschaften hat der Antrag innerhalb einer **Frist** von einer Woche nach Erhalt der in § 39b genannten Unterlagen zu erfolgen.[43] Das Antragsverlangen ist an die Gesellschaft zu richten und bedarf keiner besonderen **Form.**[44] Die Gesellschaft hat die **Kosten** der Prüfung zu tragen.[45] 16

Gemäß § 48 ist der Verschmelzungsvertrag oder dessen Entwurfs bei Beteiligung einer **GmbH** gemäß §§ 9–12 auf Antrag eines Gesellschafters zu prüfen.[46] Bei der GmbH hat der Antrag innerhalb einer **Frist** von einer Woche nach Erhalt der in § 47 genannten Unterlagen 17

33) *Illert/Wilk/Tamcke* in: MünchHdb. GesR, Bd. 8, § 10 Rz. 16; *Fromholzer* in: BeckOGK-UmwG, § 9 Rz. 13.

34) Verordnung (EG) Nr. 2157/2001 des Rates v. 8.10.2001 über das Statut der Europäischen Gesellschaft (SE) (SE-VO), ABl. (EU) L 294/1 v. 10.11.2001.

35) Bei Verschmelzungen unter Beteiligung einer SE, die nicht zu einer Neugründung führen, gelten § 3 Abs. 1 Nr. 2 UmwG, Art. 9 Abs. 1 lit. c Ziff. ii SE-VO, vgl. *Illert/Wilk/Tamcke* in: MünchHdb. GesR, Bd. 8, § 10 Rz. 13.

36) *Illert/Wilk/Tamcke* in: MünchHdb. GesR, Bd. 8, § 10 Rz. 18.

37) Henssler/Strohn-*Heidinger/Knaier*, GesR, § 9 UmwG Rz. 7.

38) *Fromholzer* in: BeckOGK-UmwG, § 9 Rz. 56.

39) *Fromholzer* in: BeckOGK-UmwG, § 9 Rz. 56.

40) *Fromholzer* in: BeckOGK-UmwG, § 9 Rz. 56.

41) *Fromholzer* in: BeckOGK-UmwG, § 9 Rz. 56.

42) Schmitt/Hörtnagl-*Missio*, UmwG/UmwStG, § 39e UmwG Rz. 1 ff., § 42 Rz. 1; § 45e Rz. 1.

43) *Illert/Wilk/Tamcke* in: MünchHdb. GesR, Bd. 8, § 10 Rz. 23. Der Antrag kann damit nicht in der Gesellschafterversammlung erfolgen. Die Fristberechnung erfolgt nach den §§ 187 Abs. 1, 188 Abs. 2 BGB, vgl. auch Schmitt/Hörtnagl-*Missio*, UmwG/UmwStG, § 39e UmwG Rz. 4.

44) *Illert/Wilk/Tamcke* in: MünchHdb. GesR, Bd. 8, § 10 Rz. 25.

45) *Schollmeyer* in: BeckOGK-UmwG, § 39e Rz. 16.

46) *v. Hinden/Scheller* in: BeckOGK-UmwG, § 48 Rz. 1 ff.; Semler/Stengel/Leonard-*Reichert*, UmwG, § 48 Rz. 1 ff.

zu erfolgen.[47] Das Antragsverlangen ist an die Gesellschaft zu richten und bedarf keiner besonderen **Form** (siehe § 48 Rz. 9 [*Otte*]).[48] Die Gesellschaft hat die **Kosten** der Prüfung zu tragen.[49]

18 Gemäß § 100 Satz 2 hat eine Prüfung des Verschmelzungsvertrags oder dessen Entwurfs bei Beteiligung eines **e. V.** zu erfolgen, wenn mindestens 10 % der Mitglieder diese schriftlich i. S. des § 126 BGB[50] verlangen (siehe § 100 Rz. 28 [*Knaier*]).[51] Das Gesetz sieht anders als bei der Personengesellschaft oder der GmbH **kein Fristerfordernis** vor. Zum Meinungsstreit siehe § 100 Rz. 32 [*Knaier*].

III. Prüfungsgegenstand und -maßstab (§ 9 Abs. 1)

1. Allgemeines

19 Nach § 9 Abs. 1 ist der **Verschmelzungsvertrag bzw. dessen Entwurf** Gegenstand der Verschmelzungsprüfung durch den Verschmelzungsprüfer. Der Prüfungsumfang der Verschmelzungsprüfung ist nicht explizit im UmwG normiert.[52] Die drei Ziele, nämlich Vollständigkeit und Richtigkeit des Verschmelzungsvertrags bzw. dessen Entwurfs sowie die Angemessenheit des Umtauschverhältnisses, ergeben sich aber aus der Gesetzesbegründung[53] sowie der höchstrichterlichen Rechtsprechung[54].

20 Nach der wohl h. M. beschränkt sich die Verschmelzungsprüfung auf die **Vollständigkeit** und **Richtigkeit** des Verschmelzungsvertrags sowie die **Angemessenheit des festgelegten Umtauschverhältnisses.**[55] Daher muss im Prüfungsbericht im Gegensatz zum Verschmelzungsbericht nicht beurteilt werden,[56] ob die Verschmelzung aus wirtschaftlicher Perspektive sinnvoll erscheint oder notwendig ist (Zweckmäßigkeit).[57]

---

47) *v. Hinden/Scheller* in: BeckOGK-UmwG, § 48 Rz. 19 ff. Der Antrag kann damit nicht in der Gesellschafterversammlung erfolgen. Die Fristberechnung erfolgt nach den §§ 187 Abs. 1, 188 Abs. 2 BGB, vgl. auch Schmitt/Hörtnagl-*Missio*, UmwG/UmwStG, § 39e UmwG Rz. 4.

48) *v. Hinden/Scheller* in: BeckOGK-UmwG, § 48 Rz. 14; Semler/Stengel/Leonard-*Reichert*, UmwG, § 48 Rz. 12 ff.

49) Semler/Stengel/Leonard-*Reichert*, UmwG, § 48 Rz. 21.

50) Schmitt/Hörtnagl-*Missio*, UmwG/UmwStG, § 100 UmwG Rz. 2; Semler/Stengel/Leonard-*Katschinski*, UmwG, § 100 Rz. 9.

51) Semler/Stengel/Leonard-*Katschinski*, UmwG, § 100 Rz. 1 ff.; Schmitt/Hörtnagl-*Missio*, UmwG/UmwStG, § 100 UmwG Rz. 1 ff.

52) *Fromholzer* in: BeckOGK-UmwG, § 9 Rz. 34; Kallmeyer-*Lanfermann*, UmwG, § 9 Rz. 17; Semler/Stengel/Leonard-*Zeidler*, UmwG, § 9 Rz. 25.

53) Begr. RegE Verschmelzungsrichtlinie-Gesetz, BT-Drucks. 9/1065, S. 16, wonach die Verschmelzungsprüfung „die Vollständigkeit des Verschmelzungsvertrags, die Richtigkeit der in ihm enthaltenen Angaben und -als Hauptaufgabe der Prüfung – die Angemessenheit des Umtauschverhältnisses der Aktien" erfasst. Vgl. hierzu auch Semler/Stengel/Leonard-*Zeidler*, UmwG, § 9 Rz. 25.

54) BGH, Urt. v. 22.5.1989 – II ZR 206/88 (Kochs Adler), BGHZ 107, 296 = NJW 1989, 2689, 2690, wonach „die Einschaltung unabhängiger Sachverständiger Gewähr dafür bieten, dass der Verschmelzungsvertrag vollständig ist, die in ihm enthaltenen Angaben richtig sind und – vor allem – das Umtauschverhältnis der Aktien angemessen ist".

55) Vgl. *Illert/Wilk/Tamcke* in: MünchHdb. GesR, Bd. 8, § 10 Rz. 51; Semler/Stengel/Leonard-*Zeidler*, UmwG, § 9 Rz. 25; Kallmeyer-*Lanfermann*, UmwG, § 9 Rz. 17.

56) OLG Jena, Beschl. v. 5.11.2008 – 6 W 288/08, NJW-RR 2009, 182, 183; Schmitt/Hörtnagl-*Winter*, UmwG/UmwStG, § 9 UmwG Rz. 7.

57) Schmitt/Hörtnagl-*Winter*, UmwG/UmwStG, § 9 UmwG Rz. 7; *Fromholzer* in: BeckOGK-UmwG, § 9 Rz. 37; Lutter-*Drygala*, UmwG, § 9 Rz. 12; *Bayer*, AG 1988, 323, 328; *Dirrigl*, WPg 1989, 413, 417; *Mertens*, AG 1990, 20, 31; *Priester*, ZGR 1990, 420, 430; *Priester*, NJW 1983, 1459, 1462; *Schedlbauer*, WPg 1984, 33, 41.

Der **Verschmelzungsbericht** der Vertretungsorgane gemäß § 8 ist gemäß § 9 Abs. 1 e contrario nicht Gegenstand der Verschmelzungsprüfung.[58] Jedoch kann der Verschmelzungsbericht als Informationsgrundlage insbesondere betreffend die Festsetzung des Umtauschverhältnisses dienen.[59] Es erscheint daher zweckmäßig, dass der Verschmelzungsbericht vor dem Prüfungsbericht vorliegt.[60] Eine gesetzlich zwingende Reihenfolge, welcher Bericht zuerst vorliegen muss, gibt es allerdings nicht.[61] 21

Wenngleich keine gesetzliche Pflicht zum Vorgehen bei Änderungen des Verschmelzungsvertrags oder dessen Entwurfs besteht, so folgert die h. M. aus dem Schutzzweck der Norm, dass bei **nachträglichen Änderungen** des Verschmelzungsvertrags bzw. dessen Entwurfs bzw. bei erheblichen Abweichungen des geprüften Entwurfs von der finalen Vertragsfassung eine erneute Prüfung der Änderungen notwendig ist.[62] 22

2. Vollständigkeitsprüfung

Der Verschmelzungsprüfer muss zunächst die **Vollständigkeit** prüfen, also ob die Mindestangaben gemäß § 5 Abs. 1 enthalten sind.[63] § 40 (Personenhandelsgesellschaft)[64], siehe auch § 40 [*Behme*]; § 45b (PartG)[65], siehe auch § 45b [*Maske-Reiche*]; § 46 (GmbH)[66], siehe auch § 46 [*Otte*]; § 80 (Genossenschaft)[67], siehe auch § 80 [*Stiegler*], enthalten weitere Pflichtangaben, die ebenfalls Gegenstand der Prüfung sind. 23

Fraglich ist, ob die freiwillig und über den Mindestinhalt im Verschmelzungsvertrag oder dessen Entwurf aufgenommenen **zusätzlichen Angaben** prüfungsrelevant sind.[68] Für die h. M. sind freiwillige Angaben grundsätzlich Gegenstand der Verschmelzungsprüfung, mit Verweis auf den Zweck der Prüfung, die Richtigkeit des Verschmelzungsvertrages oder dessen Entwurfs zu gewährleisten.[69] Die freiwilligen Angaben fallen nicht in die Vollständigkeitsprüfung.[70] 24

---

58) Vgl. auch Schmitt/Hörtnagl-*Winter*, UmwG/UmwStG, § 9 UmwG Rz. 5; Widmann/Mayer-*Mayer*, UmwR, § 9 UmwG Rz. 18; Semler/Stengel/Leonard-*Zeidler*, UmwG, § 9 Rz. 18; *Fromholzer* in: BeckOGK-UmwG, § 9 Rz. 40; a. A. *Bayer*, ZIP 1997, 1613, 1621; *Priester*, NJW 1983, 1459, 1462; *Ganske*, DB 1981, 1551, 1553; *Becker*, AG 1988, 223, 225.

59) Zu praktischen Überlegungen, wonach sich der Verschmelzungsprüfer in jedem Fall mit den Überlegungen im Verschmelzungsbericht zum Austauschverhältnis auseinandersetzen werde vgl. auch *Fromholzer* in: BeckOGK-UmwG, § 9 Rz. 41.

60) Semler/Stengel/Leonard-*Zeidler*, UmwG, § 9 Rz. 22; Kallmeyer-*Lanfermann*, UmwG, § 9 Rz. 11; *Fromholzer* in: BeckOGK-UmwG, § 9 Rz. 40.

61) Semler/Stengel/Leonard-*Zeidler*, UmwG, § 9 Rz. 22; Lutter-*Drygala*, UmwG, § 9 Rz. 15; Kallmeyer-*Lanfermann*, UmwG, § 9 Rz. 11; *Illert/Wilk/Tamcke* in: MünchHdb. GesR, Bd. 8, § 10 Rz. 49.

62) *Illert/Wilk/Tamcke* in: MünchHdb. GesR, Bd. 8, § 10 Rz. 50; *Fromholzer* in: BeckOGK-UmwG, § 9 Rz. 53; Semler/Stengel/Leonard-*Zeidler*, UmwG, § 9 Rz. 24 – jedenfalls für die Fälle der Pflichtprüfung.

63) *Fromholzer* in: BeckOGK-UmwG, § 9 Rz. 43; *Illert/Wilk/Tamcke* in: MünchHdb. GesR, Bd. 8, § 10 Rz. 55; Semler/Stengel/Leonard-*Zeidler*, UmwG, § 9 Rz. 26; *Priester*, NJW 1983, 1459, 1462.

64) Vgl. Semler/Stengel/Leonard-*Ihrig*, UmwG, § 40 Rz. 1 ff.

65) Vgl. Semler/Stengel/Leonard-*Ihrig*, UmwG, § 45b Rz. 1 ff.

66) Vgl. Semler/Stengel/Leonard-*Reichert*, UmwG, § 46 Rz. 1 ff.

67) Vgl. Semler/Stengel/Leonard-*Scholderer*, UmwG, § 80 Rz. 1 ff.

68) Vgl. *Fromholzer* in: BeckOGK-UmwG, § 9 Rz. 53; Kallmeyer-*Lanfermann*, UmwG, § 9 Rz. 12, 21; a. A. jedoch Semler/Stengel/Leonard-*Zeidler*, UmwG, § 9 Rz. 15, wonach die als Grundlage für das Umtauschverhältnis durchzuführenden Bewertungen regelmäßig auf Stand-Alone-Basis durchgeführt würden, also gerade sich im Zusammenhang mit oder als Folge der Verschmelzung ergebende Wirkungen nicht berücksichtigten.

69) *Fromholzer* in: BeckOGK-UmwG, § 9 Rz. 53; *Illert/Wilk/Tamcke* in: MünchHdb. GesR, Bd. 8, § 10 Rz. 47, 55, 57.

70) So auch *Illert/Wilk/Tamcke* in: MünchHdb. GesR, Bd. 8, § 10 Rz. 55; *Fromholzer* in: BeckOGK-UmwG, § 9 Rz. 51 f.

3. Richtigkeitsprüfung

25 Bei der Richtigkeitsprüfung wird überprüft, ob die Angaben im Verschmelzungsvertrag oder dessen Entwurf **sachlich korrekt** und **plausibel** sind.[71] Der Verschmelzungsprüfer unterliegt analog den für die Gründungsprüfung entwickelten Grundsätzen einer Warn- und Hinweispflicht, sofern während der Verschmelzungsprüfung „Einwände oder Bedenken bzgl. der Richtigkeit der Angaben“[72] auftreten.[73]

26 Der Verschmelzungsprüfer muss somit prüfen, ob die Angaben im Verschmelzungsvertrag bzw. dessen Entwurf die zugrunde liegenden Tatsachen tatsächlich wiedergeben.[74] Hierfür kann der Verschmelzungsprüfer gemäß § 11 UmwG i. V. m. § 320 HGB alle notwendigen **Unterlagen und Nachweise** von den beteiligten Rechtsträgern verlangen.[75]

27 Bei der **Plausibilitätsprüfung**, die insbesondere das Umtauschverhältnis und ggf. die Höhe der Barzuzahlung (§ 5 Abs. 1 Nr. 3), den Beginn des Bezugs am Bilanzgewinn (§ 5 Abs. 1 Nr. 5) und den Verschmelzungsstichtag (§ 5 Abs. 1 Nr. 6) betrifft, sollen die deren Ermittlung zugrunde liegenden und vertretbaren, nicht umfänglich überprüfbaren **Einschätzungen und Erwartungen** kritisch überprüft werden (siehe dazu § 5 Rz. 32 ff. [*Redenius-Hövermann/Laufersweiler*]).[76] Aufgrund des **Prognosecharakters** kann vom Verschmelzungsprüfer keine exakte, abschließende Prüfung verlangt werden.[77]

4. Prüfung des angemessenen Umtauschverhältnisses

28 Das zentrale Element der Verschmelzungsprüfung ist die Bewertung der Angemessenheit des Umtauschverhältnisses.[78] Der Verschmelzungsprüfer muss darlegen, ob das vorgeschlagene Umtauschverhältnis, ggf. die Höhe der baren Zuzahlung oder die vorgesehene Mitgliedschaft im übernehmenden Rechtsträger angemessen ist.[79] Dabei überprüft der Verschmelzungsprüfer die **vorliegenden Bewertungen**, er ermittelt jedoch nicht selbstständig den Unternehmenswert.[80] Das **Umtauschverhältnis** muss genau und eindeutig **beziffert** werden.[81]

---

71) *Fromholzer* in: BeckOGK-UmwG, § 9 Rz. 48; Semler/Stengel/Leonard-*Zeidler*, UmwG, § 9 Rz. 27; *Illert/Wilk/Tamcke* in: MünchHdb. GesR, Bd. 8, § 10 Rz. 55; Kallmeyer-*Lanfermann*, UmwG, § 9 Rz. 20; *Mertens*, AG 1990, 20, 23.

72) Wörtlich Semler/Stengel/Leonard-*Zeidler*, UmwG, § 9 Rz. 27.

73) Die zur Gründungsprüfung entwickelten Grundsätze sind nach h. M. analog §§ 33, 34 AktG übertragbar, vgl. Semler/Stengel/Leonard-*Zeidler*, UmwG, § 9 Rz. 27; *Illert/Wilk/Tamcke* in: MünchHdb. GesR, Bd. 8, § 10 Rz. 56; Kallmeyer-*Lanfermann*, UmwG, § 9 Rz. 20.

74) Semler/Stengel/Leonard-*Zeidler*, UmwG, § 9 Rz. 28.

75) *Fromholzer* in: BeckOGK-UmwG, § 9 Rz. 48; Semler/Stengel/Leonard-*Zeidler*, UmwG, § 9 Rz. 28. Zu berücksichtigen ist dabei insbesondere auch § 11 Abs. 1 Satz 5, wonach die Verschmelzungsprüfer ein Auskunftsrecht gegenüber Konzernunternehmen zusteht. S. a. § 11 [*Redenius-Hövermann/Laufersweiler*].

76) BVerfG, Beschl. v. 24.5.2012 – 1 BvR 3221/10 (Daimler/Chrysler), NJW 2012, 3020 = NZG 2012, 1035; OLG München, Beschl. v. 6.8.2019 – 31 Wx 340/17, Rz. 39, NZG 2020, 144 = BeckRS 2019, 18251; *Illert/Wilk/Tamcke* in: MünchHdb. GesR, Bd. 8, § 10 Rz. 56; Semler/Stengel/Leonard-*Zeidler*, UmwG, § 9 Rz. 29; *Fromholzer* in: BeckOGK-UmwG, § 9 Rz. 49.

77) *Illert/Wilk/Tamcke* in: MünchHdb. GesR, Bd. 8, § 10 Rz. 56; Semler/Stengel/Leonard-*Zeidler*, UmwG, § 9 Rz. 29.

78) *Fromholzer* in: BeckOGK-UmwG, § 9 Rz. 57; Widmann/Mayer-*Mayer*, UmwR, § 9 UmwG Rz. 20; Semler/Stengel/Leonard-*Zeidler*, UmwG, § 9 Rz. 30; Schmitt/Hörtnagl-*Winter*, UmwG/UmwStG, § 9 UmwG Rz. 7.

79) Semler/Stengel/Leonard-*Zeidler*, UmwG, § 9 Rz. 30.

80) LG München, Urt. v. 28.8.2008 – 5 HK O 2522/08, AG 2008, 904, 908 = NZG 2009, 143; *Fromholzer* in: BeckOGK-UmwG, § 9 Rz. 60; Semler/Stengel/Leonard-*Zeidler*, UmwG, § 9 Rz. 30; *Becker*, AG 1988, 223, 226; *Leuering*, NZG 2004, 606, 607; *Priester*, NJW 1983, 1459, 1462.

81) *Böttcher* in: NK-UmwG, § 5 Rz. 28 f.

29 Das UmwG gibt keine **konkreten Vorgaben** für die Kriterien, nach denen die Angemessenheit des Umtauschverhältnisses geprüft werden soll.[82] Zu verweisen ist deshalb auf den **Normzweck** der Vorschriften der Verschmelzungsprüfung und zur gerichtlichen Nachprüfung des Umtauschverhältnisses, die beide die Anteilsinhaber der an der Verschmelzung beteiligten Rechtsträger schützen sollen und verhindern sollen, dass die Anteilsinhaber Nachteile durch die Verschmelzung erleiden.[83] Festzuhalten ist, dass das Umtauschverhältnis **als angemessen zu qualifizieren** ist, wenn die **Anteilsinhaber nach der Verschmelzung nicht schlechterstehen, als** sie **ohne die Verschmelzung** stünden.[84] Hierfür muss der Verschmelzungsprüfer die zugrunde liegenden Bewertungen zur Feststellung des Umtauschverhältnisses prüfen, indem er eine **Bewertungsmethode** und den **Bewertungsstichtag** festlegt, mögliche **Synergieeffekte** mit einbezieht und die **Gleichbehandlung** der Anteilsinhaber berücksichtigt.[85]

30 Weder der europäische noch der nationale Gesetzgeber hat sich auf eine **Methode zur Unternehmensbewertung** festgelegt.[86] Und auch die Rechtsprechung hat bisher keine Bewertungsmethode bevorzugt.[87] Der Grund hierfür liegt darin, dass der Wert eines Unternehmens maßgeblich von den subjektiven Zielen, Bedürfnissen und individuellen Umständen des jeweiligen Anteilsinhabers abhängt.[88] In der Praxis werden überwiegend das **Ertragswertverfahren** und das **Discounted-Cash-Flow-Verfahren** zur Unternehmensbewertung angewendet.[89] Bei Verschmelzungen, an denen auch ein börsennotierter Rechtsträger beteiligt ist, ist auch der **Börsenkurs** bei der Ermittlung des angemessenen Umtauschverhältnisses mitzuberücksichtigen.[90] Betreffend den **Bewertungsstichtag** siehe § 5 Rz. 40 f. [*Redenius-Hövermann/Laufersweiler*].[91]

31 Bei der Prüfung der Angemessenheit des Umtauschverhältnisses ist seitens des Verschmelzungsprüfers auf die **Gleichbehandlung aller Anteilsinhaber** zu achten.[92] In der Praxis

82) *Fromholzer* in: BeckOGK-UmwG, § 9 Rz. 64; Semler/Stengel/Leonard-*Zeidler*, UmwG, § 9 Rz. 31.

83) Semler/Stengel/Leonard-*Zeidler*, UmwG, § 9 Rz. 31; *Fromholzer* in: BeckOGK-UmwG, § 9 Rz. 58.

84) *Illert/Wilk/Tamcke* in: MünchHdb. GesR, Bd. 8, § 10 Rz. 58; Semler/Stengel/Leonard-*Zeidler*, UmwG, § 9 Rz. 31; *Nonnenmacher*, AG 1982, 153, 157.

85) *Illert/Wilk/Tamcke* in: MünchHdb. GesR, Bd. 8, § 10 Rz. 63 f.; *Fromholzer* in: BeckOGK-UmwG, § 9 Rz. 65 ff.; Semler/Stengel/Leonard-*Zeidler*, UmwG, § 9 Rz. 46 ff.

86) Bzgl. der Gesetzgebung vgl. *Illert/Wilk/Tamcke* in: MünchHdb. GesR, Bd. 8, § 10 Rz. 62; bzgl. der Rspr. BVerfG, Beschl. v. 30.5.2007 – 1 BvR 1267/06, 1 BvR 1280/06 (Wüstenrot/Württembergische AG), NZG 2007, 629 = ZIP 2007, 1600; außerdem umfassend bei Schmitt/Hörtnagl-*Winter*, UmwG/UmwStG, § 5 UmwG Rz. 16, 21 ff. m. w. N.

87) Vgl. BVerfG, Beschl. v. 30.5.2007 – 1 BvR 1267/06, 1 BvR 1280/06 (Wüstenrot/Württembergische AG), NZG 2007, 629 = ZIP 2007, 1600; BGH, Urt. v. 13.3.1978 – II ZR 142/76, BGHZ 71, 40 = NJW 1978, 1316, 1317, 1319; zudem *Illert/Wilk/Tamcke* in: MünchHdb. GesR, Bd. 8, § 10 Rz. 62.

88) *Simon* in: KölnKomm-UmwG, § 5 Rz. 14, 259; *Moxter*, Grundsätze ordnungsgemäßer Unternehmensbewertung, S. 23 ff.; *Mandl/Rabel*, Unternehmensbewertung, S. 5 ff.; *Kuhner/Maltry*, Unternehmensbewertung, S. 53 ff.; *Schultze*, Methoden der Unternehmensbewertung: Gemeinsamkeiten, Unterschiede, Perspektiven, S. 7 ff.

89) *Illert/Wilk/Tamcke* in: MünchHdb. GesR, Bd. 8, § 10 Rz. 62 – zur Ertragswertmethode; *Wicke* in: BeckOGK-UmwG, § 5 Rz. 36; Schmitt/Hörtnagl-*Winter*, UmwG/UmwStG, § 5 UmwG Rz. 11, 16 ff.; zur Anerkennung der Ertragswertmethode von der Rspr. vgl. BVerfG, Beschl. v. 27.4.1999 – 1 BvR 1613/94 (DAT/Altana), NJW 1999, 3769, 3771 = NZG 1999, 931.

90) *Fromholzer* in: BeckOGK-UmwG, § 9 Rz. 64; zum Streitstand bzgl. der Bedeutung des Börsenkurses bei Verschmelzungen vgl. Semler/Stengel/Leonard-*Zeidler*, UmwG, § 9 Rz. 36 m. w. N.

91) Die h. M. stellt dabei auf den Zeitpunkt der Beschlussfassung der Anteilsinhaber des übertragenden Rechtsträgers über die Verschmelzung ab, vgl. *Fromholzer* in: BeckOGK-UmwG, § 9 Rz. 69f.; Semler/Stengel/Leonard-*Zeidler*, UmwG, § 9 Rz. 41 – jeweils m. w. N.; teilweise wird jedoch vertreten, dass als Bewertungsstichtag der Zeitpunkt der Eintragung der Verschmelzung in das Register des Sitzes des übernehmenden Rechtsträgers maßgeblich sei, vgl. hierzu Semler/Stengel/Leonard-*Zeidler*, UmwG, § 9 Rz. 40 m. w. N., nochmals a. A. wiederum *Zeidler*, § 9 Rz. 42.

92) *Fromholzer* in: BeckOGK-UmwG, § 9 Rz. 65 ff.; Semler/Stengel/Leonard-*Zeidler*, UmwG, 9 Rz. 43 ff.; *Illert/Wilk/Tamcke* in: MünchHdb. GesR, Bd. 8, § 10 Rz. 63.

hat sich aufgrund der Schwierigkeit, die verschiedenen subjektiven Interessen und Wertvorstellungen seitens der Anteilsinhaber zu vereinbaren, eine Bewertung entwickelt, die auf der Grundlage **typisierter fiktiver Entscheidungswerte** unter Annahme abzielt und die darauf abstellt, den objektiven Unternehmenswert darzulegen.[93)]

32 Bei der Beurteilung der Angemessenheit des Umtauschverhältnisses ist fraglich, inwieweit **Synergieeffekte** in die Berechnung des Beteiligungswertes einbezogen werden müssen. Unterschieden wird zwischen echten und unechten Synergieeffekten. **Echte** Synergieeffekte, also solche, die nur aufgrund der Verschmelzung erzielt werden, sind nach der h. M. nicht in die Berechnung einzubeziehen, da sie keinen Einfluss auf den Wert der Beteiligung haben, sondern zu den positiven Effekten der Verschmelzung gehören.[94)] **Unechte** Synergieeffekte, also solche, die nicht nur durch die Verschmelzung erzielt, sondern auch mit anderen Partnern erreicht werden könnten,[95)] können dagegen nach der h. M. Eingang in die Berechnung finden.[96)]

IV. Verzicht durch die Anteilsinhaber und Entbehrlichkeit der Verschmelzungsprüfung (§ 9 Abs. 2)

33 Nach § 9 Abs. 2 findet § 8 Abs. 3 auf die Verschmelzungsprüfung entsprechend Anwendung. Danach können gemäß § 8 Abs. 3 Satz 1 die Anteilsinhaber aller beteiligten Rechtsträger auf die Verschmelzungsprüfung verzichten (siehe § 8 Rz. 21 [*Redenius-Hövermann/Laufersweiler*]). Die **Verzichtserklärung** ist gemäß § 8 Abs. 3 Satz 2 zum Schutz der Anteilsinhaber notariell zu beurkunden.[97)]

34 Des Weiteren bedarf es gemäß § 9 Abs. 2 i. V. m. § 8 Abs. 3 Satz 3 keiner Verschmelzungsprüfung **(Entbehrlichkeit)**,

- wenn alle Anteilsinhaber der beteiligten Rechtsträger auf seine Erstellung verzichten (§ 8 Abs. 3 Satz 1),
- wenn sich alle Anteile des übertragenden Rechtsträgers in der Hand des übernehmenden Rechtsträgers befinden (sog. Upstream-Merger, § 8 Abs. 3 Satz 3 Nr. 1 lit. a),
- wenn sich alle Anteile des übertragenden und übernehmenden Rechtsträgers in einer Hand befinden (sog. Sidestream-Merger, § 8 Abs. 3 Satz 3 Nr. 1 lit. b),
- für denjenigen an der Verschmelzung beteiligten Rechtsträger, der nur einen Anteilsinhaber hat (sonstige Konzernsachverhalte, § 8 Abs. 3 Satz 3 Nr. 2).

35 Siehe dazu insgesamt § 8 Rz. 21 ff. [*Redenius-Hövermann/Laufersweiler*]).

---

93) *Illert/Wilk/Tamcke* in: MünchHdb. GesR, Bd. 8, § 10 Rz. 63; *Fromholzer* in: BeckOGK-UmwG, § 9 Rz. 67.

94) Ausf. zum Streitstand bei *Illert/Wilk/Tamcke* in: MünchHdb. GesR, Bd. 8, § 10 Rz. 64; Schmitt/Hörtnagl-*Winter*, UmwG/UmwStG, § 5 UmwG Rz. 31.

95) Zu den Bsp. s. *Illert/Wilk/Tamcke* in: MünchHdb. GesR, Bd. 8, § 10 Rz. 64, die Kostensenkungen aufgrund effizienterer Auslastung existenter Produktionsmittel oder Skaleneffekte durch Zusammenlegung von Einkaufs-, Vertriebs- oder Marketingfunktionen nennen.

96) Vgl. BayObLG, Beschl. v. 19.10.1995 – 3Z BR 17/90, AG 1996, 127, 128 = WM 1996, 526; *Illert/Wilk/Tamcke* in: MünchHdb. GesR, Bd. 8, § 10 Rz. 64; für die Ansetzung vorvertraglicher Synergien Semler/Stengel/Leonard-*Zeidler*, UmwG, § 9 Rz. 48.

97) Demnach entfaltet die notarielle Formvorschrift eine Warn- und Hinweisfunktion, vgl. Semler/Stengel/Leonard-*Gehling*, UmwG, § 8 Rz. 71; *Fromholzer* in: BeckOGK-UmwG, § 8 Rz. 163; Lutter-*Drygala*, UmwG, § 8 Rz. 55.

§ 10
Bestellung der Verschmelzungsprüfer*)

(1) [1]Die Verschmelzungsprüfer werden auf Antrag des Vertretungsorgans vom Gericht ausgewählt und bestellt. [2]Sie können auf gemeinsamen Antrag der Vertretungsorgane für mehrere oder alle beteiligten Rechtsträger gemeinsam bestellt werden. [3]Für den Ersatz von Auslagen und für die Vergütung der vom Gericht bestellten Prüfer gilt § 318 Abs. 5 des Handelsgesetzbuchs.

(2) [1]Zuständig ist jedes Landgericht, in dessen Bezirk ein übertragender Rechtsträger seinen Sitz hat. [2]Ist bei dem Landgericht eine Kammer für Handelssachen gebildet, so entscheidet deren Vorsitzender an Stelle der Zivilkammer.

(3) Auf das Verfahren ist das Gesetz über das Verfahren in Familiensachen und in den Angelegenheiten der freiwilligen Gerichtsbarkeit anzuwenden, soweit in den folgenden Absätzen nichts anderes bestimmt ist.

(4) [1]Gegen die Entscheidung findet die Beschwerde statt. [2]Sie kann nur durch Einreichung einer von einem Rechtsanwalt unterzeichneten Beschwerdeschrift eingelegt werden.

(5) [1]Die Landesregierung kann die Entscheidung über die Beschwerde durch Rechtsverordnung für die Bezirke mehrerer Oberlandesgerichte einem der Oberlandesgerichte oder dem Obersten Landesgericht übertragen, wenn dies der Sicherung einer einheitlichen Rechtsprechung dient. [2]Die Landesregierung kann die Ermächtigung auf die Landesjustizverwaltung übertragen.

*) § 10 geändert durch Art. 73 des Gesetzes zur Reform des Verfahrens in Familiensachen und in den Angelegenheiten der freiwilligen Gerichtsbarkeit (FGG-Reformgesetz – FGG-RG), v. 17.12.2008, BGBl. I 2008, 2586; § 10 i. d. F. des UmwBerG geändert durch Art. 4 des Gesetzes zur Neuordnung des gesellschaftsrechtlichen Spruchverfahrens (Spruchverfahrensneuordnungsgesetz), v. 12.6.2003, BGBl. I 2003, 838.

Literatur: *Noack*, Zur Weisungs- und Leitungsbefugnis des Gerichts gegenüber dem von ihm bestellten sachverständigen Prüfer, NZG 2016, 1259.

Übersicht

I. Allgemeines

1 § 10 regelt die **Bestellung und Vergütung** des Verschmelzungsprüfers. Der Sinn und Zweck dieser Vorschrift liegt darin, den rechtlichen Rahmen für die Bestellung eines sachkundigen Prüfers zu schaffen, der die Verschmelzung einer Gesellschaft auf ihre wirtschaftliche und rechtliche Angemessenheit hin untersucht.[1)]

2 Ziel ist es, die Interessen der beteiligten Gesellschafter und anderer betroffener Parteien zu schützen und sicherzustellen, dass die Verschmelzung nicht zu einer Benachteiligung der beteiligten Rechtsträger führt.[2)] Die Verschmelzungsprüfung soll auch dazu beitragen, die

1) Henssler/Strohn-*Heidinger*/*Knaier*, GesR, § 10 UmwG Rz. 1; *Fromholzer* in: BeckOGK-UmwG, § 10 Rz. 1.

2) *Fromholzer* in: BeckOGK-UmwG, § 10 Rz. 1, 3.

Rechtssicherheit der Umwandlung zu erhöhen. Gleichzeitig trägt die Regelung dazu bei, Transparenz und Vertrauen in den Umwandlungsprozess zu fördern. Zusammenfassend lässt sich festhalten, dass § 10 sowohl dem Schutz der Gesellschafter und der beteiligten Rechtsträger als auch der ordnungsgemäßen Durchführung von Verschmelzungen dient.

3 Die Vorschrift setzt Art. 96 Abs. 1 der Gesellschaftsrechtsrichtlinie[3] um. Darin ist die Prüfung des Verschmelzungsplans durch einen unabhängigen Sachverständigen geregelt.[4] § 10 wurde durch das Spruchverfahrensneuordnungsgesetz mit Wirkung zum 1.9.2003 geändert und erweitert:[5] § 10 Abs. 1 und 3 wurden neugefasst, Absatz 4–7 wurden ergänzt. § 10 Abs. 4–6 wurden durch das FGG-Reformgesetz[6] mit Wirkung zum 1.9.2009 wieder gestrichen und ins FamFG bzw. in § 71 Abs. 2 Nr. 4 lit. d GVG verlagert.[7]

4 § 10 gilt für **alle verschmelzungsfähigen Rechtsträger**, soweit eine **Prüfung vorgeschrieben** ist (siehe § 9 Rz. 1 [*Redenius-Hövermann/Laufersweiler*]).

II. Auswahl und Bestellung des Verschmelzungsprüfers (§ 10 Abs. 1 Satz 1, Satz 2, Abs. 3)

5 § 10 ordnet Auswahl und Bestellung des Verschmelzungsprüfers ausschließlich der **Zuständigkeit des Gerichts auf Antrag** des Vertretungsorgans zu,[8] ohne dass das Gericht inhaltliche Anordnungen treffen darf.[9] Dem Antrag sollen **Informationen** über den Verschmelzungsfall zur gerichtlichen Prüfung der Voraussetzungen des § 10 **beigefügt** werden.[10] Hierdurch soll die Unparteilichkeit des ausgewählten Verschmelzungsprüfers sichergestellt werden.[11] Dem Gericht können **unverbindliche Vorschläge** unterbreitet werden,[12] wobei das Gericht diese hinsichtlich der vorgenannten Zielsetzung einer kritischen Prüfung unterziehen muss.[13] So kann nur ein Verschmelzungsprüfer bestellt werden, der über die Qualifikation i. S. des § 11 Abs. 1 verfügt (siehe § 11 Rz. 3 [*Redenius-Hövermann/Laufersweiler*]), da ansonsten die Verschmelzungsprüfung fehlerhaft wäre und die Eintragung hindern würde.[14] Zur Frage der Parallelprüfung siehe § 11 Rz. 1 [*Redenius-Hövermann/Laufersweiler*].

6 Auf das Verfahren ist gemäß § 10 Abs. 3 das **FamFG** anzuwenden (§§ 1–85 FamFG), soweit in § 10 Abs. 4 und 5 keine abweichenden Regelungen getroffen sind.[15] So soll grundsätzlich ein Prüfer für jeden beteiligten Rechtsträger bestellt werden, wobei das Gericht

---

3) Richtlinie (EU) 2017/1132 des Europäischen Parlaments und des Rates v. 14.6.2017 über bestimmte Aspekte des Gesellschaftsrechts (Gesellschaftsrechtsrichtlinie), ABl. (EU) L 169/46 v. 30.6.2017.

4) Lutter-*Drygala*, UmwG, § 10 Rz. 1; Henssler/Strohn-*Heidinger/Knaier*, GesR, § 10 UmwG Rz. 1; Semler/Stengel/Leonard-*Zeidler*, UmwG, § 10 Rz. 3; *Fromholzer* in: BeckOGK-UmwG, § 10 Rz. 4.

5) Gesetz zur Neuordnung des gesellschaftsrechtlichen Spruchverfahrens (Spruchverfahrensneuordnungsgesetz), v. 12.6.2003, BGBl. I 2003, 838.

6) Gesetzes zur Reform des Verfahrens in Familiensachen und in den Angelegenheiten der freiwilligen Gerichtsbarkeit (FGG-Reformgesetz – FGG-RG), v. 17.12.2008, BGBl. I 2008, 2586.

7) Henssler/Strohn-*Heidinger/Knaier*, GesR, § 10 UmwG Rz. 1; *Fromholzer* in: BeckOGK-UmwG, § 10 Rz. 5 f.

8) Semler/Stengel/Leonard-*Zeidler*, UmwG, § 10 Rz. 1, 6; Schmitt/Hörtnagl-*Winter*, UmwG/UmwStG, § 10 UmwG Rz. 2.

9) OLG Düsseldorf, Beschl. v. 24.9.2015 – I-26 W 13/15 (AktE), NZG 2016, 151 = AG 2016, 142; *Noack*, NZG 2016, 1259 ff.; krit. *Drygala*, EWIR 2016, 233 ff. (Ueteilsanm.).

10) Semler/Stengel/Leonard-*Zeidler*, UmwG, § 10 Rz. 6.

11) Henssler/Strohn-*Heidinger/Knaier*, GesR, § 10 UmwG Rz. 3; Semler/Stengel/Leonard-*Zeidler*, UmwG, § 10 Rz. 5.

12) Henssler/Strohn-*Heidinger/Knaier*, GesR, § 10 UmwG Rz. 3; Semler/Stengel/Leonard-*Zeidler*, UmwG, § 10 Rz. 8.

13) Semler/Stengel/Leonard-*Zeidler*, UmwG, § 10 Rz. 8.

14) Schmitt/Hörtnagl-*Winter*, UmwG/UmwStG, § 10 UmwG Rz. 7.

15) Semler/Stengel/Leonard-*Zeidler*, UmwG, § 10 Rz. 1; Schmitt/Hörtnagl-*Winter*, UmwG/UmwStG, § 10 UmwG Rz. 5 – dort zu den anwendbaren Vorschriften des FamFG ausf. unter Rz. 15 ff.

auf Antrag auch einen **gemeinsamen Verschmelzungsprüfer** bestellen kann, soweit sich dieses aus dem Gesetz ergibt.[16] Lehnt das Gericht den Antrag auf einen gemeinsamen Verschmelzungsprüfer ab, steht den beteiligten Rechtsträger eine Beschwerdemöglichkeit nicht zu.[17]

Zwischen dem Verschmelzungsprüfer und dem von ihm zu prüfenden Rechtsträger entsteht ein **werkvertragsähnliches gesetzliches Schuldverhältnis** (zur Vergütung siehe unten Rz. 13).[18] 7

III. Gerichtliche Zuständigkeit (§ 10 Abs. 2)

Sachlich zuständig ist gemäß § 10 Abs. 2 Satz 1 das Landgericht.[19] **Örtlich** zuständig ist jedes Landgericht, in dessen Bezirk der übertragende Rechtsträger seinen Sitz hat.[20] Instanziell zuständig ist gemäß § 10 Abs. 2 Satz 2 – sofern am jeweiligen Landgericht gebildet – der **Vorsitzende der Kammer für Handelssachen**, ansonsten die gesamte Zivilkammer.[21] Gemäß § 71 Abs. 4 GVG kann eine Zuständigkeitskonzentration bei einem Landgericht für mehrere Landgerichtsbezirke durch Rechtsverordnung herbeigeführt werden.[22] 8

IV. Rechtsmittel (§ 10 Abs. 4, Abs. 5)

Gegen die gerichtliche Entscheidung sowie die Entscheidung über die Höhe der Vergütung und der Auslagen findet gemäß § 10 Abs. 4 Satz 1 die **Beschwerde** statt.[23] Sie ist gemäß § 63 Abs. 1 FamFG innerhalb eines Monats einzureichen.[24] Hierbei ist die **Form** des § 10 Abs. 4 Satz 2 einzuhalten.[25] Danach kann nur Beschwerde mit einer anwaltlich unterschriebenen Beschwerdeschrift zum Oberlandesgericht eingereicht werden.[26] Für das Verfahren besteht dagegen keine anwaltliche Mitwirkungspflicht.[27] Das jeweils übergeordnete Oberlandesgericht entscheidet über die Beschwerde. 9

Gemäß § 70 FamFG ist gegen die Entscheidung des Oberlandesgerichts die **Rechtsbeschwerde** zum BGH, sofern das Oberlandesgericht diese zulässt, eröffnet.[28] 10

Beschwerdeberechtigt sind die antragstellenden Rechtsträger.[29] 11

---

16) Schmitt/Hörtnagl-*Winter*, UmwG/UmwStG, § 10 UmwG Rz. 10; *Fromholzer* in: BeckOGK-UmwG, § 10 Rz. 53; Kallmeyer-*Lanfermann*, UmwG, § 10 Rz. 20.

17) Schmitt/Hörtnagl-*Winter*, UmwG/UmwStG, § 10 UmwG Rz. 10.

18) Lutter-*Drygala*, UmwG, § 10 Rz. 14; Widmann/Mayer-*Fronhöfer*, UmwR, § 10 UmwG Rz. 16.2; *Fromholzer* in: BeckOGK-UmwG, § 10 Rz. 33.

19) Henssler/Strohn-*Heidinger*/*Knaier*, GesR, § 10 UmwG Rz. 4.

20) Henssler/Strohn-*Heidinger*/*Knaier*, GesR, § 10 UmwG Rz. 4; Semler/Stengel/Leonard-*Zeidler*, UmwG, § 10 Rz. 1, 11.

21) Henssler/Strohn-*Heidinger*/*Knaier*, GesR, § 10 UmwG Rz. 4; Schmitt/Hörtnagl-*Winter*, UmwG/UmwStG, § 10 UmwG Rz. 13.

22) Schmitt/Hörtnagl-*Winter*, UmwG/UmwStG, § 10 UmwG Rz. 3 – zu den Bundesländern, die hiervon Gebrauch gemacht haben s. dort unter Rz. 25.

23) Semler/Stengel/Leonard-*Zeidler*, UmwG, § 10 Rz. 13, Rz. 17.

24) Semler/Stengel/Leonard-*Zeidler*, UmwG, § 10 Rz. 13; Schmitt/Hörtnagl-*Winter*, UmwG/UmwStG, § 10 UmwG Rz. 27.

25) Henssler/Strohn-*Heidinger*/*Knaier*, GesR, § 10 UmwG § 10 Rz. 7.

26) Henssler/Strohn-*Heidinger*/*Knaier*, GesR, § 10 UmwG Rz. 7; Semler/Stengel/Leonard-*Zeidler*, UmwG, § 10 Rz. 13.

27) Lutter-*Drygala*, UmwG, § 10 Rz. 20; Semler/Stengel/Leonard-*Zeidler*, UmwG, § 10 Rz. 13; *Fromholzer* in: BeckOGK-UmwG, § 10 Rz. 38.

28) Semler/Stengel/Leonard-*Zeidler*, UmwG, § 10 Rz. 13; Schmitt/Hörtnagl-*Winter*, UmwG/UmwStG, § 10 UmwG Rz. 31.

29) Semler/Stengel/Leonard-*Zeidler*, UmwG, § 10 Rz. 13.

12 § 10 Abs. 5 Satz 1 erlaubt eine Zuständigkeitskonzentration bei einem Oberlandesgericht aufgrund einer landesrechtlichen Vorschrift zur Sicherung einer einheitlichen Rechtsprechung.[30] § 10 Abs. 5 Satz 2 erlaubt dabei auch die Übertragung auf die Landesjustizverwaltung.

V. Vergütung des Verschmelzungsprüfers (§ 10 Abs. 1 Satz 3)

13 § 10 Abs. 1 Satz 3 verweist hinsichtlich des Ersatzes von Auslagen und der angemessenen Vergütung der gerichtlich geprüften Prüfer auf **§ 318 Abs. 5 HGB,**[31] wobei beides gerichtlich festgesetzt wird – das Prüfungshonorar[32] gleichwohl nur auf Antrag.[33]

14 Das Landgericht sollte dabei vor der Festlegung der Vergütung versuchen, eine **Einigung** zwischen den Parteien **über deren Höhe zu erreichen**, da in der Praxis diesbezüglich häufig Schwierigkeiten auftreten.[34]

15 Die Entscheidung des Landgerichts über die Höhe der Vergütung des Verschmelzungsprüfers ist gemäß § 318 Abs. 5 Satz 3 HGB durch **Beschwerde** anzugreifen.[35] Beschwerdeberechtigt sind der Verschmelzungsprüfer und die beteiligten Rechtsträger.[36] Die Rechtsbeschwerde ist gemäß § 318 Abs. 5 Satz 3 Halbs. 2 HGB ausgeschlossen.[37]

---

30) Henssler/Strohn-*Heidinger/Knaier*, GesR, § 10 UmwG § 10 Rz. 7; Semler/Stengel/Leonard-*Zeidler*, UmwG, § 10 Rz. 14; zu den Ländern, die hiervon Gebrauch gemacht haben: Schmitt/Hörtnagl-*Winter*, UmwG/UmwStG, § 10 UmwG Rz. 30.

31) Semler/Stengel/Leonard-*Zeidler*, UmwG, § 10 Rz. 15; *Fromholzer* in: BeckOGK-UmwG, § 10 Rz. 34.

32) Laut *Zeidler* erfolgt die Einigung dabei in der Regel noch vor Annahme des Prüfungsauftrags im Zuge der gängigen Praxis, welche sodann für das Gericht bindend ist: Semler/Stengel/Leonard-*Zeidler*, UmwG, § 10 Rz. 16.

33) Semler/Stengel/Leonard-*Zeidler*, UmwG, § 10 Rz. 16.

34) Schmitt/Hörtnagl-*Winter*, UmwG/UmwStG, § 10 UmwG Rz. 35.

35) *Fromholzer* in: BeckOGK-UmwG, § 10 Rz. 35; Schmitt/Hörtnagl-*Winter*, UmwG/UmwStG, § 10 UmwG Rz. 33.

36) Schmitt/Hörtnagl-*Winter*, UmwG/UmwStG, § 10 UmwG Rz. 37; Widmann/Mayer-*Fronhöfer*, UmwR, § 10 UmwG Rz. 16.3.3.

37) Schmitt/Hörtnagl-*Winter*, UmwG/UmwStG, § 10 UmwG Rz. 37; *Fromholzer* in: BeckOGK-UmwG, § 10 Rz. 35.

§ 11
Stellung und Verantwortlichkeit der Verschmelzungsprüfer*)

(1) [1]Für die Auswahl und das Auskunftsrecht der Verschmelzungsprüfer gelten § 319 Abs. 1 bis 4, § 319b Abs. 1, § 320 Abs. 1 Satz 2 und Abs. 2 Satz 1 und 2 des Handelsgesetzbuchs entsprechend. [2]Soweit Rechtsträger betroffen sind, die Unternehmen von öffentlichem Interesse nach § 316a Satz 2 des Handelsgesetzbuchs sind, gilt für die Auswahl der Verschmelzungsprüfer neben Satz 1 auch Artikel 5 Absatz 1 der Verordnung (EU) Nr. 537/2014 des Europäischen Parlaments und des Rates vom 16. April 2014 über spezifische Anforderungen an die Abschlussprüfung bei Unternehmen von öffentlichem Interesse und zur Aufhebung des Beschlusses 2005/909/EG der Kommission (ABl. L 158 vom 27.5.2014, S. 77; L 170 vom 11.6.2014, S. 66) entsprechend mit der Maßgabe, dass an die Stelle der in Artikel 5 Absatz 1 Unterabsatz 1 Buchstabe a und b der Verordnung (EU) Nr. 537/2014 genannten Zeiträume der Zeitraum zwischen dem Beginn des Geschäftsjahres, welches dem Geschäftsjahr vorausgeht, in dem der Verschmelzungsvertrag geschlossen wurde, und dem Zeitpunkt, in dem der Verschmelzungsprüfer den Prüfungsbericht nach § 12 erstattet hat, tritt. [3]Soweit Rechtsträger betroffen sind, für die keine Pflicht zur Prüfung des Jahresabschlusses besteht, gilt Satz 1 entsprechend. [4]Dabei

findet § 267 Abs. 1 bis 3 des Handelsgesetzbuchs für die Umschreibung der Größenklassen entsprechende Anwendung. [5]Das Auskunftsrecht besteht gegenüber allen an der Verschmelzung beteiligten Rechtsträgern und gegenüber einem Konzernunternehmen sowie einem abhängigen und einem herrschenden Unternehmen.

(2) [1]Für die Verantwortlichkeit der Verschmelzungsprüfer, ihrer Gehilfen und der bei der Prüfung mitwirkenden gesetzlichen Vertreter einer Prüfungsgesellschaft gilt § 323 des Handelsgesetzbuchs entsprechend. [2]Die Verantwortlichkeit besteht gegenüber den an der Verschmelzung beteiligten Rechtsträgern und deren Anteilsinhabern.

*) § 11 geändert durch Art. 14 des Gesetzes zur Stärkung der Finanzmarktintegrität (FISG), v. 3.6.2021, BGBl. I 2021, 1534; § 11 geändert durch Art. 13 des Gesetzes zur Modernisierung des Bilanzrechts (BilMoG), v. 25.5.2009, BGBl. I 2009, 1102; § 11 i. d. F. des UmwBerG geändert durch Art. 8 Abs. 10 des Gesetzes zur Einführung internationaler Rechnungslegungsstandards und zur Sicherung der Qualität der Abschlussprüfung (Bilanzrechtsreformgesetz – BilReG), v. 4.12.2004, BGBl. I 2004, 3166.

Literatur: *Ebke/Scheele*, Die Haftung des Wirtschaftsprüfers für fahrlässig verursachte Vermögensschäden Dritter, WM 1991, 389; *Schmitz*, Die Vertragshaftung des Wirtschaftsprüfers und Steuerberaters gegenüber Dritten, DB 1989, 1909; *Strieder*, Zeitpunkt und Unterzeichnung von Vollständigkeitserklärungen, BB 2000, 298.

Übersicht

I. Allgemeines

In § 11 werden die Auswahl, das Auskunftsrecht und die Verantwortlichkeit des Verschmelzungsprüfers normiert. Die Norm entspricht grundsätzlich § 340b Abs. 3 und 5 AktG a. F. und setzt Art. 10 Abs. 1 und 3 der Verschmelzungsrichtlinie[1)] in nationales Recht um.[2)] Es bedurfte in **§ 11 Abs. 1** eines neuen Satz 2, da aufgrund der Aufhebung des § 319a HGB durch das FISG[3)] der Verweis in § 11 Abs. 1 Satz 1 a. F. obsolet geworden ist.[4)] § 11 Abs. 1 Satz 2 verweist nunmehr auf Art. 5 Abs. 1 der Abschlussprüfer-VO[5)].[6)] Hierzu findet sich eine Übergangsvorschrift in § 354 Abs. 4.[7)] Die bisherigen § 11 Abs. 1 Satz 2 bis 4 wurden neu nummeriert und sind nun Satz 3 bis 5.[8)] 1

1) Richtlinie 2011/35/EU des Europäischen Parlaments und des Rates v. 5.4.2011 über die Verschmelzung von Aktiengesellschaften (Verschmelzungsrichtlinie), ABl. (EU) L 110/1 v. 29.4.2011.
2) Semler/Stengel/Leonard-*Zeidler*, UmwG, § 11 Rz. 195; vgl. auch *Fromholzer* in: BeckOGK-UmwG, § 11 Rz. 2.
3) Gesetz zur Stärkung der Finanzmarktintegrität (FISG), v. 3.6.2021, BGBl. I 2021, 1534.
4) Vgl. auch *Fromholzer* in: BeckOGK-UmwG, § 11 Rz. 2; Henssler/Strohn-*Heidinger/Knaier*, GesR, § 11 UmwG Rz. 1; *Goslar/Böttcher* in: NK-UmwG, § 11 Rz. 1.
5) Verordnung (EU) Nr. 537/2014 des Europäischen Parlaments und des Rates v. 16.4.2014 über spezifische Anforderungen an die Abschlussprüfung bei Unternehmen von öffentlichem Interesse und zur Aufhebung des Beschlusses 2005/909/EG der Kommission (Abschlussprüfer-VO), ABl. (EU) L 158/77 v. 27.5.2014.
6) Henssler/Strohn-*Heidinger/Knaier*, GesR, § 11 UmwG Rz. 1; Semler/Stengel/Leonard-*Zeidler*, UmwG, § 11 Rz. 1; *Fromholzer* in: BeckOGK-UmwG, § 11 Rz. 26 ff.
7) *Annuß* in: BeckOGK-UmwG, § 354 Rz. 1; Schmitt/Hörtnagl-*Hörtnagl*, UmwG/UmwStG, § 354 UmwG Rz. 1.
8) Vgl. zur Entstehungsgeschichte nur *Fromholzer* in: BeckOGK-UmwG, § 11 Rz. 2; Semler/Stengel/Leonard-*Zeidler*, UmwG, § 11 Rz. 1.

2 In § 11 Abs. 2 geht es um die **Verantwortlichkeit** des Verschmelzungsprüfers. Es wird auf § 323 HGB verwiesen, in dem die Rechte und Pflichten des Abschlussprüfers und seiner Gehilfen bei der Prüfung der Jahresabschlüsse sowie eine Haftungsbeschränkung geregelt sind.[9)] Die Haftungsgrenzen wurden deutlich erhöht.[10)] Der Wortlaut von § 11 Abs. 2 entspricht dem Wortlaut des § 340b Abs. 5 AktG a. F.[11)]

II. Auswahl des Verschmelzungsprüfers (§ 11 Abs. 1 Satz 1 bis 4)

1. Zulässige Personen

3 § 11 Abs. 1 Satz 1 verweist betreffend die Auswahl des Verschmelzungsprüfers auf §§ 319 Abs. 1 bis 4, 319 b Abs. 1, 320 Abs. 1 Satz 2, Abs. 2 Satz 1 und Abs. 2 Satz 2 HGB, sofern die an der Verschmelzung beteiligten Rechtsträger der **Pflicht zur Prüfung des Jahresabschlusses** unterliegen.[12)] **Wirtschaftsprüfer** und Wirtschaftsprüfungsgesellschaften können gemäß § 319 Abs. 1 Satz 1 HGB immer als Verschmelzungsprüfer fungieren. Sind mittelgroße Gesellschaften mit beschränkter Haftung gemäß § 267 Abs. 2 HGB als Rechtsträger an der Verschmelzung beteiligt, kann auch ein vereidigter **Buchprüfer** oder eine Buchprüfungsgesellschaft als Verschmelzungsprüfer analog § 319 Abs. 1 Satz 2 HGB herangezogen werden.[13)] Hierfür muss eine Bescheinigung über die Teilnahme an der Qualitätskontrolle nach § 57a WPO vorliegen.[14)]

4 Bei Rechtsträgern, die **keine Pflicht zur Prüfung des Jahresabschlusses** haben, gelten gemäß § 11 Abs. 1 Satz 3 UmwG die §§ 319 Abs. 1 bis 4, 319b Abs. 1, 320 Abs. 1 Satz 2, Abs. 2 Satz 1, Abs. 2 Satz 2 HGB entsprechend.[15)] § 267 Abs. 1 bis 3 HGB findet entsprechende Anwendung. Maßgeblich ist dabei die **Größenklasse des § 267 HGB.**[16)] Im Ergebnis bestehen die gleichen Zuständigkeiten wie bei Rechtsträgern, die verpflichtet sind, ihren Jahresabschluss prüfen zu lassen.[17)]

5 Die Sonderregelung des **§ 81** gilt, sollte ein beteiligter Rechtsträger **eG** sein. Wirtschaftsprüfer, Wirtschaftsprüfungsgesellschaften, Buchprüfer und Buchprüfungsgesellschaften können dann nicht als Verschmelzungsprüfer bestellt werden.[18)] Für die eG ist gemäß § 81

---

9) *Fromholzer* in: BeckOGK-UmwG, § 11 Rz. 45 ff.; *Goslar/Böttcher* in: NK-UmwG, § 11 Rz. 15 ff.

10) Henssler/Strohn-*Heidinger/Knaier*, GesR, § 11 UmwG Rz. 1; *Fromholzer* in: BeckOGK-UmwG, § 11 Rz. 2.

11) § 340b AktG aufgehoben durch das Gesetz zur Bereinigung des Umwandlungsrechts (UmwBerG), v. 28.10.1994, BGBl. I 1994, 3210; zur Entstehungsgeschichte vgl. nur *Fromholzer* in: BeckOGK-UmwG, § 11 Rz. 2, 45 ff.; Semler/Stengel/Leonard-*Zeidler*, UmwG, § 11 Rz. 1.

12) Semler/Stengel/Leonard-*Zeidler*, UmwG, § 11 Rz. 2; *Illert/Wilk/Tamcke* in: MünchHdb. GesR, Bd. 8, § 10 Rz. 93; *Fromholzer* in: BeckOGK-UmwG, § 11 Rz. 4.

13) Semler/Stengel/Leonard-*Zeidler*, UmwG, § 11 Rz. 2; *Illert/Wilk/Tamcke* in: MünchHdb. GesR, Bd. 8, § 10 Rz. 93; *Fromholzer* in: BeckOGK-UmwG, § 11 Rz. 5.

14) Widmann/Mayer-*Mayer*, UmwR, § 11 UmwG Rz. 8; *Illert/Wilk/Tamcke* in: MünchHdb. GesR, Bd. 8, § 10 Rz. 93; *Fromholzer* in: BeckOGK-UmwG, § 11 Rz. 5; Kallmeyer-*Lanfermann*, UmwG, § 11 Rz. 2.

15) *Illert/Wilk/Tamcke* in: MünchHdb. GesR, Bd. 8, § 10 Rz. 94; *Fromholzer* in: BeckOGK-UmwG, § 11 Rz. 8.

16) S. Beschlussempfehlung und Bericht d. RA z. UmwBerG, BT-Drucks. 12/7850, S. 142, wonach „der in § 319 Abs. 1 HGB benannte Personenkreis auch für solche kleinen oder mittelgroßen Rechtsträger als Umwandlungsprüfer tätig sein kann, für die eine Jahresabschlussprüfung gesetzlich nicht vorgeschrieben ist (insb. kleine Kapitalgesellschaften, Personenhandelsgesellschaften und Vereine)". A. A. *Drygala*, der bei der Auslegung auf die Strukturgleichheit abgestellt hat, Lutter-*Drygala*, UmwG, § 11 Rz. 3. Vgl. zum Streitstand auch *Fromholzer* in: BeckOGK-UmwG, § 11 Rz. 9 ff.

17) *Illert/Wilk/Tamcke* in: MünchHdb. GesR, Bd. 8, § 10 Rz. 94; vgl. auch Semler/Stengel/Leonard-*Zeidler*, UmwG, § 11 Rz. 3.

18) Vgl. auch *Fromholzer* in: BeckOGK-UmwG, § 11 Rz. 16; Semler/Stengel/Leonard-*Scholderer*, UmwG, § 81 Rz. 1 ff.

Abs. 1 eine gutachterliche Äußerung des **genossenschaftlichen Prüfungsverbands** einzuholen.[19)]

2. Ausschlussgründe

6 §§ 319, 319b HGB legen Ausschlussgründe betreffend die Auswahl eines Verschmelzungsprüfers fest, falls die **Unabhängigkeit** des Verschmelzungsprüfers **nicht gewährleistet** sein sollte.[20)] Unterschieden wird zwischen den allgemeinen Ausschlussgründen gemäß §§ 319 Abs. 2 bis 4, 319b HGB und den besonderen Ausschlussgründen gemäß § 319b HGB.

7 So dürfen gemäß **§ 319 Abs. 2 HGB** keine **„Beziehungen geschäftlicher, finanzieller oder persönlicher Art** vorliegen, nach denen die Besorgnis der Befangenheit besteht"[21)]. Des Weiteren führen zum Ausschluss gemäß **§ 319 Abs. 3 HGB**

- das Halten von Anteilen oder nicht nur unwesentliche finanzielle Interessen an der zu prüfenden Kapitalgesellschaft oder eine Beteiligung an einem Unternehmen (§ 319 Abs. 3 Nr. 1);
- die Stellung als gesetzlicher Vertreter, Mitglied des Aufsichtsrats oder Arbeitnehmer der zu prüfenden Gesellschaft oder eines Unternehmens ist, das mit der zu prüfenden Kapitalgesellschaft verbunden ist oder von dieser mehr als 20 % der Anteile besitzt (§ 319 Abs. 3 Nr. 2);
- die Mitwirkung an der Buchführung oder der Aufstellung des Jahresabschlusses, die Durchführung der internen Revision, der Unternehmensleitung oder Finanzdienstleitung, der eigenständigen versicherungsmathematischen oder anderer Bewertungsleistungen (§ 319 Abs. 3 Nr. 3);
- wenn der Prüfer eine Person beschäftigt, die nach Nr. 1 bis 3 nicht Abschlussprüfer sein darf (§ 319 Abs. 3 Nr. 4) und
- wenn mehr als 30 % seiner Gesamteinnahmen aus beruflicher Tätigkeit von der zu prüfenden Kapitalgesellschaft und von Unternehmen bezogen hat, an denen die zu prüfende Kapitalgesellschaft zu mehr als 20 % der Anteile besitzt (§ 319 Abs. 3 Nr. 5).[22)]

8 Gemäß **§ 319 Abs. 4 HGB** können Wirtschaftsprüfungsgesellschaften und Buchprüfungsgesellschaften nicht als Abschlussprüfer bestellt werden, wenn „sie selbst, einer ihrer gesetzlichen Vertreter, ein Gesellschafter, der mehr als 20 % der den Gesellschaftern zustehenden Stimmrechte besitzt, ein verbundenes Unternehmen, ein bei der Prüfung in verantwortlicher Position beschäftigter Gesellschafter oder eine andere von ihr beschäftigte Person, die das Ergebnis der Prüfung beeinflussen kann, nach Absatz 2 oder Absatz 3 ausgeschlossen sind".[23)]

9 In **§ 319b HGB** wird der Personenkreis aus § 319 HGB auf **Angehörige des Netzwerks des zu bestellenden Abschlussprüfers** erweitert.[24)] Zu beachten ist, dass die besonderen Ausschlussgründe gemäß § 319b HGB für **kapitalmarktorientierte Unternehmen** i. S. des § 264d HGB gelten.[25)]

---

19) Zum Prüfungsgutachten *Althanns* in: MünchHdb. GesR, Bd. 8, § 15 Rz. 394 ff. Vgl. auch *Fromholzer* in: BeckOGK-UmwG, § 11 Rz. 16; Semler/Stengel/Leonard-*Scholderer*, UmwG, § 81 Rz. 33 ff.

20) *Fromholzer* in: BeckOGK-UmwG, § 11 Rz. 18; Semler/Stengel/Leonard-*Zeidler*, UmwG, § 11 Rz. 6 f.

21) *Ebke* in: MünchKomm-HGB, § 319 Rz. 35 ff.; *Bormann* in: BeckOGK-HGB, § 319 Rz. 33 ff.; Hopt-*Merkt*, HGB, § 319 Rz. 4 ff.

22) *Ebke* in: MünchKomm-HGB, § 319 Rz. 60 ff.; *Bormann* in: BeckOGK-HGB, § 319 Rz. 72 ff.; Hopt-*Merkt*, HGB, § 319 Rz. 14 ff.

23) *Ebke* in: MünchKomm-HGB, § 319 Rz. 95; *Bormann* in: BeckOGK-HGB, § 319 Rz. 136 ff.; Hopt-*Merkt*, HGB, § 319 Rz. 27 f.

24) *Illert/Wilk/Tamcke* in: MünchHdb. GesR, Bd. 8, § 10 Rz. 97; *Ebke* in: MünchKomm-HGB, § 319b Rz. 1 ff.

25) *Illert/Wilk/Tamcke* in: MünchHdb. GesR, Bd. 8, § 10 Rz. 96; *Ebke* in: MünchKomm-HGB, § 319b Rz. 1 ff.

3. Konsequenzen bei Nichtbeachtung der Auswahlkriterien

10 Die Verschmelzungsprüfung ist **nichtig**, sollte sie von einer Person durchgeführt werden, die nicht zum dargestellten zulässigen Personenkreis gehört.[26)] Der Verschmelzungsbeschluss der Anteilsinhaber ist sodann **anfechtbar**.[27)] Die **Wirksamkeit** einer eingetragenen Verschmelzung bleibt von der Verletzung der Ausschlussgründe **unberührt**.[28)]

11 Gesellschafts- oder strafrechtliche Sanktionen erwachsen nicht aus einem Verstoß gegen § 11 Abs. 1 Satz 1.[29)]

III. Auskunftsrecht des Verschmelzungsprüfers (§ 11 Abs. 1 Satz 5)

12 Gemäß § 11 Abs. 1 Satz 1 UmwG i. V. m. § 320 Abs. 1 Satz 2, Abs. 2 Satz 1 und 2 HGB hat der Verschmelzungsprüfer ein **Auskunftsrecht gegenüber dem antragstellenden Rechtsträger**.

13 Ein **eingeschränktes Auskunftsrecht**, welches sich nur auf die Aufklärung, nicht aber auf die Einsichtnahme bezieht, besteht **gemäß § 11 Abs. 1 Satz 5** gegenüber allen an der Verschmelzung beteiligten Rechtsträgern, einem Konzernunternehmen sowie einem abhängigen und einem herrschenden Unternehmen.[30)] Das Auskunftsrecht steht dem Verschmelzungsprüfer bereits **vor Abschluss** des Verschmelzungsvertrags oder des Entwurfs des Verschmelzungsvertrags zu, damit er unmittelbar nach seiner Bestellung die Vorbereitung der Prüfung aufnehmen kann.[31)] Das Auskunftsrecht besteht aus dem Recht auf **Einsichtnahme** gemäß § 320 Abs. 1 Satz 1 und 2 HGB und dem Recht auf **Aufklärung** gemäß § 320 Abs. 2 Satz 1 HGB.

14 Das **Einsichtsrecht** beinhaltet gemäß § 320 Abs. 1 Satz 1 und 2 HGB das Recht, den Jahresabschluss, den Lagebericht und den gesonderten nichtfinanziellen Bericht einzusehen sowie die Bücher und Schriften der Kapitalgesellschaft sowie die Vermögensgegenstände und Schulden, namentlich die Kasse und die Bestände an Wertpapieren und Waren, zu prüfen.[32)] Der Verschmelzungsprüfer wird i. R. der Verschmelzung insbesondere Einsicht nehmen in den Verschmelzungsvertrag, den Verschmelzungsbericht, die Planungsrechnungen und die Berechnungsgrundlagen für das Umtauschverhältnis (u. a. Bewertungsgutachten, Börsenkurse, Berechnungen).[33)]

15 Das **Aufklärungsrecht** gemäß § 320 Abs. 2 HGB verpflichtet den gesetzlichen Vertreter, dem Abschlussprüfer die für eine sorgfältige Prüfung notwendige Aufklärung und **Nach-**

26) So die h. M., vgl. OLG Frankfurt/M., Beschl. v. 20.3.2012 – 5 AktG 4/11, ZIP 2012, 766 = BeckRS 2012, 7251; *Fromholzer* in: BeckOGK-UmwG, § 11 Rz. 32; Lutter-*Drygala*, UmwG, § 11 Rz. 4; Semler/Stengel/Leonard-*Zeidler*, UmwG, § 11 Rz. 5; Widmann/Mayer-*Mayer*, UmwR, § 11 UmwG Rz. 22.

27) Vgl. OLG Frankfurt/M., Beschl. v. 20.3.2012 – 5 AktG 4/11, ZIP 2012, 766 = BeckRS 2012, 7251; Semler/Stengel/Leonard-*Zeidler*, UmwG, § 11 Rz. 5; *Fromholzer* in: BeckOGK-UmwG, § 11 Rz. 32.

28) Lutter-*Drygala*, UmwG, § 10 Rz. 4; Semler/Stengel/Leonard-*Zeidler*, UmwG, § 11 Rz. 5.

29) *Illert/Wilk/Tamcke* in: MünchHdb. GesR, Bd. 8, § 10 Rz. 98; vgl. zu den Mitteln des Prüfers auch *Fromholzer* in: BeckOGK-UmwG, § 11 Rz. 44.

30) Lutter-*Drygala*, UmwG, § 11 Rz. 6; Kallmeyer-*Lanfermann*, UmwG, § 11 Rz. 12; *Illert/Wilk/Tamcke* in: MünchHdb. GesR, Bd. 8, § 10 Rz. 102; Henssler/Strohn-*Heidinger/Knaier*, GesR, § 11 UmwG Rz. 10; *Fromholzer* in: BeckOGK-UmwG, § 11 Rz. 39.

31) *Illert/Wilk/Tamcke* in: MünchHdb. GesR, Bd. 8, § 10 Rz. 104; *Fromholzer* in: BeckOGK-UmwG, § 11 Rz. 41; Semler/Stengel/Leonard-*Zeidler*, UmwG, § 11 Rz. 11; Widmann/Mayer-*Mayer*, UmwR, § 11 UmwG Rz. 27; a. A. Lutter-*Drygala*, UmwG, § 11 Rz. 5.

32) *Bormann* in: BeckOGK-HGB, § 320 Rz. 7 ff.; *Illert/Wilk/Tamcke* in: MünchHdb. GesR, Bd. 8, § 10 Rz. 102; Henssler/Strohn-*Heidinger/Knaier*, GesR, § 11 UmwG Rz. 8; Semler/Stengel/Leonard-*Zeidler*, UmwG, § 11 Rz. 8.

33) *Illert/Wilk/Tamcke* in: MünchHdb. GesR, Bd. 8, § 10 Rz. 102; Henssler/Strohn-*Heidinger/Knaier*, GesR, § 11 UmwG Rz. 8; Semler/Stengel/Leonard-*Zeidler*, UmwG, § 11 Rz. 8; *Fromholzer* in: BeckOGK-UmwG, § 11 Rz. 37.

weise zu liefern.[34] Damit hat der gesetzliche Vertreter ggf. auch Auskünfte und Nachweise von **Dritten** einzuholen.[35] Aufklärungen sind mündliche oder schriftliche Erläuterungen zum prüfungsrelevanten Sachverhalt.[36] Nachweise haben zu Beweiszwecken schriftlich zu erfolgen.[37] Sie dienen der Untermauerung des prüfungsrelevanten Sachverhalts.[38] Als Beispiele sind Rechnungen und Verträge zu nennen.[39]

In der Praxis hat sich etabliert, von den gesetzlichen Vertretern eine **Vollständigkeitserklärung** einzuholen.[40] Hierdurch versichern die gesetzlichen Vertreter der beteiligten Rechtsträger umfassend, dass die zur Verfügung gestellten Unterlagen und Nachweise vollständig und inhaltlich richtig sind.[41] Unrichtige Angaben gegenüber dem Verschmelzungsprüfer können gemäß § 346 Abs. 1 Nr. 2 strafrechtlich sanktioniert werden.[42] Gleichwohl entbindet die Vollständigkeitserklärung den Verschmelzungsprüfer nicht von seiner Pflicht, selbständig zu entscheiden, welche Unterlagen und Nachweise er vorgelegt haben möchte, und in welchem Umfang er prüft.[43] 16

IV. Verantwortlichkeit des Verschmelzungsprüfers (§ 11 Abs. 2)

§ 11 Abs. 2 Satz 1 verweist betreffend die Verantwortlichkeit der Verschmelzungsprüfer, ihrer Gehilfen oder der bei der Prüfung mitwirkenden gesetzlichen Vertreter einer Prüfungsgesellschaft auf **§ 323 HGB**. Als Verschmelzungsprüfer sind die Wirtschaftsprüfer, die vereidigten Buchprüfer, die Wirtschaftsprüfungsgesellschaft oder die Buchprüfungsgesellschaft, die vom Vertretungsorgan oder vom Gericht bestellt wurden, zu qualifizieren.[44] Es ist darauf hinzuweisen, dass im Falle der Bestellung einer **Wirtschaftsprüfungsgesellschaft oder einer Buchprüfungsgesellschaft** diese als Verschmelzungsprüfer zu qualifizieren ist und nicht der bei ihr tätige oder der mit der Verschmelzungsprüfung betraute Wirtschaftsprüfer oder vereidigte Buchprüfer.[45] Als **Gehilfen** werden Personen bezeichnet, die an der Verschmelzungsprüfung mitwirken, jedoch weder Verschmelzungsprüfer noch gesetzliche Vertreter einer Prüfungsgesellschaft sind.[46] 17

Die **gesetzlichen Vertreter der Wirtschaftsprüfungs- oder Buchprüfungsgesellschaften** haften als Gesamtschuldner nur, wenn sie an der Verschmelzungsprüfung mitgewirkt 18

---

34) *Illert/Wilk/Tamcke* in: MünchHdb. GesR, Bd. 8, § 10 Rz. 102; *Bormann* in: BeckOGK-HGB, § 320 Rz. 25 f.

35) *Illert/Wilk/Tamcke* in: MünchHdb. GesR, Bd. 8, § 10 Rz. 102; Widmann/Mayer-*Mayer*, UmwR, § 11 UmwG Rz. 26; *Bormann* in: BeckOGK-HGB, § 320 Rz. 25.

36) *Bormann* in: BeckOGK-HGB, § 320 Rz. 20; *Ebke* in: MünchKomm-HGB, § 320 Rz. 16.

37) Semler/Stengel/Leonard-*Zeidler*, UmwG, § 11 Rz. 9 – „Schriftform [ist] unverzichtbar"; *Illert/Wilk/Tamcke* in: MünchHdb. GesR, Bd. 8, § 10 Rz. 102; *Bormann* in: BeckOGK-HGB, § 320 Rz. 20 – „in erster Linie schriftlich"; *Ebke* in: MünchKomm-HGB, § 320 Rz. 16.

38) *Bormann* in: BeckOGK-HGB, § 320 Rz. 20; *Illert/Wilk/Tamcke* in: MünchHdb. GesR, Bd. 8, § 10 Rz. 102; Kallmeyer-*Lanfermann*, UmwG, § 11 Rz. 12.

39) *Bormann* in: BeckOGK-HGB, § 320 Rz. 20; *Ebke* in: MünchKomm-HGB, § 320 Rz. 9.

40) *Ebke* in: MünchKomm-HGB, § 320 Rz. 17; zu Vollständigkeitserklärungen vgl. auch *Strieder*, BB 2000, 298 ff.; gegen eine entsprechende Pflicht *Bormann* in: BeckOGK-HGB, § 320 Rz. 24.

41) Vgl. OLG Düsseldorf, Urt. v. 27.6.1996 – 5 U 11/96, BB 1996, 2614 = ZIP 1997, 787; OLG Köln, Beschl. v. 11.7.2001 – 16 W 24/01, MDR 2002, 294; *Ebke* in: MünchKomm-HGB, § 320 Rz. 17.

42) *Krafka* in: BeckOGK-UmwG, § 346 Rz. 45 ff.; *Meyberg* in: MünchHdb. GesR, Bd. 8, § 71 Rz. 11 ff.

43) Semler/Stengel/Leonard-*Zeidler*, UmwG, § 11 Rz. 10; *Fromholzer* in: BeckOGK-UmwG, § 11 Rz. 52.

44) *Fromholzer* in: BeckOGK-UmwG, § 11 Rz. 47 ff.; Henssler/Strohn-*Heidinger/Knaier*, GesR, § 11 UmwG Rz. 3.

45) *Fromholzer* in: BeckOGK-UmwG, § 11 Rz. 48; Semler/Stengel/Leonard-*Zeidler*, UmwG, § 11 Rz. 13.

46) Semler/Stengel/Leonard-*Zeidler*, UmwG, § 11 Rz. 13 – m. Bsp. für Gehilfen; *Fromholzer* in: BeckOGK-UmwG, § 11 Rz. 49.

haben.[47)] Verantwortlich sind der Verschmelzungsprüfer, seine Gehilfen und die bei der Prüfung mitwirkenden gesetzlichen Vertreter gegenüber den an der Verschmelzung beteiligten Rechtsträgern sowie deren Anteilsinhabern.[48)]

19 Der Verschmelzungsprüfer, seine Gehilfen und die bei der Prüfung mitwirkenden gesetzlichen Vertreter einer Wirtschaftsprüfungs- oder Buchprüfungsgesellschaft sind gemäß § 11 Abs. 2 Satz 1 UmwG i. V. m. § 323 Abs. 1 Satz 1 HGB **zur gewissenhaften und unparteiischen Prüfung und zur Verschwiegenheit** verpflichtet.[49)] Gewissenhaftigkeit bedeutet, die Gesetze, Fachgutachten, Stellungnahmen und Standards relevanter Organisationen zu beachten sowie Ermessensspielräume angemessen zu nutzen, während die Verpflichtung zu einer unparteiischen Prüfung als Prinzip der Objektivität betrachtet wird.[50)]

20 Darüber hinaus unterliegen die Adressaten des § 11 Abs. 2 Satz 1 der Pflicht zur **Verschwiegenheit.**[51)] Sie müssen sicherstellen, dass Tatsachen und Sachverhalte, die sie i. R. der Verschmelzungsprüfung erhalten haben, nicht unbefugten Dritten zugänglich gemacht werden.[52)] Zu beachten ist, dass die Pflicht zur Verschwiegenheit sowohl gegenüber allen an der Verschmelzung beteiligten Rechtsträgern als auch gegenüber deren Anteilsinhabern gilt.[53)] Damit muss der Verschmelzungsprüfer bei einer gemeinsamen Prüfung von seiner Pflicht zur Verschwiegenheit **gegenüber den anderen beteiligten Rechtsträgern entbunden** werden.[54)] Darüber hinaus haben die Anteilsinhaber folglich auch keinen Anspruch auf Offenlegung der Unterlagen, die der Verschmelzungsprüfer zur Ermittlung des Unternehmenswertes verwendet hat.[55)]

21 § 323 Abs. 1 Satz 3 HGB setzt Verschulden voraus.[56)] Der Verschmelzungsprüfer muss folglich **vorsätzlich oder fahrlässig** gehandelt haben.[57)] § 323 Abs. 2 HGB führt **Haftungshöchstgrenzen** zw. 1,5 bis 16 Mio. € für leicht fahrlässiges Verhalten ein. Bei grober Fahrlässigkeit[58)] erhöhen sich diese Grenzen bis auf 32 Mio. € gemäß § 323 Abs. 2 Satz 3 HGB.[59)] Gemäß § 323 Abs. 2 Satz 2 HGB gilt bei vorsätzlichem Verhalten keine Haftungs-

47) *Fromholzer* in: BeckOGK-UmwG, § 11 Rz. 60; Kallmeyer-*Lanfermann*, UmwG, § 11 Rz. 23.

48) Semler/Stengel/Leonard-*Zeidler*, UmwG, § 11 Rz. 16; krit. Lutter-*Drygala*, UmwG, § 11 Rz. 8, und *Fromholzer* in: BeckOGK-UmwG, § 11 Rz. 54, da verbundene Unternehmen nicht in den Haftungsbereich des § 11 Abs. 2 Satz 2 UmwG fallen.

49) *Fromholzer* in: BeckOGK-UmwG, § 11 Rz. 45; *Ebke* in: MünchKomm-HGB, § 323 Rz. 41 ff.

50) *Ebke* in: MünchKomm-HGB, § 323 Rz. 42 f.; *Illert/Wilk/Tamcke* in: MünchHdb. GesR, Bd. 8, § 10 Rz. 106 f.

51) *Ebke* in: MünchKomm-HGB, § 323 Rz. 44; *Illert/Wilk/Tamcke* in: MünchHdb. GesR, Bd. 8, § 10 Rz. 106 f.

52) *Ebke* in: MünchKomm-HGB, § 323 Rz. 44; *Illert/Wilk/Tamcke* in: MünchHdb. GesR, Bd. 8, § 10 Rz. 106 f.

53) *Illert/Wilk/Tamcke* in: MünchHdb. GesR, Bd. 8, § 10 Rz. 107; *Fromholzer* in: BeckOGK-UmwG, § 11 Rz. 45, 54.

54) *Illert/Wilk/Tamcke* in: MünchHdb. GesR, Bd. 8, § 10 Rz. 107.

55) OLG Zweibrücken, Beschl. v. 9.3.1995 – 3 W 133/92, WM 1995, 983, 983 = AG 1995, 421; OLG Karlsruhe, Beschl. v. 10.1.2006 – 12 W 136/04, AG 2006, 463 = NZG 2006, 670; *Illert/Wilk/Tamcke* in: MünchHdb. GesR, Bd. 8, § 10 Rz. 107; Semler/Stengel/Leonard-*Zeidler*, UmwG, § 11 Rz. 50.

56) *Illert/Wilk/Tamcke* in: MünchHdb. GesR, Bd. 8, § 10 Rz. 107; *Fromholzer* in: BeckOGK-UmwG, § 11 Rz. 60.

57) *Illert/Wilk/Tamcke* in: MünchHdb. GesR, Bd. 8, § 10 Rz. 109; *Fromholzer* in: BeckOGK-UmwG, § 11 Rz. 60.

58) S. BGH, Urt. v. 29.9.1992 – XI ZR 265/91, NJW 1992, 3235 = WM 1992, 1849; Begr. RegE FISG, BT-Drucks. 19/26966, S. 103 f., wonach grobe Fahrlässigkeit vorliegt, „wenn die im Verkehr erforderliche Sorgfalt in ungewöhnlich hohem Maße verletzt wurde, wenn ganz naheliegende Überlegungen nicht angestellt oder beiseitegeschoben wurden und dasjenige unbeachtet geblieben ist, was im gegebenen Fall sich jedem aufgedrängt hätte".

59) *Fromholzer* in: BeckOGK-UmwG, § 11 Rz. 61; *Illert/Wilk/Tamcke* in: MünchHdb. GesR, Bd. 8, § 10 Rz. 109; *Ebke* in: MünchKomm-HGB, § 323 Rz. 86.

beschränkung.[60] Die Beteiligten haften als Gesamtschuldner gemäß § 323 Abs. 1 Satz 4 HGB.[61]

Die Haftung kann gemäß § 323 Abs. 4 HGB durch Vertrag **weder ausgeschlossen noch beschränkt werden.**[62] Ansprüche gegen den Verschmelzungsprüfer verjähren gemäß §§ 195 ff. BGB nach drei Jahren.[63] 22

Zu beachten ist, dass eine **zivilrechtliche Haftung** nach den Grundsätzen des BGB des Verschmelzungsprüfers Dritten gegenüber weiterhin infrage kommt, soweit diese nicht von § 323 HGB ausgeschlossen sind.[64] 23

V. Vergütung des Verschmelzungsprüfers

Betreffend die Vergütung des Verschmelzungsprüfers siehe § 10 Rz. 13 [*Redenius-Hövermann/Laufersweiler*]. 24

60) *Fromholzer* in: BeckOGK-UmwG, § 11 Rz. 61; *Illert/Wilk/Tamcke* in: MünchHdb. GesR, Bd. 8, § 10 Rz. 109.

61) *Ebke* in: MünchKomm-HGB, § 323 Rz. 117 ff.; *Fromholzer* in: BeckOGK-UmwG, § 11 Rz. 60.

62) *Fromholzer* in: BeckOGK-UmwG, § 11 Rz. 64; *Ebke* in: MünchKomm-HGB, § 323 Rz. 110 f.

63) Widmann/Mayer-*Mayer*, UmwR, § 11 UmwG Rz. 34; *Fromholzer* in: BeckOGK-UmwG, § 11 Rz. 65.

64) *Fromholzer* in: BeckOGK-UmwG, § 11 Rz. 59; *Illert/Wilk/Tamcke* in: MünchHdb. GesR, Bd. 8, § 10 Rz. 108; *Ebke* in: MünchKomm-HGB, § 323 Rz. 245 ff.; vgl. auch *Ebke/Scheel*, WM 1991, 389 ff.; *Schmitz*, DB 1989, 1909.

§ 12
Prüfungsbericht*)

(1) [1]Die Verschmelzungsprüfer haben über das Ergebnis der Prüfung schriftlich zu berichten. [2]Der Prüfungsbericht kann auch gemeinsam erstattet werden.

(2) [1]Der Prüfungsbericht ist mit einer Erklärung darüber abzuschließen, ob das vorgeschlagene Umtauschverhältnis der Anteile, gegebenenfalls die Höhe der baren Zuzahlung oder die Mitgliedschaft bei dem übernehmenden Rechtsträger als Gegenwert angemessen ist. [2]Dabei ist anzugeben,

1. **nach welchen Methoden das vorgeschlagene Umtauschverhältnis ermittelt worden ist;**
2. **aus welchen Gründen die Anwendung dieser Methoden angemessen ist;**
3. **welches Umtauschverhältnis oder welcher Gegenwert sich bei der Anwendung verschiedener Methoden, sofern mehrere angewandt worden sind, jeweils ergeben würde; zugleich ist darzulegen, welches Gewicht den verschiedenen Methoden bei der Bestimmung des vorgeschlagenen Umtauschverhältnisses oder des Gegenwerts und der ihnen zugrundeliegenden Werte beigemessen worden ist und, falls in den an der Verschmelzung beteiligten Rechtsträgern unterschiedliche Methoden verwendet worden sind, ob die Verwendung unterschiedlicher Methoden gerechtfertigt war;**
4. **welche besonderen Schwierigkeiten bei der Bewertung der Rechtsträger aufgetreten sind.**

(3) § 8 Abs. 2 und 3 ist entsprechend anzuwenden.

*) § 12 i. d. F. des UmwBerG geändert durch Art. 1 des Gesetzes zur Umsetzung der Umwandlungsrichtlinie und zur Änderung weiterer Gesetze (UmRUG), v. 22.2.2023, BGBl. I 2023, Nr. 51.

Literatur: *Dirrigl*, Die Angemessenheit des Umtauschverhältnisses bei einer Verschmelzung als Problem der Verschmelzungsprüfung und der gerichtlichen Überprüfung, (Teil II) WPg 1989,

454; *Heckschen/Knaier*, Größte Reform des Umwandlungsrechts – nicht nur Richtlinienumsetzung!, (Teil I) GmbHR 2022, 501; *Stiegler*, Verzichtsmöglichkeiten bei der Verschmelzung von Aktiengesellschaften, AG 2019, 708.

Übersicht

I. Allgemeines

1 § 12 Abs. 1, 2 und 3 UmwG entspricht vom Wortlaut § 340b Abs. 4 Satz 1, 2, § 355 Abs. 2 Satz 1 AktG a. F.[1] Der Prüfungsbericht soll dazu dienen, die Anteilseigner der an der Verschmelzung beteiligten Rechtsträger **über das Ergebnis der Verschmelzungsprüfung zu informieren**. Er stellt eine **Ergänzung zum Verschmelzungsbericht** der Vertretungsorgane dar.[2] Anders als im Verschmelzungsbericht der Vertretungsorgane, in dem der Verschmelzungsprozess, der Verschmelzungsvertrag und das Umtauschverhältnis der Anteile erläutert werden, legt der Verschmelzungsprüfer in seinem Bericht das Ergebnis seiner Prüfung zur Richtigkeit der Angaben im Verschmelzungsvertrag oder seinem Entwurf, der Vollständigkeit des Verschmelzungsvertrags und der Angemessenheit des Umtauschverhältnisses dar.[3] Auf der Grundlage beider Berichte sollen die Anteilsinhaber eine sachgerechte Entscheidung treffen können.[4]

II. Form des Berichts (§ 12 Abs. 1)

2 Gemäß § 12 Abs. 1 Satz 1 hat der Prüfungsbericht schriftlich zu erfolgen.[5] Grundsätzlich ist der Prüfungsbericht zwar getrennt durch jeden Verschmelzungsprüfer zu verfassen.[6] Allerdings kann gemäß § 12 Abs. 1 Satz 2 auch ein **gemeinsamer Prüfungsbericht** erstellt werden.[7] Dies liegt im Ermessen der Verschmelzungsprüfer.[8] Der gemeinsame Prüfungsbericht entspricht der gängigen Praxis.[9] § 12 sieht keine Struktur für den Prüfungsbericht vor.[10]

---

1) Vgl. Begr. RegE UmwBerG, bei *Ganske*, Umwandlungsrecht, S. 60; Semler/Stengel/Leonard-*Zeidler*, UmwG, § 12 Rz. 4; *Fromholzer* in: BeckOGK-UmwG, § 12 Rz. 2.

2) Vgl. BGH, Urt. v. 18.12.1989 – II ZR 254/88, ZIP 1990, 169 = AG 1990, 259; Semler/Stengel/-Leonard-*Zeidler*, UmwG, § 12 Rz. 1; *Hoger* in: MünchHdb. GesR, Bd. 8, § 9 Rz. 1, 3; *Illert/Wilk/Tamcke* in: MünchHdb. GesR, Bd. 8, § 10 Rz. 117 – zum Zusammenspiel beider Berichte; Henssler/Strohn-*Heidinger/Knaier*, GesR, § 12 UmwG Rz. 1.

3) *Fromholzer* in: BeckOGK-UmwG, § 12 Rz. 5; Semler/Stengel/Leonard-*Zeidler*, UmwG, § 12 Rz. 1; Henssler/Strohn-*Heidinger/Knaier*, GesR, § 12 UmwG Rz. 4.

4) Semler/Stengel/Leonard-*Zeidler*, UmwG, § 12 Rz. 1; *Fromholzer* in: BeckOGK-UmwG, § 12 Rz. 5; Henssler/Strohn-*Heidinger/Knaier*, GesR, § 12 UmwG Rz. 1.

5) *Fromholzer* in: BeckOGK-UmwG, § 12 Rz. 6; Henssler/Strohn-*Heidinger/Knaier*, GesR, § 12 UmwG Rz. 2.

6) Kallmeyer/Lanfermann, § 12 Rz. 2; Widmann/Mayer/Mayer, Stand Dez. 2024, § 12 Rz. 6; *Fromholzer* in: BeckOGK-UmwG, § 12 Rz. 7.

7) *Fromholzer* in: BeckOGK-UmwG, § 12 Rz. 7; Semler/Stengel/Leonard-*Zeidler*, UmwG, § 12 Rz. 5.

8) *Fromholzer* in: BeckOGK-UmwG, § 12 Rz. 7; Semler/Stengel/Leonard-*Zeidler*, UmwG, § 12 Rz. 5; Lutter-*Drygala*, UmwG, § 12 Rz. 2.

9) *Illert/Wilk/Tamcke* in: MünchHdb. GesR, Bd. 8, § 10 Rz. 119; Semler/Stengel/Leonard-*Zeidler*, UmwG, § 12 Rz. 5, wonach der gemeinsame Prüfungsbericht zweckmäßig ist; IDW, WP-Handbuch, Bd. II, Kap. F Rz. 252; Lutter-*Drygala*, UmwG, § 12 Rz. 2.

10) Vgl. aber IDW, WP-Handbuch, Bd. II, Kap. F Rz. 265 – m- Vorschlägen zum Aufbau des Prüfungsberichts.

Der Prüfungsbericht dient der **Entscheidungsfindung der Anteilsinhaber**. Er ist folglich Teil der Unterlagen, die vor der Haupt-, Gesellschafter-, genossenschaftlichen General- oder vereinsrechtlichen Mitgliederversammlung in den Räumen der Gesellschaft, der Genossenschaft bzw. des Vereins zur **Einsicht** durch die Aktionäre, Gesellschafter bzw. Mitglieder spätestens einen Monat vor dem Tag der Versammlung auszulegen (§§ 63 Abs. 1 Nr. 5, 82 Abs. 1, 101 Abs. 1 Satz 1)[11], **auf Verlangen kostenlos zuzusenden** (§§ 63 Abs. 3 Satz 1, 82 Abs. 2, 101 Abs. 2)[12] oder **elektronisch** zur Verfügung zu stellen (§ 63 Abs. 3 Satz 1, Abs. 4).[13] 3

III. Inhalt des Prüfungsberichts (§ 12 Abs. 2)

Der Prüfungsbericht bezieht sich auf die im Verschmelzungsvertrag oder seinem Entwurf enthaltenen Angaben und prüft deren Vollständigkeit und Richtigkeit.[14] Es wird auch die Angemessenheit des Umtauschverhältnisses sowie einer etwaigen Barabfindung geprüft.[15] **Kein Prüfungsgegenstand** ist dagegen der Verschmelzungsbericht.[16] 4

Gemäß § 12 Abs. 2 Satz 2 Nr. 1 ist die **Methode anzugeben, wie das Umtauschverhältnis ermittelt wurde**[17] und nach Absatz 2 Satz 2 Nr. 2, weshalb die Anwendung dieser **Methode angemessen** erscheint.[18] Gemäß § 12 Abs. 2 Satz 2 Nr. 3 ist im Prüfungsbericht darzulegen, **welches Umtauschverhältnis oder welcher Gegenwert** sich **bei der Anwendung verschiedener Methoden**, sofern mehrere angewandt worden sind, jeweils **ergeben würde**. Auch ist darzulegen, welches Gewicht den verschiedenen Methoden bei der Bestimmung des vorgeschlagenen Umtauschverhältnisses oder des Gegenwerts und der ihnen zugrunde liegenden Werte beigemessen worden ist und, falls in den an der Verschmelzung **beteiligten Rechtsträgern unterschiedliche Methoden** verwendet worden sind, ob die Verwendung unterschiedlicher Methoden gerechtfertigt war.[19] 5

In der Praxis wird es grundsätzlich als ausreichend erachtet, wenn der Prüfer die **Ertragswertmethode nach IDW S 1**[20] anwendet.[21] Allerdings müssen die Ausführungen umso 6

---

11) *Illert/Wilk/Tamcke* in: MünchHdb. GesR, Bd. 8, § 10 Rz. 121; *Fromholzer* in: BeckOGK-UmwG, § 12 Rz. 63; Semler/Stengel/Leonard-*Zeidler*, UmwG, § 12 Rz. 2.

12) *Illert/Wilk/Tamcke* in: MünchHdb. GesR, Bd. 8, § 10 Rz. 121; *Fromholzer* in: BeckOGK-UmwG, § 12 Rz. 63; Semler/Stengel/Leonard-*Zeidler*, UmwG, § 12 Rz. 2.

13) *Illert/Wilk/Tamcke* in: MünchHdb. GesR, Bd. 8, § 10 Rz. 119; *Fromholzer* in: BeckOGK-UmwG, § 12 Rz. 63; Semler/Stengel/Leonard-*Zeidler*, UmwG, § 12 Rz. 2.

14) *Fromholzer* in: BeckOGK-UmwG, § 12 Rz. 17 ff.; *Illert/Wilk/Tamcke* in: MünchHdb. GesR, Bd. 8, § 10 Rz. 113.

15) *Fromholzer* in: BeckOGK-UmwG, § 12 Rz. 40 ff.; *Illert/Wilk/Tamcke* in: MünchHdb. GesR, Bd. 8, § 10 Rz. 113, 51 ff.

16) Henssler/Strohn-*Heidinger/Knaier*, GesR, § 12 UmwG Rz. 3. Somit müsse er auch nicht im Prüfungsbericht korrigiert werden, Schmitt/Hörtnagl-*Winter*, UmwG/UmwStG, § 12 UmwG Rz. 21; a. A. LG München I, Urt. v. 31.8.1999 – 5 HKO 8188/99, AG 2000, 86.

17) *Illert/Wilk/Tamcke* in: MünchHdb. GesR, Bd. 8, § 10 Rz. 113; *Fromholzer* in: BeckOGK-UmwG, § 12 Rz. 18 ff.; Schmitt/Hörtnagl-*Winter*, UmwG/UmwStG, § 12 UmwG Rz. 15.

18) *Illert/Wilk/Tamcke* in: MünchHdb. GesR, Bd. 8, § 10 Rz. 113; *Fromholzer* in: BeckOGK-UmwG, § 12 Rz. 23 ff.; Schmitt/Hörtnagl-*Winter*, UmwG/UmwStG, § 12 UmwG Rz. 15.

19) S. zu den verschiedenen Methoden Semler/Stengel/Leonard-*Zeidler*, UmwG, § 12 Rz. 10.

20) IDW, Grundsätze zur Durchführung von Unternehmensbewertungen (IDW S 1 i. d. F. 2008), Stand: 4.7.2016, FN-IDW 7/2008, 271 ff., IDW Life 8/2016, 731.

21) H. M., IDW, Grundsätze zur Durchführung von Unternehmensbewertungen (IDW S 1 i. d. F. 2008), Stand: 4.7.2016, FN-IDW 7/2008, 271 ff., IDW Life 8/2016, 731, vgl. *Fromholzer* in: BeckOGK-UmwG, § 12 Rz. 24 m. w. N.; *Illert/Wilk/Tamcke* in: MünchHdb. GesR, Bd. 8, § 10 Rz. 115. Jedoch ist die Berichtspflicht teilweise dahingehend umstritten, inwiefern und inwieweit der Verschmelzungsprüfer über die Methoden und deren Angemessenheit zu berichten hat, vgl. Semler/Stengel/Leonard-*Zeidler*, UmwG, § 12 Rz. 8; *Dirrigl*, WPg 1989, 454, 457 ff.

ausführlicher sein, je ungewöhnlicher und unstandardisierter die angewandte Methode ist und je außergewöhnlicher die Umstände sind, unter denen die Prüfung durchgeführt wurde.[22)]

7 Im Prüfungsbericht ist gemäß § 12 Abs. 2 Satz 2 Nr. 4 auch anzugeben, welche **besonderen Schwierigkeiten bei der Bewertung** der Rechtsträger aufgetreten sind.[23)] Beispiele für solche besonderen Schwierigkeiten sind zum einen unzulängliche oder unzugängliche Informationen, die für die Bewertung notwendig sind, z. B. weil ausländische Rechtsträger beteiligt sind, zum anderen Bewertungseinflüsse, die sich erheblich auf die Unternehmensbewertung auswirken oder einen weiten Beurteilungsspielraum ermöglichen.[24)]

8 Abzuschließen ist der Bericht gemäß § 12 Abs. 2 Satz 1 mit einer Erklärung darüber, ob das **vorgeschlagene Umtauschverhältnis** der Anteile, ggf. die **Höhe der baren Zuzahlung oder die Mitgliedschaft** bei dem übernehmenden Rechtsträger als Gegenwert **angemessen** ist.[25)] Damit muss der Prüfer erklären, ob die im Vertrag angebotene Barabfindung angemessen ist.[26)]

9 Streitig bleibt, welchen Umfang die **Berichtspflichten des Verschmelzungsprüfers** haben und ob diese über § 12 hinausgehend sind.[27)] Festzuhalten bleibt die Rechtsprechung des BGH, wonach der Verschmelzungsbericht und der Prüfungsbericht als gemeinsame Grundlage zur Entscheidungsfindung dienen.[28)] Damit kann der Prüfungsbericht auf Tatsachen verzichten, die im Verschmelzungsbericht dargelegt werden. Können Tatsachen nicht mit Hilfe des Verschmelzungsberichts oder Prüfungsberichts nachvollzogen werden, so hat der Verschmelzungsprüfer **über § 12 hinausgehend Angaben** im Prüfungsbericht einzufügen, auf deren **Grundlage die Feststellungen nachvollzogen werden können.**[29)]

IV. Schutzklausel (§ 12 Abs. 3 i. V. m. § 8 Abs. 2)

10 Gemäß § 12 Abs. 3 i. V. m. § 8 Abs. 2 sind solche **Tatsachen** nicht in den Prüfungsbericht aufzunehmen, **deren Bekanntwerden geeignet ist**, einem der beteiligten Rechtsträger oder einem verbundenen Unternehmen **einen nicht unerheblichen Nachteil zuzufügen.**[30)] Der Verschmelzungsprüfer muss, wie die Vertretungsorgane nach § 8 Abs. 2, den **Umfang** und die **Gründe** der nicht offengelegten Tatsachen in seinem Bericht verständlich und für die Anteilsinhaber nachvollziehbar erläutern.[31)]

---

22) *Fromholzer* in: BeckOGK-UmwG, § 12 Rz. 25; *Illert/Wilk/Tamcke* in: MünchHdb. GesR, Bd. 8, § 10 Rz. 115.

23) *Illert/Wilk/Tamcke* in: MünchHdb. GesR, Bd. 8, § 10 Rz. 113; vgl. auch *Heckschen/Knaier*, GmbHR 2022, 501, 513; *Fromholzer* in: BeckOGK-UmwG, § 12 Rz. 31 ff.

24) *Fromholzer* in: BeckOGK-UmwG, § 12 Rz. 31 ff.; Lutter-*Drygala*, UmwG, § 12 Rz. 6; Semler/Stengel/Leonard-*Zeidler*, UmwG, § 12 Rz. 11.

25) Semler/Stengel/Leonard-*Zeidler*, UmwG, § 12 Rz. 13; Henssler/Strohn-*Heidinger/Knaier*, GesR, § 12 UmwG Rz. 3; Schmitt/Hörtnagl-*Winter*, UmwG/UmwStG, § 12 UmwG Rz. 22.

26) Semler/Stengel/Leonard-*Zeidler*, UmwG, § 12 Rz. 13; Henssler/Strohn-*Heidinger/Knaier*, GesR, § 12 UmwG Rz. 3; Schmitt/Hörtnagl-*Winter*, UmwG/UmwStG, § 12 UmwG Rz. 22.

27) Zum Meinungsstreit vgl. *Fromholzer* in: BeckOGK-UmwG, § 12 Rz. 9 ff., 34 ff. Gegen eine weitergehende Berichtspflicht OLG Hamm, Urt. v. 20.6.1988 – 8 U 329/87, WM 1988, 1164 = AG 1989, 31.

28) BGH, Urt. v. 18.12.1989 – II ZR 254/88, ZIP 1990, 169 = AG 1990, 259, wonach der Prüfungsbericht den Verschmelzungsbericht „ergänzt".

29) *Fromholzer* in: BeckOGK-UmwG, § 12 Rz. 37; Kallmeyer/Lanfermann, § 12 Rz. 6; Widmann/Mayer-*Mayer*, UmwR, § 12 UmwG Rz. 14; Semler/Stengel/Leonard-*Zeidler*, UmwG, § 12 Rz. 14.

30) *Fromholzer* in: BeckOGK-UmwG, § 12 Rz. 51; Henssler/Strohn-*Heidinger/Knaier*, GesR, § 12 UmwG Rz. 5; Schmitt/Hörtnagl-*Winter*, UmwG/UmwStG, § 12 UmwG Rz. 20; vgl. auch vgl. OLG Hamm, Urt. v. 20.6.1988 – 8 U 329/87, WM 1988, 1164, 1168 = AG 1989, 31.

31) Vgl. Henssler/Strohn-*Heidinger/Knaier*, GesR, § 12 UmwG Rz. 3; insb. aber auch *Kubis* in: MünchKomm-AktG, § 131 Rz. 1 ff.

Fraglich ist, wie das Zusammenspiel zwischen Schutzklausel im Verschmelzungsbericht und Prüfungsbericht wirkt. Grundsätzlich ist der **Prüfer nicht verpflichtet**, die Schutzklausel **im gleichen Umfang wie die Vertretungsorgane anzuwenden**; vielmehr obliegt es ihm, die Eignung jeder Tatsache zur Nachteilszuführung **eigenständig zu beurteilen.**[32] Allerdings kann der Verschmelzungsprüfer von der Schutzklausel im Prüfungsbericht keinen Gebrauch machen, sofern die Vertretungsorgane im Verschmelzungsbericht die Angaben **offengelegt haben** (siehe dazu § 8 Rz. 9 [*Redenius-Hövermann/Laufersweiler*]). Andererseits kann der Verschmelzungsprüfer im Prüfungsbericht über eine Tatsache berichten, die im Verschmelzungsbericht noch unter die Schutzklausel gefallen ist.[33] In diesem Fall muss der Verschmelzungsprüfer die Vertretungsorgane **im Vorwege informieren** und ihnen die Gelegenheit geben, das Schädigungspotenzial der betreffenden Tatsachen zu erläutern (siehe dazu § 8 Rz. 19 [*Redenius-Hövermann/Laufersweiler*]). 11

V. Verzicht durch die Anteilsinhaber und Entbehrlichkeit des Prüfungsberichts (§ 12 Abs. 3 i. V. m. § 8 Abs. 3)

Gemäß § 12 Abs. 3 i. V. m. § 8 Abs. 3 bedarf es keines Prüfungsberichts:[34] 12

- wenn alle Anteilsinhaber der beteiligten Rechtsträger auf seine Erstellung **verzichten** (§ 8 Abs. 3 Satz 1)[35]
- wenn sich alle **Anteile** des übertragenden Rechtsträgers **in der Hand des übernehmenden Rechtsträgers** befinden (§ 8 Abs. 3 Satz 3 Nr. 1 lit. a)[36]
- wenn sich alle Anteile des übertragenden und übernehmenden Rechtsträgers **in einer Hand befinden** (§ 8 Abs. 3 Satz 3 Nr. 1 lt. b)[37]
- für denjenigen an der Verschmelzung beteiligten Rechtsträger, der **nur einen Anteilsinhaber** hat (§ 8 Abs. 3 Satz 3 Nr. 2)[38]

Der **Verzicht** gemäß § 12 Abs. 3 i. V. m. § 8 Abs. 3 Satz 1 ist zum Schutz der Anteilsinhaber **notariell zu beurkunden.**[39] Der Verzicht ist insbesondere für Konzernsachverhalte und für Sachverhalte, in denen die Kosten für den aufwendigen Bericht vermieden werden sollen,[40] relevant.[41] Die Fälle der Entbehrlichkeit des Berichts gemäß § 12 Abs. 3 i. V. m. § 8 Abs. 3 Satz 3 haben nur geringe praktische Bedeutung, da aufgrund des Verweises auf §§ 8, 9 Abs. 2 bereits keine Verschmelzungsprüfung stattfindet.[42] 13

---

32) Henssler/Strohn-*Heidinger/Knaier*, GesR, § 12 UmwG Rz. 5; Widmann/Mayer-*Mayer*, UmwR, § 12 UmwG Rz. 29.

33) Semler/Stengel/Leonard-*Zeidler*, UmwG, § 12 Rz. 12.

34) Erweiterung durch das UmRUG, vgl. Henssler/Strohn-*Heidinger/Knaier*, GesR, § 12 UmwG Rz. 6a. Vgl. auch *Stiegler*, AG 2019, 708, 710.

35) *Fromholzer* in: BeckOGK-UmwG, § 12 Rz. 56; Semler/Stengel/Leonard-*Zeidler*, UmwG, § 12 Rz. 19; *Illert/Wilk/Tamcke* in: MünchHdb. GesR, Bd. 8, § 10 Rz. 123.

36) Semler/Stengel/Leonard-*Zeidler*, UmwG, § 12 Rz. 20; *Illert/Wilk/Tamcke* in: MünchHdb. GesR, Bd. 8, § 10 Rz. 123.

37) *Illert/Wilk/Tamcke* in: MünchHdb. GesR, Bd. 8, § 10 Rz. 123; Schmitt/Hörtnagl-*Winter*, UmwG/UmwStG, § 12 UmwG Rz. 26 ff.

38) *Illert/Wilk/Tamcke* in: MünchHdb. GesR, Bd. 8, § 10 Rz. 123; Schmitt/Hörtnagl-*Winter*, UmwG/UmwStG, § 12 UmwG Rz. 26 ff.

39) *Illert/Wilk/Tamcke* in: MünchHdb. GesR, Bd. 8, § 10 Rz. 123, wonach die notarielle Formvorschrift eine Warn- und Hinweisfunktion entfalte.

40) *Illert/Wilk/Tamcke* in: MünchHdb. GesR, Bd. 8, § 10 Rz. 123, die darauf hinweisen, dass die Kostenersparnis ggf. wieder durch die notariellen Beurkundungskosten relativiert werde; vgl. hierzu auch Lutter-*Drygala*, UmwG, § 12 Rz. 12.

41) Begr. RegE UmwBerG, bei *Ganske*, Umwandlungsrecht, S. 60, wonach „nach Durchführung der Prüfung deren Ergebnis nach mündlicher Erörterung für richtig und den häufig kostenaufwendigen Bericht nicht mehr für erforderlich halten“.

42) *Fromholzer* in: BeckOGK-UmwG, § 12 Rz. 55.

VI. Rechtsfolgen

14 Die Rechtsfolgen unterscheiden sich je nach Sachverhalt:

- Kommt der Verschmelzungsprüfer zu dem Ergebnis, dass das angebotene **Umtauschverhältnis angemessen** ist, können die Anteilsinhaber beider an der Verschmelzung beteiligten Rechtsträger das Umtauschverhältnis im **Spruchverfahren** gemäß § 15 überprüfen lassen.[43] Ausgeschlossen ist dagegen gemäß § 14 Abs. 2 die Anfechtung (siehe auch § 14 Rz. 21 ff. [*Hoefling*] m. w. N.).[44]
- Kommt der Verschmelzungsprüfer zu dem Ergebnis, dass das angebotene **Umtauschverhältnis nicht angemessen** ist, so werden die Anteilsinhaber in der Regel zwar gegen den Verschmelzungsbeschluss stimmen, bleiben in ihrer Entscheidung aber frei, auch dafür zu stimmen.[45] Auch hier steht den Anteilsinhabern beider an der Verschmelzung beteiligten Rechtsträger frei, im Wege des **Spruchverfahrens** das Umtauschverhältnis überprüfen zu lassen (siehe auch § 14 Rz. 7 ff. [*Hoefling*]). Ausgeschlossen ist dagegen gemäß § 14 Abs. 2 die Anfechtung (siehe § 14 Rz. 21 ff. [*Hoefling*]).[46]
- Kommt der Verschmelzungsprüfer zu dem Ergebnis, dass der **Verschmelzungsvertrag unvollständig oder unrichtig** ist, so steht es den Anteilsinhabern ebenfalls frei, für oder gegen den Verschmelzungsbeschluss zu stimmen.[47] Bei Unvollständigkeit oder Unrichtigkeit kann ggf. aber ein Rechtsmangel qualifiziert werden, der eine **Anfechtungsklage** rechtfertigen könnte und damit zu einem Eintragungshindernis beim Registergericht führen würde (siehe auch § 14 Rz. 13 [*Hoefling*] m. w. N.).[48]
- Ist der **Prüfungsbericht unvollständig oder mangelhaft**, ist die Rechtswidrigkeit des Verschmelzungsbeschlusses nicht zwingend gegeben, wohl aber bei **groben Mängeln**.[49]
- Die Rechtswidrigkeit des Verschmelzungsbeschlusses ist zu qualifizieren, wenn die Anteilsinhaber über den Verschmelzungsbeschluss abstimmen, obwohl ein erforderlicher **Prüfungsbericht nicht vorliegt** (kein Verzicht oder Entbehrlichkeit gemäß § 12 Abs. 3 i. V. m. § 8 Abs. 3); siehe auch Rz. 12 ff.[50]

15 Zum Klageverfahren siehe § 14 [*Hoefling*].

---

43) *Rieckers/Cloppenburg* in: BeckOGK-UmwG, § 15 Rz. 24 f.; Henssler/Strohn-*Junker*, GesR, § 15 UmwG Rz. 9 ff.

44) Henssler/Strohn-*Junker*, GesR, § 14 UmwG Rz. 15 ff.; *Rieckers/Cloppenburg* in: BeckOGK-UmwG, § 14 Rz. 22 ff.

45) Schmitt/Hörtnagl-*Winter*, UmwG/UmwStG, § 12 UmwG Rz. 29; Widmann/Mayer-*Mayer*, UmwR, § 12 UmwG Rz. 34.

46) Vgl. *Illert/Wilk/Tamcke* in: MünchHdb. GesR, Bd. 8, § 10 Rz. 126, die zudem betonen, dass auch kein Sondervorteil i. S. des § 243 Abs. 2 Satz 1 AktG qualifiziert werden könne, der zu einem Anfechtungsausschluss führe; ferner Henssler/Strohn-*Junker*, GesR, § 14 UmwG Rz. 15 ff.; *Rieckers/Cloppenburg* in: BeckOGK-UmwG, § 14 Rz. 22 ff.

47) *Illert/Wilk/Tamcke* in: MünchHdb. GesR, Bd. 8, § 10 Rz. 129.

48) *Illert/Wilk/Tamcke* in: MünchHdb. GesR, Bd. 8, § 10 Rz. 129.

49) Vgl. OLG Hamm, Beschl. v. 17.3.2005 – 27 W 3/05, AG 2005, 773, 775 = Der Konzern 2005, 662; OLG Karlsruhe, Beschl. v. 29.6.2006 – 7 W 22/06, AG 2007, 92, 93; OLG Frankfurt/M., Urt. v. 26.8.2009 – 23 U 69/08, AG 2010, 368, 371 = NZG 2010, 389; *Illert/Wilk/Tamcke* in: MünchHdb. GesR, Bd. 8, § 10 Rz. 131; *Fromholzer* in: BeckOGK-UmwG, § 12 Rz. 61.

50) Vgl. OLG Frankfurt/M., Urt. v. 26.8.2009 – 23 U 69/08, AG 2010, 368 = NZG 2010, 389; Schmitt/Hörtnagl-*Winter*, UmwG/UmwStG, § 12 UmwG Rz. 31; *Fromholzer* in: BeckOGK-UmwG, § 12 Rz. 60.

§ 13
Beschlüsse über den Verschmelzungsvertrag

(1) [1]Der Verschmelzungsvertrag wird nur wirksam, wenn die Anteilsinhaber der beteiligten Rechtsträger ihm durch Beschluß (Verschmelzungsbeschluß) zustimmen. [2]Der Beschluß kann nur in einer Versammlung der Anteilsinhaber gefaßt werden.

(2) Ist die Abtretung der Anteile eines übertragenden Rechtsträgers von der Genehmigung bestimmter einzelner Anteilsinhaber abhängig, so bedarf der Verschmelzungsbeschluß dieses Rechtsträgers zu seiner Wirksamkeit ihrer Zustimmung.

(3) [1]Der Verschmelzungsbeschluß und die nach diesem Gesetz erforderlichen Zustimmungserklärungen einzelner Anteilsinhaber einschließlich der erforderlichen Zustimmungserklärungen nicht erschienener Anteilsinhaber müssen notariell beurkundet werden. [2]Der Vertrag oder sein Entwurf ist dem Beschluß als Anlage beizufügen. [3]Auf Verlangen hat der Rechtsträger jedem Anteilsinhaber auf dessen Kosten unverzüglich eine Abschrift des Vertrags oder seines Entwurfs und der Niederschrift des Beschlusses zu erteilen.

Literatur: *Austmann/Frost*, Vorwirkungen von Verschmelzungen, ZHR 169 (2005), 431; *Goette*, Auslandsbeurkundungen im Kapitalgesellschaftsrecht, DStR 1996, 709; DNotI, Gutachten: Zustimmungsbeschluss zum Unternehmensvertrag zwischen Aktiengesellschaften, DNotI-Report 2016, 1; *Hartmann*, Vollmachtlose Vertretung in der Hauptversammlung?, DNotZ 2002, 253; *Heckschen*, Auslandsbeurkundung bei Verschmelzungen, GWR 2018, 393; *Heckschen/Weitbrecht*, Überfremdungsschutz im GmbH- und Aktienrecht, NZG 2019, 721; *Heinze*, Zur Anwendung von § 44 a II BeurkG auf Niederschriften gemäß § 36 BeurkG, NZG 2016, 1089; *Lieder*, Auslandsbeurkundung umwandlungsrechtlicher Strukturmaßnahmen, ZIP 2018, 1517; *Mayer*, Erste Zweifelsfragen bei der Unternehmensspaltung, DB 1995, 861; *Melchior*, Vollmachten bei Umwandlungsvorgängen – Vertretungshindernisse und Interessenkollisionen, GmbHR 1999, 520; *Priester*, Strukturänderungen – Beschlußvorbereitung und Beschlußfassung, ZGR 1990, 420; *Reichert*, Folgen der Anteilsvinkulierung für Umstrukturierungen von Gesellschaften mit beschränkter Haftung und Aktiengesellschaften nach dem Umwandlungsgesetz 1995, GmbHR 1995, 176; *Schöne*, Das Aktienrecht als „Maß aller Dinge" im neuen Umwandlungsrecht? Zugleich Anmerkungen zu den Kölner Umwandlungsrechtstagen, GmbHR 1995, 325; *Stelmaszczyk*, Beurkundung einer inländischen Verschmelzung im Ausland – Zugleich Besprechung von KG, Beschluss vom 26.7.2018 – 22 W 2/18, RNotZ 2019, 177; *Tebben*, Zur Substitution der notariellen Beurkundung bei Umwandlungsvorgängen, Zugleich Besprechung von KG, Beschl. v. 26.7.2018 – 22 W 2/18, GmbHR 2018, 1190.

Übersicht

I. Allgemeines

1 § 13 ist die grundlegende Vorschrift über die Mitwirkung der Anteilsinhaber i. R. der Verschmelzung. Angesichts ihrer grundlegenden Bedeutung ist die Entscheidung über die Verschmelzung eines Rechtsträgers dessen Anteilsinhabern vorbehalten.[1)] Die Vorschrift ist zwingend und gilt für Rechtsträger aller Rechtsformen. Sie dient dem **Schutz der Anteilsinhaber.**[2)]

2 § 13 Abs. 1 Satz 1 normiert das grundsätzliche Zustimmungserfordernis und enthält eine Legaldefinition des Verschmelzungsbeschlusses. § 13 Abs. 1 Satz 2 bestimmt mit der Anordnung der Versammlung der Anteilsinhaber das dazu erforderliche Verfahren näher. Absatz 2 begründet ein weiteres Zustimmungserfordernis, soweit die Übertragung der Anteile eines übertragenden Rechtsträgers von der Zustimmung einzelner Anteilsinhaber abhängt. § 13 Abs. 3 normiert im Wesentlichen Formfragen des Verschmelzungsbeschlusses. Ergänzt wird die Grundregelung des § 13 zudem durch **rechtsformspezifische Bestimmungen** im zweiten Teil des zweiten Buches des UmwG[3)] sowie die gesetzlichen Regelungen zur Beschlussfassung im jeweiligen Rechtsträger.[4)]

3 Die Zustimmungsbedürftigkeit der Verschmelzung entsprach auch vor der Neufassung des UmwG im Jahre 1995 geltendem Recht und wurde in deren Rahmen lediglich fortgeschrieben und als Generalnorm auf neu zugelassene Verschmelzungsfälle erweitert.[5)] In Teilen, hinsichtlich der Verschmelzung von AGs, hat § 13 mit Art. 93 Richtlinie (EU) 2017/1132[6)] einen europarechtlichen Hintergrund, der insoweit neben dem grundlegenden Zustimmungserfordernis gewisse Mindestanforderungen statuiert.

II. Verschmelzungsbeschluss der Anteilsinhaber (§ 13 Abs. 1 Satz 1)

4 Gemäß § 13 Abs. 1 Satz 1 wird der Verschmelzungsvertrag nur wirksam, wenn ihm die Anteilsinhaber durch **Verschmelzungsbeschluss** zustimmen. Es handelt sich bei der Verschmelzung um eine Grundlagenentscheidung der Anteilsinhaber, die zur Beendigung des jeweiligen (übertragenden) Rechtsträgers oder zur Veränderung der Beteiligungsstrukturen (des übernehmenden Rechtsträgers) führt und daher – auch durch Satzungsbestimmung – nicht auf andere Gesellschaftsorgane delegiert werden kann.[7)] Gleichfalls unzulässig ist es, die Entscheidung über die Verschmelzung von der Mitwirkung eines weiteren Organs abhängig zu machen.[8)]

---

1) *Erkens* in: KölnKomm-UmwG, § 13 Rz. 1; Semler/Stengel/Leonard-*Gehling*, UmwG, § 13 Rz. 1.

2) Lutter-*Drygala*, UmwG, § 13 Rz. 4; Widmann/Mayer-*Heckschen*, UmwR, § 13 UmwG Rz. 2, 7.

3) §§ 39c, 42, 45d, 49 ff., 59, 63 ff., 76, 82 ff., 98, 101 ff., 106, 112, 116.

4) Semler/Stengel/Leonard-*Gehling*, UmwG, § 13 Rz. 2.

5) Vgl. Begr. Fraktionsentwurf UmwBerG, BT-Drucks. 12/6699, S. 85.

6) Richtlinie (EU) 2017/1132 des EU Parlaments und des Rates v. 14.6.2017 über bestimmte Aspekte des Gesellschaftsrechts (Gesellschaftsrechtsrichtlinie), ABl. (EU) L 169/46 v. 30.6.2017.

7) *Rieckers/Cloppenburg* in: BeckOGK-UmwG, § 13 Rz. 3; Widmann/Mayer-*Heckschen*, UmwR, § 13 UmwG Rz. 2.

8) Lutter-*Drygala*, UmwG, § 13 Rz. 4.

1. Gegenstand des Verschmelzungsbeschlusses

Gegenstand des Verschmelzungsbeschlusses ist der Verschmelzungsvorgang, in der Gestalt des durch die Vertretungsorgane geschlossenen **Verschmelzungsvertrages** oder dessen **Entwurfes** (vgl. § 4 Abs. 2). Dazu muss ein konkreter Vertrag bzw. Vertragsentwurf vorliegen, die Bezugnahme auf ein lediglich geplantes, inhaltlich noch ungewisses und unvollständig dokumentiertes Verschmelzungsvorhaben genügt nicht.[9] Wird über einen Entwurf des Verschmelzungsvertrages abgestimmt, so muss der später geschlossene Vertrag dem den Anteilsinhaberversammlungen vorgelegten grundsätzlich inhaltlich entsprechen.[10] 5

Nicht abschließend geklärt sind Fragen zu möglichen **Änderungen des Verschmelzungsvertrages**, d. h. Abweichungen vom Gegenstand des Verschmelzungsbeschlusses. Zum einen könnten **nach der Beschlussfassung der Anteilsinhaber** (aller beteiligten Rechtsträger) Änderungen am Verschmelzungsvertrag vorgenommen werden, insbesondere wenn die Verschmelzungsbeschlüsse vor Abschluss des Verschmelzungsvertrages gefasst werden und somit lediglich dessen Entwurf betreffen. Dann steht infrage, ob die Zustimmung der Anteilsinhaber auch den Verschmelzungsvorgang in seiner veränderten Gestalt noch umfasst. Unschädlich sind jedenfalls bloß redaktionelle Korrekturen, wie z. B. die Korrektur von Tippfehlern, bei denen keine materiell-inhaltliche Abweichung zum ursprünglichen Beschlussgegenstand eintritt.[11] Zum Teil wird insoweit aber auch auf den Begriff der „offensichtlichen Unrichtigkeit" i. S. des § 44a Abs. 2 BeurkG rekurriert, der über bloße Tippfehler hinaus auch die Berichtigung gewisser inhaltlicher Fehler gestattet (z. B. Rechenfehler, sprachliche und begriffliche Ungenauigkeiten).[12] Änderungen des Vertragsinhaltes führen dagegen dazu, dass erneut über die Verschmelzung abzustimmen ist.[13] 6

Darüber hinaus wird diskutiert, ob **in der Gesellschafterversammlung** eines der beteiligten Rechtsträger Änderungen am Vertrag beschlossen bzw. vorgeschlagen werden können und falls ja, wie damit weiter zu verfahren ist.[14] Eine Ansicht lehnt dies ab und sieht die Rolle der jeweiligen Anteilsinhaberversammlung darauf beschränkt, über Billigung oder Ablehnung des vorgelegten Entwurfes zu entscheiden.[15] Die Gegenansicht will es dementgegen zulassen, Änderungen i. R. einer der Anteilsinhaberversammlungen eines beteiligten Rechtsträgers zu beschließen.[16] Folgt man dem, so ist jedenfalls eine (erneute) Zustimmung der Anteilsinhaber der anderen beteiligten Rechtsträger zu verlangen.[17] Für die Praxis dürfte ein 7

9) *Rieckers/Cloppenburg* in: BeckOGK-UmwG, § 13 Rz. 16; Semler/Stengel/Leonard-*Gehling*, UmwG, § 13 Rz. 28; Schmitt/Hörtnagl-*Winter*, UmwG/UmwStG, § 13 UmwG Rz. 27. Vgl. auch OLG Frankfurt/M., Beschl. v. 8.2.2006 – 12 W 185/05, NJOZ 2006, 870, 883 = ZIP 2006, 370: Unerheblichkeit der Wirksamkeit der Beurkundung des Verschmelzungsvertrages für die Wirksamkeit des Verschmelzungsbeschlusses.

10) Schmitt/Hörtnagl-*Winter*, UmwG/UmwStG, § 13 UmwG Rz. 18 f.

11) *Rieckers/Cloppenburg* in: BeckOGK-UmwG, § 13 Rz. 17; Kallmeyer-*Zimmermann*, UmwG, § 13 Rz. 7; Semler/Stengel/Leonard-*Gehling*, UmwG, § 13 Rz. 28.

12) Vgl. OLG Düsseldorf, Beschl. v. 2.12.2016 – I-25 Wx 95/14, RNotZ 2017, 189, 191; *Regler* in: BeckOGK-BeurkG, § 44a Rz. 29; *Heinze*, NZG 2016, 1089, 1090. So etwa Kallmeyer-*Zimmermann*, UmwG, § 13 Rz. 7; Widmann/Mayer-*Heckschen*, UmwR, § 13 UmwG Rz. 54.

13) *Rieckers/Cloppenburg* in: BeckOGK-UmwG, § 13 Rz. 17; Semler/Stengel/Leonard-*Gehling*, UmwG, § 13 Rz. 29.

14) Vgl. etwa *Rieckers/Cloppenburg* in: BeckOGK-UmwG, § 13 Rz. 18 ff.

15) Schmitt/Hörtnagl-*Winter*, UmwG/UmwStG, § 13 UmwG Rz. 21, 28; Widmann/Mayer-*Heckschen*, UmwR, § 13 UmwG Rz. 64.

16) OLG Hamm, Beschl. v. 28.2.2005 – 8 W 6/05, DB 2005, 2236 = BeckRS 2005, 4157; *Rieckers/Cloppenburg* in: BeckOGK-UmwG, § 13 Rz. 18; *Erkens* in: KölnKomm-UmwG, § 13 Rz. 37 ff.; Lutter-*Drygala*, UmwG, § 13 Rz. 16.

17) Semler/Stengel/Leonard-*Gehling*, UmwG, § 13 Rz. 28a; zu den verschiedenen dabei denkbaren Konstellationen s. a. Henssler/Strohn-*Heidinger*, GesR, § 7 UmwG Rz. 8 ff.

solches Vorgehen kaum zu empfehlen sein, da sich andernfalls insbesondere Zweifelsfragen bzgl. der ordnungsgemäßen Versammlungseinberufung und -vorbereitung ergeben können.[18)]

8 Als zulässig angesehen wird es auch, dass den Anteilsinhabern **alternative Vertragsentwürfe** zur Abstimmung vorgelegt werden.[19)] Auch dann sind jedoch die Formalien hinsichtlich der Vorbereitung und Einberufung der Anteilsinhaberversammlung in gleichem Maße und für jeden der alternativen Verschmelzungsverträge zu beachten.[20)] Auch die inhaltlichen Anforderungen an Verschmelzungsverträge müssen durch jeden der vorgelegten Alternativentwürfe erfüllt werden.[21)]

2. Inhalt des Verschmelzungsbeschlusses

9 Grundlegender Inhalt des Verschmelzungsbeschlusses ist die **Zustimmung der Anteilsinhaber** des jeweiligen Rechtsträgers zu dem Verschmelzungsvertrag.[22)] Diese muss den **gesamten Regelungsgehalt des Verschmelzungsvertrages** umfassen, auch soweit dieser über die Mindestinhalte des § 5 Abs. 1 hinausgeht.[23)]

10 Zumindest im Detail unterschiedlich beurteilt wird die Zulässigkeit von **Bedingungen** und **Befristungen** der Beschlusswirkung. Vielfach als zulässig angesehen wird eine aufschiebende Bedingung, aufgrund derer der Verschmelzungsbeschluss erst mit Eintritt einer äußeren Bedingung, etwa der Zustimmung der Anteilsinhaber der anderen beteiligten Rechtsträger, wirksam wird.[24)] Einschränkend gilt insoweit aber jedenfalls, dass durch derartige **Nebenbestimmungen** den Vertretungsorganen **kein eigener Entscheidungsspielraum** über das Wirksamwerden des Verschmelzungsbeschlusses eingeräumt werden darf.[25)]

11 Macht der beabsichtigte Verschmelzungsvorgang **Satzungsänderungen**, insbesondere beim übernehmenden Rechtsträger, erforderlich, so sind diese trotz des inhaltlichen Zusammenhangs nicht Bestandteil des Verschmelzungsbeschlusses und unterfallen nicht § 13.[26)] Anwendung finden die allgemeinen Vorschriften des jeweiligen Rechtsträgers. Ebenfalls nicht Bestandteil des Zustimmungsbeschlusses der Gesellschafterversammlung sind die (Verzichts- oder Zustimmungs-)**Erklärungen** einzelner Gesellschafter, die aber häufig gemeinsam mit Verschmelzungsvertrag und -beschlüssen beurkundet werden.

III. Beschlussfassung in Versammlung (§ 13 Abs. 1 Satz 2)

1. Grundsatz: Versammlungszwang

12 Nach § 13 Abs. 1 Satz 2 ist der Beschluss der Anteilsinhaber des jeweiligen Rechtsträgers in einer Versammlung zu treffen. Dies wurde – zumindest lange Zeit – als Anordnung eines

18) Vgl. insoweit auch Lutter-*Drygala*, UmwG, § 13 Rz. 16.

19) Henssler/Strohn-*Heidinger/Knaier*, GesR, § 13 UmwG Rz. 20; Schmitt/Hörtnagl-*Winter*, UmwG/UmwStG, § 13 UmwG Rz. 24; Widmann/Mayer-*Heckschen*, UmwR, § 13 UmwG Rz. 53.3 ff.

20) *Rieckers/Cloppenburg* in: BeckOGK-UmwG, § 13 Rz. 21.

21) Widmann/Mayer-*Heckschen*, UmwR, § 13 UmwG Rz. 53.4.

22) Henssler/Strohn-*Heidinger/Knaier*, GesR, § 13 UmwG Rz. 19; Semler/Stengel/Leonard-*Gehling*, UmwG, § 13 Rz. 32.

23) Schmitt/Hörtnagl-*Winter*, UmwG/UmwStG, § 13 UmwG Rz. 25.

24) *Rieckers/Cloppenburg* in: BeckOGK-UmwG, § 13 Rz. 22; Schmitt/Hörtnagl-*Winter*, UmwG/UmwStG, § 13 UmwG Rz. 29. Zurückhaltend – „nicht unproblematisch" etwa Henssler/Strohn-*Heidinger/Knaier*, GesR, § 13 UmwG Rz. 21.

25) *Rieckers/Cloppenburg* in: BeckOGK-UmwG, § 13 Rz. 25; Semler/Stengel/Leonard-*Gehling*, UmwG, § 13 Rz. 33.

26) *Rieckers/Cloppenburg* in: BeckOGK-UmwG, § 13 Rz. 26; Henssler/Strohn-*Heidinger/Knaier*, GesR, § 13 UmwG Rz. 22; Lutter-*Drygala*, UmwG, § 13 Rz. 23; Semler/Stengel/Leonard-*Gehling*, UmwG, § 13 Rz. 34.

Versammlungszwangs i. S. in einer physischen Versammlung verstanden.[27] Nur in einer solchen Versammlung könnten die Verwaltungsrechte der Anteilsinhaber gewahrt und deren Diskussion untereinander und mit den Gesellschaftsorganen gewährleistet werden.[28] Andere Beschlussformen, insbesondere im Umlaufverfahren kämen danach nicht in Betracht,[29] waren aber aufgrund des Beurkundungserfordernisses und der damit ohnehin regelmäßig verbundenen Präsenzversammlung bislang eher ein theoretisches Problem.

Allerdings werden in jüngerer Zeit – nicht zuletzt unter dem Eindruck der Corona-Pandemie und der damit einhergehenden, temporären Sonderregelungen[30] – vermehrt Überlegungen zu alternativen, virtuellen Versammlungs- und Beschlussformen angestellt.[31] Angesichts des eindeutigen Wortlauts des § 13 Abs. 1 Satz 2 wird dabei weniger das Versammlungserfordernis an sich infragegestellt als alternative, virtuelle Versammlungsformen erwogen werden (siehe dazu unten Rz. 22). 13

2. Durchführung der Versammlung

Das **Beschlussverfahren** zur Abstimmung über die Zustimmung zur Verschmelzung wird durch das UmwG, teils in den allgemeinen, teils rechtsformspezifisch in den besonderen Vorschriften, nur unvollständig geregelt.[32] Daneben finden die für den betreffenden Rechtsträger geltenden allgemeinen gesetzlichen oder satzungsmäßigen Verfahrensvorschriften Anwendung.[33] 14

Praktisch bedeutsam ist die Möglichkeit, auf die Einhaltung von Form- und Fristvorschriften zu **verzichten**. Entsprechende Erklärungen gehören zu den üblichen Bestandteilen umwandlungsrechtlicher Beurkundungsvorgänge.[34] Die diesbezüglichen Verzichtsmöglichkeiten ergeben sich wiederum zum Teil aus dem Umwandlungsrecht (insbesondere §§ 8 Abs. 3, 9 Abs. 2, 12 Abs. 3) und zum Teil aus dem Recht des jeweiligen Rechtsträgers (z. B. § 121 Abs. 6 AktG, § 51 Abs. 3, 4 GmbHG). Insbesondere im Falle einer Vollversammlung, an der alle Anteilsinhaber teilnehmen und in der niemand der Beschlussfassung widerspricht, kann ein weitreichender Verzicht auf Formvorschriften erreicht werden.[35] 15

Die **Stellvertretung** i. R. von Anteilsinhaberversammlungen, die über eine Verschmelzung zu beschließen haben, richtet sich den nach allgemeinen Grundsätzen der jeweiligen Rechts- 16

27) Semler/Stengel/Leonard-*Gehling*, UmwG, § 13 Rz. 14; krit dazu *Erkens* in: KölnKomm-UmwG, § 13 Rz. 12.

28) Widmann/Mayer-Heckschen, UmwR, § 13 UmwG Rz. 41; *Priester*, ZGR 1990, 420, 436.

29) Kallmeyer-*Zimmermann*, UmwG, § 13 Rz. 3; Widmann/Mayer-*Heckschen*, UmwR, § 13 UmwG Rz. 4; *Priester*, ZGR 1990, 420, 436.

30) Vgl. §§ 1, 2 COVMG, die für AG, KGaA und GmbH Erleichterungen präsenzloser Versammlungen vorsahen.

31) S. etwa *Rieckers/Cloppenburg* in: BeckOGK-UmwG, § 13 Rz. 41 ff.; *Limmer* in: Limmer, Hdb. Unternehmensumwandlung, Kap. 3 Rz. 493; *Holthaus*, NZG 2021, 699, 700 ff. (Urteilsanm.). Abl. aber OLG Karlsruhe, Beschl. v. 23.3.2021 – 1 W 4/21 (Wx), NZG 2021, 696, 697 = ZIP 2021, 1323; anders in der Folgeinstanz der BGH, Beschl. v. 5.10.2021 – II ZB 7/21, Rz. 19, NJW-RR 2021, 1556, 1557 = ZIP 2021, 2276, s. dazu unten Rz. 22.

32) *Rieckers/Cloppenburg* in: BeckOGK-UmwG, § 13 Rz. 52.

33) Henssler/Strohn-*Heidinger*/*Knaier*, GesR, § 13 UmwG Rz. 7; Schmitt/Hörtnagl-*Winter*, UmwG/UmwStG, § 13 UmwG Rz. 41.

34) Vgl. *Kraus* in: Engl/Fox/Traßl, FormB Umwandlungen, A. 1. 1, Ziff. 2 sowie Rz. 295 ff.

35) Henssler/Strohn-*Heidinger*/*Knaier*, GesR, § 13 UmwG Rz. 8.

form und ist weitestgehend zulässig.[36] Es bestehen insoweit keine grundlegenden umwandlungsrechtlichen Besonderheiten. Einschränkungen können sich daher insbesondere bei den **Personenhandelsgesellschaften** ergeben, für die eine generelle Zulassung der rechtsgeschäftlichen Vertretung in der Gesellschafterversammlung im Gesellschaftsvertrag erfolgen muss und andernfalls der Billigung der Mitgesellschafter im Einzelfall bedarf.[37] Ähnliches dürfte auch für die **eGbR** gelten.[38] Hinsichtlich der **Form** etwaiger **Vollmachten** ist ebenfalls das Recht des jeweiligen Rechtsträgers zu beachten (z. B. § 47 Abs. 3 GmbHG/§ 134 Abs. 3 Satz 3 AktG: Textform).[39] Einer notariellen Beglaubigung bedarf es insoweit grundsätzlich nicht (siehe dazu auch unten Rz. 37).[40]

17 Gleichfalls zu beachten ist das **Verbot des Insichgeschäfts nach § 181 BGB**, das insbesondere einer Vertretung durch Mitgesellschafter entgegenstehen kann.[41] Allerdings wird in der Bevollmächtigung eines Mitgesellschafters vielfach eine konkludente Befreiung von den Beschränkungen dieser Vorschrift gesehen.[42] Problematisch, aber wohl grundsätzlich zulässig, ist schließlich die **vollmachtlose Vertretung** bei der Stimmabgabe.[43] Umstritten ist deren Zulässigkeit insbesondere hinsichtlich von AGs, KGaAs und SEs.[44] Die Stimmabgabe ohne Vollmacht macht jedenfalls nach §§ 180 Satz 2, 177 BGB deren (nachträgliche) Genehmigung durch den Anteilsinhaber erforderlich und ist bis zu deren Erteilung schwebend unwirksam. War die entsprechende Stimme für das Zustandekommen des Beschlusses erforderlich, erstreckt sich diese Unsicherheit somit auch auf diesen. Neben der rechtsgeschäftlichen Vertretung eines Anteilsinhabers kommt, auch wenn dies eher die Ausnahme sein dürfte, eine **gesetzliche Vertretung** in Betracht. Auch insoweit gelten die allgemeinen Grundsätze (z. B. §§ 1629 Abs. 2, 1824, 1852, 1854 BGB für Minderjährige).

18 In der praktischen Umsetzung problematisch ist mitunter auch die Stimmabgabe **ausländischer Gesellschafter**, wenn es sich bei diesen nicht um natürliche Personen handelt.[45] Dann können sich Fragen zur **Existenz des Rechtsträgers und zu seiner Vertretung** sowie zur Art und Weises des Nachweises dieser Umstände stellen. Dazu ist zunächst zu ermitteln, welches Recht auf den jeweiligen ausländischen Gesellschafter anzuwenden ist (sog. Gesellschaftsstatut).[46] Regelmäßig ist dies sowohl nach der (auf Auslandsgesellschaften aus

36) Kallmeyer-*Zimmermann*, UmwG, § 13 Rz. 13; Schmitt/Hörtnagl-*Winter*, UmwG/UmwStG, § 13 UmwG Rz. 46; *Melchior*, GmbHR 1999, 520. Vgl. auch die Übersicht bei *Heckschen* in: Beck'sches Notar-Hdb., § 24 Rz. 105.

37) RG, Urt. v. 12.2.1929 – II 295/28, RGZ 123, 289, 299; BGH, Urt. v. 10.11.1951 – II ZR 111/50, NJW 1952, 178, 179; *Otte/Dietlein* in: BeckOGK-HGB, § 109 Rz. 162; Oetker-*Lieder*, HGB, § 109 Rz. 27.

38) *Schöne* in: BeckOK-BGB, § 709 Rz. 57; *Schäfer* in: MünchKomm-BGB, § 714 Rz. 37; vgl. auch BGH, Urt. v. 10.11.1951 – II ZR 111/50, NJW 1952, 178, 179.

39) Lutter-*Drygala*, UmwG, § 13 Rz. 9; vgl. auch Henssler/Strohn-*Heidinger/Knaier*, GesR, § 13 UmwG Rz. 13, die für den Nachweis im Registerverfahren aber Schriftform empfehlen.

40) *Rieckers/Cloppenburg* in: BeckOGK-UmwG, § 13 Rz. 61.

41) Schmitt/Hörtnagl-*Winter*, UmwG/UmwStG, § 13 UmwG Rz. 51; *Limmer* in: Limmer, Hdb. Unternehmensumwandlung, Kap. 3 Rz. 516 a. E.

42) Henssler/Strohn-*Heidinger/Knaier*, GesR, § 13 UmwG Rz. 16; Kallmeyer-*Zimmermann*, UmwG, § 13 Rz. 14; *Erkens* in: KölnKomm-UmwG, § 13 Rz. 21; Widmann/Mayer-*Heckschen*, UmwR, § 13 UmwG Rz. 100.

43) S. etwa Widmann/Mayer-*Heckschen*, UmwR, § 13 UmwG Rz. 96.3 – „nicht generell ausgeschlossen, aber äußerst problematisch"; *Limmer* in: Limmer, Hdb. Unternehmensumwandlung, Kap. 3 Rz. 517.

44) Abl. insoweit etwa OLG Hamm, Urt. v. 2.11.2000 – 27 U 1/00, AG 2001, 146 = ZIP 2000, 2302; *Rieckers/Cloppenburg* in: BeckOGK-UmwG, § 13 Rz. 66; *Arnold* in: MünchKomm-AktG, § 134 Rz. 56; befürwortend Grigoleit-*Herrler*, AktG, § 134 Rz. 29; *Hartmann*, DNotZ 2002, 253, 255 ff.

45) Ausf. dazu Widmann/Mayer-*Heckschen*, UmwR, § 13 UmwG Rz. 105.1 ff.

46) *Rieckers/Cloppenburg* in: BeckOGK-UmwG, § 13 Rz. 69; Kallmeyer-*Zimmermann*, UmwG, § 13 Rz. 16.

EU-Mitglied- oder EWR-Vertragsstaaten anzuwendenden) Gründungs- als auch nach der (regelmäßig auf alle anderen Auslandsgesellschaften anzuwendenden) Sitztheorie das ausländische Recht des Herkunftsstaates, sodass sich auch Existenz und Vertretungsbefugnis nach ausländischem Recht beurteilen und in der Folge geklärt werden muss, wie sich diese gegenüber dem Registergericht (und dem Notar) nachweisen lassen. Soweit dem den Verschmelzungsvorgang begleitenden Notar keine tauglichen **ausländischen Register** zur Verfügung stehen bzw. er nicht bereit ist, aufgrund eigener Registereinsichten analog § 24 BNotO die Existenz und die Vertretungsbefugnisse der für die ausländischen Gesellschafter handelnden Personen zu prüfen und zu bestätigen, sind für ausländische Gesellschafter (unabhängig von der Form ggf. erforderlicher Vollmachten, siehe dazu Rz. 16, 30, 37) **beglaubigte und regelmäßig zu apostillierende Existenz- und Vertretungsnachweise** zum Nachweis der Existenz und der Vertretungsverhältnisse gegenüber dem Notar und dem Registergericht zu beschaffen.[47)]

Auch hinsichtlich **Stimmrechten** und **Stimmverboten** bestehen grundsätzlich keine umwandlungsrechtlichen Besonderheiten, sondern gilt das materielle Recht des jeweiligen Rechtsträgers.[48)] In der AG nehmen Inhaber stimmrechtsloser Vorzugsaktien (§§ 139 ff. AktG) nicht an der Abstimmung teil (vgl. § 65 Abs. 2), ihr Schutz wird durch § 23 gewährleistet.[49)] Für GmbH und Vereine kommt bei gegenseitiger Beteiligung, insbesondere Konzernstrukturen, ein Verbot der Mitwirkung am Abstimmungsvorgang nach § 47 Abs. 4 Satz 2 GmbHG bzw. § 34 BGB in Betracht. Allerdings ging schon der Gesetzgeber bei Neufassung des UmwG jedenfalls bzgl. der GmbH davon aus, dass § 47 Abs. 4 GmbHG auf den Verschmelzungsbeschluss keine Anwendung finde.[50)] Dem ist zuzustimmen, da schon im unmittelbaren Anwendungsbereich der Norm Rechtsgeschäfte der Gesellschaft, die diese mit einem Gesellschafter wie mit einem Dritten schließt, von der innergesellschaftlichen Willensbildung unterschieden werden.[51)] Nichts anderes kann auch für den Verschmelzungsvorgang gelten, der zwar auch Individualinteressen der einzelnen Gesellschafter berührt, jedoch im Kern auf eine organisationsrechtliche Umgestaltung der grundlegenden Gesellschaftsstrukturen abzielt.[52)] 19

3. Mehrheitserfordernis

Wie auch das Beschlussverfahren ist die für die Beschlussfassung über die Verschmelzung beim jeweiligen Rechtsträger erforderliche **Stimmenmehrheit** abhängig von dessen Rechtsform. Normiert sind die entsprechenden Mehrheitserfordernisse in den §§ 39 ff. 20

47) Vgl. dazu ausf. *M. C. Schmidt* in: Hauschild/Kallrath/Wachter, Notarhdb. Gesellschafts- und Unternehmensrecht, § 28 Rz. 163 ff.

48) Lutter-*Drygala*, UmwG, § 13 Rz. 26; Semler/Stengel/Leonard-*Gehling*, UmwG, § 13 Rz. 25 ff.

49) Kallmeyer-*Zimmermann*, UmwG, § 13 Rz. 4; Semler/Stengel/Leonard-*Gehling*, UmwG, § 13 Rz. 25.

50) Begr. Fraktionsentwurf UmwBerG, BT-Drucks. 12/6699, S. 100.

51) BGH, Urt. v. 29.9.1955 – II ZR 225/54, NJW 1955, 1716, 1717; BGH, Urt. v. 29.5.1967 – II ZR 105/66, NJW 1967, 1963, 1964; BGH, Urt. v. 31.5.2011 – II ZR 109/10, BGHZ 190, 45 = NZG 2011, 902, 903; *Altmeppen*, GmbHG, § 47 Rz. 99 ff.; Michalski/Heidinger/Leible/J. Schmidt-*Römermann*, GmbHG, § 47 Rz. 225 ff., 233 ff.

52) So auch die h. M. *Rieckers/Cloppenburg* in: BeckOGK-UmwG, § 13 Rz. 56; Henssler/Strohn-*Heidinger/Knaier*, GesR, § 13 UmwG Rz. 10; *Erkens* in: KölnKomm-UmwG, § 13 Rz. 16 f.; Schmitt/Hörtnagl-*Hörtnagl/Ollech*, UmwG/UmwStG, § 50 UmwG Rz. 5; Semler/Stengel/Leonard-*Gehling*, UmwG, § 13 Rz. 26; vgl. auch – bzgl. eines Beherrschungs- und Gewinnabführungsvertrages – BGH, Urt. v. 31.5.2011 – II ZR 109/10, Rz. 17 ff., BGHZ 190, 45 = NZG 2011, 902, 903.

21 Für die einzelnen Rechtsformen gilt danach Folgendes:[53)]

Abb. 1: Übersicht Mehrheitserfordernisse

Rechtsform	Mehrheitserfordernis	Norm(en)
eGbR, oHG, KG	grundsätzlich Zustimmung aller Gesellschafter, auch nicht an der Versammlung teilnehmender; Drei-Viertel-Mehrheit der abgegebenen Stimmen bei entsprechender gesellschaftsvertraglicher Regelung	§ 39c, ggf. i. V. m. § 42
PartG	grundsätzlich Zustimmung aller Partner, auch nicht an der Versammlung teilnehmender; Drei-Viertel-Mehrheit der abgegebenen Stimmen bei entsprechender partnerschaftsvertraglicher Regelung	§ 45d
GmbH	Drei-Viertel- Mehrheit der abgegebenen Stimmen, Gesellschaftsvertrag kann größere Mehrheit und weitere Erfordernisse bestimmen	§ 50 Abs. 1
AG/KGaA	Drei-Viertel- Mehrheit des bei der Beschlussfassung vertretenen Grundkapitals, Satzung kann größere Kapitalmehrheit und weitere Erfordernisse bestimmen	§ 65 Abs. 1, ggf. i. V. m. § 78
eG	Drei-Viertel-Mehrheit der abgegebenen Stimmen, Satzung kann größere Mehrheit und weitere Erfordernisse bestimmen	§ 84
e. V. [genossenschaftlicher Prüfungsverband]	Drei-Viertel-Mehrheit der abgegebenen Stimmen, Satzung kann größere Mehrheit und weitere Erfordernisse bestimmen	§ 103 [§ 106]
VVaG	Drei-Viertel-Mehrheit der abgegebenen Stimmen, Satzung kann größere Mehrheit und weitere Erfordernisse bestimmen	§ 112 Abs. 3

4. Möglichkeit der virtuellen Beschlussfassung

22 Mit der im Schrifttum im Vordringen befindlichen Meinung entschied der **BGH** in einer jüngeren Entscheidung (über eine Verschmelzung zweier eG), dass eine Beschlussfassung in **„virtueller Versammlung"** dem Erfordernis des § 13 Abs. 1 Satz 2 entspreche und dieser nicht zwingend eine physische Versammlung erfordere, wenn eine andere Form der Beschlussfassung nach dem Gesetz oder der Satzung für den jeweiligen Rechtsträger zulässig sei und vergleichbare Möglichkeiten der Anteilsinhaber zum Meinungsaustausch mit den Gesellschaftsorganen und untereinander bestünden.[54)] Sowohl die Information der Anteilseigner als auch die Diskussion unter ihnen und damit eine gründliche und gemeinsame Meinungsbildung könne mit den **heute bestehenden Möglichkeiten der Kommunikation** bspw. über Telefon oder Video ebenso erreicht werden wie mit einer physischen Zusammenkunft der Anteilsinhaber, wenn die konkrete Ausgestaltung der Kommunikation eine

53) S. a. die Übersichten bei Schmitt/Hörtnagl-*Winter*, UmwG/UmwStG, § 13 UmwG Rz. 30 ff.; Widmann/Mayer-*Heckschen*, UmwR, § 13 UmwG Rz. 8.

54) BGH, Beschl. v. 5.10.2021 – II ZB 7/21, Rz. 16, NJW-RR 2021, 1556, 1557 = ZIP 2021, 2276; so auch für Vereine, Stiftungen und Parteien: OLG Karlsruhe, Beschl. v. 11.1.2022 – 19 W 20/21 (Wx), NZG 2022, 1066 = ZIP 2022, 1650, und dazu und insb. zu virtuellen Mitgliederversammlungen im Vereinsrecht näher *Heckschen*/*Hilser*, NZG 2022, 1241 (Urteilsanm.).

vergleichbare Teilnahme der Anteilsinhaber und Durchführung der Versammlung wie bei einer physischen Präsenzveranstaltung ermögliche.[55)]

Das **Beurkundungserfordernis** (§ 13 Abs. 3 Satz 1) könne dadurch gewahrt werden, dass nur der Notar und der Versammlungsleiter am Ort der Versammlung anwesend sind, während sämtliche Anteilsinhaber etwa per Videokommunikationssystem zugeschaltet sind.[56)] Auch wenn sich diese gemischte Form der virtuellen Beschlussfassung inzwischen praktisch vor dem Hintergrund der vorgenannten BGH-Rechtsprechung etabliert hat, kann sich eine Abstimmung mit dem zuständigen Registergericht im Vorfeld der Beurkundung empfehlen. 23

5. Online-Beurkundung

Von der vorstehend behandelten gemischten Beurkundung (siehe Rz. 22), bei der lediglich die beschlussfassenden Gesellschafter/Aktionäre (teilweise) per Videokommunikationssystem zugeschaltet sind, ist die vollständig virtuelle Form der Versammlungsabhaltung i. R. einer Online-Beurkundung zu unterscheiden, bei der auch der **Notar** (und ggf. der Versammlungsleiter) mittels Videokommunikationssystem **zugeschaltet** sind. Wenngleich für zahlreiche Rechtsträger mittlerweile eine gesetzliche Liberalisierung der Formen der Willensbildung der Anteilsinhaber vorgenommen worden ist,[57)] ist aber eine solche (vollwertige) Online-Beurkundung i. S. der §§ 16a ff. BeurkG bisher nur in engem Rahmen zulässig.[58)] Der Gesetzgeber hat in den Gesetzesbegründungen zur Einführung der Online-Beurkundung über das Videokommunikationssystem der BNotK mehrfach klargestellt, dass jedenfalls dieses Verfahren für Umwandlungsvorgänge **(vorerst) nicht zur Verfügung** steht.[59)] Allerdings soll eine Erweiterung auch auf Umwandlungsvorgänge in der näheren Zukunft evaluiert werden.[60)] 24

IV. Zustimmungserfordernis (§ 13 Abs. 2)

Nach § 13 Abs. 2 ist zur Wirksamkeit des Verschmelzungsbeschlusses zusätzlich zur Zustimmung der relevanten Mehrheit der Anteilsinhaber des jeweiligen Rechtsträgers in der Versammlung eine **gesonderte Zustimmung einzelner Anteilsinhaber** erforderlich, sofern bei einem übertragenden Rechtsträger die Anteilsübertragung an eine entsprechende Zustimmung gebunden ist. Insofern handelt es sich um einen Ausdruck des allgemeinen Grundsatzes des § 35 BGB, dass Sonderrechte von Anteilsinhabern nicht ohne deren Zustimmung beeinträchtigt werden dürfen.[61)] 25

1. Bestehen eines Zustimmungserfordernisses

Eine Zustimmung einzelner Anteilsinhaber zum Verschmelzungsbeschluss ist nach dem Gesetzeswortlaut des § 13 Abs. 2 jedenfalls dann erforderlich, wenn die **Abtretung von Anteilen** des jeweiligen übertragenden Rechtsträgers von einer solchen Zustimmung ab- 26

---

55) BGH, Beschl. v. 5.10.2021 – II ZB 7/21, Rz. 19, NJW-RR 2021, 1556, 1557 = ZIP 2021, 2276.

56) BGH, Beschl. v. 5.10.2021 – II ZB 7/21, Rz. 20, NJW-RR 2021, 1556, 1557 = ZIP 2021, 2276.

57) S. etwa § 48 Abs. 1 Satz 2 GmbHG; § 118a AktG; § 43b GenG; § 32 Abs. 2 BGB.

58) Vgl. § 16a Abs. 1 Satz 1 BeurkG.

59) Begr. RegE DiRUG, BT-Drucks. 19/28177, S. 161; Begr RegE Gesetz zur Ergänzung der Regelungen zur Umsetzung der Digitalisierungsrichtlinie, BT-Drucks. 20/1672, S. 23.

60) Begr. RegE Gesetz zur Ergänzung der Regelungen zur Umsetzung der Digitalisierungsrichtlinie, BT-Drucks. 20/1672, S. 17 f.

61) Begr. Fraktionsentwurf UmwBerG, BT-Drucks. 12/6699, S. 86; Schmitt/Hörtnagl-*Winter*, UmwG/UmwStG, § 13 UmwG Rz. 60. Eingehend zu Hintergrund und Entstehung dieser Vorschrift *Erkens* in: KölnKomm-UmwG, § 13 Rz. 44 ff.

hängig ist (Vinkulierung).[62] Wann dies der Fall ist, ergibt sich aus dem Recht bzw. dem Gesellschaftsvertrag/der Satzung des jeweiligen Rechtsträgers, nicht dem Umwandlungsrecht.[63] Bedeutung haben derartige Beschränkungen der Anteilsübertragung vor allem bei Personengesellschaften und GmbH, bei der AG und KGaA dagegen nicht.[64] Denn bei diesen kann die Anteilsübertrag nur von der Zustimmung der jeweiligen Gesellschaft, nicht aber einzelnen Gesellschaftern, abhängig gemacht werden (vgl. § 68 Abs. 2 Satz 1 AktG).[65]

27 Die Abtretungsbeschränkung muss sich aus **Gesetz oder Gesellschaftsvertrag/Satzung** ergeben, bloße schuldrechtliche Vereinbarungen sind dagegen irrelevant.[66] Nicht einschlägig ist Absatz 2 auch dann, wenn die Anteilsübertragung nicht von der Zustimmung einzelner Anteilsinhaber, sondern von der Zustimmung **des Rechtsträgers selbst,**[67] **der Gesellschafterversammlung** oder eines **anderen Gesellschaftsorgans** abhängt.[68] Etwas anderes gilt dagegen, wenn nicht die Zustimmung der Anteilsinhaberversammlung als Organ, sondern sämtlicher Anteilsinhaber erforderlich ist und damit ein individuelles Sonderrecht sämtlicher Gesellschafter begründet wurde.[69]

28 **Weitere – rechtsformspezifische – Zustimmungserfordernisse** können sich insbesondere aus den besonderen Vorschriften der §§ 39 ff. ergeben.[70] Zustimmen müssen etwa nicht erschienene Anteilsinhaber (§§ 39c Abs. 1, 45d Abs. 1), Anteilsinhaber, die künftig unbeschränkte persönliche Haftung übernehmen (§ 40 Abs. 2 Satz 2), GmbH-Gesellschafter, deren Minderheits- oder Geschäftsführungsrechte beeinträchtigt werden (§ 50 Abs. 2) sowie Gesellschafter einer übernehmenden GmbH, auf deren Geschäftsanteile nicht alle zu leistenden Einlagen in voller Höhe bewirkt sind (§ 51 Abs. 1).

2. Erklärung der Zustimmung

29 Die Zustimmung der einzelnen Anteilsinhaber zum Verschmelzungsbeschluss ist **empfangsbedürftige** Willenserklärung i. S. des §§ 130 ff. BGB.[71] Adressat der Erklärung ist der jeweilige Rechtsträger.[72] Sie kann vorab (Einwilligung) oder nachträglich (Genehmigung) erklärt werden (§§ 182 ff. BGB).[73] Im Regelfall werden die entsprechenden Zustimmungen in der Praxis mit den weiteren Zustimmungs- und Verzichterklärungen zeitgleich i. R. der Beurkundung des Verschmelzungsbeschlusses abgegeben. Unterschiedlich beurteilt wird,

62) Semler/Stengel/Leonard-*Gehling*, UmwG, § 13 Rz. 35 – Kritik an der Beschränkung der Vorschrift auf derartige Abtretungshindernisse, s. dort Rz. 6.

63) Vgl. Kallmeyer-*Zimmermann*, UmwG, § 13 Rz. 22; Lutter-*Drygala*, UmwG, § 13 Rz. 28; Semler/Stengel/Leonard-*Gehling*, UmwG, § 13 Rz. 37; *Schöne*, GmbHR 1995, 325, 331 f.; s. a. OLG Brandenburg, Beschl. v. 18.5.2022 – 7 AktG 1/22, NZG 2022, 967 = ZIP 2022, 1322 – zur Übertragung der Reichweite des gesellschaftsvertraglich geregelten Zustimmungsvorbehalts auf das umwandlungsrechtliche Zustimmungserfordernis.

64) Vgl. § 68 Abs. 2 AktG; BGH, Urt. v. 20.9.2004 – II ZR 288/02, BGHZ 160, 253 = NJW 2004, 3561, 3562 sowie Semler/Stengel/Leonhard-*Gehling*, UmwG, § 13 Rz. 35.

65) Henssler/Strohn-*Paefgen*, GesR, § 68 AktG Rz. 11; Hölters/Weber-*Mayer/Albrecht v. Kolke*, AktG, § 68 Rz. 18; *Bayer* in: MünchKomm-AktG, § 68 Rz. 65; *Heckschen/Weitbrecht*, NZG 2019, 721, 725, 727.

66) *Rieckers/Cloppenburg* in: BeckOGK-UmwG, § 13 Rz. 101.

67) Begr. Fraktionsentwurf UmwBerG, BT-Drucks. 12/6699, S. 86.

68) Kallmeyer-*Zimmermann*, UmwG, § 13 Rz. 24; *Erkens* in: KölnKomm-UmwG, § 13 Rz. 46; Lutter-*Drygala*, UmwG, § 13 Rz. 30; Schmitt/Hörtnagl-*Winter*, UmwG/UmwStG, § 13 UmwG Rz. 62; *Mayer*, DB 1995, 861, 865.

69) Vgl. *Rieckers/Cloppenburg* in: BeckOGK-UmwG, § 13 Rz. 102, 104; Henssler/Strohn-*Heidinger/Knaier*, GesR, § 13 UmwG Rz. 31; Semler/Stengel/Leonard-*Gehling*, UmwG, § 13 Rz. 38; Widmann/Mayer-*Heckschen*, UmwG, § 13 Rz. 166; *Reichert*, GmbHR 1995, 176, 179.

70) *Rieckers/Cloppenburg* in: BeckOGK-UmwG, § 13 Rz. 111 ff.; Schmitt/Hörtnagl-*Winter*, UmwG/UmwStG, § 13 UmwG Rz. 61; ausf. dazu auch *Limmer* in: Limmer, Hdb. Unternehmensumwandlung, Kap. 3 Rz. 583 ff.

71) *Rieckers/Cloppenburg* in: BeckOGK-UmwG, § 13 Rz. 106.

72) Widmann/Mayer-*Heckschen*, UmwR, § 13 UmwG Rz. 209.

73) Schmitt/Hörtnagl-*Winter*, UmwG/UmwStG, § 13 UmwG Rz. 65.

ob Anteilsinhaber, die gegen die Verschmelzung gestimmt haben, dennoch Einzelzustimmung erteilen können.[74)]

Wie auch der Verschmelzungsbeschluss bedürfen die Zustimmungserklärungen i. S. des Absatz 2 nach § 13 Abs. 3 Satz 1 der **notariellen Beurkundung** (siehe dazu Rz. 34). Die Erklärung der Zustimmung durch einen Bevollmächtigten ist zulässig, die dazu für die Vollmacht erforderliche Form ist jedoch umstritten.[75)] Für ein Formerfordernis entgegen der grundsätzlichen Wertung des § 167 Abs. 2 BGB findet sich keine gesetzliche Grundlage oder diesbezügliche Rechtsprechung. Auch ist nicht ersichtlich, warum die Stellvertretung bei Stimmgabe i. R. der über die Verschmelzung beschließenden Anteilsinhaberversammlung anders zu behandeln sein sollte als die Stellvertretung bei der Zustimmung nach § 13 Abs. 2. 30

3. Wirkung der Zustimmung

Die Erteilung der Zustimmung i. S. des § 13 Abs. 2 ist **Wirksamkeitsvoraussetzung** des Verschmelzungsbeschlusses. Bis zu ihrer Erklärung ist dieser **schwebend unwirksam.**[76)] 31

V. Formelle Wirksamkeitsvoraussetzungen (§ 13 Abs. 3)

Beschlüsse über die Zustimmung zur Verschmelzung von Rechtsträgern bedürfen – rechtsformunabhängig – nach § 13 Abs. 3 Satz 1 der **notariellen Beurkundung**. Das Beurkundungserfordernis dient der **Rechtssicherheit**, hat **Beweisfunktion**, daneben aber auch **Warnfunktion.**[77)] 32

Grundsätzlich erfolgt die Beurkundung von Verschmelzungsbeschlüssen – wie bei Gesellschafterbeschlüssen nach der gesetzgeberischen Vorstellung üblich – als **Tatsachenprotokoll** gemäß **§§ 36, 37 BeurkG.**[78)] Für die (börsennotierte) AG bzw. KGaA korreliert dies mit der Formvorschrift des § 130 Abs. 1 Satz 1 AktG.[79)] Da im Regelfall mit der Beschlussfassung über die Verschmelzung weitere Erklärungen, insb. zum Verzicht auf Verschmelzungsbericht und -prüfung (§§ 8 Abs. 3, 9 Abs. 2, 12 Abs. 3), zu beurkunden sind, ist in der Praxis zumindest betreffend die Verschmelzung von GmbHs eine Beurkundung nach §§ 8 ff. (Beurkundung von Willenserklärungen) eher der Regelfall.[80)] 33

Das Formerfordernis des § 13 Abs. 3 Satz 1 umfasst darüber hinaus etwaige nach Absatz 2 oder sonstigen Vorschriften des UmwG erforderliche **Zustimmungserklärungen** einzelner Anteilsinhaber.[81)] Da es sich insoweit um Willenserklärungen handelt (siehe dazu schon 34

74) Dafür etwa Henssler/Strohn-*Heidinger/Knaier*, GesR, § 13 UmwG Rz. 33; Semler/Stengel/Leonard-*Gehling*, UmwG, § 13 Rz. 49; a. A. Widmann/Mayer-*Mayer*, UmwR, § 50 UmwG Rz. 74.

75) (Mindestens) notarielle Beglaubigung: Henssler/Strohn-*Heidinger/Knaier*, GesR, § 13 UmwG Rz. 34; Widmann/Mayer-*Heckschen*, UmwR, § 13 UmwG Rz. 113; zurückhaltender als in der Vorauflage Schmitt/Hörtnagl-*Winter*, UmwG/UmwStG, § 13 UmwG Rz. 47; a. A. kein Formerfordernis bzw. Text-/Schriftform zum Zwecke des Nachweises Kallmeyer-*Zimmermann*, UmwG, § 13 Rz. 27; Lutter-*Hoger*, UmwG, § 193 Rz. 22; *Melchior*, GmbHR 1999, 520, 521.

76) *Rieckers/Cloppenburg* in: BeckOGK-UmwG, § 13 Rz. 100; Kallmeyer-*Zimmermann*, UmwG, § 13 Rz. 29.

77) Begr. Fraktionsentwurf UmwBerG, BT-Drucks. 12/6699, S. 86; *Rieckers/Cloppenburg* in: BeckOGK-UmwG, § 13 Rz. 125; Semler/Stengel/Leonard-*Gehling*, UmwG, § 13 Rz. 51; Widmann/Mayer-*Heckschen*, UmwR, § 13 UmwG Rz. 221.

78) Henssler/Strohn-*Heidinger*, GesR, § 13 UmwG Rz. 36; Widmann/Mayer-*Heckschen*, UmwR, § 13 UmwG Rz. 222; *Limmer* in: Limmer, Hdb. Unternehmensumwandlung, Kap. 3 Rz. 529 ff.

79) Zum Teil wird für die AG aus § 130 Abs. 1 AktG eine zwingende Beurkundung des Verschmelzungsbeschlusses nach den §§ 36, 37 BeurkG abgeleitet, vgl. *Rieckers/Cloppenburg* in: BeckOGK-UmwG, § 13 Rz. 127; wohl auch Semler/Stengel/Leonard-*Gehling*, UmwG, § 13 Rz. 52. Dies ist allerdings schon im unmittelbaren Anwendungsbereich der Vorschrift umstritten, a. A. etwa Grigoleit-*Herrler*, AktG, § 130 Rz. 17; *DNotI*, Gutachten, DNotI-Report 2016, 1, 3.

80) Vgl. auch Widmann/Mayer-*Heckschen*, UmwR, § 13 UmwG Rz. 223.

81) Kallmeyer-*Zimmermann*, UmwG, § 13 Rz. 41; Schmitt/Hörtnagl-*Winter*, UmwG/UmwStG, § 13 UmwG Rz. 69.

oben Rz. 29), kommt nur eine Beurkundung nach den §§ 8 ff. BeurkG in Betracht; eine Aufnahme in das Protokoll der über die Verschmelzung beschließenden Anteilinhaberversammlung genügt nicht.[82)]

35 Nach einer älteren landgerichtlichen Entscheidung,[83)] die zumindest in Teilen des Schrifttums auf Zustimmung gestoßen ist,[84)] unterfallen auch **vorvertragliche Abreden**, mit denen sich Gesellschafter(kreise) unter Androhung einer Strafzahlung (Break-up-Fee) verpflichten, die zur Verschmelzung erforderlichen Beschlüsse zu fassen, dem Beurkundungserfordernis des § 13 Abs. 3.[85)]

36 Der Urkunde des jeweiligen Zustimmungsbeschlusses ist der Verschmelzungsvertrag oder – sofern dieser Gegenstand der Beschlussfassung ist (siehe oben Rz. 5) – dessen Entwurf als **Anlage** beizufügen (§ 13 Abs. 3 Satz 2). Dadurch werden die Verbindung von (Zustimmungs-)Beschluss und Verschmelzungsvertrag her- und deren inhaltliche Übereinstimmung sichergestellt und eine diesbezüglich registergerichtliche Prüfung ermöglicht.[86)] Entbehrlich ist eine solche Beifügung selbstverständlich, wenn Verschmelzungsvertrag und -beschluss gemeinsam beurkundet werden bzw. Teil einer Urkunde sind.[87)] In welcher **Form** die Beifügung zu erfolgen hat, ist umstritten, überwiegend wird jedoch eine einfache Abschrift als ausreichend angesehen.[88)] Weitgehende Einigkeit herrscht hingegen darüber, dass der Vertrag i. R. der Beurkundung des Beschlusses grundsätzlich nicht zu verlesen ist.[89)] Unterbleibt die Beifügung, kann die Verknüpfung von Vertrag und Beschluss ggf. auf andere Weise hergestellt werden, etwa durch beurkundungsrechtlichen Verweis gemäß § 13a BeurkG auf den bereits beurkundeten Verschmelzungsvertrag, ohne dass dies die Wirksamkeit des Verschmelzungsbeschlusses beeinträchtigt.[90)]

37 Nicht vom Formerfordernis des § 13 Abs. 3 Satz 1 erfasst werden nach überwiegender Ansicht **Vollmachten** die einer der Stimmabgabe oder Zustimmungserklärung durch einen Vertreter zugrunde liegen (§ 167 Abs. 2 BGB).[91)] Diese können daher – je nach Rechtsform – grundsätzlich formlos bzw. in Textform (§ 47 Abs. 3 GmbHG, § 134 Abs. 3 Satz 3 AktG) erteilt werden. Zu Nachweiszwecken dürfte sich regelmäßig zumindest die Textform empfehlen. Auch wenn der Verschmelzungsvorgang mit einer Kapitalerhöhung verbunden wird, führt dies nicht zu einer Formbedürftigkeit der Vollmacht, da keine Über-

82) *Rieckers/Cloppenburg* in: BeckOGK-UmwG, § 13 Rz. 131; Kallmeyer-*Zimmermann*, UmwG, § 13 Rz. 41.

83) LG Paderborn, Urt. v. 28.4.2000 – 2 O 132/00, NZG 2000, 899, 900.

84) So etwa Henssler/Strohn-*Heidinger/Knaier*, GesR, § 13 UmwG Rz. 37; Widmann/Mayer-*Heckschen*, UmwR, § 13 UmwG Rz. 231.1; *Gehling*, NZG 2000, 901.

85) Abl. dazu *Rieckers/Cloppenburg* in: BeckOGK-UmwG, § 13 Rz. 126; Semler/Stengel/Leonard-*Gehling*, UmwG, § 13 Rz. 51; *Austmann/Frost*, ZHR 169 (2005), 431, 451.

86) Lutter-*Dygala*, UmwG, § 13 Rz. 19; Semler/Stengel/Leonard-*Gehling*, UmwG, § 13 Rz. 54.

87) *Rieckers/Cloppenburg* in: BeckOGK-UmwG, § 13 Rz. 136; Schmitt/Hörtnagl-*Winter*, UmwG/UmwStG, § 13 UmwG Rz. 72.

88) Beifügung in einfacher Abschrift: *Rieckers/Cloppenburg* in: BeckOGK-UmwG, § 13 Rz. 137; Kallmeyer-*Zimmermann*, UmwG, § 13 Rz. 39; Lutter-*Drygala*, UmwG, § 13 Rz. 19; Semler/Stengel/Leonard-*Gehling*, UmwG, § 13 Rz. 54; a. A. – Beifügung zumindest in beglaubigter Abschrift – Widmann/Mayer-*Heckschen*, UmwR, § 13 UmwG Rz. 233.

89) *Rieckers/Cloppenburg* in: BeckOGK-UmwG, § 13 Rz. 137; Kallmeyer-*Zimmermann*, UmwG, § 13 Rz. 39; Semler/Stengel/Leonard-*Gehling*, UmwG, § 13 Rz. 54; Widmann/Mayer-*Heckschen*, UmwR, § 13 UmwG Rz. 233.

90) Kallmeyer-*Zimmermann*, UmwG, § 13 Rz. 39; Lutter-*Drygala*, UmwG, § 13 Rz. 19; Semler/Stengel/Leonard-*Gehling*, UmwG, § 13 Rz. 55.

91) *Rieckers/Cloppenburg* in: BeckOGK-UmwG, § 13 Rz. 61 ff.; Henssler/Strohn-*Heidinger/Knaier*, GesR, § 13 UmwG Rz. 13; Kallmeyer-*Zimmermann*, UmwG, § 13 Rz. 13; Schmitt/Hörtnagl-*Winter*, UmwG/UmwStG, § 13 UmwG Rz. 47; Semler/Stengel/Leonard-*Gehling*, UmwG, § 13 Rz. 16; *Melchior*, GmbHR 1999, 520, 521; zum Teil abw., im Falle der Kapitalerhöhung, Widmann/Mayer-*Heckschen*, UmwR, § 13 UmwG Rz. 108.1.

nahmeerklärungen abzugeben sind (vgl. § 55 Abs. 1, der die Anwendung von § 55 Abs. 1 GmbHG ausschließt).[92] Ein Formerfordernis, welches auf die Formbedürftigkeit der Vollmacht durchschlägt, kann sich aber aus § 12 HGB ergeben, wenn die Vollmacht zur Vornahme der Handelsregisteranmeldung(en) genutzt werden soll. Besonderheiten können sich zudem bei der Verschmelzung durch Neugründung aus dem jeweiligen Gründungsrecht (z. B. § 2 Abs. 2 Satz 1 GmbHG, § 23 Abs. 1 Satz 2 AktG) ergeben.[93]

Die Zulässigkeit bzw. Formwirksamkeit einer **Auslandsbeurkundung** von Verschmelzungsvorgängen ist vielfach umstritten und stößt insbesondere im Schrifttum auf Ablehnung.[94] Dementgegen hat die Auslandsbeurkundung der Verschmelzung und anderer Grundlagengeschäfte (GmbH-Gründung) in der Rechtsprechung in Einzelfällen (und für jeweils einzelne Staaten) Anerkennung gefunden.[95] Voraussetzung ist jedenfalls die **Gleichwertigkeit** sowohl der Urkundsperson als auch des Beurkundungsverfahrens.[96] Dies lässt sich regelmäßig nicht mit hinreichender Sicherheit vorab gewährleisten und ist daher wenig praktikabel. Unverzichtbar ist in jedem Falle die rechtzeitige Abstimmung mit dem jeweiligen Registergericht. Problematische Folgefrage ist zudem die Zulässigkeit einer Versammlung der Anteilsinhaber im Ausland.[97] 38

VI. Mängel des Verschmelzungsbeschlusses

Das UmwG enthält keine Sonderregelungen zu etwaigen **Mängeln von Umwandlungsbeschlüssen**. Daher findet das **allgemeine Beschlussmängelrecht** des jeweiligen beteiligten Rechtsträgers Anwendung.[98] Abhängig von dessen Rechtsform und der Art des Mangels ist der Verschmelzungsbeschluss daher entweder (lediglich) anfechtbar oder nichtig.[99] Näheres dazu bei § 14 Rz. 8 ff [*Hoefling*]. 39

VII. Wirkung des Verschmelzungsbeschlusses

Wirksam wird die Verschmelzung gemäß § 20 Abs. 1 erst durch ihre Eintragung im Register des übernehmenden Rechtsträgers. Bis zur (ordnungsgemäßen) Beschlussfassung – und ggf. Abgabe weiterer erforderlicher Zustimmungserklärungen – ist der Verschmelzungsvertrag schwebend unwirksam.[100] Mit der Fassung des Zustimmungsbeschlusses treten zunächst nur zwischen den beteiligten Rechtsträgern und deren Organen wirkende **Bindungswirkungen** an dessen Inhalt ein.[101] Insbesondere eine einseitige Aufhebung eines 40

92) So auch *Rieckers/Cloppenburg* in: BeckOGK-UmwG, § 13 Rz. 63.

93) Str., Henssler/Strohn-*Heidinger/Knaier*, GesR, § 13 UmwG Rz. 13; Widmann/Mayer-*Heckschen*, UmwR, § 13 UmwG Rz. 106; *Bergjan/Klotz*, ZIP 2016, 2300, 2303; abl. *Rieckers/Cloppenburg* in: BeckOGK-UmwG, § 13 Rz. 63; Kallmeyer-*Zimmermann*, UmwG, § 13 Rz. 13.

94) Vgl. etwa Kallmeyer-*Zimmermann*, UmwG, § 6 Rz. 11; Widmann/Mayer-*Heckschen*, UmwR, § 13 UmwG Rz. 230.1; *Limmer* in: Limmer, Hdb. Unternehmensumwandlung, Kap. 3 Rz. 527 f.; *Lieder*, ZIP 2018, 1517, 1522 ff.; *Tebben*, GmbHR 2018, 1190, 1193; vgl. auch *Goette*, DStR 1996, 709, 712 f.; a. A. aber etwa Lutter-*Drygala*, UmwG, § 13 Rz. 18.

95) S. insb. KG Berlin, Beschl. v. 26.7.2018 – 22 W 2/18, NZG 2018, 1195 = ZIP 2018, 1878; krit. Anm. u. a. bei *Heckschen*, GWR 2018, 393; *Stelmaszczyk*, RNotZ 2019, 177, 179 ff.; s. a. KG Berlin, Beschl. v. 24.1.2018 – 22 W 25/16, NZG 2018, 304 = ZIP 2018, 323; für die Geschäftsanteilsübertragung wohl auch der BGH, Beschl. v. 17.12.2013 – II ZB 6/13, BGHZ 199, 270 = NZG 2014, 219, 221 ff.

96) *Rieckers/Cloppenburg* in: BeckOGK-UmwG, § 13 Rz. 129; Semler/Stengel/Leonard-*Gehling*, UmwG, § 13 Rz. 58.

97) Darauf hinweisend Lutter-*Drygala*, UmwG, § 13 Rz. 18; Semler/Stengel/Leonard-*Gehling*, UmwG, § 13 Rz. 58.

98) *Rieckers/Cloppenburg* in: BeckOGK-UmwG, § 13 Rz. 92.

99) Lutter-*Drygala*, UmwG, § 13 Rz. 60.

100) *Rieckers/Cloppenburg* in: BeckOGK-UmwG, § 13 Rz. 5; Kallmeyer-*Zimmermann*, UmwG, § 13 Rz. 2.

101) Eingehend dazu etwa *Rieckers/Cloppenburg* in: BeckOGK-UmwG, § 13 Rz. 29 ff.; Henssler/Strohn-*Heidinger/Knaier*, GesR, § 13 UmwG Rz. 23; Semler/Stengel/Leonard-*Gehling*, UmwG, § 13 Rz. 61 ff.

Verschmelzungsbeschluss kann dann unzulässig sein.[102] Die Vertretungsorgane sind sodann verpflichtet, die erforderlichen Schritte zum Vollzug der Verschmelzung zu ergreifen.[103]

VIII. Entbehrlichkeit des Verschmelzungsbeschlusses

41 In einigen wenigen Ausnahmefällen kann die Zustimmung der Anteilsinhaber zum Verschmelzungsvertrag **entbehrlich** sein, weil deren Schutzzwecken keine Beeinträchtigung droht.[104]

42 Praktisch wichtigster Ausnahmefall ist die **Konzernverschmelzung** nach § 62. Hält eine übernehmende AG, KGaA oder SE **mindestens** 90 % des Stamm-/Grundkapitals an einer übertragenden Kapitalgesellschaft (Upstream-Merger), so ist bei der übernehmenden Gesellschaft nach § 62 Abs. 1 Satz 1 kein Verschmelzungsbeschluss erforderlich. **Eigene Anteile** der übertragenden Gesellschaft bleiben dabei außer Betracht (§ 62 Abs. 1 Satz 2). Dies gilt jedoch nicht, wenn **Aktionäre mit einer Beteiligung von mindestens 5 %** des Grundkapitals der Muttergesellschaft die Durchführung einer Hauptversammlung zum Beschluss über die Verschmelzung verlangen (§ 62 Abs. 2 Satz 1).

43 Befindet sich das gesamte Stamm-/Grundkapital der übertragenden Kapitalgesellschaft in der Hand der übernehmenden AG, KGaA oder SE, so ist auch bei dieser übertragenden Gesellschaft ein Verschmelzungsbeschluss entbehrlich (§ 62 Abs. 4 Satz 1). Dann kann eine Verschmelzung gänzlich ohne Verschmelzungsbeschluss durchgeführt werden.[105] Um dies zu ermöglichen, kann die Hauptversammlung bei Vorliegen der Voraussetzungen des § 62 Abs. 1 binnen drei Monaten nach Abschluss des Verschmelzungsvertrages einen Beschluss nach § 327a Abs. 1 Satz 1 AktG über die Übertragung der verbliebenen (maximal) 10 % der Aktien auf den Hauptaktionär fassen (verschmelzungsrechtlicher Squeeze-out, § 62 Abs. 5 Satz 1); siehe dazu § 62 Rz. 50 ff. [*Nolden*]. Für die Anwendung des § 62 Abs. 4 genügt es, dass ein entsprechender Übertragungsbeschluss mit dem Vermerk, dass er erst gleichzeitig mit der Eintragung der Verschmelzung im Register des Sitzes der übernehmenden AG wirksam wird, im Register eingetragen wurde (§ 62 Abs. 4 Satz 2).

44 Die Ausnahmeregelungen des § 62 Abs. 1, Abs. 4 gelten ausschließlich für übernehmende Rechtsträger in der **Rechtsform der AG, KGaA oder SE**, eine (analoge) Übertragung auf andere Rechtsformen wird abgelehnt.[106]

45 Neben den Konzernkonstellationen kann ein Verschmelzungsbeschluss auch bei der **Verschmelzung einer Kapitalgesellschaft mit dem Vermögen ihres Alleingesellschafters** (§§ 120 ff.) entbehrlich sein. Hier soll es keines (gesonderten) Beschlusses dieses Gesellschafters bedürfen[107] Für **grenzüberschreitende Verschmelzungen** erklärt § 312 Abs. 2 einen Verschmelzungsbeschluss der Anteilsinhaber der übertragenden Gesellschaft unter den Voraussetzungen des § 307 Abs. 3 für entbehrlich, wenn also sich alle Anteile der übertragenden Gesellschaft in der Hand der übernehmenden Gesellschaft befinden oder

---

102) Kallmeyer-*Zimmermann*, UmwG, § 13 Rz. 18; diff. *Erkens* in: KölnKomm-UmwG, § 13 Rz. 89 ff.

103) *Rieckers/Cloppenburg* in: BeckOGK-UmwG, § 13 Rz. 31; *Erkens* in: KölnKomm-UmwG, § 13 Rz. 85.

104) Henssler/Strohn-*Heidinger/Knaier*, GesR, § 13 UmwG Rz. 26.

105) *Rieckers/Cloppenburg* in: BeckOGK-UmwG, § 13 Rz. 38; Henssler/Strohn-*Heidinger/Knaier*, GesR, § 13 UmwG Rz. 26; Kallmeyer-*Zimmermann*, UmwG, § 13 Rz. 5; Lutter-*Decher*, UmwG, § 13 Rz. 2; Semler/Stengel/Leonard-*Gehling*, UmwG, § 13 Rz. 8.

106) *Habersack* in: BeckOGK-UmwG, § 62 Rz. 6; Schmitt/Hörtnagl-*Winter*, UmwG/UmwStG, § 13 UmwG Rz. 75; Semler/Stengel/Leonard-*Diekmann*, UmwG, § 62 Rz. 4; Widmann/Mayer-*Rieger*, UmwR, § 62 UmwG Rz. 5.

107) LG Dresden, Beschl. v. 14.11.1996 – 45 T 60/96, GmbHR 1997, 175 = DB 1997, 88; Henssler/Strohn-*Galla/Cé. Müller*, GesR, § 121 UmwG Rz. 2; Schmitt/Hörtnagl-*Winter*, UmwG/UmwStG, § 13 UmwG Rz. 76; Semler/Stengel/Leonard-*Gehling*, UmwG, § 13 Rz. 9.

den Anteilsinhabern der übertragenden Gesellschaft keine Anteile gewährt werden und zwischen beiden Anteilsinhaberkreisen zumindest mittelbar Personenidentität besteht (siehe dazu § 312 Rz. 25 f. [*de Raet/Brunk*]).

IX. Kosten

Die **Beurkundung des Verschmelzungsbeschlusses** löst (grundsätzlich jeweils) eine **2,0-Gebühr** nach Nr. 21100 KV GNotKG aus.[108] Dieser zugrunde zu legen ist ein Geschäftswert, der sich am Wert des Vermögens (ohne Abzug etwaiger Schulden, § 38 GNotKG) des übertragenden Rechtsträgers bemisst (§ 108 Abs. 3 GNotKG), höchstens jedoch 5 Mio. € beträgt (§ 108 Abs. 4 GNotKG). Werden die Beschlüsse für den übertragenden und den übernehmenden Rechtsträger in einer Urkunde zusammengefasst, so liegt Gegenstandsgleichheit vor und es entsteht nur eine Gebühr (§ 109 Abs. 2 Satz 1 Nr. 4 lit. g GNotKG). Dies gilt nach überwiegender Ansicht nicht für die Beschlüsse mehrerer übertragender Rechtsträger.[109] 46

Zustimmungserklärungen einzelner Anteilsinhaber verursachen eine **1,0-Gebühr** nach Nr. 21200 KV GNotKG. Maßgeblich für diese ist nach § 98 Abs. 1 GNotKG die Hälfte des Geschäftswerts, der wiederum entsprechend der Unternehmensbeteiligung aufzuteilen ist (§ 98 Abs. 2 GNotKG). Zusammen beurkundete Zustimmungserklärungen mehrerer Anteilsinhaber sind gegenstandsgleich.[110] 47

Auch **Verzichtserklärungen** lösen eine 1,0-Gebühr aus, der Geschäftswert ist bzgl. ihrer allerdings gemäß § 36 Abs. 1 GNotKG nach billigem Ermessen zu bestimmen, wofür in der Regel 10 % des Werts des Verschmelzungsvertrages als angemessen angesehen werden.[111] Zwischen Verzichtserklärungen und Verschmelzungsvertrag besteht Gegenstandsgleichheit und es fällt daher bei gemeinsamer Beurkundung nur eine Gebühr an.[112] 48

108) Henssler/Strohn-*Heidinger/Knaier*, GesR, § 13 UmwG Rz. 30.

109) Bormann/Diehn/Sommerfeldt-*Bormann*, GNotKG, § 107 Rz. 45; Korintenberg-*Diehn*, GNotKG, § 109 Rz. 110.

110) Semler/Stengel/Leonard-*Gehling*, UmwG, § 13 Rz. 57.

111) Kallmeyer-*Zimmermann*, UmwG, § 13 Rz. 45.

112) *Diehn*, Notarkostenberechnungen, Rz. 1512; Korintenberg-*Tiedtke*, GNotKG, § 107 Rz. 45.

§ 14

Befristung und Ausschluß von Klagen gegen den Verschmelzungsbeschluß*)

(1) Eine Klage gegen die Wirksamkeit eines Verschmelzungsbeschlusses muß binnen eines Monats nach der Beschlußfassung erhoben werden.

(2) Eine Klage gegen die Wirksamkeit des Verschmelzungsbeschlusses kann nicht darauf gestützt werden, dass das Umtauschverhältnis der Anteile nicht angemessen ist oder dass die Mitgliedschaft bei dem übernehmenden Rechtsträger kein angemessener Gegenwert für die Anteile oder die Mitgliedschaft bei dem übertragenden Rechtsträger ist.

*) § 14 i. d. F. des UmwBerG geändert durch Art. 1 des Gesetzes zur Umsetzung der Umwandlungsrichtlinie und zur Änderung weiterer Gesetze (UmRUG), v. 22.2.2023, BGBl. I 2023, Nr. 51.

Literatur: *Bayer/Rauch*, Beschlussmängel im neuen Recht der Personengesellschaften nach dem MoPeG, DB 2021, 2609; *Bork*, Beschlußverfahren und Beschlußkontrolle nach dem Referentenentwurf eines Gesetzes zur Bereinigung des Umwandlungsrechts, ZGR 1993, 343; *Fehrmann/Leclerc/Schirrmacher*, Das neue Beschlussmängelrecht der §§ 110 ff. HGB, GmbHR 2024, 57; *Habrich*, Die Verbesserung des Umtauschverhältnisses mit Zusatzaktien: Eine kritische Würdigung des Regierungsentwurfs zur (überschießenden) Umsetzung der Umwandlungsrichtlinie, AG 2022, 567; *Hommelhoff*, Der Schutz des Anteilsinhaber-Vermögens bei Umwandlungen nach dem RefE UmRUG, NZG 2022, 683; *Liebscher/Rickelt*, Beschlussverfahren und Beschlussmängelrecht nach dem MoPeG, ZPG 2023, 441; *Richter*, Vertragliche Übertragung des Beschlussmängelrechts der OHG auf die GbR – Ob, Wie und Warum, ZPG 2023, 416; *Rubner/Konstant*, Das neue Umwandlungsrecht 2023 – innerstaatliche Umwandlungen, NJW-Spezial 2023, 399; *Schmidt, K.*, Zur gesetzlichen Befristung der Nichtigkeitsklage gegen Verschmelzungs- und Umwandlungsbeschlüsse, DB 1995, 1849; *Schöne*, Die Klagefrist des § 14 Abs. 1 UmwG: Teils Rechtsfortschritt, teils „Aufforderung“ zu sanktionslosen Geheimbeschlüssen, DB 1995, 1317; *Sinewe*, Keine Anfechtungsklage gegen Umwandlungsbeschlüsse bei wertbezogenen Informationsmängeln, DB 2001, 690; *Timm*, Einige Zweifelsfragen zum neuen Umwandlungsrecht, ZGR 1996, 247.

Übersicht

I. Allgemeines

1 Der Rechtsschutz gegen Verschmelzungsbeschlüsse richtet sich grundsätzlich nach den allgemeinen, für den jeweiligen Rechtsträger geltenden, Bestimmungen.[1] Für sämtliche danach gegen die Wirksamkeit von Verschmelzungsbeschlüssen gerichteten Klagen[2] legt § 14 Abs. 1 eine (einheitliche) **Klagefrist** von einem Monat fest. Darüber hinaus enthält die Vorschrift in Abs. 2 eine **Einschränkung der Klagegründe**, auf die eine solche Klage gestützt werden kann.

2 Die Vorschrift des § 14 Abs. 1 soll den Beteiligten rasch Klarheit darüber verschaffen, ob und mit welchen Gründen die Wirksamkeit des beschlossenen Verschmelzungsvorgangs bestritten wird.[3] Sie dient somit der Schaffung von Rechtssicherheit und der Verfahrensbeschleunigung.[4] Angesichts der **uneinheitlichen Regelungslage zu Beschlussmängeln und deren Geltendmachung bei den einzelnen verschmelzungsfähigen Rechtsträgern** und im Hinblick auf die Registersperre des § 16 Abs. 2 sollte eine einheitliche, rechtsformübergreifende Regelungslage geschaffen und eine Verzögerung der Verschmelzung auf unbestimmte Zeit verhindert werden.[5] Die Frist des § 14 Abs. 1 steht damit insbesondere mit § 16 Abs. 2 in engem Regelungszusammenhang.[6] Absatz 2 ist Ausdruck des allgemeinen Grundsatzes des Verschmelzungsrechts, dass **abfindungsbezogene Einwendungen** nicht die Wirksamkeit des jeweiligen Verschmelzungsvorganges hemmen.[7] Er steht damit im Zusammenhang mit § 15, der Folge und Kompensation dieses Klageausschlusses ist.[8]

1) Lutter-*Decher*, UmwG, § 14 Rz. 5; Semler/Stengel/Leonard-*Gehling*, UmwG, § 14 Rz. 1.
2) Zu den einzelnen erfassten Klagearten s. u. Rz. 8 f.
3) Semler/Stengel/Leonard-*Gehling*, UmwG, § 14 Rz. 2.
4) *Rieckers/Cloppenburg* in: BeckOGK-UmwG, § 14 Rz. 2; Lutter-*Decher*, UmwG, § 14 Rz. 2.
5) Begr. Fraktionsentwurf UmwBerG, BT-Drucks. 12/6699, S. 87.
6) S. dazu auch Widmann/Mayer-*Heckschen*, UmwR, § 14 UmwG Rz. 17.
7) Begr. Fraktionsentwurf UmwBerG, BT-Drucks. 12/6699, S. 87; Schmitt/Hörtnagl-*Winter*, UmwG/UmwStG, § 14 UmwG Rz. 3.
8) S. dort Rz. 1 sowie etwa Lutter-*Decher*, UmwG, § 15 Rz. 1.

Die Norm entstand in ihrer heutigen Form (im Wesentlichen) bei Neufassung des UmwG 1995 und ist § 246 Abs. 1 AktG sowie den schon zuvor für einzelne Rechtsformen bestehenden Vorschriften ähnlichen Inhalts, wie § 352c AktG und § 31a KapErhG, entlehnt.[9)] Durch das UmRUG wurde der Anwendungsbereich des Klageausschlusses des § 14 Abs. 2, analog zur Änderung des § 15, auf Klagen gegen die Wirksamkeit des Verschmelzungsbeschlusses des übernehmenden Rechtsträgers erweitert (siehe dazu Rz. 22).[10)] 3

II. Klagefrist (§ 14 Abs. 1)

1. Grundsätzliches

§ 14 Abs. 1 schränkt die Möglichkeit der Klageerhebung gegen die Wirksamkeit eines Verschmelzungsbeschlusses auf einen Zeitraum von **einem Monat ab dem Zeitpunkt der Beschlussfassung** ein. Diese Frist ist **zwingend** und kann weder abbedungen, noch verkürzt oder verlängert werden.[11)] 4

Bei der Klagefrist des Absatz 1 handelt es sich nicht um eine prozessuale, sondern eine **materiell-rechtliche** Ausschlussfrist.[12)] Verspätete Klagen sind daher **unbegründet** und nicht lediglich unzulässig.[13)] 5

Die Klagefrist des Absatzes 1 gilt **rechtsformübergreifend** und – anders als bisher der Rügeausschluss nach Absatz 2 (siehe unten Rz. 22) – sowohl für **übertragende** als auch **übernehmende** Rechtsträger.[14)] 6

2. Klage gegen die Wirksamkeit eines Verschmelzungsbeschlusses

Betroffen von der Klagefrist des Absatzes 1 sind nach dem Gesetzeswortlaut (alle) **Klagen gegen die Wirksamkeit des Verschmelzungsbeschlusses**. Um welche Klagearten es sich i. E. handelt, ist abhängig von der Rechtsform des jeweiligen Rechtsträgers.[15)] 7

Bei den **Kapitalgesellschaften** (GmbH, AG, KGaA) sowie, aufgrund der Neukodifizierung i. R. des MoPeG,[16)] den **Personenhandelsgesellschaften** (oHG, KG) sind von der Klagebefristung die Anfechtungsklage (§ 243 Abs. 1 AktG [analog], § 110 Abs. 1 HGB), die Nichtigkeitsklage (§ 241 AktG [analog], §§ 110 Abs. 2 Satz 2, 114 HGB) sowie die allgemeine Feststellungsklage (§ 256 ZPO) erfasst.[17)] Welche dieser Klagearten statthaft ist, hängt von der **Art des jeweiligen Mangels** ab. Auch das Recht der **eG** sieht eine § 243 Abs. 1 AktG entsprechende Möglichkeit zur Anfechtung von Beschlüssen der Generalversammlung vor (§ 51 Abs. 1 GenG), daneben sind aber auch (analog § 241 AktG) Fälle der Nich- 8

9) Vgl. Begr. Fraktionsentwurf UmwBerG, BT-Drucks. 12/6699, S. 87. Ausf. zur Normhistorie Widmann/Mayer-*Heckschen*, UmwR, § 14 UmwG Rz. 3, 22 ff. Zur Einführung der Vorschrift s. a. *Schöne*, DB 1995, 1317.

10) Art. 1 Nr. 5 des Gesetzes zur Umsetzung der Umwandlungsrichtlinie und zur Änderung weiterer Gesetze, v. 22.2.2023, BGBl. I 2023, 51. Dazu auch Schmitt/Hörtnagl-*Winter*, UmwG/UmwStG, § 14 UmwG Rz. 4.

11) *Rieckers/Cloppenburg* in: BeckOGK-UmwG, § 14 Rz. 2; Kallmeyer-*Oppenhoff*, UmwG, § 14 Rz. 2; *Schöne*, DB 1995, 1317, 1318.

12) *Rieckers/Cloppenburg* in: BeckOGK-UmwG, § 14 Rz. 3; Semler/Stengel/Leonard-*Gehling*, UmwG, § 14 Rz. 26.

13) Semler/Stengel/Leonard-*Gehling*, UmwG, § 14 Rz. 21.

14) Begr. Fraktionsentwurf UmwBerG, BT-Drucks. 12/6699, S. 87; *Timm*, ZGR 1996, 247, 254.

15) Henssler/Strohn-*Junker*, GesR, § 14 UmwG Rz. 8; Lutter-*Decher*, UmwG, § 14 Rz. 5.

16) Gesetz zur Modernisierung des Personengesellschaftsrechts (Personengesellschaftsrechtsmodernisierungsgesetz – MoPeG), v. 10.8.2021, BGBl. I 2021, 3436; s. dazu etwa *Liebscher/Rickelt*, ZPG 2023, 441, 446 ff.; *Fehrmann/Leclerc/Schirrmacher*, GmbHR 2024, 57.

17) Schmitt/Hörtnagl-*Winter*, UmwG/UmwStG, § 14 UmwG Rz. 11 ff., 24.

tigkeit denkbar.[18] Für **VVaG** gelten die aktienrechtlichen Beschlussmängelvorschriften der §§ 241 ff. AktG entsprechend (§ 191 Satz 1 VAG).

9 Bei den verbleibenden Rechtsformen, für die das Anfechtungsmodell nicht übernommen wurde, insbesondere der **eGbR**[19], der **PartG** und dem **Verein**, führt die Mangelhaftigkeit von Beschlüssen grundsätzlich zu deren **Nichtigkeit**, die mittels allgemeiner Feststellungsklage geltend zu machen ist.[20]

10 Generell nicht erfasst von der Klagefrist des Absatzes 1 sind Klagen von **außenstehenden Dritten** auf Feststellung der Nichtigkeit eines Verschmelzungsbeschlusses nach § 256 ZPO.[21] Auch für Klagen gegen sonstige Beschlüsse der Anteilsinhaber, die lediglich im Zusammenhang mit der Verschmelzung stehen, gilt die Regelung des Absatzes 1 nicht.[22]

11 Gleichfalls nicht aus dem Umwandlungsrecht, sondern aus dem des jeweiligen Rechtsträgers, ergeben sich die **Beschlussmängel**, auf die sich die jeweiligen gegen die Wirksamkeit des Verschmelzungsbeschlusses gerichteten Klagen stützen können.[23]

12 **Formelle Fehler** können insbesondere bei der Vorbereitung der Anteilsinhaberversammlung, die über die Verschmelzung beschließen soll, sowie bei deren Durchführung entstehen. Neben den allgemeinen Problemen, wie der Einhaltung von Formen und Fristen der Ladung zur jeweiligen Versammlung (nach Gesellschaftsvertrag bzw. Satzung oder Gesetz, z. B. § 51 GmbHG, § 121 AktG), sind insbesondere die verschmelzungsspezifischen Vorbereitungsmaßnahmen (insbesondere Verschmelzungsbericht und -prüfung, §§ 8 ff.) zu beachten.[24] Auch hinsichtlich der Durchführung der Versammlung sind allgemeine rechtsformspezifische Formalien (Beurkundung, Teilnahmerecht, Versammlungsleitung, Beschlussfeststellung) und umwandlungsspezifische Besonderheiten (etwa Mehrheits- und Zustimmungserfordernisse der §§ 39 ff.) zu beachten. Verstöße gegen derartige formelle Vorschriften können – i. R. einer Vollversammlung – oftmals durch umfassende Verzichtserklärungen der Anteilsinhaber geheilt werden. Für Rechtsträger, deren Beschlussmängelrecht sich am Aktienrecht orientiert (jedenfalls AG, KGaA, GmbH, womöglich auch oHG oder KG[25]) ist zudem entsprechend § 243 Abs. 4 Satz 1 AktG zu fragen, ob ein vernünftig und objektiv denkender Anteilsinhaber den Verfahrensfehler als wesentlich für die Ausübung seiner Gesellschafterrechte erachtet hätte **(Relevanztheorie)**.[26]

13 In **materieller** Hinsicht können Verstöße inhaltlicher Art gegen Gesellschaftsvertrag bzw. Satzung, die jeweiligen den Rechtsträger betreffenden spezialgesetzlichen Vorschriften sowie gegen Vorschriften des UmwG zur Anfechtbarkeit oder Nichtigkeit des Verschmel-

18) BGH, Urt. v. 23.2.1978 – II ZR 37/77, NJW 1978, 1325; Beuthien-*Schöpflin*, GenG, § 51 Rz. 2 ff.

19) Sofern deren Gesellschafter nicht für die Übernahme der handelsrechtlichen Beschlussmängelvorschriften optieren, vgl. *Schäfer* in: MünchKomm-BGB, § 714 Rz. 69 f.; Widmann/Mayer-*Heckschen*, UmwR, § 14 UmwG Rz. 10.3, 26; *Richter*, ZPG 2023, 416, 419 ff.

20) Schmitt/Hörtnagl-*Winter*, UmwG/UmwStG, § 14 UmwG Rz. 23 ff.; *Schöne* in: BeckOK-BGB, § 714 Rz. 34; *Servatius*, GbR, § 714 Rz. 32 ff. (GbR); *Schöpflin* in: BeckOK-BGB, § 32 Rz. 31, 41; *Leuschner* in: MünchKomm-BGB, § 32 Rz. 55 ff. (Verein).

21) Henssler/Strohn-*Junker*, GesR, § 14 UmwG Rz. 8; *Erkens* in: KölnKomm-UmwG, § 14 Rz. 19.

22) *Rieckers/Cloppenburg* in: BeckOGK-UmwG, § 14 Rz. 14; Kallmeyer-*Oppenhoff*, UmwG, § 14 Rz. 8.

23) Kallmeyer-*Oppenhoff*, UmwG, § 14 Rz. 7. Vgl. etwa den Überblick bei Semler/Stengel/Leonard-*Gehling*, UmwG, § 14 Rz. 5 ff.

24) Vgl. auch *Rieckers/Cloppenburg* in: BeckOGK-UmwG, § 13 Rz. 93 f.

25) Der Gesetzgeber hat dies ausdrücklich für die Rspr. offengelassen, Begr. RegE MoPeG, BT-Drucks. 19/27635, S. 228. Dafür etwa *Otte/Dietlein* in: BeckOGK-HGB, § 110 Rz. 97; *Klimke* in: BeckOK-HGB, § 110 Rz. 22; *Bayer/Rauch*, DB 2021, 2609, 2614; für eine konkrete Betrachtung Ebenroth/Boujong-*Drescher*, HGB, § 110 Rz. 26; ähnl. auch *Fehrmann/Leclerc/Schirrmacher*, GmbHR 2024, 57, 63.

26) *Rieckers/Cloppenburg* in: BeckOGK-UmwG, § 13 Rz. 94; Lutter-*Drygala*, UmwG, § 13 Rz. 50; Semler/Stengel/Leonard-*Gehling*, UmwG, § 14 Rz. 10, insb. Fn. 29.

zungsbeschlusses führen.[27)] Nicht zu diesen Mängeln zählt nach § 14 Abs. 2 eine etwaige Unangemessenheit des Umtauschverhältnisses der Anteile bzw. des Werts der (neuen) Mitgliedschaft. Eine **materielle Beschlusskontrolle**, i. R. derer die sachliche Rechtfertigung und Zweckmäßigkeit der Verschmelzung gerichtlich zu überprüfen wäre, findet nicht statt.[28)]

Formelle Mängel des Beurkundungsvorgangs werden nach § 20 Abs. 1 Nr. 4 hinsichtlich des Verschmelzungsvertrages und etwaiger Zustimmungs- oder Verzichtserklärungen einzelner Anteilsinhaber, nicht aber hinsichtlich des Verschmelzungsbeschlusses, durch Eintragung **geheilt**.[29)] Mängel eines Verschmelzungsbeschlusses können aber nach § 20 Abs. 2 – jedenfalls hinsichtlich der Wirksamkeit der Verschmelzung – unbeachtlich sein.[30)] 14

3. Fristberechnung

Angesichts der Wirkung der Klagefrist des § 14 Abs. 1 als materiell-rechtliche Ausschlussfrist erfolgt die Fristberechnung nach den §§ 187 ff. BGB.[31)] Für den **Fristbeginn** ist gemäß § 187 Abs. 1 BGB der Tag der Anteilsinhaberversammlung maßgeblich, in der der Verschmelzungsbeschluss gefasst wird. Dieser Ereignistag wird bei der Berechnung gemäß § 187 Abs. 1 BGB aber nicht mitgerechnet. **Fristende** tritt nach § 188 Abs. 2 BGB mit dem Ablauf des Tages des Folgemonats ein, der zahlenmäßig dem Tag der Beschlussfassung entspricht. Handelt sich bei diesem um einen Sonnabend, Sonn- oder Feiertag, so endet die Frist mit Ablauf des nächsten Werktages (§ 193 BGB). Eine Hemmung oder Unterbrechung der Frist nach den §§ 203 ff. BGB kommt nicht in Betracht, da es sich bei ihr nicht um eine Verjährungs- sondern eine **Ausschlussfrist** handelt.[32)] Unter Umständen soll ausnahmsweise ein späterer Fristbeginn mit Kenntniserlangung der benachteiligten Anteilsinhaber in Betracht kommen.[33)] 15

4. Fristwahrung durch Klageerhebung

Die Frist des § 14 Abs. 1 wird durch Klageerhebung gewahrt. Nach allgemeinen zivilprozessualen Grundsätzen setzt Klageerhebung regelmäßig die Zustellung der Klage beim Klagegegner voraus (§ 253 Abs. 1 ZPO); es genügt jedoch die **Einreichung** der Klageschrift bei Gericht (Anhängigkeit), wenn deren **Zustellung demnächst** erfolgt (§ 167 ZPO).[34)] 16

---

27) Bsp. bei *Erkens* in: KölnKomm-UmwG, § 14 Rz. 108; Lutter-*Drygala*, UmwG, § 13 Rz. 52 ff.; Semler/Stengel/Leonard-*Gehling*, UmwG, § 14 Rz. 11 ff.

28) Begr. Fraktionsentwurf UmwBerG, BT-Drucks. 12/6699, S. 86; OLG Frankfurt/M., Beschl. v. 8.2.2006 – 12 W 185/05, NJOZ 2006, 870, 879 f. = ZIP 2006, 370; *Rieckers/Cloppenburg* in: BeckOGK-UmwG, § 13 Rz. 82 ff.; Henssler/Strohn-*Heidinger/Knaier*, GesR, § 13 UmwG Rz. 27; Widmann/Mayer-Heckschen, UmwR, § 13 UmwG Rz. 163.24 ff.; diff. Lutter-*Drygala*, UmwG, § 13 Rz. 38 ff.

29) Semler/Stengel/Leonard-*Gehling*, UmwG, § 13 Rz. 59; Widmann/Mayer-*Heckschen*, UmwR, § 13 UmwG Rz. 241 ff.; Widmann/Mayer-*Vossius*, UmwR, § 20 UmwG Rz. 368, 371; nunmehr auch Henssler/Strohn-*Heidinger/Knaier*, GesR, § 13 UmwG Rz. 41.

30) Kallmeyer-*Oppenhoff*, UmwG, § 20 Rz. 41; Semler/Stengel/Leonard-*Leonard/Simon/Fischer*, UmwG, § 20 Rz. 93; Widmann/Mayer-*Heckschen*, UmwR, § 13 UmwG Rz. 241.1.

31) Allg. M, *Rieckers/Cloppenburg* in: BeckOGK-UmwG, § 14 Rz. 6; Henssler/Strohn-*Junker*, GesR, § 14 UmwG Rz. 4; Schmitt/Hörtnagl-*Winter*, UmwG/UmwStG, § 14 UmwG Rz. 7.

32) RG, Urt. v. 17.3.1930 – VIII 502/29, RGZ 128, 46, 47; *Grothe* in: MünchKomm-BGB, § 203 Rz. 1; Kallmeyer-*Oppenhoff*, UmwG, § 14 Rz. 2; Lutter-*Decher*, UmwG, § 14 Rz. 14.

33) Diskutiert wird dies für den in der Praxis wohl äußerst seltenen Ausnahmefall, dass die Verschmelzung unter bewusster Verletzung der Einberufungsvorschriften in einem „Geheimverfahren" beschlossen wurde: *Rieckers/Cloppenburg* in: BeckOGK-UmwG, § 14 Rz. 4; Kallmeyer-*Oppenhoff*, UmwG, § 14 Rz. 9; Lutter-*Decher*, UmwG, § 14 Rz. 15; zumindest Sympathien für eine solche Lösung auch bei OLG Brandenburg, Beschl. v. 22.8.2006 – 7 W 54/06, juris Rz. 13; frühe Hinweise auf entsprechende Anreize durch § 14 Abs. 2 schon bei *Bork*, ZGR 1993, 343, 355; *Schöne*, DB 1995, 1317; abl. Schmitt/Hörtnagl-*Winter*, UmwG/UmwStG, § 14 UmwG Rz. 7.

34) OLG Hamburg, Urt. v. 16.4.2004 – 11 U 11/03, ZIP 2004, 906 = NZG 2004, 729; *Rieckers/Cloppenburg* in: BeckOGK-UmwG, § 14 Rz. 8; Widmann/Mayer-*Heckschen*, UmwR, § 14 UmwG Rz. 34.

17 Neben der Erhebung der Klage müssen auch die **Klagegründe**, zumindest in ihrem wesentlichen Kern, fristgemäß vorgebracht werden.[35] Spätere Vorbringungen gegen die Wirksamkeit des Verschmelzungsbeschlusses sind grundsätzlich präkludiert.[36]

18 Neben der ordnungsgemäßen Klageerhebung soll auch ein **Antrag auf Prozesskostenhilfe** fristwahrend wirken, wenn er zumindest mit einem Entwurf der Klageschrift eingereicht wird und dieser die wesentlichen Tatsachen, die der (späteren) Klage zugrunde liegen, erkennen lässt.[37] Gegebenenfalls kann selbst eine **unzulässige Klage** die Klagefrist wahren (insbesondere bei Anrufung eines unzuständigen Gerichts).[38]

5. Rechtsfolgen Fristablauf

19 Mit Ablauf der materiell-rechtlich wirkenden Ausschlussfrist von § 14 Abs. 1 werden Klagen gegen die Wirksamkeit des betroffenen Verschmelzungsbeschlusses nicht unzulässig, sondern **unbegründet**.[39] Auch eine Wiedereinsetzung in den vorigen Stand (§§ 233 ff. ZPO) kommt daher nicht in Betracht.[40] Nach Ablauf der Klagefrist kann von den Vertretungsorganen die Negativerklärung gemäß § 16 Abs. 2 Satz 1 abgegeben werden.

20 Allerdings ändert der Ablauf der Klagefrist nichts an der Rechtswidrigkeit eines mangelhaften Beschlusses, sondern hindert nur deren Geltendmachung im Klageweg.[41] Daraus folgt die i. E. nicht abschließend geklärte Frage, ob und inwieweit fortbestehende Rechtsmängel trotz des Fristablaufs im **Registerverfahren** zu beachten sind und die Eintragung daher ggf. abzulehnen ist. Eine Geltendmachung durch Anteilsinhaber scheidet jedenfalls aus. Es bleibt lediglich die Prüfung des Registergerichtes von Amts wegen, dessen genaue Prüfungskompetenz insoweit nicht abschließend geklärt ist.[42] Gegen eine vollumfängliche Prüfung sämtlicher Beschlussmängel sprechen dabei im Regelfall die Zwecke des § 14 Abs. 1, für Rechtssicherheit zu sorgen und die Ungewissheit über die Wirksamkeit der Verschmelzung zeitlich zu begrenzen (siehe dazu oben Rz. 2). Allerdings dürften zumindest schwerwiegende Mängel, die zwingend unmittelbar zur Nichtigkeit des betroffenen Beschlusses führen, von Amts wegen durch das Registergericht zu beachten sein.[43] Problematisch ist diese Differenzierung für Rechtsträger, deren Recht keine Unterscheidung von zur Anfechtung und zur Nichtigkeit führenden Beschlussmängeln kennt (siehe oben Rz. 9).

---

35) OLG Stuttgart, Beschl. v. 22.3.2002 – 20 W 32/01, AG 2003, 456, 458 = DB 2003, 33; Henssler/Strohn-*Junker*, GesR, § 14 UmwG Rz. 6; Lutter-*Decher*, UmwG, § 14 Rz. 13.

36) OLG Düsseldorf, Beschl. v. 15.3.1999 – 17 W 18/99, ZIP 1999, 793 = NZG 1999, 565; LG München I, Urt. v. 29.3.2007 – 5HK O 11176/06, AG 2007, 830, 832 = ZIP 2007, 2170; Kallmeyer-*Oppenhoff*, UmwG, § 14 Rz. 5; Widmann/Mayer-*Heckschen*, UmwR, § 14 UmwG Rz. 35.

37) *Rieckers/Cloppenburg* in: BeckOGK-UmwG, § 14 Rz. 9; Semler/Stengel/Leonard-*Gehling*, UmwG, § 14 Rz. 19; Widmann/Mayer-*Heckschen*, UmwR, § 14 UmwG Rz. 34.

38) *Rieckers/Cloppenburg* in: BeckOGK-UmwG, § 14 Rz. 8; Schmitt/Hörtnagl-*Winter*, UmwG/UmwStG, § 14 UmwG Rz. 8.

39) Henssler/Strohn-*Junker*, GesR, § 14 UmwG Rz. 9; Semler/Stengel/Leonard-*Gehling*, UmwG, § 14 Rz. 21.

40) Henssler/Strohn-*Junker*, GesR, § 14 UmwG Rz. 9; Lutter-*Decher*, UmwG, § 14 Rz. 14.

41) *Rieckers/Cloppenburg* in: BeckOGK-UmwG, § 14 Rz. 4; Widmann/Mayer-*Heckschen*, UmwR, § 14 UmwG Rz. 40; *K. Schmidt*, DB 1995, 1849.

42) S. Henssler/Strohn-*Junker*, GesR, § 14 UmwG Rz. 9; Lutter-*Decher*, UmwG, § 14 Rz. 16; Semler/Stengel/Leonard-*Gehling*, UmwG, § 14 Rz. 22 f.; *K. Schmidt*, DB 1995, 1849 f.

43) KG Berlin, Beschl. v. 22.3.2005 – 1 W 263/04, FGPrax 2005, 175 f. = Rpfleger 2005, 441; Widmann/Mayer-*Heckschen*, UmwR, § 14 UmwG Rz. 38; enger Teile des Schrifttums: analog § 398 FamFG Beachtung von Mängeln nur bei Verletzung zwingender gesetzlicher Vorschriften zum Schutz öffentlicher Interessen *Rieckers/Cloppenburg* in: BeckOGK-UmwG, § 14 Rz. 5; Lutter-*Decher*, UmwG, § 14 Rz. 16; noch strenger wohl Semler/Stengel/Leonard-*Gehling*, UmwG, § 14 Rz. 23: Verweigerung der Eintragung nur in Ausnahmefällen, in denen „wesentliche Grundlagen der Rechtsordnung betroffen sind und deshalb die Eintragung des Verschmelzungsbeschlusses von einem Organ des Rechtsstaats schlechterdings nicht erwartet werden kann".

III. Rügeausschluss (§ 14 Abs. 2)

21 Nach § 14 Abs. 2 können Klagen gegen die Wirksamkeit von Verschmelzungsbeschlüssen nicht darauf gestützt werden, dass das **Umtauschverhältnis der Anteile nicht angemessen**[44] oder die erlangte Mitgliedschaft am übernehmenden Rechtsträger **kein angemessener Gegenwert** für die im Zuge der Verschmelzung untergehende Mitgliedschaft am übertragenden Rechtsträger sei.[45] Kompensiert wird diese Einschränkung der Rechtsschutzmöglichkeiten der Anteilsinhaber durch die Eröffnung des **Spruchverfahrens** nach dem **SpruchG** über eine **bare Zuzahlung** nach § 15.[46] Andere Rügen werden durch § 14 Abs. 2 grundsätzlich nicht gesperrt.[47]

22 Seit 1.3.2023 gelten der Rügeausschluss und die damit verbundene Verweisung auf das Spruchverfahren sowohl für die Anteilsinhaber von **übertragenden** als auch von **übernehmenden** Rechtsträgern.[48] Anteilsinhaber von übernehmenden Rechtsträgern können daher den Einwand, ihre Beteiligung an diesem werde durch ein unangemessen hohes Umtauschverhältnis für die Anteilsinhaber eines übertragenden Rechtsträgers verwässert, ebenfalls (nur noch) im Spruchverfahren geltend machen.[49] Um zu verhindern, dass unterschiedliche angerufene Gerichte das Umtauschverhältnis bzw. den Wert der jeweiligen Mitgliedschaften gegensätzlich bewerten, ist in § 2 Abs. 2 SpruchG eine **Verfahrenskonzentration** beim zuerst mit der Sache befassten Gericht angeordnet.[50]

23 Der Rügeausschluss des § 14 Abs. 2 verhindert zugleich, dass Streitigkeiten über das Umtauschverhältnis den Vollzug und die Eintragung der Verschmelzung durch Auslösen der **Registersperre** des § 16 Abs. 2 verzögern.[51]

24 Umfasst vom Rügeausschluss des § 14 Abs. 2 sind sämtliche Einwendungen gegen die Verschmelzung, die auf das Umtauschverhältnis der Anteile oder den Wert der erlangten Mitgliedschaft am übernehmenden Rechtsträger abzielen.[52] Über den Wortlaut der Vorschrift hinaus sollen weitere Konstellationen vom Rügeausschluss des § 14 Abs. 2 erfasst sein, in denen Anteilsinhaber eines beteiligten Rechtsträgers eine Verschlechterung ihrer Rechtsposition durch die Verschmelzung befürchten: So etwa, wenn die Anteilsinhaber eines beteiligten Rechtsträgers **unterschiedliche Rechte** haben, für die i. R. der Verschmelzung kein angemessener wirtschaftlicher Ausgleich geschaffen wird oder ein Eingriff in **Sonderrechte** einzelner Anteilsinhaber erfolgt.[53]

---

44) Zuvor: Umtauschverhältnis „zu niedrig bemessen". Aus dem veränderten Wortlaut sollen sich nach dem Gesetzgeber keine inhaltlichen Änderungen der Rechtslage ergeben, s. Begr. RegE UmRUG, BT-Drucks. 20/3822, S. 71.

45) Zur Verfassungsmäßigkeit dieser Regelung s. BVerfG, Beschl. v. 30.5.2007 – 1 BvR 1267/06, NJW 2007, 3266 = ZIP 2007, 1600.

46) Schmitt/Hörtnagl-*Winter*, UmwG/UmwStG, § 14 UmwG Rz. 28; eine Sonderregelung enthält § 85, wonach § 14 Abs. 2 und § 15 nicht auf Mitglieder übernehmender Genossenschaften anzuwenden sind, s. dazu jüngst BayObLG, Beschl. v. 9.2.2024 – 101 W 169/23, NZG 2024, 733, m. Anm. *Denga* = ZIP 2024, 1600.

47) *Rieckers/Cloppenburg* in: BeckOGK-UmwG, § 14 Rz. 28; Schmitt/Hörtnagl-*Winter*, UmwG/UmwStG, § 14 UmwG Rz. 31; Widmann/Mayer-*Heckschen*, UmwR, § 14 UmwG Rz. 53.

48) S. dazu Begr. RegE z. UmRUG, BT-Drucks. 20/3822, S. 70 f.; Lutter-*Decher*, UmwG, § 14 Rz. 17 f.; Widmann/Mayer-*Heckschen*, UmwR, § 14 UmwG Rz. 60 ff.; *Hommelhoff*, NZG 2022, 683; *Rubner/Konstant*, NJW-Spezial 2023, 399; zur Kritik an der früheren Beschränkung s. etwa Henssler/Strohn-*Junker*, GesR, § 14 UmwG Rz. 3.

49) Vgl. Begr. RegE z. UmRUG, BT-Drucks. 20/3822, S. 70 f.; Schmitt/Hörtnagl-*Winter*, UmwG/UmwStG, § 14 UmwG Rz. 30; *Habrich*, AG 2022, 567 f.

50) S. auch insoweit Begr. RegE z. UmRUG, BT-Drucks. 20/3822, S. 71, 124.

51) *Rieckers/Cloppenburg* in: BeckOGK-UmwG, § 14 Rz. 22; Kallmeyer-*Oppenhoff*, UmwG, § 14 Rz. 12.

52) Semler/Stengel/Leonard-*Gehling*, UmwG, § 14 Rz. 26.

53) *Rieckers/Cloppenburg* in: BeckOGK-UmwG, § 14 Rz. 26; Semler/Stengel/Leonard-*Gehling*, UmwG, § 14 Rz. 26; wohl auch Widmann/Mayer-*Heckschen*, UmwR, § 14 UmwG Rz. 57 ff.

25 Ebenfalls vom Rügeausschluss des § 14 Abs. 2 umfasst sein können unter Umständen sog. **Informationsrügen**, mit denen nicht das Umtauschverhältnis bzw. der Wert der Mitgliedschaft selbst gerügt wird, sondern eine **unrichtige, unvollständige oder unzureichende Information** hinsichtlich der Ermittlung, Höhe oder Angemessenheit eines solchen Wertes.[54] So hat der BGH zu den §§ 210, 212 für den Formwechsel entschieden, dass der in diesen normierte Rügeausschluss auch für die Verletzung von Informations-, Auskunfts- oder Berichtspflichten im Zusammenhang mit der gemäß § 207 anzubietenden Barabfindung gelte.[55] Für die AG und KGaA wurde unter Bezugnahme auf diese Rechtsprechung in § 243 Abs. 4 Satz 2 AktG geregelt, dass Informationspflichtverletzungen *in* der Hauptversammlung (ausdrücklich nicht aber in deren Vorfeld), nicht zur Erhebung einer Anfechtungsklage berechtigen.[56] Eine Ausnahme davon gelte nur für die vollständige Verweigerung („Totalverweigerung") entsprechender Informationen.[57]

26 Anders als die §§ 32, 210, 212, die jeweils auch die Rüge ausschließen, dass die Barabfindung „nicht ordnungsgemäß angeboten worden" sei,[58] bezieht sich § 14 Abs. 2 aber nicht auf die Art und Weise, in der das Umtauschverhältnis den Anteilsinhabern mitgeteilt wurde. Einem Änderungsvorschlag des Bundesrates, in § 14 Abs. 2 auch **die nicht hinreichende Erläuterung des Umtauschverhältnisses** aufzunehmen,[59] hat der Gesetzgeber ausdrücklich widersprochen, da zweifelhaft sei, ob anderweitige Verfahren, auch das Spruchverfahren, den Anteilseignern insoweit gleichwertigen Rechtsschutz böten.[60] Daher dürfte ein Anknüpfungspunkt für die Übertragung der vorgenannten gesetzgeberischen und höchstrichterlichen Wertungen zum Formwechsel der AG auf sämtliche Verschmelzungen fehlen.[61]

27 Dementsprechend nimmt die überwiegende Ansicht im Schrifttum zu Recht an, dass § 14 Abs. 2 die Rüge mangelhafter Information (bei der AG vor der Hauptversammlung) hinsichtlich des Umtauschverhältnisses zumindest nicht generell ausschließt.[62] Eine Ausnahme soll dann gelten, wenn die Geltendmachung der Verletzung von Informationspflichten als **verdeckte Bewertungsrüge** anzusehen ist, weil sie sich im Kern gegen die bei

---

54) Dazu auch OLG Hamburg Urt. v. 1.2.2008 – 11 U 288/05, Rz. 167, BB 2008, 2199 = BeckRS 2008, 6667; Henssler/Strohn-*Junker*, GesR, § 14 UmwG Rz. 19 f.; *Erkens* in: KölnKomm-UmwG, § 14 Rz. 39 ff.

55) BGH, Urt. v. 18.12.2000 – II ZR 1/99, BGHZ 146, 179 = NZG 2001, 574; BGH, Urt. v. 29.1.2001 – II ZR 368/98, NJW 2001, 1428 = ZIP 2001, 412; für eine „Ausstrahlungswirkung" auf andere Umwandlungsarten *Sinewe*, DB 2001, 690; dafür in jüngerer Zeit auch wieder *Hommelhoff*, NZG 2022, 683.

56) Begr. RegE z. UMAG, v. 22.9.2005, BT-Drucks. 15/5092, S. 26. Soweit die das Umtauschverhältnis betreffenden Informationspflichten, etwa im Verschmelzungsbericht (§ 8 Abs. 1 Satz 1 Nr. 2 lit. a UmwG), sich indes den Zeitraum vor der Anteilsinhaberversammlung beziehen (s. § 63 Abs. 1: Auslegung einen Monat vor der Hauptversammlung), bleibt ihre Rüge somit selbst in der AG möglich, vgl. *Rieckers/Cloppenburg* in: BeckOGK-UmwG, § 14 Rz. 30 f.; Henssler/Strohn-*Junker*, GesR, § 14 UmwG Rz. 20; Lutter-*Decher*, UmwG, § 14 Rz. 21; a. A. aber wohl das OLG Hamburg Urt. v. 1.2.2008 – 11 U 288/05, Rz. 167, BB 2008, 2199 = BeckRS 2008, 6667.

57) Begr. RegE z. UMAG, v. 22.9.2005, BT-Drucks. 15/5092, S. 26; *Koch*, AktG, § 243 Rz. 47c.

58) Darauf stützt sich auch der BGH, nach dem sich allein aus der Regelung zum zu niedrigen Angebot „der vollständige Anfechtungsausschluss für die Rüge abfindungswertbezogener Informationsmängel nicht herleiten" ließe, BGH, Urt. v. 18.12.2000 – II ZR 1/99, BGHZ 146, 179 = NZG 2001, 574.

59) S. Begr. Stellungnahme BRat z. UmwBerG, BT-Drucks. 12/7265, S. 6: In der Sache stellt der Streit über die unzureichende Erläuterung des Umtauschverhältnisses in der Regel nichts anderes als den Auftakt zu Forderungen nach einem höher zu bewertenden Umtauschverhältnis dar.

60) Begr. Gegenäußerung BReg z. UmwBerG, BT-Drucks. 12/7265, S. 11.

61) Ähnl. *Erkens* in: KölnKomm-UmwG, § 14 Rz. 41; Semler/Stengel/Leonard-*Gehling*, UmwG, § 14 Rz. 28.

62) *Rieckers/Cloppenburg* in: BeckOGK-UmwG, § 14 Rz. 31; Henssler/Strohn-*Junker*, GesR, § 14 UmwG Rz. 20; Kallmeyer-*Oppenhoff*, UmwG, § 14 Rz. 14; Lutter-*Decher*, UmwG, § 14 Rz. 21; Semler/Stengel/Leonard-*Gehling*, UmwG, § 14 Rz. 28; Widmann/Mayer-*Mayer*, UmwR, § 8 UmwG Rz. 69 f.; wohl auch Schmitt/Hörtnagl-Winter, UmwG/UmwStG, § 14 UmwG Rz. 37.

Ermittlung des Umtauschverhältnisses angewendeten Bewertungsansätze bzw. methoden richte.[63] Dies sei etwa der Fall, wenn eine mangelnde Information hinsichtlich Bewertungsmethoden oder Bewertungsansätzen gerügt wird, die in der angegriffenen Verschmelzung nicht zur Anwendung gekommen seien, worüber nur im Spruchverfahren zu streiten sei.[64]

Klagen, die entgegen § 14 Abs. 2 erhoben werden, sind nach überwiegender Ansicht **unzulässig.**[65] Dies gilt auch bei einem grob fehlerhaft ermittelten oder offensichtlich unangemessenen Umtauschverhältnis,[66] nach einer umstrittenen Ansicht aber nicht im Falle eines **kollusiven Zusammenwirkens** der Gesellschaftsorgane der beteiligten Rechtsträger bei dessen Festsetzung.[67] 28

63) *Rieckers/Cloppenburg* in: BeckOGK-UmwG, § 14 Rz. 33; Semler/Stengel/Leonard-*Gehling*, UmwG, § 14 Rz. 28. Krit. zu einer solchen Argumentation allerdings der BGH, Urt. v. 18.12.2000 – II ZR 1/99, BGHZ 146, 179 = NZG 2001, 574.

64) Lutter-*Decher*, UmwG, § 14 Rz. 19.

65) *Rieckers/Cloppenburg* in: BeckOGK-UmwG, § 14 Rz. 34; Henssler/Strohn-*Junker*, GesR, § 14 UmwG Rz. 17; Kallmeyer-*Oppenhoff*, UmwG, § 14 Rz. 13; *Erkens* in: KölnKomm-UmwG, § 14 Rz. 44; a. A. Semler/Stengel/Leonard-*Gehling*, UmwG, § 14 Rz. 29: Klage unbegründet.

66) OLG Düsseldorf, Beschl. v. 15.3.1999 – 17 W 18/99, ZIP 1999, 793, 794 = NZG 1999, 565; *Rieckers/Cloppenburg* in: BeckOGK-UmwG, § 14 Rz. 24; Kallmeyer-*Oppenhoff*, UmwG, § 14 Rz. 13; Lutter-*Decher*, UmwG, § 18 Rz. 18.

67) So Schmitt/Hörtnagl-*Winter*, UmwG/UmwStG, § 14 UmwG Rz. 33; wohl auch OLG Düsseldorf, Beschl. v. 15.3.1999 – 17 W 18/99, ZIP 1999, 793, 794 = NZG 1999, 565; a. A. die h. L. *Rieckers/Cloppenburg* in: BeckOGK-UmwG, § 14 Rz. 24; Kallmeyer-*Oppenhoff*, UmwG, § 14 Rz. 13; Lutter-*Decher*, UmwG, § 18 Rz. 18; Widmann/Mayer-*Heckschen*, UmwR, § 14 UmwG Rz. 54.

§ 15

Verbesserung des Umtauschverhältnisses*)

(1) [1]Ist das Umtauschverhältnis der Anteile nicht angemessen oder ist die Mitgliedschaft bei dem übernehmenden Rechtsträger kein angemessener Gegenwert für den Anteil oder für die Mitgliedschaft bei einem übertragenden Rechtsträger, so kann jeder Anteilsinhaber, dessen Recht, gegen die Wirksamkeit des Verschmelzungsbeschlusses Klage zu erheben, nach § 14 Absatz 2 ausgeschlossen ist, von dem übernehmenden Rechtsträger einen Ausgleich durch bare Zuzahlung verlangen; die Zuzahlungen können den zehnten Teil des auf die gewährten Anteile entfallenden Betrags des Grund- oder Stammkapitals übersteigen. [2]Die angemessene Zuzahlung wird auf Antrag durch das Gericht nach den Vorschriften des Spruchverfahrensgesetzes bestimmt.

(2) [1]Die bare Zuzahlung ist nach Ablauf des Tages, an dem die Eintragung der Verschmelzung in das Register des Sitzes des übernehmenden Rechtsträgers nach § 19 Abs. 3 bekannt gemacht worden ist, mit jährlich 5 Prozentpunkten über dem jeweiligen Basiszinssatz nach § 247 des Bürgerlichen Gesetzbuchs zu verzinsen. [2]Die Geltendmachung eines weiteren Schadens ist nicht ausgeschlossen.

*) § 15 geändert durch Art. 1 des Gesetzes zur Umsetzung der Umwandlungsrichtlinie und zur Änderung weiterer Gesetze (UmRUG), v. 22.2.2023, BGBl. I 2023, Nr. 51; § 15 geändert durch Art. 4 des Gesetzes zur Umsetzung der Aktionärsrechterichtlinie (ARUG), v. 30.7.2009, BGBl. I 2009, 2479; § 15 geändert durch Art. 8 des Gesetzes über elektronische Handelsregister und Genossenschaftsregister sowie das Unternehmensregister (EHUG), v. 10.11.2006, BGBl. I 2006, 2553; § 15 geändert durch Art. 4 des Gesetzes zur Neuordnung des gesellschaftsrechtlichen Spruchverfahrens (Spruchverfahrensneuordnungsgesetz), v. 12.6.2003, BGBl. I 2003, 838; § 15 i. d. F. des UmwBerG geändert durch Art. 2 des Gesetzes über die Zulassung von Stückaktien (Stückaktiengesetz – StückAG), v. 25.3.1998, BGBl. I 1998, 590.

Literatur: *Bayer*, Fehlerhafte Bewertung: Aktien als Ausgleich bei Sachkapitalerhöhung und Verschmelzung?, ZHR 172 (2008), 24; *Bork*, Beschlußverfahren und Beschlußkontrolle nach dem Referentenentwurf eines Gesetzes zur Bereinigung des Umwandlungsrechts, ZGR 1993, 343; *DAV-Handelsrechtsausschuss*, Stellungnahme zum Referentenentwurf eines Gesetzes zur Umsetzung der Umwandlungsrichtlinie, NZG 2022, 849; *Drescher*, Die Änderung des Spruchverfahrensgesetzes 2023, AG 2023, 337; *Friese-Dormann/Rothenfußer*, Selbstfinanzierungseffekt und Bagatellgrenze als Frage der Angemessenheit des Umtauschverhältnisses bei Verschmelzungen, AG 2008, 243; *Habrich*, Die Verbesserung des Umtauschverhältnisses mit Zusatzaktien: Eine kritische Würdigung des Regierungsentwurfs zur (überschießenden) Umsetzung der Umwandlungsrichtlinie, AG 2022, 567; *Hoger*, Kapitalschutz als Durchsetzungsschranke umwandlungsrechtlicher Ausgleichsansprüche von Gesellschaftern, AG 2008, 149; *Ihrig*, Gläubigerschutz durch Kapitalaufbringung bei Verschmelzung und Spaltung nach neuem Umwandlungsrecht, GmbHR 1995, 622; *Martens*, Verschmelzung, Spruchverfahren und Anfechtungsklage in Fällen eines unrichtigen Umtauschverhältnisses, AG 2000, 301; *Tettinger*, Die Barzuzahlung gem. § 15 UmwG – Für mehr Gestaltungsfreiheit im Verschmelzungsrecht, NZG 2008, 93; *Vetter*, Ausweitung des Spruchverfahrens, ZHR 168 (2004), 8; *Zimmer/Meese*, Vergleiche im Spruchverfahren und bei Anfechtungsklagen, NZG 2004, 201.

Übersicht

I. Allgemeines

1 Die Vorschrift schafft eine Ausgleichsmöglichkeit bei Streitigkeiten über das vereinbarte Umtauschverhältnis der Anteile (§ 5 Abs. 1 Nr. 3) als Konsequenz und Kompensation des Klageausschlusses in § 14 Abs. 2.[1] Statt wegen eines vermeintlich unangemessenen Verhältnisses von bisheriger und neuer Beteiligung i. R. der Verschmelzung den Verschmelzungsbeschluss angreifen zu müssen, können (nunmehr alle)[2] Anteilsinhaber der beteiligten Rechtsträger (streitigenfalls im dem Wirksamwerden der Verschmelzung nachgelagerten Spruchverfahren) **wirtschaftlichen Ausgleich** durch (im Regelfall) bare Zuzahlung beanspruchen.[3] Die Vorschrift schützt somit einerseits die Anteilsinhaber vor einer Verschlechterung ihrer wirtschaftlichen Situation durch den Klageausschluss des § 14 Abs. 2,[4] ermöglicht aber zugleich – im Zusammenwirken mit diesem – eine **Beschleunigung** des Verschmelzungsverfahrens.[5] Absatz 2 soll missbräuchlichen Verfahrensverzögerungen durch den ausgleichspflichtigen Rechtsträger entgegenwirken.[6]

2 Gesetzessystematisch steht die Vorschrift neben § 14 auch mit weiteren Normen im Zusammenhang.[7] Eine **Parallelvorschrift** findet sich in § 34 hinsichtlich der Barabfindung ausscheidender mit der Verschmelzung nicht einverstandener Gesellschafter (§ 29). Mit der

1) Begr. Fraktionsentwurf UmwBerG, BT-Drucks. 12/6699, S. 87.
2) Bis zum 1.3.2023 bestand diese Möglichkeit nur für die Anteilsinhaber eines übertragenden Rechtsträgers. Zu dieser Änderung s. unten Rz. 5.
3) Vgl. Begr. Fraktionsentwurf UmwBerG, BT-Drucks. 12/6699, S. 87.
4) Kallmeyer-*Oppenhoff*, UmwG, § 15 Rz. 1.
5) Semler/Stengel/Leonard-*Gehling*, UmwG, § 15 Rz. 3.
6) Begr. Fraktionsentwurf UmwBerG, BT-Drucks. 12/6699, S. 88.
7) S. insoweit auch *Rieckers/Cloppenburg* in: BeckOGK-UmwG, § 15 Rz. 3; Semler/Stengel/Leonard-*Gehling*, UmwG, § 15 Rz. 3 ff.

Streichung des § 122h finden die Vorschriften der §§ 14, 15 zudem auch für **grenzüberschreitenden Umwandlungsvorgänge** nach den §§ 305 ff. uneingeschränkt Anwendung.[8] Einschränkung erfährt die Geltung des § 15 dagegen durch **§ 85**, der diese u. a. für Mitglieder einer aufnehmenden Genossenschaft gänzlich ausschließt. Über § 125 Abs. 1 findet § 15 zudem – mit Ausnahme der Anteilsinhaber des übertragenden Rechtsträgers i. R. der Ausgliederung (§ 125 Abs. 1 Nr. 4) – auf Spaltungen Anwendung.

3 § 15 geht auf ähnliche Bestimmungen in den § 352c AktG a. F., § 31a KapErhG zurück, die aber jeweils noch einen Widerspruch gegen den Verschmelzungsbeschluss voraussetzten.[9] **Verfassungsrechtliche** Einwände gegen die Vorschrift hat das BVerfG zurückgewiesen, das sie als zulässige Inhalts- und Schrankenbestimmung des Eigentums bewertete.[10]

II. Bare Zuzahlung (§ 15 Abs. 1)

4 Ein Anspruch auf bare Zuzahlung nach § 15 Abs. 1 Satz 1 besteht, wenn das **Umtauschverhältnis der Anteile nicht angemessen** ist oder die **Mitgliedschaft** bei dem übernehmenden Rechtsträger **keinen angemessenen Gegenwert** für den Anteil oder für die Mitgliedschaft bei einem übertragenden Rechtsträger darstellt. Bei den Kapitalgesellschaften ist insoweit auf den (Gesamt-)Anteil am Grund-/Stammkapital des jeweiligen Rechtsträgers, verkörpert im Nennbetrag der Anteile (insbesondere in der GmbH, vgl. § 46 Abs. 1 Satz 1) sowie deren Anzahl (insbesondere bei Stückaktien i. S. des § 8 Abs. 3 AktG), abzustellen,[11] bei den Personengesellschaften angesichts des Grundsatzes der Einheitlichkeit der Beteiligung (nur je ein Anteil pro Gesellschafter)[12] auf die Summe der Einlage (vgl. § 40 Abs. 1 Satz 2). Soweit Rechtsträger nicht auf vergleichbare Weise Anteile gewähren (e. V., eG), ist dagegen auf den Wert der Mitgliedschaft anhand ihrer inhaltlichen Ausgestaltung abzustellen.[13] In beiden Varianten geht es im Kern um die Wahrung einer **wertmäßigen Identität** zwischen alter und neuer Beteiligung.[14]

1. Anspruchsberechtigter

5 Wer (materiell-rechtlich) Anspruch auf eine bare Zuzahlung nach § 15 hat, bestimmt die Vorschrift in Absatz 1 Satz 1 Halbs. 1: Anspruchsberechtigt ist danach nunmehr **jeder Anteilsinhaber**, dessen Klage gegen den Verschmelzungsbeschluss **durch § 14 Abs. 2 ausgeschlossen** ist.[15] Durch die Neufassung der Vorschriften der §§ 14 Abs. 2, 15 Abs. 1 durch das UmRUG[16] ist die frühere **Beschränkung** auf die Anteilsinhaber des/eines übertragenden Rechtsträgers zum 1.3.2023 **weggefallen.**[17] Nachteile aus dem vereinbarten Umtausch-

8) *Klett* in: BeckOGK-UmwG, § 305 Rz. 31.1; Widmann/Mayer-*Heckschen*, UmwR, § 15 UmwG Rz. 4.1 ff.
9) Begr. Fraktionsentwurf UmwBerG, BT-Drucks. 12/6699, S. 88; *Rieckers/Cloppenburg* in: BeckOGK-UmwG, § 15 Rz. 2.
10) BVerfG, Beschl. v. 30.5.2007 – 1 BvR 1267/06, NJW 2007, 3266, 3267 f. = NZG 2007, 629.
11) Henssler/Strohn-*Heidinger/Knaier*, GesR, § 5 UmwG Rz. 10, Kallmeyer-*Lanfermann*, UmwG, § 5 Rz. 19.
12) BGH, Urt. v. 11.4.1957 – II ZR 182/55, NJW 1957, 1026; *Sanders* in: BeckOGK-HGB, § 105 Rz. 465; *Fleischer* in: MünchKomm-HGB, § 105 Rz. 248.
13) *Rieckers/Cloppenburg* in: BeckOGK-UmwG, § 15 Rz. 14; Widmann/Mayer-*Heckschen*, UmwR, § 15 UmwG Rz. 74. Zur Problematik der Bestimmung des Umtauschverhältnisses bei der eG s. etwa *Limmer* in: Limmer, Hdb. Unternehmensumwandlung, Kap. 4 Rz. 473 ff.
14) *Rieckers/Cloppenburg* in: BeckOGK-UmwG, § 15 Rz. 14; Schmitt/Hörtnagl-*Winter*, UmwG/UmwStG, § 15 UmwG Rz. 13.
15) *Rieckers/Cloppenburg* in: BeckOGK-UmwG, § 15 Rz. 6.
16) Gesetz zur Umsetzung der Umwandlungsrichtlinie und zur Änderung weiterer Gesetze, v. 22.2.2023, BGBl. I 2023, 51.
17) Begr. RegE z. UmRUG, BT-Drucks. 20/3822, S. 70. Dazu etwa die Stellungnahme des *Handelsrechtsausschusses des DAV*, NZG 2022, 849 f.; *Drescher*, AG 2023, 337, 338. Zur alten Rechtslage s. etwa Henssler/Strohn-*Junker*, GesR, § 15 UmwG Rz. 4; Semler/Stengel/Leonard-*Gehling*, UmwG, § 15 Rz. 6; *Bork*, ZGR 1993, 343, 354; *Martens*, AG 2000, 301, 303.

verhältnis können sich schließlich nicht nur für diese, sondern, wenn es unangemessen großzügig bemessen ist, spiegelbildlich auch für die bisherigen Anteilsinhaber des übernehmenden Rechtsträgers ergeben, indem eine „Verwässerung" ihrer nominell unveränderten Beteiligung droht.[18] Dem trägt der erweiterte Wortlaut nun Rechnung, indem er statt von einem zu niedrig bemessenen allgemeiner von einem nicht angemessenen Verhältnis spricht. Bei treuhänderischer Beteiligung ist der **Treuhänder** als dinglicher Anteilsinhaber, nicht der Treugeber als „wirtschaftlicher Eigentümer", anspruchsberechtigt.[19] Im Falle von Namensaktien gelten gemäß der – nach heute h. M. unwiderleglichen[20] – Vermutungswirkung des § 67 Abs. 2 AktG nur die im Aktienregister eingetragenen Aktionäre als anspruchsberechtigt.[21]

6 Unerheblich für den Anspruch auf bare Zuzahlung ist – anders als im Falle von § 29 –, ob der jeweilige Anteilsinhaber **für oder gegen den Verschmelzungsbeschluss gestimmt** hat bzw. ihm zur Niederschrift des Notars **widersprochen** hat.[22] Dadurch soll vermieden werden, dass Anteilsinhaber, die die Verschmelzung an sich befürworten, dieser widersprechen und sie so möglicherweise verhindern, nur um sich die Möglichkeit des Wertausgleichs durch bare Zuzahlung zu erhalten.[23] Auch die (Nicht-)Teilnahme an der entsprechenden Anteilsinhaberversammlung ist unerheblich.[24]

7 Für die **materiell-rechtliche Anspruchsentstehung** ist das **Wirksamwerden der Verschmelzung** nach § 20 (d. h. deren Eintragung im Register des übernehmenden Rechtsträgers) der **maßgebliche Zeitpunkt.**[25] Wurden Anteile zwischen Beschlussfassung und Eintragung übertragen, entsteht der Anspruch auf bare Zuzahlung grundsätzlich beim Erwerber, spätere Anteilsübertragungen berühren den Anspruch dagegen nicht.[26] Mit seiner Entstehung ist der Anspruch selbständig verkehrsfähig und kann unabhängig vom Anteil nach §§ 413, 398 BGB übertragen werden.[27] Eine isolierte Übertragung kann allerdings Probleme bei der Durchsetzung des Anspruchs verursachen (siehe unten Rz. 18).

8 Grundsätzlich möglich, aber praktisch eher selten, ist der – auch vorab erklärbare – **Verzicht** auf die bare Zuzahlung nach § 15, der zudem mit Einführung des § 72a und der Möglichkeit der Ausgabe von zusätzlichen Aktien weiter an Bedeutung verlieren dürfte.[28]

18) Begr. RegE z. UmRUG, BT-Drucks. 20/3822, S. 71; Lutter-*Decher*, UmwG, § 15 Rz. 2; Schmitt/Hörtnagl-*Winter*, UmwG/UmwStG, § 15 UmwG Rz. 13; *Habrich*, AG 2022, 567.

19) KG Berlin, Beschl. v. 22.11.1999 – 2 W 7008/98, Rz. 30, ZIP 2000, 498 = BeckRS 1999, 12926; Semler/Stengel/Leonard-*Gehling*, UmwG, § 15 Rz. 9.

20) Begr. RegE, BT-Drucks. 14/4051, S. 11; *Koch*, AktG, § 67 Rz. 27; *Bayer* in: MünchKomm-AktG, § 67 Rz. 51.

21) *Rieckers/Cloppenburg* in: BeckOGK-UmwG, § 15 Rz. 6; Kallmeyer-*Oppenhoff*, UmwG, § 15 Rz. 3; Widmann/Mayer-*Heckschen*, UmwR, § 15 UmwG Rz. 91.

22) Begr. Fraktionsentwurf UmwBerG, BT-Drucks. 12/6699, S. 88; *Rieckers/Cloppenburg* in: BeckOGK-UmwG, § 15 Rz. 7; Lutter-*Decher*, UmwG, § 15 Rz. 3.

23) Begr. Fraktionsentwurf UmwBerG, BT-Drucks. 12/6699, S. 88.

24) Semler/Stengel/Leonard-*Gehling*, UmwG, § 15 Rz. 12.

25) *Rieckers/Cloppenburg* in: BeckOGK-UmwG, § 15 Rz. 6; Kallmeyer-*Oppenhoff*, UmwG, § 15 Rz. 4; Lutter-*Decher*, UmwG, § 15 Rz. 4; Semler/Stengel/Leonard-*Gehling*, UmwG, § 15 Rz. 9; a. A. *Gundlach* in: HK-UmwG, § 15 Rz. 3 – Entstehung mit Beschlussfassung unter aufschiebender Bedingung auf das Wirksamwerden der Verschmelzung.

26) OLG München, Beschl. v. 14.5.2007 – 31 Wx 87/06, AG 2007, 701, 702 = FGPrax 2007, 197, 198; Schmitt/Hörtnagl-*Winter*, UmwG/UmwStG, § 15 UmwG Rz. 9; Semler/Stengel/Leonard-*Gehling*, UmwG, § 15 Rz. 9 f.

27) Kallmeyer-*Oppenhoff*, UmwG, § 15 Rz. 3; *Erkens* in: KölnKomm-UmwG, § 15 Rz. 19 ff.; Schmitt/Hörtnagl-*Winter*, UmwG/UmwStG, § 15 UmwG Rz. 10.

28) BGH, Beschl. v. 23.1998 – Blw 40/98, NZG 1999, 88 = WM 1999, 190; Lutter-*Decher*, UmwG, § 15 Rz. 4; Widmann/Mayer-*Heckschen*, UmwR, § 15 UmwG Rz. 97; *Tettinger*, NZG 2008, 93, 95.

Dieser Bedarf keiner besonderen Form und kann unter Umständen sogar konkludent erklärt werden.[29)]

2. Anspruchsverpflichteter

Schuldner des Anspruchs auf bare Zuzahlung ist der **übernehmende Rechtsträger** (§ 15 Abs. 1 Satz 1 Halbs. 1). Dies folgt schon zwingend daraus, dass der Anspruch mit Wirksamwerden der Verschmelzung entsteht (siehe oben Rz. 7), das zugleich das Erlöschen der übertragenden Rechtsträger zur Folge hat (§ 20 Abs. 1 Nr. 1 Satz 1), welche daher als Schuldner ausfallen.[30)] Dementsprechend benennt das SpruchG den übernehmenden Rechtsträger als Antragsgegner des Spruchverfahrens (§ 5 Satz 1 Nr. 5 SpruchG). 9

3. Bare Zuzahlung

Liegen die Voraussetzungen des § 15 Abs. 1 Satz 1 Halbs. 1 vor, so können die anspruchsberechtigten Anteilsinhaber (grundsätzlich ausschließlich) **Ausgleich durch bare Zuzahlung** verlangen. Gegenstand des Anspruchs ist damit eine **wirtschaftliche Kompensation** der erlittenen Nachteile **in Geld**, nicht eine Wiederangleichung der Beteiligungs- bzw. Rechtsverhältnisse i. S. einer Naturalrestitution.[31)] Eine neu geschaffene Ausnahme besteht für **Verschmelzungen auf Aktiengesellschaften**, bei denen die beteiligten Rechtsträger im Verschmelzungsvertrag erklären können, dass anstelle einer etwaigen baren Zuzahlung zusätzliche Aktien zu gewähren sind (§ 72a Abs. 1 Satz 1, eingehend dazu unten § 72a Rz. 11 ff. [*Nolden*]). Zudem können unter Umständen Wertunterschiede im **Bagatellbereich** unberücksichtigt bleiben.[32)] 10

Die **Höhe des Ausgleichsanspruchs** bemisst sich anhand eines Wertvergleichs der vor der Verschmelzung gehaltenen Anteile/Mitgliedschaft am übertragenden Rechtsträger mit den/der i. R. der Verschmelzung als Gegenleistung erlangten Anteilen/Mitgliedschaft am übernehmenden Rechtsträger auf Grundlage des jeweiligen Unternehmenswertes der beiden Rechtsträger.[33)] Leitbild der Regelung des § 15 ist die **wirtschaftliche Identität** der Beteiligung am übertragenden und am übernehmenden Rechtsträger.[34)] Etwaige im Verschmelzungsvertrag vereinbarte bare Zusatzleistungen (bare Zuzahlung i. S. des § 5 Abs. 1 Nr. 3) sind in diesen Vergleich einzubeziehen.[35)] § 15 Abs. 1 Satz 1 Halbs. 2 stellt klar, dass die Zuzahlungen nach dieser Vorschrift (anders als die verschmelzungsvertraglich vereinbarten nach § 5 Abs. 1 Nr. 3) den Betrag von 10 % des auf die gewährten Anteile am neuen Rechtsträger entfallende Grund-/Stammkapitals übersteigen können.[36)] Keine Berücksichtigung bei der Ermittlung des angemessenen Betrags der Ausgleichszahlungen findet nach wohl überwiegender Meinung der Umstand, dass die Ausgleichsberechtigten als Anteils- 11

29) BGH, Beschl. v. 23.1998 – Blw 40/98, NZG 1999, 88 = WM 1999, 190; vgl. auch Semler/Stengel/Leonard-*Bärwaldt*, UmwG, § 196 Rz. 20; Widmann/Mayer-*Weiler*, UmwR, § 196 UmwG Rz. 80.

30) Semler/Stengel/Leonard-*Gehling*, UmwG, § 15 Rz. 17; Kallmeyer-*Oppenhoff*, UmwG, § 15 Rz. 7.

31) Vgl. *Rieckers/Cloppenburg* in: BeckOGK-UmwG, § 15 Rz. 12, 14; Widmann/Mayer-*Heckschen*, UmwR, § 15 UmwG Rz. 95.

32) OLG München, Beschl. v. 14.5.2007 – 31 Wx 87/06, AG 2007, 701, 703 = FGPrax 2007, 197 (1,5 %); Schmitt/Hörtnagl-*Winter*, UmwG/UmwStG, § 15 UmwG Rz. 15; sehr weitgehend Kallmeyer-*Oppenhoff*, UmwG, § 15 Rz. 8 (+/– 10 %); *Friese-Dormann/Rothenfußer*, AG 2008, 243, 246 f.

33) *Rieckers/Cloppenburg* in: BeckOGK-UmwG, § 15 Rz. 15 f.; Semler/Stengel/Leonard-*Gehling*, UmwG, § 15 Rz. 19; Widmann/Mayer-*Heckschen*, UmwR, § 15 UmwG Rz. 98.

34) Schmitt/Hörtnagl-*Winter*, UmwG/UmwStG, § 15 UmwG Rz. 13.

35) Semler/Stengel/Leonard-*Gehling*, UmwG, § 15 Rz. 19.

36) Vgl. §§ 54 Abs. 4, 68 Abs. 3, 87 Abs. 2 Satz 2; *Rieckers/Cloppenburg* in: BeckOGK-UmwG, § 15 Rz. 18.

inhaber des übernehmenden Rechtsträgers die eigene Kompensation (mittelbar) anteilig mitfinanzieren (**„Selbstfinanzierungseffekt“**).[37]

12 In der Praxis bereitet die **Bewertung** der Beteiligungen bzw. der Rechtsträger vielfach Schwierigkeiten. Ein exakter, einzig richtiger **Unternehmenswert** existiert nach der Rechtsprechung ohnehin nicht.[38] Gerade bei **börsennotierten** Gesellschaften existiert eine nahezu unüberschaubare Vielzahl auch höchstrichterlicher Entscheidungen zu Fragen der Unternehmensbewertung, nach der der jeweilige Börsenwert wohl nicht als Obergrenze[39], sondern als Untergrenze[40] der auch für die bare Zuzahlung maßgeblichen Unternehmenswerte zu berücksichtigen ist.[41] Das zuständige Registergericht hat insoweit den Wert der Unternehmen unter Berücksichtigung anerkannter betriebswirtschaftlicher Erkenntnisse im Wege der Schätzung gemäß § 287 Abs. 2 ZPO zu ermitteln und anschließend unter Berücksichtigung der jeweils ausgegebenen Anteile ins Verhältnis zu setzen.[42] Bei nicht börsennotierten Rechtsträgern findet dagegen regelmäßig die Ertragswertmethode Anwendung.[43] Maßgeblicher **Zeitpunkt** für die Bewertung der Rechtsträger ist nach h. M. der **Tag der Beschlussfassung** der Anteilsinhaber des übertragenden Rechtsträgers über die Zustimmung zum Verschmelzungsvertrag.[44] Werden die der Zuzahlung zugrunde liegenden Unternehmenswerte anhand des Börsenkurses ermittelt, können sich aber auch insoweit Abweichungen ergeben.[45]

13 **Grenzen** – zumindest der Durchsetzbarkeit – des Anspruchs auf bare Zuzahlung können sich nach im Detail umstrittener Ansicht aus den **Kapitalerhaltungsvorschriften** des übernehmenden Rechtsträgers (§ 30 GmbHG, § 57 AktG) ergeben.[46] Nach überwiegender

37) Kallmeyer-*Oppenhoff*, UmwG, § 15 Rz. 2; Lutter-*Decher*, UmwG, § 15 Rz. 5; Schmitt/Hörtnagl-*Winter*, UmwG/UmwStG, § 15 UmwG Rz. 20; *Friese-Dormann/Rothenfußer*, AG 2008, 243, 245 ff.; a. A. LG Stuttgart, Beschl. v. 4.8.2006 – 32 AktE 3/99 KfH, AG 2007, 52, 54; *Humrich* in: MünchHdb. GesR, Bd. 8, § 14 Rz. 345.

38) BGH, Beschl. v. 29.9.2015 – II ZB 23/14, Rz. 36, BGHZ 207, 114 = NZG 2016, 139, 140; OLG Düsseldorf, Beschl. v. 8.7.2021 – I-26 W 10/20, Rz. 38, BeckRS 2021, 53693.

39) Abl. BVerfG, Beschl. v. 20.12.2010 – 1 BvR 2323/07, NZG 2011, 235, 236 f. = WM 2011, 219 – für Unternehmensverträge, Übertragbarkeit auf Verschmelzung offengelassen.

40) Dafür BVerfG, Beschl. v. 27.4.1999 – 1 BvR 1613/94, NJW 1999, 3769, 3771 = NZG 1999, 931; BVerfG, Beschl. v. 26.4.2011 – 1 BvR 2658/10, Rz. 22, NJW 2011, 2497, 2498 = NZG 2011, 869.

41) Vgl. dazu auch *Rieckers/Cloppenburg* in: BeckOGK-UmwG, § 15 Rz. 16; Widmann/Mayer-*Heckschen*, UmwR, § 15 UmwG Rz. 66 ff. Billigung des Rückgriffs auf den Börsenwert als Methode zur Schätzung des Unternehmenswerts jüngst auch wieder (bzgl. § 305 AktG) durch den BGH, Beschl. v. 21.2.2023 – II ZB 12/21, Rz. 18 ff., NZG 2023, 937 = BeckRS 2023, 6362. Für die Übertragbarkeit der Rspr. zu Beherrschungs- und Gewinnabführungsverträgen auf die Verschmelzung, BVerfG, Beschl. v. 26.4.2011 – 1 BvR 2658/10, Rz. 22, NJW 2011, 2497, 2498 = NZG 2011, 869.

42) OLG Frankfurt/M., Beschl. v. 20.4.2012 – 21 W 31/11, NZG 2013, 104 = AG 2012, 919; OLG Frankfurt/M., Beschl. v. 1.3.2016 – 21 W 22/13, Rz. 55, AG 2016, 667 = BeckRS 2016, 9636.

43) OLG München, Beschl. v. 14.5.2007 – 31 Wx 87/06, AG 2007, 701, 702 = FGPrax 2007, 197; OLG München, Beschl. v. 26.7.2012 – 31 Wx 250/11, AG 2012, 749, 750 = NZG 2012, 1432; Widmann/Mayer-*Heckschen*, UmwR, § 15 UmwG Rz. 66.

44) BayObLG, Beschl. v. 18.12.2002 – 3Z BR 116/00, NZG 2003, 483, 484 = BB 2003, 275; *Rieckers/Cloppenburg* in: BeckOGK-UmwG, § 15 Rz. 16; Henssler/Strohn-*Junker*, GesR, § 15 UmwG Rz. 6; Kallmeyer-*Oppenhoff*, UmwG, § 15 Rz. 2; Schmitt/Hörtnagl-*Winter*, UmwG/UmwStG, § 15 UmwG Rz. 21; Semler/Stengel/Leonard/*Gehling*, UmwG, § 15 Rz. 19; Widmann/Mayer-*Heckschen*, UmwR, § 15 UmwG Rz. 63; *Humrich* in: MünchHdb. GesR, Bd. 8, § 14 Rz. 329.

45) Vgl. BGH, Beschl. v. 19.7.2010 – II ZB 18/09, NJW 2010, 2657, 2658 = NZG 2010, 939 – dreimonatige Referenzperiode vor der Bekanntmachung der Maßnahme.

46) *Rieckers/Cloppenburg* in: BeckOGK-UmwG, § 15 Rz. 18 ff.; Henssler/Strohn-*Junker*, GesR, § 15 UmwG Rz. 7; Lutter-*Decher*, UmwG, § 15 Rz. 9; Semler/Stengel/Leonard-*Gehling*, UmwG, § 15 Rz. 22 ff.; Widmann/Mayer-*Heckschen*, UmwR, § 15 UmwG Rz. 107; *Ihrig*, GmbHR 1995, 622, 641; *Vetter*, ZHR 168 (2004), 8, 19 f.; abl. *Erkens* in: KölnKomm-UmwG, § 15 Rz. 13 ff. – Verletzung von Kapitalerhaltungsvorschriften durch – zumindest gerichtlich festgesetzte – bare Zuzahlung scheidet aus; Schmitt/Hörtnagl-*Winter*, UmwG/UmwStG, § 15 UmwG Rz. 29.

Ansicht hindern diese aber nicht die **Entstehung** des Anspruchs auf bare Zuzahlung.[47] Die **Erfüllung bzw. Durchsetzung** des Anspruchs kann jedoch gehemmt sein, soweit der Rechtsträger nicht über ausreichendes freies Vermögen verfügt.[48]

4. Zuzahlungsverlangen; Festsetzung der Zuzahlung im Spruchverfahren (§ 15 Abs. 1 Satz 2)

Das Gesetz normiert in § 15 nur die gerichtliche Geltendmachung des Anspruchs auf bare Zuzahlung. Entgegen dem Exklusivität suggerierenden Wortlaut der Gesetzesbegründung („Das Spruchverfahren, in dem der Anspruch geltend gemacht werden muß, […]")[49] folgt daraus wohl aber nicht, dass ein **außergerichtliches Verlangen** barer Zuzahlung generell unzulässig wäre.[50] Da die Parteien das ursprüngliche Umtauschverhältnis im Wege der **Vereinbarung** bestimmt haben, dessen Ergänzung bzw. Korrektur der Anspruch auf bare Zuzahlung dient, muss es ihnen auch möglich sein, über diesen eine Vereinbarung zu treffen. Schließlich ist selbst nach Anstrengung des Spruchverfahrens eine Einigung im Vergleichswege noch möglich (§ 11 Abs. 2 SpruchG).[51] **Wie** aber ein solches Zahlungsverlangen gegenüber dem Rechtsträger **vorzubringen ist** und welche Wirkungen entsprechende Einigungen haben, ist gesetzlich nicht bestimmt. Hinsichtlich des gesetzlichen Zuzahlungsanspruchs nach § 15 Abs. 1 dürfte eine solche Einigung, jedenfalls soweit sie der Höhe nach hinter diesem zurückbleibt, als Verzicht zu werten sein (zu diesem siehe Rz. 8). Dieser gilt, anders als die Entscheidung im Spruchverfahren (§ 13 SpruchG), selbstverständlich nur für die an der Vereinbarung **beteiligten** Anteilsinhaber. Schon aus Nachweisgründen dürfte sich eine zumindest textförmlich verkörperte Abfassung der Einigung empfehlen. Im Allgemeinen soll eine **Leistungsklage** auf bare Zuzahlung vor Durchführung des Spruchverfahrens und der gerichtlichen Festsetzung der Anspruchshöhe ausgeschlossen sein (vgl. auch § 16 SpruchG).[52] Für den Fall einer freiwilligen außergerichtlichen Einigung dürfte dies aber nicht zutreffen, da eine solche nach allgemeinen zivilprozessualen Grundsätzen gerichtlich durchsetzbar sein muss. 14

Auf Antrag wird der angemessene Betrag der baren Zuzahlung nach § 15 Abs. 1 Satz 1 i. R. des Spruchverfahrens nach dem Spruchverfahrensgesetz (SpruchG) **gerichtlich bestimmt** (§ 15 Abs. 1 Satz 2). In diesem gilt seit 1.3.2023 aufgrund des durch das UmRUG neu eingeführten § 5a SpruchG die Pflicht anwaltlicher Vertretung.[53] Die Antragstellung kann erst mit Wirksamwerden der Verschmelzung erfolgen (§ 4 Abs. 1 Satz 1 Nr. 4 SpruchG).[54] Vor der rechtskräftigen Festsetzung des Anspruchs im Spruchverfahren kann dieser nicht etwa mittels allgemeiner Leistungsklage geltend gemacht werden.[55] Anderweitige Festsetzungen, etwa zur Korrektur des Umtauschverhältnisses oder Änderung der Anteile oder Mitglied- 15

---

47) *Rieckers/Cloppenburg* in: BeckOGK-UmwG, § 15 Rz. 18 ff.; Kallmeyer-*Oppenhoff*, UmwG, § 15 Rz. 2; Widmann/Mayer-*Heckschen*, UmwR, § 15 UmwG Rz. 107; *Hoger*, AG 2008, 149, 150.

48) Lutter-*Decher*, UmwG, § 15 Rz. 9; Semler/Stengel/Leonard-*Gehling*, UmwG, § 15 Rz. 23b; *Bayer*, ZHR 172 (2008), 24, 33.

49) Begr. Fraktionsentwurf UmwBerG, BT-Drucks. 12/6699, S. 88.

50) So implizit auch Henssler/Strohn-*Junker*, GesR, § 15 UmwG Rz. 9; Schmitt/Hörtnagl-*Winter*, UmwG/UmwStG, § 15 UmwG Rz. 24; Widmann/Mayer-*Heckschen*, UmwR, § 15 UmwG Rz. 99; s. a. Lutter-*Mennicke*, UmwG, § 11 SpruchG Rz. 16 – außergerichtlicher Vergleich selbst im Spruchverfahren möglich, jedoch keine unmittelbar verfahrensbeendende Wirkung.

51) Zu diesem Lutter-*Mennicke*, UmwG, § 11 SpruchG Rz. 6 ff.; Widmann/Mayer-*Wälzholz*, UmwR, § 11 SpruchG Rz. 17; *Zimmer/Meese*, NZG 2004, 201.

52) *Rieckers/Cloppenburg* in: BeckOGK-UmwG, § 15 Rz. 24; Semler/Stengel/Leonard-*Gehling*, UmwG, § 15 Rz. 24.

53) Eingehend zur jüngsten Änderung des SpruchG: *Drescher*, AG 2023, 337.

54) Henssler/Strohn-*Junker*, GesR, § 15 UmwG Rz. 9; Lutter-*Decher*, UmwG, § 15 Rz. 6.

55) *Rieckers/Cloppenburg* in: BeckOGK-UmwG, § 15 Rz. 24.

schaften, können durch das Gericht im Spruchverfahren nicht getroffen werden.[56] Die Entscheidung im Spruchverfahren gilt gegenüber allen Anteilsinhabern, auch wenn sie sich an diesem nicht beteiligt haben oder gar bereits gegen – aufgrund des Spruchverfahrens ggf. zu ergänzende – Abfindung ausgeschieden sind (sog. Abfindungsergänzungsanspruch, vgl. § 13 Satz 2 SpruchG).[57]

16 **Sachlich** und **örtlich zuständig** ist nach § 2 Abs. 1 SpruchG das **Landgericht**, in dessen Bezirk der jeweilige Rechtsträger seinen **Sitz** hat bzw. hatte. Sind danach mehrere Gerichte zuständig oder bei verschiedenen Landgerichten Spruchverfahren (mit sachlichem Zusammenhang, d. h. denselben Verschmelzungsvorgang betreffend) anhängig, so ordnet das Gesetz eine **Verfahrenskonzentration** bei dem Gericht an, das zuerst mit der Angelegenheit befasst war (§ 2 Abs. 2 Satz 1 SpruchG).[58] Die Anteilsinhaber haben sich dabei jeweils an das örtlich zuständige Gericht „ihres" Rechtsträgers zu wenden, selbst wenn dieser aufgrund der Verschmelzung schon nicht mehr existiert (daher „hatte"); es besteht kein Wahlrecht.[59]

17 Nach § 4 Abs. 1 Satz 1 SpruchG gilt eine **Antragsfrist** von **drei Monaten** ab Wirksamwerden der Verschmelzung (durch Eintragung, § 20 Abs. 1). Innerhalb dieser Frist ist der Antrag auch substantiiert zu **begründen** (§ 4 Abs. 2 SpruchG). Dazu hat der Antragsteller

- den Antragsgegner, d. h. den übernehmenden Rechtsträger (§ 5 Satz 1 Nr. 5 SpruchG), zu benennen,
- seine Antragsberechtigung i. S. des § 3 SpruchG (= Anteilsinhaberschaft) darzulegen,
- die Art der Strukturmaßnahme (hier: Verschmelzung) sowie der gerichtlich zu bestimmenden Kompensation nach § 1 SpruchG (hier: bare Zuzahlung nach § 15, siehe § 1 Nr. 5 SpruchG) zu benennen und
- seine konkreten Einwendungen gegen die bisher gewährten Anteile bzw. den ermittelten Unternehmenswert vorzubringen, soweit diese Gegenstand des Verschmelzungsberichts waren (§ 4 Abs. 2 Satz 2 SpruchG);[60]
- der Antragsteller hat zudem den Umfang seiner Beteiligung anzugeben (§ 4 Abs. 2 Satz 3 SpruchG).

18 Die **Antragsberechtigung im Spruchverfahren** ist von der materiellen Anspruchsberechtigung zu unterscheiden.[61] Antragsberechtigt sind nach § 3 Satz 1 Nr. 4 SpruchG die Anteilsinhaber, die in den in § 1 Nr. 5 SpruchG aufgeführten Vorschriften benannt werden (welcher wiederum u. a. auf § 15 verweist). Die Erweiterung des § 15 Abs. 1 auf die Anteilsinhaber aller beteiligten Rechtsträger (siehe oben Rz. 5) setzt sich über diesen Verweis auch hinsichtlich der Antragsberechtigung im Spruchverfahren fort. Zudem setzt diese (formelle) Antragsberechtigung voraus, dass der Antragsteller **im Zeitpunkt des Antrages (noch) Anteilsinhaber** ist (§ 3 Satz 2 SpruchG). Maßgeblich kann angesichts des Erlöschens des übertragenden Rechtsträgers nur die fortbestehende Beteiligung am übernehmenden Rechtsträger sein.[62] Materielle Anspruchsinhaberschaft und formelle Antragsberechtigung können daher bei getrennter Übertragung von Anteilen und Ausgleichsanspruch auseinander- und

---

56) Semler/Stengel/Leonard-*Gehling*, UmwG, § 15 Rz. 25.

57) *Drescher* in: BeckOGK-SpruchG, § 13 Rz. 4, 7; Widmann/Mayer-*Wälzholz*, UmwR, § 13 SpruchG Rz. 7 ff., 26.

58) S. dazu auch *Drescher* in: BeckOGK-SpruchG, § 2 Rz. 18.

59) Begr. RegE z. UmRUG, BT-Drucks. 20/3822, S. 123; *Drescher*, AG 2023, 337, 339.

60) S. a. Schmitt/Hörtnagl-*Winter*, UmwG/UmwStG, § 15 UmwG Rz. 24 ff.

61) *Erkens* in: KölnKomm-UmwG, § 13 Rz. 28; Semler/Stengel/Leonard-*Gehling*, UmwG, § 15 Rz. 23c, d.

62) Henssler/Strohn-*Junker*, GesR, § 15 UmwG Rz. 10; Semler/Stengel/Leonard-*Gehling*, UmwG, § 15 Rz. 23c.

letztere ggf. sogar wegfallen.[63] Wird etwa der Zuzahlungsanspruch nach seiner Entstehung aber vor Antragstellung (isoliert) abgetreten, so ist der Erwerber mangels Anteilsinhaberschaft nicht antragsberechtigt, der (antragsberechtigte) Veräußerer hat dagegen wohlmöglich kein schützenswertes Interesse mehr an einer Entscheidung über den (nunmehr fremden) Anspruch auf Zuzahlung.[64] Veräußerungen nach Antragstellung sind dagegen nach § 265 Abs. 2 ZPO analog grundsätzlich unschädlich.[65]

Gegen die Entscheidung im Spruchverfahren über die bare Zuzahlung nach § 11 SpruchG ist die **Beschwerde** statthaft (§ 12 Abs. 1 Satz 1 SpruchG). Wie schon vor Inkrafttreten der durch das UmRUG bewirkten Änderungen (§ 12 Abs. 1 Satz 2 SpruchG a. F.) kann die Beschwerde nur durch anwaltliche Beschwerdeschrift erhoben werden (§ 5a SpruchG).[66] Sie ist, zur Vermeidung von Verfahrensverzögerungen, seit dem 1.3.2023 direkt an das Oberlandesgericht als Beschwerdegericht (§ 119 Abs. 1 Nr. 2 GVG) zu richten, da eine Selbstkorrektur des Gerichts des Spruchverfahrens typischerweise nicht zu erwarten sei (vgl. § 12a Abs. 1 Satz 2 Halbs. 2 SpruchG).[67] Im Übrigen richtet sich das Verfahren nach den §§ 58 ff. FamFG (vgl. § 17 Abs. 1 SpruchG). Die Beschwerdefrist beträgt einen Monat (§ 17 Abs. 1 SpruchG i. V. m. § 63 Abs. 1 FamFG).[68] 19

Die (gerichtlichen) **Kosten des Spruchverfahrens** trägt regelmäßig der Rechtsträger als Antragsgegner, um die Antragsberechtigten nicht wegen des Kostenrisikos von der Geltendmachung ihrer Ansprüche im Spruchverfahren abzuhalten.[69] Dies gilt nach § 15 Abs. 2 SpruchG auf gerichtliche Anordnung hin auch für die (zweckmäßigen) Aufwendungen des Antragsstellers, sofern dies der Billigkeit entspricht.[70] Das Gericht kann aber auch im Gegenteil dem Antragsteller die Kosten des Spruchverfahrens ganz oder teilweise auferlegen, wenn dies billig erscheint (z. B. bei „mutwilligen", offensichtlich unbegründeten oder rechtsmissbräuchlichen Anträgen).[71] Verfahren nach dem SpruchG lösen gemäß Nr. 13500 KV GNotKG eine 2,0 Gebühr, die Beschwerde nach Nr. 13610 KV GNotKG eine 3,0 Gebühr aus. Für den Geschäftswert des Verfahrens bestimmt § 74 GNotKG, dass dieser sich nach der (Gesamt-)Höhe aller baren Zuzahlungen, d. h. nach der Differenz zwischen angebotenem und angemessenem Umtauschverhältnis i. S. des § 15 Abs. 1, bestimmt und mindestens 200.000 €, höchstens aber 7,5 Mio. € beträgt. 20

III. Verzinsung; weitere Schäden (§ 15 Abs. 2)

Der Anspruch auf bare Zuzahlung ist gemäß § 15 Abs. 2 Satz 1 ab dem **Folgetag der Bekanntmachung** der Verschmelzung (§ 19 Abs. 3 UmwG i. V. m. § 10 HGB) mit **jährlich 5 Prozentpunkten über dem jeweiligen Basiszinssatz** (§ 247 BGB) zu **verzinsen.** Dies soll Verfahrensverzögerungen durch den verpflichteten übernehmenden Rechtsträger entgegenwirken.[72] Maßgeblich für den Beginn des Zinslaufs ist nach § 10 Abs. 1 HGB somit die 21

63) *Rieckers/Cloppenburg* in: BeckOGK-UmwG, § 15 Rz. 9; Henssler/Strohn-*Junker*, GesR, § 15 UmwG Rz. 10; Semler/Stengel/Leonard-*Gehling*, UmwG, § 15 Rz. 23d; Widmann/Mayer-*Heckschen*, UmwR, § 15 UmwG Rz. 82 ff.

64) *Rieckers/Cloppenburg* in: BeckOGK-UmwG, § 15 Rz. 9; a. A. *Erkens* in: KölnKomm-UmwG, § 13 Rz. 34.

65) OLG Stuttgart, Beschl. v. 19.3.2008 – 20 W 3/06, ZIP 2008, 2020 = NZG 2008, 670 (LS); *Drescher* in: BeckOGK-SpruchG, § 13 Rz. 26; Widmann/Mayer-*Wälzholz*, UmwR, § 3 SpruchG Rz. 28.

66) Begr. RegE z. UmRUG, BT-Drucks. 20/3822, S. 128.

67) Begr. RegE z. UmRUG, BT-Drucks. 20/3822, S. 128. Zur Zuständigkeitskonzentration bei einem Oberlandesgericht in einen Bundesländern nach Absatz 2, s. *Drescher* in: BeckOGK-SpruchG, § 12 Rz. 5.1.

68) Schmitt/Hörtnagl-*Hörtnagl*, UmwG/UmwStG, § 12 SpruchG Rz. 3.

69) Begr. RegE z. SpruchG, BT-Drucks. 15/371, S. 17.

70) Hölters/Weber-*Simons*, AktG, § 15 SpruchG Rz. 17.

71) Begr. RegE z. SpruchG, BT-Drucks. 15/371, S. 17; *Drescher* in: BeckOGK-SpruchG, § 15 Rz. 20.

72) Begr. Fraktionsentwurf UmwBerG, BT-Drucks. 12/6699, S. 88; krit. zur Annahme solcher (aktiver) Verzögerungen durch den Rechtsträger („empirisch nicht belegt") Semler/Stengel/Leonard-*Gehling*, UmwG, § 15 Rz. 28; ähnl. Kallmeyer-*Oppenhoff*, UmwG, § 15 Rz. 10.

erstmalige Abrufbarkeit der Eintragung der Verschmelzung im elektronischen Informations- und Kommunikationssystem i. S. des § 9 Abs. 1 HGB (www.handelsregister.de). Ob die Satzung bzw. der Gesellschaftsvertrag des Rechtsträgers weitergehende Bekanntmachungspflichten vorsieht, ist für den Beginn der Verzinsungspflicht irrelevant.[73)] Die Verzinsung ist zwar abhängig von der fristgerechten Beantragung der baren Zuzahlung im Spruchverfahren, wirkt dann aber zurück auf den Zeitpunkt der Bekanntmachung.[74)] Eine vereinzelt befürwortete teleologische Reduktion „solange der Anteilsinhaber noch seinen Gewinnanteil erhält"[75)] ist mit der überwiegenden Gegenansicht abzulehnen.[76)] Sie bezieht sich – ersichtlich auch anhand der zitierten Rechtsprechung[77)] – auf andere Konstellationen, wie ein Ausscheiden der betroffenen Gesellschafter nach § 305 Abs. 1 AktG, an dem es im Falle des § 15 aber fehlt. Zumindest i. R. des § 15 bestehen Gewinnbeteiligung und Zinsanspruch stets nebeneinander.

22 Neben dem Zinsanspruch aus § 15 Abs. 2 Satz 1 können auch **weitere Schäden** geltend gemacht werden (§ 15 Abs. 2 Satz 2). Die Vorschrift entspricht § 288 Abs. 4 BGB, hat in der Praxis aber geringe Bedeutung.[78)] Im Schrifttum wird auf Schäden verwiesen, die durch die (anfängliche) Mangelhaftigkeit des Umtauschverhältnisses bzw. Gegenwerts der Mitgliedschaft[79)] oder durch die Verzögerung der Auszahlung der baren Zuzahlung[80)] entstehen. Ihre Geltendmachung erfolgt jedenfalls nicht im Spruchverfahren, sondern durch **allgemeine Leistungsklage.**[81)] Darlegungs- und beweispflichtig für entsprechende Schäden ist der sie geltend machende Anteilsinhaber.[82)]

73) Widmann/Mayer-*Heckschen*, UmwR, § 15 UmwG Rz. 153.

74) Schmitt/Hörtnagl-*Winter*, UmwG/UmwStG, § 15 UmwG Rz. 31.; vgl. auch Begr. RegE z. UmRUG, BT-Drucks. 20/3822, S. 78 – zu § 72a Abs. 6 Satz 1 Nr. 2.

75) Kallmeyer-*Oppenhoff*, UmwG, § 15 Rz. 10.

76) So etwa Schmitt/Hörtnagl-*Winter*, UmwG/UmwStG, § 15 UmwG Rz. 32; Semler/Stengel/Leonard-*Gehling*, UmwG, § 15 Rz. 29; Widmann/Mayer-*Heckschen*, UmwR, § 15 UmwG Rz. 155, Fn. 346.

77) BayObLG, Beschl. v. 31.5.1995 – 3Z BR 67/89, GmbHR 1995, 662, 663 = WM 1995, 1580; BayObLG, Beschl. v. 19.10.1995 – 3 Z BR 17/90, AG 1996, 127, 131 = WM 1996, 526.

78) Henssler/Strohn-*Junker*, GesR, § 15 UmwG Rz. 17; Lutter-*Decher*, UmwG, § 15 Rz. 12.

79) *Rieckers/Cloppenburg* in: BeckOGK-UmwG, § 15 Rz. 28.

80) Schmitt/Hörtnagl-*Winter*, UmwG/UmwStG, § 15 UmwG Rz. 32.

81) OLG Düsseldorf, Beschl. v. 20.10.2005 – 19 W 11/04, NJW-RR 2006, 541, 542 = NZG 2006, 911; *Rieckers/Cloppenburg* in: BeckOGK-UmwG, § 15 Rz. 28; Widmann/Mayer-*Heckschen*, UmwR, § 15 UmwG Rz. 157.

82) Semler/Stengel/Leonard-*Gehling*, UmwG, § 15 Rz. 30.

§ 16
Anmeldung der Verschmelzung[*)]

(1) [1]Die Vertretungsorgane jedes der an der Verschmelzung beteiligten Rechtsträger haben die Verschmelzung zur Eintragung in das Register (Handelsregister, Genossenschaftsregister, Gesellschaftsregister, Partnerschaftsregister oder Vereinsregister) des Sitzes ihres Rechtsträgers anzumelden. [2]Das Vertretungsorgan des übernehmenden Rechtsträgers ist berechtigt, die Verschmelzung auch zur Eintragung in das Register des Sitzes jedes der übertragenden Rechtsträger anzumelden.

(2) [1]Bei der Anmeldung haben die Vertretungsorgane zu erklären, daß eine Klage gegen die Wirksamkeit eines Verschmelzungsbeschlusses nicht oder nicht fristgemäß erhoben oder eine solche Klage rechtskräftig abgewiesen oder zurückgenommen worden ist; hierüber haben die Vertretungsorgane dem Registergericht auch nach der Anmeldung

Mitteilung zu machen. [2]Liegt die Erklärung nicht vor, so darf die Verschmelzung nicht eingetragen werden, es sei denn, daß die klageberechtigten Anteilsinhaber durch notariell beurkundete Verzichtserklärung auf die Klage gegen die Wirksamkeit des Verschmelzungsbeschlusses verzichten.

(3) [1]Der Erklärung nach Absatz 2 Satz 1 steht es gleich, wenn nach Erhebung einer Klage gegen die Wirksamkeit eines Verschmelzungsbeschlusses das Gericht auf Antrag des Rechtsträgers, gegen dessen Verschmelzungsbeschluß sich die Klage richtet, durch Beschluß festgestellt hat, daß die Erhebung der Klage der Eintragung nicht entgegensteht. [2]Auf das Verfahren sind § 247 des Aktiengesetzes, die §§ 82, 83 Abs. 1 und § 84 der Zivilprozessordnung sowie die im ersten Rechtszug für das Verfahren vor den Landgerichten geltenden Vorschriften der Zivilprozessordnung entsprechend anzuwenden, soweit nichts Abweichendes bestimmt ist. [3]Ein Beschluss nach Satz 1 ergeht, wenn

1. **die Klage unzulässig oder offensichtlich unbegründet ist oder**
2. **der Kläger nicht binnen einer Woche nach Zustellung des Antrags durch Urkunden nachgewiesen hat, dass er seit Bekanntmachung der Einberufung einen anteiligen Betrag von mindestens 1.000 Euro hält oder**
3. **das alsbaldige Wirksamwerden der Verschmelzung vorrangig erscheint, weil die vom Antragsteller dargelegten wesentlichen Nachteile für die an der Verschmelzung beteiligten Rechtsträger und ihre Anteilsinhaber nach freier Überzeugung des Gerichts die Nachteile für den Antragsgegner überwiegen, es sei denn, es liegt eine besondere Schwere des Rechtsverstoßes vor.**

[4]Der Beschluß kann in dringenden Fällen ohne mündliche Verhandlung ergehen. [5]Der Beschluss soll spätestens drei Monate nach Antragstellung ergehen; Verzögerungen der Entscheidung sind durch unanfechtbaren Beschluss zu begründen. [6]Die vorgebrachten Tatsachen, auf Grund derer der Beschluß nach Satz 3 ergehen kann, sind glaubhaft zu machen. [7]Über den Antrag entscheidet ein Senat des Oberlandesgerichts, in dessen Bezirk die Gesellschaft ihren Sitz hat. [8]Eine Übertragung auf den Einzelrichter ist ausgeschlossen; einer Güteverhandlung bedarf es nicht. [9]Der Beschluss ist unanfechtbar. [10]Erweist sich die Klage als begründet, so ist der Rechtsträger, der den Beschluß erwirkt hat, verpflichtet, dem Antragsgegner den Schaden zu ersetzen, der ihm aus einer auf dem Beschluß beruhenden Eintragung der Verschmelzung entstanden ist; als Ersatz des Schadens kann nicht die Beseitigung der Wirkungen der Eintragung der Verschmelzung im Register des Sitzes des übernehmenden Rechtsträgers verlangt werden.

*) § 16 geändert durch Art. 60 des Gesetzes zur Modernisierung des Personengesellschaftsrechts (Personengesellschaftsrechtsmodernisierungsgesetz – MoPeG), v. 10.8.2021, BGBl. I 2021, 3436; § 16 geändert durch Art. 4 des Gesetzes zur Umsetzung der Aktionärsrechterichtlinie (ARUG), v. 30.7.2009, BGBl. I 2009, 2479; § 16 geändert durch Art. 1 des Zweiten Gesetzes zur Änderung des Umwandlungsgesetzes (2. UmwGÄndG), v. 19.4.2007, BGBl. I 2007, 542; § 16 i. d. F. des UmwBerG geändert durch Art. 1 des Gesetzes zur Änderung des Umwandlungsgesetzes, des Partnerschaftsgesellschaftsgesetzes und anderer Gesetze (UmwGÄndG), v. 22.7.1998, BGBl. I 1998, 1878.

Literatur: *Bayer/Lieder*, Das aktienrechtliche Freigabeverfahren für die GmbH, NZG 2011, 1170; *Bormann*, Anwendung der Grundsätze der Substitution im Bereich notarieller Online-Verfahren zugleich Besprechung zu OLG Celle, Beschl. v. 1.8.2022 – 9 W 62/22, GmbHR 2023, 560, GmbHR 2023, 533; *Büchel*, Voreilige Eintragung von Verschmelzung oder Formwechsel und die Folgen, ZIP 2006, 2289; *Decher*, Die Überwindung der Registersperre nach § 16 Abs. 3 UmwG – Erste praktische Erfahrungen mit einem neuartigen Verfahren, AG 1997, 388; *Fischbach*, Funktion und Inhalt des Schadensersatzanspruchs gem. § 16 Abs. 3 S. 10 UmwG, ZHR 180 (2016), 658; *DNotI*, Gutachten: Großbritannien: Keine Gleichwertigkeit einer im Ausland vorgenommenen Fernbeglaubigung per Video-Verfahren, DNotI-Report 2020, 121; *Heckschen/Knaier*, Das DiRUG in der Praxis, NZG 2021, 1093; *Kort*, Bedeutung und Reichweite des Bestandsschutzes von Umwandlungen, AG 2010, 230; *Krafka*, Die Neuregelung notarieller Zuständigkeiten im Registerverfahren, NZG 2017, 889; *Lieder*, Gründungsvollmacht und Substitution deutscher Formerfordernisse durch ausländische Präsenz- und Online-Beglaubigung – Zugleich Besprechung von OLG Celle, Beschl. v. 1.8.2022 – 9 W 62/22, ZIP 2023, 1950, ZIP 2023, 1923; *Melchior*, Vollmachten bei Umwandlungsvorgängen – Vertretungshindernisse und Interessenkollisionen, GmbHR 1999, 520; *Ott*, Die notarielle Prüfung der Eintragungsfähigkeit nach § 15 Abs. 3 GBO, § 378 Abs. 3 S. 1 FamFG, BWNotZ 2017, 146, *Sosnitza*, Das Unbedenklichkeitsverfahren nach § 16 III UmwG – Bestandsaufnahme eines gesellschaftsrechtlichen Rechtsschutzinstruments im Lichte der jüngsten Rechtsprechung, NZG 1999, 965; *Verse*, Das Beschlussmängelrecht nach dem ARUG, NZG 2009, 1127.

Übersicht

I. Allgemeines

1 § 16 normiert das Verfahren zur Anmeldung der Verschmelzung zum für den jeweiligen Rechtsträger zuständigen Register durch die Vertretungsorgane sowie die Auswirkungen von gegen den Verschmelzungsbeschluss gerichteten Klagen auf dieses.

2 **§ 16 Abs. 1 Satz 1** enthält die grundsätzliche **Anmeldepflicht** der Vertretungsorgane der beteiligten Rechtsträger, während **Absatz 1 Satz 2** eine Erweiterung der **Anmeldebefugnis** des Vertretungsorgans des übernehmenden Rechtsträgers auch auf die die übertragenden Rechtsträger betreffenden Eintragungen vornimmt. § 16 Abs. 2 und 3 betreffen **gegen die Wirksamkeit der Verschmelzung gerichtete Klagen**, ihre das Registerverfahren hemmende Wirkung (**„Registersperre“**) und deren Überwindung (**„Freigabeverfahren“**).[1)]

3 Zweck der Registersperre, deren Einführung im Jahre 1995 auch der Umsetzung einer entsprechenden höchstrichterlichen Entscheidung[2)] diente, ist die Verhinderung nicht mehr rückgängig zu machender wirtschaftlicher Folgen der Eintragung einer umstrittenen, möglicherweise rechtswidrigen Verschmelzung.[3)] Die praktischen Auswirkungen dieser Sperrwirkung machten 2009 i. R. des ARUG weitere Anpassungen zur Verfahrensbeschleunigung und gegen die Verhinderung der Freigabe durch Kleinstaktionäre erforderlich.[4)] Die ergänzende Anmeldungsbefugnis des Vertretungsorgans des übernehmenden Rechtsträgers geht auf Art. 18 Abs. 2 der Verschmelzungsrichtlinie zurück und dient gleichfalls der Beschleunigung des Eintragungsverfahrens.[5)]

---

1) Vgl. auch etwa Henssler/Strohn-*Heidinger/Knaier*, GesR, § 16 UmwG Rz. 2.

2) BGH, Beschl. v. 2.7.1990 – II ZB 1/90, BGHZ 112, 9 = NJW 1990, 2747.

3) Begr. Fraktionsentwurf UmwBerG, BT-Drucks. 12/6699, S. 88.

4) S. die Ausführungen des Gesetzgebers im RegE ARUG zur Parallelvorschrift des § 246a AktG, Begr. RegE ARUG, BT-Drucks. 16/11642, S. 41 f. (Verweis auf diese für § 16 auf S. 44). Eingehend zu dieser Entwicklung Lutter-*Decher*, UmwG, § 16 Rz. 29 ff.

5) Begr. Fraktionsentwurf UmwBerG, BT-Drucks. 12/6699, S. 88; vgl. auch Semler/Stengel/Leonard-*Schwanna/Zessel*, UmwG, § 16 Rz. 9.

Die Vorschrift des § 16 ist die Grundnorm für umwandlungsrechtliche Anmeldevorgänge, die für andere Umwandlungsarten nur teilweise und ergänzend geregelt sind.[6] Sie steht im engen Zusammenhang mit § 17, der die Anlagen der Anmeldung normiert, und weiteren rechtsformspezifischen Normen des besonderen Teils (§§ 52, 62 Abs. 3 Satz 5, 67 UmwG i. V. m. § 52 Abs. 6 AktG, § 86 UmwG). Die §§ 19, 20 regeln sodann das weitere Registerverfahren und die Wirkung der erfolgten Eintragung. Parallelvorschriften zum Freigabeverfahren finden sich in den §§ 246a, 319 Abs. 6 AktG.[7] 4

II. Anmeldung der Verschmelzung (§ 16 Abs. 1)

1. Anmeldende

In § 16 Abs. 1 wird – in Ergänzung zum materiellen Recht des jeweiligen Rechtsträgers – bestimmt, wem die Anmeldung von Verschmelzungsvorgängen obliegt. Zudem wird in Satz 2 eine **originär umwandlungsrechtliche Anmeldungsbefugnis** geschaffen, die keine Grundlage im materiellen Recht hat. 5

Verpflichtet (und berechtigt)[8] zur Anmeldung der Verschmelzung für die einzelnen beteiligten Rechtsträger zum Register ihres Sitzortes sind danach deren jeweilige **Vertretungsorgane.** Welches diese sind, ergibt sich aus den allgemeinen gesetzlichen Regelungen zur jeweiligen Rechtsform.[9] Teilweise abweichend von diesen rechtsformspezifischen Bestimmungen betreffend die Zuständigkeit für Registeranmeldungen (z. B. § 707 Abs. 4 Satz 1 BGB; § 106 Abs. 7 HGB; § 4 Abs. 1 PartGG) genügt umwandlungsrechtlich eine Anmeldung durch organschaftliche Vertreter **in vertretungsberechtigter Zahl.**[10] 6

Übersicht 1: Anmeldezuständigkeiten für die einzelnen Rechtsformen[11]

Rechtsform	Anmeldende
AG	Grundsätzlich sämtliche Vorstandsmitglieder in Gesamtvertretung (§ 78 Abs. 1 Satz 1, Abs. 2 AktG), soweit nicht – wie in der Praxis regelmäßig – auf Grundlage satzungsmäßiger Bestimmung Einzel- oder (unechte) Gesamtvertretung angeordnet Bei zeitgleicher Anmeldung einer Kapitalerhöhung bei einer AG als aufnehmender Rechtsträger: Vorstand dieser AG in vertretungsberechtigter Zahl und Vorsitzender des Aufsichtsrats (§ 188 Abs. 1 AktG)
GmbH	Grundsätzlich sämtliche Geschäftsführer in Gesamtvertretung (§ 35 Abs. 1, 2 GmbHG), soweit nicht – wie in der Praxis regelmäßig – auf gesellschaftsvertraglicher Grundlage Einzel- oder (unechte) Gesamtvertretung angeordnet Bei zeitgleicher Anmeldung einer Kapitalerhöhung bei einer GmbH als aufnehmender Rechtsträger: sämtliche Geschäftsführer dieser GmbH (§ 78 GmbHG)

6) S. §§ 129, 198 und die diesbezüglichen Kommentierungen.

7) Schmitt/Hörtnagl-*Winter*, UmwG/UmwStG, § 16 UmwG Rz. 5.

8) Nur die Verschmelzung verschmelzungsfähiger Rechtsträger (§ 3 Abs. 2 und 3) kann nach § 16 Abs. 1 zur Eintragung angemeldet werden, siehe dazu (betreffend rechtsfähige Anstalten öffentlichen Rechts) BGH, Beschl. v. 19.9.2023 – II ZB 15/22, NZG 2023, 1522 = NJW 2024, 449.

9) *Rieckers/Cloppenburg* in: BeckOGK-UmwG, § 16 Rz. 13.

10) Henssler/Strohn-*Heidinger/Knaier*, GesR, § 16 UmwG Rz. 4; Kallmeyer-*Zimmermann*, UmwG, § 16 Rz. 4; Lutter-*Decher*, UmwG, § 16 Rz. 5; *Limmer* in: Limmer, Hdb. Unternehmensumwandlung, Kap. 3 Rz. 672 f.

11) S. a. Schmitt/Hörtnagl-*Winter*, UmwG/UmwStG, § 16 UmwG Rz. 7 ff.; Widmann/Mayer-*Fronhöfer*, UmwR, § 16 UmwG Rz. 21.

Rechtsform	Anmeldende
eGbR	Grundsätzlich sämtliche Gesellschafter in Gesamtvertretung (vorbehaltlich abweichender Regelung im Gesellschaftsvertrag, § 720 Abs. 1 BGB)
oHG	Grundsätzlich jeder Gesellschafter in Einzelvertretung (vorbehaltlich abweichender Regelung im Gesellschaftsvertrag, § 124 Abs. 1, 2 HGB)
KG, KGaA	Grundsätzlich jeder persönlich haftende Gesellschafter in Einzelvertretung (vorbehaltlich abweichender Regelung im Gesellschaftsvertrag, § 161 Abs. 2 HGB i. V. m. § 124 Abs. 1, 2 HGB; nicht aber Kommanditisten, § 170 Abs. 1 HGB)
PartG	Grundsätzlich jeder Partner in Einzelvertretung (vorbehaltlich abweichender Regelung im Gesellschaftsvertrag, § 7 Abs. 2 PartGG i. V. m. § 124 Abs. 1, 2 HGB)
Genossenschaft	Grundsätzlich sämtliche Vorstandsmitglieder in Gesamtvertretung (vorbehaltlich abweichender Regelung in der Satzung, § 25 Abs. 1 GenG)
Verein	Mehrheit der Vorstandsmitglieder (§ 26 Abs. 2 BGB) (vorbehaltlich abweichender Regelung in der Satzung)
VVaG	Grundsätzlich sämtliche Vorstandsmitglieder in Gesamtvertretung (vorbehaltlich abweichender Regelung in der Satzung, § 188 Satz 2 VAG i. V. m. § 78 Abs. 1 Satz 1, Abs. 2 AktG)

7 Eine (rechtsgeschäftliche) **Vertretung** bei der Anmeldung ist möglich.[12] Eine diesbezügliche (Spezial- oder General-)Vollmacht bedarf der **öffentlichen Beglaubigung.**[13] Auch eine **unechte Gesamtvertretung** gemeinsam mit einem Prokuristen ist auf Grundlage einer entsprechenden Satzungsregelung zulässig.[14] Grundsätzlich unzulässig ist dagegen eine Anmeldung allein durch Prokuristen oder Handlungsbevollmächtigte.[15] Für den die Verschmelzung beurkundenden Notar ergibt sich eine gesetzliche Vertretungsbefugnis aus § 378 Abs. 2 FamFG.[16] Zu beachten ist dabei stets, inwiefern anlässlich oder in der Anmeldung weitere, ggf. **höchstpersönliche, Erklärungen** abzugeben sind, die einer (rechtsgeschäftlichen) Vertretung entgegenstehen können (siehe dazu auch unten Rz. 29). Besonderheiten können sich ergeben, wenn die Verschmelzung zusammen mit einer **Kapitalerhöhung** angemeldet wird und dadurch die allgemeinen den Rechtsträger betreffenden Anmeldevorschriften Anwendung finden (§ 78 GmbHG; § 188 Abs. 1 AktG).[17]

8 Aus der Anmeldungsberechtigung des jeweiligen Vertretungsorgans folgt auch eine **Anmeldeverpflichtung.**[18] Die Verletzung dieser Pflicht begründet Schadenersatzansprüche der beteiligten Rechtsträger und ihrer Gesellschafter.[19] Sie kann zudem Grund für eine Ab-

12) Lutter-*Decher*, UmwG, § 16 Rz. 5; Widmann/Mayer-*Fronhöfer*, UmwR, § 16 UmwG Rz. 27; *Melchior*, GmbHR 1999, 520.

13) § 12 Abs. 1 Satz 3 HGB; Henssler/Strohn-*Heidinger/Knaier*, GesR, § 16 UmwG Rz. 4.

14) Lutter-*Decher*, UmwG, § 16 Rz. 5; Schmitt/Hörtnagl-*Winter*, UmwG/UmwStG, § 16 UmwG Rz. 7 f.; Widmann/Mayer-*Fronhöfer*, UmwR, § 16 UmwG Rz. 23.

15) Henssler/Strohn-*Heidinger/Knaier*, GesR, § 16 UmwG Rz. 5; Lutter-*Decher*, UmwG, § 16 Rz. 5.

16) Semler/Stengel/Leonard-*Schwanna/Zessel*, UmwG, § 16 Rz. 10; Widmann/Mayer-*Fronhöfer*, UmwR, § 16 UmwG Rz. 21.

17) *Rieckers/Cloppenburg* in: BeckOGK-UmwG, § 16 Rz. 15; Schmitt/Hörtnagl-*Winter*, UmwG/UmwStG, § 16 UmwG Rz. 7 f.; Widmann/Mayer-*Fronhöfer*, UmwR, § 16 UmwG Rz. 28.

18) *Rieckers/Cloppenburg* in: BeckOGK-UmwG, § 16 Rz. 16.

19) Kallmeyer-*Zimmermann*, UmwG, § 16 Rz. 6; *Gundlach* in: HK-UmwG, § 16 Rz. 2; Semler/Stengel/Leonard-*Schwanna/Zessel*, UmwG, § 16 Rz. 2; diff. Lutter-*Decher*, UmwG, § 16 Rz. 8 – Haftung „allenfalls aus der für den jeweiligen Rechtsträger geltenden rechtlichen Binnenordnung des Vertretungsorgans"; einschränkend auch *Rieckers/Cloppenburg* in: BeckOGK-UmwG, § 16 Rz. 16: Schadenersatzpflicht nur gegenüber dem jeweiligen Rechtsträger, für den die Anmeldung vorzunehmen ist.

berufung aus wichtigem Grund (z. B. § 38 Abs. 2 GmbHG) sein.[20] Dagegen kann das Registergericht gemäß § 350 Abs. 2 die Einreichung der Anmeldung nicht durch Festsetzung eines Zwangsgeldes erzwingen.

Neben der organschaftlichen Anmeldepflicht des § 16 Abs. 1 Satz 1 begründet dessen Satz 2 eine ergänzende **Anmeldungsbefugnis** für das **Vertretungsorgan des übernehmenden Rechtsträgers**, das die Verschmelzung auch zu den jeweiligen Registern der **übertragenden Rechtsträger** anmelden darf. Dadurch soll eine Beschleunigung des Vollzugs der Verschmelzung erreicht werden, die allerdings häufig daran scheitern dürfte, dass dem so ermächtigten Organ des übernehmenden Rechtsträgers nicht sämtliche den übertragenden Rechtsträger betreffenden Dokumente, wie etwa dessen Schlussbilanz, vorliegen.[21] Auch mit dieser zusätzlichen gesetzlichen Anmeldebefugnis soll das jeweilige Vertretungsorgan eine aus dem Verschmelzungsvertrag folgende **Anmeldepflicht**, zum einen gegenüber den Anteilsinhabern des eigenen Rechtsträgers, zum andern gegenüber den übrigen Rechtsträgern und deren Anteilsinhabern, treffen.[22] 9

2. Zuständiges Register

Die Anmeldung ist nach § 16 Abs. 1 Satz 1 beim **Register** am **Sitz** des jeweiligen Rechtsträgers einzureichen. Als mögliche Register zählt das Gesetz **Handelsregister, Genossenschaftsregister, Gesellschaftsregister, Partnerschaftsregister** und **Vereinsregister** auf.[23] Welches Register danach der richtige Adressat der Anmeldung ist, ergibt sich aus den §§ 374 ff. FamFG. 10

Die (ausschließliche) **örtliche Zuständigkeit** folgt gemäß § 377 Abs. 1 FamFG aus dem Sitz des jeweiligen Rechtsträgers bzw. der Niederlassung des Einzelkaufmanns. Für Einzelkaufleute und Personenhandelsgesellschaften ist insoweit grundsätzlich der Ort maßgeblich, an dem die Geschäftsführung **tatsächlich ausgeübt** wird.[24] Dagegen ist für Kapitalgesellschaften wie AG und GmbH auf den **statutarischen Sitz** (§ 4a GmbHG; § 5 AktG) abzustellen.[25] In Angelegenheiten des Handelsregisters (Personenhandelsgesellschaften, Kapitalgesellschaften), des Gesellschaftsregisters (GbR) und des Genossenschaftsregisters (Genossenschaften) ist nach § 376 Abs. 1 FamFG das (Amts-)Gericht, in dessen Bezirk ein Landgericht seinen Sitz hat, für den (gesamten) Bezirk dieses Landgerichts zuständig. Unter anderem für Handelssachen und sämtliche Verfahren nach dem FamFG (und damit auch die Registersachen i. S. des § 374 FamFG) enthält zudem § 23d GVG eine Ermächtigung der Landesregierungen, Verfahren bei bestimmten Amtsgerichten zu bündeln (Verfahrenskonzentration).[26] 11

Die **sachliche Zuständigkeit** folgt aus der Rechtsform des jeweiligen Rechtsträgers.[27] Registersachen im obigen Sinne werden durch § 23a Abs. 1 Satz 1 Nr. 2, Abs. 2 Nr. 3 GVG i. V. m. § 374 FamFG den **Amtsgerichten** sachlich zugewiesen. 12

20) Schmitt/Hörtnagl-*Winter*, UmwG/UmwStG, § 16 UmwG Rz. 14.

21) Henssler/Strohn-*Heidinger/Knaier*, GesR, § 16 UmwG Rz. 7; Lutter-*Decher*, UmwG, § 16 Rz. 11.

22) Schmitt/Hörtnagl-*Winter*, UmwG/UmwStG, § 16 UmwG Rz. 11.

23) Vgl. auch die Parallelvorschrift des § 374 FamFG, die entsprechende Register betreffende Vorgänge als Registersachen i. S. des Gesetzes legaldefiniert.

24) *Otto* in: BeckOK-FamFG, § 377 Rz. 3, 6; vgl. auch KG Berlin, Beschl. v. 16.4.2012 – 25 W 39/12, FGPrax 2012, 172, 173 = ZIP 2012, 1668.

25) *Otto* in: BeckOK-FamFG, § 377 Rz. 8.

26) Eine entsprechende spezifische Ermächtigung in Vereinsregistersachen (§ 55 Abs. 2 BGB a. F.) konnte daher entfallen, vgl. Begr. RegE z. FGG-RG, BT-Drucks. 16/6308, S. 285. Für Berlin etwa Konzentration beim AG Charlottenburg gemäß § 5 ZuwV, GVBl. S. 116.

27) Henssler/Strohn-*Heidinger/Knaier*, GesR, § 16 UmwG Rz. 10; Semler/Stengel/Leonard-*Schwanna/Zessel*, UmwG, § 16 Rz. 8.

13 Die **funktionelle Zuständigkeit** innerhalb des Registergerichtes ergibt sich aus dem Rechtspflegergesetz (RPflG): Registersachen fallen demnach zwar grundsätzlich in die Zuständigkeit der Rechtspfleger (§ 3 Nr. 2 lit. d RPflG), doch enthält § 17 Nr. 1 lit. c RPflG eine Ausnahme für AG, KGaA, GmbH sowie VVaG und weist diese dem Registerrichter zu.[28] Dieser Richtervorbehalt kann nach § 19 Abs. 1 Nr. 6 RPflG durch die Bundesländer aufgehoben werden, wovon mehrere Bundesländer Gebrauch gemacht haben:[29]

Übersicht 2: Funktionelle Zuständigkeiten

Bundesland	**funktionelle Zuständigkeit**
Baden-Württemberg	Rechtspfleger (§ 1 Nr. 5 RichtAufgÜV BW 2017, GBl. 2017, S. 468)
Bremen	Rechtspfleger (§ 1 Abs. 2 VO v. 1.8.2011, Brem. GBl. 2011, S. 393)
Hessen	Rechtspfleger (§ 26 Abs. 2 JuZuV, GVBl. 2013, 386)
Niedersachsen	Rechtspfleger (§ 14 Abs. 1 Satz 1 Nr. 5 ZustVO-Justiz, Nds. GVBl. 2009, 506)
Rheinland-Pfalz	Rechtspfleger (§ 1 Abs. 1 Nr. 6 RPfl/UdGAufgÜV RP, GVBl. 2008, 81)
Saarland	Rechtspfleger (§ 1 Nr. 4 VO v. 2.3.2015, ABl. 2015, 206)
übrige Bundesländer	Richter[30]

14 Die **konkreten personellen Zuständigkeiten** ergeben sich aus den Geschäftsverteilungsplänen der AG, die über deren Internetpräsenzen öffentlich zugänglich sind. Soweit zwecks Abstimmung mit dem zuständigen Registerrichter bzw. Rechtspfleger in den Fällen der Verschmelzung zur Neugründung (oder auch grenzüberschreitender Hereinverschmelzungen) keine konkrete personelle Zuständigkeit ermittelt werden kann, kann eine **Anfrage** über die Eingangsregistratur bzw. die für Neugründungen zuständige Abteilung zwecks Erlangung eines dann die Zuständigkeitsverteilung auslösenden Aktenzeichens erfolgen.

3. Inhalt der Anmeldung

15 **Gegenstand der Anmeldung** ist die **Verschmelzung als solche**, nicht der Verschmelzungsvertrag oder die Verschmelzungsbeschlüsse der beteiligten Rechtsträger.[31] Die beteiligten Rechtsträger (mit Sitz und Firma)[32], die Art der Verschmelzung (im Wege der Aufnahme oder Neugründung) und deren Grundlagen (Verschmelzungsvertrag, Verschmelzungsbeschlüsse) sind in der Anmeldung anzugeben.[33] Die Anmeldung muss erkennen lassen, dass

28) Lutter-*Decher*, UmwG, § 16 Rz. 4; Widmann/Mayer-*Fronhöfer*, UmwR, § 16 UmwG Rz. 19.

29) Nach *Krafka*, Registerrecht, Teil 1 Rz. 17, Fn. 45.

30) Vgl. etwa § 2 AufhRiVbV, GVBl. S. 170, BayRS 315-7-J (Bayern); § 1 RPflV HA, HmbGVBl. 2011, 305 (Hamburg); § 1 RiVNachlVfV MV, GVOBl. M-V 2008, 2 (Mecklenburg-Vorpommern), die sich jeweils nur Nachlasssachen i. S. des § 16 RPflG beziehen.

31) *Schulte* in: NK-UmwG, § 16 Rz. 3; Henssler/Strohn-*Heidinger/Knaier*, GesR, § 16 UmwG Rz. 13; Lutter-*Decher*, UmwG, § 16 Rz. 9; Schmitt/Hörtnagl-*Winter*, UmwG/UmwStG, § 16 UmwG Rz. 17.

32) *Rieckers/Cloppenburg* in: BeckOGK-UmwG, § 16 Rz. 20; *Schulte* in: NK-UmwG, § 16 Rz. 3; Widmann/Mayer-*Fronhöfer*, UmwR, § 16 UmwG Rz. 35; einschränkend Lutter-*Decher*, UmwG, § 16 Rz. 9: empfehlenswert, aber nicht zwingend.

33) *Schulte* in: NK-UmwG, § 16 Rz. 3; Semler/Stengel/Leonard-*Schwanna/Zessel*, UmwG, § 16 Rz. 3.

das Vermögen des bzw. der übertragenden Rechtsträger(s) im Wege der Gesamtrechtsnachfolge gegen Gewährung von Anteilen bzw. Mitgliedschaften auf den übernehmenden Rechtsträger übergeht.[34)] Anzugeben sind zudem die jeweiligen Daten von Verschmelzungsvertrag und -beschlüssen, die auch Bestandteil der Eintragung des Verschmelzungsvorgangs ins jeweilige Register sind.[35)] Wurde der Verschmelzungsvertrag unter einer (aufschiebenden) **Bedingung** geschlossen, die als Voraussetzung für dessen Wirksamkeit auch Auswirkung auf die Anmeldung hat,[36)] so ist deren Eintritt dem Registergericht in der Anmeldung nachzuweisen.[37)] Bei **Kettenverschmelzungen** ist ggf. die Reihenfolge der Verschmelzungsvorgänge zu erläutern.[38)] Auch Angaben zur **Zahl der Arbeitnehmer** der verschmelzenden Rechtsträger (insbesondere wenn diese über keine Arbeitnehmer verfügen) sowie eine (Negativ-)Erklärung, dass keine **Arbeitnehmervertretung** existiert, sind vielfach üblich und schon zur Vermeidung von Nachfragen seitens des Registers empfehlenswert.[39)]

Abhängig von der Rechtsform der beteiligten Rechtsträger und der konkreten Ausgestaltung des Verschmelzungsvorganges können vereinzelt **weitere Erklärungen** bei bzw. anlässlich der Anmeldung abzugeben sein.[40)] So ist nach § 52 Satz 1 bei Beteiligung einer GmbH mit nicht voll eingezahlten Geschäftsanteilen zu erklären, dass den Verschmelzungsbeschlüssen alle (ggf. auch abwesende) Gesellschafter zugestimmt haben.[41)] Im Falle einer Konzernverschmelzung nach § 62 ist eine (Negativ-)Erklärung darüber abzugeben, ob eine (hinreichend große) Gesellschafterminderheit nach § 62 Abs. 2 die Durchführung Hauptversammlung zur Abstimmung über die Verschmelzung verlangt hat (§ 62 Abs. 3 Satz 5).[42)] 16

Änderungen der Satzung oder des Gesellschaftsvertrages des übernehmenden Rechtsträgers, die **anlässlich** der Verschmelzung vorgenommen werden, insbesondere Kapitalmaßnahmen, sind – zwar nicht zwingend, aber häufig zweckmäßigerweise – gleichzeitig mit der Verschmelzung anzumelden.[43)] Dies gilt vor allem für **Kapitalerhöhungen**, die noch vor der Verschmelzung einzutragen sind (§§ 53, 66). 17

Welche Dokumente der Anmeldung als **Anlagen** beizufügen sind, um den angemeldeten Umwandlungsvorgang zu belegen, ergibt sich im Wesentlichen aus § 17.[44)] 18

4. Form der Anmeldung

Die **Form der Anmeldung** wird durch das UmwG nicht geregelt, sondern ergibt sich aus den allgemeinen Vorschriften zu den einzelnen Registern. Aus diesen Vorschriften ergibt sich jeweils, dass die Anmeldung **elektronisch** und in **öffentlich beglaubigter** Form (§ 129 19

34) Schmitt/Hörtnagl-*Winter*, UmwG/UmwStG, § 16 UmwG Rz. 17.

35) Str., so zumindest *Schulte* in: NK-UmwG, § 16 Rz. 3; Henssler/Strohn-*Heidinger/Knaier*, GesR, § 16 UmwG Rz. 13; Semler/Stengel/Leonard-*Schwanna/Zessel*, UmwG, § 16 Rz. 3; a. A. – empfehlenswert aber nicht zwingend – *Rieckers/Cloppenburg* in: BeckOGK-UmwG, § 16 Rz. 20; Kallmeyer-*Zimmermann*, UmwG, § 16 Rz. 12; Schmitt/Hörtnagl-*Winter*, UmwG/UmwStG, § 16 UmwG Rz. 18; zum korrespondierenden Inhalt der Eintragung Widmann/Mayer-*Fronhöfer*, UmwR, § 19 UmwG Rz. 56.

36) Vgl. *Rieckers/Cloppenburg* in: BeckOGK-UmwG, § 16 Rz. 17.

37) *Gundlach* in: HK-UmwG, § 16 Rz. 7; Schmitt/Hörtnagl-*Winter*, UmwG/UmwStG, § 16 UmwG Rz. 18.

38) Lutter-*Decher*, UmwG, § 16 Rz. 9.

39) Vgl. insoweit auch *Schulte* in: NK-UmwG, § 16 Rz. 23; Kallmeyer-*Zimmermann*, UmwG, § 16 Rz. 16.

40) Henssler/Strohn-*Heidinger/Knaier*, GesR, § 16 UmwG Rz. 14.

41) Lutter-*Vetter*, UmwG, § 16 Rz. 9, 17; Semler/Stengel/Leonard-*Reichert*, UmwG, § 52 Rz. 3 ff.

42) *Habersack* in: BeckOGK-UmwG, § 62 Rz. 29; *Rose* in: HK-UmwG, § 62 Rz. 14.

43) *Rieckers/Cloppenburg* in: BeckOGK-UmwG, § 16 Rz. 21; Lutter-*Decher*, UmwG, § 16 Rz. 10; Widmann/Mayer-*Fronhöfer*, UmwR, § 16 UmwG Rz. 36.

44) Vgl. dazu und zu den je nach Rechtsform der beteiligten Rechtsträger und Art der Verschmelzung ggf. weiteren erforderlichen Anlagen bei § 17 Rz. 4 ff. [*Hoefling*].

BGB) einzureichen ist.[45] Dasselbe gilt für etwaige **Vollmachten** zur Anmeldung (§ 12 Abs. 1 Satz 3 HGB).

20 Eine **Auslandsbeglaubigung** der Anmeldung kann durch ein deutsches Konsulat oder eine deutsche Botschaft (§ 10 Abs. 1 Nr. 2, Abs. 2 KonsG) oder aber einen ausländischen Notar erfolgen, wenn das entsprechende Beglaubigungsverfahren als **funktional gleichwertig** anzusehen ist.[46] Insofern sind häufig nach ausländischem Recht zulässige Fernbeglaubigungen (z. B. durch Vergleich von Unterschriftsproben ohne Anwesenheit des Unterzeichners beim Notar) problematisch.[47] Zur Vermeidung von Zwischenverfügungen bietet es sich bei Auslandsbeglaubigungen zudem an, den Beglaubigungsvermerk des ausländischen Notars vorher abzustimmen und für die Verwendung eines die Anforderungen des BeurkG erfüllenden Beglaubigungsvermerks zu sorgen. Sichergestellt werden sollte[48]

- dass die zu beglaubigende Unterschrift vor dem beglaubigenden Notar geleistet oder in Gegenwart des beglaubigenden Notars anerkannt wird und sich aus dem Beglaubigungsvermerk ergibt, dass die unterzeichnende Person vor dem Notar zur Unterzeichnung oder Anerkennung der Unterschrift erschienen ist (§ 40 Abs. 1 und Abs. 3 BeurkG),
- dass der Notar die Person in seinem Beglaubigungsvermerk hinreichend genau (zumindest Vor- und Zuname) bezeichnet (§ 40 Abs. 3 BeurkG) sowie
- dass und wie der Notar die unterzeichnende Person identifiziert hat (Vorlage eines gültigen Ausweisdokuments bzw. von Person bekannt) (§ 40 Abs. 4 BeurkG i. V. m § 10 Abs. 3 BeurkG).[49]

21 Sofern nicht ein befreiender Staatsvertrag besteht,[50] ist die durch den ausländischen Notar i. R. der Beglaubigung erstellte öffentliche Urkunde zudem mit einer **Apostille** oder einer Legalisation zu versehen.[51] Nach den neu geschaffenen Vorschriften der § 12 Abs. 1 Satz 2 HGB i. V. m. § 40a BeurkG kommt wie für sämtliche Registeranmeldungen[52] auch die **Online-Beglaubigung** der Anmeldung über das Videokommunikationssystem der BNotK (§ 78p BNotO) in Betracht, scheitert in der Praxis allerdings (noch) häufig an den umfangreichen Voraussetzungen seiner Verwendung, speziell an der Verfügbarkeit tauglicher Ausweisdokumente (§ 40a Abs. 4 Satz 2 BeurkG i. V. m. § 16c BeurkG).[53]

---

45) § 12 Abs. 1 Satz 1 HGB (ggf. i. V. m. § 707b Nr. 2 BGB; § 5 Abs. 2 PartGG); § 157 GenG; § 77 Abs. 1 BGB, vgl. auch *Rieckers/Cloppenburg* in: BeckOGK-UmwG, § 16 Rz. 24. Im Falle des Vereinsregisters ist die elektronische Anmeldung lediglich fakultativ, vgl. Widmann/Mayer-*Fronhöfer*, UmwR, § 16 UmwG Rz. 31.

46) *Beurskens* in: BeckOGK-HGB, § 12 Rz. 46 f.

47) Die Gleichwertigkeit insoweit verneinend KG Berlin, Beschl. v. 3.3.2022 – 22 W 92/21, NZG 2022, 926, 927 = ZIP 2022, 1210 (Luxemburg); OLG Karlsruhe, Beschl. v. 20.4.2022 – 1 W 25/22 (Wx), NZG 2022, 1603, 1604 = ZIP 2022, 1544 (Österreich), vgl. auch *Bormann*, GmbHR 2023, 533, 534 ff.; *DNotI*, Gutachten, DNotI-Report 2020, 121, 122 f.; *Lieder*, ZIP 2023, 1923, 1926.

48) S. a. OLG Bremen, Beschl. v. 14.12.2021 – 2 W 31/21, Rz. 8, NJW 2022, 630, 631 = NZG 2022, 272; *Wachter*, GmbHR 2022, 636, 641 (Urteilsanm.).

49) Vgl. auch KG Berlin, Beschl. v. 26.7.2018 – 22 W 2/18, MittBayNot 2019, 290 = NZG 2018, 1195 – zur Beglaubigung der Anmeldung einer Verschmelzung durch einen Schweizer Notar mit Amtssitz Basel; a. A. und großzügiger bzgl. der Anforderungen an den Beglaubigungsvermerk OLG Celle, Beschl. v. 28.12.2022 – 9 W 104/22, Rz. 10 ff., NZG 2023, 1028, 1029 = FGPrax 2023, 159, sowie für die Gleichwertigkeit von Online-Beglaubigungen nach österreichischem Recht OLG Celle, Beschl. v. 1.8.2022 – 9 W 62/22, NZG 2023, 1087 = ZIP 2023, 1950.

50) Übersicht zu bilateralen Abkommen zur Befreiung von der Legalisation (und der Apostille) bei *Süß* in: Beck'sches Notar-Hdb., § 28 Rz. 344B ff.: Belgien, Dänemark, Frankreich, Italien, Österreich (erfasst sind allerdings zum Teil unterschiedliche Urkundsarten).

51) *Rieckers/Cloppenburg* in: BeckOGK-UmwG, § 16 Rz. 25; Kallmeyer-*Zimmermann*, UmwG, § 16 Rz. 7. S. auch insoweit *Süß* in: Beck'sches Notar-Hdb., § 28 Rz. 343, 345.

52) Vgl. für eGbR: § 707b Nr. 2 BGB i. V. m. § 12 HGB; eG: § 157 GenG; e. V.: § 77 Abs. 2 BGB und PartG: § 5 Abs. 2 PartGG.

53) S. dazu *Stelmaszczyk* in: BeckOGK-BeurkG, § 36 Rz. 10; *Heckschen/Knaier*, NZG 2021, 1093, 1097 f.

5. Zeitpunkt und Reihenfolge der Anmeldungen

Eine allgemeine gesetzliche **Fristbestimmung** für die Vornahme der Anmeldung der Verschmelzung besteht nicht,[54] doch soll sie grundsätzlich **unverzüglich** vorzunehmen sein.[55] Sinnvoll möglich ist die Anmeldung indes erst, wenn der Verschmelzungsvorgang als Gegenstand der Anmeldung (siehe oben Rz. 15) durch Abschluss des Verschmelzungsvertrages und Fassung der Verschmelzungsbeschlüsse seine endgültige Gestalt erhalten hat.[56] Die Frist für Klagen gegen den Verschmelzungsbeschluss (§ 14 Abs. 1) kann, muss aber nicht, abgewartet werden; die Nachreichung der Negativerklärung nach § 16 Abs. 2 (siehe dazu unten Rz. 28 ff.) ist möglich.[57] Aufseiten des übertragenden Rechtsträgers ist zudem die an den Bilanzstichtag anknüpfende **Acht-Monats-Frist** des § 17 Abs. 2 Satz 1 zu beachten (eingehend dazu siehe § 17 Rz. 36 ff. [*Hoefling*]). 22

Die **Reihenfolge der Anmeldungen** zu den Registern der beteiligten Rechtsträger ist, anders als die Reihenfolge der Eintragungen nach § 19, gesetzlich nicht vorgegeben.[58] Eine **zeitgleiche** oder zumindest **zeitlich abgestimmte** Anmeldung bei allen beteiligten Rechtsträgern wird häufig als zweckmäßig angesehen.[59] Andernfalls kann es sich empfehlen, die für die Eintragungen vorgesehene Abfolge zu beachten und auch bei der Anmeldung zunächst das Register des übertragenden Rechtsträgers zu adressieren, da die dortige Eintragung nach § 19 Abs. 1 Satz 1 Voraussetzung der Eintragung ins Register des übernehmenden Rechtsträgers ist.[60] Auch mit der Anmeldung einer etwaigen Kapitalerhöhung kann sich eine zeitliche Koordinierung empfehlen.[61] 23

6. Notarkosten der Anmeldung

Für die bloße **Beglaubigung** einer (fremden) Anmeldung entsteht nach Nr. 25100 KV GNotKG eine 0,2 Gebühr von mindestens 20 €. Der Geschäftswert bestimmt sich für die Anmeldung einer Verschmelzung im Wege der Aufnahme (d. h. nicht erste Anmeldung des betroffenen Rechtsträgers) nach §§ 121, 105 Abs. 4 GNotKG und beträgt danach für Kapitalgesellschaften 1 % des eingetragenen Grund- bzw. Stammkapitals, mindestens aber 30.000 €, für andere verschmelzungsfähige Rechtsträger stets 30.000 € (Ausnahme VVaG: 60.000 €). Eine 0,2 Gebühr auf diesen Mindestgeschäftswert beträgt nach der Kostentabelle in Anlage 2 des GNotKG 25 €. Im Falle der Verschmelzung im Wege der Neugründung entspricht der Geschäftswert – abhängig von der Rechtsform des neuen Rechtsträgers – dem einzutragenden Grund- bzw. Stammkapital des neuen Rechtsträger, mindestens aber 30.000 € (Kapitalgesellschaften, § 105 Abs. 1 Satz 1 Nr. 1, Satz 2 GNotKG), bei Personengesellschaften 45.000 € zzgl. 15.000 € für jeden weiteren Gesellschafter (§ 105 Abs. 3 Nr. 2 GNotKG) und bei eG oder e. V. 60.000 € (§ 105 Abs. 3 Nr. 3 GNotKG). Hinzu kommen weitere **(Vollzugs-)Gebühren** für den elektronischen Vollzug und die Erstellung von XML-Strukturdaten (0,2 Gebühr nach Nr. 22114 KV GNotKG, max. 125 €), eine Vollzugsgebühr für die Übermittlung an das Handelsregister und Prüfung nach § 378 Abs. 3 24

54) Kallmeyer-*Zimmermann*, UmwG, § 16 Rz. 7.

55) Semler/Stengel/Leonard-*Schwanna/Zessel*, UmwG, § 16 Rz. 4.

56) So auch Widmann/Mayer-*Fronhöfer*, UmwR, § 16 UmwG Rz. 32.

57) *Rieckers/Cloppenburg* in: BeckOGK-UmwG § 16 Rz. 17; Widmann/Mayer-*Fronhöfer*, UmwR, § 16 UmwG Rz. 32; grundsätzlich auch *Schulte* in: NK-UmwG, § 16 Rz. 4, i. S. einer etwaigen Fristwahrung, der dies aber bei „gewöhnlichem Ablauf des Verschmelzungsvorgangs" als wenig sinnvoll erachtet.

58) Lutter-*Decher*, UmwG, § 16 Rz. 9; Widmann/Mayer-*Fronhöfer*, UmwR, § 16 UmwG Rz. 12.

59) S. Henssler/Strohn-*Heidinger/Knaier*, GesR, § 16 UmwG Rz. 11; Kallmeyer-*Zimmermann*, UmwG, § 16 Rz. 8; Schmitt/Hörtnagl-*Winter*, UmwG/UmwStG, § 16 UmwG Rz. 16.

60) *Rieckers/Cloppenburg* in: BeckOGK-UmwG § 16 Rz. 23; Semler/Stengel/Leonard-*Schwanna/Zessel*, UmwG, § 16 Rz. 6.

61) Schmitt/Hörtnagl-*Winter*, UmwG/UmwStG, § 16 UmwG Rz. 16.

FamFG nach Nr. 22124 KV GNotKG (20,00 €) sowie Auslagenpauschalen (Nr. 32000 ff. KV GNotKG) und die Umsatzsteuer (Nr. 32014 KV GNotK).[62]

25 Übernimmt der Notar darüber hinaus auch den **Entwurf der Anmeldung**, so ist stattdessen Nr. 24102 KV GNotKG maßgeblich, der einen Gebührenrahmen von 0,3 bis 0,5 vorsieht, mindestens jedoch 30 €.[63] Der Geschäftswert ist nach §§ 119, 105 Abs. 4 GNotKG zu bestimmen und beträgt daher ebenfalls mindestens 30.000 €. Eine 0,5 Gebühr auf diesen Mindestgeschäftswert beträgt nach der Kostentabelle in Anlage 2 des GNotKG 62,50 €. Auch hier entstehen eine 0,2 Gebühr nach Nr. 22114 KV GNotKG sowie weitere Gebühren nach Nr. 32000 ff. KV GNotKG. Zu den **Kosten der Eintragung** siehe § 19 Rz. 24 ff. [*Hoefling*].

7. Prüfung der Anmeldung; Rechtsmittel

26 Die Anmeldung ist – mit Ausnahme der die PartG und die eG betreffenden Anmeldungen – nach § 378 Abs. 3 Satz 1 FamFG zunächst **durch einen Notar auf ihre abstrakte Eintragungsfähigkeit zu prüfen**, soweit er den betreffenden Entwurf nicht ohnehin selbst erstellt hat.[64] Dabei hat der Notar (lediglich) die angemeldeten Tatsachen auf ihre abstrakte Eintragungsfähigkeit, mithin lediglich die Anmeldung selbst einschließlich der darin enthaltenen Erklärungen, nicht aber die ihr zugrunde liegenden Dokumente, zu prüfen.[65] Das Ergebnis dieser Prüfung ist auf der Anmeldung (in der Regel als Teil des Beglaubigungsvermerks des Notars) zu vermerken.[66] Im Anschluss folgt die Einreichung zum Registergericht, im Regelfall durch denselben Notar (§ 378 Abs. 3 Satz 2 FamFG).

27 Auf diese notarielle Vorprüfung folgt die eigentliche (materielle) **Prüfung des zuständigen Registerrichters** bzw. **Rechtspflegers** (zur funktionellen Zuständigkeit siehe oben Rz. 13). Wird dabei ein behebbares Eintragungshindernis festgestellt, hat das Registergericht nach § 382 Abs. 4 FamFG zunächst mittels **Zwischenverfügung** Gelegenheit zu dessen Behebung zu geben. Gegen die Zwischenverfügung – oder die endgültige Abweisung der Anmeldung – ist die **Beschwerde** zum OLG nach §§ 58 ff. FamFG statthaft (§ 119 GVG), wird dieser nicht abgeholfen die Rechtsbeschwerde zum BGH nach §§ 70 ff. FamFG (§ 133 GVG); siehe ausführlich § 19 Rz. 16 [*Hoefling*].[67]

III. Negativerklärung (§ 16 Abs. 2)

28 Nach § 16 Abs. 2 Satz 1 haben die anmeldenden Vertretungsorgane bei der Anmeldung zu erklären, dass gegen den Verschmelzungsbeschluss keine bzw. keine fristgemäße Klage erhoben wurde oder, dass eine solche Klage durch das angerufene Gericht rechtskräftig abgewiesen oder durch den Kläger zurückgenommen worden ist (sog. **Negativerklärung**).[68] Die **Form** der Erklärung ist gesetzlich nicht vorgegeben, sie kann daher grundsätzlich formlos erfolgen.[69] Zur Ermöglichung des Nachweises gegenüber dem Registergericht

---

62) S. a. die beispielhafte Darstellung bei *Diehn*, Notarkostenberechnungen, Rz. 1510 ff.

63) Daneben entsteht in der Regel keine Gebühr für die Beglaubigung, vgl. Vorb. 2.4.1 Abs. 2 KV GNotKG.

64) Dazu etwa *Otto* in: BeckOK-FamFG, § 378 Rz. 21 ff.; *Ott*, BWNotZ 2017, 146.

65) Bumiller/Harders/Schwamb-*Harders*, FamFG, § 378 Rz. 12; *Krafka*, NZG 2017, 889, 892.

66) *Otto* in: BeckOK-FamFG, § 378 Rz. 63 ff.; vgl. auch OLG Celle, Beschl. v. 6.11.2017 – 18 W 57/17, FGPrax 2018, 5 = Rpfleger 2018, 252 – zu § 15 Abs. 3 GBO.

67) S. a. Kallmeyer-*Zimmermann*, UmwG, § 16 Rz. 20; Semler/Stengel/Leonard-*Schwanna*/*Zessel*, UmwG, § 16 Rz. 12a.

68) Formulierungsvorschläge für die einzelnen Erklärungen etwa bei Semler/Stengel/Leonard-*Schwanna*/*Zessel*, UmwG, § 16 Rz. 13.

69) *Rieckers*/*Cloppenburg* in: BeckOGK-UmwG, § 16 Rz. 27; Lutter-*Decher*, UmwG, § 16 Rz. 15; Widmann/Mayer-*Fronhöfer*, UmwR, § 16 UmwG Rz. 85 sowie § 17 Rz. 59; *Krafka*, Registerrecht, Teil 1 Rz. 1175; a. A. *Erkens* in KölnKomm-UmwG, § 16 Rz. 23 – notarielle Beglaubigung.

empfiehlt sich jedoch eine Erklärung in verkörperter, zumindest textförmlicher, Form.[70] Regelmäßig wird die Negativerklärung in den Text der Anmeldung integriert. Erfolgt die Anmeldung durch einen Vertreter, etwa den Notar (siehe dazu oben Rz. 7), kann die Negativerklärung dieser aber auch als Anlage in nicht beglaubigter Form beigefügt werden.[71]

Abzugeben ist die Erklärung durch das jeweilige für die Anmeldung zuständige **Vertretungsorgan** des Rechtsträgers, wiederum ggf. in (lediglich) vertretungsberechtigter Zahl.[72] Es handelt sich insoweit um eine **höchstpersönliche Wissenserklärung** (des Vertretungsorgans), bei der **keine rechtsgeschäftliche Stellvertretung** möglich ist.[73] Erfolgt aber die Anmeldung in unechter Gesamtvertretung (siehe dazu oben Rz. 7), kann auch die Negativerklärung dementsprechend abgegeben werden.[74] Die Vertretungsorgane sind zudem verpflichtet, etwaige Veränderungen nach Abgabe der Erklärung und Anmeldung der Verschmelzung, d. h. später erhobene Klagen, dem Gericht mitzuteilen (§ 16 Abs. 2 Satz 1 Halbs. 2).[75] Dies kann insbesondere später zugestellte, aber nicht verfristete Klagen betreffen.[76] Gegebenenfalls kann sich es sich für das jeweilige Vertretungsorgan empfehlen, ohne dass eine diesbezügliche Pflicht bestünde, bei der Geschäftsstelle des zuständigen Landgerichts nachzufragen, ob eine (gerade noch fristgemäße) Klage vorliegt.[77] 29

Inhalt der Negativerklärung ist, dass der jeweilige Verschmelzungsbeschluss nicht mehr durch Rechtsmittel nicht einverstandener Anteilsinhaber beseitigt zu werden droht, weil eine Klage entweder gar nicht oder nicht fristgemäß (d. h. innerhalb der Frist des § 14 Abs. 1) erhoben wurde oder sie zwar zulässig erhoben, aber rechtskräftig abgewiesen oder zurückgenommen wurde.[78] Klageerhebung setzt gemäß § 253 Abs. 1 ZPO deren Zustellung (bei der Gesellschaft als Klagegegnerin) voraus, allerdings genügt gemäß § 167 ZPO eine fristgemäße Einreichung bei Gericht, wenn die Zustellung „demnächst" erfolgt (Rückwirkung der Zustellung). Wurde eine erhobene Klage zurückgenommen, kann die Negativerklärung erst abgegeben werden, wenn eine erneute (fristgemäße) Erhebung (vgl. § 269 Abs. 6 ZPO) ausgeschlossen ist.[79] Gegenstand der Negativerklärung sind **Klagen gegen die Wirksamkeit des Verschmelzungsbeschlusses** (i. S. des § 14 Abs. 1), nicht etwa gegen den Verschmelzungsvertrag oder weitere mit der Verschmelzung zusammenhängende Beschlüsse (z. B. Kapitalerhöhungsbeschlüsse).[80] Mitumfasst sein sollen aber gesonderte Be- 30

---

70) Soweit einige Autoren „Schriftform" empfehlen, s. etwa *Rieckers/Cloppenburg* in: BeckOGK-UmwG, § 16 Rz. 27; Kallmeyer-*Zimmermann*, UmwG, § 16 Rz. 15; *Weiler* in: Hauschild/Kallrath/Wachter, Hdb. Gesellschafts- und Unternehmensrecht, § 25 Rz. 176, ist dies wohl in einem solchen, untechnischen Sinne zu verstehen und nicht als Verweis auf die Form des § 126 BGB.

71) Kallmeyer-*Zimmermann*, UmwG, § 17 Rz. 3; Widmann/Mayer-*Fronhöfer*, UmwR, § 17 UmwG Rz. 59; *Weiler* in: Hauschild/Kallrath/Wachter, Hdb. Gesellschafts- und Unternehmensrecht, § 25 Rz. 176.

72) Henssler/Strohn-*Heidinger/Knaier*, GesR, § 16 UmwG Rz. 15; *Erkens* in: KölnKomm-UmwG, § 16 Rz. 21; Lutter-*Decher*, UmwG, § 16 Rz. 15.

73) Wohl allg. M., vgl. *Rieckers/Cloppenburg* in: BeckOGK-UmwG, § 16 Rz. 27; Henssler/Strohn-*Heidinger/Knaier*, GesR, § 16 UmwG Rz. 15; Schmitt/Hörtnagl-*Winter*, UmwG/UmwStG, § 16 UmwG Rz. 20; Semler/Stengel/Leonard-*Schwanna/Zessel*, UmwG, § 16 Rz. 7 a. E.; *Melchior*, GmbHR 1999, 520.

74) Str., wie hier *Rieckers/Cloppenburg* in: BeckOGK-UmwG, § 16 Rz. 27; Widmann/Mayer-*Fronhöfer*, UmwR, § 16 UmwG Rz. 85; a. A. *Schulte* in: NK-UmwG, § 16 Rz. 24; Lutter-*Decher*, UmwG, § 16 Rz. 15.

75) Begr. Fraktionsentwurf UmwBerG, BT-Drucks. 12/6699, S. 88; Schmitt/Hörtnagl-*Winter*, UmwG/UmwStG, § 16 UmwG Rz. 24.

76) *Rieckers/Cloppenburg* in: BeckOGK-UmwG, § 16 Rz. 34.

77) Kallmeyer-*Oppenhoff*, UmwG, § 16 Rz. 23; Lutter-*Decher*, UmwG, § 16 Rz. 18; vgl. auch *Büchel*, ZIP 2006, 2289, 2291.

78) Vgl. auch *Schulte* in: NK-UmwG, § 16 Rz. 15.

79) So implizit auch Widmann/Mayer-*Fronhöfer*, UmwR, § 16 UmwG Rz. 83.

80) Begr. Fraktionsentwurf UmwBerG, BT-Drucks. 12/6699, S. 88; Lutter-*Decher*, UmwG, § 16 Rz. 16; Semler/Stengel/Leonard-*Schwanna/Zessel*, UmwG, § 16 Rz. 14.

schlüsse der Anteilsinhaber, die in einem engen Sachzusammenhang mit dem Verschmelzungsbeschluss stehen (z. B. Sonderbeschlüsse gemäß § 65 Abs. 2).[81)]

31 Unterschiedlich beurteilt wird, ob sich die Negativerklärung der einzelnen Vertretungsorgane, wie es der Wortlaut nahelegt, stets auf die **Verschmelzungsbeschlüsse aller beteiligten Rechtsträger** beziehen muss[82)] oder nur auf den Rechtsträger, für den die Erklärung abgegeben wird.[83)] Die Gesetzesbegründung ist insoweit unergiebig.[84)] Einer Erklärung eines „fremden" Organs, das an einem entsprechenden Rechtsstreit nicht beteiligt wäre, dass keine Klagen gegen die Wirksamkeit des Verschmelzungsbeschlusses des jeweiligen Rechtsträgers erhoben worden sei, dürfte nur wenig Mehrwert gegenüber der Erklärung des zur Führung dieses Streits berufenen Organs beizumessen sein. Auch erscheint fraglich, ob sich das verpflichtete Vertretungsorgan zum Stand eines solchen „fremden" Rechtsstreits überhaupt hinreichend Gewissheit verschaffen und von ihm daher eine entsprechende Erklärung verlangt werden kann. Der Wortlaut des § 16 Abs. 2 Satz 1 sollte daher für die Praxis so ausgelegt werden, dass dieser nur eine Negativerklärung für alle an der Verschmelzung beteiligten Rechtsträger verlangt, nicht aber eine Erklärung aller Vertretungsorgane aller Rechtsträger auch zu allen anderen Rechtsträgern.

32 **Beispielhafte Negativerklärungen** i. S. des § 16 Abs. 2 Satz 1 könnten daher lauten:[85)]

> „Eine Klage gegen die Wirksamkeit des Verschmelzungsbeschlusses der Gesellschaft vom […] [alternativ: gegen die Verschmelzungsbeschlüsse sämtlicher Gesellschaften] wurde nicht [fristgemäß gemäß § 14 Abs. 1 UmwG] erhoben."

> „Es ist fristgerecht gegen den Verschmelzungsbeschluss der [Gesellschaft] vom […] Klage erhoben worden. Die Klage wurde im Hauptsacheverfahren durch das [Gericht] mit Entscheidung vom […] (Az. […]) rechtskräftig abgewiesen."

> „Es ist fristgerecht gegen den Verschmelzungsbeschluss der [Gesellschaft] vom […] Klage erhoben worden. Die Klage wurde mit Schriftsatz vom […] zurückgenommen und nicht erneut fristgerecht im Sinne des § 14 Abs. 1 UmwG erhoben."

33 Grundsätzlich verlangt das Gesetz seinem Wortlaut nach („Bei der Anmeldung"), dass die Negativerklärungen **zeitgleich mit der Anmeldung** abgegeben werden. Dennoch ist es zulässig, die Anmeldung bereits vor Ablauf der Klagefrist des § 14 Abs. 1 ein- und die Erklärung mit deren Ablauf nachzureichen.[86)] Das Fehlen der Negativerklärung ist insoweit ein behebbarer Mangel i. S. des § 382 Abs. 4 FamFG (Unvollständigkeit der Anmeldung).[87)] In der Praxis wird die Negativerklärung häufig als Teil der Registeranmeldung unterzeichnet, aber durch den beglaubigenden Notar bis zum Ablauf der Frist des § 14 Abs. 1 einbehalten und erst dann in den Registerverkehr entäußert (Abgabe i. S. des § 130 Abs. 1 BGB). Denn vor Ablauf der Frist des § 14 Abs. 1 kann die Erklärung grundsätzlich nicht (endgültig) wirksam abgegeben werden.[88)] Alternativ kann die Anmeldung zunächst lediglich mit einer Ankündigung der späteren Abgabe der Negativerklärung beglaubigt und eingereicht werden, welche sodann nach Fristablauf nachgereicht wird (zur Form der Negativerklärung siehe oben Rz. 28). Eine vorzeitig abgegebene Erklärung ist zur Ermöglichung

---

81) Kallmeyer-*Oppenhoff*, UmwG, § 16 Rz. 24; Lutter-*Decher*, UmwG, § 16 Rz. 17.

82) Dafür Schmitt/Hörtnagl-*Winter*, UmwG/UmwStG, § 16 UmwG Rz. 22; Widmann/Mayer-*Fronhöfer*, UmwR, § 16 UmwG Rz. 70; wohl auch Henssler/Strohn-*Heidinger/Knaier*, GesR, § 16 UmwG Rz. 15.

83) Dafür *Rieckers/Cloppenburg* in: BeckOGK-UmwG, § 16 Rz. 29; *Erkens* in: KölnKomm-UmwG, § 16 Rz. 21; Lutter-*Decher*, UmwG, § 16 Rz. 21; *Limmer* in: Limmer, Hdb. Unternehmensumwandlung, Kap. 3 Rz. 688; wohl auch Kallmeyer-*Oppenhoff*, UmwG, § 16 Rz. 22.

84) Vgl. Begr. Fraktionsentwurf UmwBerG, BT-Drucks. 12/6699, S. 88.

85) Vgl. auch Semler/Stengel/Leonard-*Schwanna/Zessel*, UmwG, § 16 Rz. 13.

86) *Rieckers/Cloppenburg* in: BeckOGK-UmwG, § 16 Rz. 32; Kallmeyer-*Oppenhoff*, UmwG, § 16 Rz. 25; Lutter-*Decher*, UmwG, § 16 Rz. 22; Widmann/Mayer-*Fronhöfer*, UmwR, § 16 UmwG Rz. 95 ff.

87) Semler/Stengel/Leonard-*Schwanna/Zessel*, UmwG, § 16 Rz. 16.

88) BGH, Urt. v. 5.10.2006 – III ZR 283/05, NZG 2006, 956, 957 = ZIP 2006, 2312; Kallmeyer-*Oppenhoff*, UmwG, § 16 Rz. 25; *Erkens* in: KölnKomm-UmwG, § 16 Rz. 34.

der Eintragung auf den Zeitpunkt des Ablaufs der Klagefrist zu **aktualisieren.**[89] Eine Verzögerung des Vollzugs der Verschmelzung kann sich, abhängig vom jeweils zuständigen Registergericht, daraus ergeben, dass offenbar einige Gerichte mit Verweis auf § 167 ZPO trotz Vorliegen aller Eintragungsvoraussetzungen, einschließlich wirksamer Negativerklärung, eine etwa vierzehntätige Wartefrist einhalten, um einer Kollision der Freigabe mit nach dieser Vorschrift „demnächst" zugestellten, gerade noch fristwahrenden Klagen vorzubeugen.[90]

Im Falle des **Fehlens der Negativerklärung** darf die Verschmelzung grundsätzlich nicht eingetragen werden (**Registersperre**, § 16 Abs. 2. Satz 2). Eine Nachreichung der Negativerklärung auch nach Ablauf der Achtmonatsfrist des § 17 Abs. 2 Satz 4 ist aber möglich.[91] Folge der Registersperre ist indes nicht das (endgültige) Scheitern der Anmeldung, sondern zunächst lediglich eine Aussetzung des Eintragungsverfahrens (§ 21 FamFG) bis zur Entscheidung über die Klage gegen den Verschmelzungsbeschluss bzw. bis zur Durchführung eines Freigabeverfahrens nach § 16 Abs. 3.[92] 34

Die Negativerklärung und das Abwarten des Ablaufs der Frist des § 14 Abs. 1 sind **entbehrlich**, wenn alle klageberechtigten Anteilsinhaber mittels **notariell beurkundeter Verzichtserklärung**[93] auf die Möglichkeit der Klage gegen die Wirksamkeit des Verschmelzungsbeschlusses **verzichtet** haben (§ 16 Abs. 2 Satz 2 Halbs. 2). Dadurch soll insbesondere die Verschmelzung von Rechtsträgern mit kleinem Kreis von Anteilsinhabern beschleunigt werden.[94] Bei konzerninternen Verschmelzungen mit personenidentischem Anteilsinhaberkreis sind solche Verzichtserklärungen der Regelfall. Diese können in **Stellvertretung** abgegeben werden.[95] Die entsprechende Vollmacht bedarf nicht der notariellen Form der Erklärung (§ 167 Abs. 2 BGB).[96] Eine Verzichtserklärung in vollmachtloser Vertretung ist unheilbar nichtig (§ 180 Satz 1 BGB),[97] ihre nachträgliche Genehmigung ist daher ausgeschlossen.[98] In der Praxis werden die Verzichtserklärungen regelmäßig in die den Verschmelzungsbeschluss beinhaltende Urkunde aufgenommen.[99] Dazu muss indes – zumindest insoweit – eine Beurkundung nach den §§ 8 ff. BeurkG und nicht ein bloßes Tatsachenprotokoll erfolgen.[100] Es kann sich empfehlen, in der Anmeldung auf das Vorliegen der formgerechten Verzichtserklärungen aller Anteilsinhaber hinzuweisen.[101] 35

89) *Rieckers/Cloppenburg* in: BeckOGK-UmwG, § 16 Rz. 33; Lutter-*Decher*, UmwG, § 16 Rz. 22.

90) Vgl. OLG Hamburg, Beschl. v. 20.8.2003 – 11 W 39/03, NZG 2003, 981; OLG Hamm, Urt. v. 9.11.2005 – 11 U 70/04, NZG 2006, 274 = ZIP 2006, 1296. Jedenfalls die Pflicht zu einem solchen Zuwarten abl. die wohl h. L.: *Rieckers/Cloppenburg* in: BeckOGK-UmwG, § 16 Rz. 33; Kallmeyer-*Oppenhoff*, UmwG, § 16 Rz. 25; *Erkens* in: KölnKomm-UmwG, § 16 Rz. 38 f.; Lutter-*Decher*, UmwG, § 16 Rz. 20; a. A. wohl Schmitt/Hörtnagl-*Winter*, UmwG/UmwStG, § 16 UmwG Rz. 23; Widmann/Mayer-*Fronhöfer*, UmwR, § 16 UmwG Rz. 73.

91) Henssler/Strohn-*Heidinger/Knaier*, GesR, § 16 UmwG Rz. 15.

92) *Rieckers/Cloppenburg* in: BeckOGK-UmwG, § 16 Rz. 36; Kallmeyer-*Oppenhoff*, UmwG, § 16 Rz. 28.

93) Diff. zur Bedeutung dieses Formerfordernisses – keine Auswirkung auf die Wirksamkeit des Verzichts – Widmann/Mayer-*Fronhöfer*, UmwR, § 16 UmwG Rz. 88.

94) Begr. Fraktionsentwurf UmwBerG, BT-Drucks. 12/6699, S. 88.

95) Henssler/Strohn-*Heidinger/Knaier*, GesR, § 16 UmwG Rz. 16.

96) *Rieckers/Cloppenburg* in: BeckOGK-UmwG, § 16 Rz. 37; Henssler/Strohn-*Heidinger/Knaier*, GesR, § 16 UmwG Rz. 16; Lutter-*Decher*, UmwG, § 16 Rz. 26; a. A. Widmann/Mayer-*Heckschen*, UmwR, § 13 UmwG Rz. 114.1.

97) BGH, Urt. v. 12.11.2008 – VIII ZR 170/07, NJW 2009, 215, 216 = NZG 2009, 110; *Schäfer* in: BeckOK-BGB, § 180 Rz. 3.

98) *Erkens* in: KölnKomm-UmwG, § 16 Rz. 41; Lutter-*Decher*, UmwG, § 16 Rz. 26.

99) Schmitt/Hörtnagl-*Winter*, UmwG/UmwStG, § 16 UmwG Rz. 26; Widmann/Mayer-*Fronhöfer*, UmwR, § 16 UmwG Rz. 88.

100) *Schulte* in: NK-UmwG, § 16 Rz. 20.

101) *Schulte* in: NK-UmwG, § 16 Rz. 15.

36 Eine entsprechende Erklärung könnte lauten:

„Eine Negativerklärung im Sinne des § 16 Abs. 2 Satz 1 UmwG ist nicht erforderlich, da sämtliche Anteilsinhaber durch notariell beurkundete (in der/den vorgenannten Urkunde[n] enthaltene) Verzichtserklärung auf die Klage gegen die Wirksamkeit des Verschmelzungsbeschlusses verzichtet haben."

37 Nach weit verbreiteter Auffassung ist die Negativerklärung aufgrund dann fehlenden Rechtschutzbedürfnisses für etwaige Anfechtungsklagen auch dann **entbehrlich**, wenn alle Anteilsinhaber im Verschmelzungsbeschluss **zugestimmt** haben.[102)] Jedenfalls aus Vorsichtsgründen und zur Gewährleistung eines reibungsfreien Registervollzugs dürfte sich mangels einer diese Auffassung stützenden gesetzlichen Regelung, auch in derartigen Fällen die Einholung von Verzichtserklärungen empfehlen.[103)] Unproblematisch entbehrlich ist eine Negativerklärung hingegen, wenn bereits **der Verschmelzungsbeschluss selbst entbehrlich** war (vor allem i. R. einer Konzernverschmelzung unter Beteiligung einer AG §§ 62 Abs. 1, 4, 312 Abs. 2).[104)] An dessen Stelle tritt die Erklärung nach § 62 Abs. 3 Satz 5, dass kein (berechtigter) Antrag auf Durchführung einer Hauptversammlung nach § 62 Abs. 2 gestellt wurde.

IV. Freigabeverfahren (§ 16 Abs. 3)

38 Anstelle einer Negativerklärung i. S. des § 16 Abs. 2 Satz 1 kann eine Registersperre durch gegen den Verschmelzungsbeschluss gerichtete Klagen auch durch gerichtlichen **Beschluss** vermieden werden, mittels dessen festgestellt wird, dass die Klageerhebung **der Eintragung nicht entgegensteht** (sog. **Freigabebeschluss**, § 16 Abs. 3 Satz 1). Dadurch soll verhindert werden, dass der wirtschaftliche Erfolg der Verschmelzung ungerechtfertigt verzögert oder gar vereitelt wird.[105)] Es handelt sich insoweit um ein gerichtliches Eilverfahren, mit dem rechtsmissbräuchlichen Klagen gegen Verschmelzungsbeschlüsse entgegengewirkt werden soll.[106)]

1. Voraussetzungen

39 Die Freigabe des Verschmelzungsverfahrens erfolgt nur auf **Antrag** des Rechtsträgers, gegen dessen Verschmelzungsbeschluss sich die jeweilige Klage richtet (§ 16 Abs. 3 Satz 1). Sonstige Personen oder Organe, Anteilsinhaber, Vorstand bzw. Geschäftsführer oder Aufsichtsrat sind nicht antragsbefugt.[107)] **Antragsgegner** ist der Kläger des Hauptsacheverfahrens

102) *Rieckers/Cloppenburg* in: BeckOGK-UmwG, § 16 Rz. 38; Kallmeyer-*Oppenhoff*, UmwG, § 16 Rz. 29; Lutter-Decher, UmwG, § 16 Rz. 28; Widmann/Mayer-*Fronhöfer*, UmwR, § 16 UmwG Rz. 91; *Limmer* in: Limmer, Hdb. Unternehmensumwandlung, Kap. 3 Rz. 692; zurückhaltend Schmitt/Hörtnagl-*Winter*, UmwG/UmwStG, § 16 UmwG Rz. 26; zurückhaltend *Erkens* in: KölnKomm-UmwG, § 16 Rz. 43 – nicht unproblematisch wg. Fortbestehens der Klagebefugnis bei unbekannten Mängeln.

103) So auch Lutter-*Decher*, UmwG, § 16 Rz. 28; Semler/Stengel/Leonard-*Schwanna/Zessel*, UmwG, § 16 Rz. 20. Auch aus der Rspr. ergeben sich bislang keine Anhaltspunkte, die für eine generelle Entbehrlichkeit der Verzichtserklärung bei Zustimmung aller Gesellschafter sprechen. Die bisweilen in diesem Zusammenhang zitierte Entscheidung des LG Dresden (Beschl. v. 14.11.1996 – 45 T 60/96, GmbHR 1997, 175 = DB 1997, 88) betrifft einen nicht verallgemeinerbaren Sachverhalt einer Ein-Personen-Gesellschaft, in dem zudem eine Verzichtserklärung vorlag.

104) Lutter-*Decher*, UmwG, § 16 Rz. 28; *Kiefner/Siebel* in: MünchHdb. GesR, Bd. 8, § 16 Rz. 88.

105) Vgl. Begr. Fraktionsentwurf UmwBerG, BT-Drucks. 12/6699, S. 88. Ausf. zur Entstehungsgeschichte der Vorschrift Schmitt/Hörtnagl-*Winter*, UmwG/UmwStG, § 16 UmwG Rz. 28 ff.; s. a. *Decher*, AG 1997, 388.

106) *Rieckers/Cloppenburg* in: BeckOGK-UmwG, § 16 Rz. 40; s. a. Schmitt/Hörtnagl-*Winter*, UmwG/UmwStG, § 16 UmwG Rz. 28 ff., 36. Zu den Auswirkungen auf die Rechtspraxis s. Lutter-*Decher*, UmwG, § 16 Rz. 33 f.

107) Semler/Stengel/Leonard-*Schwanna/Zessel*, UmwG, § 16 Rz. 23; *Decher*, AG 1997, 388, 389.

(d. h. der Anteilsinhaber, der sich gegen den Verschmelzungsbeschluss wendet).[108] **Statthaft** ist das Freigabeverfahren, wenn es sich auf eine Klage i. S. des § 14 Abs. 1 bezieht, die gegen die Wirksamkeit des Verschmelzungsbeschlusses gerichtet ist.[109] Wie auch der Wortlaut der Vorschrift („nach Erhebung") zeigt, kann der Antrag auf Freigabeentscheidung somit erst nach Klageerhebung gestellt werden.[110] Eine gesetzliche Frist besteht insoweit aber nicht.[111] Die Antragstellung erfolgt durch das Vertretungsorgan des jeweiligen Rechtsträgers, wenn es sich bei diesem um eine AG handelt nach nicht unumstrittener Ansicht nur durch den Vorstand, nicht wie in § 246 Abs. 2 Satz 2 AktG vorgesehen durch Vorstand und Aufsichtsrat.[112]

Eine **Erweiterung** des sachlichen Anwendungsbereichs des Freigabeverfahrens auf weitere, nur **mittelbar gegen die Verschmelzung gerichtete Klagen**, etwa gegen einen Kapitalerhöhungsbeschluss (zur Schaffung der für die Verschmelzung erforderlichen Anteile), wird verschiedentlich diskutiert, bleibt aber umstritten.[113] Für eine solche Erweiterung spricht, dass die Eintragung der Verschmelzung durch derartige Klagen faktisch gesperrt wäre, wenn die Wirksamkeit der Verschmelzung von der des entsprechenden angefochtenen Beschlusses abhinge.[114] Zumindest für die AG kann sich diese Ansicht zudem darauf stützen, dass deren Recht ein zumindest ähnliches Verfahren kennt (§ 246a AktG). Dies trifft indes für andere Rechtsträger nicht zu. Die analoge Anwendung dieser Vorschrift auf die GmbH ist hoch umstritten[115] und wurde in der – soweit ersichtlich – einzigen einschlägigen obergerichtlichen Entscheidung durch das KG abgelehnt, da eine entsprechende Entscheidung aufgrund ihrer grundrechtsverkürzenden Wirkung nur durch den Gesetzgeber zu treffen sei.[116] Für die Rechtspraxis kann daher jedenfalls nicht davon ausgegangen werden, dass ein entsprechendes mittelbares Eintragungshindernis der Verschmelzung verlässlich mittels Freigabeverfahren beseitigt werden kann. 40

Die **materiellen Voraussetzungen** einer gerichtlichen Freigabeentscheidung benennt § 16 Abs. 3 Satz 3. Diese ist demnach zu erteilen, wenn 41

– die Klage unzulässig oder offensichtlich unbegründet ist,
– der Kläger eine unzureichende Beteiligung von weniger als 1.000 € hält, oder
– das alsbaldige Wirksamwerden der Verschmelzung wertungsmäßig vorrangig erscheint.

Die **Unzulässigkeit** der gegen den Verschmelzungsbeschluss gerichteten Klage bestimmt sich nach den allgemeinen prozessualen Bestimmungen der ZPO, die vollumfänglich und nicht nur auf offensichtliche Mängel zu prüfen sind.[117] In Betracht kommen insoweit etwa 42

108) *Rieckers/Cloppenburg* in: BeckOGK-UmwG, § 16 Rz. 41.

109) OLG Düsseldorf, Urt. v. 22.6.2017 – 6 AktG 1/17, Rz. 45, AG 2017, 900 = BeckRS 2017, 136416; Lutter-*Decher*, UmwG, § 16 Rz. 40; Schmitt/Hörtnagl-*Winter*, UmwG/UmwStG, § 16 UmwG Rz. 36a.

110) Kallmeyer-*Oppenhoff*, UmwG, § 16 Rz. 37; Lutter-*Decher*, UmwG, § 16 Rz. 42.

111) Henssler/Strohn-*Heidinger/Knaier*, GesR, § 16 UmwG Rz. 18.

112) Vgl. *Rieckers/Cloppenburg* in: BeckOGK-UmwG, § 16 Rz. 42; Lutter-*Decher*, UmwG, § 16 Rz. 45 jeweils mit Verweis auf die umfangreiche aktienrechtliche Rspr. zu dieser Frage, etwa OLG Düsseldorf, Beschl. v. 22.11.2018 – 6 AktG 1/18, AG 2019, 467. A. A. OLG Köln, Beschl. v. 14.12.2017 – 18 AktG 1/17, NZG 2018, 459 = ZIP 2017, 2468.

113) Dagegen Kallmeyer-*Oppenhoff*, UmwG, § 16 Rz. 38; Lutter-*Decher*, UmwG, § 16 Rz. 40; dafür *Rieckers/Cloppenburg* in: BeckOGK-UmwG, § 16 Rz. 43; *Erkens* in: KölnKomm-UmwG, § 16 Rz. 52; Widmann/Mayer-*Fronhöfer*, UmwR, § 16 UmwG Rz. 105.

114) Darauf hinweisend Widmann/Mayer-*Fronhöfer*, UmwR, § 16 UmwG Rz. 105.

115) Befürwortend etwa Habersack/Casper/Löbbe-*Ulmer/Casper*, GmbHG, § 54 Rz. 56; *Bayer/Lieder*, NZG 2011, 1170; abl. *Trölitzsch* in: BeckOK-GmbHG, § 54 Rz. 13; Noack/Servatius/Haas-*Noack*, GmbHG, § 54 Rz. 34; *Meuer*, GmbHR 2013, 729.

116) KG Berlin, Beschl. v. 23.6.2011 – 23 AktG 1/11, NZG 2011, 1068, 1069 = ZIP 2011, 1474.

117) Schmitt/Hörtnagl-*Winter*, UmwG/UmwStG, § 16 UmwG Rz. 54.

eine entgegen § 253 ZPO nicht ordnungsgemäße Klageschrift, die fehlende Partei- oder Postulationsfähigkeit oder die Anrufung eines unzuständigen Gerichtes (ohne Verweisungsantrag i. S. des § 281 ZPO), nach umstrittener Ansicht aber auch eine gegen §§ 14 Abs. 2, 32 verstoßende Bewertungsrüge.[118)] Handelt es sich um einen behebbaren Zulässigkeitsmangel, so liegen die Voraussetzungen für eine Entscheidung nach § 16 Abs. 3 Satz 3 Nr. 1 Fall 1 nicht mehr vor, wenn dieser Mangel bis zum Zeitpunkt der Freigabeentscheidung behoben wurde (z. B. durch Antrag auf Verweisung an das zuständige Gericht nach § 281 Abs. 1 ZPO).[119)]

43 **Offensichtlich unbegründet** ist eine Klage, wenn sich die Unbegründetheit **mit hoher Sicherheit vorhersagen lässt**, unabhängig von dem für diese Prognose erforderlichen Prüfungsaufwand.[120)] Die Offensichtlichkeit bezieht sich folglich nicht auf den Prüfungsaufwand, sondern auf die Sicherheit des so erlangten Ergebnisses.[121)] Nach der einschlägigen Rechtsprechung zu § 16 bzw. den aktienrechtlichen Parallelvorschriften setzt dies voraus, dass die jeweilige Klage nach sorgfältiger Prüfung aller tatsächlichen und rechtlichen Fragen ohne Aussicht auf Erfolg ist, wobei das Ergebnis der Prüfung so eindeutig sein müsse, dass eine andere Beurteilung nicht oder kaum vertretbar erscheine.[122)] Dazu ist es nicht erforderlich, dass die maßgeblichen Rechtsfragen höchstrichterlich entschieden sind oder zumindest eine einheitliche Auffassung in Rechtsprechung und Literatur besteht.[123)] Auch schwierige Rechtsfragen stehen dem nicht entgegen, sondern sind durch das Gericht i. R. des Freigabeverfahrens umfassend zu würdigen.[124)] Ist allerdings zunächst eine umfangreichere Beweisaufnahme erforderlich, um die Erfolgsaussichten der Klage im Hauptsacheverfahren zu beurteilen, so kommt eine Freigabeentscheidung regelmäßig nicht in Betracht.[125)] Die fehlende Begründetheit der Klage ist nach allgemeinen Grundsätzen festzustellen,[126)] häufig hervorgehoben wird insoweit die **Rechtsmissbräuchlichkeit** der Klage,[127)] die dann anzunehmen ist, wenn der Kläger das Rechtsmittel in „grob eigennütziger" Weise dazu missbraucht, sich an der Gesellschaft unangemessen zu bereichern.[128)] Einen solchen Rechtsmiss-

118) *Rieckers/Cloppenburg* in: BeckOGK-UmwG, § 16 Rz. 46; Lutter-*Decher*, UmwG, § 16 Rz. 49. Nach a. A. führt dies zur Unbegründetheit einer entsprechenden Klage, vgl. § 14 Rz. 27 sowie § 32 Rz. 4 [*Hoppe*].

119) Lutter-*Decher*, UmwG, § 16 Rz. 49; Widmann/Mayer-*Fronhöfer*, UmwR, § 16 UmwG Rz. 143; *Sosnitza*, NZG 1999, 965, 968; weitergehend LG Darmstadt, Beschl. v. 29.11.2005 – 12 O 491/05, AG 2006, 127, 128 – keine Freigabeentscheidung auf Grundlage behebbarer Zulässigkeitsmängel.

120) Begr. RegE UMAG, v. 22.9.2005, BT-Drucks. 15/5092, S. 29 – zu § 246a Satz 2 AktG, aber mit dem Hinweis, dass dessen Freigabekriterien auch in § 16 Abs. 3 Satz 2 Anwendung fänden.

121) So die prägnante Feststellung des OLG München, Beschl. v. 10.4.2013 – 7 AktG 1/13, NZG 2013, 622, 623 = ZIP 2013, 931. Vgl. auch Kallmeyer-*Oppenhoff*, UmwG, § 16 Rz. 40.

122) KG Berlin, Beschl. v. 25.9.2023 – 12 AktG 3/23, Rz. 22, NZG 2024, 352, 355 = GWR 2024, 271, m. Anm. Köster; OLG Düsseldorf, Urt. v. 22.6.2017 – 6 AktG 1/17, Rz. 54 f., AG 2017, 900 = BeckRS 2017, 136416; OLG Frankfurt/M., Beschl. v. 8.2.2006 – 12 W 185/05, NJOZ 2006, 870, 875 = ZIP 2006, 370; s. aber auch OLG Brandenburg, Beschl. v. 18.5.2022 – 7 AktG 1/22, Rz. 1, NZG 2022, 967 = ZIP 2022, 1322 – Klage erweist sich „zweifelsfrei als unbegründet", sowie m. zahlr. w. N. Kallmeyer-*Oppenhoff*, UmwG, § 16 Rz. 40; Lutter-*Decher*, UmwG, § 16 Rz. 51.

123) OLG Düsseldorf, Besch. v. 22.11.2018 – 6 AktG 1/18, AG 2019, 467, 469; *Rieckers/Cloppenburg* in: BeckOGK-UmwG, § 16 Rz. 43.

124) KG Berlin, Beschl. v. 25.3.2021 – 12 AktG 1/21, AG 2021, 597, 599 = ZIP 2021, 2634; Widmann/Mayer-*Fronhöfer*, UmwR, § 16 UmwG Rz. 153.

125) Kallmeyer-*Oppenhoff*, UmwG, § 16 Rz. 40; Lutter-*Decher*, UmwG, § 16 Rz. 52; *Sosnitza*, NZG 1999, 965, 969.

126) Zu möglichen Gründen s. etwa Widmann/Mayer-*Fronhöfer*, UmwR, § 16 UmwG Rz. 154 ff.

127) So u. a. BGH, Beschl. v. 2.7.1990 – II ZB 1/90, BGHZ 112, 9 = NJW 1990, 2747, 2750; Henssler/Strohn-*Heidinger/Knaier*, GesR, § 16 UmwG Rz. 21; Kallmeyer-*Oppenhoff*, UmwG, § 16 Rz. 41; Lutter-*Decher*, UmwG, § 16 Rz. 58; Schmitt/Hörtnagl-*Winter*, UmwG/UmwStG, § 16 UmwG Rz. 59 f.

128) BGH, Urt. v. 22.5.1989 – II ZR 206/88, BGHZ 107, 296 = NJW 1989, 2689, 2692; Semler/Stengel/Leonard-*Schwanna/Zessel*, UmwG, § 16 Rz. 29.

brauch nachzuweisen ist in der Praxis schwierig; darauf beruhende Freigabeentscheidungen sind daher selten.[129] Die offensichtliche Unbegründetheit der Klage kann unter Umständen auch nachträglich eintreten, wenn der zunächst anfechtbare Beschluss durch einen (nicht seinerseits angefochtenen, bestandskräftigen) **Bestätigungsbeschluss** (§ 244 AktG [analog]) geheilt wird.[130]

44 Begründet werden kann eine Freigabeentscheidung auch damit, dass der Kläger des Hauptsacheverfahrens eine **unzureichende Beteiligung** am betroffenen Rechtsträger aufweist (sog. **Bagatellquorum**). Unzureichend ist eine Beteiligung nach § 16 Abs. 3 Satz 3 Nr. 2, wenn deren (Nominal- oder Nenn-)Betrag nicht **mindestens 1.000 €** beträgt und **seit Einberufung** der Anteilsinhaberversammlung besteht, auf der der angegriffene Verschmelzungsbeschluss gefasst wurde.[131] Dieser Betrag wurde i. R. des ARUG eingefügt und auf Empfehlung des Rechtsausschusses von ursprünglich 100 € auf 1.000 € erhöht.[132] Durch diese Erhöhung sollte das Aufspringen von „Trittbrettfahrern" auf Klage Dritter erschwert werden, da diese zu Verfahrensverzögerungen führten.[133] Das Innehaben einer ausreichenden Beteiligung ist zudem durch den Kläger binnen einer Woche nach der Zustellung des Antrages auf die Freigabeentscheidung durch Urkunden nachzuweisen. Dadurch sollen Inhaber von Kleinstbeteiligungen daran gehindert werden, unternehmensstrukturelle Maßnahmen von großer Bedeutung mittels (missbräuchlicher) Anfechtungsklagen („räuberische Aktionäre") zu erschweren.[134] Der Nachweis muss daher genau erkennen lassen, ab welchem Zeitpunkt und für welchen Zeitraum die (Mindest-)Beteiligung bestand;[135] sie muss mindestens bis zur Zustellung des Antrags im Freigabeverfahren fortbestanden haben.[136] Sinkt der Betrag später (während des Freigabeverfahrens) ab, ist dies grundsätzlich unschädlich.[137] Diese Mindestbeteiligung ist durch (mindestens) **einen Kläger gesondert**, nicht etwa in einer Gesamtschau aller Kläger, zu erfüllen.[138] Geeignete Mittel zum Nachweis der Beteiligung sind Urkunden i. S. des §§ 415 ff. ZPO, insbesondere Gesellschafterlisten, notarielle Erwerbsurkunden sowie Abschriften aus dem Aktienregister oder Depotauszüge.[139]

45 Unterschiedlich beurteilt wird auf obergerichtlicher Ebene, ob ein entsprechender Nachweis auch dann zu erbringen ist, wenn das Erreichen des **Quorums nicht bestritten wird.**[140] Um-

129) *Rieckers/Cloppenburg* in: BeckOGK-UmwG, § 16 Rz. 50; Widmann/Mayer-*Fronhöfer*, UmwR, § 16 UmwG Rz. 155.

130) *Rieckers/Cloppenburg* in: BeckOGK-UmwG, § 16 Rz. 51; *Erkens* in: KölnKomm-UmwG, § 16 Rz. 76 ff.

131) Schmitt/Hörtnagl-*Winter*, UmwG/UmwStG, § 16 UmwG Rz. 61.

132) Gesetz zur Umsetzung der Aktionärsrechterichtlinie (ARUG), v. 30.7.2009, BGBl. I 2009, 2479. Zu den Gründen s. Begr. RegE ARUG, BT-Drucks. 16/11642, S. 13, 41 f.; Beschlussempfehlung und Bericht d. RA z. ARUG, BT-Drucks. 16/13098, S. 41.

133) Beschlussempfehlung und Bericht d. RA z. ARUG, BT-Drucks. 16/13098, S. 41.

134) Begr. RegE z. ARUG, BT-Drucks. 16/11642, S. 41 f. Vgl. auch Schmitt/Hörtnagl-*Winter*, UmwG/UmwStG, § 16 UmwG Rz. 62; Semler/Stengel/Leonard-*Schwanna/Zessel*, UmwG, § 16 Rz. 31a.

135) OLG Nürnberg, Beschl. v. 25.7.2012 – 12 AktG 778/12, AG 2012, 758, 759 = NZG 2012, 1184.

136) OLG Bamberg, Beschl. v. 9.12.2013 – 3 AktG 2/13, ZIP 2014, 77, 78 f. = NZG 2014, 306 – zu § 246a AktG; Lutter-*Decher*, UmwG, § 16 Rz. 68.

137) Kallmeyer-*Oppenhoff*, UmwG, § 16 Rz. 41b; Schmitt/Hörtnagl-*Winter*, UmwG/UmwStG, § 16 UmwG Rz. 70.

138) *Rieckers/Cloppenburg* in: BeckOGK-UmwG, § 16 Rz. 52; Semler/Stengel/Leonard-*Schwanna/Zessel*, UmwG, § 16 Rz. 31c.

139) *Rieckers/Cloppenburg* in: BeckOGK-UmwG, § 16 Rz. 54; Lutter-*Decher*, UmwG, § 16 Rz. 70 f.; Widmann/Mayer-*Fronhöfer*, UmwR, § 16 UmwG Rz. 156.9.

140) Dafür KG Berlin, Beschl. v. 25.9.2023 – 12 AktG 3/23, NZG 2024, 352 = GWR 2024, 271, m. Anm. Köster; KG Berlin, Beschl. v. 6.12.2010 – 23 AktG 1/10, ZIP 2011, 172, 173 = NZG 2011, 305; OLG Hamm, Beschl. v. 6.6.2011 – I-8 AktG 2/11, AG 2011, 826, 827 = NZG 2011, 1031; a. A. OLG Nürnberg, Beschl. v. 27.9.2010 – 12 AktG 1218/10, ZIP 2010, 2498, 2499 = NZG 2011, 150 (LS); OLG Frankfurt/M., Beschl. v. 20.3.2012 – 5 AktG 4/11, ZIP 2012, 766, 767 = WM 2012, 1955; vgl. auch Lutter-*Decher*, UmwG, § 16 Rz. 72; Schmitt/Hörtnagl-*Winter*, UmwG/UmwStG, § 16 UmwG Rz. 72.

stritten ist ferner, ob das Bagatellquorum unterschiedslos auf **sämtliche verschmelzungsfähigen Rechtsträger Anwendung findet** oder aber etwa für solche Rechtsträger keine Wirkung entfaltet, die über kein gesetzliches Mindestkapital verfügen oder, wie die GmbH, stärker personalistisch strukturiert und typischerweise geringer kapitalisiert sind, als die AG.[141] Jedenfalls hinsichtlich der GmbH dürfte es sich insoweit wohl eher um eine theoretische Diskussion handeln, da deren Gesellschafterkreise angesichts der eingeschränkten Handelsbarkeit der Geschäftsanteile und der Gebräuchlichkeit von gesellschaftsvertraglichen Vinkulierungen im Regelfall sehr kontrolliert und rechtsmissbräuchliche Klagen daher eher unwahrscheinlich sind. Für eine teleologische Reduktion bestehen daher weder Notwendigkeit noch Rechtfertigung.

46 Schließlich kann die Freigabe auch darauf gestützt werden, dass ein **vorrangiges Vollzugsinteresse** für das (alsbaldige) Wirksamwerden der Verschmelzung besteht, da die wesentlichen Nachteile (der Verzögerung) für die an der Verschmelzung beteiligten Rechtsträger und ihre Anteilsinhaber die Nachteile (des Vollzuges) für die Kläger überwiegen und kein besonders schwerer Rechtsverstoß vorliegt.[142] Es ist somit eine **Interessenabwägung** vorzunehmen, i. R. derer zu ermitteln ist, ob das Vollzugsinteresse das Suspensivinteresse überwiegt.[143] Daraus ergibt sich eine **zweistufige Prüfung**:

1. Abwägung der Nachteile von Registersperre und Registereintragung und
2. Prüfung des Vorliegens eines besonders schweren Rechtsverstoßes.[144]

47 Auf der **ersten Prüfungsstufe** sind die gegensätzlichen **wirtschaftlichen Interessen** der Streitparteien und die Auswirkungen, die der Aufschub bzw. der Vollzug der Verschmelzung auf diese hätten, abzuwägen. In diese Abwägung sind auch die Interessen der nicht klagenden, übrigen Anteilsinhaber (des von der Klage betroffenen Rechtsträgers) sowie der anderen Rechtsträger und deren Anteilsinhaber am Vollzug der Verschmelzung einzubeziehen.[145] Die Erfolgsaussichten der Klage sind dabei nach wohl überwiegender Ansicht nicht zu berücksichtigen.[146] Einzubeziehen sind dagegen alle nicht ganz unbedeutenden wirtschaftlichen Nachteile die sich aus einer Freigabeentscheidung bzw. ihrer Ablehnung ergäben, wie u. a. die Kosten die für die Behebung des behaupteten Mangels und mit dem Ausbleiben der Verschmelzung anfielen, steuerliche Nachteile, der Verlust von Geschäftschancen oder das Ausbleiben eines Börsengangs.[147] Aufseiten des Klägers bzw. Antragsgegners sind indes nur dessen eigene Nachteile, nicht auch die Interessen anderer Anteilsinhaber, berücksichtigungsfähig.[148] Die Abwägung der gegensätzlichen Interessen erfolgt

141) Für eine solche Einschränkung Kallmeyer-*Oppenhoff*, UmwG, § 16 Rz. 41a; Lutter-*Decher*, UmwG, § 16 Rz. 64; wohl auch Widmann/Mayer-*Fronhöfer*, UmwR, § 16 UmwG Rz. 156.3 – Ausnahme: UG (haftungsbeschränkt); ähnl. *Bayer/Lieder*, NZG 2011, 1170, 1174; a. A. mit Verweis auf Gesetzeswortlaut und Entstehungsgeschichte Schmitt/Hörtnagl-*Winter*, UmwG/UmwStG, § 16 UmwG Rz. 74; wohl auch Semler/Stengel/Leonard-*Schwanna/Zessel*, UmwG, § 16 Rz. 31a, Fn. 154.

142) Zur großen praktischen Bedeutung dieses Freigabegrundes s. *Rieckers/Cloppenburg* in: BeckOGK-UmwG, § 16 Rz. 56; Lutter-*Decher*, UmwG, § 16 Rz. 74.

143) Henssler/Strohn-*Heidinger/Knaier*, GesR, § 16 UmwG Rz. 19a.

144) *Rieckers/Cloppenburg* in: BeckOGK-UmwG, § 16 Rz. 56; Kallmeyer-*Oppenhoff*, UmwG, § 16 Rz. 43; Schmitt/Hörtnagl-*Winter*, UmwG/UmwStG, § 16 UmwG Rz. 78, 83.

145) Lutter-*Decher*, UmwG, § 16 Rz. 75.

146) Lutter-*Decher*, UmwG, § 16 Rz. 74; Schmitt/Hörtnagl-*Winter*, UmwG/UmwStG, § 16 UmwG Rz. 78; Widmann/Mayer-*Fronhöfer*, UmwR, § 16 UmwG Rz. 160 ff. *Humrich* in: MünchHdb. GesR, Bd. 8, § 14 Rz. 225. Vgl. auch Begr. RegE UMAG, BT-Drucks. 15/5092, S. 29 – zur Parallelvorschrift § 246a AktG; dazu auch OLG Hamm, Beschl. v. 22.9.2010 – I-8 AktG 1/10, AG 2011, 136, 138 = NZG 2011, 148; *Verse*, NZG 2009, 1127, 1130; a. A. Semler/Stengel/Leonard-*Schwanna/Zessel*, UmwG, § 16 Rz. 40.

147) Kallmeyer-*Oppenhoff*, UmwG, § 16 Rz. 45; Lutter-*Decher*, UmwG, § 16 Rz. 76 ff.; Schmitt/Hörtnagl-*Winter*, UmwG/UmwStG, § 16 UmwG Rz. 79 f.

148) Vgl. Beschlussempfehlung und Bericht d. RA z. ARUG, BT-Drucks. 16/13098, S. 42 – zu § 246a AktG; *Rieckers/Cloppenburg* in: BeckOGK-UmwG, § 16 Rz. 59; Schmitt/Hörtnagl-*Winter*, UmwG/UmwStG, § 16 UmwG Rz. 81; *Verse*, NZG 2009, 1127, 1130.

nach **freier Überzeugung des Gerichts**, dem der Gesetzgeber einen **weiten Beurteilungsspielraum** einräumt.[149)]

Überwiegt danach das Interesse am Vollzug der Verschmelzung, so ist auf der **zweiten Prüfungsstufe** festzustellen, ob ein **besonders schwerer Rechtsverstoß** die Freigabe ausnahmsweise dennoch verhindert. Die Darlegungslast für das Vorliegen eines solchen trifft den Antragsgegner.[150)] Ein besonders schwerer Verstoß in diesem Sinne liegt nur vor, wenn die Registereintragung für die Rechtsordnung „unerträglich" wäre, etwa wegen der Verletzung elementarer Rechte der klagenden Anteilsinhaber.[151)] Als Beispiele benennen die Gesetzesmaterialien etwa die Abhaltung einer bewusst nicht ordnungsgemäß einberufenen „Geheimversammlung", absichtliche Verletzungen des Gleichbehandlungsgebots und der Treuepflicht mit schweren Auswirkungen oder das vollständige Fehlen der notariellen Beurkundung der Anteilsinhaberversammlung.[152)] Maßgeblich ist demnach das Vorliegen eines absichtsvollen und zielgerichteten Fehlverhaltens oder eines besonders gravierenden Verstoßes.[153)] 48

2. Verfahren

Das Freigabeverfahren richtet sich, neben § 16 Abs. 3 nach den Vorschriften der **ZPO**, insbesondere über den ersten Rechtszug vor den Landgerichten (§ 16 Abs. 3 Satz 2). **Zuständiges Gericht** ist nach § 16 Abs. 3 Satz 7 (erst- und letztinstanzlich) das **Oberlandesgericht**, in dessen Bezirk die Gesellschaft ihren Sitz hat. Parteien des Freigabeverfahrens sind der betroffene Rechtsträger und der Kläger des Hauptsacheverfahrens; andere Gesellschaftsbeteiligte oder -organe sind nicht antragsbefugt.[154)] Diese müssen sich anwaltlich vertreten lassen (§ 78 ZPO).[155)] Wurden mehrere Unwirksamkeitsklagen erhoben, können diese in einem Freigabeverfahren verbunden werden.[156)] Der Antragsteller (der betroffene Rechtsträger) hat zur Begründung des Antrages Tatsachen (d. h. die Umstände i. S. des § 16 Abs. 3 Satz 3, siehe oben Rz. 38 ff.) vorzutragen und diese glaubhaft zu machen (§ 16 Abs. 3 Satz 6). Mit der **Glaubhaftmachung** erfordert das Verfahren nicht den Vollbeweis, sondern die überwiegende Wahrscheinlichkeit der vorgetragenen Tatsachen.[157)] Dazu kann der Rechtsträger sich auch **eidesstattlicher Versicherungen** bedienen (§ 294 ZPO). Doch auch alle sonstigen Beweismittel stehen im Freigabeverfahren zu Verfügung, sofern sie i. R. der mündlichen Verhandlung präsent sind.[158)] Der Rechtsträger kann sich im Antragsverfahren vom Prozessbevollmächtigten im Hauptsacheverfahren vertreten lassen und die Antragsschrift beim Prozessbevollmächtigten des Antragsgegners zustellen lassen (§§ 82 ff. ZPO).[159)] 49

---

149) Begr. Fraktionsentwurf UmwBerG, BT-Drucks. 12/6699, S. 90; *Rieckers/Cloppenburg* in: BeckOGK-UmwG, § 16 Rz. 60.

150) Lutter-*Decher*, UmwG, § 16 Rz. 89.

151) Beschlussempfehlung und Bericht d. RA z. ARUG, BT-Drucks. 16/13098, S. 42; Schmitt/Hörtnagl-*Winter*, UmwG/UmwStG, § 16 UmwG Rz. 84; Widmann/Mayer-*Fronhöfer*, UmwR, § 16 UmwG Rz. 171 f.

152) Beschlussempfehlung und Bericht d. RA z. ARUG, BT-Drucks. 16/13098, S. 42.

153) Widmann/Mayer-*Fronhöfer*, UmwR, § 16 UmwG Rz. 172.

154) Semler/Stengel/Leonard-*Schwanna/Zessel*, UmwG, § 16 Rz. 23.

155) Vgl. auch Widmann/Mayer-*Fronhöfer*, UmwR, § 16 UmwG Rz. 130.

156) Schmitt/Hörtnagl-*Winter*, UmwG/UmwStG, § 16 UmwG Rz. 39; weitergehend Widmann/Mayer-*Fronhöfer*, UmwR, § 16 UmwG Rz. 121 – Antrag muss sich zwingend auf alle Klagen beziehen.

157) OLG München, Beschl. v. 28.7.2021 – 7 AktG 4/21, AG 2022, 87, 92 = NZG 2021, 1594 – zur Parallelvorschrift des § 319 Abs. 6 Satz 3 AktG; Lutter-*Decher*, UmwG, § 16 Rz. 109; *Sosnitza*, NZG 1999, 965, 970.

158) *Rieckers/Cloppenburg* in: BeckOGK-UmwG, § 16 Rz. 71; Kallmeyer-*Oppenhoff*, UmwG, § 16 Rz. 49; Widmann/Mayer-*Fronhöfer*, UmwR, § 16 UmwG Rz. 131 f.

159) Kallmeyer-*Zimmermann/Oppenhoff*, UmwG, § 16 Rz. 47; Lutter-*Decher*, UmwG, § 16 Rz. 103.

50 Die Freigabeentscheidung ergeht als **Beschluss** und grundsätzlich nach **mündlicher Verhandlung** (§ 16 Abs. 3 Satz 1 UmwG i. V. m. § 128 ZPO).[160] Diese steht zwar grundsätzlich im Ermessen des Gerichtes (§ 128 Abs. 4 ZPO), kann nach § 16 Abs. 3 Satz 4 aber nur in **dringenden Fällen** entfallen.[161] Nach § 16 Abs. 3 Satz 5 soll die Entscheidung im Regelfall binnen **drei Monaten** nach Antragstellung getroffen werden und ist eine längere Verfahrensdauer durch unanfechtbaren Beschluss zu begründen. Eine positive Entscheidung hat nach § 16 Abs. 3 Satz 1 festzustellen, dass die Erhebung der Klage der Eintragung der Verschmelzung in das jeweilige Register nicht entgegensteht.[162] Ist der Antrag dagegen unzulässig oder unbegründet, ist er zurückzuweisen.[163]

51 Die gerichtlichen **Kosten** des Freigabeverfahrens richten sich nach dem GKG; es löst nach Nr. 1641 KV GKG eine 1,5 Gebühr aus. Den Streitwert setzt das Gericht nach billigem Ermessen fest (§ 16 Abs. 3 Satz 2 UmwG i. V. m. § 247 Abs. 1 AktG). Häufig wird sich dieses am Streitwert der Hauptsache orientieren.[164] Die Kostentragung richtet sich entsprechend §§ 91 ff. ZPO nach dem Erfolg des Freigabebegehrens.[165] Für die anwaltliche Vertretung fällt nach Nr. 3325 des KV RVG eine 0,75 Gebühr sowie ggf. eine 0,5 Terminsgebühr nach Nr. 3332 des KV RVG an.[166]

3. Wirkung der Freigabeentscheidung

52 Die Freigabeentscheidung ist **unanfechtbar** (§ 16 Abs. 3 Satz 9).[167] Sie hat **Bindungswirkung** für das jeweilige Registergericht. Weist das Oberlandesgericht mit ihr den Freigabeantrag zurück, so besteht die **Registersperre** (§ 16 Abs. 2 Satz 2) fort und die Verschmelzung kann nicht eingetragen werden, bis in der Hauptsache entschieden worden ist.[168] Eine positive Freigabeerscheidung steht dagegen gemäß § 16 Abs. 3 Satz 1 einer Negativerklärung i. S. des § 16 Abs. 2 Satz 1 gleich und ersetzt diese – beschränkt auf den jeweiligen antragstellenden Rechtsträger – als Voraussetzung der Eintragung der Verschmelzung.[169] Auch über die Ersetzung der Negativerklärung hinaus sollen die Wertungen des Oberlandesgerichts i. R. des Freigabeverfahrens das Registergericht binden können: Materielle Voraussetzungen der Eintragung der Verschmelzung, die bereits Gegenstand des Freigabeverfahrens waren und dort durch das Oberlandesgericht positiv beschieden wurden, sind demnach nicht (erneut) durch das Registergericht zu prüfen.[170] Dies dürfte dem Ansinnen des Gesetzgebers entsprechen, dass über die Frage, ob die Verschmelzung trotz gegen sie erhobener Klage eingetragen werden kann, „nur noch das für diese Klage zuständige Prozeßgericht in

---

160) *Rieckers/Cloppenburg* in: BeckOGK-UmwG, § 16 Rz. 69.

161) Schmitt/Hörtnagl-*Winter*, UmwG/UmwStG, § 16 UmwG Rz. 41.

162) Vgl. dazu auch Lutter-*Decher*, UmwG, § 16 Rz. 115; Widmann/Mayer-*Fronhöfer*, UmwR, § 16 UmwG Rz. 133.

163) Widmann/Mayer-*Fronhöfer*, UmwR, § 16 UmwG Rz. 134.

164) Vgl. OLG Frankfurt/M., Beschl. v. 2.12.2010 – 5 Sch 3/10, NZG 2012, 351 = BeckRS 2011, 16034; Lutter-*Decher*, UmwG, § 16 Rz. 107; s. aber auch die Kostenentscheidung anhand der Umstände des Einzelfalls bei KG Berlin, Beschl. v. 25.9.2023 – 12 AktG 3/23, Rz. 46, NZG 2024, 352, 358 = GWR 2024, 271, m. Anm. Köster.

165) *Rieckers/Cloppenburg* in: BeckOGK-UmwG, § 16 Rz. 73.

166) Widmann/Mayer-*Fronhöfer*, UmwR, § 16 UmwG Rz. 203.

167) So schon vor dessen Einfügung durch das ARUG 2009 der BGH, Beschl. v. 29.5.2006 – II ZB 5/06, BGHZ 168, 48 = NZG 2006, 553.

168) Semler/Stengel/Leonard-*Schwanna/Zessel*, UmwG, § 16 Rz. 47.

169) Lutter-*Decher*, UmwG, § 16 Rz. 119; Widmann/Mayer-*Fronhöfer*, UmwR, § 16 UmwG Rz. 206; *Decher*, AG 1997, 388, 394.

170) *Rieckers/Cloppenburg* in: BeckOGK-UmwG, § 16 Rz. 76; Kallmeyer-*Oppenhoff*, UmwG, § 16 Rz. 34; Lutter-*Decher*, UmwG, § 16 Rz. 120; Semler/Stengel/Leonard-*Schwanna/Zessel*, UmwG, § 16 Rz. 44 ff.; Widmann/Mayer-*Fronhöfer*, UmwR, § 16 UmwG Rz. 207; *Decher*, AG 1997, 388, 395.

einem gesonderten Verfahren entscheiden" könne und dessen Entscheidung das Registergericht – auch in Hinblick auf die erhobene Klage – binde.[171)]

4. Schadenersatzpflicht (§ 16 Abs. 3 Satz 10)

Die gerichtliche Entscheidung im Freigabeverfahren des § 16 Abs. 3 berührt das Hauptsacheverfahren über die Wirksamkeit des Verschmelzungsbeschlusses nicht.[172)] Hat ein Rechtsträger einen Freigabebeschluss nach § 16 Abs. 3 erwirkt und ergibt das Hauptsacheverfahren über die Wirksamkeit der Verschmelzung trotz der Vorabprüfung nach § 16 Abs. 3 Satz 3, dass diese rechtswidrig ist, so ist der Rechtsträger, der den Freigabebeschluss erwirkt hat, dem Antragsgegner gegenüber zum **Schadensersatz** verpflichtet.[173)] Da eine Rückgängigmachung der Verschmelzung durch § 16 Abs. 3 Satz 10 Halbs. 2, in Übereinstimmung mit § 20 Abs. 2, ausgeschlossen ist, kommt insoweit nur eine Entschädigung in Geld in Betracht.[174)] Die praktische Relevanz dieses Anspruchs ist indes gering, zumal der Nachweis eines bezifferbaren Schadens häufig schwierig ist.[175)] Zumindest sollen auch die Kosten des Freigabeverfahren einen danach ersatzfähigen Schaden darstellen.[176)] 53

Schuldner des Schadenersatzanspruches ist gemäß § 16 Abs. 3 Satz 10 Halbs. 1 der Rechtsträger, der den Freigabeschluss erwirkt hat. Nach der Gesetzesbegründung gilt dies auch für übertragende Rechtsträger, die durch Eintragung der Verschmelzung erloschen sind (§ 20 Abs. 1 Nr. 2 Satz 1).[177)] Deren Fortbestand werde hinsichtlich der Geltendmachung derartiger Ersatzansprüche nach § 25 Abs. 2 Satz 1 fingiert. Eine Klage gegen den übernehmenden Rechtsträger lehnt die wohl überwiegende Ansicht mit Verweis auf den Gesetzeswortlaut ab.[178)] 54

171) Vgl. Begr. Fraktionsentwurf UmwBerG, BT-Drucks. 12/6699, S. 89, vgl. auch *Sosnitza*, NZG 1999, 965, 973.

172) Kallmeyer-*Oppenhoff*, UmwG, § 16 Rz. 51; Semler/Stengel/Leonard-*Schwanna/Zessel*, UmwG, § 16 Rz. 49.

173) Ausf. dazu *Fischbach*, ZHR 180 (2016), 658.

174) *Rieckers/Cloppenburg* in: BeckOGK-UmwG, § 16 Rz. 78; *Erkens* in: KölnKomm-UmwG, § 16 Rz. 45, 110; Schmitt/Hörtnagl-*Winter*, UmwG/UmwStG, § 16 UmwG Rz. 91; *Kort*, AG 2010, 230, 235.

175) *Rieckers/Cloppenburg* in: BeckOGK-UmwG, § 16 Rz. 78; Kallmeyer-*Oppenhoff*, UmwG, § 16 Rz. 53; Lutter-*Decher*, UmwG, § 16 Rz. 124; *Humrich* in: MünchHdb. GesR, Bd. 8, § 14 Rz. 235.

176) Lutter-*Decher*, UmwG, § 16 Rz. 127; Widmann/Mayer-*Fronhöfer*, UmwR, § 16 UmwG Rz. 217.

177) Begr. Fraktionsentwurf UmwBerG, BT-Drucks. 12/6699, S. 90.

178) Dazu auch Lutter-*Decher*, UmwG, § 16 Rz. 128; Semler/Stengel/Leonard-*Schwanna/Zessel*, UmwG, § 16 Rz. 49; Widmann/Mayer-*Fronhöfer*, UmwR, § 16 UmwG Rz. 217; a. A. *Humrich* in: MünchHdb. GesR, Bd. 8, § 14 Rz. 237.

§ 17
Anlagen der Anmeldung*)

(1) Der Anmeldung sind in Ausfertigung oder öffentlich beglaubigter Abschrift oder, soweit sie nicht notariell zu beurkunden sind, in Urschrift oder Abschrift der Verschmelzungsvertrag, die Niederschriften der Verschmelzungsbeschlüsse, die nach diesem Gesetz erforderlichen Zustimmungserklärungen einzelner Anteilsinhaber einschließlich der Zustimmungserklärungen nicht erschienener Anteilsinhaber, der Verschmelzungsbericht, der Prüfungsbericht oder die Verzichtserklärungen nach § 8 Abs. 3, § 9 Absatz 2, § 12 Abs. 3, § 54 Abs. 1 Satz 3 oder § 68 Abs. 1 Satz 3, ein Nachweis über die rechtzeitige Zuleitung des Verschmelzungsvertrages oder seines Entwurfs an den zuständigen Betriebsrat beizufügen.

(2) [1]Der Anmeldung zum Register des Sitzes jedes der übertragenden Rechtsträger ist ferner eine Bilanz dieses Rechtsträgers beizufügen (Schlußbilanz). [2]Für diese Bilanz gelten die Vorschriften über die Jahresbilanz und deren Prüfung entsprechend. [3]Sie braucht nicht bekanntgemacht zu werden. [4]Das Registergericht darf die Verschmelzung nur eintragen, wenn die Bilanz auf einen höchstens acht Monate vor der Anmeldung liegenden Stichtag aufgestellt worden ist.

*) § 17 geändert durch Art. 1 des Gesetzes zur Umsetzung der Umwandlungsrichtlinie und zur Änderung weiterer Gesetze (UmRUG), v. 22.2.2023, BGBl. I 2023, Nr. 51; § 17 geändert durch Art. 4 des Gesetzes zur Umsetzung der Aktionärsrechterichtlinie (ARUG), v. 30.7.2009, BGBl. I 2009, 2479; § 17 i. d. F. des UmwBerG geändert durch Art. 1 des Zweiten Gesetzes zur Änderung des Umwandlungsgesetzes (2. UmwGÄndG), v. 19.4.2007, BGBl. I 2007, 542.

Literatur: *Blasche*, Schlussbilanz und 8-Monats-Frist des § 17 Abs. 2 Satz 4 UmwG, RNotZ 2014, 464; *DNotI*, Gutachten: Ausgliederung aus dem Vermögen eines Einzelkaufmanns/Wahrung der 8-Monats-Frist des § 17 Abs. 2 S. 4 UmwG/Fristberechnung, DNotI-Report 2014, 34; *DNotI*, Gutachten Nr. 1319: Verschmelzung: Erfordernis der Einreichung einer Schlußbilanz innerhalb der 8-Monatsfrist; Fristwahrung durch Einreichung einer nicht unterschriebenen Bilanz, v. 1.1.1997, abrufbar unter https://www.dnoti.de/gutachten/ (Abrufdatum: 26.2.2026); *Germann*, Die Acht-Monats-Frist für die Einreichung der Schlußbilanz nach Verschmelzung und ihre Bedeutung für die Praxis, GmbHR 1999, 591; *Gerold*, Die Verschmelzung nach dem neuen Umwandlungsrecht, MittRhNotK 1997, 205; *Hargarten/Seidler*, Praxisprobleme der Anwendung des § 264 Abs. 3 HGB, BB 2016, 2795; *Heidtkamp*, Die umwandlungsrechtliche Schlussbilanz – praxisrelevante Zweifelsfragen, NZG 2013, 852; *Heinrichs/Bock*, Zur Wahrung der Achtmonatsfrist für die Schlussbilanz gem. § 17 Abs. 2 Satz 4 UmwG, DB 2024, 1874; *Henckel*, Unterzeichnung des Jahresabschlusses mittels qualifizierter elektronischer Signatur, StuB 2021, 249; *Henckel*, Rechnungslegung und Prüfung anlässlich einer grenzüberschreitenden Verschmelzung zu einer Societas Europaea (SE), DStR 2005, 1785; *Jeep/Wiedemann*, Die Praxis der elektronischen Registeranmeldung – Die Umsetzung des EHUG aus notarieller und richterlicher Sicht, NJW 2007, 2439; *Kuß*, Unterzeichnung des Jahresabschlusses mittels qualifiziert elektronischer Signatur, BC 2022, 49; *Melchior*, Die Beteiligung von Betriebsräten an Umwandlungsvorgängen aus Sicht des Handelsregisters, GmbHR 1996, 833; *Neumayer/Schulz*, Die Verschmelzung von rechtsfähigen Vereinen, DStR 1996, 872; *Noack*, Das EHUG ist beschlossen – elektronische Handels- und Unternehmensregister ab 2007, NZG 2006, 801; *Pfaff*, Dispositivität der Betriebsratsunterrichtung im Umwandlungsverfahren, DB 2002, 686; *Sauter*, Schlussbilanzen bei Spaltungen, in: Umwandlungen im Zivil- und Steuerrecht, in: Festschrift für Siegfried Widmann, 2000, S. 99; *Scheunemann*, Die Schlussbilanz bei der Verschmelzung von in einen Konzernabschluss einbezogenen Gesellschaften, DB 2006, 797; *Schmidt, J.*, Umwandlungen im Konzern nach dem UmRUG-RegE: Besonderheiten bei Bericht, Prüfung und Beschluss, DK 2022, 309; *Schmidt/Heinz*, Schlussbilanzen bei Spaltungen – Zur Zulässigkeit der Verwendung von Teilschlussbilanzen bei Ausgliederungen, DB 2008, 2696; *Seibert/Decker*, Das Gesetz über elektronische Handelsregister und Genossenschaftsregister sowie das Unternehmensregister (EHUG) – Der „Big Bang" im Recht der Unternehmenspublizität, DB 2006, 2446; *Weiler*, Heilung einer verfristeten Umwandlung durch Änderung des Umwandlungsstichtages – Anmerkungen zum Beschl. des OLG Schleswig v. 11.4.2007 – 2 W 58/07, DNotZ 2007, 888; *Weiler*, Fehlerkorrektur im Umwandlungsrecht nach Ablauf der Acht-Monats-Frist des § 17 Abs. 2 Satz 4 UmwG – zugleich Anmerkung zum Beschluss des OLG Hamm vom 19.12.2005, 15 W 377/05 – MittBayNot 2006, 436, MittBayNot 2006, 377.

Übersicht

I. Allgemeines

1 Ergänzend zur Bestimmung des § 16 über den Inhalt und das Verfahren der Anmeldung der Verschmelzung regelt § 17, welche Anlagen der Anmeldung und in welcher Form diese beizufügen sind. Dadurch soll den Registergerichten die **Prüfung der Eintragungsvoraussetzungen** erleichtert werden und soll zugleich der **Schutz der Anteilsinhaber** gestärkt werden.[1]

2 **§ 17 Abs. 1** benennt die Unterlagen, die mit der Anmeldung der Verschmelzung zum jeweiligen Register (aller beteiligten Rechtsträger) einzureichen sind und in welcher Form diese vorliegen müssen. Ergänzend bestimmt **Absatz 2** für den oder die übertragenden Rechtsträger, dass der Anmeldung eine abschließende Schlussbilanz beizufügen ist, die nicht älter als **acht Monate** sein darf.

3 Durch die Einführung des § 17 wurde die zuvor zersplitterte Normierung zu den Formalien der Anmeldung der Verschmelzung im UmwG gebündelt und fortgeführt,[2] zum Teil aber auch vereinheitlicht.[3] So war das Höchstalter der Schlussbilanz zuvor teilweise abweichend geregelt (§ 4 Abs. 2 UmwG a. F.; § 93d Abs. 3 GenG: sechs Monate).[4] Spätere Änderungen erfolgten durch die Einfügung der Verzichtserklärungen bzgl. der Anteilsgewährung nach §§ 54 Abs. 1 Satz 3, 68 Abs. 1 Satz 3 in 2007[5] sowie die Streichung des Erfordernis der Beifügung staatlicher Genehmigungen durch das ARUG im Jahre 2009.[6]

II. Anlagen der Anmeldung (§ 17 Abs. 1)

1. Beizufügende Unterlagen

4 Die Vorschrift des § 17 Abs. 1 regelt für **alle Formen der Verschmelzung und für alle beteiligten Rechtsträger**, welche Unterlagen der Anmeldung zum jeweils zuständigen Register beizufügen sind.[7] Für die Verschmelzung zur Neugründung bestehen zum Teil ergänzende Erfordernisse, die sich insbesondere aus dem Gründungsrecht der jeweiligen Rechtsform ergeben können.[8] Auch aus den Besondere Vorschriften der §§ 39 ff. zu den verschiedenen verschmelzungsfähigen Rechtsträger(type)n können sich ergänzende Erfordernisse ergeben.[9]

5 Zwar sind die aufgezählten Unterlagen der Anmeldung nach dem Gesetzeswortlaut beizufügen und damit deren notwendiger Bestandteil, doch ist eine gleichzeitige und gemeinsame Einreichung beim Register nicht zwingend und bleibt insbesondere die **Nachreichung** von Unterlagen möglich.[10]

---

1) Begr. Fraktionsentwurf UmwBerG, BT-Drucks. 12/6699, S. 90; *Rieckers/Cloppenburg* in: BeckOGK-UmwG, § 17 Rz. 1; Lutter-*Decher*, UmwG, § 17 Rz. 2.
2) Inhaltliche Anknüpfung u. a. an die § 345 Abs. 2, 3 AktG a. F., § 24 Abs. 2, 3 KapErhG, vgl. Schmitt/Hörtnagl-*Hörtnagl*, UmwG/UmwStG, § 17 UmwG Rz. 3; Widmann/Mayer-*Fronhöfer*, UmwR, § 17 UmwG Rz. 3.
3) Henssler/Strohn-*Heidinger/Knaier*, GesR, § 17 UmwG Rz. 1.
4) Begr. Fraktionsentwurf UmwBerG, BT-Drucks. 12/6699, S. 90.
5) Zweites Gesetz zur Änderung des Umwandlungsgesetzes (2. UmwGÄndG), v. 19.4.2007, BGBl. I 2007, 542.
6) Gesetz zur Umsetzung der Aktionärsrechterichtlinie (ARUG), v. 30.7.2009, BGBl. I 2009, 2479.
7) Kallmeyer-*Zimmermann*, UmwG, § 17 Rz. 1; Widmann/Mayer-*Fronhöfer*, UmwR, § 17 UmwG Rz. 2, 4.
8) Dazu Semler/Stengel/Leonard-*Schwanna/Zessel*, UmwG, § 17 Rz. 5 ff.
9) Lutter-*Decher*, UmwG, § 17 Rz. 3.
10) Henssler/Strohn-*Heidinger/Knaier*, GesR, § 17 UmwG Rz. 4, 27 ff.; Schmitt/Hörtnagl-*Hörtnagl*, UmwG/UmwStG, § 17 UmwG Rz. 7. Dazu, insb. zur Wahrung der Frist des § 17 Abs. 2, s. a. unten, Rz. 40 f.

6 Der Anmeldung beizufügen ist zunächst der zwischen den beteiligten Rechtsträgern geschlossene **Verschmelzungsvertrag** (§§ 4 ff.) als vertragliche Grundlage des Verschmelzungsvorganges. War dieser in bereits endgültig geschlossener Fassung Bestandteil der Beurkundung des Verschmelzungsbeschlusses und ist diesem gemäß § 13 Abs. 3 Satz 2 als Anlage beigefügt oder wurde er in derselben Urkunde geschlossen, wäre eine gesonderte Beifügung des Vertrages i. R. der Anmeldung redundant und ist daher entbehrlich.[11] Dies setzt allerdings voraus, dass der Vertrag i. R. der Beurkundung des Verschmelzungsbeschlusses in notarieller Form vorlag,[12] und nicht etwa nur in einfacher Abschrift.[13] Erst recht keiner gesonderten Beifügung bedarf es, wenn Verschmelzungsbeschluss und -vertrag gemeinsam beurkundet werden und daher ohnehin Teil ein und derselben Urkunde sind. Lag dem Verschmelzungsbeschluss dagegen (zulässigerweise, vgl. § 13 Abs. 3 Satz 2) nur der **Entwurf** des Verschmelzungsvertrages zugrunde, so ist dieser nach seiner finalen Beurkundung der Anmeldung als eigenständige Anlage beizufügen.[14]

7 Beizufügen sind der Anmeldung zudem die Niederschriften der **Verschmelzungsbeschlüsse**. Nach dem Gesetzeswortlaut bedeutet dies, dass mit der Anmeldung jedes Rechtsträgers die Beschlüsse **aller an der Verschmelzung beteiligten Rechtsträger** einzureichen sind.[15] Ist für einen der beteiligten Rechtsträger schon die Beschlussfassung entbehrlich (§§ 62 Abs. 1, 4, 312 Abs. 2) und daher entfallen, kann ein entsprechender Beschluss natürlich nicht beigefügt werden.[16] Mitumfasst von diesem Einreichungserfordernis sind auch etwaige **Sonderbeschlüsse**, die im Falle mehrerer Aktiengattungen zu fassen sind (§ 65 Abs. 2).[17] Sofern sie nicht in der Anmeldung abgegeben wird (siehe dazu § 16 Rz. 29, 33 [*Hoefling*]), ist der Anmeldung zudem die (Negativ-)Erklärung gemäß § 16 Abs. 2 (oder eines ihrer Surrogate) beizufügen, dass diese Beschlüsse nicht angefochten wurden.[18]

8 Einzureichen sind zudem die nach dem UmwG erforderlichen **Zustimmungserklärungen einzelner Anteilsinhaber** (siehe §§ 13 Abs. 2, 40 Abs. 2 Satz 2, 50 Abs. 2, 51 Abs. 1 Satz 3, Abs. 2, 78 Satz 3) einschließlich der Zustimmungserklärungen nicht erschienener Anteilsinhaber (§§ 39c Abs. 1, 42 i. V. m. §§ 39c Abs. 1, 45d Abs. 1, 51 Abs. 1 Satz 2).

9 Gleichfalls der Anmeldung als Anlage beizufügen, sofern nicht wie häufig von Gesetzes wegen oder aufgrund eines Verzichts der Anteilsinhaber entbehrlich (§ 8 Abs. 3 Satz 1, 3; dazu siehe § 8 Rz. 21 ff. [*Redenius-Hövermann/Laufersweiler*]), ist der **Verschmelzungsbericht** des jeweiligen Vertretungsorgans. Wurde der Verzicht wirksam (zu notarieller Urkunde) durch sämtliche Anteilsinhaber erklärt,[19] so ist stattdessen diese **Verzichtser-**

11) OLG Karlsruhe, Beschl. v. 2.3.1998 – 11 Wx 6/98, NJW-RR 1998, 903, 904 = NZG 1998, 433; Schmitt/Hörtnagl-*Hörtnagl*, UmwG/UmwStG, § 17 UmwG Rz. 5.

12) OLG Karlsruhe, Beschl. v. 2.3.1998 – 11 Wx 6/98, NJW-RR 1998, 903 = NZG 1998, 433; *Rieckers/Cloppenburg* in: BeckOGK-UmwG, § 13 Rz. 136; Henssler/Strohn-*Heidinger/Knaier*, GesR, § 17 UmwG Rz. 5; Kallmeyer-*Zimmermann*, UmwG, § 13 Rz. 39.

13) Hinsichtlich der Beurkundung des Verschmelzungsbeschlusses und dem Beifügungserfordernis des § 13 Abs. 3 Satz 2 genügt – nach allerdings nicht unumstrittener Ansicht – eine einfache Abschrift; vgl. etwa Semler/Stengel/Leonard-*Gehling*, UmwG, § 13 Rz. 54; *Limmer* in: Limmer, Hdb. Unternehmensumwandlung, Kap. 3 Rz. 529; a. A. Widmann/Mayer-*Heckschen*, UmwR, § 13 UmwG Rz. 233.

14) *Rieckers/Cloppenburg* in: BeckOGK-UmwG, § 17 Rz. 7; Schmitt/Hörtnagl-*Hörtnagl*, UmwG/UmwStG, § 17 UmwG Rz. 7.

15) Allg. M. *Rieckers/Cloppenburg* in: BeckOGK-UmwG, § 17 Rz. 9; Henssler/Strohn-*Heidinger/Knaier*, GesR, § 17 UmwG Rz. 6; Lutter-*Decher*, UmwG, § 16 Rz. 4; Schmitt/Hörtnagl-*Hörtnagl*, UmwG/UmwStG, § 17 UmwG Rz. 5; Widmann/Mayer-*Fronhöfer*, UmwR, § 17 UmwG Rz. 10.

16) *Rieckers/Cloppenburg* in: BeckOGK-UmwG, § 17 Rz. 9; Widmann/Mayer-*Fronhöfer*, UmwR, § 17 UmwG Rz. 11.1.

17) Widmann/Mayer-*Fronhöfer*, UmwR, § 17 UmwG Rz. 11.

18) Kallmeyer-*Zimmermann*, UmwG, § 17 Rz. 3; Semler/Stengel/Leonard-*Schwanna/Zessel*, UmwG, § 17 Rz. 4.

19) S. dazu OLG Bamberg, Beschl. v. 18.6.2012 – 6 W 26/12, FGPrax 2012, 209 = NZG 2012, 1269.

klärung mit der Anmeldung zum Register zu reichen.[20] Ausweislich des Gesetzeswortlauts, der den Verschmelzungsbericht im Singular nennt, soll insoweit der den **jeweiligen Rechtsträger**, für den die Anmeldung erfolgt, betreffende Bericht ausreichen.[21] Gesetzlich gestattet (§ 8 Abs. 1 Satz 2) und in der Praxis gebräuchlich ist indes eine gemeinsame Berichterstattung der Vertretungsorgane der beteiligten Rechtsträger, sodass diese Frage häufig dahinstehen kann.[22] Durch die Neufassung des § 8 Abs. 3 Satz 1 besteht nunmehr die Möglichkeit des Verzichts auf den Verschmelzungsbericht für alle beteiligten Rechtsträger (auch) gesondert.[23]

Ähnliches gilt grundsätzlich für den **Prüfungsbericht**, der als Ergebnis der Verschmelzungsprüfung der Anmeldung beizufügen ist, wenn Verschmelzungsprüfung und -bericht nicht entbehrlich waren oder die Anteilsinhaber auf sie verzichtet haben (§§ 9 Abs. 2, 12 Abs. 3 i. V. m. § 8 Abs. 3).[24] Die Erforderlichkeit der Verschmelzungsprüfung ist indes schon von Gesetzes wegen uneinheitlich:[25] 10

- **stets erforderlich** ist die Prüfung für AG oder KGaA und wirtschaftlichen Verein (§§ 60 Satz 1, 78 Satz 1, 100);
- **nur auf Verlangen** (mindestens) eines ihrer Anteilsinhaber erforderlich ist die Prüfung im Fall der GmbH (§ 48 Satz 1), der eGbR (§ 39e Satz 1), der Personenhandelsgesellschaften (§ 42 i. V. m. § 39e Satz 1) und der PartGs (§ 45e Satz 1 i. V. m. § 39e Satz 1), bei den Personengesellschaften zudem nur, wenn die Verschmelzung mittels **Mehrheitsbeschlusses** erfolgen werden kann (vgl. § 39e Satz 1 i. V. m. § 39c Abs. 2); im Falle des e. V. müssen (mindestens) 10 % der Mitglieder dieses Verlangen schriftlich äußern (§ 100 Satz 2);
- **stets entbehrlich** ist die Verschmelzungsprüfung bei der eG, bei der stattdessen aber eine gutachtliche Äußerung des Prüfungsverbands einzuholen und zum Register einzureichen ist (§§ 81, 86).[26]

Uneinheitlich ist insoweit auch, wer einen etwaigen Verzicht zu erklären hat: Grundsätzlich genügt insofern inzwischen ebenfalls der Verzicht der Anteilsinhaber eines der beteiligten Rechtsträgers, damit für diesen Prüfung und Bericht entfallen können (vgl. §§ 9 Abs. 2, 12 Abs. 3 i. V. m. § 8 Abs. 3 Satz 1).[27] Bei der AG bzw. KGaA gilt indes, das weiterhin der Verzicht aller Anteilsinhaber aller Rechtsträger erforderlich und ein partieller Verzicht nicht möglich ist (§ 60 Satz 2). Allerdings wird insoweit im Schrifttum eine teleologische Reduktion erwogen, soweit nicht ausschließlich AGs an der Verschmelzung beteiligt sind.[28] Dafür könnte sprechen, dass nach der Gesetzesbegründung der Verweis auf § 8 Abs. 3 Satz 1 11

20) Henssler/Strohn-*Heidinger/Knaier*, GesR, § 17 UmwG Rz. 7; Lutter-*Decher*, UmwG, § 16 Rz. 4.

21) *Rieckers/Cloppenburg* in: BeckOGK-UmwG, § 17 Rz. 13; Widmann/Mayer-*Fronhöfer*, UmwR, § 17 UmwG Rz. 16; s. aber Lutter-*Decher*, UmwG, § 16 Rz. 4: Beifügung aller Verschmelzungsberichte empfehlenswert.

22) Vgl. auch Lutter-*Decher*, UmwG, § 16 Rz. 4.

23) Zu dieser Änderung i. R. des UmRUG s. Begr. RegE z. UmRUG, BT-Drucks. 20/3822, S. 69. Dazu auch *J. Schmidt*, DK 2022, 309, 310.

24) Semler/Stengel/Leonard-*Schwanna/Zessel*, UmwG, § 17 Rz. 3.

25) S. auch die entsprechenden Übersichten bei *Rieckers/Cloppenburg* in: BeckOGK-UmwG, § 17 Rz. 15; Widmann/Mayer-*Fronhöfer*, UmwR, § 17 UmwG Rz. 19.

26) Die Einholung des Prüfungsgutachtens ist nach h. M. zwingend und § 8 Abs. 3 nicht entsprechend anzuwenden, vgl. *Thilo* in: BeckOGK-UmwG, § 81 Rz. 35; Henssler/Strohn-*Galla/Cé. Müller*, GesR, § 81 UmwG Rz. 1; Lutter-*Bayer*, UmwG, § 81 Rz. 1; Schmitt/Hörtnagl-*Missio*, UmwG/UmwStG, § 81 UmwG Rz. 4; Widmann/Mayer-*Fronhöfer*, UmwR, § 81 UmwG Rz. 8.

27) Auch dies ist eine Neuerung des UmRUG, vgl. Begr. RegE z. UmRUG, BT-Drucks. 20/3822, S. 70.

28) Dafür jedenfalls *Habersack* in: BeckOGK-UmwG, § 60 Rz. 10; anders aufgrund des Wortlauts wohl Lutter-*Grunewald*, UmwG, § 60 Rz. 3.

nur „für die Verschmelzung inländischer Aktiengesellschaften", nicht für (sämtliche) Verschmelzungen unter Beteiligung inländischer AGs, beschränkt werden sollte.[29] Dies entspräche auch dem eingeschränkten Anwendungsbereich der europarechtlichen Grundlage der Vorschrift, des Art. 96 Abs. 4 Richtlinie (EU) 2017/1132[30] (vgl. Art. 87 Abs. 1 i. V. m. Anhang I Richtlinie (EU) 2017/1132).

12 Einzureichen sind auch etwaige **Verzichtserklärungen** der Anteilsinhaber, insbesondere auf Erhebung der Anfechtungsklage gegen die Wirksamkeit des Verschmelzungsbeschlusses (§ 16 Abs. 2 Satz 2), die Anteilsgewährung (§§ 54 Abs. 1 Satz 3, 68 Abs. 1 Satz 3) sowie auf Verschmelzungsbericht und -prüfung bzw. -prüfungsbericht (§§ 8 Abs. 3 Satz 1, 9 Abs. 2, 12 Abs. 3). Durch den Klageverzicht kann der Vollzug der Verschmelzung beschleunigt werden, da die Anmeldung bzw. deren Vollzug nicht vom Ablauf der Frist des § 14 Abs. 1 abhängig sind (vgl. § 16 Abs. 2 Satz 1).[31]

13 Schließlich ist der **Nachweis** der **rechtzeitigen Zuleitung** des Verschmelzungsvertrages oder seines Entwurfs an den zuständigen **Betriebsrat** (§ 5 Abs. 3) der Anmeldung beizufügen. Zur Form dieses Nachweises bestimmt das Gesetz nichts. Angesichts des Erfordernisses der Einreichung mit der Anmeldung dürfte aber jedenfalls eine textförmige Verkörperung unverzichtbar sein und erfolgt die Bestätigung in der Praxis häufig auch in Schriftform.[32] Erbracht werden kann der Nachweis etwa durch eine **schriftliche, datierte Empfangsbestätigung** des Betriebsratsvorsitzenden[33] oder ein **Einschreiben mit Rückschein.**[34] Ob die bloße Vorlage des Übersendungsschreibens ausreicht, wird im Schrifttum vielfach bezweifelt,[35] zumindest wurde dieses aber in den Gesetzgebungsunterlagen explizit als Nachweismöglichkeit genannt.[36] Möglich ist auch ein Verzicht des Betriebsrates, zumindest auf die Einhaltung der Zuleitungsfrist,[37] nach umstrittener Ansicht aber auch auf die Zuleitung insgesamt.[38] Letzteres dürfte für die Praxis nur in Abstimmung mit dem zuständigen Registergericht zu empfehlen sein.[39] Verfügt der jeweilige Rechtsträger nicht über einen Betriebsrat oder verweigert dieser die Annahme oder die Bestätigung der Zuleitung, ist dieser Umstand i. R. der Anmeldung oder in einer dieser als Anlage beizufügenden, gesonderten Erklärung durch das jeweilige Vertretungsorgan zu versichern.[40] Nach

---

29) S. Begr. RegE z. UmRUG, BT-Drucks. 20/3822, S. 73.

30) Richtlinie (EU) 2017/1132 des Europäischen Parlaments und des Rates vom 14. Juni 2017 über bestimmte Aspekte des Gesellschaftsrechts (Gesellschaftsrechtsrichtlinie), ABl. (EU) L 169/46 v. 30.6.2017.

31) *Rieckers/Cloppenburg* in: BeckOGK-UmwG, § 16 Rz. 37.

32) Dazu auch *Rieckers/Cloppenburg* in: BeckOGK-UmwG, § 17 Rz. 22; Widmann/Mayer-*Fronhöfer*, UmwR, § 17 UmwG Rz. 27; *Melchior*, GmbHR 1996, 833, 834.

33) Henssler/Strohn-*Heidinger/Knaier*, GesR, § 17 UmwG Rz. 8.

34) Widmann/Mayer-*Fronhöfer*, UmwR, § 17 UmwG Rz. 28. Der Gesetzgeber hat die Form des Nachweises bewusst für die Praxis offengelassen, s. Begr Fraktionsentwurf UmwBerG, BT-Drucks. 12/6699, S. 90.

35) Kallmeyer-*Zimmermann*, UmwG, § 17 Rz. 3; Lutter-*Decher*, UmwG, § 17 Rz. 4; Schmitt/Hörtnagl-*Hörtnagl*, UmwG/UmwStG, § 17 UmwG Rz. 6; a. A. wohl nur *Erkens* in: KölnKomm-UmwG, § 17 Rz. 14.

36) Begr. Fraktionsentwurf UmwBerG, BT-Drucks. 12/6699, S. 90.

37) OLG Naumburg, Besch. v. 17.3.2003 – 7 Wx 6/02, NZG 2004, 734 = FGPrax 2003, 275; *Wicke* in: BeckOGK-UmwG, § 5 Rz. 154.

38) Str., dafür Semler/Stengel/Leonard-*Greitemann*, UmwG, § 5 Rz. 146; Widmann/Mayer-*Mayer*, UmwR, § 5 UmwG Rz. 266; *Limmer* in: Limmer, Hdb. Unternehmensumwandlung, Kap. 3 Rz. 229; abl. OLG Naumburg, Besch. v. 17.3.2003 – 7 Wx 6/02, NZG 2004, 734 = FGPrax 2003, 275; Kallmeyer-*Willemsen/Müller-Bonanni*, UmwG, § 5 Rz. 77b; Lutter-*Drygala*, UmwG, § 5 Rz. 148; *Pfaff*, DB 2002, 686.

39) In diesem Sinne auch *Bärwaldt/Wisniewski* in: BeckHdb. Personengesellschaften, § 25 Rz. 96.

40) Schmitt/Hörtnagl-*Hörtnagl*, UmwG/UmwStG, § 17 UmwG Rz. 6; Widmann/Mayer-*Fronhöfer*, UmwR, § 17 UmwG Rz. 28; strenger offenbar Lutter-*Decher*, UmwG, § 17 Rz. 4: Erklärung aller beteiligten Rechtsträger.

ganz überwiegender Ansicht ist eine Glaubhaftmachung durch eidesstattliche Versicherung dazu nicht erforderlich.[41]

Heute im Regelfall nicht mehr erforderlich ist die Vorlage **staatlicher Genehmigungen** (Ausnahme: § 43 Abs. 1 KWG für erlaubnispflichtige Bankgeschäfte).[42] 14

Weitere Dokumente sind bei der Verschmelzung durch **Neugründung** abhängig von der Rechtsform des neuen Rechtsträgers und dessen **Gründungsrecht** einzureichen.[43] Der Gesellschaftsvertrag/Die Satzung des neuen Rechtsträgers ist nach § 37 schon als Bestandteil des Verschmelzungsvertrages der Anmeldung beizufügen. 15

Für die **AG oder KGaA**: 16

- eine Berechnung des Gründungsaufwands (§ 37 Abs. 4 Nr. 2 AktG);
- die (in der Regel privatschriftliche) Bestellung des Vorstands (§ 37 Abs. 4 Nr. 3 AktG);
- eine Liste der Mitglieder des Aufsichtsrats (§ 37 Abs. 4 Nr. 3a AktG);
- ggf. die Urkunde über die Bestellung des Abschlussprüfers (§ 30 Abs. 1 Satz 1 AktG);
- Gründungsbericht und Gründungsprüfungsbericht (§§ 32, 34 AktG), sofern nicht nach § 75 Abs. 2 entbehrlich;
- Versicherungen der Vorstandsmitglieder über Nichtbestehen von Bestellungshindernissen (§ 37 Abs. 2 AktG);
- Unterlagen über den Wert des eingebrachten Vermögens (§ 38 Abs. 2 Satz 2 AktG), in der Regel die Schlussbilanzen der übertragenden Rechtsträger.

Für die **GmbH**: 17

- ggf. der Beschluss über Bestellung der ersten Geschäftsführer (§§ 6 Abs. 3 Satz 2, 46 Nr. 5, 47 ff. GmbHG in der Regel erfolgt diese aber bereits i. R. des Verschmelzungsbeschlusses;
- die Versicherungen der Geschäftsführer über das Nichtbestehen von Bestellungshindernissen (§ 8 Abs. 3 GmbHG), sofern diese nicht i. R. der Anmeldung erfolgen;
- eine unterzeichnete Liste der Gesellschafter (§ 8 Abs. 1 Nr. 3 GmbHG);
- ein Sachgründungsbericht (§ 5 Abs. 4 GmbHG), sofern nicht nach § 58 Abs. 2 entbehrlich;
- Unterlagen über den Wert des eingebrachten Vermögens (§ 8 Abs. 1 Nr. 5 GmbHG), in der Regel die Schlussbilanzen der übertragenden Rechtsträger.

Für **Personengesellschaften**: Grundsätzlich sind keine weiteren Unterlagen erforderlich.[44] Gegebenenfalls sind aber Versicherungen beizufügen, sofern nicht bereits in der Anmeldung enthalten ist, dass die jeweilige Gesellschaft nicht bereits in einem anderen Register (je nach Rechtsform also dem Gesellschaft-, Handels- oder Partnerschaftsregister) eingetragen 18

---

41) *Rieckers/Cloppenburg* in: BeckOGK-UmwG, § 17 Rz. 25; Henssler/Strohn-*Heidinger/Knaier*, GesR, § 17 UmwG Rz. 8; Lutter-*Decher*, UmwG, § 17 Rz. 4; Schmitt/Hörtnagl-*Hörtnagl*, UmwG/UmwStG, § 17 UmwG Rz. 6; Widmann/Mayer-*Fronhöfer*, UmwR, § 17 UmwG Rz. 28; *Limmer* in: Limmer, Hdb. Unternehmensumwandlung, Kap. 3 Rz. 700; a. A. wohl nur AG Duisburg, Urt. v. 4.1.1996 – 23 HRB 4942, 23 HRB 5935, GmbHR 1996, 372.

42) *Rieckers/Cloppenburg* in: BeckOGK-UmwG, § 17 Rz. 26 f.; Henssler/Strohn-*Heidinger/Knaier*, GesR, § 17 UmwG Rz. 9. Anders noch vor Änderung der Vorschrift im Jahre 2009 durch das ARUG: „[…] sowie, wenn die Verschmelzung der staatlichen Genehmigung bedarf, die Genehmigungsurkunde beizufügen".

43) Eingehend dazu auch die Kommentierung zu § 38 [*Redenius-Hövermann/Laufersweiler*]; *Rieckers/Cloppenburg* in: BeckOGK-UmwG, § 17 Rz. 38 ff.; Semler/Stengel/Leonard-*Schwanna/Zessel*, UmwG, § 17 Rz. 6 ff., dort auch zu weiteren Besonderheiten u. a. bei eG und VVaG.

44) So auch Semler/Stengel/Leonard-*Schwanna/Zessel*, UmwG, § 17 Rz. 8.

ist (§ 707 Abs. 2 Nr. 4 BGB bzw. § 106 Abs. 2 Nr. 4 HGB). Für die PartG ergeben sich weitere Erfordernisse aus § 3 Abs. 2, 3 PRV (Erklärung, dass der Eintragung keine berufsrechtlichen Vorschriften entgegenstehen sowie Zulassungsurkunden bei verkammerten Berufen).[45)]

2. Form

19 In welcher **Form** die jeweiligen Anlagen beim jeweiligen Register einzureichen sind, ist nach § 17 Abs. 1 davon abhängig, ob materiell-rechtlich ein Formerfordernis für sie besteht.[46)] Ist für das jeweilige Dokument die notarielle Beurkundung gesetzlich angeordnet, so sind diese in **Ausfertigung** (§§ 47 ff. BeurkG) oder **öffentlich beglaubigter Abschrift** (§ 42 BeurkG) vorzulegen, während die Urschrift beim beurkundenden Notar verbleibt. Für die Einreichung von Ausfertigungen besteht in der Regel keine praktische Notwendigkeit, da Ausfertigungen nur physisch erstellt werden können (vgl. § 49 Abs. 1 BeurkG)[47)] und der Rechtsverkehr mit dem Registergericht seit 2007 rein elektronisch geführt wird.[48)] In der Praxis werden deshalb elektronisch beglaubigte Abschriften (§ 39a BeurkG) an das Handelsregister übermittelt. Besteht dagegen kein solches Formerfordernis, so ist die entsprechende Anlage in **Urschrift** oder (einfacher) **Abschrift** einzureichen. Auch die Übermittlung von Urschriften gestaltet sich aus den eben ausgeführten Gründen schwierig. In der Praxis ausreichend ist insoweit im Regelfall die elektronische Übermittlung von Scans. Bei originär elektronisch errichteten Dokumenten (z. B. mit elektronischer Signatur) ist zu beachten, dass diese nach § 45 Abs. 3 BeurkG nur dann als Urschrift gelten, wenn sie nach §§ 16b, 39a BeurkG über das Videokommunikationssystem der BNotK errichtet wurden.[49)] Besteht kein gesetzliches Formerfordernis, dürften gegen eine Einreichung als eine Abschrift im Ergebnis aber keine Bedenken bestehen.

20 In (Ausfertigung oder) **beglaubigter Abschrift** vorzulegen sind demnach:[50)]

- der Verschmelzungsvertrag (§ 6),
- die Verschmelzungsbeschlüsse sowie etwaige Zustimmungserklärungen (§ 13 Abs. 3),
- etwaige Verzichtserklärungen (§§ 8 Abs. 3 Satz 2, 9 Abs. 2, 12 Abs. 3, 16 Abs. 2 Satz 2, 54 Abs. 1 Satz 3, 68 Abs. 1 Satz 3).

21 In (Ur- oder) **einfacher Abschrift** (soweit nicht entbehrlich) einzureichen:

- der Verschmelzungsbericht (§ 8 Abs. 1 Satz 1),
- der Prüfungsbericht (§ 12 Abs. 1 Satz 1),
- der Nachweis der rechtzeitigen Zuleitung des Verschmelzungsvertrages oder seines Entwurfs an den zuständigen Betriebsrat,
- die Schlussbilanz.

22 Grundsätzlich in einfacher Abschrift einzureichen sind auch die **Vollmachten**, die etwa bei der Abfassung des Verschmelzungsbeschlusses Verwendung finden können. Regelmäßig

---

45) Vgl. Widmann/Mayer-*Fronhöfer*, UmwR, § 38 UmwG Rz. 30.

46) Widmann/Mayer-*Fronhöfer*, UmwR, § 17 UmwG Rz. 6 f.

47) S. auch *Winnen* in: BeckOK-BeurkG, § 49 Rz. 7.

48) Zur Einführung des elektronischen Handelsregisters durch das Gesetz über elektronische Handelsregister und Genossenschaftsregister sowie das Unternehmensregister (EHUG), v. 10.11.2006, BGBl. I 2006, 2553, m. W. z. 1.1.2007 s. etwa *Jeep/Wiedemann*, NJW 2007, 2439; *Noack*, NZG 2006, 801; *Seibert/Decker*, DB 2006, 2446.

49) Begr. RegE z. DiRUG, BT-Drucks. 19/28177, S. 130; *Regler* in: BeckOGK-BeurkG, § 45 Rz. 21 ff.

50) Vgl. auch Schmitt/Hörtnagl-*Hörtnagl*, UmwG/UmwStG, § 17 UmwG Rz. 5 f.; Semler/Stengel/Leonard-*Schwanna/Zessel*, UmwG, § 17 Rz. 2 f.; Widmann/Mayer-*Fronhöfer*, UmwR, § 17 UmwG Rz. 7 f.

werden sie den Verschmelzungsurkunden schon nach § 12 Abs. 1 BeurkG beigefügt sein bzw. eine notarielle Bescheinigung nach § 12 Abs. 1 Satz 2 BeurkG erfolgen; sofern dies ausnahmsweise nicht erfolgt, ist eine gesonderte Beifügung in Form nach § 12 Abs. 2 HGB erforderlich, welche wiederum von den jeweiligen materiellen Formerfordernisses abhängig ist (eingehend dazu siehe § 13 Rz. 37 [*Hoefling*]).

Im Falle der **Konzernverschmelzung** i. S. des § 62 ist der **Nachweis der Bekanntmachung** 23 der bevorstehenden Verschmelzung (§ 62 Abs. 3 Satz 2–4), in der Regel also ein Belegexemplar des Bundesanzeigers, mangels gesetzlicher Formvorgaben in Urschrift oder einfacher Abschrift beizufügen.[51)]

Das bei Beteiligung einer Genossenschaft erforderliche Prüfungsgutachten (§§ 81, 86) ist 24 nach § 86 der Anmeldung sowohl bei der entsprechenden Genossenschaft als auch bei einem etwaigen übernehmenden Rechtsträger anderer Rechtsform (in Urschrift oder) beglaubigter Abschrift beizufügen.

Genügte eine Anlage den obigen Formerfordernissen nicht, so handelt es sich grundsätzlich 25 um einen **behebbaren Mangel** und ist – wie auch beim vollständigen Fehlen einer Anlage – eine Nachreichung möglich.[52)] Das Registergericht hat dazu mittels Zwischenverfügung aufzufordern (§ 382 Abs. 4 FamFG).[53)] Nur wenn ein (Form-)Mangel endgültig unbehebbar ist, führt er unmittelbar zur Ablehnung der Anmeldung.[54)]

III. Schlussbilanz (§ 17 Abs. 2)

1. Allgemeines

Gemäß § 17 Abs. 2 Satz 1 ist der Anmeldung der Verschmelzung zum Register jedes über- 26 tragenden Rechtsträgers neben den Anlagen i. S. des Absatz 1 eine **Schlussbilanz** des jeweiligen Rechtsträgers beizufügen. Die **Zwecke** der Anordnung ihrer Einreichung sind vielfältig, ihre Gewichtung zum Teil unterschiedlich.[55)] Grundlegend lassen sich jedoch folgende vier Anliegen festhalten, die mit der Norm des § 17 Abs. 2 verfolgt werden:

– Die Ermöglichung der **Bilanzkontinuität**, da die in der Schlussbilanz angesetzten Werte gemäß § 24 vom übernehmenden Rechtsträger als Anschaffungskosten in ihre Bilanzen übernommen werden können (Gestaltungswahlrecht);[56)]

– die Gewährleistung einer klaren **Ergebnisabgrenzung** (§ 5 Abs. 1 Nr. 6), indem klargestellt wird, bis bzw. ab wann die Geschäftstätigkeit für Rechnung welchen Rechtsträgers erfolgt;

51) *Rieckers/Cloppenburg* in: BeckOGK-UmwG, § 17 Rz. 33; Lutter-*Grunewald*, UmwG, § 62 Rz. 14; unverständlich insoweit die a. A. bei Widmann/Mayer-*Fronhöfer*, UmwR, § 17 UmwG Rz. 42, nach der die Urschrift oder beglaubigte Abschrift erforderlich sei.

52) Kallmeyer-*Zimmermann*, UmwG, § 17 Rz. 7; Lutter-*Decher*, UmwG, § 17 Rz. 6; *Weiler* in: Hauschild/Kallrath/Wachter, Hdb. Gesellschafts- und Unternehmensrecht, § 25 Rz. 186.

53) Dazu etwa *Krafka*, Registerrecht, Teil 1, Rz. 166 ff.

54) Vgl. OLG Hamm, Beschl. v. 3.8.2004 – 15 W 236/04, NJW-RR 2004, 1556 = NZG 2004, 1005; *Rieckers/Cloppenburg* in: BeckOGK-UmwG, § 17 Rz. 53.

55) S. u. a *Rieckers/Cloppenburg* in: BeckOGK-UmwG, § 17 Rz. 54; Henssler/Strohn-*Heidinger/Knaier*, GesR, § 17 UmwG Rz. 14; Kallmeyer-*Lanfermann*, UmwG, § 17 Rz. 11; *Erkens* in: KölnKomm-UmwG, § 17 Rz. 19 ff.; Lutter-*Decher*, UmwG, § 13 Rz. 7; Schmitt/Hörtnagl-*Hörtnagl*, UmwG/UmwStG, § 17 UmwG Rz. 10 ff.; Widmann/Mayer-*Fronhöfer*, UmwR, § 17 UmwG Rz. 62 ff.; *Sauter* in: FS Widmann, S. 105; *Heidtkamp*, NZG 2013, 852, 853 f.; zum Aspekt des Gläubigerschutzes auch OLG Köln, Beschl. v. 10.2.2020 – I-2 Wx 28/20, ZIP 2020, 1072, 1073 = FGPrax 2020, 72.

56) Zur Aufgabe der zwingenden Buchwertverknüpfung s. Begr. Fraktionsentwurf, BT-Drucks. 12/6699, S. 93; Henssler/Strohn-*Ca. Müller*, GesR, § 24 UmwG Rz. 1; Lutter-*Hennrichs*, UmwG, § 24 Rz. 1; *Heidtkamp*, NZG 2013, 852, 853.

- der **Gläubigerschutz**, indem diesen die Prüfung ermöglicht wird, ob sich Sicherheitsleistung nach § 22 verlangen;
- die **Werthaltigkeitskontrolle** für das übergehende Vermögen i. R. einer etwaigen Kapitalerhöhung des übernehmenden Rechtsträgers.

27 Aus diesen Zwecken sowie dem Wortlaut der Norm folgt nach überwiegender Ansicht, dass nicht etwa ein vollumfänglicher **Jahresabschluss** samt Gewinn- und Verlustrechnung (§§ 275 ff. HGB) sowie Anhang (§§ 284 ff. HGB), sondern lediglich eine Bilanz i. S. der §§ 266 ff. HGB einzureichen ist.[57)] Schädlich ist eine umfangreichere Einreichung des gesamten Jahresabschlusses zwar nicht,[58)] dies führt aber dazu, dass über das registergerichtliche Einstellen des überobligatorisch eingereichten Jahresabschlusses im elektronischen Registerorder mehr Unternehmensdaten öffentlich werden als gesetzlich erforderlich. War ein übertragender Rechtsträger vor der Umwandlung nicht gesetzlich verpflichtet, einen Jahresabschluss aufzustellen (z. B. eingetragene Vereine), so ist umstritten, ob § 17 Abs. 2 eine solche Pflicht im Hinblick auf die Verschmelzung begründet.[59)] Soweit das Schrifttum dies verneint, soll der entsprechende Rechtsträger stattdessen seine bisher üblichen Rechnungsunterlagen einreichen.[60)] Ob dies künftig angesichts der – inzwischen rechtskräftigen – anders lautenden Entscheidung des OLG Köln[61)] in der Registerpraxis ausreichen wird, ist zu bezweifeln und sollte jedenfalls mit dem zuständigen Registergericht abgestimmt werden.[62)] Durch die Verschmelzungsfähigkeit der eGbR (§ 3 Abs. 1 Nr. 1) dürfte diese bisher praktisch eher selten relevant gewordene Streitfrage deutlich an Brisanz gewinnen, etwa im Hinblick auf vermögensverwaltende Immobilien-GbR, die sich an Umwandlungsvorgängen beteiligen.[63)]

2. Anforderungen an die Schlussbilanz

28 Auf die Schlussbilanz i. R. der Verschmelzung sind gemäß § 17 Abs. 2 Satz 2 die Vorschriften über die „Jahresbilanz" und deren Prüfung entsprechend anzuwenden. Das Handelsrecht kennt eine solche nicht, sondern nur den „Jahresabschluss" (§§ 242 ff. HGB) und als dessen Bestandteil die „Bilanz" (§ 242 Abs. 3 HGB), welche daher nach heute allgemeinem Begriffsverständnis der maßgebliche Gegenstand der Einreichungspflicht des § 17

57) LG Stuttgart, Beschl. v. 29.3.1996 – 4 KfH T 1/96, DNotZ 1996, 701, 702; LG Dresden, Beschl. v. 18.11.1997 – 45 T 0052/97, MittBayNot 1998, 271; *Rieckers/Cloppenburg* in: BeckOGK-UmwG, § 17 Rz. 55; Henssler/Strohn-*Heidinger/Knaier*, GesR, § 17 UmwG Rz. 17; Lutter-*Decher*, UmwG, § 17 Rz. 8; abw. *Bula/Thees* in: Sagasser/Bula, Umwandlungen, § 10 Rz. 33 ff.; zum Teil auch *Henckel*, DStR 2005, 1785, 1788 – unter Umständen Anhang aufzustellen.

58) Schmitt/Hörtnagl-*Hörtnagl*, UmwG/UmwStG, § 17 UmwG Rz. 14; *Schwab* in: MünchHdb. GesR, Bd. 8, § 12 Rz. 32.

59) Dafür das OLG Köln mit Verweis u. a. auf den Gläubigerschutz, OLG Köln, Beschl. v. 10.2.2020 –2 Wx 28/20, RNotZ 2020, 479, 481 = ZIP 2020, 1072; so auch Widmann/Mayer-*Vossius*, UmwR, § 99 UmwG Rz. 118; *Gerold*, MittRhNotK 1997, 205, 227; für den Fall, dass der aufnehmenden Rechtsträger bilanzierungspflichtig ist, *Germann*, GmbHR 1999, 591, 592; a. A. die bisher h. L. *Rieckers/Cloppenburg* in: BeckOGK-UmwG, § 17 Rz. 57; Semler/Stengel/Leonard-*Schwanna/Zessel*, UmwG, § 17 Rz. 15; Widmann/Mayer-*Fronhöfer*, UmwR, § 17 UmwG Rz. 84; *Sauter* in: FS Widmann, S. 105; *Neumayer/Schulz*, DStR 1996, 872, 874.

60) Kallmeyer-*Lanfermann*, UmwG, § 17 Rz. 12; Lutter-*Decher*, UmwG, § 17 Rz. 9; *Sauter* in: FS Widmann, S. 105.

61) OLG Köln, Beschl. v. 10.2.2020 – 2 Wx 28/20, RNotZ 2020, 479, 481 = ZIP 2020, 1072.

62) In diesem Sinne, trotz Kritik an der Entscheidung, auch *Nast*, ZStV 2021, 70, 72 (Urteilsanm.); krit. auch *Cavaillès*, jurisPR-HaGesR 10/2020 Anm. 6 (Urteilsanm.).

63) Zur fehlenden Bilanzierungspflicht der GbR trotz Eintragung im Gesellschaftsregister s. etwa *Krauß* in: Beck'sches Notar-Hdb., § 5 Rz. 213; *Servatius*, GbR, § 718 Rz. 10.

Abs. 2 ist.[64] Anzuwenden sind mithin die Vorschriften über die Aufstellung (§§ 242 bis 245, 246 bis 251 sowie ggf. §§ 264 bis 274a HGB) und Prüfung (§§ 316 ff. HGB) dieser handelsrechtlichen (Jahres- oder Schluss-)Bilanz.[65] Als Schlussbilanz i. S. der Vorschrift kommt (sofern fristwahrend möglich) i. S. der Zeit- und Kostenersparnis insbesondere die letzte **reguläre Bilanz des letzten Geschäftsjahres** in Betracht, alternativ kann aber auch eine **Zwischenbilanz** auf einen abweichenden Stichtag aufgestellt werden (siehe dazu auch Rz. 38.).[66] Wird der Anmeldung zulässigerweise nur eine Bilanz beigefügt, sind nach allgemeiner Meinung etwaige **Wahlpflichtangaben**, die i. R. eines vollumfänglichen Jahresabschlusses wahlweise in Bilanz oder Anhang aufgenommen werden können (vgl. § 284 Abs. 1 Satz 2 HGB), mangels Beifügung eines Anhangs in die Bilanz aufzunehmen.[67]

Besonderheiten können bestehen, wenn es sich bei der übertragenden Gesellschaft um eine **Konzernuntergesellschaft** handelt, deren Jahresabschluss unter Ausnutzung der Erleichterungen des § 264 Abs. 3 HGB (und) als Teil des Konzernabschlusses aufgestellt wurde.[68] Insoweit kann es sich empfehlen, die Abstimmung mit dem zuständigen Gericht zu suchen, soweit eine dem Konzernjahresabschluss entnommene (nicht separat geprüfte) Bilanz der Konzernuntergesellschaft Verwendung finden soll.[69] In der Sache erscheint es zutreffend, dass der Verweis des § 17 Abs. 2 Satz 2 auf „die Vorschriften über die Jahresbilanz und deren Prüfung" auch den § 264 Abs. 3 HGB und die darin vorgesehenen Erleichterungen mitumfasst.[70] 29

Aufzustellen ist die Schlussbilanz durch das Organ, das auch für Erstellung des regulären Jahresabschlusses zuständig ist.[71] Es handelt sich um eine Maßnahme der Geschäftsführung des jeweiligen Rechtsträgers.[72] Die Schlussbilanz ist durch sämtliche Mitglieder des zuständigen (Geschäftsführungs- bzw. Vertretungs-)Organs samt Datumsangabe zu **unterzeichnen** (vgl. § 245 HGB).[73] Dazu genügt eine einfache elektronische Signatur (z. B. mittels DocuSign) jedenfalls nicht, womöglich nach § 126a BGB aber eine qualifizierte elektronische Signatur.[74] Seitens der Register wird darüber hinaus häufig eine Wiedergabe des Namens des jeweils Unterzeichnenden in Klarschrift verlangt. Handelsrechtlich wird zudem 30

---

64) LG Dresden, Beschl. v. 18.11.1997 – 45 T 0052/97, MittBayNot 1998, 271; *Rieckers/Cloppenburg* in: BeckOGK-UmwG, § 17 Rz. 55, 61; Kallmeyer-*Lanfermann*, UmwG, § 17 Rz. 28; Lutter-*Decher*, UmwG, § 17 Rz. 8; Widmann/Mayer-*Fronhöfer*, UmwR, § 17 UmwG Rz. 66; *Limmer* in: Limmer, Hdb. Unternehmensumwandlung, Kap. 3 Rz. 703; *Scheunemann*, DB 2006, 797.

65) Widmann/Mayer-*Fronhöfer*, UmwR, § 17 UmwG Rz. 67; *Limmer* in: Limmer, Hdb. Unternehmensumwandlung, Kap. 3 Rz. 703.

66) Henssler/Strohn-*Heidinger/Knaier*, GesR, § 17 UmwG Rz. 18; Lutter-*Decher*, UmwG, § 17 Rz. 8 ff.; *Limmer* in: Limmer, Hdb. Unternehmensumwandlung, Kap. 3 Rz. 704.

67) *Rieckers/Cloppenburg* in: BeckOGK-UmwG, § 17 Rz. 55; Henssler/Strohn-*Heidinger/Knaier*, GesR, § 17 UmwG Rz. 17; Schmitt/Hörtnagl-*Hörtnagl*, UmwG/UmwStG, § 17 UmwG Rz. 14; Widmann/Mayer-*Fronhöfer*, UmwR, § 17 UmwG Rz. 69; *Blasche*, RNotZ 2014, 464, 466.

68) Vgl. *Scheunemann*, DB 2006, 797; *Hargarten/Seidler*, BB 2016, 2795, 2798.

69) *Hargarten/Seidler*, BB 2016, 2795, 2798.

70) So i. Erg. auch *Rieckers/Cloppenburg* in: BeckOGK-UmwG, § 17 Rz. 65; Schmitt/Hörtnagl-*Hörtnagl*, UmwG/UmwStG, § 17 UmwG Rz. 25.

71) *Rieckers/Cloppenburg* in: BeckOGK-UmwG, § 17 Rz. 72; Widmann/Mayer-*Fronhöfer*, UmwR, § 17 UmwG Rz. 73 ff.

72) Semler/Stengel/Leonard-*Schwanna/Zessel*, UmwG, § 17 Rz. 18.

73) OLG Schleswig, Beschl. v. 11.4.2007 – 2 W 58/07, FGPrax 2007, 283, 284 = DNotZ 2007, 957; Henssler/Strohn-*Heidinger/Knaier*, GesR, § 17 UmwG Rz. 21; Semler/Stengel/Leonard-*Schwanna/Zessel*, UmwG, § 17 Rz. 15; *Limmer* in: Limmer, Hdb. Unternehmensumwandlung, Kap. 3 Rz. 706; *DNotI*, Gutachten Nr. 1319, S. 6 f. S. a. die entsprechende Übersicht bei Widmann/Mayer-*Fronhöfer*, UmwR, § 17 UmwG Rz. 78.

74) *Merk* in: BeckOK-HGB, § 245 Rz. 21; Ebenroth/Boujong-*Böcking/Gros*, HGB, § 245 Rz. 11. Eingehend dazu *Henckel*, StuB 2021, 249; auf verbleibende Rechtsunsicherheit hinweisend *Kuß*, BC 2022, 49.

vielfach eine Angabe des Organs, für das die Unterzeichnung erfolgt, als erforderlich angesehen.[75] Die Unterzeichnung hat grundsätzlich auf der letzten Seite zu erfolgen.[76] Mangels anderweitiger gesetzlicher Vorgaben kann die formgerecht aufgestellte Schlussbilanz der Anmeldung in einfacher Abschrift beigefügt werden (vgl. auch § 12 Abs. 2 Satz 2 Halbs. 1 HGB).[77]

31 Streitig ist, zumindest bei Aufstellung einer Zwischenbilanz, ob darüber hinaus auch eine (förmliche) **Feststellung der Schlussbilanz** erforderlich ist.[78] Dafür spricht, dass der Jahresabschluss erst durch diese Rechtsverbindlichkeit erlangt und zuvor lediglich als Entwurf der Geschäftsführung angesehen wird.[79] Wenn, wie in der Praxis üblich, die reguläre Jahresbilanz als Schlussbilanz verwendet wird, wird registerseitig in der Regel kein weiterer Nachweis über deren Feststellung gefordert, da diese gesetzlich vorgeschrieben ist.[80] Bei Verwendung einer Zwischenbilanz bietet es sich an, diese i. R. des Umwandlungsbeschlusses festzustellen[81] (soweit dies unter Gesichtspunkten einer möglicherweise damit verbundenen Erhöhung der Notargebühren opportun scheint) oder eine Abschrift des Feststellungsbeschlusses der Anmeldung beizufügen. Zusammenfassend sollte der an einem reibungsfreien Registervollzug interessierte Berater bzw. Notar auf Folgendes achten: Die Bilanz wird am Ende bzw. ggf. am Ende der letzten Seite versehen mit

- einem Hinweis auf das Datum der Unterzeichnung,
- einem Hinweis auf das Organ, für das die Unterzeichnung erfolgt („Für [die Geschäftsführung]:"), und
- einer Unterschriftenzeile unter der die Namen der sämtlichen unterzeichnenden Organmitglieder in Klar-/Maschinenschrift genannt werden.

32 Von der so gezeichneten Schlussbilanz wird dann zumindest ein Scan der unterzeichneten Fassung **an den** Verschmelzungsvorgang zum betreffenden Register einreichenden **Notar weitergeleitet**. Für den Fall, dass eine **Unterzeichnung mehrerer Organmitglieder** erforderlich ist, ist dafür Sorge zu tragen, dass die Unterschriften sämtlicher Organmitglieder auf einem Dokument geleistet werden bzw. in einem Scan zu sehen sind.

33 Hinsichtlich des **Ansatzes** der im Zuge der Verschmelzung im Wege der Gesamtrechtsnachfolge übergehenden Vermögenswerte gelten grundsätzlich die allgemeinen handelsrechtlichen Bestimmungen der §§ 246 bis 251, 274 HGB.[82] Die Schlussbilanz hat damit auf der **Aktivseite** grundsätzlich sämtliche übergehenden Vermögensgegenstände des jeweiligen übertragenden Rechtsträgers aufzuführen; zum Teil bestehen aber auch Aktivie-

---

75) Baetge/Kirsch/Thiele-*Hennrichs*, Bilanzrecht, § 245 HGB Rz. 28; *Kleindiek* in: BeckOGK-HGB, § 245 Rz. 10; *Merk* in: BeckOK-HGB, § 245 Rz. 14; *Kleindiek* in: MünchKomm-BilanzR, § 245 HGB Rz. 9; Staub-*Pöschke*, HGB, § 245 Rz. 11.

76) Baetge/Kirsch/Thiele-*Hennrichs*, Bilanzrecht, § 245 HGB Rz. 28; *Kleindiek* in: BeckOGK-HGB, § 245 Rz. 11; *Merk* in: BeckOK-HGB, § 245 Rz. 12; Ebenroth/Boujong-*Böcking/Gros*, HGB, § 245 Rz. 13.

77) So i. Erg. auch Kallmeyer-*Zimmermann*, UmwG, § 17 Rz. 4; Schmitt/Hörtnagl-*Hörtnagl*, UmwG/UmwStG, § 17 UmwG Rz. 6; Semler/Stengel/Leonard-*Schwanna/Zessel*, UmwG, § 17 Rz. 3; *Freier* in: Herrler, GesR in der Notar- und Gestaltungspraxis, § 14. Rz. 120.

78) Dafür LG Kempten, Beschl. v. 4.5.2001 – 1 HK T 850/01, Rpfleger 2001, 433; Schmitt/Hörtnagl-*Hörtnagl*, UmwG/UmwStG, § 17 UmwG Rz. 18; Widmann/Mayer-*Fronhöfer*, UmwR, § 17 UmwG Rz. 74; *DNotI*, Gutachten Nr. 1319, S. 6; *Blasche*, RNotZ 2014, 464, 466; a. A. *Rieckers/Cloppenburg* in: BeckOGK-UmwG, § 17 Rz. 73; Kallmeyer-*Lanfermann*, UmwG, § 17 Rz. 19.

79) Vgl. BGH, Urt. v. 2.3.2009 – II ZR 264/07, NZG 2009, 659, 661 = ZIP 2009, 1111; Hessler/Strohn-*Heidinger/Knaier*, GesR, § 17 UmwG Rz. 21; *Hamminger* in: Münch-AHB GmbH-Recht, § 16 Rz. 525.

80) Vgl. auch *Berkefeld* in: Berkefeld/Sikora/Wagner, Handelsregisteranmeldungen, § 18 Rz. 12, nach dem eine Bestätigung der ordnungsgemäßen Feststellung konkludent in den Unterschriften der Geschäftsführer enthalten ist.

81) Schmitt/Hörtnagl-*Hörtnagl*, UmwG/UmwStG, § 17 UmwG Rz. 18.

82) Dazu etwa Schmitt/Hörtnagl-*Hörtnagl*, UmwG/UmwStG, § 17 UmwG Rz. 25 ff.

rungswahlrechte (vgl. §§ 248 Abs. 2, 274 Abs. 1 Satz 2 HGB).[83] Auf der **Passivseite** der Schlussbilanz sind sämtliche Verbindlichkeiten sowie etwaige Rückstellungen zu bilanzieren.[84]

34 Auch die **Bewertung** der einzelnen Bilanzposten erfolgt nach den allgemeinen Grundsätzen der §§ 252-256a HGB.[85] Dabei ist gemäß § 252 Abs. 1 Nr. 2 HGB von der Fortführung der Unternehmenstätigkeit auszugehen, sofern dem nicht im Einzelfall Besonderheiten entgegenstehen.[86] Die Verschmelzung kann ein Ausnahmefall sein, der eine Abweichung von den (bisherigen) Bewertungsgrundsätzen nach § 252 Abs. 2 HGB gestattet.[87]

3. Prüfung der Schlussbilanz

35 Nach § 17 Abs. 2 Satz 2 gelten auch die Vorschriften über die Prüfung der „Jahresbilanz" entsprechend. Eine originäre Prüfungspflicht für verschmelzungsbezogenen Schlussbilanzen ergibt sich daraus **nicht**, sondern nur aus den allgemeinen Bestimmungen (§§ 316 ff. HGB), wenn der Jahresabschluss des jeweiligen Rechtsträgers ohnehin prüfungspflichtig wäre.[88] Regelmäßig keine Prüfungspflicht besteht insbesondere für Personengesellschaften, e. V. und kleine Kapitalgesellschaften i. S. des § 267 Abs. 1 HGB (siehe aber § 264a HGB sowie §§ 1, 6 PublG).[89] Ist ein übertragender Rechtsträger prüfungspflichtig, so ist der Nachweis der Prüfung abhängig von der Art der eingereichten Schlussbilanz:[90]

- Bei Einreichung des regulären Jahresabschlusses bedarf es keiner erneuten und gesonderten Prüfung, sondern ist grundsätzlich der ursprünglich erteilte Bestätigungsvermerk (§ 322 HGB) einzureichen.[91]
- Wird dagegen eine neue Zwischenbilanz als Schlussbilanz aufgestellt, ist diese zu prüfen und der entsprechende Vermerk beizufügen.

36 Fehlt der Bestätigungsvermerk, weil die Prüfung der Bilanz unzulässigerweise unterblieben ist, oder wurde er durch einen nicht qualifizierten Prüfer erteilt, so ist die Eintragung der Verschmelzung zu versagen.[92] Eine Nachholung bleibt aber bis zum Ablauf der Frist des § 17 Abs. 2 Satz 4 möglich.[93] Unterschiedlich beurteilt wird, ob die Versagung des Be-

83) *Rieckers/Cloppenburg* in: BeckOGK-UmwG, § 17 Rz. 66 f.; Schmitt/Hörtnagl-*Hörtnagl*, UmwG/UmwStG, § 17 UmwG Rz. 26 f.

84) Schmitt/Hörtnagl-*Hörtnagl*, UmwG/UmwStG, § 17 UmwG Rz. 28 ff.

85) Kallmeyer-*Lanfermann*, UmwG, § 17 Rz. 31.

86) *Bula/Thees* in: Sagasser/Bula, Umwandlungen, § 10 Rz. 48.

87) *Rieckers/Cloppenburg* in: BeckOGK-UmwG, § 17 Rz. 71; Schmitt/Hörtnagl-*Hörtnagl*, UmwG/UmwStG, § 17 UmwG Rz. 33.

88) Schmitt/Hörtnagl-*Hörtnagl*, UmwG/UmwStG, § 17 UmwG Rz. 20; *Bula/Thees* in: Sagasser/Bula, Umwandlungen, § 10 Rz. 52, 54; *Scheunemann*, DB 2006, 797, 798.

89) Semler/Stengel/Leonard-*Schwanna/Zessel*, UmwG, § 17 Rz. 15; Widmann/Mayer-*Fronhöfer*, UmwR, § 17 UmwG Rz. 76.

90) S. dazu auch Kallmeyer-*Lanfermann*, UmwG, § 17 Rz. 39; Widmann/Mayer-*Fronhöfer*, UmwR, § 17 UmwG Rz. 77.

91) Dies gilt nach umstrittener Ansicht auch dann, wenn nicht der gesamte Jahresabschluss, sondern nur die darin enthaltene Bilanz eingereicht wird, *Rieckers/Cloppenburg* in: BeckOGK-UmwG, § 17 Rz. 82; Schmitt/Hörtnagl-*Hörtnagl*, UmwG/UmwStG, § 17 UmwG Rz. 22; a. A. Widmann/Mayer-*Fronhöfer*, UmwR, § 17 UmwG Rz. 77.

92) *Rieckers/Cloppenburg* in: BeckOGK-UmwG, § 17 Rz. 83; Kallmeyer-*Lanfermann*, UmwG, § 17 Rz. 39; Lutter-*Decher*, UmwG, § 17 Rz. 9; Schmitt/Hörtnagl-*Hörtnagl*, UmwG/UmwStG, § 17 UmwG Rz. 23; *Hohenfels/Klinzing*in: MünchHdb. GesR, Bd. 8, § 58 Rz. 7.

93) *Rieckers/Cloppenburg* in: BeckOGK.UmwG, § 17 Rz. 83; Schmitt/Hörtnagl-*Hörtnagl*, UmwG/UmwStG, § 17 UmwG Rz. 23.

stätigungsvermerks (Versagungsvermerk, § 322 Abs. 4 Satz 2 HGB) eine Zurückweisung der Anmeldung rechtfertigt.[94)]

4. Keine Bekanntmachung (§ 17 Abs. 2 Satz 3)

37 Eine **Bekanntmachung** der Schlussbilanz ist gemäß § 17 Abs. 2 Satz 3 nicht erforderlich. Wird indes wie regelmäßig der letzte Jahresabschluss bzw. dessen Bilanz verwendet, bleiben die diesbezüglich bestehenden Publizitätsvorschriften unberührt.[95)] Angesichts der Neufassung des § 10 HGB, nach der die Bekanntmachung durch Abrufbarkeit aus dem elektronischen Informations- und Kommunikationssystem i. S. des § 9 Abs. 1 HGB erfolgt, die bei lediglich zum Handelsregister eingereichten Dokumenten gleichfalls gegeben ist,[96)] läuft die Vorschrift auch ansonsten inzwischen leer.

5. Stichtag

38 Die zum Register eingereichte Schlussbilanz eines übertragenden Rechtsträgers muss auf einen Stichtag aufgestellt worden sein, der **höchstens acht Monate** vor dem Tag der Anmeldung liegt (§ 17 Abs. 2 Satz 4). Dadurch soll nach verbreiteter Auffassung eine hinreichende Aktualität der Bilanz sichergestellt werden,[97)] d. h. die Vermögensverhältnisse des übertragenden Rechtsträgers sollen, zum Schutz insbesondere der Gläubiger des übernehmenden Rechtsträgers, zutreffend wiedergegeben und so die Werthaltigkeit des übergehenden Vermögens sichergestellt werden.[98)] Die Frist ist **zwingend**, schon geringfügige Überschreitungen führen zur Zurückweisung der Anmeldung.[99)] Häufig wird aus Vereinfachungs- und Kostengründen die im regulären Jahresabschluss, der regelmäßig auf den 31.12. aufgestellt wurde, enthaltene Bilanz als Schlussbilanz verwendet. Doch auch wenn dies nicht der Fall ist und ein abweichender Stichtag gewählt wird, führt dies nicht zur Entstehung eines (handelsrechtlichen)[100)] Rumpfgeschäftsjahres, das eine Satzungsänderung zur Folge hätte oder Anlass für Gewinnausschüttungen sein könnte.[101)]

39 Das Verhältnis des Stichtags der Schlussbilanz zu anderen verschmelzungsbezogenen Stichtagen, dem **Verschmelzungsstichtag** (§ 5 Abs. 1 Nr. 6) und dem **steuerlichen Übertra-**

---

94) Dafür Lutter-*Decher*, UmwG, § 17 Rz. 9; abl. die wohl überwiegende Ansicht im Schrifttum, da es dafür an einer gesetzlichen Grundlage fehle und § 17 Abs. 2 Satz 2 lediglich die Prüfung der Bilanz, nicht aber deren Richtigkeit, verlange, *Rieckers/Cloppenburg* in: BeckOGK-UmwG, § 17 Rz. 83; Kallmeyer-*Lanfermann*, UmwG, § 17 Rz. 39; Schmitt/Hörtnagl-*Hörtnagl*, UmwG/UmwStG, § 17 UmwG Rz. 23; *Hohenfels/Klinzing*in: MünchHdb. GesR, Bd. 8, § 58 Rz. 7.

95) Widmann/Mayer-*Fronhöfer*, UmwR, § 17 UmwG Rz. 80.

96) Vgl. *Beurskens* in: BeckOGK-HGB, § 9 Rz. 19 ff.; *Krafka*, Registerrecht, Teil 1, Rz. 44; *Krafka* in: MünchKomm-HGB, § 9 Rz. 6.

97) *Rieckers/Cloppenburg* in: BeckOGK-UmwG, § 17 Rz. 85; Lutter-*Decher*, UmwG, § 17 Rz. 11; Schmitt/Hörtnagl-*Hörtnagl*, UmwG/UmwStG, § 17 UmwG Rz. 35; Widmann/Mayer-*Fronhöfer*, UmwR, § 17 UmwG Rz. 88; *Sauter* in: FS Widmann, S. 106.

98) Zur entsprechenden Zwecksetzung der Parallelvorschrift des § 57e Abs. 1 GmbHG, an der sich der Gesetzgeber bei Einführung des § 17 Abs. 2 Satz 4 orientierte (s. Begr. Fraktionsentwurf UmwBerG, BT-Drucks. 12/6699, S. 90), s. etwa *Neumayer/Grädler* in: BeckOGK-GmbHG, § 57e Rz. 3; Michalski/Heidinger/Leible/J. Schmidt -*Rühland*, GmbHG, § 57 Rz. 1.

99) OLG Düsseldorf, Beschl. v. 12.1.2024 – 3 WX 181/23, NZG 2024, 639 = GWR 2024, 164, m. Anm. *Kittner*; dazu näher auch *Heinrichs/Bock*, DB 2024, 1874; OLG Köln, Beschl. v. 22.6.1998 – 2 Wx 34/98, MittBayNot 1999, 87, 88; Henssler/Strohn-*Heidinger/Knaier*, GesR, § 17 UmwG Rz. 22, Lutter-*Decher*, UmwG, § 17 Rz. 11; *Germann*, GmbHR 1999, 591; s. a. Begr. Fraktionsentwurf COVAbmildG, BT-Drucks. 19/18110, S. 29.

100) Zum steuerlichen Rumpfgeschäftsjahr s. etwa BFH, Urt. v. 21.12.2005 – I R 66/05, BStBl. II 2006, 469 = NZG 2006, 479, 480; Haritz/Menner/Bilitewski-*Slabon*, UmwStG, § 2 Rz. 48.

101) *Rieckers/Cloppenburg* in: BeckOGK-UmwG, § 17 Rz. 60; Kallmeyer-*Lanfermann*, UmwG, § 17 Rz. 18; Schmitt/Hörtnagl-*Hörtnagl*, UmwG/UmwStG, § 17 UmwG Rz. 34; Widmann/Mayer-*Fronhöfer*, UmwR, § 17 UmwG Rz. 72, 83.5.

gungsstichtag (§ 2 Abs. 1 UmwStG), ist i. E. umstritten. Die wohl noch überwiegende Auffassung nimmt an, der Stichtag der (handelsrechtlichen) Schlussbilanz müsse zwingend der dem Verschmelzungsstichtag vorausgehende Tag sein.[102] Dies entspricht auch der gängigen Praxis, da abweichende Gestaltungen Folgeprobleme auslösen, insbesondere hinsichtlich der steuerlichen Behandlung der Verschmelzung,[103] da der steuerliche Übertragungsstichtag zwingend dem Ablauf des Stichtages der Schlussbilanz des übertragenden Rechtsträgers entsprechen muss.[104]

Zulässig ist dessen ungeachtet die Festlegung eines **variablen Stichtages** für die Verschmelzung, der sich insbesondere dann empfehlen kann, wenn im Zuge des Verschmelzungsverfahrens Verzögerungen zu erwarten sind.[105] Tritt eine Verschiebung ein, ist eine angepasste Schlussbilanz auf den veränderten Stichtag zu erstellen.[106] 40

Die **Fristberechnung** erfolgt im Grundsatz nach den **§§ 186 ff. BGB.** Ob diese aber direkt oder analog anzuwenden sind und die Berechnung ausgehend vom Zeitpunkt der Aufstellung der Bilanz (vorwärts) oder aber vom Zeitpunkt der Anmeldung (rückwärts) als fristauslösendem Ereignis i. S. des § 187 Abs. 1 BGB erfolgt, ist umstritten.[107] Relevanz erlangt diese Problematik, wenn Anfangs- und Endmonat nicht dieselbe Anzahl von Tagen aufweisen: Nach einer Entscheidung des OLG Köln kann eine mit Stichtag 28.2. aufgestellte Schlussbilanz nur bis zum zahlenmäßig entsprechenden Tag des achten Folgemonats, also dem 28.10., einer Verschmelzung zugrunde gelegt werden,[108] während die überwiegende Ansicht im Schrifttum vom Tag der Anmeldung acht Monate zurückrechnet und, wenn der entsprechende Monat weniger Tage aufweist, nach § 188 Abs. 3 BGB (analog) auf das jeweilige Monatsende abstellt, sodass einer Anmeldung vom 31.10. eine Bilanz mit Stichtag 28.2. zugrunde liegen könnte.[109] Anlässlich der COVID-Gesetzgebung (Verlängerung der Frist des § 17 Abs. 2 Satz 4 auf zwölf Monate) hat der Gesetzgeber entsprechend der h. L. explizit eine **Rückwärtsberechnung** der Frist angenommen.[110] 41

Für die **Registerpraxis** empfiehlt sich dennoch aus Vorsichtsgründen, die Abstimmung mit dem Registergericht zu suchen und ansonsten die restriktivere Ansicht zu unterstellen.[111] 42

---

102) Henssler/Strohn-*Heidinger/Knaier*, GesR, § 17 UmwG Rz. 30; Lutter-*Drygala*, UmwG, § 5 Rz. 74; Schmitt/Hörtnagl-*Hörtnagl*, UmwG/UmwStG, § 17 UmwG Rz. 37; *Bula/Thees* in: Sagasser/Bula, Umwandlungen, § 10 Rz. 13; *Blasche*, RNotZ 2014, 464, 465; s. a. BMF v. 11.11.2011 – V C 2 – S 1978 b/08/10001, BStBl. I 2011, 1314, Tz. 02.02; a. A. *Rieckers/Cloppenburg* in: BeckOGK-UmwG, § 17 Rz. 86; Widmann/Mayer-*Fronhöfer*, UmwR, § 17 UmwG Rz. 83; *Heidtkamp*, NZG 2013, 852, 854 f., wonach das Auseinanderfallen zulässig sein soll.

103) Henssler/Strohn-*Heidinger/Knaier*, GesR, § 17 UmwG Rz. 31.

104) FG Düsseldorf, Urt. v. 13.3.2024 – 7 K 2493/21 F,AO m. w. N. in Rz. 27; FG Köln, Urt. v. 26.10.2004 – 1 K 5268/00, EFG 2005, 1153 = DStRE 2005, 890, 891; in der Folgeinstanz offengelassen durch BFH, Urt. v. 24.4.2008 – IV R 69/05, BFH/NV 2008, 1550 = GmbHR 2008, 1051, 1053.

105) BGH, Urt. v. 4.12.2012 – II ZR 17/12, NZG 2013, 233, 234 = ZIP 2013, 358; *Wicke* in: BeckOGK-UmwG, § 5 Rz 70 ff.; *Rieckers/Cloppenburg* in: BeckOGK-UmwG, § 17 Rz. 94.

106) *Rieckers/Cloppenburg* in: BeckOGK-UmwG, § 17 Rz. 94; Lutter-*Decher*, UmwG, § 17 Rz. 18; *Bula/Thees* in: Sagasser/Bula, Umwandlungen, § 10 Rz. 17; Schmitt/Hörtnagl-*Hörtnagl*, UmwG/UmwStG, § 17 UmwG Rz. 40; a. A. offenbar Semler/Stengel/Leonard-*Schwanna/Zessel*, UmwG, § 17 Rz. 21.

107) Vgl. auch *Limmer* in: Limmer, Hdb. Unternehmensumwandlung, Kap. 3 Rz. 711; *Blasche*, RNotZ 2014, 464, 467; *DNotI*, Gutachten, DNotI-Report 2014, 34.

108) OLG Köln, Beschl. v. 22.6.1998 – 2 Wx 34/98, MittBayNot 1999, 87, 88.

109) *Rieckers/Cloppenburg* in: BeckOGK-UmwG, § 17 Rz. 87; Lutter-*Decher*, UmwG, § 17 Rz. 12; Widmann/Mayer-*Fronhöfer*, UmwR, § 17 UmwG Rz. 88 f.; *Blasche*, RNotZ 2014, 464, 467. Dafür auch *DNotI*, Gutachten, DNotI-Report 2014, 34, 35.

110) S. Begr. Fraktionsentwurf COVAbmildG, BT-Drucks. 19/18110, S. 29: „die in § 17 Absatz 2 Satz 4 UmwG geregelte, **rückwärts zu berechnende Höchstfrist** für den Stichtag der Schlussbilanz des übertragenden Rechtsträgers von acht Monaten (Achtmonatsfrist) vor dem Tag der Anmeldung" (Hervorhebung durch d. Verf.).

111) So auch schon *Blasche*, RNotZ 2014, 464, 467.

Wird der reguläre Jahresabschluss mit Stichtag 31.12. als Schlussbilanz verwendet, so bereitet die Fristberechnung bis zum 31.8. regelmäßig keine Probleme. Bedeutung kann der Streit über die Art und Weise der Fristberechnung auch für die Anwendung des § 193 BGB (kein Fristablauf an einem Wochenende oder Feiertag) haben: Nach h. L. findet dieser (i. R. der Rückwärtsberechnung der Frist) keine Anwendung, da am maßgeblichen (Bilanz-)Stichtag keine Willenserklärung abzugeben oder Leistung zu bewirken sei.[112)] Nach der Gegenansicht ist dagegen die Anmeldung innerhalb der ab dem Bilanzstichtag zu berechnenden Frist des § 17 Abs. 2 Satz 4 abzugeben, wodurch – auch wenn die Rechtsnatur der Handelsregisteranmeldung unterschiedlich beurteilt wird[113)] – § 193 BGB zumindest entsprechende Anwendung finden könnte.

43 Zur **Fristwahrung** ist eine **wirksame Anmeldung** der Verschmelzung beim zuständigen Registergericht einzureichen. Auch die Einreichung bei einem unzuständigen Gericht kann unter Umständen fristwahrend wirken, wenn dieses die Anmeldung an das zuständige Gericht verweist (§ 3 Abs. 1 Satz 1 FamFG).[114)] Unterschiedlich beurteilt wurde bzw. wird, ob die Anmeldung bereits die gebotene **Form** (insb. § 12 HGB) wahren muss oder nur überhaupt eine Erklärung des Eintragungsbegehrens (z. B. per Fax) zugehen muss und die förmliche Anmeldung nach Fristablauf nachgeholt werden kann.[115)] Angesichts der Einführung des elektronischen Handelsregisters und der (allein gegebenen) Möglichkeit Anmeldungen elektronisch einzureichen sowie der Regelung des § 378 Abs. 3 FamFG, hat dieser Streit indes weitgehend an praktischer Bedeutung verloren. Nicht erforderlich ist, dass die fristgemäß eingereichte Anmeldung für sich genommen ausreichend ist, um eine Eintragung der Verschmelzung herbeizuführen.[116)] Die mit der Anmeldung eingereichten Dokumente müssen demnach nicht vollständig sein, doch müssen zumindest die essentialia negotii (Verschmelzungsvertrag und -beschluss; Zustimmungserklärungen) beigefügt sein, die für das Zustandekommen der Verschmelzung maßgeblich sind, während jedenfalls solche Unterlagen nachgereicht werden können, die die Wirksamkeit des Umwandlungsvorgangs als solchen nicht berühren.[117)]

44 Die **Nachreichung von Dokumenten** nach Ablauf der Frist des § 17 Abs. 2 Satz 4 ist demnach im Grundsatz nach wohl allgemeiner Meinung zulässig.[118)] Umstritten war lange

---

112) Lutter-*Decher*, UmwG, § 17 Rz. 12; Semler/Stengel/Leonard-*Schwanna/Zessel*, UmwG, § 17 Rz. 17 (insb. Fn. 92); Schmitt/Hörtnagl-*Hörtnagl*, UmwG/UmwStG, § 17 UmwG Rz. 43; Widmann/Mayer-*Fronhöfer*, UmwR, § 17 UmwG Rz. 89; *Hohenfels/Klinzing*in: MünchHdb. GesR, Bd. 8, § 58 Rz. 18.

113) S. etwa *Krafka* in: MünchKomm-HGB, § 12 Rz. 5 f.; weitergehend für Willenserklärung *Müther* in: BeckOK-HGB, § 12 Rz. 3; zur entsprechenden Anwendung des § 193 BGB auf andere Erklärungen s. a. *Grothe* in: MünchKomm-BGB, § 193 Rz. 8.

114) Henssler/Strohn-*Heidinger/Knaier*, GesR, § 17 UmwG Rz. 23; Schmitt/Hörtnagl-*Hörtnagl*, UmwG/UmwStG, § 17 UmwG Rz. 48.

115) Dafür OLG Jena, Beschl. v. 21.10.2002 – 6 W 534/02. NZG 2003, 43, 44; zust. *Rieckers/Cloppenburg* in: BeckOGK-UmwG, § 17 Rz. 91; Henssler/Strohn-*Heidinger/Knaier*, GesR, § 17 UmwG Rz. 22; dagegen das OLG Schleswig, Beschl. v. 11.4.2007 – 2 W 58/07, FGPrax 2007, 283, 284 = DNotZ 2007, 957; Schmitt/Hörtnagl-*Hörtnagl*, UmwG/UmwStG, § 17 UmwG Rz. 7, 45; *Blasche*, RNotZ 2014, 464, 468; *Weiler*, DNotZ 2007, 888, 889 f.

116) OLG Brandenburg, Beschl. v. 5.2.2018 – 7 W 86/17, MittBayNot 2019, 71, 72 = GmbHR 2018, 523; Widmann/Mayer-*Fronhöfer*, UmwR, § 17 UmwG Rz. 91.

117) OLG Brandenburg, Beschl. v. 5.2.2018 – 7 W 86/17, MittBayNot 2019, 71, 72 = GmbHR 2018, 523; Kallmeyer-*Lanfermann*, UmwG, § 17 Rz. 26; *Limmer* in: Limmer, Hdb. Unternehmensumwandlung, Kap. 3 Rz. 711.

118) OLG Brandenburg, Beschl. v. 5.2.2018 – 7 W 86/17, MittBayNot 2019, 71, 72 = GmbHR 2018, 523; OLG Zweibrücken, Urt. v. 29.7.2002 – 7 U 25/02, RNotZ 2002, 516; *Rieckers/Cloppenburg* in: BeckOGK-UmwG, § 17 Rz. 88; Henssler/Strohn-*Heidinger/Knaier*, GesR, § 17 UmwG Rz. 27; Kallmeyer-*Zimmermann*, UmwG, § 17 Rz. 7; Lutter-*Decher*, UmwG, § 17 Rz. 6, 13; Schmitt/Hörtnagl-*Hörtnagl*, UmwG/UmwStG, § 17 UmwG Rz. 46; Widmann/Mayer-*Fronhöfer*, UmwR, § 17 UmwG Rz. 91 ff., 98; *Germann*, GmbHR 1999, 591, 592; *Weiler*, MittBayNot 2006, 377, 379.

Zeit, ob dies auch für die **Schlussbilanz** selbst gilt oder diese zwingend fristgerecht eingereicht werden muss.[119] Angesichts des Zwecks der Frist des § 17 Abs. 2 Satz 4, hinreichend aktuelle Informationen bzgl. des übergehenden Vermögen des jeweiligen übertragenden Rechtsträgers zu gewähren (siehe oben Rz. 26), erscheint ein späteres Nachschieben der Bilanz nicht unbedenklich, verlieren die darin enthaltenen Angaben doch mit jedem Tag (weiter) an Aussagekraft. Andererseits hat der Gesetzgeber mit der Verlängerung der Frist des § 17 Abs. 2 Satz 4 auf zwölf Monate angesichts der COVID-Pandemie (§ 4 COVGesMG)[120] zu erkennen gegeben, dass die reguläre Acht-Monats-Frist inhaltlich nicht zwingend als das Höchstmaß des noch hinnehmbaren Alters einer der Verschmelzung zugrunde liegenden Schlussbilanz anzusehen ist. Mit Beschluss vom 18.3.2025 hat der BGH in Übereinstimmung mit der vorherrschenden Meinung entschieden, dass jedenfalls gegen ein kurzfristiges Nachschieben der (fristgerecht aufgestellten [siehe Rz. 38]) Schlussbilanz auch nach Fristablauf keine Bedenken bestehen.[121]

Analog zur Nachreichung von (vollständig fehlenden) Dokumenten ist auch eine **Fehlerkorrektur** an den eingereichten Dokumenten, ggf. mittels Nachtragsurkunde, nach Ablauf der Frist des § 17 Abs. 2 Satz 4 möglich, sofern der entsprechende Fehler nicht so gravierend ist, dass der Verschmelzungsvorgang als unwirksam anzusehen ist.[122] 45

6. Besonderheiten bei der Spaltung

Über die Verweisnorm des § 125 Abs. 1 findet § 17 auch auf Spaltungen Anwendung, für die § 129 lediglich eine (ergänzende) Zuständigkeitsvorschrift enthält.[123] Vielfach diskutiert wird in diesem Zusammenhang, in welchem Umfang auf dieser Grundlage eine Bilanzierung zu erfolgen hat, ob also eine **Gesamtbilanz** des oder der übertragenden Rechtsträger(s) zu erstellen und zum Register zu reichen ist oder auch eine **Teilschlussbilanz** hinsichtlich 46

119) Für zwingend fristgemäße Einreichung Widmann/Mayer-*Fronhöfer*, UmwR, § 17 UmwG Rz. 92, 95 f.; *Germann*, GmbHR 1999, 591, 593; wohl auch *Gerold*, MittRhNotK 1997, 205, 228; Nachreichung zumindest nicht empfehlenswert auch nach *Sauter* in: FS Widmann, S. 107; a. A. die wohl inzwischen überwiegende Ansicht, vgl. OLG Schleswig, Beschl. v. 11.4.2007 – 2 W 58/07, FGPrax 2007, 283, 284 = DNotZ 2007, 957; OLG Jena, Beschl. v. 21.10.2002 – 6 W 534/02, NZG 2003, 43, 45 = NJW-RR 2003, 99; OLG Zweibrücken, Urt. v. 29.7.2002 – 7 U 25/02, RNotZ 2002, 516; *Rieckers/Cloppenburg* in: BeckOGK-UmwG, § 17 Rz. 89; Kallmeyer-*Lanfermann*, UmwG, § 17 Rz. 26; *Erkens* in: KölnKomm-UmwG, § 17 Rz. 41; Lutter-*Decher*, UmwG, § 17 Rz. 14; *Weiler* in: Hauschild/Kallrath/Wachter, Hdb. Gesellschafts- und Unternehmensrecht, § 25 Rz. 186; *Limmer* in: Limmer, Hdb. Unternehmensumwandlung, Kap. 3 Rz. 711. Zum Teil wird es gar als zulässig angesehen, die Schlussbilanz nach der Anmeldung aufzustellen, vgl. *Rieckers/Cloppenburg* in: BeckOGK-UmwG, § 17 Rz. 89; Schmitt/Hörtnagl-*Hörtnagl*, UmwG/UmwStG, § 17 UmwG Rz. 46; dagegen LG Frankfurt/M. Beschl. v. 19.12.1997 – 3-11 T 81/97, NZG 1998, 269 = DB 1998, 410; Henssler/Strohn-*Heidinger/Knaier*, GesR, § 17 UmwG Rz. 28; *Weiler*, MittBayNot 2006, 377, 379.

120) Gesetz über Maßnahmen im Gesellschafts-, Genossenschafts-, Vereins-, Stiftungs- und Wohnungseigentumsrecht zur Bekämpfung der Auswirkungen der COVID-19-Pandemie (COVGesMG), BGBl. I 2020, 570 ff. Die Begründung des zugrunde liegenden Gesetzesentwurfs (Begr. Fraktionsentwurf, BT-Drucks. 19/18110) lässt keine inhaltlichen Bedenken gegen die Verlängerung der Frist auf zwölf Monate erkennen.

121) BGH, Beschl. v. 18.3.2025 – II ZB 1/24, NJW 2025, 2321; in diesem Sinne bereits zuvor OLG Zweibrücken, Urt. v. 29.7.2002 – 7 U 25/02, RNotZ 2002, 516; Henssler/Strohn-*Heidinger/Knaier*, GesR, § 17 UmwG Rz. 28; *Weiler*, MittBayNot 2006, 377, 379.

122) OLG Hamm, Beschl. v. 19.12.2005 – 15 W 377/05, NJOZ 2006, 897, 900 f. = DNotZ 2006, 378; *Mayer/Weiler* in: MünchHdb. GesR, Bd. 3, § 72 Rz. 229; *Schwab* in: MünchHdb. GesR, Bd. 8, § 12 Rz. 48; *Weiler*, MittBayNot 2006, 377, 380 ff.

123) Henssler/Strohn-*Heidinger/Knaier*, GesR, § 17 UmwG Rz. 32; Lutter-*Lieder*, UmwG, § 125 Rz. 14, 33, 56. Eingehend zu Schlussbilanzen bei Spaltungen *Sauter* in: FS Widmann, S. 99 ff.

des jeweils übergehenden Vermögens ausreicht.[124] Insbesondere das Institut der Wirtschaftsprüfer (IDW) hält eine Auslegung des § 17 Abs. 2 nach Sinn und Zweck der Schlussbilanz für möglich, gemäß der anstelle einer Gesamtbilanz geprüfte Teilbilanzen, im Falle der Ausgliederung sogar nur hinsichtlich des zu übertragenden Vermögens, ausreichend sein könnten.[125] Mit der h. M. ist hingegen mangels anderslautender Hinweise in Gesetz und Gesetzgebungsunterlagen davon auszugehen, dass Gesamtbilanzen übertragender Rechtsträger im Regelfall erforderlich und in jedem Fall ausreichend sind.[126] Es spricht allerdings nichts dagegen, **ergänzend** eine Teilbilanz zu erstellen, die einen schnelleren/einfacheren Überblick über das übergehende Vermögen ermöglicht.[127]

---

124) Vgl. etwa Semler/Stengel/Leonard-*Schwanna/Zessel*, UmwG, § 17 Rz. 23; *Limmer* in: Limmer, Hdb. Unternehmensumwandlung, Kap. 5 Rz. 402 ff.; für die Ausgliederung *Schmidt/Heinz*, DB 2008, 2696 ff.; die dazu regelmäßig zitierte Kommentierung bei Widmann/Mayer-*Widmann*, UmwR, § 24 UmwG Rz. 163, ist inzwischen durch einen Bearbeiterwechsel offenbar entfallen, zurückhaltender nunmehr Widmann/Mayer-*Budde*, UmwR, § 24 UmwG Rz. 79. Ausf. dazu s. a. *Sauter* in: FS Widmann, S. 111 ff. sowie die Kommentierung zu § 125 [*Wentz/Dödinger*].

125) IDW-Stellungnahme zur Rechnungslegung: Auswirkungen einer Spaltung auf den handelsrechtlichen Jahresabschluss (IDW RS HFA 43) Rz. 8 f., Werkstand: August 2025; dazu auch *Rieckers/Cloppenburg* in: BeckOGK-UmwG, § 17 Rz. 96; abl. etwa *Bula/Thees* in: Sagasser/Bula, Umwandlungen, § 19 Rz. 21.

126) *Rieckers/Cloppenburg* in: BeckOGK-UmwG, § 17 Rz. 95; Schmitt/Hörtnagl-*Hörtnagl*, UmwG/UmwStG, § 17 UmwG Rz. 51; Widmann/Mayer-Fronhöfer, UmwR, § 17 UmwG Rz. 106 ff.; *Limmer* in: Limmer, Hdb. Unternehmensumwandlung, Kap. 5 Rz. 403; *Bula/Thees* in: Sagasser/Bula, Umwandlungen, § 19 Rz. 21.

127) So auch Schmitt/Hörtnagl-*Hörtnagl*, UmwG/UmwStG, § 17 UmwG Rz. 52; *Bula/Thees* in: Sagasser/Bula, Umwandlungen, § 19 Rz. 19.

§ 18

Firma oder Name des übernehmenden Rechtsträgers*)

(1) Der übernehmende Rechtsträger darf die Firma eines der übertragenden Rechtsträger, dessen Handelsgeschäft er durch die Verschmelzung erwirbt, mit oder ohne Beifügung eines das Nachfolgeverhältnis andeutenden Zusatzes fortführen.

(2) Ist an einem der übertragenden Rechtsträger eine natürliche Person beteiligt, die an dem übernehmenden Rechtsträger nicht beteiligt wird, so darf der übernehmende Rechtsträger den Namen dieses Anteilsinhabers nur dann in der nach Absatz 1 fortgeführten oder in der neu gebildeten Firma verwenden, wenn der betroffene Anteilsinhaber oder dessen Erben ausdrücklich in die Verwendung einwilligen.

(3) [1]Ist eine Partnerschaftsgesellschaft an der Verschmelzung beteiligt, gelten für die Fortführung der Firma oder des Namens die Absätze 1 und 2 entsprechend. [2]Eine Firma darf als Name einer Partnerschaftsgesellschaft nur unter den Voraussetzungen des § 2 Abs. 1 des Partnerschaftsgesellschaftsgesetzes fortgeführt werden. [3]§ 1 Abs. 3 und § 11 des Partnerschaftsgesellschaftsgesetzes sind entsprechend anzuwenden.

*) § 18 geändert durch Art. 1 des Gesetzes zur Änderung des Umwandlungsgesetzes, des Partnerschaftsgesellschaftsgesetzes und anderer Gesetze (UmwGÄndG), v. 22.7.1998, BGBl. I 1998, 1878; § 18 i. d. F. des UmwBerG geändert durch Art. 7 des Gesetzes zur Neuregelung des Kaufmanns- und Firmenrechts und zur Änderung anderer handels- und gesellschaftsrechtlicher Vorschriften (Handelsrechtsreformgesetz – HRefG), v. 22.6.1998, BGBl. I 1998, 1474.

Literatur: *Beater*, Mantelkauf und Firmenfortführung – Zugleich ein Beitrag zur Teleologie von § 23 HGB, GRUR 2000, 119; *Bokelmann*, Die Firma im Fall der Umwandlung, ZNotP 1998, 265; *DNotI*, Gutachten: Abspaltung von einer GmbH zur Neugründung einer GmbH/Firmenfortführung bei neu gegründeter GmbH, DNotI-Report 2014, 188; *Kögel*, Firmenrechtliche Besonderheiten des neuen Umwandlungsrechts, GmbHR 1996, 168.

Übersicht

I. Allgemeines

Die Vorschrift des § 18 betrifft die **Firmenbildung** infolge der Verschmelzung. Mit ihr sollte die Fortführung von traditionsreichen Firmen entsprechend § 22 HGB ermöglicht werden, auch wenn der bisherigen Firmenträger nach § 20 Abs. 1 Nr. 2 erlischt.[1] Mit den Einschränkungen der Absätze 2 und 3 gestattet sie es dem übernehmenden Rechtsträger, die Firma eines übertragenden Rechtsträgers fortzuführen.[2] 1

In seinem unmittelbaren Anwendungsbereich betrifft § 18 die **Verschmelzung im Wege der Aufnahme**, über § 36 Abs. 1 aber auch **Verschmelzungen im Wege der Neugründung.**[3] Aufgrund des Verweises in § 125 Abs. 1 gilt § 18 zudem für die **Aufspaltung**, nicht jedoch für Abspaltung oder Ausgliederung (§ 125 Abs. 1 Satz 1 Nr. 3). Die Vorschrift steht zudem im Zusammenhang und Spannungsverhältnis mit § 22 HGB, der die Firmenfortführung auf handelsrechtlicher Ebene regelt.[4] 2

II. Gestattung der Firmenfortführung im Zuge der Verschmelzung (§ 18 Abs. 1)

1. Grundsatz der Firmenfortführung

Durch § 18 Abs. 1 wird es dem übernehmenden Rechtsträger i. R. einer Verschmelzung gestattet, die **Firma eines übertragenden Rechtsträgers** (dessen Handelsgeschäft durch die Verschmelzung im Wege der Gesamtrechtsnachfolge auf ihn übergeht) mit oder ohne Nachfolgezusatz **fortzuführen.** Diese Firmenfortführung ist optional.[5] Der übernehmende Rechtsträger kann auch seine bisherige Firma (ohne Ergänzungen oder Erweiterungen, die auf die Verschmelzung verweisen) beibehalten oder diese – durch eine Satzungsänderung nach den allgemeinen firmenrechtlichen Bestimmungen (§§ 18, 19 HGB) – ändern oder eine gänzlich neue Firma bilden.[6] Fortgeführt werden kann nur die Firma eines übertragenden Rechtsträgers zum Zeitpunkt der Verschmelzung, nicht eine frühere Firma.[7] 3

Anders als Firmen sind **Namen** (§§ 57, 707 BGB, § 63c GenG) unter denen die eGbR, der e. V. oder der genossenschaftliche Prüfungsverband als verschmelzungsfähige, übertra- 4

1) Begr. Fraktionsentwurf UmwBerG, BT-Drucks. 12/6699, S. 90 f.

2) Eingehend zum historischen Hintergrund der Bestimmung Schmitt/Hörtnagl-*Winter*, UmwG/UmwStG, § 18 UmwG Rz. 1 ff.

3) Kallmeyer-*Oppenhoff*, UmwG, § 18 Rz. 1; Lutter-*Decher*, UmwG, § 18 Rz. 1.

4) Zum Verhältnis dieser Vorschriften s. etwa Henssler/Strohn-*Heidinger*/*Knaier*, GesR, § 18 UmwG Rz. 21 ff.; Kallmeyer-*Oppenhoff*, UmwG, § 18 Rz. 16; *Limmer* in: Limmer, Hdb. Unternehmensumwandlung, Kap. 9 Rz. 24.

5) Lutter-*Decher*, UmwG, § 18 Rz. 3; *Limmer* in: Limmer, Hdb. Unternehmensumwandlung, Kap. 9 Rz. 5; *Bokelmann*, ZNotP 1998, 265, 266.

6) *Rieckers*/*Cloppenburg* in: BeckOGK-UmwG, § 18 Rz. 2; Kallmeyer-*Oppenhoff*, UmwG, § 18 Rz. 2.

7) Kallmeyer-*Oppenhoff*, UmwG, § 18 Rz. 7; Lutter-*Decher*, UmwG, § 18 Rz. 4; Widmann/Mayer-*Fronhöfer*, UmwR, § 18 UmwG Rz. 25.

gende Rechtsträgers bisher am Rechtsverkehr teilgenommen haben, grundsätzlich nicht von der Fortführungsmöglichkeit des § 18 Abs. 1 erfasst.[8] Zumindest für eGbR dürfte aber eine entsprechende Anwendung des § 18 zu bejahen sein, da gemäß § 707b Nr. 1 BGB – entgegen der insofern unverständlichen Gesetzesbegründung des MoPeG[9] – auch § 22 HGB auf die eGbR Anwendung findet.

2. Voraussetzungen der Firmenfortführung

5 Nach der Gesetzesbegründung sollte durch die Einführung des § 18 die Firmenfortführung „unter den in § 22 Abs. 1 HGB genannten Voraussetzungen, nämlich Existenz einer Firma bei einem übertragenden Rechtsträger und Erwerb des Handelsgeschäfts durch den übernehmenden Rechtsträger" zugelassen werden.[10] Voraussetzung der Firmenfortführung nach § 18 Abs. 1 ist somit zunächst der **Erwerb eines Handelsgeschäfts.**[11] Dieser erfolgt i. R. der Verschmelzung im Wege der Gesamtrechtsnachfolge gemäß § 20 Abs. 1 Nr. 1. Der Begriff des Handelsgeschäfts ist nach den allgemeinen handelsrechtlichen Grundsätzen der §§ 1 ff. HGB zu bestimmen.[12] Ausreichend ist dabei, dass der übertragende Rechtsträger Formkaufmann (§ 6 Abs. 2 HGB) ist.[13] Ein Handelsgewerbe i. S. des § 1 Abs. 2 HGB ist dagegen nicht zwingend erforderlich.

6 Unterschiedlich beurteilt wird die Frage, ob bei Fortführung der Firma auch zwingend das übernommene **Handelsgeschäft fortgeführt** werden muss.[14] Für ein solches Erfordernis spricht, dass sich die Firmenfortführung nach § 18 nach dem Willen des Gesetzgebers an den Voraussetzungen des § 22 Abs. 1 HGB orientiert[15] und in dessen Anwendungsbereich eine Fortführung des Handelsgeschäfts nach h. M. als für eine Firmenfortführung erforderlich angesehen wird.[16] Auch muss die Firmenfortführung den allgemeinen Grundsätzen, wie der Firmenwahrheit und dem Irreführungsverbot (§ 18 Abs. 2 HGB), entsprechen.[17] Eine zunächst zulässige Firma kann daher (trotz Vorliegen der Voraussetzungen der § 18 Abs. 1 UmwG i. V. m. § 22 Abs. 1 HGB) beim übernehmenden Rechtsträger unzulässig und ihre (unveränderte) Fortführung rechtswidrig sein, wenn sie über dessen rechtliche

---

8) Kallmeyer-*Oppenhoff*, UmwG, § 18 Rz. 3; Widmann/Mayer-*Fronhöfer*, UmwR, § 18 UmwG Rz. 2.

9) Begr. RegE MoPeG, BT-Drucks. 19/27635, S. 264: „Diese Vorschrift [§ 18 UmwG] eröffnet dem übernehmenden Rechtsträger die Möglichkeit, die Firma beziehungsweise den Namen des übertragen den Rechtsträgers fortzuführen. Es handelt sich insoweit um eine Spezialvorschrift gegenüber § 22 HGB, der ausweislich § 707b Nummer 1 BGB-E auf die Gesellschaft bürgerlichen Rechts indes keine Anwendung findet"; dagegen S. 134 f.: „Nummer 1 erklärt hinsichtlich der Auswahl und des Schutzes des Namens der eingetragenen Gesellschaft bürgerlichen Rechts die firmenrechtlichen Vorschriften der §§ 18, 21, 22, 23, 24, 30 und 37 HGB für entsprechend anwendbar".

10) Begr. Fraktionsentwurf UmwBerG, BT-Drucks. 12/6699, S. 91.

11) Lutter-*Decher*, UmwG, § 18 Rz. 4; Henssler/Strohn-*Heidinger/Knaier*, GesR, § 18 UmwG Rz. 3.

12) Schmitt/Hörtnagl-*Winter*, UmwG/UmwStG, § 18 UmwG Rz. 12.

13) *Rieckers/Cloppenburg* in: BeckOGK-UmwG, § 18 Rz. 5; Widmann/Mayer-*Fronhöfer*, UmwR, § 18 UmwG Rz. 13.

14) Dafür Lutter-*Decher*, UmwG, § 18 Rz. 4; Widmann/Mayer-*Fronhöfer*, UmwR, § 18 UmwG Rz. 17; *Ghassemi-Tabar* in: MünchHdb. GesR, Bd. 8, § 69 Rz. 6; *Beater*, GRUR 2000, 119, 123; a. A. *Rieckers/Cloppenburg* in: BeckOGK-UmwG, § 18 Rz. 6; Kallmeyer-*Oppenhoff*, UmwG, § 18 Rz. 4; Zweifel an der praktischen Relevanz dieses Streits bei Henssler/Strohn-*Heidinger/Knaier*, GesR, § 18 UmwG Rz. 3.

15) Begr. Fraktionsentwurf UmwBerG, BT-Drucks. 12/6699, S. 91.

16) Str., vgl. Ebenroth/Boujong-*Reuschle*, HGB, § 22 Rz. 11, 73; Heymann-*Förster*, HGB, § 22 Rz. 49; Koller/Kindler/Drüen-*Roth/Stelmaszczyk*, HGB, § 22 Rz. 15; *Lamsa* in: NK-HGB, § 22 Rz. 25; *Krafka*. Registerrecht, Teil 1, Rz. 552; a. A. *Bömeke* in: BeckOK-HGB, § 22 Rz. 14.

17) *Rieckers/Cloppenburg* in: BeckOGK-UmwG, § 18 Rz. 2, 12; Lutter-*Decher*, UmwG, § 18 Rz. 5; *Limmer* in: Limmer, Hdb. Unternehmensumwandlung, Kap. 9 Rz. 16; *Bokelmann*, ZNotP 1998, 265, 266.

oder wirtschaftliche Verhältnisse irreführt (siehe auch zur Änderung des Rechtsformzusatzes unten Rz. 10).[18)]

Nach dem Gesetzeswortlaut kann der übernehmende Rechtsträger die Firma „eines der übertragenden Rechtsträger" fortführen. Führen aber mehrere übertragende Rechtsträger eine erhaltenswert erscheinende Firma, so kann sich die Frage stellen, ob auch eine **Kombination** mehrerer bestehender Firmen der übertragenden Rechtsträger oder auch des übernehmenden Rechtsträgers selbst auf § 18 Abs. 1 gestützt werden kann. Der Gesetzeszweck dürfte im Grundsatz für eine solche Möglichkeit sprechen, da eine bekannte, traditionsreiche Firma, deren Erhalt die Vorschrift dient, selbstverständlich nicht nur bei einem der beteiligten Rechtsträger bestehen kann.[19)] 7

Weitere Voraussetzung ist, dass die beteiligten Rechtsträger, d. h. der die betroffene Firma bisher führende übertragende und der sie und dessen Vermögen übernehmende, dazu berechtigt sind, eine handelsrechtliche Firma zu führen **(Firmenfähigkeit)**;[20)] zum Sonderfall der PartG siehe die Kommentierung zu § 18 Abs. 3, unten Rz. 16 ff. Dies erfordert die handelsrechtliche Kaufmannseigenschaft i. S. der §§ 1 ff. HGB (§ 17 Abs. 1 HGB).[21)] Zudem muss der übertragende Rechtsträger auch tatsächlich eine Firma im handelsrechtlichen Sinne in berechtigter Weise führen, damit deren Fortführung überhaupt möglich ist.[22)] Allerdings soll eine unzulässige Firma fortgeführt werden können, wenn der Unzulässigkeitsgrund beim übernehmenden Rechtsträger nicht vorliegt.[23)] 8

Anders als nach § 22 HGB ist eine **Einwilligung des bisherigen Firmeninhabers**, d. h. des übertragenden Rechtsträgers, **nicht erforderlich.**[24)] Angesichts seiner Auflösung und Vollbeendigung durch die Verschmelzung habe dieser kein Interesse daran, dass sein Name nicht weiterverwendet werde.[25)] Die Entscheidung über die Fortführung obliegt nach der gesetzlichen Konzeption somit allein dem übernehmenden Rechtsträger und als Grundlagenentscheidung dessen Anteilsinhaberversammlung. Anders als die bisherigen Firmen der beteiligten Rechtsträger (§ 5 Abs. 1 Nr. 1) handelt es sich insoweit nicht um einen notwendigen Bestandteil des Verschmelzungsvertrages.[26)] In der Praxis wird eine entsprechende Firmenwahl regelmäßig in derselben Urkunde wie der Verschmelzungsbeschluss getroffen bzw. beschlossen. Unklar ist, bis wann diese Entscheidung zu treffen ist. Vorzugs- 9

---

18) *Rieckers/Cloppenburg* in: BeckOGK-UmwG, § 18 Rz. 12; Kallmeyer-*Oppenhoff*, UmwG, § 18 Rz. 8; Lutter-*Decher*, UmwG, § 18 Rz. 5; Semler/Stengel/Leonard-*Schwanna/Zessel*, UmwG, § 18 Rz. 2. S. etwa zu § 22 HGB und einem Doktor-Titel als Firmenbestandteil: BGH, Urt. v. 10.11.1969 – II ZR 273/67, NJW 1970, 704, 705.

19) So auch *Rieckers/Cloppenburg* in: BeckOGK-UmwG, § 18 Rz. 8; a. A. Schmitt/Hörtnagl-*Winter*, UmwG/UmwStG, § 18 UmwG Rz. 8; Kallmeyer-*Oppenhoff*, UmwG, § 18 Rz. 6.

20) Henssler/Strohn-*Heidinger/Knaier*, GesR, § 18 UmwG Rz. 4; *Erkens* in: KölnKomm-UmwG, § 18 Rz. 14.

21) Ebenroth/Boujong-*Reuschle*, HGB, § 17 Rz. 9; *Heidinger* in: MünchKomm-HGB, § 17 Rz. 19 ff.; Henssler/Strohn-*Heidinger/Knaier*, GesR, § 18 UmwG Rz. 4.

22) BGH, Beschl. v. 25.6.1959 – II ZB 6/59, BGHZ 30, 288 = NJW 1959, 2255; Kallmeyer-*Oppenhoff*, UmwG, § 18 Rz. 3, 8; Widmann/Mayer-*Fronhöfer*, UmwR, § 18 UmwG Rz. 14; *Ghassemi-Tabar* in: MünchHdb. GesR, Bd. 8, § 69 Rz. 7.

23) Henssler/Strohn-*Heidinger/Knaier*, GesR, § 18 UmwG Rz. 4; Kallmeyer-*Oppenhoff*, UmwG, § 18 Rz. 8; tendenziell wohl auch BGH, Beschl. v. 12.11.1984 – II ZB 2/84, NJW 1985, 736, 737 = DNotZ 1986, 38.

24) Henssler/Strohn-*Heidinger/Knaier*, GesR, § 18 UmwG Rz. 5; Lutter-*Decher*, UmwG, § 18 Rz. 4; Semler/Stengel/Leonard-*Schwanna/Zessel*, UmwG, § 18 Rz. 3; *Kögel*, GmbHR 1996, 168, 169.

25) Begr. Fraktionsentwurf UmwBerG, BT-Drucks. 12/6699, S. 91.

26) Henssler/Strohn-*Heidinger/Knaier*, GesR, § 18 UmwG Rz. 9; *Erkens* in: KölnKomm-UmwG, § 18 Rz. 23; Widmann/Mayer-*Fronhöfer*, UmwR, § 18 UmwG Rz. 10. Mitunter wird die neue Firma aber dennoch auch in diesen aufgenommen, vgl. *Hoger* in: MünchHdb. GesR, Bd. 8, § 8 Rz. 131.

würdig dürfte eine Entscheidung bis zur Eintragung der Verschmelzung sein, da andernfalls schwerlich von einer Fortführung gesprochen werden kann.[27)]

10 Entscheidet sich der übernehmende Rechtsträger für eine Firmenfortführung, so kann er die übernommene Firma gemäß § 18 Abs. 1 mit oder ohne **Nachfolgezusatz** führen.[28)] Die Art und Weise der Fortführung ist ansonsten nicht gesetzlich geregelt. Eine Fortführung ist jedoch nur dann anzunehmen, wenn die Firma zumindest **im Kern unverändert** übernommen wird.[29)] Nur geringfügige Anpassungen, etwa der Schreibweise der Firma (z. B. „&" statt „und" oder „Co." statt „Cie."), werden insoweit aber als unschädlich angesehen.[30)] Die **Umsetzung** der Fortführung erfolgt durch (von der Verschmelzung zu unterscheidende) förmliche Anpassung des Grundlagenvertrages des jeweiligen Rechtsträgers und deren Anmeldung zum zuständigen Register.[31)] Die bisherige Firma des übertragenden Rechtsträgers ersetzt damit (künftig) die bisherige des übernehmenden Rechtsträgers.[32)] Haben übertragender und übernehmender Rechtsträger unterschiedliche Rechtsformen, so ist die übernommene Firma mit dem zutreffenden **Rechtsformzusatz** zu versehen.[33)] Ein überholter, unzutreffender Rechtsformzusatz ist dagegen zu streichen oder durch einen geeigneten Nachfolgezusatz so zu neutralisieren, dass die tatsächliche Rechtsform eindeutig erkennbar ist.[34)]

11 Verfügt der übernehmende Rechtsträger über **Zweigniederlassungen**, so erstreckt sich die Entscheidung über die Firmenfortführung grundsätzlich auch auf diese. Weder kann also eine Zweigniederlassung von der Firmenfortführung ausgeschlossen noch die Fortführung auf eine solche beschränkt werden.[35)] Wird das erworbene Handelsgeschäft allerdings als Zweigniederlassung weitergeführt, so kann dessen bisherige Firma als Zweigniederlassungszusatz i. S. des § 13 Abs. 1 HGB verwendet werden, sofern die (Zweigniederlassungs-)Firma zugleich auf die Hauptniederlassung, d. h. den übernehmenden Rechtsträger (mit unveränderter Firma), verweist.[36)]

---

27) A. A. *Rieckers/Cloppenburg* in: BeckOGK-UmwG, § 18 Rz. 15, die eine entsprechende Fortführung auch noch Monate nach Wirksamwerden der Verschmelzung für zulässig halten. Für einen „zeitlichen Zusammenhang" zwischen Verschmelzung Fortführung Widmann/Mayer-*Fronhöfer*, UmwR, § 18 UmwG Rz. 25.

28) Zu möglichen Nachfolgezusätzen s. Widmann/Mayer-*Fronhöfer*, UmwR, § 18 UmwG Rz. 20.

29) BGH, Beschl. v. 12.7.1965 – II ZB 12/64, BGHZ 44, 116 = NJW 1965, 1915, 1916; BGH, Urt. v. 15.3.2004 – II ZR 324/01, DStR 2004, 1136, 1137 = NZG 2004, 716; OLG Düsseldorf, ZV. v. 8.3.2019 – I-3 Wx 207/18, NZG 2019, 949, 950 = ZIP 2019, 1767 – jeweils zu §§ 22 ff. HGB; Henssler/Strohn-*Heidinger/Knaier*, GesR, § 18 UmwG Rz. 6; Semler/Stengel/Leonard-*Schwanna/Zessel*, UmwG, § 18 Rz. 2; Widmann/Mayer-*Fronhöfer*, UmwR, § 18 UmwG Rz. 19 – auch zu möglichen Ausnahmen.

30) *Rieckers/Cloppenburg* in: BeckOGK-UmwG, § 18 Rz. 8; Kallmeyer-*Oppenhoff*, UmwG, § 18 Rz. 6; Widmann/Mayer-*Fronhöfer*, UmwR, § 18 UmwG Rz. 19.

31) *Rieckers/Cloppenburg* in: BeckOGK-UmwG, § 18 Rz. 11; Semler/Stengel/Leonard-*Schwanna/Zessel*, UmwG, § 18 Rz. 4; Widmann/Mayer-*Fronhöfer*, UmwR, § 18 UmwG Rz. 10.

32) *Limmer* in: Limmer, Hdb. Unternehmensumwandlung, Kap. 9 Rz. 13.

33) Henssler/Strohn-*Heidinger/Knaier*, GesR, § 18 UmwG Rz. 8; Schmitt/Hörtnagl-*Winter*, UmwG/UmwStG, § 18 UmwG Rz. 15.

34) Vgl. OLG Hamm, Beschl. v. 8.7.1999 – 15 W 102/99, NZG 1999, 993, 994 = DNotZ 1999, 839 – Firmenbestandteil „oHG" bei Fortführung als Einzelkauffrau; Lutter-*Decher*, UmwG, § 18 Rz. 5; strenger Schmitt/Hörtnagl-*Winter*, UmwG/UmwStG, § 18 UmwG Rz. 14 – alter Rechtsformzusatz muss stets entfallen.

35) *Rieckers/Cloppenburg* in: BeckOGK-UmwG, § 18 Rz. 9.

36) Henssler/Strohn-*Heidinger/Knaier*, GesR, § 18 UmwG Rz. 6; Lutter-*Decher*, UmwG, § 18 Rz. 4; Semler/Stengel/Leonard-*Schwanna/Zessel*, UmwG, § 18 Rz. 5; Widmann/Mayer-*Fronhöfer*, UmwR, § 18 UmwG Rz. 23.

3. Rechtsfolgen der Firmenfortführung

12 Liegen die Voraussetzungen der Firmenfortführung vor und entscheidet sich der übernehmende Rechtsträger dazu, künftig die Bezeichnung eines übertragenden Rechtsträgers zu führen, so besteht diese fort und die Alt-Firma des übernehmenden Rechtsträgers erlischt (im Regelfall).[37] Folge einer Fortführung ist insbesondere die **Rangwahrung im Prioritätsprinzip** des Handelsregisters (§ 30 Abs. 1 HGB).[38] Firmenrechtlich ist der übernehmende Rechtsträger damit so zu behandeln, als führe er die übernommene Firma seit ihrer (erstmaligen) Verwendung durch den übertragenden Rechtsträger.

III. Einschränkung bei ausscheidenden natürlichen Personen (§ 18 Abs. 2)

13 Für den Fall, dass ein übertragender Rechtsträger eine Personenfirma führt, die betroffene **natürliche Person**, deren **Name Firmenbestandteil** ist, aber nicht an dem übernehmenden Rechtsträger beteiligt wird, ordnet § 18 Abs. 2 (analog § 24 Abs. 2 HGB) einen **Einwilligungsvorbehalt** der betreffenden Person oder ihrer Erben für die Fortführung dieser Firma bzw. eine Firmenneubildung nach Absatz 1 unter Verwendung des Namens an. Die Vorschrift dient dem Schutz des Namens- und Allgemeinen Persönlichkeitsrechts (Art. 1, 2 Abs. 1 GG).[39] Denkbare Anwendungsfälle einer nicht erfolgenden Beteiligung der betreffenden Person sind insbesondere der Verzicht auf die Anteilsgewährung (§§ 54 Abs. 1 Satz 3, 68 Abs. 1 Satz 3) oder das Ausscheiden gegen Barabfindung (§§ 29 ff.).[40] Wird der Namensträger dagegen auch am übernehmenden Rechtsträger beteiligt, bedarf es keiner (gesonderten) Zustimmung.[41]

14 Der Gesetzeswortlaut bestimmt den **Zeitpunkt der Zustimmung** nicht ausdrücklich, legt aber nahe („einwilligen"), dass diese **vorab** zu erklären ist (vgl. § 183 Satz 1 BGB). Als Anknüpfungspunkte kommen dafür aber wiederum verschiedene Zeitpunkte, namentlich die Entscheidung über die künftige Firma, die Anmeldung und die Eintragung, in Betracht. Trotz Unterschieden im Detail scheint heute mehrheitlich kein allzu strenges Verständnis dieses Erfordernisses vorzuherrschen und soll eine Zustimmung bis zur Anmeldung zwar empfehlenswert, ihre Nachholung bis zur Eintragung aber möglich sein.[42] Die Einwilligung ist durch den Namensträger **persönlich** (bzw. dessen Erben, nicht aber einen etwaigen Testamentsvollstrecker) zu erteilen.[43] Sie bedarf keiner besonderen Form.[44] Nach dem Gesetzeswortlaut ist zwar eine **ausdrückliche Erklärung** der Zustimmung zu verlangen. Es soll nach verbreiteter Auffassung im Schrifttum aber auch eine konkludente Ein-

---

37) *Rieckers/Cloppenburg* in: BeckOGK-UmwG, § 18 Rz. 14; *Limmer* in: Limmer, Hdb. Unternehmensumwandlung, Kap. 9 Rz. 13. Anders, wenn beide Firmen i. R. einer Firmenvereinigung/Kombination (s. oben Rz. 7) fortgeführt werden, vgl. auch Widmann/Mayer-*Fronhöfer*, UmwR, § 18 UmwG Rz. 22.

38) Henssler/Strohn-*Heidinger/Knaier*, GesR, § 18 UmwG Rz. 9; Lutter-*Decher*, UmwG, § 18 Rz. 5.

39) Lutter-*Decher*, UmwG, § 18 Rz. 6; Semler/Stengel/Leonard-*Schwanna/Zessel*, UmwG, § 18 Rz. 8; vgl. auch Begr. Fraktionsentwurf UmwBerG, BT-Drucks. 12/6699, S. 91.

40) Widmann/Mayer-*Fronhöfer*, UmwR, § 18 UmwG Rz. 27; *Ghassemi-Tabar* in: MünchHdb. GesR, Bd. 8, § 69 Rz. 9.

41) Lutter-*Decher*, UmwG, § 18 Rz. 6; *Limmer* in: Limmer, Hdb. Unternehmensumwandlung, Kap. 9 Rz. 11.

42) Henssler/Strohn-*Heidinger/Knaier*, GesR, § 18 UmwG Rz. 11; Lutter-*Decher*, UmwG, § 18 Rz. 8; Semler/Stengel/Leonard-*Schwanna/Zessel*, UmwG, § 18 Rz. 8; noch großzügiger Schmitt/Hörtnagl-*Winter*, UmwG/UmwStG, § 18 UmwG Rz. 21 – im unmittelbaren Zusammenhang mit der Eintragung; zumindest zum Zeitpunkt der tatsächlichen Firmenfortführung; zust. Kallmeyer-*Oppenhoff*, UmwG, § 18 Rz. 13.

43) Kallmeyer-*Oppenhoff*, UmwG, § 18 Rz. 12; Lutter-*Decher*, UmwG, § 18 Rz. 8.

44) Lutter-*Decher*, UmwG, § 18 Rz. 7; Semler/Stengel/Leonard-*Schwanna/Zessel*, UmwG, § 18 Rz. 8.

willigung genügen.[45] Aus Praktikabilitäts- und Dokumentationsgründen im Registerverfahren dürfte insofern für die Praxis zur Einholung einer unmissverständlichen, expliziten und mindestens textförmlichen Erklärung zu raten sein.[46]

15 Weitgehende Einigkeit herrscht hingegen darüber, dass eine **bloße Duldung** der Firmenfortführung im Regelfall nicht ausreichend ist.[47] Eine **Bedingung oder Befristung** der Einwilligung ist zulässig,[48] wie auch eine inhaltliche Beschränkung auf die Unternehmensfortführung mit bestimmten Rechtsformen.[49] Unterschiedlich beurteilt wird die Möglichkeit des **Widerrufs** einer erteilten Einwilligung.[50] Zumindest ein gesetzlicher Anknüpfungspunkt für eine Einschränkung dieser Möglichkeit ist nicht erkennbar.

IV. Beteiligung von PartGs (§ 18 Abs. 3)

16 Die für die Firmenfortführung statuierten Grundsätze gelten gemäß § 18 Abs. 3 Satz 1 auch im Falle der **Beteiligung einer PartG** an einer Verschmelzung für die Fortführung der Firma oder des Namens. Die PartG führt nach § 2 Abs. 1 PartGG einen **Namen** (und damit keine Firma im handelsrechtlichen Sinne), der den Zusatz „und Partner" oder „Partnerschaft" enthalten muss. Nach § 2 Abs. 2 PartGG findet auf den Namen von PartG allerdings die Vorschrift des § 22 Abs. 1 HGB zur Firmen- bzw. Namensfortführung entsprechende Anwendung.

17 Ist eine **PartG als übernehmender Rechtsträger** an einer Verschmelzung beteiligt, so darf sie die Firma eines übertragenden Rechtsträgers nur fortführen, wenn sie diese mit einem § 2 Abs. 1 PartGG entsprechenden Zusatz („und Partner" oder „Partnerschaft") versieht (§ 18 Abs. 3 Satz 2). Anders als bisher[51] ist es seit dem 1.1.2024 nicht mehr erforderlich, dass der Name der Partnerschaft den Namen eines Partners enthält; Sach- oder Phantasiebezeichnungen hat der Gesetzgeber ausdrücklich für zulässig erklärt.[52] Auch die Pflicht zur Bezeichnung aller in der Partnerschaft vertretenen Berufe ist mit dieser Gesetzesänderung weggefallen. Damit ist das Namensrecht der PartG inzwischen dem Firmenrecht weitgehend angeglichen. Partnerschaften haben damit sehr viel weitgehender als bisher die Möglichkeit der Firmenfortführung. Allerdings können sich aus dem Berufsrecht andere Anforderungen ergeben (§ 18 Abs. 3 Satz 3 UmwG i. V. m. § 1 Abs. 3 PartGG). So muss etwa jeweils eine Mehrheit der Partner (die zudem die Mehrheit der Stimmrechte innehaben

---

45) *Rieckers/Cloppenburg* in: BeckOGK-UmwG, § 18 Rz. 20; Kallmeyer-*Oppenhoff*, UmwG, § 18 Rz. 13; Lutter-*Decher*, UmwG, § 18 Rz. 7; Schmitt/Hörtnagl-*Winter*, UmwG/UmwStG, § 18 UmwG Rz. 19; für § 22 HGB wohl auch der BGH, Urt. v. 27.4.1994 – VIII ZR 34/93, NJW 1994, 2025, 2026 = ZIP 1994, 942 – der dafür aber eine „zweifelsfreie Einwilligungserklärung" verlangte und das Vorliegen einer solchen im zu entscheidenden Sachverhalt verneinte; a. A. Semler/Stengel/Leonard-*Schwanna/Zessel*, UmwG, § 18 Rz. 8; wohl auch Widmann/Mayer-*Fronhöfer*, UmwR, § 18 UmwG Rz. 27.

46) So auch etwa Henssler/Strohn-*Heidinger/Knaier*, GesR, § 18 UmwG Rz. 14.

47) *Rieckers/Cloppenburg* in: BeckOGK-UmwG, § 18 Rz. 20; Henssler/Strohn-*Heidinger/Knaier*, GesR, § 18 UmwG Rz. 14; Kallmeyer-*Oppenhoff*, UmwG, § 18 Rz. 13; Lutter-*Decher*, UmwG, § 18 Rz. 7; Schmitt/Hörtnagl-*Winter*, UmwG/UmwStG, § 18 UmwG Rz. 19; Semler/Stengel/Leonard-*Schwanna/Zessel*, UmwG, § 18 Rz. 8.

48) RG, Urt. v. 11.5.1911 – Rep. II 668/10, RGZ 76, 263, 265 – zu § 22 HGB; Henssler/Strohn-*Heidinger/Knaier*, GesR, § 18 UmwG Rz. 12; *Ghassemi-Tabar* in: MünchHdb. GesR, Bd. 8, § 69 Rz. 12.

49) BayObLG, Beschl. v. 26.11.1997 – 3 Z BR 279/97, BayObLGZ 1997, 328 = NZG 1998, 148, 149 – zu § 24 Abs. 2 HGB; Schmitt/Hörtnagl-*Winter*, UmwG/UmwStG, § 18 UmwG Rz. 20.

50) Vor Eintragung frei widerruflich: Henssler/Strohn-*Heidinger/Knaier*, GesR, § 18 UmwG Rz. 12; Kallmeyer-*Oppenhoff*, UmwG, § 18 Rz. 13; Lutter-*Decher*, UmwG, § 18 Rz. 8 – letztere wollen einen Widerruf aus wichtigem Grund sogar nach Eintragung zulassen; Widerruf nur im Missbrauchsfalle: Schmitt/Hörtnagl-*Winter*, UmwG/UmwStG, § 18 UmwG Rz. 22; Semler/Stengel/Leonard-*Schwanna/Zessel*, UmwG, § 18 Rz. 8.

51) Vgl. etwa Semler/Stengel/Leonard-*Schwanna/Zessel*, UmwG, § 18 Rz. 9; Meilicke/Graf v. Westphalen/Hoffmann/Lenz/Wolff -*Meilicke*, PartGG, § 2 Rz. 2 f.

52) Begr. RegE MoPeG, BT-Drucks. 19/27635, S. 274.

müssen) Berufsträger i. S. des jeweiligen Gesetzes sein, um den Firmenbestandteil „Rechtsanwaltsgesellschaft“ (§ 59p BRAO) oder „Steuerberatergesellschaft“ (§ 55g StBerG) führen zu können.

Ist eine **PartG** umgekehrt **als übertragender Rechtsträger** beteiligt, so kann der übernehmende Rechtsträger gemäß § 18 Abs. 3 Satz 1 i. V. m. § 18 Abs. 1, 2 deren Namen (§ 2 PartGG) fortführen. Dabei ist gemäß § 18 Abs. 3 Satz 3 indes § 11 Abs. 1 Satz 1 PartGG zu beachten, der die **Namenszusätze** des § 2 Abs. 1 PartGG für Rechtsträger anderer Rechtsform untersagt.[53] Eine Ausnahme gilt für Altfälle, die schon bei Inkrafttreten des PartGG zum 1.7.1995 eine Bezeichnung als „Partner“ oder „und Partner“ führten und diese um einen Hinweis auf ihre eigentliche Rechtsform ergänzt haben (§ 18 Abs. 3 Satz 3 UmwG i. V. m. § 11 Abs. 1 Satz 1, 2 PartGG).[54] Allerdings müssten diese für eine Anwendbarkeit des § 18 Abs. 3 zwischenzeitlich die Rechtsform der Partnerschaft erlangt haben.[55] Bei der Fortführung des Namens einer übertragenden PartG kann zudem § 18 Abs. 2 zu beachten sein, da nach bisher geltendem Recht der Name der Gesellschaft den Namen (mindestens) eines Partners enthalten musste. 18

V. Anderweitige Firmenfortführung oder -neubildung

Die Entscheidung über die künftige Firma des übernehmenden Rechtsträgers einer Verschmelzung wird durch § 18 nicht abschließend geregelt, zumal die darin vorgesehene Firmenfortführung optional ist (siehe dazu schon oben Rz. 3). Oftmals wird dessen Firma auch einfach **unverändert** bleiben. Grenzen für die Beibehaltung der bisherigen Firma können sich aus den allgemeinen Grundsätzen wie der Firmenwahrheit ergeben.[56] Daneben kommt aber auch eine Anwendung der allgemeinen handelsrechtlichen Bestimmungen in Betracht, deren Verhältnis zu § 18 aber in Teilen umstritten ist.[57] 19

Unstrittig zulässig ist eine **Firmenneubildung** anlässlich der Verschmelzung, bei der also nicht die Firma eines übertragenden Rechtsträgers fortgeführt, sondern eine gänzlich neue Bezeichnung für das aus der Umwandlung resultierende Unternehmen gefunden wird.[58] Auch insoweit sind die allgemeinen Grundsätze über die Firmenbildung, wie §§ 18, 19 HGB, zu beachten.[59] 20

Daneben kommt es aber auch in Betracht, die Firma nach den allgemeinen Grundsätzen des **§ 22 HGB** fortzuführen.[60] § 18 stellt diesem gegenüber zwar eine Spezialregelung dar, sollte aber die Formfortführung lediglich erleichtern, indem die Einwilligung des durch die Verschmelzung erlöschenden Rechtsträgers, dem kein (schützenswertes) entgegenstehendes Interesse an der Nichtverwendung seines Namens zukomme,[61] abweichend von § 22 Abs. 1 21

53) S. dazu BGH, Beschl. v. 21.4.1997 – II ZB 14/96, BGHZ 135, 257 = NJW 1997, 1854.

54) Vgl. auch OLG Frankfurt/M., Beschl. v. 19.2.1999 – 20 W 72/99, NZG 1999, 351, 352 = NJW 1999, 2285.

55) *Rieckers/Cloppenburg* in: BeckOGK-UmwG, § 18 Rz. 24; Lutter-*Decher*, UmwG, § 18 Rz. 10; skeptisch, ob überhaupt Anwendungsfälle einer solchen „Besitzstandswahrung“ denkbar sind, Henssler/Strohn-*Heidinger/Knaier*, GesR, § 18 UmwG Rz. 18.

56) *Bokelmann*, ZNotP 1998, 265, 266.

57) *Rieckers/Cloppenburg* in: BeckOGK-UmwG, § 18 Rz. 2 ff.; Henssler/Strohn-*Heidinger/Knaier*, GesR, § 18 UmwG Rz. 21 ff.

58) Lutter-*Decher*, UmwG, § 18 Rz. 3; Widmann/Mayer-*Fronhöfer*, UmwR, § 18 UmwG Rz. 26; *Limmer* in: Limmer, Hdb. Unternehmensumwandlung, Kap. 9 Rz. 6; *Bokelmann*, ZNotP 1998, 265, 266.

59) Lutter-*Decher*, UmwG, § 18 Rz. 3; Semler/Stengel/Leonard-*Schwanna/Zessel*, UmwG, § 18 Rz. 7.

60) *Rieckers/Cloppenburg* in: BeckOGK-UmwG, § 18 Rz. 4; Henssler/Strohn-*Heidinger/Knaier*, GesR, § 18 UmwG Rz. 22 f.; Kallmeyer-*Oppenhoff*, UmwG, § 18 Rz. 16; Semler/Stengel/Leonard-*Schwanna/Zessel*, UmwG, § 18 Rz. 6; a. A. Oetker-*Schlingloff*, HGB, § 22 Rz. 4; wohl auch *Erkens* in: KölnKomm-UmwG, § 18 Rz. 8 f.

61) Begr. Fraktionsentwurf UmwBerG, BT-Drucks. 12/6699, S. 91.

HGB nicht zur Voraussetzung der Firmenfortführung bestimmt wurde. Eine umfassende verdrängende Wirkung gegenüber den handelsrechtlichen Firmenbestimmungen ist weder dem Gesetz noch den Gesetzgebungsmaterialien zu entnehmen. Für eine Firmenfortführung nach § 22 HGB kann aber im Falle der Verschmelzung überhaupt nur dann ein Bedarf entstehen, wenn dessen strengere formale Voraussetzungen (Einwilligung des übertragenden Rechtsträgers, vgl. § 22 Abs. 1 HGB) für den inhaltlich weiteren Gestaltungsspielraum (Firmenvereinigung von übertragendem und übernehmendem Rechtsträger)[62] in Kauf genommen werden.[63] Hält man eine solche Kombination mehrerer Firmen schon i. R. des § 18 für zulässig (siehe oben Rz. 7), entfällt auch dieser.

22 Besonderheiten bestehen hinsichtlich der Firmenbildung und -fortführung i. R. der **Spaltung.**[64] Für Abspaltungen und Ausgliederungen schließt § 125 Abs. 1 Satz 1 Nr. 3 eine Anwendung des § 18 aus, da der bisherige firmenführende Rechtsträger fortbesteht und daher kein der Lage bei der Verschmelzung vergleichbarer Bedarf am Erhalt des in der Firma verkörperten Wertes (Goodwill) besteht.[65] Auch hier stellt sich dann die Frage, ob eine Firmenfortführung zumindest **nach allgemeinen Grundsätzen** (§ 22 HGB) möglich ist, was die überwiegende Meinung bejaht.[66] Bei der Aufspaltung findet § 18 dagegen Anwendung und kann die Firma fortgeführt werden, wobei umstritten ist, ob sie im Spaltungsvertrag frei zugewiesen werden kann[67] oder abhängig von Aufteilung des Handelsgeschäfts ist, dem wesentlichen Unternehmenskern also automatisch nachfolgt.[68] Soweit nicht gegen den **Grundsatz der Firmenwahrheit** verstoßen wird, sind keine Gründe ersichtlich, warum den Beteiligten die freie Zuweisung des in der Firma verkörperten Wertes versagt werden sollte. Insbesondere, wenn es sich um eine Namens- oder Fantasiefirma ohne erkennbaren Bezug zum Unternehmensgegenstand handelt oder aber, wenn der übernehmende Rechtsträger einen dem bisherigen Unternehmenskern ähnlichen Unternehmensgegenstand haben soll, dürfte eine solche freie Zuweisung nach firmenrechtlichen Grundsätzen möglich sein.

---

62) Zu deren Zulässigkeit i. R. des § 22 HGB s. etwa RG, Urt. v. 17.11.1936 – II 104/36, RGZ 152, 365, 368; Hopt-*Merkt*, HGB, § 22 Rz. 19; *Heidinger* in: MünchKomm-HGB, § 22 Rz. 80.

63) S. a. Henssler/Strohn-*Heidinger/Knaier*, GesR, § 18 UmwG Rz. 23; Kallmeyer-*Oppenhoff*, UmwG, § 18 Rz. 16; Semler/Stengel/Leonard-*Schwanna/Zessel*, UmwG, § 18 Rz. 6.

64) Ausf. dazu *Limmer* in: Limmer, Hdb. Unternehmensumwandlung, Kap. 9 Rz. 19 ff.

65) Vgl., sehr knapp, Begr. Fraktionsentwurf UmwBerG, BT-Drucks. 12/6699, S. 117. Überblick über den diesbezüglichen Meinungsstand bei *Limmer* in: Limmer, Hdb. Unternehmensumwandlung, Kap. 9 Rz. 23.

66) LG Hagen, Beschl. v. 1.12.1995 – 22 T 3/95, GmbHR 1996, 127; *Verse* in: BeckOGK-UmwG, § 125 Rz. 15; Henssler/Strohn-*Heidinger/Knaier*, GesR, § 18 UmwG Rz. 20; Kallmeyer-*Oppenhoff*, UmwG, § 18 Rz. 16; Widmann/Mayer-*Mayer*, UmwR, § 125 UmwG Rz. 58; *Limmer* in: Limmer, Hdb. Unternehmensumwandlung, Kap. 9 Rz. 24 ff.; *Sagasser* in: Sagasser/Bula, Umwandlungen, § 18 Rz. 69; s. a. *DNotI*, Gutachten, DNotI-Report 2014, 188; a. A. *Erkens* in: KölnKomm-UmwG, § 18 Rz. 36; *Bokelmann*, ZNotP 1998, 265, 269.

67) Dafür *Rieckers/Cloppenburg* in: BeckOGK-UmwG, § 18 Rz. 17; Schmitt/Hörtnagl-*Hörtnagl/Rinke*, UmwG/UmwStG, § 125 UmwG Rz. 15; *Kögel*, GmbHR 1996, 168, 173.

68) Dafür *Erkens* in: KölnKomm-UmwG, § 18 Rz. 38; *Verse* in: BeckOGK-UmwG, § 125 Rz. 15; Lutter-*Lieder*, UmwG, § 125 Rz. 15.

§ 19

Eintragung und Bekanntmachung der Verschmelzung*)

(1) [1]Die Verschmelzung darf in das Register des Sitzes des übernehmenden Rechtsträgers erst eingetragen werden, nachdem sie im Register des Sitzes jedes der übertragenden Rechtsträger eingetragen worden ist. [2]Die Eintragung im Register des Sitzes jedes der übertragenden Rechtsträger ist mit dem Vermerk zu versehen, daß die Verschmel-

zung erst mit der Eintragung im Register des Sitzes des übernehmenden Rechtsträgers wirksam wird, sofern die Eintragungen in den Registern aller beteiligten Rechtsträger nicht am selben Tag erfolgen.

(2) [1]Das Gericht des Sitzes des übernehmenden Rechtsträgers hat von Amts wegen dem Gericht des Sitzes jedes der übertragenden Rechtsträger den Tag der Eintragung der Verschmelzung mitzuteilen. [2]Nach Eingang der Mitteilung hat das Gericht des Sitzes jedes der übertragenden Rechtsträger von Amts wegen den Tag der Eintragung der Verschmelzung im Register des Sitzes des übernehmenden Rechtsträgers im Register des Sitzes des übertragenden Rechtsträgers zu vermerken und die bei ihm aufbewahrten Dokumente dem Gericht des Sitzes des übernehmenden Rechtsträgers zur Aufbewahrung zu übermitteln.

(3) Das Gericht des Sitzes jedes der an der Verschmelzung beteiligten Rechtsträger hat jeweils die von ihm vorgenommene Eintragung der Verschmelzung von Amts wegen nach § 10 des Handelsgesetzbuchs bekanntzumachen.

*) § 19 geändert durch Art. 17 des Gesetzes zur Umsetzung der Digitalisierungsrichtlinie (DiRUG), v. 5.7.2021, BGBl. I 2021, 333; § 19 geändert durch Art. 1 des Zweiten Gesetzes zur Änderung des Umwandlungsgesetzes (2. UmwGÄndG), v. 19.4.2007, BGBl. I 2007, 542; § 19 i. d. F. des UmwBerG geändert durch Art. 8 des Gesetzes über elektronische Handelsregister und Genossenschaftsregister sowie das Unternehmensregister (EHUG), v. 10.11.2006, BGBl. I 2006, 2553.

Literatur: *Böhringer*, Grundbuchberichtigung bei Umwandlung von Gesellschaften, BWNotZ 2016, 154; *Bokelmann*, Eintragung eines Beschlusses: Prüfungskompetenz des Registerrichters bei Nichtanfechtung, rechtsmißbräuchlicher Anfechtungsklage und bei Verschmelzung, DB 1994, 1341; *Bork*, Beschlussverfahren und Beschlusskontrolle nach dem Referentenentwurf eines Gesetzes zur Bereinigung des Umwandlungsrechts, ZGR 1993, 343; *Mayer/Weiler*, Neuregelungen durch das Zweite Gesetz zur Änderung des Umwandlungsgesetzes (Teil I), DB 2007, 1235; *Priester*, Das neue Umwandlungsrecht aus notarieller Sicht, DNotZ 1995, 427.

Übersicht

I. Allgemeines

§ 19 regelt rechtsformübergreifend das Verfahren zur Eintragung der Verschmelzung, insbesondere die **Reihenfolge** der einzelnen Eintragungen in den jeweiligen Registern der beteiligten Rechtsträger (§ 19 Abs. 1). Wie die Registergerichte – sofern es sich um unterschiedliche handelt – dabei zusammenzuwirken haben, bestimmt § 19 Abs. 2. § 19 Abs. 3 betrifft schließlich die Bekanntmachung der Eintragung der Verschmelzung durch die Registergerichte. Erforderlich geworden war eine solche Bestimmung zur **Koordinierung der Eintragungsverfahren**, zunächst geregelt in § 346 Abs. 1 Satz 1, 3 AktG a. F. für die AG,[1] mit der Zulassung mehrerer übertragender Rechtsträger zur Umsetzung der Verschmelzungsrichtline.[2] Zuvor war auch bei der Verschmelzung (so auch weiterhin bei der Spal- 1

1) S. dazu Begr. RegE Verschmelzungsrichtlinie-Gesetz, BT-Drucks. 9/1065, S. 18.

2) Dritte Richtlinie 78/855/EWG des Rates v. 9.10.1978 gemäß Artikel 54 Absatz 3 Buchstabe g) des Vertrages betreffend die Verschmelzung von Aktiengesellschaften, ABl. (EG) L 295/36 v. 20.10.1978; vgl. dazu Begr. Fraktionsentwurf UmwBerG, BT-Drucks. 12/6699, S. 91.

tung, § 130 Abs. 1 Satz 1, 131 Abs. 1) die Eintragung im Register des (einzigen) übertragenden Rechtsträgers für deren Wirksamwerden maßgeblich, was bei einer Aufnahme mehrerer übertragender Rechtsträger zu Unklarheiten hätten führen können.[3] Die Vorschrift dient der Gewährleistung eines widerspruchsfreien Registerinhaltes und der transparenten Dokumentation des einheitlichen Zeitpunkts des Wirksamwerdens der Verschmelzung in den (ggf. verschiedenen) Registern der beteiligten Rechtsträger.[4]

2 Von § 19 abgesehen enthält das UmwG keine an das Registergericht gerichteten Vorgaben hinsichtlich der Behandlung der Anmeldung einer Verschmelzung und der Entscheidung über diese; das **praktische Registerverfahren** bestimmt sich daher nach den allgemeinen Verfahrensvorschriften des **FamFG**.[5]

II. Registereintragung (§ 19 Abs. 1)

1. Reihenfolge der Registereintragungen (§ 19 Abs. 1 Satz 1)

3 § 19 Abs. 1 Satz 1 regelt die **Reihenfolge der Eintragungen** der Verschmelzung in die Register der beteiligten Rechtsträger, nicht etwa die Reihenfolge der Anmeldungen (siehe dazu § 16 Rz. 23 [*Hoefling*]). Die gesetzlich vorgegebene Eintragungsreihenfolge ist **zwingend**.[6] Maßgeblich für sie ist, ob der Rechtsträger, zu dessen Registerblatt die Eintragung erfolgen soll, als übertragender oder übernehmender Rechtsträger an der Verschmelzung beteiligt ist. Für den Fall, dass das Grund-/Stammkapital der übernehmenden Gesellschaft erhöht wird, bestehen für Kapitalgesellschaften mit den §§ 53, 66 (ergänzende) Sondervorschriften, nach denen zunächst diese Kapitalerhöhung und erst dann die Verschmelzung einzutragen ist.

4 Voraussetzung der für das Wirksamwerden der Verschmelzung konstitutiven Eintragung in das Register des übernehmenden Rechtsträgers (siehe § 20 Abs. 1) ist, dass diese **zuvor in den Registern aller übertragenden Rechtsträger** eingetragen worden ist (§ 19 Abs. 1 Satz 1). Diese Reihenfolge der Eintragungen wurde (zunächst schon i. R. des § 346 Abs. 1 AktG a. F.) beibehalten, weil der Vorrang der Eintragung bei den übertragenden Rechtsträgern Warnfunktion habe.[7] Dagegen ist die Wirksamkeit der Verschmelzung seit der Ermöglichung der Verschmelzung mehrerer Rechtsträger (zunächst AGs)[8] zum 1.1.1983 von der Eintragung bei der übernehmenden Gesellschaft abhängig, da andernfalls bei Aufnahme mehrerer Rechtsträger Rechtsunklarheit über den Zeitpunkt des Wirksamwerdens der Verschmelzung drohte.[9] Die Anordnung dieser Reihenfolge soll einerseits dem Schutz der Anteilsinhaber dienen und andererseits Warnfunktion gegenüber sonstigen Betroffenen, wie insbesondere den Gesellschaftsgläubigern, haben.[10]

5 Ist die Verschmelzung ordnungsgemäß in die jeweiligen Register aller übertragenden Rechtsträger eingetragen worden, so kann die **konstitutive Eintragung** zum Register des **übernehmenden Rechtsträgers** erfolgen (§ 19 Abs. 1 Satz 1). Durch sie erlangt die Verschmel-

3) Begr. RegE Verschmelzungsrichtlinie-Gesetz, BT-Drucks. 9/1065, S. 18.

4) So für die Vermeidung widersprüchlicher Entscheidungen der Registergerichte auch das OLG Frankfurt/M., Beschl. v. 14.10.2004 – 20 W 418/04, MittBayNot 2005, 327, 328 = FGPrax 2005, 38.

5) Semler/Stengel/Leonard-*Schwanna*/*Zessel*, UmwG, § 19 Rz. 2. Zur Prüfung der Anmeldung durch das Registergericht s. unten Rz. 10 ff.

6) *Rieckers*/*Cloppenburg* in: BeckOGK-UmwG, § 19 Rz. 12; Kallmeyer-*Zimmermann*, UmwG, § 19 Rz. 8; Lutter-*Decher*, UmwG, § 19 Rz. 8; Schmitt/Hörtnagl-*Winter*, UmwG/UmwStG, § 19 UmwG Rz. 4.

7) Begr. RegE Verschmelzungsrichtlinie-Gesetz, BT-Drucks. 9/1065, S. 18.

8) S. Art. 2 Richtlinie 78/855/EWG sowie §§ 339 Abs. 1 Satz 1 Nr. 2, 346 Abs. 3 Satz 1 i. d. F. v. 25.10.1982, BGBl. I 1982, 425 ff.

9) Vgl. Begr. RegE Verschmelzungsrichtlinie-Gesetz, BT-Drucks. 9/1065, S. 18; Widmann/Mayer-*Fronhöfer*, UmwR, § 19 UmwG Rz. 2.

10) Henssler/Strohn-*Heidinger*/*Knaier*, GesR, § 19 UmwG Rz. 6; Lutter-*Decher*, UmwG, § 19 Rz. 8; Schmitt/Hörtnagl-*Winter*, UmwG/UmwStG, § 19 UmwG Rz. 4.

zung Wirksamkeit (§ 20 Abs. 1). Ein parteiseitiger Nachweis der Voreintragung gegenüber dem Register des übernehmenden Rechtsträgers ist gesetzlich nicht vorgesehen und in der Praxis auch nicht erforderlich. Allenfalls kann sich bei (zulässiger) gleichzeitiger Anmeldung der nachträgliche informelle Hinweis an das Register des übernehmenden Rechtsträgers anbieten, dass die Eintragung bei den übertragenden Rechtsträgern nunmehr erfolgt sei. Anders als im Schrifttum offenbar vielfach angenommen,[11] dürfte dafür kaum jemals ein beglaubigter Registerauszug notwendig sein. Im Regelfall findet ein Austausch der Registergerichte auch ohne Anregung der Verschmelzungsbeteiligten statt.[12] Für den Fall eines im Einzelfall gegebenen Bedürfnisses nach einer Beschleunigung wird eine notarielle Registerbescheinigung das Mittel der Wahl sein.

Damit ergibt sich für die Eintragung der Verschmelzung **folgender Ablauf**: 6

1. Eintragung bei dem/den Register(n) des oder der übertragenden Rechtsträger(s) (mit Vorläufigkeitsvermerk, § 19 Abs. 1 Satz 2) sowie Bekanntmachung (§ 19 Abs. 3);
2. ggf. Eintragung einer etwaigen Kapitalerhöhung (§§ 53, 66);[13]
3. Eintragung beim Register des übernehmenden Rechtsträgers (§ 19 Abs. 1 Satz 1) sowie Bekanntmachung (§ 19 Abs. 3);
4. Mitteilung des Tags der Eintragung der Verschmelzung durch das Registergericht des übernehmenden Rechtsträgers an das oder die Registergericht(e) des/der übertragenden Rechtsträger(s) (§ 19 Abs. 2 Satz 1);
5. Vermerk des (Tags des) Wirksamwerdens der Verschmelzung in dem oder den Register(n) des/der übertragenden Rechtsträger(s) und Übermittlung der aufbewahrten Dokumente (§ 19 Abs. 2 Satz 2).

Verstöße gegen die gesetzlich angeordnete Eintragungsreihenfolge, d. h. die Eintragung beim übernehmenden Rechtsträger ohne vorherige Eintragung bei dem oder den übertragenden Rechtsträger(n), lassen die Wirksamkeit der Verschmelzung nach wohl allgemeiner Meinung unberührt (vgl. auch § 20 Abs. 2).[14] Die Pflicht zur Nachholung der Eintragung bei den übertragenden Rechtsträgern besteht aber dennoch.[15] 7

Inhalt und **Gegenstand der Eintragung** ist die Verschmelzung an sich.[16] Dennoch sind auch der Verschmelzungsvertrag und die Verschmelzungsbeschlüsse der beteiligten Rechtsträger samt ihrem jeweiligen Datum als Grundlagen der Verschmelzung ebenfalls Bestandteil der Eintragung.[17] Auch die Art der Verschmelzung (im Wege der Aufnahme oder im Wege der Neugründung) ist zu nennen.[18] 8

---

11) Henssler/Strohn-*Heidinger/Knaier*, GesR, § 19 UmwG Rz. 23; Kallmeyer-*Zimmermann*, UmwG, § 19 Rz. 11; Lutter-*Decher*, UmwG, § 19 Rz. 13; Widmann/Mayer-*Fronhöfer*, UmwR, § 19 UmwG Rz. 46.

12) *Rieckers/Cloppenburg* in: BeckOGK-UmwG, § 19 Rz. 18; Lutter-*Decher*, UmwG, § 19 Rz. 13.

13) Anders offenbar Widmann/Mayer-*Fronhöfer*, UmwR, § 19 UmwG Rz. 46, nach dem die Kapitalerhöhung zuerst einzutragen ist; wie hier die ganz überwiegende Ansicht zu § 53, vgl. *v. Hinden/Scheller* in: BeckOGK-UmwG, § 53 Rz. 11; Kallmeyer-*Zimmermann*, UmwG, § 53 Rz. 13; Lutter-*Vetter*, UmwG, § 53 Rz. 15; Widmann/Mayer-*Mayer*, UmwR, § 53 UmwG Rz. 7.

14) *Rieckers/Cloppenburg* in: BeckOGK-UmwG, § 19 Rz. 14; Henssler/Strohn-*Heidinger/Knaier*, GesR, § 19 UmwG Rz. 10; Kallmeyer-*Zimmermann*, UmwG, § 19 Rz. 8; Lutter-*Decher*, UmwG, § 19 Rz. 11; Schmitt/Hörtnagl-*Winter*, UmwG/UmwStG, § 19 UmwG Rz. 10; Semler/Stengel/Leonard-*Schwanna/Zessel*, UmwG, § 19 Rz. 10; Widmann/Mayer-*Fronhöfer*, UmwR, § 19 UmwG Rz. 47.

15) Kallmeyer-*Zimmermann*, UmwG, § 19 Rz. 8; Widmann/Mayer-*Fronhöfer*, UmwR, § 19 UmwG Rz. 47.

16) *Rieckers/Cloppenburg* in: BeckOGK-UmwG, § 19 Rz. 19; Henssler/Strohn-*Heidinger/Knaier*, GesR, § 19 UmwG Rz. 4; Lutter-*Decher*, UmwG, § 19 Rz. 12.

17) S. etwa die Musterformulierungen bei Widmann/Mayer-*Fronhöfer*, UmwR, § 19 UmwG Rz. 56 f.

18) Widmann/Mayer-*Fronhöfer*, UmwR, § 19 UmwG Rz. 55.

2. Wirksamkeitsvermerk; Vorläufigkeitsvermerk (§ 19 Abs. 1 Satz 2)

9 Die zeitlich zuerst vorzunehmende Eintragung bei dem oder den übertragenden Rechtsträger(n) hat folglich nur deklaratorische Wirkung.[19] Die Eintragungen bei den übertragenden Rechtsträgern sind daher grundsätzlich jeweils mit einem registergerichtlichen **Vermerk** zu versehen (**„Vorläufigkeitsvermerk"**)[20], der darauf hinweist, dass die Verschmelzung erst mit der späteren Eintragung im Register des übernehmenden Rechtsträgers wirksam wird (§ 19 Abs. 1 Satz 2). Eine Ausnahme davon gilt, wenn die Eintragung für alle beteiligten Rechtsträger am selben Tag erfolgt (§ 19 Abs. 1 Satz 2 Halbs. 2). Denkbar ist dies, wenn die beteiligten Rechtsträger im selben Registerbezirk ansässig sind und dort eine Verfahrenskonzentration bei einem Registerrichter bzw. Rechtspfleger erfolgt.[21] Vereinzelt wird vertreten, die Vorschrift könne auch Anwendung finden, wenn und soweit die Eintragungen nur für einen Teil der beteiligten Rechtsträger am selben Tag erfolge.[22] Dies dürfte zumindest dem Entlastungsgedanken der Vorschrift entsprechen,[23] wohingegen ein Kostenargument heute keine Rolle mehr spielt (siehe dazu unten Rz. 25).

3. Prüfung der Registergerichte

10 Vor ihrer Eintragung ist die Verschmelzung durch das (jeweilige) Registergericht zu **prüfen**. Registergericht ist das **Amtsgericht** (§ 23a Abs. 1 Satz 1 Nr. 2, Abs. 2 Nr. 3 GVG), in dessen Bezirk das jeweilige Landgericht seinen Sitz hat (§ 376 Abs. 1 FamFG) oder für das durch die Landesregierung bzw. Justizverwaltung eine abweichende Festlegung getroffen wurde (§ 376 Abs. 2 FamFG, in Berlin z. B. das AG Charlottenbug).[24] Auch die registerinternen Zuständigkeiten ergeben sich aus den allgemeinen Bestimmungen: Zuständig für Kapitalgesellschaften sind die Registerrichter (§ 17 Nr. 1 lit. c) RPflG), sofern nicht auf Landesebene dieser Richtervorbehalt aufgehoben wurde (§ 19 Abs. 1 Satz 1 Nr. 6 RPflG), für die übrigen Rechtsträger die Rechtspfleger (§ 3 Nr. 1 lit. n, Nr. 2 lit. d RPflG); siehe dazu die Übersicht bei § 16 Rz. 13 [*Hoefling*]. Sind danach unterschiedliche Gerichte für die Eintragungen bei den beteiligten Rechtsträgern zuständig, prüfen diese den Verschmelzungsvorgang jeweils unabhängig voneinander.[25]

11 Gegenstand der Prüfung ist das Vorliegen der **formellen** und **materiellen Eintragungsvoraussetzungen**.[26] Grundsätzlich erfolgt die Prüfung der gesamten Verschmelzung durch jedes der zuständigen Registergerichte gesondert und unabhängig von den anderen zuständigen Gerichten.[27] Gewisse Einschränkungen der Prüfungskompetenz können sich aber etwa aus den jeweils einzureichenden Unterlagen ergeben. So ist dem Register des übernehmenden Rechtsträgers eine Prüfung und Beanstandung der Schlussbilanz eines übertragenden Rechtsträgers oder ihrer fristgemäßen Einreichung versagt und ist es insoweit an die

---

19) Lutter-*Decher*, UmwG, § 19 Rz. 9; Semler/Stengel/Leonard-*Schwanna/Zessel*, UmwG, § 19 Rz. 8.

20) *Priester*, DNotZ 1995, 427, 442.

21) Vgl. auch *Rieckers/Cloppenburg* in: BeckOGK-UmwG, § 19 Rz. 13; *Mayer/Weiler*, DB 2007, 1235.

22) Dafür Schmitt/Hörtnagl-*Winter*, UmwG/UmwStG, § 19 UmwG Rz. 7; die Mehrzahl der Kommentare beschränkt sich insoweit auf eine Bezugnahme auf den Wortlaut des Gesetzes, der auf sämtliche beteiligten Rechtsträger abstellt.

23) S. dazu Begr. RegE 2. UmwGÄndG, BT-Drucks. 16/2919, S. 13.

24) Überblick über die Registergerichte der einzelnen Bundesländer bei *Krafka*, Registerrecht, Teil 1 Rz. 13.

25) Kallmeyer-*Zimmermann*, UmwG, § 19 Rz. 6; Semler/Stengel/Leonard-*Schwanna/Zessel*, UmwG, § 19 Rz. 7.

26) *Erkens* in: KölnKomm-UmwG, § 19 Rz. 4; Lutter-*Decher*, UmwG, § 19 Rz. 2; *Bork*, ZGR 1993, 343, 356 f.

27) OLG Naumburg, Beschl. v. 12.2.1997 – 10 Wx 1/97, GmbHR 1997, 1152, 1153 f. = NJW-RR 1998, 178; *Rieckers/Cloppenburg* in: BeckOGK-UmwG, § 19 Rz. 3 ff.; Henssler/Strohn-*Heidinger/Knaier*, GesR, § 19 UmwG Rz. 16; Kallmeyer-*Zimmermann*, UmwG, § 19 Rz. 2.

Entscheidung durch dessen Registergericht gebunden.[28] Ergibt die Prüfung – behebbare – **Eintragungshindernisse**, hat das Registergericht dem jeweiligen Rechtsträger deren Behebung binnen einer angemessenen Frist durch Zwischenverfügung aufzugeben (§ 382 Abs. 4 Satz 1 FamFG).

Formell zu prüfen sind die sachliche und örtliche Zuständigkeit des Registergerichtes, das Vorliegen einer ordnungsgemäßen Anmeldung samt sämtlicher beizufügender Unterlagen (§ 17 Abs. 1) durch eine zur Anmeldung berechtigte Person sowie – im Falle der übertragenden Rechtsträger – die Einhaltung der Acht-Monats-Frist des § 17 Abs. 2.[29] 12

In **materieller** Hinsicht ist das Vorliegen einer ordnungsgemäßen Verschmelzung zu prüfen, die durch Eintragung Wirksamkeit erlangen kann.[30] Zu prüfen sind dabei u. a. die Verschmelzungsfähigkeit der Rechtsträger (§ 3), die inhaltlichen Mindestanforderungen an den Verschmelzungsvertrag (§ 5 Abs. 1) sowie dessen form- (§ 6) und auch in sonstiger/materieller Hinsicht ordnungsgemäßer Abschluss (Existenz- und Vertretungsnachweise, insbesondere bei Beteiligung ausländischer Rechtsträger als Anteilsinhaber; siehe dazu § 13 Rz. 18 [*Hoefling*]) und die Wirksamkeit der Verschmelzungsbeschlüsse (§ 13) sowie sonstiger (Zustimmungs-)Beschlüsse und (Verzichts-)Erklärungen (§§ 8 Abs. 3, 9 Abs. 2, 12 Abs. 3, 13 Abs. 2, 16 Abs. 2 Satz 2). Bei den übertragenden Rechtsträgern ist zudem die Ordnungsmäßigkeit der eingereichten Schlussbilanz (§ 17 Abs. 2) zu prüfen.[31] Eine Kapitalerhöhung der übernehmenden Gesellschaft, die der Durchführung der Verschmelzung dient, ist bei deren Anmeldung ebenfalls vom Registergericht zu prüfen.[32] Eine inhaltliche Prüfung der Verschmelzung, die Richtigkeit der ihr zugrunde liegenden Annahmen und Festlegungen (z. B. zum Umtauschverhältnis) sowie ihre sachliche Zweckmäßigkeit sind dagegen **nicht** Bestandteil des registergerichtlichen Prüfungsauftrages.[33] 13

Ob und inwieweit das Registergericht die Art- und Weise der (Mindest-)Angaben im Verschmelzungsvertrag, etwa die Angaben zu den Arbeitnehmern (§ 5 Abs. 1 Nr. 9), zu prüfen hat, wird unterschiedlich beurteilt.[34] **Nicht** zum Prüfungsumfang des Gerichtes gehören aber jedenfalls und rechtfertigen daher auch keine Zurückweisung der Eintragung die Individualinteressen der Anteilsinhaber, wie insbesondere die Angemessenheit des Umtauschverhältnisses.[35] 14

Einschränkungen des Prüfungsumfangs werden zudem aus § 398 FamFG abgeleitet.[36] 15
Mängel verschmelzungsrelevanter Beschlüsse führen danach nicht in jedem Falle dazu, dass

28) *Rieckers/Cloppenburg* in: BeckOGK-UmwG, § 19 Rz. 3; Henssler/Strohn-*Heidinger/Knaier*, GesR, § 19 UmwG Rz. 16; Widmann/Mayer-*Fronhöfer*, UmwR, § 19 UmwG Rz. 29.

29) S. dazu etwa OLG Naumburg, Beschl. v. 12.2.1997 – 10 Wx 1/97, GmbHR 1997, 1152, 1153 = NJW-RR 1998, 178; Henssler/Strohn-*Heidinger/Knaier*, GesR, § 19 UmwG Rz. 12; Semler/Stengel/Leonard-*Schwanna/Zessel*, UmwG, § 19 Rz. 4.

30) OLG Naumburg, Beschl. v. 12.2.1997 – 10 Wx 1/97, GmbHR 1997, 1152, 1153 f. = NJW-RR 1998, 178; *Rieckers/Cloppenburg* in: BeckOGK-UmwG, § 19 Rz. 8 ff.; Kallmeyer-*Zimmermann*, UmwG, § 19 Rz. 5; Lutter-*Decher*, UmwG, § 19 Rz. 4; Widmann/Mayer-*Fronhöfer*, UmwR, § 19 UmwG Rz. 16.

31) Henssler/Strohn-*Heidinger/Knaier*, GesR, § 19 UmwG Rz. 13.

32) Schmitt/Hörtnagl-*Winter*, UmwG/UmwStG, § 19 UmwG Rz. 20; Widmann/Mayer-Fronhöfer, UmwR, § 19 UmwG Rz. 22.

33) Schmitt/Hörtnagl-*Winter*, UmwG/UmwStG, § 19 UmwG Rz. 24; Widmann/Mayer-Fronhöfer, UmwR, § 19 UmwG Rz. 26.

34) Für eine Ablehnung mangels diesbezüglich „nachvollziehbarer Darstellung" das OLG Düsseldorf, Beschl. v. 15.5.1998 – 3 Wx 156/98, NJW-RR 1999, 188 = ZIP 1998, 1190; abl. dazu Henssler/Strohn-*Heidinger/Knaier*, GesR, § 19 UmwG Rz. 14; Schmitt/Hörtnagl-*Winter*, UmwG/UmwStG, § 19 UmwG Rz. 18.

35) *Rieckers/Cloppenburg* in: BeckOGK-UmwG, § 19 Rz. 9; Henssler/Strohn-*Heidinger/Knaier*, GesR, § 19 UmwG Rz. 15; Kallmeyer-*Zimmermann*, UmwG, § 19 Rz. 5; Lutter-*Decher*, UmwG, § 19 Rz. 5 f.; Schmitt/Hörtnagl-*Winter*, UmwG/UmwStG, § 19 UmwG Rz. 24.

36) *Rieckers/Cloppenburg* in: BeckOGK-UmwG, § 19 Rz. 9; Henssler/Strohn-*Heidinger/Knaier*, GesR, § 19 UmwG Rz. 15; Lutter-*Decher*, UmwG, § 19 Rz. 5.

deren Eintragung zu versagen wäre, sondern lediglich, wenn ihre Inhalte zwingende gesetzliche Vorschriften verletzen und ihre Beseitigung im öffentlichen Interesse ist. Zudem kann das Registergericht an Feststellungen des Prozessgerichts im Freigabeverfahren hinsichtlich etwaiger Beschlussmängel gebunden sein (siehe dazu § 16 Rz. 52 [*Hoefling*]).[37)]

16 Die positive Entscheidung des Registergerichts über Eintragungsanträge ergeht **durch Eintragung** in das jeweilige Register (§ 382 Abs. 1 Satz 1 FamFG). Mit der Aufnahme in das Register, nach der insoweit spezielleren Regelung des § 20 Abs. 1 der Eintragung in das Register des **übernehmenden** Rechtsträgers, werden die Eintragung und damit der einzutragende Vorgang der Verschmelzung **wirksam** (§ 382 Abs. 1 Satz 2 FamFG). Eine negative Entscheidung, bei Mängeln der Anmeldung oder des angemeldeten Verschmelzungsvorgangs, kann zunächst mittels einer **Zwischenverfügung** ergehen, wenn diese dem Registergericht behebbar erscheinen (§ 382 Abs. 4 Satz 1 FamFG). Eine solche kann ggf. mittels Beschwerde angegriffen werden (§ 382 Abs. 4 Satz 2 FamFG).[38)] Unterliegt die Verschmelzung dagegen einem nicht behebbaren Mangel oder kann ein behebbarer Mangel nicht fristgemäß behoben worden, so ist der Antrag auf Eintragung der Verschmelzung durch (begründeten) Beschluss des Registergerichtes zurückzuweisen (§§ 38 Abs. 3 Satz 1, 382 Abs. 3 FamFG). Auch gegen diese Entscheidung besteht das Rechtsmittel der Beschwerde, zunächst zum Oberlandesgericht (§ 58 FamFG) und in der Folgeinstanz der Rechtsbeschwerde zum BGH (§ 70 FamFG).[39)] Beschwerdeberechtigt ist nach § 59 Abs. 1 FamFG derjenige, der durch den ablehnenden Beschluss über das Eintragungsersuchen in seinen Rechten beeinträchtigt ist. Insofern erscheint es zutreffend, dass die Beschwerde namens des Rechtsträgers und nicht etwa des anmeldenden Organs zu erfolgen hat.[40)] Nicht anfechtbar ist dagegen die Eintragung (§ 383 Abs. 3 FamFG). Insoweit kommt allenfalls eine Amtslöschung nach § 395 FamFG bei unrichtiger Eintragung in Betracht, der aber durch § 20 Abs. 2 enge Grenzen gezogen sind.[41)]

III. Zusammenwirken der Registergerichte: Mitteilungspflichten (§ 19 Abs. 2)

17 § 19 Abs. 2 trifft Regelungen zum Austausch und Zusammenwirken der Registergerichte an den Sitzen der beteiligten Rechtsträger i. R. des Eintragungsverfahrens. Eine Mitteilungspflicht nach der (Vor-)Eintragung zum Register eines übertragenden Rechtsträgers ist dabei **nicht** vorgesehen.[42)] Daher kann sich die Frage stellen, wie das Register am Sitz des übernehmenden Rechtsträgers Kenntnis von dieser erlangt, um das Registerverfahren fortzuführen (siehe dazu schon oben Rz. 5). Regelmäßig ergeben sich daraus in der Praxis aber keine Probleme und findet ein Austausch der Gerichte auch ohne gesetzliche Anordnung statt.[43)] Wurde die Verschmelzung mit konstitutiver Wirkung auch im Register des über-

37) S. a. Lutter-*Decher*, UmwG, § 19 Rz. 7; Widmann/Mayer-*Fronhöfer*, UmwR, § 19 UmwG Rz. 19; *Limmer* in: Limmer, Hdb. Unternehmensumwandlung, Kap. 3, Rz. 664; *Bokelmann*, DB 1994, 1341, 1349.

38) Eingehend zu dieser *Krafka*, Registerrecht, Teil 7 Rz. 2434 ff.

39) Lutter-*Decher*, UmwG, § 19 Rz. 17; Bumiller/Harders/Schwamb-*Harders*, FamFG, § 382 Rz. 14.

40) So auch BGH, Beschl. v. 24.10.1988 – II ZB 7/88, BGHZ 105, 324 = NJW 1989, 295 – bzgl. Unternehmensvertrag; BayObLG, Beschl. v. 24.5.1989 – BReg 3 Z 20/89, ZIP 1989, 1122 = juris Rz. 10; a. A. zuvor offenbar BayObLG, Beschl. v. 22.10.1987 – BReg 3 Z 148/87, GmbHR 1988, 71 – zu Satzungsänderungen; s. dazu auch Schmitt/Hörtnagl-*Winter*, UmwG/UmwStG, § 19 UmwG Rz. 32; Semler/Stengel/Leonard-*Schwanna*/*Zessel*, UmwG, § 19 Rz. 12.

41) *Rieckers*/*Cloppenburg* in: BeckOGK-UmwG, § 19 Rz. 23; Kallmeyer-*Zimmermann*, UmwG, § 19 Rz. 13; vgl. auch OLG Düsseldorf, Beschl. v. 14.12.1998 – 3 Wx 483/98, NZG 1999, 176 = MittBayNot 1999, 308 – zur Ausgliederung. Zur Möglichkeit einstweiligen Rechtsschutzes s. Schmitt/Hörtnagl-*Winter*, UmwG/UmwStG, § 19 UmwG Rz. 31.

42) Henssler/Strohn-*Heidinger*/*Knaier*, GesR, § 19 UmwG Rz. 23.

43) So auch *Rieckers*/*Cloppenburg* in: BeckOGK-UmwG, § 19 Rz. 18; Lutter-*Decher*, UmwG, § 19 Rz. 13; weitergehend und für eine Mitteilungspflicht offenbar *Krafka*, Registerrecht, Teil 1 Rz. 1182.

nehmenden Rechtsträgers eingetragen, hat das betreffende Registergericht von Amts wegen dem/den Registergericht(en) des/r übertragenden Rechtsträger(s) den **Tag der Verschmelzung mitzuteilen** (§ 19 Abs. 2 Satz 1). Tag der Verschmelzung meint dabei nicht einen der Verschmelzungsstichtage, sondern den **Tag der Eintragung** in das Register des übernehmenden Rechtsträgers, der für das Wirksamwerden der Verschmelzung maßgeblich ist.[44]

Auf die Mitteilung des Tages der Verschmelzung hin **vermerken** die Register der übertragenden Rechtsträger diesen auf deren jeweiligem Registerblatt (§ 19 Abs. 2 Satz 2). Da die betreffenden Rechtsträger damit erloschen sind (§ 20 Abs. 1 Nr. 2 Satz 1), sind sie anschließend durch Rötung der Eintragungen und Durchkreuzen des Registerblattes aus dem Register zu streichen (§ 22 Abs. 1 HRV). Die vom jeweiligen Register des übertragenden Rechtsträgers im (elektronischen) Registerordner aufbewahrten **Dokumente** aus der gesamten Historie des übertragenden Rechtsträgers (wie z. B. die geänderten Fassungen der Grundlagenverträge, Registeranmeldungen und deren Anlagen sowie weitere Dokumente wie etwa Listen der Gesellschafter) sind sodann dem Gericht am Sitz des übernehmen Rechtsträgers zur weiteren Aufbewahrung zu übermitteln (§ 19 Abs. 2 Satz 2 Halbs. 2) und fortan über den elektronischen Registerorder des übernehmenden Rechtsträgers abrufbar. 18

IV. Bekanntmachung (§ 19 Abs. 3)

Sämtliche der nach § 19 bzgl. der Verschmelzung vorzunehmenden Eintragungen sind (von Amts wegen) nach § 10 HGB **bekannt zu machen.** Insofern hat der Gesetzgeber bewusst davon abgesehen, eine (vollständig) eigenständige Regelung zu treffen, sondern auf die handelsrechtliche Bekanntmachung verwiesen.[45] Dadurch sollte einerseits eine gleichwertige Publizität für Rechtsträger sichergestellt werden, die keine Handelsgesellschaften sind (eG, e. V.), und andererseits eine klare Regelungslage geschaffen werden.[46] 19

Die **Bekanntmachung der Verschmelzung** erfolgt demnach gemäß § 10 Abs. 1 HGB durch ihre **erstmalige Abrufbarkeit** aus dem elektronischen Informations- und Kommunikationssystem i. S. des § 9 HGB. Mit Inkrafttreten des DiRUG[47] zum 1.8.2022, durch das das bisherige gesonderte Bekanntmachungsportal (www.handelsregisterbekanntmachungen.de) und die Unterscheidung von Einstellung in das Handelsregister bzw. Abrufbarkeit aus diesem und der Bekanntmachung entfiel, konnte auch die bis dahin bestehende Vorgabe in § 19 Abs. 3 entfallen, die Eintragung der Verschmelzung sei „ihrem ganzen Inhalt nach bekanntzumachen".[48] Neben der Bekanntmachung der Eintragung ist diese den Beteiligten (den Rechtsträgern) (über den den Vorgang begleitenden Notar) formlos **mitzuteilen** (§ 383 Abs. 1 FamFG). Zudem sind die Gesellschaftsgläubiger mittels einer (aufgrund der vorgenannten Änderungen durch das DiRUG nunmehr gesonderten)[49] (Register-)Bekanntmachung i. S. des § 10 Abs. 3 HGB zur Eintragung der Verschmelzung auf ihr Recht, Sicherheitsleistung zu verlangen, hinzuweisen (§ 22 Abs. 1 Satz 3). 20

Für beteiligte Rechtsträger, die **nicht im Handelsregister eingetragen** sind (eGbR, eG, e. V.), gelten diese Grundsätze kraft der einheitlichen Anordnung des § 19 Abs. 3 und 21

44) Lutter-*Decher*, UmwG, § 19 Rz. 13.

45) Begr. Fraktionsentwurf UmwBerG, BT-Drucks. 12/6699, S. 91.

46) Begr. Fraktionsentwurf UmwBerG, BT-Drucks. 12/6699, S. 91.

47) Gesetz zur Umsetzung der Digitalisierungsrichtlinie (DiRUG), v. 5.7.2021, BGBl. I 2021, 3338.

48) Vgl. Begr. RegE DiRUG, BT-Drucks. 19/28177, S. 93, 158 f.; dazu auch Lutter-*Decher*, UmwG, § 19 Rz. 15 f.

49) S. Begr. RegE DiRUG, BT-Drucks. 19/28177, S. 159; Schmitt/Hörtnagl-*Winter*, UmwG/UmwStG, § 22 UmwG Rz. 2a.

den in den jeweiligen Gesetzen bestehenden Verweisnormen (§ 707b Nr. 2 BGB, § 156 GenG) grundsätzlich entsprechend.[50)]

V. Wirkungen der Bekanntmachung

22 Die in § 19 Abs. 3 angeordnete **Bekanntmachung der Eintragung** der Verschmelzung ist für deren Wirksamwerden nicht maßgeblich (vgl. § 20 Abs. 1), sondern hat nur verlautbarende Wirkung.[51)] Zu den Wirkungen der Eintragung siehe die Kommentierung zu § 20 Rz. 7 ff. [*Lubberich*]. Die Bekanntmachung ist jedoch Anknüpfungspunkt für verschiedene die Verschmelzung betreffende **Fristbestimmungen**:[52)]

- die Anmeldung eines Begehrens auf **Sicherheitsleistung** nach § 22 Abs. 1 Satz 1 binnen sechs Monaten ab Bekanntmachung;
- die **Verjährung** von auf die Verschmelzung gestützten Schadenersatzansprüchen gegen die Organe der beteiligten Rechtsträger nach fünf Jahren (§§ 25 Abs. 3, 27);
- die **Annahme** des Angebots auf Ausscheiden eines Anteilsinhabers gegen **Barabfindung** nach § 29 binnen zwei Monaten ab Bekanntmachung (§ 31 Satz 1);
- die Begrenzung der **(Nach-)Haftung** vormals persönlich haftender Gesellschafter bei Wegfall dieser Haftung durch die Verschmelzung auf fünf Jahre ab deren Bekanntmachung (§§ 39f Abs. 1, 42).

23 Inzwischen **nicht** mehr abhängig von der Bekanntmachung der Verschmelzung, sondern von deren Wirksamwerden (d. h. der Eintragung, § 20 Abs. 1), ist die dreimonatige Frist für die Einleitung des Spruchverfahrens (etwa zur Verbesserung des Umtauschverhältnisses, § 15) nach § 4 Abs. 1 Satz 1 Nr. 5 SpruchG.[53)]

VI. Kosten

24 Für jeden der beteiligten Rechtsträger fallen durch die Eintragung Kosten nach dem GNotKG an (zu den Kosten der Anmeldung siehe § 16 Rz. 24 f. [*Hoefling*]). Regelmäßig empfiehlt es sich daher, in den Verschmelzungsdokumenten eine **Regelung zur Kostentragung** zu treffen.[54)] Üblicherweise wird eine Kostentragung des übernehmenden Rechtsträgers vorgesehen, da Vermögensminderungen der übertragenden Rechtsträger letztendlich stets diesen treffen und etwaige Verpflichtungen des oder der übertragenden Rechtsträger(s) ohnehin im Wege der Gesamtrechtsnachfolge auf den übernehmenden Rechtsträger übergehen. Für die **Bekanntmachung** (d. h. die Abrufbarkeit nach § 10 Abs. 1 HGB) fallen keine gesonderten Gebühren an.[55)]

---

50) So i. Erg auch Henssler/Strohn-*Heidinger*/*Knaier*, GesR, § 19 UmwG Rz. 26; Widmann/Mayer-*Fronhöfer*, UmwR, § 19 UmwG Rz. 63; krit. zur Gesetzeslage Schmitt/Hörtnagl-*Winter*, UmwG/UmwStG, § 19 UmwG Rz. 35. Zur entsprechenden Rechtslage beim Verein (Bekanntmachung durch Abrufbarkeit) s. Begr. RegE DiRUG, BT-Drucks. 19/28177, S. 148 f., sowie *Schöpflin* in: BeckOK-BGB, § 66 Rz. 2.

51) Kallmeyer-*Zimmermann*, UmwG, § 19 Rz. 17; Schmitt/Hörtnagl-*Winter*, UmwG/UmwStG, § 19 UmwG Rz. 34.

52) Vgl. auch die Übersichten bei Semler/Stengel/Leonard-*Schwanna*/*Zessel*, UmwG, § 19 Rz. 19; Widmann/Mayer-*Fronhöfer*, UmwR, § 19 UmwG Rz. 67.

53) Geändert durch das UmRUG mit Wirkung zum 1.3.2023, Begr. RegE UmRUG, BT-Drucks. 20/3822, S. 125. Vgl. auch *Drescher* in: BeckOGK-SpruchG, § 4 Rz. 5.

54) S. etwa *Beckhaus* in: BeckFormB BHW, XI. 1., § 5; *Kraus* in: Engl/Fox/Traßl, FormB Umwandlungen, A.1.1, Ziff. 4.

55) Nr. 31004 KV GNotKG, vgl. Korintenberg-*Klüsener*, GNotKG, KV 31004 Rz. 3.

Die Kosten ergeben sich auf Grundlage des § 58 Abs. 1 GNotKG aus der HRegGebV[56] bzw. dem **Gebührenverzeichnis** in der Anlage zu deren § 1 und sind abhängig von der Rechtsform des jeweiligen Rechtsträgers. Da es sich insoweit um Festgebühren handelt, sind diese nicht abhängig vom Geschäftswert der Verschmelzung.[57] Für eGbR, Personenhandelsgesellschaften und PartG fallen nach Nr. 1400/1401 GV HRegGebV Kosten i. H. von 270 € für Kapitalgesellschaften nach Nr. 2402/2403 GV HRegGebV Kosten i. H. von 360 € an. Eintragungen im Genossenschaftsregister lösen nach Nr. 3400/3401 GV HRegGebV Kosten i. H. von 450 € aus. Für die Ersteintragung eines Rechtsträgers im Falle einer Verschmelzung durch Neugründung sind die Gebührentatbestände der Nr. 1103–1105, 2104–2016, 3101 GV HRegGebV maßgeblich. Der Vermerk im Register der übertragenden Rechtsträger über den Eintritt der Wirksamkeit der Verschmelzung (siehe oben Rz. 18) löst nach den Nr. 1401, 2403, 3401 GV HRegGebV keine (weitere) Gebühr aus. 25

Nicht in den Anwendungsbereich der HRegGebV fallen Eintragungen im **Vereinsregister.**[58] Die durch sie verursachten Kosten bestimmen sich nach dem Kostenverzeichnis in Anlage 1 des GNotKG und betragen gemäß Nr. 13101 KV GNotKG (jeweils) 50 € (im Falle der Verschmelzung durch Neugründung nach Nr. 13100 KV GNotKG 75 €). 26

Weitere Kosten können sich daraus ergeben, dass im Zuge der Verschmelzung **Grundeigentum** übergeht und das Grundbuch dementsprechend zu berichtigen ist.[59] Eine solche Grundbuchberichtigung löst nach Nr. 14110 KV GNotKG eine 1,0-Gebühr aus, welche nach § 46 GNotKG grundsätzlich anhand des Verkehrswertes des Grundstücks zu berechnen ist.[60] Zusatzkosten können auch durch die Beteiligung eines übertragenden Rechtsträgers an registerpflichtigen Gesellschaften bzw. des universalsukzessionsbedingten Übergangs der betreffenden Beteiligung auf den übernehmenden Rechtsträger entstehen: Gehören zum übergehenden Vermögen **Geschäftsanteile einer GmbH**, ist nach Wirksamwerden der Verschmelzung eine **neue Gesellschafterliste** (unter Aufnahme des übernehmenden Rechtsträgers als neuem Gesellschafter) zum Register einzureichen (§ 40 Abs. 1 Satz 1 GmbHG), was gerichtliche (Nr. 5002 GV HRegGebV) und notarielle Kosten bzw. Gebühren (0,5 Vollzugsgebühr nach Nr. 22110 KV GNotKG und 0,3 Betreuungsgebühr nach Nr. 22200 KV GNotKG) auslösen kann.[61] Geht eine Beteiligung an einer registerfähigen/-pflichtigen Personengesellschaft (eGbR, oHG, KG) über, ist diese Änderung in deren Gesellschafterbestand ebenfalls anmeldepflichtig (§ 707 Abs. 3 Satz 2 BGB bzw. § 106 Abs. 6 HGB). 27

Rechtsbehelf gegen die gerichtliche Kostenfestsetzung ist nach § 81 Abs. 1 GNotKG die Erinnerung, über die das die Kosten ansetzende (Amts-)Gericht entscheidet, bei Nichtabhilfe die Beschwerde zum Oberlandesgericht (§ 81 Abs. 2, 3 GNotKG).[62] 28

56) Verordnung über Gebühren in Handels-, Genossenschafts-, Gesellschafts- und Partnerschaftsregistersachen, v. 30.9.2004, BGBl. I 2004, 2562.

57) Kallmeyer-*Zimmermann*, UmwG, § 19 Rz. 18; Schmitt/Hörtnagl-*Winter*, UmwG/UmwStG, § 19 UmwG Rz. 43.

58) Bohrmann/Diehn/Sommerfeldt-*Sommerfeldt*, GNotKG, § 58 Rz. 11.

59) Bormann/Diehn/Sommerfeldt-*Gutfried*, GNotKG, KV 14110 Rz. 5 f.; Widmann/Mayer-*Fronhöfer*, UmwR, § 2 UmwG Rz. 119 ff.; ausf. zur Grundbuchberichtigung in Umwandlungsfällen *Böhringer*, BWNotZ 2016, 154.

60) Kallmeyer-*Zimmermann*, UmwG, § 19 Rz. 19; *Böhringer*, BWNotZ 2016, 154, 164.

61) Vgl. Kallmeyer-*Zimmermann*, UmwG, § 19 Rz. 19; *Wicke*, GmbHG, § 40 Rz. 17c. Zur Vollzugsgebühr für die Erstellung einer Gesellschafterliste s. a. BGH, Beschl. v. 4.6.2019 – II ZB 16/18, NJW-RR 2019, 1002, 1003 = NZG 2019, 995 – zur GmbH-Gründung.

62) Semler/Stengel/Leonard-*Schwanna*/*Zessel*, UmwG, § 19 Rz. 16.

§ 20
Wirkungen der Eintragung

(1) Die Eintragung der Verschmelzung in das Register des Sitzes des übernehmenden Rechtsträgers hat folgende Wirkungen:

1. **Das Vermögen der übertragenden Rechtsträger geht einschließlich der Verbindlichkeiten auf den übernehmenden Rechtsträger über.**
2. **Die übertragenden Rechtsträger erlöschen. Einer besonderen Löschung bedarf es nicht.**
3. **Die Anteilsinhaber der übertragenden Rechtsträger werden Anteilsinhaber des übernehmenden Rechtsträgers; dies gilt nicht, soweit der übernehmende Rechtsträger oder ein Dritter, der im eigenen Namen, jedoch für Rechnung dieses Rechtsträgers handelt, Anteilsinhaber des übertragenden Rechtsträgers ist oder der übertragende Rechtsträger eigene Anteile innehat oder ein Dritter, der im eigenen Namen, jedoch für Rechnung dieses Rechtsträgers handelt, dessen Anteilsinhaber ist. Rechte Dritter an den Anteilen oder Mitgliedschaften der übertragenden Rechtsträger bestehen an den an ihre Stelle tretenden Anteilen oder Mitgliedschaften des übernehmenden Rechtsträgers weiter.**
4. **Der Mangel der notariellen Beurkundung des Verschmelzungsvertrags und gegebenenfalls erforderlicher Zustimmungs- oder Verzichtserklärungen einzelner Anteilsinhaber wird geheilt.**

(2) Mängel der Verschmelzung lassen die Wirkungen der Eintragung nach Absatz 1 unberührt.

Literatur: *Bärwaldt/Schabacker*, Wirksamkeitserfordernisse grenzüberschreitender Unternehmensverträge i. S. d. § 291 AktG, AG 1998, 182; *Bayer*, Herrschaftsveränderungen im Vertragskonzern, ZGR 1993, 599; *Beuthien/Helios*, Die Umwandlung als transaktionslose Rechtsträgertransformation – Zur Neuordnung des Umwandlungsrechts, NZG 2006, 369; *Bremer*, Öffentlich-rechtliche Rechtspositionen im Rahmen von Spaltungen nach dem Umwandlungsgesetz, GmbHR 2000, 865; *Brock*, Nationale Grenzen einer nach ausländischem Verschmelzungsrecht angeordneten Gesamtrechtsnachfolge, BB 2020, 2380; *Bungert*, Grenzüberschreitendes Umwandlungsrecht: Gesamtrechtsnachfolge für im Ausland belegene Immobilien bei Verschmelzung deutscher Gesellschaften, in: Festschrift für Andreas Heldrich, 2005, S. 527; *Burg/Marx*, Vinkulierungen und Konsortialverträge in Umwandlungsfällen, NZG 2013, 127; *Burgard/Schneider*, Der Übergang öffentlich-rechtlicher Rechtspositionen bei Umwandlungsvorgängen Zugleich ein Beitrag zur Frage der Höchstpersönlichkeit, ZIP 2025, 923; *Dreyer*, Rechtsnachfolge in höchstpersönliche Rechte von Verbänden, JZ 2007, 606; *Fisch*, Der Übergang ausländischen Vermögens bei Verschmelzungen und Spaltungen – Eine Analyse aus Sicht der Praxis, NZG 2016, 448; *Gaiser*, Die Umwandlung und ihre Auswirkungen auf personenbezogene öffentlich-rechtliche Erlaubnisse – Ein unlösbarer Konflikt zwischen Umwandlungsrecht und Gewerberecht?, DB 2000, 361; *Ganske*, Reform des Umwandlungsrechts, WM 1993, 1117; *Gelhausen/Heinz*, Handelsrechtliche Zweifelsfragen der Abwicklung von Ergebnisabführungsverträgen in Umwandlungsfällen, NZG 2005, 775; *Grunewald*, Auslegung von Unternehmens- und Umwandlungsverträgen, ZGR 2009, 647; *Hahn*, Grenzen der Gesamtrechtsnachfolge bei Verschmelzungen nach dem Umwandlungsgesetz, Leipzig 2012 (Diss.) (zit.: Grenzen der Gesamtrechtsnachfolge); *Haßler*, Anwendbarkeit von § 93 Abs. 4 Satz 3 AktG im Rahmen der Verschmelzung zweier Aktiengesellschaften, AG 2016, 388; *Heckschen*, (Gesamtrechts-)Nachfolge in öffentlich-rechtliche Positionen, RFamU 2025, 51; *Heckschen*, Die umwandlungsrechtliche Universalsukzession und ihre haftungsrechtliche Kompensation, GmbHR 2017, 953; *Heckschen*, Öffentlich-rechtliche Rechtspositionen im Rahmen von Umwandlungen, ZIP 2014, 1605; *Heckschen*, Inhalt und Umfang der Gesamtrechtsnachfolge

– sog. Vertrauensstellungen und Mitgliedschaften, GmbHR 2014, 626; *Heckschen/Michel*, Bedeutung der (partiellen) Gesamtrechtsnachfolge beim Übergang von öffentlich-rechtlichen Personalerlaubnissen: Zugleich Besprechung von VGH Baden-Württemberg v. 9.4.2025 – 6 S 460/24, GmbHR 2025, 959; *Heppe*, Zu den Mitteilungspflichten nach § 21 WpHG im Rahmen der Umwandlung von Gesellschaften, WM 2002, 60; *Horn/Olgemöller*, Zu den Auswirkungen einer Verschmelzung auf die Halterangaben und den Fahrzeugwert, NZG 2020, 1021; *Kallmeyer*, Die Reform des Umwandlungsrechts, DB 1993, 367; *Klein/Theusinger*, Beteiligungstransparenz ohne Beteiligungsrelevanz? Mitteilungspflichten bei Umfirmierungen und Umwandlungsmaßnahmen, NZG 2009, 250; *Kollmorgen/Feldhaus*, Probleme der Übertragung von Vermögen mit Auslandsbezug nach dem Umwandlungsgesetz, BB 2007, 2189; *Krieger*, Der Konzern in Fusion und Umwandlung, ZGR 1990, 517; *Kusserow/Prüm*, Die Gesamtrechtsnachfolge bei Umwandlungen mit Auslandsbezug, WM 2005, 633; *Lieder*, Eigene Geschäftsanteile im Umwandlungsrecht, GmbHR 2014, 232; *Lieder/Koch*, Umwandlungsrechtliche Gesamtrechtsnachfolge in öffentlich-rechtliche Positionen Grundlagen – Handlungsbedarf – Regelungsvorschlag, GmbHR 2022, 389; *Lieder/Scholz*, Vinkulierte Forderungen und Gesellschaftsanteile in der umwandlungsrechtlichen Universalsukzession, ZIP 2015, 1705; *Löbbe*, Konzernverantwortung und Umwandlungsrecht – Vermeidung von Verantwortlichkeit am Beispiel des Kartellordnungswidrigkeitenrechts, ZHR 177 (2013), 518; *Mertens*, Zur Universalsukzession in einem neuen Umwandlungsrecht, AG 1994, 66; *Meschke*, MVZ-Trägergesellschaften – Veränderungen auf Gesellschafter- und Trägerebene, MedR 2009, 269; *Müller, K. J.*, Auswirkungen von Umstrukturierungen nach dem Umwandlungsgesetz auf Beherrschungs- und Gewinnabführungsverträge, BB 2002, 157; *Mutter/Stehle*, Vertragsangebote in der Verschmelzung, GmbHR 2003, 290; *Naraschewski*, Verschmelzung im Konzern: Ausgleichs- und Abfindungsansprüche außenstehender Aktionäre bei Erlöschen eines Unternehmensvertrages, DB 1997, 1653; *Pfrang/Geyer*, Weitergeltung einer Arbeitnehmerüberlassungserlaubnis bei der umwandlungsrechtlichen Verschmelzung, ZAU 2025, 65; *Priester*, Herrschaftswechsel beim Unternehmensvertrag, ZIP 1992, 293; *Racky*, Die Behandlung von im Ausland belegenen Gesellschaftsvermögen bei Verschmelzungen, DB 2003, 923; *Rehborn*, Beendigung Medizinischer Versorgungszentren, MedR 2010, 290; *Reithmann*, Formerfordernisse bei Verträgen über Beteiligungen an ausländischen Gesellschaften und über Grundstücke im Ausland, NZG 2005, 873; *Reuther*, Keine unerlaubte Nutzungsüberlassung an Dritte bei identitätswahrendem Rechtsformwechsel einer GbR, GWR 2011, 334; *Rieble*, Verschmelzung und Spaltung von Unternehmen und ihre Folgen für Schuldverhältnisse mit Dritten, ZIP 1997, 301; *Riegger*, Zum Schicksal von Beteiligungen an Drittgesellschaften bei Verschmelzungen, in: Festschrift für Gerold Bezzenberger, 2000, S. 379; *Rosner*, Ausstehende Einlagen nach Verschmelzung von Aktiengesellschaften, AG 2011, 5; *Schmidt, K.*, Universalsukzession kraft Rechtsgeschäfts, AcP 191 (1991), 495; *Schniepp/Hensel*, Probleme mit der Chain of Title – Die Verschmelzung der Ziel-GmbH als Königs- oder Holzweg?, NZG 2014, 857; *Schubert*, Verschmelzung: Ausgleichs- und Abfindungsansprüche außenstehender Aktionäre bei vorhergehendem Unternehmensvertrag, DB 1998, 761; *Schwab*, Abfindungsanspruch außenstehender Aktionäre bei Beendigung des Unternehmensvertrags durch Verschmelzung, BB 2000, 527; *Vossius*, Unternehmensvertrag und Umwandlung, in: Festschrift für Siegfried Widmann, 2000, S. 133; *Westermann/Hornung*, Die „Anteilswegverschmelzung" bei unklaren Gesellschafterverhältnissen, GmbHR 2017, 626; *Wicke*, Der Grundsatz der Anteilsgewährung bei der Verschmelzung und seine Ausnahmen, ZGR 2017, 527; *Widder*, Kapitalmarktrechtliche Beteiligungstransparenz und Gesamtrechtsnachfolge, BB 2005, 1979; *Winter*, Die Rechtsstellung des stillen Gesellschafters in der Verschmelzung des Geschäftsinhabers, in: Festschrift für Martin Peltzer, 2001, S. 645; *Winter/Marx*, „Grenzüberschreitende" Organschaft mit zugezogenen EU-/EWR-Gesellschaften – Neue Gestaltungsmöglichkeiten aufgrund des BMF-Schreibens vom 28.3.2011, DStR 2011, 1101.

Übersicht

I. Allgemeines

1. Normzweck

1 Die Vorschrift ist die **zentrale Rechtsfolgennorm des Verschmelzungsrechts**. Sie regelt die Wirkungen der Eintragung der Verschmelzung in das zuständige Handelsregister. Der wichtigste Regelungsinhalt ist die **Gesamtrechtsnachfolge**, als parteiautonom gestalteter gesetzlicher **Vermögensübergang** vom übertragenden auf den übernehmenden Rechtsträger, ohne dass es einzelner Übertragungsakte bedürfte (siehe zum Ganzen, insbesondere zum Hintergrund dieses „Herzstücks"[1] des Umwandlungsrechts auch Einl. Rz. 70 [*Stiegler*]).

2 Ihre Rolle und Funktion **entspricht § 131** (Wirkungen der Eintragung) innerhalb des Verschmelzungsrechts. Sie geht auf die Verschmelzungsrichtlinie[2] zurück. Die Kernelemente der Regelung sind die im Folgenden genannten Rechtsfolgen:

- **Gesamtrechtsnachfolge (Universalsukzession)** von dem übertragenden auf den übernehmenden Rechtsträger (§ 20 Abs. 1 Nr. 1);
- **Erlöschen** des übertragenden Rechtsträgers (§ 20 Abs. 1 Nr. 2);
- **automatischer Erwerb** von Anteilen am übernehmenden Rechtsträger (§ 20 Abs. 1 Nr. 3);
- **Mängelheilung** (§ 20 Abs. 1 Nr. 4, Abs. 2).[3]

---

1) So i. Erg. bereits *K. Schmidt*, AcP 191 (1991), 495 – zur Verschmelzung; *Leuering* in: KölnKomm-UmwG, § 2 Rz. 32.

2) Richtlinie 2011/35/EU des Europäischen Parlaments und des Rates v. 5.4.2011 über die Verschmelzung von Aktiengesellschaften (Verschmelzungsrichtlinie), ABl. (EU) L 110/1 v. 29.4.2011.

3) Eine Norm, welche die Zuteilung vergessener Vermögensgegenstände entsprechend § 131 Abs. 3 regeln würde, gibt es im Verschmelzungsrecht nicht, da einzelne Vermögensgegenstände nicht von der Verschmelzung ausgenommen werden können.

§ 20 gilt für Verschmelzungen zur Aufnahme sowie zur Neugründung (§ 36 Abs. 1 Satz 1) und für alle verschmelzungsfähigen Rechtsformen.[4)] 3

2. Entstehungsgeschichte

In ihrer jetzigen rechtsformunabhängigen Reichweite hat die Vorschrift ihre Fassung durch das UmwG 1994 erhalten.[5)] Weitere Vorgängernormen waren in der Regel rechtsformspezifisch, § 25 KapErhG, § 5 UmwG 1969,[6)] §§ 346, 352a AktG a. F., §§ 93e, 93h GenG; § 44a Abs. 3 VAG.[7)] Die Verschmelzungsrichtlinien[8)] mussten die Vorschrift nicht weiter reformieren, da sie bereits über das Niveau des Richtlinienrechts hinausging.[9)] 4

II. Eintragung als Tatbestandsvoraussetzung (§ 20 Abs. 1 Halbs. 1)

Aus § 19 Abs. 1 Satz 1 i. V. m. Satz 2 ist zu lesen, dass Verschmelzungen mit Eintragung der Maßnahme in das Handelsregister des **übernehmenden Rechtsträgers** wirksam werden. Die Rechtsfolgen des § 20 treten mit dieser letztgenannten Eintragung ein.[10)] Die Regelung dient dabei der **Rechtssicherheit**; zur Vermeidung von Zweifeln spielt es auch keine Rolle, ob die Eintragung nach § 19 Abs. 1 Satz 1 erfolgt ist, mithin, ob die Verschmelzung zuvor in das Handelsregister am Sitz des **übertragenden Rechtsträgers** eingetragen wurde; insoweit tritt Heilung nach § 20 Abs. 2 ein.[11)] 5

Die Anknüpfung der Rechtsfolgen des § 20 an den Zeitpunkt der Eintragung im Handelsregister am **Sitz des übertragenden Rechtsträgers** ist unabdingbar. Abweichende Vereinbarungen sind unwirksam. Lediglich schuldrechtlich (im Innenverhältnis) könnte ein abweichender Zeitpunkt vereinbart werden.[12)] Derartige Vereinbarungen wären als **Vereinbarung eines Verschmelzungsstichtags** auszulegen.[13)] Der von den Parteien vorgesehene Zeitpunkt ist gemäß § 5 Abs. 1 Nr. 6 im Verschmelzungsvertrag festzulegen; steuerlich wird ein in der Vergangenheit liegender Stichtag dann anerkannt, wenn die Verschmelzung binnen 6

4) *Kogge* in: MünchHdb. GesR, Bd. 8, § 13 Rz. 9; Semler/Stengel/Leonard-*Leonard/Simon*, UmwG, § 20 Rz. 3; *Schulte* in: NK-UmwG, § 20 Rz. 1.

5) Gesetz zur Bereinigung des Umwandlungsrechts (UmwBerG), v. 28.10.1994, BGBl. I 1994, 3210.

6) Gesetz zur Neufassung des Umwandlungsgesetzes, v. 6.11.1969, BGBl. I 1969, 2081.

7) Semler/Stengel/Leonard-*Leonard/Simon*, UmwG, § 20 Rz. 3; Schmitt/Hörtnagl-*Winter*, UmwG/UmwStG, § 20 UmwG Rz. 1.

8) Richtlinie 2005/56/EG des Europäischen Parlaments und des Rates v. 26.10.2005 über die Verschmelzung von Kapitalgesellschaften aus verschiedenen Mitgliedstaaten (Verschmelzungsrichtlinie [grenzüberschreitend]), ABl. (EG) L 310/1 v. 25.11.2005, und Richtlinie 2011/35/EU des Europäischen Parlaments und des Rates v. 5.4.2011 über die Verschmelzung von Aktiengesellschaften (Verschmelzungsrichtlinie), ABl. (EU) L 110/1 v. 29.4.2011.

9) Semler/Stengel/Leonard-*Leonard/Simon*, UmwG, § 20 Rz. 4; *Kogge* in: MünchHdb. GesR, Bd. 8, § 13 Rz. 9.

10) Anders verhält es sich beim Fristbeginn für die Anmeldung von Gläubigeransprüchen nach § 25 Abs. 3 oder die Annahme von Abfindungsangeboten nach § 31 Satz 1. Hierfür kommt es auf den Bekanntmachungszeitpunkt der Eintragung an, *Kogge* in: MünchHdb. GesR, Bd. 8, § 13 Rz. 10.

11) Semler/Stengel/Leonard-*Leonard/Simon*, UmwG, § 20 Rz. 7; *Kogge* in: MünchHdb. GesR, Bd. 8, § 13 Rz. 11; Kallmeyer-*Oppenhoff*, UmwG, § 20 Rz. 3; Lutter-*Grunewald*, UmwG, § 20 Rz. 3; *Schulte* in: NK-UmwG, § 20 Rz. 2.

12) *Kogge* in: MünchHdb. GesR, Bd. 8, § 13 Rz. 12; Semler/Stengel/Leonard-*Leonard/Simon*, UmwG, § 20 Rz. 6; Lutter-*Grunewald*, UmwG, § 20 Rz. 4; Schmitt/Hörtnagl-*Winter*, UmwG/UmwStG, § 20 UmwG Rz. 3; Kallmeyer-*Oppenhoff*, UmwG, § 20 Rz. 3.

13) Semler/Stengel/Leonard-*Leonard/Simon*, UmwG, § 20 Rz. 6; *Kogge* in: MünchHdb. GesR, Bd. 8, § 13 Rz. 12; Lutter-*Grunewald*, UmwG, § 20 Rz. 4; Schmitt/Hörtnagl-*Winter*, UmwG/UmwStG, § 20 UmwG Rz. 3; *Rieckers/Cloppenburg* in: BeckOGK-UmwG, § 20 Rz. 4; a. A. bei Widmann/Mayer-*Vossius*, UmwR, § 20 UmwG Rz. 17 f., der hierin den Abschluss eines Ergebnisabführungsvertrags i. S. des § 291 Abs. 1 Sätze 1, 2 AktG sieht.

acht Monaten nach diesem Verschmelzungsstichtag am Sitz des übernehmenden Rechtsträgers angemeldet wird, § 20 Abs. 6 Satz 1 UmwStG, der mit § 17 Abs. 2 korreliert.[14]

III. Vermögensübergang (§ 20 Abs. 1 Nr. 1)

7 Durch die Eintragung der Verschmelzung in das Handelsregister am Sitz des übernehmenden Rechtsträgers tritt **Gesamtrechtsnachfolge** ein.[15] Es geht das Vermögen des übertragenden Rechtsträgers **als Ganzes** auf den übernehmenden Rechtsträger über, § 2 (näher in Grundzügen siehe § 2 Rz. 19 [*Berjasevic*] und § 4 Rz. 37 ff. [*Redenius-Hövermann/Laufersweiler*]). Der übernehmende Rechtsträger hat die Vermögensgegenstände in seine Bilanz aufzunehmen (zum hierbei bestehenden handelsbilanziellen Bewertungswahlrecht vgl. § 24 Rz. 2 ff. [*Lubberich*]). Der Rechtsübergang vollzieht sich dabei **automatisch**. Es ist nicht relevant, ob die einzelnen übertragenen Vermögensgegenstände oder Verbindlichkeiten bilanziell erfasst, bekannt oder unbekannt waren.[16]

8 Übertragende Rechtsakte sind nicht erforderlich. Ein **Ausschluss einzelner Vermögensgegenstände** von den Wirkungen der Verschmelzung ist nicht möglich. Entweder sind Gegenstände, deren Übertragung auf den übernehmenden Rechtsträger nicht gewünscht ist, entsprechend auszusondern, indem sie noch vor der Wirksamkeit der Verschmelzung wirksam **an Dritte** übertragen werden oder es ist eine schuldrechtliche Vereinbarung mit Blick auf deren Übertragung zu treffen (die hieraus erwachsenden Verpflichtungen würden dann im Wege der Gesamtrechtsnachfolge übergehen).[17] Soweit ein gesetzlicher Übergang von nur bestimmten Vermögensteilen gewünscht ist, wäre auf die Spaltungsarten zurückzugreifen.

9 Wie auch i. R. von **§ 131** (siehe § 131 Rz. 7 und 16 [*Lubberich*]) kommt ein gutgläubiger Erwerb bei der Gesamtrechtsnachfolge nicht in Betracht; es fehlt am **Gutglaubenstatbestand**;[18] es würde anderenfalls auch zu einer **nicht gerechtfertigten Bereicherung** der Anteilseigner des übertragenden Rechtsträgers kommen.[19]

1. Grenzen

10 Die Anordnung der Gesamtrechtsnachfolge in § 20 Abs. 1 Nr. 1 ist umfassend zu verstehen. **Höchstpersönliche Rechte und Pflichten** bleiben allerdings von der Übertragbarkeit durch Gesamtrechtsnachfolge ausgeschlossen.[20]

---

14) Semler/Stengel/Leonard-*Leonard/Simon*, UmwG, § 20 Rz. 6; *Kogge* in: MünchHdb. GesR, Bd. 8, § 13 Rz. 12.

15) Abw. *Beuthien/Helios*, NZG 2006, 369, 371, die nicht von einem Verkehrsgeschäft ausgehen, sondern vielmehr in der Umwandlung eine transaktionslose, identitätswahrende Rechtsträgertransformation zur Schaffung eines personalen Überleitungstatbestands sehen.

16) *Schulte* in: NK-UmwG, § 20 Rz. 3; Semler/Stengel/Leonard-*Leonard/Simon*, UmwG, § 20 Rz. 8; *Kogge* in: MünchHdb. GesR, Bd. 8, § 13 Rz. 13; Kallmeyer-*Oppenhoff*, UmwG, § 20 Rz. 4; Schmitt/Hörtnagl-*Winter*, UmwG/UmwStG, § 20 UmwG Rz. 27; *Heckschen*, GmbHR 2014, 626.

17) *Schulte* in: NK-UmwG, § 20 Rz. 5; Semler/Stengel/Leonard-*Leonard/Simon*, UmwG, § 20 Rz. 8; Lutter-*Grunewald*, UmwG, § 20 Rz. 8; Henssler/Strohn-*Heidinger/Knaier*, GesR, § 20 UmwG Rz. 7.

18) Semler/Stengel/Leonard-*Leonard/Simon*, UmwG, § 20 Rz. 9; *Kogge* in: MünchHdb. GesR, Bd. 8, § 13 Rz. 13; *Schulte* in: NK-UmwG, § 20 Rz. 6; *Rieckers/Cloppenburg* in: BeckOGK-UmwG, § 20 Rz. 13; Lutter-*Grunewald*, UmwG, § 20 Rz. 9; Schmitt/Hörtnagl-*Winter*, UmwG/UmwStG, § 20 UmwG Rz. 32; *Hahn*, Grenzen der Gesamtrechtsnachfolge, S. 70 ff.

19) Semler/Stengel/Leonard-*Leonard/Simon*, UmwG, § 20 Rz. 9; Lutter-*Grunewald*, UmwG, § 20 Rz. 9.

20) Begr. RegE 2. UmwGÄndG z. § 132 UmwG (betr. Streichung der Vorschrift), BT-Drucks. 16/2919, S. 19; BGH, Urt. v. 21.2.2014 – V ZR 164/13, BGHZ 200, 221 = AG 2014, 399; *Heckschen*, GmbHR 2014, 626, 628; Schmitt/Hörtnagl-*Winter*, UmwG/UmwStG, § 20 UmwG Rz. 84; *Kogge* in: MünchHdb. GesR, Bd. 8, § 13 Rz. 14; zur Konstruktion von höchstpersönlichen Rechtsverhältnissen vgl. *Mertens*, Umwandlung und Universalsukzession, S. 153 ff.

2. Einzelfälle

Ob sich im konkreten Fall in der Praxis **Übertragungshindernisse** ergeben, kann in Fallgruppen betrachtet werden. 11

a) Auslandsvermögen

Da die Gesamtrechtsnachfolge **umfassend** gilt, ist der **Standort** der betroffenen Vermögensgegenstände für deren Übergang in Ermangelung abweichender gesetzlicher Anordnung **nicht ausschlaggebend**. Das bedeutet, dass grundsätzlich auch **im Ausland befindliche** Vermögensgegenstände von dem übertragenden Rechtsträger auf den übernehmenden Rechtsträger übergehen.[21] Allerdings ist zu prüfen, ob sich **Besonderheiten aus dem am Ort der Sache** maßgeblichen Recht **(lex rei sitae)**[22] ergeben. 12

Nach einer in der Literatur vertretenen Ansicht müsse zunächst geprüft werden, ob die fremde Rechtsordnung die **Gesamtrechtsnachfolge** kennt. Sei dies nicht der Fall, genieße das Recht des **Belegenheitsortes** Vorrang.[23] Im Ergebnis wäre dann in solchen Fällen eine **Einzelrechtsübertragung** nach den anwendbaren Vorschriften durchzuführen. Innerhalb der **Mitgliedstaaten der EU** dürften derartige Fälle indes nicht gegeben sein, da diese sich in der Verschmelzungsrichtlinie zur **Anerkennung** der Gesamtrechtsnachfolge verpflichtet haben.[24] 13

Die vereinzelt vertretene entgegengesetzte Ansicht bringt vor, dass das deutsche UmwG **in jedem Falle Vorrang** genieße und es mithin auf eine abweichende Rechtslage nach dem Sachrecht des Belegenheitsortes nicht ankommen könne.[25] Für diese Sichtweise spricht, dass das Gesellschaftsstatut das anwendbare Recht für gesellschaftsrechtlich relevante Vorgänge **umfassend** regelt.[26] So wird im Ergebnis als dogmatisch richtig anerkannt, dass das internationale Privatrecht für das Gesellschaftsrecht die **zwingende Anerkennung** der Gesamtrechtsnachfolge auch durch die betreffenden ausländischen Staaten gebietet.[27] Die letztgenannte Sicht scheint dogmatisch gut begründbar zu sein. Allerdings ist in der Praxis zu beachten, dass Besonderheiten, die das Sachrecht des Belegenheitsortes mit sich bringen, ggf. zu beachten sind.[28] Knüpft die lex rei sitae die Übertragung nämlich bspw. an besondere **Bedingungen oder Förmlichkeiten**, ohne deren Erfüllung die Vermögensübertragung nicht vollzogen werden kann, so wäre sie ohne diese nicht durchsetzbar und damit **nicht praktikabel**.[29] Zumindest also in den Ländern, in denen Rechtsvorschriften gelten, die 14

---

21) Widmann/Mayer-*Vossius*, UmwR, § 20 UmwG Rz. 33 ff.; Semler/Stengel/Leonard-*Leonard/Simon*, UmwG, § 20 Rz. 10; Lutter-*Grunewald*, UmwG, § 20 Rz. 10; Kallmeyer-*Oppenhoff*, UmwG, § 20 Rz. 5; *Erkens* in: KölnKomm-UmwG, § 20 Rz. 35c; Schmitt/Hörtnagl-*Winter*, UmwG/UmwStG, § 20 UmwG Rz. 33; *Kogge* in: MünchHdb. GesR, Bd. 8, § 13 Rz. 130; *Bungert* in: FS Heldrich, S. 528; *Brock*, BB 2020, 2380, 2383; *Fisch*, NZG 2016, 448, 449 ff.; *Kollmorgen/Feldhaus*, BB 2007, 2189, 2190 ff.; *Kusserow/Prüm*, WM 2005, 633, 634 ff.; *Racky*, DB 2003, 923, 923 f.; *Reithmann*, NZG 2005, 873, 873.

22) Vgl. Art. 43 Abs. 1 EGBGB für Einzelübertragungen.

23) Semler/Stengel/Leonard-*Leonard/Simon*, § 20 Rz. 10; *Racky*, DB 2003, 923, 927.

24) Vgl. Art. 105 Abs. 1 lit. a der Richtlinie (EU) 2017/1132 des Europäischen Parlaments und des Rates v. 14.6.2017 über bestimmte Aspekte des Gesellschaftsrechts (Gesellschaftsrechtsrichtlinie), ABl. (EU) L 169/46 v. 30.6.2017.

25) *Fisch*, NZG 2016, 448, 450 f.; *Kusserow/Prüm*, WM 2005, 633, 636 ff., die jeweils eine analoge Anwendung der Art. 3a Abs. 2 EGBGB a. F. und Art. 3 Abs. 3 EGBGB a. F. aufgrund des Fehlens einer Regelungslücke ablehnten.

26) Widmann/Mayer-*Vossius*, UmwR, § 20 UmwG Rz. 41; *Fisch*, NZG 2016, 448, 449; *Kogge* in: MünchHdb. GesR, Bd. 8, § 13 Rz. 132.

27) Widmann/Mayer-*Vossius*, UmwR, § 20 UmwG Rz. 41; Schmitt/Hörtnagl-*Winter*, UmwG/UmwStG, § 20 UmwG Rz. 34; *Kusserow/Prüm*, WM 2005, 633, 636 ff.

28) Vgl. auch Art. 105 Abs. 3 Satz 1 Gesellschaftsrechtsrichtlinie, ABl. (EU) L 169/46 v. 30.6.2017.

29) *Kogge* in: MünchHdb. GesR, Bd. 8, § 13 Rz. 135; in dieser Hinsicht relativiert auch *Fisch*, NZG 2016, 448, 454, sein Ergebnis.

mit den hiesigen nicht vergleichbar sind, sollten diese **besonderen Formvorschriften** eingehalten werden. Dies könnten bspw. die Modalitäten einer etwa erforderlichen **Registrierung** sein.[30)]

15 Insbesondere sollten solche erforderlichen Formalitäten bereits **vor Wirksamwerden der Verschmelzung** vorgenommen werden, da der übertragende Rechtsträger erlischt (§ 20 Abs. 1 Nr. 2) und im schlimmsten Fall eine Nachtragsliquidation erforderlich sein wird. Zur insoweit vergleichbaren Situation bei Spaltungsvorgängen siehe § 131 Rz. 48 [*Lubberich*].

b) Bewegliche Gegenstände

16 Bewegliche Gegenstände und Besitz gehen ohne Weiteres auf den übernehmenden Rechtsträger über. Eine Einigung und Übergabe bzw. Übergabesurrogate oder eine gesonderte Besitzergreifung sind nicht erforderlich.[31)] Es werden nur Gegenstände erfasst, die im Eigentum des übertragenden Teils stehen (kein **gutgläubiger Erwerb**; siehe oben Rz. 9).

c) Grundstücke, grundstücksgleiche Rechte

17 **Grundstücke** (und ebenso **Wohnungs- und Teileigentum** sowie **Erbbaurechte**) gehen **außerhalb des Grundbuchs** auf den übernehmenden Rechtsträger über. Einer Auflassung bedarf es nicht; das Grundbuch wird unrichtig und ist infolge der Gesamtrechtsnachfolge **zu berichtigen; § 894 BGB** ist anwendbar.[32)]

18 Da sich der im Grundbuch eingetragene **Rechtsträger** ändert, ist die **grunderwerbsteuerliche Unbedenklichkeitsbescheinigung** nach § 22 GrEStG zur Umschreibung vorzulegen (anders bei Formwechsel, siehe oben § 202 Rz. 12 [*Fiedler*]). Eine Erteilung der Bescheinigung erfolgt jedoch erst mit Wirksamwerden, also der Registereintragung der Verschmelzung.[33)] Der Nachweis des wirksamen Vollzuges der Verschmelzung kann durch Vorlage des Handelsregisterauszuges (des **übernehmenden Rechtsträgers, § 20 Abs. 1**) und des **Verschmelzungsvertrages** (in der Form des **§ 29 GBO**) erfolgen.[34)]

d) Rechte an Grundstücken

19 Auch für sonstige dinglichen Rechte gilt, dass diese grundsätzlich durch Verschmelzung übergehen:

- **Nießbrauch**, es sei denn, der Übergang ist ausdrücklich ausgeschlossen (§ 1059a BGB),
- **dingliche Vorkaufsrechte** (§ 1098 Abs. 3 i. V. m. §§ 1059a-1059d BGB),
- beschränkt persönliche **Dienstbarkeiten** (§ 1092 Abs. 2 i. V. m. §§ 1059a-1059d BGB),[35)]
- **Reallasten,**
- **Grundpfandrechte** (Briefübergabe **nicht** erforderlich; Weiterabtretung bedarf analog § 40 GmbHG keiner Voreintragung).

---

30) Widmann/Mayer-*Vossius*, UmwR, § 20 UmwG Rz. 42; *Kogge* in: MünchHdb. GesR, Bd. 8, § 13 Rz. 135.

31) Schmitt/Hörtnagl-*Winter*, UmwG/UmwStG, § 20 UmwG Rz. 31, 83; *Erkens* in: KölnKomm-UmwG, § 20 Rz. 18; *Schulte* in: NK-UmwG, § 20 Rz. 17; Semler/Stengel/Leonard-*Leonard/Simon*, UmwG, § 20 Rz. 8.

32) Widmann/Mayer-*Vossius*, UmwR, § 20 UmwG Rz. 217; Semler/Stengel/Leonard-*Leonard/Simon*, UmwG, § 20 Rz. 8; Schmitt/Hörtnagl-*Winter*, UmwG/UmwStG, § 20 UmwG Rz. 31; *Kogge* in: MünchHdb. GesR, Bd. 8, § 13 Rz. 34; OLG Jena, Beschl. v. 5.7.2013 – 9 W 287/13, ZWE 2014, 123 = BeckRS 2014, 3436.

33) Vgl. BFH, Urt. v. 29.9.2005 – II R 23/04, DB 2006, 29 = BB 2006, 85.

34) *Schöner/Stöber*, Grundbuchrecht, Rz. 995i.

35) Eine zugunsten einer natürlichen Person bestellte beschränkte persönliche Dienstbarkeit ist allerdings gemäß § 1092 Abs. 1 BGB nicht übertragbar, vgl. OLG Naumburg, Beschl. v. 4.3.2019 – 12 Wx 36/18, GmbHR 2019, 1010, m. abl. Anm. *Wachter* hinsichtlich bei Umwandlungen beteiligter Einzelkaufleute.

Für die Grundbuchberichtigung gilt das zum Eigentum an Grundstücken Gesagte entsprechend (siehe oben Rz. 17 f.). 20

e) Vertragsverhältnisse

aa) Grundsätze: Verträge, Forderungen, Angebote

Verträge des übertragenden Rechtsträgers gehen grundsätzlich ohne Weiteres auf den übernehmenden Rechtsträger über.[36] Weder eine **Anpassung des Vertrages** noch eine sonstige Mitwirkung (wie etwa eine Zustimmung) des Dritten ist erforderlich.[37] Das Gleiche gilt für **Forderungen** und **Verbindlichkeiten** sowie für die Rechtsstellung im Zusammenhang mit **Angeboten:** 21

- **Forderungen** gehen grundsätzlich **ohne Inhaltsänderung** auf den übernehmenden Rechtsträger über (zur eingeschränkten Geltung vertraglicher Abtretungsverbote siehe sogleich Rz. 23).[38]
- Durch den übertragenden Rechtsträger **abgegebene Angebote** gehen auf den übernehmenden Rechtsträger über (vgl. §§ 130 Abs. 2, 153 BGB).[39]
- Durch den übertragenden Rechtsträger **empfangene Angebote** gehen auf den übernehmenden Rechtsträger über),[40] es sei denn, bei Angebotsabgabe wurde an die Person des übertragenden Rechtsträgers geknüpft (Ausnahmefall).[41]

Eine andere Bewertung gilt lediglich für Verträge zwischen dem **übertragenden und dem übernehmenden Rechtsträger.** Mit Wirksamwerden der Verschmelzung erlöschen diese im Wege der Konfusion (für Unternehmensverträge siehe unten Rz. 43 ff.).[42] 22

Vereinbarte **Abtretungshindernisse** (§ 399 BGB) lassen den Übergang durch Gesamtrechtsnachfolge **unberührt.**[43] Im Umkehrschluss bleiben allerdings solche **Abtretungsverbote** selbst von der Gesamtrechtsnachfolge **unberührt:** Beabsichtigt der übernehmende Rechtsträger nach Wirksamwerden der Verschmelzung, die betroffene Forderung im Wege der **Einzelrechtsübertragung** abzutreten, so muss er die **Abtretungsverbote** beachten. 23

---

36) *Kogge* in: MünchHdb. GesR, Bd. 8, § 13 Rz. 47; Schmitt/Hörtnagl-*Winter*, UmwG/UmwStG, § 20 UmwG Rz. 37; *Rieckers/Cloppenburg* in: BeckOGK-UmwG, § 20 Rz. 42; Kallmeyer-*Oppenhoff*, UmwG, § 20 Rz. 10.

37) *Kogge* in: MünchHdb. GesR, Bd. 8, § 13 Rz. 47; Schmitt/Hörtnagl-*Winter*, UmwG/UmwStG, § 20 UmwG Rz. 37; Kallmeyer-*Oppenhoff*, UmwG, § 20 Rz. 8; *Rieckers/Cloppenburg* in: BeckOGK-UmwG, § 20 Rz. 42.

38) Sie können aber im Einzelfall nach §§ 400 ff. BGB erlöschen; Schmitt/Hörtnagl-*Winter*, UmwG/UmwStG, § 20 UmwG Rz. 74.

39) Kallmeyer-*Oppenhoff*, UmwG, § 20 Rz. 10; vgl. auch Schmitt/Hörtnagl-*Winter*, UmwG/UmwStG, § 20 UmwG Rz. 35; *Kogge* in: MünchHdb. GesR, Bd. 8, § 13 Rz. 47.

40) Schmitt/Hörtnagl-*Winter*, UmwG/UmwStG, § 20 UmwG Rz. 35; *Rieckers/Cloppenburg* in: BeckOGK-UmwG, § 20 Rz. 43; *Schulte* in: NK-UmwG, § 20 Rz. 9; Widmann/Mayer-*Vossius*, UmwR, § 20 UmwG Rz. 301; Kallmeyer-*Oppenhoff*, UmwG, § 20 Rz. 10.

41) *Mutter/Stehle*, GmbHR 2003, 290, 291; Schmitt/Hörtnagl-*Winter*, UmwG/UmwStG, § 20 UmwG Rz. 35; *Rieckers/Cloppenburg* in: BeckOGK-UmwG, § 20 Rz. 43; *Schulte* in: NK-UmwG, § 20 Rz. 9; Kallmeyer-*Oppenhoff*, UmwG, § 20 Rz. 10; *Kogge* in: MünchHdb. GesR, Bd. 8, § 13 Rz. 47.

42) Kallmeyer-*Oppenhoff*, UmwG, § 20 Rz. 9; Schmitt/Hörtnagl-*Winter*, UmwG/UmwStG, § 20 UmwG Rz. 53. Der für die Berechnung von Notarkosten erforderliche Geschäftswert wird durch die Konfusion hingegen nicht reduziert, vgl. OLG Düsseldorf, Beschl. v. 2.7.1998 – 10 W 58/98, DB 1998, 2004 = NJW-RR 1999, 399.

43) BGH, Urt. v. 22.9.2016 – VII ZR 298/14, Rz. 25 ff., NJW 2017, 71, 73 = BB 2016, 3090, 3090; Kallmeyer-*Oppenhoff*, UmwG, § 20 Rz. 8; Lutter-*Grunewald*, UmwG, § 20 Rz. 32; Semler/Stengel/Leonard-*Leonard/Simon*, UmwG, § 20 Rz. 13; *Heckschen*, GmbHR 2017, 953, 957; *Lieder/Scholz*, ZIP 2015, 1705, 1706 f.

bb) Besonderheiten für Dauerschuldverhältnisse

24 Gerade bei Dauerschuldverhältnissen stellt die Änderung des Vertragspartners durch Gesamtrechtsnachfolge für den anderen Teil unter Umständen eine **schwere Interessenbeeinträchtigung** dar. So ist bspw. vorstellbar, dass begründete Zweifel daran bestehen, ob der übernehmende Rechtsträger zur Erfüllung der Leistungspflicht überhaupt imstande ist.[44] Es stellt sich daher die Frage, ob sich in Einzelfällen ein Recht auf Vertragsanpassung oder sogar eine Kündigungsmöglichkeit für den Dritten ergeben kann. Grundsätzlich ist diese Frage den Umständen gerecht **am Einzelfall** zu beantworten, unter besonderer Berücksichtigung der Regelungen, welche der Gesetzgeber mit **§§ 21, 22** und **25** für betroffene Dritte geschaffen hat. Sind die Interessen des Dritten im Einzelfall durch die **umwandlungsrechtlichen** Regelungen nicht gewahrt, so kommt ein Rückgriff auf das **allgemeine Leistungsstörungsrecht** in Betracht.[45] Hier wird insbesondere eine Möglichkeit zur Vertragsanpassung in Betracht kommen (§ 313 BGB). In Extremfällen kann auch ein außerordentliches Kündigungsrecht bestehen.[46] Sollte sich (auch) der übernehmende Rechtsträger auf eine Leistungsstörung berufen, so ist allerdings zu berücksichtigen, dass er den Parteiwechsel selbst herbeigeführt hat. Die Schwelle für die Berufung auf hierdurch verursachte Leistungsstörungen dürfte für den übernehmenden Rechtsträger damit ungleich höher sein als für den vertragsbeteiligten Dritten.[47] Den Parteien verbleibt zudem die Möglichkeit, für den Fall einer Umwandlung bereits bei Abschluss des Vertrages ein Kündigungsrecht zu vereinbaren.[48]

cc) Besonderheiten für bestimmte gegenseitige Verträge

25 Einen weiteren Sonderfall des **Leistungsstörungsrechts** für **gegenseitige Verträge** i. R. von Verschmelzungen regelt **§ 21** (siehe i. E. § 21 Rz. 3 ff. [*Lubberich*]), welcher einen engen Anwendungsbereich hat:[49] Im Zusammenhang mit **gegenseitigen Verträgen**, deren Leistungspflichten noch nicht vollständig erfüllt sind und die Abnahme-, Lieferungs- oder ähnliche Verpflichtungen mit sich bringen, die miteinander unvereinbar sind oder deren Erfüllung durch die Verschmelzung schwer unbillig wird, kann es unter Würdigung der Umstände des Einzelfalles zu einer Vertragsanpassung, einem Rücktritt oder einer Kündigung aus wichtigem Grund kommen (siehe näher dazu § 21 Rz. 3 ff. [*Lubberich*]).

f) Wettbewerbsverbote

26 Schuldrechtlich vereinbarte **Wettbewerbsverbote** gehen im Zuge der Gesamtrechtsnachfolge als Teil der Rechtsstellung des übernehmenden Rechtsträgers über. Dies ist unproblematisch für **Wettbewerbsverbote eines Dritten** der Fall, welche den übertragenden

---

44) Schmitt/Hörtnagl-*Winter*, UmwG/UmwStG, § 20 UmwG Rz. 37; *Kogge* in: MünchHdb. GesR, Bd. 8, § 13 Rz. 49; Kallmeyer-*Oppenhoff*, UmwG, § 20 Rz. 10.

45) Schmitt/Hörtnagl-*Winter*, UmwG/UmwStG, § 20 UmwG Rz. 37; *Kogge* in: MünchHdb. GesR, Bd. 8, § 13 Rz. 49; Lutter-*Grunewald*, UmwG, § 20 Rz. 53; Kallmeyer-*Oppenhoff*, UmwG, § 20 Rz. 10. Jedoch sind die vermögensrechtlichen Auswirkungen einer Verschmelzung gerade noch nicht ausreichend, um eine Unzumutbarkeit und damit ein Recht auf Kündigung anzunehmen, vgl. *Rieckers/Cloppenburg* in: BeckOGK-UmwG, § 20 Rz. 45; Semler/Stengel/Leonard-*Leonard/Simon*, UmwG, § 20 Rz. 15.

46) Schmitt/Hörtnagl-*Winter*, UmwG/UmwStG, § 20 UmwG Rz. 37; *Kogge* in: MünchHdb. GesR, Bd. 8, § 13 Rz. 49; Kallmeyer-*Oppenhoff*, UmwG, § 20 Rz. 10; *Rieble*, ZIP 1997, 301, 305.

47) Lutter-*Grunewald*, UmwG, § 20 Rz. 56; *Kogge* in: MünchHdb. GesR, Bd. 8, § 13 Rz. 49.

48) Lutter-*Grunewald*, UmwG, § 20 Rz. 53; *Reuther*, GWR 2011, 334, 334.

49) Schmitt/Hörtnagl-*Winter*, UmwG/UmwStG, § 21 UmwG Rz. 3; Kallmeyer-*Oppenhoff*, UmwG, § 21 Rz. 5; Semler/Stengel/Leonard-*Leonard*, UmwG, § 21 Rz. 3; *Kogge* in: MünchHdb. GesR, Bd. 8, § 13 Rz. 51, die hauptsächlich Wettbewerbsverbote und Exklusivlieferverträge als Anwendungsfall sehen.

Rechtsträger begünstigen:[50] Der Austausch des Begünstigten spielt für den Wettbewerb keinerlei Rolle.

Handelt es sich hingegen um vertragliche Verbote, die den **übertragenden Rechtsträger binden**, ist eine differenzierte Betrachtung erforderlich: 27

- Bleibt der **Anwendungsbereich** des Wettbewerbsverbots durch die Verschmelzung **unverändert**, so geht dieses ohne Weiteres auf den übernehmenden Rechtsträger über.[51]
- Wird der **Anwendungsbereich** des Wettbewerbsverbots (mit Blick auf die Tätigkeit des übernehmenden Rechtsträgers) durch die Verschmelzung **erweitert**, kann die infrage stehende Wettbewerbsbeschränkung (in neuer Fassung) im Einzelfall aufgrund der **wettbewerbsrechtlichen Relevanz** der Verschmelzung **unzulässig** werden,[52] so dass ein konkreter Anwendungsfall einer Vertragsanpassung gegeben sein kann (§ 313 BGB, § 21).[53]

Hingegen gehen wettbewerbsrechtliche **Unterlassungsverpflichtungen** des übertragenden Rechtsträgers regelmäßig **mit Wirksamwerden der Verschmelzung** unter.[54] Dies gründet sich darauf, dass die Gefahr der Verletzung **(Erstbegehung oder Wiederholung)** beim übernehmenden Rechtsträger nicht automatisch gegeben ist. Zu beachten ist dabei aber, dass der Gesetzgeber auf die Ablehnung des BGH,[55] eine **bußgeldrechtliche Verantwortlichkeit** des übernehmenden Rechtsträgers für Taten i. R. des **§ 1 GWB** anzunehmen, mit der Einfügung des **§ 30 Abs. 2a OWiG** reagiert hat, wonach im Falle der Gesamtrechtsfolge auch Geldbuße gegen den Rechtsnachfolger festgesetzt werden dürfen.[56] Zwar wurde diese Norm zunächst unter Berufung auf ein Verstoß gegen Art. 103 Abs. 2 GG für unanwendbar erklärt,[57] jedoch ist nun die Rechtsprechung dahingehend konkretisiert, dass eine Anwendbarkeit dann in Betracht kommt, wenn sowohl die Tatbeendigung als auch die Rechtsnachfolge nach dem Inkrafttreten der Norm eingetreten sind.[58] Die **Erstbegehungs- und** 28

50) Widmann/Mayer-*Vossius*, UmwR, § 20 UmwG Rz. 319; *Kogge* in: MünchHdb. GesR, Bd. 8, § 13 Rz. 126.

51) Ganz h. M., a. A. soweit ersichtlich nur Widmann/Mayer-*Vossius*, UmwR, § 20 UmwG Rz. 320, der für den Übergang noch weitergehend voraussetzt, dass beim Übergang „wirtschaftliche und funktionale Kontinuität" gegeben bleibt.

52) Vgl. *Kogge* in: MünchHdb. GesR, Bd. 8, § 13 Rz. 125 unter Hinweis auf die Vorläufer der Vertikal-Gruppenfreistellungsverordnung: Verordnung (EU) Nr. 330/2010 der Kommission v. 20.4.2010 über die Anwendung von Artikel 101 Absatz 3 des Vertrags über die Arbeitweise der Europäischen Union auf Gruppen von vertikalen Vereinbarungen und abgestimmten Verhaltensweisen, ABl. (EU) L 102/1 v. 23.4.2010; Verordnung (EG) Nr. 2790/1999 der Kommission v. 22.12.1999 über die Anwendung von Artikel 81 Absatz 3 des Vertrags auf Gruppen von vertikalen Vereinbarungen und aufeinander abgestimmten Verhaltensweisen, ABl. (EG) L 336/21 v. 29.12.1999. Nun gilt Verordnung (EU) Nr. 2022/720 der Kommission v. 10.5.2022 über die Anwendung des Artikels 101 Absatz 3 des Vertrags über die Arbeitsweise der Europäischen Union auf Gruppen von vertikalen Vereinbarungen und abgestimmten Verhaltensweisen, ABl. (EU) L 134/4 v. 11.5.2022.

53) Schmitt/Hörtnagl-*Winter*, UmwG/UmwStG, § 20 UmwG Rz. 61; Lutter-*Grunewald*, UmwG, § 20 Rz. 41; *Kogge* in: MünchHdb. GesR, Bd. 8, § 13 Rz. 125.

54) BGH, Urt. v. 6.12.2012 – III ZR 173/12, Rz. 15 ff., BGHZ 196, 11 = NJW 2013, 593, 594; Lutter-*Grunewald*, UmwG, § 20 Rz. 41; *Kogge* in: MünchHdb. GesR, Bd. 8, § 13 Rz. 124.

55) BGH, Beschl. v. 10.8.2011 – KRB 2/10, wistra 2012, 152 = BeckRS 2011, 26167; Schmitt/Hörtnagl-*Winter*, UmwG/UmwStG, § 20 UmwG Rz. 60; ausf. dazu noch *Löbbe*, ZHR 177 (2013), 518 m. w. N.

56) *Erkens* in: KölnKomm-UmwG, § 20 Rz. 29a; Schmitt/Hörtnagl-*Winter*, UmwG/UmwStG, § 20 UmwG Rz. 60.

57) BGH, Beschl. v. 16.12.2014 – KRB 47/13, Rz. 11, NJW 2015, 2198, 2199 = NZG 2015, 803, 804 – keine rückwirkende Anwendung, Art. 103 Abs. 2 GG.

58) BGH, Beschl. v. 8.3.2021 – KRB 86/20, ZIP 2021, 1133 = NZWiSt 2022, 21; ausf. bei Schmitt/Hörtnagl-*Winter*, UmwG/UmwStG, § 20 UmwG Rz. 60.

Wiederholungsgefahr kann ebenso beim übernehmenden Rechtsträger neu entstehen,[59] was davon abhängt, ob der **Betrieb weitergeführt** wird und welches konkrete Geschäftsverhalten beim übernehmenden Rechtsträger nach Wirksamwerden der Verschmelzung gegeben ist.[60]

g) Mitgliedschaften und Beteiligungen an Gesellschaften

29 Für **Mitgliedschaften** und **Beteiligungen** gilt der Grundsatz, dass diese im Regelfall von der Gesamtrechtsnachfolge umfasst sind. Der **übernehmende Rechtsträger** tritt ohne Inhaltsänderung in die Gesellschafterstellung des übertragenden Rechtsträgers ein.

30 Die Auswirkungen etwaiger **Change-of-Control- oder Vinkulierungsklauseln** in Satzung oder Gesellschaftsvertrag der beteiligten Rechtsträger sind **im Einzelfall** zu prüfen. Es muss zudem eine Differenzierung nach der betroffenen **Rechtsform** erfolgen.

aa) Change-of-Control

31 Es ist denkbar, dass der Gesellschaftsvertrag, die Satzung oder eine Nebenvereinbarung eines der beteiligten Rechtsträger eine Regelung enthält, nach der bei einer relevanten **Veränderung der Gesellschafterstruktur**, welche durch eine umwandlungsgesetzliche Maßnahme eintritt, bestimmte Folgen ausgelöst werden. Eine typische Change-of-Control-Klausel in einer Satzung, einem Gesellschaftsvertrag oder in einer Gesellschaftervereinbarung könnte im Auslösungsfalle bspw. eine Verpflichtung vorsehen, Anteile an der Gesellschaft an Mitgesellschafter zum Erwerb anzubieten.[61] Derartige Klauseln **hindern die Gesamtrechtsnachfolge nicht**; die (ggf. schuldrechtlichen) Konsequenzen der Auslösung der Klauseln sind aber zu beachten.

bb) Vinkulierung

32 Häufig richtet der Gesellschaftsvertrag auch den **Wortlaut von Vinkulierungsklauseln** auf umwandlungsgesetzliche Maßnahmen aus. Soweit mit der Klausel beabsichtigt wird, den **tatsächlichen Vermögensübergang** durch Gesamtrechtsnachfolge zu verhindern, muss im Einzelfall geprüft werden, ob diese Rechtsfolge eintreten kann.[62] Eine **Durchbrechung der Universalsukzession** kann angenommen werden, wenn ein Gesellschafterwechsel mit dem Wesen der Gesellschaftsform nicht vereinbar ist. Besonders vor diesem Hintergrund wird deutlich, dass eine **differenzierte Betrachtung** nach der betroffenen Rechtsform der Gesellschaft, an welcher Anteile durch die Verschmelzung übergehen, angezeigt ist.

cc) Kapitalgesellschaften, Vereine, Genossenschaften

33 Befinden sich Anteile an **Kapitalgesellschaften** im Vermögen des übertragenen Rechtsträgers, so gehen diese in jedem Fall mit der Verschmelzung auf den übernehmenden Rechts-

---

59) BGH, Urt. v. 6.12.2012 – III ZR 173/12, Rz. 15 ff., BGHZ 196, 11 = NJW 2013, 593, 594; *Kogge* in: MünchHdb. GesR, Bd. 8, § 13 Rz. 124; *Erkens* in: KölnKomm-UmwG, § 20 Rz. 29; Lutter-*Grunewald*, UmwG, § 20 Rz. 41.

60) BGH, Urt. v. 6.12.2012 – III ZR 173/12, Rz. 15 ff., BGHZ 196, 11 = NJW 2013, 593, 594; *Kogge* in: MünchHdb. GesR, Bd. 8, § 13 Rz. 124; *Erkens* in: KölnKomm-UmwG, § 20 Rz. 29; Lutter-*Grunewald*, UmwG, § 20 Rz. 41.

61) Semler/Stengel/Leonard-*Leonard*/*Simon*, UmwG, § 20 Rz. 21; *Riegger* in: FS Bezzenberger, S. 390 f.

62) Schmitt/Hörtnagl-*Winter*, UmwG/UmwStG, § 20 UmwG Rz. 67, nimmt an, dass jedenfalls bei eindeutigen Auslegungsergebnissen eine Vinkulierungsklausel dazu führen kann, dass eine hiergegen verstoßende Verschmelzungsmaßnahme das Ausscheiden des übertragenen Rechtsträgers aus der betroffenen Gesellschaft zur Folge hat. Grundsätzlich krit. *Mertens*, AG 1994, 66, 72.

träger über.[63] Dies ist richtigerweise selbst dann anzunehmen, wenn die Übertragung der entsprechenden Beteiligungen an **Vinkulierungsklauseln** gebunden ist.[64] Beabsichtigen die Gesellschafter einer Kapitalgesellschaft einen **Gesellschafterwechsel**, der durch Vermögensübertragungen i. R. des UmwG droht, **zu verhindern** bzw. die Konsequenzen einzudämmen, so empfiehlt sich, Regelungen zu treffen, die in der Folge ein **Ausschlussrecht** betreffend den Gesellschafter (übernehmender Rechtsträger) einräumen. Ob sich allgemeine Vinkulierungsklauseln in dieser Richtung **auslegen** lassen, muss im konkreten Fall geprüft werden.[65]

Das Gegenteil gilt im Grundsatz für Mitgliedschaften an **Vereinen.** Gemäß **§ 38 BGB** ist die **Mitgliedschaft nicht übertragbar.** Damit **erlischt** nach h. M. die **Stellung als Mitglied** im Verein im Zeitpunkt der Wirksamkeit der Verschmelzung, wenn der übertragende Rechtsträger die Mitgliedschaft innehatte.[66] Die Vorschrift des § 38 BGB ist allerdings gemäß **§ 40 BGB** einer abweichenden Satzungsregelung zugänglich.[67] Ist der übertragende Rechtsträger Mitglied einer **Genossenschaft**, geht die Mitgliedschaft mit Wirksamwerden der Verschmelzung zunächst **auf den übernehmenden Rechtsträger** über. Allerdings findet **§ 77a Satz 2 GenG** Anwendung, wonach die **Mitgliedschaft** mit dem Abschluss des Geschäftsjahres, in welchem die Verschmelzung wirksam geworden ist, **erlischt.**[68] Soll der übernehmende Rechtsträger Mitglied der Genossenschaft werden, so lässt sich dies nur im Wege der **Neuaufnahme** umsetzen.[69] 34

dd) Personengesellschaften

Bei **Personengesellschaften** ist die **Zusammensetzung des Gesellschafterkreises** von vorrangiger Bedeutung, weshalb nicht ohne weiteres von einer Übertragbarkeit der gesellschafterlichen Beteiligung ausgegangen werden kann. Dies gilt auch für die **Gesamtrechtsnachfolge bei Verschmelzungen.** Ist der **übertragende Rechtsträger** an einer **Personengesell-** 35

63) GmbH-Gesellschafterlisten sind zu aktualisieren, wofür der den Verschmelzungsvertrag beurkundende Notar bzw. ggf. auch die Geschäftsführung gemäß § 40 Abs. 2/Abs. 1 GmbHG zuständig ist, Scholz-*Seibt*, GmbHG, § 40 Rz. 68; *Heilmeier* in: BeckOK-GmbHG, § 40 Rz. 158.

64) Aktuelle Gegenansichten sind nicht ersichtlich; vgl. z. B. Schmitt/Hörtnagl-*Winter*, UmwG/UmwStG, § 20 UmwG Rz. 63; *Erkens* in: KölnKomm-UmwG, § 20 Rz. 19; Semler/Stengel/Leonard-*Leonard/Simon*, UmwG, § 20 Rz. 22; Lutter-*Grunewald*, UmwG, § 20 Rz. 16; näher *Burg/Marx*, NZG 2013, 127 ff. Krit. für Umgehungsfälle: *Mertens*, AG 1994, 66, 72. Umstritten ist, ob wertpapierhandelsrechtliche Mitteilungspflichten (§§ 21 ff. WpHG) im Zuge der Verschmelzung auf den übernehmenden Rechtsträger übergehen. Näher dazu *Klein/Theusinger*, NZG 2009, 250 ff.; einen Übergang abl. insoweit *Widder*, BB 2005, 1979 ff., und NZG 2010, 455 ff.; *Rieckers/Cloppenburg* in: BeckOGK-UmwG, § 20 Rz. 62; Kallmeyer-*Oppenhoff*, UmwG, § 20 Rz. 27; Lutter-*Grunewald*, UmwG, § 20 Rz. 13; a. A. *Heppe*, WM 2002, 60, 64. Die Fragestellungen sind übertragbar auf die Mitteilungspflicht nach § 20 AktG, vgl. *Rieckers/Cloppenburg* in: BeckOGK-UmwG, § 20 Rz. 62; Kallmeyer-*Oppenhoff*, UmwG, § 20 Rz. 27; Lutter-*Grunewald*, UmwG, § 20 Rz. 13.

65) Vinkulierungsklauseln lassen sich „in der Regel" in ein Ausschlussrecht umdeuten, so *Kogge* in: MünchHdb. GesR, Bd. 8, § 13 Rz. 21, damit dem Interesse der anderen Anteilsinhaber an einem kontrollierbaren Gesellschafterkreis in angemessener Weise Genüge getan werden kann.

66) Widmann/Mayer-*Vossius*, UmwR, § 20 UmwG Rz. 171; Lutter-*Grunewald*, UmwG, § 20 Rz. 21; *Kogge* in: MünchHdb. GesR, Bd. 8, § 13 Rz. 27 – mit Verweis auf die literarische Gegenansicht, die eine **analoge Anwendung** der Regelungen über die **Gesamtrechtsnachfolge im Todesfall** vorschlägt.

67) Kallmeyer-*Oppenhoff*, UmwG, § 20 Rz. 7; *Kogge* in: MünchHdb. GesR, Bd. 8, § 13 Rz. 27, und Semler/Stengel/Leonard-*Leonard/Simon*, UmwG, § 20 Rz. 27, die darauf hinweisen, dass nicht allein aufgrund einer Regelung, die **juristische Personen** als Vereinsmitglieder zulässt, angenommen werden kann, dass eine **Übertragbarkeit der Mitgliedschaft** gewollt ist (vgl. auch AG Kaiserslautern, Urt. v. 3.9.2004 – 3 C 915/04, NZA-RR 2005, 319 = NZG 2005, 285).

68) *Rieckers/Cloppenburg* in: BeckOGK-UmwG, § 20 Rz. 64; *Kogge* in: MünchHdb. GesR, Bd. 8, § 13 Rz. 26; Kallmeyer-*Oppenhoff*, UmwG, § 20 Rz. 7; Semler/Stengel/Leonard-*Leonard/Simon*, UmwG, § 20 Rz. 28; s. a. schon OLG Stuttgart, Urt. v. 24.2.1989 – 2 U 113/87, ZIP 1989, 774 = BB 1989, 1148.

69) *Kogge* in: MünchHdb. GesR, Bd. 8, § 13 Rz. 26.

schaft beteiligt, sind die Folgen der Verschmelzung für die gesellschafterliche Beteiligung **umstritten.** In der Literatur werden vor allem die beiden Lösungen zur Wahl gestellt, entweder die erb- und gesellschaftsrechtlichen Regelungen zum **Tod eines Gesellschafters** (Gesamtrechtsnachfolge im Todesfall) anzuwenden, oder aber eine **Übergangsfähigkeit** der Beteiligung dem Grunde nach anzunehmen. Nach richtiger Ansicht ist allerdings der **konkreten vertraglichen Regelung** durch die Gesellschafter eine hohe Bedeutung beizumessen. Gegebenenfalls ist zunächst durch Auslegung zu ermitteln, welche Folgen eine **Veränderung im Gesellschafterkreis** durch die umwandlungsgesetzliche Maßnahme haben sollte. Greift man auf die Regelungen für den **Todesfall** von Gesellschaftern zurück, fällt ins Auge, dass der Tod eines Gesellschafters **nicht zum Erlöschen** der Gesellschaft führt. Stattdessen kommt es gemäß **§ 130 Abs. 1 Nr. 1 HGB** zum Ausscheiden des betreffenden Gesellschafters. Die Gesellschaft bleibt bestehen. Wendet man diese Regelungen auch auf **Verschmelzungsfälle** an, ist eine **Rechtsnachfolge** in den Geschäftsanteil an einer **Personen(handels-)gesellschaft** durch **umwandlungsgesetzliche Maßnahmen nicht möglich.**[70] Nach der **Gegenansicht** geht die Beteiligung **zunächst** als Rechtsfolge der Verschmelzung auf den übernehmenden Rechtsträger über.[71] In der Folge könnten dann für **Personenhandelsgesellschaften** die gesetzlichen Kündigungs- oder Ausschließungsrechte nach **§§ 133, 140 HGB** herangezogen werden.

36 Für die letztgenannte Ansicht spricht vor allem, dass es für die **analoge Anwendung** der Regelungen für den **Todesfall wenig Anhaltspunkte** gibt. Des Weiteren ist dem Interesse der übrigen Gesellschafter an einer Kontrolle über den Gesellschafterkreis dadurch Genüge getan, dass den übrigen Gesellschaftern die gesetzlichen **Kündigungs- oder Ausschließungsrechte** zur Verfügung stehen. Im Sinne der Rechtsklarheit ist damit auch in Fällen, in denen Klauseln in Gesellschaftsverträgen die Übertragbarkeit klar und deutlich ausschließen möchten, sichergestellt, dass die Verschmelzung nach dem Umwandlungsgesetz durchgeführt werden kann.

37 Dem Grunde nach muss dies **auch für GbRs** gelten.[72] Die Rechtslage wurde jüngst durch das **MoPeG**[73] geändert. Es gilt der Vorrang der Verbandskontinuität.[74] Das Ausscheiden eines Gesellschafters durch Tod (§ 723 Abs. 1 Satz 1 BGB n. F.) ist der Rechtslage bei der KG **angeglichen worden** (§ 131 Abs. 3 Nr. 1 HGB a. F.; § 130 Abs. 1 Nr. 1 HGB). Es gibt bzgl. der Übertragbarkeit im Wege einer Verschmelzung mithin keine Unterscheidung mehr zwischen Personen- und Personenhandelsgesellschaften. So entspricht es schon der h. A. in der Literatur vor dem MoPeG, dass Beteiligungen an GbRs durch Verschmelzung **auf den übernehmenden Rechtsträger übergehen.**[75] **§ 730 BGB** kommt nicht zur Anwendung.[76] Allerdings dürften in vielen Fällen dem Grunde nach die gesetzlichen Kündigungsregeln nach **§ 725 BGB** Anwendung finden, wenn der Gesellschaftsvertrag oder dessen Auslegung nicht eine andere Beurteilung ergibt. Bei der **Auslegung des Gesellschaftsver-**

70) Lutter-*Grunewald*, UmwG, § 20 Rz. 19; Kallmeyer-*Oppenhoff*, UmwG, § 20 Rz. 7; *Riegger* in: FS Bezzenberger, S. 384 f.; wohl auch Schmitt/Hörtnagl-*Winter*, UmwG/UmwStG, § 20 UmwG Rz. 64.

71) *Erkens* in: KölnKomm-UmwG, § 20 Rz. 21; Semler/Stengel/Leonard-*Leonard/Simon*, UmwG, § 20 Rz. 24 f.; *Kogge* in: MünchHdb. GesR, Bd. 8, § 13 Rz. 23; *Rieckers/Cloppenburg* in: BeckOGK-UmwG, § 20 Rz. 67; *Heckschen*, GmbHR 2014, 626, 637 f.

72) *Kogge* in: MünchHdb. GesR, Bd. 8, § 13 Rz. 24.

73) Gesetz zur Modernisierung des Personengesellschaftsrechts (Personengesellschaftsrechtsmodernisierungsgesetz – MoPeG), v. 10.8.2021, BGBl. I 2021, 3436.

74) *Rieckers/Cloppenburg* in: BeckOGK-UmwG, § 20 Rz. 66.

75) *Kogge* in: MünchHdb. GesR, Bd. 8, § 13 Rz. 24; *Rieckers/Cloppenburg* in: BeckOGK-UmwG, § 20 Rz. 67; *Erkens* in: KölnKomm-UmwG, § 20 Rz. 21; *Heckschen*, GmbHR 2014, 626, 637; a. A. Lutter-*Grunewald*, UmwG, § 20 Rz. 18; Kallmeyer-*Oppenhoff*, UmwG, § 20 Rz. 7.

76) *Kogge* in: MünchHdb. GesR, Bd. 8, § 13 Rz. 24.

trages ist zu berücksichtigen, dass die **personalistische Prägung** an Gesellschaften, die im Geschäftsverkehr operativ tätig sind (z. B. ARGE) nicht im Vordergrund steht.[77] Etwas anderes kann gelten, wenn aufgrund der Verschmelzungsmaßnahme etwa **Wettbewerber** in die Gesellschaft einzudringen drohen.[78]

ee) Stille Gesellschaft

Auch **stille Beteiligungen** an Gesellschaften gehen im Wege der Verschmelzung auf den übernehmenden Rechtsträger über (entsprechend § 234 Abs. 2 HGB).[79] Gegenansichten sind nicht ersichtlich, allerdings wird vielerorts darauf hingewiesen, dass sich aus dem Gesellschaftsverhältnis ein **außerordentliches Kündigungsrecht** und/oder **Schadensersatzansprüche** ergeben können.[80] 38

ff) Nebenpflichten/Nebenvereinbarungen, Gesellschaftervereinbarungen u. Ä.

Ob gesellschafterliche Nebenpflichten durch Verschmelzung übergehen, richtet sich nach der in der Literatur vorherrschenden Ansicht danach, ob diese beim übernehmenden Rechtsträger **statutarischer** oder **schuldrechtlicher** Natur sind: Wenn die betreffenden Pflichten in den **Gesellschaftsvertrag** des übernehmenden Rechtsträgers übernommen werden, so gehen diese über.[81] Demgegenüber erlöschen die entsprechenden Pflichten, wenn die Übernahme in den Gesellschaftsvertrag unterbleibt.[82] Originär rein schuldrechtliche Vereinbarungen wie **Veräußerungsregelungen** aus Gesellschaftervereinbarungen sind durch Auslegung auf ihre Übergangsfähigkeit zu überprüfen.[83] Im Falle von **Veräußerungsbeschränkungen** in Gesellschaftervereinbarungen dürfte dies in der Regel zu bejahen sein mit der Folge, dass eine Veräußerungsbeschränkung für rechtsgeschäftliche Veräußerungen **nicht** den Übergang durch Universalsukzession hindert, sondern den Rechtsnachfolger für rechtsgeschäftliche Verfügungen in der Zukunft bindet.[84] 39

Etwas anderes gilt allerdings für **Forderungen wegen Einlageverpflichtungen.** Rückständige Einlageforderungen **des übertragenden Rechtsträgers** gehen auf den übernehmenden Rechtsträger über.[85] Dahingegen hat die Verschmelzung keine Auswirkungen auf noch **offene Einlageforderungen** bei dem **übernehmenden Rechtsträger.**[86] 40

---

77) *Erkens* in: KölnKomm-UmwG, § 20 Rz. 21; *Heckschen*, GmbHR 2014, 626, 636 f.; *Dreyer*, JZ 2007, 606, 610 ff.

78) *Kogge* in: MünchHdb. GesR, Bd. 8, § 13 Rz. 24.

79) *Rieckers/Cloppenburg* in: BeckOGK-UmwG, § 20 Rz. 69; Schmitt/Hörtnagl-*Winter*, UmwG/UmwStG, § 20 UmwG Rz. 68; Semler/Stengel/Leonard-*Leonard/Simon*, UmwG, § 20 Rz. 23; *Kogge* in: MünchHdb. GesR, Bd. 8, § 13 Rz. 25; *Erkens* in: KölnKomm-UmwG, § 20 Rz. 19; *Riegger* in: FS Bezzenberger, S. 386. Zur atypisch stillen Beteiligung an ausländischen Rechtsträgern vgl. OLG Schleswig, Urt. v. 6.3.2024 – 9 U 11/23, ZPG 2024, 154 = NZG 2024, 553.

80) *Kogge* in: MünchHdb. GesR, Bd. 8, § 13 Rz. 25; Semler/Stengel/Leonard-*Leonard/Simon*, UmwG, § 20 Rz. 23; Lutter-*Grunewald*, UmwG, § 20 Rz. 20; *Winter* in: FS Peltzer, S. 653 f.; *Riegger* in: FS Bezzenberger, S. 386.

81) *Kogge* in: MünchHdb. GesR, Bd. 8, § 13 Rz. 28; *Erkens* in: KölnKomm-UmwG, § 20 Rz. 14; Lutter-*Grunewald*, UmwG, § 20 Rz. 51; *Rieckers/Cloppenburg* in: BeckOGK-UmwG, § 20 Rz. 25; Semler/Stengel/Leonard-*Leonard*, UmwG, § 20 Rz. 65.

82) *Kogge* in: MünchHdb. GesR, Bd. 8, § 13 Rz. 28; *Erkens* in: KölnKomm-UmwG, § 20 Rz. 14; Lutter-*Grunewald*, UmwG, § 20 Rz. 51; *Rieckers/Cloppenburg* in: BeckOGK-UmwG, § 20 Rz. 25; Semler/Stengel/Leonard-*Leonard*, UmwG, § 20 Rz. 65.

83) *Erkens* in: KölnKomm-UmwG, § 20 Rz. 17; *Kogge* in: MünchHdb. GesR, Bd. 8, § 13 Rz. 29.

84) *Kogge* in: MünchHdb. GesR, Bd. 8, § 13 Rz. 29.

85) Kallmeyer-*Oppenhoff*, UmwG, § 20 Rz. 9; *Erkens* in: KölnKomm-UmwG, § 20 Rz. 11; Henssler/Strohn-*Heidinger/Knaier*, GesR, § 20 UmwG Rz. 28; Lutter-*Grunewald*, UmwG, § 20 Rz. 49; *Kogge* in: MünchHdb. GesR, Bd. 8, § 13 Rz. 32; Semler/Stengel/Leonard-*Leonard*, UmwG, § 20 Rz. 63; *Rosner*, AG 2011, 5, 8.

86) Lutter-*Grunewald*, UmwG, § 20 Rz. 48; *Kogge* in: MünchHdb. GesR, Bd. 8, § 13 Rz. 33.

h) Immaterialgüter

41 Die gewerblichen Schutzrechte wie **Patente** (§ 15 PatG), **Marken** (§ 27 MarkenG), **Gebrauchsmuster** (§ 22 GebrMG), **eingetragene Designs** (§ 29 DesignG) und auch **Lizenzen**, gehen im Wege der Gesamtrechtsnachfolge auf den übernehmenden Rechtsträger über.[87] Etwas anderes könnte lediglich für **Urheberrechte** gelten, die nicht a priori frei übertragbar sind (**§ 29 UrhG**). Allerdings würde ein **Untergang** sämtlicher Urheberrechte des übertragenden Rechtsträgers durch eine Verschmelzung der gesetzgeberischen Intention, durch das UmwG **Unternehmensumstrukturierungen** zu vereinfachen, widersprechen.[88] Mehrheitlich wird daher bejaht, dass auch Urheberrechte, die dem übertragenden Rechtsträger seinerseits wirksam zustehen, auf den übertragenden Rechtsträger übergehen (teilweise unter analoger Heranziehung der Vorschrift des § 28 UrhG).[89] Zum insoweit abweichenden Ergebnis bei Spaltungen siehe unten § 131 Rz. 36 [*Lubberich*].

i) Firma

42 Die Übertragung der **Firma** des übertragenden Rechtsträgers ist i. R. des **§ 18** möglich. Ist dies gewünscht, muss es gesondert von den Parteien geregelt werden, da die Firma anderenfalls mit Erlöschen des übertragenden Rechtsträgers untergeht (§ 20 Abs. 1 Nr. 2; siehe näher dazu § 18 Rz. 3 ff. [*Hoefling*]).[90]

j) Unternehmensverträge

43 Unternehmensverträge i. S. der **§§ 291 ff. AktG** gehen als gesellschaftsrechtliche Verträge[91] **nicht in allen Fällen per se** durch **Gesamtrechtsnachfolge** auf den übernehmenden Rechtsträger über. Es ist danach zu unterscheiden, zwischen welchen Parteien der Unternehmensvertrag besteht; auch auf den **Inhalt des Unternehmensvertrages** kommt es an. Eine Rolle für die Übergangsfähigkeit durch Gesamtrechtsfolge spielt letztlich auch die konkrete **Auslegung des Unternehmensvertrages** im Einzelfall.[92]

44 Werden das **herrschende** und das **abhängige Unternehmen** miteinander verschmolzen, **erlischt** der zwischen ihnen geschlossene Unternehmensvertrag mit Wirksamwerden der Verschmelzung im Wege der **Konfusion**.[93] Besteht allerdings vor der Verschmelzung ein **konzernrechtlicher Abfindungsanspruch** eines außenstehenden Aktionärs, ist dieser i. R. des Art. 14 GG schützenswert und besteht fort.[94]

---

87) Schmitt/Hörtnagl-*Winter*, UmwG/UmwStG, § 21 UmwG Rz. 87; Kallmeyer-*Oppenhoff*, UmwG, § 21 Rz. 6; Semler/Stengel/Leonard-*Leonard/Simon*, UmwG, § 20 Rz. 11; *Kogge* in: MünchHdb. GesR, Bd. 8, § 13 Rz. 37; Widmann/Mayer-*Vossius*, UmwR, § 20 UmwG Rz. 204.

88) *Kogge* in: MünchHdb. GesR, Bd. 8, § 13 Rz. 39.

89) *Kogge* in: MünchHdb. GesR, Bd. 8, § 13 Rz. 39; Wandtke/Bullinger-*Hoche*, UrhR, § 28 Rz. 9 – analoge Anwendung des § 28 UrhG; a. A. Widmann/Mayer-*Vossius*, UmwR, § 20 UmwG Rz. 207 – Übergang des Urheberverwertungsrechts (§ 30 UrhG).

90) Semler/Stengel/Leonard-*Schwanna*, UmwG, § 18 Rz. 3; *Kogge* in: MünchHdb. GesR, Bd. 8, § 13 Rz. 45.

91) Schmitt/Hörtnagl-*Winter*, UmwG/UmwStG, § 20 UmwG Rz. 55.

92) Schmitt/Hörtnagl-*Winter*, UmwG/UmwStG, § 20 UmwG Rz. 55; ausf. zur Auslegung von Unternehmens- und Umwandlungsverträgen: *Grunewald*, ZGR 2009, 647; für grenzüberschreitende Verträge: *Winter/Marx*, DStR 2011, 1101; *Bärwaldt/Schabacker*, AG 1998, 182.

93) OLG Hamm, Urt. v. 20.6.1988 – 8 U 329/87, DB 1988, 1842 = ZIP 1988, 1051; Schmitt/Hörtnagl-*Winter*, UmwG/UmwStG, § 20 UmwG Rz. 56; *Erkens* in: KölnKomm-UmwG, § 20 Rz. 24; Kallmeyer-*Oppenhoff*, UmwG, § 20 Rz. 18; *Krieger*, ZGR 1990, 517, 533; *K. J. Müller*, BB 2002, 157, 158, 160; *Gelhausen/Heinz*, NZG 2005, 775 – Abwicklung von Ergebnisabführungsverträgen bei Umwandlungen.

94) BVerfG, Beschl. v. 27.1.1999 – 1 BvR 1805-94, NZG 1999, 302 = NJW 1999, 1699; Lutter-*Grunewald*, UmwG, § 20 Rz. 45; vgl. dazu auch *Naraschewski*, DB 1997, 1653; *Schubert*, DB 1998, 761; *Schwab*, BB 2000, 527.

Ist der **übertragende Rechtsträger** der **Organträger** unter dem Unternehmensvertrag, so geht dieser Vertrag auf den übernehmenden Rechtsträger über.[95] 45

Handelt es sich bei dem **übertragenden Rechtsträger** i. R. der Verschmelzung um die **Organgesellschaft** in Bezug auf den Unternehmensvertrag, **erlischt** der Unternehmensvertrag mit Wirksamwerden der Verschmelzung.[96] Entsprechende Verträge müssen, falls sie nach Wirksamwerden der Verschmelzung weiterhin gewünscht sind, neu abgeschlossen werden. Abweichende Regelungen im Verschmelzungsvertrag sind unzulässig.[97] 46

Ist allerdings der **übernehmende Rechtsträger** Partei von Unternehmensverträgen mit Dritten, **bestehen** diese grundsätzlich **fort** und gehen **nicht** mit Wirksamwerden der Verschmelzung unter. Dies gilt sowohl für den Fall, dass der übernehmende Rechtsträger **abhängige Gesellschaft** unter dem Unternehmensvertrag ist, als auch, wenn der übernehmende Rechtsträger **herrschendes Unternehmen** ist. Denn grundsätzlich erhält der übernehmende Rechtsträger i. R. der Verschmelzung einen Vermögenszuwachs; der Vertrag kann Teil hiervon sein.[98] Nur im **Ausnahmefall**, wenn der Wechsel der Vertragspartei im Einzelfall für die abhängige Gesellschaft **unzumutbare Folgen** hat, könnte dies für die benachteiligte Partei ein außerordentliches Kündigungsrecht zur Folge haben,[99] so insbesondere, wenn das wirtschaftliche Risiko durch die Verschmelzung für die andere Partei des Unternehmensvertrags deutlich erhöht wird.[100] 47

k) Prozessrechtsverhältnisse

Prozessrechtsverhältnisse sind grundsätzlich nicht vom allgemeinen **Vermögensbegriff** umfasst. Es sind die prozessualen Besonderheiten und Vorschriften der ZPO zu beachten. Nach der Rechtsprechung des BGH gilt **§ 246 ZPO** (ggf. i. V. m. **§ 239 ZPO**) auch für die Gesamtrechtsnachfolge bei Verschmelzungen.[101] Es kommt zu einem gesetzlichen Wechsel der Prozesspartei. Der übernehmende Rechtsträger tritt als **Rechtsnachfolger** gemäß **§ 246 Abs. 1 ZPO** an die Stelle des übertragenden Rechtsträgers.[102] 48

95) Ganz h. M., LG Bonn, Beschl. v. 30.1.1996 – 11 T 1/96, MittRhNotK 1996, 145 = GmbHR 1996, 774; Lutter-*Grunewald*, UmwG, § 20 Rz. 40; Semler/Stengel/Leonard-*Leonard/Simon*, UmwG, § 20 Rz. 30; *Rieckers/Cloppenburg* in: BeckOGK-UmwG, § 20 Rz. 73; Widmann/Mayer-*Vossius*, UmwR, § 20 UmwG Rz. 293 f.; Schmitt/Hörtnagl-*Winter*, UmwG/UmwStG, § 20 UmwG Rz. 58; *Kogge* in: MünchHdb. GesR, Bd. 8, § 13 Rz. 60; *Vossius* in: FS Widmann, S. 138; *Priester*, ZIP 1992, 293, 301; a. A. *Bayer*, ZGR 1993, 599, 603 ff., der § 295 AktG für anwendbar erklärt und demgemäß ein Zustimmungserfordernis annimmt.

96) Ganz h. M., OLG Karlsruhe, Beschl. v. 29.8.1994 – 15 W 19/94, NJW-RR 1995, 354 = AG 1995, 139; Kallmeyer-*Oppenhoff*, UmwG, § 20 Rz. 21; Schmitt/Hörtnagl-*Winter*, UmwG/UmwStG, § 20 UmwG Rz. 57; *Kogge* in: MünchHdb. GesR, Bd. 8, § 13 Rz. 62; *Erkens* in: KölnKomm-UmwG, § 20 Rz. 27; Lutter-*Grunewald*, UmwG, § 20 Rz. 38; a. A. *Vossius* in: FS Widmann, S. 138 ff. – Kündigungsrecht.

97) *Erkens* in: KölnKomm-UmwG, § 20 Rz. 27; Lutter-*Grunewald*, UmwG, § 20 Rz. 38; *Kogge* in: MünchHdb. GesR, Bd. 8, § 13 Rz. 62.

98) Semler/Stengel/Leonard-*Leonard/Simon*, UmwG, § 20 Rz. 29; Schmitt/Hörtnagl-*Winter*, UmwG/UmwStG, § 20 UmwG Rz. 59.

99) Lutter-*Grunewald*, UmwG, § 20 Rz. 37; *Kogge* in: MünchHdb. GesR, Bd. 8, § 13 Rz. 58; *Rieckers/Cloppenburg* in: BeckOGK-UmwG, § 20 Rz. 71; *K. J. Müller*, BB 2002, 157, 158.

100) Lutter-*Grunewald*, UmwG, § 20 Rz. 37; *Kogge* in: MünchHdb. GesR, Bd. 8, § 13 Rz. 58; *Rieckers/Cloppenburg* in: BeckOGK-UmwG, § 20 Rz. 71; *K. J. Müller*, BB 2002, 157, 158.

101) BGH, Urt. v. 1.12.2003 – II ZR 161/02, NJW 2004, 1528 = AG 2004, 142; BGH, Urt. v. 14.2.2005 – II ZR 361/02, ZIP 2005, 854 = DStR 2005, 750; Schmitt/Hörtnagl-*Winter*, UmwG/UmwStG, § 20 UmwG Rz. 38; *Schulte* in: NK-UmwG, § 20 Rz. 18; Widmann/Mayer-*Vossius*, UmwR, § 20 UmwG Rz. 258; die Unterbrechung gemäß § 239 ZPO abl. Lutter-*Grunewald*, UmwG, § 20 Rz. 44; Semler/Stengel/Leonard-*Leonard/Simon*, UmwG, § 20 Rz. 66.

102) Zur Verschmelzung zweier Prozessparteien vgl. OLG München, Beschl. v. 21.11.2023 – 17 U 2817/23e, BeckRS 2023, 33169: übertragene Rechtsträger verliert Rechtspersönlichkeit; kein getrenntes Prozessrechtsverhältnis, sondern nur noch ein einziges.

49 Dies gilt grundsätzlich auch für das **Mahnverfahren** bis vor den Erlass des **Vollstreckungsbescheides.**[103)]

50 Für **bereits rechtskräftige** Gerichtsentscheidungen/**Titel** gelten **§§ 325 und 727 ZPO.**[104)] Eine Eintragung der Verschmelzung im elektronisch geführten Handelsregister ist eine allgemeinkundige Tatsache i. S. von § 727 Abs. 1, 2 ZPO.[105)]

51 Für die Zwecke der **Zwangsvollstreckung** durch den übernehmenden Rechtsträger muss ein rechtskräftiger Titel auf den **übernehmenden Rechtsträger** umgeschrieben werden.

52 Die **Rechtsnachfolge** kann hierbei durch **beglaubigten Auszug** aus dem Handelsregister nachgewiesen werden.[106)]

l) Arbeitsverhältnisse

53 Die Gesamtrechtsnachfolge i. R. des § 20 Abs. 1 Nr. 1 umfasst auch sämtliche Verpflichtungen und Ansprüche im Zusammenhang mit **Arbeitsverhältnissen.** Erfasst sind nicht nur bestehende, sondern auch **beendete Arbeitsverhältnisse.**[107)] Durch die Verschmelzung tritt ein **Wechsel in der Gläubiger- und Schuldnerstellung** aufseiten des Arbeitgebers ein.[108)] Gleichzeitig sind Arbeitnehmer i. R. der Verschmelzung als Gläubiger des übertragenen Rechtsträgers anzusehen, so dass § 22 Anwendung findet (Sicherheitsleistung).[109)] Dies gilt allerdings nicht für Versorgungsansprüche, welche über den Pensionssicherungsverein auf Gegenseitigkeit abgesichert sind.[110)]

54 Arbeitsverträge gehen grundsätzlich **ohne Inhaltsänderung** auf den übernehmenden Rechtsträger über.[111)] Die Übertragung des Arbeitsvertrages erfolgt kraft Gesetzes, auf die Voraussetzungen des § 613a BGB kommt es mithin nicht an. Die Rechtsprechung geht davon aus, dass **§ 20 Abs. 1 Nr. 1 insoweit gegenüber § 613a BGB vorrangig** ist.[112)]

55 In der Literatur bestand **Uneinigkeit** darüber, ob **§ 613a BGB** auch auf einen **gesetzlichen Vermögensübergang** im Wege der Gesamtrechtsnachfolge anwendbar ist. Nach einer Meinung regelt § 613a BGB nur den Übergang durch Rechtsgeschäft.[113)] Die Gegenansicht lässt für ein Rechtsgeschäft in diesem Sinne bereits den Verschmelzungsvertrag (§ 4) genügen.[114)]

56 Jedenfalls wird durch § 35a Abs. 2 (§ 324 a. F.) die Anwendbarkeit des § 613a Abs. 1, 4–6 BGB **auch bei der Verschmelzung** angeordnet. Da der bisherige Arbeitgeber aufgrund der

---

103) Schmitt/Hörtnagl-*Winter*, UmwG/UmwStG, § 20 UmwG Rz. 39; Widmann/Mayer-*Vossius*, UmwR, § 20 UmwG Rz. 238.

104) Schmitt/Hörtnagl-*Winter*, UmwG/UmwStG, § 20 UmwG Rz. 41; *Kogge* in: MünchHdb. GesR, Bd. 8, § 13 Rz. 121, 122; Semler/Stengel/Leonard-*Leonard/Simon*, UmwG § 20 Rz. 66; Kallmeyer-*Oppenhoff*, UmwG, § 20 Rz. 25; a. A. zu § 325 ZPO i. R. der Spaltung BGH, Beschl. v. 28.6.2006 – XII ZB 9/04, NJW-RR 2006, 1628 = AG 2006, 89; BGH, Beschl. v. 8.11.2023 – VII ZB 20/20, MittBayNot 2024, 298 = BeckRS 2023, 39088.

105) BGH, Beschl. v. 8.11.2023 – VII ZB 20/20, MittBayNot 2024, 298 = BeckRS 2023, 39088; BGH, Beschl. v. 24.5.2023 – VII ZB 69/21, NJW 2023, 2489 = DStR 2023, 1786.

106) Schmitt/Hörtnagl-*Winter*, UmwG/UmwStG, § 20 UmwG Rz. 41; Widmann/Mayer-*Vossius*, UmwR, § 20 UmwG Rz. 61.

107) *Kogge* in: MünchHdb. GesR, Bd. 8, § 13 Rz. 64.

108) Widmann/Mayer-*Vossius*, UmwR, § 20 UmwG Rz. 116; Schmitt/Hörtnagl-*Winter*, UmwG/UmwStG, § 20 UmwG Rz. 95; *Kogge* in: MünchHdb. GesR, Bd. 8, § 13 Rz. 64.

109) Semler/Stengel/Leonard-*Seulen*, UmwG, § 22 Rz. 70; *Kogge* in: MünchHdb. GesR, Bd. 8, § 13 Rz. 64.

110) Semler/Stengel/Leonard-*Seulen*, UmwG, § 22 Rz. 71; *Kogge* in: MünchHdb. GesR, Bd. 8, § 13 Rz. 64.

111) *Kogge* in: MünchHdb. GesR, Bd. 8, § 13 Rz. 66.

112) BAG, Urt. v. 21.2.2008 – 8 AZR 157/07, NZA 2008, 815 = AP § 613a BGB Nr. 342; abw. zuvor BAG, Urt. v. 25.5.2000 – 8 AZR 416/99, NZA 2000, 1115 = AP BGB § 613a Nr. 209 – bezogen auf eine Spaltungsmaßnahme.

113) Jauernig-*Mansel*, BGB, § 613a Rz. 3a; *Kogge* in: MünchHdb. GesR, Bd. 8, § 13 Rz. 65; *Kallmeyer*, DB 1993, 367, 368.

114) *Ganske*, WM 1993, 1117, 1121, 1129.

Verschmelzung erlischt, nimmt die Rechtsprechung des **BAG** im Wege der **teleologischen Reduktion** einen Ausschluss des arbeitnehmerseitigen Widerspruchsrechts zugunsten eines Kündigungsrechts aus wichtigen Grund gemäß § 626 BGB an.[115)]

m) Öffentlich-rechtliche Rechtspositionen; Genehmigungen und Erlaubnisse

Auch für **öffentlich-rechtliche Rechtsverhältnisse** gilt, dass diese grundsätzlich als **Teil der Gesamtrechtsnachfolge** auf den **übernehmenden Rechtsträger** übergehen. Bei öffentlich-rechtlichen **Verpflichtungen** ist dies zu bejahen, soweit sie nicht **höchstpersönlicher Natur** sind.[116)] So gehen bspw. **Steuerschulden** des übertragenden Rechtsträgers auf den **übernehmenden Rechtsträger** über (vgl. § 45 AO).[117)] 57

Auch **sachbezogene Pflichten** öffentlich-rechtlicher Natur gehen auf den übernehmenden Rechtsträger über. Dies können etwa **Sanierungspflichten** nach **§ 4 BBodSchG** sein.[118)] Hierfür ist nicht relevant, ob diese Pflichten bereits **durch Verwaltungsakt konkretisiert** sind.[119)] 58

Für **öffentlich-rechtliche Rechtspositionen/Befugnisse** gilt, dass diese im Grundsatz ebenfalls auf den übernehmenden Rechtsträger übergehen.[120)] Die Grenze bildet die **Höchstpersönlichkeit** solcher **Rechtspositionen** und **Erlaubnisse.** Mit dem Ende der Existenz eines Rechtsträgers **erlischt** eine höchstpersönliche Erlaubnis.[121)] Beispiele für **Rechtspositionen**, die **höchstpersönlich** sind, sind bspw. die **Erlaubnis** nach **§ 2 ApoG**, nach dem **LuftVG** oder zur **Personenbeförderung (§§ 2, 9, 13 PBefG)**; auch die **Arbeitnehmerüberlassungserlaubnis** gemäß **§ 1 Abs. 1 Satz 1 AÜG** erlischt mit Wirksamwerden der Verschmelzung.[122)] Ebenso erlischt mit Wirksamwerden der Verschmelzung die Berechtigung, ein **medizinisches Versorgungszentrum** zu betreiben (§ 95 Abs. 1 Satz 1 SGB V).[123)] Das Gleiche gilt für die Erlaubnis für **Bankgeschäfte** nach § 32 KWG, § 8 VAG für **Versicherungsgeschäfte,** für die **Gaststättenerlaubnis** nach § 2 GastG, aber auch für § 1 Handwerksordnung (Betrieb eines selbstständigen zulassungspflichtigen Handwerks), § 33c GewO (Spielgeräte mit Gewinnmöglichkeit), § 34a GewO (Bewachungsgewerbe), § 34b GewO (Auktionen), § 34c GewO (Makler, Bauträger, Baubetreuer), § 30 GewO (Privatkrankenanstalten). Mithin 59

---

115) BAG, Urt. v. 21.2.2008 – 8 AZR 157/07, NZA 2008, 815 = AP § 613a BGB Nr. 342 – zu § 324 a. F.

116) VGH Kassel, Urt. v. 26.10.2017 – 6 A 1762/15, EnWZ 2018, 141 = BeckRS 2017, 134047; Schmitt/Hörtnagl-*Winter*, UmwG/UmwStG, § 20 UmwG Rz. 92; Semler/Stengel/Leonard-*Leonard/Simon*, UmwG, § 20 Rz. 67; *Heckschen*, RFamU 2025, 51, 52; noch präziser auf eine „absolut höchstpersönliche" Natur der betroffenen Rechtsverhältnisse abstellend jüngst *Burgard/Schneider*, ZIP 2025, 923, 929, die zu Recht darauf hinweisen, dass sich Höchstpersönlichkeit und Personenbezogenheit der Rechtsverhältnisse nicht gleichsetzen lässt. Zum Ganzen auch *Heckschen/Michel*, GmbHR 2025, 959.

117) BFH, Urt. v. 29.1.2003 – I R 38/01, BFH/NV 2004, 305 = GmbHR 2004, 263; Schmitt/Hörtnagl-*Winter*, UmwG/UmwStG, § 20 UmwG Rz. 92; Kallmeyer-*Oppenhoff*, UmwG, § 20 Rz. 27; *Schulte* in: NK-UmwG, § 20 Rz. 21.

118) BVerwG, Urt. v. 16.3.2006 – 7 C 3/05, NVwZ 2006, 928 = BeckRS 2006, 23552; VG Köln, Urt. v. 26.2.2015 – 13 K 6300/12, BeckRS 2015, 43285; *Kogge* in: MünchHdb. GesR, Bd. 8, § 13 Rz. 110; Semnler/Stengel/Leonard-*Leonard/Simon*, UmwG, § 20 Rz. 69.

119) *Kogge* in: MünchHdb. GesR, Bd. 8, § 13 Rz. 110; a. A. Kallmeyer-*Oppenhoff*, UmwG, § 20 Rz. 27 – nur wenn Pflichten bereits konkretisiert.

120) Schmitt/Hörtnagl-*Winter*, UmwG/UmwStG, § 20 UmwG Rz. 88; *Heckschen*, ZIP 2014, 1605, 1606; *Bremer*, GmbHR 2000, 865, 865; *Gaiser*, DB 2000, 361, 364; *Lieder/Koch*, GmbHR 2022, 389, 392; *Horn/Olgemöller*, NZG 2020, 1021, 1022 – zur Frage der Halterangaben eines Fahrzeugs nach Verschmelzung.

121) Widmann/Mayer-*Vossius*, UmwR, § 20 UmwG Rz. 249 ff.; Schmitt/Hörtnagl-*Winter*, UmwG/UmwStG, § 20 UmwG Rz. 89; Lutter-*Grunewald*, UmwG, § 20 Rz. 13; *Schulte* in: NK-UmwG, § 20 Rz. 20; *Rieckers/Cloppenburg* in: BeckOGK-UmwG, § 20 Rz. 105; *Erkens* in: KölnKomm-UmwG, § 20 Rz. 30; *Gaiser*, DB 2000, 361, 364; a. A. *Lieder/Koch*, GmbHR 2022, 389, 393 ff. – Regelungsvorschlag, der den Übergang aller öffentlich-rechtlicher Positionen vorsieht.

122) LAG Düsseldorf, Urt. v. 25.8.2008 – 17 Sa 153/08, BeckRS 2008, 139795; Schmitt/Hörtnagl-*Winter*, UmwG/UmwStG, § 20 UmwG Rz. 90; vgl. aber jüngst hiergegen *Pfrang/Geyer*, ZAU 2025, 65, 67 ff.

123) Schmitt/Hörtnagl-*Winter*, UmwG/UmwStG, § 20 UmwG Rz. 90; *Rehborn*, MedR 2010, 290, 293; *Meschke*, MedR 2009, 269, 271 f.

muss vor Abschluss des Verschmelzungsvertrages ein **Neuerwerb** derjenigen Erlaubnisse, welche höchstpersönlich sind, **durch den übernehmenden Rechtsträger** betrieben werden.

n) Versorgungsverbindlichkeiten/Pensionsverbindlichkeiten

60 Auch für die Versorgungsansprüche **aktiver Arbeitnehmer** ist der Anwendungsbereich von **§ 613a Abs. 1 Satz 1 BGB** eröffnet. Diese gehen auf den übernehmenden Rechtsträger über.[124] Bei **Pensionären** oder ausgeschiedenen Arbeitnehmern gilt, dass über die entsprechenden Verbindlichkeiten grundsätzlich frei verfügt werden kann, so dass sie unproblematisch auf den übernehmenden Rechtsträger übergehen.[125]

o) Organstellungen

61 Während bei **Abspaltung und Ausgliederung** grundsätzlich **Amtskontinuität** gilt (siehe näher § 131 Rz. 47 [*Lubberich*]), und die **Amtsstellungen** der Organmitglieder des **übernehmenden Rechtsträgers** durch die Verschmelzung grundsätzlich nicht beeinflusst werden,[126] **erlöschen** die Ämter der Organmitglieder des **übertragenden Rechtsträgers** mit Wirksamwerden der Verschmelzung (vgl. § 20 Abs. 1 Nr. 2).[127]

IV. Erlöschen des übertragenden Rechtsträgers (§ 20 Abs. 1 Nr. 2)

62 Bei der Verschmelzung **erlischt** der übertragende Rechtsträger mit Wirksamwerden der Maßnahme. Dies ist der Zeitpunkt der Eintragung der Verschmelzung in das Register des übernehmenden Rechtsträgers (§ 20 Abs. 1 Halbs. 1 i. V. m. Nr. 2). Einer **Abwicklung/Liquidation** bedarf es nicht (§ 20 Abs. 1 Nr. 2 Satz 2). Eine Ausnahme bildet **§ 25 Abs. 2**, falls sich Organmitglieder des übertragenden Rechtsträgers gemäß **§ 25 Abs. 1** im Zusammenhang mit der Verschmelzung **schadensersatzpflichtig** gemacht haben.[128] Danach wird das Fortbestehen des übertragenden Rechtsträgers fingiert. Eine vergleichbare Rechtsfolge gibt es bei Spaltungsmaßnahmen, bei denen der übertragende Rechtsträger erlischt (d. h. nur bei Aufspaltungen, siehe dazu § 131 Rz. 48 [*Lubberich*]).

V. Anteilstausch (§ 20 Abs. 1 Nr. 3)

63 Die **Anteilsgewährung** ist ein **wesentliches Grundprinzip** der Verschmelzung. Nach **§ 20 Abs. 1 Nr. 3 Satz 1 Halbs. 1** werden die Gesellschafter des übertragenden Rechtsträgers **automatisch** kraft Gesetzes **Anteilsinhaber des übernehmenden Rechtsträgers.** Es sind keine zusätzlichen **Willenserklärungen**, oder etwa die Übertragung von Aktienurkunden oder sonstiger Dokumentation, erforderlich.[129] Nach ganz h. M. trifft dies jedoch nur auf die **wirklichen Gesellschafter** des übertragenden Rechtsträgers zu.[130] In der Folge ist eine Verschmelzung zur **Heilung von Mängeln** in der **Abtretungskette** von Geschäftsanteilen nur bedingt geeignet.

---

124) Kallmeyer-*Oppenhoff*, UmwG, § 20 Rz. 11; *Kogge* in: MünchHdb. GesR, Bd. 8, § 13 Rz. 67; Widmann/Mayer-*Vossius*, UmwR, § 20 UmwG Rz. 123 ff.

125) Widmann/Mayer-*Vossius*, UmwR, § 20 UmwG Rz. 120; Kallmeyer-*Oppenhoff*, UmwG, § 20 Rz. 11; *Kogge* in: MünchHdb. GesR, Bd. 8, § 13 Rz. 67.

126) Semler/Stengel/Leonard-*Leonard/Simon*, UmwG, § 20 Rz. 20; *Kogge* in: MünchHdb. GesR, Bd. 8, § 13 Rz. 71.

127) BGH, Beschl. v. 18.6.2012 – II ZA 4/12, ZIP 2013, 1467 = AG 2013, 634; BGH, Beschl. v. 27.1.2015 – II ZB 7/14, NZG 2015, 438 = NJW 2015, 1449; *Kogge* in: MünchHdb. GesR, Bd. 8, § 13 Rz. 70; Lutter-*Grunewald*, UmwG, § 20 Rz. 27; *Rieckers/Cloppenburg* in: BeckOGK-UmwG, § 20 Rz. 83; *Kierstein* in: HK-UmwG, § 20 Rz. 5; Kallmeyer-*Oppenhoff*, UmwG, § 20 Rz. 28; *Haßler*, AG 2016, 388, 389.

128) *Rieckers/Cloppenburg* in: BeckOGK-UmwG, § 20 Rz. 114; Schmitt/Hörtnagl-*Winter*, UmwG/UmwStG, § 20 UmwG Rz. 7; Semler/Stengel/Leonard-*Leonard/Simon*, UmwG, § 20 Rz. 73; *Erkens* in: KölnKomm-UmwG, § 20 Rz. 36.

129) Schmitt/Hörtnagl-*Winter*, UmwG/UmwStG, § 20 UmwG Rz. 96; *Schniepp/Hensel*, NZG 2014, 857, 860.

130) Widmann/Mayer-*Vossius*, UmwR, § 20 UmwG Rz. 336; *Kogge* in: MünchHdb. GesR, Bd. 8, § 13 Rz. 151; *Westermann/Hornung*, GmbHR 2017, 626, 628 f.; *Schniepp/Hensel*, NZG 2014, 857, 860 f.

Ein Anteilserwerb findet nicht statt, wenn der übernehmende Rechtsträger Anteile am übertragenen Rechtsträger hält oder der übertragende Rechtsträger eigene Anteile hält, **§ 20 Abs. 1 Nr. 3 Satz 1 Halbs. 2.**[131] Im erstgenannten Fall käme es anderenfalls zum Erwerb **eigener Anteile** durch den **übernehmenden Rechtsträger**, was für Kapitalgesellschaften unerwünscht bis unzulässig ist.[132] Auch im zweitgenannten Fall, in dem der **übertragende Rechtsträger** eigene Anteile erhält, wäre infolge der gleichzeitigen Gesamtrechtsnachfolge auch in diesem Fall die Folge, dass der übernehmende Rechtsträger **Anteile an sich selbst** erhält. Es ist konsequent, dass in diesen Fällen bei Kapitalgesellschaften die Kapitalerhöhung ausgeschlossen ist (§ 54 Abs. 1 Satz 1 Nr. 2 und § 68 Abs. 1 Satz 1 Nr. 2).[133] 64

Des Weiteren können die **Anteilsinhaber des übertragenen Rechtsträgers** auf die Anteilsgewährung verzichten, **§ 54 Abs. 1 Satz 3** bzw. **§ 68 Abs. 1 Satz 3**. Die Verzichtserklärung ist notariell zu beurkunden (§§ 8 Abs. 3, 9 Abs. 2, 12 Abs. 3, 54 Abs. 1 Satz 3, 68 Abs. 1 Satz 3).[134] Die Eintragung heilt den Mangel der notariellen Beurkundung der Verzichtserklärung (**§ 20 Abs. 1 Nr. 4**). Die Möglichkeit des Verzichts auf Anteilsgewährung besteht auch für Gesellschaften, die keine Kapitalgesellschaft sind (entsprechende Anwendung).[135] 65

VI. Mängel und Mängelheilung (§ 20 Abs. 1 Nr. 4; Abs. 2)

§ 20 Abs. 1 Nr. 4 regelt eine **wesentliche Rechtsfolge** der Eintragung der Verschmelzung **beim übernehmenden Rechtsträger** und damit ihres Wirksamwerdens. Mit Eintragung der Verschmelzung werden der **Mangel der notariellen Beurkundung** des Verschmelzungsvertrags sowie ggf. erforderliche Zustimmungs- oder Verzichtserklärungen geheilt. In der Regel wird es aufgrund der Prüfung durch das Registergericht in der Praxis nicht zur Eintragung **nicht beurkundeter** Verschmelzungsverträge in das Handelsregister kommen. Denkbar sind allerdings Fälle, in denen der **Verschmelzungsvertrag** bspw. teilweise nicht notariell beurkundet wird oder über die **Beurkundung im Ausland** stattfindet, ohne dass eine Gleichwertigkeit der Beurkundung zu bejahen wäre.[136] 66

Die Praxisrelevanz der Vorschrift ergibt sich aber im Wesentlichen daraus, dass **Nebenabreden zu dem Verschmelzungsvertrag** existieren, die ihrerseits nicht dem Beurkundungserfordernis des **§ 6** genügen. Auch diese Mängel werden mit Eintragung und Wirksamwerden der Verschmelzung geheilt.[137] Nicht geheilt werden allerdings **Sonderabreden** i. S. von **§ 5 Abs. 1 Nr. 8**, die im Verschmelzungsvertrag verschwiegen wurden.[138] 67

131) Verschmelzung zweier Partnerschaftsgesellschaften steht nicht entgegen, wenn übernehmende PartGs einzige Ges der übertragenden GmbH, vgl. KG Berlin, Beschl. v. 11.11.2024 – 22 W 48/24, BeckRS 2024, 42284 = ZIP 2025, 828.

132) Schmitt/Hörtnagl-*Winter*, UmwG/UmwStG, § 20 UmwG Rz. 97; *Kogge* in: MünchHdb. GesR, Bd. 8, § 13 Rz. 155.

133) Semler/Stengel/Leonard-*Leonard/Simon*, UmwG, § 20 Rz. 78; *Kogge* in: MünchHdb. GesR, Bd. 8, § 13 Rz. 158; *Rieckers/Cloppenburg* in: BeckOGK-UmwG, § 20 Rz. 124; *Lieder*, GmbHR 2014, 232, 233.

134) Kallmeyer-*Oppenhoff*, UmwG, § 20 Rz. 29; *Kogge* in: MünchHdb. GesR, Bd. 8, § 13 Rz. 159; Lutter-*Grunewald*, UmwG, § 20 Rz. 70; *Wicke*, ZGR 2017, 527, 529 f.

135) *Kogge* in: MünchHdb. GesR, Bd. 8, § 13 Rz. 159.

136) *Rieckers/Cloppenburg* in: BeckOGK-UmwG, § 20 Rz. 130; *Kogge* in: MünchHdb. GesR, Bd. 8, § 13 Rz. 169; *Erkens* in: KölnKomm-UmwG, § 20 Rz. 42; Semler/Stengel/Leonard-*Leonard/Simon*, UmwG, § 20 Rz. 82; Lutter-*Grunewald*, UmwG, § 20 Rz. 74; Widmann/Mayer-*Vossius*, UmwR, § 20 UmwG Rz. 370 – nur wenn überhaupt Beurkundung vorgenommen.

137) Schmitt/Hörtnagl-*Winter*, UmwG/UmwStG, § 20 UmwG Rz. 107; *Kogge* in: MünchHdb. GesR, Bd. 8, § 13 Rz. 171; *Rieckers/Cloppenburg* in: BeckOGK-UmwG, § 20 Rz. 130; *Erkens* in: KölnKomm-UmwG, § 20 Rz. 42; Kallmeyer-*Oppenhoff*, UmwG, § 20 Rz. 32.

138) LAG Nürnberg, Urt. v. 26.8.2004 – 2 Sa 463/02, ZIP 2005, 398 = BeckRS 2004, 41744; Schmitt/Hörtnagl-*Winter*, UmwG/UmwStG, § 20 UmwG Rz. 107; *Kogge* in: MünchHdb. GesR, Bd. 8, § 13 Rz. 171; Kallmeyer-*Oppenhoff*, UmwG, § 20 Rz. 32; *Rieckers/Cloppenburg* in: BeckOGK-UmwG, § 20 Rz. 130; *Erkens* in: KölnKomm-UmwG, § 20 Rz. 42; Lutter-*Grunewald*, UmwG, § 20 Rz. 75.

68 Auch weitere Verschmelzungsmängel lassen nach § 20 **Abs. 2** die Wirksamkeit der Verschmelzung unberührt. Im Unterschied zu den Fällen des § 20 Abs. 1 Nr. 4 werden diese Mängel allerdings nicht geheilt, sondern bleiben grundsätzlich bestehen.[139)]

69 Durch die Vorschrift soll eine **Entschmelzung** ausgeschlossen werden; entsprechende Regelungen finden sich in **§ 131 Abs. 2** für die **Spaltung** und **§ 202 Abs. 3** für den **Formwechsel**. Dieses Ziel erreicht der Gesetzgeber dadurch, dass die Verschmelzung ab ihrer Eintragung, unabhängig von Mängeln, die im Verschmelzungsverfahren aufgetreten sind, wirksam sein kann. Dabei kommt es nicht darauf an, welche **konkrete Rechtshandlung** i. R. des Umwandlungsverfahrens mangelhaft war, oder wie schwer der Mangel wiegt. Eine Grenze bilden Fälle, in denen Maßnahmen getroffen wurden, bei denen es sich nicht um eine im UmwG geregelte Umwandlung handelt.[140)]

70 **Sinn und Zweck** der Regelung ist die Rechtssicherheit, so dass **keine Zweifel** über die Wirksamkeit der Verschmelzung entstehen können. Diese **„konstitutive Wirkung"**[141)] meint in der Praxis die **dingliche Bestandskraft** der eingetragenen Umwandlung. Beispiele für die Bestandskraft sind:

- Mängel des **Verschmelzungsvertrages**;[142)] die Rechtsfolge des § 20 Abs. 2 ist es dann allerdings gerade nicht, den mangelhaften Verschmelzungsvertrag um jeden Preis zu **vollziehen** und so zu leben, wie er **formuliert** ist. Der Sinn und Zweck des Gesetzes ist angemessen zu berücksichtigen: Der Gesetzgeber beabsichtigt, eine **Entschmelzung** zu vermeiden. In der Folge muss daher eine ergänzende Vertragsauslegung erfolgen.[143)]
- Mängel des Kapitalerhöhungsbeschlusses;[144)]
- mangelhafte **Eintragungsreihenfolge**; z. B. **Kapitalerhöhung** ist zum Zeitpunkt der Eintragung der Verschmelzungsmaßnahme am Sitz der übernehmenden Gesellschaft noch nicht eingetragen (Verstoß gegen §§ 53, 66);[145)] in diesem Fall muss die Eintragung der Kapitalerhöhung nachgeholt werden.[146)]
- Vollständiges **Fehlen des Kapitalerhöhungsbeschlusses**;[147)] in diesem Fall muss der Kapitalerhöhungsbeschluss nachträglich gefasst werden.

71 Können die Fehler nicht geheilt werden, bspw., weil die Verschmelzung nicht eingetragen wird, sind die Grundsätze über die Behandlung **fehlerhafter** gesellschaftsrechtlicher Akte **nicht anwendbar**.[148)]

---

139) Begr. RegE Verschmelzungsrichtlinie-Gesetz z. § 352a AktG a. F., BT-Drucks. 9/1065, S. 30; *Kogge* in: MünchHdb. GesR, Bd. 8, § 13 Rz. 174; *Rieckers/Cloppenburg* in: BeckOGK-UmwG, § 20 Rz. 132.

140) BGH, Urt. v. 29.6.2001 – V ZR 186/00, BeckRS 2001, 7163 = ZIP 2001, 2006; OLG Frankfurt/M., Beschl. v. 24.1.2012 – 20 W 504/10, AG 2012, 461 = NZG 2012, 596; BayObLG, Beschl. v. 15.10.1999 – 3Z BR 295/99, DB 1999, 2504 =NZG 2000, 50; BGH, Beschl. v. 5.3.1999 – BLw 45/98, NZG 1999, 785 = VIZ 1999, 629 jeweils m. w. N.; Schmitt/Hörtnagl-*Winter*, UmwG/UmwStG, § 20 UmwG Rz. 109; *Rieckers/Cloppenburg* in: BeckOGK-UmwG, § 20 Rz. 134; a. A. ähnl. für theoretische Extremfälle Lutter-*Grunewald*, UmwG, § 20 Rz. 81.

141) Sog. bei Schmitt/Hörtnagl-*Winter*, UmwG/UmwStG, § 20 UmwG Rz. 110, 111.

142) Schmitt/Hörtnagl-*Winter*, UmwG/UmwStG, § 20 UmwG Rz. 117.

143) Kallmeyer-*Oppenhoff*, UmwG, § 20 Rz. 40; Schmitt/Hörtnagl-*Winter*, UmwG/UmwStG, § 20 UmwG Rz. 118; Lutter-*Grunewald*, UmwG, § 20 Rz. 90; Semler/Stengel/Leonard-*Leonard/Simon*, UmwG § 20 Rz. 99; *Erkens* in: KölnKomm-UmwG, § 20 Rz. 53; *Rieckers/Cloppenburg* in: BeckOGK-UmwG, § 20 Rz. 143.

144) Semler/Stengel/Leonard-*Leonard/Simon*, § 20 Rz. 95 ff.; Kallmeyer-*Oppenhoff*, UmwG, § 20 Rz. 42 ff.; Schmitt/Hörtnagl-*Winter*, UmwG/UmwStG, § 20 UmwG Rz. 120; Lutter-*Grunewald*, UmwG, § 20 Rz. 92.

145) Kallmeyer-*Oppenhoff*, UmwG, § 20 Rz. 45; Schmitt/Hörtnagl-*Winter*, UmwG/UmwStG, § 20 UmwG Rz. 120.

146) Schmitt/Hörtnagl-*Winter*, UmwG/UmwStG, § 20 UmwG Rz. 120; Kallmeyer-*Oppenhoff*, UmwG, § 20 Rz. 45; a. A. Widmann/Mayer-*Vossius*, UmwR, § 20 UmwG Rz. 378 – Neueintragung der Verschmelzung.

147) Lutter-*Grunewald*, UmwG, § 20 Rz. 92; Schmitt/Hörtnagl-*Winter*, UmwG/UmwStG, § 20 UmwG Rz. 121; Kallmeyer-*Oppenhoff*, UmwG, § 20 Rz. 44.

148) Schmitt/Hörtnagl-*Winter*, UmwG/UmwStG, § 20 UmwG Rz. 125.

§ 21
Wirkung auf gegenseitige Verträge

Treffen bei einer Verschmelzung aus gegenseitigen Verträgen, die zur Zeit der Verschmelzung von keiner Seite vollständig erfüllt sind, Abnahme-, Lieferungs- oder ähnliche Verpflichtungen zusammen, die miteinander unvereinbar sind oder die beide zu erfüllen eine schwere Unbilligkeit für den übernehmenden Rechtsträger bedeuten würde, so bestimmt sich der Umfang der Verpflichtungen nach Billigkeit unter Würdigung der vertraglichen Rechte aller Beteiligten.

Literatur: *Berner/Klett*, Die Aufteilung von Vertragsverhältnissen – Ein Beitrag zu mehr Rechtssicherheit bei umwandlungsrechtlichen Spaltungen, NZG 2008, 601; *Petersen*, Der Gläubigerschutz im Umwandlungsrecht, München 2001 (Habil.); *Rieble*, Verschmelzung und Spaltung von Unternehmen und ihre Folgen für Schuldverhältnisse mit Dritten, ZIP 1997, 301.

Übersicht

I. Allgemeines

1. Normzweck

1 Die Vorschrift beabsichtigt, bestimmten Konstellationen **gegenseitiger Verträge** Rechnung zu tragen, in denen die Verpflichtungen des übertragenden und des übernehmenden Rechtsträgers **miteinander nicht vereinbar** sind. Die Norm geht in ihren Rechtsfolgen weiter als das allgemeine Leistungsstörungsrecht (**§ 313 BGB**),[1] da sie die Zuordnung zur Risikosphäre durchbricht.[2]

2. Entstehungsgeschichte

2 Die (inhaltlich vergleichbaren) **Vorläufervorschriften** von § 21 sind § 25 Abs. 2 Satz 2 KapErhG a. F. und § 346 Abs. 3 Satz 2 AktG a. F.[3]

II. Tatbestandsvoraussetzungen

3 Zunächst müssen der übertragende und der übernehmende Rechtsträger jeweils einen **gegenseitigen Vertrag** mit einem **Dritten** geschlossen haben. Die Vorschrift regelt weder diejenigen Fälle, in denen Verträge zwischen übertragendem und übernehmendem Rechtsträger bestehen – diese werden unproblematisch durch **Konfusion** gelöst – noch ist Voraussetzung, dass die betreffenden Verträge mit ein- und demselben Dritten geschlossen sind.[4]

1) Schmitt/Hörtnagl-*Winter*, UmwG/UmwStG, § 20 UmwG Rz. 1; Semler/Stengel/Leonard-*Leonard*, UmwG, § 20 Rz. 4; *Rieckers/Cloppenburg* in: BeckOGK-UmwG, § 21 Rz. 1; Kallmeyer-*Oppenhoff*, UmwG, § 21 Rz. 1; Lutter-*Grunewald*, UmwG, § 21 Rz. 2; Widmann/Mayer-*Vossius*, UmwR, § 21 UmwG Rz. 2; *Erkens* in: KölnKomm-UmwG, § 21 Rz. 1; *Schulte* in: NK-UmwG, § 21 Rz. 1. Laut *Rieble*, ZIP 1997, 301, 302 – „ ein Spezialfall der Geschäftsgrundlagenlehre".

2) Ausf. zum Sukzessionsschutz des Gläubigers: *Petersen*, Der Gläubigerschutz im Umwandlungsrecht, S. 326 ff.

3) Schmitt/Hörtnagl-*Winter*, UmwG/UmwStG, § 21 UmwG Rz. 1; Semler/Stengel/Leonard-*Leonard*, UmwG, § 21 Rz. 2; *Erkens* in: KölnKomm-UmwG, § 21 Rz. 3; *Rieckers/Cloppenburg* in: BeckOGK-UmwG, § 21 Rz. 1.

4) Dies offenbar voraussetzend Pöhlmann/Fandrich/Bloehs-*Fandrich*, GenG, § 21 UmwG Rz. 1.

4 Es muss sich um **gegenseitige Verträge** handeln, die **Abnahme-, Lieferungs- oder ähnliche Verpflichtungen** vorsehen. Die unter dem betreffenden Vertrag bestehenden Verpflichtungen dürfen bislang von keiner Seite vollständig erfüllt worden sein. Das Gesetz fordert weiterhin, dass **Verpflichtungen „zusammentreffen"**, die miteinander **unvereinbar** sind oder die beide zu erfüllen den übernehmenden Rechtsträger **schwer unbillig belasten** würde.

5 Der Begriff des **gegenseitigen Vertrages** kann im allgemeinen, schuldrechtlichen Sinne verstanden werden und setzt mithin voraus, dass jede Partei der anderen eine Leistung versprochen hat und die beiderseitigen Leistungen voneinander abhängen, wenn also jeder Vertragsteil seine Leistung als **Äquivalent** für die **Leistung des anderen Teils** sieht.[5)]

6 Die gegenseitigen Verträge dürfen **noch nicht vollständig erfüllt** sein.[6)] Ab dem Zeitpunkt der vollständigen Erfüllung auch nur einer der Verträge sind lediglich die allgemeinen Vorschriften (**§§ 242, 313 BGB**) anwendbar.[7)]

7 Die noch offenen Verpflichtungen müssen schließlich auf Ebene des übernehmenden Rechtsträgers, bei dem sie sich kumulieren, **miteinander unvereinbar** sein oder für den übernehmenden Rechtsträger zu **schwerer Unbilligkeit** führen. In der Praxis wohl häufige und bedeutsame Anwendungsfälle sind z. B. Konkurrenzschutz- oder **Exklusivlieferabreden** (z. B. der Fall, dass der übertragende Rechtsträger nur von Lieferant A beziehen darf und gleichzeitig der übernehmende Rechtsträger nur von Lieferant B).[8)]

8 Die Tatbestandsvoraussetzungen der Unvereinbarkeit bzw. der schweren Unbilligkeit stehen zueinander im Alternativverhältnis. Eine Unvereinbarkeit der **Leistungen bzw. Verpflichtungen** ist gegeben, wenn die Erfüllung der einen **Verpflichtung** diejenige der anderen Verpflichtung verhindert oder vereitelt, weil es zu einer **Pflichtenkollision** kommt (automatische Verletzung des einen Vertrages durch Erfüllung des anderen Vertrages).[9)] Schwere Unbilligkeit ist gegeben, wenn bei objektiver Betrachtung[10)] die Erfüllung beider Verpflichtungen (obschon sie nicht unmöglich ist) zu einer erheblichen wirtschaftlichen Beeinträchtigung führt.[11)]

III. Rechtsfolgen

9 Es kommt zu einer Vertragsanpassung nach den Maßstäben der Billigkeit. Es sind die Leistungsstörungsregeln, die auf die jeweiligen Verträge anwendbar sind, in Betracht zu ziehen, z. B. **Kündigungs- oder Rücktrittsrechte**.[12)] Die Belange der anderen Vertragspartei sind

5) BGH, Urt. v. 2.12.2004 – IX ZR 200/03, NJW 2005, 884 = NZI 2005, 157; *Emmerich* in: MünchKomm-BGB, Vorb. z. § 320 Rz. 3; *Rieckers/Cloppenburg* in: BeckOGK-UmwG, § 21 Rz. 2. Die Definition entspricht derjenigen des gegenseitigen Vertrags i. S. von § 103 InsO, so dass Rechtsprechung und Literatur entsprechend anwendbar sind, vgl. Schmitt/Hörtnagl-*Winter*, UmwG/UmwStG, § 21 UmwG Rz. 3.

6) Auch insoweit kann die Auslegung des § 103 InsO herangezogen werden, Schmitt/Hörtnagl-*Winter*, UmwG/UmwStG, § 21 UmwG Rz. 4; Kallmeyer-*Oppenhoff*, UmwG, § 21 Rz. 3; Widmann/Mayer-*Vossius*, UmwR, § 21 UmwG Rz. 10.

7) Schmitt/Hörtnagl-*Winter*, UmwG/UmwStG, § 21 UmwG Rz. 4; *Rieckers/Cloppenburg* in: BeckOGK-UmwG, § 21 Rz. 4; *Erkens* in: KölnKomm-UmwG, § 21 Rz. 7; Lutter-*Grunewald*, UmwG, § 21 Rz. 3; *Berner/Klett*, NZG 2008, 601, 604.

8) Schmitt/Hörtnagl-*Winter*, UmwG/UmwStG, § 21 UmwG Rz. 3; Kallmeyer-*Oppenhoff*, UmwG, § 21 Rz. 5.

9) Schmitt/Hörtnagl-*Winter*, UmwG/UmwStG, § 21 UmwG Rz. 8; *Schulte* in: NK-UmwG, § 21 Rz. 6; *Erkens* in: KölnKomm-UmwG, § 21 Rz. 8; *Rieckers/Cloppenburg* in: BeckOGK-UmwG, § 21 Rz. 9.

10) Semler/Stengel/Leonard-*Leonard*, UmwG, § 21 Rz. 6; Schmitt/Hörtnagl-*Winter*, UmwG/UmwStG, § 21 UmwG Rz. 9; *Schulte* in: NK-UmwG, § 21 Rz. 8.

11) Schmitt/Hörtnagl-*Winter*, UmwG/UmwStG, § 21 UmwG Rz. 9: erhebliche Beeinträchtigung; *Rieckers/Cloppenburg* in: BeckOGK-UmwG, § 21 Rz. 10 – erhebliche wirtschaftliche Bedeutung; *Erkens* in: KölnKomm-UmwG, § 21 Rz. 9: nicht absehbare und nicht hinnehmbare Belastung; Kallmeyer-*Oppenhoff*, UmwG, § 21 Rz. 5 – erhebliche wirschaftliche Bedeutung; Lutter-*Grunewald*, UmwG, § 21 Rz. 5 – nicht absehbare und nicht hinnehmbare Belastung.

12) Semler/Stengel/Leonard-*Leonard*, UmwG, § 21 Rz. 7; *Schulte* in: NK-UmwG, § 21 Rz. 11; Kallmeyer-*Oppenhoff*, UmwG, § 21 Rz. 6 – pauschaler Verweis auf § 313 Abs. 1 BGB bei Lutter-*Grunewald*, UmwG, § 21 Rz. 10.

angemessen zu berücksichtigen, weil § 21 sich über die Sphärentheorie des allgemeinen Leistungsstörungsrechts hinwegsetzt.[13] Nach der h. M. in der Literatur gelten zudem die zu **§§ 242, 315 BGB** existierenden Grundsätze zur interessengerechten Lösung von Leistungsstörungen.[14] Danach hat der **übernehmende Rechtsträger** das Recht nach § 315 Abs. 2 und 3 BGB vorzugehen, das er **durch Erklärung gegenüber dem Dritten** geltend machen kann.[15] Überschreitet der übernehmende Rechtsträger dabei die angemessene Ausübung seiner Rechte unter Wahrung der Interessen des Dritten, steht dem Dritten wiederum der Rechtsweg zur Wiederherstellung der Billigkeit offen **(Vertragsanpassung durch gerichtliche Bestimmung)**.[16]

13) Semler/Stengel/Leonard-*Leonard*, UmwG, § 21 Rz. 7; Schmitt/Hörtnagl-*Winter*, UmwG/UmwStG, § 21 UmwG Rz. 10; *Erkens* in: KölnKomm-UmwG, § 21 Rz. 11; *Rieckers/Cloppenburg* in: BeckOGK-UmwG, § 21 Rz. 11; Lutter-*Grunewald*, UmwG, § 21 Rz. 10.

14) Schmitt/Hörtnagl-*Winter*, UmwG/UmwStG, § 21 UmwG Rz. 10.

15) Schmitt/Hörtnagl-*Winter*, UmwG/UmwStG, § 21 UmwG Rz. 10; *Schulte* in: NK-UmwG, § 21 Rz. 11; Kallmeyer-*Oppenhoff*, UmwG, § 21 Rz. 7; *Rieckers/Cloppenburg* in: BeckOGK-UmwG, § 21 Rz. 13, *Mertens*, Umwandlung und Universalsukzession, S. 176; a. A. bei Widmann/Mayer-*Vossius*, UmwR, § 21 UmwG Rz. 20 – keine Anwendung von § 315 Abs. 2 und 3 BGB.

16) Schmitt/Hörtnagl-*Winter*, UmwG/UmwStG, § 21 UmwG Rz. 10; *Schulte* in: NK-UmwG, § 21 Rz. 11; Kallmeyer-*Oppenhoff*, UmwG, § 21 Rz. 7; *Rieckers/Cloppenburg* in: BeckOGK-UmwG, § 21 Rz. 13; *Mertens*, Umwandlung und Universalsukzession, S. 176; Widmann/Mayer-*Vossius*, UmwR, § 21 UmwG Rz. 20.

§ 22
Gläubigerschutz*)

(1) [1]Den Gläubigern der an der Verschmelzung beteiligten Rechtsträger ist, wenn sie binnen sechs Monaten nach dem Tag, an dem die Eintragung der Verschmelzung in das Register des Sitzes desjenigen Rechtsträgers, dessen Gläubiger sie sind, nach § 19 Abs. 3 bekannt gemacht worden ist, ihren Anspruch nach Grund und Höhe in Textform anmelden, Sicherheit zu leisten, soweit sie nicht Befriedigung verlangen können. [2]Dieses Recht steht den Gläubigern jedoch nur zu, wenn sie glaubhaft machen, daß durch die Verschmelzung die Erfüllung ihrer Forderung gefährdet wird. [3]Die Gläubiger sind in einer Bekanntmachung zu der jeweiligen Eintragung auf dieses Recht hinzuweisen.

(2) Das Recht, Sicherheitsleistung zu verlangen, steht Gläubigern nicht zu, die im Falle der Insolvenz ein Recht auf vorzugsweise Befriedigung aus einer Deckungsmasse haben, die nach gesetzlicher Vorschrift zu ihrem Schutz errichtet und staatlich überwacht ist.

*) § 22 geändert durch Art. 17 des Vierten Gesetzes zur Entlastung der Bürgerinnen und Bürger, der Wirtschaft sowie der Verwaltung von Bürokratie (Viertes Bürokratieentlastungsgesetz – BEG IV), v. 23.10.2024, BGBl. I 2024, Nr. 323; § 22 geändert durch Art. 17 des Gesetzes zur Umsetzung der Digitalisierungsrichtlinie (DiRUG), v. 5.7.2021, BGBl. I 2021, 3338; § 22 i. d. F. des UmwBerG geändert durch Art. 8 des Gesetzes über elektronische Handelsregister und Genossenschaftsregister sowie das Unternehmensregister (EHUG), v. 10.11.2006, BGBl. I 2006, 2553.

Literatur: *Bader/Ebert*, Risiken bei der Ausgliederung/Abspaltung von Pensionsverpflichtungen nach dem Umwandlungsgesetz, DB 2006, 938; *Bayer/Schmidt, J.*, Gläubigerschutz bei (grenzüberschreitenden) Verschmelzungen, ZIP 2016, 841; *Bertus*, Sicherung der Gläubigerrechte bei Umwandlung von (notleidenden) Anleiheemittenten, BB 2016, 2755; *Bitter*, Kreditverträge in Umwandlung und Umstrukturierung, ZHR 173 (2009), 379; *Blasche*, Schlussbilanz und 8-Monats-Frist des § 17 Abs. 2 S. 4 UmwG, RNotZ 2014, 464; *Brünkmans*, Umwandlungsmaßnahmen auf der Grundlage eines Restrukturierungsplans nach § 7 Abs. 4 S. 5 StaRUG, ZInsO 2024, 433; *Decher*, in: Wandelschuldverschreibungen und Aktienoptionen – ein Stolperstein beim Squeeze-out?, Festschrift für Thomas Emde, 2025, S. 35; *Eusani*, Auswirkungen der Verschmelzung auf Bürgschaftsverpflichtungen für Dauerschuldverhältnisse am Beispiel der Mietbürgschaft, WM 2004, 866; *Farian/Furs*, Anteilsgewährung bei der Verschmelzung von beteiligungsidentischen

Kommanditgesellschaften, GmbHR 2016, 1298; *Ganske*, Reform des Umwandlungsrechts, WM 1993, 1117; *Grauschopf*, Das Haftungssystem des Umwandlungsgesetzes bei Carve-out-Transaktionen, Bochum 2024 (Diss.); *Heckschen*, Inhalt und Umfang der Gesamtrechtsnachfolge – sog. Vertrauensstellungen und Mitgliedschaften, GmbHR 2014, 626; *Heckschen*, Die Umwandlung in der Krise und zur Bewältigung der Krise, ZInsO 2008, 824; *Heckschen/Weitbrecht*, Sicherungsrechte an Gesellschaftsanteilen und Unternehmensumwandlung, ZIP 2019, 1189; *Ihrig*, Verschmelzung und Spaltung ohne Gewährung neuer Anteile?, ZHR 160 (1996), 317; *Jaeger*, Sicherheitsleistung für Ansprüche aus Dauerschuldverhältnissen bei Kapitalherabsetzung, Verschmelzung und Beendigung eines Unternehmensvertrages, DB 1996, 1069; *Kalss*, Gläubigerschutz bei Verschmelzungen von Kapitalgesellschaften, ZGR 2009, 74; *Keller/Klett*, Die sanierende Verschmelzung, DB 2010, 1220; *Kiefner/Berger*, Bürokratieentlastung light im Gesellschaftsrecht, Der Konzern 2025, 72; *Leydecker*, Gläubigerschutz bei grenzüberschreitenden Umwandlungen, 2021; *Löbbe*, Die grenzüberschreitende Umwandlung nach dem UmRUG, ZHR 187 (2023), 498; *Lwowski/Wunderlich*, Insolvenzanfechtung von Kapitalherabsetzungs- und Umwandlungsmaßnahmen, NZI 2008, 595; *Maier-Reimer*, Schutzgesetze – Verhaltensnormen, Sanktionen und ihr Adressat, NJW 2007, 3157; *Maier-Reimer*, Vereinfachte Kapitalherabsetzung durch Verschmelzung, GmbHR 2004, 1128; *Mayer*, Erste Zweifelsfragen bei der Unternehmensspaltung, DB 1995, 861; *Naraschewski*, Gläubigerschutz bei der Verschmelzung von GmbH, GmbHR 1998, 356; *Petersen*, Vereinfachte Kapitalherabsetzung durch Verschmelzung?, GmbHR 2004, 728; *Petersen*, Der Gläubigerschutz im System des Umwandlungsrechts, Der Konzern 2004, 185; *Petersen*, Der Gläubigerschutz im Umwandlungsrecht, München 2001 (Habil.); *Priester*, Verschmelzung einer GmbH auf ihren Alleingesellschafter, NZG 2021, 1011; *Priester*, Anteilsgewährung und sonstige Leistungen bei Verschmelzung und Spaltung, ZIP 2013, 2033; *Redenius-Hövermann/Strenger*, Restrukturierung mittels StaRUG, AG 2025, 152; *Redler/Obermann*, Der Gläubigerschutz bei innerstaatlichen und grenzüberschreitenden Umwandlungen, ZPG 2024, 24; *Rieble*, Verschmelzung und Spaltung von Unternehmen und ihre Folgen für Schuldverhältnisse mit Dritten, ZIP 1997, 301; *Rodewald*, Der Umgang mit Stamm- und Grundkapitalziffern bei Verschmelzungsvorgängen – Gläubigerschutz jenseits gesetzlicher Erfordernisse?, GmbHR 2005, 515; *Roth*, Umwandlungsrechtliche Verschmelzungen und Insolvenzanfechtung, ZInsO 2013, 1597; *Schmidt, K.*, Gläubigerschutz bei Umstrukturierungen – Zum Referentenentwurf eines Umwandlungsgesetzes, ZGR 1993, 366; *Schneider*, Missbräuchliches Verhalten durch Private Equity, NZG 2007, 888; *Schröer*, Sicherheitsleistung für Ansprüche aus Dauerschuldverhältnissen bei Unternehmensumwandlung, DB 1999, 317; *Schulte*, Kein allgemeines Gläubigerrecht auf Handelsregistereintragungen, GmbHR 2023, 1259; *Sieger/Aleth*, Die Ausgliederung von Pensionsverpflichtungen auf eine Pensionsgesellschaft, DB 2002, 1487; *Soldierer*, Die Höhe der Sicherheitsleistung im Umwandlungsgesetz, 2004; *Stiegler*, Umwandlungsrechtliche Änderungen im Zuge des 4. Bürokratieentlastungsgesetzes, GmbHR 2024, 234; *Theißen*, Gläubigerschutz bei der Spaltung von Gesellschaften nach dem Umwandlungsgesetz, Düsseldorf 2001 (Diss.) (zit.: Gläubigerschutz bei der Spaltung von Gesellschaften); *Veith*, Der Gläubigerschutz beim Formwechsel nach dem Umwandlungsgesetz, Mainz 2003 (Diss.) (zit.: Gläubigerschutz beim Formwechsel).

Übersicht

I. Einführung und Grundlagen

Umwandlungsmaßnahmen wie eine Verschmelzung können für die bestehenden Gläubiger 1 der beteiligten Gesellschaften verschiedene Gefahren beinhalten und damit mit nachteiligen Konsequenzen verbunden sein (siehe im Detail Rz. 2). Der Schutz der Gläubiger war insofern eines der Grundanliegen bei der Schaffung des UmwG.[1] Die Gewährleistung eines angemessenen Gläubigerschutzes gilt als eines der **Kernziele** des Gesetzes (siehe auch Einl. Rz. 114 [*Stiegler*]).[2] Hierzu wird traditionell zwischen dem institutionellen und dem individuellen Schutz der Gläubiger differenziert.[3] Während der institutionelle Gläubigerschutz auf objektivem Recht basiert und den Schutz der Gläubiger als Gesamtheit adressiert, ergänzt der **individuelle Gläubigerschutz** diesen, wo er zum Schutz der Gläubiger vor subjektiven Beeinträchtigungen ihrer Befriedigungschancen nicht ausreicht. Der individuelle Gläubigerschutz verwirklicht sich bei einer Verschmelzung primär durch einen Anspruch einzelner Gläubiger auf **Sicherheitsleistung** gemäß § 22.

1. Regelungsgegenstand, Hintergrund und Zweck

Bei einer Verschmelzung wird mindestens ein Rechtsträger liquidationslos aufgelöst und 2 im Zuge des Wirksamwerdens der Umwandlung gehen bestehende Verbindlichkeiten gegenüber Gläubigern auf den übernehmenden bzw. neuen Rechtsträger über. Das kann zu einer **Beeinträchtigung der Befriedigungschancen** der Gläubiger führen. Diese wirtschaftliche Interessenlage der betroffenen Gläubiger macht einen angemessenen Schutz vor allem deshalb notwendig, da durch die Verschmelzung die Gläubiger der übertragenden Gesellschaft(en) einen **neuen Schuldner** erhalten,[4] ohne dass sie dies verhindern können bzw. ihnen ein Zustimmungsrecht zusteht.[5] Aus Sicht der Gläubiger der übernehmenden Gesellschaft **konkurrieren** diese infolge der Verschmelzung mit den **Gläubigern der ehemaligen übertragenden Gesellschaft(en)** um die Befriedigungsmasse.[6] Das Schutzbedürfnis sowohl für die Gläubiger der/des übertragenden Rechtsträger(s) als auch für die des übernehmenden Rechtsträgers ist somit durchaus evident. Anknüpfungspunkte für eine Gefährdung sind in diesem Zusammenhang typischerweise die Beeinträchtigung der Vermögensausstattung bzw. Bonität der aus der Verschmelzung hervorgehenden Rechtsträger, die Schaffung von Ausschüttungspotential durch die Verschmelzung aufgrund weniger strenger Kapitalbindungsvorschriften und die Änderung der Ertragslage in Bezug auf er-

1) Vgl. *Ganske*, WM 1993, 1117, 1125; *K. Schmidt*, ZGR 1993, 366.

2) Vgl. Begr. Fraktionsentwurf UmwBerG, BT-Drucks. 12/6699, S. 92; monografisch zum umwandlungsbezogenen Gläubigerschutz *Petersen*, Der Gläubigerschutz im Umwandlungsrecht, 2001; *Theißen*, Gläubigerschutz bei der Spaltung von Gesellschaften; *Veith*, Gläubigerschutz beim Formwechsel; *Leydecker*, Gläubigerschutz bei grenzüberschreitenden Umwandlungen.

3) Prägend *K. Schmidt*, ZGR 1993, 366, 367; vgl. auch *Ihrig*, ZHR 160 (1996), 317, 334; *Kalss*, ZGR 2009, 74, 80 ff.

4) Vgl. BGH, Urt. v. 26.4.2002 – LwZR 20/01, ZIP 2002, 1490; *Kogge* in: MünchHdb. GesR, Bd. 8, § 13 Rz. 187.

5) *Erkens* in: KölnKomm-UmwG, § 22 Rz. 1; *Kalss*, ZGR 2009, 74, 76.

6) Vgl. BGH, Urt. v. 6.11.2018 – II ZR 199/17, ZIP 2019, 646; *Kalss*, ZGR 2009, 74, 76.

folgsabhängige Ansprüche der Gläubiger.[7] Diese potenzielle Gefährdungslage wird insbesondere dadurch bestärkt, dass das Umwandlungsrecht gerade **keinen** sog. **Summengrundsatz** bestimmt (siehe auch Einl. Rz. 76 [*Stiegler*]), d. h. die Summe des gezeichneten Kapitals der an der Verschmelzung beteiligten Rechtsträger vor und nach der Verschmelzung muss nicht im Ergebnis gleichbleiben.[8] Insbesondere bei der Verschmelzung zur Neugründung einer Kapitalgesellschaft kann damit das Stamm- bzw. Grundkapital des neuen Rechtsträgers deutlich niedriger festgesetzt sein als bei den übertragenden Rechtsträgern.[9] Auch **auf europäischer Ebene** wird kein Summengrundsatz vorgegeben,[10] was den deutschen Gesetzgeber gleichwohl nicht daran gehindert hätte, einen solchen zu bestimmen. Im Sinne einer weitreichenden Umwandlungsfreiheit hat sich der Gesetzgeber des UmwG aber offenbar bewusst dagegen entschieden.

3 Aufgrund dieser potenziellen Gefahrenlage soll mit § 22 eine sachgerechte Kompensation für die von der Verschmelzung betroffenen Gläubiger geschaffen werden.[11] Die Norm und der damit verbundene Anspruch auf Sicherheitsleistung dient insofern dem **Gläubigerschutz.**[12] Im Hinblick auf die fehlende Verankerung eines Summengrundsatzes (siehe Rz. 2) soll eine individuelle Sicherheitsleistung die Gläubiger dabei effektiver schützen als eine Kapitalerhöhung insbesondere bei der übernehmenden Gesellschaft.[13] Es handelt sich bei § 22 insofern um ein **funktionales** Gläubigerschutzinstrument in Bezug auf die konkrete mit der Verschmelzung ggf. verbundene Forderungsausfallgefahr.[14] Grundsätzlich ist der entsprechende Schutz der betroffenen Forderungsgläubiger abschließend,[15] was allerdings nicht die zusätzliche Geltung rechtsformspezifischer Gläubigerschutzinstrumente ausschließt.[16] § 22 will in diesem Zusammenhang lediglich eine Sicherheit für die durch die Verschmelzung selbst begründeten Ausfallgefahren gewährleisten.[17]

4 Bei Anspruch auf Sicherheitsleistung nach § 22 handelt es sich um ein **nachgelagertes** Schutzinstrument der Gläubiger.[18] Die ggf. zu erbringende Sicherheitsleistung muss erst nach Wirksamwerden der Verschmelzung erfolgen. Die Gläubiger können daher auch nicht die Durchführung oder gar den Vollzug der Verschmelzung verhindern bzw. haben Einfluss auf diese. Dies ist gerade **anders als bei einer grenzüberschreitenden Verschmelzung**, wonach geforderte Sicherheitsleistungen bereits vor Eintragung der Herausverschmelzung aus Deutschland zu erbringen sind (siehe auch § 314 Rz. 3 [*de Raet/Brunk*]).[19] Auch wenn solch eine vorgelagerte Sicherheitsleistung gewiss einen verbesserten Schutz der Gläubiger

---

7) *Redler/Obermann*, ZPG 2024, 24, 25; im Detail auch *Kalss*, ZGR 2009, 74, 77 ff.

8) Vgl. *Maier-Reimer*, GmbHR 2004, 1128, 1132; *Priester*, ZIP 2013, 2033, 2035; *Rodewald*, GmbHR 2005, 515; *Mayer*, DB 1995, 861; *Farian/Furs*, GmbHR 2016, 1298, 1300; a. A. *Petersen*, Der Konzern 2004, 185, 188; *Petersen*, GmbHR 2004, 728, 730.

9) In Zusammenhang mit § 22 *Schulte* in: NK-UmwG, § 22 Rz. 8.

10) *Stiegler* in: Jung/Krebs/Stiegler, Gesellschaftsrecht in Europa, § 22 Rz. 52.

11) OLG Hamm, Beschl. v. 16.5.2011 – 8 AktG 1/11, AG 2011, 624.

12) Begr. Fraktionsentwurf UmwBerG, BT-Drucks. 12/6699, S. 92; BAG, Urt. v. 3.1.2009 – 3 AZR 358/06, WM 2009, 27; OLG Frankfurt/M., Urt. v. 11.9.2017 – 2 U 102/16, BeckRS 2017, 126678; OLG Brandenburg, Beschl. v. 27.1.2015 – 7 W 118/14, ZIP 2015, 929; OLG Dresden, Urt. v. 7.8.2008 – 1 U 1317/07, ZIP 2009, 1382.

13) LG München, Beschl. v. 22.1.1998 – 17 HKT 623/98, BB 1998, 2331.

14) In diesem Sinne *Kalss*, ZGR 2009, 74, 76 f.

15) Vgl. OLG Hamm, Beschl. v. 3.11.2020 – 27 W 98/20, ZIP 2021, 30; OLG Stuttgart, Beschl. v. 4.10.2005 – 8 W 426/05, ZIP 2005, 2066; Kallmeyer-*Oppenhoff*, UmwG, § 22 Rz. 12.

16) Vgl. OLG Köln, Beschl. v. 10.2.2020 – 2 Wx 28/20, ZIP 2020, 1072.

17) LG Augsburg, Urt. v. 29.3.2011 – 2 HK O 363/08, BeckRS 2011, 18537.

18) Kallmeyer-*Oppenhoff*, UmwG, § 22 Rz. 1; *Priester*, NZG 2021, 1011, 1012; *Kalss*, ZGR 2009, 74, 84, 93; krit. auch *Löbbe*, ZHR 187 (2023), 498, 525.

19) Vgl. nur *Bayer/J. Schmidt*, ZIP 2016, 841.

bewirken würde (siehe insofern zum praktischen Schutzdefizit Rz. 11), begründet dies nicht die Möglichkeit einer analogen Anwendung des § 314 (oder der Parallelnorm des § 13 SEAG) auf innerstaatliche Verschmelzungen.[20)]

§ 22 gilt grundsätzlich für sämtliche **Verschmelzungsvorgänge**, also insbesondere unabhängig von der Rechtsform des übertragenden und/oder des übernehmenden Rechtsträgers.[21)] Auch ist unerheblich, ob es sich um eine Verschmelzung zur Aufnahme oder zur Neugründung handelt. Für eine **grenzüberschreitende** EU-Verschmelzung gilt **§ 314 als lex specialis.**[22)] Danach hat die Anmeldung bzw. Glaubhaftmachung nicht gegenüber dem übernehmenden Rechtsträger, sondern dem für die deutsche übertragende Gesellschaft zuständigem Amts- oder Landgericht (vgl. § 314 Abs. 2) zu erfolgen.[23)] § 22 gilt über § 125 Abs. 1 Satz 1 auch für die Spaltung, gemäß § 204 für einen **Formwechsel** und gemäß § 176 Abs. 1 für die **Vermögensübertragung.** Bei der **Spaltung** wird das Gläubigerschutzkonzept zudem durch die Anordnung der **gesamtschuldnerischen Haftung** gemäß § 133 Abs. 1 ergänzt.[24)] Anspruchsgegner ist bei einer Ausgliederung ferner derjenige Rechtsträger, gegen den sich die Ansprüche der Gläubiger nach der Spaltung richten.[25)] 5

Mit Wirkung zum 1.8.2022 wurde § 22 Abs. 1 Satz 3 durch das **DiRUG**[26)] angepasst. Dadurch wurde die bisherige Unterscheidung zwischen Eintragung und Bekanntmachung von Registerinformationen i. R. des § 10 HGB aufgehoben.[27)] Die Bekanntmachung erfolgt nunmehr durch die erstmalige Abrufbarkeit im Registerportal, ohne dass es einer gesonderten Veröffentlichung bedarf (siehe dazu Rz. 23). Eine weitere Änderung erfolgte mit Wirkung zum 1.1.2025 durch das Vierte Bürokratieentlastungsgesetz **(BEG IV)**[28)]. Danach kann nunmehr durch den angepassten § 22 Abs. 1 Satz 1 die Gläubigeranmeldung des Sicherheitsanspruchs auch in Textform anstelle zwingend der Schriftform erfolgen (siehe dazu Rz. 37).[29)] 6

2. Verhältnis zu § 23 UmwG

Sowohl § 22 als auch § 23 dienen dem Schutz betroffener Personen, die selbst kein Mitspracherecht in Bezug auf die Durchführung und das Wirksamwerden der Verschmelzung besitzen. Insofern stellt sich die Frage möglicher Überschneidungen beider Normen und eines etwaigen Anwendungsvorrangs. Entscheidendes Abgrenzungsmerkmal ist dabei, dass **Sonderrechte i. S. des § 23 eine mitgliedschaftsähnliche Rechtsposition** vermitteln und nicht nur rein schuldrechtliche Gläubigerforderungen darstellen,[30)] wie sie von § 22 umfasst sind (siehe auch § 23 Rz. 3 [*Stiegler*]). Die Rechtsstellung von Sonderrechtsinhabern geht daher über die schuldrechtliche Gläubigereigenschaft eines der an der Verschmelzung beteiligten Rechtsträgers hinaus.[31)] § 23 ist daher **spezieller** und geht im Zweifel der allge- 7

20) Darüber „nachdenkend" jedoch *Heckschen* in: Reul/Heckschen/Wienberg, InsR, § 4 Rz. 527; wie hier wohl auch *Schulte* in: NK-UmwG, § 22 Rz. 12.

21) *Schulte* in: NK-UmwG, § 22 Rz. 1.

22) Semler/Stengel/Leonard-*Seulen*, UmwG, § 22 Rz. 2.

23) Vgl. zur Differenzierung im Hinblick auf formale Aspekte auch *Stiegler*, GmbHR 2024, 234, 235.

24) Vgl. nur BSG, Urt. v. 11.9.2019 – B 6 KA 2/18 R, GesR 2020, 178.

25) OLG Frankfurt/M., Urt. v. 11.9.2017 – 2 U 102/16, BeckRS 2017, 126678.

26) Gesetz zur Umsetzung der Digitalisierungsrichtlinie (DiRUG), v. 5.7.2021, BGBl. I 2021, 3338.

27) Im Zusammenhang mit § 22 *Erkens* in: KölnKomm-UmwG, § 22 Rz. 6.

28) Viertes Gesetz zur Entlastung der Bürgerinnen und Bürger, der Wirtschaft sowie der Verwaltung von Bürokratie (Viertes Bürokratieentlastungsgesetz – BEG IV), v. 29.10.2024, BGBl. I 2024, 323.

29) Dazu *Stiegler*, GmbHR 2024, 234, 235.

30) Vgl. BGH, Urt. v. 2.2.1998 – II ZR 117/97, ZIP 1998, 560 – „Forderungsrechte mit Sachnähe zum Eigenkapital".

31) Begr. Fraktionsentwurf UmwBerG, BT-Drucks. 12/6699, S. 93; BGH, Urt. v. 2.2.1998 – II ZR 117/97, ZIP 1998, 560.

meineren Bestimmung des § 22 vor.[32] Im Umkehrschluss unterfallen schuldrechtliche Rechtspositionen außerhalb des § 23 allein § 22 (sofern auch ansonsten der Anwendungsbereich eröffnet ist) sowie ggf. sonstigen Gläubigerschutzvorschriften.[33] Eine Differenzierung danach, wie das jeweilige Sonderrecht i. S. des § 23 im Detail ausgestaltet ist, ist abzulehnen (siehe auch § 23 Rz. 3 [*Stiegler*]).[34] Auch kommt § 22 nicht (entsprechend) zur Anwendung, sofern kein gleichwertiges Recht im übernehmenden Rechtsträger gewährt werden kann.[35]

3. Europäischer Hintergrund

8 § 22 beruht auf dem damaligen Art. 13 der Verschmelzungsrichtlinie[36] (= **Art. 99 Gesellschaftsrechtsrichtlinie**)[37].[38] Die Richtlinienregelung gilt dabei nur für die Verschmelzungen von AGs. Die innerstaatlichen Verschmelzungen von GmbHs sind nicht erfasst, sodass es bei diesen dem Grunde nach keiner europarechtskonformen Auslegung bedürfte. Im Sinne einer einheitlichen Auslegung des § 22 schlägt sich eine richtliniengetreue Interpretation der Norm für AGs gleichwohl auch auf die Verschmelzung unter Beteiligung von GmbH nieder.

9 Der europäische Gesetzgeber erkannte schon frühzeitig, dass Umwandlungsmaßnahmen wie eine Verschmelzung und die damit verbunden Rechtsfolgen zu einer nicht unerheblichen Interessengefährdung der Gläubiger der beteiligten Rechtsträger führen können. Die Gläubiger der sich verschmelzenden Gesellschaften sollen davor geschützt werden, durch die Verschmelzung einen Schaden zu erleiden.[39] Art. 99 Gesellschaftsrechtsrichtlinie sieht dafür ein **„angemessenes Schutzsystem** für die Interessen der Gläubiger" vor.[40] Insbesondere soll ihnen zumindest ein Anspruch auf Garantien (Sicherheitsleistungen) zugestanden werden (vgl. Art. 99 Abs. 2 Satz 1 Gesellschaftsrechtsrichtlinie). Die Norm erstreckt den individuellen Gläubigerschutz dabei ebenso wie § 22 sowohl auf die Gläubiger des/der übertragenden Rechtsträger(s) als auch auf die Gläubiger des übernehmenden Rechtsträgers.[41]

10 Art. 99 Gesellschaftsrechtsrichtlinie statuiert generell nur einen **Mindestschutz**.[42] In diesem Zusammenhang steht es den Mitgliedstaaten daher grundsätzlich frei, einen vorgelagerten oder nachgelagerten Gläubigerschutz vorzuschreiben.[43] Deutschland hat sich daher zumin-

32) Semler/Stengel/Leonard-*Kalss*, UmwG, § 23 Rz. 1; für ein nebeneinander beider Bestimmungen jedoch Lutter-*Grunewald*, UmwG, § 22 Rz. 6.

33) Lutter-*Drygala*, UmwG, § 5 Rz. 78; in diesem Sinne auch *Erkens* in: KölnKomm-UmwG, § 22 Rz. 12.

34) *Erkens* in: KölnKomm-UmwG, § 22 Rz. 12; so jedoch *Rieder* in: BeckOGK-UmwG, § 22 Rz. 24; Semler/Stengel/Leonard-*Seulen*, UmwG, § 22 Rz. 6 – jeweils mit unterschiedlichen Bezugspunkten.

35) So aber *Erkens* in: KölnKomm-UmwG, § 22 Rz. 12; Lutter-*Grunewald*, UmwG, § 22 Rz. 6.

36) Dritte Richtlinie 78/855/EWG des Rates v. 9.10.1978 gemäß Art. 54 Abs. 3 Buchst. g des Vertrages betreffend die Verschmelzung von Aktiengesellschaften (Verschmelzungsrichtlinie), ABl. (EG) L 295/36 v. 20.10.1978; konsolidiert durch Richtlinie 2011/35/EU des Europäischen Parlaments und des Rates v. 5.4.2011 über die Verschmelzung von Aktiengesellschaften (Verschmelzungsrichtlinie), ABl. (EU) L 110/1 v. 29.4.2011.

37) Richtlinie (EU) 2017/1132 des Europäischen Parlaments und des Rates v. 14.6.2017 über bestimmte Aspekte des Gesellschaftsrechts (Gesellschaftsrechtsrichtlinie), ABl. (EU) L 169/46 v. 30.6.2017.

38) Begr. Fraktionsentwurf UmwBerG, BT-Drucks. 12/6699, S. 92.

39) ErwG 51 zur Richtlinie 2017/1132; vgl. auch *de Raet* in: Kindler/Lieder, European Corporate Law, Art. 99 Rz. 1 f.

40) Vgl. *Stiegler* in: Jung/Krebs/Stiegler, Gesellschaftsrecht in Europa, § 22 Rz. 51.

41) Vgl. *Lutter/Bayer/J. Schmidt*, Europäisches Unternehmens- und Kapitalmarktrecht, Rz. 20.126.

42) Vgl. *Habersack/Verse*, Europäisches Gesellschaftsrecht, § 8 Rz. 25; *Kalss/Deutsch*, Europäisches Gesellschaftsrecht, Rz. 164; *Lutter/Bayer/J. Schmidt*, Europäisches Unternehmens- und Kapitalmarktrecht, Rz. 20.127.

43) *Lutter/Bayer/J. Schmidt*, Europäisches Unternehmens- und Kapitalmarktrecht, Rz. 20.127; *Stiegler* in: Jung/Krebs/Stiegler, Gesellschaftsrecht in Europa, § 22 Rz. 56.

dest für innerstaatliche Verschmelzungen (zur Rechtslage bei einer grenzüberschreitenden Verschmelzung siehe § 314 Rz. 25 [*de Raet/Brunk*]) richtlinienkonform für einen nachgelagerten Schutz der Gläubiger entschieden (siehe auch Rz. 32).

4. Praktische Bedeutung

Der in § 22 Abs. 1 Satz 1 normierte Anspruch auf Sicherheitsleistung erweist sich in der Praxis als eher wenig wirksames Instrument des Gläubigerschutzes und wird insofern auch als **„stumpfes Schwert"** bezeichnet.[44] Dies resultiert insbesondere daraus, dass der übernehmende Rechtsträger nach der Verschmelzung ggf. nicht in der Lage ist, die geforderte Sicherheit vollumfänglich zu bedienen.[45] Ein effektiver Schutz der Gläubiger wird zudem dadurch erschwert, dass § 22 **keine Vorkehrungen** für den Fall trifft, dass der wirtschaftlich stabile übernehmende Rechtsträger infolge der Verschmelzung selbst in **finanzielle Schwierigkeiten** oder sogar in die Insolvenz gerät, was vor allem in wirtschaftlich angespannten Phasen problematisch ist.[46] Hinzu kommt nicht selten der Umstand, dass trotz der Hinweisbekanntmachung des Registergerichts (siehe Rz. 23) die betroffenen Gläubiger – selbstverschuldet – keine Kenntnis darüber besitzen, dass entweder sie innerhalb einer Ausschlussfrist ihren Anspruch auf Sicherheitsleistung anmelden können oder sogar, dass überhaupt eine Verschmelzung stattgefunden hat. Dem übernehmenden Rechtsträger trifft gerade **keine Pflicht, dies ungefragt den Gläubigern mitzuteilen** und auch bestehende Verträge werden aufgrund der Gesamtrechtsnachfolge als solche materiell nicht berührt.[47] 11

II. Erfasste Gläubiger (§ 22 Abs. 1 Satz 1)

Entscheidendes Kriterium, ob einer Person[48] bei Vorliegen der weiteren Voraussetzungen (siehe dazu Rz. 26 ff.) ein Anspruch auf Sicherheitsleistung zusteht, ist zunächst, dass es sich um einen von § 22 erfassten Gläubiger handelt. Hierbei ist neben dem Verhältnis der Person zu einem an der Verschmelzung beteiligten Rechtsträger insbesondere zu erörtern, um was für eine Art der Forderung es sich handelt sowie wann diese entstanden und fällig ist. Die Gläubiger des/der übertragenden Rechtsträger(s) und die des übernehmenden Rechtsträgers sind dabei im Grundsatz zunächst **gleichermaßen** schutzwürdig und erfasst.[49] 12

1. Altgläubiger

Anspruchsberechtigt können zunächst nur sog. Altgläubiger sein. Der geltend zu machende Anspruch muss daher zeitlich bereits **vor dem Wirksamwerden** der Verschmelzung nach § 20 Abs. 1 begründet worden sein.[50] Hierzu zählen auch **aufschiebend bedingte** oder **auflösend befristete Ansprüche.**[51] Ausreichend ist ferner, dass z. B. bei Ansprüchen aus 13

44) So *Heckschen*, GmbHR 2014, 626, 627; *Heckschen/Weitbrecht*, ZIP 2019, 1189, 1198.

45) *Heckschen* in: Beck'sches Notar-Hdb., § 24 Rz. 30.

46) Vgl. *Heckschen* in: Reul/Heckschen/Wienberg, InsR, § 4 Rz. 526; tendenziell auch *Hermanns/Holtz* in: Buth/Hermanns, Restrukturierung, Sanierung, Insolvenz, § 23 Rz. 51.

47) Ein formaler Austausch des Vertragspartners im Zuge der Verschmelzung ist zwar dienlich, hat aber aufgrund der Gesamtrechtsnachfolge gerade keine Auswirkungen auf die Gültigkeit eines Vertrags oder anderweitiger Forderungen.

48) Dies können selbstverständlich sowohl natürliche Personen, juristische Personen, rechtsfähige Personengesellschaften oder sonstige Rechtsgebilde sein.

49) Begr. Fraktionsentwurf UmwBerG, BT-Drucks. 12/6699, S. 92.

50) *Rieder* in: BeckOGK-UmwG, § 22 Rz. 9; *Erkens* in: KölnKomm-UmwG, § 22 Rz. 18; Lutter-*Grunewald*, UmwG, § 22 Rz. 7; Semler/Stengel/Leonard-*Seulen*, UmwG, § 22 Rz. 10; *Schulte* in: NK-UmwG, § 22 Rz. 1; *Naraschewski*, GmbHR 1998, 356.

51) *Rieder* in: BeckOGK-UmwG, § 22 Rz. 13; *Erkens* in: KölnKomm-UmwG, § 22 Rz. 22; Lutter-*Grunewald*, UmwG, § 22 Rz. 7; Semler/Stengel/Leonard-*Seulen*, UmwG, § 22 Rz. 16; *Soldierer*, Die Höhe der Sicherheitsleistung, S. 165.

einem Mietverhältnis der zugrunde liegende Mietvertrag bereits vor der Verschmelzung abgeschlossen wurde, die vereinbarten Mieten aber erst danach fällig werden.[52] Unerheblich ist insofern auch, ob das Mietverhältnis überhaupt bereits zum Zeitpunkt der Eintragung der Verschmelzung in das Register des Sitzes des übernehmenden Rechtsträgers schon begonnen hat. Maßgeblich ist allein der vorherige Abschluss des zugrunde liegenden Mietvertrags.

14 Die Einordnung von Forderungen gegen den übernehmenden Rechtsträger, die zeitlich zwar nach der Eintragung der Verschmelzung, aber vor deren registergerichtlichen Bekanntmachung begründet worden waren, war nach früherem Recht teilweise umstritten.[53] Aufgrund der Umstellung des Registerverfahrens und der **Neufassung des § 10 HGB** durch das DiRUG (siehe dazu Rz. 22) hat sich diese Problematik allerdings geklärt. Ein zeitlich markantes Auseinanderfallen zwischen Eintragung und Bekanntmachung kann grundsätzlich nicht mehr bestehen (vgl. § 10 Abs. 4 Satz 1 HGB).

15 Neuforderungen eines Gläubigers berechtigen nicht zu einem Anspruch auf Sicherheitsleistung.[54] Da der/die übertragende(n) Rechtsträger zum Zeitpunkt des Wirksamwerdens der Verschmelzung aber nicht mehr besteht (§ 20 Abs. 1 Nr. 2 Satz 1), könnte dies ohnehin nur die Gläubiger des übernehmenden Rechtsträgers betreffen. Allgemein versagt jedoch der Schutz durch Sicherheitsleistung für deren zukünftige Ansprüche.[55] Abweichend sollen allerdings bei Ansprüchen aus **Dauerschuldverhältnissen** Sicherheitsleistungen für nach Eintragung der Verschmelzung bis zum Ablauf der Restlaufzeit des jeweiligen Vertrags fällig werdende Ansprüche verlangt werden können, wenn durch die Verschmelzung das bisherige Erfüllungsrisiko erhöht wird.[56]

16 Für die Gläubiger eines **Restrukturierungsschuldners** gemäß § 2 Abs. 1 Nr. 1 StaRUG[57] als an der Verschmelzung beteiligtem Rechtsträger können diese, zumindest soweit sie nicht planunterworfen sind, grundsätzlich auch einen Anspruch auf Sicherheitsleistung nach § 22 Abs. 1 geltend machen.[58] Für planunterworfene Gläubiger sollen hingegen die spezielleren Vorgaben des StaRUG der Norm vorgehen und diesen verdrängen.[59]

2. Keine Fälligkeit der Forderung

17 Der Anspruch auf Sicherheitsleistung besteht nach § 22 Abs. 1 Satz 1 nur, wenn der Gläubiger **keine Befriedigung verlangen** kann.[60] Befriedigung verlangen kann ein Gläubiger aber grundsätzlich immer nur dann, wenn sein Anspruch bereits **fällig** ist.[61] Maßgebend ist dabei die Fälligkeit der Forderung des Altgläubigers gegen den verschmelzungsbeteiligten

52) LG Augsburg, Urt. v. 29.3.2011 – 2 HK O 363/08, BeckRS 2011, 18537; *Eusani*, WM 2004, 866.

53) Vgl. nur Semler/Stengel/Leonard-*Seulen*, UmwG, § 22 Rz. 12.

54) *Erkens* in: KölnKomm-UmwG, § 22 Rz. 18.

55) BGH, Urt. v. 26.4.2002 – LwZR 20/01, ZIP 2002, 1490.

56) BGH, Beschl. v. 18.3.1996 – II ZR 299/94, AG 1996, 321; zum Formwechsel auch Lutter-*Hoger*, UmwG, § 204 Rz. 7; *Simons* in: BeckOGK-UmwG, § 204 Rz. 10; Kallmeyer-*Berger*, UmwG, § 204 Rz. 5; a. A. *Jaeger*, DB 1996, 1069, 1070.

57) Gesetz über den Stabilisierungs- und Restrukturierungsrahmen für Unternehmen (Unternehmensstabilisierungs- und -restrukturierungsgesetz – StaRUG), v. 22.12.2020, BGBl. I 2020, 3256.

58) Die Glaubhaftmachung der Forderungsgefährdung wird dann jedoch regelmäßig schwer darzustellen sein.

59) *Brünkmanns*, ZInsO 2024, 433, 441; Morgen-*Tresselt*, StaRUG, § 7 Rz. 72; de lege ferenda gegen einen diesbezüglichen Vorrang *Redenius-Hövermann/Strenger*, AG 2025, 152, 158.

60) Vgl. nur *Kogge* in: MünchHdb. GesR, Bd. 8, § 13 Rz. 202.

61) *Erkens* in: KölnKomm-UmwG, § 22 Rz. 34; Lutter-*Grunewald*, UmwG, § 22 Rz. 11; Widmann/Mayer-*Vossius*, UmwR, § 22 UmwG Rz. 37.

Rechtsträger, gegenüber dem konkret die Forderung besteht.[62] Aber auch die Fälligkeit gegenüber einem Gesamtschuldner eines Gläubigers der an der Verschmelzung beteiligten Rechtsträger ist ausreichend und kann zu einem Ausschluss des Anspruchs führen.[63] Andernfalls bestünde die Gefahr der Doppelbesicherung. Im Rahmen einer bestehenden **Insolvenz** der beteiligten Schuldnergesellschaft scheidet die Geltendmachung des Sicherungsanspruchs nach § 22 hingegen grundsätzlich aus, da mit der diesbezüglichen Eröffnung des Insolvenzverfahrens die Forderung bereits fällig wird.[64]

Maßgebender Zeitpunkt für die **Beurteilung der Fälligkeit** ist das Datum des Wirksamwerdens der Verschmelzung nach § 20 Abs. 1. Wird die Forderung hingegen erst zwischen dem Wirksamwerden der Verschmelzung und damit dem Entstehen des Anspruchs und der Frist zu dessen Geltendmachung (i. e., sechs Monate später, siehe Rz. 32) fällig, tangiert dies das Recht des Gläubigers auf Sicherheitsleistung grundsätzlich nicht.[65] Inwiefern materiell die in Rede stehende Forderung fällig ist, ist nach den allgemeinen Grundsätzen des Vertragsverhältnisses zu bestimmen, ansonsten nach § 271 BGB.[66] 18

3. Art der Forderung

Forderungen von Altgläubigern, die noch nicht fällig sind, sind regelmäßig **schuldrechtliche Ansprüche**. Ob die eine Sicherheitsleistung begründete Forderung dabei streitig ist, spielt grundsätzlich keine Rolle.[67] Umfasst sind sowohl **vertragliche**[68] als auch **gesetzliche**[69] Schuldverhältnisse (vgl. § 241 Abs. 1 BGB).[70] Vor allem deliktische Ansprüche sind mit der Beendigung des haftungsbegründenden Verhaltens begründet und können daher ebenfalls von § 22 erfasste Forderungen darstellen.[71] Gleichwohl wird sich bei ihnen die **Glaubhaftmachung** der konkreten Erfüllungsgefährdung als kausale Folge der Verschmelzung (siehe auch Rz. 26) regelmäßig als schwierig erweisen.[72] Richtigerweise sind zudem auch **Sekundäransprüche** erfasst, unabhängig davon, ob diese auf der Verletzung einer Haupt- oder Nebenpflicht beruhen.[73] Bloße Beratungsleistungen sollen hingegen keine relevanten Gläubigerforderungen darstellen.[74] Ferner gilt § 22 nicht für aus dem Gesellschaftsverhältnis selbst hergeleiteten Ansprüche (z. B. Dividendenzahlungen),[75] wohl aber für solche die 19

62) Semler/Stengel/Leonard-*Seulen*, UmwG, § 22 Rz. 36.

63) *Erkens* in: KölnKomm-UmwG, § 22 Rz. 36; Lutter-*Grunewald*, UmwG, § 22 Rz. 9; Widmann/Mayer-*Vossius*, UmwR, § 22 UmwG Rz. 37; a. A. Semler/Stengel/Leonard-*Seulen*, UmwG, § 22 Rz. 36; Henssler/Strohn-*Ca. Müller*, GesR, § 22 UmwG Rz. 7.

64) *Bertus*, BB 2016, 2755, 2758.

65) Lutter-*Grunewald*, UmwG, § 22 Rz. 10; a. A. Semler/Stengel/Leonard-*Seulen*, UmwG, § 22 Rz. 42.

66) Widmann/Mayer-*Vossius*, UmwR, § 22 UmwG Rz. 37; auf § 271 BGB bezugnehmend auch Semler/Stengel/Leonard-*Seulen*, UmwG, § 22 Rz. 36.

67) Vgl. nur Semler/Stengel/Leonard-*Seulen*, UmwG, § 22 Rz. 37; zum früheren § 26 KapErhG auch OLG Celle, Urt. v. 2.11.1988 – 9 U 54/88, BB 1989, 868.

68) *Erkens* in: KölnKomm-UmwG, § 22 Rz. 19; Lutter-*Grunewald*, UmwG, § 22 Rz. 9.

69) Lutter-*Grunewald*, UmwG, § 22 Rz. 4; Semler/Stengel/Leonard-*Seulen*, UmwG, § 22 Rz. 6; *Rieder* in: BeckOGK-UmwG, § 22 Rz. 12; Kallmeyer-*Oppenhoff*, UmwG, § 22 Rz. 2; *Schulte* in: NK-UmwG, § 22 Rz. 5.

70) Zur vergleichbaren Regelung des § 303 Abs. 1 Satz 1 AktG Emmerich/Habersack-*Emmerich*, Aktien- und GmbH-Konzernrecht, § 303 AktG Rz. 12; *Altmeppen* in: MünchKomm-AktG, § 303 Rz. 13; für eine Parallele zu § 303 AktG auch OLG Hamm, Urt. v. 18.2.2008 – 8 U 235/06, ZIP 2008, 1925.

71) *Erkens* in: KölnKomm-UmwG, § 22 Rz. 24; Semler/Stengel/Leonard-*Seulen*, UmwG, § 22 Rz. 17.

72) *Erkens* in: KölnKomm-UmwG, § 22 Rz. 24.

73) *Erkens* in: KölnKomm-UmwG, § 22 Rz. 19; diff. Semler/Stengel/Leonard-*Seulen*, UmwG, § 22 Rz. 15.

74) OLG München, Urt. v. 29.8.2022 – 33 U 4846/21, ZIP 2022, 1917.

75) *Rieder* in: BeckOGK-UmwG, § 22 Rz. 23; diff. hingegen *Erkens* in: KölnKomm-UmwG, § 22 Rz. 10; Kallmeyer-*Oppenhoff*, UmwG, § 22 Rz. 2; Semler/Stengel/Leonard-*Seulen*, UmwG, § 22 Rz. 6.

lediglich in einer Verbindung zur Gesellschafterstellung stehen, wie z. B. Gesellschafterdarlehen.[76)]

20 Neben schuldrechtlichen Ansprüchen können auch **öffentlich-rechtliche** Ansprüche erfasst sein.[77)] Inwiefern **dingliche** Ansprüche unter § 22 Abs. 1 fallen, ist umstritten.[78)] Nach überwiegender Auffassung ist dabei zu differenzieren, um was für einen dinglichen Anspruch es sich handelt.[79)] Dingliche Sicherheiten (Pfandrecht, Nießbrauch, Grundschuld) sollen generell nicht von § 22 erfasst sein.[80)] Dingliche Herausgabeansprüche (z. B. nach § 985 BGB) sollen hingegen durchaus erfasst sein, wenn sie noch nicht fällig sind.[81)] Da zumindest aber der Anspruch aus § 985 BGB typischerweise unmittelbar nach dessen Entstehen fällig wird,[82)] kann er grundsätzlich kein relevanter Anspruch eines Altgläubigers sein.[83)] Selbst wenn zum relevanten Zeitpunkt dem adressierten Rechtsträger noch ein Besitzrecht zusteht, würde darin regelmäßig keine Gefährdung des Gläubigers als Eigentümer der Sache im Zuge der Verschmelzung zu sehen sein.[84)]

21 § 22 Abs. 1 sichert auch Ansprüche aus **Dauerschuldverhältnissen**, die erst in Zukunft fällig werden (siehe bereits Rz. 15), insbesondere Versorgungsansprüche.[85)] Denn auch erst künftig entstehende Ansprüche aus Dauerschuldverhältnissen sind bereits mit dem Bestand des Dauerschuldverhältnisses begründet.[86)] Für künftige Ansprüche aus Dauerschuldverhältnissen ist aber insbesondere zu berücksichtigen, dass nach § 22 Abs. 1 Satz 2 eine konkrete, durch die Verschmelzung verursachte **Erfüllungsgefährdung** glaubhaft zu machen ist. Dies wird zumindest bei erst in ferner Zukunft entstehenden Ansprüchen nur selten möglich sein.[87)]

22 Zwar können formal auch **Arbeitnehmer** Gläubiger i. S. des § 22 darstellen,[88)] da deren arbeitsvertraglichen Ansprüche zumindest zwar bereits begründet, aber teilweise noch nicht fällig sind.[89)] Jedoch tritt die Fälligkeit bei arbeitsvertraglichen Lohn- oder Gehaltsansprüchen regelmäßig entweder zum Ende eines Monats oder – arbeitsvertraglich vereinbart –

---

76) *Rieder* in: BeckOGK-UmwG, § 22 Rz. 23; vgl. auch *Kogge* in: MünchHdb. GesR, Bd. 8, § 13 Rz. 197.

77) *Kogge* in: MünchHdb. GesR, Bd. 8, § 13 Rz. 194.

78) Für einen generellen Ausschluss dieser *Schulte* in: NK-UmwG, § 22 Rz. 1; Schmitt/Hörtnagl-*Winter*, UmwG/UmwStG, § 22 UmwG Rz. 5.

79) *Erkens* in: KölnKomm-UmwG, § 22 Rz. 15; Lutter-*Grunewald*, UmwG, § 22 Rz. 29; Semler/Stengel/Leonard-*Seulen*, UmwG, § 22 Rz. 6.

80) *Rieder* in: BeckOGK-UmwG, § 22 Rz. 21; *Erkens* in: KölnKomm-UmwG, § 22 Rz. 15; Lutter-*Grunewald*, UmwG, § 22 Rz. 5; Semler/Stengel/Leonard-*Seulen*, UmwG, § 22 Rz. 6.

81) Kallmeyer-*Oppenhoff*, UmwG, § 22 Rz. 2; *Erkens* in: KölnKomm-UmwG, § 22 Rz. 15; Lutter-*Grunewald*, UmwG, § 22 Rz. 29; a. A. Widmann/Mayer-*Vossius*, UmwR, § 22 UmwG Rz. 17; Semler/Stengel/Leonard-*Seulen*, UmwG, § 22 Rz. 7; Schmitt/Hörtnagl-*Winter*, UmwG/UmwStG, § 22 UmwG Rz. 5; wohl auch *Rieder* in: BeckOGK-UmwG, § 22 Rz. 21; *Grauschopf*, Das Haftungssystem des Umwandlungsgesetzes bei Carve-out-Transaktionen, S. 63.

82) Vgl. *Fritzsche* in: BeckOK-BGB, § 985 Rz. 26; Staudinger-*Thole*, BGB, § 985 Rz. 40 f.

83) Insofern auf die Fälligkeit abstellend auch *Rieder* in: BeckOGK-UmwG, § 22 Rz. 21.

84) Allg. in diesem Sinne *Erkens* in: KölnKomm-UmwG, § 22 Rz. 16.

85) LG Köln, Urt. v. 17.9.2004 – 82 O 133/03, BeckRS 2004, 11452; *Erkens* in: KölnKomm-UmwG, § 22 Rz. 23; Lutter-*Grunewald*, UmwG, § 22 Rz. 7; Semler/Stengel/Leonard-*Seulen*, UmwG, § 22 Rz. 19.

86) LG Köln, Urt. v. 17.9.2004 – 82 O 133/03, BeckRS 2004, 11452; *Erkens* in: KölnKomm-UmwG, § 22 Rz. 23; Lutter-*Grunewald*, UmwG, § 22 Rz. 7; Semler/Stengel/Leonard-*Seulen*, UmwG, § 22 Rz. 19.

87) *Erkens* in: KölnKomm-UmwG, § 22 Rz. 23; offen lassend hingegen Grauschopf, Das Haftungssystem des Umwandlungsgesetzes bei Carve-out-Transaktionen, S. 62.

88) Semler/Stengel/Leonard-*Seulen*, UmwG, § 22 Rz. 70; Widmann/Mayer-*Vossius*, UmwR, § 22 UmwG Rz. 15; vgl. auch *Rieder* in: BeckOGK-UmwG, § 22 Rz. 17; a. A. *Schmidt* in: Sagasser/Bula, Umwandlungen, § 6 Rz. 34.

89) Auch Verpflichtungen aus Zusagen der betrieblichen Altersversorgung sind grundsätzlich erfasst, sofern nicht § 22 Abs. 2 greift, vgl. *Börner* in: MünchHdb. ArbR, § 213 Rz. 183.

wenige Tage nach Ablauf dieses ein. Praktisch denkbar erscheint daher ein Sicherheitsanspruch nur für ein bis zwei Monate. Auch in diesem Fall müsste allerdings eine konkrete Gefahr des Forderungsausfalls bestehen, was angesichts des § 35a Abs. 2 i. V. m. § 613a BGB **eher fernliegend** erscheint. Die genannten Aspekte gelten weitgehend entsprechend für Geschäftsführer und Vorstandsmitglieder der beteiligten Rechtsträger in Bezug auf deren jeweilige Anstellungsverträge.[90] Auch hier wird die Glaubhaftmachung der Forderungsgefährdung jedoch schwerfallen. Vereinbarte **Ziel- oder Bonusbestimmungen**, die als solches im Zuge der Verschmelzung ggf. faktisch nicht mehr erreichbar oder umsetzbar sind, könnten hingegen durchaus eine gefährdungsfähige Forderung i. S. des § 22 Abs. 1 sein, zumindest, wenn die entsprechende anstellungsvertragliche Bestimmung hinreichend konkret ist.[91]

III. Hinweisbekanntmachung (§ 22 Abs. 1 Satz 3)

23 Gemäß § 22 Abs. 1 Satz 3 sind die Sicherheitsansprüche zustehenden Gläubiger „in einer Bekanntmachung zu der jeweiligen Eintragung auf dieses Recht hinzuweisen". Bei diesem sog. **Gläubigeraufruf**[92] handelt es sich um eine Registerbekanntmachung i. S. des § 10 Abs. 3 HGB. § 22 Abs. 1 Satz 3 wurde mit Wirkung zum 1.8.2022 durch das DiRUG angepasst. Dadurch wurde die bisherige Unterscheidung zwischen Eintragung und Bekanntmachung von Registerinformationen i. R. des § 10 HGB aufgehoben.[93] Die Bekanntmachung erfolgt nunmehr durch die erstmalige Abrufbarkeit im Registerportal, ohne dass es einer gesonderten Veröffentlichung bedarf.[94] Die Hinweisbekanntmachung des § 22 Abs. 1 Satz 3 erfolgt über das elektronische Informations- und Kommunikationssystem gemäß § 9 Abs. 1 HGB in der aktuellen Fassung.[95] Die Tatsache ist mithin über www.handelsregister.de abrufbar.[96]

24 Neben der weitgehend wortlautgetreuen Wiederholung des § 22 Abs. 1 Satz 1 ist insbesondere folgender Inhalt der Registerbekanntmachung ausreichend:[97]

> „Gläubigern der an der Verschmelzung beteiligten Rechtsträger ist unter den Voraussetzungen des § 22 UmwG Sicherheit zu leisten."

25 Ein **unterlassener oder verspäteter Hinweis** hat keinen Einfluss auf den Fristlauf nach § 22 Abs. 1 Satz 2.[98] Er kann jedoch **Amtshaftungsansprüche** gegen das Registergericht nach § 839 BGB auslösen.[99] Der Sorgfaltsmaßstab bestimmt sich dabei für die innerhalb des zuständigen Registergerichts zuständige Person nach § 276 Abs. 2 BGB, wobei ein objektivierter Sorgfaltsmaßstab gilt. Aufgrund der Eindeutigkeit der Regelung des § 22 Abs. 1 Satz 3 ist bei unterlassener Hinweisbekanntmachung regelmäßig nicht die im Verkehr erforderliche Sorgfalt eingehalten worden. Amtshaftungsansprüche können ferner nur hervorgerufen werden, wenn der Gläubiger darlegt und beweist, dass die fehlende Unterrichtung **kausal für den Verlust seines Anspruchs** auf Sicherheitsleistung war.[100] Gelingt

90) Wohl auch Widmann/Mayer-*Vossius*, UmwR, § 22 UmwG Rz. 15.

91) Hierbei mag auch die jüngere BAG-Entscheidung (BAG, Urt. v. 15.11.2023 – 10 AZR 288/22, ZIP 2024, 1125) zur AGB-rechtlichen Unzulässigkeit einer Ermessensklausel für Bonusgewährungen von Bedeutung sein.

92) *Krafka*, Registerrecht, Rz. 1942; *Schulte* in: NK-UmwG, § 22 Rz. 24; *Schulte*, GmbHR 2023, 1259, 1261.

93) Im Zusammenhang mit § 22 *Erkens* in: KölnKomm-UmwG, § 22 Rz. 6.

94) *Erkens* in: KölnKomm-UmwG, § 22 Rz. 6.

95) *Erkens* in: KölnKomm-UmwG, § 22 Rz. 6; Widmann/Mayer-*Vossius*, UmwR, § 22 UmwG Rz. 75.

96) Widmann/Mayer-*Vossius*, UmwR, § 22 UmwG Rz. 75.

97) Formulierung nach Widmann/Mayer-*Vossius*, UmwR, § 22 UmwG Rz. 74.

98) *Erkens* in: KölnKomm-UmwG, § 22 Rz. 46; Lutter-*Grunewald*, UmwG, § 22 Rz. 22.

99) *Rieder* in: BeckOGK-UmwG, § 22 Rz. 55; *Erkens* in: KölnKomm-UmwG, § 22 Rz. 46; Semler/Stengel/Leonard-*Seulen*, UmwG, § 22 Rz. 66; Widmann/Mayer-*Vossius*, UmwR, § 22 UmwG Rz. 62.

100) Widmann/Mayer-*Vossius*, UmwR, § 22 UmwG Rz. 62; *Schulte* in: NK-UmwG, § 22 Rz. 24.

dies, muss die Höhe des Schadensersatzes grundsätzlich adäquat zum verursachten Vermögensschaden sein,[101] also den monetären Wert der ansonsten erhaltenen Sicherheitsleistung. Ob ein Anspruch auf Sicherheitsleistung dabei tatsächlich bestand, kann im Nachhinein nur schwer festgestellt werden und sollte insofern unerheblich sein. Fest steht aber, dass der Amtshaftungsanspruch in der Regel nur einen Anspruch auf Schadensersatz in Geld gewährt.[102]

IV. Anspruchsvoraussetzungen (§ 22 Abs. 1 Satz 2)

26 Handelt es sich bei der betroffenen Person anhand des Gesagten um einen erfassten Gläubiger i. S. der Norm, müssen gemäß § 22 Abs. 1 Satz 1, 2 noch weitere Voraussetzungen erfüllt sein, damit ein Anspruch auf Sicherheitsleistung geltend gemacht werden kann. Dies sind zuvorderst die **Glaubhaftmachung** der konkreten Gefährdung der bestehenden Forderung (siehe Rz. 28) und die form- und fristgerechte **Anmeldung des Anspruchs** auf Sicherheitsleistung (siehe Rz. 31).

1. Gefährdung der Gläubigerforderung

27 § 22 Abs. 1 Satz 2 schreibt vor, dass ein Anspruch auf Sicherheitsleistung nur besteht, wenn der betroffene Gläubiger glaubhaft machen kann, dass durch die Verschmelzung die Erfüllung seiner Forderung gefährdet wird. Es bedarf also einer Gefährdung der in Rede stehenden Gläubigerforderung. Eine bloße potenzielle Gefährdung genügt dabei jedoch nicht, sondern diese muss **konkret** sein;[103] es geht mithin um konkret, glaubhaft zu machende Gefahren.[104] Ein abstrakter Risikoschutz ist mit § 22 nicht verbunden,[105] sodass gerade nicht jede Bonitätsverschlechterung des Schuldners im Zuge einer Verschmelzung zu einer relevanten Gefährdung aus Sicht des Gläubigers führt.[106] Abstrakte Gefahren sind vielmehr lediglich Indikatoren, die auf eine Gefährdung hindeuten können.[107] Mit anderen Worten muss eine konkrete Gefährdung somit **unmittelbar aus der Verschmelzung** folgen und nicht mittelbar aus umwandlungsrechtlichen Vorschriften.[108] Dies gilt auch, wenn einer an der Verschmelzung beteiligte Rechtsträger bspw. überschuldet ist.[109] Es bedarf eines unmittelbaren Kausalzusammenhangs zwischen Verschmelzung und der Gefährdung der Forderung.[110] War die in Rede stehende Forderung in ihrer Erfüllung allerdings schon vor der Verschmelzung gefährdet, schließt dies einen Anspruch auf Sicherheitsleistung nicht grundsätzlich aus.[111] Andererseits können Sicherungsansprüche anderer Gläubiger nicht als Gefährdungsgrund herangezogen werden.[112]

---

101) Vgl. OLG Brandenburg, Beschl. v. 24.1.2019 – 2 W 6/18, BeckRS 2019, 1252.

102) Allg. BGH, Urt. v. 25.2.1993 – III ZR 9/92, NJW 1993, 1799.

103) Vgl. nur LG Köln, Urt. v. 17.9.2004 – 82 O 133/03, BeckRS 2004, 11452.

104) OLG Hamm, Urt. v. 18.2.2008 – 8 U 235/06, ZIP 2008, 1925; LG Köln, Urt. v. 17.9.2004 – 82 O 133/03, BeckRS 2004, 11452; parallel bzgl. des § 133 Abs. 1 Satz 2 Lutter-*Schwab*, UmwG, § 133 Rz. 92; Kallmeyer-*Sickinger*, UmwG, § 133 Rz. 21.

105) BGH, Urt. v. 26.4.2002 – LwZR 20/01, ZIP 2002, 1490.

106) *Erkens* in: KölnKomm-UmwG, § 22 Rz. 32; Lutter-*Grunewald*, UmwG, § 22 Rz. 12.

107) *Soldierer*, Die Höhe der Sicherheitsleistung, S. 166.

108) LG Köln, Urt. v. 17.9.2004 – 82 O 133/03, BeckRS 2004, 11452; LG Köln, Urt. v. 30.1.2004 – 82 O 139/03, DK 2004, 806.

109) Vgl. OLG Stuttgart, Beschl. v. 4.10.2005 – 8 W 426/05, ZIP 2005, 2066; LG Leipzig, Beschl. v. 18.1.2006 – 1 HKT 7414/04, DB 2006, 885; LG Köln, Urt. v. 30.1.2004 – 82 O 139/03, DK 2004, 806; a. A. noch AG Erfurt, Beschl. v. 25.10.1995 – HRB 1870, RPfleger 1996, 163.

110) *Rieder* in: BeckOGK-UmwG, § 22 Rz. 29; *Erkens* in: KölnKomm-UmwG, § 22 Rz. 42; Semler/Stengel/Leonard-*Seulen*, UmwG, § 22 Rz. 34; *Kogge* in: MünchHdb. GesR, Bd. 8, § 13 Rz. 219.

111) *Erkens* in: KölnKomm-UmwG, § 22 Rz. 32.

112) LG Köln, Urt. v. 30.1.2004 – 82 O 139/03, DK 2004, 806; *Erkens* in: KölnKomm-UmwG, § 22 Rz. 31; Semler/Stengel/Leonard-*Seulen*, UmwG, § 22 Rz. 31.

Entscheidend i. R. der Beurteilung einer konkreten Gefährdung ist das **individuelle Ausfallrisiko** der Forderung.[113] Ohne konkret-negative Auswirkungen ist eine konkrete Gefährdung also nicht zu bejahen.[114] Es bedarf mithin einer konkreten Risikosteigerung durch die Verschmelzung, also die **hinreichende Wahrscheinlichkeit** eines Forderungsausfalls.[115] Auch ein (teilweiser) Forderungsausfall muss zwar nicht gewiss, wohl aber wahrscheinlich sein, wobei allerdings eine bloße Verschlechterung relevanter betriebswirtschaftlicher Kennzahlen nicht ausreichend ist.[116] Die Darlegungslast liegt beim betroffenen Gläubiger.[117] Indizien für einen Forderungsausfall sind insbesondere die Struktur des Eigenkapitals, der Verschuldungsgrad oder die Gewinn- oder Cashflow-Situation der beteiligten Rechtsträger vor und nach der Verschmelzung.[118] 28

2. Glaubhaftmachung der Gefährdung

§ 22 Abs. 1 Satz 2 sieht weiterhin vor, dass die konkrete Forderungsgefährdung vom Gläubiger „glaubhaft" zu machen ist.[119] Nur wenn dies gelingt, besteht ein Anspruch auf Sicherheitsleistung. Die Glaubhaftmachung kann im Zweifel aber für den betroffenen Gläubiger schwierig sein.[120] Tatsächlich ist es in der Praxis so, dass ein Anspruch auf Sicherheitsleistung häufig an der nicht hinreichenden Glaubhaftmachung scheitert.[121] Hintergrund ist dabei auch, dass sich die Glaubhaftmachung auf die **fehlende künftige Leistungsfähigkeit** des übernehmenden Rechtsträgers beziehen muss.[122] 29

Erforderlich, aber auch ausreichend, ist die Darlegung der **überwiegenden Wahrscheinlichkeit** der Gefährdung.[123] Es handelt sich somit um eine Glaubhaftmachung i. S. von § 294 Abs. 1 ZPO.[124] Eines Nachweises der Gefährdung bedarf es nicht.[125] Dies ist auch richtlinienkonform.[126] Zwar spricht Art. 99 Abs. 2 Unterabs. 2 Satz 2 Gesellschaftsrechtsrichtlinie vom Nachweis der Gefährdung („wenn sie nachweisen können"), jedoch stellt dies nur eine Mindestvorgaben an den nationalen Gesetzgeber dar,[127] sodass aus Gläubigersicht weniger strenge Anforderungen, wie z. B. die bloße Glaubhaftmachung, hinreichend sind.[128] An die Glaubhaftmachung werden damit geringere Anforderungen als an das 30

113) *Erkens* in: KölnKomm-UmwG, § 22 Rz. 25; Lutter-*Grunewald*, UmwG, § 22 Rz. 12; Semler/Stengel/Leonard-*Seulen*, UmwG, § 22 Rz. 32.

114) *Soldierer*, Die Höhe der Sicherheitsleistung, S. 166.

115) LG Augsburg, Urt. v. 29.3.2011 – 2 HK O 363/08, BeckRS 2011, 18537.

116) *Erkens* in: KölnKomm-UmwG, § 22 Rz. 28; Semler/Stengel/Leonard-*Seulen*, UmwG, § 22 Rz. 31.

117) BGH, Urt. v. 26.4.2002 – LwZR 20/01, ZIP 2002, 1490.

118) *Erkens* in: KölnKomm-UmwG, § 22 Rz. 26; Widmann/Mayer-*Vossius*, UmwR, § 22 UmwG Rz. 33 ff.

119) Vgl. auch OLG Frankfurt/M., Urt. v. 11.9.2017 – 2 U 102/16, BeckRS 2017, 126678. Bei einer Spaltung reicht dabei allerdings die infolge dieser eintretenden Vermögenstrennung allein noch nicht aus, um eine Gefährdung glaubhaft zu machen.

120) Vgl. OLG Dresden, Urt. v. 7.8.2008 – 1 U 1317/07, ZIP 2009, 1382.

121) *Stiegler*, GmbHR 2024, 234, 235.

122) *Soldierer*, Die Höhe der Sicherheitsleistung, S. 167.

123) *Erkens* in: KölnKomm-UmwG, § 22 Rz. 48; *Kogge* in: Münch Hdb. GesR, Bd. 8, § 13 Rz. 220; *Soldierer*, Die Höhe der Sicherheitsleistung, S. 167.

124) *Erkens* in: KölnKomm-UmwG, § 22 Rz. 48; *Schulte* in: NK-UmwG, § 22 Rz. 10; *Redler/Obermann*, ZPG 2024, 24, 26.

125) Begr. Fraktionsentwurf UmwBerG, BT-Drucks. 12/6699, S. 92.

126) Begr. Fraktionsentwurf UmwBerG, BT-Drucks. 12/6699, S. 92.

127) Zum Mindestnormcharakter der Richtlinienregelungen vgl. nur *Stiegler* in: Jung/Krebs/Stiegler, Gesellschaftsrecht in Europa, § 22 Rz. 54.

128) Vgl. auch *de Raet* in: Kindler/Lieder, European Corporate Law, Art. 99 Rz. 16.

Erbringen eines Beweises zu stellen sein.[129] Bewiesen werden muss jedoch das **Bestehen der Forderung.**[130]

31 Die Prüfung eines etwaigen Sicherheitsanspruchs i. R. der Glaubhaftmachung kann insbesondere anhand der zu erstellenden **Schlussbilanz** (§ 17 Abs. 2 Satz 1) erfolgen.[131] Diese dient den Gläubigern damit als Wertnachweis und Beurteilungsgrundlage für ihre Rechte nach § 22 Abs. 1.[132] Insofern sollte die entsprechende Schlussbilanz **zum Zeitpunkt der Handelsregisteranmeldung** zumindest aufgestellt und festgestellt sein.[133] Eine jüngere Entscheidung des BGH, die dies weniger streng beurteilt,[134] ist aus dieser Perspektive daher kritisch zu betrachten, obgleich der BGH § 22 in diesem Kontext ebenfalls erwähnt, aber für nicht relevant hält.[135]

3. Form und fristgerechte Anmeldung des Anspruchs

32 Neben den materiellen Voraussetzungen eines Anspruchs auf Sicherheitsleistung gibt § 22 Abs. 1 auch formale und zeitliche Anforderungen für eine wirksame Anspruchserlangung vor. Zeitlich (siehe Rz. 33) muss der Anspruch innerhalb von sechs Monaten nach Bekanntmachung der Eintragung der Verschmelzung gemäß § 19 Abs. 3 geltend gemacht werden. Formal (siehe Rz. 37) ist er nach Grund und Höhe in Textform anzumelden. Zu adressieren ist die Anmeldung an den übernehmenden Rechtsträger.

a) Zeitliche Anforderungen

33 Gemäß § 22 Abs. 1 Satz 1 besitzen die Gläubiger nur dann einen Anspruch auf Sicherheitsleistung, wenn sie diesen „binnen **sechs Monaten** nach dem Tag, an dem die Eintragung der Verschmelzung in das Register des Sitzes desjenigen Rechtsträgers, dessen Gläubiger sie sind, nach § 19 Abs. 3 bekannt gemacht worden ist, anmelden". Dabei handelt es sich um eine materielle **Ausschlussfrist.**[136] Mit Fristablauf geht der Anspruch unter. Hiermit soll eine Balance zwischen den Interessen der sich verschmelzenden Rechtsträger und deren Anteilsinhabern an einer möglichst zügigen Abwicklung der Strukturmaßnahme und den Interessen der Gläubiger an einer effektiven Sicherung ihrer bestehenden Forderungen erreicht werden. Bei § 22 Abs. 1 handelt es sich insofern um einen sog. nachgelagerten Gläubigerschutz.[137] Die Sechs-Monats-Frist wird in diesem Zusammenhang auch allgemein als ausreichend erachtet, um gläubigerseitig eine Forderungsgefährdung zu prüfen und zu beurteilen, ob eine Anmeldung auf Sicherheitsleistung hinreichend erfolgversprechend ist.[138]

---

129) *Erkens* in: KölnKomm-UmwG, § 22 Rz. 48; Lutter-*Grunewald*, UmwG, § 22 Rz. 16; Semler/Stengel/Leonard-*Seulen*, UmwG, § 22 Rz. 35.

130) *Erkens* in: KölnKomm-UmwG, § 22 Rz. 48; Kallmeyer-*Oppenhoff*, UmwG, § 22 Rz. 4; *Schulte* in: NK-UmwG, § 22 Rz. 10; *Kogge* in: MünchHdb. GesR, Bd. 8, § 13 Rz. 221.

131) OLG Düsseldorf, Beschl. v. 12.1.2024 – I-3 Wx 181/23, ZIP 2024, 757; OLG Frankfurt/M., Beschl. v. 23.10.1996 – 20 W 291/96, BeckRS 1996, 13175.

132) KG Berlin, Beschl. v. 18.2.2025 – 22 W 64/24, BeckRS 2025, 3405; OLG Köln, Beschl. v. 10.2.2020 – 2 Wx 28/20, ZIP 2020, 1072; *Heckschen* in: Beck'sches Notar-Hdb., § 24 Rz. 30; *Neuhöfer*, DStR 2025, 1819 f.

133) KG Berlin, Beschl. v. 18.2.2025 – 22 W 64/24, BeckRS 2025, 3405; OLG Düsseldorf, Beschl. v. 12.1.2024 – I-3 Wx 181/23, ZIP 2024, 757; a. A. *Blasche*, RNotZ 2014, 464, 469; Schmitt/Hörtnagl-*Hörtnagl*, UmwG/UmwStG, § 17 UmwG Rz. 46.

134) So BGH, Beschl. v. 18.3.2025 – II ZB 1/24, ZIP 2025, 1721; strenger hingegen noch KG, Beschl. v. 18.2.2025 – 22 W 64/24, BeckRS 2025, 3405; OLG Düsseldorf, Beschl. v. 12.1.2024 – 3 Wx 181/23, ZIP 2024, 757.

135) So BGH, Beschl. v. 18.3.2025 – II ZB 1/24, ZIP 2025, 1721.

136) *Erkens* in: KölnKomm-UmwG, § 22 Rz. 47.

137) Kallmeyer-*Oppenhoff*, UmwG, § 22 Rz. 1; *Priester*, NZG 2021, 1011, 1012; krit. auch *Löbbe*, ZHR 187 (2023), 498, 525.

138) So OLG Dresden, Urt. v. 7.8.2008 – 1 U 1317/07, ZIP 2009, 1382.

Eine **Verkürzung** der Frist z. B. i. R. des Verschmelzungsvertrags ist **unzulässig.**[139] Eine **Fristverlängerung** in diesem ist gleichwohl möglich,[140] aus praktischer Sicht aber unwahrscheinlich.

Fristbeginn ist der Zeitpunkt der Hinweisbekanntmachung nach § 19 Abs. 3 i. V. m. § 10 Abs. 3 HGB i. V. m. § 9 Abs. 1 HGB.[141] Zwar gilt hierbei auch die Schutzvorschrift des § 15 Abs. 2 Satz 2 HGB,[142] jedoch dürfte dies in der Praxis kaum eine große Rolle spielen. Hintergrund ist vor allem, dass die Bekanntmachung per Fiktion gemäß § 10 Abs. 1 Satz 1 HGB mit dem Eintragungszeitpunkt zusammenfällt. Bei der Ausschlussfrist des § 22 Abs. 1 Satz 1 handelt es sich zudem nur um eine der Eintragung der Verschmelzung nachgelagerte Begrenzung. Eine Sicherheitsleistung kann damit auch vor Fristbeginn gefordert werden.[143] Die Leistung der entsprechenden Sicherheit wird aber naturgemäß erst nach Wirksamwerden der Verschmelzung erfolgen. Für die Fristwahrung gelten die allgemein-zivilrechtlichen Regelungen; maßgebend ist daher der Zugang des Verlangens beim Empfänger (vgl. § 130 Abs. 1 BGB).[144] Aufgrund der seit 1.1.2025 bestehenden Möglichkeit der Anspruchsanmeldung auch in Textform (siehe Rz. 37), werden damit aber auch die immer noch bestehenden Unklarheiten, wann z. B. eine E-Mail beim Empfänger als zugegangen gilt,[145] virulent. 34

§ 22 Abs. 1 Satz 1 bezieht sich i. R. der Registereintragung auf „de[n]jenigen Rechtsträger, dessen Gläubiger“ die Anspruchsberechtigten sind. Im Hinblick auf § 19 Abs. 1 Satz 1 kann in Abhängigkeit davon, von welchen beteiligten Rechtsträgern der Gläubiger ein solcher war, der Fristbeginn daher **auch unterschiedlich ausfallen** und an verschiedenen Tagen zu laufen beginnen.[146] Wäre der Zeitpunkt zwingend gleich, hätte der Gesetzgeber abweichend auf den „übernehmenden Rechtsträger“ abstellen müssen.[147] Die jetzige Rechtslage ist aber sinnvoll, da andernfalls den Gläubigern des übernehmenden Rechtsträgers nur eine verkürzte Frist zur Geltendmachung ihrer Ansprüche zur Verfügung gestanden hätte. 35

b) Formale Anforderungen

§ 22 Abs. 1 Satz 1 gibt weiterhin vor, dass der Anspruch sowohl nach **Grund und Höhe** als auch zumindest in **Textform** geltend zu machen ist. Mit der Präzisierung des Anspruchs nach Grund und Höhe soll auch dem Vertretungsorgan des Rechtsträgers die weitere wirtschaftliche Behandlung erleichtert werden.[148] Darzustellen sind insofern (siehe auch Rz. 38) Angaben zu der zugrunde liegenden Forderung, insbesondere zum Forderungsgrund sowie deren Höhe, Fälligkeit und ggf. bezeugende Nachweise. Anzugeben ist ferner die konkrete Gefährdung der Forderung.[149] Schließlich hat der Antrag die Aufforderung 36

---

139) *Schulte* in: NK-UmwG, § 22 Rz. 15; Semler/Stengel/Leonard-*Seulen*, UmwG, § 22 Rz. 39; Kallmeyer-*Oppenhoff*, UmwG, § 22 Rz. 5.

140) *Schulte* in: NK-UmwG, § 22 Rz. 15; Semler/Stengel/Leonard-*Seulen*, UmwG, § 22 Rz. 39; Kallmeyer-*Oppenhoff*, UmwG, § 22 Rz. 5.

141) *Erkens* in: KölnKomm-UmwG, § 22 Rz. 45; *Schulte* in: NK-UmwG, § 22 Rz. 7.

142) *Schulte* in: NK-UmwG, § 22 Rz. 7; Semler/Stengel/Leonard-*Seulen*, UmwG, § 22 Rz. 13; a. A. Kallmeyer-*Oppenhoff*, UmwG, § 22 Rz. 5.

143) Lutter-*Grunewald*, UmwG, § 22 Rz. 20; *Rieder* in: BeckOGK-UmwG, § 22 Rz. 39.

144) *Erkens* in: KölnKomm-UmwG, § 22 Rz. 47; *Kogge* in: MünchHdb. GesR, Bd. 8, § 13 Rz. 225.

145) Vgl. hierzu nur BGH, Urt. v. 6.10.2022 – VII ZR 895/21, ZIP 2022, 2301 = ZInsO 2022, 2475; OLG Rostock, Beschl. v. 3.4.2024 – 7 U 2/24, MDR 2024, 733.

146) *Schulte* in: NK-UmwG, § 22 Rz. 17, vgl. auch OLG Frankfurt/M., Urt. v. 11.9.2017 – 2 U 102/16, BeckRS 2017, 126678.

147) OLG Frankfurt/M., Urt. v. 11.9.2017 – 2 U 102/16, BeckRS 2017, 126678.

148) Begr. Fraktionsentwurf UmwBerG, BT-Drucks. 12/6699, S. 92.

149) Die Glaubhaftmachung muss hingegen noch nicht zwingend in der Anmeldung enthalten sein, vgl. Semler/Stengel/Leonard-*Seulen*, UmwG, § 22 Rz. 41; Widmann/Mayer-*Vossius*, UmwR, § 22 UmwG Rz. 54, gleichwohl ist dies empfehlenswert.

als solches zu enthalten, dass angemessene Sicherheit i. H. eines bestimmten (Geld-)Betrags zu leisten ist.

37 Bis zur Änderung durch das Vierte Bürokratieentlastungsgesetz (BEG IV) sah § 22 Abs. 1 Satz 1 noch vor, dass der Anspruch auf Sicherheitsleistung schriftlich gegenüber dem übernehmenden Rechtsträger der Verschmelzung anzumelden ist. Bezüglich dieser Pflicht wurde einhellig das Schriftformerfordernis des § 126 BGB subsumiert.[150)] Seit dem 1.1.2025 ist jedoch bereits die **Textform** für die Anmeldung ausreichend.[151)] Abzustellen ist nunmehr daher auf § 126b BGB.[152)]

4. Formulierungsvorschlag

38 Muster für einen Antrag auf Sicherheitsleistung gemäß § 22 UmwG:

„Adressat: [übernehmender Rechtsträger der Verschmelzung]
Gläubiger: [Name/Firma]
[Anschrift]
[ggf. Vertreter]

Betreff: Antrag auf Sicherheitsleistung gemäß § 22 Abs. 1 UmwG

Sachverhalt: Die Gesellschaft [Name der übernehmenden Gesellschaft] ist übernehmender Rechtsträger der Verschmelzung mit der [Name der übertragenden Gesellschaften], die zuvor Schuldnerin des Antragstellers war. Die Eintragung der Verschmelzung wurde am [Datum der Eintragung] in das Handelsregister des Amtsgerichts [Name des zuständigen Registergerichts] eingetragen und gemäß § 19 Abs. 3 UmwG am [Datum der Bekanntmachung] bekannt gemacht. Der Antragsteller meldet hiermit innerhalb der gesetzlichen Frist von sechs Monaten nach Bekanntmachung seinen Anspruch nach Grund und Höhe wie folgt an:

Angaben zur bestehenden Forderung: […].
Forderungshöhe: [Betrag in Euro].
Fälligkeit: [Datum].
Nachweise: [Vertrag, Rechnung, Mahnung etc. als Anlage].
Gefährdung der Forderung: Der Antragsteller macht glaubhaft, dass durch die Verschmelzung die Erfüllung seiner Forderung gefährdet wird. Diese Gefährdung ergibt sich insbesondere aus folgenden Umständen: […].
Die [Name der übernehmenden Gesellschaft] als übernehmender Rechtsträger der Verschmelzung wird daher aufgefordert, dem Antragsteller eine angemessene Sicherheit für seine Forderung in Höhe von [Betrag in Euro] zu leisten, hilfsweise aber eine gerichtliche Entscheidung darüber zu treffen, in welcher Weise die Sicherheit zu leisten ist.

[Ort, Datum]
[Unterschrift des Antragstellers oder seines Vertreters]"

V. Rechtsfolge: Anspruch auf Sicherheitsleistung

39 Sind die Voraussetzungen des § 22 Abs. 1 Satz 2 erfüllt, besitzt der betroffene Gläubiger einen „Anspruch auf Sicherheitsleistung".[153)] Ein solcher hindert allerdings selbst bei **Nicht-**

150) *Kogge* in: MünchHdb. GesR, Bd. 8, § 13 Rz. 232; Semler/Stengel/Leonard-*Seulen*, UmwG, § 22 Rz. 41; Henssler/Strohn-*Ca. Müller*, GesR, § 22 UmwG Rz. 11.

151) Dazu und im Grundsatz begrüßend *Stiegler*, GmbHR 2024, 234, 235; zur eher geringen praktischen Bedeutung *Kiefner/Berger*, Der Konzern 2025, 72, 73.

152) Begr. RegE BEG IV, BT-Drucks. 20/11306, S. 48; *Stiegler*, GmbHR 2024, 234, 235.

153) Begr. Fraktionsentwurf UmwBerG, BT-Drucks. 12/6699, S. 92.

erfüllung nicht das Wirksamwerden der jeweiligen Verschmelzung.[154)] Selbst wenn § 22 gar nicht oder nur unzureichend beachtet worden ist, führt dies nach Aussage des BGH ebenfalls nicht dazu, dass der betroffene Gläubiger ein Recht auf Löschung der bereits eingetragenen Verschmelzung besitzt oder in zulässiger Weise Rechtsbeschwerde (vgl. § 59 Abs. 1 FamFG) gegen die Eintragungsentscheidung des Registergerichts einlegen kann.[155)] Diesen Weg versperrt § 20 Abs. 2. Ausnahmen von diesem umwandlungsrechtlichen **Bestandsschutz** können sich allenfalls auf Basis des § 138 BGB ergeben,[156)] wobei dies praktisch kaum eine relevante Rolle spielen wird. Bei einer Verschmelzung mit Beteiligung einer AG ist zudem fraglich, ob dies mit Art. 108 Gesellschaftsrechtsrichtlinie vereinbar wäre.

1. Adressat des Anspruchs

Der Anspruch auf Sicherheitsleistung entsteht faktisch mit dem Wirksamwerden der Verschmelzung.[157)] Da der jeweilige übertragende Rechtsträger infolge der Verschmelzung jedoch erlischt, kann grundsätzlich nur der **übernehmende Rechtsträger** als Schuldner des Sicherheitsanspruchs des § 22 Abs. 1 in Betracht kommen.[158)] Bei einer Verschmelzung zur Aufnahme ist somit der übernehmende Rechtsträger und bei Verschmelzung zur Neugründung die im Zuge der Verschmelzung **neu gegründete Gesellschaft** Anspruchsgegner. Konkret ist der Anspruch an das Vertretungsorgan des übernehmenden bzw. neuen Rechtsträgers zu adressieren, da dieses zur Entgegennahme von an die jeweilige Gesellschaft adressierten Ansprüchen berechtigt ist. Auch die versehentlich **fehlerhafte Adressierung** an einen bereits erloschenen übertragenden Rechtsträger der Verschmelzung ist unschädlich, da dieser ohnehin im Wege der Gesamtrechtsnachfolge auf den übernehmenden bzw. neuen Rechtsträger übergegangen ist.[159)] Jedenfalls erforderlich ist aber, dass der Adressat und auch der Sicherungsgeber ein an der Verschmelzung beteiligter Rechtsträger sind.[160)] 40

2. Art und Höhe der Sicherheitsleistung

41 § 22 Abs. 1 regelt nur den materiellen Rechtsgrund für eine Sicherheitsleistung, deren Art und Weise bestimmen sich hingegen aus den allgemeinen zivilrechtlichen Bestimmungen der **§§ 232 ff. BGB.**[161)] Dabei steht dem übernehmenden (bzw. neuen) Rechtsträger als Schuldner grundsätzlich ein Wahlrecht bezüglich der konkret zu leistenden Sicherheit zu (vgl. § 264 Abs. 1 BGB).[162)] Auch bestehen keine Besonderheiten bzw. sind abweichende Betrachtungen angezeigt, wenn der an der Verschmelzung beteiligte Rechtsträger z. B. über-

154) Begr. Fraktionsentwurf UmwBerG, BT-Drucks. 12/6699, S. 92.

155) BGH, Beschl. v. 20.6.2023 – II ZB 18/22, ZIP 2023, 1744 = ZInsO 2023, 1881 – zum Formwechsel; zur Übertragung auf Verschmelzungen *Gomille*, WuB 2023, 412, 413 (Urteilsanm.); *Redler/Obermann*, ZPG 2024, 24, 25.

156) *Vossius*, NotBZ 2023, 421 (Urteilsanm.).

157) *Erkens* in: KölnKomm-UmwG, § 22 Rz. 17; Lutter-*Grunewald*, UmwG, § 22 Rz. 22; Semler/Stengel/Leonard-*Seulen*, UmwG, § 22 Rz. 45.

158) *Erkens* in: KölnKomm-UmwG, § 22 Rz. 17; Lutter-*Grunewald*, UmwG, § 22 Rz. 23; Semler/Stengel/Leonard-*Seulen*, UmwG, § 22 Rz. 45.

159) *Rieder* in: BeckOGK-UmwG, § 22 Rz. 39; *Erkens* in: KölnKomm-UmwG, § 22 Rz. 43; Lutter-*Grunewald*, UmwG, § 22 Rz. 18.

160) Gleichwohl soll diesbezüglich § 22 Abs. 1 analog auf Pfandrechte an Gesellschaftsanteilen zur Anwendung kommen, vgl. *Heckschen/Weitbrecht*, ZIP 2019, 1189, 1198.

161) Vgl. Erman-*Schmidt-Räntsch*, BGB, Vor § 232 Rz. 1; *Erkens* in: KölnKomm-UmwG, § 22 Rz. 53; *Redler/Obermann*, ZPG 2024, 24, 26.

162) *Erkens* in: KölnKomm-UmwG, § 22 Rz. 53; Semler/Stengel/Leonard-*Seulen*, UmwG, § 22 Rz. 52; Widmann/Mayer-*Vossius*, UmwR, § 22 UmwG Rz. 49; *Schulte* in: NK-UmwG, § 22 Rz. 19.

schuldet ist.[163] Die (wertmäßige) Ermittlung des Sicherheitsanspruchs kann insbesondere anhand der Schlussbilanz (§ 17 Abs. 2 Satz 1) erfolgen (siehe bereits Rz. 31).[164]

42 Auch in welcher **Höhe** Sicherheiten zu leisten sind, regelt § 22 Abs. 1 nicht. Vielmehr ist diese durch das konkrete Schutzbedürfnis des Gläubigers zu bestimmen,[165] wobei auf die „individuellen Gegebenheiten" abzustellen ist.[166] Insgesamt muss die zu gewährende Sicherheitsleistung ein **adäquates Mittel** für den betroffenen Gläubiger sein, dessen bestehende Forderungen durch die Verschmelzung beeinträchtigt werden. Hieraus ergibt sich aber auch, dass die Höhe der Sicherheitsleistung nicht zwingend mit der Höhe bzw. dem Umfang der gefährdeten Forderung übereinzustimmen hat.[167] Tatsächlich ist insofern aber **umstritten**, ob im Grundsatz auf den **Nominalwert** der Forderung abzustellen ist[168] oder vielmehr Sicherheiten im Ergebnis nur in der Höhe zu leisten sind, in der dem Gläubiger durch die Verschmelzung ein **Ausfallrisiko** entsteht.[169] Zwar ist es praktisch leichter auf den Nominalwert abzustellen, da die Ermittlung der monetären Höhe eines Ausfallrisikos sich regelmäßig als schwierig erweisen wird, jedoch entspricht letzteres mehr dem Gedanken des § 22 Abs. 1 und ist daher vorzugswürdig.[170] Insofern wäre es auch verfehlt, dass alle noch ausstehenden Forderungen des Gläubigers einfach addiert werden, um so die Höhe der Sicherheitsleistung zu bestimmen.[171] Gemildert wird das Problem der Wertbestimmung des Ausfallrisikos zudem dadurch, dass auch eine **Schätzung** der Höhe der Sicherheitsleistung im Zweifel ausreichend sein soll.[172]

3. Durchsetzung des Anspruchs

43 Das Bestehen des Anspruchs eines Gläubigers auf Sicherheitsleistung gegen den übernehmenden Rechtsträger anhand der darstellten Anspruchsvoraussetzungen ist bezüglich der tatsächlichen Sicherheitsgewährung häufig nur eine Seite der Medaille. Denn rein wirtschaftlich betrachtet hat der in Anspruch genommene, aus der Verschmelzung hervorgegangene Rechtsträger zumindest ökonomisch **nur bedingt** ein **Interesse** an der Leistung der geforderten Sicherheitsleistung. Weigert sich dieser daher (berechtigt oder unberechtigt), ist

---

163) Vgl. OLG Stuttgart, Beschl. v. 4.10.2005 – 8 W 426/05, ZIP 2005, 2066; LG Leipzig, Beschl. v. 18.1.2006 – 1 HKT 7414/04, DB 2006, 885; LG Köln, Urt. v. 30.1.2004 – 82 O 139/03, DK 2004, 806; a. A. noch AG Erfurt, Beschl. v. 25.10.1995 – HRB 1870, RPfleger 1996, 163.

164) OLG Düsseldorf, Beschl. v. 12.1.2024 – I-3 Wx 181/23, ZIP 2024, 757; OLG Köln, Beschl. v. 10.2.2020 – 2 Wx 28/20, ZIP 2020, 1072; OLG Frankfurt/M., Beschl. v. 23.10.1996 – 20 W 291/96, BeckRS 1996, 13175.

165) BGH, Urt. v. 18.3.1996 – II ZR 299/94, ZIP 1996, 705 – zu § 26 Abs. 1 Satz 1 KapErhG; in Bezug auf § 22 auch OLG Hamm, Urt. v. 18.2.2008 – 8 U 235/06, ZIP 2008, 1925.

166) OLG Frankfurt/M., Urt. v. 11.9.2017 – 2 U 102/16, BeckRS 2017, 126678; LG Augsburg, Urt. v. 29.3.2011 – 2 HK O 363/08, BeckRS 2011, 18537; *Erkens* in: KölnKomm-UmwG, § 22 Rz. 50.

167) LG Augsburg, Urt. v. 29.3.2011 – 2 HK O 363/08, BeckRS 2011, 18537; wohl a. A. *Schröer*, DB 1999, 317; *Soldierer*, Die Höhe der Sicherheitsleistung, S. 165.

168) So *Erkens* in: KölnKomm-UmwG, § 22 Rz. 50; Lutter-*Grunewald*, UmwG, § 22 Rz. 24; wohl auch *Bertus*, BB 2016, 2755, 2756.

169) So *Rieder* in: BeckOGK-UmwG, § 22 Rz. 49; Semler/Stengel/Leonard-*Seulen*, UmwG, § 22 Rz. 48; *Kogge* in: MünchHdb. GesR, Bd. 8, § 13 Rz. 240.

170) Dies schließt gleichwohl nicht aus, dass auch mittlerweile ggf. entstandene Zinsen mit zu berücksichtigten sind, vgl. *Rieder* in: BeckOGK-UmwG, § 22 Rz. 49; *Erkens* in: KölnKomm-UmwG, § 22 Rz. 52; Kallmeyer-*Oppenhoff*, UmwG, § 22 Rz. 12; *Schulte* in: NK-UmwG, § 22 Rz. 20; praktisch dürften diese aber regelmäßig nur gering ausfallen.

171) Vgl. OLG Hamm, Urt. v. 18.2.2008 – 8 U 235/06, ZIP 2008, 1925; *Erkens* in: KölnKomm-UmwG, § 22 Rz. 50; OLG Frankfurt/M., Urt. v. 11.9.2017 – 2 U 102/16, BeckRS 2017, 126678; *Erkens* in: KölnKomm-UmwG, § 22 Rz. 50; Lutter-*Grunewald*, UmwG, § 22 Rz. 24.

172) *Rieder* in: BeckOGK-UmwG, § 22 Rz. 42; *Erkens* in: KölnKomm-UmwG, § 22 Rz. 44; Semler/Stengel/Leonard-*Seulen*, UmwG, § 22 Rz. 42.

der Anspruch auf Sicherheitsleistung im Zweifel **gerichtlich durchzusetzen.**[173] Streitgegenstand ist dabei der Anspruch auf Sicherheitsleistung selbst,[174] der im Wege der **Leistungsklage** durchzusetzen ist.[175] Zeitlich betrachtet kann der Anspruch dabei frühestens mit der Verschmelzung entstehen; wird dann aber sofort fällig.[176] Denklogisch setzt die Fälligkeit aber die fristgerechte Anmeldung des Anspruchs spätestens sechs Monate nach Wirksamwerden der Verschmelzung voraus.

VI. Weitere Rechtsbehelfe

Insbesondere dann, wenn der Gläubiger entweder in der Ausübung seines Rechts auf Erhalt 44
einer Sicherheitsleistung gehindert wird oder ihm diese trotz wirksamer Geltendmachung nicht gewährt wird, stellt sich die Frage, inwieweit ihm ergänzend andere Rechtsbehelfe zur Verfügung stehen. Zunächst kann ein **unterlassener oder verspäteter Hinweis** des Gläubigers durch das zuständige Registergericht gemäß § 22 Abs. 1 Satz 3 einen **Amtshaftungsanspruch** gegen dieses nach § 839 BGB auslösen (siehe dazu im Detail Rz. 25).[177]

Umstritten ist, ob § 22 Abs. 1 Satz 1 ein **Schutzgesetz** i. S. des § 823 Abs. 2 BGB darstellt 45
und insofern Schadensersatzansprüche auslösen kann.[178] Im Ergebnis handelt es sich bei der Regelung selbst vielmehr um eine anspruchsbegründende Norm i. R. einer zivilrechtlichen Sonderverbindung, sodass ihr nicht der Charakter eines Schutzgesetzes zukommt.[179] Richtigerweise ist ferner für eine **analoge Anwendung der Ausschüttungssperre** des § 225 Abs. 2 AktG oder § 58 Abs. 1 Nr. 3 GmbHG kein Raum.[180]

Eine Verschmelzung an sich rechtfertigt noch nicht die **Kündigung** eines Dauerschuld- 46
verhältnisses wegen Vorliegen eines wichtigen Grundes.[181] Wird dem wirksam geltend gemachten Anspruch des Gläubigers auf Sicherheitsleistung jedoch nicht nachgekommen, kann dies durchaus einen wichtigen Grund i. S. des § 314 Abs. 1 BGB darstellen.[182]

Teilweise wird argumentiert, dass das Verschmelzungsrecht mit § 22 (und § 23) ein ab- 47
schließendes Systems des Gläubigerschutzes bereitstellt,[183] das vor allem das **Insolvenzanfechtungsrecht** der §§ 129 ff. InsO verdränge.[184] Die h. M. lehnt hingegen eine An-

173) Semler/Stengel/Leonard-*Seulen*, UmwG, § 22 Rz. 53.

174) *Schulte* in: NK-UmwG, § 22 Rz. 21.

175) *Erkens* in: KölnKomm-UmwG, § 22 Rz. 57; *Schulte* in: NK-UmwG, § 22 Rz. 21.

176) *Rieder* in: BeckOGK-UmwG, § 22 Rz. 47; *Erkens* in: KölnKomm-UmwG, § 22 Rz. 49; Lutter-*Grunewald*, UmwG, § 22 Rz. 22; Semler/Stengel/Leonard-*Seulen*, UmwG, § 22 Rz. 42; a. A. Schmitt/Hörtnagl-*Winter*, UmwG/UmwStG, § 22 UmwG Rz. 8.

177) *Rieder* in: BeckOGK-UmwG, § 22 Rz. 55; *Erkens* in: KölnKomm-UmwG, § 22 Rz. 46; Semler/Stengel/Leonard-*Seulen*, UmwG, § 22 Rz. 66; Widmann/Mayer-*Vossius*, UmwR, § 22 UmwG Rz. 62.

178) Dafür: Kallmeyer-*Oppenhoff*, UmwG, § 22 Rz. 13; Widmann/Mayer-*Vossius*, UmwR, § 22 UmwG Rz. 4; Schmitt/Hörtnagl-*Winter*, UmwG/UmwStG, § 22 UmwG Rz. 22; *Schulte* in: NK-UmwG, § 22 Rz. 23.

179) Vgl. *Maier-Reimer*, NJW 2007, 3157, 3161; i. Erg. auch *Rieder* in: BeckOGK-UmwG, § 22 Rz. 58; *Erkens* in: KölnKomm-UmwG, § 22 Rz. 62; Lutter-*Grunewald*, UmwG, § 22 Rz. 31; Semler/Stengel/Leonard-*Seulen*, UmwG, § 22 Rz. 67.

180) *Rieder* in: BeckOGK-UmwG, § 22 Rz. 36; *Erkens* in: KölnKomm-UmwG, § 22 Rz. 60; Lutter-*Grunewald*, UmwG, § 22 Rz. 25; a. A. Semler/Stengel/Leonard-*Seulen*, UmwG, § 22 Rz. 57; *Schneider*, NZG 2007, 888, 892.

181) BGH, Urt. v. 21.2.2014 – V ZR 164/13, ZIP 2014, 776: Eine „Verschmelzung [stellt] für sich genommen keinen wichtigen Grund i. S. von § 313 Abs. 1 BGB dar".

182) *Bitter*, ZHR 173 (2009), 379, 430; *Rieble*, ZIP 1997, 301; Semler/Stengel/Leonard-*Seulen*, UmwG, § 22 Rz. 55, 69; *Maulbetsch* in: HK-UmwG, § 22 Rz. 34; wohl auch OLG Frankfurt/M., Urt. v. 11.9.2017 – 2 U 102/16, ZMR 2018, 33; a. A. *Rieder* in: BeckOGK-UmwG, § 22 Rz. 57.

183) Vgl. nur *Vossius*, NotBZ 2023, 421 (Urteilsanm.).

184) So *Heckschen*, ZInsO 2008, 824, 829; *Keller/Klett*, DB 2010, 1220, 1223; *Lwowski/Wunderlich*, NZI 2008, 595, 597.

fechtungsresistenz von Umwandlungsmaßnahmen grundsätzlich ab.[185] Hierzu scheint auch der BGH zu tendieren.[186] Da eine bereits eingetragene Verschmelzung aber nicht rückgängig gemacht und damit der übertragende Rechtsträger nicht wiederhergestellt werden kann (vgl. § 20 Abs. 2), führt die insolvenzrechtliche Anfechtung einer Verschmelzung dann zur **Bildung einer Sondermasse**, die ggf. separat von einem Sonderinsolvenzverwalter verwaltet wird.[187]

VII. Ausschluss des Anspruchs (§ 22 Abs. 2)

48 Die Regelung des § 22 Abs. 2 sieht eine Ausnahme vom Anspruch auf Sicherheitsleistung vor.[188] Sie beruht auf dem Grundsatz, dass ein Anspruch auf Sicherheitsleistung nicht erforderlich ist, wenn der Gläubiger bereits durch anderweitige gesetzliche Mechanismen hinreichend abgesichert ist.[189] Eine solche Absicherung liegt insbesondere vor, wenn der Gläubiger im Insolvenzfall ein Recht auf **vorzugsweise Befriedigung** aus einer gesetzlich errichteten und staatlich überwachten Deckungsmasse besitzt. Wie sich aus der Gesetzesbegründung zu § 22 ergibt, ist der Gesetzgeber davon ausgegangen, dass sich die Verpflichtung zu Sicherheitsleistungen auf **Versorgungsverbindlichkeiten** erstreckt (insbesondere betriebliche Altersversorgung),[190] jedoch nach § 22 Abs. 2 insoweit entfällt, als ein Pensions-Sicherungs-Verein (PSV) einstandspflichtig ist.[191] Dies gilt insbesondere für entsprechend gesicherte Rentenansprüchen von Arbeitnehmern.[192] Auch die nach den §§ 7 ff. BetrAVG durch den PSV insolvenzgeschützten Versorgungsrechte sind als solche i. S. des § 22 Abs. 2 zu qualifizieren und berechtigen damit nicht zur Sicherheitsleistung.[193] Soweit hiernach der **Insolvenzschutz** des PSV jedoch **nicht greift**, können auch versorgungsberechtigte Mitarbeiter und Betriebsrentner Anspruch auf Sicherheitsleistung nach § 22 Abs. 1 haben.[194]

49 Neben den durch den PSV gesicherten Versorgungsanwartschaften können auch andere gesetzlich errichtete Deckungsmassen unter die Ausnahme des § 22 Abs. 2 fallen. Umfasst sind daher regelmäßig auch **Deckungsstöcke** nach **§ 130 VAG**, welche der Sicherung bestimmter Versicherungsverbindlichkeiten dienen und einer strengen staatlichen Überwachung unterliegen, **Deckungsmassen** nach **§ 30 PfandBG**, bei denen es sich um spezifisch gesicherte Vermögenswerte zur Abdeckung von Pfandbriefverbindlichkeiten handelt.[195] Da diese Sicherungsmechanismen Gläubiger hinreichend schützen, scheidet ein Anspruch auf zusätzliche Sicherheitsleistung nach § 22 Abs. 1 grundsätzlich aus.

---

185) Uhlenbruck-*Hirte*, InsO, § 129 Rz. 68; *Roth*, ZInsO 2013, 1597, 1598; *Freudenberg* in: MünchKomm-InsO, § 129 Rz. 162; *Kuna*, GmbHR 2020, 24, 25 (Urteilsanm.).

186) Vgl. BGH, Urt. v. 17.10.2019 – IX ZR 215/16, GmbHR 2020, 45 = ZRI 2020, 80.

187) *Brünkmanns*, ZInsO 2024, 433, 436; krit. – „de lege lata wohl nicht [möglich]" *Kalss*, ZGR 2009, 74, 121.

188) Begr. Fraktionsentwurf UmwBerG, BT-Drucks. 12/6699, S. 92.

189) Begr. Fraktionsentwurf UmwBerG, BT-Drucks. 12/6699, S. 92.

190) Vgl. in diesem Zusammenhang *Matthießen* in: Bachner/Gerhardt/Matthießen, Arbeitsrecht bei der Umstrukturierung, § 7 Rz. 74 ff.

191) BAG, Urt. v. 11.3.2008 – 3 AZR 358/06, ZIP 2008, 1935; im Umkehrschluss auch AG Hamburg, Beschl. v. 1.7.2005 – HRA 100711, ZIP 2005, 1249; *Sieger/Aleth*, DB 2002, 1487, 1492; *Bader/Ebert*, DB 2006, 938.

192) *Hermanns/Holtz* in: Buth/Hermanns, Restrukturierung, Sanierung, Insolvenz, § 23 Rz. 51.

193) *Erkens* in: KölnKomm-UmwG, § 22 Rz. 38; Lutter-*Grunewald*, UmwG, § 22 Rz. 26; Semler/Stengel/Leonard-*Seulen*, UmwG, § 22 Rz. 60; *Kogge* in: MünchHdb. GesR, Bd. 8, § 13 Rz. 200.

194) *Erkens* in: KölnKomm-UmwG, § 22 Rz. 39.

195) *Erkens* in: KölnKomm-UmwG, § 22 Rz. 37.

Unabhängig von der Regelung des § 22 Abs. 2 entfällt ein Anspruch auf Sicherheitsleistung auch dann, wenn der Anspruch des Gläubigers bereits **vor Wirksamwerden** der Verschmelzung nicht nur entstanden, sondern auch **bereits fällig** ist, denn dies schließt eine mangelnde Befriedigungsmöglichkeit als Tatbestandsmerkmal des § 22 Abs. 1 Satz 1 aus (siehe bereits Rz. 17) und entsprechende Gläubiger besitzen keinen Anspruch auf Sicherheitsleistung. Ein Recht auf Sicherheitsleistung soll zudem dann ausscheiden, wenn der Gläubiger die Fälligkeit jederzeit selbst herbeiführen kann.[196] Dies sollte jedoch nicht bei der Kündigung von **Dauerschuldverhältnissen** gelten.[197] Das teilweise angelegte Kriterium, dass ein Anspruch auf Sicherheitsleistung auch dann ausscheide, wenn eine Kündigung dem Gläubiger zumutbar sei[198] oder er kein nachweisbar berechtigtes Interesse an der Fortführung des entsprechenden Vertrages mehr hat,[199] ist zu unbestimmt. 50

Besteht für eine Forderung bereits eine **Realsicherheit** gemäß § 232 Abs. 1 BGB, entfällt ebenfalls das Sicherungsinteresse und damit auch der Anspruch auf Sicherheitsleistung.[200] Ein Anspruch auf Sicherheitsleistung nach § 22 kann schließlich dann entfallen, wenn zwar eine Gefährdungslage bestanden hat, aber durch Maßnahmen des Schuldners nachträglich wieder entfallen ist.[201] In diesem Fall wäre die erhaltene Sicherheitsleistung vom Gläubiger (teilweise) zurückzugewähren.[202] 51

196) *Erkens* in: KölnKomm-UmwG, § 22 Rz. 35; Lutter-*Grunewald*, UmwG, § 22 Rz. 9; *Kogge* in: MünchHdb. GesR, Bd. 8, § 13 Rz. 204.

197) A. A. *Rieder* in: BeckOGK-UmwG, § 22 Rz. 43; *Erkens* in: KölnKomm-UmwG, § 22 Rz. 35.

198) So Semler/Stengel/Leonard-*Seulen*, UmwG, § 22 Rz. 36.

199) So Lutter-*Grunewald*, UmwG, § 22 Rz. 9.

200) *Erkens* in: KölnKomm-UmwG, § 22 Rz. 40; Lutter-*Grunewald*, UmwG, § 22 Rz. 27; *Kogge* in: MünchHdb. GesR, Bd. 8, § 13 Rz. 236; Semler/Stengel/Leonard-*Seulen*, UmwG, § 22 Rz. 60; *Soldierer*, Die Höhe der Sicherheitsleistung, S. 168.

201) LG Köln, Urt. v. 17.9.2004 – 82 O 133/03, BeckRS 2004, 11452.

202) *Erkens* in: KölnKomm-UmwG, § 22 Rz. 56; Henssler/Strohn-*Ca. Müller*, GesR, § 22 UmwG Rz. 13.

§ 23
Schutz der Inhaber von Sonderrechten

Den Inhabern von Rechten in einem übertragenden Rechtsträger, die kein Stimmrecht gewähren, insbesondere den Inhabern von Anteilen ohne Stimmrecht, von Wandelschuldverschreibungen, von Gewinnschuldverschreibungen und von Genußrechten, sind gleichwertige Rechte in dem übernehmenden Rechtsträger zu gewähren.

Literatur: *Arens*, Die Behandlung von bedingten Aktienbezugsrechten beim verschmelzungsrechtlichen Squeeze-out, WM 2014, 682; *Arnold/Zollner*, Das Schicksal „besonderer Rechte“ bei Umstrukturierungen in gesellschaftsrechtlicher und vertragsrechtlicher Perspektive, RIW 2016, 565; *Bachmann/Veil*, Grenzen atypischer stiller Beteiligung an einer Aktiengesellschaft, ZIP 1999, 348; *Bayer*, Vorzugsaktien ohne Stimmrecht im Falle von Verschmelzung, Spaltung, Formwechsel – zugleich Nachlese zu BGHZ 229, 27 (Metro), ZGR 2024, 897; *Bayer/Schmidt, J.*, Gläubigerschutz bei (grenzüberschreitenden) Verschmelzungen, ZIP 2016, 841; *Behme/Zickgraf*, Zivil- und gesellschaftsrechtliche Aspekte von Initial Coin Offerings (ICOs), ZfPW 2019, 66; *Boschert*, Genussrechte als Instrumente der Mitarbeiterbeteiligung in KMU, RFamU 2025, 310; *Driver*, Behandlung von Genussrechten bei der Verschmelzung und beim Abschluss von Unternehmensverträgen, BB 2014, 195; *Feddersen/Kiem*, Die Ausgliederung zwischen „Holzmüller“ und neuem Umwandlungsrecht, ZIP 1994, 1078; *Grisar/Zantopp*, Liquiditätspräferenzen in Mitarbeiterbeteiligungsprogrammen, DStR 2020, 1768; *Habersack/Vetter*, Vorschläge für eine große Aktienrechtsreform, AG 2024, 377; *Hacker/Thomale*, Crypto-Securities Regulation: ICOs, Token Sales and Cryptocurrencies under EU Financial Law, ECFR 2018, 645; *Hübner*, Auswirkungen einer grenzüberschreitenden Verschmelzung auf Anleiheverträge, IPRax 2016, 553; *Hüffer*, Der Schutz besonderer Rechte in der Verschmelzung, in: Festschrift für Marcus Lutter, 2000, S. 1227; *Jung*, Die stille Gesellschaft in der Spaltung, ZIP 1996, 1734; *Kalss*, Stimmverbote im GmbH-Konzern, GesRZ 2016, 244; *Kiem*, Die Ermittlung der Verschmelzungswertrelation bei der grenzüberschreitenden Verschmelzung, ZGR 2007, 542; *Kiem*, Die Stellung der Vorzugsaktionäre bei Umwandlungsmaßnahmen, ZIP 1997, 1627; *Klett/Ganss*, Optionsrechte auf GmbH-Geschäftsanteile beim Formwechsel, BB 2021, 1866; *Kollruss*, Eigenkapitalähnliche Genussrechte an Kapitalgesellschaften: Greift die Mitverstrickung von Anteilen nach § 22 Abs. 7 UmwStG?, DB 2025, 1309; *Kuntz*, Die Zulässigkeit selbstständiger Aktienoptionen („naked warrants"), AG 2004, 480; *Kuntz/Engelhardt*, Negative Liquiditätspräferenzen oder: Weniger ist mehr, ZGR 2021, 348; *Linardatos*, Finanzinstrumente im Digitalzeitalter (Teil II), WM 2024, 1685; *Linnartz/Walka*, Verwässerungsschutz bei der Ausgabe von Wandelschuldverschreibungen, AG 2025, 68; *Maume*, Die Anwendung der Blockschain-Technologie im GmbH-Recht, NZG 2021, 1189; *Naraschewski*, Verschmelzung im Konzern: Ausgleichs- und Abfindungsansprüche außenstehender Aktionäre bei Erlöschen eines Unternehmensvertrages, DB 1997, 1653; *Reichert*, Folgen der Anteilsvinkulierung für Umstrukturierungen von Gesellschaften mit beschränkter Haftung und Aktiengesellschaften nach dem Umwandlungsgesetz 1995, GmbHR 1995, 176; *Reiswich*, Verwässerungsschutz von Wandelschuldverschreibungen bei nominellen Kapitalerhöhungen, RdF 2017, 219; *Renner/Engel*, Gläubigerschutz bei Gewinnverlagerungen im Konzern, ZIP 2013, 2436; *Ribak*, Wertpapierrecht der Security Token: Zur zivil- und aufsichtsrechtlichen Qualifikation von Security Token, ZdiW 2023, 120; *Rinnert*, Auswirkung eines Formwechsels von einer AG in eine GmbH auf das bedingte Kapital zur Sicherung von Bezugsrechten, NZG 2001, 865; *Schäfer*, Stimmrechtslose Anteile in der GmbH (Teil 1), GmbHR 1998, 113, (Teil 2), GmbHR 1998, 168; *Schlitt/Löschner*, Abgetrennte Optionsrechte und Naked Warrants, BKR 2002, 150; *Schlitt/Ries/Lepke*, Auswirkungen des EU Listing Acts und des Zukunftsfinanzierungsgesetzes auf Aktien- und Equity-linked Emissionen, AG 2024, 466; *Schürnbrand*, Gewinnbezogene Schuldtitel in der Umstrukturierung, ZHR 173 (2009), 689; *Schwarz/Zerbst*, Mitarbeiterbeteiligungsmodelle bei GmbHs in der anwaltlichen Beratung, NZG 2025, 781; *Stöber*, Die Informationsrechte von Genussrechtsinhabern, NZG 2017, 1401; *Süßmann*, Die Behandlung von Options- und Wandelrechten in den einzelnen Squeeze-out-Verfahren, AG 2013, 158; *Trinks*, Sonderbeschlüsse stimmrechtsloser Vorzugsaktionäre in der Umwandlung, ZGR 2021, 1010; *Weißenbacher*, Mehr Rechtssicherheit für Mitarbeiterbeteiligungsprogramme, BB 2024, 1435; *Weitnauer*, Maßnahmen zur Stärkung der deutschen Start-up Szene: Ein Diskussionsbeitrag, GWR 2024, 209; *Weitnauer*, Genussrechte: Ein „Königsweg" für die Mitarbeiterbeteiligung?, GWR 2023, 271; *Wicke*, Verschmelzungswertrelation, in: Festschrift für Eberhard Stilz, 2014, S. 707; *Wilhelm*, Das Schicksal virtueller Mitarbeiterbeteiligungen bei Abspaltung und Ausgliederung, NZG 2013, 1211; *Willemsen/Müller-Bonanni*, Aktienoptionen beim Betriebsübergang, ZIP 2003, 1177; *Wirth/Arnold*, Umwandlung von Vorzugsaktien in Stammaktien, ZGR 2002, 859; *Wöckener/Glekler*, Digitale Wertpapiere – eine Bestandsaufnahme aus der Sicht der Praxis, WM 2025, 137; *Wollweber/Sommer*, GmbH 2 Go (Teil 17): Beteiligungsmöglichkeiten in Fällen sperrfristbehafteter Geschäftsanteile, GmbH-StB 2023, 356.

Übersicht

I. Einführung und Grundlagen

1 Gemäß § 5 Abs. 1 Nr. 7 müssen im Verschmelzungsvertrag Angaben über die vom übernehmenden Rechtsträger zu gewährenden Rechte an „Inhaber[n] besonderer Rechte wie Anteile ohne Stimmrecht, […] Schuldverschreibungen und Genussrechte" gemacht werden.[1)] Hintergrund dieser Regelung ist u. a., dass entsprechenden Sonderrechtsinhabern im übertragenden Rechtsträger gleichwertige Rechte im übernehmenden Rechtsträger einzuräumen sind.[2)] Diesen **„Schutz der Inhaber von Sonderrechten"**[3)] bestimmt – verpflichtend (siehe auch Rz. 41) – § 23. Insofern ist die Norm Bestandteil des umwandlungsrechtlichen Schutzkonzepts (siehe dazu Einl. Rz. 95 ff. [*Stiegler*]).

II. Regelungsgegenstand und Normzweck

2 Den von § 23 angesprochenen stimmlosen Rechteinhaber (siehe dazu Rz. 13 f.) sind i. S. der Wertäquivalenz,[4)] bzw. i. R. einer Ausgleichsfunktion,[5)] gleichwertige (Sonder-)Rechte im übernehmenden Rechtsträger der Verschmelzung zu gewähren. Zweck der Vorschrift ist mithin die Gewährleistung eines hinreichenden **Verwässerungsschutzes** für diese Personen.[6)] Die mit § 23 verbundene Anspruchsgewährung von Sonderrechtsinhabern ist gerechtfertigt, da andernfalls eine nicht hinnehmbare Regelungslücke bestehen würde. Reine Drittgläubiger, also solche mit nur schuldrechtlicher Gläubigerstellung, werden über § 22 sowie durch das Prinzip der Gesamtrechtsnachfolge geschützt;[7)] „normale" Anteilsinhaber mit Stimmrechten werden von speziellen institutionellen und individuellen Schutzbestimmungen (siehe dazu Einl. Rz. 90 ff. [*Stiegler*]) erfasst. Für **„hybride Rechte"** zwischen Anteilsinhaberschaft und Gläubigerstellung bestünden ohne § 23 allerdings keine gesetzlichen Schutzvorkehrungen.[8)] Insofern wird die Norm zu Recht teilweise als „Ausdruck eines allgemeinem Rechtsgedanken" und damit als verbandsrechtliches Grundprinzip verstanden.[9)] § 23 dient somit als Ausgleich dafür, dass die betroffenen Rechteinhaber nicht über die Verschmelzung mitentscheiden können.[10)] Den von § 23 umfassten Rechteinhabern fehlt

1) Vgl. im Zusammenhang mit § 23 Lutter-*Drygala*, UmwG, § 5 Rz. 77 f.; *Ihrig* in: Reichert, GmbH & Co. KG, § 52 Rz. 21; *Bayer*, ZGR 2024, 897, 924.
2) Vgl. im Zusammenhang mit § 23 *Schramm* in: KölnKomm-UmwG, § 5 Rz. 111 ff.; zur Differenzierung der erfassten Rechte siehe jedoch Rz. 11.
3) So die offizielle Normüberschrift, s. Begr. RegE z. UmwBerG, BT-Drucks. 12/6699, S. 13; vgl. auch BGH, Urt. v. 3.6.2025 – II ZR 156/23, BeckRS 2025, 12768; BGH, Urt. v. 15.7.2025 – II ZR 132/23, BeckRS 2025, 17776 („Bestandsschutz").
4) *Erkens* in: KölnKomm-UmwG, § 23 Rz. 1; *Böttcher* in: NK-UmwG, § 23 Rz. 2.
5) Semler/Stengel/Leonard-*Kalss*, UmwG, § 23 Rz. 1.
6) Vgl. nur Begr. RegE z. UmwBerG, BT-Drucks. 12/6699, S. 92; Semler/Stengel/Leonard-*Kalss*, UmwG, § 23 Rz. 1 m. w. N.; unklar insofern, dass offenbleiben kann, „ob Umwandlungsmaßnahmen nur mittelbare Beeinträchtigungen" seien, BGH, Urt. v. 23.2.2021 – II ZR 65/19 (Metro), BGHZ 229, 27 = BB 2021, 1102; krit. insofern auch *Bayer*, ZGR 2024, 897, 917.
7) Insofern zur Abgrenzung auch *Rieder* in: BeckOGK-UmwG, § 23 Rz. 2.
8) *Rieder* in: BeckOGK-UmwG, § 23 Rz. 2.
9) So Begr. RegE z. UmwBerG, BT-Drucks. 12/6699, S. 92; Widmann/Mayer-*Vossius*, UmwR, § 23 UmwG Rz. 1.
10) OLG Frankfurt/M., Urt. v. 7.2.2012 – 5 U 92/11, ZIP 2012, 524; Semler/Stengel/Leonard-*Kalss*, UmwG, § 23 Rz. 2; *Erkens* in: KölnKomm-UmwG, § 23 Rz. 3; *Driver*, BB 2014, 195, 197; *Rinnert*, NZG 2001, 865, 866; *Grauschopf*, Das Haftungssystem des Umwandlungsgesetzes bei Carve-out-Transaktionen, S. 53.

es gerade an der Möglichkeit, durch Ausübung des Stimmrechts auf die Verschmelzung Einfluss zu nehmen.[11)]

1. Verhältnis zu § 22 UmwG

3 Die Norm des § 22 umfasst ihrem Wortlaut nach grundsätzlich alle (Alt-)Gläubiger „der an der Verschmelzung beteiligten Rechtsträger" (vgl. § 22 Abs. 1 Satz 1), womit der Gläubigerbegriff durchaus weit gefasst ist (siehe § 22 Rz. 12 [*Stiegler*]).[12)] Insofern stellt sich die Frage möglicher Überschneidungen im Verhältnis zu § 23 und eines etwaigen Anwendungsvorrangs. Entscheidendes **Abgrenzungsmerkmal** ist dabei, dass Sonderrechte i. S. des § 23 eine mitgliedschaftsähnliche Rechtsposition vermitteln und nicht nur rein schuldrechtliche Gläubigerforderungen darstellen,[13)] wie sie von § 22 umfasst sind. Die Rechtsstellung von Sonderrechtsinhabern geht daher über die schuldrechtliche Gläubigereigenschaft hinaus[14)] und § 23 stellt insofern eine vorrangig anzuwendende **Sonderbestimmung des allgemeinen § 22** dar.[15)] Eine solche Abgrenzung geben auch die zugrunde liegenden Richtlinienbestimmungen vor.[16)] Im Umkehrschluss unterfallen schuldrechtliche Rechtspositionen außerhalb des § 23 allein § 22 sowie etwaigen anderen Gläubigerschutzvorschriften.[17)] Eine Differenzierung danach, wie das jeweilige Sonderrecht i. S. des § 23 im Detail ausgestaltet ist, ist im Ergebnis abzulehnen.[18)] Auch kommt § 22 nicht (entsprechend) zur Anwendung, sofern kein gleichwertiges Recht im übernehmenden Rechtsträger gewährt werden kann.[19)] Vielmehr besteht dann ein kompensierender Schadensersatz- oder Auszahlungsanspruch (siehe Rz. 38).

2. Europäischer Hintergrund

4 § 23 basiert auf dem damaligen Art. 15 Verschmelzungsrichtlinie[20)] und nunmehrigen Art. 101 Richtlinie 2017/1132 (**Gesellschaftsrechtsrichtlinie**)[21)]. Art. 101 Gesellschaftsrechtsrichtlinie bezweckt seinem Wortlaut nach den Schutz der Interessen der Inhaber von Wertpapieren, die mit Sonderrechten verbunden, jedoch keine Aktien sind.[22)] Nach europäischen Wertungen hiervon umfasst sind insbesondere Schuldverschreibungen, bei denen ein Umtausch- oder Bezugsrecht auf Aktien, ein Vorzugsrecht auf Zeichnung des Gesell-

---

11) Begr. RegE z. UmwBerG, BT-Drucks. 12/6699, S. 93.

12) Vgl. nur Semler/Stengel/Leonard-*Seulen*, UmwG, § 22 Rz. 6.

13) Vgl. BGH, Urt. v. 2.2.1998 – II ZR 117/97, ZIP 1998, 560 – „Forderungsrechte mit Sachnähe zum Eigenkapital".

14) Begr. RegE z. UmwBerG, BT-Drucks. 12/6699, S. 93; BGH, Urt. v. 2.2.1998 – II ZR 117/97, ZIP 1998, 560.

15) Semler/Stengel/Leonard-*Kalss*, UmwG, § 23 Rz. 1; für ein nebeneinander beider Bestimmungen jedoch Lutter-*Grunewald*, UmwG, § 22 Rz. 6.

16) Vgl. nur *Hübner*, IPRax 2016, 553, 556.

17) Lutter-*Drygala*, UmwG, § 5 Rz. 78; in diesem Sinne auch *Erkens* in: KölnKomm-UmwG, § 22 Rz. 12.

18) *Erkens* in: KölnKomm-UmwG, § 22 Rz. 12; so jedoch *Rieder* in: BeckOGK-UmwG, § 22 Rz. 24; Semler/Stengel/Leonard-*Seulen*, UmwG, § 22 Rz. 6 – jeweils mit unterschiedlichen Bezugspunkten.

19) So aber *Erkens* in: KölnKomm-UmwG, § 22 Rz. 12; Lutter-*Grunewald*, UmwG, § 22 Rz. 6.

20) Dritte Richtlinie 78/855/EWG des Rates v. 9.10.1978 gem. Art. 54 Abs. 3 Buchst. g des Vertrages betreffend die Verschmelzung von Aktiengesellschaften (Verschmelzungsrichtlinie), ABl. (EG) L 295/36 v. 20.10.1978; konsolidiert durch Richtlinie 2011/35/EU des Europäischen Parlaments und des Rates v. 5.4.2011 über die Verschmelzung von Aktiengesellschaften (Verschmelzungsrichtlinie), ABl. (EU) L 110/1 v. 29.4.2011.

21) Richtlinie (EU) 2017/1132 des Europäischen Parlaments und des Rates v. 14.6.2017 über bestimmte Aspekte des Gesellschaftsrechts (Gesellschaftsrechtsrichtlinie), ABl. (EU) L 169/46 v. 30.6.2017.

22) EuGH, Urt. v. 7.4.2016 – Rs. C-483/14 (KA Finanz), ZIP 2016, 712.

schaftskapitals oder ein Anspruch auf Gewinnbeteiligung eingeräumt wird.[23] Es handelt sich mithin um Wertpapiere, deren Inhaber mehr Rechte haben als das auf bloße Tilgung der Verbindlichkeiten und die Zahlung der vereinbarten Zinsen.[24] Dies gilt insbesondere für die Wertpapiere, deren Inhaber das Recht auf Umtausch gegen Anteile oder Anspruch auf Gewinnbeteiligung haben.[25] Art. 101 Gesellschaftsrechtsrichtlinie beinhaltet damit ebenfalls einen gesetzlichen Verwässerungsschutz (siehe bereits Rz. 2).[26] Als (teilweise überschießende) Umsetzungsbestimmung ist § 23 damit zumindest i. R. der Verschmelzung von AGs **richtlinienkonform auszulegen.**[27]

Ist Art. 101 Gesellschaftsrechtsrichtlinie einschlägig, müssen Inhaber solcher Sonderrechte in der übernehmenden Gesellschaft „mindestens […] **gleichwertig[e] Rechte**" erhalten, wie sie im übertragenden Rechtsträger besaßen.[28] Eine Ausnahme besteht nach Art. 101 Halbs. 2 Gesellschaftsrechtsrichtlinie jedoch dann, wenn eine Versammlung der Inhaber der Änderung dieser Rechte oder jeder einzelne Inhaber der Änderung seines Rechts **zugestimmt** hat **oder** diese Inhaber einen **Anspruch auf Rückkauf** ihrer Wertpapiere durch die übernehmende Gesellschaft haben. Durch diese Ausnahme wird nach Aussage des EuGH jedoch allein der Inhaber der Wertpapiere berechtigt. Insbesondere kann die übertragende oder auch die übernehmende Gesellschaft nicht eigenmächtig ohne Zustimmung des Wertpapierinhabers von der Ausnahme Gebrauch machen.[29] Dies lässt sich auch einer kürzlichen BGH-Entscheidung in ähnlicher Weise im Ansatz entnehmen.[30] Deutschland hat mit § 23 **keinen Gebrauch von der Ausnahmeoption** des Art. 101 Halbs. 2 Gesellschaftsrechtsrichtlinie gemacht.[31] 5

3. Praktische Bedeutung

Die praktische Bedeutung des § 23 ist **groß.**[32] Dies liegt vor allem auch daran, dass in der unternehmerischen Gestaltung fortwährend neue Kapital- und Gewinnbeteiligungsformen entwickelt werden, die im Zweifel ein Sonderrecht i. S. der Norm darstellen. Dies zeigt sich letztlich auch in der zunehmenden **Rechtsprechung**, die sich unmittelbar oder zumindest mittelbar auf § 23 bezieht.[33] Die rechtspraktische Relevanz wird ferner dadurch bestärkt, dass § 23 ebenfalls auf **Spaltungen**, den **Formwechsel** sowie **grenzüberschreitende Verschmelzungen** zur Anwendung kommt (siehe Rz. 8 f.). 6

III. Anwendungsbereich

Neben der Einschränkung, dass sich § 23 nur auf stimmlose Rechteinhaber des übertragenden Rechtsträger bezieht (siehe im Detail Rz. 10 ff.), kommt die Norm systematisch 7

23) EuGH, Urt. v. 7.4.2016 – Rs. C-483/14 (KA Finanz), ZIP 2016, 712.

24) *Bayer/J. Schmidt*, ZIP 2016, 841, 848; *Kalss*, GesRZ 2016, 244; die Handelbarkeit auf dem Kapitalmarkt ist dabei keine Voraussetzung der Wertpapiereigenschaft, vgl. (obgleich in anderem Kontext) EuGH, Urt. v. 9.1.2025 – Rs. C-627/23 (Commune de Schaerbeek), BeckRS 2025, 36.

25) EuGH, Urt. v. 7.4.2016 – Rs. C-483/14 (KA Finanz), ZIP 2016, 712.

26) *Lutter/Bayer/J. Schmidt*, Europäisches Unternehmens- und Kapitalmarktrecht, Rz. 20.131; *Hübner*, IPRax 2016, 553, 556; *Stiegler* in: Jung/Krebs/Stiegler, Gesellschaftsrecht in Europa, § 22 Rz. 57.

27) *Rieder* in: BeckOGK-UmwG, § 23 Rz. 3; Semler/Stengel/Leonard-*Kalss*, UmwG, § 23 Rz. 2.

28) Vgl. dazu *de Raet* in: Kindler/Lieder, European Corporate Law, Art. 101 Rz. 8 ff.

29) EuGH, Urt. v. 7.4.2016 – Rs. C-483/14 (KA Finanz), ZIP 2016, 712.

30) Vgl. BGH, Urt. v. 15.7.2025 – II ZR 132/23, BeckRS 2025, 17776.

31) *Stiegler* in: Jung/Krebs/Stiegler, Gesellschaftsrecht in Europa, § 22 Rz. 58.

32) *Rieder* in: BeckOGK-UmwG, § 23 Rz. 6.

33) S. z. B. OLG Brandenburg, Urt. v. 27.9.2023 – 7 U 107/22, AG 2024, 126; OLG Brandenburg, Urt. v. 8.11.2023 – 7 U 102/22, BeckRS 2023, 31752; OLG Köln, Urt. v. 2.11.2021 – 4 U 107/20, BeckRS 2021, 62367; OLG Schleswig, Urt. v. 6.3.2024 – 9 U 11/23, NZG 2024, 553.

betrachtet zunächst nur für Verschmelzungen durch Aufnahme zur Geltung. Im Hinblick auf die umwandlungsrechtliche Baukastenmethode (siehe Einl. Rz. 61 f. [*Stiegler*]) wäre dies aber zu kurz gegriffen. Aufgrund des **Verweises in § 36 Abs. 1** kommt § 23 vielmehr in modifizierter Form entsprechend für eine Verschmelzung **durch Neugründung** zur Anwendung (siehe auch § 36 Rz. 13 [*Redenius-Hövermann/Laufersweiler*]). Uneingeschränkt gilt die Vorschrift auch bei Konzernverschmelzungen i. S. des § 62 Abs. 5.[34] Weder systematisch noch materiell lässt sich eine diesbezügliche Ausnahme erkennen.[35] Trotz der eigentlichen Geltung der zugrunde liegenden Richtlinienbestimmung nur für Verschmelzungen von AG, gilt § 23 zudem unzweideutig **rechtsformneutral**.[36]

8 Da sich § 314 vergleichbar mit § 22 (siehe auch § 22 Rz. 4 [*Stiegler*]) nur auf den allgemeinen Gläubigerschutz bezieht, findet über § 305 Abs. 2 betreffend den Schutz von Sonderrechtsinhabern bei einer **grenzüberschreitenden Verschmelzung** § 23 ebenfalls Anwendung (siehe auch § 314 Rz. 11 [*de Raet/Brunk*]).[37] Dies allerdings nur, wenn übertragender Rechtsträger eine deutsche Gesellschaft ist. In Bezug auf (EU-)ausländische übertragende Rechtsträger kann deutsches Recht und damit § 23 keine Anwendung finden. Gleichwohl basiert § 23 auf europäischen Vorgaben (siehe Rz. 4), sodass zumindest **ähnliche Regelungen auch in anderen Mitgliedstaaten** bestehen.[38] Die Prüfung, ob die im ausländischen übernehmenden Rechtsträger gewährten Rechte auch „gleichwertig" i. S. des § 23 sind, erfordert jedoch ggf. eine vertiefte Prüfung des jeweils ausländischen Rechts.[39]

9 Über § 125 Abs. 1 Satz 1 kommt § 23 ferner für **Spaltungen** zur Anwendung, wobei es aber bei einer Abspaltung i. S. des UmwG mangels europäischer Vorgaben grundsätzlich keiner richtlinienkonformen Betrachtung bedarf.[40] Gemäß § 133 Abs. 2 Satz 2 können bei einer Abspaltung und Ausgliederung dabei die gleichwertigen Rechte aber auch im übertragenden Rechtsträger gewährt werden. Anzuwenden ist § 23 aufgrund von § 320 Abs. 2 i. V. m. § 125 Abs. 1 Satz 1 zudem für eine grenzüberschreitende Spaltung. Über § 204 kommt § 23 entsprechend beim **Formwechsel** zur Anwendung.[41] Gleiches gilt für den grenzüberschreitenden Formwechsel gemäß § 333 Abs. 2 Nr. 1 i. V. m. § 204.[42] Diskutiert wird schließlich, ob § 23 außerhalb des Umwandlungsrechts analog auf Genussrechtsinhaber bei einer **aktienrechtlichen Eingliederung** gem. §§ 319 ff. AktG anzuwenden sei.[43] Ebenfalls wird eine analoge Anwendung zugunsten außenstehender Aktionäre i. S. des §§ 304 f. AktG vorgebracht, sofern zwischen den an der Verschmelzung beteiligten Rechtsträgern ein Unternehmensvertrag nach § 291 AktG besteht.[44] Ob man aber in beiden Fällen von einer,

34) *Arens*, WM 2014, 682, 685.

35) I. E. auch *Arens*, WM 2014, 682, 685; a. A. *Süßmann*, AG 2013, 158, 159.

36) Begr. RegE z. UmwBerG, BT-Drucks. 12/6699, S. 93 – „Rechtsträger[n] aller Rechtsformen gelten"; Semler/Stengel/Leonard-*Kalss*, UmwG, § 23 Rz. 2; *Bayer*, ZGR 2024, 897, 927.

37) OLG Schleswig, Urt. v. 6.3.2024 – 9 U 11/23, NZG 2024, 553; OLG Dresden, Urt. v. 12.10.2022 – 13 U 473/22, BeckRS 2022, 55137; 17; OLG Stuttgart, Urt. v. 31.3.2021 – 20 U 24/20, BeckRS 2021, 17797; LG Itzehoe, Urt. v. 31.1.2023 – 5 HKO 22/22, BeckRS 2023, 44542; OLG Köln, Urt. v. 2.11.2021 – 4 U 107/20, BeckRS 2021, 62367.

38) In diesem Sinne OLG Schleswig, Urt. v. 6.3.2024 – 9 U 11/23, NZG 2024, 553.

39) Wohl weniger streng OLG Schleswig, Urt. v. 6.3.2024 – 9 U 11/23, NZG 2024, 553; OLG Dresden, Urt. v. 12.10.2022 – 13 U 473/22, BeckRS 2022, 55137.

40) So OLG Düsseldorf, Urt. v. 4.4.2019 – 6 U 24/18, BeckRS 2019, 54123.

41) Vgl. auch Widmann/Mayer-*Vossius*, UmwR, § 23 UmwG Rz. 5.

42) Vgl. *Stiegler* in: NK-UmwG, § 333 Rz. 29.

43) *Wöckener/Becker* in: Habersack/Mülbert/Schlitt, Unternehmensfinanzierung am Kapitalmarkt, § 13 Rz. 13.53; *Schürnbrand*, ZHR 173 (2009), 689, 705 f.; *Habersack* in: MünchKomm-AktG, § 221 Rz. 317; a. A. Hirte/Mülbert/Roth-*Hirte*, AktG, § 221 Rz. 418; *Koch*, AktG, § 221 Rz. 68a – jeweils für Analogie zu § 320b AktG; so wohl auch *Kraus* in: Weitnauer, Hdb. Venture Capital, Teil C Rz. 211.

44) So *Naraschewski*, DB 1997, 1653, 1657.

trotz des Analogieverbots des § 1 Abs. 2 bestehenden (siehe dazu § 1 Rz. 59 ff. [*Stiegler*]), spürbaren Regelungs- und Schutzlücke außerhalb des UmwG sprechen kann, mag bezweifelt werden.

1. Rechteinhaber eines übertragenden Rechtsträgers

Anders als § 22 schützt § 23 nur Rechteinhaber „in einem übertragenden Rechtsträger", je 10
nach Anzahl der an der Verschmelzung beteiligten Gesellschaften daher durchaus verschiedene, mit Sonderrechten ausgestattete Personen. Sonderrechtsinhaber des **übernehmenden Rechtsträgers** sind **nicht erfasst**; aufgrund des eindeutigen und bewussten Wortlauts der Norm auch nicht in analoger Anwendung. Diese werden vielmehr über § 22 und/oder institutionelle Instrumente geschützt. § 23 schützt ebenfalls nicht die Inhaber von Rechten gegenüber nicht an der Verschmelzung als Rechtsträger beteiligten Dritten, wie z. B. anderen Anteilsinhabern.[45] Ist eine Person sowohl entsprechender Rechteinhaber in einem der übertragenden als auch im übernehmenden Rechtsträger, gilt § 23 nur in Bezug auf Ersteren. Die diesbezügliche Gewährung gleichwertiger Rechte kann dann aber auch in der Erweiterung/Umgestaltung vorhandener Rechte im übernehmenden Rechtsträger bestehen.

2. Stimmrechtslose Rechte („Sonderrechte")

Voraussetzung, damit einem Inhaber von Rechten in einem übertragenden Rechtsträger ein 11
Anspruch auf gleichwertige Rechte im übernehmenden Rechtsträger zusteht, ist, dass es sich um ein Sonderrecht i. S. eines stimmrechtslosen Rechts handelt. Dies gibt § 23 unmissverständlich vor und zählt beispielhaft einige solcher Rechte auf. Die Aufzählung ist **nicht abschließend** („insbesondere").[46] Sonderrechte sind nach Aussage des BGH dabei „Forderungsrechte mit Sachnähe zum Eigenkapital".[47] Unter den Begriff des Sonderrechts ist daher nicht jede rechtlich abgesicherte Position zu verstehen, sondern nur **Vermögensrechte.**[48] Zudem sind nur solche Vermögensrechte gemeint, die eine mitgliedschaftsähnliche Rechtsposition vermitteln, nicht aber rein schuldrechtliche Gläubigerrechte darstellen. Faktisch handelt es sich daher um Rechte, die zwischen einem anteilsbezogenen Beteiligungsrecht und einer rein schuldrechtlichen Gläubigerstellung liegen (zum Ausschluss von Mitverwaltungsrechten siehe Rz. 28)[49] Insofern ist der Kreis der angesprochenen Rechteinhaber auch nicht zwangsläufig identisch mit dem des § 5 Abs. 1 Nr. 7.[50]

§ 23 erfasst das entsprechende Sonderrecht **unabhängig von einer Verbriefung.**[51] Obgleich sich die zugrunde liegende Richtlinienbestimmung des Art. 101 Gesellschaftsrechtsrichtlinie nur auf „Wertpapiere" und damit grundsätzlich verbriefte Rechte (nach deutschem 12

45) *Schlitt/Kammerlohr* in: Habersack/Mülbert/Schlitt, Unternehmensfinanzierung am Kapitalmarkt, § 12 Rz. 12.35.

46) *Rieder* in: BeckOGK-UmwG, § 23 Rz. 7; *Bayer/J. Schmidt*, ZIP 2016, 841, 848; *Bungert* in: Fleischer/-Hüttemann, Rechtshdb. Unternehmensbewertung, § 22 Rz. 22.51; *Erkens* in: KölnKomm-UmwG, § 23 Rz. 15; so bereits *Reichert*, GmbHR 1995, 176, 184; *Naraschewski*, DB 1997, 1653, 1657.

47) BGH, Urt. v. 2.2.1998 – II ZR 117/97, ZIP 1998, 560.

48) *Erkens* in: KölnKomm-UmwG, § 23 Rz. 6; Lutter-*Grunewald*, UmwG, § 23 Rz. 2; *Bayer/J. Schmidt*, ZIP 2016, 841, 849; *Naraschewski*, DB 1997, 1653, 1657.

49) *Reichert*, GmbHR 1995, 176, 184.

50) Vgl. *Schramm* in: KölnKomm-UmwG, § 5 Rz. 113; wohl auch *Bayer*, ZGR 2024, 897, 929; da z. T. auch Mitverwaltungsrechte erfassend a. A. Lutter-*Drygala*, UmwG, § 5 Rz. 78; *Böttcher* in: NK-UmwG, § 5 Rz. 65; Semler/Stengel/Leonard-*Schröer/Greitemann*, UmwG, § 5 Rz. 67; *Sagasser/Luke* in: Sagasser/Bula, Umwandlungen, § 9 Rz. 151.

51) OLG Stuttgart, Urt. v. 31.3.2021 – 20 U 24/20, BeckRS 2021, 17797; *Kogge* in: MünchHdb. GesR, Bd. 8, § 13 Rz. 286.

Verständnis) bezieht,[52] ist eine diesbezüglich überschießende Umsetzung mit Blick auf den Schutzzweck der europäischen Regelung[53] auch richtlinienkonform.[54]

a) Anteile ohne Stimmrecht

13 § 23 benennt zunächst „Inhaber[n] von Anteilen ohne Stimmrecht". Im Unterschied zu den anderen, beispielhaft aufgezählten ist dies die grundsätzlich einzige Kategorie von „Rechten" i. S. der Norm, die **mitgliedschaftliche** Gesellschafts-/Geschäftsanteile bzw. Aktien in Bezug nimmt. Da diesen in Abgrenzung zu den anderen daher entsprechende Mitgliedschaftsrechte zustehen, wird deren Auflistung in § 23 als „systematisch verfehlt" betrachtet.[55] Dies vor allem auch im Hinblick darauf, dass stimmrechtslose Vorzugsaktien i. S. von §§ 139 ff. AktG als Hauptanwendungsfall von Anteilen ohne Stimmrecht nach im Vordringen befindlicher Auffassung nicht von § 23 erfasst sein sollen (siehe dazu Rz. 22). Selbst wenn man daher dem Wortlaut folgend stimmrechtslose Anteile als von § 23 erfasst erachtet, spielen sie nur bei entsprechenden Anteilen an **Personengesellschaften und GmbHs** eine Rolle.[56]

14 Insbesondere bei GmbHs erlangen **stimmrechtslose Geschäftsanteile**[57] aber (ggf. treuhänderisch gehalten) eine zunehmende praktische Bedeutung.[58] Eine mit § 141 AktG vergleichbare Regelung besteht im GmbH-Recht nicht und auch der Metro-Entscheidung des BGH[59] lässt sich keine unmittelbare Aussage hierzu entnehmen. Die Gretchenfrage ist daher, ob vor allem **§ 50 Abs. 2** auch auf Geschäftsanteilsinhaber ohne Stimmrecht Anwendung findet. Wenn ja, besteht für die Anwendbarkeit des § 23 kein Bedürfnis und teleologisch betrachtet auch kein Raum.[60] Im Umkehrschluss würde der Ausschluss sowohl des § 23 als auch des § 50 Abs. 2 die Inhaber stimmrechtsloser GmbH-Geschäftsanteile weitgehend schutzlos stellen, was kaum dem Schutzgedanken des UmwG entsprechen würde.[61] Zu Recht werden aber nach h. M. stimmrechtslose GmbH-Geschäftsanteile nicht von § 50 Abs. 2 erfasst (sofern sie kein gesondertes Minderheitenrecht darstellen);[62] § 23 kommt für diese daher zur Geltung (siehe auch § 50 Rz. 10 [*Otte*]).[63]

b) Wandelschuldverschreibungen

15 Als weiteren Anwendungsfall nennt § 23 sog. Wandelschuldverschreibungen (Convertible Bonds). Nach allgemeiner Definition handelt es sich dabei um „Schuldverschreibungen, bei denen den Gläubigern oder der Gesellschaft ein **Umtausch- oder Bezugsrecht** auf Aktien

52) Vgl. *Rieder* in: BeckOGK-UmwG, § 23 Rz. 3; Widmann/Mayer-*Vossius*, UmwR, § 23 UmwG Rz. 1.10.

53) Vgl. ErwG 51: „Inhaber von Schuldverschreibungen sowie die Inhaber anderer Rechte der sich verschmelzenden Gesellschaften sollten dagegen geschützt werden, dass sie durch die Verschmelzung Schaden erleiden."

54) OLG Stuttgart, Urt. v. 31.3.2021 – 20 U 24/20, BeckRS 2021, 17797.

55) So *Rieder* in: BeckOGK-UmwG, § 23 Rz. 8; *Erkens* in: KölnKomm-UmwG, § 23 Rz. 9.

56) *Rieder* in: BeckOGK-UmwG, § 23 Rz. 9.

57) Zu deren Zulässigkeit und etwaigen Einschränkungen vgl. nur *Schäfer*, GmbHR 1998, 113, 114 ff.

58) A. A. noch *Rieder* in: BeckOGK-UmwG, § 23 Rz. 9.

59) BGH, Urt. v. 23.2.2021 – II ZR 65/19 (Metro), BGHZ 229, 27 = BB 2021, 1102.

60) Schon vom Wortlaut her ist § 50 Abs. 2 dabei nur bedingt mit § 65 Abs. 2 zu vergleichen, sodass auch diesbezüglich die Aussagen der Metro-Entscheidung des BGH (BGH, Urt. v. 23.2.2021 – II ZR 65/19 (Metro), BGHZ 229, 27 = BB 2021, 1102) nicht vorbehaltlos übertragbar sind.

61) Strenger mit Verweis auf die „verschmelzungsbedingte[n] Mitgliedschaftsperpetuierung" *Erkens* in: KölnKomm-UmwG, § 23 Rz. 9.

62) Vgl. nur Lutter-*Vetter*, UmwG, § 50 Rz. 22; Semler/Stengel/Leonard-*Reichert*, § 50 Rz. 14.

63) Ob auch dies „systematisch verfehlt" sei, ist unerheblich, a. A. *Rieder* in: BeckOGK-UmwG, § 23 Rz. 9.

eingeräumt wird" (vgl. § 221 Abs. 1 Satz 1 Var. 1 AktG).[64] Neben AGs kann dies auf Personengesellschaften und GmbHs entsprechend übertragen werden.[65] Charakteristikum von Wandelschuldverschreibungen ist insofern das Bestehen einer schuldrechtlichen Grundlage, unter deren Bedingungen und Konditionen Anteile an einem Rechtsträger zu erhalten. Es handelt sich gerade (noch) nicht um Anteile selbst, sondern nur einen **Wandlungsanspruch** in diesen. Insofern stellen auch sog. Contingent Convertible Bonds (CoCo-Bonds) entsprechende Wandelanleihen dar. Typischerweise gewähren Wandelschuldverschreibungen deren Inhabern ein **Wahlrecht**, ob sie den Umtausch wahrnehmen wollen. Sie können allerdings derart ausgestaltet sein, dass die Gesellschaft zum Umtausch berechtigt ist (sog. **umgekehrte Wandelanleihe**).[66]

Da § 23 in Bezug auf Wandelschuldverschreibungen rechtsformneutral gilt (siehe Rz. 7), 16
sind auch vergleichbare Wandlungsinstrumente außerhalb des Aktienrechts umfasst, insbesondere daher **Wandeldarlehen.**[67] Auf eine wertpapiermäßige Verbriefung kommt es gerade nicht an (siehe bereits Rz. 12).[68] Ist – wie nicht selten – der Wandeldarlehensgeber bereits Anteilsinhaber der Gesellschaft, gilt § 23 dabei nur in Bezug auf seinen Wandlungsanspruch; bezüglich seiner bereits bestehenden Anteilsinhaberschaft gelten abweichend die allgemeinen Mitgliedschaftsschutzbestimmungen. Ob auf schuldrechtlicher Grundlage (Wandeldarlehensvertrag und/oder ggf. Gesellschaftervereinbarung) es einer ergänzenden Zustimmung des/der Wandeldarlehensgeber bedarf, ist unerheblich.

c) Gewinnschuldverschreibungen

Neben Wandel- nennt § 23 auch Gewinnschuldverschreibungen. Diese gewähren nicht den 17
Anspruch auf späteren Mitgliedschaftserwerb, sondern nur auf eine spätere Gewinnteilnahme. Es handelt es sich also um eine Schuldverschreibung, bei der neben einer Geldforderung weitere Rechte der Gläubiger verbrieft werden, die mit Gewinnanteilen von Anteilsinhabern in Verbindung gesetzt werden (vgl. § 221 Abs. 1 Satz 1 Var. 2 AktG). Trotz der aktienrechtlichen Begriffsbestimmung sind auch vergleichbare Finanzierungsinstrumente bei anderen Rechtsformen umfasst. Merkmal ist jeweils vor allem die **gewinnabhängige Verzinsung.**[69] Vergleichbar wären z. B. gewinnverknüpfte **partiarische Darlehen**[70] oder **Nachrangdarlehen** mit gewinnabhängigen Zinsen.[71]

d) Genussrechte

§ 23 gilt expressis verbis auch für Genussrechtsinhaber. Wie Wandel- und Gewinnschuld- 18
verschreibungen bedürfen deren Inhaber eines besonderen Verwässerungsschutzes. Eine Begriffsdefinition findet sich allerdings weder im UmwG noch in anderen Gesetzen.[72] Es

64) Zur Heranziehung des § 221 Abs. 1 Satz 1 AktG auch Lutter-*Grunewald*, UmwG, § 23 Rz. 13.

65) *Erkens* in: KölnKomm-UmwG, § 23 Rz. 13; Lutter-*Grunewald*, UmwG, § 23 Rz. 13.

66) Vgl. *Koch*, AktG, § 221 Rz. 4 f.

67) In diesem Sinne *Rieder* in: BeckOGK-UmwG, § 23 Rz. 12; *Erkens* in: KölnKomm-UmwG, § 23 Rz. 13; Lutter-*Grunewald*, UmwG, § 23 Rz. 13.

68) Vgl. in diesem Zusammenhang *Rieder* in: BeckOGK-UmwG, § 23 Rz. 12; *Erkens* in: KölnKomm-UmwG, § 23 Rz. 12.

69) Vgl. *Rieder* in: BeckOGK-UmwG, § 23 Rz. 15; s. a. *Seiler* in: BeckOGK-AktG, § 221 Rz. 22; im Vergleich zu Genussrechten auch *Habersack* in: MünchKomm-AktG, § 221 Rz. 18.

70) Vgl. *Rieder* in: BeckOGK-UmwG, § 23 Rz. 18; Semler/Stengel/Leonard-*Kalss*, UmwG, § 23 Rz. 7; in Abgrenzung dieser zu stillen Beteiligungen auch *Schäfer* in: MünchKomm-BGB, § 705 Rz. 113; Oetker-*Wedemann*, HGB, § 230 Rz. 37.

71) Vgl. insofern auch die diesbezügliche Aufzählung in § 1 Abs. 2 Nr. 3–6 VermAnlG; s. a. OLG Brandenburg, Urt. v. 23.12.2021 – 7 U 113/21, BKR 2022, 383.

72) Zum Charakter eines Genussrechtsvertrags vgl. BGH, Urt. v. 22.8.2024 – II ZR 86/23, AG 2024, 828.

bedarf daher einer **normkontextspezifischen Definition**:[73] Genussrechte sind insofern über eine rein schuldrechtliche Stellung hinausgehendes **mitgliedschaftsähnliches Vermögensrecht**[74] im Zusammenhang mit dem erwirtschafteten Gewinn des übertragenden Rechtsträgers.[75] Vertragsinhalt ist regelmäßig eine Kapitalzusage in bestimmter Höhe, für die eine Person von der Gesellschaft eine Beteiligung am unternehmerischen Erfolg und die Rückzahlung des gewährten Kapitals zugesichert bekommt. Auch die in der Praxis immer häufiger – aufgrund ggf. steuerlicher Vorteilhaftigkeit[76] – für Start-up-**Mitarbeiterbeteiligungen** eingesetzten gewinnbeteiligten (eigenkapitalähnlichen) Genussrechte[77] sind insofern regelmäßig Sonderrechte i. S. von § 23. Nicht erfasst sind hingegen reine Bezugsrechte oder ein fixes Gewinnbezugsrecht.[78]

19 Genussrechtsinhabern müssen gleichwertige Rechte im übernehmenden Rechtsträger gewährt werden (zu den Rechtsfolgen siehe auch Rz. 33 ff.). Aufgrund der Eigenart von Genussrechten ist dies in der Praxis aber nicht immer einfach zu bewerkstelligen. Auf jeden Fall muss aber gewährleistet sein, dass der **wirtschaftliche Gehalt** der ausgegebenen Genussscheine „möglichst unverändert" bleibt.[79] Unzulässig wäre es daher z. B., wenn sich in den Genussscheinbedingungen allein pauschal auf den Jahresabschluss des übernehmenden/neuen Rechtsträgers als Referenzgröße bezogen wird.[80]

e) Weitere Anleiheformen

20 Aufgrund der nur beispielhaften Aufzählung von Anteilen ohne Stimmrecht, Wandel- und Gewinnschuldverschreibungen sowie Genussrechten sind auch andere Finanzierungsinstrumente in Form von stimmrechtslosen Sonderrechten erfasst. Dies können vor allem weitere Anleiheformen sein. Dies sind insbesondere **Optionsanleihen** (zu anderen Optionsrechten siehe Rz. 23). Auch solche stellen Sonderrechte i. S. des § 23 dar.[81] Ähnlich wie Wandelschuldverschreibungen verschaffen sie ein (bedingtes) Bezugsrecht,[82] das Anleiheelement ist jedoch vom Optionsrecht unabhängig, d. h. der Inhaber behält auch dann seinen Rückzahlungsanspruch, wenn er die Bezugsoption ausübt.[83]

21 Auch sog. **Nachranganleihen** können als Sonderrecht i. S. des § 23 zu betrachten sein. Dem Grunde nach handelt es sich bei Nachranganleihen um Fremdkapital, das wirtschaftlich jedoch eine eigenkapitalähnliche Funktion besitzt.[84] Nachranganleihen stellen insofern eine spezielle Form von Unternehmensanleihen dar und werden aufgrund ihrer Mischung aus

---

73) *Rieder* in: BeckOGK-UmwG, § 23 Rz. 16; *Erkens* in: KölnKomm-UmwG, § 23 Rz. 14; Lutter-*Grunewald*, UmwG, § 23 Rz. 14; *Wilhelm*, NZG 2013, 1211, 1214; *Kogge* in: MünchHdb. GesR, Bd. 8, § 13 Rz. 296.

74) (Echte) Mitgliedschaftsrechte hingegen nicht, vgl. nur *Mock* in: v. Westphalen/Thüsing/Pamp, Vertragsrecht und AGB-Klauselwerke, Gesellschaftsrecht Rz. 73; s. zudem *Kollruss*, DB 2025, 1309.

75) *Rieder* in: BeckOGK-UmwG, § 23 Rz. 16; *Erkens* in: KölnKomm-UmwG, § 23 Rz. 14.

76) Von noch „verbleibende[n] steuerliche[n] Unsicherheiten" ausgehend aber *Schwarz/Zerbst*, NZG 2025, 781, 786; zu allg. rechtlichen Unsicherheiten auch *Stöber*, NZG 2017, 1401, 1402.

77) Dazu *Weitnauer*, GWR 2023, 271; *Weitnauer*, GWR 2024, 209, 210; *Schwarz/Zerbst*, NZG 2025, 781, 787; *Boschert*, RFamU 2025, 310, 315.

78) *Driver*, BB 2014, 195, 197; *Erkens* in: KölnKomm-UmwG, § 23 Rz. 14.

79) LG Bonn, Urt. v. 24.11.2020 – 7 O 318/19, BeckRS 2020, 63108.

80) *Driver*, BB 2014, 195, 199.

81) Vgl. nur BGH, Urt. v. 2.2.1998 – II ZR 117/97, ZIP 1998, 560.

82) In Bezug auf § 23 auch *Arens*, WM 2014, 682, 685.

83) *Seiler* in: BeckOGK-AktG, § 221 Rz. 8; K. Schmidt/Lutter-*Merkt*, AktG, § 221 Rz. 35; zur Abgrenzung auch *Schlitt/Ries* in: Habersack/Mülbert/Schlitt, Unternehmensfinanzierung am Kapitalmarkt, § 11 Rz. 11.3.

84) Vgl. nur *Habersack* in: MünchKomm-AktG, § 221 Rz. 20.

Fremd- und Eigenkapital ebenfalls als **Hybridanleihe** bezeichnet.[85] Ob Nachranganleihen von § 23 erfasst sind, ist einzelfall- und damit von der konkreten Ausgestaltung der Emissionsbedingungen abhängig.[86] Ist in diesen bestimmt, dass den entsprechenden Anleihen lediglich das Recht auf Tilgung der Verbindlichkeiten und Zahlung der vereinbarten Zinsen zukommt, ist nach Ansicht des EuGH zur zugrunde liegenden Richtlinienbestimmung[87] kein Fall des § 23 gegeben.[88] Beinhalten im Umkehrschluss Nachranganleihen aber mehr als nur diese Rechte, kann es sich um ein Sonderrecht i. S. des § 23 handeln und den Betroffenen sind gleichwertige Rechte im übernehmenden Rechtsträger zu gewähren.[89] Der EuGH betonte dabei ferner, dass Art. 101 Gesellschaftsrechtsrichtlinie allein den Sonderrechtsinhaber berechtigt, nicht aber der emittierenden Gesellschaft das Recht gibt, das zugrunde liegende Wertpapierschuldverhältnis einseitig zu kündigen.[90] Dies widerspräche dem Schutzzweck der Regelung.

f) Stimmrechtslose Vorzugsaktionäre

Umstritten und bislang nicht abschließend geklärt ist, ob Vorzugsaktien gemäß §§ 139 ff. 22
AktG, denen nach den gesetzlich zwingenden Regelungen kein Stimmrecht zusteht,[91] als Sonderrecht zählen und damit von § 23 umfasst sind.[92] Auch der BGH ließ dies bislang offen.[93] Betrachtet man den reinen **Wortlaut** des § 23 („Inhabern von Anteilen ohne Stimmrecht"), so sind diese unzweifelhaft zunächst umfasst.[94] Zweck des § 23 ist aber gerade die Schaffung eines Ausgleichs dafür, dass die betroffenen Rechteinhaber nicht über die Verschmelzung mitentscheiden und damit keinen Einfluss auf die Unternehmensumwandlung nehmen können (siehe Rz. 2).[95] Nun hat der BGH aber wiederum festgestellt, dass stimmrechtslose Vorzugsaktionäre zustimmen müssen, wenn durch die Verschmelzung ihr Vorzug aufgehoben oder beschränkt werden soll, sodass es in der Regel eines Sonderbeschlusses nach § 141 Abs. 1 AktG bedarf.[96] Auch die Norm des § 65 Abs. 2 schließt dies nicht aus.[97] Ferner spricht **gegen die Anwendung des § 23** in Bezug auf stimmrechts-

85) Vgl. im Kontext des dem § 23 zugrunde liegenden Art. 101 Richtlinie (EU) 2017/1132; *Stiegler*, EuZW 2016, 339, 342 (Urteilsanm.).

86) *Stiegler*, EWiR 2016, 101, 102 (Urteilsanm.).

87) Art. 101 Richtlinie (EU) 2017/1132 (ehemals: Art. 15 Richtlinie 78/855).

88) EuGH, Urt. v. 7.4.2016 – Rs. C-483/14 (KA Finanz), ZIP 2016, 712.

89) *Bayer/J. Schmidt*, ZIP 2016, 841, 848.

90) EuGH, Urt. v. 7.4.2016 – Rs. C-483/14 (KA Finanz), ZIP 2016, 712; vgl. auch *Bayer/J. Schmidt*, ZIP 2016, 841, 848.

91) Vgl. nur K. Schmidt/Lutter-*Bayer*, AktG, § 139 Rz. 5; ferner zu deren praktischer Bedeutung *Vetter* in: KölnKomm-AktG, § 139 Rz. 50; *Wirth/Arnold*, ZGR 2002, 859, 860.

92) **Dafür**: OLG Düsseldorf, Urt. v. 4.4.2019 – I-6 U 24/18, 6 U 24/18, BeckRS 2019, 54123; OLG Düsseldorf, Urt. v. 4.4.2017 – I-6 AktG 1/17, AG 2017, 900; *Hüffer* in: FS Lutter, S. 1227, 1231 ff.; Semler/Stengel/Leonard-*Kalss*, UmwG, § 23 Rz. 10; *Maulbetsch* in: HK-UmwG, § 23 Rz. 11; Schmitt/Hörtnagl-*Winter*, UmwG/UmwStG, § 23 UmwG Rz. 6; i. V. m. § 204 auch Semler/Stengel/Leonard-*Otte*, UmwG, § 233 Rz. 26; Henssler/Strohn-*Junker*, GesR, § 65 UmwG Rz. 7; wenngleich krit. auch *Kiem*, ZIP 1997, 1627, 1635; *Kogge* in: Münch Hdb. GesR, Bd. 8, § 13 Rz. 288. **Dagegen**: Lutter-*Grunewald*, UmwG, § 23 Rz. 10; Widmann/Mayer-*Vossius*, UmwR, § 23 UmwG Rz. 11; *Rieder* in: BeckOGK-UmwG, § 23 Rz. 8; *Arnold/Zollner*, RIW 2016, 565, 566; *Bayer/J. Schmidt*, ZIP 2016, 841, 848; *Bayer*, ZGR 2024, 897, 929; *Schäfer*, GmbHR 1998, 168, 170.

93) BGH, Urt. v. 23.2.2021 – II ZR 65/19 (Metro), BGHZ 229, 27 = BB 2021, 1102 – „kann dahinstehen".

94) *Bayer*, ZGR 2024, 897, 929.

95) OLG Frankfurt/M., Urt. v. 7.2.2012 – 5 U 92/11, ZIP 2012, 524; vgl. auch Begr. RegE z. UmwBerG, BT-Drucks. 12/6699, S. 93.

96) BGH, Urt. v. 23.2.2021 – II ZR 65/19 (Metro), BGHZ 229, 27 = BB 2021, 1102; zust. *Koch*, AktG, § 141 Rz. 6; *Verse*, WuB 2021, 306, 309 (Urteilsanm.).

97) Vgl. *Bayer*, ZGR 2024, 897, 921.

lose Vorzugsaktien vor allem, dass § 5 Abs. 1 Nr. 7 diese im Gegensatz zu § 23 explizit anspricht (siehe insofern zum abweichenden Anwendungsbereich Rz. 11), sowie, dass der EuGH in der Rs. KA Finanz[98] Aktieninhaber von der zugrunde liegenden Richtlinienbestimmung ausnimmt.[99] Aufgrund des Sonderzustimmungsrechts nach § 141 AktG sind stimmrechtslose Vorzugsaktionäre letztlich – wie gesagt – auch bereits hinreichend geschützt.[100] Voraussetzung ist diesbezüglich nur, dass durch die Verschmelzung entweder der Gewinnvorzug oder das Nachzahlungsrecht betroffen ist, wobei die h. M. eine unmittelbare Beeinträchtigung von Vorzügen verlangt.[101] Im Ergebnis ist in Bezug auf stimmrechtslose Vorzugsaktionäre § 23 daher teleologisch **zu reduzieren.**[102]

g) Optionsrechte

23 Weitgehend unstreitig sind neben herkömmlichen Optionsanleihen (siehe Rz. 20) sonstige Optionsrechte von § 23 umfasst.[103] Auch Optionen an z. B. **GmbH-Anteilen** oder Aktien **(Stock Options)** stellen daher Sonderrechte dar.[104] Im Verschmelzungsvertrag kann für die Zwecke der Einhaltung des § 23 bestimmt werden, dass zur Bedienung dieser Optionsrechte ein dem bedingten Kapital entsprechendes genehmigtes Kapital geschaffen wird.[105]

24 Nicht zwingend erforderlich ist, dass sich die jeweiligen Optionen auf reale Anteile und/oder die rechtliche Eigentümerstellung beziehen. Erfasst sind daher ebenfalls Optionen auf den Erhalt **virtueller Anteile** (siehe dazu auch Rz. 29) oder **treuhänderisch** von einer anderen Person (z. B. einem Bestandsgesellschafter) als rechtlichen Eigentümer gehaltene Anteile.

25 Voraussetzung ist jedoch, dass es sich um Optionsrechte „in einem übertragenden Rechtsträger" handelt, sodass Optionen bezüglich anderen, nicht an der Verschmelzung beteiligten Gesellschaften ausscheiden.[106] Denkbar und ebenfalls von § 23 erfasst sind aber Konstellationen, in denen auf schuldrechtlicher Basis[107] ein übertragender Rechtsträger sich zur **Optionsgewährung** in Bezug auf **Anteile** oder dergleichen an einem anderen/weiteren übertragenden Rechtsträger verpflichtet.[108] Dies mag vor allem bei Konzernverschmelzungen zwischen mehreren Schwestergesellschaften relevant sein, oder wenn ein übertragender Rechtsträger Optionen an einem anderen übertragenden Rechtsträger besitzt und diese unter bestimmten Bedingungen weiterzugeben bzw. zu übertragen verpflichtet ist.

26 Entsprechende Optionsrechte können, müssen aber nicht zwingend, auch als Wandelschuldverschreibungen oder sonstige Optionsanleihen ausgestaltet sein.[109] Gleiches gilt für

98) EuGH, Urt. v. 7.4.2016 – Rs. C-483/14 (KA Finanz), ZIP 2016, 712.

99) Überzeugend *Bayer*, ZGR 2024, 897, 929 f.

100) *Bayer*, ZGR 2024, 897, 931; vgl. auch *Rieder* in: BeckOGK-UmwG, § 23 Rz. 8; *Erkens* in: KölnKomm-UmwG, § 23 Rz. 10.

101) Vgl. *Trinks*, ZGR 2021, 1010, 1016; Schwerdtfeger-*Stiegler*, GesR, § 141 AktG Rz. 2.

102) *Bayer*, ZGR 2024, 897, 929; *Rieder* in: BeckOGK-UmwG, § 23 Rz. 8; Semler/Stengel/Leonard-*Kalss*, UmwG, § 23 Rz. 11; für eine „korrigierende" Auslegung auch *Schäfer*, GmbHR 1998, 168, 170 f.

103) Vgl. nur *Rieder* in: BeckOGK-UmwG, § 23 Rz. 20; Semler/Stengel/Leonard-*Kalss*, UmwG, § 23 Rz. 5.

104) *Klett/Ganss*, BB 2021, 1866, 1872; *Rinnert*, NZG 2001, 865, 867; *Willemsen/Müller-Bonanni*, ZIP 2003, 1177, 1180 f.

105) *Stadler* in: HK-AktG, § 221 Rz. 114.

106) *Rieder* in: BeckOGK-UmwG, § 23 Rz. 20; *Erkens* in: KölnKomm-UmwG, § 23 Rz. 17; Semler/Stengel/Leonard-*Kalss*, UmwG, § 23 Rz. 5; *Kogge* in: MünchHdb. GesR, Bd. 2, § 13 Rz. 295.

107) Damit es sich dabei nicht um einen Vertrag zulasten Dritter handelt, müsste der „andere" übertragende Rechtsträger dem aber zustimmen.

108) Unklar indem „auf diese[n] Rechtsträger" abstellend *Erkens* in: KölnKomm-UmwG, § 23 Rz. 17.

109) Vgl. *Sagasser/Luke* in: Sagasser/Bula, Umwandlungen, § 9 Rz. 152.

isolierte (selbstständige) Optionsrechte (sog. **Naked Warrants**).[110] Dabei handelt es sich um Optionsrechte, die – in Abgrenzung zu Wandelschuldverschreibungen – als verbriefte Optionen auf den Erwerb von Anteilen an einer (Aktien-)Gesellschaft nicht mit einer Schuldverschreibung verbunden sind.[111] Deren Zulässigkeit wird trotz mangelnder (ausdrücklicher) Regulierung heutzutage kaum noch bezweifelt und spielt insbesondere als internationales Finanzierungsinstrument eine Rolle.[112] Im Rahmen der Incentivierung von Geschäftsführungsmitgliedern und Arbeitnehmern sind sie in vergleichbarer Art bereits in § 192 Abs. 2 Nr. 3 AktG angesprochen.[113] Im Verschmelzungsvertrag kann es insofern zu einer doppelten Erwähnung sowohl nach § 5 Abs. 1 Nr. 7 als auch Nr. 8 kommen, was gleichwohl für die Anwendbarkeit des § 23 im Grundsatz unerheblich ist.

h) Stille Beteiligungen

Ist der Geschäftsinhaber der übertragende Rechtsträger, geht die stille Beteiligung auf den 27
übernehmenden bzw. neuen Rechtsträger im Wege der Universalsukzession über.[114] Lange Zeit umstritten war, ob auch stille Beteiligungen i. S. des Bestehens einer stillen Gesellschaft gemäß §§ 230 ff. HGB zugunsten des stillen Gesellschafters ein Sonderrecht nach § 23 begründen. Hintergrund soll sein, dass stille Beteiligungen insofern kein Recht **„in einem"**, sondern nur am übertragenden Rechtsträger begründet.[115] Stille Beteiligungen seien daher nicht von § 23 erfasst.[116] Die überwiegende Meinung im Schrifttum betrachtet stille Beteiligungen hingegen als entsprechendes Sonderrecht.[117] Dem hat sich mittlerweile auch ein Großteil der instanzgerichtlichen Rechtsprechung der letzten Jahre angeschlossen.[118] Auch zweier Entscheidungen des BGH vom Juni bzw. Juli 2025 lässt sich dies entnehmen.[119] Stille Beteiligungen stellen somit **Sonderrechte** i. S. des § 23 dar. Der stille Gesellschafter hat daher ggf. auch einen Anspruch auf Anpassung des stillen Gesellschaftsvertrags.[120]

i) Mitverwaltungsrechte

Obgleich vom weiten Wortlaut der Norm eigentlich umfasst, stellen sog. Mitverwaltungs- 28
rechte (insbesondere Entsende-, Vorschlags- oder Zustimmungsrechte) **keine Sonder-**

110) *Sagasser/Luke* in: Sagasser/Bula, Umwandlungen, § 9 Rz. 152; Widmann/Mayer-*Vossius*, UmwR, § 23 UmwG Rz. 24.1; vgl. auch *Kuntz*, AG 2004, 480 ff.

111) Zu Begriff und Erscheinungsform vgl. nur *Schlitt/Löschner*, BKR 2002, 150; i. R. von sog. SPAC-Investitionen auch *Schlitt/Ries/Lepke*, AG 2024, 466, 475.

112) Vgl. zur Diskussion auch *Rieckers* in: BeckOGK-AktG, § 192 Rz. 38 f.; für eine explizite Erfassung von § 221 Abs. 1 AktG *Drygala/Staake* in: KölnKomm-AktG, § 192 Rz. 75; de lege ferenda auch *Habersack/Vetter*, AG 2024, 377, 391.

113) Vgl. nur *Koch*, AktG, § 192 Rz. 16.

114) Vgl. *Erhardt* in: MünchHdb. GesR, Bd. 8, § 80 Rz. 14; Semler/Stengel/Leonard-*Leonard/Simon*, UmwG, § 20 Rz. 23.

115) In dieser Lesart *Böttcher* in: NK-UmwG, § 23 Rz. 4.

116) So Kallmeyer-*Oppenhoff*, UmwG, § 23 Rz. 3; *Hüffer* in: FS Lutter, S. 1227, 1237; *Feddersen/Kiem*, ZIP 1994, 1078, 1082; Widmann/Mayer-*Vossius*, UmwR, § 23 UmwG Rz. 11.

117) *Rieder* in: BeckOGK-UmwG, § 23 Rz. 19; *Lambrecht* in: Blaurock, Hdb. Stille Gesellschaft, § 17 Rz. 17.21; *Erkens* in: KölnKomm-UmwG, § 23 Rz. 16; Lutter-*Grunewald*, UmwG, § 23 Rz. 19; Semler/Stengel/Leonard-*Kalss*, UmwG, § 23 Rz. 7; Staub-*Harbarth*, HGB, § 230 Rz. 107; *Schürnbrand*, ZHR 173 (2009), 689, 698; *Jung*, ZIP 1996, 1734, 1738.

118) Vgl. OLG Brandenburg, Urt. v. 27.9.2023 – 7 U 107/22, AG 2024, 126; OLG Brandenburg, Urt. v. 8.11.2023 – 7 U 102/22, BeckRS 2023, 31752; OLG Brandenburg, Urt. v. 19.7.2023 – 7 U 149/22, BeckRS 2023, 20379; OLG Köln, Urt. v. 2.11.2021 – 4 U 107/20, BeckRS 2021, 62367; offenlassend hingegen OLG Schleswig, Urt. v. 6.3.2024 – 9 U 11/23, NZG 2024, 553.

119) Vgl. BGH, Urt. v. 3.6.2025 – II ZR 156/23, BeckRS 2025, 12768; BGH, Urt. v. 15.7.2025 – II ZR 132/23, BeckRS 2025, 17776.

120) *Erhardt* in: MünchHdb. GesR, Bd. 2, § 80 Rz. 14.

rechte i. S. des § 23 dar.[121] Dies folgt bereits aus der zweckbezogenen Beschränkung auf Vermögensrechte im übertragenden Rechtsträger (siehe Rz. 11). Nach unumstrittener Auffassung ist der Wortlaut des § 23 daher insofern teleologisch zu reduzieren.[122] Ein Nachteil für entsprechende Rechteinhaber ist damit grundsätzlich nicht verbunden, da diesen als Kompensation gerade verschiedene (gesetzliche) Zustimmungsvorbehalte zustehen.[123]

j) Virtuelle Anteile

29 Virtuelle Anteile bezeichnen Beteiligungsrechte, die einem Begünstigten zugeteilt werden, ohne dass tatsächlich rechtliche Geschäftsanteile/Aktien bestehen. Sie begründen regelmäßig nur schuldrechtliche Ansprüche zwischen den Beteiligten und gewähren insofern gerade keine gesellschaftsrechtliche Stellung als Anteilsinhaber; vielmehr geht es allein um die **wirtschaftliche Erfolgsbeteiligung** am Unternehmen. In Abgrenzung zu tokenisierten (z. B. blockchainbasierten) Anteilen (siehe dazu Rz. 31), stellen virtuelle Anteile regelmäßig keine digitalisierten (realen) Gesellschaftsanteile dar, sondern lediglich ein wirtschaftliches Abbild von diesen. Virtuelle Anteile (z. B. i. R. eines Phantom Stock oder Virtual Stock Option Programs) sind aufgrund ihrer Ausgestaltung regelmäßig **von § 23 erfasst.**[124]

30 Ausgenommen sollen aber solche beteiligungsähnlichen Rechte sein, die für das Auslösen einer Zahlungspflicht der Gesellschaft nur an die Überschreitung einer gewissen Gewinnschwelle anknüpfen, deren Höhe aber von einer etwaigen Gewinnmarge losgelöst ist.[125] Damit könnten vor allem sog. **Hurdle Shares** (auch: Growth Shares)[126] ggf. nicht von § 23 erfasst sein. Dies erscheint aber zumindest dann nicht sachgerecht, wenn – wie jedoch häufig – im Zuge der Verschmelzung kein Auszahlungsspruch des wirtschaftlichen Wertes an die (virtuellen) Hurdle/Growth Shares geknüpft ist. Denn in diesem Fall würde der etwaige Wert dieser Anteile verwässert, was § 23 seinem Zweck nach gerade verhindern will (siehe Rz. 2). Vor allem eine erst nachrangige Beteiligung am Liquidationserlös (sog. negative Liquidationspräferenz)[127] schränkt daher noch nicht das Bestehen eines Sonderrechts i. S. des § 23 ein.

k) Kryptovermögenswerte

31 Bislang noch ungeklärt ist, ob Kryptowerte, insb. Kryptovermögenswerte (Crypto Assets), vor allem in Form von Investment-Token, ein Sonderecht i. S. von § 23 darstellen und damit entsprechend geschützt sind. **Investment-Token** (oder auch Security-Token) repräsentieren typischerweise ein Recht auf Erhalt zukünftiger Zahlungen i. S. eines digitalen Anteils an Vermögenswerten.[128] Sie stellen regelmäßig eine **Kapitalanlage** dar. Investment-Token sind dabei den klassischen Beteiligungstiteln weitgehend ähnlich.[129] Eher selten gewähren

121) *Rieder* in: BeckOGK-UmwG, § 23 Rz. 10; *Erkens* in: KölnKomm-UmwG, § 23 Rz. 6; Lutter-*Grunewald*, UmwG, § 23 Rz. 2; Semler/Stengel/Leonard-*Kalss*, UmwG, § 23 Rz. 8.

122) *Rieder* in: BeckOGK-UmwG, § 23 Rz. 10; *Erkens* in: KölnKomm-UmwG, § 23 Rz. 6; Lutter-*Grunewald*, UmwG, § 23 Rz. 2; Semler/Stengel/Leonard-*Kalss*, UmwG, § 23 Rz. 8.

123) *Erkens* in: KölnKomm-UmwG, § 23 Rz. 6; Lutter-*Grunewald*, UmwG, § 23 Rz. 2.

124) *Wilhelm*, NZG 2013, 1211, 1215; vgl. auch *Böttcher* in: NK-UmwG, § 23 Rz. 13; a. A. Widmann/Mayer-*Vossius*, UmwR, § 23 UmwG Rz. 24.1; *Kogge* in: MünchHdb. GesR, Bd. 8, § 13 Rz. 293.

125) Vgl. *Wilhelm*, NZG 2013, 1211, 1215.

126) Hierzu *Bauer/Georgi/Fengler* in: Salamon, Entgeltgestaltung, § 11 Rz. 42 ff.; *Weitnauer* in: Weitnauer, Hdb. Venture Capital, Teil F Rz. 133; *Weißenbacher*, BB 2024, 1435, 1437; *Wollweber/Sommer*, GmbH-StB 2023, 356, 358.

127) Vgl. *Grisar/Zantopp*, DStR 2020, 1768; *Kuntz/Engelhardt*, ZGR 2021, 348, 364.

128) *Eckhold/Schäfer* in: Assmann/Schütze/Buck-Heeb, Hdb. des Kapitalanlagerechts, § 17 Rz. 15; s. a. § 1 Abs. 11 Satz 4 KWG i. V. m. Art. 3 Abs. 1 Nr. 5 Verordnung 2023/1114.

129) *Behme/Zickgraf*, ZfPW 2019, 66, 69.

sie auch gesellschafterähnliche Mitwirkungs- und Teilhaberechte.[130] Ist dies der Fall und verleihen sie insofern Stimmrechte im übertragenden Rechtsträger, stellen sie per Definition keine Sonderrechte i. S. des § 23 dar. Gewähren die jeweiligen Token indes lediglich Ansprüche auf Gewinnbeteiligungen oder Zinsen, sind sie grundsätzlich **mit auf Genussscheinen** basierenden Rechten **vergleichbar,**[131] können also als Sonderrechte eingestuft werden.[132]

l) Elektronische Wertpapiere

Elektronische Wertpapiere werden im Grundsatz wie „normale" Wertpapiere begeben (vgl. 32 § 2 Abs. 1 Satz 1 eWpG).[133] Sofern sie daher nur auf schuldrechtlicher Basis wirtschaftliche Rechte, wie insbesondere Zahlungsansprüche, Gewinnbeteiligungen oder sonstige vermögensrechtliche Ansprüche und keine Stimmbeteiligungen verwirklichen, können elektronische Wertpapiere ebenfalls Sonderrechte darstellen. Auch ansonsten müssen gleichwohl die Voraussetzungen eines Sonderrechts i. S. des § 23 vorliegen.[134] Da eine Verbriefung des Sonderrechts nicht zwingend erforderlich (siehe Rz. 12), aber auch nicht hinderlich ist, **kann** grundsätzlich auch ein im Kryptowertpapierregister (vgl. § 16 eWpG) als elektronisches Wertpapier in der Form eines Kryptowertpapiers (vgl. § 4 Abs. 3 eWpG) **ein Sonderrecht i. S. des § 23 darstellen.**

IV. Rechtsfolgen

Handelt es sich um ein Sonderrecht i. S. des § 23, besitzt der entsprechende Rechteinhaber 33 einen Anspruch auf gleichwertige Rechte. Der Anspruch richtet sich allein gegen den übernehmenden Rechtsträger der Verschmelzung und nicht den übertragenden Rechtsträger, wo bisher die jeweiligen Rechte bestanden.[135] Zudem begründet § 23 nur einen **schuldrechtlichen Anspruch**, nicht aber ein darüber hinausgehendes Mitspracherecht bei der Umwandlung.[136] Der Anspruch auf Gewährung gleichwertiger Rechte im übernehmenden Rechtsträger umfasst regelmäßig auch ein Recht des Betroffenen auf **Anpassung** der bisherigen dem Sonderrecht zugrunde liegenden Vertragsbedingungen.[137] Maßgebend ist die inhaltliche Ausgestaltung aufgrund der durch die Verschmelzung herbeigeführten Situation.[138] Insofern stellt § 23 eine spezialgesetzliche, konkretisierende und vorrangig anwend-

---

130) *Behme/Zickgraf*, ZfPW 2019, 66, 69; *Hacker/Thomale*, ECFR 2018, 645, 653; *Linardatos*, WM 2024, 1685, 1687.

131) Vgl. *Ribak*, ZdiW 2023, 120.

132) Anderes könnte aber gelten, wenn vor allem bei der GmbH entsprechende Geschäftsanteilstoken (vgl. *Maume*, NZG 2021, 1189, 1191) ein mitgliedschaftliches Anteilsrecht darstellen, da solche dann trotz des Wortlauts des § 23 systematisch nicht erfasst sein sollten (so *Rieder* in: BeckOGK-UmwG, § 23 Rz. 8; *Erkens* in: KölnKomm-UmwG, § 23 Rz. 9; siehe auch Rz. 13).

133) Vgl. nur Segna/Möslein/Omlor/von Buttlar-*Möslein*, eWpG, § 1 Rz. 16; *Wöckener/Glekler*, WM 2025, 137.

134) Im Hinblick darauf, dass „Anteile" (ggf. in Form von Wertpapieren) trotz des Wortlauts des § 23 systematisch nicht erfasst sein sollten (so *Rieder* in: BeckOGK-UmwG, § 23 Rz. 8; *Erkens* in: KölnKomm-UmwG, § 23 Rz. 9; siehe auch Rz. 13), wären die rechtliche Mitgliedschaft verbriefende elektronische Wertpapiere nicht erfasst.

135) OLG Schleswig, Urt. v. 6.3.2024 – 9 U 11/23, NZG 2024, 553; OLG Dresden, Urt. v. 12.10.2022 – 13 U 473/22, BeckRS 2022, 55137; OLG Köln, Urt. v. 2.11.2021 – 4 U 107/20, BeckRS 2021, 62367.

136) BGH, Urt. v. 23.2.2021 – II ZR 65/19 (Metro), BGHZ 229, 27 = BB 2021, 1102; OLG Schleswig, Urt. v. 6.3.2024 – 9 U 11/23, NZG 2024, 553.

137) OLG Köln, Urt. v. 2.11.2021 – 4 U 107/20, BeckRS 2021, 62367 – „angemessene Vertragsanpassung"; *Schürnbrand*, ZHR 173 (2009), 689, 692; *Arens*, WM 2014, 682, 685.

138) So BGH, Urt. v. 28.5.2013 – II ZR 67/12, ZIP 2013, 1570; OLG Brandenburg, Urt. v. 8.11.2023 – 7 U 102/22, BeckRS 2023, 31752.

bare[139] Ausprägung der allgemeinen Regeln zur Störung der Geschäftsgrundlage dar.[140] Der **Anpassungsanspruch** bezieht sich z. B. auf die Anleihe-, Schuldverschreibungs-, Options- oder Genussrechtsbedingungen.[141] Ausgangspunkt des Umfangs der Anpassung ist die i. R. des § 5 Abs. 1 Nr. 3 zu ermittelnde Verschmelzungswertrelation.[142] Auch der Gesellschaftsvertrag bezüglich einer stillen Beteiligung (siehe dazu Rz. 27) ist ggf. abzuändern.[143] Von Gesetzes wegen findet keine Anpassung statt.[144]

34 § 23 fordert die Gewährung „gleichwertige[r] Rechte". Die entsprechende **Gleichwertigkeit** ist dabei **im wirtschaftlichen Sinne** zu bestimmen;[145] auf eine formale Betrachtung kommt es nicht an, bzw. wäre eine solche nicht ausreichend.[146] Maßgebend ist die objektive Gefahr der Wertminderung des Sonderrechts im Zuge der Verschmelzung.[147] Um die Gleichwertigkeit näher zu bestimmen, kann das ermittelte Umtauschverhältnis herangezogen werden, da dieses in der Regel die bereits genannte Wertrelation zwischen übertragendem und übernehmendem Rechtsträger am besten wiedergibt.[148]

35 Der Anspruch kann auch durch Gewährung eines **höherwertigen Rechts** erfüllt werden.[149] Zwingend ist dies allerdings nicht, vor allem, weil die objektiv-wirtschaftliche Bemessung eines höherwertigen Rechts problembehaftet sein kann. Auch spricht daher die Gewährung eines vermeintlich höherartigen Rechts (z. B. stimmberechtigte Anteile) nicht notwendigerweise für ein *höherwertiges* Recht. Ein Sonderrecht i. S. des § 23 (oder auch des § 5 Abs. 1 Nr. 7) muss im übernehmenden Rechtsträger ebenfalls nicht zwingend gewährt werden.[150] In diesem Zusammenhang ist daher auch die Gewährung *gleichartiger* Rechte nicht verpflichtend.[151] Aus praktischer Sicht kann gleichwohl der Fall eintreten, dass die Gewährung gleichwertiger Rechte faktisch nur dadurch zu bewerkstelligen ist, dass im übernehmenden Rechtsträger gleichartige Rechte wie im übertragenden Rechtsträger gewährt werden. Entscheidend ist dabei wiederum allein eine wirtschaftliche Betrachtungsweise. Besteht die einzige Möglichkeit zur rechtskonformen Ausgestaltung daher in der Gewährung gleichartiger Rechte, müssen solche auch tatsächlich **wertäquivalent** sein und ggf. **im übernehmenden Rechtsträger geschaffen** werden.

36 Konsequenz der Gewährungspflicht gleichwertiger Rechte im übernehmenden Rechtsträger ist vor allem bei AGs, dass insbesondere die jeweiligen Umtausch- oder Bezugsrechte auf die übernehmende AG umzustellen sind.[152] Regelmäßig dient diese dazu, **bedingtes Ka-**

139) Vgl. Erman-*Böttcher*, BGB, § 313 Rz. 32; *Finkenauer* in: MünchKomm-BGB, § 313 Rz. 139.

140) *Erkens* in: KölnKomm-UmwG, § 23 Rz. 25; *Schürnbrand*, ZHR 173 (2009), 689, 692; *Arens*, WM 2014, 682, 685; wohl auch *Renner/Engel*, ZIP 2013, 2436, 2444; *Bachmann/Veil*, ZIP 1999, 348, 350.

141) Vgl. Lutter-*Grunewald*, UmwG, § 23 Rz. 20 m. w. N.

142) *Driver*, BB 2014, 195, 197; *Reiswich*, RdF 2017, 219, 221; allg. zu dieser im Detail *Wicke* in: FS Stilz, S. 707; speziell bei der grenzüberschreitenden Verschmelzung *Kiem*, ZGR 2007, 542.

143) Speziell hierzu *Jung*, ZIP 1996, 1734, 1738.

144) *Bayer/J. Schmidt*, ZIP 2016, 841, 849.

145) BGH, Urt. v. 28.5.2013 – II ZR 67/12, ZIP 2013, 1570; *Erkens* in: KölnKomm-UmwG, § 23 Rz. 18; Lutter-*Grunewald*, UmwG, § 23 Rz. 15; Semler/Stengel/Leonard-*Kalss*, UmwG, § 23 Rz. 12; *Arens*, WM 2014, 682, 685; *Grauschopf*, Das Haftungssystem des Umwandlungsgesetzes bei Carve-out-Transaktionen, S. 54; wohl auch Decher in: FS Emde, S. 35, 36.

146) *Naraschewski*, DB 1997, 1653, 1657; Semler/Stengel/Leonard-*Kalss*, UmwG, § 23 Rz. 12.

147) Vgl. OLG Brandenburg, Urt. v. 8.11.2023 – 7 U 102/22, BeckRS 2023, 31752.

148) *Bungert* in: Fleischer/Hüttemann, Rechtshdb. Unternehmensbewertung, § 22 Rz. 22.52.

149) Begr. RegE z. UmwBerG, BT-Drucks. 12/6699, S. 93; wohl auch Lutter-*Grunewald*, UmwG, § 23 Rz. 11.

150) Wohl a. A. Widmann/Mayer-*Vossius*, UmwR, § 23 UmwG Rz. 28.

151) OLG Köln, Urt. v. 2.11.2021 – 4 U 107/20, BeckRS 2021, 62367; *Rieder* in: BeckOGK-UmwG, § 23 Rz. 22; *Bayer/J. Schmidt*, ZIP 2016, 841, 849; *Erkens* in: KölnKomm-UmwG, § 23 Rz. 19; a. A. Lutter-*Grunewald*, UmwG, § 23 Rz. 6; Widmann/Mayer-*Vossius*, UmwR, § 23 UmwG Rz. 28.

152) Lutter-*Grunewald*, UmwG, § 23 Rz. 15; *Arens*, WM 2014, 682, 685.

pital zur Absicherung zu schaffen.[153] Dies sollte möglichst schon im Vorfeld der Verschmelzung erfolgen.[154] Die aktienrechtliche Zulässigkeit ergibt sich dabei aus § 192 Abs. 2 Nr. 1, 2 AktG. Nummer 1 erlaubt eine **bedingte Kapitalerhöhung** zum Zwecke der „Gewährung von Umtausch- oder Bezugsrechten auf Grund von Wandelschuldverschreibungen". Dies gilt im Grundsatz neben den als Wandelschuldverschreibungen ausgestalteten Wandel- und Optionsanleihen auch für die ebenfalls von § 221 Abs. 1 Satz 1 AktG angesprochenen Gewinnschuldverschreibungen sowie im Hinblick auf § 221 Abs. 3 AktG für Gewinnrechte, sofern sie ein Umtausch- oder Bezugsrecht gewähren.[155] Betrachtet man sog. Naked Warrants ebenfalls als von § 221 AktG erfasst (siehe Rz. 26), schlägt dies auch auf § 192 Abs. 2 Nr. 1 AktG durch.[156] Letztlich scheint es hierauf im Detail aber nicht anzukommen, da § 192 Abs. 2 Nr. 2 AktG als Anwendungsfall einer bedingten Kapitalerhöhung ausdrücklich die **„Vorbereitung des Zusammenschlusses mehrerer Unternehmen"** nennt, wozu vor allem auch Verschmelzungen nach dem UmwG zählen.[157] Für eine Verschmelzung (oder Spaltung) zur Neugründung (siehe zum Anwendungsbereich Rz. 7) kann dies hingegen nicht gelten, da die Gründung keine Kapitalerhöhung darstellt. Zwar steht der übernehmenden AG zudem die Möglichkeit der Schaffung genehmigten Kapitals i. R. der Rechtegewährung i. S. von § 23 grundsätzlich offen,[158] in der Praxis wird jedoch regelmäßig der passendere Weg der bedingten Kapitalerhöhung gewählt, da hierbei erst bei Geltendmachung des Umtausch- oder Bezugsrechts das Grundkapital erhöht wird und nicht bereits im Zuge der Schaffung des jeweiligen Kapitals.[159] Für die **GmbH** besteht die Möglichkeit einer bedingten Kapitalerhöhung nicht.[160] Hier ist daher die Schaffung **genehmigten Kapitals** anzudenken.[161] Dies ist nach den Vorgaben des § 55a GmbHG auch möglich. Grundlage ist aber entweder ein bereits vorhandenes und ausreichendes genehmigtes Kapital oder eine entsprechende Schaffung eines solchen mittels satzungsändernden Gesellschafterbeschlusses (vgl. § 55a Abs. 2 GmbHG). Unklar ist sowohl bei der Schaffung bedingten AG- als auch genehmigten GmbH-Kapitals, ob eine Zustimmungspflicht der Anteilsinhaber/Aktionäre zur jeweiligen Kapitalerhöhung aufgrund mitgliedschaftlicher Treuepflicht besteht, um überhaupt gleichwertige Rechte beim übernehmenden Rechtsträger tatsächlich gewähren zu können.[162] Im Ergebnis ist dies aus systematischen Gründen abzulehnen.[163]

Unter verschiedenen Bedingungen kann sich die Gewährung gleichwertiger Rechte als **praktisch problematisch** darstellen (insbesondere bei sog. **Mischverschmelzungen**).[164] Dem übernehmenden Rechtsträger ist es dann ggf. (rechtsformbedingt) nicht möglich, gleichwertige Rechte zu gewähren. In diesem Fall wandelt sich der Anspruch auf Rechtegewäh- 37

153) Kallmeyer-*Oppenhoff*, UmwG, § 23 Rz. 11; Lutter-*Grunewald*, UmwG, § 23 Rz. 16; Semler/Stengel/Leonard-*Kalss*, UmwG, § 23 Rz. 14.

154) *Busch* in: Marsch-Barner/Schäfer, Hdb. börsennotierte AG, § 49 Rz. 49.11.

155) Zur entsprechenden Reichweite des § 192 Abs. 2 Nr. 1 AktG *Rieckers* in: BeckOGK-AktG, § 192 Rz. 31; einschränkend bzgl. Genussrechten *Drygala/Staake* in: KölnKomm-AktG, § 192 Rz. 67.

156) *Rieckers* in: BeckOGK-AktG, § 192 Rz. 39.

157) Unstrittig, vgl. nur *Rieckers* in: BeckOGK-AktG, § 192 Rz. 6; K. Schmidt/Lutter-*Veil*, AktG, § 192 Rz. 17.

158) Vgl. *Stadler* in: HK-AktG, § 221 Rz. 114; *Kuntz*, AG 2004, 480.

159) Vgl. *Holzborn* in: Marsch-Barner/Schäfer, Hdb. börsennotierte AG, § 58 Rz. 58.11; in Bezug auf Wandelschuldverschreibungen auch *Linnartz/Walka*, AG 2025, 68, 69; *Lieder* in: MünchKomm-GmbHG, § 55 Rz. 10.

160) Vgl. nur *Lieder* in: MünchKomm-GmbHG, § 55 Rz. 10.

161) In Bezug auf Wandelschuldverschreibungen *Lieder* in: MünchKomm-GmbHG, § 55 Rz. 11.

162) So *Stadler* in: HK-AktG, § 221 Rz. 114; wohl auch OLG Köln, Urt. v. 2.11.2021 – 4 U 107/20, BeckRS 2021, 62367; OLG Düsseldorf, Urt. v. 4.4.2019 – 6 U 24/18, BeckRS 2019, 54123.

163) Vgl. auch *Rinnert*, NZG 2001, 865.

164) Lutter-*Grunewald*, UmwG, § 23 Rz. 16; Semler/Stengel/Leonard-*Kalss*, UmwG, § 23 Rz. 15.

rung in einen **Auszahlungs- oder Abfindungsanspruch** des Betroffenen um.[165] Dogmatisch wird dies vor allem auf eine analoge Anwendung des § 29 gestützt.[166] Das Ergebnis i. R. einer etwaigen Geltung der §§ 275 ff. BGB dürfte kaum anders ausfallen.[167]

38 Davon abzugrenzen ist eine **schuldhafte**, also zumindest fahrlässige (i. S. von § 276 Abs. 2 BGB) **Nichtgewährung** gleichwertiger Rechte und damit eine Verletzung von § 23. Dies tangiert zwar nicht die Wirkung des Vermögensübergangs nach Eintragung der Verschmelzung als solche (vgl. § 20 Abs. 1 Nr. 1),[168] jedoch stellt es den Fälligkeitszeitpunkt des Anspruchs dar.[169] Dieser wandelt sich bei Nichterfüllung dann in einen gegen den übernehmenden Rechtsträger gerichteten **Schadensersatzanspruch** um.[170] Normative Grundlage ist § 280 Abs. 1 BGB, da die übertragende Gesellschaft durch die Verschmelzung ihre Pflichten entsprechend den z. B. Anlage- oder Genussbedingungen gegenüber dem Sonderrechtsinhaber verletzt und diesem insoweit einen Schaden zugefügt hat.[171] Dies zeigt zumindest mittelbar schon § 133 Abs. 2 Satz 1. Bei einer Spaltung besteht hiernach dann eine **gesamtschuldnerische Haftung.**[172] Insofern ist auch eine fast schon kryptische Aussage des OLG Brandenburg („Soweit der Anspruch auf Gewährung gleichwertiger Rechte nicht erfüllt wird, kann der Inhaber des Sonderrechts die Rechte geltend machen, die sich ergäben, wenn ihm die Rechte, die ihm zustehen, gewährt worden wären")[173] abzulehnen. Ausgeschlossenen ist ein (monetärer) Schadensersatzanspruch aber wohl dann, wenn das in Rede stehende Sonderrecht (nachweislich) schon vor der Verschmelzung **wirtschaftlich wertlos** war.[174] Maßgeblich ist dabei das Datum des Abschlusses des Verschmelzungsvertrags, sodass eine frühere Wertlosigkeit außer Acht zu lassen ist.[175] Die Darlegungs- und Beweislast der finalen Wertlosigkeit liegt beim übernehmenden Rechtsträger. Generell ist hinsichtlich der Schadenshöhe in den Blick zu nehmen, in welcher Höhe das Anlagekapital tatsächlich von Verlusten aufgezehrt worden ist.[176]

V. Rechtsdurchsetzung

39 Der betroffene Sonderrechtsinhaber kann seinen Anspruch auf Gewährung gleichwertiger Rechte im übernehmenden Rechtsträger, ggf. verbunden mit einer diesbezüglichen Vertragsanpassung, mittels zivilrechtlicher **Leistungsklage** durchsetzen.[177] § 894 ZPO kommt

165) H. M., vgl. nur *Rieder* in: BeckOGK-UmwG, § 23 Rz. 23.

166) *Rieder* in: BeckOGK-UmwG, § 23 Rz. 23; Lutter-*Grunewald*, UmwG, § 23 Rz. 16 f., 18; Semler/Stengel/Leonard-*Kalss*, UmwG, § 23 Rz. 15.

167) Auf die Geltung von §§ 275 ff. BGB abstellend OLG Köln, Urt. v. 2.11.2021 – 4 U 107/20, BeckRS 2021, 62367; *Erkens* in: KölnKomm-UmwG, § 23 Rz. 23; Henssler/Strohn-*Ca. Müller*, GesR, § 23 UmwG Rz. 5; Kallmeyer-*Oppenhoff*, UmwG, § 23 Rz. 13.

168) OLG Schleswig, Urt. v. 6.3.2024 – 9 U 11/23, NZG 2024, 553.

169) *Rieder* in: BeckOGK-UmwG, § 23 Rz. 24; Lutter-*Grunewald*, UmwG, § 23 Rz. 8.

170) Vgl. OLG Köln, Urt. v. 2.11.2021 – 4 U 107/20, BeckRS 2021, 62367; OLG Düsseldorf, Urt. v. 4.4.2019 – 6 U 24/18, BeckRS 2019, 54123; OLG Brandenburg, Urt. v. 8.11.2023 – 7 U 102/22, BeckRS 2023, 31752; OLG Brandenburg, Urt. v. 19.7.2023 – 7 U 149/22, BeckRS 2023, 20379.

171) BGH, Urt. v. 3.6.2025 – II ZR 156/23, BeckRS 2025, 12768; BGH, Urt. v. 15.7.2025 – II ZR 132/23, BeckRS 2025, 17776.

172) OLG Düsseldorf, Urt. v. 4.4.2019 – 6 U 24/18, BeckRS 2019, 54123.

173) OLG Brandenburg, Urt. v. 27.9.2023 – 7 U 107/22, AG 2024, 126; auch der Verweis auf BGH, Urt. v. 28.5.2013 – II ZR 67/12, ZIP 2013, 1570, erscheint diesbezüglich unpassend.

174) OLG Brandenburg, Urt. v. 8.11.2023 – 7 U 102/22, BeckRS 2023, 31752.

175) Vgl. *Stiegler*, EuZW 2016, 339, 343 (Urteilsanm.).

176) BGH, Urt. v. 3.6.2025 – II ZR 156/23, BeckRS 2025, 12768; BGH, Urt. v. 15.7.2025 – II ZR 132/23, BeckRS 2025, 17776.

177) *Rieder* in: BeckOGK-UmwG, § 23 Rz. 25; *Erkens* in: KölnKomm-UmwG, § 23 Rz. 28.

zur Anwendung.[178] Nach überwiegender, wenngleich nicht unumstrittener,[179] Auffassung ist in Bezug auf die Bewertung der Gleichwertigkeit der gewährten Rechte ein **Spruchverfahren** nach den Vorgaben des SpruchG **nicht** möglich.[180] Für die Durchsetzung des Schadensersatzanspruchs (siehe Rz. 38) gelten die allgemein zivilprozessualen Vorgaben, wobei aber der Nachweis eines entstandenen **Vermögensschadens** im Zweifel problematisch sein kann,[181] denn es muss zu einem tatsächlich entstandenen Schaden im Zuge der Verschmelzung gekommen sein (siehe bereits Rz. 38).[182]

§ 23 ist **kein Schutzgesetz** i. S. des § 823 Abs. 2 BGB, sodass Schadensersatzansprüche 40 gegen die an der Verschmelzung beteiligten Personen (insbesondere Geschäftsführungs- und Vorstandsmitglieder) diesbezüglich ausgeschlossen sind.[183]

VI. Abweichende Vereinbarungen

§ 23 ist im Grundsatz **zwingendes Recht** und damit unabdingbar.[184] Insbesondere ein (teil- 41 weiser) Ausschluss im Verschmelzungsvertrag oder den Satzungen der beteiligten Rechtsträger ist unzulässig.[185] Diskutiert wird allerdings, ob in den das Sonderrecht begründenden **Vertragsbedingungen** selbst ein Ausschluss der Rechtsfolgen des § 23 oder eine Einschränkung dieser zulässig ist. Hierbei müssen sich die entsprechenden Vertragsbedingungen außerhalb des Anwendungsbereichs der Gesellschaftsrechtsrichtlinie aber an den **§§ 305 ff. BGB** messen lassen.[186] Wird der Anspruch aus § 23 nahezu vollumfänglich vertraglich ausgeschlossen, verstößt dies folglich gegen § 307 Abs. 2 Nr. 1 BGB. Nur geringfügige oder die reinen Umtauschmodalitäten betreffende Regelungen würden hingegen nicht dergestalt vom Kerngehalt des § 23 abweichen, dass sie zu einer unzulässigen Klausel führen.[187] Ein **späterer Verzicht** des Betroffenen auf Gewährung gleichwertiger Rechte ist ebenfalls zulässig, da dieser erst nach Vertragsabschluss erfolgen würde; kompensationslos erscheint ein solcher realistisch betrachtet aber kaum einholbar.

178) *Rieder* in: BeckOGK-UmwG, § 23 Rz. 25; *Erkens* in: KölnKomm-UmwG, § 23 Rz. 28; Lutter-*Grunewald*, UmwG, § 23 Rz. 8.

179) Vgl. *Butzke* in: Marsch-Barner/Schäfer, Hdb. börsennotierte AG, § 6 Rz. 6.38; OLG Düsseldorf, Urt. v. 4.4.2019 – 6 U 24/18, BeckRS 2019, 54123.

180) *Rieder* in: BeckOGK-UmwG, § 23 Rz. 26; Kallmeyer-*Oppenhoff*, UmwG, § 23 Rz. 13; *Erkens* in: KölnKomm-UmwG, § 23 Rz. 29; *Böttcher* in: NK-UmwG, § 23 Rz. 21; Semler/Stengel/Leonard-*Kalss*, UmwG, § 23 Rz. 18.

181) Semler/Stengel/Leonard-*Kalss*, UmwG, § 23 Rz. 17.

182) BGH, Urt. v. 3.6.2025 – II ZR 156/23, BeckRS 2025, 12768; BGH, Urt. v. 15.7.2025 – II ZR 132/23, BeckRS 2025, 17776.

183) *Rieder* in: BeckOGK-UmwG, § 23 Rz. 28; Lutter-*Grunewald*, UmwG, § 23 Rz. 26; Henssler/Strohn-*Ca. Müller*, GesR, § 23 UmwG Rz. 5; a. A. Widmann/Mayer-*Vossius*, UmwR, § 23 UmwG Rz. 3.2.

184) *Rieder* in: BeckOGK-UmwG, § 23 Rz. 5; *Erkens* in: KölnKomm-UmwG, § 23 Rz. 30; Semler/Stengel/Leonard-*Kalss*, UmwG, § 23 Rz. 3; *Driver*, BB 2014, 195, 199.

185) *Rieder* in: BeckOGK-UmwG, § 23 Rz. 5; *Erkens* in: KölnKomm-UmwG, § 23 Rz. 30; Semler/Stengel/Leonard-*Kalss*, UmwG, § 23 Rz. 3; Widmann/Mayer-*Vossius*, UmwR, § 23 UmwG Rz. 46.

186) *Rieder* in: BeckOGK-UmwG, § 23 Rz. 5; *Erkens* in: KölnKomm-UmwG, § 23 Rz. 33; Lutter-*Grunewald*, UmwG, § 23 Rz. 25; a. A. *Böttcher* in: NK-UmwG, § 23 Rz. 21; Widmann/Mayer-*Vossius*, UmwR, § 23 UmwG Rz. 47.

187) In diesem Sinne Semler/Stengel/Leonard-*Kalss*, UmwG, § 23 Rz. 3.

§ 24

Wertansätze des übernehmenden Rechtsträgers

In den Jahresbilanzen des übernehmenden Rechtsträgers können als Anschaffungskosten im Sinne des § 253 Abs. 1 des Handelsgesetzbuchs auch die in der Schlußbilanz eines übertragenden Rechtsträgers angesetzten Werte angesetzt werden.

Literatur: *Angermayer*, Handelsrechtliche Anschaffungskosten von Sacheinlagen, DB 1998, 145; *Bacmeister*, § 24 UmwG und die Bindung zwischen H-Bil und St-Bil (Maßgeblichkeit) bei der Verschmelzung, DStR 1996, 121; *Bahns*, „Down-stream"-Abspaltung ohne Kapitalerhöhung bei Kapitalgesellschaften – eine Alternative zur Ausgliederung, Ubg 2010, 414; *Behrens*, Keine phasenverschobene Wertaufholung nach Umwandlungen, BB 2009, 318; *Deubert/Lewe/Roland*, Aufteilung der Gesamtanschaffungskosten bei Umwandlungen mit gemischten Gegenleistungen, BB 2017, 554; *Dutzi/Leuveld/Rausch*, Zweifelsfragen bei der Bilanzierung von Upstream Mergers nach HGB und IFRS, BB 2015, 2219; *Enneking/Heckschen*, Gesellschafterhaftung beim downstream-merger, DB 2006, 1099; *Förster, G./Dehne*, Rechnungslegungsfragen bei der Umsetzung der EU-Mindestbesteuerungsrichtlinie, BB 2023, 1707; *Förster, U./Ernst*, Höhe der Anschaffungskosten bei Anwachsung, DB 1997, 241; *Gassner*, Ausgewählte handelsrechtliche und steuerrechtliche Bilanzierungsfragen bei Umwandlungen, in: Festschrift für Siegfried Widmann, 2000, S. 343; *Heidtkamp*, Die umwandlungsrechtliche Schlussbilanz – praxisrelevante Zweifelsfragen, NZG 2013, 852; *Henckel*, Rechnungslegung und Prüfung anlässlich einer grenzüberschreitenden Verschmelzung zu einer Societas Europaea (SE), DStR 2005, 1785; *Hennrichs*, Neubewertung oder Buchwertfortführung bei Verschmelzung und Spaltung, in: Festschrift für Gerd Krieger, 2020, S. 341; *Ihrig*, Verschmelzung und Spaltung ohne Gewähr neuer Anteile?, ZHR 160 (1996), 317; *Kremer*, Zur Bilanzierung von Verschmelzungsgewinnen, DB 1989, 492; *Kronner/Seidler*, Übertragung negativen Reinvermögens mittels Verschmelzung aus der Sicht des Abschlussprüfers, BB 2018, 1899; *Kußmaul/Schwarz*, Sonderbilanzen bei Verschmelzung, StB 2014, 229; *Lubberich*, Sachagio bei GmbH-Gründungen und Kapitalerhöhungen – Gestaltungsmöglichkeiten und Risiken im Überblick, DNotZ 2016, 164; *Lüdenbach*, Bilanzierung von Gesellschafterzuschüssen und verdeckten Einlagen bei der Gesellschaft, StuB 2010, 709; *Mertens*, Aktuelle Fragen zur Verschmelzung von Mutter- auf Tochtergesellschaften – down stream merger, AG 2005, 785; *Mujkanovic*, Zur Bewertung bei Verschmelzung am Beispiel von AG und GmbH, BB 1995, 1735; *Müller, W.*, Bilanzierungsfragen bei der grenzüberschreitenden Umwandlung und Sitzverlegung, in: Festschrift für Arndt Raupach, 2006, S. 261; *Müller, W.*, Zweifelsfragen zum Umwandlungsrecht, WPg 1996, 857; *Naumann*, Zur Anwendung von § 24 UmwG in Verschmelzungsfällen, in: Festschrift für Rainer Ludewig, 1996, S. 684; *Orth*, Umwandlung durch Anwachsung, (Teil I) DStR 1999, 1011; *Oser*, Zum Zusammenspiel von Ausschüttungs- und (Nicht-)Abführungssperre bei § 253 Abs. 6 Satz 2 HGB, StuB 2021, 667; *Pohl*, Handelsbilanzen bei der Verschmelzung von Kapitalgesellschaften, 1995; *Priester*, Wertansatzwahlrecht aus § 24 UmwG bei AG-Verschmelzung, AG 2019, 640; *Priester*, Kapitalschutz beim Down-stream-merger, in: Festschrift für Sebastian Spiegelberger, 2009, S. 890; *Priester*, Verbot bilanzieller Unterpariemission im Anwendungsbereich von § 24 UmwG?, GmbHR 1999, 1273; *Roos*, Potenziale bei der Abbildung einer Verschmelzung durch Neugründung nach Handelsrecht, StuB 2013, 652; *Roß/Drögemüller*, Verschmelzungen und Abspaltungen bei Schwestergesellschaften nach der Reform des UmwG, DB 2009, 580; *Scherrer*, Bilanzierung der Verschmelzung durch Aufnahme beim übernehmenden Rechtsträger, in: Festschrift für Carsten Peter Claussen, 1997, S. 743; *Schmitt/Hülsmann*, Verschmelzungsgewinn in der Handelsbilanz und Prinzip der Gesamtrechtsnachfolge, BB 2000, 1563; *Schulze-Osterloh*, Bilanzierung nach dem Referentenentwurf eines Gesetzes zur Bereinigung des Umwandlungsrechts, ZGR 1993, 420; *Simon*, Verschmelzung und Spaltung unter Verzicht auf Anteilsgewährung – Rechtliche, steuerliche und bilanzielle Überlegungen zu §§ 54 Abs. 1 Satz 3, 68 Abs. 1 Satz 3 UmwG, in: Festschrift für Harald Schaumburg, 2009, S. 1341; *Simon/Rubner*, Die Umsetzung der Richtlinie über grenzüberschreitende Verschmelzungen ins deutsche Recht, DK 2006, 835; *Vetter*, Die Regelung der grenzüberschreitenden Verschmelzung im UmwG, AG 2006, 613; *Wegener*, Handelsbilanzielle und steuerrechtliche (Sonder-)Probleme der Abwärtsverschmelzung einer KapGes. auf eine andere KapGes., DB 2018, 2071.

Übersicht

I. Bedeutung der Norm

1 § 24 statuiert als zentrale Norm das **Bewertungswahlrecht** bei der Verschmelzung (als Grundform der umwandlungsrechtlichen Maßnahme; weitreichende Geltung **über das Verschmelzungsrecht hinaus** (siehe dazu Rz. 6 ff.).

2 Seit Inkrafttreten des UmwBerG[1] regelt die Vorschrift ein allgemeines **Wahlrecht** zwischen **Buchwertverknüpfung** und **Anschaffungswertprinzip** in der **Handelsbilanz**[2] des aufnehmenden Rechtsträgers (siehe auch bereits § 17 Rz. 26 [*Hoefling*], § 20 Rz. 7 ff. [*Lubberich*]). In § 24 ist seither festgelegt, dass als **Anschaffungskosten** auch die in der **Schlussbilanz des übertragenden Rechtsträgers** (gemäß § 17) angesetzten Werte in der Handelsbilanz des übernehmenden Rechtsträgers fortgeführt werden können. Die Vorschrift stellt damit eine **Spezialregelung** zu den **§§ 253 Abs. 1, 255 Abs. 1 HGB** dar. Die Spezialregelung ist **fakultativ**, wie die Gesetzesbegründung klarstellt; das allgemeine Anschaffungswertprinzip bleibt anwendbar.[3] Die Norm ist durch das **UmRUG**[4] unverändert geblieben.

3 Vor Geltung der Vorschrift war die **Buchwertverknüpfung** verpflichtend.[5] Das bedeutete, dass die übergehenden Vermögensgegenstände in der Handelsbilanz des aufnehmenden Rechtsträgers – in Abweichung von dem Grundsatz, dass Gegenstände zu Anschaffungskosten zu bewerten sind **(§ 253 i. V. m. § 255 HGB)** – zwingend mit dem **gleichen Wert** anzusetzen waren, mit dem sie in der **Schlussbilanz des übertragenden Rechtsträgers** bewertet worden waren.

4 Freilich stellt die Buchwertverknüpfung auch heute in der Praxis die Regel dar. Denn auch wenn die **handelsrechtliche Bilanz** nicht zwingend für die **steuerliche Bilanzierung** maßgeblich ist, werden die Beteiligten in vielen Fällen einen Gleichlauf anstreben (und jedenfalls in der steuerlichen Bilanz zur Sicherstellung der **Steuerneutralität** der Maßnahme zum Buchwertantrag greifen). Zur steuerlichen Situation siehe unten Rz. 116 ff.

5 Die ursprünglich zwingende Buchwertverknüpfung hatte zur Folge, dass ggf. trotz stiller Reserven in Sonderfällen ein **Buchverlust** entstehen konnte. Anteile an dem übertragenen Rechtsträger konnten durch die Verschmelzung eine **bilanzielle Wertminderung** erleiden. Fälle unbegründeter **Ausschüttungssperren** waren denkbar.[6] Bei der Verschmelzung tritt allerdings wirtschaftlich **keine Veränderung der Vermögenslage** des aufnehmenden Rechts-

1) Gesetz zur Bereinigung des Umwandlungsrechts (UmwBerG), v. 28.10.1994, BGBl. I 1994, 3210.
2) In der Steuerbilanz ist die Regelung hingegen eine gänzlich andere. Der Gesetzgeber geht grundsätzlich vom *gemeinen* Wert in der Schlussbilanz i. S. von § 17 Abs. 2 aus (§ 3 Abs. 1 Satz 1 UmwStG für Personengesellschaften und § 11 Abs. 1 Satz 1 UmwStG für Körperschaften), an den der übernehmende Rechtsträger gemäß § 4 Abs. 1 Satz 1 bzw. § 12 Abs. 1 Satz 1 UmwStG gebunden ist. Damit geht das UmwStG im Grundsatz davon aus, dass sich stille Reserven realisieren. Nur unter den Voraussetzungen des § 3 Abs. 2 oder § 11 Abs. 2 bzw. §§ 20, 21 UmwStG können die Buchwerte fortgeführt oder kann ein Zwischenwert angesetzt werden, grundlegend BMF-Schreiben v. 11.11. 2011 – IV C 2 – S 1978-b/08/10001, Rz. 03.10, BStBl. I 2011, 1314; Rödder/Herlinghaus/van Lishaut-*Birkemeier*, UmwStG, § 3 Rz. 72 ff.
3) Begr. Fraktionsentwurf UmwBerG z. § 24 UmwG, BR-Drucks. 75/94, S. 93.
4) Gesetz zur Umsetzung der Umwandlungsrichtlinie und zur Änderung weiterer Gesetze (UmRUG), v. 22.2.2023, BGBl. I 2023, 51.
5) § 348 AktG a. F., § 27 Abs. 1 KapErhG a. F., § 93g GenG und § 44a Abs. 3 VAG.
6) Bei Geltung der verpflichtenden Buchwertverknüpfung galten Bilanzierungshilfen (§ 27 Abs. 2 KapErhG a. F. und § 348 Abs. 2 AktG a. F.); die entsprechenden Aktivierungen waren innerhalb von fünf Jahren aufzulösen. Diese konnten das Entstehen von Verschmelzungsverlusten aber nicht zufriedenstellend verhindern, vgl. Begr. Fraktionsentwurf UmwBerG z. § 24 UmwG, BR-Drucks. 75/94, S. 93; Schmitt/Hörtnagl-*Hörtnagl*, UmwG/UmwStG, § 24 UmwG Rz. 1; *Bracksiek/Böttcher* in: NK-UmwG, § 24 Rz. 26.

trägers ein. Es kann aus Sicht der Beteiligten also im Einzelfall durchaus gerechtfertigt sein, **freiwillig vom Buchwert** abzuweichen, so dass gesetzgeberischer Handlungsbedarf bestand. Das Bestehen des gesetzlichen Wahlrechts hat zur Folge, dass der **Verschmelzungsvertrag** Regelungen enthalten kann (siehe zum Zeitpunkt der Ausübung des Wahlrechts Rz. 94), die **Ansatz, Bewertung** und **Ausweis** bei der **Aufnahme des Vermögens im ersten Jahresabschluss** des übernehmenden Rechtsträgers festlegen.

II. Anwendungsbereich

1. Erfasste Vorgänge und Rechtsträger

Die Norm gilt immer dann, wenn ein übernehmender Rechtsträger zur **Bilanzierung nach dem HGB** oder anderen Gesetzen verpflichtet ist, also grundsätzlich für alle Rechtsformen und alle Verschmelzungen, bei denen ein bilanzierungspflichtiger **Rechtsträger mit Sitz in Deutschland** Vermögen erwirbt. Insoweit entspricht die Reichweite derjenigen des § 17 Abs. 2.[7] 6

Ob für **grenzüberschreitende Verschmelzungen** eine Analogie zu § 24 herangezogen werden muss, wird uneinheitlich beurteilt (siehe näher unten Rz. 111 ff.).[8] 7

§ 24 gilt aber auch im Wege der gesetzlichen Analogie für folgende Maßnahmen: 8

- **Spaltungen** (§ 125 Abs. 1 i. V. m. § 24);
- **Umwandlungsmaßnahmen** sowohl durch Aufnahme als auch zur Neugründung (§ 36 Abs. 1 bzw. § 125 i. V. m. § 36);
- **Vermögensübertragung** (§ 176 i. V. m. § 24 und § 177 i. V. m. § 125 Abs. 1 i. V. m. § 24); die Vorschriften verweisen im Falle der Vollübertragung auf die Vorschriften über die Verschmelzung und bei Teilübertragung auf die Vorschriften über die Spaltung.

Mangels **Vermögensübertragung** findet § 24 auf den **Formwechsel** keine Anwendung. Ebenso bleibt die Vorschrift auf die Verschmelzung auf den **Alleingesellschafter** (natürliche Person), falls dieser nicht **Kaufmann** ist (§§ 1 ff. HGB), unanwendbar. 9

Des Weiteren findet die Vorschrift keine Anwendung auf **PartG**, die nicht nach dem HGB oder anderen Gesetzen bilanzierungspflichtig sind. 10

Als **Alternative zur Verschmelzung** wird häufig die **Anwachsung** gewählt. Ob § 24 auf die Anwachsung **Anwendung** findet, ist in der umwandlungsrechtlichen Literatur **strittig**. Rechtsprechung ist – soweit ersichtlich – nicht ergangen. In der Praxis wird die Anwachsung vorrangig zur **Übertragung sämtlicher Aktiva und Passiva** von Personengesellschaften **auf einen Gesellschafter** verwendet.[9] Es können die gleichen **wirtschaftlichen Wirkungen** wie bei der Verschmelzung erreicht werden, jedoch müssen deren Formvorschriften dabei nicht eingehalten werden.[10] Teilweise wird die entsprechende Anwendung des § 24 auf alle Anwachsungsfälle bejaht.[11] Anderorts wird die entsprechende Anwen- 11

7) Schmitt/Hörtnagl-*Hörtnagl*, UmwG/UmwStG, § 24 UmwG Rz. 3.

8) *Bula/Thees* in: Sagasser/Bula, Umwandlungen, § 15 Rz. 4; Kallmeyer-*Lanfermann*, UmwG, § 24 Rz. 62; IDW, Stellungnahme zur Rechnungslegung (RS HFA 42), Stand: 29.10.2012, Rz. 87 ff., FN-IDW 12/2012, 701 ff.; *Oser* in: IDW, Assurance, Kap. F Rz. 242 – analog; Lutter-*Hennrichs*, UmwG, § 24 Rz. 92; *Rieder* in: BeckOGK-UmwG, § 24 Rz. 52; Schmitt/Hörtnagl-*Hörtnagl*, UmwG/UmwStG, § 24 UmwG Rz. 3; *Henckel*, DStR 2005, 1785, 1788; *W. Müller* in: FS Raupach, S. 268 f., 271.

9) Semler/Stengel/Leonard-*Moszka*, UmwG, § 24 Rz. 88.

10) Semler/Stengel/Leonard-*Moszka*, UmwG, § 24 Rz. 88; *Orth*, DStR 1999, 1011, 1013.

11) IDW, Stellungnahme zur Rechnungslegung (RS HFA 42), Stand: 29.10.2012, Rz. 93, FN-IDW 12/2012, 701 ff.; Küting/Weber-*Küting/Knop*, Hdb. Rechnungslegung, § 255 Rz. 98; *U. Förster/Ernst*, DB 1997, 241, 243; *Förschle/Kropp/Roland* in: Deubert/Förschle/Störk, Sonderbilanzen, B. Rz. 110 (a. A. noch die Vorauflage, s. u. Fn. 13); *Deubert/Hoffmann* in: Deubert/Förschle/Störk, Sonderbilanzen, K. Rz. 7; *Schubert/Hutzler* in: Beck-BilanzKomm, § 255 HGB Rz. 37. *Adler/Düring/Schmaltz*, Rechnungslegung u. Unternehmensprüfung, Teilbd. 1, § 255 HGB Rz. 101.

dung nur bejaht, wenn die Gesellschafter im Gegenzug zur Anwachsung **Anteile an der aufnehmenden Gesellschaft** erhalten.[12] Eine dritte Ansicht lehnt die Anwendung des § 24 auf Anwachsungen gänzlich ab, so dass die Anwendung der §§ 252, 255 Abs. 1 HGB die Folge wäre (effektive Anschaffungskosten).[13] Es erscheint allerdings schwer nachvollziehbar, die Verschmelzung bilanziell anders zu behandeln als die Anwachsung,[14] weshalb die analoge Anwendung vorzugswürdig ist.

2. Erfasste Bilanzen

12 Für die Anwendbarkeit des § 24 ist erforderlich, dass der aufnehmende Rechtsträger seinen Abschluss nach **HGB-Rechnungslegungsstandards** aufstellt. Auf Abschlüsse, die nach **anderen Rechnungslegungsstandards** aufgestellt werden (**IAS, IFRS**), ist die Vorschrift **nicht anwendbar.**[15] Auch auf die **Steuerbilanzen** der beteiligten Rechtsträger ist § 24 weder unmittelbar noch mittelbar anwendbar. Es gilt auch grundsätzlich **keine** Maßgeblichkeitsregel der **Handels-** für die **Steuerbilanz** (siehe dazu Rz. 116 ff.).

13 Bei **Verschmelzungsmaßnahmen** spielen die (Handels-)**Bilanz des übertragenden Rechtsträgers** (Schlussbilanz gemäß § 17 Abs. 2) (siehe dazu Rz. 14 ff.), diejenige des **übernehmenden Rechtsträgers** (siehe dazu Rz. 16 ff.) und schließlich auch die **Bilanz der Anteilsinhaber** (siehe dazu Rz. 84 ff.) eine Rolle.

III. Regelungsinhalt und Wirkungen

1. Aus Sicht des übertragenden Rechtsträgers

a) Schlussbilanz gemäß § 17 Abs. 2

14 Gemäß § 17 Abs. 2 ist eine Schlussbilanz des **übertragenden Rechtsträgers** zum Handelsregister einzureichen; die Vorschriften über die **Jahresbilanz** und deren Prüfung gelten für die Schlussbilanz entsprechend.[16] Die Schlussbilanz ist angesichts des Wahlrechts nach § 24 **nicht zwingend maßgeblich** für die Bilanz des aufnehmenden Rechtsträgers.[17] Nur wenn nach der **Verknüpfungsmethode** vorgegangen wird, ist dies der Fall. Dann ist es allerdings auch gerechtfertigt, die **Bilanzierungsmethoden** beim übertragenden Rechtsträger an diejenigen des aufnehmenden Rechtsträgers **anzupassen.**[18] Wird das Wahlrecht zugunsten der **Anschaffungskostenmethode** ausgeübt, so sind die bisherigen **Bilanzierungsmethoden** beizubehalten.

---

12) Zitiert nach Semler/Stengel/Leonard-*Moszka*, UmwG, § 24 Rz. 88.

13) So noch *Förschle/Kropp* in: Winkeljohann/Förschle/Deubert, Sonderbilanzen, 5. Aufl., B. Rz. 110.

14) Mit dieser Begründung ebenso IDW, Stellungnahme zur Rechnungslegung (RS HFA 42), Stand: 29.10.2012, Rz. 93, FN-IDW 12/2012, 701 ff.; Semler/Stengel/Leonard-*Moszka*, UmwG, § 24 Rz. 88.

15) Auf nach anderen Rechnungslegungsstandards aufgestellte Abschlüsse (IAS/IFRS) ist sie nicht anwendbar, so Kallmeyer-*Lanfermann*, UmwG, § 24 Rz. 61; Lutter-*Hennrichs*, UmwG, § 24 Rz. 90 f.; *Rieder* in: BeckOGK-UmwG, § 24 Rz. 6; Semler/Stengel/Leonard-*Moszka*, UmwG, § 24 Rz. 1. Zur Abbildung in einem IFRS-Abschluss etwa *Dutzi/Leuveld/Rausch*, BB 2015, 2219; kurz gefasst ist nach IFRS (3.24) der Zeitwert anzusetzen, so dass eine Buchwertverknüpfung wie bei § 24 nicht in Betracht kommt. Die Auswirkungen umwandlungsrechtlicher Maßnahmen auf den HGB- oder IFRS-*Konzern*abschluss behandelt etwa *Bula/Thees* in: Sagasser/Bula, Umwandlungen, § 10 Rz. 303 ff.

16) Grundlegend zur Schlussbilanz und deren Problemstellungen *Heidtkamp*, NZG 2013, 852.

17) Seit dem SEStEG (Gesetz über steuerliche Begleitmaßnahmen zur Einführung der Europäischen Gesellschaft und zur Änderung weiterer steuerlicher Vorschriften (SEStEG), v. 7.12.2006, BGBl. I 2006, 2782) ist sie auch (nach allen Ansichten) nicht mehr maßgeblich für die Steuerbilanz, was zuvor nicht einheitlich beurteilt wurde.

18) Begründeter Ausnahmefall nach § 252 Abs. 2 HGB: Semler/Stengel/Leonard-*Moszka*, UmwG, § 24 Rz. 9; IDW, Stellungnahme zur Rechnungslegung (RS HFA 42), Stand: 29.10.2012, Rz. 17, FN-IDW 12/2012, 701 ff.

b) Stichtag

15 Der **Stichtag der Schlussbilanz** ist der Tag vor dem **Verschmelzungsstichtag.** So die ganz h. M. und auch die **weit überwiegende Praxis.**[19] Allerdings ist zuzugestehen, dass der Gesetzgeber eine **Verknüpfung des Stichtags** der Schlussbilanz und des Verschmelzungsstichtags nicht angeordnet hat. Vor diesem Hintergrund sprechen sich **gewichtige Stimmen** für eine **Wahlfreiheit des Bilanzdatums** aus.[20] Hierfür kann durchaus häufig ein praktisches Bedürfnis bestehen. Insbesondere trifft dies zu, wenn zusätzliche **aufwändige Zwischenabschlüsse** erforderlich wären. Wird indes nach der Buchwertverknüpfungsmethode vorgegangen, ist eine **Datumsabweichung** kaum denkbar. Der Stichtag der Schlussbilanz braucht aber in keinem Fall mit demjenigen des Jahresabschlusses identisch zu sein, auch wenn dies in der Praxis die Regel ist. Wird die Maßnahme später als acht Monate nach dem Bilanzstichtag zum Handelsregister angemeldet (§ 17 Abs. 2 Satz 4), ist zwingend eine Zwischenbilanz aufzustellen.

2. Aus Sicht des übernehmenden Rechtsträgers

a) Allgemeines

aa) Umwandlung als Geschäftsvorfall

16 Aus Sicht des übernehmenden Rechtsträgers handelt es sich bei der Umwandlung (Verschmelzung, Spaltung) nach allgemeiner Auffassung um einen **Geschäftsvorfall**, wobei zu unterscheiden ist, ob eine Umwandlung zur Aufnahme oder zur Neugründung vorliegt: Bei Maßnahmen **zur Aufnahme** findet ein **laufender Geschäftsvorfall** statt,[21] bei **Maßnahmen zur Neugründung** stellt die Maßnahme entsprechend eine Position in der **Eröffnungsbilanz** dar (§ 242 Abs. 1 HGB).[22] Das Gleiche gilt, wenn der Rechtsträger mit dem Umwandlungsvorgang erstmals in die Bilanzierungspflicht eintritt.[23]

---

19) *Deubert/Henckel* in: Deubert/Förschle/Störk, Sonderbilanzen, H Rz. 97; Schmitt/Hörtnagl-*Hörtnagl*, UmwG/UmwStG, § 17 UmwG Rz. 37; BMF-Schreiben v. 11.11.2011 – IV C 2 – S 1978-b/08/10001, Rz. 02.02, BStBl. I 2011, 1314; IDW, Stellungnahme zur Rechnungslegung (RS HFA 42), Stand: 29.10.2012, Rz. 11, FN-IDW 12/2012, 701 ff. – vgl. aber Formulierung „in der Regel unmittelbar".

20) Kallmeyer-*Lanfermann*, UmwG, § 5 Rz. 34 f. – unter Berücksichtigung grenzüberschreitender Verschmelzungen – und § 17 Rz. 14; Haritz/Menner/Bilitewski-*Slabon*, UmwStG, § 2 Rz. 3; Widmann/Mayer-*Mayer*, UmwR, § 5 UmwG Rz. 160.

21) Semler/Stengel/Leonard-*Moszka*, UmwG, § 24 Rz. 19; *Deubert/Hoffmann* in: Deubert/Förschle/Störk, Sonderbilanzen, K. Rz. 1; Schmitt/Hörtnagl-*Hörtnagl*, UmwG/UmwStG, § 24 UmwG Rz. 4; *Bula/Thees* in: Sagasser/Bula, Umwandlungen, § 10 Rz. 86; *Rieder* in: BeckOGK-UmwG, § 24 Rz. 13; *Bracksiek/Böttcher* in: NK-UmwG, § 24 Rz. 20; Kallmeyer-*Lanfermann*, UmwG, § 24 Rz. 5; Lutter-*Hennrichs*, UmwG, § 24 Rz. 21; *Hohenfels/Klinzing* in: MünchHdb. GesR, Bd. 8, § 58 Rz. 36; Widmann/Mayer-*Budde*, UmwR, § 24 UmwG Rz. 145; IDW, Stellungnahme zur Rechnungslegung (RS HFA 42), Stand: 29.10.2012, Rz. 32, FN-IDW 12/2012, 701 ff.

22) Semler/Stengel/Leonard-*Moszka*, UmwG, § 24 Rz. 18; Schmitt/Hörtnagl-*Hörtnagl*, UmwG/UmwStG, § 24 UmwG Rz. 7; *Bula/Thees* in: Sagasser/Bula, Umwandlungen, § 10 Rz. 86; *Rieder* in: BeckOGK-UmwG, § 24 Rz. 14; *Bracksiek/Böttcher* in: NK-UmwG, § 24 Rz. 22; Kallmeyer-*Lanfermann*, UmwG, § 24 Rz. 5; Lutter-*Hennrichs*, UmwG, § 24 Rz. 22; *Hohenfels/Klinzing* in: MünchHdb. GesR, Bd. 8, § 58 Rz. 37; Widmann/Mayer-*Budde*, UmwR, § 24 UmwG Rz. 145; IDW, Stellungnahme zur Rechnungslegung (RS HFA 42), Stand: 29.10.2012, Rz. 40, FN-IDW 12/2012, 701 ff. Zu den Vor- und Nachteilen der Bilanzierung nach allg. Grundsätzen vs. Wertverknüpfungsmethode bei Verschmelzungen durch Neugründung vgl. *Roos*, StuB 2013, 652.

23) Schmitt/Hörtnagl-*Hörtnagl*, UmwG/UmwStG, § 24 UmwG Rz. 7; Lutter-*Hennrichs*, UmwG, § 24 Rz. 22; *Bula/Thees* in: Sagasser/Bula, Umwandlungen, § 10 Rz. 86; *Bracksiek/Böttcher* in: NK-UmwG, § 24 Rz. 22.

bb) Umwandlung als (entgeltlicher) Anschaffungsvorgang

17 Darüber hinaus handelt es sich bei der Verschmelzung/Spaltung nach nahezu allgemeiner Meinung um einen **Anschaffungsvorgang.**[24] Ferner wird weitestgehend davon ausgegangen, dass der Anschaffungsvorgang entgeltlich erfolgt.[25] Aufseiten des **übertragenden Rechtsträgers** handelt es sich spiegelbildlich um ein entsprechendes **Veräußerungsgeschäft.** Die Einstufung ist für die bilanzielle Behandlung **umwandlungsrechtlicher Maßnahmen** maßgeblich.

18 Die in der Literatur h. A. überzeugt, betrachtet man **Anschaffung** als den Erwerb eines bereits **bestehenden Vermögensgegenstandes,** der aus einer fremden in die eigene **wirtschaftliche Verfügungsmacht** überführt wird,[26] i. V. m. dem Wortlaut des § 255 Abs. 1 Satz 1 HGB, wonach die Anschaffungskosten **diejenigen Aufwendungen** sind, die geleistet werden, **um einen Vermögensgegenstand zu erwerben.** Dieser Vorgang findet im Grundsatz auch entgeltlich statt (Gegenleistung in Form von Anteilen oder Aufgabe von Anteilen). Bei **Verzicht auf Anteilsgewährung** hat eine differenzierende Betrachtung zu erfolgen (siehe dazu unten Rz. 63 ff.).

19 Als Konsequenz der Einstufung gilt für die bilanzielle Behandlung von Spaltungsmaßnahmen das Folgende: Bei der Erfassung des Vermögensübergangs sind die **Vorschriften für Anschaffungsvorgänge** anwendbar. Für **Ansatz und Bewertung** gilt, dass der übernehmende Rechtsträger sämtliche Vermögensgegenstände derivativ erworben hat und diese grundsätzlich nach § 253 Abs. 1 Satz 1 HGB mit den Anschaffungskosten (also den Aufwendungen, die geleistet werden, um die Vermögensgegenstände zu erwerben § 255 Abs. 1 Satz 1 HGB) zu bewerten sind. Dieser Grundsatz wird durch das **Wahlrecht (Buchwertverknüpfung)** durchbrochen bzw. geöffnet.

b) Zeitliche Aspekte

20 Es stellt sich die Frage, zu welchem **Zeitpunkt** die im Wege der Verschmelzung, Spaltung oder Vermögensübertragung erworbenen Vermögensgegenstände und Schulden erfasst werden müssen.

21 Bei Verschmelzung und Spaltung zur Aufnahme braucht der übernehmende Rechtsträger **keine zusätzliche Bilanz** zu erstellen.[27] Mithin ist die umwandlungsrechtliche Maßnahme

---

24) Widmann/Mayer-*Budde*, UmwR, § 24 UmwG Rz. 145; *Hohenfels/Klinzing* in: MünchHdb. GesR, Bd. 8, § 58 Rz. 35; IDW, Stellungnahme zur Rechnungslegung (RS HFA 42), Stand: 29.10.2012, Rz. 3, FN-IDW 12/2012, 701 ff.; *Schulze-Osterloh*, ZGR 1993, 420, 429. Anders bei Kallmeyer/*Lanfermann*, UmwG, § 24 Rz. 23: „anschaffungsähnlich"; *Bula/Thees* in: Sagasser/Bula, Umwandlungen, § 10 Rz. 110 – „Anschaffungsvorgang gleichgestellt". Ausf. zur umstrittenen Dogmatik *Hennrichs* in: FS Krieger, S. 343 ff.

25) *Rieder* in: BeckOGK-UmwG, § 24 Rz. 15; Schmitt/Hörtnagl-*Hörtnagl*, UmwG/UmwStG, § 24 Rz. 10; Semler/Stengel/Leonard-*Moszka*, UmwG, § 24 Rz. 21; *Gassner* in: FS Widmann, S. 349; *Kußmaul/Schwarz*, StB 2014, 229, 232. Jedenfalls ist die Entgeltlichkeit nicht allein schon aufgrund der Gesamtrechtsnachfolge abzulehnen; dies ist nur die dingliche Seite. Schuldrechtlich liegt ein gegenseitiger Vertrag vor; näher *Schmitt/Hülsmann*, BB 2000, 1563; Schmitt/Hörtnagl-*Hörtnagl*, UmwG/UmwStG, § 24 UmwG Rz. 12.

26) So Schmitt/Hörtnagl-*Hörtnagl*, UmwG/UmwStG, § 24 UmwG Rz. 11 m. w. N., der zu Recht darauf hinweist, dass auch der Gesetzgeber ausweislich der Gesetzesbegründung bei Verschmelzungen, Spaltungen und Vermögensübertragungen von einem Anschaffungsvorgang auszugehen schien; Begr. Fraktionsentwurf UmwBerG z. § 24 UmwG, BR-Drucks. 75/94, S. 93, wonach die Einführung des Wahlrechts dazu diene, auch bei Umwandlungen nach dem grundsätzlich geltenden Anschaffungswertprinzip zu bilanzieren.

27) I. S. einer „Übernahmebilanz". Wird eine Dokumentationsbilanz freiwillig erstellt, was auch für Registerzwecke einstweilen geschieht, entfaltet diese weder handels- noch steuerrechtliche Relevanz, vgl. *Hohenfels/Klinzing* in: MünchHdb. GesR, Bd. 8, § 58 Rz. 36; Lutter-*Decher*, UmwG, § 17 Rz. 7; Lutter-*Hennrichs*, UmwG, § 24 Rz. 21.

in der ersten **Jahresschlussbilanz** nach Eintragung im Handelsregister zu erfassen.[28] Die Maßnahme ist also in der Praxis zu behandeln wie ein laufender Geschäftsvorfall.[29]

Wird eine **Maßnahme zur Neugründung** durchgeführt, hat jeder aufnehmende, neu gegründete Rechtsträger die verpflichtende Eröffnungsbilanz aufzustellen, denn er entsteht erst mit Wirksamwerden durch Eintragung in das Register am Sitz des übernehmenden Rechtsträgers.[30] 22

Dabei ist jedoch umstritten, auf welchen **Stichtag** die **Eröffnungsbilanz** erstellt werden muss. Nach der wohl h. A. ist eine Eröffnungsbilanz auf den **Verschmelzungsstichtag** zulässig.[31] Dies sei angebracht, da der Vermögensübergang sich im **Innenverhältnis** bereits zu diesem Zeitpunkt vollziehe und die Geschäfte als **für Rechnung des neuen Rechtsträgers** geführt werden.[32] Eine vermittelnde Ansicht stellt auf den Zeitpunkt des Übergangs des wirtschaftlichen Eigentums ab.[33] Nach der Gegenansicht kommt es auf den **Zeitpunkt des Wirksamwerdens** der Verschmelzungsmaßnahme an, § 20.[34] Diese Ansicht muss sich allerdings entgegenhalten lassen, dass sie nicht gewährleisten kann, dass die Bilanzen **nahtlos aneinander anknüpfen.**[35] 23

c) Ansatz

Das in § 24 statuierte Wahlrecht gilt, anders als der Wortlaut es vermuten lässt, nicht nur für die Bewertung, sondern auch für den **Ansatz** der übergehenden Vermögensgegenstände und Schulden.[36] 24

aa) Vorgehen nach allgemeinen Grundsätzen (Anschaffungskosten)

Der aufnehmende Rechtsträger hat die **Vermögensgegenstände und Schulden,** welche auf ihn übergehen, nach den **allgemeinen Vorschriften** über den Ansatz, mithin nach §§ 246 ff. HGB (ergänzend gelten §§ 270 ff. HGB) zu behandeln. Es gilt somit auch das **Vollständigkeitsgebot**, und zwar sowohl für Aktiv- als auch für Passivposten.[37] Die konsequente Anwendung des Vollständigkeitsgebots führt mitunter dazu, dass Vermögensgegenstände beim aufnehmenden Rechtsträger angesetzt werden müssen, die beim übertragenden Rechtsträger nicht in der Bilanz geführt wurden. Das gilt etwa für Vermögensgegenstände, die **nicht derivativ** durch den übertragenden Rechtsträger erworben wurden. Beispiele hierfür sind **selbst geschaffene** gewerbliche Schutzrechte, Patente oder andere immaterielle Vermögensgegenstände. 25

28) *Hohenfels/Klinzing* in: MünchHdb. GesR, Bd. 8, § 58 Rz. 36 – auch zu der Ausnahme, dass der übernehmende Rechtsträger erstmals buchführungspflichtig wird.

29) IDW, Stellungnahme zur Rechnungslegung (RS HFA 42), Stand: 29.10.2012, Rz. 32, FN-IDW 12/2012, 701 ff.; Lutter-*Hennrichs*, UmwG, § 24 Rz. 21; *Hohenfels/Klinzing* in: MünchHdb. GesR, Bd. 8, § 58 Rz. 36.

30) Lutter-*Hennrichs*, UmwG, § 24 Rz. 22; *Hohenfels/Klinzing* in: MünchHdb. GesR, Bd. 8, § 58 Rz. 37.

31) Lutter-*Hennrichs*, UmwG, § 24 Rz. 22; Schmitt/Hörtnagl-*Hörtnagl*, UmwG/UmwStG, § 24 UmwG Rz. 8; Semler/Stengel/Leonard-*Moszka*, UmwG, § 24 Rz. 18; *Gassner* in: FS Widmann, S. 349.

32) *Rieder* in: BeckOGK-UmwG, § 24 Rz. 14.

33) Kallmeyer-*Lanfermann*, UmwG, § 24 Rz. 56; *Deubert/Hoffmann* in: Deubert/Förschle/Störk, Sonderbilanzen, K. Rz. 12 f.

34) *Hohenfels/Klinzing* in: MünchHdb. GesR, Bd. 8, § 58 Rz. 37; *Erkens* in: KölnKomm-UmwG, § 24 Rz. 26 ff.

35) *Rieder* in: BeckOGK-UmwG, § 24 Rz. 14.

36) *Hohenfels/Klinzing* in: MünchHdb. GesR, Bd. 8, § 58 Rz. 40; Lutter-*Hennrichs*, UmwG, § 24 Rz. 38; Kallmeyer-*Lanfermann*, UmwG, § 24 Rz. 14; Semler/Stengel/Leonard-*Moszka*, UmwG, § 24 Rz. 20; Gegenansichten sind nicht ersichtlich.

37) Schmitt/Hörtnagl-*Hörtnagl*, UmwG/UmwStG, § 24 UmwG Rz. 21; Kallmeyer-*Lanfermann*, UmwG, § 24 Rz. 6; *Hohenfels/Klinzing* in: MünchHdb. GesR, Bd. 8, § 58 Rz. 41.

26 Ob dasselbe bei einem **Geschäfts- oder Firmenwert** gilt, wird uneinheitlich beurteilt. Insoweit entspricht es der h. M., dass der **Goodwill**, der beim übertragenden Rechtsträger geführt wird, **nicht separat auszuweisen** ist, sondern **im Geschäfts- oder Firmenwert**, der beim aufnehmenden Rechtsträger anlässlich der Umwandlungsmaßnahme zu ermitteln ist, **aufgeht.**[38] Hierunter ist ein **Sammelposten** zu verstehen, der dem **Überschuss** entspricht, der sich nach Ansatz aller Vermögensgegenstände und Schulden im Vergleich zu den **Gesamtanschaffungskosten** ergibt.[39] Andernorts wird vertreten, der beim übertragenden Rechtsträger geführte **Goodwill** sei beim übernehmenden Rechtsträger **separat** anzusetzen.[40]

27 Der übernehmende Rechtsträger hat auch **geringwertige Wirtschaftsgüter** anzusetzen. Sie können jedoch umgehend wieder abgeschrieben werden.[41] **Rechnungsabgrenzungsposten** auf Aktiv- und Passivseite sind anzusetzen.[42] Für **Bilanzierungshilfen** wird dies einhellig **verneint.**[43] Das Gleiche gilt für **latente Steuern** (auf Aktiv- oder Passivseite).[44] Soweit beim übertragenden Rechtsträger **Pensionsverbindlichkeiten** bestehen, die auf den übernehmenden Rechtsträger übergehen, ist deren Ansatz **verpflichtend** (Art. 28 Abs. 1 EGHGB).[45]

bb) Vorgehen nach Wertverknüpfungsmethode

28 Wird das Wahlrecht zugunsten der **Buchwertverknüpfung** ausgeübt (siehe dazu näher unten Rz. 74 ff.), ist der aufnehmende Rechtsträger nicht nur an die **Bewertung**, sondern auch auf **Ansatzebene** an die **Bilanzierungsentscheidungen** des übertragenden Rechtsträgers **gebunden.** Deshalb können immaterielle Vermögensgegenstände im **Anlagevermögen des aufnehmenden Rechtsträgers** nur dann angesetzt werden, wenn die betreffenden Gegenstände bereits beim übertragenden Rechtsträger angesetzt worden waren.[46] Für einen entgeltlich erworbenen **Geschäfts- oder Firmenwert** und für Bilanzierungshilfen gilt das Gleiche.[47] **Pensionsverbindlichkeiten** müssen schon nach **Art. 28 Abs. 1 EGHGB** verpflichtend im Ansatz identisch gehandhabt werden wie beim übertragenden Rechtsträger.[48]

---

38) IDW, Stellungnahme zur Rechnungslegung (RS HFA 42), Stand: 29.10.2012, Rz. 36, FN-IDW 12/2012, 701 ff.; *Hohenfels/Klinzing* in: MünchHdb. GesR, Bd. 8, § 58 Rz. 42; Lutter-*Hennrichs*, UmwG, § 24 Rz. 33; Schmitt/Hörtnagl-*Hörtnagl*, UmwG/UmwStG, § 24 UmwG Rz. 24; Kallmeyer-*Lanfermann*, UmwG, § 24 Rz. 6.

39) *Hohenfels/Klinzing* in: MünchHdb. GesR, Bd. 8, § 58 Rz. 44.

40) Semler/Stengel/Leonard-*Moszka*, UmwG, § 24 Rz. 22.

41) Semler/Stengel/Leonard-*Moszka*, UmwG, § 24 Rz. 23.

42) *Hohenfels/Klinzing* in: MünchHdb. GesR, Bd. 8, § 58 Rz. 42; Schmitt/Hörtnagl-*Hörtnagl*, UmwG/UmwStG, § 24 UmwG Rz. 22. Anderorts wird danach diff., ob die Rechnungsabgrenzungsposten Vermögens- oder Verbindlichkeitscharakter haben; nur dann seien sie anzusetzen, so Semler/Stengel/Leonard-*Moszka*, UmwG, § 24 Rz. 25; *Bracksiek/Böttcher* in: NK-UmwG, § 24 Rz. 38.

43) IDW, Stellungnahme zur Rechnungslegung (RS HFA 42), Stand: 29.10.2012, Rz. 37, FN-IDW 12/2012, 701 ff.; *Hohenfels/Klinzing* in: MünchHdb. GesR, Bd. 8, § 58 Rz. 42; Semler/Stengel/Leonard-*Moszka*, UmwG, § 24 Rz. 24; Lutter-*Hennrichs*, UmwG, § 24 Rz. 33.

44) *Hohenfels/Klinzing* in: MünchHdb. GesR, Bd. 8, § 58 Rz. 42; Semler/Stengel/Leonard-*Moszka*, UmwG, § 24 Rz. 24.

45) Semler/Stengel/Leonard-*Moszka*, UmwG, § 24 Rz. 25; IDW, Stellungnahme zur Rechnungslegung (RS HFA 42), Stand: 29.10.2012, Rz. 37, FN-IDW 12/2012, 701 ff. – unter Hinweis auf die Begründung, dass die Übernahme der Verpflichtung Teil der Gegenleistung und damit Entgelt ist.

46) IDW, Stellungnahme zur Rechnungslegung (RS HFA 42), Stand: 29.10.2012, Rz. 65, FN-IDW 12/2012, 701 ff.; Semler/Stengel/Leonard-*Moszka*, UmwG, § 24 Rz. 27; *Gassner* in: FS Widmann, S. 352.

47) *Hohenfels/Klinzing* in: MünchHdb. GesR, Bd. 8, § 58 Rz. 46; Schmitt/Hörtnagl-*Hörtnagl*, UmwG/UmwStG, § 24 UmwG Rz. 67; *Erkens* in: KölnKomm-UmwG, § 24 Rz. 56.

48) IDW, Stellungnahme zur Rechnungslegung (RS HFA 42), Stand: 29.10.2012, Rz. 60, FN-IDW 12/2012, 701 ff.; *Hohenfels/Klinzing* in: MünchHdb. GesR, Bd. 8, § 58 Rz. 46; umfassend bei Kallmeyer-*Lanfermann*, UmwG, § 24 Rz. 10.

Bei **latenten Steuern** (auf Aktiv- oder Passivseite) wird richtigerweise nur insoweit eine Fortführungspflicht angenommen, wie Unterschiede zwischen Handels- und Steuerbilanz fortbestehen.[49] Im Übrigen muss ein Ansatz entfallen. 29

Rechtsverhältnisse zwischen **übertragendem** und **übernehmendem** Rechtsträger (gegenseitige **Forderungen/Verbindlichkeiten, Gewinnausschüttungen, eigene Anteile**) zeigen i. R. der Wertverknüpfungsmethode keinerlei Besonderheiten auf; die insoweit vorgefundenen Werte sind folglich im Ansatz fortzuführen.[50] 30

d) Bewertung

aa) Vorgehen nach allgemeinen Grundsätzen (Anschaffungskosten)

Wird nicht nach der Buchwertverknüpfungsmethode vorgegangen, sondern das Wahlrecht dahingehend ausgeübt, dass die beim übertragenden Rechtsträger vorhandenen Buchwerte nicht fortgeführt werden sollen (zu etwaigen Motiven hierfür siehe oben Rz. 5), so sind die **Anschaffungskosten** für die **übergegangenen Vermögensgegenstände** zu ermitteln. Da das UmwG weder regelt, wie Anschaffungskosten zu ermitteln sind, noch eine Begriffsdefinition liefert, ist hierzu nach **allgemeinen Grundsätzen** vorzugehen.[51] Mithin ist für die Bewertung auf §§ 253 Abs. 1, 255 Abs. 1 HGB abzustellen. Nach § 255 Abs. 1 Satz 1 HGB sind Anschaffungskosten „die **Aufwendungen**, die geleistet werden, um einen **Vermögensgegenstand** zu erwerben und ihn in einen **betriebsbereiten Zustand** zu versetzen, soweit sie dem Vermögensgegenstand einzeln zugeordnet werden können", einschließlich **Nebenkosten** sowie **nachträglicher Anschaffungskosten.** 31

Es sind mithin diejenigen **Aufwendungen** zu ermitteln, die beim **übernehmenden Rechtsträger** im Zusammenhang mit der umwandlungsrechtlichen Maßnahme entstehen. Da etwaige **Gegenleistungen** a priori zu den Aufwendungen gehören bzw. deren Höhe jedenfalls beeinflussen können (siehe dazu näher Rz. 38), muss auf die Anschaffungskosten unterteilt nach den verschiedenen **Verschmelzungskonstellationen** (insbesondere mit oder ohne **Anteilsgewährung**, Gewährung unterschiedlicher Arten von Gegenleistungen)[52] eingegangen werden. 32

(1) Gewährung neuer Anteile

Liegen keine Ausnahmetatbestände vor, erfolgt die Verschmelzung unter **Gewährung neuer Anteile** an die **Gesellschafter des übertragenden Rechtsträgers** (§ 55). Dies gilt für alle Fälle der Verschmelzung zur Neugründung und i. R. des § 54 auch für Verschmelzungen zur Aufnahme.[53] 33

Für die **Bewertung** dieser Gegenleistung (d. h. die Ermittlung der Höhe der Anschaffungskosten) sollen nach – soweit ersichtlich – allgemeiner Ansicht die **Grundsätze zur Sach-** 34

---

49) IDW, Stellungnahme zur Rechnungslegung (RS HFA 42), Stand: 29.10.2012, Rz. 61, FN-IDW 12/2012, 701 ff.; *Hohenfels/Klinzing* in: MünchHdb. GesR, Bd. 8, § 58 Rz. 46.

50) *Hohenfels/Klinzing* in: MünchHdb. GesR, Bd. 8, § 58 Rz. 47.

51) Ebenso: Semler/Stengel/Leonard-*Moszka*, UmwG, § 24 Rz. 30. Es gelten also die allgemeinen Bilanzierungsregeln, insb. das Vollständigkeitsgebot nach § 246 Abs. 1 Satz 1 HGB.

52) Semler/Stengel/Leonard-*Moszka*, UmwG, § 24 Rz. 33, führen als Grundfälle, diff. nach der Art der Gegenleistung, folgende Fälle auf: Gewährung neuer Anteile im Zuge der Verschmelzung; Ausgabe eigener (Alt-)Anteile; bare Zuzahlungen; Abfindung von Gesellschaftern des übertragenden Rechtsträgers; Fortfall einer beim übernehmenden Rechtsträger bestehenden Beteiligung am übertragenden Rechtsträger, (partieller) Upstream-Merger; Downstream-Merger; Verzicht auf Anteilsgewährung.

53) Semler/Stengel/Leonard-*Moszka*, UmwG, § 24 Rz. 34; *Hohenfels/Klinzing* in: MünchHdb. GesR, Bd. 8, § 58 Rz. 51.

einlage entsprechende Anwendung finden.[54)] Die umwandlungsrechtliche Vermögensübertragung stellt sich bilanziell mithin als **Sacheinlage** der Gesellschafter dar. Dass nicht die **Gesellschafter**, sondern der **übertragende Rechtsträger** Verschmelzungsvertragspartei ist, steht dem nicht entgegen, da die Verfügung aus Sicht der Literatur sozusagen **„für Rechnung"** der Anteilsinhaber geschieht.[55)]

35 Wie sich allerdings die Anschaffungskosten für die Zwecke der Bewertung aus Sicht des aufnehmenden Rechtsträgers[56)] errechnen, ist Gegenstand eines althergebrachten **Meinungsstreits.** Die Auffassungen stimmen nur dahingehend überein, dass der Zeitwert des vom übertragenden Rechtsträger übergehenden Vermögens die Obergrenze für die Bewertung der Anschaffungskosten darstellt.[57)] Eine Begründung kann aus dem Umstand hergeleitet werden, dass sonst eine Ausgleichsforderung gegen die Gesellschafter des übertragenden Rechtsträgers aktiviert werde müsste.[58)] Inzwischen hat aber die praktische Bedeutung dieses Meinungsstreits durch die klare **Positionierung des IDW** für die h. A. abgenommen.[59)]

36 Nach der h. A. sind die Anschaffungskosten zunächst aus dem vereinbarten **Ausgabebetrag** der gewährten Anteile herzuleiten und werden grundsätzlich durch sie determiniert.[60)] Die Anschaffungskosten würden sich dann im Wesentlichen aus dem **Nominalbetrag zuzüglich aller Aufgelder** zusammensetzen.

37 Die Gegenansichten beschäftigen sich dahingegen mit dem **Zeitwert der gewährten Anteile** (vereinfacht gesprochen: eine Art Unternehmenswert) und der Frage, ob der übernehmende Rechtsträger diesen Zeitwert bei der Bewertung i. R. des § 24 berücksichtigen kann – oder sogar berücksichtigen muss. In diesem Zusammenhang ist unter „Zeitwert" der aktuelle **Veräußerungswert** sämtlicher zu übertragenden Vermögensgegenstände (Aktiva minus Verbindlichkeiten) zu verstehen, wobei nicht die Einzelveräußerungspreise, sondern der **Unternehmenswert des übertragenden Rechtsträgers** maßgeblich ist.[61)] Diese Ermittlungsmethode fußt auf der Sichtweise, dass bei der Umwandlungsmaßnahme mit Kapi-

---

54) IDW, Stellungnahme zur Rechnungslegung (RS HFA 42), Stand: 29.10.2012, Rz. 41, FN-IDW 12/2012, 701 ff.; Widmann/Mayer-*Budde*, UmwR, § 24 UmwG Rz. 179; *Erkens* in: KölnKomm-UmwG, § 24 Rz. 63; Rödder/Herlinghaus/van Lishaut-*Rödder*, UmwStG, Anh. 2 Rz. 28; *Bilitewski/Hoffmann/Wilken* in: Limmer, Hdb. Unternehmensumwandlung, Kap. 28 Rz. 87; *Schmitt/Hülsmann*, BB 2000, 1563, 1568; *Angermayer*, DB 1998, 145, 148.

55) Lutter-*Hennrichs*, UmwG, § 24 Rz. 44; *Schulze-Osterloh*, ZGR 1993, 420, 428.

56) Der Meinungsstreit entfaltet auch Relevanz für die Perspektive der Anteilsinhaber des übertragenden Rechtsträgers (s. dazu näher Rz. 84 ff.).

57) Vgl. nur IDW, Stellungnahme zur Rechnungslegung (RS HFA 42), Stand: 29.10.2012, Rz. 42, FN-IDW 12/2012, 701 ff.; Lutter-*Hennrichs*, UmwG, § 24 Rz. 45; Schmitt/Hörtnagl-*Hörtnagl*, UmwG/UmwStG, § 24 UmwG Rz. 30; *Erkens* in: KölnKomm-UmwG, § 24 Rz. 63; Kallmeyer-*Lanfermann*, UmwG, § 24 Rz. 24; *Bracksiek/Böttcher* in: NK-UmwG, § 24 Rz. 48; *Hohenfels/Klinzing* in: MünchHdb. GesR, Bd. 8, § 58 Rz. 51; *Deubert/Hoffmann* in: Deubert/Förschle/Störk, Sonderbilanzen, K. Rz. 46; *Rieder* in: BeckOGK-UmwG, § 24 Rz. 27.

58) Lutter-*Hennrichs*, UmwG, § 24 Rz. 45; *Erkens* in: KölnKomm-UmwG, § 24 Rz. 63; Kallmeyer-*Lanfermann*, UmwG, § 24 Rz. 28; *Deubert/Hoffmann* in: Deubert/Förschle/Störk, Sonderbilanzen, K. Rz. 46.

59) Vgl. *Hohenfels/Klinzing* in: MünchHdb. GesR, Bd. 8, § 58 Rz. 51 – unter Verweis auf die Darstellung des Meinungsstandes bei Lutter-*Hennrichs*, UmwG, § 24 Rz. 45, sowie *Erkens* in: KölnKomm-UmwG, § 24 Rz. 64. Schmitt/Hörtnagl-*Hörtnagl*, UmwG/UmwStG, § 24 UmwG Rz. 29, verwies noch in der Vorauflage (9. Aufl.,) auf die umfangreiche Streitstanddarstellung bei Widmann/Mayer-*Widmann*, UmwR, § 24 UmwG (vormals) Rz. 287 f., die mit der 189. EL (2021) entfallen ist.

60) IDW, Stellungnahme zur Rechnungslegung (RS HFA 42), Stand: 29.10.2012, Rz. 42, FN-IDW 12/2012, 701 ff.; Widmann/Mayer-*Budde*, UmwR, § 24 UmwG Rz. 179; *Deubert/Hoffmann* in: Deubert/Förschle/Störk, Sonderbilanzen, K Rz. 44; *Gassner* in: FS Widmann, S. 350 f.

61) Schmitt/Hörtnagl-*Hörtnagl*, UmwG/UmwStG, § 24 UmwG Rz. 33; Semler/Stengel/Leonard-*Moszka*, UmwG, § 24 Rz. 36 f.

talmaßnahme oder Gründung die Gegenleistung in den an die Anteilsinhaber des übertragenden Rechtsträgers gewährten Anteilen – zuzüglich der **übernommenen Verbindlichkeiten** – besteht.[62] Für die Zwecke der Ermittlung des Zeitwerts kann die Bewertung herangezogen werden, welche zur Berechnung des **Umtauschverhältnisses** vorgenommen wurde.[63] Damit liegt dann ein Wert vor, welcher auf die Vermögensgegenstände (zuzüglich eines Geschäftswertes) verteilt werden kann (zur Verteilung i. E. siehe Rz. 72 ff.); werden Verbindlichkeiten übernommen, sind diese in Abzug zu bringen.

Umstritten bleibt aber die konkrete Anwendung des Zeitwerts. Nach einer Ansicht stünde unter Berücksichtigung des Zeitwerts als **Höchstgrenze** der aus Nominal und Aufgeldern errechneten Anschaffungskosten den Verschmelzungsbeteiligten effektiv die **Dispositionsmöglichkeit** über die Rolle des Zeitwerts zu: Durch (verhandelbare) Festlegung des Ausgabebetrages können sich die Parteien wahlweise **dem Zeitwert annähern** oder unter diesem bleiben.[64] 38

Die Gegenansicht verweigert den Parteien diese Dispositionsbefugnis und postuliert, dass die Parteien stets **zwingend den Zeitwert** als Wert für die gewährten Anteile ansetzen müssen.[65] Als Argument wird neben anderen angeführt, dass der **Zeitwert des übergehenden Vermögens** eben demjenigen **Wertzuwachs** entspricht, den der übernehmende Rechtsträger durch die **Übernahme der Vermögensgegenstände** erfährt.[66] Ausgangspunkt dieser Sichtweise ist die (als Zwischenergebnis unbestrittene) Perspektive, dass die an die Anteilsinhaber des übertragenden Rechtsträgers gewährten Anteile und die übernommenen Verbindlichkeiten die **Gegenleistung** für die umwandlungsrechtliche Vermögensübertragung darstellen, woraus gefolgert wird, dass die **Anschaffungskosten i. S. von § 24** mit dem Wert der gewährten Anteile übereinstimmen, allerdings mit deren Zeitwert.[67] Denn die Anteilsinhaber des übertragenden Rechtsträgers seien **„zur Verschmelzung nur bereit"**, *weil* sie hierfür die Gegenleistung, also die Anteile am übernehmenden Rechtsträger erhalten.[68] Die Bewertung des Anspruchs auf Gewährung der Anteile (= der Gegenleistung) entspreche dem **Zeitwert** der Anteile, und die Gewährung der Anteile selbst (= die Erfüllungshandlung) könne dann auch nur mit dem **gleichen Wert** wie der vorgehende Anspruch angesetzt werden.[69] 39

Sei das **Umtauschverhältnis** zutreffend bestimmt, entsprechen die **Anschaffungskosten,** wie bereits dargelegt (siehe oben Rz. 31 ff.), dem Zeitwert des übertragenen Vermögens, errechnet als Aktiva zum Zeitwert minus Schulden zum Rückzahlungswert. 40

Indes ist der Grundannahme zuzustimmen, dass der **Ausgabebetrag** der an die Anteilsinhaber gewährten neuen Anteile den **Zeitwert des übergehenden Vermögens** nicht über- 41

62) Schmitt/Hörtnagl-*Hörtnagl*, UmwG/UmwStG, § 24 UmwG Rz. 33.

63) Schmitt/Hörtnagl-*Hörtnagl*, UmwG/UmwStG, § 24 UmwG Rz. 33; Semler/Stengel/Leonard-*Moszka*, UmwG, § 24 Rz. 36.

64) *Erkens* in: KölnKomm-UmwG, § 24 Rz. 64; *Bracksiek/Böttcher* in: NK-UmwG, § 24 Rz. 48; *Rieder* in: BeckOGK-UmwG, § 24 Rz. 27 f.; *Maulbetsch* in: HK-UmwG, § 24 Rz. 43; Kallmeyer-*Lanfermann*, UmwG, § 24 Rz. 27 f.; *G. Förster/Dehne*, BB 2023, 1707, 1709.

65) Schmitt/Hörtnagl-*Hörtnagl*, UmwG/UmwStG, § 24 UmwG Rz. 31; *Schulze-Osterloh*, ZGR 1993, 420, 429 ff.; Lutter-*Hennrichs*, UmwG, § 24 Rz. 45; *Hennrichs* in: FS Krieger, S. 347.

66) *Schulze-Osterloh*, ZGR 1993, 420, 429 f.

67) Schmitt/Hörtnagl-*Hörtnagl*, UmwG/UmwStG, § 24 UmwG Rz. 33; Semler/Stengel/Leonard-*Moszka*, UmwG, § 24 Rz. 36 f.

68) Schmitt/Hörtnagl-*Hörtnagl*, UmwG/UmwStG, § 24 UmwG Rz. 100 – zur Perspektive der Anteilseigner.

69) Schmitt/Hörtnagl-*Hörtnagl*, UmwG/UmwStG, § 24 UmwG Rz. 31 ff., Rz. 100 – zur Perspektive der Anteilseigner.

steigen darf.[70] Damit ist die Funktion des Zeitwerts als **Obergrenze** eine überzeugende Einordnung, während die Summe der Nominalbeträge der auszugebenden neuen Anteile die Untergrenze darstellt. Würde die Bewertung hinter dem Nominal zurückbleiben, so läge ein Eintragungshindernis vor. Die Anschaffungskosten nach § 24 bewegen sich also zwingend zwischen **Nennwert der neuen Anteile** (wobei festgesetzte Aufgelder jedenfalls hinzuzurechnen sind) und dem **Zeitwert des übertragenen Vermögens.**

(2) Gewährung von eigenen Anteilen

42 Auch **existierende eigene Anteile,** welche die übernehmende Gesellschaft innehat, eignen sich als an ihre Anteilseigner zu gewährende **Gegenleistung.** Dass die übernehmende (Kapital-)Gesellschaft eigene Anteile hält, ist grundsätzlich zulässig i. R. von § 33 GmbHG und § 71 AktG. Dass die übernehmende Gesellschaft die Neuausgabe von Anteilen durch die **Übertragung von existierenden Anteilen** ersetzen darf, regelt **§ 54 Abs. 1 Satz 2 Nr. 1** für die GmbH und **§ 68 Abs. 1 Satz 2 Nr. 1** für die AG. Eine **Kapitalerhöhung entfällt** dann insoweit. Vielmehr besteht ein Kapitalerhöhungswahlrecht.[71] Auch bei dieser Fallkonstellation muss die Rechtsanwendungspraxis bestimmen, wie sie die Anteile i. R. der **Ermittlung der Anschaffungskosten** für die übertragenen Vermögensgegenstände zu bewerten hat. Es stellen sich ähnliche Bewertungsfragen wie bei der Kapitalerhöhung.

43 So geht auch die – soweit ersichtlich – allgemeine Ansicht bei der Übertragung von eigenen Alt-Anteilen von einer **kapitalerhöhungsähnlichen Situation** (§ 272 Abs. 1b HGB) aus.[72] Seit dem BilMoG[73] sind der Erwerb und die Veräußerung eigener Anteile als Kapitalmaßnahme zu bilanzieren,[74] weshalb die Anwendung von **Kapitalerhöhungsgrundsätzen** in der einschlägigen Literatur keinen Einwendungen zu begegnen scheint. Allerdings wird bekanntlich bei **Kapitalmaßnahmen** uneinheitlich beurteilt, wie die **Anschaffungskosten** i. E. zu ermitteln sind (siehe dazu oben Rz. 33). Der Meinungsstreit setzt sich daher in dieser Konstellation fort.

44 Die h. M. wendet auf die Übertragung von eigenen Anteilen **Tauschgrundsätze** an. In der Folge bestehe ein Bewertungswahlrecht zwischen Buchwert, Zwischenwert und Zeitwert.[75] Hierbei ist der **Buchwert** derjenige der hingegebenen eigenen Anteile und der **Zwischenwert** entspricht dem Buchwert unter Berücksichtigung einer Kosten- und Steuerneutralisierung, so dass das Ergebnis erfolgsneutral ist. Der Zeitwert ist derjenige des übergehenden **Reinvermögens** zum Verschmelzungsstichtag.[76]

---

70) Vgl. auch IDW, Stellungnahme zur Rechnungslegung (RS HFA 42), Stand: 29.10.2012, Rz. 42, FN-IDW 12/2012, 701 ff.; Lutter-*Hennrichs*, UmwG, § 24 Rz. 45; Schmitt/Hörtnagl-*Hörtnagl*, UmwG/UmwStG, § 24 UmwG Rz. 30; *Erkens* in: KölnKomm-UmwG, § 24 Rz. 63; Kallmeyer-*Lanfermann*, UmwG, § 24 Rz. 24; *Bracksiek/Böttcher* in: NK-UmwG, § 24 Rz. 48; *Hohenfels/Klinzing* in: MünchHdb. GesR, Bd. 8, § 58 Rz. 51; *Deubert/Hoffmann* in: Deubert/Förschle/Störk, Sonderbilanzen, K. Rz. 46; *Rieder* in: BeckOGK-UmwG, § 24 Rz. 27.

71) Schmitt/Hörtnagl-*Hörtnagl*, UmwG/UmwStG, § 24 UmwG Rz. 36; *Bilitewski/Hoffmann/Wilken* in: Limmer, Hdb. Unternehmensumwandlung, Kap. 28 Rz. 164.

72) *Hohenfels/Klinzing* in: MünchHdb. GesR, Bd. 8, § 58 Rz. 55; IDW, Stellungnahme zur Rechnungslegung (RS HFA 42), Stand: 29.10.2012, Rz. 53, FN-IDW 12/2012, 701 ff.; Kallmeyer-*Lanfermann*, UmwG, § 24 Rz. 35; *Deubert/Hoffmann* in: Deubert/Förschle/Störk, Sonderbilanzen, K. Rz. 44; Schmitt/Hörtnagl-*Hörtnagl*, UmwG/UmwStG, § 24 UmwG Rz. 36.

73) Gesetz zur Modernisierung des Bilanzrechts (BilMoG), v. 25.5.2009, BGBl. I 2009, 1102.

74) Schmitt/Hörtnagl-*Hörtnagl*, UmwG/UmwStG, § 24 UmwG Rz. 36.

75) *Hohenfels/Klinzing* in: MünchHdb. GesR, Bd. 8, § 58 Rz. 55; Kallmeyer-*Lanfermann*, UmwG, § 24 Rz. 31; *Bracksiek/Böttcher* in: NK-UmwG, § 24 Rz. 52; *Erkens* in: KölnKomm-UmwG, § 24 Rz. 72; *Maulbetsch* in: HK-UmwG, § 24 Rz. 46, 48; *Gassner* in: FS Widmann, S. 351.

76) *Hohenfels/Klinzing* in: MünchHdb. GesR, Bd. 8, § 58 Rz. 55.

Die **Gegenansicht** fordert auch hier (ähnlich wie bei der Kapitalerhöhung) eine **Bewertung zum Zeitwert.**[77)] Nach dieser Ansicht richten sich die Anschaffungskosten danach, was die übernehmende Gesellschaft durch Veräußerung der eigenen Anteile am Markt hätte realisieren können. 45

Um die Argumente der beiden Ansichten gegeneinander abwägen zu können, ist es hilfreich, sich zunächst zu vergegenwärtigen, dass auch in den Fällen der Übertragung eigener Anteile als Gegenleistung für das übertragene Vermögen an die Anteilseigner der übernehmenden Gesellschaft ein **entgeltliches Anschaffungsgeschäft** gegeben ist.[78)] Auch die Qualifikation als **Tauschgeschäft** dürften die h. M. und die Gegenansicht noch einheitlich beurteilen.[79)] Im Zusammenspiel mit den Vorschriften der §§ 272 Abs. 1a bzw. Abs. 1b HGB (nach BilMoG) wird dann schnell deutlich, dass **Kapitalmaßnahmengrundsätze** Anwendung finden dürften. 46

Allerdings werden in dieser Fallgruppe gegen die h. A. gravierende Argumente hervorgebracht. Zunächst wird darauf hingewiesen, dass im Synallagma Hingabe der eigenen Anteile und Vermögensübertragung nach UmwG eine **Forderung des übernehmenden Rechtsträgers** auf Vermögensübertragung entstehe, die nur mit dem Zeitwert des übertragenen Vermögens (zu ermitteln wie bei der **Konstellation Neuausgabe** von Anteilen) bewertet werden könne. Für die **Vermögensgegenstände,** welche **an die Stelle** der Forderung treten, könne dann nichts anderes gelten.[80)] Des Weiteren entspreche der Zeitwert begrifflich dem Tatbestand des § 255 Abs. 1 Satz 1 HGB, da der übernehmende Rechtsträger **eben nicht den Buchwert** der eigenen Anteile „aufwende", sondern deren Zeitwert verliere, so dass – bei einem korrekt bewerteten Umtauschverhältnis – der **Wert des übergegangenen Vermögens** (Vermögensgegenstände zum Zeitwert minus Schulden zum Rückzahlungswert) und der **Zeitwert** der gewährten Anteile **miteinander korrelieren.**[81)] 47

Den gegenläufigen Ansichten dürfte gemein sein, dass sie eine Ungleichbehandlung von **Verschmelzungen mit Kapitalerhöhung** unter Ausgabe neuer Anteile einerseits und unter **Gewährung eigener Anteile** andererseits nur schwer rechtfertigen könnten und somit gleiche Grundsätze anwenden.[82)] 48

Bei der Verschmelzung entstehende **wertmäßige Überschüsse** aus der Übernahme des Vermögens, die dadurch entstehen können, dass der nach den vorstehenden Grundsätzen angesetzte Wert den **Wert der Gegenleistung** übersteigt, sind in die **Kapitalrücklage** nach 49

77) Semler/Stengel/Leonard-*Moszka*, UmwG, § 24 Rz. 36; Schmitt/Hörtnagl-*Hörtnagl*, UmwG/UmwStG, § 24 UmwG Rz. 38; *Schulze-Osterloh*, ZGR 1993, 420, 436 f.; Lutter-*Hennrichs*, UmwG, § 24 Rz. 54.

78) Ganz h. M.; vgl. etwa Schmitt/Hörtnagl-*Hörtnagl*, UmwG/UmwStG, § 24 UmwG Rz. 36; Lutter-*Hennrichs*, UmwG, § 24 Rz. 53; Goutier/Knopf/Tulloch-*Hannappel*, UmwR, § 24 UmwG Rz. 31; *Bula/Thees* in: Sagasser/Bula, Umwandlungen, § 10 Rz. 150; *Deubert/Hoffmann* in: Deubert/Förschle/Störk, Sonderbilanzen, K. Rz. 44; *Rieder* in: BeckOGK-UmwG, § 24 Rz. 32; *Hohenfels/Klinzing* in: MünchHdb. GesR, Bd. 8, § 58 Rz. 55; *Gassner* in: FS Widmann, S. 351; *Schulze-Osterloh*, ZGR 1993, 420, 435.

79) Schmitt/Hörtnagl-*Hörtnagl*, UmwG/UmwStG, § 24 UmwG Rz. 36; *Bracksiek/Böttcher* in: NK-UmwG, § 24 Rz. 52; *Hohenfels/Klinzing* in: MünchHdb. GesR, Bd. 8, § 58 Rz. 55; Qualifizierung als „tauschähnlich" bei *Rieder* in: BeckOGK-UmwG, § 24 Rz. 32; *Erkens* in: KölnKomm-UmwG, § 24 Rz. 71; Lutter-*Hennrichs*, UmwG, § 24 Rz. 53; Goutier/Knopf/Tulloch-*Hannappel*, UmwR, § 24 UmwG Rz. 31.

80) Schmitt/Hörtnagl-*Hörtnagl*, UmwG/UmwStG, § 24 UmwG Rz. 38 ff., ebenso i. Erg. *Bula/Thees* in: Sagasser/Bula, Umwandlungen, § 10 Rz. 152; Semler/Stengel/Leonard-*Moszka*, UmwG, § 24 Rz. 41; *Schulze-Osterloh*, ZGR 1993, 420, 436.

81) Schmitt/Hörtnagl-*Hörtnagl*, UmwG/UmwStG, § 24 UmwG Rz. 39; so auch Semler/Stengel/Leonard-*Moszka*, UmwG, § 24 Rz. 41.

82) Einerseits *Hohenfels/Klinzing* in: MünchHdb. GesR, Bd. 8, § 58 Rz. 55 m. w. N. und andererseits *Schulze-Osterloh*, ZGR 1993, 420, 436; Semler/Stengel/Leonard-*Moszka*, UmwG, § 24 Rz. 41. Es macht wirtschaftlich keinen Unterschied, ob als Gegenleistung durch KapErh geschaffene oder bereits bestehende eigene Anteile gewährt werden, *Bula/Thees* in: Sagasser/Bula, Umwandlungen, § 10 Rz. 151.

§ 272 **Abs. 2 Nr. 1 HGB** einzustellen.[83] Sie sind nicht etwa über die **Gewinn- und Verlustrechnung** als erfolgswirksam zu behandeln. Dies wird deutlich, wenn man sich zwei Aspekte vor Augen führt: Zum einen ist die Gewährung eigener Anteile eine **Leistung der Gesellschafter**, so dass die **Rücklage** zu dotieren ist, wie bei einer **Einlage**. Zum anderen ähnelt die Situation derjenigen beim **Erwerb eines Vermögensgegenstandes** unter Verkehrswert durch die Gesellschaft vom Gesellschafter.[84]

(3) Aufwärtsverschmelzung (Upstream-Merger)

50 Die äußerst **praxisrelevante Verschmelzung** der Tochter- auf die Muttergesellschaft (Upstream-Merger) ist typischerweise dadurch gekennzeichnet, dass der aufnehmende Rechtsträger (Muttergesellschaft) ***sämtliche*** **Anteile am übertragenden Rechtsträger** (Tochtergesellschaft) hält. In diesem Falle ist die **Gegenleistung** in Form der Anteilsgewährung an den Anteilsinhaber des übernehmenden Rechtsträgers unzulässig, damit es nicht zu einer rechnerisch **doppelten Bereicherung** auf Erwerberseite kommt (Erwerb des übergehenden Vermögens einerseits und Gewährung von Anteilen andererseits).[85] Ferner dient das Verbot sowohl zur **Vermeidung** von **Konfusionstatbeständen** (übernehmender Rechtsträger ist sowohl der **Anspruchsteller** der **Anteilsgewährung** als auch der **Verpflichtete**)[86] als auch effektiv zur **Vermeidung der Entstehung eigener Anteile** des übertragenden Rechtsträgers.[87] Bei Kapitalgesellschaften gilt zudem ein Kapitalerhöhungsverbot (§§ 54 Abs. 1 Satz 1 Nr. 1, Nr. 2, 68 Abs. 1 Satz 1 Nr. 1, Nr. 2). Dieses ergibt sich schon aus **Gläubigerschutzaspekten:** Es findet keine effektive Kapitalaufbringung statt.[88]

51 Im Zuge der Verschmelzung gehen die **Anteile an den übertragenden Rechtsträger unter;**[89] der übernehmende Rechtsträger **bucht sie aus.** Zu aktivieren ist nunmehr das **übernommene Reinvermögen.** Hierfür existiert aus den oben genannten Gründen **keine Gegenleistung.** Die **Anschaffungskosten** des übernehmenden Rechtsträgers entsprechen dem **Wert der untergehenden Beteiligung.** Streitig ist allerdings auch in dieser Konstellation, ob die Anschaffungskosten nach Tauschgrundsätzen ermittelt werden sollen.

52 Die wohl **h. A.** behandelt auch den Fall der Verschmelzung der Tochter- auf ihre Muttergesellschaft als **tauschähnlichen Vorgang.**[90] Die Bewertungsgrundsätze von Sacheinlagen/Kapitalerhöhungen blieben dann anwendbar. So können dann die Anschaffungskosten für das übernommene Vermögen **wahlweise** mit dem **Buchwert** der **untergehenden Anteile**

---

83) Schmitt/Hörtnagl-*Hörtnagl*, UmwG/UmwStG, § 24 UmwG Rz. 41, der auf die gesetzliche Anordnung (seit dem BilMoG) in § 272 Abs. 1b Satz 3 HGB verweist. Vor BilMoG: Kapitalrücklage nach § 272 Abs. 2 Nr. 4 HGB sowie *Bula/Thees* in: Sagasser/Bula, Umwandlungen, § 10 Rz. 150; *Oser* in: IDW, Assurance, Kap. F Rz. 84; *Maulbetsch* in: HK-UmwG, § 24 Rz. 49.

84) Schmitt/Hörtnagl-*Hörtnagl*, UmwG/UmwStG, § 24 UmwG Rz. 41 – unter Hinweis auf *Schulze-Osterloh*, ZGR 1993, 420, 436.

85) Semler/Stengel/Leonard-*Moszka*, UmwG, § 24 Rz. 44.

86) *Ihrig*, ZHR 160 (1996), 317, 327.

87) Semler/Stengel/Leonard-*Moszka*, UmwG, § 24 Rz. 44; *Heckschen* in: Beck'sches Notar-Hdb., § 24 Rz. 201.

88) *Ihrig*, ZHR 160 (1996), 317, 327 (Fn. 26).

89) Allg. Ansicht; vgl. z. B. Schmitt/Hörtnagl-*Hörtnagl*, UmwG/UmwStG, § 24 UmwG Rz. 42; *Hohenfels/Klinzing* in: MünchHdb. GesR, Bd. 8, § 58 Rz. 57; Lutter-*Hennrichs*, UmwG, § 24 Rz. 56.

90) Bezeichnung als „tauschähnlicher Vorgang" nahezu einhellig, z. B. IDW, Stellungnahme zur Rechnungslegung (RS HFA 42), Stand: 29.10.2012, Rz. 46, FN-IDW 12/2012, 701 ff.; *Erkens* in: KölnKomm-UmwG, § 24 Rz. 74; Widmann/Mayer-*Budde*, UmwR, § 24 UmwG Rz. 184; *Deubert/Hoffmann* in: Deubert/Förschle/Störk, Sonderbilanzen, K Rz. 54; *Rieder* in: BeckOGK-UmwG, § 24 Rz. 33; Kallmeyer-*Lanfermann*, UmwG, § 24 Rz. 31; *Bracksiek/Böttcher* in: NK-UmwG, § 24 Rz. 59; *Hohenfels/Klinzing* in: MünchHdb. GesR, Bd. 8, § 58 Rz. 57; *Oser*, StuB 2021, 667, 774; *Naumann* in: FS Ludewig, S. 692.

(Untergrenze) oder deren **Zeitwert** (Obergrenze) oder alternativ mit einem **erfolgsneutralen Zwischenwert** bewertet werden.[91)]

Eine **im Vordringen befindliche** Ansicht in der Literatur übt Kritik an der h. M., da Tauschgrundsätze an dieser Stelle nicht passen: Es liege **kein Austauschgeschäft** vor.[92)] Auch sei die Ansicht, soweit sie Werte über dem Buchwert erlaube, **nicht mit dem Anschaffungskostenprinzip** (Gebot der erfolgsneutralen Anschaffung) vereinbar. Deshalb spricht sich eine starke Ansicht dafür aus, dass die **Anschaffungskosten** des übernommenen Vermögens zwingend mit dem **Zeitwert der untergehenden Anteile** zu bewerten sind.[93)] 53

Ein weiterer Kritikpunkt an der h. M. ist, dass jede Bewertung über dem Buchwert zudem zwangsläufig **erfolgswirksame Differenzbeträge** zur Folge hätte.[94)] Dem kann auch die im Vordringen befindliche Auffassung (zwingend Bewertung mit **Zeitwert, und zwar der durch Unternehmensbewertung ermittelte Zeitwert der untergehenden Anteile**) nicht wirksam begegnen, da auch sie zu ergebniswirksamen Resultaten gelangt. Eine Gegenansicht spricht sich in dieser Konstellation deshalb dafür aus, eine Bewertung der untergehenden Anteile **nur zum Buchwert** zuzulassen, da kein Umsatzgeschäft vorliege.[95)] 54

Vergegenwärtigt man sich allerdings, dass es im Vergleichsfall einer Veräußerung im Wege der **Einzelrechtsübertragung** (Asset Deal) des übertragenen Vermögens ebenso zu einer **Realisierung einer Wertdifferenz** kommen könnte, welche sich beim übernehmenden Rechtsträger realisiert,[96)] vermag die Gleichbehandlung mit den Tauschfällen nicht als allzu problematisch zu erscheinen. Somit kann der h. A., welche auch vom **Hauptfachausschuss des IDW** empfohlen wird,[97)] gefolgt werden. 55

In dieser Variante der Verschmelzung können **erfolgswirksame** Überschüsse aus der Übernahme des Vermögens entstehen. Dies ist der Fall, wenn der Ansatz des **übergehenden Vermögens** höher ist als der bisher geführte **Wert der Anteile** am übertragenden Rechtsträger. Die Gesellschafter des übertragenden Rechtsträgers erbringen in diesem Falle keine Leistung, so dass es nicht richtig wäre, die Kapitalrücklage wegen der Überschüsse zu dotieren.[98)] 56

91) IDW, Stellungnahme zur Rechnungslegung (RS HFA 42), Stand: 29.10.2012, Rz. 46, FN-IDW 12/2012, 701 ff.; *Erkens* in: KölnKomm-UmwG, § 24 Rz. 74; Widmann/Mayer-*Budde*, UmwR, § 24 UmwG Rz. 184; *Deubert/Hoffmann* in: Deubert/Förschle/Störk, Sonderbilanzen, K. Rz. 54; *Rieder* in: BeckOGK-UmwG, § 24 Rz. 33; Kallmeyer-*Lanfermann*, UmwG, § 24 Rz. 31; *Erkens* in: KölnKomm-UmwG, § 24 Rz. 75; *Bracksiek/Böttcher* in: NK-UmwG, § 24 Rz. 59; *Hohenfels/Klinzing* in: MünchHdb. GesR, Bd. 8, § 58 Rz. 57; *Oser*, StuB 2021, 667, 774.

92) Semler/Stengel/Leonard-*Moszka*, UmwG, § 24 Rz. 45.

93) Semler/Stengel/Leonard-*Moszka*, UmwG, § 24 Rz. 47; Schmitt/Hörtnagl-*Hörtnagl*, UmwG/UmwStG, § 24 UmwG Rz. 44; Lutter-*Hennrichs*, UmwG, § 24 Rz. 56; befürwortet auch von *Dutzi/Leuveld/Rausch*, BB 2015, 2219, 2220 f. Der Gefahr einer Überbewertung kann dabei nach einer im Schrifttum verbreiteten Ansicht dadurch begegnet werden, dass in diesem Zusammenhang eine „vorsichtige" Bewertung vorgegeben ist, Schmitt/Hörtnagl-*Hörtnagl*, UmwG/UmwStG, § 24 UmwG Rz. 45; Lutter-*Hennrichs*, UmwG, § 24 Rz. 56; Semler/Stengel/Leonard-*Moszka*, UmwG, § 24 Rz. 47.

94) *Dutzi/Leuveld/Rausch*, BB 2015, 2219, 2221.

95) *Bula/Thees* in: Sagasser/Bula, Umwandlungen, § 10 Rz. 146; *Schulze-Osterloh*, ZGR 1993, 420, 438; *Naumann* in: FS Ludewig, S. 693 – zumindest bei 100%iger Verschmelzung der Tochter- auf die Muttergesellschaft.

96) Hierauf weisen *Dutzi/Leuveld/Rausch*, BB 2015, 2219, 2221; hin.

97) IDW, Stellungnahme zur Rechnungslegung (RS HFA 42), Stand: 29.10.2012, Rz. 46, FN-IDW 12/2012, 701 ff.

98) Schmitt/Hörtnagl-*Hörtnagl*, UmwG/UmwStG, § 24 UmwG Rz. 46, *Schmitt/Hülsmann*, BB 2000, 1563, 1569; *Erkens* in: KölnKomm-UmwG, § 24 Rz. 76; Goutier/Knopf/Tulloch-*Hannappel*, UmwR, § 24 UmwG Rz. 38; Kallmeyer-*Lanfermann*, UmwG, § 24 Rz. 33; IDW, Stellungnahme zur Rechnungslegung (RS HFA 42), Stand: 29.10.2012, Rz. 46, FN-IDW 12/2012, 701 ff.; Henssler/Strohn-*Ca. Müller*, GesR, § 24 UmwG Rz. 15; *Rieder* in: BeckOGK-UmwG, § 24 Rz. 33; Rödder/Herlinghaus/van Lishaut-*Rödder*, UmwStG, Anh. 2 Rz. 35; *Hohenfels/Klinzing* in: MünchHdb. GesR, Bd. 8, § 58 Rz. 57; a. A. und Kritik bei Lutter-*Hennrichs*, UmwG, § 24 Rz. 57 – erfolgsneutrale Erfassung in der Kapitalrücklage (§ 272 Abs. 2 Nr. 4 HGB).

Es entsteht mithin ein **GuV-wirksamer** und **ausschüttungsfähiger** Verschmelzungsgewinn.[99)]

(4) Mutter-Tochter-Verschmelzung (Downstream-Merger)

57 Bei umgekehrter Verschmelzungsrichtung spricht die Praxis oftmals vom sog. **Downstream-Merger:** Dem übertragenden Rechtsträger gehören die Anteile am übernehmenden Rechtsträger. Im „reinen" Anwendungsfall gilt dies für sämtliche Anteile (zu den „Mischfällen" siehe Rz. 66). Mit Eintragung der Verschmelzung erwerben die Anteilsinhaber des übertragenden Rechtsträgers die **Anteile am übernehmenden Rechtsträger.**[100)] Die Maßnahme kann nur durchgeführt werden, wenn die Kapital- bzw. Vermögensschutzregularien eingehalten werden können, d. h. dass das gezeichnete Kapital bei Entstehen eines **eventuellen Verschmelzungsverlustes** nicht berührt wird. Eine Kapitalerhöhung kann durchgeführt werden, wenn die **Einlagen in voller Höhe** bewirkt sind, §§ 54 Abs. 1 Satz 2 Nr. 2, 68 Abs. 1 Satz 2 Nr. 2. Der übernehmende Rechtsträger erwirbt mit Wirksamwerden der Verschmelzung das Vermögen des übertragenden Rechtsträgers. Hiervon ausgenommen sind freilich die Anteile am übernehmenden Rechtsträger (der Tochtergesellschaft), denn diese werden von den Anteilsinhabern der Muttergesellschaft erworben.

58 Umstritten ist auch in dieser Fallgruppe, wie die **Anschaffungskosten** beim übernehmenden Rechtsträger zu ermitteln sind. Da der übernehmende Rechtsträger streng genommen **überhaupt keine Aufwendungen** tätigt, sondern die Vermögensgegenstände von dem übertragenden Rechtsträger erwirbt und die Beteiligung an diesem unmittelbar seine Anteilsinhaber erwerben, stellen die **tatsächlichen Aufwendungen** des übernehmenden Rechtsträgers und die von diesem tatsächlich erbrachte Gegenleistung keinen Anhaltspunkt für die Anschaffungskosten dar.

59 Vor diesem Hintergrund schlagen Stimmen in der Literatur vor, die Übernahme der **Verbindlichkeiten des übertragenden Rechtsträgers** als Gegenleistung zu betrachten.[101)] Mit dieser Herangehensweise erhielte man bilanziell ein Ergebnis, bei dem der Wert der **übernommenen Vermögensgegenstände** dem Wert der **übernommenen Verbindlichkeiten** entspricht, so dass die Maßnahme sich als **erfolgsneutral** darstellt und vor allem die Betrachtung als **entgeltliches Anschaffungsgeschäft** nicht aufgegeben werden muss.[102)] Eine Gegenansicht, die in dieser Fallgruppe in der Minderheit ist, räumt dem übernehmenden Rechtsträger ein **Wahlrecht** dahingehend ein, ob die übernommenen Vermögensgegenstände mit dem **Zeitwert**, mit einem **Zwischenwert** oder mit dem **Buchwert** zu bewerten sind.[103)] Dabei wird von einem rücklagenwirksamen **unentgeltlichen** Geschäft ausgegangen. Diese Ansicht muss sich aber vor allem beim **Downstream-Merger** mit dem Einwand auseinandersetzen, dass dies im **Wortlaut** des § 255 HGB (Anschaffungskosten) nicht angelegt ist.[104)] Die in diesem Falle h. A. (Bewertung mit dem **Zeitwert**) vermag aufgrund der überzeu-

---

99) *Erkens* in: KölnKomm-UmwG, § 24 Rz. 76; *Rieder* in: BeckOGK-UmwG, § 24 Rz. 33; Schmitt/Hörtnagl-*Hörtnagl*, UmwG/UmwStG, § 24 UmwG Rz. 46.

100) Zur umstrittenen Frage, ob beim übertragenden Rechtsträger ein Durchgangserwerb (wodurch eigene Anteile geschaffen würden) stattfindet, vgl. Schmitt/Hörtnagl-*Schmitt*, UmwG/UmwStG, § 11 UmwStG Rz. 75, 101 m. w. N. und näher zum Ganzen s. o. § 20 Rz. 63 [*Lubberich*].

101) Semler/Stengel/Leonard-*Moszka*, UmwG, § 24 Rz. 50; *W. Müller*, WPg 1996, 857, 865; Lutter-*Hennrichs*, UmwG, § 24 Rz. 61.

102) Zur Erfolgswirksamkeit der Maßnahme sogleich näher unter Rz. 60.

103) *Bracksiek/Böttcher* in: NK-UmwG, § 24 Rz. 56; Kallmeyer-*Lanfermann*, UmwG, § 24 Rz. 39; *Erkens* in: KölnKomm-UmwG, § 24 Rz. 79; *Rieder* in: BeckOGK-UmwG, § 24 Rz. 34.

104) Insoweit krit. Semler/Stengel/Leonard-*Moszka*, UmwG, § 24 Rz. 50, der die Ansicht in den Bereich der „Rechtsfortbildung" einordnet.

genden Ergebnisse (zunächst **ergebnisneutrale Verschmelzung** unter Beibehaltung der Betrachtung als entgeltliches Anschaffungsgeschäft) am ehesten zu verfangen.[105)]

Die weitere bilanzielle Behandlung der Übertragung des Vermögens gestaltet sich mit Blick auf die Ergebniswirksamkeit differenziert: 60

- Bleibt die Summe der Vermögensgegenstände (bewertet zu **Zeitwerten**) hinter der Summe der Verbindlichkeiten (bewertet zu **Rückzahlungswerten**) zurück, ist das **Reinvermögen** also negativ, stellt sich die Verschmelzung **effektiv als Entnahme** dar. Ob diese Entnahme allerdings in der Folge letztendlich zu einer ergebniswirksamen Verschmelzung führt, wird uneinheitlich beurteilt:
  - Nach einer Ansicht führt dies zu einem **erfolgswirksam** zu erfassenden **Verlust.**[106)]
  - Nach der **Gegenauffassung** ist die Differenz mit der **Kapitalrücklage** zu verrechnen.[107)]
- **Übersteigen die Vermögenswerte** (Summe der Zeitwerte) die Schulden, wird also ein positives Reinvermögen ausgewiesen, liegt effektiv eine **Einbringung** vor. Die bilanzielle Folge ist wiederum umstritten:
  - Nach der mutmaßlich mehrheitlichen Ansicht ist die Differenz in die **Kapitalrücklage** gemäß § 272 Abs. 2 Nr. 4 HGB einzustellen, da die Differenz auf einer **Gesellschafterleistung** beruht; die Situation sei vergleichbar mit der Gewährung eigener Anteile.[108)]
  - Die Gegenansicht gesteht dem übernehmenden Rechtsträger einen **Verschmelzungsgewinnausweis** zu.[109)]

Die letztendlich **erfolgswirksame** Erfassung ist in beiden Fallgruppen überzeugend, da nur diese Lösung konsequent die Tatsache würdigt, dass es sich um ein **Anschaffungsgeschäft** handelt. Die Behandlung der Downstream-Verschmelzung als „unentgeltliche" Maßnahme vermag nicht zu überzeugen. 61

Aber auch unabhängig von der diskutierten Frage nach der **Erfolgswirksamkeit** der Maßnahme stellt sich ein **Verlust beim übernehmenden Rechtsträger** ein, wenn nach Zeitwerten ein negatives **Reinvermögen** auf den übernehmenden Rechtsträger übergeht (ggf. über **Abschreibungen**). Dies ist dann der Fall, wenn der übertragende Rechtsträger (die **Muttergesellschaft**) einen hohen **Schuldenstand** aufweist und wenig bedeutendes Vermögen besitzt (insbesondere keine **stillen Reserven**). Verletzt die Übernahme des Verbindlichkeitensaldos das geschützte Kapital, ist die Verschmelzungsmaßnahme **gesellschaftsrechtlich unzulässig.** Die Problematik stellt sich in der Praxis z. B. bei einer **Fremdfinanzierung** des Erwerbs der Tochtergesellschaft, welche i. V. m. der **Abwärtsverschmelzung** 62

105) IDW, Stellungnahme zur Rechnungslegung (RS HFA 42), Stand: 29.10.2012, Rz. 47, FN-IDW 12/2012, 701 ff.; *Hohenfels/Klinzing* in: MünchHdb. GesR, Bd. 8, § 58 Rz. 59, Schmitt/Hörtnagl-*Hörtnagl*, UmwG/UmwStG, § 24 UmwG Rz. 50.

106) Schmitt/Hörtnagl-*Hörtnagl*, UmwG/UmwStG, § 24 UmwG Rz. 52; *Deubert/Hoffmann* in: Deubert/Förschle/Störk, Sonderbilanzen, K. Rz. 67.

107) IDW, Stellungnahme zur Rechnungslegung (RS HFA 42), Stand: 29.10.2012, Rz. 49, FN-IDW 12/2012, 701 ff.; *Hohenfels/Klinzing* in: MünchHdb. GesR, Bd. 8, § 58 Rz. 61; Lutter-*Hennrichs*, UmwG, § 24 Rz. 62; diff. Sichtweise bei *Wegener*, DB 2018, 2071, 2073 f.

108) IDW, Stellungnahme zur Rechnungslegung (RS HFA 42), Stand: 29.10.2012, Rz. 48, FN-IDW 12/2012, 701 ff.; Schmitt/Hörtnagl-*Hörtnagl*, UmwG/UmwStG, § 24 UmwG Rz. 51; *Deubert/Hoffmann* in: Deubert/Förschle/Störk, Sonderbilanzen, K. Rz. 67; Lutter-*Hennrichs*, UmwG, § 24 Rz. 61a; *Hohenfels/Klinzing* in: MünchHdb. GesR, Bd. 8, § 58 Rz. 60; *Bula/Thees* in: Sagasser/Bula, Umwandlungen, § 10 Rz. 166; *Wegener*, DB 2018, 2071, 2073.

109) Kallmeyer-*Lanfermann*, UmwG, § 24 Rz. 39; *Erkens* in: KölnKomm-UmwG, § 24 Rz. 79; *Bracksiek/Böttcher* in: NK-UmwG, § 24 Rz. 56; Lutter-*Priester*, UmwG, 5. Aufl., § 24 Rz. 61.

effektiv zu der Situation führt, dass der übernehmende Rechtsträger sein **Eigenkapital** fremdfinanziert.[110] Die Kapitalschutzregeln müssen also unter Abzug etwaiger Verluste (unter Berücksichtigung etwaiger **Abschreibungen**) eingehalten werden können; anderenfalls ist die Maßnahme nach § 30 GmbHG[111] bzw. § 57 AktG[112] gesperrt.[113]

(5) Verschmelzung unter Verzicht auf Anteilsgewährung

63 Eine hohe Praxisrelevanz haben die Fälle, in denen die **Anteilsinhaber** von der **Verzichtsmöglichkeit** nach § 54 Abs. 1 Satz 3 (GmbH) oder § 68 Abs. 1 Satz 3 (AG)[114] Gebrauch machen. In dieser Fallgruppe ist eine Anteilsgewährung zwar gesetzlich zulässig, bei gleichzeitig gegebener **Verzichtsmöglichkeit zu notarieller Urkunde**. Von dem Verzicht wird in der Praxis in überaus hoher Zahl in **Konzernsachverhalten** Gebrauch gemacht, nicht nur in Fällen, in denen der übertragende und der übernehmende Rechtsträger eine **gemeinsame Muttergesellschaft** besitzen. Die letztgenannte Fallgruppe spielt in der Rechtsanwendungspraxis eine bedeutende Rolle und wird auch als Verschmelzung von Schwestergesellschaften **(Sidestream-Merger)** bezeichnet.

64 Die Maßnahmen in dieser Fallgruppe werden gemeinhin als **unentgeltlich** angesehen, da keine **Leistung im Gegenseitigkeitsverhältnis** erfolgt. Weder muss der übernehmende Rechtsträger eine Aufwendung tätigen, noch erhalten die Anteilsinhaber irgendeine Form der Gegenleistung.[115] Vielmehr findet ein **Erwerb** bei dem **übernehmenden Rechtsträger** aufgrund einer **Gesellschafterentscheidung** statt, die gleichzeitig über den **Verzicht auf eine Gegenleistung** entscheidet. Diese Entscheidung für eine unentgeltliche Gesellschafterleistung kommt wirtschaftlich einer **Einbringung** gleich. Daher wendet die h. A. auf diese Fälle **keine Tauschgrundsätze** an, sondern behandeln die Maßnahme als **(verdeckte) Einlage**.[116]

---

110) Schmitt/Hörtnagl-*Hörtnagl*, UmwG/UmwStG, § 24 UmwG Rz. 52; Kallmeyer-*Lanfermann*, UmwG, § 24 Rz. 40; Semler/Stengel/Leonard-*Moszka*, UmwG, § 24 Rz. 51.

111) Die Zulässigkeit ist gemäß § 30 GmbHG für eine GmbH davon abhängig, ob der Verlust das über das Stammkapital hinausgehende Eigenkapital übersteigt, so auch: Kallmeyer-*Lanfermann*, UmwG, § 24 Rz. 40; Lutter-*Hennrichs*, UmwG, § 24 Rz. 62; *Priester* in: FS Spiegelberger, S. 892 ff.; *Deubert/Hoffmann* in: Deubert/Förschle/Störk, Sonderbilanzen, K. Rz. 68; *Bracksiek/Böttcher* in: NK-UmwG, § 24 Rz. 57; *Rieder* in: BeckOGK-UmwG, § 24 Rz. 35; Schmitt/Hörtnagl-*Hörtnagl*, UmwG/UmwStG, § 24 UmwG Rz. 52; *Wegener*, DB 2018, 2071, 2073; a. A. bei *Enneking/Heckschen*, DB 2006, 1099 ff. – keine „Auszahlung" der Beteiligung, so dass § 30 GmbHG nicht tangiert, dafür aber ggf. Haftung der Gesellschafter der Muttergesellschaft nach den Grundsätzen zum existenzvernichtenden Eingriff.

112) Eine Übertragung negativen Vermögens stellt bei einer AG immer eine unerlaubte Einlagenrückgewähr nach § 57 Abs. 3 AktG dar, vgl. hierzu IDW, Stellungnahme zur Rechnungslegung (RS HFA 42), Stand: 29.10.2012, Rz. 49, FN-IDW 12/2012, 701 ff.; *Deubert/Hoffmann* in: Deubert/Förschle/Störk, Sonderbilanzen, K. Rz. 68; Schmitt/Hörtnagl-*Hörtnagl*, UmwG/UmwStG, § 24 UmwG Rz. 52; *Wegener*, DB 2018, 2071, 2073; *Mertens*, AG 2005, 785, 786; aber Kallmeyer-*Lanfermann*, UmwG, § 24 Rz. 40 – ggf. existenzvernichtender Eingriff.

113) Zu diesbezüglichen Aspekten aus Sicht des Abschlussprüfers vgl. *Kronner/Seidler*, BB 2018, 1899 ff.

114) Eingefügt durch das Zweite Gesetz zur Änderung des Umwandlungsgesetzes (2. UmwGÄndG), v. 19.4.2007, BGBl. I 2007, 542.

115) Schmitt/Hörtnagl-*Hörtnagl*, UmwG/UmwStG, § 24 UmwG Rz. 53, der auch zutr. darauf hinweist, dass eine vergleichbare Situation bei der Spaltung auf Schwestergesellschaften vorliegt.

116) Schmitt/Hörtnagl-*Hörtnagl*, UmwG/UmwStG, § 24 UmwG Rz. 53; Kallmeyer-*Lanfermann*, UmwG, § 24 Rz. 7; wohl auch IDW, Stellungnahme zur Rechnungslegung (RS HFA 42), Stand: 29.10.2012, Rz. 50 i. V. m. 47, FN-IDW 12/2012, 701 ff.; *Erkens* in: KölnKomm-UmwG, § 24 Rz. 82; *Bahns*, Ubg 2010, 414, 417: auch zur Downstream-Abspaltung; *Rieder* in: BeckOGK-UmwG, § 24 Rz. 37 – unentgeltlich; Lutter-*Hennrichs*, UmwG, § 24 Rz. 63a – keine Gegenleistung; vgl. hingegen Rödder/Herlinghaus/van Lishaut-*Rödder*, UmwStG, Anh. 2 Rz. 38 – gedankliche Zerlegung in eine Einbringung der Beteiligung der gemeinsamen Mutter an der Übertragerin in die Übernehmerin und anschließender Upstream-Merger; ebenso *Bula/Thees* in: Sagasser/Bula, Umwandlungen, § 10 Rz. 168.

Zur Frage der Bewertung kann auf den Meinungsstreit, der bei der **Abwärtsverschmelzung** geführt wird (siehe dazu oben Rz. 57 ff.), Bezug genommen werden. Teile der Literatur sehen es als richtig an, die **übernommenen Verbindlichkeiten** als Wertmaßstab heranzuziehen.[117)] Die h. A. geht allerdings davon aus, dass die übernommenen Vermögensgegenstände zu dem Wert angesetzt werden dürfen, der zu ihrer **Anschaffung** i. R. eines entgeltlichen Geschäfts aufzubringen wäre.[118)] Dies ist der **Zeitwert** ohne immaterielle Vermögensgegenstände und Goodwill; der Zeitwert ist jedenfalls in Ermangelung eines **„Markttests"** vorsichtig zu schätzen.[119)] Ob dem dadurch zu Tage tretende **Verschmelzungsgewinn** oder -verlust **erfolgswirksam** oder durch **Verrechnung** mit dem Eigenkapital zu begegnen ist, wird wiederum ebenso uneinheitlich beurteilt wie bei der Situation der Downstream-Verschmelzung. Nach einer Ansicht ist ein **positives Reinvermögen** in die Rücklage nach § 272 Abs. 2 Nr. 4 HGB einzustellen und ein **negatives Reinvermögen** mit dieser zu verrechnen.[120)] Nach a. A. ist bei Gesellschafteridentität wahlweise auch eine erfolgswirksame Vereinnahmung eines positiven Saldos möglich.[121)] Für den umgekehrten Fall wird dementsprechend auch vertreten, dass ein **Umwandlungsverlust** ergebniswirksam zu erfassen sei.[122)] 65

(6) Gemischte Fälle

Liegt eine **Kombination der oben beschriebenen Fallgruppen** vor, sind die jeweiligen Grundsätze auf die entsprechenden Teile anzuwenden, und zwar **soweit** ihr jeweiliger Anwendungsbereich eröffnet ist.[123)] Insbesondere kommen Fälle vor, in denen die **Eigenschaft als Mutter-/Tochtergesellschaft** durch eine **Quote unter 100 %** vermittelt wird. Beim Upstream-Merger liegt dieser Fall vor, wenn der **übernehmende Rechtsträger** zu weniger als 100 % an dem **übertragenden Rechtsträger** beteiligt ist. Als Folge kann es dann der Fall sein, dass teilweise neue (oder existierende eigene) Anteile als **Gegenleistung** gewährt werden und teilweise – betreffend die Beteiligung des übernehmenden Rechtsträgers an dem übertragenden Rechtsträger – Anteile untergehen. Hinsichtlich der **nicht gruppenintern** gehaltenen Anteile liegt ein **entgeltliches Anschaffungsgeschäft** vor und die Tauschgrundsätze finden Anwendung (siehe dazu oben Rz. 52 ff.). Das Gleiche gilt im Ergebnis für den übrigen Teil, so dass die oben angeführten Grundsätze in vollem Umfang (jeweils anteilig) gelten. Allerdings stellt sich dabei die Frage, ob die **Anschaffungskosten zu teilen** sind. Schließt man sich der Ansicht an, dass in allen Fällen eine **Bewertung zu Zeitwerten** 66

---

117) Schmitt/Hörtnagl-*Hörtnagl*, UmwG/UmwStG, § 24 UmwG Rz. 54; Semler/Stengel/Leonard-*Moszka*, UmwG, § 24 Rz. 54a.

118) Ausf. Darstellung bei *Simon* in: FS Schaumburg, S. 1355; ebenso: Kallmeyer-*Lanfermann*, UmwG, § 24 Rz. 7; *Hohenfels/Klinzing* in: MünchHdb. GesR, Bd. 8, § 58 Rz. 63; *Winnefeld* in: Winnefeld, Bilanz-Hdb., C. Rz. 421; *Bahns*, Ubg 2010, 414, 417 – Buchwert oder Zeitwert; offengelassen von *Rieder* in: BeckOGK-UmwG, § 24 Rz. 37; *Erkens* in: KölnKomm-UmwG, § 24 Rz. 83; Lutter-*Hennrichs*, UmwG, § 24 Rz. 63b; vgl. allg. auch *Lüdenbach*, StuB 2010, 709 ff.

119) Diese Auflage macht Schmitt/Hörtnagl-*Hörtnagl*, UmwG/UmwStG, § 24 UmwG Rz. 54, der h. M.

120) *Hohenfels/Klinzing* in: MünchHdb. GesR, Bd. 8, § 58 Rz. 63; Kallmeyer-*Lanfermann*, UmwG, § 24 Rz. 7; IDW, Stellungnahme zur Rechnungslegung (RS HFA 42), Stand: 29.10.2012, Rz. 50 i. V. m. Rz. 48, FN-IDW 12/2012, 701 ff.

121) *Erkens* in: KölnKomm-UmwG, § 24 Rz. 84 – aber bei Gesellschaftergleichheit Wahlrecht zwischen Einstellung in die Rücklage und erfolgswirksame Vereinnahmung; ähnl. Differenzierung: *Rieder* in: BeckOGK-UmwG, § 24 Rz. 37.

122) *Erkens* in: KölnKomm-UmwG, § 24 Rz. 84 – aber bei Gesellschaftergleichheit Wahlrecht zwischen Einstellung in die Rücklage und erfolgswirksame Vereinnahmung; ähnl. Differenzierung: *Rieder* in: BeckOGK-UmwG, § 24 Rz. 37.

123) Schmitt/Hörtnagl-*Hörtnagl*, UmwG/UmwStG, § 24 UmwG Rz. 56; IDW, Stellungnahme zur Rechnungslegung (RS HFA 42), Stand: 29.10.2012, Rz. 55, FN-IDW 12/2012, 701 ff.

erfolgt, braucht eine Aufteilung nicht stattzufinden.[124] Nur wenn man der Gegenansicht folgt, welche zu Ergebnissen mit **unterschiedlichen Anschaffungskosten** führen kann,[125] müssen diese jeweils gesondert allokiert werden. Hinsichtlich einer etwaigen Erfolgsverbuchung gilt in der Konsequenz was folgt:

– **Soweit** ein **Verschmelzungsgewinn** (anteilig gesehen) auf den Teil mit Kapitalerhöhung entfällt, ist er in die Kapitalrücklage einzustellen (§ 272 Abs. 2 Nr. 1 HGB).[126]

– Soweit ein **Verschmelzungsgewinn** auf die **gruppeninterne Beteiligung** entfällt, wird er GuV-wirksam **vereinnahmt.**[127] Entsprechendes gilt spiegelbildlich für einen Verlust, der über die Gewinn- und Verlustrechnung ergebniswirksam wird.

(7) Vorgehen bei Zuzahlungen und sonstigen Nebenleistungen

67 Bei **baren Zuzahlungen** i. S. von §§ 54 Abs. 4, 68 Abs. 3, die neben Geschäftsanteilen als Gegenleistung gewährt werden können, handelt es sich um einen Teil der **Gegenleistung.** Folglich sind die Zuzahlungen vollumfänglich als Anschaffungskosten anzusetzen.[128] Dies gilt auch, wenn die betreffenden **Zuzahlungen** erst im Wege eines laufenden Spruchverfahrens (§ 15) erfolgen; es entstehen nachträgliche Anschaffungskosten.[129]

68 **Abfindungen** i. S. von § 29 hingegen gehören nicht zu den Anschaffungskosten; sie werden nicht **uno actu mit der Verschmelzung** geleistet.[130] Darüber hinaus geschieht auch das Ausscheiden des Abgefundenen **nicht im Zuge der Verschmelzung.**[131] Entweder wird die Abfindung bereits vor der Verschmelzung geleistet, wenn das Ausscheiden zuvor erfolgt ist[132] und ist dann in der Bewertung **des übertragenden Rechtsträger** zu berücksichtigen, oder sie fließt dem Abgefundenen **nach der Verschmelzung** zu und ist dann beim übernehmenden Rechtsträger unabhängig von der Verschmelzung bilanziell zu erfassen. Es ist daher überzeugend, dass Abfindungen gemeinhin **nicht** als Teil der Anschaffungskosten angesehen werden.

---

124) Schmitt/Hörtnagl-*Hörtnagl*, UmwG/UmwStG, § 24 UmwG Rz. 57; IDW, Stellungnahme zur Rechnungslegung (RS HFA 42), Stand: 29.10.2012, Rz. 55, FN-IDW 12/2012, 701 ff.; i. E. auch Semler/Stengel/Leonard-*Moszka*, § 24 Rz. 52.

125) Lutter-*Hennrichs*, UmwG, § 24 Rz. 60; Kallmeyer-*Lanfermann*, UmwG, § 24 Rz. 36 – Aufteilung im Verhältnis des Verkehrswertes der entsprechenden Gegenleistung; *Hohenfels/Klinzing* in: MünchHdb. GesR, Bd. 8, § 58 Rz. 65; *Rieder* in: BeckOGK-UmwG, § 24 Rz. 38; ausf. *Deubert/Lewe/Roland*, BB 2017, 554 ff.

126) *Hohenfels/Klinzing* in: MünchHdb. GesR, Bd. 8, § 58 Rz. 65; *Rieder* in: BeckOGK-UmwG, § 24 Rz. 38; Schmitt/Hörtnagl-*Hörtnagl*, UmwG/UmwStG, § 24 UmwG Rz. 58; Kallmeyer-*Lanfermann*, UmwG, § 24 Rz. 36; Lutter-*Hennrichs*, UmwG, § 24 Rz. 60.

127) *Hohenfels/Klinzing* in: MünchHdb. GesR, Bd. 8, § 58 Rz. 65; *Rieder* in: BeckOGK-UmwG, § 24 Rz. 38; Schmitt/Hörtnagl-*Hörtnagl*, UmwG/UmwStG, § 24 UmwG Rz. 58; Kallmeyer-*Lanfermann*, UmwG, § 24 Rz. 36; Lutter-*Hennrichs*, UmwG, § 24 Rz. 60.

128) *Schulze-Osterloh*, ZGR 1993, 420, 437; Lutter-*Hennrichs*, UmwG, § 24 Rz. 48; Semler/Stengel/Leonard-*Moszka*, UmwG, § 24 Rz. 42; Schmitt/Hörtnagl-*Hörtnagl*, UmwG/UmwStG, § 24 UmwG Rz. 59; bare Zuzahlungen i. S. von §§ 5 Abs. 1 Nr. 3, 126 Abs. 1 Nr. 3 zählen zur Gegenleistung und sind damit grundsätzlich Bestandteil der Anschaffungskosten (Kallmeyer-*Lanfermann*, UmwG, § 24 Rz. 57; IDW, Stellungnahme zur Rechnungslegung [RS HFA 42], Stand: 29.10.2012, Rz. 43, FN-IDW 12/2012, 701 ff.; *Hohenfels/Klinzing* in: MünchHdb. GesR, Bd. 8, § 58 Rz. 53).

129) Schmitt/Hörtnagl-*Hörtnagl*, UmwG/UmwStG, § 24 UmwG Rz. 59; Lutter-*Hennrichs*, UmwG, § 24 Rz. 48; Kallmeyer-*Lanfermann*, UmwG, § 24 Rz. 58; *Hohenfels/Klinzing* in: MünchHdb. GesR, Bd. 8, § 58 Rz. 53; *Bracksiek/Böttcher* in: NK-UmwG, § 24 Rz. 49.

130) Semler/Stengel/Leonard-*Moszka*, UmwG, § 24 Rz. 43; Schmitt/Hörtnagl-*Hörtnagl*, UmwG/UmwStG, § 24 UmwG Rz. 59; Lutter-*Hennrichs*, UmwG, § 24 Rz. 48; *Hohenfels/Klinzing* in: MünchHdb. GesR, Bd. 8, § 58 Rz. 53.

131) Anders allerdings das Steuerrecht, worauf Semler/Stengel/Leonard-*Moszka*, UmwG, § 24 Rz. 43 (Fn. 79) hinweist: Der Übertragungsstichtag gilt gemäß §§ 5 Abs. 1, 12 Abs. 2 Satz 3 UmwStG als Ausscheidenszeitpunkt des abgefundenen Gesellschafters (gesetzliche Fiktion).

132) Zu dieser Möglichkeit vgl. Lutter-*Grunewald*, UmwG, § 31 Rz. 9 ff.

Bei der Verschmelzung entstehende **Anschaffungsnebenkosten** sind ebenfalls Teil der **Anschaffungskosten.**[133] Ein (unstrittiges) Beispiel hierfür bilden **objektbezogene Kosten** wie die **Grunderwerbsteuer.** Strittig ist die Fragestellung bei Kosten, welche die Umwandlung als solche betreffen, wie z. B. die Kosten der **Beurkundung des Verschmelzungsvertrages** und Beratungskosten. Nach einer starken Literaturansicht gehören nur solche Aufwendungen zu den Anschaffungskosten, die konkret einem übergehenden Einzelvermögensgegenstand zugeordnet werden können;[134] alle anderen Kosten seien **Begleitkosten** (Kosten der Umwandlung), die nicht zu den **Anschaffungskosten** zählen, sondern unmittelbar **aufwandswirksam** seien. Nach der Gegenansicht ist der Bereich der Anschaffungsnebenkosten **weit zu verstehen.**[135] 69

(8) Besonderheiten bei anderen Rechtsformen

Bei **Personengesellschaften** als aufnehmende Rechtsträger gilt **Entsprechendes.** Die **Summe der Anschaffungskosten** entspricht der **Summe der Kapitalkontenstände** der neuen Gesellschafter (entspricht dem Wert der gewährten Anteile bei Kapitalgesellschaften). Hinzuaddiert werden **Zuzahlungen** nach **§ 264c Abs. 2 Satz 1 Nr. II HGB** (entspricht der Kapitalrücklage bei Kapitalgesellschaften) und wohl auch positive Dotierungen von **Darlehenskonten.**[136] 70

Sich aus den Ansätzen beim aufnehmenden Rechtsträger ergebende **positive Wertdifferenzen** zu den Anschaffungskosten sind unmittelbar ergebniswirksam und stellen einen ausschüttbaren **Verschmelzungsgewinn** dar; eine Einstellung in die Kapitalrücklage (§ 272 Abs. 2 Nr. 1 HGB) ist ausgeschlossen.[137] 71

(9) Verteilungsverfahren für die Anschaffungskosten

Im Falle des Vorgehens nach der **Anschaffungskostenmethode**[138] liegt dem bilanzierenden aufnehmenden Rechtsträger nach allen zur Ermittlung der Anschaffungskosten vertretenen Ansichten ein **Gesamtwert** für die **Anschaffungskosten** vor. In der Folge muss sich der aufnehmende Rechtsträger mit der Frage auseinandersetzen, wie er den **Gesamtwert** auf die **einzelnen Vermögensgegenstände verteilt.**[139] An dieser Stelle ist zu beachten, dass einzelne Vermögensgegenstände **nicht über dem Zeitwert** angesetzt werden können,[140] 72

---

133) Schmitt/Hörtnagl-*Hörtnagl*, UmwG/UmwStG, § 24 UmwG Rz. 60; *Hohenfels/Klinzing* in: MünchHdb. GesR, Bd. 8, § 58 Rz. 53.

134) Schmitt/Hörtnagl-*Hörtnagl*, UmwG/UmwStG, § 24 UmwG Rz. 60; Widmann/Mayer-*Budde*, UmwR, § 24 UmwG Rz. 225; *Bula/Thees* in: Sagasser/Bula, Umwandlungen, § 10 Rz. 173; vgl. auch *Deubert/Hoffmann* in: Deubert/Förschle/Störk, Sonderbilanzen, K. Rz. 43 – Anschaffungsnebenkosten haben den Charakter nicht aktivierungsfähiger Aufwendungen für die Beschaffung von Eigenkapital.

135) Kallmeyer-*Lanfermann*, UmwG, § 24 Rz. 12; *Bracksiek/Böttcher* in: NK-UmwG, § 24 Rz. 44; *Hohenfels/Klinzing* in: MünchHdb. GesR, Bd. 8, § 58 Rz. 53; vgl. auch Lutter-*Hennrichs*, UmwG, § 24 Rz. 48 (Fn. 85).

136) IDW, Stellungnahme zur Rechnungslegung (RS HFA 42), Stand: 29.10.2012, Rz. 44, FN-IDW 12/2012, 701 ff.; *Hohenfels/Klinzing* in: MünchHdb. GesR, Bd. 8, § 58 Rz. 54; Lutter-*Hennrichs*, UmwG, § 24 Rz. 49; *Bula/Thees* in: Sagasser/Bula, Umwandlungen, § 10 Rz. 141 ff.

137) *Hohenfels/Klinzing* in: MünchHdb. GesR, Bd. 8, § 58 Rz. 54; Lutter-*Hennrichs*, UmwG, § 24 Rz. 49: ausschüttbar; ausf. Kallmeyer-*Lanfermann*, UmwG, § 24 Rz. 26; a. A. Schmitt/Hörtnagl-*Hörtnagl*, UmwG/UmwStG, § 24 UmwG Rz. 34: erfolgsneutral.

138) Bei der Verknüpfungsmethode stellt sich die Verteilungsfrage nicht, da die beim übertragenden Rechtsträger geführten Einzelwerte übernommen werden.

139) Es gilt der Grundsatz der Einzelbewertung, § 252 Abs. 1 Nr. 3 HGB.

140) IDW, Stellungnahme zur Rechnungslegung (RS HFA 42), Stand: 29.10.2012, Rz. 56, FN-IDW 12/2012, 701 ff.; *Hohenfels/Klinzing* in: MünchHdb. GesR, Bd. 8, § 58 Rz. 67, *Naumann* in: FS Ludewig, S. 698; a. A. *Scherrer* in: FS Claussen, S. 767.

da sonst sofort wieder **Abschreibungen** vorgenommen werden müssen.[141] Nach allgemeinen Grundsätzen ist die **Verteilung frei wählbar**, solange sie nicht **willkürlich** ist.[142] Es liegt nahe, nach der (steuerrechtlichen) **Stufentheorie** vorzugehen, nach der die Anschaffungskosten in erster Linie auf die bereits beim Übertragenden bilanzierten **Vermögensgegenstände** verteilt werden und nachrangig (erst ab Erreichen der Zeitwerte) bislang nicht bilanzierte **immaterielle Vermögensgegenstände** bewertet werden.[143] Zulässig wäre es aber auch, die Einzelzeitwerte im gleichen **Verhältnis** wie die **Differenz zum Gesamtzeitwert** herabsetzen.[144]

73 Ist der übernehmende Rechtsträger eine **Kapitalgesellschaft**, muss er die Verteilung im Anhang erläutern (§ 284 Abs. 2 Nr. 1 HGB). Der Anlagespiegel zeigt diese Zugänge (§ 268 Abs. 2 HGB).

bb) Vorgehen nach Wertverknüpfungsmethode

(1) Allgemeines

74 Dem Grunde nach handelt sich bei der **Verschmelzung/Spaltung** um ein entgeltliches **Anschaffungsgeschäft.**[145] Hiernach wäre eine **Fortführung der Buchwerte** grundsätzlich **ausgeschlossen**, da sich die in der Bilanz des aufnehmenden Rechtsträgers anzusetzenden Werte nach den **tatsächlichen Anschaffungskosten** richten müssten, § 255 Abs. 1 HGB. § 24 durchbricht diesen Grundsatz (zu den gesetzgeberischen Motiven hierfür und zur Entstehungsgeschichte siehe oben Rz. 3 ff.). Übt der übernehmende Rechtsträger das in § 24 eingeräumte Wahlrecht dahingehend aus, dass die vom **übertragenden Rechtsträger** geführten **Buchwerte** bei ihm **fortgesetzt** werden sollen, kommt es insoweit zur Bilanzkontinuität. Allerdings findet **keine Gesamtrechtsnachfolge** in die Bilanzpositionen statt.[146] Vielmehr ist der übernehmende Rechtsträger **verpflichtet**, die Wertansätze für die übertragenen **Vermögensgegenstände und Schulden** aus der Spaltungsbilanz (§ 17 Abs. 2) zu übernehmen; erstmals zum Tragen kommt dies bei Maßnahmen zur Aufnahme in der ersten Schlussbilanz des laufenden Geschäftsjahres.[147] Diese Pflicht betrifft die **Ansatz- und Bewertungsebene** und kommt nach Wahlrechtsausübung nur einheitlich zum Tragen (siehe dazu näher Rz. 97).

(2) Verschmelzungsgewinn und -verlust

75 § 24 trifft keine Aussage darüber, wie der übernehmende Rechtsträger zu verfahren hat, wenn die **Buchwerte des übernommenen Vermögens** in Summe von dem Gegenleistungswert abweichen (Wert der gewährten Anteile), es mithin zu einem Verschmelzungsgewinn oder -verlust kommt. In der Praxis kommt es sehr häufig zu dieser Situation. Denn die **Buchwerte** auf Ebene des übertragenden Rechtsträgers sind tatsächlich nicht für das Umtauschverhältnis (den Ausgabebetrag; die Gegenleistung) determinierend. Stattdessen richtet sich die Höhe der Gegenleistung nach den tatsächlichen Werten des übergehenden Vermö-

141) Semler/Stengel/Leonard-*Moszka*, UmwG, § 24 Rz. 75.

142) Jede sachgerechte Verteilung, die den Grundsätzen ordnungsmäßiger Buchführung genügt, ist zulässig, Schmitt/Hörtnagl-*Hörtnagl*, UmwG/UmwStG, § 24 UmwG Rz. 30a; Semler/Stengel/Leonard-*Moszka*, UmwG, § 24 Rz. 77; IDW, Stellungnahme zur Rechnungslegung (RS HFA 42), Stand: 29.10.2012, Rz. 56, FN-IDW 12/2012, 701 ff.

143) BFH, Urt. v. 12.6.1975 – IV R 129/71, BStBl. II 1975, 807 = BeckRS 1975, 22003241; *Herzig*, DB 1990, 133, 134.

144) Semler/Stengel/Leonard-*Moszka*, UmwG, § 24 Rz. 77.

145) Schmitt/Hörtnagl-*Hörtnagl*, UmwG/UmwStG, § 24 UmwG Rz. 62.

146) Schmitt/Hörtnagl-*Hörtnagl*, UmwG/UmwStG, § 24 UmwG Rz. 62; ausf. *Schmitt/Hülsmann*, BB 2000, 1563 ff.; a. A. *Bula/Thees* in: Sagasser/Bula, Umwandlungen, § 10 Rz. 225.

147) IDW, Stellungnahme zur Rechnungslegung (RS HFA 42), Stand: 29.10.2012, Rz. 60, FN-IDW 12/2012, 701 ff.

gens.[148] Deshalb stellt das Auftreten solcher **Wertdifferenzen** die Regel dar. Auf die Handhabung der Differenzbeträge muss wiederum unterteilt nach den verschiedenen **Verschmelzungskonstellationen** (mit/ohne **Anteilsgewährung**) eingegangen werden.[149]

(a) Gewährung neuer Anteile

Als gesetzlicher Regelfall erfolgt die Verschmelzung gemäß § 55 unter **Gewährung neuer Anteile** an die **Gesellschafter des übertragenden Rechtsträgers.** Übersteigt der **Wert des übergehenden Reinvermögens** zu Buchwerten den Ausgabebetrag der Anteile, entsteht also rechnerisch ein **Verschmelzungsgewinn**, so ist dieser in die Kapitalrücklage gemäß § 272 Abs. 2 Nr. 1 HGB einzustellen.[150] Bei einem **Verschmelzungsverlust**, d. h. das übernommene Reinvermögen ist niedriger als der Ausgabebetrag der gewährten Anteile, ist dieser hingegen sofort **ergebniswirksam.**[151] Eine Kompensation durch Ansatz eines Verschmelzungsmehrwerts oder eines Geschäftswerts oder durch Rücklagenverrechnung scheidet aus.[152] Das Entstehen eines Verschmelzungsverlustes lässt die **Wahlfreiheit** zwischen Verknüpfungs- und Anschaffungsprinzip jedoch unberührt, es kann also nach Buchwerten vorgegangen und der Verlust in Kauf genommen werden (siehe dazu näher unten Rz. 105 ff.). Andererseits kann freilich nach Anschaffungskosten vorgegangen werden, dann kommt es nicht zum Verschmelzungsverlust. 76

(b) Gewährung von eigenen Anteilen

Werden **existierende eigene Anteile**, welche die übernehmende Gesellschaft innehat, an ihre Anteilseigner als **Gegenleistung** gewährt, ist wiederum zwischen dem Fall der positiven und demjenigen der **negativen Differenz** zwischen dem **Saldo** des übergehenden **Reinvermögens** und der **Gegenleistung** zu unterscheiden. Wie mit positiven Differenzbeträgen umzugehen ist, ist in dieser Fallgruppe **umstritten.** Nach einer Meinung ist der entstehende positive Differenzbetrag in die **Kapitalrücklage** gemäß § 272 Abs. 2 Nr. 1 HGB einzustellen.[153] Nach der Gegenansicht setzt § 272 Abs. 2 Nr. 1 HGB **neue Anteile** voraus.[154] Damit könnte dann nur § 272 Abs. 2 Nr. 4 HGB Platz greifen. Dies ist ange- 77

148) Schmitt/Hörtnagl-*Hörtnagl*, UmwG/UmwStG, § 24 UmwG Rz. 75.

149) Auf die Angaben im Anhang sind §§ 285 Nr. 31, 314 Abs. 1 Nr. 23 HGB anwendbar.

150) IDW, Stellungnahme zur Rechnungslegung (RS HFA 42), Stand: 29.10.2012, Rz. 68, FN-IDW 12/2012, 701 ff.; Schmitt/Hörtnagl-*Hörtnagl*, UmwG/UmwStG, § 24 UmwG Rz. 77; Semler/Stengel/Leonard-*Moszka*, UmwG, § 24 Rz. 62; Lutter-*Hennrichs*, UmwG, § 24 Rz. 71; Kallmeyer-*Lanfermann*, UmwG, § 24 Rz. 47; a. A. *Kremer*, DB 1989, 492, 494 – Einstellung in Gewinnrücklagen.

151) IDW, Stellungnahme zur Rechnungslegung (RS HFA 42), Stand: 29.10.2012, Rz. 70, FN-IDW 12/2012, 701 ff.; *Hohenfels/Klinzing* in: MünchHdb. GesR, Bd. 8, § 58 Rz. 77; Kallmeyer-*Lanfermann*, UmwG, § 24 Rz. 47; Schmitt/Hörtnagl-*Hörtnagl*, UmwG/UmwStG, § 24 UmwG Rz. 76.

152) IDW, Stellungnahme zur Rechnungslegung (RS HFA 42), Stand: 29.10.2012, Rz. 70, FN-IDW 12/2012, 701 ff.; *Hohenfels/Klinzing* in: MünchHdb. GesR, Bd. 8, § 58 Rz. 77; Schmitt/Hörtnagl-*Hörtnagl*, UmwG/UmwStG, § 24 UmwG Rz. 76, der darauf hinweist, dass dies nach der bis 1994 geltenden Rechtslage möglich war, vgl. § 27 Abs. 2 KapErhG a. F.; § 348 Abs. 2 AktG a. F.; Rödder/Herlinghaus/van Lishaut-*Rödder*, UmwStG, Anh. 2 Rz. 49; a. A. Kallmeyer-*Lanfermann*, UmwG, § 24 Rz. 52 – für Rücklagenverrechnungsmöglichkeit in Unterpariemissionsfällen (vorrangig soll aber das Wahlrecht eingeschränkt sein; s. näher Rz. 109).

153) *Hohenfels/Klinzing* in: MünchHdb. GesR, Bd. 8, § 58 Rz. 80; Lutter-*Hennrichs*, UmwG, § 24 Rz. 71; *Maulbetsch* in: HK-UmwG, § 24 Rz. 69; wohl auch IDW, Stellungnahme zur Rechnungslegung (RS HFA 42), Stand: 29.10.2012, Rz. 73, FN-IDW 12/2012, 701 ff.

154) Allg.: *Adler/Düring/Schmaltz*, Rechnungslegung u. Unternehmensprüfung, Teilbd. 5, § 272 HGB Rz. 83; zur konkreten Streitfrage: Schmitt/Hörtnagl-*Hörtnagl*, UmwG/UmwStG, § 24 UmwG Rz. 78; *Rieder* in: BeckOGK-UmwG, § 24 Rz. 42; *Erkens* in: KölnKomm-UmwG, § 24 Rz. 93; auch Semler/Stengel/Leonard-*Moszka*, UmwG, § 24 Rz. 62, der zutr. darauf hinweist, dass die Relevanz des Streits für die Praxis begrenzt ist, da die Bedeutung des unterschiedlichen Ausweises bei der GmbH zu vernachlässigen ist (nur bei der AG und nur bei der Ausgabe neuer Anteile relevant wegen der Bindung gemäß § 150 AktG).

sichts des Wortlauts „**Ausgabe** von Anteilen" überzeugend, so dass positive Abweichungen in die **sonstige Rücklage** einzustellen sind. Ist das übernommene Reinvermögen **niedriger** als der **Ausgabebetrag der gewährten Anteile** (Gegenleistung), entsteht ein sofort ergebniswirksamer **Verschmelzungsverlust.**[155)]

(c) Keine Anteilsgewährung, Aufwärtsverschmelzung (Upstream-Merger)

78 Bei der **Verschmelzung** der Tochter- auf die Muttergesellschaft (Upstream-Merger) hält der aufnehmende Rechtsträger (Muttergesellschaft) ***sämtliche*** **Anteile am übertragenden Rechtsträger** (Tochtergesellschaft). Es existiert keine effektive **Gegenleistung;**[156)] eine Kapitalerhöhung ist unzulässig. Der **Verschmelzungsgewinn** bzw. -verlust ist der **Differenzbetrag** zwischen dem **Buchwert der untergegangenen Beteiligung** und dem **Buchwert des übernommenen Reinvermögens.** Dem IDW und der Literatur zufolge ist ein entstehender **Verschmelzungsgewinn** unmittelbar ergebniswirksam und in der Gewinn- und Verlustrechnung als **sonstiger betrieblicher Ertrag** zu erfassen.[157)] Bei einem Verschmelzungsverlust, d. h. das übernommene Reinvermögen ist niedriger als der Buchwert der ehemaligen Anteile, entsteht ein **sofort ergebniswirksamer** Verschmelzungsverlust.[158)]

(d) Mutter-Tochter-Verschmelzung (Downstream-Merger)

79 Bei **umgekehrter Verschmelzungsrichtung** (dem übertragenden Rechtsträger gehören die Anteile am übernehmenden Rechtsträger) besteht in der Literatur Streit darüber, wie mit der Ergebniswirksamkeit umzugehen ist. Sachverhalt und Streitstand sind mit der Situation beim Vorgehen nach **allgemeinen Anschaffungswerten** vergleichbar (siehe dazu oben Rz. 57). Im Falle eines positiven Wertes des übergehenden Reinvermögens nach Buchwerten ist der Differenzbetrag nach einer Meinung in die Kapitalrücklage nach § 272 Abs. 2 Nr. 4 HGB einzustellen, während er nach der Gegenansicht unmittelbar ergebnisrelevant (Verschmelzungsgewinn) wirkt.[159)] Ist das übergehende Vermögen zu Buchwert **geringer** als der Buchwert der untergehenden Anteile am übernehmenden Rechtsträger, wirkt dies nach einer Ansicht wie eine **Sachentnahme** und berührt die **Gewinn- und Verlustrechnung**

---

155) *Hohenfels/Klinzing* in: MünchHdb. GesR, Bd. 8, § 58 Rz. 80.

156) Schmitt/Hörtnagl-*Hörtnagl*, UmwG/UmwStG, § 24 UmwG Rz. 79 – die Gegenleistung besteht im Untergang der Anteile.

157) Schmitt/Hörtnagl-*Hörtnagl*, UmwG/UmwStG, § 24 UmwG Rz. 79; Lutter-*Priester/Hennrichs*, UmwG, 6. Aufl., § 24 Rz. 71; *Deubert/Hoffmann* in: Deubert/Förschle/Störk, Sonderbilanzen, K. Rz. 92; *Erkens* in: KölnKomm-UmwG, § 24 Rz. 93; *Bula/Thees* in: Sagasser/Bula, Umwandlungen, § 10 Rz. 250; *Hohenfels/Klinzing* in: MünchHdb. GesR, Bd. 8, § 58 Rz. 82; IDW, Stellungnahme zur Rechnungslegung (RS HFA 42), Stand: 29.10.2012, Rz. 72, FN-IDW 12/2012, 701 ff.; *Oser* in: IDW, Assurance, Kap. F Rz. 75; Widmann/Mayer-*Budde*, UmwR, § 24 UmwG Rz. 238; ähnl. Semler/Stengel/Leonard-*Moszka*, UmwG, § 24 Rz. 62 – Einstellen in die Gewinnrücklage.

158) IDW, Stellungnahme zur Rechnungslegung (RS HFA 42), Stand: 29.10.2012, Rz. 72, FN-IDW 12/2012, 701 ff.; *Hohenfels/Klinzing* in: MünchHdb. GesR, Bd. 8, § 58 Rz. 82; Schmitt/Hörtnagl-*Hörtnagl*, UmwG/UmwStG, § 24 UmwG Rz. 79; *Deubert/Hoffmann* in: Deubert/Förschle/Störk, Sonderbilanzen, K. Rz. 92; *Bula/Thees* in: Sagasser/Bula, Umwandlungen, § 10 Rz. 252; *Erkens* in: KölnKomm-UmwG, § 24 Rz. 91; Semler/Stengel/Leonard-*Moszka*, UmwG, § 24 Rz. 59.

159) Einstellung nach § 272 Abs. 2 Nr. 4 HGB: Schmitt/Hörtnagl-*Hörtnagl*, UmwG/UmwStG, § 24 UmwG Rz. 78; *Deubert/Hoffmann* in: Deubert/Förschle/Störk, Sonderbilanzen, § 10 Rz. 95; Widmann/Mayer-*Budde*, UmwR, § 24 UmwG Rz. 242; IDW, Stellungnahme zur Rechnungslegung (RS HFA 42), Stand: 29.10.2012, Rz. 74, FN-IDW 12/2012, 701 ff.; *Oser* in: IDW, Assurance, Kap. F Rz. 76; *Hohenfels/Klinzing* in: MünchHdb. GesR, Bd. 8, § 58 Rz. 84; a. A. bei *Erkens* in: KölnKomm-UmwG, § 24 Rz. 93 – erfolgswirksame Vereinnahmung; ebenso Kallmeyer-*Lanfermann*, UmwG, § 24 Rz. 39; *Bracksiek/Böttcher* in: NK-UmwG, § 24 Rz. 62; *Erkens* in: KölnKomm-UmwG, § 24 Rz. 93; Semler/Stengel/Leonard-*Moszka*, UmwG, § 24 Rz. 62 – Einstellung in Gewinnrücklage.

nicht, sondern verringert das **Eigenkapital** der Tochtergesellschaft.[160] Nach der Gegenansicht ist der solchermaßen entstehende **Verschmelzungsverlust** als außerordentlicher Aufwand ergebniswirksam.[161] Es erscheint zutreffender, der Maßnahme einen **Entnahmecharakter** beizumessen als denjenigen eines Verkehrsgeschäfts, weshalb die **Verrechnung mit der Rücklage** die überzeugendere Handhabung darstellt.

Die Grundsätze der Kapitalerhaltung sind zu beachten; die Maßnahme kann ggf. **gesellschaftsrechtlich unzulässig** sein, wenn die **Übernahme des Verbindlichkeitensaldos** das geschützte Kapital verletzt (siehe dazu oben Rz. 62). 80

(e) Verschmelzung unter Verzicht auf Anteilsgewährung

Die sehr praxisrelevanten Maßnahmen in Form der Seitwärtsverschmelzung, in denen die **Anteilsinhaber** von der **Verzichtsmöglichkeit** nach § 54 Abs. 1 Satz 3 (GmbH) oder § 68 Abs. 1 Satz 3 (AG) Gebrauch machen **(Sidestream-Merger)**, werden als **unentgeltlich** angesehen, da keine **Leistung im Gegenseitigkeitsverhältnis** erfolgt. Daher wird der Fall gemeinhin gleichlaufend zur Downstream-Verschmelzung behandelt. Positive Differenzen zwischen dem Buchwert der übergegangenen Vermögenswerte und der wegfallenden Beteiligung **(Verschmelzungsgewinn)** sind in die **Kapitalrücklage** nach § 272 Abs. 2 Nr. 4 HGB einzustellen.[162] Nach Ansicht des IDW und der wohl h. M. ist auch einem **Verschmelzungsverlust** durch Einstellung in das Eigenkapital zu begegnen.[163] Andererseits wird folgerichtig auch im Falle der **Buchwertfortführung** vertreten, dass ein **Umwandlungsverlust** ergebniswirksam zu erfassen sei.[164] Im Vergleich zum Vorgehen nach Anschaffungswerten (siehe dazu oben Rz. 63) (welches keine relevanten Unterschiede aufweist) wird deutlich, dass die ergebniswirksame Behandlung gut begründbar ist. 81

(f) Gemischte Fälle

In Fällen, in denen eine **Kombination der oben beschriebenen Fallgruppen** vorliegt, gelten die jeweiligen Grundsätze anteilig:[165] 82

- **Soweit** ein **Verschmelzungsgewinn** (anteilig gesehen) auf die Kapitalerhöhung entfällt, ist er in die Kapitalrücklage einzustellen (§ 272 Abs. 2 Nr. 1 HGB).[166]
- **Soweit** ein **Verschmelzungsgewinn** auf die **gruppeninterne (untergehende) Beteiligung** entfällt, wird er GuV-wirksam **vereinnahmt.**[167] Entsprechendes gilt spiegelbildlich für einen Verlust, der über die Gewinn- und Verlustrechnung ergebniswirksam wird.

160) *Hohenfels/Klinzing* in: MünchHdb. GesR, Bd. 8, § 58 Rz. 84; IDW, Stellungnahme zur Rechnungslegung (RS HFA 42), Stand: 29.10.2012, Rz. 74, FN-IDW 12/2012, 701 ff.; *Bula/Thees* in: Sagasser/Bula, Umwandlungen, § 10 Rz. 266; Widmann/Mayer-*Budde*, UmwR, § 24 UmwG Rz. 242.

161) Schmitt/Hörtnagl-*Hörtnagl*, UmwG/UmwStG, § 24 UmwG Rz. 78; Kallmeyer-*Lanfermann*, UmwG, § 24 Rz. 47; *Erkens* in: KölnKomm-UmwG, § 24 Rz. 91.

162) IDW, Stellungnahme zur Rechnungslegung (RS HFA 42), Stand: 29.10.2012, Rz. 75, FN-IDW 12/2012, 701 ff.; *Hohenfels/Klinzing* in: MünchHdb. GesR, Bd. 8, § 58 Rz. 86; Schmitt/Hörtnagl-*Hörtnagl*, UmwG/UmwStG, § 24 UmwG Rz. 80; Widmann/Mayer-*Budde*, UmwR, § 24 UmwG Rz. 244; *Oser* in: IDW, Assurance, Kap. F Rz. 76.

163) IDW, Stellungnahme zur Rechnungslegung (RS HFA 42), Stand: 29.10.2012, Rz. 75, FN-IDW 12/2012, 701 ff.; *Hohenfels/Klinzing* in: MünchHdb. GesR, Bd. 8, § 58 Rz. 86; *Bula/Thees* in: Sagasser/Bula, Umwandlungen, § 10 Rz. 274; Widmann/Mayer-*Budde*, UmwR, § 24 UmwG Rz. 244; *Oser* in: IDW, Assurance, Kap. F Rz. 76.

164) Schmitt/Hörtnagl-*Hörtnagl*, UmwG/UmwStG, § 24 UmwG Rz. 80.

165) Gleiches Vorgehen wie bei Neubewertungsmodell (s. dazu oben Rz. 66); so auch Schmitt/Hörtnagl-*Hörtnagl*, UmwG/UmwStG, § 24 UmwG Rz. 82; IDW, Stellungnahme zur Rechnungslegung (RS HFA 42), Stand: 29.10.2012, Rz. 76, FN-IDW 12/2012, 701 ff.; *Hohenfels/Klinzing* in: MünchHdb. GesR, Bd. 8, § 58 Rz. 88; Widmann/Mayer-*Budde*, UmwR, § 24 UmwG Rz. 246; *Deubert/Hoffmann* in: Deubert/Förschle/Störk, Sonderbilanzen, K Rz. 94.

166) *Hohenfels/Klinzing* in: MünchHdb. GesR, Bd. 8, § 58 Rz. 88.

167) *Hohenfels/Klinzing* in: MünchHdb. GesR, Bd. 8, § 58 Rz. 88.

(3) Besonderheiten bei anderen Rechtsformen

83 Im Falle von **Personengesellschaften** empfiehlt es sich, im Verschmelzungsvertrag festzulegen, wie ein entstehender Verschmelzungsgewinn zu behandeln ist, denn § 272 Abs. 2 Nr. 4 HGB **(Rücklage)** ist **nicht anwendbar.** Der Gewinn kann aber proratarisch auf die Kapitalkonten der Gesellschafter oder auf das **gesamthänderisch gebundene Rücklagenkonto** gebucht werden.[168)]

3. Aus Sicht der Anteilsinhaber

84 Der Wortlaut von § 24 umfasst die **bilanziellen Folgen** von Verschmelzungsmaßnahmen für die Anteilsinhaber nicht. Auch an anderer Stelle des Gesetzes erfolgt keine solche Behandlung. Zu betrachten sind die Perspektiven aus der Sicht der Anteilsinhaber des **übernehmenden** und des **übertragenden** Rechtsträgers.

85 Beim **übernehmenden Rechtsträger** stellen sich insoweit auch überhaupt **keine Besonderheiten:** Die den Anteilsinhabern gehörenden Geschäftsanteile unterliegen durch die Maßnahme **in keiner Variante** einer Veränderung.[169)] Auch beim **Downstream-Merger** erwirbt der Gesellschafter des übernehmenden Rechtsträgers (hierbei handelt es sich zugleich um den übertragenden Rechtsträger) keine Anteile, da bei ihm kein Durchgangserwerb stattfindet.[170)]

86 Anders stellt sich die Situation aus der Perspektive der Anteilsinhaber des **übertragenden Rechtsträgers** dar. Es ist allerdings auch hier danach zu differenzieren, welche Verschmelzungsvariante vorliegt (ohne/mit Anteilsgewährung). Ob nach § 24 die **Buchwerte fortgeführt** werden oder aber, ob nach allgemeinen **Anschaffungskostenregeln** bewertet wird, spielt keine Rolle.

a) Gewährung von Anteilen

87 In der vom Gesetzgeber als **Regelfall** vorgesehenen Konstellation erwerben die Anteilsinhaber des übertragenden Rechtsträgers **neue Anteile** am **übernehmenden Rechtsträger.** Sie **tauschen** ihre Anteile am übertragenden Rechtsträger gegen Anteile am übernehmenden Rechtsträger; die **Bewertung** auf Ebene der Anteilsinhaber wird durch den Wert der **untergehenden Anteile** determiniert. Der Wert bewegt sich zwischen deren **Buch-, Zwischen- und Zeitwert,** wobei hier der althergebrachte Meinungsstreit erneut relevant wird (siehe dazu oben Rz. 35 ff.): Nach der ganz h. A. besteht ein **Bewertungswahlrecht** zwischen den vorgenannten Werten;[171)] nach der **Gegenansicht** ist zwingend der **Zeitwert** der zutreffende Wert.[172)] Entstehende Differenzbeträge sind unmittelbar **GuV-wirksam.**[173)]

88 Werden **existierende eigene Anteile,** welche die übernehmende Gesellschaft innehat, an ihre Anteilseigner als **Gegenleistung** gewährt, gelten **keine Besonderheiten** gegenüber den vorstehenden Erwägungen.[174)]

---

168) *Rieder* in: BeckOGK-UmwG, § 24 Rz. 42; Lutter-*Hennrichs*, UmwG, § 24 Rz. 71; Kallmeyer-*Lanfermann*, UmwG, § 24 Rz. 47 – Einstellung in die Rücklage nach § 264c Abs. 2 Satz 1 Nr. II HGB bei Personengesellschaften gemäß § 264a HGB; ebenso Widmann/Mayer-*Budde*, UmwR, § 24 UmwG Rz. 233.

169) IDW, Stellungnahme zur Rechnungslegung (RS HFA 42), Stand: 29.10.2012, Rz. 81, FN-IDW 12/2012, 701 ff.; *Hohenfels/Klinzing* in: MünchHdb. GesR, Bd. 8, § 58 Rz. 98.

170) *Hohenfels/Klinzing* in: MünchHdb. GesR, Bd. 8, § 58 Rz. 99; Lutter-*Hennrichs*, UmwG, § 24 Rz. 61.

171) *Hohenfels/Klinzing* in: MünchHdb. GesR, Bd. 8, § 58 Rz. 93; IDW, Stellungnahme zur Rechnungslegung (RS HFA 42), Stand: 29.10.2012, Rz. 77, 46, FN-IDW 12/2012, 701 ff.; Rödder/Herlinghaus/van Lishaut-*Rödder*, UmwStG, Anh. 2 Rz. 54.

172) Schmitt/Hörtnagl-*Hörtnagl*, UmwG/UmwStG, § 24 UmwG Rz. 100.

173) *Hohenfels/Klinzing* in: MünchHdb. GesR, Bd. 8, § 58 Rz. 93.

174) *Hohenfels/Klinzing* in: MünchHdb. GesR, Bd. 8, § 58 Rz. 93.

b) Keine Anteilsgewährung, Aufwärtsverschmelzung (Upstream-Merger)

Bei der **Verschmelzung** der Tochter- auf die Muttergesellschaft (Upstream-Merger) ist der **übernehmende Rechtsträger** gleichzeitig der betroffene Anteilsinhaber, der allerdings keine Anteile erhält, sondern die **Vermögensgegenstände** des übertragenden Rechtsträgers. Für die Bewertung gelten die **Maßstäbe für den übernehmenden Rechtsträger** (nach h. A. **Bewertungswahlrecht**); siehe oben Rz. 52. 89

c) Mutter-Tochter-Verschmelzung (Downstream-Merger)

Bei **umgekehrter Verschmelzungsrichtung** (dem übertragenden Rechtsträger gehören die Anteile am übernehmenden Rechtsträger) fallen die **Anteile am übertragenden Rechtsträger** im Wege des **Direkterwerbs**, mithin **unmittelbar** im Zuge der Verschmelzung, an die Anteilsinhaber des übertragenden Rechtsträgers.[175] Bei dieser Betrachtung leuchtet es ein, **Tauschgrundsätze** anzuwenden, so dass auch den Anteilseignern das (streitige) Wahlrecht zwischen **Buch-, Zwischen- und Zeitwert** zusteht.[176] Nach einer Gegenansicht kann mit Blick auf die Unentgeltlichkeit **(kein Anschaffungsvorgang)** der **Buchwert** der fortbestehenden Beteiligung am übernehmenden Rechtsträger **beibehalten** werden und sich allerhöchstens unter dem Gesichtspunkt der nachhaltigen Wertsteigerung der Beteiligung erhöhen.[177] 90

d) Verschmelzung unter Verzicht auf Anteilsgewährung

Die sehr praxisrelevanten Maßnahmen in Form der Seitwärtsverschmelzung, in denen die **Anteilsinhaber** von der **Verzichtsmöglichkeit** nach § 54 Abs. 1 Satz 3 (GmbH) oder § 68 Abs. 1 Satz 3 (AG) Gebrauch machen **(Sidestream-Merger)**, werden als **unentgeltlich** angesehen. Es liegt keine Anschaffung vor. Die Literatur behandelt die Fälle als **verdeckte Einlage** und kommt teilweise mit der Betrachtung der Wertsteigerung der existierenden Beteiligung (deren „innerer Wert" sich erhöhe) zu einer **Fiktion** eines Tauschgeschäfts.[178] Eine Gegenansicht vertritt, der **Buchwert** der existierenden Beteiligung **könne beibehalten werden.** Es liegen keine Anschaffungskosten vor.[179] Komme es bei den Anteilen am übernehmenden Rechtsträger zu einem **Wertzuwachs** (ggf. unter dem Gesichtspunkt der nachhaltigen Wertsteigerung der Beteiligung), sei dieser nur ein Reflex der verdeckten Einlage.[180] 91

e) Gemischte Fälle

In **Kombinationsfällen** sind die Grundsätze anteilig anzuwenden. 92

---

175) *Hohenfels/Klinzing* in: MünchHdb. GesR, Bd. 8, § 58 Rz. 96, Lutter-*Hennrichs*, UmwG, § 24 Rz. 61; zum Streit, ob Direkt- oder Durchgangserwerb s. a. Fn. 100.

176) *Hohenfels/Klinzing* in: MünchHdb. GesR, Bd. 8, § 58 Rz. 96.

177) Schmitt/Hörtnagl-*Hörtnagl*, UmwG/UmwStG, § 24 UmwG Rz. 102: bzgl. Sidestream-Merger; ebenso *Schubert/Hutzler* in: Beck-BilanzKomm, § 255 HGB Rz. 146; vgl. hingegen IDW, Stellungnahme zur Rechnungslegung (RS HFA 42), Stand: 29.10.2012, Rz. 78, FN-IDW 12/2012, 701 ff. – wirtschaftlich trotz Verzicht Anteilsgewährung ein Tausch, daher Anwendung der Tauschgrundsätze; ebenso IDW Stellungnahme zur Rechnungslegung (RS HFA 43), Stand: 6.9.2012, Rz. 35, FN-IDW 12/2012, 714 ff.; *Roß/Drögemüller*, DB 2009, 580, 582; *Bahns*, Ubg 2010, 414, 415 f. – bzgl. Downstream-Merger keine Anwendung Tauschgrundsätze mangels Anschaffung neuer Vermögensgegenstand, aber Bewertung mit Buch- oder Zeitwert zulässig.

178) *Hohenfels/Klinzing* in: MünchHdb. GesR, Bd. 8, § 58 Rz. 97 – unter Berufung auf die Handhabung in IDW, Stellungnahme zur Rechnungslegung (RS HFA 42), Stand: 29.10.2012, Rz. 78, FN-IDW 12/2012, 701 ff.

179) Schmitt/Hörtnagl-*Hörtnagl*, UmwG/UmwStG, § 24 UmwG Rz. 102; *Schubert/Hutzler* in: Beck-BilanzKomm, § 255 HGB Rz. 146; Petersen/Zwirner-*Richter/Künkele/Zwirner*, System. PraxisKomm. BilanzR, § 255 HGB Rz. 119.

180) Schmitt/Hörtnagl-*Hörtnagl*, UmwG/UmwStG, § 24 UmwG Rz. 102.

4. Das Wahlrecht nach § 24

a) Allgemeines

93 Das Wahlrecht zwischen **Buchwertfortführung** und **Anschaffungskostenbewertung** fällt unter die Fallgruppe der **„echten Bilanzierungswahlrechte"**, die explizit vom Gesetzgeber eingeräumt werden.[181] Das Wahlrecht ergibt sich aus dem Wortlaut des § 24, nach dem der **übernehmende Rechtsträger** den Vermögensübergang bei der Verschmelzung alternativ zur **Fortführung der Buchwerte** nach allgemeinen Grundsätzen erfassen kann (siehe näher oben Rz. 3 ff.).[182]

b) Zeitpunkt der Ausübung

94 Das Wahlrecht ist bei **Maßnahmen zur Aufnahme** (d. h. übernehmender Rechtsträger **existiert bereits**) spätestens bei der Aufstellung des **ersten Jahresabschlusses** des übernehmenden Rechtsträgers auszuüben, in welchem er den Vermögensübergang zu erfassen hat.[183] Liegt eine Maßnahme **zur Neugründung** vor, kommt als entsprechender spätester Zeitpunkt für die Ausübung des Wahlrechts lediglich die **Eröffnungsbilanz** des **neu gegründeten Rechtsträgers** in Betracht. Umstritten ist, ob eine frühere Ausübung (im **Verschmelzungsvertrag**) möglich ist.[184] Hiergegen spricht der Wortlaut des § 24 („in den Jahresbilanzen"). Allerdings spricht einiges dafür, dass der Gesetzgeber den Wortlaut **nicht formell**, sondern **materiell** verstanden wissen wollte.

95 In der Literatur wird zudem als Argument für die Option einer Festlegung bereits im Verschmelzungsvertrag vorgebracht, dass **Anteilseignern** der beteiligten Rechtsträger eine **Einflussnahmemöglichkeit** auf das Wahlrecht ermöglicht werden soll. Dies rechtfertige sich durch die Tatsache, dass die Entscheidung direkte Auswirkungen auf das **Eigenkapital** (und damit das **Ausschüttungspotenzial**) der Gesellschaft hat.[185] Mit diesem Ansatz bewegt man sich nicht nur auf der **Zeitschiene**, sondern auch auf der Kompetenzzuweisungsebene. Man gesteht dann nämlich der Anteilseignerebene **Kompetenzen** zu, welche diesen – je nach Rechtsform – gesetzlich unter Umständen nicht zusteht (siehe dazu näher sogleich Rz. 98).

96 Billigt man den Beteiligten die Möglichkeit der Wahlrechtsausübung bei Vertragsschluss zu, so sind **Festlegungen im Verschmelzungsvertrag** erforderlich.[186] Erfolgt die Festlegung auf das Vorgehen nach Buchwertverknüpfung oder nach allgemeinen Grundsätzen bereits im Verschmelzungsvertrag, ist diese Festlegung **schuldrechtlich, aber nicht han-**

181) *Rieder* in: BeckOGK-UmwG, § 24 Rz. 43; *Erkens* in: KölnKomm-UmwG, § 24 Rz. 31.

182) Begr. Fraktionsentwurf UmwBerG z. § 24 UmwG, BR-Drucks. 75/94, S. 93 – zur Gesetzesänderung und der Ermöglichung der Vermeidung von Umwandlungsverlusten durch das Wahlrecht.

183) *Rieder* in: BeckOGK-UmwG, § 24 Rz. 43; Schmitt/Hörtnagl-*Hörtnagl*, UmwG/UmwStG, § 24 UmwG Rz. 86; Kallmeyer-*Lanfermann*, UmwG, § 24 Rz. 17; *Erkens* in: KölnKomm-UmwG, § 24 Rz. 31; IDW, Stellungnahme zur Rechnungslegung (RS HFA 42), Stand: 29.10.2012, Rz. 35, FN-IDW 12/2012, 701 ff.; Lutter-*Hennrichs*, UmwG, § 24 Rz. 77.

184) Vgl. *Rieder* in: BeckOGK-UmwG, § 24 Rz. 44; Schmitt/Hörtnagl-*Hörtnagl*, UmwG/UmwStG, § 24 UmwG Rz. 88; Kallmeyer-*Lanfermann*, UmwG, § 24 Rz. 17; *Erkens* in: KölnKomm-UmwG, § 24 Rz. 32 f.; IDW, Stellungnahme zur Rechnungslegung (RS HFA 42), Stand: 29.10.2012, Rz. 32 f., FN-IDW 12/2012, 701 ff.; Lutter-*Hennrichs*, UmwG, § 24 Rz. 78; *Bracksiek/Böttcher* in: NK-UmwG, § 24 Rz. 29.

185) *Rieder* in: BeckOGK-UmwG, § 24 Rz. 44.

186) *Rieder* in: BeckOGK-UmwG, § 24 Rz. 44, und Semler/Stengel/Leonard-*Moszka*, UmwG, § 24 Rz. 67, weisen zutr. darauf hin, dass derartige Festlegungen in der Praxis sehr verbreitet sind. Semler/Stengel/Leonard-*Moszka*, UmwG, § 24 Rz. 71, weist zu Recht darauf hin, dass es Konstellationen gibt, in denen eine Festlegung im Verschmelzungsvertrag zwingend ist, weil sich nur aus der Wahlrechtsausübung für das Handelsregister prüffähig ergibt, ob eine Gründungsprüfung nach § 69 veranlasst werden muss.

dels- oder steuerrechtlich bindend[187] und kann durch **Vertragsänderung**, welche von den Gesellschaftern zu genehmigen ist, bis zum obengenannten spätesten Zeitpunkt abgeändert werden.

c) Einheitlichkeit

Innerhalb einer **umwandlungsrechtlichen Maßnahme** darf das Wahlrecht zwischen Wertverknüpfung und Anschaffungswerten nur einheitlich für alle übernommenen Vermögensgegenstände und Verbindlichkeiten ausgeübt werden.[188] Soweit ersichtlich, ist dies unumstritten.[189] Das Vorgenannte gilt auch für die „gemischten Fälle" (siehe zu diesen oben Rz. 66), in denen zum Teil Anteile gewährt werden und zum anderen Teil zugleich Beteiligungen untergehen.[190] Allerdings gilt diese Einschränkung nur für **ein und denselben übertragenden Rechtsträger.** Soweit **mehrere Rechtsträger** verschmolzen werden, sei es, weil mehrere Einzelmaßnahmen nebeneinander stattfinden, oder weil eine echte Gesamtverschmelzung vorliegt, bei der mehrere Verschmelzungen auf denselben Rechtsträger nur als Einheit vollzogen werden sollen (siehe dazu oben § 1 Rz. 57 [*Stiegler*]),[191] kann das Wahlrecht für jeden dieser Rechtsträger **abweichend** ausgeübt werden.[192] 97

d) Zuständigkeit

Für die Ausübung des Wahlrechts ist prima facie dasjenige **Organ** zuständig, welches nach den allgemeinen Regeln **zur Feststellung des Jahresabschlusses** berufen ist,[193] denn durch **Feststellung** (nicht: Aufstellung) wird der Jahresabschluss final verbindlich. Damit hängt die **Zuständigkeit für die Wahlrechtsausübung** von der Rechtsform ab, da nicht alle Gesellschaftsformen vorsehen, dass die Anteilseignerebene für die Feststellung zuständig ist (insbesondere nicht die AG). Bedeutende Stimmen in der Literatur befürworten allerdings, 98

187) *Rieder* in: BeckOGK-UmwG, § 24 Rz. 44, spricht deshalb zu Recht davon, dass die Festlegung im Verschmelzungsvertrag keine Ausübung „im engeren Sinne" darstellt; a. A. *Erkens* in: KölnKomm-UmwG, § 24 Rz. 32 f.: grundsätzlich keine Rechtsbindung und sofern doch Bindungswirkung im Einzelfall zu bejahen, dann bloß interne Absprache zwischen übertragendem und übernehmenden Rechtsträger.

188) IDW, Stellungnahme zur Rechnungslegung (RS HFA 42), Stand: 29.10.2012, Rz. 35, FN-IDW 12/2012, 701 ff.; Widmann/Mayer-*Budde*, UmwR, § 24 UmwG Rz. 167; *Hohenfels/Klinzing* in: MünchHdb. GesR, Bd. 8, § 58 Rz. 49; Kallmeyer-*Lanfermann*, UmwG, § 24 Rz. 17; Lutter-*Hennrichs*, UmwG, § 24 Rz. 76; *Bracksiek/Böttcher* in: NK-UmwG, § 24 Rz. 25; *Bula/Thees* in: Sagasser/Bula, Umwandlungen, § 10 Rz. 99; *Naumann* in: FS Ludewig, S. 709.

189) Lediglich Semler/Stengel/Leonard-*Moszka*, UmwG, § 24 Rz. 74, weist darauf hin, dass dem Wortlaut des § 24 keine dahingehende Einschränkung zu entnehmen ist, auch wenn sogleich eingeräumt wird, dass eine aufgespaltene Ausübung innerhalb desselben Jahresabschlusses in der Praxis kaum durchführbar wäre und den Bereich der Grundsätze ordnungsgemäßer Buchführung verlassen würde. I. E. dazu *Pohl*, Handelsbilanzen bei der Verschmelzung von Kapitalgesellschaften, S. 124 ff.

190) Schmitt/Hörtnagl-*Hörtnagl*, UmwG/UmwStG, § 24 UmwG Rz. 85, Lutter-*Hennrichs*, § 24 Rz. 76; *Hohenfels/Klinzing* in: MünchHdb. GesR, Bd. 8, § 58 Rz. 49.

191) Zur Mehrfachverschmelzung vgl. Schmitt/Hörtnagl-*Winter*, UmwG/UmwStG, § 2 UmwG Rz. 9; *Leuering* in: KölnKomm-UmwG, § 2 Rz. 180 ff.

192) IDW, Stellungnahme zur Rechnungslegung (RS HFA 42), Stand: 29.10.2012, Rz. 35, FN-IDW 12/2012, 701 ff.; *Rieder* in: BeckOGK-UmwG, § 24 Rz. 45; *Hohenfels/Klinzing* in: MünchHdb. GesR, Bd. 8, § 58 Rz. 49; *Maulbetsch* in: HK-UmwG, § 24 Rz. 72; Kallmeyer-*Lanfermann*, UmwG, § 24 Rz. 17; Lutter-*Hennrichs*, UmwG, § 24 Rz. 76.

193) So die ganz h. A., vgl. z. B. Widmann/Mayer-*Budde*, UmwR, § 24 UmwG Rz. 266; Kallmeyer-*Lanfermann*, UmwG, § 24 Rz. 50; Semler/Stengel/Leonard-*Moszka*, UmwG, § 24 Rz. 65; Schmitt/Hörtnagl-*Hörtnagl*, UmwG/UmwStG, § 24 UmwG Rz. 86; IDW, Stellungnahme zur Rechnungslegung (RS HFA 42), Stand: 29.10.2012, Rz. 35, FN-IDW 12/2012, 701 ff.; Lutter-*Hennrichs*, UmwG, § 24 Rz. 77; *Deubert/Hoffmann* in: Deubert/Förschle/Störk, Sonderbilanzen, K. Rz. 5.

dass die **Zuständigkeit in allen Fällen** der **Anteilseignerebene** zustehen muss.[194] Eine vermittelnde Ansicht möchte die Anteilseigner zumindest in **„Holzmüller"**[195]**-ähnlichen Situationen** involvieren. Der Meinungsstreit wird aufgrund der unterschiedlichen Kompetenzzuordnungen nicht bei allen Rechtsformen relevant.

aa) GmbH

99 Bei der GmbH kommt der dargestellte Meinungsstreit nicht zum Tragen. Nach § 46 Nr. 1 GmbHG liegt die **Feststellungskompetenz** bei der **Gesellschafterversammlung**. Das durch die Geschäftsführung i. R. ihrer **Aufstellungskompetenz** nach § 41 GmbHG bzw. § 264 Abs. 1 HGB bereits ausgeübte **Wahlrecht** hat aufgrund des freien **Abänderungsrechtes** der Gesellschafter[196] lediglich vorbereitenden Charakter. Diese Grundsätze gelten sowohl bei **Maßnahmen zur Aufnahme**, als auch **zur Neugründung**.[197]

bb) AG

100 Bei der AG stellt sich die Situation deutlich anders dar: Zunächst ist das Vertretungsorgan, der Vorstand, zur **Aufstellung des Jahresabschlusses** verpflichtet; die Aufstellung als solche ist Geschäftsführungsmaßnahme.[198] Billigt der Aufsichtsrat den Jahresabschluss in der Folge, gilt dieser als **festgestellt**. Lediglich wenn der Aufsichtsrat die Billigung verweigert, oder Aufsichtsrat und Vorstand gemeinsam so beschließen, geht die Feststellungskompetenz auf die **Hauptversammlung** über.[199] Mit diesen Zuweisungsregelungen, wendete man sie unmodifiziert auf die Ausübung des Wahlrechts nach § 24 an, würde man zu dem Ergebnis gelangen, dass die **Hauptversammlung nur in Ausnahmefällen** mit der Entscheidung pro/contra Buchwertfortführung befasst wird.

101 Dies nehmen gewichtige Stimmen in der Literatur zum Anlass, die Kompetenz zur Zustimmung zur umwandlungsgesetzlichen Maßnahme (Erfordernis eines Zustimmungsbeschlusses, § 13 Abs. 1 Satz 1) auf das Wahlrecht nach § 24 zu erstrecken.[200] Diese Erstreckung als eine Art **„Annexkompetenz"** wird wiederum heftig dafür kritisiert, dass sie auf **grundsätzliche methodische Bedenken** stoße, da **mangels Regelungslücke** kein Raum für eine Analogie bestehe und die Herangehensweise den Regelungsgehalt des § 13 im Wege

194) *Rieder* in: BeckOGK-UmwG, § 24 Rz. 46: Wahlrecht – zumindest auch – für Anteilsinhaber; *Erkens* in: KölnKomm-UmwG, § 24 Rz. 36, 40 – Aufstellungsorgan zuständig, ggf. aber Pflicht zur Rücksichtnahme auf Ausschüttungsfähigkeit; *Priester*, AG 2019, 640, 642 – Entscheidungskompetenz stets bei Gesellschaftern, auch bei AG (entgegen § 172 AktG).

195) BGH, Urt. v. 25.2.1982 – II ZR 174/80 (Holzmüller), BGHZ 83, 122 = NJW 1982, 1703.

196) Vgl. Semler/Stengel/Leonard-*Moszka*, UmwG, § 24 Rz. 66; Scholz-*K. Schmidt/Bochmann*, GmbHG, § 46 Rz. 14.

197) Semler/Stengel/Leonard-*Moszka*, UmwG, § 24 Rz. 66 f.; um die Kompetenzzuweisung bei Maßnahmen zur Neugründung nicht zu verzerren, wird mehrheitlich angenommen, auch die Eröffnungsbilanz des neuen Rechtsträgers sei wie der Jahresabschluss durch die Gesellschafter festzustellen, Semler/Stengel/Leonard-*Moszka*, UmwG, § 24 Rz. 67 – unter Hinweis auf die a. A. bei *Störk/Schellhorn* in: Deubert/Förschle/Störk, Sonderbilanzen, D. Rz. 253.

198) § 264 HGB; BGH, Urt. v. 29.3.1996 – II ZR 263/94, BGHZ 132, 263 = NJW 1996, 1678; Semler/Stengel/Leonard-Moszka, UmwG, § 24 Rz. 68 ff.

199) §§ 172, 173 AktG.

200) *Rieder* in: BeckOGK-UmwG, § 24 Rz. 46: Wahlrecht – zumindest auch – für Anteilsinhaber mit dem Argument, dass die Entscheidung über das Wahlrecht nach § 24 unmittelbar in der Entscheidung gemäß § 13 (Zustimmung zur Verschmelzung) enthalten sei, da die Entscheidung über das Wahlrecht „einen Bestandteil des Verschmelzungsvorganges darstellt"; ebenso *Bracksiek/Böttcher* in: NK-UmwG, § 24 Rz. 27; *Erkens* in: KölnKomm-UmwG, § 24 Rz. 36, 40 – Aufstellungsorgan zuständig, ggf. aber Pflicht zur Rücksichtnahme auf Ausschüttungsfähigkeit; *Priester*, AG 2019, 640, 642 – Entscheidungskompetenz stets bei Gesellschaftern, auch bei AG (entgegen § 172 AktG).

einer **unzulässigen Rechtsfortbildung contra legem** überspanne.[201] Die Kritik scheint berechtigt, wenn man sich die Hauptversammlungskompetenz zur Entscheidung über die Gewinnverwendung genauer betrachtet. Die **Gewinnrelevanz** stellt das Hauptargument für die Literaturansicht dar, welche die Hauptversammlung in allen Fällen in die **Entscheidung über das Wahlrecht** einbeziehen will:

- Gemäß § 174 Abs. 1 Satz 1 AktG beschließt die Hauptversammlung über die Verwendung des Bilanzgewinns.
- Allerdings ist sie dabei gemäß § 174 Abs. 1 Satz 2 AktG an den **festgestellten** Jahresabschluss **gebunden**.
- Vor diesem Hintergrund kann die Hauptversammlung nach der Entscheidung des Gesetzgebers **keinen direkten Einfluss** auf den Inhalt des Jahresabschlusses (mithin in der Regel auch nur schwerlich auf die Ausübung von **Bilanzierungswahlrechten**) ausüben.

Die Ansicht, welche der Hauptversammlung stets die Einflussnahme auf das Wahlrecht 102
einräumt, scheint folglich mit dem **Willen des Gesetzgebers** nur schwer vereinbar.

Eine andere Frage ist es, ob die **Wahlrechtsausübung** in **extremen Ausnahmesituationen** 103
einen schwerwiegenden Eingriff in die Rechte und Interessen der Aktionäre haben kann, so dass die Kompetenzverteilung unter den Organen i. S. der **Holzmüller-Rechtsprechung**[202] verschoben sein könnte. Dies ist eine Frage des Einzelfalls. In solchermaßen gelagerten Einzelfällen sieht die **vermittelnde Ansicht** den Vorstand als verpflichtet an, gemäß § 119 Abs. 2 AktG die Entscheidung der Hauptversammlung zu verlangen.[203] Möchten die Aktionäre das Wahlrecht in eine bestimmte Richtung lenken, können sie diese Entscheidung an die **Zustimmung zum Verschmelzungsvertrag** (§ 13 Abs. 1 Satz 1) knüpfen. Damit können die Aktionäre das **Wahlrecht** für den Einzelfall **an sich ziehen**. Der Ansicht, dass die Aktionäre in Form einer Annexkompetenz stets die Entscheidungsmöglichkeit über das Wahlrecht haben sollten, ist somit auch das praktische Erfordernis genommen.[204]

cc) oHG, KG

Bei den Personengesellschaften sind die Gesellschafter als **Feststellungsorgan** für die Aus- 104
übung des Wahlrechts zuständig.[205]

e) Grenzen des Wahlrechts

Bei der Ausübung des Wahlrechts sind die zuständigen Organe grundsätzlich in ihrer Ent- 105
scheidung frei. In der Literatur wird indessen unter vielfältigen Gesichtspunkten vorgetragen, dass die Ausübung des Wahlrechts immanenten und einzelfallbezogenen Schranken unterliege, welche zu einer Ermessensreduzierung hin zur Anschaffungskostenmethode führen,[206] allerdings ohne dass dies durch die Rechtsprechung bestätigt worden wäre.

201) So Semler/Stengel/Leonard-Moszka, UmwG, § 24 Rz. 69.

202) BGH, Urt. v. 25.2.1982 – II ZR 174/80 (Holzmüller), BGHZ 83, 122 = NJW 1982, 1703. Fortgeführt v. BGH, Urt. v. 26.4.2004 – II ZR 155/02 (Gelatine), NJW 2004, 1860 = AG 2004, 384; s. a. BGH, Urt. v. 25.11.2002 – II ZR 133/01 (Macroton), BGHZ 153, 47 = NZG 2003, 280, und BGH, Beschl. v. 8.10.2013 – II ZB 26/12, NJW 2014, 146 = AG 2013, 877 – Aufgabe Macroton-Rspr. Ausf. Darstellung der Rspr.-Entwicklung bei *Koch*, AktG, § 119 Rz. 16 ff.

203) So Semler/Stengel/Leonard-*Moszka*, UmwG, § 24 Rz. 70.

204) Vgl. Semler/Stengel/Leonard-*Moszka*, UmwG, § 24 Rz. 70 f.; Lutter-*Hennrichs*, UmwG, § 24 Rz. 78; Schmitt/Hörtnagl-*Hörtnagl*, UmwG/UmwStG, § 24 UmwG Rz. 88.

205) Vgl. §§ 121, 161 Abs. 2 HGB; BGH, Urt. v. 29.3.1996 – II ZR 263/94, BGHZ 132, 263 = NJW 1996, 1678; Lutter-*Hennrichs*, UmwG, § 24 Rz. 77; Semler/Stengel/Leonard-*Moszka*, UmwG, § 24 Rz. 73.

206) Grundlegend *Priester*, GmbHR 1999, 1273, 1274 ff. m. w. N.

aa) Allgemeine Grundsätze

106 Nach einzelnen Literaturstimmen muss die **Ausübung des Wahlrechts** stets **„willkürfrei"** erfolgen und darf **„nicht missbräuchlich"** ausgeübt werden.[207] In dieser Allgemeinheit wird diese Aussage allerdings von der Mehrheit der Literaturstimmen **nicht unterstützt**.[208] Vielmehr ist der etwas restriktivere Ansatz anerkannt, dass das Wahlrecht unter sehr engen Voraussetzungen (zu Recht beschränkt auf Extremfälle) eingeschränkt sein kann; auch hierfür sind allerdings keine Gerichtsentscheidungen bekannt geworden. Die gesetzgeberische Entscheidung für ein freies Wahlrecht ist grundsätzlich zu respektieren.[209]

bb) Grundsätze ordnungsmäßiger Buchführung

107 Grundsätzlich hat der **Jahresabschluss** von Kapitalgesellschaften „unter Beachtung der **Grundsätze ordnungsmäßiger Buchführung** ein den **tatsächlichen Verhältnissen entsprechendes Bild der Vermögens-, Finanz- und Ertragslage** der Kapitalgesellschaft zu vermitteln" (**§ 264 Abs. 2 Satz 1 HGB**). Bei der Buchwertfortführung wird gegen diesen Grundsatz prima facie vor allem dann eklatant verstoßen, wenn eine große **Spanne zwischen Buch- und Zeitwert** existiert. Es stellt sich die Frage, ob in diesen Fällen eine Wahlrechtseinschränkung Platz greift, um dem **Grundsatzverstoß** entgegenzuwirken.[210] Hiergegen sprechen allerdings zahlreiche Argumente, weshalb die Frage von der aktuellen Literatur **einhellig verneint** wird:[211] Der Gesetzgeber hat durch die Ausnahmeregelung des § 264 Abs. 2 Satz 2 HGB (Kompensation des Verstoßes durch Erläuterung im Anhang)[212] und eine Reihe von Vorschriften, in denen die **Buchwertfortführung** vorausgesetzt wird, zu verstehen gegeben, dass § 264 Abs. 2 Satz 1 HGB keinen unabdingbaren Vorrang gegenüber Sondervorschriften enthält.[213]

cc) Selbstbindung durch Festlegung im Vertrag?

108 Oftmals finden sich im Verschmelzungsvertrag Festlegungen zur Ausübung des Wahlrechts (siehe näher dazu oben Rz. 94).[214] An diese sind die Gesellschafter allerdings nicht zwingend gebunden, da die Festlegung im Vertrag nicht die **eigentliche Ausübung des Wahlrechts** darstellt. Verstöße gegen die Festlegung können sich freilich im Innenverhältnis oder gesellschaftsrechtlich auswirken. **Unwirksam** machen sie den Jahresabschluss aber nicht.[215]

---

207) Kallmeyer-*Lanfermann*, UmwG, § 24 Rz. 51.

208) Krit. daher Schmitt/Hörtnagl-*Hörtnagl*, UmwG/UmwStG, § 24 UmwG Rz. 90.

209) Schmitt/Hörtnagl-*Hörtnagl*, UmwG/UmwStG, § 24 UmwG Rz. 90; Lutter-*Hennrichs*, UmwG, § 24 Rz. 81.

210) In diese Richtung bereits vor Einführung des Wahlrechts *Schulze-Osterloh*, ZGR 1993, 420, 425 f.

211) Lutter-*Hennrichs*, UmwG, § 24 Rz. 79 ff.; *Bula/Thees* in: Sagasser/Bula, Umwandlungen, § 10 Rz. 94; *Erkens* in: KölnKomm-UmwG, § 24 Rz. 46; *Rieder* in: BeckOGK-UmwG,§ 24 Rz. 50; Schmitt/Hörtnagl-*Hörtnagl*, UmwG/UmwStG, § 24 UmwG Rz. 91; Semler/Stengel/Leonard-*Moszka*, UmwG, § 24 Rz. 79; *Hennrichs* in: FS Krieger, S. 351; Henssler/Strohn-*Ca. Müller*, GesR, § 24 UmwG Rz. 5; *Scherrer* in: FS Claussen, S. 747; *Mujkanovic*, BB 1995, 1735, 1738: § 264 Abs. 2 Satz 1 HGB ist kein „overriding principle"; zust. *Naumann* in: FS Ludewig, S. 711.

212) Schmitt/Hörtnagl-*Hörtnagl*, UmwG/UmwStG, § 24 UmwG Rz. 91; *Rieder* in: BeckOGK-UmwG, § 24 Rz. 50.

213) Dies zeigt schon die Normenhierarchie von § 264 HGB und § 24 UmwG als lex posterior bzw. streng genommen (mit der Literatur, vgl. Semler/Stengel/Leonard-*Moszka*, UmwG, § 24 Rz. 79; *Rieder* in: BeckOGK-UmwG, § 24 Rz. 50) lex specialis, da nicht der gleiche Sachverhalt geregelt werden sollte. So auch *Mujkanovic*, BB 1995, 1735, 1738 – § 264 Abs. 2 Satz 1 HGB enthält kein „overriding principle"; zust. *Naumann* in: FS Ludewig, S. 711; *Scherrer* in: FS Claussen, S. 747. Auch § 69 geht von der Möglichkeit der Buchwertfortführung bei Kapitalgesellschaften aus.

214) Fn. 204.

215) Schmitt/Hörtnagl-*Hörtnagl*, UmwG/UmwStG, § 24 UmwG Rz. 88.

Jedenfalls ist eine **Vertragsanpassung** ratsam (siehe näher dazu oben Rz. 96); sie muss nach einer vereinzelt gebliebenen Ansicht einer Abweichung vorgeschaltet werden.[216)]

dd) Kapitalschutz und Verbot der „formellen Unterpariemmission"?

109 Man könnte darüber hinaus annehmen, dass eine Ausübung des Wahlrechts im Falle der Einbringung von **Vermögensgegenständen mit insgesamt negativem Saldo** eingeschränkt sei. In solchen Fällen könnte es geboten sein, **den jeweils höheren** (Anschaffungs-)Wert zu wählen. Angezeigt könnte dies sein, wenn das eingebrachte Vermögen in seinem **Saldo** hinter dem neu ausgegebenen **Nominal (bei Kapitalerhöhung)** zurückbleibt oder aber – aus Kapitalschutzgesichtspunkten – wenn durch **Einbringung eines negativen Saldos** die Deckung des aktuellen Kapitals beeinträchtigt wird.[217)] Es stellt sich allerdings die Frage, inwieweit es zum Gläubigerschutz beitragen soll, wenn das Wahlrecht eingeschränkt wird: Dem aufnehmenden Rechtsträger wird hierdurch kein zusätzliches Vermögen zugeführt. **Materiell** führt die Wahlrechtsausübung nicht zu einer Vermögensmehrung oder -minderung, weshalb von **„formeller" Unterpariemission** gesprochen wird. Aus Gläubigerschutzgesichtspunkten ergibt sich auch gar keine Notwendigkeit, das Wahlrecht einzuschränken. Denn die Kapitalaufbringungs- und Kapitalschutzregeln bewirken zusätzlich zur registerlichen Prüfung eine Ausschüttungssperre, was dem Gläubigerschutz zuträglich ist. Eine Ausübungsschranke aufgrund Kapitalaufbringungs- und Kapitalschutzgesichtspunkten ist daher **abzulehnen.**[218)]

ee) Gesellschafterliche Treuepflicht

110 Eine Einschränkung der Ausübung des Wahlrechts könnte sich schlussendlich aus der **gesellschafterlichen Treuepflicht** ergeben, wenn das **Ausschüttungspotenzial** durch die Buchwertfortführung erheblich **beeinträchtigt** wird. Es wird vertreten, dass in Extremfällen eine Ermessensreduzierung dahingehend eintreten kann, dass zwingend eine **Neubewertung** stattzufinden hat.[219)] Dies wäre in Fällen mit hohem **Verschmelzungsverlust** der Fall. Bei Lichte betrachtet wird aber auch diese Verschiebung vom Gesetzgeber **toleriert.** Sie dürfte auch ein lediglich zeitliches Moment haben, da es nur zu einer Verlagerung der Ausschüttungen auf der Zeitschiene kommen dürfte, da die geringere Ausschüttung zu entsprechend **höheren Ergebnissen** in der Zukunft führen dürfte.[220)]

IV. Grenzüberschreitende Verschmelzungen

111 Gemäß §§ 305 ff. i. d. F. des **UmRUG**[221)] können deutsche Kapitalgesellschaften sowohl auf EU/EWR-Gesellschaften verschmolzen werden **(Hinausverschmelzung)** als auch um-

216) *Priester*, AG 2019, 640, 642. Zur Änderung des Verschmelzungsvertrages vgl. Kallmeyer-*Lanfermann*, UmwG, § 24 Rz. 18.

217) In diese Richtung *Wegener*, DB 2018, 2071, 2073. Insoweit kommt es allerdings zu einer registerlichen Prüfung. Auch beim Sachagio tendieren die Registergerichte inzwischen zu einer dahingehenden Prüfung (i. R. der §§ 9 ff. GmbHG), näher dazu *Lubberich*, DNotZ 2016, 164.

218) Ebenso Semler/Stengel/Leonard-*Moszka*, UmwG, § 24 Rz. 81; Schmitt/Hörtnagl-*Hörtnagl*, UmwG/UmwStG, § 24 UmwG Rz. 89; *Maulbetsch* in: HK-UmwG, § 24 Rz. 79; Lutter-*Hennrichs*, UmwG, § 24 Rz. 85; *Erkens* in: KölnKomm-UmwG, § 24 Rz. 42 f.; *Rieder* in: BeckOGK-UmwG, § 24 Rz. 49; *Priester*, AG 2019, 640, 643; a. A. Kallmeyer-*Lanfermann*, UmwG, § 24 Rz. 18; *W. Müller*, WPg 1996, 587, 864.

219) Schmitt/Hörtnagl-*Hörtnagl*, UmwG/UmwStG, § 24 UmwG Rz. 92; Kallmeyer-*Lanfermann*, UmwG, § 24 Rz. 51; *Erkens* in: KölnKomm-UmwG, § 24 Rz. 40; a. A. Semler/Stengel/Leonard-*Moszka*, UmwG, § 24 Rz. 80 – Ausschüttungsinteressen bleiben unberücksichtigt; ebenso *Rieder* in: BeckOGK-UmwG, § 24 Rz. 48; Lutter-*Hennrichs*, UmwG, § 24 Rz. 82 m. w. N.

220) Semler/Stengel/Leonard-*Moszka*, UmwG, § 24 Rz. 80; *Mujkanovic*, BB 1995, 1735, 1738.

221) Gesetz zur Umsetzung der Umwandlungsrichtlinie und zur Änderung weiterer Gesetze (UmRUG), v. 22.2.2023, BGBl. I 2023, 51.

gekehrt (**Hereinverschmelzung**). Dem Grunde nach unstreitig ist, dass § 24 auf diese Verschmelzungen prima facie **Anwendung findet**, da Spezialregelungen zur Bilanzierung übernommener Vermögenswerte für **grenzüberschreitende Verschmelzungen** nicht existieren.[222)]

112 Die einzige diesbezügliche (abstrakte) Verpflichtung ordnet § 307 Abs. 2 Nr. 11 dahingehend an, dass Angaben zur Bewertung des Aktiv- und Passivvermögens im Verschmelzungsplan verpflichtend sind. Die beiden **Verschmelzungsrichtungen** sind **gesondert** zu betrachten, da § 24 prinzipiell auf der Seite des übertragenden Rechtsträgers, der zur Erstellung einer Schlussbilanz verpflichtet ist, keine Rolle spielt.

1. Hereinverschmelzung

113 Für die beteiligten Rechtsträger gelten die §§ 305 ff. und speziell kraft des Verweises in § 305 Abs. 2 auch § 24. Für den übertragenden Rechtsträger sind allerdings in § 24 keinerlei Rechte und Pflichten enthalten (siehe oben Rz. 6 ff.). Die Rechte und Pflichten aus § 24 treffen vielmehr nur den **übernehmenden Rechtsträger**, der zur Wahlrechtsausübung grundsätzlich auch ebenso berechtigt ist, wie es der aufnehmende Rechtsträger bei der rein inländischen Verschmelzung. Es ergeben sich einige Besonderheiten:

- Die Wahlrechtsausübung muss **im Verschmelzungsplan** enthalten sein, § 307 Abs. 2 Nr. 11.[223)] Nach der Gegenansicht kann die Wahlrechtsausübung auch später im Zusammenhang mit der Aufstellung des Jahresabschlusses erfolgen, solange der Mindestinhalt des Verschmelzungsplans vorhanden ist.[224)]
- Die Buchwertverknüpfung kommt nur in Betracht, wenn der übertragende Rechtsträger eine **Bilanz** i. S. von § 17 Abs. 2 erstellt. Dies kann sich daraus ergeben, dass er nach den anwendbaren gesetzlichen Bestimmungen dazu **verpflichtet** ist. Es kann aber auch im **Verschmelzungsplan** geregelt werden, dass eine Schlussbilanz erstellt werden muss.[225)]
- Im Falle der **Buchwertfortführung** kann sich für einzelne Bilanzpositionen Anpassungsbedarf daraus ergeben, dass der übertragende Rechtsträger nicht nach den **inländischen handelsgesetzlichen Vorschriften (HGB, GoB)** bilanziert, sondern nach den

---

222) IDW, Stellungnahme zur Rechnungslegung (RS HFA 42), Stand: 29.10.2012, Rz. 2, FN-IDW 12/2012, 701 ff.; Lutter-*Hennrichs*, UmwG, § 24 Rz. 92; Schmitt/Hörtnagl-*Hörtnagl*, UmwG/UmwStG, § 24 UmwG Rz. 112.

223) IDW, Stellungnahme zur Rechnungslegung (RS HFA 42), Stand: 29.10.2012, Rz. 87, FN-IDW 12/2012, 701 ff.; *Gutkès* in: Sagasser/Bula, Umwandlungen, § 13 Rz. 86; *Hohenfels/Klinzing* in: MünchHdb. GesR, Bd. 8, § 58 Rz. 105 – zu § 122c Abs. 2 Nr. 11 a. F.; Semler/Stengel/Leonard-*Drinhausen*, UmwG, § 122c Rz. 36 – zu § 122c Abs. 2 Nr. 11 a. F.; Kallmeyer-*Lanfermann*, UmwG, § 307 Rz. 39; Lutter-*Bayer/J. Schmidt*, UmwG, § 307 Rz. 53; Widmann/Mayer-*Budde*, UmwR, § 24 UmwG Rz. 335; die Pflicht wird gemeinhin daraus gefolgert, dass der Verschmelzungsplan nach dem Gesetzeswortlaut „Angaben zur Bewertung des Aktiv- und Passivvermögens, das auf die übernehmende oder neue Gesellschaft übertragen wird", enthalten muss. Die Schlussfolgerung ist genau genommen sprachlich nicht zwingend und engt die Wahlrechtsausübung nach § 24 ein, worauf Semler/Stengel/Leonard-*Moszka*, UmwG, § 24 Rz. 106, hinweist, der die Ansicht als „Versuch, die Vorschrift einer sinnstiftenden Auslegung" (zit. nach Habersack/Drinhausen-*Kiem*, SE-Recht, § 307 UmwG Rz. 38) einordnet, aber einräumt, dass die Praxis den registerverfahrensrechtlich sichersten Weg zu wählen hat und daher gut beraten ist, die Wahlrechtsausübung in den Plan mit aufzunehmen, wenn nicht ein anderes individuell abgestimmt wurde.

224) Schmitt/Hörtnagl-*Hörtnagl*, UmwG/UmwStG, § 307 UmwG Rz. 32; *Klett* in: BeckOGK-UmwG, § 24 Rz. 69. Ein vermittelnder Ansatz wird vertreten von *Simon/Rubner*, DK 2006, 835, 838; *Vetter*, AG 2006, 613, 618 f. – eine Festlegung ist im Verschmelzungsplan erforderlich, wenn die ausländische Rechtsordnung dies vorschreibt.

225) IDW, Stellungnahme zur Rechnungslegung (RS HFA 42), Stand: 29.10.2012, Rz. 87, FN-IDW 12/2012, 701 ff.; *Hohenfels/Klinzing* in: MünchHdb. GesR, Bd. 8, § 58 Rz. 107; Lutter-*Hennrichs*, UmwG, § 24 Rz. 93; Schmitt/Hörtnagl-*Hörtnagl*, UmwG/UmwStG, § 24 UmwG Rz. 112; Widmann/Mayer-*Budde*, UmwR, § 24 UmwG Rz. 335; *W. Müller* in: FS Raupach, S. 271.

lokal auf ihn anwendbaren Bilanzierungsvorschriften. Dies gilt auch für die Schlussbilanz nach § 17 Abs. 2, da die generische Verweisung aus § 305 Abs. 2 anderenfalls nicht europarechtskonform wäre.[226)] Bilanzposten, die nach deutschem Recht nicht angesetzt werden dürfen, können **nicht fortgeführt** werden.[227)] Auch müssen Wertanpassungen erfolgen, wenn **Schulden unterbewertet** wurden oder **Vermögensgegenstände** mit einem **Buchwert** geführt werden, der den **Zeitwert übersteigt**. Die Anpassungen erfolgen erfolgsneutral.[228)]

2. Hinausverschmelzung

Für die beteiligten Rechtsträger gelten die **§§ 305 ff.** und speziell kraft des **Verweises** in **§ 305 Abs. 2** auch § 24. Allerdings begründet § 24 für den **übertragenden Rechtsträger** keine Rechte und Pflichten, da dieser lediglich seine Schlussbilanz nach § 17 Abs. 2 erstellen muss. Für diese entfaltet § 24 jedoch keine Bedeutung. Die anwendbaren Vorschriften sind identisch zum Fall der reinen Inlandsverschmelzung.[229)] 114

Für den **übernehmenden Rechtsträger** gelten bei der Hinausverschmelzung zudem ausschließlich die **Bilanzierungsvorschriften seines Sitzstatuts**. Folglich spielt auch für diesen § 24 keine Rolle,[230)] mit der Folge, dass § 24 für die Fälle der **Hinausverschmelzung nicht zur Anwendung** kommt. Eine Abweichung von den deutschen **Bilanzierungsregeln/GoB** in Ansatz oder Bewertung ist auch dann unzulässig, wenn das Recht des Sitzstaates des übernehmenden Rechtsträgers diese verlangen würde; dies steht auch nicht zur Disposition der Verschmelzungsparteien.[231)] 115

V. Steuerrechtliche Situation

Die **steuerrechtlichen Bilanzierungsregeln** im Zusammenhang mit Umwandlungsmaßnahmen weichen erheblich von der auf die **Handelsbilanz** anwendbaren Regelung des § 24 ab.[232)] Als Ausnahme vom **Maßgeblichkeitsgrundsatz** in § 5 Abs. 1 Satz 1 EStG sind die Bilanzierung und die zugehörigen **Wahlrechte** in **Spezialnormen des UmwStG** gesondert für die verschiedenen Rechtsformen geregelt.[233)] Auch soweit steuerlich i. E. Wahlrechte gegeben sind, stimmen diese **nicht mit den handelsrechtlichen Wahlrechten** überein. Auch 116

226) Schmitt/Hörtnagl-*Hörtnagl*, UmwG/UmwStG, § 24 UmwG Rz. 113; Kallmeyer-*Lanfermann*, UmwG, § 24 Rz. 63; Rödder/Herlinghaus/van Lishaut-*Rödder*, UmwStG, Anh. 2 Rz. 64; IDW, Stellungnahme zur Rechnungslegung (RS HFA 42), Stand: 29.10.2012, Rz. 89, FN-IDW 12/2012, 701 ff.

227) IDW, Stellungnahme zur Rechnungslegung (RS HFA 42), Stand: 29.10.2012, Rz. 90, FN-IDW 12/2012, 701 ff.; Kallmeyer-*Lanfermann*, UmwG, § 24 Rz. 63; Semler/Stengel/Leonard-*Moszka*, UmwG, § 24 Rz. 106.

228) IDW, Stellungnahme zur Rechnungslegung (RS HFA 42), Stand: 29.10.2012, Rz. 91, FN-IDW 12/2012, 701 ff.; Lutter-*Hennrichs*, UmwG, § 24 Rz. 93; Rödder/Herlinghaus/van Lishaut-*Rödder*, UmwStG, Anh. 2 Rz. 66; Schmitt/Hörtnagl-*Hörtnagl*, UmwG/UmwStG, § 24 UmwG Rz. 113; Widmann/Mayer-*Budde*, UmwR, § 24 UmwG Rz. 337.

229) Semler/Stengel/Leonard-*Moszka*, UmwG, § 24 Rz. 105; IDW, Stellungnahme zur Rechnungslegung (RS HFA 42), Stand: 29.10.2012, Rz. 84, FN-IDW 12/2012, 701 ff.; Lutter-*Hennrichs*, UmwG, § 24 Rz. 94; *Hohenfels/Klinzing* in: MünchHdb. GesR, Bd. 8, § 58 Rz. 102; *Erkens* in: KölnKomm-UmwG, § 24 Rz. 96; zu möglichen Besonderheiten vgl. *W. Müller* in: FS Raupach, S. 269 f.

230) Es ist aber denkbar, dass die Rechtsordnung des Sitzstatuts des aufnehmenden Rechtsträgers ein ähnl. Wahlrecht vorsieht, vgl. *Hohenfels/Klinzing* in: MünchHdb. GesR, Bd. 8, § 58 Rz. 103.

231) Semler/Stengel/Leonard-*Moszka*, UmwG, § 24 Rz. 105.

232) Das UmwStG geht vom Grundsatz der Bewertung zum gemeinen Wert aus, §§ 3 Abs. 1, 11 Abs. 1 UmwStG.

233) Das Prinzip der umgekehrten Maßgeblichkeit (§ 5 Abs. 1 Satz 2 EStG a. F.) wurde bereits durch das BilMoG abgeschafft. Ausf. Erörterung zur Frage, ob bei Verschmelzungen die einfache oder die umgekehrte Maßgeblichkeit die Handels- und Steuerbilanz aneinander binden bei *Bacmeister*, DStR 1996, 121 – i. Erg. verneinend.

Wertaufholungen finden nicht statt, wenn handelsrechtlich keine Buchwertfortführung gewählt wird.[234)]

1. Verschmelzung von Kapitalgesellschaften auf Personengesellschaften

117 Die steuerlichen Bewertungsregeln für die **Verschmelzung von juristischen Personen** auf **Personengesellschaften** (bzw. auf den einzigen Anteilsinhaber) finden sich in **§§ 3 ff. UmwStG**. Dem Grunde nach gilt hier, dass der übertragende Rechtsträger die übertragenen Vermögenswerte in seiner verpflichtenden steuerlichen Schlussbilanz gemäß § 3 Abs. 1 Satz 1 UmwStG **zum gemeinen Wert** anzusetzen hat. In der weiteren Folge ist der übernehmende Rechtsträger an die **Bewertung des übertragenden Rechtsträgers** gebunden, § 4 Abs. 1 UmwStG. Auf Antrag kann unter den Voraussetzungen des § 3 Abs. 2 UmwStG (inländische Besteuerung) der Buchwert oder ein Zwischenwert angesetzt werden, der unter dem gemeinen Wert liegt.

2. Verschmelzung von Kapitalgesellschaften auf Kapitalgesellschaften

118 Ist der **übernehmende Rechtsträger** ebenfalls eine **Kapitalgesellschaft,** finden §§ 11 ff. UmwStG Anwendung. Nach § 11 Abs. 1 Satz 1 UmwStG hat der übertragende Rechtsträger die übertragenen Vermögenswerte in seiner verpflichtenden **steuerlichen Schlussbilanz** zum gemeinen Wert anzusetzen. Auch in der Fallgruppe ist der übernehmende Rechtsträger an die **Bewertung des übertragenden Rechtsträgers** gebunden, **§ 12 Abs. 1 Satz 1 UmwStG.** Auf Antrag kann auch hier unter den Voraussetzungen des § 11 Abs. 2 UmwStG (Sicherstellung der **inländischen Besteuerung** der stillen Reserven) der Buchwert oder ein Zwischenwert angesetzt werden. Obergrenze ist stets der gemeine Wert.

3. Verschmelzung von Personengesellschaften auf Personengesellschaften

119 Die Verschmelzung von **Personengesellschaften** wird steuerlich als Einbringungsmaßnahme qualifiziert. Für die **Verschmelzung einer Personengesellschaft** auf eine andere Personengesellschaft, für die **Spaltung einer Personengesellschaft** auf eine Personengesellschaft und für die **Ausgliederung aus dem Vermögen einer Kapitalgesellschaft** auf eine Personengesellschaft ist der Tatbestand des § 24 UmwStG erfüllt:[235)] Der übernehmende Rechtsträger hat das übergehende Vermögen in der **Gesamthandsbilanz** und in den **Ergänzungsbilanzen** gemäß § 24 Abs. 2 Satz 1 Halbs. 1 UmwStG zum **gemeinen Wert** anzusetzen. Unter den Voraussetzungen des § 24 Abs. 2 Satz 2 UmwStG kann auf Antrag abweichend der Buchwert oder ein höherer Zwischenwert angesetzt werden.

4. Verschmelzung von Personengesellschaften auf Kapitalgesellschaften

120 Ist der übernehmende Rechtsträger eine **Kapitalgesellschaft**, ist die Verschmelzung (oder auch die Ausgliederung) von §§ 20, 21 UmwStG erfasst. Der übernehmende Rechtsträger hat das übergehende Vermögen mit dem **gemeinen Wert** anzusetzen, unter gewissen Voraussetzungen besteht aber das Wahlrecht zur Übernahme der Buchwerte oder zum Ansatz mit einem Zeitwert (§§ 20 Abs. 2, 21 UmwStG).

---

234) Schmitt/Hörtnagl-*Hörtnagl*, UmwG/UmwStG, § 24 UmwG Rz. 108; grundlegend *Behrens*, BB 2009, 318.

235) Allerdings gilt dies nur, wenn der übertragende Rechtsträger bereits Betriebsvermögen hatte, Semler/Stengel/Leonard-*Moszka*, UmwG, § 24 Rz. 100.

§ 25
Schadenersatzpflicht der Verwaltungsträger der übertragenden Rechtsträger*)

(1) [1]Die Mitglieder des Vertretungsorgans und, wenn ein Aufsichtsorgan vorhanden ist, des Aufsichtsorgans eines übertragenden Rechtsträgers sind als Gesamtschuldner zum Ersatz des Schadens verpflichtet, den dieser Rechtsträger, seine Anteilsinhaber oder seine Gläubiger durch die Verschmelzung erleiden. [2]Mitglieder der Organe, die bei der Prüfung der Vermögenslage der Rechtsträger und beim Abschluß des Verschmelzungsvertrags ihre Sorgfaltspflicht beobachtet haben, sind von der Ersatzpflicht befreit.

(2) [1]Für diese Ansprüche sowie weitere Ansprüche, die sich für und gegen den übertragenden Rechtsträger nach den allgemeinen Vorschriften auf Grund der Verschmelzung ergeben, gilt dieser Rechtsträger als fortbestehend. [2]Forderungen und Verbindlichkeiten vereinigen sich insoweit durch die Verschmelzung nicht.

(3) Die Ansprüche aus Absatz 1 verjähren in fünf Jahren seit dem Tage, an dem die Eintragung der Verschmelzung in das Register des Sitzes des übernehmenden Rechtsträgers nach § 19 Abs. 3 bekannt gemacht worden ist.

*) § 25 i. d. F. des UmwBerG geändert durch Art. 8 des Gesetzes über elektronische Handelsregister und Genossenschaftsregister sowie das Unternehmensregister (EHUG), v. 10.11.2006, BGBl. I 2006, 2553.

Literatur: *Blasche/Söntgerath*, Verschmelzung: Möglichkeiten des übertragenden Rechtsträgers zur Einflussnahme auf die Geschäftspolitik des übernehmenden Rechtsträgers, BB 2009, 1432; *Clemm/Dürrschmidt*, Überlegungen zu den Sorgfaltspflichten für Vertretungs- und Aufsichtsorgane bei der Verschmelzung von Unternehmen gem. §§ 25 und 27 UmwG, in: Festschrift für Siegfried Widmann, 2000, S. 3; *Goette*, Zur Verteilung der Darlegungs- und Beweislast der objektiven Pflichtwidrigkeit bei der Organhaftung, ZGR 1995, 648; *Kiem*, Die Ermittlung der Verschmelzungswertrelation bei der grenzüberschreitenden Verschmelzung, ZGR 2007, 542; *Pöllath/Philipp*, Unternehmenskauf und Verschmelzung: Pflichten und Haftung von Vorstand und Geschäftsführer, DB 2005, 1503; *Schnorbus*, Grundlagen der persönlichen Haftung von Organmitgliedern nach § 25 Abs. 1 UmwG, ZHR 167 (2003), 666; *Siebel/Gebauer*, Prognosen im Aktien- und Kapitalmarktrecht, WM 2001, 173.

Übersicht

I. Normzweck

1 § 25, der mit seinen Vorgängerregelungen[1] weitestgehend inhaltsgleich ist,[2] regelt die Schadensersatzpflichten der Organmitglieder des übertragenden Rechtsträgers für Sorgfaltspflichtsverletzungen bei der **Prüfung der Vermögenslage** der an der Verschmelzung beteiligten Rechtsträger oder beim **Abschluss des Verschmelzungsvertrages** gegenüber **drei Kategorien** von **Anspruchstellern.**

2 Anspruchsberechtigt sind der **übertragende Rechtsträger**, dessen **Anteilsinhaber**, sowie **Gläubiger** des übertragenden Rechtsträgers.

3 Sind Schadensersatzansprüche in dieser Weise grundsätzlich gegeben, so wird der **Fortbestand** des übertragenden Rechtsträgers **fingiert** (§ 25 Abs. 2 Satz 1) und zu diesem Zweck zusätzlich explizit die eventuelle **Konfusion** durchbrochen (§ 25 Abs. 2 Satz 2).

4 Besondere Bedeutung kommt der Norm dadurch zu, dass sie einen **allgemeinen Grundsatz** des Gesellschaftsrechts durchbricht: Eine Organhaftung verbleibt grundsätzlich im **Innenverhältnis** und entsteht ausschließlich **gegenüber der Gesellschaft.** Gläubiger könnten nach allgemeinen Grundsätzen der Organhaftung nur im Wege der **Zwangsvollstreckung** auf diese Ansprüche zugreifen, indem sie diese pfänden und sich überweisen lassen.[3] § 25 statuiert demgegenüber eine **direkte Außenhaftung der Organmitglieder** des übertragenden Rechtsträgers.

II. Haftungstatbestand (§ 25 Abs. 1)

5 § 25 Abs. 1 beinhaltet den **Schadensersatztatbestand** für die pflichtwidrige Verursachung von Schäden. Haftungsvoraussetzungen eines Anspruchs gemäß § 25 sind eine **schuldhafte Pflichtverletzung** und ein hierdurch ursächlich hervorgetretener **Schaden.**

1. Pflichtverletzung

6 Der Schadensersatztatbestand setzt zunächst eine **Verletzung der Sorgfaltspflicht** voraus. Die Sorgfaltspflichtsverletzung muss bei der **Prüfung der Vermögenslage** der an der Verschmelzung beteiligten Rechtsträger oder beim **Abschluss des Verschmelzungsvertrages** begangen worden sein. Sonstige Pflichtverletzungen fallen nicht unter § 25 Abs. 1.[4] Kommen dennoch weitere Pflichtverletzungen in Betracht, etwa, weil nach Vertragsschluss (nach Abschluss des Spaltungvertrages) eine Pflicht verletzt wird, bspw. in der Form, dass eine fehlerhafte Anmeldung einer Verschmelzung zum Handelsregister vorgenommen wurde, werden die allgemeinen Haftungstatbestände der Spezialgesetze **nicht durch § 25 verdrängt** (etwa §§ 43, 52 GmbHG, §§ 93, 116 AktG). Diese Vorschriften bleiben anwendbar und treten **neben eine etwaige Haftung** aus § 25.[5]

---

1) § 349 AktG a. F. setzte Art. 20 der Verschmelzungsrichtlinie um (Richtlinie 2011/35/EU des Europäischen Parlaments und des Rates v. 5.4.2011 über die Verschmelzung von Aktiengesellschaften [Verschmelzungsrichtlinie], ABl. (EU) L 110/1, v. 29.4.2011); Vorgängerregelungen von § 25 sind aber auch (rechtsformspezifisch) § 28 KapErhG, § 93n GenG, § 44a Abs. 3 VAG.

2) Semler/Stengel/Leonard-*Leonard*, UmwG, § 25 Rz. 2; Schmitt/Hörtnagl-*Winter*, UmwG/UmwStG, § 25 UmwG Rz. 2.

3) Semler/Stengel/Leonard-*Leonard*, UmwG, § 25 Rz. 1 – diesbezüglich rechtspolitische Bedenken; Lutter-*Grunewald*, UmwG, § 25 Rz. 2; *Erkens* in: KölnKomm-UmwG, § 25 Rz. 1; *Burg/Nordhues* in: NK-UmwG, § 25 Rz. 1; Widmann/Mayer-*Vossius*, UmwR, § 25 UmwG Rz. 2; *Rieder* in: BeckOGK-UmwG, § 25 Rz. 2.

4) Semler/Stengel/Leonard-*Leonard*, UmwG, § 25 Rz. 8; Kallmeyer-*Oppenhoff*, UmwG, § 25 Rz. 6; Lutter/*Grunewald*, UmwG, § 25 Rz. 11; Widmann/Mayer-*Vossius*, UmwR, § 25 UmwG Rz. 22.

5) Lutter-*Grunewald*, UmwG, § 25 Rz. 11; *Burg/Nordhues* in: NK-UmwG, § 25 Rz. 5; Widmann/Mayer-*Vossius*, UmwR, § 25 UmwG Rz. 22; *Erkens* in: KölnKomm-UmwG, § 25 Rz. 25.

a) Prüfung der Vermögenslage

Die Sorgfaltspflicht bei der Prüfung der Vermögenslage besteht sowohl für den übertragenden als auch für den übernehmenden Rechtsträger. Der genaue **Umfang der Sorgfaltspflichten** bei der Prüfung der Vermögenslage der beteiligten Rechtsträger ist unklar. Nach Ansicht der Literatur ist der Tatbestand deshalb nicht hinreichend klar umrissen.[6] 7

Bestimmte Einzelfälle der Sorgfaltspflichtsverletzung sind jedoch allgemein anerkannt. So umfasst die Sorgfaltspflicht bspw. die Pflicht zur überlegten **Auswahl der Verschmelzungsprüfer.**[7] Andererseits ist die Sorgfaltspflicht nicht schon etwa dann verletzt, wenn sich nach Durchführung der Verschmelzung herausstellen sollte, dass die Bewertung der beteiligten Rechtsträger korrigiert werden muss.[8] Freilich sind die Organmitglieder zu **vorsichtiger Ermittlung** und **Prüfung der Bewertungsfragen** verpflichtet. Ihnen stehen aber die **üblichen kaufmännischen Ermessensspielräume** zu.[9] Die Maßnahmen innerhalb dieses Ermessensspielräume sind gerichtlich nur begrenzt überprüfbar. Jedenfalls empfiehlt sich aber in dem Fall, dass nicht hinreichend genaue Kenntnisse über die operativen, rechtlichen und finanziellen Details des jeweils anderen beteiligten Rechtsträgers vorhanden sind, die Durchführung einer **Due Diligence-Prüfung** bei den beteiligten Rechtsträgern, um sicherzustellen, dass der Sorgfaltspflicht Genüge getan werden kann.[10] 8

Besondere Vorsicht bei der Prüfung der Vermögenslage ist in der **Krise** eines der beteiligten Rechtsträgers geboten. Grundsätzlich sind Umstrukturierungsmaßnahmen auch in der Krise möglich. Nach zutreffender vorherrschender Ansicht herrscht auch kein genereller **Vorrang der Insolvenzantragspflicht** vor dem Recht zur Durchführung umwandlungsgesetzlicher Maßnahmen.[11] 9

Folglich kann **jeder nicht aufgelöste Rechtsträger** eine Umwandlung durchführen, unbeschadet des Vorliegens von Insolvenzgründen. Die dabei entstehenden besonderen Risiken bedürfen erhöhter Vorsicht **(Due Diligence-Prüfung).**[12] 10

b) Abschluss des Verschmelzungsvertrages

Beim Abschluss des Verschmelzungsvertrages obliegt den Organen zunächst die zutreffende **Einhaltung der rechtlichen Voraussetzungen** der Verschmelzung.[13] Die anwendba- 11

---

6) Semler/Stengel/Leonard-*Leonard*, UmwG, § 25 Rz. 9; *Rieder* in: BeckOGK-UmwG, § 25 Rz. 6; Lutter-*Grunewald*, UmwG, § 25 Rz. 9.

7) Semler/Stengel/Leonard-*Leonard*, UmwG, § 25 Rz. 9; Lutter-*Grunewald*, UmwG, § 25 Rz. 9; *Erkens* in: KölnKomm-UmwG, § 25 Rz. 27.

8) Semler/Stengel/Leonard-*Leonard*, UmwG, § 25 Rz. 9.

9) BGH, Urt. v. 21.4.1997 – II ZR 175/95 (ARAG/Garmenbeck), BGHZ 135, 244, 251 ff. = NJW 1997, 1926, 1927 f. – in Anlehnung an die amerikanische „Business Judgment Rule“, vgl. auch § 93 Abs. 1 Satz 2 AktG; Kallmeyer-*Oppenhoff*, UmwG, § 25 Rz. 6; Semler/Stengel/Leonard-*Leonard*, UmwG, § 25 Rz. 9; Lutter-*Grunewald*, UmwG, § 25 Rz. 9; *Erkens* in: KölnKomm-UmwG, § 25 Rz. 29; *Rieder* in: BeckOGK-UmwG, § 25 Rz. 7; *Pöllath/Philipp*, DB 2005, 1503, 1506 f.

10) *Rieder* in: BeckOGK-UmwG, § 25 Rz. 7; Kallmeyer-*Oppenhoff*, UmwG, § 25 Rz. 6; Semler/Stengel/Leonard-*Leonard*, UmwG, § 25 Rz. 9; Lutter-*Grunewald*, UmwG, § 25 Rz. 9; *Schnorbus*, ZHR 167 (2003), 666, 684; *Clemm/Dürrschmidt* in: FS Widmann, S. 14; *Pöllath/Phillip*, DB 2005, 1503, 1505; *Kiem*, ZGR 2007, 542, 547 ff.

11) OLG Stuttgart, Beschl. v. 4.10.2005 – 8 W 426/05, NZG 2006, 159, 160 = DB 2005, 2681, 2682; Reul/Heckschen/Wienberg-*Heckschen*, Insolvenzrecht, § 4 Rz. 509 m. w. N.; *Burg/Nordhues* in:NK-UmwG, § 25 Rz. 6; *Brünkmans* in: MünchHdb. GesR, Bd. 8, § 45 Rz. 8 m. w. N.; *Limmer* in: Limmer, Hdb. Unternehmensumwandlung, Kap. 10 Rz. 6 m. w. N.

12) *Burg/Nordhues* in: NK-UmwG, § 25 Rz. 6; *Rieder* in: BeckOGK-UmwG, § 25 Rz. 7; Kallmeyer-*Oppenhoff*, UmwG, § 25 Rz. 6; Semler/Stengel/Leonard-*Leonard*, UmwG, § 25 Rz. 9; Lutter-*Grunewald*, UmwG, § 25 Rz. 9; *Schnorbus*, ZHR 167 (2003), 666, 684; *Clemm/Dürrschmidt* in: FS Widmann, S. 14; *Pöllath/Phillip*, DB 2005, 1503, 1505; *Kiem*, ZGR 2007, 542, 547 ff.

13) Semler/Stengel/Leonard-*Leonard*, UmwG, § 25 Rz. 10; *Rieder* in: BeckOGK-UmwG, § 25 Rz. 10; Lutter-*Grunewald*, UmwG, § 25 Rz. 10; Schmitt/Hörtnagl-*Winter*, UmwG/UmwStG, § 25 UmwG Rz. 22; *Stockburger* in: HK-UmwG, § 25 Rz. 12.

ren **Formvorschriften** und **Zustimmungserfordernisse** sind zu beachten. Dazu kommt die vorschriftsmäßige **Berichterstattung** und **Auskunftserteilung** gegenüber den Anteilsinhabern.[14)]

12 Besondere Sorgfalt müssen die Organe bei der **Ermittlung des Umtauschverhältnisses** wahren, denn dieses findet unmittelbar im Verschmelzungsvertrag Niederschlag.[15)]

13 Allerdings haben die Organträger auch bei Abschluss des Verschmelzungsvertrages einen beträchtlichen **Einschätzungs- und Beurteilungsspielraum.**[16)]

2. Kausaler Schaden

14 Der **Schadensbegriff** i. R. von § 25 umfasst nicht sämtliche nachteilige Folgen der Verschmelzung, sondern nur diejenigen Nachteile, die **kausal** auf der von § 25 erfassten Pflichtverletzung beruhen.[17)]

15 Der Anspruch ist ausschließlich durch **Entschädigung** zu erfüllen. **Naturalrestitution scheidet aus,** da die Erfüllung letztendlich die Rückgängigmachung von Verschmelzungsfolgen bedeuten würde und der Gesetzgeber eine Rückabwicklung der Verschmelzung nicht gewollt hat.[18)] Im Falle einer **unzutreffenden Ermittlung des Umtauschverhältnisses** stellt der Schaden bspw. die Abweichung zum korrekten Umtauschverhältnis dar.[19)] Der Schaden liegt nicht etwa in der Durchführung der Verschmelzung selbst oder im Erlöschen des übertragenden Rechtsträgers.[20)]

3. Verschulden

16 Die Haftung nach § 25 setzt neben der **objektiven Pflichtverletzung** ein **Verschulden** des in Anspruch genommenen Organmitglieds voraus. Der Sorgfaltspflichtsverstoß indiziert allerdings das Verschulden; die Organe können sich exkulpieren. Jede Form der Fahrlässigkeit genügt. Dies gilt auch für Ansprüche, welche von **Gläubigern** geltend gemacht werden.[21)]

4. Exkulpation, Beweislast und Ausschluss der Haftung

17 Der Wortlaut des Gesetzes stellt klar heraus, dass die **Beweislast** für die Sorgfaltspflichtverletzung den Anspruchsgegner, also **die in Anspruch genommenen Organe** trifft. Deren

---

14) Semler/Stengel/Leonard-*Leonard*, UmwG, § 25 Rz. 10; Lutter-*Grunewald*, UmwG, § 25 Rz. 10; *Erkens* in: KölnKomm-UmwG, § 25 Rz. 28; Widmann/Mayer-*Vossius*, UmwR, § 25 UmwG Rz. 21.

15) *Burg/Nordhues* in: NK-UmwG, § 25 Rz. 7; Kallmeyer-*Marsch-Barner/Oppenhoff*, UmwG, § 25 Rz. 6; *Simon* in: KölnKomm-UmwG, § 25 Rz. 28.

16) Bsp. bei LG Stuttgart, Urt. v. 8.3.1994 – 4 KfH O 6/94 (Daimler Benz AG/MAH), ZIP 1994, 631, 632 f. = AG 1994, 567, 567 f. – alleinige Kostenübernahme durch einen der beteiligten Rechtsträger liegt innerhalb des Beurteilungsspielraums; Semler/Stengel/Leonard-*Leonard*, UmwG, § 25 Rz. 10.

17) Kallmeyer-*Oppenhoff*, UmwG, § 25 Rz. 8; Semler/Stengel/Leonard-*Leonard*, UmwG, § 25 Rz. 17; Lutter-*Grunewald*, UmwG, § 25 Rz. 17; Schmitt/Hörtnagl-Winter, UmwG/UmwStG, § 25 UmwG Rz. 15; *Erkens* in: KölnKomm-UmwG, § 25 Rz. 21; *Schnorbus*, ZHR 167 (2003), 666, 691 f.

18) Begr. Fraktionsentwurf UmwBerG z. § 20 UmwG, BT-Drucks. 12/6699, S. 91 f. – „Entschmelzung" i. S. einer Rückübertragung der Vermögensgegenstände faktisch unmöglich; Widmann/Mayer-*Vossius*, UmwR, § 25 UmwG Rz. 20; *Burg/Nordhues* in: NK-UmwG, § 25 Rz. 9; Semler/Stengel/Leonard-*Leonard*, UmwG, § 25 Rz. 17; *Schnorbus*, ZHR 167 (2003), 666, 691; vgl. auch § 20 Abs. 2.

19) *Burg/Nordhues* in: NK-UmwG, § 25 Rz. 9.

20) Widmann/Mayer-*Vossius*, UmwR, § 25 UmwG Rz. 19; Kallmeyer-*Oppenhoff*, UmwG, § 25 Rz. 8; *Erkens* in: KölnKomm-UmwG, § 25 Rz. 22; *Rieder* in: BeckOGK-UmwG, § 25 Rz. 30.

21) Semler/Stengel/Leonard-*Leonard*, UmwG, § 25 Rz. 11, der auf die äußerst praxisbedeutsamen Unterschiede zu § 93 AktG hinweist, wonach nur die „Sorgfalt eines ordentlichen und gewissenhaften Geschäftsleiters" erforderlich ist; ebenso *Burg/Nordhues* in: NK-UmwG, § 25 Rz. 11 – betreffend § 43 Abs. 1 GmbHG.

Verschulden wird also zunächst vermutet. Die Organmitglieder können sich aber gemäß § 25 Abs. 1 Satz 2 durch den Nachweis zu entlasten, dass sie ihrer Sorgfaltspflicht genügt haben (Exkulpationsmöglichkeit).[22] Das in Anspruch genommene Organmitglied hat also den Nachweis zu erbringen, dass es **die gebotene Sorgfalt beachtet** hat und der Schaden mithin **nicht infolge einer Pflichtverletzung** seinerseits eingetreten ist.[23] Welche Umstände zur Exkulpation genügen, ist eine Frage des Einzelfalls. In jedem Fall ist die mangelnde Zurverfügungstellung von Unterlagen seitens des übertragenden Rechtsträgers oder auch mangelnde Sachkenntnis nicht ausreichend.[24]

Ein **Ausschluss der Haftung** kann sich möglicherweise aber durch Vorgabe der Vorge- 18 hensweise durch die Anteilsinhaber gegenüber den Leitungsorganen ergeben (Weisungen, zustimmende Gesellschafterbeschlüsse). Wann dies im Einzelfall der Fall sein kann, wird jedoch uneinheitlich beurteilt. Einigkeit besteht darüber, dass der **Verschmelzungsbeschluss** nach § 13 keine Enthaftung auslösen kann, da § 25 ansonsten keine Bedeutung zukäme.[25]

Ein Haftungsausschluss ist in **§ 93 Abs. 4 Satz 1 AktG** für den Fall vorgesehen, dass einem 19 Organhandeln ein **Beschluss der Hauptversammlung** vorausgegangen ist. Im Falle solcher konkreter **Weisungen in Form von Vorschaltbeschlüssen** wird von der h. M. die Möglichkeit eines Haftungsausschlusses befürwortet.[26]

Anderenorts wird zur Entlastung der Organmitglieder die Ausschlussvorschrift des § 93 20 **Abs. 5 Satz 3 AktG** entsprechend auf andere Rechtsträger angewendet.[27] Dies wird allerdings mehrheitlich abgelehnt, weil hiergegen spricht, dass die in § 93 Abs. 5 Satz 2 AktG erwähnten Katalogfälle in anderen Rechtsformen, z. B. bei der GmbH, gar nicht denkbar sind (oder ihrerseits Spezialregelungen erfahren haben wie z. B. § 9b Abs. 1 Satz 1 GmbHG oder §§ 43 Abs. 3 Satz 2 i. V. m. 9b Abs. 1 Satz 1 GmbHG).[28] Für die Praxis ist von Bedeutung, dass die **Entlastung der Verwaltungsorgane durch die Hauptversammlung** bei der AG jedenfalls kein Verzicht auf Ersatzansprüche bewirken kann.[29]

5. Anspruchsteller

Gemäß § 25 Abs. 1 sind potentielle Anspruchsteller **der übertragende Rechtsträger** sowie 21 seine **Anteilsinhaber** und ferner **dessen Gläubiger**. Nicht erfasst sind jedoch Schäden des **übernehmenden Rechtsträgers** oder **seiner Anteilsinhaber** und **Gläubiger**. Für diese finden die allgemeinen Vorschriften Anwendung.[30]

22) Semler/Stengel/Leonard-*Leonard*, UmwG, § 25 Rz. 8, Kallmeyer-*Oppenhoff*, UmwG, § 25 Rz. 6; Lutter-*Grunewald*, UmwG, § 25 Rz. 12; Schmitt/Hörtnagl-*Winter*, UmwG/UmwStG, § 25 UmwG Rz. 24; *Schnorbus*, ZHR 167 (2003), 666, 679 f.; zur Beweistlastverteilung bei Organhaftung allgemein vgl. *Goette*, ZGR 1995, 648, 671 ff.

23) *Burg/Nordhues* in: NK-UmwG, § 25 Rz. 13 Schmitt/Hörtnagl-*Winter*, UmwG/UmwStG, § 25 UmwG Rz. 24, 26; *Erkens* in: KölnKomm-UmwG, § 25 Rz. 33.

24) Widmann/Mayer-*Vossius*, UmwR, § 25 UmwG Rz. 33; Schmitt/Hörtnagl-*Winter*, UmwG/UmwStG, § 25 UmwG Rz. 25; *Burg/Nordhues* in: NK-UmwG, § 25 Rz. 13.

25) Lutter-*Grunewald*, UmwG, § 25 Rz. 19; Semler/Stengel/Leonard-*Leonard*, UmwG, § 25 Rz. 18; *Erkens* in: KölnKomm-UmwG, § 25 Rz. 35; Schmitt/Hörtnagl-*Winter*, UmwG/UmwStG, § 25 Rz. 29; Kallmeyer-*Grunewald*, UmwG, § 25 Rz. 7a.

26) *Rieder* in: BeckOGK-UmwG, § 25 Rz. 32; *Erkens* in: KölnKomm-UmwG, § 25 Rz. 36; Schmitt/Hörtnagl-*Winter*, UmwG/UmwStG, § 25 UmwG Rz. 30; *Burg/Nordhues* in: NK-UmwG, § 25 Rz. 14.

27) Semler/Stengel/Leonard-*Leonard*, UmwG, § 25 Rz. 21.

28) *Burg/Nordhues* in: NK-UmwG, § 25 Rz. 14.

29) § 120 Satz 2 AktG; Semler/Stengel/Leonard-*Leonard*, UmwG, § 25 Rz. 21; Kallmeyer-*Grunewald*, UmwG, § 25 Rz. 7a.

30) Semler/Stengel/Leonard-*Leonard*, UmwG, § 25 Rz. 12.

a) Schaden auf Ebene des übertragenden Rechtsträgers

22 In der Praxis werden nur sehr wenige Fälle bekannt, in denen ein Schadensersatzanspruch des **übertragenden Rechtsträgers** bejaht wurde.[31] In Betracht kämen allerhöchstens etwaige Schäden wegen **Rufschädigung** oder wegen der **Weitergabe von Geschäftsgeheimnissen** im Zusammenhang mit der Verschmelzung.[32]

b) Schaden auf Ebene der Anteilsinhaber

23 In der Praxis ist zunächst zu beachten, dass der Ersatz eines sog. **Reflexschadens** auf Ebene der Anteilsinhaber nicht in Betracht kommt.[33] Ein solcher Reflexschaden liegt vor, soweit dem **übertragenden Rechtsträger** Schadensersatzforderungen zustehen. Die Anteilsinhaber können sodann keinen Ausgleich dafür verlangen, dass der Wert ihrer Beteiligung infolge desselben Schadens gesunken ist.

24 Ein Schaden der Anteilsinhaber kann sich allerdings durch ein für sie **nachteiliges Umtauschverhältnis** ergeben.[34] Dies setzt voraus, dass das **nachteilige Verhältnis** auf einer nicht hinreichend sorgfältigen Prüfung der Vermögenslage der beteiligten Rechtsträger **beruht.**[35] Ist ein solcher Fall gegeben, können die Anteilsinhaber einen weiteren Rechtsbehelf wahrnehmen, in dem sie im **Spruchstellenverfahren** Ausgleich verlangen (§ 15, §§ 1 ff. SpruchG). Dieses Verfahren ist gegenüber dem Schadensersatzanspruch nach § 25 Abs. 1 **nicht vorrangig.**[36] Allerdings kann sich aus dem **Unterlassen der Einleitung** eines Spruchverfahrens ein Mitverschulden ergeben, welches sich der Anteilsinhaber zurechnen lassen muss (§ 254 Abs. 2 BGB).[37]

25 **Zuzahlungen,** die nach § 15 Abs. 1 erwirkt werden, sind i. R. der Schadensermittlung nach § 25 **anzurechnen.** Damit kommt ein Schaden aufgrund eines unzutreffenden Umtauschverhältnisses, der über § 25 kompensiert wird, in der Praxis nur dann in Betracht, wenn Ansprüche nach § 15 Abs. 1 Satz 1 beim übernehmenden Rechtsträger nicht durchgesetzt werden können.[38]

---

31) Kallmeyer-*Oppenhoff*, UmwG, § 25 Rz. 9; Semler/Stengel/Leonard-*Leonard*, UmwG, § 25 Rz. 13; Schmitt/Hörtnagl-*Winter*, UmwG/UmwStG, § 25 UmwG Rz. 21.

32) Semler/Stengel/Leonard-*Leonard*, UmwG, § 25 Rz. 13; *Burg/Nordhues* in: NK-UmwG, § 25 Rz. 21; Lutter-*Grunewald*, UmwG, § 25 Rz. 4; dagegen *Schnorbus*, ZHR 167 (2003), 666, 694 f. – kein eigenständiges Schadensersatzinteresse des übertragenden Rechtsträgers mehr, so dass Anspruchsberechtigung fehle. Diese Ansicht ist mit dem eindeutigen Wortlaut des § 25 nicht vereinbar.

33) Semler/Stengel/Leonard-*Leonard*, UmwG, § 25 Rz. 14; Lutter-*Grunewald*, UmwG, § 25 Rz. 13, 15; *Rieder* in: BeckOGK-UmwG, § 25 Rz. 24; *Erkens* in: KölnKomm-UmwG, § 25 Rz. 15; *Stockburger* in: HK-UmwG, § 25 Rz. 19.

34) *Burg/Nordhues* in: NK-UmwG, § 25 Rz. 22; *Rieder* in: BeckOGK-UmwG, § 25 Rz. 24; Semler/Stengel/Leonard-*Leonard*, UmwG, § 25 Rz. 14.

35) Semler/Stengel/Leonard-*Leonard*, UmwG, § 25 Rz. 14 – unter Hinweis auf die praxisrelevante Frage, wie die Bewertung durchzuführen ist und inwieweit dabei auf den Börsenkurs abzustellen ist; vgl. auch BayObLG, Beschl. v. 18.12.2002 – 3Z BR 116/00 (Hypo-Vereinsbank), ZIP 2003, 253 = BKR 2003, 206; *Schnorbus*, ZHR 167 (2003), 666, 686 f.

36) *Erkens* in: KölnKomm-UmwG, § 25 Rz. 38; *Burg/Nordhues* in: NK-UmwG, § 25 Rz. 22; Kallmeyer-*Oppenhoff*, UmwG, § 25 Rz. 15; Lutter-*Grunewald*, UmwG, § 25 Rz. 15; Widmann/Mayer-*Vossius*, UmwR, § 25 UmwG Rz. 25; Semler/Stengel/Leonard-*Leonard*, UmwG, § 25 Rz. 14; a. A. Schmitt/Hörtnagl-*Winter*, UmwG/UmwStG, § 25 UmwG Rz. 19 – Spruchverfahren vorrangig; ebenso *Rieder* in: BeckOGK-UmwG, § 25 Rz. 24.

37) Widmann/Mayer-*Vossius*, UmwR, § 25 UmwG Rz. 25; Lutter-*Grunewald*, UmwG, § 25 Rz. 15; Kallmeyer-*Oppenhoff*, UmwG, § 25 Rz. 15; Semler/Stengel/Leonard-*Leonard*, UmwG, § 25 Rz. 23; *Burg/Nordhues* in: NK-UmwG, § 25 Rz. 22; *Erkens* in: KölnKomm-UmwG, § 25 Rz. 39; *Rieder* in: BeckOGK-UmwG. § 25 Rz. 24; *Siebel/Gebauer*, WM 2001, 173, 187; *Schnorbus*, ZHR 167 (2003), 666, 697 f.; *Clemm/Dürrschmidt* in: FS Widmann, S. 9; a. A. Schmitt/Hörtnagl-*Winter*, UmwG/UmwStG, § 25 UmwG Rz. 19 – Anspruch ausgeschlossen, sofern Spruchverfahren ermöglicht werden kann.

38) *Burg/Nordhues* in: NK-UmwG, § 25 Rz. 23; Erkens in: KölnKomm-UmwG, § 25 Rz. 39.

c) Schaden auf Ebene der Gläubiger

Ein Nachteil auf Ebene der **Gläubiger des übertragenden Rechtsträgers** kann vor allem dann entstehen, wenn die Vermögenslage des übernehmenden Rechtsträgers als ihrem neuen Schuldner hinter der des übertragenden Rechtsträgers als ihren bisherigen Schuldner zurückbleibt.[39] Dieses Risiko wird allerdings durch § 22 abgedeckt. Reicht bspw. das Vermögen des übernehmenden Rechtsträgers zur Sicherheitsleistung nicht aus, verbleibt ein Anwendungsbereich für § 25.[40] 26

Von hoher Bedeutung für die Praxis ist, dass Schäden **nur über § 25** liquidiert werden können, wenn der **Anspruch auf Sicherheitsleistung** besteht, wohl aber mangels Bonität des übernehmenden Rechtsträgers nicht durchgesetzt werden kann.[41] Es muss streng darauf geachtet werden, dass das **Fristerfordernis des § 22** (sechs Monate) eingehalten wird. Anderenfalls greift § 254 BGB (Mitverschulden).[42] 27

6. Schuldner

Schadensersatzpflichtig sind die **Mitglieder des Vertretungsorgans** und (soweit existent) die **Mitglieder des Aufsichtsorgans.** Somit kommen vor allem Vorstandsmitglieder, Geschäftsführer und vertretungsberechtigte Gesellschafter (Komplementäre) in Betracht. Bei der GbR (die eGbR ist nach § 3 Abs. 1 Nr. 1 nunmehr ein verschmelzungsfähiger Rechtsträger) sind es die **vertretungsbefugten Gesellschafter** (§ 720 Abs. 1 BGB: grds. alle Gesellschafter).[43] 28

Der Gesetzgeber beabsichtigt mit der Haftungsvorschrift des § 25 diejenigen Organmitglieder zu erfassen, die für die **Verschmelzung** verantwortlich sind. Dementsprechend scheiden nicht vertretungsberechtigte Komplementäre oder nach § 720 Abs. 4 BGB von der Vertretung ausgeschlossene Gesellschafter als Haftungsschuldner aus.[44] 29

Potentielle Haftungsschuldner können auch die Mitglieder des **Aufsichtsorgans** sein. Dies sind die in den Aufsichtsrat gewählten Vertreter der Anteilseigner und auch der Arbeitnehmer.[45] Auch **freiwillig eingerichtete Gremien**, die Entscheidungsbefugnis im Zusammenhang mit der Verschmelzung haben, sind, wenn sie wie ein Organ i. S. des § 25 handeln, mögliche Haftungsschuldner.[46] 30

Mehrere Organe, die Haftungsschuldner sind, sind als **Gesamtschuldner** verantwortlich (§ 25 Abs. 1 Satz 1).[47] Gegebenenfalls erfolgt ein **Innenausgleich** (§§ 421 ff. BGB). Nach Ansicht gewichtiger Stimmen in der Literatur ist einer eventuellen **Mitverantwortlichkeit** 31

---

39) Semler/Stengel/Leonard-*Leonard*, UmwG, § 25 Rz. 16.

40) *Erkens* in: KölnKomm-UmwG, § 25 Rz. 17; Semler/Stengel/Leonard-*Leonard*, UmwG, § 25 Rz. 16.

41) *Burg/Nordhues* in: NK-UmwG, § 25 Rz. 25.

42) Semler/Stengel/Leonard-*Leonard*, UmwG, § 25 Rz. 24; *Burg/Nordhues* in: NK-UmwG, § 25 Rz. 25.

43) *Burg/Nordhues* in: NK-UmwG, § 25 Rz. 16; Schmitt/Hörtnagl-*Winter*, UmwG/UmwStG, § 25 UmwG Rz. 7.

44) *Burg/Nordhues* in: NK-UmwG, § 25 Rz. 16; Lutter-*Grunewald*, UmwG, § 25 Rz. 3; *Erkens* in: KölnKomm-UmwG, § 25 Rz. 8; Kallmeyer-*Oppenhoff*, UmwG, § 25 Rz. 3. Diff. Semler/Stengel/Leonard-*Leonard*, UmwG, § 25 Rz. 4, und Schmitt/Hörtnagl-*Winter*, UmwG/UmwStG, § 25 UmwG Rz. 7: Es komme nicht allein auf die Vertretungsbefugnis, sondern auch auf die Geschäftsführungsbefugnis an, so dass geschäftsführungsbefugte persönlich haftende Gesellschafter bei der KGaA auch ohne Vertretungsmacht Haftungsschuldner sein können. Dies ist vor dem Hintergrund des Gesetzeszwecks überzeugend, da auch diese Organmitglieder potentiell über die Verwaltung fremden Vermögens entscheiden und den Vertragsabschluss herbeiführen können.

45) *Rieder* in: BeckOGK-UmwG, § 25 Rz. 20; *Burg/Nordhues* in: NK-UmwG, § 25 Rz. 17; Lutter-*Grunewald*, UmwG, § 25 Rz. 4; Schmitt/Hörtnagl-*Winter*, UmwG/UmwStG, § 25 UmwG Rz. 8 f.

46) Semler/Stengel/Leonard-*Leonard*, UmwG, § 25 Rz. 5; *Erkens* in: KölnKomm-UmwG, § 25 Rz. 10; Kallmeyer-*Oppenhoff*, UmwG, § 25 Rz. 4; *Rieder* in: BeckOGK-UmwG, § 25 Rz. 20; *Burg/Nordhues* in: NK-UmwG, § 25 Rz. 17.

47) Semler/Stengel/Leonard-*Leonard*, UmwG, § 25 Rz. 7.

und den unterschiedlichen Mitwirkungsbeiträgen im Einzelfall über eine analoge Anwendung des § 254 BGB durch Bildung von Quoten Rechnung zu tragen.[48)]

III. Fortbestandsfiktion; Ausschluss der Konfusion (§ 25 Abs. 2)

32 Gemäß § 25 Abs. 2 gilt der übertragende Rechtsträger für Ansprüche nach § 25 Abs. 1 (und weitere Ansprüche, soweit sie sich gegen den übertragenden Rechtsträger richten und aus der Verschmelzung resultieren) als **fortbestehend**. Die Regelung ist erforderlich, da das Vermögen des übertragenden Rechtsträgers mit Eintragung der Verschmelzung (§ 20 Abs. 1 Nr. 1) einschließlich Verbindlichkeiten auf den übernehmenden Rechtsträger übergeht. Für alle **Ansprüche des übertragenden Rechtsträgers** gegen den übernehmenden Rechtsträger würde grundsätzlich mit Wirksamwerden der Verschmelzung **Konfusion** eintreten. Das würde heißen, dass Ansprüche gegen die Organmitglieder nur noch **durch den übernehmenden Rechtsträger** geltend gemacht werden könnten. Sie kämen dann aber auch den **Gläubigern und Anteilsinhabern** aufseiten des übernehmenden Rechtsträgers zugute.[49)]

33 In der Praxis ist zu beachten, dass sich die Fiktion **nur auf den Rechtsträger selbst**, aber **nicht auf die Organe** des übertragenden Rechtsträger erstreckt. Deren Ämter sind und bleiben mit Wirksamkeit der Verschmelzung **erloschen**. Der übertragende Rechtsträger kann **nur noch durch den besonderen Vertreter** handeln (§ 26).

34 Darüber hinaus ist bedeutsam, dass die Fiktionswirkung nur Ansprüche erfasst, die sich **„aus der Verschmelzung"** ergeben bzw. mit dieser in einem engen Zusammenhang stehen.[50)] Die Fortbestandsfiktion gilt für Ansprüche **gegen den übernehmenden** Rechtsträger, sowie für **Verbindlichkeiten des übertragenden** Rechtsträgers.

35 Der **Ausschluss der Konfusion** ist für **Ansprüche des übertragenden Rechtsträgers** gegen den **übernehmenden Rechtsträger** von erheblicher Bedeutung. Solche Ansprüche des übertragenden Rechtsträgers „aus der Verschmelzung" kommen in der Praxis im Zusammenhang mit dem Abschluss des Verschmelzungsvertrages vor. Der Verschmelzungsvertrag beinhaltet oftmals eine Reihe von **Pflichten für den übernehmenden Rechtsträger**. In Betracht kommt bspw. die Durchführung einer **Kapitalerhöhung, Zahlungen an die Anteilsinhaber** des übertragenden Rechtsträgers, die **Fortführung eines Betriebs** (praxisrelevant ist z. B. die Standortgarantie) oder eine Verpflichtung, eine bestehende Börsennotierung aufrechtzuerhalten oder eine Börsenzulassung neu zu beantragen.[51)] Über **Verpflichtungserklärungen** hinaus, deren Primärerfüllung geschuldet wird, kommen allerdings auch originäre Schadensersatzansprüche in Betracht (Beispiel: Fehlverhalten wie **arglistige Täuschung** des übernehmenden Rechtsträgers bei Abschluss oder Durchführung der Verschmelzung).[52)]

36 § 25 Abs. 2 kann auch bestimmte Ansprüche des übertragenden Rechtsträgers gegen **Dritte** erfassen. Hierfür ist die Fiktion des Fortbestehens allerdings nur von Bedeutung, wenn solche Ansprüche nur dem übertragenden, und nicht auch dem übernehmenden Rechtsträger zustehen (sonst können sie durch diesen geltend gemacht werden).[53)]

---

48) *Erkens* in: KölnKomm-UmwG, § 25 Rz. 16; *Burg/Nordhues* in: NK-UmwG, § 25 Rz. 18; *Rieder* in: BeckOGK-UmwG, § 25 Rz. 22.

49) Semler/Stengel/Leonard-*Leonard*, UmwG, § 25 Rz. 1; *Erkens* in: KölnKomm-UmwG, § 25 Rz. 2; *Burg/Nordhues* in: NK-UmwG, § 25 Rz. 26.

50) *Erkens* in: KölnKomm-UmwG, § 25 Rz. 44; *Burg/Nordhues* in: NK-UmwG, § 25 Rz. 29.

51) Semler/Stengel/Leonard-*Leonard*, UmwG, § 25 Rz. 26; *Burg/Nordhues* in: NK-UmwG, § 25 Rz. 30; *Erkens* in: KölnKomm-UmwG, § 25 Rz. 45 m. Verweis auf OLG Frankfurt/M., Urt. v. 19.5.2006 – 25 U 28/05, ZIP 2007, 331 = BeckRS 2006, 11126; *Blasche/Söntgerath*, BB 2009, 1432, 1434.

52) Semler/Stengel/Leonard-*Leonard*, UmwG, § 25 Rz. 26.

53) Semler/Stengel/Leonard-*Leonard*, UmwG, § 25 Rz. 27, der das Bsp. einer Beraterpflichtverletzung gegenüber den beteiligten Unternehmen anführt. Der Ersatzanspruch steht im Bsp. beiden Rechtsträgern zu; er ist durch den übernehmenden Rechtsträger geltend zu machen und die fortbestehende Fiktion entfaltet dann wenig Praxisrelevanz, vgl. BGH, Urt. v. 5.12.1996 – IX ZR 61/96, ZIP 1997, 322, 324 = NJW 1997, 1001, 1002.

Auch mit Blick auf **Verbindlichkeiten** des übertragenden Rechtsträgers ordnet der Wortlaut des § 25 Abs. 2 an, dass die Legalfiktion Wirkung entfaltet. Allerdings ist zu beachten, dass der übertragende Rechtsträger, der als fortbestehend gelten soll, über **kein Vermögen** mehr verfügt. 37

Der übertragende Rechtsträger kommt als Anspruchsgegner in der Praxis daher nicht in Betracht. Für Ansprüche **des übernehmenden Rechtsträgers** selbst (praxisrelevant sind hier bspw. Ansprüche des übernehmenden Rechtsträgers aus c. i. c. oder positiver Verletzung des Verschmelzungsvertrages)[54] kann die Fortbestandsfiktion nur dann helfen, wenn der **übertragende** Rechtsträger **seinerseits Ansprüche geltend macht**, der übernehmende Rechtsträger aber zugleich Gegenrechte geltend machen kann (Aufrechnung oder Zurückhaltungsrecht).[55] 38

Vor dem dargestellten Hintergrund ist der Praxis zu raten, **im Verschmelzungsvertrag** für relevante Verpflichtungen, die explizit unter die Wirkung des § 25 Abs. 2 fallen sollen, eine **Anordnung** zu treffen.[56] Damit wird der **Zusammenhang zur Verschmelzung** bereits hergestellt. 39

IV. Rechtsfolge der Fortbestandsfiktion

Gemäß § 25 Abs. 2 besteht der übertragende Rechtsträger fort; die Konfusion von **Ansprüchen und Verbindlichkeiten** zwischen übertragendem und übernehmendem Rechtsträger ist ausgeschlossen. Für die betroffenen Ansprüche tritt keine **Gesamtrechtsnachfolge** gemäß § 20 Abs. 1 Nr. 1 ein; diese Ansprüche **verbleiben** bei dem als weiterhin existent geltenden übertragenden Rechtsträger.[57] 40

Aufgrund des **Wegfalls der Organe** ist gemäß **§ 26 Abs. 1** für den als fortbestehend geltenden übertragenden Rechtsträger ein **besonderer Vertreter** zu bestellen. 41

V. Fristen; Verjährung (§ 25 Abs. 3)

Die Ansprüche gemäß § 25 Abs. 1 verjähren in **fünf Jahren**. Diese besondere Verjährungsfrist gilt allerdings nach dem eindeutigen Wortlaut des § 25 Abs. 3 nicht für die **sonstigen Ansprüche** nach § 25 Abs. 2 Satz 1.[58] 42

Die Verjährung beginnt mit dem Tag der Bekanntmachung der Eintragung der Verschmelzung im Register des Sitzes des **übernehmenden Rechtsträgers**. Für die Praxis von erheblicher Bedeutung war insoweit das DiRUG[59], welches die **zusätzliche Bekanntmachung** ersatzlos entfallen ließ. Entscheidend ist nunmehr der Zeitpunkt, zu dem die Bekanntmachung gemäß § 19 Abs. 3 i. V. m. § 10 HGB durch die erstmalige **Abrufbarkeit der Eintragung** in das Handelsregister über das nach § 9 Abs. 1 HGB bestimmte elektronische Informations- und Kommunikationssystem erfolgt.[60] 43

54) *Burg/Nordhues* in: NK-UmwG, § 25 Rz. 30; *Erkens* in: KölnKomm-UmwG, § 25 Rz. 47; *Rieder* in: BeckOGK-UmwG, § 25 Rz. 43; Lutter-*Grunewald*, UmwG, § 25 Rz. 26; Schmitt/Hörtnagl-*Winter*, UmwG/UmwStG, § 25 UmwG Rz. 36.

55) Lutter-*Grunewald*, UmwG, § 25 Rz. 26; Semler/Stengel/Leonard-*Leonard*, UmwG, § 25 Rz. 29; *Rieder* in: BeckOGK-UmwG, § 25 Rz. 43; *Erkens* in: KölnKomm-UmwG, § 25 Rz. 47.

56) *Burg/Nordhues* in: NK-UmwG, § 25 Rz. 30.

57) Semler/Stengel/Leonard-*Leonard*, UmwG, § 25 Rz. 30.

58) Semler/Stengel/Leonard-*Leonard*, UmwG, § 25 Rz. 31; *Erkens* in: KölnKomm-UmwG, § 25 Rz. 50; *Burg/Nordhues* in: NK-UmwG, § 25 Rz. 35; Widmann/Mayer-*Vossius*, UmwR, § 25 UmwG Rz. 41.

59) Gesetz zur Umsetzung der Digitalisierungsrichtlinie (DiRUG), v. 5.7.2021, BGBl. I 2021, 3338.

60) *Burg/Nordhues* in: NK-UmwG, § 25 Rz. 35.

§ 26
Geltendmachung des Schadenersatzanspruchs*)

(1) [1]Die Ansprüche nach § 25 Abs. 1 und 2 können nur durch einen besonderen Vertreter geltend gemacht werden. [2]Das Gericht des Sitzes eines übertragenden Rechtsträgers hat einen solchen Vertreter auf Antrag eines Anteilsinhabers oder eines Gläubigers dieses Rechtsträgers zu bestellen. [3]Gläubiger sind nur antragsberechtigt, wenn sie von dem übernehmenden Rechtsträger keine Befriedigung erlangen können. [4]Gegen die Entscheidung findet die Beschwerde statt.

(2) [1]Der Vertreter hat unter Hinweis auf den Zweck seiner Bestellung die Anteilsinhaber und Gläubiger des betroffenen übertragenden Rechtsträgers aufzufordern, die Ansprüche nach § 25 Abs. 1 und 2 binnen einer angemessenen Frist, die mindestens einen Monat betragen soll, anzumelden. [2]Die Aufforderung ist im Bundesanzeiger und, wenn der Gesellschaftsvertrag, der Partnerschaftsvertrag oder die Satzung andere Blätter für die öffentlichen Bekanntmachungen des übertragenden Rechtsträgers bestimmt hatte, auch in diesen Blättern bekanntzumachen.

(3) [1]Der Vertreter hat den Betrag, der aus der Geltendmachung der Ansprüche eines übertragenden Rechtsträgers erzielt wird, zur Befriedigung der Gläubiger dieses Rechtsträgers zu verwenden, soweit die Gläubiger nicht durch den übernehmenden Rechtsträger befriedigt oder sichergestellt sind. [2]Für die Verteilung gelten die Vorschriften über die Verteilung, die im Falle der Abwicklung eines Rechtsträgers in der Rechtsform des übertragenden Rechtsträgers anzuwenden sind, entsprechend. [3]Gläubiger und Anteilsinhaber, die sich nicht fristgemäß gemeldet haben, werden bei der Verteilung nicht berücksichtigt.

(4) [1]Der Vertreter hat Anspruch auf Ersatz angemessener barer Auslagen und auf Vergütung für seine Tätigkeit. [2]Die Auslagen und die Vergütung setzt das Gericht fest. [3]Es bestimmt nach den gesamten Verhältnissen des einzelnen Falles nach freiem Ermessen, in welchem Umfange die Auslagen und die Vergütung von beteiligten Anteilsinhabern und Gläubigern zu tragen sind. [4]Gegen die Entscheidung findet die Beschwerde statt; die Rechtsbeschwerde ist ausgeschlossen. [5]Aus der rechtskräftigen Entscheidung findet die Zwangsvollstreckung nach der Zivilprozeßordnung statt.

*) § 26 geändert durch Art. 2 des Gesetzes zur Änderung von Vorschriften über Verkündung und Bekanntmachungen sowie der Zivilprozessordnung, des Gesetzes betreffend die Einführung der Zivilprozessordnung und der Abgabenordnung (BAnzDiG), v. 22.12.2011, BGBl. I 2011, 3044; § 26 geändert durch Art. 73 des FGG-Reformgesetzes (FGG-RG), v. 17.12.2008, BGBl. I 2008, 2586; § 26 geändert durch Art. 8 des Gesetzes über elektronische Handelsregister und Genossenschaftsregister sowie das Unternehmensregister (EHUG), v. 10.11.2006, BGBl. I 2006, 2553; § 26 geändert durch Art. 14 des Gesetzes zur Einführung der Europäischen Genossenschaft und zur Änderung des Genossenschaftsrechts (SCEEG), v. 14.8.2006, BGBl. I 2006, 1911; § 26 i. d. F. des UmwBerG geändert durch Art. 1 des Gesetzes zur Änderung des Umwandlungsgesetzes, des Partnerschaftsgesellschaftsgesetzes und anderer Gesetze (UmwGÄndG), v. 22.7.1998, BGBl. I 1998, 1878.

Literatur: *Blasche/Söntgerath*, Verschmelzung: Möglichkeiten des übertragenden Rechtsträgers zur Einflussnahme auf die Geschäftspolitik des übernehmenden Rechtsträgers, BB 2009, 1432; *Racky*, Die Behandlung von im Ausland belegenen Gesellschaftsvermögen bei Verschmelzungen, DB 2003, 923; *Schnorbus*, Grundlagen der persönlichen Haftung von Organmitgliedern nach § 25 Abs. 1 UmwG, ZHR 167 (2003), 666.

Übersicht

I. Normzweck

§ 26 ermöglicht einen **einheitlichen Prozess**, um eine **Bündelung der Ansprüche** gemäß § 25 und eine **Verteilung des Erlöses** entsprechend dem gesetzlich vorgesehenen **Liquidationsverfahren** (§ 26 Abs. 3 Satz 2) zu ermöglichen. 1

Auf diese Weise kann eine große Anzahl von Anspruchsbegehren (nebst ggf. daraus erwachsender Rechtsstreite) mit dem Ziel, voneinander abweichende Entscheidungen zu vermeiden, **konzentriert** werden.[1] 2

Die Regelung entspricht ihren Vorgängervorschriften §§ 350 AG, § 29 KapErhG und § 44a Abs. 3 VAG und hat diese vollständig ersetzt. § 26 Abs. 3 Satz 2 wurde modifiziert, um der rechtsformunabhängigen **Ausdehnung des Schutzbereichs** Rechnung zu tragen.[2] 3

Der Anwendungsbereich der Norm schließt auch die Verschmelzung durch **Neugründung**, die **Spaltung** und die **Vermögensübertragung** mit ein, §§ 36 Abs. 1, 125, 176 Abs. 1, 177 Abs. 1. Im **Formwechselrecht** existiert mit § 206 eine Sondervorschrift. 4

II. Der besondere Vertreter (§ 26 Abs. 1)

Da die **Organstellungen** i. R. der Verschmelzung **erlöschen** (siehe dazu § 20 Rz. 61 [*Lubberich*]), woran auch die **gesetzliche Fiktion** des begrenzten Fortbestandes des übertragenden Rechtsträgers nichts ändert (§ 25 Abs. 2), kann der übertragende Rechtsträger nicht handeln. Es steht somit **kein Adressat für Ansprüche** aus § 25 zur Verfügung. Dem trägt § 26 Abs. 1 Rechnung. 5

Eine weitere praxisbedeutsame Funktion des besonderen Vertreters gemäß § 26 ist, dass er für eine **Sperre** sorgt, welche die Geltendmachung von Ansprüchen unmittelbar durch Anteilsinhaber und Gläubiger hindert. Die Anspruchsteller von jedweden Rechten nach § 25 Abs. 1, 2 können ihre Ansprüche **nicht selbst geltend machen** und durchsetzen.[3] Versuchen Anteilsinhaber oder Gläubiger, Ansprüche nach § 25 im Klagewege durchzusetzen, ist die **Klage** als **unzulässig** abzuweisen.[4] 6

Den Anteilsinhabern und Gläubigern selbst, also den Anspruchsberechtigten nach § 25, verbleibt die Möglichkeit zur Einflussnahme auf den Prozess durch **Nebenintervention, Streithilfe** oder **Streitverkündung**.[5] Gewichtigen Stimmen in der Literatur geht dies noch zu weit. Indem die Vorschrift eine der Gerichtsentlastung dienende prozessrechtliche 7

1) Begr. Fraktionsentwurf UmwBerG z. § 26 UmwG, BR-Drucks. 75/94, S. 93.

2) Semler/Stengel/Leonard-*Leonard*, UmwG, § 26 Rz. 2; Schmitt/Hörtnagl-*Winter*, UmwG/UmwStG, § 26 UmwG Rz. 1.

3) OLG Frankfurt/M., Urt. v. 19.5.2006 – 25 U 28/05, AG 2007, 559, 559 = ZIP 2007, 331, 332; *Burg/Nordhues* in: NK-UmwG, § 26 Rz. 5; *Erkens* in: KölnKomm-UmwG, § 26 Rz. 4; Kallmeyer-*Oppenhoff*, UmwG, § 26 Rz. 2.

4) Kallmeyer-*Oppenhoff*, UmwG, § 26 Rz. 2; Lutter-*Grunewald*, UmwG, § 26 Rz. 4; Semler/Stengel/Leonard-*Leonard*, UmwG, § 26 Rz. 3; *Burg/Nordhues* in: NK-UmwG, § 26 Rz. 5; *Erkens* in: KölnKomm-UmwG, § 26 Rz. 5; Widmann/Mayer-*Vossius*, UmwR, § 26 UmwG Rz. 7; Schmitt/Hörtnagl-*Winter*, UmwG/UmwStG, § 26 UmwG Rz. 8.

5) *Rieder* in: BeckOGK-UmwG, § 26 Rz. 6; Kallmeyer-*Oppenhoff*, UmwG, § 26 Rz. 2; Lutter-*Grunewald*, UmwG, § 26 Rz. 4; Semler/Stengel/Leonard-*Leonard*, UmwG, § 26 Rz. 3; *Burg/Nordhues* in: NK-UmwG, § 26 Rz. 5; *Erkens* in: KölnKomm-UmwG, § 26 Rz. 6.

Spezialvorschrift sei und § 26 daher (u. a. auch) die **Prozessökonomie** fördern soll, die Beteiligung Dritter am Rechtsstreit dieses Regelungsziel aber konterkariere, wird auch diese Möglichkeit der Einflussnahme auf den Prozess abgelehnt.[6)]

1. Rechtliche Stellung

8 Der besondere Vertreter i. S. des § 26 handelt nach zutreffender ganz h. M. **nicht als gesetzlicher Vertreter**, auch wenn der Wortlaut dies nahelegt. Nach der Rechtsprechung und der h. M. in der Literatur ist der besondere Vertreter **Partei kraft Amtes.**[7)] Die Gegenansicht sieht im besonderen Vertreter einen sog. „Prozessgeschäftsführer kraft richterlicher Bestellung".[8)]

9 Die Praxis muss die Rechtslage bspw. für das **Klagerubrum** beachten. Nach der h. M. tritt der besondere Vertreter **als Kläger** auf. Nach der Gegenansicht **vertritt** der besondere Vertreter die Kläger. Des Weiteren können die Kläger nach der Gegenansicht nicht **Zeuge** sein. Ihre Aussagen können ausschließlich im Wege der **Parteivernehmung** einbezogen werden. Dies sieht die Gegenansicht allerdings nicht als Nachteil ihrer These, sondern als zutreffende **Ausprägung des prozessualen Kräftegleichgewichts** an. Allerdings bezieht die Gegenansicht ihre These auch auf die Lehre von der **Partei kraft Amtes** in ihrer Gesamtheit, was mit der Rechtsstellung wesentlicher verfahrensbeteiligter Verwalter in der Praxis nicht in Einklang gebracht werden kann. Außerdem überzeugt es, den besonderen Vertreter als **nicht weisungsgebunden** gegenüber den Antragsberechtigten anzusehen.[9)] Dies lässt sich mit einer **Stellvertretung** nicht vereinbaren. Die **Stellvertretung** könnte auch die Sperrwirkung, die § 26 vorsieht, nicht erklären.

10 Da der übertragende Rechtsträger lediglich **durch den besonderen Vertreter** handeln kann, ist anerkannt, dass der besondere Vertreter auch in **Passivprozessen** für den übertragenden Rechtsträger bestellt werden kann. Die Aufgaben des besonderen Vertreters umfassen in diesem Fall die **Passivvertretung des erloschenen Rechtsträgers.** Erklärungen, die an den erloschenen Rechtsträger gerichtet werden, hat der **besondere Vertreter** entgegenzunehmen.[10)]

11 Der besondere Vertreter ist verpflichtet, sein Amt **uneigennützig** und **mit der gebotenen Sorgfalt** auszuüben. Verletzt er diese Pflicht, ist er **seinerseits** den Anspruchsberechtigten zum **Schadensersatz** verpflichtet. Die Rechtsgrundlage für die Haftung ist **umstritten.** Es kommt eine analoge Anwendung der Vorschriften über Betreuer, Pfleger, oder Insolvenzverwalter (oder auch Delikts- und Auftragsrecht) in Betracht.[11)] Nach verbreiteter Ansicht ist der **besondere Vertreter** gegenüber den Anteilsinhabern und den Gläubigern analog der **Haftungsvorschriften des vorher zuständigen Vertretungsorgans** schadensersatzpflichtig.[12)] Teilweise wird noch stärker differenziert und auf die Grundsätze, die für Liquidato-

---

6) Widmann/Mayer-*Vossius*, UmwR, § 26 UmwG Rz. 8; Schmitt/Hörtnagl-*Winter*, UmwG/UmwStG, § 26 UmwG Rz. 8.

7) OLG Frankfurt/M., Urt. v. 19.5.2006 – 25 U 28/05, AG 2007, 559, 559 = ZIP 2007, 331, 332; Kallmeyer-*Oppenhoff*, UmwG, § 26 Rz. 11; Schmitt/Hörtnagl-*Winter*, UmwG/UmwStG, § 26 UmwG Rz. 18; Lutter-*Grunewald*, UmwG, § 26 Rz. 15; Semler/Stengel/Leonard-*Leonard*, UmwG, § 26 Rz. 9; *Burg/Nordhues* in: NK-UmwG, § 26 Rz. 7; *Erkens* in: KölnKomm-UmwG, § 26 Rz. 15; *Schnorbus*, ZHR 167 (2003), 666, 678; *Blasche/Söntgerath*, BB 2009, 1432, 1435.

8) Widmann/Mayer-*Vossius*, UmwR, § 26 UmwG Rz. 41 f.; a. A. *Rieder* in: BeckOGK-UmwG, § 26 Rz. 3 – „Organ des übertragenden Rechtsträgers mit besonderer Zuständigkeit".

9) Semler/Stengel/Leonard-*Leonard*, UmwG, § 26 Rz. 9; *Burg/Nordhues* in: NK-UmwG, § 26 Rz. 7.

10) *Erkens* in: KölnKomm-UmwG, § 26 Rz. 12; *Rieder* in: BeckOGK-UmwG, § 26 Rz. 7; *Burg/Nordhues* in: NK-UmwG, § 26 Rz. 4; Semler/Stengel/Leonard-*Leonard*, UmwG, § 26 Rz. 3.

11) Lutter-*Grunewald*, UmwG, § 26 Rz. 16; Kallmeyer-*Oppenhoff*, UmwG, § 26 Rz. 12.

12) *Burg/Nordhues* in: NK-UmwG, § 26 Rz. 8; ausf. Herleitung dieser Ansicht bei *Rieder* in: BeckOGK-UmwG, § 26 Rz. 27; Schmitt/Hörtnagl-*Winter*, UmwG/UmwStG, § 26 UmwG Rz. 27.

ren der Rechtsform des übertragenden Rechtsträgers gelten, Bezug genommen.[13] Diese Ansicht steht mit **§ 26 Abs. 3 Satz 2** (Verweis auf die rechtsformspezifischen Abwicklungsvorschriften) im Einklang.[14]

2. Antrag; Antragsberechtigung

Die Bestellung des besonderen Vertreters erfolgt **auf Antrag**. Die Bestellung ist ein Akt der freiwilligen Gerichtsbarkeit (§ 375 Nr. 5 FamFG). Bei Vorliegen der Antragsberechtigung und eines **sachlichen Bedürfnisses** für die Bestellung, wozu allerdings nicht die Prüfung der Erfolgsaussichten der Verfolgung der geltend gemachten Ansprüche zählt, wird dem Antrag **stattgegeben**.[15] 12

Antragsberechtigt sind **ausschließlich die Anteilsinhaber** des übertragenden Rechtsträgers und die **Gläubiger** des übertragenden Rechtsträgers. Für **Anteilsinhaber** ist die Antragsberechtigung gegeben, wenn die Inhaberschaft der Anteile zum Zeitpunkt des Wirksamwerdens der Verschmelzung bestand.[16] 13

Das einmal bestehende **Antragsrecht** kann nicht im Wege der **Einzelrechtsnachfolge übertragen** werden. Allerhöchstens kann es auf einen Gesamtrechtsnachfolger (Erben) übergehen.[17] 14

Für **Gläubiger** ist die Antragsberechtigung gegeben, wenn sie weder von dem übernehmenden Rechtsträger noch einer ihnen gemäß **§ 22** eingeräumten **Sicherheit** Befriedigung erlangen können. Dies ist glaubhaft zu machen. Hierzu muss allerdings kein Zwangsvollstreckungsversuch unternommen werden; an den Nachweis werden von der herrschenden Literatur und der Praxis keine allzu strengen Anforderungen gestellt.[18] 15

Auch der **übernehmende Rechtsträger** kommt als **Gläubiger** in diesem Sinne in Betracht.[19] 16

Aber auch **originär** ist der übernehmende Rechtsträger aus eigenem Recht antragsberechtigt, wenn er den Verschmelzungsvertrag anfechten will.[20] Wichtig ist allerdings für die Praxis, dass beachtet werden muss, dass der **übernehmende Rechtsträger** i. R. des § 26 **keine Mängel des Verschmelzungsvertrages** geltend machen kann. Auf diese kommt es 17

13) Semler/Stengel/Leonard-*Leonard*, UmwG, § 26 Rz. 11; *Stockburger* in: HK-UmwG, § 26 Rz. 20.

14) So auch Semler/Stengel/Leonard-*Leonard*, UmwG, § 26 Rz. 11.

15) Zur Frage, ob die Bestellung eines besonderen Vertreters über die in § 26 UmwG genannten Gründe hinaus zulässig ist, insb. aber für den Fall des nachträglichen Abschlusses eines Einzelübertragungsakts vgl. *Racky*, DB 2003, 923, 925 ff.

16) Widmann/Mayer-*Vossius*, UmwR, § 26 UmwG Rz. 19; Kallmeyer-*Oppenhoff*, UmwG, § 26 Rz. 6; Schmitt/Hörtnagl-*Winter*, UmwG/UmwStG, § 26 UmwG Rz. 13; Semler/Stengel/Leonard-*Leonard*, UmwG, § 26 Rz. 5; *Rieder* in: BeckOGK-UmwG, § 26 Rz. 10; *Burg/Nordhues* in: NK-UmwG, § 26 Rz. 10; Lutter/*Grunewald*, UmwG, § 26 Rz. 7; *Stockburger* in: HK-UmwG, § 26 Rz. 7; *Erkens* in: KölnKomm-UmwG, § 26 Rz. 9.

17) Semler/Stengel/Leonard-*Leonard*, UmwG, § 26 Rz. 5; *Erkens* in: KölnKomm-UmwG, § 26 Rz. 9; *Burg/Nordhues* in: NK-UmwG, § 26 Rz. 10; Lutter-*Grunewald*, UmwG, § 26 Rz. 6; Kallmeyer-*Oppenhoff*, UmwG, § 26 Rz. 6; *Stockburger* in: HK-UmwG, § 26 Rz. 7; *Erkens* in: KölnKomm-UmwG, § 26 Rz. 9; Widmann/Mayer-*Vossius*, UmwR, § 26 UmwG Rz. 20.

18) Kallmeyer-*Oppenhoff*, UmwG, § 26 Rz. 8; Semler/Stengel/Leonard-*Leonard*, UmwG, § 26 Rz. 14; *Erkens* in: KölnKomm-UmwG, § 26 Rz. 10; *Rieder* in: BeckOGK-UmwG, § 26 Rz. 11; *Burg/Nordhues* in: NK-UmwG, § 26 Rz. 12; Lutter-*Grunewald*, UmwG, § 26 Rz. 8; *Stockburger* in: HK-UmwG, § 26 Rz. 8; Widmann/Mayer-*Vossius*, UmwR, § 26 UmwG Rz. 23.

19) Lutter-*Grunewald*, UmwG, § 26 Rz. 9; Kallmeyer-*Oppenhoff*, UmwG, § 26 Rz. 8; Semler/Stengel/Leonard-*Leonard*, UmwG, § 26 Rz. 6

20) OLG Hamm, Beschl. v. 8.10.1991 – 15 W 276/91, DB 1991, 2535, 2535 = AG 1992, 232, 233; Lutter-*Grunewald*, UmwG, § 26 Rz. 10; Kallmeyer-*Oppenhoff*, UmwG, § 26 Rz. 3; Semler/Stengel/Leonard-*Leonard*, UmwG, § 26 Rz. 7; *Burg/Nordhues* in: NK-UmwG, § 26 Rz. 15; Schmitt/Hörtnagl-*Winter*, UmwG/UmwStG, § 26 UmwG Rz. 16.

nach Eintragung nicht mehr an.21) Eine andere Bewertung gilt nur in dem Ausnahmefall, dass eine **Schadensersatzklage** gerade geltend gemacht wird, bei der ein Organverhalten (pflichtwidrig) zur Anfechtbarkeit oder Nichtigkeit des Verschmelzungsvertrages geführt hat.22) Des Weiteren kommt in der Praxis die Geltendmachung von Ansprüchen durch den übernehmenden Rechtsträger aus **c. i. c.** oder **positiver Verletzung des Verschmelzungsvertrages** in Betracht (siehe dazu auch § 25 Rz. 38 [*Lubberich*]).23)

3. Bestellungsverfahren

18 Das Gericht entscheidet über die Auswahl des besonderen Vertreters **i. R. eines eingeräumten Ermessens**. Die Antragstellung hat **Vorschlagscharakter**.24)

19 Neben **natürlichen Personen** kommen auch **Gesellschaften** oder Beratungs-/Prüfungsgesellschaften als besonderer Vertreter in Betracht.25) Wichtig für die Praxis ist, zu beachten, dass diese nicht zur **Annahme der gerichtlichen Bestellung** verpflichtet sind.26) Vorbehaltlich der **Niederlegung zu Unzeit**, die unter Umständen Schadensersatzfolgen hat, kann der besondere Vertreter sein Amt jederzeit niederlegen.27)

20 Als **Rechtsmittel** gegen Entscheidungen im Antragsverfahren kommt die sofortige Beschwerde in Betracht (§§ 58 ff. FamFG). In der Folge eröffnen §§ 70 ff. FamFG den Weg zur **Rechtsbeschwerde** gegen die Beschwerdeentscheidung.28)

III. Aufforderung, Fristsetzung (§ 26 Abs. 2)

21 Der besondere Vertreter ist verpflichtet, die **Anteilsinhaber** und die **Gläubiger** des übertragenden Rechtsträgers öffentlich zur Anspruchsanmeldung aufzufordern.

1. Aufforderung

22 Die gesetzlich vorgesehene Aufforderung muss im **Bundesanzeiger** und, wenn im Gesellschaftsvertrag vorgesehen, in weiteren Gesellschaftsblättern bekannt gemacht werden (§ 26 Abs. 2 Satz 2). Sie hat eine angemessene Frist zur Anmeldung der Ansprüche i. S. von **§ 25 Abs. 1** oder **Abs. 2** zu beinhalten.

23 Die Aufforderung muss auf den Zweck der Bestellung des besonderen Vertreters hinweisen. Dem ist genüge getan, wenn präzise dargestellt wird, aufgrund welchen Sachverhalts **welche Ansprüche gegen wen** geltend gemacht werden müssen.29)

---

21) *Erkens* in: KölnKomm-UmwG, § 26 Rz. 13; *Burg/Nordhues* in: NK-UmwG, § 26 Rz. 15; Lutter-*Grunewald*, UmwG, § 26 Rz. 10; Kallmeyer-*Oppenhoff*, UmwG, § 26 Rz. 3; Semler/Stengel/Leonard-*Leonard*, UmwG, § 26 Rz. 7; Schmitt/Hörtnagl-*Winter*, UmwG/UmwStG, § 26 UmwG Rz. 16.

22) *Erkens* in: KölnKomm-UmwG, § 26 Rz. 13; *Burg/Nordhues* in: NK-UmwG, § 26 Rz. 16; Schmitt/Hörtnagl-Winter, UmwG/UmwStG, § 26 UmwG Rz. 16.

23) *Burg/Nordhues* in: NK-UmwG, § 26 Rz. 16.

24) *Burg/Nordhues* in: NK-UmwG, § 26 Rz. 17; Kallmeyer-*Oppenhoff*, UmwG, § 26 Rz. 5; Semler/Stengel/Leonard-*Leonard*, UmwG, § 26 Rz. 4.

25) Widmann/Mayer-*Vossius*, UmwR, § 26 UmwG Rz. 30; Kallmeyer-*Oppenhoff*, UmwG, § 26 Rz. 5; Semler/Stengel/Leonard-*Leonard*, UmwG, § 26 Rz. 4; *Burg/Nordhues* in: NK-UmwG, § 26 Rz. 17; Lutter-*Grunewald*, UmwG, § 26 Rz. 13; *Erkens* in: KölnKomm-UmwG, § 26 Rz. 14.

26) *Erkens* in: KölnKomm-UmwG, § 26 Rz. 12; *Burg/Nordhues* in: NK-UmwG, § 26 Rz. 17; Lutter-*Grunewald*, UmwG, § 26 Rz. 13.

27) Kallmeyer-*Oppenhoff*, UmwG, § 26 Rz. 12; Semler/Stengel/Leonard-*Leonard*, UmwG, § 26 Rz. 9; *Burg/Nordhues* in: NK-UmwG, § 26 Rz. 17.

28) *Burg/Nordhues* in: NK-UmwG, § 26 Rz. 17; *Erkens* in: KölnKomm-UmwG, § 26 Rz. 15a; *Rieder* in: BeckOGK-UmwG, § 26 Rz. 14.

29) Kallmeyer-*Oppenhoff*, UmwG, § 26 Rz. 16; Semler/Stengel/Leonard-*Leonard*, UmwG, § 26 Rz. 12; *Burg/Nordhues* in: NK-UmwG, § 26 Rz. 18; Lutter-*Grunewald*, UmwG, § 26 Rz. 20; *Rieder* in: BeckOGK-UmwG, § 26 Rz. 18; detaillierte Anforderungen an den Inhalt der Aufforderung bei Widmann/Mayer-*Vossius*, UmwR, § 26 UmwG Rz. 35.

Dies ist insbesondere wichtig, um die **potentiellen Anspruchsteller** in die Lage zu versetzen, beurteilen zu können, ob sie ihre Ansprüche geltend machen. Dieser Entscheidung ist besondere Bedeutung beizumessen, da dem Anspruchsteller unter Umständen **Verfahrenskosten** auferlegt werden können. Die Anspruchsteller müssen also in die Lage versetzt werden, beurteilen zu können, ob sie sich **dem Kostenrisiko aussetzen.**[30] 24

Auch über die Folgen des Unterlassens der Anmeldung von Forderungen sollte in der Aufforderung belehrt werden.[31] 25

2. Frist

Eine von § 26 Abs. 2 Satz 1 vorgeschriebene **angemessene Frist** hat grundsätzlich **mindestens einen Monat** zu betragen (arg ex § 26 Abs. 2 Satz 1 Halbs. 2).[32] In Einzelfällen (falls bspw. Verjährung droht) kann auch eine Frist angemessen sein, die kürzer als ein Monat ist.[33] 26

Fraglich ist, welche Folgen eine **zu kurze Fristsetzung** hat. Nach ganz h. M. ist unter Anwendung allgemeiner Grundsätze davon auszugehen, dass eine Aufforderung mit zu kurzer Frist eine objektiv angemessene Frist in Gang setzt.[34] 27

Die Frist ist eine **Ausschlussfrist.** § 26 Abs. 3 Satz 4 ordnet an, dass **verspätete Anmeldungen** nicht zu berücksichtigen sind. Die Präklusionswirkung bezieht sich allerdings nur auf Ansprüche aus demselben Lebenssachverhalt.[35] 28

3. Anmeldung von Ansprüchen

Das Gesetz sieht **keine besondere Form** für die Anmeldung der Ansprüche vor. In der Praxis wird allerdings dazu geraten, die Ansprüche schriftlich beim besonderen Vertreter geltend zu machen.[36] 29

IV. Einziehung und Verteilung des Erlöses

Der besondere Vertreter macht die **Ansprüche,** die von seiner Bestellung erfasst sind, gegenüber den Verpflichteten geltend und zieht die entsprechenden Forderungen ein. Er ist **zur Beitreibung verpflichtet.** Hierbei stehen ihm weite Entscheidungsspielräume offen. Der besondere Vertreter befindet nach pflichtgemäßem Ermessen, ob er Klage erhebt, 30

30) Semler/Stengel/Leonard-*Leonard*, UmwG, § 26 Rz. 12; *Erkens* in: KölnKomm-UmwG, § 26 Rz. 18; *Burg/Nordhues* in: NK-UmwG, § 26 UmwG Rz. 18.

31) Widmann/Mayer-*Vossius*, UmwR, § 26 UmwG Rz. 34; Kallmeyer-*Oppenhoff*, UmwG, § 26 Rz. 17; Semler/Stengel/Leonard-*Leonard*, UmwG, § 26 Rz. 12; *Erkens* in: KölnKomm-UmwG, § 26 Rz. 18; *Burg/Nordhues* in: NK-UmwG, § 26 Rz. 18; Lutter-*Grunewald*, UmwG, § 26 Rz. 21; Schmitt/Hörtnagl-*Winter*, UmwG/UmwStG, § 26 UmwG Rz. 20; *Rieder* in: BeckOGK-UmwG, § 26 Rz. 19.

32) *Burg/Nordhues* in: NK-UmwG, § 26 Rz. 19; *Erkens* in: KölnKomm-UmwG, § 26 Rz. 19; Lutter-*Grunewald*, UmwG, § 26 Rz. 21; Schmitt/Hörtnagl-*Winter*, UmwG/UmwStG, § 26 UmwG Rz. 19.

33) Widmann/Mayer-*Vossius*, UmwR, § 26 UmwG Rz. 32; Schmitt/Hörtnagl-*Winter*, UmwG/UmwStG, § 26 UmwG Rz. 19; Kallmeyer-*Oppenhoff*, UmwG, § 26 Rz. 16; Semler/Stengel/Leonard-*Leonard*, UmwG, § 26 Rz. 12; *Erkens* in: KölnKomm-UmwG, § 26 Rz. 19; *Rieder* in: BeckOGK-UmwG, § 26 Rz. 10; *Burg/Nordhues* in: NK-UmwG, § 26 Rz. 19; Lutter-*Grunewald*, UmwG, § 26 Rz. 22.

34) *Burg/Nordhues* in: NK-UmwG, § 26 Rz. 19; *Erkens* in: KölnKomm-UmwG, § 26 Rz. 19; Widmann/Mayer-*Vossius*, UmwR, § 26 UmwG Rz. 33; Lutter-*Grunewald*, UmwG, § 26 Rz. 22; Schmitt/Hörtnagl-*Winter*, UmwG/UmwStG, § 26 UmwG Rz. 19; a. A. *Rieder* in: BeckOGK-UmwG, § 26 Rz. 16 – Fristsetzung unwirksam; Kallmeyer-*Oppenhoff*, UmwG, § 26 Rz. 16 – Aufforderung unwirksam; Semler/Stengel/Leonard-*Leonard*, UmwG, § 26 Rz. 12 – Anmeldung auch nach Fristablauf möglich; ebenso Henssler/Strohn-*Ca. Müller*, GesR, § 26 UmwG Rz. 12.

35) *Erkens* in: KölnKomm-UmwG, § 26 Rz. 20; Lutter-*Grunewald*, UmwG, § 26 Rz. 21; Schmitt/Hörtnagl-*Winter*, UmwG/UmwStG, § 26 UmwG Rz. 22.

36) *Burg/Nordhues* in: NK-UmwG, § 26 Rz. 21.

Rechtsmittel einlegt oder Vergleiche abschließt.[37] Die vom besonderen Vertreter erzielten Beträge sind zunächst zur **Befriedigung der Gläubiger** des übertragenden Rechtsträgers zu verwenden, **§ 26 Abs. 3 Satz 1.**

31 Bei der **Verteilung** hat der besondere Vertreter die Berechtigung der Anspruchsinhaber zu prüfen. Bei Zweifeln wird er i. R. seines Ermessens eine **Feststellungsklage** anstrengen, um sich über das **Bestehen des Anspruchs** Klarheit zu verschaffen.[38]

32 Vor der Verteilung des Erlöses ist die **Vergütung** des besonderen Vertreters zu erstatten. Auslagen sind zu entnehmen.[39]

33 In der Praxis ist zu beachten, dass der **Erlös im Einzelfall die Verfahrenskosten nicht erreicht.** Es liegt in der Entscheidung des Gerichts, ob Verfahrenskosten von den beteiligten Anteilsinhabern und Gläubigern zu tragen sind. Dies regelt **§ 26 Abs. 4 Satz 3.** Insoweit ist die Besonderheit zu beachten, dass die **Entscheidung des Gerichts** ausschließlich im Wege der **sofortigen Beschwerde** angefochten werden kann. Die rechtskräftige Entscheidung kann sofort durch den besonderen Vertreter als **Titel** verwendet werden, welcher der Einleitung der Zwangsvollstreckung dient.[40]

34 Die **Rechtsbeschwerde** ist ausgeschlossen, § 26 Abs. 4 Satz 4. Von besonderer Bedeutung ist, dass Verfahrenskosten **allen Anspruchstellern**, die an der Erlösverteilung teilgenommen haben, auferlegt werden können. Für die Kostentragung ist es nicht erforderlich, dass die Anspruchsteller einen **Antrag i. S. von § 26 Abs. 1** gestellt haben.[41]

35 Genügt der Erlös **nicht zur Befriedigung aller Forderungen** der Gläubiger, sind die Forderungen **anteilig** zu erfüllen (pro rata). Die Verteilung erfolgt nur an Gläubiger, die ihre Forderungen rechtzeitig angemeldet haben, § 26 Abs. 3 Satz 3.[42]

36 Auch **Erlöse,** die der besondere Vertreter aus der Verfolgung von Ansprüchen des übertragenden Rechtsträgers erlangt hat, sind nach den Regeln des **§ 26 Abs. 3** zu verteilen.[43] Die Befriedigung der Gläubiger erfolgt, soweit sie sich nicht an den übernehmenden Rechtsträger **und die von ihm gestellten Sicherheiten** halten können. Bleibt dann noch ein Überschuss, sind also alle angemeldeten Anspruchsinhaber vollständig befriedigt, kann der besondere Vertreter nach der h. A. in der Literatur entweder säumige Anspruchsinhaber auszahlen oder die Beträge unter Verzicht auf die Rücknahme hinterlegen.[44]

37) Semler/Stengel/Leonard-*Leonard*, UmwG, § 26 Rz. 14; Kallmeyer-*Oppenhoff*, UmwG, § 26 Rz. 19; *Erkens* in: KölnKomm-UmwG, § 26 Rz. 22; Schmitt/Hörtnagl-*Winter*, UmwG/UmwStG, § 26 UmwG Rz. 23.

38) *Erkens* in: KölnKomm-UmwG, § 26 Rz. 23; *Burg/Nordhues* in: NK-UmwG, § 26 Rz. 22; Lutter-*Grunewald*, UmwG, § 26 Rz. 26; Henssler/Strohn-*Ca. Müller*, GesR, § 26 UmwG Rz. 15.

39) Widmann/Mayer-*Vossius*, UmwR, § 26 UmwG Rz. 38; Kallmeyer-*Oppenhoff*, UmwG, § 26 Rz. 14; Semler/Stengel/Leonard-*Leonard*, UmwG, § 26 Rz. 10; *Erkens* in: KölnKomm-UmwG, § 26 Rz. 24; *Rieder* in: BeckOGK-UmwG, § 26 Rz. 24; *Burg/Nordhues* in: NK-UmwG, § 26 Rz. 23; Lutter-*Grunewald*, UmwG, § 26 Rz. 18.

40) Semler/Stengel/Leonard-*Leonard*, UmwG, § 26 Rz. 10.

41) Lutter-*Grunewald*, UmwG, § 26 Rz. 18; Kallmeyer-*Oppenhoff*, UmwG, § 26 Rz. 14; *Erkens* in: KölnKomm-UmwG, § 26 Rz. 24; *Rieder* in: BeckOGK-UmwG, § 26 Rz. 22; *Burg/Nordhues* in: NK-UmwG, § 26 Rz. 23; *Stockburger* in: HK-UmwG, § 26 Rz. 19.

42) Semler/Stengel/Leonard-*Leonard*, UmwG, § 26 Rz. 15; Schmitt/Hörtnagl-*Winter*, UmwG/UmwStG, § 26 UmwG Rz. 22; *Burg/Nordhues* in: NK-UmwG, § 26 Rz. 20; *Rieder* in: BeckOGK-UmwG, § 26 Rz. 22; Kallmeyer-*Oppenhoff*, UmwG, § 26 Rz. 17; Lutter-*Grunewald*, UmwG, § 26 Rz. 27.

43) Semler/Stengel/Leonard-*Leonard*, UmwG, § 26 Rz. 16; Schmitt/Hörtnagl-*Winter*, UmwG/UmwStG, § 26 UmwG Rz. 24; *Burg/Nordhues* in: NK-UmwG, § 26 Rz. 24; *Rieder* in: BeckOGK-UmwG, § 26 Rz. 22; Kallmeyer-*Oppenhoff*, UmwG, § 26 Rz. 20; Lutter-*Grunewald*, UmwG, § 26 Rz. 26.

44) Widmann/Mayer-*Vossius*, UmwR, § 26 UmwG Rz. 40; *Erkens* in: KölnKomm-UmwG, § 26 Rz. 27; *Burg/Nordhues* in: NK-UmwG, § 26 Rz. 25; a. A. Schmitt/Hörtnagl-*Winter*, UmwG/UmwStG, § 26 UmwG Rz. 24: Die Erlöse seien auf die Anteilsinhaber des übertragenden Rechtsträgers zu verteilen, was jedenfalls vom Wortlaut des Gesetzes (Verweis auf Liquidationsvorschriften) gestützt wird.

V. Vergütung des besonderen Vertreters

Der besondere Vertreter hat Ansprüche sowohl auf **Vergütung**, als auch auf **Aufwendungsersatz**. Die Höhe der Vergütung ist vertraglichen Vereinbarungen zugänglich. In Ermangelung einer Vereinbarung über die Vergütung legt das Gericht die Höhe der Vergütung (welche sich bei Rechtsanwälten bspw. nach dem **RVG** richten kann) und die als erstattungsfähig anzuerkennen Auslagen fest, **§ 26 Abs. 4 Satz 2.**[45] 37

Jedenfalls, wenn das Gericht einen **Kostenvorschuss** oder andere **Auslagen** anordnet, kann der **besondere Vertreter** vom Gericht einen **Vorschuss verlangen**, um nicht dem Kostentragungsrisiko ausgesetzt zu sein. Diese Kostenvorschüsse werden in der Praxis durch das Gericht entsprechend an die Beteiligten weitergeleitet.[46] Das Erfordernis einer **gerichtlichen Festlegung** der Vorschüsse steht zwar auf den ersten Blick mit dem Wortlaut des § 26 Abs. 4 Satz 3 im Einklang. Dennoch wird in der Literatur überzeugend vorgetragen, dass der besondere Vertreter **immer Vorschüsse** verlangen könne, auch ohne gerichtliche Festsetzung. Dieser Sichtweise ist zugute zu halten, dass das **gesetzliche Schuldverhältnis** vorrangig zwischen dem besonderen Vertreter und den Anspruchstellern besteht. Es spricht einiges dafür, dass die Anspruchsteller dann auch **vorrangig für Vorschüsse** in Anspruch genommen werden können, so dass der Staat **nur subsidiär** involviert wird.[47] 38

45) *Burg/Nordhues* in: NK-UmwG, § 26 Rz. 26; Semler/Stengel/Leonard-*Leonard*, UmwG, § 26 Rz. 10.

46) *Erkens* in: KölnKomm-UmwG, § 26 Rz. 17; *Nordhues* in: NK-UmwG, § 26 Rz. 26; Lutter/*Grunewald*, UmwG, § 26 Rz. 17.

47) Schmitt/Hörtnagl-*Winter*, UmwG/UmwStG, § 26 UmwG Rz. 25.

§ 27
Schadenersatzpflicht der Verwaltungsträger des übernehmenden Rechtsträgers[*]

Ansprüche auf Schadenersatz, die sich auf Grund der Verschmelzung gegen ein Mitglied des Vertretungsorgans oder, wenn ein Aufsichtsorgan vorhanden ist, des Aufsichtsorgans des übernehmenden Rechtsträgers ergeben, verjähren in fünf Jahren seit dem Tage, an dem die Eintragung der Verschmelzung in das Register des Sitzes des übernehmenden Rechtsträgers nach § 19 Abs. 3 bekannt gemacht worden ist.

*) § 27 i. d. F. des UmwBerG geändert durch Art. 8 des Gesetzes über elektronische Handelsregister und Genossenschaftsregister sowie das Unternehmensregister (EHUG), v. 10.11.2006, BGBl. I 2006, 2553.

Literatur: *Clemm/Dürrschmidt*, Überlegungen zu den Sorgfaltspflichten für Vertretungs- und Aufsichtsorgane bei der Verschmelzung von Unternehmen gem. §§ 25 und 27 UmwG, in: Festschrift für Siegfried Widmann, 2000, S. 3; *Pöllath/Philipp*, Unternehmenskauf und Verschmelzung: Pflichten und Haftung von Vorstand und Geschäftsführer, DB 2005, 1503; *Schnorbus*, Grundlagen der persönlichen Haftung von Organmitgliedern nach § 25 Abs. 1 UmwG, ZHR 167 (2003), 666.

Übersicht

I. Normzweck

1 § 27 trifft eine **einheitliche Regelung** für **Beginn und Dauer** der Verjährung von Ansprüchen aus den unterschiedlichen Haftungsnormen. Die Norm selbst ist keine eigenständige Anspruchsgrundlage.[1] Die Verjährungsregelung weicht von den **Vorschriften des BGB** ab und entspricht inhaltlich den Vorgängerregelungen (§ 351 AktG, § 30 KapErhG, § 93o GenG und § 44a Abs. 3 VAG).

II. Erfasste Schadensersatzansprüche

1. Organhaftung

2 Die Verjährungsregelung des § 27 gilt für alle Rechtsvorschriften, aus denen sich **Schadensersatzansprüche** gegen Mitglieder des Vertretungs- und (soweit vorhanden) Aufsichtsorgans des übernehmenden Rechtsträgers aufgrund der Verschmelzung ergeben können.[2]

3 Erfasst sind davon zahlreiche Haftungsnormen, die in den rechtsformspezifischen Spezialgesetzen geregelt sind. Erfasst werden z. B. §§ 93, 116, 309, 310, 317, 318 AktG, §§ 43 und 52 GmbHG sowie §§ 34 und 41 GenG.[3] Die Begrifflichkeiten (Vertretungs- und Aufsichtsorgane) sind gleichbedeutend mit § 25 (siehe dazu oben § 25 Rz. 28 [*Lubberich*]).

4 Auch Ansprüche gegen Vertretungsorgane von **Personengesellschaften** werden von der Regelung erfasst. Das Regelungsziel ist eine gleichförmige Haftung der Leitungsorgane unterschiedlicher Rechtsträger.[4]

2. Deliktsrecht

5 Fraglich ist, ob die **Verjährungsregelung** des § 27 auch für deliktische Haftung gilt. Nach wohl (noch) h. M. ist dies nicht der Fall.[5] Diese Ansicht lehnt sich hauptsächlich an die **Vorgängerregelungen** an, die ebenfalls für deliktische Haftung nicht galten. Nach der in der Literatur im Vordringenden befindlichen Ansicht wird allerdings **auch die deliktische Haftung** in den Geltungsbereich des § 27 einbezogen. Als ein tatsächlich verfangendes Argument wird vorgebracht, dass es **seit dem Wegfall** des § 852 BGB a. F. an einer Spezialregelung fehle.[6] Es wäre deshalb zu begrüßen, wenn sich die Einbeziehung deliktischer Ansprüche in den Regelungsbereich des § 27 de lege ferenda durchsetzte.

---

1) Kallmeyer-*Oppenhoff*, UmwG, § 27 Rz. 2; *Erkens* in: KölnKomm-UmwG, § 27 Rz. 1; *Burg/Nordhues* in: NK-UmwG, § 27 Rz. 1; Schmitt/Hörtnagl-*Winter*, UmwG/UmwStG, § 27 UmwG Rz. 1; Semler/Stengel/Leonard-*Leonard*, UmwG, § 27 Rz. 1; *Rieder* in: BeckOGK-UmwG, § 27 Rz. 2; *Stockburger* in: HK-UmwG, § 27 Rz. 1; Widmann/Mayer-*Vossius*, UmwR, § 27 UmwG Rz. 1; *Clemm/Dürrschmidt* in: FS Widmann, S. 15; *Pöllath/Philipp*, DB 2005, 1503, 1508; *Schnorbus*, ZHR 167 (2003), 666, 675.

2) Widmann/Mayer-*Vossius*, UmwR, § 27 UmwG Rz. 6; Lutter-*Grunewald*, UmwG, § 27 Rz. 1; Kallmeyer-*Oppenhoff*, UmwG, § 27 Rz. 2; *Burg/Nordhues* in: NK-UmwG, § 27 Rz. 2; *Erkens* in: KölnKomm-UmwG, § 26 Rz. 3; Semler/Stengel/Leonard-*Leonard*, UmwG, § 27 Rz. 3.

3) Semler/Stengel/Leonard-*Leonard*, UmwG, § 27 Rz. 3; Schmitt/Hörtnagl-*Winter*, UmwG/UmwStG, § 27 UmwG Rz. 5; *Rieder* in BeckOGK-UmwG, § 27 Rz. 4; Kallmeyer-*Oppenhoff*, UmwG, § 27 Rz. 2; Lutter-*Grunewald*, UmwG, § 27 Rz. 2; *Stockburger* in: HK-UmwG, § 27 Rz. 2; Widmann/Mayer-*Vossius*, UmwR, § 27 UmwG Rz. 6.

4) *Burg/Nordhues* in: NK-UmwG, § 27 Rz. 2; Lutter-*Grunewald*, UmwG, § 27 Rz. 3; Kallmeyer-*Oppenhoff*, UmwG, § 27 Rz. 3; *Erkens* in: KölnKomm-UmwG, § 27 Rz. 4.

5) Semler/Stengel/Leonard-*Leonard*, UmwG, § 27 Rz. 5; Kallmeyer-*Oppenhoff*, UmwG, § 27 Rz. 4; *Burg/Nordhues* in: NK-UmwG, § 27 Rz. 3; Schmitt/Hörtnagl-*Winter*, UmwG/UmwStG, § 27 UmwG Rz. 10; Henssler/Strohn-*Ca. Müller*, GesR, § 27 UmwG Rz. 4; Widmann/Mayer-*Vossius*, UmwR, § 27 UmwG Rz. 10.

6) Lutter-*Grunewald*, UmwG, § 27 Rz. 4; *Rieder* in: BeckOGK-UmwG, § 27 Rz. 6; *Erkens* in: KölnKomm-UmwG, § 27 Rz. 5 f.; *Stockburger* in: HK-UmwG, § 27 Rz. 4.

3. Zusammenhang mit einer Verschmelzung

Weiterhin werden nur Ansprüche erfasst, die **im Zusammenhang mit einer Verschmelzung** stehen. § 27 ist insoweit weiter gefasst als § 25 Abs. 1, wonach lediglich Sorgfaltspflichten der Organmitglieder des übertragenden Rechtsträgers umfasst sind (siehe dazu oben § 25 Rz. 6 [*Lubberich*]). Der Zusammenhang besteht, wenn **dem Organ** des übernehmenden Rechtsträgers ein Fehlverhalten hinsichtlich der Vorbereitung und Durchführung der Verschmelzung vorgeworfen werden kann (bspw. eine **unzureichende Überprüfung** der **Vermögenslage** des übertragenden oder des übernehmenden Rechtsträgers, oder eine nicht ordnungsgemäße **Berichterstattung** über die Verschmelzung).[7)] Nicht hinreichend ist ein allein zeitlicher Zusammenfall von Haftungsanspruch und Verschmelzungsmaßnahme.[8)] 6

III. Verjährungsfrist

§ 27 regelt (identisch zu § 25 Abs. 3) eine Verjährung in fünf Jahren, gerechnet ab dem Tage, an dem die **Eintragung der Verschmelzung** in das Register des Sitzes des übernehmenden Rechtsträgers bekannt gemacht worden ist. Die Bekanntmachung richtet sich nach § 19 Abs. 3 i. V. m. § 10 HGB. Entscheidend ist der **Zeitpunkt der erstmaligen Abrufbarkeit** der Eintragung im Handelsregister über das in § 9 Abs. 1 HGB festgelegte elektronische Informations- und Kommunikationssystem.[9)] Durch das DiRUG[10)] und die Neufassung des § 10 HGB entfällt die gesonderte Bekanntmachung in einem zusätzlichen Medium neben dem Handelsregister. Die tatsächliche Kenntnisnahme ist unerheblich.[11)] 7

7) Lutter-*Grunewald*, UmwG, § 27 Rz. 6; *Burg/Nordhues* in: NK-UmwG, § 27 Rz. 4; *Erkens* in: KölnKomm-UmwG, § 27 Rz. 7; Schmitt/Hörtnagl-*Winter*, UmwG/UmwStG, § 27 UmwG Rz. 5 ff.; ausf. Ablauf des Verschmelzungsverfahren bei *Pöllath/Philipp*, DB 2005, 1503.

8) *Burg/Nordhues* in: NK-UmwG, § 27 Rz. 4; *Erkens* in: KölnKomm-UmwG, § 27 Rz. 7.

9) *Burg/Nordhues* in: NK-UmwG, § 27 Rz. 6; *Erkens* in: KölnKomm-UmwG, § 27 Rz. 10; Widmann/Mayer-*Vossius*, UmwR, § 27 UmwG Rz. 16.

10) Gesetz zur Umsetzung der Digitalisierungsrichtlinie (DiRUG), v. 5.7.2021, BGBl. I 2021, 3338.

11) Kallmeyer-*Oppenhoff*, UmwG, § 27 Rz. 6; *Burg/Nordhues* in: NK-UmwG, § 27 Rz. 6; Semler/Stengel/Leonard-*Leonard*, UmwG, § 27 Rz. 6; *Rieder* in: BeckOGK-UmwG, § 27 Rz. 8; Henssler/Strohn-*Ca. Müller*, GesR, § 27 UmwG Rz. 6; *Erkens* in: KölnKomm-UmwG, § 27 Rz. 11.

§ 28
Unwirksamkeit des Verschmelzungsbeschlusses eines übertragenden Rechtsträgers

Nach Eintragung der Verschmelzung in das Register des Sitzes des übernehmenden Rechtsträgers ist eine Klage gegen die Wirksamkeit des Verschmelzungsbeschlusses eines übertragenden Rechtsträgers gegen den übernehmenden Rechtsträger zu richten.

Literatur: *Hoffmann-Becking*, „Organnachfolge" bei der Verschmelzung?, in: Festschrift für Peter Ulmer, 2003, S. 243; *Martens*, Kontinuität und Diskontinuität im Verschmelzungsrecht der Aktiengesellschaft, AG 1986, 57.

Übersicht

I. Normzweck

1 § 28 bestimmt, dass **Klagen gegen die Wirksamkeit** des Verschmelzungsbeschlusses (Nichtigkeits- oder Anfechtungsklage) **nach Erlöschen** des übertragenden Rechtsträgers gemäß **§ 20 Abs. 1 Nr. 2 Satz 1** gegen den übernehmenden Rechtsträger zu richten sind. Der Anwendungsbereich der Vorschrift ist in der Praxis gering. Da § 20 Abs. 1 Nr. 1 bereits durch **Anordnung der Gesamtrechtsnachfolge** bestimmt, dass gerichtliche Verfahren, in die der übertragende Rechtsträger involviert ist, mit Blick auf die Passivlegitimation auf den übernehmenden Rechtsträger übergehen, wird der Vorschrift teilweise lediglich **deklaratorischer Charakter** zugesprochen und anderorts wird die Vorschrift als gänzlich überflüssig angesehen.[1] Allerdings wird an anderer Stelle wiederum zu Recht angeführt, dass **ohne die Vorschrift** des § 28 eine Klage gegen den Verschmelzungsbeschluss des übertragenden Rechtsträgers **gar nicht mehr möglich** wäre, da keine **Passivlegitimation** gegeben ist.[2]

2 § 28 ersetzt seine Vorgängerregelungen § 352 AktG, § 31 KapErhG, § 93q GenG und § 44a Abs. 3 VAG. Ergänzend zu seinen Vorläufern bezieht sich § 28 nun auch auf die **Nichtigkeitsklage.**[3]

II. Erfasste Klagen

1. Klagen nach Eintragung der Verschmelzung

3 Vom Wortlaut des § 28 werden Klagen erfasst, die **nach Eintragung der Verschmelzung** in das Register des Sitzes des übernehmenden Rechtsträgers erhoben werden. § 28 kommt also erst zum Tagen, wenn die Verschmelzung **wirksam geworden** ist. Da sich allerdings die **Klagefrist** (ein Monat; § 14 Abs. 1) und die Eintragungsdauer **überschneiden,** finden sich nur wenige Anwendungsfälle für § 28.

4 Nach Eintragung verbleiben nur **wenige Mängel**, die **nicht geheilt werden können** (vgl. § 20 Abs. 1 Satz 4, Abs. 2, siehe auch näher § 20 Rz. 66 [*Lubberich*]).[4] Dass die Verschmelzung in Angesicht solcher Mängel trotzdem eingetragen wird, ist nicht praxisnah. Eine Klage gilt allerdings als fristgerecht, wenn sie **vor Eintragung** der Verschmelzung eingereicht, aber **nach Eintragung** zugestellt wird.[5]

2. Klagen vor Eintragung

5 Sehr viel wahrscheinlicher und praxishäufiger sind Klagen, die bereits **vor Eintragung der Verschmelzung** erhoben werden. Diese Klagen sind **gegen den noch bestehenden übertragenden Rechtsträger** zu richten. Als Klageziel wird die Verschmelzung in der Folge nicht eingetragen (§ 16 Abs. 2 Satz 2). Erst wenn **gerichtlich festgestellt** wird, dass die Klage der Verschmelzung nicht entgegensteht, kann es zur Eintragung kommen (§ 16 Abs. 3 Satz 1).

6 Das dann **durch die Eintragung unterbrochene** Verfahren (§§ 239, 246 ZPO) ist gegen den übernehmenden Rechtsträger **fortzusetzen.**[6]

---

1) Semler/Stengel/Leonard-*Leonard*, UmwG, § 28 Rz. 2 – überflüssig; ebenso *Erkens* in: KölnKomm-UmwG, § 28 Rz. 2; *Rieder* in: BeckOGK-UmwG, § 28 Rz. 2 – rein deklaratorisch.

2) Widmann/Mayer-*Vossius*, UmwR, § 28 UmwG Rz. 1, 2; Schmitt/Hörtnagl-*Winter*, UmwG/UmwStG, § 28 UmwG Rz. 1.

3) Semler/Stengel/Leonard-*Leonard*, UmwG, § 28 Rz. 3; *Burg/Nordhues* in: NK-UmwG, § 28 Rz. 3; *Erkens* in: KölnKomm-UmwG, § 28 Rz. 3; *Rieder* in BeckOGK-UmwG, § 28 Rz. 3.

4) Semler/Stengel/Leonard-*Leonard*, UmwG, § 28 Rz. 4.

5) OLG Hamburg, Urt. v. 16.4.2004 – 11 U 11/03, ZIP 2004, 906 = NZG 2004, 729.

6) OLG Hamburg, Urt. v. 16.4.2004 – 11 U 11/03, ZIP 2004, 906, 907 = NZG 2004, 729, 730; Widmann/Mayer-*Vossius*, UmwR, § 28 UmwG Rz. 19; Kallmeyer-*Oppenhoff*, UmwG, § 28 Rz. 2; Schmitt/Hörtnagl-*Winter*, UmwG/UmwStG, § 28 UmwG Rz. 6; *Burg/Nordhues* in: NK-UmwG, § 28 UmwG Rz. 8; Semler/Stengel/Leonard-*Leonard*, UmwG, § 28 Rz. 5; Lutter-*Grunewald*, UmwG, § 28 Rz. 2; *Rieder* in: BeckOGK-UmwG, § 28 Rz. 10.

3. Andere Klagen

Auch weitere Klagen gegen den **übertragenden Rechtsträger**, die nicht gegen den Verschmelzungsbeschluss gerichtet sind, werden nach allgemeiner Ansicht von § 28 erfasst, auch wenn der Wortlaut dies nicht regelt.[7] 7

In der Praxis können **folgende Verfahren** hierfür in Betracht kommen: 8

- **Auskunftserzwingungsverfahren** (§ 132 AktG);[8]
- Klage auf **Feststellung der Nichtigkeit** eines Jahresabschlusses;[9]
- **Anfechtungsklage** gegen den im Zusammenhang mit der Verschmelzung gefassten **Kapitalerhöhungsbeschluss**;[10]
- Anfechtung eines **Einziehungsbeschlusses** nach §§ 237 AktG, § 34 GmbHG sowie Klage gegen eine Kapitalmaßnahme, die vor der Verschmelzung zu einer **Verwässerung** geführt hat.[11]

Auch bei den weiteren Klagen, die über den Wortlaut des § 28 hinaus unter die Vorschrift gefasst werden, ist zu beachten, dass die Klage **vor Eintragung der Verschmelzung** im Register des Sitzes des übernehmenden Rechtsträgers weiterhin **gegen den übertragenden Rechtsträger** gerichtet werden muss.[12] Wird die Verschmelzung sodann wirksam, tritt der übernehmende Rechtsträger an die Stelle des übertragenden Rechtsträgers.[13] Das Verfahren ist **gegen den übernehmenden Rechtsträger** fortzusetzen. In den Fallgruppen, die oben dargestellt wurden, müsste dann auch das Rechtsschutzbedürfnis zu bejahen sein.[14] 9

Weiterhin ist zu beachten, dass **nach Eintragung** und Wirksamwerden der Verschmelzung freilich **nur noch gegenüber den übernehmenden Rechtsträger** Klage erhoben werden kann.[15] 10

---

7) LG München I, Urt. v. 12.11.1998 – 5 HKO 10758/98, DB 1999, 628; Widmann/Mayer-*Vossius*, UmwR, § 28 UmwG Rz. 16; Kallmeyer-*Oppenhoff*, UmwG, § 28 Rz. 1, 4; Schmitt/Hörtnagl-*Winter*, UmwG/UmwStG, § 28 UmwG Rz. 3; *Burg/Nordhues* in: NK-UmwG, § 28 Rz. 9; Semler/Stengel/Leonard-*Leonard*, UmwG, § 28 Rz. 6; Lutter-*Grunewald*, UmwG, § 28 Rz. 4; *Hoffmann-Becking* in: FS Ulmer, S. 257; Henssler/Strohn-*Ca. Müller*, GesR, § 28 UmwG Rz. 5; *Erkens* in: KölnKomm-UmwG, § 28 Rz. 13.

8) OLG Düsseldorf, Beschl. v. 29.7.1957 – 6 W 50/57, AG 1957, 279; LG München I, Beschl. v. 10.12.1998 – 5 HKO 10806/97, DB 1999, 629 = NZG 1999, 674; *Burg/Nordhues* in: NK-UmwG, § 28 Rz. 10; Semler/Stengel/Leonard-*Leonard*, UmwG, § 28 Rz. 6; Lutter-*Grunewald*, UmwG, § 28 Rz. 5; *Erkens* in: KölnKomm-UmwG, § 28 Rz. 16; *Stockburger* in: HK-UmwG, § 28 Rz. 6; Widmann/Mayer-*Vossius*, UmwR, § 28 UmwG Rz. 16.

9) OLG Hamm, Urt. v. 28.2.1973 – 8 U 168/72, AG 1973, 206; im Anschluss daran BGH, Urt. v. 3.11.1975 – II ZR 67/73, NJW 1976, 241 = BGHZ 65, 230 (Revision).

10) Kallmeyer-*Oppenhoff*, UmwG, § 28 Rz. 1; Semler/Stengel/Leonard-*Leonard*, UmwG, § 28 Rz. 6.

11) *Erkens* in: KölnKomm-UmwG, § 28 Rz. 16; Widmann/Mayer-*Vossius*, UmwR, § 28 UmwG Rz. 17; *Burg/Nordhues* in: NK-UmwG, § 28 Rz. 11.

12) Semler/Stengel/Leonard-*Leonard*, UmwG, § 28 Rz. 7; *Rieder* in: BeckOGK-UmwG, § 28 Rz. 7.

13) BGH, Urt. v. 3.11.1975 – II ZR 67/73, NJW 1976, 241 = BGHZ 65, 230: zur Vorgängervorschrift § 352 AktG; Semler/Stengel/Leonard-*Leonard*, UmwG, § 28 Rz. 7.

14) Streitdarstellung bei LG München I, Beschl. v. 10.12.1998 – 5 HKO 10806/97, DB 1999, 629, 629 = NZG 1999, 674, 675; Semler/Stengel/Leonard-*Leonard*, UmwG, § 28 Rz. 7, geht unter Hinweis auf BGH, Urt. v. 3.11.1975 – II ZR 67/73, NJW 1976, 241 = BGHZ 65, 230, in dem das Rechtsschutzbedürfnis wohl unterstellt wird, davon aus, dass das Rechtschutzbedürfnis in den Fallgruppen bejaht werden kann; ebenso *Martens*, AG 1986, 57, 66 f. – zu § 352 AktG a. F.; abl. Lutter-*Grunewald*, UmwG, § 28 Rz. 4, 5; einzelfallabhängige Prüfung bei Kallmeyer-*Oppenhoff*, UmwG, § 28 Rz. 4; *Erkens* in: KölnKomm-UmwG, § 28 Rz. 13; Widmann/Mayer-*Vossius*, UmwR, § 28 UmwG Rz. 17; *Rieder* in: BeckOGK-UmwG, § 28 Rz. 10.

15) Semler/Stengel/Leonard-*Leonard*, UmwG, § 28 Rz. 8, der den praxisrelevanten Hinweis gibt, dass für die Klage weiterhin das Landgericht am Sitz übertragenden Rechtsträgers zuständig bleibt, vgl. OLG Düsseldorf, Beschl. v. 29.7.1957 – 6 W 50/57, AG 1957, 279, 279.

III. Klagen, die gegen den übernehmenden Rechtsträger gerichtet sind

11 § 28 erfasst **keine Klagen** gegen den **übernehmenden Rechtsträger.** Dies gilt auch für Klagen, welche Anteilshaber des übernehmenden Rechtsträgers gegen den Verschmelzungsbeschluss erheben. Für diese Klagen gelten **die allgemeinen Vorschriften** und das zuvor zur Praxisrelevanz der Norm Gesagte (siehe oben Rz. 1): mit Klagen **nach Eintragung** der Verschmelzung wird in der Praxis selten zu rechnen sein.[16] Klagen, die vorher erhoben werden, hindern in der Regel die Eintragung (§ 16 Abs. 2 Satz 2).[17] Aber auch **nach erfolgter Eintragung** (§ 16 Abs. 3 Satz 1) kann das Verfahren wegen der **Möglichkeit von Schadensersatzansprüchen** gemäß § 16 Abs. 3 Satz 10 fortzusetzen sein.[18]

16) Semler/Stengel/Leonard-*Leonard*, UmwG, § 28 Rz. 9.

17) Semler/Stengel/Leonard-*Leonard*, UmwG, § 28 Rz. 9; *Rieder* in: BeckOGK-UmwG, § 28 Rz. 11; Kallmeyer-*Oppenhoff*, UmwG, § 28 Rz. 7; Lutter-*Grunewald*, UmwG, § 28 Rz. 8.

18) Semler/Stengel/Leonard-*Leonard*, UmwG, § 28 Rz. 9; *Rieder* in: BeckOGK-UmwG, § 28 Rz. 11; Kallmeyer-*Oppenhoff*, UmwG, § 28 Rz. 7; Lutter-*Grunewald*, UmwG, § 28 Rz. 8; Schmitt/Hörtnagl-Winter, UmwG/UmwStG, § 28 UmwG Rz. 10.

§ 29

Abfindungsangebot im Verschmelzungsvertrag*)

(1) [1]Bei der Verschmelzung eines Rechtsträgers im Wege der Aufnahme durch einen Rechtsträger anderer Rechtsform oder bei der Verschmelzung einer börsennotierten Aktiengesellschaft auf eine nicht börsennotierte Aktiengesellschaft hat der übertragende Rechtsträger im Verschmelzungsvertrag oder in seinem Entwurf jedem Anteilsinhaber, der gegen den Verschmelzungsbeschluß des übertragenden Rechtsträgers Widerspruch zur Niederschrift erklärt, den Erwerb seiner Anteile oder Mitgliedschaften gegen eine angemessene Barabfindung anzubieten; § 71 Abs. 4 Satz 2 des Aktiengesetzes und § 33 Abs. 2 Satz 3 zweiter Halbsatz erste Alternative des Gesetzes betreffend die Gesellschaften mit beschränkter Haftung sind insoweit nicht anzuwenden. [2]Das gleiche gilt, wenn bei einer Verschmelzung von Rechtsträgern derselben Rechtsform die Anteile oder Mitgliedschaften an dem übernehmenden Rechtsträger Verfügungsbeschränkungen unterworfen sind. [3]Kann der übernehmende Rechtsträger auf Grund seiner Rechtsform eigene Anteile oder Mitgliedschaften nicht erwerben, so ist die Barabfindung für den Fall anzubieten, daß der Anteilsinhaber sein Ausscheiden aus dem Rechtsträger erklärt. [4]Eine erforderliche Bekanntmachung des Verschmelzungsvertrags oder seines Entwurfs als Gegenstand der Beschlußfassung muß den Wortlaut dieses Angebots enthalten. [5]Der übernehmende Rechtsträger hat die Kosten für eine Übertragung zu tragen.

(2) Dem Widerspruch zur Niederschrift im Sinne des Absatzes 1 steht es gleich, wenn ein nicht erschienener Anteilsinhaber zu der Versammlung der Anteilsinhaber zu Unrecht nicht zugelassen worden ist oder die Versammlung nicht ordnungsgemäß einberufen oder der Gegenstand der Beschlußfassung nicht ordnungsgemäß bekanntgemacht worden ist.

*) § 29 geändert durch Art. 1 des Gesetzes zur Umsetzung der Umwandlungsrichtlinie und zur Änderung weiterer Gesetze (UmRUG), v. 22.2.2023, BGBl. I 2023, Nr. 51; § 29 geändert durch Art. 1 des Zweiten Gesetzes zur Änderung des Umwandlungsgesetzes (2. UmwGÄndG), v. 19.4.2007, BGBl. I 2007, 542; § 29 i. d. F. des UmwBerG geändert durch Art. 1 des Gesetzes zur Änderung des Umwandlungsgesetzes, des Partnerschaftsgesellschaftsgesetzes und anderer Gesetze (UmwGÄndG), v. 22.7.1998, BGBl. I 1998, 1878.

Literatur: *Bauerschmidt*, Entwicklungen des europäischen Prospektrechts 2019–2021, AG 2022, 57; *Bayer/Carl*, Delisting in Permanenz, AG 2026, 1; *Bayer/Schmidt, J.*, Gläubigerschutz bei (grenzüberschreitenden) Verschmelzungen, ZIP 2016, 841; *Bayer/Schmidt, J.*, Wer ist mit welchen Anteilen bei Strukturveränderungen abfindungsberechtigt?, ZHR 178 (2014), 150; *Bormann/*

Trautmann, Wandelschuldverschreibungen im Lichte des § 55a GmbHG, GmbHR 2016, 37; *Burg/Braun*, Austrittsrechte nach Verschmelzung von börsennotierten Aktiengesellschaften bei gleichbleibender Kontrolle im aufnehmenden Rechtsträger?, AG 2009, 22; *Denninger*, Gestaltungsoptionen beim Delisting – Börsenrückzug ohne Abfindungsangebot?, AG 2026, 25; *Drinhausen*, Regierungsentwurf eines Zweiten Gesetzes zur Änderung des Umwandlungsgesetzes – ein Gewinn für die Praxis, BB 2006, 2313; *Handelsrechtsausschuss des DAV*, Stellungnahme zum Entwurf eines Zukunftsfinanzierungsgesetzes, NZG 2023, 738; *Harnos*, Börsenmantelaktiengesellschaft – Das deutsche Surfbrett für künftige SPACs-Wellen, AG 2024, S53; *Harnos*, Aktionärsschutz beim Delisting, ZHR 179 (2015), 750; *Helmreich*, Wandelschuldverschreibungen bei der GmbH als Brücke bei Bewertungsdifferenzen im Rahmen von M&A-Transaktionen, GWR 2011, 561; *Hippeli*, Delisting reloaded nach dem ZuFinG II, BB 2024, 2636; *Hoger*, Kapitalschutz als Durchsetzungsschranke umwandlungsrechtlicher Ausgleichsansprüche von Gesellschaftern, AG 2008, 149; *Hoppe*, Zeitpunkt, Inhalt und Form von Mitteilungen gemäß § 125 AktG nach ARUG II, NZG 2022, 110; *Hoppe*, Gewährung zusätzlicher Aktien bei Unternehmenskäufen und Umwandlungen, Bonn 2014 (Diss.) (zit.: Gewährung zusätzlicher Aktien); *Hüffer*, Der Schutz besonderer Rechte in der Verschmelzung, in: Festschrift für Marcus Lutter, 2000, S. 1227; *Ihrig*, Gläubigerschutz bei Verschmelzung und Spaltung, GmbHR 1995, 622; *Kleindiek*, Funktion und Geltungsanspruch des Pflichtangebots nach dem WpÜG, ZGR 2002, 546; *Klemens/Sambulski*, Formbedürftigkeit von Wandeldarlehensverträgen bei der GmbH, WM 2023, 311; *Klöhn*, Delisting – Zehn Jahre Später, NZG 2012, 1041; *König*, Zur Willensbildung im Stimmenpool, ZGR 2005, 417; *Lieder*, Mehrheitsbeschlüsse in Stimmrechtskonsortien, in: Festschrift Krieger, 2020, S. 583; *Lieder*, Eigene Geschäftsanteile im Umwandlungsrecht, GmbHR 2014, 232; *Mayer/Weiler*, Neuregelungen durch das Zweite Gesetz zur Änderung des Umwandlungsgesetzes, (Teil 1) DB 2007, 1235; *Reichert*, Folgen der Anteilsvinkulierung für Umstrukturierungen von GmbH und AG nach dem UmwG 1995, GmbHR 1995, 176; *Seibt/Wollenschläger*, Downlisting einer börsennotierten Gesellschaft ohne Abfindungsangebot und Hauptversammlungsbeschluss, AG 2009, 807; *Simon/Burg*, Zum Anwendungsbereich des § 29 Abs. 1 Satz 1 UmwG, Der Konzern 2009, 214; *Streck/Mack/Schwedhelm*, Verschmelzung und Formwechsel nach dem neuen UmwG, GmbHR 1995, 161; *Vetter, J.*, Ausweitung des Spruchverfahrens, ZHR 168 (2004), 8; *Veil*, Umwandlung einer Aktiengesellschaft in eine Gesellschaft mit beschränkter Haftung, Berlin 1996 (Diss.); *Wieneke*, Aktien- und kapitalmarktrechtlicher Schutz beim Delisting nach dem FRoSTA-Beschluss des BGH, NZG 2014, 22.

Übersicht

I. Vorbemerkungen zu den §§ 29 bis 35

1 Die **§§ 29 bis 34** regeln die **Abfindung von Anteilsinhabern** bei der Verschmelzung. § 29 bestimmt, unter welchen Voraussetzungen ein Anteilsinhaber eines übertragenden Rechtsträgers eine angemessene Barabfindung verlangen kann. § 30 regelt den Zeitpunkt, auf den die Bewertung des übertragenden Rechtsträgers erfolgen muss, und die Prüfung der Abfindungshöhe durch den Verschmelzungsprüfer. § 31 enthält den Zeitpunkt, in dem das Angebot über die Barabfindung spätestens angenommen werden muss. § 32 schließt die Erhebung von Klagen gegen den Verschmelzungsbeschluss mit der Begründung aus, dass die Barabfindung nicht angemessen ist oder das Angebot nicht oder nicht ordnungsgemäß erfolgt ist; diese Streitigkeiten werden gemäß § 34 in das Spruchverfahren verwiesen. § 33 erleichtert die Veräußerung von Anteilen durch den abfindungsberechtigten Anteilsinhaber während eines Zeitraums von zwei Monaten nach dem Wirksamwerden der Verschmelzung.

2 **§ 35** erleichtert bei der AG und der KGaA als übertragenden Rechtsträgern in bestimmten Grenzen den **Registerverkehr**, indem unbekannte Anteilsinhaber lediglich mit der auf sie entfallenden Beteiligung zu bezeichnen sind.

II. Entstehungsgeschichte

3 **Vorbild** für § 29 war u. a. § 375 Abs. 1, Abs. 3 Satz 1 AktG in der bis 31.12.1994 geltenden Fassung.[1] § 375 Abs. 1, Abs. 3 Satz 1 AktG a. F. sah einen Abfindungsanspruch allerdings nur bei einem Formwechsel einer AG oder einer KGaA in eine GmbH vor, während § 29 den Schutz in Form eines Anspruchs auf Barabfindung auf alle anderen Fälle der Mischverschmelzung ausweiten sollte.[2]

4 § 29 in der Fassung des UmwBerG[3] wurde erstmals durch das UmwGÄndG[4] geändert. In § 29 Abs. 1 Satz 2 wurde in Bezug auf **Verfügungsbeschränkungen** an durch die Verschmelzung gewährten Anteilen an dem übernehmenden Rechtsträger der **einschränkende Zusatz**, dass sie aus dem „Gesellschaftsvertrag, der Satzung oder dem Statut des übernehmenden Rechtsträgers“ folgen müssen, **gestrichen**.

5 Ein zweites Mal wurde § 29 durch das **Zweite Gesetz zur Änderung des Umwandlungsgesetzes**[5] in zwei wesentlichen Punkten geändert. Zum einen wurde als Abfindungsfall das sog. **kalte Delisting**, also die Verschmelzung einer börsennotierten AG auf eine nicht börsennotierte AG, aufgenommen. Zum anderen wurde bestimmt, dass ein Verstoß gegen die Kapitalerhaltungsregeln in § 33 Abs. 2 Satz 1 und 2 GmbHG das schuldrechtliche Geschäft abweichend von § 33 Abs. 2 Satz 3 Halbs. 2 Alt. 1 GmbHG nicht unwirksam macht.

6 Durch das Gesetz zur Umsetzung der Umwandlungsrichtlinie[6] wurde der **Abfindungsschuldner** in § 29 Abs. 1 Satz 1 vom übernehmenden Rechtsträger in den übertragenden Rechtsträger geändert.

---

1) Begr. Fraktionsentwurf UmwBerG, BR-Drucks. 75/94, S. 94 li. Sp.

2) Begr. Fraktionsentwurf UmwBerG, BR-Drucks. 75/94, S. 94 li. Sp.

3) Gesetz zur Bereinigung des Umwandlungsrechts (UmwBerG), v. 28.10.1994, BGBl. I 1994, 3210, in Kraft getreten am 1.1.1995.

4) Gesetz zur Änderung des Umwandlungsgesetzes, des Partnerschaftsgesellschaftsgesetzes und anderer Gesetze, v. 22.7.1998 (UmwGÄndG), BGBl. I 1998, 1878.

5) Zweites Gesetz zur Änderung des Umwandlungsgesetzes (2. UmwGÄndG), v. 19.4.2007, BGBl. I 2007, 542.

6) Gesetz zur Umsetzung der Umwandlungsrichtlinie und zur Änderung weiterer Gesetze, v. 22.2.2023, BGBl. I 2023, Nr. 51.

III. Anwendungsbereich

§ 29 gilt unmittelbar für die **Verschmelzung durch Aufnahme** und über den Verweis in § 36 Abs. 1 Satz 1 für die Verschmelzung zur Neugründung. Des Weiteren ordnet § 125 für die **Auf- und Abspaltung** die Geltung der §§ 29 ff. an. 7

Bei der **Vollübertragung** des Vermögens einer Kapitalgesellschaft auf die öffentliche Hand ist § 29 wegen § 176 Abs. 1 anzuwenden. Bei der **Teilübertragung**, die konstruktiv einer Auf- oder Abspaltung entspricht, gilt § 29 über die Kette der §§ 177 Abs. 1, 125. Sowohl bei der Voll- als auch bei der Teilübertragung wird der Anwendungsbereich von § 29 Abs. 1 insofern erweitert, als auch **Inhaber von Sonderrechten** abweichend von § 23 gemäß § 176 Abs. 2 Satz 4 bzw. gemäß § 177 Abs. 2 i. V. m. § 176 Abs. 2 Satz 4 abfindungsberechtigt sind. 8

Partielle Verweisungen auf die §§ 29 ff. enthalten neben § 176 Abs. 2 Satz 4 die §§ 207 ff. für den **Formwechsel**, § 313 für die **grenzüberschreitende Verschmelzung**, § 327 für die grenzüberschreitende Auf- und Abspaltung, jeweils auf eine ausländische Gesellschaft, und § 340 – über die §§ 207 ff. – für den grenzüberschreitenden Formwechsel. 9

Die §§ 29 ff. sind als allgemeine Vorschriften zur Verschmelzung grundsätzlich unabhängig von der Rechtsform der beteiligten Rechtsträger anwendbar. Ausnahmen sehen die §§ 90 Abs. 1, 104a jedoch bei Verschmelzungen von Genossenschaften bzw. gemeinnützigen Vereinen als übertragenden Rechtsträgern vor. 10

IV. Voraussetzungen für den Abfindungsanspruch

Nach Ansicht des Gesetzgebers ist der Anteilsinhaber des übertragenden Rechtsträgers **in drei Konstellationen** in besonderer Weise schutzbedürftig, dass ihm ein Abfindungsanspruch zuzubilligen ist: 11

- bei der sog. Mischverschmelzung eines Rechtsträgers auf einen Rechtsträger anderer Rechtsform,
- beim sog. kalten Delisting sowie
- dann, wenn die Anteile des übernehmenden Rechtsträgers Verfügungsbeschränkungen unterliegen.[7)]

1. Mischverschmelzung (§ 29 Abs. 1 Satz 1 Alt. 1)

Bei der sog. Mischverschmelzung handelt es sich um die Verschmelzung eines Rechtsträgers im Wege der **Aufnahme durch einen Rechtsträger anderer Rechtsform.** Gemäß § 78 Satz 4 gelten **AGs und KGaAs** untereinander nicht als Rechtsträger unterschiedlicher Rechtsform. Weil es sich bei der **Börsenmantel-AG** (BMAG) gemäß § 44 Abs. 5 Satz 1 BörsG zwingend um eine AG handelt, auf die gemäß § 44 Abs. 7 Satz 1 grundsätzlich die für AGs geltenden Vorschriften anwendbar sind, liegt eine Mischverschmelzung ebenso wenig bei der Verschmelzung einer BMAG auf eine AG und *vice versa* vor. Aus der **Gleichstellung der SE mit der AG** gemäß Art. 10 SE-VO folgt, dass eine Mischverschmelzung des Weiteren nicht vorliegt, wenn beteiligte Rechtsträger eine inländische SE und eine AG sind[8)]. 12

---

7) Begr. Fraktionsentwurf UmwBerG, BR-Drucks. 75/94, S. 94 li. Sp. und Begr. RegE 2. UmwÄndG, BR-Drucks. 548/06, S. 25.

8) Kallmeyer-*Oppenhoff*, UmwG, § 29 Rz. 4; *Erkens/Thilo* in: KölnKomm-UmwG, § 29 Rz, 14. Zur Gleichbehandlung der beiden Rechtsformen im Umwandlungsrecht allgemein Semler/Stengel/Leonard-*Drinhausen*, UmwG, Einl. C Rz. 58; Lutter-*Drygala*, UmwG, § 3 Rz. 20.

13 Die **UG (haftungsbeschränkt)** ist ihrer Rechtsform nach eine **GmbH**,[9)] weshalb auch ausschließlicher Beteiligung dieser beiden Rechtsträger eine Mischverschmelzung ausscheidet. Wegen Identität der Rechtsform gilt das Gleiche bei einer Verschmelzung einer **PartG** auf eine PartG mbB und vice versa.[10)]

14 Seit Inkrafttreten des MoPeG[11)] zum 1.1.2024 sind **eingetragene GbRs** verschmelzungsfähige Rechtsträger gemäß § 3 Abs. 1 Nr. 1. Deshalb stellt sich nun die Frage, ob eingetragene GbR und oHG unterschiedliche Rechtsformen i. S. von § 29 sind. Da nach § 39d Satz 2 die Verschmelzung auf eine GbR zu unterbleiben hat, wenn lediglich ein Anteilsinhaber eines übertragenden Rechtsträgers der Verschmelzung widerspricht, kann diese Frage allerdings nur dann bedeutsam werden, wenn aufnehmender Rechtsträger eine oHG ist.[12)] Sie ist mit einer zutreffenden Ansicht[13)] so zu beantworten, dass es sich bei der eingetragenen **GbR und** der **oHG nicht** um **Rechtsträger unterschiedlicher Rechtsformen** handelt. Nimmt eine eingetragene GbR ein Handelsgeschäft auf, wandelt sie sich eo ipso in eine oHG um. Umgekehrt wandelt sich eine oHG, die nicht nach § 107 Abs. 1 HGB als solche im Handelsregister eingetragen ist, automatisch in eine GbR um, wenn ihr Unternehmen nach Art oder Umfang einen in kaufmännischer Weise eingerichteten Geschäftsbetrieb nicht mehr erfordert.[14)] Dieser fließende Übergang zwischen den Gesellschaftsformen und die weitestgehend identischen Gesellschafterrechte und -pflichten in den beiden Gesellschaftsformen gebieten es, sie nicht als unterschiedliche Rechtsformen i. S. von § 29 zu begreifen.

15 Im Übrigen ist eine **formale Sichtweise** einzunehmen, wonach eine Mischverschmelzung stets dann vorliegt, wenn sich das Rechtskleid der Gesellschaft wandelt, an der der betreffende Gesellschafter Anteile hält.[15)] Bei der danach gebotenen typisierten Betrachtung ist es unbeachtlich, ob sich die Rechtsstellung des betroffenen Gesellschafters infolge der Verschmelzung tatsächlich verschlechtert.[16)] Entgegen einer vereinzelt gebliebenen Ansicht[17)] liegt demnach eine Mischverschmelzung auch bei der **Verschmelzung einer oHG auf eine KG** vor.[18)] Auch der umgekehrte Fall der Verschmelzung einer KG auf eine oHG ist Mischverschmelzung, besitzt aber wegen § 40 Abs. 2 Satz 2 keine praktische Bedeutung. Gemäß § 40 Abs. 2 Satz 2 müssen die Kommanditisten der Verschmelzung auf die oHG zustimmen, würden sie hierdurch doch fortan unbeschränkt haften.[19)] Stimmen sie nicht zu, sondern widersprechen dem Beschluss i. S. von § 29, müsste die Verschmelzung unterbleiben.

---

9) Statt aller *Rieder* in: MünchKomm-GmbHG, § 5a Rz. 1.

10) Widmann/Mayer-*Wälzholz*, UmwR, § 29 UmwG Rz. 12.1; *Erkens/Thilo* in: KölnKomm-UmwG, § 29 Rz, 13.

11) Gesetz zur Modernisierung des Personengesellschaftsrechts (Personengesellschaftsrechtsmodernisierungsgesetz – MoPeG), v. 10.8.2021, BGBl. I 2021, 3436.

12) *Erkens/Thilo* in: KölnKomm-UmwG, § 29 Rz, 12a.

13) Kallmeyer-*Oppenhoff*, UmwG, § 29 Rz. 4. A. A. *Erkens/Thilo* in: KölnKomm-UmwG, § 29 Rz, 12a, die allerdings mangels Schutzwürdigkeit der GbR-Gesellschafter diesenfalls eine teleologische Reduktion von § 29 erwägen.

14) Vgl. BGH, Urt. v. 29.1.2001 – II ZR 331/00 (ARGE Weißes Ross), Rz. 10, BGHZ 146, 341 = NJW 2001, 1056.

15) *Kogge* in: MünchHdb. GesR, Bd. 8, § 13 UmwG Rz. 333.

16) Widmann/Mayer-*Wälzholz*, UmwR, § 29 UmwG Rz. 12; Henssler/Strohn-*Ca. Müller*, GesR, § 29 UmwG Rz. 3.

17) Goutier/Knopf/Tulloch-*Bermel*, UmwR, § 29 UmwG Rz. 7.

18) *Burg/Nordhues* in: NK-UmwG, § 29 Rz. 16; Lutter-*Grunewald*, UmwG, § 29 Rz. 2; Kallmeyer-*Oppenhoff*, UmwG, § 29 Rz. 4; *Erkens/Thilo* in: KölnKomm-UmwG, § 29 Rz, 12; Widmann/Mayer-*Wälzholz*, UmwR, § 29 UmwG Rz. 12.1; *Kogge* in: MünchHdb. GesR, Bd. 8 § 13 UmwG Rz. 333.

19) Kallmeyer-*Oppenhoff*, UmwG, § 29 Rz. 4. Vgl. auch *Burg/Nordhues* in: NK-UmwG, § 29 Rz. 16, und *Erkens/Thilo* in: KölnKomm-UmwG, § 29 Rz, 12, m. Fn. 21.

2. Kaltes Delisting (§ 29 Abs. 1 Satz 1 Alt. 2)

16 Gemäß § 29 Abs. 1 Satz 1 Alt. 2 besteht ein Abfindungsanspruch der Anteilsinhaber des übertragenden Rechtsträgers ferner bei einer Verschmelzung einer börsennotierten AG auf eine nicht börsennotierte AG. Man spricht in diesem Fall von einem sog. kalten Delisting, bei dem der Verlust der Börsennotierung der Aktien der übertragenden Gesellschaft in Vollzug der umwandlungsrechtlichen Maßnahme gleichsam als Kollateralschaden für die Aktionäre geschieht und anders als beim sog. regulären Delisting nicht von der betreffenden Gesellschaft eigens beantragt wird.[20] Für das reguläre Delisting sieht § 39 Abs. 2 Satz 3 Nr. 1 BörsG grundsätzlich ein zwingendes Erwerbsangebot an die Aktionäre vor, bevor die Börse den Börsenhandel widerrufen darf.

17 Der Begriff Börsennotierung i. S. von § 29 Abs. 1 Satz 1 Alt. 2 meint den **Handel im regulierten Markt.**[21] Entgegen einer zuweilen vertretenen Ansicht ist der Handel im Freiverkehr i. S. von § 48 BörsG nicht von § 29 Abs. 1 Satz 1 Alt. 2 erfasst.[22] Für die h. L. spricht der aus der Einheit der Rechtsordnung folgende Auslegungsgrundsatz, wonach in verschiedenen Gesetzen benutzte Begriffe grundsätzlich einheitlich auszulegen sind. Gemäß § 3 Abs. 2 AktG sind börsennotierte Gesellschaften nur solche, deren Aktien an einem von staatlich anerkannten Stellen geregelten und überwachten Markt gehandelt werden, was den privatrechtlich organisierten Freiverkehr nicht mit umschließt.[23] Diese Ansicht bestätigt ein Seitenblick auf § 39 Abs. 2 BörsG als parallele Schutzvorschrift für das „echte" Delisting. Danach bestand eine Angebotspflicht bislang stets, wenn infolge des Widerrufs der Zulassung kein Handel an einem regulierten Markt mehr stattfand, wobei es unbeachtlich war, ob die betreffenden Aktien anschließend noch im Freiverkehr gehandelt wurden. Mit Inkrafttreten des sog. StoFöG[24] wurden die Vorgaben insofern abgemildert, als nun keine Angebotspflicht mehr besteht, wenn die betreffende Gesellschaft in einem KMU-Wachstumsmarkt notiert bleibt. Bei dem KMU-Wachstumsmarkt handelt es sich gemäß § 48a BörsG um ein Segment des Freiverkehrs. Demnach unterscheidet der Gesetzgeber streng zwischen dem regulierten Markt und dem Freiverkehr und behandelt die Gesellschaften aus den verschiedenen Segmenten grundsätzlich unterschiedlich. Soweit dem teleologische Überlegungen sowie die Gesetzesmaterialien entgegengehalten werden,[25] vermag dies nicht zu überzeugen. Richtig ist zwar, dass auch in Freiverkehrstiteln im Einzelfall ein funktionierender Handel stattfinden kann, weshalb die faktische Erschwernis der Veräußerungsmöglichkeit der Anteile, die der Gesetzgeber des **2. UmwGÄndG**[26] als rechtfertigenden Grund für das verpflichtende Abfindungsangebot anführte,[27] nicht stets eintritt.[28] Mit dem Wegfall des Handels im regulierten Markt ist aber eine ganze Reihe von aktio-

20) Vgl. zu den Begrifflichkeiten *Klöhn*, NZG 2012, 1041, 1042.

21) Henssler/Strohn-*Ca. Müller*, GesR, § 29 UmwG Rz. 6; Kallmeyer-*Oppenhoff*, UmwG, § 29 Rz. 4b; *Erkens/Thilo* in: KölnKomm-UmwG, § 29 Rz, 26; Lutter-*Grunewald*, UmwG, § 29 Rz. 3.

22) So aber *Klöhn* NZG 2012, 1041, 1046; *Simon/Burg*, Der Konzern 2009, 214, 218.

23) S. zur Auslegung von § 3 Abs. 2 AktG OLG München, Beschl. v. 21.5.2008 – 31 Wx 62/07 (Lindner II), AG 2008, 674, 677 = NZG 2008, 755; *Koch*, AktG, § 3 Rz. 6; *Hoppe*, NZG 2022, 110, 113.

24) Gesetz zur Förderung privater Investitionen und des Finanzstandorts (Standortfördergesetz – StoFöG), v. 4.2.2026, BGBl. I 2026, Nr. 33, in Kraft getreten am 10.2.2026.

25) Namentlich von *Klöhn* NZG 2012, 1041, 1046; *Simon/Burg*, Der Konzern 2009, 214, 218.

26) Zweites Gesetz zur Änderung des Umwandlungsgesetzes (2. UmwGÄndG), v. 19.4.2007, BGBl. I 2007, 542.

27) Begr. RegE 2. UmwGÄndG, BR-Drucks. 548/06, S. 25.

28) S. dazu Begr. RegE StoFöG, BT-Drucks. 21/2507, S. 177 f. Bereits zuvor *Klöhn* NZG 2012, 1041, 1046 im Anschluss an *Seibt/Wollenschläger*, AG 2009, 807, 814. S. zudem OLG München, Beschl. v. 21.5.2008 – 31 Wx 62/07 (Lindner II), AG 2008, 674, 677 = NZG 2008, 755 – zum Handel im Freiverkehrssegment m:access der Münchener Börse.

närsschützenden Vorschriften nicht mehr anwendbar.[29] Empirisch wird man auch kaum an dem Befund vorbeikommen, dass der Handel in den Titeln des regulierten Marktes insgesamt liquider ist als bei Freiverkehrstiteln und bei Letzteren häufiger mangels Liquidität kein funktionsfähiger Handel mehr stattfindet.[30] Der Gesetzgeber des 2. UmwGÄndG hat die hier erörterte Zweifelsfrage nicht erwähnt,[31] weshalb sie ihm nicht bewusst gewesen sein dürfte und der entsprechenden Passage in den Materialien keine Aussagekraft in die ein oder andere Richtung beigemessen werden kann.

18 Aus dem soeben herausgearbeiteten Begriffsverständnis folgt zweierlei: Wurden die Aktien des übertragenden Rechtsträgers bislang im regulierten Markt gehandelt, werden die Aktien des übernehmenden Rechtsträgers aber **ausschließlich in Freiverkehrssegmenten** notiert, besteht ein Abfindungsanspruch.[32] Umgekehrt besteht kein Abfindungsanspruch, wenn die Aktien des übertragenden Rechtsträgers bisher nur im Freiverkehr gehandelt wurden und die Aktien des übernehmenden Rechtsträgers überhaupt nicht börsenmäßig gehandelt werden.[33]

19 Findet im Zuge der Verschmelzung ein **Downlisting** von einem Segment des regulierten Markts in ein anderes Segment mit niedrigeren Transparenzanforderungen, bspw. von Prime Standard in den General Standard der Frankfurter Wertpapierbörse, oder ein Rückzug von einzelnen Börsenplätzen unter gleichzeitiger Beibehaltung mindestens einer Notiz im regulierten Markt statt, begründet dies keinen Abfindungsanspruch.[34] Ebenso wenig entsteht – unbeschadet § 313 Abs. 1 – eine Abfindungspflicht, wenn die Aktien der übernehmenden Gesellschaft im **Ausland** in einen mit dem regulierten Markt vergleichbaren Handel einbezogen sind.[35]

20 Fraglich ist, ob nach Inkrafttreten des bereits erwähnten StoFöG (siehe dazu Rz. 17) neben dem schon bisher diskutierten gestuften Vorgehen über eine Kapitalherabsetzung auf null und anschließender Kapitalerhöhung[36] für die Praxis ein weiterer Weg eröffnet wurde, durch ein **gestuftes Vorgehen** ein **Delisting ohne Barangebot** durchzuführen. Dabei würde die Gesellschaft zunächst den neuerdings durch § 39 Abs. 2 Satz 2 Nr. 3 BörsG angebotenen Bewegungsspielraum nutzen und angebotsfrei vom regulierten Markt in einen KMU-Wachstumsmarkt wechseln. Anschließend würde die Gesellschaft im Wege einer Verschmelzung durch Aufnahme auf eine ggf. zu diesem Zweck neu gegründete börsenferne AG verschmolzen werden.[37] Weil die Gesellschaft vor der Verschmelzung nicht (mehr) börsennotiert i. S. von § 29 UmwG war (siehe dazu Rz. 17), würde keine Barabfindung angeboten werden müssen. Zumindest auf den ersten Blick verstört dieses Ergebnis, weshalb danach zu fragen ist, ob und wie die Schneise, die der Gesetzgeber durch § 39 Abs. 2 Satz 2 Nr. 3 BörsG offensichtlich unbeabsichtigt – vgl. § 48a Abs. 1b BörsG – geschlagen hat, zu schließen sein könnte. Dabei scheidet eine analoge Anwendung der kapitalmarktrechtlichen Regelung des § 48a Abs. 1b BörsG auf einen Verschmelzungsvorgang als systemwidrig aus.[38] Es könnte stattdessen § 29 Abs. 1 Satz 1 Alt. 2 analog angewendet

29) S. z. B. §§ 93 Abs. 6 Alt. 1, 111b, 111c, 120a, 124a AktG.

30) S. dazu *Bayer/Carl*, AG 2026, 1, 13 Rz. 65 – unter Hinweis auf *Hippeli*, BB 2024, 2636, 2641, und *Harnos*, ZHR 179 (2015), 750, 754 m. w. N.

31) Begr. RegE 2. UmwGÄndG, BR-Drucks. 548/06, S. 25.

32) Kallmeyer-*Oppenhoff*, UmwG, § 29 Rz. 4b.

33) *Burg/Nordhues* in: NK-UmwG, § 29 Rz. 6; Kallmeyer-*Oppenhoff*, UmwG, § 29 Rz. 4b; *Erkens/Thilo* in: KölnKomm-UmwG, § 29 Rz. 63; *Wieneke*, NZG 2014, 22, 24 f.

34) Kallmeyer-*Oppenhoff*, UmwG, § 29 Rz. 4b; *Erkens/Thilo* in: KölnKomm-UmwG, § 29 Rz. 63.

35) Kallmeyer-*Oppenhoff*, UmwG, § 29 Rz. 4b.

36) *Denninger* AG 2026, 25, 28 Rz. 20 ff.

37) *Denninger* AG 2026, 25, 32 Rz. 48 ff.

38) *Denninger* AG 2026, 25, 32 Rz. 48 ff.

werden und zu einer Barangebotspflicht führen. Für den Fall des regulären Delisting hat der BGH indes einer analogen Anwendung von § 29 Abs. 1 Satz 1 Alt. 2 einen Riegel vorgeschoben.[39] Dies hat er seinerzeit maßgeblich damit begründet, dass es keinen allgemeinen Rechtsgrundsatz gebe, wonach das Ausscheiden aus dem regulierten Markt zwingend ein Barangebot auslösen würde. Es darf bezweifelt werden, ob der BGH diese Haltung angesichts dessen, dass der Gesetzgeber den Abschied von der Börse – wenngleich mit der Nuancenverschiebung zum KMU-Wachstumsmarkt – ausweislich der nach der Entscheidung des BGH neu kodifizierten §§ 39 Abs. 2, 48a Abs. 1a BörsG als angebotspflichtig ansieht, beibehält. Nach hier vertretener Auffassung ist diese BGH-Rechtsprechung obsolet und die angesprochene Schutzlücke mit einer analogen Anwendung des § 29 Abs. 1 Satz 1 Alt. 2 auszufüllen.[40] Bestenfalls ergreift der Gesetzgeber bei nächster Gelegenheit selbst die Initiative und passt § 29 Abs. 1 Satz 1 Alt. 2 entsprechend an.

§ 29 Abs. 1 Satz 1 Alt. 2 ist entsprechend anzuwenden bei der Verschmelzung einer börsennotierten **KGaA** oder **SE** auf eine nicht börsennotierte AG, KGaA oder SE.[41] Auf die börsennotierte **BMAG** ist § 29 Abs. 1 Satz 1 Alt. 2 unmittelbar anwendbar, weil es sich bei ihr ihrem Wesen nach gemäß § 44 Abs. 5 Satz 1 BörsG um eine AG handelt. Jedoch wird eine Anwendung in der Praxis kaum vorkommen, weil eine Verschmelzung als Zieltransaktion i. S. von § 44 Abs. 1 Satz 3 BörsG nach der gesetzlichen Konzeption die Verschmelzung einer nicht börsennotierten Gesellschaft auf eine im regulierten Markt gehandelte BMAG sein müsste.[42] 21

Uneinheitlich wird die Frage nach dem **Zeitpunkt** beantwortet, ab wann die übernehmende Gesellschaft spätestens börsennotiert sein muss, damit ein Abfindungsanspruch ausscheidet. Dabei dürfte es noch Konsens sein, dass ein Abfindungsanspruch nicht bereits dann entsteht, wenn die übernehmende Gesellschaft zum Zeitpunkt des Abschlusses des Verschmelzungsvertrags oder der Beschlussfassung der Hauptversammlung der übertragenden Gesellschaft nicht börsennotiert ist; vielmehr ist auf den **Zeitpunkt des Wirksamwerdens** der Verschmelzung durch Handelsregistereintragung abzustellen.[43] Ob darüber hinaus eine Abfindungspflicht sogar dann entfällt, wenn erst nach der Handelsregistereintragung der Börsenhandel aufgenommen wird, wird sehr kontrovers diskutiert. Der Wortlaut von § 29 Abs. 1 Satz 1 Alt. 2 ist eindeutig,[44] weshalb grundsätzlich eine Börsennotierung der übernehmenden Gesellschaft im Zeitpunkt des Vollzugs der Verschmelzung zu fordern ist. Weil dies aber insbesondere bei der Verschmelzung durch Neugründung zu für die Praxis mitunter kaum überwindlichen Schwierigkeiten führen kann, ist mit der überwiegend vertretenen Ansicht § 29 Abs. 1 Satz 1 Alt. 2 AktG auch dann nicht anzuwenden, wenn die aufnehmende Gesellschaft alles für die Börsennotierung Erforderliche getan, insbesondere einen **Vorbescheid** der Geschäftsführung der betreffenden Börse erlangt hat.[45] 22

39) BGH, Beschl. v. 8.10.2013 – II ZB 26/12 (Frosta), Rz. 8 f., NJW 2010, 146 ff. = WM 2013, 2213.

40) In diese Richtung auch *Denninger* AG 2026, 25, 33 Rz. 57.

41) Kallmeyer-*Oppenhoff*, UmwG, § 29 Rz. 4a; *Erkens/Thilo* in: KölnKomm-UmwG, § 29 Rz, 25; Schmitt/Hörtnagl-*Mi. Winter*, UmwG/UmwStG, § 29 UmwG Rz. 9.

42) Wie aus § 44 Abs. 4 Nr. 2 BörsG folgt, genügt die Einbeziehung der BMAG in einen Freiverkehr nicht. Ebenso *Harnos*, AG 2024, S53, S57.

43) Widmann/Mayer-*Wälzholz*, UmwR, § 29 UmwG Rz. 15; Schmitt/Hörtnagl-*Mi. Winter*, UmwG/UmwStG, § 29 UmwG Rz. 9.

44) Henssler/Strohn-*Ca. Müller*, GesR, § 29 UmwG Rz. 7. S. a. *Erkens/Thilo* in: KölnKomm-UmwG, § 29 Rz, 27 als Vertreter der Gegenauffassung, nach denen der „Hinweis auf den eindeutigen Wortlaut […] schwer" wiege.

45) Widmann/Mayer-*Wälzholz*, UmwR, § 29 UmwG Rz. 14; Lutter-*Grunewald*, UmwG, § 29 Rz. 4; Kallmeyer-*Oppenhoff*, UmwG, § 29 Rz. 4c.

23 Den **Anteilsinhabern** der übertragenden Gesellschaft ist es **zuzumuten**, für einen kurzen Zeitraum auf die tatsächliche Veräußerungsmöglichkeit ihrer Aktien zu verzichten, ohne deshalb eine Abfindung fordern zu können. Werden bei einer Verschmelzung durch Aufnahme die erforderlichen Aktien durch eine Kapitalerhöhung beschafft, müssen die neuen Aktien ebenfalls erst in den Handel einbezogen werden und sind damit für kurze Zeit nicht handelbar, ohne dass hierdurch eine Abfindungspflicht begründet würde.[46] Abgesehen von der bereits vorliegenden, wenngleich auf das Wirksamwerden der Verschmelzung bedingten Zulassung zum Börsenhandel, sind entgegen einer zuweilen vertretenen Ansicht **keine weiteren Ausnahmen** von der Abfindungspflicht zuzulassen, insbesondere dann nicht, wenn die Börsenzulassung von der übertragenden Gesellschaft lediglich geplant wird[47] oder für einen längeren Zeitraum nicht sichergestellt wird. Das gilt selbst dann, wenn im Verschmelzungsvertrag ein Anspruch der Anteilsinhaber des übertragenden Rechtsträgers auf Börsenhandel der Aktien der aufnehmenden Gesellschaft verankert wird.[48] Hierdurch wird den Anteilsinhabern des übertragenden Rechtsträgers nämlich kein gleichwertiger Schutz zuteil. Mitnichten entspricht ein aus der Verletzung der vertraglichen Pflicht zur Einrichtung eines Börsenhandels folgender Schadensersatzanspruch dem Abfindungsanspruch aus § 29 Abs. 1 Satz 1 Alt. 2;[49] vielmehr ist er auf Ersatz des Schadens gerichtet, der aus dem Unterbleiben des Börsenhandels folgt, und damit kaum bezifferbar. Verfahrensrechtlich bestände für die Anteilsinhaber des übertragenden Rechtsträgers der Nachteil, dass über den Schadensersatzanspruch die nach den allgemeinen Regeln zuständigen Gerichte urteilen müssten und nicht das gemäß § 34 zuständige, auf Bewertungsfragen spezialisierte Gericht des Spruchverfahrens.[50] Für die Praxis kann ein Ausweg ggf. darin bestehen, eine bereits börsennotierte **Vorrats- oder Mantelgesellschaft** zu nutzen,[51] wofür die mit dem ZuFinG[52] eingeführte BMAG i. S. der §§ 44 ff. BörsG in besonderer Weise prädestiniert erscheint.

3. Verfügungsbeschränkungen (§ 29 Abs. 1 Satz 2)

24 Gemäß § 29 Abs. 1 Satz 2 besteht ein Abfindungsanspruch zudem dann, wenn bei einer Verschmelzung von Rechtsträgern derselben Rechtsform die Anteile oder Mitgliedschaften an dem übernehmenden Rechtsträger **Verfügungsbeschränkungen** unterworfen sind. Erfasst sind seit der Änderung von § 29 Abs. 1 Satz 2 durch das UmwGÄndG[53] (siehe dazu oben Rz. 4) **gesetzliche und gesellschaftsvertragliche** Verfügungsbeschränkungen.[54]

25 Eine Verfügungsbeschränkung i. S. von § 29 Abs. 1 Satz 2 ist nach allgemeiner Meinung jede Einschränkung der Möglichkeiten über den Anteil zu verfügen, sei es, dass die Übertragung des Anteils selbst oder eine sonstige Verfügung hierüber, bspw. seine Belastung,

46) Vgl. Henssler/Strohn-*Ca. Müller*, GesR, § 29 UmwG Rz. 7.

47) So aber *Drinhausen*, BB 2006, 2313, 2314, und ihm folgend *Mayer/Weiler*, DB 2007, 1235, 1236.

48) Wie hier Henssler/Strohn-*Ca. Müller*, GesR, § 29 UmwG Rz. 7; Widmann/Mayer-*Wälzholz*, UmwR, § 29 UmwG Rz. 14. A. A. Lutter-*Grunewald*, UmwG, § 29 Rz. 4; Kallmeyer-*Oppenhoff*, UmwG, § 29 Rz. 4c; *Erkens/Thilo* in: KölnKomm-UmwG, § 29 Rz. 27; *Burg/Nordhues* in: NK-UmwG, § 29 Rz. 25.

49) So aber *Erkens/Thilo* in: KölnKomm-UmwG, § 29 Rz. 27, und wohl auch *Burg/Nordhues* in: NK-UmwG, § 29 Rz. 25.

50) Widmann/Mayer-*Wälzholz*, UmwR, § 29 UmwG Rz. 14.

51) *Erkens/Thilo* in: KölnKomm-UmwG, § 29 Rz. 27.

52) Gesetz zur Finanzierung von zukunftssichernden Investitionen (Zukunftsfinanzierungsgesetz – ZuFinG II), v. 11.12.2023, BGBl. I 2023, 354.

53) Gesetz zur Änderung des Umwandlungsgesetzes, des Partnerschaftsgesellschaftsgesetzes und anderer Gesetze (UmwGÄndG), v. 22.7.1998, BGBl. I 1998, 1878.

54) Henssler/Strohn-*Ca. Müller*, GesR, § 29 UmwG Rz. 8; *Erkens/Thilo* in: KölnKomm-UmwG, § 29 Rz. 15a.

beschränkt ist.[55] Eine Verfügungsbeschränkung liegt insbesondere vor, wenn die Verfügung die **Zustimmung** aller oder einzelner anderer Anteilsinhaber oder die eines Organs des aufnehmenden Rechtsträgers erfordert.[56] Unbeachtlich ist, ob die Verfügungsbeschränkung sämtliche oder **nur bestimmte Verfügungen** – etwa die Übertragung der Anteile an Gesellschafts- oder Familienfremde oder nur innerhalb einer bestimmten Zeitspanne – erfasst und die freie Verfügbarkeit über den Anteil i. Ü. nicht berührt wird.[57]

Gesetzliche Verfügungsbeschränkungen sind z. B. die notwendige Zustimmung aller anderen Gesellschafter einer Personenhandelsgesellschaft oder einer GbR zur Übertragung eines Gesellschaftsanteils gemäß § 711 Abs. 1 BGB oder die nach § 38 Satz 1 BGB unübertragbare Mitgliedschaft in einem Verein.[58] Allerdings ist die Bedeutung gesetzlicher Verfügungsbeschränkungen im Kontext von § 29 Abs. 1 Satz 2 nicht allzu hoch. Bei der Verschmelzung auf eine eingetragene GbR sowie bei der Verschmelzung einer KG auf eine oHG scheidet eine Abfindung bereits wegen des Erfordernisses der Zustimmung aller Anteilsinhaber zur Verschmelzung aus (siehe dazu bereits oben Rz. 14 f.). Bei der Verschmelzung auf den gemeinnützigen Verein findet § 29 Abs. 1 Satz 2 gemäß § 104a keine Anwendung. 26

Die Verpflichtung zu einem Barabfindungsangebot besteht zudem dann, wenn **Gesellschaftsvertrag, Satzung oder Statut** des übernehmenden Rechtsträgers die Anteile einer Verfügungsbeschränkung unterwerfen. Anders ist dies, wenn sich die Beschränkung nicht aus dem Gesellschaftsvertrag, sondern aus einer ergänzenden schuldrechtlichen Vereinbarung der Gesellschafter – etwa in Form eines sog. Shareholders' Agreement oder einer Poolvereinbarung – ergibt.[59] Hierfür spricht neben dem ursprünglichen Wortlaut von § 29 Abs. 1 Satz 2 (siehe oben Rz. 4) das mangelnde Schutzbedürfnis des Anteilsinhabers. Derartige Beschränkungen sind vertraglicher Natur und gelten daher nur für die Anteilsinhaber, die der betreffenden Vereinbarung zustimmen oder ihr beitreten.[60] Besteht eine gesellschaftsvertragliche Verfügungsbeschränkung, muss sie sich nicht auf alle Anteile beziehen; abfindungsberechtigt ist dann aber nur der Anteilsinhaber, dessen Anteile der Verfügungsbeschränkung tatsächlich unterfallen.[61] 27

Umstritten ist, ob im Gesellschaftsvertrag enthaltene Verfügungsbeschränkungen **dinglich** wirken müssen.[62] oder ob gemäß zutreffender Ansicht **schuldrechtlich** wirkende Verfügungsbeschränkungen ebenfalls die Abfindungspflicht auslösen.[63] Die Antwort auf diese Frage ergibt sich, anders als von Anhängern der Gegenansicht bisweilen behauptet, nicht aus dem Wortlaut von § 29 Abs. 1 Satz 2, der insoweit gerade nicht eindeutig ist.[64] Aus § 137 BGB folgt nicht nur, dass dem Zivilrecht schuldrechtliche Verfügungsbeschrän- 28

55) Lutter-*Grunewald*, UmwG, § 29 Rz. 5; *Erkens/Thilo* in: KölnKomm-UmwG, § 29 Rz. 16.

56) Lutter-*Grunewald*, UmwG, § 29 Rz. 5; Kallmeyer-*Oppenhoff*, UmwG, § 29 Rz. 7; *Erkens/Thilo* in: KölnKomm-UmwG, § 29 Rz. 16.

57) Lutter-*Grunewald*, UmwG, § 29 Rz. 5; *Erkens/Thilo* in: KölnKomm-UmwG, § 29 Rz. 16. S. a. Kallmeyer-*Oppenhoff*, UmwG, § 29 Rz. 5 a. E. m. w. Praxisbsp. in Rz. 7.

58) Henssler/Strohn-*Ca. Müller*, GesR, § 29 UmwG Rz. 8; Kallmeyer-*Oppenhoff*, UmwG, § 29 Rz. 5.

59) Henssler/Strohn-*Ca. Müller*, GesR, § 29 UmwG Rz. 11; Kallmeyer-*Oppenhoff*, UmwG, § 29 Rz. 5; *Erkens/Thilo* in: KölnKomm-UmwG, § 29 Rz. 17.

60) Henssler/Strohn-*Ca. Müller*, GesR, § 29 UmwG Rz. 11; Kallmeyer-*Oppenhoff*, UmwG, § 29 Rz. 5; *Erkens/Thilo* in: KölnKomm-UmwG, § 29 Rz. 17.

61) Kallmeyer-*Oppenhoff*, UmwG, § 29 Rz. 5; Lutter-*Grunewald*, UmwG, § 29 Rz. 5.

62) So die wohl überwiegende Meinung *Rieder* in: BeckOGK-UmwG, § 29 Rz. 11; Goutier/Knopf/Tulloch-*Bermel*, UmwR, § 29 UmwG Rz. 14; Lutter-*Grunewald*, UmwG, § 29 Rz. 6; *Erkens/Thilo* in: KölnKomm-UmwG, § 29 Rz. 17; Semler/Stengel/Leonard-*Kalss*, UmwG, § 29 Rz. 8; Widmann/Mayer-*Wälzholz*, UmwR, § 29 UmwG Rz. 19.

63) Henssler/Strohn-*Ca. Müller*, GesR, § 29 UmwG Rz. 12; Kallmeyer-*Oppenhoff*, UmwG, § 29 Rz. 7. Vgl. auch *Reichert*, GmbHR 1995, 176, 188 f.

64) So aber Lutter-*Grunewald*, UmwG, § 29 Rz. 6.

kungen keineswegs fremd sind, vielmehr sind durch Rechtsgeschäft vereinbarte Verfügungsbeschränkungen mit dinglicher Wirkung grundsätzlich sogar unwirksam. Es besteht zudem zum Schutz der Anteilsinhaber der übertragenden Gesellschaft ein Bedürfnis, schuldrechtliche Verfügungsbeschränkungen in den Anwendungsbereich von § 29 Abs. 1 Satz 2 einzubeziehen; aus ihrer Sicht spielt es keine Rolle, ob es ihnen dinglich oder nur schuldrechtlich untersagt ist, die Anteile zu veräußern.[65] Bei einer Beschränkung auf dingliche Verfügungsbeschränkungen würden Umgehungsgestaltungen in der Kautelarpraxis ferner mindestens ermöglicht,[66] wenn nicht gar ihnen Vorschub geleistet.

29 Gesellschaftsvertragliche **Vorerwerbsrechte** oder **Optionen** im Falle der Veräußerung[67] oder die Verpflichtung für den Erwerber, einem Shareholders' Agreement oder einer Poolvereinbarung beizutreten,[68] sind daher ebenso § 29 Abs. 1 Satz 2 unterfallende Verfügungsbeschränkungen. Gleiches gilt für ein statutarisches **Einziehungsrecht** bei Veräußerung,[69] da dieses je nach Ausgestaltung – etwa bei einer Einziehung deutlich unter dem Verkehrswert der Anteile – die Veräußerung erheblich erschweren kann und so unmittelbar auf die Möglichkeit der Veräußerung einwirkt. Allerdings steht die Anwendung von § 29 Abs. 1 Satz 2 unter dem Vorbehalt, dass im Einzelfall tatsächlich eine beschränkende Wirkung für den Anteilsinhaber spürbar wird. Das ist bspw. bei einem klassischen Vorkaufsrecht nicht der Fall, das es den übrigen Gesellschaftern gestattet, in den mit dem Dritten ausverhandelten Vertrag zu den dortigen Konditionen einzutreten.[70]

30 Dagegen fallen **Formvorschriften** für die Übertragung nicht unter § 29 Abs. 1 Satz 2.[71] Gesetzliche Formvorschriften – wie bspw. § 15 Abs. 3, 4 GmbHG – als die Modalitäten der Übertragung bestimmende Regelungen lassen sich schon begrifflich nicht als Verfügungsbeschränkungen verstehen, mögen sie auch im Einzelfall die Übertragung erschweren. Nichts anderes kann für eine gesellschaftsvertraglich vorgeschriebene Form gelten. Ebenso wenig sind sonstige Beeinträchtigungen der Mitgliedschaft, wie z. B. **Nebenleistungspflichten**, Nachschusspflichten oder **Wettbewerbsverbote** Verfügungsbeschränkungen i. S. von § 29 Abs. 1 Satz 2.[72] Es handelt sich hierbei um die Mitgliedschaft in dem betreffenden Rechtsträger näher ausgestaltende, nicht aber um spezifisch die Verfügung der Anteile beschränkende Regelungen. Gehen mit ihnen im Einzelfall für den Anteilsinhaber unzumutbare Belastungen einher, kommt ein Austrittsrecht aus wichtigem Grund in Betracht.[73] Richtiger Ansicht nach sind ferner **Einziehungsrechte**, die nicht spezifisch an eine Verfügung anknüpfen, bspw. bei der Insolvenz des Gesellschafters oder der Vollstreckung in

---

65) Henssler/Strohn-*Ca. Müller*, GesR, § 29 UmwG Rz. 12; Kallmeyer-*Oppenhoff*, UmwG, § 29 Rz. 7.

66) Henssler/Strohn-*Ca. Müller*, GesR, § 29 UmwG Rz. 12.

67) Goutier/Knopf/Tulloch-*Bermel*, UmwR, § 29 UmwG Rz. 13; Henssler/Strohn-*Ca. Müller*, GesR, § 29 UmwG Rz. 12; Kallmeyer-*Oppenhoff*, UmwG, § 29 Rz. 7; *Reichert*, GmbHR 1995, 176, 188. Unter Beschränkung auf dinglich wirkende Rechte auch Semler/Stengel/Leonard-*Kalss*, UmwG, § 29 Rz. 8. A. A. Lutter-*Grunewald*, UmwG, § 29 Rz. 7; *Erkens/Thilo* in: KölnKomm-UmwG, § 29 Rz. 17; Widmann/Mayer-*Wälzholz*, UmwR, § 29 UmwG Rz. 20.2 ff.

68) Kallmeyer-*Oppenhoff*, UmwG, § 29 Rz. 7; Semler/Stengel/Leonard-*Kalss*, UmwG, § 29 Rz. 9.

69) A. A. Lutter-*Grunewald*, UmwG, § 29 Rz. 7; *Erkens/Thilo* in: KölnKomm-UmwG, § 29 Rz. 17; Widmann/Mayer-*Wälzholz*, UmwR, § 29 UmwG Rz. 20.7.

70) Vgl. Henssler/Strohn-*Ca. Müller*, GesR, § 29 UmwG Rz. 12; *Reichert*, GmbHR 1995, 176, 188 f.

71) Wohl allg. Meinung s. Lutter-*Grunewald*, UmwG, § 29 Rz. 7; *Erkens/Thilo* in: KölnKomm-UmwG, § 29 Rz. 18; Widmann/Mayer-*Wälzholz*, UmwR, § 29 UmwG Rz. 20.6.

72) Wohl allg. Meinung s. Lutter-*Grunewald*, UmwG, § 29 Rz. 6; Kallmeyer-*Oppenhoff*, UmwG, § 29 Rz. 6; *Erkens/Thilo* in: KölnKomm-UmwG, § 29 Rz. 18; Widmann/Mayer-*Wälzholz*, UmwR, § 29 UmwG Rz. 20.6.

73) Lutter-*Grunewald*, UmwG, § 29 Rz. 34.

seine Geschäftsanteile, nicht § 29 Abs. 1 Satz 2 zuzuordnen.[74] Diese Regelungen weisen keinen unmittelbaren Bezug zu Verfügungen über die Anteile auf. Soweit Einziehungsrechte beim Tod des Anteilsinhabers bestehen, ist § 29 Abs. 1 Satz 2 bereits deshalb nicht anwendbar, weil die Vorschrift nur lebzeitige Verfügungen erfasst.[75]

Nach zutreffender h. A. ist § 29 Abs. 1 Satz 2 AktG selbst dann anzuwenden, wenn die Anteile bereits **vor der Verschmelzung Verfügungsbeschränkungen** unterlagen.[76] Zwar rechtfertigt die Regierungsbegründung zum UmwBerG die Abfindungspflicht mit der Wandlung eines frei veräußerbaren Anteils in einen vinkulierten Anteil,[77] was dafür spricht, die Regelung bei zuvor bereits verfügungsbeschränkten Anteilen nicht einzusetzen.[78] Relativiert wird dieses aus dem Willen des Gesetzgebers abgeleitete Argument allerdings durch die Regierungsbegründung zum 2. UmwGÄndG, die auch bei faktischen Erschwerungen der Veräußerungsmöglichkeiten die Anwendung von § 29 Abs. 1 für gerechtfertigt hält.[79] Der Wortlaut von § 29 Abs. 1 Satz 2 steht beiden Lesarten offen.[80] Ein Ausscheidensrecht erscheint stets dann angemessen, wenn nach der Verschmelzung **schwerer wiegende** Verfügungsbeschränkungen bestehen als zuvor. Mitunter kann es allerdings schwierig sein zu ermessen, ob die neuen Verfügungsbeschränkungen rechtlich schwerer wiegen. Das gilt insbesondere dann, wenn einzelne Verfügungsbeschränkungen aufgehoben oder erleichtert, andere Verfügungsbeschränkungen hingegen eingeführt oder verschärft wurden.[81] Vor allem aber können sich inhaltlich identische Verfügungsbeschränkungen für den Anteilsinhaber in der fusionierten Einheit tatsächlich sehr viel schwerer auswirken.[82] Insbesondere ändern sich in der Regel die Mehrheitsverhältnisse zwischen den Anteilsinhabern und die personelle Zusammensetzung der Gesellschaftsorgane. Faktische Erschwerungen der Veräußerbarkeit reichen aber nach dem Willen des Gesetzgebers für eine Abfindungspflicht aus.[83] 31

Im Einzelfall kann es unbillig sein, wenn sich der Anteilsinhaber auf § 29 Abs. 1 Satz 2 32
beruft, weil für ihn durch die Verschmelzung bestehende Verfügungsbeschränkungen nicht verschärft oder gar erleichtert werden.[84] Das gilt insbesondere dann, wenn Schwestergesellschaften mit identischem Anteilseignerkreis fusioniert werden und/oder die Besetzung der

---

74) Lutter-*Grunewald*, UmwG, § 29 Rz. 7; Kallmeyer-*Oppenhoff*, UmwG, § 29 Rz. 8; *Erkens/Thilo* in: KölnKomm-UmwG, § 29 Rz. 18; Widmann/Mayer-*Wälzholz*, UmwR, § 29 UmwG Rz. 20.6. A. A. Semler/Stengel/Leonard-*Kalss*, UmwG, § 29 Rz. 9.

75) Wohl allg. Meinung *Erkens/Thilo* in: KölnKomm-UmwG, § 29 Rz. 18; Semler/Stengel/Leonard-*Kalss*, UmwG, § 29 Rz. 9; Widmann/Mayer-*Wälzholz*, UmwR, § 29 UmwG Rz. 20.6; i. Erg. ebenso Kallmeyer-*Oppenhoff*, UmwG, § 29 Rz. 8.

76) Lutter-*Grunewald*, UmwG, § 29 Rz. 9; Kallmeyer-*Oppenhoff*, UmwG, § 29 Rz. 9; *Erkens/Thilo* in: KölnKomm-UmwG, § 29 Rz. 23; Semler/Stengel/Leonard-*Kalss*, UmwG, § 29 Rz. 11; Schmitt/Hörtnagl-*Mi. Winter*, UmwG/UmwStG, § 29 UmwG Rz. 10; *Reichert*, GmbHR 1995, 176, 187 f.; *Schaub*, NZG 1998, 626, 627 (Urteilsanm.). A. A. *Streck/Mack/Schwedhelm*, GmbHR 1995, 161, 164.

77) Begr. RegE UmwBerG, BR-Drucks. 75/94, S. 94 re. Sp.

78) Vgl. Kallmeyer-*Oppenhoff*, UmwG, § 29 Rz. 9; *Erkens/Thilo* in: KölnKomm-UmwG, § 29 Rz. 23; *Reichert*, GmbHR 1995, 176, 187.

79) Begr. RegE 2. UmwGÄndG, BR-Drucks. 548/06, S. 25.

80) Lutter-*Grunewald*, UmwG, § 29 Rz. 9; Semler/Stengel/Leonard-*Kalss*, UmwG, § 29 Rz. 11; *Reichert*, GmbHR 1995, 176, 187.

81) Lutter-*Grunewald*, UmwG, § 29 Rz. 9; *Reichert*, GmbHR 1995, 176, 187.

82) Lutter-*Grunewald*, UmwG, § 29 Rz. 9; Henssler/Strohn-*Ca. Müller*, GesR, § 29 UmwG Rz. 10; *Reichert*, GmbHR 1995, 176, 187.

83) Vgl. Begr. RegE 2. UmwGÄndG, BR-Drucks. 548/06, S. 25.

84) Lutter-*Grunewald*, UmwG, § 29 Rz. 9; Kallmeyer-*Oppenhoff*, UmwG, § 29 Rz. 10; Semler/Stengel/Leonard-*Kalss*, UmwG, § 29 Rz. 12; *Reichert*, GmbHR 1995, 176, 188; *Schaub*, NZG 1998, 626, 627 (Urteilsanm.).

entscheidungsberufenen Organe gleichbleibt.[85)] Nach vorzugswürdiger Ansicht ist dem Anteilsinhaber das Austrittsrecht dann wegen Treuwidrigkeit zu versagen,[86)] nach abweichender Ansicht ist § 29 Abs. 1 Satz 2 von vorneherein nicht anzuwenden.[87)] Die Gesellschaft hat darzulegen und zu beweisen, dass im Einzelfall ausnahmsweise kein Abfindungsanspruch besteht.[88)]

4. Widerspruch zur Niederschrift

33 Prozedural setzt der Abfindungsanspruch vorbehaltlich § 29 Abs. 2 nach § 29 Abs. 1 Satz 1 voraus, dass der Anteilsinhaber gegen den Verschmelzungsbeschluss des übertragenden Rechtsträgers **Widerspruch zur Niederschrift** erklärt. Der Widerspruch muss nicht begründet werden.[89)] Er bedarf keines bestimmten Wortlauts, er muss aber zum Ausdruck bringen, dass der Anteilsinhaber sich gegen den Verschmelzungsbeschluss wendet und sich seine Rechte, insbesondere das Verlangen nach einer Abfindung, vorbehält.[90)] Der Widerspruch ist in der Anteilseignerversammlung des übertragenden Rechtsträgers durch den Anteilsinhaber oder seinen Vertreter zu erklären, und zwar grundsätzlich bevor diese geschlossen wurde.[91)] Keine Anspruchsvoraussetzung ist die zutreffende Wiedergabe des Widerspruchs in der Niederschrift der Anteilseignerversammlung.[92)] Der insoweit beweispflichtige Anteilsinhaber kann den Widerspruch anderweitig – etwa durch Zeugeneinvernahme – beweisen.[93)] Für nach dem Widerspruch **hinzuerworbene Anteile** hat der Anteilsinhaber keinen Abfindungsanspruch. Der in der Versammlung erklärte Widerspruch bezieht sich vorbehaltlich einer einschränkenden Erklärung des Anteilsinhabers auf alle von ihm zu diesem Zeitpunkt gehaltenen Anteile. Hatte der Veräußerer der Anteile Widerspruch erklärt, geht die Abfindungsberechtigung nicht auf den Erwerber über.[94)]

34 Eines Widerspruchs zur Niederschrift bedarf es in den in § 29 Abs. 2 geregelten drei Fällen nicht. Demnach ist ein **Widerspruch entbehrlich**, wenn der Anteilsinhaber zu Unrecht, d. h., trotzdem er die geltenden Teilnahmevoraussetzungen erfüllt hat, nicht zur Versammlung zugelassen worden ist. Ferner bedarf es eines Widerspruchs als Anspruchsvoraussetzung nicht, wenn die Versammlung nicht ordnungsgemäß einberufen oder der Beschluss-

85) Lutter-*Grunewald*, UmwG, § 29 Rz. 9; Henssler/Strohn-*Ca. Müller*, GesR, § 29 UmwG Rz. 10; Kallmeyer-*Oppenhoff*, UmwG, § 29 Rz. 10; Schmitt/Hörtnagl-*Mi. Winter*, UmwG/UmwStG, § 29 UmwG Rz. 10; *Reichert*, GmbHR 1995, 176, 188. *Schaub*, NZG 1998, 626, 627 (Urteilsanm.). Weitergehend Semler/Stengel/Leonard-*Kalss*, UmwG, § 29 Rz. 12, und wohl auch *Erkens/Thilo* in: KölnKomm-UmwG, § 29 Rz. 24.

86) Lutter-*Grunewald*, UmwG, § 29 Rz. 9; Henssler/Strohn-*Ca. Müller*, GesR, § 29 UmwG Rz. 10; Kallmeyer-*Oppenhoff*, UmwG, § 29 Rz. 10; *Reichert*, GmbHR 1995, 176, 187 f. *Schaub*, NZG 1998, 626, 627 (Urteilsanm.). Offengelassen von Semler/Stengel/Leonard-*Kalss*, UmwG, § 29 Rz. 12, und Schmitt/Hörtnagl-*Mi. Winter*, UmwG/UmwStG, § 29 UmwG Rz. 10.

87) *Erkens/Thilo* in: KölnKomm-UmwG, § 29 Rz. 23.

88) Henssler/Strohn-*Ca. Müller*, GesR, § 29 UmwG Rz. 10.

89) Lutter-*Grunewald*, UmwG, § 29 Rz. 12; Kallmeyer-*Oppenhoff*, UmwG, § 29 Rz. 12; Widmann/Mayer-*Wälzholz*, UmwR, § 29 UmwG Rz. 30.2; *Schaub*, NZG 1998, 626, 628 (Urteilsanm.).

90) Lutter-*Grunewald*, UmwG, § 29 Rz. 13; Kallmeyer-*Oppenhoff*, UmwG, § 29 Rz. 12; Widmann/Mayer-*Wälzholz*, UmwR, § 29 UmwG Rz. 30.2; *Schaub*, NZG 1998, 626, 628 (Urteilsanm.).

91) Kallmeyer-*Oppenhoff*, UmwG, § 29 Rz. 12; Widmann/Mayer-*Wälzholz*, UmwR, § 29 UmwG Rz. 30.2. Vgl. zum Aktienrecht LG Köln, Urt. v. 24.5.1995 – 91 O 2/95, AG 1996, 37; *Koch*, AktG, § 245 Rz. 14; K. Schmidt/Lutter-*Schwab*, AktG, § 245 Rz. 15 jew. m. w. N.

92) Lutter-*Grunewald*, UmwG, § 29 Rz. 13; Kallmeyer-*Oppenhoff*, UmwG, § 29 Rz. 12.

93) Kallmeyer-*Oppenhoff*, UmwG, § 29 Rz. 12; Widmann/Mayer-*Wälzholz*, UmwR, § 29 UmwG Rz. 31.1. Vgl. zum Aktienrecht OLG Düsseldorf, Urt. v. 22.2.1996 – 6 U 20/95, AG 1996, 273 f.; *Koch*, AktG, § 245 Rz. 14; K. Schmidt/Lutter-*Schwab*, AktG, § 245 Rz. 15 jew. m. w. N.

94) *Bayer/J. Schmidt*, ZHR 178 (2014), 150, 165 f. Ihnen folgend Lutter-*Grunewald*, UmwG, § 29 Rz. 13; Kallmeyer-*Oppenhoff*, UmwG, § 29 Rz. 12.

gegenstand Verschmelzung nicht ordnungsgemäß bekannt gemacht worden ist. Die relevanten Einberufungs- und Bekanntmachungsmängel bestimmen sich jeweils nach der Rechtsform des übertragenden Rechtsträgers. Ist der Anteilsinhaber trotz eines Einberufungs- und/oder Bekanntmachungsfehlers erschienen, hat sich dieser nicht ausgewirkt, weshalb der Anteilsinhaber Widerspruch erklären muss, will er eine Abfindung erhalten.[95)]

Eine **analoge Anwendung** von § 29 Abs. 2 kommt in Betracht, sofern das Unterlassen des Widerspruchs der Sphäre des übertragenden Rechtsträgers zuzuordnen ist.[96)] Angesichts des Ausnahmecharakters der Regelung sind hieran strenge Anforderungen zu stellen, die aber erfüllt sein dürften, wenn der Versammlungsleiter oder Mitglieder des Geschäftsführungsorgans des übertragenden Rechtsträgers in der Versammlung erklären, ein Widerspruch sei nicht erforderlich, um die Abfindung zu erhalten.[97)] Denkbar ist zudem eine Analogie bei einem unberechtigten Saalverweis des Anteilsinhabers oder einem überstürzten Abbruch der Versammlung,[98)] wodurch im Einzelfall eine Widerspruchserklärung vereitelt wird. Ein Fehlverhalten des beurkundenden Notars als gemäß § 1 BNotO unabhängiger Träger eines öffentlichen Amtes ist hingegen nicht dem übertragenden Rechtsträger zuzurechnen und rechtfertigt keine analoge Anwendung von § 29 Abs. 2.[99)] 35

Umstritten ist ferner, ob ein **fehlender Hinweis** im Verschmelzungsvertrag auf das Erfordernis des Widerspruchs, der auch in der beschlussfassenden Versammlung nicht nachgeholt wird, eine Analogie rechtfertigt.[100)] Nach h. L. hat der Verschmelzungsvertrag oder sein Entwurf beim Anspruchsinhalt auch Angaben dazu zu machen, wer anspruchsberechtigt ist (siehe dazu unten Rz. 48). Das erfordert einen Hinweis auf die Notwendigkeit eines Widerspruchs. Insofern ist es folgerichtig, bei einem unterbliebenen Hinweis einen Widerspruch bereits nach § 29 Abs. 2 Var. 3 aufgrund der nicht ordnungsgemäßen Bekanntmachung des Beschlussgegenstands für entbehrlich zu halten. 36

5. Ablehnendes Votum des Anteilsinhabers beim Verschmelzungsbeschluss

Die weit überwiegend vertretene Auffassung fordert neben der Einlegung eines Widerspruchs als weiteres prozedurales Erfordernis für den Abfindungsanspruch, dass der Anteilsinhaber **gegen die Verschmelzung gestimmt** hat.[101)] Insoweit weicht die Rechtslage 37

95) OLG München, Beschl. v. 3.2.2010 – 31 Wx 135/09, ZIP 2010, 326, 327 = NZG 2010, 397; Lutter-*Grunewald*, UmwG, § 29 Rz. 15; Kallmeyer-*Oppenhoff*, UmwG, § 29 Rz. 30; *Erkens/Thilo* in: KölnKomm-UmwG, § 29 Rz. 30.

96) Henssler/Strohn-*Ca. Müller*, GesR, § 29 UmwG Rz. 13; *Erkens/Thilo* in: KölnKomm-UmwG, § 29 Rz. 31; Widmann/Mayer-*Wälzholz*, UmwR, § 29 UmwG Rz. 35.1.

97) Lutter-*Grunewald*, UmwG, § 29 Rz. 16; Kallmeyer-*Oppenhoff*, UmwG, § 29 Rz. 30; Widmann/Mayer-*Wälzholz*, UmwR, § 29 UmwG Rz. 35.1; *Schaub*, NZG 1998, 626, 628 (Urteilsanm.). Offengelassen von OLG München, Beschl. v. 3.2.2010 – 31 Wx 135/09, ZIP 2010, 326, 327 = NZG 2010, 397.

98) Vgl. OLG München, Beschl. v. 3.2.2010 – 31 Wx 135/09, ZIP 2010, 326, 327 = NZG 2010, 397 m. w. N.

99) OLG München, Beschl. v. 3.2.2010 – 31 Wx 135/09, ZIP 2010, 326, 328 = NZG 2010, 397; Henssler/Strohn-*Ca. Müller*, GesR, § 29 UmwG Rz. 13; Schmitt/Hörtnagl-*Mi. Winter*, UmwG/UmwStG, § 29 UmwG Rz. 17. A. A. Lutter-*Grunewald*, UmwG, § 29 Rz. 16.

100) Bejahend *Rieder* in: BeckOGK-UmwG, § 29 Rz. 20; *Burg/Nordhues* in: NK-UmwG, § 29 Rz. 29; Lutter-*Grunewald*, UmwG, § 29 Rz. 16; Kallmeyer-*Oppenhoff*, UmwG, § 29 Rz. 30; *Erkens/Thilo* in: KölnKomm-UmwG, § 29 Rz. 37; *Schaub*, NZG 1998, 626, 628 (Urteilsanm.). Abl. Widmann/Mayer-*Wälzholz*, UmwR, § 29 UmwG Rz. 35.1.

101) OLG München, Beschl. v. 3.2.2010 – 31 Wx 135/09, ZIP 2010, 326, 327 = NZG 2010, 397 (obiter dictum); Henssler/Strohn-*Ca. Müller*, GesR, § 29 UmwG Rz. 13; Lutter-*Grunewald*, UmwG, § 29 Rz. 11; *Erkens/Thilo* in: KölnKomm-UmwG, § 29 Rz. 28; *Bayer/J. Schmidt*, ZHR 178 (2014), 150, 156 f.; *Schaub*, NZG 1998, 626, 628 (Urteilsanm.). Abl. Kallmeyer-*Oppenhoff*, UmwG, § 29 Rz. 13; *Veil*, Umwandlung einer Aktiengesellschaft in eine Gesellschaft mit beschränkter Haftung, 1996, S. 214 ff.; *Lieder* in: FS Krieger, S. 583, 602 ff.; *König*, ZGR 2005, 417, 430. Zum Formwechsel Kallmeyer-*Berger*, UmwG, § 207 Rz. 15; Lutter-*Hoger*, UmwG, § 207 Rz. 8 m. w. N. zur Gegenansicht und *Althoff* in: NK-UmwG, § 212 Rz. 3.

vom Aktienrecht ab, wo die Anfechtungsbefugnis des klagenden Aktionärs nach h. M. grundsätzlich nicht von seinem Abstimmungsverhalten abhängt, insbesondere sogar dann besteht, wenn er für den betreffenden Beschlusspunkt votiert hat.[102] Diese zusätzliche ungeschriebene Anspruchsvoraussetzung dient dazu, die beteiligten Gesellschaften davor zu schützen, mit Abfindungsansprüchen in einem Umfang konfrontiert zu werden, die sie wirtschaftlich überfordern.[103] Mit der Forderung nach einem dissentierenden Votum sei dies gewährleistet: Würden viele Anteilsinhaber die Abfindung fordern und gegen die Verschmelzung stimmen, würde die erforderliche Beschlussmehrheit schon nicht zustande kommen.[104] Die **Konstruktion** einer zusätzlichen Anspruchsvoraussetzung entgegen dem Wortlaut von § 29 ist **kritisch zu sehen**. Ihr liegt die etwas naive Vorstellung der h. M. zugrunde, die Beteiligten würden das teure und aufwändige Unterfangen einer Verschmelzung durchführen, ohne im Vorhinein zumindest in Grundzügen ermittelt zu haben, wer ausscheidenswillig ist und wie hoch die Abfindungsansprüche im schlimmsten Fall ausfallen könnten.

38 Allerdings hat sich die **h. M.** inzwischen in einer Weise **verfestigt**, dass der Gesetzgeber sie gebilligt und in sein Normverständnis aufgenommen haben dürfte.[105] Bereits in der **Gesetzesbegründung** des **UmwBerG**[106] deutet der Gesetzgeber sein Verständnis an, abfindungsberechtigt seien nur die Anteilsinhaber, die gegen den Verschmelzungsbeschluss gestimmt haben. So hält er einen möglichen Konflikt bei einer Verschmelzung auf eine AG mit der Bestandsgrenze des § 71 Abs. 2 AktG für hinnehmbar, weil nur in Ausnahmefällen alle dissentierenden Anteilsinhaber auch Widerspruch zur Niederschrift erklären und damit die förmliche Voraussetzung für den Abfindungsanspruch erfüllen würden.[107] Demnach ging der Gesetzgeber von einem Gleichklang von ablehnendem Votum und Widerspruch zur Niederschrift aus. Bestätigt wird dieses Verständnis in den Gesetzesmaterialien zu dem kürzlich durch das ZuFinG[108] eingeführten Andienungsrecht bei der BMAG. Gemäß dem offensichtlich § 29 nachempfundenen[109] **§ 47 Abs. 1 BörsG** können Aktionäre, die gegen den Beschluss über die Zieltransaktion Widerspruch zur Niederschrift erklärt haben, die Übertragung ihrer Aktien auf die Gesellschaft gegen Zahlung eines Betrages in der Höhe der geleisteten Bareinlage zuzüglich des gezahlten Aufgelds verlangen. In der Regierungsbegründung heißt es hierzu konkretisierend, nur diejenigen Aktionäre seien berechtigt, die gegen die Zieltransaktion gestimmt haben und auf der Hautversammlung Widerspruch zu

102) *Koch*, AktG, § 245 Rz. 13 m. w. N. Offengelassen bei BGH, Urt. v. 21.6.2010 – II ZR 24/09 (Aufsichtsratsbericht), Rz. 37, NZG 2010, 943 ff. = ZIP 2010, 1437, der allerdings davon ausgeht, dass der betreffende Aktionär Mängel des vorbereitenden Verfahrens wie Einberufungsmängel, Fehler bei der Leitung der Hauptversammlung oder bei der Auskunftserteilung nicht mehr im Wege der Anfechtungsklage geltend machen, wenn er dem Beschluss zugestimmt hat.

103) Pointiert Widmann/Mayer-*Wälzholz*, UmwR, § 29 UmwG Rz. 30: „Würde man […] allen Gesellschaftern, die für die Umwandlung gestimmt haben, zugleich das Ausscheiden gestatten, hätte dies u. U. katastrophale Folgen: Der übernehmende Rechtsträger könnte wegen unkalkulierbarer Abfindungsansprüche ruiniert sein." S. ferner Henssler/Strohn-*Ca. Müller*, GesR, § 29 UmwG Rz. 13; Lutter-*Grunewald*, UmwG, § 29 Rz. 11; *Erkens/Thilo* in: KölnKomm-UmwG, § 29 Rz. 28; *Bayer/J. Schmidt*, ZHR 178 (2014), 150, 156 f.; *Schaub*, NZG 1998, 626, 628 (Urteilsanm.).

104) Henssler/Strohn-*Ca. Müller*, GesR, § 29 UmwG Rz. 13; Lutter-*Grunewald*, UmwG, § 29 Rz. 11; *Erkens/Thilo* in: KölnKomm-UmwG, § 29 Rz. 28.

105) A. A. Kallmeyer-*Oppenhoff*, UmwG, § 29 Rz. 13.

106) Gesetz zur Bereinigung des Umwandlungsrechts (UmwBerG), v. 28.10.1994, BGBl. I 1994, 3210, in Kraft getreten am 1.1.1995.

107) Begr. RegE UmwBerG, BR-Drucks. 75/94, S. 94 li. Sp.

108) Gesetz zur Finanzierung von zukunftssichernden Investitionen (Zukunftsfinanzierungsgesetz – ZuFinG), v. 11.12.2023, BGBl. I 2023, 354.

109) *A. Herzog/Kiehl* in: NK-AktR/KapMR, § 47 BörsG Rz. 3; *Handelsrechtsausschuss des DAV*, NZG 2023, 738, 741 f.

Protokoll erklärt haben. Es sei widersprüchlich, das Andienungsrecht geltend zu machen, wenn der Aktionär für die Zieltransaktion gestimmt hat.[110)] Andernorts weist der Gesetzgeber darauf hin, dass die erforderliche qualifizierte Mehrheit von drei Vierteln des vertretenen Grundkapitals für die Beschlussfassung über die Zieltransaktion der BMAG auch dahingehend helfe, den sich aus der Geltendmachung dieses Anspruchs ergebenden Abfluss von Mitteln aus dem Gesellschaftsvermögen zu begrenzen.[111)] Angesichts dieser eindeutigen Vorgaben in den Materialien gehen die bisherigen Stellungnahmen in der Literatur davon aus, dass zusätzliche formelle Voraussetzung für das Andienungsrecht ein ablehnendes Votum des Berechtigten ist.[112)]

Hält man mit der h. M. ein dissentierendes Votum für eine Voraussetzung des Abfindungsrechts müsste der Anteilsinhaber dieses vor Gericht **darlegen und beweisen**. Bei Beweisnot des Anteilsinhabers, die insbesondere bei Beschlussfassungen in virtuellen Versammlungen eintreten kann, sollten ihm insoweit Erleichterungen zugebilligt werden. Die Gesellschaft verfügt über die erforderlichen Informationen entweder selbst oder – in der Praxis bei größeren Gesellschaften der Regelfall – ihre Dienstleister. Es kann ihr daher zugemutet werden, das dissentierende Votum im Prozess qualifiziert zu bestreiten und insoweit Beweis zu erbringen. Das gilt umso mehr in Fällen, in denen sie nach Gesetz – etwa § 129 Abs. 5 AktG[113)] – oder Satzung dazu verpflichtet ist, dem Anteilsinhaber eine Bestätigung seiner Stimmabgabe zu erteilen. 39

Zu Problemen kann es führen, wenn die Verschmelzung aufgrund der ablehnenden Voten der hierzu nach der h. M. gezwungenen ausscheidenswilligen Anteilsinhaber **nicht zustande kommen würde**.[114)] Die Vertreter der h. M. behelfen sich mit einer **Ausnahme** vom Erfordernis einer dissentierenden Stimmabgabe, wenn diese **treuwidrig** wäre.[115)] Zudem kann ein dissentierendes Votum dann nicht gefordert werden, wenn – etwa bei Vorzugsaktien – die betreffenden Anteile **keine Stimmrechte** vermitteln.[116)] Darüber hinaus wird man entsprechend dem Grundgedanken des § 29 Abs. 2 weitere Ausnahmen befürworten müssen, wenn der Anteilsinhaber nicht zur Abstimmung zugelassen wurde[117)] oder aufgrund von ihn treffenden Stimmverboten nicht mitgestimmt hat. Keine Ausnahme wird hingegen zugelassen, wenn der betreffende Anteilsinhaber aufgrund einer ihn hierzu verpflichtenden Stimmbindungsvereinbarung für die Verschmelzung stimmt.[118)] 40

V. Abfindungsansprüche in analoger Anwendung von § 29

Verschiedentlich werden in Rechtsprechung und Lehre Abfindungsansprüche in analoger Anwendung von § 29 diskutiert. Das betrifft zum einen die Verschmelzung einer bislang 41

---

110) Begr. RegE ZuFinG, BT-Drucks. 20/8292, S. 104.

111) Begr. Reg ZuFinG, BT-Drucks. 20/8292, S. 103.

112) Ebenroth/Boujong-*Groß*, HGB, § 47 BörsG Rz. 3 m. Fn. 3; *A. Herzog/Kiehl* in: NK-AktR/KapMR, § 47 BörsG Rz. 3. S. zum RefE bereits *Handelsrechtsausschuss des DAV*, NZG 2023, 738, 741 f.

113) Richtiger Ansicht nach hat diese Bestätigung auch anzugeben, wie der Aktionär abgestimmt hat, s. *Wicke* in: BeckOGK-AktG, § 129 Rz. 40; *Reger* in: HK-AktG, § 129 Rz. 36d; *Koch*, AktG, § 129 Rz. 15.

114) Vgl. Lutter-*Hoger*, UmwG, § 207 Rz. 8; *Althoff* in: NK-UmwG, § 212 Rz. 3

115) Lutter-*Grunewald*, UmwG, § 29 Rz. 11; Widmann/Mayer-*Wälzholz*, UmwR, § 29 UmwG Rz. 30.1. Einschränkend Henssler/Strohn-*Ca. Müller*, GesR, § 29 UmwG Rz. 14, gemäß dem eine Pflicht zur positiven Stimmabgabe nur in Betracht käme, wenn dem Anteilsinhaber – ggf. durch gesonderten Vertrag – Abfindungsansprüche eingeräumt würden.

116) Henssler/Strohn-*Ca. Müller*, GesR, § 29 UmwG Rz. 14; Lutter-*Grunewald*, UmwG, § 29 Rz. 11; Schmitt/Hörtnagl-*Mi. Winter*, UmwG/UmwStG, § 29 UmwG Rz. 17; Widmann/Mayer-*Wälzholz*, UmwR, § 29 UmwG Rz. 30.1.

117) Schmitt/Hörtnagl-*Mi. Winter*, UmwG/UmwStG, § 29 UmwG Rz. 17.

118) Lutter-*Grunewald*, UmwG, § 29 Rz. 11; Widmann/Mayer-*Wälzholz*, UmwR, § 29 UmwG Rz. 30. A. A. *König*, ZGR 2005, 417, 430.

nicht kontrollierten Gesellschaft auf eine i. S. von § 35 WpÜG kontrollierte Gesellschaft, zum anderen vom übertragenden Rechtsträger ausgegebene Options- und Wandelschuldverschreibungen sowie von ihm begebene Genussrechte. Richtigerweise ist eine Analogie jedoch in allen diesen Fällen abzulehnen (siehe aber oben Rz. 20).

1. Keine Analogie bei Verschmelzung auf kontrollierte Gesellschaft

42 Im Schrifttum wird diskutiert, den Anteilsinhabern analog § 29 ein Abfindungsrecht zuzubilligen, wenn eine bislang nicht kontrollierte Gesellschaft auf eine i. S. von § 35 WpÜG kontrollierte Gesellschaft verschmolzen wird.[119)] Die Verpflichtung zur **Veröffentlichung und zur Abgabe eines Pflichtangebots** gemäß § 35 WpÜG greift in dieser Konstellation nicht ein, weil die Kontrolle an der übernehmenden Gesellschaft nicht durch die Verschmelzung, erworben wird, sondern bereits zuvor erlangt wurde.[120)] Eine analoge Anwendung von § 35 WpÜG scheidet aus, weil die Missachtung der Pflicht zur Abgabe eines Pflichtangebots bußgeldbewehrt ist und die Analogie damit gegen Art. 103 Abs. 2 GG verstoßen würde.[121)] Doch auch die analoge Anwendung von § 29 als Ausweg aus diesem Dilemma ist nach richtiger und – soweit ersichtlich – unbestrittener Ansicht nicht statthaft.[122)] Insoweit wird angesichts der Erweiterung von § 29 Abs. 1 Satz 2 um das kalte Delisting (siehe dazu bereits oben Rz. 5) bereits an einer planwidrigen Regelungslücke gezweifelt.[123)] Jedenfalls liegt keine rechtliche Vergleichbarkeit der ausdrücklich in § 29 Abs. 1 erwähnten Fälle mit der Verschmelzung auf eine kontrollierte börsennotierte Gesellschaft vor, die eine analoge Anwendung erlauben würde.[124)] Anders als bei der Mischverschmelzung wird die Mitgliedschaft des Anteilsinhabers bei der Verschmelzung auf eine kontrollierte börsennotierte Gesellschaft inhaltlich nicht verändert.[125)] Die weiteren gesetzlichen Abfindungsfälle bezwecken den Schutz der Anteilsinhaber bei einer rechtlichen oder zumindest faktischen Erschwernis der Veräußerungsmöglichkeiten ihrer Anteile infolge einer Verschmelzung;[126)] die Verfügungsbefugnis über die Anteile bleibt bei der Verschmelzung auf eine kontrollierte börsennotierte Gesellschaft jedoch in beiderlei Hinsicht erhalten. Es ändert sich in diesem Fall lediglich die Zusammensetzung des Gesellschafterkreises, die – außer bei der Verschmelzung auf einen Alleingesellschafter – zwangsläufig mit jeder Verschmelzung einhergeht.[127)] Ein Austrittsrecht aus wichtigem Grund nach allgemeinen Grundsätzen dürfte ebenso wenig in Betracht kommen. Ein solches Austrittsrecht lässt sich nicht damit begründen, dass der übernehmende Rechtsträger kontrolliert wird.[128)]

---

119) Henssler/Strohn-*Ca. Müller*, GesR, § 29 UmwG Rz. 24; Kallmeyer-*Oppenhoff*, UmwG, § 29 Rz. 31; *Erkens/Thilo* in: KölnKomm-UmwG, § 29 Rz. 55 ff.; *Kleindiek*, ZGR 2002, 546, 573.

120) Beurskens/Ehricke/Ekkenga-*Ekkenga/Schirrmacher*, WpÜG, § 35 Rz. 39; *Erkens/Thilo* in: KölnKomm-UmwG, § 29 Rz. 52 m. w. N.

121) *Erkens/Thilo* in: KölnKomm-UmwG, § 29 Rz. 54 m. w. N.; *Burg/Braun*, AG 2009, 22, 24.

122) Henssler/Strohn-*Ca. Müller*, GesR, § 29 UmwG Rz. 24; Kallmeyer-*Oppenhoff*, UmwG, § 29 Rz. 31; *Erkens/Thilo* in: KölnKomm-UmwG, § 29 Rz. 55 ff. m. w. N.; *Burg/Braun*, AG 2009, 22, 24 f.; *Kleindiek*, ZGR 2002, 546, 573.

123) Kallmeyer-*Oppenhoff*, UmwG, § 29 Rz. 31; *Erkens/Thilo* in: KölnKomm-UmwG, § 29 Rz. 56; *Burg/Braun*, AG 2009, 22, 25.

124) Kallmeyer-*Oppenhoff*, UmwG, § 29 Rz. 31; *Erkens/Thilo* in: KölnKomm-UmwG, § 29 Rz. 56; *Burg/Braun*, AG 2009, 22, 25. S. allgemein zum Erfordernis einer vergleichbaren Interessenlage BGH, Urt. v. 14.12.2006 – IX ZR 92/05, NJW 2007, 992, 993 = ZIP 2007, 352.

125) *Erkens/Thilo* in: KölnKomm-UmwG, § 29 Rz. 57; *Burg/Braun*, AG 2009, 22, 25.

126) Begr. RegE 2. UmwGÄndG, BR-Drucks. 548/06, S. 25.

127) *Erkens/Thilo* in: KölnKomm-UmwG, § 29 Rz. 57; *Burg/Braun*, AG 2009, 22, 25.

128) Lutter-*Grunewald*, UmwG, § 29 Rz. 34; *Erkens/Thilo* in: KölnKomm-UmwG, § 29 Rz. 59 ff.; *Burg/Braun*, AG 2009, 22, 27.

2. Keine Analogie bei vom übertragenden Rechtsträger ausgegebenen Sonderrechten

Daneben wird eine analoge Anwendung von § 29 erwogen, wenn der übertragende Rechtsträger Options- oder Wandelschuldverschreibungen[129] oder Genussrechte[130] ausgegeben hat. In allen diesen Konstellationen bedarf es aber keiner analogen Anwendung, weil die betroffenen Rechtsinhaber anderweitig geschützt sind; es fehlt jedenfalls an einer planwidrigen Regelungslücke.[131] Hat der übertragende Rechtsträger die genannten Rechte ausgegeben, gehen diese **mit Wirksamwerden der Verschmelzung** auf den übernehmenden Rechtsträger gemäß § 20 **über.**[132] Darüber hinaus sind den Inhabern dieser Rechte gemäß § 23 **gleichwertige Rechte** in dem übernehmenden Rechtsträger zu gewähren.[133] 43

Bei der Verschmelzung einer AG, die **Options- oder Wandelschuldverschreibungen** ausgegeben hat, auf eine Rechtsform, die kein bedingtes Kapital kennt, etwa die GmbH, können den Rechtsinhabern keine gleichwertigen Bezugs- oder Wandlungsrechte eingeräumt werden. Den mit einem bedingten Kapital unterlegten Options- oder Wandelschuldverschreibungen ist wesenseigen, dass mit Ausübung der entsprechenden Rechte und Annahme durch die Gesellschaft ein vorbehaltloser Anspruch auf Lieferung von Aktien zustande kommt.[134] Dem gegenüber sind bei der Abwicklung über ein genehmigtes Kapital mit dem Ausnutzungsbeschluss der Geschäftsführung und der Eintragung der Kapitalerhöhung in das Handelsregister weitere Schritte erforderlich, bis der Berechtigte eine vergleichbare Rechtsposition erlangt, die mitunter erhebliche Zeit in Anspruch nehmen. Bei der ebenfalls vorgeschlagenen Abwicklung über einen Treuhänder fehlt es an einem unmittelbar gegen den übertragenden Rechtsträger gerichteten Anspruch, weshalb es auch insoweit an der Gleichwertigkeit der Rechte fehlt.[135] 44

Bei **Wandelschuldverschreibungen** kommt noch ein Weiteres hinzu: Aus § 199 Abs. 2 AktG ergibt sich, dass sich mit der Ausübung des Wandlungsrechts der Charakter der früheren Leistung auf die Wandelschuldverschreibung ändert und diese nunmehr rückwirkend als Einlage auf die Bezugsaktien betrachtet wird.[136] Bei der Abwicklung über ein genehmigtes Kapital müsste hingegen nach Ausübung des Wandlungsrechts im Zuge der Durchführung der Kapitalerhöhung eine Sacheinlagenprüfung erfolgen.[137] Ist die gegen die übernehmende Gesellschaft gerichtete Forderung auf Rückzahlung dann nicht mehr hinreichend werthaltig,[138] müsste der Anspruchsberechtigte ggf. bare Zuzahlungen leisten, damit er die ihm nach 45

---

129) *Rieder* in: BeckOGK-UmwG, § 23 Rz. 23; Goutier/Knopf/Tulloch-*Bermel*, UmwR, § 23 UmwG Rz. 15; Lutter-*Grunewald*, UmwG, § 23 Rz. 16; Semler/Stengel/Leonard-*Kalss*, UmwG, § 23 Rz. 15. Anders die wohl h. L. Henssler/Strohn-*Ca. Müller*, GesR, § 23 UmwG Rz. 5; Kallmeyer-*Oppenhoff*, UmwG, § 23 Rz. 13; *Erkens* in: KölnKomm-UmwG, § 23 Rz. 23; *Hüffer* in: FS Lutter, S. 1227, 1243.

130) OLG Dresden, Hinweisbeschl. v. 8.3.2021 – 8 U 2149/20, Rz. 31, BeckRS 2021, 18109 (obiter dictum).

131) Vgl. Henssler/Strohn-*Ca. Müller*, GesR, § 23 UmwG Rz. 5.

132) *Rieckers/Cloppenburg* in: BeckOGK-UmwG, § 20 Rz. 55 m. w. N. Vgl. ferner Goutier/Knopf/Tulloch-*Bermel*, UmwR, § 23 UmwG Rz. 10. Für die atypisch stille Gesellschaft auch OLG Schleswig, Urt. v. 6.3.2024 – 9 U 11/23, NZG 2024, 553, 556.

133) OLG Schleswig, Urt. v. 6.3.2024 – 9 U 11/23, NZG 2024, 553, 556; *Rieckers/Cloppenburg* in: BeckOGK-UmwG, § 20 Rz. 55. Vgl. ferner Goutier/Knopf/Tulloch-*Bermel*, UmwR, § 23 UmwG Rz. 10. Für Genussrechte OLG Dresden, Hinweisbeschl. v. 8.3.2021 – 8 U 2149/20, Rz. 30, BeckRS 2021, 18109 m. w. N.

134) Hölters/Weber-*Apfelbacher/Metzner*, AktG, § 198 Rz. 15 m. w. N. Vgl. auch *Rieckers* in: BeckOGK-AktG, § 198 Rz. 25.

135) Großzügiger Lutter-*Grunewald*, UmwG, § 23 Rz. 16.

136) *Rieckers* in: BeckOGK-AktG, § 199 Rz. 14; Grigoleit-*Rieder/Holzmann*, AktG, § 199 Rz. 9.

137) Vgl. zur GmbH *Klemens/Sambulski*, WM 2023, 311, 312; *Helmreich* GWR 2011, 561, 564, und *Bormann/Trautmann*, GmbHR 2016, 37, 43 f.

138) Nach bestrittener h. L. müssen einzubringende Forderungen, die gegen die kapitalerhöhende Gesellschaft gerichtet sind, werthaltig in dem Sinne sein, dass die Gesellschaft in der Lage sein muss, diese auch zu bedienen. S. für die GmbH *Stelmaszczyk* in: BeckOGK-GmbHG, § 56 Rz. 52 f. m. w. N. zum Streitstand. Nach vorzugswürdiger a. A. ist auf den Nominalbetrag der Forderung abzustellen. S. dazu *Hoppe*, Gewährung zusätzlicher Aktien, S. 113 f. ebenfalls m. w. N.

den Wandlungsbedingungen zustehende Anzahl Anteile auch tatsächlich erhalten kann. Obwohl nach alledem der dies befürwortenden Ansicht in ihrem Ausgangspunkt zuzustimmen ist, bedarf es keiner analogen Anwendung von § 29. Der Anspruchsinhaber ist anderweitig ausreichend geschützt. Die Gewährung gleichwertiger Rechte ist infolge der Verschmelzung unmöglich geworden, was der übernehmende Rechtsträger zu vertreten hat. Den Inhabern der betreffenden Schuldverschreibungen stehen dem Grunde nach Schadensersatzansprüche gemäß §§ 280 Abs. 1, 3, 283 BGB zu.[139)]

46 Anders verhält es sich bei **Genussrechten.** Diese gehen regelmäßig mit Wirksamwerden der Verschmelzung unverändert und ohne Beeinträchtigung der Rechtsposition des Gläubigers als Verbindlichkeit auf den übernehmenden Rechtsträgers gemäß § 20 über.[140)] Auch nach Wirksamwerden der Verschmelzung kann der Berechtigte hieraus seine Ansprüche geltend machen.[141)] Bei Genussrechten besteht somit erst recht kein Bedürfnis für eine analoge Anwendung von § 29.

VI. Abfindungsangebot (§ 29 Abs. 1 Satz 3)

47 Liegt einer der Fälle des § 29 Abs. 1 vor, ist grundsätzlich **zwingend** ein Abfindungsangebot in den Verschmelzungsvertrag aufzunehmen (siehe zu den Rechtsfolgen eines fehlenden Abfindungsangebots die Kommentierung zu § 32 Rz. 5 [*Hoppe*]). Abweichende Regelungen in den Statuten von übertragendem und/oder übernehmendem Rechtsträger sind wegen § 1 Abs. 3 nichtig.[142)] Die Pflicht zur Abgabe eines Abfindungsangebots **entfällt** jedoch, wenn sich alle Anteile des übertragenden Rechtsträgers in der Hand des übernehmenden Rechtsträgers befinden.[143)] Richtigerweise entfällt diese Pflicht auch dann, wenn alle Anteilsinhaber eines übertragenden Rechtsträgers auf die Gewährung von Anteilen in notariell beurkundeter Form (siehe § 54 Abs. 1 Satz 3) verzichtet haben.[144)] Bei einem solchen **Verzicht** fehlt es mit der Pflicht zur Anteilsgewährung bereits am grundlegenden Bezugspunkt für die Abfindung. Trotzdem es an einer diesbezüglichen Regelung fehlt, entfällt die Pflicht zur Abfindung nach allgemeiner Meinung zudem, soweit die Anteilsinhaber auf die Barabfindung selbst verzichten.[145)] Streitig ist dabei, ob auch dieser **Verzicht** notarieller Beurkundung bedarf[146)] oder formfrei erfolgen kann.[147)] Der Verzicht stellt eine Abweichung

139) Henssler/Strohn-*Ca. Müller*, GesR, § 23 UmwG Rz. 5; Kallmeyer-*Oppenhoff*, UmwG, § 23 Rz. 13; *Erkens* in: KölnKomm-UmwG, § 23 Rz. 23. S. a. *Bayer/J. Schmidt*, ZIP 2016, 841, 849, und für Genussrechte OLG Dresden, Hinweisbeschl. v 8.3.2021 – 8 U 2149/20, Rz. 31, BeckRS 2021, 18109, freilich unter der falschen Prämisse die Leistung würde infolge der Verschmelzung unmöglich. Dazu sogleich.

140) *Rieckers/Cloppenburg* in: BeckOGK-UmwG, § 20 Rz. 55 m. w. N. Vgl. ferner Goutier/Knopf/Tulloch-*Bermel*, UmwR, § 23 UmwG Rz. 10. Für die atypisch stille Gesellschaft auch OLG Schleswig, Urt. v. 6.3.2024 – 9 U 11/23, NZG 2024, 553, 556.

141) So für die atypisch stille Gesellschaft bei einer grenzüberschreitenden Verschmelzung OLG Schleswig, Urt. v. 6.3.2024 – 9 U 11/23, NZG 2024, 553, 556. Dies verkennt OLG Dresden, Hinweisbeschl. v. 8.3.2021 – 8 U 2149/20, Rz. 33, BeckRS 2021, 18109.

142) OLG Karlsruhe, Urt. v. 26.9.2002 – 9 U 195/01, NZG 2002, 1118 f. = ZIP 2003, 78; Henssler/Strohn-*Ca. Müller*, GesR, § 29 UmwG Rz. 3; Lutter-*Grunewald*, UmwG, § 29 Rz. 18. Allg. zu den Rechtsfolgen von Verstößen gegen § 1 Abs. 3 *Böttcher* in: NK-UmwG, § 1 Rz. 58 m. w. N.

143) Mit unterschiedlichen Begründungen *Wicke* in: BeckOGK-UmwG, § 5 Rz. 119; Semler/Stengel/Leonard-*Schröer/Greitemann*, UmwG, § 5 Rz. 102, beide unter Verweis auf § 5 Abs. 2 und Henssler/Strohn-*Ca. Müller*, GesR, § 29 UmwG Rz. 16, der insoweit auf § 20 Abs. 1 Nr. 3 Satz 1 hinweist. S. a. Lutter-*Grunewald*, UmwG, § 29 Rz. 20 m. w. N.

144) Henssler/Strohn-*Ca. Müller*, GesR, § 29 UmwG Rz. 16.

145) *Wicke* in: BeckOGK-UmwG, § 5 Rz. 119; Henssler/Strohn-*Ca. Müller*, GesR, § 29 UmwG Rz. 16; Lutter-*Grunewald*, UmwG, § 29 Rz. 18; Semler/Stengel/Leonard-*Schröer/Greitemann*, UmwG, § 5 Rz. 102.

146) So die wohl h. L. *Wicke* in: BeckOGK-UmwG, § 5 Rz. 119; Henssler/Strohn-*Ca. Müller*, GesR, § 29 UmwG Rz. 16; Semler/Stengel/Leonard-*Schröer/Greitemann*, UmwG, § 5 Rz. 102; *Schaub*, NZG 1998, 626, 629 (Urteilsanm.).

147) Lutter-*Grunewald*, UmwG, § 29 Rz. 19; *Rieder* in: BeckOGK-UmwG, § 29 Rz. 23.

i. S. von § 1 Abs. 3 dar,[148] weshalb es zu seiner Begründung konstruktiv einer Analogie zu den gesetzlichen Verzichtsregelungen wie § 8 Abs. 3 Satz 1 und 2 oder § 16 Abs. 2 Satz 2 bedarf. Da sämtliche dieser Regelungen die notarielle Form erfordern, ist sie im Anschluss an die h. L. auch beim Verzicht auf das Abfindungsangebot zu wahren. Der Verzicht muss nach allgemeiner Ansicht **ausdrücklich** erklärt werden, weshalb er nicht schon in einer Zustimmung zum Verschmelzungsvertrag oder dem Unterlassen eines Widerspruchs zur Niederschrift erblickt werden kann.[149]

1. Inhalt des Abfindungsangebots

Das Barabfindungsangebot im Verschmelzungsvertrag oder seinem Entwurf muss inhaltlich 48
so bestimmt sein, dass zum Entstehen des Barabfindungsanspruchs nur noch die Annahmeerklärung des Anteilsinhabers erforderlich ist. Notwendig ist deshalb neben der Beschreibung der berechtigten Anteilsinhaber die konkrete Höhe der Abfindung sowie die Angabe, dass die Abfindung entweder gegen Übertragung der Anteile des Anteilsinhabers oder für dessen Ausscheiden gezahlt wird.[150]

2. Bekanntmachung des Abfindungsangebots

§ 29 Abs. 1 Satz 4 ordnet die Bekanntmachung des Wortlauts des Barabfindungsangebots an, 49
wenn der Verschmelzungsvertrag als Gegenstand der Beschlussfassung bekannt zu machen ist. Bedeutung hat die Vorschrift vor allem für AG, SE und KGaA, bei denen gemäß § 124 Abs. 2 Satz 3 AktG der wesentliche Vertragsinhalt mit der Bekanntmachung der Einberufung der beschlussfassenden Hauptversammlung bekannt zu geben ist. Eine Bekanntmachungspflicht des Angebotswortlauts besteht ferner, wenn die jeweiligen Statuten vor der Beschlussfassung der Gesellschafter die Bekanntmachung eines Vertrags erfordern.[151] Umstritten ist, ob die Unterrichtungen gemäß § 39b, 42 und 47 Bekanntmachungen i. S. von § 29 sind, wie die wohl h. L. meint.[152] Funktional entspricht die Unterrichtung durch Übersendung gemäß den genannten Regelungen der Bekanntmachung. Unter bestimmten Voraussetzungen erlaubt § 121 Abs. 4 Satz 2 AktG zudem, die Bekanntmachung durch die Übersendung zu ersetzen. Eine unterschiedliche Behandlung der beiden Informationsarten ist daher nicht gerechtfertigt, weshalb der h. L. zu folgen ist. Eine Erhöhung des bekanntgemachten Abfindungsangebots anlässlich der Beschlussfassung kann zur Anfechtbarkeit des Verschmelzungsbeschlusses führen.[153]

3. Annahme des Abfindungsangebots und Kosten der Abwicklung

Der Abfindungsanspruch entsteht mit Eintragung der Verschmelzung in das Register des 50
übernehmenden Rechtsträgers und i. S. von § 31 rechtzeitiger Annahme des Angebots. Die mit der Verschmelzung entstandenen Anteile des Abfindungsberechtigten am übernehmenden Rechtsträger sind dann Zug um Zug gegen Zahlung der Barabfindung auf den

148) Vgl. Begr. RegE UmwBerG, BR-Drucks. 75/94, S. 84 li. Sp.

149) *Wicke* in: BeckOGK-UmwG, § 5 Rz. 119; *Rieder* in: BeckOGK-UmwG, § 29 Rz. 23; Lutter-*Grunewald*, UmwG, § 29 Rz. 19; *Schaub*, NZG 1998, 626, 629 (Urteilsanm.).

150) Kallmeyer-*Oppenhoff*, UmwG, § 29 Rz. 14; *Erkens/Thilo* in: KölnKomm-UmwG, § 29 Rz. 34; Semler/Stengel/Leonard-*Kalss*, UmwG, § 29 Rz. 23.

151) Henssler/Strohn-*Ca. Müller*, GesR, § 29 UmwG Rz. 18; Kallmeyer-*Oppenhoff*, UmwG, § 29 Rz. 15; Lutter-*Grunewald*, UmwG, § 29 Rz. 21; Schmitt/Hörtnagl-*Mi. Winter*, UmwG/UmwStG, § 29 UmwG Rz. 20.

152) Lutter-*Grunewald*, UmwG, § 29 Rz. 21; *Erkens/Thilo* in: KölnKomm-UmwG, § 29 Rz. 33 m. Fn. 88; Widmann/Mayer-*Wälzholz*, UmwR, § 29 UmwG Rz. 35. A. A. Henssler/Strohn-*Ca. Müller*, GesR, § 29 UmwG Rz. 18.

153) Schmitt/Hörtnagl-*Mi. Winter*, UmwG/UmwStG, § 29 UmwG Rz. 21. Vgl. zum Formwechsel OLG München, Beschl. v. 4.11.2009 – 7 A 2/09, ZIP 2010, 84, 86 = AG 2010, 170; LG München I, Urt. v. 24.9.2009 – 5 HK O 5697/09, AG 2010, 419, 421.

übernehmenden Rechtsträger zu übertragen.[154] In den Fällen des § 29 Abs. 1 Satz 3 führt die Annahme des Barabfindungsangebots zum Ausscheiden des Anteilsinhabers, dem im Anschluss seine Abfindung zu zahlen ist.[155] Bis zum Vollzug der erforderlichen Übertragungen stehen dem Anteilsinhaber die aus seinen Anteilen am übernehmenden Rechtsträger folgenden Rechte zu. Lediglich für den Zeitraum zwischen Annahme des Angebots auf Abfindung und Vollzug der Übertragung kann statutarisch etwas anderes geregelt werden.[156]

51 Gemäß § 29 Abs. 1 Satz 5 hat der übertragende Rechtsträger die Kosten für die Übertragung zu tragen. Das umgreift insbesondere die bei einer GmbH für die Übertragung von Geschäftsanteilen anfallenden Notarkosten, nicht aber die Kosten für die rechtliche Beratung des Anteilsinhabers.[157]

4. Abfindung und Kapitalerhaltung

52 Der Erwerb eigener Anteile gegen Abfindung bewegt sich bei Kapitalgesellschaften in einem Spannungsfeld mit dem Gebot der Kapitalerhaltung. Dies hat der Gesetzgeber erkannt und in § 29 Abs. 1 Satz 1 Halbs. 2 vorgesehen, dass § 71 Abs. 4 Satz 2 AktG und § 33 Abs. 2 Satz 3 Halbs. 2 Alt. 1 GmbHG insoweit nicht anzuwenden sind. Während das dingliche Geschäft gemäß § 71 Abs. 4 Satz 1 AktG wirksam ist, ist nach Satz 2 ein schuldrechtliches Geschäft über den **Erwerb eigener Aktien** grundsätzlich nichtig, soweit der Erwerb gegen § 71 Abs. 1 oder 2 AktG verstößt. § 71 Abs. 1 AktG erlaubt den Erwerb eigener Aktien lediglich zu bestimmten Zwecken, zu denen gemäß Nr. 3 u. a. die Abfindung nach § 29 rechnet. § 71 Abs. 2 Satz 1 beschränkt den Umfang u. a. nach § 71 Abs. 1 Nr. 3 AktG zurückerworbener Aktien auf 10 % des Grundkapitals. Zudem muss die Gesellschaft nach § 71 Abs. 2 Satz 2 AktG im Zeitpunkt des Erwerbs eine hypothetische Rücklage i. H. der Aufwendungen für den Erwerb bilden können, ohne das Grundkapital oder eine nach Gesetz oder Satzung zu bildende Rücklage zu mindern, die nicht zur Zahlung an die Aktionäre verwandt werden darf. Die h. L. versteht § 29 Abs. 1 Satz 1, Halbs. 2 wortlautgetreu ausschließlich als Ausnahme von der durch § 71 Abs. 4 Satz 2 AktG angeordneten Unwirksamkeit des schuldrechtlichen Geschäfts über den Erwerb eigener Aktien.[158] Demgegenüber meint eine **Mindermeinung**, die Regelung dispensiere darüberhinausgehend insgesamt von den Vorgaben des § 71 Abs. 2 AktG.[159] Dieser Streit hat in gleich dreifacher Hinsicht **gravierende praktische Bedeutung**:

- Erstens könnte ein Umwandlungsbeschluss anfechtbar sein, wenn bereits bei Beschlussfassung absehbar ist, dass der Rückerwerb eigener Aktien zur Bedienung von Abfindungsansprüchen zu einem Verstoß gegen § 71 Abs. 2 AktG führt.[160]
- Zweitens könnte der Registerrichter einen so gefassten rechtswidrigen Verschmelzungsbeschluss die Eintragung verweigern.[161]

---

154) Henssler/Strohn-*Ca. Müller*, GesR, § 29 UmwG Rz. 19.

155) Kallmeyer-*Oppenhoff*, UmwG, § 29 Rz. 28.

156) Henssler/Strohn-*Ca. Müller*, GesR, § 29 UmwG Rz. 19.

157) Henssler/Strohn-*Ca. Müller*, GesR, § 29 UmwG Rz. 20; Kallmeyer-*Oppenhoff*, UmwG, § 29 Rz. 29.

158) *Rieder* in: BeckOGK-UmwG, § 29 Rz. 27; Henssler/Strohn-*Ca. Müller*, GesR, § 29 UmwG Rz. 22; Kallmeyer-*Oppenhoff*, UmwG, § 29 Rz. 26 f.; Lutter-*Grunewald*, UmwG, § 29 Rz. 25; Semler/Stengel/Leonard-*Kalss*, UmwG, § 29 Rz. 33.

159) *Erkens/Thilo* in: KölnKomm-UmwG, § 29 Rz. 44; Schmitt/Hörtnagl-*Mi. Winter*, UmwG/UmwStG, § 29 UmwG Rz. 12. Wohl auch Widmann/Mayer-*Wälzholz*, UmwR, § 29 UmwG Rz. 37.

160) *Rieder* in: BeckOGK-UmwG, § 29 Rz. 27; Kallmeyer-*Oppenhoff*, UmwG, § 29 Rz. 27; Lutter-*Grunewald*, UmwG, § 29 Rz. 25; Semler/Stengel/Leonard-*Kalss*, UmwG, § 29 Rz. 33; K. Schmidt/Lutter-*T. Bezzenberger*, AktG, § 71 Rz. 41. Vgl. auch Henssler/Strohn-*Ca. Müller*, GesR, § 29 UmwG Rz. 22. *Oechsler* in: MünchKomm-AktG, § 71 Rz. 169, nimmt sogar eine Nichtigkeit nach § 241 Nr. 3 AktG an. A. A. *Cahn* in: BeckOGK-AktG, § 71 Rz. 71; Grigoleit-*Grigoleit/Rachlitz*, AktG, § 71 Rz. 67; *Koch*, AktG, § 71 Rz. 15; *Lutter/Drygala* in: KölnKomm-AktG, § 71 Rz. 209.

161) Semler/Stengel/Leonard-*Kalss*, UmwG, § 29 Rz. 33. Vgl. auch Henssler/Strohn-*Ca. Müller*, GesR, § 29 UmwG Rz. 22, und *Rieder* in: BeckOGK-UmwG, § 29 Rz. 27.

- Drittens könnte die Gesellschaft Abfindungszahlungen, die auf einem nach § 71 Abs. 2 AktG unzulässigen Erwerb eigener Aktien beruhen, unter Hinweis auf eine gemäß § 57 Abs. 1 AktG verbotene Einlagenrückgewähr verweigern.[162)]

Der h. L. ist zu folgen. Zwar dokumentiert die Regierungsbegründung die Absicht des Gesetzgebers, dem Schutz der Abfindungsberechtigten den Vorrang einräumen zu wollen; zudem deutet sie darauf hin, dass der Gesetzgeber den Rückerwerb eigener Aktien in den Fällen des § 29 ausnahmsweise für zulässig hielt.[163)] Im Gesetzeswortlaut findet dies jedoch nicht in ausreichendem Maße seinen Niederschlag; im Gegenteil ist dieser dahingehend eindeutig, dass er gerade nicht von den Vorgaben des § 71 Abs. 2 AktG befreit.[164)] Hinzu kommt ein systematisches Argument: Eine Parallelregelung findet sich mittlerweile in § 47 Abs. 2 BörsG. Hierdurch wird die Bestandsgrenze des § 71 Abs. 2 Satz 1 AktG für das Andienungsrecht der Aktionäre der BMAG, die gegen den Beschluss über die Zieltransaktion Widerspruch zur Niederschrift erklärt haben, auf 30 % des Grundkapitals hochgesetzt. Zudem bestimmt § 47 Abs. 4 BörsG, dass der Erfüllung des Andienungsrechts § 71 Abs. 2 Satz 2 und § 57 Abs. 1 und 2 AktG nicht entgegenstehen. Hätte der Gesetzgeber Gleichsinniges bei der Abfindung nach § 29 gewollt, hätte es nahegelegen, dies in Gesetzesform zu gießen. 53

Ist demnach der h. L. zu folgen, hat der Verstoß gegen § 71 Abs. 2 AktG nach hier vertretener Meinung dennoch **keine Auswirkungen auf die Wirksamkeit** gleichwohl gefasster Verschmelzungsbeschlüsse. Insoweit ist nämlich zu bedenken, dass das Merkmal der „Absehbarkeit" nicht hinreichend konturenscharf und damit für den Rechtsanwender nicht sicher handhabbar ist.[165)] Häufig stellt sich der Verstoß gegen § 71 Abs. 2 AktG erst deutlich nach der Beschlussfassung heraus. Der schiere Verdacht einer Gesetzesverletzung macht den Beschluss aber nicht rechtswidrig. Nicht wenige Anteilsinhaber werden zu diesem Zeitpunkt nicht einmal die Anspruchsvoraussetzung des Widerspruchs zur Niederschrift erfüllt haben. Die Annahme des Angebots erfolgt zudem in der Regel erst nach Eintragung der Verschmelzung, wofür die Anteilsinhaber beim praktischen Regelfall der Einleitung eines Spruchverfahrens gemäß § 31 Satz 2 UmwG meist auch noch viele Jahre Zeit haben.[166)] Erweist sich erst im Nachhinein der Verstoß gegen § 71 Abs. 2 AktG, lehnen aber selbst die Vertreter der Gegenansicht eine Anfechtbarkeit des Beschlusses ab.[167)] Überdies würde die Anfechtbarkeit des Beschlusses der vom Gesetzgeber erklärten Zielsetzung, dem Schutz der Abfindungsberechtigten den Vorrang einräumen zu wollen,[168)] zuwiderlaufen.[169)] 54

Aus diesem Grunde sind auch **Leistungsverweigerungsrechte oder Rückforderungsansprüche** der Gesellschaft bei einem Verstoß gegen § 71 Abs. 2 AktG abzulehnen.[170)] Würde man derartige Rechte befürworten, würde der mit § 29 Abs. 1 Satz 1 Halbs. 2 Alt. 1 be- 55

162) *Oechsler* in: MünchKomm-AktG, § 71 Rz. 169; *Hoger*, AG 2008, 149, 154; *J. Vetter*, ZHR 168 (2004), 8, 23. S. a. *Ihrig*, GmbHR 1995, 622, 631 f. A. A. *Rieder* in: BeckOGK-UmwG, § 29 Rz. 26, 28; Henssler/Strohn-*Ca. Müller*, GesR, § 29 UmwG Rz. 22; Kallmeyer-*Oppenhoff*, UmwG, § 29 Rz. 26; Lutter-*Grunewald*, UmwG, § 29 Rz. 28; Widmann/Mayer-*Wälzholz*, UmwR, § 29 UmwG Rz. 37; *Kogge* in: MünchHdb. GesR, Bd. 8, § 13 Rz. 378.

163) Begr. RegE UmwBerG, BR-Drucks. 75/94, S. 94 li. Sp.

164) *Rieder* in: BeckOGK-UmwG, § 29 Rz. 26; Henssler/Strohn-*Ca. Müller*, GesR, § 29 UmwG Rz. 22; Lutter-*Grunewald*, UmwG, § 29 Rz. 25.

165) Grigoleit-*Grigoleit/Rachlitz*, AktG, § 71 Rz. 67.

166) *Cahn* in: BeckOGK-AktG, § 71 Rz. 71. Vgl. auch Grigoleit-*Grigoleit/Rachlitz*, AktG, § 71 Rz. 67.

167) Lutter-*Grunewald*, UmwG, § 29 Rz. 26.

168) Begr. RegE UmwBerG, BR-Drucks. 75/94, S. 94 li. Sp.

169) Schmitt/Hörtnagl-*Mi. Winter*, UmwG/UmwStG, § 29 UmwG Rz. 12; Grigoleit-*Grigoleit/Rachlitz*, AktG, § 71 Rz. 67.

170) *Rieder* in: BeckOGK-UmwG, § 29 Rz. 26; Henssler/Strohn-*Ca. Müller*, GesR, § 29 UmwG Rz. 22; Lutter-*Grunewald*, UmwG, § 29 Rz. 27 f.; *Lutter/Drygala* in: KölnKomm-AktG, § 71 Rz. 209 f.

absichtigte Effekt, die Rechtsbeständigkeit des zugrundeliegenden schuldrechtlichen Geschäfts herbeizuführen, verpuffen. Rechtsfolgenseitig bleibt es damit bei der Pflicht zur Veräußerung oder Einziehung gemäß § 71c Abs. 2 und 3 AktG binnen drei Jahren.[171] Wegen des dargestellten Streits und der sich daraus ergebenden Rechtsunsicherheiten, aber auch um eine persönliche Haftung gemäß § 93 Abs. 3 Nr. 1 AktG zu vermeiden, tut die Verwaltung der übernehmenden AG allerdings gut daran, eine Verschmelzung zu unterlassen, bei der absehbar ist, dass die Erfüllung von Abfindungsansprüchen zu einem Verstoß gegen § 71 Abs. 2 AktG führen wird.

56 Bei der **GmbH** ist der Rückerwerb eigener Geschäftsanteile in § 33 GmbHG geregelt. Gemäß § 33 Abs. 2 Satz 1 GmbHG darf die GmbH voll eingezahlte Geschäftsanteile nur erwerben, sofern sie im Zeitpunkt des Erwerbs eine Rücklage i. H. der Aufwendungen für den Erwerb bilden könnte, ohne das Stammkapital oder eine nach dem Gesellschaftsvertrag zu bildende Rücklage zu mindern, die nicht zur Zahlung an die Gesellschafter verwandt werden darf. Laut Satz 3 macht ein Verstoß gegen Satz 1 den Erwerb der Geschäftsanteile nicht unwirksam; jedoch ist das schuldrechtliche Geschäft hierüber nichtig. Von dieser Rechtsfolge dispensiert § 29 Abs. 1 Satz 1 Halbs. 2 bei der Barabfindung. Gemäß § 33 Abs. 3 GmbHG ist der Erwerb eigener Geschäftsanteile ferner zulässig u. a. zur Abfindung von Gesellschaftern nach § 29 Abs. 1, sofern der Erwerb binnen sechs Monaten nach dem Wirksamwerden der Umwandlung oder nach der Rechtskraft der gerichtlichen Entscheidung erfolgt und die Gesellschaft im Zeitpunkt des Erwerbs die Rücklage gemäß § 33 Abs. 2 GmbHG bilden könnte. Der Regelungsgehalt von § 33 Abs. 3 GmbHG liegt im Einklang mit der ganz h. L. und in Abgrenzung zu § 33 Abs. 2 GmbHG darin, dass er zeitlich begrenzt grundsätzlich auch den Erwerb nicht voll eingezahlter Geschäftsanteile gestattet.[172]

57 Vor diesem normativen Hintergrund stellt sich die Rechtslage bei der GmbH ähnlich dar wie bei der AG. Nach den oben (siehe Rz. 53 ff.) herausgearbeiteten Grundsätzen gilt das Kapitalerhaltungsregime auch für Barabfindungen, wenngleich es bei der GmbH ausweislich der §§ 30, 33 GmbHG grundsätzlich nur auf die Erhaltung der Stammkapitalziffer beschränkt und damit deutlich weniger streng ist als das der AG. Ist demnach ein Konflikt des Verschmelzungsbeschlusses mit § 33 Abs. 3 GmbHG im Beschlusszeitpunkt absehbar, ist er gleichwohl nicht anfechtbar und die Verschmelzung einzutragen. Mit Eintragung wird die Verschmelzung unumkehrbar gültig.[173] Der Gesellschaft verbleiben lediglich mögliche Haftungsansprüche gegen die Verwaltung, sofern diese beim unzulässigen Rückerwerb der Geschäftsanteile schuldhaft gehandelt hat.

VII. Anwendbarkeit der Prospektverordnung bei Verschmelzungen mit Abfindungsangebot

58 Nach h. L. ist die europäische Prospektverordnung (Prospekt-VO)[174] auf das Angebot von Wertpapieren im Zuge einer Verschmelzung oder Spaltung grundsätzlich nicht anwendbar.

171) *Rieder* in: BeckOGK-UmwG, § 29 Rz. 29; Henssler/Strohn-*Ca. Müller*, GesR, § 29 UmwG Rz. 22; Kallmeyer-*Oppenhoff*, UmwG, § 29 Rz. 26; Lutter-*Grunewald*, UmwG, § 29 Rz. 26; *Lutter/Drygala* in: KölnKomm-AktG, § 71 Rz. 211. S. a. Schmitt/Hörtnagl-*Mi. Winter*, UmwG/UmwStG, § 29 UmwG Rz. 12 a. E.

172) Lutter-*Grunewald*, UmwG, § 29 Rz. 30; Lutter/Hommelhoff-*Hommelhoff*, GmbHG, § 33 Rz. 30; *Altmeppen*, GmbHG, § 33 Rz. 52; Noack/Servatius/Haas-*Kersting*, GmbHG, § 33 Rz. 16; *Hoger*, AG 2008, 149, 150; *Lieder*, GmbHR 2014, 232, 233 f. Vgl. auch Begr. Fraktionsentwurf UmwBerG, BT-Drucks. 12/6699, S. 175.

173) *Tiling/Poelzig* in: BeckOGK-GmbHG, § 33 Rz. 219 m. w. N.

174) Verordnung (EU) 2017/1129 des Europäischen Parlaments und des Rates v. 14.6.2017 über den Prospekt, der beim öffentlichen Angebot von Wertpapieren oder bei deren Zulassung zum Handel an einem geregelten Markt zu veröffentlichen ist und zur Aufhebung der Richtlinie 2003/71/EG, ABl. (EU) L 168/12 v. 30.6.2017.

Eine Prospektpflicht setzt nach Art. 3 Abs. 1 ein öffentliches Angebot von Wertpapieren voraus. Hieran fehlt es, wenn – wie bei der Verschmelzung oder der Spaltung – der Erwerb der Wertpapiere qua Gesetz erfolgt und nicht auf einer individuellen Investitionsentscheidung beruht.[175] Etwas anderes soll nach wohl überwiegender Ansicht bei der Mischverschmelzung und dem kalten Delisting gelten, wenn ein Abfindungsangebot gemäß § 29 unterbreitet wird. Sodann ist der Erwerb der Wertpapiere des übernehmenden Rechtsträgers in das Belieben der Anteilsinhaber des übertragenden Rechtsträgers gestellt.[176] Dessen ungeachtet besteht dem Grunde nach eine Prospektpflicht für die Zulassung der durch die Verschmelzung neu geschaffenen Wertpapiere des übernehmenden Rechtsträgers zum geregelten Markt.

Hiervon sehen Art. 1 Abs. 4 lit. g und Art. 1 Abs. 5 lit. f Prospekt-VO jedoch Ausnahmen vor. Danach besteht keine Prospektpflicht für Wertpapiere, die anlässlich einer Verschmelzung oder Spaltung angeboten oder zugeteilt werden bzw. zugeteilt werden sollen, sofern ein Dokument der Öffentlichkeit zur Verfügung gestellt wurde, das Informationen zu der Transaktion und ihren Auswirkungen auf den Emittenten enthält. Nähere Einzelheiten zur Ausgestaltung des Informationsdokuments enthält eine delegierte **Verordnung der Kommission** und die Annexe I und II hierzu.[177] Angesichts der Detailtiefe der Vorgaben und der verbleibenden Rechtsunsicherheiten dieses wenig erprobten Verfahrens, kann es für den Emittenten vorzugswürdig sein, sogleich einen vollen Prospekt zu veröffentlichen.[178] Aufgrund der **Rückausnahme** in Art. 1 Abs. 6b Prospekt-VO gelten die Ausnahmen ohnehin nicht, wenn die Transaktion als umgekehrter Unternehmenserwerb i. S. des internationalen Rechnungslegungsstandards IFRS 3 anzusehen ist, und i. Ü. nur dann, wenn die Wertpapiere des übernehmenden Rechtsträgers oder der an der Spaltung beteiligten Rechtsträger bereits vor der Transaktion zum Handel an einem geregelten Markt zugelassen waren. 59

175) *Schnorbus* in: FK-EUProspektVO/WpPG, Art. 1 ProspektVO Rz. 161 *Groß*, KapMarktR, Art. 1 (EU) 2017/1129 Rz. 27; Holzborn-*Holzborn/Mayston*, EU-ProspVO/WpPG, Art. 1 EUV 2017/1129 Rz. 37.

176) Holzborn-*Holzborn/Mayston*, EU-ProspVO/WpPG, Art. 1 EUV 2017/1129 Rz. 37; *Bauerschmidt*, AG 2022, 57, 63 jew. m. w. N. A. A. *Schnorbus*, FK-EUProspektVO/WpPG, Art. 1 ProspektVO Rz. 164 f.; *Groß*, KapMarktR, Art. 1 (EU) 2017/1129 Rz. 29.

177) Delegierte Verordnung (EU) 2021/528 der Kommission v. 16.12.2020 zur Ergänzung der Verordnung (EU) 2017/1129 des Europäischen Parlaments und des Rates im Hinblick auf die Mindestinformationen des Dokuments, das der Öffentlichkeit bei einer Ausnahme von der Prospektpflicht im Zusammenhang mit einer Übernahme im Wege eines Tauschangebots, einer Verschmelzung oder einer Spaltung zur Verfügung zu stellen ist, ABl. (EU) L 106/32 v. 26.3.2021.

178) Vgl. *Groß*, KapMarktR, Art. 1 (EU) 2017/1129 Rz. 27 – unter Verweis auf Anhörungsverfahren bei der ESMA vor Erlass der Delegierten Verordnung (EU) 2021/528.

§ 30
Inhalt des Anspruchs auf Barabfindung und Prüfung der Barabfindung

(1) [1]Die Barabfindung muß die Verhältnisse des übertragenden Rechtsträgers im Zeitpunkt der Beschlußfassung über die Verschmelzung berücksichtigen. [2]§ 15 Abs. 2 ist auf die Barabfindung entsprechend anzuwenden.

(2) [1]Die Angemessenheit einer anzubietenden Barabfindung ist stets durch Verschmelzungsprüfer zu prüfen. [2]Die §§ 10 bis 12 sind entsprechend anzuwenden. [3]Die Berechtigten können auf die Prüfung oder den Prüfungsbericht verzichten; die Verzichtserklärungen sind notariell zu beurkunden.

Literatur: *Bücker*, Die Berücksichtigung des Börsenkurses bei Strukturmaßnahmen – BGH revidiert DAT/Altana, NZG 2010, 967; *Decher*, Die Bedeutung des Börsenkurses für die Unternehmensbewertung bei Strukturmaßnahmen, AG 2023, 106; *Herfs*, Die marktorientierte Bewertungsmethode bei Strukturmaßnahmen und die Folgen für die Praxis, AG 2024, 653; *Koch*, § 255 AktG nach dem ZuFinG – Was wird aus den Rechten des Aktionärs?, AG 2024, 1; *Liebscher*, Einschränkung der Verzinslichkeit des Abfindungsanspruchs dissentierender Gesellschafter gemäß §§ 30 Abs. 1 S. 2, 208 UmwG; § 305 Abs. 3 S. 3, 1. Hs. AktG, AG 1996, 455; *Vetter, E.*, Die Verzinsung der Barabfindung nach § 305 Abs. 3 Satz 3 AktG und die Ausgleichszahlung nach § 304 AktG, AG 2002, 383; *Wasmann*, Endlich Neuigkeiten zum Börsenkurs – Besprechung der Stollwerck-Entscheidung des BGH, ZGR 2011, 83.

Übersicht

I. Entstehungsgeschichte

1 § 30 regelt den Zeitpunkt, auf den die Bewertung des übertragenden Rechtsträgers erfolgen muss, und die Prüfung der Abfindungshöhe durch den Verschmelzungsprüfer. § 30 Abs. 1 ist Nachfolgeregelung zu § 12 Abs. 1 UmwG 1969,[1)] der eine Barabfindung unter Berücksichtigung der Vermögens- und Ertragslage der Gesellschaft im Zeitpunkt der Beschlussfassung der Hauptversammlung vorsah. § 30 enthält den Hinweis auf die Vermögens- und Ertragslage nicht mehr. Der Gesetzgeber beabsichtigte, anders als nach altem Recht die Berücksichtigung bestimmter Bewertungsmethoden nicht länger vorzuschreiben. Dies habe „sich nicht bewährt, weil die Berücksichtigung und die Gewichtung der verschiedenen Methoden je nach Natur und Gegenstand des Unternehmens verschieden sein“ könne.[2)] Die Pflichtprüfung gemäß § 30 Abs. 2 ist mit dem UmwG 1994[3)] eingeführt worden.

II. Angemessene Barabfindung (§ 30 Abs. 1)

2 Aus § 29 Abs. 1 Satz 1 und § 30 Abs. 2 Satz 1 folgt, dass die angebotene Barabfindung angemessen sein muss. Die Angemessenheit der Barabfindung ist gesetzlich nicht näher definiert. Der Terminus der Angemessenheit findet sich auch in anderen Regelungen, die bei Strukturmaßnahmen eine Abfindung vorsehen, wie in § 305 Abs. 1, § 320b Abs. 1 Satz 1 und § 327a Abs. 1 Satz 1 AktG. Auf die zu diesen Regelungen entwickelten Auslegungsgrundsätze kann auch für das Verständnis von § 29 Abs. 1 Satz 1 und § 30 Abs. 2 Satz 1 zurückgegriffen werden.[4)]

---

1) Gesetz zur Neufassung des Umwandlungsgesetzes, v. 6.11.1969, BGBl. I 1969, 2081.

2) Begr. RegE UmwBerG, BR-Drucks. 75/94, S. 94 re. Sp.

3) Gesetz zur Bereinigung des Umwandlungsrechts (UmwBerG), v. 28.10.1994, BGBl. I 1994, 3210, in Kraft getreten am 1.1.1995.

4) Henssler/Strohn-*Ca. Müller*, GesR, § 30 UmwG Rz. 2; Kallmeyer-*Lanfermann*, UmwG, § 30 Rz. 4; *Herfs*, AG 2024, 653, 656.

1. Verfassungsrechtlicher Rahmen

3 Nach der Rechtsprechung des BVerfG erfordert es der aus Art. 14 Abs. 1 GG folgende **Eigentumsschutz**, dass die von einer Strukturmaßnahme betroffenen Anteilsinhaber für den Verlust ihrer Rechtsposition, die Einbuße an (rechtlicher) Verkehrsfähigkeit[5)] und die eingetretene Wertminderung **voll zu entschädigen** sind.[6)] Die Entschädigung kann nach dem BVerfG nur dann als „volle" bezeichnet werden kann, wenn sie den „wirklichen" oder „wahren" Wert der Unternehmensbeteiligung an dem arbeitenden Unternehmen widerspiegelt.[7)] Darüber hinaus muss die Abfindung so bemessen sein, dass die Minderheitsaktionäre jedenfalls nicht weniger erhalten, als sie bei einer freien Deinvestitionsentscheidung zum Zeitpunkt der Strukturmaßnahme erlangt hätten, weshalb verfassungsrechtlich der Verkehrswert, der bei börsennotierten Gesellschaften dem **Börsenkurs** entspricht, grundsätzlich die **Untergrenze** der Abfindung bildet.[8)] Zur Berechnung einer Barabfindung ist es jedoch von Verfassungs wegen nicht geboten, den Wert der Beteiligung des Aktionärs stets durch eine Unternehmensbewertung bspw. anhand der Ertragswertmethode festzustellen. Genauso wenig haben Minderheitsaktionäre einen verfassungsrechtlichen Anspruch darauf, dass zur Bestimmung des „wahren" Wertes der Unternehmensbeteiligung stets jede denkbare Methode der Unternehmensbewertung heranzuziehen und die Abfindung nach dem Meistbegünstigungsprinzip zu berechnen wäre. Verfassungsrechtlich geboten sind nur die Auswahl einer im gegebenen Fall geeigneten, aussagekräftigen Methode, wozu insbesondere die Bewertung anhand von Börsenkursen gehört, und die gerichtliche Überprüfbarkeit ihrer Anwendung.[9)]

2. Bewertungsmethoden

4 Bislang verstand die Praxis die Vorgaben des BVerfG so, dass die Ermittlung des Unternehmenswerts zum Zwecke der Bestimmung der Abfindung regelmäßig nach dem **Ertragswertverfahren**, insbesondere dem allgemein anerkannten IDW S1-Standard zu erfolgen hatte.[10)] Der BGH ist dieser Auffassung jüngst für börsennotierte Unternehmen in zwei aufsehenerregenden Entscheidungen entgegengetreten.[11)] Die marktorientierte Methode der **Heranziehung des Börsenwerts** ist danach grundsätzlich eine geeignete, dem Ertragswertverfahren ebenbürtige Grundlage für die Berechnung der Höhe einer Abfindung. Dem liegt die Annahme zugrunde, dass die Marktteilnehmer auf der Grundlage der ihnen zur Verfügung stehenden Informationen und Informationsmöglichkeiten die Ertragskraft des

5) Nach BVerfG, Urt. v. 11.7.2012 – 1 BvR 3142/07, 1 BvR 1569/08 (MVS Miete Vertrieb Service AG und Lindner Holding KGaA), Rz. 56 ff., BVerfGE 132, 99 = NJW 2012, 3081, ist die durch den Handel im regulierten Markt möglicherweise gesteigerte faktische Verkehrsfähigkeit der Aktie kein Bestandteil des verfassungsrechtlich geschützten Anteilseigentums.

6) BVerfG, Beschl. v. 27.4.1999 – 1 BvR 1613/94 (DAT/Altana), BVerfGE 100, 289 = NJW 1999, 3769; BVerfG, Beschl. v. 23.8.2000 – 1 BvR 68/95, 1 BvR 147/97 (Moto Meter-AG), NZG 2000, 1117 = NJW 2001, 279; BVerfG, Beschl. v. 19.4.2007 – 1 BvR 1995/06 (Jenoptik), NZG 2007, 631 = NJW 2007, 3265.

7) BVerfG, Beschl. v. 27.4.1999 – 1 BvR 1613/94 (DAT/Altana), BVerfGE 100, 289 = NJW 1999, 3769.

8) BVerfG, Beschl. v. 27.4.1999 – 1 BvR 1613/94 (DAT/Altana), BVerfGE 100, 289 = NJW 1999, 3769; BVerfG, Beschl. v. 16.5.2012 – 1 BvR 96/09, 1 BvR 117/09, 1 BvR 118/09, 1 BvR 128/09 (Deutsche Hypothekenbank), Rz. 18, NZG 2012, 907 = ZIP 2012, 1408.

9) BVerfG, Beschl. v. 16.5.2012 – 1 BvR 96/09, 1 BvR 117/09, 1 BvR 118/09, 1 BvR 128/09 (Deutsche Hypothekenbank), Rz. 18 ff., NZG 2012, 907 = ZIP 2012, 1408.

10) Kallmeyer-*Lanfermann*, UmwG, § 30 Rz. 5; Schmitt/Hörtnagl-*Mi. Winter*, UmwG/UmwStG, § 30 UmwG Rz. 10; *Bungert* in: Fleischer/Hüttemann, Rechtshdb. Unternehmensbewertung, Rz. 22.79; *Herfs*, AG 2024, 653, 654. Vgl. auch *Erkens/Thilo* in: KölnKomm-UmwG, § 30 Rz. 8.

11) BGH, Beschl. v. 21.2.2023 – II ZB 12/21 (TLG/WCM), Rz. 19, BGHZ 236, 180 = AG 2023, 443; BGH, Beschl. v. 31.1.2024 – II ZB 5/22 (Vodafone/Kabel Deutschland), Rz. 20, AG 2024, 665 = NZG 2024, 935.

Unternehmens, um dessen Aktien es geht, zutreffend bewerten und sich die Marktbewertung im Börsenkurs der Aktien niederschlägt.[12] Der Rückgriff auf Börsenkurse scheidet aber aus, wenn sie nicht an einem funktionierenden Kapitalmarkt gebildet wurden. Von einem **dysfunktionalen Kapitalmarkt** geht der BGH bei **Marktenge** aus, wenn über einen längeren Zeitraum mit Aktien der Gesellschaft praktisch kein Handel stattgefunden hat. Indizien für das Vorliegen einer Marktenge können dabei geringe Handelsvolumina, ein Handel nur an wenigen Börsentagen oder ein geringer Streubesitz der Aktien sein. An hinreichender Aussagekraft mangelt es Börsenkursen nach dem BGH zudem u. a. dann, wenn unerklärliche Kursausschläge oder Kursmanipulationen vorliegen oder wenn kapitalmarktrechtliche Veröffentlichungspflichten nicht eingehalten wurden.[13] Die Kriterien, anhand der der BGH einen Börsenkurs nicht für maßgeblich hält[14], ähneln denen in § 255 Abs. 5 Satz 3 AktG n. F.,[15] sind aber keineswegs deckungsgleich.[16]

5 Eine weitere für die Praxis bedeutsame Aussage des BGH ist, dass selbst ein durch **Übernahmespekulationen** nach oben verzerrter Börsenkurs bei der Abfindungsberechnung als Schätzgrundlage zur Unternehmensbewertung herangezogen werden kann.[17] In der Praxis folgt nicht selten innerhalb weniger Monate eine Strukturmaßnahme, wie etwa ein verschmelzungsrechtlicher Squeeze-out gemäß § 62 Abs. 5,[18] auf ein Übernahmeangebot.[19] Die ebenso einfache wie schlagkräftige Begründung des BGH lautet, dass der nach oben verzerrte, die operative Ertragskraft des Unternehmens ggf. übersteigende Börsenkurs den Anteilsinhaber besserstellt.[20] Ob angesichts der jüngsten BGH-Entscheidungen künftig bei Strukturmaßnahmen börsennotierter Gesellschaften Bewertungen nach IDW S1 unterbleiben können, bleibt abzuwarten. Selbst zur gebotenen Plausibilisierung der bei Bewertung anhand von Börsenkursen gefundenen Ergebnisse erscheinen sie nicht mehr unbedingt erforderlich; vielmehr kann insoweit bspw. auf eine **Multiplikatorbewertung** zurückgegriffen werden.[21] Sollten allerdings – etwa wegen Marktenge – Zweifel an der Eignung von Börsenkursen zur Abfindungsberechnung bestehen, sollte in jedem Fall eine **Ertragswertberechnung** erfolgen. Meist dürften die hiermit verbundenen Kosten und der hierdurch verursachte zeitliche Aufwand in keinem Verhältnis zu dem mit der Strukturmaßnahme angestrebten Nutzen stehen und damit für die Beteiligten verschmerzbar sein.

---

12) BGH, Beschl. v. 21.2.2023 – II ZB 12/21 (TLG/WCM), Rz. 20, BGHZ 236, 180 = AG 2023, 443; BGH, Beschl. v. 31.1.2024 – II ZB 5/22 (Vodafone/Kabel Deutschland), Rz. 25, AG 2024, 665 = NZG 2024, 935.

13) BGH, Beschl. v. 21.2.2023 – II ZB 12/21 (TLG/WCM), Rz. 51, BGHZ 236, 180 = AG 2023, 443; BGH, Beschl. v. 31.1.2024 – II ZB 5/22 (Vodafone/Kabel Deutschland), Rz. 27, AG 2024, 665 = NZG 2024, 935.

14) Ausf. hierzu *Herfs*, AG 2024, 653, 657.

15) Eingeführt durch das Gesetz zur Finanzierung von zukunftssichernden Investitionen (Zukunftsfinanzierungsgesetz – ZuFinG), v. 11.12.2023, BGBl. I 2023, 354.

16) Krit. hierzu *Koch*, AG 2024, 1.

17) BGH, Beschl. v. 31.1.2024 – II ZB 5/22 (Vodafone/Kabel Deutschland), Rz. 39, AG 2024, 665 = NZG 2024, 935. Zust. *Herfs*, AG 2024, 653, 656. Ebenso OLG Frankfurt/M., Beschl. v. 9.2.2024 – 21 W 129/22 (ISRA Vision/Atlas CopCo), AG 2024, 505, 507 f. = NZG 2024, 882, und *Decher*, AG 2023, 106, 113 f.

18) So etwa in dem Fall OLG Karlsruhe, Beschl. v. 16.4.2024 – 12 W 27/23, NZG 2024, 1178 = ZIP 2024, 2286.

19) Vgl. *Herfs*, AG 2024, 653, 656. So lagen zwischen der Veröffentlichung der Angebotsunterlage zum Erwerb der Aktien der GfK SE durch die vom Finanzinvestor KKR als Akquisitionsvehikel genutzte Acceleratio Capital N.V. und dem Squeeze-out-Verlangen dieser Gesellschaft am 30.3.2017 nur etwas mehr als drei Monate. S. dazu die Veröffentlichungen der Acceleratio Capital N.V. und der GFK SE im Bundesanzeiger am 21.12.2016 bzw. am 13.6.2017 (TOP 7).

20) BGH, Beschl. v. 31.1.2024 – II ZB 5/22 (Vodafone/Kabel Deutschland), Rz. 49, 54, AG 2024, 665 = NZG 2024, 935. *Herfs*, AG 2024, 653, 656.

21) BGH, Beschl. v. 31.1.2024 – II ZB 5/22 (Vodafone/Kabel Deutschland), Rz. 39, AG 2024, 665 = NZG 2024, 935. Zust. *Herfs*, AG 2024, 653, 660.

3. Maßgeblicher Zeitpunkt

§ 30 Abs. 1 Satz 1 bestimmt als Bewertungsstichtag den Zeitpunkt, in dem die Anteilsinhaber des übertragenden Rechtsträgers über die Verschmelzung **Beschluss** fassen. Dieser für die Barabfindung zwingende Bewertungsstichtag weicht in der Praxis meist von dem Zeitpunkt ab, den die Parteien des Verschmelzungsvertrags für das Umtauschverhältnis vereinbart haben. Häufig entspricht der für die Berechnung des Umtauschverhältnisses vereinbarte Zeitpunkt dem **Verschmelzungsstichtag.**[22] Gleichwohl ist es nicht erforderlich, zur Ermittlung des Barabfindungsanspruchs eine neue Unternehmensbewertung durchzuführen. Stattdessen kann auf die dem Umtauschverhältnis zugrunde liegende Bewertung zurückgegriffen werden. Diese Bewertung ist dann an den nach § 30 maßgeblichen späteren Bewertungszeitpunkt **anzupassen.**[23] Dabei verbietet es sich jedoch, die zwischenzeitlich **angefallenen anteiligen Gewinne** hinzuzurechnen.[24] Die künftigen Gewinne sind bereits in die der Ertragswertberechnung zugrunde liegende Prognose eingeflossen und würden sonst doppelt berücksichtigt.[25] Richtig erscheint vielmehr, eine Abzinsung des künftigen Unternehmenswerts auf den nach § 30 Abs. 1 Satz 1 relevanten späteren Zeitpunkt vorzunehmen.[26] 6

Erfolgt die Bestimmung der Abfindung auf der Grundlage von **Börsenkursen**, ist trotz des eindeutigen Wortlauts von § 30 Abs. 1 Satz 1 auf den **Zeitpunkt der erstmaligen Ankündigung** der Verschmelzung abzustellen, an dem eine dreimonatige Periode zur Berechnung des maßgeblichen Referenzkurses endet.[27] Dies entspricht der Rechtsprechung des BGH zur Berechnung von Abfindungen, die im Aktiengesetz bei der Vornahme von Strukturmaßnahmen anzubieten sind.[28] Geht der Strukturmaßnahme ein **öffentliches Übernahmeangebot** voran, kann zweifelhaft sein, was erstmalige Ankündigung der Strukturmaßnahme ist.[29] Teilweise wird vertreten, dass erst bei der unbedingten Ankündigung der Strukturmaßnahme selbst der Referenzzeitraum enden soll,[30] während andere bereits der Ankündigung eines vorangehenden freiwilligen Übernahmeangebots ein Potential zur Kursbeeinflussung beimessen, das die Vorverlagerung des Referenzzeitraums gebiete.[31] Der BGH hat insoweit bislang eine Festlegung vermieden.[32] Die Vorverlagerung des Referenzzeitraums für 7

---

22) *Rieder* in: BeckOGK-UmwG, § 30 Rz. 7. Vgl. auch Kallmeyer-*Lanfermann*, UmwG, § 30 Rz. 11.

23) *Rieder* in: BeckOGK-UmwG, § 30 Rz. 7; Lutter-*Grunewald*, UmwG, § 30 Rz. 2; Kallmeyer-*Lanfermann*, UmwG, § 30 Rz. 11; Schmitt/Hörtnagl-*Mi. Winter*, UmwG/UmwStG, § 30 UmwG Rz. 9.

24) So aber Kallmeyer-*Lanfermann*, UmwG, § 30 Rz. 11. A. A. Lutter-*Grunewald*, UmwG, § 30 Rz. 2.

25) Vgl. Lutter-*Grunewald*, UmwG, § 30 Rz. 2.

26) Ähnl. Kallmeyer-*Lanfermann*, UmwG, § 30 Rz. 11, der aber insoweit eine Aufzinsung auf den Tag der Beschlussfassung vornehmen will.

27) Kallmeyer-*Lanfermann*, UmwG, § 30 Rz. 12; *Erkens/Thilo* in: KölnKomm-UmwG, § 30 Rz, 16a.

28) BGH, Beschl. v. 19.7.2010 – II ZB 18/09 (Stollwerck), AG 2010, 629 ff. = NZG 2010, 939 – zu § 327b AktG; BGH, Beschl. v. 31.1.2024 – II ZB 5/22 (Vodafone/Kabel Deutschland), AG 2024, 665 ff. = NZG 2024, 935 – zu § 305 AktG.

29) BGH, Beschl. v. 31.1.2024 – II ZB 5/22 (Vodafone/Kabel Deutschland), Rz. 31 ff., AG 2024, 665 = NZG 2024, 935; *Herfs*, AG 2024, 653, 658.

30) OLG Frankfurt/M., Beschl. v. 21.12.2010 – 5 W 15/10, juris Rz. 39 ff. = GWR 2011, 157; OLG Karlsruhe, Beschl. v. 16.4.2024 – 12 W 27/23, Rz. 50 ff., NZG 2024, 1178 = ZIP 2024, 2286; OLG München, Beschl. v. 5.5.2015 – 31 Wx 366/13 (HRE), ZIP 2015, 1166, 1168 = AG 2015, 508; *Koch*, AktG, § 305 Rz. 52; K. Schmidt/Lutter-*Häller*, AktG, § 305 Rz. 97; *Bücker*, NZG 2010, 967, 969; *Herfs*, AG 2024, 653, 658; *Wasmann*, ZGR 2011, 83, 88 ff.

31) OLG Düsseldorf, Beschl. v. 28.11.2022 – 26 W 4/21 (AktE), AG 2023, 819, 823; OLG Frankfurt/M., Beschl. v. 1.3.2016 – 21 W 22/13, AG 2016, 667, 671; OLG München, Beschl. v. 14.12.2021 – 31 Wx 190/20 (Vodafone/Kabel Deutschland), AG 2022, 503, 506 = NZG 2022, 606; *Singhof* in: BeckOGK-AktG, § 327b Rz. 9; *van Rossum* in: MünchKomm-AktG, § 305 Rz. 104; *Gehling* in: Marsch-Barner/Schäfer, Hdb. börsennotierte AG, § 14 Rz. 14.70.

32) BGH, Beschl. v. 31.1.2024 – II ZB 5/22 (Vodafone/Kabel Deutschland), Rz. 36, AG 2024, 665 = NZG 2024, 935.

die Ermittlung des Börsenkurses, zu dem eine fiktive freie Desinvestition hätte erfolgen können, dient dazu, die im Hinblick auf die konkrete Strukturmaßnahme ausgelöste Entwicklung des Börsenkurses auszublenden.[33)] Gleichzeitig soll durch die Festlegung von Stichtag und Referenzperiode die Möglichkeit der beteiligten Unternehmen zur Manipulation des relevanten Börsenkurses möglichst weitgehend ausgeschaltet werden.[34)] Wenngleich die Art und Weise der Bekanntgabe nicht zwingend als Ad-hoc-Mitteilung erfolgen muss, sprechen angesichts der mit der Festlegung des Endes des Referenzzeitraums verfolgten Zwecke die besseren Gründe dafür, sich insoweit an **den zu Art. 17 Marktmissbrauchsverordnung**[35)] **entwickelten Grundsätzen zu orientieren**. Aus der Ankündigung muss daher hervorgehen, dass die Durchführung der Strukturmaßnahme überwiegend wahrscheinlich ist.[36)] Dies wiederum setzt grundsätzlich neben der vorbehaltlosen Bereitschaft der handelnden Organe zur Durchführung der Strukturmaßnahme voraus, dass die erforderliche Mehrheit voraussichtlich erreicht wird.[37)] Bei erstmaliger Ankündigung eines Übernahmeangebots werden diese Voraussetzungen regelmäßig nicht erfüllt sein.

8 Im Einzelfall kann es dazu kommen, dass zwischen dem Ende des Referenzzeitraums und dem nach § 30 Abs. 1 Satz 1 maßgeblichen Zeitpunkt der Beschlussfassung des übertragenden Rechtsträgers ein **längerer Zeitraum** liegt. Alsdann ist nach dem BGH der ermittelte **Referenzkurs** auf den Zeitpunkt der Beschlussfassung **hochzurechnen.**[38)] Der BGH hat bei siebeneinhalb Monaten einen längeren Zeitraum in diesem Sinne angenommen,[39)] zu der Art und Weise der Hochrechnung jedoch keine näheren Angaben gemacht.[40)] Sinnvoll erscheint eine Hochrechnung durch Bildung einer aussagekräftigen **Peer Group** vergleichbarer börsennotierter Unternehmen derselben Branche, deren durchschnittliche Kursentwicklung mit dem zum Referenzzeitraum ermittelten Börsenkurs multipliziert wird.[41)] Alternativ kann auf die Entwicklung eines Branchenindizes zurückgegriffen werden, dem die Gesellschaft angehört,[42)] oder eine Hochrechnung anhand der allgemeinen Börsenkursentwicklung unter Berücksichtigung des unternehmenseigenen Betafaktors erfolgen.[43)]

33) OLG München, Beschl. v. 5.5.2015 – 31 Wx 366/13 (HRE), ZIP 2015, 1166, 1168 = AG 2015, 508. Vgl. auch OLG Karlsruhe, Beschl. v. 16.4.2024 – 12 W 27/23, Rz. 54, NZG 2024, 1178 = ZIP 2024, 2286; *Herfs*, AG 2024, 653, 658.

34) *Bücker*, NZG 2010, 967, 969; Vgl. auch OLG Karlsruhe, Beschl. v. 16.4.2024 – 12 W 27/23, Rz. 50, NZG 2024, 1178 = ZIP 2024, 2286.

35) Verordnung (EU) Nr. 596/2014 des Europäischen Parlaments und des Rates v. 16.4.2014 über Marktmissbrauch (Marktmissbrauchsverordnung) und zur Aufhebung der Richtlinie 2003/6/EG des Europäischen Parlaments und des Rates und der Richtlinien 2003/124/EG, 2003/125/EG und 2004/72/EG der Kommission, L 173/1 v. 12.6.2014, Ber. ABl. L 287/320 v. 21.10.2016, ABl. L 348/83 v. 21.12.2016.

36) OLG Karlsruhe, Beschl. v. 16.4.2024 – 12 W 27/23, Rz. 52, NZG 2024, 1178 = ZIP 2024, 2286; *Bücker*, NZG 2010, 967, 969; *Wasmann*, ZGR 2011, 83, 90 f.

37) Vgl. *Herfs*, AG 2024, 653, 658.

38) BGH, Beschl. v. 19.7.2010 – II ZB 18/09 (Stollwerck), Rz. 29 f., AG 2010, 629 = NZG 2010, 939. Vgl. auch BGH, Beschl. v. 31.1.2024 – II ZB 5/22 (Vodafone/Kabel Deutschland), Rz. 36, AG 2024, 665 = NZG 2024, 935.

39) BGH, Beschl. v. 19.7.2010 – II ZB 18/09 (Stollwerck), Rz. 30, AG 2010, 629 = NZG 2010, 939. Ein Überblick über Vorschläge aus Rspr. und Schrifttum zur näheren Konturierung des „längeren Zeitraums" findet sich bei Henssler/Strohn-*Paschos*, GesR, § 305 AktG Rz. 24 m. w. N., der zu Recht einen Zeitraum von sechs Monaten noch nicht als „längeren Zeitraum" ansieht. S. a. OLG Karlsruhe, Beschl. v. 16.4.2024 – 12 W 27/23, Rz. 67 m. w. N., NZG 2024, 1178 = ZIP 2024, 2286 – fünf Monate kein „längerer Zeitraum".

40) BGH, Beschl. v. 19.7.2010 – II ZB 18/09 (Stollwerck), Rz. 30, AG 2010, 629 = NZG 2010, 939.

41) *Bücker*, NZG 2010, 967, 971, der alternativ einen Branchenindex nennt.

42) *Bücker*, NZG 2010, 967, 971, der zutr. darauf hinweist, dass bei der Berechnung der Entwicklung des Branchenindizes die Kursentwicklung der Gesellschaft selbst herausgerechnet werden muss.

43) OLG München, Beschl. v. 14.12.2021 – 31 Wx 190/20 (Vodafone/Kabel Deutschland), AG 2022, 503, 507 = NZG 2022, 606.

4. Berücksichtigung von Synergieeffekten

Wie auch sonst bei Unternehmensbewertungen, die aus Anlass von Strukturmaßnahmen erfolgen, stellt sich bei der Barabfindung gemäß § 29 die Frage, ob Synergieeffekte zu berücksichtigen sind. Zu unterscheiden sind **echte und unechte Synergieeffekte**. Echte Synergieeffekte ergeben sich aus dem Bewertungsanlass und lassen sich nur mit dem ins Auge gefassten Partner erzielen. Unechte Synergieeffekte lassen sich auch ohne den Bewertungsanlass realisieren.[44] Gemäß § 30 Abs. 1 sind die Verhältnisse des übertragenden Rechtsträgers im Zeitpunkt der Beschlussfassung über die Verschmelzung zu berücksichtigen. Aus dem Wortlaut der Regelung ist im Einklang mit der wohl h. M. zu folgern, dass der übertragende Rechtsträger für die Zwecke des § 29 auf **Stand-Alone-Basis vor Vollzug** der Verschmelzung zu bewerten ist.[45] Demzufolge sind **echte Synergieeffekte nicht, wohl aber unechte Synergieeffekte** in die Unternehmensbewertung **einzubeziehen** und die Barabfindung entsprechend zu bemessen.[46] Die Berücksichtigung echter Synergieeffekte widerspräche auch dem Stichtagsprinzip des § 30 Abs. 1. Maßgeblicher Zeitpunkt ist danach die Zustimmung der Hauptversammlung. Echte Verbundeffekte können aber erst im Anschluss eintreten, ist doch die Zustimmung der Hauptversammlung notwendige Voraussetzung für ihr Entstehen.[47] Freilich sind bei der Bemessung der Barabfindung aufgrund von **Börsenkursen** Synergieeffekte nicht zu eliminieren, da nicht festgestellt werden kann, welche Bedeutung ihnen der Markt im Einzelnen beigemessen hat und in welchem Umfang sie sich auf den Preis ausgewirkt haben.[48] 9

Aus dem Stichtagsprinzip folgt weiterhin, dass **spätere**, insbesondere während eines laufenden Spruchverfahrens eintretende **Entwicklungen** nur zu berücksichtigen sind, wenn sie am Stichtag schon mit ihrer Wurzel angelegt waren, sog. **Wurzeltheorie**.[49] In Ausfüllung dieses objektiv geprägten Ansatzes verlangen die Instanzgerichte für die Berücksichtigungsfähigkeit späterer Umstände und Entwicklungen zusätzlich oftmals ein subjektives Element. Mit Nuancen in der Begrifflichkeit, aber sachlich gleicher Stoßrichtung handelt es sich dabei um die Erkennbar-, Vorhersehbar- oder Absehbarkeit der späteren Entwicklung im maßgeblichen Bewertungszeitpunkt.[50] Ist der betreffende Umstand für jedermann (etwa bei Altlasten) oder dem Prüfer (etwa, weil er ihm vorenthalten wurde) nicht erkennbar, ist ein objektiver Maßstab zu wählen.[51] 10

44) *Großfeld/Egger/Tönnes* in: Großfeld/Egger/Tönnes, Recht der Unternehmensbewertung, Rz. 296 m. w. N. Vgl. auch Kallmeyer-*Lanfermann*, UmwG, § 30 Rz. 9, und *Hoppe*, NZG 2022, 370 (Urteilsanm.).

45) OLG Düsseldorf, Beschl. v. 4.7.2012 – I-26 W 8/10 (AktE), AG 2012, 797, 798 = NZG 2012, 1260; *Rieder* in: BeckOGK-UmwG, § 30 Rz. 8; Henssler/Strohn-*Ca. Müller*, GesR, § 30 UmwG Rz. 2; Kallmeyer-*Lanfermann*, UmwG, § 30 Rz. 9; *Erkens/Thilo* in: KölnKomm-UmwG, § 30 Rz. 11a; *Bungert* in: Fleischer/Hüttemann, Rechtshdb. Unternehmensbewertung, § 22 Rz. 22.82. Allgemein für Berücksichtigung echter Synergieeffekte *Großfeld/Egger/Tönnes* in: Großfeld/Egger/Tönnes, Recht der Unternehmensbewertung, Rz. 306 ff.

46) *Rieder* in: BeckOGK-UmwG, § 30 Rz. 8; Henssler/Strohn-*Ca. Müller*, GesR, § 30 UmwG Rz. 2; Kallmeyer-*Lanfermann*, UmwG, § 30 Rz. 9; *Bungert* in: Fleischer/Hüttemann, Rechtshdb. Unternehmensbewertung, § 22 Rz. 22.82. S. zu § 305 AktG auch BGH, Beschl. v. 4.3.1998 – II ZB 5/97 (ASEA/BBC II), BGHZ 138, 136 = ZIP 1998, 690, 691.

47) *Bungert* in: Fleischer/Hüttemann, Rechtshdb. Unternehmensbewertung, § 22 Rz. 22.82. S. zu § 327b Abs. 1 Satz 1 AktG auch *Hoppe*, NZG 2022, 370, 371 (Urteilsanm.).

48) BGH, Beschl. v. 12.3.2001 – II ZB 15/00 (DAT/Altana), BGHZ 147, 108 = ZIP 2001, 734, 737; *Erkens/Thilo* in: KölnKomm-UmwG, § 30 Rz. 12.

49) *Rieder* in: BeckOGK-UmwG, § 29 Rz. 8; *Erkens/Thilo* in: KölnKomm-UmwG, § 30 Rz. 16; Schmitt/Hörtnagl-*Mi. Winter*, UmwG/UmwStG, § 30 UmwG Rz. 11. S. allgemein zur Wurzeltheorie BGH, Beschl. v. 29.9.2015 – II ZB 23/14 (Stinnes), Rz. 40, BGHZ 207, 114 = NZG 2016, 139.

50) *Hoppe*, NZG 2022, 370 (Urteilsanm.) m. w. N. aus der Rspr. der Obergerichte.

51) OLG München, Beschl. v. 7.1.2022 – 31 Wx 399/18, Rz. 37, BB 2022, 1136 = NZG 2022, 362 m. Anm. *Hoppe* – „genügend hohe Wahrscheinlichkeit".

III. Verzinsung, Anrechnung und weitergehender Schaden

11 § 30 Abs. 1 Satz 2 erklärt § 15 Abs. 2 für entsprechend anwendbar. Daraus folgt, die **Verzinsung** der Abfindung mit jährlich fünf Prozentpunkten über dem jeweiligen Basiszinssatz nach § 247 BGB ab dem Ablauf des Tages, an dem die Eintragung der Verschmelzung in das Register des Sitzes des übernehmenden Rechtsträgers nach § 19 Abs. 3 bekannt gemacht worden ist. Bemerkenswert ist, dass im **Zeitraum zwischen Beschlussfassung** über die Verschmelzung (vgl. § 30 Abs. 1 Satz 1) **und Eintragung keine Verzinsung** erfolgt. Das führt dazu, dass Verzögerungen bei der Eintragung der Verschmelzung zulasten der Anteilsinhaber des übertragenden Rechtsträgers gehen.[52)]

12 Nimmt der Berechtigte das Abfindungsangebot nicht sofort, sondern später an, wofür ihm im praktischen Regelfall der Durchführung eines Spruchverfahrens gemäß § 31 Satz 2 zwei Monate nach dem Tag der Bekanntmachung der Entscheidung im Bundesanzeiger verbleiben, und schüttet der übernehmende Rechtsträger in der Zwischenzeit Gewinne aus, ergibt sich ein **im Gesetz nicht behandeltes Zusammentreffen von Zinsen und Gewinnausschüttung**. Der BGH nimmt beim Zinsanspruch gemäß der Parallelregelung für den Beherrschungs- und Gewinnabführungsvertrag in § 305 Abs. 3 Satz 3 AktG den Beginn des Zinslaufs mit der Bekanntmachung der Eintragung im Handelsregister an und nicht etwa erst in dem späteren Zeitpunkt, in dem der Abfindungsberechtigte für die Abfindung optiert. Auf dieser Grundlage rechnet er zwischenzeitliche Ausgleichszahlungen nach § 304 AktG nur auf die Zinsansprüche, nicht aber auch auf die Abfindung an.[53)] Die überwiegende Meinung zu § 30 folgt dem BGH bei zwischenzeitlichen Gewinnausschüttungen und rechnet diese ebenfalls nur auf die Zinsen an.[54)] Diese Ansicht überzeugt nicht; sie bevorzugt grundlos denjenigen, der mit der Entscheidung über die Barabfindung und damit über das Ausscheiden aus dem übernehmenden Rechtsträger zuwartet, gegenüber demjenigen, der diese Entscheidung sogleich trifft und das Angebot annimmt.[55)] Besonders eklatant wird dieses Missverhältnis, wenn der übernehmende Rechtsträger zwischenzeitlich Sonderdividenden ausschüttet.[56)] Zudem bietet die Gegenansicht einen Anreiz, ein laufendes Spruchverfahren unnötig in die Länge zu ziehen.[57)] Richtig ist vielmehr, dass sich der die Abfindung wählende Anteilsinhaber, gleichviel, wann er das Angebot angenommen hat, in Bezug auf die von ihm vereinnahmten Leistungen so behandeln lassen muss, **als wäre er von Anfang an aus dem übernehmenden Rechtsträger ausgeschieden.**[58)] Dann hätte er nur die Abfindung zuzüglich Zinsen bekommen. Durch die Anrechnung zwischenzeitlich gezahlter Dividenden ggf. auch auf die Abfindung ist sicherzustellen, dass der für die Abfindung optierende Anteilsinhaber nicht am Ende mehr erhält.

13 Der aufgrund der Anordnung in § 30 Abs. 1 Satz 2 entsprechend anwendbare § 15 Abs. 2 Satz 2 erklärt die Geltendmachung eines **über den Zinsanspruch hinausgehenden Schadens** für nicht ausgeschlossen. Aus dem Wortlaut von § 15 Abs. 2 Satz 2 ergibt sich, dass die Vorschrift selbst nicht Anspruchsgrundlage ist, sondern zur Geltendmachung eines weiter-

52) Kallmeyer-*Lanfermann*, UmwG, § 30 Rz. 14.

53) BGH, Urt. v. 16.9.2002 – II ZR 284/01, BGHZ 152, 29 = NJW 2002, 3467, 3468.

54) *Rieder* in: BeckOGK-UmwG, § 30 Rz. 10; Henssler/Strohn-*Ca. Müller*, GesR, § 30 UmwG Rz. 3; Lutter-*Grunewald*, UmwG, § 30 Rz. 3; *Erkens/Thilo* in: KölnKomm-UmwG, § 30 Rz. 18 ff. A. A. Kallmeyer-*Lanfermann*, UmwG, § 30 Rz. 14; Semler/Stengel/Leonard-*Wieland-Blöse/Jacobs*, UmwG, § 30 Rz. 24.

55) Kallmeyer-*Lanfermann*, UmwG, § 30 Rz. 14; Semler/Stengel/Leonard-*Zeidler*, UmwG, § 30 Rz. 24; *Liebscher*, AG 1996, 455, 458.

56) So wie in dem OLG Hamburg, Urt. v. 29.1.2002 – 11 U 37/01 (Philips I), AG 2002, 409 = ZIP 2002, 754, zugrunde liegenden Fall.

57) Semler/Stengel/Leonard-*Wieland-Blöse/Jacobs*, UmwG, § 30 Rz. 24.

58) OLG Hamburg, Urt. v. 29.1.2002 – 11 U 37/01 (Philips I), AG 2002, 409, 411 = ZIP 2002, 754; *E. Vetter*, AG 2002, 383, 385 – beide zu § 305 AktG.

gehenden Schadens die Voraussetzungen einer entsprechenden Anspruchsgrundlage – etwa auf Verzugsschadensersatz gemäß § 280 Abs. 1, 2, § 286 BGB – erfüllt sein müssen.[59]

IV. Prüfung des Barabfindungsangebots (§ 30 Abs. 2)

Gemäß § 30 Abs. 2 Satz 1 ist die **Angemessenheit** einer anzubietenden Barabfindung stets durch den Verschmelzungsprüfer zu prüfen. Die Regelung soll sicherstellen, dass selbst dann, wenn eine Verschmelzungsprüfung nach § 9 ausnahmsweise nicht durchzuführen ist, die Angemessenheit der Barabfindung durch einen sachverständigen Prüfer überprüft wird. Allerdings besitzt § 30 Abs. 2 Satz 1 kaum einen eigenständigen Anwendungsbereich. In den Fällen, in denen gemäß § 9 Abs. 2 i. V. m. § 8 Abs. 3 eine Verschmelzungsprüfung nicht erforderlich ist, scheidet auch eine Abfindung gemäß § 29 aus.[60] Denkbar ist eine durch § 30 Abs. 2 Satz 1 angeordnete isolierte Prüfung allein in den Fällen der §§ 39e, 42 und 48, wenn kein Gesellschafter eine Verschmelzungsprüfung verlangt. 14

Für die Prüfung verweist § 30 Abs. 2 Satz 2 auf die §§ 10 bis 12. Findet zugleich eine Verschmelzungsprüfung statt, werden diese und die Prüfung der Barabfindung sinnvollerweise **miteinander verbunden.**[61] Es finden sich im Gesetz keine Vorgaben, wann die Prüfung abgeschlossen sein muss und in welcher Art und Weise die **Prüfungsergebnisse zugänglich** gemacht werden müssen. Dem Zweck der Prüfung entsprechend, den Anteilsinhabern des übertragenden Rechtsträgers eine informierte Entscheidung über die Ausübung ihres Stimmrechts und den Widerspruch zur Niederschrift und damit über die Barabfindung selbst (siehe zu diesen Voraussetzungen des Abfindungsanspruchs die Kommentierung bei § 29 Rz. 33 ff. [*Hoppe*]), zu ermöglichen, ist sich die Literatur einig, dass die Prüfung der Abfindung **vor der Beschlussfassung der Versammlung des übertragenden Rechtsträgers** über die Verschmelzung erfolgt sein muss.[62] Die Vorlage des Prüfungsberichts bereits bei Einberufung der beschlussfassenden Versammlung sieht § 63 Abs. 1 Nr. 5 nur bei der Verschmelzung unter Beteiligung von Aktiengesellschaften vor. Nach dem BGH folgt hieraus aber keine Pflicht, im zugänglich zu machenden Prüfungsbericht Ausführungen zur Barabfindung zu machen.[63] Nach dem BGH reicht es aus, wenn die Vertretungsorgane des übertragenden Rechtsträgers in der Versammlung Fragen zu den im Prüfungsbericht enthaltenen Ausführungen zur Angemessenheit der Barabfindung beantworten.[64] Verstoßen sie gegen diese Pflicht, führt dies wegen § 34 Satz 2 freilich nicht zur Anfechtbarkeit des Umwandlungsbeschlusse (siehe dazu § 34 Rz. 3 [*Hoppe*]); vielmehr sind diese die Abfindung betreffenden Informationsmängel im Spruchverfahren geltend zu machen.[65] 15

Gemäß § 30 Abs. 2 Satz 3 können die Berechtigten auf die Prüfung oder den Prüfungsbericht **verzichten**; die Verzichtserklärungen sind notariell zu beurkunden. Abfindungsberechtigt sind die gegen die Verschmelzung votierenden Anteilsinhaber, die Widerspruch zur Niederschrift der beschlussfassenden Versammlung eingelegt haben (siehe prozeduralen zu den Voraussetzungen des Abfindungsanspruchs die Kommentierung bei § 29 Rz. 33 ff. [*Hoppe*]). Die Abfindungsberechtigung steht damit erst mit Ablauf der Versammlung des überneh- 16

59) Henssler/Strohn-*Ca. Müller*, GesR, § 30 UmwG Rz. 3; Kallmeyer-*Lanfermann*, UmwG, § 30 Rz. 15; Lutter-*Grunewald*, UmwG, § 30 Rz. 4.

60) Vgl. Kallmeyer-*Lanfermann*, UmwG, § 30 Rz. 16.

61) Kallmeyer-*Lanfermann*, UmwG, § 30 Rz. 17; Lutter-*Grunewald*, UmwG, § 30 Rz. 5.

62) Henssler/Strohn-*Ca. Müller*, GesR, § 30 UmwG Rz. 4; Kallmeyer-*Lanfermann*, UmwG, § 30 Rz. 18; *Erkens/Thilo* in: KölnKomm-UmwG, § 30 Rz. 25b; Lutter-*Grunewald*, UmwG, § 30 Rz. 6.

63) BGH Urt. v. 29.1.2001 – II ZR 368/98, ZIP 2001, 412, 415 = AG 2001, 263.

64) BGH Urt. v. 29.1.2001 – II ZR 368/98, ZIP 2001, 412, 415 = AG 2001, 263; Lutter-*Grunewald*, UmwG, § 30 Rz. 6; Kallmeyer-*Lanfermann*, UmwG, § 30 Rz. 19.

65) Kallmeyer-*Lanfermann*, UmwG, § 30 Rz. 19. Vgl. auch BGH Urt. v. 29.1.2001 – II ZR 368/98, ZIP 2001, 412, 415 = AG 2001, 263.

menden Rechtsträgers fest, in der Auskünfte über die Prüfungsergebnisse der Abfindung gegeben werden mussten (siehe dazu soeben Rz. 15). Eine Verzichtserklärung der Berechtigten käme damit denknotwendig stets zu spät. Diese Ungereimtheit ist dahin aufzulösen, dass grundsätzlich **sämtliche Anteilsinhaber** des übertragenden Rechtsträgers den Verzicht auf die Prüfung oder den Prüfungsbericht erklären müssen.[66] Derartige Verzichtserklärungen sind nur insoweit entbehrlich, als die Berechtigten bereits zuvor in notariell beurkundeter Form auf ihren Abfindungsanspruch oder zumindest ihr Widerspruchsrecht verzichtet oder sich in Bezug auf die konkrete Verschmelzung ausdrücklich verpflichtet haben, nicht gegen diese zu votieren.[67]

17 **Unterbleibt eine gebotene Abfindungsprüfung**, gelten dieselben Regeln wie bei der unterlassenen Verschmelzungsprüfung[68] (siehe dazu § 12 Rz. 14 [*Redenius-Hövermann/Laufersweiler*]). Danach ist ein gleichwohl gefasster Beschluss anfechtbar, bei Personengesellschaften sogar nichtig.[69] Stimmt in der Versammlung des übertragenden Rechtsträgers kein Anteilsinhaber gegen den Verschmelzungsbeschluss oder legt niemand Widerspruch ein und ist die Erklärung des Widerspruchs auch nicht ausnahmsweise nach § 29 Abs. 2 entbehrlich, hat sich der Verfahrensverstoß nicht auf den Beschluss ausgewirkt.[70] Die Verschmelzung ist einzutragen. Daneben wird verschiedentlich angenommen, der Verfahrensverstoß habe sich auch dann nicht auf den Beschluss ausgewirkt, wenn kein Anteilsinhaber binnen der Frist des § 31 das Angebot angenommen hat.[71] Die dieser Ansicht zugrunde liegende Überlegung trifft zwar zu, jedoch dürfte diese Ausnahme kaum je zum Tragen kommen. Die Frist nach § 31 Satz 1 wird erst durch die Eintragung der Verschmelzung in Gang gesetzt. Hat zu diesem Zeitpunkt ein Anteilsinhaber Klage erhoben, kann die Negativerklärung gemäß § 16 Abs. 2 nicht abgegeben werden, ohne die das Registergericht die Verschmelzung nicht einträgt. Fehlt eine Abfindungsprüfung, wird zudem in der Regel eine **Freigabe des Verschmelzungsbeschlusses** nach § 16 Abs. 3 **ausscheiden**. Darüber hinaus wird zumindest bei der Verschmelzung von Publikumsgesellschaften nahezu ausnahmslos ein Antrag auf Durchführung eines **Spruchverfahrens** gestellt. Daher gilt in der Regel die Frist des § 31 Satz 2 und das Angebot kann noch zwei Monate nach dem Tage angenommen werden, an dem die Entscheidung im Bundesanzeiger bekannt gemacht worden ist. Da Spruchverfahren nicht selten zehn Jahre oder länger dauern, wird in diesem Zeitpunkt ein Anfechtungsverfahren gegen den Verschmelzungsbeschluss meist längst beendet sein.

66) Henssler/Strohn-*Ca. Müller*, GesR, § 30 UmwG Rz. 5; Kallmeyer-*Lanfermann*, UmwG, § 30 Rz. 20; Lutter-*Grunewald*, UmwG, § 30 Rz. 8; i. Erg. auch *Erkens/Thilo* in: KölnKomm-UmwG, § 30 Rz. 29.

67) Eine Verpflichtung, für die Verschmelzung zu stimmen, die aus einer allgemein geltenden Stimmbindungsvereinbarung oder einem Pooling Agreement folgt, wird insoweit nicht genügen. Vgl. zum Ganzen Lutter-*Grunewald*, UmwG, § 30 Rz. 8. Wohl auch Kallmeyer-*Lanfermann*, UmwG, § 30 Rz. 20. Bedenken im Hinblick auf nicht notariell beurkundete Erklärungen bei Henssler/Strohn-*Ca. Müller*, GesR, § 30 UmwG Rz. 5.

68) *Rieder* in: BeckOGK-UmwG, § 30 Rz. 13; Lutter-*Grunewald*, UmwG, § 30 Rz. 10.

69) *Rieder* in: BeckOGK-UmwG, § 30 Rz. 13; Kallmeyer-*Lanfermann*, UmwG, § 30 Rz. 22.

70) S. Lutter-*Grunewald*, UmwG, § 30 Rz. 10; Kallmeyer-*Lanfermann*, UmwG, § 30 Rz. 22.

71) S. Lutter-*Grunewald*, UmwG, § 30 Rz. 10; Kallmeyer-*Lanfermann*, UmwG, § 30 Rz. 22.

§ 31
Annahme des Angebots[*]

[1]Das Angebot nach § 29 kann nur binnen zwei Monaten nach dem Tage angenommen werden, an dem die Eintragung der Verschmelzung in das Register des Sitzes des über-

nehmenden Rechtsträgers nach § 19 Abs. 3 bekannt gemacht worden ist. [2]Ist nach § 34 ein Antrag auf Bestimmung der Barabfindung durch das Gericht gestellt worden, so kann das Angebot binnen zwei Monaten nach dem Tage angenommen werden, an dem die Entscheidung im Bundesanzeiger bekanntgemacht worden ist.

*) § 31 geändert durch Art. 2 des Gesetzes zur Änderung von Vorschriften über Verkündung und Bekanntmachungen sowie der Zivilprozessordnung, des Gesetzes betreffend die Einführung der Zivilprozessordnung und der Abgabenordnung (BAnzDiG), v. 22.12.2011, BGBl. I 2011, 3044; § 31 i. d. F. des UmwBerG geändert durch Art. 8 des Gesetzes über elektronische Handelsregister und Genossenschaftsregister sowie das Unternehmensregister (EHUG), v. 10.11.2006, BGBl. I 2006, 2553.

Literatur: *DAV (Handelsrechtsausschuss)*, Stellungnahme zum Spruchverfahrensneuordnungsgesetz, ZIP 2003, 552.

Übersicht

I. Entstehungsgeschichte

§ 31 regelt den Zeitraum, in dem das Angebot auf Barabfindung angenommen werden kann. 1
Eine erste Zwei-Monats-Frist läuft gemäß Satz 1 nach dem Tag, an dem die Eintragung der Verschmelzung in das Register des Sitzes des übernehmenden Rechtsträgers bekannt gemacht worden ist. Eine zweite Frist gilt nach Satz 2, wenn ein Antrag auf Bestimmung der Barabfindung im Spruchverfahren gestellt worden ist, was bei Verschmelzungen von Publikumsgesellschaften in praxi der Regelfall ist. Alsdann kann das Angebot auch noch zwei Monate nach Bekanntmachung der Entscheidung des Gerichts des Spruchverfahrens im Bundesanzeiger angenommen werden.

Vorgänger von § 31 waren § 375 Abs. 1 Satz 2 und 3 AktG a. F. Nach Ansicht des Ge- 2
setzgebers weichen die Regelungen von ihren Vorgängern nur redaktionell ab; die Abweichung soll besser deutlich machen, dass die zweite Frist auch erst nach Ablauf der ersten Frist beginnen kann.[1)]

II. Annahmefrist

Die Annahmefristen betragen jeweils **zwei Monate**. Für die Fristberechnungen gelten nach 3
allgemeiner Meinung die §§ 187 Abs. 2 Satz 1, 188 Abs. 2 Alt. 2 BGB.[2)] Mit Ablauf der Frist erlischt das jeweilige Angebot gemäß § 146 BGB.[3)] Demnach handelt es sich bei der Frist um eine **materiell-rechtliche Ausschlussfrist**, für die naturgemäß keine Wiedereinsetzung in den vorigen Stand möglich ist.[4)] Allenfalls kann versucht werden, eine rechtzeitige

1) Begr. Fraktionsentwurf UmwBerG, BT-Drucks. 12/6699, S. 95 li. Sp.

2) Henssler/Strohn-*Ca. Müller*, GesR, § 31 UmwG Rz. 4; Kallmeyer-*Oppenhoff*, UmwG, § 31 Rz. 3; Lutter-*Grunewald*, UmwG, § 31 Rz. 2.

3) OLG Frankfurt/M., Urt. v. 8.10.2009 – 15 U 125/08, ZIP 2010, 370, 371 = NZG 2010, 307; *Rieder* in: BeckOGK-UmwG, § 31 Rz. 3; Schmitt/Hörtnagl-*Mi. Winter*, UmwG/UmwStG, § 31 UmwG Rz. 3.

4) *Rieder* in: BeckOGK-UmwG, § 31 Rz. 3; Henssler/Strohn-*Ca. Müller*, GesR, § 31 UmwG Rz. 4; Kallmeyer-*Oppenhoff*, UmwG, § 31 Rz. 3; Lutter-*Grunewald*, UmwG, § 31 Rz. 2; *Erkens/Thilo* in: KölnKomm-UmwG, § 31 Rz, 9; Schmitt/Hörtnagl-*Mi. Winter*, UmwG/UmwStG, § 31 UmwG Rz. 3.

Annahme mit § 149 BGB zu argumentieren.[5] Bei einer nur kurzfristigen Versäumung der Zwei-Monats-Frist des Satzes 1 kann der Abfindungsberechtigte indes die Frist des Satzes 2 herbeiführen, indem er innerhalb der insoweit geltenden dreimonatigen Frist einen Antrag auf Einleitung des Spruchverfahrens gemäß § 4 Abs. 1 Satz 1 Nr. 5 SpruchG stellt.[6]

1. Allgemeines zur Bekanntmachung

4 **Unterbleibt** eine gebotene **Bekanntmachung**, läuft auch keine Frist.[7] Soweit bei unterbliebener Bekanntmachung vertreten wird, das Recht zur Annahme des Angebots verwirke alsdann mit einer Frist von sechs Monaten in den Fällen des Satzes 1[8] oder zwölf Monaten in den Fällen des Satzes 2[9], ist dem nicht zu folgen. Ein Anspruch kann nur verwirkt werden, wenn er zuvor entstanden ist. Die Vertreter der Verwirkungslösung erläutern jedoch nicht, in welchem Zeitpunkt das Angebot entstanden sein soll, wenn die Bekanntmachung unterbleibt. Zum Schutze der Anteilsinhaber ist insoweit eine vorherige Bekanntmachung zu fordern, da sie ansonsten nicht sicher über die Ingangsetzung der Annahmefrist informiert werden. Die Grundsätze der Verwirkung dienen dem Rechtsfrieden und dem Schutz des Schuldners. Der Schuldner soll seine Inanspruchnahme nicht eine unendliche Zeit besorgen müssen. Eine solche Sorge besteht aber im Anwendungsbereich des § 31 nicht.

5 Abgesehen davon, dass die Verschmelzung in der Praxis nach ihrer Eintragung in aller Regel auch vom **Registergericht** bekannt gemacht wird, kann der übertragende Rechtsträger, dem die Eintragung gemäß § 383 FamFG mitgeteilt wird, das Registergericht auf eine ausnahmsweise unterbliebene Bekanntmachung hinweisen. Daraufhin wird der Registerrichter die Bekanntmachung allein schon deshalb nachholen, um seine Inanspruchnahme auf Schadensersatz gemäß § 839 BGB i. V. mit Art. 34 GG zu vermeiden.[10] Die Bekanntmachung der gerichtlichen Entscheidung nach Satz 2 liegt sogar in der Hand des übertragenden Rechtsträgers. Auch insoweit bedarf der übertragende Rechtsträger daher keines Schutzes. **Schutzbedürftig** erscheinen insoweit vielmehr die **Abfindungsberechtigten.** Der übertragende Rechtsträger könnte versuchen, durch ein Unterlassen der Bekanntmachung den Beginn der Annahmefrist zu verhindern und dadurch die Barabfindungsansprüche leer laufen zu lassen. Allerdings können die Antragsteller des Spruchverfahrens oder der nach § 6 Abs. 1 Satz 1 SpruchG vom Gericht bestellte gemeinsame Vertreter nach zutreffender h. L. die Bekanntmachung bei Säumnis des Bekanntmachungsverpflichteten **selbst vornehmen.**[11]

---

5) Schmitt/Hörtnagl-*Mi. Winter*, UmwG/UmwStG, § 31 UmwG Rz. 3.

6) Henssler/Strohn-*Ca. Müller*, GesR, § 31 UmwG Rz. 4.

7) Kallmeyer-*Oppenhoff*, UmwG, § 31 Rz. 9; Lutter-*Grunewald*, UmwG, § 31 Rz. 2; *Erkens/Thilo* in: KölnKomm-UmwG, § 31 Rz, 9; Schmitt/Hörtnagl-*Mi. Winter*, UmwG/UmwStG, § 31 UmwG Rz. 3.

8) *Erkens/Thilo* in: KölnKomm-UmwG, § 31 Rz, 9; Widmann/Mayer-*Wälzholz*, UmwR, § 31 UmwG Rz. 4.1. Ohne Festlegung auf einen bestimmten Zeitraum Lutter-*Grunewald*, UmwG, § 31 Rz. 2.

9) *Erkens/Thilo* in: KölnKomm-UmwG, § 31 Rz, 10; Widmann/Mayer-*Wälzholz*, UmwR, § 31 UmwG Rz. 8.1. Ohne Festlegung auf einen bestimmten Zeitraum Lutter-*Grunewald*, UmwG, § 31 Rz. 2.

10) Vgl. *Beurskens* in: BeckOGK-HGB, § 10 Rz. 26 m. w. N.

11) *Drescher* in BeckOGK-SpruchG, § 14 Rz. 5; *Göz/Theusinger* in: HK-AktG, § 14 SpruchG Rz. 3; Hölters/Weber-*Simons*, AktG, § 14 SpruchG Rz. 8 m. w. N. zur Gegenansicht; *Wilske/Quinke* in: KölnKomm-AktG, § 14 SpruchG Rz. 33. Wohl nur de lege ferenda Dreier/Fritzsche/Verfürth-*Fritzsche*, SpruchG, § 14 Rz. 22. Daneben wird streitig diskutiert, ob die Anspruchsberechtigten oder zumindest der gemeinsame Vertreter einen klagbaren Anspruch auf Bekanntmachung besitzen, was die wohl h. L. ablehnt *Drescher* in BeckOGK-SpruchG, § 14 Rz. 5; Hölters/Weber-*Simons*, AktG, § 14 SpruchG Rz. 8; *Wilske/Quinke* in: KölnKomm-AktG, § 14 SpruchG Rz. 33; *Koch*, AktG, § 14 SpruchG Rz. 4. A. A. Widmann/Mayer-*Wälzholz*, UmwR, § 14 SpruchG Rz. 2; Dreier/Fritzsche/Verfürth-*Fritzsche*, SpruchG, § 14 Rz. 23; für einen Anspruch nur des gemeinsamen Vertreters *Krenek* in: MünchKomm-AktG, § 14 SpruchG Rz. 4.

In der Bekanntmachung nach § 14 Nr. 5 SpruchG können die Modalitäten der technischen Abwicklung der Barabfindung oder einer gerichtlich festgestellten Nachbesserung dargestellt werden. In der Praxis erfolgt aber häufig der besseren Übersichtlichkeit halber eine **gesonderte Abwicklungsbekanntmachung**, in der den Nachzahlungsberechtigten die technische Abwicklung erläutert wird.[12] Erfolgt die Abwicklung über Depotbanken, wird diese Abwicklungsbekanntmachung regelmäßig durch eine ergänzende Mitteilung in den Wertpapier-Mitteilungen der Banken flankiert, die für die Depotbanken weitere Details der Abwicklung über die vom Zahlungspflichtigen eingeschaltete Zentralabwicklungsstelle enthält. 6

2. Einzelheiten zur Fristberechnung gemäß § 31 Satz 1

Beim Fristlauf nach § 31 Satz 1 ist zu beachten, dass mit Inkrafttreten des DiRUG[13] zum 1.8.2022 die Trennung zwischen dem Informations- und Kommunikationssystem für die Bekanntmachungen gemäß § 10 HGB und dem System für den Abruf von Handelsregisterdaten gemäß § 9 HGB aufgehoben wurde. Seitdem wird die Eintragung im Handelsregister gemäß § 10 Abs. 1 HGB n. F. bereits durch ihre erstmalige Abrufbarkeit über das Gemeinsame Registerportal der Länder unter www.handelsregister.de bekannt gemacht. Eine zusätzliche, von der Abrufbarkeit zu unterscheidende Bekanntmachung der Eintragung gibt es nicht mehr.[14] Die Frist des § 31 Satz 1 beginnt somit schon **mit erstmaliger Abrufbarkeit** der Eintragung der Verschmelzung im Handelsregister des übernehmenden Rechtsträgers. 7

3. Einzelheiten zur Fristberechnung gemäß § 31 Satz 2

Die Frist nach § 31 Satz 2 beginnt mit der **Bekanntmachung der rechtskräftigen gerichtlichen Entscheidung im Bundesanzeiger** gemäß § 14 Nr. 5 SpruchG i. V. m. § 6 Abs. 1 Satz 4 SpruchG. Hatten die Statuten des übertragenden Rechtsträgers die Bekanntmachung in einem **weiteren Informationsmedium** vorgesehen oder sehen die Statuten des übernehmenden Rechtsträgers das vor, was nicht ratsam erscheint und daher in der Praxis mittlerweile nur noch selten vorkommt, ist die Entscheidung gemäß § 14 Nr. 5 SpruchG i. V. m. § 6 Abs. 1 Satz 5 SpruchG zudem in diesem weiteren Informationsmedium bekanntzumachen.[15] Für den Fristlauf nach § 31 Satz 2 ist bei der Verschmelzung unter ausschließlicher Beteiligung von AGs, KGaAs oder SEs nach dem Rechtsgedanken des § 25 AktG allein die Bekanntmachung im Bundesanzeiger,[16] i. Ü. die spätere Bekanntmachung maßgeblich.[17] Wird gegen die Entscheidung des Gerichts gemäß § 12 SpruchG Beschwerde eingelegt, beginnt die Frist erst mit der Bekanntmachung der rechtskräftigen Entscheidung.[18] 8

Es ist unbeachtlich, ob der anspruchsberechtigte Anteilsinhaber, der das Abfindungsangebot nach Beendigung des Spruchverfahrens annehmen will, selbst die gerichtliche Entscheidung beantragt hat oder am Spruchverfahren beteiligt war; es genügt, dass beim zuständigen 9

---

12) K. Schmidt/Lutter-*Wittgens*, AktG, § 14 SpruchG Rz. 8. Vgl. die Bekanntmachung der ContiTech AG an die ehemaligen Minderheitsaktionäre der Phoenix AG im Bundesanzeiger vom 23.3.2016.

13) Gesetz zur Umsetzung der Digitalisierungsrichtlinie (DiRUG), v. 5.7.2021, BGBl. I 2021, 3338.

14) S. zum Ganzen *Rieckers/Cloppenburg* in: BeckOGK-UmwG, § 19 Rz. 20.

15) *Erkens/Thilo* in: KölnKomm-UmwG, § 31 Rz, 10; Widmann/Mayer-*Wälzholz*, UmwR, § 31 UmwG Rz. 8.1.

16) In diese Richtung wohl auch *Koch*, AktG, § 14 SpruchG Rz. 2. S. zur Einberufung der Hauptversammlung der AG unter Verweis auf § 26h Abs. 3 EGAktG *Bungert* in: MünchHdb. GesR, Bd. 4, § 36 Rz. 42 sowie *Rieckers* in: BeckOGK-AktG, § 121 Rz. 60 m. w. N.

17) S. zur fristgerechten Einberufung einer GmbH-Gesellschafterversammlung *Lindow* in: BeckOK-GmbHG, § 12 Rz. 19.

18) *Rieder* in: BeckOGK-UmwG, § 31 Rz. 7; Kallmeyer-*Oppenhoff*, UmwG, § 31 Rz. 8; Schmitt/Hörtnagl-*Mi. Winter*, UmwG/UmwStG, § 31 UmwG Rz. 7.

Gericht **überhaupt ein (zulässiger) Antrag** auf Bestimmung der angemessenen Barabfindung **gestellt wurde.**[19] Sieht die gerichtliche Entscheidung eine Erhöhung der Barabfindung vor, wirkt diese auch zugunsten der Anteilsinhaber, welche die Abfindung bereits zuvor angenommen haben, wie sich aus § 13 Satz 2 SpruchG ergibt.[20] Einer nochmaligen Annahme des Angebots bedarf es sodann nicht.[21]

10 Nach dem Wortlaut von § 31 Satz 2 spielt es keine Rolle, welchen **Inhalts die Entscheidung des Gerichts** ist. Die Frist zur Angebotsannahme wird nach allgemeiner Meinung auch dann in Gang gesetzt, wenn das Gericht die im Verschmelzungsvertrag festgesetzte Abfindung als angemessen bestätigt.[22] Streitig ist hingegen die Behandlung der **Zurückweisung des Antrags als unzulässig.** Die überwiegende Literaturmeinung will in diesem Fall § 31 Satz 2 zu Recht nicht anwenden.[23] Würde § 31 Satz 2 unterschiedslos bei jeder Zurückweisung des Antrags als unzulässig eingreifen, könnte ein die Frist nach Satz 1 versäumender Abfindungsberechtigter selbst Jahre später noch die Annahmefrist des Satzes 2 herbeiführen, indem er einen aussichtslosen, weil gemäß § 4 Abs. 1 Nr. 5 SpruchG verfristeten, Antrag zur Einleitung des Spruchverfahrens stellt.[24] Aber auch i. Ü. erscheint die Ingangsetzung der Frist des § 31 Satz 2 bei einem unzulässigen Antrag unangemessen. Der Vorschrift liegt die Überlegung zugrunde, dass die Anteilsinhaber nach rechtskräftiger Beendigung des Spruchverfahrens und der gerichtlichen Feststellung der angemessenen Höhe der Barabfindung auf dieser Grundlage noch einmal entscheiden können sollen, ob sie nun doch gegen Zahlung der (erhöhten) Barabfindung ausscheiden wollen. Hierfür besteht indes kein Bedürfnis, wenn – etwa wegen fehlender Antragsberechtigung der Antragsteller – überhaupt keine Sachentscheidung getroffen wird. Alsdann erweist sich die zweite Überlegungsfrist für die Anspruchsberechtigten als sachlich nicht zu rechtfertigender Glücksfall.[25] Dem entsprechend ist § 31 Satz 2 bei der Zurückweisung des Antrags als unzulässig teleologisch zu reduzieren und nicht anzuwenden.

11 Problematisch ist, ob und wann die Frist des § 31 Satz 2 auch bei einem in der Praxis nicht seltenen **das Spruchverfahren beendigenden Vergleich** zu laufen beginnt. § 31 Satz 2 geht nach seinem Wortlaut von der Bekanntmachung einer gerichtlichen Entscheidung als fristauslösendem Umstand aus. Die h. L. lehnt eine Bekanntmachungspflicht nach § 14 SpruchG für einen Vergleich jedoch ab,[26] weil auch diese Vorschrift an eine rechtskräftige Entschei-

19) Henssler/Strohn-*Ca. Müller*, GesR, § 31 UmwG Rz. 5; Kallmeyer-*Oppenhoff*, UmwG, § 31 Rz. 8; *Erkens/Thilo* in: KölnKomm-UmwG, § 31 Rz, 11; Lutter-*Grunewald*, UmwG, § 31 Rz. 3.

20) *Erkens/Thilo* in: KölnKomm-UmwG, § 31 Rz, 11; Schmitt/Hörtnagl-*Mi. Winter*, UmwG/UmwStG, § 31 UmwG Rz. 6; Widmann/Mayer-*Wälzholz*, UmwR, § 31 UmwG Rz. 8.2. Zur alten Rechtslage bereits OLG Düsseldorf, Beschl. v. 6.12.2000 – 19 W 1/00 AktE (Peipers AG), ZIP 2001, 158, 160 = DB 2001, 189.

21) Zur alten Rechtslage bereits OLG Düsseldorf, Beschl. v. 6.12.2000 – 19 W 1/00 AktE (Peipers AG), ZIP 2001, 158, 160 = DB 2001, 189; *Erkens/Thilo* in: KölnKomm-UmwG, § 31 Rz, 11. Widmann/Mayer-*Wälzholz*, UmwR, § 31 UmwG Rz. 8.2, plädiert für vorsorgliche nochmalige Annahmeerklärung in diesem Fall.

22) Henssler/Strohn-*Ca. Müller*, GesR, § 31 UmwG Rz. 5; Kallmeyer-*Oppenhoff*, UmwG, § 31 Rz. 8; *Erkens/Thilo* in: KölnKomm-UmwG, § 31 Rz, 10; Lutter-*Grunewald*, UmwG, § 31 Rz. 2; Schmitt/Hörtnagl-*Mi. Winter*, UmwG/UmwStG, § 31 UmwG Rz. 6; Widmann/Mayer-*Wälzholz*, UmwR, § 31 UmwG Rz. 8.1.

23) Kallmeyer-*Oppenhoff*, UmwG, § 31 Rz. 8; *Erkens/Thilo* in: KölnKomm-UmwG, § 31 Rz, 10; Lutter-*Grunewald*, UmwG, § 31 Rz. 2; Widmann/Mayer-*Wälzholz*, UmwR, § 31 UmwG Rz. 8.1. A. A. Henssler/Strohn-*Ca. Müller*, GesR, § 31 UmwG Rz. 5, und wohl auch Schmitt/Hörtnagl-*Mi. Winter*, UmwG/UmwStG, § 31 UmwG Rz. 7.

24) Dieses Problem erkennt auch Henssler/Strohn-*Ca. Müller*, GesR, § 31 UmwG Rz. 5, und wendet in diesem Fall § 31 Satz 2 ebenfalls nicht an.

25) In diese Richtung auch Lutter-*Grunewald*, UmwG, § 31 Rz. 2.

26) *Drescher* in BeckOGK-SpruchG, § 14 Rz. 3; Lutter-*Mennicke*, UmwG, § 14 SpruchG Rz. 3; *Krenek* in: MünchKomm-AktG, § 14 SpruchG Rz. 1; K. Schmidt/Lutter-*Wittgens*, AktG, § 14 SpruchG Rz. 1; Schmitt/Hörtnagl-*Hörtnagl*, UmwG/UmwStG, § 14 SpruchG Rz. 1. A. A. Emmerich/Habersack-*Emmerich*, Aktien- und GmbH-Konzernrecht, § 14 SpruchG Rz. 7; *Koch*, AktG, § 14 SpruchG Rz. 2.

dung des Gerichts anknüpft und die Erweiterung der Bekanntmachungspflicht auf Vergleiche im Gesetzgebungsverfahren diskutiert wurde,[27)] weshalb für eine analoge Anwendung von § 14 SpruchG auf Vergleiche kein Raum bleibt.[28)] Dennoch wendet die wohl einhellige Literaturansicht beim Vergleich § 31 Satz 2 analog an,[29)] wobei die Analogie teilweise zutreffend auf den Vergleich unter Beteiligung des gemeinsamen Vertreters beschränkt wird.[30)] Zwar hat ein Vergleich nach h. L. anders als eine gerichtliche Entscheidung keine Wirkung erga omnes; § 13 SpruchG gilt insoweit nicht.[31)] Allerdings wird der gemeinsame Vertreter, um seine Haftung zu vermeiden, dem Vergleich nur dann zustimmen, wenn dieser als echter Vertrag zugunsten Dritter i. S. von § 328 BGB ausgestaltet wird und Abfindungsergänzungsansprüche für die am Vergleich nicht beteiligten Anspruchsberechtigten vorsieht.[32)] Innerhalb der h. L., die beim Vergleich § 31 Satz 2 analog anwendet, ist man sich allerdings uneins, wann die Zwei-Monats-Frist zu laufen beginnen soll. Angeboten werden insoweit das Zustandekommen,[33)] die Zustellung[34)] und – überwiegend – die Bekanntmachung des Vergleichs[35)]. Mit der h. L. ist beim Vergleich ebenso wie im originären Anwendungsbereich von § 31 Satz 2 davon auszugehen, dass die Frist nicht vor der Bekanntmachung zu laufen beginnt. Anderenfalls könnte es dazu kommen, dass die nicht am Verfahren beteiligten Abfindungsberechtigten von der Erhöhung der Abfindung qua Vergleich nichts erfahren und ihre insoweit bestehenden Rechte nicht geltend machen.[36)] Beteiligt sich der gemeinsame Vertreter an dem Vergleich, wird er zur Vermeidung seiner Haftung auf eine Regelung im Vergleich hinwirken, die die Bekannt-

---

27) S. die Anregung von *DAV (Handelsrechtsausschuss)*, ZIP 2003, 552, 555.

28) Gleichwohl für eine analoge Anwendung bei gerichtlichen Vergleichen und Schriftsatzvergleichen i. S. von § 11 Abs. 2 und 4 SpruchG, durch die die Kompensation erhöht oder auch nur geändert wird, Emmerich/Habersack-*Emmerich*, Aktien- und GmbH-Konzernrecht, § 14 SpruchG Rz. 7; *Koch*, AktG, § 14 SpruchG Rz. 2.

29) *Rieder* in: BeckOGK-UmwG, § 31 Rz. 9 – „unstreitig"; Lutter-*Grunewald*, UmwG, § 31 Rz. 2; Kallmeyer-*Oppenhoff*, UmwG, § 31 Rz. 9; *Erkens/Thilo* in: KölnKomm-UmwG, § 31 Rz, 12; Semler/Stengel/Leonard-*Kalss*, UmwG, § 31 Rz. 3; Widmann/Mayer-*Wälzholz*, UmwR, § 31 UmwG Rz. 8.2. Beschränkt auf den Fall, dass sich der gemeinsame Vertreter am Vergleich beteiligt Henssler/Strohn-*Ca. Müller*, GesR, § 31 UmwG Rz. 5; Schmitt/Hörtnagl-*Mi. Winter*, UmwG/UmwStG, § 31 UmwG Rz. 7.

30) So von Henssler/Strohn-*Ca. Müller*, GesR, § 31 UmwG Rz. 5, und Schmitt/Hörtnagl-*Mi. Winter*, UmwG/UmwStG, § 31 UmwG Rz. 7. Sind alle Abfindungsberechtigten ausnahmsweise am Verfahren beteiligt und haben sie mit Vergleichsabschluss über ihre Barabfindungsansprüche verfügt, besteht für eine Bekanntmachung kein Bedürfnis. Für die am Verfahren beteiligten Abfindungsberechtigten, die sich am Vergleich nicht beteiligen, wird das Spruchverfahren insoweit fortgeführt. Gleiches gilt, wenn sich der gemeinsame Vertreter nicht am Vergleich beteiligt. In beiden Fällen wird eine Bekanntmachung nach § 31 Satz 2 bei Beendigung des gerichtlichen Verfahrens erfolgen.

31) *Drescher* in BeckOGK-SpruchG, § 13 Rz. 5; *Göz/Theusinger* in: HK-AktG, § 13 SpruchG Rz. 2; Hölters/Weber-*Simons*, AktG, § 13 SpruchG Rz. 11; *Krenek* in: MünchKomm-AktG, § 13 SpruchG Rz. 11; Widmann/Mayer-*Wälzholz*, UmwR, § 13 SpruchG Rz. 1.1 m. w. N.; Lutter/*Mennicke*, UmwG, § 13 SpruchG Rz. 3. A. A. Dreier/Fritzsche/Verfürth-*Fritzsche*, SpruchG, § 13 Rz. 10.

32) *Göz/Theusinger* in: HK-AktG, § 13 SpruchG Rz. 2; Hölters/Weber-*Simons*, AktG, § 13 SpruchG Rz. 11. S. auch *Drescher* in BeckOGK-SpruchG, § 13 Rz. 5 und *Krenek* in: MünchKomm-AktG, § 13 SpruchG Rz. 11. S. dazu auch die Bekanntmachung der AXA Versicherung AG an die ehemaligen außenstehenden Aktionäre der ALBINGIA Versicherungs-AG im Bundesanzeiger v. 3.2.2023. Der dortige Vergleich betraf Ansprüche gemäß den §§ 304, 305 AktG und sah in § 3 Abs. 4 Erhöhungen von Barabfindung und Ausgleich zugunsten aller nicht antragstellenden ehemaligen außenstehenden Aktionäre der ALBINGIA Versicherungs-AG vor.

33) Schmitt/Hörtnagl-*Mi. Winter*, UmwG/UmwStG, § 31 UmwG Rz. 7; Semler/Stengel/Leonard-*Kalss*, UmwG, § 31Rz. 3.

34) Widmann/Mayer-*Wälzholz*, UmwR, § 31 UmwG Rz. 8.2.

35) *Rieder* in: BeckOGK-UmwG, § 31 Rz. 9; Henssler/Strohn-*Ca. Müller*, GesR, § 31 UmwG Rz. 5; Lutter-*Grunewald*, UmwG, § 31 Rz. 2; Kallmeyer-*Oppenhoff*, UmwG, § 31 Rz. 9; *Erkens/Thilo* in: KölnKomm-UmwG, § 31 Rz. 12.

36) Lutter-*Grunewald*, UmwG, § 31 Rz. 2 m. Fn. 4.

machung vorsieht,[37] weshalb eine Bekanntmachungspflicht regelmäßig Gegenstand von verfahrensbeendigenden Vergleichen ist.[38]

4. Keine Annahme des Angebots zwischen den Fristen des § 31

12 In der Zeit zwischen dem Ablauf der Frist nach § 31 Satz 1 und dem Beginn der Frist nach Satz 2 existiert nach einhelliger Ansicht kein Barabfindungsangebot, das angenommen werden könnte. Abfindungsberechtigte, die die Frist des § 31 Satz 1 versäumt haben, müssen bis zur Beendigung des Spruchverfahrens und der entsprechenden Bekanntmachung zuwarten, bis sie wirksam einen Abfindungsanspruch begründen können.[39]

III. Form der Annahme

13 Aus der Annahmeerklärung muss der Wille zur Annahme des Angebots oder auch nur der Wille zum Austritt beim übernehmenden Rechtsträger hinreichend deutlich hervorgehen.[40] Auch ein entsprechendes konkludentes Verhalten genügt, wenn die Annahmeerklärung formfrei möglich ist, was grundsätzlich zu bejahen ist.[41] Von der (ehemals) h. L. wurde die Formfreiheit bislang selbst dann angenommen, wenn die Annahme eine Pflicht zur Übertragung von Anteilen auslöst und für die Verpflichtung zur Anteilsübertragung gesetzlich eine besondere Form vorgesehen ist.[42]

14 Spätestens nach **Einführung von § 313 Abs. 3 Satz 4 durch das UmRUG**[43] kann dieser Ansicht aber nicht mehr gefolgt werden[44]. § 313 Abs. 3 Satz 4 betrifft die Barabfindung bei der grenzüberschreitenden Verschmelzung und erklärt, dass im Hinblick auf die Annahmeerklärung § 15 Abs. 4 GmbHG, der die notarielle Beurkundung der Verpflichtung zur Abtretung von Geschäftsanteilen vorsieht, unberührt bleibt. In der Regierungsbegründung zu der Vorschrift heißt es, dass sich die Form der Annahmeerklärung auch bei Verschmelzungen unter ausschließlicher Beteiligung inländischer Rechtsträger nach den rechtsformspezifischen Vorschriften über die Verpflichtung zur Übertragung von Anteilen richtet. § 313 Abs. 3 Satz 4 habe insoweit lediglich klarstellenden Charakter. Die Schutzzwecke der Formvorschrift seien bei der bindenden Entscheidung zum Austritt aus der Gesellschaft gleichermaßen betroffen.[45] Ist für die Übertragung der Anteile – wie etwa gemäß § 15 Abs. 3 GmbHG – ebenfalls eine besondere Form vorgegeben, ist diese Vorgabe bei der Abwick-

---

37) *Drescher* in BeckOGK-SpruchG, § 11 Rz. 17; Emmerich/Habersack-*Emmerich*, Aktien- und GmbH-Konzernrecht, § 14 SpruchG Rz. 8. S. a. *Krenek* in: MünchKomm-AktG, § 14 SpruchG Rz. 1.

38) Lutter/*Mennicke*, UmwG, § 14 SpruchG Rz. 3; K. Schmidt/Lutter-*Wittgens*, AktG, § 14 SpruchG Rz. 1. Dabei wird die Kostenregelung auf Betreiben der Antragsteller in der Regel nicht veröffentlicht. S. dazu ebenfalls die Bekanntmachung der AXA Versicherung AG an die ehemaligen außenstehenden Aktionäre der ALBINGIA Versicherungs-AG im Bundesanzeiger v. 3.2.2023. Die Bekanntmachungspflicht findet sich in § 8 des Vergleichs, während die Kostenregelung nicht veröffentlicht wurde.

39) OLG Frankfurt/M., Urt. v. 8.10.2009 – 15 U 125/08, ZIP 2010, 370, 371 = NZG 2010, 307; *Rieder* in: BeckOGK-UmwG, § 31 Rz. 7; Henssler/Strohn-*Ca. Müller*, GesR, § 31 UmwG Rz. 4; Lutter-*Grunewald*, UmwG, § 31 Rz. 2.

40) Lutter-*Grunewald*, UmwG, § 31 Rz. 3; Kallmeyer-*Oppenhoff*, UmwG, § 31 Rz. 4; *Erkens/Thilo* in: KölnKomm-UmwG, § 31 Rz. 3.

41) Kallmeyer-*Oppenhoff*, UmwG, § 31 Rz. 4; Semler/Stengel/Leonard-*Kalss*, UmwG, § 31 Rz. 5.

42) Kallmeyer-*Oppenhoff*, UmwG, § 31 Rz. 4.

43) Gesetz zur Umsetzung der Umwandlungsrichtlinie und zur Änderung weiterer Gesetze (UmRUG), v. 22.2.2023, BGBl. I 2023, Nr. 51.

44) *Rieder* in: BeckOGK-UmwG, § 31 Rz. 5; Henssler/Strohn-*Ca. Müller*, GesR, § 31 UmwG Rz. 2; Lutter-*Grunewald*, UmwG, § 31 Rz. 3; *Erkens/Thilo* in: KölnKomm-UmwG, § 31 Rz. 3; Widmann/Mayer-*Wälzholz*, UmwR, § 31 UmwG Rz. 3. Vorsichtiger noch Schmitt/Hörtnagl-*Mi. Winter*, UmwG/UmwStG, § 31 UmwG Rz. 4.

45) Gesetz zur Umsetzung der Umwandlungsrichtlinie und zur Änderung weiterer Gesetze, v. 22.2.2023, BGBl. I 2023, Nr. 51.

lung der Barabfindung zusätzlich zu beachten. Erfolgt die Übertragung von GmbH-Anteilen formgerecht, vermag diese einen Formmangel der Annahmeerklärung zu heilen.[46)]

Als einseitiges Rechtsgeschäft darf die Annahmeerklärung vom Erklärenden grundsätzlich **nicht unter einer Bedingung** gestellt werden.[47)] Nach allgemeinen Regeln gelten indes Ausnahmen, wenn die Art der Bedingung im Einzelfall für den Erklärungsempfänger nicht zu einer unzumutbaren Ungewissheit über die zu gestaltende Rechtslage führt.[48)] Dies wird insbesondere bei der sog. Potestativbedingung, bei der der Eintritt der Bedingung vom Erklärungsempfänger herbeigeführt werden kann, angenommen.[49)] 15

Die Annahmeerklärung kann von einem **Vertreter** abgegeben werden.[50)] Weil die Annahme ein einseitiges Rechtsgeschäft ist, kann der übernehmende Rechtsträger die Erklärung eines Bevollmächtigten gemäß § 174 Satz 1 BGB zurückweisen,[51)] wenn der Erklärung keine Vollmachtsurkunde beigefügt war und der Abfindungsberechtigte den übernehmenden Rechtsträger zuvor nicht anderweitig von der Bevollmächtigung in Kenntnis gesetzt hatte. Unterbleibt die Übersendung der Vollmachtsurkunde mit der Erklärung der Annahme durch den Bevollmächtigten, kann daher insbesondere bei Annahmeerklärungen zum Ende der jeweiligen Zweimonatsfrist der Verlust von Barabfindungsansprüchen drohen. 16

IV. Teilweise Annahme

Die Annahme muss sich nach h. M. nicht auf alle Anteile des Anteilsinhabers, die er am übertragenden Rechtsträger hielt, erstrecken, vielmehr kann er auch nur bezüglich eines Teils seiner Anteile den Austritt erklären.[52)] Dies muss selbst dann gelten, wenn der widersprechende Anteilsinhaber aufgrund der Verschmelzung nur noch einen einzigen Anteil am übernehmenden Rechtsträger hält, da ein teilweises Ausscheiden aus dem übernehmenden Rechtsträger – etwa durch eine Neustückelung oder Teilung von Anteilen des übernehmenden Rechtsträgers – rechtstechnisch ohne größere Probleme und Aufwand möglich ist.[53)] Hielt der Abfindungsberechtigte hingegen nur einen Anteil am übertragenden Rechtsträger, ist ein teilweises Ausscheiden nicht möglich.[54)] 17

VI. Abwicklung des Angebots

Wurde das Abfindungsangebot wirksam angenommen, erfolgt die Zahlung der Abfindung entweder Zug-um-Zug gegen Übertragung der Anteile an dem übernehmenden Rechtsträger oder in den Fällen des § 29 Abs. 1 Satz 3 im Anschluss an das durch die Annahme des Angebots herbeigeführte Ausscheiden aus dem übernehmenden Rechtsträger. Hinsichtlich weiterer Einzelheiten der Abwicklung und möglichen Konflikten mit der gebotenen Kapitalerhaltung bei einer übernehmenden Kapitalgesellschaft wird auf die Ausführungen bei § 29 Rz. 52 ff. [*Hoppe*] verwiesen. 18

---

46) Henssler/Strohn-*Ca. Müller*, GesR, § 31 UmwG Rz. 6.

47) Kallmeyer-*Oppenhoff*, UmwG, § 31 Rz. 5; *Erkens/Thilo* in: KölnKomm-UmwG, § 31 Rz. 3; Semler/Stengel/Leonard-*Kalss*, UmwG, § 31 Rz. 5.

48) *Wietfeld* in: MünchKomm-BGB, § 158 Rz. 67 ff.

49) *Herresthal* in: BeckOGK-BGB, § 311 Rz. 128; *Emmerich* in: MünchKomm-BGB, § 311 Rz. 24.

50) *Erkens/Thilo* in: KölnKomm-UmwG, § 31 Rz. 4; Kallmeyer-*Oppenhoff*, UmwG, § 31 Rz. 5.

51) *Erkens/Thilo* in: KölnKomm-UmwG, § 31 Rz. 4. Ausf. Widmann/Mayer-*Wälzholz*, UmwR, § 31 UmwG Rz. 3.1.

52) OLG Düsseldorf, Beschl. v. 6.12.2000 – 19 W 1/00 AktE (Peipers AG), ZIP 2001, 158, 159 = DB 2001, 189; Lutter-*Grunewald*, UmwG, § 31 Rz. 4; *Erkens/Thilo* in: KölnKomm-UmwG, § 31 Rz. 5.

53) Henssler/Strohn-*Ca. Müller*, GesR, § 31 UmwG Rz. 3; Lutter-*Grunewald*, UmwG, § 31 Rz. 4; *Erkens/Thilo* in: KölnKomm-UmwG, § 31 Rz. 5; Semler/Stengel/Leonard-*Kalss*, UmwG, § 31 Rz. 4.

54) Widmann/Mayer-*Wälzholz*, UmwR, § 31 UmwG Rz. 6. A. A. Lutter-*Grunewald*, UmwG, § 31 Rz. 4.

§ 32
Ausschluß von Klagen gegen den Verschmelzungsbeschluß*)

Eine Klage gegen die Wirksamkeit des Verschmelzungsbeschlusses eines übertragenden Rechtsträgers kann nicht darauf gestützt werden, daß das Angebot nach § 29 nicht angemessen ist oder daß die Barabfindung im Verschmelzungsvertrag nicht oder nicht ordnungsgemäß angeboten worden ist.

*) § 32 i. d. F. des UmwBerG geändert durch Art. 1 des Gesetzes zur Umsetzung der Umwandlungsrichtlinie und zur Änderung weiterer Gesetze (UmRUG), v. 22.2.2023, BGBl. I 2023, Nr. 51.

Übersicht

I. Entstehungsgeschichte

1 § 32 dient der **Beschleunigung** der Verschmelzung, indem Klagen gegen den Verschmelzungsbeschluss mit der Begründung, das Barabfindungsangebot sei nicht oder nicht ordnungsgemäß erfolgt oder die Barabfindung nicht angemessen, ausgeschlossen werden. Die Barabfindung betreffende sog. Bewertungsrügen sind stattdessen gemäß § 34 im **Spruchverfahren** abzuhandeln. § 32 teilt damit die gleiche gesetzgeberische Stoßrichtung wie § 14 Abs. 2, der den **Ausschluss von Klagen** vorsieht, die mit einem nicht angemessenen Umtauschverhältnis begründet werden.

2 § 32 steht in einer Entwicklungslinie mit § 375 Abs. 2 Satz 1 AktG a. F. und §§ 13, 15 Abs. 1 Satz 1 UmwG 1969[1], die jedoch teilweise noch keinen Klageausschluss bei einem nicht oder nicht ordnungsgemäß erfolgten Barabfindungsangebot vorsahen. Durch das UmRUG[2] wurde die vormalige Terminologie des zu „niedrig bemessenen“ Barabfindungsangebots in den §§ 14 Abs. 2 und 32 durch die der Gesellschaftsrechtsrichtlinie,[3] in der von einem „nicht angemessenen“ Angebot die Rede ist, ersetzt. Allerdings sollten nach Einschätzung des Gesetzgebers mit dieser begrifflichen Anpassung keine inhaltlichen Änderungen verbunden sein.[4]

II. Anwendungsbereich

3 Der Klageausschluss durch § 32 umgreift das zu niedrige, das fehlende sowie das nicht ordnungsgemäß unterbreitete Barabfindungsangebot.

1. Zu niedriges oder fehlendes Abfindungsangebot

4 Ist das Barabfindungsangebot nicht angemessen, können die Anteilsinhaber des übertragenden Rechtsträgers dies nicht mit einer Klage angreifen, vielmehr steht ihnen mit dieser

1) S. Bekanntmachung des Gesetzes zur Neufassung des Umwandlungsgesetzes, v. 6.11.1969, BGBl. I 1969, 2081.

2) Gesetz zur Umsetzung der Umwandlungsrichtlinie und zur Änderung weiterer Gesetze (UmRUG), v. 22.2.2023, BGBl. I 2023, 51.

3) S. Art. 126a Abs. 6 der Richtlinie (EU) 2017/1132 des EU Parlaments und des Rates v. 14.6.2017 über bestimmte Aspekte des Gesellschaftsrechts (Gesellschaftsrechtsrichtlinie), ABl. (EU) L 169/46 v. 30.6.2027.

4) Begr. RegE UmRUG z. § 14 Abs. 2 UmwG, BT-Drucks. 20/3822, S. 71.

sog. Bewertungsrüge gemäß § 34 nur das Spruchverfahren offen. **Umstritten** ist, ob wegen § 32 die eine Bewertungsrüge enthaltende Klage **unzulässig**[5] oder **unbegründet**[6] ist. Ein parallel gelagerter Streit wird auch zu § 14 Abs. 2 UmwG ausgefochten (siehe dazu § 14 Rz. 28 [*Hoefling*]). Mit der wohl h. L. ist von der Unzulässigkeit der Klage auszugehen. Während der Wortlaut der Vorschrift für die Beantwortung der Streitfrage unergiebig ist,[7] sprechen die mit der Vorschrift verfolgte Intention und das Verständnis des Gesetzgebers vom Regelungsgehalt der Parallelvorschrift des § 14 Abs. 2 sowie des auf § 32 verweisenden § 313 Abs. 1 Satz 4 für die Unstatthaftigkeit von Klagen, die auf die in § 32 genannten Gründe gestützt werden, und damit für ihre Unzulässigkeit. Der Gesetzgeber des UmRUG erklärte, dass die von § 14 Abs. 2 erfassten Rügen nicht den Vollzug der Verschmelzung suspendieren und einem Klageausschluss unterliegen sollten;[8] bei grenzüberschreitenden Verschmelzungen sollte künftig die Geltendmachung eines Ausgleichs durch bare Zuzahlung im nachgelagerten Spruchverfahren generell statthafter Rechtsbehelf[9] sein. Das gesetzgeberische Ziel der Verlagerung dieser Streitigkeiten in das Spruchverfahren[10] würde allenfalls unvollkommen erreicht, wenn man Klagen mit den Rügen des § 32 zulassen und über ihre Begründetheit entscheiden würde.

Dem nicht angemessenen Angebot wird in § 32 das **gänzliche Fehlen** des Angebots gleichgestellt. Selbst wenn kein Angebot in den Verschmelzungsvertrag aufgenommen wird, soll also eine Klage gegen den Verschmelzungsbeschluss unzulässig und ausschließlich statthafte Verfahrensart das Spruchverfahren sein. Der im fehlenden Abfindungsangebot liegende Verstoß gegen § 29 soll nach einer Literaturansicht indes insofern das Wirksamwerden der Verschmelzung beeinflussen, als der das fehlende Abfindungsangebot gewärtigende Registerrichter sodann befugt sein soll, die Eintragung zu verweigern.[11] Mit der wohl h. M.[12] ist eine derartige Befugnis des Registerrichters abzulehnen. Fehlt ein Abfindungsangebot und haben hierauf nicht alle Anspruchsberechtigten wirksam verzichtet, ist der Verschmelzungsvertrag zwar nicht ordnungsgemäß zustande gekommen; jedoch würde die Verweigerung der Eintragung dem vom Gesetzgeber mit der Schaffung von § 32 verfolgten Zweck, ein schnelles Wirksamwerden der Verschmelzung zu bewerkstelligen (siehe dazu Rz. 1), zuwiderlaufen.[13] Tatsächlich würde die Verweigerung der Eintragung die beteiligten Rechtsträger noch viel schwerer treffen als die Erhebung von Klagen gegen die Verschmelzungs- 5

5) Dafür Henssler/Strohn-*Ca. Müller*, GesR, § 32 UmwG Rz. 12; Kallmeyer-*Oppenhoff*, UmwG, § 32 Rz. 7; *Erkens/Thilo* in: KölnKomm-UmwG, § 32 Rz, 1a; Schmitt/Hörtnagl-*Mi. Winter*, UmwG/UmwStG, § 32 UmwG Rz. 3; Widmann/Mayer-*Wälzholz*, UmwR, § 32 UmwG Rz. 11.

6) Dafür *Rieder* in: BeckOGK-UmwG, § 32 Rz. 3; Semler/Stengel/Leonard-*Gehling*, UmwG, § 32 Rz. 6. S. a. BGH, Urt. v. 29.1.2001 – II ZR 368/98 (Aqua Butzke), NJW 2001, 1428 ff. = AG 2001, 263 – zu abfindungswertbezogenen Informationsmängeln beim Formwechselbeschluss. Dort wurde der Klageausschluss offensichtlich ebenso wie in dem vom BGH wiederhergestellten Urteil LG Berlin, Urt. v. 26.2.1997 – 99 O 178/96, AG 1997, 658 f. = ZIP 1997, 1065, i. R. der Begründetheit der Klage behandelt.

7) A. A. nach denen der Wortlaut auf die Unzulässigkeit der Klage hindeute *Erkens/Thilo* in: KölnKomm-UmwG, § 32 Rz. 1a.

8) Begr. RegE UmRUG z. § 14 Abs. 2 UmwG, BT-Drucks. 20/3822, S. 70.

9) Begr RegE UmRUG z. Übergangsvorschrift des § 355 Abs. 2, BT-Drucks. 20/3822, S. 121.

10) Vgl. dazu auch und Widmann/Mayer-*Wälzholz*, UmwR, § 32 UmwG Rz. 11, und Henssler/Strohn-*Ca. Müller*, GesR, § 32 UmwG Rz. 12.

11) Lutter-*Grunewald*, UmwG, § 29 Rz. 22; *Rieder* in: BeckOGK-UmwG, § 29 Rz. 16, anders aber *Rieder* in: BeckOGK-UmwG, § 32 Rz. 9; Widmann/Mayer-*Wälzholz*, UmwR, § 32 UmwG Rz. 13.

12) Henssler/Strohn-*Ca. Müller*, GesR, § 32 UmwG Rz. 3; Kallmeyer-*Oppenhoff*, UmwG, § 32 Rz. 4; *Erkens/Thilo* in: KölnKomm-UmwG, § 32 Rz, 9 f.; Semler/Stengel/Leonard-*Gehling*, UmwG, § 32 Rz. 7. S. a. BGH, Urt. v. 18.12.2000 – II ZR 1/99 (MEZ), NJW 2001, 1425, 1426 = AG 2001, 301, für den Formwechsel.

13) BGH, Urt. v. 18.12.2000 – II ZR 1/99 (MEZ), NJW 2001, 1425, 1426 = AG 2001, 301 – zu § 210; *Erkens/Thilo* in: KölnKomm-UmwG, § 32 Rz, 10. S. a. Kallmeyer-*Oppenhoff*, UmwG, § 32 Rz. 4, und Semler/Stengel/Leonard-*Gehling*, UmwG, § 32 Rz. 7.

beschlüsse. Die Blockadewirkung von Klagen gegen die Verschmelzungsbeschlüsse könnten sie im Einzelfall immerhin noch mit einem Freigabeantrag gemäß § 16 Abs. 3 überwinden.

2. Nicht ordnungsgemäßes Abfindungsangebot

6 Nicht ordnungsgemäß angeboten ist eine Barabfindung, wenn das Angebot gemäß § 29 Abs. 1 unrichtig, unklar oder nicht so bestimmt formuliert ist, dass es vom Anteilsinhaber ohne weiteres angenommen werden kann (siehe dazu § 29 Rz. 48 [*Hoppe*]).[14] Daneben liegt ein nicht ordnungsgemäßes Angebot vor, wenn es gegen den Gleichbehandlungsgrundsatz (vgl. § 53a AktG) verstößt oder mit ihm unzulässige Sondervorteile (vgl. § 243 Abs. 2 AktG) gewährt werden.[15] Ferner ist das Angebot nicht ordnungsgemäß unterbreitet worden, wenn es nicht in gehöriger Weise bekanntgemacht wurde.[16] Schließlich handelt es sich um eine nicht ordnungsgemäß angebotene Abfindung, wenn die Gesellschaft in diesem Zusammenhang gegen ihr obliegende Informations-, Auskunfts- oder Berichtspflichten verstoßen hat. Der Ausschluss von Klagen ergibt sich insoweit aus einem argumentum a fortiori zu § 32 Var. 2: Wenn schon bei einem gänzlichen Fehlen des Angebots Klagen ausgeschlossen sind, muss das erst recht gelten, wenn zwar ein Angebot unterbreitet wurde, hierbei aber Informationspflichten verletzt wurden.[17] Bei der AG ist in diesem Zusammenhang ergänzend § 243 Abs. 4 Satz 2 zu beachten, der u. a. Anfechtungsklagen, die auf unrichtige, unvollständige oder unzureichende Informationen in der Hauptversammlung betreffend die Ermittlung, Höhe oder Angemessenheit einer Abfindung gestützt werden, ausschließt.

3. Kein Ausschluss von Klagen der Anteilsinhaber des übernehmenden Rechtsträgers

7 Wird die Abfindung im Verschmelzungsvertrag zu hoch bemessen, ist die Rechtsposition der **Anteilsinhaber des übernehmenden Rechtsträgers** hiervon betroffen, weil ihre Beteiligung entwertet wird.[18] Hiergegen können sich die Anteilsinhaber des übernehmenden Rechtsträgers mit einer Klage gegen den Verschmelzungsbeschluss des übernehmenden Rechtsträgers zur Wehr setzen. Dagegen steht ihnen keine Befugnis zur Einleitung eines Spruchverfahrens zu. Die §§ 14 Abs. 2, 15 sind nicht anwendbar. Zwar wurde durch das UmRUG der Klageausschluss des § 14 Abs. 2 auf die Anteilsinhaber des übernehmenden Rechtsträgers erweitert und auch für die von ihnen geführten Bewertungsrügen das Spruchverfahren durch § 15 n. F. eröffnet; doch betreffen diese Vorschriften ausschließlich das Umtauschverhältnis.[19] Ebenso wenig sind die durch dieselbe Novelle geänderten §§ 32, 34 auf die Anteilsinhaber des übernehmenden Rechtsträgers anwendbar. Dies ist zu bedauern, weil der Klageausschluss für Anteilsinhaber des übernehmenden Rechtsträgers dem Zweck der §§ 32, 34 entspräche, Verzögerungen der Verschmelzung aufgrund von Bewertungs-

14) Lutter-*Grunewald*, UmwG, § 32 Rz. 4; Kallmeyer-*Oppenhoff*, UmwG, § 32 Rz. 4; *Erkens/Thilo* in: KölnKomm-UmwG, § 32 Rz, 11; Widmann/Mayer-*Wälzholz*, UmwR, § 32 UmwG Rz. 5.

15) *Erkens/Thilo* in: KölnKomm-UmwG, § 32 Rz, 11; Semler/Stengel/Leonard-*Gehling*, UmwG, § 32 Rz. 4 m. Fn. 14.

16) Lutter-*Grunewald*, UmwG, § 32 Rz. 4; *Erkens/Thilo* in: KölnKomm-UmwG, § 32 Rz, 11; Semler/Stengel/Leonard-*Gehling*, UmwG, § 32 Rz. 4.

17) Kallmeyer-*Oppenhoff*, UmwG, § 32 Rz. 4; *Erkens/Thilo* in: KölnKomm-UmwG, § 32 Rz, 12 f.; Semler/Stengel/Leonard-*Gehling*, UmwG, § 32 Rz. 5. S. zur Parallelvorschrift des § 210 beim Formwechsel BGH, Urt. v. 18.12.2000 – II ZR 1/99 (MEZ), NJW 2001, 1425, 1426 f. = AG 2001, 301, und BGH, Urt. v. 29.1.2001 – II ZR 368/98 (Aqua Butzke), NJW 2001, 1428, 1430 = AG 2001, 263.

18) Lutter-*Grunewald*, UmwG, § 32 Rz. 2. S. a. *Stockburger* in: HK-UmwG, § 32 Rz. 14.

19) *Rieder* in: BeckOGK-UmwG, § 32 Rz. 10; Henssler/Strohn-*Ca. Müller*, GesR, § 32 UmwG Rz. 1 – unter Verweis auf Begr. RegE UmRUG z. § 14 Abs. 2 UmwG, BT-Drucks. 20/3822, S. 70. Vgl. auch *Erkens/Thilo* in: KölnKomm-UmwG, § 32 Rz. 4 und Widmann/Mayer-*Wälzholz*, UmwR, § 32 UmwG Rz. 14. A. A. wohl Schmitt/Hörtnagl-*Mi. Winter*, UmwG/UmwStG, § 32 UmwG Rz. 4 a. E.

streitigkeiten zu verhindern.[20] Der neue Terminus „nicht angemessen" statt bisher zu „niedrig bemessen" (siehe oben Rz. 2) würde zudem Bewertungsrügen der Anteilsinhaber des übernehmenden Rechtsträgers tragen.[21] Ferner hat der Gesetzgeber des UmRUG zur Begründung der §§ 32, 34 n. F. pauschal auf die Begründung zu § 14 Abs. 2 n. F. verwiesen.[22] Doch bleibt es dabei, dass der Anwendungsbereich von § 32 n. F. auf Klagen gegen die Wirksamkeit des Verschmelzungsbeschlusses eines übertragenden Rechtsträgers beschränkt bleibt.[23]

Der **personale Anwendungsbereich** der das Spruchverfahren anordnenden Vorschrift des 8
§ 34 n. F. bezieht sich dem entsprechend nach wie vor ausschließlich auf Anteilsinhaber, denen eine Barabfindung nach § 29 anzubieten war. Hierbei dürfte es sich auch um eine bewusste gesetzgeberische Entscheidung handeln,[24] weshalb der Ausweg über eine analoge Anwendung der Regelungen auf die Anteilsinhaber des übernehmenden Rechtsträgers verschlossen ist.[25] Der Gesetzgeber des UmRUG hat für die grenzüberschreitende Verschmelzung in § 313 Abs. 1 Satz 4 u. a. die §§ 32–34 für entsprechend anwendbar erklärt. Ausweislich der Gesetzesbegründung ging es ihm dabei nur um die Anwendung bei übertragenden Gesellschaften.[26] Demnach sollte dem Gesetzgeber im Gesetzgebungsverfahren der unveränderte persönliche Anwendungsbereich der §§ 32, 34 bewusst gewesen sein.

Der **BGH** hat allerdings eine **Rechtsschutzlücke** für den Fall ausgemacht, dass die Ab- 9
findung **erst im Spruchverfahren** zu hoch **festgesetzt** wird. Alsdann könnten die betroffenen Anteilseigner wegen des Ablaufs der Anfechtungsfrist keine Anfechtungsklagen mehr erheben und ihnen stände kein Rechtsbehelf offen, mit dessen Hilfe sie auf eine zutreffende Festsetzung der Abfindung hinwirken könnten. Nach dem BGH könnte es deshalb von Verfassungs wegen geboten sein, diesen Anteilsinhabern ebenfalls Rechtsschutz im Spruchverfahren zu eröffnen. Ansonsten müssten sie einen Vermögensverlust erleiden, der möglicherweise auf eine verfassungswidrige Beeinträchtigung ihres durch Art. 14 GG geschützten Mitgliedschaftsrechts hinausliefe.[27] Die Entscheidung betraf zwar den Formwechsel, die Erwägungen gelten aber bei der Verschmelzung in Bezug auf die Anteilseigner des übernehmenden Rechtsträgers entsprechend.[28] Ungeachtet dessen, dass die zitierten Überlegungen des BGH im dortigen Fall nicht entscheidungserheblich waren,[29] tragen sie nicht. In dem von den Anteilsinhabern des übertragenden Rechtsträgers angestrengten Spruchverfahren vertritt der übernehmende Rechtsträger die Interessen seiner Anteilsinhaber, die damit nicht schutzlos sind.[30]

---

20) Kallmeyer-*Oppenhoff*, UmwG, § 32 Rz. 5; *Erkens/Thilo* in: KölnKomm-UmwG, § 32 Rz. 4. A. A. unter Hinweis auf ansonsten angeblich bestehende Schutzdefizite Widmann/Mayer-*Wälzholz*, UmwR, § 32 UmwG Rz. 5.

21) Henssler/Strohn-*Ca. Müller*, GesR, § 32 UmwG Rz. 1; Kallmeyer-*Oppenhoff*, UmwG, § 32 Rz. 5.

22) Kallmeyer-*Oppenhoff*, UmwG, § 32 Rz. 5 unter Verweis auf Begr. RegE UmRUG, BT-Drucks. 20/3822, S. 70 und 72.

23) So die ganz h. L. *Rieder* in: BeckOGK-UmwG, § 32 Rz. 10; Henssler/Strohn-*Ca. Müller*, GesR, § 32 UmwG Rz. 1; Lutter-*Grunewald*, UmwG, § 32 Rz. 2; Kallmeyer-*Oppenhoff*, UmwG, § 32 Rz. 5; *Erkens/Thilo* in: KölnKomm-UmwG, § 32 Rz. 3; Schmitt/Hörtnagl-*Mi. Winter*, UmwG/UmwStG, § 32 UmwG Rz. 4; Widmann/Mayer-*Wälzholz*, UmwR, § 32 UmwG Rz. 6.

24) Ausf. Kallmeyer-*Oppenhoff*, UmwG, § 32 Rz. 5 f. S. a. Widmann/Mayer-*Wälzholz*, UmwR, § 32 UmwG Rz. 6.

25) Kallmeyer-*Oppenhoff*, UmwG, § 32 Rz. 5. S. a. Widmann/Mayer-*Wälzholz*, UmwR, § 32 UmwG Rz. 6. A. A. *Stockburger* in: HK-UmwG, § 32 Rz. 14, allerdings zur Rechtslage vor dem UmRUG.

26) Begr. RegE UmRUG z. § 14 Abs. 2 UmwG, BT-Drucks. 20/3822, S. 95.

27) BGH, Urt. v. 18.12.2000 – II ZR 1/99 (MEZ), NJW 2001, 1425, 1427 = AG 2001, 301.

28) Vgl. *Erkens/Thilo* in: KölnKomm-UmwG, § 32 Rz. 5; Semler/Stengel/Leonard-*Gehling*, UmwG, § 32 Rz. 9.

29) Semler/Stengel/Leonard-*Gehling*, UmwG, § 32 Rz. 9 – „obiter dictum geäußerter Hinweis".

30) *Rieder* in: BeckOGK-UmwG, § 32 Rz. 10; Lutter-Grunewald, UmwG, § 32 Rz. 2; Semler/Stengel/Leonard-*Gehling*, UmwG, § 32 Rz. 9. S. ferner zur formwandelnden Umwandlung *Drescher* in: BeckOGK-SpruchG, § 5 Rz. 16.

§ 33
Anderweitige Veräußerung*)

Einer anderweitigen Veräußerung des Anteils durch einen Anteilsinhaber, der nach § 29 Adressat des Abfindungsangebots ist, stehen nach Fassung des Verschmelzungsbeschlusses bis zum Ablauf der in § 31 Satz 1 bestimmten Frist Verfügungsbeschränkungen bei den beteiligten Rechtsträgern nicht entgegen.

*) § 33 geändert durch Art. 1 des Gesetzes zur Umsetzung der Umwandlungsrichtlinie und zur Änderung weiterer Gesetze (UmRUG), v. 22.2.2023, BGBl. I 2023, Nr. 51; § 33 i. d. F. des UmwBerG geändert durch Art. 1 des Gesetzes zur Änderung des Umwandlungsgesetzes, des Partnerschaftsgesellschaftsgesetzes und anderer Gesetze (UmwGÄndG), v. 22.7.1998, BGBl. I 1998, 1878.

Literatur: *Neye*, Die Änderungen im Umwandlungsrecht nach den handels- und gesellschaftsrechtlichen Reformgesetzen in der 13. Legislaturperiode, DB 1998, 1649; *Reichert*, Folgen der Anteilsvinkulierung für Umstrukturierungen von Gesellschaften mit beschränkter Haftung und Aktiengesellschaften nach dem Umwandlungsgesetz 1995, GmbHR 1995, 176.

Übersicht

I. Entstehungsgeschichte

1 § 33 schützt die Vermögensposition der Anteilsinhaber des übertragenden Rechtsträgers, indem ihnen gestattet wird, ihre Anteile **trotz bestehender Verfügungsbeschränkungen** zu veräußern, anstatt die ihnen zu gewährende Barabfindung zu wählen. Dieses Recht ist beschränkt auf den Zeitraum zwischen Zustandekommen des (letzten) Verschmelzungsbeschlusses bis zum Ablauf von zwei Monaten nach dem Tag der Bekanntmachung der Eintragung der Verschmelzung in das Register des Sitzes des übernehmenden Rechtsträgers.

2 Vorbild für § 33 war § 375 Abs. 4 AktG in der bis 31.12.1994 geltenden Fassung.[1] Die Vorgängervorschrift galt für die Verschmelzung einer AG und über die Verweisung in § 388 AktG a. F. auch für die Verschmelzung einer KGaA auf eine GmbH. Der Anwendungsbereich von **§ 375 Abs. 4 AktG a. F.** wurde durch das UmwBerG[2] auf alle betroffenen Rechtsformen[3] erweitert. Ferner befreit § 33 anders als § 375 AktG a. F. nunmehr auch von gesetzlichen Verfügungsbeschränkungen.[4]

3 Seit Inkrafttreten des UmwBerG wurde § 33 zwei Mal geändert. Zum einen wurde die Vorschrift durch das **UmwGÄndG**[5] angepasst. Die Änderungen betrafen erstens den zeitlichen Anwendungsbereich, der vorverlagert wurde. Fristauslösender Umstand für die Befreiung von Verfügungsbeschränkungen wurde demnach die „Fassung des Verschmelzungsbeschlusses", wobei der Gesetzgeber hiermit den Beschluss des übertragenden Rechtsträgers

1) Begr. Fraktionsentwurf UmwBerG, BT-Drucks. 12/6699, S. 95 li. Sp.
2) Gesetz zur Bereinigung des Umwandlungsrechts (UmwBerG), v. 28.10.1994, BGBl. I 1994, 3210, in Kraft getreten am 1.1.1995.
3) Begr. Fraktionsentwurf UmwBerG, BT-Drucks. 12/6699, S. 95 li. Sp.
4) *Erkens/Thilo* in: KölnKomm-UmwG, § 33 Rz. 3.
5) Gesetz zur Änderung des Umwandlungsgesetzes, des Partnerschaftsgesellschaftsgesetzes und anderer Gesetze (UmwGÄndG), v. 22.7.1998, BGBl. I 1998, 1878.

meinte.[6] Zweitens stellte der Gesetzgeber klar,[7] dass Verfügungsbeschränkungen, unabhängig davon, ob sie auf Vertrag oder Gesetz beruhen, einer freien Veräußerung des Anteils nicht entgegenstehen. Drittens wurde der Anwendungsbereich sachlich insofern ausgedehnt, als nunmehr auch Verfügungsbeschränkungen beim übernehmenden Rechtsträger zeitweilig suspendiert werden.

Zum anderen wurde § 33 durch das **UmRUG**[8] novelliert. In persönlicher Hinsicht wurde klargestellt,[9] dass die Befreiung nur zugunsten von Anteilsinhabern gilt, die nach § 29 Adressaten des Abfindungsangebots sind. Zudem wurde die Frist für Veräußerungen eingeschränkt. Es wird seither ausschließlich auf § 31 Satz 1 verwiesen, weshalb die Befreiung von bestehenden Verfügungsbeschränkungen nur mehr bis zum Ablauf von zwei Monaten nach dem Tag der Bekanntmachung der Eintragung der Verschmelzung in das Register des Sitzes des übernehmenden Rechtsträgers gilt. Dabei ging der Gesetzgeber allerdings fehlsam davon aus, bis dato habe bei Einleitung eines Spruchverfahrens eine einheitliche, Jahre umspannende Frist für die Befreiung von Veräußerungsbeschränkungen gegolten.[10] Tatsächlich laufen bei Einleitung eines Spruchverfahrens für die Annahme des Angebots zwei Fristen (siehe dazu § 31 Rz. 12 [*Hoppe*]), was spiegelbildlich auch für die Veräußerungserleichterungen zutraf.[11] 4

II. Anwendungsbereich

Die Reichweite der durch § 33 gewährten Verfügungserleichterungen ist bislang nicht abschließend abgesteckt. Kontrovers diskutiert werden insbesondere der persönliche Anwendungsbereich der Regelung sowie ihre Anwendbarkeit auf Anteile an Personengesellschaften. 5

1. Persönlicher Anwendungsbereich

§ 33 nennt die Adressaten des Abfindungsangebots als erfassten Personenkreis. Demnach sind diejenigen Anteilsinhaber des übertragenden Rechtsträgers, die eine Barabfindung fordern können, zudem berechtigt, ihre Anteile ungeachtet bestehender Verfügungsbeschränkungen in dem von § 33 aufgespannten Rahmen zu veräußern (siehe zu den Voraussetzungen des Barabfindungsanspruchs i. E. § 29 Rz. 11 ff. [*Hoppe*]). Soweit früher vertreten wurde, auch die **Anteilsinhaber des übernehmenden Rechtsträgers** würden durch die Vorschrift privilegiert, ist diese Ansicht inzwischen aufgegeben worden;[12] ihr steht der eindeutige Wortlaut des § 33 entgegen, der durch das UmRUG insoweit noch einmal nachgeschärft wurde (siehe dazu oben Rz. 4).[13] 6

Umstritten bleibt hingegen, ob die Erleichterungen des § 33 es erfordern, dass der **Anteilsinhaber gegen den Verschmelzungsbeschluss votiert** hat, wie es nach hier befürworteter h. M. Voraussetzung für den Abfindungsanspruch ist (siehe § 29 Rz. 37 [*Hoppe*]). Die Mindermeinung, die ein solches Erfordernis beim Abfindungsanspruch nicht anerkennt, fordert ein dissentierendes Votum konsequenterweise auch nicht für die Befreiung von 7

6) S. Begr. RegE UmwGÄndG, BT-Drucks. 13/8808, S. 11 re. Sp.

7) So das Verständnis von Begr. RegE UmwGÄndG, BT-Drucks. 13/8808, S. 11 re. Sp.

8) Gesetz zur Umsetzung der Umwandlungsrichtlinie und zur Änderung weiterer Gesetze (UmRUG), v. 22.2.2023, BGBl. I 2023, Nr. 51.

9) Begr. RegE UmRUG, BT-Drucks. 20/3822, S. 72.

10) S. Begr. RegE UmRUG, BT-Drucks. 20/3822, S. 72. Wie hier Kallmeyer-*Oppenhoff*, UmwG, § 33 Rz. 1.

11) Henssler/Strohn-*Ca. Müller*, GesR, § 33 UmwG Rz. 9. Anders aber wohl *Erkens/Thilo* in: KölnKomm-UmwG, § 33 Rz, 20, und Schmitt/Hörtnagl-*Mi. Winter*, UmwG/UmwStG, § 33 UmwG Rz. 9.

12) So Lutter-*Grunewald*, UmwG, 6. Auflage 2019, § 33 Rz. 5, nunmehr aber anders in der 7. Aufl., § 33 Rz. 4.

13) Kallmeyer-*Oppenhoff*, UmwG, § 33 Rz. 1; *Erkens/Thilo* in: KölnKomm-UmwG, § 33 Rz. 12.

den Verfügungsbeschränkungen i. R. des § 33.[14] Doch auch von den Vertretern der h. M. verzichten nicht wenige hierauf.[15] Argumentiert wird insoweit, dass das ablehnende Votum dazu diene, den Kreis der Abfindungsberechtigten zu beschränken, um hierdurch einer finanziellen Überforderung des übernehmenden Rechtsträgers entgegenzuwirken. Macht der Anteilsinhaber des übertragenden Rechtsträgers von den Erleichterungen des § 33 Gebrauch und veräußert seine Anteile an einen Dritten, wird der übernehmende Rechtsträger hierdurch aber nicht belastet.[16] Dem ist nicht zu folgen.[17] Wie andernorts dargelegt (siehe § 29 Rz. 38 [*Hoppe*]), hat der Gesetzgeber die ungeschriebene Voraussetzung der ablehnenden Stimmabgabe beim Barabfindungsanspruch gebilligt und in sein Normverständnis aufgenommen. Mit der jüngsten Konkretisierung des persönlichen Anwendungsbereichs von § 33 durch das **UmRUG** wollte der Gesetzgeber verdeutlichen, dass das Recht zur freihändigen Veräußerung gemäß § 33 ausschließlich Anteilsinhabern zusteht, die nach § 29 UmwG zum Austritt gegen Barabfindung berechtigt sind[18] (siehe dazu bereits oben Rz. 4). Der vom Gesetzgeber demnach bezweckte Gleichlauf des Anwendungsbereichs von § 29 einerseits und von § 33 andererseits würde konterkariert, würde man bei § 33 auf das Erfordernis des ablehnenden Votums verzichten.[19]

2. Freigestellte Verfügungen

8 Sachlich erfasst § 33 lediglich die **Veräußerung** von Anteilen. Andere Formen der Verfügung über Anteile werden hingegen nicht von Verfügungsbeschränkungen freigestellt.[20] Das gilt selbst dann, wenn sie im Zusammenhang mit der Veräußerung vereinbart werden und den Veräußerer absichern sollen. Zu nennen sind z. B. ein Vorbehaltsnießbrauch aus Anlass einer vorweggenommenen Erbfolge oder die Rückverpfändung des Gesellschaftsanteils zur Absicherung eines teilweise gestundeten Kaufpreises.[21] Dies hat die Kautelarpraxis entsprechend zu beachten.

3. Veräußerbare Anteile

9 § 33 ist auf **Aktien** und **GmbH-Anteile** anwendbar. Gelten für diese statutarische Verfügungsbeschränkungen, werden sie bei Veräußerungen zeitweise suspendiert. Anders als die Satzung der AG (vgl. § 23 Abs. 5 Satz 1 AktG) kann der Gesellschaftsvertrag der GmbH die Übertragbarkeit der Anteile ganz ausschließen.[22] Wurde durch den Gesellschaftsvertrag, was in der Praxis sehr selten vorkommt, die Übertragbarkeit der Anteile ausgeschlossen, hilft § 33 hierüber entgegen einer bisweilen vertretenen Meinung ebenfalls hinweg.[23] Der Wortlaut von § 33 erwähnt zwar nur Verfügungsbeschränkungen, doch zeigen die Materialien, dass der Gesetzgeber in § 29 (siehe § 29 Rz. 24 [*Hoppe*]) und parallel hierzu ebenso

---

14) S. Kallmeyer-*Oppenhoff*, UmwG, § 29 Rz. 13 einerseits und § 33 Rz. 5 andererseits.
15) Namentlich Lutter-*Grunewald*, UmwG, § 33 Rz. 6; *Erkens/Thilo* in: KölnKomm-UmwG, § 33 Rz. 18
16) Ausf. *Erkens/Thilo* in: KölnKomm-UmwG, § 33 Rz. 18. Vgl. auch Lutter-*Grunewald*, UmwG, § 33 Rz. 6. Dagegen spielt der Aspekt der finanziellen Belastung nach Widmann/Mayer-*Wälzholz*, UmwR, § 33 UmwG Rz. 6, auch bei § 33 eine Rolle.
17) Ebenso *Rieder* in: BeckOGK-UmwG, § 33 Rz. 6; Henssler/Strohn-*Ca. Müller*, GesR, § 33 UmwG Rz. 2; Widmann/Mayer-*Wälzholz*, UmwR, § 33 UmwG Rz. 6.
18) Begr. RegE UmRUG, BT-Drucks. 20/3822, S. 72.
19) Henssler/Strohn-*Ca. Müller*, GesR, § 33 UmwG Rz. 2.
20) Henssler/Strohn-*Ca. Müller*, GesR, § 33 UmwG Rz. 8; *Erkens/Thilo* in: KölnKomm-UmwG, § 33 Rz. 4; Widmann/Mayer-*Wälzholz*, UmwR, § 33 UmwG Rz. 23.
21) Widmann/Mayer-*Wälzholz*, UmwR, § 33 UmwG Rz. 23.
22) Ganz h. M. s. *Möritz/Hell* in: BeckOGK-GmbHG, § 15 Rz. 22 m. w. N.
23) Henssler/Strohn-*Ca. Müller*, GesR, § 33 UmwG Rz. 4; Widmann/Mayer-*Wälzholz*, UmwR, § 33 UmwG Rz. 15; *Reichert*, GmbHR 1995, 176, 190. A. A. Lutter-*Grunewald*, UmwG, § 33 Rz. 2; Semler/Stengel/Leonard-*Kalss*, UmwG, § 33 Rz. 5.

in § 33 die mangelnde Übertragbarkeit erfassen wollte (siehe dazu auch Rz. 10).[24] Nicht übertragbar sind ferner **Genossenschaftsanteile**,[25] bei denen § 33 überdies durch § 90 Abs. 1 ausdrücklich ausgeschlossen wird.

Anteile an **Personengesellschaften** und Personenhandelsgesellschaften sind – vorbehaltlich einer anderweitigen Regelung im Gesellschaftsvertrag – grundsätzlich nicht übertragbar.[26] Daran hat sich durch das MoPeG[27] und das Inkrafttreten von § 711 Abs. 1 BGB n. F. zum 1.1.2024 nichts geändert. Gemäß dieser Regelung bedarf die Übertragung eines Gesellschaftsanteils der Zustimmung der anderen Gesellschafter. Damit kodifiziert die Vorschrift die schon vor Inkrafttreten des MoPeG geltende Rechtslage.[28] Der vor Inkrafttreten des MoPeG ausgetragene Streit, ob § 33 auch bei von Gesetzes wegen unübertragbaren Anteilen weiterhilft, hat sich sonach mitnichten erledigt.[29] Er ist mit der dies bejahenden Ansicht zu entscheiden.[30] Ausschlaggebend ist insoweit der Wille des historischen Gesetzgebers,[31] der bei der Novellierung von § 29 durch das UmwGÄndG ausdrücklich auf die gesetzliche Unveräußerlichkeit von Anteilen an Personengesellschaften Bezug nahm und diese durch die Gesetzesänderung in den Anwendungsbereich von § 29 einbeziehen wollte.[32] Dabei ging der Gesetzgeber von einem einheitlichen Anwendungsbereich von § 29 einerseits und § 33 andererseits aus, indem er bei § 33 auf die Begründung zu § 29 schlicht verwies.[33] Hingegen ist § 33 unstreitig anzuwenden, wenn der Gesellschaftsvertrag der Personen- bzw. Personenhandelsgesellschaft die Übertragung zulässt, jedoch an weitere Voraussetzungen – wie etwa die Zustimmung der anderen Gesellschafter – knüpft.[34] 10

4. Bei Übertragungen suspendierte Verfügungsbeschränkungen

Ebenso wie § 29 (siehe dort Rz. 24 ff. [*Hoppe*]) erfasst § 33 sowohl **gesetzliche** als auch **gesellschaftsvertragliche**[35] sowie nach hier vertretener Meinung nicht nur **dinglich** sondern zudem **schuldrechtlich** wirkende Verfügungsbeschränkungen (siehe § 29 Rz. 28 [*Hoppe*]), solange sie sich aus den Statuten ergeben.[36] Verfügungsbeschränkungen, denen sich der 11

---

24) Begr. RegE UmwGÄndG, BT-Drucks. 13/8808, S. 11.

25) Ganz h. M. s. *Merkel* in: Ellenberger/Bunte, BankR-Hdb., § 72 Rz. 162 m. w. N.; Lutter-*Grunewald*, UmwG, § 33 Rz. 2 m. Fn. 3.

26) *Schäfer* in: MünchKomm-BGB, § 711 Rz. 2.

27) Gesetz zur Modernisierung des Personengesellschaftsrechts (Personengesellschaftsrechtsmodernisierungsgesetz – MoPeG), v. 10.8.2021, BGBl. I 2021, 3436.

28) *Wilhelm* in BeckOGK-BGB, § 711 Rz. 10; *Schäfer* in: MünchKomm-BGB, § 711 Rz. 1.

29) So aber *Erkens/Thilo* in: KölnKomm-UmwG, § 33 Rz. 7; Schmitt/Hörtnagl-*Mi. Winter*, UmwG/UmwStG, § 33 UmwG Rz. 6. Nicht eindeutig Widmann/Mayer-*Wälzholz*, UmwR, § 33 UmwG Rz. 14 m. Fn. 40. Wie hier dagegen Lutter-*Grunewald*, UmwG, § 33 Rz. 2. S. a. Kallmeyer-*Oppenhoff*, UmwG, § 33 Rz. 4, und Henssler/Strohn-*Ca. Müller*, GesR, § 33 UmwG Rz. 5.

30) Henssler/Strohn-*Ca. Müller*, GesR, § 33 UmwG Rz. 5; *Erkens/Thilo* in: KölnKomm-UmwG, § 33 Rz. 5 ff.; Schmitt/Hörtnagl-*Mi. Winter*, UmwG/UmwStG, § 33 UmwG Rz. 6; Widmann/Mayer-*Wälzholz*, UmwR, § 33 UmwG Rz. 15. A. A. *Rieder* in: BeckOGK-UmwG, § 33 Rz. 8; Kallmeyer-*Oppenhoff*, UmwG, § 33 Rz. 4; Lutter-*Grunewald*, UmwG, § 33 Rz. 2; Semler/Stengel/Leonard-*Kalss*, UmwG, § 33 Rz. 5.

31) Henssler/Strohn-*Ca. Müller*, GesR, § 33 UmwG Rz. 5; Widmann/Mayer-*Wälzholz*, UmwR, § 33 UmwG Rz. 15.

32) Begr. RegE UmwGÄndG, BT-Drucks. 13/8808, S. 11.

33) Begr. RegE UmwGÄndG, BT-Drucks. 13/8808, S. 11 re. Sp.

34) Lutter-*Grunewald*, UmwG, § 33 Rz. 2; Kallmeyer-*Oppenhoff*, UmwG, § 33 Rz. 4; *Erkens/Thilo* in: KölnKomm-UmwG, § 33 Rz. 5.

35) Begr. RegE UmwGÄndG, BT-Drucks. 13/8808, S. 11.

36) Anders die h. L. *Rieder* in: BeckOGK-UmwG, § 33 Rz. 9; Lutter-*Grunewald*, UmwG, § 33 Rz. 9; Kallmeyer-*Oppenhoff*, UmwG, § 33 Rz. 4; *Erkens/Thilo* in: KölnKomm-UmwG, § 33 Rz. 9. Wie hier Henssler/Strohn-*Ca. Müller*, GesR, § 33 UmwG Rz. 6.

betroffene Gesellschafter qua **ergänzender schuldrechtlicher Vereinbarung** mit den übrigen Gesellschaftern – etwa in Form eines sog. Shareholders' Agreements oder einer Poolvereinbarung – unterworfen hat, werden dagegen nicht erfasst (siehe § 29 Rz. 27 [*Hoppe*]), selbst wenn es sich um Vereinbarungen handelt, an denen alle Gesellschafter beteiligt sind.[37] Vorerwerbsrechte, die es den übrigen Gesellschaftern gestatten, in den mit dem Dritten ausverhandelten Vertrag zu den dortigen Konditionen einzutreten, unterfallen – trotz des zur h. L. entgegengesetzten Ausgangspunkts – auch nach hier vertretener Ansicht nicht § 33.[38] Insoweit mangelt es an einer spürbaren Verfügungsbeschränkung. Deshalb ist der bisweilen unterbreitete Vorschlag, wonach die Gesellschafter des übertragenden Rechtsträgers zur Absicherung gegen eine freie Veräußerbarkeit bei einer Verschmelzung derartige Vorerwerbsrechte vereinbaren sollten,[39] zu unterstützen.[40]

12 Angesichts des Wortlauts von § 33, der von Rechtsträgern im Plural spricht, dispensiert die Regelung sowohl von Verfügungsbeschränkungen **beim übertragenden** als auch von solchen **beim übernehmenden Rechtsträger.**[41] Einer wortlautwidrigen Beschränkung des Anwendungsbereichs von § 33 auf Verfügungsbeschränkungen beim übernehmenden Rechtsträger[42] stehen die Gesetzeshistorie und der eindeutige Wille des Gesetzgebers entgegen. § 33 i. d. F. des UmwBerG befreite ebenso wie seine Vorgängerregelung § 375 Abs. 4 AktG a. F.[43] nur von Verfügungsbeschränkungen beim übertragenden Rechtsträger (siehe dazu schon Rz. 3). Bei der Änderung von § 33 durch das UmwGÄndG ging es dem Gesetzgeber darum, künftig zudem Verfügungsbeschränkungen beim übernehmenden Rechtsträger zu erfassen. Dabei bekräftigte er, dass Verfügungsbeschränkungen beim übertragenden Rechtsträger weiterhin von der Regelung erfasst werden.[44]

5. Zeitlicher Anwendungsbereich

13 Nach der Neufassung von § 33 durch das UmRUG (siehe dazu Rz. 4) werden Verfügungsbeschränkungen nur mehr im Zeitraum zwischen der Fassung des Verschmelzungsbeschlusses und dem Ablauf der in § 31 Satz 1 bestimmten Frist von zwei Monaten nach dem Tage, an dem die Eintragung der Verschmelzung in das Register des Sitzes des übernehmenden Rechtsträgers bekannt gemacht worden ist, außer Kraft gesetzt. Beginn der Frist ist nach unbestrittener Auffassung derjenige **Beschluss, der die Wirksamkeit des Verschmelzungsvertrages** herbeiführt, also der zeitlich letzte Verschmelzungsbeschluss.[45] Die Einmütigkeit im Schrifttum verwundert, ging doch der Gesetzgeber selbst von einem Fristbeginn ab Beschlussfassung des übertragenden Rechtsträgers aus (siehe auch schon Rz. 3).[46] Dennoch ist es richtig, auf **den letzten erforderlichen** Verschmelzungsbeschluss abzustellen.

37) *Rieder* in: BeckOGK-UmwG, § 33 Rz. 9; Kallmeyer-*Oppenhoff*, UmwG, § 33 Rz. 4.

38) Ebenso Henssler/Strohn-*Ca. Müller*, GesR, § 33 UmwG Rz. 6. S. zur h. L. *Erkens/Thilo* in: KölnKomm-UmwG, § 33 Rz. 10.

39) Kallmeyer-*Oppenhoff*, UmwG, § 33 Rz. 4.

40) Die Zulässigkeit ebenfalls bejahend Lutter-*Grunewald*, UmwG, § 33 Rz. 11; *Erkens/Thilo* in: KölnKomm-UmwG, § 33 Rz. 10.

41) Henssler/Strohn-*Ca. Müller*, GesR, § 33 UmwG Rz. 7; Lutter-*Grunewald*, UmwG, § 33 Rz. 10; *Erkens/Thilo* in: KölnKomm-UmwG, § 33 Rz. 15; Widmann/Mayer-Wälzholz, UmwR, § 33 UmwG Rz. 17 ff.

42) So aber Semler/Stengel/Leonard-*Kalss*, UmwG, § 33 Rz. 10. Krit. auch Schmitt/Hörtnagl-*Mi. Winter*, UmwG/UmwStG, § 33 UmwG Rz. 7, aber aus den nachfolgenden Gründen i. Erg. wie die h. L.

43) *Erkens/Thilo* in: KölnKomm-UmwG, § 33 Rz. 3.

44) Begr. RegE UmwGÄndG, BT-Drucks. 13/8808, S. 11 re. Sp.

45) *Rieder* in: BeckOGK-UmwG, § 33 Rz. 5; Henssler/Strohn-*Ca. Müller*, GesR, § 33 UmwG Rz. 9; Kallmeyer-*Oppenhoff*, UmwG, § 33 Rz. 2; *Erkens/Thilo* in: KölnKomm-UmwG, § 33 Rz. 13; Lutter-*Grunewald*, UmwG, § 33 Rz. 8.

46) Begr. RegE UmwGÄndG, BT-Drucks. 13/8808, S. 11 re. Sp.

Zum einen wurde in den Stellungnahmen zu § 33, die seiner Änderung durch das UmRUG vorausgingen, nicht wie nach der nun einhelligen Ansicht differenziert; vielmehr war – offenbar ohne tiefergehendes Problembewusstsein – pauschal von der Beschlussfassung der Anteilseignerversammlung die Rede.[47] Es kann daher nicht angenommen werden, dass sich der Gesetzgeber bewusst gegen die Lesart der heute allgemeinen Meinung gewandt hätte. Zum anderen ist das Wirksamwerden der Verschmelzung erst nach Zustandekommen des letzten erforderlichen Beschlusses in einem solchen Grade wahrscheinlich, der es rechtfertigen kann, den statutarisch manifestierten Willen der anderen Gesellschafter der beteiligten Rechtsträger, in ihrem Kreis keine von ihnen selbst ausgesuchten Personen zu dulden, zum Schutz der abfindungsberechtigten Anteilsinhaber zu übergehen.[48]

Vor Ablauf der durch § 33 gesetzten Frist müssen die zur Anteilsveräußerung notwendigen Willenserklärungen wirksam geworden und die **Verfügung vollzogen** sein.[49] Erfolgt die Anteilsveräußerung vor Beginn der Frist des § 33, ist sie schwebend unwirksam.[50] Erfolgt die Veräußerung unter einer **aufschiebenden Bedingung**, muss die Bedingung innerhalb der Frist des § 33 eintreten.[51] Dies ist für die Kautelarpraxis insofern bedeutsam, als Regelungen in Anteilskaufverträgen Marktstandard sind, wonach die Übertragung der Anteile unter der aufschiebenden Bedingung der Zahlung des Kaufpreises steht. Bei Veräußerungen im Anwendungsbereich von § 33 sollten daher alternative Maßnahmen zur **Absicherung des Kaufpreisanspruchs** erwogen werden. Eine Rückverpfändung des Gesellschaftsanteils scheidet insoweit allerdings aus, da Pfändungen durch § 33 gerade nicht freigestellt werden (siehe dazu schon oben Rz. 8).[52] Zulässig erscheint aber eine **auflösende Bedingung**, dass die Übertragung unwirksam wird, wenn nicht bis zu einem bestimmten Zeitpunkt der Kaufpreis gezahlt wurde. Nach zutreffender Ansicht hindern Vereinbarungen unter auflösenden Bedingungen nicht eine i. S. von § 33 fristgerechte Verfügung.[53] Das steht im Einklang mit dem Rechtsgedanken des § 158 Abs. 2 BGB, wonach das Rechtsgeschäft vor Eintritt der auflösenden Bedingung wirksam ist. Folgt man dem nicht, bleibt noch eine **Unterwerfung** des Käufers **unter die sofortige Zwangsvollstreckung** in sein Vermögen. Dabei ist das Erfordernis notarieller Beurkundung (vgl. § 794 Abs. 1 Nr. 5 ZPO) besonders zu beachten, wenn es sich nicht um GmbH-Anteile handelt, für deren Übertragung diese Formvorgabe wegen § 15 Abs. 3 GmbHG ohnehin einzuhalten ist. 14

Vor der Änderung von § 33 durch das UmRUG (siehe dazu Rz. 4) galt mit der Frist des § 31 Satz 2 meist noch eine **zweite Frist**, während der Verfügungen über Anteile unter Befreiung von diesbezüglichen Beschränkungen möglich waren. Bei **Durchführung eines Spruchverfahrens** waren privilegierte Verfügungen auch noch binnen zwei Monaten nach dem Tag der Bekanntmachung der Entscheidung im Bundesanzeiger gestattet (siehe zu Einzelheiten § 31 Rz. 8 ff. [*Hoppe*]). Dies bedeutete angesichts der Dauer von Spruchverfahren von nicht selten mehr als zehn Jahren eine deutliche Ausweitung der Phase der Un- 15

47) Goutier/Knopf/Tulloch-*Bermel*, UmwR, § 33 UmwG Rz. 6; *Reichert*, GmbHR 1995, 176, 189. S. a. *Neye*, DB 1998, 1649, 1652.

48) Vgl. *Rieder* in: BeckOGK-UmwG, § 33 Rz. 5; Lutter-*Grunewald*, UmwG, § 33 Rz. 8.

49) Henssler/Strohn-*Ca. Müller*, GesR, § 33 UmwG Rz. 9; Widmann/Mayer-*Wälzholz*, UmwR, § 33 UmwG Rz. 22. Vgl. auch Lutter-*Grunewald*, UmwG, § 33 Rz. 8.

50) Vgl. zu Anteilsveräußerungen vor Abschluss eines Spruchverfahrens nach § 33 a. F. Widmann/Mayer-*Wälzholz*, UmwR, § 33 UmwG Rz. 22; Schmitt/Hörtnagl-*Mi. Winter*, UmwG/UmwStG, § 33 UmwG Rz. 9. A. A. Lutter-*Grunewald*, UmwG, § 33 Rz. 8 – zuvor erfolgte Verfügungen werden nur dann wirksam, wenn sie unter einer entsprechenden aufschiebenden Bedingung standen.

51) Widmann/Mayer-*Wälzholz*, UmwR, § 33 UmwG Rz. 22; Lutter-*Grunewald*, UmwG, § 33 Rz. 8. Vgl. auch Henssler/Strohn-*Ca. Müller*, GesR, § 33 UmwG Rz. 9.

52) Vgl. Widmann/Mayer-*Wälzholz*, UmwR, § 33 UmwG Rz. 23.

53) Lutter-*Grunewald*, UmwG, § 33 Rz. 8; Widmann/Mayer-*Wälzholz*, UmwR, § 33 UmwG Rz. 22.

sicherheit hinsichtlich der Zusammensetzung des Kreises der Anteilsinhaber des übernehmenden Rechtsträgers.[54] § 33 a. F. ist anzuwenden, wenn die **Verschmelzung vor dem 1.3.2023 eingetragen** worden ist oder nach der Übergangsregelung § 355 Abs. 1, wenn der Verschmelzungsvertrag vor diesem Datum geschlossen, die Eintragung bis zum 31.12.2023 angemeldet und eine Durchführung nach den bisherigen Vorschriften vereinbart wurde. Für die Praxis bedeutet dies, dass die zweite Frist in vielen **Altfällen** noch immer gilt, in denen – wie es die Regel ist – eine angebotene Abfindung gemäß § 34 gerichtlich überprüft wird.[55]

54) Widmann/Mayer-*Wälzholz*, UmwR, § 33 UmwG Rz. 22; Semler/Stengel/Leonard-*Kalss*, UmwG, § 33 Rz. 11 m. Fn. 20.

55) Zum Ganzen Henssler/Strohn-*Ca. Müller*, GesR, § 33 UmwG Rz. 9.

§ 34
Gerichtliche Nachprüfung der Abfindung*)

[1]Macht ein Anteilsinhaber geltend, daß eine im Verschmelzungsvertrag oder in seinem Entwurf bestimmte Barabfindung, die ihm nach § 29 anzubieten war, nicht angemessen sei, so hat auf seinen Antrag das Gericht nach den Vorschriften des Spruchverfahrensgesetzes die angemessene Barabfindung zu bestimmen. [2]Das gleiche gilt, wenn die Barabfindung nicht oder nicht ordnungsgemäß angeboten worden ist.

*) § 34 geändert durch Art. 1 des Gesetzes zur Umsetzung der Umwandlungsrichtlinie und zur Änderung weiterer Gesetze (UmRUG), v. 22.2.2023, BGBl. I 2023, Nr. 51; § 34 i. d. F. des UmwBerG geändert durch Art. 4 des Gesetzes zur Neuordnung des gesellschaftsrechtlichen Spruchverfahrens (Spruchverfahrensneuordnungsgesetz), v. 12.6.2003, BGBl. I 2003, 838.

Literatur: *Bayer/J. Schmidt*, Wer ist mit welchen Anteilen bei Strukturveränderungen abfindungsberechtigt?, ZHR 178 (2014), 150; *Bungert/Mennicke*, BB-Gesetzgebungsreport: Das Spruchverfahrensneuordnungsgesetz, BB 2003, 2021; *Wasmann*, Anforderungen an die Zulässigkeit eines Antrags nach den Spruchverfahrensgesetz und Auswirkungen der (Un-)Zulässigkeit, WM 2004, 819.

Übersicht

I. Entstehungsgeschichte

1 § 34 ist das **prozessuale Gegenstück zu § 32**. § 32 schließt Klagen gegen den Verschmelzungsbeschluss, die darauf gestützt werden, dass das Barabfindungsangebot nicht oder nicht ordnungsgemäß erfolgt oder nicht angemessen ist, aus (siehe § 32 Rz. 4 ff. [*Hoppe*]). Für diese Rügen eröffnet § 34 das **Spruchverfahren**. § 34 geht auf § 375 Abs. 2 und 3 AktG a. F. zurück, auf den nach altem Recht in § 33 Abs. 3 KapErhG[1] für die Verschmelzung einer AG auf eine GmbH verwiesen wurde.[2] Weitere Vorläufer waren die §§ 13 und 15 Abs. 1 UmwG 1969[3].

1) Gesetz über die Kapitalerhöhung aus Gesellschaftsmitteln und über die Gewinn- und Verlustrechnung (KapErhG), v. 23.12.1959, BGBl. I 1959, 789 ff.

2) Vgl. Begr. Fraktionsentwurf UmwBerG, BT-Drucks. 12/6699, S. 95 re. Sp.

3) Gesetz zur Neufassung des Umwandlungsgesetzes, v. 6.11.1969, BGBl. I 1969, 2081.

§ 34 wurde seit Inkrafttreten des Umwandlungsgesetzes 1995 zwei Mal nur unwesentlich geändert. Zum einen wurde im Zuge des Spruchverfahrensneuordnungsgesetzes[4] ein Hinweis auf das neu geschaffene SpruchG eingefügt. Zum anderen wurde durch das Gesetz zur Umsetzung der Umwandlungsrichtlinie[5] die Terminologie an die der Gesellschaftsrechtsrichtlinie[6] angepasst. Seitdem ist statt vom „zu niedrig bemessenen" vom „nicht angemessenen" Angebot die Rede. Nach Aussage des Gesetzgebers war hiermit keine inhaltliche Änderung verbunden.[7] 2

II. Erfasste Rügen

Aufgrund des engen systematischen Zusammenhangs mit § 32 ist der Antrag nach § 34 stets statthaft, wenn die **Klage gegen den Verschmelzungsbeschluss nach § 32** ausgeschlossen ist. Im Einzelnen sind das die Fälle des fehlenden, des nicht angemessenen und des nicht ordnungsgemäßen Angebots einer nach § 29 obligatorischen Barabfindung (siehe § 32 Rz. 4 ff. [*Hoppe*]). Verletzt der übertragende Rechtsträger im Zuge des Angebots ihm obliegende Informationspflichten, sind entsprechende Rügen ebenfalls im Spruchverfahren vorzutragen. 3

III. Antragsberechtigung (§ 34 Satz 1 und 2)

Antragsberechtigt sind grundsätzlich nur die Anteilsinhaber des übertragenden, nicht aber auch solche des übernehmenden Rechtsträgers (siehe § 32 Rz. 7 [*Hoppe*]).[8] In Bezug auf die Anteilsinhaber des übertragenden Rechtsträgers richtet sich die Antragsberechtigung danach, ob ihnen gemäß § 29 ein **Anspruch auf Barabfindung** zusteht, § 3 Abs. 1 Satz 1 Nr. 4 i. V. m. § 1 Nr. 5 SpruchG. Das erfordert nach hier vertretener Ansicht neben den materiellen Voraussetzungen des § 29, dass der Anteilsinhaber – außer in den Fällen des § 29 Abs. 2 – Widerspruch zur Niederschrift eingelegt und gegen den Verschmelzungsbeschluss gestimmt hat (siehe § 29 Rz. 33 ff. [*Hoppe*]).[9] 4

Eine weitere Konkretisierung der Antragsberechtigung enthält § 3 Abs. 1 Satz 2 Halbs. 1 SpruchG. Danach liegt die Antragsberechtigung nur vor, wenn der Antragsteller zum **Zeitpunkt der Antragstellung Anteilsinhaber** ist. Der Wortlaut der Vorschrift lässt offen, ob das Halten von Anteilen am übertragenden oder am übernehmenden Rechtsträger ausschlaggebend ist. Wurde die Verschmelzung bei Antragstellung **noch nicht im Register eingetragen**, ist die Anteilsinhaberschaft **beim übertragenden Rechtsträger** maßgeblich. Mit Vollzug der Verschmelzung verlieren die Anteilsinhaber des übertragenden Rechtsträgers gemäß § 20 Abs. 1 Nr. 3 UmwG ihre Anteile am übertragenden und erhalten Anteile am übernehmenden Rechtsträger. Nach den Gesetzesmaterialien zum SpruchG sollen alsdann die **Anteilsinhaber des übernehmenden Rechtsträgers** antragsberechtigt sein.[10] 5

Dies ist sicherlich zutreffend, bedarf allerdings einer **Einschränkung** insofern, als selbstverständlich nicht alle Anteilsinhaber des übernehmenden Rechtsträgers antragsberechtigt 6

4) Gesetz zur Neuordnung des gesellschaftsrechtlichen Spruchverfahrens (Spruchverfahrensneuordnungsgesetz), v. 12.6.2003, BGBl. I 2003, 838.

5) Gesetz zur Umsetzung der Umwandlungsrichtlinie und zur Änderung weiterer Gesetze (UmRUG), v. 22.2.2023, BGBl. I 2023, Nr. 51.

6) Richtlinie (EU) 2017/1132 des EU Parlaments und des Rates v. 14.6.2017 über bestimmte Aspekte des Gesellschaftsrechts (Gesellschaftsrechtsrichtlinie), ABl. (EU) L 169/46 v. 30.6.2017.

7) Begr. RegE UmRUG, BT-Drucks. 20/3822, S. 72.

8) Begr. RegE UmRUG, BT-Drucks. 20/3822, S. 72.

9) Ebenso Lutter-*Grunewald*, UmwG, § 34 Rz. 2; *Erkens/Thilo* in: KölnKomm-UmwG, § 34 Rz. 4; *Bayer/J. Schmidt*, ZHR 178 (2014), 150, 168.

10) Beschlussempfehlung und Bericht d. RA z. RegE Spruchverfahrensneuordnungsgesetz, BT-Drucks. 15/838, S. 16 re. Sp.

sind, insbesondere nicht die, die bereits vor Wirksamwerden der Verschmelzung Anteile am übernehmenden Rechtsträger hielten. Antragsberechtigt sind nach Vollzug der Verschmelzung vielmehr **nur solche Anteilsinhaber** des übernehmenden Rechtsträgers, die ihre Anteile im Zuge der Umwandlung für die Anteile des übertragenen Rechtsträgers erhalten haben.[11] Einer teleologischen Auslegung von § 3 Abs. 1 Satz 2 Halbs. 1 SpruchG bedarf es dazu nicht.[12] Vielmehr ergibt sich bereits aus § 3 Abs. 1 Satz 1 Nr. 4 i. V. m. § 1 Nr. 5 SpruchG, dass die Alt-Anteilsinhaber des übernehmenden Rechtsträgers nicht antragsbefugt sind.

7 **Anteilsveräußerungen** in dem Zeitraum **nach dem Beschluss** über die Verschmelzung **bis zur Antragstellung im Spruchverfahren** werfen im Hinblick auf den Anspruch auf Abfindung und damit auch die Antragsberechtigung im Spruchverfahren schwierige Rechtsfragen auf, die in Rechtsprechung und Lehre uneinheitlich beantwortet werden. Ausschlaggebend für die Lösung dieser Zweifelsfälle ist die Antwort auf die vorgelagerte Frage, ob die Erklärung eines **Widerspruchs** und das nach hier vertretener Meinung zu fordernde Votum gegen den Verschmelzungsbeschluss als Voraussetzungen des Abfindungsanspruchs (siehe § 29 Rz. 33 ff. [*Hoppe*]) dem Erwerber der Anteile zugerechnet werden können. Dies würde voraussetzen, dass die Abfindungsberechtigung entweder Teil des Anteilsrechts würde oder als selbstständiges Recht daneben treten und auf dieses Weise verkehrsfähig würde. Richtigerweise ist das abzulehnen.[13] Insbesondere handelt es sich bei der Abfindungsberechtigung **nicht um eine Fruchtziehung**, die nach § 101 Nr. 2 Halbs. 1 BGB selbstständige Ansprüche begründen würde.[14] Das Abfindungsrecht ist kein selbstständiges neben den Anteil tretendes Recht, wie es von § 99 Abs. 2 BGB vorausgesetzt wird, sondern ist darauf gerichtet, den Anteil und damit das **Stammrecht gegen Abfindung einzutauschen.**[15] Eine Analogie zu § 101 Nr. 2 Halbs. 1 BGB ist mangels Schutzbedürftigkeit der Beteiligten abzulehnen.[16] Der Veräußerer sichert sich durch die Veräußerung der Anteile den wirtschaftlichen Wert, den er ihnen zumisst und für angemessen hält.[17] Der Erwerber weiß aufgrund der Veröffentlichung des Verschmelzungsvertrags entweder, dass mit der Verschmelzung eine Beeinträchtigung der Rechte aus den Anteilen einhergeht, oder muss es sich jedenfalls entgegenhalten lassen.[18]

8 Auf der soeben erläuterten rechtlichen Basis sind die Zweifelsfragen bei **Veräußerungen** von Anteilen zwischen Beschluss und Antragstellung und ihre Auswirkungen auf Barabfindungsansprüche sowie Antragsbefugnis im Spruchverfahren wie folgt zu beantworten:

– Weder der Veräußerer (mangels Anteilen) noch der Erwerber (mangels persönlicher Voraussetzungen des Abfindungsrechts) sind abfindungs- und antragsberechtigt.[19]

---

11) Kallmeyer-*Oppenhoff*, UmwG, § 34 Rz. 2; *Erkens/Thilo* in: KölnKomm-UmwG, § 34 Rz. 6; *Bungert/Mennicke*, BB 2003, 2021, 2025; Lutter-*Mennicke*, UmwG, § 3 SpruchG Rz. 6 m. w. N. S. zu § 15 Abs. 1 UmwG a. F. auch OLG München, Beschl. v. 26.7.2012 – 31 Wx 250/11, AG 2012, 749, 750 = NZG 2012, 1432.

12) So aber *Erkens/Thilo* in: KölnKomm-UmwG, § 34 Rz. 6.

13) Grundlegend *Bayer/J. Schmidt*, ZHR 178 (2014), 150, 153 ff.

14) *Bayer/J. Schmidt*, ZHR 178 (2014), 150, 158 ff.

15) *Bayer/J. Schmidt*, ZHR 178 (2014), 150, 158.

16) *Bayer/J. Schmidt*, ZHR 178 (2014), 150, 158 f.

17) Vgl. *Bayer/J. Schmidt*, ZHR 178 (2014), 150, 166.

18) Vgl. *Bayer/J. Schmidt*, ZHR 178 (2014), 150, 159.

19) LG Dortmund, Beschl. v. 3.5.2004 – 20 O 50/04 AktG (Flender), AG 2004, 623 = DB 2004, 1355 – für den Formwechsel; *Erkens/Thilo* in: KölnKomm-UmwG, § 34 Rz. 5; *Koch*, AktG, § 3 SpruchG Rz. 4; *Krenek* in: MünchKomm-AktG, § 3 SpruchG Rz. 22; Happ/Bednarz-*Möhrle*, UmwR, Muster 6.05 Rz. 4.11; *Bayer/J. Schmidt*, ZHR 178 (2014), 150, 168 f.; *Wasmann*, WM 2004, 819, 822. A. A. Erwerber abfindungsbefugt: Widmann/Mayer-*Wälzholz*, UmwR, § 34 UmwG Rz. 15; Schmitt/Hörtnagl-*Hörtnagl*, UmwG/UmwStG, § 3 SpruchG Rz. 5; *Drescher* in: BeckOGK-SpruchG, § 3 Rz. 14.

- Besitzt ein Anteilsinhaber Anteile, für die er abfindungsberechtigt ist, und erwirbt weitere hinzu, ist er selbst mit den Anteilen, für die der Veräußerer abfindungsberechtigt war, nicht abfindungsberechtigt und damit auch nicht antragsbefugt.[20)]
- Veräußert der Anteilsinhaber Anteile, aus denen er abfindungsberechtigt ist, und erwirbt stattdessen andere Anteile, deren Inhaber abfindungsberechtigt ist, besitzt ersterer keine Abfindungsansprüche und ist demzufolge nicht im Spruchverfahren antragsberechtigt.

Wie oben (siehe Rz. 7) erläutert, stellt das Abfindungsrecht **kein selbstständiges Recht** 9 dar; es ist daher entgegen einer teilweise vertretenen Meinung nicht verkehrsfähig und damit nicht gesondert übertragbar.[21)] Etwas anderes gilt erst ab Annahme des Abfindungsangebots.[22)] Fortan verbriefen über die Anteile ausgestellte Urkunden den Anspruch auf Barabfindung. Mit Annahme des Angebots entfällt jedoch die Berechtigung des Anteilsinhabers, ein Spruchverfahren einzuleiten.[23)] Endet ein Spruchverfahren mit der Erhöhung der Abfindung, wirkt dies gemäß § 13 Satz 2 SpruchG auch zugunsten der Anteilsinhaber, die das Angebot vordem angenommen haben.[24)]

Die Antragsberechtigung kann auf den Erwerber im Wege der **Universalsukzession** insbe- 10 sondere in Erbschaftsfällen übergehen.[25)] Der Rechtsnachfolger tritt vollumfänglich in die Position des vormaligen Anteilsinhabers ein.[26)] Darüber hinaus ist dieses Ergebnis aufgrund der Interessenlage der Beteiligten geboten. Alsdann fehlt es an einer Übertragung der Anteile gegen angemessene Gegenleistung. Der Erwerber trifft zudem meist keine bewusste Entscheidung zum Erwerb von Anteilen des übernehmenden Rechtsträgers.

Werden die Anteile während eines bereits **laufenden Spruchverfahrens** übertragen, wendet 11 die h. M. § 265 Abs. 2 ZPO entsprechend an.[27)] Der Anteilserwerber kann danach berechtigt sein, anstelle des Veräußerers ohne dessen Zustimmung in das Verfahren einzutreten.[28)] Andere nehmen an, der bisherige Anteilsinhaber fungiere als Verfahrensstandschafter für den neuen Anteilsinhaber.[29)] Stets zu fordern ist allerdings ein Rechtsschutzbedürfnis der Beteiligten an der Fortführung des Verfahrens.[30)] Das wird man nach der hier vertretenen

20) *Bayer/J. Schmidt*, ZHR 178 (2014), 150, 164 ff.

21) Grundlegend *Bayer/J. Schmidt*, ZHR 178 (2014), 150, 153 ff. A. A. Happ/Bednarz-*Möhrle*, UmwR, Muster 6.05 Rz. 4.11; *Erkens/Thilo* in: KölnKomm-UmwG, § 29 Rz. 2; Semler/Stengel/Leonard-*Kalss*, UmwG, § 29 Rz. 1, sowie Kallmeyer-*Oppenhoff*, UmwG, § 29 Rz. 21, unter Bezugnahme auf OLG Jena, Urt. v. 22.12.2004 – 7 U 391/03 (Jenoptik), AG 2005, 619 ff. = NZG 2005, 375 – zur Abfindung nach § 305 AktG. Der Ansicht des OLG Jena, wonach der Abfindungsanspruch aus § 305 AktG selbstständig übertragbar sei, hat der BGH aber im weiteren Verfahrensverlauf widersprochen, siehe BGH, Urt. v. 8.5.2006 – II ZR 27/05 (Jenoptik), ZIP 2006, 1392 ff. = NZG 2006, 623

22) Schmitt/Hörtnagl-*Winter*, UmwG/UmwStG, § 29 UmwG Rz. 18.

23) Lutter-*Grunewald*, UmwG, § 34 Rz. 2; Kallmeyer-*Oppenhoff*, UmwG, § 34 Rz. 4; *Erkens/Thilo* in: KölnKomm-UmwG, § 34 Rz. 7; Widmann/Mayer-*Wälzholz*, UmwR, § 34 UmwG Rz. 16.

24) Lutter-*Grunewald*, UmwG, § 34 Rz. 2; Kallmeyer-*Oppenhoff*, UmwG, § 34 Rz. 4; *Erkens/Thilo* in: KölnKomm-UmwG, § 34 Rz. 7.

25) LG Dortmund, Beschl. v. 3.5.2004 – 20 O 50/04 AktG (Flender), AG 2004, 623 = DB 2004, 1355 – für den Formwechsel; *Erkens/Thilo* in: KölnKomm-UmwG, § 34 Rz. 5; Semler/Stengel/Leonard-*Kalss*, UmwG, § 34 Rz. 13; *Krenek* in: MünchKomm-AktG, § 3 SpruchG Rz. 22; *Theusinger/Deckers* in: HK-AktG, § 3 SpruchG Rz. 8; Happ/Bednarz-*Möhrle*, UmwR, Muster 6.05 Rz. 4.11.

26) Vgl. Emmerich/Habersack-*Emmerich*, Aktien- und GmbH-Konzernrecht, § 3 SpruchG Rz. 9.

27) OLG Stuttgart, Beschl. v. 19.3.2008 – 20 W 3/06, Rz. 23 ff. m. w. N., ZIP 2008, 2020 = BeckRS 2008, 12675; LG Dortmund, Beschl. v. 3.5.2004 – 20 O 50/04 AktG (Flender), AG 2004, 623 = DB 2004, 1355 – beide für den Formwechsel; *Krenek* in: MünchKomm-AktG, § 3 SpruchG Rz. 23; *Wasmann* in: KölnKomm-AktG, § 3 SpruchG Rz. 6; Happ/Bednarz-*Möhrle*, UmwR, Muster 6.05 Rz. 4.11.

28) *Drescher* in BeckOGK-SpruchG, § 3 Rz. 26; *Koch*, AktG, § 3 SpruchG Rz. 5a.

29) Vgl. Emmerich/Habersack-*Emmerich*, Aktien- und GmbH-Konzernrecht, § 3 SpruchG Rz. 9, 17.

30) OLG Stuttgart, Beschl. v. 19.3.2008 – 20 W 3/06, Rz. 27 ff. m. w. N., ZIP 2008, 2020 = BeckRS 2008, 12675 – für den Formwechsel; *Drescher* in: BeckOGK-SpruchG, § 3 Rz. 26; Emmerich/Habersack-*Emmerich*, Aktien- und GmbH-Konzernrecht, § 3 SpruchG Rz. 9.

Ansicht bei einer Veräußerung der Anteile während des laufenden Spruchverfahrens grundsätzlich abzulehnen haben. Wie dargelegt (oben Rz. 7), **verliert der bisherige Anteilsinhaber** bei einer Veräußerung der Anteile **seine Abfindungsberechtigung**. Der Erwerber ist nach Veräußerung ebenso wenig abfindungsberechtigt. Etwas anderes gilt nach hier vertretener Ansicht bei der Universalsukzession, wenn die Abfindungsberechtigung auf den Erwerber übergeht (siehe dazu oben Rz. 10), sowie dann, wenn der Veräußerer vor der Veräußerung bereits die Annahme des Abfindungsangebots erklärt hat (siehe dazu oben Rz. 9). Das Rechtschutzbedürfnis folgt sodann aus § 13 Satz 2 SpruchG.[31)]

IV. Antragsfrist

12 Nach § 4 Abs. 1 Satz 1 Nr. 5 SpruchG können die Antragsberechtigten den Antrag nach § 34 innerhalb von **drei Monaten** seit dem Tag, an dem die Umwandlung wirksam geworden ist, stellen. Maßgeblich ist also die **Eintragung** im Handelsregister des **aufnehmenden Rechtsträgers**. Bis zum Inkrafttreten des UmRUG kam es insoweit noch auf die Bekanntmachung der Eintragung an.[32)] Vor Inkrafttreten des SpruchG existierte keine Antragsfrist für das Spruchverfahren. Aufgrund der Zwei-Monats-Frist für die Annahme des Angebots auf Barabfindung gemäß § 31 waren die Anteilsinhaber gezwungen, den Antrag binnen dieser kürzeren Frist zu stellen.[33)]

13 Die Fristberechnung bestimmt sich nach den §§ 187 Abs. 1, 188 Abs. 2 BGB i. V. m. § 222 Abs. ZPO, § 16 Abs. 2 FamFG.[34)] Danach **beginnt** die Frist am Tag nach Wirksamwerden der Verschmelzung und **endet** mit Ablauf des nächsten Werktags, wenn das Fristende auf einen Sonntag, Sonnabend oder Feiertag fällt.[35)] Während der Dreimonatsfrist ist der Antrag auch zu begründen. Die näheren Einzelheiten gibt § 4 Abs. 2 SpruchG vor.

---

31) Vgl. *Wasmann* in: KölnKomm-AktG, § 3 SpruchG Rz. 7.
32) *Erkens/Thilo* in: KölnKomm-UmwG, § 34 Rz. 8 m. Fn. 16.
33) Begr. Fraktionsentwurf UmwBerG, BT-Drucks. 12/6699, S. 95 re. Sp.; *Rieder* in: BeckOGK-UmwG, § 34 Rz. 3; *Erkens/Thilo* in: KölnKomm-UmwG, § 34 Rz. 8.
34) *Drescher* in: BeckOGK-SpruchG, § 4 Rz. 8.
35) *Koch*, AktG, § 4 SpruchG, Rz. 3.

§ 35

Bezeichnung unbekannter Aktionäre; Ruhen des Stimmrechts*)

[1]Unbekannte Aktionäre einer übertragenden Aktiengesellschaft oder Kommanditgesellschaft auf Aktien sind im Verschmelzungsvertrag, bei Anmeldungen zur Eintragung in ein Register oder bei der Eintragung in eine Liste von Anteilsinhabern durch die Angabe des insgesamt auf sie entfallenden Teils des Grundkapitals der Gesellschaft und der auf sie nach der Verschmelzung entfallenden Anteile zu bezeichnen, soweit eine Benennung der Anteilsinhaber für den übernehmenden Rechtsträger gesetzlich vorgeschrieben ist; eine Bezeichnung in dieser Form ist nur zulässig für Anteilsinhaber, deren Anteile zusammen den zwanzigsten Teil des Grundkapitals der übertragenden Gesellschaft nicht überschreiten. [2]Werden solche Anteilsinhaber später bekannt, so sind Register oder Listen von Amts wegen zu berichtigen. [3]Bis zu diesem Zeitpunkt kann das Stimmrecht aus den betreffenden Anteilen in dem übernehmenden Rechtsträger nicht ausgeübt werden.

*) § 35 i. d. F. des UmwBerG geändert durch Art. 1 des Zweiten Gesetzes zur Änderung des Umwandlungsgesetzes (2. UmwGÄndG), v. 19.4.2007, BGBl. I 2007, 542.

Literatur: *Bandehzadeh*, Zur Zulässigkeit gesellschaftsvertraglicher Handelsregistervollmachten bei Personenhandelsgesellschaften, DB 2003, 1663; *Bayer/Horner/Möller*, Bedeutung und Grenzen der Legitimationswirkung der Gesellschafterliste gem. § 16 Abs. 1 Satz 1 GmbHG, GmbHR 2022, 1; *Drinhausen*, Regierungsentwurf eines Zweiten Gesetzes zur Änderung des Umwandlungsgesetzes – ein Gewinn für die Praxis, BB 2006, 2313; *DAV (Handelsrechtsausschuss)*, Vorschläge des Handelsrechtsausschusses des Deutschen Anwaltvereins e. V. zur Änderung des UmwG, NZG 2000, 802; *Mülbert/Sajnovits*, Grenzen der Legitimationswirkung des § 16 Abs. 1 GmbHG in Missbrauchsfällen, GmbHR 2021, 68; *Wied*, Der Umgang mit unbekannten Minderheitsaktionären nach einem Formwechsel in eine GmbH, GmbHR 2016, 15; *Wiersch*, Die Vermutungswirkung von Gesellschafterliste und Aktienregister, ZGR 2015, 591.

Übersicht

I. Entstehungsgeschichte

Vorgängerregelungen zu § 35 waren § 33 Abs. 2 Satz 3 KapErhG[1)] sowie § 371 Abs. 1 Satz 3 AktG in der bis 31.12.1994 geltenden Fassung, der wiederum mit § 264 Abs. 1 Satz 3 AktG 1937[2)] einen Vorläufer hatte. Die Regelungen sahen bei der Verschmelzung auf bzw. bei dem Formwechsel einer AG – und über § 388 AktG a. F. auch einer KGaA – in eine GmbH vor, dass unbekannte Aktionäre bei der Anmeldung der Umwandlungsmaßnahme in der einzureichenden Gesellschafterliste unter Bezeichnung der Aktienurkunde und des auf die Aktie entfallenden Geschäftsanteils anzugeben waren. 1

§ 35 wurde durch das **2. UmwGÄndG**[3)] in der Weise geändert, dass die bis dahin erforderliche Angabe von Aktienurkunden für unbekannte Aktionäre entfiel. Seitdem können unbekannte Aktionäre in einem **Sammelvermerk** zusammengefasst werden, der den insgesamt auf sie entfallenden Teil des Grundkapitals der übertragenden Gesellschaft und die auf sie nach der Verschmelzung entfallenden Anteile angibt. Der Sammelvermerk ist allerdings nur für Anteilsinhaber zulässig, deren Anteile zusammen maximal 5 % des Grundkapitals der übertragenden Gesellschaft ausmachen. Der Gesetzgeber ist dabei Stimmen aus der Praxis gefolgt,[4)] die die bis dato geltende Gesetzlage als unbefriedigend kritisiert hatten.[5)] Hintergrund ist, dass sich die Aktien häufig, insbesondere bei börsengehandelten Gesellschaften, in Girosammelverwahrung befinden und keine Einzelurkunden über Aktien ausgestellt werden. Dazu wird regelmäßig in der Satzung der Anspruch des Aktionärs auf Einzelverbriefung ausgeschlossen, was § 10 Abs. 5 AktG gestattet.[6)] 2

1) Gesetz über die Kapitalerhöhung aus Gesellschaftsmitteln und über die Gewinn- und Verlustrechnung (KapErhG), v. 23.12.1959, BGBl. I 1959, 789 ff. Auf diese Regelung nimmt Begr. Fraktionsentwurf UmwBerG, BT-Drucks. 12/6699, S. 95 re. Sp. ausdrücklich Bezug.

2) Gesetz über Aktiengesellschaften und Kommanditgesellschaften auf Aktien (AktG), v. 30.1.1937, RGBl. I 1937, 107, 160 li. Sp.

3) Zweites Gesetz zur Änderung des Umwandlungsgesetzes (2. UmwGÄndG), v. 19.4.2007, BGBl. I 2007, 542.

4) Begr. RegE z. 2. UmwGÄndG, BT-Drucks. 16/2919, S. 27 li. Sp.

5) *Handelsrechtsausschuss des DAV*, NZG 2000, 802, 804 f. S. zur bereits an § 371 Abs. 1 Satz 3 AktG a. F. geäußerten Kritik BayObLG, Beschl. v. 5.7.1996 – 3Z BR 114/96 (Pfersee-Kolbermoor), BayObLGZ 1996, 154 = AG 1996, 468, 469.

6) Begr. RegE z. 2. UmwGÄndG, BT-Drucks. 16/2919, S. 13 li. Sp.; *Handelsrechtsausschuss des DAV*, NZG 2000, 802, 804 f.; *Drinhausen*, BB 2006, 2313, 2314. Zum Ganzen auch *Erkens/Thilo* in: KölnKomm-UmwG, § 35 Rz. 12 f.

3 Ebenfalls durch das 2. UmwGÄndG wurde ein neuer Satz 3 an § 35 angefügt, wonach bis zum Bekanntwerden des Anteilsinhabers das **Stimmrecht** aus den betreffenden Anteilen in dem übernehmenden Rechtsträger nicht ausgeübt werden kann.

II. Anwendungsbereich

4 § 35 ermöglicht die Durchführung von Verschmelzungen auf Rechtsträger, bei denen das Gesetz eine namentliche Bezeichnung ihrer Anteilsinhaber erfordert, selbst dann, wenn nicht alle Aktionäre der übertragenden Gesellschaft bekannt sind.

1. Übertragende Rechtsträger

5 Der Anwendungsbereich ist beschränkt auf **AGs und KGaAs** als übertragende Rechtsträger. Daneben ist die Regelung gemäß § 10 SE-VO auf die SE anwendbar. Der persönliche Anwendungsbereich umgreift zudem die Börsenmantelaktiengesellschaft (BMG), bei der es sich ihrem Wesen nach um eine AG handelt (siehe dazu § 29 Rz. 12 [*Hoppe*]).

6 Nicht selten – vor allem in den Kommentierungen zu § 46 – wird eine erweiternde Anwendung von § 35 auf andere **Publikumsgesellschaften** als übertragende Rechtsträger erwogen. Zwar könne § 35 bei Publikums-KGs oder Vereinen mangels Beteiligung der Mitglieder am Grundkapital nicht ohne weiteres analog angewendet werden;[7] jedoch sei der Regelung ein allgemeiner Rechtsgedanke zu entnehmen, wonach bei der Anmeldung der Verschmelzung im Register des übernehmenden Rechtsträgers eine andere als eine namentliche Bezeichnung der Anteilsinhaber des übertragenden Rechtsträgers zulässig sei.[8] Mit der wohl überwiegenden Meinung ist eine erweiternde Anwendung von § 35 indes **abzulehnen.**[9] Erstens ist § 35 eine Ausnahmeregelung für Kapitalgesellschaften, weshalb es im Hinblick auf Personengesellschaften und den Verein bereits an einer Vergleichbarkeit der Interessenlagen fehlt. Zweitens trägt das Gesetz bei diesen Korporationsformen und auch bei der GmbH anderweitig Sorge dafür, dass die jeweiligen Mitglieder der Korporation bekannt sind (siehe nur §§ 106 Abs. 2 Nr. 2, 161 Abs. 2 HGB, §§ 707 Abs. 2 Nr. 2, 38, 39 BGB, §§ 16, 40 GmbHG), weshalb kein Bedürfnis für eine entsprechende Anwendung besteht.[10] Überdies sollte die Diskussion dem Gesetzgeber des 2. UmwGÄndG bei der letzten Änderung von § 35 bekannt gewesen sein, ohne dass er es für notwendig befand, den personalen Anwendungsbereich der Vorschrift zu erweitern. Es fehlt damit drittens an der Planwidrigkeit der Gesetzeslücke.[11]

---

7) Lutter-*Grunewald*, UmwG, § 35 Rz. 2; Kallmeyer-*Oppenhoff*, UmwG, § 35 Rz. 1. Für eine analoge Anwendung aber Semler/Stengel/Leonard-*Reichert*, UmwG, § 46 Rz. 2; Widmann/Mayer-*Mayer*, UmwR, § 46 UmwG Rz. 9.

8) *v. Hinden/Scheller* in: BeckOGK-UmwG, § 46 Rz. 9; Lutter-*Grunewald*, UmwG, § 35 Rz. 2; Kallmeyer-*Oppenhoff*, UmwG, § 35 Rz. 1. Ebenso Kallmeyer-*Kocher*, UmwG, § 46 Rz. 2. Beschränkt auf grenzüberschreitende Verschmelzungen ausländischer Kapitalgesellschaften nach §§ 305 ff. UmwG Lutter-*J. Vetter*, UmwG, § 46 Rz. 21.

9) *Rieder* in: BeckOGK-UmwG, § 35 Rz. 4; Henssler/Strohn-*Ca. Müller*, GesR, § 35 UmwG Rz. 2; *Erkens/Thilo* in: KölnKomm-UmwG, § 35 Rz, 5; Schmitt/Hörtnagl-*Mi. Winter*, UmwG/UmwStG, § 35 Rz. 1; Semler/Stengel/Leonard-*Zessel/Schwanna*, UmwG, § 35 Rz. 2; Widmann/Mayer-*Wälzholz*, UmwR, § 35 UmwG Rz. 5. Zurückhaltend auch Henssler/Strohn-*Haeder*, GesR, § 46 UmwG Rz. 4.

10) Widmann/Mayer-*Wälzholz*, UmwR, § 35 UmwG Rz. 4, der zudem auf in diesen Fällen bestehende anderweitige Abhilfemöglichkeiten verweist. Vgl. für rein nationale Verschmelzungen Lutter-*J. Vetter*, UmwG, § 46 Rz. 21.

11) Henssler/Strohn-*Ca. Müller*, GesR, § 35 UmwG Rz. 2; *Erkens/Thilo* in: KölnKomm-UmwG, § 35 Rz, 5; Schmitt/Hörtnagl-*Mi. Winter*, UmwG/UmwStG, § 35 UmwG Rz. 1.

2. Zwingende Benennung der Anteilsinhaber beim übernehmenden Rechtsträger

§ 35 setzt voraus, dass die **Benennung** der Anteilsinhaber **gesetzlich** im Verschmelzungsvertrag, bei Anmeldungen zur Eintragung in ein Register oder bei der Eintragung in eine Liste von Anteilsinhabern **vorgeschrieben** ist. Entsprechende Vorschriften finden sich im UmwG oder in Spezialgesetzen zu den einzelnen Gesellschaftsformen, vor allem zur GmbHG zu den Personenhandelsgesellschaften. 7

Bei der Verschmelzung zur Aufnahme durch eine **GmbH** sind gemäß § 46 Abs. 1 Satz 1 und Abs. 3 für jeden Anteilsinhaber des übertragenden Rechtsträgers die Nennbeträge der zu gewährenden Geschäftsanteile im Verschmelzungsvertrag zu bestimmen. Zudem ist bei einer im Zuge der Verschmelzung erfolgenden Kapitalerhöhung der übernehmenden GmbH gemäß § 55 Abs. 2 i. V. m. § 57 Abs. 3 Nr. 2 GmbHG eine Liste der Übernehmer der neuen Stammeinlagen zum Handelsregister einzureichen. Die Erleichterungen von § 35 gelten nach allgemeiner Ansicht aber nicht nur für Angaben, die im Zuge der Verschmelzung erforderlich sind, sondern auch in der Folge, also bei jedem sich anschließenden Wechsel der Gesellschafter und für nach § 40 GmbHG beim Register einzureichende Gesellschafterlisten.[12] 8

Ist eine **Personenhandelsgesellschaft** übernehmender Rechtsträger, ist nach § 40 Abs. 1 im Verschmelzungsvertrag für jeden Anteilsinhaber des übertragenden Rechtsträgers zu bestimmen, ob ihm in der übernehmenden Personenhandelsgesellschaft die Stellung eines persönlich haftenden Gesellschafters oder eines Kommanditisten gewährt wird und welchen Betrag seine Einlage hat. Darüber hinaus sind bei der Anmeldung zum Handelsregister die persönlich haftenden Gesellschafter und die Kommanditisten samt Hafteinlage gemäß §§ 106 Abs. 2, 162 Abs. 1 HGB anzugeben. Die Eintragung eines unbekannten persönlich haftenden Gesellschafters scheidet wegen § 40 Abs. 2 Satz 2 aus.[13] Danach muss jeder persönlich haftende Gesellschafter dem Verschmelzungsbeschluss zustimmen. 9

Nach einer Mindermeinung ist § 35 auf die Eintragung **unbekannter Kommanditisten nicht anzuwenden,** wenn ihre **Einlage** nicht oder nicht vollständig ein- oder zurückgezahlt wurde.[14] Anderenfalls wäre den Gläubigern die Durchsetzung der bestehenden persönlichen Haftung dieser Kommanditisten unmöglich. Die praktische Bedeutung dieser Streitfrage sollte nicht überschätzt werden. Die Ausgabe von Aktien ist vor der vollständigen Leistung der Einlagen gemäß § 10 Abs. 2 Satz 1 AktG ohnehin nur bei Namensaktien gestattet. Sodann sollte aber regelmäßig über das Aktienregister (§ 67 AktG) gewährleistet sein, dass die betreffenden Aktionäre bekannt sind. Im Übrigen erscheint es schwer vorstellbar, dass eine Gesellschaft einem ihr unbekannten Aktionär seine Einlage zurückzahlt.[15] Diese geringe Praxisrelevanz indiziert bereits die Richtigkeit der h. L., § 35 selbst bei (noch) offenen Einlagenforderungen anzuwenden.[16] Für die h. L. spricht weiterhin, dass die Mindermeinung in praxi ins Leere liefe, da die Erbringung der Kommanditeinlagen bei der Anmeldung nicht vom Registergericht geprüft wird.[17] Schließlich besteht kein Bedürfnis für 10

12) Vgl. Henssler/Strohn-*Ca. Müller*, GesR, § 35 UmwG Rz. 4; *Erkens/Thilo* in: KölnKomm-UmwG, § 35 Rz. 7.

13) Vgl. nur Widmann/Mayer-*Wälzholz*, UmwR, § 35 UmwG Rz. 12.1.

14) *Rieder* in: BeckOGK-UmwG, § 35 Rz. 9. Ausdrücklich nur für den Fall der nicht vollständigen Einlagenleistung, nicht für die Rückzahlung Lutter-*Grunewald*, UmwG, § 35 Rz. 9.

15) *Erkens/Thilo* in: KölnKomm-UmwG, § 35 Rz. 16.

16) Henssler/Strohn-*Ca. Müller*, GesR, § 35 UmwG Rz. 5; Kallmeyer-*Oppenhoff*, UmwG, § 35 Rz. 5, anders noch die Vorauflage. *Erkens/Thilo* in: KölnKomm-UmwG, § 35 Rz. 15 ff.; Schmitt/Hörtnagl-*Mi. Winter*, UmwG/UmwStG, § 35 UmwG Rz. 3; Widmann/Mayer-*Wälzholz*, UmwR, § 35 UmwG Rz. 12.

17) Henssler/Strohn-*Ca. Müller*, GesR, § 35 UmwG Rz. 5; Kallmeyer-*Oppenhoff*, UmwG, § 35 Rz. 5; *Erkens/Thilo* in: KölnKomm-UmwG, § 35 Rz. 17; Widmann/Mayer-*Wälzholz*, UmwR, § 35 UmwG Rz. 12.

eine einschränkende Anwendung von § 35, weil der Gläubigerschutz durch die Beschränkung auf 5 % des bisherigen Grundkapitals und die auf eine bestimmte Hafteinlage beschränkte persönliche Haftung nicht wesentlich tangiert wird.[18] Siehe zu Anmeldungen zum Handelsregister bei der Publikums-KG mit unbekannten Gesellschaftern nachfolgend Rz. 33.

11 Seit Inkrafttreten des MoPeG[19] zum 1.1.2024 können **eingetragene GbRs** (eGbRs) gemäß § 3 Abs. 1 Nr. 1 Zielrechtsträger einer Verschmelzung sein. Gemäß § 707 Abs. 2 Nr. 2 BGB sind bei der Anmeldung der eGbR zur Eintragung in des Gesellschaftsregister für jeden Gesellschafter Angaben zu seiner Identität zu machen. Gemäß § 707 Abs. 3 Satz 2 BGB sind das Ausscheiden und der Eintritt von Gesellschaftern in das Gesellschaftsregister einzutragen. Von diesen Vorgaben würde § 35 UmwG in einem Umfang von 5 % des Grundkapitals des übertragenden Rechtsträgers dispensieren, würde man die Regelung auch auf eGbRs anwenden.[20]

12 Alsdann könnte es zu einer für die Gläubiger de facto nutzlosen **persönlichen Haftung unbekannter Personen** kommen. Freilich wären die damit einhergehenden Nachteile durch die §§ 39c und 39d in tatsächlicher Hinsicht erheblich gemindert. Nach § 39c Abs. 1 bedarf der Verschmelzungsbeschluss der Gesellschafterversammlung der Zustimmung aller anwesenden Gesellschafter; ihm müssen auch die nicht erschienenen Gesellschafter zustimmen. Jedoch kann der Gesellschaftsvertrag gemäß § 39c Abs. 2 eine Mehrheitsentscheidung der Gesellschafter vorsehen. Gemäß § 39d Satz 1 kann jeder Gesellschafter einer übernehmenden eGbR der Verschmelzung widersprechen, die sodann zu unterbleiben hat. Den Gesellschaftern der aufnehmenden eGbR dürfte daran gelegen sein, dass sie nicht neben unbekannten Gesellschaftern haften, weil sie bei diesen im Haftungsfall keinen Regress nehmen könnten und sich hierdurch ihre tatsächliche Haftungsquote im Innenverhältnis erhöhen würde. Es besteht daher eine gewisse Wahrscheinlichkeit, dass zumindest ein Gesellschafter der übernehmenden eGbR der Verschmelzung widersprechen wird. Es ist aber nicht per se ausgeschlossen, dass alle Gesellschafter der eGbR mit der Verschmelzung einverstanden sind, etwa weil sie aufgrund der wirtschaftlichen Vorteile, die sie sich von der Verschmelzung versprechen, eine de facto Erhöhung ihrer Haftung in einem niedrigen einstelligen Prozentbereich hinzunehmen bereit sind.

13 Um die persönliche Haftung Unbekannter zu verhindern, ist § 35 **nicht auf die eGbR anzuwenden.**[21] Die im Außenverhältnis unbeschränkte persönliche Haftung Unbekannter wäre im deutschen Gesellschaftsrecht beispiellos und ergäbe keinen Sinn, weil sie für den Gläubiger de facto wertlos wäre. Zugleich könnten sich unbekannte Aktionäre des übertragenden Rechtsträgers bei ihrem späteren Bekanntwerden nach Vollzug der Verschmelzung ohne ihr Zutun als persönlich haftende Gesellschafter in einer eGbR wiederfinden. In der Folge könnten sie von Gläubigern der übernehmenden eGbR aufgrund der gesamtschuldnerischen Haftung des § 721 Satz 1 BGB auf den jeweiligen vollen Haftungsbetrag in Anspruch genommen werden. Dieses Ergebnis erscheint mit der Privatautonomie nicht mehr vereinbar. Die Materialien zum MoPeG legen zudem nahe, dass der Gesetzgeber die beschriebenen Rechtsfolgen nicht vollends überblickt hat. Der vom Gesetzgeber durch § 39d Satz 2 beabsichtigte Schutz des Anteilsinhabers des übertragenden Rechtsträgers vor einer Haftungsvermehrung für die Verbindlichkeiten des übernehmenden Rechtsträgers[22] läuft

18) Henssler/Strohn-*Ca. Müller*, GesR, § 35 UmwG Rz. 5; *Erkens/Thilo* in: KölnKomm-UmwG, § 35 Rz. 17; Widmann/Mayer-*Wälzholz*, UmwR, § 35 UmwG Rz. 12.

19) Gesetz zur Modernisierung des Personengesellschaftsrechts (Personengesellschaftsrechtsmodernisierungsgesetz – MoPeG), v. 10.8.2021, BGBl. I 2021, 3436.

20) Grundsätzlich für eine Anwendung von § 35 auf die eGbR Kallmeyer-*Oppenhoff*, UmwG, § 35 Rz. 2.

21) I. Erg. ebenso Schmitt/Hörtnagl-*Mi. Winter*, UmwG/UmwStG, § 35 UmwG Rz. 3; Widmann/Mayer-*Wälzholz*, UmwR, § 35 UmwG Rz. 12.

22) Begr. RegE MoPeG, BT-Drucks. 19/27635, S. 265 f.

weitgehend leer, wenn der Anteilsinhaber unbekannt ist. Er erfährt alsdann häufig nichts von dem ihm zustehenden Widerspruchsrecht und kann es nicht ausüben. Aus demselben Grund dürfte der unbekannte Aktionär ein ihm gemäß § 29 zustehendes Recht, gegen Barabfindung auszuscheiden, nicht (rechtzeitig) wahrnehmen können.

Im Zuge des MoPeG hat der Gesetzgeber beim Formwechsel in eine PartG mit § 234 Nr. 3 Satz 2 a. F. eine Regelung gestrichen, die für die Nichtanwendbarkeit von § 35 in diesen Fällen sorgen sollte. Der Gesetzgeber wollte mit der Altregelung bei einem solchen **Formwechsel** sicherstellen, dass alle Gesellschafter und damit zukünftigen Partner bekannt sind. Der Gesetzgeber des MoPeG sah dieses Ziel bereits durch § 233 Abs. 1 erreicht, wonach bei einem Formwechsel in eine PartG alle anwesenden und auch nicht erschienenen Anteilsinhaber der formwechselnden Gesellschaft dem Umwandlungsbeschluss zustimmen müssen und hob § 234 Nr. 3 Satz 2 a. F. mangels Klarstellungsbedürfnisses auf.[23] In der Tat wird beim Formwechsel durch das Zustimmungserfordernis in § 233 Abs. 1, wonach alle, auch die unbekannten Aktionäre zustimmen müssen, effektiv verhindert, dass es zu unbekannten persönlich haftenden Gesellschaftern einer eGbR, einer oHG oder einer PartG kommt.[24] Eine solche Regelung fehlt indes bei der Verschmelzung; hier bewendet es auch bei einer Mischverschmelzung auf eine eGbR bei dem Erfordernis einer qualifizierten Mehrheit des vertretenen Grundkapitals gemäß § 65.[25] Daneben fehlt bei der Verschmelzung auf eine eGbR eine § 40 Abs. 2 Satz 2 entsprechende Regelung. Wie gezeigt, erweist sich die Widerspruchslösung des § 39d Satz 2 entgegen der gegenteiligen Annahme des Gesetzgebers nicht als ebenbürtig (siehe dazu Rz. 13).[26] Das vom Gesetzgeber des MoPeG als anerkennenswert bestätigte Ziel, unbekannte persönlich haftende Gesellschafter zu verhindern, muss somit durch eine teleologische Reduktion von § 35 im Hinblick auf die eGbR erreicht werden. 14

Nach unbestrittener Ansicht ist § 35 auf die **Genossenschaft** anzuwenden.[27] Gemäß § 80 Abs. 1 Satz 2 sind bei einer Mischverschmelzung auf eine Genossenschaft für jeden Anteilsinhaber des übertragenden Rechtsträgers der Betrag des Geschäftsanteils und die Zahl der Geschäftsanteile anzugeben. Zudem verpflichtet § 30 Abs. 1 GenG den Vorstand zur Führung von Mitgliederlisten, die gemäß § 30 Abs. 2 GenG Angaben zur Identität des Mitglieds enthalten müssen und i. R. einer Umwandlung gemäß § 89 Abs. 1 zu aktualisieren sind. Nach § 89 Abs. 2 hat die übernehmende Genossenschaft jedem Anteilsinhaber, bei unbekannten Aktionären dem Treuhänder der übertragenden Gesellschaft, u. a. die Beträge des Geschäftsguthabens und des Geschäftsanteils sowie die Zahl der Geschäftsanteile mitzuteilen, mit denen der Anteilsinhaber bei der übernehmenden Genossenschaft beteiligt ist. Nach wohl einhelliger Meinung ist bei unbekannten Aktionären der übertragenden Gesellschaft ein Treuhänder analog § 71 zu bestellen[28] (siehe § 89 Rz. 14 [*Stiegler*], zur Bestellung des Treuhänders § 71 Rz. 7 ff. [*Nolden*]). 15

§ 45b Abs. 2 schließt die Geltung von § 35 für die **PartG** aus. Eine Verschmelzung auf diese Rechtsform setzt demnach die namentliche Bekanntheit der Anteilsinhaber des übertragen- 16

23) Begr. RegE MoPeG, BT-Drucks. 19/27635, S. 268.

24) Begr. RegE MoPeG, BT-Drucks. 19/27635, S. 268.

25) Vgl. Henssler/Strohn-*Junker*, GesR, § 65 UmwG Rz. 1; *Johannsen-Roth* in: MünchHdb. GesR, Bd. 8, § 15 Rz. 42.

26) A. A. wohl Westermann/Wertenbruch-*Heckschen/Weitbrecht*, Hdb Personengesellschaften, Teil VI. Rz. 5135.

27) *Rieder* in: BeckOGK-UmwG, § 35 Rz. 5; Henssler/Strohn-*Ca. Müller*, GesR, § 35 UmwG Rz. 4; *Erkens/Thilo* in: KölnKomm-UmwG, § 35 Rz. 9; Semler/Stengel/Leonard-*Zessel/Schwanna*, UmwG, § 35 Rz. 4.

28) *Fuchs* in: BeckOGK-UmwG, § 89 Rz. 26; Lutter-*Bayer*, UmwG, § 89 Rz. 10; *Schöpflin* in: KölnKomm-UmwG, § 89 Rz. 12.

den Rechtsträgers voraus. Der Gesetzgeber begründete dies mit den Besonderheiten der PartG, die eine Mitgliedschaft von Nichtfreiberuflern nicht gestatten würden[29].

17 Hat eine übernehmende AG, KGaA oder SE Namensaktien ausgegeben, hat sie gemäß § 67 AktG ein **Aktienregister** zu führen, in dem sie ihre Aktionäre u. a. mit ihrem Namen bzw. ihrer Firma einträgt. Bisweilen wird mit der Begründung, die Benennung sei alsdann nicht gesetzlich vorgeschrieben, behauptet, § 35 gelte nicht für das Aktienregister.[30] Dem ist mit der wohl h. L. zu widersprechen.[31] Zuzugeben ist, dass § 35 gemäß seinem Wortlaut auf das Aktienregister nicht friktionslos angewendet werden kann. Eine Anmeldung zu einem Register i. S. von § 35 Satz 1 Var. 2 gibt es beim Aktienregister nicht; vielmehr hat der betreffende Aktionär seine Daten gemäß § 67 Abs. 1 Satz 4 AktG mitzuteilen. In § 67 AktG heißt es zudem ausdrücklich Aktienregister und nicht Liste der Aktionäre, weshalb § 35 Satz 1 Var. 3 prima vista ebenso wenig zu passen scheint. Die Behauptung der Gegenansicht, die Benennung der Aktionäre sei beim Aktienregister nicht gesetzlich vorgeschrieben, ist jedoch mit der einhelligen Ansicht zu § 67 AktG zu widersprechen. Eine **ausnahmslose Pflicht zur Führung eines Aktienregisters** besteht jedenfalls seit der Aktienrechtsnovelle 2016[32] unabhängig davon, ob über die betreffenden Aktien Urkunden ausgestellt worden sind oder nicht.[33] Richtigerweise ist das Aktienregister des § 67 AktG vor diesem Hintergrund als spezielle Ausprägung der Liste von Anteilsinhabern gemäß § 35 Satz 1 Var. 3 zu begreifen.[34]

3. Unbekannte Aktionäre

18 Aktien sind grundsätzlich frei veräußerbar und vererblich. Hat die Gesellschaft **Inhaberaktien** ausgegeben, kommt es in praxi insbesondere bei Publikumsgesellschaften häufig dazu, dass der Gesellschaft viele ihrer Aktionäre unbekannt sind.[35] Allerdings bildet seit der Aktienrechtsnovelle 2016 die Namensaktie gemäß § 10 Abs. 1 Satz 1 AktG den gesetzlichen Regelfall. Nach § 10 Abs. 1 Satz 2 AktG dürfen Aktien neu gegründeter Gesellschaften nur noch dann auf den Inhaber lauten, wenn

– die Gesellschaft börsennotiert i. S. von § 3 Abs. 2 AktG ist,
– der Anspruch auf Einzelverbriefung von Aktien ausgeschlossen und die Sammelurkunde bei einer Wertpapiersammelbank oder einer Verwahrstelle i. S. von § 10 Abs. 1 Satz 2 Nr. 2 lit. b oder lit. c hinterlegt ist oder
– die Verbriefung ausgeschlossen und die Aktie in einem zentralen Register über elektronische Wertpapiere eingetragen ist.

19 Solange im Fall des § 10 Abs. 1 Satz 2 Nr. 2 die Sammelurkunde nicht hinterlegt ist, ist ein Aktienregister i. S. von § 67 AktG zu führen.

20 Hat die Gesellschaft **Namensaktien** ausgegeben, hat sie gemäß § 67 AktG ein Aktienregister zu führen. Für eine Anwendung von § 35 bliebe bei Gesellschaften mit Namensak-

---

29) Begr. RegE UmwGÄndG, BT-Drucks. 13/8808, S. 12 re. Sp.

30) Lutter-*Grunewald*, UmwG, § 35 Rz. 5.

31) *Erkens/Thilo* in: KölnKomm-UmwG, § 35 Rz. 7; Widmann/Mayer-*Wälzholz*, UmwR, § 35 UmwG Rz. 13 *Burg/Nordhues* in: NK-UmwG, § 35 Rz. 9. Wohl auch Kallmeyer-*Oppenhoff*, UmwG, § 35 Rz. 7 a. E.

32) Gesetz zur Änderung des Aktiengesetzes (Aktienrechtsnovelle 2016), v. 22.12.2015, BGBl. I 2015, 2565.

33) *Cahn* in: BeckOGK-AktG, § 67 Rz. 14; Henssler/Strohn-*C. Paul*, GesR, § 67 AktG Rz. 2; *Bayer* in: MünchKomm-AktG, § 67 Rz. 20 ff.

34) *Erkens/Thilo* in: KölnKomm-UmwG, § 35 Rz. 7 m. Fn. 15; Widmann/Mayer-*Wälzholz*, UmwR, § 35 UmwG Rz. 13.

35) Vgl. Schmitt/Hörtnagl-*Mi. Winter*, UmwG/UmwStG, § 35 UmwG Rz. 2; Kallmeyer-*Oppenhoff*, UmwG, § 35 Rz. 2.

tien daher nur Raum, wenn die Gesellschaft entgegen ihrer insoweit bestehenden Verpflichtung (siehe dazu Rz. 17) kein Aktienregister führt oder das Aktienregister **unvollständig** ist.[36] Zu einer Unvollständigkeit des Aktienregisters kann es insbesondere in den Fällen des § 67 Abs. 4 Satz 5 kommen, wenn der Inhaber von Namensaktien nicht in das Aktienregister eingetragen werden will. Alsdann ist der depotführende Intermediär auf Verlangen der Gesellschaft verpflichtet, sich an dessen Stelle gesondert in das Aktienregister eintragen zu lassen (sog. freier Meldebestand).[37] Denkbar, wiewohl in praxi unwahrscheinlich, ist die Anwendung von § 35 ferner, wenn das Aktienregister **unrichtig** ist.[38] Das setzt allerdings neben erstens der Unbekanntheit des nicht eingetragenen Aktionärs zweitens voraus, dass die Gesellschaft positive Kenntnis von der Unrichtigkeit des Aktienregisters besitzt, da die Parteien der Verschmelzung die dortigen Angaben ansonsten in Verschmelzungsvertrag, Registeranmeldungen und Gesellschafterlisten übernehmen. Drittens dürfte die Eintragung des „falschen" Aktionärs nicht formell ordnungsgemäß gewesen sein, weil sich die Gesellschaft sonst auf § 67 Abs. 2 Satz 1 AktG berufen könnte.[39] § 67 Abs. 2 Satz 1 AktG schneidet dem nicht eingetragenen Aktionär der übertragenden Gesellschaft nach h. M. u. a. die Antragsbefugnis zur Einleitung eines Spruchverfahrens ab.[40] Weil die Vermutungswirkung des § 67 Abs. 2 Satz 1 AktG für die materielle Rechtslage ohne Bedeutung ist,[41] stehen dem nicht in das Aktienregister eingetragenen Aktionär hingegen Anteile am übernehmenden Rechtsträger als Gegenleistung sowie sonstige materiell-rechtliche Ansprüche aufgrund der Verschmelzung zu.

21 Der übertragenden Gesellschaft **bekannt sind** Aktionäre nicht nur, wenn sie in einem von der Gesellschaft geführten Aktienregister geführt werden,[42] sondern auch, wenn sich ihre Aktionärsstellung aus anderen Quellen erschließt, wie etwa Anmeldelisten zu[43] oder Teilnehmerverzeichnissen von Hauptversammlungen,[44] aus Mitteilungen gemäß § 33 WpHG oder gemäß § 20 AktG oder aber aus der Beantwortung von früheren Verlangen gemäß § 67d AktG an die Intermediäre, die Aktien der börsennotierten Gesellschaft verwahren („know your shareholder").

4. Obergrenze 5 % des Grundkapitals

22 Die Möglichkeit eines Sammelvermerks gemäß § 35 besteht nur, wenn **maximal 5 % des Grundkapitals der übertragenden Gesellschaft** unbekannt sind. Die Obergrenze dient der Verhinderung von Missbräuchen.[45] Die Beteiligung unbekannter Anteilsinhaber an dem übernehmenden Rechtsträger ist hingegen nicht maßgeblich, weshalb dort die 5 %-Grenze

36) S. zum unvollständigen Aktienregister Kallmeyer-*Oppenhoff*, UmwG, § 35 Rz. 2 a. E.

37) Ausf. *Cahn* in: BeckOGK-AktG, § 67 Rz. 98; *Bayer* in: MünchKomm-AktG, § 67 Rz. 146 f.

38) Kallmeyer-*Oppenhoff*, UmwG, § 35 Rz. 2 a. E.

39) Vgl. *Koch*, AktG, § 67 Rz. 26; *Drygala* in: KölnKomm-AktG, § 67 Rz. 50 f.; *Bayer* in: MünchKomm-AktG, § 67 Rz. 98 f.

40) KG Berlin, Beschl. v. 22.11.1999 – 2 W 7008/98 (Victoria/ERGO), ZIP 2000, 498, 500 = DB 2000, 762. S. zum Beherrschungs- und Gewinnabführungsvertrag auch OLG Frankfurt/M., Beschl. v. 9.1.2006 – 20 W 166/05 (Celanese), NZG 2006, 667, 669 = ZIP 2006, 1137. Zum Ganzen *Bayer* in: MünchKomm-AktG, § 67 Rz. 58.

41) *Bayer* in: MünchKomm-AktG, § 67 Rz. 55 m. w. N.

42) Widmann/Mayer-*Wälzholz*, UmwR, § 35 UmwG Rz. 20.

43) Lutter-*Grunewald*, UmwG, § 35 Rz. 7.

44) Vgl. *Rieder* in: BeckOGK-UmwG, § 35 Rz. 6; Henssler/Strohn-*Ca. Müller*, GesR, § 35 UmwG Rz. 7; Kallmeyer-*Oppenhoff*, UmwG, § 35 Rz. 7; Schmitt/Hörtnagl-*Mi. Winter*, UmwG/UmwStG, § 35 UmwG Rz. 4; Widmann/Mayer-*Wälzholz*, UmwR, § 35 UmwG Rz. 20.

45) Begr. RegE 2. UmwGÄndG, BT-Drucks. 16/2919, S. 13 li. Sp.

auch überschritten werden kann.[46] Trotzdem der übertragenden Gesellschaft aus eigenen Aktien gemäß § 71b AktG keine Rechte zustehen, werden sie bei der Berechnung der 5 %-Grenze berücksichtigt.[47] Maßgeblich ist nach dem Wortlaut von § 35 das Grundkapital. Eigene Aktien ermäßigen das Grundkapital nur insoweit, als sie eingezogen werden (vgl. §§ 237 Abs. 1 Satz 1, 238 Satz 1 AktG). Potenzial für Missbräuche, denen der Gesetzgeber mit der 5 %-Grenze entgegenzuwirken beabsichtigte, eröffnet sich dadurch nicht. Der nicht zweckgebundene entgeltliche Rückerwerb eigener Aktien ist durch § 71 Abs. 1 Nr. 8 AktG ohnehin nur aufgrund einer Ermächtigung durch die Hauptversammlung in einem Umfang von bis zu 10 % des Grundkapitals statthaft; zusätzlich muss die Gesellschaft eine hypothetische Rücklage für den Erwerb gemäß § 71 Abs. 2 Satz 2 AktG aus freien Mitteln bilden können.[48] Bei der KGaA wird die Beteiligung des Komplementärs nicht mit einbezogen.[49]

23 Ist die 5 %-Grenze überschritten, scheitert die Verschmelzung. Die Beteiligten haben dann keine anderen Möglichkeiten, die unbekannten Aktionäre zu bezeichnen; insbesondere ist ihre Identifikation *qua* Angabe ihrer Aktienurkunden, wie sie noch gemäß der überkommenen Gesetzesfassung möglich war (siehe dazu oben Rz. 2), nach dem ausdrücklichen Willen des Gesetzgebers,[50] ausgeschlossen.[51] **Maßgeblicher Zeitpunkt** für die Berechnung der 5 %-Grenze ist nach vorherrschender Ansicht der Zeitpunkt des Wirksamwerdens der Verschmelzung.[52] Bis dahin, insbesondere auch noch nach der Beschlussfassung der Hauptversammlung der übertragenden Gesellschaft, können die Beteiligten Maßnahmen ergreifen, um die 5 %-Grenze einzuhalten. In der Praxis kann es bspw. zielführend sein, den Referenzwert für die Berechnung der 5 %-Grenze durch eine Kapitalerhöhung bei der übertragenden Gesellschaft, die vor Eintragung der Verschmelzung wirksam wird, anzuheben.[53]

24 Spiegelbildlich können die Beteiligten **versuchen, den Zähler abzusenken.** Mittel der Wahl hierzu kann ein Verlangen einer übertragenden börsennotierten Gesellschaft gemäß § 67d AktG sein, dass Intermediäre, die Aktien der Gesellschaft verwahren, die Identität der Aktionäre offenlegen.[54] In Betracht kommen ferner bei Gesellschaften mit Namensaktien an eingetragene depotführende Intermediäre oder Legitimationsaktionäre gerichtete Ver-

---

46) Widmann/Mayer-*Wälzholz*, UmwR, § 35 UmwG Rz. 22. Zust. Henssler/Strohn-*Ca. Müller*, GesR, § 35 UmwG Rz. 6; Schmitt/Hörtnagl-*Mi. Winter*, UmwG/UmwStG, § 35 UmwG Rz. 4.

47) Widmann/Mayer-*Wälzholz*, UmwR, § 35 UmwG Rz. 22.

48) S. hierzu Hölters/Weber-*Albrecht vom Kolke*, AktG, § 71 Rz. 34.

49) Widmann/Mayer-*Wälzholz*, UmwR, § 35 UmwG Rz. 22. Zust. Schmitt/Hörtnagl-*Mi. Winter*, UmwG/UmwStG, § 35 UmwG Rz. 4.

50) S. dazu Begr. RegE 2. UmwGÄndG, BT-Drucks. 16/2919, S. 27, mit der die BReg einer entsprechenden Anregung des BRat, BT-Drucks. 16/2919, S. 23 li. Sp., entgegentrat.

51) *Erkens/Thilo* in: KölnKomm-UmwG, § 35 Rz. 14; Henssler/Strohn-*Ca. Müller*, GesR, § 35 UmwG Rz. 6.

52) Kallmeyer-*Oppenhoff*, UmwG, § 35 Rz. 3 a. E.; Lutter-*Grunewald*, UmwG, § 35 Rz. 10; Widmann/Mayer-*Wälzholz*, UmwR, § 35 UmwG Rz. 22; Schmitt/Hörtnagl-*Mi. Winter*, UmwG/UmwStG, § 35 UmwG Rz. 5.

53) *Rieder* in: BeckOGK-UmwG, § 35 Rz. 7; Kallmeyer-*Oppenhoff*, UmwG, § 35 Rz. 3; Kallmeyer-*Blasche*, UmwG, § 234 Rz. 4; *Erkens/Thilo* in: KölnKomm-UmwG, § 35 Rz. 14; Widmann/Mayer-*Wälzholz*, UmwR, § 35 UmwG Rz. 22. Einschränkend Lutter-*Grunewald*, UmwG, § 35 Rz. 10, wonach die Kapitalerhöhung nicht rechtsmissbräuchlich sein darf. Noch strenger *Simons* in: BeckOGK-UmwG, § 213 Rz. 13, der wegen des beabsichtigten Benachteiligungseffekts derartige Kapitalerhöhungen per se für rechtsmissbräuchlich hält. Dabei übersieht er aber, dass eine Kapitalerhöhung unter Wahrung des Bezugsrechts keiner sachlichen Rechtfertigung bedarf und daher von einem Rechtsmissbrauch schon dann keine Rede sein kann, wenn die Gesellschaft ein legitimes unternehmerisches Interesse an den einzulegenden Bar- und/oder Sacheinlagen hat. S. hierzu *Schürnbrand/Verse* in: MünchKomm-AktG, § 182 Rz. 29, und *K.-S. Scholz* in: MünchHdb. GesR, Bd. 4, § 57 Rz. 9.

54) Kallmeyer-*Oppenhoff*, UmwG, § 35 Rz. 3.

langen nach § 67 Abs. 4 Satz 2 und 3 AktG.[55] Sind einer übertragenden Gesellschaft mit Inhaberaktien – etwa aufgrund von Anmeldungen zu Hauptversammlungen – Legitimationsaktionäre bekannt, kann sie bei diesen die Identität der dahinterstehenden Aktionäre erfragen. Zumindest bei Gesellschaften mit Inhaberaktien erscheint es zudem ratsam, in die Veröffentlichung der Einberufung der Hauptversammlung der übertragenden Gesellschaft im Bundesanzeiger eine deutlich abgesetzte Aufforderung an die Aktionäre aufzunehmen, sich bei der Gesellschaft zu melden, um ihre Identität mitzuteilen (siehe dazu auch noch sogleich Rz. 25 f.).[56] Hierzu flankierend empfehlen sich gleichlautende Aufforderungen auf der Internetseite der übertragenden Gesellschaft im Bereich „Hauptversammlung".[57] Weil nach hier vertretener Ansicht eigene Aktien bei der Berechnung der 5 %-Grenze zu berücksichtigen sind (siehe dazu oben Rz. 22), kann im Einzelfall auch ein öffentliches Angebot zum Rückerwerb eigener Aktien dazu verhelfen, die Anzahl unbekannter Aktionäre entscheidend zu drücken.

Eine unbefangene Lektüre von § 35 legt es nahe, dass die Beteiligten die gesetzliche Er- 25
leichterung der Sammelbezeichnung unbekannter Aktionäre diesseits der 5 %-Grenze ohne weiteres beanspruchen können. Bisweilen werden hieran indes Zweifel geäußert.[58] Diese Zweifel speisen sich zum einen aus dem Ruhen des Stimmrechts zulasten der unbekannten Aktionäre gemäß § 35 Satz 3,[59] zum anderen aus Rechtsprechung, die zu § 35 in der vor Inkrafttreten des 2. UmwGÄndG geltenden Fassung ergangen ist.[60] Nach dieser Rechtsprechung wird die Gesellschaft bereits vor Fassung des Umwandlungsbeschlusses den **Personenkreis ihrer Aktionäre zu ermitteln** haben, soweit dies nicht mit einem unverhältnismäßigen Aufwand verbunden ist. So könne die Gesellschaft in ihrer im Bundesanzeiger veröffentlichten Einladung zur Hauptversammlung ihre Aktionäre auffordern, der Gesellschaft die entsprechenden Beteiligungen unter Angabe von Namen, Vornamen, Stand und Wohnort sowie der Nummern ihrer Aktienurkunden mitzuteilen. Bekannt seien der Gesellschaft auf jeden Fall die Aktionäre, für die Eintritts- und Stimmkarten zur Hauptversammlung auf deren Namen ausgestellt worden sind und die Gesellschaft für diesen Personenkreis zusätzlich Kenntnis von der Zahl ihrer Aktien einschließlich der Tatsache des Eigenbesitzes hatte.[61]

Die erhobenen Forderungen sind insofern richtig, als nach hier vertretener Ansicht Aktio- 26
näre ohnehin nur dann als unbekannt gelten können, wenn sich der übertragenden Gesellschaft ihre Identität nicht aus den ihr zur Verfügung stehenden Informationen, insbesondere aus Anmeldungen zu Hauptversammlungen, erschließt (siehe dazu oben Rz. 21). Da-

55) *Rieder* in: BeckOGK-UmwG, § 35 Rz. 7; Lutter-*Grunewald*, UmwG, § 35 Rz. 10. S. a. *Simons* in: BeckOGK-UmwG, § 213 Rz. 9.

56) Vgl. *Rieder* in: BeckOGK-UmwG, § 35 Rz. 7.

57) Vgl. *Simons* in: BeckOGK-UmwG, § 213 Rz. 12.

58) Namentlich von *Rieder* in: BeckOGK-UmwG, § 35 Rz. 6; Henssler/Strohn-*Ca. Müller*, GesR, § 35 UmwG Rz. 7; Schmitt/Hörtnagl-*Mi. Winter*, UmwG/UmwStG, § 35 UmwG Rz. 4. A. A. die wohl h. L. *Simons* in: BeckOGK-UmwG, § 213 Rz. 12; Kallmeyer-*Blasche*, UmwG, § 234 Rz. 4; *Erkens/Thilo* in: KölnKomm-UmwG, § 35 Rz. 19; Semler/Stengel/Leonard-*Zessel/Schwanna*, UmwG, § 35 Rz. 7; Widmann/Mayer-*Wälzholz*, UmwR, § 35 UmwG Rz. 28. Diff. Kallmeyer-*Oppenhoff*, UmwG, § 35 Rz. 4, und Lutter-*Grunewald*, UmwG, § 35 Rz. 7.

59) Henssler/Strohn-*Ca. Müller*, GesR, § 35 UmwG Rz. 7; Schmitt/Hörtnagl-*Mi. Winter*, UmwG/UmwStG, § 35 UmwG Rz. 4.

60) LG Augsburg, Beschl. v. 16.4.1996 – 2 HKT 1318/96 (Pfersee-Kolbermoor), ZIP 1996, 1011 f.; BayObLG, Beschl. v. 5.7.1996 – 3Z BR 114/96 (Pfersee-Kolbermoor), BayObLGZ 1996, 154 = AG 1996, 468 f. – beide zum Formwechsel einer börsennotierten AG in eine GmbH & Co. KG.

61) BayObLG, Beschl. v. 5.7.1996 – 3Z BR 114/96 (Pfersee-Kolbermoor), BayObLGZ 1996, 154 = AG 1996, 468.

rüber hinausgehenden Nachforschungen obliegen der Gesellschaft demgegenüber nicht.[62] Die gegenteilige Ansicht findet keinen Anhalt im Wortlaut von § 35. Angesichts der umstrittenen Rechtslage und der unterschiedlichen Praxis der Registergerichte ist allerdings dem Rechtsanwender dazu zu raten, in dieser Frage im Einzelfall rechtzeitig eine **Vorabstimmung mit den zuständigen Registergerichten** durchzuführen. Abhängig von deren Ergebnis kann es vorsorglich geboten sein, eine Aufforderung an die Aktionäre, ihre Identität der Gesellschaft mitzuteilen, in die Veröffentlichung der Einberufung der über die Verschmelzung beschließenden Hauptversammlung der übertragenden Gesellschaft aufzunehmen.[63] Gegebenenfalls müssten weitere zumutbare Anstrengungen zur Identifikation unbekannter Aktionäre unternommen und diese bei der Anmeldung gegenüber dem Registergericht versichert werden.[64]

III. Berichtigung von Amts wegen

27 Gemäß § 35 Satz 2 sind Register oder Listen von Amts wegen zu berichtigen, wenn unbekannte **Anteilsinhaber später bekannt** werden. Handelt es sich um ein bei der Gesellschaft geführtes Aktienregister, hat sie dieses daraufhin unverzüglich selbst zu berichtigen. Handelt es sich um das Handelsregister, hat die Gesellschaft dem Registergericht bei Kenntniserlangung eine entsprechende Mitteilung zu machen.[65] Die Mitteilung zum Handelsregister hat gemäß § 12 Abs. 2 HGB elektronisch zu erfolgen, bedarf jedoch nicht der notariellen Form des § 12 Abs. 1 HGB, da es sich nicht um eine Handelsregisteranmeldung, sondern um eine Tatsachenmitteilung handelt und die Berichtigung durch das Handelsregister von Amts wegen zu erfolgen hat.[66] Bei einer GmbH ist eine neue Gesellschafterliste einzureichen, wofür nach § 40 Abs. 1 Satz 1 GmbHG die Geschäftsführer zuständig sind. Eine Einreichungspflicht eines Notars dürfte regelmäßig nicht bestehen, da es kaum denkbar erscheint, dass er bei dem späteren Bekanntwerden eines Anteilsinhabers i. S. von § 40 Abs. 2 Satz 1 GmbHG mitgewirkt hat und die Mitwirkung an der Verschmelzung allein insoweit nicht ausreicht.[67] Die Verpflichtungen der Gesellschaft gegenüber dem Registergericht können nach nunmehr wohl einhelliger Ansicht gemäß § 14 HGB durch Zwangsgeld durchgesetzt werden.[68]

28 Der Zeitpunkt des Bekanntwerdens der Anteilsinhaber ist für diese von besonderer Bedeutung, weil in diesem Augenblick das **Ruhen ihrer Stimmrechte** (siehe zum Umfang betroffener Rechte sogleich Rz. 31 ff.) gemäß § 35 Satz 3 endet. Der Wortlaut von § 35 Satz 3 sowie Erwägungen des Schutzes der (Minderheiten-)Rechte der bekannt gewordenen

62) Wie hier Kallmeyer-*Oppenhoff*, UmwG, § 35 Rz. 4, und Lutter-*Grunewald*, UmwG, § 35 Rz. 7. Gegen Nachforschungsobliegenheiten auch *Simons* in: BeckOGK-UmwG, § 213 Rz. 12; *Erkens/Thilo* in: KölnKomm-UmwG, § 35 Rz. 19; Semler/Stengel/Leonard-*Zessel/Schwanna*, UmwG, § 35 Rz. 7; Widmann/Mayer-*Wälzholz*, UmwR, § 35 UmwG Rz. 28.

63) *Erkens/Thilo* in: KölnKomm-UmwG, § 35 Rz. 19; Widmann/Mayer-*Wälzholz*, UmwR, § 35 UmwG Rz. 28. Vgl. auch Kallmeyer-*Oppenhoff*, UmwG, § 35 Rz. 4.

64) Vgl. Kallmeyer-*Oppenhoff*, UmwG, § 35 Rz. 4; *Erkens/Thilo* in: KölnKomm-UmwG, § 35 Rz. 19; Widmann/Mayer-*Wälzholz*, UmwR, § 35 UmwG Rz. 28; *Wied*, GmbHR 2016, 15.

65) Henssler/Strohn-*Ca. Müller*, GesR, § 35 UmwG Rz. 9; Kallmeyer-*Oppenhoff*, UmwG, § 35 Rz. 6; *Erkens/Thilo* in: KölnKomm-UmwG, § 35 Rz. 20; Widmann/Mayer-*Wälzholz*, UmwR, § 35 UmwG Rz. 24.

66) Widmann/Mayer-*Wälzholz*, UmwR, § 35 UmwG Rz. 24.

67) Richtig Widmann/Mayer-*Wälzholz*, UmwR, § 35 UmwG Rz. 24. A. A. Kallmeyer-*Oppenhoff*, UmwG, § 35 Rz. 6; *Erkens/Thilo* in: KölnKomm-UmwG, § 35 Rz. 20; Lutter-*Grunewald*, UmwG, § 35 Rz. 11.

68) Henssler/Strohn-*Ca. Müller*, GesR, § 35 UmwG Rz. 9; Kallmeyer-*Oppenhoff*, UmwG, § 35 Rz. 6; *Erkens/Thilo* in: KölnKomm-UmwG, § 35 Rz. 20; Lutter-*Grunewald*, UmwG, § 35 Rz. 11; Semler/Stengel/Leonard-*Zessel/Schwanna*, UmwG, § 35 Rz. 10; Schmitt/Hörtnagl-*Mi. Winter*, UmwG/UmwStG, § 35 UmwG Rz. 7. Widmann/Mayer-*Wälzholz*, UmwR, § 35 UmwG Rz. 24, scheint seine zwischenzeitliche Opposition mittlerweile aufgegeben zu haben.

Anteilsinhaber sprechen dafür, grundsätzlich auf den früheren Zeitpunkt abzustellen, in dem die Anteilsinhaber der Gesellschaft bekannt werden.[69] Gleichwohl hält die h. L. insoweit aus Gründen gebotener Rechtssicherheit den Zeitpunkt der Berichtigung des Registers für maßgeblich.[70] Bei näherem Besehen trägt die Begründung der h. L. indes nicht. Ist der Zeitpunkt seines Bekanntwerdens zwischen Anteilsinhaber und Gesellschaft streitig, wird der Anteilsinhaber für einen früheren Zeitpunkt als ihm günstige Tatsache nach allgemeinen Regeln darlegungs- und beweisbelastet sein. Der Gesellschaft geschieht dadurch kein Nachteil. Umgekehrt wird das Zuwarten auf den Registervollzug für den bekannt gewordenen Anteilsinhaber oftmals unzumutbar sein. Selbst bei einfachen Sachen kann der Registervollzug bei einzelnen Gerichten, etwa aufgrund von Überlastung oder technischen Problemen, mitunter mehrere Monate auf sich warten lassen. Das gilt erst recht, wenn sich die Gesellschaft weigert, am Registervollzug mitzuwirken oder hiergegen sogar opponiert. Der Registerrichter wird sich dann zumal aus Haftungsgründen – das Spruchrichterprivileg des § 839 Abs. 2 Satz 1 BGB gilt in Registersachen nicht – seine Entscheidung reiflich überlegen.

29 Allerdings ist die hier vertretene Sichtweise mit den für den übernehmenden Rechtsträger geltenden besonderen Regeln in Einklang zu bringen. Bei der **GmbH** folgt aus § 16 Abs. 1 i. V. m. § 40 GmbHG, dass der bekannt gewordene Anteilsinhaber im Verhältnis zur Gesellschaft erst dann als Gesellschafter gilt, wenn er in die im Register aufgenommene Gesellschafterliste eingetragen ist. Abweichend von dem soeben (siehe Rz. 28) herausgearbeiteten Grundsatz kommt es bei einer GmbH als übernehmendem Rechtsträger demnach auf den **Registervollzug** an.[71] Im Einzelfall kann es der Gesellschaft gemäß den Grundsätzen von Treu und Glauben gleichwohl versagt sein, sich auf den Inhalt einer falschen beim Handelsregister hinterlegten Gesellschafterliste zu berufen.[72] Dies wird richtigerweise insbesondere dann erwogen, wenn die Geschäftsführung die Einreichung einer aktualisierten Liste beim Register bewusst verzögert.[73]

30 Ähnlich verhält es sich beim **Aktienregister**. Gemäß § 67 Abs. 2 Satz 1 AktG bestehen im Verhältnis zur Gesellschaft Rechte und Pflichten aus Namensaktien nur für und gegen den im Aktienregister Eingetragenen. Die Gesellschaft darf sich aber gemäß der beifallswürdigen wohl h. L. nicht auf den Inhalt des Aktienregisters berufen, wenn dies rechtsmissbräuchlich ist. Ein Fall des Rechtsmissbrauchs stellt auch insoweit die bewusste Unterlassung der Eintragung des neuen Aktionärs dar.[74] Weil das Aktienregister – insbesondere bei kleineren

69) Henssler/Strohn-*Ca. Müller*, GesR, § 35 UmwG Rz. 9; Widmann/Mayer-*Wälzholz*, UmwR, § 35 UmwG Rz. 30.

70) *Rieder* in: BeckOGK-UmwG, § 35 Rz. 11; Kallmeyer-*Oppenhoff*, UmwG, § 35 Rz. 7; *Erkens/Thilo* in: KölnKomm-UmwG, § 35 Rz. 21a; Lutter-*Grunewald*, UmwG, § 35 Rz. 13; Semler/Stengel/Leonard-*Zessel/Schwanna*, UmwG, § 35 Rz. 9; Schmitt/Hörtnagl-*Mi. Winter*, UmwG/UmwStG, § 35 UmwG Rz. 8.

71) Ebenso Henssler/Strohn-*Ca. Müller*, GesR, § 35 UmwG Rz. 9; Widmann/Mayer-*Wälzholz*, UmwR, § 35 UmwG Rz. 30.

72) Vgl. BGH, Urt. v. 2.7.2019 – II ZR 406/17, NJW 2019, 3155, 3159 = NZG 2019, 979; Michalski/Heidinger/Leible/J. Schmidt-*Ebbing*, GmbHG, § 16 Rz. 79 ff.; *Mülbert/Sajnovits*, GmbHR 2021, 68, 71 m. w. N. aus der Rspr. der Obergerichte.

73) Henssler/Strohn-*Verse*, GesR, § 16 GmbHG Rz. 11c, 34b m. w. N.; *Mülbert/Sajnovits*, GmbHR 2021, 68, 71; *Wiersch*, ZGR 2015, 591, 596. Vgl. auch OLG Naumburg, Urt. v. 1.9.2016 – 2 U 95/15, GmbHR 2017, 86, 89 = ZIP 2016, 2217; OLG Brandenburg, Urt. v. 21.8.2019 – 7 U 169/18, GmbHR 2020, 98, 102; Lutter/Hommelhoff-*Bayer*, GmbHG, § 16 Rz. 17. Weitergehend Noack/Servatius/Haas-*Servatius*, GmbHG, § 16 Rz. 16, und *Bayer/Horner/Möller*, GmbHR 2022, 1, 19, nach denen die Legitimationswirkung der Gesellschafterliste bei jeder pflichtwidrigen bzw. fahrlässigen Verzögerung entfällt.

74) Hirte/Mülbert/Roth-*Merkt*, AktG, § 67 Rz. 93; *Lutter/Drygala* in: KölnKomm-AktG, § 67 Rz. 62; *Bayer* in: MünchKomm-AktG, § 67 Rz. 98; K. Schmidt/Lutter-*T. Bezzenberger*, AktG, § 67 Rz. 31. A. A. aber wohl RG, Urt. v. 7.11.1930 – II 81/30, JW 1931, 2097, 2098 li. Sp.

Gesellschaften – von der Gesellschaft selbst oder einem von ihr beauftragten Dienstleister geführt wird, kann erwartet werden, dass ein ordnungsgemäß mitgeteilter und nachgewiesener Vorgang im Aktienregister entweder am selben, zumindest aber innerhalb weniger Arbeitstage nachvollzogen wird. Nach Mitteilung der Identität des bislang unbekannten Aktionärs und Ablauf der im Einzelfall üblichen Bearbeitungszeit bestände die Registerwirkung demnach grundsätzlich nicht mehr.[75)] Hingegen besteht bei Personenhandelsgesellschaften kein Bedürfnis für eine Abweichung von dem hier befürworteten Grundsatz, wonach es bei § 35 Satz 3 auf den Zeitpunkt des Bekanntwerdens des Anteilsinhabers ankommt; der Nachvollzug des Gesellschafterwechsels im Register ist deklaratorisch.[76)]

IV. Ruhen des Stimmrechts

31 § 35 Satz 3 ordnet an, dass das Stimmrecht aus den betreffenden Anteilen am übernehmenden Rechtsträger bis zum Bekanntwerden des Anteilsinhabers nicht ausgeübt werden kann. Die amtliche Überschrift von § 35 nennt dies Ruhen des Stimmrechts. Ausweislich der Gesetzesbegründung beabsichtigte der Gesetzgeber mit § 35 Satz 3 die Probleme, die sich nach der Verschmelzung beim Vorhandensein unbekannter Anteilsinhaber für die Wirksamkeit von Gesellschafterbeschlüssen ergeben, zu lösen[77)]. Würde der Rechtsanwender § 35 Satz 3 wortlautgetreu verstehen, wären indes nicht alle Probleme, die sich für Gesellschafterbeschlüsse aus dem Vorhandensein unbekannter Anteilsinhaber ergeben können, gelöst. Daher legt die wohl h. L. § 35 Satz 3 zutreffend die Bedeutung bei, dass die **unbekannten Anteilsinhaber** im Hinblick auf Gesellschafterbeschlüsse des übernehmenden Rechtsträgers **als nicht vorhanden gelten.**[78)] Daraus folgt im konkreten Zugriff, dass die unbekannten Anteilsinhaber keiner persönlichen Ladung zu Gesellschafterversammlungen bedürfen, selbst wenn der betreffende Gesellschaftsvertrag dies vorsieht.[79)] Aus Vorsichtsgründen empfiehlt es sich in der Praxis, die Einberufung zusätzlich im Bundesanzeiger zu veröffentlichen.[80)]

32 Bedarf ein Beschluss ausnahmsweise, weil der Gesellschaftsvertrag oder das Gesetz – etwa analog § 33 Abs. 1 Satz 2 BGB bei der Änderung des Gesellschaftszwecks[81)] – dies vorsieht, der Einstimmigkeit oder eines bestimmten Quorums aller vorhandenen Anteilsinhaber, sind die Stimmrechte der unbekannten Anteilsinhaber bei der Ermittlung der erforderlichen Stimmenzahl nicht zu berücksichtigen.[82)] Individuelle Zustimmungserfordernisse – z. B.

75) Vgl. K. Schmidt/Lutter- *T. Bezzenberger*, AktG, § 67 Rz. 31: Die Registerwirkung besteht nicht mehr, wenn ein mitgeteilter und nachgewiesener und daher eintragungsreifer Übergang der Aktien nicht unverzüglich von der Gesellschaft eingetragen wird.

76) Ebenso Henssler/Strohn-*Ca. Müller*, GesR, § 35 UmwG Rz. 9.

77) Begr. RegE 2. UmwGÄndG, BT-Drucks. 16/2919, S. 13 li. Sp.

78) Henssler/Strohn-*Ca. Müller*, GesR, § 35 UmwG Rz. 8; Lutter-*Grunewald*, UmwG, § 35 Rz. 12; *Erkens/Thilo* in: KölnKomm-UmwG, § 35 Rz. 22; Widmann/Mayer-*Wälzholz*, UmwR, § 35 UmwG Rz. 32.1.

79) Henssler/Strohn-*Ca. Müller*, GesR, § 35 UmwG Rz. 8; Lutter-*Grunewald*, UmwG, § 35 Rz. 12; Kallmeyer-*Oppenhoff*, UmwG, § 35 Rz. 7; *Erkens/Thilo* in: KölnKomm-UmwG, § 35 Rz. 24; Schmitt/Hörtnagl-*Mi. Winter*, UmwG/UmwStG, § 35 UmwG Rz. 8; Widmann/Mayer-*Wälzholz*, UmwR, § 35 UmwG Rz. 31.

80) Kallmeyer-*Oppenhoff*, UmwG, § 35 Rz. 7; *Erkens/Thilo* in: KölnKomm-UmwG, § 35 Rz. 24; Widmann/Mayer-*Wälzholz*, UmwR, § 35 UmwG Rz. 31. Zur Zulässigkeit einer Regelung im Gesellschaftsvertrag einer formgewandelten Publikums-KG, die die Maßgeblichkeit der Veröffentlichung der Einberufung im Bundesanzeiger anordnet BGH, Urt. v. 9.5.2005 – II ZR 29/03 (Stora Enso), ZIP 2005, 1318, 1321 f. = NZG 2005, 722.

81) Einer Änderung des Gesellschaftszwecks bedarf es bspw., wenn sich eine – wie regelmäßig – rein auf Gewinnerzielung ausgerichtete Kapitalgesellschaft an einer gemeinnützigen oder auch-ideellen Gesellschaft beteiligen will. S. dazu für die GmbH Michalski/Heidinger/Leible/J. Schmidt-*J. Schmidt*, GmbHG, § 1 Rz. 5 ff., und für die AG *Pentz* in: MünchKomm-AktG, § 23 Rz. 77 – jew. m. w. N.

82) Henssler/Strohn-*Ca. Müller*, GesR, § 35 UmwG Rz. 8; Kallmeyer-*Oppenhoff*, UmwG, § 35 Rz. 7; *Erkens/Thilo* in: KölnKomm-UmwG, § 35 Rz. 22; Widmann/Mayer-*Wälzholz*, UmwR, § 35 UmwG Rz. 32.1.

zu Nachschüssen, der Erbringung zusätzlicher Einlagen oder der Einziehung von Anteilen ohne wichtigen Grund – bleiben von § 35 Satz 3 hingegen unberührt.[83] Die Begründung entsprechender sie treffender Pflichten ohne Zutun der unbekannten Anteilsinhaber wäre von der gesetzgeberischen Zielsetzung, die Handlungsfähigkeit der Gesellschaft trotz unbekannter Anteilsinhaber sicherzustellen, nicht mehr gedeckt und würde deshalb einen unzulässigen Eingriff in die Privatautonomie der unbekannten Anteilsinhaber darstellen.[84]

Die §§ 107 Abs. 7, 161 Abs. 2 HGB verlangen bei Anmeldungen zum Register von Per- 33
sonenhandelsgesellschaften die **Mitwirkung sämtlicher Gesellschafter**. Das gilt insbesondere für Wechsel im Gesellschafterbestand. Gemäß seiner dargestellten Zielsetzung (siehe dazu Rz. 31) ist mit der h. L. anzunehmen, dass § 35 Satz 3 auch § 106 Abs. 7 HGB bei der Anmeldung der Verschmelzung sowie bei nachfolgenden Anmeldungen in Ansehung der unbekannten Gesellschafter suspendiert.[85] Darüber hinaus sollte vorsorglich eine Generalvollmacht in den Gesellschaftsvertrag des übernehmenden Rechtsträgers aufgenommen und mit beurkundet werden, wonach die Geschäftsführung von allen Gesellschaftern für Anmeldungen zum Register bevollmächtigt ist. Nach zutreffender wohl h. M. genügt für eine solche Regelung die Zustimmung einer qualifizierten Mehrheit der Anteilsinhaber des übertragenden Rechtsträgers.[86]

83) Henssler/Strohn-*Ca. Müller*, GesR, § 35 UmwG Rz. 8; Lutter-*Grunewald*, UmwG, § 35 Rz. 12; Widmann/Mayer-*Wälzholz*, UmwR, § 35 UmwG Rz. 32.1.

84) Vgl. Widmann/Mayer-*Wälzholz*, UmwR, § 35 UmwG Rz. 32.1.

85) Henssler/Strohn-*Ca. Müller*, GesR, § 35 UmwG Rz. 8; Lutter-*Grunewald*, UmwG, § 35 Rz. 4; Kallmeyer-*Oppenhoff*, UmwG, § 35 Rz. 7; *Erkens/Thilo* in: KölnKomm-UmwG, § 35 Rz. 26; Schmitt/Hörtnagl-*Mi. Winter*, UmwG/UmwStG, § 35 UmwG Rz. 8 a. E.; Widmann/Mayer-*Wälzholz*, UmwR, § 35 UmwG Rz. 33. Zum Formwechsel auch Lutter-*Göthel*, UmwG, § 235 Rz. 25.

86) Kallmeyer-*Oppenhoff*, UmwG, § 35 Rz. 7; *Erkens/Thilo* in: KölnKomm-UmwG, § 35 Rz. 25 f.; Widmann/Mayer-*Wälzholz*, UmwR, § 35 UmwG Rz. 9. S. a. für den Formwechsel OLG Schleswig, Beschl. v. 4.6.2003 – 2 W 50/03 (Steinbeis Temming AG), DB 2003, 1502 f. = NZG 2003, 830; Lutter-*Göthel*, UmwG, § 235 Rz. 25; *Bandehzadeh*, DB 2003, 1663, 1664 f. Vgl. ferner Lutter-*Grunewald*, UmwG, § 35 Rz. 4, die allerdings meint, § 106 Abs. 7 HGB könne im Gesellschaftsvertrag abbedungen werden. Die Pflicht zur Anmeldung gemäß § 106 HGB ist jedoch öffentlich-rechtlicher Natur und kann damit im Gesellschaftsvertrag nicht abbedungen werden, vgl. Henssler/Strohn-*Steitz*, GesR, § 106 HGB Rz. 6.

§ 35a

Interessenausgleich und Betriebsübergang*)

(1) Kommt ein Interessenausgleich nach § 112 des Betriebsverfassungsgesetzes zustande, in dem diejenigen Arbeitnehmer namentlich bezeichnet werden, die nach der Verschmelzung einem bestimmten Betrieb oder Betriebsteil zugeordnet werden, so kann die Zuordnung der Arbeitnehmer durch das Arbeitsgericht nur auf grobe Fehlerhaftigkeit überprüft werden.

(2) § 613a Absatz 1 und 4 bis 6 des Bürgerlichen Gesetzbuchs bleibt durch die Wirkungen der Eintragung einer Verschmelzung unberührt.

*) § 35a eingefügt durch Art. 1 des Gesetzes zur Umsetzung der Umwandlungsrichtlinie und zur Änderung weiterer Gesetze (UmRUG), v. 22.2.2023, BGBl. I 2023, Nr. 51.

Literatur: *Annuß*, Der Betriebsübergang nach „Ayse Süzen", NZA 1998, 70; *Bauer/Lingemann*, Das neue Umwandlungsrecht und seine arbeitsrechtlichen Auswirkungen, NZA 1994, 1057; *Boecken*, Unternehmensumwandlungen und Arbeitsrecht, 1996; *Brinkmann*, Die Spaltung von Rechtsträgern nach dem neuen Umwandlungsrecht. Eine Analyse ihrer individualarbeitsrechtlichen Folgen, 1999; *Elking*, Zuordnungsentscheidung und Verletzung vor Betriebsübergang, NZA

2014, 295; *Gaul*, „Bauen, Besetzen und Übertragen" – Gestaltungsspielraum beim Betriebsteilübergang nach § 613a BGB, NZA 2025, 884; *Gaul/Otto*, Konsequenzen einer Spaltung nach § 123 UmwG für Firmentarifverträge, BB 2014, 500; *Gentges*, Die Zuordnung von Arbeitsverhältnissen beim Betriebsübergang, RdA 1996, 265; *Hartmann*, Die privatautonome Zuordnung von Arbeitsverhältnissen nach Umwandlungsrecht, ZfA 1997, 21; *Henssler*, Firmentarifverträge und unternehmensbezogene Verbandstarifverträge als Instrumente einer „flexiblen", betriebsnahen Tarifpolitik, ZfA 1998, 517; *Hidalgo/Kolber*, Die betriebsverfassungsrechtlichen Folgen des Widerspruchs bei einem Betriebsübergang – Wenn alle Arbeitnehmer widersprechen!, NZA 2014, 290; *Hohenstatt/Schuster*, Auswirkungen des Tarifeinheitsgesetzes auf Umstrukturierungen, ZIP 2016, 5; *Kallmeyer*, Das neue Umwandlungsgesetz, ZIP 1994, 1746; *Kania*, Tarifbindung bei Ausgliederung und Aufspaltung eines Betriebs, DB 1995, 625; *Kreitner*, Die Zuordnung von Arbeitsverhältnissen beim Übergang von Betrieben und Betriebsteilen, in: Festschrift Wolfdieter Küttner, 2006, S. 399; *Löw/Stolzenberg*, Die Aufspaltung eines Arbeitsverhältnisses als Folge eines Betriebsübergangs – Diener zweier Herren, NZA 2020, 1279; *Mengel*, Umwandlungen im Arbeitsrecht – Eine Untersuchung der arbeitsrechtlichen Vorschriften des Gesetzes zur Bereinigung des Umwandlungsrechts vom 28. Oktober 1994, Köln 1996 (Diss.) (zit.: Umwandlungen im Arbeitsrecht); *Mückl*, Der „Veräußerungskollektivvertrag nach Erwerberkonzept" als Rettungsanker für Übertragende Sanierungen, ZInsO 2019, 652; *Mückl*, Betriebsübergang und Matrix-Struktur – Welche Arbeitnehmer sind erfasst?, DB 2015, 2695; *Mückl*, Der Betriebsübergang nach § 613a BGB in der Insolvenz – jetzt erst recht ein Sanierungshindernis?, ZIP 2012, 2373; *Mückl*, Das Problem mangelnder Kooperationsbereitschaft der beteiligten Rechtsträger im Rahmen der Unterrichtung nach § 613a Abs. 5 BGB, RdA 2008, 343; *Mückl/Götte*, Gestaltungsmöglichkeiten bei der Übertragung von Arbeitsverhältnissen nach dem UmwG – Überblick zur aktuellen Rechtsprechung, Beispiele und Gestaltungsspielräume sowie deren Grenzen, DB 2017, 966; *Müller/Thüsing*, Die Zuordnung von Arbeitsverhältnissen beim Betriebsübergang, ZIP 1997, 1869; *Müller-Bonanni/Mehrens*, Auswirkungen von Umstrukturierungen auf die Tarifsituation, ZIP 2012, 1217; *Niklas/Mückl*, Auswirkungen eines Betriebsübergangs auf betriebsverfassungsrechtliche Ansprüche, DB 2008, 2250; *Otto/Mückl*, Aufspaltung, Verschmelzung, Anwachsung – Schadensersatz bei unzureichender Unterrichtung trotz Erlöschen des übertragenden Rechtsträgers?, BB 2011, 1978; *Roloff/Plum*, Vertraut und doch so fremd – der umwandlungsrechtliche Interessenausgleich mit Namensliste (§ 323 Abs. 2 UmwG), ZIP 2019, 2288; *Sagan*, Die kollektive Fortgeltung von Tarifverträgen und Betriebsvereinbarungen nach § 613a Abs. 1 Sätze 2–4 BGB, RdA 2011, 163; *Simon/Weninger*, Betriebsübergang und Gesamtrechtsnachfolge: Kein Widerspruch – keine Unterrichtung?, BB 2010, 117; *Studt*, Der umwandlungsrechtliche Interessenausgleich nach § 323 Abs. 2 UmwG, Hamburg 2000 (Diss.) (zit.: Interessenausgleich); *Wang*, Betriebs(teil)übergang und Arbeitsverhältniszuordnung, 2012 (zit.: Betriebs(teil)übergang); *Willemsen*, Arbeitsrecht im Umwandlungsgesetz – Zehn Fragen aus der Sicht der Praxis, NZA 1996, 791.

Übersicht

I. Gesetzliche Stellung und Regelungsbereiche

1. Systematische Stellung des § 35a im UmwG

Der § 35a überführt weitestgehend ohne inhaltliche Änderungen die bisherigen §§ 323 Abs. 2 und 324 a. F. – systematisch zutreffender[1)] – vom siebten in das zweite Buch des UmwG[2)]. 1

2. Ziele und Zwecke der Norm

§ 35a Abs. 1 ermöglicht insbesondere bei der Spaltung von Betrieben eine gerichtlich nur eingeschränkt überprüfbare **Zuordnung von Arbeitnehmern**, basierend auf einem mit dem 2

1) *Hohenstatt/Schramm* in: KölnKomm-UmwG, § 35a Rz. 1.

2) Begr. RegE UmRUG, BT-Drucks. 20/3822, S. 72.

Betriebsrat abgeschlossenen Interessenausgleich gemäß § 112 Abs. 1 BetrVG[3]. Der Gesetzgeber orientierte sich dabei insbesondere an § 125 Abs. 1 Nr. 2 InsO. Da § 35a Abs. 1 – anders als § 35a Abs. 2 (siehe Rz. 45 ff.) – nicht auf Unionsrecht beruht, gibt es im Ausland in der Regel keine vergleichbare Vorschrift. § 35a Abs. 1 wirkt dennoch dogmatisch nicht durchdacht und dürfte auf einer Verkennung des Unterschieds zwischen Unternehmens- und Betriebsebene beruhen.[4]

3 § 324 a. F., jetzt § 35a Abs. 2, bestätigt – vorbehaltlich der sonstigen Voraussetzungen eines Betriebs(teil)übergangs – die **Anwendbarkeit von § 613a Abs. 1 sowie 4 bis 6 BGB** auf umwandlungsrechtliche Übertragungsvorgänge.

3. Historische Entwicklung und Gesetzgebungsgeschichte

4 Während der RefE vom 15.4.1992 in § 126 zunächst die Möglichkeit vorsah, im Spaltungs- und Übernahmevertrag die Arbeitsverhältnisse beliebig einem an der Umwandlung beteiligten Rechtsträger zuzuordnen, hat der Gesetzgeber – weil dies gegen die Vorgaben der Betriebsübergangsrichtlinie (Richtlinie 2001/23/EG)[5] verstoßen hätte[6] – stattdessen in § 323 Abs. 2 a. F., heute § 35a Abs. 1, für Arbeitgeber und Betriebsrat die Möglichkeit geschaffen, **bei Verschmelzung, Spaltung oder Vermögensübertragung** die Zuordnung der Arbeitnehmer für die Zeit nach der Umwandlung zu einem bestimmten Betrieb bzw. Betriebsteil **in einem Interessenausgleich festzulegen**[7]. § 35a Abs. 1 ist richtlinienkonform dahin auszulegen, dass die Betriebsparteien auch in seinem Rahmen an die **zwingenden** Vorgaben des **§ 613a BGB** gebunden sind.[8]

5 § 323 Abs. 2 a. F. und § 324 a. F. wurden durch das Gesetz zur Bereinigung des Umwandlungsrechts (UmwBerG)[9] eingeführt und traten am 1.1.1995 in Kraft.

6 Zuvor war umstritten, ob die Übertragung eines Betrieb(teil)s i. R. der umwandlungsrechtlichen Gesamtrechtsnachfolge als rechtsgeschäftlicher Übergang i. S. des § 613a Abs. 1 Satz 1 BGB zu qualifizieren ist. Die Rechtsprechung des BAG war hierzu uneinheitlich.[10] Zutreffend wurde aber argumentiert, dass auch die **Gesamtrechtsnachfolge** nach dem Umwandlungsrecht **auf einem Rechtsgeschäft beruhe**, nämlich auf dem Verschmelzungs-, Spaltungs- und Übertragungsvertrag. Art. 1 Abs. 1 der Richtlinie 77/187/EWG[11] und Art. 1 Abs. 1 der Richtlinie 2001/23/EG erfassen den Übergang von Betrieben durch „vertragliche Übertragung oder durch Verschmelzung“. Daher ist die Anwendung des Betriebsübergangsrechts bei einer umwandlungsrechtlichen Gesamtrechtsnachfolge unionsrechtlich erforderlich[12].

---

3) Betriebsverfassungsgesetz (BetrVG), v. 25.9.2001 (Neufassung), BGBl. I 2001, 2518.

4) Näher z. B. *Annuß* in: BeckOGK-UmwG, § 35a Rz. 4 ff.

5) Richtlinie 2001/23/EG des Rates v. 12.3.2001 zur Angleichung der Rechtsvorschriften der Mitgliedstaaten über die Wahrung von Ansprüchen der Arbeitnehmer beim Übergang von Unternehmen, Betrieben oder Unternehmens- oder Betriebsteilen (Betriebsübergangsrichtlinie), ABl. (EG) L 82/16 v. 22.3.2001.

6) *Hohenstatt/Schramm* in: KölnKomm-UmwG, § 35a Rz. 2, 6.

7) Begr. Fraktionsentwurf UmwBerG, BT-Drucks. 12/6699, S. 118.

8) BAG, Urt. v.19.10.2017 – 8 AZR 63/16, NZA 2018, 370; *Hohenstatt/Schramm* in: KölnKomm-UmwG, § 35a Rz. 6.

9) Gesetz zur Bereinigung des Umwandlungsrechts (UmwBerG), v. 28.10.1994, BGBl. I 1994, 3210.

10) BAG, Urt. v. 25.2.1981 – 5 AZR 991/78, NJW 1981, 2212, 2213; BAG, Urt. v. 14.10.1982 – 2 AZR 811/79, ZIP 1984, 623, 628; BAG, Urt. v. 6.2.1985 – 5 AZR 411/83, NZA 1985, 735; anders BAG, Urt. v. 4.12.1974 – 5 AZR 75/74, DB 1975, 695; ausf. *Mengel*, Umwandlungen im Arbeitsrecht, S. 52 ff.

11) Richtlinie 77/187/EWG des Rates v. 14.2.1977 zur Angleichung der Rechtsvorschriften der Mitgliedstaaten über die Wahrung von Ansprüchen der Arbeitnehmer beim Übergang von Unternehmen, Betrieben oder Betriebsteilen (Betriebsübergangsrichtlinie), ABl. (EG) L 61/26 v. 5.3.1977.

12) Lutter-*Sagan*, UmwG, § 35a Rz. 2.

§ 324 a. F., jetzt § 35a Abs. 2, bestätigte die Anwendbarkeit von § 613a Abs. 1, 4 bis 6 BGB. Er ist richtigerweise als **Rechtsgrundverweisung**[13] und Kollisionsregel[14], nicht als Rechtsfolgenverweisung zu qualifizieren.

4. Anwendungsbereich

§ 35a gilt unmittelbar für **inländische Verschmelzungen**. Seine Anwendbarkeit auf **inländische Spaltungen** ergibt sich aus § 125 Abs. 1. Für **inländische Vermögensübertragungen und Teilübertragungen** folgt sie durch die Verweisungen der §§ 176 Abs. 1, 178 Abs. 1, 180 Abs. 1, 186 und 188 Abs. 1 sowie §§ 177 Abs. 1, 179 Abs. 1, 184 Abs. 1 und 189 Abs. 1, jeweils i. V. m. § 125 Abs. 1 Satz 1. Der **inländische und grenzüberschreitende Formwechsel** wird von § 35a nicht erfasst, da er nicht mit einer Übertragung von Arbeitsverhältnissen verbunden ist und die Identität bestehender Betriebe nicht berührt.[15] Da § 35a Abs. 1 auf die gesetzlich ausdrücklich genannten Umwandlungsformen beschränkt ist, scheidet eine analoge Anwendung auf einen Betriebs(teil)übergang, der außerhalb des UmwG erfolgt, ebenfalls aus.[16] 7

Gemäß § 305 Abs. 2 und § 320 Abs. 2 gilt § 35a auch für **grenzüberschreitende Verschmelzungen und Spaltungen**, wobei § 613a BGB und § 35a nur im Inland anwendbar sind.[17] Ob im Ausland ein Betriebsinhaberwechsel stattfindet, richtet sich nach den jeweils einschlägigen ausländischen Vorschriften zur Umsetzung der Richtlinie 2001/23/EG.[18] 8

II. Zuordnung der Arbeitnehmer durch die Betriebsparteien (§ 35a Abs. 1)

1. Normzweck und Anwendungsbereich

a) Zielsetzung der Arbeitnehmerzuordnung

§ 35a Abs. 1 soll die Zuordnung von Arbeitnehmern zu einem Betrieb(steil) im Nachgang zu einer Verschmelzung (bzw. sonstigen Umwandlungsmaßnahme mit Ausnahme eines Formwechsels) dadurch erleichtern, dass die **gerichtliche Kontrolle** der in einem Interessenausgleich mit Namensliste dokumentierten Zuordnungsentscheidung auf grobe Fehlerhaftigkeit **beschränkt** wird. 9

b) Anwendungsbereich und betroffene Konstellationen

Die in § 35a Abs. 1 geregelte Fallkonstellation einer Begrenzung der Überprüfbarkeit der Zuordnung von Arbeitnehmern zu einem Betrieb(steil) der jeweils beteiligten Rechtsträger leuchtet im Fall einer Verschmelzung (ebenso wie im Fall einer Vollübertragung nach § 174 Abs. 1) nur mit Blick auf im Zusammenhang mit der Übertragung vorbereitend erfolgende Betriebsänderungen unmittelbar ein.[19] Nicht nur für Betriebsspaltungskonstellationen verbleiben **im Zusammenhang mit einer Verschmelzung (oder Vollübertragung)** in der Praxis **eher Ausnahmekonstellationen:** 10

13) BAG, Urt. v. 25.5.2000 – 8 AZR 416/99, NZA 2000, 1115; BAG, Urt. v. 6.10.2005 – 2 AZR 316/04, NZA 2006, 990; BAG, Urt. v. 20.4.2016 – 10 AZR 111/15, NZA 2017, 141; BAG, Urt. v. 19.10.2017 – 8 AZR 63/16, NZA 2018, 370; BAG, Urt. v. 12.6.2019 – 1 AZR 154/17, NZA 2019, 1203.

14) Lutter-*Sagan*, UmwG, § 35a Rz. 4; *Hohenstatt/Schramm* in: KölnKomm-UmwG, § 35a Rz. 31.

15) Lutter-*Sagan*, UmwG, § 35a Rz. 5.

16) *Hohenstatt/Schramm* in: KölnKomm-UmwG, § 35a Rz. 16 m. w. N.

17) Kallmeyer-*Willemsen/Müller-Bonanni*, UmwG, § 35a Rz. 2.

18) Kallmeyer-*Willemsen/Müller-Bonanni*, UmwG, § 35a Rz. 2. Vgl. zum grenzüberschreitenden Betriebsübergang ausf. *Gaul/Mückl* in: Gaul, Umstrukturierung, § 8.

19) Vgl. zum eingeschränkten Anwendungsbereich bei Verschmelzung und Vollübertragung auch Lutter-*Sagan*, UmwG, § 35a Rz. 8 m. w. N.

Beispiel

Die A-GmbH und die B-AG führen einen Gemeinschaftsbetrieb, der vor dem Hintergrund einer Verschmelzung der A-GmbH auf die C-GmbH in einen künftig auf die C-GmbH und einen bei der B-AG verbliebenden Betrieb gespalten werden soll.

11 **Anders liegen die Dinge bei Spaltung und Teilübertragung.** Hier können sich Zuordnungsprobleme ergeben, wenn nicht alle Betriebe der übertragenden Rechtsträgers bzw. lediglich Betriebsteile im Zuge der Umwandlung übertragen werden.[20] Dann kann sich die Frage stellen, ob bestimmte Arbeitnehmer einem zu übertragenden Betrieb(steil) zuzuordnen sind[21] und ihre Arbeitsverhältnisse infolgedessen im Zuge der Umwandlung übertragen werden.

2. Tatbestand

a) Interessenausgleich i. S. des § 112 BetrVG

12 Voraussetzung für die Anwendung von § 35a Abs. 1 ist nach überwiegender Ansicht zunächst einmal ein infolge einer Betriebsänderung i. S. des § 111 BetrVG mit dem zuständigen Betriebsrat abgeschlossener **Interessenausgleich i. S. des § 112 BetrVG.** Ob auch ein freiwilliger Interessenausgleich ausreichend sein kann, war umstritten.[22] Da § 35a Abs. 1 jetzt eindeutig auf § 112 BetrVG Bezug nimmt, scheidet eine freiwillige Vereinbarung nun allerdings aus.

b) Formale Anforderungen

aa) Schriftliche Vereinbarung

13 Aus dem Verweis auf § 112 BetrVG folgt, dass es sich um eine schriftliche Vereinbarung handeln muss. Diese Vorgabe ist erfüllt, wenn die Namensliste zwar nicht im Interessenausgleich selbst, sondern in einer Anlage enthalten ist, Interessenausgleich und Namensliste aber eine einheitliche Urkunde bilden.[23] Dies ist zunächst der Fall, wenn sowohl Interessenausgleich als auch Namensliste unterschrieben und von Anfang an **körperlich miteinander** verbunden sind.[24] Nicht ausreichend ist eine bloße Heftklammer,[25] erforderlich vielmehr ist die Verbindung durch Klebstoff, feste Bindung oder eine Heftmaschine.[26]

14 Eine einheitliche Urkunde kann aber nach der Rechtsprechung des BAG auch vorliegen, wenn die Namensliste **getrennt vom Interessenausgleich erstellt** worden ist. Dann muss im Interessenausgleich auf die zu erstellende Namensliste verwiesen werden, während die erstellte Namensliste – ebenso wie zuvor der Interessenausgleich – von den Betriebsparteien unterschrieben worden ist und die Liste ihrerseits eindeutig auf den Interessenausgleich Bezug nimmt.[27] Nach der Rechtsprechung des BAG ist hierfür nicht nur eine Verweisung im Interessenausgleich auf eine (noch zu erstellende) Namensliste, sondern auch ein textlicher Rückbezug in der (zeitnah erstellten) Namensliste auf den betreffenden Interessenausgleich unverzichtbar. Nur so sei – so das BAG – für den Fall, dass beide Schriftstücke nicht schon von Beginn an körperlich miteinander verbunden waren, die erforderliche Einheitlichkeit der Urkunde herzustellen und zu garantieren.[28]

20) Lutter-*Sagan*, UmwG, § 35a Rz. 9.
21) Ausf. *Mückl* in: Gaul, Umstrukturierung, § 10.
22) Vgl. dazu *Mückl* in: Gaul, Umstrukturierung, § 10.215 m. w. N.
23) St. Rspr., vgl. nur BAG, Urt. v. 12.5.2010 – 2 AZR 551/08, Rz. 17, NZA 2011, 114 m. w. N.
24) So für § 1 Abs. 5 KSchG bereits BAG, Urt. v. 12.5.2010 – 2 AZR 551/08, Rz. 17, NZA 2011, 114.
25) LAG Hessen, Urt. v. 20.6.1989 – 5 Sa 12/89, NZA 1990, 117 (LS).
26) BAG, Urt. v. 7.5.1998 – 2 AZR 55/98, Rz. 22, NZA 1998, 1110, Rz. 22.
27) BAG, Urt. v. 12.5.2010 – 2 AZR 551/08, Rz. 17, NZA 2011, 114.
28) BAG, Urt. v. 12.5.2010 – 2 AZR 551/08, Rz. 24, NZA 2011, 114.

Sogar eine **nicht unterschriebene Namensliste** als Anlage wahrt die Schriftform nach der Rechtsprechung des BAG noch, wenn die Unterschrift unter dem Interessenausgleich sie als dessen Teil noch deckt. Das ist der Fall, wenn der Interessenausgleich selbst unterschrieben ist, in ihm auf die Anlage ausdrücklich Bezug genommen wird und Interessenausgleich und Anlage schon bei dessen Unterzeichnung mit einer Heftmaschine körperlich derart miteinander verbunden waren, dass eine Lösung nur durch Gewaltanwendung (Lösen der Heftklammer) möglich war.[29] 15

bb) Namentliche Bezeichnung

Ein Interessenausgleich nach § 35a muss die Arbeitnehmer namentlich bestimmten Betrieben oder Betriebsteilen zuordnen.[30] Nicht ausreichend ist, allein von den in einer Abteilung, einem Betrieb oder einem Betriebsteil beschäftigten Arbeitnehmern zu sprechen. Dies gilt selbst dann, wenn die ausnahmslose Übertragung aller eingegliederten Arbeitnehmer beabsichtigt ist. Wenn Vorname und Nachname zur Individualisierung nicht genügen, müssen die Namensangaben mit ergänzenden Hinweisen (z. B. Geburtsdatum, Abteilung, Personalnummer) versehen werden.[31] Damit **unterscheiden** sich die Anforderungen an die Bestimmtheit einer Namensliste gemäß § 35a Abs. 1 von den Anforderungen zur Bestimmtheit der Angaben im Umwandlungsplan oder -vertrag, soweit es dort um die Rechtsfolgen für die von einem Übergang betroffenen Arbeitsverhältnisse geht (siehe zu den Anforderungen an die dortigen Angaben § 5 Rz. 98 ff. [*Hövermann/Laufersweiler*]). 16

cc) Zeitpunkt

Der Interessenausgleich muss – trotz des weiterhin irreführenden Gesetzeswortlauts – nach h. M. **vor** dem Wirksamwerden der Verschmelzung, Spaltung oder Vermögensübertragung abgeschlossen werden.[32] Das entspricht auch der Rechtsprechung des BAG[33]. Für die Praxis bedeutet dies, dass nur Maßnahmen des übertragenden Rechtsträgers privilegiert sind, nicht aber solche des übernehmenden Rechtsträgers. Wertungswidersprüchlich wirkt dies schon: 17

Beispiel

Die A-GmbH führt einen Betrieb X und soll auf die B-AG verschmolzen werden. Die B-AG möchte den Betrieb X im Nachgang zu der Verschmelzung in die Betriebe Y und Z aufspalten.

Wieso im vorstehenden Beispiel eine Privilegierung der von der B-AG geplanten Betriebsänderung nicht gerechtfertigt sein soll, die – hätte die A-GmbH sie vor der Verschmelzung i. R. einer Umsetzung des Erwerberkonzepts[34] der B-AG selbst vereinbart – privilegiert wäre, lässt sich nicht einmal sinnvoll damit erklären, dass die Gestaltungsmöglichkeiten für die beteiligten Rechtsträger im ursprünglichen Gesetzentwurf, der sich dann aufgrund entgegenstehender europarechtlicher Vorgaben[35] nicht durchsetzen konnte, noch deutlich weitgehender gewesen waren (siehe Rz. 4 ff.). § 35a wirkt wie ein nicht schlussdurchdachter Kompromiss, dessen Inkonsistenzen aber wohl als bewusste Entscheidung hingenommen werden müssen. 18

---

29) BAG, Urt. v. 12.5.2010 – 2 AZR 551/08, Rz. 17, NZA 2011, 114.

30) *Hohenstatt/Schramm* in: KölnKomm-UmwG, § 35a Rz. 17; Henssler/Strohn-*Moll*, GesR, § 35a UmwG Rz. 8.

31) *Mückl* in: Gaul, Umstrukturierung, § 10.221.

32) *Roloff/Plum*, ZIP 2019, 2288, 2291; Lutter-*Sagan*, UmwG, § 35a Rz. 6; a. A. *Mengel*, Umwandlungen im Arbeitsrecht, S. 23, 28 f.

33) BAG, Urt. v. 19.10.2017 – 8 AZR 63/16, Rz. 40, NZA 2018, 370.

34) Vgl. zu dieser Figur BAG, Urt. v. 19.12.2013 –6 AZR 790/12, Rz. 70, NZA 2014, 909.

35) *Hohenstatt/Schramm* in: KölnKomm-UmwG, § 35a Rz. 2.

dd) Zuständigkeit

19 Die Zuständigkeit auf Betriebsratsseite bestimmt sich nach den **allgemeinen Regeln.**[36] Zuständig ist – auf Seiten des übertragenden Rechtsträgers (siehe vorstehend Rz. 17) – regelmäßig der Betriebsrat, wenn nur ein Betrieb betroffen ist, während der Gesamtbetriebsrat zuständig ist, wenn mehr als ein Betrieb betroffen ist.[37] Sind Betriebe in mehreren Unternehmen eines Konzerns betroffen, kann eine Zuständigkeit des Konzernbetriebsrats entstehen.[38] Sind die Voraussetzungen des § 50 Abs. 1 BetrVG oder des § 58 Abs. 1 BetrVG zweifelhaft, empfiehlt es sich, das handelnde Gremium entsprechend nach § 50 Abs. 2 BetrVG oder § 58 Abs. 2 BetrVG zu **beauftragen.**[39] Gelingt dies nicht, kann eine **Aufforderung zur internen Klärung** helfen.[40]

c) Interessenausgleich anlässlich einer übertragenden Umwandlungsmaßnahme

20 Der Interessenausgleich muss bei einer Verschmelzung, Spaltung oder Vermögensüber-tragung zustande kommen. Erforderlich ist ein **Kausalzusammenhang** zwischen dem Abschluss des Interessenausgleichs und den durch die Umwandlung eintretenden rechtlichen und tatsächlichen Veränderungen.[41] Die dem Interessenausgleich zugrunde liegende Betriebsänderung muss in einem sachlichen und zeitlichen Zusammenhang mit der jeweiligen Umwandlung stehen.

Beispiel

Von einem Betrieb der A-GmbH werden die Betriebsteile A1 und A2 abgespalten, um sie anschließend im Wege der Ausgliederung auf neue Rechtsträger (den Betriebsteil A1 auf die B-AG und den Betriebsteil A2 auf die C-GmbH) zu übertragen.

d) Zuordnung zu einem Betrieb(steil) i. S. des § 613a BGB

21 § 35a Abs. 1 räumt den zuständigen Betriebspartnern (siehe dazu Rz. 19) nach der Rechtsprechung des BAG[42] nicht das Recht ein, Arbeitnehmer wirksam einem beliebigen „Spaltprodukt" zuzuordnen. Zwar gibt § 35a Abs. 1 den Betriebspartnern die Möglichkeit einer von den ArbG nur eingeschränkt überprüfbaren Zuordnung von Arbeitnehmern; allerdings muss die Zuordnung nach der Rechtsprechung des BAG **gemäß den Kriterien und Vorgaben des § 613a Abs. 1 BGB** und damit zu einer übergangsfähigen wirtschaftlichen Einheit i. S. des § 613a Abs. 1 Satz 1 BGB und der Richtlinie 2001/23/EG erfolgen. § 35a Abs. 1 ergänze lediglich die zwingende Regelung des § 613a Abs. 1 BGB.

3. Gestaltungsspielraum

a) Gestaltungsfreiheit in Bezug auf die Schaffung und Zuordnung von Betrieb(steil)en

22 Zunächst einmal regeln die an der Umwandlung beteiligten Rechtsträger gemäß § 126 Abs. 1 Nr. 9 **privatautonom**[43] im Umwandlungsvertrag, welche Betrieb(steil)e übertragen werden

---

36) Ausf. im Kontext von Umwandlungsmaßnahmen *Mückl* in: Mückl/Fuhlrott/Niklas/Otto/Schwab, Umstrukturierung, Kap. 4 Rz. 128 ff.

37) Lutter-*Sagan*, UmwG, § 35a Rz. 6.

38) *Roloff/Plum*, ZIP 2019, 2288, 2292.

39) *Roloff/Plum*, ZIP 2019, 2288, 2292.

40) BAG, Urt. v. 24.11996 – 1 AZR 542/95, NZA 1996, 1107.

41) *Hohenstatt/Schramm* in: KölnKomm-UmwG, § 35a Rz. 15.

42) BAG, Urt. v. 19.10.2017 – 8 AZR 63/16, Rz. 37, NZA 2018, 370.

43) *Hohenstatt/Schramm* in: KölnKomm-UmwG, § 35a Rz. 7; Lutter-*Sagan*, UmwG, § 35a Rz. 9.

sollen.[44] Bei der Verschmelzung besteht insoweit kaum jemals ein Regelungsbedarf, weil allein der übernehmende bzw. neu gegründete Rechtsträger Betriebsinhaber werden kann.[45]

Um einen umwandlungsrechtlichen Übergang der Arbeitsverhältnisse nach § 131 Abs. 1 Nr. 1 zu bewirken, ist die „Bezeichnung der übergehenden Arbeitsverhältnisse im Spaltungs- und Übernahmevertrag […] unverzichtbar".[46] Daher führt die Übertragung eines im Spaltungs- und Übernahmevertrag genannten Betriebs(teils) für sich genommen noch nicht zu einem **umwandlungsrechtlichen** Übergang der Arbeitsverhältnisse der in dem betreffenden Betrieb(steil) beschäftigten Arbeitnehmer.[47] 23

Sie bewirkt aber **mittelbar** eine betriebsübergangsrechtliche Übertragung, wenn die Voraussetzungen des § 35a Abs. 2 i. V. m. § 613a Abs. 1 Satz 1 BGB erfüllt sind, weil die dem Betrieb(steil) zugeordneten Arbeitsverhältnisse dann gemäß den vorgenannten Normen auf den übernehmenden Rechtsträger übergehen. 24

b) Kollision divergierender Zuordnungen im Interessenausgleich und im Umwandlungsvertrag

Soweit die Zuordnungen in Umwandlungsvertrag und Interessenausgleich divergieren und daher kollidieren, setzt sich aufgrund der gesetzgeberischen Kompetenzzuweisung an die Betriebsparteien in § 35a Abs. 1 grundsätzlich die **Zuordnung im Interessenausgleich** durch.[48] Etwas anderes wird man nur annehmen können, wenn die Zuordnung im Umwandlungsvertrag die Vorgaben des § 613a BGB achtet, während der Interessenausgleich sie nicht berücksichtigt (siehe zu dieser Vorgabe in der nachfolgenden Rz. 26 ff.). 25

c) Verhältnis zu § 613a BGB

aa) Bindung an die Wertentscheidungen des § 613a BGB

Die Bindung an die Vorgaben des § 613a BGB bzw. Art. 3 Richtlinie 2001/23/EG wird durch § 35a Abs. 1 nicht suspendiert[49], wie § 35a Abs. 2 klarstellt (siehe oben Rz. 3). Entgegen der Ansicht des 8. Senats im Urteil vom 19.10.2017[50] kann § 35a Abs. 1 daher auch **nicht als spezialgesetzliche Regelung zu § 613a BGB** qualifiziert werden.[51] Dies macht § 35a Abs. 2 deutlich, der klarstellt, dass § 613a BGB auch bei einer Verschmelzung, Spaltung oder Vermögens(teil)übertragung Anwendung findet (siehe Rz. 4). Nicht überzeugend ist es daher auch, wenn der Anwendungsbereich von § 35a Abs. 1 auf die sog. „umwandlungsrechtlich übergehenden Arbeitsverhältnisse" begrenzt wird.[52] 26

Richtig ist, dass bei der Frage, ob die auf der Grundlage des Interessenausgleichs vorgenommene Zuordnung wirksam ist, die **Wertentscheidungen** berücksichtigt werden müssen, die mit §§ 35a Abs. 2, 613a BGB zum Übergang von Betrieben und Betriebsteilen geschaffen wurden.[53] Der dahingehende Vorrang der Regelungen zum Betriebsübergang ist bereits aufgrund der Vorgabe ihrer **unionsrechtskonformen Auslegung und Anwendung** geboten 27

---

44) LAG Hamburg, Urt. v. 31.5.2016 – 7 Sa 3/16, NZG 2017, 186.

45) *Hohenstatt/Schramm* in: KölnKomm-UmwG, § 35a Rz. 7.

46) Begr. RegE UmwBerG, BR-Drucks. 75/94, S. 118.

47) Lutter-*Sagan*, UmwG, § 35a Rz. 9.

48) *Hohenstatt/Schramm* in: KölnKomm-UmwG, § 35a Rz. 22 m. w. N. auch zur Gegenansicht.

49) Zutr. *Mengel*, Umwandlungen im Arbeitsrecht, S. 109 ff., 126 f., 129.

50) BAG, Urt. v. 19.10.2017 – 8 AZR 63/16, Rz. 37, NZA 2018, 370 – zu § 323 Abs. 2 UmwG a. F.

51) *Brinkmann*, Spaltung von Rechtsträgern, S. 141 ff., 145; a. A. *Kallmeyer*, ZIP 1994, 1746, 1757.

52) Vgl. ausf. *Mückl* in: Gaul, Umstrukturierung, § 10.227 m. w. N.

53) BAG, Urt. v. 19.10.2017 – 8 AZR 63/16, Rz. 40, NZA 2018, 370; ebenso *Roloff/Plum*, ZIP 2019, 2288, 2291 f.; *Mückl* in: Gaul, Umstrukturierung, § 10.228 m. w. N.

(siehe bereits oben Rz. 6). § 35a Abs. 1 ermöglicht keine Umgehung der durch die Richtlinie 2001/23/EG bewirkten Bestandsgarantie. Dabei schließen die europarechtlichen Vorgaben indes nicht aus, auch **Zweifelsfälle** i. R. des Anwendungsbereichs von § 613a BGB durch die betrieblichen Sozialpartner festzulegen.[54]

bb) Gestaltungsfreiheit im Vorfeld eines geplanten Betriebs(teil)übergangs

28 Wird bei einer Betriebsaufspaltung allerdings der **Betrieb zerschlagen und gehen insoweit auch keine Betriebsteile auf neu gebildete Betriebe** über, kann die Zuordnungsentscheidung im Interessenausgleich mit der Namensliste gemäß § 35a Abs. 1 frei von § 613a BGB erfolgen, da die tatbestandlichen Voraussetzungen eines Betriebsteilübergangs nicht vorliegen.[55] Auch das BAG fordert in seinem Urteil vom 19.10.2017[56] lediglich eine Zuordnung zu übertragungsfähigen Einheiten, die aber auch erst im Vorfeld des Übertragungsvorgangs geschaffen werden können.

Beispiel

Wenn die A-GmbH ihre Betriebe X, Y und Z, d. h. die bisherigen wirtschaftlichen Einheiten, nach Arbeitsprozessen zerschlägt und im Anschluss daran – entsprechend der identifizierten Arbeitsprozesse – die neuen Betriebe AX, BY und CZ bildet, um sie im Nachgang umwandlungsrechtlich im Wege der Abspaltung nach § 123 Abs. 2 Nr. 2 auf ihre Schwestergesellschaft, die B-GmbH, zu übertragen, kann die A-GmbH mit dem zuständigen Betriebsrat (siehe dazu Rz. 19) i. R. des § 35a Abs. 1 auf der Grundlage eines Interessenausgleichs mit Namensliste eine Zuordnung der Mitarbeiter der Ursprungsbetriebe X, Y und Z zu den neuen Betrieben AX, BY und CZ vornehmen, ohne hierbei an die Vorgaben des § 613a BGB gebunden zu sein. § 613a BGB greift nach § 35a Abs. 2 erst ein, wenn die Abspaltung nach § 123 Abs. 2 Nr. 2 durch Eintragung im Handelsregister vollzogen wird, indem die neuen Betriebe AX, BY und CZ auf die B-GmbH übertragen werden.[57]

29 Der Vorrang des § 613a BGB i. V. m. § 35a Abs. 2 vor einer Zuordnung gemäß § 35a Abs. 1 gilt nur dann, wenn mit der Umwandlungsmaßnahme tatsächlich ein Betrieb(steil) auf einen anderen Rechtsträger übergeht.[58]

30 Werden demgegenüber die Betriebe, die im Zuge der Spaltung auf den oder die neuen Rechtsträger übertragen werden sollen, erst **durch eine zeitgleiche organisatorische Umstrukturierung geschaffen**, fehlt es zuvor an Betrieben oder Betriebsteilen, an die für die Zuordnung der Arbeitnehmer gemäß § 613a Abs. 1 BGB angeknüpft werden könnte.[59] In dieser Situation können die Betriebsparteien in einem Interessenausgleich zur Betriebsspaltung **die namentliche Zuordnung der Arbeitnehmer zu den neu geschaffenen Betrieben** vornehmen.[60] Dies kann **auch kurzfristig** vor einem Betriebs(teil)übergang geschehen.[61] Gestaltungsgrenzen ergeben sich allerdings daraus, dass die im Interessenausgleich erfolgte Zuordnung nach § 35a Abs. 1 nicht grob fehlerhaft sein darf (siehe dazu Rz. 40 ff.).

54) Wie hier *Annuß* in: BeckOGK-UmwG, § 35a Rz. 6; a. A. z. B. Lutter-*Sagan*, UmwG, § 35a Rz. 13.

55) LAG Schleswig-Holstein, Urt. v. 5.11.2015 – 5 Sa 437/14, juris Rz. 93.

56) BAG, Urt. v. 19.10.2017 – 8 AZR 63/16, Rz. 37, NZA 2018, 370.

57) LAG Schleswig-Holstein, Urt. v. 5.11.2015 – 4 Sa 28/15, Rz. 97, NZG 2016, 557 (LS); LAG Schleswig-Holstein, Urt. v. 5.11.2015 – 5 Sa 437/14, juris Rz. 93.

58) LAG Schleswig-Holstein, Urt. v. 5.11.2015 – 5 Sa 437/14, juris Rz. 87; LAG Hamburg, Urt. v. 4.5.2016 – 6 Sa 2/16, Rz. 104, ZInsO 2016, 2305.

59) LAG Schleswig-Holstein, Urt. v. 5.11.2015 – 5 Sa 437/14, juris Rz. 87; LAG Hamburg, Urt. v. 4.5.2016 – 6 Sa 2/16, Rz. 104, ZInsO 2016, 2305.

60) LAG Schleswig-Holstein, Urt. v. 5.11.2015 – 5 Sa 437/14, juris Rz. 87; LAG Hamburg, Urt. v. 4.5.2016 – 6 Sa 2/16, Rz. 104, ZInsO 2016, 2305; vgl. bereits *Mückl/Götte*, GWR 2016, 106.

61) *Mückl/Götte*, DB 2017, 966, 967 m. w. N.

cc) Gestaltungsfreiheit mit Zustimmung des betroffenen Arbeitnehmers

§ 613a BGB lässt die übereinstimmend ausgeübte Gestaltungsfreiheit von Veräußerer, Erwerber und Arbeitnehmer unberührt.[62] Sofern der Arbeitnehmer zustimmt, kann er deshalb abweichend von § 613a BGB einem bestimmten Betrieb(steil) zugeordnet werden. Empfehlenswert kann daher sein, mit den betroffenen Arbeitnehmern bereits rechtzeitig vor der Umwandlung eine Einigung über die Zuordnung zu einem Betrieb(steil) zu erzielen.[63] 31

dd) Verbleibender Gestaltungsspielraum

Im Übrigen verbleibt für die Betriebsparteien i. R. von § 35a Abs. 1 zunächst einmal ein Gestaltungsspielraum in den Fällen, in denen der Drei-Stufen-Test des BAG[64] (siehe Rz. 76) für die Zuordnung von Mitarbeitern nicht zu klaren Ergebnissen führt.[65] 32

Bei Abschluss eines Interessenausgleichs gemäß § 35a Abs. 1 wird der Gestaltungsspielraum bei der Zuordnung von Arbeitnehmern im Zusammenhang mit der Umwandlung eines Rechtsträgers nach h. M. **im Wesentlichen auf drei Fälle begrenzt:** 33

Die **erste Fallgruppe** ist dadurch gekennzeichnet, dass Arbeitnehmer betroffen sind, die beim übertragenden Rechtsträger betriebs- oder betriebsteilübergreifend eingesetzt waren und deshalb ohne eine zusätzliche Entscheidung nicht einem bestimmten Betrieb oder Betriebsteil zugeordnet werden können. Dabei werden Overheadfunktionen, Stabsabteilungen sowie Arbeitnehmer genannt, die wegen ihrer Aufgaben in verschiedenen Betrieben oder Betriebsteilen tätig werden (z. B. Springer).[66] 34

Eine Zuordnung, im Umwandlungsvertrag bzw. -plan oder – was nach dem Urteil des 8. Senats vom 19.10.2017[67] bereits ausgeschlossen wäre – im Interessenausgleich nach § 35a Abs. 1 soll konstitutiv ferner in dem Fall vorgenommen werden können, dass die Übertragung Vermögensgegenstände betrifft, die als Sache oder Sachgesamtheit keinen Betrieb oder Betriebsteil darstellen[68] **(Fallgruppe 2)**. Das BAG hält dies in seinem Urteil vom 19.10.2017[69] für ausgeschlossen, weil es in diesen Fallkonstellationen – zu Unrecht[70] – ein Wahlrecht des Mitarbeiters annimmt. Hält man eine Zustimmung des einzelnen Arbeitnehmers zum Arbeitgeberwechsel für erforderlich, bleibt sie von einem nach Maßgabe des § 35a Abs. 1 abgeschlossenen Interessenausgleich unberührt.[71] 35

Die **dritte Fallgruppe** einer „spaltungsrechtlichen Zuordnung" soll vorliegen, wenn der Betrieb oder Betriebsteil, dem ein Arbeitnehmer bislang zugeordnet sei, seinerseits nicht übertragen werde.[72] 36

Keine expliziten Feststellungen des BAG liegen mit Blick auf die erste Fallgruppe bislang zu der Frage vor, wie die quantitativ- strukturorientierte Lösung des BAG weiterentwickelt werden soll, wenn sich nicht einmal ein relativer Schwerpunkt der Tätigkeit eines Arbeit- 37

62) *Mückl* in: Gaul, Umstrukturierung, Rz. 10.202 ff.; *Hohenstatt/Schramm* in: KölnKomm-UmwG, § 35a Rz. 9.
63) *Hohenstatt/Schramm* in: KölnKomm-UmwG, § 35a Rz. 9 m. w. N.
64) BAG, Urt. v. 20.4.2016 – 10 AZR 111/15, Rz. 30, NZA 2017, 141.
65) Ausf. *Mückl* in: Gaul, Umstrukturierung, Rz. 10.227 ff.
66) Vgl. für viele *Bauer/Lingemann*, NZA 1994, 1057, 1061; *Willemsen*, NZA 1996, 791, 799.
67) BAG, Urt. v. 19.10.2017 – 8 AZR 63/16, NZA 2018, 370.
68) Vgl. *Willemsen/Müller-Bonanni* in: Willemsen/Hohenstatt/Schweibert/Seibt, Umstrukturierung und Übertragung von Unternehmen, Kap. 7 Rz. 120 f.; abl. *Studt*, Interessenausgleich, S. 86 f.
69) BAG, Urt. v. 19.10.2017 – 8 AZR 63/16, NZA 2018, 370.
70) Ausf. *Mückl* in: Gaul, Umstrukturierung, Rz. 10.202 ff. m. w. N.; dem BAG zust. für viele Schmitt/Hörtnagl-*Langner*, UmwG/UmwStG, § 35a UmwG Rz. 10; *Annuß* in: BeckOGK-UmwG, § 35a Rz. 10.
71) Lutter-*Sagan*, UmwG, § 35a Rz. 14.
72) So *Boecken*, Unternehmensumwandlungen, Rz. 71; *Hartmann*, ZfA 1997, 21, 25.

nehmers in einem Betrieb oder Betriebsteil ausmachen lässt. In diesem Fall sprechen auf der Grundlage der vom BAG entwickelten Lösung allerdings die besseren Gründe dafür, dass das in Rede stehende Arbeitsverhältnis dann nicht von einem Betriebs- oder Betriebsteilübergang erfasst ist, wenn im Vorfeld keine Zuordnungsentscheidung des übertragenden Rechtsträgers erfolgt.[73)]

38 Alternativ denkbar wäre in Fällen eines fehlenden Schwerpunkts zwar, das **Entstehen mehrerer Teilzeitarbeitsverhältnisse** anzunehmen,[74)] wie dies der EuGH[75)] für den Fall mehrfacher Betriebszugehörigkeit für möglich gehalten hat. Die Rechtsfolge einer Spaltung des Arbeitsverhältnisses mit anschließender Teilübertragung sieht § 613a BGB allerdings nicht vor, so dass sie allein über eine Analogie begründbar wäre,[76)] deren Voraussetzungen allerdings nicht vorliegen. Losgelöst davon würde eine Teilung des Arbeitsverhältnisses in der betrieblichen Praxis häufig zu unüberwindbaren Schwierigkeiten und Nachteilen – gerade auch für den Arbeitnehmer – führen.[77)]

39 Mit Blick auf das Fehlen einer Regelungslücke, die Raum für eine analoge Anwendung von § 613a BGB ließe, und die praktischen Schwierigkeiten, die eine sinnvolle Fortführung von parallelen Teilzeitarbeitsverhältnissen in der Regel als ausgeschlossen erscheinen lassen, sowie den Umstand, dass der Arbeitnehmer gerade keinen Anspruch auf einen bestimmten Arbeitsplatz, sondern lediglich auf vertragsgemäße Beschäftigung hat, erscheint es deshalb richtig, dem **Arbeitgeber** bei Fehlen eines relativen Schwerpunkts die **Zuordnungsentscheidung zuzuweisen**. Im Rahmen dieser Zuordnungsentscheidung muss er schließlich dem Bestandschutzgedanken des § 613a BGB sowie sozialen Erwägungen neben betrieblichen Interessen gerecht werden.[78)] Trifft er keine ermessensgerechte Entscheidung, obwohl eine entsprechende Zuordnung erforderlich wäre, und beendet dann mangels Beschäftigungsbedarfs das Arbeitsverhältnis, kommen für den Arbeitnehmer Schadensersatzansprüche in Betracht,[79)] die den Interessen des Arbeitnehmers hinreichend Rechnung tragen.

4. Rechtsfolgen

40 § 35a Abs. 1 führt dazu, dass die im Interessenausgleich mit Namensliste vorgenommene Zuordnung von Arbeitnehmern nur noch auf **grobe Ermessensfehler** überprüft werden kann. Dies gilt zunächst, wenn die Zuordnung i. R. des arbeitgeberseitigen Direktionsrechts bzw. durch einen als Betriebsvereinbarung ausgestalteten Interessenausgleich[80)] erfolgt ist.

41 Die Zuordnung ist grob fehlerhaft, wenn sie die gesetzlichen Wertungen des § 613a BGB missachtet,[81)] indem sich die Betriebsparteien nicht von sachlichen Gründen leiten lassen und die Zuordnung offensichtlich willkürlich erscheint. Nach der gesetzlichen Intention steht ihnen aber ein Beurteilungsspielraum zu.[82)] Sind sachliche Gründe erkennbar, scheidet eine grobe Fehlerhaftigkeit aus.[83)]

---

73) Ausf. *Mückl* in: Gaul, Umstrukturierung, Rz. 10.116 ff.

74) So *Wang*, Betriebs(teil)übergang, S. 94 ff.

75) EuGH, Urt. v. 26.3.2020 – Rs. C-344/18 (ISS Facillity Servci), ZIP 2020, 1146.

76) *Wang*, Betriebs(teil)übergang, S. 95.

77) Ebenso *Müller/Thüsing*, ZIP 1997, 1869, 1870; *Gentges*, RdA 1996, 265, 267.

78) *Mückl* in: Gaul, Umstrukturierung, § 10.119.

79) Vgl. *Mückl* in: Gaul, Umstrukturierung, § 10.119.

80) Vgl. zu dieser Option *Mückl* in: Gaul, Umstrukturierung, § 10.223 ff.

81) LAG Schleswig-Holstein v. 5.11.2015 – 5 Sa 437/14, juris Rz. 115; *Mückl*, in: Mückl/Fuhlrott/Niklas/Otto/Schwab, Umstrukturierung, Kap. 4 Rz. 107 ff.

82) LAG Schleswig-Holstein v. 5.11.2015 – 5 Sa 437/14, juris Rz. 115; *Mückl*, in: Mückl/Fuhlrott/Niklas/Otto/Schwab, Umstrukturierung, Kap. 4 Rz. 107 ff.

83) LAG Schleswig-Holstein v. 5.11.2015 – 5 Sa 437/14, juris Rz. 115; *Oetker* in: ErfK-ArbR, § 35a UmwG Rz. 5; Henssler/Willemsen/Kalb-*Willemsen/Müller-Bonanni*, ArbR, § 35a UmwG Rz. 34; *Mückl* in: Mückl/Fuhlrott/Niklas/Otto/Schwab, Umstrukturierung, Kap. 4 Rz. 107 ff. m. w. N.

Liegt keine grob fehlerhafte Zuordnung vor, verbraucht die Zuordnungsentscheidung das Mitbestimmungsrecht des Betriebsrats nach § 99 BetrVG in Bezug auf etwaige damit zusammenhängende Einstellungen und Versetzungen.[84) 42

Die Wirkungen des § 35a Abs. 1 sind i. Ü. aber nicht materiell-rechtlicher, sondern prozessualer Natur.[85) Die **Darlegungs- und Beweislast** für die grobe Fehlerhaftigkeit trägt der Arbeitnehmer.[86) 43

Ob er dabei aus Gründen der Rechtssicherheit eine **Frist** analog § 613a Abs. 6 BGB zu wahren hat, die mit dem Zeitpunkt seiner Kenntnisnahme der Zuordnungsentscheidung zu laufen beginnt, ist umstritten.[87) Richtigerweise besteht eine solche Frist nicht, sondern es ist, mit Ablauf eines Monats nach Kenntniserlangung von einer konkludenten Vertragsänderung auszugehen, wenn der Arbeitnehmer keine Einwände gegen die Zuordnung hat.[88) Ergänzt werden kann der Interessenausgleich dennoch vorsorglich um die Regelung einer entsprechenden einmonatigen Ausschlussfrist.[89) Die Kenntnisnahme sollte durch geeignete **Bekanntmachung** (der Inhalte) des Interessenausgleichs im Betrieb sichergestellt werden.[90) 44

III. Anwendbarkeit von § 613a BGB bei Umwandlungen (§ 35a Abs 2)

Ausgehend von der Qualifikation des § 35a Abs. 2 als Rechtsgrundverweisung und Kollisionsregel, ist stets auf Basis der Rechtsprechung zu § 613a BGB bzw. der Richtlinie 2001/23/EG zu prüfen, ob es im Zusammenhang mit einer Umwandlung zu einem **Betriebs(teil)übergang** i. S. des § 613a BGB kommt und **welche Arbeitsverhältnisse** erfasst werden. Tatsachengrundlage sind zunächst die Regelungen des Umwandlungsvertrags, insbesondere in Bezug auf die jeweils zu übertragenden Vermögensgegenstände, die deutlich machen sollten, warum es sich um einen Betriebs(teil)übergang handelt.[91) Die in der Praxis häufig anzutreffende abstrakte Feststellung im **Umwandlungsvertrag**, dass es sich um einen bzw. mehrere Betriebs(teil)übergänge i. S. von § 613a BGB handele, hat bestenfalls indizielle Bedeutung und bindet die ArbG nicht.[92) 45

1. Tatbestand von § 613a BGB

Tatbestandlich setzt ein Betriebs(teil)übergang nach § 613a BGB zunächst einmal voraus, dass ein neuer Rechtsträger die wirtschaftliche Einheit **unter Wahrung ihrer Identität** fortführt.[93) 46

Zur Herbeiführung eines Betriebs(teil)übergangs bedarf es also zunächst einer **wirtschaftlichen Einheit**, d. h. einer organisatorischen Gesamtheit von Personen und/oder Sachen zur auf Dauer angelegten Ausübung einer wirtschaftlichen Tätigkeit mit eigener Zielsetzung. 47

84) *Hohenstatt/Schramm* in: KölnKomm-UmwG, § 35a Rz. 23 m. w. N.

85) *Hohenstatt/Schramm* in: KölnKomm-UmwG, § 35a Rz. 20, die aber in Rz. 19 mit einer verbreiteten Meinung eine materiell-rechtliche Wirkung der Zuordnungsentscheidung über das BetrVG hinaus annehmen.

86) *Mückl* in: Gaul, Umstrukturierung, § 10.245; Lutter-*Sagan*, UmwG, § 35a Rz. 19.

87) In diesem Sinne z. B. *Hohenstatt/Schramm* in: KölnKomm-UmwG, § 35a Rz. 20. Zum Streitstand *Mückl* in: Gaul, Umstrukturierung, § 10.244 m. w. N.

88) *Mückl* in: Gaul, Umstrukturierung, § 10.244; a. A. für eine Anwendung der Grundsätze der Verwirkung Lutter-*Sagan*, UmwG, § 35a Rz. 19.

89) *Hohenstatt/Schramm* in: KölnKomm-UmwG, § 35a Rz. 20.

90) *Hohenstatt/Schramm* in: KölnKomm-UmwG, § 35a Rz. 20.

91) Kallmeyer-*Willemsen/Müller-Bonanni*, UmwG, § 35a Rz. 7.

92) Kallmeyer-*Willemsen/Müller-Bonanni*, UmwG, § 35a Rz. 7.

93) Vgl. nur EuGH, Urt. v. 6.3.2014 – Rs. C-458/12 (Amatori u. a.), ZIP 2014, 791; BAG, Urt. v. 20.3.2014 – 8 AZR 1/13, ZIP 2014, 1992.

Diese Einheit muss auf den Erwerber **übergehen** und bei ihm **im Wesentlichen unverändert fortbestehen.** Ob dies der Fall ist, richtet sich nach den Umständen des jeweiligen Einzelfalls.[94)]

48 Bei der Prüfung, ob eine solche Einheit ihre Identität bewahrt, müssen **sämtliche den betreffenden Vorgang kennzeichnenden Tatsachen** berücksichtigt werden. Dazu gehören namentlich[95)]

- die Art des Unternehmens oder Betriebs,
- der etwaige Übergang der materiellen Betriebsmittel wie Gebäude und bewegliche Güter,
- der Wert der immateriellen Aktiva im Zeitpunkt des Übergangs,
- die etwaige Übernahme der Hauptbelegschaft durch den neuen Inhaber,
- der etwaige Übergang der Kundschaft sowie
- der Grad der Ähnlichkeit zwischen den vor und nach dem Übergang verrichteten Tätigkeiten und
- die Dauer einer eventuellen Unterbrechung dieser Tätigkeiten.

49 Diese Umstände sind jedoch nur **Teilaspekte der vorzunehmenden Gesamtbewertung** und dürfen deshalb nicht isoliert betrachtet werden.[96)] Den für das Vorliegen eines Übergangs maßgeblichen Kriterien kommt je nach der ausgeübten Tätigkeit und je nach den Produktions- oder Betriebsmethoden ein **unterschiedliches Gewicht** zu.[97)]

50 Dem Übergang eines gesamten Betriebs steht, soweit die Vorrausetzungen des § 613a BGB erfüllt sind, nach ständiger Rechtsprechung des EuGH und des BAG der Übergang eines Betriebsteils gleich. Dies ist unabhängig davon, ob die übergegangene wirtschaftliche Einheit ihre Selbständigkeit innerhalb der Struktur des Erwerbers bewahrt oder nicht.[98)] Es genügt vielmehr, wenn die **funktionelle Verknüpfung** zwischen den übertragenen Produktionsfaktoren beibehalten und es dem Erwerber derart ermöglicht wird, diese Faktoren zu nutzen, um derselben oder einer gleichartigen wirtschaftlichen Tätigkeit nachzugehen.[99)]

2. „Prüfschema" zum Betriebs(teil)übergang

51 **Für die Praxis** leichter greifbar **zusammengefasst**, liegt ein Betriebs(teil)übergang i. S. der Richtlinie 2001/23/EG[100)] sowie i. S. des § 613a Abs. 1 Satz 1 BGB tatbestandlich vor, wenn im Wesentlichen folgende Voraussetzungen erfüllt sind:[101)]

- Vorliegen einer wirtschaftlichen Einheit auf Seiten des potenziellen Veräußerers;

---

94) BAG, Urt. v. 23.5.2013 – 8 AZR 236/12, n. v.

95) Vgl. bereits EuGH, Urt. v. 20.7.2017 – Rs. C-416/16 (Piscarreta Ricardo), Rz. 43, NZA 2017, 1175; BAG, Urt. v. 14.5.2020 – 6 AZR 235/19, ZIP 2020, 1771.

96) BAG, Urt. v. 22.5.2014 – 8 AZR 1069/12, ZIP 2014, 1750.

97) Näher EuGH, Urt. v. 15.12.2005 – Rs. C-232/04 und Rs. C-233/04 (Güney-Görres und Demir), ZIP 2006, 95; BAG, Urt. v. 22.5.2014 – 8 AZR 1069/12, ZIP 2014, 1750.

98) EuGH, Urt. v. 6.3.2014 – Rs. C-458/12 (Amatori u. a.), ZIP 2014, 791; EuGH, Urt. v. 12.2.2009 – Rs. C-466/07 (Klarenberg), ZIP 2009, 433.

99) EuGH, Urt. v. 12.2.2009 – Rs. C-466/07 (Klarenberg), ZIP 2009, 433; BAG, Urt. v. 22.5.2014 – 8 AZR 1069/12, ZIP 2014, 1750.

100) Richtlinie 2001/23/EG des Rates v. 12.3.2001 zur Angleichung der Rechtsvorschriften der Mitgliedstaaten über die Wahrung von Ansprüchen der Arbeitnehmer beim Übergang von Unternehmen, Betrieben oder Unternehmens- oder Betriebsteilen (Betriebsübergangsrichtlinie), ABl. (EG) L 82/16 v. 22.3.2001.

101) Vgl. bereits *Mückl*, Arbeitsrecht in Krise und Insolvenz, Rz. 1047 m. w. N.

- rechtsgeschäftliche Übernahme der für diese Einheit wesentlichen Betriebsmittel und/oder wesentlichen Arbeitnehmer durch den potenziellen Erwerber;
- keine wesentliche Unterbrechung der betrieblichen Tätigkeit;
- tatsächliche Fortsetzung der gleichen oder gleichartigen Tätigkeit durch den potenziellen Erwerber im Wesentlichen unter Wahrung der organisatorischen Einheit bzw. des funktionalen Zusammenhangs der wesentlichen Ressourcen (Arbeitnehmer und/oder Betriebsmittel), wie sie/er bis zum Übertragungsvorgang bestanden hat.

Wichtig ist, dass diese Voraussetzungen **kumulativ** erfüllt sein müssen, um die Anwendbarkeit von § 613a BGB auszulösen. Dies bedeutet im Umkehrschluss, dass jedes Kriterium für sich genommen geeignet ist, durch Nichterfüllung einen Betriebsübergang i. S. des § 613a BGB zu vermeiden. 52

a) Bestehende organisatorische (wirtschaftliche) Einheit

Voraussetzung eines Betriebs(teil)übergangs nach § 613a BGB ist nach alledem zunächst das Vorliegen einer organisatorischen (wirtschaftlichen) Einheit beim Veräußerer.[102)] Nach der Rechtsprechung des EuGH ist unter einem Betriebs(teil)übergang nämlich der Übergang einer ihre Identität bewahrenden wirtschaftlichen Einheit i. S. einer organisierten Zusammenfassung von Ressourcen zur Verfolgung einer wirtschaftlichen Haupt- oder Nebentätigkeit zu verstehen.[103)] Der Begriff der Einheit bezieht sich auf eine **organisierte Gesamtheit** von Personen und Sachen zur Ausübung einer wirtschaftlichen Tätigkeit mit eigener Zielsetzung.[104)] 53

Dabei ist entscheidend, dass die wirtschaftliche Einheit ihre schon vor der Übernahme bestandene Identität „bewahrt". Nur wenn eine wirtschaftliche Einheit **bereits vor dem Übergang vorhanden** ist, kann sich die Frage der Wahrung ihrer Identität und damit die Frage eines Betriebs(teil)übergangs überhaupt stellen.[105)] Der Übergang muss dem Erwerber die dauerhafte Fortsetzung der Tätigkeiten oder bestimmter Tätigkeiten des Veräußerers erlauben.[106)] Demnach sind vom Anwendungsbereich der Richtlinie 2001/23/EG nur solche Fälle betroffen, in denen die übertragene Einheit bereits vor dem Übergang über eine **ausreichende funktionelle Selbständigkeit** verfügte.[107)] 54

Dabei ist es unionsrechtlich unerheblich, wie lange die wirtschaftliche Einheit beim Veräußerer vor dem Betriebsübergang bereits bestanden hat. Sie kann auch allein zum Zweck der Ermöglichung eines Betriebs(teil)übergangs **geschaffen werden,**[108)] lediglich „betrügerische oder missbräuchliche" Fälle haben außer Betracht zu bleiben.[109)] 55

Die Identität einer wirtschaftlichen Einheit ergibt sich dabei nach ständiger Rechtsprechung aus mehreren untrennbar zusammenhängenden Merkmalen wie dem Personal der Einheit, 56

102) BAG, Urt. v. 14.5.2020 – 6 AZR 235/19, ZIP 2020, 1771; BAG, Urt. v. 28.2.2019 – 8 AZR 201/18, ZIP 2019, 1631.

103) BAG, Urt. v. 21.3.2024 – 2 AZR 79/23, Rz. 20, NZA 2024, 289.

104) EuGH, Urt. v. 16.112023 – Rs. C-583/21 (NC (Transfert d'une étude notariale espagnole)), Rz. 33, NJW 2024, 1640; EuGH, Urt. v. 27.2.2020 – Rs. C-298/18 (Grafe und Pohle), Rz. 22, ZIP 2020, 681; vgl. auch BAG, Urt. v. 29.6.2023 – 2 AZR 326/22, Rz. 17, NZA 2023, 1194; BAG, Urt. v. 15.12.2022 – 2 AZR 99/22, Rz. 21, NJW 2023, 1533.

105) BAG, Urt. v. 21.3.2024 – 2 AZR 79/23, Rz. 21, NZA 2024, 289; BAG, Urt. v. 30.1.2025 – 2 AZR 100/23, Rz. 21, AP Nr 491 zu § 613a BGB.

106) EuGH, Urt. v. 13.6.2019 – Rs. C-664/17 (Ellinika Nafpigeia), Rz. 54, ZIP 2019, 1593.

107) BAG, Urt. v. 21.3.2024 – 2 AZR 79/23, Rz. 21, NZA 2024, 289.

108) BAG, Urt. v. 21.3.2024 – 2 AZR 79/23, Rz. 22, NZA 2024, 289; *Gaul*, NZA 2025, 884.

109) BAG, Urt. v. 21.3.2024 – 2 AZR 79/23, Rz. 22, NZA 2024, 289; vgl. EuGH, Urt. v. 13.6.2019 – Rs. C-664/17 (Ellinika Nafpigeia), Rz. 50, ZIP 2019, 1593 889.

ihren Führungskräften, ihrer Arbeitsorganisation, ihren Betriebsmethoden und ggf. den ihr zur Verfügung stehenden Betriebsmitteln.[110] Erforderlich ist zudem zwangsläufig eine ausreichende **funktionelle Autonomie.** Der Begriff „Autonomie" bezieht sich dabei auf die Befugnisse, die der Leitung der zur Einheit gehörenden Gruppe von Arbeitnehmern eingeräumt sind, um die Arbeit dieser Gruppe relativ frei und unabhängig zu organisieren und insbesondere Weisungen zu erteilen und Aufgaben auf die zu dieser Gruppe gehörenden untergeordneten Arbeitnehmer zu verteilen, ohne dass andere Organisationsstrukturen des Arbeitgebers dabei dazwischengeschaltet sind.[111] Die Anforderung einer „hinreichenden strukturierten und selbständigen Gesamtheit von Personen und Sachen" hat das BAG in seinem Urteil vom 20.3.2014[112] in Bezug auf eine Kindertagesstätte zutreffend dahin gekennzeichnet, dass maßgeblich eine eigene Leitungsstruktur ist. Im Kern geht es hier um den Prüfungspunkt 1 des einleitend dargestellten „Prüfschemas".

57 Unsicherheit in Bezug auf die wirtschaftliche Einheit als Ausgangspunkt des Übertragungsvorgangs hat allerdings der 8. Senat mit seinem Urteil vom 27.2.2020[113] geschaffen, in dem er im Ergebnis angenommen hat, eine wirtschaftliche Einheit könne auch bei der Wahrnehmung einer Aufgabe durch wechselndes Personal gegeben sein (was ggf. eine **Funktionsnachfolge** in den Anwendungsbereich des § 613a BGB einbeziehen könnte). Dass § 613a BGB auch ohne eine organisatorische Verbundenheit von Arbeitnehmern zur Anwendung kommen können soll, überzeugt allerdings aus mehreren Gründen nicht.[114] Dagegen spricht schon Art. 1 Nr. 1 lit. b Richtlinie 2001/23/EG, der den Betrieb oder Betriebsteil als eine „organisierte Zusammenfassung von Ressourcen" beschreibt. Letztlich wird dies allerdings – insoweit übereinstimmend mit dem 8. Senat – nur der EuGH entscheiden können.

b) Vorbereitende Umstrukturierung

58 Wichtig für eine kontrollierte Übertragung lediglich bestimmter wirtschaftlicher Einheiten und ihrer Mitarbeiter ist daher – insbesondere, wenn eine Verteilung auf unterschiedliche Erwerber gelingen soll – zunächst **eine genaue Analyse und ggf. Umstrukturierung** der vorhandenen Steuerung der zu übertragenden Arbeitnehmergruppen. Denn durch Umgestaltung der Personalsteuerung, d. h. der funktionellen Autonomie, können übertragungsfähige Einheiten geschaffen werden (siehe bereits oben unter Rz. 56).

59 Nach § 613a Abs. 1 Satz 1 BGB gehen mit dem Übergang einer wirtschaftlichen Einheit nur die Arbeitsverhältnisse auf den neuen Arbeitgeber über, die dem „Betrieb" oder „Betriebsteil", d. h. der übergehenden wirtschaftlichen Einheit, zugeordnet sind. Eine mangelnde Zuordbarkeit von Arbeitnehmern lässt sich – wie das BAG in seinem Urteil vom 14.5.2020[115] zu Recht klargestellt hat – **auch nicht durch eine betriebsbezogene Sozialauswahl substituieren.** Eine klare Absage hat das BAG damit zu Recht auch der in der Literatur vereinzelt vertretenen Auffassung[116] erteilt, § 613a BGB entfalte **„Vorwirkung"** und verbiete Umstrukturierungen vor dem Hintergrund möglicher kündigungsrechtlicher Folgewirkungen.

110) Vgl. bereits EuGH, Urt. v. 20.7.2017 – Rs. C-416/16 (Piscarreta Ricardo), Rz. 43, NZA 2017, 1175; BAG, Urt. v. 14.5.2020 – 6 AZR 235/19, ZIP 2020, 1771.

111) EuGH, Urt. v. 6.3.2014 – Rs. C-458/12 (Amatori u. a.), Rz. 32, ZIP 2014, 791; vgl. auch EuGH, Urt. v. 13.6.2019 – Rs. C-664/17 (Ellinika Nafpigeia), Rz. 62 f., ZIP 2019, 1593; BAG, Urt. v. 25.2.2020 – 1 ABR 39/18, Rz. 37, NZA 2020, 875; BAG, Urt. v. 13.8.2019 – 8 AZN 171/19, Rz. 10, AP Nr. 99 zu § 72a ArbGG 1979.

112) BAG, Urt. v. 20.3.2014 – 8 AZR 1/13, ZIP 2014, 1992.

113) BAG, Urt. v. 27.2.2020 – 8 AZR 215/19, Rz. 102, 105, NZA 2020, 1303.

114) Zu Recht a. A. daher BAG, Urt. v. 14.5.2020 – 6 AZR 235/19, Rz. 71 ff., 81 ff., ZIP 2020, 1771.

115) BAG, Urt. v. 14.5.2020 – 6 AZR 235/19, ZIP 2020, 1771.

116) *Elking*, NZA 2014, 295 ff.

Hier scheint der 8. Senat dem 6. Senat zuzustimmen, indem er in seinem Urteil vom 27.2.2020[117] Zweifel an seiner bisherigen Rechtsprechung offenlegt. Der mittlerweile für das Betriebsübergangsrecht zuständige 2. Senat hat zudem zu Recht klargestellt, dass mit Blick auf die Zuordnungsentscheidung des Arbeitgebers auch **keine Analogie zum Kündigungsverbot** gemäß § 613a Abs. 4 Satz 1 BGB möglich ist.[118] 60

c) Übernahme der wesentlichen Betriebsmittel und/oder wesentlichen Arbeitnehmer

Bei der Prüfung, ob eine wirtschaftliche Einheit ihre Identität bewahrt, müssen nach ständiger Rechtsprechung sämtliche den betreffenden Vorgang kennzeichnenden Tatsachen berücksichtigt werden. Dazu gehören namentlich die **Art des Unternehmens** oder Betriebs, der etwaige **Übergang der materiellen Betriebsmittel** wie Gebäude und bewegliche Güter, der **Wert der immateriellen Aktiva** im Zeitpunkt des Übergangs, die etwaige **Übernahme der Hauptbelegschaft** durch den neuen Inhaber, der etwaige Übergang der **Kundschaft** sowie der **Grad der Ähnlichkeit** zwischen den vor und nach dem Übergang verrichteten Tätigkeiten und die **Dauer** einer eventuellen **Unterbrechung** dieser Tätigkeiten, denen je nach der Art des betroffenen Unternehmens oder Betriebs, je nach der ausgeübten Tätigkeit und je nach den Produktions- oder Betriebsmethoden unterschiedliches Gewicht zukommt.[119] Diese Umstände sind jedoch nur Teilaspekte der vorzunehmenden **Gesamtbewertung** und dürfen deshalb nicht isoliert betrachtet werden.[120] Im Kern geht es hier um den Prüfungspunkt 2 des einleitend dargestellten „Prüfschemas". 61

Bei der Frage der Übernahme der wesentlichen Betriebsmittel und/oder wesentlichen Arbeitnehmer wird man (auch zur Vereinfachung der Handhabung in der betrieblichen Praxis) jedenfalls im Ausgangspunkt zwischen betriebsmittelgeprägten und betriebsmittelarmen Tätigkeiten differenzieren können.[121] 62

Entscheidend für **betriebsmittelintensive** Betriebe wie **Produktionsbetriebe** bleibt die Übernahme der materiellen Betriebsmittel (Einrichtungsgegenstände und Maschinen)[122]. Deren Übertragung lässt regelmäßig die Herstellung derselben Produkte durch den neuen Inhaber zu.[123] Knowhow und Schutzrechte können im Einzelfall ebenfalls berücksichtigungsfähig sein. Hilfs- und Rohstoffe sind demgegenüber unerheblich. Bei **betriebsmittelarmen** Einheiten sind andere Erwägungen wie „Ähnlichkeit der Tätigkeit nach und vor dem Übergang", „Führungskräfte und Personal", „Außenbeziehungen und Kundenbindungen" zu berücksichtigen. 63

Die Beurteilung bei betriebsmittelarmen Betrieben (typischerweise **Dienstleistungs- und Handelsbetrieben**) hat neben den immateriellen Betriebsmitteln (Übertragung von Kundenlisten, Konzessionen, Firmennamen, Geschäftspapieren) vor allem die menschliche Arbeitskraft zu berücksichtigen.[124] Die übernommenen Betriebsmittel müssen den Kern des 64

---

117) BAG, Urt. v. 27.2.2020 – 8 AZR 215/19, Rz. 157, NZA 2020, 1303.

118) BAG, Urt. v. 21.3.2024 – 2 AZR 79/23, Rz. 28 ff., NZA 2024, 289.

119) Vgl. BAG, Urt. v. 28.2.2019 – 8 AZR 201/18, Rz. 26 f., ZIP 2019, 1631.

120) EuGH, Urt. v. 11.7.2018 – Rs. C-60/17 (Somoza Hermo und Ilunión Seguridad), Rz. 30, NZA 2018, 1053; BAG, Urt. v. 25.8.2016 – 8 AZR 53/15, Rz. 27, ZIP 2016, 69; vgl. auch *Bayreuther* in: AR-Komm, 9. Aufl., § 613a BGB Rz. 5.

121) Vgl. ausf. *Mückl*, Arbeitsrecht in Krise und Insolvenz, Rz. 584 ff.; *Gaul/Bonanni* in: Gaul, Umstrukturierung, § 4 Rz. 4.96 ff.

122) Vgl. BAG, Urt. v. 16.5.2002 – 8 AZR 319/01, NZA 2003, 93. S. zur Übernahme eines Kinos LAG Köln v. 8.3.2004 – 4 Sa 1115/03, NZA-RR 2004, 464 ff.; ausf. und branchenbezogen differenzierend *Gaul/Bonanni* in: Gaul, Umstrukturierung, § 4 Rz. 4.99 ff. m. zahlr. Rspr.-Nachw.

123) Vgl. BAG, Urt. v. 27.9.1984 – 2 AZR 309/83, ZIP 1985, 698; BAG, Urt. v. 22.9.1994 – 2 AZR 54/94, NZA 1995, 165.

124) Ausf. *Gaul/Bonanni* in: Gaul, Umstrukturierung, § 4 Rz. 4.128, 4.143 ff.

zur Wertschöpfung erforderlichen Funktionszusammenhangs betreffen, was nicht schon allein deshalb der Fall ist, weil sie zur Erbringung der Dienstleistung erforderlich sind.[125)]

65 Die für den Betriebsübergang maßgebende wirtschaftliche Einheit kann dann, wenn nur Betriebsmittel eine untergeordnete Rolle spielen, **in der organisierten Gesamtheit von Arbeitnehmern liegen**, die durch eine gemeinsame Tätigkeit dauerhaft verbunden sind.[126)] Kommt es – bei einer betriebsmittelarmen Tätigkeit – im Wesentlichen auf die menschliche Arbeitskraft an, kann eine strukturierte Gesamtheit von Arbeitnehmern trotz des Fehlens nennenswerter materieller oder immaterieller Vermögenswerte eine wirtschaftliche Einheit darstellen. Die Wahrung der Identität der wirtschaftlichen Einheit ist in diesem Fall anzunehmen, wenn der neue Betriebsinhaber nicht nur die betreffende Tätigkeit weiterführt, sondern auch einen nach Zahl und Sachkunde wesentlichen Teil des Personals übernimmt.[127)] Hingegen stellt die bloße Fortführung der Tätigkeit durch einen anderen (Funktionsnachfolge) ebenso wenig einen Betriebsübergang dar wie die reine Auftragsnachfolge.[128)]

66 Es hängt vielmehr von der Struktur des Betriebs oder Betriebsteils ab, welcher nach **Zahl und Sachkunde** zu bestimmende Teil der Belegschaft übernommen werden muss, um einen Betriebsübergang nach § 613a BGB anzunehmen.[129)] Entscheidend ist, ob der weiterbeschäftigte Belegschaftsteil, insbesondere aufgrund seiner Sachkunde, seiner Organisationsstruktur und nicht zuletzt auch seiner relativen Größe, im Grundsatz **funktionsfähig** bleibt.[130)] Bedeutung neben der nach Anzahl und Sachkunde wesentlichen Belegschaft hat – auch hier – die Frage nach den **betrieblichen** Abläufen und der **organisatorischen** Zusammenfassung.[131)] Ein Einsatz von (früheren) Belegschaftsangehörigen in einer geänderten, neuen Ablauf- und Arbeitsorganisation spricht gegen einen Betriebsübergang. Wann der nach Anzahl und Sachkunde zu bestimmende Belegschaftsanteil so wesentlich wird, dass ein Betriebsübergang an ihn angeknüpft wird, kann nur im Einzelfall aufgrund einer Gesamtbewertung aller Umstände beurteilt werden und hängt maßgeblich von den Strukturen und Tätigkeiten ab.[132)] Je ähnlicher die Abläufe und Strukturen bleiben, desto eher ist i. V. m. einem Belegschaftsteil ein Betriebsübergang anzunehmen. Je geringer die **Qualifikation** von Arbeitnehmern ist, desto höher muss der Prozentsatz des übernommenen Personals sein. Je höher die Qualifikation von Arbeitnehmern ist, desto eher ist auf möglicherweise zahlenmäßig nicht so sehr ins Gewicht fallende qualifizierte Personen abzustellen.[133)]

d) Übergang „durch Rechtsgeschäft"

67 Der Betriebsübergang muss durch ein Rechtsgeschäft i. S. des § 613a BGB erfolgen. Der **Begriff** „durch Rechtsgeschäft" des § 613a BGB ist wie der Begriff „durch vertragliche

125) Vgl. BAG, Urt. v. 15.12.2011 – 8 AZR 692/10, ZIP 2012, 2080 – für ein Reisebüro, das allgemeine, auch durch das Internet ohne Weiteres beziehbare Reiseleistungen vertreibt und keine spe-zialisierte Marktausrichtung hat, kann seine räumliche Lage ein wichtiger identitätsprägender Faktor sein.

126) Z. B. BAG, Urt. v. 25.8.2016 – 8 AZR 53/05, Rz. 28, ZIP 2016, 69.

127) EuGH, Urt. v. 6.9.2011 – Rs. C-108/10 (Scattolon), ZIP 2012, 1366; vgl. auch EuGH, Urt. v. 20.1.2011 – Rs. C-463/09 (CLECE), ZIP 2011, 488; BAG, Urt. v. 22.5.2014 – 8 AZR 1069/12, ZIP 2014, 1750.

128) Vgl. EuGH, Urt. v. 20.1.2011 – Rs. C-463/09 (CLECE), ZIP 2011, 488; BAG, Urt. v. 22.5.2014 – 8 AZR 1069/12, ZIP 2014, 1750.

129) Zahlr. Bsp. aus der Rspr. finden sich bei *Gaul/Bonanni* in: Gaul, Umstrukturierung, § 4 Rz. 4.143 ff.

130) Vgl. BAG, Urt. v. 21.6.2012 – 8 AZR 181/11, NZA 2013, 344; BAG, Urt. v. 22.1.2015 – 8 AZR 139/14 (Bewachungsgewerbe), NZA 2015, 1325.

131) Vgl. Henssler/Willemsen/Kalb-*Hohenstatt/Willemsen*, ArbR, § 111 BetrVG Rz. 38.

132) Vgl. BAG, Urt. v. 22.1.2015 – 8 AZR 139/14 (Bewachungsgewerbe), NZA 2015, 1325.

133) Vgl. BAG, Urt. v. 11.12.1997 – 8 AZR 729/96, AP Nr. 172 zu § 613a BGB.

Übertragung" in Art. 1 Abs. 1a der Richtlinie 2001/23/EG[134] weit auszulegen. Klarzustellen, dass auch ein Umwandlungsvertrag oder -plan ein „Rechtsgeschäft" in diesem Sinne ist,[135] ist der wesentliche Zweck von § 35a Abs. 2.[136]

Bei § 613a BGB handelt es sich allerdings um **zwingendes Recht.**[137] Konsequenz daraus ist, dass anders lautende Abmachungen zwischen den Parteien daran – wie das BAG in seinem Urteil vom 20.3.2014[138] noch einmal klargestellt hat – nichts ändern. Es kann also nicht vereinbart werden, dass kein Betriebs(teil)übergang vorliegt. 68

e) Beibehaltung der Organisation und/oder des Funktionszusammenhangs

Nach ständiger Rechtsprechung liegt ein Betriebs(teil)übergang nicht nur im Fall der Beibehaltung der konkreten Organisation der verschiedenen übertragenen Produktionsfaktoren durch den Unternehmer vor, sondern die Beibehaltung der funktionellen Verknüpfung der Wechselbeziehung und gegenseitigen Ergänzung zwischen diesen Faktoren bildet das maßgebliche Kriterium für die Bewahrung der Identität der übertragenen Einheit.[139] Dieser Punkt ist unter Prüfungspunkt 4 des dargestellten „Prüfschemas" (siehe Rz. 50 f.) angesprochen. 69

f) Strategien zur Vermeidung des Eingreifens von § 613a BGB

Denkbar ist vor diesem Hintergrund auch, Betriebs(teil)übergänge dadurch zu vermeiden, dass die bisherige wirtschaftliche Einheit im Zuge des Übertragungsvorgangs **ihre Identität einbüßt.** Denn die identitätswahrende Übertragung ist zwingende Voraussetzung für das Eingreifen von § 613a BGB. Hiervon ausgehend sind – selbst bei Übernahme der wesentlichen Betriebsmittel bzw. Arbeitnehmer – z. B. folgende Strategien denkbar, um einen Betriebs(teil)übergang zu vermeiden: 70

- Übernahme von Arbeitnehmern/Betriebsmitteln aus verschiedenen organisatorischen Einheiten zur Gründung einer neuen organisatorischen Einheit beim potenziellen Erwerber;
- Beseitigung der Organisationsstruktur des bisherigen Betriebsinhabers durch Eingliederung in die beim potenziellen Erwerber bestehende/neu geschaffene Organisationsstruktur unter gleichzeitiger Beseitigung der bisherigen Funktionsstruktur der übernommenen Arbeitnehmer und/oder Betriebsmittel;
- Verwendung Betriebsmittel und/oder Arbeitnehmer zu wesentlich veränderten Betriebszweck, soweit dieser mit einer Auflösung der bislang bestehenden funktionellen Zusammenhänge verbunden ist.
- Erst recht vermieden wird ein Betriebs(teil)übergang allerdings dadurch, dass die identitätsbildenden Betriebsmittel/Mitarbeiter erst gar nicht übernommen werden.

134) Vgl. dazu u. a. EuGH, Urt. v. 7.3.1996 – Rs. C-171/94 (Merckx und Neuhuys), Rz. 28, NZA 1996, 413; EuGH, Urt. v. 6.9.2011 – Rs. C-108/10 (Scattolon), Rz. 63, ZIP 2012, 1366.

135) *Hohenstatt/Schramm* in: KölnKomm-UmwG, § 35a Rz. 42 m. w. N.

136) Lutter-*Sagan*, UmwG, § 35a Rz. 2 ff.

137) Vgl. u. a. EuGH, Urt. v. 26.5.2005 – Rs. C-478/03 (Celtec), ZIP 2005, 1377; EuGH, Urt. v. 25.7.1991 – Rs. C-362/89 (d'Urso u. a.), ZIP 1993, 936; EuGH, Urt. v. 10.2.1988 – Rs. C-324/86 (Foreningen af Arbejdsledere i Danmark, „Daddy's Dance Hall"), Slg 1988, 739; BAG, Urt. v. 21.6.2012 – 8 AZR 181/11, NZA 2013, 344.

138) BAG, Urt. v. 20.3.2014 – 8 AZR 1/13, ZIP 2014, 1992.

139) BAG, Urt. v. 14.5.2020 – 6 AZR 235/19, Rz. 62, ZIP 2020, 1771; BAG, Urt. v. 27.2.2020 – 8 AZR 215/19, Rz. 87, NZA 2020, 1303; EuGH, Urt. v. 9.9.2015 – Rs. C-160/14 (Ferreira da Silva e Brito u. a.), Rz. 32 ff., NJW 2016, 1295; grundlegend EuGH, Urt. v. 12.2.2009 – Rs. C-466/07 (Klarenberg), Rz. 43 ff., ZIP 2009, 433.

71 Eine **wesentliche Änderung der prägenden Faktoren** der Einheit lässt die Identität daher verlorengehen,[140] z. B., wenn die Art der Dienstleistung, ein Produktinhalt oder ein Verkaufskonzept geändert wird.[141]

g) Zeitpunkt des Betriebs(teil)übergangs

72 Im Rahmen von § 613a BGB erfolgt der Übergang mit der Übernahme der **betrieblichen Leitungsmacht** durch den übernehmenden Rechtsträger. Soweit der Umwandlungsvertrag und seine tatsächliche Durchführung nicht Abweichendes ergeben, fallen das Wirksamwerden der Umwandlung einerseits und der Betriebsübergang daher zeitlich zusammen. Maßgeblich ist die **Eintragung** der Verschmelzung in das Handelsregister des übernehmenden Rechtsträgers (§ 20 Abs. 1 Nr. 1) bzw. der Spaltung in das Handelsregister des übertragenden Rechtsträgers (§ 131 Abs. 1 Nr. 1). Keine Rolle spielt der Verschmelzungs- bzw. Spaltungsstichtag (§ 5 Abs. 1 Nr. 6 bzw. § 126 Abs. 1 Nr. 6), der nur die finanzielle Abgrenzung betrifft. Eine **rückwirkende Übertragung von Arbeitsverhältnissen** durch entsprechende Vereinbarungen im Umwandlungsvertrag ist nicht möglich.[142]

73 Soll der **Übertragungszeitpunkt vorverlagert** werden, z. B. weil dies die sozialversicherungsrechtliche Abwicklung erleichtert, muss und kann die betriebliche Leitungsmacht auch schon der Eintragung der Umwandlung übertragen werden.[143] Für die betriebliche Praxis wichtig ist, dass eine entsprechende Vereinbarung unter Umständen auch konkludent durch die tatsächliche Übernahme der Arbeitgeberfunktion mit Einverständnis des übertragenden Rechtsträgers zustande kommen kann.[144] Klarheit kann in diesem Fall ein (un)echter Betriebsführungsvertrag während der Zwischenphase bis zur maßgeblichen Handelsregistereintragung bringen.[145]

74 Umgekehrt kann ein Betriebsübergang trotz übertragender Umwandlung dadurch ausgeschlossen werden, dass der übertragende Rechtsträger (soweit er infolge der Umwandlung nicht erlischt) den Betrieb nach Wirksamwerden der Umwandlung im eigenen Namen, aber für Rechnung des übernehmenden Rechtsträgers führt **(unechter Betriebsführungsvertrag)**.[146] Das BAG[147] hat sogar angenommen, dass ein Betriebsübergang bereits dann ausscheidet, wenn der übernehmende Rechtsträger zwar gegenüber der Belegschaft als Arbeitgeber auftritt, im Außerverhältnis zu Kunden und Lieferanten aber nur im Namen und für Rechnung des übertragenden Rechtsträgers auftritt.

3. Rechtsfolgen eines Betriebsübergangs

a) Eintritt in bestehende Arbeitsverhältnisse

aa) Grundsatz

75 Rechtsfolge eines Betriebs(teil)übergangs ist der **Eintritt des übernehmenden Rechtsträgers in alle** vom Betriebsübergang **erfassten Arbeitsverhältnisse** inklusive aller **individualvertraglichen Rechte und Pflichten**. Dass ein Arbeitsverhältnis von einem Betriebs(teil)-

140) Vgl. BAG, Urt. v. 13.5.2004 – 8 AZR 331/03, AP Nr. 273 zu § 613a BGB.

141) Vgl. BAG, Urt. v. 13.7.2006 – 8 AZR 331/05, AP Nr. 313 zu § 613a BGB (Möbeleinzelhandel).

142) *Hohenstatt/Schramm* in: KölnKomm-UmwG, § 35a Rz. 43 m. w. N.

143) BAG, Urt. v. 25.5.2000 – 8 AZR 416/99, NZA 2000, 1115.

144) *Hohenstatt/Schramm* in: KölnKomm-UmwG, § 35a Rz. 45.

145) Vgl. zum echten Betriebsführungsvertrag für den Interimszeitraum *Hohenstatt/Schramm* in: KölnKomm-UmwG, § 35a Rz. 45; zur Differenzierung zwischen echtem und unechtem Betriebsführungsvertrag vgl. *Willemsen/Schaer* in: Willemsen/Hohenstatt/Schweibert/Seibt, Umstrukturierung und Übertragung von Unternehmen, Kap. 7 Rz. 56.

146) *Hohenstatt/Schramm* in: KölnKomm-UmwG, § 35a Rz. 45.

147) BAG, Urt. v. 25.1.2018 – 8 AZR 309/16, Rz. 56 ff., NZA 2018, 933.

übergang erfasst ist, setzt tatbestandlich nicht nur eine entsprechende Organisationseinheit voraus, sondern auch die Eingliederung des betroffenen Arbeitsverhältnisses in diese Organisationseinheit.[148] Beides ist letztlich untrennbar miteinander verknüpft. Denn die Eingliederung in eine Organisation kennzeichnet wiederum die Organisation selbst. Entgegen der Ansicht des 8. Senats[149] des BAG ist dies daher nicht nur ein Aspekt, der auf der Rechtsfolgenseite zum Tragen kommt.

Entscheidend für die betriebliche Praxis ist daher, wodurch die **Eingliederung** bewirkt, d. h. die Organisation bestimmt wird. Das BAG hat zu der Frage, welche Arbeitsverhältnisse einem Betriebs(teil) i. S. einer Eingliederung zugeordnet sind, in jüngerer Zeit konkrete Kriterien entwickelt. Zusammenfassend beschreiben lässt sich die Lösung des BAG als Drei-Stufen-Test wie folgt: 76

1. Stufe: Für die Frage, welchem Betrieb oder Betriebsteil ein Arbeitnehmer zugeordnet ist, kommt es zunächst auf den Willen der Arbeitsvertragsparteien an.[150]

2. Stufe: Ist der Wille der Arbeitsvertragsparteien weder ausdrücklich dokumentiert noch in konkludenter Form – d. h. durch Auslegung ermittelbar –, erfolgt die Zuordnung grds. – ausdrücklich oder konkludent – durch den Arbeitgeber aufgrund seines Direktionsrechts.

3. Stufe: Erst wenn weder eine einvernehmliche Zuordnung durch Arbeitgeber und Arbeitnehmer noch eine einseitige Zuordnung des Arbeitgebers kraft seines Direktionsrechts feststellbar ist, erfolgt die Zuordnung nach objektiven Kriterien.[151] Maßgeblich ist insoweit, wo der Schwerpunkt der Tätigkeit des Arbeitnehmers liegt.

Wie in der Literatur allerdings zutreffend herausgearbeitet worden ist,[152] handelt es sich bei der 3. Stufe dogmatisch im Kern um nichts anderes als um eine Bewertung der tatsächlichen Umstände, anhand derer die konkludente Zuordnungsentscheidung des Arbeitgebers i. R. seines Direktionsrechts ermittelt wird. Vergleichsweise wenige Schwierigkeiten bereitet die Zuordnung daher, wenn das Direktionsrecht fachlich und disziplinarisch durch denselben Rechtsträger ausgeübt wird.[153] 77

bb) Zweifels- und Sonderfälle

Zweifelsfälle können die Betriebsparteien auf Seiten des übertragenden Rechtsträgers mithilfe eines Interessenausgleichs nach § 35a Abs. 1 lösen (siehe oben unter Rz. 12 ff.). 78

Aus der Maßgeblichkeit des Direktionsrechts für die Zuordnung zu einer übertragenen organisatorischen Einheit – außerhalb der Fälle einvernehmlicher Zuordnung – folgt für die betriebliche Praxis allerdings dann, wenn das fachliche und das disziplinarische **Direktionsrecht** nicht durch denselben Rechtsträger, sondern **von unterschiedlichen Rechtsträgern ausgeübt** wird, die wichtige Frage, ob das Arbeitsverhältnis nur der Organisationseinheit zugeordnet ist, in der das disziplinarische Weisungsrecht ausgeübt wird oder nur derjenigen, in der das fachliche Weisungsrecht ausgeübt wird oder beiden. Richtigerweise wird man auf das disziplinarische Weisungsrecht abstellen müssen.[154] 79

148) Vgl. bereits *Mückl*, DB 2015, 2695 ff.

149) Vgl. aber BAG, Urt. v. 27.2.2020 – 8 AZR 215/19, Rz. 110 f., NZA 2020, 1303.

150) St. Rspr., vgl. BAG v 21.2.2013 – 8 AZR 877/11, NZA 2013, 617; BAG, Urt. v. 17.10.2013 – 8 AZR 763/12, NZA-RR 2014, 175.

151) BAG, Urt. v. 24.5.2012 – 2 AZR 62/11, ZIP 2013, 330; BAG, Urt. v. 17.10.2013 – 8 AZR 763/12, NZA-RR 2014, 175.

152) *Kreitner* in: FS Küttner, S. 399, 412.

153) Zur Zuordnung i. R. von Matrixstrukturen vgl. *Mückl*, DB 2015, 2695 ff.

154) Zu den damit zusammenhängenden Fragen vgl. *Mückl*, DB 2015, 2695 ff.

80 Sofern das Weisungsrecht in der Hand eines Rechtsträgers liegt, können sich allerdings dennoch komplexe Herausforderungen stellen. Dies gilt z. B. dann, wenn Arbeitsverhältnisse auf **„Doppelpositionen"** in Rede stehen,[155] das Arbeitsverhältnis also gleichzeitig in zwei wirtschaftliche Einheiten integriert ist.[156] Der EuGH hat insoweit in seinem Urteil vom 26.3.2020[157] für den Fall der Übertragung dieser Einheiten auf unterschiedliche Erwerber angenommen, wenn ein Arbeitsverhältnis in mehrere wirtschaftliche Einheiten integriert sei, sei Art. 3 Abs. 1 Richtlinie 2001/23/EG im Fall eines Unternehmensübergangs, an dem mehrere Erwerber beteiligt sind, dahin auszulegen, dass die Rechte und Pflichten aus einem Arbeitsvertrag auf jeden der Erwerber anteilig entsprechend der vom betreffenden Arbeitnehmer wahrgenommenen Aufgaben übergehen, sofern

– die daraus folgende Aufspaltung des Arbeitsvertrags möglich ist und
– weder eine Verschlechterung der Arbeitsbedingungen nach sich zieht
– noch die Wahrung der durch die Richtlinie 2001/23/EG gewährleisteten Ansprüche berührt.

81 Sollte sich eine solche Aufspaltung als unmöglich herausstellen oder die Ansprüche dieses Arbeitnehmers beeinträchtigen, wäre – so der EuGH weiter – bei der etwaigen **nachfolgenden Beendigung** des Arbeitsverhältnisses nach Art. 4 Richtlinie 2001/23/EG davon auszugehen, dass sie **durch den oder die Erwerber erfolgt ist**, auch wenn sie vom Arbeitnehmer ausgegangen sein sollte. Dadurch wird der Kreis der von einem Betriebsteilübergang erfassten – und dementsprechend nach § 613a Abs. 5 BGB auch von den Erwerbern zu unterrichtenden – Arbeitnehmer nicht nur erweitert, sondern auch der **Kreis der Haftungsschuldner des Arbeitnehmers** und es ergeben sich praktische Schwierigkeiten wie z. B. die Frage, welcher Erwerber welche Personalakten erhält. Die bei Aufspaltung des Arbeitsverhältnisses in Teilzeitarbeitsverhältnisse eintretenden Folgen lassen sich nur bedingt mit „allgemeinem" Teilzeitrecht lösen.[158] Die Praxis wird daher vermehrt über vorbereitende Umstrukturierungen nachdenken müssen, um die mit Doppelpositionen verbundenen Schwierigkeiten zu vermeiden.

82 Sind in die zu übertragende Einheit eingegliederte Arbeitsverhältnisse – was insbesondere i. R. eines Erwerberkonzepts[159] denkbar ist – **bereits gekündigt**, gehen sie im gekündigten Zustand über.[160] Soweit das Arbeitsverhältnis die Geschäftsführerposition bei einer Tochtergesellschaft einschließt, ändert sich an der Rechtsnatur des Arbeitsverhältnisses infolge eines verschmelzungsbedingten Betriebsübergangs von der Mutter auf die Tochter nichts.[161]

b) Eintritt in individualrechtliche Ansprüche

83 Gemäß § 613a BGB tritt der übernehmende Rechtsträger (zum Zeitpunkt seiner Übernahme der Leitungsmacht)[162] als Arbeitgeber an die Stelle des übertragenden Rechtsträgers. Konsequenz ist ein Eintritt in alle individualrechtlichen Rechte und Pflichten (z. B. auch Bezugnahmen auf Tarifverträge.[163] Erfasst sind über den formellen Arbeitsvertrag hinaus z. B. auch Gesamtzusagen und betriebliche Übungen bzw. – soweit sie bereits gegenüber

155) Vgl. dazu *Löw/Stolzenberg*, NZA 2020, 1279.
156) Vgl. bereits *Annuß*, NZA 1998, 70, 76 – zu „Schnittstellenpositionen".
157) EuGH, Urt. v. 26.3.2020 – Rs. C-344/18 (ISS Facility Services), ZIP 2020, 1146.
158) Optimistisch *Löw/Stolzenberg*, NZA 2020, 1279, 1284.
159) Vgl. bereits *Niklas* in: Gaul, Umstrukturierung, § 17 Rz. 17.36 ff.
160) BAG, Urt. v. 8.9.1999 – 5 AZR 671/98, NZA 2000, 489.
161) LAG Düsseldorf, Beschl. v. 7.12.2023 – 3 Ta 273/23, ZIP 2024, 351.
162) Zur Maßgeblichkeit dieses Zeitpunkts vgl. z. B. BAG, Urt. v. 25.1.2018 – 8 AZR 524/16 juris Rz. 43.
163) BAG, Urt. v. 16.2.2023 – 6 AZR 95/22, Rz. 23, NZA 2023, 924.

dem übertragenden Rechtsträger bestehen[164] – aus dem arbeitsrechtlichen Gleichbehandlungsgrundsatz.

Der Eintritt in Rechte und Pflichten aus dem Arbeitsverhältnis umfasst auch die beim übertragenden Rechtsträger erworbene **Betriebszugehörigkeit**,[165] wobei diese allerdings mit Blick auf Rechte, die erst nach dem Übergang beim übernehmenden Rechtsträger begründet werden und vorher nicht bestanden haben, vom übernehmenden Rechtsträger nicht berücksichtigt werden müssen.[166] 84

c) Eintritt in kollektivrechtliche Ansprüche

Nach § 613a Abs. 1 Satz 2 bis 4 BGB gelten die bis zu einem Übergang des Arbeitsverhältnisses unmittelbar und zwingend durch Tarifvertrag oder Betriebsvereinbarung geregelten Rechte und Pflichten grundsätzlich als Bestandteil des Arbeitsverhältnisses fort und dürfen **für die Dauer eines Jahres** auf einzelvertraglicher Ebene nicht zum Nachteil des Arbeitnehmers verändert werden (§ 613a Abs. 1 Satz 2 BGB). 85

In Kollektivvereinbarungen geregelte Arbeitsbedingungen werden dabei nach dem Wortlaut von § 613a Abs. 1 Satz 2 BGB grundsätzlich in das Arbeitsverhältnis transformiert, soweit sie nicht durch entsprechende **Erwerberkollektivvereinbarungen** abgelöst werden (§ 613a Abs. 1 Satz 3 BGB). 86

Nach Auffassung des BAG ist § 613a Abs. 1 Satz 2 BGB als bloße „Auffangnorm",[167] die eine kollektive Fortgeltung von Tarifverträgen und Betriebsvereinbarungen nicht ausschließt,[168] allerdings nur anzuwenden, wenn der Betriebserwerber nicht ohnehin kollektivrechtlich an die bislang beim Veräußerer geltenden Kollektivnormen gebunden ist. 87

- Ist der **Erwerber** ebenso **tarifgebunden** wie der Veräußerer, ist eine Transformation nach § 613a Abs. 1 Satz 2 BGB nach Ansicht des BAG ausgeschlossen.
- Dem vergleichbar sollen Betriebsvereinbarungen unverändert als solche fortgelten, wenn der übernommene Betrieb nach dem Übergang seine Identität bewahrt.[169] Dies soll auch bei der Übernahme eines Betriebsteils gelten, sofern er als eigenständiger Betrieb fortgeführt wird.[170] Gesamt- und Konzernbetriebsvereinbarungen gelten bei Ausscheiden des übertragenen Betriebs(teils) aus dem Unternehmen bzw. Konzern im Fall identitätswahrender Fortführung durch den übernehmenden Rechtsträger ebenfalls als Einzelbetriebsvereinbarung weiter.[171]

aa) Firmentarifverträge

Sowohl bei der Verschmelzung im Wege der Neugründung gemäß § 2 Nr. 2 als auch bei der Verschmelzung durch Aufnahme nach § 2 Nr. 1 bewirkt die vom Gesetz in § 20 Abs. 1 88

164) Zur Nichterforderlichkeit einer Gleichbehandlung von übernommenen Arbeitnehmern mit der Stammbelegschaft vgl. BAG, Urt. v. 31.8.2005 – 5 AZR 517/04, NZA 2006, 265.

165) BAG, Urt. v. 2.6.2005 – 2 AZR 480/04, NZA 2006, 207; *Fuhlrott* in: Mückl/Fuhlrott/Niklas/Otto/Schwab, Umstrukturierung, Kap. 3 Rz. 104 m. w. N.

166) BAG, Urt. v. 12.9.2013 – 6 AZR 512/12, NZA-RR 2014, 154.

167) Krit. *Sagan*, RdA 2011, 163, 164.

168) BAG, Urt. v. 19.9.2007 – 4 AZR 711/06, ZIP 2008, 378.

169) Näher BAG, Urt. v. 12.6.2019 – 1 AZR 154/17, NZA 2019, 1203; BAG, Urt. v. 18.11.2003 – 1 AZR 604/02, NZA 2004, 803; BAG, Urt. v. 18.9.2002 – 1 ABR 54/01, NZA 2003, 670; BAG, Urt. v. 25.2.2020 – 1 ABR 39/18, Rz. 35 ff., NZA 2020, 875.

170) BAG, Urt. v. 18.11.2003 – 1 AZR 604/02, NZA 2004, 803; BAG, Urt. v. 18.9.2002 – 1 ABR 54/01, NZA 2003, 670.

171) BAG, Urt. v. 25.2.2020 – 1 ABR 39/18, Rz. 24, NZA 2020, 875; BAG, Urt. v. 5.5.2015 – 1 AZR 763/13, Rz. 50, NZA 2015, 1331.

Nr. 1 angeordnete Gesamtrechtsnachfolge nach der Rechtspechung des BAG,[172] dass ein Firmentarifvertrag uneingeschränkt auf den neu gegründeten bzw. aufnehmenden Rechtsträger übergeht und danach kollektivrechtlich fortwirkt mit der Folge, dass insoweit § 613a Abs. 1 BGB nicht zur Anwendung kommt. Fraglich ist in diesem Kontext allenfalls im **Fall einer Verschmelzung durch Aufnahme** i. S. des § 2 Nr. 2, ob sich der fortgeltende Tarifvertrag nach § 20 Abs. 1 Nr. 1 auf die bei dem übernehmenden Rechtsträger bereits vorhandenen Arbeitnehmer erstreckt.[173] Dies ist richtigerweise – in aller Regel[174] – nicht der Fall.[175] Insbesondere kann dies nicht wirksam im Tarifvertrag zulasten eines zukünftigen übernehmenden Rechtsträgers vereinbart werden, weil dies einen unzulässigen Vertrag zulasten Dritter bedeuten würde.[176]

89 Eine **Tarifpluralität**, die beim übernehmenden Rechtsträger deshalb entstanden war, weil er vor der Verschmelzung bereits an einen anderen Tarifvertrag gebunden war, welcher nach seinem Geltungsbereich auch neu hinzukommende Betriebe erfasst, war jedenfalls nach Aufgabe des Grundsatzes der Tarifeinheit durch das BAG nur bis zum Inkrafttreten des Tarifeinheitsgesetzes[177] vom übernehmenden Rechtsträger hinzunehmen.[178] Das Tarifeinheitsgesetz steht dem entgegen.[179]

90 **Tarifkonkurrenzen**, die infolge einer Verschmelzung eintreten, sind hingegen nach wie vor nach dem Grundsatz der Spezialität aufzulösen,[180] während § 613a Abs. 1 Satz 2-4 BGB deshalb nicht eingreifen,[181] weil eine parallele kollektivrechtliche Tarifgeltung eintritt.

91 Eine Fortgeltung des Firmentarifvertrags bei dem übernehmenden Rechtsträger kann allerdings durch **Umstrukturierungen** auf betrieblicher Ebene ausgeschlossen sein.[182] Kommt es im Zuge einer Verschmelzung auch zum Zusammenschluss betrieblicher Einheiten, z. B. durch Eingliederung, ist der kollektiv-rechtlichen Fortgeltung des Firmentarifvertrages nach der Rechtsprechung des BAG in der Regel die Basis entzogen;[183] anders, wenn der übertragene Betrieb beim neuen Rechtsträger eigenständig erhalten bleibt.[184]

92 Umgekehrt kann eine Verschmelzung dazu führen, dass ein beim übernehmenden Rechtsträger geltenden Firmentarifverträge nach § 3 TVG[185] erstmals auf den übernommenen Betrieb Anwendung finden.[186]

172) BAG, Urt. v. 15.6.2016 – 4 AZR 805/14, Rz. 33, BAGE 155, 280; BAG, Urt. v. 18.9.2019 – 5 AZR 335/18, Rz. 21, NZA 2020, 187.

173) Zu Streitstand vgl. z. B. *Grau* in: Henssler/Moll/Bepler, Tarifvertrag, Teil 15 Rz. 200 ff. m. w. N.; offengelassen von BAG, Urt. v. 4.7.2007 – 4 AZR 491/06, NZA 2008, 307.

174) *Hohenstatt/Schuster*, ZIP 2016, 5, 10; *Grau* in: Henssler/Moll/Bepler, Tarifvertrag, Teil 15 Rz. 201 m. w. N.

175) LAG Baden-Württemberg, Urt. v. 29.9.2014 – 9 Sa 19/14, LAGE, § 20 UmwG Nr. 1; offengelassen von BAG, Urt. v. 4.7.2007 – 4 AZR 491/06, BAGE 123, 213; vgl. zum Streitstand *Grau* in: Henssler/Moll/Bepler, Tarifvertrag, Teil 15 Rz. 200 ff. m. w. N.

176) *Grau* in: Henssler/Moll/Bepler, Tarifvertrag, Teil 15 Rz. 202.

177) Gesetz zur Tarifeinheit (Tarifeinheitsgesetz – TEG), v. 3.7.2015, BGBl. I 2015, 1130.

178) *Grau* in: Henssler/Moll/Bepler, Tarifvertrag, Teil 15 Rz. 203.

179) Vgl. dazu *Hohenstatt/Schuster*, ZIP 2016, 5.

180) Vgl. LAG Baden-Württemberg, Beschl. v. 31.5.2005 – 20 TaBV 3/04; *Grau* in: Henssler/Moll/Bepler, Tarifvertrag, Teil 15 Rz. 203; *Hohenstatt* in: Willemsen/Hohenstatt/Schweibert/Seibt, Umtrukturierung und Übertragung von Unternehmen, Kap. 5 Rz. 125.

181) Vgl. für viele *Grau* in: Henssler/Moll/Bepler, Tarifvertrag, Teil 15 Rz. 203 m. w. N.

182) Vgl. z. B. *Hohenstatt/Schuster*, ZIP 2016, 5, 10; *Grau* in: Henssler/Moll/Bepler, Tarifvertrag, Teil 15 Rz. 204 m. w. N.

183) BAG, Urt. v. 4.7.2007 – 4 AZR 491/06, Rz. 62, NZA 2008, 307; *Hohenstatt* in: Willemsen/Hohenstatt/Schweibert/Seibt, Umstrukturierung und Übertragung von Unternehmen, Kap. 5 Rz. 122; *Henssler*, ZfA 1998, 517, 531 f.

184) Vgl BAG, Urt. v. 4.7.2007 – 4 AZR 491/06, BAGE 123, 213; *Henssler*, ZfA 1998, 517, 531 f.

185) Tarifvertragsgesetz (TVG), v. 25.8.1969 (Neufassung), BGBl. I 1969, 1323.

186) LAG Nürnberg, v. 13.4.2010 – 6 Sa 9/10, Rz. 35; *Grau* in: Henssler/Moll/Bepler, Tarifvertrag, Teil 15 Rz. 205.

Da eine **Aufspaltung** (§ 123 Abs. 1) mit dem Erlöschen des übertragenen Rechtsträgers verbunden ist, kommt bei ihm eine Bindung an den Firmentarifvertrag nicht mehr in Betracht. Welcher der übernehmenden Rechtsträger ggf. im Wege der partiellen Gesamtrechtsnachfolge in den Firmentarifvertrag eintritt, richtet sich nach den Vorgaben im Spaltungs- und übernahmevertrag (§ 126 Abs. 1 Nr. 9) bzw. im Spaltungsplan (§ 136), der insoweit eine Regelung enthalten muss (siehe § 126 Rz. 67 ff. [*Wentz*]). 93

Ist dort keine Übernahme vorgesehen, finden – soweit mit der Übertragung ein Betriebs- oder Betriebsteilübergang verbunden ist – auf die übernehmenden Rechtsträger § 35a Abs. 2 i. V. m. § 613a Abs. 1 Satz 2 BGB Anwendung, sofern nicht eine Ablösung durch einen beim übernehmenden Rechtsträger geltenden Tarifvertrag zum selben Regelungsgegenstand nach § 613a Abs. 1 Satz 3 BGB erfolgt. 94

Findet i. R. der Aufspaltung kein Betriebs- oder Betriebsteilübergang statt, findet § 613a BGB beim übernehmenden Rechtsträger infolge der Rechtsgrundverweisung des § 35a Abs. 2 keine Anwendung. Eine analoge Anwendung scheidet angesichts der Entscheidung des Gesetzgebers, § 35a Abs. 2 als Rechtsgrundverweisung auszugestalten, obwohl ihm das Problem rein „spaltungsrechtlicher" Übertragungen ohne Betriebs(teil)übergang und die damalige Diskussion um eine analoge Anwendung von § 613a Abs. 1 Satz 2 bis 4 BGB bekannt war, aus. Es fehlt insoweit an einer „planwidrigen" Regelungslücke in Bezug auf § 613a BGB. Stattdessen greift nach der Rechtsprechung des 4. Senats des BAG **§ 4 Abs. 5 TVG** in Bezug auf Tarifverträge bei einer Übertragung ohne Betriebs(teil)übergang analog ein.[187] Die Rechtsprechung des 3. Senats, der vor dem Inkrafttreten des § 324 a. F. in Bezug auf Versorgungsverbindlichkeiten von einer analogen Anwendbarkeit von § 613a Abs. 1 Satz 2 bis 4 BGB ausgegangen war,[188] ist durch das Inkrafttreten von § 35a, der den 4. Senat bestätigt hat, überholt.[189] Eine analoge Anwendung von § 4 Abs. 5 TVG erscheint auch insoweit konsequent, als sie umgekehrt auch dann angenommen wird, wenn dem übertragenden Rechtsträger die Stellung als Partei des Firmentarifvertrags nicht zugewiesen wird.[190] Etwas anderes folgt auch nicht aus der Richtlinie 2001/23/EG. 95

In Fällen der **Abspaltung** (§ 123 Abs. 2) sowie der **Ausgliederung** (§ 123 Abs. 3) bleibt die Tarifbindung des übertragenden Rechtsträgers erhalten, soweit sie ihm im Spaltungsvertrag bzw. -plan zugewiesen ist und der Tarifvertrag selbst keine anderen Vorgaben trifft (z. B. zum räumlichen Geltungsbereich oder zu einem bestimmten Betrieb als Bezugsobjekt). Die im Schrifttum sehr streitige Frage, ob in diesem Fall auch eine Aufteilung des bislang zweiseitigen Firmentarifvertrags mit der Folge möglich ist, dass die tarifvertraglichen Gestaltungsmöglichkeiten (z. B. Kündigung) nach der Spaltung bzw. Ausgliederung durch die übernehmenden Rechtsträger unabhängig voneinander ausgeübt werden können, ist in Übereinstimmung mit der Rechtsprechung des BAG zu verneinen.[191] Kommt es zu einer Abspaltung oder Ausgliederung, ist vielmehr im Spaltungs- und Übernahmevertrag nach § 126 Abs. 1 Nr. 9 festzulegen, welcher der beiden Rechtsträger in die Rechtsstellung als Vertragspartei eines Firmentarifvertrages eintritt.[192] Denn es erfolgt schließlich lediglich 96

---

187) BAG, Urt. v. 13.7.1994 – 4 AZR 555/93, NZA 1995, 479.

188) BAG, Urt. v. 5.10.1993 – 3 AZR 586/92, NZA 1994, 848.

189) Eine Lückenschließung durch § 35a UmwG, die eine Analogie ausschließt, nehmen z. B. auch *Boecken*, Unternehmensumwandlungen, Rz. 186; *Grau* in: Henssler/Moll/Bepler, Tarifvertrag, Teil 15 Rz. 197 an.

190) Vgl. nur Semler/Stengel/Leonard-*Simon/Fischer*, UmwG, § 131 Rz. 53; a. A. § 3 Abs. 3 TVG analog (aber jedenfalls nicht § 613a Abs. 1 Satz 2 bis 4 BGB analog) z. B. *Hohenstatt/Schuster*, ZIP 2016, 510.

191) Dazu auch *Gaul/Otto*, BB 2014, 500 ff.

192) BAG, Urt. v. 21.11.2012 – 4 AZR 85/11, NZA 2013, 512; LAG Baden-Württemberg, Urt. v. 13.2.2014 – 6 Sa 20/13, juris; *Boecken*, Unternehmensumwandlungen, Rz. 207 f.; *Müller-Bonanni/Mehrens*, ZIP 2012, 1217, 1219 f.; anders *Sagan*, RdA 2011, 163, 165, der § 613a Abs. 1 BGB bei Firmentarifverträgen gegenüber den Bestimmungen des UmwG für vorrangig erachtet.

eine partielle Gesamtrechtsnachfolge, wie auch § 131 Abs. 1 Nr. 1 festlegt. Fehlt es an einer Regelung, verbleibt der übertragende Rechtsträger in seiner Stellung als Vertragspartei.[193)]

97 Selbst wenn der Firmentarifvertrag festlegen sollte, dass er nur für einen bestimmten Betrieb gelten will, bedarf es nach der Rechtsprechung des BAG aus Gründen der Rechtsklarheit und Rechtssicherheit einer verbindlichen – und zudem ohne Weiteres möglichen – Festlegung i. S. des § 126 Abs. 1 Nr. 9. Nicht entschieden ist damit, ob die – abzulehende[194)] – teilweise (früher) in der Literatur vorgenommene Differenzierung danach, dass

- bei einer Ausgliederung zur Aufnahme, sofern der übernehmende Rechtsträger bereits Arbeitnehmer beschäftigt, eine Fortgeltung des Firmentarifvertrags nicht ohne Vereinbarung der Tarifvertragsparteien rein umwandlungsrechtlich in Betracht komme,
- während dies bei einer Ausgliederung zur Aufnahme, ohne dass der übernehmende Rechtsträger bereits Arbeitnehmer beschäftigt, ebenso wie bei einer Ausgliederung zur Neugründung (§ 123 Abs. 3 Nr. 2) möglich sei,[195)] zutreffend ist.[196)]

98 Wird die **Parteistellung des Firmentarifvertrags** bei der Abspaltung oder Ausgliederung **einem übernehmenden Rechtsträger zugewiesen**, entfällt die Tarifbindung des übertragenden Rechtsträgers aus §§ 3 Abs. 1, 4 Abs. 1 TVG.[197)] In diesem Fall scheidet nach h. M. auch eine Fortgeltung nach bzw. analog § 613a Abs. 1 Satz 2 bis 4 BGB aus, weil beim übertragenden Rechtsträger kein Betriebsinhaberwechsel stattfindet.[198)] § 3 Abs. 3 TVG ist nach wohl überwiegender Meinung ebenfalls nicht analog anzuwenden, weil diese Norm auf die kraft Mitgliedschaft vermittelte Tarifgebundenheit zugeschnitten ist und daher nicht passt, wenn die Bindung an einen Firmentarifvertrag endet.[199)] Die normativen Bestimmungen des Tarifvertrags wirken vielmehr auch insoweit analog § 4 Abs. 5 TVG bei Wegfall der Tarifbindung infolge Gesamtrechtsnachfolge nach.[200)]

99 Die vorstehend entwickelten Grundsätze gelten in Fällen der **Vermögensübertragung** insoweit entsprechend, als bei einer Vollübertragung (§ 174 Abs. 1) die für eine Verschmelzung entwickelten Grundsätze entsprechend gelten, während für die Teilübertragung (§ 174 Abs. 2) die zur Spaltung entwickelten Grundsätze entsprechend gelten.

bb) Verbandstarifverträge

100 Für Verbandstarifverträge (Synonym: Flächentarifverträge) gelten demgegenüber, da die Bindung an sie über die Verbandsmitgliedschaft vermittelt wird, vollkommen **andere Grundsätze:**

101 Verbandstarifverträge gelten gemäß § 3 Abs. 1 TVG zwischen den Mitgliedern der Tarifvertragsparteien. Voraussetzung einer Bindung an sie ist auf Arbeitgeberseite daher die Mitgliedschaft im tarifschließenden Arbeitgeberverband. Diese Mitgliedschaft geht im Fall der **Verschmelzung** nach wohl allgemeiner Meinung nicht auf den übernehmenden Rechts-

---

193) BAG, Urt. v. 21.11.2012 – 4 AZR 85/11, NZA 2013, 512.

194) *Mückl* in: Mückl/Fuhlrott/Niklas/Otto/Schwab, Umstrukturierung, Kap. 4 Rz. 251.

195) So früher *Preis* in: ErfK-ArbR, § 613a BGB Rz. 186 (z. B. 11. Aufl.).

196) Offengelassen von LAG Baden-Württemberg, Urt. v. 21.12.2010 – 6 Sa 90/10, juris; LAG Berlin-Brandenburg, Urt. v. 13.10.2011 – 14 Sa 585/11, juris.

197) Semler/Stengel/Leonard-*Simon/Fischer*, UmwG, § 131 Rz. 53.

198) Semler/Stengel/Leonard-*Simon/Fischer*, UmwG, § 131 Rz. 53.

199) Für viele *Kania*, DB 1995, 625, 629 f.; *Rieble*, Anm. zu BAG EzA UmwG § 20 Nr. 1; vgl. auch BAG, Urt. v. 4.12.1974 – 5 AZR 75/74, DB 1975, 695, und BAG, Urt. v. 26.9.1979 – 4 AZR 819/77, AP BGB § 613a Nr. 17 – keine analoge Anwendung von § 3 Abs. 3 TVG im Fall der Universalsukzession; a. A. *Hohenstatt/Schuster*, ZIP 2016, 5, 10; *Boecken*, Unternehmensumwandlungen, Rz. 208.

200) Vgl. BAG, Urt. v. 13.7.1994 – 4 AZR 555/93, AP TVG § 3 Verbandszugehörigkeit Nr. 14 – für den Verbandstarifvertrag; offengelassen aber für den Firmentarifvertrag; BAG, Urt. v. 18.3.1992 – 4 AZR 339/91, NZA 1992, 700; BAG, Urt. v. 10.12.1997 – 4 AZR 247/96, NZA 1998, 484, 487.

träger über.[201] Eine kollektivrechtliche Fortgeltung des Verbandstarifvertrags ist daher nur dann denkbar, wenn der übernehmende Rechtsträger **Mitglied im selben Arbeitgeberverband** ist bzw. wird oder der Verbandstarifvertrag nach § 5 TVG bzw. nach den Regelungen des Arbeitnehmerentsendegesetzes[202] **allgemeinverbindlich** ist. In allen anderen Fällen findet gemäß § 35 a Abs. 2 § 613a Abs. 1 Satz 2 bis 4 BGB Anwendung, soweit ein Betrieb oder Betriebsteil übertragen wird.

Im Fall der Übertragung sonstigen Vermögens wird man auf der Grundlage der Rechtsprechung des BAG[203] hingegen allenfalls eine **Nachwirkung** analog § 4 Abs. 5 TVG annehmen können, da eine Analogie zu § 613a Abs. 1 Satz 2 bis 4 BGB mangels planwidriger Regelungslücke ausscheidet. Insoweit gelten die oben unter Rz. 93 zur Aufspaltung in Bezug auf Firmentarifverträge entwickelten Grundsätze entsprechend. 102

Ebenso wie bei der Verschmelzung ist erst recht bei einer **Spaltung** gemäß § 123 ein Übergang der Verbandsmitgliedschaft durch partielle Gesamtrechtsnachfolge ausgeschlossen. Auch hier gilt nach § 35a Abs. 2 i. V. m. § 613a Abs. 1 Satz 2 bis 4 BGB, soweit die Übertragung eines Betriebs oder Betriebsteils in Rede steht. 103

In allen anderen Fällen gilt nach der Rechtsprechung des für tarifliche Fragen zuständigen 4. Sentats des BAG § 4 Abs. 5 TVG analog,[204] da eine Analogie zu § 613a Abs. 1 Satz 2 bis 4 BGB mangels insoweit bestehender planwidriger Regelungslücke ausscheidet (siehe dazu wiederum oben Rz. 95). 104

cc) Besonderheiten bei Kettenumwandlungen

Ist Gegenstand der übertragenden Umwandlung eine Kettenumwandlung, stellt sich im Hinblick auf § 35a Abs. 2 i. V. m. § 613a Abs. 1 Satz 2 bis 4 BGB, d. h. mit Blick auf die Rechtsfolgenseite, die Frage, ob einer oder mehrer Betriebsübergänge stattfinden. Dies ist richtigerweise wie auf der Tatbestandsebene mit der zutreffenden h. M. dahin zu beantworten, dass maßgeblich die Ausübung betrieblicher Leitungsmacht durch die beteiligten Rechtsträger ist.[205] 105

Liegen **mehrere Betriebübergänge** vor, werden Kollektivverträge, die bei einem vorangehenden Erwerber nach § 613a Abs. 1 Satz 2 BGB in das Arbeitsverhältnis transformiert wurden, bei einem nachfolgenden Erwerber ebenfalls nur nach dieser Vorschrift und nicht nach § 613a Abs. 1 Satz 1 BGB aufrechterhalten: Die transformierten Normen behalten ihren kollektivrechtlichen Charakter und werden nicht Inhalt des individualrechtlichen Arbeitsvertrags.[206] Dies hat zur Folge, dass auch der nachfolgende Erwerber die ursprünglichen Kollektivverträge nur gemäß § 613a Abs. 1 Satz 3 BGB ablösen kann.[207] 106

Über die Verweisung in § 324 auf § 613a Abs. 1 Satz 2 bis 4 BGB hinaus, finden sich keine spezifischen gesetzlichen Vorgaben für die Auswirkung einer übertragenden Umwandlung auf bestehende **Betriebs- und Sprecherausschussvereinbarungen.** 107

---

201) BAG, Urt. v. 24.6.1998 – 4 AZR 208/97, NZA 1998, 1346.

202) Gesetz über zwingende Arbeitsbedingungen für grenzüberschreitend entsandte und für regelmäßig im Inland beschäftigte Arbeitnehmer und Arbeitnehmerinnen (Arbeitnehmer-Entsendegesetz – AEntG), v. 20.4.2009, BGBl. I 2009, 799.

203) BAG, Urt. v. 13.7.1994 – 4 AZR 555/93, NZA 1995, 479.

204) BAG, Urt. v. 13.7.1994 – 4 AZR 555/93, NZA 1995, 479.

205) Kallmeyer-*Willemsen/Müller-Bonanni*, UmwG, § 35a Rz. 33 m. w. N.

206) BAG, Urt. v. 12.6.2019 – 1 AZR 154/17, Rz. 46, NZA 2019, 1203.

207) BAG, Urt. v. 12.6.2019 – 1 AZR 154/17, Rz. 50, NZA 2019, 1203.

dd) Betriebsvereinbarungen

108 § 35a Abs. 2 i. V. m. § 613a BGB kommen nach der Rechtsprechung des BAG als Auffangregelung allerdings ohnehin nur dann zur Anwendung, wenn durch organisatorisch tatsächliche Veränderungen der Betrieb oder Betriebsteil, für den die jeweilige betriebliche Kollektivnorm gilt, als Organisationseinheit entfällt oder mit der zuständigen Arbeitnehmervertretung eine ablösende Betriebsvereinbarung bzw. Sprecherausschussvereinbarung getroffen wird.

- Insofern bleiben Betriebs- und Sprecherausschussvereinbarungen zunächst einmal dann vollumfänglich **in Kraft**, wenn im Zuge einer übertragenden Umwandlung ein Betrieb identitätswahrend vom übertragenden auf den übernehmenden Rechtsträger übertragen wird.
- Gleiches gilt nach der Rechtsprechung des BAG dann, wenn der beim übertragenden Rechtsträger bestehende Betrieb derart **gespalten** wird, dass lediglich ein **Betriebsteil** abgespalten und auf den übernehmenden Rechtsträger übertragen wird, der ihn dann **als selbständigen Betrieb weiterführt.**[208] In diesem Fall gelten sowohl für den abgebenden Betrieb als auch für den übertragenden Betriebsteil die für den ursprünglichen (ungespaltenen) Betrieb geltenden Betriebsvereinbarungen als Betriebsvereinbarung fort.[209]
- In Bezug auf den abgespaltenen und übertragenden Betriebsteil gilt dies nach der Rechtsprechung des BAG auch dann, wenn er im Nachgang zur Abspaltung und Übertragung bei dem übernehmenden Rechtsträger in eine **fiktive Betriebsstruktur nach § 3 Abs. 5 BetrVG** eingegliedert wird.[210] Solange insoweit keine tatsächlich organisatorischen Veränderungen vorgenommen werden, die zu einem Verlust der Identität des übertragenden Betriebsteils führen, gelten innerhalb dieses Betriebsteils die im Ursprungsbetrieb geltenden Betriebsvereinbarungen als solche weiter, sofern sie nicht durch Betriebsvereinbarungen mit dem in dem fiktiven Betrieb gebildeten Betriebsrat zum selben Regelungsgegenstand abgelöst werden.[211]
- Denkbar ist, dass das BAG gleiches auch für **reale Eingliederungen** allerdings mit dem Unterschied annehmen wird, dass gemäß § 613a Abs. 1 Satz 3 BGB eine Ablösung durch die im aufnehmenden Betrieb bestehenden Betriebsvereinbarungen zum selben Regelungsgegenstand erfolgt. Bestehen bleiben würden dann lediglich die Betriebsvereinbarung des Ursprungsbetriebs des übertragenen Rechtsträgers im übertragenen Betriebsteil, die mangels Regelung zum selben Regelungsgegenstand im Betrieb des aufnehmenden Rechtsträgers nicht abgelöst wurden. Entschieden ist dies noch nicht. Die Rechtsprechung des BAG geht aber tendenziell in diese Richtung, auch wenn sie bewirkt, dass für § 613a Abs. 1 Satz 2 BGB nahezu kein Anwendungsbereich mehr verbleibt.
- **Grenzen** einer entsprechenden Ablösung ergeben sich nach § 613a Abs. 1 Satz 3 BGB nicht aufgrund des Günstigkeitsprinzips. Offen ist allerdings, ob und inwieweit einer Ablösung die Rechtsprechung des EuGH in der Rechtssache Scattolon[212] entgegen-

---

208) BAG, Urt. v. 18.9.2002 – 1 ABR 54/01, NZA 2003, 670; BAG, Urt. v. 18.11.2003 – 1 AZR 604/02, NZA 2004, 803.

209) Vgl. BAG, Urt. v. 18.9.2002 – 1 ABR 54/01, NZA 2003, 670; BAG, Urt. v. 18.11.2003 – 1 AZR 604/02, NZA 2004, 803.

210) BAG, Urt. v. 7.6.2011 – 1 ABR 110/09, NZA 2012, 110.

211) BAG, Urt. v. 7.6.2011 – 1 ABR 110/09, NZA 2012, 110.

212) EuGH, Urt. v. 6.9.2011 – Rs. C-108/10, ZIP 2012, 1366.

steht.[213] Das BAG[214] meint, dass sich aus dem Unionsrecht zweifelsfrei kein Verschlechterungsverbot ergebe und hat deswegen eine Vorlage an den EuGH abgelehnt. Es befindet sich damit in Übereinstimmung mit der herrschenden Literatur sowie der Instanzrechtsprechung.[215]

Die vorstehenden Grundsätze gelten nach der Rechtsprechung des BAG nicht nur für Betriebsvereinbarungen, sondern **auch für Gesamtbetriebsvereinbarungen**, die sich dann, wenn ein Betrieb seine Identität beim aufnehmenden Rechtsträger wahrt oder ein übertragener Betriebsteil als selbständiger Betrieb fortgeführt wird, in eine Einzelbetriebsvereinbarung umwandelt.[216] 109

Wird im Zusammenhang mit der übertragenden Umwandlung die Identität der früheren Betriebe aufgelöst, gelten die bei dem oder den übertragenden Rechtsträger(n) durch Gesamtbetriebsvereinbarung geregelten Arbeitsbedingungen nach § 613a Abs. 1 Satz 2 BGB als Inhalt des Arbeitsverhältnisses fort.[217] Eine Ablösung kann durch Rechtsnormen einer bei dem oder den übertragenden Rechtsträger(n) geltenden Betriebsvereinbarung nach § 613a Abs. 1 Satz 3 BGB erfolgen.[218] 110

Für **Konzernbetriebsvereinbarungen** gilt, dass sie als solche weitergelten, wenn auch der neue Betriebsinhaber zum Konzern des bisherigen Arbeitgebers gehört.[219] § 35a Abs. 2 i. V. m. § 613a Abs. 1 Satz 2 bis 4 BGB finden keine Anwendung, da insoweit nichts anderes als bei einer Einzelrechtsnachfolge gilt. Dies wird bei übertragenen Umwandlungen häufig der Fall sein. 111

Weil dem BetrVG eine auf die Organisationseinheit des Betriebs bezogene Normwirkung von Betriebsvereinbarungen zugrunde liegt, gilt nach der Rechtsprechung des BAG nach einem (z. B. durch die Übertragung von Geschäftsanteilen bedingten) Ausscheiden eines konzernangehörigen Unternehmens aus dem Konzern eine zuvor in dessen Betrieb geltende Konzernbetriebsvereinbarung dort normativ **als Einzelbetriebsvereinbarung weiter**, sofern das Unternehmen nicht unter den Geltungsbereich einer im neuen Konzernverbund geltenden Konzernbetriebsvereinbarung mit demselben Regelungsgegenstand fällt.[220] Unterhält das aus dem Konzern ausscheidende Unternehmen mehrere Betriebe, gilt die Konzernbetriebsvereinbarung nach dem Ausscheiden des Unternehmens aus dem Konzern in diesen als Gesamtbetriebsvereinbarung fort.[221] Grundsätzlich hindert auch ein etwaiger Konzernbezug der durch die Konzernbetriebsvereinbarung ausgestalteten betriebsverfassungsrechtlichen Angelegenheit deren Fortgeltung in dem Betrieb oder den Betrieben des aus dem Konzernverbund ausscheidenden Unternehmens nicht.[222] Eine normative Weitergeltung scheidet aber aus, wenn die betreffende Regelung nach ihrem Inhalt die Zugehö- 112

213) Vgl. dazu z. B. *Preis* in: ErfK-ArbR, § 613a BGB Rz. 125; *Mückl*, ZIP 2012, 2373 ff.

214) BAG, Urt. v. 23.1.2019 – 4 AZR 445/17, NZA 2019, 922; zust. BAG, Urt. v. 12.6.2019 – 1 AZR 154/17, NZA 2019, 1203.

215) Vgl. zu beiden *Mückl*, ZInsO 2019, 652 ff. m. w. N.

216) BAG, Urt. v. 18.9.2002 – 1 ABR 54/01, NZA 2003, 670; BAG, Urt. v. 18.11.2003 – 1 AZR 604/02, NZA 2004, 803.

217) BAG, Urt. v. 31.8.2005 – 5 AZR 517/04, NZA 2006, 265.

218) Vgl. BAG, Urt. v. 31.8.2005 – 5 AZR 517/04, NZA 2006, 265.

219) Fitting/Trebinger/Linsemaier/Schelz/Schmidt-*Fitting*, BetrVG, § 77 Rz. 287; *Niklas/Mückl*, DB 2008, 2250, 2254.

220) BAG, Beschl. v. 25.2.2020 – 1 ABR 39/18, Rz. 22 ff., NZA 2020, 875.

221) BAG, Beschl. v. 25.2.2020 – 1 ABR 39/18, Rz. 26, NZA 2020, 875.

222) BAG, Beschl. v. 25.2.2020 – 1 ABR 39/18, Rz. 27, NZA 2020, 875.

rigkeit zum bisherigen Konzern zwingend voraussetzt oder nach dem Ausscheiden des Unternehmens aus dem Konzern gegenstandslos wird.[223)]

113 In Bezug auf **Sprecherausschussvereinbarungen** (vgl. § 28 Abs. 1 und 2 SprAuG) gelten die gerade zu Betriebsvereinbarungen skizzierten Grundsätze für die kollektivrechtliche Fortgeltung entsprechend. Dies gilt unabhängig davon, ob es sich um eine Richtlinie ohne normative Wirkung (§ 28 Abs. 1 SprAuG) oder eine „echte" Sprecherausschussvereinbarung i. S. des § 28 Abs. 2 Satz 1 SprAuG handelt. Dies gilt auch, soweit Gesamtsprecherausschussvereinbarungen oder Unternehmenssprecherausschussvereinbarungen in Rede stehen.[224)]

ee) Ablösung transformierter Kollektivvereinbarungen

114 Greift § 613a Abs. 1 Satz 2 BGB ein, kann ein danach fortgeltender Anspruch gemäß § 613a Abs. 1 Satz 3 BGB dennoch durch eine beim Betriebserwerber abgeschlossene Kollektivvereinbarung (Tarifvertrag bzw. Betriebsvereinbarung) abgelöst werden, weil die nunmehr als Inhalt des Arbeitsverhältnisses geltenden kollektivrechtlichen Regelungen inhaltlich **nicht weiter geschützt** sind, **als sie es bei einem Fortbestand beim Erwerber gewesen wären.**[225)] In beiden Fällen ist nach der Rechtsprechung des BAG im Verhältnis zwischen (transformiertem) Veräußerer- und (neuem) Erwerberkollektivvertrag das Günstigkeitsprinzip nicht anwendbar. § 613a Abs. 1 Satz 3 BGB enthalte eine Spezialregelung, welche die Anwendung des Günstigkeitsprinzips ausschließe.[226)] Der möglicherweise entgegenstehenden EuGH-Rechtsprechung[227)] entnimmt das BAG kein allgemeines unionsrechtliches Verschlechterungsverbot[228)] und befindet sich damit in Übereinstimmung mit der herrschenden Literatur sowie der Instanzrechtsprechung[229)].

115 Die Fortgeltung des Tarifvertrags gilt gemäß § 613a Abs. 1 Satz 3 BGB also zunächst einmal dann nicht, wenn diese Rechte und Pflichten beim Erwerber durch einen anderen Tarifvertrag geregelt sind, der die **gleiche Sachfrage regelt** und für das Arbeitsverhältnis gilt. Losgelöst davon lässt § 613a Abs. 1 Satz 4 BGB Veränderungen ferner zu, wenn diese als Folge einer Beendigung und den Eintritt einer (dispositiven) **Nachwirkung** auf individual- oder kollektivrechtlicher Ebene auch ohne einen Betriebsübergang möglich gewesen wären. Dies setzt voraus, dass die nachwirkenden Tarifbestimmungen auch den Erwerber erfassen und ihr dispositiver Charakter es rechtfertigt, sie von der einjährigen Veränderungssperre auszunehmen. Dass diese Regelung im Einklang mit den Vorgaben der Richtlinie 2001/23/EG steht, lässt sich dem Urteil des EuGH vom 11.9.2014[230)] entnehmen. In gleicher Weise endet die Übernahme eines Tarifvertrags dann, wenn dieser als Folge seiner Beendigung ohne Nachwirkung auch ohne einen Betriebsübergang keine weitergehenden Rechte und Pflichten mehr entfaltet hätte.

---

223) BAG, Beschl. v. 25.2.2020 – 1 ABR 39/18, Rz. 27, NZA 2020, 875.

224) Vgl. zum Ganzen Willemsen/Hohenstatt/Schweibert/Seibt-*Hohenstatt*, Umstrukturierung und Übertragung von Unternehmen, Kap. 5 Rz. 93.

225) BAG, Urt. v. 13.3.2012 – 1 AZR 659/10, NZA 2012, 990.

226) BAG, Urt. v. 11.5.2005 – 4 AZR 315/04, ZIP 2005, 1889; BAG, Urt. v. 20.4.1994 – 4 AZR 342/93, ZIP 1994, 1797.

227) EuGH, Urt. v. 6.9.2011 – Rs. C-108/10 (Scattolon), ZIP 2012, 1366; EuGH, Urt. v. 11.9.2014 – Rs. C-328/13 (Österreichischer Gewerkschaftsbund), ZIP 2014, 1893; EuGH, Urt. v. 6.4.2017 – Rs. C-336/15 (Unionen), ZIP 2017, 1038.

228) BAG, Urt. v. 12.6.2019 – 1 AZR 154/17, NZA 2019, 1203; BAG, Urt. v. 23.1.2019 – 4 AZR 445/17, NZA 2019, 367.

229) Vgl. zu beiden *Mückl*, ZInsO 2019, 652 ff. m. w. N.

230) EuGH, Urt. v. 11.9.2014 – Rs. C-328/13 (Österreichischer Gewerkschaftsbund), ZIP 2014, 1893.

Keine Strategie zur Vermeidung dieser Rechtsfolgen ist – wie das BAG in seinem Urteil vom 12.2.2014[231] klargestellt hat – ein **einzelvertraglicher Verzicht** auf einen bereits entstandenen tarifvertraglichen Anspruch. Ein solcher Verzicht ist auch dann wegen eines Verstoßes gegen § 4 Abs. 4 Satz 1 TVG nichtig, wenn dieser erst nach einem Betriebsübergang gegenüber dem Betriebsveräußerer oder dem Betriebserwerber erklärt wird. Der Betriebsübergang ist für die Unverzichtbarkeit tariflich begründeter Ansprüche ohne Bedeutung. Daher muss im Vorfeld übertragender Sanierungen geprüft werden, ob i. R. „betrieblicher Bündnisse für Arbeit",[232] welche die Verkaufschance erhöhen sollen, mit Blick auf tarifvertragliche Ansprüche eine hinreichende Beteiligung der zuständigen Gewerkschaft mit der Folge erfolgt ist, dass entsprechende tarifvertragliche Ansprüche wirksam beseitigt sind. 116

d) Haftung

Für die Verbindlichkeiten aus dem Arbeitsverhältnis haftet der übernehmende Rechtsträger nach § 35a Abs. 2 i. V. m. § 613a Abs. 1 Satz 1 BGB.[233] Dies gilt auch für solche Verbindlichkeiten, die vor der Übertragung des Arbeitsverhältnisses entstanden sind.[234] Bei der **Verschmelzung** (§ 20 Abs. 1 Nr. 2 Satz 1) sowie bei der **Aufspaltung** (§ 131 Abs. 1 Nr. 2 Satz 1) erlischt der übertragende Rechtsträger, so dass seine Haftung ausgeschlossen ist (§ 613a Abs. 3 BGB). Die **Nachhaftung persönlich haftender Gesellschafter** einer an der Verschmelzung beteiligten Personenhandelsgesellschaft richtet sich nach § 39f.[235] Bezüglich der **Haftung des übertragenden Rechtsträgers** ist die Rechtslage umstritten, weil § 35a Abs. 2 keine Aussage zu seinem Verhältnis zu § 613a Abs. 2 BGB trifft. Da der **übertragende Rechtsträger** nach § 613a Abs. 2 BGB im Grundsatz nur für die im Zeitpunkt des Übergangs bereits entstandenen Verbindlichkeiten haftet, wäre sein Eingreifen für den Arbeitnehmer nachteilig. Denn nach § 133 Abs. 1 haften alle an der Spaltung beteiligten Rechtsträger als Gesamtschuldner, wenngleich die Haftung der Rechtsträger, denen die Verbindlichkeiten im Spaltungs- und Übernahmevertrag nicht zugewiesen sind, nach Maßgabe des § 133 Abs. 3 auf Verbindlichkeiten beschränkt ist, die vor dem Ablauf von fünf Jahren nach der Spaltung fällig werden.[236] Die zutreffende h. M.[237] sieht keinen Grund, die Arbeitnehmer schlechter als andere Gläubiger zu stellen, weswegen das umwandlungsrechtliche Haftungsregime der §§ 22, 133, 134 anwendbar ist. Dafür pricht auch die in § 133 Abs. 3 Satz 2 zum Ausdruck gekommene gesetzgeberische Intention.[238] Gehen aus einer Spaltung – gleich welcher Art[239] – eine Anlage- und eine Betriebsgesellschaft hervor, haftet die Anlagegesellschaft nach § 134 für Ansprüche nach den §§ 111 bis 113 BetrVG, d. h. für Ansprüche aus Sozialplänen sowie auf Nachteilsausgleich, die innerhalb von fünf Jahren nach dem Wirksamwerden der Spaltung begründet werden, sowie für Versorgungsverpflichtungen nach dem BetrAVG. 117

231) BAG, Urt. v. 12.2.2014 – 4 AZR 317/12, ZIP 2014, 988.

232) Vgl. dazu *Mückl* in: Mückl/Fuhlrott/Niklas/Otto/Schwab, Umstrukturierung, Kap. 6 Rz. 162 ff.

233) Lutter-*Sagan*, UmwG, § 35a Rz. 54.

234) *Oetker* in: ErfK-ArbR, § 35a UmwG Rz. 11.

235) Lutter-*Sagan*, UmwG, § 35a Rz. 55.

236) Näher zur Ausgestaltung dieses Haftungsgregimes BAG, Urt. v. 22.9.2020 – 3 AZR 304/18, Rz. 57 ff., BAGE 172, 276–291.

237) *Oetker* in: ErfK-ArbR, § 35a UmwG Rz. 11; Lutter-*Sagan*, UmwG, § 35a Rz. 56; Semler/Stengel/Leonard-*Simon*/*Fischer*, § 35a UmwG Rz. 61; in diese Richtung auch BAG, Urt. v. 22.2.2005 – 3 AZR 499/03 (A), NZA 2005, 639, 642.

238) Vgl. Beschlussempfehlung d. Ausschusses RA z. RegE 2. UmwGÄndG, BT-Drucks. 16/4193, S. 5.

239) BAG, Urt. v. 15.3.2011 – 1 ABR 97/09, Rz. 26, NZA 2011, 1112.

118 Den Arbeitnehmern steht nach Maßgabe des § 22 ein **Anspruch auf Sicherheitsleistung** gegen den übernehmenden Rechtsträger bzw. die übertragenden Rechtsträger, soweit kein Übergang erfolgt ist,[240] soweit sie die Gefährung ihrer Ansprüche glaubhaft machen können. Neben den nicht abschließenden umwandlungsrechtlichen Haftungsvorschriften können Schadenersatzansprüchen (z. B. wegen einer Pflichtverletzung nach § 280 Abs. 1, § 241 Abs. 2 BGB) bestehen.[241] Für die Nachhaftung persönlich haftender Gesellschafter einer an der Spaltung beteiligten Personengesellschaft gelten die §§ 125, 45.[242]

e) **Unterrichtung über den Betriebs(teil)übergang**

119 Der Arbeitnehmer ist über den Betriebsübergang zu unterrichten (§ 613a Abs. 5 BGB). Die Unterrichtungspflicht nach § 613a Abs. 5 BGB nach § 613a Abs. 5 BGB steht nach der Konzeption von § 613a BGB in einem **wechselseitigen Bezug zum Widerspruchsrecht** nach § 613a Abs. 6 BGB.[243] Danach haben der bisherige Arbeitgeber oder der neue Inhaber die von einem Übergang betroffenen Arbeitnehmer vor dem Übergang in Textform über die in § 613a Abs. 5 Nr. 1 bis Nr. 4 BGB aufgeführten Umstände zu unterrichten. Die Unterrichtung ist teleologisch auf das Widerspruchsrecht ausgerichtet. Sie soll den Arbeitnehmer in die Lage versetzen, eine sachgerechte Entscheidung darüber zu treffen, ob er dem Übergang seines Arbeitsverhältnisses auf den neuen Betriebs(teil)inhaber widersprechen will.[244] Deshalb haben Veräußerer und/oder Erwerber den Arbeitnehmer so zu informieren, dass dieser sich über den Gegenstand des Betriebs(teil)übergangs und die Person des Übernehmers sowie über die in § 613a Abs. 5 BGB genannten Umstände „ein Bild machen" kann.[245] Dem Arbeitnehmer soll auch die Möglichkeit eröffnet werden, sich weitergehend zu erkundigen und ggf. beraten zu lassen, um dann auf dieser Grundlage über einen Widerspruch gegen den Übergang seines Arbeitsverhältnisses zu entscheiden.[246]

120 Die Unterrichtung erfolgt **durch den bisherigen Arbeitgeber oder den neuen** Betriebsinhaber.[247] Die Unterrichtung bedarf der **Textform** (§ 126b BGB). Sie muss ausweislich § 613a Abs. 5 Nr. 1 bis 4 BGB die folgenden Gesichtspunkte enthalten: den erfolgten oder geplanten Zeitpunkt des Betriebsübergangs, den rechtlichen Grund für den Betriebsübergang, die korrekte Darstellung der Folgen des Betriebsübergangs für die Arbeitnehmer in rechtlicher, sozialer und wirtschaftlicher Hinsicht, die in Aussicht genommenen Maßnahmen hinsichtlich der Arbeitnehmer.

121 Der **Inhalt** der Unterrichtung richtet sich nach dem Kenntnisstand des Veräußerers und des Erwerbers zum Zeitpunkt der Unterrichtung.[248] Ob eine erfolgte Unterrichtung den Anforderungen des § 613a Abs. 5 BGB entsprochen hat, unterliegt im Ausgangspunkt der gerichtlichen Überprüfung.[249] Genügt die Unterrichtung zunächst formal den gesetzlichen Anforderungen und ist sie nicht offensichtlich fehlerhaft, so ist es Sache des Arbeitnehmers, der sich auf die Unzulänglichkeit der Unterrichtung beruft, einen behaupteten

240) *Hohenstatt/Schramm* in: KölnerKomm-UmwG, § 35a Rz. 130; Lutter-*Sagan*, UmwG, § 35a Rz. 57.

241) BAG, Urt. v. 11.3.2008 – 3 AZR 358/06, Rz. 39, NZA 2009, 790; Lutter-*Sagan*, UmwG, § 35a Rz. 57.

242) Lutter-*Sagan*, UmwG, § 35a Rz. 57 m. w. N.

243) Vgl. Begr. RegE Gesetz zur Änderung des Seemansgesetzes und anderer Gesetze, BT-Drucks. 14/7760, S. 12; BAG, Urt. v. 21.3.2024 – 2 AZR 79/23, juris Rz. 46 = NZA 2024, 289.

244) BAG, Urt. v. 21.3.2024 – 2 AZR 79/23, juris Rz. 46 = NZA 2024, 289.

245) BAG, Urt. v. 21.3.2024 – 2 AZR 79/23, juris Rz. 46 = NZA 2024, 289.

246) BAG, Urt. v. 21.3.2024 – 2 AZR 79/23, juris Rz. 46 = NZA 2024, 289.

247) Zum Problem mangelnder Kooperationsbereitschaft der beteiligten Rechtsträger i. R. der Unterrichtung nach § 613a Abs. 5 BGB ausf. *Mückl*, RdA 2008, 343 ff.

248) BAG, Urt. v. 21.3.2024 – 2 AZR 79/23, Rz. 47, NZA 2024, 289.

249) BAG, Urt. v. 21.3.2024 – 2 AZR 79/23, Rz. 47, NZA 2024, 289; BAG, Urt. v. 10.112011 – 8 AZR 430/10, Rz. 24, NZA 2012, 584.

Mangel näher darzulegen. Hierzu ist i. R. einer abgestuften Darlegungslast nach § 138 Abs. 3 ZPO verpflichtet.[250)]

Eine offensichtlich **fehlerhafte** und damit unzureichende Unterrichtung liegt nur dann vor, wenn sie über die Person des Betriebserwerbers und/oder in Bezug auf einen in § 613a Abs. 5 BGB genannten Umstand fehlt bzw. unverständlich oder auf den ersten Blick mangelhaft ist.[251)] 122

Das BAG stellte ursprünglich an die **ordnungsgemäße Unterrichtung** der Arbeitnehmer bei einem Betriebsübergang **sehr strenge Anforderungen.** Soweit ersichtlich hat der 8. Senat, solange er für das Betriebsübergangsrecht zuständig war, lediglich in einem Fall eine ordnungsgemäße Unterrichtung angenommen.[252)] Der mittlerweile zuständige 2. Senat hat die Anforderungen praxisnäher entschärft. An den Inhalt der Unterrichtung über die rechtlichen Folgen des Betriebsübergangs dürfen keine im praktischen Leben kaum erfüllbaren Anforderungen dahingehend gestellt werden, wonach das Unterrichtungsschreiben „keinen juristischen Fehler" enthalten darf.[253)] Zudem darf – so der 2. Senat – nicht verkannt werden, dass der Lauf der Widerspruchsfrist nach § 613a Abs. 6 Satz 1 BGB zwar grundsätzlich an eine ordnungsgemäße Unterrichtung i. S. von § 613a Abs. 5 BGB anschließt, die Unterrichtung aber teleologisch auf das Widerspruchsrecht ausgerichtet ist (siehe oben Rz. 119). Deshalb führen Fehler, die für den Willensbildungsprozess der Arbeitnehmer, ob sie einem Übergang ihres Arbeitsverhältnisses widersprechen, regelmäßig ohne Belang sind, nach der Rechtsprechung des 2. Senats nicht dazu, dass die Widerspruchsfrist nicht zu laufen beginnt.[254)] Eine Unterrichtung über komplexe Rechtsfragen ist dann nicht fehlerhaft, wenn der Arbeitgeber nach angemessener Prüfung der Rechtslage eine rechtlich vertretbare Position einnimmt.[255)] 123

Die zutreffende Rechtsprechung des BAG zum **Nichtbestehen eines Widerspruchsrechts** nach § 35a Abs. 2 i. V. m. § 613a Abs. 6 BGB in all den Fällen, in denen der übertragende **Rechtsträger** mit dem Wirksamwerden des Übertragungsvorgangs **erlischt** (siehe Rz. 126), ändert nichts daran, dass die von dem Übergang ihres Arbeitsverhältnisses im Wege eines Betriebsübergangs betroffenen Arbeitnehmer nach § 35a Abs. 2 i. V. m. § 613a Abs. 5 BGB vollumfänglich und zutreffend zu informieren sind.[256)] Die Unterrichtung dient in den vorgenannten Fällen zwar nicht dazu, ihnen eine hinreichende Informationsgrundlage für die Entscheidung über die Ausübung eines Widerspruchsrechts zu ermöglichen. Denn ein solches Widerspruchsrecht besteht gerade nicht. An seine Stelle tritt aber – als **funktionales Äquivalent** – ein **Recht zur außerordentlichen, fristlosen Kündigung** (siehe Rz. 126). Um dieses Recht sinnvoll ausüben zu können, bedarf der Arbeitnehmer letztlich derselben informationellen Grundlage wie in den Fällen, in denen er über die Ausübung seines Widerspruchsrechts entscheiden muss. Eine teleologische Reduktion des § 35a Abs. 2 i. V. m. § 613a Abs. 5 BGB scheidet daher aus. Schadensersatzansprüche müssen Arbeitgeber allerdings in den vorgenannten Fallkonstellationen im Vergleich zu Betriebs- 124

250) BAG, Urt. v. 21.3.2024 – 2 AZR 79/23, Rz. 47, NZA 2024, 289.

251) BAG, Urt. v. 21.3.2024 – 2 AZR 79/23, Rz. 47, NZA 2024, 289; BAG, Urt. v. 10.112011 – 8 AZR 430/10, Rz. 25, NZA 2012, 584.

252) Vgl. BAG, Urt. v. 10.11.2011 – 8 AZR 430/10, NZA 2012, 584.

253) BAG, Urt. v. 21.3.2024 – 2 AZR 79/23, Rz. 53, NZA 2024, 289; so aber noch BAG, Urt. v. 10.112011 – 8 AZR 430/10, Rz. 29, NZA 2012, 584.

254) BAG, Urt. v. 21.3.2024 – 2 AZR 79/23, Rz. 53, NZA 2024, 289; vgl. BAG, Urt. v. 22.7.2021 – 2 AZR 6/21, Rz. 22, NJW 2021, 3345.

255) BAG, Urt. v. 21.3.2024 – 2 AZR 79/23, Rz. 57, NZA 2024, 289; BAG, Urt. v. 26.3.2015 – 2 AZR 783/13, Rz. 25, NZA 2015, 866; BAG, Urt. v. 10.112011 – 8 AZR 430/10, Rz. 41, NZA 2012, 584.

256) Vgl. zum Folgenden bereits *Otto/Mückl*, BB 2011, 1978 ff. Wie hier die h. M vgl. Schmitt/Hörtnagl-*Langner*, UmwG/UmwStG, Vor § 35a UmwG Rz. 24; a. A. z. B. *Simon/Weninger*, BB 2010, 117.

übergängen, bei denen der übertragende Rechtsträger fortbesteht, lediglich in geringerem Umfang fürchten. Denn Inhalt eines Schadensersatzanspruchs, dessen Grund, Kausalität und Höhe der Arbeitnehmer voll beweisen müsste (was ihm kaum jemals gelingen dürfte), kann allenfalls die Vergütungsdifferenz zwischen dem Lohn des übernehmenden Rechtsträgers und dem Lohn des Arbeitgebers sein, mit dem der ehemalige Mitarbeiter des übertragenden Rechtsträgers bei ordnungsgemäßer Unterrichtung nach rechtzeitigem Ausspruch einer außerordentlichen fristlosen Kündigung ein neues Arbeitsverhältnis begründet haben würde. Selbst diesen Schadensersatzanspruch wird man i. Ü. analog der zu § 628 BGB entwickelten Beschränkungen begrenzen müssen.

f) Widerspruch gegen den Betriebs(teil)übergang

aa) Allgemeines

125 Der Arbeitnehmer kann dem sich aus § 613a Abs. 1 Satz 1 BGB ergebenden Übergang seines Arbeitsverhältnisses widersprechen (§ 613a Abs. 6 Satz 1 BGB).[257] Der Widerspruch ist **innerhalb eines Monats nach Unterrichtung** des Arbeitnehmers über den Betriebsübergang zu erklären (§ 613a Abs. 6 Satz 1 BGB). Er bedarf der Schriftform. Der Widerspruch kann sowohl gegenüber dem bisherigen Arbeitgeber als auch dem neuen Betriebsinhaber erklärt werden (§ 613a Abs. 6 Satz 2 BGB). Dies bedeutet, dass bei Betriebsübergängen der **aktuelle** alte/neue Betriebsinhaber **Adressaten** des Widerspruchsrechts sind.[258] Ist ein Widerspruch unwirksam, geht das Arbeitsverhältnis über. Der Arbeitnehmer kann aus dieser Stellung heraus nicht mehr dem Übergang aufgrund eines früheren Betriebsübergangs widersprechen.

126 In seinem Urteil vom 21.2.2008[259] hat das **BAG für den Fall eines Erlöschens des übertragenden Rechtsträgers** durch Aufspaltung (§ 123 Abs. 1), Verschmelzung (§§ 2, 20) und Anwachsung nach § 738 Abs. 1 Satz 1 BGB trotz eines damit verbundenen Betriebsübergangs i. S. des § 613a BGB das Bestehen eines Widerspruchsrechts nach (§ 35a Abs. 2 i. V. m.) § 613a Abs. 6 BGB abgelehnt. Stattdessen besteht ein außerordentliches Kündigungsrecht.

127 Ein Betriebsübergang kann auch in der Form erfolgen, dass die Arbeitsverhältnisse der betreffenden Arbeitnehmer zunächst auf einen ersten Erwerber und dann auf einen zweiten oder weitere Erwerber übergehen (sog. **Kettenbetriebsübergang**). In einer solchen Situation kann der Arbeitnehmer ein etwa noch bestehendes Recht, dem durch den vorangegangenen Betriebsübergang eingetretenen Übergang seines Arbeitsverhältnisses zu widersprechen, allerdings nur dann noch wirksam ausüben, wenn er erfolgreich dem mit dem weiteren Betriebsübergang verbundenen Übergang seines Arbeitsverhältnisses auf den neuen Inhaber i. S. von § 613a Abs. 6 Satz 2 BGB widersprochen hat.[260]

bb) Rechtsfolgen der Ausübung des Widerspruchsrechts

128 Die Ausübung des Widerspruchsrechts vor dem Betriebsübergang schließt den Übergang des Arbeitsverhältnisses aus. Es **verbleibt beim übertragenden Rechtsträger.** Wird der Betrieb(steil) ungeachtet des Widerspruchs übertragen, scheidet der widersprechende Arbeitnehmer aus dem übertragenen Betrieb(steil) aus; sein Arbeitsverhältnis verbleibt beim übertragenden Rechtsträger. Es ist dort allerdings nicht automatisch einem beim übertra-

---

257) S. bereits EuGH, Urt. v. 16.12.1992 – Rs. C-132/91, 138/91, 139/91, Slg. 1992, 6577 und 6612; BAG, Urt. v. 7.4.1993 – 2 AZR 449/91, ZIP 1993, 1176.

258) Vgl. BAG, Urt. v. 21.8.2014 – 8 AZR 619/13, NZA 2014, 1405.

259) BAG, Urt. v. 21.2.2008 – 8 AZR 157/07, ZIP 2008, 1296.

260) BAG, Urt. v. 15.12.2022 – 2 AZR 99/22, Rz. 22, NJW 2023, 1533.

genden Rechtsträger verbliebenen (Rest)Betrieb zugeordnet. Eine automatische Eingliederung in einem beim übertragenden Rechtsträger verbliebenen (Rest)Betrieb findet nicht statt, sondern setzt eine entsprechende Zuordnungsentscheidung des übertragenden Rechtsträgers voraus.[261]

Wird das **Widerspruchsrecht nach Betriebsübergang** ausgeübt, wirkt es auf den Zeitpunkt des Betriebsübergangs zurück.[262] Eine etwaige **tarifliche Ausschlussfrist** zur gerichtlichen Geltendmachung von Ansprüchen gegen den bisherigen Arbeitgeber, die von dem Widerspruch abhängen, läuft erst **ab Zugang** des Widerspruchs.[263] Ein einmal erklärter Widerspruch kann nicht zurückgenommen werden. Eine **Anfechtung** wegen arglistiger Täuschung ist möglich, wenn bei der Unterrichtung über einen Betriebsübergang durch Verschweigen bestimmter Umstände ein falscher und für die Abgabe des Widerspruchs bedeutsamer Eindruck erweckt wird.[264] Es ist von den Einzelfallumständen abhängig, wann davon auszugehen ist, dass das Widerspruchsrecht, obwohl die Frist mangels ordnungsgemäßer Unterrichtung noch nicht läuft bzw. abgelaufen ist, verwirkt ist.[265] 129

Das **Arbeitsverhältnis eines widersprechenden Arbeitnehmers** bleibt mit dem Betriebsveräußerer bestehen. Es kann **betriebsbedingt gekündigt** werden, soweit und wenn der Betriebsveräußerer keinen Betrieb mehr fortführt.[266] Der Arbeitnehmer scheidet aus dem übertragenen Betrieb aus.[267] Dem Betriebsveräußerer ist es nach § 613a Abs. 4 Satz 1 BGB nur verwehrt, das Arbeitsverhältnis wegen des Betriebsübergangs zu kündigen. Eine **Kündigung aus anderen Gründen** (betrieblichen etc.) bleibt unberührt (§ 613a Abs. 4 Satz 2 BGB). Die Kündigung ist insbesondere möglich wegen einer durchgeführten oder geplanten **Betriebsstilllegung.**[268] Beruht ein solcher Personalabbau auf einer einheitlichen unternehmerischen Planung, ist für die Bestimmung der regelmäßigen Beschäftigtenanzahl i. S. von § 23 Abs. 1 KSchG als zeitlicher Anknüpfungspunkt auf die unternehmerische Entscheidung abzustellen, aus der sich ergibt, wie viele Arbeitnehmer voraussichtlich insgesamt entlassen werden. Dies erfasst die Situation, dass nach einem Betriebsübergang i. S. von § 613a BGB ein Restbetrieb, der die dem Betriebsübergang widersprechenden Beschäftigten zusammenfasst, mit dem Ziel geführt wird, deren Beschäftigung in dem Betrieb zu beenden.[269] Die Kündigung eines dem Übergang seines Arbeitsverhältnisses widersprechenden Arbeitnehmers erfolgt *nicht wegen* des Betriebsübergangs. Sie ist vielmehr betrieblich bedingt, weil der Betriebsveräußerer keinen Betrieb und keine Beschäftigungsmöglichkeiten mehr hat. Die Kündigungssperre des § 613a Abs. 4 Satz 1 BGB gilt i. Ü. nicht bei Kündigungen in nicht übergehenden verbleibenden Resteinheiten.[270] Ein Arbeitnehmer, der dem Übergang seines Arbeitsverhältnisses auf den Erwerber des Betriebs, dem er wirksam zugeordnet war, widersprochen hat, hat grundsätzlich keinen An- 130

261) BAG, Urt. v. 21.2.2013 – 8 AZR 877/11, NZA 2013, 617; BAG, Urt. v. 17.1.2006 – 9 AZR 226/05, NZA 2006, 1064 (LS); *Hidalgo/Kolber*, NZA 2014, 290, 291.

262) Vgl. BAG, Urt. v. 13.7.2006 – 8 AZR 303/05 und 305/05, NZA 2006, 1273 und 1268.

263) Vgl. BAG, Urt. v. 16.4.2013 – 9 AZR 731/11, ZIP 2013, 1783.

264) Vgl. BAG, Urt. v. 15.12.2011 – 8 AZR 220/11, AP Nr. 16 zu § 613a BGB Unterrichtung.

265) S. dazu z. B. Linck/Preis-*Steffan*, Kündigungsrecht, § 613a BGB Rz. 244 ff.

266) Vgl. statt vieler Linck/Preis-*Steffan*, Kündigungsrecht, § 613a BGB Rz. 250 m. w. N.

267) Vgl. BAG, Urt. v. 8.5.2014 – 2 AZR 1005/12, Rz. 15, NZA 2015, 889.

268) Vgl. BAG, Urt. v. 27.9.1984 – 2 AZR 309/83, ZIP 1985, 698; BAG, Urt. v. 28.4.1988 – 2 AZR 623/87, ZIP 1989, 326; BAG, Urt. v. 19.5.1988 – 2 AZR 596/87, ZIP 1989, 1012; BAG, Urt. v. 19.6.1991 – 2 AZR 127/91, ZIP 1991, 1374; BAG, Urt. v. 10.10.1996 – 2 AZR 477/95, AP Nr. 81 zu § 1 KSchG 1969 Betriebsbedingte Kündigung; BAG, Urt. v. 21.6.2001 – 2 AZR 137/00, NZA 2002, 212; BAG, Urt. v. 16.5.2002 – 8 AZR 319/01, NZA 2003, 93; BAG, Urt. v. 13.5.2004 – 8 AZR 331/03, AP Nr. 273 zu § 613a BGB.

269) LAG Berlin-Brandenburg, Urt. v. 25.7.2025 – 12 SLa 640/25, juris.

270) Vgl. BAG, Urt. v. 17.6.2003 – 2 AZR 134/02, AP Nr. 260 zu § 613a BGB.

spruch gegen seinen bisherigen Arbeitgeber auf **Zuordnung zu einem anderen Betrieb**, der ebenfalls im Wege eines Betriebsübergangs auf einen anderen Erwerber übergehen soll. Dies gilt auch dann, wenn ihm eine betriebsbedingte Kündigung durch seinen bisherigen Arbeitgeber wegen Wegfalls einer Weiterbeschäftigungsmöglichkeit droht.[271)]

131 Der **Widerspruch des Arbeitnehmers gegen den Übergang seines Arbeitsverhältnisses** begründet **keine Modifizierung der Sozialauswahl.**[272)] Dies wird dann relevant, wenn bei dem Betriebsveräußerer noch Arbeitsplätze verblieben sind und nach Sozialauswahlgrundsätzen zu entscheiden ist, welche von mehreren vergleichbaren Arbeitnehmern den Arbeitsplatz behalten und welche die Kündigung erhalten. Der Widerspruch ist i. R. der Sozialauswahl nicht zu berücksichtigen. Eine Kündigungsmöglichkeit gegenüber einem widersprechenden **Betriebsratsmitglied** ist gemäß § 15 Abs. 4 oder 5 KSchG[273)] (analog) in Erwägung zu ziehen.[274)] Dies bedeutet, dass der Arbeitgeber u. U. sogar einen Arbeitsplatz für das Betriebsratsmitglied freikündigen muss.[275)]

132 Der Betriebsveräußerer, der aufgrund des Betriebsübergangs den widersprechenden Arbeitnehmer nicht beschäftigen kann, gerät gemäß § 615 Satz 1 BGB in **Annahmeverzug.** Dem Entgeltanspruch des Arbeitnehmers steht allerdings § 615 Satz 2 BGB entgegen, wenn und weil der Betriebserwerber dem Arbeitnehmer die Weiterbeschäftigung zu unveränderten Bedingungen angeboten hat.[276)] Ein Anspruch auf Annahmeverzugsentgelt besteht auch dann nicht, wenn das Arbeitsverhältnis mit dem Betriebsveräußerer erst wieder rückwirkend begründet wird.[277)]

---

271) Vgl. BAG, Urt. v. 21.2.2013 – 8 AZR 877/11, NZA 2013, 617.

272) Vgl. BAG, Urt. v. 31.5.2007 – 2 AZR 276/06, ZIP 2007, 2433.

273) Kündigungsschutzgesetz (KSchG), v. 25.8.1969 (Neufassung), BGBl. I 1969, 1317.

274) Vgl. BAG, Urt. v. 18.9.1997 – 2 ABR 15/97, NZA 1998, 189.

275) Vgl. BAG, Urt. v. 18.10.2000 – 2 AZR 494/99, NZA 2001, 321 – Übernahme in eine andere Betriebsabteilung notfalls durch Freikündigung; Problem: Abwägung der Interessen des „verdrängten" Arbeitnehmers und des umgesetzten Betriebsratsmitglieds.

276) Vgl. BAG, Urt. v. 19.3.1998 – 8 AZR 139/97, AP Nr. 177 zu § 613a BGB.

277) BAG, Urt. v. 19.8.2015 – 5 AZR 975/13, ZIP 2015, 2492.

Dritter Abschnitt
Verschmelzung durch Neugründung

§ 36
Anzuwendende Vorschriften

(1) [1]Auf die Verschmelzung durch Neugründung sind die Vorschriften des Zweiten Abschnitts mit Ausnahme des § 16 Abs. 1 und des § 27 entsprechend anzuwenden. [2]An die Stelle des übernehmenden Rechtsträgers tritt der neue Rechtsträger, an die Stelle der Eintragung der Verschmelzung in das Register des Sitzes des übernehmenden Rechtsträgers tritt die Eintragung des neuen Rechtsträgers in das Register.

(2) [1]Auf die Gründung des neuen Rechtsträgers sind die für dessen Rechtsform geltenden Gründungsvorschriften anzuwenden, soweit sich aus diesem Buch nichts anderes ergibt. [2]Den Gründern stehen die übertragenden Rechtsträger gleich. [3]Vorschriften, die für die Gründung eine Mindestzahl der Gründer vorschreiben, sind nicht anzuwenden.

Literatur: *Ihrig*, Gläubigerschutz durch Kapitalaufbringung bei Verschmelzung und Spaltung nach dem neuen Umwandlungsrecht, GmbHR 1995, 622; *Wicke*, Sanierungsfusion und Existenzvernichtungshaftung, DNotZ 2019, 405.

Übersicht

I. Allgemeines

1. Anwendbarkeit

1 § 36 eröffnet als erste Vorschrift des Dritten Abschnitts die Regelungen zur **Verschmelzung durch Neugründung** und bildet die **zentrale Grundlage** für deren Durchführung.[1] Das UmwG unterscheidet grundsätzlich zwischen zwei Arten der Verschmelzung: der Verschmelzung **durch Aufnahme** (§ 2 Nr. 1) und der Verschmelzung **durch Neugründung** (§ 2 Nr. 2).

2 Die Verschmelzung durch **Neugründung** ist für sämtliche in **§ 3 Abs. 1 aufgeführten Rechtsträger zulässig,** mit Ausnahme des genossenschaftlichen Prüfungsverbands (§ 105).[2] Durch das MoPeG wurde auch die **eGbR** als verschmelzungsfähiger Rechtsträger in § 3 Abs. 1 Nr. 1 aufgenommen. Voraussetzung hierfür ist, dass die GbR gemäß § 707 BGB im Gesellschaftsregister eingetragen ist.[3]

3 Im Rahmen der Verschmelzung durch Neugründung wird das Vermögen von mindestens zwei übertragenden Rechtsträgern im Wege der **Gesamtrechtsnachfolge** (Universalsukzession) auf einen im Zuge des Verschmelzungsvorgangs **neu zu gründenden Rechtsträger übertragen.** Als Gegenleistung erhalten die Anteilsinhaber der übertragenden Rechtsträger Anteile am neuen Rechtsträger.[4]

---

1) Schmitt/Hörtnagl-*Winter*, UmwG/UmwStG, § 36 UmwG Rz. 1; *Weiß* in: BeckOGK-UmwG, § 36 Rz. 2; Semler/Stengel/Leonard-*Bärwaldt*, UmwG, § 36 Rz. 3.

2) Kallmeyer-*Oppenhoff*, UmwG, § 36 Rz. 3; Semler/Stengel/Leonard-*Bärwaldt*, UmwG, § 36 Rz. 6; *Burg/Nordhues* in NK-UmwG, § 36 Rz. 2; *Simon/Nießen* in: KölnKomm-UmwG, § 36 Rz. 4; *Maulbetsch* in: HK-UmwG, § 36 Rz. 7.

3) *Burg/Nordhues* in NK-UmwG, § 36 Rz. 2.

4) *Maulbetsch* in: HK-UmwG, § 36 Rz. 3; Schmitt/Hörtnagl-*Winter*, UmwG/UmwStG, § 36 UmwG Rz. 4; Semler/Stengel/Leonard-*Bärwaldt*, UmwG, § 36 Rz. 6, 12, Widmann/Mayer-*Fronhöfer*, UmwR, § 36 UmwG Rz. 6.

4 Der Dritte Abschnitt des UmwG umfasst insgesamt **drei Vorschriften.** § 36 als Einstiegsvorschrift ist als **Verweisungsnorm** ausgestaltet und regelt insbesondere das Zusammenspiel und die Anwendbarkeit der allgemeinen Bestimmungen und den besonderen Bestimmungen zur Verschmelzung durch Neugründung.[5] § 36 Abs. 1 verweist insoweit auf die allgemeinen Regeln der Verschmelzung durch Aufnahme, verlangt aber nach **§ 37** ergänzend, dass der Verschmelzungsvertrag auch die Satzung bzw. den Gesellschaftsvertrag des neuen Rechtsträgers enthält. Die Anmeldung und Eintragung richten sich nach **§ 38**, der insoweit § 16 ersetzt.[6] § 27 findet keine Anwendung, da der neue Rechtsträger erst mit der Verschmelzung gegründet wird. Die Gründung unterliegt grundsätzlich dem einschlägigen Gründungsrecht, das jedoch umwandlungsrechtlich modifiziert wird.[7]

5 Eine dem § 36 vergleichbare Regelung für die **Spaltung** ist in **§ 135** enthalten.[8]

6 Ergänzend ist auf die **rechtsformspezifischen Sondervorschriften im Besonderen Teil** des UmwG hinzuweisen: Für die GmbH in §§ 56 ff., für die AG und KGaA in §§ 73 ff. sowie für die eG in §§ 96 ff.[9]

2. Entstehungsgeschichte

7 Die Verschmelzung durch Neugründung ist erst **seit Inkrafttreten des UmwG 1994** umfassend und systematisch geregelt.[10] Davor waren die relevanten Bestimmungen verstreut in verschiedenen Gesetzen, was in der Praxis zu Auslegungsproblemen und Lücken führte.[11] Um Klarheit zu schaffen, hat der Gesetzgeber die Vorschriften jetzt zentral im UmwG gebündelt und verweist, mit wenigen Ausnahmen, auf den Zweiten Abschnitt, nach dem Vorbild der **europäischen Verschmelzungsrichtlinie**[12].[13]

3. Stellenwert

8 Die Verschmelzung durch Neugründung hat in der **Praxis** einen **eher geringen Stellenwert** im Vergleich zur Verschmelzung durch Aufnahme.[14] Dies liegt insbesondere an der **zusätzlichen Komplexität**, die mit der notwendigen **Gründung** eines neuen Rechtsträgers einhergeht. Das Verfahren ist dadurch aufwändiger und in der Umsetzung anspruchsvoller.[15]

---

5) *Burg/Nordhues* in NK-UmwG, § 36 Rz. 1.

6) Henssler/Strohn-*Ca. Müller*, GesR, § 36 UmwG Rz. 1.

7) *Weiß* in: BeckOGK-UmwG, § 36 Rz. 2.

8) Widmann/Mayer-*Fronhöfer*, UmwR, § 36 UmwG Rz. 2; *Weiß* in: BeckOGK-UmwG, § 36 Rz. 3.

9) Kallmeyer-*Oppenhoff*, UmwG, § 36 Rz. 1; Semler/Stengel/Leonard-*Bärwaldt*, UmwG, § 36 Rz. 3; *Simon/Nießen* in: KölnKomm-UmwG, § 36 Rz. 2, Schmitt/Hörtnagl-*Winter*, Umw/UmwStG, § 36 UmwG Rz. 1.

10) *Weiß* in: BeckOGK-UmwG, § 36 Rz. 4; Semler/Stengel/Leonard-*Bärwaldt*, UmwG, § 36 Rz. 4; Widmann/Mayer-*Fronhöfer*, UmwR, § 36 UmwG Rz. 3.

11) Semler/Stengel/Leonard-*Bärwaldt*, UmwG, § 36 Rz. 4; *Simon/Nießen* in: KölnKomm-UmwG, § 36 Rz. 11, *Maulbetsch* in: HK-UmwG, § 36 Rz. 5; Widmann/Mayer-*Fronhöfer*, UmwR, § 36 UmwG Rz. 3.

12) Dritte Richtlinie 78/855/EWG des Rates v. 9.10.1978 gem. Art. 54 Abs. 3 Buchst. g des Vertrages betreffend die Verschmelzung von Aktiengesellschaften (Verschmelzungsrichtlinie), ABl. (EG) L 295/36 v. 20.10.1978.

13) *Simon/Nießen* in: KölnKomm-UmwG, § 36 Rz. 11; Semler/Stengel/Leonard-*Bärwaldt*, UmwG, § 36 Rz. 4.

14) Kallmeyer-*Oppenhoff*, UmwG, § 36 Rz. 2; Henssler/Strohn-*Ca. Müller*, GesR, § 36 UmwG Rz. 1; *Simon/Nießen* in: KölnKomm-UmwG, § 36 Rz. 5; *Weiß* in: BeckOGK-UmwG, § 36 Rz. 5; Semler/Stengel/Leonard-*Bärwaldt*, UmwG, § 36 Rz. 1; *Maulbetsch* in: HK-UmwG, § 36 Rz. 4, Widmann/Mayer-*Fronhöfer*, UmwR, § 36 UmwG Rz. 2.1.

15) Widmann/Mayer-*Fronhöfer*, UmwR, § 36 UmwG Rz. 2.1; *Simon/Nießen* in: KölnKomm-UmwG, § 36 Rz. 5.

Auch aus **steuerlicher Sicht** sind einige **potenzielle Nachteile** zu beachten. So kann bei der Verschmelzung durch Neugründung insbesondere eine **höhere Grunderwerbsteuer** anfallen, wenn grundbesitzende Gesellschaften als übertragende Rechtsträger dienen.[16] Daneben besteht das Risiko des **Wegfalls von steuerlichen Verlustvorträgen,** was für die beteiligten Unternehmen wirtschaftlich nachteilig sein kann.[17] 9

Früher galt als Vorteil der Verschmelzung durch Neugründung, dass die Anfechtung von Verschmelzungsbeschlüssen in der Regel erschwert war. Das lag daran, dass nach altem Recht nur die übertragenden Rechtsträger der Einschränkung des § 14 Abs. 2 unterlagen und beim neuen Rechtsträger gar kein Beschluss existierte, der angefochten werden konnte.[18] Durch die Neufassung des § 14 Abs. 2 i. R. des UmRUG[19] ist dieser **Vorteil entfallen:** Der Anfechtungsausschluss bei Bewertungsrügen gilt nun sowohl für Anteilsinhaber des übertragenden als auch des übernehmenden Rechtsträgers.[20] 10

Ein **wesentlicher Vorteil** der Verschmelzung durch Neugründung bleibt jedoch, dass die oftmals schwierige Entscheidung entfällt, welcher Rechtsträger als übertragender erlischt und welcher als übernehmender fortbesteht. Alle beteiligten Rechtsträger werden im Rahmen der Verschmelzung durch Neugründung abgewickelt, und der neue Rechtsträger entsteht erstmals mit dem Zusammenschluss. Dies ermöglicht insbesondere bei gleichwertigen Zusammenschlüssen, etwa bei einer von beiden Seiten als **Merger of Equals** verstandene Transaktion, einen echten Neustart auf Basis gleicher Beteiligungsverhältnisse.[21] 11

Als **praxisnahe Alternative** kommt auch die Verschmelzung durch Aufnahme unter Einbeziehung einer bereits bestehenden **Vorratsgesellschaft als übernehmendem Rechtsträger** in Betracht. Dadurch kann auf die Gründung eines neuen Rechtsträgers verzichtet werden, während gleichzeitig ähnliche Ergebnisse erzielt werden können.[22] 12

II. Entsprechende Anwendbarkeit Zweiter Abschnitt (§ 36 Abs. 1 Satz 1)

§ 36 Abs. 1 Satz 1 erklärt die Vorschriften des **Zweiten Abschnitts (§§ 4 bis 35) grundsätzlich für entsprechend anwendbar** auf die Verschmelzung durch Neugründung.[23] Dies bewirkt eine weitgehende Gleichbehandlung beider Verschmelzungsarten hinsichtlich Verfahrensablauf und Rechtsfolgen. 13

Nur **§ 16 Abs. 1 und § 27 sind ausdrücklich** von der entsprechenden Anwendung **ausgenommen.**[24] Diese Vorschriften betreffen Sachverhalte, die bei der Verschmelzung durch 14

16) *Maulbetsch* in: HK-UmwG, § 36 Rz. 4; *Simon/Nießen* in: KölnKomm-UmwG, § 36 Rz. 6; *Weiß* in: BeckOGK-UmwG, § 36 Rz. 5; Lutter-*Grunewald*, UmwG, § 36 Rz. 1; Widmann/Mayer-*Fronhöfer*, UmwR, § 36 UmwG Rz. 2.1.

17) *Simon/Nießen* in: KölnKomm-UmwG, § 36 Rz. 6.

18) *Simon/Nießen* in: KölnKomm-UmwG, § 36 Rz. 8; *Maulbetsch* in: HK-UmwG, § 36 Rz. 4.

19) Gesetz zur Umsetzung der Umwandlungsrichtlinie und zur Änderung weiterer Gesetze (UmRUG), v. 22.2.2023, BGBl. I 2023, Nr. 51,

20) *Burg/Nordhues* in NK-UmwG, § 36 Rz. 3, Kallmeyer-*Oppenhoff*, UmwG, § 36 Rz. 2.

21) Widmann/Mayer-*Fronhöfer*, UmwR, § 36 UmwG Rz. 2.1; *Simon/Nießen* in: KölnKomm-UmwG, § 36 Rz. 9; *Weiß* in: BeckOGK-UmwG, § 36 Rz. 5, *Burg/Nordhues* in NK-UmwG, § 36 Rz. 3; Semler/Stengel/Leonard-*Bärwaldt*, UmwG, § 36 Rz. 2; *Maulbetsch* in: HK-UmwG, § 36 Rz. 4.

22) *Maulbetsch* in: HK-UmwG, § 36 Rz. 4; *Simon/Nießen* in: KölnKomm-UmwG, § 36 Rz. 10; Widmann/Mayer-*Fronhöfer*, UmwR, § 36 UmwG Rz. 2.1.

23) Widmann/Mayer-*Fronhöfer*, UmwR, § 36 UmwG Rz. 4; *Weiß* in: BeckOGK-UmwG, § 36 Rz. 7, Henssler/Strohn-*Ca. Müller*, GesR, § 36 UmwG Rz. 2; Schmitt/Hörtnagl-*Winter*, UmwG/UmwStG, § 36 UmwG Rz. 1 und Rz. 3; Semler/Stengel/Leonard-*Bärwaldt*, UmwG, § 36 Rz. 5; *Maulbetsch* in: HK-UmwG, § 36 Rz. 15.

24) Schmitt/Hörtnagl-*Winter*, UmwG/UmwStG, § 36 UmwG Rz. 1; *Burg/Nordhues* in NK-UmwG, § 36 Rz. 4; Henssler/Strohn-*Ca. Müller*, GesR, § 36 UmwG Rz. 2; Semler/Stengel/Leonard-*Bärwaldt*, UmwG, § 36 Rz. 5; Widmann/Mayer-*Fronhöfer*, UmwR, § 36 UmwG Rz. 4.

Neugründung nicht einschlägig sind, da der neue Rechtsträger erst i. R. des Zusammenschlusses entsteht und bei der Anmeldung andere Voraussetzungen gelten.

15 Zu beachten ist, dass auch bei den nicht ausdrücklich ausgenommenen Vorschriften des Zweiten Abschnitts jeweils im Einzelfall zu prüfen ist, ob und in welchem Umfang eine entsprechende **Anwendung** auf die Verschmelzung durch Neugründung **sachgerecht ist**. Nicht jede Regelung kann unverändert auf die Besonderheiten der Neugründung übertragen werden, so dass eine differenzierte Prüfung der jeweiligen Vorschrift erforderlich bleibt.[25)]

1. Entsprechende Anwendbarkeit von § 5 Abs. 1 (Mindestinhalt Verschmelzungsvertrag)

16 § 5 Abs. 1 enthält einen Katalog von **Mindestangaben** für den Verschmelzungsvertrag. Bei der Verschmelzung durch Neugründung ist zu berücksichtigen, dass der **neue Rechtsträger** im Zeitpunkt des Vertragsschlusses formal noch nicht existiert und daher **nicht selbst Vertragspartei** ist.[26)] Der Vertrag muss dennoch Angaben enthalten, die den künftigen neuen Rechtsträger betreffen. Dazu zählen insbesondere **Firma und Sitz aller beteiligten Rechtsträger.**

17 Angaben zum **Anteilstausch** sind grundsätzlich erforderlich, es sei denn und soweit ein übertragender Rechtsträger sämtliche Anteile an einem anderen übertragenden Rechtsträger hält.[27)]

18 Der Vertrag muss auch einen sog. **Verschmelzungsstichtag** bestimmen. Ab diesem Zeitpunkt gilt das Handeln der übertragenden Gesellschaften als im Namen des neuen Rechtsträgers vorgenommen, auch wenn dieser rechtlich noch nicht entstanden ist.[28)] **Vorteile** für Mitglieder von Organen des neuen Rechtsträgers müssen **nicht** angegeben werden, da zu diesem Zeitpunkt noch kein Organ des neuen Rechtsträgers existiert und dementsprechend keine Interessenkonflikte bestehen können.[29)]

2. Entsprechende Anwendbarkeit von § 8 Abs. 3 Satz 1Nr. 1 lit. a (Verzicht auf den Verschmelzungsbericht)

19 Der Verzicht auf den Verschmelzungsbericht nach § 8 Abs. 3 Satz 1 Nr. 1 lit. a gilt nur für die **Aufnahme** einer 100%igen Tochtergesellschaft. Bei einer Verschmelzung durch **Neugründung** greift diese Ausnahme grundsätzlich **nicht**, auch dann, wenn eine Mutter- und Tochtergesellschaft gemeinsam auf eine neue Gesellschaft verschmolzen werden. Hintergrund ist, dass in diesem Fall auch die Muttergesellschaft als übertragender Rechtsträger untergeht und somit ein gesteigertes Informationsinteresse der Anteilseigner besteht.[30)]

3. Ausschluss von § 16 Abs. 1 (Anmeldungsbefugnis bzgl. der Verschmelzung)

20 § 16 **Abs.** 1 wird durch § 36 Abs. 1 Satz 1 von der entsprechenden Anwendung **ausgenommen**, weshalb diese Regelung nicht auf die Verschmelzung durch Neugründung anzuwenden ist. Die **Absätze 2 und 3 des § 16 sind dagegen grundsätzlich** weiter anwendbar.[31)]

25) *Simon/Nießen* in: KölnKomm-UmwG, § 36 Rz. 13.
26) *Simon/Nießen* in: KölnKomm-UmwG, § 36 Rz. 14.
27) *Simon/Nießen* in: KölnKomm-UmwG, § 36 Rz. 14.
28) *Simon/Nießen* in: KölnKomm-UmwG, § 36 Rz. 14.
29) *Simon/Nießen* in: KölnKomm-UmwG, § 36 Rz. 14.
30) *Simon/Nießen* in: KölnKomm-UmwG, § 36 Rz. 15.
31) Schmitt/Hörtnagl-*Winter*, UmwG/UmwStG, § 36 UmwG Rz. 5; Lutter-*Grunewald*, UmwG, § 36 Rz. 7.

Im Fall der Verschmelzung durch Neugründung wird **§ 16 Abs. 1 durch § 38 ersetzt,** welcher die Anmeldung der Verschmelzung und des neuen Rechtsträgers regelt.[32] Dabei ist zwischen der **Anmeldung der Verschmelzung** bei den übertragenden Rechtsträgern und der **Anmeldung des neu gebildeten Rechtsträgers** zu unterscheiden. Während § 16 Abs. 1 ausschließlich die Anmeldung der Verschmelzung betrifft, fordert § 38 speziell bei der Neugründung zusätzlich die Anmeldung des neuen Rechtsträgers. 21

4. Ausschluss von § 27 (Schadenersatzpflicht der Verwaltungsträger des übernehmenden Rechtsträgers)

Die Regelung des § 27, welche die Verjährung der Schadenersatzpflicht gegen Mitglieder des Vertretungs- oder Aufsichtsorgans des übernehmenden Rechtsträgers betrifft, entfällt im Fall der Verschmelzung durch **Neugründung ersatzlos.**[33] Hintergrund ist, dass der neue Rechtsträger erst durch die Verschmelzung entsteht und somit dessen Organmitglieder an dem Verschmelzungsvorgang selbst nicht beteiligt waren. Eine vor der Entstehung liegende Schadensersatzpflicht kann daher nicht entstehen.[34] 22

5. Entsprechende Anwendbarkeit von § 29 Abs. 1 (Abfindungsangebot)

Auch für die Verschmelzung durch Neugründung ist das **Barabfindungsangebot** nach § 29 Abs. 1 einschlägig. Widersprechende oder ausgeschlossene Anteilsinhaber haben Anspruch auf Barabfindung und können aus der neuen Gesellschaft ausscheiden. Praktisch machen die Gründer im Verschmelzungsvertrag **zulasten des künftigen neuen Rechtsträgers ein Barabfindungsangebot.**[35] Diese Verpflichtung entsteht mit Eintragung der Verschmelzung und belastet die neue Gesellschaft **von Beginn an.**[36] Eine Aufnahme des Angebots in Satzung oder Gesellschaftsvertrag ist nicht erforderlich, da es sich hierbei nicht um einen Sondervorteil, sondern um eine zwingende umwandlungsrechtliche Leistung handelt.[37] 23

III. Besonderheit des neuen Rechtsträgers (§ 36 Abs. 1 Satz 2)

§ 36 Abs. 1 Satz 2 stellt klar, dass bei der Verschmelzung durch Neugründung der **neue Rechtsträger als übernehmender Rechtsträger** gilt. Die **Eintragung seiner Gründung** im Register **ersetzt** dabei die sonst übliche **Eintragung der Verschmelzung** beim übernehmenden Rechtsträger.[38]Bei der Verschmelzung durch Neugründung erfolgt im Handelsregister des neuen Rechtsträgers keine Eintragung der Verschmelzung selbst, sondern **ausschließlich** der Neugründung. Ein **ergänzender Registervermerk** stellt jedoch klar, dass die Gesellschaft aufgrund einer Verschmelzung gegründet wurde (§ 36 Abs. 1 Satz 2, modifiziert § 19 entsprechend).[39] 24

32) *Burg/Nordhues* in NK-UmwG, § 36 Rz. 4; Henssler/Strohn-*Ca. Müller*, GesR, § 36 UmwG Rz. 3; Schmitt/Hörtnagl-*Winter*, UmwG/UmwStG, § 36 UmwG Rz. 3.

33) Lutter-*Grunewald*, UmwG, § 36 Rz. 12.

34) *Weiß* in: BeckOGK-UmwG, § 36 Rz. 7, *Burg/Nordhues* in NK-UmwG, § 36 Rz. 4; Henssler/Strohn-*Ca. Müller*, GesR, § 36 UmwG Rz. 3; Lutter-*Grunewald*, UmwG, § 36 Rz. 12.

35) *Simon/Nießen* in: KölnKomm-UmwG, § 36 Rz. 18.

36) *Simon/Nießen* in: KölnKomm-UmwG, § 36 Rz. 18.

37) *Simon/Nießen* in: KölnKomm-UmwG, § 36 Rz. 18.

38) *Burg/Nordhues* in NK-UmwG, § 36 Rz. 5.

39) *Simon/Nießen* in: KölnKomm-UmwG, § 36 Rz. 17.

IV. Gründungsvorschriften (§ 36 Abs. 2 Satz 1)

25 Die Gründung des neuen Rechtsträgers bei einer Verschmelzung durch Neugründung richtet sich grundsätzlich nach den jeweils **rechtsformspezifischen Gründungsvorschriften**. Diese finden Anwendung, soweit sich nicht aus den **besonderen Vorschriften des Umwandlungsrechts** eine abweichende Regelung ergibt.[40)]

26 Für **GmbHs** gelten etwa die Bestimmungen der §§ 56 bis 59, für **AGs** die §§ 73 bis 78.[41)]

27 Eine weitere Besonderheit ist bei Gründungsmängel zu beachten, wonach eine **„Entschmelzung"**, also die Rückabwicklung der Verschmelzung bei Fehlern, **ausgeschlossen** bleibt (§ 20 Abs. 2).[42)]

V. Gleichstellung mit Gründern (§ 36 Abs. 2 Satz 2)

28 Nach § 36 Abs. 2 Satz 2 gelten die **übertragenden Rechtsträger** für Zwecke des Umwandlungsrechts als **Gründer** des neuen Rechtsträgers.[43)] Sie stehen diesen somit gleich.[44)] Für eine unterschiedliche Behandlung der Verschmelzung durch Neugründung und derjenigen durch Aufnahme besteht kein sachlicher Grund.[45)] Das UmwG hat diesbezüglich auch nicht nur eine formale Zuordnung vorgenommen.[46)] Mit Wirksamwerden der Verschmelzung **erlöschen** diese Gesellschaften rechtlich. Die **Anteilsinhaber** der übertragenden Gesellschaften werden jedoch die **neuen Gesellschafter** des neuen Rechtsträgers.[47)] Im Ergebnis liegt daher eine **Personenverschiedenheit** zwischen den formalen Gründern und den späteren Gesellschaftern, bzw. Anteilseignern, des neuen Rechtsträgers vor.[48)]

VI. Keine Mindestzahl an Gründern (§ 36 Abs. 2 Satz 3)

29 Unmittelbar verbunden mit dem Auseinanderfallen von Gründern und späteren Gesellschaftern ist die Regelung des **§ 36 Abs. 2 Satz 2**, dass bei der Verschmelzung durch Neugründung **keine Mindestzahl an Gründern** erforderlich ist. Vorgaben, wie etwa mindestens drei Gründer bei einer Genossenschaft oder sieben bei einem eingetragenen Verein, finden i. R. der Verschmelzung keine Anwendung.[49)] **Maßgeblich** ist allerdings, dass nach Eintragung des neuen Rechtsträgers die gesetzlich vorgeschriebene **Mindestzahl an Mit-**

---

40) BGH, Teilvers.- und Teilendurt. v. 6.11.2018 – II ZR 199/17, NZG 2019, 187 = AG 2019, 302; vgl. auch *Weiß* in: BeckOGK-UmwG, § 36 Rz. 24; *Burg/Nordhues* in NK-UmwG, § 36 Rz. 6, Henssler/Strohn-*Ca. Müller*, GesR, § 36 UmwG Rz. 4; Schmitt/Hörtnagl-*Winter*, UmwG/UmwStG, § 36 UmwG Rz. 3; Kallmeyer-*Oppenhoff*, UmwG, § 36 Rz. 8.

41) *Maulbetsch* in: HK-UmwG, § 36 Rz. 2; Lutter-*Grunewald*, UmwG, § 36 Rz. 13; Widmann/Mayer-*Fronhöfer*, UmwR, § 36 UmwG Rz. 18; vgl. auch BGH, Teilvers.- und Teilendurt. v. 6.11.2018 – II ZR 199/17, NZG 2019, 187 = AG 2019, 302.

42) Lutter-*Grunewald*, UmwG, § 36 Rz. 10; *Simon/Nießen* in: KölnKomm-UmwG, § 36 Rz. 25.

43) *Burg/Nordhues* in NK-UmwG, § 36 Rz. 11; Schmitt/Hörtnagl-*Winter*, UmwG/UmwStG, § 36 UmwG Rz. 35; Kallmeyer-*Oppenhoff*, UmwG, § 36 Rz. 8; Lutter-*Grunewald*, UmwG, § 36 Rz. 14.

44) BGH, Teilvers.- und Teilendurt. v. 6.11.2018 – II ZR 199/17, NZG 2019, 187 = AG 2019, 302.

45) BGH, Urt. v. 12.3.2007 – II ZR 302/05, NZG 2007, 513 = AG 2007, 487; BGH, Teilvers.- und Teilendurt. v. 6.11.2018 – II ZR 199/17, NZG 2019, 187 = AG 2019, 302.

46) BGH, Teilvers.- und Teilendurt. v. 6.11.2018 – II ZR 199/17, NZG 2019, 187 = AG 2019, 302; *Ihrig*, GmbHR 1995, 622, 633 f.; vgl. auch *Wicke*, DNotZ 2019, 405, 408.

47) *Maulbetsch* in: HK-UmwG, § 36 Rz. 24.

48) Schmitt/Hörtnagl-*Winter*, UmwG/UmwStG, § 36 UmwG Rz. 35; *Simon/Nießen* in: KölnKomm-UmwG, § 36 Rz. 26; Lutter-*Grunewald*, UmwG, § 36 Rz. 14; Widmann/Mayer-*Fronhöfer*, UmwR, § 36 UmwG Rz. 14.

49) Schmitt/Hörtnagl-*Winter*, UmwG/UmwStG, § 36 UmwG Rz. 36; *Weiß* in: BeckOGK-UmwG, § 36 Rz. 77; *Simon/Nießen* in: KölnKomm-UmwG, § 36 Rz. 27, Semler/Stengel/Leonard-*Bärwaldt*, UmwG, § 36 Rz. 68; Widmann/Mayer-*Fronhöfer*, UmwR, § 36 UmwG Rz. 15.

gliedern oder **Anteilseignern** durch die vom Gründerkreis personenverschiedenen neuen Anteilseigner **tatsächlich erreicht** wird.[50)]

VII. Ablauf der Verschmelzung durch Neugründung

Den **Verschmelzungsvertrag** schließen die Organe aller übertragenden Rechtsträger ab (§ 36 Abs. 1 i. V. m. § 4).[51)] Der neue Rechtsträger kann daran nicht beteiligt sein, da er erst durch die Verschmelzung entsteht.[52)] Der Verschmelzungsvertrag muss neben den allgemeinen Vorgaben auch die **Satzung bzw. den Gesellschaftsvertrag** des neuen Rechtsträgers enthalten (§ 37).[53)] Der Verschmelzungsvertrag erfordert zusätzlich die **Zustimmung der Anteilseignerversammlungen** der übertragenden Rechtsträger (§ 13 Abs. 1), wodurch auch die Satzung des neuen Rechtsträgers genehmigt wird.[54)] 30

Für **Verschmelzungsbericht** (§ 8) und die **Verschmelzungsprüfung** (§ 9) bestehen grundsätzlich keine Besonderheiten.[55)] Allerdings ist zu beachten, dass auf den Verschmelzungsbericht oder die Verschmelzungsprüfung nur verzichtet werden kann, wenn alle Anteilseigner sämtlicher beteiligter Gesellschaften zustimmen.[56)] 31

Die **Anmeldung** der Verschmelzung und des neuen Rechtsträgers übernehmen die Organe der übertragenden Rechtsträger (§ 38).[57)] Das Registergericht des neuen Rechtsträgers nimmt die Eintragung des neuen Rechtsträgers erst nach der Eintragung der Verschmelzung bei allen übertragenden Gesellschaften vor.[58)] 32

Mit Eintragung des neuen Rechtsträgers findet die **Gesamtrechtsnachfolge nach § 20** statt: Das Vermögen der übertragenden Rechtsträger geht auf den neuen Rechtsträger über, die übertragenden Rechtsträger erlöschen, und deren Anteilseigner werden zu Gesellschaftern des neuen Rechtsträgers.[59)] 33

---

50) Semler/Stengel/Leonard-*Bärwaldt*, UmwG, § 36 Rz. 69; *Simon/Nießen* in: KölnKomm-UmwG, § 36 Rz. 27; Hessler/Strohn-*Ca. Müller*, GesR, § 36 UmwG Rz. 6.

51) *Weiß* in: BeckOGK-UmwG, § 36 Rz. 9, Henssler/Strohn-*Ca. Müller*, GesR, § 36 UmwG Rz. 2; Semler/Stengel/Leonard-*Bärwaldt*, UmwG, § 36 Rz. 11; Kallmeyer-*Oppenhoff*, UmwG, § 36 Rz. 4; Lutter-*Grunewald*, UmwG, § 36 Rz. 2; *Maulbetsch* in: HK-UmwG, § 36 Rz. 9; Widmann/Mayer-*Fronhöfer*, UmwR, § 36 UmwG Rz. 8.

52) Kallmeyer-*Oppenhoff*, UmwG, § 36 Rz. 4; *Weiß* in: BeckOGK-UmwG, § 36 Rz. 9; Semler/Stengel/Leonard-*Bärwaldt*, UmwG, § 36 Rz. 10; Lutter-*Grunewald*, UmwG, § 36 Rz. 4; Widmann/Mayer-*Fronhöfer*, UmwR, § 36 UmwG Rz. 7.

53) Henssler/Strohn-*Ca. Müller*, GesR, § 36 UmwG Rz. 12; *Simon/Nießen* in: KölnKomm-UmwG, § 36 Rz. 19; *Weiß* in: BeckOGK-UmwG, § 36 Rz. 10; Schmitt/Hörtnagl-*Winter*, UmwG/UmwStG, § 36 UmwG Rz. 4; *Maulbetsch* in: HK-UmwG, § 36 Rz. 9.

54) Schmitt/Hörtnagl-*Winter*, UmwG/UmwStG, § 36 UmwG Rz. 4; *Simon/Nießen* in: KölnKomm-UmwG, § 36 Rz. 21; Semler/Stengel/Leonard-*Bärwaldt*, UmwG, § 36 Rz. 16; Lutter-*Grunewald*, UmwG, § 36 Rz. 2; *Maulbetsch* in: HK-UmwG, § 36 Rz. 14.

55) Widmann/Mayer-*Fronhöfer*, UmwR, § 36 UmwG Rz. 13.1; Kallmeyer-*Oppenhoff*, UmwG, § 36 Rz. 6; Lutter-*Grunewald*, UmwG, § 36 Rz. 2; *Maulbetsch* in: HK-UmwG, § 36 Rz. 14.

56) *Simon/Nießen* in: KölnKomm-UmwG, § 36 Rz. 20; *Weiß* in: BeckOGK-UmwG, § 36 Rz. 16.

57) Semler/Stengel/Leonard-*Bärwaldt*, UmwG, § 36 Rz. 17.

58) Semler/Stengel/Leonard-*Bärwaldt*, UmwG, § 36 Rz. 13; *Simon/Nießen* in: KölnKomm-UmwG, § 36 Rz. 22; *Weiß* in: BeckOGK-UmwG, § 36 Rz. 23.

59) Schmitt/Hörtnagl-*Winter*, UmwG/UmwStG, § 36 UmwG Rz. 5; Henssler/Strohn-*Ca. Müller*, GesR, § 36 UmwG Rz. 13; *Simon/Nießen* in: KölnKomm-UmwG, § 36 Rz. 23; Semler/Stengel/Leonard-*Bärwaldt*, UmwG, § 36 Rz. 17; Kallmeyer-*Oppenhoff*, UmwG, § 36 Rz. 7; *Maulbetsch* in: HK-UmwG, § 36 Rz. 14; Widmann/Mayer-*Fronhöfer*, UmwR, § 36 UmwG Rz. 13.

§ 37
Inhalt des Verschmelzungsvertrags*)

In dem Verschmelzungsvertrag muß der Gesellschaftsvertrag, der Partnerschaftsvertrag oder die Satzung des neuen Rechtsträgers enthalten sein oder festgestellt werden.

*) § 37 geändert durch Art. 14 des Gesetzes zur Einführung der Europäischen Genossenschaft und zur Änderung des Genossenschaftsrechts (SCEEG), v. 14.8.2006, BGBl. I 2006, 1911; § 37 i. d. F. des UmwBerG geändert durch Art. 1 des Gesetzes zur Änderung des Umwandlungsgesetzes, des Partnerschaftsgesellschaftsgesetzes und anderer Gesetze (UmwGÄndG), v. 22.7.1998, BGBl. I 1998, 1878.

Übersicht

I. Allgemeines

1 Eine weitere Besonderheit der Verschmelzung durch Neugründung ist, dass die Gründungsvorschriften des neuen Rechtsträgers anzuwenden sind, um dem neuen Rechtsträger zur Entstehung zu verhelfen. Eine **kooperationsrechtliche Grundlage** ist zwingende Voraussetzung dafür, so dass § 37 festlegt, dass das maßgebliche Statut des neuen Rechtsträgers, also Gesellschaftsvertrag, Partnerschaftsvertrag oder Satzung (im Folgenden zusammenfassend als Gesellschaftsvertrag bezeichnet), entweder im Verschmelzungsvertrag selbst enthalten ist oder festgelegt wird.[1] **Ziel** dieser Regelung ist es, die ordnungsgemäße verfassungsmäßige **Grundlage** des neu gegründeten Rechtsträgers, der durch die Verschmelzung entsteht, **sicherzustellen.**[2]

2 Zugleich **erweitert** § 37 den in **§ 5** aufgezählten **Pflichtenkatalog** des Verschmelzungsvertrags um einen weiteren Punkt für die Fälle der **Verschmelzung durch Neugründung**. Es ist erforderlich, dass der Gesellschaftsvertrag des neuen Rechtsträgers Bestandteil des Verschmelzungsvertrags wird.[3]

3 § 37 kodifiziert damit eine bereits vor Inkrafttreten des UmwG bestehende Praxis. Schon zuvor war es üblich, den jeweiligen Gesellschaftsvertrag in den Verschmelzungsvertrag aufzunehmen oder zumindest als Anlage beizufügen.[4]

II. Anwendbarkeit

4 Anwendbar ist § 37 auf sämtliche Falle der Verschmelzung durch Neugründung, **unabhängig von der Rechtsform** des neu entstehenden Rechtsträgers.[5] Die Vorschrift bean-

1) Kallmeyer-*Oppenhoff*, UmwG, § 37 Rz. 1; *Simon/Nießen* in: KölnKomm-UmwG, § 37 Rz. 1; Widmann/Mayer-*Mayer*, UmwR, § 37 UmwG Rz. 1.1.

2) *Weiß* in: BeckOGK-UmwG, § 37 Rz. 3; *Burg/Nordhues* in: NK-UmwG, § 37 Rz. 1; Lutter-*Grunewald*, UmwG, § 37 Rz. 1; *Maulbetsch* in: HK-UmwG, § 37 Rz. 2.

3) *Maulbetsch* in: HK-UmwG, § 37 Rz. 2; Schmitt/Hörtnagl-*Winter*, UmwG/UmwStG, § 37 UmwG Rz. 2; *Burg/Nordhues* in: NK-UmwG, § 37 Rz. 1; *Simon/Nießen* in: KölnKomm-UmwG, § 37 Rz. 4; Semler/Stengel/Leonard-*Schröer/Greitemann*, UmwG, § 37 Rz. 1; Kallmeyer-*Oppenhoff*, UmwG, § 37 Rz. 2.

4) Lutter-*Grunewald*, UmwG, § 37 Rz. 14; *Weiß* in: BeckOGK-UmwG, § 37 Rz. 2; *Simon/Nießen* in: KölnKomm-UmwG, § 37 Rz. 2; Schmitt/Hörtnagl-*Winter*, UmwG/UmwStG, § 37 UmwG Rz. 2; Widmann/Mayer-*Mayer*, UmwR, § 37 UmwG Rz. 1.

5) *Weiß* in: BeckOGK-UmwG, § 37 Rz. 4; *Simon/Nießen* in: KölnKomm-UmwG, § 37 Rz. 4; *Burg/Nordhues* in: NK-UmwG, § 37 Rz. 1.

spruch somit umfassende Geltung für Kapitalgesellschaften, Personenhandelsgesellschaften, PartGs, e. V. sowie eGs.

5 Zusätzlich sind die jeweiligen **spezialgesetzlichen Gründungsvorschriften** zu beachten. Für Personenhandelsgesellschaften ist insbesondere auf § 108 HGB und im Fall der KG auf § 161 i, V. m. § 108 HGB abzustellen. Für die GmbH gelten die §§ 2 f. GmbHG, für die PartG enthält § 3 PartGG entsprechende Vorgaben zum Partnerschaftsvertrag. Die maßgeblichen Regelungen zur Satzung finden sich für die AG in § 23 AktG, für die KGaA in § 278 AktG, für die Genossenschaft in den §§ 5 ff. GenG und für den e. V. in § 25 BGB.

6 Für **Spaltungen** zur Neugründung ist § 37 gemäß der **Verweisungsnorm in § 125 Satz 1** entsprechend anwendbar.[6)]

III. Integrationsmöglichkeiten

7 Nach dem Wortlaut des § 37 gibt es **zwei Möglichkeiten**, den Gesellschaftsvertrag im Zusammenhang mit der Verschmelzung zu verankern, je nachdem ob der Abschluss des Gesellschaftsvertrages direkt mit Abschluss des Verschmelzungsvertrags erfolgt oder separat:

- Entweder wird der Gesellschaftsvertrag **unmittelbar** mit Abschluss des Verschmelzungsvertrages **erstmals abgeschlossen („Feststellung“)**, was dem Regelfall in der Praxis entspricht.
- **Alternativ** kann ein bereits **zuvor abgeschlossener** Gesellschaftsvertrag als Bestandteil in den Verschmelzungsvertrag aufgenommen werden **(„Enthaltensein“)**.[7)]

8 Die Beurkundung des Gesellschaftsvertrags kann zeitlich auch **nach dem Verschmelzungsbeschluss** erfolgen.[8)] Es genügt, wenn zum Zeitpunkt der Beschlussfassung über die Verschmelzung ein **Entwurf** des Gesellschaftsvertrages vorliegt. Nachträgliche **Änderungen** i. R. der Beurkundung dürfen **lediglich redaktioneller Natur** sein; inhaltliche Abweichungen bedürfen einer erneuten Beschlussfassung der Anteilsinhaberversammlung.[9)]

9 Im Hinblick auf die **Eintragung in das Handelsregister** ist bei einer GmbH, AG oder KGaA auf Aktien das **Datum** des Abschlusses bzw. der Feststellung des Gesellschaftsvertrags als maßgeblich einzutragen.[10)]

IV. Notarielle Beurkundung

10 Da der Verschmelzungsvertrag gemäß § 6 der **notariellen Beurkundung** bedarf, ist der Gesellschaftsvertrag ebenfalls notariell zu beurkunden, wenn er i. R. des **Verschmelzungsvertrags festgestellt** wird.[11)] Dies gilt **unabhängig** davon, ob für den Abschluss des Ge-

---

6) Widmann/Mayer-*Mayer*, UmwR, § 37 UmwG Rz. 2; *Burg/Nordhues* in: NK-UmwG, § 37 Rz. 2; *Weiß* in: BeckOGK-UmwG, § 37 Rz. 5.

7) *Weiß* in: BeckOGK-UmwG, § 37 Rz. 6; *Simon/Nießen* in: KölnKomm-UmwG, § 37 Rz. 1; 4; Widmann/Mayer-*Mayer*, UmwR, § 37 UmwG Rz. 1.1.

8) Kallmeyer-*Oppenhoff*, UmwG, § 37 Rz. 3; Semler/Stengel/Leonard-*Schröer/Greitemann*, UmwG, § 37 Rz. 5; Lutter-*Grunewald*, UmwG, § 37 Rz. 4; *Maulbetsch* in: HK-UmwG, § 37 Rz. 7; Widmann/Mayer-*Mayer*, UmwR, § 37 UmwG Rz. 32.

9) Widmann/Mayer-*Mayer*, UmwR, § 37 UmwG Rz. 32; *Burg/Nordhues* in: NK-UmwG, § 37 Rz. 6; Semler/Stengel/Leonard-*Schröer/Greitemann*, UmwG, § 37 Rz. 5.

10) Kallmeyer-*Oppenhoff*, UmwG, § 37 Rz. 4.

11) Widmann/Mayer-*Mayer*, UmwR, § 37 UmwG Rz. 26; *Maulbetsch* in: HK-UmwG, § 37 Rz. 5; Schmitt/Hörtnagl-*Winter*, UmwG/UmwStG, § 37 UmwG Rz. 3; *Burg/Nordhues* in: NK-UmwG, § 37 Rz. 5; Kallmeyer-*Oppenhoff*, UmwG, § 37 Rz. 2.

sellschaftsvertrags nach dem jeweiligen Gesellschaftsstatut ansonsten die notarielle Form vorgeschrieben ist.[12)]

11 Im Umkehrschluss kann daraus jedoch **nicht** geschlussfolgert werden, dass **künftig**, nach Eintragung der Verschmelzung im Handelsregister, erfolgte **Änderungen** des Gesellschaftsvertrages ebenfalls der notariellen Form bedürfen. Insbesondere nicht, wenn für spätere Änderungen nach allgemeinen gesellschaftsrechtlichen Regeln Formfreiheit besteht, wie etwa bei Personenhandelsgesellschaften.[13)] Besondere Formerfordernisse können jedoch individuell vereinbart werden. Um **Klarheit** zu schaffen, empfiehlt es sich in der **Praxis** im Gesellschaftsvertrag bei **Personenhandelsgesellschaften**, ausdrücklich festzuhalten, dass spätere Änderungen keiner notariellen Beurkundung bedürfen, sondern bspw. schriftlich getroffen werden können.[14)]

12 Im Hinblick auf die notarielle Urkunde ist zu beachten, dass der Gesellschaftsvertrag nicht zwingend unmittelbar im Wortlaut in den Verschmelzungsvertrag aufgenommen werden muss.[15)] Es genügt vielmehr eine **Bezugnahme** im Vertragstext, wobei der Gesellschaftsvertrag als **Anlage** gemäß § 9 Abs. 1 Satz 2 BeurkG der Niederschrift beizufügen und zu **verlesen** ist.[16)] Die Verweisung muss dabei hinreichend deutlich machen, dass die Beteiligten den Inhalt des Gesellschaftsvertrags kennen und diesen zum Teil ihrer rechtsgeschäftlichen Erklärung machen.[17)] Durch diese Bezugnahme wird die Anlage Bestandteil der notariellen Urkunde i. S. des § 13 BeurkG, und mit der **Unterzeichnung der Haupturkunde** werden rechtlich auch die beigehefteten Anlagen erfasst.[18)] Eine **gesonderte Unterschrift** der Anlage ist deshalb **entbehrlich**; es bleibt jedoch erforderlich, dass die Anlage **tatsächlich verlesen** wurde.[19)]

13 **§ 36 Abs. 2 Satz 2** ist darüber hinaus auch dann zu beachten, wenn der Gesellschaftsvertrag bereits **vor Abschluss des Verschmelzungsvertrags abgeschlossen** wurde. In diesem Fall ist für die wirksame Einbeziehung nicht die Unterzeichnung durch die zukünftigen Gesellschafter erforderlich, sondern durch die **übertragenden Rechtsträger**, denen im Verschmelzungsverfahren die Stellung der Gründer zukommt.[20)]

---

12) *Weiß* in: BeckOGK-UmwG, § 37 Rz. 7; Henssler/Strohn-*Ca. Müller*, GesR, § 37 UmwG Rz. 1; Semler/Stengel/Leonard-*Schröer/Greitemann*, UmwG, § 37 Rz. 4.

13) Kallmeyer-*Oppenhoff*, UmwG, § 37 Rz. 2; *Weiß* in: BeckOGK-UmwG, § 37 Rz. 16; *Simon/Nießen* in: KölnKomm-UmwG, § 37 Rz. 7; *Burg/Nordhues* in: NK-UmwG, § 37 Rz. 5, Henssler/Strohn-*Ca. Müller*, GesR, § 37 UmwG Rz. 1; Schmitt/Hörtnagl-*Winter*, UmwG/UmwStG, § 37 UmwG Rz. 3; Semler/Stengel/Leonard-*Schröer/Greitemann*, UmwG, § 37 Rz. 4; Lutter-*Grunewald*, UmwG, § 37 Rz. 4; *Maulbetsch* in: HK-UmwG, § 37 Rz. 6; Widmann/Mayer-*Mayer*, UmwR, § 37 UmwG Rz. 26.

14) *Weiß* in: BeckOGK-UmwG, § 37 Rz. 16; *Simon/Nießen* in: KölnKomm-UmwG, § 37 Rz. 7.

15) Schmitt/Hörtnagl-*Winter*, UmwG/UmwStG, § 37 UmwG Rz. 3; Semler/Stengel/Leonard-*Schröer/Greitemann*, UmwG, § 37 Rz. 3; Kallmeyer-*Oppenhoff*, UmwG, § 37 Rz. 2.

16) *Weiß* in: BeckOGK-UmwG, § 37 Rz. 8; *Simon/Nießen* in: KölnKomm-UmwG, § 37 Rz. 5; *Burg/Nordhues* in: NK-UmwG, § 37 Rz. 5; *Maulbetsch* in: HK-UmwG, § 37 Rz. 3; Widmann/Mayer-*Mayer*, UmwR, § 37 UmwG Rz. 27.

17) Widmann/Mayer-*Mayer*, UmwR, § 37 UmwG Rz. 27; *Weiß* in: BeckOGK-UmwG, § 37 Rz. 9; Schmitt/Hörtnagl-*Winter*, UmwG/UmwStG, § 37 UmwG Rz. 3; Semler/Stengel/Leonard-*Schröer/Greitemann*, UmwG, § 37 Rz. 3.

18) *Simon/Nießen* in: KölnKomm-UmwG, § 37 Rz. 6; *Weiß* in: BeckOGK-UmwG, § 37 Rz. 9; 11; Widmann/Mayer-*Mayer*, UmwR, § 37 UmwG Rz. 31.

19) *Burg/Nordhues* in: NK-UmwG, § 37 Rz. 5; Henssler/Strohn-*Ca. Müller*, GesR, § 37 UmwG Rz. 1; Kallmeyer-*Oppenhoff*, UmwG, § 37 Rz. 2; *Maulbetsch* in: HK-UmwG, § 37 Rz. 4; Widmann/Mayer-*Mayer*, UmwR, § 37 UmwG Rz. 31.

20) *Simon/Nießen* in: KölnKomm-UmwG, § 37 Rz. 6; Kallmeyer-*Oppenhoff*, UmwG, § 37 Rz. 2.

V. Inhalt des Gesellschaftsvertrags

§ 37 enthält keine eigenen Vorgaben für die inhaltliche Ausgestaltung des Gesellschaftsvertrags des neuen Rechtsträgers.[21] Hinsichtlich des **notwendigen Inhalts** ist das Zusammenspiel zwischen den **allgemeinen Gründungsvorschriften** der jeweiligen Rechtsform und etwaigen **spezialgesetzlichen Anforderungen nach dem UmwG** zu beachten.[22] 14

Für die **GmbH** sieht insbesondere § 57 vor, dass bestimmte Regelungen aus den Gesellschaftsverträgen der übertragenden Rechtsträger (etwa zu **Sondervorteilen, Gründungsaufwand, Sacheinlagen und Sachübernahmen**) im Gesellschaftsvertrag des neuen Rechtsträgers **fortgeführt** werden müssen.[23] Entsprechende Anforderungen gelten für **AGs** und **KGaAs** nach den §§ 74 und 78 Satz 1. 15

Bei **Personenhandelsgesellschaften** ist zusätzlich § 40 Abs. 1 zu berücksichtigen, wonach insbesondere anzugeben ist, ob den Anteilsinhabern des übertragenden Rechtsträgers die Stellung als **persönlich haftende Gesellschafter oder als Kommanditisten** eingeräumt wird. 16

Für **PartGs** enthält § 45b eine gesonderte Regelung, die vor dem Hintergrund der berufsrechtlichen Vorgaben des PartGG erforderlich ist. Danach müssen für die Anteilsinhaber der übertragenden Rechtsträger bspw. deren vollständiger **Vor- und Nachname, Beruf und Wohnort** angegeben werden. 17

Handelt es sich beim **neuen Rechtsträger** um eine **GmbH**, sind nach § 46 weitergehende Angaben, etwa zum **Nennbetrag** der Geschäftsanteile, erforderlich. Zudem regeln § 46 Abs. 2 und 3 besondere Anforderungen für den Fall, dass neue Anteile im Wege der Kapitalerhöhung geschaffen werden oder bereits existierende Anteile verwendet werden. 18

§ 18 enthält bei der Verschmelzung Vorgaben bzgl. der **Firma** und deren Fortführung durch den neuen Rechtsträger. 19

Ein besonderes Augenmerk verdient die **Sachgründung** i. R. einer Verschmelzung durch Neugründung. Da das Eigenkapital ausschließlich durch die Übertragung des Vermögens der übertragenden Rechtsträger eingebracht wird, kommen die Sachgründungsregeln zur Anwendung.[24] Es ist daher erforderlich, im Gesellschaftsvertrag den **Gegenstand der Sacheinlage konkret zu bestimmen.** In der Praxis genügt es jedoch, wenn der Gesellschaftsvertrag bspw. wie folgt formuliert ist: 20

> „Das Stammkapital wird durch Sacheinlage erbracht, indem die [genau bezeichneten] übertragenden Rechtsträger jeweils ihr Vermögen als Ganzes mit allen Rechten und Pflichten unter Auflösung ohne Abwicklung gemäß § 2 Nr. 2 nach Maßgabe des Verschmelzungsvertrags vom [Datum] auf die Gesellschaft als neu gegründeten Rechtsträger im Wege der Gesamtrechtsnachfolge (Universalsukzession) übertragen.“[25]

Eine **detaillierte Einzelaufstellung** der Vermögensgegenstände ist demgegenüber, anders als bei einer gewöhnlichen Sachgründung, grundsätzlich **nicht erforderlich.** 21

---

21) Semler/Stengel/Leonard-*Schröer/Greitemann*, UmwG, § 37 Rz. 1; *Burg/Nordhues* in: NK-UmwG, § 37 Rz. 3.

22) Henssler/Strohn-*Ca. Müller*, GesR, § 37 UmwG Rz. 2.

23) Widmann/Mayer-*Mayer*, UmwR, § 37 UmwG Rz. 6; *Simon/Nießen* in: KölnKomm-UmwG, § 37 Rz. 10.

24) Widmann/Mayer-*Mayer*, UmwR, § 37 UmwG Rz. 4.

25) *Simon/Nießen* in: KölnKomm-UmwG, § 37 Rz. 11; *Burg/Nordhues* in: NK-UmwG, § 37 Rz. 3; Widmann/Mayer-*Mayer*, UmwR, § 37 UmwG Rz. 5.

VI. Prüfungsumfang

22 Die registerrechtliche Prüfung bei einer Verschmelzung durch Neugründung folgt im Wesentlichen den Grundsätzen, die auch für **Standardgründungen** gelten, jedoch erweitert um die **besonderen Anforderungen des UmwG.** Das zuständige Registergericht prüft sowohl die Wirksamkeit der Verschmelzung selbst als auch die Wirksamkeit des Gesellschaftsvertrags des neuen Rechtsträgers. Im Hinblick auf die inhaltliche Ausgestaltung des Gesellschaftsvertrags steht der **Gesellschaftermehrheit** ein erheblicher **Gestaltungsspielraum** zu.[26] **Mängel** im Gesellschaftsvertrag des neuen Rechtsträgers unterliegen dabei den allgemeinen zivilrechtlichen Anforderungen, insbesondere **§ 139 BGB.** Wurde im Gesellschaftsvertrag eine **salvatorische Klausel** aufgenommen, wonach im Falle von Mängeln lediglich Teilnichtigkeit eintreten soll, geht diese individuelle Regelung der gesetzlichen Vorschrift vor.[27]

VII. Kosten

23 Die **Mitbeurkundung** des Gesellschaftsvertrags i. R. der Verschmelzung führt nicht zu zusätzlichen Gebühren. Nach § 109 Abs. 1 GNotKG gelten Gesellschaftsvertrag oder Satzung in diesem Zusammenhang als notwendige Bestandteile des Verschmelzungsvorgangs, so dass deren Beurkundung **kostenneutral** bleibt.[28]

26) *Simon/Nießen* in: KölnKomm-UmwG, § 37 Rz. 13.
27) *Burg/Nordhues* in: NK-UmwG, § 37 Rz. 7; Kallmeyer-*Oppenhoff*, UmwG, § 37 Rz. 3; Widmann/Mayer-*Mayer*, UmwR, § 37 UmwG Rz. 1.2.
28) *Burg/Nordhues* in: NK-UmwG, § 37 Rz. 8.

§ 38
Anmeldung der Verschmelzung und des neuen Rechtsträgers

(1) Die Vertretungsorgane jedes der übertragenden Rechtsträger haben die Verschmelzung zur Eintragung in das Register des Sitzes ihres Rechtsträgers anzumelden.

(2) Die Vertretungsorgane aller übertragenden Rechtsträger haben den neuen Rechtsträger bei dem Gericht, in dessen Bezirk er seinen Sitz haben soll, zur Eintragung in das Register anzumelden.

Übersicht

I. Allgemeines

1 § 38 des regelt das **Anmelde- und Eintragungsverfahren beim Handelsregister** für die an einer Verschmelzung zur Neugründung **beteiligten Rechtsträger.**[1] Nach § 38 Abs. 1 ist jeder übertragende Rechtsträger verpflichtet, die Verschmelzung zur Eintragung beim zuständigen Handelsregister anzumelden. § 38 Abs. 2 betrifft die Anmeldung des neu ent-

1) Widmann/Mayer-*Fronhöfer*, UmwR, § 38 UmwG Rz. 1.

stehenden Rechtsträgers. Diese Systematik trägt dem Umstand Rechnung, dass der neue Rechtsträger erst mit Wirksamwerden der Verschmelzung entsteht.[2)]

Wesentlich ist, dass § 38 eine **spezielle Regelung** für alle Verschmelzungen durch **Neugründung** hinsichtlich der Anmeldungsbefugnis enthält. **§ 16 Abs. 1** findet aufgrund seiner ausdrücklichen Ausnahme in der Verweisvorschrift des § 36 Abs. 1 **keine Anwendung** auf die Verschmelzung durch Neugründung.[3)] Eine Anmeldung der Verschmelzung durch das Vertretungsorgan des neuen Rechtsträgers ist daher nicht möglich.[4)] 2

Der **zentrale Unterschied** zum Registerverfahren bei der Verschmelzung **durch Aufnahme** besteht darin, dass nicht die Verschmelzung bei dem übernehmenden Rechtsträger anzumelden ist, sondern die **Gründung des neuen Rechtsträgers.**[5)] 3

Eine inhaltsgleiche Regelung findet sich i. Ü. in **§ 137** für die **Spaltung** durch Neugründung.[6)] 4

II. Anmeldungsberechtigte

1. Anmeldung der Verschmelzung

Nach **§ 38 Abs. 1** obliegt die **Anmeldung der Verschmelzung** ausschließlich den **Vertretungsorganen der jeweiligen übertragenden Rechtsträger.**[7)] Jeder übertragende Rechtsträger muss die Verschmelzung **eigenständig** zur Eintragung in das entsprechende Handelsregister seines Sitzes anmelden, vertreten durch seine jeweiligen Vertretungsorgane.[8)] 5

Es ist nicht erforderlich, dass sämtliche Mitglieder der Vertretungsorgane gemeinsam handeln; ausreichend ist eine Anmeldung durch die **vertretungsberechtigte Anzahl** von Organmitgliedern des jeweiligen übertragenden Rechtsträgers.[9)] Die Mitwirkung von Prokuristinnen oder Prokuristen ist i. R. der **unechten Gesamtvertretung** ebenfalls möglich.[10)] 6

2. Anmeldung des neuen Rechtsträgers

Im Vergleich zur Verschmelzung durch Aufnahme wird bei der Verschmelzung zur Neugründung nicht die Verschmelzung selbst beim neuen Rechtsträger angemeldet, sondern die **Entstehung des neuen Rechtsträgers.**[11)] 7

---

2) *Weiß* in: BeckOGK-UmwG, § 38 Rz. 2; *Simon* in: KölnKomm-UmwG, § 5 Rz. 2; Widmann/Mayer-*Fronhöfer*, UmwR, § 38 UmwG Rz. 1.

3) Kallmeyer-*Zimmermann*, UmwG, § 38 Rz. 1; *Simon/Nießen* in: KölnKomm-UmwG, § 38 Rz. 2; *Weiß* in: BeckOGK-UmwG, § 38 Rz. 3; *Burg/Nordhues* in: NK-UmwG, § 38 Rz. 1; Henssler/Strohn-*Ca. Müller*, GesR, § 38 UmwG Rz. 1; Schmitt/Hörtnagl-*Winter*, UmwG/UmwStG, § 38 UmwG Rz. 1; Semler/Stengel/Leonard-*Schwanna*, UmwG, § 38 Rz. 1; Widmann/Mayer-*Fronhöfer*, UmwR, § 38 UmwG Rz. 2.2.

4) *Maulbetsch* in: HK-UmwG, § 38 Rz. 1, 5; Henssler/Strohn-*Ca. Müller*, GesR, § 38 UmwG Rz. 2; *Weiß* in: BeckOGK-UmwG, § 38 Rz. 4; Semler/Stengel/Leonard-*Schwanna*, UmwG, § 38 Rz. 2; Kallmeyer-*Zimmermann*, UmwG, § 38 Rz. 2; Lutter-*Grunewald*, UmwG, § 38 Rz. 1.

5) Widmann/Mayer-*Fronhöfer*, UmwR, § 38 UmwG Rz. 1.

6) Widmann/Mayer-*Fronhöfer*, UmwR, § 38 UmwG Rz. 2.2; *Weiß* in: BeckOGK-UmwG, § 38 Rz. 3.

7) *Maulbetsch* in: HK-UmwG, § 38 Rz. 4; *Weiß* in: BeckOGK, UmwG, § 38 Rz. 4; *Simon/Nießen* in: KölnKomm-UmwG, § 38 Rz. 3; *Burg/Nordhues* in: NK-UmwG, § 38 Rz. 2; Semler/Stengel/Leonard-*Schwanna*, UmwG, § 38 Rz. 2; Kallmeyer-*Zimmermann*, UmwG, § 38 Rz. 2.

8) Widmann/Mayer-*Fronhöfer*, UmwR, § 38 UmwG Rz. 6.

9) *Burg/Nordhues* in: NK-UmwG, § 38 Rz. 2; *Weiß* in: BeckOGK-UmwG, § 38 Rz. 4; Semler/Stengel/Leonard-*Schwanna*, UmwG, § 38 Rz. 2; *Maulbetsch* in: HK-UmwG, § 38 Rz. 4.

10) *Simon/Nießen* in: KölnKomm-UmwG, § 38 Rz. 4; *Weiß* in: BeckOGK-UmwG, § 38 Rz. 4; *Burg/Nordhues* in: NK-UmwG, § 38 Rz. 2; Semler/Stengel/Leonard-*Schwanna*, UmwG, § 38 Rz. 2; Kallmeyer-*Zimmermann*, UmwG, § 38 Rz. 2; *Maulbetsch* in: HK-UmwG, § 38 Rz. 4.

11) *Simon/Nießen* in: KölnKomm-UmwG, § 38 Rz. 6.

8 Für die Anmeldung des neu gegründeten Rechtsträgers bestimmt **§ 38 Abs. 2**, dass ausschließlich die **Vertretungsorgane sämtlicher übertragender Rechtsträger** für die Anmeldung zum Handelsregister zuständig sind.[12] Das bedeutet, die jeweiligen Organe **aller beteiligten übertragenden Rechtsträger** müssen gemeinsam die Anmeldung vornehmen, wobei es für jeden übertragenden Rechtsträger genügt, wenn eine **vertretungsberechtigte** Anzahl an Organmitgliedern mitwirkt oder die **unechte Gesamtvertretung** genutzt wird.[13]

9 Die Anmeldung erfolgt beim Registergericht des **Bezirks**, in dem der neue Rechtsträger seinen **Satzungssitz** haben wird.[14]

10 **Ausschließlich die übertragenden Rechtsträger** sind hierfür anmeldeberechtigt; die Geschäftsführung des neuen Rechtsträgers kann die Anmeldung nicht vornehmen.[15] Für bestimmte Rechtsformen kann allerdings die Mitwirkung der neuen Vertretungsorgane erforderlich sein, insbesondere wenn gesetzlich **höchstpersönliche Erklärungen** vorgeschrieben sind.[16] Es ist daher zu **unterscheiden** zwischen der **Anmeldung** selbst und **zusätzlichen Erklärungen**, die häufig zusammen mit der Anmeldung abgegeben, rechtlich jedoch gesondert zu behandeln sind. In der Praxis erfolgen diese höchstpersönlichen Erklärungen häufig in derselben Urkunde wie die Anmeldung selbst, zwingend ist dies allerdings nicht.[17]

3. Form der Anmeldung

11 Handelsregisteranmeldungen sind nach **§ 12 Abs. 1 HGB elektronisch in öffentlich beglaubigter Form** (§ 129 BGB) einzureichen.[18]

12 Umstritten ist, ob die sog. **Negativerklärung** nach **§ 16 Abs. 2** ebenfalls in öffentlich beglaubigter Form erfolgen muss. Die h. M. hält die **einfache Schriftform** für ausreichend, sofern die **Einreichung elektronisch** erfolgt.[19] Argumentiert wird hier mit dem Wortlaut des § 16 Abs. 2 („bei" der Anmeldung statt „in" der Anmeldung) und der Systematik, da keine allgemeine Vorschrift die notarielle Beglaubigung aller einzureichenden Registerunterlagen verlangt.[20]

---

12) *Burg/Nordhues* in: NK-UmwG, § 38 Rz. 3; Kallmeyer-*Zimmermann*, UmwG, § 38 Rz. 4; Lutter-*Grunewald*, UmwG, § 38 Rz. 2; *Maulbetsch* in: HK-UmwG, § 38 Rz. 7; Widmann/Mayer-*Fronhöfer*, UmwR, § 38 UmwG Rz. 9.

13) Widmann/Mayer-*Fronhöfer*, UmwR, § 38 UmwG Rz. 10; *Weiß* in: BeckOGK-UmwG, § 38 Rz. 12; *Simon/Nießen* in: KölnKomm-UmwG, § 38 Rz. 6; Semler/Stengel/Leonard-*Schwanna*, UmwG, § 38 Rz. 3; *Maulbetsch* in: HK-UmwG, § 38 Rz. 7.

14) *Simon/Nießen* in: KölnKomm-UmwG, § 38 Rz. 6.

15) *Maulbetsch* in: HK-UmwG, § 38 Rz. 7; *Simon/Nießen* in: KölnKomm-UmwG, § 38 Rz. 6; *Weiß* in: BeckOGK-UmwG, § 38 Rz. 13; *Burg/Nordhues* in: NK-UmwG, § 38 Rz. 3; Kallmeyer-*Zimmermann*, UmwG, § 38 Rz. 5; Widmann/Mayer-*Fronhöfer*, UmwR, § 38 UmwG Rz. 9.

16) *Burg/Nordhues* in: NK-UmwG, § 38 Rz. 3; Widmann/Mayer-*Fronhöfer*, UmwR, § 38 UmwG Rz. 6.

17) *Weiß* in: BeckOGK-UmwG, § 38 Rz. 13.

18) Widmann/Mayer-*Fronhöfer*, UmwR, § 38 UmwG Rz. 17; *Weiß* in: BeckOGK-UmwG, § 38 Rz. 6; *Simon/Nießen* in: KölnKomm-UmwG, § 38 Rz. 4, 6; Semler/Stengel/Leonard-*Schwanna*, UmwG, § 38 Rz. 2; Kallmeyer-*Zimmermann*, UmwG, § 38 Rz. 2.

19) Widmann/Mayer-*Fronhöfer*, UmwR, § 16 UmwG Rz. 42, 85; *Weiß* in: BeckOGK-UmwG, § 38 Rz. 7, Kallmeyer-*Zimmermann*, UmwG, § 16 Rz. 15.

20) *Weiß* in: BeckOGK-UmwG, § 38 Rz. 7.

4. Bevollmächtigung

13 Für die Handelsregisteranmeldung ist **Vertretung grundsätzlich** zulässig.[21] Ist eine Vertretung gewünscht, muss die **Vollmacht** gemäß **§ 12 Abs. 1 Satz 3 HGB** ihrerseits **öffentlich beglaubigt** werden.[22]

14 Aufgrund ihres Charakters als grundsätzlich bedingungsfeindliche **Wissenserklärung**, ist eine **Stellvertretung** im Zusammenhang mit der **Negativerklärung** nach § 16 Abs. 2 **nicht** möglich.[23] Nicht zulässig ist die Stellvertretung auch bei solchen Willenserklärungen im Zusammenhang mit der Verschmelzung durch Neugründung, die **höchstpersönlich** abzugeben sind.[24] In der Praxis werden diese Erklärungen zwar häufig gemeinsam mit der Anmeldung eingereicht, die Zulässigkeit der Vertretung bei der Anmeldung bleibt davon jedoch unberührt.[25]

III. Inhalt der Anmeldung

15 Der Inhalt der Anmeldung des neuen Rechtsträgers richtet sich nach den jeweils einschlägigen **Gründungsvorschriften für die entsprechende Rechtsform.**[26]

16 Bei einer **GmbH** ist insbesondere **§ 7 GmbHG** maßgeblich. Allerdings ergeben sich im Zusammenhang mit der Gründung durch Verschmelzung **einzelne Besonderheiten.** Die in § 7 Abs. 2 und 3 GmbHG geregelten Anforderungen in Bezug auf Einlagen vor der Anmeldung beziehen sich ausschließlich auf solche Einlagen, die von den Anteilsinhabern der übertragenden Rechtsträger oder von Dritten zusätzlich zu dem durch die Verschmelzung übertragenen Vermögen geleistet werden.[27] Entsprechend bezieht sich auch die Versicherung der Geschäftsführer nach § 8 Abs. 2 Satz 1 GmbHG lediglich auf diese **zusätzlichen Einlagen,** da das durch die Verschmelzung übertragene Vermögen erst mit der Eintragung von Gesetzes wegen auf die neue Gesellschaft übergeht.[28] Zudem haben die Geschäftsführer zu versichern, dass keine Bestellhindernisse i. S. des **§ 8 Abs. 3 GmbHG** bestehen.[29]

17 Im Rahmen der Verschmelzung zur Neugründung ist jedoch zu beachten, dass die **Anmeldung** durch die Vertretungsorgane der übertragenden Rechtsträger gemäß § 38 Abs. 2 erfolgt und **nicht durch die künftigen Geschäftsführer.** Die erforderlichen Versicherungen der künftigen Geschäftsführer sind daher **separat und zusätzlich** zu der eigentlichen Anmeldung abzugeben und werden als **Anlage** beigefügt.[30] Diese ist elektronisch einzureichen (§ 8 Abs. 5 GmbHG i. V. m. § 12 Abs. 2 HGB); eine öffentliche Beglaubigung

---

21) Kallmeyer-*Zimmermann*, UmwG, § 38 Rz. 4; *Weiß* in: BeckOGK-UmwG, § 38 Rz. 5; *Burg/Nordhues* in: NK-UmwG, § 38 Rz. 2; Semler/Stengel/Leonard-*Schwanna*, UmwG, § 38 Rz. 4; *Maulbetsch* in: HK-UmwG, § 38 Rz. 4; Widmann/Mayer-*Fronhöfer*, UmwR, § 38 UmwG Rz. 12.

22) *Simon/Nießen* in: KölnKomm-UmwG, § 38 Rz. 4, 6; *Weiß* in: BeckOGK-UmwG, § 38 Rz. 5; Widmann/Mayer-*Fronhöfer*, UmwR, § 38 UmwG Rz. 12.

23) *Simon/Nießen* in: KölnKomm-UmwG, § 38 Rz. 4; *Weiß* in: BeckOGK-UmwG, § 38 Rz. 5; *Burg/Nordhues* in: NK-UmwG, § 38 Rz. 2; Kallmeyer-*Zimmermann*, UmwG, § 38 Rz. 4; *Maulbetsch* in: HK-UmwG, § 38 Rz. 4.

24) Widmann/Mayer-*Fronhöfer*, UmwR, § 38 UmwG Rz. 12.

25) Kallmeyer-*Zimmermann*, UmwG, § 38 Rz. 6.

26) Henssler/Strohn-*Ca. Müller*, GesR, § 38 UmwG Rz. 2; Kallmeyer-*Zimmermann*, UmwG, § 38 Rz. 6.

27) *Simon/Nießen* in: KölnKomm-UmwG, § 38 Rz. 8.

28) Kallmeyer-*Zimmermann*, UmwG, § 38 Rz. 8; *Burg/Nordhues* in: NK-UmwG, § 38 Rz. 4.

29) *Simon/Nießen* in: KölnKomm-UmwG, § 38 Rz. 8; *Weiß* in: BeckOGK-UmwG, § 38 Rz. 22, Semler/Stengel/Leonard-*Schwanna*, UmwG, § 38 Rz. 6; Kallmeyer-*Zimmermann*, UmwG, § 38 Rz. 8.

30) *Weiß* in: BeckOGK-UmwG, § 38 Rz. 22; *Simon/Nießen* in: KölnKomm-UmwG, § 38 Rz. 8; Widmann/Mayer-*Fronhöfer*, UmwR, § 38 UmwG Rz. 14.

der Erklärung ist jedoch nicht notwendig.[31)] Für den Fall, dass keine öffentliche Beglaubigung der Versicherungen erfolgt, gilt es jedoch zu beachten, dass die gesetzlich vorgeschriebene **Belehrung nach § 8 Abs. 3 Satz 2 GmbHG** weiterhin erforderlich bleibt und in diesem Fall in der Praxis regelmäßig durch einen Rechtsanwalt schriftlich erfolgen.

18 Weiterhin ist nach **§ 8 Abs. 4 GmbHG** anzugeben, welche inländische Geschäftsanschrift die Gesellschaft hat und wie Art und Umfang der Vertretungsbefugnis der Geschäftsführer ausgestaltet ist.[32)]

19 Für die Anmeldung einer **AG** gelten die Ausführungen zur GmbH im Grundsatz **entsprechend.**[33)] **Zusätzlich** sind eine notarielle Ausfertigung oder beglaubigte Abschrift der Bestellung des Abschlussprüfers (§ 30 Abs. 1 AktG), der Nachweis über die zweijährige Eintragung der übertragenden Gesellschaft (§ 76 Abs. 1 AktG) sowie die Anzeige des Empfangs der neuen Anteile durch die Treuhänder (§§ 73, 71 Abs. 1 AktG) einzureichen.[34)]

20 Die Anmeldung einer **oHG** erfolgt gemäß **§ 106 HGB** und umfasst die künftigen Gesellschafter (regelmäßig die Anteilsinhaber der übertragenden Gesellschaften). Für die **KG** sind zusätzlich die Kommanditisten sowie ihre Einlagen anzugeben (§ 162 HGB).[35)]

IV. Anlagen zur Anmeldung

21 Die der Verschmelzungsanmeldung beizufügenden Anlagen ergeben sich aus **§ 17.**[36)] Nach h. M. ist es nicht erforderlich, die Gründungsunterlagen des neuen Rechtsträgers auch bei den zuständigen Registergerichten der übertragenden Rechtsträger einzureichen.[37)] Die in § 17 genannten Anlagen werden vielmehr als abschließend angesehen, da eine Verdoppelung der Prüfung der Gründung gesetzlich nicht vorgesehen ist.[38)]

22 Für den **neuen Rechtsträger** gelten im Hinblick auf die Anlagen zusätzlich die üblichen Gründungsvorschriften, was bedeutet, dass neben den in § 17 genannten Unterlagen aufgrund der allgemeinen Verweisung in § 36 Abs. 2 die **entsprechenden Unterlagen dem** Registergericht am Sitz der neuen Gesellschaft vorzulegen sind.[39)]

V. Prüfung Registergericht

23 Bei der Bestimmung des Prüfungsumfangs durch das Registergericht ist zu **unterscheiden** zwischen den Anmeldungen bei den übertragenden Rechtsträgern und derjenigen beim neuen Rechtsträger.

24 Im Rahmen der **Anmeldung der Verschmelzung** bei den übertragenden Rechtsträgern **beschränkt** sich die Prüfung des Registergerichts ausschließlich auf die Frage der Wirksam-

---

31) *Simon/Nießen* in: KölnKomm-UmwG, § 38 Rz. 8.

32) *Weiß* in: BeckOGK-UmwG, § 38 Rz. 20; *Simon/Nießen* in: KölnKomm-UmwG, § 38 Rz. 9; Kallmeyer-*Zimmermann*, UmwG, § 38 Rz. 9.

33) Kallmeyer-*Zimmermann*, UmwG, § 38 Rz. 10.

34) *Simon/Nießen* in: KölnKomm-UmwG, § 38 Rz. 11; *Weiß* in: BeckOGK-UmwG, § 38 Rz. 23 ff.

35) Semler/Stengel/Leonard-*Schwanna*, UmwG, § 38 Rz. 7; *Weiß* in: BeckOGK-UmwG, § 38 Rz. 16; *Simon/Nießen* in: KölnKomm-UmwG, § 38 Rz. 1; Kallmeyer-*Zimmermann*, UmwG, § 38 Rz. 7.

36) Kallmeyer-*Zimmermann*, UmwG, § 38 Rz. 11; *Simon/Nießen* in: KölnKomm-UmwG, § 38 Rz. 5; Semler/Stengel/Leonard-*Schwanna*, UmwG, § 38 Rz. 8; Widmann/Mayer-*Fronhöfer*, UmwR, § 38 UmwG Rz. 24.

37) Henssler/Strohn-*Ca. Müller*, GesR, § 38 UmwG Rz. 2; *Simon/Nießen* in: KölnKomm-UmwG, § 38 Rz. 5; Kallmeyer-*Zimmermann*, UmwG, § 38 Rz. 3; *Maulbetsch* in: HK-UmwG, § 38 Rz. 6.

38) *Simon/Nießen* in: KölnKomm-UmwG, § 38 Rz. 5.

39) *Simon/Nießen* in: KölnKomm-UmwG, § 38 Rz. 5; *Burg/Nordhues* in: NK-UmwG, § 38 Rz. 4; Kallmeyer-*Zimmermann*, UmwG, § 38 Rz. 12.

keit der **Verschmelzung.**[40] Jedes Registergericht prüft insoweit **eigenständig** und unabhängig von den übrigen Registergerichten, die für weitere beteiligte übertragende Rechtsträger zuständig sind.[41]

Im Zusammenhang mit der **Anmeldung des neuen Rechtsträgers** prüft das Registergericht nicht nur die **Verschmelzung,** sondern auch die **Gründung** des neuen Rechtsträgers.[42] Zu beachten sind in diesem Zusammenhang insbesondere die jeweiligen **Gründungsvorschriften der jeweiligen Rechtsform** des neuen Rechtsträgers.[43] 25

So sind bei einer **GmbH** als neuen Rechtsträger insbesondere die Vorgaben des § 9c **GmbHG** von Bedeutung.[44] In der **Praxis** rückt hier vor allem die **Werthaltigkeitsprüfung** des eingebrachten Vermögens in den Vordergrund. Nach § 9c Abs. 1 Satz 2 GmbHG ist das Registergericht verpflichtet, die Gründung abzulehnen, wenn eine nicht unerhebliche Überbewertung der Sacheinlage vorliegt. Anders als bei einer normalen Gründung erfolgt die Prüfung der Werthaltigkeit i. R. der Verschmelzung durch Neugründung nicht isoliert für einzelne übertragende Rechtsträger, sondern im Wege einer **Gesamtbetrachtung** der eingebrachten Vermögenswerte.[45] 26

Als **Nachweis** für die Werthaltigkeit dienen **regelmäßig die Schlussbilanzen** der übertragenden Rechtsträger.[46] Reicht dies ausnahmsweise nicht aus, etwa wenn das Stammkapital des neuen Rechtsträgers das gesamte Eigenkapital laut Schlussbilanzen übersteigt und keine weiteren Nachweise erbracht wurden, kann das Registergericht **ergänzende Sachverständigengutachten** einfordern.[47] 27

Dieser Grundsatz der Gesamtbetrachtung des eingebrachten Kapitals gilt **ebenso** im Zusammenhang mit der **Gründung einer AG** durch Verschmelzung.[48] 28

Bei **Personenhandelsgesellschaften** als neue Rechtsträger findet hingegen keine Werthaltigkeitsprüfung statt. Hier **beschränkt** sich die Prüfung des Registergerichts auf die Einhaltung der **rein formellen Voraussetzungen** für die Eintragung.[49] 29

VI. Eintragung

Für die Reihenfolge der Anmeldungen bei einer Verschmelzung durch Neugründung besteht keine gesetzliche Vorgabe, wohl aber für die Reihenfolge der Eintragungen im Handelsre- 30

40) *Weiß* in: BeckOGK-UmwG, § 38 Rz. 36; *Simon/Nießen* in: KölnKomm-UmwG, § 38 Rz. 14.

41) *Maulbetsch* in: HK-UmwG, § 38 Rz. 9.

42) Widmann/Mayer-*Fronhöfer*, UmwR, § 38 UmwG Rz. 61; *Simon/Nießen* in: KölnKomm-UmwG, § 38 Rz. 15; *Weiß* in: BeckOGK-UmwG, § 38 Rz. 37; *Burg/Nordhues* in: NK-UmwG, § 38 Rz. 5; Semler/Stengel/Leonard-*Schwanna*, UmwG, § 38 Rz. 10; Kallmeyer-*Zimmermann*, UmwG, § 38 Rz. 17; *Maulbetsch* in: HK-UmwG, § 38 Rz. 10.

43) *Weiß* in: BeckOGK-UmwG, § 38 Rz. 37.

44) Kallmeyer-*Zimmermann*, UmwG, § 38 Rz. 19; *Weiß* in: BeckOGK-UmwG, § 38 Rz. 38; *Burg/Nordhues* in: NK-UmwG, § 38 Rz. 5.

45) *Simon/Nießen* in: KölnKomm-UmwG, § 38 Rz. 16.

46) *Weiß* in: BeckOGK-UmwG, § 38 Rz. 38; Semler/Stengel/Leonard-*Schwanna*, UmwG, § 38 Rz. 11; Kallmeyer-*Zimmermann*, UmwG, § 38 Rz. 19; Widmann/Mayer-*Fronhöfer*, UmwR, § 38 UmwG Rz. 63.

47) Widmann/Mayer-*Fronhöfer*, UmwR, § 38 UmwG Rz. 63; *Simon/Nießen* in: KölnKomm-UmwG, § 38 Rz. 16; *Weiß* in: BeckOGK-UmwG, § 38 Rz. 38; Semler/Stengel/Leonard-*Schwanna*, UmwG, § 38 Rz. 11; Kallmeyer-*Zimmermann*, UmwG, § 38 Rz. 19.

48) *Simon/Nießen* in: KölnKomm-UmwG, § 38 Rz. 17; Semler/Stengel/Leonard-*Schwanna*, UmwG, § 38 Rz. 12.

49) Semler/Stengel/Leonard-*Schwanna*, UmwG, § 38 Rz. 10; *Simon/Nießen* in: KölnKomm-UmwG, § 38 Rz. 18.

gister.[50] Die **übliche Eintragungsabfolge** im Zusammenhang mit Verschmelzungen gilt auch bei der Verschmelzung durch Neugründung:[51]

- **Zunächst** wird die Verschmelzung im Handelsregister jedes beteiligten **übertragenden Rechtsträgers** eingetragen, jeweils mit dem **Vermerk des Wirksamkeitsvorbehalts.** Dieser Hinweis macht deutlich, dass die Verschmelzung erst mit der Eintragung des neuen Rechtsträgers wirksam wird, wie es in §§ 36 Absatz 1, 19 Absatz 1 geregelt ist.[52]
- Erst in einem **zweiten Schritt** erfolgt die Eintragung des **neuen, durch die Verschmelzung entstehenden Rechtsträgers.**[53] Gerade diese spätere Eintragung hat **konstitutiven** Charakter für die Wirksamkeit der Verschmelzung und löst die Rechtsfolgen nach § 20 aus.[54] Das Registergericht des neuen Rechtsträgers informiert daraufhin automatisch die Registergerichte der übertragenden Rechtsträger über die konstitutive Eintragung, so dass der Wirksamkeitsvorbehalt in den Registern der übertragenden Rechtsträger durch einen entsprechenden **Wirksamkeitsvermerk** ersetzt werden kann.[55]

31 Erfolgen **alle Eintragungen**, sowohl bei den übertragenden Rechtsträgern als auch beim neuen Rechtsträger, **an demselben Tag**, sind besondere Vermerke zu Vorbehalt und Wirksamkeit entbehrlich.[56]

32 Im Register des **neuen Rechtsträgers** ist außerdem in der entsprechenden Spalte anzugeben, dass die Gesellschaft **durch Verschmelzung entstanden ist.**[57]

50) Widmann/Mayer-*Fronhöfer*, UmwR, § 38 UmwG Rz. 5.

51) Schmitt/Hörtnagl-*Winter*, UmwG/UmwStG, § 38 UmwG Rz. 3; Henssler/Strohn-*Ca. Müller*, GesR, § 38 UmwG Rz. 1; *Maulbetsch* in: HK-UmwG, § 38 Rz. 3.

52) Widmann/Mayer-*Fronhöfer*, UmwR, § 38 UmwG Rz. 68; *Weiß* in: BeckOGK-UmwG, § 38 Rz. 41; *Burg/Nordhues* in: NK-UmwG, § 38 Rz. 6; Semler/Stengel/Leonard-*Schwanna*, UmwG, § 38 Rz. 14; Kallmeyer-*Zimmermann*, UmwG, § 38 Rz. 24; *Maulbetsch* in: HK-UmwG, § 38 Rz. 11.

53) *Weiß* in: BeckOGK-UmwG, § 38 Rz. 42; Kallmeyer-*Zimmermann*, UmwG, § 38 Rz. 24; Widmann/Mayer-*Fronhöfer*, UmwR, § 38 UmwG Rz. 68.

54) *Simon/Nießen* in: KölnKomm-UmwG, § 38 Rz. 21; Semler/Stengel/Leonard-*Schwanna*, UmwG, § 38 Rz. 14; *Maulbetsch* in: HK-UmwG, § 38 Rz. 11; Widmann/Mayer-*Fronhöfer*, UmwR, § 38 UmwG Rz. 68.

55) *Maulbetsch* in: HK-UmwG, § 38 Rz. 11; *Weiß* in: BeckOGK-UmwG, § 38 Rz. 42, 43.

56) *Burg/Nordhues* in: NK-UmwG, § 38 Rz. 6; Kallmeyer-*Zimmermann*, UmwG, § 38 Rz. 24; *Maulbetsch* in: HK-UmwG, § 38 Rz. 11; Widmann/Mayer-*Fronhöfer*, UmwR, § 38 UmwG Rz. 68.

57) Kallmeyer-*Zimmermann*, UmwG, § 38 Rz. 24; Semler/Stengel/Leonard-*Schwanna*, UmwG, § 38 Rz. 13; *Simon/Nießen* in: KölnKomm-UmwG, § 38 Rz. 21; Widmann/Mayer-*Fronhöfer*, UmwR, § 38 UmwG Rz. 65.

Zweiter Teil
Besondere Vorschriften

Erster Abschnitt
Verschmelzung unter Beteiligung von Personengesellschaften

Erster Unterabschnitt
Verschmelzung unter Beteiligung von Gesellschaften bürgerlichen Rechts

§ 39
Ausschluss der Verschmelzung[*)]

Eine aufgelöste Gesellschaft bürgerlichen Rechts kann sich nicht als übertragender Rechtsträger an einer Verschmelzung beteiligen, wenn die Gesellschafter eine andere Art der Auseinandersetzung als die Abwicklung durch Liquidation oder als die Verschmelzung vereinbart haben.

*) § 39 geändert durch Art. 60 des Gesetzes zur Modernisierung des Personengesellschaftsrechts (Personengesellschaftsrechtsmodernisierungsgesetz – MoPeG), v. 10.8.2021, BGBl. I 2021, 3436; § 39 i. d. F. des UmwBerG geändert durch Art. 1 des Gesetzes zur Änderung des Umwandlungsgesetzes, des Partnerschaftsgesellschaftsgesetzes und anderer Gesetze (UmwGÄndG), v. 22.7.1998, BGBl. I 1998, 1878.

Literatur: *Behme*, Europäisches Umwandlungsrecht – Stand und Perspektiven, ZHR 182 (2018), 32; *Behme*, Rechtsformwahrende Sitzverlegung und Formwechsel von Gesellschaften über die Grenze, Tübingen 2015 (Diss.); *Lieder*, Die Umwandlung eingetragener BGB-Gesellschaften nach dem modernisierten Umwandlungsgesetz, NotBZ 2024, 361; *Löbbe*: Die grenzüberschreitende Umwandlung nach dem UmRUG, ZHR 187 (2023), 498; *Schmidt, J.*, Der UmRUG-Referentenentwurf: grenzüberschreitende Umwandlungen 2.0 – und vieles mehr, NZG 2022, 579; *Schön*, Die Personengesellschaft im europäischen Gesellschaftsrecht, ZHR 187 (2023), 123.

Übersicht

I. Überblick

1 Die durch das MoPeG[1] in das UmwG eingefügten und am 1.1.2024 in Kraft getretenen §§ 39 bis 39f behandeln die Verschmelzung unter Beteiligung von GbRs. Sie sind auf Verschmelzungen unter Beteiligung von Personenhandelsgesellschaften (oHG, KG) kraft Verweisung in § 42 entsprechend anzuwenden, werden insoweit aber durch rechtsformspezifische Regelungen in den §§ 40 bis 42 ergänzt. Manche der für die GbR geltenden Regelungen sind kraft Verweisung in § 45e auch auf die Verschmelzung unter Beteiligung von PartGs entsprechend anzuwenden. In gewisser Weise bilden die §§ 39 bis 39f so **eine Art „Allgemeinen Teil" des personengesellschaftsspezifischen Verschmelzungsrechts.**

2 **Systematisch** sind die Regelungen über die Verschmelzung von Personengesellschaften im Ersten Abschnitt des Zweiten Teils („Besondere Vorschriften") des Zweiten Buches („Verschmelzung") des UmwG verortet. Anders als die Abschnitte betreffend die Verschmelzung unter Beteiligung von GmbHs (Zweiter Abschnitt) und von AGs (Dritter Abschnitt) enthalten sie keine differenzierten Regelungen über Verschmelzungen durch Aufnahme und durch Neugründung.

3 **Steuerrechtlich** stellt die Verschmelzung einer Personengesellschaft auf eine andere Personengesellschaft i. S. der §§ 39 ff. die Einbringung von Betriebsvermögen in eine Personengesellschaft i. S. des § 24 UmwStG dar.[2]

4 § 39 statuiert den **Ausschluss einer aufgelösten GbR** von der Verschmelzung als übertragender Rechtsträger, wenn die Gesellschafter eine andere Art der Auseinandersetzung als die Abwicklung durch Liquidation oder die Verschmelzung vereinbart haben. Der Regelungsgehalt der Norm entspricht dem vor Inkrafttreten des MoPeG bereits für Personenhandelsgesellschaften geltenden § 39 a. F. Sie ist aufgrund der **Verweisungen in § 42 und in § 45e** auf Personenhandelsgesellschaften und PartGs **entsprechend anzuwenden.**

II. Normzweck

5 Die durch das MoPeG erfolgte Erweiterung des Anwendungsbereichs von § 39 trägt der grundsätzlichen Einbeziehung der **eGbR** in das Umwandlungsrecht (siehe Rz. 8 ff.) Rechnung. Die Vorschrift ergänzt die auch für die eGbR geltende Regelung des § 3 Abs. 3, wonach aufgelöste Rechtsträger an einer Verschmelzung als übertragende Rechtsträger ausschließlich dann beteiligt sein können, wenn die Fortsetzung dieser Rechtsträger beschlossen werden könnte (siehe Rz. 11).

6 Der Normzweck des § 39 besteht darin, **zu gewährleisten**, dass bei der Verschmelzung einer aufgelösten GbR deren **Vermögen**, das im Wege der Gesamtrechtsnachfolge auf den übernehmenden Rechtsträger übergehen soll, **zumindest teilweise noch vorhanden ist.** Daran könnte es fehlen, wenn im Gesellschaftsvertrag der GbR zulässigerweise gemäß § 735 Abs. 2 Satz 1 BGB anstelle der Liquidation eine andere Art der Abwicklung vereinbart ist, bspw. dergestalt, dass das Gesellschaftsvermögen im Falle der Auflösung durch einen oder mehrere Gesellschafter (Realteilung) oder einen Nichtgesellschafter übernommen wird.[3]

7 Daneben hat die Vorschrift eine **minderheitenschützende Funktion.** Kann nämlich die Verschmelzung nach dem Gesellschaftsvertrag durch Mehrheitsentscheidung der Gesell-

---

1) Gesetz zur Modernisierung des Personengesellschaftsrechts (Personengesellschaftsrechtsmodernisierungsgesetz – MoPeG), v. 10.8.2021, BGBl. I 2021, 3436.

2) Vgl. nur BFH, Urt. v. 14.3.2024 – IV R 6/21, NZG 2024, 949 = ZIP 2024, 1473.

3) *Schollmeyer* in: BeckOGK-UmwG, § 39 Rz. 4; Lutter-*H. Schmidt*, UmwG, § 39 Rz. 7; Schmitt/Hörtnagl-*Missio*, UmwG/UmwStG, § 39 UmwG Rz. 3; Semler/Stengel/Leonard-*Heinrichs*, UmwG, § 39 Rz. 17.

schafter (§ 39c Abs. 2) beschlossen werden, verhindert § 39, dass den überstimmten Gesellschaftern Rechte entzogen werden, die ihnen aufgrund einer besonderen Abwicklungsvereinbarung im Gesellschaftsvertrag bereits zugesichert waren.[4)]

III. Grundsatz: Verschmelzungsfähigkeit der eGbR

Gemäß § 3 Abs. 1 Nr. 1 kann eine eGbR an einer Verschmelzung als übertragender, 8
übernehmender oder neuer Rechtsträger beteiligt sein; die eGbR ist somit hinsichtlich ihrer **Umwandlungsfähigkeit** den Personenhandelsgesellschaften grundsätzlich **gleichgestellt.** Die Anmeldung zur Eintragung in das **Gesellschaftsregister** ist gemäß § 707 Abs. 1 BGB freiwillig und nicht konstitutiv;[5)] da die Eintragung aber Voraussetzung für die Umwandlungs- und damit auch Verschmelzungsfähigkeit der Gesellschaft ist, wird auf umwandlungswillige Gesellschaften freilich ein „mittelbarer Zwang" zur Registrierung ausgeübt.[6)]

Indem die Beteiligung der GbR an einer Verschmelzung ihre **Voreintragung in das** 9
Gesellschaftsregister voraussetzt, werden an ihre Verschmelzungsfähigkeit strengere Anforderungen gestellt als bei einer oHG. Dort ist die Eintragung (im Handelsregister) lediglich für den Registervollzug der Verschmelzung erforderlich,[7)] während bei der GbR die Eintragung (im Gesellschaftsregister) Voraussetzung dafür ist, dass das UmwG überhaupt Anwendung findet. Nach der Gesetzesbegründung hat diese Begrenzung des Anwendungsbereichs gegenüber einer Regelung auf der Ebene des Registervollzugs der Verschmelzung den Vorteil der Übersichtlichkeit für sich.[8)] Allerdings wird richtigerweise auch für die **nicht eingetragene GbR** die Fähigkeit bejaht, Umwandlungsverträge abzuschließen. Wird die GbR erst nach Abschluss des Verschmelzungsvertrags in das Gesellschaftsregister eingetragen, steht diesem Vertrag ein durch Eintragung zu beseitigendes Vollzugshindernis entgegen.[9)]

Die Anknüpfung der Umwandlungsfähigkeit an die Registrierung ist **zwingend.** Die Ver- 10
schmelzung einer nicht in das Gesellschaftsregister eingetragenen GbR ist auch dann ausgeschlossen, wenn zwischen den Gesellschaftern ausdrücklich die Auseinandersetzung im Wege der Verschmelzung vereinbart ist.[10)]

IV. Sonderregelungen für die Verschmelzungsfähigkeit der GbR nach ihrer Auflösung

1. Allgemeine Regelung zur Verschmelzung aufgelöster Rechtsträger (§ 3 Abs. 3)

a) Aufgelöste GbR als übertragender Rechtsträger

Für die Verschmelzungsfähigkeit der aufgelösten GbR gilt zunächst die allgemeine 11
Regelung in § 3 Abs. 3. Danach können aufgelöste Rechtsträger an der Verschmelzung als übertragende Rechtsträger nur beteiligt sein, wenn die Fortsetzung dieser Rechtsträger beschlossen werden könnte (vgl. § 734 BGB). Liegt daher der Auflösung ein anderer Grund als ein Auflösungsbeschluss zugrunde, so muss dieser Grund vor der Verschmelzung zunächst beseitigt werden.[11)] § 3 Abs. 3 steht der Verschmelzung i. R. eines Insol-

4) *Schollmeyer* in: BeckOGK-UmwG, § 39 Rz. 5; Semler/Stengel/Leonard-*Heinrichs*, UmwG, § 39 Rz. 4.
5) *Schäfer* in: MünchKomm-BGB, § 707 Rz. 7.
6) So ausdrücklich Begr. RegE MoPeG, BT-Drucks. 19/27635, S. 128.
7) *Drinhausen/Keinath* in: BeckOGK-UmwG, § 3 Rz. 11.
8) Begr. RegE MoPeG, BT-Drucks. 19/27635, S. 264.
9) Begr. RegE MoPeG, BT-Drucks. 19/27635, S. 264; s. dazu *Lieder*, NotBZ 2024, 361, 362 f.
10) *Schollmeyer* in: BeckOGK-UmwG, § 39 Rz. 14.
11) *Drinhausen/Keinath* in: BeckOGK-UmwG, § 3 Rz. 28; *Dauner-Lieb/Tettinger* in: KölnKomm-UmwG, § 39 Rz. 10.

venzverfahrens nicht entgegen, da ein Insolvenzplan Regelungen zur Fortsetzung der schuldnerischen Gesellschaft enthalten kann.[12)]

b) Aufgelöste GbR als übernehmender Rechtsträger

12 Nach seinem Wortlaut betrifft § 3 Abs. 3 nur die Beteiligung aufgelöster Rechtsträger an einer Verschmelzung als übertragender Rechtsträger. Zu einer Beteiligung als übernehmender Rechtsträger äußert sich die Vorschrift nicht. Nach h. A. folgt daraus im Umkehrschluss, dass die Beteiligung eines aufgelösten Rechtsträgers als übernehmender Rechtsträger ausgeschlossen ist; es genügt nicht, dass die Fortsetzung beschlossen werden *könnte*, sondern die Fortsetzung muss spätestens gleichzeitig mit der Verschmelzung tatsächlich beschlossen *werden*.[13)]

2. Ergänzende Regelung zur Verschmelzung der aufgelösten GbR als übertragender Rechtsträger (§ 39)

13 Für die eGbR wird die allgemeine Regelung in § 3 Abs. 3 durch § 39 ergänzt. Auch § 39 betrifft nur die Beteiligung der aufgelösten GbR an einer Verschmelzung als übertragender Rechtsträger, nachdem ihre Beteiligung als übernehmender Rechtsträger bereits durch § 3 Abs. 3 ausgeschlossen ist (siehe Rz. 11).

a) Vereinbarung einer anderen Art der Auseinandersetzung

14 Die Verschmelzung der aufgelösten GbR auf einen anderen Rechtsträger ist ausgeschlossen, wenn die Gesellschafter gemäß § 735 Abs. 2 Satz 1 BGB im Gesellschaftsvertrag oder zu einem späteren Zeitpunkt[14)] eine **andere Art der Auseinandersetzung** als die Abwicklung durch Liquidation oder als die Verschmelzung vereinbart haben. Eine solche Vereinbarung könnte bspw. beinhalten, dass das Gesellschaftsvermögen im Falle der Auflösung durch einen oder mehrere Gesellschafter (Realteilung) oder auch durch einen Nichtgesellschafter übernommen werden oder in eine andere Gesellschaft eingebracht werden soll.[15)] Den Gesellschaftern steht es frei, durch die **Aufhebung einer solchen Vereinbarung**, ggf. auch erst nach dem Beschluss über die Verschmelzung, die **Verschmelzungsfähigkeit wieder herzustellen.**[16)]

b) Rechtsfolgen bei Verstoß

15 § 39 hat zur Folge, dass ein trotz einer Vereinbarung zwischen den Gesellschaftern über eine andere Art der Auseinandersetzung **abgeschlossener Verschmelzungsvertrag** zwischen der aufgelösten GbR als übertragendem Rechtsträger und einem aufnehmenden Rechts-

12) *Drinhausen/Keinath* in: BeckOGK-UmwG, § 3 Rz. 28; Semler/Stengel/Leonard-*Heinrichs*, UmwG, § 39 Rz. 8.

13) OLG Brandenburg, Beschl. v. 27.1.2015 – 7 W 118/14, NZG 2015, 884 = ZIP 2015, 929; OLG Naumburg, Beschl. v. 12.12.1997 – 10 Wx 1/97, NJW-RR 1998, 178 = GmbHR 1997, 1152; *Drinhausen/Keinath* in: BeckOGK-UmwG, § 3 Rz. 32; Lutter-*H. Schmidt*, UmwG, § 39 Rz. 18; Semler/Stengel/Leonard-*Heinrichs*, UmwG, § 39 Rz. 20 f.; a. A. *Dauner-Lieb/Tettinger* in: KölnKomm-UmwG, § 39 Rz. 17 – Möglichkeit eines Fortsetzungsbeschlusses ausreichend; ebenso Kallmeyer-*Kocher*, UmwG, § 39 Rz. 10 – für den Fall, dass die Verschmelzung mit dem Zweck der Auseinandersetzung vereinbar ist.

14) Begr. RegE MoPeG, BT-Drucks. 19/27635, S. 182; *Schollmeyer* in: BeckOGK-UmwG, § 39 Rz. 24; Lutter-*H. Schmidt*, UmwG, § 39 Rz. 17; Kallmeyer-*Kocher*, UmwG, § 39 Rz. 4; Schmitt/Hörtnagl-*Missio*, UmwG/UmwStG, § 39 UmwG Rz. 2.

15) *Schollmeyer* in: BeckOGK-UmwG, § 39 Rz. 25; Lutter-*H. Schmidt*, UmwG, § 39 Rz. 17; Semler/Stengel/Leonard-*Heinrichs*, UmwG, 39 Rz. 17; Widmann/Mayer-*Vossius*, UmwR, § 39 UmwG Rz. 46.

16) Vgl. Semler/Stengel/Leonard-*Heinrichs*, UmwG, § 39 Rz. 19.

träger sowie ein ihn bestätigender Beschluss **nichtig** sind.[17] Das Registergericht darf die Verschmelzung nicht eintragen, so lange nicht entweder die entgegenstehende Vereinbarung der Gesellschafter (siehe Rz. 14) aufgehoben oder die **Fortsetzung** der Gesellschaft beschlossen worden ist.[18]

Kommt es gleichwohl zur Eintragung der Verschmelzung, etwa weil das Registergericht die entgegenstehende Vereinbarung der Gesellschafter nicht kennt, ist die **Eintragung** gemäß § 20 Abs. 2 gleichwohl **wirksam**. Die vertretungsberechtigten Gesellschafter, die die Anmeldung vorgenommen haben, sind **ggf. nach § 25 schadensersatzpflichtig**; ebenso kommt eine Haftung der Mehrheitsgesellschafter aufgrund einer Treuepflichtverletzung in Betracht.[19] 16

V. Anwendbarkeit auf grenzüberschreitende Verschmelzungen

Der Gesetzgeber hat sich im Zuge der Umsetzung der Umwandlungsrichtlinie[20] dagegen entschieden, die Richtlinie „überschießend" umzusetzen und auch die grenzüberschreitende Verschmelzung von Personengesellschaften umfassend zu regeln.[21] Gesetzlich geregelt ist weiterhin nur die grenzüberschreitende **Herein**verschmelzung auf eine Personen**handels**gesellschaft mit in der Regel nicht mehr als 500 Arbeitnehmern (§ 306 Abs. 1 Nr. 2). Für die **grenzüberschreitende Verschmelzung** einer (eingetragenen) GbR enthält das UmwG **keine Regelungen.** 17

Dies ändert freilich nichts daran, dass sich auch Personengesellschaften auf die **Niederlassungsfreiheit** berufen können[22] und die grenzüberschreitende **Hinaus**verschmelzung auf eine ausländische Gesellschaft unabhängig von der Rechtsform der verschmelzenden Gesellschaften von der Niederlassungsfreiheit nach Art. 49, 54 AEUV geschützt ist, soweit dieser Vorgang nach dem Recht des Aufnahmestaates zulässig ist. Auch wenn die insoweit einschlägige Rechtsprechung des EuGH[23] unmittelbar nur den grenzüberschreitenden (Hinaus)Formwechsel betrifft, ist die ihr zugrunde liegende Auslegung der Niederlassungsfreiheit auf andere Umwandlungsvorgänge wie die grenzüberschreitende (Hinaus)Verschmelzung übertragbar.[24] Die Möglichkeit von Personengesellschaften, sich auf die Niederlassungsfreiheit zu berufen, ist von der Eintragung in ein nationales Register (Gesellschafts- oder Handelsregister) unabhängig. 18

Die Hinausverschmelzung der GbR auf einen ausländischen Rechtsträger muss daher möglich sein, wenn und soweit nach dem **Recht des Aufnahmestaates** die (Herein-)Verschmelzung der GbR auf einen dortigen Rechtsträger **zulässig** ist. Mit Blick auf die praktische Durchführung wird man sich mit Analogien zu bestehenden Vorschriften behelfen müssen, und zwar 19

- den Vorschriften, die Verschmelzungen im grenzüberschreitenden Kontext regeln, wenn auch nur für Kapitalgesellschaften (§§ 305 ff.), und

---

17) *Schollmeyer* in: BeckOGK-UmwG, § 39 Rz. 26; Lutter-*H. Schmidt*, UmwG, § 39 Rz. 19; Schmitt/Hörtnagl-*Missio*, UmwG/UmwStG, § 39 UmwG Rz. 1; Semler/Stengel/Leonard-*Heinrichs*, UmwG, § 39 Rz. 22; Kallmeyer-*Kocher*, UmwG, § 39 Rz. 8.

18) *Schollmeyer* in: BeckOGK-UmwG, § 39 Rz. 26; Schmitt/Hörtnagl-*Missio*, UmwG/UmwStG, § 39 UmwG Rz. 1; Semler/Stengel/Leonard-*Heinrichs*, UmwG, § 39 Rz. 22.

19) *Schollmeyer* in: BeckOGK-UmwG, § 39 Rz. 26; Semler/Stengel/Leonard-*Heinrichs*, UmwG, § 39 Rz. 22.

20) Richtlinie (EU) 2019/2121 des Europäischen Parlaments und des Rates v. 27.11.2019 zur Änderung der Richtlinie (EU) 2017/1132 in Bezug auf grenzüberschreitende Umwandlungen, Verschmelzungen und Spaltungen (Umwandlungsrichtlinie), ABl. (EU) L 321/1 v. 12.12.2019.

21) Zu den Gründen s. *J. Schmidt*, NZG 2022, 579, 580; krit. *Löbbe*, ZHR 187 (2023), 498, 499.

22) Umfassend *Schön*, ZHR 187 (2023), 123, 131 ff.

23) EuGH, Urt. v. 16.12.2008 – Rs. C-210/06 (Cartesio), Rz. 111 ff., Slg. 2008, I-9641 = NZG 2009, 61; EuGH, Urt. v. 25.10.2017 – Rs. C-106/16 (Polbud), Rz. 30, NJW 2017, 3639 = NZG 2017, 1308.

24) *Behme*, ZHR 182 (2018), 32, 47 ff.

– den Vorschriften, die sich mit der Verschmelzung von Personengesellschaften befassen, wenn auch nur im innerstaatlichen Kontext (§§ 39 ff.).

20 Jegliche Anwendung der genannten Vorschriften ist immer auf ihre die **Niederlassungsfreiheit beschränkende Wirkung** zu überprüfen; Beschränkungen bedürfen der unionsrechtlichen Rechtfertigung (für Einzelheiten siehe Einl. Rz. 183 ff. [*Stiegler*]).

21 Kommt es i. R. einer grenzüberschreitenden Verschmelzung zur **analogen Anwendung von § 39**, kann die Vorschrift eine Beschränkung der Niederlassungsfreiheit darstellen, sofern das Recht des Aufnahmestaates keine vergleichbaren Einschränkungen der Verschmelzungsfähigkeit aufgelöster Gesellschaften enthält. Insbesondere endet die Möglichkeit, sich auf die Niederlassungsfreiheit zu berufen, nicht mit der Auflösung der Gesellschaft.[25] In Anbetracht der **minderheitenschützenden Funktion** der Norm spricht aber viel dafür, dass sie auch im grenzüberschreitenden Kontext durch zwingende Erfordernisse des Allgemeininteresses, wozu insbesondere der Schutz von Minderheitsgesellschaftern zählt,[26] gerechtfertigt ist.

25) *Behme*, Rechtsformwahrende Sitzverlegung und Formwechsel von Gesellschaften über die Grenze, 2015, S. 28 f.

26) Vgl. speziell zur Rechtfertigung von Beschränkungen der Niederlassungsfreiheit im Kontext der grenzüberschreitenden Verschmelzung von Gesellschaften EuGH, Urt. v. 13.12.2005 – Rs. C-411/03 (SEVIC), Rz. 28, Slg. 2005, I-10805 = NZG 2006, 112.

§ 39a
Verschmelzungsbericht*)

Ein Verschmelzungsbericht ist für eine an der Verschmelzung beteiligte Gesellschaft bürgerlichen Rechts nicht erforderlich, wenn alle Gesellschafter dieser Gesellschaft zur Geschäftsführung berechtigt sind.

*) § 39a eingefügt durch Art. 60 des Gesetzes zur Modernisierung des Personengesellschaftsrechts (Personengesellschaftsrechtsmodernisierungsgesetz – MoPeG), v. 10.8.2021, BGBl. I 2021, 3436.

Übersicht

I. Überblick

1 § 39a erklärt einen Verschmelzungsbericht für eine an der Verschmelzung beteiligte GbR für entbehrlich, wenn alle Gesellschafter dieser Gesellschaft zur Geschäftsführung berechtigt sind. Der Regelungsgehalt der Norm entspricht dem vor Inkrafttreten des MoPeG[1] bereits für Personenhandelsgesellschaften geltenden § 41 a. F. Sie ist aufgrund der Verweisung in § 42 auf Personenhandelsgesellschaften entsprechend anzuwenden, nicht aber auf Partnerschaftsgesellschaften, für die § 45c gilt.

1) Gesetz zur Modernisierung des Personengesellschaftsrechts (Personengesellschaftsrechtsmodernisierungsgesetz – MoPeG), v. 10.8.2021, BGBl. I 2021, 3436.

II. Normzweck

2 § 39a dient der **Vereinfachung** des Verschmelzungsverfahrens und der Entlastung der GbR von dem Erfordernis des Verschmelzungsberichts. Dieser ist unter dem Aspekt des Schutzes von (Minderheits-)Gesellschaftern nicht erforderlich, wenn alle Gesellschafter zur Geschäftsführung berechtigt sind, da dann die Adressaten des Berichts und die zu seiner Aufstellung verpflichteten Personen identisch wären.[2]

III. Entbehrlichkeit des Verschmelzungsberichts

3 Grundsätzlich folgt bei jeder Verschmelzung aus § 8, dass ein ausführlicher schriftlicher Verschmelzungsbericht erstattet wird, in dem die Verschmelzung und der Verschmelzungsvertrag oder sein Entwurf i. E. rechtlich und wirtschaftlich erläutert und begründet werden. Der Verschmelzungsbericht ist von den Vertretungsorganen der an der Verschmelzung beteiligten Rechtsträger zu erstatten; bei der GbR sind dies die **vertretungsberechtigten Gesellschafter.**[3]

4 **Adressaten** des Verschmelzungsberichts sind die Anteilsinhaber der beteiligten Rechtsträger; bei der GbR sind dies die Gesellschafter. Folgerichtig ist der Verschmelzungsbericht nach § 8 Abs. 3 nicht erforderlich, wenn alle Anteilsinhaber des beteiligten Rechtsträgers auf seine Erstattung verzichten.

5 Die Aufstellung eines Verschmelzungsberichts durch die vertretungsberechtigten Gesellschafter ergibt nur Sinn, **wenn es weitere Gesellschafter gibt**, die (mangels Vertretungsberechtigung) in die Erstattung des Verschmelzungsberichts nicht involviert sind. Ansonsten würde der Verschmelzungsbericht nicht Informations-, sondern allenfalls Dokumentationszwecken dienen und sich so als Förmelei erweisen, ohne dass dem damit verbundenen Aufwand ein erkennbarer Nutzen gegenüberstünde. Daher erklärt § 39a den Verschmelzungsbericht nachvollziehbar für entbehrlich, wenn es neben den Verfassern selbst keine weiteren Adressaten gibt.

6 Es ist bemerkenswert, dass § 39a – anders als § 8 – nicht auf die zur Vertretung, sondern auf die **zur Geschäftsführung befugten Gesellschafter abstellt.** Dies ist vor dem Hintergrund erklärlich, dass die Berechtigung zur Vertretung und zur Geschäftsführung nach den dispositiven § 720 BGB bzw. § 124 HGB (Vertretung) und § 715 BGB bzw. § 116 HGB (Geschäftsführung) einheitlich geregelt sind, nämlich jeweils allen Gesellschaftern zustehen. Dort, wo dieser Gleichlauf ausnahmsweise aufgrund gesellschaftsvertraglicher Regelungen durchbrochen ist, kommt es aber nach dem Wortlaut nur auf die Geschäftsführungsbefugnis an.[4]

7 Dies bedeutet zugleich, dass der von § 39a adressierte Fall sowohl bei der GbR als auch bei der oHG dem gesetzlichen Regelfall entspricht;[5] dass nach dispositivem Recht für die GbR Gesamtgeschäftsführungsbefugnis der Gesellschafter vorgesehen ist (§ 715 Abs. 3 BGB), für die oHG hingegen Einzelgeschäftsführungsbefugnis (§ 116 Abs. 3 HGB), spielt keine Rolle.[6] Bei diesen Gesellschaftsformen ist ein Verschmelzungsbericht somit

2) Koch-*Kraft*, PersonengesellschaftsR, § 39a UmwG Rz. 1; Lutter-*H. Schmidt*, UmwG, § 39a Rz. 1; *Schollmeyer* in: BeckOGK-UmwG, § 39a Rz. 3.

3) Schmitt/Hörtnagl-*Winter*, UmwG/UmwStG, § 8 UmwG Rz. 6.

4) Lutter-*H. Schmidt*, UmwG, § 39a Rz. 4; Kallmeyer-*Kocher*, UmwG, § 39a Rz. 2; Semler/Stengel/Leonard-*Heinrichs*, UmwG, § 39a Rz. 10.

5) Zutr. Schmitt/Hörtnagl-*Missio*, UmwG/UmwStG, § 39 UmwG Rz. 3; *Schollmeyer* in: BeckOGK-UmwG, § 39a Rz. 9; vgl. auch OLG Rostock, Beschl. v. 10.2.2021 – 1 W 37/20, NJW-RR 2021, 490, 491 = NZG 2021, 467: „Klassischer Anwendungsfall dieser Ausnahme von der Berichtspflicht ist die OHG".

6) Lutter-*H. Schmidt*, UmwG, § 39a Rz. 4; Koch-*Kraft*, PersonengesellschaftsR, § 39a UmwG Rz. 6.

nur dann erforderlich, wenn es Gesellschafter gibt, die nach dem **Gesellschaftsvertrag** von der Geschäftsführung (und damit regelmäßig zugleich auch von der Vertretung der Gesellschaft) ausgeschlossen sind.

8 Gleiches gilt, wenn die Befugnis zur Geschäftsführung einem Gesellschafter **durch Beschluss** nach § 715 Abs. 5 BGB bzw. § 116 Abs. 5 HGB vollständig entzogen wurde oder wenn ein Gesellschafter die Geschäftsführung nach § 715 Abs. 6 BGB bzw. § 116 Abs. 6 HGB vollständig gekündigt hat.

9 Dagegen ist bei der **KG**, auf die § 39a kraft Verweisung in § 42 ebenfalls Anwendung findet, der Kommanditist gemäß § 164 HGB von der Geschäftsführung ausgeschlossen, so dass es für die KG im Ausgangspunkt beim Erfordernis eines Verschmelzungsberichts bleibt. Anderes gilt nur, wenn sämtlichen Kommanditisten – zulässigerweise (vgl. § 163 HGB)[7] – im Gesellschaftsvertrag Geschäftsführungsbefugnis eingeräumt wird; in diesem Fall ist der Verschmelzungsbericht gemäß § 42 i. V. m. § 39a entbehrlich. Gleiches sollte analog gelten, wenn **alle Kommanditisten** einer GmbH & Co. KG als Geschäftsführer der Komplementär-GmbH mittelbar mit Geschäftsführungsbefugnis ausgestattet sind.[8] In Zweifelsfällen ist ein Verzicht nach § 8 Abs. 3 zu empfehlen.

10 Sind bei der GbR bzw. bei der oHG Gesellschafter durch den Gesellschaftsvertrag **nur teilweise** von der Geschäftsführung **ausgeschlossen** oder ist der Entzug der Geschäftsführungsbefugnis gemäß § 715 Abs. 5 BGB bzw. § 116 Abs. 5 HGB oder die Kündigung der Geschäftsführung durch den Gesellschafter gemäß § 715 Abs. 6 BGB bzw. § 116 Abs. 6 HGB nur teilweise erfolgt, so soll nach mitunter vertretener Auffassung § 39a keine Anwendung finden, wenn die bei jedem Gesellschafter verbleibenden Teilbefugnisse ausreichen, um sich die für die Meinungsbildung relevanten Informationen selbst zu beschaffen, da er dann durch einen Verschmelzungsbericht keine darüberhinausgehenden relevanten Informationen bekäme.[9] **Dem kann aus Gründen der Rechtssicherheit nicht gefolgt werden.** Sind einzelne Gesellschafter nicht uneingeschränkt zur Führung der Geschäfte befugt, ist ein Verschmelzungsbericht weiterhin erforderlich;[10] der damit verbundene Aufwand lässt sich, sofern alle Betroffenen damit einverstanden sind, durch einen Verzicht auf den Verschmelzungsbericht nach § 8 Abs. 3 einfach vermeiden.

IV. Rechtsfolgen fehlerhafter Anwendung von § 39a

11 Wird – etwa wegen fehlerhafter Annahme der Voraussetzungen von § 39a – bei der GbR ein Verschmelzungsbericht zu Unrecht nicht erstattet, ist der Verschmelzungsbeschluss der Gesellschafter nichtig.[11] Bei Personenhandelsgesellschaften führt das Fehlen des Berichts dagegen lediglich zur **Anfechtbarkeit** des Verschmelzungsbeschlusses (§ 110 Abs. 1 HGB); gleiches kann gelten, wenn das Beschlussmängelrecht der Personenhandels-

7) *Grunewald* in: MünchKomm-HGB, § 164 Rz. 23.

8) So überzeugend zu § 41 a. F. OLG Rostock, Beschl. v. 10.2.2021 – 1 W 37/20, NJW-RR 2021, 490 = NZG 2021, 467; a. A. unter Verweis auf den Wortlaut Schmitt/Hörtnagl-*Missio*, UmwG/UmwStG, § 39a UmwG Rz. 3; s. ferner *Dauner-Lieb/Tettinger* in: KölnKomm-UmwG § 39a Rz. 9 m. w. N.; Semler/Stengel/Leonard-*Heinrichs*, UmwG, § 39a Rz. 11 – aus Vorsichtsgründen Vorabstimmung mit dem Handelsregister empfehlenswert.

9) Widmann/Mayer-*Vossius*, UmwR, § 39a UmwG Rz. 9; *Schollmeyer* in: BeckOGK-UmwG, § 39a Rz. 12; Kallmeyer-*Kocher*, UmwG, § 39a Rz. 3.

10) Wie hier Lutter-*H. Schmidt*, UmwG, § 39a Rz. 5; Koch-*Kraft*, PersonengesellschaftsR, § 39a UmwG Rz. 6; *Dauner-Lieb/Tettinger* in: KölnKomm-UmwG, § 39a Rz. 8; s. zum Verhältnis von § 39a und § 8 Abs. 3 auch Koch-*Kraft*, PersonengesellschaftsR, § 39a UmwG Rz. 5.

11) *Schollmeyer* in: BeckOGK-UmwG, § 39a Rz. 13; Koch-*Kraft*, PersonengesellschaftsR, § 39a UmwG Rz. 7.

oder Kapitalgesellschaften zulässigerweise[12] im Gesellschaftsvertrag der GbR nachgebildet wurde. Die auf Feststellung der Nichtigkeit des Verschmelzungsbeschlusses bzw. seine Nichtigerklärung gerichtete **Klage** gegen die Wirksamkeit eines Verschmelzungsbeschlusses muss gemäß § 14 Abs. 1 binnen eines Monats nach der Beschlussfassung erhoben werden. Verstreicht diese Frist, muss die Verschmelzung eingetragen werden; mit der Eintragung tritt **Heilung** nach § 20 Abs. 2 ein.[13]

V. Anwendbarkeit auf grenzüberschreitende Verschmelzungen

Unmittelbar anwendbar ist § 39a aufgrund der Verweisung in § 305 Abs. 2 Satz 2 i. V. m. § 42 auf den dort geregelten Fall der grenzüberschreitenden **Hereinverschmelzung** auf eine Personenhandelsgesellschaft. 12

Soweit grenzüberschreitende Verschmelzungen von Personengesellschaften im Anwendungsbereich der Niederlassungsfreiheit durch die analoge Anwendung von Regelungen für innerstaatliche Verschmelzungen bewältigt werden (siehe § 39 Rz. 19 [*Behme*]), ist **auch § 39a analog anwendbar,** da der Normzweck (siehe Rz. 2) unabhängig davon Geltung beansprucht, ob es sich um eine innerstaatliche oder eine grenzüberschreitende Verschmelzung handelt. 13

12) Vgl. BGH, Urt. v. 13.2.1995 – II ZR 15/94, NJW 1995, 1218 = ZIP 1995, 460.

13) *Schollmeyer* in: BeckOGK-UmwG, § 39a Rz. 15.

§ 39b
Unterrichtung der Gesellschafter*)

Der Verschmelzungsvertrag oder sein Entwurf und der Verschmelzungsbericht sind den Gesellschaftern, die von der Befugnis zur Geschäftsführung ausgeschlossen sind, spätestens zusammen mit der Einberufung der Gesellschafterversammlung, die gemäß § 13 Absatz 1 über die Zustimmung zum Verschmelzungsvertrag beschließen soll, zu übersenden.

*) § 39b eingefügt durch Art. 60 des Gesetzes zur Modernisierung des Personengesellschaftsrechts (Personengesellschaftsrechtsmodernisierungsgesetz – MoPeG), v. 10.8.2021, BGBl. I 2021, 3436.

Übersicht

I. Überblick

§ 39b steht in engem sachlichem Zusammenhang zu § 39c und regelt die **Vorabinformation** der nicht geschäftsführungsbefugten Gesellschafter im Vorfeld der Beschlussfassung über den **Verschmelzungsvertrag.** Gegenstand der Vorabinformation sind der Verschmelzungsvertrag oder sein **Entwurf** und – sofern er nicht nach § 39a entbehrlich ist – der **Verschmelzungsbericht.** Der Regelungsgehalt der Norm entspricht dem vor Inkrafttreten 1 des MoPeG[1)] bereits für Personenhandelsgesellschaften geltenden § 42 a. F. Sie ist aufgrund der Verweisung in § 42 auf Personenhandelsgesellschaften entsprechend anzuwenden, nicht aber auf Partnerschaftsgesellschaften, für die § 45c gilt.

II. Normzweck

2 § 39b dient dem Schutz der (Minderheits-)Gesellschafter, indem er gewährleistet, dass diese, sofern sie von der Geschäftsführung ausgeschlossen sind, ihre Entscheidung über die Verschmelzung gleichwohl auf einer angemessenen Informationsgrundlage treffen. Er ergänzt insoweit die allgemeinen Informationsrechte der Gesellschafter nach § 717 BGB (für die oHG i. V. m. § 160 Abs. 2 HGB) durch eine Informationspflicht.[2)] Besondere Relevanz hat die Vorschrift für den Kommanditisten, der gemäß § 166 HGB ansonsten nur über schwach ausgeprägte Informationsrechte verfügt.

III. Die Unterrichtung der Gesellschafter im Einzelnen

1. Gegenstand

3 Gegenstand der Übersendung sind der Verschmelzungsvertrag bzw. (sofern der Vertrag gemäß § 4 Abs. 2 nach dem Verschmelzungsbeschluss geschlossen werden soll) sein Entwurf sowie der Verschmelzungsbericht, sofern dieser nicht nach § 39a entbehrlich ist. Der Informationsanspruch erstreckt sich auf **sämtliche Anlagen und etwaige Nebenabreden.**[3)]

4 Nach einhelliger Auffassung erstreckt sich die Übermittlungspflicht auf einen nach § 39e auf Verlangen eines Gesellschafters zu erstellenden **Prüfungsbericht** (§ 12).[4)] Ist eine solche Prüfung freiwillig erfolgt[5)] und liegt der Prüfungsbericht bereits vor, ist er ebenfalls zusammen mit der Einberufung zu übersenden. Die Pflicht zur Erstellung des Prüfungsberichts wird ansonsten regelmäßig erst durch das entsprechende Verlangen eines Gesellschafters ausgelöst; hierfür gilt eine Frist von einer Woche nach Erhalt der in § 39b genannten Unterlagen. In diesem Fall ist der Prüfungsbericht erst **nachträglich zu erstellen** und zu übersenden, und zwar nicht nur an den Gesellschafter, der das Prüfungsverlangen gestellt hat, sondern an alle Gesellschafter.

2. Adressaten

5 Adressaten der Übersendung sind die **nicht zur Geschäftsführung befugten Gesellschafter,** sofern es solche gibt (siehe § 39a Rz. 5 ff. [*Behme*]); bei der KG, auf die § 39b kraft Verweisung in § 42 Anwendung findet, sind dies insbesondere die Kommanditisten, sofern ihnen nicht ausnahmsweise nach dem Gesellschaftsvertrag Geschäftsführungsbefugnis eingeräumt ist.

6 Die Pflicht zur Übersendung der Unterlagen an alle nicht zur Geschäftsführung befugten Gesellschafter ist **zwingend** (vgl. § 1 Abs. 3) und besteht daher auch dann, wenn die betroffenen Gesellschafter aufgrund gesellschaftsvertraglicher Regelungen (bspw. Stammesre-

1) Gesetz zur Modernisierung des Personengesellschaftsrechts (Personengesellschaftsrechtsmodernisierungsgesetz – MoPeG), v. 10.8.2021, BGBl. I 2021, 3436.

2) Lutter-*H. Schmidt*, UmwG, § 39b Rz. 1; Koch-*Kraft*, PersonengesellschaftsR, § 39b UmwG Rz. 1.

3) *Schollmeyer* in: BeckOGK-UmwG, § 39b Rz. 5; Lutter-*H. Schmidt*, UmwG, § 39b Rz. 5.

4) *Schollmeyer* in: BeckOGK-UmwG, § 39b Rz. 5; Lutter-*H. Schmidt*, UmwG, § 39b Rz. 5; Koch-*Kraft*, PersonengesellschaftsR, § 39b UmwG Rz. 6; Schmitt/Hörtnagl-*Missio*, UmwG/UmwStG, § 39b UmwG Rz. 4; Semler/Stengel/Leonard-*Heinrichs*, UmwG, § 39b Rz. 6 f.

5) S. zu dieser Möglichkeit *Fromholzer* in: BeckOGK-UmwG, § 9 Rz. 22.

gelungen) die Ausübung des Stimmrechts einem **Vertreter** übertragen haben.[6] Dies ist auch sachgerecht, da ein Informationsinteresse eines Gesellschafters im Hinblick auf die Verschmelzung auch dann anzuerkennen ist, wenn er weder geschäftsführungs- noch stimmbefugt ist; auch in einem solchen Fall greift die Verschmelzung in seine Mitgliedschaft ein und er ist befugt, gegen den Verschmelzungsbeschluss Klage (bei der GbR: Feststellung der Nichtigkeit, bei oHG und KG: Anfechtungsklage) zu erheben.

3. Übersendung mit Einberufung der Gesellschafterversammlung

Die Übersendung hat durch die geschäftsführenden Gesellschafter **spätestens zusammen mit der Einberufung** der Gesellschafterversammlung zu erfolgen; eine frühere Übersendung ist zulässig.[7] Der Begriff der „Gesellschafterversammlung" ist terminologisch zumindest unscharf, da Personengesellschaften nicht körperschaftlich verfasst sind und folglich nicht (wie eine GmbH) über eine Gesellschafterversammlung als Organ verfügen; § 714 BGB spricht daher nur von „Gesellschafterbeschlüssen" und § 109 Abs. 1 HGB von „Beschlüssen der Gesellschafter", die in „Versammlung**en**" (Plural!) gefasst werden. Allerdings scheint der Gesetzgeber dieser Unterscheidung immer weniger Gewicht beizumessen; auch in § 109 Abs. 4 HGB ist von der „Gesellschafterversammlung" die Rede.[8] **Gemeint ist jedenfalls** die Einberufung der **Versammlung**, in der die Gesellschafter **über die Verschmelzung beschließen** (zu den Anforderungen an eine solche Versammlung siehe § 39c Rz. 4 ff. [*Behme*]); ein gesetzliches Erfordernis einer solchen Versammlung im Falle der Beschlussfassung über die Verschmelzung folgt auch für die GbR jedenfalls aus § 13 Abs. 1 Satz 2. 7

Welche genauen **Anforderungen an die Einberufung** zu stellen sind, ist bei der **oHG** rudimentär in § 109 Abs. 2 HGB („durch formlose Einladung der anderen Gesellschafter unter Ankündigung des Zwecks der Versammlung in angemessener Frist") geregelt; für die **GbR** fehlen gesetzliche Regelungen. Entscheidend sind daher regelmäßig die Anforderungen, die der **Gesellschaftsvertrag** aufstellt. Dies gilt insbesondere für die Dauer der Frist zwischen der Einberufung der Versammlung und ihrer Durchführung. Sieht der Gesellschaftsvertrag eine Frist nicht vor oder ist die gesellschaftsvertragliche Frist so kurz, dass dem Gesellschafter eine verständige Auswertung der übersandten Unterlagen nicht möglich ist, wird im Schrifttum dafür plädiert, eine **Mindestfrist** von einer Woche anzusetzen; die Angemessenheit dieser Frist werde auch durch § 39e bestätigt, wonach ein Gesellschafter eine Verschmelzungsprüfung nur innerhalb einer Frist von einer Woche nach Erhalt der nach § 39b genannten Unterlagen verlangen kann.[9] Auch wenn diese Wochenfrist im Gesetz nicht angelegt ist und eine solch starre Mindestfrist auch nicht zwingend als sachgerecht erscheint, ist in Anbetracht des Meinungsbildes im Schrifttum für die Praxis die Einhaltung dieser Frist jedenfalls **empfehlenswert**, um eine rechtliche Angreifbarkeit des Verschmelzungsbeschlusses zu vermeiden. Für die Beschlussfassung gelten die Mehrheitserfordernisse nach § 39c. 8

Das Gesetz verlangt für die Übersendung der Unterlagen keine bestimmte **Form**. Sofern der Gesellschaftsvertrag nicht strengere Erfordernisse aufstellt (wobei gesellschaftsver- 9

---

6) Wie hier Koch-*Kraft*, PersonengesellschaftsR, § 39b UmwG Rz. 4; a. A. *Schollmeyer* in: BeckOGK-UmwG, § 39b Rz. 7; Lutter-*H. Schmidt*, UmwG, § 39b Rz. 6; Widmann/Mayer-*Vossius*, UmwR, § 39b UmwG Rz. 7; Semler/Stengel/Leonard-*Heinrichs*, UmwG, § 39b Rz. 9; *Dauner-Lieb/Tettinger* in: KölnKomm-UmwG, § 39b Rz. 5 – Übersendung an den Vertreter ausreichend.

7) Lutter-*H. Schmidt*, UmwG, § 39b Rz. 7.

8) Vgl. immerhin Begr. RegE MoPeG, BT-Drucks. 19/27635, S. 265: „Das Erfordernis einer Gesellschafterversammlung ist im Recht der Gesellschaft bürgerlichen Rechts eine singuläre Erscheinung."

9) Kallmeyer-*Kocher*, UmwG, § 39b Rz. 6; Lutter-*H. Schmidt*, UmwG, § 39b Rz. 7; Semler/Stengel/Leonard-*Heinrichs*, UmwG, § 39b Rz. 12.

tragliche Einberufungserfordernisse im Zweifel auch die Übermittlung der Unterlagen erfassen), können sie daher ohne weiteres in Kopie oder – sofern der Gesellschaftsvertrag nichts anderes bestimmt – per E-Mail oder Telefax übermittelt werden.[10] Keine „Übersendung“ und dementsprechend nicht ausreichend ist demgegenüber die Bereitstellung zum Abruf auf einer Online-Plattform über einen Abruf-Link.

10 Das Gesetz verlangt nur Übersendung, keinen Zugang. Allerdings wird die Frist von einer Woche, innerhalb derer ein Gesellschafter die Prüfung des Verschmelzungsvertrags nach § 39e verlangen kann, erst durch den **„Erhalt“** (siehe § 39e Rz. 12 [*Behme*]) der in § 39b genannten Unterlagen und **nicht schon durch deren Versendung** ausgelöst. Aus Sicht der Gesellschaft ist daher darauf zu achten, dass der Erhalt der Unterlagen durch die betroffenen Gesellschafter nachweisbar ist.[11]

4. Verzicht auf die Übersendung der Unterlagen

11 In Anbetracht des zwingenden Charakters der Norm (siehe Rz. 6) ist ein vorab im Gesellschaftsvertrag pauschal für den Fall einer Verschmelzung erklärter Verzicht auf die Übersendung der Unterlagen **unzulässig**; dies folgt auch aus dem Rechtsgedanken des § 717 Abs. 1 Satz 3 BGB. Ist die Verschmelzung hingegen bereits konkret geplant und erklärt ein Gesellschafter in Kenntnis des Verschmelzungsvorhabens im Vorfeld der Gesellschafterversammlung bzw. ihrer Einberufung den Verzicht auf die Übersendung der Unterlagen, ist nicht ersichtlich, warum dies unzulässig sein sollte,[12] zumal es den Gesellschaftern trotz des Verzichts unbenommen bleibt, die allgemeinen Informationsansprüche nach § 717 Abs. 1 BGB bzw. § 166 HGB weiterhin geltend zu machen.[13]

5. Rechtsfolgen unterbliebener Übersendung

12 Werden bei der **GbR** die Unterlagen zu Unrecht (ohne dass ein wirksamer Verzicht vorliegt, siehe Rz. 11) nicht übersendet, ist der Verschmelzungsbeschluss der Gesellschafter nichtig.[14] Bei **Personenhandelsgesellschaften** führt das Fehlen des Berichts dagegen lediglich zur Anfechtbarkeit des Verschmelzungsbeschlusses (§ 110 Abs. 1 HGB); gleiches kann gelten, wenn das Beschlussmängelrecht der Personenhandels- oder Kapitalgesellschaften zulässigerweise[15] im Gesellschaftsvertrag der GbR nachgebildet wurde.[16]

13 Die auf Feststellung der Nichtigkeit des Verschmelzungsbeschlusses bzw. seine Nichtigerklärung gerichtete **Klage** muss gemäß § 14 Abs. 1 binnen eines Monats nach der Be-

---

10) *Schollmeyer* in: BeckOGK-UmwG, § 39b Rz. 10; *Dauner-Lieb/Tettinger* in: KölnKomm-UmwG, § 39b Rz. 9; Kallmeyer-*Kocher*, UmwG, § 39b Rz. 9; Lutter-*H. Schmidt*, UmwG, § 39b Rz. 8; Widmann/Mayer-*Vossius*, UmwR, § 39b UmwG Rz. 13; Semler/Stengel/Leonard-*Heinrichs*, UmwG, § 39b Rz. 11; strenger Koch-*Kraft*, PersonengesellschaftsR, § 39b UmwG Rz. 7, die dafür eine Einwilligung des Gesellschafters verlangt.

11) Vgl. *Schollmeyer* in: BeckOGK-UmwG, § 39b Rz. 11 – der Zugang sei „indirekt erforderlich“.

12) Wie hier Kallmeyer-*Kocher*, UmwG, § 39b Rz. 3; Koch-*Kraft*, PersonengesellschaftsR, § 39b UmwG Rz. 12; strenger *Schollmeyer* in: BeckOGK-UmwG, § 39b Rz. 12 f.; Semler/Stengel/Leonard-*Heinrichs*, UmwG, § 39b Rz. 14.

13) Das Nebeneinander von § 39b und diesen Informationsrechten betonen zutr. Kallmeyer-*Kocher*, UmwG, § 39b Rz. 8; Semler/Stengel/Leonard-*Heinrichs*, UmwG, § 39b Rz. 17.

14) *Schollmeyer* in: BeckOGK-UmwG, § 39b Rz. 14; Lutter-*H. Schmidt*, UmwG, § 39b Rz. 10; Koch-*Kraft*, PersonengesellschaftsR, § 39b UmwG Rz. 17; Semler/Stengel/Leonard-*Heinrichs*, UmwG, § 39b Rz. 15; *Dauner-Lieb/Tettinger* in: KölnKomm-UmwG, § 39b Rz. 17.

15) Vgl. BGH, Urt. v. 13.2.1995 – II ZR 15/94, NJW 1995, 1218 = ZIP 1995, 460.

16) *Schollmeyer* in: BeckOGK-UmwG, § 39b Rz. 14.

schlussfassung erhoben werden. Verstreicht diese Frist, muss die Verschmelzung eingetragen werden; mit der Eintragung tritt **Heilung** nach § 20 Abs. 2 ein.[17)]

IV. Anwendbarkeit auf grenzüberschreitende Verschmelzungen

Unmittelbar anwendbar ist § 39b aufgrund der Verweisung in § 305 Abs. 2 Satz 2 i. V. m. § 42 auf den dort geregelten Fall der grenzüberschreitenden Hereinverschmelzung auf eine Personenhandelsgesellschaft. 14

Soweit grenzüberschreitende Verschmelzungen von Personengesellschaften im Anwendungsbereich der Niederlassungsfreiheit durch die analoge Anwendung von Regelungen für innerstaatliche Verschmelzungen bewältigt werden (siehe § 39 Rz. 19 [*Behme*]), ist auch § 39b analog anwendbar, da der Normzweck (siehe Rz. 2) unabhängig davon Geltung beansprucht, ob es sich um eine innerstaatliche oder eine grenzüberschreitende Verschmelzung handelt. 15

17) *Schollmeyer* in: BeckOGK-UmwG, § 39b Rz. 14; Semler/Stengel/Leonard-*Heinrichs*, UmwG, § 39b Rz. 16.

§ 39c
Beschluss der Gesellschafterversammlung*)

(1) Der Verschmelzungsbeschluss der Gesellschafterversammlung bedarf der Zustimmung aller anwesenden Gesellschafter; ihm müssen auch die nicht erschienenen Gesellschafter zustimmen.

(2) Der Gesellschaftsvertrag kann eine Mehrheitsentscheidung der Gesellschafter vorsehen. Die Mehrheit muss mindestens drei Viertel der abgegebenen Stimmen betragen.

*) § 39c eingefügt durch Art. 60 des Gesetzes zur Modernisierung des Personengesellschaftsrechts (Personengesellschaftsrechtsmodernisierungsgesetz – MoPeG), v. 10.8.2021, BGBl. I 2021, 3436.

Literatur: *Lieder*, Die Umwandlung eingetragener BGB-Gesellschaften nach dem modernisierten Umwandlungsgesetz, NotBZ 2024, 361.

Übersicht

I. Überblick

§ 39c steht in engem sachlichem Zusammenhang zu § 39b und regelt die **erforderlichen Quoren bei der Beschlussfassung** über den Verschmelzungsvertrag. Grundsätzlich bedarf der Verschmelzungsbeschluss der Zustimmung aller – auch der nicht anwesenden – Gesellschafter (§ 39c Abs. 1). Der Gesellschaftsvertrag kann jedoch einen Mehrheitsbeschluss vorsehen, sofern die Mehrheit mindestens drei Viertel der abgegebenen Stimmen beträgt (§ 39c Abs. 2). Der Regelungsgehalt der Norm entspricht dem vor Inkrafttreten 1 des MoPeG[1] bereits für Personenhandelsgesellschaften geltenden § 43 a. F. Sie ist aufgrund der Verweisung in § 42 auf **Personenhandelsgesellschaften** entsprechend anzuwenden, nicht aber auf PartGs, für die § 45d gilt. Eine vorrangige Sonderregelung enthält § 51 Abs. 1 Satz 1 und 2 für den Fall, dass an der Verschmelzung eine GmbH als übernehmender Rechtsträger beteiligt ist, auf deren Geschäftsanteile nicht alle zu leistenden Einlagen in voller Höhe bewirkt sind.

II. Normzweck

2 § 39c dient dem **Schutz der einzelnen (Minderheits-)Gesellschafter**, deren Mitgliedschaft durch die Verschmelzung in erheblichem Maße betroffen ist. Für die Beteiligung der Gesellschaft an der Verschmelzung als übertragender Rechtsträger wird häufig eine Parallele zur Auflösung der Gesellschaft gezogen. Vor diesem Hintergrund ist es konsequent, dass die Mehrheitserfordernisse denen für einen Auflösungsbeschluss entsprechen (bei der GbR: §§ 714, 732 BGB; bei der oHG und der KG: §§ 109 Abs. 3, 140 HGB). Bei der Beteiligung der Gesellschaft an der Verschmelzung als aufnehmender Rechtsträger sind die Konsequenzen für deren Gesellschafter nicht weniger einschneidend, da die Verbindlichkeiten der übertragenden Gesellschaft im Wege der Gesamtrechtsnachfolge übernommen werden und die Gesellschafter für diese fortan persönlich und unbeschränkt haften (§ 721 BGB).[2]

III. Erfordernis der Gesellschafterversammlung

3 Die Beschlussfassung über die Zustimmung zum Verschmelzungsvertrag muss gemäß § 39c in einer „Gesellschafterversammlung" (zur Terminologie siehe bereits § 39b Rz. 7 [*Behme*]) erfolgen. Das Erfordernis einer Gesellschafterversammlung ist **dem Recht der GbR an sich fremd,**[3] entspricht aber der Aussage von § 13 Abs. 1 Satz 2, wonach der Verschmelzungsbeschluss nur in einer „Versammlung der Anteilsinhaber" gefasst werden kann.

4 Welche **Anforderungen** an die Versammlung der Gesellschafter bei einer Personengesellschaft zu stellen sind, wird weder durch § 39c noch durch § 13 Abs. 1 Satz 2 näher spezifiziert. Allerdings können die Erwägungen aus der Regierungsbegründung zu § 109 HGB, der für die oHG ebenfalls die grundsätzliche Beschlussfassung in „Versammlungen" der Gesellschafter vorsieht, auf alle Personengesellschaften und damit auch auf die GbR übertragen werden.

5 Danach liegt eine Versammlung vor, „wenn mehrere Personen zu einem bestimmten Zweck, aber nicht notwendigerweise an einem bestimmten Ort, zusammenkommen." Es sei daher zulässig, Beschlüsse „sowohl in einer Präsenzversammlung als auch in einer virtuellen Versammlung, also bspw. in einer Telefon- oder Videokonferenz" zu fassen.[4] Die Beschlussfassung über die Zustimmung zum Verschmelzungsvertrag in einer **virtuellen Versammlung** der Gesellschafter ist demnach zulässig und steht auch mit § 13 Abs. 1 Satz 2 in Einklang. Entscheidend ist nicht die Art und Weise der Versammlung, sondern dass es sich um eine „Zusammenkunft" der Gesellschafter handelt, in deren Rahmen ein Meinungs-

1) Gesetz zur Modernisierung des Personengesellschaftsrechts (Personengesellschaftsrechtsmodernisierungsgesetz – MoPeG), v. 10.8.2021, BGBl. I 2021, 3436.

2) S. Begr. RegE UmwBerG z. § 43 a. F., BR-Drucks. 75/94, S. 98; Lutter-*H. Schmidt*, UmwG, § 39c Rz. 3; Semler/Stengel/Leonard-*Heinrichs*, UmwG, § 39c Rz. 6.

3) Vgl. Begr. RegE MoPeG, BT-Drucks. 19/27635, S. 265: „Das Erfordernis einer Gesellschafterversammlung ist im Recht der Gesellschaft bürgerlichen Rechts eine singuläre Erscheinung."; vgl. auch *Lieder*, NotBZ 2024, 361, 363 – „Formalisierung des ansonsten sehr freien Beschlussverfahrens".

4) Begr. RegE MoPeG, BT-Drucks. 19/27635, S. 226.

austausch über die geplante Verschmelzung erfolgen kann.[5] Nicht zulässig ist aus diesem Grund die Beschlussfassung im schriftlichen (Umlauf-)Verfahren oder per E-Mail.[6]

Gemäß § 13 Abs. 3 Satz 1 müssen der Verschmelzungsbeschluss und die erforderlichen Zustimmungserklärungen einzelner Anteilsinhaber einschließlich der erforderlichen Zustimmungserklärungen nicht erschienener Anteilsinhaber **notariell beurkundet** werden. Bei einer virtuellen Versammlung der Gesellschafter kann das Beurkundungserfordernis dadurch gewahrt werden, dass der Notar für die Beurkundung am Aufenthaltsort des Versammlungsleiters zugegen ist, sich dort von dem ordnungsgemäßen Ablauf des Beschlussverfahrens überzeugt und sodann die Feststellung des Beschlussergebnisses durch das zuständige Gesellschaftsorgan beurkundet.[7] 6

IV. Grundsatz: Einstimmigkeit (§ 39c Abs. 1)

Gemäß § 39c Abs. 1 bedarf der Verschmelzungsbeschluss im gesetzlichen Regelfall der **Zustimmung *aller* Gesellschafter**; er geht damit über § 714 BGB hinaus, der für Gesellschafterbeschlüsse grundsätzlich nur die Zustimmung **aller *stimmberechtigten* Gesellschafter** verlangt. Gesellschaftsvertragliche Stimmrechtsausschlüsse entfalten aufgrund der grundlegenden Auswirkungen der Verschmelzung auf die Mitgliedschaft auch der stimmrechtslosen Gesellschafter somit keine Wirkung.[8] Eine **Ausnahme** ist anzuerkennen bei der personenidentischen GmbH & Co. KG: Hier bedarf auch der Verschmelzungsbeschluss nicht der Zustimmung der Komplementär-GmbH, wenn deren Stimmrecht in der Gesellschafterversammlung der KG im Gesellschaftsvertrag ausschlossen ist.[9] 7

Nicht erforderlich für einen wirksamen Verschmelzungsbeschluss ist aber die **Teilnahme aller Gesellschafter** an der Versammlung, in der über die Zustimmung zum Verschmelzungsvertrag abgestimmt wird („Vollversammlung"). Die Gesellschafter, die an der Versammlung nicht teilnehmen, können entweder (soweit dies nach dem Gesellschaftsvertrag zulässig ist oder alle Mitgesellschafter zustimmen) einen Mitgesellschafter zur Stimmabgabe bevollmächtigen[10] oder ihre Zustimmung außerhalb der Versammlung erklären. Die Erklärung der Zustimmung kann **im Voraus**[11] oder nachträglich erfolgen. In Ermangelung eines gesetzlichen Mindestteilnahmequorums und vorbehaltlich abweichender Regelungen zur Beschlussfähigkeit im Gesellschaftsvertrag ist es im Extremfall denkbar, dass nur ein Gesellschafter an der (nach Maßgabe des Gesellschaftsvertrags ordnungsgemäß einberufenen) Versammlung teilnimmt und alle anderen Gesellschafter ihre Zustimmung außerhalb der Versammlung erklären.[12] Entscheidend ist nämlich nicht, dass die Gesellschafter tatsächlich in einen Meinungsaustausch zu der Verschmelzung eintreten, sondern nur, dass jeder Gesellschafter die **grundsätzliche Möglichkeit** dazu erhält. 8

5) BGH, Beschl. v. 5.10.2021 – II ZB 7/21, NZG 2021, 1562, 1563 f. = ZIP 2021, 2276 – zum Verschmelzungsbeschluss einer Genossenschaft in einer virtuellen Versammlung; i. Erg. wie hier *Lieder*, NotBZ 2024, 361, 363; *Schollmeyer* in: BeckOGK-UmwG, § 39c Rz. 9 f.

6) Lutter-*H. Schmidt*, UmwG, § 39c Rz. 5; Semler/Stengel/Leonard-*Heinrichs*, UmwG, § 39c Rz. 11, 13.

7) BGH, Beschl. v. 5.10.2021 – II ZB 7/21, NZG 2021, 1562, 1564 = ZIP 2021, 2276.

8) *Schäfer* in: MünchKomm-BGB, § 714 Rz. 22; Lutter-*H. Schmidt*, UmwG, § 39c Rz. 11; *Dauner-Lieb/Tettinger* in: KölnKomm-UmwG, § 39c Rz. 19; Kallmeyer-*Zimmermann*, UmwG, § 39c Rz. 7; Widmann/Mayer-*Vossius*, UmwR, § 39c UmwG Rz. 81 f.

9) Vgl. BGH, Urt. v. 24.5.1993 – II ZR 73/92, NJW 1993, 2100 = ZIP 1993, 1076; Semler/Stengel/Leonard-*Heinrichs*, UmwG, § 39c Rz. 25.

10) Zur Zulässigkeit der Stellvertretung Schmitt/Hörtnagl-*Missio*, UmwG/UmwStG, § 39c UmwG Rz. 8; Semler/Stengel/Leonard-*Heinrichs*, UmwG, § 39c Rz. 14; *Schollmeyer* in: BeckOGK-UmwG, § 39c Rz. 12.

11) S. dazu Semler/Stengel/Leonard-*Heinrichs*, UmwG, § 39c Rz. 33.

12) Schmitt/Hörtnagl-*Missio*, UmwG/UmwStG, § 39c UmwG Rz. 4; *Schollmeyer* in: BeckOGK-UmwG, § 39c Rz. 7; Widmann/Mayer-*Vossius*, UmwR, § 39c UmwG, Rz. 17.

9 Im Hinblick auf die in der Versammlung erschienenen („anwesenden“) Gesellschafter verlangt § 39c Abs. 1 Halbs. 1, dass alle zustimmen; daran fehlt es, wenn sich ein anwesender Gesellschafter bei der Abstimmung **enthält** oder seine **Stimmabgabe unwirksam** ist.

10 Die nicht anwesenden Gesellschafter können ihre Zustimmung außerhalb der Versammlung **im Voraus oder nachträglich** erklären; auch hier führt die Enthaltung, das Ausbleiben oder die Unwirksamkeit einer solchen Zustimmungserklärung dazu, dass der Verschmelzungsbeschluss nicht zustande kommt. Bis zur Erteilung der Zustimmung durch den letzten, in der Versammlung nicht anwesenden Gesellschafter ist der Verschmelzungsbeschluss schwebend unwirksam.[13)] Die Zustimmungserklärung bedarf in analoger Anwendung von § 13 Abs. 3 Satz 1 notarieller Beurkundung.[14)] Für ihre Abgabe kann eine angemessene Frist vorgesehen werden, nach deren Ablauf die unterbliebene Zustimmung als Ablehnung gewertet wird.[15)]

V. Mehrheitsklausel im Gesellschaftsvertrag (§ 39c Abs. 2)

11 Gemäß § 39c Abs. 2 kann der Gesellschaftsvertrag anstelle der Einstimmigkeit eine Beschlussfassung mit **qualifizierter Mehrheit** vorsehen. Enthält der Gesellschaftsvertrag Regelungen, nach denen die Gesellschafter Beschlüsse mit (einfacher oder qualifizierter) Mehrheit treffen, ist zunächst durch **Auslegung** nach allgemeinen Grundsätzen zu ermitteln, ob diese betreffenden Klauseln auch Verschmelzungsbeschlüsse erfassen; der frühere **Bestimmtheitsgrundsatz**, der eine ausdrückliche Bezeichnung der betroffenen Beschlussgegenstände verlangte, wurde durch die Rechtsprechung **zwischenzeitlich aufgegeben.**[16)] Beträgt das nach der für die Verschmelzung einschlägigen Klausel des Gesellschaftsvertrags erforderliche Mehrheitserfordernis mindestens **drei Viertel** der abgegebenen Stimmen, ist die Klausel wirksam.[17)] **Strengere Anforderungen** an die Mehrheit (z. B. drei Viertel der Gesellschafter oder eine höhere Zustimmungsquote) sind **zulässig.**[18)]

12 Eine Klausel, die eine **geringere Mehrheit**, bspw. die einfache Mehrheit der abgegebenen Stimmen, genügen lässt, ist gemäß § 134 BGB **nichtig**, ohne dass die Möglichkeit einer geltungserhaltenden Reduktion besteht;[19)] in diesem Fall bleibt es daher bei dem Einstimmigkeitserfordernis nach Absatz 1 (und zwar selbst dann, wenn tatsächlich in der Abstimmung eine Mehrheit von drei Vierteln der abgegebenen Stimmen erreicht wird).[20)]

13 Für die **Ermittlung der Mehrheit** gilt § 709 Abs. 3 BGB. Die Stimmkraft eines Gesellschafters richtet sich danach vorrangig nach den im Gesellschaftsvertrag vereinbarten

---

13) *Schollmeyer* in: BeckOGK-UmwG, § 39c Rz. 11; Koch-*Kraft*, PersonengesellschaftsR, § 39c UmwG Rz. 6; Semler/Stengel/Leonard-*Heinrichs*, UmwG, § 39c Rz. 27.

14) *Schollmeyer* in: BeckOGK-UmwG, § 39c Rz. 11; Semler/Stengel/Leonard-*Heinrichs*, UmwG, § 39c Rz. 20; Widmann/Mayer-*Vossius*, UmwR, § 39c UmwG Rz. 62.

15) Semler/Stengel/Leonard-*Heinrichs*, UmwG, § 39c Rz. 31.

16) BGH, Urt. v. 21.10.2014 – II ZR 84/13, BGHZ 203, 77 = NZG 2014, 1296; speziell im Hinblick auf die Erfassung von Verschmelzungsbeschlüssen OLG Brandenburg, Beschl. v. 18.5.2022 – 7 AktG 1/22, NZG 2022, 967, 969 = ZIP 2022, 1322; Semler/Stengel/Leonard-*Heinrichs*, UmwG, § 39c Rz. 39 ff.

17) Das Gesetz stellt somit strengere Anforderungen als die frühere Rspr. des BGH auf. Danach konnten zumindest die Gesellschafter einer Personen*handels*gesellschaft im Gesellschaftsvertrag bestimmen, dass diese mit einer Zwei-Drittel-Mehrheit in eine AG, KGaA oder GmbH umgewandelt werden kann (die Verschmelzung der GbR lag zum damaligen Zeitpunkt noch außerhalb jeder Vorstellungskraft); s. BGH, Urt. v. 15.11.1982 – II ZR 62/82, NJW 1983, 1056 = ZIP 1983, 303.

18) Lutter-*H. Schmidt*, UmwG, § 39c Rz. 12.

19) Schmitt/Hörtnagl-*Missio*, UmwG/UmwStG, § 39c UmwG Rz. 10.

20) *Schollmeyer* in: BeckOGK-UmwG, § 39c Rz. 14; a. A. Kallmeyer-*Kocher*, UmwG, § 39c Rz. 10; *Lieder*, NotBZ 2024, 361, 365.

Beteiligungsverhältnissen. Als „abgegebene" Stimmen gelten auch diejenigen, die nicht in der Versammlung durch die anwesenden Gesellschafter, sondern erst nachträglich durch die Gesellschafter abgegeben worden sind, die an der Versammlung nicht teilgenommen haben. Die strengere Auffassung, wonach die erforderliche (qualifizierte) Mehrheit bereits in der Versammlung zustande kommen muss und nicht erst unter Berücksichtigung nachträglicher Zustimmungserklärungen nicht erschienener Gesellschafter,[21] findet im Wortlaut der Norm keine Stütze und erscheint auch durch den Normzweck nicht geboten; im Gegenteil ist es widersprüchlich, i. R. von § 39c Abs. 1 für die Ermittlung der Einstimmigkeit nachträgliche Zustimmungen zu berücksichtigen, i. R. von Absatz 2 für die Ermittlung der Mehrheit hingegen nicht.

Ein **Mindestquorum** für die Beteiligung an der Abstimmung (sei es i. R. der Versammlung oder außerhalb) **sieht das Gesetz nicht vor.** Vorbehaltlich gesellschaftsvertraglicher Anforderungen an die Beschlussfähigkeit von Versammlungen der Gesellschafter kann daher im Extremfall ein Gesellschafter allein den Verschmelzungsbeschluss fassen, wenn sämtliche Mitgesellschafter keine Stimme abgeben (sei es innerhalb oder außerhalb der Versammlung, siehe Rz. 8 ff.).[22] 14

Während normalerweise bei der Beschlussfassung in Personengesellschaften die Mehrheit der stimmberechtigten Gesellschafter entscheidet,[23] stellt § 39c Abs. 2 ausdrücklich auf die **Mehrheit der abgegebenen Stimmen** ab. Ebenso wie bei entsprechend gestalteten Mehrheitsklauseln in Gesellschaftsverträgen bedeutet dies, dass es in analoger Anwendung von § 32 Abs. 1 Satz 3 BGB für die Ermittlung der Mehrheit nur auf die wirksam abgegebenen „Ja" und „Nein"-Stimmen ankommt; **Enthaltungen** werden nicht mitgezählt.[24] Ebenso wenig finden die Stimmen der Gesellschafter Berücksichtigung, die sich an der Abstimmung gar **nicht beteiligen** und ihre Stimme weder innerhalb noch außerhalb der Versammlung der Gesellschafter abgeben. 15

Ungeachtet einer gesellschaftsvertraglichen Mehrheitsklausel bedarf der Verschmelzungsbeschluss gemäß § 51 Abs. 1 Satz 1 und Satz 2 der Zustimmung aller (auch der in der Versammlung, in der über die Verschmelzung beschlossen wird, nicht erschienenen) Gesellschafter, wenn an der Verschmelzung eine **GmbH** als übernehmender Rechtsträger beteiligt ist, auf deren Geschäftsanteile nicht alle zu leistenden Einlagen in voller Höhe bewirkt sind. 16

VI. Anwendbarkeit auf grenzüberschreitende Verschmelzungen

Unmittelbar anwendbar ist § 39c aufgrund der Verweisung in § 305 Abs. 2 Satz 2 i. V. m. § 42 auf den dort geregelten Fall der grenzüberschreitenden Hereinverschmelzung auf eine Personenhandelsgesellschaft. 17

Soweit grenzüberschreitende Verschmelzungen von Personengesellschaften im Anwendungsbereich der Niederlassungsfreiheit durch die analoge Anwendung von Regelungen für innerstaatliche Verschmelzungen bewältigt werden (siehe § 39 Rz. 19 [*Behme*]), ist auch § 39c analog anwendbar, da der Normzweck (siehe Rz. 2) unabhängig davon Geltung beansprucht, ob es sich um eine innerstaatliche oder eine grenzüberschreitende Verschmelzung handelt. 18

---

21) So Kallmeyer-*Kocher*, UmwG, § 39c Rz. 14; Lutter-*H. Schmidt*, UmwG, § 39c Rz. 6; Koch-*Kraft*, PersonengesellschaftsR, § 39c UmwG Rz. 11; Semler/Stengel/Leonard-*Heinrichs*, UmwG, § 39c Rz. 13.

22) Semler/Stengel/Leonard-*Heinrichs*, UmwG, § 39c Rz. 36.

23) *Schäfer* in: MünchKomm-BGB, § 714 Rz. 60.

24) S. zu § 32 BGB *Leuschner* in: MünchKomm-BGB, § 32 Rz. 48; zur früheren Rechtslage bereits BGH, Urt. v. 25.1.1982 – II ZR 164/81, ZIP 1982, 693 = NJW 1982, 1585.

§ 39d
Widerspruch gegen den Beschluss der Gesellschafterversammlung*)

[1]Widerspricht ein Gesellschafter einer übernehmenden Gesellschaft bürgerlichen Rechts der Verschmelzung, hat sie zu unterbleiben. [2]Das Gleiche gilt, wenn der Anteilsinhaber eines übertragenden Rechtsträgers der Verschmelzung auf eine Gesellschaft bürgerlichen Rechts widerspricht.

*) § 39d eingefügt durch Art. 60 des Gesetzes zur Modernisierung des Personengesellschaftsrechts (Personengesellschaftsrechtsmodernisierungsgesetz – MoPeG), v. 10.8.2021, BGBl. I 2021, 3436.

Literatur: *Lieder*, Die Umwandlung eingetragener BGB-Gesellschaften nach dem modernisierten Umwandlungsgesetz, NotBZ 2024, 361.

Übersicht

I. Überblick

1 § 39d erweitert die Möglichkeiten des Gesellschafters einer GbR, die sich an einer Verschmelzung als übernehmender (Satz 1) oder übertragender (Satz 2) Rechtsträger beteiligt, die Verschmelzung zu verhindern, indem er ihm ein **Widerspruchsrecht** einräumt, bei dessen Ausübung die Verschmelzung selbst dann zu unterbleiben hat, wenn ein Verschmelzungsbeschluss nach Maßgabe des § 39c wirksam gefasst wurde. Die Vorschrift findet nur auf Verschmelzungen **unter Beteiligung von GbRs** Anwendung. Für Personenhandelsgesellschaften gilt § 41, für PartGs existiert keine Parallelvorschrift und die Verweisung in § 45e erstreckt sich nicht auf § 39d.

II. Normzweck

2 § 39d dient dem **Schutz der (Minderheits-)Gesellschafter sowohl der übertragenden als auch der übernehmenden Gesellschaft** bei einer Verschmelzung auf eine eGbR. Wird eine Gesellschaft auf eine GbR verschmolzen, hat dies für die Gesellschafter des übertragenden Rechtsträgers zur Folge, dass sie fortan für die **Verbindlichkeiten des übernehmenden Rechtsträgers** mit persönlich und unbeschränkt haften (§ 721 BGB). Zugleich erweitern sich die mit der persönlichen Haftung verbundenen Risiken der **Gesellschafter der übernehmenden GbR**, da diese die Verbindlichkeiten der übertragenden Gesellschaft im Wege der **Gesamtrechtsnachfolge** übernimmt.1)

3 Bei der Verschmelzung von **Personenhandelsgesellschaften** werden die persönlich haftenden Gesellschafter vor diesen Haftungsrisiken geschützt, indem ihnen das Recht eingeräumt wird, der Verschmelzung zu widersprechen, mit der Konsequenz, dass dem widersprechenden Gesellschafter in der übernehmenden Gesellschaft die Stellung eines Kommanditisten zu gewähren ist (§ 41). Diese bereits vor Inkrafttreten des MoPeG in § 43 Abs. 2 Satz 3 a. F. angelegte Lösung funktioniert bei der GbR nicht, da die Einräumung einer Kommanditistenstellung bei einer GbR nicht möglich ist.2) Mit der Erweiterung des

1) S. Begr. RegE UmwBerG z. § 43 a. F., BR-Drucks. 75/94, S. 98; Semler/Stengel/Leonard-*Heinrichs*, UmwG, § 39d Rz. 2; *Lieder*, NotBZ 2024, 361, 366.

2) Begr. RegE MoPeG, BT-Drucks. 19/27635, S. 266.

Kreises verschmelzungsfähiger Rechtsträger auf die eGbR durch das MoPeG[3] war der Gesetzgeber deshalb dazu gezwungen, einen anderen, **gleichwertigen Schutzmechanismus zugunsten opponierender Gesellschafter** zu schaffen. Die einzig sinnvolle Möglichkeit bestand dabei darin, dass die Verschmelzung infolge eines Widerspruchs eines Gesellschafters ganz zu unterbleiben hat.[4]

Mit Blick auf den Normzweck findet § 39d **keine Anwendung im Falle einer Ausgliederung** auf eine eGbR, wenn die **Anteilseigner des ausgliedernden Rechtsträgers** keiner persönlichen unbeschränkten Haftung unterliegen, da die Gesellschafter des ausgliedernden Rechtsträgers nicht an der aufnehmenden GbR beteiligt werden und die Ausgliederung für sie daher keine Haftungsrisiken begründet oder erweitert; die Verweisung in § 125 Abs. 1 Satz 1 ist insoweit teleologisch zu reduzieren.[5] 4

III. Erklärung des Widerspruchs

Bei dem Widerspruch handelt es sich um eine **empfangsbedürftige Willenserklärung.**[6] 5 Diese ist von der Abgabe der Stimme in Bezug auf den Verschmelzungsbeschluss zu unterscheiden; insbesondere ist eine ablehnende Stimmabgabe, eine Enthaltung oder eine mangelnde Beteiligung an der Abstimmung noch kein Widerspruch. Vielmehr muss der Widerspruch **aktiv ausgeübt** werden.[7] Das Widerspruchsrecht kann in Anbetracht des zwingenden Charakters des Umwandlungsrechts (§ 1 Abs. 3 Satz 1) **nicht** durch den Gesellschaftsvertrag **ausgeschlossen werden.**

Erfolgt der Widerspruch in der Versammlung der Gesellschafter, in der über die Ver- 6 schmelzung Beschluss gefasst wird, ist er **gegenüber dem Versammlungsleiter** zu erklären, falls ein solcher existiert; ansonsten sind Adressaten die vertretungsberechtigten Gesellschafter. Eine bestimmte Form oder eine Begründung ist für die Erklärung des Widerspruchs nicht vorgeschrieben; der **Gesellschaftsvertrag** kann für Erklärungen von Gesellschaftern in Bezug auf die Gesellschaft aber bestimmte Formerfordernisse aufstellen, die auch für den Widerspruch maßgeblich sein können. Unabhängig davon empfiehlt es sich aus Beweisgründen, den Widerspruch zu **dokumentieren** (sofern er innerhalb der Versammlung erfolgt, im Versammlungsprotokoll, ansonsten durch Erklärung in Schriftform oder in elektronischer Form).[8] Stellvertretung ist zulässig, soweit der Gesellschaftsvertrag diese erlaubt oder alle Mitgesellschafter zustimmen.[9]

Das Gesetz gibt für die Erklärung des Widerspruchs **keinen bestimmten Zeitpunkt** vor. 7 Er kann – ebenso wie die Stimmabgabe im Hinblick auf die Verschmelzungsbeschluss (siehe § 39c Rz. 8 ff. [*Behme*]) – in der Versammlung der Gesellschafter erfolgen, in der über die Verschmelzung Beschluss gefasst wird, oder außerhalb dieser Versammlung. Insoweit sind folgende Fallkonstellationen zu unterscheiden:

Unstreitig kann ein Gesellschafter den Widerspruch schon **vor der Versammlung** er- 8 klären. Dies hindert die Mitgesellschafter nicht daran, die Versammlung und die Be-

3) Gesetz zur Modernisierung des Personengesellschaftsrechts (Personengesellschaftsrechtsmodernisierungsgesetz – MoPeG), v. 10.8.2021, BGBl. I 2021, 3436.

4) Gegen die theoretisch denkbare Alternative eines Austrittsrecht zutr. *Lieder*, NotBZ 2024, 361, 366.

5) Zutr. *Lieder*, NotBZ 2024, 361, 366.

6) Kallmeyer-*Kocher*, UmwG, § 39d Rz. 5; *Schollmeyer* in: BeckOGK-UmwG, § 39d Rz. 7.

7) Begr. RegE MoPeG, BT-Drucks. 19/27635, S. 265 f.; Schmitt/Hörtnagl-*Missio*, UmwG/UmwStG, § 39d UmwG Rz. 5; Lutter-*H. Schmidt*, UmwG, § 39d Rz. 7 – abw. für die negative Stimmabgabe; *Schollmeyer* in: BeckOGK-UmwG, § 39d Rz. 8.

8) *Lieder*, NotBZ 2024, 361, 367; Schmitt/Hörtnagl-*Missio*, UmwG/UmwStG, § 39d UmwG Rz. 6; Lutter-*H. Schmidt*, UmwG, § 39d Rz. 7; *Schollmeyer* in: BeckOGK-UmwG, § 39d Rz. 8.

9) *Schollmeyer* in: BeckOGK-UmwG, § 39d Rz. 7; Semler/Stengel/Leonard-*Heinrichs*, UmwG, § 39d Rz. 7.

schlussfassung über die Verschmelzung gleichwohl durchzuführen und zu versuchen, den opponierenden Gesellschafter von der Verschmelzung zu überzeugen. Stimmt ein Gesellschafter, der zunächst der Verschmelzung widersprochen hat, in der Versammlung zu, ist der zu einem früheren Zeitpunkt erklärte Widerspruch nach zutreffender Auffassung damit „hinfällig",[10] was bedeutet, dass der Widerspruch **prinzipiell widerruflich** ist. Erfolgt kein Widerruf des Widerspruchs, hat die Verschmelzung selbst dann **zu unterbleiben**, wenn der Gesellschaftsvertrag eine Beschlussfassung **mit qualifizierter Mehrheit erlaubt** (§ 39c Abs. 2) und diese zustande kommt.

9 Des Weiteren kann der Gesellschafter den Widerspruch in der **Versammlung** erklären. Praktisch kommt dies nur in Fällen einer **Mehrheitsentscheidung** (§ 39c Abs. 2) in Betracht. Wird ein Gesellschafter von der Mehrheit, die sich für die Verschmelzung ausspricht, überstimmt, steht es ihm frei, sich der Mehrheit entweder zu beugen und die Verschmelzung zu akzeptieren (in der Abgabe der Nein-Stimme allein liegt daher nicht zugleich schon die Erklärung eines Widerspruchs)[11], oder diese durch seinen Widerspruch doch noch zu vereiteln.

10 Problematisch kann ein in der Versammlung erklärter Widerspruch nur dann sein, wenn der betreffende Gesellschafter **bereits im Vorfeld seine Zustimmung** zu der Verschmelzung **erklärt hat** und sich dadurch in Widerspruch zu seinem eigenen Abstimmungsverhalten setzt. In einem solchen Fall kann die Ausübung des Widerspruchsrechts jedenfalls dann, wenn sie ohne sachlich gerechtfertigten Grund erfolgt, gegen die **gesellschafterliche Treuepflicht** verstoßen und somit unbeachtlich sein. Da der Widerspruch auf die Wirksamkeit des Verschmelzungsbeschlusses keine Auswirkungen hat und lediglich die weitere Durchführung der Verschmelzung vereitelt (siehe Rz. 13), können die übrigen Gesellschafter den Treuepflichtverstoß unabhängig davon, welche Regelungen der Gesellschaftsvertrag für die gerichtliche Geltendmachung von Beschlussmängeln vorsieht, nur mit der allgemeinen Feststellungsklage (§ 256 ZPO) gerichtlich geltend machen.

11 Fraglich ist, ob der Widerspruch auch **noch nach der Versammlung** erklärt werden kann. Hat ein Gesellschafter in der Versammlung oder bereits zuvor der Verschmelzung **zugestimmt**, bleibt ein nachträglicher Widerspruch gleichwohl möglich, wird aber regelmäßig treuepflichtwidrig sein, sofern nicht **besondere Umstände** vorliegen, die seinen Widerspruch nachvollziehbar machen, insbesondere solche, die erst nach seiner ursprünglichen Stimmabgabe oder Zustimmungserklärung bekannt geworden sind (bspw. aufgrund einer Verschmelzungsprüfung nach § 39e).[12]

12 Hat ein Gesellschafter in der Versammlung aber gegen die Verschmelzung gestimmt, ist nicht ersichtlich, warum er dazu gezwungen sein soll, den Widerspruch spätestens bis zum Ende der Versammlung, also praktisch sofort, zu erklären.[13] Vielmehr ist ihm eine **gewisse Frist zur Überlegung zuzubilligen**, ob er sich der Mehrheitsentscheidung seiner Mitgesellschafter beugt oder durch Erklärung des Widerspruchs die Verschmelzung vereitelt. Daher wird teilweise für einen Gleichlauf der Widerspruchsfrist mit der Monatsfrist des § 14 plädiert, innerhalb derer der Gesellschafter gegen den Verschmelzungsbeschluss klagen kann.[14] Für die Erhebung der Klage sieht § 14 eine Frist von einem Monat aller-

---

10) *Schollmeyer* in: BeckOGK-UmwG, § 39d Rz. 7.

11) Koch-*Kraft*, PersonengesellschaftsR, § 39d UmwG Rz. 10.

12) *Lieder*, NotBZ 2024, 361, 367; Lutter-*H. Schmidt*, UmwG, § 39d Rz. 5; vgl. auch Kallmeyer-*Kocher*, UmwG, § 39d Rz. 3 – „vom Einzelfall abhängig".

13) So *Schollmeyer* in: BeckOGK-UmwG, § 39d Rz. 10; Koch-*Kraft*, PersonengesellschaftsR, § 39d UmwG Rz. 12 f. – vorbehaltlich etwaiger Ladungsmängel; wie hier *Lieder*, NotBZ 2024, 361, 367.

14) *Lieder*, NotBZ 2024, 361, 367; *Dauner-Lieb/Tettinger* in: KölnKomm-UmwG, § 39d Rz. 7; noch großzügiger Lutter-*H. Schmidt*, UmwG, § 39d Rz. 7 – vor der Registereintragung der Verschmelzung.

dings auch deswegen vor, weil der Gesellschafter innerhalb dieser Frist die Erfolgsaussichten einer Klage prüfen und sich anwaltlich beraten lassen können muss. Die Entscheidung über die Ausübung des Widerrufsrechts ist demgegenüber **weniger komplex**, da sie im freien Ermessen des Gesellschafters liegt. Es erscheint daher sachgerecht, von dem Gesellschafter zu verlangen, diese Entscheidung unverzüglich i. S. von § 121 Abs. 1 BGB zu treffen und das Widerspruchsrecht somit typischerweise **innerhalb weniger Tage** nach der Versammlung auszuüben.

IV. Rechtsfolgen des Widerspruchs

Macht ein Gesellschafter von seinem Widerspruchsrecht vor der Versammlung der Gesellschafter Gebrauch, in welcher der Beschluss über die Verschmelzung gefasst werden soll, **darf** die Verschmelzung gleichwohl **zur Abstimmung gestellt werden** (immerhin ist es möglich, dass der widersprechende Gesellschafter sich umstimmen lässt, seinen Widerspruch widerruft und für die Verschmelzung stimmt, siehe Rz. 8). Der Verschmelzungsbeschluss ist dann, sofern die erforderliche Mehrheit zustande kommt, wirksam und darf auch beurkundet werden;[15] **er darf aber nicht umgesetzt werden.** Gleiches gilt, wenn der Widerspruch erst nach der Versammlung erfolgt. Dies ist auch deswegen sachgerecht, weil der opponierende Gesellschafter frei darin ist, seinen zunächst erklärten Widerspruch nachträglich aufzugeben, insbesondere dann, wenn sich mögliche Einwände gegen die Verschmelzung beseitigen lassen; in diesem Fall wäre es sinnwidrig, die bereits erfolgte Beschlussfassung allein deshalb wiederholen zu müssen, damit die Beurkundung nachgeholt werden kann. 13

Allerdings hat der Widerspruch zur Folge, dass die Verschmelzung zu **„unterbleiben"** hat, und zwar **auch dann, wenn der Verschmelzungsbeschluss an sich mit der erforderlichen Mehrheit zustande gekommen ist**, und unabhängig davon, ob der Verschmelzungsbeschluss angefochten wird oder nicht. Sofern nicht bereits geschehen, dürfen die vertretungsberechtigten Gesellschafter den Verschmelzungsvertrag nicht abschließen. 14

Jedenfalls hat der widersprechende Gesellschafter einen **Anspruch** darauf, dass die **Anmeldung** der Verschmelzung (§ 16) **unterbleibt**; dieser ist notfalls im Wege einer einstweiligen Verfügung durchsetzbar.[16] Kommt es gleichwohl zur Eintragung der Verschmelzung, ist diese gemäß § 20 Abs. 2 wirksam. Der Widersprechende ist aber in analoger Anwendung von § 41 berechtigt, gegen angemessene **Barabfindung** aus der Gesellschaft auszuscheiden.[17] Daneben sind die vertretungsberechtigten Gesellschafter, die die Anmeldung vorgenommen haben, ggf. nach § 25 schadensersatzpflichtig; ebenso kommt eine Haftung der Mehrheitsgesellschafter aufgrund einer Treuepflichtverletzung in Betracht. 15

V. Anwendbarkeit auf grenzüberschreitende Verschmelzungen

Nicht anwendbar ist § 39d aufgrund der Verweisung in § 305 Abs. 2 Satz 2 auf die speziellere Vorschrift des § 41 auf den dort geregelten Fall der grenzüberschreitenden **Hereinverschmelzung** auf eine Personenhandelsgesellschaft. 16

Soweit grenzüberschreitende Verschmelzungen von GbRs im Anwendungsbereich der Niederlassungsfreiheit durch die analoge Anwendung von Regelungen für innerstaatliche 17

---

15) A. A. Lutter-*H. Schmidt*, UmwG, § 39d Rz. 10 – Verschmelzungsbeschluss darf nicht gefasst werden; *Schollmeyer* in: BeckOGK-UmwG, § 39d Rz. 11; Koch-*Kraft*, PersonengesellschaftsR, § 39d UmwG Rz. 16; Kallmeyer-*Zimmermann*, UmwG, § 39d Rz. 6 – Nichtigkeit des Verschmelzungsbeschlusses.

16) Schmitt/Hörtnagl-*Missio*, UmwG/UmwStG, § 39d UmwG Rz. 6; *Schollmeyer* in: BeckOGK-UmwG, § 39d Rz. 12.

17) *Lieder*, NotBZ 2024, 361, 367; Kallmeyer-*Kocher*, UmwG, § 39d Rz. 6; *Schollmeyer* in: BeckOGK-UmwG, § 39d Rz. 12.

Verschmelzungen bewältigt werden (siehe § 39 Rz. 19 [*Behme*]), ist auch **§ 39d analog anwendbar**, da der Normzweck (siehe Rz. 2) unabhängig davon Geltung beansprucht, ob es sich um eine innerstaatliche oder eine grenzüberschreitende Verschmelzung handelt. Für grenzüberschreitende **Hinausverschmelzungen** unter Beteiligung von Personenhandelsgesellschaften ist nicht § 39d, sondern § 41 analog anzuwenden.

§ 39e
Prüfung der Verschmelzung*)

[1]Im Fall des § 39c Absatz 2 ist der Verschmelzungsvertrag oder sein Entwurf für eine Gesellschaft bürgerlichen Rechts nach den §§ 9 bis 12 zu prüfen, wenn dies einer ihrer Gesellschafter innerhalb einer Frist von einer Woche verlangt, nachdem er die in § 39b genannten Unterlagen erhalten hat. [2]Die Kosten der Prüfung trägt die Gesellschaft.

*) § 39e eingefügt durch Art. 60 des Gesetzes zur Modernisierung des Personengesellschaftsrechts (Personengesellschaftsrechtsmodernisierungsgesetz – MoPeG), v. 10.8.2021, BGBl. I 2021, 3436.

Übersicht

I. Überblick

1 § 39e regelt, unter welchen Voraussetzungen eine Prüfung der Verschmelzung nach den §§ 9 bis 12 stattzufinden hat, nämlich dann, wenn

- der Gesellschaftsvertrag eine Mehrheitsentscheidung der Gesellschafter über die Verschmelzung vorsieht (§ 39c Abs. 2) und
- ein Gesellschafter die Prüfung innerhalb einer Frist von einer Woche nach Erhalt der in § 39b genannten Unterlagen verlangt.

2 Der Regelungsgehalt der Norm entspricht dem vor Inkrafttreten des MoPeG bereits für Personenhandelsgesellschaften geltenden § 44 a. F. Sie ist aufgrund der Verweisung in § 42 auf **Personenhandelsgesellschaften** und aufgrund der Verweisung in § 45e auf **PartGs** entsprechend anzuwenden.

II. Normzweck

3 § 39e dient dem Schutz der (Minderheits-)Gesellschafter, indem er gewährleistet, dass diese in dem Fall, dass der Verschmelzungsbeschluss **mit qualifizierter Mehrheit** gegen ihren Willen zustande kommen kann, ihre Entscheidung über ihre Zustimmung zum Verschmelzungsbeschluss und ggf. über die etwaige Ausübung eines Widerspruchsrechts (§§ 39d, 41) auf einer **breiteren Informationsgrundlage** treffen, namentlich im Hinblick auf das im Verschmelzungsvertrag oder seinem Entwurf vorgeschlagene **Umtauschverhältnis** der Anteile.[1] Auf diese Weise sollen sie vor Nachteilen geschützt werden, die die

1) *Schollmeyer* in: BeckOGK-UmwG, § 39e Rz. 2; Lutter-*H. Schmidt*, UmwG, § 39e Rz. 1; Semler/Stengel/Leonard-*Heinrichs*, UmwG, § 39e Rz. 2.

Verschmelzung mit sich bringen kann. Mit Blick auf Personenhandelsgesellschaften dient die Möglichkeit, eine Verschmelzungsprüfung zu verlangen, nach der Intention des Gesetzgebers insbesondere den Kommanditisten einer **Publikums-KG**, weil diese auf das Schicksal ihres Rechtsträgers in der Regel keinen Einfluss nehmen können.[2]

Soweit der Verschmelzungsbeschluss **Einstimmigkeit** erfordert (§ 39c Abs. 1), wird der Schutz der Interessen des einzelnen Gesellschafters dadurch gewährleistet, dass jeder Gesellschafter die Erteilung seiner Zustimmung von der Durchführung einer Verschmelzungsprüfung abhängig machen kann (siehe Rz. 7).[3] 4

Dass die **Kosten für die Verschmelzungsprüfung** durch die Gesellschaft getragen werden, dient einerseits dazu, die Minderheitsgesellschafter von diesen Kosten zu entlasten. Anderseits wird die Gesellschaft bzw. die vertretungsberechtigten Gesellschafter auf diese Weise dazu incentiviert, die (Minderheits-)Gesellschafter von sich aus bereits umfassend über die Verschmelzung und deren wirtschaftliche Parameter zu informieren, so dass aus Sicht der Gesellschafter die zeit- und kostenaufwändige Verschmelzungsprüfung gar nicht erst erforderlich erscheint.[4] 5

III. Das Prüfungsverlangen im Einzelnen

1. Voraussetzungen (Satz 1)

Ungeachtet seines Normzwecks (siehe Rz. 3) steht das Recht, eine Verschmelzungsprüfung zu verlangen, **jedem Gesellschafter** zu, nicht bloß Minderheitsgesellschaftern oder nicht geschäftsführungsbefugten Gesellschaftern.[5] Es besteht unabhängig davon, ob sich der Gesellschafter zu der Verschmelzung i. Ü. zustimmend oder ablehnend positioniert, und kann in Anbetracht des **zwingenden Charakters** des Umwandlungsrechts (§ 1 Abs. 3 Satz 1) nicht durch den Gesellschaftsvertrag ausgeschlossen werden. 6

Nach dem Wortlaut der Norm besteht das Recht, eine Verschmelzungsprüfung zu verlangen, **nur**, soweit nach dem Gesellschaftsvertrag über den Verschmelzungsbeschluss **mit qualifizierter Mehrheit abgestimmt werden kann** (§ 39c Abs. 2). Auch soweit der Verschmelzungsbeschluss – dem gesetzlichen Regelfall entsprechend (§ 39c Abs. 1) – Einstimmigkeit voraussetzt, können die Gesellschafter nach herrschender und zutreffender Auffassung eine Verschmelzungsprüfung dadurch **erzwingen**, dass sie ihre Zustimmung zu der Verschmelzung von der vorherigen Durchführung einer Verschmelzungsprüfung abhängig machen.[6] Es entspricht einem legitimen Eigeninteresse eines jeden Gesellschafters, dass die Verschmelzung, insbesondere das Umtauschverhältnis der Anteile, durch einen unabhängigen Sachverständigen geprüft wird; ein entsprechendes Verlangen ist deshalb grundsätzlich nicht treuepflichtwidrig. 7

Anders kann es sich im Einzelfall dann verhalten, wenn die Verschmelzungsprüfung von einem **opponierenden Gesellschafter gezielt** dazu **genutzt** wird, das **Verfahren zu verzögern** und zu behindern. Ein Verstoß gegen die Treuepflicht kann daher auch darin gesehen werden, dass ein Gesellschafter eine für ihn erkennbare Unvollständigkeit der 8

2) Begr. RegE UmwBerG z. § 44 a. F., BR-Drucks. 75/94, S. 99.

3) *Schollmeyer* in: BeckOGK-UmwG, § 39e Rz. 13 f.; Lutter-*H. Schmidt*, UmwG, § 39e Rz. 4; Semler/Stengel/Leonard-*Heinrichs*, UmwG, § 39e Rz. 2.

4) Semler/Stengel/Leonard-*Heinrichs*, UmwG, § 39e Rz. 3; vgl. auch Begr. RegE UmwBerG, BR-Drucks. 75/94, S. 99 – allerdings zur Parallelvorschrift in § 48 a. F.

5) Semler/Stengel/Leonard-*Heinrichs*, UmwG, § 39e Rz. 9; Koch-*Kraft*, PersonengesellschaftsR, § 39e UmwG Rz. 4; Schmitt/Hörtnagl-*Missio*, UmwG/UmwStG, § 39e UmwG Rz. 2.

6) *Schollmeyer* in: BeckOGK-UmwG, § 39e Rz. 13 f.; Lutter-*H. Schmidt*, UmwG, § 39e Rz. 4; Semler/Stengel/Leonard-*Heinrichs*, UmwG, § 39e Rz. 2.

ihm nach § 39b übermittelten Unterlagen nicht rügt, mit der alleinigen Intention, dadurch den Beginn der Frist für das Prüfungsverlangen zu vereiteln und dieses zu einem möglichst späten Zeitpunkt noch geltend machen zu können.[7)]

9 Gemäß § 12 Abs. 3, der von der Verweisung in § 39e erfasst wird und seinerseits auf § 8 Abs. 3 verweist, ist eine Verschmelzungsprüfung nicht erforderlich, wenn **alle Anteilsinhaber** des beteiligten Rechtsträgers auf seine Erstattung **verzichten**. Die Verzichtserklärung ist notariell zu beurkunden.[8)]

10 Da die Verschmelzungsprüfung im Falle des § 39e ohnehin nur erforderlich ist, wenn ein Gesellschafter dies ausdrücklich verlangt, stellt sich die Frage, ob eine **vorherige Verzichtserklärung dieses Gesellschafters** dazu führt, dass sein **Verlangen unbeachtlich** ist. Dabei ist zu beachten, dass eine Widerrufsmöglichkeit in Bezug auf den einmal erklärten Verzicht grundsätzlich nur in Ausnahmefällen anzuerkennen ist.[9)] Insbesondere, wenn auch die anderen Gesellschafter einen Verzicht bereits erklärt haben und damit die Voraussetzungen des § 12 Abs. 3 i. V. m. § 8 Abs. 3 (Verzicht aller Anteilsinhaber) bereits eingetreten sind, werden die Voraussetzungen für einen Widerruf regelmäßig nicht vorliegen. Vielmehr wird er als rechtsmissbräuchlich einzustufen sein, sofern nicht ausnahmsweise besondere Umstände, insbesondere solche, die erst nach dem Verzicht bekannt werden, ein solches Verhalten als nachvollziehbar erscheinen lassen.[10)]

2. Ausübung

11 Das Prüfungsverlangen eines Gesellschafters kann **in der Versammlung** der Gesellschafter geäußert werden, die über die Verschmelzung beschließt; es ist in diesem Falle an den Versammlungsleiter zu richten. Ebenso kann es **außerhalb der Versammlung** an die Gesellschaft, d. h. an deren vertretungsberechtigte Gesellschafter, adressiert werden.[11)] Eine bestimmte Form ist für die Erklärung des Prüfungsverlangens nicht vorgeschrieben; der Gesellschaftsvertrag kann für Erklärungen von Gesellschaftern in Bezug auf die Gesellschaft aber bestimmte Formerfordernisse aufstellen, die auch für das Prüfungsverlangen maßgeblich sein können. Unabhängig davon empfiehlt es sich aus Beweisgründen, das Prüfungsverlangen zu dokumentieren (sofern es innerhalb der Versammlung erfolgt, im Versammlungsprotokoll, ansonsten durch Erklärung in Schriftform oder in elektronischer Form).[12)] **Stellvertretung** ist zulässig, soweit der Gesellschaftsvertrag diese erlaubt oder alle Mitgesellschafter zustimmen.[13)]

12 Für die Äußerung des Prüfungsverlangens sieht § 39e eine **Frist** von einer Woche nach Erhalt der vollständigen in § 39b genannten Unterlagen (d. h. des Verschmelzungsvertrags oder seines Entwurfs und des Verschmelzungsberichts) vor. Die Frist ist zwingend und kann im Gesellschaftsvertrag nicht verkürzt werden (§ 1 Abs. 3).[14)] Für die Berech-

---

7) Lutter-*H. Schmidt*, UmwG, § 39e Rz. 9, verlangt zur Vermeidung eines Treuepflichtverstoßes die Beanstandung der übermittelten Unterlagen innerhalb der Wochenfrist des § 39e.

8) Diff. *Schollmeyer* in: BeckOGK-UmwG, § 39e Rz. 7.

9) Zur Bindungswirkung der Verzichtserklärung Semler/Stengel/Leonard-*Heinrichs*, UmwG, § 8 Rz. 69.

10) Wie hier Semler/Stengel/Leonard-*Heinrichs*, UmwG, § 39e Rz. 20.

11) *Schollmeyer* in: BeckOGK-UmwG, § 39e Rz. 8; Semler/Stengel/Leonard-*Heinrichs*, UmwG, § 39e Rz. 10; Koch-*Kraft*, PersonengesellschaftsR, § 39e UmwG Rz. 7; a. A. Kallmeyer-*Kocher*, UmwG, § 39e Rz. 7 – an alle übrigen Gesellschafter.

12) Vgl. *Schollmeyer* in: BeckOGK-UmwG, § 39e Rz. 9; Semler/Stengel/Leonard-*Heinrichs*, UmwG, § 39e Rz. 11; Widmann/Meyer-*Vossius*, UmwR, § 39e UmwG Rz. 13.

13) Kallmeyer-*Kocher*, UmwG, § 39e Rz. 5; Semler/Stengel/Leonard-*Heinrichs*, UmwG, § 39e Rz. 10.

14) *Dauner-Lieb/Tettinger* in: KölnKomm-UmwG, § 39e Rz. 15; *Schollmeyer* in: BeckOGK-UmwG, § 39e Rz. 10.

nung der Frist gelten die allgemeinen Bestimmungen der §§ 186 ff. BGB. Sie kann für die Gesellschafter **zu unterschiedlichen Zeitpunkten beginnen und enden:**

– Für die nicht geschäftsführenden Gesellschafter beginnt sie mit dem Empfang der nach § 39b übersandten vollständigen Unterlagen, wozu der Verschmelzungsbericht nur dann gehört, wenn auf ihn nicht nach § 8 Abs. 3 Satz 1 verzichtet wurde.[15)]

– Für die geschäftsführenden Gesellschafter beginnt sie mit dem Zeitpunkt, zu dem sie im Laufe des Verschmelzungsverfahrens von den maßgeblichen Unterlagen Kenntnis erlangt haben.[16)] Im Hinblick auf diese empfiehlt es sich daher, im Interesse der Planungssicherheit den Zeitpunkt ihrer Kenntnis zu dokumentieren[17)] und ihnen ggf. die Unterlagen ebenfalls offiziell zu übersenden, um den Fristlauf in Gang zu setzen.

Nach dem Wortlaut des § 39e Satz 1 ist ein **vor Fristbeginn geäußertes Prüfungsverlangen** unverbindlich; die Gesellschaft wird in diesem Falle aber regelmäßig ein Interesse daran haben, durch die freiwillige Einleitung des Prüfungsverfahrens Verzögerungen der Verschmelzung zu vermeiden.[18)] 13

Dem Gesetz ist nicht zu entnehmen, dass eine Verschmelzungsprüfung zeitlich nur vor der Gesellschafterversammlung verlangt und durchgeführt werden kann, in der die Gesellschafter den Verschmelzungsbeschluss fassen. **Läuft daher die Frist erst am Tag der Versammlung oder später ab**, kann der Gesellschafter bis zu diesem Zeitpunkt die Prüfung verlangen,[19)] und zwar **unabhängig davon, ob er** in der Versammlung für oder gegen die Verschmelzung gestimmt hat oder ob er außerhalb der Versammlung der Verschmelzung **zugestimmt oder** diese **abgelehnt** hat.[20)] 14

Im Falle der **GbR** muss lediglich ein bereits **ausgeübter Widerspruch** des Gesellschafters oder auch eines seiner Mitgesellschafter nach § 39d dazu führen, dass das Prüfungsverlangen unbeachtlich ist: Hat nämlich die Verschmelzung ohnehin zu unterbleiben, ergibt eine Verschmelzungsprüfung keinen Sinn mehr. Hat hingegen der **Gesellschafter einer oHG** oder der Komplementär einer **KG** einen Widerspruch nach § 41 erklärt, hat dies lediglich zur Folge, dass ihm in der übernehmenden Gesellschaft die Stellung eines Kommanditisten zu gewähren ist; in diesem Falle kann ein legitimes Interesse an der Durchführung einer Verschmelzungsprüfung bestehen. 15

Eine **Rücknahme des Prüfungsverlangens** ist jederzeit möglich und bedarf ebenso wenig wie das Prüfungsverlangen selbst einer bestimmten Form. Wird das Prüfungsverlangen deshalb zurückgenommen, weil der Gesellschafter von einer freiwilligen durch die Gesellschaft oder auf Verlangen eines anderen Gesellschafters veranlassten Prüfung Kenntnis erlangt, sind die geschäftsführungsbefugten Gesellschafter verpflichtet, an der einmal veranlassten Prüfung festzuhalten.[21)] 16

---

15) *Schollmeyer* in: BeckOGK-UmwG, § 39e Rz. 10.

16) *Schollmeyer* in: BeckOGK-UmwG, § 39e Rz. 11.

17) Zutr. Schmitt/Hörtnagl-*Missio*, UmwG/UmwStG, § 39e UmwG Rz. 4.

18) A. A. Semler/Stengel/Leonard-*Heinrichs*, UmwG, § 39e Rz. 12, demzufolge ein Prüfungsverlangen schon vor dem Erhalt der Verschmelzungsunterlagen gestellt werden kann und auch zu diesem Zeitpunkt bereits verbindlich ist; ebenso Schmitt/Hörtnagl-*Missio*, UmwG/UmwStG, § 39e UmwG Rz. 4.

19) A. A. Schmitt/Hörtnagl-*Missio*, UmwG/UmwStG, § 39e UmwG Rz. 4; Koch-*Kraft*, PersonengesellschaftsR, § 39e UmwG Rz. 9.

20) Zutr. Semler/Stengel/Leonard-*Heinrichs*, UmwG, § 39e Rz. 9; Schmitt/Hörtnagl-*Missio*, UmwG/UmwStG, § 39e UmwG Rz. 2.

21) *Schollmeyer* in: BeckOGK-UmwG, § 39e Rz. 12; Semler/Stengel/Leonard-*Heinrichs*, UmwG, § 39e Rz. 15.

3. Durchführung der Prüfung

17 Die Durchführung der Verschmelzungsprüfung richtet sich nach den §§ 9 bis 12. Das Ergebnis der Verschmelzungsprüfung ist in einem **schriftlichen Prüfungsbericht** zu dokumentieren, worauf aber gemäß § 12 Abs. 3 i. V. m. § 8 Abs. 3 durch notariell beurkundete Verzichtserklärungen aller Gesellschafter wiederum verzichtet werden kann.

18 Liegt der Prüfungsbericht vor, bevor die Gesellschafter über die Durchführung der Verschmelzung Beschluss fassen, ist er sämtlichen Gesellschaftern vorab als Informationsgrundlage zur Verfügung zu stellen; für die nicht zur Geschäftsführung befugten Gesellschafter folgt dies aus einer analogen Anwendung von § 39b.[22] Aber auch, wenn der Prüfungsbericht erst **nach der Versammlung** der Gesellschafter **vorliegt**, ist er **allen Gesellschaftern** zur Verfügung zu stellen und nicht nur denjenigen, die die Verschmelzungsprüfung verlangt haben.[23] Der Prüfungsbericht gehört zu den „Unterlagen der Gesellschaft", die jeder Gesellschafter gemäß § 717 BGB einsehen kann. Außerdem können die Ergebnisse des Prüfungsberichts für jeden Gesellschafter als Informationsgrundlage dafür dienen, ob er gegen den Beschluss der Gesellschafterversammlung Widerspruch (§ 39d) einlegen möchte, sofern dies im Einzelfall noch möglich ist.

19 Ferner kann die im Prüfungsbericht enthaltene Erklärung zur **Angemessenheit des Umtauschverhältnisses** die Grundlage für die Entscheidung sein, das Umtauschverhältnis rechtlich anzugreifen. Für die Gesellschafter des übertragenden Rechtsträgers kommt hier wegen § 14 Abs. 2 nur das Spruchverfahren gemäß § 15 in Betracht, für die Gesellschafter des übernehmenden Rechtsträgers möglicherweise die Klage auf Feststellung der Nichtigkeit des Verschmelzungsbeschlusses (im Falle der GbR) oder die Anfechtungsklage (im Falle der Personenhandelsgesellschaft oder Kapitalgesellschaft).

4. Kostentragung durch die Gesellschaft (Satz 2)

20 Die Kosten der Verschmelzungsprüfung hat die Gesellschaft zu tragen (zum Normzweck siehe Rz. 5). Eine abweichende Regelung im Gesellschaftsvertrag oder im Verschmelzungsvertrag, wonach die Kosten der Verschmelzungsprüfung durch den Gesellschafter zu tragen sind, der ihre Durchführung verlangt, ist in Anbetracht des zwingenden Charakters des Umwandlungsrechts (§ 1 Abs. 3 Satz 1) unwirksam.

5. Rechtsfolgen bei Verstoß

21 Wird trotz eines entsprechenden Verlangens eines Gesellschafters eine Verschmelzungsprüfung nicht durchgeführt und dann mit qualifizierter Mehrheit die Verschmelzung gegen den Willen dieses Gesellschafters beschlossen, ist der **Verschmelzungsbeschluss** der Gesellschafter **nichtig**, und zwar auch dann, wenn die Stimme des Gesellschafters, der die Verschmelzungsprüfung verlangt hat, für das Beschlussergebnis unerheblich ist.[24] Bei **Personenhandelsgesellschaften** führt das Fehlen des Berichts dagegen lediglich zur **Anfechtbarkeit** des Verschmelzungsbeschlusses (§ 110 Abs. 1 HGB); gleiches kann gelten,

22) *Schollmeyer* in: BeckOGK-UmwG, § 39e Rz. 15; Semler/Stengel/Leonard-*Heinrichs*, UmwG, § 39e Rz. 18; Koch-*Kraft*, PersonengesellschaftsR, § 39e UmwG Rz. 13; Widmann/Mayer-*Vossius*, UmwR, § 39e UmwG Rz. 29.

23) Insoweit unklar *Schollmeyer* in: BeckOGK-UmwG, § 39e Rz. 15.

24) *Schollmeyer* in: BeckOGK-UmwG, § 39e Rz. 18; a. A. Semler/Stengel/Leonard-*Heinrichs*, UmwG, § 39e Rz. 21; Koch-*Kraft*, PersonengesellschaftsR, § 39e UmwG Rz. 16 – Kausalität für das Beschlussergebnis erforderlich; die Frage offenlassend Kallmeyer-*Kocher*, UmwG, § 39e Rz. 17 – m. zutr. Hinweis darauf, dass der Nachweis fehlender Kausalität kaum zu führen sein wird.

wenn das Beschlussmängelrecht der Personenhandels- oder Kapitalgesellschaften zulässigerweise[25] im Gesellschaftsvertrag der GbR nachgebildet wurde.

Die auf Feststellung der Nichtigkeit des Verschmelzungsbeschlusses bzw. seine Nichtigerklärung gerichtete **Klage** muss gemäß § 14 Abs. 1 binnen eines Monats nach der Beschlussfassung erhoben werden. Verstreicht diese Frist, muss die Verschmelzung eingetragen werden; mit der Eintragung tritt Heilung nach § 20 Abs. 2 ein.[26] 22

IV. Anwendbarkeit auf grenzüberschreitende Verschmelzungen

Unmittelbar anwendbar ist § 39e aufgrund der Verweisung in § 305 Abs. 2 Satz 2 i. V. m. § 42 auf den dort geregelten Fall der grenzüberschreitenden **Hereinverschmelzung** auf eine Personenhandelsgesellschaft. 23

Soweit grenzüberschreitende Verschmelzungen von Personengesellschaften im Anwendungsbereich der Niederlassungsfreiheit durch die analoge Anwendung von Regelungen für innerstaatliche Verschmelzungen bewältigt werden (siehe § 39 Rz. 19 [*Behme*]), ist auch § 39e analog anwendbar, da der Normzweck (siehe Rz. 3 ff.) unabhängig davon Geltung beansprucht, ob es sich um eine innerstaatliche oder eine grenzüberschreitende Verschmelzung handelt. 24

25) Vgl. BGH, Urt. v. 13.2.1995 – II ZR 15/94, NJW 1995, 1218 = ZIP 1995, 460.

26) *Schollmeyer* in: BeckOGK-UmwG, § 39e Rz. 18; Semler/Stengel/Leonard-*Heinrichs*, UmwG, § 39e Rz. 22.

§ 39f

Zeitliche Begrenzung der Haftung persönlich haftender Gesellschafter*)

(1) Überträgt eine Gesellschaft bürgerlichen Rechts ihr Vermögen durch Verschmelzung auf einen Rechtsträger anderer Rechtsform, dessen Anteilsinhaber für die Verbindlichkeiten dieses Rechtsträgers nicht unbeschränkt haften, haftet ein Gesellschafter der Gesellschaft bürgerlichen Rechts für deren Verbindlichkeiten, wenn sie vor Ablauf von fünf Jahren nach der Verschmelzung fällig und daraus Ansprüche gegen ihn in einer in § 197 Absatz 1 Nummer 3 bis 5 des Bürgerlichen Gesetzbuchs bezeichneten Art festgestellt sind oder eine gerichtliche oder behördliche Vollstreckungshandlung vorgenommen oder beantragt wird; bei öffentlich-rechtlichen Verbindlichkeiten genügt der Erlass eines Verwaltungsakts.

(2) [1]Die Frist beginnt mit dem Tag, an dem die Eintragung der Verschmelzung in das Register des Sitzes des übernehmenden Rechtsträgers nach § 19 Absatz 3 bekannt gemacht worden ist. [2]Die §§ 204, 206, 210, 211 und 212 Absatz 2 und 3 des Bürgerlichen Gesetzbuchs sind entsprechend anzuwenden.

(3) Einer Feststellung in einer in § 197 Absatz 1 Nummer 3 bis 5 des Bürgerlichen Gesetzbuchs bezeichneten Art bedarf es nicht, soweit der Gesellschafter den Anspruch schriftlich anerkannt hat.

(4) Die Absätze 1 bis 3 sind auch anzuwenden, wenn der Gesellschafter in dem Rechtsträger anderer Rechtsform geschäftsführend tätig wird.

*) § 39f eingefügt durch Art. 60 des Gesetzes zur Modernisierung des Personengesellschaftsrechts (Personengesellschaftsrechtsmodernisierungsgesetz – MoPeG), v. 10.8.2021, BGBl. I 2021, 3436.

Literatur: *Lieder*, Die Umwandlung eingetragener BGB-Gesellschaften nach dem modernisierten Umwandlungsgesetz, NotBZ 2024, 361; *Schmidt, K.*, Gesellschaftsrechtliche Grundlagen eines Nachhaftungsbegrenzungsgesetzes, DB 1990, 2357.

Übersicht

I. Überblick

1 § 39f statuiert eine auf fünf Jahre begrenzte Nachhaftung des Gesellschafters für die Verbindlichkeiten einer eGbR, wenn diese ihr Vermögen durch Verschmelzung auf einen Rechtsträger anderer Rechtsform überträgt, dessen Anteilsinhaber nicht in vergleichbarer Form unbeschränkt für die Gesellschaftsverbindlichkeiten haften. Der Regelungsgehalt der Norm entspricht dem vor Inkrafttreten des MoPeG[1] bereits für Personenhandelsgesellschaften geltenden § 45 a. F. Sie ist aufgrund der Verweisung in § 42 auf **Personenhandelsgesellschaften** und aufgrund der Verweisung in § 45e auf **PartGs entsprechend anzuwenden.**

II. Normzweck

2 Die Norm dient zum einen dem **Schutz der Gläubiger** einer eGbR oder einer oHG oder KG davor, dass sie infolge der Verschmelzung mit den persönlich haftenden Gesellschaftern potentielle Haftungsadressaten verlieren und sich somit ihre Befriedigungsaussichten verschlechtern. Zum anderen dient sie dem Schutz der Gesellschafter des übertragenden Rechtsträgers, indem diese nach Ablauf der Ausschlussfrist von fünf Jahren nicht mehr mit einer Inanspruchnahme für Gesellschaftsverbindlichkeiten rechnen müssen und somit vor einer „Endloshaftung“ geschützt werden.[2] Die Interessenlage entspricht derjenigen beim Austritt eines persönlich haftenden Gesellschafters aus der Schuldner-Gesellschaft. Hier wie dort trägt das Gesetz dem Interesse der Gläubiger an weitgehender Haftungskontinuität und dem Interesse der Gesellschafter an Enthaftung durch die Anordnung einer zeitlich begrenzten Nachhaftung für die bereits zuvor begründeten Verbindlichkeiten Rechnung (vgl. § 728b BGB, § 137 HGB).

III. Die Nachhaftung im Einzelnen

1. Sachlicher Anwendungsbereich: Verschmelzung auf einen haftungsbeschränkten Rechtsträger (§ 39f Abs. 1)

3 Die Nachhaftung betrifft nur solche Gesellschafter des übertragenden Rechtsträgers, die vor der Verschmelzung für dessen Verbindlichkeiten **aufgrund ihrer Stellung als Gesell-**

1) Gesetz zur Modernisierung des Personengesellschaftsrechts (Personengesellschaftsrechtsmodernisierungsgesetz – MoPeG), v. 10.8.2021, BGBl. I 2021, 3436.

2) *Lieder*, NotBZ 2024, 361, 368; *Schollmeyer* in: BeckOGK-UmwG, § 39f Rz. 2; Lutter-*H. Schmidt*, UmwG, § 39f Rz. 3; Koch-*Kraft*, PersonengesellschaftsR, § 39f UmwG Rz. 1; Semler/Stengel/Leonard-*Heinrichs*, UmwG, § 39f Rz. 2.

schafter unbeschränkt gehaftet haben. Dies gilt für die Gesellschafter der GbR (§ 721 BGB) und der oHG (§ 126 HGB) ebenso wie für den Komplementär der KG (§ 161 Abs. 2 i. V. m. § 126 HGB) und den Partner der PartG (§ 8 PartGG), ferner unter bestimmten Voraussetzungen auch für den Kommanditisten (§§ 171, 172, 176 HGB).[3)]

Sie greift ferner nur dann, wenn die Gesellschaft auf einen **Rechtsträger anderer Rechtsform** verschmolzen wird, dessen Gesellschafter für die Verbindlichkeiten dieses Rechtsträgers **nicht unbeschränkt haften.** Dies ist der Fall, wenn es sich bei dem übernehmenden oder neuen Rechtsträger um eine Kapitalgesellschaft (GmbH, AG) oder um eine Genossenschaft handelt. Handelt es sich bei dem übernehmenden oder neuen Rechtsträger um eine KG, erfasst die Nachhaftung diejenigen Gesellschafter des übertragenden Rechtsträgers, die zuvor unbeschränkt gehaftet haben und in der KG nunmehr die Stellung eines Kommanditisten erhalten.[4)] Keine Nachhaftung besteht bei der Verschmelzung auf eine **PartG**, auch nicht auf eine solche mit beschränkter Berufshaftung **(PartG mbB)**, da es sich ungeachtet der partiellen Haftungsbeschränkung im Hinblick auf berufliche Fehler nicht um einen Rechtsträger handelt, bei dem die Haftung der Partner für die Partnerschaftsverbindlichkeiten generell beschränkt ist.[5)] 4

2. Von der Nachhaftung erfasste Verbindlichkeiten (§ 39f Abs. 1)

Ebenso wie die Parallelvorschriften in § 728b BGB und § 137 HGB wirkt auch § 39f nicht haftungsbegründend, sondern **setzt eine Gesellschafterhaftung** nach § 721 BGB bzw. § 126 HGB **voraus.**[6)] Daher betrifft die Nachhaftung nur solche Verbindlichkeiten, die bereits vor Wirksamwerden der Verschmelzung und dementsprechend vor dem Erlöschen des übertragenden Rechtsträgers (§ 20 Abs. 1 Nr. 2) entstanden sind und vor Ablauf der Fünf-Jahres-Frist fällig werden.[7)] Mit Blick auf die **Entstehung der Verbindlichkeit** ist entscheidend, dass der Rechtsgrund für den Anspruch gegen die Gesellschaft vor dem Wirksamwerden der Verschmelzung gelegt war.[8)] Bei einem gesetzlichen Schuldverhältnis kommt es darauf an, dass der das Schuldverhältnis begründende Tatbestand bereits vor dem Ausscheiden des Gesellschafters erfüllt war;[9)] bei Steuerverbindlichkeiten ist der steuerliche Vorgang selbst maßgebend, nicht hingegen der Zeitpunkt der Festsetzung der jeweiligen Steuer.[10)] Für Ansprüche, die erst nach Ablauf der Fünf-Jahres-Frist entstehen und bzw. oder fällig werden, besteht keine Gesellschafterhaftung nach § 721 BGB bzw. § 126 HGB und folglich auch keine Nachhaftung. 5

Die meisten Verbindlichkeiten, die vor Wirksamwerden der Verschmelzung entstehen, verjähren innerhalb der **regelmäßigen Verjährungsfrist** von drei Jahren. Die Nachhaftung führt nicht zu einer Verlängerung dieser Verjährungsfrist. Bei **Austauschverträgen,** 6

3) Dazu Semler/Stengel/Leonard-*Heinrichs*, UmwG, § 39f Rz. 8.

4) *Schollmeyer* in: BeckOGK-UmwG, § 39f Rz. 5; Semler/Stengel/Leonard-*Heinrichs*, UmwG, § 39f Rz. 4.

5) *Schollmeyer* in: BeckOGK-UmwG, § 39f Rz. 6; Kallmeyer-*Kocher*, UmwG, § 39f Rz. 1; Semler/Stengel/Leonard-*Heinrichs*, UmwG, § 39f Rz. 4 (m. Fn. 9).

6) *Schollmeyer* in: BeckOGK-UmwG, § 39f Rz. 7; Kallmeyer-*Kocher*, UmwG, § 39f Rz. 3; Koch-*Kraft*, PersonengesellschaftsR, § 39f UmwG Rz. 4; Semler/Stengel/Leonard-*Heinrichs*, UmwG, § 39f Rz. 2.

7) Dies hat zur Folge, dass der Zeitpunkt, bis zu dem die Forderung fällig werden muss, damit eine Forthaftung überhaupt gegeben ist, und der Zeitpunkt des Ablaufs der Ausschlussfrist, bis zu dem der Gläubiger seinen Anspruch geltend gemacht haben muss, zusammenfallen; s. Semler/Stengel/Leonard-*Heinrichs*, UmwG, § 39f Rz. 31; krit. *K. Schmidt*, DB 1990, 2357, 2359.

8) Lutter-*H. Schmidt*, UmwG, § 39f Rz. 14; Semler/Stengel/Leonard-*Heinrichs*, UmwG, § 39f Rz. 23; s. mit Blick auf § 728b BGB *Schäfer* in: MünchKomm-BGB, § 728b Rz. 7, sowie mit Blick auf § 126 HGB *K. Schmidt/Drescher* in: MünchKomm-HGB, § 128 Rz. 50; ferner BGH, Urt. v. 15.12.2020 – II ZR 108/19, NJW 2021, 928, 933 = NZG 2021, 505 m. w. N.

9) BGH, Urt. v. 15.12.2020 – II ZR 108/19, NJW 2021, 928 933 = NZG 2021, 505 m. w. N.

10) Schmitt/Hörtnagl-*Missio*, UmwG/UmwStG, § 39f UmwG Rz. 9.

bei denen Leistung und Gegenleistung regelmäßig sofort fällig sind (§ 271 BGB), soll die Nachhaftung daher vor allem verhindern, dass mit Wirksamwerden der Verschmelzung die Gesellschafter als Haftungsadressaten (§ 721 BGB bzw. § 126 HGB) wegfallen. Mit der Verjährung der Forderung gegen die Gesellschaft ist diese aber automatisch auch gegen die Gesellschafter nicht mehr durchsetzbar (§ 721b Abs. 1 BGB bzw. § 128 Abs. 1 HGB), auch wenn die Fünf-Jahres-Frist an sich noch läuft und der Anspruch gegen die Gesellschafter daher noch nicht gemäß § 39f materiell erloschen ist.[11)]

7 Eine weitergehende Bedeutung hat die Fünf-Jahres-Frist bei **Dauerschuldverhältnissen.**[12)] Hier genügt es für die Nachhaftung nämlich, dass der zugrunde liegende Vertrag, aus dem wiederkehrende (Einzel-)Verbindlichkeiten erwachsen, bereits vor dem Wirksamwerden der Verschmelzung abgeschlossen wurde; von der früheren „Kündigungstheorie“ hat sich die Rechtsprechung inzwischen distanziert.[13)] Aufgrund der Nachhaftung haften die Gesellschafter des übertragenden Rechtsträgers auch für solche Verbindlichkeiten der Gesellschaft, die erst **nach Wirksamwerden der Verschmelzung** innerhalb des Fünf-Jahres-Zeitraums fällig werden, für die also im Zeitpunkt der Verschmelzung mangels Fälligkeit noch gar keine Gesellschafterhaftung nach § 721 BGB bzw. § 126 HGB bestand.

8 **Schadensersatzansprüche aufgrund von Leistungsstörungen** setzen neben dem Bestehen eines Schuldverhältnisses die Verletzung einer Pflicht aus diesem Schuldverhältnis voraus (§ 280 Abs. 1 Satz 1 BGB). Es ist daher denkbar, dass die Begründung des Schuldverhältnisses zeitlich noch vor dem Wirksamwerden der Verschmelzung liegt, die haftungsauslösende Pflichtverletzung aber erst danach. Für diesen Fall sehen § 728b Abs. 1 Satz 2 BGB und § 137 Abs. 1 Satz 2 HGB jeweils vor, dass der ausgeschiedene Gesellschafter nur dann auf Schadensersatz haftet, wenn auch die zum Schadensersatz führende Pflichtverletzung vor dem Ausscheiden des Gesellschafters eingetreten ist. § 39f enthält eine vergleichbare Einschränkung der Schadensersatzhaftung nicht. Sie wäre auch sachlich nicht gerechtfertigt, denn die genannten Regelungen tragen dem Umstand Rechnung, dass der ausscheidende Gesellschafter auf das Verhalten seiner Mitgesellschafter und auf die Erfüllung der Pflichten der Gesellschaft keinen Einfluss mehr hat. Bei der Verschmelzung ist dies anders: Die Gesellschafter des übertragenden Rechtsträgers scheiden nicht aus, sondern werden Gesellschafter des aufnehmenden Rechtsträgers und können **dort die Erfüllung oder Verletzung von Pflichten weiterhin beeinflussen.** Für eine analoge Anwendung des § 728b Abs. 1 Satz 2 BGB bzw. § 137 Abs. 1 Satz 2 HGB ist daher kein Raum.[14)]

3. Dauer der Nachhaftung (§ 39f Abs. 2)

9 Die Fünf-Jahres-Frist beginnt mit der Bekanntmachung der Eintragung der Verschmelzung gemäß § 19 Abs. 3. Diese erfolgt gemäß § 10 Abs. 1 HGB durch die erstmalige Abrufbarkeit über das Registerportal der Länder. Der Tag der Bekanntmachung wird gemäß § 187 Abs. 1 BGB nicht mitgerechnet. Das Fristende bestimmt sich nach § 188 Abs. 2 BGB.

---

11) Vgl. auch Lutter-*H. Schmidt*, UmwG, § 39f Rz. 8; Semler/Stengel/Leonard-*Heinrichs*, UmwG, § 39f Rz. 12 f.

12) Kallmeyer-*Kocher*, UmwG, § 39f Rz. 3; Lutter-*H. Schmidt*, UmwG, § 39f Rz. 14; *Schollmeyer* in: BeckOGK-UmwG, § 39f Rz. 8; Schmitt/Hörtnagl-*Missio*, UmwG/UmwStG, § 39f UmwG Rz. 5.

13) BGH, Urt. v. 27.9.1999 – II ZR 356/98, NJW 2000, 208, 210 = NZG 2000, 135.

14) *Lieder*, NotBZ 2024, 361, 368; *Schollmeyer* in: BeckOGK-UmwG, § 39f Rz. 9; *Dauner-Lieb/Tettinger* in: KölnKomm-UmwG, § 39f Rz. 16a.

4. Eintritt der Enthaftung (§ 39f Abs. 3 und 4)

Die Fünf-Jahres-Frist des § 39f ist eine **materielle Ausschlussfrist.** Sie bringt die Gesellschafterhaftung nach § 721 BGB bzw. § 126 HGB zum Erlöschen, begründet also eine von Amts wegen zu beachtende Einwendung, nicht bloß (wie im Falle der Verjährung) eine Einrede.[15] Andere, nicht auf der Gesellschafterstellung beruhende Haftungstatbestände werden von der Enthaftung nicht erfasst.[16] § 39f Abs. 4 stellt klar, dass die Enthaftung auch dann eintritt, wenn der Gesellschafter in dem Rechtsträger anderer Rechtsform **geschäftsführend tätig wird,** etwa als Geschäftsführer, Vorstandsmitglied oder nach dem Gesellschaftsvertrag zur Geschäftsführung befugter Kommanditist.[17] 10

Die **Enthaftung tritt nicht ein,** wenn 11

- ein Anspruch gegen den betreffenden Gesellschafter – und nicht bloß gegen die Gesellschaft oder gegen einen anderen Gesellschafter – in einer in § 197 Abs. 1 Nr. 3 bis 5 BGB bezeichneten Art festgestellt,
- eine gerichtliche oder behördliche Vollstreckungsmaßnahme vorgenommen oder beantragt,
- der Anspruch durch einen Verwaltungsakt – d. h. durch dessen Bekanntgabe gegenüber dem Betroffenen[18] – geltend gemacht oder
- der Anspruch vom haftenden Gesellschafter – nicht bloß von der Gesellschaft – schriftlich (d. h. in Schriftform gemäß § 126 BGB) anerkannt worden ist (§ 39f Abs. 3).

§ 39f Abs. 2 Satz 2 verweist auf einige Verjährungshemmungstatbestände des BGB,[19] von denen die Verweisung auf § 204 BGB die größte praktische Bedeutung hat. Danach wird die Verjährung – hier die Enthaftung – durch Rechtsverfolgung, insbesondere **durch Klageerhebung oder durch Zugang eines Mahnbescheids** – gehemmt. Darin liegt ein gewisser Widerspruch zu § 39f Abs. 1, der an sich die Enthaftung nur entfallen lässt, wenn der Anspruch in einer in § 197 Abs. 1 Nr. 3 bis 5 BGB bezeichneten Art *festgestellt* ist, wozu insbesondere die Feststellung durch rechtskräftiges Urteil zählt. Die Verweisung in § 39f Abs. 2 Satz 2 gibt dem Gläubiger dagegen die Chance, die Enthaftung durch die bloße rechtzeitige Klageerhebung zu vermeiden, vorausgesetzt der Anspruch ist bereits vor Ablauf der Fünf-Jahres-Frist fällig. Bei späterer Fälligkeit kann die Enthaftung durch eine vor Ablauf der Fünf-Jahres-Frist erhobene Klage auf künftige Leistung nicht unterbrochen werden.[20] § 203 BGB ist von der Verweisung nicht umfasst. Verhandlungen führen daher nicht zu einer Hemmung der Enthaftung[21] (es sei denn, sie werden i. R. eines Verfahrens vor einer Streitbeilegungsstelle i. S. von § 204 Nr. 4 BGB geführt; in diesem Falle tritt die Hemmung bereits durch die Einleitung dieses Verfahrens ein). 12

15) *Schollmeyer* in: BeckOGK-UmwG, § 39f Rz. 11; Lutter-*H. Schmidt*, UmwG, § 39f Rz. 5; Koch-*Kraft*, PersonengesellschaftsR, § 39f UmwG Rz. 6; Semler/Stengel/Leonard-*Heinrichs*, UmwG, § 39f Rz. 16; Schmitt/Hörtnagl-*Missio*, UmwG/UmwStG, § 39f UmwG Rz. 20; vgl. zu § 728b BGB Begr RegE MoPeG, BT-Drucks. 19/27635, S. 177; *Schäfer* in: MünchKomm-BGB, § 728b Rz. 1.

16) Semler/Stengel/Leonard-*Heinrichs*, UmwG, § 39f Rz. 20.

17) Zutr. Semler/Stengel/Leonard-*Heinrichs*, UmwG, § 39f Rz. 52.

18) Lutter-*H. Schmidt*, UmwG, § 39f Rz. 23; *Schollmeyer* in: BeckOGK-UmwG, § 39f Rz. 16; Kallmeyer-*Kocher*, UmwG, § 39f Rz. 3; Semler/Stengel/Leonard-*Heinrichs*, UmwG, § 39f Rz. 48; Schmitt/Hörtnagl-*Missio*, UmwG/UmwStG, § 39f UmwG Rz. 15.

19) Ausf. Semler/Stengel/Leonard-*Heinrichs*, UmwG, § 39f Rz. 34 ff.

20) *Schollmeyer* in: BeckOGK-UmwG, § 39f Rz. 14; Semler/Stengel/Leonard-*Heinrichs*, UmwG, § 39f Rz. 17.

21) Zutr. Lutter-*H. Schmidt*, UmwG, § 39f Rz. 27 (m. Kritik in Fn. 107); Schmitt/Hörtnagl-*Missio*, UmwG/UmwStG, § 39f UmwG Rz. 19; *Dauner-Lieb/Tettinger* in: KölnKomm-UmwG, § 39f Rz. 24; s. ferner Kallmeyer-*Kocher*, UmwG, § 39f Rz. 5.

5. Ausgleichsansprüche im Falle der Inanspruchnahme

13 Wird ein nachhaftender Gesellschafter aufgrund von § 39f durch einen Gläubiger in Anspruch genommen, hat er gegen die Gesellschaft Ausgleichsansprüche gemäß §§ 716, 728 BGB[22] und gegen seine Mitgesellschafter – soweit diese ebenfalls noch haften – gemäß § 426 Abs. 1 und Abs. 2 BGB.[23]

6. Abweichende Vereinbarungen

14 Die Nachhaftung **kann nicht** im Verschmelzungsvertrag oder im Gesellschaftsvertrag zulasten einzelner Gläubiger oder der Gläubigergesamtheit **abbedungen werden.** Es steht den Gesellschaftern, die der Nachhaftung ausgesetzt sind, aber frei, mit einzelnen Gläubigern abweichende Vereinbarungen zu treffen, durch die eine Nachhaftung ausgeschlossen oder die Fünf-Jahres-Frist verkürzt wird.[24] Ebenso ist es nach umstrittener, aber richtiger Auffassung[25] denkbar, für einzelne Schuldverhältnisse eine Verlängerung der Nachhaftung zu vereinbaren, was insbesondere bei Dauerschuldverhältnissen in Betracht kommen kann. Ob mit einer solchen Vereinbarung zugleich ein Anerkenntnis i. S. von § 39f Abs. 3 verbunden ist, ist eine Frage der Auslegung im Einzelfall.[26]

IV. Anwendbarkeit auf grenzüberschreitende Verschmelzungen

15 Soweit grenzüberschreitende Verschmelzungen von Personengesellschaften im Anwendungsbereich der Niederlassungsfreiheit durch die analoge Anwendung von Regelungen für innerstaatliche Verschmelzungen bewältigt werden (siehe § 39 Rz. 19 [*Behme*]) und es dabei zu einer Verschmelzung auf einen ausländischen Rechtsträger kommt, dessen Anteilsinhaber für die Verbindlichkeiten dieses Rechtsträgers nicht unbeschränkt haften, ist auch § 39f analog anwendbar, da der Normzweck (siehe Rz. 2) unabhängig davon Geltung beansprucht, ob es sich um eine innerstaatliche oder eine grenzüberschreitende Verschmelzung handelt.

16 Im Falle der grenzüberschreitenden **Hereinverschmelzung** einer ausländischen Personengesellschaft auf eine deutsche haftungsbeschränkte Gesellschaft richtet sich die Nachhaftung der Gesellschafter des übertragenden Rechtsträgers als Teil des Gesellschaftsstatuts nach dem Recht seines Herkunftsstaates.

22) Zutr. Kallmeyer-*Kocher*, UmwG, § 39f Rz. 8; i. Erg. ähnl., aber unter Verweis auf § 670 BGB Semler/Stengel/Leonard-*Heinrichs*, UmwG, § 39f Rz. 54.

23) Koch-*Kraft*, PersonengesellschaftsR, § 39f UmwG Rz. 13; Semler/Stengel/Leonard-*Heinrichs*, UmwG, § 39f Rz. 54.

24) S. mit Blick auf § 728b BGB *Schäfer* in: MünchKomm-BGB, § 728b Rz. 4; detailliert *Dauner-Lieb/Tettinger* in: KölnKomm-UmwG, § 39f Rz. 30 ff.

25) *Dauner-Lieb/Tettinger* in: KölnKomm-UmwG, § 39f Rz. 32; a. A. Lutter-*H. Schmidt*, UmwG, § 39f Rz. 28; Semler/Stengel/Leonard-*Heinrichs*, UmwG, § 39f Rz. 57.

26) Kallmeyer-*Kocher*, UmwG, § 39f Rz. 6; Schmitt/Hörtnagl-*Missio*, UmwG/UmwStG, § 39f UmwG Rz. 16.

Zweiter Unterabschnitt
Verschmelzung unter Beteiligung von Personenhandelsgesellschaften

§ 40
Inhalt des Verschmelzungsvertrags

(1) [1]Der Verschmelzungsvertrag oder sein Entwurf hat zusätzlich für jeden Anteilsinhaber eines übertragenden Rechtsträgers zu bestimmen, ob ihm in der übernehmen-

den oder der neuen Personenhandelsgesellschaft die Stellung eines persönlich haftenden Gesellschafters oder eines Kommanditisten gewährt wird. [2]Dabei ist der Betrag der Einlage jedes Gesellschafters festzusetzen.

(2) [1]Anteilsinhabern eines übertragenden Rechtsträgers, die für dessen Verbindlichkeiten nicht als Gesamtschuldner persönlich unbeschränkt haften, ist die Stellung eines Kommanditisten zu gewähren. [2]Abweichende Bestimmungen sind nur wirksam, wenn die betroffenen Anteilsinhaber dem Verschmelzungsbeschluß des übertragenden Rechtsträgers zustimmen.

Übersicht

I. Überblick

Gemäß § 40 ist in dem Fall, dass es sich bei der übernehmenden oder der aus der Verschmelzung hervorgehenden neuen Gesellschaft um eine Personenhandelsgesellschaft handelt, im Verschmelzungsvertrag für jeden Anteilsinhaber zu bestimmen, ob ihm in dieser Gesellschaft die Stellung eines persönlich haftenden Gesellschafters **(Komplementärs) oder eines Kommanditisten** gewährt wird; zudem ist der **Betrag der Einlage** jedes Gesellschafters festzusetzen (§ 40 Abs. 1). Darüber hinaus haben Anteilsinhaber eines übertragenden Rechtsträgers, die vor der Verschmelzung keiner persönlichen und unbeschränkten Gesellschafterhaftung ausgesetzt waren, einen Anspruch darauf, dass ihnen in der übernehmenden Gesellschaft die Stellung eines Kommanditisten gewährt wird, sofern sie der **Übernahme persönlicher Haftung nicht zustimmen** (§ 40 Abs. 2). 1

Die Vorschrift findet nur auf Verschmelzungen Anwendung, bei denen **die übernehmende oder neue Gesellschaft eine Personenhandelsgesellschaft ist**, ohne dass es auf die Rechtsform des übertragenden Rechtsträgers ankommt.[1)] Für Verschmelzungen, bei denen die übernehmende oder neue Gesellschaft eine GbR oder eine PartG ist, existiert keine Parallelvorschrift, da es bei diesen Gesellschaftsformen keine Kommanditisten gibt. 2

II. Normzweck

§ 40 dient dem **Schutz der (Minderheits-)Gesellschafter** des übertragenden Rechtsträgers und stellt – auch und gerade im Zusammenspiel mit § 41 – sicher, dass infolge der Verschmelzung für diese **keine ungewollten Haftungsrisiken** im Hinblick auf die Verbindlichkeiten der übernehmenden oder neuen Gesellschaft begründet oder erhöht werden. Insbesondere muss kein Gesellschafter der übertragenden Gesellschaft befürchten, durch den Verschmelzungsvertrag künftig gegen seinen Willen in die Rolle eines persönlich haftenden Gesellschafters gedrängt zu werden mit der daraus resultierenden Gefährdung seines Privatvermögens.[2)] 3

1) *Temme* in: BeckOGK-UmwG, § 40 Rz. 3.

2) Vgl. Semler/Stengel/Leonard-*Otte*, UmwG, § 40 Rz. 2; Koch-*Kraft*, PersonengesellschaftsR, § 40 UmwG Rz. 1.

III. Ergänzende Bestimmung zum Inhalt des Verschmelzungsvertrags (§ 40 Abs. 1)

1. Gesellschafterstellung in der übernehmenden oder neuen Gesellschaft

4 § 40 Abs. 1 ergänzt § 5, der den Inhalt des Verschmelzungsvertrags i. Ü. regelt. Aufzuführen ist im **Verschmelzungsvertrag** bzw. seinem Entwurf für jeden Anteilsinhaber des übertragenden Rechtsträgers, ob er in der übernehmenden oder der aus der Verschmelzung hervorgehenden neuen Gesellschaft die Rechtsstellung eines persönlich haftenden Gesellschafters (Komplementärs) oder eines Kommanditisten erhalten soll. Letzteres **setzt denknotwendig voraus**, dass es sich bei der übernehmenden oder der neuen Gesellschaft **um eine KG handelt** (bzw. diese infolge der Verschmelzung zu einer KG wird)[3]. Nach dem Wortlaut der Norm ist diese Angabe „für jeden Anteilsinhaber"[4] aufzuführen; es ist daher erforderlich, dass im Verschmelzungsvertrag oder in einer Anlage **alle Gesellschafter** des übertragenden Rechtsträgers mit ihrem Namen oder ihrer Firma und der Angabe ihrer Gesellschafterstellung **aufgeführt** sind.[5]

5 Die Anwendung der Norm ist von der Rechtsform des **übertragenden Rechtsträgers unabhängig**. Bei diesem mag es sich daher ebenfalls um eine Personen(handels)gesellschaft oder auch um eine Kapitalgesellschaft handeln. Handelt es sich bei dem übertragenden Rechtsträger um **eine AG oder eine KGaA**, deren Aktionäre nicht sämtlich namentlich bekannt sind, können die unbekannten Aktionäre gemäß § 35 Satz 1 durch die Angabe des insgesamt auf sie entfallenden Teils des Grundkapitals der Gesellschaft und der auf sie nach der Verschmelzung entfallenden Anteile bezeichnet werden; ihnen kann wegen § 40 Abs. 2 Satz 2 aber **nur die Stellung von Kommanditisten**, nicht von persönlich haftenden Gesellschaftern zugewiesen werden.[6]

6 Nach dem personengesellschaftsrechtlichen Grundsatz der Einheitlichkeit der Mitgliedschaft[7] kann ein Gesellschafter nicht gleichzeitig die Stellung eines Komplementärs und eines Kommanditisten innehaben. Wenn Anteilsinhaber des übertragenden Rechtsträgers bereits vor der Verschmelzung an der übernehmenden Personengesellschaft beteiligt waren und im Zuge der Verschmelzung zusätzliche Anteile erhalten, müssen sie daher entweder ihre bestehende Beteiligung **in unveränderter Form aufstocken oder** ihre bisherige Gesellschafterstellung vorher **umwandeln** (z. B. von der Stellung eines Komplementärs in die eines Kommanditisten), mit der Konsequenz, dass sich die umgewandelte Gesellschafterstellung sodann durch die Verschmelzung erweitert. Es ist jedoch nicht zulässig, einem persönlich haftenden Gesellschafter (Komplementär) der übernehmenden Gesellschaft im Rahmen der Verschmelzung zusätzlich Kommanditanteile zu gewähren.[8]

2. Festsetzung des Betrags der Einlage

7 Gemäß § 40 Abs. 1 Satz 2 ist für jeden Gesellschafter der Betrag seiner Einlage festzusetzen. Der **Begriff der „Einlage"** lädt zu Missverständnissen ein, zumal sich die personengesellschaftsrechtliche Terminologie durch das MoPeG[9] verändert hat. Danach ist der Oberbegriff für sämtliche Leistungen, die der Gesellschafter zur Förderung des gemein-

3) Dazu näher Kallmeyer-*Kocher*, UmwG, § 40 Rz. 11; Koch-*Kraft*, PersonengesellschaftsR, § 40 UmwG Rz. 10.

4) Zum Begriff des „Anteilsinhabers" Semler/Stengel/Leonard-*Otte*, UmwG, § 40 Rz. 6.

5) Koch-*Kraft*, PersonengesellschaftsR, § 40 UmwG Rz. 4; offenlassend *Temme* in: BeckOGK-UmwG, § 40 Rz. 5 – m. der Empfehlung, diese Angaben „sicherheitshalber" aufzunehmen.

6) *Temme* in: BeckOGK-UmwG, § 40 Rz. 6.

7) Dazu zuletzt BGH, Beschl. v. 12.3.2024 – II ZB 4/23, NZG 2024, 1048 = DNotZ 2024, 700.

8) Zutr. *Temme* in: BeckOGK-UmwG, § 40 Rz. 7; Lutter-*H. Schmidt*, UmwG, § 40 Rz. 9.

9) Gesetz zur Modernisierung des Personengesellschaftsrechts (Personengesellschaftsrechtsmodernisierungsgesetz – MoPeG), v. 10.8.2021, BGBl. I 2021, 3436.

samen Zwecks nach dem Gesellschaftsvertrag zu erbringen hat, der **Begriff des „Beitrags"**. Beiträge können, müssen aber nicht notwendigerweise das Gesellschaftsvermögen mehren und dementsprechend bilanzierungsfähig sein; nur vermögensmehrende Beiträge sind aber „Einlagen".[10] Typischerweise **werden die Einlagen dem Kapitalanteil zugeschrieben**; sie sind dementsprechend maßgeblich für die Beteiligungsquote der Gesellschafter (was der Grund dafür ist, dass die Einlage jedes Gesellschafters im Verschmelzungsvertrag anzugeben ist).

8 Gleichzeitig ermöglicht es § 709 Abs. 3 BGB, die **Beteiligungsverhältnisse frei zu vereinbaren** und somit von der Beitrags- bzw. Einlagepflicht gänzlich zu lösen.[11] Es wäre daher sinnvoll gewesen, im Zuge des MoPeG § 40 dahingehend zu ändern, dass nicht mehr der „Betrag der Einlage" eines jeden Gesellschafters, sondern schlicht seine **Beteiligungsquote** im Verschmelzungsvertrag festzusetzen ist und nur hilfsweise der Betrag seiner Einlage.

9 Auch wenn es sich bei der Einlage eines Gesellschafters um jede Art von vermögensmehrendem und folglich bilanzierungsfähigem Beitrag handeln kann, ist nach dem Wortlaut des § 40 Abs. 1 Satz 2 der „Betrag" der Einlage anzugeben, diese also **in einer Geldsumme** auszudrücken.[12] Bei Kommanditisten ist mit der Einlage die Einlage i. S. von § 709 BGB gemeint und nicht etwa die (nach früherer Terminologie als „Hafteinlage" bezeichnete) Haftsumme, bis zu deren Höhe der Kommanditist den Gläubigern der Gesellschaft unmittelbar haftet (§ 171 Abs. 1 HGB). Auch die Haftsumme sollte freilich im Verschmelzungsvertrag angegeben werden; unterbleibt die Angabe der Haftsumme, ist der Betrag der Einlage zugleich als Haftsumme zu werten.[13]

10 Häufig ist bei einer KG der **Komplementär ohne Kapitalanteil** an der Gesellschaft beteiligt; in diesem Fall ist auch kein Einlagebetrag festzusetzen.[14] Des Weiteren ist die Festsetzung des Betrags der Einlage wegen des **Verbots eigener Anteile** (vgl. § 711 Abs. 1 Satz 2 BGB) entbehrlich, wenn der übernehmende Rechtsträger schon vor der Verschmelzung an dem übertragenden Rechtsträger beteiligt war (wenn also bspw. eine Tochtergesellschaft auf ihre Muttergesellschaft verschmolzen wird).[15] Im umgekehrten Fall, wenn der übertragende Rechtsträger schon vor der Verschmelzung an dem übernehmenden Rechtsträger beteiligt war, werden die Gesellschafter des übertragenden und im Zuge der Verschmelzung erlöschenden Rechtsträgers Gesellschafter des übernehmenden Rechtsträgers; ihre Beteiligungen sind dementsprechend neu zu begründen, wobei die Beteiligungsverhältnisse sich grundsätzlich nicht ändern und dementsprechend die Festsetzung des Betrags der Einlage ebenfalls entbehrlich ist.[16]

IV. Anspruch auf Kommanditistenstellung (§ 40 Abs. 2)

11 Gemäß § 40 Abs. 2 hat jeder Gesellschafter des übertragenden Rechtsträgers, der bislang keiner persönlichen und unbeschränkten Gesellschafterhaftung ausgesetzt war, einen Anspruch darauf, dass ihm in der übernehmenden Gesellschaft die **Stellung eines Kommanditisten gewährt** wird, sofern er der Übernahme persönlicher Haftung nicht zustimmt. Dies betrifft sämtliche Gesellschafter, die vor der Verschmelzung aufgrund ihrer

10) Eingehend *Schäfer* in: MnchKomm-BGB, § 709 Rz. 2 f.

11) *Schäfer* in: MnchKomm-BGB, § 709 Rz. 28.

12) *Temme* in: BeckOGK-UmwG, § 40 Rz. 9; Semler/Stengel/Leonard-*Otte*, UmwG, § 40 Rz. 10.

13) *Temme* in: BeckOGK-UmwG, § 40 Rz. 10 – „sicherheitshalber".

14) *Temme* in: BeckOGK-UmwG, § 40 Rz. 11; Semler/Stengel/Leonard-*Otte*, UmwG, § 40 Rz. 11.

15) *Temme* in: BeckOGK-UmwG, § 40 Rz. 14; Kallmeyer-*Kocher*, UmwG, § 40 Rz. 4; Semler/Stengel/Leonard-*Otte*, UmwG, § 40 Rz. 12.

16) *Temme* in: BeckOGK-UmwG, § 40 Rz. 13; Kallmeyer-*Kocher*, UmwG, § 40 Rz. 4.

Mitgliedschaft in dem übertragenden Rechtsträger überhaupt keiner Gesellschafterhaftung ausgesetzt waren (insbesondere die Gesellschafter von Kapitalgesellschaften sowie die Mitglieder einer Genossenschaft oder eines Vereins) oder nur einer beschränkten Gesellschafterhaftung (Kommanditisten der KG)[17]. Mit Blick auf den Normzweck (siehe Rz. 3) ist die **Zustimmung** des Gesellschafters immer dann erforderlich, wenn durch die Verschmelzung Haftungsrisiken neu begründet oder erweitert werden. Dies ist auch dann der Fall, wenn der Wert des **übertragenen Nettovermögens geringer** ist als die für den Kommanditisten festgelegte **Haftsumme**, weshalb § 40 Abs. 2 in diesem Fall jedenfalls analog anzuwenden ist[18].[19]

12 Gemäß § 13 Abs. 1 Satz 3 bedarf die Zustimmungserklärung **notarieller Beurkundung**. Richtigerweise kann die Zustimmung konkludent dadurch erteilt werden, dass der betreffende Anteilsinhaber bei der Beschlussfassung über den (gleichfalls beurkundungspflichtigen) Verschmelzungsvertrag mit „Ja" stimmt; der separaten Beurkundung einer ausdrücklichen Zustimmungserklärung bedarf es dann nicht.[20]

13 **Erklärt kein beschränkt haftender Anteilsinhaber** des übertragenden Rechtsträgers die **Zustimmung** zu der Übernahme persönlicher Haftung und machen zugleich alle persönlich haftenden Gesellschafter einer übertragenen oder übernehmenden Personenhandelsgesellschaft von ihrem Widerspruchsrecht nach § 41 Gebrauch, kann die übernehmende oder neue Gesellschaft nur dann eine Personenhandelsgesellschaft sein, wenn ihr ein Dritter – typischerweise eine Kapitalgesellschaft ohne persönliche Gesellschafterhaftung – als persönlich haftender Gesellschafter (Komplementär) **beitritt**. Nach herrschender und zutreffender Auffassung kann dieser Beitritt im Verschmelzungsvertrag auf den Zeitpunkt des Wirksamwerdens der Verschmelzung erklärt werden.[21]

V. Rechtsfolgen bei Verstoß

14 Enthält der Verschmelzungsvertrag die in § 40 Abs. 1 genannten Angaben nicht oder liegen die gemäß § 40 Abs. 2 erforderlichen Zustimmungserklärungen nicht vor, darf die Verschmelzung **nicht eingetragen werden**. Kommt es gleichwohl zur Eintragung der Verschmelzung, ist die Eintragung gemäß § 20 Abs. 2 **wirksam**. Sofern ein Anteilsinhaber des übertragenden Rechtsträgers dadurch in der übernehmenden oder neuen Personenhandelsgesellschaft gegen seinen Willen die Rolle eines persönlich haftenden Gesellschafters erhält, kann er nach § 25 **Schadensersatz** und aufgrund der gesellschaftsrechtlichen Treuepflicht von seinen Mitgesellschaftern Freistellung sowie Anpassung des Gesell-

---

17) Zu diesen Semler/Stengel/Leonard-*Otte*, UmwG, § 40 Rz. 13.

18) Wie hier *Temme* in: BeckOGK-UmwG, § 40 Rz. 18; Schmitt/Hörtnagl-*Missio*, UmwG/UmwStG, § 40 UmwG Rz. 8; Widmann/Mayer-*Vossius*, UmwR, § 40 UmwG Rz. 26 – „entsprechend"; gegen analoge Anwendung von § 40 Abs. 2 Kallmeyer-*Kocher*, UmwG, § 40 Rz. 9; diff. Semler/Stengel/Leonard-*Otte*, UmwG, § 40 Rz. 16.

19) Zu Recht geht Widmann/Mayer-*Vossius*, UmwR, § 40 UmwG Rz. 47 daher davon aus, dass – ohne Zustimmung zur Übernahme persönlicher Haftung – die Verschaffung einer Kommanditistenstellung ohne Haftungsrisiken, d. h. mit einer den Beteiligungswert nicht übersteigenden Haftsumme und ohne das Haftungsrisiko des § 176 HGB, geschuldet ist.

20) *Temme* in: BeckOGK-UmwG, § 40 Rz. 21; Kallmeyer-*Kocher*, UmwG, § 40 Rz. 14; Schmitt/Hörtnagl-*Missio*, UmwG/UmwStG, § 40 UmwG Rz. 8; a. A. Semler/Stengel/Leonard-*Otte*, UmwG, § 40 Rz. 22 – m. dem Argument, die Zustimmung der Betroffenen sei eine empfangsbedürftige Willenserklärung, die gegenüber dem Vertretungsorgan des übertragenden Rechtsträgers abzugeben und von der Abgabe einer Ja-Stimme in der Versammlung der Anteilsinhaber zu unterscheiden sei; Koch-*Kraft*, PersonengesellschaftsR, § 40 UmwG Rz. 9; Widmann/Mayer-*Vossius*, UmwR, § 40 UmwG Rz. 50.

21) Ebenso *Temme* in: BeckOGK-UmwG, § 40 Rz. 19; Koch-*Kraft*, PersonengesellschaftsR, § 40 UmwG Rz. 11; Semler/Stengel/Leonard-*Otte*, UmwG, § 40 Rz. 21 – m. der Empfehlung, diese Gestaltung vorab mit dem Registergericht abzustimmen.

schaftsvertrags, hilfsweise ein Ausscheiden aus der Gesellschaft gegen angemessene Abfindung (Verkehrswert des Anteils) verlangen.[22)]

VI. Anwendbarkeit auf grenzüberschreitende Verschmelzungen

Unmittelbar anwendbar ist § 40 aufgrund der Verweisung in § 305 Abs. 2 Satz 2 auf den dort geregelten Fall der grenzüberschreitenden Hereinverschmelzung auf eine Personenhandelsgesellschaft. 15

Soweit grenzüberschreitende Verschmelzungen von Personenhandelsgesellschaften im Anwendungsbereich der Niederlassungsfreiheit durch die analoge Anwendung von Regelungen für innerstaatliche Verschmelzungen bewältigt werden (siehe § 39 Rz. 19 [*Behme*]), ist auch § 40 analog anwendbar, da der Normzweck (siehe Rz. 3) unabhängig davon Geltung beansprucht, ob es sich um eine innerstaatliche oder eine grenzüberschreitende Verschmelzung handelt. 16

22) Semler/Stengel/Leonard-*Otte*, UmwG, § 40 Rz. 26; Kallmeyer-*Kocher*, UmwG, § 40 Rz. 15; Koch-*Kraft*, PersonengesellschaftsR, § 40 UmwG Rz. 11; Widmann/Mayer-*Vossius*, UmwR, § 40 UmwG Rz. 50.

§ 41
Widerspruch gegen den Beschluss der Gesellschafterversammlung*)

Widerspricht ein Anteilsinhaber eines übertragenden Rechtsträgers, der für dessen Verbindlichkeiten persönlich unbeschränkt haftet, der Verschmelzung, ist ihm in der übernehmenden oder der neuen Personenhandelsgesellschaft die Stellung eines Kommanditisten zu gewähren; das Gleiche gilt für einen Anteilsinhaber der übernehmenden Personenhandelsgesellschaft, der für deren Verbindlichkeiten persönlich unbeschränkt haftet, wenn er der Verschmelzung widerspricht.

*) § 41 i. d. F. UmwBerG geändert durch Art. 60 des Gesetzes zur Modernisierung des Personengesellschaftsrechts (Personengesellschaftsrechtsmodernisierungsgesetz – MoPeG), v. 10.8.2021, BGBl. I 2021, 3436.

Übersicht

I. Überblick

§ 41 räumt dem persönlich haftenden Gesellschafter einer Personenhandelsgesellschaft, also dem Gesellschafter der oHG und dem Komplementär der KG, ein Widerspruchsrecht ein, bei dessen Ausübung seine Gesellschafterstellung sich in die eines Kommanditisten umwandelt. Die Vorschrift entspricht § 43 Abs. 2 Satz 3 a. F. Sie findet nur auf Verschmelzungen unter Beteiligung von Personenhandelsgesellschaften Anwendung. Für GbRs gilt § 39d, für PartGs existiert keine Parallelvorschrift. 1

II. Normzweck

§ 41 dient dem Schutz der persönlich haftenden (Minderheits-)Gesellschafter sowohl **der übertragenden als auch der übernehmenden Gesellschaft** bei einer Verschmelzung auf 2 eine Personenhandelsgesellschaft. Wird eine Gesellschaft auf eine oHG verschmolzen, hat dies für die Gesellschafter des übertragenden Rechtsträgers zur Folge, dass sie fortan für die Verbindlichkeiten des übernehmenden Rechtsträgers persönlich und unbeschränkt haften (§ 126 HGB). Zugleich erweitern sich die mit der persönlichen Haftung verbundenen Risiken der Gesellschafter der übernehmenden oHG, da diese die Verbindlichkeiten der übertragenden Gesellschaft im Wege der Gesamtrechtsnachfolge übernimmt. Entsprechendes gilt für die Komplementäre einer übernehmenden KG.[1)]

3 Bei der Verschmelzung von Personenhandelsgesellschaften werden die persönlich haftenden Gesellschafter vor diesen Haftungsrisiken geschützt, indem ihnen das **Recht** eingeräumt wird, der Verschmelzung **zu widersprechen**, mit der Konsequenz, dass dem widersprechenden Gesellschafter in der übernehmenden Gesellschaft die Stellung eines Kommanditisten zu gewähren ist. Mit dieser Möglichkeit, die einerseits die Verschmelzung ermöglicht, andererseits aber zugleich die Haftungsrisiken für die Gesellschafter beschränkt, unterscheidet sich § 41 von der Rechtslage bei der GbR: Da bei der GbR die Einräumung einer Kommanditistenstellung nicht möglich ist, hat der Widerspruch eines Gesellschafters dort gemäß § 39d die Konsequenz, dass die Verschmelzung ganz zu unterbleiben hat (siehe § 39d Rz. 13 ff. [*Behme*]).

III. Erklärung des Widerspruchs

4 Hinsichtlich der Erklärung des Widerspruchs gilt nichts anderes als i. R. von § 39d. Der Widerspruch ist eine **empfangsbedürftige Willenserklärung**; eine ablehnende Stimmabgabe, eine Enthaltung oder eine mangelnde Beteiligung an der Abstimmung ist noch kein Widerspruch (siehe § 39d Rz. 5 [*Behme*]). Er bedarf vorbehaltlich einschlägiger Regelungen im Gesellschaftsvertrag keiner bestimmten Form (siehe § 39d Rz. 6 [*Behme*]). **Stellvertretung** ist zulässig, soweit der Gesellschaftsvertrag diese erlaubt oder alle Mitgesellschafter zustimmen (siehe § 39d Rz. 6 [*Behme*]).

5 Der Widerspruch kann schon **vor der Versammlung** der Gesellschafter erklärt werden, in der über die Verschmelzung Beschluss gefasst wird (siehe § 39d Rz. 8 [*Behme*]), **in dieser Versammlung** (siehe § 39d Rz. 9 [*Behme*]) **oder nach** der Versammlung (siehe § 39d Rz. 11 [*Behme*]). Erfolgt der Widerspruch nach einer zuvor erklärten Zustimmung zum Verschmelzungsvertrag, kann darin ein **Verstoß gegen die Treuepflicht** liegen; andererseits muss es aber nicht per se treuwidrig sein, für die Verschmelzung zu stimmen und gleichzeitig oder anschließend durch die Ausübung des Widerspruchs die Einräumung einer Kommanditistenstellung zu erzwingen, auch wenn dadurch möglicherweise eine Änderung des Verschmelzungsvertrags und ggf. eine **Nachtragsbeurkundung** erforderlich werden (siehe Rz. 7).

6 Erfolgt der **Widerspruch in der Versammlung** der Gesellschafter, in der über die Verschmelzung Beschluss gefasst wird, ist der Widerspruch gegenüber dem Versammlungsleiter zu erklären, falls ein solcher existiert; ansonsten sind Adressaten die vertretungsberechtigten Gesellschafter (siehe § 39d Rz. 6 [*Behme*]). Für eine analoge Anwendung von § 29 Abs. 2 ist kein Raum.[2)]

IV. Rechtsfolgen des Widerspruchs

7 Widerspricht ein Gesellschafter der Verschmelzung auf eine Personenhandelsgesellschaft, so hat die Verschmelzung **zu unterbleiben** (siehe § 39d Rz. 13 ff. [*Behme*]), sofern dem

1) S. Begr. RegE UmwBerG z. § 43 a. F., BR-Drucks. 75/94, S. 98.

2) Koch-*Kraft*, PersonengesellschaftsR, § 41 UmwG Rz. 5; Schmitt/Hörtnagl-*Missio*, UmwG/UmwStG, § 41 UmwG Rz. 2.

widersprechenden Gesellschafter in der übernehmenden (oder neuen) Personenhandelsgesellschaft **nicht die Stellung eines Kommanditisten eingeräumt** werden kann.[3] Hierzu sollte der Verschmelzungsvertrag entsprechende Regelungen vorsehen, insbesondere zu den im Falle eines Widerspruchs für die Kommanditisten maßgeblichen Kapitalbeteiligungen, Einlagepflichten und Haftsummen;[4] ansonsten ist der Vertrag oder sein Entwurf entsprechend **zu ändern bzw. zu ergänzen** und der geänderte Vertrag bedarf eines erneuten Verschmelzungsbeschlusses.[5] Ist die nach § 13 Abs. 3 erforderliche Beurkundung des Verschmelzungsvertrags bereits erfolgt, bedarf es einer Nachtragsbeurkundung.[6]

Führt die Ausübung von Widerspruchsrechten dazu, dass in der übernehmenden Gesell- 8
schaft **kein Gesellschafter mehr persönlich haftet** (etwa weil der einzige Komplementär der übernehmenden Gesellschaft sein Widerspruchsrecht ausübt und keiner der Gesellschafter der übertragenden Gesellschaft die persönliche Haftung übernimmt), kann die Verschmelzung **nicht durchgeführt werden**, sofern nicht ein Dritter der übernehmenden Gesellschaft schon vor der Durchführung der Verschmelzung oder – zulässigerweise – im Verschmelzungsvertrag als Komplementär **beitritt**[7] und dadurch alle bisherigen Gesellschafter der übertragenden und der übernehmenden Gesellschaft die Stellung eines Kommanditisten erhalten können.

V. Anwendbarkeit auf grenzüberschreitende Verschmelzungen

Unmittelbar anwendbar ist § 41 aufgrund der Verweisung in § 305 Abs. 2 Satz 2 auf den 9
dort geregelten Fall der grenzüberschreitenden **Hereinverschmelzung** auf eine Personenhandelsgesellschaft.

Soweit grenzüberschreitende Verschmelzungen von Personenhandelsgesellschaften im 10
Anwendungsbereich der Niederlassungsfreiheit durch die analoge Anwendung von Regelungen für innerstaatliche Verschmelzungen bewältigt werden (siehe § 39 Rz. 19 [*Behme*]), ist auch § 41 analog anwendbar, da der Normzweck (siehe Rz. 2 f.) unabhängig davon Geltung beansprucht, ob es sich um eine innerstaatliche oder eine grenzüberschreitende Verschmelzung handelt. Für grenzüberschreitende **Hinausverschmelzungen** unter Beteiligung von GbRs ist nicht § 41, sondern § 39d analog anzuwenden.

---

3) *Temme* in: BeckOGK-UmwG, § 41 Rz. 8; Kallmeyer-*Zimmermann*, UmwG, § 41 Rz. 8; Widmann/Mayer-*Vossius*, UmwR, § 41 UmwG Rz. 21 ff.

4) *Temme* in: BeckOGK-UmwG, § 41 Rz. 8; Lutter-*H. Schmidt*, UmwG, § 41 Rz. 7; Semler/Stengel/Leonard-*Otte*, UmwG, § 41 Rz. 11.

5) *Temme* in: BeckOGK-UmwG, § 41 Rz. 8; Koch-*Kraft*, PersonengesellschaftsR, § 41 UmwG Rz. 6; Schmitt/Hörtnagl-*Missio*, UmwG/UmwStG, § 41 UmwG Rz. 2; Lutter-*H. Schmidt*, UmwG, § 41 Rz. 7; Semler/Stengel/Leonard-*Otte*, UmwG, § 41 Rz. 10.

6) Lutter-*H. Schmidt*, UmwG, § 41 Rz. 7; Semler/Stengel/Leonard-*Otte*, UmwG, § 41 Rz. 10.

7) S. dazu Lutter-*H. Schmidt*, UmwG, § 40 Rz. 14.

§ 42

Entsprechend anzuwendende Vorschriften*)

Die §§ 39, 39a, 39b, 39c, 39e und 39f sind entsprechend anzuwenden.

*) § 42 i. d. F. des UmwBerG geändert durch Art. 60 des Gesetzes zur Modernisierung des Personengesellschaftsrechts (Personengesellschaftsrechtsmodernisierungsgesetz – MoPeG), v. 10.8.2021, BGBl. I 2021, 3436.

Übersicht

I. Überblick

1 § 42 erklärt eine Reihe von Vorschriften betreffend die Verschmelzung unter Beteiligung von eGbRs auf die Verschmelzung unter Beteiligung von Personenhandelsgesellschaften (oHG und KG) für entsprechend anwendbar. Diese Systematik trägt dem Umstand Rechnung, dass die GbR die Grundform der Personengesellschaften ist (vgl. § 105 Abs. 3 HGB). Die **Öffnung des Umwandlungsrechts für die eGbR** durch das MoPeG[1] hatte zur Folge, dass die Inhalte der früheren Regelungen zur Verschmelzung von Personenhandelsgesellschaften (§§ 39 bis 45 a. F.) nunmehr teilweise auf die GbR zu beziehen waren, mit der Konsequenz, dass sich die heutigen §§ 40 ff. auf die Regelung derjenigen Aspekte der Verschmelzung beschränken können, die aus den spezifischen Eigenarten der Personenhandelsgesellschaften im Vergleich zur GbR folgen.

2 Zum einen betrifft dies den **Inhalt des Verschmelzungsvertrags**, der für jeden Anteilsinhaber eines übertragenden Rechtsträgers zu bestimmen hat, ob ihm in der übernehmenden oder der neuen Personenhandelsgesellschaft die **Stellung** eines persönlich haftenden Gesellschafters oder eines Kommanditisten gewährt wird (§ 40). Zum anderen betrifft dies die **Rechtsfolgen eines Widerspruchs** persönlich haftender Gesellschafter gegen den Verschmelzungsbeschluss, der bei einer GbR zwangsläufig zur Folge hat, dass die Verschmelzung zu unterbleiben hat (§ 39d), bei einer Personenhandelsgesellschaft hingegen dazu führt, dass dem widersprechenden Gesellschafter in der übernehmenden oder neuen Personenhandelsgesellschaft die Stellung eines Kommanditisten zu gewähren ist (§ 41). Beide Vorschriften tragen dem Umstand Rechnung, dass die Einräumung einer Kommanditistenstellung nur bei einer Personenhandelsgesellschaft möglich ist.

II. Normzweck

3 Hinsichtlich des Normzwecks von § 42 gelten die Ausführungen zu den Vorschriften entsprechend, auf die in § 42 verwiesen wird (siehe § 39 Rz. 5 ff. [*Behme*], § 39a Rz. 2 [*Behme*], § 39b Rz. 2 [*Behme*], § 39c Rz. 2 [*Behme*], § 39e Rz. 3 ff. [*Behme*], § 39f Rz. 2 [*Behme*]).

III. Die Verweisungen im Einzelnen

1. Ausschluss der Verschmelzung

4 Gemäß § 42 i. V. m. § 39 kann sich eine aufgelöste Personenhandelsgesellschaft nicht als übertragender Rechtsträger an einer Verschmelzung beteiligen, wenn die Gesellschafter eine andere Art der Auseinandersetzung als die Abwicklung durch Liquidation oder als die Verschmelzung vereinbart haben. Dies betrifft etwa den Fall, dass der Gesellschaftsvertrag vorsieht, dass das Gesellschaftsvermögen im Falle der Auflösung durch einen oder mehrere Gesellschafter (Realteilung) übernommen werden oder in eine andere Gesellschaft eingebracht werden soll (siehe § 39 Rz. 14 [*Behme*]).

---

1) Gesetz zur Modernisierung des Personengesellschaftsrechts (Personengesellschaftsrechtsmodernisierungsgesetz – MoPeG), v. 10.8.2021, BGBl. I 2021, 3436.

2. Verschmelzungsbericht

Gemäß § 42 i. V. m. § 39a ist ein Verschmelzungsbericht für eine an der Verschmelzung beteiligte Personenhandelsgesellschaft **nicht erforderlich**, wenn alle Gesellschafter dieser Gesellschaft **zur Geschäftsführung berechtigt** sind. Bei der **oHG** ist dies der gesetzliche Regelfall. Bei der **KG** ist wegen des Ausschlusses der Kommanditisten von der Geschäftsführung (§ 164 HGB) ein Verschmelzungsbericht regelmäßig erforderlich, sofern nicht ausnahmsweise sämtlichen Kommanditisten im Gesellschaftsvertrag Geschäftsführungsbefugnis eingeräumt wird oder alle Kommanditisten einer GmbH & Co. KG als Geschäftsführer der Komplementär-GmbH mittelbar mit Geschäftsführungsbefugnis ausgestattet sind (siehe § 39a Rz. 9 [*Behme*]). 5

3. Unterrichtung der Gesellschafter

Gemäß § 42 i. V. m. § 39b sind der Verschmelzungsvertrag oder sein Entwurf und der Verschmelzungsbericht den Gesellschaftern, die von der Befugnis zur Geschäftsführung ausgeschlossen sind, spätestens zusammen mit der Einberufung der Gesellschafterversammlung, die gemäß § 13 Abs. 1 über die Zustimmung zum Verschmelzungsvertrag beschließen soll, zu übersenden. Bei der **oHG** ist demnach, sofern – dem gesetzlichen Regelfall entsprechend – alle Gesellschafter zur Geschäftsführung befugt sind, eine gesonderte Unterrichtung nicht erforderlich; **bei der KG** sind Adressaten der Unterrichtung insbesondere die Kommanditisten, sofern ihnen nicht ausnahmsweise nach dem Gesellschaftsvertrag Geschäftsführungsbefugnis eingeräumt ist (siehe § 39b Rz. 5 [*Behme*]). 6

4. Beschluss der Gesellschafterversammlung

Gemäß § 42 i. V. m. § 39c Abs. 1 bedarf der Verschmelzungsbeschluss der Gesellschafterversammlung der Zustimmung aller anwesenden Gesellschafter; ihm müssen **auch nicht erschienenen Gesellschafter** zustimmen. Gemäß § 42 i. V. m. § 39c Abs. 2 kann jedoch der Gesellschaftsvertrag eine Mehrheitsentscheidung der Gesellschafter vorsehen; die Mehrheit muss mindestens **drei Viertel** der abgegebenen Stimmen betragen. Jedenfalls verlangt das UmwG eine Beschlussfassung **in einer „Versammlung"**, d. h. einer Zusammenkunft der Gesellschafter, sei es in Präsenz oder in virtueller Form (etwa in einer Telefon- oder Videokonferenz, siehe § 39c Rz. 5 [*Behme*]). 7

Nicht erforderlich für einen wirksamen Verschmelzungsbeschluss ist aber die **Teilnahme aller Gesellschafter** an der Versammlung, in der über die Zustimmung zum Verschmelzungsvertrag abgestimmt wird. Die Gesellschafter, die an der Versammlung nicht teilnehmen, können entweder (soweit dies nach dem Gesellschaftsvertrag zulässig ist oder alle Mitgesellschafter zustimmen) einen Mitgesellschafter zur Stimmabgabe bevollmächtigen oder ihre Zustimmung außerhalb der Versammlung erklären (siehe § 39c Rz. 8 [*Behme*]). 8

5. Prüfung der Verschmelzung

Gemäß § 42 i. V. m. § 39e ist im Fall des § 39c Abs. 2 (d. h. wenn der Verschmelzungsbeschluss keiner Einstimmigkeit, sondern einer qualifizierten Mehrheit bedarf) der Verschmelzungsvertrag oder sein Entwurf für eine Personenhandelsgesellschaft nach den §§ 9 bis 12 zu prüfen, wenn dies einer ihrer Gesellschafter **innerhalb einer Frist von einer Woche** verlangt, nachdem er die in § 39b genannten Unterlagen (d. h. den Verschmelzungsvertrag oder seinen Entwurf und den Verschmelzungsbericht) erhalten hat. Die **Kosten** der Prüfung trägt die Gesellschaft. 9

Soweit der Verschmelzungsbeschluss **Einstimmigkeit erfordert** (§ 39c Abs. 1), wird der Schutz der Interessen des einzelnen Gesellschafters dadurch gewährleistet, dass jeder 10

Gesellschafter die Erteilung seiner Zustimmung von der Durchführung einer Verschmelzungsprüfung abhängig machen kann (siehe § 39e Rz. 7 [*Behme*]).

6. Zeitliche Begrenzung der Haftung persönlich haftender Gesellschafter

11 Gemäß § 42 i. V. m. § 39f haftet ein persönlich haftender Gesellschafter einer Personenhandelsgesellschaft, also ein Gesellschafter einer oHG oder ein Komplementär einer KG (siehe § 39f Rz. 3 [*Behme*]), die ihr Vermögen durch Verschmelzung auf einen Rechtsträger anderer Rechtsform überträgt, für deren Verbindlichkeiten (d. h. jene der übertragenden Gesellschaft), wenn diese Verbindlichkeiten vor Ablauf von fünf Jahren nach der Verschmelzung fällig und daraus Ansprüche gegen ihn (d. h. den Gesellschafter) in einer in § 197 Abs. 1 Nr. 3 bis 5 BGB bezeichneten Art festgestellt sind oder eine gerichtliche oder behördliche Vollstreckungshandlung vorgenommen oder beantragt wird; bei öffentlich-rechtlichen Verbindlichkeiten genügt der Erlass eines Verwaltungsakts.

IV. Anwendbarkeit auf grenzüberschreitende Verschmelzungen

12 Unmittelbar anwendbar ist § 42 aufgrund der Verweisung in § 305 Abs. 2 Satz 2 auf den dort geregelten Fall der grenzüberschreitenden **Hereinverschmelzung** auf eine Personenhandelsgesellschaft.

13 Soweit grenzüberschreitende Verschmelzungen von Personenhandelsgesellschaften im Anwendungsbereich der Niederlassungsfreiheit durch die analoge Anwendung von Regelungen für innerstaatliche Verschmelzungen bewältigt werden (siehe § 39 Rz. 19 [*Behme*]), ist auch § 42 analog anwendbar, da die Normzwecke der Vorschriften, auf die verwiesen wird (siehe Rz. 3), unabhängig davon Geltung beanspruchen, ob es sich um eine innerstaatliche oder eine grenzüberschreitende Verschmelzung handelt. Relevant wird dies vor allem bei dem gesetzlich nicht geregelten Fall der grenzüberschreitenden Hinausverschmelzung von Personenhandelsgesellschaften.

§ 43
(aufgehoben)

1 § 43 a. F. wurde durch das MoPeG mit Wirkung zum 1.1.2024 aufgehoben.[1] Die Norm betraf die erforderlichen Quoren bei der Beschlussfassung über den Verschmelzungsvertrag in der Gesellschafterversammlung (zur Terminologie siehe § 39b Rz. 7 [*Behme*]) der Personenhandelsgesellschaft. § 43 Abs. 1, Abs. 2 Satz 1, Satz 2 entspricht inhaltlich dem neuen § 39c, der unmittelbar nur für die Verschmelzung unter Beteiligung von GbRs gilt, aufgrund der Verweisung in § 42 aber auf Personenhandelsgesellschaften entsprechend anzuwenden ist. Der Inhalt des ehemaligen § 43 Abs. 2 Satz 3 findet sich nunmehr in § 41 wieder. Die Norm gilt weiterhin nur für die Verschmelzung unter Beteiligung von Personenhandelsgesellschaften. Für GbRs gilt stattdessen § 39d; für PartGs existiert keine Parallelvorschrift.

1) § 43 aufgehoben durch Art. 60 des Gesetzes zur Modernisierung des Personengesellschaftsrechts (Personengesellschaftsrechtsmodernisierungsgesetz – MoPeG), v. 10.8.2021, BGBl. I 2021, 3436.

§ 44
(aufgehoben)

§ 44 a. F. wurde durch das MoPeG mit Wirkung zum 1.1.2024 aufgehoben.[1] Die Norm betraf die unter bestimmten Voraussetzungen erforderliche Prüfung des Verschmelzungsvertrags bzw. seines Entwurfs. § 44 a. F. entspricht inhaltlich dem neuen § 39e, der unmittelbar nur für die Verschmelzung unter Beteiligung von GbRs gilt, aufgrund der Verweisungen in § 42 und § 45e aber auf Personenhandelsgesellschaften und PartGs entsprechend anzuwenden ist. 1

1) § 44 aufgehoben durch Art. 60 des Gesetzes zur Modernisierung des Personengesellschaftsrechts (Personengesellschaftsrechtsmodernisierungsgesetz – MoPeG), v. 10.8.2021, BGBl. I 2021, 3436.

§ 45
(aufgehoben)

§ 45 a. F. wurde durch das MoPeG mit Wirkung zum 1.1.2024 aufgehoben.[1] Die Norm betraf die zeitliche Begrenzung der Haftung persönlich haftender Gesellschafter. § 45 a. F. entspricht inhaltlich dem neuen § 39f, der unmittelbar nur für die Verschmelzung unter Beteiligung von GbRs gilt, aufgrund der Verweisungen in § 42 und § 45e aber auf Personenhandelsgesellschaften und PartGs entsprechend anzuwenden ist. 1

1) § 45 aufgehoben durch Art. 60 des Gesetzes zur Modernisierung des Personengesellschaftsrechts (Personengesellschaftsrechtsmodernisierungsgesetz – MoPeG), v. 10.8.2021, BGBl. I 2021, 3436.

Dritter Unterabschnitt
Verschmelzung unter Beteiligung von Partnerschaftsgesellschaften

§ 45a
Möglichkeiten der Verschmelzung[*]

[1]Eine Verschmelzung auf eine Partnerschaftsgesellschaft ist nur möglich, wenn im Zeitpunkt ihres Wirksamwerdens alle Anteilsinhaber übertragender Rechtsträger natürliche Personen sind, die einen Freien Beruf ausüben (§ 1 Abs. 1 und 2 des Partnerschaftsgesellschaftsgesetzes). [2]§ 1 Abs. 3 des Partnerschaftsgesellschaftsgesetzes bleibt unberührt.

*) § 45a eingefügt durch Art. 1 des Gesetzes zur Änderung des Umwandlungsgesetzes, des Partnerschaftsgesellschaftsgesetzes und anderer Gesetze (UmwGÄndG), v. 22.7.1998, BGBl. I 1998, 1878.

Literatur: *Heckschen*, Aktuelles zur Partnerschaftsgesellschaft mit beschränkter Berufshaftung, NotBZ 2018, 81; *Lieder*, Die Partnerschaftsgesellschaft mit beschränkter Berufshaftung (Teil 2); *Neye*, Die Änderungen im Umwandlungsrecht nach den handels- und gesellschaftsrechtlichen Reformgesetzen in der 13. Legislaturperiode, DB 1998, 1649; *Neye*, Partnerschaft und Umwandlung, ZIP 1997, 722; *Nolting*, Die Umwandlung anwaltlicher Berufsausübungsgesellschaften nach MoPeG und BRAO-Reform, BB 2021, 1795; *Olbing*, Umwandlungen von Sozietäten u. a.

– Zivilrecht und Steuerrecht, in: Olbing/Schwedhelm/Streck, Sozietäten und andere Zusammenschlüsse rechts- und steuerberatender Berufe (Beratungsakzente 26), 1999, S. 11; *Römermann*, Neues im Recht der Partnerschaftsgesellschaft, NZG 1998, 675.

Übersicht

I. Allgemeines

1 Die §§ 45a ff. enthalten die speziellen Bestimmungen für die Verschmelzung unter Beteiligung von PartG. § 45a schränkt dadurch, dass er zusätzliche Voraussetzungen für die Verschmelzung auf eine Partnerschaft schafft, die Verschmelzungsfähigkeit von Rechtsträgern ein.[1] So können z. B. berufsrechtliche Einschränkungen einer Verschmelzung entgegenstehen. § 45a gilt nur für die Verschmelzungen auf eine PartG (auch eine PartG mbB) als **übernehmenden Rechtsträger.**[2] Aufgrund der Verweisungen in §§ 125 Satz 1 und 135 Abs. 1 Satz 1 gilt er auch für Aufspaltungen und Abspaltungen zur Aufnahme oder Neugründung. Eine Ausgliederung auf eine PartG ist jedoch nicht möglich, da deren Anteile von freiberuflich tätigen Personen gehalten werden müssen.[3]

II. Ausübung eines freien Berufes als natürliche Person

2 Eine Verschmelzung auf eine PartG setzt voraus, dass alle Anteilsinhaber des übertragenden Rechtsträgers natürliche Personen sind, die einen **freien Beruf** ausüben.[4] § 1 Abs. 2 Satz 2 PartGG listet mit Hilfe eines Katalogs auf, welche Berufe stets als freie Berufe gelten. Die Vorschrift ist jedoch nicht abschließend, auch Berufe, die den aufgezählten Berufen ähnlich sind, sind als freie Berufe zu werten.[5] Allen aufgezählten freien Berufen ist gemeinsam, dass sie auf der Grundlage besonderer beruflicher Qualifikation oder schöpferischer Begabung die persönliche, eigenverantwortliche und fachlich unabhängige Erbringung von Dienstleistungen höherer Art im Interesse der Auftraggeber und der Allgemeinheit zum Inhalt haben.[6]

III. Maßgeblicher Zeitpunkt

3 Maßgeblich für eine Zulässigkeit der Verschmelzung ist, dass der freie Beruf zum Zeitpunkt des **Wirksamwerdens der Verschmelzung** ausgeübt wird. Damit muss die Ausübung noch nicht zum Zeitpunkt des Abschlusses des Verschmelzungsvertrages gegeben

1) Semler/Stengel/Leonard-*Otte*, UmwG, § 45a Rz. 4; Lutter-*H. Schmidt*, UmwG, § 45a Rz. 4, 8.

2) Schmitt/Hörtnagl-*Missio*, UmwG/UmwStG, § 45a Rz. 2; *Jaspers* in: NK-UmwG, § 45a Rz. 2; *Dauner-Lieb/Tettinger* in: KölnKomm-UmwG, § 45a Rz. 2; Kallmeyer-*Kocher*, UmwG, § 45a Rz. 2; Widmann/Mayer-*Vossius*, UmwR, § 45a UmwG Rz. 38.

3) § 1 Abs. 1 PartGG; so auch Lutter-*H. Schmidt*, UmwG, § 45a Rz. 2.

4) KG Berlin, Beschl. v. 13.11.2020 – 22 W 48/24, Rz. 10, NZG 2025, 618 = NJW-RR 2025, 733; *Dauner-Lieb/Tettinger* in: KölnKomm-UmwG, § 45a Rz. 4 ff.; Kallmeyer-*Kocher*, UmwG, § 45a Rz. 3 ff.

5) Dazu Lutter-*H. Schmidt*, UmwG, § 45a Rz. 9 f.

6) Semler/Stengel/Leonard-*Otte*, UmwG, § 45a Rz. 7.

sein.[7] Erfüllt ein Anteilsinhaber eines übertragenden Rechtsträgers diese Voraussetzung nicht, kann sein Ausscheiden im Verschmelzungsvertrag und -beschluss auf den Zeitpunkt des Wirksamwerdens der Verschmelzung vorgesehen werden. Eine solche Bestimmung setzt die Zustimmung des ausscheidenden Anteilsinhabers voraus und sollte zudem vorsorglich vorab mit dem Registergericht abgestimmt werden.[8]

IV. Vorrang der berufsrechtlichen Regelungen des § 1 Abs. 3 PartGG

Eine Verschmelzung auf eine PartG ist nur zulässig, wenn das für einzelne Berufe geltende Berufsrecht die Verwendung der PartG nicht ausschließt. § 45a Satz 2 hat insoweit nur deklaratorischen Charakter. Die im Katalog des § 1 Abs. 2 Satz 2 PartGG genannten Berufe lassen generell die Berufsausübung in der Rechtsform der PartG zu. Einschränkungen bestehen dagegen aufgrund des Berufsrechts z. B. bei Anwaltsnotaren, die nur bezogen auf ihre anwaltliche Berufsausübung eine PartG eingehen dürfen.[9] Zudem wird durch Berufsrecht auch die gemeinsamen Berufsausübung verschiedener Berufsgruppen wie etwa von **Rechtsanwälten, Patentanwälten, Steuerberatern und Wirtschaftsprüfern** beschränkt. Mit dem Gesetz zur Neuregelung des Berufsrechts der anwaltlichen und steuerberatenden Berufsausübungsgesellschaften[10] wurden für diese Berufsgruppen zum 1.8.2022 die Möglichkeiten gemeinsamen Berufsausübung auch mit anderen freien Berufen jedoch deutlich erweitert. Infolge des MoPeG[11] können entsprechende Berufsausübungsgesellschaften seit dem 1.1.2024 sogar die Rechtsform einer Personenhandelsgesellschaft wählen (vgl. § 107 Abs. 1 Satz 2 HGB).[12] 4

V. Verfahrensrecht

Bei einer Verschmelzung zur Aufnahme durch eine PartG haben die Partner dieser aufnehmenden PartG die Verschmelzung zur Eintragung in das Partnerschaftsregister am **Sitz der PartG** anzumelden. Die Anmeldung hat die Angaben nach § 45a für jeden neu hinzukommenden Partner zu enthalten, da Veränderungen im Partnerkreis eintragungspflichtig sind.[13] 5

Liegt eine Verschmelzung durch Neugründung vor, ist die Verschmelzung von den Vertretungsorganen der übertragenden Rechtsträgern sowohl in deren Register als auch bei dem Partnerschaftsregister, in dessen Bezirk die neue PartG ihren Sitz haben soll, anzumelden. Zusätzliche Regelungen zur Anmeldung der Eintragung finden sich in der **Partnerschaftsregisterverordnung.**[14] 6

---

7) Schmitt/Hörtnagl-*Missio*, UmwG/UmwStG, § 45a Rz. 7; Lutter-*H. Schmidt*, UmwG, § 45a Rz. 12; *Jaspers* in: NK-UmwG, § 45a Rz. 6; *Dauner-Lieb/Tettinger* in: KölnKomm-UmwG, § 45a Rz. 9; Kallmeyer-*Kocher*, UmwG, § 45a Rz. 6; Widmann/Mayer-*Vossius*, UmwR, § 45a UmwG Rz. 67 f.

8) Semler/Stengel/Leonard-*Otte*, UmwG, § 45a Rz. 16.

9) Widmann/Mayer-*Vossius*, UmwR, § 45a UmwG Rz. 49; a. A. Semler/Stengel/Leonard-*Otte*, UmwG, § 45a Rz. 14.

10) Gesetz zur Neuregelung des Berufsrechts der anwaltlichen und steuerberatenden Berufsausübungsgesellschaften, v. 7.7.2021 BGBl. I 2021, 2363.

11) Gesetz zur Modernisierung des Personengesellschaftsrechts (Personengesellschaftsrechtsmodernisierungsgesetz – MoPeG), v. 10.8.2021, BGBl. I 2021, 3436.

12) S. § 59 Abs. 2 Nr. 1 BRAO für Rechtsanwälte, § 49 Abs. 2 Nr. 1 StBerG für Steuerberater und § 27 WPO für Wirtschaftsprüfer.

13) Semler/Stengel/Leonard-*Otte*, UmwG, § 45a Rz. 26; *Limmer* in: Limmer, Hdb. Unternehmensumwandlung, Kap. 4 Rz. 168; a. A. *Dauner-Lieb/Tettinger* in: KölnKomm-UmwG, § 45a Rz. 16; Lutter-*H. Schmidt*, UmwG, § 45a Rz. 15; ohne Stellungnahme Kallmeyer-*Kocher*, UmwG, § 45a Rz. 7.

14) Verordnung über die Einrichtung und Führung des Partnerschaftsregisters, v. 16.6.1995, BGBl. I 1995, 808; vertiefend Widmann/Mayer-*Vossius*, UmwR, § 45a UmwG Rz. 36.

VI. Rechtsfolgen bei Verstoß

7 Ist ein Anteilsinhaber bei Wirksamwerden der Verschmelzung z. B. mangels Zulassung kein Freiberufler, so sind Verschmelzungsvertrag oder -beschluss zwar nicht nichtig, es besteht jedoch ein **Eintragungshindernis.**[15] Nach einer anderen Meinung ist zu differenzieren und Verschmelzungsvertrag und -beschluss sind nichtig, es sei denn, im Zeitpunkt des Abschlusses des Vertrags wird offengelegt, dass die Freiberufler-Qualifikation noch vor der insoweit maßgeblichen Eintragung erworben wird.[16] Die Verschmelzung darf erst eingetragen werden, sobald der betroffene Anteilsinhaber Freiberufler geworden ist oder ausgeschieden ist.[17]

8 Trägt das Registergericht die Verschmelzung trotzdem ein, werden die **Mängel** der Verschmelzung nach § 20 Abs. 2 **geheilt.** In der Folge sind die allgemeinen gesellschaftsrechtlichen und berufsrechtlichen Bestimmungen anzuwenden. So kommt bei mangelnder Zulassung ein automatisches Ausscheiden nach § 9 Abs. 3 PartGG bei Wirksamwerden in Betracht, bei anderen Gründen kann Rechtsfolge ein Ausschluss aus wichtigem Grund oder eine Amtslöschung sein.[18]

15) Kallmeyer-*Kocher*, UmwG, § 45a Rz. 8; Widmann/Mayer-*Vossius*, UmwR, § 45a UmwG Rz. 77.

16) *Jaspers* in: NK-UmwG, § 45a Rz. 15.

17) Schmitt/Hörtnagl-*Missio*, UmwG/UmwStG, § 45a Rz. 1, 2; Semler/Stengel/Leonard-*Otte*, UmwG § 45a Rz. 21 ff.; Lutter-*H. Schmidt*, UmwG, § 45a Rz. 18; *Jaspers* in: NK-UmwG, § 45a Rz. 15; *Dauner-Lieb/Tettinger* in: KölnKomm-UmwG, § 45a Rz. 13.

18) Semler/Stengel/Leonard-*Otte*, UmwG, § 45a Rz. 25; Lutter-*H. Schmidt*, UmwG, § 45a Rz. 18; *Jaspers* in: NK-UmwG, § 45a Rz. 16; *Dauner-Lieb/Tettinger* in: KölnKomm-UmwG, § 45a Rz. 14; Kallmeyer-*Kocher*, UmwG, § 45a Rz. 10; Widmann/Mayer-*Vossius*, UmwR, § 45a UmwG Rz. 79.

§ 45b
Inhalt des Verschmelzungsvertrages*)

(1) Der Verschmelzungsvertrag oder sein Entwurf hat zusätzlich für jeden Anteilsinhaber eines übertragenden Rechtsträgers den Namen und den Vornamen sowie den in der übernehmenden Partnerschaftsgesellschaft ausgeübten Beruf und den Wohnort jedes Partners zu enthalten.

(2) § 35 ist nicht anzuwenden.

*) § 45b eingefügt durch Art. 1 des Gesetzes zur Änderung des Umwandlungsgesetzes, des Partnerschaftsgesellschaftsgesetzes und anderer Gesetze (UmwGÄndG), v. 22.7.1998, BGBl. I 1998, 1878.

Literatur: *Neye*, Die Änderungen im Umwandlungsrecht nach den handels- und gesellschaftsrechtlichen Reformgesetzen in der 13. Legislaturperiode, DB 1998, 1649.

Übersicht

I. Normzweck

1 § 45b soll sicherstellen, dass alle Anteilsinhaber der übertragenden Rechtsträger natürliche Personen sind und die Freiberufler-Qualität zum Zeitpunkt des Wirksamwerdens der

Verschmelzung haben.[1)] Die Vorschrift regelt die **Mitteilung der nach PartGG erforderlichen Pflichtangaben** im Verschmelzungsvertrag bzw. Entwurf und erweitert so die allgemeine Regelung der Pflichtangaben im Verschmelzungsvertrag nach § 5 Abs. 1.

II. Genereller Anwendungsbereich

Die Vorschrift gilt nur, wenn eine **PartG übernehmender oder neuer Rechtsträger** ist. 2
Ist bei einer Verschmelzung eine PartG nur als übertragender Rechtsträger beteiligt, sind die allgemeinen Regelungen des UmwG anzuwenden.[2)]

§ 45b gilt sowohl für **Verschmelzungen** zur Aufnahme als auch zur Neugründung und 3
ebenso für **Aufspaltungen und Abspaltungen** zur Aufnahme oder Neugründung.[3)] Da eine Ausgliederung auf eine PartG nicht möglich ist, ist die Vorschrift jedoch nicht auf Ausgliederungen übertragbar.[4)]

III. Notwendiger Inhalt des Verschmelzungsvertrages

Zur Klärung der Identität sämtlicher Anteilsinhaber des übertragenden Rechtsträgers sind 4
im Verschmelzungsvertrag bzw. dessen Entwurf die Angabe **des Namens und Vornamens sowie des Wohnortes** eines jeden Anteilsinhabers erforderlich. Eine konkrete Anschrift ist jedoch nicht erforderlich.[5)] Maßgeblich ist der Ort des tatsächlichen dauerhaften Aufenthalts des Partners, nicht der eventuell abweichende Wohnsitz.[6)] Kanzlei- oder Geschäftsanschrift sind nicht ausreichend.[7)] Veränderungen des Namens oder des Wohnortes nach Abschluss des Verschmelzungsvertrages führen nicht dazu, dass der Verschmelzungsvertrag unrichtig wird, ein neuer Vertrag ist nicht erforderlich.[8)]

Außerdem ist der **ausgeübte Beruf des Anteilsinhabers** anzugeben. Dieser hat ein freier 5
Beruf i. S. des § 1 Abs. 2 Satz 2 PartGG zu sein. Die Angabe dient der verfahrenstechnischen Absicherung, dass die Voraussetzungen des § 45a eingehalten werden. Übt der Anteilsinhaber mehrere freie Berufe aus, ist festzulegen, welchen freien Beruf er in der PartG ausüben will. Möglich ist es, **nur einen** Beruf in die Partnerschaft einzubringen.[9)]

1) Begr. RegE UmwGÄndG, BT-Drucks. 13/8808, S. 12; *Neye*, DB 1998, 1649; Semler/Stengel/Leonard-*Otte*, UmwG, § 45b Rz. 1; Lutter-*H. Schmidt*, UmwG, § 45b Rz. 1; *Jaspers* in: NK-UmwG, § 45b Rz. 1; *Dauner-Lieb/Tettinger* in: KölnKomm-UmwG, § 45b Rz. 1; *Limmer* in: Limmer, Hdb. Unternehmensumwandlung, Kap. 4 Rz. 159.

2) Widmann/Mayer-*Vossius*, UmwR, § 45b UmwG Rz. 2; Lutter-*H. Schmidt*, UmwG, § 45b Rz. 3; Kallmeyer-*Kocher*, UmwG, § 45b Rz. 1; *Jaspers* in: NK-UmwG, § 45b Rz. 2.

3) Kallmeyer-*Kocher*, UmwG, § 45b Rz. 1; *Jaspers* in: NK-UmwG, § 45b Rz. 2; zur Neugründung s. a. § 36 Abs. 2 UmwG und *Dauner-Lieb/Tettinger* in: KölnKomm-UmwG, § 45a Rz. 2.

4) Semler/Stengel/Leonard-*Otte*, UmwG, § 45b Rz. 5.

5) *Jaspers* in: NK-UmwG, § 45b Rz. 3; Semler/Stengel/Leonard-*Otte*, UmwG § 45b Rz. 8; Lutter-*H. Schmidt*, UmwG, § 45b Rz. 3; Kallmeyer-*Kocher*, UmwG, § 45b Rz. 2; Widmann/Mayer-*Vossius*, UmwR, § 45b UmwG Rz. 9.

6) Semler/Stengel/Leonard-*Otte*, UmwG § 45b Rz. 8; Widmann/Mayer-*Vossius*, UmwR, § 45b UmwG Rz. 8; Kallmeyer-*Kocher*, UmwG, § 45b Rz. 2; *Dauner-Lieb/Tettinger* in: KölnKomm-UmwG, § 45b Rz. 3.

7) Widmann/Mayer-*Vossius*, UmwR, § 45b UmwG Rz. 7.

8) Semler/Stengel/Leonard-*Otte*, UmwG § 45b Rz. 9; *Dauner-Lieb/Tettinger* in: KölnKomm-UmwG, § 45b Rz. 4; *Jaspers* in: NK-UmwG, § 45b Rz. 3.

9) Widmann/Mayer-*Vossius*, UmwR, § 45b UmwG Rz. 5.

IV. Nichtanwendbarkeit von § 35

6 Da bei einer PartG sämtliche Partner natürliche Personen und Freiberufler sein müssen, muss Klarheit über die Identität der Gesellschafter bestehen. Die allgemeine Regelung zur Bezeichnung unbekannter Aktionäre bei einer übertragenden AG oder KGaA lediglich durch die Angabe des insgesamt auf sie entfallenden Teils des Grundkapitals muss somit ausgeschlossen werden. Die Vorschrift betrifft nur **unbekannte Beteiligte**, nicht jedoch Beteiligte unbekannten Aufenthalts. Bei Beteiligten, bei denen lediglich der Aufenthalt unbekannt ist, ist eine Verschmelzung grundsätzlich, z. B. durch Bestellung eines Abwesenheitspflegers nach § 1911 BGB, erreichbar.[10]

V. Rechtsfolgen bei Verstößen

7 Ein Verstoß gegen § 45b führt nicht zur Nichtigkeit des Verschmelzungsvertrages. Vielmehr führt der Verstoß zu einem **Eintragungshindernis**, das das Registergericht prüft und mit Zwischenverfügung beanstandet.[11] Eine Heilung ist dann außerdem durch Ergänzung der fehlenden Angaben im Verschmelzungsvertrag möglich. Die Verschmelzungsbeschlüsse sind nicht erneut zu fassen, da materiell-rechtlich nicht die Bedingungen der Verschmelzung geändert werden.[12] Nach **Eintragung** der Verschmelzung sind gemäß § 20 Abs. 2 bestehende **Mängel** des Verschmelzungsvertrages **geheilt**.

10) Widmann/Mayer-*Vossius*, UmwR, § 45b UmwG Rz. 15 ff. – mit Fallbsp. und unterschiedlichen Gestaltungsmöglichkeiten.

11) Widmann/Mayer-*Vossius*, UmwR, § 45b UmwG Rz. 23; Kallmeyer-*Kocher*, UmwG, § 45b Rz. 6; *Jaspers* in: NK-UmwG, § 45b Rz. 5.

12) Widmann/Mayer-*Vossius*, UmwR, § 45b UmwG Rz. 24.

§ 45c
Verschmelzungsbericht und Unterrichtung der Partner*)

[1]Ein Verschmelzungsbericht ist für eine an der Verschmelzung beteiligte Partnerschaftsgesellschaft nur erforderlich, wenn ein Partner gemäß § 6 Abs. 2 des Partnerschaftsgesellschaftsgesetzes von der Geschäftsführung ausgeschlossen ist. [2]Von der Geschäftsführung ausgeschlossene Partner sind entsprechend § 39b zu unterrichten.

*) § 45c geändert durch Art. 60 des Gesetzes zur Modernisierung des Personengesellschaftsrechts (Personengesellschaftsrechtsmodernisierungsgesetz – MoPeG), v. 10.8.2021, BGBl. I 2021, 3436; § 45c eingefügt durch Art. 1 des Gesetzes zur Änderung des Umwandlungsgesetzes, des Partnerschaftsgesellschaftsgesetzes und anderer Gesetze (UmwGÄndG), v. 22.7.1998, BGBl. I 1998, 1878.

Übersicht

I. Normzweck und Anwendungsbereich

1 Die Vorschrift dient dem Schutz der Anteilsinhaber, die von der Geschäftsführung ausgeschlossen sind und sich deshalb nicht selbst über alle Einzelheiten der Verschmelzung informieren können. § 45c Satz 2 gewährleistet mit der **Unterrichtungspflicht** die Information dieser Anteilsinhaber sicher und konkretisiert das allgemeine Auskunfts-

und Informationsrecht des von der Geschäftsführung ausgeschlossenen Gesellschafters nach § 118 HGB i. V. m. § 6 Abs. 2 Satz 2 PartGG.[1)]

§ 45c gilt für **Verschmelzungen**, bei denen eine PartG übertragender oder übernehmender Rechtsträger ist, sowie für **Aufspaltungen oder Abspaltungen** zur Aufnahme oder Neugründung.[2)] 2

II. Erfordernis eines Verschmelzungsberichts (§ 45c Satz 1)

Ein Verschmelzungsbericht ist nach § 45c nur dann erforderlich, wenn ein Partner gemäß § 6 Abs. 2 PartGG **von der Geschäftsführung ausgeschlossen** ist. Enthält der Gesellschaftsvertrag der PartG keine Bestimmung zur Geschäftsführung, sind alle Partner zur Führung der Geschäfte befugt. In diesem Fall ist daher ein Verschmelzungsbericht nicht erforderlich.[3)] 3

Nach § 6 Abs. 2 PartGG können Partner ohnehin nur von der Führung der sonstigen Geschäfte ausgeschlossen werden. **„Sonstige Geschäfte"** sind nur die auf die allgemeine Schaffung und Aufrechterhaltung des organisatorischen Rahmens zur Erbringung der freiberuflichen Tätigkeit dienenden Geschäfte, nicht hingegen die Ausübung des freien Berufs selbst.[4)] Nicht zulässig ist es somit, die Begründung und Abwicklung von Verträgen über freiberufliche Leistungen einschließlich der dazu erforderlichen Hilfsgeschäfte wie Dienstreisen, Rechnungserstellung etc. auszuschließen.[5)] § 45e macht deutlich, dass auch ein rechtlich zulässiger Ausschluss von sonstigen Geschäften zu einem **erhöhtem Informationsbedürfnis der betroffenen Partner** führt.[6)] 4

Nach dem Wortlaut von § 45c Satz 1 gilt die Pflicht nur für Partner, die vertraglich ausgeschlossen wurden und nicht für Partner, die z. B. gerichtlich nach § 6 Abs. 3 Satz 2 PartGG i. V. m. § 117 HGB ausgeschlossen wurden. Jedoch wird die Vorschrift wohl einstimmig aufgrund des **Wertungswiderspruchs zu § 41** entsprechend auch in allen Fällen anzuwenden, in denen bei Personengesellschaften ein Verschmelzungsbericht erforderlich wäre. Damit ist ein Verschmelzungsbericht notwendigerweise auch bei **gerichtlich von der Geschäftsführung ausgeschlossenen Partnern** zu erstellen.[7)] 5

Die Partner können jedoch nach § 8 Abs. 3 auf die Erstellung des Verschmelzungsberichts **verzichten**. Hierfür ist nur die Verzichtserklärung der tatsächlich von der Geschäftsführung ausgeschlossenen Partner erforderlich.[8)] 6

III. Unterrichtungspflicht (§ 45c Satz 2)

Satz 2 enthält zugunsten der von der Geschäftsführung ausgeschlossenen Partner eine **Unterrichtungspflicht**. An die Partner sind deshalb der Verschmelzungsvertrag bzw. sein Entwurf und der Verschmelzungsbericht zu senden. Auch ein Verschmelzungsprüfungsbericht ist in entsprechender Anwendung des § 44 zu übersenden, falls er bei Einberufung 7

---

1) *Dauner-Lieb/Tettinger* in: KölnKomm-UmwG, § 45c Rz. 1; Semler/Stengel/Leonard-*Otte*, UmwG, § 45c Rz. 1; Lutter-*H. Schmidt*, UmwG, § 45c Rz. 1.

2) Semler/Stengel/Leonard-*Otte*, UmwG, § 45c Rz. 2 und 3; Widmann/Mayer-*Vossius*, UmwR, § 45c UmwG Rz. 2.

3) Semler/Stengel/Leonard-*Otte*, UmwG, § 45c Rz. 5; Lutter-*H. Schmidt*, UmwG, § 45c Rz. 3.

4) Lutter-*H. Schmidt*, UmwG, § 45c Rz. 1; *Jaspers* in: NK-UmwG, § 45c Rz. 3; Semler/Stengel/Leonard-*Otte*, UmwG, § 45c Rz. 5; Widmann/Mayer-*Vossius*, UmwR, § 45c UmwG Rz. 4.

5) Semler/Stengel/Leonard-*Otte*, UmwG, § 45c Rz. 6.

6) *Dauner-Lieb/Tettinger* in: KölnKomm-UmwG, § 45c Rz. 1; Semler/Stengel/Leonard-*Otte*, UmwG, § 45c Rz. 1; Kallmeyer-*Kocher*, UmwG, § 45c Rz. 2.

7) Lutter-*H. Schmidt*, UmwG, § 45c Rz. 3; Widmann/Mayer-*Vossius*, UmwR, § 45c UmwG Rz. 6.

8) Widmann/Mayer-*Vossius*, UmwR, § 45c UmwG Rz. 7.

der Partnerversammlung schon vorliegt.[9] In welcher Form die Übersendung durchzuführen ist, ist umstritten. Nach einer Ansicht genügt die Übersendung mit Telefax oder E-Mail.[10] Nach wohl h. M. sind schriftliche Unterlagen auszuhändigen.[11]

8 Der **Zugang** der übersendeten Unterlagen beim Empfänger hat spätestens mit der **Einberufung** der Partnerversammlung stattzufinden.[12]

IV. Rechtsfolgen bei Verstößen

9 Wurde ein notwendiger Verschmelzungsbericht nicht erstellt oder der von der Geschäftsführung ausgeschlossene Partner nicht entsprechend unterrichtet, ist die Verschmelzung **anfechtbar.** Hat der ausgeschlossene Partner jedoch der Verschmelzung in- oder außerhalb der Partnerversammlung zugestimmt, scheidet eine Anfechtbarkeit mangels Kausalität aus.[13] Mit Eintragung der Verschmelzung werden etwaige Verstöße gegen § 45c nach § 20 Abs. 2 geheilt.[14]

9) *Jaspers* in: NK-UmwG, § 45c Rz. 5; Widmann/Mayer-*Vossius*, UmwR, § 45c UmwG Rz. 10.
10) Lutter-*H. Schmidt*, UmwG, § 42 Rz. 8 – für die Parallelvorschrift des § 42.
11) Widmann/Mayer-*Vossius*, UmwR, § 45c UmwG Rz. 11 m. w. N.; wohl a. A. Lutter-*H. Schmidt*, UmwG, § 45c Rz. 6, nach dem keine bestimmte Form der Übersendung einzuhalten ist und eine Aushändigung genügt.
12) *Jaspers* in: NK-UmwG, § 45c Rz. 4; Widmann/Mayer-*Vossius*, UmwR, § 45c UmwG Rz. 12; Kallmeyer-*Kocher*, UmwG, § 45c Rz. 3.
13) Widmann/Mayer-*Vossius*, UmwR, § 45c UmwG Rz. 15.
14) *Jaspers* in: NK-UmwG, § 45c Rz. 6; Widmann/Mayer-*Vossius*, UmwR, § 45c UmwG Rz. 16.

§ 45d
Beschluß der Gesellschafterversammlung*)

(1) Der Verschmelzungsbeschluß der Gesellschafterversammlung bedarf der Zustimmung aller anwesenden Partner; ihm müssen auch die nicht erschienenen Partner zustimmen.

(2) [1]Der Partnerschaftsvertrag kann eine Mehrheitsentscheidung der Partner vorsehen. [2]Die Mehrheit muß mindestens drei Viertel der abgegebenen Stimmen betragen.

*) § 45d eingefügt durch Art. 1 des Gesetzes zur Änderung des Umwandlungsgesetzes, des Partnerschaftsgesellschaftsgesetzes und anderer Gesetze (UmwGÄndG), v. 22.7.1998, BGBl. I 1998, 1878.

Literatur: *Wicke*, Zulässigkeit virtueller Versammlungen, DStR 2022, 498.

Übersicht

I. Normzweck

1 § 45d entspricht im Wesentlichen der Regelung des § 43. Im Gegensatz zu § 43 Abs. 2 Satz 3 jedoch steht einem Partner einer an der Verschmelzung beteiligten PartG kein Widerspruchsrecht zu. Für ein solches Widerspruchsrecht mit der Rechtsfolge einer beschränkten Haftung wäre bei der PartG auch kein Raum, da nach § 8 PartGG alle Partner

einer PartG **zwingend persönlich haften.**[1] Dem Partner, der das Risiko der Haftung in der übernehmenden PartG nicht tragen will, stehen **das Ausscheiden gegen Barabfindung nach** § 29, die Anteilsveräußerung nach § 33 oder die Kündigung aus wichtigem Grund offen.[2]

II. Einstimmigkeitserfordernis (§ 45d Abs. 1)

§ 45d Abs. 1 setzt die Entscheidung **innerhalb der Partnerversammlung** voraus, ein Umlaufbeschluss ist damit im Gegensatz zum Regelfall bei den Personengesellschaften nicht zulässig.[3] Einberufung, Ladung und Durchführung der Partnerversammlung richten sich nach dem Partnerschaftsvertrag. 2

Eine Stimmabgabe durch **Bevollmächtigte** ist zulässig. Nach dem Grundsatz der **Einstimmigkeit** sind in § 45d Abs. 1 auch die nicht erschienenen Partner einzubeziehen. **Stimmberechtigt** sind zudem auch Partner, denen ansonsten nach dem Gesellschaftsvertrag **kein Stimmrecht** zustünde.[4] 3

III. Mehrheitsentscheidung bei Regelung im Partnerschaftsvertrag (§ 45d Abs. 2)

Sieht der Partnerschaftsvertrag Entsprechendes vor, kann anstelle der Einstimmigkeit eine Mehrheitsentscheidung vorgesehen werden, die mindestens drei Viertel der abgegebenen Stimmen betragen muss. Eine solche Regelung muss nach § 3 Abs. 1 PartGG **schriftlich** getroffen werden. Ein Vorsehen i. S. des § 45d Abs. 2 liegt dann vor, wenn der Partnerschaftsvertrag eine **explizite Mehrheitsregelung** für den Fall der Umwandlung enthält. Zum anderen kann allerdings auch eine **Auslegung** im Wege ergänzender Vertragsauslegung dazu führen, dass eine Mehrheitsentscheidung zulässig ist. Dies kann z. B. bei Partnerschaftsverträgen, die vor der Eröffnung der Verschmelzungsmöglichkeit durch den Gesetzgeber abgeschlossen wurden, und die Mehrheitsentscheidungen bei allen grundlegenden Änderungen des Partnerschaftsvertrages vorsehen, der Fall sein.[5] 4

Abgegebene Stimmen sind die Stimmen der anwesenden Partner abzüglich der Stimmen derjenigen Partner, die sich ihrer Stimme bei der Abstimmung enthalten haben. Der Partnerschaftsvertrag kann **strengere Regelungen und weitere Einschränkungen** des Mehrheitsprinzips, wie z. B. Vetorechte zugunsten einzelner Partner, vorsehen. 5

Stimmrecht und Stimmkraft richten sich grundsätzlich nach dem **Partnerschaftsvertrag.** Die Stimmenmehrheit berechnet sich grundsätzlich nach der Zahl der Köpfe. Alternativ kann der Gesellschaftsvertrag auch die Berechnung der Mehrheit nach dem vereinbarten Beteiligungsverhältnis vorsehen.[6] Jedoch ist eine Regelung unzulässig, die dazu führt, 6

---

1) *Limmer* in: Limmer, Hdb. Unternehmensumwandlung, Kap. 4 Rz. 166; Widmann/Mayer-*Vossius*, UmwR, § 45d UmwG Rz. 2.

2) *Jaspers* in: NK-UmwG, § 45d Rz. 1; Widmann/Mayer-*Vossius*, UmwR, § 45d UmwG Rz. 4; *Dauner-Lieb/Tettinger* in: KölnKomm-UmwG, § 45d Rz. 2; Semler/Stengel/Leonard-*Otte*, UmwG, § 45d Rz. 3; Kallmeyer-*Zimmer*, UmwG, § 45d Rz. 2.

3) Widmann/Mayer-*Vossius*, UmwR, § 45d UmwG Rz. 10; *Jaspers* in: NK-UmwG, § 45d Rz. 4; Semler/Stengel/Leonard-*Otte*, UmwG, § 45d Rz. 7; zur Zulässigkeit von virtuellen Versammlungen s. BGH, Beschl. v. 5.10.2021 – II ZB 7/21, DStR 2021, 2847 = NZG 2021, 1562; vertiefend *Wicke*, DStR 2022, 498.

4) Semler/Stengel/Leonard-*Otte*, UmwG, § 45d Rz. 10; *Jaspers* in: NK-UmwG, § 45d Rz. 5; Widmann/Mayer-*Vossius*, UmwR, § 45d UmwG Rz. 14. Kallmeyer-*Zimmer*, UmwG, § 45d Rz. 5.

5) Widmann/Mayer-*Vossius*, UmwR, § 45d UmwG Rz. 22, 23.

6) Semler/Stengel/Leonard-*Otte*, UmwG, § 45d Rz. 12; ähnlich auch Lutter-*H. Schmidt*, UmwG, § 45d Rz. 5.

dass die Mehrheit von weniger als drei Vierteln der abgegebenen Stimmen ausreichen würde.[7)]

IV. Rechtsfolgen bei Verstößen

7 Liegt ein Verstoß gegen Vorschriften zur Ladung zur Partnerversammlung vor, ist der Beschluss über die Verschmelzung **anfechtbar** bzw. nichtig. Dagegen führt ein Verstoß gegen § 45d Abs. 1 und 2 nicht zur Nichtigkeit, da die Möglichkeit besteht, dass bis zur Eintragung der Verschmelzung genügend Partner dem Vertrag zustimmen.[8)]

8 Wird die Verschmelzung eingetragen, ohne dass der Mangel behoben wurde, wird der Beschlussmangel nach § 20 Abs. 2 geheilt.[9)] Es können allerdings **Schadensersatzansprüche** der übergangenen Partner begründet werden.

7) *Jaspers* in: NK-UmwG, § 45d Rz. 5; Widmann/Mayer-*Vossius*, UmwR, § 45d UmwG Rz. 32; Kallmeyer-*Zimmer*, UmwG, § 45d Rz. 7.

8) Widmann/Mayer-*Vossius*, UmwR, § 45d UmwG Rz. 37, 38.

9) Semler/Stengel/Leonard-*Otte*, UmwG, § 45d Rz. 9; Widmann/Mayer-*Vossius*, UmwR, § 45d UmwG Rz. 39.

§ 45e
Anzuwendende Vorschriften*)

[1]Die §§ 39 und 39f sind entsprechend anzuwenden. [2]In den Fällen des § 45d Abs. 2 ist auch § 39e entsprechend anzuwenden.

*) § 45e geändert durch Art. 60 des Gesetzes zur Modernisierung des Personengesellschaftsrechts (Personengesellschaftsrechtsmodernisierungsgesetz – MoPeG), v. 10.8.2021, BGBl. I 2021, 3436; § 45e eingefügt durch Art. 1 des Gesetzes zur Änderung des Umwandlungsgesetzes, des Partnerschaftsgesellschaftsgesetzes und anderer Gesetze (UmwGÄndG), v. 22.7.1998, BGBl. I 1998, 1878.

Übersicht

I. Normzweck

1 § 45e fasst verschiedene Regelungsbereiche zusammen und regelt sie durch Verweis auf die entsprechenden Vorschriften über die Verschmelzung von GBRs. § 45e Satz 1 Alt. 1 stellt mit dem Verweis auf § 39 klar, dass auch **aufgelöste Partnerschaften** Beteiligte einer Verschmelzung sein können. § 45e Satz 1 Alt. 2 begrenzt mit dem Verweis auf § 39f die **Nachhaftung** der aufgelösten Partnerschaft. In Satz 2 i. V. m. § 39e werden die Voraussetzungen geregelt, unter denen ein Partner einer beteiligten Partnerschaft eine **Prüfung der Verschmelzung** verlangen kann.[1)] § 45e ist auch auf die PartG mbB anzuwenden.

1) Lutter-*H. Schmidt*, UmwG, § 45e Rz. 1; Semler/Stengel/Leonard-*Otte*, UmwG, § 45e Rz. 2.

II. Entsprechende Anwendung von § 39 (§ 45e Satz 1 Alt. 1)

§ 45e Satz 1 Alt. 1 und der Verweis auf § 39 betrifft die aufgelöste Partnerschaft als **übertragenden Rechtsträger.**[2] Die Verschmelzungsfähigkeit der Partnerschaft ist damit ausgeschlossen, wenn der Partnerschaftsvertrag eine andere Art der Auseinandersetzung als die Liquidation oder Verschmelzung vorsehen. Eine Verschmelzung ist daher zulässig, wenn laut Partnerschaftsvertrag die gesetzlichen Bestimmungen der §§ 143 ff. HGB oder die Verschmelzung für den Fall der Auflösung vorgesehen wird oder der Partnerschaftsvertrag überhaupt keine Regelung enthält.[3] 2

III. Entsprechende Anwendung von § 39f (§ 45e Satz 1 Alt. 2)

Nach § 8 Abs. 1 PartGG haften alle Partner für die Verbindlichkeiten der Partnerschaftsgesellschaft persönlich unbeschränkt. Demgegenüber haftet bei der **PartG mbB** i. S. von § 8 Abs. 4 Satz 1 PartGG für Schäden aus fehlerhafter Berufsausübung nur das **Gesellschaftsvermögen**, wenn die Partnerschaft eine zu diesem Zweck durch Gesetz vorgegebene **Berufshaftpflichtversicherung** unterhält.[4] Für andere Verbindlichkeiten haften die Partner weiterhin persönlich unbeschränkt. Die Haftung **bleibt** auch nach der Verschmelzung nach § 39f **bestehen.** Durch den Verweis in § 45e Satz 1 Alt. 2 auf § 39f wird klargestellt, dass diese Forthaftung ebenso wie bei der Verschmelzung einer übertragenden GbR auf einen Zeitraum von **fünf Jahren nach Eintragung der Verschmelzung** beschränkt ist.[5] 3

IV. Entsprechende Anwendung von § 39e (§ 45e Satz 2)

Nach § 54 Abs. 1 Alt. 2 i. V. m. § 39e kann – wenn der Partnerschaftsvertrag eine Drei-Viertel-Mehrheit als Voraussetzung für einen Verschmelzungsbeschluss für ausreichend erachtet – jeder Partner einer der an der Verschmelzung beteiligten Rechtsträger eine Prüfung des Verschmelzungsvertrages verlangen.[6] Die Prüfung ist nach § 39e Satz 1 innerhalb **einer Woche nach Zugang der Unterlagen** zu verlangen. 4

---

2) *Dauner-Lieb/Tettinger* in: KölnKomm-UmwG, § 45e Rz. 2; Semler/Stengel/Leonard-*Otte*, UmwG § 45e Rz. 4; Lutter-*H. Schmidt*, UmwG, § 45e Rz. 3; Kallmeyer-*Kocher*, UmwG, § 45e Rz. 2; Widmann/Mayer-*Vossius*, UmwR, § 45e UmwG Rz. 2.

3) Widmann/Mayer-*Vossius*, UmwR, § 45e UmwG Rz. 2; Lutter-*H. Schmidt*, UmwG, § 45e Rz. 3; Semler/Stengel/Leonard-*Otte*, UmwG, § 45e Rz. 8; *Jaspers* in: NK-UmwG, § 45e Rz. 3.

4) Widmann/Mayer-*Vossius*, UmwR, § 45e UmwG Rz. 15, 16.

5) Semler/Stengel/Leonard-*Otte*, UmwG, § 45e Rz. 13; Lutter-*H. Schmidt*, UmwG, § 45e Rz. 5.

6) *Dauner-Lieb/Tettinger* in: KölnKomm-UmwG, § 45e Rz. 5; *Jaspers* in: NK-UmwG, § 45e Rz. 12; Kallmeyer-*Kocher*, UmwG, § 45e Rz. 3; Lutter-*H. Schmidt*, UmwG, § 45e Rz. 4.

Zweiter Abschnitt
Verschmelzung unter Beteiligung von Gesellschaften mit beschränkter Haftung

Erster Unterabschnitt
Verschmelzung durch Aufnahme

§ 46

Inhalt des Verschmelzungsvertrags*)

(1) [1]Der Verschmelzungsvertrag oder sein Entwurf hat zusätzlich für jeden Anteilsinhaber eines übertragenden Rechtsträgers den Nennbetrag des Geschäftsanteils zu be-

stimmen, den die übernehmende Gesellschaft mit beschränkter Haftung ihm zu gewähren hat. [2]Der Nennbetrag kann abweichend von dem Betrag festgesetzt werden, der auf die Aktien einer übertragenden Aktiengesellschaft oder Kommanditgesellschaft auf Aktien als anteiliger Betrag ihres Grundkapitals entfällt. [3]Er muss auf volle Euro lauten.

(2) Sollen die zu gewährenden Geschäftsanteile im Wege der Kapitalerhöhung geschaffen und mit anderen Rechten und Pflichten als sonstige Geschäftsanteile der übernehmenden Gesellschaft mit beschränkter Haftung ausgestattet werden, so sind auch die Abweichungen im Verschmelzungsvertrag oder in seinem Entwurf festzusetzen.

(3) Sollen Anteilsinhaber eines übertragenden Rechtsträgers schon vorhandene Geschäftsanteile der übernehmenden Gesellschaft erhalten, so müssen die Anteilsinhaber und die Nennbeträge der Geschäftsanteile, die sie erhalten sollen, im Verschmelzungsvertrag oder in seinem Entwurf besonders bestimmt werden.

*) § 46 geändert durch Art. 17 des Gesetzes zur Modernisierung des GmbH-Rechts und zur Bekämpfung von Missbräuchen (MoMiG), v. 23.10.2008, BGBl. I 2008, 2026; § 46 geändert durch Art. 1 des Gesetzes zur Änderung des Umwandlungsgesetzes, des Partnerschaftsgesellschaftsgesetzes und anderer Gesetze (UmwGÄndG), v. 22.7.1998, BGBl. I 1998, 1878; § 46 geändert durch Art. 3 § 4 des Gesetzes zur Einführung des Euro (Euro-Einführungsgesetz – EuroEG), v. 9.6.1998, BGBl. I 1998, 1242; § 46 i. d. F. des UmwBerG geändert durch Art. 2 des Gesetzes über die Zulassung von Stückaktien (Stückaktiengesetz – StückAG), v. 25.3.1998, BGBl. I 1998, 590.

Literatur: *Bayer*, 1000 Tage neues Umwandlungsrecht – eine Zwischenbilanz, ZIP 1997, 1613; *Heckschen*, Die Entwicklung des Umwandlungsrechts aus Sicht der Rechtsprechung und Praxis, DB 1998, 1385; *Jordan*, Die Umwandlung einer GmbH & Co. KG in eine GmbH, NWB 2022, 2258; *Mayer, D.*, Anteilsgewährung bei der Verschmelzung mehrerer übertragender Rechtsträger, DB 1998, 913; *Priester*, Das neue Umwandlungsrecht aus notarieller Sicht, DNotZ 1995, 325; *Streck/Mack/Schwedhelm*, Verschmelzung und Formwechsel nach dem neuen Umwandlungsgesetz, GmbHR 1995, 161; *Trölitzsch*, Aktuelle Tendenzen im Umwandlungsrecht, DStR 1999, 764; *Wälzholz*, Nebenleistungspflichten beim aufnehmenden Rechtsträger als Verschmelzungshindernis?, DStR 2006, 236.

Übersicht

I. Allgemeines

1 § 46 ergänzt §§ 4, 5 und erweitert den zwingenden **Mindestinhalt des Verschmelzungsvertrags** für Verschmelzungen unter Beteiligung einer **GmbH** als **übernehmender Rechts-**

träger. Die Rechtsform des oder der übertragenden Rechtsträger ist für die Anwendung des § 46 nicht maßgeblich.[1)]

§ 46 gilt für die **Verschmelzung durch Aufnahme** durch eine GmbH, aber über die Verweisung des § 56 grundsätzlich auch für die **Verschmelzung durch Neugründung**, wobei für letztere die Absätze 2 und 3 gegenstandslos sind.[2)] 2

§ 46 Abs. 1 Satz 1 ist eine Sondervorschrift zu § 5 Abs. 1 Nr. 3.[3)] Der Verschmelzungsvertrag muss – neben dem Umtauschverhältnis und ggf. der Höhe der baren Zuzahlung oder Angaben über die Mitgliedschaft bei dem übernehmenden Rechtsträger – die **Nennbeträge** der jedem Anteilsinhaber des übertragenden Rechtsträgers zu gewährenden **Geschäftsanteile** angeben. Die namentliche Zuordnung der zu gewährenden Anteile soll die jedem Anteilsinhaber des übertragenden Rechtsträgers zustehende Gegenleistung verlautbaren und ihm nach Wirksamwerden der Verschmelzung den Nachweis seiner Beteiligung an der übernehmenden GmbH ermöglichen.[4)] Sofern i. R. der Verschmelzung keine Anteile gewährt werden, wie etwa bei einer reinen Konzernverschmelzung oder bei einem Verzicht gemäß § 54 Abs. 1 Satz 3, ist auch keine Festsetzung nach § 46 Abs. 1 Satz 1 erforderlich.[5)] 3

Sofern eine **Mischverschmelzung** einer übertragenden AG oder KGaA auf eine GmbH erfolgt, gilt die **Sonderregelung** des § 46 Abs. 1 Satz 2 über die Festsetzung des Nennbetrags der den Gesellschaftern der übertragenden AG bzw. KGaA zu gewährenden Geschäftsanteile, der von dem auf die Aktien des übertragenden Rechtsträgers entfallenden anteiligen Betrag des Grundkapitals abweichen kann. Dies verdeutlicht den Gestaltungsspielraum für Verschmelzungen auf GmbH.[6)] Die Sonderregelung des § 46 Abs. 1 Satz 3 setzt die nach § 5 GmbHG geltenden Anforderungen an den Mindestnennbetrag der Geschäftsanteile und seine Teilbarkeit herab, um eine möglichst umfassende Beteiligung der Anteilsinhaber des übertragenden Rechtsträgers an der übernehmenden GmbH zu ermöglichen und die Entstehung von nicht verteidigungsfähigen Spitzen möglichst zu verhindern.[7)] 4

Wenn die zu gewährenden Geschäftsanteile i. R. einer **Kapitalerhöhung** geschaffen und mit anderen Rechten und Pflichten als sonstige Geschäftsanteile der übernehmenden GmbH ausgestattet werden sollen, bedarf dies einer besonderen **Festsetzung im Verschmelzungsvertrag** (§ 46 Abs. 2). Angesichts der mit der Einführung von Sonderrechten und -pflichten verbundenen Verletzung des Gleichbehandlungsgrundsatzes kommt der Festsetzung des § 46 Abs. 2 im Verschmelzungsvertrag eine Warnfunktion zu.[8)] 5

§ 46 Abs. 3 stellt klar, dass die Gesellschafter und die Nennbeträge ihrer Geschäftsanteile im Verschmelzungsvertrag oder in seinem Entwurf auch dann besonders zu bestimmen sind, wenn Anteilsinhaber eines übertragenden Rechtsträgers im Zuge der Verschmelzung **schon vorhandene Geschäftsanteile** der übernehmenden Gesellschaft erhalten sollen. 6

---

1) Lutter-*J. Vetter*, UmwG, § 46 Rz. 1, 9.

2) Kallmeyer-*Kocher*, UmwG, § 46 Rz. 1; Lutter-*J. Vetter*, UmwG, § 46 Rz. 2.

3) Henssler/Strohn-*Haeder*, GesR, § 46 UmwG Rz. 4; Kallmeyer-*Kocher*, UmwG, § 46 Rz. 2; Semler/Stengel/Leonard-*Reichert*, UmwG, § 46 Rz. 1.

4) Begr. RegE z. GmbH-Novelle 1980 bei *Deutler*, Das neue GmbH-Recht, S. 137.

5) *Nießen* in: KölnKomm-UmwG, § 46 Rz. 16; Lutter-*J. Vetter*, UmwG, § 46 Rz. 10.

6) Lutter-*J. Vetter*, UmwG, § 46 Rz. 11.

7) Semler/Stengel/Leonard-*Reichert*, UmwG, § 46 Rz. 1; vgl. auch *Nießen* in: KölnKomm-UmwG, § 46 Rz. 4.

8) Henssler/Strohn-*Haeder*, GesR, § 46 UmwG Rz. 10; Kallmeyer-*Kocher*, UmwG, § 46 Rz. 9; Schmitt/Hörtnagl-*Missio*, UmwG/UmwStG, § 46 UmwG Rz. 14.

II. Festsetzungen hinsichtlich der zu gewährenden Geschäftsanteile (§ 46 Abs. 1)

1. Namentliche Zuordnung

a) Grundsatz

7 Der Verschmelzungsvertrag muss zwingend gemäß § 5 Abs. 1 Nr. 3 das **Umtauschverhältnis** der Anteile und ggf. die Höhe etwaiger **barer Zuzahlungen** oder die **Mitgliedschaft bei dem übernehmenden Rechtsträger** angeben. Wenn eine GmbH übernehmender Rechtsträger ist, ist nach § 46 Abs. 1 Satz 1 zusätzlich für jeden Anteilsinhaber des übertragenden Rechtsträgers der **Nennbetrag des Geschäftsanteils** zu bestimmen, den die übernehmende GmbH ihm zu gewähren hat. Die bloße Angabe des Umtauschverhältnisses reicht daher nicht.[9] Grund für diese Regelung ist, dass anders als bei einem übernehmenden Rechtsträger in der Rechtsform einer AG kein Treuhänder bei der GmbH als übernehmendem Rechtsträger zu bestellen ist; die Zuordnung der Anteile muss sich daher im Zeitpunkt des Wirksamwerdens der Verschmelzung zweifelsfrei aus dem Verschmelzungsvertrag selbst ergeben.[10]

8 Eine **Nummerierung** der zu gewährenden neuen Anteile im Verschmelzungsvertrag ist zwar sinnvoll, aber nicht zwingend erforderlich, selbst wenn mehreren Gesellschaftern der übertragenden Gesellschaft Anteile an der übernehmenden GmbH im gleichen Nennbetrag gewährt werden.[11]

9 **Sämtliche Anteilsinhaber** des übertragenden Rechtsträgers müssen im Verschmelzungsvertrag **namentlich aufgeführt** werden, soweit der übertragende Rechtsträger eine Rechtsform hat, bei der die Gesellschafter bekannt sind.[12] Dies ist bei Personengesellschaften, im Hinblick auf § 16 Abs. 1 GmbHG regelmäßig auch bei GmbH sowie bei AGs bei der Ausgabe vinkulierter Namensaktien der Fall.[13] Bei einer übertragenden AG mit Inhaberaktien ist eine **namentliche Zuordnung** hingegen oft nicht möglich, da der Gesellschaft nicht alle Aktionäre bekannt sind.[14] Um die Verschmelzung in einem solchen Fall nicht an einem technischen Hindernis scheitern zu lassen, regelt § 35 Satz 1, dass die nicht namentlich bekannten Aktionäre durch Angabe des auf sie entfallenden Teils des Grundkapitals der übertragenden Gesellschaft und der auf sie nach der Verschmelzung entfallenden Anteile der übernehmenden Gesellschaft bezeichnet werden, soweit die Anteile der unbekannten Aktionäre zusammen 5 % des Grundkapitals der übertragenden Gesellschaft nicht übersteigen.

10 Sollte ausnahmsweise auch bei einer anderen Rechtsform der übertragenden Gesellschaft eine namentliche Zuordnung **nicht möglich** sein (z. B. bei grenzüberschreitenden Ver-

---

9) Allg. Meinung, vgl. nur Kallmeyer-*Kocher*, UmwG, § 46 Rz. 2; Semler/Stengel/Leonard-*Reichert*, UmwG, § 46 Rz. 2; Schmitt/Hörtnagl-*Missio*, UmwG/UmwStG, § 46 UmwG Rz. 3; Widmann/Mayer-*Mayer*, UmwR, § 46 UmwG Rz. 9.

10) Begr. RegE z. GmbH-Novelle 1980 bei *Deutler*, Das neue GmbH-Recht, S. 137; Lutter-*J. Vetter*, UmwG, § 46 Rz. 18; Semler/Stengel/Leonard-*Reichert*, UmwG, § 46 Rz. 2; *Nießen* in: KölnKomm-UmwG, § 46 Rz. 2.

11) Lutter-*J. Vetter*, UmwG, § 46 Rz. 18; a. A. *v. Hinden/Scheller* in: BeckOGK-UmwG, § 46 Rz. 18 – Nummerierung erforderlich, wenn mehrere Anteilseigner an der übertragenden Gesellschaft beteiligt sind und i. R. der Kapitalerhöhung jeweils eine bestimmte Anzahl von Anteilen im Nennbetrag von je 1 € ausgegeben werden soll.

12) Kallmeyer-*Kocher*, UmwG, § 46 Rz. 2; Widmann/Mayer-*Mayer*, UmwR, § 46 UmwG Rz. 9.

13) Lutter-*J. Vetter*, UmwG, § 46 Rz. 19; Semler/Stengel/Leonard-*Reichert*, UmwG, § 46 Rz. 2.

14) Vgl. *Kleindiek* in: NK-UmwG, § 46 Rz. 7.

schmelzungen ausländischer Kapitalgesellschaften nach §§ 305 ff.), ist eine entsprechende Anwendung von § 35 geboten.[15)]

11 Über das Erfordernis der namentlichen Zuordnung hinausgehend schließt das OLG Frankfurt am Main aus § 46 Abs. 1 Satz 1, dass bei der **Mehrfachverschmelzung** zwingend für jede untergehende Beteiligung an jedem übertragenden Rechtsträger ein Geschäftsanteil an der aufnehmenden GmbH gewährt werden müsse.[16)] Die Gewährung eines einheitlichen Geschäftsanteils als Gegenleistung für die Übertragung des Vermögens mehrerer Rechtsträger sei unzulässig. Dies gelte auch bei Identität der Anteilsinhaber mehrerer übertragender Rechtsträger, also auch für den Fall, dass innerhalb eines Konzerns mehrere Schwestergesellschaften auf eine weitere Schwestergesellschaft in der Rechtsform einer GmbH verschmolzen werden. Auch in diesem Fall müssten dem identischen Alleingesellschafter aller übertragenden Rechtsträger zwingend ebenso viele Geschäftsanteile gewährt werden, wie übertragende Rechtsträger an der Verschmelzung beteiligt sind.

12 Zu Recht lehnt die ganz h. L. diese Auffassung ab.[17)] Das Prinzip der namentlichen Zuordnung dient der **eindeutigen Identifizierung der künftigen Anteilsinhaber** der aufnehmenden GmbH.[18)] Eine solche eindeutige Identifizierung ist auch dann gewährleistet, wenn dem Anteilsinhaber mehrerer übertragender Rechtsträger als Gegenleistung für den Verlust einer Mehrzahl von Beteiligungsrechten mit seiner Zustimmung lediglich ein einheitlicher Geschäftsanteil an der übernehmenden GmbH zugewiesen wird; maßgeblich für die Zulässigkeit der Gestaltung ist die Zustimmung sämtlicher betroffener Anteilsinhaber aller übertragender Rechtsträger.[19)] In der Praxis sollte sich jedoch angesichts der obergerichtlichen Rechtsprechung ein vermögensloser oder bilanziell überschuldeter Rechtsträger selbst bei Anteilsinhaberidentität nicht an einer Mehrfachverschmelzung beteiligen.

b) Änderungen im Gesellschafterbestand

13 § 46 Abs. 1 Satz 1 schließt **Anteilsveräußerungen** durch den namentlich erwähnten Anteilsinhaber des übertragenden Rechtsträgers **nach Abschluss des Verschmelzungsvertrages**, aber vor Eintragung der Verschmelzung in das Handelsregister nicht aus; auch ist dann eine nachträgliche Änderung des Verschmelzungsvertrages nicht erforderlich.[20)] Selbst wenn der Anteilserwerber nicht namentlich im Verschmelzungsvertrag genannt ist, wird er **mit Eintragung** der Verschmelzung **Gesellschafter** der übernehmenden Gesellschaft. Entsprechendes gilt, wenn die Veräußerung bereits vor Abschluss des Verschmelzungsvertrages erfolgte, der Erwerber aber erst nachträglich in die Gesellschafterliste gemäß § 16 Abs. 1 GmbHG eingetragen wird.[21)] Gleiches gilt auch, wenn die nachträgliche

---

15) Kallmeyer-*Kocher*, UmwG, § 46 Rz. 2; Lutter-*J. Vetter*, UmwG, § 46 Rz. 21; Semler/Stengel/Leonard-*Reichert*, UmwG, § 46 Rz. 2; so i. Erg. auch *Kleindiek* in: NK-UmwG, § 46 Rz. 8 – wenn eine Individualisierung der Berechtigten ähnlich eindeutig erfolgen kann wie nach den Vorgaben des § 35.

16) OLG Frankfurt/M. v. 10.3.1998 – 20 W 60/98, ZIP 1998, 1191 = NZG 1998, 649.

17) *v. Hinden/Scheller* in: BeckOGK-UmwG, § 46 Rz. 15; *Kleindiek* in: NK-UmwG, § 46 Rz. 15; *Heckschen*, DB 1998, 1385, 1387, 1389; Lutter-*J. Vetter*, UmwG, § 46 Rz. 23; *D. Mayer*, DB 1998, 913; *Neye*, EWiR, § 46 UmwG 1/98, 517 (Urteilsanm.); Schmitt/Hörtnagl-*Missio*, UmwG/UmwStG, § 46 UmwG Rz. 8; Semler/Stengel/Leonard-*Reichert*, UmwG, § 46 Rz. 3; *Trölitzsch*, DStR 1999, 764, 767; a. A. Kallmeyer-*Kocher*, UmwG, § 46 Rz. 5.

18) Lutter-*J. Vetter*, UmwG, § 46 Rz. 23; Semler/Stengel/Leonard-*Reichert*, UmwG, § 46 Rz. 3.

19) Lutter-*J. Vetter*, UmwG, § 46 Rz. 23; Semler/Stengel/Leonard-*Reichert*, UmwG, § 46 Rz. 3.

20) *Nießen* in: KölnKomm-UmwG, § 46 Rz. 13 f.; Lutter-*J. Vetter*, UmwG, § 46 Rz. 25; Semler/Stengel/Leonard-*Reichert*, UmwG, § 46 Rz. 4.

21) *Nießen* in: KölnKomm-UmwG, § 46 Rz. 13; *v. Hinden/Scheller* in: BeckOGK-UmwG, § 46 Rz. 11; Lutter-*J. Vetter*, UmwG, § 46 Rz. 26; Semler/Stengel/Leonard-*Reichert*, UmwG, § 46 Rz. 4.

Abtretung des Geschäftsanteils mit einer Teilung des Anteils am übertragenden Rechtsträger verbunden wird.[22)]

14 In dem Zeitraum zwischen dem Abschluss des Verschmelzungsvertrages und der Eintragung der Verschmelzung bleibt auch der **Ausschluss des Anteilsinhabers** aus dem übertragenden Rechtsträger bzw. – wenn es sich bei dem übertragenden Rechtsträger um eine GmbH handelt – die Einziehung des Geschäftsanteils möglich.[23)] Der Ausschluss bzw. die Einziehung führen allerdings zu einer **Diskrepanz** zwischen der im Verschmelzungsvertrag verlautbarten und der mit der Eintragung der Verschmelzung tatsächlich entstehenden **Zuordnung der Geschäftsanteile** der übernehmenden GmbH, denn die nicht vom Ausschluss bzw. der Einziehung betroffenen Anteilsinhaber erhalten als Folge der Anwachsung Geschäftsanteile, deren Nennbeträge entsprechend dem Umtauschverhältnis und dem Nennbetrag des Anteils des ausgeschlossenen Anteilsinhabers erhöht werden.[24)] Die Geschäftsführer der übernehmenden Gesellschaft sind gemäß § 40 Abs. 1 Satz 1 GmbHG dann verpflichtet, die nach § 52 Abs. 2 zum Handelsregister einzureichende Gesellschafterliste unverzüglich zu berichtigen.[25)]

2. Festsetzung des Nennbetrags der Geschäftsanteile

a) Abweichende Festsetzung (§ 46 Abs. 1 Satz 2)

15 Gemäß § 46 Abs. 1 Satz 2 kann der Nennbetrag bei **Mischverschmelzungen** (AG oder KGaA auf GmbH) abweichend von dem Betrag festgesetzt werden, der auf die Aktien einer übertragenden AG oder KGaA als anteiliger Betrag ihres Grundkapitals entfällt. Auch AG, die Stückaktien ausgegeben haben, werden von der Regelung erfasst.[26)]

16 Die Regelung des § 46 Abs. 1 Satz 2 hat nur klarstellende Bedeutung.[27)] Auch bei reinen GmbH-Verschmelzungen muss sich der Nennbetrag des Geschäftsanteils eines Gesellschafters an der übertragenden GmbH nicht zwingend mit dem Nennbetrag des ihm zu gewährenden Anteils an der übernehmenden GmbH decken.[28)] Das Postulat der Nennbetragsidentität würde sonst Verschmelzungen ohne Sachgrund erheblich erschweren und den Verschmelzungsbeschluss beim übertragenden Rechtsträger von der Zustimmung aller Anteilsinhaber abhängig machen.[29)]

17 Somit sind **disproportionale Verschmelzungen** grundsätzlich möglich. Wie die Gegenleistung der zu gewährenden Beteiligung an der übernehmenden GmbH gestückelt wird, unterliegt grundsätzlich dem Verhandlungsermessen der beteiligten Rechtsträger.[30)] Falls ein Anteilsinhaber eines übertragenden Rechtsträgers bereits vor Durchführung der Verschmelzung einen Geschäftsanteil an der übernehmenden GmbH hält, kann die Anteilsgewährung mit seiner ausdrücklichen Zustimmung durch Erhöhung des Nennbetrags des

---

22) *Nießen* in: KölnKomm-UmwG, § 46 Rz. 13; Lutter-*J. Vetter*, UmwG, § 46 Rz. 26; Semler/Stengel/Leonard-*Reichert*, UmwG, § 46 Rz. 4.

23) Kallmeyer-*Kocher*, UmwG, § 46 Rz. 4; Lutter-*J. Vetter*, UmwG, § 46 Rz. 27; Semler/Stengel/Leonard-*Reichert*, UmwG, § 46 Rz. 5.

24) Lutter-*J. Vetter*, UmwG, § 46 Rz. 27; Semler/Stengel/Leonard-*Reichert*, UmwG, § 46 Rz. 5.

25) Henssler/Strohn-*Haeder*, GesR, § 46 UmwG Rz. 4; Kallmeyer-*Kocher*, UmwG, § 46 Rz. 4; Lutter-*J. Vetter*, UmwG, § 46 Rz. 27.

26) Schmitt/Hörtnagl-*Missio*, UmwG/UmwStG, § 46 UmwG Rz. 10.

27) *v. Hinden/Scheller* in: BeckOGK-UmwG, § 46 Rz. 20; Kallmeyer-*Kocher*, UmwG, § 46 Rz. 7; Widmann/Mayer-*Mayer*, UmwG, § 46 Rz. 17.

28) Kallmeyer-*Kocher*, UmwG, § 46 Rz. 7; Semler/Stengel/Leonard-*Reichert*, UmwG, § 46 Rz. 6, 10.

29) Kallmeyer-*Kocher*, UmwG, § 46 Rz. 7; Lutter-*J. Vetter*, UmwG, § 46 Rz. 29; Semler/Stengel/Leonard-*Reichert*, UmwG, § 46 Rz. 6, 10.

30) Kallmeyer-*Kocher*, UmwG, § 46 Rz. 6; Widmann/Mayer-*Mayer*, UmwG, § 46 Rz. 9.

vorhandenen Geschäftsanteils erfolgen (sog. **Aufstockung**), sofern die allgemeinen Voraussetzungen für eine solche Aufstockung vorliegen und die Aufstockung im Kapitalerhöhungsbeschluss ausdrücklich bestimmt wird.[31)]

Bei der Stückelung der als Gegenleistung zu gewährenden Geschäftsanteile muss versucht 18 werden, jedem Anteilinhaber des übertragenden Rechtsträgers die Beteiligung als Gesellschafter zu ermöglichen.[32)] Sofern der Nennbetrag nach § 46 Abs. 1 Satz 2 abweichend festgesetzt wird, kann dies zur Folge haben, dass sich ein oder mehrere Gesellschafter des übertragenden Rechtsträgers **nicht mit ihrem gesamten Anteilsbesitz an der übernehmenden GmbH beteiligen können**, etwa weil sie bei Anwendung des vereinbarten Umtauschverhältnisses den im Verschmelzungsvertrag festgesetzten Mindestnennbetrag der Geschäftsanteile nicht erreichen oder nicht verteilungsfähige Spitzen entstehen, die durch eine bare Zuzahlung auszugleichen wären.[33)] In einem solchen Fall bedarf der Zustimmungsbeschluss zum Verschmelzungsvertrag gemäß § 51 Abs. 2 grundsätzlich der **Zustimmung des oder der betroffenen Gesellschafter**.[34)] Die Zustimmung ist jedoch entbehrlich, wenn bei Anwendung des vereinbarten Umtauschverhältnisses für einzelne Gesellschafter des übertragenden Rechtsträgers Geschäftsanteile gebildet werden müssten, die nicht den zwingenden Bestimmungen des § 46 Abs. 1 Satz 3 entsprechen würden, also entweder nicht den Mindestnennbetrag von 1 € erreichen oder nicht auf volle Euro lauten.[35)] Dann ist einem solchen Gesellschafter des übertragenden Rechtsträgers eine bare Zuzahlung zu leisten.[36)]

b) Mindestnennbetrag (§ 46 Abs. 1 Satz 3)

Da seit Inkrafttreten des MoMiG die Schaffung von GmbH-Anteilen im Nennbetrag von 19 **1 € zulässig** ist (§ 5 Abs. 2 Satz 1 GmbHG), dürfen und müssen die im Zuge der Verschmelzung gewährten Anteile folgerichtig gemäß § 46 Abs. 1 Satz 3 auf volle Euro lauten. GmbH-Anteile können also auch einen Nennbetrag von 1 € aufweisen. Damit ist das Erfordernis der früher in § 46 Abs. 1 Satz 3 a. F. vorgesehenen Stückelungs- und Teilbarkeitserleichterungen entfallen; durch den erhöhten Gestaltungsspielraum der Vertragspartner wurde in der Praxis die Bedeutung abweichender Festsetzungen nach § 46 Abs. 1 Satz 2 reduziert.[37)]

3. Festsetzung barer Zuzahlungen

Nach § 5 Abs. 1 Nr. 3 muss der Verschmelzungsvertrag bzw. sein Entwurf auch ggf. die 20 Höhe der baren Zuzahlung angeben. Im Verschmelzungsvertrag muss für jeden Anteilsinhaber des übertragenden Rechtsträgers eine diesem etwa zu gewährende bare Zuzahlung betragsmäßig festgesetzt werden: Nur so kann dem Zweck des § 46 Abs. 1 Satz 1, die

31) *Nießen* in: KölnKomm-UmwG, § 46 Rz. 10; Lutter-*J. Vetter*, UmwG, § 46 Rz. 34; Widmann/Mayer-*Mayer*, UmwG, § 46 Rz. 12.

32) Lutter-*J. Vetter*, UmwG, § 46 Rz. 36.

33) Lutter-*J. Vetter*, UmwG, § 46 Rz. 39.

34) Henssler/Strohn-*Haeder*, GesR, § 46 UmwG Rz. 8; Kallmeyer-*Kocher*, UmwG, § 46 Rz. 8; Semler/Stengel/Leonard-*Reichert*, UmwG, § 46 Rz. 13.

35) Kallmeyer-*Kocher*, UmwG, § 46 Rz. 8; *Nießen* in: KölnKomm-UmwG, § 46 Rz. 17; Lutter-*J. Vetter*, UmwG, § 46 Rz. 40.

36) Semler/Stengel/Leonard-*Reichert*, UmwG, § 46 Rz. 13.

37) Lutter-*J. Vetter*, UmwG, § 46 Rz. 31; vgl. auch Schmitt/Hörtnagl-*Missio*, UmwG/UmwStG, § 46 UmwG Rz. 12.

jedem Anteilsinhaber des übertragenden Rechtsträgers zustehende Gegenleistung zu dokumentieren, Rechnung getragen werden.[38)]

4. Kapitalerhöhung zur Durchführung der Verschmelzung

21 In der Literatur ist die Frage streitig, ob der Verschmelzungsvertrag regeln muss, ob und wenn in welcher Höhe zur Durchführung der Verschmelzung eine **Kapitalerhöhung** erforderlich ist und wie die hierdurch geschaffenen **neuen Geschäftsanteile** auf die Anteilsinhaber des übertragenden Rechtsträgers **verteilt** werden. Nach der **h. L.** ist eine solche Regelung nicht erforderlich, da der Zweck, im Verschmelzungsvertrag die Zuordnung der Anteile zu den einzelnen Anteilsinhabern des übertragenden Rechtsträgers zu verlautbaren, bereits durch § 46 Abs. 3 erreicht werde und sich damit die aus der Kapitalerhöhung resultierenden Anteile errechnen ließen.[39)] Nach der **Gegenauffassung** in der Literatur hingegen ist die Kapitalerhöhung einschließlich der Verteilung der neuen Geschäftsanteile auf die Anteilsinhaber des übertragenden Rechtsträgers in dem Verschmelzungsvertrag selbst zu regeln.[40)]

22 Für letztgenannte Auffassung spricht, dass die Beurkundungspflicht im Hinblick auf den Verschmelzungsvertrag eine Regelung der Kapitalerhöhung der übernehmenden Gesellschaft im Verschmelzungsvertrag selbst erfordert; zudem tritt anstelle der Übernahmeerklärungen i. S. des § 55 GmbHG bei einer Kapitalerhöhung zur Durchführung der Verschmelzung der Verschmelzungsvertrag, der folgerichtig auch der Anmeldung der Kapitalerhöhung zum Handelsregister beizufügen ist.[41)] Da diese Frage **in der Rechtsprechung ungeklärt** ist, sollten bereits aus Vorsichtsgründen in der Praxis diese Regelungen in den Verschmelzungsvertrag aufgenommen werden. Dazu bietet sich die ausdrückliche namentliche Zuordnung der im Wege der Kapitalerhöhung zu schaffenden Geschäftsanteile an, wobei es ausreicht, wenn sich eine eindeutige Zuordnung durch Auslegung des Verschmelzungsvertrages ergibt.[42)]

III. Abweichende Ausstattung der neuen Geschäftsanteile einer übernehmenden GmbH (§ 46 Abs. 2)

1. Besondere Festsetzung im Verschmelzungsvertrag

23 Eine besondere Festsetzung ist im Verschmelzungsvertrag gemäß § 46 Abs. 2 erforderlich, wenn neue Geschäftsanteile der übernehmenden Gesellschaft im Wege einer **Kapitalerhöhung** geschaffen und **mit anderen Rechten und Pflichten ausgestattet** werden sollen als sonstige Geschäftsanteile der übernehmenden Gesellschaft. Die Festsetzung nach § 46 Abs. 2 ist eine aufschiebende Bedingung für die Wirksamkeit des Verschmelzungsvertrages.[43)] Unter Sonderrechten und -pflichten i. S. des § 46 Abs. 2 sind keine rein schuldrechtlichen zu verstehen, die die Gesellschafter in Gesellschaftervereinbarungen

---

38) *v. Hinden/Scheller* in: BeckOGK-UmwG, § 46 Rz. 23; Kallmeyer-*Kocher*, UmwG, § 46 Rz. 3; Lutter-*J. Vetter*, UmwG, § 46 Rz. 45; Semler/Stengel/Leonard-*Reichert*, UmwG, § 46 Rz. 15.

39) *Kleindiek* in: NK-UmwG, § 46 Rz. 33; Goutier/Knopf/Tulloch-*Bermel*, UmwG, § 46 Rz. 8; Schmitt/Hörtnagl-*Missio*, UmwG/UmwStG, § 46 UmwG Rz. 4; Semler/Stengel/Leonard-*Reichert*, UmwG, § 46 Rz. 16; *Streck/Mack/Schwedhelm*, GmbHR 1995, 161, 163.

40) *v. Hinden/Scheller* in: BeckOGK-UmwG, § 46 Rz. 24; Lutter-*J. Vetter*, UmwG, § 46 Rz. 48; Widmann/Mayer-*Mayer*, UmwR, § 46 UmwG Rz. 23.1.

41) Lutter-*J. Vetter*, UmwG, § 46 Rz. 48; Widmann/Mayer-*Mayer*, UmwR, § 46 UmwG Rz. 23.1.

42) Lutter-*J. Vetter*, UmwG, § 46 Rz. 49; vgl. auch Kallmeyer-*Kocher*, UmwG, § 46 Rz. 3.

43) H. M., vgl. nur *Kleindiek* in: NK-UmwG, § 46 Rz. 29; Kallmeyer-*Kocher*, UmwG, § 46 Rz. 15; *Nießen* in: KölnKomm-UmwG, § 46 Rz. 31.

begründen, sondern **ausschließlich korporative, statutarische Rechte und Pflichten**, die auch Rechtsnachfolger binden.[44] Beispiele

- für solche **Sonderrechte** sind Mehrstimmrechte, Zustimmungs- und Vetorechte im Hinblick auf Gesellschafterbeschlüsse, Weisungsrechte gegenüber der Geschäftsführung, Ernennungs- und Entsendungsrechte für Gesellschaftsorgane, Gewinnvorzug, Vorwerbs- und Ankaufs- sowie Mitveräußerungsrechte;
- für **Sonderpflichten** sind etwa der Stimmrechtsausschluss, Minder- oder Höchststimmrechte, Stimmbindungen, Mitveräußerungspflichten, Pflichten zur Gewährung von Darlehen oder sonstigen Geld- oder Sachleistungen über die Einlagepflicht hinaus sowie Wettbewerbsverbote.[45]

Die in **§ 46 Abs. 2** vorgeschriebene Festsetzung der Sonderrechte bzw. -pflichten im Verschmelzungsvertrag erfüllt eine **Warnfunktion**:[46] entweder an die Gesellschafter der übernehmenden Gesellschaft, sofern den Gesellschaftern des übertragenden Rechtsträgers Sonderrechte eingeräumt werden sollen, oder aber an die Gesellschafter des übertragenden Rechtsträgers, sofern diese Sonderpflichten übernehmen sollen. 24

Wenn an die Anteilsinhaber des übertragenden Rechtsträgers **bereits bestehende Anteile** an der übernehmenden Gesellschaft ausgegeben werden, die im Zuge der Verschmelzung durch Satzungsänderung mit Sonderrechten oder -pflichten ausgestattet werden sollen, ist eine Festsetzung im Verschmelzungsvertrag gemäß **§ 46 Abs. 2 analog** erforderlich.[47] Gleiches gilt für die Schaffung von Sonderrechten oder die Aufhebung von Sonderpflichten für die von den Gesellschaftern der übernehmenden GmbH gehaltenen Anteile.[48] 25

2. Umsetzung durch Satzungsänderung

Neben dem eigentlichen Kapitalerhöhungsbeschluss ist bei der übernehmenden GmbH eine weitergehende Satzungsänderung erforderlich, die gemäß § 54 Abs. 3 GmbHG erst mit Eintragung in das Handelsregister wirksam wird.[49] Rechtlich ist **zwischen** dem **Zustimmungsbeschluss** und dem eigentlichen **Satzungsänderungsbeschluss zu differenzieren**. In der Praxis werden jedoch der Zustimmungsbeschluss der übernehmenden Gesellschaft zum Verschmelzungsvertrag und der Kapitalerhöhungs- und Satzungsänderungsbeschluss gemeinsam gefasst.[50] 26

3. Auswirkungen auf die erforderlichen Beschlussmehrheiten

a) Sonderrechte

Wenn **alle Anteilsinhaber** des übertragenden Rechtsträgers Sonderrechte haben sollen, gelten für den Zustimmungsbeschluss beim übertragenden Rechtsträger keine Besonderheiten.[51] Sollen die Sonderrechte jedoch nur **einzelnen Anteilsinhabern** des übertragenden Rechtsträgers zukommen, erfordert der Zustimmungsbeschluss zum Verschmel- 27

44) *v. Hinden/Scheller* in: BeckOGK-UmwG, § 46 Rz. 28; Lutter-*J. Vetter*, UmwG, § 46 Rz. 55.

45) Lutter-*J. Vetter*, UmwG, § 46 Rz. 56; vgl. auch *Kleindiek* in: NK-UmwG, § 46 Rz. 26.

46) Kallmeyer-*Kocher*, UmwG, § 46 Rz. 9; Semler/Stengel/Leonard-*Reichert*, UmwG, § 46 Rz. 18.

47) Kallmeyer-*Kocher*, UmwG, § 46 Rz. 10; Semler/Stengel/Leonard-*Reichert*, UmwG, § 46 Rz. 19; Widmann/Mayer-*Mayer*, UmwR, § 46 UmwG Rz. 22.

48) Kallmeyer-*Kocher*, UmwG, § 46 Rz. 10; Lutter-*J. Vetter*, UmwG, § 46 Rz. 60.

49) Kallmeyer-*Kocher*, UmwG, § 46 Rz. 15; Schmitt/Hörtnagl-*Missio*, UmwG/UmwStG, § 46 UmwG Rz. 14; Widmann/Mayer-*Mayer*, UmwR, § 46 UmwG Rz. 28.

50) Kallmeyer-*Kocher*, UmwG, § 46 Rz. 15; Lutter-*J. Vetter*, UmwG, § 46 Rz. 62; Semler/Stengel/Leonard-*Reichert*, UmwG, § 46 Rz. 20.

51) Lutter-*J. Vetter*, UmwG, § 46 Rz. 65; Semler/Stengel/Leonard-*Reichert*, UmwG, § 46 Rz. 21.

zungsvertrag wegen der darin liegenden Abweichung vom Gleichbehandlungsgrundsatz grundsätzlich die **Zustimmung** sämtlicher nicht selbst begünstigter Anteilsinhaber des übertragenden Rechtsträgers.[52] Eine solche Zustimmung ist jedoch nicht erforderlich, wenn den begünstigten Gesellschaftern bereits im Statut des übertragenden Rechtsträgers entsprechende Sonderrechte eingeräumt waren.[53] Wenn ein nicht begünstigter Anteilsinhaber nicht zustimmt, führt dies jedoch nicht zu einer Unwirksamkeit oder Nichtigkeit, sondern nur zur Anfechtbarkeit des Zustimmungsbeschlusses.[54]

28 Auch im Verhältnis zu den **Gesellschaftern der übernehmenden GmbH** führt die Schaffung von neuen, mit Sonderrechten verbundenen Geschäftsanteilen zu einer Verletzung des Gleichbehandlungsgrundsatzes.[55] Hinsichtlich des Zustimmungsbeschlusses zum Verschmelzungsvertrag, der keinen satzungsändernden Charakter hat, bleibt es in den Fällen des § 46 Abs. 2 bei den allgemeinen Regeln.[56] Es bedarf hingegen der Zustimmung aller Gesellschafter der übernehmenden Gesellschaft für den eigentlichen Satzungsänderungsbeschluss, dessen Zustandekommen Voraussetzung für die Wirksamkeit des Verschmelzungsvertrages ist.[57]

b) Sonderpflichten

29 Sofern allen oder einzelnen Anteilsinhabern des übertragenden Rechtsträgers i. R. der Kapitalerhöhung zur Durchführung der Verschmelzung Geschäftsanteile mit **Sonderpflichten**, insbesondere Nebenleistungspflichten, gewährt werden, bedarf der Zustimmungsbeschluss zum Verschmelzungsvertrag der **Zustimmung aller hiervon betroffener Anteilsinhaber.**[58] Dies folgt aus dem allgemeinen Gleichbehandlungsgrundsatz sowie nach h. M. aus § 53 Abs. 3 GmbHG.[59] Dem steht nicht entgegen, dass die Anteilsinhaber des übertragenden Rechtsträgers erst nach Wirksamwerden der Satzungsänderung Gesellschafter werden, denn der Erwerb der Mitgliedschaft an der übernehmenden Gesellschaft erfolgt in der Praxis oft nur eine logische Sekunde nach dem Wirksamwerden der Satzungsänderung.[60]

30 Die Gesellschafter der übernehmenden GmbH sind durch die Schaffung von Sonderpflichten zulasten der Anteilsinhaber des übertragenden Rechtsträgers nicht nachteilig betroffen, so dass es hinsichtlich der Beschlussfassung der Gesellschafter der übernehmenden GmbH bei den allgemeinen Grundsätzen bleibt.[61]

---

52) *Kleindiek* in: NK-UmwG, § 46 Rz. 31; Kallmeyer-*Kocher*, UmwG, § 46 Rz. 11; Lutter-*J. Vetter*, UmwG, § 46 Rz. 65.

53) Lutter-*J. Vetter*, UmwG, § 46 Rz. 65; Semler/Stengel/Leonard-*Reichert*, UmwG, § 46 Rz. 21.

54) Lutter-*J. Vetter*, UmwG, § 46 Rz. 65; Semler/Stengel/Leonard-*Reichert*, UmwG, § 46 Rz. 21.

55) Kallmeyer-*Kocher*, UmwG, § 46 Rz. 11; Lutter/*J. Vetter*, UmwG, § 46 Rz. 66.

56) Semler/Stengel/Leonard-*Reichert*, UmwG, § 46 Rz. 22; a. A. *v. Hinden/Scheller* in: BeckOGK-UmwG, § 46 Rz. 36 – Zustimmung der betroffenen Anteilsinhaber zum Verschmelzungsbeschluss erforderlich.

57) Kallmeyer-*Kocher*, UmwG, § 46 Rz. 11; Lutter-*J. Vetter*, UmwG, § 46 Rz. 67; Semler/Stengel/Leonard-*Reichert*, UmwG, § 46 Rz. 22.

58) Kallmeyer-*Kocher*, UmwG, § 46 Rz. 12; Semler/Stengel/Leonard-*Reichert*, UmwG, § 46 Rz. 23.

59) Lutter-*J. Vetter*, UmwG, § 46 Rz. 68; Semler/Stengel/Leonard-*Reichert*, UmwG, § 46 Rz. 23; a. A. *v. Hinden/Scheller* in: BeckOGK-UmwG, § 46 Rz. 37.

60) Lutter-*J. Vetter*, UmwG, § 46 Rz. 68.

61) Kallmeyer-*Kocher*, UmwG, § 46 Rz. 12; Lutter-*J. Vetter*, UmwG, § 46 Rz. 70; Semler/Stengel/Leonard-*Reichert*, UmwG, § 46 Rz. 24.

IV. Gewährung vorhandener Anteile (§ 46 Abs. 3)

31 Sollen den Anteilsinhabern des übertragenden Rechtsträgers schon vorhandene Geschäftsanteile gewährt werden, müssen die Anteilsinhaber und die Nennbeträge ihrer Geschäftsanteile gemäß § 46 Abs. 3 bereits **im Verschmelzungsvertrag** i. E. **benannt werden.** Die Festsetzung nach § 46 Abs. 3 soll die Prüfung ermöglichen, dass die den Anteilsinhabern des übertragenden Rechtsträgers zu gewährenden Anteile tatsächlich zur Verfügung stehen, und Zweifel darüber vermeiden, wem im Zeitpunkt des Wirksamwerdens der Verschmelzung eigene oder vom übertragenden Rechtsträger gehaltene Geschäftsanteile an der übernehmenden Gesellschaft zustehen.[62] Im Verschmelzungsvertrag muss auch angegeben werden, ob es sich bei den Anteilen, die zum Anteilstausch verwendet werden, um eigene Anteile der übernehmenden GmbH, um vom übertragenden Rechtsträger gehaltene oder von einem namentlich bezeichneten Dritten bereitgestellte Anteile handelt.[63] Zudem ist die Klarstellung der Herkunft der gewährten Anteile auch für die Ermittlung und Überprüfung des Umtauschverhältnisses erforderlich.[64]

V. Rechtsfolgen von Verstößen

32 Bei Verstößen gegen die Anforderungen an den Verschmelzungsvertrag nach § 46 darf das Registergericht die Verschmelzung nicht eintragen.[65] Das Fehlen von oder Fehler bei der Angabe von Festsetzungen nach § 46 führen nicht zur Nichtigkeit des Verschmelzungsvertrages, so dass ein solcher Fehler mit der Eintragung in das Handelsregister geheilt wird.[66] Ein Verschmelzungsbeschluss, der sich auf einen Verschmelzungsvertrag bezieht, der den Anforderungen des § 46 nicht genügt, ist fehlerhaft und bei AG und GmbH anfechtbar.[67]

62) Lutter-*J. Vetter*, UmwG, § 46 Rz. 51; Semler/Stengel/Leonard-*Reichert*, UmwG, § 46 Rz. 25.
63) *Kleindiek* in: NK-UmwG, § 46 Rz. 32; Semler/Stengel/Leonard-*Reichert*, UmwG, § 46 Rz. 25.
64) Kallmeyer-*Kocher*, UmwG, § 46 Rz. 14; vgl. auch Henssler/Strohn-*Haeder*, GesR, § 46 UmwG Rz. 13.
65) Henssler/Strohn-*Haeder*, GesR, § 46 UmwG Rz. 2; Kallmeyer-*Kocher*, UmwG, § 46 Rz. 15; Lutter-*J. Vetter*, UmwG, § 46 Rz. 71.
66) *v. Hinden/Scheller* in: BeckOGK-UmwG, § 46 Rz. 42; Lutter-*J. Vetter*, UmwG, § 46 Rz. 72.
67) *v. Hinden/Scheller* in: BeckOGK-UmwG, § 46 Rz. 42; *Kleindiek* in: NK-UmwG, § 46 Rz. 2; Lutter-*J. Vetter*, UmwG, § 46 Rz. 73.

§ 47
Unterrichtung der Gesellschafter

Der Verschmelzungsvertrag oder sein Entwurf und der Verschmelzungsbericht sind den Gesellschaftern spätestens zusammen mit der Einberufung der Gesellschafterversammlung, die gemäß § 13 Abs. 1 über die Zustimmung beschließen soll, zu übersenden.

Literatur: *Bungert*, Ausgliederung durch Einzelrechtsübertragung und analoge Anwendung des Umwandlungsgesetzes, NZG 1998, 367; *Heckschen*, Die Entwicklung des Umwandlungsrechts aus Sicht der Rechtsprechung und Praxis, DB 1998, 1385; *Hommelhoff*, Minderheitenschutz bei Umstrukturierungen, ZGR 1993, 452; *Lutter/Leinekugel*, Planmäßige Unterschiede im umwandlungsrechtlichen Minderheitenschutz?, ZIP 1999, 261.

Übersicht

I. Allgemeines

1. Normzweck und Anwendungsbereich

1 Die Regelung des § 47 soll sicherstellen, dass die Gesellschafter alle **Unterlagen**, die sie zur sachgerechten Beurteilung des Verschmelzungsvorhabens und ihre Erteilung der Zustimmung benötigen, rechtzeitig **vor der Gesellschafterversammlung** erhalten, in der über die Verschmelzung Beschluss gefasst wird.[1] § 47 stellt eine Ausprägung des allgemeinen Informations- und Einsichtsrechts des Gesellschafters nach § 51a GmbHG dar.[2] Anders als i. R. des § 51a GmbHG, der neben § 47 anwendbar bleibt, müssen die Geschäftsführer der GmbH die erforderlichen Unterlagen **unaufgefordert** ohne entsprechendes Verlangen übermitteln.[3]

2 § 47 gilt für jede an einer Verschmelzung beteiligte GmbH, unabhängig davon, ob sie als übertragender oder übernehmender Rechtsträger beteiligt ist.[4] Bei der Verschmelzung zur Neugründung findet § 47 über § 56 auf die übertragende GmbH Anwendung.[5] Parallelvorschriften für rechtsfähige Personengesellschaften finden sich in §§ 39b, 42, 45c Satz 2.[6]

2. Zwingender Mindestinhalt

3 Die Vorschrift des § 47 ist zwingend: In der Satzung der GmbH kann das Recht der Gesellschafter auf Übersendung der Verschmelzungsunterlagen für spätere Verschmelzungen nicht ausgeschlossen werden.[7] Allerdings kann der Verschmelzungsbeschluss **unter ausdrücklichem Verzicht** auf die Einhaltung der Vorschrift des § 47 gefasst werden, insbesondere i. R. einer Universalversammlung nach § 51 Abs. 3 GmbHG, bei der Mängel der Einberufung geheilt werden.[8] In der Praxis empfiehlt sich ein Verzicht auf alle gesetzlichen und statutarischen Regelungen über Formen und Fristen für den Beschluss.[9] Der allseitige Verzicht sollte im notariellen Protokoll über die Verschmelzungsversammlung ausdrücklich festgehalten werden.[10]

1) Begr. Fraktionsentwurf UmwBerG, BT-Drucks. 12/6699, S. 99, RegE UmwBerG bei *Ganske*, Umwandlungsrecht, S. 98.

2) Begr. Fraktionsentwurf UmwBerG, BT-Drucks. 12/6699, S. 99, RegE UmwBerG bei *Ganske*, Umwandlungsrecht, S. 98.

3) *v. Hinden/Scheller* in: BeckOGK-UmwG, § 47 Rz. 2; *Kleindiek* in: NK-UmwG, § 47 Rz. 1; *Nießen* in: KölnKomm-UmwG, § 47 Rz. 3.

4) *v. Hinden/Scheller* in: BeckOGK-UmwG, § 47 Rz. 3; Kallmeyer-*Kocher*, UmwG, § 47 Rz. 1.

5) *Kleindiek* in: NK-UmwG, § 47 Rz. 4; Lutter-*J. Vetter*, UmwG, § 47 Rz. 4.

6) *Kleindiek* in: NK-UmwG, § 47 Rz. 4; vgl. auch Kallmeyer-*Kocher*, UmwG, § 47 Rz. 1.

7) Allg. Ansicht, vgl. nur *Nießen* in: KölnKomm-UmwG, § 47 Rz. 4; Semler/Stengel/Leonard-*Reichert*, UmwG, § 47 Rz. 5.

8) *v. Hinden/Scheller* in: BeckOGK-UmwG, § 47 Rz. 4; Lutter-*J. Vetter*, UmwG, § 47 Rz. 7.

9) *Kleindiek* in: NK-UmwG, § 47 Rz. 3; Semler/Stengel/Leonard-*Reichert*, UmwG, § 47 Rz. 5.

10) Kallmeyer-*Kocher*, UmwG, § 47 Rz. 6; Lutter-*J. Vetter*, UmwG, § 47 Rz. 7.

II. Gegenstand der Übersendung

1. Verschmelzungsvertrag

Sämtlichen Gesellschaftern – vorbehaltlich eines allseitigen Verzichts – ist der Verschmelzungsvertrag **oder sein Entwurf** mit den **Mindestangaben** des § 5 Abs. 1 zu übersenden. Ausreichend ist die Übersendung von **Kopien** sämtlicher Dokumente.[11] Sofern der Verschmelzungsvertrag nach der Übersendung noch inhaltlich relevant **geändert wird**, also nicht nur formell oder redaktionell oder in inhaltlich für die Gesellschafter unwesentlichen Teilen, muss er neu übersandt werden.[12] In der Praxis ist es allerdings riskant, sich bei Unwesentlichkeit auf eine umfassende Erläuterung in der Gesellschafterversammlung zu beschränken.[13] 4

2. Verschmelzungsbericht

Darüber hinaus ist der Verschmelzungsbericht zu übersenden, sofern er nicht gemäß § 8 Abs. 3 entbehrlich ist. Für nachträgliche Änderungen gilt das gleiche wie für den Verschmelzungsvertrag. Er ist von **sämtlichen Geschäftsführern** schriftlich zu erstatten; eine Stellvertretung ist nicht möglich.[14] 5

3. Verschmelzungsprüfungsbericht

Mit dem UmRuG[15] hat der Gesetzgeber in § 48 Satz 2 klargestellt, dass den Gesellschaftern ein Verschmelzungsprüfungsbericht vorgelegt werden muss, wenn ein Gesellschafter ein entsprechendes **Prüfungsverlangen** gestellt hat. Damit ist der Gesetzgeber der bisher bereits h. L. gefolgt.[16] Gleiches muss gelten, sofern eine Verschmelzungsprüfung freiwillig pro-aktiv veranlasst wird, um das Risiko einer ungeplanten Verzögerung am Ende des Prozesses aufgrund eines Prüfungsverlangens nach § 48 Satz 1 auszuschließen.[17] 6

III. Adressaten der Übersendung

Die vorgenannten Verschmelzungsunterlagen sind **allen Gesellschaftern** zu übersenden, selbst wenn sie **nicht stimmberechtigt** sind in der Verschmelzungsversammlung.[18] Gesellschafter eines übertragenden Rechtsträgers, die **erst im Laufe der Verschmelzung** zu Gesellschaftern der übernehmenden GmbH werden, sind hingegen nach ganz herrschender und überzeugender Auffassung keine Gesellschafter i. S. des § 47: Dies ergibt sich aus dem eindeutigen Wortlaut; es bedarf – auch angesichts des ausreichenden Schutzes der Gesellschafter des übertragenden Rechtsträgers – keiner erweiterten Auslegung oder Analogie.[19] 7

---

11) *v. Hinden/Scheller* in: BeckOGK-UmwG, § 47 Rz. 6; Lutter-*J. Vetter*, UmwG, § 47 Rz 9.

12) Kallmeyer-*Kocher*, UmwG, § 47 Rz. 2; Lutter-*J. Vetter*, UmwG, § 47 Rz. 9.

13) Kallmeyer-*Kocher*, UmwG, § 47 Rz. 2.

14) Semler/Stengel/Leonard-*Reichert*, UmwG, § 47 Rz. 7.

15) Gesetz zur Umsetzung der Umwandlungsrichtlinie und zur Änderung weiterer Gesetze (UmRUG), v. 22.2.2023, BGBl. I 2023 Nr. 51.

16) Vgl. nur *Hommelhoff*, ZGR 1993, 462; Kallmeyer-*Kocher*, UmwG, § 47 Rz. 1; Lutter-*J. Vetter*, UmwG, § 47 Rz. 10; a. A. Widmann/Mayer-*Mayer*, UmwR, § 47 UmwG Rz. 4.

17) So auch zutr. Lutter-*J. Vetter*, UmwG, § 47 Rz. 10.

18) *Kleindiek* in: NK-UmwG, § 47 Rz. 8; Lutter-*J. Vetter*, UmwG, § 47 Rz. 11; Semler/Stengel/Leonard-*Reichert*, UmwG, § 47 Rz. 9.

19) *v. Hinden/Scheller* in: BeckOGK-UmwG, § 47 Rz. 11; Kallmeyer-*Kocher*, UmwG, § 47 Rz. 1; Lutter-*J. Vetter*, UmwG, § 47 Rz. 11; Widmann/Mayer-*Mayer*, UmwG, § 47 Rz. 8.3.

8 Die Unterlagen sind an die vom Gesellschafter zuletzt der Gesellschaft mitgeteilte **Adresse** zu übermitteln.[20] Dies gilt auch dann, wenn der Gesellschafter zwischenzeitlich verzogen oder verstorben ist, es sei denn, der Gesellschaft war bekannt, dass die Unterlagen diesen Gesellschafter an der zuletzt mitgeteilten Adresse nicht erreichen können.[21] Die Gesellschaft trägt das Zugangsrisiko, wenn es unter dieser **neuen**, ihr auf sonstige Weise **bekannt gewordenen Adresse** nicht zu einem Übermittlungserfolg kommt.[22] Bei unbekannten Gesellschaftern kommt die öffentliche Zustellung oder aber – wie bei unerreichbaren Gesellschaftern – die Bestellung eines Pflegers in Betracht.[23]

9 Steht ein Geschäftsanteil **mehreren Mitberechtigten** ungeteilt zu, so genügt nach § 18 Abs. 3 GmbHG die Übermittlung gegenüber nur einem **Mitberechtigten.** In der Praxis sollte davon jedoch – ebenso wie bei der Einberufung – möglichst nur zurückhaltend Gebrauch gemacht werden, so dass die Verschmelzungsunterlagen – wenn irgend möglich – allen Mitberechtigten übersandt werden sollten.[24] Kein Anwendungsfall des § 18 Abs. 3 GmbHG ist die Außen-GbR: Bei dieser genügt die Übersendung an geschäftsführungs- und vertretungsberechtigte Gesellschafter.[25]

IV. Form der Übersendung

10 Für die Form der Übersendung fehlt eine ausdrückliche gesetzliche Regelung. Die für die Einberufung geltende Regelung des **§ 51 Abs. 1 GmbHG** ist **analog** anzuwenden, so dass die Verschmelzungsunterlagen ebenfalls durch **eingeschriebenen Brief** zu übersenden sind.[26] Nur so wird der Kopplung des § 47 an die Einberufung und der Bedeutung der Verschmelzungsunterlagen für die Willensbildung der Gesellschafter angemessen Rechnung getragen.[27] In der Praxis sollte mit Blick auf die bestehende Rechtsunsicherheit schon die strengere Form des eingeschriebenen Briefes gewählt werden.

11 Da die Form der Übersendung der Verschmelzungsunterlagen an die Form der Einberufung gekoppelt ist, schlagen **Modifikationen** für die Einberufung der Gesellschafterversammlung (z. B. Regelungen des Gesellschaftsvertrags zur Einberufung per E-Mail) auch auf die Übermittlung der Verschmelzungsunterlagen durch, selbst wenn der Gesellschaftsvertrag dies nicht ausdrücklich regelt.[28] Der **Zugang** der Verschmelzungsunterlagen ist – ebenso wie der Zugang der Einberufung – keine Voraussetzung für ihre ordnungsgemäße Übersendung.[29]

20) *Kleindiek* in: NK-UmwG, § 47 Rz. 10; Lutter-*J. Vetter*, UmwG, § 47 Rz. 12; Semler/Stengel/Leonard-*Reichert*, UmwG, § 47 Rz. 10.

21) Lutter-*J. Vetter*, UmwG, § 47 Rz. 12.

22) *Kleindiek* in: NK-UmwG, § 47 Rz. 10; Lutter-*J. Vetter*, UmwG, § 47 Rz. 12; Semler/Stengel/Leonard-*Reichert*, UmwG, § 47 Rz. 10.

23) Semler/Stengel/Leonard-*Reichert*, UmwG, § 47 Rz. 10.

24) Lutter-*J. Vetter*, UmwG, § 47 Rz. 15; *Liebscher* in: MünchKomm-GmbHG, § 51 Rz. 8.

25) *Kleindiek* in: NK-UmwG, § 47 Rz. 11; Lutter-*J. Vetter*, UmwG, § 47 Rz. 15; Semler/Stengel/Leonard-*Reichert*, UmwG, § 47 Rz. 11.

26) Lutter-*J. Vetter*, UmwG, § 47 Rz. 16; Semler/Stengel/Leonard-*Reichert*, UmwG, § 47 Rz. 12; Schmitt/Hörtnagl-*Missio*, UmwG/UmwStG, § 47 UmwG Rz. 1; a. A. für die Zulässigkeit einer formlosen Übermittlung (z. B. per E-Mail) *v. Hinden/Scheller* in: BeckOGK-UmwG, § 47 Rz. 14; Kallmeyer-*Kocher*, UmwG, § 47 Rz. 3; *Kleindiek* in: NK-UmwG, § 47 Rz. 12.

27) Goutier/Knopf/Tulloch-*Bermel*, UmwG, § 47 Rz. 5; Lutter-*J. Vetter*, UmwG, § 47 Rz. 16; Semler/Stengel/Leonard-*Reichert*, UmwG, § 47 Rz. 12.

28) Lutter-*J. Vetter*, UmwG, § 47 Rz. 17; Semler/Stengel/Leonard-*Reichert*, UmwG, § 47 Rz. 13; a. A. *Kleindiek* in: NK-UmwG, § 47 Rz. 13.

29) *Nießen* in: KölnKomm-UmwG, § 47 Rz. 13; Lutter-*J. Vetter*, UmwG, § 47 Rz. 18; Schmitt/Hörtnagl-*Missio*, UmwG/UmwStG, § 47 UmwG Rz. 2; Semler/Stengel/Leonard-*Reichert*, UmwG, § 47 Rz. 13.

V. Frist für die Übersendung

Gemäß § 47 sind die Verschmelzungsunterlagen **spätestens mit der Einberufung** der Verschmelzungsversammlung zu übersenden. Die **Mindestfrist** für die Einberufung beträgt nach § 51 Abs. 1 Satz 2 GmbHG eine Woche. Sieht die **Satzung** eine längere Frist vor, gilt diese längere Frist auch für die Übersendung der Verschmelzungsunterlagen.[30] Es ist streitig, ob die Mindestfrist für die Einberufung der Gesellschafterversammlung in der Satzung **verkürzt** werden kann. Nach zutreffender Auffassung ist dies unzulässig,[31] so dass auch die Übersendungsfrist des § 47 nicht abgekürzt werden kann.[32] Teilweise wird in der Literatur die Frage erörtert, ob die **Wochenfrist** des § 51 Abs. 1 Satz 2 GmbHG sogar unzureichend sei, weil es dem Gesellschafter wegen der Komplexität der Materie nicht zumutbar sei, sich über den Gegenstand der Beschlussfassung ein hinreichendes Bild zu verschaffen. Allerdings ist der **Wortlaut des § 47 eindeutig** und mit Blick auf die Rechtssicherheit zu respektieren, so dass der Verschmelzungsbeschluss nicht mit der Begründung angefochten werden kann, die Verschmelzungsunterlagen seien zu spät übersandt worden, sofern diese Mindestfrist gewahrt wurde.[33] In der Praxis empfiehlt sich allerdings eine frühere Übersendung der Verschmelzungsunterlagen vor Einberufung der Gesellschafterversammlung, auch um ein etwaiges Prüfungsverlangen nach § 48 rechtzeitig bedenken und mitteilen zu können.[34] 12

Für den **Beginn** der Übersendungsfrist ist der Tag maßgeblich, an dem der Zugang des Einschreibens unter normalen Umständen zu erwarten ist.[35] Dies ist bei Inlandszustellungen zwei Tage nach der Aufgabe zur Post, bei Postzustellungen im Ausland hingegen nach mindestens vier Tagen der Fall.[36] 13

Für die **Fristberechnung** gelten §§ 187 Abs. 1, 188 Abs. 2, 193 BGB analog.[37] Die Wochenfrist läuft an demselben Wochentag ab, an dem mit dem Zugang der Unterlagen in der Vorwoche zu rechnen ist.[38] Fällt der Fristablauf auf einen Samstag, Sonntag oder gesetzlichen Feiertag, ist stattdessen der nächste Werktag maßgeblich.[39] 14

VI. Rechtsfolgen von Verstößen

Ein Verstoß gegen die Pflicht zur Übermittlung der Verschmelzungsunterlagen durch unterbliebene, verspätete oder unvollständige Übermittlung an die Gesellschafter führt nicht zur Nichtigkeit des nachfolgend gefassten Verschmelzungsbeschlusses, sondern begründet dessen **Anfechtbarkeit** gemäß § 243 AktG analog.[40] Ein **Rügeverzicht** des be- 15

30) *v. Hinden/Scheller* in: BeckOGK-UmwG, § 47 Rz. 18; *Nießen* in: KölnKomm-UmwG, § 47 Rz. 15; Widmann/Mayer-*Mayer*, UmwR, § 47 UmwG Rz. 6.

31) So auch *Liebscher* in: MünchKomm-GmbHG, § 51 Rz. 23; Lutter/Hommelhoff-*Bayer*, GmbHG, § 51 Rz. 36.

32) Für eine zwingende Frist auch *v. Hinden/Scheller* in: BeckOGK-UmwG, § 47 Rz. 18; Schmitt/Hörtnagl-*Missio*, UmwG/UmwStG, § 47 UmwG Rz. 1; Widmann/Mayer-*Mayer*, UmwR, § 47 UmwG Rz. 6.

33) *v. Hinden/Scheller* in: BeckOGK-UmwG, § 47 Rz. 19; Kallmeyer-*Kocher*, UmwG, § 47 Rz. 5; diff. für eine Anfechtbarkeit „in eng begrenzten Ausnahmefällen" *Kleindiek* in: NK-UmwG, § 47 Rz. 15.

34) *Kleindiek* in: NK-UmwG, § 47 Rz. 16; Kallmeyer-*Kocher*, UmwG, § 47 Rz. 5; Semler/Stengel/Leonard-*Reichert*, UmwG, § 47 Rz. 14.

35) BGH, Urt. v. 30.3.1987 – II ZR 180/86, BGHZ 100, 264, 267 f. = DNotZ 1988, 40.

36) Lutter/Hommelhoff-*Bayer*, GmbHG, § 51 Rz. 14; *Liebscher* in: MünchKomm-GmbHG, § 51 Rz. 26.

37) Kallmeyer-*Kocher*, UmwG, § 47 Rz. 4; Semler/Stengel/Leonard-*Reichert*, UmwG, § 47 Rz. 17.

38) Lutter-*J. Vetter*, UmwG, § 47 Rz. 23; Scholz-*Seibt*, GmbHG, § 51 Rz. 13.

39) *Liebscher* in: MünchKomm-GmbHG, § 51 Rz. 28.

40) *v. Hinden/Scheller* in: BeckOGK-UmwG, § 47 Rz. 23; Henssler/Strohn-*Haeder*, GesR, § 47 UmwG Rz. 2; Kallmeyer-*Kocher*, UmwG, § 47 Rz. 8.

troffenen Gesellschafters vor, während oder nach der Beschlussfassung heilt einen etwaigen Beschlussmangel.[41)]

16 Wenn die Gesellschafterversammlung über den Verschmelzungsbeschluss wiederholt werden muss und der Gesellschaft dadurch **zusätzliche Kosten** entstanden sind, steht der Gesellschaft bei Verstoß gegen § 47 ein Schadensersatzanspruch gegen die Geschäftsführung als Einberufungsorgan zu.[42)]

41) *v. Hinden/Scheller* in: BeckOGK-UmwG, § 47 Rz. 25; Widmann/Mayer-*Mayer*, UmwR, § 47 UmwG Rz. 12.

42) *v. Hinden/Scheller* in: BeckOGK-UmwG, § 47 Rz. 24; Lutter-*J. Vetter*, UmwG, § 47 Rz. 26.

§ 48

Prüfung der Verschmelzung[*)]

[1]Der Verschmelzungsvertrag oder sein Entwurf ist für eine Gesellschaft mit beschränkter Haftung nach den §§ 9 bis 12 zu prüfen, wenn dies einer ihrer Gesellschafter innerhalb einer Frist von einer Woche verlangt, nachdem er die in § 47 genannten Unterlagen erhalten hat. [2]Liegt ein fristgerechtes Verlangen nach Satz 1 vor, so ist der Prüfungsbericht den Gesellschaftern innerhalb der zur Einberufung der Gesellschafterversammlung geltenden Frist zu übersenden. [3]Die Kosten der Prüfung trägt die Gesellschaft.

*) § 48 geändert durch Art. 1 des Gesetzes zur Umsetzung der Umwandlungsrichtlinie und zur Änderung weiterer Gesetze (UmRUG), v. 22.2.2023, BGBl. I 2023, Nr. 51; § 48 i. d. F. des UmwBerG geändert durch Art. 1 des Zweiten Gesetzes zur Änderung des Umwandlungsgesetzes (2. UmwGÄndG), v. 19.4.2007, BGBl. I 2007, 542.

Literatur: *Grunewald/Winter*, Die Verschmelzung von Kapitalgesellschaften, in: Lutter (Hrsg.), Kölner Umwandlungsrechtstage, 1995, S. 19; *Schöne*, Die Spaltung unter Beteiligung von GmbH gem. §§ 123 ff. UmwG, 1998; *Zimmermann*, Verschmelzungsprüfung bei der GmbH-Verschmelzung, in: Festschrift für Hans Erich Brandner, 1996, S. 167.

Übersicht

I. Allgemeines

1. Normzweck und Anwendungsbereich

1 Jeder GmbH-Gesellschafter ist nach **§ 48 Satz 1** berechtigt, eine Verschmelzungsprüfung nach §§ 9 ff. in Gang zu setzen, um damit Zweifel über die Rechtmäßigkeit der Verschmelzung und insbesondere die angemessene Berücksichtigung der eigenen wirtschaftlichen und rechtlichen Stellung überprüfen zu lassen.[1)] Dieses Recht dient dem Minder-

1) Begr. RegE UmwBerG bei *Ganske*, Umwandlungsrecht, S. 99; Semler/Stengel/Leonard-*Reichert*, UmwG, § 48 Rz. 3.

heitenschutz.[2] **§ 48 Satz 2** stellt klar, dass der Prüfungsbericht im Falle eines derartigen Verlangens den Gesellschaftern innerhalb der Einberufungsfrist vor der Gesellschafterversammlung zu übersenden ist.[3] Da eine Kostenlast nicht der Überprüfung entgegenstehen soll und die Gesellschaft zugleich möglichst zu umfassender Information im Vorfeld motiviert werden soll, trägt die Gesellschaft nach der Kostenregelung des **§ 48 Satz 3** zwingend die Prüfungskosten.[4]

§ 48 gilt für **alle Verschmelzungen** unter Beteiligung einer GmbH, unabhängig davon, ob die GmbH als übertragender oder übernehmender Rechtsträger fungiert; bei der Verschmelzung zur Neugründung ist § 48 ebenfalls gemäß § 56 auf die übertragende GmbH anwendbar.[5] 2

Sofern an einer Verschmelzung neben einer GmbH **Rechtsträger mit einer anderen Rechtsform beteiligt** sind, richtet sich die Frage, ob für diese eine Verschmelzungsprüfung erforderlich ist, nach den für die jeweilige Rechtsform geltenden Bestimmungen des besonderen Teils des Verschmelzungsrechts. 3

Eine Verschmelzungsprüfung ist – unabhängig von der Rechtsform der beteiligten Rechtsträger – gemäß § 9 Abs. 2 i. V. m. § 8 Abs. 3 Satz 3 nicht erforderlich, wenn sich sämtliche Anteile des übertragenden Rechtsträgers in der Hand des übernehmenden Rechtsträgers oder sich alle Anteile des übertragenden und des übernehmenden Rechtsträgers in der Hand desselben Rechtsträgers befinden, sowie für denjenigen Rechtsträger, der nur einen Anteilsinhaber hat. 4

2. Zwingender Mindestinhalt

§ 48 ist gemäß § 1 Abs. 3 zwingend: Die Berechtigung, eine Verschmelzungsprüfung zu verlangen, kann weder im Gesellschafts- noch im Verschmelzungsvertrag ausgeschlossen werden.[6] Auch eine Verkürzung der in § 48 Satz 1 und Satz 2 genannten Fristen ist unzulässig.[7] 5

Allerdings können **alle Gesellschafter** der GmbH auf die Verschmelzungsprüfung gemäß § 9 Abs. 2 i. V. m. § 8 Abs. 3 Satz 1 in notarieller Form **verzichten**. Sofern nur ein Gesellschafter auf die Verschmelzungsprüfung verzichtet, die anderen aber nicht, ist zwar sein Recht auf eine Prüfung nicht ausgeschlossen, aber sein späterer Antrag auf Durchführung einer Verschmelzungsprüfung dürfte rechtsmissbräuchlich sein.[8] 6

II. Voraussetzungen der Verschmelzungsprüfung (Satz 1)

1. Antragsberechtigung

Einen Antrag auf Verschmelzungsprüfung kann **jeder Gesellschafter** stellen, selbst wenn er nur Inhaber stimmrechtsloser Anteile ist.[9] Der Antragsteller muss zum Zeitpunkt seines Verlangens Gesellschafter sein, da das Antragsrecht als Teil des allgemeinen Mitgliedschaftsrechts einzuordnen ist.[10] Für die Antragsberechtigung gilt § 16 Abs. 1 GmbHG: 7

---

2) *Kleindiek* in: NK-UmwG, § 48 Rz. 2.

3) Vgl. auch *Kleindiek* in: NK-UmwG, § 48 Rz. 3; Lutter-*J. Vetter*, UmwG, § 48 Rz. 1.

4) Begr. RegE UmwBerG bei *Ganske*, Umwandlungsrecht, S. 99; Kallmeyer-*Lanfermann*, UmwG, § 48 Rz. 1.

5) *Kleindiek* in: NK-UmwG, § 48 Rz. 4; Lutter-*J. Vetter*, UmwG, § 48 Rz. 2.

6) Lutter-*J. Vetter*, UmwG, § 48 Rz. 7; Schmitt/Hörtnagl-*Missio*, UmwG/UmwStG, § 48 Rz. 1.

7) Lutter-*J. Vetter*, UmwG, § 48 Rz. 7; Semler/Stengel/Leonard-*Reichert*, UmwG, § 48 Rz. 16.

8) Semler/Stengel/Leonard-*Reichert*, UmwG, § 48 Rz. 5, 11; Schmitt/Hörtnagl-*Missio*, UmwG/UmwStG, § 48 Rz. 3.

9) *v. Hinden/Scheller* in: BeckOGK-UmwG, § 48 Rz. 7; Kallmeyer-*Lanfermann*, UmwG, § 48 Rz. 3.

10) Kallmeyer-*Lanfermann*, UmwG, § 48 Rz. 3; Semler/Stengel/Leonard-*Reichert*, UmwG, § 48 Rz. 9.

Grundsätzlich können den Antrag – vorbehaltlich § 16 Abs. 1 Satz 2 GmbHG – nur Gesellschafter stellen, die in der Gesellschafterliste nach § 40 GmbHG genannt sind.[11)]

8 Mangels Gesellschaftereigenschaft sind hingegen Inhaber von **Wandelschuldverschreibungen, Genussrechten** und sonstigen **Sonderrechten** sowie nur lediglich **dinglich** am Geschäftsanteil **Berechtigte** (wie etwa Nießbraucher oder Pfandgläubiger) nicht antragsberechtigt.[12)] Die Gesellschaftereigenschaft fehlt im maßgeblichen Zeitpunkt auch **künftigen Gesellschaftern**, die sich i. R. einer verschmelzungsbedingten Kapitalerhöhung an der übernehmenden GmbH beteiligen.[13)]

2. Antragstellung

9 Das Prüfungsverlangen ist als **empfangsbedürftige Willenserklärung** (§§ 133 ff. BGB) einzuordnen und **auslegungsfähig.**[14)] Es ist nicht formbedürftig, kann also auch z. B. mündlich in einer Gesellschafterversammlung gestellt werden, wobei eine Dokumentation ratsam ist.[15)]

10 Bei der Stellung des Verlangens ist **Stellvertretung** möglich, denn es handelt sich nicht um ein höchstpersönliches Recht des Gesellschafters.[16)]

11 **Adressat** des Verlangens ist die Gesellschaft; die Geltendmachung gegenüber einem Geschäftsführer reicht gemäß § 35 Abs. 1 Satz 2 GmbHG.[17)] Hingegen deckt die Prokura nach § 49 HGB die Entgegennahme des Verlangens nicht.[18)]

3. Antragsfrist

12 Durch das 2. UmwGÄndG[19)] hat der Gesetzgeber eine Antragsfrist **von einer Woche** eingeführt. Sie beginnt nach dem Gesetzeswortlaut des § 48 Satz 1 mit dem tatsächlichen Zugang der Verschmelzungsunterlagen bei dem einzelnen Gesellschafter.[20)] In der Praxis empfiehlt sich die **Dokumentierung des Zugangs** der Verschmelzungsunterlagen, denn die Beweislast für den Zugang der Unterlagen und damit für den Beginn des Laufs der Wochenfrist trifft die Gesellschaft.[21)]

13 Die Frist wird nach den §§ 187 Abs. 1, 188 Abs. 2 BGB berechnet. Die Wochenfrist stellt eine gesetzliche **Mindestfrist** dar: Eine Abkürzung der Wochenfrist ist unzulässig.[22)]

---

11) Lutter-*J. Vetter*, UmwG, § 48 Rz. 13; vgl. dort auch zu den Rechtswirkungen, wenn aufgrund schwerwiegenden Verfahrensmangels kein ordnungsgemäßes Eintragungsverfahren erfolgt ist; vgl. auch *Kleindiek* in: NK-UmwG, § 48 Rz. 5.

12) Kallmeyer-*Lanfermann*, UmwG, § 48 Rz. 3; Lutter-*J. Vetter*, UmwG, § 48 Rz. 12.

13) *v. Hinden/Scheller* in: BeckOGK-UmwG, § 48 Rz. 6.1; *Kleindiek* in: NK-UmwG, § 48 Rz. 6; Lutter-*J. Vetter*, UmwG, § 48 Rz. 14; a. A. (für eine Antragsberechtigung) Widmann/Mayer-*Mayer*, UmwR, § 48 UmwG Rz. 6.

14) Kallmeyer-*Lanfermann*, UmwG, § 48 Rz. 2; Semler/Stengel/Leonard-*Reichert*, UmwG, § 48 Rz. 7; Schmitt/Hörtnagl-*Missio*, UmwG/UmwStG, § 48 Rz. 3; a. A. (Vorschriften über Willenserklärungen lediglich analog anwendbar) Lutter-*J. Vetter*, UmwG, § 48 Rz. 18.

15) Kallmeyer-*Lanfermann*, UmwG, § 48 Rz. 2; Semler/Stengel/Leonard-*Reichert*, UmwG, § 48 Rz. 7; Lutter-*J. Vetter*, UmwG, § 48 Rz. 22.

16) Lutter-*J. Vetter*, UmwG, § 48 Rz. 21, der bei Anteilsübertragungen im zeitlichen Zusammenhang mit der Einberufung einer Gesellschafterversammlung, die über eine Verschmelzung beschließen soll, im Hinblick auf § 16 GmbHG eine Bevollmächtigung des Erwerbers empfiehlt.

17) *Kleindiek* in: NK-UmwG, § 48 Rz. 8; Semler/Stengel/Leonard-*Reichert*, UmwG, § 48 Rz. 7.

18) *v. Hinden/Scheller* in: BeckOGK-UmwG, § 48 Rz. 17; Lutter-*J. Vetter*, UmwG, § 48 Rz. 23.

19) Zweites Gesetz zur Änderung des Umwandlungsgesetzes (2. UmwGÄndG), v. 19.4.2007, BGBl. I 2007, 542.

20) *v. Hinden/Scheller* in: BeckOGK-UmwG, § 48 Rz. 19; *Nießen* in: KölnKomm-UmwG, § 48 Rz. 15.

21) *Kleindiek* in: NK-UmwG, § 48 Rz. 10; Lutter-*J. Vetter*, UmwG, § 48 Rz. 26.

22) Henssler/Strohn-*Haeder*, GesR, § 48 UmwG Rz. 3; Semler/Stengel/Leonard-*Reichert*, UmwG, § 48 Rz. 16.

Die Wochenfrist stellt eine **Ausschlussfrist** dar, so dass ein nicht fristgerechter Prüfungsantrag zum Ausschluss des Prüfungsrechts führt.[23] Umgekehrt, wenn ein Gesellschafter die Verschmelzungsunterlagen nicht oder nicht vollständig erhält, ist sein Prüfungsverlangen nicht fristgebunden und kann im Extremfall auch noch in der Gesellschafterversammlung über den Zustimmungsbeschluss gestellt werden.[24] 14

III. Bestellung des Verschmelzungsprüfers

Seit der Änderung des § 10 Abs. 1 durch das Spruchverfahrensneuordnungsgesetz v. 12.6.2003[25] können die Verschmelzungsprüfer nicht mehr durch die Geschäftsführer, sondern nur noch **auf Antrag der Geschäftsführer** durch das zuständige Landgericht bestellt werden (vgl. § 10 UmwG). Die Geschäftsführer können dem Gericht einen Prüfer zur Bestellung vorschlagen; eine Beteiligung der Gesellschafterversammlung ist im Innenverhältnis dafür nicht erforderlich.[26] Die Entscheidung des Gerichts kann mit der sofortigen Beschwerde beim OLG angefochten werden. 15

IV. Übersendung des Prüfungsberichts an die Gesellschafter (Satz 2)

Nach dem durch das UmRUG[27] neu eingefügten § 48 Satz 2 ist der Prüfungsbericht bei Vorliegen eines fristgerechten Prüfungsverlangens den Gesellschaftern innerhalb der zur **Einberufung** der Gesellschafterversammlung geltenden **Frist** zu übersenden. Diese Neuregelung stellt die Frist für die Übersendung des Prüfungsberichts klar und bindet sie an die nach Gesetz oder Gesellschaftsvertrag geltende Frist zur Einberufung der Gesellschafterversammlung.[28] Die Wochenfrist ist zu wahren; schreibt der Gesellschaftsvertrag eine längere Einberufungsfrist vor, so gilt diese auch für die Übersendung des Verschmelzungsprüfungsberichts.[29] 16

Die Gesellschaft hat den Prüfungsbericht an **alle Gesellschafter**, nicht nur den Antragsteller, gemäß § 47 analog zu übersenden.[30] Sofern ein ordnungsgemäßes Prüfungsverlangen vorliegt, kann über die Verschmelzung erst Beschluss gefasst werden, wenn der Verschmelzungsprüfungsbericht allen Gesellschaftern ordnungsgemäß übersandt wurde. **In der Praxis** sollten daher zunächst nur die Verschmelzungsunterlagen gemäß § 47 übersandt und die Gesellschafterversammlung erst einberufen werden, wenn die Wochenfrist des § 48 Satz 1 abgelaufen ist.[31] Um **Verzögerungen** durch das Verlangen nach einer Verschmelzungsprüfung zu **vermeiden**, empfehlen sich folgende Maßnahmen:[32] 17

– rechtzeitige Einholung notariell beurkundeter Verzichtserklärungen aller Gesellschafter, § 9 Abs. 2 i. V. m. § 8 Abs. 3;
– frühzeitige Übermittlung der Verschmelzungsunterlagen gemäß § 47;

---

23) Semler/Stengel/Leonard-*Reichert*, UmwG, § 48 Rz. 16.

24) Lutter-*J. Vetter*, UmwG, § 48 Rz. 30.

25) Gesetz zur Neuordnung des gesellschaftsrechtlichen Spruchverfahrens (Spruchverfahrensneuordnungsgesetz) v. 12.6.2003, BGBl. I 2003, 838.

26) Kallmeyer-*Lanfermann*, UmwG, § 48 Rz. 6; Widmann/Mayer-*Mayer*, UmwR, § 48 UmwG Rz. 20.

27) Gesetz zur Umsetzung der Umwandlungsrichtlinie und zur Änderung weiterer Gesetze (UmRUG) v. 22.2.2023, BGBl. I 2023, Nr. 51.

28) Begr. RegE UmRUG, BT-Drucks. 20/3822, S. 72; Lutter-*J. Vetter*, UmwG, § 48 Rz. 36.

29) *Kleindiek* in: NK-UmwG, § 48 Rz. 12; Lutter-*J. Vetter*, UmwG, § 48 Rz. 38.

30) *Kleindiek* in: NK-UmwG, § 48 Rz. 12; Lutter-*J. Vetter*, UmwG, § 48 Rz. 39.

31) *Kleindiek* in: NK-UmwG, § 48 Rz. 11 f.; Kallmeyer-*Lanfermann*, UmwG, § 48 Rz. 5; Lutter-*J. Vetter*, UmwG, § 48 Rz. 41.

32) Lutter-*J. Vetter*, UmwG, § 48 Rz. 42; Semler/Stengel/Leonard/*Reichert*, UmwG, § 48 Rz. 15.

– Vorbereitung der Durchführung einer Verschmelzung, ggf. sogar rechtzeitige freiwillige Beantragung durch die Geschäftsführung.

V. Kosten (Satz 3)

18 Die Kosten der Verschmelzungsprüfung trägt die **Gesellschaft** nach § 48 Satz 3. Das Verschmelzungsrecht sieht keine Ausnahmen von der Kostentragungspflicht der Gesellschaft unter Billigkeitsgesichtspunkten nach Art des § 15 Abs. 1 SpruchG vor.[33)]

33) Lutter-*J. Vetter*, UmwG, § 48 Rz. 43; vgl. auch *Nießen* in: KölnKomm-UmwG, § 48 Rz. 19a.

§ 49
Vorbereitung der Gesellschafterversammlung

(1) Die Geschäftsführer haben in der Einberufung der Gesellschafterversammlung, die gemäß § 13 Abs. 1 über die Zustimmung zum Verschmelzungsvertrag beschließen soll, die Verschmelzung als Gegenstand der Beschlußfassung anzukündigen.

(2) Von der Einberufung an sind in dem Geschäftsraum der Gesellschaft die Jahresabschlüsse und die Lageberichte der an der Verschmelzung beteiligten Rechtsträger für die letzten drei Geschäftsjahre zur Einsicht durch die Gesellschafter auszulegen.

(3) Die Geschäftsführer haben jedem Gesellschafter auf Verlangen jederzeit Auskunft auch über alle für die Verschmelzung wesentlichen Angelegenheiten der anderen beteiligten Rechtsträger zu geben.

Literatur: *Kocher/Thomssen*, Auszulegende Jahresabschlüsse bei aktien- und umwandlungsrechtlichen Strukturmaßnahmen, DStR 2015, 1057; *Kort*, Kein Erfordernis der Aufstellung und Auslegung eines Konzernabschlusses beim Squeeze-out (§ 327c III Nr. 2 AktG), NZG 2006, 604; *Vetter, J.*, Auslegung der Jahresabschlüsse für das letzte Geschäftsjahr zur Vorbereitung von Strukturbeschlüssen der Gesellschafter, NZG 1999, 925; *Wartenberg*, Die Auslage von Jahresabschlüssen für das letzte Geschäftsjahr beim Squeeze-out, AG 2004, 539; *Wendt*, Die Auslegung des letzten Jahresabschlusses zur Vorbereitung der Hauptversammlung – Strukturmaßnahmen als „Saisongeschäft“?, DB 2003, 191.

Übersicht

I. Allgemeines

1. Normzweck und Anwendungsbereich

1 § 49 soll zusätzlich zu § 47 sicherstellen, dass die Gesellschafter rechtzeitig (spätestens mit der Einberufung der Gesellschafterversammlung, in der über die Zustimmung zum Verschmelzungsvertrag Beschluss gefasst wird) und umfassend von der geplanten Ver-

schmelzung Kenntnis erlangen.[1] Angesichts der besonderen Bedeutung der Verschmelzung für die Gesellschafter müssen diese zwingend mit der Einberufung der Gesellschafterversammlung, die über die Zustimmung zum Verschmelzungsvertrag beschließen soll, gemäß **§ 49 Abs. 1** Kenntnis erlangen.[2] **§ 49 Abs. 2** konkretisiert das allgemeine Informationsrecht des § 51a GmbHG dahingehend, dass die Jahresabschlüsse und Lageberichte aller beteiligten Rechtsträger für die letzten drei Geschäftsjahre von der Einberufung an auszulegen sind.[3] Dies soll es den Gesellschaftern ermöglichen, sich ein eigenes Bild über die Vermögens- und Ertragslage aller an der Verschmelzung beteiligter Rechtsträger zu machen und so sachgerecht über den Vorschlag der Geschäftsführung zu entscheiden.[4] **§ 49 Abs. 3** erweitert dieses Informationsrecht des Gesellschafters noch auf die wesentlichen Angelegenheiten der anderen beteiligten Rechtsträger.[5] Grund für dieses erweiterte Auskunftsrecht ist: Die zu verschmelzenden Rechtsträger werden künftig ein gemeinsames Schicksal teilen, so dass sich das Informationsbedürfnis der Gesellschafter auch auf die wesentlichen Angelegenheiten der übrigen beteiligten Rechtsträger erstreckt.[6]

§ 49 gilt für jede an der Verschmelzung teilnehmende GmbH, unabhängig davon, ob sie übertragender oder übernehmender Rechtsträger ist.[7] 2

2. Zwingender Mindestinhalt

§ 49 Abs. 1 und Abs. 2 sind insoweit **zwingend**, als diese nicht durch den Gesellschaftsvertrag ex ante abbedungen werden können.[8] Möglich bleibt jedoch ein **ad-hoc-Verzicht der Gesellschaftergesamtheit.**[9] Das erweiterte Informationsrecht des § 49 Abs. 3 ist auch nur einem Ad-hoc-Verzicht zugänglich, nicht jedoch einem Ausschluss kraft Gesellschaftsvertrags gemäß § 51a Abs. 3 GmbHG analog.[10] 3

II. Ankündigung der Beschlussfassung (§ 49 Abs. 1)

§ 49 Abs. 1 stellt die Regeln des allgemeinen GmbH-Rechts dahingehend klar, dass die Beschlussfassung über die **Verschmelzung** als **Gegenstand der Tagesordnung** anzugeben ist.[11] Unstreitig ist, dass aus der Ankündigung hervorgehen sollte, ob die Gesellschaft als übertragender oder übernehmender Rechtsträger an der Verschmelzung teilnimmt, also worüber verhandelt und Beschluss gefasst werden soll. In der Praxis sollte zudem der andere beteiligte Rechtsträger angegeben werden.[12] **Weitere Informationspflichten** ergeben sich nicht aus § 49 Abs. 1: Details des Verschmelzungsvertrags wie z. B. das Um- 4

1) Begr. RegE UmwBerG bei *Ganske*, Umwandlungsrecht, S. 99.
2) Lutter-*J. Vetter*, UmwG, § 49 Rz. 1; Semler/Stengel/Leonard-*Reichert*, UmwG, § 49 Rz. 1, 2.
3) Semler/Stengel/Leonard-*Reichert*, UmwG, § 49 Rz. 1, 2.
4) Begr. RegE UmwBerG bei *Ganske*, Umwandlungsrecht, S. 99; vgl. auch Lutter-*J. Vetter*, UmwG, § 49 Rz. 12.
5) *Kleindiek* in: NK-UmwG, § 49 Rz. 1; Lutter-*J. Vetter*, UmwG, § 49 Rz. 3; Semler/Stengel/Leonard-*Reichert*, UmwG, § 49 Rz. 1, 2.
6) Lutter-*J. Vetter*, UmwG, § 49 Rz. 50; Schmitt/Hörtnagl-*Missio*, UmwG/UmwStG, § 49 UmwG Rz. 8; Semler/Stengel/Leonard-*Reichert*, UmwG, § 49 Rz. 13.
7) Lutter-*J. Vetter*, UmwG, § 49 Rz. 4; vgl. §§ 47, 63, 82, 101 für Rechtsträger anderer Rechtsformen.
8) *Kleindiek* in: NK-UmwG, § 49 Rz. 2; Lutter-*J. Vetter*, UmwG, § 49 Rz. 6.
9) Semler/Stengel/Leonard-*Reichert*, UmwG, § 49 Rz. 3; Widmann/Mayer-*Mayer*, UmwR, § 49 UmwG Rz. 20.
10) Lutter-*J. Vetter*, UmwG, § 49 Rz. 6; Semler/Stengel/Leonard-*Reichert*, UmwG, § 49 Rz. 3.
11) Semler/Stengel/Leonard-*Reichert*, UmwG, § 49 Rz. 4; vgl. auch *Kleindiek* in: NK-UmwG, § 49 Rz. 5.
12) Str., für ein Erfordernis der Angabe *v. Hinden/Scheller* in: BeckOGK-UmwG, § 49 Rz. 10; Lutter-*J. Vetter*, UmwG, § 49 Rz. 7; Widmann/Mayer-*Mayer*, UmwR, § 49 UmwG Rz. 6; ein solches Erfordernis verneinend Kallmeyer-*Kocher*, UmwG, § 49 Rz. 2; *Nießen* in: Kölner Komm-UmwG, § 49 Rz. 7.

tauschverhältnis, die Bekanntmachung eines Barabfindungsgebots und die Wiedergabe des konkreten Beschlussvorschlags lassen sich nicht der Regelung des § 49 Abs. 1 zur Einberufung entnehmen.[13)]

5 Ein Verschmelzungsbeschluss kann gemäß § 49 Abs. 1 nur gefasst werden, wenn dieser spätestens mit der Einberufung als Tagesordnungspunkt angekündigt wurde; **§ 51 Abs. 4 GmbHG**, wonach Beschlüsse über einzelne Beschlussgegenstände auch gefasst werden können, wenn diese mindestens drei Tage vor der Versammlung angekündigt wurden, **gilt für Verschmelzungsbeschlüsse nicht.**[14)] Zudem ist die Ankündigung mit separatem Schreiben unzulässig: Die Verschmelzung muss **im Einberufungsschreiben** angekündigt werden.[15)] Soweit nicht alle Gesellschafter anwesend sind und auf die Einhaltung der Formalien für die Einberufung gemäß § 51 Abs. 3 GmbHG verzichten, kann ein Verschmelzungsbeschluss erst nach erneuter ordnungsgemäßer Einberufung gefasst werden, wenn eine ordnungsgemäße Ankündigung fehlt.[16)]

III. Auslegung der Jahresabschlüsse und Lageberichte (§ 49 Abs. 2)

6 Gemäß § 49 Abs. 2 sind ab dem Tag der Einberufung der Gesellschafterversammlung die Jahresabschlüsse sowie Lageberichte aller an der Verschmelzung beteiligten Rechtsträger für die letzten drei Geschäftsjahre zur Einsicht durch die Gesellschafter in den Geschäftsräumen der Gesellschaft auszulegen. Da § 49 Abs. 2 nur auf Jahresabschlüsse und Lageberichte abstellt, nicht aber Konzernabschlüsse erwähnt, gilt das Auslegungserfordernis des § 49 Abs. 2 nur für Einzelabschlüsse nebst Lageberichten, **nicht** aber für **Konzernabschlüsse** nebst Konzernlageberichten.[17)] Sofern die Jahresabschlüsse und Lageberichte geprüft wurden, sind nach dem Wortlaut des § 49 Abs. 2 die **Prüfungsberichte nicht** mit auszulegen.[18)]

7 Das Auslegungserfordernis des § 49 Abs. 2 erstreckt sich nur darauf, was vorliegt oder jedenfalls vorliegen müsste, so dass zur Erfüllung des Auslegungserfordernisses keine zusätzlichen, i. Ü. nicht erforderlichen Unterlagen zu erstellen oder Handlungen vorzunehmen sind.[19)] Sofern für einen an der Verschmelzung beteiligten Rechtsträger **keine Jahresabschlüsse zu erstellen** sind (z. B. für einen eingetragenen Verein), braucht auch keiner ausgelegt zu werden.[20)] Gleiches gilt, sofern eine Gesellschaft mangels Verpflichtung nach § 264 Abs. 1 HGB keinen Lagebericht erstellt.[21)] Wenn **noch keine drei Jahresab-**

---

13) *v. Hinden/Scheller* in: BeckOGK-UmwG, § 49 Rz. 11; *Kleindiek* in: NK-UmwG, § 49 Rz. 7; a. A. Widmann/Mayer-*Mayer*, UmwR, § 49 UmwG Rz. 6.

14) Lutter-*J. Vetter*, UmwG, § 49 Rz. 8; Semler/Stengel/Leonard-*Reichert*, UmwG, § 49 Rz. 5.

15) *v. Hinden/Scheller* in: BeckOGK-UmwG, § 49 Rz. 8; Schmitt/Hörtnagl-*Missio*, UmwG/UmwStG, § 49 UmwG Rz. 5.

16) Kallmeyer-*Kocher*, UmwG, § 49 Rz. 1; Semler/Stengel/Leonard-*Reichert*, UmwG, § 49 Rz. 5.

17) *v. Hinden/Scheller* in: BeckOGK-UmwG, § 49 Rz. 18; *Kocher/Thomsen*, DStR 2015, 1057, 1058; Lutter-*J. Vetter*, UmwG, § 49 Rz. 18; vgl. auch zu den Parallelvorschriften in § 293f AktG und § 327c Abs. 3 AktG BGH, Urt. v. 16.3.2009 – II ZR 302/06, BGHZ 180, 154, 167 = NZG 2009, 585; *Kort*, NZG 2006, 604, 605.

18) Kallmeyer-*Kocher*, UmwG, § 49 Rz. 3; Lutter-*J. Vetter*, UmwG, § 49 Rz. 21.

19) Henssler/Strohn-*Haeder*, GesR, § 49 UmwG Rz. 3; Kallmeyer-*Kocher*, UmwG, § 49 Rz. 3; *Kocher/Thomssen*, DStR 2015, 1057, 1058.

20) *Kleindiek* in: NK-UmwG, § 49 Rz. 10; Kallmeyer-*Kocher*, UmwG, § 49 Rz. 3; Lutter-*J. Vetter*, UmwG, § 49 Rz. 14.

21) *Kocher/Thommsen*, DStR 2015, 1057, 1061; Widmann/Mayer-*Mayer*, UmwR, § 49 UmwG Rz. 13. Dies dürfte nach h. M. auch gelten, wenn die Gesellschaft freiwillig einen Jahresabschluss oder Lagebericht erstellt hat, ohne dazu verpflichtet zu sein; a. A. Lutter-*J. Vetter*, UmwG, § 49 Rz. 14.

schlüsse vorhanden sind, da die Gesellschaft noch keine drei Jahre besteht, genügen die entsprechenden Jahresabschlüsse für den Zeitraum ihres Bestehens.[22]

Bei der Bildung eines oder mehrerer **Rumpfgeschäftsjahre** kann der durch die Jahresabschlüsse abgedeckte Zeitraum auch weniger als drei Zeitjahre umfassen.[23] **Zwischenbilanzen** sind – anders als bei Beteiligung einer AG – nicht zu erstellen.[24] Fremdsprachige Dokumente müssen in deutscher Sprache ausgelegt werden.[25] 8

Fraglich ist, was gilt, wenn ein festgestellter **Jahresabschluss** eines an der Verschmelzung beteiligten Rechtsträgers für das letzte abgelaufene Geschäftsjahr **noch nicht vorliegt.** Um Verschmelzungsvorhaben nicht praktisch unangemessen zu erschweren oder zu verzögern, was unverhältnismäßig wäre, und da der Wortlaut des § 49 Abs. 2 dem nicht entgegensteht, reicht es nach zutreffender, heute h. M. aus, dass die Jahresabschlüsse und Lageberichte für die letzten drei Geschäftsjahre ausgelegt werden, für die im Zeitpunkt der Einberufung Jahresabschlüsse und Lageberichte tatsächlich vorliegen oder vorliegen müssten.[26] 9

Sofern der Jahresabschluss für das der Verschmelzungsversammlung vorangegangene Geschäftsjahr nicht vorliegt, hindert dies die Einberufung allerdings dann, wenn die maßgebliche **Aufstellungsfrist abgelaufen** ist.[27] Sofern Jahresabschluss und Lagebericht zwar von der Geschäftsleitung aufgestellt, aber **noch nicht festgestellt** wurden und auch keine gesetzliche Frist zur Feststellung verstrichen ist, ist nur der aufgestellte Jahresabschluss auszulegen, um § 42a GmbHG Rechnung zu tragen und da zur Erfüllung des Auslegungserfordernisses keine zusätzlichen, i. Ü. nicht erforderlichen Handlungen vorzunehmen sind.[28] 10

Die Pflicht zur Auslegung ist zu dem **Zeitpunkt** zu erfüllen, zu dem beim ersten Gesellschafter mit dem Zugang der Unterlagen zu rechnen ist.[29] Die Unterlagen sind am **Registersitz** der Gesellschaft auszulegen, selbst wenn sich der Verwaltungssitz an einem abweichenden Ort befindet.[30] Da diese Frage noch höchstrichterlich ungeklärt ist, sollten in der Praxis bei einem abweichenden Verwaltungssitz auch dort die Unterlagen ausgelegt werden, um das Risiko einer erfolgreichen Anfechtungsklage zu minimieren.[31] 11

Da es für die GmbH keine Regelung entsprechend § 63 Abs. 3 gibt und für eine Analogie angesichts des eindeutigen Wortlauts des § 49 Abs. 2 kein Raum ist, steht dem GmbH-Gesellschafter **kein Anspruch auf die kostenlose Übersendung** der auszulegenden Unter- 12

---

22) Lutter-*J. Vetter*, UmwG, § 49 Rz. 14; Semler/Stengel/Leonard-*Reichert*, UmwG, § 49 Rz. 8.

23) *Kleindiek* in: NK-UmwG, § 49 Rz. 12; Kallmeyer-*Kocher*, UmwG, § 49 Rz. 3a; Semler/Stengel/Leonard-*Reichert*, UmwG, § 49 Rz. 8.

24) Kallmeyer-*Kocher*, UmwG, § 49 Rz. 3a; Lutter-*J. Vetter*, UmwG, § 49 Rz. 35; Semler/Stengel/Leonard-*Reichert*, UmwG, § 49 Rz. 8.

25) *v. Hinden/Scheller* in: BeckOGK-UmwG, § 49 Rz. 14; *Kocher/Thommsen*, DStR 2015, 1057, 1061.

26) *v. Hinden/Scheller* in: BeckOGK-UmwG, § 49 Rz. 16; Kallmeyer-*Kocher*, UmwG, § 49 Rz. 3; Semler/Stengel/Leonard-*Reichert*, UmwG, § 49 Rz. 7; *Wendt*, DB 2003, 191; *Wartenberg*, AG 2004, 539; *J. Vetter*, NZG 1999, 925, 927.

27) *Kleindiek* in: NK-UmwG, § 49 Rz. 14; Lutter-*J. Vetter*, UmwG, § 49 Rz. 31.

28) *Kocher/Thommsen*, DStR 2015, 1057, 1060; Lutter-*J. Vetter*, UmwG, § 49 Rz. 32; *J. Vetter*, NZG 1999, 925, 928.

29) Kallmeyer-*Kocher*, UmwG, § 49 Rz. 4; Lutter-*J. Vetter*, UmwG, § 49 Rz. 36.

30) Lutter-*J. Vetter*, UmwG, § 49 Rz. 37; Henssler/Strohn-*Junker*, GesR, § 63 UmwG Rz. 2; Semler/Stengel/Leonard-*Diekmann*, UmwG, § 63 Rz. 9; a. A. Widmann/Mayer-*Rieger*, UmwR, § 63 UmwG Rz. 23.

31) Lutter-*J. Vetter*, UmwG, § 49 Rz. 37.

lagen zu.[32] Der Gesellschafter kann jedoch auf eigene Kosten Fotokopien anfertigen (vgl. auch § 51a Abs. 1 GmbHG).[33]

IV. Auskunftsrechte (§ 49 Abs. 3)

1. Auskunft über die Angelegenheiten der eigenen Gesellschaft (§ 51a GmbHG)

13 Auch i. R. einer Verschmelzung gilt § 51a GmbHG. Demnach ist jeder Gesellschafter berechtigt, von den Geschäftsführern über die Verhältnisse der Gesellschaft informiert zu werden und Einsicht in die Bücher und Schriften zu nehmen.

14 **Gegenstand des Auskunftsverlangens** sind insbesondere auch Informationen, die nicht oder nicht vollständig aus dem Verschmelzungsbericht hervorgehen.[34] Aus dem Auskunftsanspruch folgt jedoch **keine Pflicht der Geschäftsführer**, den Verschmelzungsvertrag in der Gesellschafterversammlung vor der Beschlussfassung **mündlich zu erläutern**; diese lässt sich weder aus § 51a GmbHG noch – mangels Regelungslücke – aus dem einer Verschmelzung unter Beteiligung einer AG vorbehaltenen § 64 Abs. 1 Satz 2 ableiten.[35] Etwas anderes gilt nur, wenn sich zwischen Fertigstellung des Verschmelzungsberichts und dem Tag der Gesellschafterversammlung für die Beurteilung der Verschmelzung wesentliche **Umstände geändert** haben.[36]

15 Nach § 51a GmbHG können Gesellschafter auch Auskunft über Tatsachen verlangen, deren Aufnahme in den Verschmelzungsbericht rechtmäßig gemäß § 8 Abs. 2 nicht erfolgt ist.[37] § 8 Abs. 2 knüpft an das aktienrechtliche Auskunftsverweigerungsrecht des § 131 Abs. 3 Nr. 1 AktG an und ist nicht geeignet, das Auskunftsrecht des GmbH-Gesellschafters nach § 51a GmbHG einzuschränken.[38] Somit besteht ein **Auskunftsverweigerungsrecht** nur gemäß § 51a Abs. 2 GmbHG, wenn zu besorgen ist, dass der informationsbegehrende Gesellschafter der Gesellschaft einen Schaden zufügen wird, oder wenn das Informationsverlangen nach allgemeinen Grundsätzen treuwidrig ist.[39]

16 Die Gesellschafter können das Auskunftsverlangen **formlos** innerhalb oder außerhalb der Gesellschafterversammlung stellen.[40]

2. Auskunft über die Angelegenheiten anderer an der Verschmelzung beteiligter Rechtsträger

17 **§ 49 Abs. 3 erweitert** den allgemeinen **Auskunftsanspruch** aus § 51a GmbHG auf die wesentlichen Angelegenheiten auch der übrigen an der Verschmelzung beteiligten Rechtsträger. Dieses erweiterte Auskunftsrecht erstreckt sich auf die **wirtschaftlichen sowie die**

---

32) *v. Hinden/Scheller* in: BeckOGK-UmwG, § 49 Rz. 24; Semler/Stengel/Leonard-*Reichert*, UmwG, § 49 Rz. 8.

33) *Kleindiek* in: NK-UmwG, § 49 Rz. 19; Kallmeyer-*Kocher*, UmwG, § 49 Rz. 4; Lutter-*J. Vetter*, UmwG, § 49 Rz. 42.

34) Lutter-*J. Vetter*, UmwG, § 49 Rz. 45; Semler/Stengel/Leonard-*Reichert*, UmwG, § 49 Rz. 10.

35) *v. Hinden/Scheller* in: BeckOGK-UmwG, § 49 Rz. 29; Lutter-*J. Vetter*, UmwG, § 49 Rz. 46; Semler/Stengel/Leonard-*Reichert*, UmwG, § 49 Rz. 11; a. A. Widmann/Mayer-*Mayer*, UmwR, § 49 UmwG Rz. 22.

36) Kallmeyer-*Kocher*, UmwG, § 49 Rz. 7; Lutter-*J. Vetter*, UmwG, § 49 Rz. 46; *v. Hinden/Scheller* in: BeckOGK-UmwG, § 49 Rz. 29 – Erläuterungspflicht folgt aus der Treuepflicht.

37) *v. Hinden/Scheller* in: BeckOGK-UmwG, § 49 Rz. 32; *Kleindiek* in: NK-UmwG, § 49 Rz. 26; Kallmeyer-*Kocher*, UmwG, § 49 Rz. 6; Semler/Stengel/Leonard-*Reichert*, UmwG, § 49 Rz. 10.

38) *Kleindiek* in: NK-UmwG, § 49 Rz. 26; Lutter-*J. Vetter*, UmwG, § 49 Rz. 47; Semler/Stengel/Leonard-*Reichert*, UmwG, § 49 Rz. 10.

39) Lutter-*J. Vetter*, UmwG, § 49 Rz. 48; Semler/Stengel/Leonard-*Reichert*, UmwG, § 49 Rz. 10.

40) Semler/Stengel/Leonard-*Reichert*, UmwG, § 49 Rz. 12.

gesellschaftsrechtlichen Verhältnisse aller an der Verschmelzung beteiligter Rechtsträger. Darunter fallen etwa

- die letzten Jahresabschlüsse und Geschäftsberichte,
- Zukunftsaussichten,
- die Erbringung der Einlagen,
- Kapitalverhältnisse einschließlich geplanter Kapitalerhöhungen,
- die Bewertung von Sacheinlagen,
- die Zusammensetzung des Kreises der Gesellschafter,
- eingerichtete Risiko- und Compliance Management-Systeme,
- die rechtlichen und geschäftlichen Beziehungen zu anderen Unternehmen und
- die für die Verschmelzung relevanten Angelegenheiten der abhängigen Gesellschaften.[41)]

Der Gesellschafter kann sein Auskunftsverlangen aus § 49 Abs. 3 nach allgemeiner Meinung nur **gegen die Geschäftsführer der eigenen Gesellschaft**, nicht aber gegen die Vertretungsorgane der anderen beteiligten Rechtsträger geltend machen.[42)] Regelmäßig werden die Geschäftsführer der eigenen Gesellschaft die Informationen bei den Vertretungsorganen der anderen beteiligten Rechtsträger einholen. **Rechtsgrundlage** für dieses Auskunftsersuchen ist das **vorvertragliche Schuldverhältnis** auf der Basis der Verhandlungen über den Verschmelzungsvertrag bzw. der – abgeschlossene, aber mangels Beschlusses noch schwebend unwirksame – Verschmelzungsvertrag.[43)] In der Praxis empfiehlt sich die Teilnahme der Geschäftsführer der anderen Verschmelzungsteilnehmer an der Gesellschafterversammlung, die über die Verschmelzung beschließt, denn diese können regelmäßig genauere Auskünfte über ihre Gesellschaften erteilen.[44)] 18

Grenze des Auskunftsanspruchs ist ein Fall der Unmöglichkeit gemäß § 275 Abs. 1 BGB: Die Geschäftsführer der eigenen Gesellschaft werden von ihrer Auskunftspflicht befreit, wenn sie über die Angelegenheiten der anderen beteiligten Rechtsträger keine Kenntnis haben und die erforderlichen Informationen von deren Vertretungsorganen nicht erhalten.[45)] Es ist streitig, ob sie den Gesellschaftern in einem solchen Fall dennoch eine Zustimmung zum Verschmelzungsvertrag empfehlen dürfen, wenn sie von den Vertretungsorganen der anderen Rechtsträger die zur Erstellung eines ordnungsgemäßen Verschmelzungsberichts erforderlichen Informationen erhalten haben und auf dieser Basis von der Sinnhaftigkeit der Verschmelzung überzeugt sind.[46)] 19

Ein **Auskunftsverweigerungsrecht** steht den Geschäftsführern – über § 51a Abs. 2 GmbHG hinaus – gemäß § 8 Abs. 2 UmwG i. V. m. § 131 Abs. 3 Nr. 1 AktG analog zu, wenn die objektive Möglichkeit der Schadenszufügung besteht.[47)] 20

41) Lutter-*J. Vetter*, UmwG, § 49 Rz. 51 f.; Semler/Stengel/Leonard-*Reichert*, UmwG, § 49 Rz. 14; *v. Hinden/Scheller* in: BeckOGK-UmwG, § 49 Rz. 36.

42) Kallmeyer-*Kocher*, UmwG, § 49 Rz. 7; Schmitt/Hörtnagl-*Missio*, UmwG/UmwStG, § 49 UmwG Rz. 9.

43) Kallmeyer-*Kocher*, UmwG, § 49 Rz. 7; Semler/Stengel/Leonard-*Reichert*, UmwG, § 49 Rz. 15; Schmitt/Hörtnagl-*Missio*, UmwG/UmwStG, § 49 UmwG Rz. 9.

44) Semler/Stengel/Leonard-*Reichert*, UmwG, § 49 Rz. 15.

45) Lutter-*J. Vetter*, UmwG, § 49 Rz. 55; Semler/Stengel/Leonard-*Reichert*, UmwG, § 49 Rz. 16.

46) So *Nießen* in: KölnKomm-UmwG, § 49 Rz. 28; Lutter-*J. Vetter*, UmwG, § 49 Rz. 55; zweifelnd Kallmeyer-*Kocher*, UmwG, § 49 Rz. 7; Semler/Stengel/Leonard-*Reichert*, UmwG, § 49 Rz. 16.

47) *v. Hinden/Scheller* in: BeckOGK-UmwG, § 49 Rz. 37 f.; *Kleindiek* in: NK-UmwG, § 49 Rz. 27; Lutter-*J. Vetter*, UmwG, § 49 Rz. 56.

V. Rechtsfolgen von Verstößen

21 Ein Verstoß gegen die Ankündigungs-, Auslegungs- oder Auskunftspflichten aus § 49 führt, soweit er nicht geheilt wurde oder die Gesellschafter auf deren Erfüllung verzichtet haben, zur **Anfechtbarkeit des Verschmelzungsbeschlusses** gemäß § 243 Abs. 1 AktG analog.[48)] Bei unternehmenswertbezogenen Informationsmängeln ergibt sich ein Anfechtungsausschluss aus § 14 Abs. 2.[49)] Bei Gesellschaften mit wenigen Gesellschaftern kann es vorteilhaft sein, wenn alle klageberechtigten Gesellschafter eine notariell beurkundete Verzichtserklärung abgeben, um ohne den Zeitverlust durch die Anfechtungsfrist die Eintragung und damit den Vollzug der Verschmelzung zu betreiben.[50)]

---

48) Kallmeyer-*Kocher*, UmwG, § 49 Rz. 8; Schmitt/Hörtnagl-*Missio*, UmwG/UmwStG, § 49 UmwG Rz. 11; Semler/Stengel/Leonard-*Reichert*, UmwG, § 49 Rz. 18.

49) *Kleindiek* in: NK-UmwG, § 49 Rz. 28; Kallmeyer-*Kocher*, UmwG, § 49 Rz. 8.

50) Kallmeyer-*Kocher*, UmwG, § 49 Rz. 8; Semler/Stengel/Leonard-*Reichert*, UmwG, § 49 Rz. 19.

§ 50
Beschluß der Gesellschafterversammlung

(1) [1]Der Verschmelzungsbeschluss der Gesellschafterversammlung bedarf einer Mehrheit von mindestens drei Vierteln der abgegebenen Stimmen. [2]Der Gesellschaftsvertrag kann eine größere Mehrheit und weitere Erfordernisse bestimmen.

(2) Werden durch die Verschmelzung auf dem Gesellschaftsvertrag beruhende Minderheitsrechte eines einzelnen Gesellschafters einer übertragenden Gesellschaft oder die einzelnen Gesellschaftern einer solchen Gesellschaft nach dem Gesellschaftsvertrag zustehenden besonderen Rechte in der Geschäftsführung der Gesellschaft, bei der Bestellung der Geschäftsführer oder hinsichtlich eines Vorschlagsrechts für die Geschäftsführung beeinträchtigt, so bedarf der Verschmelzungsbeschluss dieser übertragenden Gesellschaft der Zustimmung dieser Gesellschafter.

Literatur: *Bork*, Beschlußverfahren und Beschlußkontrolle nach dem Referentenentwurf eines Gesetzes zur Bereinigung des Umwandlungsrechts, ZGR 1993, 343; *Enneking/Heckschen*, Gesellschafterhaftung beim down stream merger, DB 2006, 1099; *Heckschen*, Anteilsgewähr bei Verschmelzung, Spaltung und Formwechsel – aktuelle Entwicklungen, GmbHR 2021, 8; *Heckschen*, Die Verschmelzung von Kapitalgesellschaften, 1989; *Heckschen/Knaier*, Die größte Reform des Umwandlungsrechts: Endlich in Kraft, GmbHR 2023, 317; *Hitzel*, Die Beurkundung satzungsändernder Beschlüsse bei der GmbH, NZG 2020, 1174; *Issing*, Wegfall des Umwandlungsbeschlusses im Konzern, Probleme in der Praxis, NZG 2011, 1368; *Klein/Stephanblome*, Der Downstream Merger – aktuelle umwandlungs- und gesellschaftsrechtliche Fragestellungen, ZGR 2007, 351; *Mertens*, Aktuelle Fragen zur Verschmelzung von Mutter- und Tochtergesellschaften – down stream merger, AG 2005, 785; *Otte*, Erleichterung präsenzloser Beschlüsse durch § 2 COVMG – Überlegungen für eine Reform des § 48 Abs. 2 GmbHG, in: Festschrift für Volker Triebel, 2021, S. 187; *Priester*, Eine Lanze für die Differenzhaftung bei Verschmelzung von GmbH, NZG 2019, 646; *Redeker*, Verschmelzungsbeschluss in der virtuellen Versammlung, WM 2022, 1578; *Reichert*, Folgen der Anteilsvinkulierung für Umstrukturierungen von Gesellschaften mit beschränkter Haftung und Aktiengesellschaften nach dem Umwandlungsgesetz 1995, GmbHR 1995, 176; *Stelmaszczyk/Strauß*, Die Ergänzung der Regelungen zur Umsetzung der Digitalisierungsrichtlinie nach dem Gesetzentwurf der Bundesregierung zum DiREG – eine erste Einordnung, ZIP 2022, 1077; *Wälzholz*, Nebenleistungspflichten beim aufnehmenden Rechtsträger als Verschmelzungshindernis?, DStR 2006, 236; *Wicke*, Zulässigkeit virtueller Versammlungen, DStR 2022, 487.

Übersicht

I. Allgemeines

1. Normzweck und Anwendungsbereich

1 **§ 50 Abs. 1** regelt – in Ergänzung zu der allgemeinen Bestimmung des § 13 Abs. 1 – spezielle **Mehrheitserfordernisse**: Für den Zustimmungsbeschluss der Gesellschafterversammlung **jeder an einer Verschmelzung beteiligten GmbH** (unabhängig davon, ob es sich um die übertragende oder die übernehmende Gesellschaft handelt) ist eine Mehrheit von drei Vierteln der abgegebenen Stimmen erforderlich. Diese Vorschrift ist insoweit zwingend, dass der Gesellschaftsvertrag zwar höhere Mehrheiten und weitergehende Erfordernisse vorsehen, aber nicht geringere Mehrheiten zulassen kann.[1)]

2 **§ 50 Abs. 2** erfordert die **individuelle Zustimmung** einzelner Gesellschafter einer übertragenden GmbH, deren Rechtsstellung durch eine Verschmelzung besonders beeinträchtigt werden kann.[2)]

3 § 50 ist auf eine Verschmelzung durch **Neugründung** gemäß § 56 grundsätzlich **analog** anwendbar, hat aber nur für die übertragende Gesellschaft Relevanz, nicht für eine erst im Wege der Verschmelzung entstehende übernehmende GmbH.[3)] Eine Zustimmung zum Gesellschaftsvertrag der neuen Gesellschaft muss nicht zusätzlich erklärt werden, da diese grundsätzlich bereits in der Zustimmung zum Verschmelzungsvertrag im Verschmel-

1) Kallmeyer-*Zimmermann*, UmwG, § 50 Rz. 8; Lutter-J. Vetter, UmwG, § 50 Rz. 1; Semler/Stengel/Leonard-*Reichert*, UmwG, § 50 Rz. 2.

2) Begr. RegE UmwBerG bei *Ganske*, Umwandlungsrecht, S. 100; *Kleindiek* in: NK-UmwG, § 50 Rz. 2; Semler/Stengel/Leonard-*Reichert*, UmwG, § 50 Rz. 3.

3) Lutter-*J. Vetter*, UmwG, § 50 Rz. 4; Widmann/Mayer-*Mayer*, UmwR, § 50 UmwG Rz. 5.

zungsbeschluss enthalten ist (vgl. § 37).[4] Zudem ist gemäß § 59 Satz 2 die Zustimmung der Anteilseigner der übertragenden GmbH für die Bestellung der ersten Geschäftsführer und der von den Anteilseignern zu wählenden Mitglieder des Aufsichtsrats der neuen Gesellschaft erforderlich.[5]

2. Zwingender Mindestinhalt

4 Gemäß **§ 50 Abs. 1 Satz 2** kann der Gesellschaftsvertrag **nur** insoweit von § 50 Abs. 1 Satz 1 abweichen, als er **Verschärfungen** durch größere Mehrheiten bzw. weitere Erfordernisse vorsieht.

5 Die Minderheits- bzw. statutarischen Sonderrechte des **§ 50 Abs. 2** sind gemäß § 1 Abs. 3 **nicht abdingbar.** Allerdings können die betroffenen Gesellschafter individuell auf ihr Zustimmungsrecht mit notariell beurkundeter Erklärung (§ 13 Abs. 3 Satz 1) für eine bestimmte Verschmelzung **verzichten.**[6]

II. Beschlussfassung der Gesellschafterversammlung (§ 50 Abs. 1)

1. Notwendigkeit einer Gesellschafterversammlung

6 Gemäß § 13 Abs. 1 Satz 2 muss der **Zustimmungsbeschluss zwingend** in einer **Gesellschafterversammlung** gefasst werden, so dass ein Zustimmungsbeschluss im schriftlichen Verfahren nach dem ausdrücklichen Gesetzeswortlaut ausscheidet.[7] Zudem ist eine Delegation auf andere Gesellschaftsorgane (wie z. B. Aufsichts- oder Beirat) ausgeschlossen.[8]

7 § 48 Abs. 1 Satz 2 GmbHG, der zum 1.8.2022 durch das DiREG[9] eingeführt wurde, stellt inzwischen klar, dass eine **Gesellschafterversammlung** auch **virtuell** (fernmündlich oder mittels Videokommunikation) stattfinden kann, wenn sich sämtliche Gesellschafter damit in Textform einverstanden erklären. Diese Flexibilität für die Durchführung von Gesellschafterversammlungen gilt auch für Verschmelzungsbeschlüsse i. S. der §§ 13, 50 Abs. 1 GmbHG.[10] Allerdings dürfte eine virtuelle Gesellschafterversammlung über einen Verschmelzungsbeschluss eine einstimmige Beschlussfassung voraussetzen.[11]

2. Mehrheitserfordernis

a) Erfordernis einer Dreiviertelmehrheit

8 Gemäß § 50 Abs. 1 Satz 1 bedarf der Zustimmungsbeschluss zum Verschmelzungsvertrag einer Mehrheit von mindestens drei Vierteln der abgegebenen Stimmen, unabhängig davon, ob die GmbH übertragender oder übernehmender Rechtsträger ist. Der Gesellschaftsvertrag kann gemäß § 50 Abs. 1 Satz 2 **nur höhere Mehrheiten** oder **zusätzliche Erfordernisse** (z. B. die Zustimmung einzelner Gesellschafter, Erfordernis einer Kapital-

4) Kallmeyer-*Zimmermann*, UmwG, § 50 Rz. 31; Lutter-*J. Vetter*, UmwG, § 50 Rz. 5.

5) Vgl. auch Kallmeyer-*Zimmermann*, UmwG, § 50 Rz. 31; Semler/Stengel/Leonard-*Reichert*, UmwG, § 50 Rz. 51.

6) Lutter-*J. Vetter*, UmwG, § 50 Rz. 7 f.

7) Lutter-*J. Vetter*, UmwG, § 50 Rz. 10; *Nießen* in: KölnKomm-UmwG, § 50 Rz. 8; Semler/Stengel/Leonard-*Reichert*, UmwG, § 50 Rz. 4.

8) Lutter-*J. Vetter*, UmwG, § 50 Rz. 10; Schmitt/Hörtnagl-*Missio*, UmwG/UmwStG, § 50 UmwG Rz. 2.

9) Gesetz zur Ergänzung der Regelungen zur Umsetzung der Digitalisierungsrichtlinie und zur Änderung weiterer Vorschriften (DiREG), v. 15.7.2022, BGBl. I 2022, 1146.

10) Lutter-*J. Vetter*, UmwG, § 50 Rz. 10a; vgl. auch BGH, Beschl. v. 5.10.2021 – II ZB 7/21, NJW-RR 2021, 1556 = NZG 2021, 1562; *Schindler* in: BeckOK-GmbHG, § 48 Rz. 96d; zu der alten Rechtslage vor Inkrafttreten des DiREG vgl. *Otte* in: FS Triebel, S. 187.

11) Arg. e § 53 Abs. 3 GmbHG, *Schindler* in: BeckOK-GmbHG, § 48 Rz. 96d.

mehrheit, Regelungen zur Beschlussfähigkeit, zusätzliche Formerfordernisse) vorschreiben, aber die Mehrheitserfordernisse nicht herabsetzen.[12)]

Sofern der Gesellschaftsvertrag für satzungsändernde Beschlüsse **besondere Mehrheitserfordernisse** vorsieht, ohne die Verschmelzung ausdrücklich zu erwähnen, gelten diese Erfordernisse für Satzungsänderungen im Zweifel auch für den Verschmelzungsbeschluss, da sich auch eine Verschmelzung als grundlegende **Strukturänderung** einordnen lässt.[13)] Eine Satzungsregelung, die eine Verschmelzung **verbietet**, ist unzulässig und dahingehend umzudeuten, dass die Verschmelzung der Zustimmung sämtlicher Gesellschafter – auch der in der Gesellschafterversammlung nicht erschienenen – bedarf.[14)] 9

Für die **Mehrheitsberechnung** gelten ausschließlich die gültigen Ja- und Nein-Stimmen; Stimmenthaltungen werden – entsprechend der **allgemeinen Grundsätze** des GmbH-Rechts – nicht berücksichtigt.[15)] 10

b) Beteiligung stimmrechtsloser Anteile

Der Schutz der Inhaber stimmrechtsloser Geschäftsanteile ist in § 23 abschließend geregelt, so dass Verschmelzungsbeschlüsse grundsätzlich **nicht** der **Zustimmung** der Inhaber **stimmrechtsloser Geschäftsanteile** bedürfen.[16)] Etwas anderes gilt im Falle des Erfordernisses einer Individualzustimmung aller Gesellschafter nach Maßgabe der §§ 50 Abs. 2, 51 sowie für den Fall, dass der Gesellschaftsvertrag des übernehmenden Rechtsträgers statutarische Nebenleistungspflichten enthält.[17)] 11

c) Stimmverbote

Nach der ausdrücklichen Regierungsbegründung gilt das Stimmverbot des § 47 Abs. 4 Satz 2 GmbHG nicht für Verschmelzungsbeschlüsse.[18)] Dies überzeugt bereits mit Blick auf den organisationsrechtlichen Charakter des Verschmelzungsvertrags.[19)] 12

d) Verbot des Selbstkontrahierens

Da die Geltung des **§ 181 BGB** für die Beschlussfassung über GmbH-rechtliche Satzungsänderungen anerkannt ist und mit einem Verschmelzungsbeschluss ebenfalls eine grundlegende Strukturänderung verbunden ist, muss § 181 BGB auch für Verschmel- 13

---

12) *Kleindiek* in: NK-UmwG, § 50 Rz. 11; Lutter-*J. Vetter*, UmwG, § 50 Rz. 19, 32; Semler/Stengel/Leonard-*Reichert*, UmwG, § 50 Rz. 9; es ist str., ob die Verschmelzung von der Mitwirkung anderer Organe als der Gesellschafterversammlung oder der Zustimmung Dritter abhängig gemacht werden kann, vgl. dazu Lutter-*J. Vetter*, UmwG, § 50 Rz. 34; Semler/Stengel/Leonard-*Reichert*, UmwG, § 50 Rz. 9.

13) Kallmeyer-*Zimmermann*, UmwG, § 50 Rz. 9; Semler/Stengel/Leonard-*Reichert*, UmwG, § 50 Rz. 10; *Reichert*, GmbHR 1995, 176, 185.

14) *v. Hinden/Scheller* in: BeckOGK-UmwG, § 50 Rz. 34; *Kleindiek* in: NK-UmwG, § 50 Rz. 12; Lutter-*J. Vetter*, UmwG, § 50 Rz. 37.

15) BGH, Urt. v. 12.1.1987 – II ZR 152/86, ZIP 1987, 635, 636 = NJW 1987, 2430; Lutter-*J. Vetter*, UmwG, § 50 Rz. 20; Scholz-*K. Schmidt*, GmbHG, § 47 Rz. 3.

16) Kallmeyer-*Zimmermann*, UmwG, § 50 Rz. 7; Schmitt/Hörtnagl-*Missio*, UmwG/UmwStG, § 50 UmwG Rz. 4.

17) Lutter-*J. Vetter*, UmwG, § 50 Rz. 23; Semler/Stengel/Leonard-*Reichert*, UmwG, § 50 Rz. 14.

18) Begr RegE UmwBerG bei *Ganske*, Umwandlungsrecht, S. 100; so auch ganz h. M., vgl. nur Kallmeyer-*Zimmermann*, UmwG, § 50 Rz. 14; *Nießen* in: KölnKomm-UmwG, § 50 Rz. 11; Lutter-*J. Vetter*, UmwG, § 50 Rz. 25; Semler/Stengel/Leonard-*Reichert*, UmwG, § 50 Rz. 15.

19) Schmitt/Hörtnagl-*Missio*, UmwG/UmwStG, § 50 UmwG Rz. 5; Semler/Stengel/Leonard-*Reichert*, UmwG, § 50 Rz. 15.

zungsbeschlüsse Anwendung finden.[20] Eine Befreiung vom **Verbot des Selbstkontrahierens** kann konkludent erfolgen: In der Bevollmächtigung eines Mitgesellschafters zur Stimmabgabe bei der Verschmelzung liegt regelmäßig die konkludente Gestattung des Selbstkontrahierens.[21]

e) Vertretungsbeschränkungen bei gesetzlicher Vertretung

14 Organschaftliche Vertreter von **Personengesellschaften** und **GmbHs**, die als Gesellschafter an einem der verschmelzenden Rechtsträger beteiligt sind, können im Gesellschaftsvertrag oder durch Gesellschafterbeschluss von den Beschränkungen des **§ 181 BGB** befreit werden, der Vorstand einer **AG** vom Verbot der Mehrfachvertretung.[22]

15 In anderen Fällen gesetzlicher Vertretung, vor allem bei **minderjährigen Gesellschaftern**, kommt die Möglichkeit des Insichgeschäfts bzw. eine Mehrfachvertretung nicht in Betracht: Es bedarf der Bestellung eines Ergänzungspflegers.[23] Die Vertreter minderjähriger Gesellschafter sind auch bei Verschmelzungsbeschlüssen den Beschränkungen des § 1629 Abs. 2 i. V. m. § 1824 BGB unterworfen.[24] Seit der Reform des Vormundschafts- und Betreuungsrechts bedarf der gesetzliche Vertreter des Minderjährigen keiner familienrechtlichen Genehmigung des Beschlusses mehr gemäß § 1854 Nr. 4 BGB n. F.[25]

3. Notarielle Beurkundung

16 **Zwingend** und ohne Ausnahme hängt gemäß § 13 Abs. 3 Satz 1 die Wirksamkeit des Verschmelzungsbeschlusses von dessen notarieller Beurkundung ab.[26] Auch sämtliche Gesellschafter der beteiligten GmbH oder der Alleingesellschafter einer Einmann-GmbH können auf die notarielle Beurkundung nicht wirksam verzichten.[27] Es besteht noch ein hohes Maß an Rechtsunsicherheit, ob überhaupt eine Beurkundung für Verschmelzungsbeschlüsse möglich ist, die in einer Versammlung **ohne physische Präsenz** der Gesellschafter mittels **Videokommunikation** gefasst werden.[28] Bis zu einer gesetzgeberischen Klarstellung sollte in der Praxis ein Verschmelzungsbeschluss nicht online in einer virtuellen Gesellschafterversammlung gefasst oder aber zumindest das Vorgehen vorab mit dem zuständigen Handelsregister abgestimmt werden.[29]

17 Die Gegenstände des Berichts des Notars nach § 37 BeurkG über seine Wahrnehmungen sind im GmbH-Recht – anders als in § 130 AktG – nicht geregelt; aus § 13 i. V. m. § 50 folgt, dass die Verschmelzung als **Beschlussgegenstand** – unter Bezugnahme auf den der Niederschrift beizufügenden Verschmelzungsvertrag –, die **Anzahl der an der Beschlussfassung teilnehmenden Stimmen sowie das Abstimmungsergebnis** anzugeben sind.[30]

---

20) Kallmeyer-*Zimmermann*, UmwG, § 50 Rz. 13; *Nießen* in: KölnKomm-UmwG, § 50 Rz. 12; Widmann/Mayer-*Mayer*, UmwR, § 50 UmwG Rz. 15 f.

21) BGH, Urt. v. 24.11.1975 – II ZR 89/74, NJW 1976, 958, 959 = DNotZ 1976, 496; *v. Hinden/Scheller* in: BeckOGK-UmwG, § 50 Rz. 18; Semler/Stengel/Leonard-*Reichert*, UmwG, § 50 Rz. 17.

22) Lutter-*J. Vetter*, UmwG, § 50 Rz. 28; Semler/Stengel/Leonard-*Reichert*, UmwG, § 50 Rz. 18.

23) Kallmeyer-*Zimmermann*, UmwG, § 50 Rz. 13; Semler/Stengel/Leonard-*Reichert*, UmwG, § 50 Rz. 19.

24) Kallmeyer-*Zimmermann*, UmwG, § 50 Rz. 13; Lutter-*J. Vetter*, UmwG, § 50 Rz. 29.

25) Lutter-*J. Vetter*, UmwG, § 50 Rz. 30; a. A. mit Blick auf § 24 GmbHG *Kleindiek* in: NK-UmwG, § 50 Rz. 7.

26) Lutter-*J. Vetter*, UmwG, § 50 Rz. 12; Semler/Stengel/Leonard-*Reichert*, UmwG, § 50 Rz. 22.

27) Lutter-*J. Vetter*, UmwG, § 50 Rz. 12; Semler/Stengel/Leonard-*Reichert*, UmwG, § 50 Rz. 22.

28) Vgl. dazu *Hitzel*, NZG 2020, 1174; *Knaier*, DNotZ 2022, 759, 765 (Urteilsanm.); *Wicke*, DStR 2022, 487, 504.

29) Schmitt/Hörtnagl-*Missio*, UmwG/UmwStG, § 50 UmwG Rz. 2.

30) *Harbarth* in: MünchKomm-GmbHG, § 53 Rz. 75; Lutter-*J. Vetter*, UmwG, § 50 Rz. 13; Semler/Stengel/Leonard-*Reichert*, UmwG, § 50 Rz. 22.

Darüber hinaus sind – neben der Bezeichnung des Notars – alle zur Niederschrift erklärten **Widersprüche** gegen den Verschmelzungsbeschluss, **Tag und Ort** der Beschlussfassung und der Errichtung der Urkunde (§ 37 Abs. 2 BeurkG) anzugeben. Die Verlesung und Unterzeichnung der Urkunde ist nur erforderlich, soweit in der Niederschrift zugleich formbedürftige Willenserklärungen einzelner Anteilsinhaber enthalten sind (etwa Verzichtserklärungen oder Zustimmungserklärungen der Inhaber stimmrechtsloser Geschäftsanteile, sofern diese in der Gesellschafterversammlung abgegeben werden).[31] Der Verschmelzungsvertrag oder sein Entwurf ist dem Beschlussprotokoll als Anlage beizufügen.[32]

4. Widerspruch zur Niederschrift

Sofern ein Gesellschafter einen Widerspruch zur Niederschrift gegen den Verschmel- 18
zungsbeschluss erklärt, um seine Ansprüche nach § 29 Abs. 1 nicht zu verlieren, muss dieser in die notarielle Niederschrift aufgenommen werden.[33]

III. Zustimmung einzelner Gesellschafter bei Beeinträchtigung statutarischer Sonderrechte (§ 50Abs. 2)

1. Allgemeines

Statutarische Vorzugsrechte einzelner Gesellschafter (wie z. B. Mehrstimmrechte in der 19
Gesellschafterversammlung, Individualzustimmungserfordernisse, Weisungs- oder Vetorechte oder Vorerwerbsrechte), die einem Gesellschafter der übertragenden Gesellschaft zustehen oder mit einem Geschäftsanteil der übertragenden Gesellschaft verbunden sind, gehen mit der Verschmelzung unter (sofern der Verschmelzungsvertrag nicht etwas Anderes regelt).[34] Um die Rechte der betroffenen Gesellschafter nicht ohne deren Zustimmung zu schmälern, sieht § 50 Abs. 2 ein Zustimmungserfordernis für statutarische Minderheitsrechte sowie besondere Geschäftsführungs-, Geschäftsführungsbestellungs- und -vorschlagsrechte vor.[35]

2. Geschützte Rechtspositionen

a) Statutarische Sonderrechte einzelner Gesellschafter

§ 50 Abs. 2 regelt eine Individualzustimmung des betroffenen Gesellschafters nur für den 20
Fall **statutarischer Vorzugsrechte**, nicht aber bei der Beeinträchtigung gesetzlicher Individualrechte (z. B. § 51a GmbHG) oder an eine bestimmte Quote geknüpfter Minderheitsrechte (z. B. § 50 GmbHG).[36] Darüber hinaus erfasst § 50 Abs. 2 keine rein schuldrechtlichen, in einem Konsortialvertrag oder in einer Gesellschaftervereinbarung festgelegten Rechte, sondern ausschließlich Vorzugsrechte, die auf dem Gesellschaftsvertrag beruhen.[37]

§ 50 Abs. 2 gilt nur für statutarische Vorzugsrechte **einzelner Gesellschafter**, unabhängig 21
davon, ob das Recht dem Gesellschafter ad personam oder als Inhaber eines bestimmten

---

31) Scholz-*Priester/Tebben*, GmbHG, § 53 Rz. 70; Lutter-*J. Vetter*, UmwG, § 50 Rz. 14; Semler/Stengel/Leonard-*Reichert*, UmwG, § 50 Rz. 22.

32) Kallmeyer-*Zimmermann*, UmwG, § 50 Rz. 17; Lutter-*J. Vetter*, UmwG, § 50 Rz. 14; Semler/Stengel/Leonard-*Reichert*, UmwG, § 50 Rz. 22.

33) Kallmeyer-*Zimmermann*, UmwG, § 50 Rz. 18; Semler/Stengel/Leonard-*Reichert*, UmwG, § 50 Rz. 23.

34) Lutter-*J. Vetter*, UmwG, § 50 Rz. 40; Schmitt/Hörtnagl-*Missio*, UmwG/UmwStG, § 50 UmwG Rz. 9; Semler/Stengel/Leonard-*Reichert*, UmwG, § 50 Rz. 24.

35) Vgl. auch *Kleindiek* in: NK-UmwG, § 50 Rz. 16; Semler/Stengel/Leonard-*Reichert*, UmwG, § 50 Rz. 24.

36) Lutter-*J. Vetter*, UmwG, § 50 Rz. 44; *Reichert*, GmbHR 1995, 176, 181 f.; Widmann/Mayer-*Mayer*, UmwR, § 50 UmwG Rz. 85; vgl. auch Begr. RegE UmwBerG bei *Ganske*, Umwandlungsrecht, S. 100.

37) *v. Hinden/Scheller* in: BeckOGK-UmwG, § 50 Rz. 38; Lutter-*J. Vetter*, UmwG, § 50 Rz. 45.

Geschäftsanteils zusteht.[38)] Ein solches Zustimmungsrecht besteht jedoch nicht, wenn der Gesellschaftsvertrag Vorzugsrechte an einen quotalen Anteilsbesitz knüpft.[39)]

22 Sofern eine Satzungsbestimmung für besondere Beschlussgegenstände eine höhere als die gesetzlich vorgeschriebene Mehrheit fordert, bedarf auch der Verschmelzungsbeschluss der zur Beseitigung der Satzungsklauseln erforderlichen Mehrheiten; dieses Erfordernis fällt jedoch nicht unter § 50 Abs. 2.[40)]

b) Minderheitsrechte

23 Das **Zustimmungserfordernis** des § 50 Abs. 2 gilt nach seinem Wortlaut für Minderheitsrechte: Dies beschränkt sich aber nicht auf Rechte, die ausschließlich minderheitsschützende Wirkung haben, sondern umfasst alle Rechte, die jedenfalls auch den Minderheitsgesellschafter schützen, also auch Gesellschaftern zustehen, die nicht über eine nach § 50 Abs. 1 zur Verhinderung der Verschmelzung erforderliche Sperrminorität verfügen.[41)]

c) Abgrenzung zu vermögensrechtlichen Beteiligungselementen

24 Von § 50 Abs. 2 werden nicht vermögensrechtliche Beteiligungselemente erfasst, wie z. B. Gewinnvorzüge oder ein erhöhter Anteil am Liquidationserlös: Diese sind bei der Bemessung des Umtauschverhältnisses zu berücksichtigen.[42)]

d) Einzelfälle

25 Die Individualrechte des § 50 Abs. 2 Fall 1 erfassen:

- Mehrstimmrechte,
- Zustimmungs- bzw. Vetorechte gegenüber Gesellschafterbeschlüssen,
- Weisungsrechte gegenüber der Geschäftsführung,
- Bestellungs- oder Benennungsrechte für den Aufsichtsrat oder ähnliche Gremien,
- statutarische Vorkaufs- oder Vorerwerbsrechte (soweit die Satzung nicht nur ein Vorerwerbsrecht zugunsten der Gesellschaft selbst regelt).[43)]

26 Hingegen sind Satzungsbestimmungen, die den Beschluss über die Erteilung der Genehmigung zur Übertragung eines **vinkulierten Geschäftsanteils** von der Zustimmung einzelner Gesellschafter abhängig machen, oder solche, die eine Anteilsabtretung ausschließen, **nicht** von **§ 50 Abs. 2** erfasst.[44)]

27 § 50 Abs. 2 Fall 2 erstreckt sich auf Geschäftsführungssonderrechte, Rechte auf Bestellung und Benennung eines Geschäftsführers und Vorschlags- und Benennungsrechte. Unter einem **Geschäftsführungssonderrecht** ist das gesellschaftsvertraglich eingeräumte Recht auf das Amt des Geschäftsführers zu verstehen, das nur aus wichtigem Grund ent-

38) *Kleindiek* in: NK-UmwG, § 50 Rz. 18; Lutter-*J. Vetter*, UmwG, § 50 Rz. 46.

39) *Kleindiek* in: NK-UmwG, § 50 Rz. 18; Semler/Stengel/Leonard-*Reichert*, UmwG, § 50 Rz. 27 f.; Widmann/Mayer-*Mayer*, UmwR, § 50 UmwG Rz. 84.

40) Lutter-*J. Vetter*, UmwG, § 50 Rz. 49; *Reichert*, GmbHR 1995, 176, 185.

41) *Kleindiek* in: NK-UmwG, § 50 Rz. 19; Lutter-*J. Vetter*, UmwG, § 50 Rz. 50; Semler/Stengel/Leonard-*Reichert*, UmwG, § 50 Rz. 30.

42) Begr. RegE UmwBerG bei *Ganske*, Umwandlungsrecht, S. 100; vgl. auch Semler/Stengel/Leonard-*Reichert*, UmwG, § 50 Rz. 31.

43) Lutter-*J. Vetter*, UmwG, § 50 Rz. 53; vgl. auch Kallmeyer-*Zimmermann*, UmwG, § 50 Rz. 21 f.; *Reichert*, GmbHR 1995, 176, 183 ff.

44) Lutter-*J. Vetter*, UmwG, § 50 Rz. 54; Semler/Stengel/Leonard-*Reichert*, UmwG, § 50 Rz. 35 ff.

zogen werden kann.[45] Mit der Annahme eines solchen Sonderrechts ist Vorsicht geboten: Der bloße Hinweis in der Satzung auf das Geschäftsführeramt eines Gesellschafters genügt dafür nicht.[46] Zudem ist das **Recht** eines Gesellschafters erfasst, alle **Geschäftsführer** oder einen Geschäftsführer für ein bestimmtes Resort oder seinen Nachfolger als Gesellschafter-Geschäftsführer **zu bestellen.**[47] Für ein **Vorschlagsrecht** reicht nicht das allgemeine Recht jedes Gesellschafters, das jedoch die anderen Gesellschafter bei der Stimmabgabe nicht bindet.[48] Erforderlich ist vielmehr etwa ein Benennungsrecht, das sämtliche Gesellschafter zur Stimmabgabe zugunsten des Benannten verpflichtet, sofern sie nicht ihre Zustimmung aus sachlichen, im Gesellschaftsinteresse liegenden Gründen verweigern können, oder ein Präsentationsrecht, bei dem der Kandidat nur im Falle eines wichtigen Grundes abgelehnt werden kann.[49]

3. Beeinträchtigung der Rechtsposition

Eine Zustimmung nach § 50 Abs. 2 ist mangels Beeinträchtigung der Rechtsposition nicht 28
erforderlich, wenn die Satzung der übernehmenden Gesellschaft dem Gesellschafter **funktional-äquivalente Rechte** gewährt.[50] Bei einer Verschmelzung von ausschließlich GmbHs müssen die den Gesellschaftern der übertragenden GmbH einzuräumenden Sonderrechte gemäß § 46 Abs. 2 im Verschmelzungsvertrag (oder dessen Entwurf) vereinbart werden.[51] Aufgrund der zwingenden Personalkompetenz des Aufsichtsrats kommt ein funktional äquivalentes Vorstellungs- und Bestellungsrecht hinsichtlich der Geschäftsleitung etwa bei einer AG oder einer dem MitbestG unterliegenden übernehmenden Gesellschaft nicht in Betracht.[52]

4. Erteilung der Zustimmung

Die Individualzustimmung des betroffenen Gesellschafters ist eine empfangsbedürftige 29
Willenserklärung, die gegenüber den Geschäftsführern der Gesellschaft als deren Vertretungsorgan abzugeben ist.[53] Sie ist – neben dem qualifizierten Mehrheitserfordernis des § 50 Abs. 1 – **zusätzliche Wirksamkeitsvoraussetzung** für den Verschmelzungsbeschluss der übertragenden Gesellschaft.[54] In der Zustimmung des betroffenen Gesellschafters zum Verschmelzungsbeschluss liegt zugleich die nach § 50 Abs. 2 erforderliche Zustimmung, so dass es einer gesonderten Protokollierung der Zustimmungserklärung des Gesellschafters, der für die Verschmelzung gestimmt hat, nicht bedarf.[55]

45) Lutter-Hommelhoff/*Kleindiek*, GmbHG, § 38 Rz. 10; *Stephan/Tieves* in: MünchKomm-GmbHG, § 38 Rz. 95.

46) Lutter-*J. Vetter*, UmwG, § 50 Rz. 55; Noack/Servatius/Haas-*Beurskens*, GmbHG, § 6 Rz. 34; Semler/Stengel/Leonard-*Reichert*, UmwG, § 50 Rz. 42; Widmann/Mayer-*Mayer*, UmwR, § 50 UmwG Rz. 90.

47) Lutter-Hommelhoff/*Bayer*, GmbHG, § 46 Rz. 23; *Liebscher* in: MünchKomm-GmbHG, § 46 Rz. 178.

48) Semler/Stengel/Leonard-*Reichert*, UmwG, § 50 Rz. 44.

49) BGH, Urt. v. 12.12.1988 – II ZR 378/87, WM 1989, 253 = NJW 1989, 1733; OLG Hamm, Urt. v. 8.7.1985 – 8 U 295/83, ZIP 1986, 1188, 1194; Lutter-Hommelhoff/*Bayer*, GmbHG, § 46 Rz. 25; Lutter-*J. Vetter*, UmwG, § 50 Rz. 57.

50) Kallmeyer-*Zimmermann*, UmwG, § 50 Rz. 23; Schmitt/Hörtnagl-*Missio*, UmwG/UmwStG, § 50 UmwG Rz. 10; vgl. zu Zweifeln hinsichtlich der funktionalen Äquivalenz Lutter-*J. Vetter*, UmwG, § 50 Rz. 61 f.

51) Vgl. auch Semler/Stengel/Leonard-*Reichert*, UmwG, § 50 Rz. 40.

52) Lutter-*J. Vetter*, UmwG, § 50 Rz. 63; Widmann/Mayer-*Mayer*, UmwR, § 50 UmwG Rz. 92.

53) Noack/Servatius/Haas-*Noack*, GmbHG, § 53 Rz. 99; Semler/Stengel/Leonard-*Reichert*, UmwG, § 50 Rz. 47; Widmann/Mayer-*Mayer*, UmwR, § 50 UmwG Rz. 70.

54) Lutter-*J. Vetter*, UmwG, § 50 Rz. 65; *Harbarth* in: MünchKomm-GmbHG, § 53 Rz. 104.

55) Lutter-*J. Vetter*, UmwG, § 50 Rz. 66; Semler/Stengel/Leonard-*Reichert*, UmwG, § 50 Rz. 47.

30 Auch die **Inhaber stimmrechtsloser Geschäftsanteile** müssen bei Individualrechten nach § 50 Abs. 2 eine Zustimmungserklärung abgeben; deren gesonderte Beurkundung ist unabhängig davon erforderlich, ob sie in oder außerhalb der Gesellschafterversammlung abgegeben wird, um den Nachweis gegenüber dem Registergericht zu ermöglichen.[56] Letztmöglicher Zeitpunkt für die Abgabe der Zustimmungserklärung ist vor der Anmeldung der Verschmelzung zum Handelsregister.[57]

31 Sofern eine nach § 50 Abs. 2 erforderliche Zustimmung fehlt, ist der Beschluss nicht anfechtbar, sondern schwebend unwirksam.[58] Die Unwirksamkeit des Beschlusses wird jedoch durch die Eintragung des Verschmelzungsbeschlusses im Handelsregister geheilt (siehe unten Rz. 38).

IV. Beschlussmängel

32 Für fehlerhafte Zustimmungsbeschlüsse einer an der Verschmelzung beteiligten GmbH gelten die Regeln über fehlerhafte GmbHs-rechtliche Satzungsänderungsbeschlüsse, also das aktienrechtliche Beschlussmängelrecht analog, mit gewissen umwandlungsrechtlichen Modifikationen gemäß § 14 Abs. 1 und § 20 Abs. 1 Nr. 4, Abs. 2.[59]

1. Nichtige Zustimmungsbeschlüsse

33 Der Zustimmungsbeschluss ist gemäß § 241 Nr. 2 AktG analog nichtig, wenn er **nicht** gemäß § 13 Abs. 3 Satz 1 **beurkundet** wurde.[60] Zudem ist der Beschluss im Falle eines **Einberufungsmangels** gemäß § 241 Nr. 1 AktG analog nichtig, wenn nicht alle Gesellschafter eingeladen wurden, die Einladung nicht schriftlich erfolgt ist oder keine Angaben über Ort und Zeit der Versammlung enthält.[61] Darüber hinaus führen **inhaltliche Mängel** unter den Voraussetzungen des § 241 Nr. 3 und 4 AktG analog zur Nichtigkeit des Verschmelzungsbeschlusses: Dies kommt in der Praxis insbesondere in Betracht, wenn der Beschluss inhaltlich gegen die guten Sitten verstößt oder gläubigerschützende Vorschriften, insbesondere § 54 verletzt.[62] Auch bei einem Verstoß gegen Kapitalerhaltungsgrundsätze sind die Zustimmungsbeschlüsse zum Verschmelzungsvertrag nichtig.[63]

2. Anfechtbare Zustimmungsbeschlüsse

34 Ein Verschmelzungsbeschluss ist gemäß § 243 Abs. 1 AktG analog anfechtbar, wenn er gegen das **Gesetz oder** den **Gesellschaftsvertrag verstößt** und kein Nichtigkeitsgrund gegeben ist. Dies gilt insbesondere für eine fälschliche Feststellung oder Beurkundung der gesetzlich oder statutarisch vorgesehenen Mehrheit durch den Versammlungsleiter sowie für Verfahrensfehler wie für Einberufungsmängel, Nichteinhaltung der Ladungsfrist, Verletzung gesellschaftsvertraglicher Zusatzerfordernisse für Einberufung und Beschlussfassung und der verschmelzungsspezifischen Anforderungen der §§ 47, 49 Abs. 1 und 2.[64]

56) Lutter-*J. Vetter*, UmwG, § 50 Rz. 67; Semler/Stengel/Leonard-*Reichert*, UmwG, § 50 Rz. 47.

57) *Kleindiek* in: NK-UmwG, § 50 Rz. 25; Semler/Stengel/Leonard-*Reichert*, UmwG, § 50 Rz. 47.

58) *Kleindiek* in: NK-UmwG, § 50 Rz. 26; Lutter-*J. Vetter*, UmwG, § 50 Rz. 79; Schmitt/Hörtnagl-*Missio*, UmwG/UmwStG, § 50 UmwG Rz. 14; Semler/Stengel/Leonard-*Reichert*, UmwG, § 50 Rz. 49.

59) Lutter-*J. Vetter*, UmwG, § 50 Rz. 70; Semler/Stengel/Leonard-*Reichert*, UmwG, § 50 Rz. 52; vgl. auch Henssler/Strohn/*Haeder*, GesR, § 50 UmwG Rz. 8.

60) Lutter-Hommelhoff-*Bayer*, GmbHG, Anh. § 47 Rz. 15.

61) Noack/Servatius/Haas-*Noack*, GmbHG, Anh. § 47 Rz. 45 ff.; *Wertenbruch* in: MünchKomm-GmbHG, Anh. § 47 Rz. 20 ff.; Semler/Stengel/Leonard-*Reichert*, UmwG, § 50 Rz. 53.

62) Lutter-*J. Vetter*, UmwG, § 50 Rz. 72.

63) Str., vgl. Lutter-*J. Vetter*, UmwG, § 50 Rz. 73 – zum Streitstand.

64) Semler/Stengel/Leonard-*Reichert*, UmwG, § 50 Rz. 54.

Verstöße gegen die **Informationspflichten** (z. B. § 49 Abs. 3 UmwG und § 51a GmbHG und gegen die Information der Gesellschafter in der Versammlung) können ebenfalls eine Anfechtung begründen.[65] Wegen **inhaltlicher Mängel** ist der Zustimmungsbeschluss anfechtbar, wenn er gegen den Gleichbehandlungsgrundsatz oder die Treuepflicht verstößt.[66] 35

3. Unwirksame Zustimmungsbeschlüsse

Sofern eine nach § 50 Abs. 2 oder nach § 51 erforderliche Individualzustimmung fehlt, ist der Verschmelzungsbeschluss zunächst **schwebend unwirksam.**[67] Wird die Zustimmung endgültig verweigert, tritt endgültige Unwirksamkeit ein.[68] 36

4. Heilung infolge unterlassener Nichtigkeits- oder Anfechtungsklage (§ 14 Abs. 1)

Bei Verschmelzungsbeschlüssen wird die allgemeine Unterscheidung zwischen der Heilung anfechtbarer und der Heilung nichtiger Beschlüsse durch § 14 Abs. 1 relativiert: Demnach können **alle Beschlussmängel** nur **innerhalb eines Monats** nach der Beschlussfassung **durch Klage** geltend gemacht werden. Selbst nichtige Verschmelzungsbeschlüsse, die sonst nach allgemeinem Gesellschaftsrecht erst drei Jahre nach Eintragung des Beschlusses geheilt werden, heilen einen Monat nach der Beschlussfassung, so dass eine Klage nach Ablauf dieser Ausschlussfrist als unbegründet abzuweisen ist.[69] Unabhängig von dieser Ausschlussfrist darf das Registergericht einen solchen Beschluss jedoch **nicht in das Handelsregister eintragen.**[70] 37

5. Irreversibilität durch Eintragung (§ 20 Abs. 2)

Wird ein Verschmelzungsbeschluss eingetragen, obwohl die für seine Wirksamkeit erforderliche Individualzustimmung nach § 50 Abs. 2 fehlt, wird die Unwirksamkeit des Beschlusses zwar nicht geheilt, aber die **Eintragung** führt zu einer **Irreversibilität der Verschmelzung gemäß § 20 Abs. 2.**[71] Selbst bei gravierenden, nach allgemeinem Gesellschaftsrecht zur Nichtigkeit oder Unwirksamkeit führenden Mängeln kann der betroffene Anteilsinhaber die Verschmelzung nicht mehr rückgängig machen (selbst wenn er vor der Eintragung fristgerecht eine Klage erhoben hat), sondern ist (allenfalls) auf Schadensersatzansprüche nach §§ 25 ff. verwiesen.[72] 38

65) Lutter-*J. Vetter*, UmwG, § 50 Rz. 76.

66) Semler/Stengel/Leonard-*Reichert*, UmwG, § 50 Rz. 54.

67) Lutter-*J. Vetter*, UmwG, § 50 Rz. 79; Schmitt/Hörtnagl-*Missio*, UmwG/UmwStG, § 50 UmwG Rz. 14.

68) Henssler/Strohn-*Haeder*, GesR, § 50 UmwG Rz. 8; Semler/Stengel/Leonard-*Reichert*, UmwG, § 50 Rz. 55.

69) *Bork*, ZGR 1993, 343, 354 f.; Lutter-*J. Vetter*, UmwG, § 50 Rz. 80.

70) Semler/Stengel/Leonard-*Reichert*, UmwG, § 50 Rz. 56.

71) *Kleindiek* in: NK-UmwG, § 50 Rz. 26; *Nießen* in: KölnKomm-UmwG, § 50 Rz. 35; Lutter-*J. Vetter*, UmwG, § 50 Rz. 85; Semler/Stengel/Leonard-*Reichert*, UmwG, § 50 Rz. 57.

72) Lutter-*J. Vetter*, UmwG, § 50 Rz. 85; Semler/Stengel/Leonard-*Reichert*, UmwG, § 50 Rz. 57.

§ 51

Zustimmungserfordernisse in Sonderfällen*)

(1) [1]Ist an der Verschmelzung eine Gesellschaft mit beschränkter Haftung, auf deren Geschäftsanteile nicht alle zu leistenden Einlagen in voller Höhe bewirkt sind, als übernehmender Rechtsträger beteiligt, so bedarf der Verschmelzungsbeschluß eines übertragenden Rechtsträgers der Zustimmung aller bei der Beschlußfassung anwesenden

Anteilsinhaber dieses Rechtsträgers. [2]Ist der übertragende Rechtsträger eine rechtsfähige Personengesellschaft oder eine Gesellschaft mit beschränkter Haftung, so bedarf der Verschmelzungsbeschluß auch der Zustimmung der nicht erschienenen Gesellschafter. [3]Wird eine Gesellschaft mit beschränkter Haftung, auf deren Geschäftsanteile nicht alle zu leistenden Einlagen in voller Höhe bewirkt sind, von einer Gesellschaft mit beschränkter Haftung durch Verschmelzung aufgenommen, bedarf der Verschmelzungsbeschluss der Zustimmung aller Gesellschafter der übernehmenden Gesellschaft.

(2) Wird der Nennbetrag der Geschäftsanteile nach § 46 Abs. 1 Satz 2 abweichend vom Betrag der Aktien festgesetzt, so muss der Festsetzung jeder Aktionär zustimmen, der sich nicht mit seinem gesamten Anteil beteiligen kann.

*) § 51 geändert durch Art. 60 des Gesetzes zur Modernisierung des Personengesellschaftsrechts (Personengesellschaftsrechtsmodernisierungsgesetz – MoPeG), v. 10.8.2021, BGBl. I 2021, 3436; § 51 geändert durch Art. 17 des Gesetzes zur Modernisierung des GmbH-Rechts und zur Bekämpfung von Missbräuchen (MoMiG), v. 23.10.2008, BGBl. I 2008, 2026; § 51 geändert durch Art. 1 des Zweiten Gesetzes zur Änderung des Umwandlungsgesetzes (2. UmwGÄndG), v. 19.4.2007, BGBl. I 2007, 542; § 51 geändert durch Art. 1 des Gesetzes zur Änderung des Umwandlungsgesetzes, des Partnerschaftsgesellschaftsgesetzes und anderer Gesetze (UmwGÄndG), v. 22.7.1998, BGBl. I 1998, 1878; § 51 i. d. F. des UmwBerG geändert durch Art. 2 des Gesetzes über die Zulassung von Stückaktien (Stückaktiengesetz – StückAG), v. 25.3.1998, BGBl. I 1998, 590.

Literatur: *Bayer*, 1000 Tage neues. Umwandlungsrecht – eine Zwischenbilanz, ZIP 1997, 1613; *Ihrig*, Gläubigerschutz in der Kapitalaufbringung bei Verschmelzung und Spaltung nach neuem Umwandlungsrecht, GmbHR 1995, 622; *Meister*, Die Auswirkungen des MoMiG auf das Umwandlungsrecht, NZG 2008, 767; *Melchior*, Vollmachten bei Umwandlungsvorgängen, GmbHR 1999, 520; *Reichert/Harbarth*, Statutarische Schiedsklauseln – Einführung, Aufhebung und umwandlungsrechtliche Behandlung, NZG 2003, 379; *Wälzholz*, Nebenleistungspflichten beim aufnehmenden Rechtsträger als Verschmelzungshindernis?, DStR 2006, 236.

Übersicht

I. Allgemeines

1. Normzweck und Anwendungsbereich

1 § 51 Abs. 1 verlangt – in Abweichung zu der Drei-Viertel-Mehrheit nach **§ 50 Abs. 1 Satz 1** – bei einer Verschmelzung auf eine **übernehmende GmbH**, bei der die **Einlagen nicht vollständig erbracht** sind, die Zustimmung aller bei der Beschlussfassung anwesenden Anteilsinhaber des übertragenden Rechtsträgers. Wenn der **übertragende Rechtsträger** eine **rechtsfähige Personengesellschaft oder GmbH** ist, bedarf der Beschluss gemäß **§ 51 Abs. 1 Satz 2** zudem auch der Zustimmung aller nicht bei der Beschlussfassung

erschienenen Anteilsinhaber. **§ 51 Abs. 1 Satz 3** fordert für den Fall, dass eine GmbH mit **ausstehenden Einlageforderungen** als **übertragende Gesellschaft** handelt, die Zustimmung aller Gesellschafter der übernehmenden GmbH. Sinn und Zweck des Erfordernisses einer Individualzustimmung gemäß § 51 Abs. 1 ist der Schutz der Anteilsinhaber des übertragenden Rechtsträgers (bzw. im Fall des § 51 Abs. 1 Satz 3 des übernehmenden Rechtsträgers) vor einer Ausfallhaftung für nicht geleistete Stammeinlagen gemäß § 24 GmbHG.[1]

§ 51 Abs. 2 gilt nur für **Mischverschmelzungen** (AG bzw. KGaA auf GmbH) und regelt ein Zustimmungserfordernis für den Fall, dass sich ein (Kommandit-)Aktionär infolge der Festsetzung des Nennbetrags der zu gewährenden Geschäftsanteile der übernehmenden GmbH nicht mit seinem gesamten Anteilsbesitz an der GmbH beteiligen kann, sondern ganz oder teilweise in Geld abgefunden werden müsste. Damit dient § 51 Abs. 2 auch dem Schutz des entsprechenden Aktionärs. 2

§ 51 gilt für **Verschmelzungen durch Aufnahme.**[2] Gemäß § 56 ist § 51 bei einer Verschmelzung **zur Neugründung** nicht anwendbar. Dies ist für § 51 Abs. 1 Satz 3 und für § 51 Abs. 2 rechtspolitisch nicht überzeugend, da die dort adressierten Nachteile, aufgrund derer das Zustimmungserfordernis geregelt ist, auch bei der Verschmelzung zur Neugründung eintreten können.[3] **In der Praxis** sollte aber – mangels höchstrichterlicher Klärung – die Geltung von § 51 Abs. 1 Satz 3 und Abs. 2 aus Vorsichtsgründen zugrunde gelegt werden.[4] § 51 Abs. 1 findet gemäß § 125 Abs. 1 Satz 1 auch für die Umwandlung **durch Spaltung** Anwendung.[5] 3

2. Zwingender Mindestinhalt

§ 51 ist gemäß § 1 Abs. 3 zwingend und kann nicht durch eine Regelung im Gesellschaftsvertrag der beteiligten Rechtsträger zulasten der Minderheitsgesellschafter abbedungen werden.[6] Die betroffenen Minderheitsgesellschafter können jedoch individuell auf ihr Zustimmungsrecht für eine bestimmte Verschmelzung durch notariell beurkundete Erklärung verzichten.[7] 4

II. Zustimmungserfordernis bei nicht voll eingezahlten Geschäftsanteilen (§ 51 Abs. 1)

1. Nicht voll eingezahlte Geschäftsanteile bei der übernehmenden GmbH (§ 51 Abs. 1 Satz 1 und 2)

§ 51 Abs. 1 Satz 1 und 2 regelt besondere Zustimmungserfordernisse für die Anteilsinhaber der übertragenden Rechtsträger, sofern die Einlagen noch nicht für sämtliche Geschäftsanteile an der übernehmenden GmbH eingezahlt sind. Das Zustimmungserforder- 5

1) Begr. RegE UmwBerG bei *Ganske*, Umwandlungsrecht, S. 101; *Kleindiek* in: NK-UmwG, § 51 Rz. 3; Lutter-*J. Vetter*, UmwG, § 51 Rz. 2; Semler/Stengel/Leonard-*Reichert*, UmwG, § 51 Rz. 8.

2) Semler/Stengel/Leonard-*Reichert*, UmwG, § 51 Rz. 4.

3) Lutter-*J. Vetter*, UmwG, § 51 Rz. 10; Lutter-*J. Vetter*, UmwG, § 56 Rz. 19 ff.; Semler/Stengel/Leonard-*Reichert*, UmwG, § 51 Rz. 4; vgl. auch Kallmeyer-*Kocher*, UmwG, § 56 Rz. 4, der trotz des Wortlauts des § 56 bei einer Verschmelzung zur Neugründung § 51 Abs. 1 Satz 3, § 51 Abs. 2 aufgrund eines Redaktionsversehens für anwendbar erachtet.

4) Kallmeyer-*Kocher*, UmwG, § 56 Rz. 4.

5) *Kleindiek* in: NK-UmwG, § 51 Rz. 7; Semler/Stengel/Leonard-*Reichert*, UmwG, § 51 Rz. 4; Widmann/Mayer-*Mayer*, UmwR, § 51 UmwG Rz. 7; vgl. aber auch Kallmeyer-*Sickinger*, UmwG, § 125 Rz. 53, der § 51 Abs. 1 Satz 3 nur für eine Aufspaltung für anwendbar hält.

6) Lutter-*J. Vetter*, UmwG, § 51 Rz. 11

7) Lutter-*J. Vetter*, UmwG, § 51 Rz. 12.

nis des § 51 Abs. 1 Satz 1 gilt sowohl bei einer **nicht vollständigen Leistung** von **Bar**- als auch von **Sacheinlagen.**[8] Letzteres resultiert daraus, dass sämtliche Mitgesellschafter – neben der Differenzhaftung des Sacheinlegers gemäß § 9 GmbHG – eine subsidiäre Ausfallhaftung gemäß § 24 GmbHG für die Aufbringung des Differenzbetrags trifft.[9] Voraussetzung ist aber, dass der Anteilsinhaber des übertragenden Rechtsträgers, der ein Zustimmungserfordernis geltend macht, zumindest konkrete Umstände darlegt, die geeignet sind, **Zweifel an der Vollwertigkeit** der geleisteten Sacheinlage hervorzurufen.[10] Weitere Anwendungsfälle des § 51 Abs. 1 Satz 1 sind die **verdeckte Sacheinlage**, ein unzulässiges **Hin- und Herzahlen**[11] sowie die **Unterbilanzhaftung.**[12]

6 Sofern ein Zustimmungserfordernis nach § 51 Abs. 1 Satz 1 besteht, müssen **alle an der Beschlussfassung teilnehmenden Gesellschafter einstimmig** zustimmen: Eine Stimmenthaltung führt bereits zum Scheitern des Verschmelzungsbeschlusses.[13] Zudem ist die gesonderte Zustimmung aller bei der Versammlung anwesenden **Anteilsinhaber ohne Stimmrecht** erforderlich.[14] Eine solche Zustimmung der stimmrechtslosen Anteilsinhaber muss jedoch nicht innerhalb der Gesellschafterversammlung erfolgen.[15]

7 Sofern der übertragende Rechtsträger eine **rechtsfähige Personengesellschaft oder GmbH** ist, müssen gemäß § 51 Abs. 1 Satz 2 – neben den vorgenannten Zustimmungen – **sämtliche Gesellschafter** dem Beschluss **zustimmen**, selbst wenn sie an der Beschlussfassung über den Verschmelzungsvertrag nicht teilgenommen haben oder vom Stimmrecht ausgeschlossen sind.[16] § 51 Abs. 1 Satz 2 wurde durch das MoPeG[17] mit Wirkung zum 1.1.2024 dahingehend geändert, dass „Personenhandelsgesellschaft“ und „Partnerschaftsgesellschaft“ durch „rechtsfähige Personengesellschaft“ ersetzt wurden, da nunmehr gemäß § 3 Abs. 1 Nr. 1 auch im Gesellschaftsregister eingetragene GbRs umwandlungsfähig und damit auch in den Anwendungsbereich des § 51 Abs. 1 Satz 2 einbezogen sind.

8 Die Zustimmung der in der Versammlung nicht anwesenden Gesellschafter bedarf gemäß § 13 Abs. 3 Satz 1 der **notariellen Beurkundung.** Die Beifügung des Vertragstextes zur Zustimmungsurkunde als Anlage ist nicht unbedingt erforderlich.[18] Die Zustimmung muss gegenüber dem übertragenden Rechtsträger abgegeben werden und bis zur Anmeldung der Verschmelzung zum Handelsregister vorliegen, da sie dieser gemäß § 17 Abs. 1 beizufügen ist.[19]

---

8) Kallmeyer-*Zimmermann*, UmwG, § 51 Rz. 8; *Nießen* in: KölnKomm-UmwG, § 51 Rz. 10; Widmann/Mayer-*Mayer*, UmwR, § 51 UmwG Rz. 10.

9) Lutter/Hommelhoff-*Bayer*, GmbHG, § 9 Rz. 9; Lutter-*J. Vetter*, UmwG, § 51 Rz. 17.

10) Lutter-*J. Vetter*, UmwG, § 51 Rz. 20; *Nießen* in: KölnKomm-UmwG, § 51 Rz. 10; Semler/Stengel/Leonard-*Reichert*, UmwG, § 51 Rz. 11.

11) Lutter-*J. Vetter*, UmwG, § 51 Rz. 18 – nur, soweit die Einlageleistung zumindest noch teilweise besteht und nicht vollständig durch Anrechnung gemäß § 19 Abs. 4 Satz 3 GmbHG oder Befreiung gemäß § 19 Abs. 5 GmbHG untergegangen ist.

12) Kallmeyer-*Zimmermann*, UmwG, § 51 Rz. 8; Widmann/Mayer-*Mayer*, UmwR, § 51 UmwG Rz. 10.

13) Lutter-*J. Vetter*, UmwG, § 51 Rz. 21.

14) *v. Hinden/Scheller* in: BeckOGK-UmwG, § 51 Rz. 7; Kallmeyer-*Zimmermann*, UmwG, § 51 Rz. 2; Semler/Stengel/Leonard-*Reichert*, UmwG, § 51 Rz. 12.

15) Semler/Stengel/Leonard-*Reichert*, UmwG, § 51 Rz. 12.

16) Lutter-*J. Vetter*, UmwG, § 51 Rz. 24; Semler/Stengel/Leonard-*Reichert*, UmwG, § 51 Rz. 13.

17) Gesetz zur Modernisierung des Personengesellschaftsrechts (Personengesellschaftsrechtsmodernisierungsgesetz – MoPeG) v. 10.8.2021, BGBl. I 2021, 3436.

18) Lutter-*J. Vetter*, UmwG, § 51 Rz. 26; Widmann/Mayer-*Mayer*, UmwR, § 51 UmwG Rz. 18.

19) Lutter-*J. Vetter*, UmwG, § 51 Rz. 26; Semler/Stengel/Leonard-*Reichert*, UmwG, § 51 Rz. 13.

2. Nicht voll eingezahlte Geschäftsanteile bei der übertragenden GmbH (§ 51 Abs. 1 Satz 3)

a) Direkte Geltung

Nach der Regelung des § 51 Abs. 1 Satz 3 müssen **alle Gesellschafter der übernehmenden Gesellschaft**, auch soweit sie in der Verschmelzungsversammlung nicht anwesend sind oder keine stimmberechtigten Geschäftsanteile halten, dem Verschmelzungsvertrag **zustimmen**, soweit bei der übertragenden GmbH **nicht voll eingezahlte Geschäftsanteile** vorhanden sind.[20] Hinsichtlich der noch offenen Einlagen, der Form der Zustimmung und der Notwendigkeit, die Zustimmung vor der Anmeldung zum Handelsregister einzuholen, siehe die Ausführungen unter Rz. 5 ff. 9

Bei der **Verschmelzung einer 100%igen Tochtergesellschaft** mit ausstehenden Einlageforderungen **auf die Muttergesellschaft** wird in der Literatur vorgeschlagen, § 51 Abs. 1 Satz 3 dahingehend teleologisch zu reduzieren, dass in einem solchen Fall eine gesonderte Zustimmung aller Gesellschafter der übernehmenden Gesellschaft nicht erforderlich ist.[21] Dies überzeugt, da in einem solchen Fall keine Ausfallhaftung der Gesellschafter der übernehmenden GmbH gemäß § 24 GmbHG bestehen kann, denn die Einlagenforderung der Tochter- gegen die Muttergesellschaft erlischt durch Konfusion.[22] 10

b) Analoge Anwendung auf Mischverschmelzungen

In der Literatur streitig und in der Rechtsprechung ungeklärt ist die Frage, ob das Zustimmungserfordernis des § 51 Abs. 1 Satz 3 auf **reine GmbH-Verschmelzungen** beschränkt ist **oder** im Wege einer erweiternden oder analogen Anwendung **auch für Mischverschmelzungen** gelten soll. Nach einer Ansicht in der Literatur soll § 51 Abs. 1 Satz 3 **analog** auf Mischverschmelzungen angewandt werden, um eine Ungleichbehandlungen von Mischverschmelzungen gegenüber reinen GmbH-Verschmelzungen ohne sachlichen Grund zu vermeiden.[23] Nach der überzeugenden h. L. hingegen ist § 51 Abs. 1 Satz 3 nicht analog auf Mischverschmelzungen anzuwenden:[24] Die eindeutige Gesetzesformulierung und der Umstand, dass der Gesetzgeber die Vorschrift im Zuge der 2. UmwG-Novelle unverändert gelassen hat, sprechen **gegen die Annahme einer planwidrigen Regelungslücke** für Mischverschmelzungen, die Voraussetzung für eine analoge Anwendung der Vorschrift wäre. 11

III. Besonderes Zustimmungserfordernis für Aktionäre bei abweichenden Nennbeträgen (§ 51 Abs. 2)

1. Voraussetzungen

Sofern eine **AG bzw. KGaA** auf eine GmbH im Wege der Aufnahme verschmolzen wird und der Nennbetrag der Geschäftsanteile nach § 46 Abs. 1 Satz 2 abweichend vom Betrag der Aktien festgesetzt wird, so müssen alle Aktionäre gemäß § 51 Abs. 2 zustimmen, die sich nicht mit ihrem gesamten Anteil an der übernehmenden Gesellschaft beteiligen 12

20) Kallmeyer-*Zimmermann*, UmwG, § 51 Rz. 6; Lutter-*J. Vetter*, UmwG, § 51 Rz. 30.

21) *v. Hinden/Scheller* in: BeckOGK-UmwG, § 51 Rz. 25; *Nießen* in: KölnKomm-UmwG, § 51 Rz. 25; Lutter-*J. Vetter*, UmwG, § 51 Rz. 32.

22) So auch *Nießen* in: KölnKomm-UmwG, § 51 Rz. 25; Lutter-*J. Vetter*, UmwG, § 51 Rz. 32.

23) *Bayer*, ZIP 1997, 1613, 1623; Schmitt/Hörtnagl-*Missio*, UmwG/UmwStG, § 51 UmwG Rz. 10; Semler/Stengel/Leonard-*Reichert*, UmwG, § 51 Rz. 23.

24) *v. Hinden/Scheller* in: BeckOGK-UmwG, § 51 Rz. 27; *Kleindiek* in: NK-UmwG, § 51 Rz. 19; *Nießen* in: KölnKomm-UmwG, § 51 Rz. 30; Lutter-*J. Vetter*, UmwG, § 51 Rz. 37; *Schöne*, Die Spaltung unter Beteiligung von GmbH gemäß §§ 123 ff. UmwG, S. 205; Widmann/Mayer-*Mayer*, UmwR, § 51 UmwG Rz. 22.

können. Voraussetzung für ein solches Zustimmungserfordernis ist, dass sich nicht alle (Kommandit-)Aktionäre der übertragenden Gesellschaft an der aufnehmenden Gesellschaft beteiligen können, also ein **Beteiligungsdefizit** entsteht: Diese können dann aufgrund der abweichenden Festsetzung des Nennbetrags der zu gewährenden Geschäftsanteile an der übernehmenden GmbH nicht für ihren gesamten Aktienbesitz Anteile an der GmbH erhalten.[25] Das Zustimmungserfordernis besteht unabhängig davon, ob der Aktionär den festgesetzten Mindestnennbetrag gar nicht erreicht und damit mit seiner gesamten Beteiligung ausfällt oder nur mit sog. Spitzen ausfällt, also einem gewissen Teil seiner Beteiligung am übertragenden Rechtsträger.[26]

2. Ausnahmen

13 Es bedarf **nicht** der **Zustimmung des § 51 Abs. 2**, wenn die Festsetzung des Nennbetrags bei der übernehmenden GmbH auf der zwingenden Regelung des **§ 46 Abs. 1 Satz 3** beruht, d. h. zur Erreichung einer vollständigen beteiligungsproportionalen Zuteilung Geschäftsanteile geschaffen werden müssten, die dem Mindestnennbetragserfordernis nicht Rechnung tragen.[27]

14 Darüber hinaus bedarf die Verschmelzung nicht der Zustimmung solcher Aktionäre, die an der übertragenden Gesellschaft **so gering beteiligt** sind, dass der ihnen im Zuge der Verschmelzung zuzuteilende Geschäftsanteil den durch § 46 Abs. 1 Satz 3 vorgeschriebenen **Mindestnennbetrag** von 1 € **nicht erreichen** würde.[28] Solche Aktionäre sind dann auf eine Barabfindung verwiesen. Die Barzahlungen dürfen gemäß § 54 Abs. 4 insgesamt 10 % des Gesamtnennbetrags aller gewährten Geschäftsanteile nicht überschreiten.[29]

3. Rechtsfolgen

15 Sofern die Voraussetzungen des § 51 Abs. 2 vorliegen, ist eine Individualzustimmung **sämtlicher betroffener Aktionäre** erforderlich, auch der Inhaber stimmrechtsloser Aktien. Die Zustimmung kann auch außerhalb der Hauptversammlung abgegeben werden, die über die Verschmelzung beschließt, bedarf dann aber der notariellen Beurkundung.[30] Es genügt die **Zustimmung zum Verschmelzungsbeschluss** der Hauptversammlung, da dieser die Festsetzung des Nennbetrages mitumfasst.[31]

4. Keine analoge Anwendung auf andere übertragende Rechtsträger als AG bzw. KGaA

16 Gesetzlich nicht geregelt ist die Rechtsfolge des Beteiligungsverlusts von Anteilsinhabern anderer Rechtsträger als AG bzw. KGaA, etwa weil die Festsetzung im Verschmelzungsvertrag nicht die Erleichterungen der §§ 46 Abs. 1, 54 Abs. 3, 55 Abs. 1 hinsichtlich des

25) Kallmeyer-*Zimmermann*, UmwG, § 51 Rz. 9; *Nießen* in: KölnKomm-UmwG, § 51 Rz. 32; Lutter-*J. Vetter*, UmwG, § 51 Rz. 62; Semler/Stengel/Leonard-*Reichert*, UmwG, § 51 Rz. 25.

26) Kallmeyer-*Zimmermann*, UmwG, § 51 Rz. 9; Semler/Stengel/Leonard-*Reichert*, UmwG, § 51 Rz. 25; Widmann/Mayer-*Mayer*, UmwR, § 51 UmwG Rz. 26.

27) *Nießen* in: KölnKomm-UmwG, § 51 Rz. 36; Lutter-*J. Vetter*, UmwG, § 51 Rz. 65; Semler/Stengel/Leonard-*Reichert*, UmwG, § 51 Rz. 28.

28) Lutter-*J. Vetter*, UmwG, § 51 Rz. 66; Widmann/Mayer-*Mayer*, UmwR, § 51 UmwG Rz. 28.

29) Vgl. dazu auch Lutter-*J. Vetter*, UmwG, § 51 Rz. 67; Semler/Stengel/Leonard-*Reichert*, UmwG, § 51 Rz. 31.

30) Semler/Stengel/Leonard-*Reichert*, UmwG, § 51 Rz. 26; vgl. auch Kallmeyer-*Zimmermann*, UmwG, § 51 Rz. 11.

31) Str., wie hier Lutter-*J. Vetter*, UmwG, § 51 Rz. 68; Semler/Stengel/Leonard-*Reichert*, UmwG, § 51 Rz. 27; a. A. Kallmeyer-*Zimmermann*, UmwG, § 51 Rz. 11 – Zustimmung zum Verschmelzungsvertrag, Kapitalerhöhungs- und Verschmelzungsbeschluss erforderlich.

Mindestnennbetrages und der Teilbarkeit der Geschäftsanteile nutzt. Durch die **Möglichkeit der Anfechtung** des Verschmelzungsbeschlusses sind die betroffenen Anteilsinhaber jedoch hinreichend geschützt, so dass ein Zustimmungserfordernis (gemäß § 51 Abs. 2 analog) ausscheidet.[32] Der betroffene Gesellschafter kann den Zustimmungsbeschluss wegen **Treuepflichtverletzung** anfechten: Auch für Verschmelzungen gilt die Rechtsprechung des BGH,[33] dass es treuwidrig ist, bei Kapitalerhöhungen im Anschluss an einer Herabsetzung des Stammkapitals auf null Anteile zu einem höheren als dem gesetzlichen Mindestnennbetrag auszugeben.[34]

IV. Rechtsfolgen fehlender Zustimmungen

Sofern eine nach § 51 erforderliche Individualzustimmung fehlt, ist der Verschmelzungsbeschluss zunächst **schwebend unwirksam** (siehe dazu § 50 Rz. 31, 36 [*Otte*]). 17

32) So auch Lutter-*J. Vetter*, UmwG, § 51 Rz. 70; Semler/Stengel/Leonard-*Reichert*, UmwG, § 51 Rz. 32.

33) BGH, Urt. v. 5.7.1999 – II ZR 126/98 (Hilgers), ZIP 1999, 1444 = NZG 1999, 1158.

34) Lutter-*J. Vetter*, UmwG, § 51 Rz. 70; Semler/Stengel/Leonard-*Reichert*, UmwG, § 51 Rz. 32; Widmann/Mayer-*Mayer*, UmwR, § 51 UmwG Rz. 30.1.

§ 52
Anmeldung der Verschmelzung*)

[1]Bei der Anmeldung der Verschmelzung zur Eintragung in das Register haben die Vertretungsorgane der an der Verschmelzung beteiligten Rechtsträger im Falle des § 51 Abs. 1 auch zu erklären, dass dem Verschmelzungsbeschluss jedes der übertragenden Rechtsträger alle bei der Beschlussfassung anwesenden Anteilsinhaber dieses Rechtsträgers und, sofern der übertragende Rechtsträger eine rechtsfähige Personengesellschaft oder eine Gesellschaft mit beschränkter Haftung ist, auch die nicht erschienenen Gesellschafter dieser Gesellschaft zugestimmt haben. [2]Wird eine Gesellschaft mit beschränkter Haftung, auf deren Geschäftsanteile nicht alle zu leistenden Einlagen in voller Höhe bewirkt sind, von einer Gesellschaft mit beschränkter Haftung durch Verschmelzung aufgenommen, so ist auch zu erklären, dass alle Gesellschafter dieser Gesellschaft dem Verschmelzungsbeschluss zugestimmt haben.

*) § 52 geändert durch Art. 60 des Gesetzes zur Modernisierung des Personengesellschaftsrechts (Personengesellschaftsrechtsmodernisierungsgesetz – MoPeG), v. 10.8.2021, BGBl. I 2021, 3436; § 52 geändert durch Art. 1 des Dritten Gesetzes zur Änderung des Umwandlungsgesetzes (3. UmwGÄndG), v. 11.7.2011, BGBl. I 2011, 1338; § 52 geändert durch Art. 1 des Zweiten Gesetzes zur Änderung des Umwandlungsgesetzes (2. UmwGÄndG), v. 19.4.2007, BGBl. I 2007, 542; § 52 i. d. F. des UmwBerG geändert durch Art. 1 des Gesetzes zur Änderung des Umwandlungsgesetzes, des Partnerschaftsgesellschaftsgesetzes und anderer Gesetze (UmwGÄndG), v. 22.7.1998, BGBl. I 1998, 1878.

Literatur: *Drinhausen*, Regierungsentwurf eines Zweiten Gesetzes zur Änderung des Umwandlungsgesetzes – ein Gewinn für die Praxis, BB 2006, 2313; *Heckschen*, Das Dritte Gesetz zur Änderung des Umwandlungsgesetzes in der Fassung des Regierungsentwurfs, NZG 2010, 1041; *Heilmeier*, Listeneinreichungszuständigkeit bei mittelbarer Mitwirkung eines Notars nach § 40 GmbHG, NZG 2012, 217; *Melchior*, Vollmachten bei Umwandlungsvorgängen – Vertretungshindernisse und Interessenkollisionen, GmbHR 1999, 520; *Neye/Kraft*, Neuigkeiten beim Umwandlungsrecht, NZG 2011, 681; *Wachter*, GmbH-Reform: Auswirkungen auf die Übertragung von GmbH-Geschäftsanteilen, ZNotP 2008, 378; *Wicke*, Die GmbH-Gesellschafterliste im Fokus der Rechtsprechung, DB 2011, 1037.

Übersicht

I. Allgemeines

1. Normzweck und Anwendungsbereich

1 § 52 ergänzt für Verschmelzungen unter Beteiligung einer GmbH die allgemeinen Bestimmungen der §§ 16, 17 über die Anmeldungsmodalitäten beim Handelsregister.[1)] § 52 sieht eine gemäß § 346 Abs. 2 **strafbewehrte Erklärung** darüber vor, dass alle Zustimmungserfordernisse gemäß § 51 Abs. 1 erfüllt wurden. Diese Regelung soll den **Schutz** der neuen Gesellschafter **vor einer Ausfallhaftung** erhöhen und zugleich die **Prüfung der Verschmelzung** durch das Registergericht erleichtern.[2)]

2 § 52 gilt gemäß § 56 **nicht** für die Verschmelzung **zur Neugründung.**[3)]

2. Zwingender Mindestinhalt

3 § 52 ist gemäß § 1 Abs. 3 **zwingend** und damit weder durch den Gesellschafts- noch durch den Verschmelzungsvertrag abdingbar.[4)]

II. Erklärung über Gesellschafterzustimmung

4 Sind bei der übernehmenden GmbH **nicht alle Anteile voll eingezahlt**, haben die Vertretungsorgane sämtlicher an der Verschmelzung beteiligter Rechtsträger bei der Anmeldung zum jeweils zuständigen Register zu versichern, dass die Anteilsinhaber der übertragenden Rechtsträger die nach § 51 Abs. 1 Satz 1 und 2 **erforderlichen Zustimmungen abgegeben** haben.

5 Bei **reinen GmbH-Verschmelzungen** müssen gemäß § 52 Satz 2 die Geschäftsführer sämtlicher an der Verschmelzung beteiligten GmbH versichern, dass die nach § 51 Abs. 1 Satz 3 erforderlichen Zustimmungen sämtlicher Gesellschafter der übernehmenden GmbH vorliegen.

6 Die **Erklärung** nach § 52 ist **entbehrlich**, wenn alle betroffenen Gesellschafter der Verschmelzung in einer **Universalversammlung** zugestimmt haben, sowie im Falle der Verschmelzung einer 100%igen Tochter auf ihre Mutter, da dann nicht die Gefahr einer Ausfallhaftung besteht.[5)] Da die Frage, ob die Erklärung in solchen Fällen entbehrlich ist, nicht höchstrichterlich geklärt ist, sollte in der Praxis zuvor eine Abstimmung mit dem Registergericht erfolgen.[6)]

7 Die **Erklärung** nach § 52 ist **für jeden an der Verschmelzung beteiligten Rechtsträger** abzugeben, also nicht nur für die Rechtsträger, bei denen sich besondere Zustimmungser-

---

1) Lutter-*J. Vetter*, UmwG, § 52 Rz. 1; Semler/Stengel/Leonard-*Reichert*, UmwG, § 52 Rz. 2.

2) Kallmeyer-*Zimmermann*, § 52 Rz. 1; Semler/Stengel/Leonard-*Reichert*, UmwG, § 52 Rz. 2; krit. Lutter-*J. Vetter*, UmwG, § 52 Rz. 4.

3) Kallmeyer-*Zimmermann*, UmwG, § 52 Rz. 8; Lutter-*J. Vetter*, UmwG, § 52 Rz. 5.

4) Lutter-*J. Vetter*, UmwG, § 52 Rz. 6.

5) Henssler/Strohn-*Haeder*, GesR, § 52 UmwG Rz. 1; Kallmeyer-*Zimmermann*, UmwG, § 52 Rz. 7; Semler/Stengel/Leonard-*Reichert*, UmwG, § 52 Rz. 7.

6) Vgl. auch Lutter-*J. Vetter*, UmwG, § 52 Rz. 12.

fordernisse nach § 51 ergeben.[7] Die Verpflichtung zur Abgabe der Erklärung trifft **alle Organmitglieder** der an der Verschmelzung beteiligten Rechtsträger, so dass eine bloße Abgabe durch Organmitglieder in vertretungsberechtigter Zahl nicht ausreichend ist.[8] Da die Erklärungen gemäß § 346 Abs. 2 strafbewehrt sind, ist eine Stellvertretung unzulässig.[9]

Die Erklärungen nach § 52 müssen bei Anmeldung der Verschmelzung zur Eintragung in das Handelsregister, aber nicht unbedingt in der Handelsregisteranmeldung selbst abgegeben werden.[10] § 52 regelt keine besondere Form der Erklärung. In der Literatur wird daraus teilweise geschlossen, dass die Erklärung nicht an eine Form gebunden sei.[11] Dagegen spricht aber, dass die Erklärung in der Form des § 12 Abs. 2 HGB beim Handelsregister einzureichen ist. Wenngleich eine öffentliche Beglaubigung mangels Regelung in § 52 für die Erklärung nicht erforderlich ist, muss sie angesichts des Erfordernisses der elektronischen Einreichung privatschriftlich mit Namensunterschrift abgegeben werden.[12] 8

III. Rechtsfolgen fehlender oder unzutreffender Erklärungen

Solange die Erklärung gemäß § 52 fehlt, darf der Registerrichter die Verschmelzung nicht eintragen, sondern muss durch eine **Zwischenverfügung** (§ 382 Abs. 4 FamFG) auf das **Fehlen der Erklärung** hinweisen.[13] Die verspätete Abgabe der Erklärung ist für die Einhaltung der Acht-Monats-Frist des § 17 Abs. 2 Satz 4 unerheblich.[14] Sofern der Registerrichter die Verschmelzung fälschlicherweise trotz fehlender Erklärung einträgt, berührt dies die Wirksamkeit der Verschmelzung gemäß § 20 Abs. 2 nicht.[15] Die – vorsätzliche – Abgabe einer unrichtigen Erklärung nach § 52 wird gemäß § 346 Abs. 2 mit Freiheitsstrafe bis zu drei Jahren oder mit Geldstrafe bestraft. 9

IV. Gesellschafterliste

Sofern die Verschmelzung auf eine GmbH bereits existierende oder neue Geschäftsanteile gewährt, erfordert sie die Einreichung einer korrigierten Gesellschafterliste gemäß § 40 GmbHG.[16] Wenn die Verschmelzung nicht zu einer Änderung im Gesellschafterkreis einer GmbH führt (z. B. bei der Verschmelzung einer 100%igen Tochtergesellschaft auf die GmbH oder bei einem Verzicht aller Anteilsinhaber des übertragenden Rechtsträgers auf die Gewährung von Geschäftsanteilen gemäß § 54 Abs. 1 Satz 3), ist weder die Korrektur der Gesellschafterliste noch die Einreichung einer Fehlanzeigemeldung erforderlich.[17] 10

Gemäß **§ 52 Abs. 2 a. F.** war der Anmeldung zum Handelsregister des Sitzes der übernehmenden Gesellschaft eine von den Geschäftsführern dieser Gesellschaft unterschriebene berichtigte **Gesellschafterliste** beizufügen. Die Vorschrift des § 52 Abs. 2 a. F. 11

7) Lutter-*J. Vetter*, UmwG, § 52 Rz. 13; Schmitt/Hörtnagl-*Missio*, UmwG/UmwStG, § 52 UmwG Rz. 2.

8) *v. Hinden/Scheller* in: BeckOGK-UmwG, § 52 Rz. 12; Kallmeyer-*Zimmermann*, § 52 Rz. 5.

9) Schmitt/Hörtnagl-*Missio*, UmwG/UmwStG, § 52 UmwG Rz. 2; Semler/Stengel/Leonard-*Reichert*, UmwG, § 52 Rz. 6.

10) Kallmeyer-*Zimmermann*, UmwG, § 52 Rz. 5; Semler/Stengel/Leonard-*Reichert*, UmwG, § 52 Rz. 6.

11) *Nießen* in: KölnKomm-UmwG, § 52 Rz. 9; Kallmeyer-*Zimmermann*, UmwG, § 52 Rz. 5; Semler/Stengel/Leonard-*Reichert*, UmwG, § 52 Rz. 6.

12) *v. Hinden/Scheller* in: BeckOGK-UmwG, § 52 Rz. 13; Lutter-*J. Vetter*, UmwG, § 52 Rz. 18.

13) Kallmeyer-*Zimmermann*, UmwG, § 52 Rz. 6; Semler/Stengel/Leonard-*Reichert*, UmwG, § 52 Rz. 8.

14) Kallmeyer-*Zimmermann*, UmwG, § 52 Rz. 6; *Nießen* in: KölnKomm-UmwG, § 52 Rz. 12.

15) *Kleindiek* in: NK-UmwG, § 52 Rz. 12; Lutter-*J. Vetter*, UmwG, § 52 Rz. 21; Semler/Stengel/Leonard-*Reichert*, UmwG, § 52 Rz. 8.

16) *Kleindiek* in: NK-UmwG, § 52 Rz. 4; Lutter-*J. Vetter*, UmwG, § 52 Rz. 23.

17) Lutter-*J. Vetter*, UmwG, § 52 Rz. 23; Widmann/Mayer-*Mayer*, UmwR, § 52 UmwG Rz. 11.

wurde durch das 3. UmwGÄndG[18] gestrichen, da seit Inkrafttreten des MoMiG[19] der Notar die aktualisierte Gesellschafterliste gemäß § 40 Abs. 2 GmbHG einzureichen hat und es daher keiner zusätzlichen Verpflichtung der Geschäftsführer zur Einreichung der berichtigten Gesellschafterliste mehr bedarf.[20]

18) Drittes Gesetz zur Änderung des Umwandlungsgesetzes (3. UmwGÄndG), v. 11.7.2011, BGBl. I 2011, 1338.

19) Gesetz zur Modernisierung des GmbH-Rechts und zur Bekämpfung von Missbräuchen (MoMiG), v. 23.10.2008, BGBl. I 2008, 2026.

20) Begr. RegE 3. UmwGÄndG, BT-Drucks. 17/3122, S. 11; *Kleindiek* in: NK-UmwG, § 52 Rz. 4; Lutter-*J. Vetter*, UmwG, § 52 Rz. 8.

§ 53

Eintragung bei Erhöhung des Stammkapitals

Erhöht die übernehmende Gesellschaft zur Durchführung der Verschmelzung ihr Stammkapital, so darf die Verschmelzung erst eingetragen werden, nachdem die Erhöhung des Stammkapitals im Register eingetragen worden ist.

Literatur: *Heckschen*, Differenzhaftung und existenzvernichtender Eingriff bei der Verschmelzung in der Krise, NZG 2019, 561; *Ihrig*, Gläubigerschutz in der Kapitalaufbringung bei Verschmelzung und Spaltung nach neuem Umwandlungsrecht, GmbHR 1995, 622; *Priester*, Eine Lanze für die Differenzhaftung bei Verschmelzung von GmbH, ZIP 2019, 646; *Wicke*, Sanierungsfusion und Existenzvernichtungshaftung, DNotZ 2019, 405.

Übersicht

I. Allgemeines

1 In Ergänzung zu § 19 Abs. 1 Satz 2, der die Reihenfolge der Eintragung der Verschmelzung in das Handelsregister der beteiligten Rechtsträger festlegt, regelt § 53 die **vorrangige Eintragung** einer zur Durchführung der Verschmelzung erforderlichen **Kapitalerhöhung** in das Register der übernehmenden GmbH.[1] Durch diese Reihenfolge der Eintragung soll gewährleistet werden, dass die neuen Geschäftsanteile, die im Zeitpunkt des Wirksamwerdens der Verschmelzung den Anteilsinhabern des übertragenden Rechtsträgers zu gewähren sind, tatsächlich zur Verfügung stehen.[2]

2 Der Regelungsgegenstand des § 53 erfasst nur **Kapitalerhöhungen**, die **zur Durchführung der Verschmelzung** erfolgen, also nicht (reguläre) Kapitalerhöhungen aus anderen Gründen.[3] § 53 gilt nur für Verschmelzungen **auf eine übernehmende GmbH**; § 66 enthält eine Parallelregelung für die Verschmelzung auf eine AG.[4]

1) Lutter-*J. Vetter*, UmwG, § 53 Rz. 1; Semler/Stengel/Leonard-*Reichert*, UmwG, § 53 Rz. 2.

2) Kallmeyer-*Zimmermann*, UmwG, § 53 Rz. 18; Lutter-*J. Vetter*, UmwG, § 53 Rz. 1; Semler/Stengel/Leonard-*Reichert*, UmwG, § 53 Rz. 2; Widmann/Mayer-*Mayer*, UmwR, § 53 UmwG Rz. 1.

3) Semler/Stengel/Leonard-*Reichert*, UmwG, § 53 Rz. 3; Widmann/Mayer-*Mayer*, UmwR, § 53 UmwG Rz. 4.

4) Lutter-*J. Vetter*, UmwG, § 53 Rz. 2 f.

§ 53 ist gemäß § 56 **nicht** auf eine Verschmelzung **zur Neugründung** anwendbar. 3

Die Regelung des § 53 ist gemäß § 1 Abs. 3 Satz 1 **zwingend.** 4

II. Anmeldung

Sämtliche Geschäftsführer der übernehmenden Gesellschaft müssen die Kapitalerhöhung bei dem für die übernehmende GmbH zuständigen Handelsregister anmelden.[5)] Wegen der **Strafbarkeit** falscher Angaben bei der Anmeldung gemäß § 82 Abs. 1 Nr. 3 GmbHG scheiden sowohl unechte Gesamtvertretung als auch rechtsgeschäftliche Bevollmächtigung bei der Anmeldung aus.[6)] Die Anmeldung kann zeitgleich mit der Anmeldung der Verschmelzung erfolgen.[7)] 5

Der Anmeldung der Kapitalerhöhung zum Registergericht der übernehmenden GmbH sind folgende **Unterlagen beizufügen:**[8)] 6

- Notarielle Niederschrift über den Kapitalerhöhungsbeschluss und den Satzungsänderungsbeschluss in Ausfertigung oder beglaubigter Abschrift (der Beschluss kann in derselben notariellen Urkunde enthalten sein wie der Verschmelzungsbeschluss);
- notarielle Niederschrift des Verschmelzungsvertrags und der Verschmelzungsbeschlüsse bzw. Zustimmungserklärungen in Ausfertigung oder in beglaubigter Abschrift gemäß § 55 Abs. 2;
- vollständiger Wortlaut der Satzung mit notarieller Bestätigung gemäß § 54 Abs. 1 Satz 2 GmbHG;
- Nachweis der Werthaltigkeit des eingebrachten Unternehmens (in der Regel durch Verschmelzungsbilanz gemäß § 17 Abs. 2);
- Liste der Übernehmer der neuen Stammeinlagen gemäß § 55 Abs. 2 UmwG i. V. m. § 57 Abs. 3 Nr. 2 GmbHG.[9)]

Es ist streitig und bislang nicht höchstrichterlich geklärt, ob ein **Sacherhöhungsbericht** erforderlich ist; ein solcher kann nach zutreffender Auffassung vom Registergericht nicht angefordert werden.[10)] In der Praxis sollte dies jedoch im Vorfeld mit dem Registergericht abgeklärt werden. 7

III. Prüfung durch das Registergericht

Das Registergericht prüft die **formelle Ordnungsmäßigkeit** der Anmeldung (örtliche und sachliche Zuständigkeit, Vertretungsbefugnis, Form, Vollständigkeit der Unterlagen, Rechtmäßigkeit des Kapitalerhöhungsbeschlusses und des Satzungsänderungsbeschlusses) sowie die Wirksamkeitsvoraussetzungen der Verschmelzung als konstitutive Voraussetzung der Kapitalerhöhung.[11)] 8

---

5) Kallmeyer-*Zimmermann*, UmwG, § 53 Rz. 3; Semler/Stengel/Leonard-*Reichert*, UmwG, § 53 Rz. 4.

6) Kallmeyer-*Zimmermann*, UmwG, § 53 Rz. 3; Semler/Stengel/Leonard-*Reichert*, UmwG, § 53 Rz. 4; a. A. Widmann/Mayer-*Mayer*, UmwR, § 55 UmwG Rz. 87 – zu rechtsgeschäftlicher Vertretung.

7) Lutter-*J. Vetter*, UmwG, § 53 Rz. 8; Semler/Stengel/Leonard-*Reichert*, UmwG, § 53 Rz. 6.

8) Kallmeyer-*Zimmermann*, UmwG, § 53 Rz. 6 ff.; Lutter-*J. Vetter*, UmwG, § 53 Rz. 9; Semler/Stengel/Leonard-*Reichert*, UmwG, § 53 Rz. 6.

9) Str., wie hier Kallmeyer-*Zimmermann*, UmwG, § 53 Rz. 9; Lutter-*J. Vetter*, UmwG, § 53 Rz. 9; a. A. Schmitt/Hörtnagl-*Missio*, UmwG/UmwStG, § 55 UmwG Rz. 25.

10) LG München I, Urt. v. 9.6.2005 – 5 HKO 10136/03, AG 2005, 623, 626 = DB 2005, 1731; Kallmeyer-*Zimmermann*, UmwG, § 53 Rz. 7; Lutter-*J. Vetter*, UmwG, § 55 Rz. 57; a. A. Semler/Stengel/Leonard-*Reichert*, UmwG, § 53 Rz. 7.

11) Kallmeyer-*Zimmermann*, UmwG, § 53 Rz. 13; Lutter-*J. Vetter*, UmwG, § 53 Rz. 10; Semler/Stengel/Leonard-*Reichert*, UmwG, § 53 Rz. 8.

9 Da es sich bei einer Kapitalerhöhung zur Durchführung einer Verschmelzung um eine Sachkapitalerhöhung handelt, bei der das übertragende Unternehmen als Sacheinlage eingebracht wird, **prüft** das Registergericht die **Werthaltigkeit des** auf den übernehmenden Rechtsträger **übertragenen Vermögens.**[12] Als **Nachweis** der Werthaltigkeit dient regelmäßig die Schlussbilanz der übertragenden Gesellschaft, wenn ihre (Netto-)Buchwerte den Nennbetrag der übernommenen Geschäftsanteile erreichen; anderenfalls kann das Registergericht andere Nachweise, wie z. B. ein Sachverständigengutachten, verlangen.[13] Solange nicht derart erhebliche Zweifel an der Werthaltigkeit bestehen, dass diese nur durch eine geprüfte Bilanz ausgeräumt werden können, kann eine durch einen unabhängigen Prüfer geprüfte und testierte Bilanz jedenfalls bei kleinen Gesellschaften, die bisher der allgemeinen Prüfungspflicht unterliegen, nicht verlangt werden.[14]

10 Im Falle einer **Unterdeckung** muss der Registerrichter zunächst durch Zwischenverfügung die Möglichkeit geben, die Differenz in bar auszugleichen.[15] Erfolgt auf die Zwischenverfügung die Zahlung, haben die Geschäftsführer diese gemäß §§ 55 Abs. 2, 8 Abs. 2 GmbHG analog zu versichern.[16] Sollte die Zahlung nicht erfolgen, wird die Eintragung bei nicht nur unwesentlicher Überbewertung (§§ 57a, 9c GmbHG) abgelehnt.[17]

IV. Eintragung

11 Die **Erhöhung des Stammkapitals** der übernehmenden Gesellschaft ist vor der Verschmelzung einzutragen, soweit eine Kapitalerhöhung nicht ausnahmsweise mangels Anteilsgewährung gemäß § 54 oder wegen anderweitiger Beschaffung der zu gewährenden Anteile entbehrlich ist.[18]

12 Die Verschmelzung muss gemäß § 19 **beim übertragenden und beim übernehmenden** Rechtsträger eingetragen werden. Die Eintragung der Verschmelzung beim übertragenden Rechtsträger kann bereits vor der Eintragung der Kapitalerhöhung bei der übernehmenden Gesellschaft erfolgen.[19] Gemäß § 19 Abs. 1 Satz 2 wird die Eintragung in das Register des übertragenden Rechtsträgers mit dem Vermerk versehen, dass die Verschmelzung erst mit Eintragung in das Register der übernehmenden Gesellschaft wirksam wird.

13 Die Vorschaltung der Eintragung der Kapitalerhöhung bei der übernehmenden GmbH vor der Eintragung der Verschmelzung bei der übernehmenden GmbH ist zwingend, da der **Eintragung der Verschmelzung** bei der übernehmenden GmbH **konstitutive Wirkung** für die Wirksamkeit von Kapitalerhöhung und Verschmelzung zukommt.[20] Diese Reihenfolge soll sicherstellen, dass im Zeitpunkt des Wirksamwerdens der Verschmelzung und des damit zwingend verbundenen Untergangs der Anteile an dem übertragenden Rechtsträger die den Anteilsinhabern zu gewährenden Geschäftsanteile an der über-

---

12) Lutter-*J. Vetter*, UmwG, § 53 Rz. 11; Semler/Stengel/Leonard-*Reichert*, UmwG, § 53 Rz. 9.

13) Kallmeyer-*Zimmermann*, UmwG, § 53 Rz. 14; Lutter-*J. Vetter*, UmwG, § 53 Rz. 11; *Nießen* in: KölnKomm-UmwG, § 53 Rz. 12.

14) Semler/Stengel/Leonard-*Reichert*, UmwG, § 53 Rz. 9; vgl. auch OLG Düsseldorf, Beschl. v. 29.3.1995 – 3 Wx 568/94, NJW 1995, 2927 = RPfleger 1995, 464; Kallmeyer-*Zimmermann*, UmwG, § 53 Rz. 10.

15) Kallmeyer-*Zimmermann*, UmwG, § 53 Rz. 12; Lutter-*J. Vetter*, UmwG, § 53 Rz. 12.

16) Kallmeyer-*Zimmermann*, UmwG, § 53 Rz. 12; Semler/Stengel/Leonard-*Reichert*, UmwG, § 53 Rz. 10.

17) Lutter-*J. Vetter*, UmwG, § 53 Rz. 12.

18) Lutter-*J. Vetter*, UmwG, § 53 Rz. 13; Semler/Stengel/Leonard-*Reichert*, UmwG, § 53 Rz. 11.

19) *v. Hinden/Scheller* in: BeckOGK-UmwG, § 53 Rz. 12; Kallmeyer-*Zimmermann*, UmwG, § 53 Rz. 13; Lutter-*J. Vetter*, UmwG, § 53 Rz. 15.

20) Kallmeyer-*Zimmermann*, UmwG, § 53 Rz. 13; Semler/Stengel/Leonard-*Reichert*, UmwG, § 53 Rz. 12.

nehmenden GmbH zur Verfügung stehen.[21] Die neuen Anteile entstehen erst mit Eintragung der Verschmelzung (arg. e § 20 Abs. 1 Nr. 3).[22]

Sofern die **Eintragung** der Verschmelzung **endgültig scheitert**, sind die Kapitalerhöhung sowie die entsprechende Satzungsänderung gemäß § 395 Abs. 1 FamFG von Amts wegen zu löschen.[23] Eine bereits eingetragene Kapitalerhöhung entfaltet keine Wirksamkeit.[24] Hingegen wird eine **nach allgemeinen Grundsätzen nichtige Kapitalerhöhung** gemäß § 20 Abs. 2 analog mit der Eintragung der Verschmelzung **geheilt.**[25] 14

In der Praxis selten ist der Fall, dass dahingehend **gegen die Eintragungsreihenfolge verstoßen** wird, dass im Handelsregister der übernehmenden GmbH zunächst die Verschmelzung und dann die Kapitalerhöhung eingetragen wird. In einem solchen Fall kommt der **letzten Eintragung Heilungswirkung** zu; die Verschmelzung wird allerdings dann abweichend von § 20 Abs. 1 erst mit Eintragung der Kapitalerhöhung als letztem Teilakt der Verschmelzungsdurchführung wirksam.[26] Es ist zweckmäßig, einen berichtigenden entsprechenden Vermerk im Handelsregister aufzunehmen.[27] 15

Unschädlich ist die Eintragung der Verschmelzung entgegen § 19 Abs. 1 **zuerst bei der übernehmenden Gesellschaft** und dann beim übertragenden Rechtsträger: In einem solchen Fall tritt die Verschmelzungswirkung bereits mit der Eintragung in das Register der übernehmenden Gesellschaft ein, denn die Eintragung der Verschmelzung in das Register des übertragenden Rechtsträgers ist ohnehin nur deklaratorisch und kann daher nachgeholt werden.[28] 16

21) Lutter-*J. Vetter*, UmwG, § 53 Rz. 19; Semler/Stengel/Leonard-*Reichert*, UmwG, § 53 Rz. 12.

22) Lutter-*J. Vetter*, UmwG, § 53 Rz. 20; *Rebmann* in: HK-UmwG, § 53 Rz. 5.

23) Kallmeyer-*Zimmermann*, UmwG, § 53 Rz. 14; *Nießen* in: KölnKomm-UmwG, § 53 Rz. 16; Lutter-*J. Vetter*, UmwG, § 53 Rz. 21.

24) Semler/Stengel/Leonard-*Reichert*, UmwG, § 53 Rz. 13.

25) Lutter-*J. Vetter*, UmwG, § 53 Rz. 23; Semler/Stengel/Leonard-*Reichert*, UmwG, § 53 Rz. 13.

26) *v. Hinden/Scheller* in: BeckOGK-UmwG, § 53 Rz. 12; Kallmeyer-*Zimmermann*, UmwG, § 53 Rz. 14; Lutter-*J. Vetter*, UmwG, § 53 Rz. 24; Semler/Stengel/Leonard-*Reichert*, UmwG, § 53 Rz. 14.

27) Lutter-*J. Vetter*, UmwG, § 53 Rz. 24; Semler/Stengel/Leonard-*Reichert*, UmwG, § 53 Rz. 14; Widmann/Mayer-*Mayer*, UmwR, § 53 UmwG Rz. 12.

28) Lutter-*J. Vetter*, UmwG, § 53 Rz. 25; Semler/Stengel/Leonard-*Reichert*, UmwG, § 53 Rz. 16; Widmann/Mayer-*Mayer*, UmwR, § 53 UmwG Rz. 13.

§ 54

Verschmelzung ohne Kapitalerhöhung*)

(1) [1]Die übernehmende Gesellschaft darf zur Durchführung der Verschmelzung ihr Stammkapital nicht erhöhen, soweit

1. sie Anteile eines übertragenden Rechtsträgers innehat;

2. ein übertragender Rechtsträger eigene Anteile innehat oder

3. ein übertragender Rechtsträger Geschäftsanteile dieser Gesellschaft innehat, auf welche die Einlagen nicht in voller Höhe bewirkt sind.

[2]Die übernehmende Gesellschaft braucht ihr Stammkapital nicht zu erhöhen, soweit

1. sie eigene Geschäftsanteile innehat oder

2. ein übertragender Rechtsträger Geschäftsanteile dieser Gesellschaft innehat, auf welche die Einlagen bereits in voller Höhe bewirkt sind.

[3]Die übernehmende Gesellschaft darf von der Gewährung von Geschäftsanteilen absehen, wenn alle Anteilsinhaber eines übertragenden Rechtsträgers darauf verzichten; die Verzichtserklärungen sind notariell zu beurkunden.

(2) Absatz 1 gilt entsprechend, wenn Inhaber der dort bezeichneten Anteile ein Dritter ist, der im eigenen Namen, jedoch in einem Fall des Absatzes 1 Satz 1 Nr. 1 oder des Absatzes 1 Satz 2 Nr. 1 für Rechnung der übernehmenden Gesellschaft oder in einem der anderen Fälle des Absatzes 1 für Rechnung des übertragenden Rechtsträgers handelt.

(3) [1]Soweit zur Durchführung der Verschmelzung Geschäftsanteile der übernehmenden Gesellschaft, die sie selbst oder ein übertragender Rechtsträger innehat, geteilt werden müssen, um sie den Anteilsinhabern eines übertragenden Rechtsträgers gewähren zu können, sind Bestimmungen des Gesellschaftsvertrags, welche die Teilung der Geschäftsanteile der übernehmenden Gesellschaft ausschließen oder erschweren, nicht anzuwenden; jedoch muss der Nennbetrag jedes Teils der Geschäftsanteile auf volle Euro lauten. [2]Satz 1 gilt entsprechend, wenn Inhaber der Geschäftsanteile ein Dritter ist, der im eigenen Namen, jedoch für Rechnung der übernehmenden Gesellschaft oder eines übertragenden Rechtsträgers handelt.

(4) Im Verschmelzungsvertrag festgesetzte bare Zuzahlungen dürfen nicht den zehnten Teil des Gesamtnennbetrags der gewährten Geschäftsanteile der übernehmenden Gesellschaft übersteigen.

*) § 54 geändert durch Art. 17 des Gesetzes zur Modernisierung des GmbH-Rechts und zur Bekämpfung von Missbräuchen (MoMiG), v. 23.10.2008, BGBl. I 2008, 2026; § 54 geändert durch Art. 1 des Zweiten Gesetzes zur Änderung des Umwandlungsgesetzes (2. UmwGÄndG), v. 19.4.2007, BGBl. I 2007, 542; § 54 i. d. F. des UmwBerG geändert durch Art. 3 § 4 des Gesetzes zur Einführung des Euro (Euro-Einführungsgesetz – EuroEG), v. 9.6.1998, BGBl. I 1998, 1242.

Literatur: *Bachmann*, Außer Spesen nichts gewesen – Der Sinn der umwandlungsrechtlichen Barzahlungsschranke, ZHR 185 (2021), 51; *Enneking/Heckschen*, Gesellschafterhaftung beim down-stream-merger, DB 2006, 1099; *Heckschen*, Die Pflicht zur Anteilsgewährung im Umwandlungsrecht, DB 2008, 1363; *Heckschen*, Kapitalerhaltung und Downstream Merger, GmbHR 2008, 802; *Heckschen*, Anteilsgewähr bei Verschmelzung, Spaltung und Formwechsel – aktuelle Entwicklungen, GmbHR 2021, 8; *Heckschen/Gassen*, Der Verzicht auf Anteilsgewähr bei Umwandlungsvorgängen aus gesellschafts- und steuerrechtlicher Sicht, GWR 2010, 101; *Heckschen/Weitbrecht*, Sicherungsrechte an Gesellschaftsanteilen und Unternehmensumwandlung, ZIP 2019, 1189; *Heinze*, Die Bedeutung von § 54 Abs. 1 S. 3 UmwG für die fristwahrende Fehlerbeseitigung bei Verschmelzungen, RNotZ 2017, 87; *Ihrig*, Verschmelzung und Spaltung ohne Gewährung neuer Anteile?, ZHR 160 (1996), 317; *Ihrig/Schäfer*, Kapitaldeckungsverantwortung und Existenzvernichtung bei der Verschmelzung von Gesellschaften mit beschränkter Haftung, FS Grunewald, 2021, S. 405; *Keller/Klett*, Die sanierende Verschmelzung, DB 2010, 1220; *Klein/Stephanblome*, Der Downstream Merger – aktuelle umwandlungs- und gesellschaftsrechtliche Fragestellungen, ZGR 2007, 351; *Krumm*, Die Verschmelzung von Schwestergesellschaften ohne Anteilsgewährung, GmbHR 2010, 24; *Lieder*, Eigene Geschäftsanteile im Umwandlungsrecht, GmbHR 2014, 232; *Mösinger*, Der Einfluss der Verschmelzung durch Aufnahme auf Pfandrechte an Kapitalgesellschaftsanteilen, 2019; *Mösinger*, Gewährung „anderer Gegenleistungen" bei der Verschmelzung durch Aufnahme, GWR 2017, 463; *Priester*, Anteilsgewährung und sonstige Leistungen bei Verschmelzung und Spaltung, ZIP 2013, 2033; *Schluck-Amend*, Keine Differenz-, aber Existenzvernichtungshaftung der Gesellschafter bei der Verschmelzung einer insolvenzreifen GmbH, DStR 2019, 1312; *Schwetlik*, Umwandlung überschuldeter Unternehmen auf haftungsbeschränkte Gesellschaften, GmbHR 2011, 130; *Weiler*, Grenzen der Dispositionsfreiheit bei der umwandlungsrechtlichen Anteilsgewähr, GmbHR 2021, 473; *Weiß*, Gesellschafterhaftung bei Verschmelzung mit insolventer Gesellschaft, GmbHR 2017, 1017; *Wicke*, Der Grundsatz der Anteilsgewährung bei der Verschmelzung und seine Ausnahmen, ZGR 2017, 527; *Wicke*, Sanierungsfunktion und Existenzvernichtungshaftung – Zugleich Anmerkung zum Teilversäumnis- und Teilendurteil des BGH v. 6.11.2018 – II ZR 199/17, DNotZ 2019, 405.

Übersicht

I. Allgemeines

1. Normzweck und Anwendungsbereich

§ 54 Abs. 1 regelt **Kapitalerhöhungsverbote** (Satz 1), für die eine Kapitalerhöhung zur Durchführung einer Verschmelzung unzulässig ist, sowie **Kapitalerhöhungswahlrechte** (Satz 2), bei denen die Beteiligten wählen können, ob sie den Anteilsinhabern bereits vorhandene Geschäftsanteile gewähren oder durch eine Kapitalerhöhung neue Geschäftsanteile schaffen. Zweck der Kapitalerhöhungsverbote des § 54 Abs. 1 Satz 1 ist es, zu verhindern, dass die übernehmende GmbH im Zuge einer Kapitalerhöhung neue eigene Anteile erwirbt, denn dies wäre mit den Grundsätzen von Kapitalaufbringung und -erhaltung unvereinbar.[1] **§ 54 Abs. 1 Satz 2** erhöht die **Flexibilität** der Vertragspartner im Hinblick auf den Erhalt der zu gewährenden Anteile: Die Kapitalerhöhungswahlrechte ermöglichen es, den Bestand bereits vorhandener eigener Anteile der übernehmenden Gesellschaft abzubauen, indem diese den Anteilsinhabern des übertragenden Rechtsträgers gewährt werden.[2] Die Regelung des **§ 54 Abs. 1 Satz 3** stellt klar, dass die Pflicht zur 1

1) Kallmeyer-*Kocher*, UmwG, § 54 Rz. 1; Lutter-*J. Vetter*, UmwG, § 54 Rz. 4; Semler/Stengel/Leonard-*Reichert*, UmwG, § 54 Rz. 3.

2) Lutter-*J. Vetter*, UmwG, § 54 Rz. 5.

Anteilsgewährung **zur Disposition aller Gesellschafter** des übertragenden Rechtsträgers steht.[3)]

2 Zweck des **§ 54 Abs. 2 und Abs. 3 Satz 2** ist es, die **verdeckte Anteilsinhaberschaft** der offenen gleichzustellen, um eine Umgehung des § 54 zu verhindern.[4)] **§ 54 Abs. 3 Satz 1** erklärt gesellschaftsvertragliche **Teilungserschwerungen** für unanwendbar, um die Zuteilung vorhandener Geschäftsanteile an die Anteilsinhaber des übertragenden Rechtsträgers zu erleichtern.[5)] Um sicherzustellen, dass den Anteilsinhabern in der Regel Geschäftsanteile gewährt werden, aber zugleich ein Ausgleich für Spitzenbeträge möglich ist, begrenzt § 54 Abs. 4 bare Zuzahlungen auf 10 % des Nennbetrags.[6)]

3 § 54 gilt für alle Verschmelzungen **durch Aufnahme**, bei denen eine **GmbH aufnehmender Rechtsträger** ist; die Rechtsform des übertragenden Rechtsträgers ist unerheblich.[7)] Für die Verschmelzung **durch Neugründung** gelten gemäß § 56 nicht die Regelungen des § 54 Abs. 1–3, aber die Begrenzung barer Zuzahlungen gemäß **§ 54 Abs. 4** findet auch auf die Verschmelzung durch Neugründung Anwendung.[8)]

2. Zwingender Mindestinhalt

4 § 54 ist **zwingend** und kann auch mit Zustimmung aller Anteilsinhaber der an der Verschmelzung beteiligten Rechtsträger nicht abbedungen werden.[9)] Dies gilt nach ganz herrschender und angesichts des eindeutigen Wortlauts zutreffender Auffassung auch für § 54 Abs. 4.[10)]

II. Unzulässigkeit einer Kapitalerhöhung (§ 54 Abs. 1 Satz 1)

5 Für die Kapitalerhöhungsverbote des § 54 Abs. 1 Satz 1 ist **maßgeblicher Zeitpunkt** das **Wirksamwerden der Verschmelzung** durch Eintragung in das Handelsregister des Sitzes der übernehmenden GmbH.[11)] In der Praxis empfiehlt es sich, ab Unterzeichnung des Verschmelzungsvertrages die nach § 54 Abs. 1 Satz 2 maßgeblichen Beteiligungsverhältnisse konstant zu halten und dies ggf. auch vertraglich abzusichern oder alternativ im Verschmelzungsvertrag z. B. durch eine „Bis-zu-Kapitalerhöhung" und eine abstrakte Regelung, wie viele Geschäftsanteile zu gewähren sind und wie diese beschafft werden sollen, Vorsorge zu treffen.[12)]

1. Übernehmender Rechtsträger besitzt Anteile am übertragenden Rechtsträger (§ 54 Abs. 1 Satz 1 Nr. 1)

6 Gemäß § 20 Abs. 1 Nr. 3 Satz 1 werden keine Anteile gewährt, soweit die übernehmende Gesellschaft Anteile an einem übertragenden Rechtsträger hält. Im Zusammenhang damit

---

3) *Kleindiek* in: NK-UmwG, § 54 Rz. 3; Lutter-*J. Vetter*, UmwG, § 54 Rz. 6.

4) Begr. RegE UmwBerG bei *Ganske*, Umwandlungen, S. 103; Semler/Stengel/Leonard-*Reichert*, UmwG, § 54 Rz. 3.

5) *Kleindiek* in: NK-UmwG, § 54 Rz. 4; Lutter-*J. Vetter*, UmwG, § 54 Rz. 8; Semler/Stengel/Leonard-*Reichert*, UmwG, § 54 Rz. 3.

6) Lutter-*J. Vetter*, UmwG, § 54 Rz. 9; Semler/Stengel/Leonard-*Reichert*, UmwG, § 54 Rz. 3.

7) Semler/Stengel/Leonard-*Reichert*, UmwG, § 54 Rz. 3.

8) *Kleindiek* in: NK-UmwG, § 54 Rz. 7; Lutter-*J. Vetter*, UmwG, § 54 Rz. 13.

9) Lutter-*J. Vetter*, UmwG, § 54 Rz. 14; Semler/Stengel/Leonard-*Reichert*, UmwG, § 54 Rz. 4; Widmann/Mayer-*Mayer*, UmwR, § 54 UmwG Rz. 8; a. A. *Priester*, ZIP 2013, 2033, 2036.

10) BFH, Urt. v. 14.2.2022 – VIII R 44/18, BStBl. II 2022, 636; *Kleindiek* in: NK-UmwG, § 54 Rz. 41; Lutter-*J. Vetter*, UmwG, § 54 Rz. 130; Widmann/Mayer-*Mayer*, UmwR, § 54 UmwG Rz. 65; a. A. *Bachmann*, ZHR 185 (2021), 51 ff.; *Priester*, ZIP 2013, 2033, 2036 f.

11) *v. Hinden/Scheller* in: BeckOGK-UmwG, § 54 Rz. 30; Kallmeyer-*Kocher*, UmwG, § 54 Rz. 10.

12) Lutter-*J. Vetter*, UmwG, § 54 Rz. 44.

steht § 54 Abs. 1 Satz 1 Nr. 1, der ebenfalls das Entstehen eigener Anteile verhindern will und somit eine **Kapitalerhöhung** für **unzulässig** erklärt, soweit die übernehmende GmbH Anteile an dem übertragenden Rechtsträger hält. Eine Anteilsgewährung würde gegen die Grundsätze der Kapitalaufbringung verstoßen, da die Gesellschaft eigene Anteile aus einer Kapitalerhöhung erhalten würde.[13] Zudem wäre Verpflichtete ebenfalls die übernehmende Gesellschaft, aber die Möglichkeit der Selbstverpflichtung der übernehmenden GmbH bei Abschluss des Verschmelzungsvertrags scheidet von vornherein aus.[14] Das Kapitalerhöhungsverbot des § 54 Abs. 1 Satz 1 Nr. 1 besteht in dem Umfang, in dem die übernehmende Gesellschaft **Anteile an dem übertragenden Rechtsträger** hält.[15]

§ 54 Abs. 1 Satz 1 Nr. 1 betrifft insbesondere Verschmelzungen innerhalb eines **Konzerns**: Bei der Verschmelzung einer Tochter- auf die Muttergesellschaft, die 100 % der Anteile an der Tochtergesellschaft hält (sog. Upstream Merger), erfolgt weder eine Kapitalerhöhung noch ein Anteilstausch.[16] Das Kapitalerhöhungsverbot des § 54 Abs. 1 Satz 1 Nr. 1 erfasst hingegen nicht die Fälle einer Verschmelzung einer **mittelbar** zu **100 % von der Mutter gehaltenen** Enkel- auf die Muttergesellschaft sowie einer Verschmelzung von **Schwestergesellschaften.**[17] 7

2. Übertragender Rechtsträger hält eigene Geschäftsanteile (§ 54 Abs. 1 Satz 1 Nr. 2)

Gemäß § 20 Abs. 1 Nr. 3 Satz 1 erfolgt kein Anteilstausch, wenn der **übertragende Rechtsträger eigene Geschäftsanteile hält.** In einem solchen Fall ist auch eine **Kapitalerhöhung** gemäß § 54 Abs. 1 Satz 1 Nr. 2 **unzulässig.** Eine Anteilsgewährungspflicht würde dann dazu führen, dass die übernehmende GmbH eigene Anteile aus einer Kapitalerhöhung erwerben würde, was unzulässig ist; zudem würde ein Anspruch auf Anteilsgewährung mit dem Wirksamwerden der Verschmelzung durch Konfusion erlöschen.[18] Das Kapitalerhöhungsverbot des § 54 Abs. 1 Satz 1 Nr. 2 besteht unabhängig davon, ob die eigenen Anteile vollständig eingezahlt sind oder nicht.[19] 8

3. Übertragender Rechtsträger hält nicht voll eingezahlte Geschäftsanteile an der übernehmenden GmbH (§ 54 Abs. 1 Satz 1 Nr. 3)

Darüber hinaus ist eine Kapitalerhöhung gemäß § 54 Abs. 1 Satz 1 Nr. 3 unzulässig, wenn ein übertragender Rechtsträger nicht voll eingezahlte Geschäftsanteile an der übernehmenden GmbH hält. Grund für diese Regelung ist nicht § 20 Abs. 1 Nr. 3, der für einen solchen Fall keine Ausnahme von der Anteilsgewährungspflicht vorsieht.[20] § 54 Abs. 1 9

13) *Kleindiek* in: NK-UmwG, § 54 Rz. 8; Lutter-*J. Vetter*, UmwG, § 54 Rz. 17.

14) Lutter-*J. Vetter*, UmwG, § 54 Rz. 17; Semler/Stengel/Leonard-*Reichert*, UmwG, § 54 Rz. 5.

15) Semler/Stengel/Leonard-*Reichert*, UmwG, § 54 Rz. 5; Widmann/Mayer-*Mayer*, UmwR, § 54 UmwG Rz. 14.

16) BayObLG, Urt. v. 5.12.1983 – BReg 3 Z 168/83, DB 1984, 285; BayObLG, Beschl. v. 17.10.1983 – BReg 3 Z 153/83, DB 1983, 2675 = ZIP 1983, 1453; Kallmeyer-*Kocher*, UmwG, § 54 Rz. 5; Lutter-*J. Vetter*, UmwG, § 54 Rz. 19; Semler/Stengel/Leonard-*Reichert*, UmwG, § 54 Rz. 6.

17) Kallmeyer-*Kocher*, UmwG, § 54 Rz. 5; Lutter-*J. Vetter*, UmwG, § 54 Rz. 21; Semler/Stengel/Leonard-*Reichert*, UmwG, § 54 Rz. 6.

18) *v. Hinden/Scheller* in: BeckOGK-UmwG, § 54 Rz. 24; Kallmeyer-*Kocher*, UmwG, § 54 Rz. 8; Lutter-*J. Vetter*, UmwG, § 54 Rz. 23.

19) *Lieder*, GmbHR 2014, 232, 233; Lutter-*J. Vetter*, UmwG, § 54 Rz. 24; Semler/Stengel/Leonard-*Reichert*, UmwG, § 54 Rz. 7.

20) Lutter-*J. Vetter*, UmwG, § 54 Rz. 26; Semler/Stengel/Leonard-*Reichert*, UmwG, § 54 Rz. 8.

Nr. 3 soll dem Verbot des Erwerbs nicht voll eingezahlter eigener Anteile gemäß § 33 Abs. 1 GmbHG Rechnung tragen und damit die Kapitalaufbringung gewährleisten.[21]

10 Sofern die übernehmende Gesellschaft bereits vor der Verschmelzung über genügend eigene Anteile verfügt, so dass eine Verschmelzung ohne Kapitalerhöhung gemäß § 54 Abs. 1 Satz 2 Nr. 1 möglich wäre, geht das Kapitalerhöhungsverbot des § 54 Abs. 1 Satz 1 Nr. 3 ins Leere.[22] Nach überzeugender h. M. gilt jedoch das Verbot des § 33 Abs. 1 GmbHG auch für die Gesamtrechtsnachfolge im Wege der Verschmelzung, so dass eine Verschmelzung erst nach Leistung der offenstehenden Einlage bzw. Veräußerung der Geschäftsanteile möglich ist.[23]

11 Angesichts des Kapitalerhöhungsverbots des § 54 Abs. 1 Satz 1 Nr. 3 müssen die vorhandenen, nicht voll eingezahlten Geschäftsanteile zum **Anteilstausch** genutzt werden, d. h. im Zuge der Verschmelzung Anteilsinhabern des übertragenden Rechtsträgers gewährt werden.[24] Grundsätzlich müssen Anteilseignern des übertragenden Rechtsträgers voll eingezahlte Anteile der übernehmenden Gesellschaft übertragen werden.[25] **Nicht voll eingezahlte Geschäftsanteile** an der übernehmenden GmbH lassen sich **nur in Ausnahmefällen** zum Anteilstausch verwenden, nämlich dann, wenn Anteilsinhaber eines übertragenden Rechtsträgers nicht voll eingezahlte Anteile innehatten, denn diesen können nach h. M. im Zuge der Verschmelzung nicht voll eingezahlte Geschäftsanteile an der übernehmenden GmbH gewährt werden, bei denen der Betrag der ausstehenden Einlageschuld nicht höher ist.[26] Zulässig ist die Gewährung nicht voll eingezahlter Anteile auch dann, wenn der empfangende Gesellschafter des übertragenden Rechtsträgers – durch notariell beurkundete Erklärung – ausdrücklich zugestimmt hat.[27]

12 In der Praxis empfiehlt sich die **vollständige Leistung der Einlagen** im Vorfeld der Verschmelzung.[28] Nach Leistung der Einlage hat die Gesellschaft ein Wahlrecht gemäß § 54 Abs. 2 Satz 2 Nr. 2.[29] Sofern eine Leistung der ausstehenden Einlagen ausscheidet und alle Anteilsinhaber des übertragenden Rechtsträgers einen Anspruch auf voll eingezahlte Anteile haben, müssen die vom übertragenden Rechtsträger gehaltenen, nicht voll eingezahlten Anteile vor der Verschmelzung **an Dritte veräußert** werden.[30]

III. Kapitalerhöhungswahlrechte (§ 54 Abs. 1 Satz 2)

13 § 54 Abs. 1 Satz 2 eröffnet der übernehmenden GmbH die Möglichkeit, auf eine Kapitalerhöhung zu verzichten, soweit sie entweder bereits über ausreichend eigene Anteile

21) *Lieder*, GmbHR 2014, 232, 233; Semler/Stengel/Leonard-*Reichert*, UmwG, § 54 Rz. 8.

22) Semler/Stengel/Leonard-*Reichert*, UmwG, § 54 Rz. 11.

23) So auch Kallmeyer-*Kocher*, UmwG, § 54 Rz. 9; *Nießen* in: KölnKomm-UmwG, § 54 Rz. 26; Lutter-*J. Vetter*, UmwG, § 54 Rz. 29; Scholz-*Verse*, GmbHG, § 33 Rz. 41; Semler/Stengel/Leonard-*Reichert*, UmwG, § 54 Rz. 11; Widmann/Mayer-*Mayer*, UmwR, § 54 UmwG Rz. 23; a. A. Lutter/Hommelhoff-*Hommelhoff*, GmbHG, § 33 Rz. 10.

24) Lutter-*J. Vetter*, UmwG, § 54 Rz. 33; Semler/Stengel/Leonard-*Reichert*, UmwG, § 54 Rz. 9; Widmann/Mayer-*Mayer*, UmwR, § 54 UmwG Rz. 25 f.

25) Semler/Stengel/Leonard-*Reichert*, UmwG, § 54 Rz. 10.

26) *v. Hinden/Scheller* in: BeckOGK-UmwG, § 54 Rz. 27; Kallmeyer-*Kocher*, UmwG, § 54 Rz. 9; *Nießen* in: KölnKomm-UmwG, § 54 Rz. 29; Lutter-*J. Vetter*, UmwG, § 54 Rz. 38; Semler/Stengel/Leonard-*Reichert*, UmwG, § 54 Rz. 10.

27) Kallmeyer-*Kocher*, UmwG, § 54 Rz. 9; *Nießen* in: KölnKomm-UmwG, § 54 Rz. 29; Lutter-*J. Vetter*, UmwG, § 54 Rz. 39.

28) So auch Lutter-*J. Vetter*, UmwG, § 54 Rz. 40.

29) Semler/Stengel/Leonard-*Reichert*, UmwG, § 54 Rz. 10.

30) Kallmeyer-*Kocher*, UmwG, § 54 Rz. 9; Lutter-*J. Vetter*, UmwG, § 54 Rz. 42; Schmitt/Hörtnagl-*Missio*, UmwG/UmwStG, § 54 UmwG Rz. 5.

verfügt (§ 54 Abs. 1 Satz 2 Nr. 1) oder ein übertragender Rechtsträger voll eingezahlte Anteile an der übernehmenden Gesellschaft hält (§ 54 Abs. 1 Satz 2 Nr. 2). Ebenso wie in den Fällen des § 54 Abs. 1 Satz 1 ist **maßgeblicher Zeitpunkt** für das Vorliegen der Voraussetzungen der Kapitalerhöhungswahlrechte gemäß § 54 Abs. 1 Satz 2 das **Wirksamwerden der Verschmelzung** durch Eintragung in das Handelsregister der übernehmenden GmbH.[31] Da im Verschmelzungsvertrag zu regeln ist, wie die als Gegenleistung zu gewährenden Anteile beschafft werden, sollte in der Praxis ggf., sofern bei Abschluss des Verschmelzungsvertrags noch nicht feststeht, ob die Voraussetzungen des § 54 Abs. 1 Satz 2 vorliegen, der Regelungsmechanismus abstrakt in dem Verschmelzungsvertrag bestimmt werden.[32]

Grundsätzlich steht es im **Ermessen der übernehmenden Gesellschaft**, ob sie die zu gewährenden Geschäftsanteile durch eine Kapitalerhöhung neu schafft oder die vorhandenen eigenen oder vom übertragenden Rechtsträger gehaltenen Anteile nutzt. Das Ermessen wird jedoch reduziert, sofern die bereits bestehenden eigenen oder bisher vom übertragenden Rechtsträger gehaltenen Geschäftsanteile mit Rechten Dritter belastet sind.[33] Wenn die übernehmende Gesellschaft die Rechte Dritter nicht vor Wirksamwerden der Verschmelzung beseitigen kann, hat sie neue, unbelastete Anteile im Wege der Kapitalerhöhung zu beschaffen, da die Anteilsinhaber des übertragenden Rechtsträgers Anspruch auf die Gewährung unbelasteter Anteile haben.[34] 14

1. Übernehmende GmbH hat eigene Anteile (§ 54 Abs. 1 Satz 2 Nr. 1)

Soweit die **übernehmende GmbH zulässigerweise eigene Anteile** hält, kann sie entweder diese behalten und eine Kapitalerhöhung durchführen oder den Anteilsinhabern der übertragenden Rechtsträger die Anteile gewähren und ihr Stammkapital unangetastet lassen. Diese Entscheidung steht grundsätzlich **im freien Ermessen** der übernehmenden GmbH, erfordert jedoch die Zustimmung des übertragenden Rechtsträgers und seiner Anteilsinhaber, da sie im Verschmelzungsvertrag zu regeln ist.[35] Soweit die eigenen Anteile zur Gewährung an die Anteilsinhaber der übertragenden Rechtsträger nicht ausreichen, muss die übernehmende GmbH zusätzlich ihr Stammkapital erhöhen.[36] 15

2. Übertragender Rechtsträger hält voll eingezahlte Anteile an der übernehmenden GmbH (§ 54 Abs. 1 Satz 2 Nr. 2)

Der übernehmenden GmbH steht auch ein **Kapitalerhöhungswahlrecht** gemäß § 54 Abs. 1 Satz 2 Nr. 2 zu, soweit die **übertragenden Rechtsträger voll eingezahlte Anteile an der übernehmenden GmbH** halten. In einem solchen Fall kann die übernehmende GmbH i. R ihres Ermessens frei wählen, ob sie diese Anteile den Anteilsinhabern des übertragenden Rechtsträgers gewährt oder alternativ die Anteile einbehält und zur Anteilsgewährung eine Kapitalerhöhung durchführt.[37] Sofern die vom übertragenden Rechtsträger gehaltenen Geschäftsanteile zum Anteilstausch genutzt werden sollen, gehen diese 16

---

31) Kallmeyer-*Kocher*, UmwG, § 54 Rz. 10; *Nießen* in: KölnKomm-UmwG, § 54 Rz. 30.

32) Lutter-*J. Vetter*, UmwG, § 54 Rz. 46.

33) Kallmeyer-*Kocher*, UmwG, § 54 Rz. 12; Lutter-*J. Vetter*, UmwG, § 54 Rz. 48.

34) *Heckschen*, GmbHR 2008, 802, 803; Kallmeyer-*Kocher*, UmwG, § 54 Rz. 12; Lutter-*J. Vetter*, UmwG, § 54 Rz. 48.

35) Lutter-*J. Vetter*, UmwG, § 54 Rz. 50; vgl. auch Kallmeyer-*Kocher*, UmwG, § 54 Rz. 10.

36) *v. Hinden/Scheller* in: BeckOGK-UmwG, § 54 Rz. 32; *Lieder*, GmbHR 2014, 232, 233; Semler/Stengel/Leonard-*Reichert*, UmwG, § 54 Rz. 13.

37) Lutter-*J. Vetter*, UmwG, § 54 Rz. 51; Semler/Stengel/Leonard-*Reichert*, UmwG, § 54 Rz. 14; Widmann/Mayer-*Mayer*, UmwR, § 54 UmwG Rz. 43.

unmittelbar auf die Anteilsinhaber des übertragenden Rechtsträgers über, **ohne** dass ein **Durchgangserwerb** durch die übernehmende GmbH erfolgt.[38)]

17 Ein Anwendungsfall des § 54 Abs. 1 Satz 2 Nr. 2 ist die Verschmelzung einer Muttergesellschaft auf ihre Tochter-GmbH (sog. **Downstream Merger**). Da die Muttergesellschaft als übertragender Rechtsträger vor der Verschmelzung Anteile an der übernehmenden Tochter-GmbH hält, die dann an die Anteilseigner der Muttergesellschaft ausgegeben werden, ist eine solche Verschmelzung auch ohne Kapitalerhöhung zulässig.[39)] Allerdings ist der Downstream Merger nach überzeugender wohl h. M. wegen Verstoßes gegen § 30 GmbHG unzulässig, wenn infolge der Zuführung von negativem Vermögen durch die übertragende Muttergesellschaft das zur Erhaltung des Stammkapitals der übernehmenden Tochter-GmbH erforderliche Vermögen angegriffen würde.[40)]

3. Weitere Fälle

a) Gewährung von Anteilen durch Dritte

18 Neben den gesetzlich in § 54 Abs. 1 Satz 2 geregelten Fällen ist eine Kapitalerhöhung zudem auch dann entbehrlich, wenn Dritte (wie etwa der Alleingesellschafter der übernehmenden GmbH) Geschäftsanteile zur Gewährung an die Anteilsinhaber des übertragenden Rechtsträgers zur Verfügung stellen.[41)] Anders als nach der h. M. zum alten Recht ist nicht erforderlich, dass der Dritte die Anteile spätestens im Moment der Verschmelzung überträgt; die Vereinbarung eines Treuhandverhältnisses zwischen der Gesellschaft und dem Dritten oder die durch die Eintragung der Verschmelzung aufschiebend bedingte, **unmittelbare Übertragung** der Anteile auf die Anteilseigner des übertragenden Rechtsträgers genügt.[42)] Sofern der Dritte die Anteile auf die Gesellschaft überträgt, muss es sich wegen § 31 Abs. 1 GmbHG um voll eingezahlte Anteile handeln; bei einem entgeltlichen Erwerb muss ausreichend freies Vermögen i. S. des § 33 Abs. 2 GmbHG vorhanden sein.[43)]

b) Verzicht durch Anteilsinhaber des übertragenden Rechtsträgers (§ 54 Abs. 1 Satz 3)

19 § 54 Abs. 1 Satz 3 stellt klar, dass die Gesellschaft nicht verpflichtet ist, Anteile zu gewähren, wenn sämtliche Anteilsinhaber des übertragenden Rechtsträgers auf die Gewährung von Anteilen verzichten. Diese Regelung wurde durch das 2. UmwGÄndG[44)] eingefügt und hat damit den für das frühere Recht bestehenden Streit, ob ein Verzicht auf eine Kapitalerhöhung überhaupt möglich sei, zugunsten der bislang h. M. im Schrifttum entschieden.[45)] Damit ist die übernehmende GmbH auch nicht verpflichtet, ihr Kapital zu

38) *v. Hinden/Scheller* in: BeckOGK-UmwG, § 54 Rz. 36; Kallmeyer-*Kocher*, UmwG, § 54 Rz. 11; Lutter-*J. Vetter*, UmwG, § 54 Rz. 52; Semler/Stengel/Leonard-*Reichert*, UmwG, § 54 Rz. 15.

39) Kallmeyer-*Kocher*, UmwG, § 54 Rz. 11; Lutter-*J. Vetter*, UmwG, § 54 Rz. 53; Semler/Stengel/Leonard-*Reichert*, UmwG, § 54 Rz. 16.

40) Kallmeyer-*Kocher*, UmwG, § 54 Rz. 16; *Klein/Stephanblome*, ZGR 2007, 351, 383 ff.; Lutter-*J. Vetter*, UmwG, § 54 Rz. 55; *Ekkenga* in: MünchKomm-GmbHG, § 30 Rz. 199; *Schwetlik*, GmbHR 2011, 130, 131; a. A. *Enneking/Heckschen*, DB 2006, 1099, 1100; *Heckschen*, GmbHR 2008, 802, 804.

41) *v. Hinden/Scheller* in: BeckOGK-UmwG, § 54 Rz. 42; Kallmeyer-*Kocher*, UmwG, § 54 Rz. 17; Lutter-*J. Vetter*, UmwG, § 54 Rz. 61; Semler/Stengel/Leonard-*Reichert*, UmwG, § 54 Rz. 18.

42) *v. Hinden/Scheller* in: BeckOGK-UmwG, § 54 Rz. 45 ff.; Kallmeyer-*Kocher*, UmwG, § 54 Rz. 17; Lutter-*J. Vetter*, UmwG, § 54 Rz. 62; Semler/Stengel/Leonard-*Reichert*, UmwG, § 54 Rz. 18.

43) Kallmeyer-*Kocher*, UmwG, § 54 Rz. 17; Semler/Stengel/Leonard-*Reichert*, UmwG, § 54 Rz. 18.

44) Zweites Gesetz zur Änderung des Umwandlungsgesetzes (2. UmwGÄndG) v. 19.4.2007, BGBl. I 2007, 542.

45) Semler/Stengel/Leonard-*Reichert*, UmwG, § 54 Rz. 24; vgl. auch *Kleindiek* in: NK-UmwG, § 54 Rz. 25.

erhöhen. Der Verzicht ist auch möglich und zur Vermeidung einer Anteilsgewährung erforderlich, wenn die Gesellschaft nach § 54 Abs. 1 Satz 2 **eigene Anteile** verwenden könnte.[46)]

Für den Verzicht ist lediglich die **Zustimmung** der Anteilsinhaber des **übertragenden Rechtsträgers**, nicht jedoch der Gesellschafter der übernehmenden GmbH erforderlich.[47)] Sofern ein wirksamer Verzicht vorliegt, hat die übernehmende GmbH ein **Wahlrecht**, ob sie Anteile gewährt: Daher können Minderheitsgesellschafter des übertragenden Rechtsträgers, die beim Verschmelzungsbeschluss überstimmt werden, auch gegen ihren Willen und trotz Verzichts auf eine Anteilsgewährung Gesellschafter der übernehmenden GmbH werden.[48)] 20

In der Praxis kommt einem Verzicht insbesondere im Fall der Verschmelzung auf eine Schwestergesellschaft (sog. **Sidestream Merger**) Bedeutung zu, bei der Anteilsinhaber des übertragenden Rechtsträgers bereits Anteilsinhaber aller Anteile der übernehmenden GmbH sind und sich damit ihre Beteiligung an der übernehmenden GmbH unabhängig von einer Gewährung von Anteilen nicht ändert.[49)] Zudem kommt ein Verzicht auf die Anteilsgewährung in Betracht, wenn der Wert des übertragenden Rechtsträgers unter null liegt, insbesondere weil dieser überschuldet ist und eine **sanierende Verschmelzung** durch Zusammenführung einer in der Krise befindlichen Gesellschaft mit einer gesunden Gesellschaft geplant ist.[50)] 21

Ein weiterer Anwendungsfall des Verzichts auf die Anteilsgewährung ist die Verschmelzung einer **typischen GmbH & Co. KG**, bei der die Komplementär-GmbH nicht am Kapital der KG beteiligt ist, auf eine GmbH: Bei dieser können alle Gesellschafter der KG auf die Gewährung eines Anteils an die Komplementär-GmbH gemäß § 54 Abs. 1 Satz 3 verzichten.[51)] 22

Der Verzicht auf die Gewährung von Anteilen an der übernehmenden GmbH bedarf gemäß § 54 Abs. 1 Satz 3 einer Erklärung sämtlicher Anteilsinhaber des übertragenden Rechtsträgers, **unabhängig davon, ob** sie **Stimmrechte** haben oder nicht; die Verzichtserklärung ist eine höchstpersönliche Erklärung und erfordert die notarielle Beurkundung.[52)] Es ist streitig, ob eine **konkludente** Verzichtserklärung ausreicht[53)] oder ein ausdrücklicher Verzicht erforderlich ist.[54)] In der Praxis ist eine ausdrückliche Verzichtserklärung ratsam, denn fehlt eine wirksame Verzichtserklärung, darf das Registergericht die Verschmelzung nicht eintragen.[55)] 23

Die Anteilsinhaber des übertragenden Rechtsträgers können auch **teilweise** auf die Gewährung von Anteilen **verzichten** mit der Folge, dass sie alle gleichmäßig weniger Anteile erhalten, als sie eigentlich beanspruchen könnten.[56)] Zudem muss auch ein Verzicht nur 24

---

46) Kallmeyer-*Kocher*, UmwG, § 54 Rz. 18; Lutter-*J. Vetter*, UmwG, § 54 Rz. 63.

47) Lutter-*J. Vetter*, UmwG, § 54 Rz. 64.

48) *Nießen* in: KölnKomm-UmwG, § 54 Rz. 58; Lutter-*J. Vetter*, UmwG, § 54 Rz. 65.

49) Kallmeyer-*Kocher*, UmwG, § 54 Rz. 18; Lutter-*J. Vetter*, UmwG, § 54 Rz. 66.

50) Lutter-*J. Vetter*, UmwG, § 54 Rz. 67 f. m. w. N. zu Grenzen der sanierenden Verschmelzung.

51) *Heckschen*, DB 2008, 1363, 1367 f.; Lutter-*J. Vetter*, UmwG, § 54 Rz. 69.

52) *v. Hinden/Scheller* in: BeckOGK-UmwG, § 54 Rz. 58 f.; Lutter-*J. Vetter*, UmwG, § 54 Rz. 86 f.

53) So wohl OLG Köln, Beschl. v. 22.1.2020 – I-18 Wx 22/19, GmbHR 2020, 486 = NZG 2020, 421; *Nießen* in: KölnKomm-UmwG, § 54 Rz. 56.

54) Dafür *v. Hinden/Scheller* in: BeckOGK-UmwG, § 54 Rz. 60; *Kleindiek* in: NK-UmwG, § 54 Rz. 32; Lutter-*J. Vetter*, UmwG, § 54 Rz. 88; Widmann/Mayer-*Mayer*, UmwR, § 54 UmwG Rz. 51.1.

55) Lutter-*J. Vetter*, UmwG, § 54 Rz. 88 f.

56) *v. Hinden/Scheller* in: BeckOGK-UmwG, § 54 Rz. 63; Kallmeyer-*Kocher*, UmwG, § 54 Rz. 21; Lutter-*J. Vetter*, UmwG, § 54 Rz. 91.

einzelner Anteilsinhaber des übertragenden Rechtsträgers auf die Gewährung von Anteilen möglich sein, der dann zur Folge hat, dass nur die Verzichtenden keine Geschäftsanteile an dem übernehmenden Rechtsträger erhalten.[57)] Streitig ist aber, ob in einem solchen Fall nur die tatsächlich verzichtenden Anteilsinhaber oder aber alle Anteilsinhaber des übertragenden Rechtsträgers zustimmen müssen.[58)]

IV. Zurechnung von Anteilen, die von Dritten gehalten werden (§ 54 Abs. 2)

1. Treuhandverhältnisse

25 § 54 Abs. 2 erweitert den Anwendungsbereich des § 54 Abs. 1 auf Fälle, in denen zwar ein Dritter rechtlicher Inhaber der Anteile ist, diese aber für Rechnung eines an der Verschmelzung beteiligten Rechtsträgers hält, wie der **Treuhänder** oder **mittelbare Stellvertreter**.[59)] Dies dient der Vermeidung von Umgehungen durch Treuhandkonstruktionen.[60)]

26 Bei der Verweisung des § 54 Abs. 2 auf Absatz 1 insgesamt ist dem Gesetzgeber des 2. UmwGÄndG im Hinblick auf § 54 Abs. 1 Satz 3 ein **Redaktionsfehler** unterlaufen, denn für § 54 Abs. 1 Satz 3 kann es lediglich auf den Verzicht des Treuhänders, nicht hingegen des Treugebers ankommen.[61)]

2. Keine Geltung für abhängige Unternehmen und gemeinschaftliche Anteile

27 In den Anwendungsbereich des § 54 Abs. 2 sind nicht Anteile einbezogen, die einem **abhängigen Unternehmen** der übernehmenden GmbH oder des übertragenden Rechtsträgers gehören.[62)] Eine (analoge) Anwendung des § 54 Abs. 2 auf 100%ige Tochtergesellschaften, um so eine Verschmelzung von Enkelgesellschaften auf die Muttergesellschaft ohne Kapitalerhöhung zu ermöglichen, scheitert nicht nur an einer planwidrigen Regelungslücke, sondern auch daran, dass Absatz 2 lediglich Fälle erfasst, in denen zwar ein Dritter rechtlicher Inhaber der Anteile ist, diese aber für Rechnung eines an der Verschmelzung beteiligten Rechtsträgers hält, was jedoch für das Vermögen der Tochtergesellschaft nicht gilt.[63)]

28 § 54 Abs. 2 gilt auch nicht, wenn der übertragende Rechtsträger oder die übernehmende Gesellschaft gemäß § 18 GmbHG an einem Geschäftsanteil neben Dritten nur mitbeteiligt sind, da die vorrangigen Interessen des Dritten eine solche Zurechnung ausschließen.[64)]

V. Stückelung und Teilung vorhandener Geschäftsanteile (§ 54 Abs. 3)

29 Das Kapitalerhöhungswahlrecht soll es ermöglichen, bereits vorhandene eigene Anteile an die Anteilsinhaber des übertragenden Rechtsträgers zu gewähren, und will so vorhandene und durch Kapitalerhöhung neu geschaffene Geschäftsanteile auch hinsichtlich der Zu-

---

57) Kallmeyer-*Kocher*, UmwG, § 54 Rz. 21; Lutter-*J. Vetter*, UmwG, § 54 Rz. 93; Widmann/Mayer-*Mayer*, UmwR, § 54 UmwG Rz. 51.2.

58) Vgl. dazu *Heckschen*, DB 2008, 1363, 1366; *Keller/Klett*, DB 2010, 1220, 1221; Kallmeyer-*Kocher*, UmwG, § 54 Rz. 21; Lutter-*J. Vetter*, UmwG, § 54 Rz. 94 ff.

59) Semler/Stengel/Leonard-*Reichert*, UmwG, § 54 Rz. 33; Schmitt/Hörtnagl-*Missio*, UmwG/UmwStG, § 54 UmwG Rz. 16.

60) Lutter-*J. Vetter*, UmwG, § 54 Rz. 108.

61) *v. Hinden/Scheller* in: BeckOGK-UmwG, § 54 Rz. 73; Kallmeyer-*Kocher*, UmwG, § 54 Rz. 24; Lutter-*J. Vetter*, UmwG, § 54 Rz. 109.

62) *Nießen* in: KölnKomm-UmwG, § 54 Rz. 62; Lutter-*J. Vetter*, UmwG, § 54 Rz. 110; Schmitt/Hörtnagl-*Missio*, UmwG/UmwStG, § 54 UmwG Rz. 16; Semler/Stengel/Leonard-*Reichert*, UmwG, § 54 Rz. 34.

63) Lutter-*J. Vetter*, UmwG, § 54 Rz. 111; Semler/Stengel/Leonard-*Reichert*, UmwG, § 54 Rz. 35.

64) Kallmeyer-*Kocher*, UmwG, § 54 Rz. 25; Lutter-*J. Vetter*, UmwG, § 54 Rz. 114; Semler/Stengel/Leonard-*Reichert*, UmwG, § 54 Rz. 36; Widmann/Mayer-*Mayer*, UmwR, § 54 UmwG Rz. 15.

teilungsmöglichkeiten an die Anteilsinhaber des übertragenden Rechtsträgers gleichstellen.[65] Zu diesem Zweck sollen gemäß § 54 Abs. 3 **statutarische Bestimmungen**, die die **Teilung erschweren oder ausschließen**, wie sie auch nach Streichung des § 17 Abs. 6 Satz 2 GmbHG a. F. durch das MoMiG möglich sind, **nicht** gelten. § 54 Abs. 3 findet auch Anwendung auf mittelbare Teilungserschwerungen wie etwa Vorerwerbsrechte von Gesellschaftern der übernehmenden Gesellschaft, soweit diese eigene Anteile erfassen.[66)]

Gemäß § 54 Abs. 3 Satz 2 gilt § 54 Abs. 3 Satz 1 entsprechend, wenn ein **Dritter** für die übernehmende Gesellschaft bzw. für übertragende Rechtsträger **treuhänderisch Anteile** hält. Über den Wortlaut hinaus gilt dies auch, wenn ein Dritter Geschäftsanteile an der übernehmenden GmbH in sonstiger Weise zur Ausgabe an die Anteilsinhaber des übertragenden Rechtsträgers zur Verfügung stellt.[67] 30

VI. Bare Zuzahlungen (§ 54 Abs. 4)

1. Direkte Geltung

Bei einer Verschmelzung durch Aufnahme hat grundsätzlich jeder Anteilsinhaber eines übertragenden Rechtsträgers Anspruch auf Gewährung von Anteilen an der übernehmenden GmbH.[68] In begrenztem Umfang sind daneben gemäß § 54 Abs. 4 **bare Zuzahlungen** zulässig, um einen Wertausgleich für **Spitzenbeträge** zu ermöglichen, die dadurch entstehen, dass einem Anteilseigner wegen der Beachtung nicht in vollem Umfang seiner früheren Beteiligung Geschäftsanteile zugeteilt werden können.[69] In der Praxis hat diese Fallgruppe angesichts der durch das MoMiG eingeführten Möglichkeit zur Ausgabe von 1 €-Anteilen erheblich an Bedeutung verloren.[70] Die Anteilseigner können aber bare Zuzahlungen auch aus anderen Gründen als dem Ausgleich von Spitzenbeträgen vereinbaren, sofern sie dabei den Gleichbehandlungsgrundsatz beachten.[71] 31

Bare Zuzahlungen sind nicht nur zulässig, wenn die Verschmelzung unter Gewährung bereits vorhandener Geschäftsanteile der übernehmenden GmbH erfolgt, sondern auch im Zusammenhang mit einer **Kapitalerhöhung** zur Durchführung der Verschmelzung.[72] § 56 erklärt § 54 Abs. 4 im Zuge der Verschmelzung durch Neugründung für anwendbar und damit bare Zuzahlungen insoweit ausdrücklich für zulässig.[73] 32

---

65) Vgl. Lutter-*J. Vetter*, UmwG, § 54 Rz. 115; Semler/Stengel/Leonard-*Reichert*, UmwG, § 54 Rz. 37.

66) Lutter-*J. Vetter*, UmwG, § 54 Rz. 119; Schmitt/Hörtnagl-*Missio*, UmwG/UmwStG, § 54 UmwG Rz. 19; Semler/Stengel/Leonard-*Reichert*, UmwG, § 54 Rz. 37; Widmann/Mayer-*Mayer*, UmwR, § 54 UmwG Rz. 52; a. A. *Nießen* in: KölnKomm-UmwG, § 54 Rz. 66 – § 54 Abs. 3 gilt nicht für Regelungen, die neben der Teilungserschwerung noch eine weitere Funktion haben.

67) Kallmeyer-*Kocher*, UmwG, § 54 Rz. 26; Lutter-*J. Vetter*, UmwG, § 54 Rz. 123; Schmitt/Hörtnagl-*Missio*, UmwG/UmwStG, § 54 UmwG Rz. 19; Semler/Stengel/Leonard-*Reichert*, UmwG, § 54 Rz. 39.

68) Lutter-*J. Vetter*, UmwG, § 54 Rz. 124; Semler/Stengel/Leonard-*Reichert*, UmwG, § 54 Rz. 40.

69) Kallmeyer-*Kocher*, UmwG, § 54 Rz. 27; Lutter-*J. Vetter*, UmwG, § 54 Rz. 124; Semler/Stengel/Leonard-*Reichert*, UmwG, § 54 Rz. 40.

70) *Nießen* in: KölnKomm-UmwG, UmwG, § 54 Rz. 70; Lutter-*J. Vetter*, UmwG, § 54 Rz. 124; Semler/Stengel/Leonard-*Reichert*, UmwG, § 54 Rz. 40.

71) Semler/Stengel/Leonard-*Reichert*, UmwG, § 54 Rz. 40; vgl. auch *Mösinger*, GWR 2017, 463, 464.

72) *v. Hinden/Scheller* in: BeckOGK-UmwG, § 54 Rz. 79; Kallmeyer-*Kocher*, UmwG, § 54 Rz. 27; *Nießen* in: KölnKomm-UmwG, § 54 Rz. 69; Lutter-*J. Vetter*, UmwG, § 54 Rz. 125; *Priester*, ZIP 2013, 2033, 2034; Schmitt/Hörtnagl-*Missio*, UmwG/UmwStG, § 54 UmwG Rz. 20; Semler/Stengel/Leonard-*Reichert*, UmwG, § 54 Rz. 41.

73) Lutter-*J. Vetter*, UmwG, § 54 Rz. 126; Semler/Stengel/Leonard-*Reichert*, UmwG, § 54 Rz. 41.

33 Es sind nur bare Zuzahlungen zulässig, **nicht** aber **Sachleistungen** oder die Gewährung eines **Darlehens.**[74)] Für die Begrenzung der Zuzahlungen auf 10 % des Gesamtnennbetrages aller von der übernehmenden GmbH an die Anteilsinhaber der übertragenden Rechtsträger gewährten Anteile sind nur die Geschäftsanteile maßgeblich, die tatsächlich zur Anteilsgewährung verwendet werden.[75)] Unerheblich ist, ob die gewährten Geschäftsanteile aus einer Kapitalerhöhung stammen, eigene Geschäftsanteile der übernehmenden Gesellschaft waren oder ein übertragender Rechtsträger diese erworben oder ein Dritter sie zur Verfügung gestellt hat.[76)] Die Begrenzung auf 10 % gilt nur für bare Zuzahlungen, die im Verschmelzungsvertrag festgesetzt werden, nicht aber für spätere Erhöhungen oder Neufestsetzungen durch ein Gericht im Spruchverfahren gemäß § 15 und nicht für Barabfindungen gemäß § 29.[77)]

34 Bare Zuzahlungen scheiden aus, wenn der Wert des übertragenden Unternehmens lediglich den Gesamtnennbetrag der hierfür gewährten Anteile deckt oder der Unternehmenswert zwar höher ist als der Gesamtnennwert der hierfür ausgegebenen Anteile, die baren Zuzahlungen aber höher sind als die Differenz: Ein Verstoß gegen das Verbot der Unterpari-Emission ist unzulässig.[78)]

2. Geltung für Inhaber von Kleinstbeteiligungen

35 Grundsätzlich geht das Konzept des § 54 Abs. 4 dahin, bare Zuzahlungen zusätzlich zu der Beteiligung jedes Anteilsinhabers des übertragenden Rechtsträgers an der übernehmenden Gesellschaft vorzusehen. Streitig ist, ob **Inhaber von Splitterbeteiligungen** an dem übertragenden Rechtsträger auf eine reine Barabfindung verwiesen werden können, da ihre Beteiligung so gering ist, dass sie nicht einmal einen Anteil i. H. des Mindestnennbetrages erhalten würden. Nach heute wohl h. M. ist eine solche Abfindung von Inhabern von Kleinstbeteiligungen – anstatt einer Anteilsgewährung – zulässig, da sonst bei solchen geringen Beteiligungen eine Verschmelzung angesichts des Vetorechts solcher Gesellschafter unangemessen erschwert würde.[79)] Die Verweisung auf eine reine Barabfindung sollte jedoch ultima ratio sein; im Falle eines Verschmelzungsvorhabens, das allein dazu dient, Kleingesellschafter aus der Gesellschaft zu drängen, bleibt diesen die Anfechtbarkeit des Zustimmungsbeschlusses.[80)]

VII. Beschlussmängel

1. Verstoß gegen Kapitalerhöhungsverbote

36 Wird eine Kapitalerhöhung unter Verstoß gegen die Kapitalerhöhungsverbote des § 54 Abs. 1 Satz 1 bzw. Abs. 2 durchgeführt, so ist der **Kapitalerhöhungsbeschluss nichtig.**[81)]

74) *v. Hinden/Scheller* in: BeckOGK-UmwG, § 54 Rz. 85; Semler/Stengel/Leonard-*Reichert*, UmwG, § 54 Rz. 42; Widmann/Mayer-*Mayer*, UmwR, § 54 UmwG Rz. 64; für die Zulassung der Gewährung von Darlehen hingegen Kallmeyer-*Kocher*, UmwG, § 54 Rz. 30; *Kleindiek* in: NK-UmwG, § 54 Rz. 45.

75) Semler/Stengel/Leonard-*Reichert*, UmwG, § 54 Rz. 42.

76) *v. Hinden/Scheller* in: BeckOGK-UmwG, § 54 Rz. 81; Kallmeyer-*Kocher*, UmwG, § 54 Rz. 29; Lutter-*J. Vetter*, UmwG, § 54 Rz. 128.

77) Kallmeyer-*Kocher*, UmwG, § 54 Rz. 29; Lutter-*J. Vetter*, UmwG, § 54 Rz. 129; Semler/Stengel/Leonard-*Reichert*, UmwG, § 54 Rz. 42.

78) Lutter-*J. Vetter*, UmwG, § 54 Rz. 131; Semler/Stengel/Leonard-*Reichert*, UmwG, § 54 Rz. 43.

79) Lutter-*J. Vetter*, UmwG, § 54 Rz. 133; *Priester*, ZIP 2013, 2033, 2036; Semler/Stengel/Leonard-*Reichert*, UmwG, § 54 Rz. 45; a. A. *Schöne*, Die Spaltung unter Beteiligung von GmbH gem. §§ 123 ff. UmwG, S. 140 ff.

80) Lutter-*J. Vetter*, UmwG, § 54 Rz. 135.

81) Lutter-*J. Vetter*, UmwG, § 54 Rz. 149; Semler/Stengel/Leonard-*Reichert*, UmwG, § 54 Rz. 46; Schmitt/Hörtnagl-*Missio*, UmwG/UmwStG, § 54 UmwG Rz. 27.

Das Registergericht darf weder die Kapitalerhöhung noch die Verschmelzung eintragen.[82] Werden Verschmelzung und Kapitalerhöhung gleichwohl eintragen, obwohl sie wegen Verstoßes gegen § 54 nicht hätten eingetragen werden dürfen, führt dies nach einer überzeugenden Meinung in der Literatur zu einer **Heilung** des Verschmelzungs- und des Kapitalerhöhungsvorgangs,[83] denn es kann nichts anderes gelten als bei Mitwirkung einer Kapitalgesellschaft an einer regulären Erhöhung ihres Kapitals gegen Einlagen unter Verstoß gegen § 56 Abs. 2 AktG, der ebenfalls durch die Handelsregistereintragung geheilt wird. Da in dem vergleichbaren Fall des § 56 Abs. 2 AktG, der im GmbH-Recht analog gilt, eine Verpflichtung zur unmittelbaren Veräußerung der eigenen Aktien gemäß § 71c i. V. m. § 71d Satz 2, 4 AktG analog besteht, kann bei einer unzulässigen, aber wirksamen Kapitalerhöhung i. R. einer Verschmelzung nichts anderes gelten, so dass eine Pflicht zur unverzüglichen Veräußerung der eigenen Anteile besteht.[84]

Maßgeblicher Zeitpunkt für die Zulässigkeit der Kapitalerhöhung ist nach zutreffender Auffassung – wie bei sonstigen Gesellschafterbeschlüssen – der **Zeitpunkt** der Beschlussfassung über die Kapitalerhöhung.[85] Entfallen nachträglich die Voraussetzungen des Kapitalerhöhungsverbots, ist der Beschluss einzutragen, während hingegen die Eintragung unterbleiben muss, sofern diese Voraussetzungen nachträglich eintreten.[86] 37

2. Verstoß gegen § 54 Abs. 3

Wenn die Festsetzungen im Verschmelzungsvertrag gegen Vorschriften über den Mindestnennbetrag gemäß § 54 Abs. 3 verstoßen, sind die entsprechenden **Vertragsbestimmungen gemäß § 134 BGB nichtig** und der **Zustimmungsbeschluss** zum Verschmelzungsvertrag **anfechtbar.**[87] Der Registerrichter darf die Verschmelzung nicht eintragen. Erfolgt die Eintragung gleichwohl, wird der Mangel gemäß § 20 Abs. 2 geheilt.[88] 38

3. Verstoß gegen § 54 Abs. 4

Sofern der Verschmelzungsvertrag bare Zuzahlungen vorsieht, die mehr als 10 % des Nennbetrags aller tatsächlich gewährten Anteile betragen und damit gegen § 54 Abs. 4 verstoßen, sind die entsprechenden Vertragsbestimmungen nichtig mit der Vermutung der **Gesamtnichtigkeit des Verschmelzungsvertrages** gemäß § 139 BGB.[89] Der Zustimmungsbeschluss ist anfechtbar; die Eintragung darf nicht erfolgen, führt aber ggf. zur Heilung.[90] Gleiches gilt im Falle eines Verstoßes gegen das Verbot der Unterpari-Emission.[91] Bei einem Verstoß gegen das Verbot der Unterpari-Emission ist der Anspruch 39

---

82) Kallmeyer-*Kocher*, UmwG, § 54 Rz. 31; Lutter-*J. Vetter*, UmwG, § 54 Rz. 149; Semler/Stengel/Leonard-*Reichert*, UmwG, § 54 Rz. 47.

83) Semler/Stengel/Leonard-*Reichert*, UmwG, § 54 Rz. 47; Widmann/Mayer-*Mayer*, UmwR, § 54 UmwG Rz. 73; so wohl auch Lutter-*J. Vetter*, UmwG, § 54 Rz. 155.

84) Kallmeyer-*Kocher*, UmwG, § 54 Rz. 31; Lutter-*J. Vetter*, UmwG, § 54 Rz. 155; Semler/Stengel/Leonard-*Reichert*, UmwG, § 54 Rz. 47; Widmann/Mayer-*Mayer*, UmwR, § 54 UmwG Rz. 73.

85) Lutter-*J. Vetter*, UmwG, § 54 Rz. 152; Semler/Stengel/Leonard-*Reichert*, UmwG, § 54 Rz. 48; a. A. wohl *Nießen* in: KölnKomm-UmwG, § 54 Rz. 81, der auf den Zeitpunkt der Eintragung abstellt.

86) Semler/Stengel/Leonard-*Reichert*, UmwG, § 54 Rz. 48.

87) Lutter-*J. Vetter*, UmwG, § 54 Rz. 156; Semler/Stengel/Leonard-*Reichert*, UmwG, § 54 Rz. 49; vgl. auch Schmitt/Hörtnagl-*Missio*, UmwG/UmwStG, § 54 UmwG Rz. 28.

88) Lutter-*J. Vetter*, UmwG, § 54 Rz. 156; Semler/Stengel/Leonard-*Reichert*, UmwG, § 54 Rz. 49; Widmann/Mayer-*Mayer*, UmwR, § 54 UmwG Rz. 74.

89) *Nießen* in: KölnKomm-UmwG, § 54 Rz. 83; Lutter-*J. Vetter*, UmwG, § 54 Rz. 157; Semler/Stengel/Leonard-*Reichert*, UmwG, § 54 Rz. 50.

90) Kallmeyer-*Kocher*, UmwG, § 54 Rz. 33; Lutter-*J. Vetter*, UmwG, § 54 Rz. 157; Semler/Stengel/Leonard-*Reichert*, UmwG, § 54 Rz. 50.

91) Semler/Stengel/Leonard-*Reichert*, UmwG, § 54 Rz. 50.

auf Zahlung der baren Zuzahlung wegen eines Verstoßes gegen Kapitalaufbringungsgrundsätze nicht durchsetzbar.[92] Hat die übernehmende GmbH den Barzahlungsanspruch dennoch erfüllt, schuldet jeder Anteilsinhaber des übertragenden Rechtsträgers gemäß § 56 UmwG i. V. m. § 9 GmbHG die seiner Beteiligung am übertragenden Rechtsträger entsprechende quotale Differenz zwischen dem Nominalbetrag der gewährten Geschäftsanteile zuzüglich der baren Zuzahlung einerseits und dem Wert des Vermögens des übertragenden Rechtsträgers andererseits.[93]

92) Kallmeyer-*Kocher*, UmwG, § 54 Rz. 33; Lutter-*J. Vetter*, UmwG, § 54 Rz. 159; vgl. aber auch *v. Hinden/Scheller* in: BeckOGK-UmwG, § 54 Rz. 92.

93) Kallmeyer-*Kocher*, UmwG, § 54 Rz. 33; Lutter-*J. Vetter*, UmwG, § 54 Rz. 160; Semler/Stengel/Leonard-*Reichert*, UmwG, § 54 Rz. 50.

§ 55
Verschmelzung mit Kapitalerhöhung*)

(1) Erhöht die übernehmende Gesellschaft zur Durchführung der Verschmelzung ihr Stammkapital, so sind § 55 Abs. 1, §§ 56a, 57 Abs. 2, Abs. 3 Nr. 1 des Gesetzes betreffend die Gesellschaften mit beschränkter Haftung nicht anzuwenden.

(2) Der Anmeldung der Kapitalerhöhung zum Register sind außer den in § 57 Abs. 3 Nr. 2 und 3 des Gesetzes betreffend die Gesellschaften mit beschränkter Haftung bezeichneten Schriftstücken der Verschmelzungsvertrag und die Niederschriften der Verschmelzungsbeschlüsse in Ausfertigung oder öffentlich beglaubigter Abschrift beizufügen.

(3) Für den Beschluss über die Kapitalerhöhung nach Absatz 1 gilt § 14 Absatz 2 entsprechend.

*) § 55 geändert durch Art. 1 des Gesetzes zur Umsetzung der Umwandlungsrichtlinie und zur Änderung weiterer Gesetze (UmRUG), v. 22.2.2023, BGBl. I 2023, Nr. 51; § 55 geändert durch Art. 17 des Gesetzes zur Modernisierung des GmbH-Rechts und zur Bekämpfung von Missbräuchen (MoMiG), v. 23.10.2008, BGBl. I 2008, 2026; § 55 i. d. F. des UmwBerG geändert durch Art. 3 § 4 des Gesetzes zur Einführung des Euro (Euro-Einführungsgesetz – EuroEG), v. 9.6.1998, BGBl. I 1998, 1242.

Literatur: *Heckschen*, Differenzhaftung und existenzvernichtender Eingriff bei der Verschmelzung in der Krise, NZG 2019, 561; *Heckschen*, Die Entwicklung des Umwandlungsrechts aus Sicht der Rechtsprechung und Praxis, DB 1998, 1385; *Ihrig*, Gläubierschutz durch Kapitalaufbringung bei Verschmelzung und Spaltung nach neuem Umwandlungsrecht, GmbHR 1995, 622; *Ihrig/Schäfer*, Kapitaldeckungsverantwortung und Existenzvernichtung bei der Verschmelzung von Gesellschaften mit beschränkter Haftung, in: FS Grunewald, 2021, S. 405; *Kallmeyer*, Differenzhaftung bei Verschmelzung mit Kapitalerhöhung und Verschmelzung im Wege der Neugründung, GmbHR 2007, 1121; *Kocher*, Trotz Verneinung der Differenzhaftung sollten Überbewertungen bei GmbH-Verschmelzungen mit Kapitalerhöhungen vermieden und die Auswirkungen auf den übernehmenden Rechtsträger bedacht werden, BB 2019, 212; *Lieder/Bialluch*, Differenzhaftung und Existenzvernichtungshaftung bei Verschmelzung – Zugleich Besprechung von BGH v. 6.11.2018 – II ZR 199/17, ZGR 2019, 760; *Priester*, Eine Lanze für die Differenzhaftung bei der Verschmelzung von GmbH – Zugleich Besprechung BGH v. 6.11.2018 – II ZR 199/17, ZIP 2019, 646; *Schluck-Amend*, Keine Differenz-, aber Existenzvernichtungshaftung der Gesellschafter bei der Verschmelzung einer insolvenzreifen GmbH, DStR 2019, 1312; *Thoß*, Differenzhaftung bei der Kapitalerhöhung zur Durchführung einer Verschmelzung, NZG 2006, 376; *Wachter*, Verschmelzung einer insolvenzreifen GmbH, DB 2019, 175; *Weiß*, Gesellschafterhaftung bei Verschmelzung mit insolventer GmbH, GmbHR 2017,

1017; *Wicke*, Sanierungsfunktion und Existenzvernichtungshaftung – Zugleich Anmerkung zum Teilversäumnis- und Teilendur. des BGH vom 6.11.2018 – II ZR 199/17, DNotZ 2019, 405.

Übersicht

I. Allgemeines

In der Regel ist eine Kapitalerhöhung bei der übernehmenden GmbH erforderlich, um die Verschmelzung durchführen und den Anteilsinhabern der übertragenden Rechtsträger Geschäftsanteile an der übernehmenden GmbH gewähren zu können.[1] Grundsätzlich gelten für eine Kapitalerhöhung §§ 55 ff. GmbHG. Anders als bei der regulären Kapitalerhöhung durch Einlagen übernehmen allerdings bei einer Kapitalerhöhung zur Durchführung einer Verschmelzung die künftigen Gesellschafter keine Stammeinlagen; nicht die künftigen Gesellschafter, sondern der übertragende Rechtsträger erbringt die als Gegenleistung für die neuen Anteile erforderliche Einlage.[2] Daher regelt **§ 55 Abs. 1**, dass bestimmte **Vorschriften des allgemeinen GmbHG**, die für eine Kapitalerhöhung zur Durchführung einer Verschmelzung **nicht passen, unanwendbar** sind. 1

Die Regelung des § 55 gilt nur für Kapitalerhöhungen zur Durchführung der Verschmelzung, nicht hingegen für eine nur zeitlich mit der Verschmelzung zusammenfallende, von dieser aber unabhängige Kapitalerhöhung.[3] Für eine solche reguläre Kapitalerhöhung sind nur die allgemeinen Vorschriften des GmbHG anwendbar.[4] Im Hinblick auf die erheblichen Unterschiede sollte die reguläre Kapitalerhöhung möglichst nicht in einem Beschluss mit der Kapitalerhöhung zur Durchführung der Verschmelzung verbunden werden.[5] 2

Gemäß § 56 gilt § 55 **nicht** für die Verschmelzung **zur Neugründung**, denn bei dieser erfolgt keine Kapitalerhöhung.[6] 3

1) Lutter-*J. Vetter*, UmwG, § 55 Rz. 1; Semler/Stengel/Leonard-*Reichert*, UmwG, § 55 Rz. 2.

2) Lutter-*J. Vetter*, UmwG, § 55 Rz. 1; Semler/Stengel/Leonard-*Reichert*, UmwG, § 55 Rz. 2.

3) Kallmeyer-*Kocher*, UmwG, § 55 Rz. 2; Lutter-*J. Vetter*, UmwG, § 55 Rz. 12.

4) OLG Düsseldorf, Beschl. v. 10.5.2019 – I-3 Wx 219/18, NZG 2019, 1271, 1272 = ZIP 2019, 2353; Kallmeyer-*Kocher*, UmwG, § 55 Rz. 2; *Nießen* in: KölnKomm-UmwG, § 55 Rz. 3.

5) Zum Erfordernis verschiedener Beschlussgegenstände bei der parallelen Kapitalerhöhung zur Euro-Umstellung ausdrücklich OLG Düsseldorf, Beschl. v. 10.5.2019 – I-3 Wx 219/18, NZG 2019, 1271, 1273 = ZIP 2019, 2353; so auch Kallmeyer-*Kocher*, UmwG, § 55 Rz. 2; Lutter-*J. Vetter*, UmwG, § 55 Rz. 13; Schmitt/Hörtnagl-*Missio*, UmwG/UmwStG, § 55 UmwG Rz. 3; Widmann/Mayer-*Mayer*, UmwR, § 55 UmwG Rz. 45.1.

6) *v. Hinden/Scheller* in: BeckOGK-UmwG, § 55 Rz. 7; Lutter-*J. Vetter*, UmwG, § 55 Rz. 4.

4 § 55 ist gemäß § 1 Abs. 3 **zwingend**. Die Regelungen können nicht einmal mit Zustimmung aller Gesellschafter geändert werden.[7)]

II. Anzuwendende Vorschriften des GmbHG

1. Kapitalerhöhungsbeschluss

5 Die Kapitalerhöhung zur Durchführung der Verschmelzung stellt eine **Satzungsänderung** bei der übernehmenden GmbH dar, für die die §§ 53 f. GmbHG gelten.[8)] So ist ein Kapitalerhöhungsbeschluss der bisherigen Gesellschafter der übernehmenden GmbH gemäß § 53 GmbHG erforderlich.[9)] Der **Kapitalerhöhungsbeschluss** wird in der Praxis oft mit dem Zustimmungsbeschluss der übernehmenden GmbH zum Verschmelzungsvertrag verbunden, ist mit ihm aber rechtlich nicht identisch.[10)] Gemäß § 53 GmbHG muss der Kapitalerhöhungsbeschluss notariell beurkundet und von einer Mehrheit von mindestens drei Viertel der abgegebenen Stimmen gefasst werden. Der Gesellschaftsvertrag kann höhere, nicht aber geringere Mehrheiten sowie weitere Erfordernisse vorsehen.[11)]

6 Der Kapitalerhöhungsbeschluss muss den **Betrag** festlegen, um den das Stammkapital der übernehmenden GmbH erhöht werden soll.[12)] Nach überzeugender h. M. ist die gesonderte Festsetzung eines den Erhöhungsbetrag übersteigenden Werts des Unternehmens des übertragenden Rechtsträgers als Agio im Kapitalerhöhungsbeschluss – wie bei der regulären Sachkapitalerhöhung gegen Einlagen – nicht erforderlich, auch wenn bei der Ermittlung des Umtauschverhältnisses ein den Nennbetrag der Kapitalerhöhung übersteigender Unternehmenswert zugrunde gelegt wurde.[13)] Die Differenz zwischen dem Kapitalerhöhungsbetrag und dem Nettovermögen des übertragenden Rechtsträgers ist gemäß § 272 Abs. 2 Nr. 1 HGB in die **Kapitalrücklage** einzustellen.[14)] Für die Ermittlung des Nettovermögens ist die Schlussbilanz des übertragenden Rechtsträgers gemäß § 17 Abs. 2 maßgeblich, wenn die übernehmende GmbH in ihrer Handelsbilanz gemäß § 24 die Buchwerte fortführt und nicht von ihrem Aufstockungsrecht Gebrauch macht.[15)]

7 Wie bei einer regulären Kapitalerhöhung gegen Einlagen ist es auch bei der Kapitalerhöhung zur Durchführung einer Verschmelzung zulässig, das Stammkapital bis zu einer **bestimmten Höchstziffer** zu erhöhen und den endgültigen Betrag der Kapitalerhöhung danach zu bestimmen, in welchem **Umfang Anteile** aus der Kapitalerhöhung zur Durchführung der Verschmelzung benötigt werden.[16)] Eine solche Gestaltung, wie sie etwa bei der Verschmelzung der Daimler-Benz AG auf die DaimlerChrysler AG gewählt wurde, kommt in der Praxis insbesondere in Betracht, wenn der Kapitalerhöhung zur Durchführung der Verschmelzung ein **Erwerbsangebot** der übernehmenden GmbH an die Anteilsinhaber des übertragenden Rechtsträgers vorgeschaltet wird, dessen Ergebnis im Zeit-

7) Lutter-*J. Vetter*, UmwG, § 55 Rz. 5.

8) Kallmeyer-*Kocher*, UmwG, § 55 Rz. 2; Lutter-*J. Vetter*, UmwG, § 55 Rz. 14; Schmitt/Hörtnagl-*Missio*, UmwG/UmwStG, § 55 UmwG Rz. 4.

9) Kallmeyer-*Kocher*, UmwG, § 55 Rz. 4; Semler/Stengel/Leonard-*Reichert*, UmwG, § 55 Rz. 3.

10) *Nießen* in: KölnKomm-UmwG, § 55 Rz. 6; Lutter-*J. Vetter*, UmwG, § 55 Rz. 14; Semler/Stengel/Leonard-*Reichert*, UmwG, § 55 Rz. 3.

11) Lutter/Hommelhoff-*Bayer*, GmbHG, § 53 Rz. 13; Lutter-*J. Vetter*, UmwG, § 55 Rz. 14; Semler/Stengel/Leonard-*Reichert*, UmwG, § 55 Rz. 3.

12) Lutter-*J. Vetter*, UmwG, § 55 Rz. 15; Semler/Stengel/Leonard-*Reichert*, UmwG, § 55 Rz. 4.

13) *v. Hinden/Scheller* in: BeckOGK-UmwG, § 55 Rz. 19; Lutter-*J. Vetter*, UmwG, § 55 Rz. 15; Semler/Stengel/Leonard-*Reichert*, UmwG, § 55 Rz. 4; a. A. Goutier/Knopf/Tulloch-*Bermel*, UmwG, § 55 Rz. 22.

14) *v. Hinden/Scheller* in: BeckOGK-UmwG, § 55 Rz. 19; Lutter-*J. Vetter*, UmwG, § 55 Rz. 15.

15) Lutter-*J. Vetter*, UmwG, § 55 Rz. 15; Semler/Stengel/Leonard-*Reichert*, UmwG, § 55 Rz. 4.

16) Kallmeyer-*Kocher*, UmwG, § 55 Rz. 5; Lutter-*J. Vetter*, UmwG, § 55 Rz. 16; Semler/Stengel/Leonard-*Reichert*, UmwG, § 55 Rz. 5.

punkt der Beschlussfassung noch nicht feststeht.[17] Soweit dieses Angebot vor der Anmeldung der Kapitalerhöhung angenommen und Anteile am übertragenden Rechtsträger an die übernehmende GmbH abgetreten werden, darf die Kapitalerhöhung gemäß § 54 Abs. 1 Satz 1 Nr. 1 nicht durchgeführt werden.[18] Aus der Formulierung des Kapitalerhöhungsbeschlusses (z. B. durch die Formulierung „Erhöhung bis zu") muss sich dies eindeutig ergeben, damit der Kapitalerhöhungsbeschluss hinreichend bestimmt ist.[19]

Die **endgültige Festsetzung des Kapitalerhöhungsbetrags** innerhalb der durch den Beschluss gezogenen Grenzen erfolgt durch Anmeldung und Eintragung des Betrags, der zur Durchführung der Verschmelzung und zur Gewährung von Anteilen an die Anteilsinhaber des übertragenden Rechtsträgers benötigt wird, die im Zeitpunkt der Handelsregisteranmeldung noch Anteile am übertragenden Rechtsträger halten.[20] Soweit Anteile am übertragenden Rechtsträger **vor der Handelsregisteranmeldung** an die übernehmende GmbH **übertragen** wurden, unterbleibt der im Verschmelzungsvertrag vorgesehene Anteilstausch.[21] Der Verschmelzungsvertrag muss nicht geändert werden, aber eine berichtigte Gesellschafterliste ist unverzüglich beim Handelsregister einzureichen.[22] 8

2. Genehmigtes Kapital

Die Kapitalerhöhung der übernehmenden GmbH zur Durchführung der Verschmelzung kann auch durch Ausnutzung eines genehmigten Kapitals gemäß § 55a GmbHG erfolgen, wenn die Ermächtigung gemäß § 55a Abs. 1 GmbHG eine Kapitalerhöhung gegen Sacheinlagen nach § 55a Abs. 3 GmbHG vorsieht.[23] 9

3. Wahrung der Sachkapitalerhöhungsvorschriften

a) Allgemeines

Die Kapitalerhöhung zur Durchführung der Verschmelzung stellt eine **Sachkapitalerhöhung** dar, denn Gegenstand der Einlage sind sämtliche Aktiva und Passiva der übertragenden Rechtsträger.[24] Grundsätzlich gilt § 56 GmbHG entsprechend.[25] Allerdings ist für die Kapitalerhöhung zur Durchführung einer Verschmelzung keine nähere Angabe des **Gegenstands der Sacheinlage** erforderlich, da sich dieser bereits aus dem Verschmelzungsvertrag ergibt.[26] Daher ist gemäß § 55 Abs. 2 der Anmeldung der Kapitalerhöhung zur Durchführung der Verschmelzung der **Verschmelzungsvertrag** (statt der bei der ordentlichen Kapitalerhöhung erforderlichen Übernahmeerklärungen) **beizufügen**. 10

In der Praxis wird ein **Hinweis in den Kapitalerhöhungsbeschluss aufgenommen**, dass die durch die Kapitalerhöhung geschaffenen Anteile den Anteilsinhabern des übertragen- 11

17) *Nießen* in: KölnKomm-UmwG, § 55 Rz. 9; Lutter-*J. Vetter*, UmwG, § 55 Rz. 16; Semler/Stengel/Leonard-*Reichert*, UmwG, § 55 Rz. 5.

18) Lutter-*J. Vetter*, UmwG, § 55 Rz. 16; Semler/Stengel/Leonard-*Reichert*, UmwG, § 55 Rz. 5.

19) Kallmeyer-*Kocher*, UmwG, § 55 Rz. 5; Lutter-*J. Vetter*, UmwG, § 55 Rz. 16; Semler/Stengel/Leonard-*Reichert*, UmwG, § 55 Rz. 5.

20) *Kleindiek* in: NK-UmwG, § 55 Rz. 8; Lutter-*J. Vetter*, UmwG, § 55 Rz. 17; Semler/Stengel/Leonard-*Reichert*, UmwG, § 55 Rz. 6.

21) Lutter-*J. Vetter*, UmwG, § 55 Rz. 19; Semler/Stengel/Leonard-*Reichert*, UmwG, § 55 Rz. 6.

22) Lutter-*J. Vetter*, UmwG, § 55 Rz. 19; Semler/Stengel/Leonard-*Reichert*, UmwG, § 55 Rz. 6.

23) Kallmeyer-*Kocher*, UmwG, § 55 Rz. 5; vgl. dazu ausf. Lutter-*J. Vetter*, UmwG, § 55 Rz. 20 f.

24) Lutter-*J. Vetter*, UmwG, § 55 Rz. 24; Schmitt/Hörtnagl-*Missio*, UmwG/UmwStG, § 55 UmwG Rz. 3; Semler/Stengel/Leonard-*Reichert*, UmwG, § 55 Rz. 7.

25) Lutter-*J. Vetter*, UmwG, § 55 Rz. 24; Semler/Stengel/Leonard-*Reichert*, UmwG, § 55 Rz. 7.

26) *Nießen* in: KölnKomm-UmwG, § 55 Rz. 19; Lutter-*J. Vetter*, UmwG, § 55 Rz. 24; Semler/Stengel/Leonard-*Reichert*, UmwG, § 55 Rz. 7.

den Rechtsträgers „als Gegenleistung für die Übertragung des gesamten Vermögens im Wege der Verschmelzung zur Aufnahme gewährt" werden.[27] Sollten allerdings – ausnahmsweise – der Kapitalerhöhungs- und der Zustimmungsbeschluss in gesonderten Urkunden gefasst werden, dann empfiehlt sich ein ausdrücklicher Hinweis auf den Verschmelzungsvertrag im Kapitalerhöhungsbeschluss.[28]

b) Verbot der Unterpari-Emission

12 Bei der Kapitalerhöhung zur Durchführung einer Verschmelzung sind das Gebot der realen Kapitalaufbringung und das **Verbot der Unterpari-Emission** zu beachten.[29] Der Gesamtnennbetrag der Kapitalerhöhung zuzüglich barer Zuzahlungen darf den Wert des Vermögens der übertragenden Rechtsträger bzw. bei Mehrfachverschmelzung den saldierten Wert des Vermögens der übertragenden Rechtsträger nicht übersteigen.[30] Nach zutreffender Auffassung muss hingegen nicht der Nennbetrag der Geschäftsanteile, die dem Anteilsinhaber eines übertragenden Rechtsträgers gewährt werden, zuzüglich barer Zuzahlungen von dem nach Maßgabe der Beteiligungsquote auf den betreffenden Anteilsinhaber entfallenden anteiligen Vermögen des oder der übertragenden Rechtsträger gedeckt werden, da diese Frage keine Gläubigerinteressen betrifft.[31] Maßgeblicher **Bewertungsstichtag** ist nach der Rechtsprechung ungeklärt und in der Literatur streitig. Nach traditioneller Auffassung ist dies der Tag der Eintragung der Verschmelzung in das Handelsregister der übernehmenden GmbH,[32] nach einer im Vordringen befindlichen Auffassung hingegen der Zeitpunkt der Anmeldung der Kapitalerhöhung.[33]

13 Bei einer **Einzelverschmelzung** kann ein vermögensloser oder überschuldeter Rechtsträger nicht als übertragender Rechtsträger fungieren, wenn es zur Durchführung der Verschmelzung einer Kapitalerhöhung bedarf.[34] Der Wert des Vermögens des übertragenden Rechtsträgers muss den **Mindestnennbetrag** der Kapitalerhöhung erreichen, also 1 € für jeden Anteilsinhaber betragen, der Anspruch auf einen Geschäftsanteil an der übernehmenden GmbH hat.[35] Dies kann etwa durch die Zahlung eines verlorenen Zuschusses oder durch eine sanierende Kapitalherabsetzung mit anschließender Kapitalerhöhung erfolgen.[36]

14 Das OLG Frankfurt am Main leitet aus dem Verbot der Unterpari-Emission und aus § 46 das generelle Verbot der Beteiligung eines vermögenslosen oder überschuldeten Rechts-

27) Lutter-*J. Vetter*, UmwG, § 55 Rz. 25; Semler/Stengel/Leonard-*Reichert*, UmwG, § 55 Rz. 7; vgl. auch *Bungert* in: Münchener Vertragshdb., Bd. 1 GesR, Formular XI. 10. § 2.

28) Kallmeyer-*Kocher*, UmwG, § 55 Rz. 4; Lutter-*J. Vetter*, UmwG, § 55 Rz. 25; Semler/Stengel/Leonard-*Reichert*, UmwG, § 55 Rz. 7.

29) *Ihrig*, GmbHR 1995, 622, 640; Kallmeyer-*Kocher*, UmwG, § 55 Rz. 10; Lutter-*J. Vetter*, UmwG, § 55 Rz. 26.

30) Kallmeyer-*Kocher*, UmwG, § 55 Rz. 10; Lutter-*J. Vetter*, UmwG, § 55 Rz. 26; Semler/Stengel/Leonard-*Reichert*, UmwG, § 55 Rz. 8.

31) *v. Hinden/Scheller* in: BeckOGK-UmwG, § 55 Rz. 24; Kallmeyer-*Kocher*, UmwG, § 55 Rz. 10; *Nießen* in: KölnKomm-UmwG, § 55 Rz. 39; Lutter-*J. Vetter*, UmwG, § 55 Rz. 26; a. A. *Ihrig*, GmbHR 1995, 622, 635 ff.; Semler/Stengel/Leonard-*Reichert*, UmwG, § 55 Rz. 8.

32) *Ihrig*, GmbHR 1995, 622, 640 f.; Semler/Stengel/Leonard-*Reichert*, UmwG, § 55 Rz. 8; Widmann/Mayer-*Mayer*, UmwR, § 55 UmwG Rz. 71 f.

33) *v. Hinden/Scheller* in: BeckOGK-UmwG, § 55 Rz. 26; *Nießen* in: KölnKomm-UmwG, § 55 Rz. 41; Lutter-*J. Vetter*, UmwG, § 55 Rz. 27.

34) *Heckschen*, DB 1998, 1385, 1386 f.; Lutter-*J. Vetter*, UmwG, § 54 Rz. 28; Semler/Stengel/Leonard-*Reichert*, UmwG, § 55 Rz. 9.

35) Lutter-*J. Vetter*, UmwG, § 54 Rz. 28; Semler/Stengel/Leonard-*Reichert*, UmwG, § 55 Rz. 9.

36) Semler/Stengel/Leonard-*Reichert*, UmwG, § 55 Rz. 9; Widmann/Mayer-*Mayer*, UmwR, § 55 UmwG Rz. 83.8 f.

trägers an einer **Mehrfachverschmelzung** zur Aufnahme ab.[37)] Nach der gegenteiligen **Ansicht der Literatur** hingegen ist eine solche Beteiligung im Falle der Mehrfachverschmelzung unbedenklich, wenn das saldierte Gesamtvermögen aller übertragenden Rechtsträger den Gesamtbetrag der Kapitalerhöhung und der rechnerisch auf den einzelnen Anteilsinhaber entfallende saldierte Wert des Gesamtvermögens den Nennbetrag des ihm gewährten Geschäftsanteils zumindest erreicht.[38)] Die Literaturansicht überzeugt, da die Mehrfachverschmelzung nach dem UmwG als einheitlicher Vorgang zu bewerten ist und daher auf eine Gesamtsaldierung des Vermögens aller beteiligten Rechtsträger abzustellen ist, so dass die Aufspaltung des als einheitlich konzipierten Verschmelzungsvorgangs in mehrere Teilverschmelzungen ausgeschlossen ist.[39)] In der Praxis sollte mit Blick auf die Entscheidung des OLG Frankfurt an Main die Mutter als Gesellschafterin aller beteiligten Rechtsträger auf die Gewährung von Anteilen nach § 54 Abs. 1 Satz 3 verzichten.[40)]

Für die Frage der **Kapitaldeckung** ist der wahre Wert des Vermögens des übertragenden Rechtsträgers maßgeblich, nicht der bilanzielle Buchwert, also im Regelfall bei Einbringung eines Unternehmens der nach allgemeinen Grundsätzen ermittelte Unternehmenswert.[41)] Ein solcher wirklicher Wert ist grundsätzlich der Ertragswert zuzüglich des Verkehrswerts des nicht betriebsnotwendigen Vermögens.[42)] 15

4. Differenzhaftung

Mit seiner wegweisenden Entscheidung vom 6.11.2018[43)] hat der **BGH** die in der Literatur höchststreitige Frage geklärt, ob auf die Kapitalerhöhung zur Durchführung einer Verschmelzung auch die Regeln über die Differenzhaftung des Inferenten nach §§ 56 Abs. 2, 9 GmbHG anwendbar sind. Nach Auffassung des BGH trifft die Gesellschafter einer GmbH bei einer Überbewertung des Vermögens des übertragenden Rechtsträgers keine Differenzhaftung: Es fehle an einer Kapitaldeckungszusage für den Wert des übertragenden Rechtsträgers, da sich eine solche weder aus dem Verschmelzungsvertrag (§ 4 Abs. 1 Satz 1) noch aus dem Verschmelzungsbeschluss gemäß § 13 Abs. 1 Satz 1 ableiten lasse.[44)] § 55 Abs. 1 schließe die Anwendung von § 55 Abs. 1 GmbHG aus, der bei einer Kapitalerhöhung eine Übernahmeerklärung des neuen Gesellschafters fordere. An die Stelle der Übernahmeerklärung trete die Verpflichtung des übertragenden Rechtsträgers aus dem Verschmelzungsvertrag, so dass der entscheidende Anknüpfungspunkt für eine Kapitaldeckungszusage fehle. Der BGH hälte jedoch einen **Anspruch aus existenzvernichtendem Eingriff** gemäß § 826 BGB für möglich: Ein solcher könne darin begründet sein, dass der entsprechenden Gesellschaft der den Gläubigern dienende Haftungsfonds 16

37) OLG Frankfurt/M., Beschl. v. 10.3.1998 – 20 W 60/98, DB 1998, 917 = NZG 1998, 649.

38) *Heckschen*, DB 1998, 1385, 1387; Lutter-*J. Vetter*, UmwG, § 55 Rz. 29; Schmitt/Hörtnagl-*Missio*, UmwG/UmwStG, § 46 UmwG Rz. 8; Semler/Stengel/Leonard-*Reichert*, UmwG, § 55 Rz. 9; Widmann/Mayer-*Mayer*, UmwR, § 55 UmwG Rz. 56.13.

39) *Heckschen*, DB 1998, 1385, 1387; Lutter-*J. Vetter*, UmwG, § 54 Rz. 29; Semler/Stengel/Leonard-*Reichert*, UmwG, § 55 Rz. 9.

40) Kallmeyer-*Kocher*, UmwG, § 55 Rz. 10; Lutter-*J. Vetter*, UmwG, § 55 Rz. 30.

41) Lutter-*J. Vetter*, UmwG, § 54 Rz. 31; Semler/Stengel/Leonard-*Reichert*, UmwG, § 55 Rz. 10.

42) Lutter-*J. Vetter*, UmwG, § 54 Rz. 32; Schmitt/Hörtnagl-*Missio*, UmwG/UmwStG, § 55 UmwG Rz. 15 ff.; Semler/Stengel/Leonard-*Reichert*, UmwG, § 55 Rz. 10; Widmann/Mayer-*Mayer*, UmwR, § 55 UmwG Rz. 64.

43) BGH, Teilvers.-/Teilendurt. v. 6.11.2018 – II ZR 199/17, NZG 2019, 187 = ZIP 2019, 114; vgl. dazu *Kleindiek*, GmbHR 2019, 179 (Urteilsanm.); *Kocher*, BB 2019, 212.

44) BGH, Teilvers.-/Teilendurt. v. 6.11.2018 – II ZR 199/17, NZG 2019, 187, 189 = ZIP 2019, 114.

nicht durch einen Zugriff auf ihr Aktivvermögen, sondern durch die Vermehrung von Schulden mittelbar entzogen werde.[45)]

17 Soweit die Anteilsinhaber Einfluss auf die Bewertung haben, können daneben auch die anmeldenden Geschäftsführer und ggf. ein Prüfer in die Haftung genommen werden.[46)]

III. Nicht anwendbare Vorschriften des GmbHG (§ 55 Abs. 1)

1. Keine Übernahmeerklärungen

18 Gemäß § 55 Abs. 1 Satz 1 gilt die Regelung des § 55 Abs. 1 GmbHG nicht, so dass die Anteilsinhaber des übertragenden Rechtsträgers **keine Übernahmeerklärungen** abgeben müssen. Als Grundlage des Anteilserwerbs dienen – anstatt einer eigenen rechtsgeschäftlichen Erklärung jedes Anteilsinhabers – der **Verschmelzungsvertrag**, der die Zuordnung der neuen Geschäftsanteile regelt und anstelle der Übernahmeerklärungen tritt, sowie die gefassten Zustimmungsbeschlüsse.[47)] Folgerichtig gilt auch § 57 Abs. 3 Nr. 1 GmbHG, denn mangels Übernahmeerklärungen gemäß § 55 Abs. 1 können diese auch nicht der Handelsregisteranmeldung beigefügt werden.

2. Keine Einlagen und entsprechende Versicherungen

19 Da die Anteilsinhaber des übertragenden Rechtsträgers bei der Kapitalerhöhung zur Durchführung der Verschmelzung keine Einlagen schulden, sondern das erhöhte Stammkapital dadurch erbracht wird, dass das gesamte Vermögen des übertragenden Rechtsträgers auf die übernehmende GmbH übergeht, sind auch die Regelungen zur Erbringung der Einlagen (§ 56a GmbHG) und zur Versicherung über die Bewirkung der Einlagen und die freie Verfügung (§ 57 Abs. 2 GmbHG) nicht anwendbar.[48)] Eine Versicherung gemäß § 57 Abs. 2 GmbHG scheidet bereits deshalb aus, da das Vermögen des übertragenden Rechtsträgers erst mit Eintragung der Verschmelzung auf die übernehmende Gesellschaft übergeht und die Eintragung der Verschmelzung der Eintragung der Kapitalerhöhung gemäß § 53 nachfolgt.[49)]

3. Kein Bezugsrecht

20 Im Rahmen einer Kapitalerhöhung zur Durchführung einer Verschmelzung besteht **kein gesetzliches Bezugsrecht** gemäß § 186 Abs. 3 AktG analog.[50)] Einer solchen Kapitalerhöhung gemäß § 55 ist ein Bezugsrechtsausschluss immanent, denn eine solche ist nur insoweit zulässig, als die neuen Anteile zur Gewährung an die Anteilsinhaber des übertragenden Rechtsträgers gebraucht werden.[51)]

---

45) BGH, Teilvers.-/Teilendurt. v. 6.11.2018 – II ZR 199/17, NZG 2019, 187, 190 = ZIP 2019, 114.

46) Kallmeyer-*Kocher*, UmwG, § 55 Rz. 18; Schmitt/Hörtnagl-*Missio*, UmwG/UmwStG, § 55 UmwG Rz. 6; vgl. auch *Ihrig*, GmbHR 1995, 622, 635.

47) OLG Hamm, Urt. v. 6.12.2001 – 15 W 314/01, NZG 2002, 396, 397 = DB 2002, 1314; Kallmeyer-*Kocher*, UmwG, § 55 Rz. 6; Lutter-*J. Vetter*, UmwG, § 55 Rz. 50; Semler/Stengel/Leonard-*Reichert*, UmwG, § 55 Rz. 14.

48) *Kleindiek* in: NK-UmwG, § 55 Rz. 19; *Ihrig*, GmbHR 1995, 622, 629 f.; Lutter-*J. Vetter*, UmwG, § 55 Rz. 52; Schmitt/Hörtnagl-*Missio*, UmwG/UmwStG, § 55 UmwG Rz. 9.

49) Lutter-*J. Vetter*, UmwG, § 55 Rz. 53; Semler/Stengel/Leonard-*Reichert*, UmwG, § 55 Rz. 15.

50) *v. Hinden/Scheller* in: BeckOGK-UmwG, § 55 Rz. 14; Lutter-*J. Vetter*, UmwG, § 55 Rz. 58; Semler/Stengel/Leonard-*Reichert*, UmwG, § 55 Rz. 20; Widmann/Mayer-*Mayer*, UmwR, § 55 UmwG Rz. 51.

51) *v. Hinden/Scheller* in: BeckOGK-UmwG, § 55 Rz. 14; Lutter-*J. Vetter*, UmwG, § 55 Rz. 58; Semler/Stengel/Leonard-*Reichert*, UmwG, § 55 Rz. 20.

IV. Anmeldung zum Handelsregister (§ 55 Abs. 2)

1. Unterlagen

Die Kapitalerhöhung ist gemäß §§ 57 Abs. 1, 78 GmbHG durch **sämtliche Geschäftsführer** zur Eintragung in das Handelsregister **anzumelden**. Wegen der Strafbarkeit falscher Angaben bei der Anmeldung gemäß § 82 Abs. 1 Nr. 3 GmbHG kommen weder unechte Gesamtvertretung noch eine rechtsgeschäftliche Vertretung bei der Anmeldung in Betracht.[52] Regelmäßig wird die Anmeldung der Kapitalerhöhung in der Praxis mit der Anmeldung der Verschmelzung verbunden. In einem solchen Fall müssen in Abweichung von § 16 Abs. 1 alle Geschäftsführer an der Anmeldung mitwirken.[53] 21

Der Anmeldung beizufügen ist der notariell beurkundete **Kapitalerhöhungsbeschluss** der Gesellschafter der übernehmenden GmbH einschließlich des Beschlusses über die Änderung der Stammkapitalziffer.[54] In der Praxis werden der Beschluss über die Zustimmung der übernehmenden GmbH zum Verschmelzungsvertrag und der Kapitalerhöhungsbeschluss nebst Satzungsänderungsbeschluss aus Kostengründen in derselben Gesellschafterversammlung gefasst und sind daher in der Regel in derselben notariellen Urkunde enthalten.[55] 22

Der Handelsregisteranmeldung sind der **Verschmelzungsvertrag** sowie die Niederschriften der **Zustimmungsbeschlüsse** in Ausfertigung oder öffentlich beglaubigter Abschrift beizufügen. Diese Erfordernis stellt sicher, dass die Kapitalerhöhung nur eingetragen wird, wenn auch die Eintragung der Verschmelzung und damit der Übergang des Vermögens des übertragenden Rechtsträgers auf die übernehmende Gesellschaft gewährleistet sind.[56] 23

Nach dem Gesetzeswortlaut des § 57 Abs. 3 Nr. 2 ist eine gesonderte **Liste der Übernehmer** beizufügen. Die Sinnhaftigkeit einer solchen Liste wird teilweise in der Literatur bezweifelt, da die im Zuge der Kapitalerhöhung zur Durchführung der Verschmelzung geschaffenen neuen Geschäftsanteile den jeweiligen Anteilsinhabern des übertragenden Rechtsträgers bereits im Verschmelzungsvertrag namentlich zugeordnet werden.[57] In der Praxis sollte eine solche Liste jedenfalls beigefügt werden, denn die Registergerichte verlangen diese angesichts des Wortlauts des § 57 Abs. 3 Nr. 2.[58] Einbringungsverträge i. S. des § 57 Abs. 3 Nr. 3 gibt es bei der Kapitalerhöhung zur Durchführung der Verschmelzung nicht, da sich der Vermögensübergang lediglich auf der Grundlage des Verschmelzungsvertrags und der Zustimmungsbeschlüsse im Wege der Gesamtrechtsnachfolge vollzieht.[59] 24

Da die Kapitalerhöhung satzungsändernden Charakter hat, ist zudem der vollständige **Wortlaut des Gesellschaftsvertrags** mit der Notarbescheinigung nach § 54 Abs. 1 GmbHG beizufügen.[60] Darüber hinaus ist der Anmeldung eine Unterlage beizufügen, die dem 25

---

52) *v. Hinden/Scheller* in: BeckOGK-UmwG, § 55 Rz. 34; Kallmeyer-*Kocher*, UmwG, § 55 Rz. 8; *Nießen* in: KölnKomm-UmwG, § 55 Rz. 30; Lutter-*J. Vetter*, UmwG, § 55 Rz. 59; Semler/Stengel/Leonard-*Reichert*, UmwG, § 55 Rz. 23; a. A. bzgl. rechtsgeschäftlicher Vertretung Widmann/Mayer-*Mayer*, UmwR, § 55 UmwG Rz. 87.

53) *Kleindiek* in: NK-UmwG, § 55 Rz. 21; Lutter-*J. Vetter*, UmwG, § 55 Rz. 60; Semler/Stengel/Leonard-*Reichert*, UmwG, § 55 Rz. 23.

54) Kallmeyer-*Zimmermann*, UmwG, § 53 Rz. 7; Lutter-*J. Vetter*, UmwG, § 55 Rz. 62.

55) Lutter-*J. Vetter*, UmwG, § 55 Rz. 62.

56) Lutter-*J. Vetter*, UmwG, § 55 Rz. 63; Semler/Stengel/Leonard-*Reichert*, UmwG, § 55 Rz. 21.

57) Lutter-*J. Vetter*, UmwG, § 55 Rz. 64; *Rebmann* in: HK-UmwG, § 55 Rz. 22; Schmitt/Hörtnagl-*Missio*, UmwG/UmwStG, § 55 UmwG Rz. 25; Semler/Stengel/Leonard-*Reichert*, UmwG, § 55 Rz. 22; a. A. Henssler/Strohn-*Haeder*, GesR, § 55 UmwG Rz. 10; Kallmeyer-*Kocher*, UmwG, § 55 Rz. 9; *Nießen* in: KölnKomm-UmwG, § 55 Rz. 32; Widmann/Mayer-*Mayer*, UmwR, § 55 UmwG Rz. 91.

58) Kallmeyer-*Kocher*, UmwG, § 55 Rz. 9; Semler/Stengel/Leonard-*Reichert*, UmwG, § 55 Rz. 22.

59) Lutter-*J. Vetter*, UmwG, § 55 Rz. 65; Schmitt/Hörtnagl-*Missio*, UmwG/UmwStG, § 55 UmwG Rz. 25.

60) Kallmeyer-*Kocher*, UmwG, § 55 Rz. 9; Semler/Stengel/Leonard-*Reichert*, UmwG, § 55 Rz. 22.

Registergericht die Prüfung der Werthaltigkeit ermöglicht; ein Sachkapitalerhöhungsbericht muss jedoch nach h. M. nicht beigefügt werden.[61)]

2. Werthaltigkeitsprüfung

26 Der Registerrichter hat die **Werthaltigkeit der Sacheinlagen** gemäß § 57a i. V. m. § 9c Abs. 1 Satz 2 GmbHG zu prüfen und ggf. im Falle einer nicht unerheblichen Überbewertung die Eintragung abzulehnen. Zum Werthaltigkeitsnachweis genügt regelmäßig die Schlussbilanz des übertragenden Rechtsträgers.[62)] Dies gilt jedenfalls dann, wenn die Schlussbilanz von einem Abschlussprüfer geprüft wird.[63)] Bei Gesellschaften, die nicht kraft Gesetzes prüfungspflichtig sind, genügt hingegen in der Regel eine Bescheinigung über die Werthaltigkeit, die nicht notwendigerweise von einem Wirtschaftsprüfer, sondern auch z. B. durch einen Steuerberater erstellt werden kann.[64)]

27 Eine Prüfung durch unabhängige Prüfer i. S. des § 319 HGB darf das Registergericht nur verlangen, wenn es Anhaltspunkte für die fehlende Werthaltigkeit des Unternehmens des übertragenden Rechtsträgers hat.[65)] Intensivere Ermittlungen des Registergerichts sind geboten, wenn der Netto-Buchwert des zu übertragenden Vermögens nach der Schlussbilanz nicht den Nennbetrag der Kapitalerhöhung (zuzüglich etwaiger barer Zuzahlungen) erreicht.[66)] In einem solchen Fall ist dann in der Praxis meist die Einholung eines Sachverständigengutachtens erforderlich.[67)]

28 Im Falle einer Unterdeckung lehnt der Registerrichter die Eintragung bei einer nicht nur unerheblichen Überbewertung gemäß §§ 57a, 9c GmbHG ab. Zuvor muss er den Beteiligten jedoch durch Zwischenverfügung die Möglichkeit eröffnen, die Differenz in bar zugunsten des übertragenden oder zugunsten des übernehmenden Rechtsträgers auszugleichen.[68)]

3. Bekanntmachung

29 Die eingetragene Kapitalerhöhung ist gemäß § 10 HGB von Amts wegen durch das Registergericht bekannt zu machen. Die **Bekanntmachung** enthält neben dem Betrag der Kapitalerhöhung, dem Beschluss- und Eintragungsdatum und dem Hinweis auf die Änderung der Satzung die Angabe, dass das Kapital zur Durchführung einer Verschmelzung durch Aufnahme erhöht wurde.[69)]

61) Kallmeyer-*Zimmermann*, UmwG, § 53 Rz. 7; *Nießen* in: KölnKomm-UmwG, § 53 Rz. 9; Lutter-*J. Vetter*, UmwG, § 55 Rz. 67.

62) OLG Stuttgart, Beschl. v. 11.3.2020 – 8 W 295/19, MittBayNot 2021, 152, 153 = NZG 2020, 1153; vgl. auch *v. Hinden/Scheller* in: BeckOGK-UmwG, § 55 Rz. 40; Schmitt/Hörtnagl-*Missio*, UmwG/UmwStG, § 55 UmwG Rz. 26.

63) Lutter-*J. Vetter*, UmwG, § 55 Rz. 69; Semler/Stengel/Leonard-*Reichert*, UmwG, § 55 Rz. 24.

64) Kallmeyer-*Zimmermann*, UmwG, § 53 Rz. 10; Lutter-*J. Vetter*, UmwG, § 55 Rz. 70; Semler/Stengel/Leonard-*Reichert*, UmwG, § 55 Rz. 24.

65) OLG Düsseldorf, Urt. v. 29.3.1995 – 3 Wx 568/94, WM 1995, 1840 f. = NJW 1995, 2927; Kallmeyer-*Zimmermann*, UmwG, § 53 Rz. 15; Lutter-*J. Vetter*, UmwG, § 55 Rz. 70.

66) Lutter-*J. Vetter*, UmwG, § 55 Rz. 71; Semler/Stengel/Leonard-*Reichert*, UmwG, § 55 Rz. 25.

67) Semler/Stengel/Leonard-*Reichert*, UmwG, § 55 Rz. 25; Widmann/Mayer-*Mayer*, UmwR, § 55 UmwG Rz. 66.

68) Lutter-*J. Vetter*, UmwG, § 55 Rz. 73; Widmann/Mayer-*Mayer*, UmwR, § 55 UmwG Rz. 79.1.

69) Kallmeyer-*Zimmermann*, UmwG, § 53 Rz. 15; Lutter-*J. Vetter*, UmwG, § 55 Rz. 77.

V. Beschlussmängel

1. Anfechtung des Kapitalerhöhungsbeschlusses (§ 55 Abs. 3)

Die Gesellschafter der übernehmenden GmbH können Mängel der Kapitalerhöhung bis zur Eintragung der Verschmelzung durch **Nichtigkeits- oder Anfechtungsklage** geltend machen, ohne dass verschmelzungsspezifische Besonderheiten bestehen.[70] 30

Durch das UmRUG[71] wurde § 55 Abs. 3 eingefügt, wonach entsprechend § 14 Abs. 2 eine Klage gegen die Wirksamkeit des Verschmelzungsbeschlusses nicht darauf gestützt werden kann, dass das Umtauschverhältnis der Anteile nicht angemessen ist oder dass die Mitgliedschaft bei dem übernehmenden Rechtsträger kein angemessener Gegenwert für die Anteile oder die Mitgliedschaft bei dem übertragenden Rechtsträger ist. Grund für diesen Anfechtungsausschluss ist, dass die Angemessenheit des Umtauschverhältnisses in dem Spruchverfahren nach § 15 mit Wirkung inter omnes überprüft wird und die Rechtsfolge eines unangemessenen Umtauschverhältnisses nicht die Unwirksamkeit des Verschmelzungs- oder Kapitalerhöhungsbeschlusses, sondern ein Anspruch auf bare Zuzahlung ist.[72] 31

2. Heilung

Bei der Anfechtung einer Kapitalerhöhung zur Durchführung einer Verschmelzung nach § 55 kann das Prozessgericht – anders als bei Anfechtung einer regulären Kapitalerhöhung – gemäß § 16 Abs. 3 trotz anhängiger Anfechtungsklage die Kapitalerhöhung eintragen,[73] und zwar auch dann, wenn nur der Kapitalerhöhungs- und nicht der Verschmelzungsbeschluss angegriffen wird.[74] Ein gesondertes Freigabeverfahren hinsichtlich der Kapitalerhöhung zur Durchführung der Verschmelzung gemäß § 246a AktG analog ist somit nicht erforderlich.[75] 32

Mit **Wirksamwerden der Verschmelzung** durch Eintragung in das Handelsregister des übernehmenden Rechtsträgers werden grundsätzlich gemäß § 20 Abs. 2 analog auch sämtliche **Mängel des Kapitalerhöhungsbeschlusses geheilt.**[76] Durch die Eintragung der Verschmelzung führt selbst eine begründete Nichtigkeits- oder Anfechtungsklage – auch nicht mit Wirkung ex nunc – zur Vernichtung des Kapitalerhöhungsbeschlusses.[77] 33

---

70) Lutter-*J. Vetter*, UmwG, § 55 Rz. 78; Semler/Stengel/Leonard-*Reichert*, UmwG, § 55 Rz. 27.

71) Gesetz zur Umsetzung der Umwandlungsrichtlinie und zur Änderung weiterer Gesetze (UmRUG), v. 22.2.2023, BGBl. I 2023, Nr. 51.

72) Lutter-*J. Vetter*, UmwG, § 55 Rz. 82.

73) BGH, Beschl. v. 21.5.2007 – II ZR 266/04, ZIP 2007, 1524, 1526 = NZG 2007, 714; OLG Hamm, Beschl. v. 28.2.2005 – 8 W 6/05, DK 2005, 374, 376 = DB 2005, 2236; s. a. *v. Hinden/Scheller* in: BeckOGK-UmwG, § 55 Rz. 44; Kallmeyer-*Kocher*, UmwG, § 55 Rz. 16; Semler/Stengel/Leonard-*Reichert*, UmwG, § 55 Rz. 28.

74) Kallmeyer-*Kocher*, UmwG, § 55 Rz. 16; Lutter-*J. Vetter*, UmwG, § 55 Rz. 86; Semler/Stengel/Leonard-*Reichert*, UmwG, § 55 Rz. 28.

75) Lutter-*J. Vetter*, UmwG, § 55 Rz. 86.

76) OLG Frankfurt/M., Beschl. v. 21.1.2012 – 20 W 504/10, AG 2012, 461, 463 = NZG 2012, 596; Kallmeyer-*Kocher*, UmwG, § 55 Rz. 17; Semler/Stengel/Leonard-*Reichert*, UmwG, § 55 Rz. 29.

77) OLG Frankfurt/M. v. 21.1.2012 – 20 W 504/10, AG 2012, 461, 463 = NZG 2012, 596; Lutter-*J. Vetter*, UmwG, § 55 Rz. 87; Semler/Stengel/Leonard-*Reichert*, UmwG, § 55 Rz. 29; *v. d. Linden*, GWR 2012, 205 (Urteilsanm.).

Zweiter Unterabschnitt
Verschmelzung durch Neugründung

§ 56
Anzuwendende Vorschriften*)

Auf die Verschmelzung durch Neugründung sind die Vorschriften des Ersten Unterabschnitts mit Ausnahme der §§ 51 bis 53, 54 Absatz 1 bis 3 sowie des § 55 entsprechend anzuwenden.

*) § 56 i. d. F. des UmwBerG geändert durch Art. 1 des Dritten Gesetzes zur Änderung des Umwandlungsgesetzes (3. UmwGÄndG), v. 11.7.2011, BGBl. I 2011, 1338.

Literatur: *Ihrig*, Gläubigerschutz durch Kapitalaufbringung bei Verschmelzung und Spaltung nach neuem Umwandlungsrecht, GmbHR 1995, 622; *Kallmeyer*, Differenzhaftung bei Verschmelzung mit Kapitalerhöhung und Verschmelzung im Wege der Neugründung, GmbHR 2007, 1121; *Kallmeyer*, Das neue Umwandlungsgesetz, ZIP 1994, 1746; *Mayer, D.*, Erste Zweifelsfragen bei der Unternehmensspaltung, DB 1995, 861; *Moog*, Differenzhaftung im Umwandlungsrecht, 2009; *Röhricht*, Die Anwendung der gesellschaftsrechtlichen Gründungsvorschriften bei Umwandlungen, 2009; *Wälzholz*, Aktuelle Probleme der Unterbilanz- und Differenzhaftung bei Umwandlungsvorgängen, AG 2006, 469.

Übersicht

I. Allgemeines

1 § 56 ergänzt die Bestimmungen des allgemeinen Teils über die Verschmelzung durch Neugründung (§§ 36–38) durch **rechtsformspezifische Regelungen** für die Verschmelzung durch Neugründung unter **Beteiligung von GmbH**. Die Regelungstechnik des § 56 ist an § 36 angelehnt: § 56 erklärt die Vorschriften des ersten Unterabschnitts (§§ 46–55) für Verschmelzungen durch Neugründung unter Beteiligung von GmbH für anwendbar und schließt hiervon enumerativ einzelne ausdrücklich erwähnte Normen aus.[1)]

2 Gemäß § 36 Abs. 1 Satz 2 tritt bei der Verschmelzung durch Neugründung i. R. der Anwendung der Vorschriften über die Verschmelzung zur Aufnahme an die Stelle des übernehmenden der **neue Rechtsträger**. Auch wenn keiner der an der Verschmelzung beteiligten alten Rechtsträger in der Rechtsform einer GmbH verfasst ist, sind daher dennoch die für eine GmbH als übernehmende Gesellschaft geltenden und in § 56 in Bezug genommenen Vorschriften entsprechend anwendbar, wenn die durch Verschmelzung durch Neugründung errichtete **Zielgesellschaft eine GmbH** ist.[2)]

1) Semler/Stengel/Leonard-*Reichert*, UmwG, § 56 Rz. 2.
2) Lutter-*J. Vetter*, UmwG, § 56 Rz. 3; Semler/Stengel/Leonard-*Reichert*, UmwG, § 56 Rz. 3.

Gemäß § 36 Abs. 2 sind auf die Gründung des neuen Rechtsträgers die für dessen Rechtsform geltenden **Gründungsvorschriften** anzuwenden, soweit das Gesetz nicht etwas Anderes regelt. §§ 57–59 ergänzen das allgemeine GmbH-Gründungsrecht für den Fall, dass durch die Verschmelzung eine GmbH errichtet werden soll.[3] Selbst wenn eine GmbH als übertragender Rechtsträger beteiligt ist, scheidet eine Anwendung dieser Vorschriften aus, wenn die **Zielgesellschaft nicht** die Rechtsform einer **GmbH** hat.[4] 3

II. Anwendbare Vorschriften des UmwG

1. GmbH als übertragender Rechtsträger

Sofern eine GmbH übertragender Rechtsträger ist, gelten **analog** die Regelungen des 4

- § 47 (Übersendung der Verschmelzungsunterlagen),
- § 48 (Erfordernis einer Verschmelzungsprüfung auf Antrag eines Gesellschafters),
- § 49 (Einberufung der Gesellschafterversammlung, Auslegung von Bilanzunterlagen und erweitertes Auskunftsrecht) und
- § 50 (Mehrheitserfordernis beim Verschmelzungsbeschluss, Erfordernis der Individualzustimmung von Sonderrechtsinhabern, deren Rechte durch die Verschmelzung beeinträchtigt werden).[5]

2. GmbH als Zielgesellschaft

Sofern die Zielgesellschaft in der Rechtsform einer GmbH errichtet werden soll, gelten die folgenden Vorschriften des ersten Unterabschnitts selbst dann, wenn die Rechtsform der übertragenden Rechtsträger keine GmbH ist. 5

a) Inhalt des Verschmelzungsvertrages

Für den Inhalt des Verschmelzungsvertrags ist **§ 46 Abs. 1 und 2** – ergänzend zu den allgemeinen Vorschriften – **anwendbar.**[6] **§ 46 Abs. 3 gilt** hingegen **nicht,** da es bei einer Verschmelzung durch Neugründung im Zeitpunkt des Abschlusses des Verschmelzungsvertrages keine schon vorhandenen Geschäftsanteile des neuen Rechtsträgers geben kann.[7] 6

Gemäß § 46 Abs. 1 hat der Verschmelzungsvertrag für jeden Anteilsinhaber des übertragenden Rechtsträgers den **Nennbetrag des Geschäftsanteils** zu bestimmen, den ihm die übernehmende GmbH zu gewähren hat. Soweit § 35 nicht eingreift, ist eine namentliche Zuordnung erforderlich.[8] Der Nennbetrag der Geschäftsanteile der neuen Gesellschaft kann abweichend vom Nennbetrag der Anteile am übertragenden Rechtsträger bzw. dem rechnerisch auf die (Kommandit-)Aktien entfallenden Anteil am Grundkapital einer übertragenden AG bzw. KGaA bemessen werden; § 46 Abs. 1 Satz 2 hat nur klarstellenden Charakter und erlaubt keinen Umkehrschluss.[9] Auch bei der Verschmelzung durch 7

3) Lutter-*J. Vetter*, UmwG, § 56 Rz. 4; Schmitt/Hörtnagl-*Missio*, UmwG/UmwStG, § 56 UmwG Rz. 3; Semler/Stengel/Leonard-*Reichert*, UmwG, § 56 Rz. 4.

4) Lutter-*J. Vetter*, UmwG, § 56 Rz. 4.

5) Kallmeyer-*Kocher*, UmwG, § 56 Rz. 1; *Nießen* in: KölnKomm-UmwG, § 56 Rz. 6; Lutter-*J. Vetter*, UmwG, § 56 Rz. 9; Semler/Stengel/Leonard-*Reichert*, UmwG, § 56 Rz. 5.

6) Kallmeyer-*Kocher*, UmwG, § 56 Rz. 3; Lutter-*J. Vetter*, UmwG, § 56 Rz. 11; Semler/Stengel/Leonard-*Reichert*, UmwG, § 56 Rz. 7.

7) Henssler/Strohn-*Haeder*, GesR, § 56 UmwG Rz. 4; Lutter-*J. Vetter*, UmwG, § 56 Rz. 11; Semler/Stengel/Leonard-*Reichert*, UmwG, § 56 Rz. 7.

8) Lutter-*J. Vetter*, UmwG, § 56 Rz. 12; Semler/Stengel/Leonard-*Reichert*, UmwG, § 56 Rz. 8.

9) Kallmeyer-*Kocher*, UmwG, § 56 Rz. 3; Lutter-*J. Vetter*, UmwG, § 56 Rz. 12; Semler/Stengel/Leonard-*Reichert*, UmwG, § 56 Rz. 8.

Neugründung müssen Anteilsinhaber, die an einem übertragenden Rechtsträger mit mehreren Anteilen beteiligt waren, eine **entsprechende Anzahl von Geschäftsanteilen** erhalten.[10)]

8 Selbst wenn bei einer Verschmelzung durch Neugründung keine Kapitalerhöhung erfolgt, ist § 46 Abs. 2 sinngemäß anwendbar mit der Folge, dass **Sonderrechte und Sonderpflichten** für einzelne Gesellschafter der durch Verschmelzung errichteten GmbH, die nicht für alle Anteilsinhaber der übertragenden Rechtsträger gleichermaßen gelten, nicht nur in der Satzung, sondern auch ausdrücklich im Verschmelzungsvertrag zu regeln sind.[11)]

b) Bare Zuzahlungen

9 **§ 54 Abs. 4** gilt entsprechend, so dass **bare Zuzahlungen** auch bei der Verschmelzung durch Neugründung zulässig sind. Da auch das **Verbot der Unterpari-Emission** gilt, darf das Stammkapital der neuen Gesellschaft zuzüglich etwaiger barer Zuzahlungen das Reinvermögen aller übertragenden Rechtsträger nicht übersteigen.[12)] In der Literatur ist streitig, ob die Zuzahlungen dahingehend zu beschränken sind, dass sie 10 % des Stammkapitals der neuen Gesellschaft und 10 % des Gesamtnennbetrags der den Anteilsinhabern jedes einzelnen übertragenden Rechtsträgers gewährten Geschäftsanteile nicht übersteigen dürfen. Für eine solche Beschränkung ist jedoch anhand des Wortlauts des § 54 Abs. 4 kein Anhaltspunkt ersichtlich; auch teleologische Gründe gebieten diese Beschränkung nicht.[13)]

III. Nicht anwendbare Vorschriften des UmwG

10 § 56 erklärt **§ 51** (insgesamt) für **unanwendbar.** Dies überzeugt mit Blick auf § 51 Abs. 1 Satz 1 und 2, da die Zielgesellschaft erst durch die Verschmelzung neu gegründet wird und die auf ihr Kapital zu leistenden Einlagen durch den Vermögensübergang bewirkt werden, so dass es im Zeitpunkt der Beschlussfassung über die Verschmelzung **regelmäßig keine offenen Einlageforderungen** der übernehmenden Gesellschaft geben kann.[14)] Zweifelhaft hingegen ist die Nichtanwendung von § 51 Abs. 1 Satz 3, denn etwa bestehende Einlageforderungen der übertragenden GmbH gehen auf die neue GmbH über und für diese Einlagen haften alle Gesellschafter der neuen Gesellschaft gemäß § 24 GmbHG.[15)] Diese **Ausfallhaftung** führt bei der Verschmelzung durch Aufnahme zu einem **Zustimmungserfordernis;** es leuchtet nicht ein, weshalb ein solches bei der Verschmelzung durch Neugründung nicht bestehen soll.[16)] Nach einer überzeugenden verbreiteten Literaturmeinung soll daher – trotz des ausdrücklich anderen Wortlauts – § 51 Abs. 1 Satz 3 analog auf die Verschmelzung durch Neugründung angewandt werden.[17)]

---

10) Lutter-*J. Vetter*, UmwG, § 56 Rz. 14; Semler/Stengel/Leonard-*Reichert*, UmwG, § 56 Rz. 8.

11) *Kleindiek* in NK-UmwG, § 56 Rz. 8; Lutter-*J. Vetter*, UmwG, § 56 Rz. 15; Semler/Stengel/Leonard-*Reichert*, UmwG, § 56 Rz. 8.

12) Lutter-*J. Vetter*, UmwG, § 56 Rz. 16; Schmitt/Hörtnagl-*Missio*, UmwG/UmwStG, § 56 UmwG Rz. 5; Semler/Stengel/Leonard-*Reichert*, UmwG, § 56 Rz. 10.

13) So auch *Weiß* in: BeckOGK-UmwG, § 56 Rz. 10; *Nießen* in: KölnKomm-UmwG, § 56 Rz. 12; Lutter-*J. Vetter*, UmwG, § 56 Rz. 17; a. A. Kallmeyer-*Kocher*, UmwG, § 56 Rz. 6; Semler/Stengel/Leonard-*Reichert*, UmwG, § 56 Rz. 10.

14) Lutter-*J. Vetter*, UmwG, § 56 Rz. 19; Semler/Stengel/Leonard-*Reichert*, UmwG, § 56 Rz. 11.

15) *Nießen* in: KölnKomm-UmwG, § 56 Rz. 13; Lutter-*J. Vetter*, UmwG, § 56 Rz. 20; Semler/Stengel/Leonard-*Reichert*, UmwG, § 56 Rz. 11; Widmann/Mayer-*Mayer*, UmwR, § 56 UmwG Rz. 12.

16) *Weiß* in: BeckOGK-UmwG, § 56 Rz. 13; Kallmeyer-*Kocher*, UmwG, § 56 Rz. 4; *Nießen* in: KölnKomm-UmwG, § 56 Rz. 13; Lutter-*J. Vetter*, UmwG, § 56 Rz. 20; Semler/Stengel/Leonard-*Reichert*, UmwG, § 56 Rz. 11.

17) *Weiß* in: BeckOGK-UmwG, § 56 Rz. 13; Kallmeyer-*Kocher*, UmwG, § 56 Rz. 4; Lutter-*J. Vetter*, UmwG, § 56 Rz. 23; Widmann/Mayer-*Mayer*, UmwR, § 56 UmwG Rz. 12; a. A. *Kleindiek* in NK-UmwG, § 56 Rz. 7; *Nießen* in: KölnKomm-UmwG, § 56 Rz. 13.

Ebenso ist es nicht überzeugend, § 51 Abs. 2 nach dem Wortlaut des § 56 auf die Verschmelzung durch Neugründung nicht anzuwenden: Es ergibt keinen Sinn, weshalb ein Zustimmungserfordernis des Aktionärs nur im Fall der Verschmelzung durch Aufnahme, bei der Verschmelzung durch Neugründung hingegen nicht bestehen soll.[18] § 51 Abs. 2 sollte daher wegen eines **Redaktionsversehens** analog für die Verschmelzung durch Neugründung gelten.[19] Da die Frage der Anwendbarkeit von § 51 Abs. 1 Satz 3 und Abs. 2 bislang höchstrichterlich nicht geklärt ist, sollte in der Praxis aus Vorsichtsgründen die Geltung von § 51 Abs. 1 Satz 3 und Abs. 2 angenommen werden.[20] 11

Da eine Kapitalerhöhung bei der Verschmelzung durch Neugründung nicht erfolgt, gelten die **§§ 53, 54 Abs. 1–3 und § 55 nicht** für die Verschmelzung durch Neugründung.[21] Darüber hinaus sind ebenfalls **§§ 46 und 54 Abs. 4 nicht** auf die Verschmelzung durch Neugründung **anwendbar**, da sie von ihrem Regelungsgehalt her nur auf eine übernehmende GmbH passen.[22] 12

IV. Entsprechende Anwendung des GmbH-Gründungsrechts

Gemäß § 36 Abs. 2 gilt ergänzend für die Verschmelzung durch Neugründung das GmbH-Gründungsrecht, soweit sich aus dem UmwG nichts anderes ergibt. 13

§ 2 Abs. 1 und Abs. 1a GmbHG gilt nicht.[23] Eine **Vollmacht** bedarf hingegen der Form des § 2 Abs. 2 GmbHG analog, sofern im Verschmelzungsvertrag der Gesellschaftsvertrag festgestellt wird, nicht jedoch, sofern der Verschmelzungsvertrag den neuen Gesellschaftsvertrag lediglich wiedergibt und dieser zuvor bereits wirksam unterzeichnet wurde.[24] Eine Vollmacht zur Fassung des Verschmelzungsbeschlusses bedarf hingegen nicht der notariellen Beurkundung gemäß § 2 Abs. 2 GmbHG.[25] 14

§ 3 GmbHG findet vollständig Anwendung.[26] § 4 GmbHG gilt dahingehend, dass die durch Verschmelzung durch Neugründung errichtete Gesellschaft statt einer nach § 4 GmbHG gebildeten Sach- oder Personenfirma auch die **Firma** eines der übertragenden Rechtsträger gemäß § 18 annehmen kann.[27] 15

§ 5 GmbHG gilt uneingeschränkt: Umwandlungsrechtliche Spezifikationen sind seit Inkrafttreten des MoMiG nicht mehr erforderlich.[28] 16

§ 6 GmbHG ist dahingehend anwendbar, dass eine im Verschmelzungsvertrag vorgenommene **Geschäftsführerbestellung** nur gemäß § 59 Satz 2 analog mit Zustimmung der 17

18) Lutter-*J. Vetter*, UmwG, § 56 Rz. 21; Semler/Stengel/Leonard-*Reichert*, UmwG, § 56 Rz. 11; Widmann/Mayer-*Mayer*, UmwR, § 56 UmwG Rz. 12.

19) Kallmeyer-*Kocher*, UmwG, § 56 Rz. 4; Lutter-*J. Vetter*, UmwG, § 56 Rz. 24 m. w. N.

20) So auch Kallmeyer-*Kocher*, UmwG, § 56 Rz. 4.

21) Lutter-*J. Vetter*, UmwG, § 56 Rz. 26; Semler/Stengel/Leonard-*Reichert*, UmwG, § 56 Rz. 12; Widmann/Mayer-*Mayer*, UmwR, § 56 UmwG Rz. 13.

22) *Nießen* in: KölnKomm-UmwG, § 56 Rz. 8; Lutter-*J. Vetter*, UmwG, § 56 Rz. 27.

23) Kallmeyer-*Kocher*, UmwG, § 56 Rz. 7; *Nießen* in: KölnKomm-UmwG, § 36 Rz. 34; Lutter-*J. Vetter*, UmwG, § 56 Rz. 29 f.

24) *Nießen* in: KölnKomm-UmwG, § 36 Rz. 34; Lutter-*J. Vetter*, UmwG, § 56 Rz. 31.

25) Lutter-*J. Vetter*, UmwG, § 56 Rz. 31; *Rebmann* in HK-UmwG, § 56 Rz. 18.

26) *Kleindiek* in NK-UmwG, § 56 Rz. 11; Lutter-*J. Vetter*, UmwG, § 56 Rz. 32.

27) Kallmeyer-*Kocher*, UmwG, § 56 Rz. 7; *Nießen* in: KölnKomm-UmwG, § 36 Rz. 37; Lutter-*J. Vetter*, UmwG, § 56 Rz. 33.

28) *Nießen* in: KölnKomm-UmwG, § 36 Rz. 38 f.; Lutter-*J. Vetter*, UmwG, § 56 Rz. 34 ff.; Semler/Stengel/Leonard-*Reichert*, UmwG, § 56 Rz. 14.

Anteilsinhaber aller übertragenden Rechtsträger wirksam wird.[29] Die Geschäftsführerbestellung ist auch bei der Verschmelzung durch Neugründung Eintragungsvoraussetzung.[30]

18 § 8 Abs. 1 Nr. 1 und 5 GmbHG werden durch **verschmelzungsspezifische Spezialregeln** (§ 17 Abs. 1) verdrängt.[31] Es ist streitig, ob **§ 8 Abs. 1 Nr. 3 GmbHG** gilt.[32] Aus der hier vertretenen Auffassung, dass die Geschäftsführerbestellung auch bei der Verschmelzung durch Neugründung Eintragungsvoraussetzung ist, folgt, dass § 8 Abs. 1 Nr. 2 und Abs. 3–5 GmbHG anwendbar ist.[33] Eine **Versicherung** nach § 8 Abs. 2 GmbHG ist nach zutreffender Auffassung ebensowenig erforderlich wie eine Versicherung, dass sich das Vermögen des oder der übertragenden Rechtsträger nach Eintragung der Verschmelzung in der freien Verfügung der Geschäftsführer der neuen GmbH befinden wird, denn eine zukunftsbezogene Versicherung wäre ein systematischer Fremdkörper im Kapitalgesellschaftsrecht.[34]

19 § 9 GmbHG gilt ebenso wie bei der Verschmelzung durch Aufnahme auch **nicht** für die Verschmelzung durch Neugründung.[35] §§ 9a, 9b GmbHG sind hingegen grundsätzlich anwendbar.[36] Nach h. M. **haften** die Anteilsinhaber des übertragenden Rechtsträgers **grundsätzlich nicht**, da die Gesellschafter des übertragenden Rechtsträgers bei der Verschmelzung durch Neugründung nicht den Gründern gleichstehen.[37] In Bezug auf § 9c GmbHG hat der **Registerrichter** nicht zu prüfen, ob der **Wert** der Sacheinlagen dem Wert der von dem betreffenden übertragenden Rechtsträger übernommenen Stammeinlage entspricht, sondern ob der Wert des gesamten übergehenden Vermögens den Wert der Stammeinlage insgesamt deckt.[38]

20 § 11 GmbHG gilt entsprechend, aber eine **Haftung scheidet in der Praxis aus**, wenn bis zur Eintragung der neuen Gesellschaft nicht in deren Namen, sondern im Namen eines der übertragenden Rechtsträger gehandelt wird.[39] Bei einem Handeln im Namen der neuen Gesellschaft erlischt eine Handelndenhaftung gemäß § 11 Abs. 2 GmbHG jedenfalls mit Eintragung der neuen Gesellschaft im Handelsregister; nach einer im Vordringen befindlichen Literaturmeinung wird ohnehin nach den Grundsätzen des betriebsbezogenen Geschäfts selbst bei Handeln im Namen der neuen GmbH der übertragende Rechtsträger verpflichtet, dessen Vertretungsorgan das Rechtsgeschäft abgeschlossen hat.[40]

29) Lutter-*J. Vetter*, UmwG, § 56 Rz. 42; Semler/Stengel/Leonard-*Reichert*, UmwG, § 56 Rz. 16.

30) Kallmeyer-*Zimmermann*, UmwG, § 59 Rz. 6; *Nießen* in: KölnKomm-UmwG, § 36 Rz. 41; Lutter-*J. Vetter*, UmwG, § 56 Rz. 42; Semler/Stengel/Leonard-*Reichert*, UmwG, § 56 Rz. 16.

31) Lutter-*J. Vetter*, UmwG, § 56 Rz. 45; *Rebmann* in: HK-UmwG, § 56 Rz. 28; Semler/Stengel/Leonard-*Reichert*, UmwG, § 56 Rz. 16.

32) So Lutter-*J. Vetter*, UmwG, § 56 Rz. 47; Semler/Stengel/Leonard-*Bärwaldt*, UmwG, § 36 Rz. 41; a. A. Semler/Stengel/Leonard-*Reichert*, UmwG, § 56 Rz. 16 – Verdrängung durch verschmelzungsspezifische Spezialregeln.

33) *Nießen* in: KölnKomm-UmwG, § 38 Rz. 8; Lutter-*J. Vetter*, UmwG, § 56 Rz. 48; Semler/Stengel/Leonard-*Reichert*, UmwG, § 56 Rz. 16.

34) Lutter-*J. Vetter*, UmwG, § 56 Rz. 46; *Ihrig*, GmbHR 1995, 622, 629; *Rebmann* in: HK-UmwG, § 56 Rz. 28; a. A. *D. Mayer*, DB 1995, 861, 862.

35) BGH, Teilvers.-/Teilendurt. v. 6.11.2018 – II ZR 199/17, NJW 2019, 589 = NZG 2019, 187; vgl. auch Lutter-*J. Vetter*, UmwG, § 56 Rz. 49.

36) *Nießen* in: KölnKomm-UmwG, § 36 Rz. 50; Lutter-*J. Vetter*, UmwG, § 56 Rz. 51.

37) *Ihrig*, GmbHR 1995, 622, 634 f.; *Kallmeyer*, ZIP 1994, 1746, 1753; *Nießen* in: KölnKomm-UmwG, § 36 Rz. 50; Lutter-*J. Vetter*, UmwG, § 56 Rz. 52; Scholz-*Veil*, GmbHG, § 9a Rz. 25; a. A. Schmitt/Hörtnagl-*Missio*, UmwG/UmwStG, § 56 UmwG Rz. 14.

38) *Nießen* in: KölnKomm-UmwG, UmwG, § 38 Rz. 16; Lutter-*J. Vetter*, UmwG, § 56 Rz. 53.

39) Kallmeyer-*Kocher*, UmwG, § 56 Rz. 7; Lutter-*J. Vetter*, UmwG, § 56 Rz. 55.

40) Lutter-*J. Vetter*, UmwG, § 56 Rz. 55; Rowedder/Pentz-*Schnorbus*, GmbHG, Anh. § 77 Rz. 217; Scholz-*K. Schmidt*, GmbHG, § 11 Rz. 110; Semler/Stengel/Leonard/*Bärwaldt*, UmwG, § 36 Rz. 43.

Die Gesellschafter der neuen GmbH können einer **Unterbilanzhaftung** ausgesetzt sein, wenn im „Gründungsstadium" Verluste eingetreten sind, aufgrund derer das Reinvermögen der Gesellschaft im Zeitpunkt der Eintragung den Betrag des statutarischen Stammkapitals unterschreitet.[41] In der Literatur streitig und in der Rechtsprechung ungeklärt ist jedoch, ob die unbeschränkte Innenhaftung (pro rata) die nach § 36 Abs. 2 Satz 2 als Gründer auftretenden übertragenden Rechtsträger oder die Gesellschafter der neuen GmbH trifft. Da die Unterbilanzhaftung grundsätzlich eine Gründerhaftung darstellt und den Gesellschaftern der übertragenden Rechtsträger nur eine begrenzte Mitwirkung und Verantwortung auferlegt ist, sollte eine solche Unterbilanzhaftung die als Gründer auftretenden übertragenden Rechtsträger treffen.[42] 21

41) *Nießen* in: KölnKomm-UmwG, § 36 Rz. 51; Lutter-*J. Vetter*, UmwG, § 56 Rz. 56; Semler/Stengel/Leonard-*Reichert*, UmwG, § 56 Rz. 17; Widmann/Mayer-*Mayer*, UmwR, § 36 UmwG Rz. 131.2.

42) *Nießen* in: KölnKomm-UmwG, § 36 Rz. 51; Lutter-*J. Vetter*, UmwG, § 56 Rz. 57; *Wälzholz*, AG 2006, 469, 471; Widmann/Mayer-*Mayer*, UmwR, § 36 UmwG Rz. 131.2; a. A. *Ihrig*, GmbHR 1995, 622, 634; Semler/Stengel/Leonard-*Reichert*, UmwG, § 56 Rz. 17.

§ 57
Inhalt des Gesellschaftsvertrags*)

In den Gesellschaftsvertrag sind Festsetzungen über Sondervorteile, Gründungsaufwand, Sacheinlagen und Sachübernahmen, die in den Gesellschaftsverträgen, Partnerschaftsverträgen oder Satzungen übertragender Rechtsträger enthalten waren, zu übernehmen.

*) § 57 geändert durch Art. 14 des Gesetzes zur Einführung der Europäischen Genossenschaft und zur Änderung des Genossenschaftsrechts (SCEEG), v. 14.8.2006, BGBl. I 2006, 1911; § 57 i. d. F. des UmwBerG geändert durch Art. 1 des Gesetzes zur Änderung des Umwandlungsgesetzes, des Partnerschaftsgesellschaftsgesetzes und anderer Gesetze (UmwGÄndG), v. 22.7.1998, BGBl. I 1998, 1878.

Übersicht

I. Allgemeines

Aus Anlass der Gründung eingeräumte **Sondervorteile**, der **Gründungsaufwand** der Gesellschaft, **Sacheinlagen** und **Sachübernahmen** sind nach dem Gründungsrecht von AG und GmbH in dem Gesellschaftsvertrag festzusetzen und müssen daher gemäß § 57 auch in den **Gesellschaftsvertrag** der durch Verschmelzung neu gegründeten GmbH übernommen werden. Damit will § 57 verhindern, dass diese Pflicht aus dem Gründungsrecht von AG und GmbH im Zuge der Verschmelzung durch Neugründung umgangen wird.[1] Somit soll gewährleistet werden, dass sich aus den Festsetzungen ergebende Rechte er- 1

1) Kallmeyer-*Kocher*, UmwG, § 57 Rz. 1; Lutter-*J. Vetter*, UmwG, § 57 Rz. 1.

halten und mit gleicher Transparenz offengelegt werden, wie es auch ohne Verschmelzung der übertragenden Rechtsträger der Fall wäre.[2)]

II. Zu übernehmende Festsetzungen

1. Inhalt der Übernahme der Festsetzungen

2 Die in **§ 57** ausdrücklich genannten gesellschaftsvertraglichen Festsetzungen der Sondervorteile, des Gründungsaufwands, der Sacheinlagen und Sachübernahmen sind **abschließend**; andere Festsetzungen werden nicht erfasst.[3)] Darüber hinaus sind die genannten Festsetzungen nach überzeugender h. L. nur zu übernehmen, soweit sie in den Statuten der übertragenden Rechtsträger **gesetzlich obligatorisch** waren, nicht aber fakultative Festsetzungen.[4)] In der Praxis ist § 57 daher nur für GmbH und AG als übertragende Rechtsträger relevant.[5)]

3 Sonderrechte aus konsortialvertraglichen Abreden werden von § 57 nicht erfasst; in der Praxis müssen sie dennoch in den Gesellschaftsvertrag der neuen Gesellschaft übernommen werden, sofern sie in der neuen Gesellschaft weiter anwendbar sein sollen.[6)] Auch ist § 57 nur auf **historische Festsetzungen** begrenzt und erstreckt sich nicht auf Neuregelungen der genannten Festsetzungen, die anlässlich der Verschmelzung durch Neugründung getroffen wurden und daher nur für die neue GmbH gelten.[7)]

4 Soweit die Festsetzungen i. S. des § 57 in dem Gesellschaftsvertrag der übertragenden Rechtsträger für den jeweiligen Rechtsträger zwingend sind und die jeweils maßgebliche **Beibehaltungsfrist** noch nicht abgelaufen ist, ist die **Übernahme** der unveränderten Festsetzung in den Gesellschaftsvertrag der neu errichteten GmbH **erforderlich**.[8)]

5 Da die übernommenen Festsetzungen eindeutig dem übertragenden Rechtsträger zuzuordnen sein sollten, empfiehlt sich in der **Praxis**, die gemäß § 57 übernommenen Festsetzungen am Schluss des Gesellschaftsvertrages der neuen GmbH unter der Überschrift „Weitergeltende Satzungsbestimmungen der sich vereinigenden Rechtsträger“ zusammenzufassen.[9)] Die Übernahme der Festsetzungen führt **nicht** zu einem **Neubeginn** der Beibehaltungsfristen; diese werden vielmehr weiterhin ab der Eintragung des übertragenden Rechtsträgers – unabhängig von der Verschmelzung – bemessen.[10)] Sollte die maßgebliche **Beibehaltungsfrist** beim übertragenden Rechtsträger bereits **abgelaufen** sein, muss die Festsetzung nicht in die Satzung der neuen GmbH übernommen, sondern kann anlässlich der Verschmelzung gestrichen werden.[11)]

---

2) Semler/Stengel/Leonard-*Reichert*, UmwG, § 57 Rz. 3; vgl. auch Schmitt/Hörtnagl-*Missio*, UmwG/UmwStG, § 57 UmwG Rz. 1.

3) *Nießen* in: KölnKomm-UmwG, § 57 Rz. 7; Lutter-*J. Vetter*, UmwG, § 57 Rz. 3.

4) *Weiß* in: BeckOGK-UmwG, § 57 Rz. 5; Kallmeyer-*Kocher*, UmwG, § 57 Rz. 1; Henssler/Strohn-*Haeder*, GesR, § 57 UmwG Rz. 2; Lutter-*J. Vetter*, UmwG, § 57 Rz. 3; Semler/Stengel/Leonard-*Reichert*, UmwG, § 57 Rz. 2; Widmann/Mayer-*Mayer*, UmwR, § 57 UmwG Rz. 1; a. A. *Nießen* in: KölnKomm-UmwG, § 57 Rz. 5; Schmitt/Hörtnagl-*Missio*, UmwG/UmwStG, § 57 UmwG Rz. 1.

5) Henssler/Strohn-*Haeder*, GesR, § 57 UmwG Rz. 2; Lutter-*J. Vetter*, UmwG, § 57 Rz. 3; Widmann/Mayer-*Mayer*, UmwR, § 57 UmwG Rz. 6.

6) *Nießen* in: KölnKomm-UmwG, § 57 Rz. 13; Lutter-*J. Vetter*, UmwG, § 57 Rz. 5.

7) Semler/Stengel/Leonard-*Reichert*, UmwG, § 57 Rz. 2.

8) Henssler/Strohn-*Haeder*, GesR, § 57 UmwG Rz. 8; Lutter-*J. Vetter*, UmwG, § 57 Rz. 17.

9) *Weiß* in: BeckOGK-UmwG, § 57 Rz. 16 f.; Semler/Stengel/Leonard-*Reichert*, UmwG, § 57 Rz. 4; Widmann/Mayer-*Mayer*, UmwR, § 57 UmwG Rz. 9.1.

10) *Weiß* in: BeckOGK-UmwG, § 57 Rz. 18; Lutter-*J. Vetter*, UmwG, § 57 Rz. 18; Schmitt/Hörtnagl-*Missio*, UmwG/UmwStG, § 57 UmwG Rz. 2.

11) Henssler/Strohn-*Haeder*, GesR, § 57 UmwG Rz. 5; Lutter-*J. Vetter*, UmwG, § 57 Rz. 18; Semler/Stengel/Leonard-*Reichert*, UmwG, § 57 Rz. 4; Widmann/Mayer-*Mayer*, UmwR, § 57 UmwG Rz. 2.

2. AG als übertragender Rechtsträger

6 Nach dem Gründungsrecht der **AG** (§§ 26, 27 AktG) sind in deren **Satzung** die Sondervorteile, die Übernahme des Gründungsaufwands durch die Gesellschaft, Sacheinlagen sowie Sachübernahmen anzugeben. Selbst wenn diese Festsetzungen vollzogen oder gegenstandslos geworden sind, dürfen sie gemäß §§ 26 Abs. 5, 27 Abs. 5 AktG erst gelöscht werden, wenn 30 Jahre seit der Eintragung der AG ins Handelsregister und zusätzlich fünf Jahre seit dem Wegfall der aus den Festsetzungen resultierenden Verpflichtungen der AG verstrichen sind. Diese hohe Hürde für die Löschungsvoraussetzungen dient dem Zweck, Gläubiger und Aktionäre durch Information vor potentiell gefährlichen Abreden zu schützen.[12] Soweit das deutsche Aktienrecht über die SE-VO Anwendung findet, gilt Entsprechendes für die SE.[13]

3. GmbH als übertragender Rechtsträger

7 Der Gegenstand einer Sacheinlage und der Nennbetrag des hierfür gewährten Geschäftsanteils müssen gemäß § 5 Abs. 1 Satz 4 GmbHG im Gesellschaftsvertrag festgesetzt werden. Entsprechendes gilt für GmbH-rechtliche Sachübernahmen.[14] Wenngleich eine gesetzliche Regelung dazu fehlt, so sind nach ganz h. M. auch Sondervorteile, die den Gesellschaftern anlässlich der Gründung der GmbH gewährt werden, gemäß § 26 Abs. 1 AktG analog und die Übernahme des Gründungsaufwands durch die Gesellschaft gemäß § 26 Abs. 2 AktG analog in der Satzung der GmbH festzusetzen.[15]

8 Im **GmbHG** fehlt eine Regelung über die **Beibehaltungsfrist** für Sacheinlagen und -übernahmen sowie den Gründungsaufwand durch die Gesellschaft. Nach ganz h. M. in der Literatur beläuft sich die Beibehaltungsfrist auf zehn Jahre nach Eintragung der Gesellschaft in das Handelsregister.[16] Festsetzungen über Sondervorteile können mit deren Wegfall gelöscht werden, so dass sie nicht an eine starre Beibehaltungsfrist gebunden sind.[17]

4. Sonstige übertragende Rechtsträger

9 Für andere Rechtsträger, die zur Neugründung einer GmbH verschmolzen werden können (wie etwa Personengesellschaften, PartGs und e. V.), sieht das Gesetz eine statutarische Festsetzung von Sacheinlagen und -übernahmen, Sondervorteilen und Gründungsaufwand nicht vor, so dass – mangels zwingender Festsetzung – die Übernahme von Festsetzungen in der Satzung der neuen GmbH nach § 57 nicht greift.[18] Sofern allerdings das **Statut** einer Genossenschaft eine Sacheinlage statt einer Barleistung **festschreibt,** so sind

12) *Koch*, AktG, § 26 Rz. 1, 10; Lutter-*J. Vetter*, UmwG, § 56 Rz. 7; Semler/Stengel/Leonard-*Reichert*, UmwG, § 57 Rz. 7.

13) Lutter-*J. Vetter*, UmwG, § 57 Rz. 8.

14) Lutter-*J. Vetter*, UmwG, § 57 Rz. 9; Semler/Stengel/Leonard-*Reichert*, UmwG, § 57 Rz. 8.

15) Lutter-*J. Vetter*, UmwG, § 57 Rz. 10; *Schwandtner* in: MünchKomm-GmbHG, § 5 Rz. 272 ff., 302 ff.; Scholz-*Veil*, GmbHG, § 5 Rz. 111 ff., 115 ff.; Semler/Stengel/Leonard-*Reichert*, UmwG, § 57 Rz. 8.

16) Kallmeyer-*Kocher*, UmwG, § 57 Rz. 2 f.; *Nießen* in: KölnKomm-UmwG, § 57 Rz. 17, 21; Noack/Servatius/Haas-*Servatius*, GmbHG, § 5 Rz. 52; Lutter-*J. Vetter*, UmwG, § 57 Rz. 11 f.; a. A. LG Hamburg v. 22.2.1968 – 26 T 9/67, GmbHR 1968, 207, 208 – analog zu §§ 26 Abs. 5, 27 Abs. 5 (30 Jahre für Sacheinlagen und -übernahmen); OLG München, Beschl. v. 6.10.2010 – 31 Wx 143/10, NZG 2010, 1302 = GmbHR 2010, 1263 (fünf Jahre für Sondervorteile).

17) Kallmeyer-*Kocher*, UmwG, § 57 Rz. 3; Lutter-*J. Vetter*, UmwG, § 57 Rz. 13; Semler/Stengel/Leonard-*Reichert*, UmwG, § 57 Rz. 9.

18) Kallmeyer-*Kocher*, UmwG, § 57 Rz. 4; Lutter-*J. Vetter*, UmwG, § 57 Rz. 14; Semler/Stengel/Leonard-*Reichert*, UmwG, § 57 Rz. 11; Widmann/Mayer-*Mayer*, UmwR, § 57 UmwG Rz. 13; a. A. *Nießen* in: KölnKomm-UmwG, § 57 Rz. 5 – Fortschreibungspflicht auch für fakultative Festsetzungen.

gemäß § 5 Abs. 4 Satz 1 GmbHG analog die Sacheinlage, ihr Deckungsbetrag und die sie erbringende Person in der Satzung zu regeln und diese Festsetzungen bei der übertragenden Genossenschaft auch in die Satzung der neu errichteten GmbH zu übernehmen.[19]

III. Rechtsfolgen eines Verstoßes

10 Sofern entgegen § 57 Feststellungen aus der Satzung der übertragenden GmbH nicht in die Satzung der neuen GmbH übernommen werden und dies auch nach einer Zwischenverfügung durch das Registergericht nicht erfolgt, muss der **Registerrichter** die **Eintragung** der neuen Gesellschaft **ablehnen.**[20]

11 Wird die Gesellschaft dennoch ohne Übernahme der Festsetzungen eingetragen, bestehen noch **nicht erfüllte Verpflichtungen** der Gesellschafter aus der Übernahme des Gründungsaufwands gegenüber der neuen GmbH fort und Ansprüche auf Leistung der Sacheinlage gehen aufgrund Gesamtrechtsnachfolge auf die **neue GmbH** über mit der Folge, dass die Gesellschafter der neuen Gesellschaft die entsprechende Verpflichtung trifft.[21] Sofern es sich aber um bloß historische Festsetzungen über Sacheinlagen, Sachübernahmen oder die Übernahme von Gründungsaufwand handelt, die bereits vollzogen und daher aufgrund Erfüllung bereits gegenstandslos sind, bleibt die Nichtaufnahme in der neuen Satzung ohne zivilrechtliche Sanktion.[22]

12 Wenn **Sondervorteile** in der Satzung der neuen Gesellschaft nicht aufgenommen werden, **gehen** die für Anteilsinhaber oder Dritte begründeten Rechte mit der Eintragung der neuen GmbH nach zutreffender Auffassung **unter.**[23] Umgekehrt können jedoch Sondervorteile, die ursprünglich in der Satzung der übertragenden Rechtsträger nicht ordnungsgemäß festgesetzt wurden, mit Wirkung für die Zukunft durch Aufnahme in die Satzung der neuen GmbH im Verhältnis zu dieser wirksam begründet werden.[24]

---

19) Lutter-*J. Vetter*, UmwG, § 57 Rz. 15.

20) Kallmeyer-*Kocher*, UmwG, § 57 Rz. 5; *Nießen* in: KölnKomm-UmwG, § 57 Rz. 27; Lutter-*J. Vetter*, UmwG, § 57 Rz. 20; Widmann/Mayer-*Mayer*, UmwR, § 36 UmwG Rz. 76.

21) *Weiß* in: BeckOGK-UmwG, § 57 Rz. 21; Semler/Stengel/Leonard-*Reichert*, UmwG, § 57 Rz. 12; Widmann/Mayer-*Mayer*, UmwR, § 57 UmwG Rz. 20; a. A. hinsichtlich des Gründungsaufwands Lutter-*J. Vetter*, UmwG, § 57 Rz. 23, der davon ausgeht, dass die Gesellschafter des übertragenden Rechtsträgers haften.

22) *Weiß* in: BeckOGK-UmwG, § 57 Rz. 20 f. Lutter-*J. Vetter*, UmwG, § 57 Rz. 22; Schmitt/Hörtnagl-*Missio*, UmwG/UmwStG, § 57 UmwG Rz. 2; Semler/Stengel/Leonard-*Reichert*, UmwG, § 57 Rz. 12.

23) Kallmeyer-*Kocher*, UmwG, § 57 Rz. 5; *Nießen* in: KölnKomm-UmwG, § 57 Rz. 28; Schmitt/Hörtnagl-*Missio*, UmwG/UmwStG, § 57 UmwG Rz. 2; Semler/Stengel/Leonard-*Reichert*, UmwG, § 57 Rz. 12; Widmann/Mayer-*Mayer*, UmwR, § 57 UmwG Rz. 14; vgl. auch Lutter-*J. Vetter*, UmwG, § 57 Rz. 21 – Unwirksamwerden ex nunc; a. A. Goutier/Knopf/Tulloch-*Bermel*, UmwR, § 57 UmwG Rz. 3 – Erhalt der Sondervorteile.

24) Lutter-*J. Vetter*, UmwG, § 57 Rz. 19; Semler/Stengel/Leonard-*Reichert*, UmwG, § 57 Rz. 13; Widmann/Mayer-*Mayer*, UmwR, § 57 UmwG Rz. 9.1.

§ 58
Sachgründungsbericht

(1) In dem Sachgründungsbericht (§ 5 Abs. 4 des Gesetzes betreffend die Gesellschaften mit beschränkter Haftung) sind auch der Geschäftsverlauf und die Lage der übertragenden Rechtsträger darzulegen.

(2) Ein Sachgründungsbericht ist nicht erforderlich, soweit eine Kapitalgesellschaft oder eine eingetragene Genossenschaft übertragender Rechtsträger ist.

Literatur: *Ihrig*, Gläubigerschutz in der Kapitalaufbringung bei Verschmelzung und Spaltung nach neuem Umwandlungsrecht, GmbHR 1995, 622; *D. Mayer*, Erste Zweifelsfragen bei der Unternehmensspaltung, DB 1995, 861.

Übersicht

I. Allgemeines

1 Gemäß § 36 Abs. 2 Satz 1 gelten die Gründungsvorschriften bei einer Verschmelzung durch Neugründung, also bei der Errichtung einer GmbH auch die Erstellung eines Sachgründungsberichts gemäß § 5 Abs. 4 Satz 2 GmbHG. Der Sachgründungsbericht soll die **Kapitalaufbringung** und damit den **Gläubigerschutz** sicherstellen und bildet die Grundlage für die **Werthaltigkeitsprüfung** durch das Registergericht gemäß § 9c Abs. 1 Satz 2 GmbHG.[1] § 58 Abs. 1 verlangt ergänzend zu den Angaben des § 5 Abs. 4 Satz 2 GmbHG die Darlegung des Geschäftsverlaufs und der Lage der übertragenden Rechtsträger.

2 Gemäß § 58 Abs. 2 ist ein **Sachgründungsbericht entbehrlich**, sofern eine Kapitalgesellschaft oder eine eingetragene Genossenschaft übertragender Rechtsträger ist. Die bei diesen Rechtsformen gesetzlich vorgesehene Gründungsprüfung und die für diese Rechtsformen geltenden Kapitalaufbringungs- und -erhaltungsvorschriften gewährleisten hinreichend die Werthaltigkeit der Sacheinlage, die durch das Vermögen der übertragenden Rechtsträger eingebracht wird.[2] Im Umkehrschluss ist hingegen der Sachgründungsbericht **erforderlich** bei der Verschmelzung von Personenhandelsgesellschaften und eingetragenen Vereinen.[3]

3 Auf den Sachgründungsbericht kann – angesichts seines Zwecks der Sicherung der Kapitalaufbringung und damit des Gläubigerschutzes – nicht verzichtet werden.[4]

II. Erfordernis eines Sachgründungsberichts (§ 58 Abs. 1)

1. Berichtspflichtige Personen

4 Nach § 5 Abs. 4 Satz 2 GmbHG sind sämtliche Gründungsgesellschafter zur **Erstellung** eines Sachgründungsberichts verpflichtet.[5] Bei einer Verschmelzung zur Neugründung hingegen haben gemäß § 36 Abs. 2 Satz 2 die **übertragenden Rechtsträger** selbst den Sachgründungsbericht zu erstellen. Streitig ist, ob sämtliche Mitglieder der Vertretungsorgane der beteiligten Rechtsträger den Bericht zu **unterzeichnen** haben,[6] oder ob es ausreicht, dass lediglich Organmitglieder in vertretungsberechtigter Anzahl diesen unter-

---

1) *Nießen* in: KölnKomm-UmwG, § 58 Rz. 1; Lutter-*J. Vetter*, UmwG, § 58 Rz. 1; Noack/Servatius/Haas-*Servatius*, GmbHG, § 5 Rz. 54.

2) Begr. RegE Fraktionsentwurf UmwBerG, BT-Drucks. 12/6699, S. 101 f., RegE UmwBerG bei *Ganske*, S. 105; Semler/Stengel/Leonard-*Reichert*, UmwG, § 58 Rz. 3.

3) Lutter-*J. Vetter*, UmwG, § 58 Rz. 3; Semler/Stengel/Leonard-*Reichert*, UmwG, § 58 Rz. 3.

4) Kallmeyer-*Kocher*, UmwG, § 58 Rz. 5; Lutter-*J. Vetter*, UmwG, § 58 Rz. 4.

5) Habersack/Casper/Löbbe-*Ulmer/Casper*, GmbHG, § 5 Rz. 172 f.; Noack/Servatius/Haas-*Servatius*, GmbHG, § 5 Rz. 57; Scholz-*Veil*, GmbHG, § 5 Rz. 99.

6) Kallmeyer-*Kocher*, UmwG, § 58 Rz. 1; *Nießen* in: KölnKomm-UmwG, § 58 Rz. 5; Schmitt/Hörtnagl-*Missio*, UmwG/UmwStG, § 58 UmwG Rz. 2; Semler/Stengel/Leonard-*Reichert*, UmwG, § 58 Rz. 4; Widmann/Mayer-*Mayer*, UmwR, § 58 UmwG Rz. 5.

zeichnen.[7] Selbst wenn letztgenannte Auffassung überzeugt, da ein abweichendes Erfordernis von der ansonsten ausreichenden Unterzeichnung durch eine vertretungsberechtigte Anzahl für die Neugründung durch Verschmelzung nicht erkennbar ist, empfiehlt sich in der Praxis die Unterzeichnung durch sämtliche Mitglieder der Vertretungsorgane der beteiligten Rechtsträger, da diese Rechtsfrage bislang höchstrichterlich ungeklärt ist. Die Vertretungsorgane der neu gegründeten GmbH trifft jedoch **keine Berichtspflicht.**[8]

2. Berichtsinhalt und -form

5 Gemäß § 5 Abs. 4 Satz 2 GmbHG sind die für die Angemessenheit der Leistungen für Sacheinlagen **wesentlichen Umstände** darzulegen. Sofern – wie regelmäßig bei der Verschmelzung zur Neugründung – ein Unternehmen in die neu gegründete GmbH eingebracht wird, sind die Jahresergebnisse der übertragenden Rechtsträger für die **letzten zwei vollen Geschäftsjahre** anzugeben, also der jeweilige Jahresüberschuss oder Jahresfehlbetrag i. S. der §§ 266 Abs. 3 A. V., 275 Abs. 2 Nr. 17, Abs. 3 Nr. 16 HGB.[9] Für die **Fristberechnung** ist der Tag der Anmeldung der neuen GmbH maßgeblich.[10]

6 Besteht das Unternehmen zu diesem Zeitpunkt **noch nicht zwei Jahre**, so sind die bisher erzielten Unternehmensergebnisse anzugeben, soweit zumindest ein Geschäftsjahr abgelaufen ist; Zeiträume von weniger als einem Jahr hingegen sind nicht aussagekräftig genug.[11]

7 In Ergänzung zu den Vorgaben des § 5 Abs. 4 Satz 2 GmbHG sind gemäß § 58 Abs. 1 der **Geschäftsverlauf** und die **Lage der übertragenden Rechtsträger** darzulegen. § 58 Abs. 1 enthält keine Regelung, auf welche Geschäftsjahre sich diese Angaben beziehen müssen, aber nach h. L. sollte für diese Angaben grundsätzlich auf die letzten zwei Geschäftsjahre zurückgegriffen werden.[12] Da die gegenwärtige Werthaltigkeit des übertragenden Rechtsträgers maßgeblich ist, sind (noch weiter zurück liegende) Vergangenheitsergebnisse nur anzugeben, sofern sie noch **Auswirkungen auf die Werthaltigkeit** des übertragenden Rechtsträgers haben, was jedoch bei weiter zurückliegenden Vergangenheitsergebnissen regelmäßig nicht der Fall ist.[13] Um die Werthaltigkeit ordnungsgemäß darzustellen, sollten etwa die Marktentwicklung bei Produktionsbetrieben einschließlich Gewinn- und Risikoprognose, errungene Marktpositionen oder allgemeine, für die Beurteilung der Lage des Unternehmens relevante Umstände, die der Werthaltigkeitsprüfung zuträglich sein können, angegeben werden.[14]

8 Darüber hinaus sind die voraussichtliche **Entwicklung des Unternehmens** des übertragenden Rechtsträgers sowie Vorgänge von besonderer Bedeutung i. S. des § 285 Nr. 33 HGB, die nach dem Schluss des Geschäftsjahres eingetragen und weder in der Gewinn-

---

7) *Weiß* in: BeckOGK-UmwG, § 58 Rz. 5; Goutier/Knopf/Tulloch-*Bermel*, UmwR, § 58 UmwG Rz. 4; Lutter-*J. Vetter*, UmwG, § 58 Rz. 6.

8) Lutter-*J. Vetter*, UmwG, § 58 Rz. 7; Widmann/Mayer-*Mayer*, UmwR, § 58 UmwG Rz. 5.

9) Kallmeyer-*Kocher*, UmwG, § 58 Rz. 2; *Nießen* in: KölnKomm-UmwG, § 58 Rz. 9; Semler/Stengel/Leonard-*Reichert*, UmwG, § 58 Rz. 7; Widmann/Mayer-*Mayer*, UmwR, § 58 UmwG Rz. 12.

10) Habersack/Casper/Löbbe-*Ulmer*/*Casper*, GmbHG, § 5 Rz. 176; *Nießen* in: KölnKomm-UmwG, § 58 Rz. 9; Scholz-*Veil*, GmbHG, § 5 Rz. 105; Semler/Stengel/Leonard-*Reichert*, UmwG, § 58 Rz. 7.

11) Lutter-*J. Vetter*, UmwG, § 58 Rz. 8; Scholz-*Veil*, GmbHG, § 5 Rz. 105; Semler/Stengel/Leonard-*Reichert*, UmwG, § 58 Rz. 7.

12) Henssler/Strohn-*Haeder*, GesR, § 58 UmwG Rz. 1; Kallmeyer-*Kocher*, UmwG, § 58 Rz. 3; *Nießen* in: KölnKomm-UmwG, § 58 Rz. 11; Lutter-*J. Vetter*, UmwG, § 58 Rz. 9; Semler/Stengel/Leonard-*Reichert*, UmwG, § 58 Rz. 8.

13) Kallmeyer-*Kocher*, UmwG, § 58 Rz. 3; *Nießen* in: KölnKomm-UmwG, § 58 Rz. 11; Lutter-*J. Vetter*, UmwG, § 58 Rz. 9; Semler/Stengel/Leonard-*Reichert*, UmwG, § 58 Rz. 8.

14) Lutter-*J. Vetter*, UmwG, § 58 Rz. 10; Widmann/Mayer-*Mayer*, UmwR, § 58 UmwG Rz. 14.

und Verlustrechnung noch in der Bilanz berücksichtigt sind, unter Angabe ihrer Art und ihrer finanziellen Auswirkungen einzubeziehen.[15)]

9 Der Sachgründungsbericht ist gemäß § 36 Abs. 2 Satz 1 UmwG i. V. m. § 8 Abs. 1 Nr. 4 GmbHG der **Anmeldung** der neuen GmbH zum Handelsregister **beizufügen**. Er bedarf nicht der notariellen Beurkundung; **Schriftform** ist ausreichend.[16)] Die Mitglieder der Vertretungsorgane der übertragenden Rechtsträger (nicht die der neuen GmbH) können separate Urkunden unterzeichnen, sofern diese inhaltlich übereinstimmen; eine Unterzeichnung derselben Urkunde ist nicht erforderlich.[17)]

III. Entbehrlichkeit eines Sachgründungsberichts (§ 58 Abs. 2)

10 Ein Sachgründungsbericht ist gemäß § 58 Abs. 2 entbehrlich, soweit eine **Kapitalgesellschaft** (d. h. eine AG, KGaA oder GmbH, vgl. § 3 Abs. 1 Nr. 2)[18)] oder eine eingetragene **Genossenschaft** übertragender Rechtsträger ist. Die Formulierung „soweit" impliziert, dass ein Sachgründungsbericht vollständig entfällt, sofern ausschließlich Kapitalgesellschaften oder eingetragene Genossenschaften als übertragende Rechtsträger fungieren; wenn hingegen auch nach § 58 Abs. 1 **berichtspflichtige Rechtsträger** (Personenhandelsgesellschaften oder eingetragene Vereine) mitwirken, beschränkt sich die Berichtspflicht auf das von diesem Rechtsträger betriebene Unternehmen und auf die Darlegung, dass dessen Wert den Nennbetrag der den Anteilsinhabern des berichtspflichtigen Rechtsträgers gewährten Geschäftsanteile erreicht.[19)] Allerdings empfiehlt sich in der Praxis, in Fällen einer disquotalen Verschmelzung den Sachgründungsbericht freiwillig auf übertragende Rechtsträger in der Rechtsform einer Kapitalgesellschaft oder eingetragenen Genossenschaft zu erstrecken.[20)]

11 Der Verzicht auf den Sachgründungsbericht bei Kapitalgesellschaften und eingetragenen Genossenschaften rechtfertigt sich insbesondere dadurch, dass der **Registerrichter** die **Werthaltigkeit** des Vermögens des übertragenden Rechtsträgers anhand der regelmäßig geprüften Schlussbilanz, die nach § 17 Abs. 2 Satz 1 vorzulegen ist, überprüfen kann.[21)] Sofern die Bilanz – wie bei einer **kleinen Kapitalgesellschaft** – keiner Prüfungspflicht unterliegt, kann der Registerrichter bei begründeten Zweifeln über die Werthaltigkeit des Vermögens des übertragenden Rechtsträgers weitere Nachweise, ggf. sogar eine Testierung der Bilanz, verlangen.[22)]

IV. Rechtsfolgen bei fehlerhaftem bzw. fehlendem Sachgründungsbericht

12 Sofern ein Sachgründungsbericht auch nach einer entsprechenden Zwischenverfügung des Registerrichters völlig fehlt oder wenn der Sachgründungsbericht nicht den inhaltlichen Anforderungen entspricht (insbesondere keine ausreichende Grundlage für eine Werthal-

15) Kallmeyer-*Kocher*, UmwG, § 58 Rz. 3; *Nießen* in: KölnKomm-UmwG, § 58 Rz. 12; Lutter-*J. Vetter*, UmwG, § 58 Rz. 11; Semler/Stengel/Leonard-*Reichert*, UmwG, § 58 Rz. 9.

16) *Weiß* in: BeckOGK-UmwG, § 58 Rz. 8; Kallmeyer-*Kocher*, UmwG, § 58 Rz. 1; Lutter-*J. Vetter*, UmwG, § 58 Rz. 12.

17) *Weiß* in: BeckOGK-UmwG, § 58 Rz. 8; Lutter-*J. Vetter*, UmwG, § 58 Rz. 12; Widmann/Mayer-*Mayer*, UmwR, § 58 UmwG Rz. 5.

18) Vgl. auch Lutter-*J. Vetter*, UmwG, § 58 Rz. 13.

19) Kallmeyer-/*Kocher*, UmwG, § 58 Rz. 4; Lutter-*J. Vetter*, UmwG, § 58 Rz. 15; Semler/Stengel/Leonard-*Reichert*, UmwG, § 58 Rz. 11.

20) *Nießen* in: KölnKomm-UmwG, § 58 Rz. 17; Lutter-*J. Vetter*, UmwG, § 58 Rz. 15.

21) Lutter-*J. Vetter*, UmwG, § 58 Rz. 14; Semler/Stengel/Leonard-*Reichert*, UmwG, § 58 Rz. 12.

22) Lutter-*J. Vetter*, UmwG, § 58 Rz. 14; Semler/Stengel/Leonard-*Reichert*, UmwG, § 58 Rz. 12.

tigkeitsprüfung darstellt), stellt dies ein **Eintragungshindernis** dar.[23] Der Registerrichter kann zudem jederzeit **weitere Unterlagen** und Erklärungen verlangen und ggf. einen Sachverständigen hinzuziehen, wenn er begründete Zweifel an der Werthaltigkeit des Vermögens der übertragenden Rechtsträger hat.[24] **Wird** jedoch die Gesellschaft **eingetragen**, haben Mängel des Sachgründungsberichts keine Auswirkungen auf die **Wirksamkeit** der Sachgründung.[25]

23) Kallmeyer-*Kocher*, UmwG, § 58 Rz. 6; *Nießen* in: KölnKomm-UmwG, § 58 Rz. 13 f.; Lutter-*J. Vetter*, UmwG, § 58 Rz. 16.

24) Kallmeyer-*Kocher*, UmwG, § 58 Rz. 6; Lutter-*J. Vetter*, UmwG, § 58 Rz. 16; Semler/Stengel/Leonard-*Reichert*, UmwG, § 58 Rz. 10.

25) *Nießen* in: KölnKomm-UmwG, § 58 Rz. 15; Lutter-*J. Vetter*, UmwG, § 58 Rz. 17.

§ 59
Verschmelzungsbeschlüsse*)

[1]Der Gesellschaftsvertrag der neuen Gesellschaft wird nur wirksam, wenn ihm die Anteilsinhaber jedes der übertragenden Rechtsträger durch Verschmelzungsbeschluss zustimmen. [2]Dies gilt entsprechend für die Bestellung der Geschäftsführer und der Mitglieder des Aufsichtsrats der neuen Gesellschaft, soweit sie von den Anteilsinhabern der übertragenden Rechtsträger zu wählen sind.

*) § 59 i. d. F. des UmwBerG geändert durch Art. 1 des Zweiten Gesetzes zur Änderung des Umwandlungsgesetzes (2. UmwGÄndG), v. 19.4.2007, BGBl. I 2007, 542.

Literatur: *Ihrig*, Gläubigerschutz in der Kapitalaufbringung bei Verschmelzung und Spaltung nach neuem Umwandlungsrecht, GmbHR 1995, 622; *D. Mayer*, Erste Zweifelsfragen bei der Unternehmensspaltung, DB 1995, 861; *Weiß*, Ausscheiden und Hinzutreten von Gesellschaftern bei Umwandlungsvorgängen, FS Mayer, 2000, 127.

Übersicht

I. Allgemeines

1 § 59 Satz 1 knüpft die Wirksamkeit des Gesellschaftsvertrags der neuen GmbH an die Zustimmung der Anteilsinhaber jedes übertragenden Rechtsträgers durch Verschmelzungsbeschluss. Diese Regelung dient dem Zweck, den **erforderlichen Einfluss der Gesellschafter** auf den Satzungsinhalt und die Organe der neuen GmbH **sicherzustellen**, denn der Gesellschaftsvertrag der neu gegründeten GmbH, der zwingender Bestandteil des Verschmelzungsvertrags ist (vgl. § 37), wird nicht von den Anteilsinhabern, sondern von den Vertretungsorganen der übertragenden Rechtsträger abgeschlossen (§§ 4 Abs. 1 Satz 1, 36 Abs. 2 Satz 2).[1]

1) Lutter-*J. Vetter*, UmwG, § 59 Rz. 1; Semler/Stengel/Leonard-*Reichert*, UmwG, § 59 Rz. 3; Widmann/Mayer-*Mayer*, UmwR, § 59 UmwG Rz. 1.

Entsprechendes gilt gemäß § 59 Satz 2 für die **Bestellung der Mitglieder des Aufsichtsrats** der Anteilseignerseite, soweit sie bereits vor der Eintragung der neuen GmbH im Handelsregister erfolgen soll, sowie für die Bestellung der ersten Geschäftsführer, die zwingend vor Anmeldung und Eintragung der neuen Gesellschaft erfolgen muss.[2] 2

II. Beschluss über Zustimmung zum Gesellschaftsvertrag (§ 59 Satz 1)

Die Wirksamkeit des Gesellschaftsvertrags der neuen GmbH erfordert die Zustimmung der Anteilsinhaber aller übertragenden Rechtsträger. Der neue Gesellschaftsvertrag muss gemäß § 37 zwingend im Verschmelzungsbeschluss enthalten sein, so dass die Regelung des **§ 59 Satz 1** angesichts der Identität von Verschmelzungs- und Zustimmungsbeschluss gemäß § 37 **überflüssig** ist.[3] 3

Der **Zustimmungsbeschluss** bedarf gemäß § 13 Abs. 3 Satz 1 der **notariellen Beurkundung.** Als Gegenstand des Zustimmungsbeschlusses reicht ein schriftlicher Entwurf des Verschmelzungsvertrages: In einem solchen Fall wird der Gesellschaftsvertrag erst mit der notariellen Beurkundung des Verschmelzungsvertrages wirksam.[4] Mit der Wirksamkeit des Verschmelzungsvertrages entsteht die neu zu gründende GmbH als Vorgesellschaft.[5] 4

In Abhängigkeit von der Rechtsform des übertragenden Rechtsträgers gelten **ergänzend** die **rechtsformspezifischen Regelungen** des besonderen Teils des Verschmelzungsrechts (vgl. für die GmbH vor allem § 50).[6] Eine **Vollmacht** zur Ausübung des Stimmrechts kann an Bevollmächtigte durch einfache Textform erteilt werden.[7] Die Stimmabgabe durch gesetzliche Vertreter eines minderjährigen Anteilsinhabers eines übertragenden Rechtsträgers erfordert eine familiengerichtliche Genehmigung gemäß § 1852 Nr. 2 BGB, soweit der Zweck der neuen GmbH auf den Betrieb eines Erwerbsgeschäfts gerichtet ist.[8] 5

III. Organbestellung (§ 59 Satz 2)

1. Bestellung der ersten Geschäftsführer

Vor Anmeldung der neuen Gesellschaft zum Handelsregister müssen die ersten Geschäftsführer bestellt werden, da der Registerrichter ansonsten die neue Gesellschaft nicht eintragen darf.[9] Die **Vertretungsorgane** der sich vereinigenden Rechtsträger sind für die Bestellung der ersten Geschäftsführer zuständig, selbst wenn die durch die Verschmelzung errichtete neue GmbH ständig mehr als 2.000 Arbeitnehmer beschäftigen wird.[10] 6

---

2) Semler/Stengel/Leonard-*Reichert*, UmwG, § 59 Rz. 3; vgl. auch *Nießen* in: KölnKomm-UmwG, § 59 Rz. 10.

3) Lutter-*J. Vetter*, UmwG, § 59 Rz. 5; Schmitt/Hörtnagl-*Missio*, UmwG/UmwStG, § 59 UmwG Rz. 1; Semler/Stengel/Leonard-*Reichert*, UmwG, § 59 Rz. 4.

4) *Weiß* in: BeckOGK-UmwG, § 59 Rz. 6; Kallmeyer-*Zimmermann*, UmwG, § 59 Rz. 2; Lutter-*J. Vetter*, UmwG, § 59 Rz. 6; Semler/Stengel/Leonard-*Reichert*, UmwG, § 59 Rz. 6.

5) *Ihrig*, GmbHR 1995, 622, 633; Kallmeyer-*Zimmermann*, UmwG, § 59 Rz. 3; Semler/Stengel/Leonard-*Reichert*, UmwG, § 59 Rz. 6.

6) Lutter-*J. Vetter*, UmwG, § 59 Rz. 7; Semler/Stengel/Leonard-*Reichert*, UmwG, § 59 Rz. 5.

7) Vgl. § 47 Abs. 3 GmbHG, § 134 Abs. 3 Satz 3 AktG; bei Personengesellschaften ist nicht einmal Textform erforderlich; Kallmeyer-*Zimmermann*, UmwG, § 59 Rz. 4; Lutter-*J. Vetter*, UmwG, § 59 Rz. 9; Semler/Stengel/Leonard-*Reichert*, UmwG, § 59 Rz. 5.

8) Lutter-*J. Vetter*, UmwG, § 59 Rz. 10; *Heinze* in: MünchKomm-GmbHG, § 2 Rz. 119; Semler/Stengel/Leonard-*Reichert*, UmwG, § 59 Rz. 5.

9) Vgl. § 36 Abs. 2 Satz 1 UmwG i. V. m. §§ 6, 10 Abs. 1 GmbHG; so auch Kallmeyer-*Zimmermann*, UmwG, § 59 Rz. 6; Lutter-*J. Vetter*, UmwG, § 59 Rz. 13; Semler/Stengel/Leonard-*Reichert*, UmwG, § 59 Rz. 9; Schmitt/Hörtnagl-*Missio*, UmwG/UmwStG, § 59 UmwG Rz. 2.

10) Lutter-*J. Vetter*, UmwG, § 59 Rz. 13.

7 Die Bestellung der Geschäftsführer sollte idealerweise **bereits im Verschmelzungsvertrag** erfolgen, wobei diese dann erst wirksam wird, wenn die Anteilsinhaber im Verschmelzungsbeschluss zugestimmt haben.[11)] Sofern jedoch eine Bestellung der Geschäftsführer im Verschmelzungsvertrag **nicht erfolgt ist**, können die Gesellschafter der neuen GmbH die Geschäftsführer durch Gesellschafterbeschluss mit einfacher Mehrheit auch noch nach Abschluss des Verschmelzungsvertrags und Zustimmung durch die Anteilsinhaber aller sich vereinigender Rechtsträger bestellen.[12)]

8 § 59 Satz 2 gilt dann nicht, wenn die Bestellung der Geschäftsführer nicht durch Beschluss aller Anteilseigner, sondern **als gesellschaftsvertragliches Sonderrecht** eines einzelnen Anteilseigners erfolgt: In einem solchen Fall muss dieser Gesellschafter dann lediglich die Geschäftsführer vor Anmeldung der neuen Gesellschaft zum Handelsregister benennen.[13)]

2. Bestellung der Mitglieder des Aufsichtsrats

9 Die Gesellschafter der neuen Gesellschaft haben nach allgemeinen Grundsätzen auch die **Aufsichtsratsmitglieder** der Anteilseigner zu bestellen.[14)] Die Aufsichtsratsmitglieder müssen nicht zwingend vor Eintragung der neuen Gesellschaft im Handelsregister bestellt werden.[15)] Sollten die Anteilseignervertreter bereits vor Eintragung der neuen Gesellschaft etwa anlässlich des Abschlusses des **Verschmelzungsvertrages** bestellt werden, müssen die **Anteilseigner aller übertragenden Rechtsträger** durch Verschmelzungsbeschluss zustimmen, um so den Einfluss der künftigen Gesellschafter auf die Zusammensetzung der Anteilseignerseite des Aufsichtsrats zu gewährleisten.[16)] Wenn die Bestellung anlässlich des Abschlusses des Verschmelzungsvertrages als dessen Bestandteil erfolgt, bedarf der Beschluss einer Mehrheit von mindestens drei Vierteln der Stimmen in der Verschmelzungsversammlung jedes übertragenden Rechtsträgers.[17)]

10 Nach zutreffender wohl h. L. gilt § 59 Satz 2 nur für die Bestellung eines **fakultativen** Aufsichtsrats, **nicht** aber eines **mitbestimmten Aufsichtsrats**, da letzterer erst nach der Eintragung der neuen GmbH gebildet wird.[18)] § 59 Satz 2 gilt auch nicht für die Aufsichtsratsbestellung aufgrund von Sonderrechten einzelner Gesellschafter oder Dritter.[19)]

---

11) Semler/Stengel/Leonard-*Reichert*, UmwG, § 59 Rz. 10; Widmann/Mayer-*Mayer*, UmwR, § 59 UmwG Rz. 12.

12) *Weiß* in: BeckOGK-UmwG, § 59 Rz. 21; Kallmeyer-*Zimmermann*, UmwG, § 59 Rz. 6; Lutter-*J. Vetter*, UmwG, § 59 Rz. 15; Semler/Stengel/Leonard-*Reichert*, UmwG, § 59 Rz. 11; Widmann/Mayer-*Mayer*, UmwR, § 59 UmwG Rz. 12; a. A. *Nießen* in: KölnKomm-UmwG, § 59 Rz. 14.

13) *Nießen* in: KölnKomm-UmwG, § 59 Rz. 16; Lutter-*J. Vetter*, UmwG, § 59 Rz. 17.

14) Lutter-*J. Vetter*, UmwG, § 59 Rz. 18; Semler/Stengel/Leonard-*Reichert*, UmwG, § 59 Rz. 7.

15) Lutter-*J. Vetter*, UmwG, § 59 Rz. 18; Semler/Stengel/Leonard-*Reichert*, UmwG, § 59 Rz. 7; Widmann/Mayer-*Mayer*, UmwR, § 59 UmwG Rz. 17.

16) Kallmeyer-*Zimmermann*, UmwG, § 59 Rz. 7; Lutter-*J. Vetter*, UmwG, § 59 Rz. 18; Semler/Stengel/Leonard-*Reichert*, UmwG, § 59 Rz. 7; Widmann/Mayer-*Mayer*, UmwR, § 59 UmwG Rz 17.

17) Kallmeyer-*Zimmermann*, UmwG, § 59 Rz. 7; Lutter-*J. Vetter*, UmwG, § 59 Rz. 20; Semler/Stengel/Leonard-*Reichert*, UmwG, § 59 Rz. 7.

18) Kallmeyer-*Zimmermann*, UmwG, § 59 Rz. 8; *Rebmann* in: HK-UmwG, § 59 Rz. 13; Semler/Stengel/Leonard-*Reichert*, UmwG, § 59 Rz. 8; Widmann/Mayer-*Mayer*, UmwR, § 59 UmwG Rz. 17; a. A. *Kleindiek* in: NK-UmwG, § 59 Rz. 12; *Nießen* in: KölnKomm-UmwG, § 59 Rz. 19.

19) *Nießen* in: KölnKomm-UmwG, § 59 Rz. 23; Lutter-*J. Vetter*, UmwG, § 59 Rz. 25; Semler/Stengel/Leonard-*Reichert*, UmwG, § 59 Rz. 8; Widmann/Mayer-*Mayer*, UmwR, § 59 UmwG Rz. 18.

Dritter Abschnitt
Verschmelzung unter Beteiligung von Aktiengesellschaften

Erster Unterabschnitt
Verschmelzung durch Aufnahme

§ 60
Prüfung der Verschmelzung; Bestellung der Verschmelzungsprüfer*)

[1]Der Verschmelzungsvertrag oder sein Entwurf ist für jede Aktiengesellschaft nach den §§ 9 bis 12 zu prüfen. [2]§ 9 Absatz 2 und § 12 Absatz 3 in Verbindung mit § 8 Absatz 3 Satz 1 und 2 gelten mit der Maßgabe, dass der Verzicht aller Anteilsinhaber aller beteiligten Rechtsträger erforderlich ist.

*) § 60 geändert durch Art. 1 des Gesetzes zur Umsetzung der Umwandlungsrichtlinie und zur Änderung weiterer Gesetze (UmRUG), v. 22.2.2023, BGBl. I 2023, Nr. 51; § 60 i. d. F. des UmwBerG geändert durch Art. 4 des Gesetzes zur Neuordnung des gesellschaftsrechtlichen Spruchverfahrens (Spruchverfahrensneuordnungsgesetz), v. 12.6.2003, BGBl. I 2003, 838.

Literatur: *DAV* (Handelsrechtsausschuss), Stellungnahme zum Referentenentwurf eines Gesetzes zur Umsetzung der Umwandlungsrichtlinie, NZG 2022, 849; *Hoffmann-Becking*, Das neue Verschmelzungsrecht in der Praxis, in: Festschrift für Hans-Joachim Fleck, 1988, S. 105; *Oplustil/Schneider*, Zur Stellung der Europäischen Aktiengesellschaft im Umwandlungsrecht, NZG 2003, 13; *Schmidt, J.*, Der UmRUG-Referentenentwurf: grenzüberschreitende Umwandlungen 2.0 – und vieles mehr (Teil 2), NZG 2022, 635; *Schmidt, J.*, Umwandlungen im Konzern nach dem UmRUG-RegE: Besonderheiten bei Bericht, Prüfung und Beschluss, Der Konzern 2022, 309; *Stiegler*, Verzichtsmöglichkeiten bei der Verschmelzung von Aktiengesellschaften, AG 2019, 708.

Übersicht

I. Vorbemerkung

1 Der Dritte Abschnitt des UmwG ergänzt und konkretisiert die allgemeinen Vorschriften der §§ 2 ff. für die Verschmelzung unter Beteiligung von **mindestens einer deutschen** AG. Er besteht aus zwei Unterabschnitten, von denen der erste (§§ 60–72) die Verschmelzung **durch Aufnahme**, der zweite (§§ 73–77) die **Verschmelzung durch Neugründung** regelt. Ergänzend sind bei Umwandlungsvorgängen unter Beteiligung von AGs insbesondere die handels-, aktien- und kapitalmarktrechtlichen Vorgaben heranzuziehen.

2 Der Dritte Abschnitt findet auf AGs Anwendung, die an einer Verschmelzung durch Aufnahme oder durch Neugründung beteiligt sind, unabhängig davon, ob sie übertragender oder übernehmender Rechtsträger sind. Das gilt nach § 305 Abs. 2 Satz 1 grundsätzlich auch für **grenzüberschreitende Verschmelzungen**, soweit sich aus den §§ 305 ff. nichts anderes ergibt. Auch die Verschmelzung unter Beteiligung von **SEs** unterliegt über § 9 Abs. 1

lit. c Ziff. ii SE-VO[1] den §§ 60 ff. mit Ausnahme der Verschmelzung zur Neugründung einer SE. Hier gehen Art. 17 ff. SE-VO i. V. m. §§ 5 ff. SEAG vor.[2] Über § 78 gelten die §§ 60 ff. auch für **KGaA**.

II. Entstehungsgeschichte

3 § 60 geht auf § 340b Abs. 1 AktG a. F. zurück,[3] setzt im Gegensatz zu diesem aber nicht mehr voraus, dass alle an der Verschmelzung beteiligten Rechtsträger AGs sein müssen.[4] § 60 Satz 1 dient der Umsetzung des Art. 96 der Gesellschaftsrechtsrichtlinie[5], der zu seiner richtlinienkonformen Auslegung heranzuziehen ist. Die Vorschrift wurde zuletzt aufgrund des Art. 96 Abs. 4 Gesellschaftsrechtsrichtlinie durch das **UmRUG**[6] geändert.

III. Regelungsinhalt

4 § 60 Satz 1 sieht eine Verweisung auf die allgemeinen Vorschriften zur Prüfung des Verschmelzungsvertrags oder seines Entwurfs im 1. Teil des 2. Buches vor, die dem Schutz der außenstehenden Aktionäre der an der Verschmelzung beteiligten AGs dienen.[7] Danach richtet sich der Gegenstand der Prüfung (§ 9), die Bestellung der Verschmelzungsprüfer (§ 10), die Stellung und Verantwortung der Prüfer (§ 11) sowie Form und Inhalt des Prüfberichts (§ 12) nach den **allgemeinen Vorschriften zur Verschmelzungsprüfung.**

5 Die **Prüfer** werden vom Gericht auf **Antrag des Vorstands** in vertretungsberechtigter Zahl ausgewählt und bestellt (§ 10 Abs. 1), bei der monistischen SE stellen den Antrag die geschäftsführenden Direktoren (§ 41 Abs. 1 SEAG[8]). Auf **gemeinsamen Antrag** kann die Prüfung für mehrere oder alle beteiligten Rechtsträger erfolgen (§ 10 Abs. 1 Satz 2). Verschmelzungsprüfer können Wirtschaftsprüfer, Wirtschaftsprüfungsgesellschaften sowie – bei kleinen AGs – vereidigte Buchprüfer sein.[9] Zu beachten sind die handelsrechtlichen Ausschlussgründe der §§ 319, 319b HGB. Die Bestellung des Abschlussprüfers zum Verschmelzungsprüfer ist grundsätzlich möglich,[10] eine Vorbefassung mit verschmelzungsrelevanten Sachverhalten schließt einen Prüfer aus.

6 Bei AGs, die durch eine Kapitalmarktorientierung oder als bestimmte CRR-Kreditinstitute oder Versicherungsunternehmen als Unternehmen von öffentlichem Interesse nach § 316a HGB eingestuft sind, sind zusätzlich die **besonderen Hinderungsgründe** des Art. 5 der VO (EU) Nr. 537/2014[11] zu beachten. Die **Verantwortlichkeit des Prüfers** richtet sich entsprechend § 324 HGB nach jener eines Abschlussprüfers.

---

1) Verordnung (EG) Nr. 2157/2001 des Rates v. 8.10.2001 über das Statut der Europäischen Gesellschaft (SE) (SE-VO), ABl. (EU) L 294/1 v. 10.11.2001.

2) *Oplustil/Schneider*, NZG 2003, 13, 16.

3) Begr. RegE UmwBerG, BR-Drucks. 75/94, S. 102.

4) *Habersack* in: BeckOGK-UmwG, § 60 Rz. 6.

5) Richtlinie (EU) 2017/1132 des Europäischen Parlaments und des Rates vom 14. Juni 2017 über bestimmte Aspekte des Gesellschaftsrechts (Gesellschaftsrechtsrichtlinie), ABl. (EU) L 169/46 v. 30.6.2017.

6) Gesetz zur Umsetzung der Umwandlungsrichtlinie und zur Änderung weiterer Gesetze (UmRUG), v. 22.2.2023, BGBl. I 2023, Nr. 51; vgl. zu den Änderungen *J. Schmidt*, NZG 2022, 635, 640 ff.

7) *Wilsing/v. d. Linden* in: KölnKomm-UmwG, § 60 Rz. 1; Semler/Stengel/Leonard-*Diekmann*, UmwG, § 60 Rz. 5.

8) Gesetz zur Ausführung der Verordnung (EG) Nr. 2157/2001 des Rates v. 8.10.2001 über das Statut der Europäischen Gesellschaft (SE) (SE-Ausführungsgesetz – SEAG), v. 22.12.2004, BGBl. I 2004, 3675.

9) A. A. Lutter-*Drygala*, UmwG, § 11 Rz. 3.

10) *Hoffmann-Becking* in: FS Fleck, S. 121; Kallmeyer-*Lanfermann*, UmwG, § 60 Rz. 3.

11) Verordnung (EU) Nr. 537/2014 des Europäischen Parlaments und des Rates v. 16.4.2014 über spezifische Anforderungen an die Abschlussprüfung bei Unternehmen von öffentlichem Interesse und zur Aufhebung des Beschlusses 2005/909/EG, ABl. (EU) L 158/77 v. 27.5.2014.

Der Prüfer erstattet einen **schriftlichen Prüfungsbericht**, der insbesondere die Angemessenheit des Umtauschverhältnisses der Anteile bewertet (§ 12). Prüfung und Prüfungsbericht dienen dem Schutz der Aktionäre und haben aufgrund der vergleichsweise eingeschränkten Informationsrechte von außenstehenden Aktionären bei der AG ein besonderes Gewicht. Der Bericht ist daher mit der Einberufung der Hauptversammlung bekannt zu machen (§ 63 Abs. 1 Nr. 4) und Gegenstand des Fragerechts der Aktionäre (§ 64 Abs. 2). 7

Nach § 60 Satz 2 erstreckt sich die Verweisung auch auf die Regelungen in § 9 Abs. 2 sowie § 12 Abs. 3 i. V. m. § 8 Abs. 3 Sätze 1 und 2, welche die Möglichkeiten zum **Verzicht auf die Verschmelzungsprüfung und den Prüfungsbericht** vorsehen.[12] Entsprechend dem Zweck des Schutzes der außenstehenden Aktionäre sieht Satz 2 die Entbehrlichkeit einer Verschmelzungsprüfung bei Verzicht sämtlicher Anteilsinhaber, der Verschmelzung einer 100%igen Tochtergesellschaft auf ihre Muttergesellschaft oder einem Sidestep-Merger von Schwestergesellschaften vor.[13] 8

Die Prüfung und der Prüfungsbericht sind außerhalb von **Konzernverschmelzungen**[14] nur entbehrlich, wenn **alle Anteilsinhaber aller beteiligten Rechtsträger** in notarieller Form auf die Prüfung und den Prüfungsbericht verzichten.[15] § 60 Satz 2 folgt insoweit überschießend Art. 96 Abs. 4 Gesellschaftsrechtsrichtlinie.[16] Ein **Verzicht** bei einem einzelnen Rechtsträger, wie es § 8 Abs. 3 Satz 1 grundsätzlich vorsieht, ist bei der Verschmelzung unter Beteiligung von AGs nicht zulässig.[17] 9

---

12) Vgl. *Stiegler*, AG 2019, 708, 710.

13) *Wilsing/v. d. Linden* in: KölnKomm-UmwG, § 60 Rz. 1.

14) Vgl. dazu § 8 Abs. 3 Satz 3 sowie die Übersichtsdarstellung zu Umwandlungen im Konzern bei *J. Schmidt*, Der Konzern 2022, 309 ff.

15) Kallmeyer-*Lanfermann*, UmwG, § 60 Rz. 1; Semler/Stengel/Leonard-*Diekmann*, UmwG, § 60 Rz. 9.

16) *Habersack* in: BeckOGK-UmwG, § 60 Rz. 10, plädiert insoweit für eine teleologische Reduktion des § 60 Satz 2 auf Verschmelzungen, an denen ausschließlich AGs beteiligt sind; dafür plädiert auch der *DAV (Handelsrechtsausschuss)*, NZG 2022, 849, 850.

17) *Wilsing/v. d. Linden* in: KölnKomm-UmwG, § 60 Rz. 6.

§ 61
Bekanntmachung des Verschmelzungsvertrags*)

[1]Der Verschmelzungsvertrag oder sein Entwurf ist vor der Hauptversammlung, die gemäß § 13 Abs. 1 über die Zustimmung beschließen soll, zum Register einzureichen. [2]Das Gericht hat in der Bekanntmachung nach § 10 des Handelsgesetzbuchs einen Hinweis darauf bekanntzumachen, daß der Vertrag oder sein Entwurf beim Handelsregister eingereicht worden ist. [3]Die Hauptversammlung darf erst einen Monat nach der Bekanntmachung über die Zustimmung zum Verschmelzungsvertrag gemäß § 13 beschließen.

*) § 61 geändert durch Art. 1 des Gesetzes zur Umsetzung der Umwandlungsrichtlinie und zur Änderung weiterer Gesetze (UmRUG), v. 22.2.2023, BGBl. I 2023, Nr. 51; § 61 i. d. F. des UmwBerG geändert durch Art. 8 des Gesetzes über elektronische Handelsregister und Genossenschaftsregister sowie das Unternehmensregister (EHUG), v. 10.11.2006, BGBl. I 2006, 2553.

Literatur: *Limmer*, Verzichtserklärungen im Umwandlungsrecht, in: Festschrift für Oliver Vossius, 2023, S. 149; *Stiegler*, Verzichtsmöglichkeiten bei der Verschmelzung von Aktiengesellschaften, AG 2019, 708.

Übersicht

I. Normzweck und Bedeutung

1 Mit der Pflicht zur Einreichung des Verschmelzungsvertrags bzw. seines Entwurfs zum Handelsregister und der obligatorischen Hinweisbekanntmachung bezweckt § 61 die **frühzeitige Information der Aktionäre** über die **Modalitäten der Verschmelzung**. Mittelbar dient die Offenlegung im Handelsregister auch der **Information von Dritten**, insbesondere der Gläubiger. Deren Interessen werden jedoch vorrangig durch § 22 geschützt. § 61 ist daher nicht drittschützend, sondern ein bloßer Rechtsreflex.[1)]

2 Die Norm setzt die Vorgaben der Art. 87 ff. und 92 der Gesellschaftsrechtsrichtlinie[2)] um, hat aber im deutschen Recht vor dem Hintergrund der aktienrechtlichen Informationspflichten i. R. der Einberufung einer Hauptversammlung nach § 63 UmwG bzw. § 121 Abs. 3 AktG nur geringe Bedeutung.

II. Anwendungsbereich

3 Die Pflicht zur Bekanntmachung des Verschmelzungsvertrages oder seines Entwurfs im Handelsregister besteht für jede an der Verschmelzung beteiligte **AG, KGaA (§ 78) oder SE** (Art. 9 Abs. 1 lit. c Ziff. ii SE-VO[3)]). Für Rechtsträger anderer Rechtsform sieht das UmwG keine registerrechtliche Bekanntmachungspflicht vor. Hier erfolgt die Information über den Verschmelzungsvertrag jeweils direkt gegenüber den Gesellschaftern.[4)] Ist bei einer **Konzernverschmelzung** nach § 62 Abs. 1 Satz 1 und Abs. 4 Satz 1, 2 ein Verschmelzungsbeschluss weder bei der übernehmenden noch bei der übertragenden Gesellschaft erforderlich, so ergibt sich die Pflicht zur Einreichung beim Register aus § 62 Abs. 3 Satz 2 bzw. § 62 Abs. 4 Satz 3. § 61 knüpft an die Einberufung der Hauptversammlung der jeweiligen Gesellschaft an und findet im Falle eines nicht erforderlichen Verschmelzungsbeschlusses keine Anwendung.[5)]

III. Einreichung zum Register (§ 61 Satz 1)

4 Der Verschmelzungsvertrag oder sein Entwurf ist in **elektronischer Form** (§ 12 Abs. 2 Satz 1 HGB) zum Handelsregister am Sitz der jeweiligen Gesellschaft einzureichen (vgl. §§ 5, 14, 36 AktG). Hierzu muss der notariell beurkundete Verschmelzungsvertrag von einem **deutschen Notar** in die elektronische Form gebracht und übermittelt werden (§ 12 Abs. 2 Halbs. 2 HGB i. V. m. § 39a BeurkG). Für den Entwurf ist die Einschaltung eines Notars nicht erforderlich. Zuständig ist der Vorstand bzw. bei der monistischen SE die

---

1) Zutr. *Wilsing/v. d. Linden* in: KölnKomm-UmwG, § 61 Rz. 1; Lutter-*Grunewald*, UmwG, § 61 Rz. 1; Semler/Stengel/Leonard-*Diekmann*, UmwG, § 61 Rz. 5; *Habersack* in: BeckOGK-UmwG, § 61 Rz. 4.

2) Richtlinie (EU) 2017/1132 des Europäischen Parlaments und des Rates v. 14.6.2017 über bestimmte Aspekte des Gesellschaftsrechts (Gesellschaftsrechtsrichtlinie), ABl. (EU) L 169/46 v. 30.6.2017.

3) Verordnung (EG) Nr. 2157/2001 des Rates v. 8.10.2001 über das Statut der Europäischen Gesellschaft (SE) (SE-VO), ABl. (EU) L 294/1 v. 10.11.2001.

4) Vgl. § 39b, § 42, § 45c Satz 2, § 47, § 56.

5) *Habersack* in: BeckOGK-UmwG, § 62 Rz. 28.

geschäftsführenden Direktoren (§ 41 Abs. 1 SEAG[6]). Die Einreichung umfasst auch sämtliche **Anlagen**, die **wesentliche Bestandteile** des Vertrags oder seines Entwurfs sind, um eine umfassende und hinreichende Information der Aktionäre zu gewährleisten.[7]

Änderungen des Entwurfs oder auch des Vertrags (einschließlich seiner Anlagen) sind **unverzüglich nachzureichen**, soweit sie nicht lediglich offensichtliche Unrichtigkeiten i. S. von § 44a Abs. 2 BeurkG berichtigen.[8] Auch die Einreichung von Änderungen hat vor der Einberufung der Hauptversammlung zu erfolgen, damit die nach § 61 und § 63 bekannt gemachten Fassungen übereinstimmen.[9] Das gilt auch, soweit erforderliche wesentliche Änderungen auf Tatsachen beruhen, die erst nach Beginn der Monatsfrist des Satzes 3 entstehen (siehe dazu auch § 63 Rz. 10 [*Nolden*]).[10] In diesen Fällen führt eine Änderung in der Regel zu einer **Verschiebung der Hauptversammlung**, da das Registergericht einen neuen Hinweis veröffentlichen muss und die Karenzfrist von einem Monat neu zu laufen beginnt. 5

Mit der Einfügung von § 61 Satz 3, in Umsetzung von Art. 92 Abs. 1 Gesellschaftsrechtsrichtlinie, wurde die Bekanntmachung nach § 61 von der Einberufung nach § 63 UmwG und § 121 ff. AktG abgekoppelt. Eine Einreichung kann damit grundsätzlich auch **nach der Einberufung** erfolgen, soweit die einmonatige Karenzzeit des Satzes 3 gewahrt ist (siehe dazu noch Rz. 10 f.). 6

Bei der Transaktionsplanung ist der Zeitraum für die Veröffentlichung des Verschmelzungsvertrages oder seines Entwurfs im Handelsregister sowie die Veranlassung der Hinweisbekanntmachung zu berücksichtigen. Es empfiehlt sich die **frühzeitige Abstimmung mit dem Registergericht**, auch um etwaige Bedenken des Registergerichts zum Verschmelzungsvertrag oder seinem Entwurf schon vor der Einberufung der Hauptversammlung berücksichtigen zu können. Ein **Prüfungsrecht des Registergerichts** i. R. des § 61, wie es teilweise vertreten wird,[11] ist mit der Schutzrichtung des § 61 als Spezialnorm für die Umwandlung von Aktiengesellschaften und dessen Historie nicht vereinbar.[12] 7

Die Aktionäre können auf die Einreichung und Bekanntmachung des Verschmelzungsvertrags oder seines Entwurfs **verzichten**,[13] einer notariellen Beurkundung i. S. des § 8 Abs. 3 Satz 2 bedarf es nicht.[14] Der Verzicht ist durch alle Aktionäre zu erklären und bietet sich insbesondere im Falle einer Vollversammlung (§ 121 Abs. 6 AktG) an.[15] Es emp- 8

6) Gesetz zur Ausführung der Verordnung (EG) Nr. 2157/2001 des Rates v. 8.10.2001 über das Statut der Europäischen Gesellschaft (SE) (SE-Ausführungsgesetz – SEAG), v. 22.12.2004, BGBl. I 2004, 3675.

7) *Habersack* in: BeckOGK-UmwG, § 61 Rz. 10; *Wilsing/v. d. Linden* in: KölnKomm-UmwG, § 61 Rz. 6; Lutter-*Grunewald*, UmwG, § 61 Rz. 5; Kallmeyer-*Oppenhoff*, UmwG, § 61 Rz. 1.

8) *Wilsing/v. d. Linden* in: KölnKomm-UmwG, § 61 Rz. 6; *Habersack* in: BeckOGK-UmwG, § 61 Rz. 10.

9) Vgl. Happ/Bednarz-*Richter*, UmwR, Ziff. 1.01 Rz. 49.

10) Ebenso *Wilsing/v. d. Linden* in: KölnKomm-UmwG, § 61 Rz. 6; Widmann/Mayer-*Rieger*, UmwR, § 61 UmwG Rz. 4.1; a. A. Lutter-*Grunewald*, UmwG, § 61 Rz. 5; *Habersack* in: BeckOGK-UmwG, § 61 Rz. 10; Semler/Stengel/Leonard-*Diekmann*, UmwG, § 61 Rz. 11; Kallmeyer-*Oppenhoff*, UmwG, § 61 Rz. 1.

11) So Kallmeyer-*Oppenhoff*, UmwG, § 61 Rz. 1; *Habersack* in: BeckOGK-UmwG, § 61 Rz. 4; *Habighorst* in: NK-UmwG, § 61 Rz. 2.

12) Lutter-*Grunewald*, UmwG, § 61 Rz. 6.

13) S. a. ErwG 75 Gesellschaftsrechtsrichtlinie; dies ist teils strittig. Wie hier: *Habersack* in: BeckOGK-UmwG, § 61 Rz. 14; Lutter-*Grunewald*, UmwG, § 61 Rz. 8; Semler/Stengel/Leonard-*Diekmann*, UmwG, § 61 Rz. 20; *Wilsing/v. d. Linden* in: KölnKomm-UmwG, § 61 Rz. 9; Widmann/Mayer-*Rieger*, UmwR, § 61 UmwG Rz. 10.1; *Stiegler*, AG 2019, 708, 711.

14) So auch Lutter-*Grunewald*, UmwG, § 61 Rz. 8; *Wilsing/v. d. Linden* in: KölnKomm-UmwG, § 61 Rz. 9; a. A. *Habersack* in: BeckOGK-UmwG, § 61 Rz. 14; *Limmer* in: FS Vossius, S. 158.

15) H. M. *Habersack* in: BeckOGK-UmwG, § 61 Rz. 13; Lutter-*Grunewald*, UmwG, § 61 Rz. 8; Henssler/Strohn-*Junker*, GesR, § 61 UmwG Rz. 4.; abw. insoweit und für einen Verzicht auf die Einhaltung der Frist: Widmann/Mayer-*Rieger*, UmwR, § 61 UmwG Rz. 7.1.

fiehlt sich, die Verzichtserklärungen bei der Anmeldung der Verschmelzung zur Eintragung in das Handelsregister (§§ 16 f.) beizufügen.

IV. Hinweisbekanntmachung (§ 61 Satz 2)

9 Das Registergericht veröffentlicht nach § 61 Satz 2 im elektronischen Informations- und Kommunikationssystem (§ 10 Abs. 3 HGB) eine Hinweisbekanntmachung **im gemeinsamen Registerportal der Länder**, die unter www.handelsregister.de oder zentral mit weiteren Pflichtbekanntmachungen unter www.unternehmensregister.de abrufbar ist. Die Hinweisbekanntmachung umfasst nicht den Vertrag oder seinen Entwurf selbst. Es soll die Öffentlichkeit hierdurch nur informiert werden, dass der Vertrag bzw. der Entwurf beim Register zur Einsichtnahme zur Verfügung steht. Der Hinweis hat unverzüglich zu erfolgen, ein materielles Prüfungsrecht des Registergerichts über den Vertrag oder seinen Entwurf besteht nicht (siehe Rz. 7).

V. Beschlussfassung der Hauptversammlung (§ 61 Satz 3)

10 Die Hauptversammlung darf frühestens einen Monat nach der Bekanntmachung des Hinweises im Registerportal über die Zustimmung zum Verschmelzungsvertrag beschließen (§ 61 Satz 3). Soweit mehrere AGs, SEs oder KGaAs an der Verschmelzung beteiligt sind, gilt die Karenzfrist jeweils für die einzelne Gesellschaft.

11 Die Monatsfrist **berechnet sich vorwärts.**[16] **Fristbeginn** ist nach § 187 Abs. 1 BGB der Tag der Bekanntmachung im Registerportal, für das Fristende gilt § 188 Abs. 2 Fall 1 BGB. § 193 BGB (Verschiebung des Fristenendes auf einen Werktag) findet tatbestandlich keine Anwendung.[17] Wird die Bekanntmachung also z. B. am 1.4. veröffentlicht, darf frühestens am 2.5. Beschluss gefasst werden.

12 Durch die veränderte Anknüpfung an die Hauptversammlung statt an die Einberufung in Satz 1[18] ist es nunmehr möglich, den Verschmelzungsvertrag bzw. seinen Entwurf **nach der Einberufung der Hauptversammlung** beim Register einzureichen. Voraussetzung ist lediglich, dass zwischen der anschließenden Hinweisbekanntmachung und dem Tag der Beschlussfassung **mindestens ein voller Monat** liegt.[19]

VI. Rechtsfolgen unzureichender Einreichung

13 Eine verspätete oder fehlerhafte Einreichung des Verschmelzungsvertrags oder seines Entwurfs zum Handelsregister stellt im Hinblick auf die umfassenden Informationsrechte der Aktionäre aus § 63 mangels objektiver Wesentlichkeit des Gesetzesverstoßes (vgl. § 243 Abs. 1 AktG i. V. m. § 243 Abs. 4 Satz 1 AktG) regelmäßig **weder einen Anfechtungsgrund** noch ein Eintragungshindernis dar. Gleiches gilt für eine fehlerhafte oder unterlassene Bekanntmachung nach § 60 Satz 2, soweit die relevanten Informationen den Aktionären nach § 63 zur Verfügung gestellt wurden. Der Vorstand kann jedoch durch das Registergericht durch **Zwangsgeld** i. H. von bis zu 5.000 € zur Einreichung angehalten werden (§ 14 HGB).

16) Im Gegensatz zu den rückwärtsgerechneten aktienrechtlichen Einberufungsfristen nach §§ 123, 121 Abs. 7 AktG.

17) *Wilsing/v. d. Linden* in: KölnKomm-UmwG, § 61 Rz. 11.

18) Art. 92 Gesellschaftsrechtsrichtlinie wurde durch das Gesetz zur Umsetzung der Umwandlungsrichtlinie und zur Änderung weiterer Gesetze (UmRUG), v. 22.2.2023, BGBl. I 2023, Nr. 51, dadurch korrigierend umgesetzt.

19) Wie hier: *Wilsing/v. d. Linden* in: KölnKomm-UmwG, § 61 Rz. 11; a. A. *Habersack* in: BeckOGK-UmwG, § 61 Rz. 12.

§ 62
Konzernverschmelzungen*)

(1) [1]Befinden sich mindestens neun Zehntel des Stammkapitals oder des Grundkapitals einer übertragenden Kapitalgesellschaft in der Hand einer übernehmenden Aktiengesellschaft, so ist ein Verschmelzungsbeschluß der übernehmenden Aktiengesellschaft zur Aufnahme dieser übertragenden Gesellschaft nicht erforderlich. [2]Eigene Anteile der übertragenden Gesellschaft und Anteile, die einem anderen für Rechnung dieser Gesellschaft gehören, sind vom Stammkapital oder Grundkapital abzusetzen.

(2) [1]Absatz 1 gilt nicht, wenn Aktionäre der übernehmenden Gesellschaft, deren Anteile zusammen den zwanzigsten Teil des Grundkapitals dieser Gesellschaft erreichen, die Einberufung einer Hauptversammlung verlangen, in der über die Zustimmung zu der Verschmelzung beschlossen wird. [2]Die Satzung kann das Recht, die Einberufung der Hauptversammlung zu verlangen, an den Besitz eines geringeren Teils am Grundkapital der übernehmenden Gesellschaft knüpfen.

(3) [1]Einen Monat vor dem Tage der Gesellschafterversammlung oder der Hauptversammlung der übertragenden Gesellschaft, die gemäß § 13 Abs. 1 über die Zustimmung zum Verschmelzungsvertrag beschließen soll, sind in dem Geschäftsraum der übernehmenden Gesellschaft zur Einsicht der Aktionäre die in § 63 Abs. 1 bezeichneten Unterlagen auszulegen. [2]Gleichzeitig hat der Vorstand der übernehmenden Gesellschaft einen Hinweis auf die bevorstehende Verschmelzung in den Gesellschaftsblättern der übernehmenden Gesellschaft bekanntzumachen und den Verschmelzungsvertrag oder seinen Entwurf zum Register der übernehmenden Gesellschaft einzureichen; § 61 Satz 2 ist entsprechend anzuwenden. [3]Die Aktionäre sind in der Bekanntmachung nach Satz 2 erster Halbsatz auf ihr Recht nach Absatz 2 hinzuweisen. [4]Der Anmeldung der Verschmelzung zur Eintragung in das Handelsregister ist der Nachweis der Bekanntmachung beizufügen. [5]Der Vorstand hat bei der Anmeldung zu erklären, ob ein Antrag nach Absatz 2 gestellt worden ist. [6]Auf Verlangen ist jedem Aktionär der übernehmenden Gesellschaft unverzüglich und kostenlos eine Abschrift der in Satz 1 bezeichneten Unterlagen zu erteilen. [7]Die Unterlagen können dem Aktionär mit dessen Einwilligung auf dem Wege elektronischer Kommunikation übermittelt werden. [8]Die Verpflichtungen nach den Sätzen 1 und 6 entfallen, wenn die in Satz 1 bezeichneten Unterlagen für denselben Zeitraum über die Internetseite der Gesellschaft zugänglich sind.

(4) [1]Befindet sich das gesamte Stamm- oder Grundkapital einer übertragenden Kapitalgesellschaft in der Hand einer übernehmenden Aktiengesellschaft, so ist ein Verschmelzungsbeschluss des Anteilsinhabers der übertragenden Kapitalgesellschaft nicht erforderlich. [2]Ein solcher Beschluss ist auch nicht erforderlich in Fällen, in denen nach Absatz 5 Satz 1 ein Übertragungsbeschluss gefasst und mit einem Vermerk nach Absatz 5 Satz 7 in das Handelsregister eingetragen wurde. [3]Die §§ 47, 49, 61 und 63 Absatz 1 Nummer 1 bis 3 sind auf die übertragende Kapitalgesellschaft nicht anzuwenden. [4]Absatz 3 gilt mit der Maßgabe, dass die dort genannten Verpflichtungen spätestens einen Monat vor dem Tag der Eintragung der Verschmelzung in das Register des übernehmenden Rechtsträgers zu erfüllen sind. [5]Spätestens bis zu diesem Zeitpunkt ist auch die in § 5 Absatz 3 genannte Zuleitungsverpflichtung zu erfüllen.

(5) [1]In Fällen des Absatzes 1 kann die Hauptversammlung einer übertragenden Aktiengesellschaft innerhalb von drei Monaten nach Abschluss des Verschmelzungsvertrages einen Beschluss nach § 327a Absatz 1 Satz 1 des Aktiengesetzes fassen, wenn der übernehmenden Gesellschaft (Hauptaktionär) Aktien in Höhe von neun Zehnteln

des Grundkapitals gehören. [2]Der Verschmelzungsvertrag oder sein Entwurf muss die Angabe enthalten, dass im Zusammenhang mit der Verschmelzung ein Ausschluss der Minderheitsaktionäre der übertragenden Gesellschaft erfolgen soll. [3]Absatz 3 gilt mit der Maßgabe, dass die dort genannten Verpflichtungen nach Abschluss des Verschmelzungsvertrages für die Dauer eines Monats zu erfüllen sind. [4]Spätestens bei Beginn dieser Frist ist die in § 5 Absatz 3 genannte Zuleitungsverpflichtung zu erfüllen. [5]Der Verschmelzungsvertrag oder sein Entwurf ist gemäß § 327c Absatz 3 des Aktiengesetzes zur Einsicht der Aktionäre auszulegen. [6]Der Anmeldung des Übertragungsbeschlusses (§ 327e Absatz 1 des Aktiengesetzes) ist der Verschmelzungsvertrag in Ausfertigung oder öffentlich beglaubigter Abschrift oder sein Entwurf beizufügen. [7]Die Eintragung des Übertragungsbeschlusses ist mit dem Vermerk zu versehen, dass er erst gleichzeitig mit der Eintragung der Verschmelzung im Register des Sitzes der übernehmenden Aktiengesellschaft wirksam wird. [8]Im Übrigen bleiben die §§ 327a bis 327f des Aktiengesetzes unberührt.

*) § 62 geändert durch Art. 1 des Gesetzes zur Umsetzung der Umwandlungsrichtlinie und zur Änderung weiterer Gesetze (UmRUG), v. 22.2.2023, BGBl. I 2023, Nr. 51; § 62 geändert durch Art. 1 des Dritten Gesetz zur Änderung des Umwandlungsgesetzes (3. UmwGÄndG), v. 11.7.2011, BGBl. I 2011, 1338; § 62 i. d. F. des UmwBerG geändert durch Art. 4 des Gesetzes zur Umsetzung der Aktionärsrechterichtlinie (ARUG), v. 30.7.2009, BGBl. I 2009, 2479.

Literatur: *Austmann*, Der verschmelzungsrechtliche Squeeze-out nach dem 3. UmwÄndG, NZG 2011, 684; *Beckmann/Hoffmannbeck*, Konzernverschmelzungen gem. § 62 UmwG: Mehr Rechtssicherheit jetzt, weitere Erleichterungen in Zukunft, NZG 2024, 1589; *Bungert/Wettich*, Der neue verschmelzungsspezifische Squeeze-out nach § 62 Abs. 5 UmwG n. F., DB 2011, 1500; *Bungert/Wettich*, Der verschmelzungsspezifische Squeeze-out: Neue Gestaltungsmöglichkeiten für die Praxis, DB 2010, 2545; *Göthel*, Der verschmelzungsrechtliche Squeeze out, ZIP 2011, 1541; *Habersack*, Umwandlung der AG ohne Mitwirkung der Hauptversammlung – Eine Studie zu § 62 UmwG, in: Festschrift für Norbert Horn, 2006, S. 337; *Heckschen*, Die Novelle des Umwandlungsgesetzes – Erleichterungen für Verschmelzungen und Squeeze-out, NJW 2011, 2390; *Henze*, Die „zweistufige" Konzernverschmelzung, AG 1993, 341; *Hofmeister*, Der verschmelzungsrechtliche Squeeze-out – Wichtige Aspekte und Besonderheiten der Verschmelzung, NZG 2012, 688; *Kiefner/Bügel*, Der umwandlungsrechtliche Squeeze-out, AG 2011, 525; *Mayer*, Praxisfragen des verschmelzungsrechtlichen Squeeze-out-Verfahrens, NZG 2012, 561; *Neye/Kraft*, Neuigkeiten beim Umwandlungsrecht, NZG 2011, 681; *Stephanblome*, Gestaltungsmöglichkeiten beim verschmelzungsrechtlichen Squeeze-out, AG 2012, 814; *Wagner*, Der Regierungsentwurf für ein Drittes Gesetz zur Änderung des Umwandlungsgesetzes, DStR 2010, 1629.

Übersicht

I. Überblick

§ 62 betrifft ausschließlich Konzernverschmelzungen einer Kapitalgesellschaft auf eine AG (zum Anwendungsbereich siehe noch Rz. 7 ff.). § 62 Abs. 1 bis Abs. 3 sehen ab einer Beteiligungshöhe von 90 % Erleichterungen für **Upstream-Konzernverschmelzungen** vor. So bedarf es abweichend von § 13 Abs. 1 keines Verschmelzungsbeschlusses der **übernehmenden AG,** sofern bestimmte Informationspflichten eingehalten werden (§ 62 Abs. 3) und nicht ein Minderheitsquorum von Aktionären die Einberufung einer Hauptversammlung verlangt (§ 62 Abs. 2). 1

§ 62 Abs. 4 erweitert diese Erleichterungen für die **Konzernverschmelzung auf einen Alleingesellschafter** und lässt – wiederum vorbehaltlich der Erfüllung bestimmter Informationspflichten – zusätzlich auch die Beschlussfassung der Anteilseigner des übertragenden Rechtsträgers entfallen. 2

§ 62 Abs. 5 ermöglicht bei Konzernverschmelzungen von AGs ab einer Beteiligungsschwelle von 90 % die Verbindung der Verschmelzung mit einem Übertragungsbeschluss zum Ausschluss der Minderheitsaktionäre (sog. **verschmelzungsrechtlicher Squeeze-out**). 3

Die Regelung des § 62 stellt eine Ausnahme zu anderen, teilweise weniger intensiven **Konzernierungsmaßnahmen** dar. So ermöglichen weder die Vorschriften über die Eingliederung noch über den Abschluss eines Unternehmensvertrags einen Verzicht auf die Beschlussfassung der Obergesellschaft.[1] Den Erleichterungen liegt die Überlegung zugrunde, dass die übernehmende AG **ohnehin zu mindestens 90 % wirtschaftlicher Eigentümer** der übertragenden Kapitalgesellschaft ist. Insoweit werden keine signifikanten Auswirkungen auf die Vermögens- und Risikolage der AG erwartet.[2] Auch kommt es, anders als in den sog. Holzmüller-Fällen[3], durch die Verschmelzung nicht zu einer Mediatisierung, sondern 4

1) Lutter-*Grunewald*, UmwG, § 62 Rz. 1.

2) *Wilsing/v. d. Linden* in: KölnKomm-UmwG, § 62 Rz. 1; Kallmeyer-*Oppenhoff*, UmwG, § 62 Rz. 3.

3) BGH, Urt. v. 25.2.1982 – II ZR 174/80, BGHZ 83, 122 = AG 1982, 158; BGH, Urt. v. 26.4.2004 – II ZR 155/02, BGHZ 159, 30 = NJW 2004, 1860.

im Gegenteil zu einer **Intensivierung der Beteiligung.**[4] § 62 gilt ferner nur für die Verschmelzung selbst, nicht aber für ggf. erforderliche weitere Beschlüsse wie eine Kapitalerhöhung bei Aufnahme neuer Aktionäre durch die Verschmelzung.[5]

5 Es sollte jedoch nicht außer Acht gelassen werden, dass außerhalb von Vertragskonzernen durch eine Verschmelzung die der Beteiligung an einer Kapitalgesellschaft immanente **Risikoabschirmung** durch die beschränkte (Eigen-)Haftung der Tochtergesellschaft **aufgebrochen wird.** Solange die Kapitalaufbringungs- und -erhaltungsvorgaben für die Tochtergesellschaft eingehalten werden, haftet die Muttergesellschaft nicht für Verbindlichkeiten der Tochter. Insofern besteht die Gefahr, dass die übernehmende AG durch die Verschmelzung Risiken der Tochter in die Gesellschaft aufnimmt.[6] Um diese Risiken abschätzen zu können, sind die Informationspflichten nach § 62 Abs. 3 unerlässlich. Den Aktionären ist bei der Bekanntmachung von Konzernverschmelzungen anzuraten, die Verhältnisse der zu übertragenden Tochtergesellschaft zu prüfen und ggf. ein Einberufungsverlangen nach § 62 Abs. 2 zu erwägen.

II. Entstehungsgeschichte des § 62

6 Erleichterungen für Konzernverschmelzungen mit aufnehmenden AGs waren schon in § 352b Abs. 5 AktG a. F., der von 1983 bis Ende 1994 geltenden Vorgängernorm des § 62,[7] vorgesehen. § 62 Abs. 1 bis 3 setzen die europarechtlichen Erleichterungen für Konzernverschmelzungen in Art. 111, 113 Gesellschaftsrechtsrichtlinie[8] um. § 62 Abs. 4 und 5 wurden sodann als Reaktion auf die Art. 112, 114 Satz 2 Gesellschaftsrechtsrichtlinie durch das UmwÄndG vom 11.7.2011 eingefügt. Das UmwRUG führte lediglich Satz 3 in Absatz 4 klarstellend ein und änderte die Anknüpfung zur Berechnung der Frist für die Erfüllung der Informationspflichten in § 62 Abs. 4 Satz 4.

III. Anwendungsbereich des § 62

7 Der übernehmende Rechtsträger muss gemäß Art. 8 Abs. 1 lit. c Ziff. ii SE-VO eine AG, eine SE oder eine KGaA sein.[9] Der verschmelzungsrechtliche Squeeze-out in § 62 Abs. 5 ist nur für Verschmelzungen, der übertragende Rechtsträger eine Kapitalgesellschaft unter einer Beteiligung von AGs, SEs oder KGaAs vorgesehen.

8 Für **grenzüberschreitende alleiniger Verschmelzungen** ergänzt der über § 305 Abs. 2 anwendbare § 62 den spezielleren § 312 Abs. 2. Bei der Hereinverschmelzung kann, soweit das ausländische Recht eine dem § 312 Abs. 2 bzw. § 62 Abs. 4 entsprechende Regelung vorsieht, die Beschlussfassung über den Verschmelzungsplan entfallen. § 62 findet auch auf eine deutsche übertragende Gesellschaft bei der Herausverschmelzung Anwendung, wenn der übernehmende Rechtsträger aus einem anderen EU- oder EWR-Staat vor

4) Kallmeyer-*Oppenhoff*, UmwG, § 62 Rz. 3; *Rose* in: HK-UmwG, § 62 Rz. 7; Semler/Stemgel/Leonard-*Diekmann*, UmwG, § 62 Rz. 5.

5) Kallmeyer-*Oppenhoff*, UmwG, § 62 Rz. 4.

6) Aus diesem Grund war § 62 bei der Einführung des UmwG nicht unumstritten. Der Gesetzgeber erweiterte aufgrund der Kritik nochmals die Informationspflichten des Abs. 3, vgl. zur Diskussion *Habersack* in: BeckOGK-UmwG, § 62 Rz. 4; Lutter-*Grunewald*, UmwG, § 62 Rz. 1.

7) Lutter-*Grunewald*, UmwG, § 62 Rz. 1; *Habersack* in: BeckOGK-UmwG, § 62 Rz. 4; *Wilsing/v. d. Linden* in: KölnKomm-UmwG, § 62 Rz. 2.

8) Richtlinie (EU) 2017/1132 des Europäischen Parlaments und des Rates v. 14.6.2017 über bestimmte Aspekte des Gesellschaftsrechts (Gesellschaftsrechtsrichtlinie), ABl. (EU) L 169/46 v. 30.6.2017.

9) Widmann/Mayer-*Rieger*, UmwR, § 62 UmwG Rz. 5; *Wilsing/v. d. Linden* in: KölnKomm-UmwG, § 62 Rz. 3; Semler/Stengel/Leonard-*Diekmann*, UmwG, § 62 Rz. 4; Die Beschränkung auf aufnehmende AGs wurde rechtspolitisch kritisiert, zumal eine vorlaufende Umwandlung nicht als missbräuchlich angesehen wird, vgl. zur Diskussion Lutter-*Grunewald*, UmwG, § 62 Rz. 1.

dem Übertragungsbeschluss eine Rechtsform aufweist, die der deutschen AG, SE oder KGaA entspricht.[10] Auch ein grenzüberschreitender verschmelzungsrechtlicher Squeeze-out nach § 62 Abs. 5 ist möglich.[11]

IV. Entbehrlichkeit des Verschmelzungsbeschlusses bei übernehmender AG (§ 62 Abs. 1)

§ 62 Abs. 1 Satz 1 erklärt den Beschluss der Anteilsinhaber einer übernehmenden AG für entbehrlich, wenn diese mindestens 90 % **des Grund- oder Stammkapitals** einer übertragenden Kapitalgesellschaft hält. § 62 Abs. 1 Satz 1 gilt auch für sog. zweistufige Konzernverschmelzungen und unter bestimmten Voraussetzungen auch für **Kettenverschmelzungen.** Sind die Voraussetzungen des § 62 Abs. 1 Satz 1 erfüllt, bedarf es keines Hauptversammlungsbeschlusses der übernehmenden AG. Die übrigen Verschmelzungserfordernisse bleiben hingegen unberührt. 9

1. Zulässige Rechtsformen und Mindestbeteiligung

§ 62 Abs. 1 setzt zweierlei voraus: 10

- Zum einen muss der übernehmende Rechtsträger zwingend in der Rechtsform der AG, KGaA oder SE und der übertragende Rechtsträger zwingend in der Rechtsform einer **Kapitalgesellschaft** i. S. des § 3 Abs. 1 Nr. 2 organisiert sein.
- Zum anderen muss die übernehmende Gesellschaft mindestens 90 % des Stamm- oder Grundkapitals der übertragenden Kapitalgesellschaft halten.

Zwischen den beiden beteiligten Rechtsträgern muss ein **unmittelbares Beteiligungsverhältnis** bestehen.[12] Eine Zurechnung von Anteilen über verbundene Unternehmen oder nahestehende Personen über § 16 Abs. 4 AktG oder analog § 327a Abs. 2 AktG findet nicht statt.[13] Ebenso kommt es allein auf das **Eigentum** an den Anteilen am Grund- bzw. Stammkapital, nicht auf die Kontrolle der damit verbundenen Stimmrechte an.[14] Insoweit zählen auch stimmrechtslose Geschäftsanteile oder Vorzugsaktien zur Beteiligung.[15] 11

Rein schuldrechtliche Erwerbspositionen wie ein aufschiebend bedingter Erwerb, Optionen oder Wandelungsrechte werden bei der Beteiligungsquote nicht berücksichtigt.[16] Umgekehrt ist es unschädlich, wenn die übernehmende Muttergesellschaft die von ihr gehaltenen Anteile an der Tochtergesellschaft vor dem Verschmelzungsbeschluss aufschiebend bedingt übertragen oder Call-Optionen oder Wandlungsrechte auf die Anteile der Tochtergesellschaft ausgegeben hat. 12

Für die **Berechnung der Beteiligungsquote** ist grundsätzlich auf das im Handelsregister eingetragene Stamm- oder Grundkapital abzustellen. Von der Tochtergesellschaft gehaltene eigene Anteile oder von Dritten für Rechnung der Tochtergesellschaft gehaltene Anteile sind entsprechend § 16 Abs. 2 Satz 2, 3 AktG, § 320 Abs. 1 Satz 2 AktG und § 327a Abs. 2 AktG abzuziehen.[17] Aktien aus einer durchgeführten bedingten Kapitaler- 13

10) *Klett* in: BeckOKG-UmwG, § 312 Rz. 37, noch für die Vorgängerregelung der §§ 122a ff. Semler/Stengel/Leonard-*Drinhausen*, UmwG, § 122g Rz. 15 f.

11) *Wilsing/v. d. Linden* in: KölnKomm-UmwG, § 62 Rz. 34; *Klett* in: BeckOKG-UmwG, § 305 Rz. 37.

12) Widmann/Mayer-*Rieger*, UmwR, § 62 UmwG Rz. 11.

13) Lutter-*Grunewald*, UmwG, § 62 Rz. 5; Kallmeyer-*Oppenhoff*, UmwG, § 62 Rz. 11.

14) S. zu Stimmrechtszurechnungen etwa § 34 WpHG, § 30 WpÜG.

15) Vgl. Lutter-*Grunewald*, UmwG, § 62 Rz. 4; Widmann/Mayer-*Rieger*, UmwR, § 62 UmwG Rz. 13, 14.

16) *Habersack* in: BeckOGK-UmwG, § 62 Rz. 7.

17) *Habersack* in: BeckOGK-UmwG, § 62 Rz. 7; Henssler/Strohn-*Junker*, GesR, § 62 UmwG Rz. 4.

höhung (§ 200 AktG), die noch nicht in das Handelsregister eingetragen sind (§ 201 AktG), sind der eingetragenen Kapitalziffer hinzuzurechnen.[18)]

14 Umstritten ist, **zu welchem Zeitpunkt** die Beteiligungsverhältnisse vorliegen müssen. Einigkeit besteht darüber, dass es nicht auf die Informationsfristen des § 62 Abs. 3 Satz 1 ankommen kann. Teilweise wird auf den Zeitpunkt des Verschmelzungsbeschlusses beim übertragenden Rechtsträger abgestellt.[19)] Überzeugender ist es, auf die **Anmeldung der Verschmelzung** zum Handelsregister abzustellen, dann aber auch die Aufrechterhaltung der Beteiligungsquote bis zur Eintragung der Verschmelzung zu verlangen.[20)] Abgesehen davon, dass das Abstellen auf den Verschmelzungsbeschluss im Fall des § 62 Abs. 4 nicht sinnvoll ist, weil es dort gar keiner Beschlussfassung der beteiligten Rechtsträger mehr bedarf, ersetzt die Kapitalbeteiligung dogmatisch das Wirksamkeitserfordernis der Beschlussfassung über den Verschmelzungsvertrag nach § 13. Nicht die Beschlussfassung, sondern der wirksam gefasste Verschmelzungsvertrag ist für die zur Eintragung zu bringende Verschmelzung zentral (vgl. § 16 Abs. 1 und Abs. 2). Damit wird aber auch ein mangels Beschlussfassung des übernehmenden Rechtsträgers schwebend unwirksamer Verschmelzungsvertrag wirksam, wenn die Beteiligungsquote erst kurz vor der Eintragung erfüllt wird. Dies bedeutet zugleich, dass Nacherwerbe bis zur Anmeldung der Verschmelzung zulässig sind.[21)] Umgekehrt führt der Erwerb eigener Anteile durch den übertragenden Rechtsträger vor der Anmeldung der Verschmelzung ebenfalls zu einer Verschiebung der Beteiligungsquote.[22)]

2. Zweistufige Konzernverschmelzung und Verschmelzungsketten

15 § 62 Abs. 1 steht auch für sog. zweistufige Konzernverschmelzungen zur Verfügung. Bei diesem Konzept erhöht die übernehmende AG zunächst durch eine vorgeschaltete Transaktion ihre Beteiligungsquote auf die für § 62 Abs. 1 erforderlichen 90 %.[23)] Je nach Ausgestaltung, etwa durch Ausnutzung eines bezugsrechtsfreien genehmigten Kapitals bei der Tochtergesellschaft, kann dann auch die Gesamttransaktion bis zur Verschmelzung auf der zweiten Stufe beschlussfrei durchgeführt werden.

16 Die Befreiung nach § 62 Abs. 1 steht grundsätzlich auch für **Verschmelzungsketten** zur Verfügung, bei denen in unmittelbarem Zusammenhang mehrere übertragende Rechtsträger gleichzeitig oder unmittelbar nacheinander auf eine übertragende AG verschmolzen werden.[24)] Voraussetzung ist jedoch, dass für jeden Verschmelzungsschritt i. R. der Gesamtverschmelzung die Voraussetzungen des § 62 Abs. 1, also eine unmittelbare Beteiligung von 90 % an einer Tochterkapitalgesellschaft, erfüllt sind.[25)]

---

18) *Wilsing/v. d. Linden* in: KölnKomm-UmwG, § 62 Rz. 6.

19) Vgl. LG Mannheim, Urt. v. 26.3.1990 – 24 O 124/88, ZIP 1990, 992, 994 f. = LSK 1991, 020076; Lutter-*Grunewald*, UmwG, § 62 Rz. 8; Schmitt/Hörtnagl-*Missio*, UmwG/UmwStG, § 62 UmwG Rz. 7.

20) So auch *Habersack* in: BeckOGK-UmwG, § 62 Rz. 11; Widmann/Mayer-*Rieger*, UmwR, § 62 UmwG Rz. 24; *Wilsing/v. d. Linden* in: KölnKomm-UmwG, § 62 Rz. 7; *Henze*, AG 1993, 341, 344; *Bungert*, NZG 2000, 167, 168 (Urteilsanm.).

21) *Habersack* in: FS Horn, S. 337, 346 ff.; *Wilsing/v. d. Linden* in: KölnKomm-UmwG, § 62 Rz. 7.

22) *Wilsing/v. d. Linden* in: KölnKomm-UmwG, § 62 Rz. 7; Kallmeyer-*Oppenhoff*, UmwG, § 62 Rz. 11; Lutter-*Grunewald*, UmwG, § 62 Rz. 5.

23) *Habersack* in: BeckOGK-UmwG, § 62 Rz. 9; Semler/Stengel/Leonard-*Diekmann*, UmwG, § 62 Rz. 14; vgl. auch *Henze*, AG 1993, 341, 341 ff.

24) *Wilsing/v. d. Linden* in: KölnKomm-UmwG, § 62 Rz. 8; Lutter-*Grunewald*, UmwG, § 62 Rz. 10; *Habersack* in: BeckOGK-UmwG, § 62 Rz. 14.

25) *Habersack* in: BeckOGK-UmwG, § 62 Rz. 14; *Wilsing/v. d. Linden* in: KölnKomm-UmwG, § 62 Rz. 8; Semler/Stengel/Leonard-*Diekmann*, UmwG, § 62 Rz. 13.

Sollen alle Verschmelzungen gleichzeitig wirksam werden oder hängen Umwandlungsschritte voneinander ab, ohne dass für einzelne Schritte die Befreiung nach § 62 Abs. 1 in Anspruch genommen werden kann, ist dies bei der Transaktionsplanung zu berücksichtigen. Bei einer solchen **Gesamtverschmelzung**, bei der das Gesamtkonzept von der Wirksamkeit der Verschmelzungsvorgänge abhängt, sind die erforderlichen Umwandlungsvorgänge in einem einzigen Hauptversammlungsbeschluss zu fassen. Dieser Hauptversammlungsbeschluss umfasst dann auch die nach § 62 Abs. 1 eigentlich zustimmungsfreien Verschmelzungsvorgänge.[26] Handelt es sich umgekehrt um **mehrere Einzelverschmelzungen**, bei denen es auf den gemeinsamen Zeitpunkt des Wirksamwerdens nicht ankommt oder die nicht aufeinander aufbauen, so kann die übernehmende AG die Befreiung nach § 62 Abs. 1 für jede Verschmelzung gesondert in Anspruch nehmen.[27] 17

3. Rechtsfolge: Kein Verschmelzungsbeschluss

Sind die Voraussetzungen des § 62 Abs. 1 erfüllt, und liegt kein Einberufungsverlangen von Minderheitsaktionären nach § 62 Abs. 2 vor (siehe sogleich Rz. 21), so wird der Verschmelzungsvertrag auch ohne einen Beschluss der Hauptversammlung der übernehmenden AG **wirksam.**[28] Die Befreiung nach § 62 Abs. 1 lässt die **weiteren Verschmelzungsvoraussetzungen** unberührt. So ist – vorbehaltlich der Befreiung nach § 8 Abs. 3 bei der Konzernverschmelzung nach § 62 Abs. 1 grundsätzlich ein Verschmelzungsbericht (§ 8) nebst -prüfung (§ 9) und Prüfbericht (§ 12) erforderlich.[29] 18

Im Rahmen der Transaktionsgestaltung ist auch zu prüfen, ob die Verschmelzung aus **anderen Gründen eines Hauptversammlungsbeschlusses bedarf.** Dies gilt in erster Linie für eine mit der Verschmelzung verbundene Kapitalerhöhung beim übernehmenden Rechtsträger, soweit die Kapitalerhöhung nicht aus einem bestehenden genehmigten Kapital durchgeführt werden kann. Zu denken ist auch an eine etwaige Änderung des satzungsmäßigen Unternehmensgegenstands[30] durch die Verschmelzung. Eine Mediatisierung der Aktionärsrechte i. S. der Holzmüller/Gelatine-Rechtsprechung wird hingegen regelmäßig nicht in Betracht kommen.[31] 19

Ein Übertragungsbeschluss ist auch **auf Ebene der übertragenden Kapitalgesellschaft** erforderlich, sofern nicht über § 62 Abs. 1 hinaus eine qualifizierte Konzernverschmelzung nach Absatz 4 Satz 1 oder 2 vorliegt. 20

V. Einberufungsverlangen von Minderheitsaktionären (§ 62 Abs. 2)

§ 62 Abs. 2 ist das aktionärsschützende Korrektiv zur Befreiung des § 62 Abs. 1[32] und steht in unmittelbarem Zusammenhang mit den Informationspflichten des § 62 Abs. 3, die eine Information der Aktionäre der übernehmenden AG und eine Beurteilung der Chancen und Risiken der Verschmelzung durch diese erst ermöglichen. 21

---

26) *Wilsing/v. d. Linden* in: KölnKomm-UmwG, § 62 Rz. 8; Widmann/Mayer-*Rieger*, UmwR, § 62 UmwG Rz. 15 f.; Semler/Stengel/Leonard-*Diekmann*, UmwG, § 62 Rz. 13.

27) *Wilsing/v. d. Linden* in: KölnKomm-UmwG, § 62 Rz. 8; *Habersack* in: BeckOGK-UmwG, § 62 Rz. 14; Lutter-*Grunewald*, UmwG, § 62 Rz. 10.

28) Lutter-*Grunewald*, UmwG, § 62 Rz. 3; *Wilsing/v. d. Linden* in: KölnKomm-UmwG, § 62 Rz. 9.

29) *Habersack* in: BeckOGK-UmwG, § 62 Rz. 15; Semler/Stengel/Leonard-*Diekmann*, UmwG, § 62 Rz. 4.

30) Semler/Stengel/Leonard-*Diekmann*, UmwG, § 62 Rz. 6; *Habersack* in: BeckOGK-UmwG, § 62 Rz. 16; *Wilsing/v. d. Linden* in: KölnKomm-UmwG, § 62 Rz. 9.

31) *Habersack* in: BeckOGK-UmwG, § 62 Rz. 16; *Wilsing/v. d. Linden* in: KölnKomm-UmwG, § 62 Rz. 9.

32) Ähnl. *Beckmann/Hoffmannbeck*, NZG 2024, 1589, 1592 – Abs. 2 stellt Kompetenzgefüge zwischen dem Vertretungsorgan Vorstand und der Hauptversammlung als Entscheidungsgremium der Aktionäre wieder her.

22 § 62 Abs. 2 sieht vor, dass eine qualifizierte **Aktionärsminderheit** von 5 % des Grundkapitals der übernehmenden Gesellschaft die Erleichterungen des Absatz 1 entfallen lassen kann. Anders als bei der Einberufungsbefugnis nach § 122 AktG wird die Zuständigkeit der Hauptversammlung erst durch das Einberufungsverlangen nach § 62 Abs. 2 begründet.[33] Mit dem wirksamen Einberufungsverlangen bedarf der Verschmelzungsvertrag, wie im Umwandlungsrecht grundsätzlich vorgesehen, der Zustimmung der Anteilsinhaber des übernehmenden Rechtsträgers nach §§ 13, 63 ff. Eine Eintragung der Verschmelzung ohne Hauptversammlungsbeschluss ist dann mangels wirksamen Vertrags nicht mehr möglich.[34] Der Vorstand ist allerdings nicht zur Einberufung verpflichtet, sondern kann – sofern kein Anweisungsbeschluss nach § 83 AktG vorliegt[35] – auch von der Verschmelzung absehen.

23 **§ 62 Abs. 2 ist abschließend.** Das Einberufungsverlangen kann zwar mit einem Einberufungsverlangen nach § 122 Abs. 1 AktG kombiniert werden,[36] es kann aber i. R. des § 62 insbesondere nicht durch § 122 Abs. 2 AktG mit dem ggf. niedrigeren Quorum eines anteiligen Betrags am Grundkapital von 500.000 € ersetzt werden.[37] Über § 122 AktG können die Aktionäre eine Verschmelzung ohnehin nicht initiieren, da zur Beschlussfassung zwingend ein Verschmelzungsvertrag oder sein Entwurf vorliegen muss. Insoweit können die Aktionäre eine Beschlussfassung über eine Verschmelzung nur durch einen Vorbereitungsbeschluss nach § 83 AktG erzwingen,[38] nicht aber über § 62 Abs. 2.

1. Quorum und Nachweis

24 § 62 Abs. 2 verlangt für das Einberufungsverlangen ein **Quorum von 5 % des Grundkapitals der übernehmenden Gesellschaft.** Die Satzung kann ein geringeres Quorum vorsehen, was in der Praxis der AG selten vorkommen wird. Die Festlegung eines höheren Quorums ist nicht zulässig.[39] Wie bei § 122 AktG kommt es nicht auf die Stimmrechte, sondern auf die Höhe der Beteiligung an.[40]

25 Die **Berechnung des Quorums** erfolgt grundsätzlich wie bei der Beteiligung in § 62 Abs. 1. Eine Zurechnung von Aktien ist auch hier nicht zulässig.[41] Die Bezugsgröße ist das eingetragene Grundkapital zzgl. einer etwaigen bereits ausgeübten, aber noch nicht eingetragenen Kapitalerhöhung aus bedingtem Kapital (siehe oben unter Rz. 35 ff.). Eigene Aktien der übernehmenden Gesellschaft werden nicht von der Bemessungsgrundlage abgezogen, da es auf die Beteiligung und nicht auf die Stimmrechte ankommt.[42]

26 Das Quorum muss **zum Zeitpunkt des Verlangens** erreicht und nachgewiesen sein. Anders als § 122 AktG verlangt § 62 Abs. 2 UmwG keine Vorbesitzzeit.[43] Die Aktien müssen aber bis zur Einberufung der Hauptversammlung oder bis zur Ermächtigung der

33) *Wilsing/v. d. Linden* in: KölnKomm-UmwG, § 62 Rz. 10.

34) Kallmeyer-*Oppenhoff*, UmwG, § 62 Rz. 21.

35) Zur Funktion der Anweisungsbeschlüsse vgl. *Spindler* in: MünchKomm-AktG, § 83 Rz. 1 ff.

36) Kallmeyer-*Oppenhoff*, UmwG, § 62 Rz. 21.

37) *Wilsing/v. d. Linden* in: KölnKomm-UmwG, § 62 Rz. 10.

38) Vgl. *Spindler* in: MünchKomm-AktG, § 83 Rz. 26 ff.

39) Semler/Stengel/Leonard-*Diekmann*, UmwG, § 62 Rz. 28; Lutter-*Grunewald*, UmwG, § 62 Rz. 23; *Habersack* in BeckOGK-UmwG, § 62 Rz. 19.

40) Vgl. auch Kallmeyer-*Oppenhoff*, UmwG, § 62 Rz. 22; Semler/Stengel/Leonard-*Diekmann*, UmwG, § 62 Rz. 27.

41) *Habersack* in: BeckOGK-UmwG, § 62 Rz. 18; *Wilsing/v. d. Linden* in: KölnKomm-UmwG, § 62 Rz. 11.

42) *Wilsing/v. d. Linden* in: KölnKomm-UmwG, § 62 Rz. 11.

43) Semler/Stengel/Leonard-*Diekmann*, UmwG, § 62 Rz. 27; *Habersack* in: BeckOGK-UmwG, § 62 Rz. 18.

Aktionäre zur Selbsteinberufung nach § 122 Abs. 3 AktG gehalten werden.[44] Der **Nachweis des Aktienbesitzes** erfolgt bei Inhaberaktien durch Vorlage der Aktienurkunden oder, in der Praxis üblicher, durch Vorlage einer Bescheinigung der Depotbank über den im Depot befindlichen Aktienbestand. Es empfiehlt sich, in die Depotbescheinigung einen Sperrvermerk oder eine Informationspflicht der Bank bei einem Unterschreiten des Quorums aufzunehmen.[45] Namensaktien werden durch die Eintragung im Aktionärsregister nachgewiesen.[46]

2. Adressat, Form und Frist des Verlangens

Das Einberufungsverlangen ist **an die übernehmende Gesellschaft**, vertreten durch den Vorstand, zu richten. Eine Zustellung an den Aufsichtsrat oder an eine Zweigniederlassung oder Außenstelle der Gesellschaft genügt nicht.[47] Zur Absicherung dürfte es sich für die übernehmende Gesellschaft empfehlen, in dem Hinweis nach § 62 Abs. 3 Satz 3 UmwG entsprechend § 123 Abs. 2 AktG eine Adresse für die Einreichung von Einberufungsverlangen anzugeben. 27

Anders als § 122 AktG sieht § 62 Abs. 2 UmwG weder eine bestimmte Form noch eine Begründungspflicht vor. Rein formal ist daher auch ein mündliches Einberufungsverlangen zulässig. Aus Gründen der Dokumentation sollten die Aktionäre jedoch auf die **Schrift- oder Textform** zurückgreifen.[48] 28

Ebenso **fehlt in § 62 Abs. 2 eine Frist** für die Einreichung des Einberufungsverlangens. Es besteht jedoch Einigkeit darüber, dass das Verlangen nur bis zur Anmeldung der Verschmelzung zur Eintragung in das Handelsregister gestellt werden kann.[49] Grundsätzlich steht den Aktionären der übernehmenden Gesellschaft unter Berücksichtigung der Bekanntmachungsfristen von § 62 Abs. 3 mindestens ein Monat für das Einberufungsverlangen zur Verfügung,[50] da der Vorstand erst nach der Beschlussfassung auf Ebene des übertragenden Rechtsträgers die Verschmelzung zur Eintragung anmelden kann. Ab dem Eingang der vollständigen Anmeldeunterlagen einschließlich der Negativerklärung des Vorstands nach § 62 Abs. 3 Satz 5 überwiegt das Interesse der Gesellschaft an der Eintragung,[51] zumal die übernehmende AG auf die Dauer des Zeitraums zwischen Anmeldung und Eintragung nur geringen Einfluss hat. Die Gesellschaft kann und sollte eine Frist für das Einberufungsverlangen angeben, die jedoch nicht hinter der **Monatsfrist** des § 62 Abs. 3 Satz 1 zurückbleiben sollte.[52] 29

44) *Habersack* in: BeckOGK-UmwG, § 62 Rz. 18; *Wilsing/v. d. Linden* in: KölnKomm-UmwG, § 62 Rz. 11; Semler/Stengel/Leonard-*Diekmann*, UmwG, § 62 Rz. 27; a. A. Widmann/Mayer-*Rieger*, UmwR, § 62 UmwG Rz. 29.2 – zum Zeitpunkt des Minderheitsverlangens.

45) Im Sperrvermerk erklärt die Depotbank entweder, für eine bestimmte Zeit keine Verfügung über die Aktien zuzulassen oder die AG bei einer Verfügung, die zu einem Unterschreiten des Quorums führt, zu informieren.

46) Vgl. § 67 AktG, dazu *Bayer* in: MünchKomm-AktG, § 67 Rz. 23.

47) So ausdrücklich *Habersack* in: BeckOGK-UmwG, § 62 Rz. 20; Lutter-*Grunewald*, UmwG, § 62 Rz. 20; vgl. zum parallelen Streit im Aktienrecht zur Einberufung der Hauptversammlung nur *Koch*, AktG, § 122 Rz. 10.

48) Kallmeyer-*Oppenhoff*, UmwG, § 62 Rz. 30; Semler/Stengel/Leonard-*Diekmann*, UmwG, § 62 Rz. 30.

49) *Habersack* in: BeckOGK-UmwG, § 62 Rz. 21.

50) *Habersack* in: BeckOGK-UmwG, § 62 Rz. 21; Widmann/Mayer-*Rieger*, UmwR, § 62 UmwG Rz. 29.1; Henssler/Strohn-*Junker*, GesR, § 62 UmwG Rz. 8.

51) *Wilsing/v. d. Linden* in: KölnKomm-UmwG, § 62 Rz. 15; Kallmeyer-*Oppenhoff*, UmwG, § 62 Rz. 26.

52) *Habersack* in: BeckOGK-UmwG, § 62 Rz. 21; *Wilsing/v. d. Linden* in: KölnKomm-UmwG, § 62 Rz. 15; Kallmeyer-*Oppenhoff*, UmwG, § 62 Rz. 26.

3. Gerichtliche Ermächtigung und Selbstvornahme

30 § 62 Abs. 2 sieht keine Selbstermächtigung der Aktionäre zur Einberufung einer Hauptversammlung vor. Kommt der Vorstand dem Einberufungsbegehren nicht nach, können sich die Aktionäre **analog § 122 Abs. 3 AktG** zur Einberufung ermächtigen lassen.[53)] Das Gericht prüft lediglich formell, ob das Einberufungsverlangen fristgerecht, d. h. vor Anmeldung der Verschmelzung mit dem erforderlichen Quorum gestellt wurde. Eine inhaltliche Prüfung durch das Gericht findet nicht statt. Für die Bekanntmachung und Umsetzung der Ermächtigung kann auf § 122 AktG verwiesen werden.[54)] Gleiches gilt für den Freistellungsanspruch der Aktionäre für die Kosten der Hauptversammlung sowie des Ermächtigungsverfahrens entsprechend § 122 Abs. 3 AktG.[55)]

31 Entscheidet sich die übernehmende Gesellschaft nach Eingang des Einberufungsverlangens, von **der Verschmelzung abzusehen**, entfällt das Rechtsschutzbedürfnis der verlangenden Aktionäre.[56)] Zur Vermeidung von Kosten und Verfahrensaufwand empfiehlt es sich für die Gesellschaft, ein Absehen von der Konzernverschmelzung nach Zugang eines Einberufungsverlangens entsprechend § 62 Abs. 3 Satz 2 bekannt zu machen.

4. Rücknahme des Einberufungsverlangens

32 Das Einberufungsverlangen kann von den verlangenden Aktionären **jederzeit formlos zurückgenommen werden.**[57)] Nimmt nur ein Teil der Aktionäre das Verlangen zurück, kommt es darauf an, ob der verbleibende Teil das 5 %-Quorum noch erfüllt. Die Rücknahme ist ebenfalls gegenüber der übernehmenden AG, vertreten durch den Vorstand, zu erklären.[58)] Sie ist unwiderruflich.

33 Mit der Rücknahme des Verlangens tritt die Befreiungswirkung des § 62 Abs. 1 wieder ein. Eine bereits einberufene Hauptversammlung wird entbehrlich und kann vom Vorstand bis zum Zeitpunkt der Eröffnung der Hauptversammlung durch den Versammlungsleiter abgesagt werden.

34 Die Rücknahme ist nach h. M. **bekannt zu machen.**[59)] Dies überzeugt nur, wenn die übernehmende Gesellschaft das Einberufungsverlangen selbst bekannt gemacht hat.[60)] Die Befreiungswirkung des § 62 Abs. 1 tritt daher mit der Rücknahme des Verlangens ein. Der Vorstand kann insoweit unmittelbar mit dem Vollzug der Verschmelzung durch Anmeldung zum Handelsregister fortfahren.

VI. Informations- und Bekanntmachungspflichten (§ 62 Abs. 3)

35 Die Informations- und Bekanntmachungspflichten des § 62 Abs. 3 ermöglichen es den Aktionären der übernehmenden Gesellschaft erst, ihr Recht auf Einberufung einer Hauptversammlung auszuüben. § 62 Abs. 3 geht dabei im Ausgangspunkt von einer Verschmel-

---

53) *Wilsing/v. d. Linden* in: KölnKomm-UmwG, § 62 Rz. 16; *Habersack* in: BeckOGK-UmwG, § 62 Rz. 23; Hennsler/Strohn-*Junker*, GesR, § 62 UmwG Rz. 8; Schmitt/Hörtnagl-*Missio*, UmwG/UmwStG, § 62 UmwG Rz. 9.

54) *Kubis* in: MünchKomm-AktG, § 122 Rz. 80 ff.

55) *Wilsing/v. d. Linden* in: KölnKomm-UmwG, § 62 Rz. 18.

56) Widmann/Mayer-*Rieger*, UmwR, § 62 UmwG Rz. 32.1; Lutter-*Grunewald*, UmwG, § 62 Rz. 22; Semler/Stengel/Leonard-*Diekmann*, UmwG, § 62 Rz. 35.

57) Widmann/Mayer-*Rieger*, UmwR, § 62 UmwG Rz. 30.1; *Wilsing/v. d. Linden* in: KölnKomm-UmwG, § 62 Rz. 19; Kallmeyer-*Oppenhoff*, UmwG, § 62 Rz. 25.

58) *Habersack* in: BeckOGK-UmwG, § 62 Rz. 22; Kallmeyer-*Oppenhoff*, UmwG, § 62 Rz. 25.

59) *Habersack* in: BeckOGK-UmwG, § 62 Rz. 22; Kallmeyer-*Oppenhoff*, UmwG, § 62 Rz. 25; Lutter-*Grunewald*, UmwG, § 62 Rz. 21.

60) Krit. zur h. M. auch *Wilsing/v. d. Linden* in: KölnKomm-UmwG, § 62 Rz. 19.

zung ohne Beschluss der Hauptversammlung der übernehmenden Gesellschaft nach § 62 Abs. 1 aus.[61] Damit wäre grundsätzlich auch keine Information der Aktionäre erforderlich. Zum Schutz der Aktionäre schreibt § 62 Abs. 3 jedoch ein **Informationsniveau** für die Aktionäre der übernehmenden Gesellschaft vor, das den §§ 61, 63 nachgebildet ist und an die Zeitpunkt der Gesellschafterversammlung der übertragenden Gesellschaft anknüpft.[62] Zusammengefasst sieht § 62 Abs. 3 die folgenden Informationen und Bekanntmachungen vor:

- **Satz 1:** Auslage der in § 63 Abs. 1 genannten Unterlagen in den Geschäftsräumen der **übernehmenden AG** einen Monat vor der geplanten Beschlussfassung bei der übertragenden Gesellschaft
- **Satz 2–5:** Hinweisbekanntmachung zur Verschmelzung in den Gesellschaftsblättern und Einreichung des Verschmelzungsvertrages beim Register **der übernehmenden Gesellschaft** sowie Sicherstellung der Informationspflichten durch Nachweis und Erklärung bei der Anmeldung zum Handelsregister
- **Satz 6 und 7:** Kostenlose Erteilung von **Abschriften und elektronischen Kopien** der Unterlagen für die Aktionäre
- **Satz 8:** Erweiterung der Sätze 1 bis 6 auf **die Offenlegung im Internet.**

Hat die übernehmende AG einen Hauptaktionär, der mehr als 95 % der Stimmen hält, 36
können die Minderheitsaktionäre das von § 62 Abs. 2 vorausgesetzte Quorum nicht erreichen. Zu einer Hauptversammlung der übernehmenden AG dürfte es daher nur im Ausnahmefall kommen, wenn der Hauptaktionär selbst die Beschlussfassung der Hauptversammlung für erforderlich hält. Für diese Konstellation wird vertreten, dass der Vorstand der übernehmenden Gesellschaft den **Informations- und Bekanntmachungspflichten** nicht nachkommen muss, wenn der **Hauptaktionär darauf verzichtet.**[63] Gegen diese Auffassung spricht nicht nur der deutliche Wortlaut des § 62 Abs. 3 sowie der §§ 8 Abs. 3, 9 Abs. 2 und 12 Abs. 2.[64] Sie übersieht auch, dass mit der Änderung des § 15 durch das **UmRUG** vom 28.2.2023 nunmehr auch die Aktionäre des übernehmenden Rechtsträgers berechtigt sind, eine bare Zuzahlung bei einem unangemessenen Umtauschverhältnis zu verlangen (siehe § 15 Rz. 5 [*Hoefling*]). Für die Prüfung und Durchsetzung eines Anspruchs auf Verbesserung des Umtauschverhältnisses sind die Minderheitsaktionäre aber gerade vor dem Hintergrund der Dominanz eines Hauptaktionärs zwingend auf die Informationen und Bekanntmachungen der übernehmenden Gesellschaft angewiesen.

1. Auslage von Unterlagen (§ 62 Abs. 3 Satz 1)

Nach § 62 Abs. 3 Satz 1 sind die in § 63 Abs. 1 bezeichneten Unterlagen in den Geschäfts- 37
räumen der übernehmenden Gesellschaft auszulegen (siehe § 63 Rz. 10 ff. [*Nolden*]). Auszulegen sind demnach:

- der Verschmelzungsvertrag oder sein Entwurf (§ 63 Abs. 1 Nr. 1);
- die Jahresabschlüsse und Lageberichte für die letzten drei Geschäftsjahre (§ 63 Abs. 1 Nr. 2);
- eine Zwischenbilanz, soweit erforderlich (§ 63 Abs. 1 Nr. 3);

61) *Wilsing/v. d. Linden* in: KölnKomm-UmwG, § 62 Rz. 20; *Rose* in: HK-UmwG, § 62 Rz. 13.

62) *Wilsing/v. d. Linden* in: KölnKomm-UmwG, § 62 Rz. 20.

63) *Beckmann/Hoffmannbeck*, NZG 2024, 1589, 1593.

64) *Beckmann/Hoffmannbeck*, NZG 2024, 1589, 1593, empfehlen daher, die Verschmelzhung ohne Einhaltung der Informationspflichten vorab mit dem Registergericht abzustimmen.

– Verschmelzungsberichte (§ 63 Abs. 1 Nr. 4);
– Prüfungsberichte (§ 63 Abs. 1 Nr. 5).

38 Die Auslage hat in den **Geschäftsräumen der übernehmenden Gesellschaft** zu erfolgen,[65] für die Auslegung in den Geschäftsräumen der übertragenden Gesellschaft gelten die §§ 49, 63. Die Geschäftsräume i. S. des § 62 Abs. 3 Satz 1 befinden sich am satzungsmäßigen Sitz der Gesellschaft (siehe § 63 Rz. 5 ff. [*Nolden*]). Hinsichtlich der Art und Weise der Auslegung, etwa der örtlichen und zeitlichen Zugänglichkeit oder der Möglichkeit der Erstellung von Kopien, kann auf die für die ordentliche Hauptversammlung der AG entwickelten Grundsätze verwiesen werden.[66] Die **Internetpublizität** nach § 62 Abs. 3 Satz 8 ersetzt die Auslagepflicht. Ein Aktionär, der Einsicht nehmen will, kann auf die Internetveröffentlichung verwiesen werden.

39 Die Auslage hat während **eines vollen Monats** vor der Haupt- oder Gesellschafterversammlung der übertragenden Gesellschaft zu erfolgen.[67] Ist etwa die Gesellschafterversammlung der Tochtergesellschaft für den 1.8. terminiert, so ist spätestens am 30.6. auszulegen. Die Monatsfrist berechnet sich rückwärts, so dass zwischen den Stichtagen ein voller Monat liegen muss. Eine Vorverlegung auf den vorlaufenden Freitag ist bei einem Auslagebeginn am Samstag oder Sonntag nicht erforderlich, da wie in § 121 Abs. 7 Satz 2 AktG keine Willenserklärung abgegeben wird. Die Auslagepflicht endet, wenn das Einberufungsverlangen nicht mehr gestellt werden kann.[68]

2. Hinweisbekanntmachung und Einreichungen zum Handelsregister (§ 62 Abs. 3 Satz 2 bis 4)

40 Gleichzeitig mit der Auslage der Unterlagen nach § 62 Abs. 3 Satz 1 hat der Vorstand der übernehmenden Gesellschaft einen **Hinweis auf die Verschmelzung im Bundesanzeiger**[69] der übernehmenden Gesellschaft bekannt zu machen. Eine Verbindung mit anderen Bekanntmachungen ist zulässig.[70] In der Bekanntmachung sind die Aktionäre auf ihr Recht hinzuweisen, die Einberufung einer Hauptversammlung nach § 62 Abs. 2 zu verlangen. Der Vorstand der übernehmenden AG kann in der Bekanntmachung eine Frist für das Verlangen auf Einberufung setzen (siehe oben Rz. 29). Einen Hinweis auf die ausgelegten Unterlagen verlangt § 62 Abs. 3 in der Bekanntmachung nicht.

41 Gleichzeitig hat der Vorstand der übernehmenden Gesellschaft den **Verschmelzungsvertrag oder seinen Entwurf** zum Register der übernehmenden AG **einzureichen**, das Gericht hat die Einreichung nach § 61 Satz 2 bekannt zu machen. Die Bekanntmachung kann unterbleiben, wenn alle Aktionäre zustimmen.[71]

42 Die Bekanntmachung nach § 62 Abs. 3 Satz 2 ist der **Anmeldung der Verschmelzung** nach § 16 beizufügen (zu den weiteren Anlagen der Anmeldung siehe § 17 Rz. 4 ff. [*Hoefling*]). Der Nachweis der Bekanntmachung erfolgt regelmäßig durch Einreichung eines Belegexemplars. § 62 Abs. 3 Satz 3 bestimmt darüber hinaus, dass der Vorstand der übernehmenden AG in Anlehnung an die Erklärung nach § 16 Abs. 2 (siehe § 16 Rz. 28 ff. [*Hoefling*]) mitzuteilen hat, dass kein Verlangen auf Einberufung einer Hauptversamm-

65) *Wilsing/v. d. Linden* in: KölnKomm-UmwG, § 62 Rz. 20; *Rose* in: HK-UmwG, § 62 Rz. 13.

66) Vgl. nur *Fischbach* in: Reichert, ArbHdb. Hauptversammlung, § 10 Rz. 42 ff.

67) Entsprechend § 121 Abs. 7 Satz 1, § 123 Abs. 1 Satz 2 AktG, vgl. § 63 Rz. 5 [*Nolden*].

68) So Lutter-*Grunewald*, UmwG, § 62 Rz. 11; Kallmeyer-*Oppenhoff*, UmwG, § 62 Rz. 15; zum letzten Zeitpunkt des Einberufungsverlagens vgl. *Habersack* in: BeckOGK-UmwG, § 62 Rz. 21.

69) Vgl. zu Gesellschaftsblättern der AG § 25 AktG.

70) Semler/Stengel/Leonard-*Diekmann*, UmwG, § 62 Rz. 22; *Rose* in: HK-UmwG, § 62 Rz. 17; Kallmeyer-*Oppenhoff*, UmwG, § 62 Rz. 16.

71) *Habersack* in: BeckOGK-UmwG, § 62 Rz. 28.

lung der übernehmenden AG gestellt worden ist. Solange der Vorstand der übernehmenden Gesellschaft die Bekanntmachung nicht nachweisen oder die Negativerklärung nach § 62 Abs. 3 Satz 4 nicht abgeben kann, besteht ein Eintragungshindernis.[72)]

3. Erteilung von Abschriften und Internetpublizität

Wie in § 63 Abs. 3 ist die übernehmende Gesellschaft verpflichtet, den Aktionären auf Verlangen **Abschriften** der ausgelegten Unterlagen zu erteilen. Eine Übermittlung im Wege der elektronischen Kommunikation ist zulässig, wenn der Aktionär zustimmt. § 62 Abs. 3 Satz 7 übernimmt i. Ü. die in § 63 Abs. 4 für den Fall der Hauptversammlung vorgesehene Ersetzung der Auslage und Übersendung der genannten Unterlagen, soweit diese auf der Internetseite der Gesellschaft zugänglich gemacht werden. Auch für die Internetpublizität gilt die **Monatsfrist** des § 62 Abs. 3 Satz 1. Zu den Einzelheiten kann auf die Kommentierung zu § 63 Abs. 3 und Abs. 4 (siehe § 63 Rz. 21 ff. [*Nolden*]) verwiesen werden. 43

VII. Entbehrlichkeit des Verschmelzungsbeschlusses bei übertragendem Rechtsträger (§ 62 Abs. 4)

Für den Sonderfall der **Einpersonen-Gesellschaft**, d. h. wenn sich das gesamte Grund- oder Stammkapital einer Kapitalgesellschaft in der Hand der übernehmenden AG befindet, ist nach § 62 Abs. 4 Satz 1 ein Verschmelzungsbeschluss auch für die übertragende Kapitalgesellschaft entbehrlich. Gleiches gilt, wenn ein **Übertragungsbeschluss** nach § 62 Abs. 5 Satz 1 bei einer übertragenden AG gefasst und mit einem Vermerk in das Handelsregister eingetragen worden ist. In beiden Fällen kann also eine Upstream-Verschmelzung ohne Verschmelzungsbeschlüsse durchgeführt werden. 44

§ 62 Abs. 4 setzt Art. 112 Gesellschaftsrechtsrichtlinie um und vereinfacht das Verfahren bei der Verschmelzung von Einpersonen-Gesellschaften erheblich. So entfallen neben der Gesellschafterversammlung des übertragenden Rechtsträgers auch die Informationspflichten der §§ 47, 49, 61 und 63 Abs. 1 Nr. 1–3 für die übertragende Kapitalgesellschaft. Eine Beschlussfassung der Aktionäre der übernehmenden Gesellschaft ist nach § 62 Abs. 1 entbehrlich, soweit die Aktionäre nicht die Einberufung nach § 62 Abs. 2 verlangen.[73)] 45

1. Alleingesellschafterin

Für die Berechnung der Beteiligung gelten die für § 62 Abs. 1 dargelegten Grundsätze (siehe oben Rz. 11 ff.), insbesondere kommt es nur auf die direkte Beteiligung, nicht aber auf Zurechnungen an.[74)] § 62 Abs. 1 Satz 2 ist jedoch nicht anzuwenden, da es bei der Einpersonen-Gesellschaft nicht darauf ankommt, ob sie daneben noch eigene Anteile hält.[75)] Insoweit gibt es auch kein Einberufungsverlangen der Aktionäre der übertragenden Gesellschaft nach § 62 Abs. 2.[76)] Es ist wiederum auf das Kapital der übertragenden Gesellschaft abzustellen, nicht auf die Stimmrechte.[77)] Die Alleingesellschafterstellung muss spätestens im Zeitpunkt der Anmeldung der Verschmelzung zur Eintragung in das Handelsregister bestehen und bis zur Eintragung der Verschmelzung fortbestehen.[78)] 46

---

72) *Wilsing/v. d. Linden* in: KölnKomm-UmwG, § 62 Rz. 23; Widmann/Mayer-*Rieger*, UmwR, § 62 UmwG Rz. 50.

73) Begr. RegE 3. UmwGÄndG, BT-Drucks. 17/3122, S. 12; Kallmeyer-*Oppenhoff*, UmwG, § 62 Rz. 28; *Habersack* in: BeckOGK-UmwG, § 62 Rz. 34.

74) Widmann/Mayer-*Rieger*, UmwR, § 62 UmwG Rz. 60.

75) *Habersack* in: BeckOGK-UmwG, § 62 Rz. 33; Widmann/Mayer-*Rieger*, UmwR, § 62 UmwG Rz. 62.

76) Kallmeyer-*Oppenhoff*, UmwG, § 62 Rz. 29; *Göthel*, ZIP 2011, 1541, 1546; *Mayer*, NZG 2012, 561, 572.

77) Semler/Stengel/Leonard-*Diekmann*, UmwG, § 62 Rz. 32a; *Wilsing/v. d. Linden* in: KölnKomm, UmwG, § 62 Rz. 27; Widmann/Mayer-*Rieger*, UmwR, § 62 UmwG Rz. 61.

78) Widmann/Mayer-*Rieger*, UmwR, § 62 UmwG Rz. 63.

47 Für den Fall des **übernahmerechtlichen Squeeze-out** bedeutet dies, dass auf Ebene der übertragenden AG nur ein Übertragungsbeschluss und kein Verschmelzungsbeschluss gefasst werden muss. Mit der Eintragung des Übertragungsbeschlusses wird die übernehmende AG Alleingesellschafterin und kann damit gleichzeitig die Eintragung der Verschmelzung nachziehen.[79)] Nach § 62 Abs. 5 bedarf es jedoch auf beiden Ebenen einer AG, SE oder KGaA.

2. Informationspflichten der beteiligten Gesellschaften

48 Durch den Wegfall der Beschlussfassung machen die Informationspflichten der §§ 47, 49, 61 sowie § 63 Abs. 1 Nr. 1 bis 3 bei der übertragenden Kapitalgesellschaft keinen Sinn und entfallen daher.[80)] Gleiches gilt für die nach § 63 Abs. 4 und 5 grundsätzlich auszulegenden Verschmelzungs- und Prüfberichte, die nach § 8 Abs. 3 und § 12 Abs. 2 bei der Einpersonen-Gesellschaft entbehrlich sind.[81)] Insoweit bedurfte es in § 62 Abs. 4 keiner Klarstellung (zur parallelen Problematik in § 62 Abs. 5 siehe noch Rz. 72).

49 Die **Informationspflichten** zugunsten der Aktionäre der übernehmenden Gesellschaft nach § 62 Abs. 3 bleiben ebenso unberührt wie das **Einberufungsrecht** nach § 62 Abs. 2. Mangels Hauptversammlung ist bei der **Berechnung der Monatsfrist** für die Auslage und Bekanntmachung nach § 62 Abs. 4 Satz 4 auf den Tag der Eintragung der Verschmelzung in das Register des übernehmenden Rechtsträgers abzustellen.[82)] Zwischen der Bekanntgabe und Eintragung im Register des übernehmenden Rechtsträgers muss ein voller Monat liegen (vgl. §§ 121 Abs. 7, 123 Abs. 1 Satz 2 AktG). Da die Verschmelzung erst mit der Eintragung im Register des übernehmenden Rechtsträgers wirksam wird, kann die Eintragung im Register des übertragenden Rechtsträgers bereits vor Ablauf der Frist erfolgen.[83)] Eine **Voranmeldung der Verschmelzung** zum Register ist möglich, so dass das Registergericht bereits mit der Prüfung beginnen kann. Lediglich die Negativerklärung nach § 62 Abs. 3 Satz 5 ist erst nach Ablauf der Frist zulässig. Satz 5 stellt klar, dass diese Frist auch für die Übermittlung des Verschmelzungsvertrags an den Betriebsrat nach § 5 Abs. 3 gilt.

VIII. Verschmelzungsrechtlicher Squeeze-out (§ 62 Abs. 5)

1. Allgemeines und Verfassungskonformität

50 In § 62 Abs. 5 wird die Konzernverschmelzung mit einem aktienrechtlichen Squeeze-out verbunden.[84)] Die Kombination ermöglicht es einer übernehmenden AG, die **mindestens 90 % an einer AG** hält, die Minderheitsaktionäre im Zuge der Konzernverschmelzung gegen Abfindung auszuschließen. Der sog. **umwandlungsrechtliche Squeeze-out** unterliegt im Vergleich zum aktienrechtlichen Squeeze-out **Besonderheiten**: Die übernehmende Gesellschaft muss im Gegensatz zum Hauptaktionär i. S. des § 327a Abs. 1 AktG zwingend in der Rechtsform der **AG, KGaA oder SE** organisiert sein[85)] und die Aktien der Tochtergesellschaft **unmittelbar** halten. Der große Vorteil des umwandlungsrechtli-

---

79) *Habersack* in: BeckOGK-UmwG, § 62 Rz. 35.

80) Klarstellend eingeführt durch Art. 1 Nr. 17 UmRUG, vgl. Begr. RegE UmRUG, BT-Drucks. 20/3822, S. 73; *Habersack* in: BeckOGK-UmwG, § 62 Rz. 36.

81) *Wilsing/v. d. Linden* in: KölnKomm-UmwG, § 62 Rz. 29; Kallmeyer-*Oppenhoff*, UmwG, § 62 Rz. 30.

82) Neu geregelt durch das UmRUG; vgl. *Habersack* in: BeckOGK-UmwG, § 62 Rz. 38.

83) *Beckmann/Hoffmannbeck*, NZG 2024, 1589, 1591.

84) Vgl. zum aktienrechtlichen Squeeze-out der §§ 327a ff. AktG *Grundewald* in: MünchKomm-AktG, § 327a.

85) Semler/Stengel/Leonard-*Diekmann*, UmwG, § 62 Rz. 32e; *Wilsing/v. d. Linden* in: KölnKomm, UmwG, § 62 Rz. 34; Kallmeyer-*Oppenhoff*, UmwG, § 62 Rz. 36.

chen Squeeze-outs aus Sicht der übernehmenden Gesellschaft ist die im Vergleich zum aktienrechtlichen Squeeze-out um 5 % abgesenkte erforderliche Beteiligungshöhe von 90 % des Grundkapitals. Die Absenkung beruht auf der europäischen Vorgabe der Art. 113, 114 Satz 2 Gesellschaftsrechtsrichtlinie, von der der Gesetzgeber bei der Umsetzung nicht abweichen konnte.[86)]

Squeeze-out und Verschmelzung werden in § 62 Abs. 5 **zeitlich und inhaltlich eng verknüpft**, so dass der Übertragungsbeschluss nach § 62 Abs. 5 Satz 7 zeitgleich mit der Verschmelzung wirksam wird. Einer sachlichen Rechtfertigung bedarf der umwandlungsrechtliche Squeeze ebenso wenig wie der aktienrechtliche Squeeze-out.[87)] Die Aktionäre erhalten für den Verlust ihrer Beteiligung eine angemessene Barabfindung nach Maßgabe des § 327b AktG, die im Spruchverfahren überprüft werden kann. 51

Zusammenfassend lassen sich die Unterschiede zwischen dem aktienrechtlichen Squeeze-out als Grundmodell, dem umwandlungsrechtlichen Squeeze-out nach § 62 Abs. 5 und dem übernahmerechtlichen Squeeze-out nach einem vorangegangenen Übernahme- oder Pflichtangebot (§§ 39a, 39b WpÜG) wie folgt darstellen: 52

Tab. 1: Unterschiede zwischen aktienrechtlichem, dem umwandlungsrechtlichem nach § 62 Abs. 5 und übernahmerechtlichem Squeeze-out nach Übernahme- oder Pflichtangebot

	Aktienrechtlicher Squeeze-out	**Übernahmerechtlicher Squeeze-out**	**Umwandlungsrechtlicher Squeeze-out**
Schwelle	– 95 % des Grundkapitals z. Z. des Verlangens – Zurechnung nach § 16 Abs. 2, 4 AktG	– 95 % des Grundkapitals bei Antrag – Zurechnung nach § 16 Abs. 2, 4 AktG	– 90 % des Grundkapitals z. Z. der Beschlussfassung – Keine Zurechnung
Weitere Voraussetzungen	– Übertragungsverlangen des Hauptaktionärs	– Vorausgehendes Übernahme- oder Pflichtangebot nach dem WpÜG	– Hauptaktionär muss AG, KGaA oder SE sein
Beschlussfassung	– Squeeze-out Beschluss mit einfacher Mehrheit der HV	– Ausschluss der Minderheitsaktionäre durch gerichtliche Entscheidung	– Squeeze-out Beschluss innerhalb von drei Monaten nach Abschluss des Verschmelzungsvertrages
Opposition	– Anfechtungsklagen möglich	– Keine Anfechtungsklagen möglich	– Anfechtungsklagen möglich
Freigabeverfahren	– Registersperre kann durch Freigabeverfahren überwunden werden	– Nicht erforderlich	– Registersperre kann durch Freigabeverfahren überwunden werden

86) Vgl. zur Entwicklung des umwandlungsrechtlichen Squeeze-outs Widmann/Mayer-*Rieger*, UmwR, § 62 UmwG Rz. 85 f.

87) Kallmeyer-*Oppenhoff*, UmwG, § 62 Rz. 34; Lutter-*Grunewald*, UmwG, § 62 Rz. 49; *Heckschen*, NJW 2011, 2390, 2393.

	Aktienrechtlicher Squeeze-out	Übernahmerechtlicher Squeeze-out	Umwandlungsrechtlicher Squeeze-out
Barabfindung	– Ertragswert, bei Börsennotierung mind. gewichteter Drei-Monats-Kurs – Überprüfung im Spruchverfahren	– Gegenleistung der Übernahme- oder Pflichtangebots – Angemessenheitsvermutung, wenn vorangegangenes Angebot von mindestens 90 % der Adressaten angenommen wurde – aber: kein Spruchverfahren	– Ertragswert, bei Börsennotierung mind. gewichteter Drei-Monats-Kurs – Überprüfung im Spruchverfahren
Dauer	– ca. 7 Monate	– ca. 6 Monate	– ca. 7 Monate

53 Die vereinzelt geäußerten **verfassungsrechtlichen Bedenken** gegen den umwandlungsrechtlichen Squeeze-out[88] greifen nicht durch. Das **BVerfG** hat bereits im aktienrechtlichen Squeeze-out eine **zulässige Inhalts- und Schrankenbestimmung** des Eigentumsrechts der Minderheitsaktionäre nach Art. 14 Abs. 1 Satz 2 GG gesehen.[89] Das BVerfG hat eine Beteiligung von 5 % oder weniger an einer AG wegen der geringen Einflussmöglichkeiten auf die Unternehmensführung nicht als unternehmerische Beteiligung, sondern **als Kapitalbeteiligung qualifiziert**. Sofern die Vermögensinteressen der Aktionäre beim Ausschluss durch eine angemessene Abfindung berücksichtigt werden, begegnet der Squeeze-out keinen verfassungsrechtlichen Bedenken. Diese Erwägungen sind auf den umwandlungsrechtlichen Squeeze-out trotz der auf 90 % abgesenkten Schwelle übertragbar.[90] Darüber hinaus geht § 65 Abs. 5 auf eine unionsrechtliche Regelung zurück und ist schon daher der Beurteilung durch das GG entzogen.[91]

2. Zulässige Rechtsträger und erforderliche Beteiligung

54 Der umwandlungsrechtliche Squeeze-out ist aufgrund des Verweises in § 62 Abs. 5 Satz 1 auf Absatz 1 nur bei einem **Upstream-Merger zweier AG**, KGaAs oder SEs zulässig.[92] Diese bewusste Entscheidung des Gesetzgebers[93] schließt jedoch nicht aus, dass die Parteien vor der Durchführung des umwandlungsrechtlichen Squeeze-outs einen **Rechtsformwechsel** vornehmen[94] oder eine **Zwischenholding** in der Rechtsform der AG vorschalten.[95] Für den übertragenden Rechtsträger ist insoweit der Zeitpunkt des Übertragungsverlangens nach § 327a Abs. 1 AktG maßgeblich.[96] Für die übernehmende Gesell-

88) S. dazu auch *Bungert/Wettich*, DB 2010, 2545, 2548.

89) BVerfG, Beschl. v. 30.5.2007 – 1 BvR 390/04, BVerfGE 90, 22 = NJW 2007, 3268.

90) Begr. RegE 3. UmwGÄndG, BT-Drucks. 17/3122, S. 13; Lutter-*Grunewald*, UmwG, § 62 Rz. 31; *Wilsing/v. d. Linden* in: KölnKomm-UmwG, § 62 Rz. 33; *Stephanblome*, AG 2012, 814, 820; *Bungert/Wettich*, DB 2010, 2545, 2548.

91) *Wilsing/v. d. Linden* in: KölnKomm-UmwG, § 62 Rz. 33; *Austmann*, NZG 2011, 684, 688 f.

92) *Habersack* in: BeckOGK-UmwG, § 62 Rz. 43; Widmann/Mayer-*Rieger*, UmwR, § 62 UmwG Rz. 96.

93) Beschlussempfehlung und Bericht d. Ausschusses RA z. 3. UmwGÄndG, BT-Drucks. 17/5930, S. 1.

94) Kallmeyer-*Oppenhoff*, UmwG, § 62 Rz. 36.

95) Solche Gestaltungen stellen auch keinen Rechtsmissbrauch dar, s. Semler/Stengel/Leonard-*Diekmann*, UmwG, § 62 Rz. 32f; *Wagner*, DStR 2010, 1629, 1634; *Bungert/Wettich*, DB 2011, 1500, 1501; s. dazu auch noch Rz. 81 ff.

96) Widmann/Mayer-*Rieger*, UmwR, § 62 UmwG Rz. 97.

schaft ist hingegen nach h. M. der Zeitpunkt des Übertragungsverlangens maßgeblich. Das bedeutet, dass der Verschmelzungsvertrag noch in der ursprünglichen Rechtsform geschlossen werden kann.[97)]

Ein umwandlungsrechtlicher Squeeze-out ist auch bei einer **grenzüberschreitenden Hinausverschmelzung** möglich, sofern der aufnehmende Rechtsträger eine der AG vergleichbare Rechtsform aufweist oder vor dem Übertragungsbeschluss annimmt (vgl. § 305 Abs. 2 Satz 1).[98)] Bei einer **grenzüberschreitenden Hineinverschmelzung** ist fraglich, ob die §§ 327a ff. AktG auf die Auslands-AG anwendbar sind. Der Übertragungsbeschluss wird zwar gemeinsam mit der Verschmelzung wirksam, die Anforderungen an die Einleitung der Übertragung, etwa das Übertragungsverlangen oder die erforderliche Beteiligungsschwelle, bestimmen sich jedoch noch nach dem Recht der Auslandsgesellschaft.[99)] Aus Gründen der Transaktionssicherheit empfiehlt es sich, die ausländische AG zunächst grenzüberschreitend nach Deutschland zu verlegen und in einem zweiten Schritt einen verschmelzungsrechtlichen Squeeze-out durchzuführen. 55

Die übernehmende AG muss mindestens 90 % des Grundkapitals der übertragenden AG halten (sog. **Hauptaktionär**). Für die Berechnung der Beteiligungsschwelle kann auf die Hinweise zu Abs. 1 verwiesen werden (siehe Rz. 11 ff.). Im Gegensatz zu § 327a AktG ist ein **direktes Halten** der Aktien erforderlich. Eine Zurechnung über Konzernunternehmen gemäß § 16 AktG erfolgt nicht. Im Wege der echten Aktienleihe vom übernehmenden Rechtsträgers gehalten Aktien zählen als eigene Aktien, da eine Aktienleihe mit einer Übertragung des Eigentums an den geliehenen Aktien verbunden ist. 56

Strittig ist, ab welchem Zeitpunkt die Beteiligungsschwelle erfüllt sein muss. Der Bundesgerichtshof hat für § 327a AktG den Zeitpunkt des Übertragungsverlangens als maßgeblich festgelegt.[100)] In der Literatur wird teilweise der Gedanke herangezogen, der für § 62 Abs. 1 entwickelt wurde. Demnach ist für das Wirksamwerden der Konzernverschmelzung ausreichend, wenn die Beteiligungsschwelle zum Zeitpunkt der Beschlussfassung oder sogar erst bei Anmeldung der Verschmelzung erreicht wird.[101)] Die Auffassung vernachlässigt, dass gemäß § 62 Abs. 1 die Kapitalbeteiligung das Wirksamkeitserfordernis der Beschlussfassung für den Verschmelzungsvertrag nach § 13 ersetzt. 57

Für den übernahmerechtlichen Squeeze-out gemäß § 62 Abs. 5 ist zusätzlich ein **Übertragungsbeschluss** erforderlich. Dieser richtet sich, soweit Absatz 5 keine abweichende Regelung trifft, nach den §§ 327a ff. AktG (vgl. § 62 Abs. 5 Satz 8). Der Übertragungsbeschluss tritt neben die Verschmelzung. Das Wirksamwerden hat lediglich zur Folge, dass der Verschmelzungsbeschluss der übertragenden Kapitalgesellschaft nach § 62 Abs. 4 entfällt. Zwar ist der erste Schritt des übernahmerechtlichen Squeeze-outs nicht das Übertragungsbegehren, sondern der Abschluss des Verschmelzungsvertrages nach § 62 Abs. 5 Satz 1 und 2. Der Vertrag wird aber erst wirksam, wenn entweder die Hauptversammlung der übertragenden Gesellschaft zustimmt oder der Übertragungsbeschluss wirksam wird. Der Abschluss des Verschmelzungsvertrags löst insbesondere keine Pflicht zur Einberufung der Squeeze-out-Hauptversammlung aus, sondern bestimmt lediglich den Zeitraum, in dem die Hauptversammlung stattfinden kann. Die Übertragung wird insbesondere in Hinblick auf die vom Hauptaktionär zu zahlende Abfindung erst mit dem Übernahme- 58

97) Widmann/Mayer-*Rieger*, UmwR, § 62 UmwG Rz. 106.

98) *Habersack* in: BeckOGK-UmwG, § 62 Rz. 43; *Kiefner/Bügel*, AG 2011, 525, 532 f.; *Mayer*, NZG 2012, 561, 564.

99) *Kiefner/Bügel*, AG 2011, 525, 533 (Fn. 57).

100) BGH, Urt. v. 22.3.2011 – II ZR 229/09, BGHZ 189, 32 = NJW 2011, 976.

101) *Rose* in: HK-UmwG, § 62 Rz. 37; Semler/Stengel/Leonard-*Diekmann*, UmwG, § 62 Rz. 32f; Widmann/Mayer-*Rieger*, UmwR, § 62 UmwG Rz. 118; *Austmann*, NZG 2011, 684, 689.

verlangen konkretisiert. Die Rechtsprechung des BGH zu § 327a AktG ist mithin auf den übernahmerechtlichen Squeeze-out übertragbar. Die notwendige Kapitalbeteiligung für die Qualifikation zum Hauptaktionär muss daher zum Zeitpunkt des Einberufungsverlangens gegeben sein.[102)]

3. Ausschlussverfahren

a) Übertragungsverlangen

59 Der übernahmerechtliche Squeeze-out wird wie der aktienrechtliche Squeeze-out durch ein **Übertragungsverlangen nach § 327a Abs. 1 AktG** formal eingeleitet.[103)] Zwar verweist die h. M. darauf, dass in § 62 Abs. 5 ein Übertragungsverlangen nicht erwähnt ist und sieht die Aufnahme der Übertragungsabsicht in den Verschmelzungsvertrag als Ersatz an.[104)] Wie bereits unter Rz. 58 dargelegt, ist das Wirksamwerden des Verschmelzungsvertrages jedoch gerade von der Durchführung des Squeeze-outs abhängig, der nach § 327a Abs. 1 durch das Übertragungsverlangen des Hauptaktionärs ausgelöst wird (vgl. den Verweis in § 62 Abs. 5 Satz 8). Das Übertragungsverlangen eines Hauptaktionärs konkretisiert die angebotene Abfindung[105)] und gibt dem Vorstand der übertragenden Gesellschaft Anlass und Rechtfertigung, die Hauptversammlung zur Beschlussfassung über den Squeeze-out einzuberufen.[106)] Das Übertragungsverlangen kann grundsätzlich auch konkludent erfolgen und bereits im Verschmelzungsvertrag im Text oder als Anlage explizit mit aufgenommen sein.[107)] Zur Dokumentation der Beteiligungsschwelle empfiehlt es sich, eine Depotbescheinigung als Anlage aufzunehmen.

b) Verschmelzungsvertrag

60 Der Verschmelzungsvertrag stellt die Verbindung zwischen Verschmelzung und Squeeze-out dar. Um frühzeitig die Minderheitsaktionäre beider beteiligten Gesellschaften zu informieren, muss der Vertrag. zwingend den **Hinweis** enthalten, dass im Zusammenhang mit der Verschmelzung ein **Ausschluss der Minderheitsaktionäre** erfolgen soll (§ 62 Abs. 5 Satz 2). Es empfiehlt sich, wie immer bei umwandlungsrechtlichen Verträgen und Plänen, **eng am Gesetz** zu formulieren.[108)] Die **Angaben zum Umtausch** von Anteilen, insbesondere zum Umtauschverhältnis, sind gemäß § 5 Abs. 2 nicht erforderlich.[109)] Angaben zum Ausschluss der Aktionäre oder zur Höhe der angemessenen Barabfindung nach § 327b AktG sind nicht notwendig[110)] und werden **erst durch das Übertragungsverlangen und den Hauptversammlungsbeschluss konkretisiert**. Die vom Hauptaktionär für die Übertragung der Aktien angebotene Barabfindung ersetzt auch ein mögliches Abfindungsangebot gemäß § 29.[111)]

---

102) Ebenso *Habersack* in: BeckOGK-UmwG, § 62 Rz. 44; *Wilsing/v. d. Linden* in: KölnKomm-UmwG, § 62 Rz. 35.

103) So auch *Habersack* in: BeckOGK-UmwG, § 62 Rz. 47.

104) Lutter-*Grunewald*, UmwG, § 62 Rz. 36; *Göthel*, ZIP 2011, 1541, 1545; Semler/Stengel/Leonard-*Diekmann*, UmwG, § 62 Rz. 32g.

105) Widmann/Mayer-*Rieger*, UmwR, § 62 UmwG Rz. 132; *Habersack* in: BeckOGK-UmwG, § 62 Rz. 47; *Mayer*, NZG 2012, 561, 567.

106) Widmann/Mayer-*Rieger*, UmwR, § 62 UmwG Rz. 132; *Mayer*, NZG 2012, 561, 567.

107) Kallmeyer-*Oppenhoff*, UmwG, § 62 Rz. 41.

108) *Wilsing/v. d. Linden* in: KölnKomm-UmwG, § 62 Rz. 38.

109) Lutter-*Grunewald*, UmwG, § 62 Rz. 38; Kallmeyer-*Oppenhoff*, UmwG, § 62 Rz. 38; *Habersack* in: BeckOGK-UmwG, § 62 Rz. 49; a. A. *Hofmeister*, NZG 2012, 688, 689.

110) *Mayer*, NZG 2012, 561, 565 f.

111) *Wilsing/v. d. Linden* in: KölnKomm-UmwG, § 62 Rz. 38; Lutter-*Grunewald*, UmwG, § 62 Rz. 39; *Habersack* in: BeckOGK-UmwG, § 62 Rz. 50.

In der Literatur wird zur Absicherung empfohlen, in den Verschmelzungsvertrag eine **aufschiebende Bedingung** aufzunehmen, dass die Verschmelzung erst mit dem Übertragungsbeschluss wirksam wird.[112] Das Absicherungspotential ist jedoch eher gering. Zwar wird durch das Zusammenspiel von § 62 Abs. 4 Satz 2 und Abs. 5 Satz 7 nur die Wirksamkeit des Übertragungsbeschlusses mit der Eintragung der Verschmelzung verknüpft. Ohne die Wirkung von § 62 Abs. 4 Satz 2 bedarf der Verschmelzungsvertrag aber in jedem Fall der **Zustimmung** der Hauptversammlung der übertragenden Gesellschaft (§ 13 Abs. 1). Insoweit empfiehlt es sich, klarstellend eine Auflösung für den Fall in den Vertrag mit aufzunehmen, dass innerhalb der **Drei-Monats-Frist** des § 62 Abs. 5 Satz 1 kein Übertragungsbeschluss gefasst wird. 61

c) Übertragungsbeschluss und Frist

Der Übertragungsbeschluss der übertragenden Gesellschaft muss **innerhalb von drei Monaten** nach Abschluss des Verschmelzungsvertrags gefasst werden. § 62 Abs. 5 Satz 1 verklammert damit Verschmelzung und Squeeze-out auch in Bezug auf den zeitlichen Ablauf. Die Frist **beginnt** mit der notariellen Beurkundung des Verschmelzungsvertrags (§ 6) und berechnet sich vorwärts blickend nach §§ 187 Abs. 1, 188 Abs. 2 Fall 1 BGB. 62

Die Frist ist insbesondere für börsennotierte übertragende Rechtsträger **knapp bemessen,** zumal spätestens mit der Einberufung der Hauptversammlung der Übertragungsbericht des Hauptaktionärs sowie der entsprechende Prüfungsbericht über die Angemessenheit der Barabfindung (§§ 327c Abs. 3 Nr. 1 bis 4) vorgelegt werden müssen. Der Abschluss des Verschmelzungsvertrags sollte daher in der Praxis erst erfolgen, wenn die für die Squeeze-out-Hauptversammlung **notwendigen Unterlagen vorliegen.** Dafür ist insbesondere für die erforderliche Bewertung der übertragenden Gesellschaft sowie die Prüfung der Bewertung einschließlich der erforderlichen gerichtlichen **Prüferbestellung** (§ 327c Abs. 2 Satz 3, 293c Abs. 1 AktG) ausreichend Zeit einzuplanen. Mit Ablauf der Frist ist der geschlossene Verschmelzungsvertrag hinfällig und muss, soweit die Parteien das Verschmelzungsvorhaben fortsetzen, neu abgeschlossen werden. 63

Der **Inhalt des Übertragungsbeschlusses** ergibt sich aus § 327a Abs. 1 Satz 1 AktG. Er lautet formal: 64

> „Die auf den Inhaber/Namen lautenden Stückaktien (Stammaktien) [sowie die Vorzugsaktien] der übrigen Aktionäre der [übertragenden Aktiengesellschaft] (Minderheitsaktionäre) werden gemäß § 62 Abs. 5 UmwG, § 327a ff. AktG gegen Gewährung einer von der [übernehmenden Aktiengesellschaft] (Hauptaktionärin) zu zahlenden angemessenen Barabfindung in Höhe von [Abfindungssumme] Euro je auf den Inhaber/Namen lautenden Stückaktie der [übertragenden Gesellschaft] auf die [übernehmende Gesellschaft] (Hauptaktionärin) übertragen."

Die **Barabfindung** muss konkret beziffert werden. Die Beschlussfassung über die Übertragung erfolgt vorbehaltlich abweichender Satzungserfordernisse mit **einfacher Mehrheit** der Stimmen (§ 133 Abs. 1 AktG). 65

d) Informationspflichten und Auslagepflichten

Die übertragende Gesellschaft ist verschiedenen Informations- und Auslagepflichten unterworfen, die sich nach § 62 Abs. 5 sowie §§ 327a ff. AktG richten. Für die Details zu den Informationspflichten gegenüber den Aktionären wird auf die entsprechende Kommentierung zu § 62 Abs. 3 bzw. zu Abs. 4 Satz 4 verwiesen (siehe Rz. 35 ff.). 66

---

112) *Austmann*, NZG 2011, 684, 687; *Bungert/Wettich*, DB 2011, 1500, 1502; *Mayer*, NZG 2012, 561, 567; *Habersack* in: BeckOGK-UmwG, § 62 Rz. 50; Kallmeyer-*Oppenhoff*, UmwG, § 62 Rz. 38.

67 Die **verschmelzungsrechtlichen Informationspflichten** umfassen:

- Auslage der in § 62 Abs. 5 Satz 3 i. V. m. Abs. 3 Satz 1 und § 63 Abs. 1 genannten Unterlagen, insbesondere des Verschmelzungsvertrages für die Zeit von einem Monat ab Beurkundung des Verschmelzungsvertrages zur Einsicht der Aktionäre der übertragenden Gesellschaft;
- Auslage der in § 62 Abs. 3 Satz 1 i. V. m. § 63 genannten Unterlagen für die Zeit von einem Monat ab Beurkundung des Verschmelzungsvertrags zur Einsicht der Aktionäre der übernehmenden Gesellschaft sowie ggf. deren Übersendung;
- Auslage des Verschmelzungsvertrags zur Einsicht der Aktionäre der übertragenden Gesellschaft nach Maßgabe des § 327c Abs. 3 AktG von der Einberufung der Hauptversammlung bis zum Ende der Hauptversammlung.

68 Ergänzend sind die **aktienrechtlichen Informationspflichten des § 327c AktG** zu berücksichtigen:

- Bekanntmachung von Firma und Sitz des Hauptaktionärs sowie der festgelegten Barabfindung in der Hauptversammlung (§ 327c AktG);
- Auslage des Entwurfs des Übertragungsbeschlusses, der Jahresabschlüsse und Lageberichte für die letzten drei Geschäftsjahre, der Übertragungsbericht des Hauptaktionärs sowie der darauf erstattete Prüfbericht des gerichtlich bestellten Übertragungsprüfers zur Angemessenheit der Barabfindung ab Einberufung der Hauptversammlung sowie die Übersendung an die Aktionäre auf Verlangen.

69 Die Informationen können mit befreiender Wirkung für die Auslage und Übersendung auch auf der **Internetseite** der übertragenden Gesellschaft bzw. der übernehmenden Gesellschaft (§ 62 Abs. 4 Satz 3) eingestellt werden (§ 62 Abs. 3 Satz 8 UmwG; § 327c Abs. 5 AktG).[113]

70 Trotz der unterschiedlichen zeitlichen Anknüpfungspunkte bei § 62 Abs. 5 UmwG und § 327c AktG wird es sich in der Praxis empfehlen, die relevanten Unterlagen sowohl für die Aktionäre der übertragenden als auch der übernehmenden Gesellschaft zeitgleich zur Verfügung zu stellen.

71 Gemäß § 62 Abs. 5 Satz 4 ist neben den Aktionären auch der **Betriebsrat** der übertragenden Gesellschaft über den Verschmelzungsvertrag oder den Entwurf zu informieren. Aufgrund der missglückten Formulierung von § 62 Abs. 5 Satz 4 muss die Information praktisch noch am Tag der Beurkundung des Verschmelzungsvertrags erfolgen.[114] Die aktienrechtlichen Informationsunterlagen nach § 327c AktG unterfallen nicht der Weiterleitungspflicht an den Betriebsrat. Dies ist sinnvoll, da sie nicht wie die geplante Verschmelzung betriebliche Angelegenheiten betreffen, sondern das Übertragungsangebot des Hauptaktionärs an die Minderheitsaktionäre.

e) Verschmelzungsbeschluss, Verschmelzungsbericht und Verschmelzungsprüfung

72 Bis zum Wirksamwerden des Übertragungsbeschlusses verbleiben die Minderheitsaktionäre in der übertragenden Gesellschaft. Im Rahmen des übernahmerechtlichen Squeezeouts erfolgt jedoch aufgrund von § 62 Abs. 4 Satz 2 eine Behandlung der übernehmenden AG als bereits alleinige Gesellschafterin. Daher ist weder ein Verschmelzungsbeschluss

113) So auch Lutter-*Grunewald*, UmwG, § 62 Rz. 41; Semler/Stengel/Leonard-*Diekmann*, UmwG, § 62 Rz. 32h; *Wilsing/v. d. Linden* in: KölnKomm-UmwG, § 62 Rz. 41.

114) Nach § 187 Abs. 1 BGB beginnt eine Frist mit Beginn des Tages, der dem Ereignis nachfolgt; vgl. auch *Wilsing/v. d. Linden* in: KölnKomm-UmwG, § 62 Rz. 40.

bei der übertragenden Gesellschaft erforderlich[115] noch ein Verschmelzungsbericht nebst Prüfung und Prüfungsbericht.[116] Letzteres ergibt sich nicht direkt aus §§ 8 Abs. 3, 12 Abs. 3, da diese Ausnahmeregelungen nur für Einpersonen-Gesellschaften gelten. Im Falle eines umwandlungsrechtlichen Squeeze-outs erfolgt jedoch **eine juristische Sekunde vor der Verschmelzung** der **Ausschluss der Minderheitsaktionäre**, so dass es **nicht zu einem Anteilstausch** kommt. Folglich können die Angaben zu den § 5 Abs. 1 Nr. 2 bis 5 sowie der Verschmelzungsbericht und die Verschmelzungsprüfung, die letztlich dem Schutz der Anteilsinhaber beim Anteilstausch dienen, entfallen (siehe schon oben Rz. 35 ff.).

Die Minderheitsaktionäre des übertragenden Rechtsträgers haben weder ein Recht auf 73 Einberufung einer Hauptversammlung nach § 122 Abs. 1 AktG zur Beschlussfassung über die Verschmelzung,[117] noch können Sie ein Einberufungsverlangen nach § 62 Abs. 2 stellen.[118] Die Minderheitsaktionäre sind jedoch nicht schutzlos, da in jedem Fall über die Übertragung abgestimmt wird und sie ihre Aktionärsrechte in der Hauptversammlung sowie im Nachgang i. R. von möglichen Anfechtungs- und Nichtigkeitsklagen geltend machen können.

f) Anmeldung und Eintragung des Übertragungsbeschlusses mit Vermerk

Der Vorstand der übertragenden Gesellschaft ist verpflichtet, den Übertragungsbeschluss 74 nach § 62 Abs. 5 Satz 6 UmwG i. V. m. § 327e Abs. 1 AktG beim Registergericht am Sitz der Gesellschaft zur Eintragung in das Handelsregister der übertragenden Gesellschaft anzumelden.[119] Der Anmeldung sind neben der **Niederschrift des Übertragungsbeschlusses**, dem **Übertragungsbericht** sowie dem **Prüfungsbericht** (§ 327e Abs. 1 AktG) auch der **Verschmelzungsvertrag**[120] (§ 62 Abs. 5 Satz 6) in Ausfertigung oder öffentlich beglaubigter Abschrift beizufügen. Das Registergericht kann so die Einhaltung der in § 62 Abs. 5 genannten Voraussetzungen, insbesondere die Beachtung der Drei-Monats-Frist überprüfen.[121]

Darüber hinaus ist gemäß § 62 Abs. 5 Satz 8 UmwG i. V. m. § 327e Abs. 2 i. V. m. § 319 75 Abs. 5 AktG vom Vorstand zu erklären, dass keine Klage gegen die Wirksamkeit des Übertragungsbeschlusses eingereicht wurde. Im Falle von Aktionärsklagen kann das Gericht auf Antrag der übertragenden Gesellschaft einen **Freigabebeschluss** nach § 327e Abs. 2, § 319 Abs. 6 AktG erlassen, um die Sperrwirkung aufzuheben.[122] Eine Erklärung gemäß § 16 Abs. 2 ist aufgrund des Wegfalls des Verschmelzungsbeschlusses nicht erforderlich. In diesem Zusammenhang ist zu beachten, dass das umwandlungsrechtliche Freigabeverfahren nach § 16 Abs. 3 beim verschmelzungsrechtlichen Squeeze-out keine Relevanz besitzt.

Der Übertragungsbeschluss ist nach § 62 Abs. 5 Satz 7 mit einem **Vermerk** zu versehen, 76 dass er gleichzeitig mit der Eintragung der Verschmelzung im Register des Sitzes der übernehmenden AG wirksam wird (an der Eintragung im Register des übernehmenden

---

115) *Wilsing/v. d. Linden* in: KölnKomm-UmwG, § 62 Rz. 42.

116) *Habersack* in: BeckOGK-UmwG, § 62 Rz. 55; *Wilsing/v. d. Linden* in: KölnKomm-UmwG, § 62 Rz. 42; Widmann/Mayer-*Rieger*, UmwR, § 62 UmwG Rz. 186; *Bungert/Wettich*, DB 2011, 1500, 1503; *Heckschen*, NJW 2011, 2390, 2392; *Mayer* NZG 2012, 561, 572 f.; a. A. *Neye/Kraft*, NZG 2011, 681, 683.

117) *Habersack* in: BeckOGK-UmwG, § 62 Rz. 54; *Wilsing/v. d. Linden* in: KölnKomm-UmwG, § 62 Rz. 42; *Hofmeister*, NZG 2012, 688, 691.

118) *Wilsing/v. d. Linden* in: KölnKomm-UmwG, § 62 Rz. 42; Lutter-*Grunewald*, UmwG, § 62 Rz. 42.

119) *Wilsing/v. d. Linden* in: KölnKomm-UmwG, § 62 Rz. 43; *Habersack* in: BeckOGK-UmwG, § 62 Rz. 56.

120) Entgegen § 62 Abs. 5 Satz 6 ist die Einreichung eines Entwurfs nicht möglich, da ansonsten die Frist des Satz 1 nicht ausgelöst wird.

121) *Habersack* in: BeckOGK-UmwG, § 62 Rz. 56; Kallmeyer-*Oppenhoff*, UmwG, § 62 Rz. 43; *Wagner*, DStR 2010, 1629, 1633; a. A. Semler/Stengel/Leonard-*Diekmann*, UmwG, § 62 Rz. 32j.

122) Zu den Voraussetzungen des aktienrechtlichen Freigabeverfahren vgl. *Grunewald* in: MünchKomm-AktG, § 327e Rz. 5 ff.

Rechtsträgers hängt nach § 20 die Wirksamkeit der Verschmelzung ab, siehe § 20 Rz. 5 f. [*Lubberich*]). Mit Hilfe dieses Vermerks, der bei allgemeinen Verschmelzungen (§ 19 Abs. 1 Satz 2) sowie Spaltungen (§ 130 Abs. 1 Satz 2) ebenso zur Koordination einer einheitlichen Wirksamkeit der Umwandlung bei verschiedenen Eintragungsvoraussetzungen Anwendung findet, wird ein isolierter Ausschluss der Minderheitsaktionäre ohne gleichzeitige Verschmelzung verhindert.

77 Für die **Eintragung der Verschmelzung** gilt §§ 16 ff. Die Anmeldungen erfolgen durch die jeweiligen Vorstände der beteiligten Gesellschaften bei den jeweils zuständigen Registergerichten. Nach § 19 Abs. 1 Satz 1 erfolgt die Eintragung der Verschmelzung im Register der übernehmenden Gesellschaft erst, wenn die Eintragung im Register der übernehmenden Gesellschaft mit Vermerk erfolgt ist. Die Eintragung des Übertragungsbeschlusses im Register der übertragenden Gesellschaft erfolgt dann auf Nachweis der Eintragung der Verschmelzung im Register der übernehmenden Gesellschaft. Eine automatische Übermittlung der Eintragung, wie sie in § 19 Abs. 2 Satz 1 vorgesehen ist, gibt es für den Übertragungsbeschluss nicht.

g) Subsidiäre Geltung der §§ 327a ff. AktG

78 Nach § 62 Abs. 5 Satz 8 bleiben die §§ 327a ff. AktG „im Übrigen" unberührt. Soweit also Absatz 5 keine gesonderte Regelung enthält, gelten die **Vorschriften zum aktienrechtlichen Squeeze-out** subsidiär. Zu berücksichtigen sind insoweit insbesondere:

- § 327a Abs. 1 Satz 1 AktG: Übertragungsverlangen[123)]
- § 327b Abs. 1 und 2 AktG: Festlegung und Verzinsung einer angemessenen Barabfindung
- § 327b Abs. 3 AktG: Bankgarantie für die Zahlung der Barabfindung
- § 327c, d AktG: Vorbereitung und Durchführung der Hauptversammlung
- § 327e AktG: Anmeldung und Eintragung des Übertragungsbeschlusses
- § 327f AktG: Gerichtliche Überprüfung der Barabfindung

79 Unberührt lässt § 62 Abs. 5 Satz 8 auch die grundsätzliche Anwendung des aktienrechtlichen Squeeze-outs[124)], bspw. für den Fall, dass die übernehmende Gesellschaft nicht in die Rechtsform der AG, SE oder KGaA geführt werden kann oder die maßgebliche Beteiligungsschwelle nur durch Zurechnung i. S. des § 16 möglich ist. In diesem Fall besteht für die beteiligten Gesellschaften zunächst die Möglichkeit, einen aktienrechtlichen Squeeze-out durchführen und nach dessen Eintragung eine **erleichterte Konzernverschmelzung** nach §§ 62 Abs. 1, 4 vorzunehmen.

4. Inhalts- und Missbrauchskontrolle

80 Der verschmelzungsrechtliche Squeeze-out unterliegt wie jeder Hauptversammlungsbeschluss grundsätzlich einer Inhalts- und Missbrauchskontrolle. Der Gesetzgeber hat den verschmelzungsrechtlichen Squeeze-out allerdings **bewusst als Instrument der Konzerngestaltung** vorgesehen.[125)] Wie der aktien- oder übernahmerechtliche Squeeze-out bedarf er keiner sachlichen Rechtfertigung.

123) *Wilsing/v. d. Linden* in: KölnKomm-UmwG, § 62 Rz. 36; a. A. Lutter-*Grunewald*, UmwG, § 62 Rz. 36; *Austmann*, NZG 2011, 684, 689; *Göthel*, ZIP 2011, 1541, 1545; *Kiefner/Brügel*, AG 2011, 525, 537; *Wagner*, DStR 2010, 1629, 1633.

124) *Wilsing/v. d. Linden* in: KölnKomm-UmwG, § 62 Rz. 45.

125) Begr. RegE 3. UmwGÄndG, BT-Drucks. 17/3122, S. 13.

81 Soweit im Einzelfall eine Inhalts- und Missbrauchskontrolle vorgenommen wird, sind die **verfassungsrechtliche Abwägungen des Gesetzgebers** in der Ausgestaltung von § 62 Abs. 5 als zulässige Inhalts- und Schrankenbestimmung des Eigentumsrechts der Minderheitsaktionäre sowie die europarechtlichen Wurzeln zu würdigen (siehe dazu oben Rz. 50). So ist es in Anbetracht der gesetzten und verfassungsrechtlich als unbedenklich eingestuften Beteiligungsschwelle weitgehend unerheblich, wie die 90 %-Beteiligung erreicht wird. Die 90 %-Schwelle kann von der übernehmenden Gesellschaft **auf unterschiedliche Weise erreicht werden**, bspw. durch Zeichnung neuer Aktien unter Ausschluss des Bezugsrechts,[126)] durch Aktienleihen Dritter oder Wertpapierdarlehen.[127)] Auch ein Zusammenwirken mehrerer Aktionäre durch eine zeitweise Poolgesellschaft mit nachfolgender Beteiligung auf Ebene der übernehmenden Gesellschaft dürfte daher per se ebenso nicht missbräuchlich sein. Dies gilt gleichermaßen für Maßnahmen zur Anpassung der Rechtsform beider Gesellschaften, bspw. vorher durchgeführte Umwandlungen oder Verschmelzungen.[128)] Auch die Verwendung einer Zwischenholding in der benötigten Rechtsform stößt nicht auf Bedenken, selbst wenn diese im Nachgang wieder aus der Konzernstruktur durch Verschmelzung oder Einbringung der Anteile aus der Holdingstruktur genommen wird.[129)]

82 Auch wenn die Kritik und Empörung der betroffenen Minderheitsaktionäre an einem umwandlungsrechtlichen Squeeze-out häufig lautstark ist, bleibt wenig Raum für die Annahme eines **missbräuchlichen Verhaltens.** In der Praxis können Fälle auftreten, in denen die Ausschließung ganz bewusst zu einer erheblichen wirtschaftlichen Benachteiligung der Minderheitsaktionäre führt.[130)] Zur weiteren Absicherung vor Missbrauchsvorwürfen gegenüber dem Vorstand der übertragenden Gesellschaft mag es sich in der Praxis empfehlen, mit zeitlichem Abstand vor einem geplanten übernahmerechtlichen Squeeze-out einen Anweisungsbeschluss nach § 83 AktG zu fassen und den Vorstand zur Vorbereitung des umwandlungsrechtlichen Squeeze-outs zu verpflichten.

IX. Anhang: Zeit- und Maßnahmenplan

Tab. 2: Zeit- und Maßnahmenplan zum umwandlungsrechtlichen Squeeze out[131)] 83

Zeitpunkt/ Zeitraum	Maßnahme Squeeze-out	Maßnahme Verschmelzung	Grundlage/ Bereich
HV-60	Übermittlung des Verlangens des Hauptaktionärs an den Vorstand der übertragenden Gesellschaft, die Hauptversammlung der übertragenden Gesellschaft über die Übertragung der Aktien der übrigen auf den Hauptaktionär abstimmen zu lassen		§ 327a Abs. 1 AktG

126) *Habersack* in: BeckOGK-UmwG, § 62 Rz. 63; *Wilsing/v. d. Linden* in: KölnKomm-UmwG, § 62 Rz. 46: Eine fehlende Rechtfertigung der Kapitalerhöhung berührt nur die Kapitalerhöhung selbst, nicht den nachfolgenden umwandlungsrechtlichen Squeeze-out.

127) *Habersack* in: BeckOGK-UmwG, § 62 Rz. 63; *Wilsing/v. d. Linden* in: KölnKomm-UmwG, § 62 Rz. 46; Lutter-*Grunewald*, UmwG, § 62 Rz. 51; *Bungert/Wettich*, DB 2010, 2545, 2550.

128) Kallmeyer-*Oppenhoff*, UmwG, § 62 Rz. 36.

129) Semler/Stengel/Leonard-*Diekmann*, UmwG, § 62 Rz. 32f; *Wagner*, DStR 2010, 1629, 1634; *Bungert/Wettich*, DB 2011, 1500, 1501.

130) In der Literatur wird als Bsp. genannt, dass die Aktionäre kurz vorher erst vom Hauptaktionär zu dem Investment in die AG veranlasst wurden (venire contra factum proprium), s. *Wilsing/v. d. Linden* in: KölnKomm-UmwG, § 62 Rz. 46; *Habersack* in: BeckOGK-UmwG, § 62 Rz. 63.

131) Beispielplan ausgehend von kürzesten gesetzlichen Fristen.

Zeitpunkt/ Zeitraum	Maßnahme Squeeze-out	Maßnahme Verschmelzung	Grundlage/ Bereich
HV-60	Ad-hoc-Mitteilung (bei börsennotierter AG)		Art. 17 MAR[132)]
HV-60	Antrag auf gerichtliche Bestellung des sachverständigen Prüfers		§ 327c Abs. 2 Satz 3 AktG
ab HV-60	Durchführung der Bewertung der übertragenden Gesellschaft		§ 327c Abs. 2 AktG
HV-55	Bestellung des sachverständigen Prüfers		§ 327c Abs. 2 Satz 3 AktG
HV-41	Vorstands- und Aufsichtsratssitzung der übertragenden Gesellschaft mit Beschlussfassung über die Tagesordnung der Hauptversammlung		§ 124 AktG
HV-40	Übermittlung der Einberufung an elektronischen Bundesanzeiger		§ 124 i. V. m. § 25 AktG
HV-38	Abschluss der Vorbereitungen, insb: – Abschluss der Prüfung und Unterzeichnung des Prüfberichts – Unterzeichnung des Berichts des Hauptaktionärs – Übermittlung der Bankgarantie zur Absicherung der Zahlungsverpflichtung über die Barabfindung nach § 327b Abs. 3 AktG		
HV-37	Bekanntmachung der Einberufung der ordentlichen Hauptversammlung der übertragenden Gesellschaft im elektronischen Bundesanzeiger		§ 123 AktG
HV-37	Auslage der Squeeze-out Dokumente in den Geschäftsräumen der übertragenden Gesellschaft: – Entwurf des Übertragungsbeschlusses; – Jahresabschlüsse und Lageberichte für die letzten drei Geschäftsjahre;		§ 327 c Abs. 3 AktG

132) Verordnung (EU) Nr. 596/2014 des Europäischen Parlaments und des Rates v. 16.4.2014 über Marktmissbrauch (Marktmissbrauchsverordnung) und zur Aufhebung der Richtlinie 2003/6/EG des Europäischen Parlaments und des Rates und der Richtlinien 2003/124/EG, 2003/125/EG und 2004/72/EG der Kommission (Marktmissbrauchsverordnung – MAR), ABl. (EU) L 173/1 v. 12.6.2014.

Zeitpunkt/ Zeitraum	Maßnahme Squeeze-out	Maßnahme Verschmelzung	Grundlage/ Bereich
	– Bericht des Hauptaktionärs über die Voraussetzungen für die Übertragung und die Angemessenheit der Barabfindung; – der Prüfungsbericht des Übertragungsprüfers. Kann nach § 327c Abs. 5 AktG durch Zugänglichmachen auf der Internetseite der Gesellschaft ersetzt werden		
HV-34		Abschluss Verschmelzungsvertrag Verschmelzungsvertrag oder Entwurf muss die Angabe enthalten, dass im Zusammenhang mit der Verschmelzung ein Ausschluss der Minderheitsaktionäre der übertragenden Gesellschaft erfolgen soll.	§ 62 Abs. 5 Satz 1
HV-34		Zuleitung des Hinweises auf die bevorstehende Verschmelzung zu den Gesellschaftsblättern der übernehmenden Gesellschaft	§ 62 Abs. 5 Satz 3 i. V. m. § 62 Abs. 3 Satz 1
HV-34		Einreichen des Verschmelzungsvertrages zum Register der übernehmenden Gesellschaft	§ 62 Abs. 5 Satz 3 i. V. m. § 62 Abs. 3 Satz 2
HV-34		Zuleitung des Verschmelzungsvertrages an die Betriebsräte der beteiligten Rechtsträger	§ 62 Abs. 5 Satz 4 i. V. m. § 5 Abs. 3
HV-32		Auslage Verschmelzungsvertrag oder Entwurf mit Angabe, dass ein Ausschluss der Minderheitsaktionäre folgen soll, Jahresabschlüsse und die Lageberichte der beteiligten Rechtsträger für die letzten drei GJ, ggf. Zwischenbilanz, in Geschäftsraum der übernehmenden Gesellschaft Kann nach § 62 Abs. 3 Satz 8 durch Zugänglichmachen auf der Internetseite der Gesellschaft ersetzt werden	§ 62 Abs. 5 Satz 3, 62 Abs. 2 Satz 1 i. V. m. § 63 Abs. 1 Satz 1
HV-32		Hinweisbekanntmachung über bevorstehende Verschmelzung in den Gesellschaftsblättern der übernehmenden Gesellschaft	§ 62 Abs. 5 Satz 3 i. V. m. § 62 Abs. 3 Satz 2

Zeitpunkt/ Zeitraum	Maßnahme Squeeze-out	Maßnahme Verschmelzung	Grundlage/ Bereich
HV-32		Bekanntmachung des Gerichts mit Hinweis auf Rechte der Aktionäre nach § 62 Abs. 2	§ 61 Satz 2
HV-14	Ablauf der Frist für die Einreichung von Gegenanträgen		§ 126 Abs. 1 AktG
HV-6	Ablauf der Anmeldefrist		§ 123 AktG
		(kein) Einberufungsverlangen von 5 % der Aktionäre der übernehmenden Gesellschaft	§ 62 Abs. 2
		Falls Einberufungsverlangen gestellt wird, entfällt die Befreiung nach § 62 Abs. 1 und die HV der übernehmenden Gesellschaft muss der Verschmelzung zustimmen	
HV	Beschlussfassung der Hauptversammlung der übertragenden AG nach § 327a Abs. 1 Satz 1 AktG mit einfacher Mehrheit Beschlussfassung bis zu 3 Monaten nach Abschluss des Verschmelzungsvertrages möglich		§ 62 Abs. 5 Satz 1 UmwG i. V. m § 327a Abs. 1 Satz 1 AktG
HV		Falls Minderheitsverlangen: Beschlussfassung der Hauptversammlung der übernehmenden AG nach § 65 mit einer Mehrheit von drei Viertel des bei Beschlussfassung vertretenen Grundkapitals Falls Einberufungsverlangen gestellt wird, verzögert sich der Zeitplan in Hinblick auf die Einberufungsvoraussetzungen und –fristen.	§ 65
HV+ 1 Monat	Anfechtungsfrist		§ 246 AktG
HV+ 4 Mo	ggf. Freigabeverfahren		§§ 327e, 319 Abs. 4, 246a AktG
HV+4 Mo	Anmeldung Übertragungsbeschluss mit Beifügung von Verschmelzungsvertrag in Ausfertigung oder öffentlich beglaubigter Abschrift (§ 62 Abs. 5 Satz 6)		§ 327e Abs. 1 AktG; § 62 Abs. 5 Satz 6 UmwG

Zeitpunkt/ Zeitraum	Maßnahme Squeeze-out	Maßnahme Verschmelzung	Grundlage/ Bereich
		Anmeldung der Verschmelzung mit Beifügung des Nachweises über Bekanntmachung nach § 62 Abs. 3 Satz 2 und Erklärung, ob Antrag nach § 62 Abs. 2 gestellt wurde (§ 62 Abs. 3 Satz 5)	§ 62 Abs. 3 Satz 4, § 16
HV+ 4 Mo	Eintragung Übertragungsbeschluss mit Vermerk, dass Übertragungsbeschluss erst gleichzeitig mit Eintragung der Verschmelzung wirksam wird		§ 62 Abs. 5 Satz 7
HV+4 Mo		Eintragung der Verschmelzung in das Reg der übertragenden Gesellschaft	§ 19
HV+4 Mo	Wirksamwerden Übertragungsbeschluss	Eintragung der Verschmelzung in das Reg der übernehmenden Gesellschaft	§ 62 Abs. 5 Satz 7
HV+4 Mo		Mitteilung Eintragung an RegG der übertragenden Gesellschaft	§ 20 Abs. 2

§ 63
Vorbereitung der Hauptversammlung[*)]

(1) Von der Einberufung der Hauptversammlung an, die gemäß § 13 Abs. 1 über die Zustimmung zum Verschmelzungsvertrag beschließen soll, spätestens aber ab einem Monat vor dem Tag der Hauptversammlung, sind in dem Geschäftsraum der Gesellschaft zur Einsicht der Aktionäre auszulegen

1. **der Verschmelzungsvertrag oder sein Entwurf;**
2. **die Jahresabschlüsse und die Lageberichte der an der Verschmelzung beteiligten Rechtsträger für die letzten drei Geschäftsjahre;**
3. **falls sich der letzte Jahresabschluß auf ein Geschäftsjahr bezieht, das mehr als sechs Monate vor dem Abschluß des Verschmelzungsvertrags oder der Aufstellung des Entwurfs abgelaufen ist, eine Bilanz auf einen Stichtag, der nicht vor dem ersten Tag des dritten Monats liegt, der dem Abschluß oder der Aufstellung vorausgeht (Zwischenbilanz);**
4. **die nach § 8 erstatteten Verschmelzungsberichte;**
5. **die nach § 60 in Verbindung mit § 12 erstatteten Prüfungsberichte.**

(2) [1]Die Zwischenbilanz (Absatz 1 Nr. 3) ist nach den Vorschriften aufzustellen, die auf die letzte Jahresbilanz des Rechtsträgers angewendet worden sind. [2]Eine körperliche Bestandsaufnahme ist nicht erforderlich. [3]Die Wertansätze der letzten Jahresbilanz dürfen übernommen werden. [4]Dabei sind jedoch Abschreibungen, Wertberichtigungen und Rückstellungen sowie wesentliche, aus den Büchern nicht ersichtliche Veränderungen der wirklichen Werte von Vermögensgegenständen bis zum Stichtag der Zwischenbilanz zu berücksichtigen. [5]§ 8 Absatz 3 Satz 1 und Satz 2 ist entsprechend

anzuwenden. [6]Die Zwischenbilanz muss auch dann nicht aufgestellt werden, wenn die Gesellschaft seit dem letzten Jahresabschluss einen Halbjahresfinanzbericht gemäß § 115 des Wertpapierhandelsgesetzes veröffentlicht hat. [7]Der Halbjahresfinanzbericht tritt zum Zwecke der Vorbereitung der Hauptversammlung an die Stelle der Zwischenbilanz.

(3) [1]Auf Verlangen ist jedem Aktionär unverzüglich und kostenlos eine Abschrift der in Absatz 1 bezeichneten Unterlagen zu erteilen. [2]Die Unterlagen können dem Aktionär mit dessen Einwilligung auf dem Wege elektronischer Kommunikation übermittelt werden.

(4) Die Verpflichtungen nach den Absätzen 1 und 3 entfallen, wenn die in Absatz 1 bezeichneten Unterlagen für denselben Zeitraum über die Internetseite der Gesellschaft zugänglich sind.

*) § 63 geändert durch Art. 1 des Gesetzes zur Umsetzung der Umwandlungsrichtlinie und zur Änderung weiterer Gesetze (UmRUG), v. 22.2.2023, BGBl. I 2023, Nr. 51; § 63 geändert durch Art. 24 des Zweiten Gesetzes zur Novellierung von Finanzmarktvorschriften auf Grund europäischer Rechtsakte (Zweites Finanzmarktnovellierungsgesetz – 2. FiMaNoG), v. 23.6.2017, BGBl. I 2017, 1693; § 63 geändert durch Art. 1 des Dritten Gesetzes zur Änderung des Umwandlungsgesetzes (3. UmwGÄndG), v. 11.7.2011, BGBl. I 2011, 1338; § 63 i. d. F. des UmwBerG geändert durch Art. 4 des Gesetzes zur Umsetzung der Aktionärsrechterichtlinie (ARUG), v. 30.7.2009, BGBl. I 2009, 2479.

Literatur: *Hoffman-Becking*, Das neue Verschmelzungsrecht in der Praxis, in: Festschrift für Hans-Joachim Fleck, 1988, S. 105; *Horn*, Änderungen bei der Vorbereitung und Durchführung der Hauptversammlung nach dem Referentenentwurf zum ARUG, ZIP 2008, 1558; *Kocher/Thomssen*, Auszulegende Jahresabschlüsse bei aktien- und umwandlungsrechtlichen Strukturmaßnahmen, DStR 2015, 1057; *Leitzen*, Die Änderungen des Umwandlungsgesetzes durch das Dritte Gesetz zur Änderung des Umwandlungsrechts, DNotZ 2011, 526; *Meul*, Die Veröffentlichung im Internet nach § 63 Abs. 4 UmwG, AG 2017, 259; *Vetter*, Auslegung der Jahresabschlüsse für das letzte Geschäftsjahr zur Vorbereitung von Strukturbeschlüssen der Gesellschafter, NZG 1999, 925; *Wagner*, Der Regierungsentwurf für ein Drittes Gesetz zur Änderung des Umwandlungsgesetzes, DStR 2010, 1629; *Wendt*, Die Auslegung des letzten Jahresabschlusses zur Vorbereitung der Hauptversammlung – Strukturmaßnahmen als „Saisongeschäft"?, DB 2003, 191.

Übersicht

I. Zweck/Überblick

1 § 63 tritt neben die allgemeinen aktienrechtlichen Einberufungsvorschriften der §§ 121 ff., 175 AktG. Ziel der Regelung ist es, den Aktionären die im Allgemeinen Teil (§§ 4–12) vorgesehenen Informationen umfassend zur Verfügung zu stellen, um ihnen eine fundierte Entscheidung in der Hauptversammlung zu ermöglichen.[1)] Anders als Gesellschafter der GmbH (§ 51a GmbHG) oder von Personengesellschaften (§ 717 BGB, § 166 HGB)

1) BGH, Urt. v. 23.2.2021 – II ZR 65/19, Rz. 24, BGHZ 229, 27 = NZG 2021, 782; *Habersack* in: BeckOGK-UmwG, § 63 Rz. 2; Schmitt/Hörtnagl-*Missio*, UmwG/UmwStG, § 63 UmwG Rz. 1; Widmann/Mayer-*Rieger*, UmwR, § 63 UmwG Rz. 1; Lutter-*Grunewald*, UmwG, § 63 Rz. 1.

haben Aktionäre nur ein sehr begrenztes Auskunftsrecht in der Hauptversammlung nach § 131 AktG.

Die Vorschrift stellt sicher, dass die für die Verschmelzung wesentlichen Unterlagen den Aktionären rechtzeitig vor der Hauptversammlung zur Einsichtnahme zugänglich gemacht werden. Dazu gehören der **Verschmelzungsvertrag** oder sein Entwurf, **Jahresabschlüsse, Lageberichte, Zwischenbilanzen** sowie **Verschmelzungs- und Prüfungsberichte**. Die Pflicht zur Erteilung von Abschriften der Unterlagen erscheint angesichts der modernen Informationsmittel, insbesondere der elektronischen Kommunikation (§ 63 Abs. 3 Satz 2) oder des Internets (§ 63 Abs. 4), anachronistisch. Praxisrelevant ist vielmehr die in § 63 Abs. 4 vorgesehene Möglichkeit, die Auslage und die Erteilung von Abschriften durch die Veröffentlichung der Unterlagen auf der **Internetseite der Gesellschaft** zu ersetzen. Die Vorschrift gilt entsprechend für die Spaltung (§ 125 Satz 1). 2

§ 63 regelt lediglich die Auslage- und Verbreitungspflichten der wesentlichen Verschmelzungsdokumentation. Für die Einberufung der Hauptversammlung sowie die weiteren aktienrechtlichen Aktionärsinformationen bei Gegenanträgen oder Tagesordnungserweiterungen ist auf die **aktienrechtlichen Vorgaben der §§ 121 ff. AktG** zurückzugreifen. Zu beachten sind insbesondere die teilweise strengeren Einberufungs- und Informationsvorschriften für börsennotierte AGs (§§ 121 Abs. 4a, 124a AktG). 3

Die Regelung gilt für AGs, SEs und KGaAs, die als übertragende oder übernehmende Rechtsträger an einer Verschmelzung durch Aufnahme oder durch Neugründung (§ 73) beteiligt sind. Die Offenlegungspflichten des § 63 gelten grundsätzlich auch für die **grenzüberschreitende Verschmelzung** unter Beteiligung von AGs (§ 305 Abs. 2), soweit die europarechtlich geprägten Regelungen der §§ 308 ff. keine anderen Fristen und Verbreitungswege vorsehen. Die Informationspflichten sind **entbehrlich** bei Vollversammlungen nach § 121 Abs. 6 AktG oder bei Verzicht der Aktionäre auf die Informationsrechte.[2] 4

II. Zeit und Ort und Form der Auslage

Die Unterlagen sind von der Einberufung der Hauptversammlung an, mindestens aber **einen Monat vor dem Tag der Hauptversammlung**, in den Geschäftsräumen der Gesellschaft am satzungsmäßigen Sitz der Gesellschaft (Art. 97 Gesellschaftsrechtsrichtlinie)[3] zur Einsicht der Aktionäre auszulegen (§ 63 Abs. 1). Die aktienrechtliche Frist des § 123 Abs. 1 AktG ist wegen der Anmeldefrist des § 123 Abs. 2 AktG regelmäßig länger als die Monatsfrist des § 61 Abs. 1. 5

Die Auslage hat während der üblichen Geschäftszeiten zu erfolgen. Weichen diese von den allgemein üblichen Geschäftszeiten ab, so ist hierauf in der Einberufung der Hauptversammlung hinzuweisen.[4] Die zu § 175 Abs. 2 AktG entwickelten Grundsätze sind übertragbar.[5] Die Auslagepflicht nach § 63 endet mit Beginn der Hauptversammlung, ab diesem Zeitpunkt greift § 64.[6] 6

2) *Habersack* in: BeckOGK-UmwG, § 63 Rz. 19; Lutter-*Grunewald*, UmwG, § 63 Rz. 2.

3) Richtlinie (EU) 2017/1132 des Europäischen Parlaments und des Rates vom 14. Juni 2017 über bestimmte Aspekte des Gesellschaftsrechts (Gesellschaftsrechtsrichtlinie), ABl. (EU) L 169/46 v. 30.6.2017.

4) *Habersack* in: BeckOGK-UmwG, § 63 Rz. 7; Widmann/Mayer-*Rieger*, UmwR, § 63 UmwG Rz. 27; Semler/Stengel/Leonard-*Diekmann*, UmwG, § 63 Rz. 8; Aktienrechtlich genügt die Auslage in den Geschäftsräumen des effektiven Verwaltungssitzes, vgl. BGH, Urt. v. 22.3.2011 – II ZR 229/09, Rz. 16, BGHZ 189, 32 = NZG 2011, 669.

5) Vgl. Kallmeyer-*Oppenhoff/Lanfermann*, UmwG, § 63 Rz. 2.

6) So auch Widmann/Mayer-*Rieger*, UmwR, § 63 UmwG Rz. 26; *Wilsing/v. d. Linden* in: KölnKomm-UmwG, § 63 Rz. 13; Lutter-*Grunewald*, UmwG, § 63 Rz. 3.

7 Aktionäre, die Einsicht nehmen wollen, können aufgefordert werden, sich vor der Einsichtnahme zu **legitimieren**, z. B. bei Inhaberaktien durch Vorlage einer Bankbescheinigung oder bei Namensaktien durch Eintragung im Aktienregister (§ 67 Abs. 2 Satz 1 AktG).[7)]

8 In der Praxis werden **Kopien oder Abschriften** der Originaldokumente ausgelegt. Es ist darauf zu achten, dass die Kopien mit dem Original vollständig übereinstimmen und auch die formalen Merkmale des Originals erkennbar wiedergeben.[8)] Dies gilt auch bei der Veröffentlichung auf der Internetseite der Gesellschaft gemäß § 63 Abs. 4. Zu den Kopien gehören neben den Unterschriftsseiten auch der Urkundenmantel und eventuelle Vollmachten.

9 **Verstöße** gegen die Auslage formbezogener Merkmale dürften jedoch regelmäßig nicht anfechtungsrelevant i. S. des § 124 Abs. 4 AktG sein, soweit der Informationsgehalt für einen Einsicht nehmenden Aktionär nicht verfälscht oder beeinträchtigt wird.[9)]

III. Auszulegende Unterlagen (§ 63 Abs. 1)

10 Auszulegen ist entweder der notariell beurkundete **Verschmelzungsvertrag** oder sein **Entwurf** (§ 63 Abs. 1 Nr. 1). Der Entwurf muss den wesentlichen Inhalt des später geschlossenen Vertrags enthalten. Die Vorlage dürfte sich aufgrund der erst später anfallenden Beurkundungskosten immer dann auf einen Entwurf beschränken, wenn die erforderliche Zustimmung der Hauptversammlung von den vorbereitenden Organen als nicht sicher bewertet wird. Änderungen der ausgelegten Unterlagen in der Hauptversammlung sind nur insoweit möglich, als sie redaktioneller oder nur unwesentlicher Natur sind (vgl. § 64) oder eine Vollversammlung über die Verschmelzung beschließt (§ 121 Abs. 6 AktG).

11 Wie beim Abschluss von Unternehmensverträgen oder einem Squeeze-out-Beschluss sind die festgestellten **Jahresabschlüsse** und **Lageberichte** der letzten drei Geschäftsjahre aller beteiligten Rechtsträger in deutscher Sprache[10)] auszulegen (§ 63 Abs. 1 Nr. 2).[11)] Dies gilt allerdings nur, soweit überhaupt entsprechende Jahresabschlüsse und Lageberichte nach den bilanzrechtlichen Vorschriften zu erstellen sind.[12)] Ist für das letzte Geschäftsjahr (noch) kein Jahresabschluss festgestellt, so wird dieses Jahr nicht mitgezählt. An die Stelle des Jahresabschlusses tritt dann die nach § 63 Abs. 1 Nr. 3 aufzustellende Zwischenbilanz.[13)] Eine Pflicht zur nachträglichen Einreichung des Jahresabschlusses besteht nicht.[14)] Konzernabschlüsse werden von § 63 nicht umfasst.[15)]

---

7) Kallmeyer-*Oppenhoff/Lanfermann*, UmwG, § 63 Rz. 2; *Wilsing/v. d. Linden* in: KölnKomm-UmwG, § 63 Rz. 13.

8) BGH, Urt. v. 23.2.2021 – II ZR 65/19, Rz. 21, BGHZ 229, 27 = NZG 2021, 782; *Habersack* in: BeckOGK-UmwG, § 63 Rz. 7; *Meul*, AG 2017, 259, 260 f.

9) BGH, Urt. v. 23.2.2021 – II ZR 65/19, Rz. 21, BGHZ 229, 27 = NZG 2021, 782; *Meul*, AG 2017, 259, 260 f.

10) OLG München, Urt. v. 19.11.2008 – 7 U 2405/08, AG 2009, 450, 453 = BB 2009, 1096; *Habersack* in: BeckOGK-UmwG, § 63 Rz. 10.

11) *Wilsing/v. d. Linden* in: KölnKomm-UmwG, § 63 Rz. 6; *Habersack* in: BeckOGK-UmwG, § 63 Rz. 10; Lutte-*Grunewald*, § 63 Rz. 5; Semler/Stengel/Leonard-*Diekmann*, UmwG, § 63 Rz. 11; *Wendt*, DB 2003, 191 ff.

12) *Kocher/Thomssen*, DStR 2015, 1057, 1058 f.

13) Lutter-*Grunewald*, UmwG, § 63 Rz. 5.

14) *Habersack* in: BeckOGK-UmwG, § 63 Rz. 11; *Wilsing/v. d. Linden* in: KölnKomm-UmwG, § 63 Rz. 6.

15) Zu §§ 293f, 327c AktG: BGH, Urt. v. 16.3.2009 – II ZR 302/06, BGHZ 180, 54 = NZG 2009, 585; *Habersack* in: BeckOGK-UmwG, § 63 Rz. 10; Lutter-*Grunewald*, UmwG, § 63 Rz. 5; *Wilsing/v. d. Linden* in: KölnKomm-UmwG, § 63 Rz. 6; Semmler/Stengel/Leonard-*Diekmann*, UmwG, § 63 Rz. 11.

Auch die Jahresabschlüsse **beteiligter ausländischer Rechtsträger** müssen bereitgestellt werden. Es genügt jedoch, wenn diese Jahresabschlüsse und Lageberichte mit dem Inhalt und in der Form zur Verfügung gestellt werden, wie sie nach der jeweiligen Rechtsordnung erstellt worden sind.[16] Ausländische Abschlüsse sind in deutscher Sprache auszulegen. Eine sorgfältig erstellte, einfache Übersetzung dürfte regelmäßig ausreichen, um dem Informationsbedürfnis der Aktionäre Genüge zu tun. 12

Darüber hinaus sind die nach § 8 erstatteten **Verschmelzungsberichte** und die nach §§ 60, 12 erstatteten **Prüfberichte** zentrale Dokumente, die auszulegen sind (§ 63 Abs. 1 Nr. 4 und Nr. 5). Sind die Berichte nach § 8 Abs. 3, § 9 Abs. 2 und § 12 Abs. 3 entbehrlich, entfällt naturgemäß auch die Notwendigkeit zur Auslage. 13

Die ausgelegten Unterlagen müssen nicht laufend im Hinblick auf Änderungen aktualisiert werden, die sich nach der Auslage ergeben. Dem Informationsinteresse der Aktionäre wird insoweit durch die **Erläuterungspflicht** des **Vorstands in der Hauptversammlung** gemäß § 64 Abs. 1 Satz 2 Rechnung getragen.[17] 14

IV. Zwischenbilanz (§ 63 Abs. 2)

Bezieht sich der letzte Jahresabschluss auf ein Geschäftsjahr, das **mehr als sechs Monate** vor dem Abschluss des Verschmelzungsvertrags oder der Aufstellung des Entwurfs endet (§ 63 Abs. 1 Nr. 3), so ist eine Zwischenbilanz erforderlich. Für die AG gilt insoweit ein strengerer Maßstab als die allgemeine Vorschrift des § 17 Abs. 2 Satz 4; der Stichtag der Zwischenbilanz darf nicht vor dem ersten Tag des dritten Monats liegen, der dem Abschluss oder der Aufstellung des Verschmelzungsvertrages vorausgeht. 15

Aufstellung bedeutet die Dokumentation der Einigung durch Unterzeichnung oder zumindest Paraphierung des Entwurfs durch die Leitungsorgane in einer Weise, die erkennen lässt, dass der Entwurf der Verschmelzung zugrunde gelegt werden soll.[18] Eine elektronische Unterzeichnung, etwa durch DocuSign oder anderen Systemen, ist ausreichend. **Abgeschlossen** ist ein Verschmelzungsvertrag gemäß § 6 erst durch notarielle Beurkundung. Für die Berechnung der Frist ist das ordentliche Geschäftsjahr der beteiligten Rechtsträger maßgeblich. Die Frist berechnet sich nach §§ 187 ff. BGB. Einer Zwischenbilanz bedarf es bei einem mit dem Kalenderjahr übereinstimmenden Geschäftsjahr nicht, wenn der Verschmelzungsvertrag oder sein Entwurf **spätestens bis zum 30. Juni des Jahres beurkundet oder aufgestellt** wird. In diesem Fall genügen die auf den 31. Dezember der drei vorangegangenen Jahre aufgestellten und festgestellten Jahresabschlüsse. Erfolgt der Abschluss oder die Aufstellung umgekehrt am 1. Juli oder später, ist zwingend eine Zwischenbilanz zwingend aufzustellen. 16

Die **inhaltlichen Anforderungen** an die Zwischenbilanz sind in § 63 Abs. 2 Satz 1 bis 4 näher bestimmt. Die Zwischenbilanz ist nach den für den letzten Jahresabschluss geltenden Vorschriften aufzustellen (§ 63 Abs. 2 Satz 1), um eine Vergleichbarkeit mit dem letzten Jahresabschluss zu ermöglichen. Soweit eine große AG i. S. des § 267 Abs. 3 HGB in den Vorjahren statt eines Einzelabschlusses nach HGB einen IFRS-Abschluss nach § 325 Abs. 2a HGB veröffentlicht hat, kann auch die Zwischenbilanz nach § 325 Abs. 2a HGB nach IFRS aufgestellt und veröffentlicht werden. Die damit erreichbare Vergleich- 17

16) *Kocher/Thomssen*, DStR 2015, 1057, 1061.

17) *Habersack* in: BeckOGK-UmwG, § 63 Rz. 6; Lutter-*Grunewald*, UmwG, § 63 Rz. 4; *Vetter*, NZG 1999, 925, 929.

18) *Habersack* in: BeckOGK-UmwG, § 63 Rz. 13; Kallmeyer-*Lanfermann*, UmwG, § 63 Rz. 6; Lutter-*Grunewald*, UmwG, § 63 Rz. 6.

barkeit dient dem Informationsinteresse der Aktionäre mehr als eine Beschränkung auf den HGB-Einzelabschluss.[19]

18 Haben sich die **Rechnungslegungsvorschriften** nach Aufstellung des letzten Jahresabschlusses **geändert**, so sind auf die Zwischenbilanz gleichwohl die für den letzten Jahresabschluss maßgeblichen Vorschriften anzuwenden.[20] Zur Vermeidung von Missverständnissen und kritischen Nachfragen empfiehlt es sich jedoch, die entsprechenden Positionen zu erläutern. Abschreibungen, Wertberichtigungen und Rückstellungen sowie wesentliche Wertveränderungen von Vermögensgegenständen sind zu berücksichtigen (§ 63 Abs. 2 Satz 4). Eine Inventur ist allerdings ebenso wenig erforderlich (§ 63 Abs. 2 Satz 2) wie ein Testat.[21]

19 Eine **Zwischenbilanz** ist **nicht notwendig**, wenn alle Anteilsinhaber durch notariell beurkundete Erklärung hierauf verzichtet haben (§ 63 Abs. 2 Satz 5 i. V. m. § 8 Abs. 3 Satz 1 und Satz 2).[22] Dafür bedarf es Einzelerklärungen, eine notariell beurkundete einstimmige Beschlussfassung genügt nicht.[23] Ein Verzicht aller Gesellschafter aller beteiligten Rechtsträger ist nicht erforderlich.[24] § 63 regelt nur das Informationsrecht der Aktionäre der jeweils betroffenen Gesellschaft. Ob und in welcher Form den Anteilsinhabern der anderen beteiligten Rechtsträger Bilanzen der anderen Rechtsträger vorzulegen sind, richtet sich nach den für diese Rechtsträger geltenden Normen.

20 Schließlich ist eine Zwischenbilanz nicht erforderlich, wenn die Gesellschaft seit dem letzten Jahresabschluss einen **Halbjahresfinanzbericht** nach § 115 WpHG veröffentlicht hat (§ 63 Abs. 2 Satz 6).[25] Ein Konzernabschluss nach § 117 WpHG ist nicht ausreichend.[26] Der Halbjahresfinanzbericht muss vor der Einberufung der Hauptversammlung veröffentlicht worden sein.[27]

V. Recht auf Abschrift (§ 63 Abs. 3)

21 Jeder Aktionär hat das Recht, unverzüglich (§ 121 BGB) und kostenlos eine Abschrift der in § 63 Abs. 1 genannten Unterlagen zu erhalten (§ 63 Abs. 3 Satz 1), soweit die Unterlagen nicht über die Internetseite der Gesellschaft abrufbar sind (§ 63 Abs. 4). Das Verlangen kann vom Aktionär **formlos** gestellt werden. Wie in § 63 Abs. 1 kann die Gesellschaft jedoch einen Nachweis der Aktionärseigenschaft verlangen. Der Begriff der Abschrift ist in § 39 BeurkG legaldefiniert und umfasst (echte) Abschriften, Abdrucke, Ablichtungen und dergleichen. Die Gesellschaft erfüllt ihre Verpflichtung durch Versenden einer Abschrift auf einem üblichen Weg, etwa mit normalen Postversand; das Transportrisiko liegt beim Aktionär.[28]

19) Lutter-*Grunewald*, UmwG, § 63 Rz. 8; strenger Kallmeyer-*Lanfermann*, UmwG, § 63 Rz. 10; *Habersack* in: BeckOGK-UmwG, § 63 Rz. 15.

20) Kallmeyer-*Lanfermann*, UmwG, § 63 Rz. 8.

21) *Hoffmann-Becking* in: FS Fleck, S. 109.

22) *Wilsing/v. d. Linden* in: KölnKomm-UmwG, § 63 Rz. 10.

23) Kallmeyer-*Lanfermann*, UmwG, § 63 Rz. 12.

24) *Habersack* in: BeckOGK-UmwG, § 63 Rz. 16; Lutter-*Grunewald*, UmwG, § 63 Rz. 10; a. A. Semmler/Stengel/Leonard-*Diekmann*, UmwG, § 63 Rz. 18a; *Wilsing/v. d. Linden* in: KölnKomm-UmwG, § 63 Rz. 10.

25) *Habersack* in: BeckOGK-UmwG, § 63 Rz. 17.

26) So auch Kallmeyer-*Lanfermann*, UmwG, § 63 Rz. 13; a. A. Widmann/Mayer-*Rieger*, UmwR, § 63 UmwG Rz. 20.3; *Wagner*, DStR 2010, 1629, 1630; *Leitzen*, DNotZ 2011, 526, 540.

27) *Habersack* in: BeckOGK-UmwG, § 63 Rz. 17; Lutter-*Grunewald*, UmwG, § 63 Rz. 10; Semmler/Stengel/Leonard-*Diekmann*, UmwG, § 63 Rz. 18a.

28) *Habersack* in: BeckOGK-UmwG, § 63 Rz. 21; *Wilsing/v. d. Linden* in: KölnKomm-UmwG, § 63 Rz. 16.

Deutlich praxisnäher ist heute die **Versendung** von Unterlagen **im Wege elektronischer Kommunikationsmittel.** § 63 Abs. 3 Satz 2 setzt hierfür allerdings noch die Zustimmung des Aktionärs voraus. Eine elektronische Anforderung durch den Aktionär per E-Mail kann als konkludente Zustimmung gewertet werden.[29] Eine Übermittlung per E-Mail mit Anhängen im druckfähigen Format ist ausreichend.[30] Eine verschlüsselte oder passwortgeschützte Übermittlung ist nicht erforderlich, kann aber bei sensiblen Informationen sinnvoll sein. 22

VI. Veröffentlichung auf der Unternehmenswebseite (§ 63 Abs. 4)

Die Verpflichtungen zur Auslage der Unterlagen und zur Erteilung von Abschriften entfällt, wenn und soweit die Unterlagen für denselben Zeitraum über die **Internetseite der Gesellschaft** zugänglich sind (§ 63 Abs. 4). Die Internetseite muss so gestaltet sein, dass ein durchschnittlicher Nutzer die Unterlagen leicht auffinden kann,[31] bei börsennotierten Gesellschaften (siehe dazu noch Rz. 27) erfolgt die Einstellung auf der üblicherweise vorhandenen Investor-Relations-Webseite der Gesellschaft. 23

Abweichend von der Auslage in physischer Form (siehe Rz. 5 f.) erfordert eine europarechtskonforme Auslegung des § 63 Abs. 4, dass der **Zeitraum der Veröffentlichung auf der Internetseite** bis zum Ende der Hauptversammlung und nicht nur bis zu deren Beginn reicht.[32] Relevant wird die Frage regelmäßig nur bei börsennotierten AGs, die eine virtuelle Teilnahme an der Hauptversammlung vorsehen. 24

Nach § 243 Abs. 3 Satz 2 AktG sind **Störungen des Zugriffs auf die Internetseite** unschädlich, soweit der Gesellschaft nicht grobe Fahrlässigkeit oder gar Vorsatz vorzuwerfen ist. Ersteres dürfte regelmäßig dann nicht der Fall sein, wenn die Gesellschaft eine dem Standard entsprechende Technik zum Betreiben der Internetseite einschließlich entsprechender Wartung einsetzt oder über einen Dienstleister in Anspruch nimmt.[33] 25

Auch für die über die Internetseite der Gesellschaft zugänglichen (elektronischen) Kopien gilt, dass die formalen **Merkmale der Originale** erkennbar sein müssen.[34] Da das Internet den Versand von Kopien ersetzt, müssen die im Internet verfügbaren Kopien **speicherbar** sein. Eine Sicherung der Dokumente über Passwörter ist nicht erforderlich, aber zulässig, da der Zugang auf Aktionäre beschränkt werden kann.[35] 26

Für **börsennotierte AGs** ist die Veröffentlichung auf der Internetseite gemäß § 124a Satz 1 Nr. 3 AktG zwingend vorgeschrieben. Eine Pflicht zur Veröffentlichung der Unterlagen über eine gesonderte URL besteht insoweit auch im Falle von Mitteilungspflichten an Intermediäre, Aktionäre und Aktionärsvereinigungen (§ 125 Abs. 5 AktG i. V. m. der Tabelle 3 Block E.3 DVO (EU) 2018/1212[36]).[37] Ein Verstoß gegen § 124a AktG stellt 27

---

29) *Habersack* in: BeckOGK-UmwG, § 63 Rz. 21; *Wilsing/v. d. Linden* in: KölnKomm-UmwG, § 63 Rz. 16.

30) Widmann/Mayer-*Rieger*, UmwR, § 63 UmwG Rz. 32.1.

31) Semler/Stengel/Leonard-*Diekmann*, UmwG, § 63 Rz. 24b.

32) *Habersack* in: BeckOGK-UmwG, § 63 Rz. 22; *Wilsing/v. d. Linden* in: KölnKomm-UmwG, § 63 Rz. 17; Widmann/Mayer-*Rieger*, UmwR, § 63 UmwG Rz. 32.2.

33) Semler/Stengel/Leonard-*Diekmann*, UmwG, § 63 Rz. 24b; *Habersack* in: BeckOGK-UmwG, § 63 Rz. 24; *Wilsing/v. d. Linden* in: KölnKomm-UmwG, § 64 Rz. 18.

34) *Meul*, AG 2017, 259, 261.

35) So für § 124a AktG *Rieckers* in: BeckOGK-AktG, § 124a Rz. 5; *Koch*, AktG, § 124a Rz. 7; a. A. *Kubis* in: MünchKomm-AktG, § 124a Rz. 5; *Horn*, ZIP 2008, 1558, 1561.

36) Durchführungsverordnung (EU) 2018/1212 der Kommission v. 3.9.2018 zur Festlegung von Mindestanforderungen zur Umsetzung der Bestimmungen der Richtlinie 2007/36/EG des Europäischen Parlaments und des Rates in Bezug auf die Identifizierung der Aktionäre, die Informationsübermittlung und die Erleichterung der Ausübung der Aktionärsrechte, ABl. (EU) L 223/1 v. 4.9.2018.

37) *Wilsing/v. d. Linden* in: KölnKomm-UmwG, § 63 Rz. 17.

auch bei Verschmelzungsbeschlüssen keinen Anfechtungsgrund dar (§ 243 Abs. 3 Satz 1 Nr. 4 AktG).

VII. Hauptversammlungseinladung

28 In der Einberufung der Hauptversammlung ist entsprechend § 124 Abs. 2 Satz 3 der wesentliche Inhalt des Verschmelzungsvertrags bekannt zu machen. Dazu gehören mindestens folgende Angaben:

- Vertragspartner (§ 5 Abs. 1 Nr. 1),
- Umtauschverhältnis (§ 5 Abs. 1 Nr. 3),
- Verschmelzungsstichtag (§ 5 Abs. 1 Nr. 6),
- Ausgestaltung und Beschaffung der neuen Aktien (§ 5 Abs. 1 Nr. 7),
- Bedingungen, Befristungen, Kündigungsrechte.

29 Zur Vermeidung von Anfechtungsrisiken empfiehlt es sich, den vollständigen Text des Verschmelzungsvertrags in die Bekanntmachung aufzunehmen.[38)]

38) Widmann/Mayer-*Rieger*, UmwR, § 63 UmwG Rz. 7; Schmitt/Hörtnagl-*Missio*, UmwG/UmwStG, § 63 UmwG Rz. 2; Vgl. LG Hanau, Urt. v. 2.11.1995 – 5 O 149/95, ZIP 1996, 422 = DB 1995, 2515.

§ 64
Durchführung der Hauptversammlung[*)]

(1) [1]In der Hauptversammlung sind die in § 63 Absatz 1 bezeichneten Unterlagen zugänglich zu machen. [2]Der Vorstand hat den Verschmelzungsvertrag oder seinen Entwurf zu Beginn der Verhandlung mündlich zu erläutern und über jede wesentliche Veränderung des Vermögens der Gesellschaft zu unterrichten, die seit dem Abschluss des Verschmelzungsvertrages oder der Aufstellung des Entwurfs eingetreten ist. [3]Der Vorstand hat über solche Veränderungen auch die Vertretungsorgane der anderen beteiligten Rechtsträger zu unterrichten; diese haben ihrerseits die Anteilsinhaber des von ihnen vertretenen Rechtsträgers vor der Beschlussfassung zu unterrichten. [4]§ 8 Absatz 3 Satz 1 und Satz 2 ist entsprechend anzuwenden.

(2) Jedem Aktionär ist auf Verlangen in der Hauptversammlung Auskunft auch über alle für die Verschmelzung wesentlichen Angelegenheiten der anderen beteiligten Rechtsträger zu geben.

*) § 64 geändert durch Art. 1 des Gesetzes zur Umsetzung der Umwandlungsrichtlinie und zur Änderung weiterer Gesetze (UmRUG), v. 22.2.2023, BGBl. I 2023, Nr. 51; § 64 geändert durch Art. 1 des Dritten Gesetzes zur Änderung des Umwandlungsgesetzes (3. UmwGÄndG), v. 11.7.2011, BGBl. I 2011, 1338; § 64 i. d. F. des UmwBerG geändert durch Art. 4 des Gesetzes zur Umsetzung der Aktionärsrechterichtlinie (ARUG), v. 30.7.2009, BGBl. I 2009, 2479.

Literatur: *Bayer*, Informationsrechte bei der Verschmelzung von Aktiengesellschaften, AG 1988, 323; *Engelmayer*, Informationsrechte und Verzichtsmöglichkeiten im Umwandlungsgesetz, BB 1998, 330; *Heckschen*, Die Novelle des Umwandlungsgesetzes: Erleichterungen für Verschmelzungen und Squeeze-out, NJW 2011, 2390; *Marsch-Barner*, Zur Nachtragsberichterstattung bei der Verschmelzung, in: Festschrift für Georg Maier-Reimer, 2010, S. 425; *Schmidt, J.*, Die Änderung der umwandlungsrechtlichen Informationspflichten durch das ARUG, NZG 2008, 734; *Simon/Merkelbach*, Das Dritte Gesetz zur Änderung des UmwG, DB 2011, 1317.

Übersicht

I. Grundlagen: Inhalt, Zweck und Anwendungsbereich

1 Während § 63 die Information der Aktionäre von der Einberufung bis zur Hauptversammlung regelt, greift § 64 für die **Informationsrechte** der Aktionäre **in der Hauptversammlung.** Die umfassende Information der Aktionäre sowie der Anteilsinhaber der anderen beteiligten Rechtsträger soll eine sachgerechte Entscheidung über die Verschmelzung ermöglichen.[1)]

2 Die Vorschrift verlangt zunächst das Zugänglichmachen der nach § 63 im Vorfeld veröffentlichten **Unterlagen in der Hauptversammlung** (§ 64 Abs. 1 Satz 1). In der Hauptversammlung hat der Vorstand sodann zunächst den Verschmelzungsvertrag bzw. sein Entwurf **zu erläutern** und über wesentliche Veränderungen des Vermögens der Gesellschaft seit dem Abschluss des Verschmelzungsvertrags oder der Aufstellung des Entwurfs zu berichten (§ 64 Abs. 1 Satz 2). Über solche Veränderungen sind daneben auch die **Vertretungsorgane der anderen beteiligten Rechtsträger** zu informieren, die ihrerseits die Information an die Anteilsinhaber weiterzugeben haben (§ 64 Abs. 1 Satz 3). Auf die Informationsrechte kann nach Maßgabe des § 8 Abs. 3 Nr. 1 und 2 **verzichtet** werden (§ 64 Abs. 1 Satz 4). § 64 Abs. 2 erweiterte das aktienrechtliche Auskunftsrecht der Aktionäre auf die anderen beteiligten Rechtsträger (§ 64 Abs. 2).

3 § 64 gilt für die AG, KGaA (§ 78) sowie SE (Art. 9 Abs. 1 lit. c Ziff. ii SE-VO)[2)], die als **übertragende oder übernehmende Rechtsträger** an einer Verschmelzung oder Spaltung (§ 125 Abs. 1 Satz 1) beteiligt sind. Auf die Rechtsform der anderen beteiligten Rechtsträger kommt es nicht an.[3)] § 64 gilt grundsätzlich auch für die Hauptversammlung bei einer **grenzüberschreitenden** Verschmelzung (§ 305 Abs. 2) oder Spaltung (§ 326), soweit nicht speziellere Regeln in § 312 Abs. 3, § 326 Abs. 2 vorgehen.

II. Zugänglichmachen von Unterlagen in der Hauptversammlung (§ 64 Abs. 1 Satz 1)

4 Die Unterlagen sind den Aktionären im **Präsenzbereich der Hauptversammlung** zugänglich zu machen. Der Präsenzbereich ist der vom Versammlungsleiter zu Beginn der Hauptversammlung bestimmte Bereich, in dem die Aktionäre als anwesend gelten.[4)] Die Unterlagen müssen entweder zur Einsicht der Aktionäre in ausreichender Anzahl in **Papier-**

1) *Habersack* in: BeckOGK-UmwG, § 64 Rz. 1, 2; Lutter-*Grunewald*, UmwG, § 64 Rz. 1.

2) Verordnung (EG) Nr. 2157/2001 des Rates v. 8.10.2001 über das Statut der Europäischen Gesellschaft (SE) (SE-VO), ABl. (EU) L 294/1 v. 10.11.2001.

3) *Wilsing/v. d. Linden* in: KölnKomm-UmwG, § 64 Rz. 3; *Habersack* in: BeckOGK-UmwG, § 64 Rz. 4.

4) Semler/Stengel/Leonard-*Diekmann*, UmwG, § 64 Rz. 4.

form[5] ausliegen oder über **elektronische Lesemöglichkeiten,**[6] z. B. bereitgestellte Monitore oder Tablets, einsehbar sein.[7] Ein bloßer Verweis auf die Verfügbarkeit der Unterlagen im Internet auf der Homepage der Gesellschaft genügt nicht.[8] Ein Anspruch auf Erstellung und Erteilung einer Abschrift während der Hauptversammlung besteht nicht.[9]

5 Zeitlich muss der Zugang zu den Unterlagen vom Beginn der Hauptversammlung mit Eröffnung durch den Versammlungsleiter **bis zum Ende der Versammlung** möglich sein. Dies gilt auch für die Zeit nach der Beschlussfassung, da die Unterlagen für die Erklärung eines Widerspruchs zur Niederschrift relevant sein können.[10] Eine Pflicht zur Zugänglichmachung nach der Beendigung der Hauptversammlung besteht grundsätzlich nicht, auch dann nicht, wenn Widersprüche erklärt worden sind. In der Praxis bleiben die Hauptversammlungsunterlagen aber regelmäßig auf der Internetseite der Gesellschaft abrufbar.

6 Auszulegen sind der **Verschmelzungsvertrag** oder sein Entwurf (§ 63 Abs. 1 Nr. 1), die **Jahresabschlüsse und die Lageberichte** der beteiligten Rechtsträger für die letzten drei Geschäftsjahre (§ 63 Abs. 1 Nr. 2), ggf. eine **Zwischenbilanz** (§ 63 Abs. 1 Nr. 3), der **Verschmelzungsbericht** (§ 63 Abs. 1 Nr. 4) und die **Prüfungsberichte** (§ 63 Abs. 1 Nr. 5). Vor dem Hintergrund des § 37 (Inhalt des Verschmelzungsvertrages bei Neugründung) sowie § 8 Abs. 1 Satz 1 Nr. 2 lit. a (Angaben über die Mitgliedschaft bei dem übernehmenden Rechtsträger im Verschmelzungsbericht) empfiehlt sich auch die Auslage der **Satzung oder des Gesellschaftsvertrags** des übernehmenden oder des neuen Rechtsträgers in der Hauptversammlung.[11] Hat die Gesellschaft mit der Einberufung weitere Unterlagen zugänglich gemacht, etwa weitere **Wertgutachten, Fairness Opinions oder Stellungnahmen**, unterliegen diese nicht dem Zugänglichkeitsgebot des § 64 Abs. 1 Satz 1.

7 Eine Pflicht zur **Aktualisierung** der Unterlagen besteht nicht. Wird eine Aktualisierung vorgenommen, sind auch die mit der Einberufung bekannt gemachten Fassungen zur Verfügung zu stellen und wesentliche Änderungen kenntlich zu machen. Auf die Änderungen hat der Vorstand i. R. der Erläuterung (§ 64 Abs. 1 Satz 2) hinzuweisen.

III. Erläuterungs- und Unterrichtungspflichten (§ 64 Abs. 1 Satz 2)

8 Der Vorstand erläutert den Verschmelzungsvertrag oder seinen Entwurf mündlich.[12] Die **Berichterstattung** erfolgt in der Regel durch den Vorsitzenden oder Sprecher des Vorstands nach der formellen Eröffnung durch den Versammlungsleiter.[13] Ergänzend kann eine Erläuterung durch den Aufsichtsratsvorsitzenden oder durch Organvertreter der anderen beteiligten Rechtsträger erfolgen.[14]

---

5) Widmann/Mayer-*Rieger*, UmwR, § 64 UmwG Rz. 7; Schmitt/Hörtnagl-*Missio*, UmwG/UmwStG, § 64 UmwG Rz. 3.

6) Schmitt/Hörtnagl-*Missio*, UmwG/UmwStG, § 64 UmwG Rz. 3; Kallmeyer-*Oppenhoff*, UmwG, § 64 Rz. 1.

7) *J. Schmidt*, NZG 2008, 734 f.

8) Kallmeyer-*Oppenhoff*, UmwG, § 64 Rz. 1; Lutter-*Grunewald*, UmwG, § 64 Rz. 2.

9) Lutter-*Grunewald*, UmwG, § 64 Rz. 4; Schmitt/Hörtnagl-*Missio*, UmwG/UmwStG, § 64 UmwG Rz. 3; *Habersack* in: BeckOGK-UmwG, § 64 Rz. 5.

10) Widerspruch zur Niederschrift kann bis zum Abschluss der Hauptversammlung eingelegt werden, s. auch Semler/Stengel/Leonard-*Diekmann*, UmwG, § 64 Rz. 4; *Habersack* in: BeckOGK-UmwG, § 64 Rz. 8.

11) Ebenso *Fromholzer* in: BeckOGK-UmwG, § 8 Rz. 115; Lutter-*Drygala*, UmwG, § 8 Rz. 34.

12) *Bayer*, AG 1988, 323, 327.

13) Henssler/Strohn-*Junker*, GesR, § 64 UmwG Rz. 4; Happ/Bednarz-*Richter*, UmwR, Ziff. 1.01 Rz. 66.3.

14) Schmitt/Hörtnagl-*Missio*, UmwG/UmwStG, § 64 UmwG Rz. 9.

Der Bericht stellt eine **zusammenfassende mündliche Erläuterung** dar, die den schriftlichen Verschmelzungsbericht nach § 13 ergänzt. Der Vorstand kann sich dabei auf die wesentlichen Bestandteile beschränken und Schwerpunkte setzen. Wesentlich sind insbesondere die Gründe für die vorgeschlagene Verschmelzung sowie die wirtschaftlichen und rechtlichen Auswirkungen der Beschlussfassung auf die Aktionäre.[15] Die Interessen anderer Stakeholder, z. B. von Arbeitnehmern oder Vertragspartnern, müssen nicht vom Vorstand dargelegt werden, können aber unabhängig davon Gegenstand der **Fragerechte von Aktionären** sein (§ 131 AktG).[16] Das gilt auch für die genaue Ermittlung des Umtauschverhältnisses. Ausreichend ist eine Darstellung der angewandten Bewertungsmethoden und der daraus ermittelten Werte sowie des abgeleiteten Umtauschverhältnisses der beteiligten Rechtsträger.[17] 9

Entsprechend den aktienrechtlichen Grundsätzen[18] hat sich der Vorstand auf die Hauptversammlung **ordnungsgemäß vorzubereiten** und auch Informationen über die anderen beteiligten Rechtsträger[19] vorzuhalten. Er kann sich dabei der Unterstützung von Vertretern oder Mitarbeitern der beteiligten Rechtsträger sowie seiner wirtschaftlichen und rechtlichen Berater bedienen. 10

Sind zwischen dem Abschluss des Verschmelzungsvertrags oder der Aufstellung des Entwurfs **wesentliche Änderungen des Vermögens** der Gesellschaft eingetreten, so hat der Vorstand die Aktionäre hierüber in seinem Bericht zu **unterrichten**. Wesentlich sind alle Veränderungen, die sich auf das Umtauschverhältnis der Aktionäre oder die Angemessenheit einer Abfindung auswirken oder in anderer Weise für die Entscheidung der Aktionäre Relevanz haben können.[20] Zwar kann nach § 14 Abs. 2 eine Anfechtungsklage nicht auf der Unangemessenheit des Umtauschverhältnisses gestützt werden. Vor dem Hintergrund der Überprüfbarkeit des Umtauschverhältnisses, einer baren Zuzahlung oder eines Abfindungsangebots im Spruchverfahren (vgl. §§ 15, 34) haben die Aktionäre aber ein Informationsinteresse an wesentlichen wirtschaftlichen Änderungen des Vermögens. Dies gilt auch für Veränderungen des Vermögens der anderen beteiligten Rechtsträger, soweit solche Veränderungen dem Vorstand mitgeteilt worden sind. 11

Die Unterrichtung erfolgt **mündlich i. R. des Berichts des Vorstands**; einer schriftlichen Aktualisierung des Verschmelzungs- oder des Prüfberichts bedarf es nicht. Die Unterrichtungspflicht entfällt auch dann nicht, wenn die wesentlichen Entwicklungen bereits außerhalb der Hauptversammlung bekannt gemacht worden sind, etwa bei börsennotierten Gesellschaften durch eine Ad-hoc-Mitteilung (Art. 17 MAR)[21], da es vorliegend auf die umwandlungsspezifischen Veränderungen ankommt. 12

Soweit die eingetretenen Änderungen zu einer **materiellen Anpassung** des Verschmelzungsvertrags führen, ist eine Beschlussfassung in der Hauptversammlung trotz umfassender Information durch den Vorstand nur in einer **neu einzuberufenden Hauptversammlung** möglich. 13

15) Lutter-*Grunewald*, UmwG, § 64 Rz. 12; *Habersack* in: BeckOGK-UmwG, § 64 Rz. 9.

16) Kallmeyer-*Oppenhoff*, UmwG, § 64 Rz. 2, 12.

17) Lutter-*Grunewald*, UmwG, § 64 Rz. 5.

18) Aus § 131 AktG, vgl. nur *Koch*, AktG, § 131 Rz. 10 f.

19) *Habersack* in: BeckOGK-UmwG, § 64 Rz. 18; *Engelmayer*, BB 1998, 330, 335.

20) Widmann/Mayer-*Rieger*, UmwR, § 64 UmwG Rz. 17; Lutter-*Grunewald*, UmwG, § 64 Rz. 6; *Marsch-Barner* in: FS Maier-Reimer, S. 427 ff.; *Simon/Merkelbach*, DB 2011, 1317, 1318.

21) Verordnung (EU) Nr. 596/2014 des Europäischen Parlaments und des Rates v. 16.4.2014 über Marktmissbrauch (Marktmissbrauchsverordnung) und zur Aufhebung der Richtlinie 2003/6/EG des Europäischen Parlaments und des Rates und der Richtlinien 2003/124/EG, 2003/125/EG und 2004/72/EG der Kommission (Marktmissbrauchsverordnung – MAR), ABl. (EU) L 173/1 v. 12.6.2014.

IV. Mitteilungspflichten gegenüber anderen Rechtsträgern (§ 64 Abs. 1 Satz 3)

14 § 64 Abs. 1 Satz 3 erweitert den Anwendungsbereich des Dritten Abschnitts auf **Rechtsträger außerhalb der AG.**[22] Nach dem 1. Halbsatz ist zunächst der Vorstand einer an der Verschmelzung beteiligten AG, KGaA und SE verpflichtet, die Vertretungsorgane der anderen beteiligten Rechtsträger über Vermögensveränderungen der AG i. S. des Absatz 1 Satz 2 zu unterrichten. Die Pflicht zur Information der anderen beteiligten Rechtsträger beruht auf § 95 Abs. 2 Gesellschaftsrechtsrichtlinie[23] und ist nicht reziprok ausgestaltet. Mangels korrespondierender Informationspflichten der Geschäftsführung von Rechtsträgern anderer Rechtsform empfiehlt sich die Aufnahme entsprechender Informationsverpflichtungen in einem **umwandlungsrechtlichen Vorvertrag** (Memorandum of Understanding, Absichtsvereinbarung o. Ä.).[24] Für die Mitteilung an die anderen Rechtsträger schreibt Absatz 1 keine bestimmte **Form** vor. Zur Ermöglichung einer Dokumentation, auch im Hinblick auf die Abwehr von Klagen gegen den Verschmelzungsbeschluss, sowie zur Erleichterung der Weiterleitung der Informationen an die Anteilsinhaber, empfiehlt sich grundsätzlich eine schriftliche Information.[25] In besonders eilbedürftigen Fällen, etwa bei Eintritt wesentlicher Änderungen unmittelbar vor der Gesellschafterversammlung eines anderen beteiligten Rechtsträgers, kann auch nur eine mündliche Mitteilung geboten sein.

15 Die Vertretungsorgane der anderen beteiligten Rechtsträger informieren nach § 64 Abs. 1 Satz 2 Halbs. 2 die **Anteilsinhaber** der von ihnen vertretenen Rechtsträger. Die Art und Weise der Informationsübermittlung richtet sich nach den für den jeweiligen Rechtsträger anwendbaren gesetzlichen oder satzungsmäßigen Bestimmungen.[26] Soweit für die Mitteilung keine Vorschriften bestehen, entscheidet die Geschäftsführung nach pflichtgemäßem Ermessen.

V. Verzicht auf Informationsrechte (§ 64 Abs. 1 Satz 4)

16 Auf die Informationsrechte der Anteilsinhaber nach § 64 Abs. 1 kann nach Satz 4 i. V. m. § 8 Abs. 3 Satz 1 und Satz 2 ganz oder teilweise, alternativ oder kumulativ verzichtet werden, jedoch stets nur durch die Aktionäre der jeweiligen AG.[27] Dies gilt sowohl für die Vorlage der in § 63 genannten Unterlagen in der Hauptversammlung als auch für die Mitteilung wesentlicher Veränderungen.[28] Die Verzichtserklärungen bedürfen der **notariellen Beurkundung** (§ 8 Abs. 3 Satz 2).[29] Der Verzicht der Aktionäre kann durch notariell beurkundete Erklärung vor oder durch Aufnahme in die notarielle Niederschrift (§ 130 AktG) während der Hauptversammlung erklärt werden.

17 Ein Verzicht der **Vertretungsorgane der anderen beteiligten Rechtsträger** auf die Mitteilung nach § 64 Abs. 1 Satz 3 ist nicht möglich.[30] § 8 Abs. 3 setzt für den Verzicht

22) Widmann/Mayer-*Rieger*, UmwR, § 64 UmwG Rz. 3, spricht insoweit von einem regelungstechnischen Fremdkörper.

23) Richtlinie (EU) 2017/1132 des Europäischen Parlaments und des Rates v. 14.6.2017 über bestimmte Aspekte des Gesellschaftsrechts (Gesellschaftsrechtsrichtlinie), ABl. (EU) L 169/46 v. 30.6.2017; *Habersack* in: BeckOGK-UmwG, § 64 Rz. 13.

24) Widmann/Mayer-*Rieger*, UmwR, § 64 UmwG Rz. 26.

25) Semler/Stengel/Leonard-*Diekmann*, UmwG, § 64 Rz. 12a; Kallmeyer-*Oppenhoff*, UmwG, § 64 Rz. 8.

26) *Habersack* in: BeckOGK-UmwG, § 64 Rz. 14.

27) Schmitt/Hörtnagl-*Missio*, UmwG/UmwStG, § 64 UmwG Rz. 7; *Wilsing/v. d. Linden* in: KölnKomm-UmwG, § 64 Rz. 13.

28) *Wilsing/v. d. Linden* in: KölnKomm-UmwG, § 64 Rz. 14; *Heckschen*, NJW 2011, 2390, 2394.

29) *Wilsing/v. d. Linden* in: KölnKomm-UmwG, § 64 Rz. 13; zur notariellen Beurkundung i. R. des § 8 Abs. 3 vgl. nur *Fromholzer* in: BeckOGK-UmwG, § 8 Rz. 161 ff.

30) Lutter-*Grunewald*, UmwG, § 64 Rz. 10.

zwingend die Zustimmung der Anteilseigner voraus, die Vertretungsorgane können insoweit nicht zulasten der Anteilseigner entscheiden. Etwaige Verzichtsrechte der Anteilseigner der anderen beteiligten Rechtsträger richten sich nach den für den jeweiligen Rechtsträger geltenden Vorschriften.

Da § 64 Abs. 1 Satz 4 ausschließlich auf die Verzichtsregelung des § 8 Abs. 1 Nr. 1 und 2 verweist, gelten für die Informationsrechte nach § 64 **nicht die Erleichterungen im Konzern** nach § 8 Abs. 1 Satz 2. 18

VI. Auskunftsrechte der Aktionäre (§ 64 Abs. 2)

Das Auskunftsrecht der Aktionäre nach § 131 AktG zu den Angelegenheiten der Gesellschaft und ihrer rechtlichen und geschäftlichen Beziehungen zu verbundenen Unternehmen[31] wird in der Verschmelzung nach § 64 Abs. 2 auf die **wesentlichen Angelegenheiten der anderen beteiligten Rechtsträger** erweitert. Die Erstreckung ist in der Verschmelzung folgerichtig, um den Aktionären eine sachgerechte Beurteilung der gesamten Verschmelzung einschließlich des Umwandlungsverhältnisses zu ermöglichen. 19

Wie das aktienrechtliche Auskunftsrecht besteht auch das erweiterte umwandlungsrechtliche Auskunftsrecht nur gegenüber dem Vorstand der eigenen AG. Der Vorstand hat sich auf die Fragen der Aktionäre in der Hauptversammlung **angemessen vorzubereiten**. Dazu gehört auch die Einbindung von Vertretern der anderen beteiligten Rechtsträger[32] sowie von Beratern in die Hauptversammlung. Je nach Komplexität der Verschmelzung gehört zur Vorbereitung der Hauptversammlung auch die Einrichtung eines **Back Office**, um Fragen effektiv und umfassend beantworten zu können.[33] 20

Die Auskunft an die Aktionäre hat grundsätzlich mündlich in der Hauptversammlung zu erfolgen.[34] Der Vorstand kann die Auskunft in den Fällen des § 131 Abs. 3 AktG verweigern. Dieses **Verweigerungsrecht** greift insbesondere, wenn der Gesellschaft ein nicht unerheblicher Nachteil droht (§ 131 Abs. 3 Nr. 1 AktG), etwa wenn Geschäftsgeheimnisse offenbart werden müssten. Die Schranken des § 131 Abs. 3 AktG gelten auch für das umwandlungsrechtliche Auskunftsrecht nach § 64 Abs. 2, wenn die Auskunft zu nicht unerheblichen Nachteilen für die beteiligten Rechtsträger führen könnte. Die Verweigerung ist vom Vorstand zu begründen.[35] Kann der Vorstand eine Frage trotz gewissenhafter Vorbereitung nicht beantworten, entfällt die Auskunftspflicht.[36] Nicht oder unzureichend beantwortete Fragen können von den Aktionären zur Niederschrift gegeben werden (§ 131 Abs. 5 AktG).[37] 21

Das **erweiterte Auskunftsrecht** des § 131 Abs. 4 AktG gilt grundsätzlich auch in der Umwandlungshauptversammlung. Für Informationen, die einem Aktionär als einen an der Verschmelzung beteiligten Rechtsträger gegeben werden, gilt § 131 Abs. 4 AktG dagegen nicht. Die Beteiligung an der Verschmelzung rechtfertigt insoweit die Ungleich- 22

31) Zur Reichweite des aktienrechtlichen Auskunftsrechts vgl. *Poelzig* in: BeckOGK-AktG, § 131 Rz. 53 ff.; Widmann/Mayer-*Rieger*, UmwR, § 64 UmwG Rz. 52.

32) *Habersack* in: BeckOGK-UmwG, § 64 Rz. 17; Lutter-*Grunewald*, UmwG, § 64 Rz. 11.

33) Zur Hauptversammlungsorganisation vgl. *Reichert* in: BeckHdb. AG, § 5 Rz. 164 ff.; *Schlitt/Biller* in: Reichert, ArbHdb. Hauptversammlung, § 10 Rz. 130 ff.

34) *Koch*, AktG, § 131 Rz. 71.

35) Zur Reichweite der Begründungspflicht vgl. *Koch*, AktG, § 131 Rz. 87; *Kersting* in KölnKomm-AktG, § 131 Rz. 544; *Poelzig* in: BeckOGK-AktG, § 131 Rz. 152.

36) Vgl. zur aktienrechtlichen Diskussion nur *Koch*, AktG, § 131 Rz. 11; *Poelzig* in: BeckOGK-AktG, § 131 Rz. 213 ff.; *Wilsing/v. d. Linden* in: KölnKomm-UmwG, § 64 Rz. 16; Widmann/Mayer-*Rieger*, UmwR, § 64 UmwG Rz. 51; Kallmeyer-*Oppenhoff*, UmwG, § 64 Rz. 13.

37) Vgl. zum Verfahren nur *Reichert* in: BeckHdb. AG, § 5 Rz. 248; *Pöschke/Vogel* in: Reichert, ArbHdb. Hauptversammlung, § 13 Rz. 57 ff.

behandlung gegenüber den übrigen Aktionären.[38] Etwas anderes kann allerdings gelten, wenn ein Aktionär in seiner Rolle als Aktionär eine Umwandlung forciert, etwa durch Stellung eines Vorbereitungsbeschlusses nach § 83 AktG.

VII. Virtuelle Hauptversammlung

23 Durch die Einführung[39] des § 118a AktG können Hauptversammlungen nunmehr auch virtuell – ohne physische Präsenz der Aktionäre oder ihrer Bevollmächtigten[40] – stattfinden. Nach § 118a Abs. 1 AktG kann die Hauptversammlung virtuell abgehalten werden, wenn die Satzung der Gesellschaft dies vorsieht oder den Vorstand dazu ermächtigt. Eine virtuelle Hauptversammlung muss den **Mindestanforderungen** des § 118a Abs. 1 Satz 2 Nr. 1–8 AktG genügen. Bei etwaigen Verstößen gegen § 118a Abs. 1 Satz 2 Nr. 1–8 AktG können die in der virtuellen Hauptversammlung gefassten Beschlüsse nach § 243 Abs. 1 AktG angefochten werden.[41]

24 Den Aktionären ist gemäß § 118a Abs. 1 Satz 2 Nr. 4 AktG ein **Auskunftsrecht** nach § 131 AktG im Wege der elektronischen Kommunikation einzuräumen.[42] Das Auskunftsverlangen der Aktionäre soll im Wege der Bild- und Tonübertragung ausgeübt werden können. Bei einer virtuellen Hauptversammlung sind die in § 63 Abs. 1 bezeichneten Unterlagen den Aktionären auf der Internetseite der AG oder auf der Internetseite eines Dritten[43] zugänglich zu machen,[44] da eine Auslage der Unterlagen am Ort der Versammlung mangels physischer Anwesenheit der Aktionäre nicht sinnvoll ist.[45]

VIII. Verletzung von Informationspflichten

25 Eine Verletzung der Informationsrechte nach § 64 Abs. 1 und 2 kann grundsätzlich zur **Anfechtung** der gefassten Beschlüsse nach § 243 Abs. 1 und 4 Satz 1 AktG berechtigen. Dies gilt nicht nur für den Verschmelzungsbeschluss, sondern unabhängig davon auch für einen etwaigen Kapitalerhöhungsbeschluss der übernehmenden AG.[46] Nach § 243 Abs. 4 Satz 1 AktG ist eine **Anfechtung ausgeschlossen**, wenn die unrichtige, unvollständige oder verweigerte Auskunft für die Beschlussfassung objektiv unerheblich war, z. B. bei geringfügiger Verspätung der Vorlage oder Nichtbeantwortung einer Nebenfrage. Eine Anfechtbarkeit ist wegen der Möglichkeit des Spruchverfahrens im Umwandlungsrecht auch dann ausgeschlossen, wenn die Information **das Umtauschverhältnis, die bare Zuzahlung oder die Abfindung** betrifft (§ 243 Abs. 4 Satz 2 AktG). Grundsätzlich setzt jede Anfechtung voraus, dass der Aktionär Widerspruch zur Niederschrift erklärt hat (§ 245 Nr. 1 AktG).

26 Eine Verletzung der Mitteilungspflicht des Vorstands gegenüber den Vertretungsorganen der anderen beteiligten Rechtsträger (§ 64 Abs. 1 Satz 3) kann weder eine Anfechtung

---

38) Vgl. dazu *Habersack* in: BeckOGK-UmwG, § 64 Rz. 19; Lutter-*Grunewald*, UmwG, § 64 Rz. 13; Kallmeyer-*Oppenhoff*, UmwG, § 64 Rz. 13.

39) Gesetz zur Einführung virtueller Hauptversammlungen von Aktiengesellschaften und Änderung genossenschafts- sowie insolvenz- und restrukturierungsrechtlicher Vorschriften (VirHVEG), v. 22.7.2022, BGBl. I 2022, 1166.

40) *Koch*, AktG, § 118a Rz. 7.

41) *Paschos* in: BeckOGK-AktG, § 118a Rz. 42.

42) *Paschos* in: BeckOGK-AktG, § 118a Rz. 51; *Koch*, AktG, § 118a Rz. 34.

43) Vgl. § 118a Abs. 6 AktG.

44) Semler/Stengel/Leonard-*Diekmann*, UmwG, § 64 Rz. 5a; Lutter-*Grunwald*, UmwG, § 64 Rz. 2; Schmitt/Hörtnagl-*Missio*, UmwG/UmwStG, § 64 UmwG Rz. 3; *Koch*, AktG, § 188a Rz. 49.

45) Begr. Fraktionsentwurf z. § 118a AktG, BT-Drucks. 20/1738, S. 27.

46) § 255 AktG; *Koch*, AktG, § 255 Rz. 1.

durch die Aktionäre der Gesellschaft noch durch die Anteilseigner des anderen Rechtsträgers begründen.[47]

Schließlich können unrichtige oder verschleiernde Auskünfte über die Verhältnisse der Rechtsträger gegenüber den Aktionären **strafbar** sein (§ 346 Abs. 1 Nr. 1). 27

47) Widmann/Mayer-*Rieger*, UmwR, § 64 UmwG Rz. 42; Lutter-*Grunewald*, UmwG, § 64 Rz. 9; *Habersack* in: BeckOGK-UmwG, § 64 Rz. 22.

§ 65
Beschluß der Hauptversammlung

(1) [1]Der Verschmelzungsbeschluß der Hauptversammlung bedarf einer Mehrheit, die mindestens drei Viertel des bei der Beschlußfassung vertretenen Grundkapitals umfaßt. [2]Die Satzung kann eine größere Kapitalmehrheit und weitere Erfordernisse bestimmen.

(2) [1]Sind mehrere Gattungen von Aktien vorhanden, so bedarf der Beschluß der Hauptversammlung zu seiner Wirksamkeit der Zustimmung der stimmberechtigten Aktionäre jeder Gattung. [2]Über die Zustimmung haben die Aktionäre jeder Gattung einen Sonderbeschluß zu fassen. [3]Für diesen gilt Absatz 1.

Literatur: *Bayer*, Vorzugsaktien ohne Stimmrechte im Falle von Verschmelzungen, Spaltungen, Formwechsel – zugleich Nachlese zu BGHZ 229, 27 (Metro), ZGR 2024. 897; *Florstedt*, Das Zukunftsfinanzierungsgesetz – Börsenmantelaktiengesellschaft und Mehrstimmrechtsaktie, NZG 2024, 139; *Grunewald*, Rückverlagerung von Entscheidungskompetenzen der Hauptversammlung auf den Vorstand, AG 1990, 133; *Lutter*, Die entschlußschwache Hauptversammlung, in: Festschrift für Karlheinz Quack, 1991, S. 301; *Trinks*, Sonderbeschlüsse stimmrechtsloser Vorzugsaktionäre in der Umwandlung – Zugleich Besprechung des BGH-Urteils vom 23. Februar 2021, II ZR 65/19, ZGR 2021, 1010.

Übersicht

I. Inhalt, Zweck und Historie des § 65

§ 65 spezifiziert für Verschmelzungen unter Beteiligung einer AG die allgemeinen Vorgaben zu Beschlüssen über den Verschmelzungsvertrag nach § 13.[1] Nach § 13 ist der Verschmelzungsvertrag ohne Zustimmungsbeschluss der Anteilsinhaber schwebend unwirksam und die Verschmelzung nicht eintragungsfähig. 1

1) Begr. RegE UmwBerG, BR-Drucks. 75/94, S. 103; *Habersack* in: BeckOGK-UmwG, § 65 Rz. 2; Kallmeyer-*Zimmermann*, UmwG, § 65 Rz. 1; Henssler/Strohn-*Junker*, GesR, § 65 UmwG Rz. 1.

2 § 65 Abs. 1 regelt zunächst das **Mehrheitserfordernis** für den Verschmelzungsbeschluss und tritt damit neben das ebenfalls anzuwendende aktienrechtliche Mehrheitserfordernis nach § 133 Abs. 1 AktG.[2] § 65 Abs. 1 Satz 2 lässt **Verschärfungen und Ergänzungen** des Mehrheitserfordernisses in der Satzung zu. § 65 Abs. 2 betrifft die Behandlung mehrere **Aktiengattungen** mit Stimmrecht.

3 Die Vorschrift setzt **Art. 93 der Gesellschaftsrechtsrichtlinie**[3] um, der eine Mehrheit von zwei Dritteln der Stimmen oder des vertretenen gezeichneten Kapitals und, wenn die Aktionäre von der Maßnahme betroffen sind, getrennte Abstimmungen für verschiedene Aktiengattungen vorsieht.

4 Wird die Verschmelzung trotz eines Verstoßes gegen § 65 in das Handelsregister eingetragen, so bleiben nach § 20 Abs. 2 die Wirkungen der Verschmelzung trotz des Mangels unberührt.[4]

II. Anwendungsbereich

5 § 65 ist für AGs, KGaAs (§ 78) und SEs (Art. 9 Abs. 1 lit. c Ziff. ii SE-VO)[5] anzuwenden, wenn diese als übernehmender oder übertragender Rechtsträger an einer Verschmelzung zur Aufnahme oder zur Neugründung beteiligt sind. Zugleich gilt § 65 über die Verweisung in § 125 Abs. 1 i. V. m. § 135 Abs. 1 Satz 1 auch für **Spaltungen** zur Aufnahme oder Neugründung und mit der Ergänzung der §§ 312, 314 auch für **grenzüberschreitende Verschmelzungen und Spaltungen.**

6 § 65 ist eine umwandlungsrechtliche Spezialnorm.[6] Für Umwandlungsvorgänge außerhalb des UmwG greifen, soweit nicht selbst besondere Vorgaben bestehen, die allgemeinen Beschlussvoraussetzungen.

III. Mehrheitserfordernisse

7 § 65 Abs. 1 ergänzt das allgemeine aktienrechtliche Mehrheitserfordernis des § 133 Abs. 1 AktG. Verschmelzungsbeschlüsse einer AG bedürfen daher neben der einfachen Mehrheit der abgegebenen Stimmen **(einfache Stimmenmehrheit)** aus § 133 Abs. 1 AktG zusätzlich der Kapitalmehrheit des § 65 Abs. 1.[7]

1. Drei-Viertel-Mehrheit des Grundkapitals (§ 65 Abs. 1 Satz 1)

8 Für den Verschmelzungsbeschluss einer AG verlangt der neben § 133 AktG (siehe dazu noch Rz. 10) geltende § 65 Abs. 1 eine Mehrheit, die mindestens drei Vierteln des bei der Beschlussfassung vertretenen Grundkapitals umfasst. Damit steht § 65 Abs. 1 im Einklang mit anderen, ähnlich wirkenden oder die Verschmelzung ergänzenden Grundlagenbeschlüssen wie der Satzungsänderung (§ 179 Abs. 2 AktG), der Kapitalerhöhung (§ 182 Abs. 1 AktG), der Auflösung (§ 262 Abs. 1 Nr. 2), dem Abschluss eines Unternehmensvertrages (§ 293 Abs. 1 Satz 2 AktG) oder der Eingliederung (§ 319 Abs. 2 Satz 2 AktG).

---

2) *Wilsing/v. d. Linden* in: KölnKomm-UmwG, § 65 Rz. 4; Widmann/Mayer-*Rieger*, UmwR, § 65 UmwG Rz. 4.

3) Richtlinie (EU) 2017/1132 des Europäischen Parlaments und des Rates v. 14.6.2017 über bestimmte Aspekte des Gesellschaftsrechts (Gesellschaftsrechtsrichtlinie), ABl. (EU) L 169/46 v. 30.6.2017.

4) Widmann/Mayer-*Rieger*, UmwR, § 65 UmwG Rz. 70; *Wilsing/v. d. Linden* in: KölnKomm-UmwG, § 65 Rz. 10; Lutter-*Grunewald*, UmwG, § 65 Rz. 13.

5) Verordnung (EG) Nr. 2157/2001 des Rates v. 8.10.2001 über das Statut der Europäischen Gesellschaft (SE) (SE-VO), ABl. (EU) L 294/1 v. 10.11.2001.

6) Semler/Stengel/Leonard-*Diekmann*, UmwG, § 65 Rz. 4; *Wilsing/v. d. Linden* in: KölnKomm-UmwG, § 65 Rz. 3.

7) *Habersack* in: BeckOGK-UmwG, § 65 Rz. 5; Widmann/Mayer-*Rieger*, UmwR, § 65 UmwG Rz. 4.

Das Mehrheitserfordernis stellt auf eine **qualifizierte Kapitalmehrheit** ab. Dabei kommt es nicht auf das in der Hauptversammlung vertretene Kapital an. Als maßgeblicher Nenner gilt das Grundkapital, das sich aus dem Nennbetrag bzw. dem anteiligen Betrag der Aktien ergibt, die an der Beschlussfassung durch Stimmgabe teilnehmen.[8] Stimmenthaltungen, ungültige Stimmen oder Stimmverboten[9] unterliegende Aktien zählen nicht zum Nenner hinzu. Bei Inhaberaktien börsennotierter AGs kann das Stimmrecht nur ausgeübt werden, wenn ein **Nachweis des Anteilsbesitzes** gemäß § 123 Abs. 4 AktG zum sog. Record Date vorliegt. Bei Namensaktien kommt es auf die Eintragung im Aktienregister an (§ 123 Abs. 5 AktG). Eine als übernehmende Rechtsträgerin an der AG beteiligte Aktionärin oder eine mit ihr verbundene Gesellschaft unterliegen keinem Stimmrechtsausschluss.[10] 9

2. Einfache Stimmenmehrheit (§ 133 Abs. 1 AktG)

Gemäß § 133 Abs. 1 AktG bedürfen Beschlüsse der Hauptversammlung außerdem stets der **einfachen Mehrheit der abgegebenen Stimmen**. Kapital- und Stimmenmehrheit stehen insoweit nebeneinander und müssen beide erfüllt sein.[11] Getrennte Abstimmungen sind nicht erforderlich, es werden die im Abstimmungsgang abgegebenen Stimmen zweifach gerechnet.[12] 10

Für die Ermittlung der einfachen Stimmenmehrheit nach § 133 Abs. 1 AktG sind nur die abgegebenen Ja- und Nein-Stimmen maßgeblich. Übersteigen die Ja-Stimmen die Nein-Stimmen, ist der Beschluss insoweit angenommen, bei Stimmengleichheit abgelehnt.[13] Stimmenthaltungen werden nicht berücksichtigt. Sie werden insbesondere nicht als Nein-Stimmen gewertet.[14] Dies gilt unabhängig davon, welche Abstimmungsmethode der Versammlungsleiter bestimmt (Additionsmethode, Subtraktionsverfahren etc.).[15] 11

Stimmenmehrheit und Kapitalmehrheit laufen in der Praxis regelmäßig parallel. Abweichungen können sich nur bei **Höchststimmrechten** i. S. von § 134 Abs. 2 Satz 2 AktG oder **Mehrfachstimmrechten** nach §§ 12 Satz 2, 135a AktG ergeben. Letztere sind nach längerer Abwesenheit im Aktienrecht durch das ZuFinG[16] wieder in das AktG aufgenommen worden.[17] 12

3. Abweichende Regelung in der Satzung (§ 65 Abs. 1 Satz 2 UmwG/ § 133 Abs. 1 Halbs. 2 AktG)

Sowohl § 65 Abs. 1 Satz 2 UmwG als auch § 133 Abs. 1 Halbs. 2 AktG lassen Abweichungen in der Satzung durch Bestimmung anderer Mehrheitserfordernisse oder die Einführung weiterer Erfordernisse zu, wobei anders als etwa nach § 179 Abs. 2 AktG dabei nur die Bestimmung einer **größeren Kapitalmehrheiten** zulässig ist. 13

---

8) *Habersack* in: BeckOGK-UmwG, § 65 Rz. 6; Semler/Stengel/Leonard-*Diekmann*, UmwG, § 65 Rz. 12.

9) Etwa aus §§ 20 Abs. 7, 71b, 134 Abs. 1, 2 AktG, § 44 WpHG, § 59 WpÜG.

10) Semler/Stengel/Leonard-*Diekmann*, UmwG, § 65 Rz. 21; Henssler/Strohn-*Junker*, GesR, § 65 UmwG Rz. 2.

11) Henssler/Strohn-*Junker*, GesR, § 65 UmwG Rz. 2; Kallmeyer-*Zimmermann*, UmwG, § 65 Rz. 5.

12) *Marsch-Barner/v. d. Linden* in: Marsch-Barner/Schäfer, Hdb. börsennotierte AG, Rz. 37.66; *Wilsing/ v. d. Linden* in: KölnKomm-UmwG, § 65 Rz. 5.

13) *Wilsing/v. d. Linden* in: KölnKomm-UmwG, § 65 Rz. 4.

14) *Habersack* in: BeckOGK-UmwG, § 65 Rz. 6; Widmann/Mayer-*Rieger*, UmwR, § 65 UmwG Rz. 3.

15) Vgl. zu den Voraussetzungen an die Auszählungsverfahren *Arnold* in: MünchKomm-AktG, § 133 Rz. 31 ff.

16) Vgl. Begr. RegE ZuFinG, BT-Drucks. 20/8292, S. 24 f., 107 f.; vgl. zu den Mehrstimmrechten *Dolzer* in: Reichert, ArbHdb. Hauptversammlung, § 32; *Florstedt*, NZG 2024, 139, 142 ff.

17) Vgl. zur Ausgestaltung der Mehrfachstimmrechte *Koch*, AktG, § 135a Rz. 1 ff.

14 Als weitere Erfordernisse kommen etwa die Einführung von **Beschlussquoren** oder mehrfache Beschlussfassungen in Betracht. In die ausschließliche Zuständigkeit der Hauptversammlung darf über den Sonderfall des § 62 hinaus nicht eingegriffen werden. Unzulässig ist daher die Einführung von Zustimmungsrechten, etwa des Aufsichtsrats[18] oder eines Aktionärs. Zulässig ist es jedoch, den Vorschlag des Vorstands an die Hauptversammlung unter einen Zustimmungsvorbehalt des Aufsichtsrats zu stellen.

15 Unzulässig wäre auch ein **generelles Verschmelzungsverbot** in der Satzung.[19] Eine solche Satzungsklausel kann allerdings in ein Erfordernis der Zustimmung aller Aktionäre umgedeutet werden.[20] Auch etwa die Einräumung eines Stimmrechts für **Vorzugsaktionäre** bei Abstimmungen über die Verschmelzung wäre von § 65 Abs. 1 Satz 2 UmwG und § 133 Abs. 1 Halbs. 2 AktG gedeckt.

4. Weitere Mehrheiten

16 Die Mehrheiten für die übrigen i. R. der Verschmelzung zu fassenden Beschlüsse richten sich nach den **jeweiligen gesetzlichen Anforderungen und Satzungsbestimmungen**. So bedeutet die Verschmelzung für die übernehmende Gesellschaft immer auch eine **Satzungsänderung**, die bei der AG nach § 179 Abs. 2 AktG ebenfalls einer Drei-Viertel-Mehrheit des bei Beschlussfassung vertretenen Grundkapitals bedarf, die über eine Satzungsbestimmung aber auch herabgesenkt werden kann. Für die **SE** schreibt Art. 59 Abs. 1 SE-VO für Satzungsänderungen eine Mehrheit von zwei Dritteln der abgegebenen Stimmen vor. Nach Art. 59 Abs. 2 i. V. m. § 51 SEAG[21] kann die Satzung die erforderliche Mehrheit auf ein Beschlussquorum von 50 % des gezeichneten Kapitals herabsetzten. Dies gilt allerdings nicht für die nach § 65 Abs. 1 erforderliche Mehrheit im Verschmelzungsbeschluss selbst.[22]

17 Auch für die mit der Verschmelzung verbundene **Kapitalerhöhung** bei dem übernehmenden Rechtsträger kann die Satzung gemäß § 182 Abs. 1 AktG andere Stimmenmehrheiten vorsehen. Soweit die Satzung der übertragenden AG nach § 262 Abs. 2 Nr. 2 AktG strengere Mehrheiten für die Auflösung vorsieht, sind diese trotz der Wirkung des § 20 Abs. 1 Nr. 2 nicht auf die Verschmelzung zu übertragen. Im Gegensatz zur Auflösung besteht bei der Verschmelzung die Unternehmung der übertragenden AG grundsätzlich fort. Die Aktionäre erhalten keinen Liquidationserlös, sondern neue Anteile. Entsprechend regelt § 20 Abs. 1 Nr. 2 auch nur das Erlöschen des Rechtsträgers, nicht die Auflösung und Liquidation.

IV. Kettenverschmelzungen

18 Bei sog. Kettenverschmelzungen, bei denen mehrere Rechtsträger auf einen Rechtsträger verschmolzen werden, ist für jede einzelne Verschmelzung ein Beschluss des jeweils übertragenden Rechtsträgers nach § 65 erforderlich. Dies gilt auch dann, wenn zwar einzelne, aber nicht alle Rechtsträger die Erleichterungen des § 62 in Anspruch nehmen können (siehe dazu § 62 Rz. 16 f. [*Nolden*]).

18) Lutter-*Grunewald*, UmwG, § 65 Rz. 8; Semler/Stengel/Leonard-*Diekmann*, UmwG, § 65 Rz. 17.

19) *Habersack* in: BeckOGK-UmwG, § 65 Rz. 7; Lutter-*Grunewald*, UmwG, § 65 Rz. 7; Semler/Stengel/Leonard-*Diekmann*, UmwG, § 65 Rz. 16.

20) *Habersack* in: BeckOGK-UmwG, § 65 Rz. 7; *Wilsing/v. d. Linden* in: KölnKomm-UmwG, § 65 Rz. 6; Schmitt/Hörtnagl-*Missio*, UmwG/UmwStG, § 65 UmwG Rz. 11.

21) Gesetz zur Ausführung der Verordnung (EG) Nr. 2157/2001 des Rates v. 8.10.2001 über das Statut der Europäischen Gesellschaft (SE) (SE-Ausführungsgesetz – SEAG), v. 22.12.2004, BGBl. I 2004, 3675.

22) *Kubis* in: MünchKomm-AktG, Art. 59 SE-VO Rz. 9.

V. Sonderbeschlüsse (§ 65 Abs. 2)

Hat eine an der Verschmelzung beteiligte AG **mehrere Aktiengattungen** ausgegeben, so ist nach § 65 Abs. 2 ein gesonderter Beschluss der stimmberechtigten Aktionäre jeder Gattung erforderlich. Dies gilt unabhängig davon, ob die Rechte der verschiedenen Gattungen durch die Verschmelzung beeinträchtigt werden.[23] Die Beschlussfassung nach § 65 Abs. 2 tritt neben das Beschlusserfordernis nach § 65 Abs. 1, § 133 AktG. 19

Als verschiedene Gattungen gelten nur solche Aktiengattungen die **trotz Stimmrechts** mit **unterschiedlichen Aktionärsrechten** ausgestattet sind (§ 11 Satz 2 AktG). Vorzugsaktien ohne Stimmrecht gelten zwar als eigene Aktiengattung, sind aber nach § 65 Abs. 2 grundsätzlich nicht zum Sonderbeschluss berechtigt. In diesem Fall ist auch kein Sonderbeschluss der Stammaktionäre erforderlich.[24] 20

Dies gilt nicht, soweit das Stimmrecht der **Vorzugsaktien** besteht (§ 140 Abs. 2 AktG) oder soweit durch die Verschmelzung der Vorzug der Vorzugsaktionäre aufgehoben oder beschränkt wird (§ 141 Abs. 1, 2 AktG). § 141 AktG wird nach zutreffender Auffassung nicht durch § 23 verdrängt, der den Aktionären mit Sonderrechten nur einen schuldrechtlichen Anspruch auf Gewährung gleicher Rechte einräumt.[25] Das gilt auch, wenn den Vorzugsaktionären i. R. der Verschmelzung Stammaktien gewährt werden.[26] 21

Für den Sonderbeschluss ist nach § 138 eine **gesonderte Abstimmung** oder – nach Ermessen des Vorstands oder auf Verlangen eines Aktionärsquorums von 10 % – sogar eine **gesonderte Versammlung** erforderlich.[27] Für die Mehrheitserfordernisse gilt § 65 Abs. 1. 22

VI. Anforderungen an den Hauptversammlungsbeschluss

Für die Anforderungen an den Hauptversammlungsbeschluss außerhalb der Mehrheitserfordernisse gelten die allgemeinen umwandlungs- und aktienrechtlichen Regelungen. Mit dem **Verschmelzungsbeschluss** stimmen die Aktionäre dem Verschmelzungsvertrag zu. Der Beschluss muss dazu den gesamten Inhalt des Verschmelzungsvertrags oder seines Entwurfs umfassen. Der Beschluss bedarf der **notariellen Beurkundung** (§ 13 Abs. 3 Satz 1). Die Beurkundung richtet sich nach § 130 Abs. 1 Satz 1 AktG.[28] 23

Der Verschmelzungsbeschluss trägt – auch i. V. m. einem verschmelzungsrechtlichen Squeeze-out nach § 62 Abs. 5 – seine Rechtfertigung in sich und **bedarf keiner sachlichen Begründung.**[29] 24

Die Zustimmung **verpflichtet den Vorstand zur Umsetzung** des Beschlusses. Eine bedingte Beschlussfassung ist nur insoweit zulässig, als dem Vorstand für die Durchführung 25

23) Lutter-*Grunewald*, UmwG, § 65 Rz. 8; *Habersack* in: BeckOGK-UmwG, § 65 Rz. 10; Semler/Stengel/Leonard-*Diekmann*, UmwG, § 65 Rz. 22.

24) BGH, Urt. v. 23.2.2021 – II ZR 65/19, NZG 2021, 782 ff. = ZIP 2021, 738; *Habersack* in: BeckOGK-UmwG, § 65 Rz. 11; *Wilsing/v. d. Linden* in: KölnKomm-UmwG, § 65 Rz. 7; Semler/Stengel/Leonard-*Diekmann*, UmwG, § 65 Rz. 24; krit. unter Verweis auf §§ 141, 179 Abs. 3 AktG *Trinks*, ZGR 2021, 1010 ff.

25) BGH, Urt. v. 23.2.2021 – II ZR 65/19, Rz. 56 ff., NZG 2021, 782 ff. = ZIP 2021, 738 – für den Fall der Abspaltung; *Bayer*, ZGR 2024. 897, 915 ff.; *Habersack* in: BeckOGK-UmwG, § 65 Rz. 11; Widmann/Mayer-*Rieger*, UmwR, § 65 UmwG Rz. 19; Kallmeyer-*Zimmermann*, UmwG, § 65 Rz. 22.

26) *Bayer*, ZGR 2024. 897, 915 f.

27) Kallmeyer-*Zimmermann*, § 65 Rz. 24; *Habersack* in: BeckOGK-UmwG, § 65 Rz. 14.

28) § 130 AktG geht nach § 65 BeurkG den als speziellere Norm den §§ 8 ff., 36 ff. BeurkG vor.

29) Kallmeyer-*Zimmermann*, § 65 Rz. 8; Widmann/Mayer-*Rieger*, UmwR, § 65 UmwG Rz. 12.1.

der Verschmelzung kein Ermessen eingeräumt wird. Zulässig sind jedoch unechte Bedingungen wie etwa die Verschmelzung erst nach Wirksamwerden einer vorlaufenden Verschmelzung zur Eintragung zu bringen.[30]

VII. Kosten des Hauptversammlungsbeschlusses

26 Die Kosten des Hauptversammlungsbeschlusses tragen die jeweiligen Rechtsträger, soweit der Verschmelzungsvertrag nichts anderes bestimmt. Die Kosten gehen mit dem Wirksamwerden der Verschmelzung vollständig auf den übernehmenden Rechtsträger über.

27 Zu den Kosten gehören neben den Kosten der Vorbereitung und Einberufung der Hauptversammlung insbesondere die **Notarkosten für die Beurkundung.** Der Notar erhält das Doppelte der vollen Gebühr (Nr. 21100 KV-GNotKG). Als Geschäftswert gilt nach § 108 GNotKG der Wert des Aktivvermögens des übertragenden Rechtsträgers ohne Abzug der Verbindlichkeiten, begrenzt allerdings auf 5 Mio. €. Werden in einer Urkunde die Beschlüsse verschiedener Rechtsträger gefasst, so gelten sie als ein Beurkundungsgegenstand (§ 109 Abs. 2 Nr. 4 lit. g GNotKG).

30) Vgl. Semler/Stengel/Leonard-*Diekmann*, UmwG, § 65 Rz. 10; *Grunewald*, AG 1990, 133, 139; *Lutter* in: FS Quack, S. 314 ff.

§ 66
Eintragung bei Erhöhung des Grundkapitals

Erhöht die übernehmende Gesellschaft zur Durchführung der Verschmelzung ihr Grundkapital, so darf die Verschmelzung erst eingetragen werden, nachdem die Durchführung der Erhöhung des Grundkapitals im Register eingetragen worden ist.

Literatur: *DNotI*, Kapitalerhöhung und Handelsregisteranmeldung bei einer monistischen SE mit Sitz in Deutschland: Zuständigkeit der geschäftsführenden Direktoren und/oder des Verwaltungsrats, DNotI-Report 2009, 42.

Übersicht

I. Überblick und Anwendungsbereich

1 Ebenso wie der wortgleiche § 53 für die GmbH ergänzt § 66 für die AG, die KGaA (§ 78) sowie die SE (Art. 10 SE-VO)[1] den in § 19 festgelegten **Eintragungsablauf** (siehe § 19 [*Hoefling*]) um die Reihenfolge der Eintragungen von Kapitalerhöhung, Durchführung der Kapitalerhöhung und Verschmelzung im Register der übernehmenden Gesellschaft.

1) Verordnung (EG) Nr. 2157/2001 des Rates v. 8.10.2001 über das Statut der Europäischen Gesellschaft (SE) (SE-VO), ABl. (EU) L 294/1 v. 10.11.2001.

Die Regelungen in § 53 und § 66 gewährleisten damit für Kapitalgesellschaften, dass den Anteilsinhabern des übertragenden Rechtsträgers zum Zeitpunkt des Wirksamwerdens der Verschmelzung die als **Gegenleistung** zu gewährenden Anteile des übernehmenden Rechtsträgers auch **tatsächlich zur Verfügung stehen.**[2)]

§ 66 regelt nur die Eintragungsreihenfolge bei **Verschmelzungen durch Aufnahme** und auch nur, soweit die übernehmende AG für die Verschmelzung ihr **Grundkapital erhöht** (vgl. § 68). Bei einer freiwilligen Kapitalerhöhung nimmt die AG i. R. einer Verschmelzungstransaktion freiwillig Kapital auf, ohne dazu nach § 68 verpflichtet oder berechtigt zu sein, gibt es keine Vorgabe der vorrangigen Eintragung. 2

Die Rechtsform des übertragenden Rechtsträgers ist unerheblich. Auch macht § 66 keine Vorgaben für die Eintragungsreihenfolge des übertragenden Rechtsträgers. Über die Verweisung des § 125 Satz 1 gilt § 63 auch für **Spaltungen zur Aufnahme**. Für die Verschmelzung oder Spaltung zur Neugründung hat § 66 hingegen keine Bedeutung.[3)] 3

II. Reihenfolge der Eintragungen

Erhöht eine aufnehmende AG i. R. einer Verschmelzung ihr Kapital, sind grundsätzlich drei Registereintragungen vorgesehen: 4

- Die **Anmeldung des Kapitalerhöhungsbeschlusses** (§ 184 AktG),
- die **Durchführung der Kapitalerhöhung** (§ 188 AktG) sowie
- die **Verschmelzung** selbst (§ 19 UmwG).

Mit der Eintragung der Verschmelzung in das Register des übernehmenden Rechtsträgers wird die Verschmelzung wirksam. Das Vermögen des übertragenden Rechtsträgers geht auf die übernehmende AG über (§ 20 Abs. 1 Nr. 1) und der übertragende Rechtsträger erlischt (§ 20 Abs. 1 Nr. 2). Gleichzeitig erhalten die Anteilsinhaber des übertragenden Rechtsträgers die aus der Kapitalerhöhung hervorgehenden Aktien der übernehmenden AG (§ 20 Abs. 1 Nr. 3); siehe § 20 [*Lubberich*]. 5

1. Ordentliche Kapitalerhöhungen

Im Hinblick auf die weitreichenden und in der Regel irreversiblen Rechtsfolgen einer Verschmelzung, sieht § 66 eine konditionale Verknüpfung der Eintragungen der Kapitalerhöhung und der Verschmelzung vor: Dem Registergericht des übernehmenden Rechtsträgers ist vorgegeben, die Verschmelzung **erst dann** zur Eintragung zu bringen, wenn 6

- die **Durchführung der Kapitalerhöhung** in das Register des übernehmenden Rechtsträgers (§ 66) und
- die Verschmelzung in das **Register des übertragenden Rechtsträgers** eingetragen wurden.

Diese Vorgehensweise gewährleistet, dass die Schaffung der neuen Aktien, das Erlöschen des übertragenden Rechtsträgers, der Vermögensübergang und die Übernahme der Aktien durch die Rechtsträger des übertragenden Rechtsträgers in der für die ordnungsgemäße Durchführung **erforderlichen Reihenfolge ablaufen.** Entsprechend wird bei der Verschmelzung § 189 AktG modifiziert. 7

---

2) *Habersack* in: BeckOGK-UmwG, § 66 Rz. 1; Semler/Stengel/Leonard-*Diekmann*, UmwG, § 66 Rz. 1; Widmann/Mayer-*Rieger*, UmwR, § 64 UmwG Rz. 2.

3) *Wilsing/v. d. Linden* in: KölnKomm-UmwG, § 66 Rz. 3; *Habersack* in BeckOGK-UmwG, § 66 Rz. 3; Semler/Stengel/Leonard-*Diekmann*, UmwG, § 64 Rz. 3.

8 Die **Kapitalerhöhung** wird nicht schon mit der Eintragung der Durchführung, sondern **erst mit der Eintragung der Verschmelzung** wirksam.[4)] Sollte die Eintragung der Verschmelzung nicht erfolgen, ist die Kapitalerhöhung unwirksam. Bereits erfolgte Eintragungen der Kapitalerhöhung sind von Amts wegen zu löschen.[5)] Ist hingegen die Verschmelzung eingetragen, erstreckt sich der weitreichende **Bestandsschutz** des § 20 Abs. 2 auf die Kapitalerhöhung.[6)]

2. Genehmigtes Kapital, bedingtes Kapital

9 Wird, wie in der Praxis regelmäßig, die Verschmelzung durch eine Kapitalerhöhung aus **genehmigtem Kapital** vorgenommen, ist i. R. des § 66 lediglich die Durchführung der Kapitalerhöhung durch Ausübung des genehmigten Kapitals (§ 204 AktG) von Belang. An die Stelle des Kapitalerhöhungsbeschlusses tritt nach § 203 Abs. 1 Satz 2 AktG die **Ermächtigung in der Satzung** der übernehmenden AG.[7)]

10 Bei einer **bedingten Kapitalerhöhung**, die nach § 192 Abs. 2 Nr. 2 AktG auch zur Vorbereitung des Zusammenschlusses mehrerer Unternehmen zur Verfügung steht,[8)] ist nach § 195 AktG nur die **Eintragung des Beschlusses** erforderlich. Das Grundkapital der AG ist sodann aber unmittelbar mit der Ausgabe der Bezugsaktien aus dem bedingten Kapital erhöht (§ 200 AktG). Im Rahmen der Verschmelzung wird § 200 AktG aufgrund der konditionalen Verknüpfung von Kapitalerhöhung und Verschmelzung insoweit modifiziert, dass die Bezugsaktien mit Wirksamwerden der Verschmelzung **als ausgegeben gelten.**[9)] Eine Eintragung der Durchführung der Kapitalerhöhung, wie von § 66 vorausgesetzt, gibt es bei der bedingten Kapitalerhöhung daher nicht.

3. Verstoß gegen die Reihenfolge

11 Für die Anmeldungen und Eintragungen im **Register des übertragenden Rechtsträgers** spielt § 66 keine Rolle. Eine Eintragung der Verschmelzung im Register des übertragenden Rechtsträgers vor der Eintragung der Kapitalerhöhung des übernehmenden Rechtsträgers ist mithin unschädlich.[10)]

12 Wird entgegen § 66 die Verschmelzung **beim übernehmenden Rechtsträger** vor der Eintragung der Kapitalerhöhung vorgenommen, berührt das die Wirksamkeit der Verschmelzung zunächst nicht. Zeitlich wird die Verschmelzung dann aufgrund der konditionalen Verknüpfung von Kapitalerhöhung und Verschmelzung abweichend von § 20 Abs. 1 erst mit Eintragung der Kapitalerhöhung wirksam.[11)] Im Falle eines Verstoßes gegen die in § 66 festgelegte Eintragungsreihenfolge ist ein **berichtigender Vermerk** in das Han-

---

4) Kallmeyer-*Zimmermann*, UmwG, § 66 Rz. 21; *Habersack* in: BeckOGK-UmwG, § 66 Rz. 5; *Wilsing/v. d. Linden*, KölnKomm-UmwG, § 66 Rz. 4.

5) Vgl. zur Löschungsprozedere nach § 395 FamFG *Otto* in: BeckOK-FamFG, § 395 Rz. 34 ff.; *Krafka* in: MünchKomm-FamFG, § 395 Rz. 13 ff.; Sternal-*Eickelberg*, FamFG, § 395 Rz. 31 ff.

6) *Wilsing/v. d. Linden* in: KölnKomm-UmwG, § 66 Rz. 4; Widmann/Mayer-*Rieger*, UmwR, § 66 UmwG Rz. 9; Semler/Stengel/Leonard-*Diekmann*, UmwG, § 66 Rz. 12.

7) Widmann/Mayer-*Rieger*, UmwR, § 66 UmwG Rz. 8; *Habersack* in: BeckOGK-UmwG, § 66 Rz. 7.

8) Vgl. zu den aktienrechtlichen Voraussetzungen *Koch*, AktG, § 192 Rz. 14; *Fuchs* in: MünchKomm-AktG, § 192 Rz. 60 f.

9) *Habersack* in: BeckOGK-UmwG, § 66 Rz. 8; *Wilsing/v. d. Linden* in: KölnKomm-UmwG, § 66 Rz. 4.

10) Widmann/Mayer-*Rieger*, UmwR, § 72 UmwG Rz. 12; Semler/Stengel/Leonard-*Diekmann*, UmwG, § 72 Rz. 14; Schmitt/Hörtnagl-*Missio*, UmwG/UmwStG, § 72 UmwG Rz. 4.

11) *Wilsing/v. d. Linden* in: KölnKomm-UmwG, § 66 Rz. 6; *Habersack* in: BeckOGK-UmwG, § 66 Rz. 9; Widmann/Mayer-*Rieger*, UmwR, § 66 UmwG Rz. 12.

delsregister einzutragen, der besagt, dass die Verschmelzung erst mit Eintragung (der Durchführung) der Kapitalerhöhung wirksam geworden ist.[12)]

III. Anmeldungs- und Eintragungsverfahren

Die allgemeine Regelung zur Anmeldung der Verschmelzung in §§ 16, 17 wird durch § 66 13
sowie die aktienrechtlichen Regelungen der §§ 184, 188, 203 Abs. 1 Satz 1 AktG ergänzt.

1. Anmeldung der Kapitalerhöhung

Der Kapitalerhöhungsbeschluss ist nach § 184 AktG durch den **Vorstand** in vertretungs- 14
berechtigter Zahl[13)] sowie durch den **Vorsitzenden des Aufsichtsrats** zur Eintragung in das Handelsregister am Sitz der Gesellschaft anzumelden. Das gilt auch für die dualistische organisierte SE. Bei der monistischen verfassten SE handelt nach h. M. der (gesamte) Verwaltungsrat nach § 22 Abs. 1 und Abs. 6 SEAG.[14)] § 40 Abs. 2 Satz 1 SEAG[15)] gilt ausschließlich für Anmeldungen, die allein der Vorstand vornehmen kann. Bei der KGaA handelt nach § 283 Nr. 1 AktG anstatt des Vorstands der persönlich haftende Gesellschafter. Eine unechte Gesamtvertretung durch einen Vorstand mit einem Prokuristen ist in Hinblick auf die abzugebenden Erklärungen ebenso unzulässig wie eine Anmeldung durch einen Bevollmächtigten.[16)]

Die Anmeldung erfolgt in **öffentlich beglaubigter Form** (§ 12 HGB, § 129 BGB, § 39, 40 15
BeurkG). Eine einheitliche Urkunde ist nicht erforderlich, Unterschriften auf verschiedenen inhaltsgleichen Blättern sind ebenfalls ausreichend, etwa wenn sie von unterschiedlichen Notaren oder zu unterschiedlichen Zeiten beglaubigt wurden. Auch die **Unterzeichnung im Ausland** ist möglich, sofern die jeweiligen Formvorschriften der Jurisdiktion (Apostille, Legalisation) eingehalten werden.

Die Anmeldung erfolgt **als Kapitalerhöhung zur Durchführung der Verschmelzung.** 16
Ein bloßer Verweis auf das Hauptversammlungsprotokoll mit der Beschlussfassung ist nicht ausreichend.[17)] Angaben über nicht geleistete Einlagen sind nach § 69 entbehrlich.

Der Anmeldung sind die folgenden **Anlagen** beizufügen:[18)] 17

- Notarielle **Niederschrift des Kapitalerhöhungsbeschlusses** sowie von Sonderbeschlüssen, soweit gefasst, jeweils in Ausfertigung oder beglaubigter Abschrift;
- die **Schlussbilanz des übertragenden Rechtsträgers** und/oder ein Wertgutachten, um dem Registergericht Werthaltigkeitsprüfung zu ermöglichen;
- ggf. ein Sacheinlageprüfungsbericht.

Teilweise wird aus § 69 Abs. 2 abgeleitet, dass mit der Anmeldung des Kapitalerhöhungs- 18
beschluss bereits die in § 69 Abs. 2 genannten Unterlagen, insbesondere der Verschmelzungsvertrag, einzureichen sind.[19)] § 69 Abs. 2 stellt allerdings auf die **„Anmeldung der**

---

12) Widmann/Mayer-*Rieger*, UmwR, § 66 UmwG Rz. 12; Semler/Stengel/Leonard-*Diekmann*, UmwG, § 66 Rz. 14; Kallmeyer-*Zimmermann*, UmwG, § 66 Rz. 20.

13) *Schürnbrand/Verse* in: MünchKomm-AktG, § 184 Rz. 9, 10; *Wilsing/v. d. Linden* in: KölnKomm-UmwG, § 66 Rz. 5.

14) Vgl. *DNotI*, DNotI-Report 2009, 42, 46; Lutter/Hommelhoff/Teichmann-*Teichmann*, SE-Kommentar, Anh. Art. 43 SE-VO (§ 40 SEAG) Rz. 35; *Schwindowski* in: Jannot/Frodermann, Hdb. SE, Kap. 8 Rz. 35.

15) Gesetz zur Ausführung der Verordnung (EG) Nr. 2157/2001 des Rates v. 8.10.2001 über das Statut der Europäischen Gesellschaft (SE) (SE-Ausführungsgesetz – SEAG), v. 22.12.2004, BGBl. I 2004, 3675.

16) Kallmeyer-*Zimmermann*, UmwG, § 66 Rz. 3; *Wilsing/v. d. Linden* in: KölnKomm-UmwG, § 66 Rz. 5.

17) Kallmeyer-*Zimmermann*, UmwG, § 66 Rz. 6.

18) Kallmeyer-*Zimmermann*, UmwG, § 66 Rz. 7; Widmann/Mayer-*Rieger*, UmwR, § 69 UmwG Rz. 39.

19) Semler/Stengel/Leonard-*Diekmann*, UmwG, § 66 Rz. 7.

Kapitalerhöhung" ab, nach der Systematik des § 66 ist das die Anmeldung der Durchführung der Kapitalerhöhung. In der Praxis wird die Anmeldung des Kapitalerhöhungsbeschlusses jedoch häufig mit der Anmeldung der Durchführung verbunden, so dass sich die Streitfrage nicht stellt.

2. Anmeldung der Durchführung der Kapitalerhöhung und der Satzungsänderung

19 Mit der Durchführung der Kapitalerhöhung melden Vorstand und Aufsichtsratsvorsitzender zum Register, in welcher Höhe die Kapitalerhöhung durchgeführt wurde, und reichen die entsprechend **geänderte Satzungsregelung** ein. Für die Anmeldung der Durchführung der Kapitalerhöhung gelten die Ausführungen hinsichtlich der Zuständigkeit und der Form der Anmeldung des Kapitalerhöhungsbeschlusses entsprechend. Das Verfahren zur Eintragung der Satzungsänderung richtet sich nach § 181 AktG.

20 Wie sich aus § 69 Abs. 2 ergibt, kann die Anmeldung der Durchführung erst erfolgen, wenn der Verschmelzungsvertrag durch die Beschlussfassungen wirksam geworden ist. Die in § 69 Abs. 2 genannten Unterlagen sind daher als **Nachweis der Durchführung** mit beizufügen.[20)]

21 Der Anmeldung der Durchführung sind die folgenden **Anlagen** beizufügen:[21)]

- Notarielle Niederschrift des **Verschmelzungsvertrages und der -beschlüsse** einschließlich etwaiger Sonderbeschlüsse, Zustimmungserklärungen oder Nebenvereinbarungen in Ausfertigung oder beglaubigter Abschrift (§ 69 Abs. 2);
- notarielle Niederschrift des Beschlusses über die Änderung der Satzung;
- geänderte **Satzung** mit notarieller Vollständigkeitsbescheinigung (§ 181 Abs. 1 AktG);
- Zusammenstellung der **Kosten der Kapitalerhöhung** (§ 188 Abs. 3 AktG).

22 Im Rahmen der Anmeldung der Durchführung einer Kapitalerhöhung aufgrund einer Verschmelzung ist abweichend von § 188 Abs. 3 AktG **kein Zeichnungsschein** oder ein Verzeichnis der Zeichner einzureichen. Diese grundsätzlich bei der Anmeldung der Durchführung einer Kapitalerhöhung erforderlichen Dokumente werden durch den Verschmelzungsvertrag ersetzt.[22)]

23 Anders als die Durchführung der Kapitalerhöhung und die Verschmelzung ist die **Satzungsänderung nicht konditionell** mit der Kapitalerhöhung oder Verschmelzung **verknüpft**.

3. Anmeldung der Verschmelzung

24 Die Anmeldung der Verschmelzung erfolgt gemäß § 16 (siehe § 16 Rz. 1 ff. [*Hoefling*]), die verschmelzungstypischen Anlagen sind in § 17 (siehe § 17 Rz. 4 ff. [*Hoefling*]) aufgeführt. Die Reihenfolge der Eintragung in den Registern der beteiligten Rechtsträger bestimmt § 19 (siehe § 19 Rz. 3 ff. [*Hoefling*]). Die Verschmelzung darf erst eingetragen werden, wenn die Anzeige des Treuhänders nach § 71 Abs. 1 Satz 2 eingegangen ist (siehe § 71 Rz. 4 [*Nolden*]).

4. Verbindung der Anmeldungen

25 Die Verbindung der Anmeldungen des Kapitalerhöhungsbeschlusses und seiner Durchführung, der Verschmelzung sowie der Satzung gemeinsam in einem Dokument ist zu-

20) Strittig s. Lutter-*Grunewald*, UmwG, § 69 Rz. 23 f.; *Habersack* in: BeckOGK-UmwG, § 69 Rz. 27.

21) Semler/Stengel/Leonard-*Diekmann*, UmwG, § 66 Rz. 8; Kallmeyer-*Zimmermann*, UmwG, § 66 Rz. 10, 11; *Koch*, AktG, § 188 Rz. 3, 11.

22) § 69 Abs. 1 Satz 1 erklärt § 188 Abs. 3 Nr. 1 AktG für nicht anwendbar, s. auch Semler/Stengel/Leonard-*Diekmann*, UmwG, § 66 Rz. 8; Kallmeyer-*Zimmermann*, UmwG, § 66 Rz. 12.

lässig.[23] Aus Gründen der Effektivität und Beschleunigung des Eintragungsvorgangs wird in der Praxis regelmäßig eine **einheitliche Anmeldung** vorgenommen und dem Registergericht mit dem Hinweis auf die in § 66 vorgegebene Eintragungsreihenfolge vorgelegt.[24]

5. Prüfung durch Registergericht

Das Registergericht am Sitz des **übernehmenden Rechtsträgers** prüft die ordentliche Anmeldung sowie die **formale und materielle Wirksamkeit** der Kapitalerhöhung, der Verschmelzung und der entsprechenden Satzungsänderung.[25] Am Gericht des übertragenden Rechtsträgers findet keine Prüfung der Kapitalerhöhungsvoraussetzungen statt. Ist der Kapitalerhöhungsbeschluss **nichtig**, hat das Gericht die Eintragung zurückzuweisen. Hält die aufnehmende Gesellschaft an der Verschmelzung fest, muss sie den Kapitalerhöhungsbeschluss wiederholen oder ggf. andere zur Verfügung stehende Kapitalia einsetzen. 26

Ein erfolgreicher **Freigabeantrag** nach § 246a AktG führt zur formalen Bestandskraft des angegriffenen Beschlusses[26] und zur Eintragungspflicht des Registergerichts. 27

Da die Verschmelzung formal immer mit einer **Sachkapitalerhöhung** einhergeht, hat das Registergericht i. R. der Eintragung zu prüfen, ob der Wert des Vermögens des übertragenden Rechtsträgers als Einlage den geringsten Ausgabebetrag der an die Anteilseigner des übertragenden Rechtsträgers gewährenten Aktien nicht nur unwesentlich unterschreitet (Unterpariemission).[27] Erkennt das Gericht grobe Fehler bei der Bewertung, kann es zur Überprüfung Wertgutachten durch einen oder mehrere unabhängige Prüfer in Auftrag geben, auch wenn bereits ein unabhängiger Dritter den Wert geprüft hat. 28

6. Bekanntmachung

Die Durchführung der Kapitalerhöhung ist ebenso wie die Verschmelzung nach § 19 Abs. 3 gemäß § 10 HGB bekannt zu machen (siehe zur Bekanntmachung § 19 Rz. 19 [*Hoefling*]). 29

---

23) Kallmeyer-*Zimmermann*, UmwG, § 66 Rz. 14; Widmann/Mayer-*Rieger*, UmwR, § 69 UmwG Rz. 45.

24) Vgl. etwa die Muster zur Verschmelzungsanmeldung bei der übernehmenden AG bei *Kraus* in: BeckOF-Vertrag, Ziff. 7.13.1.7. und Happ/Bednarz-*Richter*, UmwR, 1.01p) unter III.

25) Kallmeyer-*Zimmermann*, UmwG, § 66 Rz. 16.

26) Vgl. *Koch*, AktG, § 246a Rz. 11 f.; *Schäfer* in: MünchKomm-AktG, § 246a Rz. 15 f.

27) Vgl. § 184 Abs. 3 Satz 1 AktG; *Servatius* in: BeckOGK-AktG, § 184 Rz. 3, 32.

§ 67
Anwendung der Vorschriften über die Nachgründung*)

[1]Wird der Verschmelzungsvertrag in den ersten zwei Jahren seit Eintragung der übernehmenden Gesellschaft in das Register geschlossen, so ist § 52 Abs. 3, 4, 6 bis 9 des Aktiengesetzes über die Nachgründung entsprechend anzuwenden. [2]Dies gilt nicht, wenn auf die zu gewährenden Aktien nicht mehr als der zehnte Teil des Grundkapitals dieser Gesellschaft entfällt oder wenn diese Gesellschaft ihre Rechtsform durch Formwechsel einer Gesellschaft mit beschränkter Haftung erlangt hat, die zuvor bereits seit mindestens zwei Jahren im Handelsregister eingetragen war. [3]Wird zur Durchführung der Verschmelzung das Grundkapital erhöht, so ist der Berechnung das erhöhte Grundkapital zugrunde zu legen.

*) § 67 geändert durch Art. 1 des Zweiten Gesetzes zur Änderung des Umwandlungsgesetzes (2. UmwGÄndG), v. 19.4.2007, BGBl. I 2007, 542; § 67 i. d. F. des UmwBerG geändert durch Art. 2 des Gesetzes über die Zulassung von Stückaktien (Stückaktiengesetz – StückAG), v. 25.3.1998, BGBl. I 1998, 590.

Literatur: *Bröcker*, Die aktienrechtliche Nachgründung: Wieviel Kontrolle benötigt die junge Aktiengesellschaft?, ZIP 1999, 1029; *Hartmann/Bracaba*, Die Anforderungen an den Bericht des Aufsichtsrats im Nachgründungsverfahren, AG 2001, 437; *Reichert*, Probleme des Nachgründung nach altem und neuem Recht, ZGR 2001, 554.

Übersicht

I. Zweck und rechtspolitische Kritik

1 § 67 dient dem Schutz vor der Umgehung der **Gründungsvorschriften des Aktienrechts** durch Verschmelzung. Das AktG sieht eine besondere Gefährdungslage für die Kapitalaufbringung bei AG innerhalb der ersten zwei Jahre nach der Gründung. § 52 AktG enthält daher für Verträge der Gesellschaft mit den Gründern oder anderen wesentlichen Aktionären besondere Vorgaben, um die noch in den Kinderschuhen befindliche AG vor einer Umgehung der Sachgründungsvorschriften des § 27 AktG zu schützen.

2 Da die Verschmelzung als Vertrag zwischen zwei Unternehmen wie eine Sacheinlage wirkt,[1)] wird der Verschmelzungsvertrag einem **Nachgründungsvertrag** i. S. des § 52 weitgehend gleichgesetzt. Über § 67 werden die allgemeinen Verschmelzungsvoraussetzungen für AGs damit durch bestimmte Prüfungs- und Vorlagepflichten ergänzt. Der Verweis auf § 52 Abs. 3, 4 und 6–9 AktG liegt dabei nicht nur im Interesse der Aktionäre der übernehmenden Gesellschaft, sondern dient auch dem Gläubigerschutz.

3 In Abweichung von diesem Grundsatz findet § 67 auch Anwendung, wenn die übernehmende AG ihr Kapital nicht erhöht, sondern **eigene Aktien** ausgibt.[2)] In der Literatur wird die Norm insoweit für sprachlich verunglückt gehalten und rechtspolitisch kritisiert.[3)] Insbesondere die durch § 52 Abs. 4 angeordnete ergänzende Nachgründungsprüfung macht neben der in § 9 vorgesehenen Verschmelzungsprüfung sowie der bei der Verschmelzung auf eine AG mit Kapitalerhöhung erforderlichen Prüfung nach § 69 UmwG i. V. m. § 183 Abs. 3 AktG wenig Sinn.[4)] De lege ferenda sind die Anforderungen des § 67 UmwG i. V. m. § 52 AktG aber abzuarbeiten, um die Eintragung der Verschmelzung bei einer übernehmenden AG nicht zu gefährden.

1) Vgl. *Habersack* in: BeckOGK-UmwG, § 67 Rz. 2; Widmann/Mayer-*Rieger*, UmwR, § 67 UmwG Rz. 3; Schmitt/Hörtnagl-*Missio*, UmwG/UmwStG, § 67 UmwG Rz. 1.

2) *Habersack* in: BeckOGK-UmwG, § 67 Rz. 5; Lutter-*Grunewald*, UmwG, § 67 Rz. 1.

3) Widmann/Mayer-*Rieger*, UmwR, § 67 UmwG Rz. 4.

4) Widmann/Mayer-*Rieger*, UmwR, § 67 UmwG Rz. 4; Lutter-*Grunewald*, UmwG, § 67 Rz. 1; *Habersack* in: BeckOGK-UmwG, § 67 Rz. 3; *Bröcker*, ZIP 1999, 1029.

II. Anwendungsbereich

1. Übernehmender Rechtsträger

§ 67 kommt nur zur Anwendung, wenn die übernehmende Gesellschaft eine **AG, KGaA** (§ 78) **oder SE** (Art. 10 SE-VO)[5)] ist. Mit der Aufhebung des § 76 durch das UmRUG[6)] gilt § 67 nicht nur für die Verschmelzung zur Aufnahme, sondern auch die Verschmelzung zur Neugründung (vgl. den Verweis in § 73). Die Rechtsform der übertragenden Gesellschaft ist dabei unerheblich. Nach § 125 Abs. 1 AktG gelten die Nachgründungsvorschriften für die **Spaltung.** Auch für **grenzüberschreitende Verschmelzungen** ist § 67 anwendbar, sofern die aufnehmende Gesellschaft eine deutsche AG, SE oder KGaA ist (vgl. § 305 Abs. 2). Bei der **grenzüberschreitenden Spaltung** gilt § 67 für die aufnehmende deutsche AG oder SE (vgl. § 330 Abs. 2, der nicht auf § 78 verweist). 4

In der Literatur wird **vereinzelt vertreten,** dass die Nachgründungsvorschriften entsprechend **§ 52 Abs. 1 AktG** nur anwendbar sind, wenn die Verschmelzung mit einem Gründungsaktionär oder einem Aktionär durchgeführt wird, der mehr als 10 % an der Gesellschaft hält.[7)] Obgleich das Aktienrecht den besonderen Gefahrenbereich der Nachgründung in der Tat in § 52 Abs. 1 AktG auf diese besonderen Transaktionen beschränkt, verweist § 67 nach seinem eindeutigen Wortlaut bewusst nicht auf § 52 Abs. 1 AktG, zumal der Bagatellgedanke des § 52 Abs. 1 in § 67 Satz 2 Alt. 1 aufgegriffen wird. Eine entsprechende Anwendung des § 52 Abs. 1 AktG lässt sich insoweit schwer begründen und sollte bei der Planung schon aus Gründen der Transaktionssicherheit nicht in Betracht gezogen werden.[8)] 5

2. Alter der AG

Die mit § 52 Abs. 1 AktG gleichlaufende Zwei-Jahres-Frist beginnt mit der **Eintragung der übernehmenden AG** in das Handelsregister. Für den Fall der Aktivierung einer Vorratsgesellschaft ist der Zeitpunkt der wirtschaftlichen Neugründung maßgeblich.[9)] 6

Zum Zeitpunkt des Abschlusses des Verschmelzungsvertrages muss die AG seit **mindestens zwei Jahren** im Handelsregister eingetragen sein. Die Fristberechnung erfolgt nach den §§ 187 Abs. 1, 188 Abs. 2 Alt. 1 BGB. § 67 stellt auf die notarielle Beglaubigung des Verschmelzungsvertrages ab.[10)] Ein späteres Wirksamwerden durch aufschiebende Bedingungen des Verschmelzungsvertrages ist dabei nicht relevant. Ebenso kommt es nicht auf die Aufstellung eines Entwurfs des Verschmelzungsvertrages, die Beschlussfassung der Aktionäre oder die Eintragung der Verschmelzung in das Handelsregister eines der beteiligten Rechtsträger an.[11)] 7

Nicht als Nachgründung gilt nach § 67 Satz 2 Alt. 2, wenn die AG durch **Formwechsel aus einer GmbH** hervorgegangen ist, die selbst bereits mindestens zwei Jahre im Han- 8

---

5) Verordnung (EG) Nr. 2157/2001 des Rates v. 8.10.2001 über das Statut der Europäischen Gesellschaft (SE) (SE-VO), ABl. (EU) L 294/1 v. 10.11.2001.

6) Gesetz zur Umsetzung der Umwandlungsrichtlinie und zur Änderung weiterer Gesetze (UmRUG), v. 22.2.2023, BGBl. I 2023, Nr. 51.

7) Lutter-*Grunewald*, UmwG, § 67 Rz. 3.

8) *Habersack* in: BeckOGK-UmwG, § 67 Rz. 5; Widmann/Mayer-*Rieger*, UmwR, § 67 UmwG Rz. 18; Semler/Stengel/Leonard-*Diekmann*, UmwG, § 67 Rz. 5; *Reichert*, ZGR 2001, 554, 581; *Hartmann/Bracaba*, AG 2001, 437, 442.

9) *Wilsing/v. d. Linden* in: KölnKomm-UmwG, § 67 Rz. 4; Lutter-*Grunewald*, UmwG, § 67 Rz. 4; Henssler/Strohn-*Junker*, GesR, § 67 UmwG Rz. 2.

10) Kallmeyer-*Oppenhoff*, UmwG, § 67 Rz. 3; Schmitt/Hörtnagl-*Missio*, UmwG/UmwStG, § 67 UmwG Rz. 3; Semler/Stengel/Leonard-*Diekmann*, UmwG, § 67 Rz. 7.

11) *Habersack* in BeckOGK-UmwG, § 67 Rz. 6; Widmann/Mayer-*Rieger*, UmwR, § 67 UmwG Rz. 5.

delsregister eingetragen war. In der Literatur wird darauf hingewiesen, dass das Kapitalerhaltungsregime der AG strenger ist als das der GmbH. Daraus wird abgeleitet, dass die Eintragungen der GmbH und der formgewechselten AG für die Berechnung der Zwei-Jahres-Frist zusammenzufassen sind.[12] Auch wenn die Argumentation überzeugend ist, lässt der deutliche, wenn auch erneut unglücklich formulierte Wortlaut des § 67 Satz 2 Alt. 2 für diese Auslegung aber wohl keinen Raum. Für die Praxis empfiehlt sich daher zur Vermeidung von Zwischenverfügungen des Registergerichts, dem **Wortlaut der Norm zu folgen.**[13]

9 Gleichzusetzen mit der GmbH ist aber die formwechselnde Umwandlung aus einer **SE oder KGaA**, für die mindestens die Kapitalerhaltungsvorschriften der GmbH gelten.[14] Ob sich diese Auslegung auch auf **ausländische Kapitalgesellschaften** als Rechtsvorgänger der übernehmenden AG bei einer grenzüberschreitenden Verschmelzung oder Spaltung erweitern lässt, ist ungeklärt. Eine solche Anwendung erscheint grundsätzlich nicht ausgeschlossen, kann aber im Einzelfall nur infrage kommen, wenn nach dem auf die Auslandsgesellschaft anwendbaren Recht vergleichbare Kapitalaufbringungs- und Erhaltungsvorschriften gelten.

3. Mehr als 10 % neue Aktien

10 § 67 Abs. 2 Alt. 1 nimmt den Bagatellgedanken des § 52 Abs. 1 AktG auf und erklärt die Nachgründungsvorschriften nur dann für anwendbar, wenn die an die Anteilseigner der übertragenden Rechtsträger zu leistenden Aktien **mehr als 10 % des Grundkapitals der übernehmenden AG** ausmachen.[15] Für die Berechnung des Grundkapitals ist die satzungsmäßige Grundkapitalziffer nach Eintragung der Verschmelzung maßgeblich. Ein ausgeübtes genehmigtes Kapital wird dabei ab der Eintragung im Handelsregister eingerechnet, bedingtes Kapital bereits ab Ausübung.[16] Eigene Aktien der übernehmenden Gesellschaft oder Aktien, die der übertragende Rechtsträger an der übernehmenden Gesellschaft hält (vgl. § 68), werden hingegen nicht abgezogen.[17]

11 Als Zähler werden sämtliche an die Anteilseigner der übertragenden Rechtsträger **ausgegebenen Aktien** angesetzt, unabhängig davon, ob diese als neue Aktien aus einer Kapitalerhöhung ausgegeben werden oder ob die Gesellschaft eigene Aktien überträgt.[18]

12 Die 10 %-Quote kann ggf. durch Erwerbe von Anteilen an dem übertragenden Rechtsträger durch die übernehmende AG vor der Verschmelzung eingehalten werden. Solche Vorerwerbe könnten selbst ein Nachgründungsgeschäft nach § 52 Abs. 1 AktG darstellen. Die dann **doppelten Bagatellgrenzen** der § 52 Abs. 1 AktG und § 67 Satz 2 Alt. 1 UmwG ermöglichen faktisch den Erwerb von mehr als 10 % des Grundkapitals der übernehmenden AG. Solange dabei nur der durch § 52 Abs. 1 AktG, § 67 Satz 2 Alt. 1 UmwG eröffnete Rahmen eingehalten wird, ist abweichend zu Teilen der Literatur auch

---

12) Kallmeyer-*Oppenhoff*, UmwG, § 67 Rz. 2; *Habersack* in: BeckOGK-UmwG, § 64 Rz. 8; Lutter-*Grunewald*, UmwG, § 67 Rz. 5.

13) Widmann/Mayer-*Rieger*, UmwR, § 67 UmwG Rz. 8.

14) *Habersack* in: BeckOGK-UmwG, § 67 Rz. 8; Widmann/Mayer-*Rieger*, UmwR, § 67 UmwG Rz. 9; Kallmeyer-*Oppenhoff*, UmwG, § 67 Rz. 2; Lutter-*Grunewald*, UmwG, § 67 Rz. 5.

15) Schmitt/Hörtnagl-*Missio*, UmwG/UmwStG, § 67 UmwG Rz. 4.

16) Schmitt/Hörtnagl-*Missio*, UmwG/UmwStG, § 67 UmwG Rz. 5; Lutter-*Grunewald*, UmwG, § 67 Rz. 5; Semler/Stengel/Leonard-*Diekmann*, UmwG, § 67 Rz. 10.

17) *Habersack* in: BeckOGK-UmwG, § 67 Rz. 9; Widmann/Mayer-*Rieger*, UmwR, § 67 UmwG Rz. 13; Kallmeyer-*Oppenhoff*, UmwG, § 67 Rz. 5.

18) Widmann/Mayer-*Rieger*, UmwR, § 67 UmwG Rz. 13.1; Lutter-*Grunewald*, UmwG, § 67 Rz. 9; *Habersack* in: BeckOGK-UmwG, § 67 Rz. 10; Schmitt/Hörtnagl-*Missio*, UmwG/UmwStG, § 67 UmwG Rz. 6; Henssler/Strohn-*Junker*, GesR, § 67 UmwG Rz. 3.

keine Umgehung der Nachgründungsvorschriften anzunehmen.[19] Vorsicht ist allerdings bei Gestaltungen geboten, bei denen mehrere Geschäfte nach § 52 Abs. 1 AktG und Verschmelzungen gekoppelt werden, um den kombinierten Bagatellrahmen noch weiter auszuweiten.

4. Ausnahmen des § 52 Abs. 9 AktG

Die verschärften Nachgründungshandlungen sind nach § 52 Abs. 9 AktG auch dann nicht erforderlich, wenn die maßgeblichen Transaktionen i. R. der laufenden Geschäfte der Gesellschaft, in der Zwangsvollstreckung oder an der Börse erfolgen. Im Rahmen der Umwandlung dürften diese Ausnahmetatbestände regelmäßig keine Rolle spielen. Lediglich soweit man auf den Erwerb der Aktiva einer übertragenden Gesellschaft als laufendes Geschäft ansieht,[20] könnte im Einzelfall eine Ausnahme nach § 52 Abs. 9 AktG begründet sein. 13

III. Rechtsfolgen

Bei Vorliegen der Voraussetzungen des § 67 besteht für die übernehmende Gesellschaft zusätzlich zu den allgemeinen verschmelzungs- und aktienrechtlichen Prüfungs- und Berichtspflichten die Verpflichtung zur Erstellung eines Nachgründungsberichts (§ 52 Abs. 3 AktG), zur Durchführung einer Nachgründungsprüfung (§ 52 Abs. 4 AktG) sowie zur Eintragung des Verschmelzungsvertrags in das Register (§ 52 Abs. 6 AktG). 14

1. Nachgründungsbericht (§ 52 Abs. 3 AktG)

Der **Aufsichtsrat** der übernehmenden AG hat den Verschmelzungsvertrag zu prüfen und das Ergebnis der Prüfung in einem **schriftlichen Nachgründungsbericht** zusammenzufassen. Für den Inhalt gelten nach § 52 Abs. 3 AktG die Vorgaben für den Gründungsbericht (§ 32 Abs. 2 und 3 AktG). Der Aufsichtsrat kann dabei auf den ohnehin i. R. der Verschmelzung zu erstellenden Verschmelzungsbericht sowie die Verschmelzungsprüfung und den Prüfbericht Bezug nehmen. Er hat nach § 32 Abs. 3 AktG auf Interessenkonflikte hinzuweisen. Anders als der Verschmelzungsbericht ist der Nachgründungsbericht nicht in der Hauptversammlung zu erläutern oder auszulegen, sondern dient im Wesentlichen der Prüfung durch das Registergericht.[21] 15

2. Nachgründungsprüfung (§ 52 Abs. 4 AktG)

Die nach § 52 Abs. 4 AktG angeordnete Nachgründungsprüfung erfolgt inhaltlich auf Basis der für die Gründungsprüfung einschlägigen §§ 34, 35 AktG. Der **Nachgründungsprüfer** wird auf Antrag nach §§ 14 AktG, 375 Nr. 3, 376 FamFG bestellt. Die Bestellung des Verschmelzungsprüfers als Nachgründungsprüfer ist zulässig und empfiehlt, um Doppelprüfungen zu vermeiden.[22] Im Rahmen der Nachgründungsprüfung ist insbesondere zu prüfen, ob der Wert des übertragenden Rechtsträgers den geringsten Ausgabebetrag der dafür zu leistenden Aktien erreicht (§ 34 Abs. 1 Nr. 2 AktG). Der Nachgründungsprüfer nimmt insoweit **keine relative Bewertung** der beiden Rechtsträger vor. Diese 16

---

19) *Habersack* in: BeckOGK-UmwG, § 67 Rz. 11; Schmitt/Hörtnagl-*Missio*, UmwG/UmwStG, § 67 UmwG Rz. 7; Semler/Stengel/Leonard-*Diekmann*, UmwG, § 67 Rz. 12; a. A. Lutter-*Grunewald*, UmwG, § 67 Rz. 10.

20) So etwa *Habersack* in: BeckOGK-UmwG, § 67 Rz. 18; Kallmeyer-*Oppenhoff*, UmwG, § 67 Rz. 9; Lutter-*Grunewald*, UmwG, § 67 Rz. 11.

21) Semler/Stengel/Leonard-*Diekmann*, UmwG, § 67 Rz. 14; *Habersack* in: BeckOGK-UmwG, § 67 Rz. 12.

22) Lutter-*Grunewald*, UmwG, § 67 Rz. 14; Henssler/Strohn-*Junker*, GesR, § 67 UmwG Rz. 8; Kallmeyer-*Oppenhoff*, UmwG, § 67 Rz. 7.

erfolgt zur Prüfung des Umtauschverhältnisses i. R. der nach §§ 9 ff. vorzunehmenden Verschmelzungsprüfung. Im Gegensatz zur Verschmelzungsprüfung kann auf die Nachgründungsprüfung nicht verzichtet werden. Die Nachgründungsprüfung ist wie der Nachgründungsbericht **nicht auslagepflichtig.**[23)] Auf die Inhalte hat der Vorstand aber in seinem mündlichen Bericht an die Hauptversammlung nach § 64 Abs. 1 Satz 2 einzugehen.[24)]

17 Eine **Nachgründungsprüfung** ist seit der Änderung des § 52 Abs. 4 AktG durch das ARUG nicht erforderlich, wenn entweder börsennotierte Wertpapiere eingebracht werden (§ 33a Abs. 1 Nr. 1 AktG) oder eine Bewertung zugrunde gelegt werden kann, die ein unabhängiger, ausreichend vorgebildeter und erfahrener Sachverständiger nach allgemein anerkannten Bewertungsgrundsätzen mit dem beizulegenden Zeitwert ermittelt hat und der Bewertungsstichtag nicht mehr als sechs Monate vor dem Tag der Einbringung liegt (§ 33a Abs. 1 Nr. 2 AktG).[25)] Soweit im Verschmelzungsverfahren die sechsmonatige Frist des § 33 Abs. 1 Nr. 2 AktG eingehalten wird, kann auf die i. R. der Verschmelzungsprüfung durchgeführte Bewertung der übertragenden Rechtsträgers zurückgegriffen werden. In diesem Fall ist bei der Anmeldung nach § 52 Abs. 6 Satz 2 AktG eine Werthaltigkeitserklärung nach § 37a Abs. 1 Satz 1 AktG abzugeben.

3. Registereintragung und Prüfung durch das Registergericht (§ 52 Abs. 6 AktG)

18 Im Falle einer Nachgründung ist sowohl die Tatsache der Verschmelzung (siehe dazu § 17 Rz. 6 f. [*Hoefling*]) als auch der Verschmelzungsvertrag selbst in das Register der übernehmenden Gesellschaft einzutragen. Anzumelden ist mithin nicht (nur) die Verschmelzung, sondern auch **der Verschmelzungsvertrag**. Das Registergericht prüft die formellen und materiellen Voraussetzungen des Verschmelzungsvertrags. Nach wohl h. M. ist das Registergericht befugt, die Angemessenheit des Umtauschverhältnisses nach eigenem Ermessen zu prüfen und dafür ggf. auch eigene Sachverständige zu bestellen. Die Literaturauffassung überzeugt nicht. Zum einen setzt sich das Registergericht mit einer solchen Prüfung an die Stelle des (gerichtlich bestellten) Verschmelzungsprüfers (vgl. § 10 UmwG). Zum anderen stehen den Anteilsinhabern der an der Verschmelzung beteiligten Rechtsträger hinreichende **Rechtsbehelfe** zur Korrektur eines unangemessenen Umtauschverhältnisses zur Verfügung (siehe § 15 Rz. 14 ff. [*Hoefling*], § 34 Rz. 1 ff. [*Hoppe*]), so dass es einer zusätzlichen Prüfung durch das Registergericht nicht bedarf.

19 Die Eintragung des Verschmelzungsvertrags muss als Voraussetzung für die Verschmelzung **vor der Eintragung der Verschmelzung** erfolgen.[26)] Das Registergericht macht den Vertrag nach § 52 Abs. 6 AktG i. V. m. § 10 HGB bekannt.

IV. Rechtsfolgen eines Verstoßes

20 Bei Verstößen gegen die Nachgründungsvorschriften des § 67 UmwG i. V. m. § 52 AktG trägt das Registergericht den Verschmelzungsvertrag nicht ein.[27)] Damit fehlt eine Voraussetzung, ohne die auch die Verschmelzung selbst **nicht eingetragen** werden darf. Des Weiteren ist der Verschmelzungsbeschluss anfechtbar. Sollte die Eintragung gleichwohl

23) *Habersack* in: BeckOGK-UmwG, § 67 Rz. 13; Semler/Stengel/Leonard-*Diekmann*, UmwG, § 67 Rz. 17.

24) Lutter-*Grunewald*, UmwG, § 67 Rz. 15; *Habersack* in: BeckOGK-UmwG, § 67 Rz. 13; Semler/Stengel/Leonard-*Diekmann*, UmwG, § 67 Rz. 21.

25) Zu den Ausnahmetatbeständen vergleiche insb. die aktienrechtliche Literatur in Henssler/Strohn-*Schulenburg*, GesR, § 33a AktG; *Pentz* in: MünchKomm-AktG, § 33a.

26) Kallmeyer-*Oppenhoff*, UmwG, § 67 Rz. 8; Widmann/Mayer-*Rieger*, UmwR, § 67 UmwG Rz. 36, 42; Schmitt/Hörtnagl-*Missio*, UmwG/UmwStG, § 67 UmwG Rz. 15.

27) Lutter-*Grunewald*, UmwG, § 67 Rz. 18; *Habersack* in: BeckOGK-UmwG, § 67 Rz. 19; *Wilsing/v. d. Linden* in: KölnKomm-UmwG, § 67 Rz. 14.

erfolgen, ist die Verschmelzung ungeachtet der fehlenden Eintragung des Verschmelzungsvertrags wirksam (§ 20).[28)]

Erfolgte trotz Pflicht überhaupt keine Nachgründungsprüfung, ist der Verschmelzungsvertrag nichtig. Dies ergibt sich aus der Schutzfunktion des § 67 UmwG i. V. m. § 57 Abs. 4 AktG, der auch dem **Gläubigerschutz** dient (vgl. § 241 Nr. 3 AktG).[29)] 21

Die fehlende Eintragung des Verschmelzungsvertrags bei der Nachgründung hat keinen Einfluss auf die Wirksamkeit des Vertrages, da § 67 gerade nicht auf § 52 Abs. 1 Satz 1 AktG verweist. Die fehlende Eintragung stellt lediglich ein Hindernis für die Eintragung der Verschmelzung dar. 22

28) Lutter-*Grunewald*, UmwG, § 67 Rz. 19; Kallmeyer-*Oppenhoff*, UmwG, § 67 Rz. 10; Semler/Stengel/Leonard-*Diekmann*, UmwG, § 67 Rz. 29.

29) Strittig vgl. *Habersack* in: BeckOGK-UmwG, § 67 Rz. 19; Widmann/Mayer-*Rieger*, UmwR, § 67 UmwG Rz. 34; *Wilsing/v. d. Linden* in: KölnKomm-UmwG, § 67 Rz. 14.

§ 68

Verschmelzung ohne Kapitalerhöhung[*)]

(1) [1]Die übernehmende Gesellschaft darf zur Durchführung der Verschmelzung ihr Grundkapital nicht erhöhen, soweit

1. sie Anteile eines übertragenden Rechtsträgers innehat;

2. ein übertragender Rechtsträger eigene Anteile innehat oder

3. ein übertragender Rechtsträger Aktien dieser Gesellschaft besitzt, auf die der Ausgabebetrag nicht voll geleistet ist.

[2]Die übernehmende Gesellschaft braucht ihr Grundkapital nicht zu erhöhen, soweit

1. sie eigene Aktien besitzt oder

2. ein übertragender Rechtsträger Aktien dieser Gesellschaft besitzt, auf die der Ausgabebetrag bereits voll geleistet ist.

[3]Die übernehmende Gesellschaft darf von der Gewährung von Aktien absehen, wenn alle Anteilsinhaber eines übertragenden Rechtsträgers darauf verzichten; die Verzichtserklärungen sind notariell zu beurkunden.

(2) Absatz 1 gilt entsprechend, wenn Inhaber der dort bezeichneten Anteile ein Dritter ist, der im eigenen Namen, jedoch in einem Fall des Absatzes 1 Satz 1 Nr. 1 oder des Absatzes 1 Satz 2 Nr. 1 für Rechnung der übernehmenden Gesellschaft oder in einem der anderen Fälle des Absatzes 1 für Rechnung des übertragenden Rechtsträgers handelt.

(3) Im Verschmelzungsvertrag festgesetzte bare Zuzahlungen dürfen nicht den zehnten Teil des auf die gewährten Aktien der übernehmenden Gesellschaft entfallenden anteiligen Betrags ihres Grundkapitals übersteigen.

*) § 68 geändert durch Art. 1 des Zweiten Gesetzes zur Änderung des Umwandlungsgesetzes (2. UmwGÄndG), v. 19.4.2007, BGBl. I 2007, 542; § 68 i. d. F. des UmwBerG geändert durch Art. 2 des Gesetzes über die Zulassung von Stückaktien (Stückaktiengesetz – StückAG), v. 25.3.1998, BGBl. I 1998, 590.

Literatur: *Bachmann*, Außer Wesen nichts gewesen? Der Sinn der umwandlungsrechtlichen Barzahlungsschranke, ZHR 185 (2021), 52; *Heckschen*, Die Pflicht zur Anteilsgewährung im Umwandlungsrecht, DB 2008, 1363; *Mösinger*, Gewährung „anderer Gegenleistungen“ bei der

Verschmelzung durch Aufnahme, GWR 2017, 463; *Priester*, Anteilsgewährung und sonstige Leistungen bei Verschmelzung und Spaltung, ZIP 2013, 2033; *Simon*, Verschmelzung und Spaltung unter Verzicht der Anteilsgewährung, in: Festschrift für Harald Schaumburg, 2009, S. 1341; *Wicke*, Der Grundsatz der Anteilsgewährung bei der Verschmelzung und seine Ausnahmen, ZGR 2017, 527.

Übersicht

I. Überblick, Zweck und Anwendungsbereich des § 68

1 § 68 basiert auf dem Grundsatz, dass im Zuge der Kapitalerhöhung die Anteilsinhaber des übertragenden Rechtsträgers Aktionäre der übernehmenden AG werden, die dafür in der Regel ihr Kapital erhöht (§ 20 Abs. 1 Nr. 3). Bereits § 20 Abs. 1 Nr. 3 Halbs. 2 enthält bestimmte Ausnahmen von diesem Konzept, um den Erwerb von Anteilen einer Gesellschaft an sich selbst zu vermeiden (siehe § 20 Rz. 63 ff. [*Lubberich*]). § 68 ergänzt diese Ausnahmen und setzt für eine aufnehmende AG bestimmte **Kapitalerhöhungsverbote und -wahlrechte** (§ 68 Abs. 1 und 2) fest. Abs. 3 dient dem Schutz der Liquidität der Gesellschaft, indem er eine **Obergrenze für die bare Zuzahlung** festlegt. Die Kapitalerhöhungsverbote und das Auszahlungsverbot sind **zwingend.**[1)] Eine Abweichung von diesen Regelungen ist nicht möglich, auch nicht mit Zustimmung aller Beteiligten Anteilsinhaber.[2)]

2 § 68 basiert teilweise auf den unionsrechtlichen Vorgaben der Art. 105 Abs. 2 und Art. 110 Gesellschaftsrechtsrichtlinie[3)]. Die Richtlinie ist aber nicht abschließend[4)] und lässt grundsätzlich Spielraum für **weitere Kapitalerhöhungsverbote** oder -wahlrechte wie etwa den Verzicht in § 68 Abs. 1 Satz 3.

3 Die Kapitalerhöhungsverbote und -wahlrechte in § 68 Abs. 1 und 2 finden ausschließlich bei der **Verschmelzung zur Aufnahme** einer AG, SE (Art. 9 Abs. 1 lit. c Ziff. ii SE-VO)

1) *Habersack* in: BeckOGK-UmwG, § 68 Rz. 6, 21; *Wilsing/v. d. Linden* in: KölnKomm-UmwG, § 68 Rz. 4, 16.

2) *Habersack* in: BeckOGK-UmwG, § 68 Rz. 6; *Wilsing/v. d. Linden* in: KölnKomm-UmwG, § 68 Rz. 4; a. A. *Bachmann*, ZHR 185 (2021), 52, 62 ff., der das Auszahlungsverbot für disponibel hält.

3) Richtlinie (EU) 2017/1132 des Europäischen Parlaments und des Rates vom 14. Juni 2017 über bestimmte Aspekte des Gesellschaftsrechts (Gesellschaftsrechtsrichtlinie), ABl. (EU) L 169/46 v. 30.6.2017.

4) *Habersack* in: BeckOGK-UmwG, § 68 Rz. 4; *Wilsing/v. d. Linden* in: KölnKomm-UmwG, § 68 Rz. 2; *Heckschen*, DB 2008, 1363, 1364 f.

oder KGaA (§ 78) als übernehmendem Rechtsträger Anwendung. Eine entsprechende und nahezu wortgleiche Regelung für die GmbH findet sich in § 54. § 73 nimmt § 68 Abs. 1 und 2 explizit aus dem Regelungsbereich für Verschmelzungen zur Neugründung aus (siehe § 73 Rz. 16, 20 [*Nolden*]). Daraus ergibt sich umgekehrt, dass die Auszahlungsbeschränkung des § 68 Abs. 3 bei Verschmelzungen zur Neugründung einer AG, KGaA oder SE zu beachten ist. Die Vorschrift gilt über § 125 auch für die **Spaltung.**[5] Bei der **Ausgliederung** ist § 68 Abs. 1 Satz 1 aber nach dem neu eingeführten § 125 Abs. 1 Nr. 4 nicht anwendbar (siehe dazu § 125 Rz. 39 [*Döding/K. Wentz*]).

II. Kapitalerhöhungsverbote

§ 68 Abs. 1 Satz 1 enthält für drei Fälle ein zwingendes Verbot der Kapitalerhöhung: 4

- Fall Nr. 1 betrifft eine **Upstream-Verschmelzung**, soweit die übernehmende AG Anteile am übertragenden Rechtsträger hält.
- Fall Nr. 2 verbietet die Kapitalerhöhung, soweit der **übertragende Rechtsträger eigene Anteile** hält.
- Im Fall des Nr. 3 darf das Grundkapital nicht erhöht werden, wenn bei einem **Downstream-Merger** der übertragende Rechtsträger Aktien am übernehmenden Rechtsträger besitzt, die nicht voll eingezahlt sind.

1. § 68 Abs. 1 Satz 1 Nr. 1: Übernehmender Rechtsträger hält Anteile eines übertragenden Rechtsträgers

Soweit die übernehmende AG Anteile eines übertragenden Rechtsträgers hält, darf sie zur Durchführung der Verschmelzung ihr Grundkapital nicht erhöhen. Die gehaltenen Anteile nehmen weder am Umtausch teil, noch wird für sie neues Kapital geschaffen. Das Kapitalerhöhungsverbot spiegelt den § 20 Abs. 1 Nr. 3 Satz 1 Halbs. 2, der für dieselbe Situation den Übergang der Mitgliedschaft ausschließt. § 68 Abs. 1 betrifft insoweit nur die Hochverschmelzung einer Tochtergesellschaft auf die Muttergesellschaft **(Upstream-Merger)** oder von Schwestergesellschaften mit Seitenbeteiligung **(Sidestep-Merger)**. 5

Das Verbot ist bindend und kann auch nicht durch die Zustimmung aller Beteiligten aufgehoben werden.[6] Der zum Teil zu § 68 Abs. 1 Satz 1 Nr. 1 angeführte Gedanke der Konfusion, wonach ein Anspruch auf Gewährung von Aktien gegen die übernehmende Gesellschaft bei Durchführung der Verschmelzung auf diese Gesellschaft über- und damit untergeht,[7] ist irreführend. Der Anspruch auf **Tausch** der Anteile ist ein **gesetzlicher Anspruch**, eine Ausgabe von eigenen Aktien wäre grundsätzlich konstruktiv möglich.[8] Hintergrund der Ausnahme ist viel mehr das bei der AG wegen des **Grundsatzes der realen Kapitalaufbringung**[9] nach § 56 Abs. 1 AktG bestehende Verbot der Zeichnung eigener Aktien.[10] 6

Das Kapitalerhöhungsverbot gilt nur, wenn und soweit die übernehmende AG unmittelbar Anteile am übertragenden Rechtsträger hält. Werden die Anteile über andere Konzerngesellschaften indirekt gehalten, greift der Gedanke der realen Kapitalaufbringung 7

5) *Wilsing/v. d. Linden* in: KölnKomm-UmwG, § 68 Rz. 3; Semler/Stengel/Leonard-*Diekmann*, UmwG, § 68 Rz. 4; *Habersack* in: BeckOGK-UmwG, § 68 Rz. 5.

6) *Habersack* in: BeckOGK-UmwG, § 68 Rz. 6; *Wilsing/v. d. Linden* in: KölnKomm-UmwG, § 68 Rz. 4.

7) So Kallmeyer-*Oppenhoff*, UmwG, § 68 Rz. 3; Widmann/Mayer-*Rieger*, UmwR, § 68 UmwG Rz. 9.

8) Wie hier *Habersack* in: BeckOGK-UmwG, § 68 Rz. 7.

9) Vgl. *Götze* in: MünchKomm-AktG, § 56.

10) *Wilsing/v. d. Linden* in: KölnKomm-UmwG, § 68 Rz. 5; Widmann/Mayer-*Rieger*, UmwR, § 68 UmwG Rz. 51.

nicht und die Anteile nehmen am Anteilstausch teil.[11] Maßgeblicher Zeitpunkt für das Verbot ist die **Eintragung der Verschmelzung** in das Register der übernehmenden AG.[12] Um auf etwaige Änderungen der Verhältnisse zwischen Verschmelzungsbeschluss und Registereintragung reagieren zu können, kann die übernehmende AG eine Bis-zu-Kapitalerhöhung beschließen.[13] Ist die übernehmende AG Alleingesellschafterin des übertragenden Rechtsträgers, besteht ein **vollständiges Kapitalerhöhungsverbot.**[14]

2. § 68 Abs. 1 Satz 1 Nr. 2: Übertragender Rechtsträger besitzt eigene Anteile

8 Gemäß § 68 Abs. 1 Satz 1 Nr. 2 ist eine Kapitalerhöhung unzulässig, soweit der **übertragende Rechtsträger eigene Anteile** hält. Auch diese Ausnahme vom Grundsatz der Kapitalerhöhung bei der Verschmelzung auf eine AG steht mit dem Ausschluss entsprechender Anteile vom Anteilstausch in § 20 Abs. 1 Nr. 3 Satz 1 Halbs. 2 in Verbindung.[15]

9 Die eigenen Anteile nehmen nicht am Anteilstausch teil, sondern gehen mit Wirksamwerden der Verschmelzung entschädigungslos unter.[16] Das gilt wie beim Upstream-Merger in § 68 Abs. 1 Satz 1 Nr. 1 nicht für Anteile, die von Tochtergesellschaften des übertragenden Rechtsträgers gehalten werden. Diese nehmen an der Verschmelzung teil und werden bei der Kapitalerhöhung berücksichtigt. Der Aktienerwerb unterliegt jedoch den Beschränkungen des § 71d AktG.[17]

3. § 68 Abs. 1 Satz 1 Nr. 3: Downstream-Merger bei ausstehenden Einlagen

10 Als dritten Fall nimmt § 68 Abs. 1 Satz 1 Nr. 3 Anteile der übernehmenden AG von der Kapitalerhöhung aus, die von dem übertragenden Rechtsträger gehalten werden und deren **Einlage noch nicht vollständig eingezahlt** ist. Die Konstellation beschreibt einen sog. Downstream-Merger, bei dem die Muttergesellschaft auf die Tochtergesellschaft verschmolzen wird. Im Gegensatz zu § 54 fordert § 68 Abs. 1 Satz 1 Nr. 3 aufgrund der strengeren Kapitalbindung bei der AG[18] nicht die Volleinzahlung der Einlagen, sondern des **(gesamten) Ausgabebetrags.** Dieser umfasst nicht nur die Kapitaleinlage i. S. des geringsten Ausgabebetrags nach § 9 Abs. 1 AktG, sondern auch etwaige Agios (§ 9 Abs. 2 AktG).

11 Das Verbot erklärt sich nicht, wie bei § 68 Abs. 1 Satz 1 Nr. 1 und Nr. 2, aus dem Verbot der Zeichnung eigener Aktien, sondern aus Gründen des **effektiven Kapitalschutzes.** Im Rahmen der Verschmelzung würden die nicht voll eingezahlten Aktien als zulässiger Erwerb eigener Aktien i. S. des § 71 Abs. 1 Nr. 5 AktG[19] übergehen. Mit dem übertragenden Rechtsträger würde jedoch der Einlagenschuldner erlöschen. Die Einlagenforderung hingegen geht abweichend vom Grundsatz der Konfusion auf den übernehmenden Rechtsträger über,[20] ohne dass dieser auf die Einlagenforderung verzichten kann. Dies

11) Kallmeyer-*Oppenhoff*, UmwG, § 68 Rz. 3.

12) *Habersack* in: BeckOGK-UmwG, § 68 Rz. 6.

13) OLG München, Beschl. v. 22.9.2009 – 31 Wx 110/09, NZG 2009, 1274 = DNotZ 2010, 153; Henssler/Strohn-*Junker*, GesR, § 68 UmwG Rz. 3; Semler/Stengel/Leonard-*Diekmann*, UmwG, § 68 Rz. 7; *Wilsing/v. d. Linden* in: KölnKomm-UmwG, § 68 Rz. 4.

14) *Habersack* in: BeckOGK-UmwG, § 68 Rz. 7; Kallmeyer-*Oppenhoff*, UmwG, § 68 Rz. 5; Henssler/Strohn-*Junker*, GesR, § 68 UmwG Rz. 4.

15) Kallmeyer-*Oppenhoff*, UmwG, § 68 Rz. 7; *Habersack* in: BeckOGK-UmwG, § 68 Rz. 8.

16) Kallmeyer-*Oppenhoff*, UmwG, § 68 Rz. 7; Semler/Stengel/Leonard-*Diekmann*, UmwG, § 68 Rz. 8.

17) *Habersack* in: BeckOGK-UmwG, § 68 Rz. 9; Semler/Stengel/Leonard-*Diekmann*, UmwG, § 68 Rz. 9; Widmann/Mayer-*Rieger*, UmwR, § 68 UmwG Rz. 21 f.

18) *Wilsing/v. d. Linden* in: KölnKomm-UmwG, § 68 Rz. 7; Lutter-*Grunewald*, UmwG, § 68 Rz. 3.

19) *Koch*, AktG, § 71 Rz. 20; *Habersack* in: BeckOGK-UmwG, § 68 Rz. 11; Semler/Stengel/Leonard-*Diekmann*, UmwG, § 68 Rz. 10; Widmann/Mayer-*Rieger*, UmwR, § 68 UmwG Rz. 19.5.

20) Widmann/Mayer-*Rieger*, UmwR, § 68 UmwG Rz. 19.6.

verhindert das **Verbot der Befreiung von der Einlageverpflichtung** aus § 66 Abs. 1 Satz 1 AktG.[21] Gleichzeitig stellt es einen Verstoß gegen § 66 Abs. 1 Satz 1 AktG dar, wenn der übernehmende Rechtsträger die eigenen, nicht voll eingezahlten Aktien, weiterhin hält. Er hat insoweit **drei Möglichkeiten**: Zum einen kann der übernehmende Aktionär die eigenen Aktien mit Zustimmung des Empfängers für einen Anteilstausch verwenden. In diesem Fall geht die Einlagenschuld auf den Empfänger über. Alternativ kann ohne die Zustimmung des Empfängers nur gegen Aktien des übertragenden Rechtsträgers getauscht werden, auf die in gleicher Höhe die Einlage nicht geleistet wurde.[22] Die übernehmende AG könnte schließlich eine Kapitalherabsetzung durch Einziehung der Aktien nach § 66 Abs. 3 AktG erwägen.

Da alle drei Optionen eher theoretischer Natur sind, stellen nicht eingezahlte Aktien regelmäßig ein **Verschmelzungshindernis** dar.[23] Es ist der übernehmenden AG daher dringend zu empfehlen, vor der Verschmelzung die ausstehenden Einlagen einzufordern.[24] Sind die ausstehenden Einlagen vollständig eingezahlt, wird das Kapitalerhöhungsverbot durch das Kapitalerhöhungswahlrecht aus § 68 Abs. 1 Satz 2 Nr. 2 ersetzt.[25] 12

III. Kapitalerhöhungswahlrechte

Im Gegensatz zu den strikten Kapitalerhöhungsverboten des § 68 Abs. 1 Satz 1 räumen Absatz 1 Satz 2 und 3 **der übernehmenden AG Wahlrechte** ein, ihr Kapital zu erhöhen. Die Wahlrechte ergeben sich daraus, dass die übernehmende AG sich frei entscheiden kann, ob sie den Anteilstausch i. R. der Verschmelzung aus neuen Aktien im Wege einer Kapitalerhöhung, durch eigene Aktien oder auf andere Weise bewirkt.[26] § 68 Abs. 1 Satz 3 lässt schließlich einen Verzicht auf eine Kapitalerhöhung durch Erklärungen aller Anteilsinhaber des übertragenden Rechtsträgers zu. 13

1. § 68 Abs. 1 Satz 2 Nr. 1: Eigene Aktien der übernehmenden Gesellschaft

Die übernehmende AG kann nach eigenem Ermessen entscheiden, ob sie als Gegenleistung für die Anteile des übertragenden Rechtsträgers eigene oder neue Aktien ausgibt. Entscheidet sie sich für die **Bedienung mit eigenen Aktien**, ist insoweit keine Erhöhung des Kapitals notwendig.[27] § 68 Abs. 1 Satz 2 Nr. 1 wird in diesem Zusammenhang auch als Ermächtigung zur Verwendung der eigenen Aktien verstanden.[28] Allerdings müssen die eigenen Aktien für den Anteilstausch verwendbar sein, also den im Verschmelzungsvertrag festgelegten Bedingungen entsprechen.[29] 14

Es ist unerheblich, aus welchem Grund und zu welchem Zweck die eigenen Aktien zunächst erworben wurden. Die Gesellschaft kann auch gezielt für die Durchführung des Anteilstausches **eigene Aktien erwerben**, wenn sie dazu nach § 71 Abs. 1 Nr. 3 AktG berechtigt ist.[30] Beabsichtigt die übernehmende Gesellschaft eigene und neue Aktien zu 15

21) *Habersack* in: BeckOGK-UmwG, § 68 Rz. 11; Widmann/Mayer-*Rieger*, UmwR, § 68 UmwG Rz. 19.6.
22) *Wilsing/v. d. Linden* in: KölnKomm-UmwG, § 68 Rz. 8; *Habersack* in: BeckOGK-UmwG, § 68 Rz. 12.
23) *Habersack* in: BeckOGK-UmwG, § 68 Rz. 12
24) *Wilsing/v. d. Linden* in: KölnKomm-UmwG, § 68 Rz. 9.
25) *Wilsing/v. d. Linden* in: KölnKomm-UmwG, § 68 Rz. 9.
26) Kallmeyer-*Oppenhoff*, UmwG, § 68 Rz. 11; *Wilsing/v. d. Linden* in: KölnKomm-UmwG, § 68 Rz. 10.
27) Kallmeyer-*Oppenhoff*, UmwG, § 68 Rz. 12.
28) *Wilsing/v. d. Linden* in: KölnKomm-UmwG, § 68 Rz. 11.
29) Semler/Stengel/Leonard-*Diekmann*, UmwG, § 68 Rz. 10.
30) *Wilsing/v. d. Linden* in: KölnKomm-UmwG, § 68 Rz. 11.

kombinieren, empfiehlt sich wieder zur Erhöhung der Flexibilität eine Bis-zu-Kapitalerhöhung.

2. § 68 Abs. 1 Satz 2 Nr. 2: Übertragender Rechtsträger besitzt voll eingezahlte Aktien des übernehmenden Rechtsträgers

16 Auch voll eingezahlte Aktien des übernehmenden Rechtsträgers, die der übertragende Rechtsträger hält, können von der übernehmenden AG anstatt neuer Aktien aus einer Kapitalerhöhung für den Anteilstausch eingesetzt werden.[31] Die Aktien gehen nach § 71 Abs. 1 Nr. 5 auf den übernehmenden Rechtsträger über. Hält der übertragende Rechtsträger also Aktien der übernehmenden AG, etwa bei einem Downstream-Merger, kann eine Kapitalerhöhung in dieser Höhe entbehrlich sein.[32] Verwendet die übernehmende Gesellschaft die übergegangenen Aktien nicht für den Anteilstausch, unterliegen die eigenen Aktien der Beschränkung des § 71c Abs. 2 AktG und der Bilanzierung nach § 272 Abs. 1a HGB.

3. § 68 Abs. 1 Satz 3: Verzicht der Anteilseigner des übertragenden Rechtsträgers

17 § 68 Abs. 1 Satz 3 lässt den Anteilsinhabern des übertragenden Rechtsträgers die Freiheit, auf die Gewährung von Anteilen i. R. der Verschmelzung zu verzichten. Praktische Bedeutung hat die Norm bei Konzernverschmelzungen, insbesondere Sidestep-Merger von Schwestergesellschaften.[33]

18 Die **Verzichtserklärungen** müssen notariell beurkundet (§ 68 Abs. 1 Satz 2 Halbs. 2) und individuell abgegeben werden. Eine bloße Zustimmung zum Verschmelzungsvertrag ohne Kapitalerhöhung ist nicht ausreichend.[34] Bestehen Rechte Dritter an den Anteilen, die nach der Verschmelzung an den neuen Anteilen weiterbestehen würden (§ 20 Abs. 1 Nr. 3 Satz 2), muss auch von den Dritten eine notariell beurkundete Zustimmung eingeholt werden.[35] Die Verzichtserklärungen sind der Anmeldung der Verschmelzung beizufügen (§ 17).

19 Die Zahlung eines **finanziellen Ausgleichs** für einen Verzicht ist der Gesellschaft untersagt.[36] Zulässig ist aber ein Ausgleich durch einen vom Verzicht begünstigten Aktionär.

20 Über den Wortlaut des § 68 Abs. 1 Satz 3 hinaus ist nach h. M. auch ein **Verzicht einzelner Anteilsinhaber** des übertragenden Rechtsträgers zulässig.[37] Dem ist grundsätzlich zuzustimmen, allerdings ist Absatz 1 Satz 3 weiterhin als Wahlrecht der Gesellschaft ausgestaltet. So kann es insbesondere für börsennotierte AGs in Hinblick auf die effektive Abwicklung des Aktientausches über die Depotbanken von Vorteil sein, einzelne Verzichtserklärungen zu ignorieren.

IV. Aktien im Besitz eines Dritten (§ 68 Abs. 2)

21 Mit § 68 Abs. 2 werden die Kapitalerhöhungsverbote in § 68 Abs. 1 Satz 1 sowie die Erhöhungswahlrechte aus Absatz 1 Satz 2 für den Fall anwendbar erklärt, dass ein Dritter in eigenen Namen Inhaber der Aktien ist, diese aber **für Rechnung der übernehmenden**

31) Kallmeyer-*Oppenhoff*, UmwG, § 68 Rz. 13; *Habersack* in: BeckOGK-UmwG, § 68 Rz. 15.

32) *Wilsing/v. d. Linden* in: KölnKomm-UmwG, § 68 Rz. 12.

33) Vgl. auch die Befreiungen der § 8 Abs. 3, § 9 Abs. 3, § 12 Abs. 3 für diese Konstellationen.

34) Kallmeyer-*Oppenhoff*, UmwG, § 68 Rz. 16; a. A. *Simon* in: FS Schaumburg, S. 1350 f.

35) Kallmeyer-*Oppenhoff*, UmwG, § 68 Rz. 16; Widmann/Mayer-*Rieger*, UmwR, § 68 UmwG Rz. 37.7.

36) Kallmeyer-*Oppenhoff*, UmwG, § 68 Rz. 17.

37) Kallmeyer-*Oppenhoff*, UmwG, § 68 Rz. 16; *Wilsing/v. d. Linden* in: KölnKomm-UmwG, § 68 Rz. 14; *Wicke*, ZGR 2017, 527, 530; a. A. *Heckschen*, DB 2008, 1363, 1366 f.

Gesellschaft (§ 68 Abs. 1 Satz 1 Nr. 1 und Satz 2 Nr. 1) bzw. der **übertragenden Gesellschaft** (§ 68 Abs. 1 Satz 1 Nr. 2-3, Abs. 1 Satz 2 Nr. 2–3) **hält.** Die Regelung ist an § 71d Satz 1 AktG angelehnt und entspricht § 56 Abs. 3. Unverändert gilt, dass die Kapitalerhöhungsverbote bzw. -wahlrechte nur durch von den Verschmelzungsparteien direkt gehaltene Anteile ausgelöst werden.[38] In Fällen, in denen ein Dritter Aktien auf Rechnung einer Tochter- oder Schwestergesellschaft hält, findet Absatz 1 keine Anwendung.

Eine Kapitalerhöhung ist zudem gemäß § 68 Abs. 1 nicht erforderlich, soweit ein **Dritter die für den Umtausch erforderlichen Aktien zur Verfügung stellt.**[39] Bei der Wahl einer solchen Gestaltung ist sicherzustellen, dass die Aktien zum Zeitpunkt der Verschmelzung Zug-um-Zug den Anteilsinhabern des übertragenden Rechtsträgers zur Verfügung gestellt werden können. Dazu ist eine **abgestimmte Übertragung der Aktien** zwischen dem Dritten und den berechtigten Anteilseignern der übertragenden Gesellschaft erforderlich, die aufschiebend bedingt auf das Wirksamwerden der Verschmelzung ausgestaltet sein muss.[40] Eine vor der Verschmelzung vorgenommene Übertragung der Aktien des Dritten auf die Gesellschaft führt zur direkten Anwendung des § 68 Abs. 1 Satz 2 Nr. 1. 22

V. Verstöße gegen die Kapitalerhöhungsverbote

Verstöße gegen die Kapitalerhöhungsverbote aus Abs. 1 Satz 1[41] führen zur **Nichtigkeit des Kapitalerhöhungsbeschlusses** nach § 241 Nr. 3 AktG.[42] Eine Kapitalerhöhung, die nicht gemäß § 68 Abs. 1 Satz 1 durchgeführt wird, führt zum originären Erwerb eigener Aktien und somit zu einem Verstoß gegen das Zeichnungsverbot eigener Aktien aus § 56 Abs. 1 AktG. Der **Grundsatz der realen Kapitalerhaltung** ist ein Wesensmerkmal der AG und dient ebenso wie das Verbot des Erwerbs nicht voll eingezahlter Aktien in Absatz 1 Satz 1 Nr. 3 auch dem Schutz der Gläubiger der Gesellschaft. Der Verstoß wird auch nicht dadurch relativiert, dass § 71 Abs. 1 Nr. 5 AktG (zunächst) den Übergang eigener Aktien per Gesamtrechtsnachfolge erlaubt, da die Norm keine Aussage zum Übergang nicht voll eingezahlter Aktien trifft und das umwandlungsrechtliche Kapitalerhöhungsverbot insoweit Vorrang hat. Ein Verschmelzungsvertrag, der eine verbotswidrige Kapitalerhöhung enthält, ist anfechtbar. 23

Die Nichtigkeit des Kapitalerhöhungsbeschlusses begründet ein **Eintragungshindernis,**[43] sowohl für den Kapitalerhöhungsbeschluss und die Durchführung der Kapitalerhöhung als auch für die Verschmelzung. Das Eintragungshindernis kann ggf. durch eine Veräußerung der problematischen Anteile oder eine Übertragung auf eine Tochtergesellschaft **geheilt** werden. Werden die Eintragungen dennoch vorgenommen, so wird die Verschmelzung mit der Eintragung im Register der übernehmenden AG wirksam. Der Bestandsschutz gemäß § 20 Abs. 2 umfasst auch die Kapitalerhöhung.[44] Die übernehmende Gesellschaft hat aktienrechtlich den rechtswidrigen Zustand dann aber schnellstmöglich zu korrigieren. Für einen Verstoß gegen das Zeichnungsverbot haftet der Vorstand nach § 56 Abs. 4 AktG persönlich. 24

38) *Wilsing/v. d. Linden* in: KölnKomm-UmwG, § 68 Rz. 15; *Habersack* in: BeckOGK-UmwG, § 68 Rz. 18.

39) Semler/Stengel/Leonard-*Diekmann*, UmwG, § 68 Rz. 19.

40) *Wilsing/v. d. Linden* in: KölnKomm-UmwG, § 68 Rz. 13; *Habersack* in: BeckOGK-UmwG, § 68 Rz. 17.

41) Die Kapitalerhöhungswahl aus § 68 Abs. 1 Satz 2 enthält keine Ge- oder Verbote, vgl *Wilsing/v. d. Linden* in: KölnKomm-UmwG, § 68 Rz. 10, 20.

42) *Habersack* in: BeckOGK-UmwG, § 68 Rz. 27; *Wilsing/v. d. Linden* in: KölnKomm-UmwG, § 68 Rz. 19; Widmann/Mayer-*Rieger*, UmwR, § 68 UmwG Rz. 51; a. A. Verstoß führt nur zur Anfechtbarkeit Kallmeyer-*Oppenhoff*, UmwG, § 68 Rz. 19; Semler/Stengel/Leonard-*Diekmann*, UmwG, § 68 Rz. 26; Henssler/Strohn-*Junker*, GesR, § 68 UmwG Rz. 13.

43) *Habersack* in: BeckOGK-UmwG, § 68 Rz. 27; *Wilsing/v. d. Linden* in: KölnKomm-UmwG, § 68 Rz. 19.

44) *Wilsing/v. d. Linden* in: KölnKomm-UmwG, § 68 Rz. 19.

VI. Barzahlungsschranke (§ 68 Abs. 3)

25 Die Barzahlungsschranke in § 68 Abs. 3 steht mit den Kapitalerhöhungsverboten und -geboten der Absätze 1 und 2 nicht unmittelbar im Zusammenhang. Insbesondere hat die Barzahlungsschranke entgegen der Überschrift des § 69 gerade bei Verschmelzungen mit Kapitalerhöhung ihre Bedeutung.[45)]

26 Die Schranke begrenzt das **Volumen der baren Zuzahlungen**, die nach § 5 Abs. 1 Nr. 3 im Verschmelzungsvertrag oder seinem Entwurf vorgesehenen werden können (siehe § 5 Rz. 32 ff. [*Redenius-Hövermann/Laufersweiler*]). Diese Zuzahlungen dienen regelmäßig dem Ausgleich von Spitzenbeträgen oder Splitterbeteiligungen, soweit ein Teilrechte- oder Bezugsrechtshandel nicht möglich ist.[46)] Die bare Zuzahlung ist eine Ausnahme i. R. der Verschmelzung, deren **Wesenskern** gerade die Ausgabe von Anteilen des übernehmenden Rechtsträgers an die Inhaber der Anteile des übertragenden Rechtsträgers ist. Da die Gewährung barer Zuzahlungen in § 5 Abs. 3 nicht auf bestimmte Fälle beschränkt ist, könnten sie auch ohne die Notwendigkeit einer Ausgleichszahlung für einen ergänzenden Barausgleich vorgesehen werden.[47)] Je nach Umfang kann sich eine solche Gestaltung deutlich vom Zielbild der Verschmelzung abkehren und eher als Abfindungsmodell i. S. eines Squeeze-outs fungieren.

27 Um dies zu verhindern, sieht § 68 Abs. 3 für die AG, KGaA und SE (zur Parallelregelung bei der GmbH siehe § 54 [*Otte*]) eine **Beschränkung der baren Zuzahlung auf 10 %** des Grundkapitals der an die Anteilseigner des übertragenden Rechtsträgers gewährten Aktien vor.[48)] Somit ist auch festgelegt, dass bare Zuzahlungen **nur als Ergänzung zum Umtausch in Aktien** geleistet werden, nicht unabhängig von einer Aktiengewährung.[49)] Dies schließt allerdings nicht aus, dass bei geringfügigen Beteiligungen ggf. einzelnen Anteilsinhabern nur eine Zuzahlung als Spitzenausgleich ohne Aktien gewährt werden kann.[50)]

28 Die **Grenze**, die erreicht, aber nicht überschreiten werden darf, bemisst sich **nach dem Nennbetrag** (§ 8 Abs. 2 AktG) aller gewährten Aktien. Im Fall von Stückaktien nach § 8 Abs. 3 AktG ist der anteilige Wert anzusetzen. Der wirtschaftliche Wert der gewährten Aktien ist dabei unerheblich.[51)] Der Begriff „gewährte Aktien" umfasst nicht nur die von der Gesellschaft aus einer Kapitalerhöhung oder aus **eigenen Aktien** geleisteten Aktien, sondern auch Aktien, die von Dritten an die Anteilsinhaber des übertragenden Rechtsträgers gewährt werden. Einschränkend kommt es nur auf die tatsächlich gewährten Aktien an. Aktien, auf deren Ausgabe Aktionäre verzichten (siehe oben Rz. 17 ff.), werden nicht angesetzt. Bei Verschmelzungen mehrerer übertragender Rechtsträger auf eine AG werden die einzelnen Verschmelzungen in Hinblick auf § 68 Abs. 3 jeweils getrennt behandelt.[52)]

---

45) Kallmeyer-*Oppenhoff*, UmwG, § 68 Rz. 20; *Habersack* in: BeckOGK-UmwG, § 68 Rz. 25; *Wilsing/v. d. Linden* in: KölnKomm-UmwG, § 68 Rz. 17.

46) Widmann/Mayer-*Rieger*, UmwR, § 68 UmwG Rz. 38; Semler/Stengel/Leonard-*Diekmann*, UmwG, § 68 Rz. 20; *Habersack* in: BeckOGK-UmwG, § 68 Rz. 22.

47) *Habersack* in: BeckOGK-UmwG, § 68 Rz. 22; *Priester*, ZIP 2013, 2033, 2034 ff.; *Mösinger* GWR 2017, 463, 464 ff.

48) *Habersack* in: BeckOGK-UmwG, § 68 Rz. 21.

49) Widmann/Mayer-*Rieger*, UmwR, § 68 UmwG Rz. 39; Semler/Stengel/Leonard-*Diekmann*, UmwG, § 68 Rz. 20; *Habersack* in: BeckOGK-UmwG, § 68 Rz. 21.

50) Kallmeyer-*Oppenhoff*, UmwG, § 68 Rz. 22; Semler/Stengel/Leonard-*Diekmann*, UmwG, § 68 Rz. 22.

51) *Wilsing/v. d. Linden* in: KölnKomm-UmwG, § 68 Rz. 17.

52) Widmann/Rieger-*Mayer*, UmwR, § 68 UmwG Rz. 43; *Habersack* in: BeckOGK-UmwG, § 68 Rz. 25.

29 Die Beschränkung ist **zwingend.**[53] Eine Abweichung im Verschmelzungsvertrag ist auch bei Zustimmung aller Beteiligten einschließlich der Anteilsinhaber unzulässig.

30 Neben § 68 Abs. 3 ist weiterhin das **Verbot der (versteckten) Unterpari-Emission** aus § 9 Abs. 1 AktG zu beachten. Der Wert des mit der Verschmelzung eingebrachten Vermögens muss daher nicht nur den Gesamtnennwert der ausgegebenen Aktien decken, sondern auch den Wert der baren Zuzahlungen.[54]

31 § 68 Abs. 3 findet nur auf **Zuzahlungen i. S. des § 5 Abs. 1 Nr. 3** Anwendung, die im Verschmelzungsvertrag vereinbart wurden. Andere Barzuzahlungen, insbesondere nach § 15 Abs. 1 Halbs. 2[55] oder ein Barabfindungsangebot nach § 29 unterfallen nicht der Beschränkung. Ebenso gilt dies nicht für Zuzahlungen, die in einem Spruchverfahren festgelegt werden.[56] Auch für freiwillige Verpflichtungen der übernehmenden Gesellschaft ist § 68 Abs. 3 nicht anwendbar.

32 Ein Verstoß gegen § 68 Abs. 3 führt zur Nichtigkeit der entsprechenden Vereinbarung nach § 5 Abs. 1 Nr. 3 und über § 139 BGB grundsätzlich zur **Nichtigkeit** des gesamten Verschmelzungsvertrages.[57] Ein darauf ergehender Verschmelzungsbeschluss ist anfechtbar. Wird die Verschmelzung gleichwohl eingetragen, greift der **Bestandsschutz** des § 20 Abs. 2. Dies wirkt auch auf den Verschmelzungsvertrag zurück. Die Gesellschaft ist verpflichtet, die entgegen § 68 Abs. 3 verstoßenden Zuzahlungen nach Eintragung der Verschmelzung auszuzahlen.[58]

---

53) *Wilsing/v. d. Linden* in: KölnKomm-UmwG, § 68 Rz. 16; a. A. *Bachmann*, ZHR 185 (2021), 52, 62 ff.; *Priester*, ZIP 2013, 2033, 2035 ff.

54) *Habersack* in: BeckOGK-UmwG, § 68 Rz. 25; Widmann/Mayer-*Rieger*, UmwR, § 68 UmwG Rz. 44; *Wilsing/v. d. Linden* in: KölnKomm-UmwG, § 68 Rz. 16; Semler/Stengel/Leonard-*Diekmann*, UmwG, § 68 Rz. 24; Kallmeyer-*Oppenhoff*, UmwG, § 68 Rz. 20.

55) *Habersack* in: BeckOGK-UmwG, § 68 Rz. 22; *Wilsing/v. d. Linden* in: KölnKomm-UmwG, § 68 Rz. 18; Kallmeyer-*Oppenhoff*, UmwG, § 68 Rz. 21; *Priester*, ZIP 2013, 2033, 2035.

56) Semler/Stengel/Leonard-*Diekmann*, UmwG, § 68 Rz. 21.

57) Kallmeyer-*Oppenhoff*, UmwG, § 68 Rz. 23; Semler/Stengel/Leonard-*Diekmann*, UmwG, § 68 Rz. 28.

58) *Habersack* in: BeckOGK-UmwG, § 68 Rz. 28; *Wilsing/v. d. Linden* in: KölnKomm-UmwG, § 68 Rz. 21; Semler/Stengel/Leonard-*Diekmann*, UmwG, § 68 Rz. 28.

§ 69
Verschmelzung mit Kapitalerhöhung[*)]

(1) [1]Erhöht die übernehmende Gesellschaft zur Durchführung der Verschmelzung ihr Grundkapital, so sind § 182 Abs. 4, § 184 Abs. 1 Satz 2, §§ 185, 186, 187 Abs. 1, § 188 Abs. 2 und 3 Nr. 1 des Aktiengesetzes nicht anzuwenden; eine Prüfung der Sacheinlage nach § 183 Abs. 3 des Aktiengesetzes findet nur statt, soweit übertragende Rechtsträger die Rechtsform einer rechtsfähigen Personengesellschaft oder eines rechtsfähigen Vereins haben, wenn Vermögensgegenstände in der Schlußbilanz eines übertragenden Rechtsträgers höher bewertet worden sind als in dessen letzter Jahresbilanz, wenn die in einer Schlußbilanz angesetzten Werte nicht als Anschaffungskosten in den Jahresbilanzen der übernehmenden Gesellschaft angesetzt werden oder wenn das Gericht Zweifel hat, ob der Wert der Sacheinlage den geringsten Ausgabebetrag der dafür zu gewährenden Aktien erreicht. [2]Dies gilt auch dann, wenn das Grundkapital durch Ausgabe neuer Aktien auf Grund der Ermächtigung nach § 202 des Aktiengesetzes erhöht wird. [3]In diesem Fall ist außerdem § 203 Abs. 3 des Aktiengesetzes nicht anzuwenden. [4]Zum Prüfer kann der Verschmelzungsprüfer bestellt werden.

(2) Der Anmeldung der Kapitalerhöhung zum Register sind außer den in § 188 Abs. 3 Nr. 2 und 3 des Aktiengesetzes bezeichneten Schriftstücken der Verschmelzungsvertrag und die Niederschriften der Verschmelzungsbeschlüsse in Ausfertigung oder öffentlich beglaubigter Abschrift beizufügen.

(3) Für den Beschluss über die Kapitalerhöhung nach Absatz 1 gilt § 14 Absatz 2 entsprechend.

*) § 69 geändert durch Art. 60 des Gesetzes zur Modernisierung des Personengesellschaftsrechts (Personengesellschaftsrechtsmodernisierungsgesetz – MoPeG), v. 10.8.2021, BGBl. I 2021, 3436; § 69 geändert durch Art. 1 des Gesetzes zur Umsetzung der Umwandlungsrichtlinie und zur Änderung weiterer Gesetze (UmRUG), v. 22.2.2023, BGBl. I 2023, Nr. 51; § 69 geändert durch Art. 1 des Dritten Gesetz zur Änderung des Umwandlungsgesetzes (3. UmwGÄndG), v. 11.7.2011, BGBl. I 2011, 1338; § 69 geändert durch Art. 4 des Gesetzes zur Umsetzung der Aktionärsrechterichtlinie (ARUG), v. 30.7.2009, BGBl. I 2009, 2479; § 69 geändert durch Art. 1 des Gesetzes zur Änderung des Umwandlungsgesetzes, des Partnerschaftsgesellschaftsgesetzes und anderer Gesetze (UmwGÄndG), v. 22.7.1998, BGBl. I 1998, 1878; § 69 i. d. F. des UmwBerG geändert durch Art. 2 des Gesetzes über die Zulassung von Stückaktien (Stückaktiengesetz – StückAG), v. 25.3.1998, BGBl. I 1998, 590.

Literatur: *Angermayer*, Die Prüfung von Sacheinlagen im neuen Umwandlungsrecht, WPg 1995, 681; *Ihrig*, Gläubigerschutz durch Kapitalaufbringung bei Verschmelzung und Spaltung nach neuem Umwandlungsrecht, GmbHR 1995, 622; *Lieder/Hilser*, Die Ersetzungsbefugnis bei umwandlungsrechtlichen Nachbesserungsansprüchen nach dem UmRUG, ZIP 2023, 1; *Meier-Reimer*, Verbesserung des Umtauschverhältnisses in Spruchverfahren, ZHR 164 (2000), 563; *Priester*, Differenzhaltung bei Verschmelzung, in: Festschrift für Karsten Schmidt, 2009, S. 1287; *Schockenhoff*, Die nachgeschobene Nichtigkeitsklage gegen den Hauptversammlungsbeschluss einer AG, ZIP 2008, 1945; *Simon/Merkelbach*, Das Dritte Gesetz zur Änderung des UmwG, DB 2011, 1317; *Thoß*, Differenzhaltung bei der Kapitalerhöhung zur Durchführung einer Verschmelzung, NZG 2006, 376; *Wälzholz*, Aktuelle Probleme der Unterbilanz- und Differenzhaltung bei Umwandlungsvorgängen, AG 2006, 469; *Wagner*, Der Regierungsentwurf für ein Drittes Gesetz zur Änderung des Umwandlungsgesetzes, DStR 2010, 1629.

Übersicht

I. Überblick, Zweck und Inhalt sowie unionsrechtliche Vorgaben

1 § 69 bezweckt die Regelung von Besonderheiten der Kapitalerhöhung bei einer übernehmenden AG. Hintergrund ist die **enge Verbindung von Verschmelzung und Kapitalerhöhung** (siehe zu den Ausnahmen § 68 [*Nolden*]), um den Anteilsinhabern des übertra-

genden Rechtsträgers die Aktien als Gegenleistung für ihre untergehenden Anteile zu gewähren. Die Vorschrift enthält verschiedene **Ausnahmen von den aktienrechtlichen Kapitalerhöhungsregeln der §§ 182 ff. AktG** zur Vereinfachung und Beschleunigung der Durchführung der Kapitalerhöhung. Die Kapitalerhöhung i. R. der Durchführung einer Verschmelzung ist aus der Natur der Sache heraus immer eine **Sachkapitalerhöhung**, da das Vermögen des übertragenden Rechtsträgers nach § 20 auf die übernehmende AG übergeht (siehe § 20 [*Lubberich*]). Im Gegensatz zur isolierten Kapitalerhöhung erwerben die Anteilsinhaber des übertragenden Rechtsträgers die neuen Aktien kraft Gesetzes und ohne gesonderte Zeichnung. Ein Bezugsrecht der Aktionäre der übernehmenden Gesellschaft besteht i. R. der Verschmelzungskapitalerhöhung nicht.

2 § 69 geht auf § 343 AktG a. F. zurück und wurde in Umsetzung der Art. 68 ff. der Gesellschaftsrechtsrichtlinie[1] zu den Regelungen zur Kapitalerhöhung und zur Kapitalherabsetzung modifiziert. Mit dem UmRUG[2] wurde der dritte Absatz ergänzt und der Kapitalerhöhungsbeschluss in Hinblick auf den Ausschluss von Bewertungsrügen mit dem Verschmelzungsbeschluss gleichgesetzt.[3] Zuletzt wurde durch das MoPeG[4] die Personenhandelsgesellschaft und Partnerschaftsgesellschaft durch die Rechtsform der rechtsfähigen Personengesellschaft ersetzt.[5]

II. Anwendungsbereich des § 69

3 Die Erleichterungen des § 69 greifen nur, wenn die Kapitalerhöhung zur Durchführung einer **Verschmelzung bei einer aufnehmenden AG, KGaA oder SE** erfolgt, sie also (ausschließlich) der Beschaffung der den Anteilsinhabern des übertragenden Rechtsträgers zu gewährenden Aktien dient.[6] Daneben gilt § 69 über § 125 Abs. 1 für **Aufspaltungen, Abspaltungen** und **Ausgliederungen** zur Aufnahme. Allerdings ist bei Spaltungen gemäß § 142 Abs. 1 immer eine Prüfung der Sacheinlage nach § 183 Abs. 3 AktG erforderlich, soweit nicht die Ausnahme des § 183a AktG greift. Für die **Verschmelzung zur Neugründung** hat § 69 keine Bedeutung und ist dementsprechend nach § 73 ausgeschlossen.

4 Die Erleichterungen des § 69 stehen nur für Kapitalerhöhungen zur Verfügung, die ausschließlich die **Beschaffung von Umtauschaktien** zur Gewährung an die Anteilseigner des übertragenden Rechtsträgers bezweckt. Unerheblich ist dabei, ob die Kapitalerhöhung als ordentliche oder aus genehmigtem oder bedingtem Kapital durchgeführt wird.[7] Dient die Kapitalerhöhung (auch) anderen Zwecken, etwa der Finanzierung von Akquisitionen, der Stärkung des Eigenkapitals oder dem Verwässerungsschutz der Aktionäre der übernehmenden Gesellschaft, gelten die aktienrechtlichen Regelungen unbeschränkt.[8] Sollen die Erleichterungen des § 69 genutzt werden, sind jeweils **getrennte Beschlüsse** notwendig.[9]

---

1) Richtlinie (EU) 2017/1132 des Europäischen Parlaments und des Rates vom 14. Juni 2017 über bestimmte Aspekte des Gesellschaftsrechts (Gesellschaftsrechtsrichtlinie), ABl. (EU) L 169/46 v. 30.6.2017.

2) Gesetz zur Umsetzung der Umwandlungsrichtlinie und zur Änderung weiterer Gesetze (UmRUG), v. 22.2.2023, BGBl. I 2023, Nr. 51.

3) Begr. RegE 3. UmwGÄndG, BT-Drucks. 17/3122, S. 14.

4) Gesetz zur Modernisierung des Personengesellschaftsrechts (Personengesellschaftsrechtsmodernisierungsgesetz – MoPeG), v. 10.8.2021, BGBl. I 2021, 3436.

5) Beschlussempfehlung und Bericht d. Ausschusses R/V z. MoPeG, BT-Drucks. 19/31105, S. 9.

6) *Habersack* in: BeckOGK-UmwG, § 69 Rz. 6 f.; *Wilsing/v. d. Linden* in: KölnKomm-UmwG, § 69 Rz. 3; Kallmeyer-*Oppenhoff*, UmwG, § 69 Rz. 1; Widmann/Mayer-*Rieger*, UmwR, § 69 UmwG Rz. 3.

7) *Habersack* in: BeckOGK-UmwG, § 69 Rz. 7; Semler/Stengel/Leonard-*Diekmann*, UmwG, § 69 Rz. 3.

8) Kallmeyer-*Oppenhoff*, UmwG, § 69 Rz. 2; *Klumpp* in: HK-UmwG, § 69 Rz. 2.

9) *Wilsing/v. d. Linden* in: KölnKomm-UmwG, § 69 Rz. 3; Schmitt/Hörtnagl-*Missio*, UmwG/UmwStG, § 69 UmwG Rz. 5.

Das gilt auch, wenn die ergänzende Kapitalerhöhung in zeitlicher oder sachlicher Nähe zu der Verschmelzung steht oder mit dieser untrennbar verbunden werden soll.

5 Umgekehrt ist es für die Verschmelzungskapitalerhöhung nicht relevant, ob diese vor, nach oder zeitlich mit dem Verschmelzungsbeschluss beschlossen wird, solange aus dem Kapitalerhöhungsbeschluss klar hervorgeht, auf welche Verschmelzung sich die Kapitalerhöhung bezieht.[10] Die Eintragung der Kapitalerhöhung muss aber nach Maßgabe des § 66 vor der Eintragung der Verschmelzung erfolgen (zur Eintragungsreihenfolge siehe § 66 Rz. 13 ff. [*Nolden*]).

III. Modifizierte Anwendung der aktienrechtlichen Kapitalerhöhungsvorschriften (§ 69 Abs. 1)

6 Grundsätzlich erfolgt auch die Verschmelzungskapitalerhöhung nach den aktienrechtlichen Vorschriften der §§ 182 ff AktG (**ordentliche Kapitalerhöhung**), §§ 192 ff. AktG (**bedingtes Kapital**) oder §§ 202 ff. AktG (**genehmigtes Kapital**). Die Kapitalerhöhung aus Gesellschaftsmitteln steht als Verschmelzungskapitalerhöhung nicht zur Verfügung.

7 Im Anwendungsbereich des § 69 gelten die aktienrechtlichen Vorgaben nur eingeschränkt. So müssen die jungen Aktien weder gezeichnet werden noch gibt es ein Bezugsrecht der Altaktionäre. Auch eine Differenzhaftung gibt es bei der Verschmelzungskapitalerhöhung nicht.[11] Korrekturen erfolgen bei der Verschmelzung stattdessen durch eine Anpassung der baren Zuzahlung im Spruchverfahren.[12]

1. Ordentliche Kapitalerhöhung

8 Auch die bei Sachkapitalerhöhungen obligatorische **Einlagenprüfung** nach § 183 AktG erübrigt sich bei der Verschmelzung, soweit nicht die in § 69 Abs. 1 Halbs. 2 genannten Ausnahmen gegeben sind. Im Einzelnen werden die folgenden aktienrechtlichen Regelungen modifiziert angewandt:

a) § 182 Abs. 4, § 184 Abs. 1 Satz 2 AktG: Ausstehende Einlagen

9 Grundsätzlich sollen nach § 182 Abs. 4 AktG ausstehende Einlagen vor der Kapitalerhöhung vollständig eingezahlt werden. Können Einlagen nicht erlangt werden, ist dies nach § 184 Abs. 1 Satz 2 AktG bei der Anmeldung der Kapitalerhöhung anzugeben. Die in §§ 182 Abs. 4, 184 Abs. 1 Satz 2 AktG angeordnete Subsidiarität der Kapitalerhöhung[13] ist für die Verschmelzungskapitalerhöhung zweitrangig (zur Bedeutung ausstehender Einlagen auf die Kapitalerhöhung hingegen siehe § 68 Rz. 10 ff. [*Nolden*]). Diese dient nicht der Kapitalaufnahme, sondern der Durchführung der Verschmelzung durch Gewährung von neuen Aktien an die Anteilsinhaber des übertragenden Rechtsträgers. Entsprechend entfällt auch die Anmeldevoraussetzungen des § 184 Abs. 1 Satz 2 AktG.

---

10) *Habersack* in: BeckOGK-UmwG, § 69 Rz. 7; Schmitt/Hörtnagl-*Missio*, UmwG/UmwStG, § 69 UmwG Rz. 6; Kallmeyer-*Oppenhoff*, UmwG, § 69 Rz. 3.

11) BGH, Urt. v. 12.3.2007 – II ZR 302/05, BGHZ 171, 293 = NZG 2007, 513; *Wilsing/v. d. Linden* in: KölnKomm-UmwG, § 69 Rz. 4; *Habersack* in: BeckOGK-UmwG, § 69 Rz. 8; Widmann/Mayer-*Rieger*, UmwR, § 69 UmwG Rz. 56 f.; a. A. *Ihrig*, GmbHR 1995, 622, 642; *Wälzholz*, AG 2006, 469, 474; *Thoß*, NZG 2006, 376 ff.; *Priester* in: FS Schmidt, S. 1293 ff.

12) *Wilsing/v. d. Linden* in: KölnKomm-UmwG, § 69 Rz. 4; *Habersack* in: BeckOGK-UmwG, § 69 Rz. 9; *Meier-Reimer*, ZHR 164 (2000), 563, 580 ff.

13) *Wilsing/v. d. Linden*, KölnKomm-UmwG, § 69 Rz. 6.

b) § 185, § 188 Abs. 3 Nr. 1: Keine Zeichnung

10 Die Anteilsinhaber des übertragenden Rechtsträgers erwerben die Aktien kraft Gesetz nach § 20 Abs. 1 Nr. 3. Eine **Zeichnung der Aktien** nach § 185 AktG ist nicht erforderlich, sondern wird durch den Verschmelzungsvertrag und -beschluss ersetzt. Damit entfällt auch die Pflicht, die Zweitschriften der Zeichnungsscheine zum Register zu reichen (§ 188 Abs. 3 Nr. 1 AktG).

c) § 186, § 187 Abs. 1 AktG: Kein Bezugsrecht für Aktionäre

11 Aufgrund der gesetzlichen Anordnung der Gewährung von Aktien an die Anteilsinhaber des übernehmenden Rechtsträgers steht den bisherigen Aktionären der übernehmenden Gesellschaft kein Bezugsrecht zu. Ein solcher **Bezugsrechtsausschluss** ist der Verschmelzung immanent und bedarf keiner sachlichen Rechtfertigung.[14] Eine Kapitalerhöhung zur Abschwächung von Verwässerungseffekten für einzelne Aktionäre ist zwar grundsätzlich möglich, aber nicht i. R. des § 69, sondern nur mit zusätzlichem eigenem Kapitalerhöhungsbeschluss nach den §§ 182 ff. AktG. Mangels Bezugsrechts entfällt auch der Vorbehalt des Bezugsrechts bei der Zusicherung des Erwerbs von Aktien nach § 187 Abs. 1 AktG.

12 Weiterhin Anwendung findet allerdings § 187 Abs. 2 AktG, wonach Zusicherungen vor dem Beschluss über die Erhöhung des Grundkapitals der Gesellschaft gegenüber unwirksam sind.[15] Diesem **Unwirksamkeitsvorbehalt** unterliegt grundsätzlich auch der Verschmelzungsvertrag.[16]

d) § 188 Abs. 2: Sonderregelungen für die Anmeldung

13 Ausgeschlossen ist ferner § 188 Abs. 2 AktG, da die Verschmelzungskapitalerhöhung immer eine **Sachkapitalerhöhung ohne Bareinlage** darstellt. Zudem erfolgt die Leistung der Sacheinlage nicht durch Rechtsgeschäft, sondern gesetzlich aufgrund der Wirkung des § 20 Abs. 1 Nr. 1. Mangels Bareinlage könnte auch nicht auf ein Konto des Vorstands geleistet werden (§ 188 Abs. 2 Satz 2 AktG). § 69 Abs. 1 schließt daher folgerichtig § 188 Abs. 2 AktG aus.[17]

e) § 183 Abs. 3 AktG: Sacheinlagenprüfung

14 § 69 Abs. 1 Satz 1 Halbs. 2 enthält eine **Befreiung von Sachkapitalprüfungen.** Formal ist jede Verschmelzungskapitalerhöhung eine Sachkapitalerhöhung, da im Gegenzug für die Gewährung neuer Aktien das Vermögen des übertragenden Rechtsträgers in die übernehmende AG eingebracht wird.[18] Damit wäre nach § 183 AktG zur Verhinderung einer **Unterpariemission** durch einen gerichtlich bestellten Prüfer zu prüfen, ob der Wert der Sacheinlage dem geringsten Ausgabebetrag der gewährten Aktien entspricht. Aufgrund der ohnehin i. R. der Verschmelzung vorgenommenen Bewertung beider Unternehmen und dem daraus folgenden Umtauschverhältnis ist eine Sacheinlagenprüfung bei der **Ver-**

---

14) Kallmeyer-*Oppenhoff*, UmwG, § 69 Rz. 12; Widmann/Mayer-*Rieger*, UmwR, § 69 UmwG Rz. 37; Lutter-*Grunewald*, UmwG, § 69 Rz. 15; *Wilsing/v. d. Linden*, KölnKomm-UmwG, § 69 Rz. 9.

15) Vgl. dazu *Schürnbrand/Verse* in: MünchKomm-AktG, § 182 Rz. 13, 14.

16) *Habersack* in: BeckOGK-UmwG, § 69 Rz. 13; *Wilsing/v. d. Linden* in: KölnKomm-UmwG, § 69 Rz. 10; Kallmeyer-*Oppenhoff*, UmwG, § 69 Rz. 13; Lutter-*Grunewald*, UmwG, § 69 Rz. 18.

17) *Wilsing/v. d. Linden* in: KölnKomm-UmwG, § 69 Rz. 11; *Habersack* in: BeckOGK-UmwG, § 69 Rz. 14.

18) Lutter-*Grunewald*, UmwG, § 69 Rz. 7; *Wilsing/v. d. Linden* in: KölnKomm-UmwG, § 69 Rz. 13.

schmelzungskapitalerhöhung im Regelfall jedoch entbehrlich.[19] Diese Erleichterung entfällt in vier in § 69 Abs. 1 Satz 1 Halbs. 2 ausdrücklich aufgeführten **Sonderfällen:**

- Eine Sacheinlagenprüfung ist erforderlich, wenn der übertragende Rechtsträger die **Rechtsform einer rechtsfähigen Personengesellschaft** oder eines **rechtsfähigen Vereins** hat. Diese Rechtsformen unterliegen nur einer geringen Kapitalbindung und kennen keine Kapitalaufbringungs- oder -erhaltungsvorgaben.[20] Die Sacheinlagenprüfung ist daher auch dann anwendbar, wenn die rechtsfähige Personengesellschaft einer Pflichtprüfung nach § 264a HGB unterliegt.[21]
- Eine Sacheinlagenprüfung ist ferner durchzuführen, wenn die Vermögensgegenstände in der **Schlussbilanz** des übertragenden Rechtsträgers **höher bewertet** worden sind als in der **Jahresbilanz**. Eine solche **Wertaufholung** nach § 253 Abs. 5 Satz 1 HGB ist grundsätzlich zulässig, aber erklärungs- und prüfungsbedürftig.[22] Das gilt auch bei bloß geringfügigen Wertaufholungen. Liegt eine Wertaufholung vor, ist die gesamte Sacheinlage zu prüfen, nicht nur die einzelnen Vermögensgegenstände.[23]
- Als dritter Sonderfall muss eine Sacheinlagenprüfung durchgeführt werden, wenn die in der Schlussbilanz des übertragenden Rechtsträgers angesetzten Werte nicht als Anschaffungskosten in den Jahresbilanzen der übernehmenden Gesellschaft angesetzt werden. Hintergrund ist das in § 24 eingeräumte Wahlrecht, die übernommenen Vermögensgegenstände in der Bilanz des übernehmenden Rechtsträgers entweder nach dem **Anschaffungskostenprinzip oder der Buchwertverknüpfung** zu aktivieren (zu den Bilanzierungswahlrechten bei der Verschmelzung siehe § 24 Rz. 93 ff. [*Lubberich*]). Aktiviert die übernehmende Gesellschaft **höhere Anschaffungskosten als die Buchwertposition** besteht die Gefahr einer Überbewertung. Da in § 69 Abs. 1 Halbs. 2 auf die Bilanzierung in der nächsten Jahresbilanz abgestellt wird, führt die Anordnung der Sacheinlagenprüfung in diesen Fällen zu praktischen Schwierigkeiten: Die Verschmelzungsparteien müssten über die Sacheinlagenprüfung entscheiden, bevor die Entscheidung über die Bilanzierung der übernommenen Vermögensgegenstände getroffen wird.[24] Die Praxis behilft sich damit, im Zweifel die Bilanzierungsansätze bereits **im Verschmelzungsvertrag festzusetzen.**[25]
- Schließlich eröffnet § 69 Abs. 1 Satz 1 Halbs. 2 einen Auffangtatbestand, falls das **Registergericht** Zweifel hat, ob der Wert der Sacheinlage den geringsten Ausgabebetrag der dafür zu gewährenden Aktien erreicht. Anhaltspunkte für eine solche Unterbewertung der Sacheinlage können sich für das Gericht etwa aus dem Bericht des Verschmelzungsprüfers oder der Schlussbilanz ergeben.[26] Das Gericht hat das Ermessen zurückhaltend auszuüben. Nicht ausreichend ist etwa, wenn eine AG nach § 316 Satz 1 HGB von der Abschlussprüfung befreit sind.[27]

---

19) Begr. RegE Gesetz zur Durchführung der zweiten Richtlinie des Rates der Europäischen Gemeinschaften zur Koordinierung des Gesellschaftsrechts, BT-Drucks. 8/1678, S. 19; Kritik an § 69 Abs. 1 Satz 1 Halbs. 2, vgl. *Wilsing/v. d. Linden* in: KölnKomm-UmwG, § 69 Rz. 13; Lutter-*Grunewald*, UmwG, § 69 Rz. 7; *Angermayer*, WPg 1995, 681, 684; *Ihrig*, GmbHR 1995, 622, 640.

20) Begr. RegE UmwBerG, BR-Drucks. 75/94, S. 104; *Wilsing/v. d. Linden* in: KölnKomm-UmwG, § 69 Rz. 14; Semler/Stengel/Leonard-*Diekmann*, UmwG, § 69 Rz. 8; Schmitt/Hörtnagl-*Missio*, UmwG/UmwStG, § 69 UmwG Rz. 14.

21) *Wilsing/v. d. Linden* in: KölnKomm-UmwG, § 69 Rz. 14; *Habersack* in: BeckOGK-UmwG, § 69 Rz. 14.

22) Vgl. *Wilsing/v. d. Linden* in: KölnKomm-UmwG, § 69 Rz. 15.

23) Kallmeyer-*Oppenhoff*, UmwG, § 69 Rz. 8; *Wilsing/v. d. Linden* in: KölnKomm-UmwG, § 69 Rz. 15; *Habersack* in: BeckOGK-UmwG, § 69 Rz. 17.

24) *Habersack* in: BeckOGK-UmwG, § 69 Rz. 18.

25) Widmann/Mayer-*Rieger*, UmwR, § 69 UmwG Rz. 30.

26) Kallmeyer-*Oppenhoff*, UmwG, § 69 Rz. 10; Lutter-*Grunewald*, UmwG, § 69 Rz. 10; *Wilsing/v. d. Linden* in: KölnKomm-UmwG, § 69 Rz. 17.

27) Lutter-*Grunewald*, UmwG, § 69 Rz. 10.

Ist aufgrund eines Sachverhalts in § 69 Abs. 1 Satz 1 Halbs. 2 eine Sacheinlagenprüfung notwendig, kann als Gegenausnahme wiederum § 183a AktG i. V. m. § 33a AktG greifen.[28] Dabei kann von einer Sacheinlagenprüfung abgesehen werden, wenn (ausschließlich) an einem **organisierten Markt gehandelte Wertpapiere oder Geldmarktinstrumente** eingebracht werden oder ein erfahrener Sachverständiger die einzubringenden Vermögensgegenstände nicht mehr als sechs Tage vor dem Tag der tatsächlichen Einbringung geprüft hat.[29] 15

Die **Sacheinlagenprüfung ist unabhängig von der Verschmelzungsprüfung** und umfasst ausschließlich die Frage, ob der Wert des übertragenden Rechtsträgers den geringsten Ausgabewert der gewährten Aktien deckt. Es bietet sich an, den Verschmelzungsprüfer vom Gericht (zum Bestellungsverfahren siehe § 10 Rz. 5 ff. [*Redenius-Hövermann/Laufersweiler*])[30] nach § 69 Abs. 1 Satz 4 auch für die parallele Sacheinlagenprüfung bestellen zu lassen.[31] Bei der gleichzeitigen Verschmelzung mehrerer Rechtsträger auf eine übernehmende AG wird die Prüfungsflicht individuell bewertet.[32] Das gilt nicht für den Fall der Gesamtverschmelzung, bei der die Verschmelzung aller Gesellschaften als ein einheitlicher Vorgang gewertet wird. Da in diesem Fall eine isolierte Unterpariemission ausgeschlossen ist, kann in einer Gesamtbetrachtung festgestellt werden, ob das insgesamt übertragene Vermögen den geringsten Ausgabebetrag deckt.[33] 16

2. Genehmigtes Kapital

Ist der Vorstand der übernehmenden AG zur Ausgabe von Aktien gegen Sacheinlagen ermächtigt[34] (genehmigtes Kapital), kann er diese Ermächtigung für die Durchführung der Verschmelzung einsetzen.[35] In diesem Fall sind die **§§ 203 bis 206 AktG** anwendbar, über § 69 Abs. 1 Satz 2 gelten die Erleichterungen des § 69 Abs. 1 Satz 1 entsprechend. Das gilt insbesondere für die fehlende Zeichnung, den Ausschluss des Bezugsrechts, die Kapitalerhöhung trotz ausstehender Einlagen (vgl. § 69 Abs. 1 Satz 3 i. V. m. § 203 Abs. 3 AktG) und die Ausnahme von der Sacheinlagenprüfung.[36] Ist eine Sacheinlagenprüfung erforderlich, erfolgt diese nach § 205 Abs. 5 Satz 1 AktG. 17

3. Bedingtes Kapital

Neben der ordentlichen Kapitalerhöhung und dem genehmigten Kapital steht grundsätzlich auch das bedingte Kapital nach §§ 192 ff. AktG zur Durchführung einer Verschmelzungskapitalerhöhung zur Verfügung. Das bedingte Kapital hat den Vorteil, dass es **flexibel** ausgeübt werden kann, wenn zum Zeitpunkt der Beschlussfassung noch offen ist, wie viele neue Aktien an die Anteilsinhaber des übertragenden Rechtsträgers gewährt werden müssen. Bedingung ist allerdings, dass die Hauptversammlung im Vorfeld der Verschmelzung über die bedingte Kapitalerhöhung beschließen. In der Praxis ist daher die Verwendung eines bedingten Kapitals eher unpraktikabel und selten.[37] Die Flexibilität 18

28) A. A. Kallmeyer-*Oppenhoff*, UmwG, § 69 Rz. 10, lehnt Anwendbarkeit des § 183a AktG ab.

29) Vgl. zur Ausnahme des § 183a nur *Schürnbrand/Verse* in: MünchKomm-AktG, § 183a Rz. 8 ff.

30) Vgl. für das aktienrechtliche Bestellungsverfahren aus § 33 Abs. 3 Satz 2 AktG; *Pentz* in: MünchKomm-AktG, § 33 Rz. 31 ff.; *Koch*, AktG, § 33 Rz. 7 ff.

31) Kallmeyer-*Oppenhoff*, § 69 Rz. 11a; Lutter-*Grunewald*, UmwG, § 69 Rz. 12; *Wagner*, DStR 2010, 1629, 1631; *Simon/Merkelbach*, DB 2011, 1317, 1318.

32) Lutter-*Grunewald*, UmwG, § 69 Rz. 14; Semler/Stengel/Leonard-*Diekmann*, UmwG, § 69 Rz. 12.

33) Kallmeyer-*Oppenhoff*, UmwG, § 69 Rz. 11; Lutter-*Grunewald*, UmwG, § 69 Rz. 14.

34) Die Ermächtigung muss die Befugnis explizit vorsehen, vgl. § 205 Abs. 1.

35) *Wilsing/v. d. Linden* in: KölnKomm-UmwG, § 69 Rz. 20.

36) Widmann/Mayer-*Rieger*, UmwR, § 69 UmwG Rz. 52; Lutter-*Grunewald*, § 69 Rz. 24.

37) *Wilsing/v. d. Linden* in: KölnKomm-UmwG, § 69 Rz. 20; Lutter-*Grunewald*, UmwG, § 69 Rz. 25.

kann auch durch eine **Bis-zu-Kapitalerhöhung** erreicht werden. Relevanter ist der Einsatz eines genehmigten Kapitals für die Übernahme von Umtauschrechten beim übertragenden Rechtsträger (siehe § 23 Rz. 23, 26 [*Stiegler*]).

19 Wird bedingtes Kapital genutzt gelten die Erleichterungen des § 69 Abs. 1 Satz 1 analog. Eine Sacheinlagenprüfung ist daher entgegen § 194 Abs. 4 AktG nur in den Sonderfällen des § 69 Abs. 1 Satz 1 Halbs. 2 vorzunehmen. Daneben sind aufgrund der Systematik der Eintragung bei der Verschmelzung **die §§ 198, 201 AktG nicht anwendbar,** die eine Leistung der Sacheinlage vor Ausgabe der Aktien vorsehen.[38] Aus demselben Grund wird die Kapitalerhöhung **nicht schon nach § 200 AktG mit der Ausgabe der Bezugsaktien wirksam,** sondern aufgrund der Verknüpfung der Wirksamkeit von Kapitalerhöhung und Verschmelzung nach § 66 **erst mit der Eintragung der Verschmelzung.**[39]

IV. Anmeldung der Kapitalerhöhung

20 Der Vorstand der übernehmenden Gesellschaft sowie der Aufsichtsratsvorsitzende haben den **Beschluss über die Kapitalerhöhung** sowie die **Durchführung** zum Handelsregister anzumelden.[40] Der Anmeldung des Beschlusses ist – soweit erforderlich – der Bericht über die Sacheinlagenprüfung beizufügen (§ 184 Abs. 2 AktG).

21 § 69 Abs. 2 verlangt darüber hinaus, dass der Anmeldung der „Kapitalerhöhung" neben den in § 188 Abs. 3 Nr. 2 und 3 AktG bezeichneten Dokumenten der **Verschmelzungsvertrag** und die **Niederschriften der Verschmelzungsbeschlüsse** beizufügen sind. § 69 Abs. 2 lässt offen, ob die Unterlagen mit der Anmeldung des Beschlusses oder der Durchführung der Kapitalerhöhung einzureichen sind.[41] Der Verweis auf § 188 Abs. 3 AktG in § 69 Abs. 2 lässt eher auf die **Anmeldung der Durchführung** schließen.[42] In der Praxis werden die Anmeldungen nach § 184 AktG und § 188 AktG ohnehin regelmäßig zusammen vorgenommen.

V. Registerverfahren (§ 69 Abs. 2)

1. Prüfung durch das Registergericht

22 Das Registergericht prüft die Anmeldung und die ihr beigefügten Unterlagen. Hält es eine Sacheinlagenprüfung nach § 69 Abs. 1 Satz 1 Halbs. 2 für erforderlich (siehe oben Rz. 14 a. E.), kann es die Eintragung von der **Durchführung einer Prüfung** abhängig machen oder **einen Prüfer bestellen.** § 183 Abs. 3 AktG i. V. m. § 33 Abs. 3 Satz 2 AktG erfordert **keinen Antrag der Gesellschaft zur Prüferbestellung.** Das Registergericht prüft ferner, ob die Kapitalerhöhung zur **Durchführung einer Verschmelzung** dient und ob die **Eintragungsreihenfolge** des § 66 eingehalten wird.

2. Registersperre

23 Klagen gegen den Kapitalerhöhungsbeschluss führen **nicht zu einer Registersperre** i. S. von § 16 Abs. 2. § 16 Abs. 2 gilt nur für den Verschmelzungsbeschluss.[43] Die Aktionäre des übernehmenden Rechtsträgers sind aber indirekt über § 16 Abs. 2 geschützt, da dieser

---

38) *Habersack* in: BeckOGK-UmwG, § 69 Rz. 26; Henssler/Strohn-*Junker*, GesR, § 69 UmwG Rz. 16.

39) *Habersack* in: BeckOGK-UmwG, § 69 Rz. 26; Kallmeyer-*Oppenhoff*, UmwG, § 69 Rz. 22.

40) §§ 184 Abs. 1 Satz 1, 188 Abs. 1 AktG.

41) *Habersack* in: BeckOGK-UmwG, § 69 Rz. 27.

42) So auch *Wilsing/v. d. Linden* in: KölnKomm-UmwG, § 69 Rz. 22; *Habersack* in: BeckOGK-UmwG, § 69 Rz. 27.

43) Semler/Stengel/Leonard-*Diekmann*, UmwG, § 69 Rz. 27; Kallmeyer-*Oppenhoff*, UmwG, § 69 Rz. 21; *Habersack* in: BeckOGK-UmwG, § 69 Rz. 28; a. A. Lutter-*Grunewald*, UmwG, § 69 Rz. 23; *Klumpp* in: HK-UmwG, § 69 Rz. 19.

eine Registersperre für die Eintragung einer angefochtenen Verschmelzung anordnet und die Kapitalerhöhung erst mit Eintragung der Verschmelzung wirksam wird.[44] Eine Schutzlücke besteht nur, soweit Aktionäre sich ausschließlich gegen den Kapitalerhöhungsbeschluss, nicht aber gegen den Verschmelzungsbeschluss wenden. Eine solche Konstellation dürfte in der Praxis kaum vorkommen, zumal das Registergericht ggf. über §§ 328, 21 FamFG die Eintragung aussetzen könnte. Hat das **Registergericht Zweifel an der Werthaltigkeit der Sacheinlage**, kann es nach eigenem Ermessen die Eintragung vorläufig aussetzen und eine Sacheinlagenprüfung aussetzen.[45]

3. Freigabeverfahren

Auch ohne Registersperre steht bei einer Anfechtungs- oder Nichtigkeitsklage gegen den Kapitalerhöhungsbeschluss das **Freigabeverfahren nach § 16 Abs. 3 analog** zur Verfügung.[46] Die Durchführung eines Freigabeverfahrens kann auch Sinn machen, wenn das Registergericht trotz erhobener Anfechtungsklagen die Kapitalerhöhung eingetragen hat. Durch die **Unanfechtbarkeit des Freigabebeschlusses** (§ 16 Abs. 3 Satz 9) und die Rechtssicherheit der Eintragung (§ 16 Abs. 3 Satz 10) kann die Eintragung auch nicht durch eine nachgeschobene Nichtigkeitsklage beseitigt werden.[47] 24

4. Wirksamwerden der Kapitalerhöhung

Die Kapitalerhöhung wird **mit der Eintragung der Durchführung der Kapitalerhöhung** im Handelsregister wirksam.[48] Das gilt abweichend von § 200 AktG auch für die bedingte Kapitalerhöhung. Die Verschmelzungskapitalerhöhung ist **zusätzlich bedingt** auf die **Eintragung der Durchführung der Verschmelzung**. Die Eintragung der Kapitalerhöhung erfolgt daher vor der Eintragung der Verschmelzung. Mit der Eintragung der Verschmelzung geht gleichzeitig das Vermögen des übertragenden Rechtsträgers gegen die Ausgabe der neuen Aktien über. Sind die Verschmelzung und die Kapitalerhöhung eingetragen, besteht auch für die Kapitalerhöhung der Schutz des § 20.[49] 25

VI. Ausschluss von Bewertungsrügen (§ 69 Abs. 3)

Mit dem durch das UmRUG eingeführten § 69 Abs. 3 wird der **Ausschluss von Bewertungsrügen bei der Anfechtung des Verschmelzungsbeschlusses** aus § 14 Abs. 2 auf die **Kapitalerhöhung** ausgeweitet.[50] Der Anordnung fehlt zwar das den Ausschluss rechtfertigende übliche Korrelat des Spruchverfahrens. In der Sache ist der Ausschluss aber richtig. Entscheidend ist für die Aktionäre das im Verschmelzungsvertrag festgelegte Umtauschverhältnis und die bare Zuzahlung, die Anzahl der darauf gewährten Aktien ist nur ein Reflex. Da für eine Rüge zum Umtauschverhältnis bzw. zur Höhe des Abfindungsanspruchs ohnehin ein **Spruchverfahren nach § 16 Abs. 3** vorgesehen ist,[51] sind die Aktionäre insoweit auch nicht schutzlos. 26

---

44) Semler/Stengel/Leonard-*Diekmann*, UmwG, § 69 Rz. 27; Kallmeyer-*Oppenhoff*, UmwG, § 69 Rz. 21.

45) *Wilsing/v. d. Linden* in: KölnKomm-UmwG, § 69 Rz. 24.

46) *Wilsing/v. d. Linden* in: KölnKomm-UmwG, § 69 Rz. 24; *Habersack* in: BeckOGK-UmwG, § 69 Rz. 28; Semler/Stengel/Leonard-*Diekmann*, UmwG, § 69 Rz. 29 ff.; Kallmeyer-*Oppenhoff*, UmwG, § 69 Rz. 24; Lutter-*Grunewald*, UmwG, § 69 Rz. 23.

47) *Schockenhoff*, ZIP 2008, 1945, 1948.

48) § 189 AktG, vgl. *Schürnbrand/Verse* in: MünchKomm-AktG, § 189.

49) Kallmeyer-*Oppenhoff*, UmwG, § 69 Rz. 25; *Wilsing/v. d. Linden* in: KölnKomm-UmwG, § 69 Rz. 24.

50) Beschlussempfehlung und Bericht des RA z. UmRUG, BT-Drucks. 20/4806, S. 86; *Lieder/Hilser*, ZIP 2023, 1, 11.

51) Schmitt/Hörtnagl-*Missio*, UmwG/UmwStG, § 69 UmwG Rz. 30; *Habersack* in: BeckOGK-UmwG, § 69 Rz. 29.

§ 70
Geltendmachung eines Schadenersatzanspruchs

Die Bestellung eines besonderen Vertreters nach § 26 Abs. 1 Satz 2 können nur solche Aktionäre einer übertragenden Gesellschaft beantragen, die ihre Aktien bereits gegen Anteile des übernehmenden Rechtsträgers umgetauscht haben.

Literatur: Siehe die Angaben bei § 26.

Übersicht

I. Überblick, Zweck und Anwendungsbereich des § 70

1 § 70 beschränkt für den Sonderfall einer Umwandlung mit einer übertragenden AG das Antragsrecht auf **Bestellung eines besonderen Vertreters** nach § 26 Abs. 1 Satz 2 zur Durchsetzung von Schadensersatzansprüchen gemäß § 25 (siehe dazu § 25 Rz. 1 ff. [*Lubberich*]) **gegen Mitglieder des Vorstands oder Aufsichtsrats** der übertragenden AG oder im Fall der monistischen SE ihres **Verwaltungsrats.** Zur Person des besonderen Vertreters siehe § 26 [*Lubberich*].

2 In der Literatur wird als Ziel der Regelung die Incentivierung der Anteilsinhaber der übertragenden Gesellschaft zum Umtausch ihrer Anteile in die Anteile der übernehmenden Gesellschaft angeführt.[1] Ob tatsächlich durch die Beschränkung der Antragsbefugnis in der Praxis die befürchteten Abwicklungsschwierigkeiten im Umtauschverfahren vermieden werden, mag dahingestellt bleiben.

3 § 70 findet Anwendung auf die **Verschmelzung zur Aufnahme und zur Neugründung** (§ 73) sowie über § 125 auf die **Aufspaltung** mit einer AG, KGaA (§ 78) oder SE (Art. 9 Abs. 1 lit. e Ziff. ii SE-VO) als übertragendem Rechtsträger. Die Rechtsform des übernehmenden Rechtsträgers ist dabei unerheblich. Für die Abspaltung und Ausgliederung hat § 70 keine Bedeutung, da es keinen Anteilstausch gibt. Der § 70 i. V. m. § 26 findet über die Verweisung in § 305 Abs. 2 auch bei einer **grenzüberschreitenden** Verschmelzung auf eine ausländische Gesellschaft Anwendung.

4 Bei nicht verbrieften Aktien erfolgt kein Umtausch von Aktien durch Einreichung der Aktienurkunden i. S. des § 70 und § 72. Auch bei einer Sammelverwahrung der Aktien mittels einer Sammel- oder Globalurkunde greift die ratio des § 70, den Umtausch von Aktien zu beschleunigen, nicht. **Aktionäre, die nicht Inhaber einzelverbriefter Aktie sind,** sind daher **nach der allgemeinen Vorschrift des § 26 Abs. 1 Satz 2** ohne die zusätzliche Voraussetzung eines vorherigen Umtauschs ihrer Aktien zur Bestellung des besonderen Vertreters bei Gericht antragsberechtigt.[2]

1) *Wilsing/v. d. Linden* in: KölnKomm-UmwG, § 70 Rz. 1; Kallmeyer-*Oppenhoff*, UmwG, § 70 Rz. 1; *Habersack* in: BeckOGK-UmwG, § 70 Rz. 2; Widmann/Mayer-*Rieger*, UmwR, § 70 UmwG Rz. 1; Lutter-*Grunewald*, UmwG, § 70 Rz. 2.

2) *Wilsing/v. d. Linden* in: KölnKomm-UmwG, § 70 Rz. 4; *Habersack* in: BeckOGK-UmwG, § 70 Rz. 6.

Die Norm dient der Umsetzung des **Art. 106 Gesellschaftsrechtsrichtlinie**[3).4)] Tatsächlich verlangt Art. 106 Gesellschaftsrechtsrichtlinie nur die in § 25 Abs. 1 und 2 umgesetzte Haftung des Verwaltungs- oder Leitungsorgans der übertragenden Gesellschaft für Pflichtverletzungen bei der Vorbereitung und Umsetzung der Verschmelzung, lässt die hier geregelte Beschränkung der Anspruchsberechtigung aber offen. § 70 ist europarechtlich mithin nicht zwingend.[5)] 5

II. Antragsberechtigung

Gemäß § 26 Abs. 1 Satz 2 können Gläubiger sowie Anteilsinhaber des übertragenden Rechtsträgers einen Antrag auf Bestellung eines besonderen Vertreters für die Geltendmachung von Schadensersatzansprüchen stellen.[6)] Der Hintergrund dieses Prozesses ist die **Bündelung von Schadensersatzansprüchen von Gläubigern oder Aktionären** des übernehmenden Rechtsträgers, die durch Pflichtverletzungen von Organmitgliedern des übernehmenden Rechtsträgers bei der Umsetzung der Verschmelzung begründet sind (siehe dazu § 25 [*Lubberich*]). § 70 engt die nach § 26 Abs. 1 Satz 2 vorgesehene Antragsberechtigung der Aktionäre des übertragenden Rechtsträgers ein. 6

Ehemalige Aktionäre[7)] einer übertragenden AG sind nur unter zwei Voraussetzungen antragsberechtigt: 7

- Antragsberechtigt sind zunächst nur Aktionäre, die zum **Zeitpunkt des Wirksamwerdens der Verschmelzung**, also der Eintragung in das Register des übertragenden Rechtsträgers (siehe dazu § 20 [*Lubberich*]), Aktien der übertragenden Gesellschaft hielten. Nur diese Aktionäre erwerben i. R. der Verschmelzung nach § 20 Abs. 1 Nr. 3 Anteile am übernehmenden Rechtsträger und können ihre Aktien i. S. des § 70 zum Umtausch einreichen.
- Die Antragsberechtigung nach § 70 ist nur **durch Gesamtrechtsnachfolge übertragbar.**[8)] Ein Übergang mit Veräußerung der durch den Umtausch erworbenen Anteile des übernehmenden Rechtsträgers oder eine isolierte Übertragung ist ausgeschlossen, da **nur der ursprüngliche Aktionär geschädigt** wurde.[9)] Der Ausschluss der Übertragbarkeit des Antragsrechts gleicht insoweit der aktienrechtlichen Antragsbefugnis zur gerichtlichen Bestellung von Sonderprüfern (§ 142 Abs. 2 AktG) oder zum Klagezulassungsverfahren (§ 148 AktG), bei denen ebenfalls die Antragsberechtigung mit der Veräußerung der Aktien entfällt.[10)]
- Darüber hinaus sind Anteilsinhaber nur dann berechtigt, wenn sie ihre Aktien gegen Anteile des übernehmenden Rechtsträgers nach Maßgabe des § 72 **umgetauscht haben.**

---

3) Richtlinie (EU) 2017/1132 des Europäischen Parlaments und des Rates v. 14.6.2017 über bestimmte Aspekte des Gesellschaftsrechts (Gesellschaftsrechtsrichtlinie), ABl. (EU) L 169/46 v. 30.6.2017.

4) So auch Widmann/Mayer-*Rieger*, UmwR, § 70 UmwG Rz. 1; *Wilsing/v. d. Linden* in: KölnKomm-UmwG, § 70 Rz. 2; *Habersack* in: BeckOGK-UmwG, § 70 Rz. 2.

5) So auch Lutter-*Grunewald*, UmwG, § 70 Rz. 1.

6) *Habersack* in: BeckOGK-UmwG, § 70 Rz. 4.

7) § 70 ist unpräzise formuliert. Zum Zeitpunkt der Antragsberechtigung ist die Verschmelzung bereits eingetragen und die übertragende AG erloschen. Die von § 70 adressierten Aktionäre sind zu diesem Zeitpunkt bereits Gesellschafter des übernehmenden Rechtsträgers, ohne dass es auf einen Aktienumtausch ankommt.

8) Schmitt/Hörtnagl-*Missio*, UmwG/UmwStG, § 70 UmwG Rz. 2; Widmann/Mayer-*Rieger*, UmwR, § 70 UmwG Rz. 5.

9) Widmann/Mayer-*Rieger*, UmwR, § 70 UmwG Rz. 6; *Habersack* in: BeckOGK-UmwG, § 70 Rz. 5; Semler/Stengel/Leonard-*Diekmann*, UmwG, § 70 Rz. 5.

10) Vgl. *Arnold* in: MünchKomm-AktG, § 142 Rz. 98 ff.; *Koch*, AktG, § 142 Rz. 23, 24; *Arnold* in MünchKomm-AktG, § 148 Rz. 10 ff.

Der Umtausch betrifft **nur verbriefte Aktien.**[11] Der Umtausch ist vollzogen, sobald der Aktionär seine Aktienurkunden beim übernehmenden Rechtsträger zum Umtausch oder zur Zusammenlegung eingereicht hat. Auf die Ausgabe neuer Anteile oder die Durchführung der Zusammenlegung durch den übernehmenden Rechtsträger kommt es nicht an.[12]

III. Antragsverfahren

8 Die Bestellung eines besonderen Vertreters erfolgt auf Antrag beim **Gericht am Sitz des übertragenden Rechtsträgers** nach § 26 Abs. 1 Satz 2 (siehe im Detail § 26 Rz. 12 ff. [*Lubberich*]). Der Umtausch ist durch den antragstellenden Aktionär nachzuweisen. Neben den Aktionären sind auch die Gläubiger des übertragenden Rechtsträgers antragsberechtigt (§ 26 Abs. 1 Satz 3), wenn sie vom übernehmenden Rechtsträger keine Befriedigung erlangen können. Für die Gläubiger von übertragenden AGs gilt keine entsprechende Einschränkung wie in § 70.

IV. Übernehmender Rechtsträger

9 Der übernehmende Rechtsträger, der **selbst Aktionär** der übertragenden Gesellschaft war, hat kein Antragsrecht. Die von ihm zuvor gehaltenen Anteile an der übertragenden AG gehen nach § 20 Abs. 1 Nr. 3 Satz 1 mit dem Wirksamwerden der Verschmelzung **ersatzlos unter.**[13] Es fehlt auch insoweit wieder am Anteilstausch. Unberührt bleibt allerdings ein Antragsrecht **als Gläubiger der übertragenden Gesellschaft**, etwa für den Fall der Anfechtung des Verschmelzungsvertrags. Da auch solche Ansprüche nach § 25 Abs. 2 i. V. m. § 26 durch einen besonderen Vertreter geführt werden müssen, bedarf es in diesen Fällen eines Antragsrechts auch des übernehmenden Rechtsträgers (vgl. § 26 Abs. 1 Satz 2).[14]

---

11) *Habersack* in: BeckOGK-UmwG, § 70 Rz. 6; *Wilsing/v. d. Linden* in: KölnKomm-UmwG, § 70 Rz. 4; Lutter-*Grunewald*, UmwG, § 70 Rz. 4; Widmann/Mayer-*Rieger*, UmwR, § 70 UmwG Rz. 7.

12) Semler/Stengel/Leonard-*Diekmann*, UmwG, § 70 Rz. 6; *Habersack* in: BeckOGK-UmwG, § 70 Rz. 6, 8; *Wilsing/v. d. Linden* in: KölnKomm-UmwG, § 70 Rz. 4.

13) Semler/Stengel/Leonard-*Diekmann*, UmwG, § 70 Rz. 7; *Wilsing/v. d. Linden* in: KölnKomm-UmwG, § 70 Rz. 5; *Habersack* in: BeckOGK-UmwG, § 70 Rz. 9; Widmann/Mayer-*Rieger*, UmwR, § 70 UmwG Rz. 10.

14) Widmann/Mayer-*Rieger*, UmwR, § 70 UmwG Rz. 10; Semler/Stengel/Leonard-*Diekmann*, UmwG, § 70 Rz. 7; *Wilsing/v. d. Linden* in: KölnKomm-UmwG, § 70 Rz. 5; *Habersack* in: BeckOGK-UmwG, § 70 Rz. 9.

§ 71
Bestellung eines Treuhänders

(1) [1]Jeder übertragende Rechtsträger hat für den Empfang der zu gewährenden Aktien und der baren Zuzahlungen einen Treuhänder zu bestellen. [2]Die Verschmelzung darf erst eingetragen werden, wenn der Treuhänder dem Gericht angezeigt hat, daß er im Besitz der Aktien und der im Verschmelzungsvertrag festgesetzten baren Zuzahlungen ist.

(2) § 26 Abs. 4 ist entsprechend anzuwenden.

Literatur: *Bandehzadeh*, Verschmelzungen unter Beteiligung von Aktiengesellschaften: Bestellung eines Treuhänders bei unverbrieften Aktien (§ 71 Abs. 1 UmwG)?, DB 2007, 1514; *Bote*, Der Eigentumserwerb bei der Ausgabe von Aktienurkunden nach der Verschmelzung zweier Aktiengesellschaften, ZHR 118 (1955), 196; *Brandi/Schmidt, M. K.*, Die grenzüberschreitende Spaltung nach dem UmRUG, AG 2023, 297; *Bungert/Strothotte*, Die grenzüberschreitende Spaltung nach dem Referentenentwurf des UmRUG, BB 2022, 1411; *Florstedt*, Das Zukunftsfinanzierungsgesetz – Erleichterte Eigenkapitalaufnahme, elektronische Aktie und weitere Reformthemen, NZG 2024, 179, *Schleyer*, Die unzulässige Anerkennung alter Aktien bei der Verschmelzung von Aktiengesellschaften, AG 1958, 208.

Übersicht

I. Inhalt, Zweck und Anwendungsbereich

1 § 71 regelt für den Fall der übernehmenden AG, SE oder KGaA das Erfordernis der Bestellung eines Treuhänders zur **Abwicklung der Übertragung der Aktien und zur Auszahlung der baren Zuzahlung** an die Anteilsinhaber des übertragenden Rechtsträgers. Die Norm gilt auch für die **Auf- und Abspaltung**, nicht aber für die Ausgliederung (vgl. § 125 Satz 1 Nr. 4). Sie ist nach § 305 Abs. 2 bzw. § 320 Abs. 2 i. V. m. § 125 Abs. 1 auch für **grenzüberschreitende** Verschmelzungen und Spaltungen mit einer übertragenden AG mit Sitz in Deutschland anwendbar.[1)]

2 Sie gilt ferner bei **Verschmelzungen bzw. Spaltungen zur Neugründung einer AG oder KGaA**. Für die **Neugründung einer SE** durch Verschmelzung geht hingegen die Verschmelzungsrichtlinie[2)] vor, die die Bestellung eines Treuhänders zur Abwicklung nicht vorsieht.

3 Die Bestellung eines Treuhänders dient der Vereinfachung der Abwicklung der Verschmelzung auf eine AG.[3)] Durch das Treuhandverhältnis wird zudem eine bare Zuzahlung noch vor Eintragung der Verschmelzung zum Schutz der Anteilsinhaber des übertragenden Rechtsträgers **dem Zugriff von Gläubigern** der übernehmenden AG **entzogen.**[4)] Teilweise wird ferner vertreten, dass durch die Bestellung eines Treuhänders die übernehmende AG zumindest bei Gewährung bestehender Aktien **an Zwischenverfügungen gehindert** wird.[5)] Ob dieser Schutz in Hinblick auf die in § 20 Abs. 1 Nr. 3 geregelten materiellen Rechtswirkungen tatsächlich erforderlich ist, kann bezweifelt werden.

1) *Brandi/M. K. Schmidt*, AG 2023, 297, 308; *Bungert/Strothotte*, BB 2022, 1411, 1422; zu § 122c noch: Semler/Stengel/Leonard-*Diekmann*, UmwG, § 122c Rz. 19.

2) Richtlinie 2011/35/EU des Europäischen Parlaments und des Rates v. 5.4.2011 über die Verschmelzung von Aktiengesellschaften (Verschmelzungsrichtlinie), ABl. (EU) L 110/1 v. 29.4.2011.

3) Kallmeyer-*Oppenhoff*, UmwG, § 71 Rz. 1; *Habersack* in: BeckOGK-UmwG, § 71 Rz. 2; *Bote*, ZHR 118 (1955), 196, 199 f.

4) Semler/Stengel/Leonard-*Diekmann*, UmwG, § 71 Rz. 2; Widmann/Mayer-*Rieger*, UmwR, § 71 UmwG Rz. 1.

5) *Habersack* in: BeckOGK-UmwG, § 71 Rz. 13.

4 Verantwortlich für die Bestellung des Treuhänders ist der übertragende Rechtsträger (§ 71 Abs. 1 Satz 1), auf dessen Rechtsform es für die Anwendung des § 71 nicht ankommt.[6] Zur Durchsetzung des § 71 darf die Verschmelzung nach § 71 Abs. 1 Satz 2 erst eingetragen werden, wenn der Treuhänder die Übernahme der Aktien oder der baren Zuzahlung **dem Gericht angezeigt hat.** Nach der Eintragung der Verschmelzung reicht der Treuhänder die Aktienurkunden sowie ggf. die bare Zuzahlung an die bisherigen Anteilseigner des übertragenden Rechtsträgers weiter. § 71 Abs. 2 regelt über den Verweis auf § 26 Abs. 4 die **Vergütung** des Treuhänders.

5 Die Vorschrift geht **ins Leere, wenn eine Verbriefung ausgeschlossen ist** (vgl. § 10 Abs. 5) oder die Aktien **als elektronische Aktien** in ein elektronisches Wertpapierregister eingetragen sind.[7] Auch im Falle der **Sammelverwahrung** durch Globalurkunde[8] macht die Bestellung eines Treuhänders keinen Sinn, da die Abwicklung rechtssicher und effektiv durch Hinterlegung bei der Verwahrstelle durch die übernehmende Gesellschaft erfolgen kann und die Besitzmittlung durch den Treuhänder keinen zusätzlichen Schutz bewirkt. Eine Pflicht des übernehmenden Rechtsträgers zur Verbriefung der zu übertragenden Aktien besteht nicht.[9] Sieht der Verschmelzungsvertrag auch **keine baren Zuzahlungen** vor, ist die Bestellung eines Treuhänders entbehrlich. Die Anteilsinhaber des übertragenden Rechtsträgers benötigen dann keines über § 20 Abs. 1 Nr. 3 UmwG hinaus gehenden Schutzes.[10]

6 Der Treuhänder i. S. des § 71 ist nur für die Übernahme der Aktienurkunden im Tausch gegen die untergehenden Anteile des übertragenden Rechtsträgers zuständig. Werden anstelle der baren Zuzahlung **zusätzliche Aktien nach §§ 72a, 72b** gewährt, ist nach § 72b Abs. 3 ein gesonderter Treuhänder mit weitergehenden Befugnissen zu bestellen (siehe § 72b Rz. 15 ff. [*Nolden*]), wobei nichts dagegen spricht, die Treuhänder nach § 71 und § 72b personenidentisch zu bestellen.

II. Bestellung des Treuhänders: Verfahren und Person (§ 71 Abs. 1)

7 Zuständig für die Bestellung des Treuhänders ist das Vertretungsorgan des übertragenden Rechtsträgers in vertretungsberechtigter Zahl. Bei **Mehrfach- oder Kettenverschmelzungen** können sich die Vertretungsorgane der übertragenden Rechtsträger auf einen identischen Treuhänder einigen. Die Parteien der Verschmelzung können bereits im **Verschmelzungsvertrag** einen Treuhänder bestimmen. Es bedarf aber zur Umsetzung jeweils einer **gesonderten Bestellung** durch jeden übertragenden Rechtsträger. Es empfiehlt sich, dem Treuhänder zum Nachweis seiner Treuhänderstellung gegenüber dem Gericht oder Dritten (z. B. Banken oder Verwahrern) eine schriftliche Bestellungsurkunde auszuhändigen. Einer besonderen Form bedarf die Bestellung nicht.

8 Als Treuhänder kommt grundsätzlich **jede natürliche oder juristische Person** infrage. Eine besondere Qualifikation oder Fachkenntnis wird ebenso wenig verlangt wie eine Unabhängigkeit von den Parteien. In der Praxis werden regelmäßig Treuhandgesellschaften,

---

6) Lutter-*Grunewald*, UmwG, § 71 Rz. 1. *Wilsing/v. d. Linden* in: KölnKomm-UmwG, § 71 Rz. 3, 4; Widmann/Mayer-*Rieger*, UmwR, § 71 UmwG Rz. 2, 3.

7) Vgl. § 1 Nr. 3 eWpG, dazu weitergehend Segna/Möslein/Omlor/v. Buttlar-*Möslein*, eWpG, § 1 Rz. 1; krit. zur elektronischen Aktie *Florstedt*, NZG 2024, 179, 182.

8) Zur Abwicklung des Umtauschs bei Girosammelverwahrung vgl. nur Kallmeyer-*Oppenhoff*, UmwG, § 71 Rz. 4; Lutter-*Grunewald*, UmwG, § 71 Rz. 11.

9) *Bandehzadeh*, DB 2007, 1514, 1515; Widmann/Mayer-*Rieger*, UmwR, § 71 UmwG Rz. 22; *Habersack* in: BeckOGK-UmwG, § 71 Rz. 11; *Wilsing/v. d. Linden* in: KölnKomm-UmwG, § 71 Rz. 1.

10) H. M. *Bandehzadeh*, DB 2007, 1514, 1515; *Habersack* in: BeckOGK-UmwG, § 71 Rz. 11; Kallmeyer-*Oppenhoff*, UmwG, § 71 Rz. 8; Widmann/Mayer-*Rieger*, UmwR, § 71 UmwG Rz. 22; *Wilsing/v. d. Linden* in: KölnKomm-UmwG, § 71 Rz. 1; a. A. Lutter-*Grunewald*, UmwG, § 71 Rz. 7.

(Investment-)Banken, Wirtschaftsprüfer, Rechtsanwälte oder -kanzleien sowie Notare[11]) bestellt. Die Bestellung wird mit **Annahme** durch den Treuhänder wirksam. Eine Bestellung durch das Gericht ist anders als etwa beim Verschmelzungsprüfer nicht vorgesehen.

Zumindest soweit eine natürliche Person zum Treuhänder bestellt wird, kann sich die Bestellung eines **Ersatztreuhänders** empfehlen, der für den Fall der dauerhaften Verhinderung des bestellten Treuhänders dessen Aufgaben fortführt.[12]) Zwar können Ersatztreuhänder auch nachträglich bestellt werden, die vorsorgliche Ersatzbestellung schafft jedoch klare Verhältnisse und gewährleistet im Ernstfall eine zeitnahe Übernahme der Abwicklungsgeschäfte. Wird eine Ersatzbestellung nach Eintragung der Verschmelzung erforderlich, geht die **Bestellungsbefugnis** durch Erlöschen des übertragenden Rechtsträgers auf die übernehmende AG über.[13]) 9

III. Treuhandvertrag und Vergütung (§ 71 Abs. 2)

Die h. M. unterscheidet zwischen dem Bestellungsakt und dem Vertragsverhältnis zum Treuhänder.[14]) Je nach Ausgestaltung kann der Treuhandvertrag als **Geschäftsbesorgungsvertrag** (§ 675 BGB) oder als **Auftrag** (§ 662 ff. BGB) zu qualifizieren sein. Aus seiner Funktion heraus ist der Treuhandvertrag immer ein **echter Vertrag zugunsten Dritter** (§ 328 BGB), so dass die in den Vertrag einbezogenen Anteilsinhaber des übertragenden Rechtsträgers aus eigenem Recht gegen den Treuhänder vorgehen können. Trennt man mit der h. M. zwischen Bestellungsakt und Treuhandvertrag, kann der Treuhandvertrag auch mit anderen Parteien, z. B. direkt mit dem übernehmenden Rechtsträger oder dessen Gesellschaftern abgeschlossen werden.[15]) Ist der Vertrag entsprechend dem Bestellungsakt mit dem übertragenden Rechtsträger geschlossen, geht er mit Wirksamwerden der Verschmelzung **auf die übernehmende AG über** (§ 20 Abs. 1 Nr. 1). 10

Durch die Verweisung in § 71 Abs. 2 auf § 26 Abs. 4 wird dem Treuhänder ein Anspruch auf **Ersatz angemessener Auslagen und Vergütung** seiner Tätigkeit eingeräumt. Aufgrund des unbeschränkten Verweises auf § 26 Abs. 4 wird die Auffassung vertreten, dass die Auslagen und Vergütung grundsätzlich **vom Gericht festgesetzt** werden, das sich in der Praxis an den zwischen Treuhänder und Auftraggeber vereinbarten Sätzen orientieren dürfte.[16]) Diese Annahme ist nicht zwingend, da der besondere Vertreter nach § 26 Abs. 1 Satz 2 anders als der Treuhänder nach § 71 vom Gericht bestellt wird und § 26 Abs. 4 als folgerichtige Annexkompetenz des Gerichts ausgestaltet ist. § 26 Abs. 4 sollte insoweit nur dann zur Anwendung kommen, wenn sich die vereinbarte Vergütung oder der Auslagenersatz **im Nachhinein als nicht angemessen** erweist.[17]) Zuständig ist dann das 11

---

11) Kallmeyer-*Oppenhoff*, UmwG, § 71 Rz. 5, verlangt für Notare eine nicht in § 71 verankerte besondere Unabhängigkeit i. S. eines Vorbefassungsverbots.

12) *Wilsing/v. d. Linden* in: KölnKomm-UmwG, § 71 Rz. 6; Semler/Stengel/Leonard-*Diekmann*, UmwG, § 71 Rz. 8; Widmann/Mayer-*Rieger*, UmwR, § 71 UmwG Rz. 11.

13) Widmann/Mayer-*Rieger*, UmwR, § 71 UmwG Rz. 11.

14) H. M. Lutter-*Grunewald*, UmwG, § 71 Rz. 5; Semler/Stengel/Leonard-*Diekmann*, UmwG, § 71 Rz. 7; Kallmeyer-*Oppenhoff*, UmwG, § 71 Rz. 6; a. A. *Habersack* in: BeckOGK-UmwG, § 71 Rz. 6; Widmann/Mayer-*Rieger*, UmwR, § 71 UmwG Rz. 9; § 71 Abs. 1 Satz 1 spricht allerdings klar von der Bestellung, nicht von einer Beauftragung.

15) Kallmeyer-*Oppenhoff*, UmwG, § 71 Rz. 6; Lutter-*Grunewald*, UmwG, § 71 Rz. 5.

16) So *Habersack* in: BeckOGK-UmwG, § 71 Rz. 9; Schmitt/Hörtnagl-*Missio*, UmwG/UmwStG, § 71 UmwG Rz. 5; Lutter-*Grunewald*, UmwG, § 71 Rz. 9.

17) So Kallmeyer-*Oppenhoff*, UmwG, § 71 Rz. 14.

Gericht am Sitz des übernehmenden Rechtsträgers, bei dem die Anzeige nach § 71 Abs. 1 Satz 2 vorzunehmen ist.[18)]

12 Ist das Gericht zur Festsetzung berufen, so entscheidet es nach **freiem Ermessen** über die Höhe der Vergütung. Eine **Zuweisung der Kostentragung** nach § 26 Abs. 4 Satz 3 findet für den Treuhänder nach § 71 nicht statt. Im Gegensatz zum besonderen Vertreter sind dem Treuhänder die einzelnen Anteilsinhaber nicht individuell bekannt. Die Kosten können aber im Treuhandvertrag aufgeteilt werden. Die prozessualen Vorgaben zu Rechtsmitteln und Vollstreckung in § 26 Abs. 4 Satz 4 und 5 sind auch für die Entscheidung nach § 71 Abs. 2 anwendbar.

IV. Aufgaben des Treuhänders

13 Der Treuhänder unterstützt die Abwicklung einer Verschmelzung mit übernehmender AG mit verbrieften Aktien. Seine Aufgabe umfasst zunächst die **Übernahme** der **Aktienurkunden** und die **Verwahrung** der **baren Zuzahlung** sowie die **Anzeige** der Übernahme und Verwahrung beim Registergericht. Soweit im Treuhandvertrag nicht explizit geregelt, hat der Treuhänder keinen eigenen Rechtsanspruch gegen die übernehmende AG.[19)] Ohne die Anzeige zur Übernahme der Aktienurkunden und der Zuzahlung durch den Treuhänder wird die Verschmelzung **jedoch nicht eingetragen** und damit nicht vollzogen. Die Parteien haben daher ein virulentes Interesse an der Erfüllung der Aufgaben des Treuhänders.

14 Nach der Eintragung der Verschmelzung kehrt der Treuhänder die Aktienurkunden und die Zuzahlung an die Berechtigten aus. **Scheitert die Eintragung** endgültig, gibt der Treuhänder die erhaltenen Aktienurkunden und Geldmittel an die übernehmende Gesellschaft zurück und zeigt dem Registergericht die Rückgabe an.[20)]

1. Vor Eintragung der Verschmelzung

a) Inbesitznahme der Aktienurkunden

15 Der Treuhänder übernimmt die i. R. der Verschmelzung zu gewährenden Aktien. Die Übernahme bezieht sich stets nur auf die Verbriefung der Aktien in Urkunden.[21)] Die materielle Aktionärsstellung ist von der Handlung des Treuhänders unabhängig. Nach § 20 Abs. 1 Nr. 3 werden die Anteilsinhaber des übertragenden Rechtsträgers mit der Eintragung der Verschmelzung unmittelbar Aktionäre der übernehmenden Gesellschaft.[22)]

16 Die Aktienurkunde kann **aus verschiedenen Quellen** kommen: Die übernehmende AG kann neue Aktien ausgeben,[23)] eigene Aktien einsetzen[24)] oder die Aktien von einem Dritten, insbesondere einem Aktionär, weitergeben[25)]. Die übernehmende Gesellschaft verschafft insoweit dem Treuhänder nach § 854 ff. BGB die Besitzposition an den Aktienurkunden, die sie selbst innehat. So genügt bei der Girosammelverwahrung durch eine

18) So *Habersack* in: BeckOGK-UmwG, § 71 Rz. 9; Lutter-Grunewald, UmwG, § 71 Rz. 6; a. A. Kallmeyer-*Oppenhoff*, UmwG, § 71 Rz. 14 – zuständig sei das Gericht, das den Treuhänder beauftragt hat.

19) *Habersack* in: BeckOGK-UmwG, § 71 Rz. 10; Kallmeyer-*Oppenhoff*, UmwG, § 71 Rz. 7.

20) Kallmeyer-*Oppenhoff*, UmwG, § 71 Rz. 13; Semler/Stengel/Leonard-*Diekmann*, UmwG, § 71 Rz. 19; *Wilsing/v. d. Linden* in: KölnKomm-UmwG, § 71 Rz. 11.

21) Widmann/Mayer-*Rieger*, UmwR, § 71 UmwG Rz. 14; Kallmeyer-*Oppenhoff*, UmwG, § 71 Rz. 8.

22) *Wilsing/v. d. Linden* in: KölnKomm-UmwG, § 71 Rz. 1; *Habersack* in: BeckOGK-UmwG, § 71 Rz. 18; Widmann/Mayer-*Rieger*, UmwR, § 71 UmwG Rz. 23.

23) Lutter-*Grunewald*, UmwG, § 71 Rz. 9; Semler/Stengel/Leonard-*Diekmann*, UmwG, § 71 Rz. 11.

24) Lutter-*Grunewald*, UmwG, § 71 Rz. 7. *Wilsing/v. d. Linden* in: KölnKomm-UmwG, § 71 Rz. 7; Semler/Stengel/Leonard-*Diekmann*, UmwG, § 71 Rz. 12.

25) *Wilsing/v. d. Linden* in: KölnKomm-UmwG, § 71 Rz. 7.

Bank oder der Verwahrung einer Globalurkunde bei einer Verwahrstelle die Einräumung **mittelbaren Besitzes.**[26)]

Neue Aktien aus einer Kapitalerhöhung werden dem Treuhänder bereits vor dem Wirk- 17
samwerden der Kapitalerhöhung durch die Eintragung der Verschmelzung übertragen.[27)] Der Treuhänder übernimmt insoweit mit der Verwahrung die Schutzfunktion des § 191 Satz 1 AktG. Das aktienrechtliche **Verbot der Ausgabe von Aktien** vor ihrer Entstehung ist mit der **Eintragungsreihenfolge bei der Verschmelzung** – Beschluss und Durchführung der Kapitalerhöhung im Register der übernehmenden Gesellschaft vor der Eintragung der Verschmelzung in den Registern der übertragenden und übernehmenden Gesellschaft (zum Verfahren siehe § 19 [*Hoefling*]) – **nicht vereinbar**, auch wenn die Norm formal nur die Ausgabe vor der Eintragung der Durchführung der Kapitalerhöhung verbietet.

b) Inbesitznahme der baren Zuzahlungen

Darüber hinaus sieht § 71 Abs. 1 Satz 1 vor, dass der Treuhänder die nach dem Ver- 18
schmelzungsvertrag (§ 71 Abs. 1 Satz 2) an die Anteilsinhaber des übertragenden Rechtsträgers zu leistenden **baren Zuzahlungen übernimmt**. Der nach § 71 bestellte Treuhänder ist allerdings weder für die in einem späteren **Spruchverfahren** festgesetzten Zuzahlungen[28)] zuständig noch für die Übernahme **zusätzlicher Aktien** nach § 72b Abs. 3.

Die in der Literatur umstrittene Frage, ob dem Treuhänder Besitz oder Eigentum an den 19
Barmitteln einzuräumen ist,[29)] ist in der Praxis aufgrund der regelmäßig bargeldlosen Überweisungen der Mittel auf ein Treuhandkonto müßig. Mit der Überweisung auf das Treuhandkonto ist die Zuzahlung dem Zugriff der Gläubiger der übertragenden AG entzogen.[30)]

c) Verwahrung

Nach der Übernahme der Aktienurkunden sowie der Mittel für die baren Zuzahlungen 20
verwahrt der Treuhänder diese bis zur Aushändigung an die Berechtigten nach Eintragung der Verschmelzung. Die Verwahrung hat **getrennt vom Vermögen des Treuhänders** zu erfolgen. Der Treuhänder kann sich bei der Verwahrung **Dritter** bedienen, etwa einer Verwahrstelle für die Aktienurkunden[31)] oder der kontoführenden Bank.

d) Anzeige an das Registergericht

Nach Erhalt der Aktienurkunden und ggf. der baren Zuzahlung zeigt der Treuhänder die 21
Erfüllung dieser Aufgaben unverzüglich „dem Gericht" an. Das Gericht i. S. des § 71 Abs. 1 Satz 1 ist das **Registergericht der übernehmenden AG**, das für das Wirksamwerden der Verschmelzung nach den §§ 19, 20 zuständig ist (zur Abfolge der Eintragungen siehe § 19 Rz. 3 ff. [*Hoefling*]). Bei einer **Auf- oder Abspaltung** mit Ausgabe von Aktien ist entsprechend § 130 Abs. 1 das **Register des Sitzes des übertragenden Rechtsträgers** maßgeblich (zur Abfolge der Eintragungen bei der Spaltung siehe § 130 Rz. 4 ff. [*Lubberich*]).

26) *Wilsing/v. d. Linden* in: KölnKomm-UmwG, § 71 Rz. 7.

27) Vgl. Widmann/Mayer-*Rieger*, UmwR, § 71 UmwG Rz. 20; Lutter-*Grunewald*, UmwG, § 71 Rz. 9.

28) *Wilsing/v. d. Linden* in: KölnKomm-UmwG, § 71 Rz. 8; Semler/Stengel/Leonard-*Diekmann*, UmwG, § 71 Rz. 16.

29) Vgl. zum Streit *Habersack* in: BeckOGK-UmwG, § 71 Rz. 15; Widmann/Mayer-*Rieger*, UmwR, § 71 UmwG Rz. 15.

30) Lutter-*Grunewald*, UmwG, § 71 Rz. 10; *Wilsing/v. d. Linden* in: KölnKomm-UmwG, § 71 Rz. 8.

31) Insb. bei einer Globalurkunde.

Eine Anzeige des Treuhänders an andere beteiligte Registergerichte ist nicht erforderlich.[32)]

22 Die Anzeige bedarf keiner besonderen **Form**, insbesondere ist sie keine Anmeldung i. S. des § 12 HGB. In der Regel erfolgt die Anzeige zumindest in Textform[33)] und enthält die Angaben über Anzahl und Art der in Verwahrung genommenen Aktien sowie den Betrag für die bare Zuzahlung der übernommenen Mittel.[34)] Alternativ ist die Bezugnahme auf den Verschmelzungsvertrag oder den Kapitalerhöhungsbeschluss ausreichend.[35)]

23 **Bis zur Anzeige** des Treuhänders besteht eine **Registersperre**. Die Anzeige hat insoweit die gleiche Wirkung wie eine Negativerklärung nach § 16 Abs. 2. Eine trotz Registersperre eingetragene Verschmelzung ist gemäß § 20 Abs. 2 wirksam.

2. Nach Eintragung der Verschmelzung

24 Mit der Eintragung der Verschmelzung in das Register des übernehmenden Rechtsträgers werden die Anteilsinhaber des übertragenden Rechtsträgers **automatisch Aktionäre** der übernehmenden AG.[36)] Dem Treuhänder obliegt es nun, den neuen Aktionären das **Eigentum** an den Aktienurkunden in Erfüllung des Geschäftsbesorgungsvertrages **zu übertragen**. Der Treuhänder selbst wird nie Aktionär.[37)] Die für die Übertragung erforderliche Verfügungsbefugnis leitet sich aus § 71 Abs. 1 ab.[38)] Soweit der Treuhänder einzelverbriefte Aktien in Verwahrung hat, erfolgt die Übertragung durch die **Übergabe der Urkunden.**[39)] Globalurkunden übergibt der Treuhänder an die Verwahrstelle, soweit sie nicht von vornherein drittverwahrt wurde. Die Abwicklung erfolgt dann wie bei girosammelverwahrten Aktien durch **Einbuchung** in die Depots der neuen Aktionäre.

25 Anders als die Aktionärsstellung werden die **baren Zuzahlungen** nicht bereits nach § 20 übertragen.[40)] Vielmehr zahlt der Treuhänder die Zuzahlungen **von seinem Treuhandkonto** an die berechtigten Anteilsinhaber aus, in der Praxis üblicherweise durch Banküberweisung vom Treuhandkonto.

26 Aktien oder Zuzahlungen, deren Berechtigte unbekannt bleiben und die nicht übergeben oder ausgezahlt werden können, kann der Treuhänder nach § 372 ff. BGB schuldbefreiend **hinterlegen.**[41)]

---

32) *Habersack* in: BeckOGK-UmwG, § 71 Rz. 17; Lutter-*Grunewald*, UmwG, § 71 Rz. 12; *Wilsing/v. d. Linden* in: KölnKomm-UmwG, § 71 Rz. 12.

33) H. M. *Wilsing/v. d. Linden* in: KölnKomm-UmwG, § 71 Rz. 12; Lutter-*Grunewald*, UmwG, § 71 Rz. 12; *Habersack* in: BeckOGK-UmwG, § 71 Rz. 17; a. A. Semler/Stengel/Leonard-*Diekmann*, UmwG, § 71 Rz. 16, setzt schriftliche Anzeige voraus.

34) So auch Lutter-*Grunewald*, UmwG, § 71 Rz. 12; a. A. *Wilsing/v. d. Linden* in: KölnKomm-UmwG, § 71 Rz. 12.

35) *Wilsing/v. d. Linden* in: KölnKomm-UmwG, § 71 Rz. 12.

36) *Habersack* in: BeckOGK-UmwG, § 71 Rz. 18; Kallmeyer-*Oppenhoff*, UmwG, § 71 Rz. 16.

37) Semler/Stengel/Leonard-*Diekmann*, UmwG, § 71 Rz. 23; Schmitt/Hörtnagl-*Missio*, UmwG/UmwStG, § 71 UmwG Rz. 2; Kallmeyer-*Oppenhoff*, UmwG, § 71 Rz. 15; dem Treuhänder stehen auch keine Mitgliedschaftsrechte zu, a. A. *Schleyer* AG 1958, 208, 210.

38) *Wilsing/v. d. Linden* in: KölnKomm-UmwG, § 71 Rz. 11; *Habersack* in: BeckOGK-UmwG, § 71 Rz. 19.

39) So die h. M. *Bote*, ZHR 118 (1955), 196, 208; *Habersack* in: BeckOGK-UmwG, § 71 Rz. 19; Widmann/Mayer-*Rieger*, UmwR, § 71 UmwG Rz. 26; Lutter-*Grunewald*, UmwG, § 71 Rz. 9.

40) Henssler/Strohn-*Junker*, GesR, § 71 UmwG Rz. 7; Lutter-*Grunewald*, UmwG, § 71 Rz. 11; *Habersack* in: UmwG, § 71 Rz. 18.

41) *Wilsing/v. d. Linden* in: KölnKomm-UmwG, § 71 Rz. 11; Kallmeyer-*Oppenhoff*, UmwG, § 71 Rz. 11.

§ 72
Umtausch von Aktien

(1) **[1]Für den Umtausch der Aktien einer übertragenden Gesellschaft gilt § 73 Abs. 1 und 2 des Aktiengesetzes, bei Zusammenlegung von Aktien dieser Gesellschaft § 226 Abs. 1 und 2 des Aktiengesetzes über die Kraftloserklärung von Aktien entsprechend. [2]Einer Genehmigung des Gerichts bedarf es nicht.**

(2) Ist der übernehmende Rechtsträger ebenfalls eine Aktiengesellschaft, so gelten ferner § 73 Abs. 3 des Aktiengesetzes sowie bei Zusammenlegung von Aktien § 73 Abs. 4 und § 226 Abs. 3 des Aktiengesetzes entsprechend.

Literatur: *Schaper*, Aktienurkunden in der Praxis – Verbriefung, Übertragung, Umtausch und Kraftloserklärung, AG 2016, 889; *Vetter*, Zum Ausgleich von Spitzen(beträgen) bei der Abfindung von Aktien, AG 1997, 6.

Übersicht

I. Inhalt, Zweck und Anwendungsbereich

1 Während der **materielle Übergang der Gesellschafterstellung** der Anteilsinhaber des übertragenen Rechtsträgers nach § 20 Abs. 1 Nr. 2 und 3 kraft Gesetzes erfolgt, zieht § 72 die **wertpapierrechtlichen Folgen** dieses Übergangs nach.[1] So ordnet § 72 Abs. 1 zunächst für den Fall einer übertragenden AG, KGaA (§ 78) oder SE (Art. 9 Abs. 1 lit. c Ziff. ii SE-VO[2]) an, dass nicht eingereichte oder wegen des Umtauschverhältnisses nicht umtauschbare Aktien[3] nach den aktienrechtlichen Verfahren der §§ 73 Abs. 1 und 2 AktG (bei Umtausch) bzw. § 226 Abs. 1 und 2 AktG (bei Zusammenlegung) für **kraftlos erklärt** werden können. Ist darüber hinaus die **übernehmende Gesellschaft ebenfalls eine AG, KGaA oder SE,** gilt zusätzlich § 73 Abs. 3 AktG und bei der **Zusammenlegung von Aktien** die §§ 73 Abs. 4, 226 Abs. 3 AktG.

2 Die Regelung dient im Wesentlichen dem **Schutz des Rechtsverkehrs**, indem nach der Verschmelzung die Aktienurkunden für kraftlos erklärt werden können, die wegen des Erlöschens der übertragenden AG nach § 20 Abs. 1 Nr. 2 keine Mitgliedschaftsrechte mehr verbriefen.[4] Der in § 72 Abs. 2 vorgesehene Umtausch von Aktienurkunden bei typengleichen Verschmelzungen **beschleunigt überdies den Vollzug** des wertpapierrechtlichen Teils der Verschmelzung.[5]

1) *Habersack* in: BeckOGK-UmwG, § 72 Rz. 2; *Wilsing/v. d. Linden* in: KölnKomm-UmwG, § 72 Rz. 1.
2) Verordnung (EG) Nr. 2157/2001 des Rates v. 8.10.2001 über das Statut der Europäischen Gesellschaft (SE) (SE-VO), ABl. (EU) L 294/1 v. 10.11.2001.
3) *Wilsing/v. d. Linden* in: KölnKomm-UmwG, § 72 Rz. 1.
4) *Habersack* in: BeckOGK-UmwG, § 72 Rz. 2; *Wilsing/v. d. Linden* in: KölnKomm-UmwG, § 72 Rz. 1.
5) *Habersack* in: BeckOGK-UmwG, § 72 Rz. 2; *Wilsing/v. d. Linden* in: KölnKomm-UmwG, § 72 Rz. 1.

3 § 72 gilt für Verschmelzung **zur Aufnahme und Neugründung** sowie für **Aufspaltungen.** Bei Abspaltungen und Ausgliederungen findet kein Anteilstausch statt (vgl. auch § 125 Satz 1 Nr. 4). **§ 72 Abs. 1** wird bei Beteiligung einer **übertragenden AG** angewandt, auf die Rechtsform des übernehmenden Rechtsträgers kommt es nicht an.[6] Für die Anwendung von **§ 72 Abs. 2** muss es sich zudem beim **übernehmenden Rechtsträger um eine AG, KGaA oder SE** handeln.[7]

4 Ist nur der übernehmende Rechtsträger eine AG, KGaA oder SE, der **übertragende Rechtsträger** aber **eine andere Gesellschaftsform,** ist **§ 72 nicht anwendbar.** Die übernehmende AG gibt dann lediglich neue Aktienurkunden aus, ohne dass ein Umtausch oder eine Einziehung von Urkunden über die Anteile stattfindet (siehe § 71 Rz. 1 [*Nolden*]).

5 Aufgrund des ausschließlich wertpapierrechtlichen Charakters des § 72 kommt dieser nur zur Anwendung, wenn die **Aktien** der übertragenden AG **verbrieft sind.** Soweit die Einzelverbriefung ausgeschlossen ist (§ 10 Abs. 5 AktG) oder die AG elektronische Aktien (§ 10 Abs. 6 AktG) ausgegeben hat, spielt § 72 keine Rolle.[8]

II. Verschmelzung einer AG auf eine Nicht-AG (§ 72 Abs. 1)

6 Mit der Eintragung der Verschmelzung sind die Aktionäre der übertragenden AG Anteilsinhaber des übernehmenden Rechtsträgers geworden (siehe § 20 Rz. 7 ff. [*Lubberich*]). Gleichzeitig erlischt der übertragende Rechtsträger und mit ihm die von ihm ausgegebenen Aktien. Hatte die übertragende AG Aktienurkunden ausgegeben, ist der **Inhalt der Urkunden** durch das Erlöschen des verbrieften Mitgliedschaftsrechts **unrichtig geworden.** Die übernehmende Gesellschaft hat daher die Aktionäre aufzufordern, die unrichtigen Aktienurkunden einzureichen, damit diese vernichtet werden können. **Werden Aktienurkunden nicht eingereicht oder können** sie wegen des Umtauschverhältnisses **nicht** in neue Aktien **umgetauscht werden,** so sind sie nach Durchführung des in §§ 73 Abs. 2 und 3, 226 Abs. 2 und 3 AktG i. V. m. § 64 Abs. 2 AktG festgelegten Verfahrens **durch öffentliche Bekanntmachung für kraftlos zu erklären.** Der übernehmende Rechtsträger ist an die Durchführung der Kraftloserklärung gebunden. Ein Ermessen – anders als nach § 73 Abs. 1 Satz 1 AktG – steht ihm insoweit nicht zu.[9]

7 Für **nicht verbriefte** oder in einer Globalurkunde **sammelverwahrte Aktien** gibt es keinen wertpapierrechtlichen Umtausch oder eine Kraftloserklärung. Hier regelt allein der **Verschmelzungsvertrag,** welche Beteiligung an die Stelle der untergegangenen Aktien des übertragenden Rechtsträgers tritt.[10]

8 Die Bestellung eines **Treuhänders** nach § 71 **braucht es** im Fall des § 72 Abs. 1 **nicht.**[11]

1. Verfahren zur Kraftloserklärung nicht eingereichter Aktien

9 Die Kraftloserklärung erfolgt nach dem **aktienrechtlichen Verfahren:**[12] Der übernehmende Rechtsträger fordert die Aktionäre der übertragenden AG dreimal durch Bekanntmachung in den Gesellschaftsblättern (**Bundesanzeiger,** vgl. § 25 AktG) unter Androhung

---

6) *Habersack* in: BeckOGK-UmwG, § 72 Rz. 4; Henssler/Strohn-*Junker*, GesR, § 72 UmwG Rz. 2.

7) *Habersack* in: BeckOGK-UmwG, § 72 Rz. 4; bzw. bei grenzüberschreitender Verschmelzung deren Pendants in den Mitgliedstaaten der EU bzw. EWR i. S. von § 306 Abs. 1 Nr. 1.

8) *Habersack* in: BeckOGK-UmwG, § 72 Rz. 3; *Wilsing/v. d. Linden* in: KölnKomm-UmwG, § 72 Rz. 1.

9) *Habersack* in: BeckOGK-UmwG, § 72 Rz. 5; *Wilsing/v. d. Linden* in: KölnKomm-UmwG, § 72 Rz. 4.

10) Lutter-*Grunewald*, UmwG, § 72 Rz. 3.

11) Lutter-*Grunewald*, UmwG, § 72 Rz. 2.

12) *Wilsing/v. d. Linden* in: KölnKomm-UmwG, § 72 Rz. 4; Kallmeyer-*Oppenhoff*, UmwG, § 72 Rz. 2 ff; *Stockburger* in: HK-UmwG, § 72 Rz. 3; zum Verfahren auch *Schaper*, AG 2016, 889, 892.

der Kraftloserklärung zur Einreichung der Aktienurkunden auf.[13] Erst dann kann er nach Ablauf der Frist des § 64 Abs. 2 AktG die Aktien durch Bekanntmachung im Bundesanzeiger für **kraftlos erklären.** Die aktienrechtlich nach § 73 Abs. 1 Satz 1 AktG vorgesehene gerichtliche Genehmigung ist bei der Umwandlung aufgrund des vorher erfolgten materiellen Übergangs der Mitgliedschaftsrechte nicht erforderlich (§ 72 Abs. 1 Satz 2).[14]

Tab. 1: Ablauf des Verfahrens zur Kraftloserklärung

Nr.	Zeitpunkt	Schritte	Rechtsgrundlagen
1	Mind. drei Monate vor Kraftloserklärung	Aufforderung zur Einreichung der Aktienurkunden durch Bekanntmachung in den Gesellschafterblättern[15]	§ 73 Abs. 2 Satz 1 und Satz 2 AktG i. V. m. § 64 Abs. 2 AktG i. V. m. § 25 AktG
2	Frühestens drei Wochen nach der 1. Aufforderung	Aufforderung zur Einreichung der Aktienurkunden durch Bekanntmachung in den Gesellschafterblättern	§ 73 Abs. 2 Satz 1 und Satz 2 AktG i. V. m. § 64 Abs. 2 AktG i. V. m. § 25 AktG
3	Frühestens drei Wochen nach der 2. Aufforderung und mind. ein Monat vor Kraftloserklärung	Aufforderung zur Einreichung der Aktienurkunden durch Bekanntmachung in den Gesellschafterblättern mit mind. einmonatiger Nachfristsetzung	§ 73 Abs. 2 Satz 1 und Satz 2 AktG i. V. m. § 64 Abs. 2 AktG i. V. m. § 25 AktG
4	Ein Monat nach der 3. Aufforderung	Kraftloserklärung der nicht eingereichten Aktienurkunden durcheinmalige Bekanntmachung in den Gesellschaftsblättern der übertragenden AG	§ 73 Abs. 2 Satz 3 AktG

Hatte die übertragende AG **vinkulierte Namensaktien** ausgegeben, so genügt anstelle der dreimaligen Aufforderung eine **Einzelaufforderung** an die säumigen Aktionäre unter Setzung einer Frist von mindestens einem Monat (§ 64 Abs. 2 Satz 4 AktG). 10

Für die **Berechnung der Frist** gelten die allgemeinen zivilrechtlichen Vorschriften der §§ 187 Abs. 1, 188 Abs. 2 Alt. 1 BGB. 11

2. Zusammenlegung von Aktien

Je nach dem im Verschmelzungsvertrag festgelegten Umtauschverhältnis (siehe § 5 Rz. 32 ff. [*Redenius-Hövermann/Laufersweiler*]) kann es erforderlich sein, die **eingereichten Aktien zusammenzulegen.** Dies ist dann der Fall, wenn für die eingereichten Aktien eines Aktionärs **kein voller Gesellschaftsanteil** an dem übernehmenden Rechtsträger gewährt werden kann.[16] Soweit der einreichende Aktionär auch nicht durch Zuerwerbe vor der Verschmelzung auf eine umtauschbare Anzahl von Aktien kommt, werden die Aktien, die nicht umtauschbar sind, entsprechend § 226 Abs. 1 und 2 AktG zusammenge- 12

13) Widmann/Mayer-*Rieger*, UmwR, § 71 UmwG Rz. 14; *Wilsing/v. d. Linden* in: KölnKomm-UmwG, § 72 Rz. 4.

14) Semler/Stengel/Leonard-*Diekmann*, UmwG, § 72 Rz. 5; *Habersack* in: BeckOGK-UmwG, § 72 Rz. 6.

15) Musterformular zum ersten Auffordern bei *Krauß* in: BeckOF-Vertrag, Ziff. 7.13.1.8.

16) Etwa, wenn ein Aktionär bei einem Umtauschverhältnis von 2:3 eine ungerade Anzahl von Aktien hält. In diesem Fall könnte eine Aktie nicht gegen einen vollen Anteil des übernehmenden Rechtsträgers getauscht werden.

legt und ebenfalls für kraftlos erklärt. Das oben dargestellte zwingende Verfahren bei Umtausch der Androhung und Bekanntmachung ist dann entsprechend durchzuführen.

13 Aktionäre, deren Aktien zusammengelegt und für kraftlos erklärt werden müssen, erhalten dann eine im Verschmelzungsvertrag bestimmte **Barabfindung oder bare Zuzahlung.**[17)]

III. Verschmelzung einer AG auf eine AG (§ 72 Abs. 2)

14 Soweit es sich bei dem übernehmenden Rechtsträger um eine AG, KGaA oder SE handelt, wird das oben aufgezeigte Verfahren (siehe Rz. 6 ff.) durch einen **Urkundentausch** ergänzt.[18)] § 72 Abs. 2 UmwG verweist insoweit ergänzend auf die §§ 73 Abs. 3, 226 Abs. 3 AktG.

15 Der Aktientausch erfolgt grundsätzlich durch einen nach Maßgabe des § 71 bestellten **Treuhänder.** Nur soweit Aktienurkunden nicht eingereicht werden, gilt § 72 Abs. 2: Auch hier hat der übernehmende Rechtsträger die Aktionäre der übertragenden AG zunächst **dreimal** zur **Einreichung unter Androhung der Kraftloserklärung aufzufordern.** Nach Ablauf der Drei-Monats-Frist können die Aktienurkunden durch Bekanntmachung im Bundesanzeiger für kraftlos erklärt werden. In Ergänzung des Verfahrens nach § 71 Abs. 1 sind den **Aktionären aber neue Aktienurkunden** der übernehmenden AG bzw. der KGaA oder SE auszugeben und nach **§ 73 Abs. 3 AktG zu hinterlegen.** Die Hinterlegung erfolgt schuldbefreiend nach §§ 372, 378 BGB. Auch wenn anders als im aktienrechtlichen Verfahren wegen § 72 Abs. 1 Satz 2 keine gerichtliche Genehmigung erforderlich ist, ist die Hinterlegung dem Registergericht des übertragenden Rechtsträgers nach § 73 Abs. 3 Satz 2 anzuzeigen. Die Abwicklung des Umtauschs übernimmt der nach § 71 bestellte Treuhänder.

16 Entsprechendes gilt, soweit eine **Zusammenlegung von Aktien wegen Spitzen** erforderlich ist.[19)] Über die Verweisung des § 72 Abs. 2 Alt. 2 UmwG gelten dann auch die §§ 73 Abs. 4 und 226 Abs. 3 AktG. Das hat zur Folge, dass die Aktien der übernehmenden AG, die aufgrund von Spitzen nicht an die Aktionäre des übertragenden Rechtsträgers ausgegeben werden konnten, von der übernehmenden Gesellschaft nach dem in § 226 Abs. 3 AktG festgelegten Verfahren veräußert werden können.[20)] Die übernehmende AG veräußert die Aktien zum Börsenpreis oder, wenn ein solcher nicht festgestellt werden kann, durch öffentliche Versteigerung. Zeit, Ort und Gegenstand der Versteigerung sind öffentlich bekannt zu machen (§ 226 Abs. 3 Satz 3 AktG). Die Bekanntmachung muss mindestens zwei Wochen vor der Versteigerung erfolgen. Die berechtigten Aktionäre erhalten dann nicht Bruchteile von Aktien, sondern den anteiligen Erlös. Sind die berechtigten Aktionäre weiterhin nicht bekannt, kann der Betrag schuldbefreiend hinterlegt werden.[21)]

IV. Übertragung der Mitgliedschaften zwischen Verschmelzung und Umtausch

17 Da die Aktionäre des übertragenden Rechtsträgers bereits über § 20 Abs. 1 Nr. 3 Inhaber von Anteilen am übernehmenden Rechtsträger geworden sind, regelt sich die Übertra-

17) *Wilsing/v. d. Linden* in: KölnKomm-UmwG, § 72 Rz. 4; *Habersack* in: BeckOGK-UmwG, § 72 Rz. 8; Lutter-*Grunewald*, UmwG, § 72 Rz. 5.

18) *Habersack* in: BeckOGK-UmwG, § 72 Rz. 9; Semler/Stengel/Leonard-*Diekmann*, UmwG, § 72 Rz. 6; Kallmeyer-*Oppenhoff*, UmwG, § 72 Rz. 4; *Wilsing/v. d. Linden* in: KölnKomm-UmwG, § 72 Rz. 5.

19) Zur Problematik des Spitzenausgleichs im UmwR vergl. *Vetter*, AG 1997, 6, 7 f. und 10 ff.

20) Widmann/Mayer-*Rieger*, UmwR, § 72 UmwG Rz. 28 ff.; Lutter-*Grunewald*, UmwG, § 72 Rz. 7; *Habersack* in: BeckOGK-UmwG, § 72 Rz. 10.

21) Widmann/Mayer-*Rieger*, UmwR, § 72 UmwG Rz. 30, 31; Semler/Stengel/Leonard-*Diekmann*, UmwG, § 72 Rz. 8.

gung dieser Anteile bei Durchführung der Verschmelzung **nach dem Organisationsrecht der übernehmenden Gesellschaft.** Werden Aktionäre einer übertragenden AG durch die Verschmelzung Gesellschafter einer GmbH, bedarf die Übertragung der Mitgliedschaft ab Wirksamwerden der Verschmelzung einer notariellen Beurkundung (vgl. § 15 Abs. 3 GmbHG). Da die vom übertragenden Rechtsträger ausgegebenen Aktienurkunden nur die mit der Verschmelzung erloschenen Aktien verbriefen, führt eine Übertragung der Urkunden nicht zum Übergang der Mitgliedschaft am übernehmenden Rechtsträger.

Im Fall des § 72 Abs. 2 können die durch die Verschmelzung erworbenen Aktien auch 18
vor der Ausgabe neuer Aktienurkunden nach §§ 398, 413 BGB **abgetreten** werden.[22] Das Eigentum an den Aktienurkunden folgt dann nach § 952 BGB der Abtretung nach Ausgabe der Aktienurkunden nach.

V. Verstoß gegen § 72

Ein Verstoß gegen § 72 lässt die Wirksamkeit einer eingetragenen Verschmelzung unbe- 19
rührt (§ 20 Abs. 2).[23] Ein Verstoß kann aber ggf. Schadensersatzansprüche gegen die handelnden Organmitglieder (etwa nach § 25) oder den Treuhänder begründen.

22) Lutter-*Grunewald*, UmwG, § 72 Rz. 8; *Habersack* in: BeckOGK-UmwG, § 72 Rz. 11.

23) Lutter-*Grunewald*, UmwG, § 72 Rz. 10; Henssler/Strohn-*Junker*, GesR, § 72 UmwG Rz. 7; Semler/Stengel/Leonard-*Diekmann*, UmwG, § 72 Rz. 18.

§ 72a
Gewährung zusätzlicher Aktien*)

(1) [1]Im Verschmelzungsvertrag können die beteiligten Rechtsträger erklären, dass anstelle einer baren Zuzahlung (§ 15) zusätzliche Aktien der übernehmenden Gesellschaft gewährt werden. [2]Der Anspruch auf Gewährung zusätzlicher Aktien wird nicht dadurch ausgeschlossen, dass die übernehmende Gesellschaft nach Eintragung der Verschmelzung

1. ihr Vermögen oder Teile hiervon im Wege der Verschmelzung oder Spaltung ganz oder teilweise auf eine Aktiengesellschaft oder auf eine Kommanditgesellschaft auf Aktien übertragen hat oder

2. im Wege eines Formwechsels die Rechtsform einer Kommanditgesellschaft auf Aktien erhalten hat.

(2) [1]Neue Aktien, die nach Eintragung der Verschmelzung im Rahmen einer Kapitalerhöhung aus Gesellschaftsmitteln auf Grund eines unangemessenen Umtauschverhältnisses nicht gewährt wurden, und nach Eintragung der Verschmelzung erfolgte Kapitalherabsetzungen ohne Rückzahlung von Teilen des Grundkapitals sind bei dem Anspruch auf Gewährung zusätzlicher Aktien zu berücksichtigen. [2]Bezugsrechte, die den anspruchsberechtigten Aktionären bei einer nach Eintragung der Verschmelzung erfolgten Kapitalerhöhung gegen Einlagen auf Grund eines unangemessenen Umtauschverhältnisses nicht zustanden, sind ihnen nachträglich einzuräumen. [3]Die anspruchsberechtigten Aktionäre müssen ihr Bezugsrecht nach Satz 2 gegenüber der Gesellschaft binnen eines Monats nach Eintritt der Rechtskraft der Entscheidung des Gerichts (§ 11 Absatz 1 des Spruchverfahrensgesetzes) ausüben.

(3) Anstelle zusätzlicher Aktien ist den anspruchsberechtigten Aktionären Ausgleich durch eine bare Zuzahlung gemäß § 15 Absatz 1 Satz 1 zu gewähren,

1. **soweit das angemessene Umtauschverhältnis trotz Gewährung zusätzlicher Aktien nicht hergestellt werden kann oder**
2. **wenn die Gewährung zusätzlicher Aktien unmöglich geworden ist.**

(4) Anstelle zusätzlicher Aktien ist denjenigen Aktionären, die anlässlich einer nach Eintragung der Verschmelzung erfolgten strukturverändernden Maßnahme aus der Gesellschaft ausgeschieden sind, eine Entschädigung in Geld unter Berücksichtigung der von der Gesellschaft zu gewährenden Abfindung zu leisten.

(5) Zusätzlich zur Gewährung zusätzlicher Aktien ist den anspruchsberechtigten Aktionären eine Entschädigung in Geld zu leisten für Gewinne oder einen angemessenen Ausgleich gemäß § 304 des Aktiengesetzes, soweit diese auf Grund eines unangemessenen Umtauschverhältnisses nicht ausgeschüttet oder geleistet worden sind.

(6) [1]Die folgenden Ansprüche der anspruchsberechtigten Aktionäre sind mit jährlich 5 Prozentpunkten über dem Basiszinssatz gemäß § 247 des Bürgerlichen Gesetzbuchs zu verzinsen:

1. **der Anspruch auf Gewährung zusätzlicher Aktien nach den Absätzen 1 und 2 unter Zugrundelegung des bei einer baren Zuzahlung gemäß § 15 Absatz 1 und 2 Satz 1 geschuldeten Betrags nach Ablauf von drei Monaten nach Entscheidung des Gerichts (§ 11 Absatz 1 des Spruchverfahrensgesetzes),**
2. **der Anspruch auf Gewährung einer baren Zuzahlung gemäß Absatz 3 ab der Eintragung der Verschmelzung,**
3. **die Ansprüche auf eine Entschädigung in Geld gemäß den Absätzen 4 und 5 ab dem Zeitpunkt, zu dem die Abfindung oder der Anspruch auf Gewinnausschüttung oder die wiederkehrende Leistung fällig geworden wäre.**

[2]In den Fällen des § 72b endet der Zinslauf, sobald der Treuhänder gemäß § 72b Absatz 3 die Aktien, die bare Zuzahlung oder die Entschädigung in Geld empfangen hat.

(7) [1]Die Absätze 1 bis 6 schließen die Geltendmachung eines weiteren Schadens nicht aus. [2]Das Risiko der Beschaffung der zusätzlich zu gewährenden Aktien trägt die Gesellschaft.

*) § 72a eingefügt durch Art. 1 des Gesetzes zur Umsetzung der Umwandlungsrichtlinie und zur Änderung weiterer Gesetze (UmRUG), v. 22.2.2023, BGBl. I 2023, Nr. 51.

Literatur: *Bayer*, Fehlerhafte Bewertung: Aktien als Ausgleich bei Sachkapitalerhöhung und Verschmelzung?, ZHR 172 (2008), 24; *Bayer/Schmidt, J.*, BB-Gesetzgebungs- und Rechtsprechungsreport zum Europäischen Unternehmensrecht 2018/19, (Teil I: Company Law Package) BB 2019, 1922; *Bungert/Reidt*, Die (grenzüberschreitende) Verschmelzung nach dem RefE zur Umsetzung der Umwandlungsrichtlinie, DB 2022, 1369; *DAV (Handelsrechtsauschuss)*, Stellungnahme zum Referentenentwurf eines Gesetzes zur Umsetzung der Umwandlungsrichtlinie, NZG 2022, 849; *DAV (Handelsrechtsauschuss)*, Stellungnahme zu Ergänzungen des Entwurfs der Aktienrechtsnovelle 2012, NZG 2013, 694; *DAV (Handelsrechtsauschuss)*, Gesetzgebungsvorschlag zum Spruchverfahren bei Umwandlung und Sachkapitalerhöhung und zur Erfüllung des Ausgleichsanspruchs durch Aktien, NZG 2007, 497; *Drinhausen/Keinath*, Regierungsentwurf eines Gesetzes zur Umsetzung der Umwandlungsrichtlinie, BB 2022, 1923; *Habersack*, Die Mobilitätsrichtlinie und das nationale Umwandlungsrecht, ZHR 186 (2022), 1; *Habrich*, Die Verbesserung des Umtauschverhältnisses mit Zusatzaktien, AG 2022, 567; *Heckschen/Knaier*, Reform des Umwandlungsrechts kurz vor dem Ziel, ZIP 2022, 2205; *Lieder/Hilser*, Die Ersetzungsbefugnis bei umwandlungsrechtlichen Nachbesserungsansprüchen nach dem UmRUG, ZIP 2023, 1; *Löbbe*, Die grenzüberschreitende Umwandlung nach dem UmRUG, ZHR 187

(2023), 498; *Maier-Reimer*, Verbesserung des Umtauschverhältnisses in Spruchverfahren, ZHR 164 (2000), 563; *Rubner*, Erfüllung des Aktiengewährungsanspruchs nach § 72a UmwG durch Übertragung eigener Aktien, NZG 2024, 227; *Schmidt, J.*, Schutz der Minderheitsgesellschafter bei grenzüberschreitenden Umwandlungen: Vorgaben der GesR-RL und Umsetzung durch den UmRUG-RegE, ZGR-Sonderheft 26 (2023), 229; *Schmidt, J.*, Der UmRUG-Referentenentwurf: grenzüberschreitende Umwandlungen 2.0 – und vieles mehr, (Teil 1) NZG 2022, 579 sowie (Teil 2) NZG 2022, 635; *Vetter*, Ausweitung des Spruchverfahrens, ZHR 168 (2004), 8; *Winter*, Die Reform des Beschlussanfechtungsrechts: eine Zwischenbilanz, in: Festschrift für Wilhelm Happ, 2006, S. 363.

Übersicht

I. Übersicht und Historie

§ 72a wurde auf Anregung der Wissenschaft[1] und Praxis[2] mit dem UmRUG[3] in das 1
UmwG aufgenommen und soll es einer übernehmenden AG ermöglichen, den berechtigten Aktionären anstelle einer baren Zuzahlung nach § 15 **liquiditätsschonend Aktien zu gewähren** (zur baren Zuzahlung siehe zunächst § 15 Rz. 10 ff. [*Hoefling*]). Auch die berechtigten Aktionäre haben ein Interesse an dem Erhalt von Zusatzaktien, da damit nicht nur der Vermögens-, sondern auch der Stimmrechtsverlust ausgeglichen wird.[4] § 72a sieht dafür eine **Ersetzungsbefugnis der Verschmelzungsparteien** vor, die bereits im Verschmelzungsvertrag festzulegen ist (§ 72a Abs. 1 Satz 1).

Grundgedanke des § 72a ist es, die berechtigten Aktionäre so zu stellen, als wären sie bereits 2
mit Eintragung der Verschmelzung in dem im Spruchverfahren festgestellten Umtauschverhältnis Aktionäre geworden.[5] § 72a sieht dabei zur Gleichstellung der berechtigten Aktionäre über die bloße Gewährung weiterer Aktien an die berechtigten Aktionäre zum Ausgleich des Umtauschverhältnisses (§ 72a Abs. 1) hinaus weitere **Ausgleichsansprüche** vor:

– Ausgleich von nach der Verschmelzung aus Gesellschaftsmitteln ausgegebenen Aktien (§ 72a Abs. 2 Satz 1), siehe Rz. 25 ff.;

1) *Bayer*, ZHR 172 (2008), 24 ff.; *Bayer/J. Schmidt*, BB 2019, 1922, 1932.

2) *Maier-Reimer*, ZHR 164 (2000), 563, 574 ff.; *Vetter*, ZHR 168 (2004), 8, 42 ff., *Winter* in: FS Happ, S. 363, 379 ff.; *DAV (Handelsrechtsausschuss)*, NZG 2007, 497 ff.; *DAV (Handelsrechtsausschuss)*, NZG 2013, 694, 697 ff.

3) Vgl. Gesetz zur Umsetzung der Umwandlungsrichtlinie und zur Änderung weiterer Gesetze (UmRUG), v. 22.2.2023, BGBl. I 2023, Nr. 51.

4) Darauf weist *Habrich*, AG 2022, 567, 570, m. Verweis auf *Bayer*, ZHR 172 (2008), 24, 25, 27, 40, hin.

5) Begr. RegE UmRUG, BT-Drucks. 20/3822, S. 74; *J. Schmidt*, NZG 2022, 579, 584; *Wilsing/v. d. Linden* in: KölnKomm-UmwG, § 72a Rz. 1.

- nachträgliche Einräumung von Bezugsrechten (§ 72a Abs. 2 Satz 2), siehe Rz. 29 ff.;
- bare Zuzahlung zum Spitzenausgleich (§ 72a Abs. 3 Nr. 1) und bei Unmöglichkeit der Gewährung von Aktien (§ 72a Abs. 3 Nr. 2), siehe Rz. 17 ff.;
- Geldentschädigung für entgangene ausgeschüttete Gewinne sowie einen nachträglichen Ausgleich für Ansprüche aus § 304 AktG (§ 72a Abs. 5), siehe Rz. 34 ff.;
- Zinsansprüche (§ 72a Abs. 6), siehe Rz. 44 ff.

3 **Anspruchsberechtigt** sind dabei nicht nur die berechtigten Aktionäre der übernehmenden Gesellschaft oder ihrer Rechtsnachfolgerin (vgl. § 72a Abs. 1 Satz 2), sondern auch Aktionäre die aufgrund späterer strukturverändernder Maßnahmen aus der übernehmenden AG ausgeschieden sind (§ 72a Abs. 4), siehe Rz. 40 ff.

4 Für die Umsetzung der Ansprüche des § 72a stellt § 72b bestimmte **Erleichterungen für Kapitalmaßnahmen** zur Verfügung. Die Regelung wird ferner ergänzt durch §§ 142a, 248a UmwG sowie § 10a SpruchG.

5 Das Konzept der Gewährung von zusätzlichen Aktien anstelle der baren Zuzahlung nach §§ 72a, 72b wurde durch das UmRUG vom 22.2.2023 eingeführt. Die Regelung greift die für grenzüberschreitende Verschmelzungen bestehende gemeinschaftsrechtliche Anregung in Art. 126a Abs. 7 Gesellschaftsrechtsrichtlinie[6] auf, regelt sie überschießend aber auch für die innerstaatliche Verschmelzung.[7]

II. Kritik

6 Die Umsetzung der Gewährung zusätzlicher Aktien in den §§ 72a, 72b wird rechtspolitisch begrüßt,[8] im Detail jedoch kritisiert. Das betrifft vor allem die fehlende Flexibilität für die übernehmende Gesellschaft durch die nach § 72a Abs. 1 Satz 2 erforderliche **frühe Festlegung im Verschmelzungsvertrag.**[9] Zu diesem frühen Zeitpunkt könne die übernehmende Gesellschaft noch nicht vollständig absehen, ob sie nach Abschluss des Spruchverfahrens überhaupt Aktien liefern kann, etwa nach einer Umwandlung in eine Rechtsform ohne Aktien.[10] Zudem werden sie durch die Festlegung **bis zum Abschluss des Spruchverfahrens** an der Umsetzung von **Strukturmaßnahmen** gehindert. Zwar reagiert § 72a auf dieses Risiko durch die Unmöglichkeitsregelung in Absatz 3 Nr. 2 und die Einbeziehung ausgeschiedener Aktionäre in Absatz 4. Die übernehmende Gesellschaft verliert damit aber die von den Parteien der Verschmelzung gerade gewollte und von den Aktionären in der Hauptversammlung mit der Zustimmung zum Verschmelzungsvertrag (siehe § 13 [*Hoefling*] und § 65 [*Nolden*]) beschlossene Ersetzungsbefugnis.[11]

7 Kritisiert wird auch das **„Alles-oder-Nichts"-Prinzip** des § 72a: Die Parteien können entweder die in § 15 grundsätzlich vorgesehene bare Zuzahlung wählen oder die Ersetzung nach § 72a Abs. 1 in den Verschmelzungsvertrag aufnehmen. Eine Mischlösung aus Aktien und Zuzahlung, mit der die übernehmende AG auf ihre wirtschaftliche Entwick-

---

6) Richtlinie (EU) 2017/1132 des Europäischen Parlaments und des Rates v. 14.6.2017 über bestimmte Aspekte des Gesellschaftsrechts (Gesellschaftsrechtsrichtlinie), ABl. (EU) L 169/46 v. 30.6.2017.

7) *Habersack* in: BeckOGK-UmwG, § 74 Rz. 5; näher *Habersack*, ZHR 186 (2022), 1 ff.; *J. Schmidt*, NZG 2022, 635, 641.

8) Vgl. *DAV (Handelsrechtsauschuss)*, NZG 2022, 849, 859 ff.; *Bungert/Reidt*, DB 2022, 1369, 1374; *Löbbe*, ZHR 187 (2023), 498, 508 ff.

9) Lutter-*Grunewald*, UmwG, § 72a Rz. 4; *Habersack* in: BeckOGK-UmwG, § 72a Rz. 7; *Lieder/Hilser*, ZIP 2023, 1, 5 f.; a. A. *Heckschen/Knaier*, ZIP 2022, 2205, 2208.

10) So Lutter-*Grunewald*, UmwG, § 72a Rz. 4.

11) So *Lieder/Hilser*, ZIP 2023, 1, 5 f.

lung und die Kapitalverhältnisse reagieren könnte, ist hingegen nicht vorgesehen.[12] Insofern wird zumindest für börsennotierte Gesellschaften teilweise gefordert, statt der in § 72a vorgesehenen rückwirkenden Korrektur des Umtauschverhältnisses auf den Zeitpunkt der Eintragung der Verschmelzung besser der übernehmenden Gesellschaft ein **Wahlrecht einzuräumen**, anstelle der im Spruchverfahren festgestellten Barzahlung eine Verrechnung mit Aktien zum aktuellen Börsenwert vorzunehmen.[13] Vor dem Hintergrund dieser Kritik wurde in der Literatur bezweifelt, dass der Regelung eine große praktische Relevanz zukommen wird.[14] Die **Praxis** hat hingegen die Ersetzungsbefugnis bereits angenommen.[15]

Das Abstellen auf den rückwirkenden Ausgleich führt aber zu **nicht auflösbaren Wertungswidersprüchen**, wenn den Aktionären Barabfindungen oder sonstige Leistungen gewährt wurden, die auf einer **nach der Verschmelzung vorgenommenen Neubewertung** der Gesellschaft beruhen. Beispiele hierfür sind neben der Barabfindung nach § 305 AktG (Unternehmensvertrag) oder § 327b AktG (Squeeze-out) auch die in § 72a Abs. 5 vorgesehenen Ausgleichszahlungen nach § 304 AktG. Hierbei wird jeweils auf Basis einer Unternehmensbewertung ein auf die einzelne Aktie heruntergebrochener Wert ermittelt. Eine Berücksichtigung derartiger Leistungen i. R. der in § 72a Abs. 4 und Abs. 5 grundsätzlich vorgesehenen retrospektiven Betrachtung im Spruchverfahren, würde zu einer Leistung an die Aktionäre führen, die **den ermittelten Unternehmenswert übersteigt**. Insoweit ist der übernehmenden AG zu empfehlen, bis zum Abschluss des Spruchverfahrens auf entsprechende Strukturmaßnahmen zu verzichten.[16] 8

III. Anwendungsbereich des § 72a

Die Anwendung des § 72a ist auf **Verschmelzungen zur Aufnahme oder Neugründung** mit übernehmenden Rechtsträgern in der Rechtsform der AG, KGaA oder SE beschränkt.[17] Die im Gesetzgebungsprozess geforderte Ausweitung auf die GmbH ist vom Gesetzgeber nicht umgesetzt worden.[18] Eine vertragsrechtliche Gestaltung durch Aufnahme in den Verschmelzungsvertrag zwischen Rechtsträgern anderer als der in § 72a vorgesehenen Rechtsformen scheitert an § 1 Abs. 3 (Grundsatz der Gesetzesstrenge). Zur doppelten Gesetzesstrenge § 1 Rz. 63 [*Stiegler*]. 9

Über die Verweisung in § 125 Abs. 1 findet § 72a UmwG auch auf **Spaltungen zur Aufnahme** Anwendung,[19] bei Spaltungen zur Neugründung oder dem Formwechsel findet hingegen keine Überprüfung des Umtauschverhältnisses nach § 15 statt. § 72a gilt auch für **grenzüberschreitende Verschmelzungen** (§ 305 Abs. 2) und Spaltungen (§ 320 Abs. 2); vgl. Art. 126a Abs. 7 Gesellschaftsrechtsrichtlinie. Die §§ 142a und 248a übertragen die 10

12) Zur Kritik *DAV (Handelsrechtsauschuss)*, NZG 2022, 849, 851.

13) *DAV (Handelsrechtsausschuss)*, NZG 2022, 849, 851; *Löbbe*, ZHR 187 (2023), 498, 517; *J. Schmidt*, ZGR-Sonderheft 26 (2023), 229, 260 ff.

14) So etwa *Wilsing/v. d. Linden* in: KölnKomm-UmwG, § 72a Rz. 2.

15) So wurde bereits knapp zwei Wochen nach Inkrafttreten des § 72a im Verschmelzungsvertrag vom 13.3.2024 zwischen der Schaeffler AG und Vitesco Technologies Group AG in Ziff. 2.9 eine entsprechende Ersetzung der baren Zuzahlung vereinbart.

16) So auch Kallmeyer-*Oppenhoff*, UmwG, § 72a Rz. 7; *DAV (Handelsrechtsausschuss)*, NZG 2022, 849, 850 f.

17) Schmitt/Hörtnagl-*Missio*, UmwG/UmwStG, § 72a UmwG Rz. 1; Lutter-*Grunewald*, UmwG, § 72a Rz. 3; Henssler/Strohn-*Junker*, GesR, § 72a UmwG Rz. 2.

18) Begr. RegE UmRUG, BT-Drucks. 20/3822, S. 74

19) Kallmeyer-*Oppenhoff*, UmwG, § 72a Rz. 4; *Wilsing/v. d. Linden* in: KölnKomm-UmwG, § 72a Rz. 3.

Verpflichtungen aus § 72a auf Rechtsträger, die aus Spaltungen oder einem Formwechsel hervorgegangen sind.[20)]

IV. Anspruch auf Gewährung von Aktien (§ 72a Abs. 1)

11 Die Verschmelzungsparteien können durch Vereinbarung im Verschmelzungsvertrag anstelle der baren Zuzahlung nach § 15 einen **Ausgleich durch Gewährung zusätzlicher Aktien** wählen. Anders als die schuldrechtliche Ersetzungsbefugnis, die dem Schuldner oder Gläubiger regelmäßig bis zur Erfüllung das Recht gibt, eine andere als die geschuldete Leistung zu erbringen bzw. zu leisten,[21)] ersetzt die Erklärung zur Gewährung zusätzlicher Aktien aus § 72a Abs. 1 von vorherein den Inhalt des Ausgleichsanspruchs nach § 15. Die Literatur bezeichnet das Recht insoweit als **„Ersetzungsbefugnis eigener Art"**.[22)]

1. Verschmelzungsvertrag

12 Die Ersetzung ist **ausschließlich im Verschmelzungsvertrag** möglich. Es handelt sich damit, ebenfalls in Abgrenzung zu der schuldrechtlichen Ersetzungsbefugnis, um eine echte Vertragsregelung.[23)] Dies hat zur Folge, dass die Ersetzung über §§ 15, 63, 64, 65 auch der **Zustimmung** der betroffenen Anteilsinhaber beider Verschmelzungsparteien bedarf.[24)] Mit Wirksamwerden des Verschmelzungsvertrages sind sowohl die übernehmende AG wie auch die zur Zuzahlung berechtigten ehemaligen Anteilsinhaber des übertragenden Rechtsträgers gebunden.

13 Eine **spätere Abänderung** der Ersetzung ist, außerhalb eines Vergleichs im Spruchverfahren nach § 11 Abs. 2 SpruchG[25)], nicht möglich.[26)] Allerdings dürfte in einem solchen Vergleich eine Erstreckung nach § 328 BGB wohl nur erklärt werden können, wenn den berechtigten Aktionären gegenüber der verpflichteten AG ein **Wahlrecht** zum Empfang von Aktien nach § 72a oder der baren Zuzahlung nach § 15 eingeräumt wird. Die Aufnahme eines solchen Wahlrechts der übernehmenden Gesellschaft oder der berechtigten Aktionäre im Verschmelzungsvertrag ist wegen § 1 Abs. 3 **nicht zulässig** (zur Gesetzesstrenge siehe § 1 Rz. 63 ff. [*Stiegler*]).

2. Inhalt des Anspruchs

14 Mit der Ersetzung im Verschmelzungsvertrag wandelt sich der Anspruch berechtigter Aktionäre aus § 15 **von Anfang an in einen Anspruch auf Leistung von Aktien**. Im Spruchverfahren findet sodann der mit dem UmRUG eingeführte und durch das ZuFinG[27)] erweiterte § 10a SpruchG Anwendung. Die aus §§ 15, 72a Abs. 1 berechtigten Aktionäre sind **so zu stellen, als hätten sie** bereits **mit Wirksamwerden der** streitgegenständlichen Verschmelzung **Aktien in dem im Spruchverfahren festgestellten angemessenen Um-**

---

20) *Wilsing/v. d. Linden* in: KölnKomm-UmwG, § 72a Rz. 3; Schmitt/Hörtnagl-*Missio*, UmwG/UmwStG. § 72a UmwG Rz. 6.

21) Vgl. zur Rechtsfigur der Ersetzungsbefugnis *Krüger* in: MünchKomm-BGB, § 262 Rz. 8 ff.

22) *Habersack* in: BeckOGK-UmwG, § 72a Rz. 9; *Wilsing/v. d. Linden* in: KölnKomm-UmwG, § 72a Rz. 4.

23) *Wilsing/v. d. Linden* in: KölnKomm-UmwG, § 72a Rz. 4.

24) *Wilsing/v. d. Linden* in: KölnKomm-UmwG, § 72a Rz. 5; *Habersack* in: BeckOGK-UmwG, § 72a Rz. 12.

25) Vgl. zu den Gestaltungsoptionen beim Vergleich nur *Drescher* in: BeckOGK-SpruchG, § 11 Rz. 12 ff.

26) Begr. RegE UmRUG, BT-Drucks. 20/3822, S. 75; *Habersack* in: BeckOGK-UmwG, § 72a Rz. 14; *Lieder/Hilser*, ZIP 2023, 1, 7.

27) Gesetz zur Finanzierung von zukunftssichernden Investitionen (Zukunftsfinanzierungsgesetz – ZuFinG), v. 11.12.2023, BGBl. I 2023, 3547.

tauschverhältnis erhalten.[28] Der Anspruch auf Gewährung von Aktien wird dabei durch § 72a Abs. 2 bis 6 modifiziert und ergänzt.[29]

Die verpflichtete Gesellschaft kann die Aktien **aus eigenen Aktien oder aus einer Kapitalerhöhung** bedienen.[30] Für letztere sieht § 72b verschiedene Erleichterungen vor. 15

Hatte die übernehmende Gesellschaft **verschiedene Aktiengattungen** ausgegeben, die bei der Verschmelzung nach §§ 23, 65 Abs. 2, 141 berücksichtigt werden, sind den berechtigten Aktionären entsprechende Aktien zu gewähren. 16

V. Ergänzung oder Ersetzung durch Barausgleich (§ 72a Abs. 3)

Der Anspruch auf Gewährung von Aktien **wandelt sich** in den zwei Fällen des § 72a Abs. 3 **in einen Anspruch auf bare Zuzahlung zurück:** 17

- Zum einen hat die verpflichtete Gesellschaft den berechtigten Aktionären einen **Spitzenausgleich in bar** zu zahlen, wenn und soweit das im Spruchverfahren festgestellte angemessene Umtauschverhältnis nicht durch die Gewährung von Aktien vollständig hergestellt werden kann (§ 72a Abs. 3 Nr. 1).[31)]
- Daneben hat die Gesellschaft für den Fall der **Unmöglichkeit der Lieferung von Aktien** die Ansprüche in bar zu bedienen (§ 72a Abs. 3 Nr. 2). Eine solche Unmöglichkeit tritt zum Beispiel ein, wenn die verpflichtete Gesellschaft nach der Verschmelzung in eine Rechtsform wie die GmbH umgewandelt wird, die keine Aktien ausgibt. Zur Umwandlung in eine AG, SE oder KGaA siehe Rz. 23.[32]

In der **Literatur** wird vertreten, dass Unmöglichkeit auch **bei einer Auf- oder Abspaltung** der verpflichteten AG eintritt, wenn einer der aufnehmenden Rechtsträger nicht die Rechtsform der AG, SE oder KGaA hat.[33] Insoweit wird das „Alles-oder-Nichts"-Prinzip der Ersetzungsbefugnis des § 72a Abs. 1 auf Absatz 3 übertragen. Diese Annahme geht zu weit und ist im Wortlaut von Absatz 3 nicht angelegt. Der Gesetzesbegründung kann gerade entnommen werden, dass die Ausnahme des § 72a Abs. 3 restriktiv auszulegen ist. Zudem nimmt die Gesetzesbegründung gerade bei einer Auf- oder Abspaltung die Möglichkeit einer **Teilunmöglichkeit** an.[34] Damit ist bei einer Teilunmöglichkeit eine Aufspaltung des Anspruchs über § 72a Abs. 1 und Abs. 3 auf Aktiengewährung (soweit möglich) und barer Zuzahlung (soweit unmöglich) möglich. Für das Verhältnis von Aktiengewährung und barer Zuzahlung ist auf die Bewertung der verpflichteten Gesellschaft und des auf- oder abgespaltenen Vermögens zum Zeitpunkt der späteren Spaltung abzustellen. 18

Ist der Anspruch einmal **unmöglich geworden**, kann er durch weitere Strukturmaßnahmen **nicht wieder aufleben.** Wird der Anspruch auf Aktiengewährung etwa nach § 72a Abs. 3 infolge eines Formwechsels in eine GmbH unmöglich und ändert sich damit in einen Anspruch auf Barzuzahlung, kommt eine Aktiengewährung auch dann nicht mehr in Betracht, wenn sich die GmbH später in eine AG oder SE umwandelt. 19

Kein Fall der Teilunmöglichkeit liegt vor, wenn eine zum Zeitpunkt der Umwandlung bestehende Aktiengattung beendet wird, solange die verpflichtete Gesellschaft grundsätz- 20

---

28) Schmitt/Hörtnagl-*Missio*, UmwG/UmwStG, § 72a UmwG Rz. 10; *Bungert/Reidt*, DB 2022, 1369, 1374.

29) *Lieder/Hilser*, ZIP 2023, 1, 5; *Wilsing/v. d. Linden* in: KölnKomm-UmwG, § 72a Rz. 7.

30) Henssler/Strohn-*Junker*, GesR, § 74 UmwG Rz. 2: Schmitt/Hörtnagl-*Missio*, UmwG/UmwStG, § 72a UmwG Rz. 14; *Rubner*, NZG 2024, 227, 228 ff.

31) Kallmeyer-*Oppenhoff*, UmwG, § 72a Rz. 18; *Habersack* in: BeckOGK-UmwG, § 72a Rz. 32.

32) Kallmeyer-*Oppenhoff*, UmwG, § 72a Rz. 19.

33) *Wilsing/v. d. Linden* in: KölnKomm-UmwG, § 72a Rz. 13.

34) Begr. RegE UmRUG, BT-Drucks. 20/3822, S. 76.

lich weiterhin Aktien ausgegeben hat. Ansprüche von berechtigten Aktionären sind ggf. nach § 72a Abs. 5 durch eine Entschädigung zu ergänzen.

21 Ebenfalls keinen Fall der Unmöglichkeit bildet ein **Delisting** nach § 39 BörsG. Soweit Aktionäre i. R. des Delisting-Angebots nach § 39 Abs. 2 Nr. 1 BörsG aus der Gesellschaft ausgeschieden sind, wandelt sich der Anspruch aus § 72a Abs. 1 nach Abs. 4 ohnehin in eine Barabfindung unter Berücksichtigung des gewährten Angebotspreises um.[35] Aktionäre, die obgleich des Delisting-Angebots in der Gesellschaft geblieben sind, erhalten über § 72a Abs. 1 nicht börsennotierte Aktien. Ein Anspruch auf eine Börsenzulassung dieser Aktien besteht nach dem Delisting nicht mehr.

VI. Ausgleich nachlaufender Strukturmaßnahmen und Dividenden

22 Mit dem Konzept der rückwirkenden Berechnung des Aktienausgleichs geht einher, dass bestimmte **Strukturmaßnahmen und Vermögensverfügungen**, die die übernehmende AG nach der Verschmelzung vornimmt, bei der Berechnung des Ausgleichs durch Aktiengewährung einbezogen werden.

1. Nachfolgende Umwandlungen (§ 72a Abs. 1 Satz 2)

23 Der Verschmelzung nachfolgende Umwandlungen durch Verschmelzung, Spaltung oder Formwechsel in oder auf eine AG, KGaA oder SE[36] schließen den Anspruch auf Gewährung von Aktien nicht aus. Dieser geht vielmehr nach § 72a Abs. 1 Satz 2 auf den aufnehmenden bzw. neuen oder formgewechselten Rechtsträger über und ist in den **Aktien der neuen Rechtsform** zu bedienen.[37] Insoweit ist § 72a Abs. 1 Satz 2 eine folgerichtige Modifikation der Universalsukzession aus § 20 Abs. 1Nr. 1.

24 Nimmt die verpflichtete Gesellschaft eine **Ausgliederung** vor, ändert sich am Anspruchsverpflichteten nichts.[38] Gleiches gilt bei **wesentlichen Maßnahmen außerhalb des UmwG**, etwa Vermögensveräußerungen i. S. des § 179a AktG.

2. Anspruchskorrigierende Kapitalmaßnahmen (§ 72a Abs. 2 Satz 1)

25 § 72a Abs. 2 Satz 1 sieht **für zwei Fälle von Kapitalmaßnahmen** vor, dass diese im Spruchverfahren bei der Festsetzung des Anspruchs auf Gewährung von Aktien zu berücksichtigen sind:

– Anspruchserhöhend sind Aktien zu berücksichtigen, die an die Aktionäre der verpflichteten AG nach der Verschmelzung **aus Gesellschaftsmitteln** ausgegeben wurden.

– Anspruchsmindernd ist zu berücksichtigen, wenn Aktien **ohne Rückzahlung von Teilen des Grundkapitals eingezogen** worden sind.

26 Ein Ausgleich ist gerechtfertigt, da sich in den in § 72a Abs. 2 Satz 1 vorgesehen Fällen allein die Zahl der Aktien ändert, die Gesellschaft in ihrer Substanz aber unverändert bleibt. Daher ist auch entsprechend § 72a Abs. 2 Satz 1 zu verfahren, wenn das Verhältnis von Aktie und Grundkapital durch eine Herabsetzung der Nennbeträge und Ausgabe neuer Aktien verändert wurde **(Neustückelung)**.[39]

35) Vgl. Schmitt/Hörtnagl-*Missio*, UmwG/UmwStG, § 72a UmwG Rz. 22.

36) Aufgrund der Gleichstellung durch Art. 9 Abs. 1 lit. c Ziff. iii SE-VO.

37) *Habersack* in: BeckOGK-UmwG, § 72a Rz. 15 ff.; *Wilsing/v. d. Linden* in: KölnKomm-UmwG, § 72a Rz. 8.

38) *Habersack* in: BeckOGK-UmwG, § 72a Rz. 20; Begr. RegE UmRUG, BT-Drucks. 20/3822, S. 75.

39) Vgl. dazu etwa *Vatter* in: BeckOGK-AktG, § 8 Rz. 28 ff.; *Heider* in: MünchKomm-AktG, § 8 Rz. 95 ff.

Kapitalherabsetzungen mit Rückzahlung des Grundkapitals sind von § 72a nicht erfasst. Zwar wird teilweise erwogen, auch hier eine Anpassung des Anspruchs auf Gewährung von Aktien nach § 72a Abs. 2 Satz 1 vorzunehmen.[40)] Dies bedürfte aber wohl zusätzlich einer entsprechenden Entschädigung nach Abs. 5 in Höhe des auf die Aktien zurückgezahlten Grundkapitals. Damit würde aber die Kapitalrückzahlung insgesamt den im Zeitpunkt der beschlossenen Kapitalherabsetzung ermittelten Wert überschreiten (zu diesem Wertungswiderspruch siehe schon oben Rz. 8). 27

Maßgeblich sind alle Kapitalmaßnahmen, die **bis zur abschließenden Entscheidung bzw. dem Abschluss des Vergleichs** im Spruchverfahren gefasst werden. Änderungen der Aktienzahl, die erst nach der Beendigung des Spruchverfahrens wirksam werden, können zu Schadensersatzansprüchen der berechtigten Aktionäre führen (vgl. § 72a Abs. 7). 28

3. Nicht zugestandene Bezugsrechte (§ 72a Abs. 2 Satz 2 und 3)

Für nach der Verschmelzung durchgeführte Bezugsrechtskapitalerhöhungen sieht § 72a Abs. 2 Satz 2 vor, dass den berechtigten Aktionären **nachträglich die Bezugsrechte einzuräumen** sind, die ihnen nach der Ermittlung des angemessenen Umtauschverhältnisses zugestanden hätten. § 10a Abs. 1 Nr. 2 SpruchG ergänzt § 72a Abs. 2 Satz 2 und 3 dahingehend, dass der Umfang der nachträglich einzuräumenden Bezugsrechte im Spruchverfahren festzusetzen ist. 29

Zur **Umsetzung** sieht § 72b Abs. 5 besondere Erleichterungen für die dann **erforderliche Kapitalerhöhung** vor. Alternativ kann die übernehmende AG auch eigene Aktien gegen Zahlung eines entsprechenden Kaufpreises liefern. Soweit die Gesellschaft ein genehmigtes Kapital ausnutzt, ist die Ausgabe von Aktien unter Börsenkurs regelmäßig nach der Ermächtigung beschränkt. Liegt der Börsenkurs deutlich über dem bei der ursprünglichen Bezugsrechtskapitalerhöhung vorgesehenen Ausgabepreis, muss die Gesellschaft auf die ordentliche Kapitalerhöhung zurückgreifen. Eine Abweichung von gewährten Ermächtigungen lassen §§ 72a, 72b nicht zu (zur Umsetzung durch Kapitalerhöhung siehe § 72b Rz. 5 ff. [*Nolden*]). 30

Den berechtigten Aktionären sind insoweit Bezugsrechte in dem **Umfang und zu den Konditionen** zu gewähren, wie es ihnen zum Zeitpunkt der Kapitalerhöhung bei Annahme eines angemessenen Umtauschverhältnisses zugestanden hätte.[41)] Waren die Aktionäre vom Bezugsrecht ausgeschlossen, entfällt insoweit der Ausgleichsanspruch. 31

Es steht im **freien Ermessen der Aktionäre**, ob sie die Bezugsrechte ausüben. Entsprechend dem Ausgleichsgedanken des § 72a ist als Ausgabepreis der ursprünglich bei der Bezugsrechtskapitalerhöhung angesetzte Preis anzusetzen.[42)] Die berechtigten Aktionäre sind insoweit gegenüber den anderen Aktionären privilegiert, da sie ihre Bezugsentscheidung auf der Grundlage der bekannten wirtschaftlichen Entwicklung der Gesellschaft treffen können. De lege ferenda ließe sich insoweit eine Beschränkung dieses Rechts auf diejenigen Aktionäre vertreten, die bereits mit ihren übrigen Aktien an der ursprünglichen Bezugsrechtskapitalerhöhung teilgenommen haben. 32

§ 72a Abs. 2 Satz 3 setzt den berechtigten Aktionären eine **Erklärungsfrist** von **einem Monat ab Rechtskraft der Entscheidung** bzw. des Vergleichs im Spruchverfahren. Die Frist berechnet sich nach den §§ 187, 188 BGB. Fällt das Fristende auf einen Samstag, 33

---

40) So *Habersack* in: BeckOGK-UmwG, § 72a Rz. 30; Kallmeyer-*Oppenhoff*, UmwG, § 72a Rz. 16 – für analoge Anwendung des § 72a Abs. 2 Satz 1.

41) *Habersack* in: BeckOGK-UmwG, § 72a Rz. 28; *Wilsing/v. d. Linden* in: KölnKomm-UmwG, § 72a Rz. 12; *Drinhausen/Keinath*, BB 2022, 1923, 1925 f.

42) *Wilsing/v. d. Linden* in: KölnKomm-UmwG, § 72a Rz. 12.

Sonntag oder Feiertag, so gilt nach § 193 der nächste Werktag als Fristende. Zu Formerfordernissen führt § 72a Abs. 2 nichts aus. Das Schriftformerfordernis des § 185 Abs. 1 AktG gilt erst für die nachfolgende Zeichnung der Aktien. Aufgrund der knappen Frist empfiehlt es sich, bereits in der gerichtlichen Entscheidung oder dem Vergleich im Spruchverfahren (§ 11 SpruchG) einen Hinweis auf die Erklärungsfrist sowie eine Eingangsadresse für die Ausübungserklärung vorzusehen.

4. Entgangene Gewinn- und Ausgleichsansprüche (§ 72a Abs. 5)

34 Über § 72a Abs. 5 werden Gewinnansprüche sowie Ausgleichsansprüche nach § 304 AktG in den Ausgleich mit einbezogen, die den berechtigten Aktionären nach Maßgabe des im Spruchverfahren ermittelten Umtauschverhältnisses zugestanden hätten.[43)]

a) Entgangene Gewinnansprüche

35 Die Entschädigung für ausgezahlte Gewinne ist nach dem rückwirkenden Konzept des § 72a folgerichtig, aber nicht unproblematisch. Aktienrechtlich unterliegt die Gewinnverwendung vor dem Hintergrund des strengen Kapitalschutzes bei der AG den Beschränkungen der §§ 57 Abs. 3, 58, 174 AktG. Danach darf grundsätzlich **nicht mehr als der zur Ausschüttung zur Verfügung stehende Bilanzgewinn** an die Aktionäre ausgeschüttet werden. Da eine Korrektur der bereits erfolgten Dividendenzahlungen an die Aktionäre rückwirkend kaum mehr infrage kommen dürfte, könnte eine nach § 72a Abs. 5 vorzunehmende Ausgleichszahlung zu einem Verstoß gegen § 58 AktG führen, wenn die Gesellschaft mit der rückwirkenden Auszahlung über § 72a **faktisch mehr Gewinn als zulässig an die Aktionäre ausschüttet.** Auch wenn dogmatisch zwischen der Verwendung des Jahresabschlusses und dem schuldrechtlichen Ausgleichsanspruch nach § 72a Abs. 5 unterschieden werden kann, empfiehlt es sich doch aus Sicht der übernehmenden Gesellschaft, während der Laufzeit des Spruchverfahrens **auf Vollausschüttungen zu verzichten** und **Gewinne in die Gewinnrücklagen einzustellen**, die für die Ausgleichszahlungen nach § 72a Abs. 5 aufgelöst werden können.

36 § 72a Abs. 5 verlangt **keine Nachzahlung von Gewinnen, sondern** gewährt einen **Anspruch auf Entschädigung**, soweit Gewinne auf Grunde eines unangemessenen Umtauschverhältnisse nicht ausgeschüttet oder geleistet worden sind. Konsequenterweise wären insoweit nicht die an die Aktionäre tatsächlich pro Aktie ausgezahlten Dividenden auszuzahlen, sondern der Gewinn, der auf Basis des im Spruchverfahren festgesetzten Umtauschverhältnisses nach der Gewährung zusätzlicher Aktien hypothetisch auf die zusätzlichen Aktien entfallen wäre.[44)] Eine solche Berechnung führt zu einer **doppelten Ungleichbehandlung** der berechtigten Aktionäre. Zum einen wäre der auf die neuen Aktien entfallende Gewinnausgleich geringer als die aufgrund der Gewinnwendungsbeschlüsse ausgezahlten Dividenden. Zum anderen mindern die mit der Festsetzung im Spruchverfahren fälligen Zahlungen den ausschüttungsfähigen Gewinn für die Zukunft und belasten damit die berechtigten Aktionäre erneut. Es erscheint daher eher geboten, den berechtigten Aktionären den **vollen Betrag auszuzahlen**, der zwischen Verschmelzung und Spruchverfahrensabschluss pro Aktie ausgeschüttet worden ist.

---

43) *Wilsing/v. d. Linden* in: KölnKomm-UmwG, § 72a Rz. 15; Lutter-*Grunewald*, UmwG, § 72a Rz. 15.

44) *Habersack* in: BeckOGK-UmwG, § 72a Rz. 40; Schmitt/Hörtnagl-Missio, UmwG/UmwStG, § 72a UmwG Rz. 25; wohl auch *Drinhausen/Keinath*, BB 2022, 1923, 1926; für die Parallelregelung in § 255a AktG auch *Koch*, AktG, § 255a Rz. 24.

b) Ausgleich bei Unternehmensvertrag nach § 304 AktG

Auch bei der in § 72a Abs. 5 vorgesehenen Entschädigung für entgangene Ausgleichszahlungen nach § 304 AktG stellt sich die für die entgangenen Gewinnansprüche dargestellte Berechnungsproblematik. Überdies ergeben sich Komplikationen, da Schuldner der Ausgleichsansprüche aus § 304 AktG nach h. M. nicht die Gesellschaft, sondern der beherrschende Aktionär ist.[45] Im Spruchverfahren kann aber nur die Gesellschaft zur Zahlung der nach § 10a Abs. 1 Nr. 4 SpruchG festgesetzten Entschädigung verpflichtet werden. 37

Der **Anspruch auf Nachholung der Ausgleichszahlungen** nach § 304 AktG richtet sich nach § 72a Abs. 5 UmwG grundsätzlich gegen die Gesellschaft, der **herrschende Aktionär kann im Unternehmensvertrag eine Freistellung** für nach § 10a Abs. 1 Nr. 4 SpruchG festgestellte Entschädigungen zusagen. Die Berechnung der Höhe der Entschädigung lässt § 72a Abs. 5 wie bei den entgangenen Gewinnansprüchen offen (siehe oben unter Rz. 35 f.). Soweit die Gesellschaft die Entschädigungsansprüche durch eine Auflösung von Gewinnrücklagen bedienen kann, spricht der Grundsatz der Gleichbehandlung der Aktionäre eher dafür, den in der Vergangenheit nach § 304 AktG durch den herrschenden Aktionär pro Aktie an die Aktionäre gezahlten Betrag anzusetzen. Eine Einlagenrückgewähr an den herrschenden Aktionär ist mit der Entschädigung nicht verbunden, da nach § 72a Abs. 5 ausschließlich die Gesellschaft zur Zahlung verpflichtet bleibt. 38

Für künftige Zahlungen nach § 304 AktG empfiehlt es sich, eine **Anpassungsklausel für Kapitalerhöhungen in dem Unternehmensvertrag** mit aufzunehmen. Eine solche Klausel ist bereits heute nicht unüblich.[46] 39

VII. Ausgeschiedene Aktionäre (§ 72a Abs. 4)

Aktionäre, die nach der Verschmelzung durch nachfolgend durchgeführte Strukturmaßnahmen aus der Gesellschaft ausscheiden, haben nach § 72a Abs. 4 **Anspruch auf Entschädigung in Geld.** Hat sich ein Aktionär einmal für ein Ausscheiden entschieden oder sich ein kontrollierender Aktionär durchgesetzt (etwa bei §§ 327a ff. AktG), macht es keinen Sinn, dem ausgeschiedenen Aktionär erneut Aktien der Gesellschaft zu gewähren.[47] 40

Für die ausgeschiedenen Aktionäre gilt das **rückwirkende Ausgleichskonzept**, dass die Verschmelzungsparteien im Vertrag durch die Gewährung von Aktien anstatt des Anspruchs auf bare Zuzahlung vereinbart haben. Ihnen steht daher ein **vollständiger Wertausgleich nach der Berechnungsmethode des § 72a** zu. Die Höhe des Wertausgleichs ist nach § 10a Abs. 1 Nr. 4 SpruchG im Spruchverfahren festzusetzen.[48] Für Aktionäre, die zu verschiedenen Zeiten ausgeschieden sind, sind jeweils gesonderte Festsetzungen zu treffen. 41

Strukturverändernde Maßnahmen liegen vor, wenn der Aktionär seine Beteiligung aufgibt oder verliert und im Gegenzug für die Aktien eine Abfindung oder Entschädigung erhält. In der Praxis kommen vor allem der Squeeze-out (§ 327a ff. AktG), Unternehmensverträge (§ 305 AktG), die Eingliederung (§ 320 ff. AktG) oder weitere Umwandlungsvorgänge mit Austrittsrecht (§ 29 UmwG) in Betracht. Auch das Ausscheiden durch Annahme eines Delisting-Angebots nach § 39 Abs. 2 BörsG ist nach der Gesetzesbegründung eine nach § 72a Abs. 4 anspruchsbegründete Strukturmaßnahme. 42

---

45) Vgl. *Veil/Preisser* in: BeckOGK-AktG, § 304 Rz. 33; *van Rossum* in: MünchKomm-AktG, § 304 Rz. 38.

46) Vgl. etwa die Formularmuster bei *Giehl/Tomasic* in: BeckOF-Vertrag, Ziff. 7.12.1.2 § 5 Abs. 3; *Herfs/Schwandtner* in: BeckFormB ZWU, M. 1. § 4 Abs. 3 und 4.

47) Begr. RegE UmRUG, BT-Drucks. 20/3822, S. 76, 90; Kallmeyer-*Oppenhoff*, UmwG, § 72a Rz. 22; *Bungert/Reidt*, DB 2022, 1369, 1375; *Drinhausen/Keinath*, BB 2022, 1923, 1926.

48) *Habersack* in: BeckOGK-UmwG, § 72a Rz. 39; Lutter-*Grunewald*, UmwG, § 72a Rz. 14.

43 Im Gegensatz zu den vorgenannten Transaktionen trägt die nach § 72 Abs. 4 vorgesehenen Entschädigung nicht ein kontrollierender Aktionär, sondern die Gesellschaft. Diese Inkonsistenz ist dem Verfahren in § 72a immanent.

VIII. Verzinsung (§ 72a Abs. 6)

44 § 72 Abs. 6 sieht für die Ansprüche des § 72a eine Verzinsung von **jährlich fünf Prozentpunkten über dem Basiszinssatz nach § 247 BGB** vor:

- Für den **Anspruch auf Gewährung von Aktien** nach den Absätzen 1 und 2 setzt die Zinsberechnung an den Geldbetrag der baren Zuzahlung an, der nach § 10a Abs. 1 Nr. 1 lit. b SpruchG im Spruchverfahren festgelegt wird.[49] Die Verzinsung beginnt erst drei Monate nach rechtskräftigem Abschluss des Spruchverfahrens (§ 11 SpruchG). Die späte Verzinsung ist folgerichtig, da durch die rückwirkende Betrachtung in § 72a die Wertentwicklung bis zum Ablauf des Spruchverfahrens bereits im Anspruch auf die zusätzlich zu gewährenden Aktien zzgl. eines etwaigen Spitzenausgleichs erfasst ist.
- Der **Anspruch auf bare Zuzahlung** wegen Spitzenausgleichs oder Unmöglichkeit nach § 72a Abs. 3 wird ab Eintragung der Verschmelzung verzinst.
- Ansprüche auf **Entschädigungen für ausgeschiedene Aktionäre** (§ 72a Abs. 4) oder **entgangene Gewinn- und Ausgleichsansprüche** (§ 72a Abs. 5) sind ab dem Zeitpunkt, ab dem die Entschädigung jeweils fällig geworden wäre, zu verzinsen.

45 Der Zinsanspruch **endet** mit Erfüllung des jeweiligen Anspruchs gegenüber den Berechtigten. In den Fällen des § 72b endet der Zinsanspruch schon, wenn der nach § 72b Abs. 3 zu bestellende Treuhänder die Aktien, die bare Zuzahlung oder die Entschädigung in Geld in Empfang genommen hat und für die berechtigten Aktionäre verwahrt.

IX. Schadensersatz (§ 72a Abs. 7)

46 Wie § 15 Abs. 2 Satz 2 stellt auch § 72a Abs. 7 klar, dass **weitere Schadensersatzansprüche durch § 72a nicht ausgeschlossen** sind. § 72a Abs. 7 ist insoweit **keine eigene Anspruchsnorm.**[50] In Betracht kommende Schadensersatzsprüche sind etwa die Haftung von Organmitgliedern nach §§ 25 ff., die Haftung des Verschmelzungsprüfers nach § 11 Abs. 2 oder des nach § 71 oder § 72b Abs. 3 bestellten Treuhänders. Gegenüber der übernehmenden Gesellschaft verweist die Gesetzesbegründung auf Ansprüche wegen höherer Zinsschäden, entgangener Gewinne aus den nach § 72a Abs. 3 nachzuholenden Bezugsrechten oder eine über die Ansprüche nach § 72a Abs. 2 bis 6 hinausgehende Wertentwicklung.[51]

47 Auch **Schäden, die erst nach Abschluss des Spruchverfahrens eintreten,** können als Schadensersatzansprüche neben § 72a stehen.[52] Das betrifft insbesondere das in § 72a Abs. 7 Satz 2 gesondert geregelte Beschaffungsrisiko der übernehmenden Gesellschaft für die Gewährung der Aktien. Die Gesellschaft kann sich insoweit nicht nach § 276 BGB auf fehlendes Verschulden berufen. Die Gesellschaft trägt mithin das Risiko, dass die Gewährung der Aktien unmöglich wird (vgl. § 72a Abs. 3 Nr. 2) oder ein Kapitalerhöhungsbeschluss nach § 72b nicht die erforderliche Mehrheit findet.[53]

49) Schmitt/Hörtnagl-*Missio*, UmwG/UmwStG, § 72a UmwG Rz. 28.
50) Begr. RegE UmRUG, BT-Drucks. 20/3822, S. 78; Lutter-*Grunewald*, UmwG, § 72a Rz. 22.
51) Begr. RegE UmRUG, BT-Drucks. 20/3822, S. 78.
52) *Wilsing/v. d. Linden* in: KölnKomm-UmwG, § 72a Rz. 13, 17; Schmitt-Hörtnagl-*Missio*, UmwG/UmwStG, § 72a UmwG Rz. 31.
53) Begr. RegE UmRUG, BT-Drucks. 20/3822, S. 78; *Habersack* in: BeckOGK-UmwG, § 72a Rz. 50.

§ 72a Abs. 7 stellt klar, dass weitergehende Schadensersatzansprüche nicht ausgeschlossen sind. Das Risiko der Beschaffung der zusätzlichen Aktien trägt die übernehmende Gesellschaft. Schadensersatzansprüche können sich aus allgemeinen Vorschriften ergeben und müssen im Wege der Leistungsklage durchgesetzt werden. 48

§ 72b

Kapitalerhöhung zur Gewährung zusätzlicher Aktien*)

(1) [1]Die gemäß § 72a Absatz 1 Satz 1 und Absatz 2 Satz 1 zusätzlich zu gewährenden Aktien können nach Maßgabe der Absätze 1 bis 4 durch eine Kapitalerhöhung gegen Sacheinlage geschaffen werden. [2]Gegenstand der Sacheinlage ist der Anspruch der anspruchsberechtigten Aktionäre auf Gewährung zusätzlicher Aktien, der durch gerichtliche Entscheidung (§ 11 Absatz 1 des Spruchverfahrensgesetzes) oder gerichtlichen Vergleich (§ 11 Absatz 2 bis 4 des Spruchverfahrensgesetzes) festgestellt wurde; der Anspruch erlischt mit Eintragung der Durchführung der Kapitalerhöhung (§ 189 des Aktiengesetzes). [3]Wird der Anspruch durch gerichtliche Entscheidung (§ 11 Absatz 1 des Spruchverfahrensgesetzes) festgestellt, kann die Sacheinlage nicht geleistet werden, bevor die Rechtskraft eingetreten ist.

(2) [1]Anstelle der Festsetzungen nach § 183 Absatz 1 Satz 1 und § 205 Absatz 2 Satz 1 des Aktiengesetzes genügt

1. die Bestimmung, dass die auf Grund der zu bezeichnenden gerichtlichen Entscheidung oder des zu bezeichnenden gerichtlich protokollierten Vergleichs festgestellten Ansprüche der anspruchsberechtigten Aktionäre auf Gewährung zusätzlicher Aktien eingebracht werden, sowie

2. die Angabe des auf Grund der gerichtlichen Entscheidung oder des Vergleichs zu gewährenden Nennbetrags, bei Stückaktien die Zahl der zu gewährenden Aktien.

[2]§ 182 Absatz 4 sowie die §§ 186, 187 und 203 Absatz 3 des Aktiengesetzes sind nicht anzuwenden.

(3) [1]Die übernehmende Gesellschaft hat einen Treuhänder zu bestellen. [2]Dieser ist ermächtigt, im eigenen Namen

1. die Ansprüche auf Gewährung zusätzlicher Aktien an die übernehmende Gesellschaft abzutreten,

2. die zusätzlich zu gewährenden Aktien zu zeichnen,

3. die gemäß § 72a zusätzlich zu gewährenden Aktien, baren Zuzahlungen und Entschädigungen in Geld in Empfang zu nehmen sowie

4. alle von den anspruchsberechtigten Aktionären abzugebenden Erklärungen abzugeben, soweit diese für den Erwerb der Aktien erforderlich sind.

[3]§ 26 Absatz 4 ist entsprechend anzuwenden.

(4) [1]Den Anmeldungen nach den §§ 184 und 188 des Aktiengesetzes ist in Ausfertigung oder öffentlich beglaubigter Abschrift die gerichtliche Entscheidung oder der gerichtlich protokollierte Vergleich, aus der oder dem sich der zusätzlich zu gewährende Nennbetrag oder bei Stückaktien die Zahl der zusätzlich zu gewährenden Aktien ergibt, beizufügen. [2]§ 188 Absatz 3 Nummer 2 des Aktiengesetzes ist nicht anzuwenden.

(5) § 182 Absatz 4 sowie die §§ 186, 187 und 203 Absatz 3 des Aktiengesetzes sind nicht anzuwenden auf Kapitalerhöhungen, die durchgeführt werden, um zusätzliche Aktien auf Grund gemäß § 72a Absatz 2 Satz 3 ausgeübter Bezugsrechte zu gewähren.

(6) Für den Beschluss über die Kapitalerhöhung nach Absatz 1 gilt § 14 Absatz 2 entsprechend.

*) § 72b eingefügt durch Art. 1 des Gesetzes zur Umsetzung der Umwandlungsrichtlinie und zur Änderung weiterer Gesetze (UmRUG), v. 22.2.2023, BGBl. I 2023, Nr. 51.

Literatur: *Bungert/Reidt*, Die (grenzüberschreitende) Verschmelzung nach dem RefE zur Umsetzung der Umwandlungsrichtlinie, DB 2022, 1369; *DAV (Handelsrechtsauschuss)*, Stellungnahme zum Referentenentwurf eines Gesetzes zur Umsetzung der Umwandlungsrichtlinie, NZG 2022, 849; *Drinhausen/Keinath*, Regierungsentwurf eines Gesetzes zur Umsetzung der Umwandlungsrichtlinie, BB 2022, 1923; *Habrich*, Die Verbesserung des Umtauschverhältnisses mit Zusatzaktien, AG 2022, 567; *Lieder/Hilser*, Die Ersetzungsbefugnis bei umwandlungsrechtlichen Nachbesserungsansprüchen nach dem UmRUG, ZIP 2023, 1; *Löbbe*, Die grenzüberschreitende Umwandlung nach dem UmRUG, ZHR 187 (2023), 498; *Schmidt, J.*, Schutz der Minderheitsgesellschafter bei grenzüberschreitenden Umwandlungen: Vorgaben der GesRRL und Umsetzung durch den UmRUG-RegE, ZGR-Sonderheft 26 (2023), 229; *Schmidt, J.*, Der UmRUG-Referentenentwurf: grenzüberschreitende Umwandlungen 2.0 – und vieles mehr, (Teil 2) NZG 2022, 635; *Verse*, Wertverwässerungsschutz bei Sachkapitalerhöhungen nach dem Zukunftsfinanzierungsgesetz, AG 2024, 297.

Übersicht

I. Inhalt und Zweck des § 72b

1 § 72b steht in engem Zusammenhang[1] mit § 72a und § 10a SpruchG und dient der Umsetzung der durch das UmRUG in § 72a eingeführten Befugnis der Verschmelzungsparteien, den Anspruchs auf bare Zuzahlung nach § 15 durch die Gewährung von Aktien zu ersetzen. Zur Erfüllung eines nach §§ 10a, 11 SpruchG rechtskräftig festgestellten Anspruchs auf Gewährung von Aktien kann die übernehmende AG entweder **eigene Aktien verwenden** (§ 71 AktG) **oder auf eine Sachkapitalerhöhung** gegen Einbringung der Ansprüche der berechtigten Aktionäre **zurückgreifen** (§ 72b Abs. 1).[2] Dabei enthält § 72b bestimmte Erleichterungen, die sich aus der Feststellung im Spruchverfahren ergeben (§ 72b Abs. 2 und 4).

2 Zur Abwicklung der Kapitalerhöhung ist, angelehnt an § 71,[3] ein **Treuhänder** zu bestellen (§ 72b Abs. 3). § 72b Abs. 5 bezieht sich speziell auf die in § 72a Abs. 2 Satz 2, § 10a Abs. 1 Nr. 2 SpruchG vorgesehene Nachholung von Bezugsrechten. Wie § 69 Abs. 3 sieht auch § 72b für die zur Erfüllung der Ansprüche aus § 72a durchgeführten Kapitalerhöhungen einen Ausschluss von Bewertungsrügen vor.

1) So auch *Wilsing/v. d. Linden* in: KölnKomm-UmwG, § 72b Rz. 1.
2) Begr. RegE UmRUG, BT-Drucks. 20/3822, S. 79.
3) Lutter-*Grunewald*, UmwG, § 72b Rz. 10; *Wilsing/v. d. Linden* in: KölnKomm-UmwG, § 72b Rz. 9.

§ 72b räumt der übernehmenden Gesellschaft nicht die Option ein, die zu gewährenden Aktien aus bedingtem Kapital (§§ 192 ff. AktG) oder einer Kapitalerhöhung aus Gesellschaftsmitteln (§§ 207 ff. AktG) zu beschaffen.[4] Gerade letzteres ist bedauerlich, da die Kapitalerhöhung aus Gesellschaftsmitteln durch den Verzicht auf eine Kapitalzuführung dem Konzept der Anpassung des Umtauschverhältnisses durch das Spruchverfahren am nächsten kommt.[5] 3

II. Historie und Anwendungsbereich des § 72b

Wie § 72a und § 10a SpruchG wurde auch § 72b durch das UmRUG eingeführt. Der sachliche Anwendungsbereich entspricht dem des § 72a (siehe § 72a Rz. 9 f. [*Nolden*]) und schließt auch **grenzüberschreitende** Umwandlungen mit ein.[6] § 72b berechtigt im Falle des § 72a Abs. 1 Satz 2 auch die aus der **Verschmelzung oder Spaltung hervorgegangene AG, SE oder KGaA**. Zeitlich greift § 72b, wie sich aus § 72b Abs. 1 Satz 5 ergibt, erst nach Beendigung des Spruchverfahrens,[7] steht also in der Chronologie der Verschmelzung auf eine AG am Ende des Verfahrens. 4

III. Kapitalerhöhung (§ 72b Abs. 1 und 2)

§ 72b sieht vor, dass die nach § 72a UmwG, § 10a Abs. 1 Nr. 1 lit. a SpruchG zu gewährenden zusätzlichen Aktien durch eine ordentliche Kapitalerhöhung oder Kapitalerhöhung aus genehmigtem Kapital jeweils gegen Sacheinlage geschaffen werden können. Als **Einlagegegenstand** definiert § 72b Abs. 1 Satz 2 den Anspruch der berechtigten Aktionäre auf Gewährung zusätzlicher Aktien. Abweichend von den allgemeinen Regeln der Forderungseinlage[8] kann der Anspruch auf die Gewährung von Aktien erst eingebracht werden, wenn und soweit er im Spruchverfahren durch Beschluss (§ 11 Abs. 1 SpruchG) oder Vergleich (§ 11 Abs. 2 und 4 SpruchG) **rechtskräftig festgestellt** worden ist.[9] 5

Die gesetzliche Bestimmung des Anspruchs aus § 72a Abs. 1 zum Sacheinlagegegenstands wird als **Widerspruch zur aktienrechtlichen Kapitalaufbringung und Verstoß gegen Art. 46 Gesellschaftsrechtsrichtlinie**[10] kritisiert, da mit der Einlage von eigenen Aktien – und damit auch Ansprüchen auf eigene Aktien – keine effektive Kapitalerhöhung verbunden ist und diese daher als nicht einlagefähig gelten.[11] Im verschmelzungsrechtlichen Rahmen überzeugt diese Kritik jedoch nicht: Zum einen beruht der Anspruch auf die Gewährung der Aktien aus § 72a Abs. 1 nur aus der Ersetzung des Anspruchs auf bare Zuzahlung aus § 15. Ein Anspruch auf bare Zuzahlung wäre aber unproblematisch einlagefähig.[12] Auch ist zu berücksichtigen, dass der Anspruch aus § 72a **letztlich eine Korrektur des ursprünglichen Umtauschverhältnisses** einer Verschmelzung darstellt und 6

4) *Lieder/Hilser*, ZIP 2023, 1, 7; *DAV (Handelsrechtsausschuss)*, NZG 2022, 849, 852.

5) Vgl. zur Kritik *Lieder/Hilser*, ZIP 2023, 1, 12 f.

6) Schmitt/Hörtnagl-*Missio*, UmwG/UmwStG, § 72b UmwG Rz. 3; Kallmeyer-*Oppenhoff*, UmwG, § 72b Rz. 3; *Bungert/Reidt*, DB 2022, 1369, 1374; J. Schmidt, NZG 2022, 635, 641.

7) *Lieder/Hilser*, ZIP 2023, 1, 8.

8) Vgl. *Koch*, AktG, § 27 Rz. 16 f.

9) Kallmeyer-*Oppenhoff*, UmwG, § 72b Rz. 5; Lutter-*Grunewald*, UmwG, § 72b Rz. 6; *Habersack* in: BeckOGK-UmwG, § 72b Rz. 9.

10) Richtlinie (EU) 2017/1132 des Europäischen Parlaments und des Rates vom 14. Juni 2017 über bestimmte Aspekte des Gesellschaftsrechts (Gesellschaftsrechtsrichtlinie), ABl. (EU) L 169/46 v. 30.6.2017.

11) *DAV (Handelsrechtsausschuss)*, NZG 2022, 849, 852; *Löbbe*, ZHR 187 (2023), 498, 518; *Habbrich*, AG 2022, 567, 572.

12) *Habersack* in: BeckOGK-UmwG, § 72b Rz. 10; *Wilsing/v. d. Linden* in: KölnKomm-UmwG, § 72b Rz. 4.

die berechtigten Aktionäre insoweit bereits mit der Verschmelzung eine höhere Einlage erbracht haben, als sie Aktien als Gegenleistung erhalten haben.[13)]

7 § 72b weicht noch in einem weiteren Punkt von der „klassischen" Sachkapitalerhöhung ab: Entgegen dem Grundsatz, dass eine als Sacheinlage eingebrachte Forderung gegen die Gesellschaft unmittelbar wegen Konfusion erlischt,[14)] lässt § 72b Abs. 1 Satz 2 Halbs. 2 die Forderung erst mit der Eintragung der Durchführung der Kapitalerhöhung erlöschen.[15)] Die berechtigten Aktionäre sind damit **bis zum Erhalt ihrer Mitgliedschaft geschützt.**[16)]

1. Kapitalerhöhungsbeschluss und Festsetzungen

8 Für die Kapitalerhöhung nach § 72b gelten die aktienrechtlichen Vorschriften der §§ 182 ff, 202 ff. AktG subsidiär. Die ordentliche Kapitalerhöhung bedarf daher der Beschlussfassung der Hauptversammlung mit einer **Mehrheit von mindestens drei Vierteln** des bei der Beschlussfassung vertretenen Grundkapitals, soweit die Satzung nicht eine andere Mehrheit vorsieht (§ 182 Abs. 1 AktG). Die strengere Mehrheitsregelung des § 186 Abs. 3 AktG ist nicht anwendbar (§ 72b Abs. 2 Satz 2). Stimmt die Hauptversammlung der Kapitalerhöhung nicht zu, ist die Gewährung der Aktien unmöglich.[17)] Da die Gesellschaft nach § 72a Abs. 7 Nr. 2 das Beschaffungsrisiko trägt, steht den berechtigten Aktionären ein **Schadensersatzanspruch** zu.[18)] Gleiches gilt, wenn der Aufsichtsrat bei der Ausnutzung eines genehmigten Kapitals seine Zustimmung verweigert.

9 § 72b Abs. 2 lässt **Erleichterungen** bei den notwendigen Festsetzungen im **Kapitalerhöhungsbeschluss** zu. Anstelle der bei Sachkapitalerhöhungen notwendigen detaillierten Festsetzungen der §§ 183 Abs. 1 Satz 1 und 205 Abs. 2 Satz 1 AktG genügt es, wenn die im Spruchverfahren festgesetzten Ansprüche der Berechtigten eingebracht (§ 72b Abs. 2 Satz 1 Nr. 1) sowie der aufgrund des Beschlusses bzw. des Vergleichs zu gewährende Nennbetrag bzw. die Zahl der zu gewährenden Aktien (§ 72b Abs. 2 Satz 1 Nr. 2) angegeben werden.[19)] Der Beschluss im Spruchverfahren bzw. die Niederschrift des Vergleichs ist konkret mit Aktenzeichen und Datum der Entscheidung zu benennen.[20)]

10 § 72b lässt offen, ob die Gesellschaft zur Erfüllung des Anspruchs auf Gewährung der Aktien auf eine **Kombination aus eigenen Aktien** und Aktien aus einer **Kapitalerhöhung** nach § 72b Abs. 1 zurückgreifen darf.[21)] Dagegen könnte § 72b Abs. 2 Satz 1 Nr. 2 sprechen, der für die Festsetzung ausdrücklich auf den Inhalt des Beschlusses bzw. Vergleichs abstellt. Allerdings sieht § 72b Abs. 2 insoweit nur eine Mindestangabe als Erleichterung vor („genügt"). Erfüllt die Gesellschaft den Anspruch aber nur teilweise mit neuen Aktien, ist das im Kapitalerhöhungsbeschluss gesondert festzusetzen.[22)]

11 § 72b Abs. 2 Satz 2 erklärt die §§ 182 Abs. 4, 186, 187 und 203 Abs. 3 AktG für nicht anwendbar. Diese Ausnahme ist ebenso wie bei § 69 Abs. 1 Satz 1 folgerichtig, da die Kapitalerhöhung nicht der Kapitalbeschaffung dient.

---

13) *Wilsing/v. d. Linden* in: KölnKomm-UmwG, § 72b Rz. 4; *J. Schmidt*, ZGR-Sonderheft 26 (2023), 229.

14) Begr. RegE UmRUG, BT-Drucks. 20/3822, S. 80; *Habersack* in: BeckOGK-UmwG, § 72b Rz. 8; *Koch*, AktG, § 27 Rz. 17.

15) Kallmeyer-*Oppenhoff*, UmwG, § 72b Rz. 5; krit. *Habrich*, AG 2022, 567, 575 f.

16) Begr. RegE UmRUG, BT-Drucks. 20/3822, S. 80.

17) *Wilsing/v. d. Linden* in: KölnKomm-UmwG, § 72b Rz. 5.

18) *Wilsing/v. d. Linden* in: KölnKomm-UmwG, § 72b Rz. 5; *Habersack* in: BeckOGK-UmwG, § 72b Rz. 11.

19) *Habersack* in: BeckOGK-UmwG, § 72b Rz. 14.

20) *Wilsing/v. d. Linden* in: KölnKomm-UmwG, § 72b Rz. 6; *Drinhausen/Keinath*, BB 2022, 1923, 1927.

21) *Wilsing/v. d. Linden* in: KölnKomm-UmwG, § 72b Rz. 1, 6; *Drinhausen/Keinath*, BB 2022, 1923, 1926.

22) *Wilsing/v. d. Linden* in: KölnKomm-UmwG, § 72b Rz. 6.

2. Sacheinlageprüfung

§ 72b verzichtet nicht auf die auch nach Art. 49 Gesellschaftsrechtrichtlinie grundsätzlich erforderliche Durchführung einer Sacheinlagenprüfung (§§ 183 Abs. 3, 205 Abs. 4 Satz 1 AktG). 12

Während bei der Ermittlung des angemessenen Umtauschverhältnisses auf den Wert der Gesellschaft zum Zeitpunkt der Verschmelzung abgestellt wird, kommt es für die Kapitalerhöhung nach § 72b darauf an, ob der auf die festgestellten zusätzlichen Aktien entfallende Unternehmenswert **zum Zeitpunkt der Einbringung den geringsten Ausgabepreis deckt.**[23] Auch wenn regelmäßig für die neuen Aktien der geringste Ausgabebetrag (§ 9 Abs. 1 AktG) angesetzt wird,[24] bedarf es insoweit einer erneuten Unternehmensbewertung.[25] Von einer solchen Bewertung kann nach § 183a AktG unter den Voraussetzungen des § 33a AktG abgesehen werden. Eine solche Ausnahme soll entsprechend § 33a Abs. 1 Nr. 2 AktG gelten, wenn i. R. des Spruchverfahrens ein Gutachter eine aktuelle Unternehmensbewertung erstellt hat und seit der Rechtskraft des Spruchverfahrens nicht mehr als sechs Monate vergangen sind.[26] 13

Die **Ausnahme** des § 33a Abs. 1 Nr. 1 AktG soll dagegen nach verbreiteter Auffassung **nicht anwendbar** sein, weil die Aktionäre keine Aktien, sondern ihren Anspruch auf die Aktien und dies auch nicht zum Drei-Monats-Kurs einbringen.[27] Dies überzeugt bei der umwandlungsrechtlichen Kapitalerhöhung nach § 72b nicht. Bei der Sacheinlagenprüfung geht es im Kern nicht um die Frage der genauen Wertermittlung, sondern um die **Bestätigung**, dass der Wert der Sacheinlage den geringsten **Ausgabebetrag übersteigt.**[28] Darüber hinaus wird der (durchschnittliche) Börsenwert der Aktien der übernehmenden Gesellschaft regelmäßig bei der Festsetzung der Anzahl der zu gewährenden Aktien durch das Gericht nach § 10a Abs. 1 Nr. 1 SpruchG miteingeflossen sein und sich in der Zahl der zu gewährenden Aktien niederschlagen. **Vorstand und Aufsichtsrat** haben bei der Anmeldung des Kapitalerhöhungsbeschlusses ferner nach § 184 Abs. 1 Satz 3 AktG **zu versichern**, dass keine außergewöhnlichen Umstände bekannt geworden sind, die den Wert beeinflussen könnten. Soweit Aktionäre befürchten, dass der Wert des Anspruchs auf die Gewährung von Aktien unter dem festgesetzten Ausgabebetrag liegen, können sie nach § 183a Abs. 3 AktG bei Erfüllung des Quorums von 5 % eine gerichtliche Prüfung beantragen. 14

IV. Treuhänder (§ 72b Abs. 3)

Wie in § 71 ist nach § 72b Abs. 3 Satz 1 ein Treuhänder für die Abwicklung der Kapitalerhöhung zu bestellen. Der Treuhänder kann aufgrund der ihm in § 72b Abs. 3 eingeräumten Befugnisse für die berechtigten Aktionäre auftreten und vereinfacht dadurch erheblich die Durchführung der Kapitalerhöhung.[29] 15

Für die **Bestellung** des Treuhänders kann auf § 71 verwiesen werden (siehe § 71 Rz. 7 ff. [*Nolden*]), wobei die Bestellung des Treuhänders nach § 72b Abs. 3 Satz 1 durch die übernehmende Gesellschaft zu erfolgen hat, die regelmäßig auch den Geschäftsbesor- 16

---

23) Lutter-*Grunewald*, UmwG, § 72b Rz. 4.

24) Lutter-*Grunewald*, UmwG, § 72b Rz. 4.

25) Lutter-*Grunewald*, UmwG, § 72b Rz. 4; *DAV (Handelsrechtsausschuss)*, NZG 2022, 849, 852.

26) *Wilsing/v. d. Linden* in: KölnKomm-UmwG, § 72b Rz. 8; *Habersack* in: BeckOGK-UmwG, § 72b Rz. 13; *Verse*, AG 2024, 297, 309.

27) So *Habersack*: in BeckOGK-UmwG, § 72b Rz. 13; Schmitt/Hörtnagl-*Hörtnagl*, UmwG/UmwStG, § 72b UmwG Rz. 6.

28) *Koch*, AktG, § 183 Rz. 16.

29) Begr. RegE UmRUG, BT-Drucks. 20/3822, S. 80.

gungsvertrag mit dem Treuhänder abschließen wird (zum Geschäftsbesorgungsvertrag als echten Vertrag zugunsten Dritter i. S. des § 328 BGB siehe § 71 Rz. 10 ff. [*Nolden*]). Auch der nach § 72b Abs. 3 Satz 1 bestellte Treuhänder hat wegen des Verweises auf § 26 Abs. 4 einen Anspruch auf angemessene Vergütung und Auslagenersatz.

17 Zu den **Aufgaben** des Treuhänders gehört, im eigenen Namen, aber auf Rechnung der berechtigten Aktionäre

- die Sacheinlage durch die Abtretung der Ansprüche auf Gewährung zusätzlicher Aktien an die übernehmende Gesellschaft zu bewirken,
- die zusätzlichen Aktien zu zeichnen,
- die Aktien, baren Zuzahlungen und Entschädigungen in Geld in Empfang zu nehmen und
- alle für den Erwerb der Aktien erforderlichen Erklärungen abzugeben.

18 Der Treuhänder wird selbst nicht Aktionär. Die Aktien entstehen mit Eintragung der Durchführung der Kapitalerhöhung unmittelbar bei den berechtigten Aktionären.[30] Wie der Treuhänder aus § 71 hat er die erhaltenen Aktien, baren Zuzahlungen oder Entschädigungen für die Aktionäre getrennt von seinem Vermögen zu verwahren.

19 Der Treuhänder wird **nur i. R. der Kapitalerhöhung** nach § 72b tätig. Findet eine solche nicht statt, etwa weil eine Gewährung von Aktien aufgrund eines Rechtsformwechsels unmöglich geworden ist, kann die Gesellschaft den dann bestehenden Anspruch der Aktionäre auf bare Zuzahlung nach § 72a Abs. 3 Nr. 2 auch unmittelbar selbst erfüllen.

V. Registeranmeldungen (§ 72b Abs. 4)

20 Der Vorstand (in vertretungsberechtigter Zahl)[31] und der Vorsitzende des Aufsichtsrats der verpflichteten AG haben den Beschluss über die Kapitalerhöhung (§ 184 AktG) und deren Durchführung (§ 188 AktG) zum Register der Gesellschaft anzumelden. Die Anmeldung bedarf der öffentlich beglaubigten Form (§ 12 Abs. 1 HGB).[32]

21 Nach § 72b Abs. 4 sind beiden Anmeldungen die gerichtlichen Entscheidungen bzw. der gerichtlich protokollierte Vergleich beizufügen, die Angabe der Verträge nach § 188 Abs. 3 Nr. 2 AktG entfällt. Anzumelden ist nach § 181 AktG auch die mit der Erhöhung des Grundkapitals verbundene Satzungsänderung.[33] Die Durchführung der Kapitalerhöhung ist unverzüglich nach der Einbringung der Sacheinlage und der Zeichnung der Aktien durch den Treuhänder zu bewirken.

VI. Kapitalerhöhung zum Ausgleich entgangener Bezugsrechte (§ 72b Abs. 5)

22 § 72b Abs. 5 greift den Anspruch aus § 72a Abs. 2 Satz 2 auf Bezugsrechte auf, die den berechtigten Aktionären aufgrund des unangemessenen Umtauschverhältnisses entgangen sind.[34] Zur Erfüllung des Anspruchs ist die Gesellschaft nach § 72b Abs. 5 berechtigt, **Bezugsrechtskapitalerhöhungen** unter Ausschluss aller nicht aus § 72a Abs. 2 Satz 2, § 10a Abs. 1 Nr. 2 SpruchG berechtigten Aktionäre durchzuführen. Im Unterschied zu der Kapitalerhöhung nach § 72b Abs. 1 sind die berechtigten Aktionäre **zur Zahlung**

30) Begr. RegE UmRUG, BT-Drucks. 20/3822, S. 80.

31) Vgl. *Koch*, AktG, § 184, Rz. 3; Grigoleit-*Rieder/Holzmann*, AktG, § 184 Rz. 2 ff.; Henssler/Strohn-*Stelmaszczyk*, GesR, § 184 AktG Rz. 7.

32) *Koch*, AktG, § 184 Rz. 2; Grigoleit-*Rieder/Holzmann*, AktG, § 184 Rz. 9.

33) Str., vgl. *Koch*, AktG, § 188 Rz. 11; *Schürnbrand/Verse* in: MünchKomm-AktG, § 188 Rz. 15; Wachter-*Dürr*, AktG, § 188 Rz. 17.

34) Begr. RegE UmRUG, BT-Drucks. 20/3822, S. 81.

einer Einlage verpflichtet.[35] § 72a Abs. 2 stellt insoweit auf die i. R. der ursprünglichen Kapitalerhöhung festgelegte Einlage ab. Dies gilt auch dann, wenn der Wert der Einlage zum Zeitpunkt der nachgeholten Kapitalerhöhung **niedriger** als der Marktwert der Aktie ist. Zwar ist die Kapitalerhöhung nach Absatz 5 nicht vom Ausschluss der Bewertungsrügen nach § 72b Abs. 6 umfasst, eine Anfechtung nach § 255 Abs. 2 AktG dürfte aber aufgrund der gesetzlichen Anordnung der Bedingungen, die der Gesellschaft kein Ermessen bei der Preisgestaltung einräumen, ausgeschlossen sein.

Die berechtigten Aktionäre können **nach freiem Ermessen** ihre Bezugsrechte **ausüben.** 23
Für die Gesellschaft empfiehlt sich insoweit eine „bis-zu"-Kapitalerhöhung, bei der die Anzahl der ausgegebenen Aktien von der Bezugsquote abhängig gemacht wird.

Wie bei der Kapitalerhöhung nach § 72b Abs. 1 UmwG sind die § 182 Abs. 4, 186, 187 24
und 203 Abs. 3 AktG auch bei der Bezugsrechtskapitalerhöhung ausgeschlossen, da diese nicht der Kapitalbeschaffung, sondern der Erfüllung des Anspruchs der Aktionäre aus § 72a Abs. 2 Satz 2 dient. Die **Absätze 1 bis 4** sind auf die Bezugsrechtskapitalerhöhung **nicht anzuwenden.**[36]

VII. Ausschluss von Bewertungsrügen (§ 72b Abs. 6)

Die Kapitalerhöhungen nach § 72b Abs. 1 dienen dem Ausgleich von Nachteilen, die die 25
berechtigten Aktionäre aufgrund des unangemessenen Umtauschverhältnisses entstanden sind. Aufgrund der weiteren wirtschaftlichen Entwicklung der Gesellschaft können sich die ursprünglich festgelegten Bedingungen im Vergleich als deutlich vorteilhaft erweisen.

§ 72b Abs. 6 schließt daher über einen Verweis auf § 14 Abs. 2 Bewertungsrügen i. S. des 26
§ 255 Abs. 2 AktG aus, damit der in § 72a intendierte Ausgleich nicht durch eine Anfechtung der Kapitalerhöhungsbeschlüsse unterlaufen wird.[37] Er dient nach der Begründung des Rechtsausschusses, auf deren Empfehlung Absatz 6 erst spät im Gesetzgebungsverfahren aufgenommen wurde, der systemgerechten Ergänzung des § 69 Abs. 3 und dem **Schutz vor dem Unterlaufen des Spruchverfahrens.**[38] Es stellt sich die Frage, ob § 72b Abs. 6 vor dem Hintergrund der Vorgaben des § 72a bzw. der Festsetzungen im Spruchverfahren, die der Gesellschaft wenig Ermessen bei der Ausgestaltung der Kapitalerhöhung lassen, überhaupt erforderlich gewesen wäre. Zumindest wurde versäumt, den Ausschluss der Bewertungsrügen auch für Absatz 5 zu erklären, bei dem sich aufgrund der Anwendung der ursprünglichen Zeichnungskonditionen (siehe § 72a Rz. 31 [*Nolden*]) die Fragen der Unangemessenheit eines ursprünglichen Ausgabepreises noch dringender stellen können.

35) Henssler/Strohn-*Junker*, GesR, § 72b UmwG Rz. 10.

36) Begr. RegE UmRUG, BT-Drucks. 20/3822, S. 81; Kallmeyer-*Oppenhoff*, UmwG, § 72b Rz. 17.

37) Beschlussempfehlung und Bericht des RA z. UmRUG, BT-Drucks. 20/4806, S. 87; *Habersack* in: BeckOGK-UmwG, § 72b Rz. 24; Lutter-*Grunewald*, UmwG, § 72b Rz. 13.

38) Beschlussempfehlung und Bericht d. RA z. UmRUG, BT-Drucks. 20/5237, S. 88.

Zweiter Unterabschnitt
Verschmelzung durch Neugründung

§ 73
Anzuwendende Vorschriften[*)]

Auf die Verschmelzung durch Neugründung sind die Vorschriften des Ersten Unterabschnitts mit Ausnahme der §§ 66, 68 Abs. 1 und 2 und des § 69 entsprechend anzuwenden.

*) § 73 i. d. F. des UmwBerG geändert durch Art. 1 des Gesetzes zur Umsetzung der Umwandlungsrichtlinie und zur Änderung weiterer Gesetze (UmRUG), v. 22.2.2023, BGBl. I 2023, Nr. 51.

Literatur: *Ihrig*, Gläubigerschutz durch Kapitalaufbringung bei Verschmelzung und Spaltung nach neuem Umwandlungsrecht, GmbHR 1995, 622; *Simon/Merkelbach*, Das Dritte Gesetz zur Änderung des UmwG, DB 2011, 1317; *Teichmann*, ECLR Minderheitenschutz bei Gründung und Sitzverlegung der SE, ZGR 2003, 367; *Teichmann*, Die Einführung der Europäischen Aktiengesellschaft – Grundlagen der Ergänzung des europäischen Statuts durch den deutschen Gesetzgeber, ZGR 2002, 415; *Wachter*, Festsetzung des Gründungsaufwands in der GmbH-Satzung, NZG 2010, 734; *Wagner*, Der Regierungsentwurf für ein Drittes Gesetz zur Änderung des Umwandlungsgesetzes, DStR 2010, 1629.

Übersicht

I. Einführung zum Zweiten Unterabschnitt

1 Der Zweite Unterabschnitt mit den §§ 73 bis 76 gilt für die **Verschmelzung zur Neugründung** unter Beteiligung einer AG oder KGaA (§ 78) als übertragende oder aus der Verschmelzung neu entstehende Gesellschaft. Die §§ 74–76 bzw. die über § 73 anwendbaren Vorschriften des Ersten Unterabschnitts (Verschmelzung durch Aufnahme) haben jeweils ihren spezifischen Anwendungsbereich und sind teilweise auf die AG als übertragendem Rechtsträger, teilweise auf die aus der Verschmelzung neu entstehende AG anzuwenden.

2 Ebenso wie § 56 für die GmbH setzt § 73 die dem Umwandlungsrecht typische **Verweisungstechnik** um.[1)] Neben den für die Neugründung spezifischen Normen der §§ 74–76 sind über § 73 bestimmte **Regelungen des Ersten Unterabschnitts** anwendbar (siehe Rz. 7 ff.). Daneben gelten die allgemeinen Normen für die **Verschmelzung zur Neugründung** in den §§ 36–38 sowie wiederum über § 36 Abs. 1 die §§ 4 bis 38 zur **Verschmel-**

1) Vgl. dazu *Weiß* in: BeckOGK-UmwG, § 73 Rz. 3; *Wilsing/v. d. Linden* in: KölnKomm-UmwG, § 73 Rz. 1.

zung zur Aufnahme mit Ausnahme von § 16 Abs. 1 und § 27. § 36 Abs. 2 Satz 1 verweist schließlich auf die **Gründungsvorschriften** der für den neuen Rechtsträger geltenden Rechtsform, für die neu entstehende AG mithin auf den Zweiten Teil des Ersten Buches des AktG (§§ 23–53 AktG).

Über §§ 135, 125 gilt der Zweite Unterabschnitt nebst seinen Verweisungen auch für die **Spaltung zur Neugründung** unter Beteiligung einer AG, soweit die §§ 141 bis 146 keine spezielleren Regelungen vorsehen und § 125 nicht Verschmelzungsvorschriften aus der Verweisung ausnimmt (siehe dazu § 141 Rz. 1 [*Nolden*]).[2] 3

Anders als der Erste Unterabschnitt sind die §§ 73 ff. nicht pauschal auf die SE übertragbar. Für die **Gründung einer SE im Wege der Verschmelzung** sind Art. 17 bis 31 SE-VO[3] abschließend und verdrängen als anwendungsvorrangige europarechtliche Vorschriften die Umwandlungsregelungen.[4] Lediglich im Anwendungsbereich des Art. 18 SE-VO können die §§ 73 ff. wieder herangezogen werden, etwa für die Vorbereitungs- und Beschlussphase.[5] Für die **SE als übertragendem Rechtsträger** sind hingegen die §§ 73 ff. uneingeschränkt über Art. 9 Abs. 1 lit. c Ziff. ii SE-VO anwendbar.[6] 4

II. Hintergrund des § 73

§ 73 geht auf den bis 31.12.1994 geltenden § 353 AktG a. F. zurück. Er wurde zuletzt durch Art. 1 Nr. 22 UmRUG[7] mit der Streichung des § 67 aus den Ausnahmevorschriften des Verweises in § 73 angepasst. Ausweislich der Gesetzesbegründung sollte mit der Änderung die in § 76 vorgenommene Streichung des Verbots der Verschmelzung zur Neugründung unter Beteiligung einer AG kompensiert und eine Umgehung der Nachgründungsvorschriften ausgeschlossen werden.[8] 5

Eurorechtlicher Hintergrund von § 73 ist Art. 90, 109 Gesellschaftsrechtsrichtlinie.[9] 6

III. Verweisungen des § 73

§ 73 regelt die Verschmelzung durch Neugründung unter Beteiligung mindestens einer AG oder KGaA. § 73 ist eine dem UmwG typische Verweisungsnorm, die auf die Regelungen des Ersten Unterabschnitts (§§ 60–72b) verweist, dabei aber die §§ 66, 68 Abs. 1 und 2 und § 69 ausnimmt. Neben diesen Ausnahmen findet auch § 62 (Konzernverschmelzung) keine Anwendung, da § 62 einen Upstream-Merger, d. h. eine Verschmel- 7

---

2) *Weiß* in: BeckOGK-UmwG, § 73 Rz. 7; Semler/Stengel/Leonard-*Diekmann*, UmwG, § 73 Rz. 2; Widmann/Mayer-*Rieger*, UmwR, § 73 UmwG Rz. 2.

3) Verordnung (EG) Nr. 2157/2001 des Rates v. 8.10.2001 über das Statut der Europäischen Gesellschaft (SE) (SE-VO), ABl. (EU) L 294/1 v. 10.11.2001.

4) *Wilsing/v. d. Linden* in: KölnKomm-UmwG, § 73 Rz. 3; Widmann/Mayer-*Rieger*, UmwR, § 73 UmwG Rz. 3.

5) *Teichmann*, ZGR 2003, 367, 371; *Wilsing/v. d. Linden* in: KölnKomm-UmwG, § 73 Rz. 3; Lutter-*Grunewald*, UmwG, § 73 Rz. 1 Semler/Stengel/Leonard-*Diekmann*, UmwG, § 73 Rz. 2; Henssler/Strohn-*Galla/Cé. Müller*, GesR, § 73 UmwG Rz. 1; *Habighorst* in: NK-UmwG, § 73 Rz. 2; a. A. *Weiß* in: BeckOGK-UmwG, § 73 Rz. 6; Kallmeyer-*Oppenhoff*, UmwG, § 73 Rz. 1.

6) *Wilsing/v. d. Linden* in: KölnKomm-UmwG, § 73 Rz. 3; *Weiß* in: BeckOGK-UmwG, § 73 Rz. 6; Widmann/Mayer-*Rieger*, UmwR, § 73 UmwG Rz. 2.2.

7) Gesetz zur Umsetzung der Umwandlungsrichtlinie und zur Änderung weiterer Gesetze (UmRUG), v. 22.2.2023, BGBl. I 2023, Nr. 51.

8) Vgl. Begr. RegE UmRUG, BT-Drucks. 20/3822, S. 81; zur weitgehenden Kritik an der Neuregelung noch Rz. 15.

9) Richtlinie (EU) 2017/1132 des Europäischen Parlaments und des Rates v. 14.6.2017 über bestimmte Aspekte des Gesellschaftsrechts (Gesellschaftsrechtsrichtlinie), ABl. (EU) L 169/46 v. 30.6.2017.

zung einer Tochter- auf ihre bestehende Muttergesellschaft, bedingt, und eine Neugründung insoweit begriffslogisch bereits ausgeschlossen ist.[10)]

1. Prüfung des Verschmelzungsvertrags (§ 60)

8 Mit dem Verweis auf § 60 wird auch bei der Verschmelzung zur Neugründung für jede übertragenden AG eine Prüfung des Verschmelzungsvertrags nach den §§ 9 bis 12 angeordnet. Auf die Rechtsform des neuen Rechtsträgers kommt es nicht an. Die Prüfung dient dem **Schutz der Aktionäre der übertragenden Gesellschaften** und umfasst die Überprüfung der Angemessenheit des Umtauschverhältnisses sowie der finanziellen und rechtlichen Verhältnisse der beteiligten Gesellschaften. Entsprechend dieses Schutzzwecks ist § 60 nicht anwendbar, wenn sich Rechtsträger anderer Rechtsformen zu einer AG verschmelzen.

9 Ein **Verzicht auf die Prüfung** ist zulässig, wenn alle Anteilsinhaber aller Rechtsträger eine entsprechende Erklärung in notarieller Form abgeben (§ 60 Satz 2 i. V. m. § 9 Abs. 2 und § 8 Abs. 3 Satz 1) oder die übertragenden Rechtsträger nur einen Anteilsinhaber haben (§ 60 Satz 2 i. V. m. § 9 Abs. 2 und § 8 Abs. 3 Satz 3 Nr. 2).[11)] Die Konzernausnahmen des § 8 Abs. 3 Satz 3 Nr. 1 passen auf die Verschmelzung zur Neugründung hingegen nicht. § 8 Abs. 3 Nr. 1 lit. a verlangt eine Upstream-Verschmelzung (Tochter- auf ihre bereits bestehende Muttergesellschaft), § 8 Abs. 3 Nr. 1 lit. b einen bereits bestehenden übernehmenden Rechtsträger mit nur einem Gesellschafter. Beide Voraussetzungen sind bei der Verschmelzung zur Neugründung begriffslogisch ausgeschlossen.[12)]

10 Für mehrere übertragende Rechtsträger kann nach § 60 Satz 1 i. V. m. §§ 10 Abs. 1 Satz 2, 12 Abs. 1 Satz 2 ein **gemeinsamer Prüfer** bestellt werden,[13)] der nach § 75 Abs. 1 Satz 2 auch bei Neugründung einer AG die erforderliche Gründungsprüfung übernehmen kann.[14)]

2. Bekanntmachung des Verschmelzungsvertrags (§ 61)

11 Bei übertragenden Rechtsträgern in der Rechtsform der AG, KGaA oder SE ist bei der Verschmelzung zur Neugründung der Verschmelzungsvertrag oder sein Entwurf vor der Einberufung der Hauptversammlung beim zuständigen Registergericht einzureichen (§ 73 i. V. m. § 61). Das Registergericht macht einen **Hinweis auf die Einreichung** bekannt. Die Hauptversammlung darf den Verschmelzungsbeschluss erst einen Monat nach dieser Bekanntmachung fassen (siehe § 61 Rz. 10 [*Nolden*]). Die Rechtsform des neuen Rechtsträger ist unerheblich.

3. Konzernverschmelzungen (§ 62)

12 Auch wenn § 62 in den Verweisungsausnahmen des § 73 nicht ausdrücklich enthalten ist, ist die **Anwendung der Konzernausnahmen in § 62** bei der Verschmelzung zur Neu-

---

10) *Wilsing/v. d. Linden* in: KölnKomm-UmwG, § 73 Rz. 6; Widmann/Mayer-Rieger, UmwR, § 73 UmwG Rz. 17; *Weiß* in: BeckOGK-UmwG, § 73 Rz. 12; Semler/Stengel/Leonard-*Diekmann*, UmwG, § 73 Rz. 5.

11) A. A. Lutter-*Grunewald*, UmwG, § 73 Rz. 8, die nicht darauf eingehen, dass § 8 Abs. 3 Satz 3 Nr. 2 nur von den an der Verschmelzung beteiligten Rechtsträgern spricht, der Verweis über §§ 73, 60 sich aber nur auf die übertragenden Rechtsträger in der Rechtsform der AG richtet. Ein Alleingesellschafter benötigt den mit der Verschmelzungsprüfung vorgesehenen Schutz nicht zwingend.

12) *Wilsing/v. d. Linden* in: KölnKomm-UmwG, § 73 Rz. 4; *Weiß* in: BeckOGK-UmwG, § 73 Rz. 10.1 – beide allerdings nur zu § 8 Abs. 3 Nr. 1 lit. a.

13) *Weiß* in: BeckOGK-UmwG, § 73 Rz. 10.2; Kallmeyer-*Oppenhoff*, UmwG, § 73 Rz. 2.

14) *Weiß* in: BeckOGK-UmwG, § 73 Rz. 10.2; *Wilsing/v. d. Linden* in: KölnKomm-UmwG, § 73 Rz. 4.

gründung von AG der Sache nach **ausgeschlossen.**[15] § 62 geht zwingend von einer Upstream-Verschmelzung einer übertragenden Kapitalgesellschaft auf eine bereits bestehende übernehmende AG aus. § 62 kann aber in Konzernverschmelzungsstrukturen im Nachgang zu einer Verschmelzung zur Neugründung herangezogen werden.[16]

4. Hauptversammlung (§§ 63–65)

Der Verweis des § 73 auf die Vorschriften zur Vorbereitung und Durchführung der Hauptversammlung sowie zur Beschlussfassung (§§ 63–65 UmwG) gilt nur **für übertragende Rechtsträger in der Rechtsform der AG, KGaA oder SE.** Zu Fragen der ordnungsgemäßen Vorbereitung und Durchführung der Hauptversammlung sei auf die Kommentierung zu § 63 und § 64 verwiesen. Der Verweis auf § 65 überträgt das notwendige Zustimmungsquorum von drei Vierteln des bei der Beschlussfassung vertretenen Grundkapitals sowie die Regelungen zu potenziellen Sonderbeschlüssen auf die Verschmelzung zur Neugründung. Verschmelzen sich übertragende Rechtsträger zu einer neuen AG, werden die §§ 63 bis 65 durch § 76 (Verschmelzungsbeschlüsse) ergänzt. 13

5. Nachgründung (§ 67)

Bis zur Änderung durch das UmRUG war § 67 bei der Verschmelzung zur Neugründung nicht anwendbar. Mit der Änderung wurde die Nachgründungsbeschränkung in § 76 Abs. 1 a. F. gestrichen und dafür § 67 über § 73 **für anwendbar erklärt** (zur Gesetzeshistorie siehe bereits oben Rz. 5). 14

Die Neuregelung wird überwiegend als missglückt angesehen und führt **praktisch zum Leerlaufen des § 67 bei der Verschmelzung zur Neugründung.**[17] Setzt man § 36 Abs. 1 Satz 2 Alt. 1 folgend die neue AG an die Stelle des übertragenden Rechtsträgers, kann der Verschmelzungsvertrag nie in den Zwei-Jahres-Zeitraum nach Registereintragung fallen. Der Verschmelzungsvertrag wird gerade vor der Eintragung der neu entstehenden AG geschlossen. Stellt man entgegen § 36 Abs. 1 Satz 2 Alt. 1 für die Zwei-Jahres-Frist auf die übertragenden Rechtsträger ab, entspricht dies nicht dem Zweck der Norm. § 67 dient dem Schutz der effektiven Kapitalaufbringung und -erhaltung beim übernehmenden Rechtsträger. Da die übertragenden Rechtsträger mit Wirksamwerden der Verschmelzung erlöschen, hätte die Norm keinen Anknüpfungspunkt mehr. Dadurch dass die Verschmelzung zur Neugründung einer AG immer eine Sachgründung ist und nach § 36 Abs. 1 Satz 2 UmwG i. V. m. § 33 Abs. 2 Nr. 4 AktG ohnehin eine Gründungsprüfung zu erfolgen hat, ist dem Kapitalaufbringungs- und -erhaltungsschutz genüge getan.[18] 15

6. Eigene Anteile (§ 68 Abs. 1 Satz 1 Nr. 2)

Hält ein übertragender Rechtsträger eigene Anteile, darf der übernehmende Rechtsträger nach § 68 Abs. 1 Satz 1 Nr. 2 insoweit keine neuen Anteile ausgeben. Auch wenn § 68 Abs. 1 Satz 1 Nr. 2 nach dem Wortlaut des § 73 nicht entsprechend anwendbar ist, zieht die überwiegende Meinung in der Literatur **aufgrund der vergleichbaren Situation** bei der Verschmelzung zur Neugründung und dem Prinzip des ersatzlosen Erlöschens eigener 16

---

15) Einhellige Auffassung, vgl. *Weiß* in: BeckOGK-UmwG, § 73 Rz. 12; Kallmeyer-*Oppenhoff*, UmwG, § 73 Rz. 2; *Wilsing/v. d. Linden* in: KölnKomm-UmwG, § 73 Rz. 6; Lutter-*Grunewald*, UmwG, § 73 Rz. 11.

16) Etwa bei der nachgelagerten Upstream-Verschmelzung einer AG, die aus der Verschmelzung zweier Schwestergesellschaften zur Neugründung einer AG hervorgegangen ist.

17) *Wilsing/v. d. Linden* in: KölnKomm-UmwG, § 73 Rz. 8; *Weiß* in: BeckOGK-UmwG, § 73 Rz. 16; a. A. Lutter-*Grunewald*, UmwG, § 73 Rz. 9.

18) *Weiß* in: BeckOGK-UmwG, § 73 Rz. 16.

Anteile aus § 20 Abs. 1 Nr. 3 Satz 1 **den Grundsatz des § 68 Abs. 1 Satz 1 Nr. 2 gleichwohl heran.**[19)]

7. Bare Zuzahlung (§ 68 Abs. 3)

17 Mit dem wiederum von § 73 erfassten Verweis auf § 68 Abs. 3 wird die **10 %-Schranke bei Barzahlungen** auch auf die Verschmelzung zur Neugründung übertragen. Wie bei der Verschmelzung zur Aufnahme gilt die 10 %-Schwelle für jeden übertragenden Rechtsträger individuell.[20)] Die Begrenzung der baren Zuzahlung auf 10 % verhindert, dass der Charakter der Verschmelzung als „Anteilstausch" durch eine überwiegende Barkomponente gefährdet wird (siehe § 68 Rz. 26 f. [*Nolden*]).

8. Treuhänder und Tausch der Urkunden (§§ 70–72)

18 § 73 erklärt die §§ 70 bis 72 für die Verschmelzung zur Neugründung für anwendbar. Daraus ergibt sich zunächst, dass Aktionäre einer übertragenden AG, KGaA oder SE die **Bestellung eines besonderen Vertreters** zur Durchsetzung von Schadensersatzansprüchen verlangen können, wenn sie ihre Aktien bereits umgetauscht haben (siehe § 70 Rz. 7 [*Nolden*]).

19 Ist der neue Rechtsträger eine AG, muss nach § 73 i. V. m. § 71 ein **Treuhänder** bestellt werden. Der Treuhänder nimmt die Aktien und etwaige bare Zuzahlungen in Empfang und zeigt dies dem Registergericht an. Da vor der Eintragung der neuen AG keine Aktienurkunden übergeben werden können, genügt für die Übermittlung an das Registergericht eine Absichtserklärung.[21)]

9. Gewährung zusätzlicher Aktien (§§ 72a, 72b)

20 Die mit dem UmRUG eingeführten §§ 72a und 72b über die Gewährung zusätzlicher Aktien zur Korrektur des Umtauschverhältnisses, sind über § 73 auch auf die Verschmelzung zur Neugründung anwendbar. Nimmt die neue Gesellschaft dafür eine Sachkapitalerhöhung vor, gilt § 72b.

10. Nicht anwendbare Vorschriften

21 § 73 erklärt ausdrücklich die Vorschriften über Kapitalerhöhungen in den §§ 66, 68 Abs. 1 und 2 sowie § 69 für nicht anwendbar (zur Rückausnahme siehe bei § 68 Abs. 1 Nr. 2, Rz. 16). Bei der Verschmelzung zur Neugründung entstehen die neuen Anteile nicht durch Kapitalerhöhung, sondern durch den Gründungsakt. Zu den darüber hinaus nicht anwendbaren § 62 und § 67 siehe bereits oben Rz. 12, 14 f.[22)]

---

19) *Weiß* in: BeckOGK-UmwG, § 73 Rz. 19; Kallmeyer-*Oppenhoff*, UmwG, § 73 Rz. 3; Widmann/Mayer-*Rieger*, UmwR, § 73 UmwG Rz. 11; i. Erg. ebenso *Wilsing/v. d. Linden* in: KölnKomm-UmwG, § 73 Rz. 14.

20) *Weiß* in: BeckOGK-UmwG, § 73 Rz. 17; *Wilsing/v. d. Linden* in: KölnKomm-UmwG, § 73 Rz. 9; Kallmeyer-*Oppenhoff*, UmwG, § 73 Rz. 3; Widmann/Mayer-*Rieger*, UmwR, § 73 UmwG Rz. 12; a. A. Lutter-*Grunewald*, UmwG, § 73 Rz. 7.

21) *Weiß* in: BeckOGK-UmwG, § 73 Rz. 21; *Wilsing/v. d. Linden* in: KölnKomm-UmwG, § 73 Rz. 11; Kallmeyer-*Marsch-Barner/Oppenhoff*, UmwG, § 73 Rz. 5; Widmann/Mayer-*Rieger*, UmwR, § 73 UmwG Rz. 14; a. A. Lutter-*Grunewald*, UmwG, § 73 Rz. 14; *Maulbetsch* in: HK-InsO, § 73 Rz. 18, die eine Verpflichtung der Gründer zur Übertragung der Aktien an den Treuhänder verlangen.

22) *Wilsing/v. d. Linden* in: KölnKomm-UmwG, § 73 Rz. 14.

§ 74
Inhalt der Satzung*)

[1]In die Satzung sind Festsetzungen über Sondervorteile, Gründungsaufwand, Sacheinlagen und Sachübernahmen, die in den Gesellschaftsverträgen, Partnerschaftsverträgen oder Satzungen übertragender Rechtsträger enthalten waren, zu übernehmen. [2]§ 26 Abs. 4 und 5 des Aktiengesetzes bleibt unberührt.

*) § 74 geändert durch Art. 14 des Gesetzes zur Einführung der Europäischen Genossenschaft und zur Änderung des Genossenschaftsrechts (SCEEG), v. 14.8.2006, BGBl. I 2006, 1911; § 74 i. d. F. des UmwBerG geändert durch Art. 1 des Gesetzes zur Änderung des Umwandlungsgesetzes, des Partnerschaftsgesellschaftsgesetzes und anderer Gesetze (UmwGÄndG), v. 22.7.1998, BGBl. I 1998, 1878.

Literatur: *Ihrig*, Gläubigerschutz durch Kapitalaufbringung bei Verschmelzung und Spaltung nach neuem Umwandlungsrecht, GmbHR 1995, 622; *Wachter*, Festsetzung des Gründungsaufwands in der GmbH-Satzung, NZG 2010, 734.

Übersicht

I. Überblick und Normzweck

1 § 74 erweitert punktuell die grundsätzlich über § 36 Abs. 1 anzuwendenden Vorschriften über die **Gründungspublizität** bei neugegründeten AGs i. S. der §§ 23 ff. AktG (siehe dazu ausführlich § 36 Rz. 13 ff. [*Redenius-Hövermann/Laufersweiler*]). Während § 36 Abs. 1 i. V. m. §§ 23 ff. AktG nur die Festsetzungen i. R. der Gründung der neuen AG regelt, ordnet § 74 die **Übertragung bestimmter Festsetzungen** aus der Satzung der übertragenden Rechtsträger bei Verschmelzungen und Spaltungen an. Über § 74 Satz 1 wird damit zunächst erreicht, dass historische Feststellungen zu **Sondervorteilen, Gründungsaufwand, Sacheinlagen und Sachübernahmen** nicht untergehen, sondern auch in der neuen AG in der Satzung offengelegt werden.[1] Ergänzend regelt § 74 Satz 2, dass die **Änderungs- und Aufhebungssperren** des § 26 Abs. 4 und 5 AktG durch eine Verschmelzung nicht umgangen werden.

2 § 74 regelt allein die Satzungspublizität. Ein **Individualschutz** für die Inhaber von Sonderrechten, insbesondere zur Gewährung von gleichwertigen Rechten, kann aus § 74 nicht abgeleitet werden.[2]

II. Anwendungsbereich

3 § 74 findet Anwendung bei Verschmelzungen zur **Neugründung einer AG oder KGaA** (§ 78). Für die Anwendung der Norm kommt es weder auf die Rechtsform noch die Anzahl der übertragenden Rechtsträger an. Praktisch bestimmt die Rechtsform des über-

1) *Wilsing/v. d. Linden* in: KölnKomm-UmwG, § 74 Rz. 1; *Weiß* in: BeckOGK-UmwG, § 74 Rz. 5; Widmann/Mayer-*Rieger*, UmwR, § 74 UmwG Rz. 1.

2) *Weiß* in: BeckOGK-UmwG, § 74 Rz. 5.

tragenden Rechtsträgers allerdings den Inhalt der über § 74 zu übernehmenden Festsetzungen.[3)]

4 Über §§ 125 Abs. 1 Satz 1, 135 Abs. 1 Satz 1 gelten die Festsetzungsverpflichtungen auch für die **Spaltung zur Neugründung** einer AG bzw. KGaA (zur eingeschränkten Anwendung bei der Spaltung siehe noch Rz. 19 f.).

5 Auf die **Neugründung einer SE** findet § 74 aufgrund der Exklusivität der Art. 17–31 SE-VO[4)] bei der SE-Gründung keine Anwendung (siehe § 73 Rz. 4 [*Nolden*] zur Anwendung der §§ 73 ff. auf die SE). Für die Verschmelzung zur **Neugründung einer GmbH** gilt die Parallelnorm des § 57.

III. Allgemeine Gründungspublizität

6 Über § 36 Abs. 2 finden für die Verschmelzung zur Neugründung einer AG die **allgemeinen Gründungsvorschriften** des Aktienrechts Anwendung. Für den Inhalt der Satzung, die nach § 37 Teil der Verschmelzungsvertrags ist, gelten damit die Vorgaben der §§ 23 ff. AktG. Das umfasst im Fall der Neugründung einer AG durch Verschmelzung insbesondere die **folgenden Angaben**:

§ 23 Abs. 3 Nr. 1 AktG	**Firma und Sitz** der Gesellschaft
§ 23 Abs. 3 Nr. 2 AktG	**Gegenstand** des Unternehmens
§ 23 Abs. 3 Nr. 3 AktG	**Höhe des Grundkapitals**
§ 23 Abs. 3 Nr. 4 AktG	**Zerlegung des Grundkapitals** in Nennbetragsaktien oder Stückaktien sowie **Benennung von Gattungen**, soweit gegeben, insbesondere Mehrstimmrechtsaktien[5)]
§ 23 Abs. 3 Nr. 5 AktG	**Inhaber- oder Namensaktien**
§ 23 Abs. 3 Nr. 6 AktG	**Zahl der Mitglieder des Vorstands** oder die Regeln, nach denen die Zahl festgelegt wird.
§ 23 Abs. 4 AktG	Form der **Bekanntmachungen** der Gesellschaft
§ 26 Abs. 1 AktG	**Sondervorteile**
§ 26 Abs. 2 AktG	**Gründungsaufwand**, insbesondere die Kosten der Verschmelzung, die von der neu gegründeten AG übernommen werden
§ 27 Abs. 1 AktG	**Sacheinlagen oder Sachübernahmen**, insbesondere die Einbringung des Vermögens des übertragenden Rechtsträgers im Rahmen der Verschmelzung

7 Da die Verschmelzung zur Neugründung immer eine **Sachgründung durch Einbringung** der Vermögen der übertragenden Rechtsträger darstellt, sind die Angaben zu Sacheinlagen nach § 27 Abs. 1 AktG immer in der Satzung der neuen AG aufzunehmen.[6)]

3) *Wilsing/v. d. Linden* in: KölnKomm-UmwG, § 74 Rz. 3; *Weiß* in: BeckOGK-UmwG, § 74 Rz. 2, 7 ff.

4) Verordnung (EG) Nr. 2157/2001 des Rates v. 8.10.2001 über das Statut der Europäischen Gesellschaft (SE) (SE-VO), ABl. (EU) L 294/1 v. 10.11.2001.

5) Mehrstimmrechtsaktien, die Namensaktien sein müssen, bilden eine eigene Gattung, so dass insb. die in § 23 Abs. 3 Nr. 4 AktG vorgesehenen Angaben in die Satzung aufzunehmen sind, vgl. Begr. RegE ZuFinG, BT-Drucks. 20/8292, S. 110.

6) *Weiß* in: BeckOGK-UmwG, § 74 Rz. 34; Semler/Stengel/Leonard-*Diekmann*, UmwG, § 74 Rz. 3; Kallmayer-*Oppenhoff*, UmwG, § 74 Rz. 1; Widmann/Mayer-*Rieger*, UmwR, § 74 UmwG Rz. 4; Schmitt/Hörtnagl-*Missio*, UmwG/UmwStG, § 74 UmwG Rz. 8, 9; a. A. Lutter-*Grunewald*, UmwG, § 74 Rz. 6, die die Publizität durch die Eintragung der Verschmelzung im Register für ausreichend hält.

Die für die Gründungsurkunde in § 23 Abs. 2 Nr. 2 AktG vorgesehene **Angabe des Ausgabebetrages** ist bei der Verschmelzung entbehrlich.[7)] Zu beachten ist allerdings auch bei der Verschmelzung das **Verbot der Unterpariemission** des § 9 AktG.[8)] Eine **Gründerhaftung** i. S. des § 46 AktG gibt es bei der Verschmelzung aufgrund des Erlöschens der übertragenden Rechtsträger, die nach § 36 Abs. 2 Satz 2 den Gründern im aktienrechtlichen Sinne gleichstehen, nicht.[9)] 8

IV. Übernahme historischer Festsetzungen (§ 74 Satz 1)

§ 74 Satz 1 erweitert die oben (siehe Rz. 6 ff.) dargestellte Satzungspublizität um die in den Gesellschaftsverträgen, Partnerschaftsverträgen und Satzungen der übertragenden Rechtsträger festgesetzten **historischen Sondervorteile, Gründungsaufwand, Sacheinlagen oder Sachübernahmen**. Mit der Übernahme der Festsetzungen wird verhindert, dass durch das Erlöschen der übertragenden Rechtsträger (§ 20 Abs. 1 Nr. 2 Satz 1, siehe § 20 Rz. 62 [*Lubberich*]) die Festsetzungen mit Wirksamwerden der Verschmelzung untergehen und somit der mit der Satzungspublizität intendierte Gläubiger und Aktionärsschutz[10)] unterlaufen wird. 9

Die Übernahmepflicht gilt grundsätzlich unabhängig vom übertragenden Rechtsträger. Mit der Nennung von Gesellschaftsverträgen, Partnerschaftsverträgen und Satzungen kommen damit grundsätzlich neben Kapitalgesellschaften auch PartG, Genossenschaften und Personengesellschaften in Betracht. Allerdings werden vor dem Hintergrund des Schutzzwecks des § 74 nur **obligatorischen Festsetzungen** übernommen. Rein **fakultativen Festsetzungen** kommt weder ein gesonderter Gläubiger- oder Aktionärsschutz zu noch unterliegen diese Änderungs- oder Aufhebungssperren, die unterlaufen werden können.[11)] Insbesondere bei Personengesellschaften und PartG gibt es weder gesetzlich vorgesehene Festsetzungen noch korrespondierende Änderungs- oder Aufhebungssperren. § 74 Satz 1 läuft insoweit bei Personengesellschaften und PartG leer. Eine Übernahme kann aber auch in diesen Fällen angezeigt sein, wenn **Sondervorteile** bei der neu gegründeten AG weitergelten sollen.[12)] 10

Nach § 74 Satz 1 sind damit die nachfolgenden obligatorischen Festsetzungen fortzuschreiben: 11

§ 26 Abs. 1 AktG	**Sondervorteile** für übertragende AGs, KGaA (§ 278 Abs. 3 AktG) und GmbHs (analog § 26 Abs. 1 AktG)
§ 26 Abs. 2 AktG	**Gründungsaufwand** für übertragende AG, KGaA (§ 278 Abs. 3 AktG) und GmbHs (analog § 26 Abs. 2 AktG)

7) Lutter-*Grunewald*, UmwG, § 74 Rz. 4; *Weiß* in: BeckOGK-UmwG, § 74 Rz. 30; Semler/Stengel/Leonard-*Diekmann*, UmwG, § 74 Rz. 4.

8) *Weiß* in: BeckOGK-UmwG, § 74 Rz. 30; Semler/Stengel/Leonard-*Diekmann*, UmwG, § 74 Rz. 4; zur Berechnung des wesentlichen Vermögens vgl. Kallmeyer-*Oppenhoff*, UmwG, § 74 Rz. 1, und Lutter-*Grunewald*, UmwG, § 74 Rz. 4.

9) Kallmayer-*Oppenhoff*, UmwG, § 74 Rz. 4; Lutter-*Grunewald*, UmwG, § 74 Rz. 5; Semler/Stengel/Leonard-*Diekmann*, UmwG, § 74 Rz. 5; a. A. *Ihrig*, GmbHR 1995, 622, 634 f.

10) Vgl. zum Schutzzweck der Satzungspublizität für die AG nur *Koch*, AktG, § 26 Rz. 1 und § 27 Rz. 4; *Pentz* in: MünchKomm-AktG, § 26 Rz. 3 und § 27 Rz. 6; für die GmbH *Schirrmacher* in: MünchKomm-GmbHG, § 5 Rz. 360; Habersack/Casper/Löbbe-*Ulmer*/*Casper*, GmbHG, § 5 Rz. 1.

11) So *Weiß* in: BeckOGK-UmwG § 74 Rz. 10, 25; *Wilsing*/*v. d. Linden* in: KölnKomm-UmwG, § 74 Rz. 4; Widmann/Mayer-*Rieger*, UmwR, § 74 UmwG Rz. 5; a. A. *Maulbetsch* in: HK-UmwG, § 74 Rz. 14; *Johannsen-Roth* in: MünchHdb. GesR, Bd. 8, § 15 Rz. 127; Lutter-*Grunewald*, UmwG, § 74 Rz. 8, die aber die Änderung oder Beseitigung der Festsetzungen für möglich hält, wenn die Voraussetzungen dafür erfüllt sind.

12) Widmann/Mayer-*Rieger*, UmwR, § 74 UmwG Rz. 5.

§ 27 Abs. 1 AktG, § 5 Abs. 4 Satz 1 GmbHG	**Sacheinlagen und Sachübernahmen** bei Sachgründungen bei übertragenden AG, KGaA (§ 278 Abs. 3 AktG) und GmbHs
§ 7a Abs. 3 GenG	**Sacheinlagen bei eingetragenen Genossenschaften**

12 Eine **Überprüfung** der historischen Festsetzungen i. R. der Umwandlung verlangt § 74 nicht.[13)]

13 Bei der Übernahme der historischen Festsetzungen in der Satzung empfiehlt sich, eine deutliche Abgrenzung zu den aktuellen Festsetzungen, etwa durch einen **eigenen Satzungsabschnitt** „Übernahmen von Festsetzungen".[14)]

V. Änderungen- und Aufhebungsfristen (§ 74 Satz 2)

14 § 74 Satz 2 stellt klar, dass auf die nach Satz 1 übernommenen historischen Festsetzungen die entsprechenden **Änderungs- und Aufhebungsfristen** nach § 26 Abs. 4, 5 AktG weiterhin anwendbar bleiben. Das gilt auch ohne explizite Nennung in Satz 2 für die Änderungs- und Aufhebungssperren für Sacheinlagen und Sachübernahmen nach § 27 Abs. 5 AktG i. V. m. § 26 Abs. 4, 5 AktG.[15)]

15 § 74 Satz 2 gilt als Rechtsgrundverweis nur, wenn § 26 Abs. 4, 5 AktG beim übertragenden Rechtsträger Anwendung finden. Sie ist daher nur auf die übertragende AG, KGaA und SE anwendbar.[16)] § 74 Satz 2 stellt klar, dass die Umwandlung nicht zu einem Neubeginn der Fristen führt. Die Fristen beginnen vielmehr mit der Eintragung beim übertragenden Rechtsträger und enden nach **fünf Jahren für Änderungen** (§ 26 Abs. 4 AktG) bzw. nach **30 Jahren bei Beseitigungen** (§ 26 Abs. 5 AktG).

16 Für die **übertragende GmbH** gilt nach h. M. für die Festsetzungen zum Gründungsaufwand und zur Sacheinlage eine Frist von zehn Jahren[17)] (arg. aus § 9 Abs. 2 GmbHG, § 31 Abs. 5 Satz 1 Alt. 1 GmbHG), nach a. A.[18)] analog § 26 Abs. 4 AktG, § 27 Abs. 5 AktG eine Frist von fünf Jahren. Für **Sondervorteile** wird bei der GmbH darauf abgestellt, ob diese noch volle Rechtswirksamkeit entfalten. Nur für diesen Fall und bis zum Wegfall der vollen Rechtswirksamkeit sind die Sondervorteile dann nach § 74 Satz 1 in die neue Satzung zu übernehmen.

17 Für die **eingetragene Genossenschaft** bestehen für die Festsetzungen nach § 7a Abs. 3 GenG keine Aufhebungs- oder Änderungsfristen. Das erklärt sich daraus, dass bei der Genossenschaft die Sacheinlagen auch von später eintretenden Genossen erbracht werden

13) *Weiß* in: BeckOGK-UmwG, § 74 Rz. 14; Semler/Stengel/Leonard-*Diekmann*, UmwG, § 74 Rz. 3.

14) Vgl. den Formulierungsvorschlag von *Weiß* in: BeckOGK-UmwG, § 74 Rz. 19.1.

15) *Weiß* in: BeckOGK-UmwG, § 74 Rz. 21; *Wilsing/v. d. Linden* in: KölnKomm-UmwG, § 74 Rz. 5; Lutter-*Grunewald*, UmwG, § 74 Rz. 8; Kallmeyer-*Oppenhoff*, UmwG, § 74 Rz. 3.

16) *Wilsing/v. d. Linden* in: KölnKomm-UmwG, § 74 Rz. 5; Kallmeyer-*Oppenhoff*, UmwG, § 74 Rz. 3; Semler/Stengel/Leonard-*Diekmann*, UmwG, § 74 Rz. 6; weitergehend Lutter-*Grunewald*, UmwG, § 74 Rz. 8, die § 26 Abs. 4, 5, § 27 Abs. 5 AktG unabhängig von der Rechtsform des übertragenden Rechtsträgers anwenden will, solange keine Spezialnormen bestehen.

17) *Weiß* in: BeckOGK-UmwG, § 74 Rz. 23; Widmann/Mayer-*Mayer*, UmwR, § 57 UmwG Rz. 8; *Wilsing/v. d. Linden* in: KölnKomm-UmwG, § 74 Rz. 5; Rowedder/Pentz-*Raff*, GmbHG, § 5 Rz. 77, 100; Noack/Servatius/Haas-*Servatius*, GmbHG, § 5 Rz. 52, 64; *Schwandtner* in: MünchKomm-GmbHG, § 5 Rz. 244 – für Festsetzungen zur Sacheinlage; *Ziemons* in: BeckOK-GmbHG, § 5 Rz. 169 – für Festsetzungen zur Sacheinlage.

18) *Wicke*, GmbHG, § 5 Rz. 13, 20; *Schwandtner* in: MünchKomm-GmbHG, § 5 Rz. 314 – für Festsetzungen zum Gründungsaufwand; *Jaeger* in: BeckOK-GmbHG, § 3 Rz. 36b – für Festsetzungen zum Gründungsaufwand; *Wachter*, NZG 2010, 734, 737 – für Festsetzungen zum Gründungsaufwand; OLG München, Beschl. v. 6.10.2010 – 31 Wx 143/10, NZG 2010, 1302 = ZIP 2010, 2096 – für Festsetzungen zum Gründungsaufwand.

können.[19] Die Festsetzungen sind damit zunächst nach § 74 Satz 1 in die Satzung der AG zu übernehmen. Aufgrund des mit der Verschmelzung verbundenen Rechtsformwechsels in die AG gelten **ab Wirksamwerden der Verschmelzung** die Fristen der § 27 Abs. 5 i. V. m. § 26 Abs. 4, 5 AktG für die bis zur Verschmelzung bei der Genossenschaft erfolgten Sacheinlagen.[20]

Da bei **Personen-** und **PartG** schon keine obligatorischen Festsetzungen vorgegeben sind, gibt es auch keine korrespondierenden Änderungs- oder Beseitigungsfristen (siehe Rz. 10). Außerhalb des Bereichs der fakultativen Übernahme von Festsetzungen läuft § 74 bei Personengesellschaften leer. 18

VI. Besonderheiten bei der Spaltung

Über §§ 135 Abs. 1, 125 Abs. 1 ist § 74 auch auf die **Spaltung zur Neugründung** einer AG anwendbar. Teilweise wird vertreten, dass eine Übertragung der historischen Festsetzungen nur bei der Aufspaltung infrage kommt, da nur dann der übertragende Rechtsträger erlischt.[21] Die h. M. verweist auf den Normzweck des § 74 und verlangt auch bei der Ausgliederung und Abspaltung eine Übernahme der Festsetzungen. Bei der Ausgliederung und Aufspaltung führt diese Praxis zu einer Duplizierung der Festsetzungen beim übertragenden und übernehmenden Rechtsträger.[22] 19

Beide Auffassungen werden dem Normzweck des § 74 bei der Spaltung nicht gerecht. Zu unterscheiden ist vielmehr nach der Art der Festsetzung: Festsetzungen zu **Sacheinlagen und Sachübernahmen** sind bei allen drei Spaltungsformen bei dem Rechtsträger fortzuführen, der den betreffenden Sacheinlagegegenstand übernimmt.[23] Gleiches muss für **Sondervorteile** gelten. Beim **Gründungsaufwand** erscheint es sachgerecht, die historische Festsetzung proportional zwischen den beteiligten Rechtsträgern, also dem verbleibenden übertragenden Rechtsträger (bei der Abspaltung und Ausgliederung) sowie dem oder den neugegründeten Rechtsträger(n) aufzuteilen. 20

VII. Sanktionen

Verstöße gegen § 74 führen zu einem **Eintragungshindernis**. Das Registergericht prüft die Übernahme der Festsetzungen und kann unabhängig von einer Beschlussmängelklage von Gesellschaftern i. R. des Eintragungsverfahrens eine fehlende oder fehlerhafte Übernahme durch **Zwischenverfügung** beanstanden.[24] 21

Erfolgt gleichwohl die Eintragung berührt der Fehler nicht die **Wirksamkeit der Verschmelzung** (§ 20 Abs. 2, siehe § 20 Rz. 68 ff. [*Lubberich*]). Etwaige nicht in die Satzung der neuen AG übernommene **Sondervorteile erlöschen** aufgrund des zwingenden Eintragungserfordernisses aus §§ 26, 27 AktG mit Wirkung ex nunc.[25] Dagegen lässt die fehlende Übernahme von Festsetzungen zu Gründungsaufwand, Sacheinlagen oder Sach- 22

19) *Weiß* in: BeckOGK-UmwG, § 74 Rz. 26; Begr. RegE SCEEG, BT-Drucks. 16/1025, S. 81.

20) *Weiß* in: BeckOGK-UmwG, § 74 Rz. 26.

21) *Limmer* in: Limmer, Hdb. Unternehmensumwandlung, Teil 3 Rz. 251.

22) *Weiß* in: BeckOGK-UmwG, § 74 Rz. 18 und § 135 Rz. 54 – zu § 57 bei der Spaltung; Widmann/Mayer-Mayer, UmwR, § 135 UmwG Rz. 44, 116; Lutter-*Lieder*, UmwG, § 135 Rz. 9 f.; *Nießen* in: KölnKomm-UmwG, § 135 Rz. 32.

23) In diesem Sinne kann man auch *Niessen* in: KölnKomm-UmwG, § 135 Rz. 32 zu § 57 verstehen, der eine Übernahme nur dann als erforderlich ansieht, wenn der neue Rechtsträger durch die entsprechenden Festsetzungen berührt ist.

24) *Weiß* in: BeckOGK-UmwG, § 74 Rz. 27; *Wilsing/v. d. Linden* in: KölnKomm-UmwG, § 74 Rz. 6.

25) *Weiß* in: BeckOGK-UmwG, § 74 Rz. 29; *Wilsing/v. d. Linden* in: KölnKomm-UmwG, § 74 Rz. 6; Widmann/Mayer-*Rieger*, UmwR, § 74 UmwG Rz. 10; Lutter-*Grunewald*, UmwG, § 74 Rz. 9.

übernahmen nur die Satzungspublizität entfallen. Bestehen insoweit aus nicht übernommenen Festsetzungen noch **offene Ansprüche oder Verbindlichkeiten**, gehen diese nach § 20 Abs. 1 Nr. 1 im Wege der Universalsukzession auf die neue AG über.[26)]

26) *Weiß* in: BeckOGK-UmwG, § 74 Rz. 28; *Wilsing/v. d. Linden* in: KölnKomm-UmwG, § 74 Rz. 6.

§ 75
Gründungsbericht und Gründungsprüfung[*)]

(1) [1]In dem Gründungsbericht (§ 32 des Aktiengesetzes) sind auch der Geschäftsverlauf und die Lage der übertragenden Rechtsträger darzustellen. [2]Zum Gründungsprüfer (§ 33 Absatz 2 des Aktiengesetzes) kann der Verschmelzungsprüfer bestellt werden.

(2) Ein Gründungsbericht und eine Gründungsprüfung sind nicht erforderlich, soweit eine Kapitalgesellschaft oder eine eingetragene Genossenschaft übertragender Rechtsträger ist.

*) § 75 i. d. F. des UmwBerG geändert durch Art. 1 des Dritten Gesetzes zur Änderung des Umwandlungsgesetzes (3. UmwGÄndG), v. 11.7.2011, BGBl. I 2011, 1338.

Literatur: *Bayer/Schmidt, J.*, Der Referentenentwurf zum 3. UmwÄndG: Vereinfachungen bei Verschmelzungen und Spaltungen und ein neuer verschmelzungsspezifischer Squeeze out; ZIP 2010, 953–963; *Glozbach*, Änderung des Umwandlungsrechts: Regierungsentwurf für ein Drittes Gesetz zur Änderung des Umwandlungsgesetzes, jurisPR-HaGesR 7/2010 Anm. 1; *Ihrig*, Gläubigerschutz durch Kapitalaufbringung bei Verschmelzung und Spaltung nach neuem Umwandlungsrecht, GmbHR 1995, 622; *Neye/Jäckel*, Der Referentenentwurf für ein Drittes Gesetz zur Änderung des Umwandlungsgesetzes, AG 2010, 237; *Petersen*, Der Gläubigerschutz im Umwandlungsrecht, München 2001 (Habil.); *Simon/Merkelbach*, Das Dritte Gesetz zur Änderung des UmwG, DB 2011, 1317; *Wagner*, Der Regierungsentwurf für ein Drittes Gesetz zur Änderung des Umwandlungsgesetzes, DStR 2010, 1629.

Übersicht

I. Inhalt der Norm, Anwendungsbereich

1 § 75 ergänzt die über § 36 Abs. 2 Satz 1 anwendbaren Regelungen für den **Gründungsbericht** und die **Gründungsprüfung** nach §§ 32 ff. AktG für die Verschmelzung zur Neugründung einer AG. § 75 Abs. 1 Satz 1 erweitert zunächst den Inhalt des Gründungsberichts auf den Geschäftsverlauf und die Lage der übertragenden Rechtsträger. § 75 Abs. 1 Satz 2 stellt klar, dass der Verschmelzungsprüfer auch parallel zum Gründungsprüfer bestellt werden kann. § 75 Abs. 2 erklärt schließlich den Gründungsbericht sowie die Gründungsprüfung in bestimmten Fällen für entbehrlich.[1)]

2 Der Anwendungsbereich von § 75 umfasst die Verschmelzungen durch Neugründung einer **AG oder KGaA** (§ 78). Die Rechtsform der übertragenden Rechtsträger ist für die

1) Vgl. zur Historie und europarechtlichen Kontext von § 75 Abs. 1 Satz 2 und Abs. 2 *Bayer/J. Schmidt*, ZIP 2010, 953, 956 f.; *Glozbach*, jurisPR-HaGesR 7/2010 Anm. 1, Ziff. 5; *Neye/Jäckel*, AG 2010, 237, 241.

Anwendung unerheblich. Aufgrund der vorrangig anzuwendenden Regelungen der Art. 17 bis 31 SE-VO[2] ist § 75 für die Neugründung einer SE durch Verschmelzung nicht anwendbar.[3] Für die Verschmelzung zur Neugründung einer GmbH gilt die Parallelregelung in § 58, rechtsformspezifisch allerdings ohne Regelung zur Gründungsprüfung.

Über den Verweis der §§ 135 Abs. 1 Satz 1, 125 Satz 1 gilt § 75 auch für **Spaltungen zur Neugründung** einer AG oder KGaA. Da bei der Spaltung zur Neugründung einer AG und KGaA nach § 144 immer ein Gründungsbericht und eine Gründungsprüfung erforderlich sind, läuft die Befreiung durch § 75 Abs. 2 dort allerdings leer.[4] 3

II. Gründungsbericht

Als **Gründer** einer aus einer Verschmelzung hervorgehenden neuen AG gelten nach § 36 Abs. 2 Satz 2 die übertragenden Rechtsträger). Diese haben nach § 36 Abs. 1 Satz 1 i. V. m. § 32 AktG einen Gründungsbericht zu erstellen. Der Gründungsbericht ist der Anmeldung zum Handelsregister beizufügen (§ 37 Abs. 4 Nr. 4 AktG) und soll dem Handelsregister die Prüfung des Gründungsvorgangs durch die Verschmelzung erleichtern.[5] 4

Der grundsätzliche **Inhalt des Gründungsberichts** bestimmt sich nach § 32 AktG. Zu berichten ist danach über den **Gründungshergang**, insbesondere über den Verschmelzungsvertrag und die Verschmelzungsbeschlüsse, sowie u. a. über das **Grundkapital**, die **Zerlegung in Aktien**, die **Aktienform** sowie die **Zahl der ausgegebenen Aktien** sowie die **Vorstands- und Aufsichtsratsmitglieder** der neuen AG, von diesen **übernommene Aktien** oder **ausbedungene Sondervorteile**.[6] Da es sich um eine Sachgründung handelt, sind auch Angaben zur **Werthaltigkeit** des durch die Verschmelzung eingebrachten Vermögens sowie, nach § 32 Abs. 2 Nr. 3 AktG, die **Betriebserträge der übergehenden Rechtsträger** aus den letzten beiden Geschäftsjahren anzugeben.[7] 5

Ergänzend ordnet § 75 Abs. 1 Satz 1 dazu Angaben zum **Geschäftsverlauf und der Lage** der übertragenden Rechtsträger an. Die Formulierung orientiert sich an den Vorgaben zum Inhalt des Lageberichts in § 289 HGB.[8] Die Darstellung hat danach ein **realistisches Bild von den wirtschaftlichen Verhältnissen** der übertragenden Rechtsträger einschließlich der **Chancen und Risiken der Unternehmen** zu vermitteln. Der Berichtzeitraum umfasst entsprechend § 32 Abs. 2 Nr. 3 AktG **zwei Jahre**.[9] Entsprechend dem Normzweck ist für die rückwirkende Berechnung an den Zeitpunkt der Handelsregisteranmeldung anzuknüpfen.[10] Eingehen soll der Bericht auch auf künftige Entwicklungen des Unternehmens.[11] 6

---

2) Verordnung (EG) Nr. 2157/2001 des Rates v. 8.10.2001 über das Statut der Europäischen Gesellschaft (SE) (SE-VO), ABl. (EU) L 294/1 v. 10.11.2001.

3) *Weiß* in: BeckOGK-UmwG, § 75 Rz. 2; *Wilsing/v. d. Linden* in: KölnKomm-UmwG, § 75 Rz. 3.

4) *Weiß* in: BeckOGK-UmwG, § 75 Rz. 3; Widmann/Mayer-*Rieger*, UmwR, § 75 UmwG Rz. 5.

5) *Wilsing/v. d. Linden* in: KölnKomm-UmwG, § 75 Rz. 4; *Weiß* in: BeckOGK-UmwG, § 75 Rz. 10.

6) Zum allgemeinen Berichtsinhalt vgl. nur *Koch*, AktG, § 32 Rz. 3 f.; *Pentz*, in: MünchKomm, AktG, § 32 Rz. 12 ff.

7) *Weiß* in: BeckOGK-UmwG, § 75 Rz. 12.

8) Kallmeyer-*Oppenhoff*, UmwG, § 75 Rz. 2 f.; *Wilsing/v. d. Linden* in: KölnKomm-UmwG, § 75 Rz. 5; Widmann/Mayer-*Rieger*, UmwR, § 75 UmwG Rz. 7; Lutter-*Grunewald*, UmwG, § 75 Rz. 3.

9) *Weiß* in: BeckOGK-UmwG, § 75 Rz. 14; *Wilsing/v. d. Linden* in: KölnKomm-UmwG, § 75 Rz. 5; Kallmeyer-*Marsch-Barner/Oppenhoff*, UmwG, § 75 Rz. 7; Widmann/Mayer-*Rieger*, UmwR, § 75 UmwG Rz. 7; Lutter-*Grunewald*, UmwG, § 75 Rz. 3.

10) Vgl. *Weiß* in: BeckOGK-UmwG, § 75 Rz. 12 – zu den verschiedenen Anknüpfungsoptionen, die sich in der Praxis kaum auswirken dürften.

11) Widmann/Mayer-*Rieger*, UmwR, § 75 UmwG Rz. 7; *Weiß* in: BeckOGK-UmwG, § 75 Rz. 13.

7 Der Gründungsbericht unterliegt bis zur Anmeldung der Verschmelzung einer **Aktualisierungspflicht.** Treten nach Schluss des letzten Geschäftsjahres wesentliche Veränderungen oder Vorgänge von besonderer Bedeutung auf, haben die Gründer einen Nachtragsbericht zu erstellen.[12)]

III. Gründungsprüfung

8 Nach § 36 Abs. 2 Satz 1 i. V. m. § 33 AktG unterliegt die Gründung einer **doppelten Gründungsprüfung.** Nach § 33 Abs. 1 haben zunächst die **Mitglieder des Vorstands und des Aufsichtsrats** den Hergang der Gründung zu prüfen.[13)] Da die Verschmelzung zur Neugründung immer eine Gründung mit Sacheinlagen ist, ordnet § 36 Abs. 2 Satz 1 i. V. m. § 33 Abs. 2 Nr. 4 AktG zusätzlich eine externe Prüfung durch einen **gerichtlich bestellten Gründungsprüfer** an.

9 § 75 Abs. 1 Satz 2 lässt aus Gründen der Kosten- und Verfahrenseffizienz[14)] zu, dass die Gründungsprüfung durch den **Verschmelzungsprüfer** erfolgen kann (zur Parallelregelung bei der Verschmelzung zur Aufnahme siehe § 69 Rz. 16 [*Nolden*]).[15)] Formal bindet § 75 Abs. 1 Satz 2 das Gericht bei der Auswahl des Gründungsprüfers nicht. Soweit der vorgeschlagene Verschmelzungsprüfer aber die Anforderungen der §§ 33 Abs. 4 und 5, 143 Abs. 2 AktG erfüllt, sollte sich das Auswahlermessen des Gerichts auf den Verschmelzungsprüfer beschränken.[16)]

10 Inhaltlich bezieht sich die Gründungsprüfung nach § 34 AktG zunächst auf die Richtigkeit und Vollständigkeit der Angaben der Gründer, die Übernahme der Aktien, die Einlagen auf das Grundkapital sowie die Festsetzungen nach §§ 26, 27 AktG. Daneben ist umwandlungsspezifisch die Darstellung des **Geschäftsverlaufs und der Lage der übertragenden Rechtsträger** nach § 75 Abs. 1 Satz 1 zu prüfen.[17)] Der Schwerpunkt der umwandlungsrechtlichen Gründungsprüfung liegt sodann in der **Prüfung der wertmäßigen Unterlegung der ausgegeben Aktien** nach § 34 Abs. 1 Satz 2 AktG.

11 Über die Prüfung ist von Vorstand und Aufsichtsrat (zulässigerweise in einem gemeinsamen Dokument[18)] und vom externen Gründungsprüfer jeweils ein **schriftlicher Bericht** zu erstellen (§ 36 Abs. 2 Satz 1 i. V. m. § 34 Abs. 2 Satz 1 AktG), die der Anmeldung der Verschmelzung beizufügen sind (§ 36 Abs. 2 Satz 1 i. V. m. § 37 Abs. 3 Nr. 4 AktG).

IV. Entbehrlichkeit der Gründungsprüfung

12 § 75 Abs. 2 erklärt in Abweichung zu § 33 AktG den Gründungsbericht sowie eine Gründungsprüfung für nicht erforderlich, soweit eine Kapitalgesellschaft oder eine eingetragene Genossenschaft übertragender Rechtsträger ist. Ausweislich der Gesetzesbegrün-

12) *Wilsing/v. d. Linden* in: KölnKomm-UmwG, § 75 Rz. 5; Kallmeyer-*Oppenhoff*, UmwG, § 75 Rz. 3; *Weiß* in: BeckOGK-UmwG, § 75 Rz. 15.

13) *Wilsing/v. d. Linden* in: KölnKomm-UmwG, § 75 Rz. 6; Kallmeyer-*Oppenhoff*, UmwG, § 75 Rz. 6.

14) Vgl. Begr. RegE 3. UmwÄndG, BT-Drucks. 17/3122, S. 14 – „Vereinfachung"; dazu *Neye/Jäckel*, AG 2010, 237, 241; *Bayer/J. Schmidt*, ZIP 2010, 953, 956.

15) Eingeführt durch das Art. 1 Nr. 10 des 3. UmwÄndG v. 11.7.2011 auf Basis des Art. 49 Abs. 5 (2) Gesellschaftsrechtsrichtlinie (Richtlinie (EU) 2017/1132, ABl. (EU) L 169/46 v. 30.6.2017).

16) Kallmeyer-*Marsch-Barner/Oppenhoff*, UmwG, § 75 Rz. 3a; *Wilsing/v. d. Linden* in: KölnKomm-UmwG, § 75 Rz. 5; Widmann/Mayer-*Rieger*, UmwR, § 75 UmwG Rz. 8.1; *Simon/Merkelbach*, DB 2011, 1317, 1318; *Wagner*, DStR 2010, 1629, 1631; a. A. intendiertes Ermessen nach *Weiß* in: BeckOGK-UmwG, § 75 Rz. 22.

17) *Weiß* in: BeckOGK-UmwG, § 75 Rz. 20.

18) *Koch*, AktG, § 34 Rz. 4. Bei Meinungsverschiedenheiten zwischen Vorstand und Aufsichtsrat sind getrennte Berichte zu erstellen oder es können dem gemeinsamen Bericht entsprechende Zusätze beigefügt werden.

dung beruht diese Ausnahme auf der Annahme, dass für Kapitalgesellschaften sowie die eingetragene Genossenschaft bereits ausreichende Kapitalaufbringungs- und Kapitalerhaltungsvorschriften bestehen.[19)]

Die Entbehrlichkeit umfasst **nur die externe Gründungsprüfung** nach § 33 Abs. 2 AktG, 13
nicht die Prüfung durch die Mitglieder des Vorstands und Aufsichtsrats nach § 33 Abs. 1 AktG.[20)] Sie gilt nur, **soweit** Kapitalgesellschaften oder eG übertragende Rechtsträger sind. Der externe Gründungsbericht und die Gründungsprüfung entfallen damit vollständig, wenn an der Verschmelzung ausschließlich Kapitalgesellschaften oder eingetragene Genossenschaften als übertragende Rechtsträger beteiligt sind.[21)] Bei einer **gemischten Verschmelzung** wird teilweise vertreten, dass nur die übertragenden Rechtsträger anderer Rechtsform zur Erstattung des Gründungsberichts verpflichtet sind.[22)] Diese weitgehende Ausnahme lässt sich dem Wortlaut des § 75 Abs. 2 („soweit") nicht entnehmen. Es bleibt insoweit bei der Berichtspflicht aller übertragenden Rechtsträger als Gründer (vgl. § 36 Abs. 2 Satz 2) sowie der Gründungsprüfung. Diese reduziert sich aber **inhaltlich** auf die gründungsrelevanten Aspekte der nicht in § 75 Abs. 2 genannten Rechtsträger.[23)] Formal muss der Gründungsbericht damit weiterhin von den Organmitgliedern aller übertragenden Rechtsträger in vertretungsberechtigter Form unterzeichnet werden.[24)]

V. Verstöße

Fehlen Gründungsbericht oder Gründungsprüfung oder sind diese unvollständig, kann 14
das Registergericht bis zur Ausräumung des Eintragungshindernisses die Eintragung verweigern. Erfolgt die Eintragung der Verschmelzung gleichwohl, bleibt die Verschmelzung wirksam (§ 20 Abs. 2).

Hat das Registergericht Zweifel, dass der Wert der durch die Verschmelzung eingebrach- 15
ten Unternehmen hinter dem geringsten Ausgabebetrag der ausgegebenen Aktien zurückbleibt, kann das Registergericht die Eintragung (zunächst) verweigern und einen **geeigneten Wertnachweis verlangen** (§ 26 FamFG). Eine erneute Gründungsprüfung kann das Gericht anders als in § 69 Abs. 1 Satz 1 Halbs. 2 aufgrund des klaren Wortlauts nicht anordnen.[25)]

Die übertragenden Rechtsträger haften zivilrechtlich als Gründer für die inhaltliche 16
Richtigkeit des Gründungsberichts (§ 46 AktG). Die zivilrechtlichen Ansprüche sind allerdings trotz der Fortbestehensfiktion des § 25 Abs. 2 (siehe § 25 Rz. 32 ff. [*Lubberich*]) aufgrund des Erlöschens der übertragenden Rechtsträger regelmäßig wirtschaftlich wertlos. Es bleiben jedoch **strafrechtliche Sanktionen nach § 399 AktG** möglich.

---

19) Begr. RegE UmwBerG, BR-Drucks. 75/94, S. 102; krit. zur Ausnahme Lutter-*Grunewald*, UmwG, § 75 Rz. 4; *Ihrig*, GmbHR 1995, 622, 629; *Petersen*, Der Gläubigerschutz im Umwandlungsrecht, S. 151 ff.; vgl. zur unterschiedlichen Begründung aus europarechtlicher Sicht *Bayer/J. Schmidt*, ZIP 2010, 953, 956 f.

20) *Wilsing/v. d. Linden* in: KölnKomm-UmwG, § 75 Rz. 6; *Weiß* in: BeckOGK-UmwG, § 75 Rz. 24; Widmann/Mayer-*Rieger*, UmwR, § 75 UmwG Rz. 11.

21) Kallmeyer-*Oppenhoff*, UmwG, § 75 Rz. 4

22) Kallmeyer-*Oppenhoff*, UmwG, § 75 Rz. 4; Widmann/Mayer-*Rieger*, UmwR, § 75 UmwG Rz. 10; Semler/Stengel/Leonard-*Diekmann*, UmwG, § 75 Rz. 6.

23) *Weiß* in: BeckOGK-UmwG, § 75 Rz. 25; *Wilsing/v. d. Linden* in: KölnKomm-UmwG, § 75 Rz. 7.

24) *Weiß* in: BeckOGK-UmwG, § 75 Rz. 25 und Rz. 16 – zur Frage der Zeichnung der Organe.

25) *Ihrig*, GmbHR 1995, 622, 629; Lutter-*Grunewald*, UmwG, § 75 Rz. 5; *Weiß* in: BeckOGK-UmwG, § 75 Rz. 26; a. A. Semler/Stengel/Leonard-*Diekmann*, UmwG, § 75 Rz. 8. Kallmeyer-*Oppenhoff*, UmwG, § 75 Rz. 5.

§ 76
Verschmelzungsbeschlüsse[*)]

[1]Die Satzung der neuen Gesellschaft wird nur wirksam, wenn ihr die Anteilsinhaber jedes der übertragenden Rechtsträger durch Verschmelzungsbeschluß zustimmen. [2]Dies gilt entsprechend für die Bestellung der Mitglieder des Aufsichtsrats der neuen Gesellschaft, soweit diese nach § 31 des Aktiengesetzes zu wählen sind. [3]Auf eine übertragende Aktiengesellschaft ist § 124 Abs. 2 Satz 3, Abs. 3 Satz 1 und 3 des Aktiengesetzes entsprechend anzuwenden.

*) § 76 geändert durch Art. 1 des Gesetzes zur Umsetzung der Umwandlungsrichtlinie und zur Änderung weiterer Gesetze (UmRUG), v. 22.2.2023, BGBl. I 2023, Nr. 51; § 76 i. d. F. des UmwBerG geändert durch Art. 22 des Gesetzes für die gleichberechtigte Teilhabe von Frauen und Männern an Führungspositionen in der Privatwirtschaft und im öffentlichen Dienst, v. 24.4.2015, BGBl. I 2015, 642.

Literatur: Vgl. die Angaben zu § 73.

Übersicht

I. Inhalt, Normzweck und Anwendungsbereich

1 § 76 Satz 1 stellt in Ergänzung zu § 13 Abs. 1 sicher, dass die Anteilsinhaber der übertragenden Rechtsträger, die durch die Verschmelzung zu Aktionären der neu gegründeten AG werden (vgl. § 20 Abs. 1 Nr. 3), nicht nur dem Verschmelzungsbeschluss, sondern auch der Satzung der durch Verschmelzung neu gegründeten AG zustimmen. Gleiches gilt nach Satz 2 für die Bestellung der Mitglieder des Aufsichtsrats, soweit diese nach § 31 AktG zu wählen sind. § 76 Satz 1 und 2 sind auf alle **Verschmelzungen zur Neugründung einer AG oder KGaA** (§ 78) anwendbar. Gleiches gilt über § 125 Abs. 1 für die **Spaltung zur Neugründung**. Für die **Neugründung der SE** geht hingegen Art. 17 bis 31 SE-VO[1)] vor (siehe § 73 Rz. 4 [*Nolden*]).

2 § 76 Satz 3 ergänzt die aktienrechtlichen Vorschriften zur **Bekanntmachung der Beschlussvorschläge** für die Hauptversammlung. Anders als § 76 Satz 1 und 2 betrifft der Anwendungsbereich von § 76 Satz 3 Verschmelzungen und Spaltungen (§ 125 Abs. 1 Satz 1) zur Neugründung mit **übertragenden Rechtsträgern in der Rechtsform der AG oder KGaA** (§ 78). Auf die Zielrechtsform kommt es grundsätzlich nicht an. Allerdings kommt dem Verweis auf § 124 Abs. 3 Satz 4 AktG nur Bedeutung zu, wenn auch der neue Rechtsträger eine AG ist.[2)] § 76 Satz 3 ist über Art. 9 Abs. 1 lit. c Ziff. ii SE-VO auch auf die übertragende SE anwendbar.[3)]

1) Verordnung (EG) Nr. 2157/2001 des Rates v. 8.10.2001 über das Statut der Europäischen Gesellschaft (SE) (SE-VO), ABl. (EU) L 294/1 v. 10.11.2001.

2) *Weiß* in: BeckOGK-UmwG, § 76 Rz. 5.

3) *Wilsing/v. d. Linden* in: KölnKomm-UmwG, § 76 Rz. 3; *Weiß* in: BeckOGK-UmwG, § 76 Rz. 8.

II. Normentstehung

3 Die Norm basiert auf § 353 Abs. 3 AktG a. F. und setzt in Satz 1 die europarechtlichen Anforderungen aus Art. 109 Abs. 1 Satz 1, Abs. 2, Art. 93 Gesellschaftsrechtsrichtlinie[4] um. Bis zur Umwandlungsrechtsreform durch das UmRUG enthielt § 76 Abs. 1 a. F. eine zweijährige Verschmelzungssperre für übertragende AGs.[5] Durch die gleichzeitig erfolgte Anpassung des § 73 und die damit ermöglichte Anwendung des § 67 auf Verschmelzungen zur Neugründung wurde der § 76 Abs. 1 a. F. als entbehrlich angesehen und hat seine heutige Form erhalten.[6]

III. Zustimmung zur Satzung (§ 76 Satz 1)

4 § 76 Satz 1 ordnet an, dass die Anteilsinhaber aller übertragenden Rechtsträger der Satzung der neu gegründeten AG zustimmen müssen. Diese Zustimmungspflicht ergibt sich bereits aus § 37, wonach der Verschmelzungsvertrag bei einer Verschmelzung zur Neugründung die Satzung des neuen Rechtsträgers enthalten soll. Grundsätzlich genügt damit bei der Verschmelzung zur Neugründung die Zustimmung der Anteilsinhaber zum Verschmelzungsvertrag, einen isolierten Beschluss zur Satzung setzt § 76 Satz 1 nicht voraus.[7] In der Praxis wird dem insoweit klarstellenden § 76 Satz 1 dadurch Rechnung getragen, dass in den Verschmelzungsbeschluss zusätzlich explizit die Zustimmung zur Satzung mit aufgenommen wird.[8]

5 Die erforderliche **Mehrheit** ergibt sich aus den für die jeweiligen übertragenden Rechtsträger anwendbaren Regeln. Bei einer übertragenden AG ist über die Verweisung von § 73 nach § 65 Abs. 1 eine Mehrheit von drei Vierteln des bei der Beschlussfassung vertretenen Grundkapitals erforderlich. Bei der KGaA ist die Zustimmung aller persönlich haftenden Gesellschafter erforderlich, soweit die Satzung nicht eine Mehrheitsentscheidung der Komplementäre vorsieht (§ 78 Satz 3; siehe § 78 Rz. 9 [*Nolden*]). Wie beim Verschmelzungsvertrag genügt auch bei der Satzung die Zustimmung zum vorgelegten Entwurf. Die Satzung wird dann nach Zustimmung durch alle übertragenden Rechtsträger[9] mit der notariellen Beurkundung des Verschmelzungsvertrages wirksam.[10]

IV. Bestellung der Mitglieder des Aufsichtsrats (§ 76 Satz 2)

6 Strukturell muss die Bestellung der Mitglieder des ersten Aufsichtsrats der aus einer Verschmelzung zur Neugründung hervorgehenden AG vor dem Wirksamwerden der Verschmelzung erfolgen.[11] Das folgt schon daraus, dass nach dem über § 36 Abs. 2 Satz 1 anwendbaren § 37 AktG nicht nur die Liste der Aufsichtsratsmitglieder der Anmeldung beizufügen ist (§ 37 Abs. 4 Nr. 3a AktG), sondern auch die vom Aufsichtsrat bestellten Vorstände die Versicherung nach § 37 Abs. 2 in der Anmeldung abzugeben haben. Die Bestellung der Aufsichtsratsmitglieder erfolgt **zweistufig:**

---

4) Richtlinie (EU) 2017/1132 des Europäischen Parlaments und des Rates vom 14. Juni 2017 über bestimmte Aspekte des Gesellschaftsrechts (Gesellschaftsrechtsrichtlinie), ABl. (EU) L 169/46 v. 30.6.2017.

5) Vgl. *Weiß* in: BeckOGK-UmwG, § 76 Rz. 35 ff.; *Zeyher* in: Reichert, ArbHdb. Hauptversammlung, § 41 Rz. 91.

6) Begr. RegE UmRUG, BT-Drucks. 20/3822, S. 81.

7) *Wilsing/v. d. Linden* in: KölnKomm-UmwG, § 76 Rz. 4; *Weiß* in: BeckOGK-UmwG, § 76 Rz. 10; Schmitt/Hörtnagl-*Missio*, UmwG/UmwStG, § 73 UmwG Rz. 18.

8) *Weiß* in: BeckOGK-UmwG, § 76 Rz. 12; *Wilsing/v. d. Linden* in: KölnKomm-UmwG, § 76 Rz. 4; vgl. das Formulierungsbsp. von *Richter* in: Happ/Bednarz, UmwR, Ziff. 1.02 (i), S. 216.

9) Vgl. Henssler/Strohn-*Galla/Cé. Müller*, GesR, § 76 UmwG Rz. 1.

10) Kallmeyer-*Zimmermann*, UmwG, § 76 Rz. 4; *Wilsing/v. d. Linden* in: KölnKomm-UmwG, § 76 Rz. 6.

11) Lutter-*Grunewald*, UmwG, § 76 Rz. 3.

1. Bestellung durch die übertragenden Rechtsträger

7 Im ersten Schritt werden die Aufsichtsratsmitglieder durch die **übertragenden Rechtsträger als Gründer** (§ 36 Abs. 2 Satz 2 i. V. m. §§ 30, 31 Abs. 1 Satz 1, 2 AktG) bestellt. Üblicherweise erfolgt die Bestellung entweder im Verschmelzungsvertrag oder in der im Verschmelzungsvertrag enthaltenen Satzung[12)] (siehe oben Rz. 7). Die Bestellung bedarf der notariellen Beurkundung (§ 36 Abs. 2 Satz 1 i. V. m. § 30 Abs. 1 Satz 2 AktG).[13)] Teilweise wird vertreten, die Bestellung könnte auch durch eine gesonderte notariell beurkundete Urkunde vorgenommen werden.[14)] Der Verweis des Satz 2 auf die Zustimmung durch Verschmelzungsbeschluss spricht aber vor dem Hintergrund des § 13 Abs. 1 eher dafür, dass die Bestellung im Vertrag oder der Satzung vorgenommen wird.[15)]

8 Da jede Verschmelzung mit der Einbringung eines Unternehmens verbunden ist, bestellen die Gründer nach § 36 Abs. 2 Satz 1, 2 i. V. m. § 31 Abs. 1 AktG grundsätzlich zunächst nur die Aufsichtsratsmitglieder, die entsprechend der erwarteten Mitbestimmungsquote von der Hauptversammlung zu wählen wären.[16)] Zur Sicherung der Funktionsfähigkeit des ersten Aufsichtsrats müssen aber **in jedem Fall drei Aufsichtsratsmitglieder** bestellt werden (§ 31 Abs. 1 Satz 2 AktG).[17)] Die Aufsichtsratsmitglieder der Arbeitnehmer werden dann nach dem Wirksamwerden der Verschmelzung und der Durchführung des Statusverfahrens gewählt (§ 31 Abs. 3 bis 5 AktG).

2. Zustimmung der Anteilsinhaber (§ 76 Satz 2)

9 § 76 Satz 2 erfordert in Abweichung von den aktienrechtlichen Gründungsvorschriften zusätzlich zur Bestellung der Aufsichtsratsmitglieder durch die Gründer die **Zustimmung der Anteilseigner der übertragenden Rechtsträger.** Da durch die Verschmelzung nach § 20 Abs. 1 Nr. 3 die Anteilseigner der übertragenden Rechtsträger die Aktionäre der neuen AG werden, soll so die Aufsichtsratsbestellung auch im Verhältnis zu den Aktionären des neuen Rechtsträgers legitimiert werden.[18)]

10 Erfolgt die Bestellung der Aufsichtsratsmitglieder wie in Satz 1 vorgesehen im Verschmelzungsvertrag oder der Satzung (siehe schon Rz. 7), ist die Zustimmung der Anteilseigner der übertragenen Rechtsträger bereits mit der **Zustimmung zum Verschmelzungsbeschluss** nach § 13 abgedeckt.[19)] Eines gesonderten Beschlusses zur Zustimmung zur Aufsichtsratsbestellung bedarf es nicht.[20)]

11 Die Bestellung der Aufsichtsratsmitglieder wird wirksam mit Zustimmung zu den Verschmelzungsbeschlüssen aller übertragenden Rechtsträger sowie der notariellen Beurkundung des Vertrages. Auf die Reihenfolge dieser Schritte kommt es nicht an.[21)]

---

12) *Wilsing/v. d. Linden* in: KölnKomm-UmwG, § 76 Rz. 6.

13) *Weiß* in: BeckOGK-UmwG, § 76 Rz. 19.

14) Lutter-*Grunewald*, UmwG, § 76 Rz. 3.

15) *Wilsing/v. d. Linden* in: KölnKomm-UmwG, § 76 Rz. 6; *Weiß* in: BeckOGK-UmwG, § 76 Rz. 20; Semler/Stengel/Leonard-*Diekmann*, UmwR, § 76 Rz. 12.

16) *Johannsen-Roth* in: MünchHdb. GesR, Bd. 8, § 15 Rz. 173.

17) Kallmeyer-*Oppenhoff*, UmwG, § 76 Rz. 3; Semler/Stengel/Leonard-*Diekmann*, UmwG, § 76 Rz. 10; *Wilsing/v. d. Linden* in: KölnKomm-UmwG, § 76, Rz. 6.

18) *Wilsing/v. d. Linden* in: KölnKomm-UmwG, § 76 Rz. 7; *Weiß* in: BeckOGK-UmwG, § 76 Rz. 17.

19) *Maulbetsch* in: HK-UmwG, § 76 Rz. 12; Widmann/Mayer-*Rieger*, UmwR, § 76 UmwG Rz. 18; *Wilsing/v. d. Linden* in: KölnKomm-UmwG, § 76 Rz. 7.

20) *Wilsing/v. d. Linden* in: KölnKomm-UmwG, § 76 Rz. 7; *Maulbetsch* in: HK-UmwG, § 76 Rz. 12.

21) *Wilsing/v. d. Linden* in: KölnKomm-UmwG, § 76 Rz. 8; *Weiß* in: BeckOGK-UmwG, § 76 Rz. 21 ff.

V. Bekanntmachungspflichten (§ 76 Satz 3)

12 § 76 Satz 3 trägt für übertragende Rechtsträger in der Rechtsform der AG, KGaA oder SE den beiden ergänzenden Anforderungen von Satz 1 und 2 an die Verschmelzungsbeschlussfassung Rechnung. Über den in § 76 Satz 3 aufgenommenen Verweis auf § 124 Abs. 2 Satz 4[22], Abs. 3 Satz 1 und 3 AktG sind die folgenden Informationen i. R. der Einberufung der Hauptversammlung bekannt zu machen:

§ 124 Abs. 2 Satz 3 Alt. 1 AktG	Satzung des neu gegründeten Rechtsträgers im Wortlaut
§ 124 Abs. 2 Satz 3 Alt. 2 AktG	Wesentlicher Inhalt des Verschmelzungsvertrages
§ 124 Abs. 3 Satz 1 AktG	Vorschläge zur Beschlussfassung von Vorstand und Aufsichtsrat zu den Gegenständen der Tagesordnung
§ 124 Abs. 3 Satz 4 AktG	Namen, ausgeübter Beruf und Wohnort der zu bestellenden Aufsichtsratsmitglieder

13 Schwierigkeiten macht formal der Verweis auf § 124 Abs. 3 Satz 1 AktG, da Vorschläge für die Beschlussfassung über die Wahl von Aufsichtsratsmitgliedern nur vom **Aufsichtsrat der übertragenden AG** (nicht jedoch vom Vorstand) kommen dürfen. Auf der anderen Seite erfolgt nach Satz 2 die Zustimmung zur Bestellung des ersten Aufsichtsrats im Verschmelzungsbeschluss, den Vorstand und Aufsichtsrat gemeinsam vorlegen. Die aktienrechtliche Vorgabe des § 124 Abs. 3 Satz 1 Alt. 2 AktG („Wahl von Aufsichtsratsmitgliedern") passt allerdings nicht recht auf die umwandlungsrechtliche Situation einer Zustimmung zu der bereits durch die Gründer erfolgten Bestellung der Aufsichtsratsmitglieder. In der Praxis empfiehlt sich bei einem gemeinsamen Verschmelzungsbeschlussvorschlag von Vorstand und Aufsichtsrat der Hinweis, dass der darin enthaltene Vorschlag zur Zustimmung zur Bestellung der Aufsichtsratsmitglieder allein auf den Aufsichtsrat zurückgeht.[23]

VI. Kosten

14 Zu den **notariellen Kosten** der Verschmelzungsbeschlussfassung siehe zunächst § 13 Rz. 46 ff. [*Hoefling*]. Erfolgt, wie in der Praxis üblich, die Bestellung der neuen Aufsichtsratsmitglieder im Verschmelzungsvertrag oder der neuen Satzung und stimmen die Anteilsinhaber der übertragenden Rechtsträger nach § 76 Satz 1 und 2 durch den Verschmelzungsbeschluss zu, ist damit **keine Erhöhung der Notargebühren** verbunden.[24]

22) Die Verweisung auf § 124 Abs. 2 Satz 3 AktG in § 76 Satz 3 ist ein Redaktionsfehler, bei dem die Änderung des § 124 durch das BilMoG v. 25.5.2009 nicht berücksichtigt wurde, vgl. *Wilsing/v. d. Linden* in: KölnKomm-UmwG, § 76 Rz. 9.

23) *Wilsing/v. d. Linden* in: KölnKomm-UmwG, § 76 Rz. 9; Semler/Stengel/Leonard-*Diekmann*, UmwG, § 76 Rz. 15; *Weiß* in: BeckOGK-UmwG, § 76 Rz. 33; Widmann/Mayer-*Rieger*, UmwR, § 76 UmwG Rz. 25; vgl. das Formulierungsbsp. von *Richter* in: Happ/Bednarz, UmwR, Ziff. 1.02 (i), S. 216.

24) Kallmeyer-*Oppenhoff*, UmwG, § 76 Rz. 7.

§ 77
(aufgehoben)

1 § 77 verlangte bis zur ersatzlosen Aufhebung durch das EHUG[1] zum 1.1.2007 bestimmte Zusätze zur Bekanntmachung der Eintragung der neuen Gesellschaft. Mit dem EUHG

1) § 77 aufgehoben durch Art. 8 des Gesetzes über elektronische Handelsregister und Genossenschaftsregister sowie das Unternehmensregister (EHUG), v. 10.11.2006, BGBl. I 2006, 2553.

wurde der Grundsatz des Verzichts auf solche Zusatzbekanntmachungen umgesetzt.[2] Die Einzelheiten der Bekanntmachung richten sich nunmehr nach der allgemeinen Norm des § 19 Abs. 3 UmwG i. V. m. § 10 HGB.

2) Begr. RegE EHUG, BT-Drucks. 942/05, S. 162.

Vierter Abschnitt
Verschmelzung unter Beteiligung von Kommanditgesellschaften auf Aktien

§ 78

Anzuwendende Vorschriften

[1]Auf Verschmelzungen unter Beteiligung von Kommanditgesellschaften auf Aktien sind die Vorschriften des Dritten Abschnitts entsprechend anzuwenden. [2]An die Stelle der Aktiengesellschaft und ihres Vorstands treten die Kommanditgesellschaft auf Aktien und die zu ihrer Vertretung ermächtigten persönlich haftenden Gesellschafter. [3]Der Verschmelzungsbeschluß bedarf auch der Zustimmung der persönlich haftenden Gesellschafter; die Satzung der Kommanditgesellschaft auf Aktien kann eine Mehrheitsentscheidung dieser Gesellschafter vorsehen. [4]Im Verhältnis zueinander gelten Aktiengesellschaften und Kommanditgesellschaften auf Aktien nicht als Rechtsträger anderer Rechtsform im Sinne der §§ 29 und 34.

Literatur: *Habersack*, Umwandlung der AG ohne Mitwirkung der Hauptversammlung – Eine Studie zu § 62 UmwG, in: Festschrift für Norbert Horn, 2006, S. 337; *Schaumburg*, Die KGaA als Rechtsform für den Mittelstand?, DStZ 1998, 525.

Übersicht

I. Normzweck und Anwendungsbereich

1 § 78 ist die einzige Norm des 4. Abschnitts zur Verschmelzung unter Beteiligung von KGaA. Die KGaA stellt eine besondere Rechtsform da, die Elemente der AG und einer personalistisch ausgestalteten KG verbindet.[1] Aufgrund der Verwandtschaft der KGaA zur AG lässt es § 78 genügen, auf die Vorschriften für die Verschmelzung der AG zu

1) Vgl. Grigoleit-*Servatius*, AktG, § 278 Rz. 1; *Koch*, AktG, § 278 Rz. 1; Henssler/Strohn-*Arnold*, GesR, § 278 AktG Rz. 1.

verweisen (§ 78 Satz 1) und nur wenige Ausnahmen aufgrund der besonderen Stellung der persönlich haftenden Gesellschafter (Komplementäre) und der Kommanditaktionäre zu regeln (§ 78 Satz 2 und 3). Wegen der Ähnlichkeit der AG und der KGaA sind wechselseitige Verschmelzungen keine Mischverschmelzungen i. S. des § 29 (§ 78 Satz 4).

§ 78 gilt grundsätzlich für alle **Verschmelzungen zur Neugründung oder Aufnahme**, an denen eine KGaA als übertragender, übernehmender oder neuer Rechtsträger beteiligt ist.[2] § 78 Satz 3 gilt mangels Beschlussfassung nicht für eine durch eine Verschmelzung neu entstehende KGaA.[3] § 78 gilt aufgrund des Verweises in §§ 125 Abs. 1 Satz 1, 135 Abs. 1 Satz 1 auch für die **Spaltung** zur Aufnahme oder Neugründung unter Beteiligung einer KGaA.[4] 2

II. Verweis auf Vorschriften zur Verschmelzung unter Beteiligung von Aktiengesellschaften (§ 78 Satz 1)

1. Reichweite der Verweisung

§ 78 Satz 1 verweist auf die Vorschriften des Dritten Abschnitts des Zweiten Buches über die Verschmelzung unter Beteiligung von AGs. Neben diesen §§ 60 bis 76 kommen die allgemeinen Vorschriften der §§ 2 bis 35a zur Anwendung. Bei einer Verschmelzung zur Aufnahme sind mithin über § 78 Satz 1 die §§ 60 bis 72b, sowie §§ 4 bis 35a anzuwenden. Für eine Verschmelzung zur Neugründung wird auf die §§ 73 bis 76, die nach § 73 anzuwendenden Normen aus den §§ 60 bis 72b (also ohne die §§ 62[5], 66, 68 Abs. 1 und 2[6] und § 69) sowie die allgemeinen Vorgaben der §§ 36 bis 38 verwiesen. 3

Ist die **KGaA neuer Rechtsträger** einer Verschmelzung durch Neugründung, sind zudem nach § 36 Abs. 2 Satz 1 die für die KGaA geltenden **Gründungsvorschriften** heranzuziehen,[7] d. h. die §§ 23 bis 52 AktG i. V. m. §§ 278 bis 283 AktG. Bei den Verweisungen ist grundsätzlich zu beachten, dass die Komplementäre an die Stelle des Vorstandes treten (§ 78 Satz 2). 4

2. Entsprechende Anwendung

Die Vorschriften zur Verschmelzung von AG sind entsprechend anzuwenden, d. h. unter Berücksichtigung der besonderen Struktur und Eigenheiten der weniger als Kapitalgesellschaft denn personalistisch ausgestalteten KGaA. Die KGaA hat **keinen Vorstand**, dafür wie die KG nach § 278 AktG zwei Arten von Gesellschaftern: **Kommanditaktionäre**, die ohne persönliche Haftung am in Aktien zerlegten Grundkapital beteiligt sind und **Komplementäre**, die unbeschränkt für die Verbindlichkeiten der KGaA haften und diese nach außen vertreten. Die Komplementäre können sich am Grundkapital durch Zeichnung oder Erwerb von Aktien beteiligen oder Sondereinlagen erbringen, die nicht auf das Grundkapital geleistet werden. Diese Einlagen sind fakultativ und ändern nichts an der 5

---

2) Semler/Stengel/Leonard-*Krebs*, UmwG, § 78 Rz. 6 f.; *Weiß* in: BeckOGK-UmwG, § 78 Rz. 2; *Wilsing/v. d. Linden* in: KölnKomm-UmwG, § 78 Rz. 3.

3) Vgl. Semler/Stengel/Leonard-*Bärwaldt*, UmwG, § 36 Rz. 58; *Weiß* in: BeckOGK-UmwG, § 78 Rz. 12; Widmann/Mayer-*Mayer*, UmwR, § 36 UmwG Rz. 190.

4) *Maulbetsch* in: HK-UmwG, § 78 Rz. 4; *Weiß* in: BeckOGK-UmwG, § 78 Rz. 2; Widmann/Mayer-*Rieger*, UmwR, § 78 UmwG Rz. 5.

5) S. § 73 Rz. 12 [*Nolden*].

6) Zur Rückausnahme des § 68 Abs. 1 Satz 1 Nr. 2 s. § 73 Rz. 16 [*Nolden*].

7) Widmann/Mayer-*Rieger*, UmwR, § 78 UmwG Rz. 9; *Wilsing/v. d. Linden* in: KölnKomm-UmwG, § 78 Rz. 4.

Haftung der Komplementäre. Bei der entsprechenden Anwendung der Vorschriften zur Verschmelzung von AGs sind folgende Begrifflichkeiten zu beachten:

- Das **„Grundkapital"** i. S. der §§ 60 bis 76 umfasst bei der KGaA nur das in Aktien zerlegte Grundkapital, während etwaige Sondereinlagen der Komplementäre außer Betracht bleiben.[8)]
- Die **„Aktionäre"** der KGaA sind allein die Kommanditaktionäre. Diese bilden die Hauptversammlung und fassen den Verschmelzungsbeschluss. Die Komplementäre sind nicht den Aktionären i. S. der §§ 60 ff. gleichgestellt. Das gilt auch, soweit die §§ 60 ff. den Aktionären bestimmte **Informationsrechte** einräumen (etwa §§ 62 Abs. 3, 63 Abs. 1 und Abs. 3). Komplementären stehen diese Informationsrechte nicht zu. Sie haben aber ein gesondertes Zustimmungsrecht nach § 78 Satz 3[9)] (siehe s. dazu noch unten Rz. 8 ff.) sowie die allgemeinen Informationsrechte nach § 278 Abs. 2 AktG i. V. m. §§ 161 Abs. 2, 105 Abs. 3 HGB i. V. m. § 717 BGB.[10)]
- **„Anteilsinhaber"** i. S. der §§ 60 bis 76 sind bei der KGaA alle Gesellschafter, also sowohl die Kommanditaktionäre als auch die Komplementäre.[11)] Sie haben grundsätzlich einen Anspruch auf Anteilsgewährung an dem übernehmenden oder neuen Rechtsträger.

III. Vertretungsbefugte Komplementäre (Satz 2)

6 Nach § 78 Satz 2 treten die KGaA und deren vertretungsbefugte Komplementäre an die Stelle der AG und ihres Vorstands.[12)] Dies bedeutet, dass nur diejenigen Komplementäre, die zur Vertretung der KGaA ermächtigt sind, die Aufgaben des Vorstands bei der Verschmelzung wahrnehmen.[13)] Dies sind insbesondere:

- Der Abschluss des Verschmelzungsvertrags (§ 4 Abs. 1);
- die Erstellung des schriftlichen Verschmelzungsberichts (§ 8);
- der Antrag auf Bestellung der Verschmelzungsprüfer (§ 60 Abs. 1, § 10);
- die Erläuterung des Verschmelzungsvertrags in der Hauptversammlung (§ 64 Abs. 1 Satz 2);
- die Anmeldung der Verschmelzung zum zuständigen Register (§ 16 Abs. 1, § 38).

7 Die Komplementäre, die **nicht zur Vertretung** der KGaA **ermächtigt** sind, haben diese Aufgaben nicht. Ihnen steht aber unabhängig von der Vertretungsmacht das gesonderte **Zustimmungsrecht** nach § 78 Satz 3 zu.

IV. Zustimmung der persönlich haftenden Gesellschafter (Satz 3)

8 § 78 Satz 3 ergänzt, dass der Verschmelzungsbeschluss der Hauptversammlung i. S. von § 13 Abs. 1 auch der Zustimmung der persönlich haftenden Gesellschafter bedarf. Dieses Zustimmungserfordernis gilt **für alle Komplementäre**, unabhängig von ihrer Vertre-

---

8) Semler/Stengel/Leonard-*Krebs*, UmwG, § 78 Rz. 9; Widmann/Mayer-*Rieger*, UmwR, § 78 UmwG Rz. 11.

9) Semler/Stengel/Leonard-*Krebs*, UmwG, § 78 Rz. 9.

10) *Wilsing/v. d. Linden* in: KölnKomm-UmwG, § 78 Rz. 5.

11) Semler/Stengel/Leonard-*Krebs*, UmwG, § 78 Rz. 11; Widmann/Mayer-*Rieger*, UmwR, § 78 UmwG Rz. 15: *Weiß* in: BeckOGK-UmwG, § 78 Rz. 6.

12) Lutter-*Grunewald*, UmwG, § 78 Rz. 3; *Wilsing/v. d. Linden* in: KölnKomm-UmwG, § 78 Rz. 6.

13) Widmann/Mayer-*Rieger*, UmwR, § 78 UmwG Rz. 16; *Maulbetsch* in: HK-UmwG, § 78 Rz. 8.

tungsbefugnis und ihrer Beteiligung am Grundkapital oder an Sondereinlagen[14] und auch dann, wenn der **Verschmelzungsbeschluss** der Hauptversammlung gemäß § 62 ausnahmsweise entbehrlich ist.[15] Die Zustimmung ist erforderlich unabhängig davon, ob die KGaA als übertragender oder als übernehmender Rechtsträger an der Verschmelzung beteiligt ist. Auch die den Komplementären beim Zielrechtsträger eingeräumte Stellung ist nicht relevant.[16] Mangels Verschmelzungsbeschluss gilt Satz 3 nicht für eine durch die Verschmelzung **neu gegründete KGaA**, bei der aber alle Komplementäre gemäß § 36 Abs. 2 Satz 1 i. V. m. § 280 Abs. 2 AktG an der Feststellung der Satzung mitwirken müssen.[17]

9 Die Zustimmung der Komplementäre erfordert grundsätzlich **Einstimmigkeit**, es sei denn, die **Satzung** der KGaA lässt eine Mehrheitsentscheidung ausreichen.[18] Die Satzung kann dabei eine einfache oder eine qualifizierte Mehrheit vorsehen,[19] jedoch nicht eine Minderheitsentscheidung,[20] oder einen vollständigen Verzicht auf die Beschlussfassung.[21] Die Satzungsänderung, die von der Einstimmigkeit auf eine Mehrheitsentscheidung umstellt, bedarf ihrerseits der Zustimmung aller Komplementäre.[22] Die Zustimmungserklärung ist gemäß § 13 Abs. 3 Satz 1 **notariell zu beurkunden**[23] und kann **vor, gleichzeitig mit oder nach dem Verschmelzungsbeschluss** erfolgen.[24] Eine in der Satzung aufgenommene generelle Zustimmung ist allerdings unzulässig.[25]

10 Für die Ausübung ihres Zustimmungsrechts steht den Komplementären ein **Informationsrecht** entsprechend der Regelungen für Aktionäre zu, auch wenn sie selbst nicht Aktionäre der KGaA sind oder nicht an der Geschäftsführung beteiligt sind.[26] Daneben ist anerkannt, dass die Komplementäre ihre Informationsrechte entsprechend den allgemeinen personengesellschaftsrechtlichen Regelungen aus § 278 Abs. 2 AktG i. V. m. §§ 161 Abs. 2, 105 Abs. 3 HGB und § 717 BGB ausüben können.[27]

---

14) *Wilsing/v. d. Linden* in: KölnKomm-UmwG, § 78 Rz. 7.

15) *Habersack* in: FS Horn, S. 350; Kallmeyer-*Oppenhoff*, UmwG, § 78 Rz. 4; *Sparfeld/Schütz* in: Bürgers/Fett, KGaA, § 11 Rz. 95; *Wilsing/v. d. Linden* in: KölnKomm-UmwG, § 78 Rz. 7.

16) Kallmeyer-*Oppenhoff*, UmwG, § 78 Rz. 4; Widmann/Mayer-*Rieger*, UmwR, § 78 UmwG Rz. 20; *Sparfeld/Schütz* in: Bürgers/Fett, KGaA, § 11 Rz. 78; *Weiß* in: BeckOGK-UmwG, § 78 Rz. 9.

17) Semler/Stengel/Leonard-*Bärwaldt*, UmwG, § 36 Rz. 58; Widmann/Mayer-*Mayer*, UmwR, § 36 UmwG Rz. 190; *Weiß* in: BeckOGK-UmwG, § 78 Rz. 12.

18) Semler/Stengel/Leonard-*Krebs*, UmwG, § 78 Rz. 18; Kallmeyer-*Oppenhoff*, UmwG, § 78 Rz. 5.

19) Allg. M. vgl. nur Lutter-*Grunewald*, UmwG, § 78 Rz. 5; Semler/Stengel/Leonard-*Krebs*, UmwG, § 78 Rz. 14 ff.; *Weiß* in: BeckOGK-UmwG, § 78 Rz. 9; a. A. (nur 3/4-Mehrheit) *Schaumburg*, DStZ 1998, 525, 540.

20) Lutter-*Grunewald*, UmwG, § 78 Rz. 4; Widmann/Mayer-*Rieger*, UmwR, § 78 UmwG Rz. 17; *Weiß* in: BeckOGK-UmwG, § 78 Rz. 9; *Wilsing/v. d. Linden* in: KölnKomm-UmwG, § 78 Rz. 7.

21) Semler/Stengel/Leonard-*Krebs*, UmwG, § 78 Rz. 13; *Weiß* in: BeckOGK-UmwG, § 78 Rz. 9.

22) Semler/Stengel/Leonard-*Krebs*, UmwG, § 78 Rz. 14, 19; Widmann/Mayer-*Rieger*, UmwR, § 78 UmwG Rz. 17; *Wilsing/v. d. Linden* in: KölnKomm-UmwG, § 78 Rz. 7.

23) Die Beurkundung kann nach § 285 Abs. 3 Satz 2 AkG i. R. der Verhandlungsniederschrift der Hauptversammlung oder in einem Anhang zur Niederschrift erklärt werden. Alternativ erfordert eine gesonderte Zustimmung nach §§ 8 ff. BeurkG die Verlesung und Unterzeichnung der Zustimmung; vgl. Kallmeyer-*Oppenhoff*, UmwG, § 78 Rz. 6; *Weiß* in: BeckOGK-UmwG, § 78 Rz. 12.

24) *Johanssen-Roth* in: MünchHdb. GesR, Bd. 8, § 15 Rz. 144; Kallmeyer-*Oppenhoff*, UmwG, § 78 Rz. 6; *Weiß* in: BeckOGK-UmwG, § 78 Rz. 10.

25) Kallmeyer-*Oppenhoff*, UmwG, § 78 Rz. 5; Lutter-*Grunewald*, UmwG, § 78 Rz. 4.

26) Lutter-*Grunewald*, UmwG, § 78 Rz. 5; *Weiß* in: BeckOGK-UmwG, § 78 Rz. 11.

27) Lutter-*Grunewald*, UmwG, § 78 Rz. 5; *Maulbetsch* in: HK-UmwG, § 78 Rz. 15.

11 Die fehlende Zustimmung ist ein Eintragungshindernis. Erfolgt gleichwohl eine Eintragung, wird die fehlende Zustimmung nach § 20 Abs. 2 geheilt.[28]

V. Rechtsfolgen der Verschmelzung für die Gesellschafter einer übertragenen KGaA

12 Die **Kommanditaktionäre** einer übertragenen KGaA werden durch die Verschmelzung nach §§ 5 Abs. 1 Nr. 2, 20 Abs. 1 Nr. 3 nach den Regelungen im Verschmelzungsvertrag und vorbehaltlich der Annahme eines potentiellen Abfindungsangebots nach § 29 Anteilsinhaber des übernehmenden oder neuen Rechtsträgers.[29]

13 Die Rechtsfolgen für die **persönlich haftenden Gesellschafter** einer übertragenen KGaA unterscheiden sich danach, ob **und in welcher Weise sie** an dem Vermögen der KGaA **beteiligt sind:**

- Wenn und soweit der **Komplementär zugleich Kommanditaktionär** ist, wird er in entsprechendem Umfang Anteilsinhaber des übernehmenden oder neuen Rechtsträgers.[30]
- Ist umgekehrt der **Komplementär nicht am Vermögen der KGaA beteiligt,** also weder als Kommanditaktionär noch durch eine Sondereinlage nach § 281 Abs. 2 AktG, kann er am übernehmenden oder neu gegründeten Rechtsträger nur beteiligt werden, wenn dieser wie die OHG, KG oder KGaA eine Gesellschafterstellung ohne Kapitalbeteiligung vorsieht. Anderenfalls scheidet er im Zuge der Verschmelzung aus.[31]
- **Umstritten** ist die Rechtsfolge, wenn der Komplementär zwar nicht Kommanditaktionär ist, aber eine **Vermögenseinlage i. S. des § 281 Abs. 2 AktG** geleistet hat, die nicht aufgrund Satzungsregelung vor der Verschmelzung in eine Kapitalbeteiligung umgewandelt werden kann.[32] Teilweise wird vertreten, dass der Komplementär in diesem Fall ebenfalls ausscheidet, er aber einen Anspruch auf Abfindung seiner Sondereinlage nach § 278 Abs. 2 AktG, §§ 161 Abs. 2, 105 Abs. 3 HGB, § 728 BGB hat.[33] Soweit die übernehmende oder neue Gesellschaft eine KGaA ist und der Komplementär eine identische Stellung haben soll, soll die Einlage auf die neue Gesellschaft durch Vereinbarung im Verschmelzungsvertrag und Festsetzung in der Satzung nach § 281 Abs. 2 AktG übertragen werden können.[34] Alternativ stehe dem ausscheidenden Komplementär nur die Möglichkeit offen, seinen Auseinandersetzungsanspruch als Einlage in die übernehmende bzw. neue Gesellschaft einzubringen und so eine Gesellschafterstellung zu erlangen.[35] Für die in diesem Fall erforderliche Kapitalerhöhung gelten nicht die Erleichterungen der §§ 55, 69.[36]

---

28) Lutter-*Grunewald*, UmwG, § 78 Rz. 4.

29) Widmann/Mayer-*Rieger*, UmwR, § 78 UmwG Rz. 21; *Weiß* in: BeckOGK-UmwG, § 78 Rz. 13.

30) Semler/Stengel/Leonard-*Krebs*, UmwG, § 78 Rz. 33; *Weiß* in: BeckOGK-UmwG, § 78 Rz. 14.

31) Semler/Stengel/Leonard-*Krebs*, UmwG, § 78 Rz. 24; Widmann/Mayer-*Rieger*, UmwR, § 78 UmwG Rz. 22; *Sparfeld* in: Bürgers/Fett, KGaA, § 11 Rz. 71; krit. *Weiß* in: BeckOGK-UmwG, § 78 Rz. 16.1.

32) Vgl. zur Umwandlungsmöglichkeit *Fett* in: Bürgers/Fett, KGaA, § 7 Rz. 18 ff.; *Koch*, AktG, § 281 Rz. 2.

33) Lutter-*Grunewald*, UmwG, § 78 Rz. 8 f.; Kallmeyer-*Oppenhoff*, UmwG, § 78 Rz. 8.

34) Lutter-*Grunewald*, UmwG, § 78 Rz. 9; weitergehend für die Rechtsform der oHG und KG auch Widmann/Mayer-*Rieger*, UmwR, § 78 UmwG Rz. 23; Kallmeyer-*Oppenhoff*, UmwG, § 78 Rz. 8.

35) Lutter-*Grunewald*, UmwG, § 78 Rz. 9; *Maulbetsch* in: HK-UmwG, § 78 Rz. 22; Kallmeyer-*Oppenhoff*, UmwG, § 78 Rz. 8; Widmann/Mayer-*Rieger*, UmwR, § 78 UmwG Rz. 23; Schmitt/Hörtnagl-*Missio*, UmwG/UmwStG, § 78 UmwG Rz. 8.

36) Lutter-*Grunewald*, UmwG, § 78 Rz. 9; Kallmeyer-*Oppenhoff*, UmwG, § 78 Rz. 8; a. A. Semler/Stengel/Leonard-*Krebs*, UmwG, § 78 (Fn. 48).

Diese Argumentation **wird dem** umwandlungsrechtlichen **Grundsatz der Kontinuität der Mitgliedschaft** (siehe dazu § 2 Rz. 21 [*Berjasevic*]) und der **spezifischen Kapitalausgestaltung der KGaA nicht gerecht.** § 2 bestimmt Anteilsinhaber nicht über eine Kapitalbeteiligung, sondern umfasst alle Gesellschafter der verschmelzungsfähigen Rechtsformen, darunter auch den nach § 278 Abs. 1 AktG für die KGaA vorausgesetzten persönlich haftenden „Gesellschafter". Zudem ist die Einlage des Komplementärs nach § 281 Abs. 2 AktG korporativ in der Satzung festgesetzt. Sie unterliegt zwar nicht der aktienrechtlichen Kapitalbindung, gilt aber gleichwohl als Kapitaleinlage und bestimmt damit den Umfang der Beteiligung des Komplementärs am Gesellschaftsvermögen im Verhältnis zu den anderen Gesellschaftern.[37] Bei der Verschmelzung einer KGaA als übertragenden Rechtsträger ist der Komplementär mit Vermögenseinlage daher **den Kommanditaktionären gleichzusetzen** und erlangt nach § 20 Abs. 1 Nr. 3 mit Wirksamwerden der Verschmelzung unmittelbar seine Anteilsinhaberstellung beim übernehmenden bzw. neuen Rechtsträgers.[38]

Die Komplementäre haften für bis zum Wirksamwerden der Verschmelzung begründete Verbindlichkeiten der KGaA, wenn diese vor Ablauf von fünf Jahren nach der Verschmelzung fällig werden **(Nachhaftung)**, wobei umstritten ist, ob die Nachhaftung auf § 278 Abs. 2 AktG, §§ 161 Abs. 2, 126, 137 HGB oder §§ 42, 39f UmwG analog beruht. Zumindest soweit der Komplementär seine Gesellschafterstellung im übernehmenden bzw. neuen Rechtsträger fortsetzt, ist zu seinen Gunsten § 39f anzuwenden.[39] 14

VI. Mischverschmelzung (§ 78 Satz 4)

§ 78 Satz 4 setzt für den Anwendungsbereich der §§ 29 Abs. 1 Satz 1 Halbs. 1 Fall 1, 34 15
die Rechtsformen der AG und der KGaA gleich. Eine Verschmelzung von der AG auf eine KGaA und umgekehrt ist daher keine Mischverschmelzung (zum Begriff siehe § 29 Rz. 12 ff. [*Hoppe*]) und löst damit **kein Barabfindungsangebot** nach § 29 Abs. 1 Satz 1 Halbs. 1 Fall 1 aus. Eine solche Ausnahme ist durch die **Wesensgleichheit** der Beteiligung als Aktionär und als Kommanditaktionär gerechtfertigt und verhindert einen rechtspolitisch unerwünschten Erwerb eigener Aktien durch das Barangebot.[40] Für besonders schwerwiegende Fälle, namentlich einen **Missbrauch** der Umwandlung durch einen Mehrheitsaktionär, wird auf das allgemeine Austrittsrecht verwiesen.[41]

Die Fiktion gilt jedoch nur in Hinblick auf den Rechtsformunterschied **von AG und** 16
KGaA bzw. SE. Unberührt bleibt daher die **Verpflichtung zur Barabfindung** in den Fällen des § 29 Abs. 1 Satz 1 Halbs. 1 Fall 2 (Verschmelzung einer börsennotierten auf eine nicht börsennotierte Gesellschaft, sog. **Kaltes Delisting**) oder § 29 Abs. 1 Satz 2 **(Verschmelzung auf eine Gesellschaft mit vinkulierten Anteilen).**[42]

---

37) *Bachmann* in: BeckOGK-AktG, § 286 Rz. 8; *Reger* in: Bürgers/Fett, KGaA, § 5 Rz. 241.

38) So auch Semler/Stengel/Leonard-*Krebs*, UmwG, § 78 Rz. 26, 27; Goutier/Knopf/Tulloch-*Bermel*, UmwR, § 78 UmwG Rz. 12; Widmann/Mayer-*Rieger*, UmwR, § 78 UmwG Rz. 24, 26; *Sparfeld* in: Bürgers/Fett, KGaA, § 11 Rz. 71; *Weiß* in: BeckOGK-UmwG, § 78 Rz. 15.

39) Lutter-*Grunewald*, UmwG, § 78 Rz. 10; Semler/Stengel/Leonard-*Krebs*, UmwG, § 78 Rz. 32; Widmann/Mayer-*Rieger*, UmwR, § 78 UmwG Rz. 27; *Weiß* in: BeckOGK-UmwG, § 78 Rz. 17.

40) Lutter-*Grunewald*, UmwG, § 78 Rz. 5; Kallmeyer-*Oppenhoff*, UmwG, § 78 Rz. 9; *Wilsing/v. d. Linden* in: KölnKomm-UmwG, § 78 Rz. 8; krit. Semler/Stengel/Leonard-*Krebs*, UmwG, § 78 Rz. 34 ff.

41) Lutter-*Grunewald*, UmwG, § 78 Rz. 11; *Weiß* in: BeckOGK-UmwG, § 78 Rz. 19; mit Bedenken: Semler/Stengel/Leonard-*Krebs*, UmwG, § 78 Rz. 36, 37.

42) Lutter-*Grunewald*, UmwG, § 78 Rz. 11; Kallmeyer-*Oppenhoff*, UmwG, § 78 Rz. 9; *Wilsing/v. d. Linden* in: KölnKomm-UmwG, § 78 Rz. 8; zu den Einzelheiten eines Barabfindungsangebots bei der KGaA vgl. *Sparfeld/Schütz* in: Bürgers/Fett, KGaA, § 11 Rz. 67 ff.

Fünfter Abschnitt
Verschmelzung unter Beteiligung eingetragener Genossenschaften

Erster Unterabschnitt
Verschmelzung durch Aufnahme

§ 79
Möglichkeit der Verschmelzung*)

Ein Rechtsträger anderer Rechtsform kann im Wege der Aufnahme mit einer eingetragenen Genossenschaft nur verschmolzen werden, wenn eine erforderliche Änderung der Satzung der übernehmenden Genossenschaft gleichzeitig mit der Verschmelzung beschlossen wird.

*) § 79 i. d. F. des UmwBerG geändert durch Art. 14 des Gesetzes zur Einführung der Europäischen Genossenschaft und zur Änderung des Genossenschaftsrechts (SCEEG), v. 14.8.2006, BGBl. I 2006, 1911.

Literatur: *Bultmann*, Fusion von Genossenschaftsbanken – Hinweise zur Vermeidung von Fehlerquellen: Erfahrungen und Lösungsansätze aus der anwaltlichen Praxis, ZfgG 60 (2010), 23; *Denga*, Zur Reform des Genossenschaftsrechts, NZG 2024, 1155; *Kölling/Karakaya*, Ausgewählte Rechtsfragen zur eingetragenen Genossenschaft (e. G.) im Liquidationsstadium, NZG 2001, 455; *Kraft*, Pflichtprüfung und Anschlusszwang im Kontext grenzüberschreitender Genossenschaftsmobilität, RabelsZ 90 (2026), 1; *Lenz*, Genossenschaften im Aufwind, NZG 2025, 1608; *Poppe*, Der Entwurf eines Gesetzes zur Stärkung der genossenschaftlichen Rechtsform – zwischen sinnvoller Gesetzesreform und kontraproduktivem Verbesserungsversuch, npoR 2025, 13; *Scheibner*, Die Mitgliedschaft in der Verschmelzung eingetragener Genossenschaften, DZWIR 2025, 286; *Scheibner*, Virtuelle General- bzw. Vertreterversammlung einer Genossenschaft zur Verschmelzung, DZWIR 2022, 89; *Steding*, Die Genossenschaft und ihr ambivalentes Verhältnis zum Aktienrecht – Überlegungen zur juristischen Annäherung der eG an die AG, NZG 2002, 449.

Übersicht

I. Normzweck und systematische Einordnung

1. Regelungsgehalt

1 Der Regelungszweck des § 79 besteht vorrangig darin, die vor Inkrafttreten des UmwG am 1.1.1995 nicht mögliche Aufnahme eines Rechtsträgers anderer Rechtsform auf eine eG zu ermöglichen (sog. **Mischverschmelzung**). Die Unternehmens- und Beteiligungsstrukturen von Rechtsträgern anderer Rechtsform unterscheiden sich von denen einer bestehenden Genossenschaft in aller Regel erheblich.[1] Der Gesetzgeber hatte zunächst erwogen, lediglich die Verschmelzung durch Neugründung zu gestatten. Aufgrund von Einwänden aus der Praxis entschied er sich jedoch, die **Verschmelzung durch Aufnahme** eines Rechtsträgers anderer Rechtsform nicht einzuschränken.[2] Im Gegenzug verpflichtet die Norm die übernehmende Genossenschaft, eine erforderliche Änderung der Satzung gleichzeitig mit der Verschmelzung vorzunehmen, um für den Rechtsverkehr klare Verhältnisse zu schaffen.[3] Die §§ 79 ff. ermöglichen eine Verschmelzung von Genossenschaften unter Ausschluss deren Liquidation.[4] Zudem könnte die Verschmelzung unter Beteiligung von Genossenschaften generell im Zuge einer angedachten Reform zur Stärkung der genossenschaftlichen Rechtsform an Bedeutung gewinnen.[5]

2. Systematische Einordnung

2 § 79 bildet die zentrale **Eingangsvorschrift** des Fünften Abschnitts im Zweiten Teil des Ersten Buches des UmwG, der die besonderen Vorschriften für Verschmelzungen unter Beteiligung von eGs enthält. Die Norm steht im Unterabschnitt „Verschmelzung durch Aufnahme" (**§§ 79 bis 95**), der durch den Unterabschnitt „Verschmelzung durch Neugründung" (**§§ 96 bis 98**) ergänzt wird.[6] Insoweit modifizieren und ergänzen die §§ 79 ff. die allgemeinen Verschmelzungsvorschriften der §§ 2 bis 38. Im Ergebnis finden die genossenschaftsspezifischen Sonderregelungen sowohl auf Verschmelzungen unter ausschließlicher Beteiligung von Genossenschaften **(reine eG-Verschmelzung)** als auch auf Verschmelzungen mit Rechtsträgern anderer Rechtsform (Mischverschmelzung) Anwendung.[7]

3 Bei **jeder Verschmelzung** unter Beteiligung mindestens einer eG sind zunächst die allgemeinen Vorschriften des Ersten Teils (§§ 2 bis 38) heranzuziehen. Sodann ist zu klären, ob und inwieweit diese durch die **genossenschaftsspezifischen Regelungen** der §§ 79 ff. verdrängt oder ergänzt werden. Für beteiligte Rechtsträger anderer Rechtsform gelten daneben die jeweiligen rechtsformspezifischen Sondervorschriften.

II. Anwendungsbereich

1. Erfasste Verschmelzungskonstellationen

4 § 79 bezieht sich seinem Wortlaut nach ausschließlich auf **Mischverschmelzungen**, also auf Verschmelzungen einer eG mit Rechtsträgern anderer Rechtsform. Die Norm erfasst mithin nur den Fall, dass mindestens ein Rechtsträger anderer Rechtsform auf eine eG als

1) Begr. Fraktionsentwurf UmwBerG, BT-Drucks. 12/6699, S. 106.
2) Begr. Fraktionsentwurf UmwBerG, BT-Drucks. 12/6699, S. 106.
3) *Schöpflin* in: KölnKomm-UmwG, § 79 Rz. 10; Widmann/Mayer-*Fronhöfer*, UmwR, § 79 UmwG Rz. 15.
4) *Scheibner*, DZWIR 2025, 286, 287; ferner zur Genossenschaft in Liquidation *Kölling/Karakaya*, NZG 2001, 455.
5) Dazu *Poppe*, npor 2025, 13; *Lenz*, NZG 2025, 1608; *Denga*, NZG 2024, 1155.
6) Zur systematischen Einordnung *Schöpflin* in: KölnKomm-UmwG, § 79 Rz. 1.
7) Lutter-*Bayer*, UmwG, § 79 Rz. 1; Widmann/Mayer-*Fronhöfer*, UmwR, § 79 UmwG Rz. 1.2.

übernehmenden Rechtsträger zur Aufnahme verschmolzen wird.[8] Als übernehmende Rechtsträgerin kann die eG mit folgenden **übertragenden Rechtsträgern** verschmolzen werden:

- Personenhandels- und Partnerschaftsgesellschaften (vgl. § 3 Abs. 1 Nr. 1),
- Kapitalgesellschaften (vgl. § 3 Abs. 1 Nr. 2) und
- e. V.'s (vgl. § 3 Abs. 1 Nr. 4).

5 Sachgerecht ermöglicht § 79 auch die gleichzeitige Beteiligung mehrerer übertragender Rechtsträger, wie sich aus §§ 80 Abs. 2, 86 Abs. 2 ergibt.[9]

2. Nicht erfasste Konstellationen

6 Die Verschmelzung von eGs miteinander (reine **eG-Verschmelzung**) fällt nicht unter § 79.[10] Dies ergibt sich unmittelbar aus dem Wortlaut der Norm („Rechtsträger anderer Rechtsform"). Aus § 3 Abs. 1 Nr. 3 i. V. m. § 3 Abs. 4 folgt gleichwohl, dass sich Genossenschaften untereinander verschmelzen können. Eine solche Verschmelzung von Genossenschaften ist in der Praxis durchaus häufig, vor allem im Finanzsektor.[11] Die Nichtanwendung des § 79 auf reine eG-Verschmelzungen hat zur Folge, dass das Fehlen einer Satzungsänderung bei der reinen Genossenschaftsverschmelzung kein Eintragungshindernis darstellt. Gleichwohl ist auch in diesen Fällen eine Änderung der Satzung der übernehmenden Genossenschaft erforderlich. Zweckmäßigerweise wird deshalb auch hier die Satzungsänderung zusammen mit der Verschmelzung beschlossen.[12]

7 Für die **Verschmelzung durch Neugründung** enthält § 79 keine Regelung. Dies ist sachgerecht, da bei der Neugründung kein Raum für Änderungen der Satzung einer übernehmenden Genossenschaft besteht. Die neu gegründete Gesellschaft beruht vielmehr auf einem eigenen, neu errichteten Gesellschaftsvertrag. Die einschlägigen Sondervorschriften finden sich in §§ 96 bis 98.

8 Bestimmte Verschmelzungskonstellationen sind kraft ausdrücklicher gesetzlicher Anordnung **ausgeschlossen**:

- Die eG kann nicht mit einem genossenschaftlichen Prüfungsverband verschmolzen werden, gleichgültig welcher Rechtsträger der übertragende oder übernehmende ist (vgl. § 105). Andernfalls könnte der Verband seine Prüfungsfunktion gegenüber der Genossenschaft nicht mehr wahrnehmen.[13]
- Ferner sind Verschmelzungen einer eG mit einem VVaG ausgeschlossen.
- Eine Genossenschaft kann auch nicht auf einen übernehmenden e. V. verschmolzen werden (vgl. § 99 Abs. 2).
- Eine Verschmelzung mit öffentlich-rechtlichen Anstalten wie Sparkassen scheidet ebenfalls aus, da diese in § 3 nicht als verschmelzungsfähige Rechtsträger genannt sind.[14]

---

8) Lutter-*Bayer*, UmwG, § 79 Rz. 2; *Schöpflin* in: KölnKomm-UmwG, § 79 Rz. 12.

9) Widmann/Mayer-*Fronhöfer*, UmwR, § 79 UmwG Rz. 16.

10) Unklar oder zumindest ungenau OLG Frankfurt/M., Beschl. v. 22.8.2000 – 20 W 288/00, BeckRS 2000, 30127950.

11) Vgl. *Erkens* in: BeckOGK-UmwG, § 79 Rz. 3; Semler/Stengel/Leonard-*Scholderer*, UmwG, § 79 Rz. 2; zum Verfahren s. a. *Bultmann*, ZfgG 60 (2010), 23.

12) *Schöpflin* in: KölnKomm-UmwG, § 79 Rz. 11; Widmann/Mayer-*Fronhöfer*, UmwR, § 79 UmwG Rz. 16.

13) Lutter-*Bayer*, UmwG, § 79 Rz. 4; *Schöpflin* in: KölnKomm-UmwG, § 79 Rz. 14.

14) Semler/Stengel/Leonard-*Scholderer*, UmwG, § 79 Rz. 5.

3. Beteiligungsfähige Rechtsträger

Verschmelzungsfähig ist nach dem Wortlaut des § 79 die **eG**. Sie kann gemäß § 3 Abs. 1 Nr. 3, Abs. 4 sowohl übertragender als auch übernehmender Rechtsträger sein.[15] Die h. M. lehnt richtigerweise die Verschmelzungsfähigkeit einer Vor-eG ab. Eine Vor-eG ist keine eG i. S. des § 79 i. V. m. § 3 Abs. 1 Nr. 3 und § 13 GenG. Allenfalls sind **Vorbereitungshandlungen** zulässig, wobei das Wirksamwerden der Verschmelzung erst mit Eintragung der Genossenschaft in das Genossenschaftsregister eintritt.[16] 9

Nach § 3 Abs. 3 können als übertragende Rechtsträger auch **aufgelöste Rechtsträger** beteiligt sein, wenn die Fortsetzung dieser Rechtsträger beschlossen werden könnte. Diese Voraussetzung ist nach § 79a GenG erfüllt, wenn die Genossenschaft durch Beschluss der Generalversammlung (vgl. § 78 GenG) oder durch Zeitablauf (vgl. § 79 GenG) aufgelöst wurde, noch nicht mit der Verteilung des nach Berichtigung der Schulden verbleibenden Vermögens unter die Mitglieder begonnen wurde und die Mitglieder noch nicht zu Nachschusszahlungen nach § 87a Abs. 2 GenG herangezogen worden waren. Ein Fortsetzungsbeschluss nach § 79a Abs. 1 Satz 1 GenG ist neben dem Verschmelzungsbeschluss nicht erforderlich.[17] § 3 Abs. 3 setzt lediglich voraus, dass die Fortsetzung beschlossen werden könnte, nicht dass sie tatsächlich beschlossen wurde. 10

III. Tatbestand des § 79

1. eG als übernehmender Rechtsträger

Die eG ist eine juristische Person, die als Kaufmann i. S. des HGB gilt (§ 17 Abs. 2 GenG). Im Gegensatz zur Kapitalgesellschaft verfügt sie über ein variables **Eigenkapital**, dessen Höhe von der jeweiligen Mitgliederzahl abhängt. Die Satzung bestimmt die Höhe des **Geschäftsanteils** und die Quote, die auf den Geschäftsanteil mindestens eingezahlt werden muss (sog. Pflichteinlage) (vgl. § 7 Nr. 1 GenG). Die Satzung kann die Beteiligung mit mehreren Geschäftsanteilen ermöglichen oder verlangen (sog. Pflichtbeteiligung) (vgl. § 7a Abs. 1, 2 GenG).[18] Es ist zudem zwischen **Geschäftsanteil** und **Geschäftsguthaben** zu unterscheiden. Der Geschäftsanteil bezeichnet im Genossenschaftsrecht den Betrag, bis zu dem sich die Mitglieder mit Einlagen beteiligen können (vgl. § 7 Nr. 1 GenG). Er stellt mithin als konstante Größe nur die Obergrenze zulässiger Einlagen dar. Das **Geschäftsguthaben** hingegen ist der Betrag, mit dem das jeweilige Mitglied nach Maßgabe der Bilanz wertmäßig an der Genossenschaft beteiligt ist. Der Betrag des Geschäftsguthabens ist veränderlich und ergibt sich aus den erbrachten Einlagen zuzüglich der Gewinngutschriften und Rückvergütungen, abzüglich der Verlustabschreibungen.[19] 11

2. Rechtsträger anderer Rechtsform als übertragender Rechtsträger

Mit dem Tatbestandsmerkmal „Rechtsträger anderer Rechtsform" ermöglicht das UmwG Mischverschmelzungen zwischen eGs und anderen Gesellschaftsformen. Maßgebend sind insoweit § 3 Abs. 1, 2 neben den jeweiligen Sondervorschriften für die betreffende Rechtsform.[20] Da § 79 davon spricht, dass „ein" Rechtsträger anderer Rechtsform im Wege der Aufnahme mit einer Genossenschaft verschmolzen werden kann, könnte man die **Beteili-** 12

15) *Erkens* in: BeckOGK-UmwG, § 79 Rz. 7.
16) *Schöpflin* in: KölnKomm-UmwG, § 79 Rz. 15; Widmann/Mayer-*Fronhöfer*, UmwR, § 79 UmwG Rz. 14.
17) *Erkens* in: BeckOGK-UmwG, § 79 Rz. 13; Lutter-*Bayer*, UmwG, § 79 Rz. 7; Widmann/Mayer-*Fronhöfer*, UmwR, § 79 UmwG Rz. 11.
18) Entsprechend zur genossenschaftlichen Struktur *Steding*, NZG 2002, 449.
19) BGH, Beschl. v. 18.3.2025 – II ZB 7/24, ZIP 2025, 1325 = NZG 2025, 937.
20) Vgl. auch AG Breisach, Beschl. v. 7.6.2004 – UR II 7/01, BWNotZ 2005, 69.

gung mehrerer Rechtsträger für ausgeschlossen halten. Indes folgt aus §§ 80 Abs. 2, 86 Abs. 2, dass auch mehrere Rechtsträger beteiligt sein können.[21] Gleiches müsste für die Kombination von Umwandlungsvorgängen mit Beteiligung einer Genossenschaft gelten, so dass diesbezüglich auch mehrere hintereinandergeschaltete Umwandlungen, insbesondere sog. **Kettenumwandlungen** oder **Mehrfachumwandlungen** möglich sind (allg. siehe auch § 1 Rz. 57 [*Stiegler*]).[22]

3. Verschmelzung im Wege der Aufnahme

13 § 79 gilt ausschließlich für Verschmelzungen durch Aufnahme. Die Sondervorschriften für die Verschmelzung durch Neugründung sind in den §§ 96 bis 98 geregelt. Bei der Neugründung ist § 79 von vornherein unanwendbar, weil kein Raum für Änderungen der Satzung der übernehmenden Genossenschaft besteht. Gleichwohl bestimmt § 96, dass auf die Verschmelzung durch Neugründung die Vorschriften der **§§ 79 ff. entsprechend** anzuwenden sind.

4. Erforderlichkeit der Satzungsänderung

14 Nach der Gesetzesbegründung zielt § 79 vor allem auf Mischverschmelzungen, an denen eine Kapitalgesellschaft als übertragender Rechtsträger beteiligt ist, insbesondere wenn an der Kapitalgesellschaft eine größere Beteiligung besteht, während die Satzung der Genossenschaft mehrere Geschäftsanteile eines Mitglieds nicht zulässt.[23] Die übernehmende Genossenschaft soll daher verpflichtet sein, **gleichzeitig mit der Verschmelzung eine Änderung der Satzung** durchzuführen.[24] Da eine gesetzliche Pflicht zur Satzungsänderung fehlt, entscheiden die Parteien des Verschmelzungsvertrages eigenverantwortlich, ob eine Satzungsänderung erforderlich ist. Die Erforderlichkeit folgt entweder aus dem Inhalt des Verschmelzungsvertrages oder daraus, dass beim Verschmelzungsbeschluss eine entsprechende Bedingung aufgestellt wurde.[25]

15 Es kann sich die Notwendigkeit ergeben, Firma oder Sitz[26] der übernehmenden Genossenschaft anzupassen. Bei Änderung des **Unternehmensgegenstands** ist darauf zu achten, dass dieser sich nach wie vor i. R. des Förderzwecks nach § 1 Abs. 1 GenG hält. Der wichtigste Fall, den der Gesetzgeber im Auge hatte, betrifft die Zulassung der **Beteiligung** eines Mitglieds **mit mehr als einem Geschäftsanteil** gemäß § 7a Abs. 1 GenG. Aufgrund der Vorgaben in §§ 2, 5 Abs. 1 Nr. 3, 15 ist es erforderlich, den Anteilsinhabern der übertragenden Rechtsträger eine ihrer bisherigen Beteiligung gleichwertige Mitgliedschaft bei der übernehmenden Genossenschaft einzuräumen. Dies kann problematisch sein, wenn an einem übertragenden Rechtsträger, insbesondere einer Kapitalgesellschaft, größere Beteiligungen bestehen, die Satzung der übernehmenden Genossenschaft aber mehrere Geschäftsanteile in einer Hand nicht zulässt. In einem solchen Fall bedarf es daher vor Wirksamwerden der Verschmelzung einer Änderung der Satzung. Andernfalls

21) *Schöpflin* in: KölnKomm-UmwG, § 79 Rz. 22; Widmann/Mayer-*Fronhöfer*, UmwR, § 79 UmwG Rz. 16; Semler/Stengel/Leonard-*Scholderer*, UmwG, § 79 Rz. 16.

22) Allg. auch OLG Hamm, Beschl. v. 19.12.2005 – 15 W 377/05, GmbHR 2006, 255 = DNotZ 2006, 378; *Knaier*, NZG 2025, 893, 897 (Urteilsanm.); ausf. zu sog. Kettenumwandlungen, *Redler*, Kettenumwandlungen, 2025.

23) Begr. Fraktionsentwurf UmwBerG, BT-Drucks. 12/6699, S. 106.

24) Begr. Fraktionsentwurf UmwBerG, BT-Drucks. 12/6699, S. 106.

25) *Schöpflin* in: KölnKomm-UmwG, § 79 Rz. 25; Widmann/Mayer-*Fronhöfer*, UmwR, § 79 UmwG Rz. 18.

26) Zum für eine Genossenschaft relevanten Sitz *Kraft*, RabelsZ 90 (2026), 1, 6 ff.

würde die Beteiligungsbegrenzung dazu führen, dass Kapital aus der Genossenschaft hinausgedrängt würde.[27)]

Erforderliche Änderungen können ferner die Bestimmungen über die **Pflichtbeteiligung** (§§ 7 Nr. 1, 7a Abs. 2 GenG) oder **Nachschusspflichten** (§§ 6 Nr. 3, 22a GenG) betreffen. Regelmäßig dringen die Mitglieder einer übertragenden Gesellschaft darauf, dass durch die Verschmelzung für sie keine neuen oder wesentlich höheren Verpflichtungen hinsichtlich der Haftsumme und der Geschäftsanteile entstehen. Schließlich kommen Änderungen hinsichtlich der **Organe** der Genossenschaft, insbesondere hinsichtlich des Vorstands (§ 24 Abs. 2 Satz 2 GenG) und Aufsichtsrats (§ 36 Abs. 1 GenG), in Betracht. Auch die **Vertreterversammlung** kann betroffen sein, die bei Überschreiten der Mitgliederzahl von 1.500 erstmals errichtet werden kann (§ 43a GenG).[28)] 16

IV. Rechtsfolge: Gleichzeitige Beschlussfassung

Die Änderung der Satzung muss nach dem Wortlaut des § 79 **„gleichzeitig"** mit der Verschmelzung in der übernehmenden Genossenschaft beschlossen werden. Beschlussorgan ist die General- oder Vertreterversammlung (§§ 16 Abs. 2, 43, 43a GenG). Die eindeutige gesetzliche Formulierung schließt eine zeitlich gestaffelte Beschlussfassung aus.[29)] Im Ergebnis handelt es sich um einen **einheitlichen Vorgang**, der nur in seiner Gänze wirksam werden kann. Ist der Verschmelzungsbeschluss nichtig oder wird er wirksam angefochten, entfällt auch die Satzungsänderung, die aus Anlass der Verschmelzung erfolgte. Eine einheitliche Beschlussfassung entspricht dem gesetzlichen Anliegen der Rechtsklarheit:[30)] Nur wenn die Verschmelzung wirksam wird, soll auch die Satzungsänderung wirksam werden. Eine erfolgreiche Klage gegen den Verschmelzungsbeschluss soll mithin auch die zeitgleich beschlossene Satzungsänderung in Wegfall bringen.[31)] 17

Für das **Verfahren** der Satzungsänderung sind allerdings nicht die §§ 81 ff., sondern die §§ 16, 43 ff. GenG maßgeblich. Der **einheitliche Beschluss**, der die Zustimmung zum Verschmelzungsvertrag sowie die erforderliche Änderung der Satzung enthält, ist daher nur wirksam, wenn kumulativ sowohl die Voraussetzungen gemäß §§ 81 ff. als auch gemäß §§ 16, 43 ff. GenG erfüllt sind.[32)] Das OLG Karlsruhe hat in diesem Zusammenhang entschieden, dass die Beschlussfassung über einen Verschmelzungsvertrag nur in einer **notariell zu beurkundenden Versammlung** gefasst werden kann.[33)] Dies gilt rechtsformübergreifend, so dass eine Beschlussfassung in anderer Form ausgeschlossen ist. Dies schließt gleichwohl nicht aus, dass die Beschlussfassung auch hybrid oder virtuell stattfinden kann.[34)] 18

Während die Verschmelzung nach §§ 16 Abs. 1, 86 bei dem Registergericht anzumelden ist, richtet sich die **Anmeldung der Satzungsänderung** nach **Genossenschaftsrecht**. Nach §§ 11, 16 Abs. 5 GenG hat der Vorstand die Satzungsänderung elektronisch in öffentlich beglaubigter Form anzumelden, wobei die öffentliche Beglaubigung mittels Videokommunikation nach § 40a BeurkG zulässig ist (vgl. § 157 GenG). Der Beschluss über die Satzungsänderung ist in Abschrift beizufügen (§ 16 Abs. 5 GenG). Die Satzungs- 19

27) *Erkens* in: BeckOGK-UmwG, § 79 Rz. 25.
28) Lutter-*Bayer*, UmwG, § 79 Rz. 21; *Schöpflin* in: KölnKomm-UmwG, § 79 Rz. 32; Widmann/Mayer-*Fronhöfer*, UmwR, § 79 UmwG Rz. 20.
29) *Schöpflin* in: KölnKomm-UmwG, § 79 Rz. 34; Widmann/Mayer-*Fronhöfer*, UmwR, § 79 UmwG Rz. 23.
30) Vgl. Begr. Fraktionsentwurf UmwBerG, BT-Drucks. 12/6699, S. 106.
31) Lutter-*Bayer*, UmwG, § 79 Rz. 22.
32) Lutter-*Bayer*, UmwG, § 79 Rz. 23; *Schöpflin* in: KölnKomm-UmwG, § 79 Rz. 37.
33) OLG Karlsruhe, Beschl. v. 23.3.2021 – 1 W 4/21 (Wx), NZG 2021, 696 = ZIP 2021, 1323.
34) BGH, Beschl. v. 5.10.2021 – II ZB 7/21, ZIP 2021, 2276 = NZG 2021, 1562; a. A. *Scheibner*, DZWIR 2022, 89, 92.

änderung wird mit ihrer Eintragung in das Genossenschaftsregister wirksam (§ 16 Abs. 6 GenG).[35)]

20 Nach dem Wortlaut der Norm **„kann"** die Verschmelzung nur erfolgen, wenn die erforderliche Satzungsänderung gleichzeitig mit der Verschmelzung beschlossen wird. Daraus folgt, dass ein notwendiger Satzungsänderungsbeschluss **Eintragungsvoraussetzung** ist. Das Registergericht hat mithin im Falle seines Fehlens die Eintragung der Verschmelzung abzulehnen. Dies unterscheidet die Mischverschmelzung von der reinen Genossenschaftsverschmelzung, bei der das Fehlen einer Satzungsänderung kein Eintragungshindernis darstellt.[36)]

V. Grenzüberschreitende Verschmelzung und Europäische Genossenschaft

21 An einer grenzüberschreitenden Verschmelzung unter Geltung der neuen §§ 305 ff. (ehemals: §§ 122a ff.) können Genossenschaften per se **nicht** beteiligt sein. Dies bestimmt § 306 Abs. 2 Satz 1 Nr. 1 ausdrücklich.[37)] Gleichwohl kann eine Europäische Genossenschaft **(SCE)** durch Verschmelzung von Genossenschaften gegründet werden (vgl. Art. 19 ff. SCE-VO[38)].[39)]

35) Lutter-*Bayer*, UmwG, § 79 Rz. 25; *Schöpflin* in: KölnKomm-UmwG, § 79 Rz. 38.

36) *Schöpflin* in: KölnKomm-UmwG, § 79 Rz. 39; Widmann/Mayer-*Fronhöfer*, UmwR, § 79 UmwG Rz. 16.

37) Im Detail inkl. zukünftiger Überlegungen *Kraft*, RabelsZ 90 (2026) 1, 2 ff.

38) Gesetz zur Einführung der Europäischen Genossenschaft und zur Änderung des Genossenschaftsrechts (SCEEG), v. 14.8.2006, BGBl. I 2006, 1911.

39) Vgl. auch Semler/Stengel/Leonard-*Scholderer*, UmwG, § 79 Rz. 5.

§ 80

Inhalt des Verschmelzungsvertrags bei Aufnahme durch eine Genossenschaft[*)]

(1) [1]Der Verschmelzungsvertrag oder sein Entwurf hat bei Verschmelzungen im Wege der Aufnahme durch eine eingetragene Genossenschaft für die Festlegung des Umtauschverhältnisses der Anteile (§ 5 Abs. 1 Nr. 3) die Angabe zu enthalten,

1. daß jedes Mitglied einer übertragenden Genossenschaft mit einem Geschäftsanteil bei der übernehmenden Genossenschaft beteiligt wird, sofern die Satzung dieser Genossenschaft die Beteiligung mit mehr als einem Geschäftsanteil nicht zuläßt, oder

2. daß jedes Mitglied einer übertragenden Genossenschaft mit mindestens einem und im übrigen mit so vielen Geschäftsanteilen bei der übernehmenden Genossenschaft beteiligt wird, wie durch Anrechnung seines Geschäftsguthabens bei der übertragenden Genossenschaft als voll eingezahlt anzusehen sind, sofern die Satzung der übernehmenden Genossenschaft die Beteiligung eines Mitglieds mit mehreren Geschäftsanteilen zuläßt oder die Mitglieder zur Übernahme mehrerer Geschäftsanteile verpflichtet; der Verschmelzungsvertrag oder sein Entwurf kann eine andere Berechnung der Zahl der zu gewährenden Geschäftsanteile vorsehen.

[2]Bei Verschmelzungen im Wege der Aufnahme eines Rechtsträgers anderer Rechtsform durch eine eingetragene Genossenschaft hat der Verschmelzungsvertrag oder sein Entwurf zusätzlich für jeden Anteilsinhaber eines solchen Rechtsträgers den Betrag

des Geschäftsanteils und die Zahl der Geschäftsanteile anzugeben, mit denen er bei der Genossenschaft beteiligt wird.

(2) Der Verschmelzungsvertrag oder sein Entwurf hat für jede übertragende Genossenschaft den Stichtag der Schlußbilanz anzugeben.

*) § 80 geändert durch Art. 14 des Gesetzes zur Einführung der Europäischen Genossenschaft und zur Änderung des Genossenschaftsrechts (SCEEG), v. 14.8.2006, BGBl. I 2006, 1911; § 80 i. d. F. des UmwBerG geändert durch Art. 1 des Gesetzes zur Änderung des Umwandlungsgesetzes, des Partnerschaftsgesellschaftsgesetzes und anderer Gesetze (UmwGÄndG), v. 22.7.1998, BGBl. I 1998, 1878.

Literatur: Siehe auch die Literaturangaben bei § 79. *Beuthien/Wolff*, Genossenschaftsverschmelzung auf einen künftigen Verschmelzungsstichtag, BB 2001, 2126; *Bonow*, Zur Frage der Zulässigkeit der Schlussbilanz auf einen zukünftigen Stichtag bei der Verschmelzung von Genossenschaften, RPfleger 2002, 506.

Übersicht

I. Norminhalt und Regelungszweck

1. Systematische Einordnung

1 § 80 ist Teil des Fünften Abschnitts des Ersten Teils (§§ 79–98), der die Verschmelzung unter Beteiligung von eGs regelt. Im Ersten Unterabschnitt (§§ 79–95), welcher die Verschmelzung durch Aufnahme betrifft, nimmt § 80 eine zentrale Stellung ein, da er die **genossenschaftsspezifischen Anforderungen an den Verschmelzungsvertrag** konkretisiert.[1] Die Vorschrift ergänzt und modifiziert dabei die allgemeine Regelung des § 5 Abs. 1 Nr. 3 über den notwendigen Inhalt des Verschmelzungsvertrags hinsichtlich des Umtauschverhältnisses der Anteile. Diese Modifikation ist erforderlich, weil bei der Genossenschaft zwischen dem Geschäftsanteil als satzungsmäßig festgelegter Beteiligungsobergrenze und dem Geschäftsguthaben als tatsächlicher Vermögensbeteiligung zu unterscheiden ist.[2]

2. Normzweck

2 Der Normzweck des § 80 besteht in der sachgerechten **Anpassung der allgemeinen verschmelzungsrechtlichen Vorgaben** an die Besonderheiten des Genossenschaftsrechts.

1) Begr. Fraktionsentwurf UmwBerG, BT-Drucks. 12/6699, S. 106 f.; zum Muster eines diesbezüglichen Verschmelzungsvertrags *Eckhardt* in: Münch-AHB Insolvenz und Sanierung, § 9 Rz. 141.

2) *Schöpflin* in: KölnKomm-UmwG, § 80 Rz. 1.

Da bei Genossenschaften die mitgliedschaftliche Beteiligung nicht durch einen einheitlichen Anteilswert, sondern durch das Zusammenspiel von Geschäftsanteil und Geschäftsguthaben geprägt wird, bedarf es spezifischer Regelungen für die Festlegung des Umtauschverhältnisses.[3] Die Vorschrift gewährleistet mithin Rechtssicherheit und Transparenz bei der Verschmelzung, indem sie klare Vorgaben für die vertragswesentlichen Angaben zur künftigen Beteiligung der Mitglieder bei der übernehmenden Genossenschaft aufstellt.[4]

II. Anwendungsbereich

1. Erfasste Verschmelzungen

3 § 80 findet ausschließlich Anwendung auf Verschmelzungen im Wege der **Aufnahme** durch eine **eG als übernehmenden Rechtsträger.**[5] Die Norm erfasst dabei sowohl die reine Genossenschaftsverschmelzung, bei der ausschließlich Genossenschaften beteiligt sind, als auch die sog. Mischverschmelzung, bei der ein Rechtsträger anderer Rechtsform auf eine Genossenschaft verschmolzen wird.[6] Gemäß § 96 gilt § 80 gleichwohl entsprechend auf Genossenschaftsverschmelzungen zur Neugründung.

2. Vertragliche Grundlage

4 § 80 adressiert sowohl den **Verschmelzungsvertrag** als auch seinen **Entwurf.** In Übereinstimmung mit der genossenschaftlichen Rechtspraxis eröffnet § 4 ausdrücklich die Alternative, entweder den Verschmelzungsvertrag bereits in der erforderlichen Form abzuschließen und den Versammlungen der Anteilsinhaber zur Zustimmung vorzulegen oder zunächst lediglich einen schriftlichen Entwurf aufzustellen, der nach erfolgter Zustimmung formgerecht abgeschlossen wird (siehe dazu auch § 4 Rz. 50 [*Redenius-Hövermann/Laufersweiler*]).[7] Die Vorlage eines Vertragsentwurfs empfiehlt sich zur Vermeidung der Kosten einer notariellen Beurkundung stets dann, wenn die Zustimmung der Anteilsinhaber (noch) nicht vollends sicher erscheint.[8]

III. Tatbestandsmerkmale und Rechtsfolgen des § 80 Abs. 1

1. Genossenschaftsspezifische Begrifflichkeiten

a) Geschäftsanteil

5 **§ 7 Nr. 1 GenG** definiert den Geschäftsanteil als den **Betrag,** bis zu welchem sich die einzelnen Mitglieder **mit Einlagen beteiligen können.** Der Geschäftsanteil bezeichnet mithin die Obergrenze der zulässigen Beteiligung, die für alle Mitglieder gleich hoch sein muss und in der Satzung frei festzulegen ist.[9] Zulässig ist gemäß § 7a GenG die Satzungsregelung, dass sich ein Mitglied auch mit mehr als einem Geschäftsanteil beteiligen darf (vgl. § 7a Abs. 1 GenG) bzw. sogar beteiligen muss (sog. Pflichtbeteiligung, § 7a Abs. 2 GenG).

b) Geschäftsguthaben

6 Im Gegensatz zum Geschäftsanteil repräsentiert das Geschäftsguthaben die verfügbare **vermögensmäßige Beteiligung** des Mitglieds an der Genossenschaft. Es wird gebildet aus

3) Begr. Fraktionsentwurf UmwBerG, BT-Drucks. 12/6699, S. 106 f.
4) Widmann/Mayer-*Fronhöfer*, UmwR, § 80 UmwG Rz. 3.
5) *Schöpflin* in: KölnKomm-UmwG, § 80 Rz. 4.
6) Lutter-*Bayer*, *UmwG*, § 80 Rz. 3.
7) *Erkens* in: BeckOGK-UmwG, § 80 Rz. 2; Semler/Stengel/Leonard-*Scholderer*, UmwG, § 80 Rz. 4.
8) *Schöpflin* in: KölnKomm-UmwG, § 80 Rz. 3.
9) Lutter-*Bayer*, UmwG, § 80 Rz. 14.

den Einlagen (Einzahlungen) zuzüglich der Gewinnzuschreibungen bzw. abzüglich der Verlustabschreibungen (vgl. § 19 Abs. 1 GenG) und ist daher eine grundsätzlich veränderliche Größe.[10] Das Geschäftsguthaben darf den Geschäftsanteil nicht übersteigen.

2. Angaben zum Umtauschverhältnis

a) Beteiligung mit einem Geschäftsanteil (Abs. 1 Satz 1 Nr. 1)

Lässt die Satzung der übernehmenden Genossenschaft die Beteiligung mit mehr als einem Geschäftsanteil nicht zu, ist im Verschmelzungsvertrag gemäß § 80 Abs. 1 Satz 1 Nr. 1 aufzunehmen, dass jedes Mitglied einer übertragenden Genossenschaft **mit einem Geschäftsanteil** bei der übernehmenden Genossenschaft **beteiligt wird**. Diese Vorschrift ist insoweit zwingend, dass jedes Mitglied einer übertragenden Genossenschaft unabhängig von der Anzahl und der Höhe seiner Geschäftsanteile bei der übertragenden Genossenschaft im Zuge der Verschmelzung genau einen Geschäftsanteil an der übernehmenden Genossenschaft erhält.[11] Übersteigt das Geschäftsguthaben des Mitglieds bei der übertragenden Genossenschaft den Betrag des bei der übernehmenden Genossenschaft zugewiesenen Geschäftsanteils, ist dem Mitglied der Differenzbetrag nach Maßgabe des § 87 Abs. 2 Satz 1 auszuzahlen. 7

b) Beteiligung mit mehreren Geschäftsanteilen (Abs. 1 Satz 1 Nr. 2)

Lässt die Satzung der übernehmenden Genossenschaft die Beteiligung eines Mitglieds mit mehreren Geschäftsanteilen zu oder verpflichtet sie die Mitglieder zur Übernahme mehrerer Geschäftsanteile **(Pflichtbeteiligung)**, greift § 80 Abs. 1 Satz 1 Nr. 2 ein. In diesem Fall ist im Verschmelzungsvertrag anzugeben, dass jedes Mitglied mit mindestens einem und i. Ü. mit so vielen Geschäftsanteilen bei der übernehmenden Genossenschaft beteiligt wird, wie durch Anrechnung seines Geschäftsguthabens bei der übertragenden Genossenschaft als voll eingezahlt anzusehen sind.[12] Die **Berechnungsgrundlage** für die Anzahl der zu gewährenden Geschäftsanteile sieht der Gesetzgeber insoweit vor, dass ausschließlich auf die in der jeweiligen Schlussbilanz (siehe dazu Rz. 12) festgelegten Geschäftsguthaben, nicht aber auf den wahren Wert der Beteiligung eines Mitglieds abgestellt wird. Damit haben stille Reserven, ein etwaiger Firmenwert oder sonstige bei einer Unternehmensbewertung zu berücksichtigende Umstände grundsätzlich keinen Einfluss auf dieses gesetzliche Umtauschverhältnis.[13] 8

c) Andere Berechnung (Abs. 1 Satz 2)

Von der dispositiven gesetzlichen Regelung kann der Verschmelzungsvertrag gemäß § 80 Abs. 1 Satz 2 abweichen und eine andere Berechnung der Zahl der zu gewährenden Geschäftsanteile vorsehen. Diese **Öffnungsklausel** ermöglicht insbesondere die Berücksichtigung des inneren Werts der Mitgliedschaft, der über das Geschäftsguthaben hinaus auch stille Reserven und den Firmenwert der Genossenschaft umfassen kann.[14] Der Weg über eine andere Berechnung der zu gewährenden Geschäftsanteile steht richtigerweise nicht offen, wenn nach der Satzung der aufnehmenden Genossenschaft nur die Beteiligung mit einem Geschäftsanteil zugelassen ist und die Satzung nicht i. R. der Verschmel- 9

10) Lutter-*Bayer*, UmwG, § 80 Rz. 15; *Schöpflin* in: KölnKomm-UmwG, § 80 Rz. 11.

11) Lutter-*Bayer*, UmwG, § 80 Rz. 16; Widmann/Mayer-*Fronhöfer*, UmwR, § 80 UmwG Rz. 34; Semler/Stengel/Leonard-*Scholderer*, UmwG, § 80 Rz. 15.

12) Semler/Stengel/Leonard-*Scholderer*, UmwG, § 80 Rz. 21; Widmann/Mayer-*Fronhöfer*, UmwR, § 80 UmwG Rz. 29.

13) Lutter-*Bayer*, UmwG, § 80 Rz. 17; *Schöpflin* in: KölnKomm-UmwG, § 80 Rz. 16.

14) Begr. Fraktionsentwurf UmwBerG, BT-Drucks. 12/6699, S. 107.

zung geändert wird.[15] Ein Ausgleich kann dann nur über etwaige **bare Zuzahlungen** gemäß § 87 Abs. 2 Satz 2 erfolgen.[16]

d) Mischverschmelzung (Abs. 1 Satz 3)

10 Im Fall der Mischverschmelzung mit einem übertragenden Rechtsträger anderer Rechtsform fehlt es an einem Geschäftsguthaben beim übertragenden Rechtsträger, das zur Berechnung der Zahl der Geschäftsanteile bei der übernehmenden Genossenschaft dienen könnte. Daher muss der Verschmelzungsvertrag bzw. sein Entwurf gemäß § 80 Abs. 1 Satz 3 **für jeden Anteilsinhaber** eines solchen Rechtsträgers den Betrag des Geschäftsanteils und die Zahl der Geschäftsanteile angeben, mit denen er bei der übernehmenden Genossenschaft beteiligt wird.[17] Der innere Wert der Beteiligung an der übertragenden Gesellschaft ist **anhand ihrer Schlussbilanz** zu ermitteln. Übersteigt der entsprechende Betrag den Betrag eines Geschäftsanteils, sind mehrere Geschäftsanteile zu gewähren, soweit die Satzung der übernehmenden Genossenschaft dies zulässt.[18] Der Verschmelzungsvertrag muss Betrag und Anzahl der Geschäftsanteile für jeden Anteilsinhaber individuell angeben und diesen grundsätzlich auch namentlich bezeichnen.[19]

e) Abstrakte Bestimmung bei reiner Genossenschaftsverschmelzung

11 Bei der Verschmelzung unter ausschließlicher Beteiligung von Genossenschaften muss der Verschmelzungsvertrag **nicht für jedes Mitglied** schon konkret angeben, wie viele Geschäftsanteile es bei der übernehmenden Genossenschaft erwirbt.[20] Es genügt vielmehr eine abstrakte Regelung im Verschmelzungsvertrag. Dies folgt im Umkehrschluss aus § 80 Abs. 1 Satz 3, der eine konkrete Angabe ausdrücklich nur für die Mischverschmelzung vorschreibt.[21]

IV. Stichtag der Schlussbilanz (§ 80 Abs. 2)

12 § 80 Abs. 2 verlangt für jede übertragende Genossenschaft über den in § 5 vorgesehenen Inhalt hinaus die **Angabe des Stichtages ihrer** jeweiligen **Schlussbilanz.**[22] Diese Regelung trägt dem Umstand Rechnung, dass die Schlussbilanz bei der Genossenschaftsverschmelzung nicht nur für die Vermögensübertragung, sondern auch für die Berechnung des Umtauschverhältnisses von zentraler Bedeutung ist.[23] Der Stichtag der Schlussbilanz bestimmt den Zeitpunkt, nach dem die Geschäftsguthaben der Mitglieder der übertragenden Genossenschaft zu berechnen sind. Die Angabe dieses Stichtags gewährleistet Rechtssicherheit hinsichtlich der für das Umtauschverhältnis maßgeblichen Bemessungsgrundlage.[24]

---

15) Lutter-*Bayer*, UmwG, § 80 Rz. 21; *Schöpflin* in: KölnKomm-UmwG, § 80 Rz. 23.

16) Lutter-*Bayer*, UmwG, § 80 Rz. 21; *Schöpflin* in: KölnKomm-UmwG, § 80 Rz. 23.

17) *Schöpflin* in: KölnKomm-UmwG, § 80 Rz. 25; Widmann/Mayer-*Fronhöfer*, UmwR, § 80 UmwG Rz. 44.

18) Lutter-*Bayer*, UmwG, § 80 Rz. 25; Semler/Stengel/Leonard-*Scholderer*, UmwG, § 80 Rz. 38; *Erkens* in: BeckOGK-UmwG, § 80 Rz. 40.

19) *Schöpflin* in: KölnKomm-UmwG, § 80 Rz. 28.

20) *Schöpflin* in: KölnKomm-UmwG, § 80 Rz. 27.

21) Lutter-*Bayer*, UmwG, § 80 Rz. 24.

22) Dazu *Beuthien/Wolff*, BB 2001, 2126 ff.; *Bonow*, RPfleger 2002, 506 ff.

23) *Schöpflin* in: KölnKomm-UmwG, § 80 Rz. 31; zur entsprechenden Schutzfunktion auch Semler/Stengel/Leonard-*Scholderer*, UmwG, § 80 Rz. 47.

24) Lutter-*Bayer*, UmwG, § 80 Rz. 26; *Eckhardt* in: Münch-AHB Insolvenz und Sanierung, § 9 Rz. 144.

§ 81
Gutachten des Prüfungsverbandes*)

(1) [1]Vor der Einberufung der Generalversammlung, die gemäß § 13 Abs. 1 über die Zustimmung zum Verschmelzungsvertrag beschließen soll, ist für jede beteiligte Genossenschaft eine gutachtliche Äußerung des Prüfungsverbandes einzuholen, ob die Verschmelzung mit den Belangen der Mitglieder und der Gläubiger der Genossenschaft vereinbar ist (Prüfungsgutachten). [2]Das Prüfungsgutachten kann für mehrere beteiligte Genossenschaften auch gemeinsam erstattet werden.

(2) Liegen die Voraussetzungen des Artikels 25 Abs. 1 des Einführungsgesetzes zum Handelsgesetzbuche in der Fassung des Artikels 21 § 5 Abs. 2 des Gesetzes vom 25. Juli 1988 (BGBl. I S. 1093) vor, so kann die Prüfung der Verschmelzung (§§ 9 bis 12) für die dort bezeichneten Rechtsträger auch von dem zuständigen Prüfungsverband durchgeführt werden.

*) § 81 i. d. F. des UmwBerG geändert durch Art. 14 des Gesetzes zur Einführung der Europäischen Genossenschaft und zur Änderung des Genossenschaftsrechts (SCEEG), v. 14.8.2006, BGBl. I 2006, 1911.

Literatur: Siehe auch die Literaturangaben bei § 79. *Beuthien/Wolff*, Genossenschaftsverschmelzung auf einen künftigen Verschmelzungsstichtag, BB 2001, 2126.

Übersicht

I. Normzweck und systematische Einordnung

1. Regelungsgehalt

1 Der Regelungszweck des § 81 besteht in der Gewährleistung eines hinreichenden Schutzes der Belange sowohl der Genossen als auch der Gläubiger der an der Verschmelzung beteiligten Genossenschaften.[1)] Die gutachtliche Äußerung des Prüfungsverbandes soll den Mitgliedern der Genossenschaft eine fundierte Entscheidungsgrundlage für ihre Stimmabgabe in der Generalversammlung bieten. Der Gesetzgeber hat sich bewusst für die Prüfung durch den **Prüfungsverband anstelle einer allgemeinen Verschmelzungsprüfung** nach §§ 9–12 entschieden.[2)] Diese Entscheidung beruht auf der Erwägung, dass der Prüfungsverband aufgrund seiner besonderen Sachkenntnis im genossenschaftlichen Bereich und seiner vertrauten Kenntnis der jeweiligen Genossenschaft besser geeignet ist,

1) Widmann/Mayer-*Fronhöfer*, UmwR, § 81 UmwG Rz. 1.

2) Die allgemeine Verschmelzungsprüfung nach §§ 9–12 dient primär dem Schutz der Anteilsinhaber durch unabhängige Prüfer.

die Vereinbarkeit der Verschmelzung mit den Belangen der Genossen und Gläubiger zu beurteilen.[3)]

2. Systematische Einordnung

2 § 81 statuiert für die Verschmelzung unter Beteiligung von eGs eine **obligatorische Prüfung** durch den zuständigen genossenschaftlichen Prüfungsverband.[4)] Die Vorschrift bildet das Kernstück des spezifischen genossenschaftlichen Mitglieder- und Gläubigerschutzes im Verschmelzungsrecht. Während die allgemeinen Vorschriften der §§ 9–12 eine Prüfung durch unabhängige, gerichtlich bestellte Sachverständige vorsehen, ersetzt § 81 dieses Verfahren durch eine **gutachtliche Stellungnahme** des genossenschaftlichen Prüfungsverbandes. Diese Besonderheit trägt der institutionellen Einbindung der Genossenschaften in das genossenschaftliche Prüfungswesen Rechnung.

II. Anwendungsbereich

1. Erfasste Verschmelzungen

3 § 81 findet auf **sämtliche Verschmelzungen** Anwendung, an denen mindestens eine **eG als Rechtsträger** beteiligt ist.[5)] Die Norm erfasst mithin sowohl Verschmelzungen von Genossenschaften untereinander als auch Verschmelzungen zwischen Genossenschaften und Rechtsträgern anderer Rechtsform. Unerheblich ist dabei, ob die Genossenschaft als übertragender oder als übernehmender Rechtsträger fungiert. Die Anwendbarkeit erstreckt sich sowohl auf die Verschmelzung durch **Aufnahme** nach § 79 als auch auf die Verschmelzung durch **Neugründung** nach §§ 96 ff.[6)] In beiden Konstellationen ist das Prüfungsgutachten vor der Beschlussfassung der Generalversammlung einzuholen.

2. Beteiligte Genossenschaften

4 Nach dem ausdrücklichen Wortlaut des § 81 Abs. 1 Satz 1 ist für **jede** an der Verschmelzung beteiligte Genossenschaft ein Prüfungsgutachten einzuholen. Dies bedeutet, dass bei Verschmelzungen, an denen mehrere Genossenschaften beteiligt sind, grundsätzlich für jede dieser Genossenschaften eine **separate gutachtliche Äußerung** erforderlich ist.[7)] Die Prüfungspflicht knüpft dabei an die Mitgliedschaft der jeweiligen Genossenschaft in einem Prüfungsverband an. Zuständig für die Erstellung des Gutachtens ist derjenige Prüfungsverband, dem die betreffende Genossenschaft angehört. Diese Zuordnung stellt sicher, dass die Prüfung durch einen Verband erfolgt, der mit den Verhältnissen der Genossenschaft vertraut ist.[8)]

3. Zeitpunkt der Einholung

5 Das Prüfungsgutachten ist **vor der Einberufung** der Generalversammlung einzuholen, die über die Zustimmung zum Verschmelzungsvertrag beschließen soll (vgl. auch § 13 Abs. 1). Diese zeitliche Vorgabe korrespondiert mit der Funktion des Gutachtens als **Entscheidungshilfe** für die Genossen. Das Gutachten muss mithin bereits vorliegen, bevor

3) Begr. Fraktionsentwurf UmwBerG, BT-Drucks. 12/6699, S. 107: „Die Prüfung der Verschmelzung durch den Prüfungsverband hat sich bewährt".

4) Vgl. bereits § 93b Abs. 2 Satz 1 GenG a. F., der eine entsprechende Prüfungspflicht vorsah.

5) Widmann/Mayer-*Fronhöfer*, UmwR, § 81 UmwG Rz. 2.

6) Semler/Stengel/Leonard-*Scholderer*, UmwG, § 81 Rz. 4.

7) Die Pflicht gilt unabhängig davon, ob die Genossenschaft übertragender oder übernehmender Rechtsträger ist.

8) Lutter-*Bayer*, UmwG, § 81 Rz. 5.

die Einladung zur Generalversammlung versandt wird. Die rechtzeitige Einholung des Gutachtens ist Voraussetzung für eine ordnungsgemäße Vorbereitung der Generalversammlung. Nach § 82 ist das Prüfungsgutachten den Genossen zur Einsicht auszulegen. Fehlt das Gutachten zum Zeitpunkt der Einberufung, liegt ein Verfahrensmangel vor, der die Wirksamkeit des Verschmelzungsbeschlusses beeinträchtigen kann.[9)]

III. Tatbestand und Rechtsfolge (§ 81 Abs. 1)

1. Gutachtliche Äußerung des Prüfungsverbandes (Abs. 1 Satz 1)

Die Prüfung obliegt dem genossenschaftlichen Prüfungsverband, dem die betreffende Genossenschaft angehört. Die Prüfungsverbände sind nach **§§ 53 ff. GenG** organisierte Körperschaften, denen die regelmäßige Prüfung der Genossenschaften obliegt. Ihre besondere Sachkunde resultiert aus der kontinuierlichen Befassung mit den wirtschaftlichen und rechtlichen Verhältnissen der ihnen angehörenden Genossenschaften. Der Prüfungsverband verfügt aufgrund seiner Prüfungstätigkeit über detaillierte Kenntnisse der finanziellen Situation, der Geschäftsentwicklung und der strukturellen Besonderheiten der Genossenschaft. Diese Vertrautheit mit den Verhältnissen der Genossenschaft qualifiziert ihn in besonderer Weise für die **Beurteilung der Verschmelzung.**[10)] 6

Gegenstand der gutachtlichen Äußerung ist die Vereinbarkeit der Verschmelzung mit den Belangen der Genossen und der Gläubiger der Genossenschaft. Diese Formulierung umreißt einen doppelten Prüfungsmaßstab.[11)] Der Prüfungsverband hat sowohl die Interessen der Mitglieder als auch die Interessen der Gläubiger der Genossenschaft in seine Beurteilung einzubeziehen. 7

Die **Belange der Genossen** umfassen in erster Linie die wirtschaftlichen Interessen der Mitglieder. Hierzu zählt insbesondere die Angemessenheit des Umtauschverhältnisses bei der Übertragung der Geschäftsguthaben.[12)] Der Prüfungsverband hat zu beurteilen, ob die im Verschmelzungsvertrag vorgesehene Festsetzung der Geschäftsguthaben bei der übernehmenden Genossenschaft den Wert der bisherigen Beteiligung angemessen widerspiegelt (vgl. § 80 Abs. 1 Satz 1 Nr. 2). Nach der Rechtsprechung des BGH ist bei der Verschmelzung von Genossenschaften grundsätzlich der Nominalwert des Geschäftsguthabens maßgeblich.[13)] Die Belange der Genossen erstrecken sich ferner auf die Wahrung ihrer mitgliedschaftlichen Rechte sowie auf die wirtschaftlichen Aussichten der Genossenschaft nach der Verschmelzung.[14)] 8

Die **Belange der Gläubiger** umfassen deren berechtigte Interessen an der Sicherung ihrer Forderungen. Der Prüfungsverband hat zu prüfen, ob durch die Verschmelzung die Befriedigungsaussichten der Gläubiger beeinträchtigt werden.[15)] Dies erfordert eine Beurteilung der Vermögenslage der beteiligten Rechtsträger sowie der voraussichtlichen finanziellen Situation des übernehmenden Rechtsträgers nach der Verschmelzung. Die Gläubigerschutzprüfung nach § 81 tritt neben den allgemeinen Gläubigerschutz nach 9

---

9) Widmann/Mayer-*Fronhöfer*, UmwR, § 81 UmwG Rz. 4.

10) *Schöpflin* in: KölnKomm-UmwG, § 81 Rz. 8.

11) Begr. Fraktionsentwurf UmwBerG, BT-Drucks. 12/6699, S. 107: „Die Prüfung erstreckt sich auf die wirtschaftlichen und rechtlichen Auswirkungen der Verschmelzung".

12) Lutter-*Bayer*, UmwG, § 81 Rz. 8.

13) Vgl. BGH, Beschl. v. 18.3.2025 – II ZB 7/24, ZIP 2025, 1325 = NZG 2025, 937.

14) *Beuthien/Wolff*, BB 2001, 2126, 2128.

15) Widmann/Mayer-*Fronhöfer*, UmwR, § 81 UmwG Rz. 6.

§ 22. Sie dient der frühzeitigen Identifikation etwaiger Gefährdungen der Gläubigerinteressen und ergänzt insoweit die gesetzlichen Sicherungsinstrumente.[16)]

2. Ersetzung der allgemeinen Verschmelzungsprüfung

10 Das Prüfungsgutachten nach § 81 tritt für die beteiligte Genossenschaft an die Stelle der allgemeinen Verschmelzungsprüfung nach §§ 9–12.[17)] Die Bestellung eines unabhängigen Verschmelzungsprüfers durch das Gericht entfällt damit für die Genossenschaft. Diese Ersetzung beruht auf der Erwägung, dass der Prüfungsverband aufgrund seiner spezifischen Sachkunde gleichwertigen Schutz bietet (siehe bereits Rz. 1). Die **besondere Sachkunde des Prüfungsverbandes** ergibt sich aus seiner dauerhaften Befassung mit den Verhältnissen der Genossenschaft i. R. der regelmäßigen Pflichtprüfungen nach §§ 53 ff. GenG.[18)] Der Prüfungsverband verfügt über umfassende Kenntnisse der wirtschaftlichen Lage, der Geschäftsführung und der besonderen Strukturen der geprüften Genossenschaft. Diese Vertrautheit ermöglicht eine fundierte Beurteilung der Verschmelzungsauswirkungen.

3. Gemeinsames Prüfungsgutachten (Abs. 1 Satz 2)

11 § 81 Abs. 1 Satz 2 gestattet die Erstellung eines gemeinsamen Prüfungsgutachtens für mehrere an der Verschmelzung beteiligte Genossenschaften. Diese Möglichkeit dient der **Verfahrensvereinfachung** und der Kostenersparnis. Sie ist insbesondere dann von praktischer Bedeutung, wenn mehrere Genossenschaften demselben Prüfungsverband angehören.[19)] Das gemeinsame Gutachten muss gleichwohl die Belange aller beteiligten Genossenschaften und ihrer Genossen sowie Gläubiger umfassen. Die Zusammenfassung in einem Dokument entbindet nicht von der inhaltlichen Vollständigkeit der Prüfung für jede einzelne Genossenschaft.[20)]

IV. Sonderregelung für Tochterunternehmen (§ 81 Abs. 2)

12 § 81 Abs. 2 erweitert den Anwendungsbereich der Prüfung durch den Prüfungsverband auf bestimmte Tochterunternehmen von Genossenschaften. Die Regelung nimmt dabei Bezug auf **Art. 25 Abs. 1 EGHGB**. Nach dieser Vorschrift können Tochterunternehmen von Genossenschaften, die in anderer Rechtsform organisiert sind, unter bestimmten Voraussetzungen vom Prüfungsverband der Muttergenossenschaft geprüft werden. Liegen die Voraussetzungen des Art. 25 Abs. 1 EGHGB vor, so kann die Verschmelzungsprüfung nach §§ 9–12 auch von dem zuständigen Prüfungsverband durchgeführt werden.[21)]

13 Es handelt sich um ein **Wahlrecht**, nicht um eine Pflicht.[22)] Die Tochterunternehmen können alternativ auch eine Prüfung durch einen gerichtlich bestellten Verschmelzungsprüfer herbeiführen. Die Ermöglichung der Prüfung durch den Prüfungsverband auch für Tochterunternehmen beruht auf der Erwägung, dass der Prüfungsverband durch die Prüfung des Konzernabschlusses der Muttergenossenschaft mit den Verhältnissen der gesamten Unternehmensgruppe vertraut ist.[23)] Diese Regelung hat sich in der Praxis bewährt und dient der Effizienz des Prüfungsverfahrens.

16) Semler/Stengel/Leonard-*Scholderer*, UmwG, § 81 Rz. 10.
17) Begr. Fraktionsentwurf UmwBerG, BT-Drucks. 12/6699, S. 107.
18) Lutter-*Bayer*, UmwG, § 81 Rz. 12.
19) Zwingend ist dies jedoch nicht, vgl. Lutter-*Bayer*, UmwG, § 81 Rz. 7.
20) Vgl. *Thilo* in: BeckOGK-UmwG, § 81 Rz. 41.4.
21) Begr. Fraktionsentwurf UmwBerG, BT-Drucks. 12/6699, S. 107.
22) *Thilo* in: BeckOGK-UmwG, § 81 Rz. 43.
23) *Schöpflin* in: KölnKomm-UmwG, § 81 Rz. 15.

V. Verfahrensrechtliche Einbindung

Das Prüfungsgutachten ist nach § 82 Abs. 1 Satz 1 von der Einberufung der Generalversammlung an in den Geschäftsräumen der Genossenschaft **zur Einsicht** der Genossen **auszulegen.** Auf Verlangen ist jedem Genossen nach § 82 Abs. 2 unverzüglich und kostenlos eine Abschrift des Gutachtens zu erteilen. Diese Informationsrechte gewährleisten, dass die Genossen vor ihrer Entscheidung Kenntnis von der Beurteilung des Prüfungsverbandes nehmen können. 14

In der Generalversammlung ist das für die beschließende Genossenschaft erstattete Prüfungsgutachten **zu verlesen.** Diese Verlesungspflicht soll sicherstellen, dass sämtliche anwesenden Genossen unmittelbar vor der Beschlussfassung über den Inhalt des Gutachtens informiert werden. Die Verlesung ist obligatorisch und kann nicht durch einen bloßen Hinweis auf das ausgelegte Gutachten ersetzt werden. 15

Der Prüfungsverband ist nach § 83 Abs. 2 Satz 2 berechtigt, an der Generalversammlung beratend teilzunehmen. Dieses **Teilnahmerecht** ermöglicht es dem Prüfungsverband, etwaige Fragen der Genossen zum Prüfungsgutachten zu beantworten und die Beurteilung der Verschmelzung zu erläutern. Die beratende Teilnahme trägt zur Qualität der Willensbildung in der Generalversammlung bei. 16

Nach § 86 ist das **Prüfungsgutachten** der Anmeldung der Verschmelzung zum Register **beizufügen.** Der Anmeldung der anmeldenden Genossenschaft ist das für sie erstattete Gutachten in Urschrift oder in öffentlich beglaubigter Abschrift beizufügen. Der Anmeldung zur Eintragung beim übernehmenden Rechtsträger sind ferner die Gutachten für alle übertragenden Genossenschaften beizufügen. Diese Beifügung des Prüfungsgutachtens ermöglicht dem Registergericht die Prüfung, ob die Verfahrensvoraussetzungen des § 81 eingehalten wurden. Das Gutachten ist damit zugleich Nachweis für die ordnungsgemäße Durchführung des genossenschaftlichen Prüfungsverfahrens. 17

§ 82
Vorbereitung der Generalversammlung*)

(1) [1]Von der Einberufung der Generalversammlung an, die gemäß § 13 Abs. 1 über die Zustimmung zum Verschmelzungsvertrag beschließen soll, sind auch in dem Geschäftsraum jeder beteiligten Genossenschaft die in § 63 Abs. 1 Nr. 1 bis 4 bezeichneten Unterlagen sowie die nach § 81 erstatteten Prüfungsgutachten zur Einsicht der Mitglieder auszulegen. [2]Dazu erforderliche Zwischenbilanzen sind gemäß § 63 Absatz 2 Satz 1 bis 4 aufzustellen.

(2) Auf Verlangen ist jedem Mitglied unverzüglich und kostenlos eine Abschrift der in Absatz 1 bezeichneten Unterlagen zu erteilen.

(3) Die Verpflichtungen nach Absatz 1 Satz 1 und Absatz 2 entfallen, wenn die in Absatz 1 Satz 1 bezeichneten Unterlagen für denselben Zeitraum über die Internetseite der Genossenschaft zugänglich sind.

*) § 82 geändert durch Art. 5 des Gesetzes zum Bürokratieabbau und zur Förderung der Transparenz bei Genossenschaften, v. 17.7.2017, BGBl. I 2017, 2434; § 82 geändert durch Art. 1 des Dritten Gesetzes zur Änderung des Umwandlungsgesetzes (3. UmwGÄndG), v. 11.7.2011, BGBl. I 2011, 1338; § 82 i. d. F. des UmwBerG geändert durch Art. 14 des Gesetzes zur Einführung der Europäischen Genossenschaft und zur Änderung des Genossenschaftsrechts (SCEEG), v. 14.8.2006, BGBl. I 2006, 1911.

Literatur: Siehe auch die Literaturangaben bei § 79. *Beuthien/Wolff*, Genossenschaftsverschmelzung auf einen künftigen Verschmelzungsstichtag, BB 2001, 2126; *Scheibner*, Virtuelle General- bzw. Vertreterversammlung einer Genossenschaft zur Verschmelzung, DZWIR 2022, 89.

Übersicht

I. Norminhalt und Regelungszweck

1. Systematische Einordnung

1 § 82 regelt die Vorbereitung der Generalversammlung einer eG, die über die Zustimmung zum Verschmelzungsvertrag beschließen soll.[1] Die Vorschrift ist im Fünften Abschnitt des Ersten Teils verortet, der die besonderen Vorschriften für Verschmelzungen unter Beteiligung von eGs enthält. Sie bildet zusammen mit § 83 (Durchführung der Generalversammlung) das verfahrensrechtliche Fundament für die **Willensbildung der Genossen** bei einer Verschmelzung. Die Norm steht in engem systematischen Zusammenhang mit § 63, der die entsprechenden Informationspflichten für AGs regelt.[2] § 82 verweist in seinem Absatz 1 Satz 1 ausdrücklich auf die in § 63 Abs. 1 Nr. 1 bis 4 bezeichneten Unterlagen und in Absatz 1 Satz 2 auf die Vorschriften zur Zwischenbilanz in § 63 Abs. 2.[3] Diese Verweisungstechnik verdeutlicht die Parallelität der Informationspflichten bei Genossenschaften und AGs.

2. Normzweck

2 Der Regelungszweck des § 82 besteht in der umfassenden **Information der Genossen** vor der Beschlussfassung über die Verschmelzung.[4] Die Genossen sollen in die Lage versetzt werden, sich ein fundiertes Urteil über die wirtschaftliche Zweckmäßigkeit und die rechtlichen Auswirkungen der Verschmelzung zu bilden.[5] Die Auslagepflicht dient mithin der sachgerechten **Vorbereitung der Entscheidung** in der Generalversammlung. Der Gesetzgeber hat bei der Schaffung des § 82 ausdrücklich auf die Vergleichbarkeit der Stellung von Genossen und Aktionären hingewiesen.[6] Beide Gruppen von Anteilsinhabern verfügen nur über begrenzte Möglichkeiten, an der laufenden Geschäftsführung teilzunehmen oder diese zu beeinflussen.[7] Aus diesem Grund soll die Stellung der Genossen bei einer Verschmelzung nach dem **Vorbild des Aktienrechts** verstärkt werden. Die Informationsrechte des § 82 sind Ausdruck dieses gesetzgeberischen Anliegens.

1) Begr. Fraktionsentwurf UmwBerG, BT-Drucks. 12/6699, S. 107.
2) Lutter-*Bayer*, UmwG, § 82 Rz. 1.
3) Widmann/Mayer-*Fronhöfer*, UmwR, § 82 UmwG Rz. 1.
4) Begr. Fraktionsentwurf UmwBerG, BT-Drucks. 12/6699, S. 107.
5) *Schöpflin* in: KölnKomm-UmwG, § 82 Rz. 2.
6) *Beuthien/Wolff*, BB 2001, 2126, 2128.
7) Zur begrenzten Möglichkeit der Genossen, an der Geschäftsführung teilzunehmen vgl. Begr. Fraktionsentwurf UmwBerG, BT-Drucks. 12/6699, S. 107.

II. Anwendungsbereich

§ 82 findet auf sämtliche Verschmelzungen Anwendung, an denen **mindestens** eine eG als Rechtsträger beteiligt ist.[8)] Die Vorschrift erfasst mithin sowohl Verschmelzungen von Genossenschaften untereinander als auch Verschmelzungen zwischen Genossenschaften und Rechtsträgern anderer Rechtsform. Die Auslagepflicht besteht für jede an der Verschmelzung beteiligte Genossenschaft gesondert. 3

III. Auslagepflicht nach § 82 Abs. 1

1. Gegenstand der Auslagepflicht

a) Verweis auf § 63 Abs. 1 Nr. 1 bis 4

§ 82 Abs. 1 Satz 1 verweist hinsichtlich der auszulegenden Unterlagen auf § 63 Abs. 1 Nr. 1 bis 4. Damit sind folgende Dokumente zur Einsicht der Genossen auszulegen: 4

– Der Verschmelzungsvertrag oder sein Entwurf (Nr. 1),
– die Jahresabschlüsse und Lageberichte der beteiligten Rechtsträger für die letzten drei Geschäftsjahre (Nr. 2),
– eine etwaige Zwischenbilanz (Nr. 3) sowie
– die Verschmelzungsberichte (Nr. 4).[9)]

Der **Verschmelzungsvertrag** oder sein Entwurf bilden das zentrale Dokument der Auslagepflicht.[10)] Er enthält die wesentlichen Bedingungen der Verschmelzung, insbesondere die Angaben zum Umtauschverhältnis nach § 80. Den Genossen wird hierdurch ermöglicht, die konkreten Auswirkungen der Verschmelzung auf ihre Mitgliedschaft zu beurteilen. Die **Jahresabschlüsse** und Lageberichte der beteiligten Rechtsträger für die letzten drei Geschäftsjahre vermitteln den Genossen ein Bild von der wirtschaftlichen Entwicklung der beteiligten Rechtsträger.[11)] 5

b) Zwischenbilanz

Nach § 82 Abs. 1 Satz 2 sind erforderliche Zwischenbilanzen gemäß **§ 63 Abs. 2** aufzustellen.[12)] Eine Zwischenbilanz ist erforderlich, wenn sich der letzte Jahresabschluss auf ein Geschäftsjahr bezieht, das mehr als sechs Monate vor dem Abschluss des Verschmelzungsvertrags oder der Aufstellung des Entwurfs abgelaufen ist. Der Stichtag der Zwischenbilanz darf nicht vor dem ersten Tag des dritten Monats liegen, der dem Vertragsabschluss oder der Entwurfsaufstellung vorausgeht. 6

Die **Auslagepflicht** erstreckt sich ausdrücklich nicht auf die Schlussbilanz nach § 17 Abs. 2.[13)] Der Gesetzgeber hat sich insoweit gegen einen erweiterten Informationsschutz entschieden. Die Zwischenbilanz gewährleistet jedoch, dass die Genossen über aktuelle Informationen zur wirtschaftlichen Lage der beteiligten Rechtsträger verfügen.[14)] Insoweit ist die aktuelle Rechtsprechung zum Nachreichen der Schlussbilanz des § 17 Abs. 2[15)] auch nicht auf § 82 Abs. 1 Satz 2 i. V. m. § 63 Abs. 2 übertragbar. 7

---

8) Semler/Stengel/Leonard-*Scholderer*, UmwG, § 82 Rz. 3.
9) *Scheibner*, DZWIR 2022, 89, 91.
10) Lutter-*Bayer*, UmwG, § 82 Rz. 4.
11) *Schöpflin* in: KölnKomm-UmwG, § 82 Rz. 5.
12) Lutter-*Bayer*, UmwG, § 82 Rz. 6.
13) *Beuthien*/*Wolff*, BB 2001, 2126, 2129.
14) Widmann/Mayer-*Fronhöfer*, UmwR, § 82 UmwG Rz. 5.
15) Vgl. BGH, Beschl. v. 18.3.2025 – II ZB 1/24, ZIP 2025, 1721 = NZG 2025, 893; OLG Düsseldorf, Beschl. v. 12.1.2024 – 3 Wx 181/23, ZIP 2024, 757 = NZG 2024, 639.

c) Prüfungsgutachten des Prüfungsverbandes

8 Über den Verweis auf § 63 Abs. 1 Nr. 1 bis 4 hinaus ordnet § 82 Abs. 1 Satz 1 zusätzlich die Auslage der nach § 81 erstatteten Prüfungsgutachten an.[16] Diese genossenschaftsspezifische **Erweiterung der Auslagepflicht** trägt der besonderen Bedeutung des Prüfungsgutachtens für die Willensbildung der Genossen Rechnung. Das Prüfungsgutachten des Prüfungsverbandes ersetzt bei Genossenschaften die allgemeine Verschmelzungsprüfung nach §§ 9–12.

9 Zu beachten ist, dass § 82 Abs. 1 Satz 1 bewusst nicht auf § 63 Abs. 1 Nr. 5 verweist.[17] Die dort für Aktiengesellschaften vorgesehene Auslage der Prüfungsberichte nach § 12 ist bei Genossenschaften durch die Auslage des Prüfungsgutachtens nach § 81 substituiert.

2. Zeitraum und Ort der Auslage

a) Beginn der Auslagepflicht

10 Die Auslagepflicht beginnt mit der **Einberufung der Generalversammlung**, die gemäß § 13 Abs. 1 über die Zustimmung zum Verschmelzungsvertrag beschließen soll.[18] Maßgeblich ist mithin der Zeitpunkt, zu dem die Einberufung den Genossen zugeht. Ab diesem Zeitpunkt müssen sämtliche in § 82 Abs. 1 Satz 1 genannten Unterlagen zur Einsichtnahme bereitstehen.

b) Ort der Auslage

11 Die Unterlagen sind in dem **Geschäftsraum** jeder beteiligten Genossenschaft auszulegen.[19] Der Begriff des Geschäftsraums ist weit auszulegen und umfasst jeden für den Publikumsverkehr bestimmten Raum der Genossenschaft. Bei mehreren Geschäftsräumen genügt die Auslage in einem dieser Räume, wobei aus Gründen der Praktikabilität der Hauptgeschäftsraum zu empfehlen ist.[20]

3. Adressatenkreis

12 Die Auslagepflicht dient der Information der Genossen.[21] Das Einsichtsrecht steht **jedem Mitglied der Genossenschaft** zu, unabhängig von der Höhe seiner Beteiligung oder seiner sonstigen Stellung innerhalb der Genossenschaft.[22] Das Einsichtsrecht besteht auch dann, wenn bei der Genossenschaft eine Vertreterversammlung anstelle der Generalversammlung beschließt. Die Mitglieder sind in diesem Fall auf ihre Einsichts- und Widerspruchsrechte hinzuweisen.[23]

IV. Anspruch auf Abschrift (§ 82 Abs. 2, Abs. 3)

1. Inhalt des Anspruchs

13 § 82 Abs. 2 gewährt jedem Genossen auf Verlangen einen Anspruch auf unverzügliche und kostenlose Erteilung einer Abschrift der in § 82 Abs. 1 bezeichneten Unterlagen.[24]

---

16) Semler/Stengel/Leonard-*Scholderer*, UmwG, § 82 Rz. 6.
17) Lutter-*Bayer*, UmwG, § 82 Rz. 8.
18) *Schöpflin* in: KölnKomm-UmwG, § 82 Rz. 8.
19) Widmann/Mayer-*Fronhöfer*, UmwR, § 82 UmwG Rz. 7.
20) *Scheibner*, DZWIR 2022, 89, 91.
21) Lutter-*Bayer*, UmwG, § 82 Rz. 10.
22) Semler/Stengel/Leonard-*Scholderer*, UmwG, § 82 Rz. 8.
23) Widmann/Mayer-*Fronhöfer*, UmwR, § 82 UmwG Rz. 9.
24) *Schöpflin* in: KölnKomm-UmwG, § 82 Rz. 12.

Dieser Abschriftsanspruch ergänzt das Einsichtsrecht und ermöglicht den Genossen eine eingehende Prüfung der Unterlagen außerhalb der Geschäftsräume der Genossenschaft.

2. Modalitäten der Erfüllung

Die Abschriften sind auf Verlangen des Genossen **unverzüglich** zu erteilen. Das Merkmal der Unverzüglichkeit ist i. S. von § 121 Abs. 1 Satz 1 BGB als ohne schuldhaftes Zögern zu verstehen. Die Erteilung der Abschriften hat **kostenlos** zu erfolgen. Der Genosse darf nicht mit Kosten für Kopien, Porto oder sonstigen Auslagen belastet werden. Diese Kostenfreiheit soll gewährleisten, dass wirtschaftliche Erwägungen die Ausübung des Informationsrechts nicht beeinträchtigen.[25] Denkbar und ausreichend sollte es ferner sein, dass das Recht auf Abschrift auch mittels (PDF-)**Scan** der relevanten Unterlagen und E-Mail-Versand an den begehrenden Genossen bewerkstelligt werden kann. Ein Recht auf Papierdokumente ist mit § 82 Abs. 2 daher nicht zwangsläufig verbunden.[26] 14

§ 82 Abs. 3 bleibt davon ohnehin unberührt. Danach entfallen die Verpflichtungen zur Auslegung der Unterlagen nach § 82 Abs. 1 Satz 1 und zur Erteilung von Abschriften nach § 82 Abs. 2, wenn die Unterlagen für denselben Zeitraum, also von der Einberufung bis zum Beginn der Generalversammlung, über die Internetseite der Genossenschaft zugänglich sind. Die entsprechenden Unterlagen müssen dabei zumindest leicht auffindbar auf der Internetseite der Genossenschaft sein.[27] 15

V. Rechtsfolgen bei Verstößen

Verstöße gegen die Auslagepflicht nach § 82 Abs. 1 stellen Mängel der Einberufung der Generalversammlung dar.[28] Solche Mängel können zur **Anfechtbarkeit** oder in schwerwiegenden Fällen sogar zur Nichtigkeit des Verschmelzungsbeschlusses führen.[29] Die Einhaltung der Informationspflichten ist daher für die Wirksamkeit des gesamten Verschmelzungsverfahrens von erheblicher Bedeutung. Die Verletzung des Abschriftsanspruchs nach § 82 Abs. 2 begründet für den betroffenen Genossen zudem einen einklagbaren **Erfüllungsanspruch.**[30] Bei schuldhafter Verletzung können zudem Schadensersatzansprüche entstehen. 16

---

25) *Scheibner*, DZWIR 2022, 89, 91.

26) A. A. *Lakenberg* in: BeckOGK-UmwG, § 82 Rz. 41.1; tendenziell wie hier *Geschwandtner* in: NK-UmwG, § 82 Rz. 8.

27) *Lakenberg* in: BeckOGK-UmwG, § 82 Rz. 42; Semler/Stengel/Leonard-*Scholderer*, UmwG, § 82 Rz. 41a.

28) Semler/Stengel/Leonard-*Scholderer*, UmwG, § 82 Rz. 10.

29) Widmann/Mayer-*Fronhöfer*, UmwR, § 82 UmwG Rz. 11; zur Anfechtbarkeit und Nichtigkeit von Beschlüssen bei Mängeln der Einberufung vgl. *Scheibner*, DZWIR 2022, 89, 91.

30) Lutter-*Bayer*, UmwG, § 82 Rz. 14.

§ 83

Durchführung der Generalversammlung

(1) [1]In der Generalversammlung sind die in § 63 Abs. 1 Nr. 1 bis 4 bezeichneten Unterlagen sowie die nach § 81 erstatteten Prüfungsgutachten auszulegen. [2]Der Vorstand hat den Verschmelzungsvertrag oder seinen Entwurf zu Beginn der Verhandlung mündlich zu erläutern. [3]§ 64 Abs. 2 ist entsprechend anzuwenden.

(2) [1]Das für die beschließende Genossenschaft erstattete Prüfungsgutachten ist in der Generalversammlung zu verlesen. [2]Der Prüfungsverband ist berechtigt, an der Generalversammlung beratend teilzunehmen.

Literatur: Siehe auch die Literaturangaben bei § 79. *Scheibner*, Virtuelle General- bzw. Vertreterversammlung einer Genossenschaft zur Verschmelzung, DZWIR 2022, 89.

Übersicht

I. Norminhalt und Regelungszweck

1. Systematische Einordnung

1 § 83 regelt die Durchführung der Generalversammlung einer eG, die über die Zustimmung zum Verschmelzungsvertrag beschließen soll.[1] Die Vorschrift ist im Fünften Abschnitt des Ersten Teils verortet und bildet **zusammen mit § 82** (Vorbereitung der Generalversammlung) das verfahrensrechtliche Fundament für die Willensbildung der Genossen bei Verschmelzungen. Die Norm steht in engem systematischen Zusammenhang mit § 64, der die entsprechenden Regelungen für AGs enthält. § 83 Abs. 1 stärkt die Stellung der Genossen in Anlehnung an die aktienrechtlichen Verschmelzungsvorschriften.[2] Demgegenüber führt § 83 Abs. 2 die entsprechende Regelung des früheren genossenschaftlichen Verschmelzungsrechts sachlich unverändert fort.

2. Normzweck

2 Der Regelungszweck des § 83 besteht in der umfassenden **Information der Genossen** unmittelbar in der Generalversammlung, die über die Verschmelzung beschließt.[3] Die Vorschrift bezweckt eine Verstärkung der Rechtsstellung der Mitglieder nach dem Vorbild des Aktienrechts.[4] Hierdurch soll sichergestellt werden, dass die Genossen ihre Entscheidung über die Verschmelzung auf einer informierten Grundlage treffen können.

II. Anwendungsbereich

3 § 83 findet auf sämtliche Verschmelzungen Anwendung, an denen **mindestens** eine eG als Rechtsträger beteiligt ist.[5] Die Vorschrift gilt sowohl für die Generalversammlung im engeren Sinne als auch für die Vertreterversammlung nach § 43a GenG.[6] Soweit das

1) Begr. Fraktionsentwurf UmwBerG, BT-Drucks. 12/6699, S. 107.
2) Widmann/Mayer-*Fronhöfer*, UmwR, § 83 UmwG Rz. 2.
3) *Schöpflin* in: KölnKomm-UmwG, § 83 Rz. 1.
4) Semler/Stengel/Leonard-*Scholderer*, UmwG, § 83 Rz. 3.
5) Lutter-*Bayer*, UmwG, § 83 Rz. 2.
6) Widmann/Mayer-*Fronhöfer*, UmwR, § 83 UmwG Rz. 8.

UmwG von der „Generalversammlung" spricht, ist hierunter mithin entweder die eigentliche Generalversammlung oder die Generalversammlung in der Form der Vertreterversammlung zu verstehen.

III. Auslagepflicht nach § 83 Abs. 1 Satz 1

1. Gegenstand der Auslagepflicht

4 § 83 Abs. 1 Satz 1 knüpft an die Vorbereitungspflichten des § 82 an.[7] Die Unterlagen, die bereits von der Einberufung der Generalversammlung an auszulegen waren, müssen **auch in der Generalversammlung selbst ausliegen**. Hierzu zählen die in § 63 Abs. 1 Nr. 1 bis 4 bezeichneten Unterlagen sowie die nach § 81 erstatteten Prüfungsgutachten. Über den Wortlaut der Vorschrift hinaus sind bei Mischverschmelzungen nicht nur die für die beteiligte Genossenschaft erstatteten Prüfungsgutachten, sondern auch die gemäß §§ 9 bis 12 für beteiligte Rechtsträger anderer Rechtsform erstatteten Verschmelzungsprüfungsberichte auszulegen.[8]

2. Ort und Dauer der Auslegung

5 Die Auslegung hat **in der Generalversammlung** zu erfolgen, mithin im Versammlungsraum selbst.[9] Die Auslagepflicht besteht während der **gesamten Dauer der Versammlung**, also von deren Beginn bis zu ihrem Ende.[10] Die Pflicht endet insoweit nicht bereits mit dem Beschluss über den Tagesordnungspunkt „Zustimmung zum Verschmelzungsvertrag". Dies folgt daraus, dass auch nach diesem Zeitpunkt noch die Einlegung eines Widerspruchs als Voraussetzung für eine Anfechtungsklage oder eine Ausschlagung möglich ist.

6 Die Auslegung hat so zu erfolgen, dass die teilnehmenden Mitglieder in zumutbarer Weise von den Unterlagen Kenntnis nehmen können.[11] Es sind mithin grundsätzlich mehrere Exemplare der Unterlagen bereitzuhalten. Ein Anspruch auf Erteilung von Abschriften besteht im Umkehrschluss aus § 82 Abs. 2 in der Versammlung selbst aber nicht.

IV. Erläuterungspflicht des Vorstands nach § 83 Abs. 1 Satz 2

1. Inhalt der Erläuterungspflicht

7 Nach § 83 Abs. 1 Satz 2 hat der Vorstand den Verschmelzungsvertrag oder seinen Entwurf zu Beginn der Verhandlung **mündlich zu erläutern**. Diese Erläuterungspflicht gewährleistet die verständliche Information insbesondere derjenigen Mitglieder, die sich mit den schriftlichen Unterlagen bislang nicht auseinandergesetzt haben.[12] Hierdurch wird ein Mindestmaß an Entscheidungskompetenz aller Mitglieder geschaffen. Aus dem Zweck der Vorschrift ergibt sich, dass der Vorstand die Gründe sowie die **wirtschaftliche** und **rechtliche Bedeutung** der Verschmelzung in kurzer Zusammenfassung darzustellen hat.[13] Insbesondere ist auf die für die individuellen Belange der Mitglieder bedeutsamen Faktoren

7) *Schöpflin* in: KölnKomm-UmwG, § 83 Rz. 2.

8) Lutter-*Bayer*, UmwG, § 83 Rz. 3; Widmann/Mayer-*Fronhöfer*, UmwR, § 83 UmwG Rz. 9; Semler/Stengel/Leonard-*Scholderer*, UmwG, § 83 Rz. 6.

9) *Schöpflin* in: KölnKomm-UmwG, § 83 Rz. 3.

10) Lutter-*Bayer*, UmwG, § 83 Rz. 3; Widmann/Mayer-*Fronhöfer*, UmwR, § 83 UmwG Rz. 10.

11) *Schöpflin* in: KölnKomm-UmwG, § 83 Rz. 3.

12) Semler/Stengel/Leonard-*Scholderer*, UmwG, § 83 Rz. 10.

13) *Schöpflin* in: KölnKomm-UmwG, § 83 Rz. 4; Widmann/Mayer-*Fronhöfer*, UmwR, § 83 UmwG Rz. 12.

einzugehen, namentlich auf den Anteilstausch nach § 80 sowie auf die Möglichkeit der Ausschlagung und deren Rechtsfolgen.

2. Umfang und Grenzen

8 Die mündliche Erläuterung muss genutzt werden, um über wesentliche Änderungen zu informieren, die seit der Erstellung der ausgelegten Unterlagen eingetreten sind.[14] Eine Verlesung des Verschmelzungsvertrags ist nicht erforderlich, was sich im Umkehrschluss aus § 83 Abs. 2 Satz 1 ergibt. Geschäftsgeheimnisse müssen nicht preisgegeben werden. Insoweit gilt § 8 Abs. 2 analog, da andernfalls der dort gewährte Geheimnisschutz unterlaufen würde.[15] Ein Verzicht auf den Verschmelzungsbericht nach § 8 Abs. 3 entbindet den Vorstand hingegen nicht von der Erläuterungspflicht.[16]

V. Auskunftsrecht nach § 83 Abs. 1 Satz 3

1. Rechtsgrundlage und Inhalt

9 § 83 Abs. 1 Satz 3 ordnet die entsprechende Anwendung des **§ 64 Abs. 2** an.[17] Hiernach ist jedem Mitglied auf Verlangen in der Generalversammlung Auskunft auch über alle für die Verschmelzung **wesentlichen Angelegenheiten der anderen beteiligten Rechtsträger** zu geben.[18] Das Gesetz setzt mithin voraus, dass hinsichtlich der eigenen Genossenschaft bereits ein allgemeines Auskunftsrecht besteht, das aus dem genossenschaftlichen Mitgliedschaftsverhältnis folgt. Die Erweiterung des Auskunftsrechts auf die anderen beteiligten Rechtsträger ist sachgerecht, da ein fundiertes Urteil über die Verschmelzung nur getroffen werden kann, wenn auch über deren Verhältnisse Informationen vorliegen.[19] Ist an der Verschmelzung ein verbundenes Unternehmen i. S. des § 15 AktG beteiligt, erstreckt sich der Auskunftsanspruch auch auf Angaben über alle für die Verschmelzung wesentlichen Angelegenheiten der verbundenen Unternehmen (vgl. § 8 Abs. 1 Satz 4).

2. Adressat und Grenzen

10 Adressat des Auskunftsverlangens ist stets der **Vorstand der Genossenschaft.**[20] Dieser ist verpflichtet, sich die erforderlichen Informationen über die anderen beteiligten Rechtsträger im Vorfeld der Versammlung zu beschaffen. Es empfiehlt sich insoweit, dass Vertreter der anderen Rechtsträger an der Versammlung teilnehmen, um eine umfassende Information der Mitglieder sicherzustellen.

11 Das Auskunftsrecht unterliegt analog **§ 131 Abs. 3 AktG** verschiedenen Schranken.[21] Die Auskunft kann der Vorstand insbesondere verweigern, wenn sie geeignet ist, der Genossenschaft oder einem verbundenen Unternehmen einen nicht unerheblichen Nachteil zuzufügen.[22] Die Gründe für die Auskunftsverweigerung sind plausibel darzulegen.

---

14) Lutter-*Bayer*, UmwG, § 83 Rz. 6; Widmann/Mayer-*Fronhöfer*, UmwR, § 83 UmwG Rz. 13.
15) *Schöpflin* in: KölnKomm-UmwG, § 83 Rz. 5.
16) Lutter-*Bayer*, UmwG, § 83 Rz. 8.
17) Semler/Stengel/Leonard-*Scholderer*, UmwG, § 83 Rz. 12.
18) Widmann/Mayer-*Fronhöfer*, UmwR, § 83 UmwG Rz. 15.
19) Lutter-*Bayer*, UmwG, § 83 Rz. 9; *Schöpflin* in: KölnKomm-UmwG, § 83 Rz. 6.
20) Lutter-*Bayer*, UmwG, § 83 Rz. 10.
21) Vgl. nur *Lakenberg* in: BeckOGK-UmwG, § 83 Rz. 12.
22) Widmann/Mayer-*Fronhöfer*, UmwR, § 83 UmwG Rz. 17.

VI. Verlesung des Prüfungsgutachtens (§ 83 Abs. 2 Satz 1)

1. Verlesungspflicht

Nach § 83 Abs. 2 Satz 1 ist das für die beschließende Genossenschaft erstattete Prüfungsgutachten in der Generalversammlung **zu verlesen.**[23] Diese Verlesungspflicht dient der Information der Mitglieder und damit der Vorbereitung des Verschmelzungsbeschlusses.[24] Sie soll sicherstellen, dass alle Teilnehmer der Versammlung Kenntnis von dem Gutachten des Prüfungsverbandes haben, bevor sie über den Verschmelzungsvertrag abstimmen.[25] 12

2. Gegenstand und Umfang

Zu verlesen ist nur das für die beschließende Genossenschaft erstattete Prüfungsgutachten, nicht hingegen Gutachten, die für andere an der Verschmelzung beteiligte Genossenschaften erstellt wurden.[26] Wurde allerdings für mehrere beteiligte Genossenschaften nach § 81 Abs. 1 Satz 2 ein gemeinsames Prüfungsgutachten erstattet, ist dieses in seinem vollen Umfang zu verlesen. Eine Aufteilung in bedeutsame und unbedeutende Inhalte ist nicht zulässig. Das Prüfungsgutachten ist seinem gesamten Wortlaut nach zu verlesen.[27] Eine bloße Erläuterung oder eine nur teilweise Wiedergabe genügt mithin nicht. Bei wiederholter Verhandlung muss das Prüfungsgutachten erneut verlesen werden, da die Zusammensetzung der Generalversammlung abweichen kann. 13

3. Verlesende Person

Das UmwG bestimmt nicht, wer zur Verlesung verpflichtet ist.[28] Entscheidend ist mithin, wer vom Vorstand damit beauftragt wird. Dieser kann das Gutachten selbst verlesen oder einen Repräsentanten des Prüfungsverbandes, den Versammlungsleiter oder einen Dritten hiermit beauftragen.[29] 14

VII. Teilnahmerecht des Prüfungsverbandes (§ 83 Abs. 2 Satz 2)

1. Inhalt des Teilnahmerechts

Nach § 83 Abs. 2 Satz 2 ist der Prüfungsverband berechtigt, an der Generalversammlung **beratend** teilzunehmen.[30] Dieses Teilnahmerecht ist einklagbar und nach § 888 ZPO vollstreckbar.[31] Als Kehrseite des Teilnahmerechts ist ein Anspruch der Genossenschaft auf Teilnahme des Prüfungsverbandes anzuerkennen, der sich aus der Mitgliedschaft der Genossenschaft im Prüfungsverband und dessen Prüfungs- und Beratungsaufgaben ergibt. 15

2. Umfang des Beratungsrechts

Das Teilnahmerecht des Prüfungsverbandes ist umfassend zu verstehen.[32] Der Prüfungsverband kann nicht nur das Prüfungsgutachten erläutern, sondern sich darüber hinaus generell in die Beratungen einschalten, an der Diskussion teilnehmen, Fragen der Mitglie- 16

---

23) Lutter-*Bayer*, UmwG, § 83 Rz. 15; *Schöpflin* in: KölnKomm-UmwG, § 83 Rz. 10.
24) Widmann/Mayer-*Fronhöfer*, UmwR, § 83 UmwG Rz. 18.
25) *Lakenberg* in: BeckOGK-UmwG, § 83 Rz. 17.
26) Semler/Stengel/Leonard-*Scholderer*, UmwG, § 83 Rz. 16; *Schöpflin* in: KölnKomm-UmwG, § 83 Rz. 10.
27) Lutter-*Bayer*, UmwG, § 83 Rz. 16; Widmann/Mayer-*Fronhöfer*, UmwR, § 83 UmwG Rz. 19.
28) *Schöpflin* in: KölnKomm-UmwG, § 83 Rz. 11.
29) *Lakenberg* in: BeckOGK-UmwG, § 83 Rz. 17.
30) Lutter-*Bayer*, UmwG, § 83 Rz. 17; Widmann/Mayer-*Fronhöfer*, UmwR, § 83 UmwG Rz. 21.
31) Semler/Stengel/Leonard-*Scholderer*, UmwG, § 83 Rz. 18.
32) *Schöpflin* in: KölnKomm-UmwG, § 83 Rz. 12.

der beantworten und unabhängig davon **Stellungnahmen abgeben.**[33] Damit nimmt der Verband mittelbar Einfluss auf den Verschmelzungsbeschluss.

17 Ein eigenes Antragsrecht oder Stimmrecht steht dem Prüfungsverband mangels Mitgliedschaft in der Genossenschaft hingegen nicht zu.[34] Auch wenn der Prüfungsverband die Verschmelzung ablehnt, sind die Mitglieder nicht gehindert, dem Verschmelzungsvertrag zuzustimmen. Ein negatives Prüfungsgutachten ist kein Eintragungshindernis.

VIII. Rechtsfolgen bei Verstößen

18 Verstöße gegen die Pflichten aus § 83 können zur **Anfechtbarkeit** des Verschmelzungsbeschlusses führen.[35] Dies gilt insbesondere bei Unterlassung der Auslegung der Unterlagen, bei unterbliebener oder fehlerhafter mündlicher Erläuterung des Verschmelzungsvertrags, bei unberechtigter Verweigerung einer Auskunft, bei unterlassener Verlesung des Prüfungsgutachtens sowie bei Versagung der beratenden Teilnahme des Prüfungsverbandes.[36]

19 Hinsichtlich der Anfechtbarkeit gelten die allgemeinen für § 51 GenG anerkannten Grundsätze.[37] Es ist jeweils sorgfältig zu prüfen, ob dem Verfahrensfehler eine derartige Bedeutung zukommt, dass er sich unter Zugrundelegung des Abstimmungsverhaltens objektiv urteilender Mitglieder auf das Abstimmungsverhalten ausgewirkt haben kann.

33) Lutter-*Bayer*, UmwG, § 83 Rz. 18.
34) Widmann/Mayer-*Fronhöfer*, UmwR, § 83 UmwG Rz. 23.
35) *Schöpflin* in: KölnKomm-UmwG, § 83 Rz. 14.
36) Lutter-*Bayer*, UmwG, § 83 Rz. 12; Widmann/Mayer-*Fronhöfer*, UmwR, § 83 UmwG Rz. 27; *Scheibner*, DZWIR 2022, 89, 91.
37) *Schöpflin* in: KölnKomm-UmwG, § 83 Rz. 16.

§ 84

Beschluss der Generalversammlung*)

[1]Der Verschmelzungsbeschluß der Generalversammlung bedarf einer Mehrheit von drei Vierteln der abgegebenen Stimmen. [2]Die Satzung kann eine größere Mehrheit und weitere Erfordernisse bestimmen.

*) § 84 i. d. F. des UmwBerG geändert durch Art. 14 des Gesetzes zur Einführung der Europäischen Genossenschaft und zur Änderung des Genossenschaftsrechts (SCEEG), v. 14.8.2006, BGBl. I 2006, 1911.

Literatur: Siehe die Literaturangaben bei § 79.

Übersicht

I. Norminhalt und Regelungszweck

1. Systematische Einordnung

§ 84 regelt die Beschlussfassung der Generalversammlung einer eG über die **Zustimmung zum Verschmelzungsvertrag**. Die Vorschrift ist im Fünften Abschnitt des Ersten Teils verortet und steht in engem Zusammenhang mit § 13, der die allgemeinen Anforderungen an Verschmelzungsbeschlüsse normiert. Inhaltlich knüpft § 84 an die Vorgängerregelung des § 93b Abs. 1 GenG a. F. an. Redaktionell orientiert sich die Vorschrift an den entsprechenden Regelungen des UmwG für GmbHs und AGs.[1] 1

2. Normzweck

Der Regelungszweck des § 84 besteht darin, die erforderliche **Legitimationsgrundlage für die Verschmelzung** zu schaffen.[2] Die Vorschrift stellt sicher, dass die gravierende Entscheidung über eine Verschmelzung nur mit einer qualifizierten Mehrheit beschlossen werden kann.[3] Hierdurch wird dem Umstand Rechnung getragen, dass die Verschmelzung weitreichende Auswirkungen auf die beteiligten Rechtsträger und deren Mitglieder hat. 2

II. Anwendungsbereich

§ 84 findet auf sämtliche Verschmelzungen Anwendung, an denen **mindestens** eine eG als Rechtsträger beteiligt ist.[4] Die Vorschrift gilt sowohl für die übertragende als auch für die übernehmende Genossenschaft. 3

III. Beschlusszuständigkeit

1. Generalversammlung als zuständiges Organ

Der Verschmelzungsbeschluss ist von der Generalversammlung als dem **obersten Willensbildungs- und Entscheidungsorgan** der Genossenschaft zu fassen.[5] Die Generalversammlung ist für alle Angelegenheiten zuständig, die den Bestand oder die wirtschaftlichen Grundlagen der Genossenschaft betreffen. Bei Genossenschaften mit mehr als 1.500 Mitgliedern kann die Satzung vorsehen, dass die Generalversammlung in Form einer **Vertreterversammlung** stattfindet (vgl. § 43a Abs. 1 GenG).[6] Die Vertreterversammlung tritt in diesem Fall in die Rechtsstellung der Generalversammlung ein und ist zur Entscheidung über die Verschmelzung berufen, soweit die Satzung nicht bestimmte Beschlüsse der Generalversammlung vorbehalten hat.[7] 4

2. Entscheidungsbefugnis der Generalversammlung

Die Kompetenz zur Beschlussfassung über die Verschmelzung kann **nicht auf andere Organe** der Genossenschaft oder auf Dritte übertragen werden.[8] Der Verschmelzungsbeschluss ist die Basis für das spätere Erlöschen der übertragenden Genossenschaft und der in ihr bestehenden Mitgliedschaften und führt zu einer erheblichen Umstrukturierung 5

1) Widmann/Mayer-*Fronhöfer*, UmwR, § 84 UmwG Rz. 1; *Schöpflin* in: KölnKomm-UmwG, § 84 Rz. 1.
2) Lutter-*Bayer*, UmwG, § 84 Rz. 1.
3) Semler/Stengel/Leonard-*Scholderer*, UmwG, § 84 Rz. 3.
4) Widmann/Mayer-*Fronhöfer*, UmwR, § 84 UmwG Rz. 3; *Schöpflin* in: KölnKomm-UmwG, § 84 Rz. 2.
5) Lutter-*Bayer*, UmwG, § 84 Rz. 2.
6) Widmann/Mayer-*Fronhöfer*, UmwR, § 84 UmwG Rz. 3; *Schöpflin* in: KölnKomm-UmwG, § 84 Rz. 3.
7) Vgl. im Kontext der Verschmelzung auch OLG Karlsruhe, Beschl. v. 26.3.2021 – 1 W 4/21 (Wx), ZIP 2021, 1323 = NZG 2021, 696.
8) Lutter-*Bayer*, UmwG, § 84 Rz. 4.

der übernehmenden Genossenschaft. Auch das Erfordernis der Zustimmung eines anderen Organs oder Dritter würde die Generalversammlung ihrer souveränen Entscheidungsfreiheit berauben und verstößt mithin gegen das Gesetz.[9] Der Beschluss kann nur in einer Versammlung gefasst werden, so dass § 84 keine Abweichung von der allgemeinen Regelung des § 13 Abs. 1 Satz 2 enthält.[10]

IV. Mehrheitserfordernis nach § 84 Satz 1

1. Grundsatz der Drei-Viertel-Mehrheit

6 § 84 Satz 1 verlangt eine Mehrheit von drei Vierteln der **abgegebenen Stimmen**. Dieses Mehrheitserfordernis entspricht der Regelung bei wichtigen Satzungsänderungen nach § 16 Abs. 2 Satz 1 GenG. Stimmenthaltungen und ungültige Stimmen werden bei der Berechnung der Mehrheit nicht mitgezählt, sondern bleiben unberücksichtigt.[11]

2. Stimmrecht der Mitglieder

7 Grundsätzlich hat jedes Mitglied der Genossenschaft **eine Stimme** (vgl. § 43 Abs. 3 Satz 1 GenG). Soweit die Satzung **Mehrstimmrechte** vorsieht, hat das begünstigte Mitglied bei Beschlüssen, die nach dem Gesetz einer Mehrheit von drei Vierteln bedürfen, gleichwohl nur eine Stimme (vgl. § 43 Abs. 3 Satz 3 Nr. 1 Satz 3 GenG).[12] Von dieser Beschränkung ausgenommen sind Sekundärgenossenschaften, deren Mitglieder zumindest überwiegend eGs sind.[13] Ebenso gilt die Beschränkung nicht für Genossenschaften, bei denen mehr als drei Viertel der Mitglieder Unternehmer i. S. des § 14 BGB sind(vgl. § 43 Abs. 3 Satz 3 Nr. 2 GenG).

3. Investierende Mitglieder

8 Lässt die Satzung investierende Mitglieder zu (vgl. § 8 Abs. 2 GenG), muss sie durch geeignete Regeln sicherstellen, dass investierende Mitglieder Beschlüsse, die eine Drei-Viertel-Mehrheit erfordern, **nicht verhindern können.**[14] Investierende Mitglieder sind eine durch das Gesetz zur Einführung der Europäischen Genossenschaft von 2006 geschaffene Mitgliederkategorie, die dadurch gekennzeichnet ist, dass diese Mitglieder – im Gegensatz zu den ordentlichen (nutzenden) Mitgliedern – nicht zur Nutzung von Einrichtungen oder Leistungen der Genossenschaft berechtigt sind, sondern **ausschließlich eine Kapitalbeteiligung** halten. Im Zuge des Gesetzes zum Bürokratieabbau und zur Förderung der Transparenz bei Genossenschaften[15] kann die Satzung das Stimmrecht der investierenden Mitglieder auch vollständig ausschließen (vgl. § 8 Abs. 2 Satz 2 GenG).

V. Satzungsmäßige Abweichungen nach Satz 2

9 Nach § 84 Satz 2 kann die Satzung eine **größere Mehrheit** bestimmen, etwa eine Neun-Zehntel-Mehrheit oder das Erfordernis der Einstimmigkeit.[16] In der Praxis ist dies durchaus

9) Widmann/Mayer-*Fronhöfer*, UmwR, § 84 UmwG Rz. 4; *Schöpflin* in: KölnKomm-UmwG, § 84 Rz. 4.

10) OLG Karlsruhe, Beschl. v. 26.3.2021 – 1 W 4/21 (Wx), ZIP 2021, 1323 = NZG 2021, 696.

11) Widmann/Mayer-*Fronhöfer*, UmwR, § 84 UmwG Rz. 12; *Schöpflin* in: KölnKomm-UmwG, § 84 Rz. 5.

12) Lutter-*Bayer*, UmwG, § 84 Rz. 8.

13) Widmann/Mayer-*Fronhöfer*, UmwR, § 84 UmwG Rz. 13; *Schöpflin* in: KölnKomm-UmwG, § 84 Rz. 6.

14) Lutter-*Bayer*, UmwG, § 84 Rz. 8.

15) Gesetz zum Bürokratieabbau und zur Förderung der Transparenz bei Genossenschaften (GenTraG), v. 17.7.2017, BGBl. I 2017, 2434.

16) Lutter-*Bayer*, UmwG, § 84 Rz. 9; Widmann/Mayer-*Fronhöfer*, UmwR, § 84 UmwG Rz. 14; *Schöpflin* in: KölnKomm-UmwG, § 84 Rz. 8.

üblich.[17] Die Satzung kann neben einer größeren Mehrheit zudem **weitere Erfordernisse** vorsehen, etwa ein Anwesenheitsquorum, die Anhörung bestimmter Organe bzw. Organmitglieder bzw. Dritter oder die Anordnung, dass dem Verschmelzungsvertrag in mehreren aufeinanderfolgenden Versammlungen zugestimmt werden muss.[18] Unzulässig sind hingegen Satzungsbestimmungen, mit denen die erforderliche Mehrheit herabgesetzt wird.

10 Ein satzungsmäßiger **Ausschluss der Verschmelzung** ist nach h. M. ebenfalls unwirksam und wäre in ein Einstimmigkeitserfordernis umzudeuten.[19] Die Satzung kann eine Verschmelzung auch nicht von der Zustimmung Dritter abhängig machen. Davon unabhängig sind jedoch interne, rein schuldrechtlich ausgestaltete Zustimmungsobliegenheiten, die wiederum jedoch keine rechtliche Wirksamkeitsvoraussetzung sein dürfen.

VI. Abstimmungsverfahren

11 Der Beschluss über die Verschmelzung ist **in offener Abstimmung** zu fassen.[20] Dies folgt daraus, dass nur die Mitglieder, die gegen die Verschmelzung gestimmt haben, berechtigt sind, **Widerspruch** gegen den Beschluss zur Niederschrift zu erklären. Dieser Widerspruch ist Voraussetzung für die Ausschlagung oder die Geltendmachung eines Abfindungsanspruchs. Der Verschmelzungsbeschluss muss dem gesamten **Inhalt des Verschmelzungsvertrags zustimmen.**[21] Zulässig ist auch die Zustimmung zu einem Vertragsentwurf, sofern dieser bereits alle wesentlichen Vertragsinhalte enthält.[22]

VII. Formerfordernis

12 Der Verschmelzungsbeschluss bedarf der **notariellen Beurkundung** (vgl. § 13 Abs. 3) Der Vertrag oder sein Entwurf ist dem Beschluss als Anlage beizufügen. Hinsichtlich der Niederschrift gilt § 47 GenG, so dass die Belege über die Einberufung der Versammlung und das Teilnehmerverzeichnis beizufügen sind.[23] Das Fehlen der notariellen Beurkundung begründet ein Eintragungshindernis.

VIII. Beschlussmängel

13 Der Verschmelzungsbeschluss ist wie jeder andere Beschluss einer Generalversammlung nach § 51 GenG **anfechtbar.**[24] Anfechtungsgründe sind

- Verletzungen des Gesetzes oder der Satzung, insbesondere Einberufungsmängel,
- fehlerhafter Ablauf der Generalversammlung und
- fehlerhafte Beschlussinhalte.[25]

14 **Anfechtungsbefugt** ist nach § 51 Abs. 2 Satz 1 GenG jedes in der Generalversammlung erschienene Mitglied, sofern es gegen den Beschluss Widerspruch zum Protokoll erklärt

17) Lutter-*Bayer*, UmwG, § 84 Rz. 9.
18) Widmann/Mayer-*Fronhöfer*, UmwR, § 84 UmwG Rz. 16.
19) *Schöpflin* in: KölnKomm-UmwG, § 84 Rz. 12.
20) Lutter-*Bayer*, UmwG, § 84 Rz. 6; Widmann/Mayer-*Fronhöfer*, UmwR, § 84 UmwG Rz. 6.
21) *Schöpflin* in: KölnKomm-UmwG, § 84 Rz. 9.
22) Lutter-*Bayer*, UmwG, § 84 Rz. 5; Widmann/Mayer-*Fronhöfer*, UmwR, § 84 UmwG Rz. 11.
23) Lutter-*Bayer*, UmwG, § 84 Rz. 11.
24) Lutter-*Bayer*, UmwG, § 84 Rz. 14; *Schöpflin* in: KölnKomm-UmwG, § 84 Rz. 14.
25) Widmann/Mayer-*Fronhöfer*, UmwR, § 84 UmwG Rz. 37.

hat.[26] Nicht erschienene Mitglieder sind anfechtungsbefugt, sofern sie unberechtigterweise nicht zugelassen wurden oder die Anfechtung auf Mängel der Einberufung stützen.

15 Nach **§ 14 Abs. 2** kann die Anfechtungsklage allerdings nicht darauf gestützt werden, dass das **Umtauschverhältnis** der Anteile nicht angemessen sei. Als Ausgleich können die betroffenen Mitglieder eine bare Zuzahlung im Spruchverfahren geltend machen.[27]

16 Aufgrund einer anhängigen Anfechtungsklage kann der Vorstand bei der Anmeldung nicht erklären, dass eine solche Klage nicht anhängig sei, so dass grundsätzlich ein **Eintragungshindernis** besteht.[28] Allerdings kann das Gericht nach § 16 Abs. 3 feststellen, dass die Anfechtungsklage der Eintragung nicht entgegensteht.

26) Widmann/Mayer-*Fronhöfer*, UmwR, § 84 UmwG Rz. 40; *Schöpflin* in: KölnKomm-UmwG, § 84 Rz. 15.
27) Lutter-*Bayer*, UmwG, § 84 Rz. 19.
28) Widmann/Mayer-*Fronhöfer*, UmwR, § 84 UmwG Rz. 44; *Schöpflin* in: KölnKomm-UmwG, § 84 Rz. 22.

§ 85
Verbesserung des Umtauschverhältnisses*)

(1) § 14 Absatz 2 und § 15 sind nicht anzuwenden auf Mitglieder einer übernehmenden Genossenschaft.

(2) Bei der Verschmelzung von Genossenschaften miteinander ist § 15 nur anzuwenden, wenn und soweit das Geschäftsguthaben eines Mitglieds in der übernehmenden Genossenschaft niedriger als das Geschäftsguthaben in der übertragenden Genossenschaft ist.

(3) Der Anspruch nach § 15 kann auch durch Zuschreibung auf das Geschäftsguthaben erfüllt werden, soweit nicht der Gesamtbetrag der Geschäftsanteile des Mitglieds bei der übernehmenden Genossenschaft überschritten wird.

*) § 85 geändert durch Art. 1 des Gesetzes zur Umsetzung der Umwandlungsrichtlinie und zur Änderung weiterer Gesetze (UmRUG), v. 22.2.2023, BGBl. I 2023, Nr. 51; § 85 i. d. F. des UmwBerG geändert durch Art. 14 des Gesetzes zur Einführung der Europäischen Genossenschaft und zur Änderung des Genossenschaftsrechts (SCEEG), v. 14.8.2006, BGBl. I 2006, 1911.

Literatur: Siehe auch die Literaturangaben bei § 79; *Kollrus*, Keine Beteiligung der Mitglieder am Genossenschaftsvermögen bei Verschmelzung, GWR 2025, 271; *Leuering/Rubner*, Verschmelzung von Genossenschaften: Nominalwert maßgeblich, NJW-Spezial 2025, 367; *Markworth*, Wie weit reicht die Vermögensteilhabe des Genossenschaftsmitglieds?, NZG 2025, 1227; *Scheibner*, Die Mitgliedschaft in der Verschmelzung eingetragener Genossenschaften, DZWIR 2025, 286; *Schmidt, M. K.,/Matevosyan*, Verschmelzung von Genossenschaften: Geschäftsguthaben i. S. v. § 85 Abs. 2 UmwG ist der Nominalwert der Beteiligung des Mitglieds an der Genossenschaft, DB 2025, 1475.

Übersicht

I. Norminhalt und Regelungszweck

1. Systematische Einordnung

§ 85 enthält Sonderregelungen für die Verbesserung des Umtauschverhältnisses bei Verschmelzungen unter Beteiligung von eGs. Die Vorschrift modifiziert die allgemeinen Regelungen der §§ 14 Abs. 2, 15 und trägt damit den Besonderheiten des genossenschaftlichen **Nominalwertprinzips** Rechnung.[1] Die Norm steht im systematischen Zusammenhang mit § 80, der das gesetzliche Leitbild der Fortführung des Geschäftsguthabens bei der übernehmenden Genossenschaft in gleicher nomineller Höhe etabliert. 1

2. Normzweck

Der Gesetzgeber bezweckt mit § 85 vorrangig, eine **Abschmelzung des Eigenkapitals** der Genossenschaft **zu vermeiden.**[2] Zudem soll verhindert werden, dass dem Mitglied aus Anlass der Verschmelzung eine Beteiligung an den Rücklagen und dem sonstigen Vermögen der übertragenden Genossenschaft zuwächst, die ihm selbst bei einem Ausscheiden aus der Genossenschaft nicht zustehen würde.[3] Eine nicht zu rechtfertigende Besserstellung gegenüber Mitgliedern, die aus der Genossenschaft ausscheiden, soll mithin vermieden werden.[4] 2

II. Anwendungsbereich

§ 85 differenziert zwischen verschiedenen Verschmelzungskonstellationen. **Absatz 1** erfasst alle Verschmelzungen, bei denen eine Genossenschaft übernehmender Rechtsträger ist, einschließlich Mischverschmelzungen mit Rechtsträgern anderer Rechtsformen.[5] 3

Absatz 2 enthält eine Sonderregelung nur für die Verschmelzung von Genossenschaften untereinander (reine Genossenschaftsverschmelzung). Die gleichzeitige Verschmelzung eines Rechtsträgers anderer Rechtsform auf die übernehmende Genossenschaft ist für die Anwendbarkeit des § 85 Abs. 2 unschädlich.[6] 4

III. Ausschluss der §§ 14 Abs. 2, 15 für Mitglieder der übernehmenden eG (§ 85 Abs. 1)

Nach § 85 **Abs. 1** sind § 14 Abs. 2 und § 15 auf die Mitglieder einer übernehmenden Genossenschaft nicht anzuwenden. Der Ausschluss gilt sowohl für reine Genossenschaftsverschmelzungen als auch für Mischverschmelzungen. Im Ergebnis bedeutet der Ausschluss, dass die Mitglieder einer übernehmenden Genossenschaft, anders als die Mitglieder anderer übernehmender Rechtsträger, Klagen gegen die Wirksamkeit des Verschmelzungsbeschlusses darauf stützen können, dass das **Umtauschverhältnis** nicht angemessen sei.[7] Im Gegenzug ist ihnen das Spruchverfahren verwehrt.[8] Nach der Gesetzesbegründung bleibt damit die Anfechtung nach allgemeinen Regeln möglich.[9] 5

1) *Schöpflin* in: KölnKomm-UmwG, § 85 Rz. 1; Lutter-*Bayer*, UmwG, § 85 Rz. 1; *Markworth*, NZG 2025, 1227, 1230; vgl. auch BayObLG, Beschl. v. 9.2.2024 – 101 W 169/23, NZG 2024, 733 = ZIP 2024, 1600.

2) Begr. Fraktionsentwurf UmwBerG, BT-Drucks. 12/6699, S. 108.

3) BGH, Beschl. v. 18.3.2025 – II ZB 7/24, ZIP 2025, 1325 = NZG 2025, 937.

4) *Schöpflin* in: KölnKomm-UmwG, § 85 Rz. 1.

5) *Schöpflin* in: KölnKomm-UmwG, § 85 Rz. 2a; Lutter-*Bayer*, UmwG, § 85 Rz. 2.

6) Lutter-*Bayer*, UmwG, § 85 Rz. 4; Semler/Stengel/Leonard-*Scholderer*, UmwG, § 85 Rz. 6.

7) *Schöpflin* in: KölnKomm-UmwG, § 85 Rz. 2b; Lutter-*Bayer*, UmwG, § 85 Rz. 2.

8) Begr. Fraktionsentwurf UmwBerG, BT-Drucks. 12/6699, S. 108.

9) Begr. Fraktionsentwurf UmwBerG, BT-Drucks. 12/6699, S. 108.

IV. Beschränkung des Anspruchs bei reiner Genossenschaftsverschmelzung (§ 85 Abs. 2)

1. Grundsatz

6 § 85 **Abs. 2** schließt die Verbesserung des Umtauschverhältnisses durch bare Zuzahlung nach § 15 grundsätzlich aus. Die Anwendbarkeit des § 15 wird auf den Fall beschränkt, dass das Geschäftsguthaben des Mitglieds in der übernehmenden Genossenschaft niedriger sein soll als sein bisheriges Geschäftsguthaben bei der übertragenden Genossenschaft.[10)]

7 Das **Geschäftsguthaben** setzt sich zusammen aus den erbrachten Einlagen des Mitglieds zuzüglich etwaiger Gewinnzuweisungen und abzüglich Verlustabzüge. Das in der Bilanz erscheinende Geschäftsguthaben drückt mithin nicht den vollen inneren Wert der Mitgliedschaft aus, weil es sich nicht anteilig auf Rücklagen und das sonstige Vermögen der Genossenschaft erstreckt.[11)]

2. Maßgeblichkeit des Nominalwerts

8 Der BGH hatte in seinem **Beschluss vom 18.3.2025** erstmals höchstrichterlich über die Frage zu entscheiden, ob bei einer Verschmelzung zweier Genossenschaften das Mitglied der übertragenden Genossenschaft an deren wahrem Wert zu beteiligen ist.[12)] Der Antragsteller war dabei als einfaches Mitglied mit zwei Geschäftsanteilen an einer Genossenschaft beteiligt. Diese verschmolz im Jahr 2021 als übertragende Genossenschaft auf die Antragsgegnerin im Wege der Aufnahme. Der Antragsteller machte geltend, er habe durch die Verschmelzung einen Wertverlust seiner Genossenschaftsanteile erlitten, da der anteilige Unternehmenswert der übertragenden Genossenschaft höher gewesen sei als derjenige der übernehmenden. Der BGH wies die Rechtsbeschwerde als unbegründet zurück. Nach seiner Auffassung ist Geschäftsguthaben i. S. von § 85 Abs. 2 der **Nominalwert der Beteiligung des Mitglieds an der Genossenschaft,** d. h. der bilanziell auszuweisende Betrag (vgl. § 337 Abs. 1 HGB), den das Mitglied tatsächlich auf den oder die Geschäftsanteile eingezahlt hat, zu- bzw. abzüglich etwaiger Gewinn- oder Rückvergütungsgutschriften und Verlustabschreibungen gemäß § 19 Abs. 1 GenG.[13)] Eine wirtschaftliche Bewertung des inneren Werts des Geschäftsguthabens unter Einbeziehung von Rücklagen oder stillen Reserven der Genossenschaft findet nach der Entscheidung des BGH daher nicht statt.[14)] Den Gesetzesmaterialien sei zu entnehmen, dass der Gesetzgeber sich bewusst für eine Beschränkung des Ausgleichsanspruchs der Mitglieder der übertragenden Genossenschaft auf den Nominalwert ihres bisherigen Geschäftsguthabens entschieden habe.[15)] Die **Begrenzung des Ausgleichsanspruchs** solle verhindern, dass den Mitgliedern der übertragenden Genossenschaft aus Anlass der Verschmelzung eine Beteiligung an den Rücklagen und dem sonstigen Vermögen der übertragenden Gesellschaft zuwächst, die ihnen nicht zustehen würde, wenn sie aus der Genossenschaft durch Kündigung bzw. Ausschlagung ausscheiden würden.[16)]

9 Zudem hält BGH § 85 Abs. 2 auch für **verfassungsgemäß** und verneint einen Verstoß gegen Art. 14 Abs. 1 GG.[17)] Selbst wenn der Schutzbereich des Art. 14 Abs. 1 GG eröff-

10) *Schöpflin* in: KölnKomm-UmwG, § 85 Rz. 1; Widmann/Mayer-*Fronhöfer*, UmwR, § 85 UmwG Rz. 12.

11) *Schöpflin* in: KölnKomm-UmwG, § 85 Rz. 3.

12) BGH, Beschl. v. 18.3.2025 – II ZB 7/24, ZIP 2025, 1325 = NZG 2025, 937.

13) BGH, Beschl. v. 18.3.2025 – II ZB 7/24, ZIP 2025, 1325 = NZG 2025, 937; *Leuering/Rubner*, NJW-Spezial 2025, 367; *M. K. Schmidt/Matevosyan*, DB 2025, 1475, 1476.

14) BGH, Beschl. v. 18.3.2025 – II ZB 7/24, ZIP 2025, 1325 = NZG 2025, 937.

15) BGH, Beschl. v. 18.3.2025 – II ZB 7/24, ZIP 2025, 1325 = NZG 2025, 937.

16) BGH, Beschl. v. 18.3.2025 – II ZB 7/24, ZIP 2025, 1325 = NZG 2025, 937.

17) BGH, Beschl. v. 18.3.2025 – II ZB 7/24, ZIP 2025, 1325 = NZG 2025, 937.

net sei, läge jedenfalls kein unverhältnismäßiger Eingriff vor.[18] Eine **teleologische Reduktion** des Anspruchsausschlusses nach § 85 Abs. 2 in Fällen erheblicher Unterschiede zwischen dem Nominalbetrag des Geschäftsguthabens und dem tatsächlichen Vermögenswert der Mitgliedschaft kommt nach der Entscheidung des BGH ebenfalls nicht in Betracht.[19] Soweit ein Ausgleichsanspruch nach § 85 Abs. 2 gegeben ist, kann das anspruchsberechtigte Mitglied nur einen Ausgleich i. H. der Differenz zwischen dem ihm in der übertragenden Genossenschaft zustehenden Geschäftsguthaben und dem ihm in der übernehmenden Genossenschaft zugeteilten Geschäftsguthaben beanspruchen.[20]

V. Erfüllung durch Zuschreibung (§ 85 Abs. 3)

Soweit gemäß § 15 Abs. 1 Satz 1 ein Anspruch auf Verbesserung des Umtauschverhältnisses begründet ist, modifiziert § 85 **Abs. 3** die allgemeine Regelung, dass diese Verbesserung in Form einer baren Zuzahlung an den betroffenen Anteilsinhaber zu gewähren ist. Zulässig ist vielmehr auch, dass das Umtauschverhältnis **durch Zuschreibung** auf das bei der übernehmenden Genossenschaft bestehende Geschäftsguthaben **verbessert** wird.[21] Die übernehmende Genossenschaft kann, muss aber nicht, ein Geschäftsguthaben durch Zuschreibung auffüllen, bis alle gemäß dem Verschmelzungsvertrag erworbenen Geschäftsanteile als voll eingezahlt anzusehen sind. Ein darüber hinausgehender Anspruch ist in bar zu erfüllen.[22] Das betreffende Mitglied kann insoweit nicht verlangen, dass es mit zusätzlichen Geschäftsanteilen bei der übernehmenden Genossenschaft beteiligt wird. Diese Regelung bezweckt, dass die Mitglieder der übernehmenden Genossenschaft bei Beschlussfassung über den Verschmelzungsvertrag die Beteiligungsverhältnisse der verschmelzenden Rechtsträger erkennen können.[23] 10

VI. Spruchverfahren

Das Verfahren zur Verbesserung des Umtauschverhältnisses ist im SpruchG geregelt (vgl. § 1 Nr. 4 SpruchG). Die **Anwendung des Spruchverfahrens** ist jedoch nach § 85 bei der Verschmelzung von Genossenschaften eingeschränkt.[24] Der BGH hat in seiner Entscheidung vom 18.3.2025 klargestellt, dass bei einer **rein genossenschaftlichen Verschmelzung** ein im Spruchverfahren geltend zu machender Anspruch auf Verbesserung des Umtauschverhältnisses nur besteht, wenn und soweit das Geschäftsguthaben in der übernehmenden Genossenschaft niedriger ist als in der übertragenden Genossenschaft. Bei Erfüllung des Geschäftsguthabens in nominell gleicher Höhe scheidet das Spruchverfahren aus.[25] 11

Für **Streitigkeiten über den Ausgleichsanspruch** nach § 85 sind die **ordentlichen Gerichte** zuständig, soweit nicht das Spruchverfahren eröffnet ist.[26] Die Mitglieder der 12

18) BGH, Beschl. v. 18.3.2025 – II ZB 7/24, ZIP 2025, 1325 = NZG 2025, 937; zust. *M. K. Schmidt/Matevosyan*, DB 2025, 1475, 1476; a. A. *Markworth*, NZG 2025, 1227, 1229 f.

19) BGH, Beschl. v. 18.3.2025 – II ZB 7/24, ZIP 2025, 1325 = NZG 2025, 937; zust. *Scheibner*, DZWIR 2025, 286, 289; *M. K. Schmidt/Matevosyan*, DB 2025, 1475, 1476; a. A. *Markworth*, NZG 2025, 1227, 1230.

20) Widmann/Mayer-*Fronhöfer*, UmwR, § 85 UmwG Rz. 14; Semler/Stengel/Leonard-*Scholderer*, UmwG, § 85 Rz. 14.

21) Lutter-*Bayer*, UmwG, § 85 Rz. 8.

22) Lutter-*Bayer*, UmwG, § 85 Rz. 9; Semler/Stengel/Leonard-*Scholderer*, UmwG, § 85 Rz. 17.

23) Lutter-*Bayer*, UmwG, § 85 Rz. 10; *Schöpflin* in: KölnKomm-UmwG, § 85 Rz. 12.

24) BGH, Beschl. v. 18.3.2025 – II ZB 7/24, ZIP 2025, 1325 = NZG 2025, 937; *Kollrus*, GWR 2025, 271.

25) BGH, Beschl. v. 18.3.2025 – II ZB 7/24, ZIP 2025, 1325 = NZG 2025, 937; *Scheibner*, DZWIR 2025, 286, 288 f.

26) *Schöpflin* in: KölnKomm-UmwG, § 85 Rz. 14.

übernehmenden Genossenschaft können nach § 85 Abs. 1 den Verschmelzungsbeschluss mit der Begründung anfechten, dass das Umtauschverhältnis nicht angemessen sei.[27)]

13 Nach der Entscheidung des BGH steht den **Mitgliedern der übertragenden Genossenschaft** bei Wahrung des nominellen Geschäftsguthabens weder ein Anspruch im Spruchverfahren noch ein sonstiger Ausgleichsanspruch wegen eines behaupteten Wertverlustes zu.[28)] Eine analoge Anwendung des SpruchG kommt ebenfalls nicht in Betracht.[29)]

27) Begr. Fraktionsentwurf UmwBerG, BT-Drucks. 12/6699, S. 108.

28) BGH, Beschl. v. 18.3.2025 – II ZB 7/24, ZIP 2025, 1325 = NZG 2025, 937; krit. dazu *Scheibner*, DZWIR 2025, 286, 289 f.

29) BGH, Beschl. v. 18.3.2025 – II ZB 7/24, ZIP 2025, 1325 = NZG 2025, 937; *Scheibner*, DZWIR 2025, 286, 288.

§ 86
Anlagen der Anmeldung

(1) Der Anmeldung der Verschmelzung ist außer den sonst erforderlichen Unterlagen auch das für die anmeldende Genossenschaft erstattete Prüfungsgutachten in Urschrift oder in öffentlich beglaubigter Abschrift beizufügen.

(2) Der Anmeldung zur Eintragung in das Register des Sitzes des übernehmenden Rechtsträgers ist ferner jedes andere für eine übertragende Genossenschaft erstattete Prüfungsgutachten in Urschrift oder in öffentlich beglaubigter Abschrift beizufügen.

Literatur: Siehe die Literaturangaben bei § 79.

Übersicht

I. Norminhalt und Regelungszweck

1. Systematische Einordnung

1 § 86 ergänzt die allgemeinen Vorschriften über die **Anlagen der Anmeldung in § 17** für den Fall der Beteiligung einer eG an der Verschmelzung.[1)] Die Vorschrift gewährleistet, dass die für die Verschmelzung bedeutsamen Prüfungsgutachten, die für Genossenschaften den Prüfungsbericht nach § 12 ersetzen, der Anmeldung beigefügt werden.[2)] Die Vor-

1) *Schöpflin* in: KölnKomm-UmwG, § 86 Rz. 1; Lutter-*Bayer*, UmwG, § 86 Rz. 1.

2) *Schöpflin* in: KölnKomm-UmwG, § 86 Rz. 1; Widmann/Mayer-*Fronhöfer*, UmwR, § 86 UmwG Rz. 1.

schrift steht im systematischen Zusammenhang mit § 81, der die Einholung des Prüfungsgutachtens des Prüfungsverbandes vorschreibt. Dieses Gutachten tritt bei Genossenschaften an die Stelle des Prüfungsberichts nach §§ 9 bis 12.

2. Normzweck

§ 86 dient der Sicherstellung einer ordnungsgemäßen **registergerichtlichen Prüfung** der Verschmelzungsvoraussetzungen.[3] Das Registergericht soll in die Lage versetzt werden, die Vereinbarkeit der Verschmelzung mit den Belangen der Genossen und der Gläubiger der Genossenschaft anhand des Prüfungsgutachtens zu überprüfen.[4] § 86 Abs. 2 stellt für **Mischverschmelzungen** sicher, dass die Prüfungsgutachten jeder an der Verschmelzung beteiligten Genossenschaft der Anmeldung zum Register des übernehmenden Rechtsträgers beigefügt werden.[5] 2

II. Anmeldung der Verschmelzung

1. Anmeldung zum Genossenschaftsregister

Die Verschmelzung ist von den **Vertretungsorganen** jedes beteiligten Rechtsträgers zur Eintragung in das Register des jeweiligen Rechtsträgers anzumelden (vgl. § 16 Abs. 1 Satz 1). Bei der Genossenschaft ist mithin das Genossenschaftsregister zuständig. Die Anmeldung erfolgt durch sämtliche Vorstandsmitglieder der beteiligten Genossenschaft (vgl. § 157 Abs. 1 GenG). Die Anmeldung hat elektronisch in öffentlich beglaubigter Form zu erfolgen (vgl. § 12 HGB). Die Vertretungsorgane des übernehmenden Rechtsträgers sind berechtigt, die Verschmelzung auch für die übertragenden Rechtsträger anzumelden (vgl. § 16 Abs. 1 Satz 2).[6] 3

2. Negativerklärung

Bei der Anmeldung haben die Vertretungsorgane zu erklären, dass eine Klage gegen die Wirksamkeit des Verschmelzungsbeschlusses nicht oder nicht fristgemäß erhoben oder eine solche Klage rechtskräftig abgewiesen oder zurückgenommen worden ist (vgl. § 16 Abs. 2 Satz 1).[7] Wahlweise können alle Anteilsinhaber durch notariell beurkundete Erklärung auf die Erhebung einer Klage verzichten (vgl. § 16 Abs. 2 Satz 2). 4

3. Feststellungsbeschluss nach § 16 Abs. 3

Trotz anhängiger Klage gegen die Wirksamkeit der Verschmelzung kann die Eintragung nach § 16 Abs. 3 Satz 1 erfolgen, falls das für die Klage zuständige Prozessgericht auf Antrag durch rechtskräftigen Beschluss festgestellt hat, dass die Erhebung der Klage nicht entgegensteht (**Unbedenklichkeitsverfahren**). 5

III. Anlagen der Anmeldung (§ 86 Abs. 1)

1. Allgemeines

§ 86 Abs. 1 gilt für jede Anmeldung einer Verschmelzung, an der eine Genossenschaft beteiligt ist. Dies gilt unabhängig davon, ob es sich um eine reine **Genossenschaftsver-** 6

3) *Schöpflin* in: KölnKomm-UmwG, § 86 Rz. 1; *Thilo* in: BeckOGK-UmwG, § 86 Rz. 1.

4) Lutter-*Bayer*, UmwG, § 86 Rz. 1.

5) *Schöpflin* in: KölnKomm-UmwG, § 86 Rz. 1; Widmann/Mayer-*Fronhöfer*, UmwR, § 86 UmwG Rz. 30 f.

6) *Schöpflin* in: KölnKomm-UmwG, § 86 Rz. 3; Lutter-*Bayer*, UmwG, § 86 Rz. 1.

7) Lutter-*Bayer*, UmwG, § 86 Rz. 2; Widmann/Mayer-*Fronhöfer*, UmwR, § 86 UmwG Rz. 7; *Schöpflin* in: KölnKomm-UmwG, § 86 Rz. 5.

schmelzung oder um eine **Mischverschmelzung** handelt, bei der die Genossenschaft entweder übertragender oder übernehmender Rechtsträger ist.[8] Der Anmeldung einer Verschmelzung zum Genossenschaftsregister sind die in § 17 Abs. 1 genannten Unterlagen beizufügen. Ist die Genossenschaft übertragender Rechtsträger, ist zusätzlich gemäß § 17 Abs. 2 die Schlussbilanz beizufügen. Diese kann aufgrund aktueller Rechtsprechung aber unter Umständen auch nachgereicht werden.[9] Gemäß § 86 Abs. 1 ist der Anmeldung darüber hinaus das Prüfungsgutachten beizufügen, welches von dem zuständigen Prüfungsverband für die von der Anmeldung betroffene Genossenschaft erstellt wurde.[10]

2. Unterlagen nach § 17 Abs. 1

7 Der gemäß § 6 notariell zu beurkundende Verschmelzungsvertrag ist in Ausfertigung oder öffentlich beglaubigter Abschrift der Anmeldung beizufügen (vgl. § 17 Abs. 1). Nicht ausreichend ist die Beifügung lediglich des von der Versammlung der Anteilsinhaber beschlossenen **Vertragsentwurfs**, da Voraussetzung für die Eintragung der Verschmelzung neben der Beschlussfassung der Anteilsinhaber stets auch der endgültige Abschluss des Verschmelzungsvertrags ist.[11]

8 Die gemäß § 13 Abs. 3 Satz 1 notariell zu beurkundenden Verschmelzungsbeschlüsse sind in Ausfertigung oder öffentlich beglaubigter Abschrift **der Anmeldung beizufügen.** Beizufügen sind die Niederschriften sämtlicher Verschmelzungsbeschlüsse aller an der Verschmelzung **beteiligten Rechtsträger**, nicht nur die Niederschrift über den vom anmeldenden Rechtsträger getroffenen Verschmelzungsbeschluss. Zur Niederschrift zählt nach § 47 Abs. 3 GenG analog auch das **Teilnehmerverzeichnis.**[12]

9 Da eine **Vinkulierung** von Geschäftsanteilen einer Genossenschaft zugunsten einzelner Mitglieder nicht möglich ist, kommt dem allgemeinen Zustimmungserfordernis des § 13 Abs. 2 für die reine Genossenschaftsverschmelzung keine Bedeutung zu.[13] Bei Mischverschmelzungen können hingegen Zustimmungserfordernisse nach den für die jeweils andere Rechtsform maßgeblichen Vorschriften bestehen. Bei der Verschmelzung einer Genossenschaft mit einer GmbH sind ggf. die Zustimmungen der Gesellschafter nach § 50 Abs. 2, § 51 Abs. 1 Satz 1 erforderlich. Bei der Verschmelzung mit einer AG können Sonderbeschlüsse nach § 65 Abs. 2 erforderlich sein.

10 Ein nach § 8 erforderlicher **Verschmelzungsbericht** ist der Anmeldung in Urschrift oder einfacher Abschrift beizufügen. Nur der von dem Vorstand der Genossenschaft erstellte Verschmelzungsbericht ist als Anlage beizufügen, nicht aber die Berichte, die von den Vertretungsorganen der übrigen an der Verschmelzung beteiligten Rechtsträger erstellt wurden.[14] Ein Verschmelzungsbericht ist entbehrlich, wenn sich alle Anteile des übertragenden Rechtsträgers in der Hand des übernehmenden Rechtsträgers befinden oder alle Anteilsinhaber aller beteiligten Rechtsträger auf seine Erstattung verzichten (vgl. § 8 Abs. 3).

11 Gemäß § 5 Abs. 3 ist der Verschmelzungsvertrag oder sein Entwurf spätestens einen Monat vor dem Tage der Generalversammlung, die über die Verschmelzung beschließen soll, dem zuständigen **Betriebsrat zuzuleiten.** Dass diese Zuleitung ordnungsgemäß erfolgt ist, muss bei der Anmeldung nachgewiesen werden, etwa durch die Vorlage eines

8) Widmann/Mayer-*Fronhöfer*, UmwR, § 86 UmwG Rz. 8; *Schöpflin* in: KölnKomm-UmwG, § 86 Rz. 9.

9) Vgl. BGH, Beschl. v. 18.3.2025 – II ZB 1/24, ZIP 2025, 1721 = NZG 2025, 893; OLG Düsseldorf, Beschl. v. 12.1.2024 – 3 Wx 181/23, ZIP 2024, 757 = NZG 2024, 639.

10) Widmann/Mayer-*Fronhöfer*, UmwR, § 86 UmwG Rz. 9; Lutter-*Bayer*, UmwG, § 86 Rz. 5.

11) Lutter-*Bayer*, UmwG, § 86 Rz. 6.

12) Lutter-*Bayer*, UmwG, § 86 Rz. 7.

13) Lutter-*Bayer*, UmwG, § 86 Rz. 8; *Schöpflin* in: KölnKomm-UmwG, § 86 Rz. 13.

14) Widmann/Mayer-*Fronhöfer*, UmwR, § 86 UmwG Rz. 19.

Übersendungsschreibens oder der Empfangsbestätigung des Vorsitzenden des Betriebsrats. Die Zuleitungspflicht entfällt, wenn bei der Genossenschaft kein Betriebsrat besteht. In diesem Fall genügt eine entsprechende Versicherung der Mitglieder des Vorstands in der Anmeldung oder in einem gesonderten Schreiben.[15)]

3. Prüfungsgutachten

12 Jede Genossenschaft, die eine Verschmelzung zur Eintragung in das Genossenschaftsregister anmeldet, hat neben den Unterlagen gemäß § 17 auch das Prüfungsgutachten **beizufügen**, das für sie gemäß § 81 erstattet wurde. Diese Verpflichtung gilt unabhängig davon, ob die anmeldende Genossenschaft übernehmender oder übertragender Rechtsträger ist.[16)] Die Verpflichtung zur Vorlage des Prüfungsgutachtens gilt auch dann, wenn ein übernehmender Rechtsträger eine übertragende Genossenschaft gemäß § 16 Abs. 1 Satz 2 anmeldet. Das Prüfungsgutachten ersetzt den nach §§ 17 Abs. 1, 12 erforderlichen Prüfungsbericht.

4. Form der Anlagen

13 Notariell zu beurkundende Unterlagen, also der Verschmelzungsvertrag und die Niederschrift über die Verschmelzungsbeschlüsse sowie ggf. Zustimmungserklärungen oder Verzichtserklärungen, sind in Ausfertigung oder öffentlich beglaubigter Abschrift beizufügen. Die Prüfungsgutachten gemäß §§ 81, 86 sind in Urschrift oder öffentlich beglaubigter Abschrift beizufügen. Die übrigen Unterlagen gemäß § 17 Abs. 1 können in Urschrift oder einfacher Abschrift beigefügt werden.[17)]

IV. Anlagen bei Anmeldung zum Register des übernehmenden Rechtsträgers (§ 86 Abs. 2)

14 § 86 Abs. 2 **erweitert den Katalog der Anlagen**, die der Anmeldung zum Register des übernehmenden Rechtsträgers beizufügen sind. Das für eine übertragende Genossenschaft erstellte Prüfungsgutachten ist nicht nur gemäß § 86 Abs. 1 der Anmeldung zum Register der übertragenden Genossenschaft beizufügen, sondern **zusätzlich** auch der Anmeldung zum Register des übernehmenden Rechtsträgers. Diese Pflicht besteht unabhängig davon, ob übernehmender Rechtsträger eine Genossenschaft oder ein Rechtsträger anderer Rechtsform ist.[18)] Damit findet § 86 Abs. 2 sowohl auf reine Genossenschaftsverschmelzungen als **auch auf Mischverschmelzungen** Anwendung.[19)]

15 Meldet der übernehmende Rechtsträger die Verschmelzung zu seinem Register an, muss er **jedes** für eine übertragende Genossenschaft erstattete **Prüfungsgutachten** in Urschrift oder öffentlich beglaubigter Abschrift beifügen. Die Vorstandsmitglieder der übertragenden Genossenschaft sind verpflichtet, das Prüfungsgutachten an den übernehmenden Rechtsträger herauszugeben.[20)] Dem Rechtsträger anderer Rechtsform obliegt daneben die Vorlage des für ihn erstatteten Prüfungsberichts. Wurde für mehrere beteiligte Genossenschaften ein gemeinsames Prüfungsgutachten gemäß § 81 Abs. 1 Satz 2 erstattet, so kommt eine Trennung nicht in Betracht. Das Prüfungsgutachten ist generell vollständig einzureichen.[21)]

15) Widmann/Mayer-*Fronhöfer*, UmwR, § 86 UmwG Rz. 29.
16) Lutter-*Bayer*, UmwG, § 86 Rz. 19; *Schöpflin* in: KölnKomm-UmwG, § 86 Rz. 23.
17) Lutter-*Bayer*, UmwG, § 86 Rz. 20; Widmann/Mayer-*Fronhöfer*, UmwR, § 86 UmwG Rz. 9.
18) Widmann/Mayer-*Fronhöfer*, UmwR, § 86 UmwG Rz. 31; Lutter-*Bayer*, UmwG, § 86 Rz. 19.
19) *Schöpflin* in: KölnKomm-UmwG, § 86 Rz. 24.
20) *Schöpflin* in: KölnKomm-UmwG, § 86 Rz. 24.
21) Lutter-*Bayer*, UmwG, § 86 Rz. 19; Widmann/Mayer-*Fronhöfer*, UmwR, § 86 UmwG Rz. 32; *Schöpflin* in: KölnKomm-UmwG, § 86 Rz. 24.

V. Prüfung durch das Registergericht

16 Das Registergericht prüft zunächst, ob die Anmeldung ordnungsgemäß erfolgt ist und die **erforderlichen Anlagen** sowie die Negativerklärung bzw. Verzichtserklärungen gemäß § 16 Abs. 2 beigefügt sind.[22)] Soweit Unterlagen fehlen, ist deren Vorlage durch **Zwischenverfügung** (§ 382 Abs. 4 FamFG) nachzufordern. Im Falle der Anmeldung einer **übertragenden Genossenschaft** ist weiterhin festzustellen, ob die Voraussetzungen des § 17 Abs. 2 vorliegen wenngleich nach neuer Rechtsprechung (siehe oben Rz. 8) die Schlussbilanz auch nachgereicht werden kann. Im Falle der Anmeldung einer **übernehmenden Genossenschaft** ist zu prüfen, ob die vorrangige Eintragung der Verschmelzung in das Register des Sitzes jedes beteiligten übertragenden Rechtsträgers erfolgt ist.

17 Darüber hinaus hat das Registergericht von Amts wegen auch zu überprüfen, ob die gesetzlichen **Voraussetzungen für die Verschmelzung erfüllt** sind. Hierbei kann es sich allerdings auf die Prüfung der vorgelegten Unterlagen beschränken. Nicht zu prüfen hat das Registergericht, ob das Umtauschverhältnis der Anteile zutreffend festgesetzt wurde. Hierüber wird ausschließlich auf Antrag im **Spruchverfahren** entschieden.[23)]

VI. Eintragung und Bekanntmachung

18 Die Verschmelzung ist zunächst in das Register des Sitzes jedes der **übertragenden Rechtsträger** einzutragen (vgl. § 19 Abs. 1 Satz 1). Die Eintragung im Register des Sitzes des übernehmenden Rechtsträgers darf erst erfolgen, wenn die Verschmelzung im Register jedes übertragenden Rechtsträgers eingetragen worden ist (vgl. § 19 Abs. 1 Satz 2). Die Eintragung im Register des Sitzes des übernehmenden Rechtsträgers ist für die Wirksamkeit der Verschmelzung konstitutiv. Mit ihr erlischt die übertragende Genossenschaft und geht ihr Vermögen im Wege der Gesamtrechtsnachfolge auf den übernehmenden Rechtsträger über (vgl. § 20 Abs. 1).

19 Die Eintragung der Verschmelzung ist in den Registerblättern aller beteiligten Rechtsträger **bekannt zu machen** (vgl. § 19 Abs. 3). Die Bekanntmachung ist u. a. für den Beginn der Frist für die Gläubigeranmeldung nach § 22 und für die Auszahlung überschießender Geschäftsguthaben nach § 87 Abs. 2 Satz 1 von Bedeutung.[24)]

22) Lutter-*Bayer*, UmwG, § 86 Rz. 21; *Schöpflin* in: KölnKomm-UmwG, § 86 Rz. 25.
23) Lutter-*Bayer*, UmwG, § 86 Rz. 22; *Schöpflin* in: KölnKomm-UmwG, § 86 Rz. 25.
24) Lutter-*Bayer*, UmwG, § 86 Rz. 25.

§ 87

Anteilstausch[*)]

(1) [1]Auf Grund der Verschmelzung ist jedes Mitglied einer übertragenden Genossenschaft entsprechend dem Verschmelzungsvertrag an dem übernehmenden Rechtsträger beteiligt. [2]Eine Verpflichtung, bei einer übernehmenden Genossenschaft weitere Geschäftsanteile zu übernehmen, bleibt unberührt. [3]Rechte Dritter an den Geschäftsguthaben bei einer übertragenden Genossenschaft bestehen an den Anteilen oder Mitgliedschaften des übernehmenden Rechtsträgers anderer Rechtsform weiter, die an die Stelle der Geschäftsanteile der übertragenden Genossenschaft treten. [4]Rechte Dritter an den Anteilen oder Mitgliedschaften des übertragenden Rechtsträgers bestehen an den bei der übernehmenden Genossenschaft erlangten Geschäftsguthaben weiter.

(2) [1]Übersteigt das Geschäftsguthaben, das das Mitglied bei einer übertragenden Genossenschaft hatte, den Gesamtbetrag der Geschäftsanteile, mit denen es nach Ab-

satz 1 bei einer übernehmenden Genossenschaft beteiligt ist, so ist der übersteigende Betrag nach Ablauf von sechs Monaten seit dem Tage, an dem die Eintragung der Verschmelzung in das Register des Sitzes der übernehmenden Genossenschaft nach § 19 Abs. 3 bekannt gemacht worden ist, an das Mitglied auszuzahlen; die Auszahlung darf jedoch nicht erfolgen, bevor die Gläubiger, die sich nach § 22 gemeldet haben, befriedigt oder sichergestellt sind. [2]Im Verschmelzungsvertrag festgesetzte bare Zuzahlungen dürfen nicht den zehnten Teil des Gesamtnennbetrags der gewährten Geschäftsanteile der übernehmenden Genossenschaft übersteigen.

(3) Für die Berechnung des Geschäftsguthabens, das dem Mitglied bei einer übertragenden Genossenschaft zugestanden hat, ist deren Schlußbilanz maßgebend.

*) § 87 geändert durch Art. 4 des Gesetzes zur Umsetzung der Aktionärsrechterichtlinie (ARUG), v. 30.7.2009, BGBl. I 2009, 2479; § 87 geändert durch Art. 8 des Gesetzes über elektronische Handelsregister und Genossenschaftsregister sowie das Unternehmensregister (EHUG), v. 10.11.2006, BGBl. I 2006, 2553; § 87 i. d. F. des UmwBerG geändert durch Art. 14 des Gesetzes zur Einführung der Europäischen Genossenschaft und zur Änderung des Genossenschaftsrechts (SCEEG), v. 14.8.2006, BGBl. I 2006, 1911.

Literatur: Siehe die Literaturangaben bei § 79.

Übersicht

I. Norminhalt und Regelungszweck

1. Systematische Einordnung

§ 87 konkretisiert in Ergänzung des § 20 Abs. 1 Nr. 3 Satz 1 den **Anteilstausch beim Wechsel der Mitglieder** einer übertragenden Genossenschaft zu einem übernehmenden Rechtsträger. Die Vorschrift regelt 1

- den Anteilserwerb,
- die Fortgeltung der Pflichtbeteiligung,
- die Kontinuität von Rechten Dritter sowie
- die Auszahlung überschießender Geschäftsguthaben und
- die Begrenzung barer Zuzahlungen.[1)]

1) Begr. Fraktionsentwurf UmwBerG, BT-Drucks. 12/6699, S. 108.

2 Die Vorschrift entspricht weitgehend der früheren Norm des § 93h GenG a. F. Redaktionelle Änderungen ergeben sich daraus, dass auch Mischverschmelzungen unter Beteiligung von Genossenschaften möglich sind.[2)]

2. Normzweck

3 § 87 dient der Konkretisierung des allgemeinen Grundsatzes des Anteilstauschs für den Fall der Beteiligung einer Genossenschaft als übertragender Rechtsträger. Sie stellt sicher, dass die Mitglieder der übertragenden Genossenschaft entsprechend den Bestimmungen des Verschmelzungsvertrags am übernehmenden Rechtsträger beteiligt werden.[3)] § 87 Abs. 2 Satz 1 gewährleistet, dass überschießende Geschäftsguthaben an die Mitglieder ausgezahlt werden. § 87 Abs. 2 Satz 2 begrenzt bare Zuzahlungen der Höhe nach, um eine Umgehung des Verschmelzungscharakters zu verhindern.

II. Anteilstausch (§ 87 Abs. 1 Satz 1)

1. Grundsatz des Anteilserwerbs

4 Gemäß § 20 Abs. 1 Nr. 3 Satz 1 werden die Anteilsinhaber jedes übertragenden Rechtsträgers **mit der Eintragung** der Verschmelzung im Register des übernehmenden Rechtsträgers **Anteilsinhaber** bei diesem. Dies gilt auch für Verschmelzungen unter Beteiligung von Genossenschaften, unabhängig davon, ob eine Genossenschaft übertragender oder übernehmender Rechtsträger ist oder ob es sich um eine reine Genossenschaftsverschmelzung handelt. § 87 Abs. 1 Satz 1 bestätigt diese Grundsätze ausdrücklich für die Mitglieder einer übertragenden Genossenschaft und stellt klar, dass ihre Beteiligung an dem übernehmenden Rechtsträger entsprechend den Bestimmungen des Verschmelzungsvertrags erfolgt.[4)]

2. Beteiligung bei übernehmender Genossenschaft

5 Der **Geschäftsanteil** bestimmt den Betrag, bis zu dem sich die Mitglieder mit Einlagen beteiligen können (vgl. § 7 Nr. 1 GenG). Er gibt mithin nur die **Obergrenze** zulässiger Einlagen an.[5)]

6 Das **Geschäftsguthaben** ist demgegenüber der Betrag, mit dem das Mitglied **tatsächlich finanziell** an der Genossenschaft **beteiligt** ist. Es handelt sich im Gegensatz zum konstanten Betrag des Geschäftsanteils um eine veränderliche Größe. Das Geschäftsguthaben, das einem Anteilsinhaber eines übertragenen Rechtsträgers bei der übernehmenden Genossenschaft zugewiesen wird, ist mithin **maßgeblich für die Beurteilung des Wertes** seiner Beteiligung, die er im Austausch für seine Beteiligung an dem übertragenen Rechtsträger erhält.[6)]

7 Im Fall der reinen Genossenschaftsverschmelzung wird § 5 Abs. 1 Nr. 3 durch § 80 Abs. 1 ergänzt.[7)] Nach § 80 Abs. 1 Satz 1 Nr. 2 ist grundsätzlich jeder Genosse einer übertragenden Genossenschaft **mit mindestens einem** und i. Ü. mit so vielen Geschäftsanteilen bei der übernehmenden Genossenschaft beteiligt, wie durch Anrechnung seines Geschäftsguthabens bei der übertragenden Genossenschaft als voll eingezahlt anzusehen sind.

---

2) Widmann/Mayer-*Fronhöfer*, UmwR, § 87 UmwG Rz. 4; *Schöpflin* in: KölnKomm-UmwG, § 87 Rz. 2.

3) Begr. Fraktionsentwurf UmwBerG, BT-Drucks. 12/6699, S. 108.

4) Widmann/Mayer-*Fronhöfer*, UmwR, § 87 UmwG Rz. 15; Lutter-*Bayer*, UmwG, § 87 Rz. 5.

5) Widmann/Mayer-*Fronhöfer*, UmwR, § 87 UmwG Rz. 21.

6) Widmann/Mayer-*Fronhöfer*, UmwR, § 87 UmwG Rz. 23.

7) Widmann/Mayer-*Fronhöfer*, UmwR, § 87 UmwG Rz. 48; *Schöpflin* in: KölnKomm-UmwG, § 87 Rz. 21.

Der Verschmelzungsvertrag kann gemäß § 80 Abs. 1 Satz 1 Nr. 2 auch eine **abweichende Berechnung** der zu gewährenden Geschäftsanteile vorsehen, so dass jeder Anteilsinhaber eines übertragenen Rechtsträgers so viele Geschäftsanteile erwirbt, als seiner Pflichtbeteiligung gemäß der Satzung der übernehmenden Genossenschaft entspricht.[8] 8

3. Beteiligung bei übernehmenden Rechtsträgern anderer Rechtsform

Bei der Verschmelzung einer Genossenschaft auf einen Rechtsträger anderer Rechtsform bestimmt sich die Beteiligung der früheren Genossenschaftsmitglieder am übernehmenden Rechtsträger nach den **für diesen geltenden Vorschriften.**[9] Der Verschmelzungsvertrag muss nach § 5 Abs. 1 Nr. 3 das Umtauschverhältnis der Anteile angeben. 9

III. Pflichtbeteiligung bei der übernehmenden Genossenschaft (§ 87 Abs. 1 Satz 2)

§ 87 Abs. 1 Satz 2 stellt klar, dass eine Verpflichtung, bei einer übernehmenden Genossenschaft weitere Geschäftsanteile zu übernehmen, unberührt bleibt. Geschäftsanteile, die bei der übernehmenden Genossenschaft als Pflichtbeteiligung übernommen werden müssen, aber durch den verschmelzungsbedingten Anteilstausch nicht erworben werden können, sind **außerhalb des Verschmelzungsvorgangs** zu übernehmen.[10] Die **Verpflichtung zur Übernahme weiterer Geschäftsanteile** folgt aus der Satzung der übernehmenden Genossenschaft. Sie trifft nach dem Wirksamwerden der Verschmelzung auch die Anteilsinhaber der übertragenden Rechtsträger.[11] Die Übernahme weiterer Geschäftsanteile erfolgt durch gesonderte Beitrittserklärung gemäß § 15b GenG. 10

IV. Rechte Dritter

1. Rechte an Geschäftsguthaben der übertragenden Genossenschaft (§ 87 Abs. 1 Satz 3)

§ 87 Abs. 1 Satz 3 trägt der Tatsache Rechnung, dass bei der Genossenschaft Rechte Dritter nicht an den Geschäftsanteilen, sondern nur an den allein übertragbaren Geschäftsguthaben bestehen können.[12] Rechte Dritter an den Geschäftsguthaben bei einer übertragenden Genossenschaft **bestehen** an den Anteilen oder Mitgliedschaften des übernehmenden Rechtsträgers anderer Rechtsform **weiter**, die an die Stelle der Geschäftsanteile der übertragenden Genossenschaft treten.[13] 11

2. Rechte an Anteilen des übertragenden Rechtsträgers anderer Rechtsform (§ 87 Abs. 1 Satz 4)

§ 87 Abs. 1 Satz 4 regelt den umgekehrten Fall: Rechte Dritter an den Anteilen oder Mitgliedschaften des übertragenden Rechtsträgers bestehen an den bei der übernehmenden Genossenschaft erlangten Geschäftsguthaben weiter.[14] Die Vorschrift gewährleistet die Kontinuität von Sicherungsrechten und sonstigen dinglichen Rechten Dritter.[15] 12

---

8) Widmann/Mayer-*Fronhöfer*, UmwR, § 87 UmwG Rz. 65; *Schöpflin* in: KölnKomm-UmwG, § 87 Rz. 23.
9) *Schöpflin* in: KölnKomm-UmwG, § 87 Rz. 21; Lutter-*Bayer*, UmwG, § 87 Rz. 6.
10) Begr. Fraktionsentwurf UmwBerG, BT-Drucks. 12/6699, S. 108.
11) Widmann/Mayer-*Fronhöfer*, UmwR, § 87 UmwG Rz. 56; *Schöpflin* in: KölnKomm-UmwG, § 87 Rz. 24.
12) Begr. Fraktionsentwurf UmwBerG, BT-Drucks. 12/6699, S. 108.
13) *Schöpflin* in: KölnKomm-UmwG, § 87 Rz. 26; Lutter-*Bayer*, UmwG, § 87 Rz. 22.
14) Begr. Fraktionsentwurf UmwBerG, BT-Drucks. 12/6699, S. 108.
15) Widmann/Mayer-*Fronhöfer*, UmwR, § 87 UmwG Rz. 2; Lutter-*Bayer*, UmwG, § 87 Rz. 23.

V. Auszahlung überschießender Geschäftsguthaben (§ 87 Abs. 2 Satz 1)

13 § 87 Abs. 2 Satz 1 betrifft nur die reine Genossenschaftsverschmelzung. Soweit das Geschäftsguthaben eines Mitglieds einer übertragenden Genossenschaft den Gesamtbetrag der Geschäftsanteile, die es bei der übernehmenden Genossenschaft i. R. des Anteilstauschs erwirbt, übersteigt, ist dieser **Betrag** an das Mitglied **auszuzahlen.** Dies ist zwingend. Ein Ausschluss des Auszahlungsanspruchs oder die Vereinbarung einer anderen Art der Erfüllung im Verschmelzungsvertrag, etwa durch Vereinbarung, dass der Betrag auf einen weiteren Geschäftsanteil gutgeschrieben wird, ist ausgeschlossen.[16)]

14 Der Auszahlungsanspruch wird nach Ablauf von **sechs Monaten seit dem Tage fällig**, an dem die Eintragung der Verschmelzung im Register der übernehmenden Genossenschaft bekannt gemacht worden ist. Allerdings darf die Auszahlung erst erfolgen, wenn die Gläubiger, die sich nach § 22 gemeldet haben, befriedigt oder sichergestellt sind.[17)] Diese Auszahlungssperre dient dem Gläubigerschutz und verhindert einen vorzeitigen Kapitalabfluss zulasten der Gläubiger.

VI. Bare Zuzahlungen (§ 87 Abs. 2 Satz 2)

15 Im Verschmelzungsvertrag festgesetzte bare Zuzahlungen dürfen **nicht den zehnten Teil des Gesamtnennbetrags** der gewährten Geschäftsanteile der übernehmenden Genossenschaft übersteigen. Die Begrenzung entspricht den Regelungen für die übernehmende GmbH (§ 54 Abs. 4) und die übernehmende AG (§ 68 Abs. 3).

16 Im Rahmen der Verschmelzung auf eine Genossenschaft kann es zu Auszahlungen an die Anteilsinhaber der übertragenden Rechtsträger kommen. Dabei sind Zahlungen gemäß § 87 Abs. 2 Satz 1 streng von solchen gemäß § 87 Abs. 2 Satz 2 zu unterscheiden.[18)] Die Beschränkung des § 87 Abs. 2 Satz 2 bezieht sich nur auf solche Zahlungen, die **aufgrund von Vereinbarungen im Verschmelzungsvertrag** erfolgen, mit denen ein Wertausgleich durchgeführt werden soll, der über das unter Zugrundelegung der Schlussbilanz des übertragenden Rechtsträgers zu ermittelnde Umtauschverhältnis hinausgeht.[19)]

17 Bei **Zuschreibungen auf die Geschäftsguthaben** darf das Verbot des § 87 Abs. 2 Satz 2 nicht umgangen werden.[20)] Eine Umgehungsgefahr besteht, wenn Zuschreibungen auf die Geschäftsguthaben in der Weise erfolgen, dass die so erhöhten Geschäftsguthaben den Gesamtbetrag der gewährten Geschäftsanteile übersteigen und die dann gemäß § 87 Abs. 2 Satz 1 zu leistenden Ausgleichsbeträge zuzüglich etwaiger barer Zuzahlungen den zehnten Teil des Gesamtnennbetrags der gewährten Geschäftsanteile der übernehmenden Genossenschaft übersteigen.[21)]

VII. Wertausgleich bei der Genossenschaftsverschmelzung

18 Da das Geschäftsguthaben nicht den vollen Vermögenswert der Mitgliedschaft widerspiegelt, kann es bei der Verschmelzung von Genossenschaften zu **wirtschaftlichen Wertverschiebungen** zwischen den Mitgliedern der beteiligten Genossenschaften kommen.[22)] Es

---

16) Widmann/Mayer-*Fronhöfer*, UmwR, § 87 UmwG Rz. 80; *Schöpflin* in: KölnKomm-UmwG, § 87 Rz. 30.

17) Lutter-*Bayer*, UmwG, § 87 Rz. 28; Widmann/Mayer-*Fronhöfer*, UmwR, § 87 UmwG Rz. 81; *Schöpflin* in: KölnKomm-UmwG, § 87 Rz. 31.

18) Widmann/Mayer-*Fronhöfer*, UmwR, § 87 UmwG Rz. 78; *Schöpflin* in: KölnKomm-UmwG, § 87 Rz. 34.

19) Widmann/Mayer-*Fronhöfer*, UmwR, § 87 UmwG Rz. 79; Lutter-*Bayer*, UmwG, § 87 Rz. 30.

20) Widmann/Mayer-*Fronhöfer*, UmwR, § 87 UmwG Rz. 36; Lutter-*Bayer*, UmwG, § 87 Rz. 38.

21) Widmann/Mayer-*Fronhöfer*, UmwR, § 87 UmwG Rz. 88; *Schöpflin* in: KölnKomm-UmwG, § 87 Rz. 35.

22) Vgl. Widmann/Mayer-*Fronhöfer*, UmwR, § 87 UmwG Rz. 25 ff.; *Schöpflin* in: KölnKomm-UmwG, § 87 Rz. 36 ff.

besteht insofern die Möglichkeit des Wertausgleichs in Form von **Zu- und Abschlägen** auf das Geschäftsguthaben. Die Zulässigkeit von Zuschlägen folgt aus § 93 Abs. 2, der davon ausgeht, dass bei einer Verschmelzung den Geschäftsguthaben der Mitglieder, die von dem Recht zur Ausschlagung keinen Gebrauch machen, Rücklagen und sonstiges Vermögen der übertragenden Genossenschaft zugerechnet werden kann.[23] Dass auch Abschläge auf die Geschäftsguthaben der Mitglieder einer übertragenden Genossenschaft bei der übernehmenden Genossenschaft möglich sind, folgt aus § 85 Abs. 1.[24]

Die Auseinandersetzungswerte der Mitglieder können auch im Vorfeld der Verschmelzung 19
durch **bilanzielle Maßnahmen** wie die Auflösung freier Rücklagen und Zuschreibung zu den Geschäftsguthaben aneinander angeglichen werden.[25] Neben der Schlussbilanz für die übertragende Genossenschaft kann für die beteiligten Genossenschaften eine Vermögensbilanz aufgestellt werden, in der die Vermögensgegenstände mit ihren wahren wirtschaftlichen Werten (Zeitwerten) angesetzt werden.[26] Zudem kann ein Wertausgleich auch durch bare Zuzahlungen erfolgen, die allerdings der Beschränkung des § 87 Abs. 2 Satz 2 unterliegen.[27]

VIII. Maßgeblichkeit der Schlussbilanz (§ 87 Abs. 3)

Für die Berechnung des Geschäftsguthabens, das dem Mitglied bei einer übertragenden 20
Genossenschaft zugestanden hat, ist deren Schlussbilanz maßgebend. Nach dem klaren Wortlaut ist für die Ermittlung der Höhe der Geschäftsguthaben die **Schlussbilanz der übertragenden Genossenschaft** maßgebend und nicht nur Grundlage der Berechnung.[28] Daraus lässt sich aber nicht herleiten, dass die Schlussbilanz spätestens mit dem Verschmelzungsbeschluss von der Generalversammlung festgestellt werden muss. Vielmehr steht es den Genossen frei, die Unsicherheit einer noch nicht erstellten Schlussbilanz auf sich zu nehmen.[29]

Veränderungen der Geschäftsguthaben nach dem Stichtag der Schlussbilanz und vor dem 21
Wirksamwerden der Verschmelzung beeinflussen die Höhe der zu gewährenden Geschäftsguthaben mithin nicht.[30] Treten Personen nach dem Stichtag der Schlussbilanz der übertragenden Genossenschaft bei, werden sie mit Wirksamkeit der Verschmelzung ebenso wie die anderen Mitglieder Mitglied der übernehmenden Genossenschaft. Das Mitglied kann das geleistete Geschäftsguthaben nicht verlieren. Insoweit ist § 87 Abs. 3 richtigerweise teleologisch zu reduzieren.[31]

23) Widmann/Mayer-*Fronhöfer*, UmwR, § 87 UmwG Rz. 32; Lutter-*Bayer*, UmwG, § 87 Rz. 36.
24) Widmann/Mayer-*Fronhöfer*, UmwR, § 87 UmwG Rz. 33; *Schöpflin* in: KölnKomm-UmwG, § 87 Rz. 39; Lutter-*Bayer*, UmwG, § 87 Rz. 39.
25) Widmann/Mayer-*Fronhöfer*, UmwR, § 87 UmwG Rz. 39; *Schöpflin* in: KölnKomm-UmwG, § 87 Rz. 44.
26) Widmann/Mayer-*Fronhöfer*, UmwR, § 87 UmwG Rz. 35; Lutter-*Bayer*, UmwG, § 87 Rz. 37.
27) Widmann/Mayer-*Fronhöfer*, UmwR, § 87 UmwG Rz. 40 f.; Lutter-*Bayer*, UmwG, § 87 Rz. 38.
28) LG Kassel, Beschl. v. 20.4.2007 – 13 T 20/06, Rpfleger 2007, 668 = BeckRS 2007, 147166.
29) LG Kassel, Beschl. v. 20.4.2007 – 13 T 20/06, Rpfleger 2007, 668 = BeckRS 2007, 147166.
30) Widmann/Mayer-*Fronhöfer*, UmwR, § 87 UmwG Rz. 46.
31) *Schöpflin* in: KölnKomm-UmwG, § 87 Rz. 19.

§ 88

Geschäftsguthaben bei der Aufnahme von Kapitalgesellschaften und rechtsfähigen Vereinen[*]

(1) [1]Ist an der Verschmelzung eine Kapitalgesellschaft als übertragender Rechtsträger beteiligt, so ist jedem Anteilsinhaber dieser Gesellschaft als Geschäftsguthaben bei der übernehmenden Genossenschaft der Wert der Geschäftsanteile oder der Aktien gut-

zuschreiben, mit denen er an der übertragenden Gesellschaft beteiligt war. [2]Für die Feststellung des Wertes dieser Beteiligung ist die Schlußbilanz der übertragenden Gesellschaft maßgebend. [3]Übersteigt das durch die Verschmelzung erlangte Geschäftsguthaben eines Mitglieds den Gesamtbetrag der Geschäftsanteile, mit denen es bei der übernehmenden Genossenschaft beteiligt ist, so ist der übersteigende Betrag nach Ablauf von sechs Monaten seit dem Tage, an dem die Eintragung der Verschmelzung in das Register des Sitzes der übernehmenden Genossenschaft nach § 19 Abs. 3 bekannt gemacht worden ist, an das Mitglied auszuzahlen; die Auszahlung darf jedoch nicht erfolgen, bevor die Gläubiger, die sich nach § 22 gemeldet haben, befriedigt oder sichergestellt sind.

(2) Ist an der Verschmelzung ein rechtsfähiger Verein als übertragender Rechtsträger beteiligt, so kann jedem Mitglied dieses Vereins als Geschäftsguthaben bei der übernehmenden Genossenschaft höchstens der Nennbetrag der Geschäftsanteile gutgeschrieben werden, mit denen es an der übernehmenden Genossenschaft beteiligt ist.

*) § 88 geändert durch Art. 8 des Gesetzes über elektronische Handelsregister und Genossenschaftsregister sowie das Unternehmensregister (EHUG), v. 10.11.2006, BGBl. I 2006, 2553; § 88 i. d. F. des UmwBerG geändert durch Art. 14 des Gesetzes zur Einführung der Europäischen Genossenschaft und zur Änderung des Genossenschaftsrechts (SCEEG), v. 14.8.2006, BGBl. I 2006, 1911.

Literatur: Siehe die Literaturangaben bei § 79.

Übersicht

I. Norminhalt und Regelungszweck

1. Systematische Einordnung

1 § 88 erfasst in **Ergänzung des § 20 Abs. 1 Nr. 3** Mischverschmelzungen, bei denen eine Kapitalgesellschaft oder ein rechtsfähiger Verein als übertragender Rechtsträger auf eine eG als übernehmenden Rechtsträger verschmolzen wird. Die Vorschrift steht im Zusammenhang mit § 87. Anders als diesen betrifft sie jedoch nicht den unmittelbaren Erwerb der Mitgliedschaft bei der übernehmenden Genossenschaft, sondern die sich aus ihr ergebenden **Vermögensrechte**, wie sie sich in dem Geschäftsguthaben niederschlagen.[1]

2. Normzweck

2 Anders als bei der reinen Genossenschaftsverschmelzung gibt es bei übertragenden Rechtsträgern anderer Rechtsform für ihre Anteilsinhaber kein Geschäftsguthaben, das nach dem in § 87 niedergelegten Nominalwertprinzip bei der übernehmenden Genossenschaft übernommen werden könnte.[2] Die Vorschrift soll daher sicherstellen, dass die Anteilsinhaber der übertragenden Rechtsträger bei der übernehmenden Genossenschaft infolge der Verschmelzung **nicht schlechter, aber auch nicht besser gestellt werden,** als dies dem Wert ihrer bisherigen Beteiligung entsprach.[3]

1) Widmann/Mayer-*Fronhöfer*, UmwR, § 88 UmwG Rz. 4; Lutter-*Bayer*, UmwG, § 88 Rz. 1.
2) Widmann/Mayer-*Fronhöfer*, UmwR, § 88 UmwG Rz. 3; *Schöpflin* in: KölnKomm-UmwG, § 88 Rz. 1.
3) Begr. Fraktionsentwurf UmwBerG, BT-Drucks. 12/6699, S. 109.

Während § 88 Abs. 1 für eine übertragende Kapitalgesellschaft genaue Vorgaben für die Berechnung der Geschäftsguthaben macht, legt § 88 Abs. 2 für übertragende Vereine lediglich eine Höchstgrenze für die einzelnen Geschäftsguthaben fest. 3

II. Kapitalgesellschaft als übertragender Rechtsträger (§ 88 Abs. 1)

Als übertragende Kapitalgesellschaften kommen gemäß § 3 Abs. 1 Nr. 2 in Betracht GmbH, AG und KGaA. Die Regelung erfasst ausschließlich Verschmelzungen durch Aufnahme auf eine eG als übernehmenden Rechtsträger. Gemäß § 88 Abs. 1 Satz 1 ist jedem Anteilsinhaber einer übertragenden Kapitalgesellschaft bei der übernehmenden Genossenschaft als Geschäftsguthaben der Wert der GmbH-Geschäftsanteile bzw. Aktien gutzuschreiben, mit denen er an dem übertragenden Rechtsträger beteiligt war. Anders als bei der reinen Genossenschaftsverschmelzung gilt insoweit kein Nominalwertprinzip, sondern ein **Wertprinzip.**[4] 4

§ 88 Abs. 1 Satz 1 enthält ungeachtet seines insoweit missverständlichen Wortlautes keine Bestimmung, dass **Rücklagen, stille Reserven** oder **nicht bilanzierungspflichtige Vermögensgegenstände** nicht berücksichtigt werden dürften.[5] Maßgeblich ist der innere Wert der Beteiligung, da die Anteilsinhaber einer übertragenden Kapitalgesellschaft durch die Verschmelzung gerade keine Vermögenseinbuße erleiden sollen.[6] 5

§ 88 Abs. 1 Satz 2 legt als Zeitpunkt für die Bestimmung des Wertes den **Stichtag der Schlussbilanz** des übertragenden Rechtsträgers fest. Im Übrigen erfolgt die Wertbestimmung nach den allgemeinen Vorschriften für die Anteilsbewertung bei Kapitalgesellschaften. Zu ermitteln ist mithin der wahre Wert der Beteiligung zum Stichtag der Schlussbilanz.[7] 6

Der Betrag eines Geschäftsanteils sowie die Anzahl der Geschäftsanteile, die erworben werden können oder müssen, bestimmt die Satzung der übernehmenden Genossenschaft. Der Betrag der Geschäftsanteile ist **zwingend für alle Mitglieder gleich hoch.**[8] Das aus dem Wert der Anteile an der übertragenden Kapitalgesellschaft bestimmte Geschäftsguthaben wird **analog § 80 Abs. 1 Satz 1 Nr. 2** (Prinzip der Volleinzahlung) oder aufgrund einer zulässigen abweichenden Vereinbarung im Verschmelzungsvertrag dem erworbenen Geschäftsanteil zugeschrieben.[9] 7

Lässt die Satzung nur die Beteiligung mit **einem Geschäftsanteil** zu, kann jedem Anteilsinhaber einer übertragenden Kapitalgesellschaft unabhängig von der Höhe des für ihn gutzuschreibenden Geschäftsguthabens nur ein Geschäftsanteil gewährt werden (§ 80 Abs. 1 Satz 1 Nr. 1). Lässt die Satzung die Beteiligung mit **mehreren Geschäftsanteilen** zu, erhält jeder Anteilsinhaber so viele Geschäftsanteile, wie unter Anrechnung seines Geschäftsguthabens als voll eingezahlt gelten.[10] 8

Ein durch die Verschmelzung erlangtes Geschäftsguthaben, das den Gesamtbetrag der bei der übernehmenden Genossenschaft erworbenen Geschäftsanteile übersteigt (**überschießendes Geschäftsguthaben**), ist an das jetzige Mitglied und vormalige Anteilsinhaber der übertragenden Kapitalgesellschaft **auszuzahlen** (§ 88 Abs. 1 Satz 3). 9

Die Auszahlung ist erst nach **Ablauf von sechs Monaten** seit dem Tag vorzunehmen, an dem die Eintragung der Verschmelzung in das Register des Sitzes der übernehmenden 10

4) Widmann/Mayer-*Fronhöfer*, UmwR, § 88 UmwG Rz. 6; Lutter-*Bayer*, UmwG, § 88 Rz. 3.
5) Widmann/Mayer-*Fronhöfer*, UmwR, § 88 UmwG Rz. 6; *Schöpflin* in: KölnKomm-UmwG, § 88 Rz. 3.
6) Begr. Fraktionsentwurf UmwBerG, BT-Drucks. 12/6699, S. 109.
7) Widmann/Mayer-*Fronhöfer*, UmwR, § 88 UmwG Rz. 6; *Schöpflin* in: KölnKomm-UmwG, § 88 Rz. 3.
8) Widmann/Mayer-*Fronhöfer*, UmwR, § 88 UmwG Rz. 9.
9) Lutter-*Bayer*, UmwG, § 88 Rz. 4; Widmann/Mayer-*Fronhöfer*, UmwR, § 88 UmwG Rz. 8.
10) Widmann/Mayer-*Fronhöfer*, UmwR, § 88 UmwG Rz. 9; *Schöpflin* in: KölnKomm-UmwG, § 88 Rz. 4.

Genossenschaft nach § 19 Abs. 3 bekannt gemacht worden ist.[11] Darüber hinaus darf die Auszahlung erst erfolgen, nachdem die Gläubiger, die sich nach § 22 gemeldet haben, befriedigt oder sichergestellt sind. Die Beschränkung der Höhe von baren Zuzahlungen in § 87 Abs. 2 Satz 2 beschränkt sich nicht auf die Auszahlungsbeträge bzgl. überschießender Geschäftsguthaben, die gemäß § 88 Abs. 1 Satz 3 zu leisten sind.[12] Erfasst werden aber sonstige Zahlungen an die Anteilsinhaber übertragender Kapitalgesellschaften, die im Verschmelzungsvertrag ausgewiesen werden.[13]

11 Ergibt sich nach der Satzung der übernehmenden Genossenschaft eine **höhere Pflichtbeteiligung** als durch das festgesetzte Geschäftsguthaben gedeckt ist, so hat der vormalige Anteilsinhaber einer übertragenden Kapitalgesellschaft die weitere Beteiligung außerhalb des Verschmelzungsvorgangs zu erwerben.[14] Insoweit gelten die gleichen Grundsätze wie bei § 87 Abs. 1 Satz 2.

III. Rechtsfähiger Verein als übertragender Rechtsträger (§ 88 Abs. 2)

12 Die Mitgliedschaft in einem rechtsfähigen Verein ist trotz des Anspruchs auf einen Liquidationsanteil (vgl. § 45 BGB) im Allgemeinen nicht auf eine wertmäßige Beteiligung am Vereinsvermögen gerichtet.[15] Es besteht daher bei der Verschmelzung eines Vereins auf eine übernehmende Genossenschaft, anders als bei einer übertragenden Kapitalgesellschaft, keine Veranlassung, für eine Erhaltung der bisherigen wertmäßigen Beteiligungshöhe Sorge zu tragen.[16]

13 Gemäß § 88 Abs. 2 kann den Vereinsmitgliedern als Geschäftsguthaben bei der übernehmenden Genossenschaft **höchstens der Nennbetrag ihrer Geschäftsanteile** gutgeschrieben werden. Es verbleibt mithin bei dem allgemeinen genossenschaftlichen Prinzip, dass das Geschäftsguthaben durch den Nennbetrag der Geschäftsanteile begrenzt ist.[17] Da nach dem Gesetzeswortlaut jedem Vereinsmitglied höchstens der Nennbetrag der Geschäftsanteile gutgeschrieben werden kann, handelt es sich um eine **Höchstgrenze**, die es erlaubt, bei den einzelnen Geschäftsanteilen keine Volleinzahlung, sondern auch nur eine Teileinzahlung vorzusehen, allerdings mindestens 10 % (§ 7 Abs. 1 Nr. 1 GenG).[18]

14 Zu einer **Auszahlung** an die Vereinsmitglieder anlässlich der Verschmelzung entsprechend § 87 Abs. 2 Satz 1 oder § 88 Abs. 1 Satz 3 **kommt es nicht.**[19] **Bare Zuzahlungen** gemäß § 87 Abs. 2 Satz 2 an die Mitglieder des Vereins als übertragender Rechtsträger sind vom Gesetz **nicht vorgesehen.** Ein Vereinsvermögen, das den Gesamtbetrag der den Vereinsmitgliedern gewährten Geschäftsanteile und damit auch der Geschäftsguthaben übersteigt, fällt den Rücklagen der übernehmenden Genossenschaft zu.[20]

---

11) Widmann/Mayer-*Fronhöfer*, UmwR, § 88 UmwG Rz. 11; *Schöpflin* in: KölnKomm-UmwG, § 88 Rz. 6.
12) Widmann/Mayer-*Fronhöfer*, UmwR, § 88 UmwG Rz. 12; Lutter-*Bayer*, UmwG, § 88 Rz. 5.
13) Widmann/Mayer-*Fronhöfer*, UmwR, § 88 UmwG Rz. 12.
14) Lutter-*Bayer*, UmwG, § 88 Rz. 6; Widmann/Mayer-*Fronhöfer*, UmwR, § 88 UmwG Rz. 13.
15) Widmann/Mayer-*Fronhöfer*, UmwR, § 88 UmwG Rz. 14; Lutter-*Bayer*, UmwG, § 88 Rz. 7.
16) Begr. Fraktionsentwurf UmwBerG, BT-Drucks. 12/6699, S. 109.
17) Widmann/Mayer-*Fronhöfer*, UmwR, § 88 UmwG Rz. 14; Lutter-*Bayer*, UmwG, § 88 Rz. 7.
18) *Schöpflin* in: KölnKomm-UmwG, § 88 Rz. 9.
19) Widmann/Mayer-*Fronhöfer*, UmwR, § 88 UmwG Rz. 14; *Schöpflin* in: KölnKomm-UmwG, § 88 Rz. 8.
20) Widmann/Mayer-*Fronhöfer*, UmwR, § 88 UmwG Rz. 16; *Schöpflin* in: KölnKomm-UmwG, § 88 Rz. 8.

§ 89

Eintragung der Genossen in die Mitgliederliste; Benachrichtigung*)

(1) [1]Die übernehmende Genossenschaft hat jedes neue Mitglied nach der Eintragung der Verschmelzung in das Register des Sitzes der übernehmenden Genossenschaft unverzüglich in die Mitgliederliste einzutragen und hiervon unverzüglich zu benachrichtigen. [2]Sie hat ferner die Zahl der Geschäftsanteile des Mitglieds einzutragen, sofern das Mitglied mit mehr als einem Geschäftsanteil beteiligt ist.

(2) Die übernehmende Genossenschaft hat jedem Anteilsinhaber eines übertragenden Rechtsträgers, bei unbekannten Aktionären dem Treuhänder der übertragenden Gesellschaft, unverzüglich in Textform mitzuteilen:

1. **den Betrag des Geschäftsguthabens bei der übernehmenden Genossenschaft;**
2. **den Betrag des Geschäftsanteils bei der übernehmenden Genossenschaft;**
3. **die Zahl der Geschäftsanteile, mit denen der Anteilsinhaber bei der übernehmenden Genossenschaft beteiligt ist;**
4. **den Betrag der von dem Mitglied nach Anrechnung seines Geschäftsguthabens noch zu leistenden Einzahlung oder den Betrag, der ihm nach § 87 Abs. 2 oder nach § 88 Abs. 1 auszuzahlen ist, sowie**
5. **den Betrag der Haftsumme der übernehmenden Genossenschaft, sofern deren Mitglieder Nachschüsse bis zu einer Haftsumme zu leisten haben.**

*) § 89 geändert durch Art. 14 des Gesetzes zur Einführung der Europäischen Genossenschaft und zur Änderung des Genossenschaftsrechts (SCEEG), v. 14.8.2006, BGBl. I 2006, 1911; § 89 i. d. F. des UmwBerG geändert durch Art. 26 des Gesetzes zur Anpassung der Formvorschriften des Privatrechts und anderer Vorschriften an den modernen Rechtsgeschäftsverkehr, v. 13.7.2001, BGBl. I 2001, 1542.

Literatur: Siehe die Literaturangaben bei § 79.

Übersicht

I. Norminhalt und Regelungszweck

1. Systematische Einordnung

1 § 89 regelt die Eintragung der neuen Mitglieder in die Mitgliederliste der übernehmenden Genossenschaft sowie deren Benachrichtigung über die wesentlichen Daten ihrer Mitgliedschaft. Die Vorschrift entspricht im Wesentlichen § 93i GenG a. F. zum früheren Umwandlungsrecht. Unterschiede zur Vorgängerregelung ergeben sich daraus, dass nunmehr auch die Fälle einer Mischverschmelzung berücksichtigt werden, die das alte Recht nicht kannte, und die Eintragungs- und Mitteilungspflichten an die Eintragung der Verschmelzung in dem für die übernehmende Genossenschaft zuständigen Register anknüpfen, mit der die Verschmelzung wirksam wird (§ 20 Abs. 1).[1]

1) Widmann/Mayer-*Fronhöfer*, UmwR, § 89 UmwG Rz. 1; Semler/Stengel/Leonard-*Scholderer*, UmwG, § 89 Rz. 3.

2. Normzweck

2 Die Mitgliederliste (vgl. § 30 GenG) dient der **Publizität der Mitgliedschaft**. Die Mitglieder der Genossenschaft und Dritte, die ein berechtigtes Interesse haben (insbesondere Gläubiger), können diese Liste nach § 31 GenG einsehen. § 89 Abs. 1 gewährleistet mithin die **Aktualisierung der Mitgliederliste** der übernehmenden Genossenschaft und die Information der neuen Mitglieder unmittelbar nach Eintragung der Verschmelzung, also nach dem Eintritt der Verschmelzungswirkung.[2]

3 Die **Mitteilungspflichten** gemäß § 89 Abs. 1 Satz 1, Abs. 2 verfolgen den Zweck, die neuen Mitglieder über ihre Rechtsposition zu informieren sowie ihnen die Möglichkeit zu eröffnen, eine Ausschlagung (vgl. § 90) zu prüfen. Aufgrund der gewonnenen Informationen können die Neumitglieder entscheiden, ob sie die Mitgliedschaft mit dem vorgegebenen Inhalt akzeptieren, diese gemäß § 90 ausschlagen oder nach §§ 15, 85 auf Verbesserung des Umtauschverhältnisses klagen wollen.[3]

II. Eintragung in die Mitgliederliste (§ 89 Abs. 1)

1. Mitgliederliste

4 Die Regelung in § 89 Abs. 1 knüpft an die allgemeinen Bestimmungen des Genossenschaftsrechts in §§ 30, 15 Abs. 2 GenG an.[4] Danach hat der Vorstand einer Genossenschaft eine Mitgliederliste zu führen und jedes Mitglied **unverzüglich nach seinem Beitritt** in diese Liste einzutragen und das Mitglied hiervon zu benachrichtigen. Jedes Mitglied und jeder Dritte, der ein berechtigtes Interesse darlegt, kann die Mitgliederliste einsehen (§ 31 GenG). Das Genossenschaftsregister kann die Einreichung einer Abschrift der Mitgliederliste verlangen (§ 32 GenG). § 89 Abs. 1 ergänzt diese Vorschriften für den Fall einer Verschmelzung einer anderen Genossenschaft oder eines Rechtsträgers anderer Rechtsform auf eine Genossenschaft.[5]

2. Vorstandspflicht

5 Die Pflichten in § 89 sind von der **übernehmenden Genossenschaft** vorzunehmen. Damit ist deren Vorstand in die Pflicht genommen (§ 26 GenG).[6] Bei Nichterfüllung der Pflichten nach § 89 Abs. 1 kann das Registergericht gegen den Vorstand ein Zwangsgeld verhängen. Die korrekte Führung der Mitgliederliste ist strafbewehrt (§ 147 Abs. 2 Nr. 1 GenG). Bei vorsätzlicher falscher Wiedergabe oder Verschleierung der Verhältnisse der Genossenschaft in Darstellungen oder Übersichten über die Mitglieder liegt eine Straftat des jeweiligen Vorstandsmitglieds vor.

3. Einzutragende Personen

6 Einzutragen ist **jedes neue Mitglied**, d. h. jeder Anteilsinhaber eines übertragenden Rechtsträgers, der nach Maßgabe des Verschmelzungsvertrags mit Wirksamwerden der Verschmelzung an der übernehmenden Genossenschaft beteiligt ist. Hierzu gehören auch die Mitglieder einer übertragenden Genossenschaft, die ihre Mitgliedschaft gekündigt hatten oder ausgeschlossen wurden, die aber bis zum Zeitpunkt des Wirksamwerdens der Verschmelzung mangels Fristablauf noch nicht ausgeschieden sind.[7] Einzutragen sind die

---

2) *Schöpflin* in: KölnKomm-UmwG, § 89 Rz. 1.

3) *Schöpflin* in: KölnKomm-UmwG, § 89 Rz. 8.

4) Widmann/Mayer-*Fronhöfer*, UmwR, § 89 UmwG Rz. 3; *Schöpflin* in: KölnKomm-UmwG, § 89 Rz. 2.

5) Widmann/Mayer-*Fronhöfer*, UmwR, § 89 UmwG Rz. 4.

6) Widmann/Mayer-*Fronhöfer*, UmwR, § 89 UmwG Rz. 2; *Schöpflin* in: KölnKomm-UmwG, § 89 Rz. 5.

7) Widmann/Mayer-*Fronhöfer*, UmwR, § 89 UmwG Rz. 6; Lutter-*Bayer*, UmwG, § 89 Rz. 6.

Anteilsinhaber des übertragenden Rechtsträgers auch dann, wenn offen ist, ob sie ihre Mitgliedschaft wieder aufgeben, entweder bei übertragenden Rechtsträgern anderer Rechtsform gemäß §§ 29 ff. mit Wirkung ex nunc oder bei übertragenden Genossenschaften, indem sie von ihrem Ausschlagungsrecht nach den §§ 90 ff. Gebrauch machen.[8)]

4. Inhalt der Eintragung

Der Inhalt der Eintragung in die Mitgliederliste folgt aus **§ 30 Abs. 2 GenG.** Einzutragen sind danach gemäß 7

- § 30 Abs. 2 Satz 1 Nr. 1 GenG Familien- und Vorname(n) sowie Anschrift;
- § 30 Abs. 2 Satz 1 Nr. 2 GenG die Zahl der übernommenen weiteren Geschäftsanteile; die mit § 30 Abs. 2 Satz 1 Nr. 2 GenG identische Regelung in § 89 Abs. 1 Satz 2 ist daher streng genommen überflüssig.[9)]
- Anzugeben sind darüber hinaus gemäß § 30 Abs. 2 Satz 1 Nr. 3 GenG der Tag des Beitritts und
- ein ggf. von der Generalversammlung festgesetzter Zeitpunkt, von dem ab die Beteiligung beginnen soll.

Der Eintragung in die Mitgliederliste kommt lediglich deklaratorische Bedeutung zu.[10)] 8
Die Mitgliedschaft bei der übernehmenden Genossenschaft entsteht bereits mit Wirksamwerden der Verschmelzung kraft Gesetzes (§ 20 Abs. 1 Nr. 3), nicht erst durch die Eintragung in die Mitgliederliste.

5. Zeitpunkt der Eintragung

Die **Eintragung** hat **unverzüglich**, d. h. ohne schuldhaftes Zögern (vgl. § 121 Abs. 1 Satz 1 9
BGB) nach Eintragung der Verschmelzung im Register der übernehmenden Genossenschaft zu erfolgen. Allein diese Eintragung löst die Verschmelzungswirkungen aus (vgl. § 20 Abs. 1). In der Praxis wird der Vorstand der übernehmenden Genossenschaft von der Eintragung durch Nachricht des Registergerichts Kenntnis erlangen.[11)]

Von der Eintragung sind die neuen Mitglieder wiederum unverzüglich zu **benachrichtigen** 10
(§ 89 Abs. 1 Satz 1 Halbs. 2). Die Benachrichtigung hat die in der Mitgliederliste eingetragenen Daten zu enthalten. Eine bestimmte Form ist für die Benachrichtigung nach § 89 Abs. 1 Satz 1 nicht vorgeschrieben. Wird die Benachrichtigung gemäß § 89 Abs. 1 Satz 1 mit der Mitteilung gemäß § 89 Abs. 2 verbunden, ist die für die Mitteilung vorgeschriebene Textform zu beachten.[12)]

6. Aufbewahrungspflichten

Gemäß **§ 30 Abs. 3 GenG** sind die Unterlagen, aufgrund deren die Eintragung in die 11
Mitgliederliste erfolgt, aufzubewahren. Aufzubewahren sind somit der Verschmelzungsvertrag, die Verschmelzungsbeschlüsse sowie im Falle der Ausschlagung die Ausschlagungserklärung nach § 91.

---

8) Widmann/Mayer-*Fronhöfer*, UmwR, § 89 UmwG Rz. 7; *Schöpflin* in: KölnKomm-UmwG, § 89 Rz. 3.

9) Lutter-*Bayer*, UmwG, § 89 Rz. 5; Semler/Stengel/Leonard-*Scholderer*, UmwG, § 89 Rz. 6.

10) Widmann/Mayer-*Fronhöfer*, UmwR, § 89 UmwG Rz. 3; *Schöpflin* in: KölnKomm-UmwG, § 89 Rz. 2; Semler/Stengel/Leonard-*Scholderer*, UmwG, § 89 Rz. 3; Lutter-*Bayer*, UmwG, § 89 Rz. 4.

11) *Schöpflin* in: KölnKomm-UmwG, § 89 Rz. 5; Lutter-*Bayer*, UmwG, § 89 Rz. 4.

12) Widmann/Mayer-*Fronhöfer*, UmwR, § 89 UmwG Rz. 16; *Schöpflin* in: KölnKomm-UmwG, § 89 Rz. 7.

III. Mitteilung nach § 89 Abs. 2

12 Die Mitteilung nach § 89 Abs. 2 soll sicherstellen, dass die Mitglieder der übertragenden Genossenschaft oder des übertragenden Rechtsträgers anderer Rechtsform möglichst schnell **Klarheit über die Ausgestaltung ihrer Mitgliedschaft** als Neumitglieder in der übernehmenden Genossenschaft erhalten, um ihre beteiligungsbezogenen Rechte und Pflichten kennenzulernen.[13] **Mitzuteilen sind**:

- der Betrag des Geschäftsguthabens bei der übernehmenden Genossenschaft,
- der Betrag des Geschäftsanteils bei der übernehmenden Genossenschaft,
- die Zahl der Geschäftsanteile, mit denen der Anteilsinhaber bei der übernehmenden Genossenschaft beteiligt ist,
- der Betrag der von dem Mitglied nach Anrechnung seines Geschäftsguthabens noch zu leistenden Einzahlung oder der Betrag, der ihm nach § 87 Abs. 2 oder nach § 88 Abs. 1 auszuzahlen ist, sowie
- der Betrag der Haftsumme, sofern die Mitglieder Nachschüsse bis zu einer Haftsumme zu leisten haben.

13 Die Mitteilung hat in **Textform** (§ 126b BGB) zu erfolgen. Es genügt mithin eine lesbare Erklärung, in der die Person des Erklärenden genannt ist, die auf einem dauerhaften Datenträger abgegeben worden ist.[14] Die Mitteilung ist unverzüglich zu erteilen. Beide (Wissens-)Erklärungen werden nur wirksam mit dem **Zugang** (§ 130 Abs. 1 Satz 1 BGB analog). Die bloße Niederlegung in den Geschäftsräumen der Genossenschaft oder Einstellen auf die Homepage reicht daher nicht aus.[15]

14 Die Mitteilung ist **jedem Anteilsinhaber** eines übertragenden Rechtsträgers zu erteilen. Ist an der Verschmelzung eine AG oder KGaA als übertragender Rechtsträger beteiligt, so stellt sich das Problem der Benachrichtigung solcher Aktionäre, deren Namen und Anschrift der übernehmenden Genossenschaft unbekannt sind.[16] Für diesen Fall ordnet § 89 Abs. 2 die Mitteilung gegenüber dem Treuhänder der übertragenden Gesellschaft an, der gemäß § 71 analog zu bestellen ist.[17]

15 Ein **Verzicht** auf die Mitteilung nach § 89 Abs. 2 ist **nicht möglich**.[18] Auf den Lauf der Ausschlagungsfrist des § 91 Abs. 2 hat die Benachrichtigung nach § 89 Abs. 2 keinen Einfluss. Die Ausschlagungsfrist läuft mithin auch dann, wenn die Benachrichtigung unterbleibt.[19]

13) *Schöpflin* in: KölnKomm-UmwG, § 89 Rz. 8; Widmann/Mayer-*Fronhöfer*, UmwR, § 89 UmwG Rz. 19.
14) *Schöpflin* in: KölnKomm-UmwG, § 89 Rz. 11; Lutter-*Bayer*, UmwG, § 89 Rz. 9.
15) Lutter-*Bayer*, UmwG, § 89 Rz. 9; Widmann/Mayer-*Fronhöfer*, UmwR, § 89 UmwG Rz. 22.
16) Lutter-*Bayer*, UmwG, § 89 Rz. 10; Widmann/Mayer-*Fronhöfer*, UmwR, § 89 UmwG Rz. 8.
17) Begr. Fraktionsentwurf UmwBerG, BT-Drucks. 12/6699, S. 109.
18) *Schöpflin* in: KölnKomm-UmwG, § 89 Rz. 13; Lutter-*Bayer*, UmwG, § 89 Rz. 9; Semler/Stengel/Leonard-*Scholderer*, UmwG, § 89 Rz. 10.
19) Lutter-*Bayer*, UmwG, § 89 Rz. 9; *Schöpflin* in: KölnKomm-UmwG, § 89 Rz. 7.

§ 90

Ausschlagung durch einzelne Anteilsinhaber[*)]

(1) Die §§ 29 bis 34 sind auf die Mitglieder einer übertragenden Genossenschaft nicht anzuwenden.

(2) Auf der Verschmelzungswirkung beruhende Anteile und Mitgliedschaften an dem übernehmenden Rechtsträger gelten als nicht erworben, wenn sie ausgeschlagen werden.

(3) [1]Das Recht zur Ausschlagung hat jedes Mitglied einer übertragenden Genossenschaft, wenn es in der Generalversammlung oder als Vertreter in der Vertreterversammlung, die gemäß § 13 Abs. 1 über die Zustimmung zum Verschmelzungsvertrag beschließen soll,

1. erscheint und gegen den Verschmelzungsbeschluß Widerspruch zur Niederschrift erklärt oder

2. nicht erscheint, sofern es zu der Versammlung zu Unrecht nicht zugelassen worden ist oder die Versammlung nicht ordnungsgemäß einberufen oder der Gegenstand der Beschlußfassung nicht ordnungsgemäß bekanntgemacht worden ist.

[2]Wird der Verschmelzungsbeschluß einer übertragenden Genossenschaft von einer Vertreterversammlung gefaßt, so steht das Recht zur Ausschlagung auch jedem anderen Mitglied dieser Genossenschaft zu, das im Zeitpunkt der Beschlußfassung nicht Vertreter ist.

*) § 90 i. d. F. des UmwBerG geändert durch Art. 14 des Gesetzes zur Einführung der Europäischen Genossenschaft und zur Änderung des Genossenschaftsrechts (SCEEG), v. 14.8.2006, BGBl. I 2006, 1911.

Literatur: Siehe auch die Literaturangaben bei § 79. *Knorr*, Widerspruch und Stimmabgabe bei Umwandlungen, insbesondere beim Formwechsel von Genossenschaften, NZG 2019, 1285.

Übersicht

I. Norminhalt und Regelungszweck

1. Systematische Einordnung

1 § 90 regelt das Ausschlagungsrecht für Mitglieder einer übertragenden Genossenschaft bei Verschmelzungen. Die Vorschrift bildet **zusammen mit den §§ 91 bis 94** ein geschlossenes Regelungssystem zum Schutz der Minderheitsgenossen. Im alten Umwandlungsrecht sahen die **§§ 93k bis 93m GenG a. F.** für die Mitglieder einer übertragenden Genossenschaft ein Sonderkündigungsrecht vor, welches weitgehend dem Kündigungsrecht nach den §§ 65, 67a, 73 GenG nachgebildet, aber an besondere Voraussetzungen gebunden war.[1] Das UmwG sieht anstelle einer Kündigung das Instrument der Ausschlagung vor, da die Kündigung dogmatisch nur auf die reine Genossenschaftsverschmelzung passt. Mit dem UmwG 1995 wurde aber auch die Verschmelzung einer Genossenschaft auf Rechtsträger anderer Rechtsform zugelassen, bei denen die erworbene Mitgliedschaft nach den rechtsformspezifischen Regelungen nicht gekündigt werden kann.[2]

---

1) Begr. Fraktionsentwurf UmwBerG, BT-Drucks. 12/6699, S. 109.
2) Begr. Fraktionsentwurf UmwBerG, BT-Drucks. 12/6699, S. 109.

2. Normzweck

2 Das Ausschlagungsrecht dient dem **Minderheitenschutz**. Es ermöglicht den dissentierenden Mitgliedern einer übertragenden Genossenschaft, sich der zwangsweisen Beteiligung am übernehmenden Rechtsträger zu entziehen.[3] Das Ausschlagungsrecht als Mittel zur rückwirkenden Beseitigung einer aufgedrängten Rechtsposition ist schon aus dogmatischen Gründen der Kündigung einer Mitgliedschaft vorzuziehen, die im Kündigungsfall als nicht erworben gilt.[4]

II. Anwendungsbereich

3 Der Anwendungsbereich der §§ 90 bis 94 ist eröffnet, wenn und soweit eine Genossenschaft als **übertragender Rechtsträger** an einer Verschmelzung beteiligt ist.[5] Dies gilt sowohl für die reine Genossenschaftsverschmelzung als auch für die Mischverschmelzung, bei der eine Genossenschaft auf einen Rechtsträger anderer Rechtsform verschmolzen wird. Das Ausschlagungsrecht steht nur Mitgliedern einer übertragenden Genossenschaft zu. Mitglieder einer übernehmenden Genossenschaft haben kein Ausschlagungsrecht nach §§ 90 ff. Sind mehrere Genossenschaften übertragende Rechtsträger, steht das Ausschlagungsrecht den Mitgliedern jeder übertragenden Genossenschaft zu.[6]

III. Voraussetzungen der Ausschlagung (§ 90 Abs. 3)

1. Mitglied mit Teilnahmerecht (Abs. 3 Satz 1)

4 Das Ausschlagungsrecht steht zunächst **jedem Mitglied** zu, das in der Generalversammlung oder als Vertreter in der Vertreterversammlung erscheint und gegen den Verschmelzungsbeschluss Widerspruch zur Niederschrift erklärt (§ 90 Abs. 3 Satz 1 Nr. 1). Das Erscheinen ist auch bei einer Teilnahme gemäß § 43b GenG (elektronische Teilnahme, virtuelle Versammlung) als gegeben anzusehen.[7]

5 Der **Widerspruch** muss zur Niederschrift erklärt werden. Dies kann vor oder nach der Abstimmung erfolgen. Insoweit muss sich das Mitglied keineswegs bereits bei Fassung des Verschmelzungsbeschlusses festlegen, ob es seine auf der Verschmelzungswirkung beruhende Mitgliedschaft ausschlagen will. Es ist daher zulässig, dass ein Mitglied **für die Verschmelzung stimmt** und gleichwohl Widerspruch einlegt. Diese Kombination verfälscht zwar den Entscheidungsprozess, ist aber rechtlich nicht zu beanstanden.[8]

6 Weiterhin steht das Ausschlagungsrecht dem Mitglied zu, das **nicht erscheint**, sofern es zu der Versammlung **zu Unrecht nicht zugelassen** worden ist, die Versammlung nicht ordnungsgemäß einberufen oder der Gegenstand der Beschlussfassung nicht ordnungsgemäß bekannt gemacht worden ist (§ 90 Abs. 3 Satz 1 Nr. 2). Die Nichtzulassung liegt vor, wenn dem Mitglied der Zutritt zur Versammlung verwehrt wird, obwohl es teilnahmeberechtigt ist. Nicht ordnungsgemäß einberufen ist die Versammlung insbesondere bei Nichteinhaltung der Ladungsfrist oder bei falscher Bekanntgabe von Ort und Zeit.[9] Der Gegenstand der Beschlussfassung wurde nur dann ordnungsgemäß bekannt gemacht,

---

3) *Schöpflin* in: KölnKomm-UmwG, § 90 Rz. 1; Lutter-*Bayer*, UmwG, § 90 Rz. 2.

4) Begr. Fraktionsentwurf UmwBerG, BT-Drucks. 12/6699, S. 109.

5) Widmann/Mayer-*Fronhöfer*, UmwR, § 90 UmwG Rz. 4; *Schöpflin* in: KölnKomm-UmwG, § 90 Rz. 3.

6) Semler/Stengel/Leonard-*Scholderer*, UmwG, § 90 Rz. 5; Widmann/Mayer-*Fronhöfer*, UmwR, § 90 UmwG Rz. 8.

7) Widmann/Mayer-*Fronhöfer*, UmwR, § 90 UmwG Rz. 16; *Schöpflin* in: KölnKomm-UmwG, § 90 Rz. 5.

8) *Knorr*, NZG 2019, 1285, 1287.

9) Lutter-*Bayer*, UmwG, § 90 Rz. 23 f.; *Schöpflin* in: KölnKomm-UmwG, § 90 Rz. 9.

wenn der Verschmelzungsbeschluss in der richtigen Form und mit dem richtigen Wortlaut bekannt gemacht wurde und die gesetzliche Mindestfrist eingehalten wurde.[10)]

2. Mitglied ohne Teilnahmerecht (Abs. 3 Satz 2)

Wird der Verschmelzungsbeschluss von einer **Vertreterversammlung** gefasst, so steht das Recht zur Ausschlagung auch **jedem anderen Mitglied** dieser Genossenschaft zu, das im Zeitpunkt der Beschlussfassung nicht Vertreter ist (§ 90 Abs. 3 Satz 2). Da diese anderen Mitglieder keinen Einfluss auf die Entscheidung über die Verschmelzung haben, räumt ihnen § 90 Abs. 3 Satz 2 stets das Ausschlagungsrecht ein, ohne dass weitere Voraussetzungen vorliegen müssten. 7

Damit besteht für die Genossenschaft, bei der die Vertreterversammlung zuständig ist, die Gefahr eines erheblichen **Kapitalabflusses**, da einem hohen Prozentsatz der Mitglieder das Ausschlagungsrecht zusteht. Diese Gefahr ist aber im Interesse der Vermögensrechte der betroffenen Mitglieder hinzunehmen.[11)] 8

3. Doppelmitgliedschaft

Umstritten ist, ob bei Doppelmitgliedschaft (**Mitgliedschaft sowohl in der übertragenden als auch in der übernehmenden** Genossenschaft) ein Ausschlagungsrecht besteht. Nach einer älteren Auffassung, die auf das Sonderkündigungsrecht des § 93k GenG a. F. zurückgeht, soll wegen der Unteilbarkeit der Mitgliedschaft keine weitere ausschlagungsfähige Mitgliedschaft erworben werden. Richtigerweise ist dem Doppelmitglied das Ausschlagungsrecht zuzubilligen. Denn auch Doppelmitglieder haben ein berechtigtes Interesse, nicht mit einem höheren Geschäftsguthaben in der übernehmenden Genossenschaft belastet zu werden. Aufgrund der Rückwirkung der Ausschlagung steht auch dogmatisch der Teilung der Mitgliedschaft nichts im Wege. 9

Ausgeschlagen wird nur der **verschmelzungsbedingt erworbene Teil.**[12)] Die schon bestehende Mitgliedschaft im übernehmenden Rechtsträger können die Doppelmitglieder allerdings nicht ausschlagen, weil § 90 diesen Fall tatbestandsmäßig nicht erfasst.[13)] 10

4. Keine Ausschlagung einzelner Geschäftsanteile

Teilweise wird unter Verweis auf die Möglichkeit einer Teilkündigung der Mitgliedschaft (§ 67b GenG) und einer **teilweisen Übertragung** von Geschäftsguthaben (§ 76 Abs. 1 Satz 1 GenG) weiterhin vertreten, dass sich die Ausschlagung auf einzelne Geschäftsanteile beschränken kann.[14)] Gleichwohl ermöglicht das Ausschlagungsrecht aber nur, die Mitgliedschaft am übernehmenden Rechtsträger insgesamt zu verhindern, um die Minderheit zu schützen. Für die Reduzierung des Umfangs der Mitgliedschaft muss dagegen das herkömmliche Instrumentarium der Teilkündigung oder teilweisen Übertragung von Geschäftsguthaben genutzt werden.[15)] 11

10) Widmann/Mayer-*Fronhöfer*, UmwR, § 90 UmwG Rz. 29; Lutter-*Bayer*, UmwG, § 90 Rz. 24.

11) Widmann/Mayer-*Fronhöfer*, UmwR, § 90 UmwG Rz. 31; Semler/Stengel/Leonard-*Scholderer*, UmwG, § 90 Rz. 25.

12) *Schöpflin* in: KölnKomm-UmwG, § 90 Rz. 13; Lutter-*Bayer*, UmwG, § 90 Rz. 10; Widmann/Mayer-*Fronhöfer*, UmwR, § 90 UmwG Rz. 32 f.

13) *Schöpflin* in: KölnKomm-UmwG, § 90 Rz. 13; Semler/Stengel/Leonard-*Scholderer*, UmwG, § 90 Rz. 30.

14) Vgl. die Nachweise bei *Schöpflin* in: KölnKomm-UmwG, § 90 Rz. 13a.

15) *Schöpflin* in: KölnKomm-UmwG, § 90 Rz. 13a; Lutter-*Bayer*, UmwG, § 90 Rz. 11.

IV. Rechtswirkungen der Ausschlagung (§ 90 Abs. 2)

1. Fiktion des Nichterwerbs

12 Die wirksame Ausschlagung führt gemäß § 90 Abs. 2 dazu, dass die auf der Verschmelzungswirkung beruhenden Anteile und Mitgliedschaften an dem übernehmenden Rechtsträger **als nicht erworben gelten**. Die Ausschlagung beseitigt mithin den Anteilserwerb rückwirkend.[16)]

13 Unberührt von der Ausschlagung bleiben diejenigen Anteile bzw. die Mitgliedschaft, die der jeweilige Anteilsinhaber **nicht aufgrund der Verschmelzung** der übertragenden Genossenschaft bei dem übernehmenden Rechtsträger erhält, z. B. soweit er bereits vor der Verschmelzung an diesem Rechtsträger beteiligt war.[17)]

2. Zeitpunkt der Ausschlagung

14 Wurde die Ausschlagung bereits vor Eintragung der Verschmelzung in das für den übernehmenden Rechtsträger zuständige Register und damit vor Wirksamwerden der Verschmelzung erklärt und wirksam, erhält dieses Mitglied der übertragenden Genossenschaft bei dem übernehmenden Rechtsträger **zu keinem Zeitpunkt Anteile** oder die Mitgliedschaft.[18)]

15 Wird **nach dem Wirksamwerden** der Verschmelzung ausgeschlagen, tritt der Anteilserwerb an dem übernehmenden Rechtsträger zunächst auch für das ausschlagende Mitglied ein. Dies gilt auch für Mitglieder, die zum Zeitpunkt der Eintragung bereits gekündigt haben, deren Ausscheiden aber noch nicht wirksam geworden ist.[19)]

3. Rechtsstellung bis zur Ausschlagung

16 Ab Wirksamwerden der Verschmelzung und bis zum Wirksamwerden der Ausschlagung hat der ausschlagende Anteilsinhaber alle mit der Mitgliedschaft bei dem übernehmenden Rechtsträger verbundenen Rechte und Pflichten.[20)] Er war daher etwa berechtigt, an einer Beschlussfassung der Anteilsinhaber mitzuwirken, aber auch verpflichtet, die satzungsmäßigen Leistungspflichten zu erfüllen.[21)] Die gesetzliche Fiktion erstreckt sich aber **nicht auf Organrechte**, die der Genosse bis zum Wirksamwerden der Ausschlagung ausgeübt hat. Beschlüsse bei dem übernehmenden Rechtsträger, an denen der ausschlagende Anteilsinhaber bis zu diesem Zeitpunkt mitgewirkt hat, bleiben wirksam und sind nicht mit der Begründung des Mitwirkens eines Nichtberechtigten anfechtbar.[22)]

4. Rückabwicklung

17 Ziel der Regelung in § 90 Abs. 2 ist, dass für das ausschlagende Mitglied der übertragenden Genossenschaft keine Belastungen aus der ungewollten Mitgliedschaft bei dem übernehmenden Rechtsträger erwachsen. Leistungen, welche der ausschlagende Anteilsinhaber aufgrund der Beteiligung an dem übernehmenden Rechtsträger erbracht oder empfangen hat, sind gemäß **§ 812 Abs. 1 Satz 1 Alt. 1 BGB** zurückzugewähren.[23)] Mit Wirksamwerden der Ausschlagung entsteht der Anspruch des Ausschlagenden auf Auszahlung seines Geschäftsguthabens.[24)]

---

16) Widmann/Mayer-*Fronhöfer*, UmwR, § 90 UmwG Rz. 35; *Schöpflin* in: KölnKomm-UmwG, § 90 Rz. 14; Lutter-*Bayer*, UmwG, § 90 Rz. 10.

17) Widmann/Mayer-*Fronhöfer*, UmwR, § 90 UmwG Rz. 39; Lutter-*Bayer*, UmwG, § 90 Rz. 10.

18) Widmann/Mayer-*Fronhöfer*, UmwR, § 90 UmwG Rz. 36; *Schöpflin* in: KölnKomm-UmwG, § 90 Rz. 14.

19) Widmann/Mayer-*Fronhöfer*, UmwR, § 90 UmwG Rz. 37; Lutter-*Bayer*, UmwG, § 90 Rz. 9.

20) Widmann/Mayer-*Fronhöfer*, UmwR, § 90 UmwG Rz. 38; Lutter-*Bayer*, UmwG, § 90 Rz. 12.

21) Lutter-*Bayer*, UmwG, § 90 Rz. 12.

22) Widmann/Mayer-*Fronhöfer*, UmwR, § 90 UmwG Rz. 42; *Schöpflin* in: KölnKomm-UmwG, § 90 Rz. 14.

23) Widmann/Mayer-*Fronhöfer*, UmwR, § 90 UmwG Rz. 42; Lutter-*Bayer*, UmwG, § 90 Rz. 13.

24) Widmann/Mayer-*Fronhöfer*, UmwR, § 90 UmwG Rz. 43; *Schöpflin* in: KölnKomm-UmwG, § 90 Rz. 14.

§ 91
Form und Frist der Ausschlagung*)

(1) Die Ausschlagung ist gegenüber dem übernehmenden Rechtsträger schriftlich zu erklären.

(2) Die Ausschlagung kann nur binnen sechs Monaten nach dem Tage erklärt werden, an dem die Eintragung der Verschmelzung in das Register des Sitzes des übernehmenden Rechtsträgers nach § 19 Abs. 3 bekannt gemacht worden ist.

(3) Die Ausschlagung kann nicht unter einer Bedingung oder einer Zeitbestimmung erklärt werden.

*) § 91 i. d. F. des UmwBerG geändert durch Art. 8 des Gesetzes über elektronische Handelsregister und Genossenschaftsregister sowie das Unternehmensregister (EHUG), v. 10.11.2006, BGBl. I 2006, 2553

Literatur: Siehe die Literaturangaben bei § 79.

Übersicht

I. Norminhalt und Regelungszweck

1. Systematische Einordnung

1 § 91 regelt die **Modalitäten für die Ausschlagung** der verschmelzungsbedingten Mitgliedschaft durch Mitglieder einer übertragenden Genossenschaft. Die Vorschrift bestimmt Form, Frist und Adressat der Ausschlagungserklärung. Inhaltlich knüpft § 91 Abs. 1 an die Regelungen des früheren Rechts für die Umwandlung von Genossenschaften an, insbesondere hinsichtlich des Schriftformerfordernisses und der erforderlichen Erklärung gegenüber dem Übernehmer. Die Vorschrift berücksichtigt aber die Zulässigkeit von Mischverschmelzungen. Für die Ausschlagung gelten die gleichen Bestimmungen, unabhängig davon, ob übernehmender Rechtsträger eine Genossenschaft oder ein Rechtsträger anderer Rechtsform ist.[1)]

2. Normzweck

2 § 91 dient der **Rechtssicherheit** und -klarheit. Die Schriftform sichert die Beweisbarkeit der Erklärung. De lege ferenda sollte hierfür im Zuge weiterhin zunehmender Digitalisierung jedoch Abstand genommen werden, da die Textform (z. B. per E-Mail) im praktischen Ergebnis nicht weniger Rechtssicherheit mit sich bringt. Leider hat es der Gesetzgeber versäumt, dies bereits i. R. des Vierten Bürokratieentlastungsgesetzes[2)] im Jahr 2024 (siehe dazu Einl. Rz. 54 [*Stiegler*]) vorzunehmen. Die Ausschlussfrist gewährleistet alsbaldige Klarheit über den Mitgliederbestand des übernehmenden Rechtsträgers. Die Bedin-

1) Begr. Fraktionsentwurf UmwBerG, BT-Drucks. 12/6699, S. 109 f.

2) Viertes Gesetz zur Entlastung der Bürgerinnen und Bürger, der Wirtschaft sowie der Verwaltung von Bürokratie (Viertes Bürokratieentlastungsgesetz), v. 23.10.2024, BGBl. I 2024, Nr. 323.

gungsfeindlichkeit verhindert schwebende Ungewissheit über die Wirksamkeit der Ausschlagung.[3)]

3. Rechtsnatur der Ausschlagung

3 Die Ausschlagung ist als **Gestaltungsrecht** zu qualifizieren. Denn mit Wirksamwerden der Ausschlagung (vgl. § 92) treten die Rechtswirkungen des § 90 Abs. 2 ein, die das bestehende Mitgliedschaftsverhältnis in ein Abwicklungsverhältnis (Auseinandersetzung gemäß § 93) überführen.[4)] Das verschmelzungsrechtliche Ausschlagungsrecht steht neben den Ausscheidungsgründen eines Genossen gemäß den §§ 65 ff. GenG.

4 Weder in der Satzung noch durch besondere Vereinbarung zwischen den Mitgliedern der Genossenschaft können sonstige Tatbestände für ein automatisches Ausscheiden eines Genossen geschaffen werden.[5)] Insbesondere kann nicht bestimmt werden, dass ein Genosse seine Mitgliedschaft von Rechts wegen verliert, wenn er einen bestimmten festgelegten Ausschließungstatbestand verwirklicht oder wenn statutarische Beitrittsvoraussetzungen wegfallen.[6)]

II. Ausschlagungserklärung (§ 91 Abs. 1)

5 Das UmwG schreibt für die Ausschlagungserklärung keinen bestimmten Inhalt vor. Die Ausschlagungserklärung muss den Willen zum Ausdruck bringen, die (erworbene) Mitgliedschaft in der übernehmenden Genossenschaft **nicht anzunehmen** bzw. die Rechtswirkungen des **Mitgliedschaftserwerbs zu beseitigen**.[7)] Eine Begründung ist nicht erforderlich. Es muss sich aber zumindest konkludent ergeben, dass keine Kündigung gemäß §§ 65 ff. GenG erklärt wird, sondern das Ausscheiden verschmelzungsbedingt erfolgen soll. Nicht ausreichend ist es, wenn lediglich ein Ausscheiden angedroht oder gar nur in Aussicht gestellt wird.[8)]

6 Die Ausschlagung ist gegenüber dem übernehmenden Rechtsträger in **schriftlicher Form** (§ 126 BGB) zu erklären (§ 91 Abs. 1). Eine lediglich mündliche oder zu Protokoll der Generalversammlung erklärte Ausschlagung ist nichtig (zur Kritik siehe bereits Rz. 2).[9)] Die Ausschlagung ist gegenüber dem **übernehmenden Rechtsträger** zu erklären. Die Erklärung gegenüber der übertragenden Genossenschaft ist unzureichend.[10)] Bei einer Genossenschaft als übernehmender Rechtsträger ist die Erklärung gegenüber dem Vorstand abzugeben (§ 26 GenG).[11)]

III. Ausschlagungsfrist (§ 91 Abs. 2)

7 Die Ausschlagung kann nur **binnen sechs Monaten** nach dem Tage erklärt werden, an dem die Eintragung der Verschmelzung in das Register des Sitzes des übernehmenden Rechtsträgers nach § 19 Abs. 3 bekannt gemacht worden ist. Während das frühere Recht eine Frist von einem Monat vorsah, die zudem erst mit dem Zugang der Mitteilungen nach § 93i Abs. 2 GenG a. F. begann, bestimmt das neue Recht nunmehr eine Frist, die

3) *Schöpflin* in: KölnKomm-UmwG, § 91 Rz. 1; Lutter-*Bayer*, UmwG, § 91 Rz. 3.
4) Lutter-*Bayer*, UmwG, § 91 Rz. 3; *Schöpflin* in: KölnKomm-UmwG, § 91 Rz. 4.
5) LG Wuppertal, Urt. v. 22.11.1996 – 10 S 269/96, ZfgG 1998, 308 = NJW-RR 1997, 1191.
6) LG Wuppertal, Urt. v. 22.11.1996 – 10 S 269/96, ZfgG 1998, 308 = NJW-RR 1997, 1191.
7) Lutter-*Bayer*, UmwG, § 91 Rz. 1; Widmann/Mayer-*Fronhöfer*, UmwR, § 91 UmwG Rz. 6.
8) Lutter-*Bayer*, UmwG, § 91 Rz. 1; *Schöpflin* in: KölnKomm-UmwG, § 91 Rz. 4.
9) Lutter-*Bayer*, UmwG, § 91 Rz. 2; *Schöpflin* in: KölnKomm-UmwG, § 91 Rz. 2.
10) Lutter-*Bayer*, UmwG, § 91 Rz. 2; Widmann/Mayer-*Fronhöfer*, UmwG, § 91 Rz. 10.
11) Widmann/Mayer-*Fronhöfer*, UmwR, § 91 UmwG Rz. 11; *Schöpflin* in: KölnKomm-UmwG, § 91 Rz. 2.

einheitlich für alle Mitglieder einer übertragenden Genossenschaft mit dem Zeitpunkt der Bekanntmachung der konstitutiven Registereintragung beginnt.[12)]

Die **Fristberechnung** richtet sich nach den allgemeinen Vorschriften der §§ 187 Abs. 1, 188 Abs. 2 BGB. Für den Fristablauf ist es ohne Bedeutung, ob der übernehmende Rechtsträger seinen Benachrichtigungspflichten nach § 89 Abs. 2 nachgekommen ist oder nicht.[13)] § 91 Abs. 2 regelt ferner nur das Fristende, nicht aber den **Beginn** des Zeitraums, in dem die Ausschlagung erklärt werden kann. Die Ausschlagung kann vor dem in § 91 Abs. 2 genannten Zeitpunkt erklärt werden, da die insoweit in der Erklärung enthaltene Rechtsbedingung, dass es zur Verschmelzung kommt, keine Rechtsunsicherheit schafft.[14)] 8

IV. Bedingungs- und Befristungsfeindlichkeit (§ 91 Abs. 3)

§ 91 Abs. 3 ist Ausdruck des allgemeinen Grundsatzes der Bedingungs- und Befristungsfeindlichkeit von Gestaltungserklärungen. Damit sind aufschiebende und auflösende **Bedingungen** sowie Zeitbestimmungen (vgl. §§ 158, 163 BGB) **unwirksam.**[15)] Der in § 91 Abs. 3 zum Ausdruck kommende Grundsatz war in den alten umwandlungsrechtlichen Vorschriften des GenG noch nicht enthalten. Als einzige Ausnahme ist die Rechtsbedingung zuzulassen, dass es zur Verschmelzung kommt. Die vor Beginn der Frist des § 91 Abs. 2 erklärte Ausschlagung ist dennoch wirksam, da sie lediglich eine Rechtsbedingung enthält und darüber hinaus für den Erklärungsempfänger keine ungewisse Rechtslage schafft.[16)] 9

V. Verzicht

Wie bei anderen Gestaltungsrechten ist auch bei der Ausschlagung ein Verzicht des berechtigten Mitglieds möglich. Der Verzicht ist grundsätzlich formfrei möglich.[17)] Auf das Ausschlagungsrecht kann **jeder Berechtigte individuell** verzichten, und zwar sowohl vor der Beschlussfassung über die Verschmelzung als auch bis zum Zugang der Ausschlagungserklärung.[18)] Wird der Verzicht bereits vor oder in der General- bzw. Vertreterversammlung, die über die Zustimmung zum Verschmelzungsvertrag beschließt, erklärt, führt er dazu, dass das Ausschlagungsrecht nach den §§ 90 ff. erst gar nicht entsteht.[19)] 10

12) Begr. Fraktionsentwurf UmwBerG, BT-Drucks. 12/6699, S. 109 f.

13) *Schöpflin* in: KölnKomm-UmwG, § 91 Rz. 9; Lutter-*Bayer*, UmwG, § 91 Rz. 4.

14) *Schöpflin* in: KölnKomm-UmwG, § 91 Rz. 10; Lutter-*Bayer*, UmwG, § 91 Rz. 3; Widmann/Mayer-*Fronhöfer*, UmwR, § 91 UmwG Rz. 14.

15) *Schöpflin* in: KölnKomm-UmwG, § 91 Rz. 11; Lutter-*Bayer*, UmwG, § 91 Rz. 3.

16) Lutter-*Bayer*, UmwG, § 91 Rz. 3; *Schöpflin* in: KölnKomm-UmwG, § 91 Rz. 11.

17) *Schöpflin* in: KölnKomm-UmwG, § 91 Rz. 12; Lutter-*Bayer*, UmwG, § 91 Rz. 3; Widmann/Mayer-*Fronhöfer*, UmwR, § 91 UmwG Rz. 5.

18) Lutter-*Bayer*, UmwG, § 91 Rz. 3.

19) Widmann/Mayer-*Fronhöfer*, UmwR, § 91 UmwG Rz. 5.

§ 92

Eintragung der Ausschlagung in die Mitgliederliste[*)]

(1) Die übernehmende Genossenschaft hat jede Ausschlagung unverzüglich in die Mitgliederliste einzutragen und das Mitglied von der Eintragung unverzüglich zu benachrichtigen.

(2) Die Ausschlagung wird in dem Zeitpunkt wirksam, in dem die Ausschlagungserklärung dem übernehmenden Rechtsträger zugeht.

*) § 92 i. d. F. des UmwBerG geändert durch Art. 14 des Gesetzes zur Einführung der Europäischen Genossenschaft und zur Änderung des Genossenschaftsrechts (SCEEG), v. 14.8.2006, BGBl. I 2006, 1911.

Literatur: Siehe die Literaturangaben bei § 79.

Übersicht

I. Norminhalt und Regelungszweck

1. Systematische Einordnung

1 § 92 regelt die **Eintragung** der Ausschlagung in die Mitgliederliste der übernehmenden Genossenschaft (Abs. 1) und den **Zeitpunkt des Wirksamwerdens** der Ausschlagung (Abs. 2). Die Vorschrift ordnet an, dass die Ausschlagung auch im Falle der reinen Genossenschaftsverschmelzung nicht erst mit Eintragung in die Mitgliederliste, sondern bereits mit dem Zugang der Ausschlagungserklärung beim übernehmenden Rechtsträger wirksam wird. Bis zum Inkrafttreten des Registerverfahrensbeschleunigungsgesetzes vom 20.12.1993 wurde die Liste der Mitglieder beim Genossenschaftsregister geführt. Eine Kündigung gemäß § 93k GenG a. F. musste vom Vorstand dem Gericht unverzüglich zur Eintragung in die Liste angemeldet werden. Erst mit der Eintragung der Kündigung galt die Mitgliedschaft des Mitglieds der übertragenden Genossenschaft bei der übernehmenden Genossenschaft als nicht erworben (vgl. § 93l GenG a. F.).[1]

2. Normzweck

2 Da die Mitgliederliste nunmehr durch den Vorstand der Genossenschaft geführt wird (vgl. § 30 Abs. 1 GenG) und nicht mehr wie vormals durch das Registergericht, ist es nicht mehr gerechtfertigt, die Wirksamkeit der Ausschlagung außer vom Zugang der Erklärung von der Eintragung der Ausschlagung in die Mitgliederliste abhängig zu machen.[2] Die Verpflichtung zur unverzüglichen **Eintragung der Ausschlagung in die Mitgliederliste** der übernehmenden Genossenschaft stellt sicher, dass diese einen zeitnahen und zutreffenden Überblick über ihren Mitgliederbestand hat.[3]

3 § 92 **Abs. 1** betrifft nur die **reine Genossenschaftsverschmelzung**, da nur Mitgliedern übertragender Genossenschaften ein Ausschlagungsrecht zukommt und § 92 Abs. 1 die Mitgliederliste der übernehmenden Genossenschaft betrifft.[4]

4 § 92 **Abs. 2** berücksichtigt hingegen, dass auch die Verschmelzung einer Genossenschaft auf einen Rechtsträger anderer Rechtsform zulässig ist, und erfasst damit sowohl reine Genossenschaftsverschmelzungen als **auch Mischverschmelzungen** mit einer Genossenschaft als übertragendem Rechtsträger.[5]

---

1) Begr. Fraktionsentwurf UmwBerG, BT-Drucks. 12/6699, S. 110.

2) Begr. Fraktionsentwurf UmwBerG, BT-Drucks. 12/6699, S. 110.

3) *Schöpflin* in: KölnKomm-UmwG, § 92 Rz. 1; Widmann/Mayer-*Fronhöfer*, UmwR, § 92 UmwG Rz. 4.

4) *Schöpflin* in: KölnKomm-UmwG, § 92 Rz. 1; Semler/Stengel/Leonard-*Scholderer*, UmwG, § 92 Rz. 3; Lutter-*Bayer*, UmwG, § 92 Rz. 4.

5) Widmann/Mayer-*Fronhöfer*, UmwR, § 92 UmwG Rz. 3; *Schöpflin* in: KölnKomm-UmwG, § 92 Rz. 6; Lutter-*Bayer*, UmwG, § 92 Rz. 2.

II. Eintragung in die Mitgliederliste (§ 92 Abs. 1)

5 Eintragungen in die Mitgliederliste sind nicht konstitutiv, sondern **deklaratorisch** (vgl. § 15 Abs. 1 GenG). Auch die Eintragung der Ausschlagung in die Mitgliederliste hat mithin nur deklaratorischen Charakter.[6] Nach Wirksamkeit der Verschmelzung müssen die neuen Mitglieder zunächst in die Mitgliederliste eingetragen werden. Erfolgt danach die Ausschlagung, bedarf sie der Eintragung in die Mitgliederliste (§ 92 Abs. 1). Diese Reihenfolge muss eingehalten werden.[7] Es wäre daher unzulässig, wenn die übernehmende Genossenschaft ein Mitglied der übertragenden Genossenschaft deshalb nicht in die Mitgliederliste eintragen würde, weil seine Ausschlagung der erworbenen Mitgliedschaft im Zeitpunkt der vorgeschriebenen Eintragung bereits erfolgt oder jedenfalls absehbar ist.[8]

6 Die Verpflichtung zur Eintragung trifft gemäß § 30 Abs. 1 GenG den **Vorstand der übernehmenden Genossenschaft**. Der Vorstand hat das Recht und die Pflicht, die Wirksamkeit der Ausschlagung zu prüfen. Hält er die Ausschlagung für unwirksam, weil die Voraussetzungen der §§ 90, 91 nicht erfüllt sind, unterbleibt deren Eintragung in die Mitgliederliste, da diese ein zutreffendes Bild des Mitgliederbestandes liefern soll.[9] Mitglieder einer übertragenden Genossenschaft, die bereits vor Wirksamwerden der Verschmelzung wirksam ausgeschlagen haben, sind nicht einzutragen, auch nicht ihre Ausschlagung gemäß § 92 Abs. 1, da sie gerade nie Mitglieder der aufnehmenden Genossenschaft geworden sind.[10]

7 Von der Eintragung der Ausschlagung in die Mitgliederliste ist **jedes Mitglied unverzüglich** (ohne schuldhaftes Zögern), zu benachrichtigen.[11] Da keine **Form** vorgeschrieben ist, kann die Benachrichtigung auch mündlich geschehen. Die Praxis bedient sich indes vernünftigerweise der Schrift- oder Textform.[12]

8 Weigert sich der Vorstand, die Ausschlagung in die Mitgliederliste einzutragen, kommt **keine Leistungsklage** auf Eintragung der Ausschlagung in die Mitgliederliste in Betracht, da es insoweit an einem Rechtsschutzbedürfnis fehlt. Materiell geht es vielmehr um ein Feststellungsbegehren des Mitglieds, dass es nicht Mitglied der übernehmenden Genossenschaft geworden ist. Dieses ist mit der allgemeinen Feststellungsklage nach § 256 ZPO durchzusetzen.[13]

9 Wenn der **Auszahlungsanspruch** hinsichtlich des Geschäftsguthabens fällig ist (§§ 93, 94), kann das Mitglied auch eine entsprechende Zahlungsklage erheben. Im Prozess ist dann implizit zu entscheiden, ob es die Mitgliedschaft wirksam ausgeschlagen hat.

III. Wirksamwerden der Ausschlagung (§ 92 Abs. 2)

10 Die Ausschlagung wird in dem Zeitpunkt wirksam, in dem die entsprechende **Erklärung** dem übernehmenden Rechtsträger **zugeht**. § 92 Abs. 2 bestätigt insoweit lediglich die

6) Widmann/Mayer-*Fronhöfer*, UmwR, § 92 UmwG Rz. 4; Semler/Stengel/Leonard-*Scholderer*, UmwG, § 92 Rz. 1.

7) *Schöpflin* in: KölnKomm-UmwG, § 92 Rz. 2; Lutter-*Bayer*, UmwG, § 92 Rz. 5; Semler/Stengel/Leonard-*Scholderer*, UmwG, § 92 Rz. 2.

8) Lutter-*Bayer*, UmwG, § 92 Rz. 5.

9) *Schöpflin* in: KölnKomm-UmwG, § 92 Rz. 2; Semler/Stengel/Leonard-*Scholderer*, UmwG, § 92 Rz. 6; Lutter-*Bayer*, UmwG, § 92 Rz. 7.

10) Widmann/Mayer-*Fronhöfer*, UmwR, § 92 UmwG Rz. 5.

11) *Schöpflin* in: KölnKomm-UmwG, § 92 Rz. 4; Lutter-*Bayer*, UmwG, § 92 Rz. 6; Widmann/Mayer-*Fronhöfer*, UmwR, § 92 UmwG Rz. 6.

12) *Schöpflin* in: KölnKomm-UmwG, § 92 Rz. 4; Lutter-*Bayer*, UmwG, § 92 Rz. 6; Semler/Stengel/Leonard-*Scholderer*, UmwG, § 92 Rz. 7.

13) *Schöpflin* in: KölnKomm-UmwG, § 92 Rz. 3; Lutter-*Bayer*, UmwG, § 92 Rz. 7.

allgemeine Regel.[14] Diese Regelung gilt sowohl für die reine Genossenschaftsverschmelzung als auch für die Aufnahme einer übertragenden Genossenschaft durch einen übernehmenden Rechtsträger anderer Rechtsform.

11 Zugegangen ist die Erklärung, wenn sie so in den Machtbereich des übernehmenden Rechtsträgers gelangt ist, dass dieser unter normalen Umständen durch seine passiv vertretungsberechtigten Organmitglieder oder sonst Vertretungsberechtigen die Möglichkeit hat, vom Inhalt der Erklärung Kenntnis zu nehmen.[15] **Passivvertretungsberechtigt** für eine Genossenschaft ist nach § 25 Abs. 1 Satz 3 GenG generell jedes Vorstandsmitglied.[16] Das Wirksamwerden der Ausschlagung nach § 92 Abs. 2 hat zur Folge, dass die Mitgliedschaft im übernehmenden Rechtsträger gemäß § 90 Abs. 2 mit **ex-tunc-Wirkung** als nicht erworben gilt.[17] Von dem Wirksamwerden der Ausschlagung sind insoweit die Wirkungen der Ausschlagung zu unterscheiden.[18]

14) *Schöpflin* in: KölnKomm-UmwG, § 92 Rz. 7; Widmann/Mayer-*Fronhöfer*, UmwR, § 92 UmwG Rz. 8.
15) *Schöpflin* in: KölnKomm-UmwG, § 92 Rz. 7; Lutter-*Bayer*, UmwG, § 92 Rz. 3.
16) Lutter-*Bayer*, UmwG, § 92 Rz. 3.
17) *Schöpflin* in: KölnKomm-UmwG, § 92 Rz. 8.
18) Widmann/Mayer-*Fronhöfer*, UmwR, § 92 UmwG Rz. 8.

§ 93
Auseinandersetzung*)

(1) ¹Mit einem früheren Mitglied, dessen Beteiligung an dem übernehmenden Rechtsträger nach § 90 Abs. 2 als nicht erworben gilt, hat der übernehmende Rechtsträger sich auseinanderzusetzen. ²Maßgebend ist die Schlußbilanz der übertragenden Genossenschaft.

(2) Dieses Mitglied kann die Auszahlung des Geschäftsguthabens, das es bei der übertragenden Genossenschaft hatte, verlangen; an den Rücklagen und dem sonstigen Vermögen der übertragenden Genossenschaft hat es vorbehaltlich des § 73 Abs. 3 des Genossenschaftsgesetzes keinen Anteil, auch wenn sie bei der Verschmelzung den Geschäftsguthaben anderer Mitglieder, die von dem Recht zur Ausschlagung keinen Gebrauch machen, zugerechnet werden.

(3) ¹Reichen die Geschäftsguthaben und die in der Schlußbilanz einer übertragenden Genossenschaft ausgewiesenen Rücklagen zur Deckung eines in dieser Bilanz ausgewiesenen Verlustes nicht aus, so kann der übernehmende Rechtsträger von dem früheren Mitglied, dessen Beteiligung als nicht erworben gilt, die Zahlung des anteiligen Fehlbetrags verlangen, wenn und soweit dieses Mitglied im Falle der Insolvenz Nachschüsse an die übertragende Genossenschaft zu leisten gehabt hätte. ²Der anteilige Fehlbetrag wird, falls die Satzung der übertragenden Genossenschaft nichts anderes bestimmt, nach der Zahl ihrer Mitglieder berechnet.

*) § 93 geändert durch Art. 14 des Gesetzes zur Einführung der Europäischen Genossenschaft und zur Änderung des Genossenschaftsrechts (SCEEG), v. 14.8.2006, BGBl. I 2006, 1911; § 93 i. d. F. des UmwBerG geändert durch Art. 11 des Gesetzes zur Anpassung von Verjährungsvorschriften an das Gesetz zur Modernisierung des Schuldrechts (Verjährungsanpassungsgesetz), v. 9.12.2004, BGBl. I 2004, 3214.

Literatur: Siehe auch die Literaturangaben bei § 79. *Beuthien*, Erwerben Genossenschaftsmitglieder „genossenschaftliches Eigentum“? – Soziale Verheißung in ungenauer Genossenschaftstheorie und eher irreführender Mitgliederwerbung, NZG 2022, 1323; *Scheibner*, Die Mitgliedschaft in der Verschmelzung eingetragener Genossenschaften, DZWIR 2025, 286.

Übersicht

I. Norminhalt und Regelungszweck

1. Systematische Einordnung

§ 93 regelt die Auseinandersetzung zwischen dem übernehmenden Rechtsträger und einem früheren Mitglied der übertragenden Genossenschaft, dessen Beteiligung nach § 90 Abs. 2 als nicht erworben gilt. Die Vorschrift entspricht im Wesentlichen der früheren Regelung des **§ 93m GenG a. F.** und trägt darüber hinaus dem Umstand Rechnung, dass auch Mischverschmelzungen zulässig sind. 1

2. Normzweck

Da die Ausschlagung gemäß §§ 90 ff. für das Mitglied einer übertragenden Genossenschaft nur eine besondere Form des Ausscheidens darstellt, soll es auch wirtschaftlich so gestellt werden, wie wenn es zum Zeitpunkt des Wirksamwerdens der Verschmelzung gemäß §§ 65 ff. GenG aus der übertragenden Genossenschaft ausgeschieden wäre.[1] In diesem Fall hätte eine Auseinandersetzung gemäß § 73 GenG erfolgen müssen. Die beabsichtigte **wirtschaftliche Gleichstellung** wird dadurch bewirkt, dass § 93 inhaltlich der Auseinandersetzungsregelung des § 73 GenG entspricht.[2] Der verfolgte Zweck war und ist demnach, das Mitglied aus Anlass der Verschmelzung nicht besser zu stellen, als wenn es aus der weiterbestehenden Genossenschaft ausschiede.[3] 2

II. Parteien der Auseinandersetzung (§ 93 Abs. 1)

Parteien der Auseinandersetzung sind in Abweichung zu § 73 GenG der **übernehmende Rechtsträger** sowie **jedes frühere Mitglied der übertragenden Genossenschaft**, dessen durch die Verschmelzung zunächst begründete Beteiligung am übernehmenden Rechtsträger aufgrund einer wirksamen Ausschlagung gemäß § 90 Abs. 2 als nicht erworben gilt.[4] Diese Abweichung folgt daraus, dass nach der Konzeption des Gesetzes ein Ausscheiden aufgrund der §§ 90 ff. erst in dem Zeitpunkt möglich ist, in dem die übertragende Genossenschaft aufgrund der Verschmelzung bereits erloschen ist (vgl. § 20 Abs. 1 Nr. 2). Daher kann die Auseinandersetzung gemäß § 93 nur noch mit dem übernehmenden Rechtsträger stattfinden, auf den durch die Verschmelzung gemäß § 20 Abs. 1 alle Rechte und Pflichten der übertragenden Genossenschaft übergegangen sind.[5] 3

---

1) Lutter-*Bayer*, UmwG, § 93 Rz. 1; *Schöpflin* in: KölnKomm-UmwG, § 93 Rz. 1.

2) Lutter-*Bayer*, UmwG, § 93 Rz. 1; Widmann/Mayer-*Fronhöfer*, UmwR, § 93 UmwG Rz. 1.

3) Vgl. Begr. Fraktionsentwurf UmwBerG, BT-Drucks. 12/6699, S. 108.

4) Lutter-*Bayer*, UmwG, § 93 Rz. 2; *Schöpflin* in: KölnKomm-UmwG, § 93 Rz. 2.

5) Lutter-*Bayer*, UmwG, § 93 Rz. 2; Widmann/Mayer-*Fronhöfer*, UmwG, § 93 Rz. 2.

III. Auseinandersetzungsanspruch des Mitglieds (§ 93 Abs. 2)

1. Nominalwertprinzip

4 Das Mitglied einer übertragenden Genossenschaft hat im Falle seines Ausscheidens gemäß §§ 90 ff. in **Übereinstimmung mit § 73 GenG**, jedoch in Abweichung zu allgemeinen gesellschaftsrechtlichen Prinzipien, keinen Anspruch darauf, dass für die Berechnung seines Auseinandersetzungsanspruchs das wirkliche Gesellschaftsvermögen zugrunde gelegt wird. Vielmehr wird der Auseinandersetzungsanspruch durch das Gesetz stark eingeschränkt **(Nominalwertprinzip)**.[6] Hintergrund dieser Benachteiligung ausscheidender Mitglieder ist die rechtspolitische Absicht, sowohl den Erhalt von Eigenkapital als auch von Mitgliedern in der Genossenschaft zu stärken.[7]

2. Geschäftsguthaben

5 Unter der Voraussetzung, dass die übertragende Genossenschaft nicht überschuldet ist, sieht das UmwG als zwingende Regelung vor, dass das ausscheidende Mitglied vom übernehmenden Rechtsträger die **Auszahlung des Geschäftsguthabens verlangen** kann, das es bei der übertragenden Genossenschaft hatte (§ 93 Abs. 2 Satz 1 Halbs. 1). Das Geschäftsguthaben umfasst die Einzahlungen auf den Geschäftsanteil bzw. die Geschäftsanteile zuzüglich der Gewinnzuschreibungen bzw. abzüglich der Verlustabschreibungen. Das Geschäftsguthaben gibt mithin nicht den vollen Vermögenswert der Mitgliedschaft wieder und spiegelt den Wertanteil am Genossenschaftsvermögen nur sehr begrenzt wider.[8]

3. Rücklagen und sonstiges Vermögen

6 An den Rücklagen und dem sonstigen Vermögen der übertragenden Genossenschaft hat das ausschlagende Mitglied vorbehaltlich des § 73 Abs. 3 GenG **keinen Anteil**, auch wenn sie bei der Verschmelzung den Geschäftsguthaben anderer Mitglieder, die von dem Recht zur Ausschlagung keinen Gebrauch machen, zugerechnet werden (§ 93 Abs. 2 Satz 1 Halbs. 2).[9] Diese Regelung entspricht dem Rechtsgedanken des § 73 Abs. 2 Satz 3 GenG, wonach das Mitglied auf die Rücklagen und das sonstige Vermögen der Genossenschaft vorbehaltlich einer abweichenden Satzungsregelung keinen Anspruch hat.[10]

4. Ergebnisrücklage gemäß § 73 Abs. 3 GenG

7 Der Vorbehalt des § 73 Abs. 3 GenG ermöglicht es, durch Satzungsregelung dem ausscheidenden Mitglied einen Anteil an einer zu diesem Zweck gebildeten Ergebnisrücklage zuzuweisen.[11] Das Auseinandersetzungsguthaben ergibt sich mithin aus dem Geschäftsguthaben bei der übertragenden Genossenschaft unter Umständen zuzüglich einer Beteiligung an der Ergebnisrücklage gemäß § 73 Abs. 3 GenG.

IV. Maßgeblichkeit der Schlussbilanz

8 Maßgebend für die Auseinandersetzung ist die Schlussbilanz der **übertragenden Genossenschaft** (§ 93 Abs. 1 Satz 2). Als Grundlage der Auseinandersetzung dient die Schluss-

---

6) BGH, Beschl. v. 18.3.2025 – II ZB 7/24, ZIP 2025, 1325 = NZG 2025, 937; BayObLG, Beschl. v. 9.2.2024 – 101 W 169/23, ZIP 2024, 1600 = NZG 2024, 733.

7) Lutter-*Bayer*, UmwG, § 93 Rz. 3.

8) *Beuthien*, NZG 2022, 1323, 1326.

9) *Scheibner*, DZWIR 2025, 286, 289.

10) BGH, Beschl. v. 18.3.2025 – II ZB 7/24, ZIP 2025, 1325 = NZG 2025, 937; BayObLG, Beschl. v. 9.2.2024 – 101 W 169/23, ZIP 2024, 1600 = NZG 2024, 733.

11) Lutter-*Bayer*, UmwG, § 93 Rz. 11; Widmann/Mayer-*Fronhöfer*, UmwR, § 93 UmwG Rz. 10.

bilanz der übertragenden Genossenschaft, obwohl die Auseinandersetzung mit dem übernehmenden Rechtsträger stattfindet.[12)]

V. Ausgleichsanspruch des übernehmenden Rechtsträgers (§ 93 Abs. 3)

Reichen die Geschäftsguthaben und die in der Schlussbilanz einer übertragenden Genos- 9
senschaft ausgewiesenen Rücklagen zur Deckung eines in dieser Bilanz ausgewiesenen Verlustes nicht aus, so kann der übernehmende Rechtsträger von dem früheren Mitglied, dessen Beteiligung als nicht erworben gilt, die **Zahlung des anteiligen Fehlbetrags** verlangen. Voraussetzung ist, dass dieses Mitglied im Falle der Insolvenz Nachschüsse an die übertragende Genossenschaft zu leisten gehabt hätte. Die Nachschusspflicht richtet sich nach der Satzung der übertragenden Genossenschaft.[13)] Der anteilige Fehlbetrag wird, falls die Satzung der übertragenden Genossenschaft nichts anderes bestimmt, nach der Zahl ihrer Mitglieder berechnet (§ 93 Abs. 3 Satz 2).[14)]

---

12) Lutter-*Bayer*, UmwG, § 93 Rz. 18; Widmann/Mayer-*Fronhöfer*, UmwR, § 93 UmwG Rz. 2.
13) Lutter-*Bayer*, UmwG, § 93 Rz. 13; *Schöpflin* in: KölnKomm-UmwG, § 93 Rz. 8.
14) *Eckhardt* in: Münch-AHB Insolvenz und Sanierung, § 9 Rz. 154.

§ 94

Auszahlung des Auseinandersetzungsguthabens*)

Ansprüche auf Auszahlung des Geschäftsguthabens nach § 93 Abs. 2 sind binnen sechs Monaten seit der Ausschlagung zu befriedigen; die Auszahlung darf jedoch nicht erfolgen, bevor die Gläubiger, die sich nach § 22 gemeldet haben, befriedigt oder sichergestellt sind, und nicht vor Ablauf von sechs Monaten seit dem Tag, an dem die Eintragung der Verschmelzung in das Register des Sitzes des übernehmenden Rechtsträgers nach § 19 Abs. 3 bekannt gemacht worden ist.

*) § 94 i. d. F. des UmwBerG geändert durch Art. 8 des Gesetzes über elektronische Handelsregister und Genossenschaftsregister sowie das Unternehmensregister (EHUG), v. 10.11.2006, BGBl. I 2006, 2553.

Literatur: Siehe die Literaturangaben bei § 79.

Übersicht

I. Norminhalt und Regelungszweck

1. Systematische Einordnung

§ 94 enthält für die Auszahlung des Auseinandersetzungsguthabens eine **Fälligkeitsrege-** 1
lung und legt **Sperrfristen** fest. Sachlich stimmt die Vorschrift mit der früheren Regelung in § 93m Abs. 1 Satz 4 GenG a. F. überein. Sie ist lediglich redaktionell an die allgemeine Regelung in § 22 angepasst worden, welche auch für Verschmelzungen unter Beteiligung von Genossenschaften gilt und insofern an die Stelle der früheren Regelung in § 93f GenG a. F. getreten ist.

2. Normzweck

2 § 94 regelt im Interesse der Rechtsklarheit und des **Gläubigerschutzes** die Fälligkeit, die Sperr- und die Zahlungsfristen hinsichtlich der Auszahlung des Auseinandersetzungsguthabens.[1] Mit dem Inkrafttreten des EHUG stellt § 94 mit Wirkung ab dem 1.1.2007 nur noch auf die Bekanntmachung der Eintragung in das Register des übernehmenden Rechtsträgers gemäß dem ebenfalls geänderten § 19 Abs. 3 ab.[2]

II. Fälligkeit des Anspruchs (§ 94 Halbs. 1)

3 Der durch das Ausscheiden des Mitglieds nach Maßgabe der Schlussbilanz entstandene Anspruch auf das Auseinandersetzungsguthaben wird parallel zu § 73 Abs. 2 Satz 2 Halbs. 1 GenG **sechs Monate nach erfolgter Ausschlagung** fällig. Die Ausschlagung ist erfolgt, wenn sie wirksam geworden ist. Maßgeblich ist mithin der Zugang der schriftlichen Ausschlagungserklärung (vgl. § 91 Abs. 1) beim übernehmenden Rechtsträger (vgl. § 92 Abs. 2).[3]

4 Die Frist berechnet sich nach allgemeinen Regeln. Der Auszahlungsanspruch kann **vor Fälligkeit** erfüllt werden, allerdings sind die Sperrfristen zu beachten.[4] Enthält die Satzung der übertragenden Genossenschaft eine abweichende Fälligkeitsregelung, so hat diese grundsätzlich keine Auswirkungen auf den Anspruch.[5]

III. Sperrfristen (§ 94 Halbs. 2)

5 Die in § 94 bestimmten Sperrfristen dienen dem Gläubigerschutz. Trotz Fälligkeit des Anspruchs auf Auszahlung des Auseinandersetzungsguthabens darf der übernehmende Rechtsträger die Auszahlung nur dann vornehmen, **wenn die Gläubiger**, die sich nach § 22 gemeldet haben, **befriedigt oder sichergestellt sind**. Durch diese Sperre soll sichergestellt werden, dass die Rechte der Gläubiger auf Befriedigung oder Sicherheitsleistung im Falle des § 22 nicht durch Auszahlungen von Ausschlagungsguthaben unterlaufen oder gefährdet werden.[6]

6 § 94 bestimmt für die Auszahlung des Auseinandersetzungsguthabens zunächst eine **Mindestsperrfrist von sechs Monaten**, nachdem die konstitutive Eintragung der Verschmelzung in dem für den übernehmenden Rechtsträger zuständigen Register bekannt gemacht worden ist. Damit wird die Auszahlung während des Zeitraums verhindert, in dem die Gläubiger ihre Ansprüche gemäß § 22 Abs. 1 Satz 1 (siehe dazu § 22 Rz. 12 [*Stiegler*]) anmelden können.[7]

7 Eine zweite Sperrfrist normiert § 94 Halbs. 2 Alt. 1 mit einer **Rechtsgrundverweisung auf § 22.** Nur wenn die Voraussetzungen des § 22 Abs. 1 Satz 2, Abs. 2 erfüllt sind, greift die Sperrfrist durch.[8] Abzustellen ist dabei nicht auf alle Gläubiger, die sich form- und fristgerecht gemeldet haben, sondern nur auf solche, denen auch ein Anspruch auf Befriedigung oder Sicherheitsleistung zusteht. Dies sind Gläubiger, die eine Gefährdung ihrer noch nicht fälligen Forderung durch die Verschmelzung glaubhaft machen und im Insolvenzfall nicht bereits anderweitig vorrangig gesichert sind.[9]

---

1) Begr. Fraktionsentwurf UmwBerG, BT-Drucks. 12/6699, S. 110.

2) Widmann/Mayer-*Fronhöfer*, UmwR, § 94 UmwG Rz. 1.1.

3) Lutter-*Bayer*, UmwG, § 94 Rz. 1; Widmann/Mayer-*Fronhöfer*, UmwR, § 94 UmwG Rz. 2; *Schöpflin* in: KölnKomm-UmwG, § 94 Rz. 2.

4) *Schöpflin* in: KölnKomm-UmwG, § 94 Rz. 2.

5) Lutter-*Bayer*, UmwG, § 94 Rz. 1.

6) Widmann/Mayer-*Fronhöfer*, UmwR, § 94 UmwG Rz. 3.

7) Lutter-*Bayer*, UmwG, § 94 Rz. 2; *Schöpflin* in: KölnKomm-UmwG, § 94 Rz. 3.

8) Lutter-*Bayer*, UmwG, § 94 Rz. 3; *Schöpflin* in: KölnKomm-UmwG, § 94 Rz. 4.

9) Widmann/Mayer-*Fronhöfer*, UmwR, § 94 UmwG Rz. 3; Lutter-*Bayer*, UmwG, § 94 Rz. 3.

IV. Verzug und Schadensersatz

Verzögert der übernehmende Rechtsträger die Auszahlung des Auseinandersetzungsguthabens nach Fälligkeit und Ablauf der Sperrfristen schuldhaft, gerät er nach allgemeinen Regeln in Verzug und schuldet **Verzugszinsen und Schadensersatz** (vgl. §§ 280 Abs. 1, 2, 286, 288 BGB).[10] 8

Streitig ist, ob der übernehmende Rechtsträger auch wegen **Treuepflichtverletzung** haftet. Bejaht wird dies mit der Begründung, dass zwischen der übertragenden Genossenschaft und dem Ausschlagenden eine genossenschaftliche Treuepflicht bestand, die nach § 20 Abs. 1 zulasten des übernehmenden Rechtsträgers fortwirkt.[11] Nach a. A. liegt eine Treuepflichtverletzung nicht vor, da der Anspruchsberechtigte aufgrund der Ausschlagung nie Mitglied des übernehmenden Rechtsträgers geworden ist.[12] 9

V. Rechtsfolgen vorzeitiger Auszahlung

Zahlt der übernehmende Rechtsträger entgegen § 94 vorzeitig aus, entfällt nach h. M. gemäß § 813 Abs. 2 BGB ein Bereicherungsanspruch gegen den Ausschlagenden.[13] Die Gläubiger der übertragenden Genossenschaft werden durch einen Schadensersatzanspruch nach § 823 Abs. 2 BGB i. V. m. **§ 94 als Schutzgesetz** geschützt. Der Anspruch richtet sich gegen den übernehmenden Rechtsträger, der durch seine Vorstandsmitglieder rechtswidrig gehandelt hat.[14] 10

Daneben tritt ein Anspruch gegen die aufseiten des **übernehmenden Rechtsträgers** handelnden **Organmitglieder** persönlich, da diese als unmittelbar Handelnde das Schutzgesetz verletzt haben. Die Vorstandsmitglieder der übernehmenden Genossenschaft haften dieser zudem aufgrund § 34 Abs. 3 Nr. 1 GenG. Die Gläubiger der übernehmenden Genossenschaft können diesen Anspruch nach § 34 Abs. 5 Satz 1 GenG geltend machen. 11

Die Vorstandsmitglieder der **übertragenden Genossenschaft** können in dieser Eigenschaft nicht haften, weil die Auszahlung durch den übernehmenden Rechtsträger erfolgt und durch sie nicht veranlasst wurde.[15] 12

10) *Schöpflin* in: KölnKomm-UmwG, § 94 Rz. 5; Lutter-*Bayer*, UmwG, § 94 Rz. 4.

11) So Lutter-*Bayer*, UmwG, § 94 Rz. 4; *Schöpflin* in: KölnKomm-UmwG, § 94 Rz. 5.

12) So Widmann/Mayer-*Fronhöfer*, UmwR, § 94 UmwG Rz. 7.

13) *Schöpflin* in: KölnKomm-UmwG, § 94 Rz. 6; Lutter-*Bayer*, UmwG, § 94 Rz. 5; Widmann/Mayer-*Fronhöfer*, UmwR, § 94 UmwG Rz. 9.

14) *Schöpflin* in: KölnKomm-UmwG, § 94 Rz. 6; Lutter-*Bayer*, UmwG, § 94 Rz. 5; Widmann/Mayer-*Fronhöfer*, UmwR, § 94 UmwG Rz. 9.

15) Widmann/Mayer-*Fronhöfer*, UmwR, § 94 UmwG Rz. 9; *Schöpflin* in: KölnKomm-UmwG, § 94 Rz. 6; Lutter-*Bayer*, UmwG, § 94 Rz. 5.

§ 95

Fortdauer der Nachschußpflicht[*]

(1) [1]Ist die Haftsumme bei einer übernehmenden Genossenschaft geringer, als sie bei einer übertragenden Genossenschaft war, oder haften den Gläubigern eines übernehmenden Rechtsträgers nicht alle Anteilsinhaber dieses Rechtsträgers unbeschränkt, so haben zur Befriedigung der Gläubiger der übertragenden Genossenschaft diejenigen Anteilsinhaber, die Mitglieder der übertragenden Genossenschaft waren, weitere Nachschüsse bis zur Höhe der Haftsumme bei der übertragenden Genossenschaft zu leisten, sofern die Gläubiger, die sich nach § 22 gemeldet haben, wegen ihrer Forderung Be-

friedigung oder Sicherstellung auch nicht aus den von den Mitgliedern eingezogenen Nachschüssen erlangen können. [2]Für die Einziehung der Nachschüsse gelten die §§ 105 bis 115a des Genossenschaftsgesetzes entsprechend.

(2) Absatz 1 ist nur anzuwenden, wenn das Insolvenzverfahren über das Vermögen des übernehmenden Rechtsträgers binnen zwei Jahren nach dem Tage eröffnet wird, an dem die Eintragung der Verschmelzung in das Register des Sitzes dieses Rechtsträgers nach § 19 Abs. 3 bekannt gemacht worden ist.

*) § 95 geändert durch Art. 8 des Gesetzes über elektronische Handelsregister und Genossenschaftsregister sowie das Unternehmensregister (EHUG), v. 10.11.2006, BGBl. I 2006, 2553; § 94 i. d. F. des UmwBerG Art. 14 des Gesetzes zur Einführung der Europäischen Genossenschaft und zur Änderung des Genossenschaftsrechts (SCEEG), v. 14.8.2006, BGBl. I 2006, 1911.

Literatur: Siehe auch die Literaturangaben bei § 79; *Hirte*, Die Insolvenz der Genossenschaft, in: Festschrift für Wilhelm Uhlenbruck, 2000, S. 637; *Petersen*, Insolvenzrechtlicher Sukzessionsschutz durch verschmelzungsbedingte Sondermasse?, NZG 2001, 836.

Übersicht

I. Norminhalt und Regelungszweck

1. Systematische Einordnung

1 Mit Wirksamwerden der Verschmelzung gehen alle Rechte und Pflichten im Wege der Gesamtrechtsnachfolge auf den übernehmenden Rechtsträger über. Der übertragende Rechtsträger erlischt (vgl. § 20 Abs. 1 Nr. 2). Die Verbindlichkeiten des übertragenden Rechtsträgers werden zu Verbindlichkeiten des übernehmenden Rechtsträgers. Inwieweit die Anteilsinhaber des übernehmenden Rechtsträgers für dessen Verbindlichkeiten haften, richtet sich grundsätzlich allein nach den Regeln, die das Gesetz oder die Satzung für den übernehmenden Rechtsträger vorsehen.

2 Dieser Grundsatz wird im Interesse der **Gläubiger einer übertragenden eG** zeitweilig eingeschränkt. In **Ergänzung des § 22** haften für den Fall, dass binnen zwei Jahren nach Bekanntmachung der Eintragung der Verschmelzung in das Register des übernehmenden Rechtsträgers das **Insolvenzverfahren eröffnet** wird, unter gewissen Voraussetzungen die vormaligen Mitglieder einer übertragenden Genossenschaft zusätzlich gemäß den Haftungsregeln ihrer früheren Satzung nach Maßgabe der §§ 105–115a GenG.

2. Normzweck

3 § 95 dient dem **Gläubigerschutz bei Insolvenz** des übernehmenden Rechtsträgers. Ihr Zweck besteht darin, eine durch die Verschmelzung bedingte Verschlechterung der Haftungslage der Gläubiger der übertragenden Genossenschaft zu verhindern.[1] Die Vorschrift entspricht der früheren Regelung in § 93r GenG a. F. und soll im Wesentlichen unverändert beibehalten werden. Die Frist wurde allerdings auf zwei Jahre verlängert, um sie an die entsprechende Frist beim Formwechsel anzupassen (vgl. § 271 Satz 1).

1) Begr. Fraktionsentwurf UmwBerG, BT-Drucks. 12/6699, S. 110.

Sachlich wurde die Regelung auf die neuen Fälle der Verschmelzung ausgedehnt, bei denen ein Unternehmen anderer Rechtsform eine Genossenschaft übernimmt.[2] Die praktische Bedeutung der Vorschrift ist gering, da eine Nachschusspflicht durch die **Satzung** der eG im Regelfall **ausgeschlossen** wird (§ 6 Nr. 3 GenG).[3] 4

II. Voraussetzungen der Nachschusspflicht (§ 95 Abs. 1)

1. Haftungsunterschied

Eine Nachschussverpflichtung kommt in **zwei Fällen** in Betracht: 5

- Die Haftsumme einer übernehmenden Genossenschaft ist geringer als die Haftsumme der übertragenden Genossenschaft (Fall der reinen eG-Verschmelzung mit beschränkter Nachschusspflicht der übernehmenden Genossenschaft), oder
- die Anteilsinhaber des übernehmenden Rechtsträgers haften nicht alle unbeschränkt (Regelfall der Mischverschmelzung).[4]

Beim **Vergleich der Haftsummen** ist zu beachten, dass für jedes einzelne Mitglied eine **individuelle Betrachtung** erfolgen muss. Aufgrund §§ 15b, 121 GenG ist es nicht ausreichend, lediglich die Satzungen der verschmolzenen Genossenschaften miteinander zu vergleichen. Vielmehr kann etwa die Nachschusspflicht eines Mitglieds einer übertragenden Genossenschaft, deren Satzung die Haftsumme mit 500 € je Geschäftsanteil vorsah, höher sein als die Nachschusspflicht in der übernehmenden Genossenschaft, in der die Haftsumme zwar auf 1.000 € festgelegt ist, die Beteiligung mit weiteren Geschäftsanteilen aber die Haftsumme nicht erhöht.[5] 6

2. Maßgeblicher Zeitpunkt

Für die Feststellung des Haftungsunterschieds ist der Zeitpunkt des **Wirksamwerdens der Verschmelzung** maßgeblich. Setzt etwa eine übernehmende Genossenschaft erst nachträglich die ursprünglich höhere Haftsumme unter das Maß der übertragenden Genossenschaft herab, findet § 95 keine Anwendung. In diesem Fall gilt vielmehr die Regelung des § 120 GenG.[6] 7

3. Eröffnung des Insolvenzverfahrens (§ 95 Abs. 2)

Eine Nachschussverpflichtung gemäß § 95 kommt nach § 95 Abs. 2 nur in Betracht, wenn über das Vermögen des übernehmenden Rechtsträgers das Insolvenzverfahren eröffnet wird, und zwar **binnen zwei Jahren** nach dem Tag, an dem die Eintragung der Verschmelzung in das Register des Sitzes des übernehmenden Rechtsträgers nach § 19 Abs. 3 bekannt gemacht worden ist.[7] Eröffnet ist das Insolvenzverfahren mit Wirksamwerden des Eröffnungsbeschlusses (§ 27 InsO). 8

2) Begr. Fraktionsentwurf UmwBerG, BT-Drucks. 12/6699, S. 110.

3) *Schöpflin* in: KölnKomm-UmwG, § 95 Rz. 1; Lutter-*Bayer*, UmwG, § 95 Rz. 2; ferner krit. zur Normstruktur *Petersen*, NZG 2001, 836, 837.

4) Semler/Stengel/Leonard-*Scholderer*, UmwG, § 95 Rz. 5; *Schöpflin* in: KölnKomm-UmwG, § 95 Rz. 3; *Hirte* in: FS Uhlenbruck, S. 637, 641.

5) *Schöpflin* in: KölnKomm-UmwG, § 95 Rz. 4; Widmann/Mayer-*Fronhöfer*, UmwG, § 95 Rz. 19.

6) Widmann/Mayer-*Fronhöfer*, UmwR, § 95 UmwG Rz. 15; *Schöpflin* in: KölnKomm-UmwG, § 95 Rz. 4; *Fuchs* in: BeckOGK-UmwG, § 95 Rz. 22.

7) *Hirte* in: FS Uhlenbruck, S. 637, 641; *Eckhardt* in: Münch-AHB Insolvenz und Sanierung, § 9 Rz. 155.

III. Nachschusspflichtige Mitglieder

9 Die Nachschussverpflichtung des § 95 ist eine **Subsidiärhaftung.** Sie greift grundsätzlich nur dann ein, wenn die Gläubiger sich weder aus dem Vermögen des übernehmenden Rechtsträgers noch aus dem Privatvermögen persönlich haftender Gesellschafter befriedigen können.[8] Ist der übernehmende Rechtsträger ebenfalls eine Genossenschaft, sind zunächst alle Mitglieder der übernehmenden Genossenschaft nach Maßgabe ihrer Satzung zu Nachschüssen heranzuziehen (§ 95 Abs. 1 Satz 1). Erst wenn von allen haftbar zu machenden Anteilsinhabern des übernehmenden Rechtsträgers keine Befriedigung oder Sicherstellung zu erlangen ist, kommt für einen Teil der nach dem Recht des übernehmenden Rechtsträgers nicht mehr haftenden Anteilsinhaber eine weitere Nachschusspflicht zum Zuge.[9]

10 Aus dem Verweis in § 95 Abs. 1 Satz 2 auf die Vorschriften der **§§ 105–115a GenG** ergibt sich, dass in Übereinstimmung zur bisherigen Rechtslage nur diejenigen vormaligen Mitglieder der übertragenden Genossenschaft zur Nachschusspflicht herangezogen werden, die **zum Zeitpunkt der Eröffnung des Insolvenzverfahrens noch Anteilsinhaber** des übernehmenden Rechtsträgers sind. Die subsidiäre Nachschusspflicht für ausgeschiedene Mitglieder, wie sie in § 115b GenG vorgesehen ist, findet daher keine Anwendung.[10] Ehemalige Mitglieder einer übertragenden Genossenschaft haften daher nicht nach § 95, wenn sie ihre Beteiligung am übernehmenden Rechtsträger gemäß §§ 90 ff. ausgeschlagen haben, aber auch dann nicht, wenn sie noch rechtzeitig vor Eröffnung des Insolvenzverfahrens aus dem übernehmenden Rechtsträger ausgeschieden sind.[11]

IV. Berechtigte Gläubiger

11 Berechtigt nach § 95 sind nur **Gläubiger von Ansprüchen**, die zum Zeitpunkt des Wirksamwerdens der Verschmelzung gegenüber der übertragenden Genossenschaft begründet waren. Begründet ist ein Anspruch dann, wenn er bei Wirksamwerden der Verschmelzung bereits **dem Grunde nach entstanden** ist. Er kann bedingt, befristet oder von einer Gegenleistung abhängig sein.[12]

12 Der Anspruch muss nach § 22 Abs. 1 Satz 1 **frist- und formgerecht** beim übernehmenden Rechtsträger **angemeldet** worden sein, ohne dass eine Befriedigung oder Sicherstellung erfolgte.[13] Unerheblich ist, dass die Sicherheitsstellung daran scheiterte, dass eine Gefährdung des Anspruchs nicht glaubhaft gemacht werden konnte. Die Nachschussverpflichtung erstreckt sich auf alle nicht befriedigten oder sichergestellten Ansprüche.[14]

V. Nachschussverfahren

13 Die Nachschusspflicht ist auf den **Fehlbetrag beschränkt.**[15] Die Verpflichtung zur Leistung von Nachschüssen besteht gemäß § 105 Abs. 1 GenG grundsätzlich nur bei Genossenschaften mit zumindest beschränkter Nachschusspflicht. **Nicht nachschusspflichtig** sind Mitglieder einer Genossenschaft, deren Satzung gemäß § 6 Nr. 3 GenG die

---

8) *Petersen*, NZG 2001, 836, 838.

9) Semler/Stengel/Leonard-*Scholderer*, UmwG, § 95 Rz. 11 f.; *Schöpflin* in: KölnKomm-UmwG, § 95 Rz. 7.

10) *Fuchs* in: BeckOGK-UmwG, § 95 Rz. 9.

11) Semler/Stengel/Leonard-*Scholderer*, UmwG, § 95 Rz. 3; *Schöpflin* in: KölnKomm-UmwG, § 95 Rz. 7.

12) Semler/Stengel/Leonard-*Scholderer*, UmwG, § 95 Rz. 2; *Schöpflin* in: KölnKomm-UmwG, § 95 Rz. 8.

13) *Petersen*, NZG 2001, 836, 838.

14) Semler/Stengel/Leonard-*Scholderer*, UmwG, § 95 Rz. 9; *Schöpflin* in: KölnKomm-UmwG, § 95 Rz. 9; a. A. Widmann/Mayer-*Fronhöfer*, UmwR, § 95 UmwG Rz. 25.

15) Lutter-*Bayer*, UmwG, § 95 Rz. 13.

Nachschusspflicht ausschließt. Dies gilt auch dann, wenn der Geschäftsanteil nicht voll einbezahlt sein sollte.[16] Die Nachschusspflicht ist eine Sozialverbindlichkeit der Mitglieder gegenüber der Genossenschaft. Die Gläubiger der Genossenschaft selbst haben keinen unmittelbaren Anspruch gegen die Mitglieder.[17]

Der **Umfang** der Nachschusspflicht richtet sich nach der Satzung der übertragenden 14
Genossenschaft. Nachschüsse sind bis zur Höhe der Haftsumme bei der übertragenden Genossenschaft zu leisten. Bei der Feststellung der Haftsumme muss für jedes einzelne Mitglied eine individuelle Betrachtung erfolgen.[18]

---

16) *Schöpflin* in: KölnKomm-UmwG, § 95 Rz. 2.

17) *Fuchs* in: BeckOGK-UmwG, § 95 Rz. 8.

18) Lutter-*Bayer*, UmwG, § 95 Rz. 16; *Schöpflin* in: KölnKomm-UmwG, § 95 Rz. 4.

Zweiter Unterabschnitt
Verschmelzung durch Neugründung

§ 96
Anzuwendende Vorschriften

Auf die Verschmelzung durch Neugründung sind die Vorschriften des Ersten Unterabschnitts entsprechend anzuwenden.

Literatur: Siehe die Literaturangaben bei § 79.

Übersicht

I. Norminhalt und Regelungszweck

1. Systematische Einordnung

§ 96 regelt die **Verschmelzung durch Neugründung** unter Beteiligung von eGs als 1
übertragender oder neu gegründeter Rechtsträger. Insoweit soll auf die Vorschriften über die Verschmelzung durch Aufnahme (§§ 79 ff.) verwiesen werden.[1] Bei der Verschmelzung durch Neugründung tritt der neue Rechtsträger an die Stelle des übernehmenden Rechtsträgers. Die verschmelzenden Rechtsträger entsprechen den übertragenden Rechtsträgern, der neue Rechtsträger dem übernehmenden Rechtsträger.

2. Normzweck

Durch § 96 wird die Verschmelzung zur Neugründung zugelassen. Dadurch ist insbeson- 2
dere auch der wichtige **Merger of Equals** möglich, bei dem keiner der beteiligten Rechts-

---

1) Begr. Fraktionsentwurf UmwBerG, BT-Drucks. 12/6699, S. 110.

träger als der übernehmende erscheint.[2] Ferner verringert eine Verschmelzung durch Neugründung das Anfechtungsrisiko, weil §§ 32, 14 Abs. 2 die Anfechtbarkeit des Verschmelzungsbeschlusses eines übertragenden Rechtsträgers einschränken und bei der Verschmelzung durch Neugründung alle Rechtsträger als übertragende zu behandeln sind.[3]

3 Die Vorschriften der §§ 96 bis 98 entsprechen sachlich weitgehend § 93s GenG a. F. Anders als dieser betreffen sie aber nicht nur den Fall der Verschmelzung durch Neugründung unter ausschließlicher Beteiligung von eGs, sondern erfassen auch die nunmehr möglichen Fälle der **Mischverschmelzung.**[4]

4 Die **praktische Bedeutung** der Verschmelzung durch Neugründung unter Beteiligung von Genossenschaften ist gering. In aller Regel ist die Verschmelzung durch Neugründung wegen der Gründungskosten und der steuerlichen Belastung durch die Übertragung von Grundvermögen zu kostspielig und wirtschaftlich ineffektiv. Nur wenn die Verschmelzung unumgänglich ist, aber eine Verschmelzung durch Aufnahme aufgrund von Rivalitäten, Tradition oder Prestige nicht in Betracht kommt, mag sich eine Verschmelzung durch Neugründung empfehlen.[5]

II. Verschmelzungskonstellationen

5 § 96 erfasst zunächst **reine eG-Verschmelzungen**, also Verschmelzungen von mindestens zwei Genossenschaften zur Neugründung einer neuen Genossenschaft. Daneben betrifft die Norm auch **Mischverschmelzungen.**[6] Nicht möglich sind

- die Neugründung einer Genossenschaft unter Beteiligung eines e. V. (vgl. § 99 Abs. 2),
- die Neugründung eines Rechtsträgers anderer Rechtsform durch die Verschmelzung einer Genossenschaft mit einem e. V.,
- die Neugründung einer Genossenschaft oder eines Rechtsträgers anderer Rechtsform unter Beteiligung eines genossenschaftlichen Prüfungsverbandes (vgl. § 105) sowie
- die Neugründung einer Genossenschaft mit Beteiligung eines Versicherungsvereins auf Gegenseitigkeit (vgl. § 109).[7]

6 Übertragende Rechtsträger können auch **aufgelöste Rechtsträger** sein, sofern die Fortsetzung dieser Rechtsträger beschlossen werden könnte (vgl. § 3 Abs. 3). Diese Voraussetzung ist für eine beteiligte übertragende Genossenschaft nach § 79a GenG dann erfüllt, wenn die Genossenschaft durch Beschluss der Generalversammlung oder durch Zeitablauf aufgelöst wurde, noch nicht mit der Verteilung des nach Berichtigung der Schulden verbleibenden Vermögens unter den Mitgliedern begonnen und die Mitglieder noch nicht zu Nachschusszahlungen aufgefordert worden sind.[8]

III. Verweisungstechnik und anwendbare Vorschriften

1. Allgemeine Verweisungstechnik

7 Aufgrund der Regelungstechnik des UmwG sind zunächst die **allgemeinen Vorschriften** des Ersten Teils des Zweiten Buches (§§ 2 bis 38) anwendbar. Nach § 36 sind dies die §§ 2 bis 35 und die für die Rechtsform des neuen Rechtsträgers maßgebenden Gründungsvor-

2) Semler/Stengel/Leonard-*Scholderer*, UmwG, § 96 Rz. 2; *Fuchs* in: BeckOGK-UmwG, § 96 Rz. 4.

3) *Schöpflin* in: KölnKomm-UmwG, § 96 Rz. 1.

4) Begr. Fraktionsentwurf UmwBerG, BT-Drucks. 12/6699, S. 110.

5) *Schöpflin* in: KölnKomm-UmwG, § 96 Rz. 1; Lutter-*Bayer*, UmwG, § 96 Rz. 1.

6) *Schöpflin* in: KölnKomm-UmwG, § 96 Rz. 2; Widmann/Mayer-*Fronhöfer*, UmwR, § 96 UmwG Rz. 8; Lutter-*Bayer*, UmwG, § 96 Rz. 2.

7) Lutter-*Bayer*, UmwG, § 96 Rz. 3.

8) Lutter-*Bayer*, UmwG, § 96 Rz. 5.

schriften (vgl. § 36 Abs. 2). Diese allgemeinen Regelungen werden für jeden der beteiligten Rechtsträger und für den neuen Rechtsträger durch die für ihre jeweilige Rechtsform geltenden Sonderbestimmungen im Zweiten Teil des Zweiten Buches (§§ 39 bis 122) ergänzt bzw. verdrängt.[9]

2. Anwendbare Vorschriften bei übertragender Genossenschaft

8 Ist bei einer Verschmelzung durch Neugründung eine Genossenschaft als verschmelzender (übertragender) Rechtsträger beteiligt, gelten allgemein die §§ 3, 36 ff., 4 ff. sowie die **genossenschaftsspezifischen Regelungen**. Nicht anwendbar sind dagegen § 79, da es keine zu ändernde Satzung einer übernehmenden Genossenschaft gibt, § 80 Abs. 1 Satz 2, §§ 88 f. sowie § 92 Abs. 1.[10]

3. Anwendbare Vorschriften bei neuer Genossenschaft

9 Verschmelzen zwei oder mehrere Rechtsträger auf eine neu zu gründende Genossenschaft, gelten für die neue Genossenschaft gemäß § 36 Abs. 2 Satz 1 die **Gründungsvorschriften gemäß §§ 1–16 GenG**, soweit sie nicht durch §§ 36 Abs. 2 Satz 2 und 3, 38 Abs. 2, 97 und 98 modifiziert werden.

10 Darüber hinaus werden gemäß § 96 für anwendbar erklärt:

- § 80 (Verschmelzungsvertrag),
- § 85 (Verbesserung des Umtauschverhältnisses),
- § 86 Abs. 2 (Anlagen der Anmeldung),
- § 87 (Anteilstausch),
- § 88 (Geschäftsguthaben übertragender Kapitalgesellschaften oder Vereine),
- § 89 (Eintragung in die Mitgliederliste),
- §§ 90 bis 94 (Ausschlagung) sowie
- § 95 (Fortdauer der Nachschusspflicht).

---

9) Widmann/Mayer-*Fronhöfer*, UmwR, § 96 UmwG Rz. 9; *Schöpflin* in: KölnKomm-UmwG, § 96 Rz. 3.
10) Lutter-*Bayer*, UmwG, § 96 Rz. 13; *Schöpflin* in: KölnKomm-UmwG, § 96 Rz. 5.

§ 97

Pflichten der Vertretungsorgane der übertragenden Rechtsträger*)

(1) Die Satzung der neuen Genossenschaft ist durch sämtliche Mitglieder des Vertretungsorgans jedes der übertragenden Rechtsträger aufzustellen und zu unterzeichnen.

(2) [1]Die Vertretungsorgane aller übertragenden Rechtsträger haben den ersten Aufsichtsrat der neuen Genossenschaft zu bestellen. [2]Das gleiche gilt für die Bestellung des ersten Vorstands, sofern nicht durch die Satzung der neuen Genossenschaft anstelle der Wahl durch die Generalversammlung eine andere Art der Bestellung des Vorstands festgesetzt ist.

*) § 97 i. d. F. des UmwBerG geändert durch Art. 14 des Gesetzes zur Einführung der Europäischen Genossenschaft und zur Änderung des Genossenschaftsrechts (SCEEG), v. 14.8.2006, BGBl. I 2006, 1911.

Literatur: Siehe die Literaturangaben bei § 79. *Kraft*, Pflichtprüfung und Anschlusszwang im Kontext grenzüberschreitender Genossenschaftsmobilität – Wie viel Zwang verträgt die Freiheit?, RabelsZ 90 (2026), 1.

Übersicht

I. Norminhalt und Regelungszweck

1. Systematische Einordnung

1 Da es sich bei der Neugründung einer eG zum Zwecke der Verschmelzung um einen atypischen Gründungsvorgang handelt, regelt § 97, wer die **Satzung** der neuen Genossenschaft aufzustellen und zu unterzeichnen hat. Außerdem trifft die Vorschrift Bestimmungen über die **Bestellung des Vorstands** und des **Aufsichtsrats.**[1)]

2 § 97 gilt nur für den Fall, dass der **neue Rechtsträger eine eG** ist. Dagegen spielt es keine Rolle, welche Rechtsform die verschmelzenden Rechtsträger haben. Die von § 97 gestellten Anforderungen sind notwendige Voraussetzungen für die wirksame Errichtung der neuen Genossenschaft.[2)]

2. Normzweck

3 § 97 Abs. 1 bestimmt, dass die Satzung der neuen Genossenschaft durch sämtliche Mitglieder der Vertretungsorgane jedes der beteiligten übertragenden Rechtsträger aufzustellen und zu unterzeichnen ist und **ergänzt damit § 37**, wonach die Satzung einer durch Verschmelzung neu gegründeten Genossenschaft im Verschmelzungsvertrag enthalten sein oder festgestellt werden muss.

4 § 97 Abs. 2 betrifft die **Bestellung des ersten Aufsichtsrats** und des **ersten Vorstands** der neuen Genossenschaft. Die Regelung in § 97 Abs. 1 entspricht inhaltlich § 93s Abs. 2 Nr. 1 GenG a. F., die in § 97 Abs. 2 der in § 93s Abs. 2 Nr. 2 GenG a. F. Der Anwendungsbereich hat sich allerdings erweitert, danach dem nicht mehr nur Genossenschaften gleicher Art zur Gründung einer neuen Genossenschaft verschmolzen werden können.

5 § 97 ist für alle Verschmelzungsvorgänge zur Neugründung einer Genossenschaft anzuwenden, **unabhängig von der Rechtsform der übertragenden Rechtsträger** oder der Art der übertragenden Genossenschaften.[3)] Mit dem Gesetz zur Einführung der Europäischen Genossenschaft und zur Änderung des Genossenschaftsgesetzes vom 14.8.2006 wurden mit Wirkung ab dem 18.8.2006 durchgängig die als veraltet empfundenen Begriffe „Statut“ durch Satzung und „Genosse“ durch Mitglied ersetzt. Dementsprechend wurden auch in § 97 diese Änderungen vorgenommen. Eine inhaltliche Änderung war damit jedoch nicht verbunden.

II. Aufstellung der Satzung (§ 97 Abs. 1)

1. Anzuwendende Vorschriften

6 Die neue Genossenschaft wird nach Maßgabe der **§§ 1–16 GenG** errichtet, soweit sich aus den §§ 36–38, 96–98 keine abweichende Regelung ergibt (§ 36 Abs. 2 Satz 1). **Grün-**

1) *Schöpflin* in: KölnKomm-UmwG, § 97 Rz. 1; Widmann/Mayer-*Fronhöfer*, UmwR, § 97 UmwG Rz. 1.
2) Schöpflin in: KölnKomm-UmwG, § 97 Rz. 1.
3) Begr. Fraktionsentwurf UmwBerG, BT-Drucks. 12/6699, S. 110.

der sind nicht die Anteilsinhaber der übertragenden Rechtsträger, sondern vielmehr die übertragenden Rechtsträger selbst, die durch ihre Vertretungsorgane handeln (§ 36 Abs. 2 Satz 2).[4)]

Da § 36 Abs. 2 Satz 3 bestimmt, dass Vorschriften, die eine Mindestzahl der Gründer vorschreiben, nicht anzuwenden sind, kann die Genossenschaft bereits **durch zwei Rechtsträger gegründet** werden. Nach Abschluss der Gründung durch Eintragung der Verschmelzung gilt allerdings die Mindestmitgliederzahl von drei (§ 4 GenG). Bei deren Unterschreiten droht der Genossenschaft nach Maßgabe des § 80 GenG die Auflösung durch das Registergericht.[5)] 7

2. Aufstellung und Unterzeichnung

§ 97 Abs. 1 ergänzt die allgemeinen Bestimmungen dahin, dass **sämtliche Mitglieder des jeweiligen Vertretungsorgans** der übertragenden Rechtsträger bei der Aufstellung und Unterzeichnung mitwirken müssen. Ein Handeln in vertretungsberechtigter Zahl ist nicht ausreichend. Hintergrund ist die Überlegung, dass die Gesamtheit der Mitglieder der Vertretungsorgane der übertragenden Rechtsträger an die Stelle der Gründungsmitglieder tritt, welche sonst gemäß § 11 Abs. 2 Nr. 1 GenG die Satzung der neuen Genossenschaft unterzeichnen müssten.[6)] Die Satzung einer Genossenschaft bedarf genossenschaftsrechtlich der Schriftform. Umwandlungsrechtlich ist die Satzung als Teil des beurkundungsbedürftigen Verschmelzungsvertrags notariell zu beurkunden.[7)] 8

3. Unterschriftsverweigerung

Folge der Regelung ist, dass die Satzung nicht in der vorgeschriebenen Form errichtet und damit unwirksam ist, wenn auch nur ein Mitglied der Vertretungsorgane der beteiligten übertragenden Rechtsträger nicht mitgewirkt hat. Das Registergericht hat in diesem Fall die Eintragung der Verschmelzung abzulehnen. Erfolgt die Eintragung trotzdem, ist der **Mangel gemäß § 20 Abs. 2 geheilt.**[8)] 9

Weigert sich ein Mitglied eines Vertretungsorgans, kann es zur Abgabe der Unterschrift nicht gezwungen werden. Soweit das auf den betroffenen Rechtsträger anwendbare allgemeine Organisationsrecht dies zulässt, kann das betroffene Mitglied aber abberufen und ersetzt werden. So kann der Aufsichtsrat einer übertragenden Genossenschaft Vorstandsmitglieder gemäß § 40 GenG vorläufig des Amtes entheben. Die Abberufung setzt keine Pflichtwidrigkeit des Vorstandsmitglieds voraus, darf aber nicht grundlos oder leichtfertig sein. Es muss wegen drohender erheblicher Nachteile für die Genossenschaft Handlungsbedarf bestehen.[9)] 10

4. Inhalt der Satzung

Für den Inhalt der Satzung gelten gemäß § 36 Abs. 2 Satz 1 die **§§ 6 bis 8 GenG**. Zum **Mindestinhalt** gehören gemäß §§ 6 und 7 GenG: 11

– Firma,
– Sitz[10)] und

4) Lutter-*Bayer*, UmwG, § 97 Rz. 1; Widmann/Mayer-*Fronhöfer*, UmwR, § 97 UmwG Rz. 6 f.
5) *Schöpflin* in: KölnKomm-UmwG, § 97 Rz. 3; Widmann/Mayer-*Fronhöfer*, UmwR, § 97 UmwG Rz. 7.
6) Lutter-*Bayer*, UmwG, § 97 Rz. 2; *Schöpflin* in: KölnKomm-UmwG, § 97 Rz. 5.
7) *Schöpflin* in: KölnKomm-UmwG, § 97 Rz. 4; Lutter-*Bayer*, UmwG, § 97 Rz. 1.
8) *Schöpflin* in: KölnKomm-UmwG, § 97 Rz. 6; Widmann/Mayer-*Fronhöfer*, UmwR, § 97 UmwG Rz. 11.
9) Lutter-*Bayer*, UmwG, § 97 Rz. 2; *Schöpflin* in: KölnKomm-UmwG, § 97 Rz. 6.
10) Zum für eine Genossenschaft relevanten Sitz sowie Sitzverlegung *Kraft*, RabelsZ 90 (2026), 1, 6 ff.

- Gegenstand der Genossenschaft,
- Bestimmungen über die Nachschusspflicht im Falle der Insolvenz,
- Form für die Berufung und Beurkundung der Generalversammlung,
- Form der Bekanntmachungen,
- Bestimmungen zum Geschäftsanteil und zu den Einzahlungen sowie
- Bestimmungen zur Bildung einer gesetzlichen Rücklage.[11)]

III. Bestellung des ersten Aufsichtsrats (§ 97 Abs. 2 Satz 1)

12 Der erste Aufsichtsrat der neuen Genossenschaft ist nach § 97 Abs. 2 Satz 1 durch die Vertretungsorgane aller übertragenden Rechtsträger zu bestellen, es sei denn, es handelt sich um eine Kleingenossenschaft mit nicht mehr als 20 Mitgliedern, die auf einen Aufsichtsrat verzichtet (vgl. § 9 Abs. 1 Satz 2 GenG). Im Umkehrschluss zu § 97 Abs. 1 ergibt sich, dass bei diesem Akt nicht sämtliche Mitglieder des Vertretungsorgans handeln müssen, sondern nur so viele wie zur Handlungsfähigkeit des Vertretungsorgans erforderlich sind. Nach dem Wortlaut sind die Vertretungsorgane berufen, so dass es auf ein Handeln für das jeweilige Vertretungsorgan in vertretungsberechtigter Zahl ankommt.[12)]

13 Soweit die Vertretungsorgane der übertragenden Rechtsträger keinen einstimmigen **Beschluss** fassen, reicht analog §§ 36 Abs. 1, 43 Abs. 2 Satz 1 GenG die einfache Stimmenmehrheit aus. Ungültige Stimmen und Stimmenthaltungen bleiben bei der Feststellung des Wahlergebnisses unberücksichtigt. Jedes Vertretungsorgan kann seine Stimme nur einheitlich ausüben.[13)]

14 Die Bestellung kann mit der Feststellung der Satzung, des Abschlusses des Verschmelzungsvertrags oder später erfolgen. Sie muss aber **vor der Fassung** der Verschmelzungsbeschlüsse erfolgt sein, da im Verschmelzungsbeschluss auch der Bestellung von Vorstand und Aufsichtsrat durch die Anteilsinhaber jedes übertragenden Rechtsträgers zuzustimmen ist (vgl. § 98 Satz 2).[14)]

15 Für den Aufsichtsrat gelten die allgemeinen **Vorschriften des Genossenschaftsgesetzes.** Die Aufsichtsratsmitglieder müssen grundsätzlich der Genossenschaft oder einer Mitgliedsgenossenschaft angehören (Selbstorganschaft, § 9 Abs. 2 GenG). Die Vorschrift über die Unvereinbarkeit von Ämtern (§ 37 GenG) ist zu beachten, und die Zahl der Aufsichtsratsmitglieder muss nach § 36 Abs. 1 Satz 1 GenG mindestens drei betragen. Das Aufsichtsratsmandat bedarf der Annahme durch den Bestellten.[15)]

IV. Bestellung des ersten Vorstands (§ 97 Abs. 2 Satz 2)

16 Die Bestellung des Vorstandes erfolgt durch die **Vertretungsorgane aller übertragenden Rechtsträger** kraft körperschaftlichen Gestaltungsakts. Wie bei der Bestellung des Aufsichtsrats müssen nicht sämtliche Organmitglieder mitwirken. Die Vorstandsbestellung bedarf im Normalfall der Zustimmung der Anteilseigner jedes übertragenden Rechtsträgers durch Verschmelzungsbeschluss (vgl. § 98 Satz 2). Außerdem ist die Annahme des Amtes erforderlich.[16)]

---

11) Widmann/Mayer-*Fronhöfer*, UmwR, § 97 UmwG Rz. 15 f.

12) *Schöpflin* in: KölnKomm-UmwG, § 97 Rz. 7; Widmann/Mayer-*Fronhöfer*, UmwR, § 97 UmwG Rz. 20.

13) Lutter-*Bayer*, UmwG, § 97 Rz. 3; Widmann/Mayer-*Fronhöfer*, UmwR, § 97 UmwG Rz. 21.

14) Widmann/Mayer-*Fronhöfer*, UmwR, § 97 UmwG Rz. 19; Lutter-*Bayer*, UmwG, § 97 Rz. 3.

15) *Schöpflin* in: KölnKomm-UmwG, § 97 Rz. 8; Widmann/Mayer-*Fronhöfer*, UmwR, § 97 UmwG Rz. 24.

16) *Schöpflin* in: KölnKomm-UmwG, § 97 Rz. 9; Lutter-*Bayer*, UmwG, § 97 Rz. 4.

Sieht die **Satzung** der neuen Genossenschaft vor, dass der Vorstand nicht durch die Generalversammlung gewählt, sondern auf andere Weise bestellt wird (§ 24 Abs. 2 Satz 2 GenG), entfällt nach § 97 Abs. 2 Satz 2 die Bestellung durch die Vertretungsorgane der übertragenden Rechtsträger. Vielmehr ist der Vorstand nach der satzungsmäßig vorgesehenen Weise zu bestimmen, ohne dass es der Zustimmung der Anteilsinhaber durch Verschmelzungsbeschluss bedarf (vgl. § 98 Satz 2).[17] Die andere Art der Bestellung kann etwa die Wahl durch den Aufsichtsrat, einen Beirat, Zuwahl durch den Vorstand selbst oder die Bestimmung durch einen Dritten sein. Dieser Art der Bestellung stimmen die Anteilseigner durch den Verschmelzungsbeschluss zu, so dass es der Legitimation der konkret zu Vorstandsmitgliedern bestellten Personen durch die Anteilseigner nicht mehr bedarf.[18] 17

Es gelten die **allgemeinen Vorschriften über den Vorstand** der Genossenschaft, insbesondere das Prinzip der Selbstorganschaft (§ 9 Abs. 2 Satz 1 GenG). Der Vorstand muss aus mindestens zwei Mitgliedern bestehen (§ 24 Abs. 2 Satz 1 GenG). Nur bei einer Genossenschaft mit nicht mehr als 20 Mitgliedern ist eine Satzungsregelung zulässig, dass der Vorstand aus nur einer Person besteht (§ 24 Abs. 2 Satz 3 GenG).[19] 18

Der erste Aufsichtsrat und der erste Vorstand einer zur Verschmelzung zur Neugründung gebildeten Genossenschaft werden **ohne Berücksichtigung der §§ 6 ff. MitbestG** gebildet, auch wenn nach der Anzahl der i. R. der Verschmelzung auf die neue Genossenschaft übergehenden Arbeitsverhältnisse die Genossenschaft mitbestimmt ist. 19

Erst nach Eintragung der neuen Genossenschaft ist gemäß § 6 Abs. 2 MitbestG das Statusverfahren analog §§ 97 bis 99 AktG durchzuführen.[20] Bei mitbestimmten Genossenschaften sind die von den Vertretungsorganen der übertragenden Rechtsträger bestellten Aufsichtsratsmitglieder nur die der Anteilseignerseite zuzurechnenden Mitglieder (§ 31 Abs. 1 Satz 1 AktG analog). Der von den Vertretungsorganen der übertragenden Rechtsträger bestellte erste Vorstand hat dann bekannt zu machen, nach welchen Verfahren die Arbeitnehmer-Vertreter für den Aufsichtsrat zu bestimmen sind (§ 6 Abs. 2 MitbestG i. V. m. § 31 Abs. 3, §§ 97, 98 AktG analog). 20

17) *Schöpflin* in: KölnKomm-UmwG, § 97 Rz. 10; Widmann/Mayer-*Fronhöfer*, UmwR, § 97 UmwG Rz. 32.
18) Lutter-*Bayer*, UmwG, § 97 Rz. 5; *Schöpflin* in: KölnKomm-UmwG, § 97 Rz. 10.
19) *Schöpflin* in: KölnKomm-UmwG, § 97 Rz. 11; Widmann/Mayer-*Fronhöfer*, UmwR, § 97 UmwG Rz. 36.
20) Widmann/Mayer-*Fronhöfer*, UmwR, § 97 UmwG Rz. 38; Lutter-*Bayer*, UmwG, § 97 Rz. 6.

§ 98
Verschmelzungsbeschlüsse*)

¹Die Satzung der neuen Genossenschaft wird nur wirksam, wenn ihm die Anteilsinhaber jedes der übertragenden Rechtsträger durch Verschmelzungsbeschluß zustimmen. ²Dies gilt entsprechend für die Bestellung der Mitglieder des Vorstands und des Aufsichtsrats der neuen Genossenschaft, für die Bestellung des Vorstands jedoch nur, wenn dieser von den Vertretungsorganen aller übertragenden Rechtsträger bestellt worden ist.

*) § 98 i. d. F. des UmwBerG geändert durch Art. 14 des Gesetzes zur Einführung der Europäischen Genossenschaft und zur Änderung des Genossenschaftsrechts (SCEEG), v. 14.8.2006, BGBl. I 2006, 1911.

Literatur: Siehe auch die Literaturangaben bei § 79. *Beuthien/Wolff*, Genossenschaftsverschmelzung auf einen künftigen Verschmelzungsstichtag, BB 2001, 2126.

Übersicht

I. Norminhalt und Regelungszweck

1. Systematische Einordnung

1 § 98 regelt die **Beschlussanforderungen** für die Zustimmung zu der Satzung der neuen Genossenschaft und die Bestellung der Mitglieder des Aufsichtsrats und des Vorstands. Die Vorschrift gilt nur für die Übertragung des Vermögens zweier oder mehrerer verschmelzungsfähiger Rechtsträger als übertragenden Rechtsträgern auf eine im Wege der Verschmelzung durch Neugründung gebildete neue Genossenschaft.[1)] Dagegen spielt es keine Rolle, welche Rechtsform die übertragenden Rechtsträger haben.

2. Normzweck

2 § 98 stellt die Legitimationsgrundlage der Satzung der neuen Genossenschaft und der Vorstands- und Aufsichtsratsbestellung sicher, indem sie die Wirksamkeit an die **Zustimmung der Anteilsinhaber** der übertragenden Rechtsträger zum Verschmelzungsbeschluss knüpft.[2)] Hintergrund der Regelung ist, dass gemäß § 36 Abs. 2 Satz 2 die übertragenden Rechtsträger den Gründern der neuen Genossenschaft gleichstehen, deren Vertretungsorgane den Verschmelzungsvertrag schließen. Anteilsinhaber der neuen Genossenschaft werden aber nicht die übertragenden Rechtsträger, sondern ihre Anteilsinhaber.

3 Die Rechtsverhältnisse der Mitglieder untereinander bestimmen sich in erster Linie nach der **Satzung** der Genossenschaft. Deshalb macht § 98 Satz 1 die Wirksamkeit der Satzung der neuen Genossenschaft von einem zustimmenden Votum der künftigen Mitglieder abhängig.[3)] § 98 entspricht inhaltlich der Regelung in § 93s Abs. 2 Nr. 3 GenG a. F. Der Wortlaut wurde jedoch redaktionell leicht verändert, um auch den nunmehr möglichen Fällen der Mischverschmelzung gerecht zu werden.[4)]

II. Wirksamwerden der Satzung (§ 98 Satz 1)

1. Zustimmungsbeschluss der Anteilsinhaber

4 Die Satzung der neuen Genossenschaft ist durch sämtliche Mitglieder des Vertretungsorgans jedes der übertragenden Rechtsträger aufzustellen und zu unterzeichnen. Diese Satzung ist zunächst jedoch noch schwebend unwirksam. Wirksamkeitserfordernis ist gemäß § 98 Satz 1, dass die Anteilsinhaber **jedes der übertragenden Rechtsträger durch Verschmelzungsbeschluss zustimmen**. Die Satzung ist Gegenstand des Verschmelzungsbeschlusses aufgrund von § 37, wonach sie in dem Verschmelzungsvertrag enthalten sein

1) Widmann/Mayer-*Fronhöfer*, UmwR, § 98 UmwG Rz. 1; *Schöpflin* in: KölnKomm-UmwG, § 98 Rz. 1.
2) *Schöpflin* in: KölnKomm-UmwG, § 98 Rz. 1; Semler/Stengel/Leonard-*Scholderer*, UmwG, § 98 Rz. 2.
3) Widmann/Mayer-*Fronhöfer*, UmwR, § 98 UmwG Rz. 5.
4) Begr. Fraktionsentwurf UmwBerG, BT-Drucks. 12/6699, S. 110.

oder festgestellt werden muss. § 98 verdeutlicht, dass die Zustimmung zum Verschmelzungsbeschluss zugleich auch Wirksamkeitserfordernis der Satzung ist.[5] Bis zur positiven Beschlussfassung der letzten Versammlung der Anteilsinhaber über die Verschmelzung bleibt die Satzung schwebend unwirksam.[6]

2. Konkludente Zustimmung

5 Da gemäß § 37 der Verschmelzungsvertrag auch die Satzung der neuen Genossenschaft enthalten muss, beinhaltet die Zustimmung zum Verschmelzungsvertrag im Verschmelzungsbeschluss nach § 13 Abs. 1 auch die **Zustimmung zu der neuen Satzung.** Eine ausdrückliche Erklärung der Anteilsinhaber ist aber in Hinblick auf den Wortlaut des § 98 Satz 1 trotzdem empfehlenswert.[7]

3. Beschlussgegenstand

6 Gegenstand der Zustimmungsbeschlüsse muss nicht die i. R. des Verschmelzungsvertrags bereits notariell beurkundete Satzung sein. Auch bei der Verschmelzung zur Neugründung können die Anteilsinhaberversammlungen der übertragenden Rechtsträger über einen **Entwurf des Verschmelzungsvertrags** samt der neuen Satzung beschließen.[8]

4. Mehrheitserfordernisse

7 Die erforderliche Mehrheit hängt von der **jeweiligen Rechtsform** des übertragenden Rechtsträgers ab. Die Mehrheitserfordernisse richten sich nach den für die jeweilige Rechtsform des übertragenden Rechtsträgers maßgeblichen Bestimmungen. Der Zustimmungsbeschluss einer übertragenden Genossenschaft bedarf einer Mehrheit von drei Vierteln aller abgegebenen Stimmen, wenn die Satzung keine größere Mehrheit vorsieht.

III. Wirksamwerden der Vorstands- und Aufsichtsratsbestellung (§ 98 Satz 2)

1. Schwebende Unwirksamkeit der Bestellung

8 Im Gegensatz zur Satzung macht § 37 die Bestellung des Aufsichtsrats und des Vorstands der neuen Genossenschaft nicht zum Gegenstand des Verschmelzungsvertrags. § 98 Satz 2 stellt sicher, dass die Bestellung der Organmitglieder gleichwohl der **Zustimmung der Anteilseigner** durch Verschmelzungsbeschluss bedarf. Den Vertretungsorganen aller übertragenden Rechtsträger obliegt die Bestellung der Mitglieder des ersten Aufsichtsrats und im Zweifel auch des ersten Vorstands der neuen Genossenschaft (vgl. § 97 Abs. 2). Auch diese Bestellung ist bis zur Zustimmung aller Anteilsinhaberversammlungen der übertragenden Rechtsträger schwebend unwirksam.[9]

2. Zustimmungserfordernis

9 Die Bestellung von Aufsichtsrat und Vorstand wird erst mit Zustimmung der Anteilsinhaber aller übertragenden Rechtsträger im Verschmelzungsbeschluss wirksam (§ 98 Satz 2 Halbs. 1). Soweit der übertragende Rechtsträger eine Genossenschaft ist, bedarf es zumindest einer Drei-Viertel-Mehrheit (§§ 96, 84).

5) Vgl. *Beuthien/Wolff*, BB 2001, 2126, 2128.
6) *Schöpflin* in: KölnKomm-UmwG, § 98 Rz. 2; Semler/Stengel/Leonard-*Scholderer*, UmwG, § 98 Rz. 4.
7) Widmann/Mayer-*Fronhöfer*, UmwR, § 98 UmwG Rz. 6.
8) Widmann/Mayer-*Fronhöfer*, UmwR, § 98 UmwG Rz. 7.
9) Widmann/Mayer-*Fronhöfer*, UmwR, § 98 UmwG Rz. 11; Lutter-*Bayer*, UmwG, § 98 Rz. 2.

3. Ausnahme bei abweichender Satzungsregelung

10 Wurde der Vorstand der neuen Genossenschaft nicht von den Vertretungsorganen der beteiligten übertragenden Rechtsträger bestellt, sondern ist hierfür ein anderes Bestellungsverfahren in der Satzung der neuen Genossenschaft vorgesehen (vgl. § 24 Abs. 2 Satz 2 GenG), so **entfällt das Erfordernis der Zustimmung** der Anteilsinhaber der übertragenden Rechtsträger zur Vorstandsbestellung.[10] Legt die Satzung eine andere Art der Bestellung als die Wahl durch die Generalversammlung fest, bedarf es der Zustimmung der Anteilsinhaber zur Vorstandsbestellung nicht, weil diese sich durch die Zustimmung zu der Satzung im Wege des Verschmelzungsbeschlusses ihrer Zuständigkeit begeben. Vielmehr haben die Anteilsinhaber mit ihrer Zustimmung zu der Satzung der neuen Genossenschaft auch die Entscheidungsverlagerung über die Bestellung des Vorstands akzeptiert.[11]

10) *Schöpflin* in: KölnKomm-UmwG, § 98 Rz. 3; Lutter-*Bayer*, UmwG, § 98 Rz. 2.

11) *Schöpflin* in: KölnKomm-UmwG, § 98 Rz. 3; Widmann/Mayer-*Fronhöfer*, UmwR, § 98 UmwG Rz. 12.

Sechster Abschnitt
Verschmelzung unter Beteiligung rechtsfähiger Vereine

§ 99
Möglichkeit der Verschmelzung*)

(1) Ein rechtsfähiger Verein kann sich an einer Verschmelzung nur beteiligen, wenn die Satzung des Vereins oder Vorschriften des Landesrechts nicht entgegenstehen.

(2) Ein eingetragener Verein darf im Wege der Verschmelzung Rechtsträger anderer Rechtsform nicht aufnehmen und durch die Verschmelzung solcher Rechtsträger nicht gegründet werden.

*) § 99 i. d. F. des UmwBerG geändert durch Art. 1 des Gesetzes zur Änderung des Umwandlungsgesetzes, des Partnerschaftsgesellschaftsgesetzes und anderer Gesetze (UmwGÄndG), v. 22.7.1998, BGBl. I 1998, 1878.

Literatur: *Balzer*, Die Umwandlung von Vereinen der Fußball-Bundesligen in Kapitalgesellschaften zwischen Gesellschafts-, Vereins- und Verbandsrecht, ZIP 2001, 175; *Fisch*, Gesetzliche Erleichterungen für die Arbeitsweise von Vereinen und Stiftungen in der Corona-Krise, NZG 2020, 512; *Fleck*, Die virtuelle Mitgliederversammlung im eingetragenen Verein, DNotZ 2008, 245; *Habighorst*, Das Gesetz zur Ermöglichung virtueller und hybrider Mitgliederversammlungen im Vereinsrecht, NZG 2023, 356; *Hadding/Hennrichs*, Zur Verschmelzung unter Beteiligung rechtsfähiger Vereine nach dem neuen Umwandlungsgesetz, in: Festschrift für Karlheinz Boujong, 1996, S. 203; *Hager*, Die Verschmelzung von eingetragenen Vereinen aus notarieller Sicht, RNotZ 2011, 565; *Heckschen*, Die virtuelle Mitgliederversammlung im Vereinsrecht, NZG 2022, 1241; *Hermann*, Die Ausgliederung von Vereinen auf Kapitalgesellschaften, ZIP 1998, 1249; *Hersch*, Verschmelzung von Versicherungsvereinen auf Gegenseitigkeit nach dem Umwandlungsgesetz, NZG 2016, 611; *Katschinski*, Die Verschmelzung von Vereinen, 1999; *Kummer*, Die Verschmelzung eingetragener Vereine ohne Abwicklung, DR 1942, 317; *Lettl*, Der vermögensrechtliche Zuweisungsgehalt der Mitgliedschaft beim Ideal-Verein, AcP 203 (2003), 149; *Müller*, Der deutsche Berufsfußball – vom Idealverein zur Kapitalgesellschaft, 2000; *Neumayer/Schulz*, Die Verschmelzung von rechtsfähigen Vereinen, DStR 1996, 872; *Riebl*, Die Vereinsverschmelzung, JZ 1991, 658; *Schneider*, Die Verschmelzung als Gestaltungschance und Rettungsanker für Sportvereine, SpoPrax 2022, 172; *Schulte*, Möglichkeiten der Umwandlung nicht rechtsfähiger Vereine, ZStV 2018, 189; *Segna*, Bundesligaverein und

Börse, ZIP 1997, 1902; *Segna*, Neuerungen für Vereine und Stiftungen durch das COVID-19-Pandemie-Gesetz, npoR 2020, 148; *Thölke*, Die Umwandlung eines gemeinnützigen Vereins in eine Stiftung, npoR 2017, 54; *Wachter*, Unerwartete Hindernisse bei der Verschmelzung von Vereinen, npoR 2020, 283; *Weißmann*, Wenn die Lizenzspielerabteilung zum Selbstzweck wird, SpoPrax 2025, 111.

Übersicht

I. Die Vereinsverschmelzung als Sonderregime: Systematik der §§ 99–104a

1 Die §§ 99–104a bilden ein **in sich geschlossenes Sonderregime** für Verschmelzungen unter Beteiligung von Vereinen.[1] Dogmatisch folgt der Gesetzgeber der „Baukastentechnik“ des UmwG:[2] **Primär** sind die §§ 99–104a als lex specialis heranzuziehen;[3] **subsidiär** greifen – soweit keine Abweichungen angeordnet oder sachlich geboten sind – die **allgemeinen Verschmelzungsvorschriften der §§ 2–38 ein.**[4] Die Sondervorschriften prägen Reichweite und Grenzen der Vereinsverschmelzung, insbesondere dort, wo das Vereinsrecht strukturell von kapitalgesellschaftsrechtlichen Leitbildern abweicht (Mitgliedschaft statt Anteil, Zweckbindung statt Gewinnverteilungslogik, vereinsinterne Willensbildung statt organschaftlich verdichteter Kapitalbindung).[5]

2 Systematisch lässt sich der Komplex in **vier Funktionsgruppen** gliedern:

- **Zulässigkeitsrahmen und Strukturgrenzen (§ 99)**

  § 99 entscheidet als Eingangsnorm über die **Verschmelzungsfähigkeit** des Vereins und setzt **zwei Schrankenebenen:**

  - *vereinsintern* (Satzung) und *öffentlich-rechtlich/landesrechtlich* (Landesrecht)[6] sowie

1) Semler/Stengel/Leonard-*Katschinski/Wolf*, UmwG, § 99 Rz. 12.
2) Ausf. Semler/Stengel/Leonard-*Katschinski/Wolf*, UmwG, § 99 Rz. 12; *Hager*, RNotZ 2011, 565, 566.
3) *Hager*, RNotZ 2011, 565, 566.
4) Vgl. *Hager*, RNotZ 2011, 565, 565 ff.
5) *Hager*, RNotZ 2011, 565, 565 ff.
6) *Reul* in: BeckOGK-UmwG, § 99 Rz. 1, 4.

- eine **rechtsformbezogene Sperre** für den e. V. bei „Mischverschmelzungen“ (keine Aufnahme andersrechtsförmiger Rechtsträger; keine Neugründung eines e. V. durch Verschmelzung andersrechtsförmiger Rechtsträger).[7)]

- **Verfahrensordnung der Mitgliederversammlung (§§ 100–103)**

  Während die §§ 2 ff. für Kapitalgesellschaften von organ- und registerrechtlichen Leitplanken ausgehen, verlagert das Vereinsrecht den Schwerpunkt auf die **Mitgliederversammlung.**[8)]

  - § 100 stellt die Frage der **Prüfung der Verschmelzung** (mit den vereinstypischen Modifikationen).
  - § 101 regelt die **Vorbereitung** der Mitgliederversammlung (Informations- und Einberufungsregime).
  - § 102 betrifft die **Durchführung** (Verfahrenssicherung, Teilhabe- und Diskursrechte).
  - § 103 bündelt den **Beschluss** (Mehrheiten, Beschlussinhalt, ggf. qualifizierte Anforderungen).

- **Register- und Vollzugsrecht (§ 104)**

  § 104 ordnet die **Bekanntmachung** der Verschmelzung an und sichert Publizität und Rechtsverkehrsschutz. Damit wird der vereinsrechtlich geprägte Binnenakt (Mitgliederbeschluss) in den **verkehrsfähigen Registervollzug** überführt.[9)]

- **Materiell-rechtliche Schutzkorrektur in Sonderlagen (§ 104a)**

  § 104a enthält eine **punktuelle Einschränkung/Modulation** des Abfindungsregimes in bestimmten Konstellationen und zeigt exemplarisch, dass Vereinsverschmelzung nicht nur „Verfahrensrecht“, sondern auch **materiell-rechtliche Strukturwahrung** bedeutet.

3 Die §§ 99–104a sind somit als **Schnittstellenrecht** zu lesen: Sie vermitteln zwischen Umwandlungsrecht (Kontinuität, Gesamtrechtsnachfolge, Registerpublizität) und Vereinsrecht (Zweckbindung, Mitgliedschaftsordnung, demokratische Willensbildung). Es sind daher stets beide Achsen zugleich im Blick behalten: **UmwG-Systematik** und **vereinsrechtliche Verfassung** des betroffenen Verbandes.[10)]

II. Normstellung und Systematik

4 § 99 ist die Eingangsnorm des vereinsbezogenen Verschmelzungsrechts. Die Vorschrift entscheidet nicht über den „Vollzug“ der Verschmelzung, sondern über ihre **grundsätzliche Zulässigkeit** und damit über die Frage, ob das nachfolgende, stark formalisiertes Verfahrensprogramm der §§ 100–104a überhaupt eröffnet ist.

5 Das Verfahren der Verschmelzung in den §§ 100–104 setzt voraus, dass der Rechtsträgerverein als solcher **verschmelzungsfähig** ist und dass die Verschmelzung nicht von vornherein an vereinsverfassungsrechtlichen oder rechtsformspezifischen Grenzen scheitert.

---

7) *Reul* in: BeckOGK-UmwG, § 99 Rz. 4.

8) S. den Verfahrensüberblick bei Semler/Stengel/Leonard-*Katschinski/Wolf,* UmwG, § 99 Rz. 59 ff. S. zur virtuellen Mitgliederversammlung *Fleck,* DNotZ 2008, 245; *Habighorst,* NZG 2023, 356; *Heckschen,* NZG 2022, 1241; zu den Neuerungen durch die Corona-Krise vgl. *Fisch,* NZG 2020, 512; Segna, npoR 2020, 148.

9) Dazu Semler/Stengel/Leonard-*Katschinski/Wolf,* UmwG, § 99 Rz. 120.

10) Allgemein zur Verschmelzung von Vereinen s. *Hadding/Hennrichs* in: FS Boujong, S. 203; *Katschinski,* Die Verschmelzung von Vereinen, 1999; *Riebl,* JZ 1991, 658; Wachter, Unerwartete Hindernisse bei der Verschmelzung von Vereinen, npoR 2020, 283; *Neumayer/Schulz,* DStR 1996, 872.

§ 99 ist daher die tragende **Zulässigkeitsnorm**: Die spätere Verfahrensrichtigkeit kann eine materiell unzulässige Verschmelzung nicht heilen.

Der Gesetzgeber hat die Verschmelzung als gesetzliche Gesamtrechtsnachfolge grundsätzlich auch für **Vereine** geöffnet, ohne den Verein in das kapitalgesellschaftliche Leitbild des Umwandlungsrechts einzupassen.[11] Darin liegt eine zentrale Leitentscheidung: Das Umwandlungsrecht wird nicht als rechtsformneutraler Technikbaukasten verstanden, sondern als Strukturrecht, das je nach Rechtsträgertyp unterschiedliche Sicherungen respektiert. 6

Der Verein ist kein Kapitalverband. Seine Identität speist sich aus Zweckbindung, Mitgliederstatus und Satzungsautonomie. Eine Verschmelzung kann diese Identität in einer Weise verändern, die über die „gewöhnliche" Satzungsänderung weit hinausgeht, weil sie **Vermögenszuordnung und Mitgliedschaftsstellung** im Wege der Universalsukzession neu ordnet.[12] § 99 reagiert darauf mit einem zweistufigen Sicherungsmodell: Abs. 1 stellt die Verschmelzung unter einen verfassungsbezogenen Kompatibilitätsvorbehalt (Satzung und Landesrecht),[13] § 99 Abs. 2 ergänzt eine rechtsformbezogene Sperre zugunsten des e. V.[14] § 99 Abs. 1 schützt damit die **Binnenverfassung des konkreten Vereins,** § 99 Abs. 2 schützt die **Rechtsform „e. V." als Systementscheidung.** 7

§ 99 **Abs. 1** ist als **Negativtatbestand** formuliert. Die Verschmelzung ist nicht deshalb zulässig, weil die Satzung sie ausdrücklich gestattet, sondern solange Satzung oder Landesrecht ihr **nicht entgegenstehen.**[15] Diese Formulierung setzt keine satzungsmäßige Ermächtigung voraus, sondern verlangt einen materiellen Konflikt, der aus Satzung oder Landesrecht hergeleitet werden kann. Daraus folgt ein anspruchsvoller Auslegungsmaßstab: Das bloße Schweigen der Satzung oder eine bloß behauptete Zweckinkompatibilität genügt nicht; erforderlich ist eine tragfähige Kollision mit einer satzungsmäßigen Grundentscheidung.[16] 8

§ 99 **Abs. 2** ist demgegenüber nicht als Konfliktklausel, sondern als **kategorische Zielrichtungssperre** ausgestaltet.[17] Er setzt nicht am konkreten Vereinsstatut an, sondern trifft eine rechtsformpolitische Grundentscheidung: Der e. V. soll nicht durch Verschmelzung zum Auffangbecken anders strukturierten Organisationsvermögens werden. Das ist zwingendes Recht; die Norm ist nicht disponibel, weder durch Satzung noch durch Einstimmigkeit.[18] 9

III. Anwendungsbereich und Beteiligungssubjekt

1. Rechtsfähiger Verein als Ausgangspunkt

Tatbestandlich knüpft § 99 an die Beteiligung eines **rechtsfähigen Vereins** an.[19] Erfasst sind der e. V. (§ 21 BGB) und der wirtschaftliche Verein mit verliehener Rechtsfähig- 10

11) *Reul* in: BeckOGK-UmwG, § 99 Rz. 3 ff.; Semler/Stengel/Leonard-*Katschinski*/*Wolf*, UmwG, § 99 Rz. 121 ff.

12) Semler/Stengel/Leonard-*Katschinski*/*Wolf*, UmwG, § 99 Rz. 121 ff.

13) *Reul* in: BeckOGK-UmwG, § 99 Rz. 4.

14) *Reul* in: BeckOGK-UmwG, § 99 Rz. 4.

15) Semler/Stengel/Leonard-*Katschinski*/*Wolf*, UmwG, § 99 Rz. 17 ff.

16) Ausf. Semler/Stengel/Leonard-*Katschinski*/*Wolf*, UmwG, § 99 Rz. 20 ff.

17) Semler/Stengel/Leonard-*Katschinski*/*Wolf*, UmwG, § 99 Rz. 28; *Reul* in: BeckOGK-UmwG, § 99 Rz. 59 f.

18) Semler/Stengel/Leonard-*Katschinski*/*Wolf*, UmwG, § 99 Rz. 28; *Reul* in: BeckOGK-UmwG, § 99 Rz. 59 f.

19) Semler/Stengel/Leonard-*Katschinski*/*Wolf*, UmwG, § 99 Rz. 40; *Reul* in: BeckOGK-UmwG, § 99 Rz. 9.

keit.[20] Beide besitzen eine eigenständige Rechtspersönlichkeit; beide sind damit Träger des Gesamtvermögens i. S. des § 20. Dass ihre Zweckausrichtung – ideell oder wirtschaftlich – unterschiedlich geprägt ist, berührt die tatbestandliche Beteiligungsfähigkeit nicht. Diese Differenz gewinnt erst i. R. der materiellen Schrankenprüfung nach § 99 Abs. 1 oder im Kontext der rechtsformbezogenen Sperre des § 99 Abs. 2 Bedeutung.[21]

11 **Nicht erfasst** sind **Vereine ohne Rechtspersönlichkeit** (früher: nicht rechtsfähige Vereine).[22] Ihnen fehlt die rechtliche Verselbständigung vom Mitgliederbestand. Ihre Rechtsbeziehungen beruhen auf Gesamthands- oder schuldrechtlichen Konstruktionen. Eine Einbindung in das System der gesetzlichen Gesamtrechtsnachfolge würde die Grundstruktur des UmwG durchbrechen. Auch der **Vorverein** genügt nicht.[23] Seine (mögliche) Teilrechtsfähigkeit ersetzt nicht die stabile Rechtspersönlichkeit, die das UmwG voraussetzt. § 99 ist insoweit strikt.

2. Verein in Liquidation

12 Die Rechtsfähigkeit endet nicht mit dem Auflösungsbeschluss, sondern erst mit **Abschluss der Liquidation und der Löschung** des Vereins aus dem Vereinsregister.[24] Solange der Verein als Rechtsträger fortbesteht, bleibt er grundsätzlich verschmelzungsfähig. Die Verschmelzung kann funktional an die Stelle der Abwicklung treten.[25] Das UmwG zwingt den Verein nicht in den Weg der Einzelverwertung; es erlaubt, das Vermögen im Wege der Universalsukzession zu übertragen. § 99 enthält insoweit keinen Ausschlusstatbestand.

13 Allerdings ist hier die **Schranke** des § 99 Abs. 1 besonders **sensibel zu prüfen**. Enthält die Satzung spezifische Vorgaben für den Auflösungsfall – etwa strikte Vermögensbindungen oder bestimmte Destinatäre[26] –, kann die Verschmelzung in Konflikt mit diesen Regelungen geraten. Die bloße Tatsache der Liquidation steht der Verschmelzung nicht entgegen, allerdings kann die konkrete satzungsmäßige Vermögensordnung eine Grenze ziehen.[27]

3. Idealverein und wirtschaftlicher Verein

14 § 99 differenziert nicht zwischen Ideal- und wirtschaftlichem Verein[28]. Gleichwohl ist ihre Einbindung strukturell unterschiedlich zu würdigen.

15 Beim **Idealverein** steht die Wahrung der Zweckidentität im Vordergrund. Seine Rechtsform ist auf ideelle Zielsetzungen zugeschnitten. Die Verschmelzung darf diesen ideellen Kern nicht in einer Weise transformieren, die einer Zweckaufgabe gleichkommt, ohne die vereinsrechtlichen Voraussetzungen einzuhalten.[29]

---

20) Semler/Stengel/Leonard-*Katschinski/Wolf*, UmwG, § 99 Rz. 40; *Reul* in: BeckOGK-UmwG, § 99 Rz. 9.

21) *Reul* in: BeckOGK-UmwG, § 99 Rz. 9 ff.

22) Ausf. Semler/Stengel/Leonard-*Katschinski/Wolf*, UmwG, § 99 Rz. 40 ff.; s. zu Möglichkeiten nicht rechtsfähiger Vereine *Schulte*, ZStV 2018, 189.

23) Ausf. Semler/Stengel/Leonard-*Katschinski/Wolf*, UmwG, § 99 Rz. 40 ff.

24) Im umwandlungsrechtlichen Kontext *Reul* in: BeckOGK-UmwG, § 99 Rz. 12 ff.

25) Ausf. Semler/Stengel/Leonard-*Katschinski/Wolf*, UmwG, § 99 Rz. 43 ff.; s. a. *Kummer*, DR 1942, 317.

26) Vgl. *Reul* in: BeckOGK-UmwG, § 99 Rz. 15.

27) Semler/Stengel/Leonard-*Katschinski/Wolf*, UmwG, § 99 Rz. 43 ff.

28) Zum Idealverein s. *Lettl*, AcP 203 (2003), 149; *Müller*, Der deutsche Berufsfußball – vom Idealverein zur Kapitalgesellschaft, 2000.

29) S. dazu auch *Reul* in: BeckOGK-UmwG, § 99 Rz. 60.

Beim **wirtschaftlichen Verein** ist demgegenüber die Rechtsfähigkeit regelmäßig an landesrechtliche Verleihung oder besondere strukturelle Voraussetzungen geknüpft.[30] Hier tritt der Landesrechtsvorbehalt des § 99 Abs. 1 besonders deutlich hervor. Die Verschmelzung darf die verleihungsrechtliche Grundlage nicht unterlaufen. 16

4. Beteiligungsrollen im Lichte des § 3

§ 99 ist nicht isoliert zu lesen. Er modifiziert die allgemeine Beteiligungssystematik des § 3. § 3 regelt abstrakt, welche Rechtsträger als übertragende oder übernehmende Rechtsträger oder im Wege der Neugründung auftreten dürfen. § 99 legt darüber einen vereinsbezogenen Filter. 17

Im Ausgangspunkt kann der rechtsfähige Verein – vorbehaltlich § 99 – sowohl **übertragender als auch übernehmender Rechtsträger** sein. Die konkrete Rollenverteilung ergibt sich aus § 3. § 99 schränkt diese Rollen nicht generell ein, sondern nur in zwei Konstellationen: 18

– über Absatz 1, wenn die konkrete Satzungs- oder Landesrechtslage entgegensteht;
– über Absatz 2, wenn ein e. V. Ziel einer Mischverschmelzung werden soll.[31]

Die Beteiligungsfähigkeit als solche wird daher nicht durch § 99 beseitigt. Die Norm wirkt lediglich selektiv und strukturell. 19

5. Grenzfälle und formale Kontinuität

In der Praxis treten Konstellationen auf, in denen die formale Rechtsfähigkeit mit **wirtschaftlicher Betätigung** oder **komplexer Organisationsstruktur** zusammentrifft (etwa große Sportvereine mit professionellen Abteilungen).[32] Für § 99 bleibt die formale Einordnung maßgeblich. Ein e. V. bleibt e. V., auch wenn er umfangreiche wirtschaftliche Aktivitäten entfaltet. Die wirtschaftliche Dimension ist kein Ausschlussgrund; sie kann jedoch i. R. der Satzungsprüfung oder im Kontext des § 99 Abs. 2 Bedeutung gewinnen.[33] 20

Ebenso bleiben altrechtliche[34] oder besonders ausgestaltete Vereine im Anwendungsbereich, solange ihre Rechtsfähigkeit besteht. Maßgeblich ist die formale Rechtsträgereigenschaft, nicht die faktische Organisationspraxis.[35] 21

IV. Satzungs- und Landesrechtsvorbehalt als materielle Strukturgrenze

1. Normtypus und Prüfprogramm

§ 99 Abs. 1 ist als negative Zulässigkeitsklausel ausgestaltet. Die Verschmelzung ist zulässig, **sofern** Satzung oder Landesrecht ihr nicht entgegenstehen. Diese Konstruktion enthält zwei dogmatisch bedeutsame Aussagen: 22

– Erstens bedarf die Verschmelzung keiner ausdrücklichen satzungsmäßigen Ermächtigung. Das UmwG eröffnet die Umwandlung grundsätzlich; die Satzung wirkt nicht als Erlaubnisnorm, sondern als Schranke.[36]

30) *Reul* in: BeckOGK-UmwG, § 99 Rz. 71 ff.

31) Ausf. *Reul* in: BeckOGK-UmwG, § 99 Rz. 59 f.

32) Hierzu *Schneider*, SpoPrax 2022, 172; *Balzer*, ZIP 2001, 175; *Segna*, ZIP 1997, 1902; *Weißmann*, SpoPrax 2025, 111.

33) *Schneider*, SpoPrax 2022, 172.

34) Semler/Stengel/Leonard-*Katschinski*/*Wolf*, UmwG, § 99 Rz. 55 f.

35) Semler/Stengel/Leonard-*Katschinski*/*Wolf*, UmwG, § 99 Rz. 55.

36) *Reul* in: BeckOGK-UmwG, § 99 Rz. 41 ff.

- Zweitens setzt ein „Entgegenstehen" eine **konkrete normative Kollision** voraus. Das bloße Schweigen der Satzung genügt ebenso wenig wie eine abstrakte Zweckferne.[37] Erforderlich ist eine tragfähige Unvereinbarkeit zwischen der geplanten Verschmelzung und einer satzungsmäßigen oder landesrechtlichen Bindung.[38]

23 Damit etabliert § 99 Abs. 1 ein eigenständiges Prüfprogramm: Maßstab ist nicht Zweckmäßigkeit oder wirtschaftliche Angemessenheit, sondern **Satzungs- und Normtreue.**

2. Satzung als verfassungsrechtliche Grundordnung des Vereins

24 Die Satzung bildet beim Verein die verfassungsartige Grundordnung des Verbandes. In ihr manifestieren sich Zweck, Vermögensordnung, Mitgliedschaftsarchitektur und Kompetenzverteilung. Eine Verschmelzung greift potentiell in alle diese Bereiche ein. Sie ist kein bloßer Kooperationsvertrag, sondern bewirkt eine gesetzliche Gesamtrechtsnachfolge und transformiert Mitgliedschaftsstellungen kraft Gesetzes.

25 Vor diesem Hintergrund schützt § 99 Abs. 1 die satzungsmäßige Identität vor einer strukturellen Überlagerung durch die Umwandlungstechnik. Maßgeblich ist eine **objektive Auslegung** der Satzung.[39] Es kommt nicht auf subjektive Vorstellungen der aktuellen Organmitglieder an, sondern auf den normativen Gehalt der Satzungsregel.[40]

3. Zweckidentität und Zweckänderung

26 Die sensibelste Konfliktlinie betrifft den Vereinszweck. Der Zweck ist identitätsstiftendes Element des Vereins. Eine Verschmelzung kann entweder den bisherigen Zweck **fortführen,** ihn erweitern, oder ihn **faktisch ersetzen.** Nur im letztgenannten Fall liegt regelmäßig ein „Entgegenstehen" nahe.[41] Entscheidend ist, ob die Verschmelzung in ihrer konkreten Ausgestaltung zu einer strukturellen Aufgabe der bisherigen Zweckbindung führt.

27 Dabei ist § 99 Abs. 1 nicht isoliert zu betrachten, sondern **im Zusammenspiel mit § 33 BGB.**[42] Führt die Verschmelzung zu einer Zweckänderung, sind die vereinsrechtlichen Mehrheitsanforderungen einzuhalten. § 99 wirkt hier vorgelagert: Ohne wirksame Satzungsänderung steht die Satzung der Verschmelzung entgegen. Die Norm verhindert damit, dass qualifizierte Zustimmungsanforderungen durch Umwandlungstechnik unterlaufen werden.

28 Nicht jede Erweiterung oder organisatorische Anpassung ist jedoch zweckändernd. Maßgeblich ist die **materielle Kontinuität des Verbandszwecks.**[43]

4. Vermögensbindung

29 Viele Vereinssatzungen enthalten Regelungen für den Auflösungsfall oder Zweckbindungen bestimmter Vermögensbestandteile. Die Verschmelzung ist zwar keine Auflösung, kann jedoch funktional einem Vermögensübergang gleichkommen, der mit satzungsmäßigen Bindungen kollidiert.[44]

---

37) S. dazu auch *Reul* in: BeckOGK-UmwG, § 99 Rz. 42.

38) Semler/Stengel/Leonard-*Katschinski/Wolf*, UmwG, § 99 Rz. 20 ff.

39) Zu besonderen Fällen der Auslegung Semler/Stengel/Leonard-*Katschinski/Wolf*, UmwG, § 99 Rz. 20 ff.

40) Ausf. Semler/Stengel/Leonard-*Katschinski/Wolf*, UmwG, § 99 Rz. 20 ff.

41) *Reul* in: BeckOGK-UmwG, § 99 Rz. 45 ff.

42) *Reul* in: BeckOGK-UmwG, § 99 Rz. 54.

43) *Reul* in: BeckOGK-UmwG, § 99 Rz. 54.

44) Semler/Stengel/Leonard-*Katschinski/Wolf*, UmwG, § 99 Rz. 21.

Ein Entgegenstehen liegt insbesondere dann nahe, wenn Vermögen auf einen Rechtsträger übergehen soll, dessen Zweck mit der satzungsmäßigen Bindung unvereinbar ist oder wenn satzungsmäßig bestimmte Destinatäre für den Vermögensanfall vorgesehen sind, die im Verschmelzungskonzept nicht berücksichtigt werden.[45] Hier zeigt sich die strukturwahrende Funktion des § 99 Abs. 1 besonders deutlich: Die Verschmelzung darf nicht als Instrument zur Umgehung satzungsmäßiger Vermögensbindungen dienen. 30

5. Mitgliedschaftsrechte und Organisationsstruktur

Die Verschmelzung transformiert Mitgliedschaftsverhältnisse kraft Gesetzes. Mitglieder werden Mitglied des übernehmenden Rechtsträgers. Diese Transformation ist zulässig, solange die neue Mitgliedschaftsstruktur mit den tragenden satzungsmäßigen Grundentscheidungen vereinbar ist. 31

Ein Entgegenstehen kann insbesondere gegeben sein, wenn satzungsmäßig garantierte Sonderrechte bestimmter Mitgliedergruppen entfallen, regionale oder institutionelle Bindungen aufgehoben werden oder unübertragbare Mitgliedschaftspositionen faktisch beseitigt werden.[46] Auch hier ist stets auf die konkrete Ausgestaltung des Verschmelzungsvertrags abzustellen. Die Prüfung ist einzelfallbezogen. 32

6. Landesrechtliche Schranken

Neben der Satzung nennt § 99 Abs. 1 das Landesrecht. Dies trägt der föderalen Prägung bestimmter Vereinsformen Rechnung. Landesrecht kann insbesondere bei wirtschaftlichen Vereinen oder bei verliehenen Rechtsformen eigenständige Strukturvorgaben enthalten.[47] 33

Ein Entgegenstehen liegt nur vor, wenn eine **konkrete** landesrechtliche Norm mit der Verschmelzung kollidiert. Ein allgemeiner Genehmigungsvorbehalt ist der Norm nicht zu entnehmen. Maßgeblich bleibt die materielle Kollision.[48] Derzeit existieren **keine** derartigen landesrechtlichen Regelungen.[49] 34

7. Prüfungsdichte des Registergerichts

Registerrechtlich ist § 99 Abs. 1 Eintragungsvoraussetzung. Das Registergericht hat zu prüfen, ob eine normative Kollision besteht. Dabei ist die Kontrolle auf rechtliche Tragfähigkeit beschränkt. Das Gericht ist nicht berufen, Zweckmäßigkeit oder wirtschaftliche Sinnhaftigkeit zu bewerten. 35

Liegt kein evidenter Konflikt mit Satzung oder Landesrecht vor, darf die Eintragung nicht versagt werden. § 99 Abs. 1 begründet **keine allgemeine Inhaltskontrolle** der Verschmelzung. 36

V. Rechtsformschutz des e. V.

1. Eigenständige Systementscheidung

§ 99 Abs. 2 ist dogmatisch strikt von Absatz 1 zu trennen.[50] Während § 99 Abs. 1 die Verschmelzung an die Binnenverfassung des konkreten Vereins bindet, formuliert § 99 Abs. 2 eine rechtsformbezogene Grundentscheidung: Der e. V. soll nicht Ziel einer Verschmelzung mit andersartigen Rechtsträgern sein. Die Norm schützt damit nicht indivi- 37

---

45) Semler/Stengel/Leonard-*Katschinski*/*Wolf*, UmwG, § 99 Rz. 21.
46) Semler/Stengel/Leonard-*Katschinski*/*Wolf*, UmwG, § 99 Rz. 24.
47) *Reul* in: BeckOGK-UmwG, § 99 Rz. 55 ff.
48) *Reul* in: BeckOGK-UmwG, § 99 Rz. 55 ff.
49) Lutter-*Hennrichs*, UmwG, § 99 Rz. 13; *Leuering* in: Kölner Komm-UmwG, § 99 Rz. 19; Widmann/Mayer-*Vossius*, UmwR, § 99 UmwG Rz. 30.
50) *Reul* in: BeckOGK-UmwG, § 99 Rz. 59 f.

duelle Mitgliederrechte, sondern die strukturelle Identität der Rechtsform „e. V." im System des Umwandlungsrechts.[51)]

38 Diese **Schutzrichtung** ist **bewusst asymmetrisch** ausgestaltet. Sie betrifft nicht jede Beteiligung eines e. V., sondern ausschließlich die Zielrichtung der Verschmelzung. Die Norm richtet sich gegen die „Verschmelzung auf den e. V." als übernehmenden oder neu entstehenden Rechtsträger, wenn nicht ausschließlich e. V.'s beteiligt sind.

39 Damit nimmt das Gesetz eine rechtsformpolitische Differenzierung vor, die im kapitalgesellschaftlichen Bereich in dieser Schärfe nicht existiert. Der e. V. wird nicht als neutraler Mantel verstanden, in den sich heterogene Vermögens- und Organisationsstrukturen im Wege der Universalsukzession einfügen lassen.[52)]

2. Tatbestandliche Reichweite

40 Die Sperre greift in zwei Konstellationen:
- Erstens darf ein e. V. nicht übernehmender Rechtsträger einer Verschmelzung sein, wenn ein Rechtsträger anderer Rechtsform beteiligt ist.[53)]
- Zweitens darf ein e. V. nicht im Wege der Neugründung durch Verschmelzung entstehen, sofern die beteiligten Rechtsträger nicht sämtlich e. V.'s sind.[54)]

41 Unproblematisch bleibt die Verschmelzung mehrerer e. V.'s **untereinander**. Hier besteht keine strukturelle Inkongruenz; die Rechtsformidentität bleibt gewahrt.[55)] Ebenso bleibt die Verschmelzung eines e. V. auf einen **andersartigen Rechtsträger** grundsätzlich zulässig, sofern die übrigen gesetzlichen Voraussetzungen erfüllt sind. § 99 Abs. 2 blockiert die Zielrichtung, nicht die Ausgangsrichtung.[56)]

3. Teleologische Begründung

42 Die Norm reagiert auf die Gefahr einer **rechtsformfremden Überformung des e. V.**[57)] Würde man zulassen, dass kapitalgesellschaftlich oder sonst wirtschaftlich geprägte Rechtsträger im Wege der Verschmelzung auf einen e. V. übertragen werden, könnte dies faktisch zu einer Entgrenzung der Vereinsrechtsform führen. Der e. V. würde zur „Integrationshülle" für Strukturen, die mit seiner mitgliedschaftlich-ideellen Prägung nicht vereinbar sind.

43 Der Gesetzgeber hat sich dagegen entschieden, die Rechtsformidentität dem freien Gestaltungswillen zu überlassen. § 99 Abs. 2 ist daher Ausdruck eines Strukturkonservatismus, der die Funktionslogik der Vereinsrechtsform schützt.[58)]

4. Zwingender Charakter

44 § 99 Abs. 2 ist zwingendes Recht. Weder die Satzung noch ein einstimmiger Beschluss der Mitgliederversammlung können die Sperrwirkung aufheben. Die Norm schützt nicht nur Individualinteressen, sondern die Systemkohärenz des Umwandlungsrechts.[59)]

---

51) Widmann/Mayer-*Vossius*, UmwR, § 99 UmwG Rz. 42.
52) Semler/Stengel/Leonard-*Katschinski*/*Wolf*, UmwG, § 99 Rz. 31.
53) *Reul* in: BeckOGK-UmwG, § 99 Rz. 59 f.
54) *Reul* in: BeckOGK-UmwG, § 99 Rz. 59 f.
55) *Reul* in: BeckOGK-UmwG, § 99 Rz. 59 f.
56) *Reul* in: BeckOGK-UmwG, § 99 Rz. 59 f.; zur Umwandlung in eine Kapitalgesellschaft vgl. *Hermann*, ZIP 1998, 1249; in eine Stiftung s. *Thölke*, npoR 2017, 54; zur Verschmelzung unter Beteiligung eines VVaG *Hersch*, NZG 2016, 611.
57) Widmann/Mayer-*Vossius*, UmwR, § 99 UmwG Rz. 42.
58) Widmann/Mayer-*Vossius*, UmwR, § 99 UmwG Rz. 42.
59) *Reul* in: BeckOGK-UmwG, § 99 Rz. 59 f.

Registerrechtlich ist die Eintragung einer gegen § 99 Abs. 2 verstoßenden Verschmelzung zwingend zu versagen. **Ein Ermessen besteht nicht.** 45

5. Verhältnis zu Gestaltungsalternativen

Die Sperrwirkung des § 99 Abs. 2 führt in der Praxis zu Überlegungen, die Zielrichtung über alternative Konstruktionen zu erreichen. Dabei ist strikt zu unterscheiden: 46

Ein **vorgelagerter Formwechsel** ist grundsätzlich ein eigenständiges Umwandlungsinstrument mit eigener gesetzlicher Grundlage. Er darf jedoch nicht als bloße Umgehungstechnik missverstanden werden. Seine Zulässigkeit ist nach den einschlägigen Formwechselvorschriften zu prüfen. 47

Die **Einzelrechtsnachfolge** oder eine **Vermögensübertragung** außerhalb des UmwG unterliegt ebenfalls den satzungs- und vereinsrechtlichen Bindungen. § 99 Abs. 2 kann nicht durch bloße Wahl eines anderen technischen Weges neutralisiert werden, wenn die strukturelle Identität der Rechtsform faktisch unterlaufen würde. 48

§ 100
Prüfung der Verschmelzung*)

[1]Der Verschmelzungsvertrag oder sein Entwurf ist für einen wirtschaftlichen Verein nach den §§ 9 bis 12 zu prüfen. [2]Bei einem eingetragenen Verein ist diese Prüfung nur erforderlich, wenn mindestens zehn vom Hundert der Mitglieder sie in Textform verlangen.

*) § 100 geändert durch Art. 17 des Vierten Gesetzes zur Entlastung der Bürgerinnen und Bürger, der Wirtschaft sowie der Verwaltung von Bürokratie (Viertes Bürokratieentlastungsgesetz – BEG IV), v. 23.10.2024, BGBl. I 2024, Nr. 323.

Literatur: *Hadding/Hennrichs*, Zur Verschmelzung unter Beteiligung rechtsfähiger Vereine nach dem neuen Umwandlungsgesetz, in: Festschrift für Karl-Heinz Boujong, 1996, S. 203.

Übersicht

I. Regelungsprofil und dogmatische Leitidee

1 § 100 bildet das **Präventivschutzinstrument** für die Mitglieder der an einer Verschmelzung beteiligten Vereine:[1] Während §§ 101, 102 die Informationsarchitektur der Mitgliederversammlung sichern, setzt § 100 vorgelagert an und ordnet – je nach Vereinstyp – eine **unabhängige externe Kontrolle** des Verschmelzungsvertrags an.[2] Der Gesetzgeber differenziert dabei bewusst zwischen dem wirtschaftlichen Verein und dem e. V.: Bei ersterem gilt die Prüfung als Regel, bei letzterem wird sie grundsätzlich nicht verlangt, aber als Minderheitenrecht ausgestaltet.[3] Diese Differenzierung ist keine bloße Praktikabilitätsentscheidung, sondern Ausdruck eines unterschiedlichen Verständnisses der Mitgliedschaft.

2 Der **wirtschaftliche Verein** ist – funktional betrachtet – häufig vermögens- und ertragsbezogen organisiert; die Mitgliedschaft ist typischerweise enger mit vermögensrechtlichen Erwartungen verbunden und nähert sich damit dem Anteilsinhaberstatus an.[4] Die Verschmelzungsprüfung übernimmt hier die Rolle, die sie im Kapitalgesellschaftsrecht klassisch spielt: Sie soll die Angemessenheit der „Gegenwertzuordnung" sichern und manipulationsanfällige Transaktionsarchitekturen durch eine externe Plausibilitäts- und Angemessenheitskontrolle disziplinieren.[5]

3 Beim eingetragenen **Idealverein** tritt demgegenüber das Nutzungs- und Förderverhältnis in den Vordergrund; die Mitgliedschaft ist regelmäßig nicht auf Vermögenspartizipation gerichtet. Daraus erklärt sich, warum § 100 die Prüfung dort nicht zwingend macht, aber als **Sicherungsschiene** bereithält, wenn eine qualifizierte Minderheit Misstrauen artikuliert oder besondere Vermögensbetroffenheit plausibel erscheint.[6]

4 Dogmatisch ist § 100 daher als **Schnittstelle** zu lesen: Er verbindet das umwandlungsrechtliche Schutzkonzept der §§ 9–12 (Verschmelzungsprüfung und Prüfungsbericht) mit der vereinsrechtlichen Realität, in der eine vollständige „Kapitalmarktlogik" gerade nicht unterstellt werden darf. § 100 ist zugleich ein Beispiel für die im UmwG häufig gewählte Technik, Schutzinstrumente nicht starr an Rechtsformen zu knüpfen, sondern an deren **typisierte Schutzbedürftigkeit**.

II. Anwendungsbereich

1. Verschmelzungen unter Beteiligung von Vereinen

5 § 100 erfasst sämtliche Verschmelzungsformen (Aufnahme und Neugründung),[7] sofern ein wirtschaftlicher Verein oder ein e. V. beteiligt ist.[8] Entscheidend ist, dass der Verschmelzungsvertrag als zentrale Transaktionsurkunde im Raum steht und mitgliedschaft-

---

1) *Reul* in: BeckOGK-UmwG, § 100 Rz. 2 ff.; Semler/Stengel/Leonard-*Katschinski*/*Wolf*, UmwG, § 100 Rz. 1.

2) Semler/Stengel/Leonard-*Katschinski*/*Wolf*, UmwG, § 100 Rz. 1; Widmann/Mayer/Vossius, UmwR, § 100 UmwG Rz. 1.

3) Semler/Stengel/Leonard-*Katschinski*/*Wolf*, UmwG, § 100 Rz. 1; Widmann/Mayer/Vossius, UmwR, § 100 UmwG Rz. 1 f.

4) *Reul* in: BeckOGK-UmwG, § 100 Rz. 2 f.

5) *Reul* in: BeckOGK-UmwG, § 100 Rz. 2.

6) *Reul* in: BeckOGK-UmwG, § 100 Rz. 3; Widmann/Mayer/Vossius, UmwR, § 100 UmwG Rz. 3.

7) *Reul* in: BeckOGK-UmwG, § 100 Rz. 5; Semler/Stengel/Leonard-*Katschinski*/*Wolf*, UmwG, § 100 Rz. 3.

8) *Reul* in: BeckOGK-UmwG, § 100 Rz. 5; Semler/Stengel/Leonard-*Katschinski*/*Wolf*, UmwG, § 100 Rz. 3.

liche Dispositionen ausgelöst werden, deren Plausibilität und Fairness durch eine externe Instanz kontrolliert werden kann und soll.[9)]

Die Norm setzt nicht voraus, dass der Verein übertragender oder übernehmender Rechtsträger ist; ihre Schutzrichtung betrifft die Mitglieder des Vereins **unabhängig von seiner Rolle im Umwandlungsvorgang.** Praktisch liegt der Schwerpunkt zwar häufig auf dem übertragenden Rechtsträger (Vermögensabfluss, Auflösung, Mitgliedschaftsüberleitung), dogmatisch ist die Norm jedoch rollenneutral. 6

2. Entsprechende Anwendung bei Spaltungen

Über § 125 wird § 100 auf Spaltungen erstreckt, soweit ein Verein nach § 149 beteiligt ist.[10)] Das ist konsequent: Auch die Spaltung ist partieller Gesamtrechtsnachfolgetatbestand, der Vermögens- und Mitgliedschaftspositionen in einer Weise umordnet, die – bei wirtschaftlicher Prägung – dieselbe Schutzlogik rechtfertigt wie bei der Verschmelzung. § 100 wirkt damit als **rechtsformbezogenes Schutzmodul**, das nicht am Tatbestand „Verschmelzung" klebt, sondern am Risiko der mitgliedschaftsvermittelten Vermögensdisposition. 7

3. Genossenschaftliche Prüfungsverbände

Besondere Aufmerksamkeit verdient die Frage, ob und inwieweit § 100 auf genossenschaftliche Prüfungsverbände anzuwenden ist.[11)] Diese Frage ist praktisch relevant, weil Prüfungsverbände typischerweise als e. V.'s organisiert sind, zugleich aber eine marktähnliche Stellung im System der Pflichtprüfung einnehmen (siehe § 105 Rz. 13 [*Knaier*]). Der Gesetzgeber hat in den §§ 105 ff. für Prüfungsverbände ein Sonderregime geschaffen und dabei für die Vorbereitung und Durchführung der Mitgliederversammlung ausdrücklich nur auf §§ 101–103 verwiesen, nicht jedoch auf § 100.[12)] 8

Der entscheidende Punkt liegt in der Gesetzessystematik und dem Regelungswillen: Das Umwandlungsrecht unterscheidet – und das ist für die Auslegung maßgeblich – zwischen „eingetragenem Verein" als allgemeiner Rechtsformkategorie und „genossenschaftlichem Prüfungsverband" als spezieller, funktional geprägter Ausprägung. Wenn der Gesetzgeber im Sonderregime bewusst nur einzelne Verfahrensnormen übernimmt, ist Zurückhaltung bei einer analogen Ausdehnung geboten.[13)] Das gilt umso mehr, als § 100 im e. V. nicht bloß „Verfahrensrecht", sondern ein eigenständiges Schutzinstrument mit potentiell erheblichen Verzögerungs- und Kostenfolgen ist. 9

Für eine unmittelbare Anwendung von § 100 Satz 2 auf Prüfungsverbände spricht zwar, dass § 105 Satz 2 die Aufnahme eines e. V. durch einen Prüfungsverband unter Voraussetzungen zulässt und dann der aufgenommene Verein – als solcher – dem Regime der Vereinsverschmelzung unterfällt; insoweit ist § 100 Satz 2 unproblematisch jedenfalls für diesen Verein einschlägig. Die eigentliche Streitfrage betrifft aber die Verschmelzung **von Prüfungsverbänden untereinander.** Hier ist de lege lata entscheidend, dass der Gesetzgeber den Prüfungsverband nicht schlicht als „normalen" e. V. behandelt, sondern als Sondertypus mit eigenem Regelungsprogramm. Vor diesem Hintergrund spricht die stärkere 10

9) *Reul* in: BeckOGK-UmwG, § 100 Rz. 2 ff.

10) *Reul* in: BeckOGK-UmwG, § 100 Rz. 6; Widmann/Mayer/Vossius, UmwR, § 100 UmwG Rz. 5.

11) Ausf. *Reul* in: BeckOGK-UmwG, § 100 Rz. 7 ff.; gegen eine Anwendung Lutter-*Bayer*, UmwG § 106 Rz. 12; Beuthien-*Wolff*, GenG, §§ 105 ff. Rz. 2; Semler/Stengel/Leonard-*Katschinski*/*Wolf*, UmwG, § 100 Rz. 3; dafür Widmann/Mayer/Vossius, UmwR, § 106 UmwG Rz. 10 ff.

12) Vgl. Begr. Fraktionsentwurf UmwBerG, BT-Drucks. 12/6699, S. 112.

13) So auch *Reul* in: BeckOGK-UmwG, § 100 Rz. 11.

Argumentationslinie dafür, § 100 Satz 2 auf die Verschmelzung von Prüfungsverbänden nicht anzuwenden, solange das Gesetz in §§ 105 ff. keine entsprechende Brücke schlägt.[14)]

11 Damit ist zugleich der dogmatische Ort für eine Kritik markiert: Funktional lässt sich ein Schutzbedürfnis durchaus begründen, weil Prüfungsverbände als Infrastrukturträger des Genossenschaftswesens eine erhebliche Macht- und Informationsasymmetrie erzeugen können. Das ist jedoch – methodisch sauber – eher ein Argument de lege ferenda oder für eine strenge Anwendung der verbleibenden Verfahrensgarantien (insbesondere §§ 101–103) und registergerichtliche Plausibilitätskontrolle, nicht für eine verdeckte Analogie gegen einen erkennbaren gesetzgeberischen Zuschnitt.

4. Gründungsprüfungen nach dem anwendbaren Gründungsrecht bei Formwechsel

12 § 100 ist auf den Formwechsel nicht anwendbar. Die Vorschrift steht systematisch im Abschnitt über die Verschmelzung von Vereinen (§§ 99–104a) und betrifft ausschließlich die Prüfung dieses Umwandlungstyps. Für den Formwechsel enthält das Gesetz eigenständige Regelungen (§§ 190 ff.), die in § 197 Satz 1 vor allem eine Gründungsprüfung nach dem anwendbaren Gründungsrecht bei einem Formwechsel in eine Kapitalgesellschaft vorsehen.[15)] Bei einem Formwechsel in eine eG bestehen **Sonderregelungen** für das **Abfindungsangebot und seine Prüfung** in den §§ 282, 290.[16)]

III. Zwingende Verschmelzungsprüfung beim wirtschaftlichen Verein (§ 100 Satz 1)

1. Zwingender Charakter der Prüfung

13 § 100 Satz 1 ordnet an, dass bei Beteiligung eines wirtschaftlichen Vereins die Verschmelzung nach den §§ 9–12 zu prüfen ist. Der Gesetzgeber hat damit für diese Rechtsform die externe Verschmelzungsprüfung zur **Regel** erhoben und den Verzicht – anders als etwa bei der GmbH (§ 8 Abs. 3) – nicht vorgesehen.[17)] Diese Entscheidung ist dogmatisch folgerichtig: Der wirtschaftliche Verein bewegt sich strukturell näher an kapitalistisch organisierten Verbänden; seine Mitglieder sind regelmäßig wirtschaftlich betroffen, sei es durch Vermögensübertragung, sei es durch Beteiligung an einem fortgeführten Unternehmensträger.

14 Die Prüfung dient in diesem Kontext primär der Kontrolle des Umtauschverhältnisses und der Angemessenheit der gewährten Mitgliedschaftsrechte oder sonstigen Gegenleistungen. Zwar kennt der Verein keine Geschäftsanteile im gesellschaftsrechtlichen Sinne, doch können Mitgliedschaftsrechte funktional Vermögenswert haben. Die Verschmelzung kann hier faktisch einer Vermögensdisposition gleichkommen. Die externe Prüfung wirkt als **Neutralisierungsinstrument gegenüber strukturellen Informationsasymmetrien** zwischen Vorstand und Mitgliedern.

15 Der zwingende Charakter ergibt sich aus dem Wortlaut („ist zu prüfen") und aus dem Fehlen einer Verzichtsklausel (zu den Verzichtsmöglichkeiten siehe Rz. 19 ff.). Anders als im Kapitalgesellschaftsrecht besteht beim wirtschaftlichen Verein kein gesetzlich eröffneter Raum für einen kollektiven Verzicht.[18)]

---

14) Im Ergebnis auch so auch *Reul* in: BeckOGK-UmwG, § 100 Rz. 11.

15) Widmann/Mayer/Vossius, UmwR, § 100 UmwG Rz. 7.

16) Widmann/Mayer/Vossius, UmwR, § 100 UmwG Rz. 7.

17) Vgl. Semler/Stengel/Leonard-*Katschinski*/*Wolf*, UmwG, § 100 Rz. 5; *Reul* in: BeckOGK-UmwG, § 100 Rz. 12.

18) Vgl. Semler/Stengel/Leonard-*Katschinski*/*Wolf*, UmwG, § 100 Rz. 5; *Reul* in: BeckOGK-UmwG, § 100 Rz. 12.

2. Prüfungsmaßstab und Prüfungsgegenstand

Die Prüfung richtet sich nach §§ 9–12.[19] Prüfungsgegenstand ist insbesondere die Angemessenheit des Umtauschverhältnisses sowie die wirtschaftliche Vertretbarkeit der Verschmelzung. Der Prüfer hat zu beurteilen, ob die den Mitgliedern des übertragenden Vereins gewährten Rechte oder sonstigen Vorteile sachgerecht bemessen sind. 16

Dabei ist zu berücksichtigen, dass die Mitgliedschaft im Verein regelmäßig nicht kapitalmäßig quotiert ist. Der Prüfer muss daher eine funktionale Bewertung vornehmen: Entscheidend ist, ob die Mitglieder im Ergebnis eine Stellung erhalten, die dem wirtschaftlichen Wert ihrer bisherigen Rechtsposition entspricht. Die Prüfung erfordert eine wertende Gesamtbetrachtung und ist nicht auf bilanzielle Kennzahlen beschränkt. 17

3. Bestellung des Prüfers

Die Bestellung erfolgt nach § 10 durch das **Gericht.**[20] Maßgeblich ist das Gericht am Sitz des übertragenden Rechtsträgers.[21] Der Prüfer muss unabhängig und fachlich geeignet sein.[22] In der Praxis werden Wirtschaftsprüfer oder vereinzelt Rechtsanwälte mit entsprechender Spezialisierung bestellt. Die gerichtliche Bestellung unterstreicht den öffentlich-rechtlichen Charakter der Prüfung. Sie ist nicht lediglich vereinsinternes Kontrollinstrument, sondern Bestandteil des staatlich strukturierten Umwandlungsverfahrens. 18

IV. Verzichtsfragen beim wirtschaftlichen Verein

1. Verzichtsmöglichkeit

§ 100 Satz 1 enthält – anders als § 8 Abs. 3 – keine ausdrückliche Möglichkeit, auf die Prüfung zu verzichten.[23] § 100 Satz 1 verweist ausdrücklich auf §§ 9–12. § 9 Abs. 2 ordnet seinerseits die entsprechende Anwendung von § 8 Abs. 3 an. § 12 Abs. 3 verweist ebenfalls auf § 8 Abs. 3. Damit wird die im allgemeinen Verschmelzungsrecht vorgesehene Verzichtsmöglichkeit bzgl. Verschmelzungsprüfung und Prüfbericht grundsätzlich auch für die Vereinsverschmelzung eröffnet.[24] 19

Dogmatisch handelt es sich um eine gesetzlich vermittelte Verweisungskette. Ein allseitiger, notariell beurkundeter Verzicht kann daher – jedenfalls in der Systematik des Gesetzes – die Durchführung der Prüfung entbehrlich machen.[25] Allerdings ist zu beachten, dass diese Verzichtsmöglichkeit funktional auf kapitalgesellschaftliche Beteiligungsstrukturen zugeschnitten ist. Während bei der GmbH oder AG die „Anteilsinhaber“ klar bestimmbar sind, muss beim Verein die **Gesamtheit der Mitglieder** zustimmen, einschließlich der zur Mitgliederversammlung nicht erschienenen.[26] In mitgliederstarken Verbänden ist dies faktisch kaum realisierbar. Die Verzichtsmöglichkeit ist daher rechtlich eröffnet, praktisch jedoch regelmäßig **schwer realisierbar.** 20

19) Widmann/Mayer/Vossius, UmwR, § 100 UmwG Rz. 32.
20) Widmann/Mayer/Vossius, UmwR, § 100 UmwG Rz. 33.
21) Widmann/Mayer/Vossius, UmwR, § 100 UmwG Rz. 34.
22) Widmann/Mayer/Vossius, UmwR, § 100 UmwG Rz. 35; s. a. *Reul* in: BeckOGK-UmwG, § 100 Rz. 47.
23) Vgl. Semler/Stengel/Leonard-*Katschinski/Wolf*, UmwG, § 100 Rz. 5; *Reul* in: BeckOGK-UmwG, § 100 Rz. 12.
24) *Reul* in: BeckOGK-UmwG, § 100 Rz. 13.
25) *Reul* in: BeckOGK-UmwG, § 100 Rz. 13.
26) S. OLG Bamberg, Beschl. v. 18.6.2012 – 6 W 26/12, NZG 2012, 1269 = FGPrax 2012, 209.

2. Keine teleologische Reduktion jenseits der gesetzlichen Verweisung

21 Eine darüber hinausgehende teleologische Reduktion der Prüfpflicht kommt nicht in Betracht.[27)] Die Prüfung dient nicht ausschließlich dem Schutz einzelner Mitglieder, sondern der objektiven Ordnungsmäßigkeit des Umwandlungsvorgangs. Sie soll Bewertungsfehler, strukturelle Fehlentscheidungen und wirtschaftlich unangemessene Transaktionen verhindern. Dieses Schutzkonzept kann nicht durch bloße Einstimmigkeit in der Mitgliederversammlung ersetzt werden.[28)]

22 Soweit ein gesetzlicher Verzicht über § 9 Abs. 2 i. V. m. § 8 Abs. 3 möglich ist, handelt es sich um eine ausdrücklich normierte Ausnahme. Eine weitergehende Dispositionsfreiheit besteht nicht.[29)]

3. Verhältnis zum Vollversammlungsprivileg

23 Das vereinsrechtliche Vollversammlungsprivileg vermag die Prüfpflicht nicht zu suspendieren.[30)] Es betrifft die Wirksamkeit vereinsinterner Beschlussfassungen, nicht jedoch die umwandlungsrechtlich **zwingenden Verfahrensschritte.** Selbst die Anwesenheit sämtlicher Mitglieder ersetzt weder die gerichtliche Bestellung des Prüfers noch – ohne formgerechten Allstimmigkeitsverzicht – die Durchführung der Prüfung.[31)]

V. Einbindung in das weitere Verfahren

24 Die Prüfung nach § 100 Satz 1 ist integraler Bestandteil des Verschmelzungsverfahrens. Der Prüfungsbericht ist nach § 101 Abs. 1 auszulegen und nach § 102 in der Mitgliederversammlung zu erläutern. Eine Beschlussfassung vor Abschluss der Prüfung ist unzulässig.

25 **Registerrechtlich** ist die Vorlage des Prüfungsberichts Voraussetzung der Eintragung, da er nach § 17 Abs. 1 den Anmeldungen der beteiligten Rechtsträger zum Register beizufügen ist.[32)] Das Registergericht prüft, ob die Verschmelzungsprüfung ordnungsgemäß durchgeführt wurde, nimmt jedoch keine inhaltliche Angemessenheitskontrolle vor.

VI. Minderheitenprüfung beim e. V. (§ 100 Satz 2)

26 Während § 100 Satz 1 die Verschmelzungsprüfung beim wirtschaftlichen Verein zwingend anordnet, eröffnet § 100 Satz 2 für den e. V. ein **qualifiziertes Minderheitenrecht.**[33)] Die Prüfung erfolgt hier nicht automatisch, sondern nur auf Antrag einer bestimmten Mitgliederquote.[34)]

27 Diese **Differenzierung** ist dogmatisch **folgerichtig.** Der eingetragene Idealverein ist regelmäßig nicht vermögensorientiert organisiert. Die Mitgliedschaft dient primär ideellen Zwecken; Vermögenspartizipation steht nicht im Vordergrund. Gleichwohl kann auch hier eine Verschmelzung erhebliche Auswirkungen auf die Organisationsstruktur und die Mitgliedschaftsrechte haben. Der Gesetzgeber reagiert darauf nicht mit einem obligatorischen Prüfungsmechanismus, sondern mit einem **konditionalen Schutzinstrument**, das

---

27) Dazu näher Semler/Stengel/Leonard-*Katschinski*/*Wolf*, UmwG, § 100 Rz. 6.

28) Vgl. Semler/Stengel/Leonard-*Katschinski*/*Wolf*, UmwG, § 100 Rz. 6; a. A. *Hadding*/*Hennrichs* in: FS Boujong, S. 203, 219; Widmann/Mayer/Vossius, UmwR, § 100 UmwG Rz. 1.

29) S. a. Semler/Stengel/Leonard-*Katschinski*/*Wolf*, UmwG, § 100 Rz. 6.

30) Semler/Stengel/Leonard-*Katschinski*/*Wolf*, UmwG, § 100 Rz. 6.

31) Semler/Stengel/Leonard-*Katschinski*/*Wolf*, UmwG, § 100 Rz. 6.

32) *Reul* in: BeckOGK-UmwG, § 100 Rz. 51; Widmann/Mayer/Vossius, UmwR, § 100 UmwG Rz. 38.

33) *Reul* in: BeckOGK-UmwG, § 100 Rz. 19; Semler/Stengel/Leonard-*Katschinski*/*Wolf*, UmwG, § 100 Rz. 7.

34) *Reul* in: BeckOGK-UmwG, § 100 Rz. 19; Semler/Stengel/Leonard-*Katschinski*/*Wolf*, UmwG, § 100 Rz. 7.

bei Bedarf aktiviert werden kann.[35] § 100 Satz 2 ist damit Ausdruck eines flexiblen Schutzkonzepts: Die externe Prüfung wird nicht als generelle Misstrauensmaßnahme etabliert, sondern als Minderheiteninstrument gegen mögliche Informations- oder Bewertungsdefizite des Vorstands.

1. Antragsberechtigung und Schwellenwert

Die Verschmelzungsprüfung ist beim e. V. durchzuführen, wenn eine **qualifizierte Minderheit** dies verlangt. Maßgeblich ist der gesetzlich bestimmte Bruchteil der Mitgliederzahl von 10 %; entscheidend ist die Anzahl der stimmberechtigten Mitglieder im Zeitpunkt der Antragstellung.[36] 28

Die Quote ist als **objektives Zulässigkeitserfordernis** zu verstehen. Sie dient dazu, das Prüfungsinstrument vor missbräuchlicher Inanspruchnahme durch Einzelne zu schützen und zugleich sicherzustellen, dass bei substantieller innerverbandlicher Skepsis eine externe Kontrolle stattfindet.[37] 29

Dogmatisch ist der Schwellenwert kein materielles Zustimmungserfordernis, sondern lediglich **Antragsvoraussetzung.** Die Entscheidung über die Verschmelzung bleibt weiterhin Sache der Mitgliederversammlung; der Prüfungsantrag suspendiert den Beschluss nicht, sondern verschiebt ihn faktisch durch den vorgelagerten Prüfungsprozess. 30

Der Antrag ist **gegenüber dem Verein** zu stellen.[38] Gesetzlich vorgeschrieben ist lediglich Textform.[39] Aus Gründen der Rechtssicherheit empfiehlt sich eine schriftliche Erklärung, aus der sich die Zahl der Antragsteller eindeutig ergibt. 31

Zeitlich muss der Antrag **vor der Beschlussfassung** gestellt werden.[40] Erfolgt er nachträglich, entfaltet er keine Wirkung mehr.[41] Der Zweck der Norm – Sicherstellung einer sachgerechten Entscheidungsgrundlage – erfordert, dass die Prüfung vor der Abstimmung abgeschlossen ist. In der Praxis empfiehlt sich eine **Fristsetzung** i. R. der Einberufung, um Klarheit über die Aktivierung des Prüfungsmechanismus zu schaffen. 32

2. Inhalt und Reichweite der Minderheitenprüfung

Wird das Minderheitenrecht wirksam ausgeübt, richtet sich die Prüfung inhaltlich nach §§ 9–12.[42] Prüfungsgegenstand ist die Angemessenheit der den Mitgliedern eingeräumten Rechte und die wirtschaftliche Vertretbarkeit der Verschmelzung (siehe Rz. 14). 33

Auch beim e. V. kann die Mitgliedschaft funktional Vermögenswert haben, etwa bei Vereinen mit erheblichem Vermögen oder bei solchen mit wirtschaftlichem Geschäftsbetrieb. Der Prüfer hat daher zu untersuchen, ob die mitgliedschaftliche Stellung im übernehmenden Rechtsträger der bisherigen Stellung entspricht. 34

Die **Bestellung** erfolgt – wie beim wirtschaftlichen Verein – durch das zuständige Gericht.[43] Der Antrag der Minderheit löst somit ein gerichtliches Bestellungsverfahren aus. 35

---

35) *Reul* in: BeckOGK-UmwG, § 100 Rz. 19.

36) Semler/Stengel/Leonard-*Katschinski*/*Wolf*, UmwG, § 100 Rz. 10; Widmann/Mayer/Vossius, UmwR, § 100 UmwG Rz. 18; Lutter-*Hennrichs*, UmwG § 100 Rz. 12.

37) Vgl. *Reul* in: BeckOGK-UmwG, § 100 Rz. 19.

38) *Reul* in: BeckOGK-UmwG, § 100 Rz. 23; Semler/Stengel/Leonard-*Katschinski*/*Wolf*, UmwG, § 100 Rz. 9.

39) Ausf. *Reul* in: BeckOGK-UmwG, § 100 Rz. 23 ff.

40) Ausf. *Reul* in: BeckOGK-UmwG, § 100 Rz. 26 ff.

41) *Reul* in: BeckOGK-UmwG, § 100 Rz. 40.

42) *Reul* in: BeckOGK-UmwG, § 100 Rz. 46.

43) Widmann/Mayer/Vossius, UmwR, § 100 UmwG Rz. 33.

Das Gericht prüft allein die formelle Erfüllung der Quote; eine inhaltliche Bewertung des Verschmelzungsvorhabens findet im Bestellungsverfahren nicht statt.

VII. Kosten der Prüfung

36 Die Kosten der Verschmelzungsprüfung trägt grundsätzlich der Verein.[44] § 100 enthält keine Sonderregelung, die eine Kostentragung durch die Antragsteller vorsieht.[45] Dies ist konsequent: Das Minderheitenrecht soll nicht durch prohibitive Kostenrisiken entwertet werden.[46]

37 **Missbräuchliche Anträge** sind jedoch nicht schutzwürdig. In extremen Ausnahmefällen kann eine Haftung der Antragsteller nach allgemeinen zivilrechtlichen Grundsätzen in Betracht kommen, wenn der Antrag evident treuwidrig gestellt wurde.

VIII. Missbrauchsabwehr und Grenzen

38 Das Minderheitenrecht darf nicht zweckwidrig eingesetzt werden, um eine Verschmelzung allein aus taktischen Gründen zu verzögern. Der Missbrauchseinwand ist jedoch **restriktiv zu handhaben.** Die gesetzliche Quote indiziert bereits ein ernstzunehmendes Schutzinteresse. Nur wenn evident ist, dass der Antrag allein schädigende oder obstruktive Ziele verfolgt und keinerlei sachlichen Bezug zur Verschmelzung aufweist, kann eine Zurückweisung in Betracht kommen. Die Hürden hierfür sind hoch.

IX. Gesamtwürdigung

39 § 100 schafft ein zweigleisiges Prüfungsmodell: zwingende Kontrolle beim wirtschaftlichen Verein, konditionale Minderheitenkontrolle beim e. V. Diese Differenzierung ist systemgerecht und wahrt das Gleichgewicht zwischen Flexibilität und Schutz.

40 Im Zusammenspiel mit §§ 101 und 102 bildet § 100 die sachliche Grundlage der innerverbandlichen Willensbildung. Die Prüfung ersetzt nicht die Entscheidung der Mitglieder, sie qualifiziert jedoch deren Entscheidungsgrundlage.

---

44) Semler/Stengel/Leonard-*Katschinski*/*Wolf*, UmwG, § 100 Rz. 18; Lutter-*Hennrichs*, UmwG, § 100 Rz. 13; *Hadding*/*Hennrichs* in: FS Boujong, S. 203, 222; Widmann/Mayer/Vossius, UmwR, § 100 UmwG Rz. 9.

45) *Reul* in: BeckOGK-UmwG, § 100 Rz. 45.

46) *Reul* in: BeckOGK-UmwG, § 100 Rz. 45.

§ 101
Vorbereitung der Mitgliederversammlung*)

(1) [1]Von der Einberufung der Mitgliederversammlung an, die gemäß § 13 Abs. 1 über die Zustimmung zum Verschmelzungsvertrag beschließen soll, sind in dem Geschäftsraum des Vereins die in § 63 Abs. 1 Nr. 1 bis 4 bezeichneten Unterlagen sowie ein nach § 100 erforderlicher Prüfungsbericht zur Einsicht der Mitglieder auszulegen. [2]Dazu erforderliche Zwischenbilanzen sind gemäß § 63 Absatz 2 Satz 1 bis 4 aufzustellen.

(2) Auf Verlangen ist jedem Mitglied unverzüglich und kostenlos eine Abschrift der in Absatz 1 bezeichneten Unterlagen zu erteilen.

*) § 101 i. d. F. des UmwBerG geändert durch Art. 1 des Dritten Gesetzes zur Änderung des Umwandlungsgesetzes (3. UmwGÄndG), v. 11.7.2011, BGBl. I 2011, 1338.

Literatur: *Hager*, Die Verschmelzung von eingetragenen Vereinen miteinander aus notarieller Sicht, RNotZ 2011, 565.

Übersicht

I. Systematische Stellung und dogmatischer Gesamtzusammenhang

1 § 101 bildet gemeinsam mit § 102 das verfahrensrechtliche Kernstück der Vereinsverschmelzung.[1)] Während § 102 die Durchführung der Mitgliederversammlung regelt, sichert § 101 deren sachliche Vorbereitung. Die Norm verlagert den Schwerpunkt des Minderheitenschutzes in das Vorfeld der Beschlussfassung und gewährleistet eine **rechtzeitige, strukturierte Informationsbereitstellung.**[2)]

2 Systematisch steht § 101 in enger Parallele zu § 63 (Hauptversammlung der AG) sowie § 82 (Generalversammlung der Genossenschaft).[3)] Die Vorschrift übernimmt bewusst deren Grundkonzeption, modifiziert sie jedoch im Lichte der vereinsrechtlichen Struktur. Anders als im Kapitalgesellschaftsrecht besteht im Verein typischerweise keine institutionalisiert verdichtete Rechnungslegungspflicht. § 101 muss daher eine Brücke zwischen umwandlungsrechtlichem Transparenzanspruch und vereinsrechtlicher Organisationswirklichkeit schlagen.[4)]

3 Die Norm ist **zwingendes Recht**. Ihre Einhaltung ist Voraussetzung einer ordnungsgemäßen Willensbildung; Verstöße berühren die **Anfechtbarkeit** des Verschmelzungsbeschlusses und damit die registerrechtliche Vollziehbarkeit.[5)]

---

1) Vgl. *Reul* in: BeckOGK-UmwG, § 101 Rz. 2.
2) *Reul* in: BeckOGK-UmwG, § 101 Rz. 2.
3) Widmann/Mayer-*Vossius*, UmwR, § 101 UmwG Rz. 1; *Reul* in: BeckOGK-UmwG, § 101 Rz. 2.
4) Vgl. Widmann/Mayer-*Vossius*, UmwR, § 101 UmwG Rz. 2.
5) *Reul* in: BeckOGK-UmwG, § 101 Rz. 47.

II. Normzweck

4 § 101 dient dem Schutz der vereinsinternen Entscheidungsautonomie.[6] Die Mitglieder sollen **vor der Abstimmung** über die Verschmelzung in die Lage versetzt werden, die wirtschaftlichen, rechtlichen und organisatorischen Konsequenzen der Strukturmaßnahme eigenverantwortlich zu beurteilen.[7]

5 Die **Besonderheit des Vereins** besteht darin, dass seine Mitglieder regelmäßig weder Kapitalgeber noch rein wirtschaftlich motivierte Anteilseigner sind. Ihre Mitwirkungsrechte sind gleichwohl tragendes Fundament der Verbandsverfassung. Gerade weil der Verein häufig ideell oder gemeinnützig geprägt ist, darf die Tragweite einer Verschmelzung nicht unterschätzt werden. § 101 gewährleistet, dass die Entscheidung nicht unter Informationsdefiziten getroffen wird. Die Vorschrift erfüllt dabei **drei Funktionen:**[8]

– **Transparenzfunktion** – Offenlegung der Entscheidungsgrundlagen,
– **Vorbereitungsfunktion** – Ermöglichung sachgerechter Beschlussfassung,
– **Legitimationsfunktion** – Absicherung der innerverbandlichen Akzeptanz.

III. Anwendungsbereich

6 § 101 gilt für **sämtliche rechtsfähigen Vereine**, unabhängig davon, ob es sich um eingetragene oder wirtschaftliche Vereine handelt.[9] Maßgeblich ist allein, dass eine Mitgliederversammlung nach § 13 über den Verschmelzungsvertrag zu beschließen hat.

7 Über § 125 findet § 101 entsprechende Anwendung auf **Spaltungen** unter Beteiligung von Vereinen.[10] Ebenso erklärt § 106 die Norm für die **Verschmelzung** genossenschaftlicher Prüfungsverbände für anwendbar.[11] Für den **Formwechsel** enthält § 274 Abs. 1 eine Parallelregelung.[12]

8 § 101 betrifft ausschließlich die **Vorbereitungsphase** der Mitgliederversammlung. Er regelt nicht die Beschlussmehrheiten, die materielle Wirksamkeit des Verschmelzungsvertrags und die registerrechtliche Eintragung.[13] Die Norm setzt vielmehr bei der Informationsorganisation an und ergänzt insoweit die allgemeinen vereinsrechtlichen Vorschriften der §§ 32, 36, 37 BGB.[14]

IV. Einberufung der Mitgliederversammlung

1. Verhältnis zu den allgemeinen Vorschriften des Vereinsrechts

9 § 101 enthält keine eigenständigen Regelungen zur Einberufung. Maßgeblich bleiben §§ 32, 36, 37 BGB sowie die satzungsmäßigen Bestimmungen (§ 58 Nr. 4 BGB).[15]

---

6) *Reul* in: BeckOGK-UmwG, § 101 Rz. 2; Widmann/Mayer-*Vossius*, UmwR, § 101 UmwG Rz. 2.
7) *Reul* in: BeckOGK-UmwG, § 101 Rz. 2; Widmann/Mayer-*Vossius*, UmwR, § 101 UmwG Rz. 2.
8) Vgl. *Reul* in: BeckOGK-UmwG, § 101 Rz. 2; Widmann/Mayer-*Vossius*, UmwR, § 101 UmwG Rz. 2.
9) *Reul* in: BeckOGK-UmwG, § 101 Rz. 3; Widmann/Mayer-*Vossius*, UmwR, § 101 UmwG Rz. 3.
10) *Reul* in: BeckOGK-UmwG, § 101 Rz. 3; Widmann/Mayer-*Vossius*, UmwR, § 101 UmwG Rz. 4.
11) *Reul* in: BeckOGK-UmwG, § 101 Rz. 3; Widmann/Mayer-*Vossius*, UmwR, § 101 UmwG Rz. 3.
12) *Reul* in: BeckOGK-UmwG, § 101 Rz. 4; Widmann/Mayer-*Vossius*, UmwR, § 101 UmwG Rz. 5.
13) Widmann/Mayer-*Vossius*, UmwR, § 101 UmwG Rz. 7; s. hierzu auch OLG Stuttgart, Beschl. v. 15.3.2017 – 8 W 103/16, NJW-RR 2017, 997 = NZG 2017, 996.
14) *Reul* in: BeckOGK-UmwG, § 101 Rz. 5; Lutter-*Hennrichs*, UmwG, § 101 Rz. 2.
15) Widmann/Mayer-*Vossius*, UmwR, § 101 UmwG Rz. 7; s. hierzu auch OLG Stuttgart, Beschl. v. 15.3.2017 – 8 W 103/16, NJW-RR 2017, 997 = NZG 2017, 996.

Zuständig ist grundsätzlich der Vorstand i. S. des § 26 BGB.[16] Ob der Einberufung ein ordnungsgemäßer interner Vorstandsbeschluss zugrunde liegt, ist für die Anwendung des § 101 unerheblich; entscheidend ist allein der objektive Einberufungsakt.[17] 10

2. Einberufungsfrist

Das Gesetz enthält keine spezifische Mindestfrist.[18] Maßgeblich ist die **Satzung.**[19] Fehlt eine Regelung, ist eine angemessene Frist zu wählen, die den Mitgliedern eine sachgerechte Vorbereitung ermöglicht.[20] 11

Eine schematische Übertragung der aktienrechtlichen 30-Tage-Frist (§ 123 AktG) ist abzulehnen.[21] Der Verein ist kein kapitalmarktorientiertes Unternehmen; sein Organisationsrahmen ist regelmäßig überschaubarer. Eine zweiwöchige Frist ist grundsätzlich ausreichend.[22] Kürzere Fristen bedürfen besonderer Rechtfertigung.[23] 12

3. Form der Einberufung

Die Form richtet sich nach der **Satzung.**[24] Fehlt eine Regelung, ist jedes Mitglied individuell zu benachrichtigen.[25] Entscheidend ist die tatsächliche Möglichkeit der Kenntnisnahme.[26] 13

Inhaltlich muss die **Tagesordnung** den Verschmelzungsbeschluss eindeutig ausweisen (§ 32 Abs. 1 Satz 2 BGB).[27] Die Beschreibung des Beschlussgegenstands muss so präzise sein, dass die Mitglieder die Tragweite der Entscheidung erkennen können.[28] 14

Eine ausdrückliche Pflicht zum **Hinweis auf die Informationsrechte** nach § 101 besteht nicht.[29] Gleichwohl entspricht ein solcher Hinweis guter Verbandspraxis und trägt zur Rechtssicherheit bei.[30] 15

4. Vollversammlungsprivileg

Im Vereinsrecht ist anerkannt, dass bei Anwesenheit sämtlicher Mitglieder und deren Einverständnis auf Einberufungsformalien verzichtet werden kann.[31] Dieses Vollversamm- 16

---

16) BGH, Beschl. v. 19.9.1977 – II ZB 9/76, BGHZ 69, 250 = DNotZ 1978, 88; *Hager*, RNotZ 2011, 565, 580; *Waldner* in: Sauter/Schweyer/Waldner, Der eingetragene Verein, Rz. 231.

17) *Hager*, RNotZ 2011, 565, 580; *Limmer* in: Limmer, Hdb. Unternehmensumwandlung, Teil 2 Rz. 1227.

18) *Reul* in: BeckOGK-UmwG, § 101 Rz. 7.

19) *Reul* in: BeckOGK-UmwG, § 101 Rz. 7.

20) Ausf. hierzu *Reul* in: BeckOGK-UmwG, § 101 Rz. 7 ff.

21) LG Frankenthal, Beschl. v. 9.5.2007 – 1 T 100/07, RNotZ 2007, 478, 479, m. Anm. *Terner*; *Reul* in: BeckOGK-UmwG, § 101 Rz. 10.

22) LG Frankenthal, Beschl. v. 9.5.2007 – 1 T 100/07, RNotZ 2007, 478, 479, m. Anm. *Terner*; *Reul* in: BeckOGK-UmwG, § 101 Rz. 9.

23) Krit. und wohl als zu kurz einstufend *Reul* in: BeckOGK-UmwG, § 101 Rz. 9; *Hager*, RNotZ 2011, 565, 580.

24) *Reul* in: BeckOGK-UmwG, § 101 Rz. 11.

25) *Reul* in: BeckOGK-UmwG, § 101 Rz. 11; s. a. allgemein *Schöpflin* in: BeckOK-BGB, § 32 Rz. 11.

26) *Reul* in: BeckOGK-UmwG, § 101 Rz. 11; s. a. allgemein *Schöpflin* in: BeckOK-BGB, § 32 Rz. 11.

27) *Hager*, RNotZ 2011, 565, 580; *Limmer* in: Limmer, Hdb. Unternehmensumwandlung, Teil 2 Rz. 1227.

28) BGH, Urt. v. 2.7.2007 – II ZR 111/05, NJW 2008, 69, 72 f. = NZG 2007, 826; *Hager*, RNotZ 2011, 565, 580; *Limmer* in: Limmer, Hdb. Unternehmensumwandlung, Teil 2 Rz. 1227.

29) *Reul* in: BeckOGK-UmwG, § 101 Rz. 13.

30) So auch *Reul* in: BeckOGK-UmwG, § 101 Rz. 13.

31) *Reul* in: BeckOGK-UmwG, § 101 Rz. 14; *Schuller* in: Baumann/Sikora, Hdb./FormB Vereinsrecht, § 7 Rz. 88.

lungsprivileg erstreckt sich grundsätzlich auch auf eine Verschmelzungsversammlung.[32] Es entbindet jedoch nicht von zwingenden umwandlungsrechtlichen Formerfordernissen.[33]

V. Auslegungspflichten vor der Mitgliederversammlung (§ 101 Abs. 1)

1. Funktion und dogmatische Einordnung der Auslegungspflicht

17 § 101 Abs. 1 verpflichtet den Vorstand, bestimmte, gesetzlich bezeichnete Unterlagen vor der Mitgliederversammlung auszulegen. Die Norm schafft damit einen strukturierten Informationskorridor zwischen Abschluss des Verschmelzungsvertrags und Beschlussfassung durch die Mitglieder. Anders als § 102, der die Kommunikationssituation in der Versammlung selbst regelt, betrifft § 101 die **zeitlich vorgelagerte Phase der individuellen Vorbereitung.**

18 Dogmatisch ist die Auslegungspflicht kein bloßer Formalismus. Sie konkretisiert den aus dem Vereinsverfassungsrecht folgenden Anspruch der Mitglieder auf sachgerechte Entscheidungsgrundlage und bildet das vereinsrechtliche Pendant zur aktienrechtlichen Offenlegung nach § 63.[34] Die Norm bezweckt, die Mitglieder in die Lage zu versetzen, sich unabhängig von der Versammlung, in eigener Zeitdisposition und **ggf. unter Hinzuziehung externer Beratung** mit dem Vorhaben auseinanderzusetzen.[35]

19 Die Auslegungspflicht ist **zwingend**. Sie kann nicht durch Satzung abbedungen werden. Ihre Verletzung berührt die Ordnungsmäßigkeit des Verschmelzungsbeschlusses.[36]

2. Gegenstand der Auslegung

20 Auszulegen sind die in § 63 Abs. 1 Nr. 1 – 4 bezeichneten Unterlagen, mithin insbesondere der Verschmelzungsvertrag oder dessen Entwurf, die Jahresabschlüsse und Lageberichte der letzten drei Geschäftsjahre, ggf. der Verschmelzungsbericht und ggf. der Prüfungsbericht.[37]

21 Die Verweisung ist bewusst vollständig und nicht selektiv. Der Verein soll nicht in geringerem Umfang informieren müssen als eine Kapitalgesellschaft. Entscheidend ist dabei, dass **sämtliche entscheidungserheblichen Dokumente** zugänglich sind; eine zusammenfassende Darstellung genügt nicht.

a) Verschmelzungsvertrag

22 Der Verschmelzungsvertrag bildet das zentrale Dokument (siehe ausführlich dazu § 5 Rz. 1 [*Redenius-Hövermann/Laufersweiler*]). Auszulegen ist nicht lediglich eine Kurzfassung oder ein Auszug, sondern der vollständige Vertragstext einschließlich aller **Anlagen**, soweit sie Bestandteil des Vertrags sind oder seine wirtschaftliche Tragweite beeinflussen. **Änderungen** oder Ergänzungen des Vertrags vor Beschlussfassung sind ebenfalls offenzulegen.

32) So auch *Reul* in: BeckOGK-UmwG, § 101 Rz. 14.
33) Vgl. hierzu auch Widmann/Mayer-*Vossius*, UmwR, § 101 UmwG Rz. 21.
34) *Reul* in: BeckOGK-UmwG, § 101 Rz. 2.
35) Vgl. auch *Reul* in: BeckOGK-UmwG, § 101 Rz. 2.
36) Vgl. auch *Reul* in: BeckOGK-UmwG, § 101 Rz. 2, 47.
37) Vgl. auch *Reul* in: BeckOGK-UmwG, § 101 Rz. 15 ff.; Widmann/Mayer-*Vossius*, UmwR, § 101 UmwG Rz. 16 ff.

b) Jahresabschlüsse und Rechnungsunterlagen

Bei Vereinen ist zu differenzieren. Eingetragene Idealvereine unterliegen regelmäßig keiner handelsrechtlichen Bilanzierungspflicht.[38] Gleichwohl verlangt § 101 die Offenlegung der vorhandenen Rechnungsunterlagen.[39] Soweit Jahresabschlüsse existieren, sind diese auszulegen; fehlen handelsrechtliche Abschlüsse, tritt an ihre Stelle die vereinsinterne Rechnungslegung.[40] Maßgeblich ist m. E. nicht die handelsrechtliche Qualifikation, sondern die tatsächliche wirtschaftliche Transparenz. 23

Im Kontext der Rechnungslegungsunterlagen, die im Vorfeld und im Vollzugsstadium der Verschmelzung vorzuhalten sind, verdient der Beschluss des **OLG Köln vom 10.2.2020**[41] besondere Beachtung. Das Gericht hat die Eintragung einer Vereinsverschmelzung mit der Begründung versagt, es fehle an einer den **Anforderungen des § 17 Abs. 2** genügenden Schlussbilanz des übertragenden Vereins. Nach Auffassung des Senats sei § 17 Abs. 2 nicht von einer handelsrechtlichen Buchführungs- oder Bilanzierungspflicht abhängig; vielmehr **begründe das Umwandlungsrecht selbständig die Pflicht zur Aufstellung einer Schlussbilanz** als zwingende Grundlage der Gesamtrechtsnachfolge und des Gläubigerschutzes.[42] 24

Diese Argumentation ist dogmatisch jedoch nicht spannungsfrei.[43] § 17 Abs. 2 ist systematisch im allgemeinen Teil des Verschmelzungsrechts verortet und knüpft historisch und teleologisch an kapitalgesellschaftliche Strukturen an. Der Idealverein unterliegt typischerweise keiner handelsrechtlichen Rechnungslegungspflicht; seine Vermögenslage wird nicht bilanziell, sondern vereinsintern dokumentiert. Die Übertragung kapitalgesellschaftsrechtlicher Bilanzanforderungen auf den e. V. bedarf daher einer eigenständigen umwandlungsrechtlichen Rechtfertigung. **Das OLG Köln konstruiert diese Rechtfertigung über den Gläubigerschutz**: Die Schlussbilanz sei notwendige Informationsgrundlage für die Prüfung der Vermögenslage im Zeitpunkt der Verschmelzung. Indessen lässt sich fragen, ob § 17 Abs. 2 tatsächlich eine vollwertige handelsrechtliche Bilanz verlangt oder ob bei nicht bilanzierungspflichtigen Vereinen eine **funktional äquivalente Vermögensübersicht** genügen könnte. Der Wortlaut spricht von einer „Schlussbilanz“, ohne die handelsrechtliche Systematik ausdrücklich zu inkorporieren; zugleich ist der **Normzweck** nicht die handelsrechtliche Ordnungsmäßigkeit, sondern Transparenz im Umwandlungszeitpunkt. 25

Gleichwohl ist die Linie des OLG Köln aus **registerpraktischer Perspektive** eindeutig: Es verlangt eine formal als Bilanz bezeichnete und nach bilanziellen Grundsätzen aufgestellte Schlussrechnung; bloße Kassenberichte oder Einnahmen-Überschuss-Darstellungen genügen nicht. Das Gericht stellt zudem klar, dass die faktische Vermögensübertragung oder organisatorische Besonderheiten die Pflicht nicht entfallen lassen; die **Bilanz ist Eintragungsvoraussetzung**. Im Kontext des § 103 – im Zusammenspiel mit §§ 99 ff. – ergibt sich daraus eine zweistufige Bewertung: 26

– **Dogmatisch** ist zu betonen, dass § 17 Abs. 2 nicht unreflektiert kapitalgesellschaftliche Rechnungslegungsdogmatik auf den Verein transplantiert. Der Idealverein bleibt vereinsrechtlich geprägt; seine Rechnungslegung folgt nicht per se den §§ 242 ff. HGB. Eine funktionale Auslegung, die auf Transparenz und Gläubigerschutz abstellt, wäre vertretbar.

38) Ausf. *Reul* in: BeckOGK-UmwG, § 101 Rz. 16 ff.

39) So auch überzeugend *Reul* in: BeckOGK-UmwG, § 101 Rz. 19; s. a. Lutter-*Hennrichs*, UmwG, § 101 Rz. 5; *Leuering* in: KölnKomm-UmwG, § 101 Rz. 9.

40) So auch überzeugend *Reul* in: BeckOGK-UmwG, § 101 Rz. 19.

41) OLG Köln, Beschl. v. 10.2.2020 – 2 Wx 28/20, FGPrax 2020, 72 = ZIP 2020, 1072.

42) So auch schon Widmann/Mayer-*Vossius*, UmwR, § 99 UmwG Rz. 118 ff.

43) Krit. und ausf. hierzu *Reul* in: BeckOGK-UmwG, § 99 Rz. 170 ff.

– **Praktisch hingegen** ist – jedenfalls im Bezirk der obergerichtlichen Rechtsprechung – die Erstellung einer formal ordnungsgemäßen Schlussbilanz als zwingend zu behandeln. Die registergerichtliche Kontrolle orientiert sich erkennbar an einem strengen Verständnis. Wer die Eintragung nicht gefährden will, wird daher eine den Anforderungen des § 17 Abs. 2 entsprechende Schlussbilanz aufstellen und einreichen müssen. Damit bleibt das Ergebnis für die Praxis eindeutig, auch wenn die dogmatische Begründung Raum für Kritik lässt: Die Schlussbilanz ist bei der Vereinsverschmelzung faktisch unverzichtbar – nicht weil der Verein handelsrechtlich bilanzpflichtig wäre, sondern weil das Registergericht sie als umwandlungsrechtliche Mindestvoraussetzung versteht.

27 Die Verweisung auf **„die letzten drei Geschäftsjahre"** darf nicht formalistisch verstanden werden. Hat der Verein kürzer bestanden, sind die vorhandenen Abschlüsse vollständig offenzulegen. Eine Reduktion auf bloße Vermögensübersichten genügt nicht, sofern differenziertere Unterlagen vorliegen.

c) Zwischenbilanz

28 Ist der letzte Jahresabschluss **älter als sechs Monate**, ist eine Zwischenbilanz zu erstellen und auszulegen.[44)] Diese Pflicht ergibt sich aus der systematischen Verweisung auf § 63.[45)] Auch hier gilt: Maßgeblich ist nicht die handelsrechtliche Einordnung des Vereins, sondern das Bedürfnis nach aktueller Vermögensdarstellung. Die Zwischenbilanz muss ein zutreffendes Bild der wirtschaftlichen Lage im Zeitpunkt der Vorbereitung vermitteln; sie darf nicht bloß schematisch aus Vorjahreswerten fortgeschrieben werden.[46)]

3. Zeitpunkt und Dauer der Auslegung

29 Die Unterlagen müssen **mindestens einen Monat vor dem Tag der Mitgliederversammlung** zur Einsicht ausgelegt werden.[47)] Diese Frist ist zwingend und nicht verkürzbar. Maßgeblich ist die objektive Zugänglichkeit; es genügt nicht, die Unterlagen lediglich bereitzuhalten, wenn faktisch kein Zugang möglich ist.

30 Die Frist dient der sachgerechten Vorbereitung. Sie beginnt mit dem ersten Tag der tatsächlichen Einsichtsmöglichkeit[48)] und endet mit dem Ablauf des Tages vor der Versammlung.[49)] Eine Verkürzung durch kurzfristige Terminänderung ist unzulässig.

31 Wird die Frist nicht eingehalten, ist der Verschmelzungsbeschluss grundsätzlich **anfechtbar.**[50)] Eine Heilung durch nachträgliche Zustimmung aller Mitglieder ist möglich, erfordert jedoch die Einhaltung der umwandlungsrechtlichen Formvorschriften.

4. Ort der Auslegung

32 Die Auslegung hat am **Sitz des Vereins** zu erfolgen.[51)] Maßgeblich ist der satzungsmäßige Sitz.[52)] Die Unterlagen müssen während der üblichen Geschäftszeiten zugänglich sein.[53)]

---

44) *Reul* in: BeckOGK-UmwG, § 101 Rz. 20; s. a. Widmann/Mayer-*Vossius*, UmwR, § 101 UmwG Rz. 21.1.

45) *Reul* in: BeckOGK-UmwG, § 101 Rz. 20; ausf. Widmann/Mayer-*Vossius*, UmwR, § 101 UmwG Rz. 21.1.

46) *Reul* in: BeckOGK-UmwG, § 101 Rz. 21.

47) *Reul* in: BeckOGK-UmwG, § 101 Rz. 26; Widmann/Mayer-*Vossius*, UmwR, § 101 UmwG Rz. 6 ff.

48) *Reul* in: BeckOGK-UmwG, § 101 Rz. 26; Widmann/Mayer-*Vossius*, UmwR, § 101 UmwG Rz. 6.

49) *Reul* in: BeckOGK-UmwG, § 101 Rz. 28; Widmann/Mayer-*Vossius*, UmwR, § 101 UmwG Rz. 9.

50) *Reul* in: BeckOGK-UmwG, § 101 Rz. 47; Widmann/Mayer-*Vossius*, UmwR, § 101 UmwG Rz. 26.

51) So auch Widmann/Mayer-*Vossius*, UmwR, § 101 UmwG Rz. 11.

52) Unklar Widmann/Mayer-*Vossius*, UmwR, § 101 UmwG Rz. 11.

53) Lutter-*Hennrichs*, UmwG, § 101 Rz. 8; Widmann/Mayer-*Vossius*, UmwR, § 101 UmwG Rz. 15.

Der Begriff der Geschäftszeiten ist funktional zu verstehen; auch ein Verein ohne dauerhafte Geschäftsstelle muss einen organisatorisch verlässlichen Zugang gewährleisten.[54)]

Die Auslegung darf nicht faktisch erschwert werden. Unzumutbare Zugangshürden – etwa stark eingeschränkte Einsichtszeiten – widersprechen dem Normzweck. 33

5. Elektronische Zugänglichmachung

§ 101 ist **technikoffen auszulegen.**[55)] Die physische Auslegung kann durch eine elektronische Bereitstellung ersetzt werden, sofern sämtliche Mitglieder kostenfrei und ohne unverhältnismäßige technische Anforderungen Zugriff erhalten.[56)] Dies entspricht der unionsrechtlichen Entwicklung im Gesellschaftsrecht und der zunehmenden Digitalisierung der Vereinsorganisation. 34

Eine ausschließliche Online-Bereitstellung ist m. E. zulässig, wenn die **Satzung elektronische Kommunikationsformen vorsieht** oder alle Mitglieder der digitalen Form zustimmen.[57)] Andernfalls ist m. E. zumindest eine parallele physische Einsichtsmöglichkeit vorzuhalten. 35

VI. Anspruch auf Abschriften und Kostenfreiheit (§ 101 Abs. 2)

1. Individualrechtliche Ausprägung des Informationsanspruchs

§ 101 Abs. 2 ergänzt die Auslegungspflicht durch einen individuellen Anspruch der Mitglieder auf Überlassung von Abschriften der auslegungspflichtigen Unterlagen.[58)] Damit wird die kollektive Informationsbereitstellung in eine subjektiv-rechtliche Anspruchsposition transformiert. Der Gesetzgeber trägt dem Umstand Rechnung, dass die bloße **Einsichtnahme am Sitz des Vereins** für viele Mitglieder **faktisch nicht genügt**, um eine vertiefte Prüfung vorzunehmen. 36

Der Anspruch besteht unabhängig davon, ob das Mitglied zuvor Einsicht genommen hat. Er setzt kein besonderes Interesse und **keine Begründung** voraus.[59)] Es handelt sich um ein bedingungsloses, gesetzlich verankertes Mitgliedschaftsrecht im Vorfeld der Verschmelzungsentscheidung.[60)] Dementsprechend steht der Anspruch nur Mitgliedern des Vereins zu, die zu dem Zeitpunkt, in dem das Verlangen auf Aushändigung von Abschriften gestellt wird, Mitglied sind.[61)] 37

Dogmatisch ist der Anspruch Teil der **innerverbandlichen Treuebindung**. Der Vorstand ist verpflichtet, die Entscheidungsgrundlagen vollständig und wahrheitsgemäß zugänglich zu machen; das Mitglied darf die Unterlagen zur eigenständigen Bewertung, ggf. unter Hinzuziehung sachkundiger Dritter, **verwenden.** 38

2. Umfang des Anspruchs

Der Abschriftenanspruch erstreckt sich auf **sämtliche Unterlagen**, die nach § 101 Abs. 1 auszulegen sind.[62)] Eine Beschränkung auf einzelne Dokumente oder auf Zusammenfassungen ist unzulässig. Ebenso wenig darf der Vorstand die Herausgabe auf bestimmte 39

---

54) S. hierzu *Reul* in: BeckOGK-UmwG, § 101 Rz. 27.

55) So wohl auch *Reul* in: BeckOGK-UmwG, § 101 Rz. 35.

56) In diese Richtung auch *Reul* in: BeckOGK-UmwG, § 101 Rz. 35.

57) S. a. *Reul* in: BeckOGK-UmwG, § 101 Rz. 35.

58) *Reul* in: BeckOGK-UmwG, § 101 Rz. 42; Widmann/Mayer-*Vossius*, UmwR, § 101 UmwG Rz. 22 ff.

59) *Reul* in: BeckOGK-UmwG, § 101 Rz. 44.

60) S. a. *Reul* in: BeckOGK-UmwG, § 101 Rz. 43 f.

61) *Reul* in: BeckOGK-UmwG, § 101 Rz. 43; Widmann/Mayer-*Vossius*, UmwR, § 101 UmwG Rz. 23.

62) *Reul* in: BeckOGK-UmwG, § 101 Rz. 42.

Dateiformate oder eingeschränkte Kopien reduzieren, wenn dadurch die sachgerechte Prüfung erschwert würde.

40 Der Anspruch umfasst sowohl physische Kopien als **auch elektronische Dateien.**[63] Entscheidend ist die effektive Nutzbarkeit. In der Praxis wird regelmäßig die elektronische Übermittlung genügen; ein Anspruch auf Papierform besteht jedoch, wenn das Mitglied diese verlangt und keine zumutbare digitale Alternative besteht.[64]

3. Kostenfreiheit

41 § 101 Abs. 2 ordnet ausdrücklich an, dass die Abschriften unentgeltlich zur Verfügung zu stellen sind.[65] Diese Regelung ist zwingend. Eine Umlage der Kopier- oder Versandkosten auf das Mitglied ist unzulässig. Der Gesetzgeber versteht die Informationsbereitstellung als notwendige Voraussetzung einer legitimierten Beschlussfassung; ihre Kosten sind daher Teil des Organisationsaufwands des Vereins.

42 Eine missbräuchliche Inanspruchnahme – etwa massenhafte oder offensichtlich zweckfremde Anforderung von Unterlagen – kann **im Einzelfall** unter dem Gesichtspunkt von Treu und Glauben **begrenzt werden**. Solche Konstellationen sind jedoch atypisch.

VII. Verzichtsmöglichkeiten und Grenzen der Dispositionsbefugnis

1. Grundsatz der Dispositivität zugunsten der Mitglieder

43 Die Informationsrechte nach § 101 dienen ausschließlich dem Schutz der Mitglieder. Sie sind daher grundsätzlich disponibel.[66] Ein Verzicht ist möglich, sofern sämtliche betroffenen Mitglieder zustimmen und die gesetzlichen Formerfordernisse gewahrt werden.[67]

44 Erfolgt der Verzicht **vor der Mitgliederversammlung**, ist **§ 13 Abs. 3** zu beachten.[68] Danach bedarf der Verzicht auf Auslegung und Abschriften der notariellen Beurkundung aller Mitglieder.[69] Die strenge Form dient der Rechtssicherheit und soll verhindern, dass einzelne Mitglieder informell auf wesentliche Schutzrechte verzichten.

45 Wird der Verzicht hingegen in **der Mitgliederversammlung** selbst erklärt, genügt die protokollierte Zustimmung aller anwesenden stimmberechtigten Mitglieder.[70] Voraussetzung ist, dass kein Mitglied widerspricht und die Tragweite des Verzichts erkennbar ist.

2. Grenzen des Verzichts

46 Ein konkludenter Verzicht durch bloßes **Untätigbleiben** ist grundsätzlich möglich, sofern das Mitglied ordnungsgemäß informiert war und keinen Antrag auf Abschrift gestellt hat.[71] Allerdings darf der Vorstand nicht darauf spekulieren, dass Mitglieder ihre Rechte nicht wahrnehmen; die Pflicht zur ordnungsgemäßen Auslegung bleibt unberührt.

63) *Reul* in: BeckOGK-UmwG, § 101 Rz. 46.
64) Anders wohl *Reul* in: BeckOGK-UmwG, § 101 Rz. 45 f.
65) *Reul* in: BeckOGK-UmwG, § 101 Rz. 45.
66) Vgl. Widmann/Mayer-*Vossius*, UmwR, § 101 UmwG Rz. 28.
67) Widmann/Mayer-*Vossius*, UmwR, § 101 UmwG Rz. 28.
68) *Reul* in: BeckOGK-UmwG, § 101 Rz. 41; Widmann/Mayer-*Vossius*, UmwR, § 101 UmwG Rz. 28.
69) *Reul* in: BeckOGK-UmwG, § 101 Rz. 41; Widmann/Mayer-*Vossius*, UmwR, § 101 UmwG Rz. 28.
70) *Reul* in: BeckOGK-UmwG, § 101 Rz. 41; Widmann/Mayer-*Vossius*, UmwR, § 101 UmwG Rz. 28.
71) Vgl. *Reul* in: BeckOGK-UmwG, § 101 Rz. 41; Widmann/Mayer-*Vossius*, UmwR, § 101 UmwG Rz. 28.

Ein vollständiger Verzicht auf jegliche Informationsbereitstellung ist nur zulässig, wenn **alle Mitglieder ausdrücklich zustimmen.**[72] Bei großen Vereinen mit heterogener Mitgliederstruktur wird ein solcher Konsens praktisch selten erreichbar sein. 47

VIII. Rechtsfolgen von Verstößen

1. Anfechtbarkeit des Verschmelzungsbeschlusses

Verstöße gegen § 101 führen grundsätzlich zur Anfechtbarkeit des Verschmelzungsbeschlusses.[73] Maßgeblich ist, ob der Informationsmangel geeignet war, die Willensbildung der Mitglieder zu beeinflussen. 48

Nicht jeder formale Fehler begründet die Anfechtbarkeit; entscheidend ist die **Relevanz** für die Entscheidungsfindung. Fehlt die Auslegung vollständig oder wurde die Monatsfrist erheblich unterschritten, liegt regelmäßig ein relevanter Verfahrensverstoß vor. Geringfügige formale Unzulänglichkeiten ohne Einfluss auf die Informationslage können hingegen unschädlich sein. 49

Die Anfechtungsklage entfaltet **registerrechtliche Sperrwirkung.** Solange über sie nicht rechtskräftig entschieden ist, darf die Verschmelzung grundsätzlich nicht eingetragen werden. 50

2. Heilungsmöglichkeiten

Eine Heilung ist möglich, wenn sämtliche Mitglieder **nachträglich zustimmen** und etwaige **Informationsdefizite beseitigt** werden. Die Zustimmung muss in der gesetzlich vorgesehenen Form erfolgen. Eine bloße faktische Akzeptanz genügt nicht. 51

Nach **Eintragung** der Verschmelzung sind Anfechtungsmöglichkeiten eingeschränkt; die Mängel können dann nur noch in engen Grenzen geltend gemacht werden. 52

3. Organhaftung

Verletzt der Vorstand vorsätzlich oder fahrlässig die Informationspflichten des § 101, kommen Schadensersatzansprüche nach § 280 BGB i. V. m. § 27 Abs. 3 BGB oder – bei e. V.'s – nach § 31a BGB in Betracht. Maßstab ist die Sorgfalt eines ordentlichen und gewissenhaften Geschäftsleiters. 53

IX. Registerrechtliche Einordnung

Das Registergericht prüft i. R. der Eintragung der Verschmelzung, ob die formellen Voraussetzungen eingehalten wurden. Hierzu gehört auch die ordnungsgemäße Vorbereitung der Mitgliederversammlung. Das Gericht darf jedoch keine inhaltliche Angemessenheitskontrolle vornehmen; seine Prüfung beschränkt sich auf die **formelle Ordnungsmäßigkeit.** 54

Fehlen Hinweise auf eine ordnungsgemäße Auslegung oder bestehen substantielle Zweifel, kann das Registergericht die Eintragung versagen oder ergänzende Nachweise verlangen. In der Praxis wird häufig eine **Versicherung des Vorstands oder eine notarielle Bestätigung** herangezogen.[74] 55

72) Vgl. *Reul* in: BeckOGK-UmwG, § 101 Rz. 41; Widmann/Mayer-*Vossius*, UmwR, § 101 UmwG Rz. 28.

73) *Reul* in: BeckOGK-UmwG, § 101 Rz. 47; Widmann/Mayer-*Vossius*, UmwR, § 101 UmwG Rz. 26.

74) Vgl. Widmann/Mayer-*Vossius*, UmwR, § 101 UmwG Rz. 27.

X. **Gesamtwürdigung**

56 § 101 bildet den normativen Kern der vereinsinternen Entscheidungslegitimation bei Verschmelzungen. Die Vorschrift gewährleistet, dass die Mitglieder nicht lediglich formell abstimmen, sondern auf einer tragfähigen Informationsbasis entscheiden. Sie schafft ein Gleichgewicht zwischen organisatorischer Flexibilität und mitgliedschaftlichem Schutz.

57 Im Zusammenspiel mit § 102 entsteht ein zweistufiges Informationsmodell: § 101 sichert die individuelle Vorbereitung, § 102 den kollektiven Diskurs. Beide Normen sind funktional aufeinander abgestimmt und bilden das vereinsrechtliche Pendant zu den Informationsmechanismen der Regelungen über die Verschmelzung von Kapitalgesellschaften.

§ 102
Durchführung der Mitgliederversammlung

[1]In der Mitgliederversammlung sind die in § 63 Abs. 1 Nr. 1 bis 4 bezeichneten Unterlagen sowie ein nach § 100 erforderlicher Prüfungsbericht auszulegen. [2]§ 64 Abs. 1 Satz 2 und Abs. 2 ist entsprechend anzuwenden.

Übersicht

I. **Normzweck und systematische Stellung**

1 § 102 konkretisiert die verfahrensrechtlichen Anforderungen an die **Mitgliederversammlung des Vereins,** in der über die Verschmelzung zu beschließen ist.[1] Die Vorschrift dient – gemeinsam mit § 101 – der **Absicherung der innerverbandlichen Willensbildung** und stellt sicher, dass die Vereinsmitglieder ihre Entscheidung auf einer tragfähigen Informationsgrundlage treffen können.[2] Während § 101 den zeitlich vorgelagerten Informationszugang regelt, verlagert § 102 den Schwerpunkt auf die **Informations- und Kommunikationssituation in der Versammlung selbst.**

2 Systematisch ist § 102 als vereinsrechtliches Pendant zu § 64 (Hauptversammlung der AG) konzipiert.[3] Der Gesetzgeber hat damit bewusst ein dem Kapitalgesellschaftsrecht vergleichbares Informationsniveau für Vereinsmitglieder etabliert, ohne die strukturellen Unterschiede zwischen Mitgliedschafts- und Anteilseignerorganisationen zu verkennen. § 102 ist zwingendes Recht; Verstöße berühren die Legitimität des Verschmelzungsbeschlusses und können dessen Anfechtbarkeit begründen.[4]

---

1) Vgl. *Reul* in: BeckOGK-UmwG, § 102 Rz. 1; Widmann/Mayer-*Vossius*, UmwR, § 102 UmwG Rz. 1.

2) *Reul* in: BeckOGK-UmwG, § 102 Rz. 1.

3) Vgl. Widmann/Mayer-*Vossius*, UmwR, § 102 UmwG Rz. 1.

4) *Reul* in: BeckOGK-UmwG, § 102 Rz. 22.

Über § 125 findet die Vorschrift entsprechende Anwendung auf **Spaltungen**, soweit Vereine beteiligt sind.[5] Ferner gilt § 102 nach ausdrücklicher gesetzlicher Anordnung auch für **Verschmelzungen genossenschaftlicher Prüfungsverbände** (§ 106).[6] Eine inhaltsgleiche Regelung für den Formwechsel rechtsfähiger Vereine enthält § 274 Abs. 2.[7] 3

II. Anwendungsbereich

Der persönliche Anwendungsbereich des § 102 erfasst **alle rechtsfähigen Vereine**, die nach § 99 an einer Verschmelzung beteiligt sein können, mithin sowohl e. V.'s als auch wirtschaftliche Vereine.[8] Entscheidend ist allein, dass die Verschmelzungsentscheidung durch eine Mitgliederversammlung zu treffen ist. 4

Sachlich betrifft § 102 ausschließlich die **Durchführung der Mitgliederversammlung**, nicht deren Einberufung oder Vorbereitung. Die Vorschrift ergänzt damit **§ 101**, ersetzt diesen aber nicht. Beide Normen sind **kumulativ** zu beachten. Ein ordnungsgemäßes Auslegen der Unterlagen vor der Versammlung entbindet nicht von den Pflichten des § 102; umgekehrt heilt eine ordnungsgemäße Durchführung der Versammlung keine Defizite der Vorabinformation. 5

III. Auslegung der Unterlagen in der Mitgliederversammlung

Kernpflicht des § 102 ist die Auslegung der in § 63 Abs. 1 Nr. 1–4 bezeichneten Unterlagen sowie eines nach § 100 erforderlichen Prüfungsberichts **in der Mitgliederversammlung selbst.**[9] Auszulegen sind damit insbesondere der Verschmelzungsvertrag oder dessen Entwurf, die Jahresabschlüsse und Lageberichte sowie ggf. der Verschmelzungsbericht und der Prüfungsbericht.[10] 6

Die Auslegung dient nicht lediglich der formalen Wiederholung der nach § 101 bereits bestehenden Informationspflichten, sondern hat eigenständige Bedeutung. Sie gewährleistet, dass auch diejenigen Mitglieder, die von ihrem Vorab-Informationsrecht keinen Gebrauch gemacht haben oder die Unterlagen erneut konsultieren möchten, in der Versammlung selbst Zugang zu sämtlichen entscheidungserheblichen Informationen haben. 7

Ort der Auslegung ist der **Versammlungsraum**, also der räumliche Bereich, in dem die Mitgliederversammlung tatsächlich stattfindet.[11] Die Unterlagen müssen so bereitgehalten werden, dass sie von den Mitgliedern ohne nennenswerte Hindernisse eingesehen werden können. Eine bloße Hinterlegung in einem räumlich abgesetzten Nebenbereich genügt nur dann, wenn dieser funktional dem Versammlungsraum zugeordnet ist und die Teilnahme am Versammlungsgeschehen nicht beeinträchtigt wird.[12] 8

Hinsichtlich der **Form** der Auslegung verlangt § 102 dem Wortlaut nach eine physische Auslegung.[13] Teleologisch ist die Vorschrift jedoch technikoffen auszulegen.[14] Dem Infor- 9

---

5) Widmann/Mayer-*Vossius*, UmwR, § 102 UmwG Rz. 4.

6) Widmann/Mayer-*Vossius*, UmwR, § 102 UmwG Rz. 3.

7) *Reul* in: BeckOGK-UmwG, § 102 Rz. 2; Widmann/Mayer-*Vossius*, UmwR, § 102 UmwG Rz. 5.

8) Widmann/Mayer-*Vossius*, UmwR, § 102 UmwG Rz. 2; *Reul* in: BeckOGK-UmwG, § 102 Rz. 2.

9) *Reul* in: BeckOGK-UmwG, § 102 Rz. 3.

10) Semler/Stengel/Leonard-*Katschinski*/*Wolf*, UmwG, § 102 Rz. 4.

11) *Reul* in: BeckOGK-UmwG, § 102 Rz. 5; Widmann/Mayer-*Vossius*, UmwR, § 102 UmwG Rz. 8.

12) *Reul* in: BeckOGK-UmwG, § 102 Rz. 6; s. zum Aktienrecht in einem Fall fehlender Beschallung im Cateringbereich und in der Raucherecke BGH, Hinweisbeschl. v. 21.6.2010 – II ZR 219/09, NZG 2013, 1430 = ZBB 2011, 82.

13) Semler/Stengel/Leonard-*Katschinski*/*Wolf*, UmwG, § 102 Rz. 4.

14) So auch *Reul* in: BeckOGK-UmwG, § 102 Rz. 8.

mationsinteresse der Mitglieder ist ebenso genügt, wenn die Unterlagen in der Versammlung elektronisch zugänglich gemacht werden, etwa über Monitore oder einen gesicherten Internetzugang.[15] Entscheidend ist allein, dass der Zugang **unmittelbar, kostenfrei und ohne besondere technische Hürden** möglich ist.[16] Eine strengere Behandlung der Vereinsverschmelzung gegenüber der AG-Verschmelzung wäre sachlich nicht gerechtfertigt.[17]

10 Die Auslegungspflicht besteht während der **gesamten Dauer der Mitgliederversammlung**, mithin vom Zeitpunkt der Eröffnung bis zu deren Schließung.[18] Ein zeitweises Entfernen der Unterlagen oder ein Zugang nur vor Beginn der eigentlichen Beratung genügt nicht.

IV. Erläuterungspflicht des Vorstands

11 Neben der bloßen Bereitstellung der Unterlagen statuiert § 102 eine **aktive** Erläuterungspflicht des Vorstands.[19] Zu Beginn der Mitgliederversammlung hat der Vorstand den Verschmelzungsvertrag oder dessen Entwurf **mündlich zu erläutern.**[20] Diese Pflicht geht über ein bloßes Verlesen des Vertragstextes hinaus. Der Vorstand hat die **wesentlichen Beweggründe**, die wirtschaftlichen und organisatorischen Folgen der Verschmelzung sowie etwaige Besonderheiten oder Schwierigkeiten verständlich darzustellen.[21]

12 Teil der Erläuterungspflicht ist ferner der Bericht über **wesentliche Veränderungen des Vermögens**, die seit Abschluss oder Aufstellung des Verschmelzungsvertrags eingetreten sind.[22] Zweck dieser Regelung ist die Aktualisierung der Entscheidungsgrundlage: Die Mitglieder sollen nicht auf einen überholten Sachstand verwiesen werden, sondern ihre Entscheidung auf der Grundlage der aktuellen Vermögenslage treffen können.[23]

13 Der Vorstand kann sich zur Erfüllung dieser Pflichten **sachverständiger Hilfe** bedienen, etwa durch Hinzuziehung externer Berater oder des beurkundenden Notars.[24] Gleichwohl bleibt er selbst verantwortliches Auskunfts- und Erläuterungsorgan.

14 Nicht anwendbar sind hingegen die erweiterten Nachberichtspflichten des § 64 Abs. 1 Sätze 3 und 4, die eine Information der Vertretungsorgane der anderen beteiligten Rechtsträger vorsehen.[25] Diese Pflichten gelten ausschließlich für Umwandlungen unter Beteiligung von AGs, KGaAs oder SEs und sind auf Vereinsverschmelzungen nicht übertragbar.[26] Die Verweisung in § 102 ist insoweit bewusst begrenzt.

V. Auskunftspflicht in der Mitgliederversammlung

15 Ergänzend zur Erläuterungspflicht begründet § 102 eine **Auskunftspflicht des Vorstands** gegenüber den Mitgliedern.[27] Auf Verlangen hat der Vorstand über alle Umstände Aus-

15) *Reul* in: BeckOGK-UmwG, § 102 Rz. 8.
16) *Reul* in: BeckOGK-UmwG, § 102 Rz. 8.
17) *Reul* in: BeckOGK-UmwG, § 102 Rz. 8.
18) Semler/Stengel/Leonard-*Katschinski*/*Wolf*, UmwG, § 102 Rz. 10; *Reul* in: BeckOGK-UmwG, § 102 Rz. 9; Widmann/Mayer-*Vossius*, UmwR, § 102 UmwG Rz. 7.
19) Semler/Stengel/Leonard-*Katschinski*/*Wolf*, UmwG, § 102 Rz. 14; *Reul* in: BeckOGK-UmwG, § 102 Rz. 10.
20) Widmann/Mayer-*Vossius*, UmwR, § 102 UmwG Rz. 10.
21) Lutter-*Hennrichs*, UmwG, § 102 Rz. 3; Semler/Stengel/Leonard-*Katschinski*/*Wolf*, UmwG, § 102 Rz. 14.
22) *Reul* in: BeckOGK-UmwG, § 102 Rz. 10; Semler/Stengel/Leonard-*Katschinski*/*Wolf*, UmwG, § 102 Rz. 14.
23) *Reul* in: BeckOGK-UmwG, § 102 Rz. 11; Semler/Stengel/Leonard-*Katschinski*/*Wolf*, UmwG, § 102 Rz. 14.
24) *Reul* in: BeckOGK-UmwG, § 102 Rz. 11; Lutter-*Hennrichs*, UmwG, § 102 Rz. 3; Widmann/Mayer-*Vossius*, UmwR, § 102 UmwG Rz. 11.
25) *Reul* in: BeckOGK-UmwG, § 102 Rz. 12.
26) *Reul* in: BeckOGK-UmwG, § 102 Rz. 12.
27) *Reul* in: BeckOGK-UmwG, § 102 Rz. 15; Widmann/Mayer-*Vossius*, UmwR, § 102 UmwG Rz. 15.

kunft zu geben, die für die Beurteilung der Verschmelzung von Bedeutung sind.[28] Die Auskunftspflicht erstreckt sich nicht nur auf Angelegenheiten des eigenen Vereins, sondern auch auf die Verhältnisse der anderen an der Verschmelzung beteiligten Rechtsträger.[29]

Diese Ausdehnung der Auskunftspflicht verlangt vom Vereinsvorstand eine **sorgfältige Vorbereitung** der Mitgliederversammlung. Er muss sich über die wesentlichen wirtschaftlichen, rechtlichen und organisatorischen Gegebenheiten der übrigen beteiligten Rechtsträger informieren. Zweckmäßig ist es, deren Vertretungsorgane zur Versammlung hinzuzuziehen; rechtlich zwingend ist dies jedoch nicht.[30] 16

Die Auskunftspflicht findet ihre Grenzen in allgemeinen Schutzprinzipien. In entsprechender Anwendung der Wertungen des § 131 Abs. 3 AktG kann der Vorstand die **Auskunft verweigern,** wenn ihre Erteilung geeignet wäre, dem Verein oder einem verbundenen Rechtsträger einen nicht unerheblichen Nachteil zuzufügen oder strafrechtliche Risiken zu begründen.[31] Eine pauschale oder unbegründete Verweigerung ist jedoch unzulässig. 17

VI. Verzicht auf Informationsrechte

Die durch § 102 gewährten Informationsrechte stehen grundsätzlich zur Disposition der Mitglieder.[32] Ein Verzicht auf die **Auslegung der Unterlagen oder** auf die **Erläuterungen des Vorstands** ist zulässig, da die Norm ausschließlich dem Individualinteresse der Mitglieder dient.[33] Erfolgt der Verzicht bereits im Vorfeld der Mitgliederversammlung, sind die strengen Formvorschriften des § 8 Abs. 3 einzuhalten; erforderlich ist dann die notariell beurkundete Zustimmung aller Mitglieder.[34] 18

Wird der Verzicht hingegen **in der Mitgliederversammlung selbst** erklärt oder werden etwaige Informationsdefizite rügelos hingenommen, bedarf es keiner besonderen Form.[35] Maßgeblich ist, dass alle anwesenden und stimmberechtigten Mitglieder den Verzicht bewusst erklären oder konkludent akzeptieren.[36] 19

VII. Rechtsfolgen von Verstößen

Verstöße gegen § 102 begründen in erster Linie die **Anfechtbarkeit des Verschmelzungsbeschlusses.**[37] Maßgeblich ist, ob der Informationsmangel kausal für die Beschlussfassung sein konnte. Bagatellverstöße ohne Einfluss auf die Willensbildung führen nicht zur Anfechtbarkeit. 20

Darüber hinaus können Pflichtverletzungen des Vorstands **strafrechtliche Konsequenzen** haben. Wer vorsätzlich unrichtige Erläuterungen erteilt oder erhebliche Umstände ver- 21

28) Semler/Stengel/Leonard-*Katschinski/Wolf*, UmwG, § 102 Rz. 15.

29) *Reul* in: BeckOGK-UmwG, § 102 Rz. 17; Widmann/Mayer-*Vossius*, UmwR, § 102 UmwG Rz. 15; Semler/Stengel/Leonard-*Katschinski/Wolf*, UmwG, § 102 Rz. 15.

30) *Reul* in: BeckOGK-UmwG, § 102 Rz. 17; Lutter-*Hennrichs*, UmwG, § 102 Rz. 4.

31) *Reul* in: BeckOGK-UmwG, § 102 Rz. 18; Lutter-*Hennrichs*, UmwG, § 102 Rz. 4; Semler/Stengel/Leonard-*Katschinski/Wolf*, UmwG, § 102 Rz. 15.

32) *Reul* in: BeckOGK-UmwG, § 102 Rz. 19.

33) *Reul* in: BeckOGK-UmwG, § 102 Rz. 19.

34) *Reul* in: BeckOGK-UmwG, § 102 Rz. 19.

35) *Reul* in: BeckOGK-UmwG, § 102 Rz. 21.

36) *Reul* in: BeckOGK-UmwG, § 102 Rz. 21.

37) *Reul* in: BeckOGK-UmwG, § 102 Rz. 22; Lutter-*Hennrichs*, UmwG, § 102 Rz. 5; Semler/Stengel/Leonard-*Katschinski/Wolf*, UmwG, § 102 Rz. 16; Widmann/Mayer-*Vossius*, UmwR, § 102 UmwG Rz. 12, 17.

schweigt, setzt sich der Strafbarkeit nach § 346 Abs. 1 Nr. 1 aus.[38] Die Vorschrift unterstreicht den hohen Stellenwert, den der Gesetzgeber der sachgerechten Information der Vereinsmitglieder beimisst.

VIII. Gesamtbewertung

22 § 102 bildet das **kommunikative Zentrum** der Vereinsverschmelzung. Die Norm sichert, dass die formelle Beschlussfassung von einem substantiellen Informations- und Diskursprozess getragen wird. Sie verleiht den Mitgliedern ein dem Kapitalgesellschaftsrecht vergleichbares Informationsniveau, ohne die vereinsrechtliche Eigenart preiszugeben.

23 In der Systematik der §§ 99–104a fungiert § 102 als notwendiges Gegenstück zu den register- und vermögensrechtlichen Regelungen. Er gewährleistet, dass die Verschmelzung nicht nur formal korrekt, sondern auch innerverbandlich legitimiert ist.

38) Semler/Stengel/Leonard-*Katschinski*/*Wolf*, UmwG, § 102 Rz. 16.

§ 103
Beschluß der Mitgliederversammlung*)

[1]Der Verschmelzungsbeschluß der Mitgliederversammlung bedarf einer Mehrheit von drei Vierteln der abgegebenen Stimmen. [2]Die Satzung kann eine größere Mehrheit und weitere Erfordernisse bestimmen.

*) § 103 geändert durch Art. 5 des Gesetzes zur Erleichterung elektronischer Anmeldungen zum Vereinsregister und anderer vereinsrechtlicher Änderungen, v. 24.9.2009, BGBl. I 2009, 3145.

Literatur: *Hager*, Die Verschmelzung von eingetragenen Vereinen miteinander aus notarieller Sicht, RNotZ 2011, 565; *Katschinski*, Die Verschmelzung von Vereinen, 1999; *Schmidt, K.*, Die Beschlußanfechtungsklage bei Vereinen und Personengesellschaften. Ein Beitrag zur Institutionenbildung im Gesellschaftsrecht, in: Festschrift für Walter Stimpel, 1985, S. 217; *Wicke*, Zulässigkeit virtueller Versammlungen, DStR 2022, 498.

Übersicht

I. Systematische Stellung, Regelungszweck, Schutzrichtung und Anwendungsbereich

§ 103 konkretisiert für die Verschmelzung rechtsfähiger Vereine das, was § 13 als rechtsformübergreifende Grundentscheidung anlegt:[1] Die Verschmelzung ist nicht eine bloße Organmaßnahme der Verwaltung, sondern ein **Mitgliedschaftsakt** von erheblicher Intensität.[2] Die Norm bündelt deshalb **vier Schutz- und Ordnungsanliegen:** 1

- Erstens ordnet sie die **Zuständigkeit** zwingend der Mitgliederversammlung zu und schließt Kompetenzauslagerungen aus.
- Zweitens zwingt sie die Entscheidungsfindung in die **Versammlung** („Versammlungszwang") und sichert damit Diskussion, Nachfragen und Gegenrede als Teil der Legitimation.
- Drittens verbindet sie den Zustimmungsakt mit der **notariellen Beurkundung** als Richtigkeits- und Verfahrensgarantie.
- Viertens etabliert sie mit der gesetzlichen Drei-Viertel-Mehrheit eine **qualifizierte Mehrheit,** lässt aber – in bewusstem Respekt vor der Vereinsautonomie – strengere satzungsmäßige Anforderungen ausdrücklich zu.

§ 103 ist damit nicht lediglich eine „Mehrheitsnorm", sondern das verfahrensrechtliche Zentrum der Vereinsverschmelzung: § 101 und § 102 schaffen die Informations- und Diskursarchitektur; § 103 entscheidet, **wer** entscheidet, **wie** entschieden werden darf und welche formellen und materiellen Hürden die Entscheidung trägt. 2

§ 103 findet Anwendung bei der **Verschmelzung rechtsfähiger Vereine** und erfasst damit sowohl Idealvereine als auch wirtschaftliche Vereine.[3] Über die Verweisung in § 125 gilt die Vorschrift entsprechend für Spaltungen rechtsfähiger Vereine.[4] Zudem wird sie gemäß § 106 auch auf **genossenschaftliche Prüfungsverbände** erstreckt.[5] Für den Formwechsel enthält das Gesetz eigenständige Regelungen in §§ 275 und 284 UmwG.[6] 3

II. Zuständigkeit der Mitgliederversammlung und Grenzen der Kompetenzverlagerung

§ 103 **Satz 1** weist den Verschmelzungsbeschluss der Mitgliederversammlung zu.[7] Diese Zuständigkeit ist **abschließend.**[8] Vereine können den Zustimmungsbeschluss weder voll- 4

1) *Reul* in: BeckOGK-UmwG, § 103 Rz. 1.
2) Vgl. Widmann/Mayer-*Vossius*, UmwR, § 103 UmwG Rz. 1.
3) *Reul* in: BeckOGK-UmwG, § 103 Rz. 2; Widmann/Mayer-*Vossius*, UmwR, § 103 UmwG Rz. 3.
4) *Reul* in: BeckOGK-UmwG, § 103 Rz. 3; Widmann/Mayer-*Vossius*, UmwR, § 103 UmwG Rz. 5.
5) *Reul* in: BeckOGK-UmwG, § 103 Rz. 3; Widmann/Mayer-*Vossius*, UmwR, § 103 UmwG Rz. 4.
6) Widmann/Mayer-*Vossius*, UmwR, § 103 UmwG Rz. 6; *Reul* in: BeckOGK-UmwG, § 103 Rz. 4.
7) *Reul* in: BeckOGK-UmwG, § 103 Rz. 5; Semler/Stengel/Leonard-*Katschinski*/*Wolf*, UmwG, § 103 Rz. 3.
8) *Reul* in: BeckOGK-UmwG, § 103 Rz. 5.

ständig auf Vorstand, Beirat oder Delegierte „übertragen" noch ihn durch eine Zuständigkeit Dritter ersetzen.[9] Das folgt nicht nur aus dem Wortlaut, sondern aus der umwandlungsrechtlichen Grundentscheidung des § 1 Abs. 3, der die organschaftliche Selbstbindung des Gesetzes gegenüber abweichenden Organisationsmodellen betont: Die Umwandlung verlangt das gesetzlich vorgesehene Willensbildungsorgan.

5 Gleichwohl lässt § 103 **Satz 2** – dogmatisch sauber – **Raum für zusätzliche satzungsmäßige Erfordernisse.**[10] Die Vereinsautonomie endet nicht bei § 103, sie wird nur kanalisiert: Der Kernakt bleibt bei der Mitgliederversammlung; daneben können weitere Organe mitwirken (z. B. Zustimmung eines erweiterten Vorstands, eines Beirats oder eines besonderen Gremiums), solange dies nicht die Entscheidungsmacht der Mitglieder entleert.[11] In dieser Konstellation liegt keine Kompetenzverlagerung, sondern eine zusätzliche Wirksamkeitsvoraussetzung kraft Satzung, also ein autonom gesetzter „Sicherungsriegel" über den Mindeststandard des Gesetzes hinaus.[12]

6 Praktisch bedeutsam ist ferner, dass die „Mitgliederversammlung" im vereinsrechtlichen Sinne auch als **Delegiertenversammlung** ausgestaltet sein kann, wenn die Satzung dies vorsieht.[13] Dogmatisch handelt es sich nicht um ein anderes Organ, sondern um eine zulässige **Modifikation** der Mitgliedschaftsrepräsentation, die bei Großvereinen den Funktionsschutz der Versammlung gerade erst ermöglicht.[14] Entscheidend bleibt, dass die Delegiertenversammlung als funktionales Äquivalent der Mitgliederversammlung die Willensbildung der Mitglieder organisiert und nicht durch ein rein verwaltungsinternes Entscheidungsforum ersetzt wird.

III. Gemeinsame Mitgliederversammlung und „gemeinsames Abhalten"

7 Die beteiligten Vereine müssen ihre Verschmelzungsbeschlüsse jeweils **vereinsintern** fassen.[15] Eine „gemeinsame Mitgliederversammlung" i. S. einer einheitlichen Versammlung aller Mitglieder beider Vereine mit einem gemeinsamen Beschlusskörper widerspricht dem Organisationsprinzip:[16] Beschlussadressat, Beschlusskompetenz und Beschlussfolgen sind je Verein zu bestimmen; eine Mischversammlung verwischt gerade die rechtliche Selbstständigkeit der beteiligten Rechtsträger.

8 Davon ist das **gemeinsame Abhalten** der Mitgliederversammlungen strikt zu trennen.[17] Organisatorisch können beide Versammlungen in einem Raum, in einem zeitlichen Ablauf und mit gegenseitiger Gastteilnahme stattfinden, solange die rechtliche Selbstständigkeit beider Versammlungen gewahrt ist:[18] getrennte Einberufung, eigenständige Leitung, eigenständige Feststellung von Teilnahme- und Stimmrechten, getrennte Abstimmungen und getrennte Protokollierung.[19] Der Unterschied ist dogmatisch präzise: Zulässig ist Koordination, unzulässig ist die Verschmelzung der Willensbildungsorgane.

9) Lutter-*Hennrichs*, UmwG, § 103 Rz. 6; *Reul* in: BeckOGK-UmwG, § 103 Rz. 5.
10) Vgl. *Reul* in: BeckOGK-UmwG, § 103 Rz. 6; Widmann/Mayer-*Vossius*, UmwR, § 103 UmwG Rz. 7.
11) *Reul* in: BeckOGK-UmwG, § 103 Rz. 7.
12) Vgl. *Reul* in: BeckOGK-UmwG, § 103 Rz. 7.
13) Lutter-*Hennrichs*, UmwG, § 103 Rz. 5; Semler/Stengel/Leonard-*Katschinski*/*Wolf*, UmwG, § 103 Rz. 4.
14) Vgl. hierzu ausf. *Leuschner* in: MünchKomm-BGB, § 32 Rz. 4 ff.
15) Widmann/Mayer-*Vossius*, UmwR, § 103 UmwG Rz. 7.1; *Reul* in: BeckOGK-UmwG, § 103 Rz. 9.
16) *Limmer* in: Limmer, Hdb. Unternehmensumwandlung, Teil 2 Rz. 1234.
17) Widmann/Mayer-*Vossius*, UmwR, § 103 UmwG Rz. 7.1; *Reul* in: BeckOGK-UmwG, § 103 Rz. 10.
18) *Limmer* in: Limmer, Hdb. Unternehmensumwandlung, Teil 2 Rz. 1234; *Hager*, RNotZ 2011, 565, 579.
19) Widmann/Mayer-*Vossius*, UmwR, § 103 UmwG Rz. 7.1; *Reul* in: BeckOGK-UmwG, § 103 Rz. 10 f.

Aus demselben Grund ist bei der Verschmelzung zur Neugründung eines Vereins keine Gründungsversammlung eines werdenden Vereins als vorgezogene Beschlussplattform denkbar.[20] Anders als bei kapitalgesellschaftsrechtlichen Neugründungsstrukturen existiert im Vereinsrecht kein Vorverein als umwandlungsrechtlich funktional vorausgesetzter Zwischenzustand, an den man die Zustimmungsakte verlagern könnte.[21] 9

IV. Versammlungszwang und Abgrenzung zum Umlaufverfahren

§ 103 verlangt die Beschlussfassung **in** einer Mitgliederversammlung.[22] Das ist mehr als eine rein formale Vorgabe für das Forum: Der Gesetzgeber will die Verschmelzungsentscheidung in den **Raum des Austauschs** zwingen. Der „Versammlungszwang" des § 13 Abs. 1 Satz 2 erhält damit vereinsrechtliche Kontur: Nicht das bloße Stimmenaggregat legitimiert den Strukturbruch, sondern die Möglichkeit der vor- und nachfragefähigen, unmittelbaren Diskussion mit Vorstand und Mitgliedern.[23] 10

Damit kollidiert das vereinsrechtlich an sich zulässige schriftliche Verfahren nach § 32 BGB.[24] Ein **Umlaufbeschluss** ist – selbst bei Allstimmigkeit – typologisch gerade **keine** Versammlung, sondern eine außer-versammlungsförmige Willensbildung.[25] Umwandlungsrechtlich ist deshalb grundsätzlich davon auszugehen, dass ein Umlaufverfahren den Versammlungszwang nicht erfüllt.[26] Die Besonderheit ist, dass § 103 keine „Allstimmigkeitsöffnung" enthält; seine Funktion liegt nicht allein im Schutz vor Majorisierung, sondern in der Sicherung des deliberativen Elements. Dieses Element wird durch ein Schriftverfahren regelmäßig entwertet, weil es gerade die spontane, reaktive Diskussion nicht erzwingt. 11

V. Hybride und virtuelle Mitgliederversammlung als Erfüllung des Versammlungszwangs

Der Versammlungszwang ist nicht identisch mit Präsenzzwang.[27] Entscheidend ist Funktionsäquivalenz: Rede-, Frage-, Antrags- und Stimmrechte müssen so ausgestaltet sein, dass Information und Diskussion – also der eigentliche Versammlungszweck – realisiert werden können.[28] In diesem Sinne kann eine hybride oder virtuelle Mitgliederversammlung den Versammlungsbegriff erfüllen, wenn die **Kommunikations- und Teilhaberechte** nicht „simuliert", sondern tatsächlich eröffnet werden.[29] 12

Für die Zulässigkeit virtueller/hybrider Formate ist die vereinsrechtliche Grundlage zentral. Seit der Neufassung des **§ 32 BGB** (hybrid/virtuell) ist der normative Rahmen deutlich 13

20) *Reul* in: BeckOGK-UmwG, § 103 Rz. 14.

21) *Reul* in: BeckOGK-UmwG, § 103 Rz. 14; *Hager*, RNotZ 2011, 565, 579 f.

22) *Reul* in: BeckOGK-UmwG, § 103 Rz. 15; Semler/Stengel/Leonard-*Katschinski*/*Wolf*, UmwG, § 103 Rz. 3.

23) *Reul* in: BeckOGK-UmwG, § 103 Rz. 15.

24) *Reul* in: BeckOGK-UmwG, § 103 Rz. 15; Semler/Stengel/Leonard-*Katschinski*/*Wolf*, UmwG, § 103 Rz. 3.

25) Vgl. *Reul* in: BeckOGK-UmwG, § 103 Rz. 15; Semler/Stengel/Leonard-*Katschinski*/*Wolf*, UmwG, § 103 Rz. 3.

26) *Reul* in: BeckOGK-UmwG, § 103 Rz. 15; Semler/Stengel/Leonard-*Katschinski*/*Wolf*, UmwG, § 103 Rz. 3.

27) BGH, Beschl. v. 5.10.2001 – II ZB 7/21, NZG 2021, 1562 = DNotZ 2022, 754, m. Anm. *Knaier*; OLG Karlsruhe, Beschl. v. 11.1.2022 – 19 W 20/21 (Wx), NZG 2022, 1066 = BeckRS 2022, 13796; *Wicke*, DStR 2022, 498, 502.

28) BGH, Beschl. v. 5.10.2001 – II ZB 7/21, NZG 2021, 1562 = DNotZ 2022, 754, m. Anm. *Knaier*; *Wicke*, DStR 2022, 498, 505.

29) BGH, Beschl. v. 5.10.2001 – II ZB 7/21, NZG 2021, 1562 = DNotZ 2022, 754, m. Anm. *Knaier*; OLG Karlsruhe, Beschl. v. 11.1.2022 – 19 W 20/21 (Wx), NZG 2022, 1066 = BeckRS 2022, 13796.

erweitert worden:[30] Hybride Formate können durch das Einberufungsorgan i. R. der Einberufung vorgesehen werden;[31] rein virtuelle Versammlungen erfordern demgegenüber eine vorgängige Ermächtigung durch die Mitgliedschaft bzw. eine entsprechende Satzungsregelung.[32] Damit verschiebt sich die klassische, bis zur COVID-Sondergesetzgebung[33] dominierende Frage, ob ohne Satzungsgrundlage überhaupt eine virtuelle Versammlung denkbar sei, in Richtung einer **gesetzlich legitimierten Gestaltung**, deren Kernmaßstab Funktionsäquivalenz bleibt.[34]

14 Umwandlungsrechtlich kommt hinzu, dass der Verschmelzungsbeschluss gemäß § 13 Abs. 3 **notariell zu beurkunden** ist.[35] Daraus folgt eine zusätzliche Strukturbedingung: Der Notar muss den Ablauf so wahrnehmen können, dass er die Feststellungen über Abstimmung und Ergebnis plausibel und verlässlich beurkunden kann.[36] Bei virtuellen/hybriden Formaten ist deshalb nicht die virtuelle Anwesenheit des Notars maßgeblich, sondern seine **physische Präsenz am Ort**, an dem der Versammlungsleiter die Versammlung steuert und die Ergebnisse feststellt.[37] Nur dort „laufen die Fäden zusammen", nur dort kann die Richtigkeitsgewähr der Beurkundung praktisch eingelöst werden.[38]

VI. Mehrheitserfordernis und Mehrheitsberechnung (§ 103 Satz 1)

1. Gesetzliche Drei-Viertel-Mehrheit als Mindeststandard

15 § 103 Satz 1 verlangt für den Verschmelzungsbeschluss eine Mehrheit von drei Vierteln der abgegebenen Stimmen, sofern die Satzung nichts anderes bestimmt.[39] Die Vorschrift statuiert damit einen **qualifizierten Mindeststandard**, der dem Strukturbruchcharakter der Verschmelzung Rechnung trägt.[40] Die Drei-Viertel-Mehrheit markiert die Schwelle, ab der eine so tiefgreifende Organisationsentscheidung als hinreichend legitimiert gelten kann.[41]

30) S. Gesetz zur Ermöglichung hybrider und virtueller Mitgliederversammlungen im Vereinsrecht, v. 14.3.2023, BGBl. I 2023, Nr. 72; Beschlussempfehlung und Bericht d. RA z. Gesetz zur Ermöglichung hybrider und virtueller Mitgliederversammlungen, BT-Drucks. 20/5585; Entwurf d. BRats z. Gesetz zur Ermöglichung hybrider und virtueller Mitgliederversammlungen, BT-Drucks. 20/2532; s. dazu *Reul* in: BeckOGK-UmwG, § 103 Rz. 21.

31) *Reul* in: BeckOGK-UmwG, § 103 Rz. 23; Semler/Stengel/Leonard-*Katschinski*/*Wolf*, UmwG, § 103 Rz. 3b.

32) OLG Hamm, Beschl. v. 27.9.2011 – I-27 W 106/11, NZG 2012, 189 = NJW 2012, 940; *Baumann*/*Sikora*, Hdb./FormB Vereinsrechts, § 7 Rz. 11 ff.

33) Gesetz zur Errichtung eines Sondervermögens "Aufbauhilfe 2021" und zur vorübergehenden Aussetzung der Insolvenzantragspflicht wegen Starkregenfällen und Hochwassern im Juli 2021 sowie zur Änderung weiterer Gesetze (Aufbauhilfegesetz 2021 – AufbhG 2021), v. 10.9.2021, BGBl. I 2021, 4147; s. a. OLG Karlsruhe, Beschl. v. 11.1.2022 – 19 W 20/21 (Wx), NZG 2022, 1066 = BeckRS 2022, 13796.

34) Vgl. *Reul* in: BeckOGK-UmwG, § 103 Rz. 20 ff.; Semler/Stengel/Leonard-*Katschinski*/*Wolf*, UmwG, § 103 Rz. 3b ff.

35) *Reul* in: BeckOGK-UmwG, § 103 Rz. 26; Semler/Stengel/Leonard-*Katschinski*/*Wolf*, UmwG, § 103 Rz. 6.

36) *Reul* in: BeckOGK-UmwG, § 103 Rz. 26 ff.; Semler/Stengel/Leonard-*Katschinski*/*Wolf*, UmwG, § 103 Rz. 6 ff.

37) *Reul* in: BeckOGK-UmwG, § 103 Rz. 32.

38) *Reul* in: BeckOGK-UmwG, § 103 Rz. 32; *Wicke*, DStR 2022, 498, 503; a. A. – für ausreichen bloß virtueller Teilnahme des Notars – Semler/Stengel/Leonard-*Katschinski*/*Wolf*, UmwG, § 103 Rz. 6c.

39) Widmann/Mayer-*Vossius*, UmwR, § 103 UmwG Rz. 9.

40) Vgl. Semler/Stengel/Leonard-*Katschinski*/*Wolf*, UmwG, § 103 Rz. 7 ff.

41) Vgl. *Reul* in: BeckOGK-UmwG, § 103 Rz. 37 ff.

Maßgeblich ist – dem Wortlaut entsprechend – die Mehrheit der **abgegebenen Stimmen**, nicht der erschienenen Mitglieder.[42)] Stimmenthaltungen zählen danach nicht als „abgegebene" Stimmen und wirken sich lediglich faktisch auf die Mehrheitsschwelle aus.[43)] Die Norm knüpft damit an die allgemeine vereinsrechtliche Mehrheitslogik des § 32 BGB an, modifiziert diese jedoch quantitativ. 16

Die Satzung kann eine **höhere Mehrheit** verlangen, etwa eine Vier-Fünftel-Mehrheit oder sogar Einstimmigkeit.[44)] Eine Herabsetzung unter drei Viertel ist hingegen unzulässig; § 103 enthält insoweit zwingendes Recht.[45)] 17

2. Maßgeblicher Stimmkörper

Die Berechnung der Mehrheit setzt die Bestimmung des stimmberechtigten Mitgliederkreises voraus.[46)] Maßgeblich ist die Mitgliederliste im Zeitpunkt der Beschlussfassung. Streitigkeiten über die Mitgliedschaft sind – vorbehaltlich offensichtlicher Rechtsmängel – grundsätzlich vereinsintern zu klären; das Registergericht prüft nur die formelle Ordnungsmäßigkeit der Feststellung. 18

Delegiertenmodelle verändern die Mehrheitsermittlung nicht im Grundsatz. Entscheidend ist die Zahl der abgegebenen Stimmen innerhalb des satzungsmäßig legitimierten Organs. Die demokratische Verdichtung durch Delegation ist umwandlungsrechtlich anerkannt. 19

3. Stimmverbote und Interessenkollisionen

Stimmverbote können sich aus § 34 BGB ergeben, wonach ein Mitglied bei Beschlüssen, die die Vornahme eines Rechtsgeschäfts zwischen ihm und dem Verein betreffen, vom Stimmrecht ausgeschlossen ist.[47)] Ob die Verschmelzung ein solches Rechtsgeschäft darstellt, ist differenziert zu beurteilen. Die Verschmelzung ist ein mehrseitiger Strukturakt; sie richtet sich nicht primär auf ein individuelles Austauschverhältnis mit einem einzelnen Mitglied.[48)] Ein generelles Stimmverbot für Mitglieder des Vorstands oder für besonders betroffene Mitglieder besteht daher nicht.[49)] 20

Gleichwohl können **Sonderkonstellationen** auftreten, etwa wenn einem einzelnen Mitglied i. R. der Verschmelzung besondere Vorteile gewährt werden. In solchen Fällen ist zu prüfen, ob ein individueller Interessenkonflikt vorliegt, der nach § 34 BGB ein Stimmverbot begründet. Maßstab ist die konkrete Betroffenheit, nicht die bloße Mitgliedschaft. 21

VII. Sonderrechte und § 35 BGB

Die Verschmelzung kann in bestehende Sonderrechte einzelner Mitglieder eingreifen, etwa in besondere Nutzungsrechte, Ehrenrechte oder satzungsmäßig verbriefte Privile- 22

---

42) *Reul* in: BeckOGK-UmwG, § 103 Rz. 37; Lutter-*Hennrichs*, UmwG, § 103 Rz. 3; Semler/Stengel/Leonard-*Katschinski*/*Wolf*, UmwG, § 103 Rz. 8.

43) *Reul* in: BeckOGK-UmwG, § 103 Rz. 37; Lutter-*Hennrichs*, UmwG, § 103 Rz. 3; Semler/Stengel/Leonard-*Katschinski*/*Wolf*, UmwG, § 103 Rz. 8.

44) *Reul* in: BeckOGK-UmwG, § 103 Rz. 40; Widmann/Mayer-*Vossius*, UmwR, § 103 UmwG Rz. 9.

45) *Reul* in: BeckOGK-UmwG, § 103 Rz. 41; Widmann/Mayer-*Vossius*, UmwR, § 103 UmwG Rz. 16 ff.

46) Widmann/Mayer-*Vossius*, UmwR, § 103 UmwG Rz. 15.

47) Ausf. *Reul* in: BeckOGK-UmwG, § 103 Rz. 38; Semler/Stengel/Leonard-*Katschinski*/*Wolf*, UmwG, § 103 Rz. 9.

48) S. *Reul* in: BeckOGK-UmwG, § 103 Rz. 38; Semler/Stengel/Leonard-*Katschinski*/*Wolf*, UmwG, § 103 Rz. 9.

49) So auch *Reul* in: BeckOGK-UmwG, § 103 Rz. 38; Semler/Stengel/Leonard-*Katschinski*/*Wolf*, UmwG, § 103 Rz. 9; *Hager*, RNotZ 2011, 565, 583 f.

gien.[50)] § 35 BGB verlangt für die Aufhebung solcher Sonderrechte die **Zustimmung** des betroffenen Mitglieds, sofern die Satzung nichts anderes bestimmt.[51)]

23 Dogmatisch ist zu unterscheiden: Die Verschmelzung als solche ist kein isolierter Eingriff in ein Sonderrecht, sondern ein Organisationsakt. Führt sie jedoch dazu, dass ein satzungsmäßig garantiertes Sonderrecht faktisch entfällt oder erheblich entwertet wird, ist § 35 BGB zu beachten.[52)] Das Einstimmigkeitserfordernis tritt dann neben die Dreiviertelmehrheit des § 103.[53)]

24 Diese Parallelität ist kein Wertungswiderspruch, sondern Ausdruck unterschiedlicher Schutzebenen: § 103 schützt die kollektive Legitimation, § 35 die individuelle Rechtsposition.[54)]

VIII. Notarielle Beurkundung des Verschmelzungsbeschlusses

1. Beurkundungspflicht als Wirksamkeitserfordernis

25 Der Verschmelzungsbeschluss bedarf der notariellen Beurkundung.[55)] Diese ist eine **konstitutive** Wirksamkeitsvoraussetzung.[56)] Der Gesetzgeber verbindet damit eine erhöhte Richtigkeits- und Beweisfunktion, die dem Gewicht der Strukturentscheidung entspricht.[57)]

26 Die Beurkundung **erfasst** den Beschluss selbst sowie die Feststellungen über Beschlussfähigkeit, Abstimmungsergebnis und Mehrheitsverhältnisse.[58)] Der Notar hat den Ablauf der Versammlung zu protokollieren und die Identität der handelnden Personen festzustellen.[59)]

2. Tatsachenprotokoll und Willenserklärungsbeurkundung

27 Dogmatisch handelt es sich bei der Beurkundung des Verschmelzungsbeschlusses um eine Mischform.[60)] Einerseits werden Tatsachen festgestellt (Ablauf, Abstimmung, Ergebnis), andererseits wird eine kollektive Willenserklärung dokumentiert.[61)] Der Notar hat beide Dimensionen sorgfältig zu trennen und die wesentlichen Umstände so festzuhalten, dass das **Registergericht** die Ordnungsmäßigkeit **nachvollziehen kann.**[62)]

50) *Reul* in: BeckOGK-UmwG, § 103 Rz. 44; Semler/Stengel/Leonard-*Katschinski*/*Wolf*, UmwG, § 103 Rz. 23.

51) Semler/Stengel/Leonard-*Katschinski*/*Wolf*, UmwG, § 103 Rz. 23.

52) *Reul* in: BeckOGK-UmwG, § 103 Rz. 44; Semler/Stengel/Leonard-*Katschinski*/*Wolf*, UmwG, § 103 Rz. 23.

53) Semler/Stengel/Leonard-*Katschinski*/*Wolf*, UmwG, § 103 Rz. 23.

54) Vgl. *Reul* in: BeckOGK-UmwG, § 103 Rz. 44; Semler/Stengel/Leonard-*Katschinski*/*Wolf*, UmwG, § 103 Rz. 23.

55) *Reul* in: BeckOGK-UmwG, § 103 Rz. 26; Semler/Stengel/Leonard-*Katschinski*/*Wolf*, UmwG, § 103 Rz. 6.

56) Vgl. Semler/Stengel/Leonard-*Katschinski*/*Wolf*, UmwG, § 103 Rz. 6.

57) Semler/Stengel/Leonard-*Katschinski*/*Wolf*, UmwG, § 103 Rz. 6.

58) Ausf. *Reul* in: BeckOGK-UmwG, § 103 Rz. 26 ff.; Semler/Stengel/Leonard-*Katschinski*/*Wolf*, UmwG, § 103 Rz. 6 ff.

59) *Reul* in: BeckOGK-UmwG, § 103 Rz. 26; Semler/Stengel/Leonard-*Katschinski*/*Wolf*, UmwG, § 103 Rz. 6.

60) S. differenziert *Reul* in: BeckOGK-UmwG, § 103 Rz. 26 ff.; Semler/Stengel/Leonard-*Katschinski*/*Wolf*, UmwG, § 103 Rz. 6 ff.

61) Ausführlich *Reul* in: BeckOGK-UmwG, § 103 Rz. 26 ff.; Semler/Stengel/Leonard-*Katschinski*/*Wolf*, UmwG, § 103 Rz. 6 ff.

62) Differenziert *Reul* in: BeckOGK-UmwG, § 103 Rz. 26 ff.; Semler/Stengel/Leonard-*Katschinski*/*Wolf*, UmwG, § 103 Rz. 6 ff.

28 Bei **hybriden oder virtuellen Versammlungen** muss der Notar sicherstellen, dass er die maßgeblichen Vorgänge zuverlässig wahrnehmen kann.[63] Maßgeblich ist der Ort der Versammlungsleitung und der Stimmenauszählung; dort ist die physische Präsenz des Notars erforderlich.[64]

3. Heilungsmöglichkeiten

29 Fehlt die notarielle Beurkundung oder ist sie evident fehlerhaft, ist der Beschluss unwirksam. Eine Heilung durch nachträgliche Genehmigung ist nicht möglich. Das Registergericht wird in einem solchen Fall die Eintragung versagen.

IX. Verhältnis zu satzungsmäßigen Verschärfungen (§ 103 Satz 2)

30 § 103 Satz 2 stellt klar, dass weitergehende satzungsmäßige Anforderungen unberührt bleiben.[65] Vereine können daher etwa vorsehen, dass neben der Dreiviertelmehrheit eine Mindestbeteiligung erreicht sein muss oder dass ein besonderes Gremium zustimmen muss.[66]

31 Solche Verschärfungen sind Ausdruck der Vereinsautonomie und umwandlungsrechtlich zulässig, solange sie den Kernbereich der Mitgliederversammlung nicht entleeren.[67] Die Satzung kann jedoch keine geringeren Anforderungen vorsehen als das Gesetz.[68]

X. Verhältnis zu § 33 BGB – Zweckänderung und Einstimmigkeit

1. Verschmelzung als mögliche Zweckänderung

32 Die Verschmelzung eines Vereins kann – je nach Ausgestaltung – über eine bloße Strukturmaßnahme hinausgehen und die **satzungsmäßige Zweckbindung** berühren.[69] § 33 Abs. 1 Satz 2 BGB verlangt für eine Zweckänderung grundsätzlich die Zustimmung sämtlicher Mitglieder, sofern die Satzung nichts anderes bestimmt. Diese Vorschrift gilt neben § 103 und wird durch diesen nicht verdrängt.[70]

33 Dogmatisch ist zwischen **drei Konstellationen** zu unterscheiden:

- **Keine Zweckänderung**, sondern bloße organisatorische Anpassung: In diesen Fällen genügt die Drei-Viertel-Mehrheit nach § 103.[71]
- **Modifikation des Zwecks**, die den Kernbereich nicht berührt: Hier kann eine qualifizierte Mehrheit ausreichend sein, sofern die Satzung dies zulässt.[72]

---

63) *Reul* in: BeckOGK-UmwG, § 103 Rz. 30 ff.; Semler/Stengel/Leonard-*Katschinski*/*Wolf*, UmwG, § 103 Rz. 6b.

64) *Reul* in: BeckOGK-UmwG, § 103 Rz. 32; *Wicke*, DStR 2022, 498, 503; a. A. für ausreichen bloß virtueller Teilnahme des Notars Semler/Stengel/Leonard-*Katschinski*/*Wolf*, UmwG, § 103 Rz. 6c.

65) Widmann/Mayer-*Vossius*, UmwR, § 103 UmwG Rz. 19 ff.

66) *Reul* in: BeckOGK-UmwG, § 103 Rz. 40 ff.; Semler/Stengel/Leonard-*Katschinski*/*Wolf*, UmwG, § 103 Rz. 20 f.

67) *Reul* in: BeckOGK-UmwG, § 103 Rz. 44 ff.; Semler/Stengel/Leonard-*Katschinski*/*Wolf*, UmwG, § 103 Rz. 20.

68) *Reul* in: BeckOGK-UmwG, § 103 Rz. 41.

69) Ausf. *Reul* in: BeckOGK-UmwG, § 103 Rz. 57 ff.

70) *Reul* in: BeckOGK-UmwG, § 103 Rz. 58; Lutter-*Hennrichs*, UmwG, § 103 Rz. 16; Semler/Stengel/Leonard-*Katschinski*/*Wolf*, UmwG, § 103 Rz. 18; Widmann/Mayer-*Vossius*, UmwR, § 103 UmwG Rz. 16 ff.

71) *Reul* in: BeckOGK-UmwG, § 103 Rz. 62 ff.

72) *Reul* in: BeckOGK-UmwG, § 103 Rz. 62.

– **Fundamentale Zweckänderung**, die die Identität des Vereins transformiert: Dann greift § 33 BGB mit seinem Einstimmigkeitserfordernis.[73)]

34 Die Verschmelzung ist kein Automatismus für eine Zweckänderung. Entscheidend ist, ob der übernehmende Rechtsträger einen Zweck verfolgt, der mit dem bisherigen Vereinszweck strukturell vereinbar ist.[74)] Maßgeblich ist eine **funktionale Betrachtung:** Wird der ideelle Kern gewahrt oder tritt ein qualitativ anderer Verbandszweck an seine Stelle?[75)]

2. Identitätswahrung und Organisationskontinuität

35 Die Verschmelzung ist als Rechtsnachfolge konzipiert, nicht als Neugründung unter anderem Zweck. Gleichwohl kann sie faktisch zur Auflösung der bisherigen Vereinsidentität führen, etwa wenn der Verein in einen wirtschaftlich anders ausgerichteten Verband integriert wird.[76)]

36 Die Rechtsprechung hat zur Abgrenzung darauf abgestellt, ob der „Charakter" des Vereins **im Kern erhalten bleibt.**[77)] Diese Identitätskontrolle ist jedoch kein eigenständiges Prüfungsschema neben § 33 BGB, sondern Ausdruck der Zweckbindung.[78)] Wo die Verschmelzung den bisherigen Förder- oder Idealzweck substantiell ersetzt, liegt eine Zweckänderung vor, die der Zustimmung aller Mitglieder bedarf.[79)]

37 § 103 ist daher stets im Lichte des § 33 BGB auszulegen.[80)] Die Drei-Viertel-Mehrheit ist keine Generalklausel zur Überwindung der Einstimmigkeit.

XI. Beschlussmängelrecht

1. Anfechtbarkeit

38 Verstöße gegen § 103 – sei es hinsichtlich der Mehrheit oder der Beachtung von Sonderrechten – führen grundsätzlich zur Anfechtbarkeit des Beschlusses.[81)] Maßstab ist die allgemeine **vereinsrechtliche Beschlussmängellehre**, die sich am Gedanken der ordnungsgemäßen Willensbildung orientiert.[82)]

39 **Anfechtungsberechtigt** ist jedes Mitglied, das durch den Beschluss in seiner Mitgliedschaftsstellung betroffen ist. Die Klage ist gegen den Verein zu richten.

2. Registersperre

40 Erhebt ein Mitglied fristgerecht Anfechtungsklage, entfaltet diese umwandlungsrechtliche Sperrwirkung.[83)] Das Registergericht darf die Verschmelzung nicht eintragen, solange über die Klage nicht rechtskräftig entschieden ist oder eine Freigabeentscheidung ergeht. Die

73) *Reul* in: BeckOGK-UmwG, § 103 Rz. 57 ff.
74) *Reul* in: BeckOGK-UmwG, § 103 Rz. 58.
75) *Reul* in: BeckOGK-UmwG, § 103 Rz. 58.
76) *Reul* in: BeckOGK-UmwG, § 103 Rz. 60.
77) *Reul* in: BeckOGK-UmwG, § 103 Rz. 58.
78) *Reul* in: BeckOGK-UmwG, § 103 Rz. 58.
79) *Reul* in: BeckOGK-UmwG, § 103 Rz. 59.
80) *Reul* in: BeckOGK-UmwG, § 103 Rz. 57 ff.
81) So auch Lutter-*Hennrichs*, UmwG, § 103 Rz. 8; *Leuering* in: KölnKomm-UmwG, § 103 Rz. 14 ff.; *K. Schmidt* in: FS Stimpel, S. 217, 220 ff.; a. A. für Geltendmachung von Beschlussmängeln im Vereinsrecht im Wege der Feststellungsklage BGH, Beschl. v. 25.5.1992 – II ZR 23/92, ZIP 1992, 918 = NJW-RR 1992, 1209; *Waldner* in: Sauter/Schweyer/Waldner, Eingetragener Verein, Teil 1 Rz. 212, 215a.
82) Semler/Stengel/Leonard-*Katschinski*/*Wolf*, UmwG, § 103 Rz. 25.
83) S. a. Semler/Stengel/Leonard-*Katschinski*/*Wolf*, UmwG, § 103 Rz. 25a.

Sperrwirkung dient dem effektiven Rechtsschutz und verhindert irreversible Strukturfolgen, bevor die Rechtmäßigkeit des Beschlusses geklärt ist.

3. Fehlerkategorien

Nicht jeder Mangel führt zur Anfechtbarkeit. Formale Unzulänglichkeiten ohne Einfluss auf das Abstimmungsergebnis können unbeachtlich sein.[84] Maßgeblich ist die Relevanz für die Willensbildung. 41

Schwerwiegende Verstöße – etwa die Unterschreitung der Drei-Viertel-Mehrheit oder das Fehlen der notariellen Beurkundung – führen zur Nichtigkeit (siehe Rz. 15 ff.). Die Abgrenzung zwischen Nichtigkeit und bloßer Anfechtbarkeit folgt den allgemeinen Grundsätzen des Beschlussmängelrechts. 42

XII. Heilung und Bestandskraft

1. Heilung vor Eintragung

Vor Eintragung der Verschmelzung kann ein fehlerhafter Beschluss durch erneute ordnungsgemäße Beschlussfassung ersetzt werden. Voraussetzung ist die Einhaltung sämtlicher Form- und Mehrheitsanforderungen. 43

2. Heilung nach Eintragung

Nach Eintragung sind Mängel nur noch in engen Grenzen angreifbar. Das Umwandlungsrecht verfolgt ein Bestandskraftprinzip: Mit Eintragung entsteht eine neue Rechtslage, deren Stabilität im Interesse des Rechtsverkehrs geschützt wird. Nichtigkeitsgründe bleiben zwar theoretisch beachtlich, sind praktisch jedoch auf gravierende Verfahrensverstöße beschränkt (siehe § 20 Rz. 63 ff. [*Lubberich*]). 44

XIII. Sonderkonstellationen

1. Mehrstimmrechte

Sind in der Satzung Mehrstimmrechte vorgesehen, sind diese auch bei der Verschmelzungsentscheidung zu berücksichtigen, sofern sie nicht gegen zwingendes Recht verstoßen. § 103 enthält keine Gleichstimmigkeitsklausel. Maßgeblich ist die satzungsmäßige Stimmenverteilung. 45

2. Stimmenthaltungen

Stimmenthaltungen gelten nicht als abgegebene Stimmen und beeinflussen daher nur mittelbar das Quorum.[85] Sie senken faktisch die Zahl der für die Dreiviertelmehrheit erforderlichen Zustimmungen nicht, sondern verändern lediglich den Nenner. 46

3. Vertretung

Mitglieder können sich vertreten lassen, sofern die Satzung dies zulässt.[86] Eine Beschränkung der Vertretungsmacht kann satzungsmäßig vorgesehen sein.[87] Der Notar hat die ordnungsgemäße Vertretung zu prüfen. 47

84) Semler/Stengel/Leonard-*Katschinski*/*Wolf*, UmwG, § 103 Rz. 25a.

85) Widmann/Mayer-*Vossius*, UmwR, § 103 UmwG Rz. 14; Lutter-*Hennrichs*, UmwG, § 103 Rz. 3; *Katschinski*, Die Verschmelzung von Vereinen, S. 144.

86) Semler/Stengel/Leonard-*Katschinski*/*Wolf*, UmwG, § 103 Rz. 3a.

87) *Waldner* in: Sauter/Schweyer/Waldner, Eingetragener Verein, Teil 1 Rz. 199.

XIV. Gesamtbewertung

48 § 103 ist der normative Kulminationspunkt der Vereinsverschmelzung. Die Vorschrift verbindet demokratische Legitimation, qualifizierte Mehrheitsanforderungen, individuellen Sonderrechtsschutz und formelle Strenge durch notarielle Beurkundung. Zugleich integriert sie die vereinsrechtliche Zweckbindung in das umwandlungsrechtliche System.

49 Im Gesamtgefüge der §§ 99–104a fungiert § 103 als diejenige Norm, die die innere Autonomie des Vereins mit der äußeren Register- und Verkehrssicherheit vermittelt. Ohne einen ordnungsgemäßen Beschluss nach § 103 fehlt der Verschmelzung ihre tragende Legitimationsbasis.

§ 104
Bekanntmachung der Verschmelzung*)

(1) [1]Ist ein übertragender wirtschaftlicher Verein nicht in ein Handelsregister eingetragen, so hat sein Vorstand die bevorstehende Verschmelzung durch den Bundesanzeiger bekanntzumachen. [2]Die Bekanntmachung im Bundesanzeiger tritt an die Stelle der Eintragung im Register. [3]Sie ist mit einem Vermerk zu versehen, daß die Verschmelzung erst mit der Eintragung im Register des Sitzes des übernehmenden Rechtsträgers wirksam wird. [4]Die §§ 16 und 17 Abs. 1 und § 19 Abs. 1 Satz 2, Abs. 2 und Abs. 3 sind nicht anzuwenden, soweit sie sich auf die Anmeldung und Eintragung dieses übertragenden Vereins beziehen.

(2) Die Schlußbilanz eines solchen übertragenden Vereins ist der Anmeldung zum Register des Sitzes des übernehmenden Rechtsträgers beizufügen.

*) § 104 geändert durch Art. 2 des Gesetzes zur Änderung von Vorschriften über Verkündung und Bekanntmachungen sowie der Zivilprozessordnung, des Gesetzes betreffend die Einführung der Zivilprozessordnung und der Abgabenordnung (BAnzDiG), v. 22.12.2011, BGBl. I 2011, 3044; § 104 geändert durch Art. 8 des Gesetzes über elektronische Handelsregister und Genossenschaftsregister sowie das Unternehmensregister (EHUG), v. 10.11.2006, BGBl. I 2006, 2553; § 104 i. d. F. des UmwBerG geändert durch Art. 1 des Gesetzes zur Änderung des Umwandlungsgesetzes, des Partnerschaftsgesellschaftsgesetzes und anderer Gesetze (UmwGÄndG), v. 22.7.1998, BGBl. I 1998, 1878.

Übersicht

I. Normzweck und systematische Stellung

1 § 104 regelt eine besondere Publizitätsform für den Fall, dass an einer Verschmelzung als übertragender Rechtsträger ein **wirtschaftlicher Verein** beteiligt ist, der **nicht im Handelsregister eingetragen** ist.[1)] Die Vorschrift ersetzt in dieser Konstellation die im Umwandlungsrecht grundsätzlich vorgesehene registerrechtliche Eintragung beim übertra-

1) *Reul* in: BeckOGK-UmwG, § 104 Rz. 1; Widmann/Mayer-*Vossius*, UmwR, § 104 UmwG Rz. 5.

genden Rechtsträger durch eine **Bekanntmachung im Bundesanzeiger** und schafft damit ein funktionales Äquivalent zur Registerpublizität.[2)]

Systematisch bildet § 104 eine **Ausnahme- und Ersatzregelung** zu den §§ 16–19.[3)] Diese Vorschriften setzen typischerweise voraus, dass sämtliche übertragenden Rechtsträger registerfähig sind und die Verschmelzung daher in jedem beteiligten Register eingetragen werden kann (siehe § 16 Rz. 6 [*Hoefling*]). Für nicht im Handelsregister eingetragene wirtschaftliche Vereine fehlt es an dieser Voraussetzung. § 104 schließt diese strukturelle Lücke, ohne den wirtschaftlichen Verein von der Verschmelzungsfähigkeit auszunehmen, und gewährleistet zugleich ein Mindestmaß an Gläubiger- und Verkehrsschutz.[4)] 2

Die Norm ist damit Ausdruck eines pragmatischen Gesetzgeberansatzes: Die fehlende Registereintragung soll nicht zur Sperre der Umwandlungsfähigkeit führen, zugleich aber auch nicht zu einem Publizitätsdefizit, das den Schutzmechanismen des Umwandlungsrechts widerspräche. 3

II. Anwendungsbereich

§ 104 gilt ausschließlich für **wirtschaftliche Vereine i. S. des § 22 BGB**, die **nicht im Handelsregister (§ 33 HGB)** eingetragen sind und **als übertragender Rechtsträger** an einer Verschmelzung beteiligt sind.[5)] Bereits aus § 3 Abs. 2 Nr. 1 folgt, dass wirtschaftliche Vereine nur übertragender, nicht aber übernehmender Rechtsträger sein können; die Formulierung „ein übertragender wirtschaftlicher Verein" ist daher deklaratorisch.[6)] 4

Keine Anwendung findet § 104 auf **Idealvereine.**[7)] Diese sind im Vereinsregister eingetragen, so dass die allgemeinen Registervorschriften der §§ 16 ff. uneingeschränkt greifen.[8)] Gleiches gilt für wirtschaftliche Vereine, die – ausnahmsweise – im Handelsregister eingetragen sind; auch hier tritt keine Publizitätslücke auf.[9)] 5

Sachlich bezieht sich § 104 seinem Wortlaut nach auf die **Verschmelzung.** Über die Verweisung des § 125 findet die Vorschrift jedoch entsprechende Anwendung auch auf **Spaltungen** unter Beteiligung eines nicht im Handelsregister eingetragenen wirtschaftlichen Vereins, insbesondere i. R. des § 149.[10)] Auf Formwechsel ist § 104 hingegen nicht anwendbar; insoweit enthalten §§ 278 Abs. 2, 286 eigenständige Sonderregelungen.[11)] 6

III. Bekanntmachung anstelle der Registereintragung

Kern der Vorschrift ist die Anordnung, dass an die Stelle der ansonsten erforderlichen Registereintragung des übertragenden Rechtsträgers die **Bekanntmachung der bevorstehenden Verschmelzung im Bundesanzeiger** tritt. Diese Bekanntmachung erfüllt funktional dieselbe Aufgabe wie eine Registereintragung: Sie stellt die für Gläubiger und den Rechtsverkehr notwendige Publizität her und markiert zugleich einen verfahrensrechtlichen Zäsurpunkt.[12)] 7

---

2) *Reul* in: BeckOGK-UmwG, § 104 Rz. 6; Semler/Stengel/Leonard-*Katschinski*/*Wolf*, UmwG, § 104 Rz. 4.
3) Semler/Stengel/Leonard-*Katschinski*/*Wolf*, UmwG, § 104 Rz. 1.
4) Vgl. auch *Reul* in: BeckOGK-UmwG, § 104 Rz. 9.
5) *Reul* in: BeckOGK-UmwG, § 104 Rz. 3; Widmann/Mayer-*Vossius*, UmwR, § 104 UmwG Rz. 5.
6) Lutter-*Hennrichs*, UmwG, § 104 Rz. 2; Widmann/Mayer-*Vossius*, UmwR, § 104 UmwG Rz. 6.
7) *Reul* in: BeckOGK-UmwG, § 104 Rz. 3.
8) *Reul* in: BeckOGK-UmwG, § 104 Rz. 3.
9) Widmann/Mayer-*Vossius*, UmwR, § 104 UmwG Rz. 5.
10) Semler/Stengel/Leonard-*Katschinski*/*Wolf*, UmwG, § 104 Rz. 2.
11) Widmann/Mayer-*Vossius*, UmwR, § 104 UmwG Rz. 4.
12) *Reul* in: BeckOGK-UmwG, § 104 Rz. 6; Semler/Stengel/Leonard-*Katschinski*/*Wolf*, UmwG, § 104 Rz. 4.

8 Die Verschmelzung darf im Register des übernehmenden Rechtsträgers erst eingetragen werden, **nachdem** die Bekanntmachung erfolgt ist.[13] Maßgeblicher Zeitpunkt ist der Tag der Veröffentlichung im Bundesanzeiger.[14] § 104 ordnet damit eine klare zeitliche Abfolge an, die der Registerpraxis eine eindeutige Kontrollgrundlage bietet.[15]

9 Adressat der Bekanntmachungspflicht ist der **Vorstand des wirtschaftlichen Vereins.**[16] Ihn trifft die Verantwortung, die Publizität herzustellen und damit die Eintragungsfähigkeit der Verschmelzung beim übernehmenden Rechtsträger herbeizuführen.

IV. Inhalt der Bekanntmachung

10 Gegenstand der Bekanntmachung ist die **bevorstehende Verschmelzung.**[17] Der Begriff macht deutlich, dass die Verschmelzung zum Zeitpunkt der Veröffentlichung noch nicht wirksam ist. § 104 verlangt deshalb ausdrücklich einen **Wirksamkeitsvermerk**, wonach die Verschmelzung erst mit der Eintragung im Register des Sitzes des übernehmenden Rechtsträgers Rechtswirkungen entfaltet.[18]

11 Dieser Hinweis ist **zwingend** und unabhängig davon erforderlich, ob mehrere Rechtsträger beteiligt sind oder die Eintragung in verschiedenen Registern an dem selben Tag erfolgen soll.[19] Anders als bei der Registereintragung nach § 19 Abs. 1 Satz 2 verzichtet das Gesetz i. R. des § 104 nicht auf diesen Vermerk.[20] Die Differenzierung zwischen „Eintragung" und „Bekanntmachung" ist bewusst gewählt und unterstreicht den Ersatzcharakter der Veröffentlichung.

12 Darüber hinaus muss die Bekanntmachung den **Hinweis an die Gläubiger** des übertragenden Vereins enthalten, dass sie nach § 22 **Sicherheitsleistung** verlangen können.[21] § 104 sichert damit ausdrücklich die gläubigerschützende Funktion der Publizität ab.

V. Zeitpunkt der Bekanntmachung

13 Die Bekanntmachung darf erst erfolgen, wenn die Voraussetzungen vorliegen, unter denen eine Registereintragung des übertragenden Rechtsträgers denkbar wäre.[22] Das setzt voraus, dass der **Verschmelzungsvertrag** wirksam geschlossen und die erforderlichen **Verschmelzungsbeschlüsse** gefasst worden sind.[23] Eine verfrühte Bekanntmachung würde den Charakter der Veröffentlichung als registerersetzende Maßnahme unterlaufen und ist unzulässig.

14 Die zeitliche Einordnung ist praktisch bedeutsam, weil sie die **Koordination** zwischen den **beteiligten Rechtsträgern und den beurkundenden Notaren** beeinflusst. Die Bekanntmachung bildet den notwendigen Zwischenschritt zwischen Beschlussfassung und Registereintragung beim übernehmenden Rechtsträger.

13) Vgl. Semler/Stengel/Leonard-*Katschinski*/*Wolf*, UmwG, § 104 Rz. 8; *Reul* in: BeckOGK-UmwG, § 104 Rz. 6.

14) *Reul* in: BeckOGK-UmwG, § 104 Rz. 6; Schmitt/Hörtnagl-*Missio*, UmwG/UmwStG, § 104 UmwG Rz. 2.

15) Vgl. *Reul* in: BeckOGK-UmwG, § 104 Rz. 6 ff.

16) *Reul* in: BeckOGK-UmwG, § 104 Rz. 7; Schmitt/Hörtnagl-*Missio*, UmwG/UmwStG, § 104 UmwG Rz. 2.

17) *Reul* in: BeckOGK-UmwG, § 104 Rz. 8; Widmann/Mayer-*Vossius*, UmwR, § 104 UmwG Rz. 8.

18) Widmann/Mayer-*Vossius*, UmwR, § 104 UmwG Rz. 8.

19) *Reul* in: BeckOGK-UmwG, § 104 Rz. 8.

20) *Reul* in: BeckOGK-UmwG, § 104 Rz. 8; Lutter-*Hennrichs*, UmwG, § 104 Rz. 3.

21) Widmann/Mayer-*Vossius*, UmwR, § 104 UmwG Rz. 9; Lutter-*Hennrichs*, UmwG, § 104 Rz. 3.

22) *Reul* in: BeckOGK-UmwG, § 104 Rz. 10.

23) Widmann/Mayer-*Vossius*, UmwR, § 104 UmwG Rz. 10; Semler/Stengel/Leonard-*Katschinski*/*Wolf*, UmwG, § 104 Rz. 7.

VI. Bekanntmachungsmedium

Als Veröffentlichungsorgan ist ausschließlich der **elektronische Bundesanzeiger** vorgesehen.[24] Weitere Bekanntmachungen sind gesetzlich nicht erforderlich.[25] Eine zusätzliche Veröffentlichung in anderen Medien kommt nur dann in Betracht, wenn sie durch die Satzung des Vereins ausdrücklich angeordnet ist; sie hat jedoch keinen Einfluss auf die umwandlungsrechtliche Wirksamkeit.[26] 15

VII. Anwendbarkeit registerrechtlicher Vorschriften

§ 104 Abs. 1 Satz 4 schließt für den nicht im Handelsregister eingetragenen wirtschaftlichen Verein die Anwendung derjenigen Vorschriften aus, die unmittelbar an eine Registereintragung anknüpfen, namentlich §§ 16, 17 Abs. 1 sowie § 19 Abs. 1 Satz 2, Abs. 2 und 3. Diese Nichtanwendung beschränkt sich strikt **auf den übertragenden Verein.**[27] 16

Für den **übernehmenden Rechtsträger** gelten die registerrechtlichen Vorschriften uneingeschränkt fort.[28] Insbesondere sind sämtliche Anmeldeunterlagen nach § 17 Abs. 1 einzureichen, einschließlich des Verschmelzungsvertrags, der Zustimmungsbeschlüsse und der Negativerklärungen nach § 16 Abs. 2.[29] Eine gegen den Verschmelzungsbeschluss des wirtschaftlichen Vereins erhobene Klage führt beim übernehmenden Rechtsträger zu einer Registersperre; eine entsprechende „Bekanntmachungssperre" beim wirtschaftlichen Verein kennt das Gesetz hingegen nicht.[30] 17

VIII. Schlussbilanz des übertragenden Vereins

§ 104 Abs. 2 ordnet an, dass der Anmeldung zum Register des Sitzes des übernehmenden Rechtsträgers eine **Schlussbilanz des übertragenden wirtschaftlichen Vereins** beizufügen ist.[31] Diese Pflicht besteht unabhängig davon, ob der Verein bislang bilanzierungspflichtig war. § 104 begründet insoweit eine **eigenständige Bilanzierungspflicht**, die allein aus dem Umwandlungsvorgang resultiert.[32] 18

Die Schlussbilanz dient der Transparenz des Vermögensübergangs und ist zugleich Voraussetzung für die **steuerliche Behandlung** der Verschmelzung, insbesondere für die Möglichkeit einer Buchwertfortführung. Verpflichtet zur Einreichung sind die Vertretungsorgane des übernehmenden Rechtsträgers; faktisch ist der Vorstand des wirtschaftlichen Vereins jedoch gehalten, die Bilanz **rechtzeitig aufzustellen** und zur Verfügung zu stellen.[33] Kommt er dieser Pflicht nicht nach, stehen dem übernehmenden Rechtsträger Zwangsmittel zur Durchsetzung zur Verfügung.[34] 19

---

24) *Reul* in: BeckOGK-UmwG, § 104 Rz. 11.

25) *Reul* in: BeckOGK-UmwG, § 104 Rz. 11; Lutter-*Hennrichs*, UmwG, § 104 Rz. 3.

26) *Reul* in: BeckOGK-UmwG, § 104 Rz. 11; Widmann/Mayer-*Vossius*, UmwR, § 104 UmwG Rz. 12.

27) *Reul* in: BeckOGK-UmwG, § 104 Rz. 12.

28) Widmann/Mayer-*Vossius*, UmwR, § 104 UmwG Rz. 17; Semler/Stengel/Leonard-*Katschinski*/*Wolf*, UmwG, § 104 Rz. 8.

29) *Reul* in: BeckOGK-UmwG, § 104 Rz. 13.

30) *Reul* in: BeckOGK-UmwG, § 104 Rz. 15; Lutter-*Hennrichs*, UmwG, § 104 Rz. 4; Schmitt/Hörtnagl-*Missio*, UmwG/UmwStG, § 104 UmwG Rz. 2.

31) *Reul* in: BeckOGK-UmwG, § 104 Rz. 16.

32) *Reul* in: BeckOGK-UmwG, § 104 Rz. 13; Lutter-*Hennrichs*, UmwG, § 104 Rz. 4; Semler/Stengel/Leonard-*Katschinski*/*Wolf*, UmwG, § 104 Rz. 9.

33) *Reul* in: BeckOGK-UmwG, § 104 Rz. 18.

34) *Reul* in: BeckOGK-UmwG, § 104 Rz. 18; Schmitt/Hörtnagl-*Missio*, UmwG/UmwStG, § 104 UmwG Rz. 3.

20 Vor diesem Hintergrund stellt sich die Frage, wie zu verfahren ist, wenn die Schlussbilanz im Zeitpunkt der Anmeldung noch nicht beigefügt ist. Die neuere Rechtsprechung des BGH[35] zu § 17 Abs. 2 Satz 1 hat insoweit klargestellt, dass das Fehlen der beizufügenden Schlussbilanz keinen endgültigen Eintragungshinderungsgrund begründet, sondern grundsätzlich einen **behebbaren Anmeldemangel** darstellt. Entscheidend ist danach nicht, ob die Schlussbilanz bereits im Zeitpunkt der Anmeldung erstellt war, sondern ob der **gesetzlich zulässige Abstand zwischen Bilanzstichtag und Anmeldung** gewahrt ist; die Acht-Monats-Frist betrifft allein das zeitliche Verhältnis zwischen Stichtag und Anmeldung, nicht hingegen den Zeitpunkt der Aufstellung oder Einreichung der Bilanz.

21 Diese **Wertung** ist auf § 104 Abs. 2 **zu übertragen**. Auch hier dient die Schlussbilanz der registergerichtlichen Plausibilisierung der Vermögenslage im Zeitpunkt des Vermögensübergangs; sie ist jedoch keine materielle Wirksamkeitsvoraussetzung der Verschmelzung, sondern Bestandteil einer vollständigen Anmeldung. Fehlt sie bei Einreichung der Anmeldung, ist daher regelmäßig im Wege der **Zwischenverfügung** Gelegenheit zur Nachreichung zu geben. Maßgeblich ist, dass die Bilanz fristgerecht nachgereicht wird und der gesetzlich zulässige Bilanzstichtag eingehalten ist. Erst wenn die Nachreichung innerhalb der gesetzten Frist **unterbleibt**, ist die Anmeldung zurückzuweisen.

22 Für die Praxis folgt daraus, dass § 104 Abs. 2 keinen nicht behebbaren Eintragungshinderungsgrund begründet, sondern – im Einklang mit der Rechtsprechung zu § 17 Abs. 2 Satz 1 – einen grundsätzlich heilbaren Anmeldemangel, der im Wege der Zwischenverfügung zu beseitigen ist. Gleichwohl bleibt der übernehmende Rechtsträger gehalten, auf eine zeitnahe Aufstellung hinzuwirken, da eine **verspätete Nachreichung** nach Ablauf der registergerichtlich gesetzten Frist **nicht mehr heilbar** ist. Die Entscheidung des BGH stärkt damit die verfahrensrechtliche Flexibilität, ohne die Transparenz- und Aktualitätsfunktion der Schlussbilanz preiszugeben.

IX. Gesamtbewertung

23 § 104 ist eine technisch anmutende, in der Praxis jedoch hochrelevante Vorschrift. Sie zeigt exemplarisch, wie das Umwandlungsrecht auf atypische Organisationsformen reagiert, ohne deren Umwandlungsfähigkeit preiszugeben. Durch die Ersetzung der Registereintragung durch eine strukturierte Bekanntmachung wahrt § 104 sowohl die Publizitäts- als auch die Gläubigerschutzinteressen und integriert den nicht registerfähigen wirtschaftlichen Verein in das System der Verschmelzung.

24 In der Gesamtsystematik der §§ 99–104a bildet § 104 das notwendige verfahrensrechtliche Bindeglied zwischen vereinsrechtlicher Besonderheit und umwandlungsrechtlicher Einheitlichkeit.

35) BGH, Beschl. v. 18.3.2025 – II ZB 1/24, NJW 2025, 2321 = NZG 2025, 893, m. Anm. *Knaier*.

§ 104a
Ausschluß der Barabfindung in bestimmten Fällen

Die §§ 29 bis 34 sind auf die Verschmelzung eines eingetragenen Vereins, der nach § 5 Abs. 1 Nr. 9 des Körperschaftsteuergesetzes von der Körperschaftsteuer befreit ist, nicht anzuwenden.

Literatur: *Katschinski*, Die Verschmelzung von Vereinen.

Übersicht

I. Stellung der Norm und Regelungszweck

§ 104a nimmt innerhalb des Vereinsverschmelzungsrechts eine Sonderstellung ein.[1] Die Norm durchbricht den im Umwandlungsrecht grundsätzlich verankerten Minderheitenschutz durch Barabfindung (§§ 29–34), indem sie diesen für einen eng begrenzten Fallkreis vollständig ausschließt.[2] Hintergrund ist nicht eine umwandlungsrechtliche, sondern eine **steuer- und gemeinnützigkeitsrechtliche Schutzentscheidung**: Der Gesetzgeber will verhindern, dass das an strikte Zweckbindungen gebundene Vermögen gemeinnütziger Vereine durch Abfindungszahlungen an Mitglieder zweckwidrig abgeschöpft wird.[3] 1

Systematisch ergänzt § 104a die §§ 99 ff. und wirkt als **materiell-rechtliche Schranke** des Spruchverfahrens- und Abfindungsregimes. Die Norm ist zwingend ausgestaltet; sie lässt weder dispositive Abweichungen noch satzungsrechtliche Öffnungen zu.[4] Ihr Anwendungsbereich ist dabei bewusst eng gezogen, um den Ausschluss der Barabfindung auf jene Fälle zu beschränken, in denen eine Abfindung mit dem Gemeinnützigkeitsrecht strukturell unvereinbar wäre.[5] 2

II. Anwendungsbereich

§ 104a gilt für Verschmelzungen unter Beteiligung eines **e. V.**, der nach § 5 Abs. 1 Nr. 9 KStG von der Körperschaftsteuer befreit ist.[6] Maßgeblich ist damit nicht die zivilrechtliche Qualifikation als Ideal- oder wirtschaftlicher Verein, sondern allein der **steuerrechtliche Status als gemeinnützige Körperschaft** i. S. der §§ 51 ff. AO.[7] 3

Über die Verweisungsnorm des § 125 erstreckt sich der Anwendungsbereich der Vorschrift auch auf Spaltungen nach § 149.[8] Ebenso bestehen in den Vorschriften über den Formwechsel (§ 282 Abs. 2, § 290) inhaltsgleiche Sonderregelungen.[9] Der Gesetzgeber verfolgt damit einen einheitlichen Ansatz: Wo Strukturmaßnahmen das Vermögen gemeinnütziger Vereine betreffen, soll der Zugriff einzelner Mitglieder auf dieses Vermögen durch Abfindungsansprüche ausgeschlossen bleiben. 4

1) Semler/Stengel/Leonard-*Katschinski*/*Wolf*, UmwG, § 104a Rz. 1.
2) *Reul* in: BeckOGK-UmwG, § 104a Rz. 1.
3) Vgl. Widmann/Mayer-*Vossius*, UmwR, § 104a UmwG Rz. 1.
4) Vgl. Semler/Stengel/Leonard-*Katschinski*/*Wolf*, UmwG, § 104a Rz. 9.
5) S. a. Semler/Stengel/Leonard-*Katschinski*/*Wolf*, UmwG, § 104a Rz. 7 f.; Widmann/Mayer-*Vossius*, UmwR, § 104a UmwG Rz. 3 ff.
6) *Reul* in: BeckOGK-UmwG, § 104a Rz. 3; Semler/Stengel/Leonard-*Katschinski*/*Wolf*, UmwG, § 104a Rz. 2.
7) *Reul* in: BeckOGK-UmwG, § 104a Rz. 3; Semler/Stengel/Leonard-*Katschinski*/*Wolf*, UmwG, § 104a Rz. 2.
8) Widmann/Mayer-*Vossius*, UmwR, § 104a UmwG Rz. 4; *Reul* in: BeckOGK-UmwG, § 104a Rz. 2.
9) Widmann/Mayer-*Vossius*, UmwR, § 104a UmwG Rz. 5.

5 Nicht erfasst sind dagegen Konstellationen, in denen ein **nicht steuerbegünstigter Verein** übertragender Rechtsträger ist, selbst wenn der übernehmende Rechtsträger gemeinnützig ist.[10] In diesen Fällen fehlt es an einer Gefährdung des steuerprivilegierten Vermögens, weil eine etwaige Abfindung aus nicht gebundenem Vermögen erfolgt.

III. Gemeinnützigkeit als tatbestandliche Voraussetzung

6 Zentrale Tatbestandsvoraussetzung des § 104a ist die **Gemeinnützigkeit des übertragenden Vereins**. Diese liegt vor, wenn der Verein ausschließlich und unmittelbar gemeinnützige, mildtätige oder kirchliche Zwecke i. S. der §§ 51 ff. AO verfolgt und deshalb nach § 5 Abs. 1 Nr. 9 KStG von der Körperschaftsteuer befreit ist.[11]

7 Der Normzweck gebietet eine **teleologische Begrenzung** des Anwendungsbereichs:[12] § 104a greift nur dann ein, wenn die Verschmelzung entweder zwischen zwei steuerbegünstigten Rechtsträgern erfolgt oder der gemeinnützige Verein auf einen anderen steuerbegünstigten Rechtsträger verschmolzen wird.[13] Bei einer Verschmelzung auf einen nicht gemeinnützigen Rechtsträger würde der Verein seine Steuerbegünstigung aufgrund der Vermögensbindung (§ 55 Abs. 1 Nr. 4 AO) ohnehin verlieren; in solchen Fällen fehlt es an einem sinnvollen Anknüpfungspunkt für § 104a.[14]

8 Ohne Bedeutung ist, ob der gemeinnützige Verein einen wirtschaftlichen Geschäftsbetrieb unterhält, der seinerseits nicht steuerbegünstigt ist.[15] Solange dieser dem Nebenzweckprivileg[16] unterfällt und die Erträge dem gemeinnützigen Zweck zufließen, bleibt der Verein insgesamt gemeinnützig.[17] Eine partielle Anwendung der §§ 29–34 allein auf den wirtschaftlichen Geschäftsbetrieb ist ausgeschlossen.[18]

IV. Maßgeblicher Zeitpunkt für die Gemeinnützigkeit

9 § 104a enthält keine ausdrückliche Regelung zum maßgeblichen Zeitpunkt für die Beurteilung der Gemeinnützigkeit.[19] Nach Sinn und Zweck der Norm ist auf den **Zeitpunkt des Wirksamwerdens der Verschmelzung** abzustellen, mithin auf die Eintragung im Register des übernehmenden Rechtsträgers (§ 20 Abs. 1).[20] Erst zu diesem Zeitpunkt entsteht überhaupt ein potentieller Abfindungsanspruch (siehe § 29 Rz. 11 ff. [*Hoppe*]) dessen Ausschluss § 104a anordnet.[21]

10 **Unerheblich** ist demgegenüber, ob der Verein im Zeitpunkt des Verschmelzungsvertrags oder des Verschmelzungsbeschlusses bereits als gemeinnützig anerkannt war.[22] Ebenso

10) Lutter-*Hennrichs*, UmwG, § 104a Rz. 2; *Reul* in: BeckOGK-UmwG, § 104a Rz. 4.

11) Semler/Stengel/Leonard-*Katschinski*/*Wolf*, UmwG, § 104a Rz. 2.

12) Ausf. *Reul* in: BeckOGK-UmwG, § 104a Rz. 3 ff.

13) S. zu den verschiedenen Fallkonstellationen *Reul* in: BeckOGK-UmwG, § 104a Rz. 3; Semler/Stengel/Leonard-*Katschinski*/*Wolf*, UmwG, § 104a Rz. 2 f.

14) Lutter-*Hennrichs*, UmwG, § 104a Rz. 2; *Reul* in: BeckOGK-UmwG, § 104a Rz. 5.

15) *Reul* in: BeckOGK-UmwG, § 104a Rz. 7; Semler/Stengel/Leonard-*Katschinski*/*Wolf*, UmwG, § 104a Rz. 2.

16) BGH, Urt. v. 29.9.1982 – I ZR 88/80, BGHZ 85, 84 = NJW 1983, 569, 571; BGH, Beschl. v. 16.5.2017 – II ZB 7/16, NJW 2017, 1943 = NZG 2017, 705; KG Berlin, Beschl. v. 26.10.2004 – 1 W 269/04, NZG 2005, 361, 362 = NJW-RR 2005, 339.

17) *Reul* in: BeckOGK-UmwG, § 104a Rz. 7.

18) Lutter-*Hennrichs*, UmwG, § 104a Rz. 5; *Reul* in: BeckOGK-UmwG, § 104a Rz. 7.

19) Semler/Stengel/Leonard-*Katschinski*/*Wolf*, UmwG, § 104a Rz. 4.

20) *Reul* in: BeckOGK-UmwG, § 104a Rz. 8; Lutter-*Hennrichs*, UmwG, § 104a Rz. 3; Widmann/Mayer-*Vossius*, UmwR, § 104a UmwG Rz. 9; Semler/Stengel/Leonard-*Katschinski*/*Wolf*, UmwG, § 104a Rz. 4.

21) *Reul* in: BeckOGK-UmwG, § 104a Rz. 8; Semler/Stengel/Leonard-*Katschinski*/*Wolf*, UmwG, § 104a Rz. 4.

22) *Reul* in: BeckOGK-UmwG, § 104a Rz. 9.

wenig kommt es auf frühere Freistellungs- oder Körperschaftsteuerbescheide an; diese können lediglich Indizwirkung entfalten.[23)] Die **Darlegungs- und Beweislast** für das Vorliegen der Gemeinnützigkeit im maßgeblichen Zeitpunkt trägt der Verein, der sich auf den Ausschluss der Barabfindung beruft.[24)]

Fehlt es im Zeitpunkt der Eintragung an der **Gemeinnützigkeit**, ist § 104a nicht anwendbar.[25)] Enthält der Verschmelzungsvertrag in diesem Fall keine Abfindungsregelung, ist der Verschmelzungsbeschluss fehlerhaft; es droht ein Spruchverfahren nach §§ 32, 34.[26)] Umgekehrt erledigt sich ein bereits anhängiges Spruchverfahren, wenn die Gemeinnützigkeit nachträglich festgestellt wird.[27)] 11

V. Rechtsfolgen: Ausschluss der Barabfindung

Rechtsfolge des § 104a ist der **vollständige Ausschluss der** §§ **29–34**. Den Mitgliedern des übertragenden gemeinnützigen Vereins steht weder ein Anspruch auf Barabfindung noch ein Anspruch auf Durchführung eines Spruchverfahrens zu.[28)] Der Gesetzgeber nimmt damit bewusst eine Einschränkung des individualschützenden Umwandlungsrechts zugunsten des übergeordneten Gemeinnützigkeitsinteresses in Kauf. 12

Der Ausschluss ist zwingend. Eine abweichende vertragliche Regelung, die gleichwohl eine Barabfindung vorsieht, wäre mit dem Gemeinnützigkeitsrecht unvereinbar und gefährdete den steuerlichen Status des Vereins. § 104a wirkt damit nicht nur umwandlungsrechtlich, sondern mittelbar auch steuerrechtlich absichernd.[29)] 13

VI. Austrittsrecht der Vereinsmitglieder

Der Ausschluss der Barabfindung wirft die Frage auf, ob den Vereinsmitgliedern stattdessen ein **Sonderaustrittsrecht** zusteht.[30)] Ein solches sieht das Gesetz für gemeinnützige Vereine nicht vor. § 108, der für Mitglieder genossenschaftlicher Prüfungsverbände ein erleichtertes Austrittsrecht gewährt, ist auf Vereinsverschmelzungen nicht anwendbar.[31)] 14

Für den Vereinsaustritt gelten daher ausschließlich die allgemeinen Regelungen des § 39 BGB sowie die satzungsmäßigen Kündigungsfristen.[32)] Die Verschmelzung als solche begründet regelmäßig **keinen wichtigen Grund** für einen fristlosen Austritt.[33)] Nur in atypischen Ausnahmefällen, in denen dem Mitglied unter Würdigung aller Umstände ein Festhalten an der Mitgliedschaft unzumutbar wäre, kann ein außerordentliches Austrittsrecht in Betracht kommen.[34)] 15

---

23) *Reul* in: BeckOGK-UmwG, § 104a Rz. 9.

24) Lutter-*Hennrichs*, UmwG, § 104a Rz. 3; *Reul* in: BeckOGK-UmwG, § 104a Rz. 10.

25) *Reul* in: BeckOGK-UmwG, § 104a Rz. 11.

26) *Reul* in: BeckOGK-UmwG, § 104a Rz. 11.

27) Widmann/Mayer-*Vossius*, UmwR, § 104a UmwG Rz. 14.

28) Semler/Stengel/Leonard-*Katschinski*/*Wolf*, UmwG, § 104a Rz. 9.

29) Vgl. auch Semler/Stengel/Leonard-*Katschinski*/*Wolf*, UmwG, § 104a Rz. 9.

30) Ausf. *Reul* in: BeckOGK-UmwG, § 104a Rz. 14 ff.

31) Widmann/Mayer-*Vossius*, UmwR, § 104a UmwG Rz. 20; *Reul* in: BeckOGK-UmwG, § 104a Rz. 14.

32) *Reul* in: BeckOGK-UmwG, § 104a Rz. 15; Semler/Stengel/Leonard-*Katschinski*/*Wolf*, UmwG, § 104a Rz. 10.

33) *Reul* in: BeckOGK-UmwG, § 104a Rz. 16.

34) Vgl. BGH, Urt. v. 24.3.1954 – II ZR 33/53, DB 1954, 345 = NJW 1954, 953 (LS); s. a. *Reul* in: BeckOGK-UmwG, § 104a Rz. 16.

16 Zulässig bleibt allerdings ein **Verzicht auf die Gewährung einer Mitgliedschaft oder eines Anteils** am übernehmenden Rechtsträger.[35] Ein solcher Verzicht ist im Umwandlungsrecht anerkannt und auch bei der Verschmelzung von Vereinen rechtlich möglich.[36] Er führt nicht zu einer Barabfindung, sondern lediglich dazu, dass das Mitglied seine Mitgliedschaftsrechte nicht fortsetzt.

VII. Gesamtbewertung

17 § 104a ist Ausdruck einer klaren gesetzgeberischen Prioritätensetzung. Die Norm ordnet den individualrechtlichen Schutz der Mitglieder dem Erhalt der steuerlichen Gemeinnützigkeit und der Vermögensbindung unter. Sie verhindert, dass Strukturmaßnahmen im Vereinsrecht zu einer faktischen Vermögensprivatisierung führen, und sichert damit die Integrität des gemeinnützigen Sektors.

18 Dogmatisch fügt sich § 104a stringent in das System der §§ 99–104a ein. Während die übrigen Vorschriften dieses Abschnitts vor allem verfahrens- und organisationsrechtliche Fragen der Vereinsverschmelzung regeln, setzt § 104a einen materiellen Schlusspunkt, indem er die Grenze des Minderheitenschutzes dort zieht, wo dieser mit übergeordneten Gemeinwohlbindungen kollidiert.

35) Semler/Stengel/Leonard-*Katschinski*/*Wolf*, UmwG, § 104a Rz. 11; ausf. *Katschinski*, Die Verschmelzung von Vereinen, 1999, S. 114 ff.

36) *Reul* in: BeckOGK-UmwG, § 104a Rz. 17, nennt die Beispiele der Verschmelzung einer GmbH (§ 54 Abs. 1 Satz 3) und der Verschmelzung einer AG (§ 68 Abs. 1 Satz 3); so auch Semler/Stengel/Leonard-*Katschinski*/*Wolf*, UmwG, § 104a Rz. 11.

Siebenter Abschnitt
Verschmelzung genossenschaftlicher Prüfungsverbände

§ 105
Möglichkeit der Verschmelzung*)

[1]Genossenschaftliche Prüfungsverbände können nur miteinander verschmolzen werden. [2]Ein genossenschaftlicher Prüfungsverband kann ferner als übernehmender Verband einen rechtsfähigen Verein aufnehmen, wenn bei diesem die Voraussetzungen des § 63b Absatz 2 des Genossenschaftsgesetzes bestehen und die in § 107 Abs. 2 genannte Behörde dem Verschmelzungsvertrag zugestimmt hat.

*) § 105 geändert durch Art. 5 des Gesetzes zum Bürokratieabbau und zur Förderung der Transparenz bei Genossenschaften (GenTraG), v. 17.7.2017, BGBl. I 2017, 2434; § 105 i. d. F. des UmwBerG geändert durch Art. 1 des Zweiten Gesetzes zur Änderung des Umwandlungsgesetzes (2. UmwGÄndG), v. 19.4.2007, BGBl. I 2007, 542.

Literatur: *Mayer/Weiler*, Neuregelungen durch das Zweite Gesetz zur Änderung des Umwandlungsgesetzes (Teil I), DB 2007, 1235.

Übersicht

I. Sonderregime für die Verschmelzung genossenschaftlicher Prüfungsverbände (§§ 105–108)

Die §§ 105–108 bilden ein in sich geschlossenes Sonderregime, das die Verschmelzung genossenschaftlicher Prüfungsverbände aus dem allgemeinen Umwandlungsrecht herauslöst und einer **eigenständigen, eng strukturierten Ordnung** unterstellt.[1] Das Regelungskonzept trägt der besonderen Stellung dieser Verbände Rechnung, die – als anerkannte Prüfungsorganisationen nach § 63b GenG[2] – eine zentrale Rolle im System der genossenschaftlichen Selbstverwaltung und staatlich überformten Pflichtprüfung einnehmen. Anders als herkömmliche privatrechtliche Vereinigungen agieren Prüfungsverbände nicht im freien Marktgefüge, sondern in einem rechtlich und organisatorisch hochreglementierten Umfeld, dessen Funktionsfähigkeit unmittelbar von ihrer organisatorischen Stabilität und personellen wie fachlichen Leistungsfähigkeit abhängt.[3] 1

In diesem Kontext verfolgt der Gesetzgeber einen **doppelten Ansatz**: 2

- Einerseits bedarf das Prüfungsverbandswesen der Möglichkeit, sich auf strukturelle, ökonomische und aufsichtsrechtliche Anforderungen einzustellen – durch Konsolidierung, Zusammenlegung und Bündelung von Ressourcen.[4]
- Andererseits muss zugleich verhindert werden, dass die spezifische Aufsichtsarchitektur durch unkontrollierte Umwandlungsprozesse ausgehöhlt wird. Die §§ 105–108 bilden die Balance zwischen diesen beiden Polen.

§ 105 bestimmt, in welchen **Konstellationen** Prüfungsverbände **überhaupt am Verschmelzungsgeschehen teilnehmen dürfen**. Die Norm schränkt die Verschmelzungsfähigkeit konsequent ein und erlaubt im Grundsatz nur die Fusion gleichartiger Verbände.[5] Lediglich in eng umgrenzten Ausnahmefällen, insbesondere bei der Aufnahme prüfungsnaher Vereine mit verbandsfähiger Struktur, wird der Kreis potenzieller Beteiligter erweitert[6] – stets flankiert von der Zustimmung der Aufsichtsbehörde. Damit verhindert § 105, dass das Prüfungswesen durch strukturfremde oder nicht ausreichend qualifizierte Organisationen verwässert wird, und gewährleistet zugleich institutionelle Kontinuität. 3

Auf dieser Grundlage regelt **§ 106** die innerverbandliche Willensbildung.[7] Der Verschmelzungsbeschluss der Mitgliederversammlung ist das zentrale Legitimationsmoment des gesamten Vorgangs. Die Norm verweist auf die **vereinsrechtlichen Vorschriften** der §§ 101–103, modifiziert sie aber an den praktischen Gegebenheiten großer Prüfungsverbände.[8] Die Vorbereitung, Durchführung und Beschlussfassung unterliegt hohen Anforderungen an Transparenz und Informationsdichte (siehe § 106 Rz. 8 ff. [*Knaier*]). Die 4

1) S. a. *Bloehs* in: BeckOGK-UmwG, § 105 Rz. 1.
2) Vgl. Beuthien-*Schöpflin*, GenG, § 63b Rz. 1.
3) S. hierzu Beuthien-*Schöpflin*, GenG, § 54 Rz. 3.
4) Einschränkend Widmann/Mayer-*Vossius*, UmwR, § 105 UmwG Rz. 9.
5) Widmann/Mayer-*Vossius*, UmwR, § 105 UmwG Rz. 4 ff.; *Bloehs* in: BeckOGK-UmwG, § 105 Rz. 16 ff.
6) Widmann/Mayer-*Vossius*, UmwR, § 105 UmwG Rz. 4.
7) *Bloehs* in: BeckOGK-UmwG, § 106 Rz. 1.
8) *Bloehs* in: BeckOGK-UmwG, § 106 Rz. 1 ff.

Mitgliederversammlungen der beteiligten Verbände – oder deren Vertreterversammlungen – tragen die originäre Verantwortung für diese strukturelle Grundsatzentscheidung (siehe § 106 Rz. 4 [*Knaier*]).

5 § 107 ergänzt das System um die **register- und aufsichtsrechtlichen Vollzugsanforderungen.**[9] Die Vorstände der beteiligten Verbände haben die Verschmelzung zur Eintragung anzumelden, der zuständigen Aufsichtsbehörde anzuzeigen und die Mitglieder des übernehmenden Verbands über die Eintragung unverzüglich zu unterrichten (siehe § 107 Rz. 10 ff. [*Knaier*]).[10] Die Norm verweist damit auf eine dreifache Verantwortungsebene: gegenüber dem Register zur Herbeiführung der konstitutiven Eintragung, gegenüber der Aufsicht zur Sicherung der Funktionsfähigkeit des Prüfungswesens und gegenüber den Mitgliedern zur Gewährleistung innerverbandlicher Transparenz (siehe § 107 Rz. 3 ff. [*Knaier*]).

6 Schließlich enthält § 108 eine **mitgliederschützende Vorschrift.**[11] Mitglieder des übertragenden Prüfungsverbands, deren Mitgliedschaft kraft Gesamtrechtsnachfolge auf den übernehmenden Verband übergeht, sollen nicht durch lange Kündigungsfristen an eine Struktur gebunden werden, die sie selbst nicht gewählt haben.[12] Die Norm kappt daher überlange satzungsmäßige Kündigungsfristen und gewährleistet den Betroffenen ein Austrittsrecht mit maximal der Frist des § 39 BGB.[13] Damit bildet § 108 den normativen Abschluss des Sonderregimes, indem er strukturelle Konsolidierung und mitgliedschaftliche Selbstbestimmung in ein ausgewogenes Verhältnis setzt.

7 Insgesamt bilden §§ 105–108 ein kohärentes, teleologisch stringentes Regelwerk, das die Verschmelzung genossenschaftlicher Prüfungsverbände vollständig aus dem allgemeinen Umwandlungsrecht heraushebt. Das System verbindet enge Zugangsvoraussetzungen, eine qualifizierte innerverbandliche Legitimationsschicht, eine klare Vollzugsverantwortung der Leitungsorgane und einen begrenzten, aber hoch wirksamen Mitgliederschutz. Vor allem aber reflektiert es die Überzeugung des Gesetzgebers, dass das Prüfungswesen als **kritische Infrastruktur des Genossenschaftsrechts** besonderer institutioneller Sicherung bedarf: Strukturelle Anpassung muss möglich sein – strukturelle Erosion nicht.

8 Die besondere Stellung der Prüfungsverbände im Umwandlungsrecht erschöpft sich nicht in der Verschmelzung. Die Systematik der §§ 105–108 weist zugleich deutliche Parallelen zu den nur teilweise bestehenden umwandlungsrechtlichen Sondervorschriften für **Spaltungen und Formwechsel solcher Verbände** auf. Über § 125 wird das hier geregelte Sonderregime auf die **Spaltung** genossenschaftlicher Prüfungsverbände erstreckt, die ihrerseits in § 150 eine eigenständige Ausprägung erfährt.[14] § 150 übernimmt die Leitgedanken der §§ 105–108 für den Spaltungsvorgang und ordnet an, dass Spaltungen von Prüfungsverbänden nur unter vergleichbar engen personellen und sachlichen Voraussetzungen zulässig sind. Die dortigen Spaltungsbeschlüsse der Mitgliederversammlungen unterliegen denselben satzungs- und aufsichtsrechtlichen Anforderungen wie Verschmelzungsbeschlüsse nach § 106; die Pflichten der Vorstände zur Anmeldung, Anzeige und Information orientieren sich an § 107. Damit unterwirft der Gesetzgeber strukturelle Aufspaltungen – ebenso wie Zusammenschlüsse – einem identischen Legitimations- und Kontrollgefüge.

9) *Bloehs* in: BeckOGK-UmwG, § 107 Rz. 1.
10) *Bloehs* in: BeckOGK-UmwG, § 107 Rz. 2 ff.
11) *Bloehs* in: BeckOGK-UmwG, § 108 Rz. 6 ff.
12) *Bloehs* in: BeckOGK-UmwG, § 108 Rz. 2.
13) *Bloehs* in: BeckOGK-UmwG, § 108 Rz. 12 ff.
14) Widmann/Mayer-*Vossius*, UmwR, § 105 UmwG Rz. 6.

Für **Formwechsel** gilt Entsprechendes im Ergebnis, wenn auch nicht über eine eigenständige Spezialnorm:[15] Die enge Verknüpfung mit dem Genossenschafts- und Prüfungsrecht führt dazu, dass ein Wechsel in eine andere Rechtsform regelmäßig an den Anerkennungs- und Zweckvorgaben des § 63b GenG und an der Aufsichtssystematik scheitert. Soweit ein Formwechsel überhaupt in Betracht kommt, greifen dieselben Leitgedanken: Bindung an das Prüfungsrecht, Sicherung der Aufsichtszuständigkeit, Schutz der Mitgliederposition und registerrechtlich gesteuerte Transparenz. Aufgrund der regelmäßig vorgefundenen Rechtsform der meisten Prüfungsverbände sind meist die §§ 272–290 zu beachten. Die Parallelität der Mechanismen bei Verschmelzung, Spaltung (§ 150) und potenziellen Formwechseln macht deutlich, dass der Gesetzgeber sämtliche grundlegenden Organisationsänderungen von Prüfungsverbänden als systemrelevante Vorgänge begreift, die nicht dem freien Verbandsbelieben überlassen werden dürfen, sondern einer eng kontrollierten, auf Funktionssicherung ausgerichteten Umbauordnung unterliegen. 9

II. Stellung der Norm und systematische Einordnung

§ 105 regelt die Möglichkeit der Verschmelzung genossenschaftlicher Prüfungsverbände in einer Weise, die deren besondere Stellung im Gefüge des Genossenschafts- und Aufsichtsrechts widerspiegelt.[16] Die Norm steht am Beginn des siebten Abschnitts über die Verschmelzung genossenschaftlicher Prüfungsverbände (§§ 105–108) und bildet das Eingangstor dieses Sonderregimes. Sie enthält in zwei Sätzen den **personalen und sachlichen Rahmen**, innerhalb dessen Prüfungsverbände überhaupt am Umwandlungsverkehr teilnehmen dürfen, und beschränkt diese Teilnahmemöglichkeit bewusst auf **wenige, eng definierte Konstellationen.**[17] Damit korrigiert § 105 den allgemeinen Verschmelzungstatbestand des § 3 für diesen speziellen Verbandstyp und schränkt die Verschmelzungsmöglichkeiten für Prüfungsverbände, die grundsätzlich zu den uneingeschränkt verschmelzungsfähigen Rechtsträgern gehören ein.[18] 10

Die **Verbandslandschaft** ist in der Praxis durch eine begrenzte Zahl großer Spitzen- bzw. Regionalverbände geprägt, die jeweils bestimmte Sektoren (insbesondere Bank-, Wohnungs- und landwirtschaftliche Genossenschaften) oder Regionen abdecken und in denen sich die überwiegende Mehrzahl der Genossenschaften organisiert.[19] Daneben bestehen kleinere, teils sektoral spezialisierte Verbände.[20] Diese Verbandsstruktur unterliegt seit Jahren einem Konsolidierungsdruck: fachliche Spezialisierung, zunehmende Komplexität der Prüfung – nicht zuletzt infolge europarechtlicher Vorgaben zur Abschlussprüfung – und wirtschaftliche Erwägungen sprechen für die Bündelung von Ressourcen, die Ausdünnung kleiner Verbände und die Schaffung leistungsfähigerer Einheiten. Die Möglichkeit der Verschmelzung dient in diesem Kontext primär der **organisatorischen Reorganisation des Prüfungswesens**, ist aber wegen seiner aufsichtsrechtlichen Implikationen nicht als bloß privatrechtlicher Fusionsmechanismus zu begreifen, sondern als Bestandteil einer umfassenden Struktursteuerung. 11

Vor diesem Hintergrund erklärt sich die dogmatische Grundentscheidung des Gesetzgebers, genossenschaftliche Prüfungsverbände nur in einem sehr begrenzten Rahmen am Verschmelzungsgeschehen zu beteiligen. 12

---

15) Widmann/Mayer-*Vossius*, UmwR, § 105 UmwG Rz. 7.
16) Widmann/Mayer-*Vossius*, UmwR, § 105 UmwG Rz. 2.
17) Widmann/Mayer-*Vossius*, UmwR, § 105 UmwG Rz. 4 f.; *Bloehs* in: BeckOGK-UmwG, § 105 Rz. 16 ff.
18) Widmann/Mayer-*Vossius*, UmwR, § 105 UmwG Rz. 18; *Bloehs* in: BeckOGK-UmwG, § 105 Rz. 16.
19) S. hierzu die Bsp. bei *Bloehs* in: BeckOGK-UmwG, § 105 Rz. 8.1 ff.
20) S. hierzu die Bsp. bei *Bloehs* in: BeckOGK-UmwG, § 105 Rz. 8.1 ff.

III. Genossenschaftliche Prüfungsverbände als Gegenstand der Norm

13 Ausgangspunkt der Auslegung ist die Einbettung der Norm in das Verbands- und Prüfungsrecht des GenG[21]. Genossenschaftliche Prüfungsverbände sind in § 63b GenG eigenständig definiert: Es handelt sich regelmäßig um **rechtsfähige Vereine**, deren Mitgliederkreis im Kern aus eG und solchen Unternehmen besteht, die sich ganz oder überwiegend in der Hand von Genossenschaften befinden oder dem Genossenschaftswesen dienen und denen die zuständige Aufsichtsbehörde ein **gesetzliches Prüfungsrecht verliehen** hat.[22] Dieses Prüfungsrecht ist nicht bloß eine privatrechtliche Dienstleistungsbefugnis, sondern Teil eines gesetzlich ausgestalteten Pflichtprüfungssystems, dem sämtliche Genossenschaften zugeordnet sind; jeder Verband unterliegt zudem einer intensiven staatlichen Aufsicht.[23]

14 Die Verleihung des Prüfungsrechts stellt dabei keine klassische Beleihung zur Wahrnehmung hoheitlicher Aufgaben dar, sondern die **öffentlich-rechtliche Anerkennung eines privatrechtlich organisierten Körpers**, der kraft Gesetzes mit der Erfüllung einer zentralen Funktionsaufgabe des Genossenschaftsrechts betraut ist;[24] die Aufsichtsbehörde behält sich Kontrolle und ggf. Entzug des Prüfungsrechts ausdrücklich vor (§ 64a GenG).[25] Aus dieser „hybriden" Stellung zwischen privatrechtlicher Organisationsform und öffentlich-rechtlich überformter Aufgabenwahrnehmung erklärt sich, dass der Gesetzgeber die strukturelle Integrität der Prüfungsverbände nicht allein dem allgemeinen Gesellschaftsrecht überlässt, sondern im Umwandlungsrecht einen eigenen Abschnitt mit spezialgesetzlichen Regeln geschaffen hat.

IV. Struktur des Prüfungsverbandswesens und Reformanlässe

15 Die Verbandslandschaft ist – wie dargestellt – durch eine begrenzte Anzahl leistungsfähiger Spitzen- und Regionalverbände sowie durch kleinere, teilweise hochspezialisierte Verbände gekennzeichnet. Zunehmende regulatorische Anforderungen (etwa aus dem europäischen Abschlussprüfungsrecht), die wirtschaftliche Notwendigkeit einer hinreichenden Prüfungsdichte und die Professionalisierung der Verbandsarbeit erzeugen einen **anhaltenden Druck zur Konzentration.** Verschmelzungen werden hier zum Mittel der Wahl, um personelle, fachliche und finanzielle Ressourcen zu bündeln, Doppelstrukturen abzubauen und die Prüfungskapazitäten dauerhaft zu sichern.

16 Die Möglichkeit der Verschmelzung genossenschaftlicher Prüfungsverbände ist damit Ausdruck und Instrument einer gesteuerten Strukturpolitik im Prüfungswesen. Sie ist nicht als „freie" unternehmerische Fusionsoption, sondern als Teil eines **regulierten Aufsichtsmodells** zu verstehen. Dies erklärt, warum der Gesetzgeber die Verschmelzungsfähigkeit der Verbände aus dem allgemeinen Verschmelzungsregime des § 3 herausnimmt und im Siebten Abschnitt einer eigenständigen, aufsichtsrechtlich gerahmten Ordnung unterstellt.

V. Verschmelzungsfähigkeit nur unter Prüfungsverbänden (§ 105 Satz 1)

17 Vor diesem Hintergrund erklärt sich die dogmatische Grundentscheidung des Gesetzgebers, genossenschaftliche Prüfungsverbände nur in einem sehr begrenzten Rahmen am Verschmelzungsgeschehen zu beteiligen. Satz 1 des § 105 bestimmt, dass genossenschaftliche Prüfungsverbände **„nur miteinander"** verschmolzen werden können. Schon der

21) Genossenschaftsgesetz (GenG), v. 16.10.2006, BGBl. I 2006, 2230.

22) Beuthien-*Schöpflin*, GenG, § 63b Rz. 1 ff.

23) Beuthien-*Schöpflin*, GenG, § 64 Rz. 3 ff.

24) S. hierzu näher Beuthien-*Schöpflin*, GenG, § 55 Rz. 1.

25) Zu den Voraussetzungen Beuthien-*Schöpflin*, GenG, § 64a Rz. 1 ff.

Wortlaut betont die Exklusivität des zulässigen Kreises an Fusionspartnern: Zulässig sind allein Zusammenschlüsse von Prüfungsverband zu Prüfungsverband.[26] Ein Prüfungsverband darf sich weder mit einer Genossenschaft noch mit einer Kapitalgesellschaft, auch nicht mit sonstigen Körperschaften oder Stiftungen verschmelzen; ebenso ausgeschlossen ist die Beteiligung eines Prüfungsverbandes als übertragender oder übernehmender Rechtsträger an einer mehrpoligen Verschmelzung, wenn auf der anderen Seite ein nicht genossenschaftlicher Prüfungsverband beteiligt wäre.[27] Die Norm stellt damit klar, dass Prüfungsverbände gerade nicht in den allgemeinen Markt der Unternehmensumwandlungen entlassen werden, sondern ein in sich geschlossenes, auf sich selbst bezogenes System bilden.

Die Beschränkung betrifft **sowohl Verschmelzungen durch Aufnahme als auch Verschmelzungen zur Neugründung.**[28] Auch wenn § 105 selbst den Begriff der Neugründung nicht nennt, ist nach der systematischen Stellung im UmwG und der Entstehungsgeschichte – insbesondere der Änderung durch das 2. UmwGÄndG[29] – davon auszugehen, dass Prüfungsverbände, die die Voraussetzungen des § 63b GenG erfüllen, sich sowohl im Wege der Aufnahme als auch im Wege der Neugründung zusammenschließen dürfen, solange sämtliche beteiligten Verbandsträger genossenschaftliche Prüfungsverbände sind.[30] Die normative Klammer bleibt stets, dass weder auf der übertragenden noch auf der übernehmenden Seite ein Rechtsträger beteiligt sein darf, der nicht mit Prüfungsrecht ausgestattet ist; ein „Hineinwachsen" anderer Rechtsträger in die Prüfungslandschaft über die Hintertür der Verschmelzung wird so unterbunden.[31] 18

VI. Aufnahme rechtsfähiger Vereine als eng begrenzte Ausnahme (§ 105 Satz 2)

Noch deutlicher tritt dieser Schutzgedanke in Satz 2 hervor, der **einen einzigen Öffnungstatbestand** formuliert.[32] Danach kann ein genossenschaftlicher Prüfungsverband als übernehmender Rechtsträger einen **rechtsfähigen Verein aufnehmen,** wenn bei diesem Verein die materiellen Voraussetzungen des § 63b Abs. 2 GenG erfüllt sind und die in § 107 Abs. 2 bezeichnete **Behörde** dem Verschmelzungsvertrag **zustimmt.**[33] Der Gesetzgeber erlaubt damit ausnahmsweise, dass prüfungsnahe Vereinsträger,[34] die bislang noch nicht als Prüfungsverbände anerkannt sind, im Wege der Verschmelzung in den Kreis der Prüfungsverbände einbezogen werden. Gleichzeitig werden aber hohe Hürden aufgestellt:[35] Der Verein muss strukturell bereits so ausgestaltet sein, wie es das GenG vom Prüfungsverband verlangt – insbesondere hinsichtlich Mitgliederkreis, Zweckbin- 19

26) *Bloehs* in: BeckOGK-UmwG, § 105 Rz. 19; Semler/Stengel/Leonard-*Katschinski*/*Wolf*, UmwG, § 105 Rz. 6; Widmann/Mayer-*Vossius*, UmwR, § 105 UmwG Rz. 4.

27) Widmann/Mayer-*Vossius*, UmwR, § 105 UmwG Rz. 4 f.

28) *Bloehs* in: BeckOGK-UmwG, § 105 Rz. 17; Widmann/Mayer-*Vossius*, UmwR, § 105 UmwG Rz. 4.

29) Zweites Gesetz zur Änderung des Umwandlungsgesetzes (2. UmwGÄndG), v. 19.4.2007, BGBl. I 2007, 542.

30) Ausf. *Bloehs* in: BeckOGK-UmwG, § 105 Rz. 17.

31) Vgl. hierzu auch die Ausführungen bei *Bloehs* in: BeckOGK-UmwG, § 105 Rz. 20.1 ff. zu den aufgeworfenen Fragen im Zusammenhang damit, dass der Gesetzgeber die Rechtsform der Prüfungsverbände nicht zwingend vorgegeben hat.

32) Semler/Stengel/Leonard-*Katschinski*/*Wolf*, UmwG, § 105 Rz. 6; *Mayer*/*Weiler*, DB 2007, 1235, 1240 f.

33) Widmann/Mayer-*Vossius*, UmwR, § 105 UmwG Rz. 4; Semler/Stengel/Leonard-*Katschinski*/*Wolf*, UmwG, § 105 Rz. 6.

34) *Bloehs* in: BeckOGK-UmwG, § 105 Rz. 19; Lang/Weidmüller-*Holthaus*/*Lehnhoff*, GenG, § 63b Rz. 2.

35) *Bloehs* in: BeckOGK-UmwG, § 105 Rz. 19.

dung, Unabhängigkeit und fehlender Gewinnerzielungsabsicht –, es fehlt lediglich an der formellen Verleihung des Prüfungsrechts.[36)]

20 Dieser Mechanismus erfüllt eine klare Transformationsfunktion. Er reagiert auf Konstellationen, in denen sich in der Praxis vereinsrechtlich organisierte Einrichtungen gebildet haben, die faktisch Beratungs-, Prüfungs- oder Überwachungsaufgaben für einen Kreis von Genossenschaften wahrnehmen, aber noch nicht oder nicht mehr als Prüfungsverband i. S. des GenG anerkannt sind. Durch die Verschmelzung mit einem bestehenden Prüfungsverband kann deren personelle und organisatorische Substanz in das regulierte Verbandswesen integriert werden, ohne den strengen Zulässigkeitsanforderungen auszuweichen: Die **materiellen Voraussetzungen müssen bereits beim Verein erfüllt sein**; die formelle Anerkennung erfolgt mittelbar über die Aufnahme in einen bestehenden, bereits anerkannten Prüfungsverband.

21 Zwingend ist dabei, dass der **Verein nur übertragender, nicht aber übernehmender Rechtsträger** sein kann.[37)] Die Vorschrift gestattet also keine Konstellation, in der ein nicht anerkannter, aber „verbandsähnlicher" Verein einen Prüfungsverband aufnimmt und damit gleichsam selbst zum Prüfungsverband wird. Dies verbietet schon der Wortlaut („als übernehmender Verband einen rechtsfähigen Verein aufnehmen"); systematisch wäre eine solche Konstruktion mit dem Anerkennungssystem des GenG unvereinbar, das die Verleihung des Prüfungsrechts an eine vorab geprüfte Organisationsstruktur knüpft und diese Verleihung in einem eigenständigen Verwaltungsverfahren bündelt.[38)]

VII. Zustimmung der Aufsichtsbehörde und Fehlerfolgen

22 Zentrales Sicherungselement des Satzes 2 ist die **Zustimmung der Aufsichtsbehörde** nach § 107 Abs. 2. Diese Zustimmung ist keine bloße Formalie, sondern ein **materieller Genehmigungsvorbehalt**, der die Vereinbarkeit der Verschmelzung mit den Anforderungen des Prüfungs- und Aufsichtsrechts sicherstellen soll.[39)] Die Behörde hat zu prüfen, ob der Verein tatsächlich die materiellen Voraussetzungen des § 63b Abs. 2 GenG erfüllt, ob die Verschmelzung die Funktionsfähigkeit und Unabhängigkeit des übernehmenden Prüfungsverbands stärkt oder zumindest nicht beeinträchtigt und ob die künftige Prüfungsorganisation – auch im Hinblick auf personelle und finanzielle Ressourcen – eine ordnungsgemäße Wahrnehmung der gesetzlichen Prüfungsaufgaben erwarten lässt.[40)] Gerade bei der Integration kleiner oder stärker regional geprägter Vereinsstrukturen kann es etwa um die Frage gehen, ob lokale Interessenkonstellationen die gebotene Prüfungsdistanz gefährden würden oder ob ausreichende Qualitäts- und Compliance-Strukturen bestehen.

23 Fehlt es an der erforderlichen Zustimmung, ist der Verschmelzungsvertrag in diesem Punkt **nicht vollzugsfähig**; das Registergericht darf die Eintragung der Verschmelzung nicht vornehmen.[41)] Die Zustimmung ist damit gleichzeitig **Eintragungsvoraussetzung und materielles Wirksamkeitserfordernis.**[42)] Eine gleichwohl erfolgte Registereintragung wäre als rechtswidrige Eintragung einer fehlerhaften Umwandlung zu qualifizieren; dog-

---

36) *Bloehs* in: BeckOGK-UmwG, § 105 Rz. 19.

37) *Bloehs* in: BeckOGK-UmwG, § 105 Rz. 19.

38) Semler/Stengel/Leonard-*Katschinski*/*Wolf*, UmwG, § 105 Rz. 6.

39) S. hierzu auch ausf. Widmann/Mayer-*Vossius*, UmwR, § 105 UmwG Rz. 25 ff.

40) Widmann/Mayer-*Vossius*, UmwR, § 105 UmwG Rz. 25 ff.

41) Vgl. hierzu auch s. OLG Hamm, Beschl. v. 26.9.1996 – 15 W 151/96, NJW 1997, 666 = DB 1997, 268 sowie OLG Hamm, Beschl. v. 18.11.1996 – 15 W 346/96, DB 1997, 418 = NJW-RR 1997, 1530; Widmann/Mayer-*Vossius*, UmwR, § 105 UmwG Rz. 31.

42) So wohl auch Widmann/Mayer-*Vossius*, UmwR, § 105 UmwG Rz. 31.

matisch ist dann die allgemeine Fehlerfolgendogmatik des Umwandlungsrechts heranzuziehen, die typischerweise – aus Gründen der Verkehrssicherheit – zur Wirksamkeit des Strukturvorgangs im Außenverhältnis bei gleichzeitiger Öffnung von Kompensationsansprüchen und aufsichtsrechtlichen Eingriffsmöglichkeiten tendiert (siehe dazu § 20 Rz. 66 ff. [*Lubberich*]). Angesichts der stark aufsichtsrechtlich geprägten Materie spricht jedoch viel dafür, die Versagung oder das Fehlen der Zustimmung besonders restriktiv zu behandeln: Dem Register ist angesichts des klaren gesetzlichen Zustimmungsvorbehalts ein weiter Prüfungsmaßstab aufzuerlegen; bleibt ein Mangel unentdeckt, drängt sich eine Korrektur im Verwaltungswege (etwa durch Entzug oder Ruhen des Prüfungsrechts, Anordnung organisatorischer Maßnahmen) auf.

VIII. Verhältnis zu § 3 und grenzüberschreitende Bezüge

Die Vorschrift steht in einem spezifischen Verhältnis zu § 3. Während § 3 den Kreis der verschmelzungsfähigen Rechtsträger breit und weitgehend technologieneutral fasst, nimmt § 105 die genossenschaftlichen Prüfungsverbände vollständig aus diesem allgemeinen System heraus und ordnet sie einem eigenen Sonderabschnitt zu.[43] Die in § 3 vorgesehene Verschmelzungsfähigkeit etwa von Genossenschaften, Kapitalgesellschaften oder Vereinen eröffnet daher keine „alternative Einflugschneise" für Prüfungsverbände. Sobald ein Rechtsträger Prüfungsverband i. S. des GenG ist, unterliegt er im Umwandlungsrecht ausschließlich den Vorschriften der §§ 105 ff.; eine Verschmelzung nach § 3 scheidet aus.[44] Umgekehrt bleiben m. E. Vereine, die nicht Prüfungsverband sind und auch nicht die Voraussetzungen des § 63b Abs. 2 GenG erfüllen, i. R. des § 3 UmwG verschmelzungsfähig; sie können dann allerdings nicht an die Stelle eines Prüfungsverbandes treten und auch nicht mit diesem verschmolzen werden. 24

In **grenzüberschreitender Hinsicht** ist zu berücksichtigen, dass § 105 nur das innerstaatliche Zusammenspiel genossenschaftlicher Prüfungsverbände regelt. Prüfungsverbände stehen typischerweise in einem national ausgerichteten Aufsichts- und Prüfungsgefüge; die grenzüberschreitende Verschmelzung nach §§ 305 ff. ist auf Kapitalgesellschaften zugeschnitten und findet auf Prüfungsverbände keine Anwendung.[45] Für ausländische Institutionen, die funktional den deutschen Prüfungsverbänden entsprechen, ist daher zu klären, ob sie als „prüfungsverbandsähnliche" Vereine i. S. des § 63b Abs. 2 GenG angesehen werden können; in diesen Fällen wäre eine Integration über § 105 Satz 2 denkbar, allerdings m. E. nur unter enger Anknüpfung an das deutsche Aufsichts- und Prüfungsrecht und nach vorgelagerter behördlicher Bewertung. 25

IX. Praktische Bedeutung und Gestaltungsanforderungen

In der praktischen Anwendung gewinnt § 105 vor allem in **drei Konstellationen** Bedeutung. 26

- Zum einen erlaubt die Norm die Bündelung und Konzentration ehemals kleinteiliger Verbandsstrukturen: kleinere Prüfungsverbände können in größere Einheiten integriert werden, wodurch sich Prüfungsqualität und Ressourceneinsatz verbessern lassen.
- Zum zweiten dient die Vorschrift als Transformationsbrücke für prüfungsnahe Vereine, die historisch gewachsen sind, aber bisher außerhalb des formellen Prüfungsver-

43) S. a. Widmann/Mayer-*Vossius*, UmwR, § 105 UmwG Rz. 18.

44) *Bloehs* in: BeckOGK-UmwG, § 105 Rz. 18; Semler/Stengel/Leonard-*Katschinski*/*Wolf*, UmwG, § 105 Rz. 5 f.

45) So auch *Bloehs* in: BeckOGK-UmwG, § 105 Rz. 22 – m. Verweis auf die vor dem UmRUG relevante Vorschrift des § 122b Abs. 1 a. F.

bandsstatus stehen; ihre Integration in einen anerkannten Prüfungsverband ermöglicht eine einheitliche Aufsicht und Qualitätskontrolle.

– Zum dritten stellt § 105 sicher, dass die Organisation der Prüfungsverbände – etwa im Gefolge markt- und aufsichtsrechtlicher Veränderungen, z. B. aufgrund neuer europäischer Prüfungsvorgaben – flexibilisiert werden kann, ohne dass der Charakter dieser Verbände als integraler Bestandteil einer staatlich regulierten Aufsichtsarchitektur aufgegeben wird.

27 Für die **Gestaltungspraxis** ergibt sich hieraus ein deutliches **Pflichtenprogramm.** Jede geplante Verschmelzung unter Beteiligung eines Prüfungsverbands muss parallel zu den umwandlungsrechtlichen Voraussetzungen – Verschmelzungsvertrag, Bericht, Zustimmung der Mitglieder – stets die genossenschafts- und aufsichtsrechtliche Dimension mitdenken. Insbesondere ist der Entwurf der künftigen Verbandssatzung, der Governance-Struktur und der internen Prüfungsorganisation eng mit der Aufsichtsbehörde abzustimmen, um die Zustimmung nach § 107 Abs. 2 auf eine tragfähige Grundlage zu stellen. Auf der Seite eines möglicherweise aufzunehmenden Vereins ist frühzeitig sicherzustellen, dass Mitgliederkreis, Zweckbestimmung, Vermögensbindung und interne Kontrolle den Anforderungen des § 63b Abs. 2 GenG entsprechen; andernfalls droht nicht nur die Versagung der Zustimmung, sondern auch ein nachhaltiger Vertrauensverlust in die Integrität des Prüfungswesens.

28 § 105 ist daher weniger als technische Verschmelzungsvorschrift, sondern als strukturpolitische Schlüsselnorm des genossenschaftlichen Prüfungswesens zu verstehen. Die Vorschrift schirmt die Prüfungsverbände vor einer Beliebigkeit der Organisationsformen ab, erlaubt zugleich punktuell notwendige Konsolidierungen und Integrationen und bindet all dies an eine enge Kontrolle durch die staatliche Aufsicht. Für die Auslegung und Anwendung ist deshalb stets von der übergeordneten Funktion der Prüfungsverbände im System des Genossenschaftsrechts auszugehen; nur wenn deren Funktionsfähigkeit und Unabhängigkeit unangetastet bleiben oder gestärkt werden, kann eine Verschmelzung als mit § 105 vereinbar angesehen werden.

§ 106

Vorbereitung, Durchführung und Beschluß der Mitgliederversammlung

Auf die Vorbereitung, die Durchführung und den Beschluß der Mitgliederversammlung sind die §§ 101 bis 103 entsprechend anzuwenden.

Übersicht

I. Stellung der Norm und systematische Einordnung

1 § 106 konkretisiert für genossenschaftliche Prüfungsverbände die vorbereitenden und beschlussmäßigen Schritte zur Verschmelzung, indem er auf die vereinsrechtliche Verschmelzungsordnung der §§ 101–103 verweist.[1] Die Vorschrift ergänzt damit § 105, der den Kreis der verschmelzungsfähigen Rechtsträger definiert (siehe dazu § 105 Rz. 13 f. [*Knaier*]), um die interne Willensbildungs- und Legitimationsseite: Während § 105 die „Ob"-Frage der Verschmelzung prüft, regelt § 106 das **„Wie" der innerverbandlichen Entscheidung.** Dogmatischer Anknüpfungspunkt ist die vereinsrechtliche Grundstruktur der Prüfungsverbände – in der Praxis handelt es sich nahezu ausnahmslos um eingetragene Vereine[2] –, zugleich bleibt aber ihr aufsichtsrechtlicher Sonderstatus im Genossenschafts- und Prüfungsrecht prägend.[3]

2 Der **Verweischarakter** des § 106 ist weitreichend, aber nicht schrankenlos. Die Norm nimmt die §§ 99 ff. nicht unterschiedslos in Bezug, sondern integriert sie in ein durch § 105 und die genossenschaftsrechtlichen Vorgaben strukturiertes Spezialregime. Das führt zu einer doppelten Differenzierung:

- Zum einen gelten die vereinsrechtlichen Regeln für die Mitgliederversammlungen der beteiligten Prüfungsverbände nur insoweit, als nicht Prüfungsverbands-[4] oder Aufsichtsrecht speziellere Anordnungen trifft;
- zum anderen werden einzelne vereinsrechtliche Instrumente – allen voran die obligatorische Verschmelzungsprüfung – bewusst nicht übernommen.[5]

II. Persönlicher und sachlicher Anwendungsbereich

3 **Adressaten** des § 106 sind ausschließlich solche Rechtsträger, die nach § 105 als an einer Verschmelzung beteiligte genossenschaftliche Prüfungsverbände (siehe dazu § 105 Rz. 13 f. [*Knaier*]) in Betracht kommen.[6] Die Mitgliederversammlungen, deren Vorbereitung, Durchführung und Beschlussfassung geregelt werden, sind damit die **Verbandsversammlungen** (möglich auch in Form einer Vertreterversammlung)[7] dieser Prüfungsverbände,[8] nicht die General- oder Vertreterversammlungen der Mitgliedsgenossenschaften. § 106 bildet damit nicht, wie bereits dem Verweis immanent ist, eine zu den §§ 101–103 korrespondierende Regelung sondern auch eine parallele Regelung zu den §§ 82–84, die bei der Verschmelzung unter Beteiligung von Genossenschaften die Vorbereitung, Durchführung und Beschlussfassung der Generalversammlung regeln.[9]

---

1) *Bloehs* in: BeckOGK-UmwG, § 106 Rz. 1; Widmann/Mayer-*Vossius*, UmwR, § 106 UmwG Rz. 5.

2) S. Beuthien-*Schöpflin*, GenG, § 63b Rz. 1; *Leißl* in: Althanns/Leißl, GenG-Hdb., § 63b Rz. 4.

3) Zur Verleihung des Prüfungsrechts durch die Aufsichtsbehörde Pöhlmann/Fandrich/Bloehs-*Bloehs*, GenG, § 63 Rz. 1 ff.

4) Ausf. zur Bedeutung von Satzungsregeln in diesem Zusammenhang *Bloehs* in: BeckOGK-UmwG, § 106 Rz. 4 ff.

5) Begr. Fraktionsentwurf UmwBerG, BT-Drucks. 12/6699, S. 112; ausf. dazu *Bloehs* in: BeckOGK-UmwG, § 106 Rz. 16.1 mit Hinweis darauf, dass es zweckmäßig sein könnte, eine obligatorische Verschmelzungsprüfung vorzusehen.

6) *Bloehs* in: BeckOGK-UmwG, § 106 Rz. 2.

7) So auch *Bloehs* in: BeckOGK-UmwG, § 106 Rz. 7; s. a. allgemein Grüneberg-*Ellenberger*, BGB, § 32 Rz. 1.

8) *Bloehs* in: BeckOGK-UmwG, § 106 Rz. 4, verweist darauf, dass die Mitgliederversammlung in manchen Prüfungsverbänden auch die Bezeichnung „Verbandstag" trägt.

9) *Bloehs* in: BeckOGK-UmwG, § 106 Rz. 1.

4 **Sachlich** erstreckt sich § 106 auf sämtliche mit der Verschmelzung verbundenen Beschlussgegenstände der Mitgliederversammlungen.[10] Dazu gehören insbesondere die Zustimmung zum Verschmelzungsvertrag,[11] ggf. ergänzende Satzungsänderungen, organisatorische Folgeentscheidungen[12] (z. B. Anpassung der Verbandsorgane, Regelung der Übergangsorganisation) sowie m. E. jedenfalls auch flankierende Beschlüsse, die aus dem Verschmelzungsvorgang notwendig erwachsen. Für die Verschmelzung von Prüfungsverbänden gelten über den Verweis hinaus auch die die allgemeinen Vorschriften der §§ 4 ff. über die Verschmelzung.[13] Dass § 106 über den Verweis in § 125 auch für die **Spaltung** von Prüfungsverbänden entsprechend gilt, zeigt, dass der Gesetzgeber ihn als generelle Willensbildungsnorm für strukturverändernde Verbandsmaßnahmen der Prüfungsverbände konzipiert hat.[14]

III. Satzungsautonomie und subsidiäre Geltung des Vereinsrechts

5 Ausgangspunkt für die Vorbereitung und Durchführung der Mitgliederversammlungen ist die Satzung des jeweiligen Prüfungsverbands.[15] Sie bestimmt typischerweise Einberufungszuständigkeit, Fristen, Form der Einladung, Tagesordnungserfordernisse, Beschluss- und Vertretungsregelungen sowie etwaige Besonderheiten der Verbandsversammlung. § 106 baut auf dieser satzungsrechtlichen Grundordnung auf und lässt ihr den **Vorrang** vor den dispositiven vereins- und umwandlungsrechtlichen Regelungen.[16]

6 Soweit die **Satzung schweigt oder Lücken aufweist**, greifen die allgemeinen Vorschriften des Vereins- und Umwandlungsrechts subsidiär ein.[17] Für die Einberufung und Durchführung der Mitgliederversammlung ist damit dann primär auf § 32 BGB und die hierzu entwickelten Grundsätze zurückzugreifen;[18] ergänzend gelten die speziellen Vorschriften der §§ 99 ff., soweit § 106 auf sie Bezug nimmt. Dies betrifft insbesondere Fragen der Ladungsfristen, der Form und der inhaltlichen Bestimmtheit der Einladung, der Behandlung von Anträgen aus dem Mitgliederkreis und der Beschlussfähigkeit.

7 Die Satzung kann – was in der Praxis häufig geschieht – vorsehen, dass anstelle einer unmittelbaren Mitgliederversammlung eine **Vertreterversammlung** tagt[19]. In diesen Fällen sind §§ 102 f. und die vereinsrechtlichen Besonderheiten der Vertreterversammlung (§ 32 BGB i. V. m. §§ 21, 27 BGB und der einschlägigen Rechtsprechung) heranzuziehen;[20] zugleich gelten die im Umwandlungsrecht vorgesehenen Schutzmechanismen hinsichtlich Information und Beteiligung sinngemäß auch für Vertreter. Der Gesetzgeber trägt damit der Tatsache Rechnung, dass Prüfungsverbände regelmäßig eine sehr große Mitgliederzahl mit heterogener Struktur aufweisen und ihre Willensbildung faktisch nur über repräsentative Gremien organisiert werden kann.[21]

---

10) *Bloehs* in: BeckOGK-UmwG, § 106 Rz. 4 ff.; Widmann/Mayer-*Vossius*, UmwR, § 106 UmwG Rz. 5; Semler/Stengel/Leonard-*Katschinski*/*Wolf*, UmwG, § 106 Rz. 4.

11) *Bloehs* in: BeckOGK-UmwG, § 106 Rz. 11; Widmann/Mayer-*Vossius*, UmwR, § 106 UmwG Rz. 9 f.

12) So wohl auch Semler/Stengel/Leonard-*Katschinski*/*Wolf*, UmwG, § 106 Rz. 4.

13) *Bloehs* in: BeckOGK-UmwG, § 106 Rz. 1.

14) Widmann/Mayer-*Vossius*, UmwR, § 106 UmwG Rz. 3.

15) So auch *Bloehs* in: BeckOGK-UmwG, § 106 Rz. 4; s. a. Widmann/Mayer-*Vossius*, UmwR, § 106 UmwG Rz. 6.

16) So auch *Bloehs* in: BeckOGK-UmwG, § 106 Rz. 4.

17) *Bloehs* in: BeckOGK-UmwG, § 106 Rz. 5; *Leuering* in: KölnKomm-UmwG, § 106 Rz. 3.

18) *Bloehs* in: BeckOGK-UmwG, § 106 Rz. 5.

19) So auch *Bloehs* in: BeckOGK-UmwG, § 106 Rz. 7.

20) *Bloehs* in: BeckOGK-UmwG, § 106 Rz. 7.

21) S. exemplarisch zur Mitgliederstruktur des GdW Bundesverband deutscher Wohnungs- und Immobilienunternehmen e. V., abrufbar unter https://www.gdw.de/der-gdw/mitglieder/ (Abrufdatum: 12.1.2026).

IV. Vorbereitung der Mitgliederversammlung: Verschmelzungsvertrag und Unterlagenzugang

Kernstück der Vorbereitung ist der Abschluss bzw. zumindest die **Ausarbeitung des Verschmelzungsvertrags.**[22] Inhalt und Mindestbestandteile ergeben sich aus § 13, der über § 106 für den Prüfungsverbandskontext uneingeschränkt gilt.[23] Der Vertrag oder zumindest sein Entwurf muss den Mitgliedern der beteiligten Prüfungsverbände rechtzeitig vor der Beschlussfassung **zugänglich gemacht werden.**[24] Dies geschieht – dem System des UmwG folgend – durch Auslegung der Unterlagen in den Geschäftsstellen der beteiligten Rechtsträger und/oder durch Bereitstellung in einem den Anforderungen des elektronischen Zugangs genügenden Format.[25] Zudem sind auf Verlangen jedem Mitglied **Abschriften** unverzüglich und kostenlos zu erteilen.[26] 8

Neben dem Verschmelzungsvertrag sind **weitere Unterlagen** bereitzuhalten, insbesondere der Verschmelzungsbericht der Vertretungsorgane (§ 8 UmwG),[27] ggf. eine Vermögensübersicht oder sonstige Finanzinformationen sowie satzungsrechtlich vorgesehene ergänzende Dokumente. Die Mitglieder müssen in die Lage versetzt werden, Tragweite und Folgen der Verschmelzung eigenverantwortlich zu beurteilen. Gerade vor dem Hintergrund der genossenschaftsrechtlichen Pflichtprüfung, die im täglichen Geschäft eine erhebliche Steuerungswirkung entfaltet, ist m. E. ein **hohes Informationsniveau** für die Verbandsmitglieder erforderlich, damit diese ihre Entscheidungsautonomie sachgerecht wahrnehmen können. 9

In der **Einberufung** zur Mitgliederversammlung ist der Verschmelzungsvorgang klar und unmissverständlich als Beschlussgegenstand zu benennen. Dabei empfiehlt sich eine einheitliche Bezeichnung des Projekts (etwa „Verschmelzung mit dem XY-Prüfungsverband") und die ausdrückliche Bezugnahme auf die ausgelegten Vertrags- und Berichtunterlagen. **Unzureichende oder irreführende Angaben** zur Tagesordnung können zur Anfechtbarkeit oder Unwirksamkeit des Verschmelzungsbeschlusses führen, da sie das Teilnahme- und Mitwirkungsrecht der Mitglieder beeinträchtigen. 10

V. Durchführung der Mitgliederversammlung und Beschlussfassung

Die Durchführung der Mitgliederversammlung folgt den allgemeinen vereinsrechtlichen Regeln, modifiziert durch die umwandlungsrechtlichen Besonderheiten.[28] Die **Leitung** der Versammlung, die Feststellung der Beschlussfähigkeit, die Behandlung von **Wortmeldungen** und **Anträgen** sowie die **Abstimmung** über den Verschmelzungsbeschluss richten sich primär nach der Satzung, subsidiär nach den allgemeinen Grundsätzen zur Mitgliederversammlung. 11

Hinsichtlich der **Mehrheitserfordernisse** knüpft § 106 an das verschmelzungsrechtliche Schutzkonzept der §§ 100 ff. an.[29] Aus dem Zusammenspiel von § 106 mit §§ 100, 103 ergibt sich, dass für den Verschmelzungsbeschluss grundsätzlich eine qualifizierte Mehrheit – regelmäßig drei Viertel der abgegebenen Stimmen – erforderlich ist, sofern die 12

---

22) *Bloehs* in: BeckOGK-UmwG, § 106 Rz. 8.
23) *Bloehs* in: BeckOGK-UmwG, § 106 Rz. 8.
24) *Bloehs* in: BeckOGK-UmwG, § 106 Rz. 8.
25) *Bloehs* in: BeckOGK-UmwG, § 106 Rz. 8 f.
26) *Bloehs* in: BeckOGK-UmwG, § 106 Rz. 9.
27) *Bloehs* in: BeckOGK-UmwG, § 106 Rz. 10.
28) *Bloehs* in: BeckOGK-UmwG, § 106 Rz. 11 ff.
29) Widmann/Mayer-*Vossius*, UmwR, § 106 UmwG Rz. 5 ff.

Satzung nicht eine noch höhere Mehrheit oder zusätzliche Quoren verlangt.[30] Damit trägt der Gesetzgeber der strukturellen Bedeutung des Verschmelzungsbeschlusses Rechnung, der tief in die Organisations- und Vermögensstruktur des Prüfungsverbands eingreift und für die Mitglieder kaum revidierbare Folgen hat.

13 Die Satzung darf indessen **keine Regelungen** vorsehen, **die den Kernbereich der Mitgliederversammlung unterlaufen**. Unzulässig wäre es insbesondere, die Entscheidung über die Zustimmung zur Verschmelzung einem **anderen Organ** – etwa dem Vorstand oder einem engeren Ausschuss – zu übertragen.[31] Gleichwohl kann die Verschmelzung von der Zustimmung eines weiteren Verbandsorgans (bspw. Vorstand, Aufsichtsrat) abhängig gemacht werden.[32] Ebenso unzulässig wäre daher m. E. eine Gestaltung, die den Verschmelzungsbeschluss an **Bedingungen** knüpft, die in der Hand einzelner Verbandsorgane oder externer Akteure liegen und damit die kollektive Willensbildung der Mitglieder konterkarieren. Hier gilt der allgemeine Grundsatz, dass wesentliche Strukturentscheidungen den Mitgliedern vorbehalten bleiben müssen.

14 Der Verschmelzungsbeschluss ist ordnungsgemäß zu protokollieren. Das **Protokoll** muss die wesentlichen Verfahrensdaten (Ort, Zeit, Einberufender, Versammlungsleitung), die Anwesenheits- bzw. Vertretungszahlen, die Tagesordnung, den Verhandlungsverlauf und vor allem das genaue Beschlussergebnis (Stimmenverhältnis, ggf. gesonderte Feststellung von Gegenstimmen und Enthaltungen) dokumentieren. In der Praxis empfiehlt sich angesichts der möglichen register- und gerichtlichen Nachprüfung eine besonders sorgfältige Protokollierung, die auch Einwendungen und Anträge einzelner Mitglieder vermerkt. Darüber hinaus muss der **Verschmelzungsbeschluss notariell beurkundet** werden.[33]

VI. Verschmelzungsprüfung und Verschmelzungsbericht

15 Eine Besonderheit des Prüfungsverbandsrechts liegt darin, dass § 106 – anders als die vereinsrechtlichen Vorschriften (siehe dazu § 100 Rz. 13 ff. [*Knaier*]) – **keine obligatorische Verschmelzungsprüfung** vorsieht.[34] Die §§ 105–108 enthalten keine eigenständige Regelung zur Prüfung des Verschmelzungsvorgangs; § 9, der eine Verschmelzungsprüfung durch einen sachverständigen Prüfer anordnet, begründet für Prüfungsverbände keine zwingende Pflicht,[35] sondern eröffnet lediglich die Möglichkeit, eine solche Prüfung freiwillig durchzuführen.[36] Dies entspricht der gesetzgeberischen Konzeption, die – wie die Gesetzgebungsmaterialien erkennen lassen[37] – im Bereich der Prüfungsverbände auf eine obligatorische externe Prüfung verzichtet, weil davon ausgegangen wird, dass die Mitglieder des Prüfungsverbands (Genossenschaften und genossenschaftsnahe Unternehmen) selbst über die nötige Sachkunde und Informationsnähe verfügen, um ihre Interessen in der Verschmelzungsentscheidung zu wahren.[38]

30) Widmann/Mayer-*Vossius*, UmwR, § 106 UmwG Rz. 9; *Bloehs* in: BeckOGK-UmwG, § 106 Rz. 11.

31) *Bloehs* in: BeckOGK-UmwG, § 106 Rz. 12.

32) So ausdrücklich Widmann/Mayer-*Vossius*, UmwR, § 106 UmwG Rz. 10.

33) *Bloehs* in: BeckOGK-UmwG, § 106 Rz. 13.

34) *Bloehs* in: BeckOGK-UmwG, § 106 Rz. 16; Semler/Stengel/Leonard-*Katschinski*/*Wolf*, UmwG, § 106 Rz. 3; anders offenbar Widmann/Mayer-*Vossius*, UmwR, § 106 UmwG Rz. 8.

35) Ausf. *Bloehs* in: BeckOGK-UmwG, § 106 Rz. 16 ff.

36) Hiervon wird in der Praxis regelmäßig Gebrauch gemacht, vgl. *Bloehs* in: BeckOGK-UmwG, § 106 Rz. 17.

37) Begr. Fraktionsentwurf UmwBerG, BT-Drucks. 12/6699, S. 112.

38) Begr. Fraktionsentwurf UmwBerG, BT-Drucks. 12/6699, S. 112; *Bloehs* in: BeckOGK-UmwG, § 106 Rz. 16.1.

Gleichwohl ist der **Verschmelzungsbericht** der Vertretungsorgane **zwingender Bestandteil der Entscheidungsgrundlage.**[39] Er übernimmt – gewissermaßen als „Binnenersatz" – die Funktion der externen Verschmelzungsprüfung, indem er die rechtlichen und wirtschaftlichen Gründe der beabsichtigten Verschmelzung, das Austauschverhältnis, die Auswirkungen auf Mitglieder, Organisation und Vermögenslage sowie etwaige Risiken transparent darstellt. In der Praxis kann der Verband – insbesondere bei komplexen Transaktionen – zusätzlich eine externe Prüfung beauftragen, um die interne Meinungsbildung abzusichern und Haftungsrisiken der Organmitglieder zu reduzieren; eine rechtliche Verpflichtung hierzu besteht aber nicht.[40] 16

Dogmatisch ist damit eine differenzierte Struktur angelegt: Die **externe** Verschmelzungsprüfung ist **fakultativ**, der **interne** Verschmelzungsbericht **obligatorisch.** Das Schutzbedürfnis der Verbandsmitglieder wird daher in zweifacher Weise adressiert: zum einen durch die strukturierte, berichtsgeleitete Informationsvermittlung im Verband, zum anderen durch das besondere fachliche Profil der Mitglieder, die als professionelle Marktakteure auftreten und mit umwandlungsrechtlichen Prozessen vertraut sind. 17

VII. Geltung für Spaltung und sonstige Strukturmaßnahmen

Über den Verweis in § 125 findet § 106 auch auf Spaltungen von Prüfungsverbänden Anwendung (§ 150).[41] Die dort vorgesehenen Spaltungsbeschlüsse der Mitgliederversammlungen sind nach denselben Grundsätzen vorzubereiten, durchzuführen und zu fassen wie Verschmelzungsbeschlüsse. Dies entspricht der strukturellen Vergleichbarkeit von Verschmelzung und Spaltung: Beide Vorgänge betreffen die grundlegende organisatorische und wirtschaftliche Ausrichtung des Prüfungsverbands und bedürfen daher eines qualifizierten, formalisierten Mitgliederentscheids. 18

Auch andere, **mit der Verschmelzung verbundene Maßnahmen** – etwa umfassende Satzungsänderungen, Anpassungen der Mitgliedschaftsrechte oder Änderungen in der Verbandsaufsicht – sind typischerweise i. R. derselben Mitgliederversammlung zu behandeln. Hier ist auf eine **klare Trennung der Beschlussgegenstände** und auf eine rechtstechnisch saubere Abstimmung zu achten, um spätere Anfechtungen zu vermeiden. Es empfiehlt sich, Verschmelzungsbeschluss und wesentliche Folgebeschlüsse als eigenständige Tagesordnungspunkte auszuweisen und jeweils gesondert abzustimmen. 19

VIII. Praktische Bedeutung und Gestaltungsanforderungen

In der Praxis bildet § 106 den zentralen Referenzpunkt für die Planung und Durchführung von Mitgliederversammlungen, die über Verschmelzung oder Spaltung von Prüfungsverbänden entscheiden. Die Norm verlangt eine **sorgfältige Synchronisation** von Satzungsrecht, Umwandlungsrecht und genossenschaftlichem Prüfungs- und Aufsichtsrecht. Fehler an irgendeiner Stelle – etwa bei der Einladung, der Unterlagenbereitstellung, der Mehrheitsermittlung oder der Protokollierung – können die Wirksamkeit des Beschlusses gefährden und im Extremfall den gesamten Strukturvorgang infrage stellen. 20

Für die Gestaltungspraxis bedeutet dies: Bereits im frühen Planungsstadium ist zu prüfen, ob die Satzung des Prüfungsverbands die umwandlungsrechtlichen Anforderungen trägt oder ob **vorgelagerte Satzungsänderungen** erforderlich sind, um etwa Mehrheits- und Quorumsregelungen, Vertreterversammlungen oder Informationsrechte der Mitglieder an das Projekt anzupassen. Ferner ist die **Aufsichtsbehörde frühzeitig einzubinden.** 21

---

39) *Bloehs* in: BeckOGK-UmwG, § 106 Rz. 10.

40) Überzeugend *Bloehs* in: BeckOGK-UmwG, § 106 Rz. 16 ff.

41) Widmann/Mayer-*Vossius*, UmwR, § 106 UmwG Rz. 3.

22 Schließlich empfiehlt es sich, die **Unterlagenbereitstellung** und die **Kommunikation** gegenüber den Mitgliedern nicht nur formal, sondern auch inhaltlich so zu gestalten, dass die komplexen rechtlichen und wirtschaftlichen Wirkungen der Verschmelzung transparent und nachvollziehbar werden. Nur dann kann der Verschmelzungsbeschluss die ihm vom Gesetz zugedachte Funktion erfüllen: eine informierte, eigenverantwortliche und zugleich aufsichtsrechtlich eingebettete Willensbildung der Verbandsmitglieder über eine strukturell weitreichende Organisationsentscheidung.

§ 107
Pflichten der Vorstände*)

(1) [1]Die Vorstände beider Verbände haben die Verschmelzung gemeinschaftlich unverzüglich zur Eintragung in die Register des Sitzes jedes Verbandes anzumelden, soweit der Verband eingetragen ist. [2]Ist der übertragende Verband nicht eingetragen, so ist § 104 entsprechend anzuwenden.

(2) Die Vorstände haben ferner gemeinschaftlich den für die Verleihung des Prüfungsrechts zuständigen obersten Landesbehörden die Eintragung unverzüglich mitzuteilen.

(3) Der Vorstand des übernehmenden Verbandes hat die Mitglieder unverzüglich von der Eintragung zu benachrichtigen.

*) § 107 i. d. F. des UmwBerG geändert durch Art. 14 des Gesetzes zur Einführung der Europäischen Genossenschaft und zur Änderung des Genossenschaftsrechts (SCEEG), v. 14.8.2006, BGBl. I 2006, 1911.

Übersicht

I. Stellung der Norm im System der §§ 105 ff.

1 § 107 ergänzt § 105 und § 106 um die **register-, aufsichts- und verbandsinternen Abschlusspflichten** der Leitungsorgane.[1] Während § 105 den Kreis der verschmelzungsfähigen Rechtsträger im Bereich der genossenschaftlichen Prüfungsverbände definiert (siehe dazu § 105 Rz. 13 f. [*Knaier*]) und § 106 die innerverbandliche Willensbildung in den Mitgliederversammlungen strukturiert (siehe dazu § 106 Rz. 1 f. [*Knaier*]), regelt § 107, welche Handlungen die Vorstände der beteiligten Rechtsträger nach gefasstem Verschmelzungsbeschluss zu ergreifen haben, um den Strukturvorgang rechtlich zu vollenden und gegenüber Aufsicht und Mitgliedern transparent zu machen.[2] Die Norm adressiert damit die **„Vollzugsebene" der Verschmelzung:**

- Sie ordnet die Anmeldung zur Eintragung (§ 107 Abs. 1),
- die Mitteilung an die zuständige Aufsichtsbehörde (§ 107 Abs. 2) und
- die Information des Mitgliederkreises (§ 107 Abs. 3).[3]

---

1) Vgl. Widmann/Mayer-*Vossius*, UmwR, § 107 UmwG Rz. 1 ff.

2) *Bloehs* in: BeckOGK-UmwG, § 107 Rz. 1; Widmann/Mayer-*Vossius*, UmwR, § 107 UmwG Rz. 2.

3) *Bloehs* in: BeckOGK-UmwG, § 107 Rz. 1; Widmann/Mayer-*Vossius*, UmwR, § 107 UmwG Rz. 1 ff.

Dogmatisch verknüpft § 107 das Umwandlungsrecht mit dem **Registerrecht**, dem **Aufsichtsrecht** des GenG[4)] sowie den **verbandsinternen Informationspflichten.**[5)] Die Vorschrift konkretisiert das allgemeine Leitungsorganprinzip des Umwandlungsrechts – die Verantwortung für Vorbereitung, Anmeldung und Umsetzung der Strukturmaßnahme liegt bei den Geschäftsleitungsorganen[6)] – und passt dieses an die Besonderheiten der Prüfungsverbände an, deren Vorstand regelmäßig aus ehren- oder nebenamtlich tätigen Vertretern der Mitgliedsgenossenschaften besteht und zugleich einem eigenständigen öffentlich-rechtlichen Aufsichtsregime unterliegt.[7)] 2

II. Normzweck und Schutzrichtung

Sämtliche Pflichten des § 107 dienen einem dreifachen Schutz- und Funktionsziel. Erstens soll der **registerrechtliche Vollzug** der Verschmelzung gewährleistet werden.[8)] Die Umwandlung ist nach dem Konzept des UmwG grundsätzlich registerkonstitutiv; ohne ordnungsgemäße Anmeldung und Eintragung tritt die Verschmelzung nicht ein. Es bedarf daher einer klar zugewiesenen Verantwortung für die Herbeiführung der Eintragung. 3

Zweitens sichert die Norm die **Einbindung der staatlichen Aufsicht.**[9)] Genossenschaftliche Prüfungsverbände sind nach dem GenG anerkennungs- und aufsichtsbedürftig; Strukturveränderungen dürfen die Funktionsfähigkeit und Zuverlässigkeit der Verbände nicht gefährden. Die Anzeigepflicht gegenüber der Aufsichtsbehörde schafft die Grundlage dafür, dass diese ihre Kontroll- und Steuerungsaufgaben auch nach der Verschmelzung tatsächlich wahrnehmen kann. 4

Drittens gewährleistet § 107 die **zeitnahe und umfassende Information des Mitgliederkreises.**[10)] Die Mitgliedsgenossenschaften sind als Pflichtmitglieder in besonderer Weise auf eine stabile, funktionsfähige Prüfungsorganisation angewiesen. Zugleich können sie ihre Mitgliedschaftsrechte gegenüber dem Prüfungsverband sachgerecht nur wahrnehmen, wenn sie über grundlegende Strukturentscheidungen und deren Vollzug unterrichtet sind. Die Benachrichtigungspflicht nach § 107 Abs. 3 dient daher sowohl der innerverbandlichen Legitimation der Verschmelzung als auch der Vorbereitung etwaiger Folgemaßnahmen auf Ebene der Mitglieder (z. B. Anpassung von Prüfungsverträgen, interne Organisation der Zusammenarbeit mit dem neuen Verbandsgebilde). 5

III. Anmeldung der Verschmelzung zum Register (§ 107 Abs. 1)

§ 107 Abs. 1 ordnet zunächst an, dass die Vorstände der an der Verschmelzung beteiligten Prüfungsverbände und sonstigen Rechtsträger die Eintragung der Verschmelzung bei den zuständigen Registern anzumelden haben.[11)] Die Pflicht knüpft an die in § 13 i. V. m. den jeweiligen registerrechtlichen Vorschriften geregelte Eintragungsvoraussetzung an, konkretisiert aber, welche Organe tätig werden müssen und wie ihre Mitwirkung auszugestalten ist.[12)] 6

---

4) Genossenschaftsgesetz (GenG), v. 16.10.2006, BGBl. I 2006, 2230.

5) Widmann/Mayer-*Vossius*, UmwR, § 107 UmwG Rz. 2.

6) *Bloehs* in: BeckOGK-UmwG, § 107 Rz. 1.

7) *Bloehs* in: BeckOGK-UmwG, § 107 Rz. 1; Widmann/Mayer-*Vossius*, UmwR, § 107 UmwG Rz. 1 ff.

8) Widmann/Mayer-*Vossius*, UmwR, § 107 UmwG Rz. 1.

9) Semler/Stengel/Leonard-*Katschinski*/*Wolff*, § 107 Rz. 4; *Bloehs* in: BeckOGK-UmwG, § 107 Rz. 14 ff.

10) *Bloehs* in: BeckOGK-UmwG, § 107 Rz. 20; Semler/Stengel/Leonard-*Katschinski*/*Wolf*, UmwG, § 107 Rz. 5.

11) Semler/Stengel/Leonard-*Katschinski*/*Wolf*, UmwG, § 107 Rz. 2; *Bloehs* in: BeckOGK-UmwG, § 107 Rz. 2.

12) Hierzu ausf. *Bloehs* in: BeckOGK-UmwG, § 107 Rz. 2 ff.

7 Im Regelfall handelt es sich bei Prüfungsverbänden um **e. V.** (siehe dazu § 105 Rz. 13 [*Knaier*]), so dass die Anmeldung durch den Vorstand nach § 26 BGB zu bewirken ist.[13] Vertretungsmaßstab und Unterschriftsquoren bestimmen sich in erster Linie nach der Satzung.[14] Soweit diese keine Besonderheiten festlegt, gilt die **Gesamtvertretung** sämtlicher Vorstandsmitglieder. Die Praxis hat – schon aus Gründen der Verfahrensökonomie – häufig satzungsrechtliche Regelungen etabliert, nach denen zwei oder mehrere Vorstandsmitglieder gemeinschaftlich anmelden können. Solche Differenzierungen bleiben von § 107 unberührt, solange die vertretungsberechtigte Personengruppe nach außen hin eindeutig identifizierbar ist.[15]

8 **Inhaltlich** hat die Anmeldung sämtliche in § 16 i. V. m. den registerrechtlichen Bestimmungen geforderten Angaben zu enthalten, insbesondere den Verschmelzungsvertrag, die Verschmelzungsbeschlüsse, Nachweise über die ordnungsgemäße Einberufung und Beschlussfassung der Mitgliederversammlungen, ggf. die Zustimmung der Aufsichtsbehörde nach § 105 Satz 2 bzw. § 107 Abs. 2 sowie weitere Unterlagen, die das Registergericht für die Prüfung der Eintragungsvoraussetzungen benötigt.

9 Die **Vorstände** trifft eine **gesteigerte Sorgfaltspflicht** bei der Zusammenstellung und Prüfung dieser Unterlagen, so dass unvollständige oder fehlerhafte Anmeldungen nicht nur zur Zurückweisung der Anmeldung führen können, sondern im Einzelfall auch Organhaftungsrisiken begründen, wenn durch Verzögerungen oder Fehlschläge beim Vollzug der Verschmelzung Vermögensschäden für den Verband oder seine Mitglieder entstehen. Dogmatisch ist hervorzuheben, dass § 107 Abs. 1 die Verantwortung für den registerlichen Vollzug eindeutig den Kollegialorganen zuweist und damit eine **gesamtschuldnerische Pflicht der Vorstandsmitglieder** begründet. Eine interne Aufgabenverteilung – etwa durch Geschäftsordnung oder Delegationsbeschlüsse – berührt die **Außenverantwortung** nicht; sie kann lediglich Bedeutung für die interne Haftungs- und Verantwortlichkeitsverteilung erlangen.

IV. Anzeigepflicht gegenüber der Aufsichtsbehörde (§ 107 Abs. 2)

10 § 107 Abs. 2 verpflichtet den Vorstand, die Verschmelzung der zuständigen Aufsichtsbehörde anzuzeigen. Diese Pflicht ist **von der registerrechtlichen Anmeldung strikt zu unterscheiden**: Während letztere auf die konstitutive Eintragung in das Register zielt, dient die Anzeige der Verschmelzung der aufsichtsrechtlichen Informations- und Kontrollfunktion.[16]

11 **Zuständig** ist jeweils die Behörde, die für die Verleihung des Prüfungsrechts nach § 63 GenG verantwortlich ist.[17] Bei regional tätigen Prüfungsverbänden ist dies die Aufsichtsbehörde des Bundeslands, in dem der Verband seinen Sitz hat;[18] bei Verbänden mit satzungsmäßigem Tätigkeitsgebiet über mehrere Bundesländer hinweg können nach den einschlägigen landesrechtlichen Zuständigkeitsordnungen koordinierte oder geteilte Aufsichtszuständigkeiten bestehen. § 107 Abs. 2 greift in diese Kompetenzordnung nicht gestaltend ein, sondern setzt sie voraus. Die Vorstandspflicht erstreckt sich in diesen Fällen darauf, die Verschmelzung bei den Aufsichtsbehörden, in deren Gebiet die betei-

13) *Bloehs* in: BeckOGK-UmwG, § 107 Rz. 2 ff., 6; Widmann/Mayer-*Vossius*, UmwR, § 107 UmwG Rz. 9 f.

14) Vgl. Widmann/Mayer-*Vossius*, UmwR, § 107 UmwG Rz. 9; *Bloehs* in: BeckOGK-UmwG, § 107 Rz. 6.

15) *Bloehs* in: BeckOGK-UmwG, § 107 Rz. 6.

16) *Bloehs* in: BeckOGK-UmwG, § 107 Rz. 18 f.

17) *Bloehs* in: BeckOGK-UmwG, § 107 Rz. 14.

18) Widmann/Mayer-*Vossius*, UmwR, § 107 UmwG Rz. 20.

ligten Prüfungsverbände ihren Sitz haben anzumelden, während diese dann die anderen zuständigen Landesbehörden informiert.[19)]

12 Die Norm schreibt **keine bestimmte Form** der Anzeige vor, verlangt aber eine **„unverzügliche"** Mitteilung nach der Eintragung der Verschmelzung. Unverzüglichkeit ist i. S. der allgemeinen zivilrechtlichen Definition als Handeln ohne schuldhaftes Zögern zu verstehen.[20)] Angesichts der engen Verzahnung zwischen Prüfungsverbandstätigkeit und staatlicher Aufsicht wird in der Regel erwartet werden können, dass die Anzeige spätestens innerhalb weniger Tage nach Bekanntwerden der Registereintragung erfolgt. Inhaltlich sind der Behörde jedenfalls die wesentlichen Strukturparameter der Verschmelzung mitzuteilen: beteiligte Verbände und Rechtsträger, Zeitpunkt der Eintragung, neue Satzung des übernehmenden Verbands bzw. des neu gegründeten Verbandes, Zusammensetzung der Organe sowie Angaben zu Sitz und Tätigkeitsgebiet.[21)] In der Praxis werden die Vorstände regelmäßig die **Registeranmeldung bzw. das Registerblatt beifügen**, um der Behörde eine eigene rechtliche Prüfung zu ermöglichen.

13 Die Anzeigepflicht ist **aufsichtsrechtlich flankiert**: Kommt der Vorstand ihr nicht nach oder nur unzureichend, kann die Aufsichtsbehörde auf Grundlage des GenG einschreiten, etwa durch Anordnungen zur Ergänzung der Informationen, durch aufsichtsrechtliche Maßnahmen gegenüber den Organen oder – im Extremfall – durch den Entzug oder die Einschränkung des Prüfungsrechts. Zudem kann eine Verletzung der Anzeigepflicht ein Indiz für mangelnde Zuverlässigkeit der Leitungsorgane darstellen.

V. Benachrichtigung der Verbandsmitglieder (§ 107 Abs. 3)

14 § 107 Abs. 3 verpflichtet den Vorstand des übernehmenden Prüfungsverbands, nach Eintragung der Verschmelzung sämtliche Verbandsmitglieder **„unverzüglich"** zu informieren.[22)] Diese Informationspflicht knüpft an die grundlegende Funktion der Mitgliedschaft im Prüfungsverband an: Die Genossenschaften und genossenschaftsnahen Unternehmen übertragen dem Verband wesentliche Prüfungs- und Kontrollaufgaben und müssen daher über die organisatorischen Rahmenbedingungen dieser Aufgabenwahrnehmung im Bilde sein.[23)]

15 Die Pflicht erstreckt sich ihrem Sinn nach auf **alle Mitglieder**, also sowohl auf ordentliche als auch auf etwaige außerordentliche oder fördernde Mitglieder, soweit die Satzung solche Mitgliedschaftsformen kennt.[24)] Maßgeblich ist, dass das jeweilige Mitglied durch die Verschmelzung in seiner Stellung als Teil des Verbands betroffen ist. Die Benachrichtigung hat individualisiert zu erfolgen; eine bloße Veröffentlichung im Verbandsorgan oder auf der Internetseite wird m. E. regelmäßig nicht genügen, wenngleich solche Veröffentlichungen zur Ergänzung i. S. einer breiteren Kommunikation zweckmäßig sein können. Üblich sind schriftliche Rundschreiben (postalisch oder elektronisch), die sich an die in der Mitgliederliste geführten Vertreter der Mitgliedsgenossenschaften richten.[25)]

---

19) Ebenfalls streng nur auf den Sitz abstellend *Bloehs* in: BeckOGK-UmwG, § 107 Rz. 17; näher hierzu Widmann/Mayer-*Vossius*, UmwR, § 107 UmwG Rz. 2021.

20) *Bloehs* in: BeckOGK-UmwG, § 107 Rz. 14.

21) Ein Muster für die Mitteilung findet sich bei Widmann/Mayer-*Vossius*, UmwR, § 107 UmwG Rz. 31.

22) Semler/Stengel/Leonard-*Katschinski*/*Wolf*, UmwG, § 107 Rz. 5; Widmann/Mayer-*Vossius*, UmwR, § 107 UmwG Rz. 32.

23) *Bloehs* in: BeckOGK-UmwG, § 107 Rz. 27.

24) S. zum Mitgliederkreis auch Widmann/Mayer-*Vossius*, UmwR, § 107 UmwG Rz. 36.

25) Widmann/Mayer-*Vossius*, UmwR, § 107 UmwG Rz. 38; *Bloehs* in: BeckOGK-UmwG, § 107 Rz. 22.

16 **Inhaltlich** muss die Benachrichtigung zumindest die wesentlichen Eckpunkte des Strukturvorgangs abbilden:

- die beteiligten Verbände und übrigen Rechtsträger,
- das Datum der Eintragung und des Wirksamwerdens der Verschmelzung,
- die neue Firmierung, der Sitz und das Tätigkeitsgebiet des Verbands,
- grundlegende Änderungen der Satzung, insbesondere im Hinblick auf Mitgliedschaftsrechte, Beitrags- und Prüfungsordnung,
- Zusammensetzung der Organe und Zuständigkeitsverteilung.[26)]

17 Je nach Umfang und Komplexität der Verschmelzung kann es m. E. angezeigt sein, der Benachrichtigung eine **Kurzfassung des Verschmelzungsberichts** oder eine zusammenfassende Darstellung der wichtigsten organisatorischen Folgen beizufügen, um den Mitgliedern eine sachgerechte Einordnung zu ermöglichen.

18 Die Benachrichtigungspflicht **dient** nicht nur der Transparenz, sondern **auch der Vorbereitung etwaiger Rechtsbehelfe** und innerverbandlicher Reaktionen. Auch wenn das Umwandlungsrecht für Verschmelzungen von Prüfungsverbänden keine besonderen Anfechtungsverfahren wie bei Aktiengesellschaften vorsieht, bleiben allgemeine vereinsrechtliche und zivilrechtliche Rechtsschutzmöglichkeiten unberührt. Die rechtzeitige und vollständige Information der Mitglieder ist daher auch aus Gründen der Rechtssicherheit bedeutsam: Sie ermöglicht es den Mitgliedern, etwaige Einwendungen gegen den Vollzug der Verschmelzung oder gegen Folgeentscheidungen des Verbands in zumutbarer Frist vorzubringen. § 107 Abs. 3 ist daher als Schutzgesetz i. S. des § 823 Abs. 2 BGB zu verstehen.[27)]

VI. Zusammenspiel von GenG und Aufsichtsrecht

19 § 107 ist nicht isoliert, sondern im Kontext des genossenschaftsrechtlichen Aufsichts- und Organisationsregimes zu lesen. Die Anmeldepflicht nach § 107 Abs. 1 korrespondiert mit der Registerpublizität, die auch für Prüfungsverbände gilt; die Anzeigepflicht nach Absatz 2 ist Ausdruck der fortdauernden Unterstellung des Verbands unter die staatliche Aufsicht; die Mitgliederbenachrichtigung nach § 107 Abs. 3 ergänzt die Informationspflichten, die sich aus Satzung, Vereinsrecht und der besonderen Stellung der Mitgliedsgenossenschaften ergeben.

20 In der praktischen Anwendung werden sich **häufig Überschneidungen der Pflichten** aus § 107 mit sonstigen Mitteilungs- und Anzeigeobliegenheiten ergeben. So können etwa landesrechtliche Aufsichtsvorschriften eigene Meldepflichten für Strukturveränderungen vorsehen; außerdem verlangen die genossenschaftsrechtlichen Bestimmungen zur Prüfungsordnung und zur Organisation der Verbandsaufsicht regelmäßig eine fortlaufende Unterrichtung der Aufsichtsbehörde über wesentliche Veränderungen. § 107 ist in diesen Fällen nicht als abschließende Spezialnorm, sondern als umwandlungsrechtlicher Mindeststandard zu verstehen, der durch strengere oder weitergehende aufsichts- oder satzungsrechtliche Anforderungen ergänzt werden kann.

VII. Praktische Bedeutung und Gestaltungsanforderungen

21 Für die Praxis genossenschaftlicher Prüfungsverbände hat § 107 erhebliche Relevanz, weil er **die letzten, häufig unterschätzten Vollzugsschritte** einer Verschmelzung rechtlich

---

26) I. E. strittig, vgl. *Bloehs* in: BeckOGK-UmwG, § 107 Rz. 23 f.; Semler/Stengel/Leonard-*Katschinski*/*Wolf*, UmwG, § 107 Rz. 5; Widmann/Mayer-*Vossius*, UmwR, § 107 UmwG Rz. 39 f.

27) Semler/Stengel/Leonard-*Katschinski*/*Wolf*, UmwG, § 107 Rz. 6; Widmann/Mayer-*Vossius*, UmwR, § 107 UmwG Rz. 43.

konturiert. Fehler gerade in diesem Stadium – etwa verspätete oder unvollständige Anmeldungen, eine unterlassene oder unzureichende Anzeige gegenüber der Aufsichtsbehörde oder eine lückenhafte Information der Mitglieder – können die Wirksamkeit der Verschmelzung gefährden, Folgekonflikte mit der Aufsichtsbehörde provozieren und das Vertrauen der Mitgliedsgenossenschaften in die Verbandsspitze nachhaltig beeinträchtigen.

Gestaltungssicher ist ein Vorgehen, bei dem die Vorstände bereits im Planungsstadium der Verschmelzung einen detaillierten Vollzugsplan erstellen, der die registerrechtlichen, aufsichtsrechtlichen und verbandsinternen Informationsschritte integriert. Dazu gehört eine frühzeitige Abstimmung mit dem Registergericht und der Aufsichtsbehörde, die sorgfältige Vorbereitung der Anmeldungsunterlagen, die rechtzeitige Zusammenstellung der für die Behördenanzeige relevanten Informationen sowie die Konzeption einer klar strukturierten Mitgliederkommunikation, die im Idealfall bereits mit der Einberufung der entscheidenden Mitgliederversammlung beginnt und nach der Eintragung mit der Benachrichtigung nach § 107 Abs. 3 fortgeführt wird. 22

§ 108
Austritt von Mitgliedern des übertragenden Verbandes

Tritt ein ehemaliges Mitglied des übertragenden Verbandes gemäß § 39 des Bürgerlichen Gesetzbuchs aus dem übernehmenden Verband aus, so sind Bestimmungen der Satzung des übernehmenden Verbandes, die gemäß § 39 Abs. 2 des Bürgerlichen Gesetzbuchs eine längere Kündigungsfrist als zum Schlusse des Geschäftsjahres vorsehen, nicht anzuwenden.

Übersicht

I. Stellung der Norm und Regelungsgehalt

§ 108 beschließt den besonderen Abschnitt über die Verschmelzung genossenschaftlicher Prüfungsverbände (§§ 105–108) und ergänzt das dort angelegte Sonderregime um eine mitgliederschützende Flankennorm. Während § 105 den Kreis der verschmelzungsfähigen Verbandsträger abgrenzt (siehe § 105 Rz. 13 f. [*Knaier*]), § 106 die Willensbildung in der Mitgliederversammlung strukturiert (§ 106 Rz. 1 f. [*Knaier*]) und § 107 die Pflichten der Vorstände im Vollzug der Verschmelzung konkretisiert (§ 107 Rz. 3 ff. [*Knaier*]), adressiert § 108 die **Rechtsposition der Mitglieder** des übertragenden Prüfungsverbands nach Vollzug der Gesamtrechtsnachfolge.[1) 1

Die Norm knüpft an den gesetzlich vorgesehenen **Übergang der Mitgliedschaften** auf den übernehmenden Verband an und gewährt den betroffenen Mitgliedern bei einem 2

1) *Bloehs* in: BeckOGK-UmwG, § 108 Rz. 1.

Austritt aus dem neuen Verband ein **besonderes Kündigungsprivileg:**[2] Tritt ein ehemaliges Mitglied des übertragenden Verbandes gemäß § 39 BGB aus dem übernehmenden Verband aus, bleiben satzungsmäßige Kündigungsfristen, die über den in § 39 Abs. 2 BGB vorgesehenen Rahmen hinausgehen, insoweit außer Anwendung. § 108 wirkt damit als punktuelle Durchbrechung der satzungsautonomen Ausgestaltung des Austrittsrechts im Vereinsrecht und korrigiert für einen eng umgrenzten Personenkreis die ansonsten zulässige Verlängerung von Kündigungsfristen.[3] Die Norm gewährt indes **kein eigenständiges** Kündigungsrecht.[4]

II. Entstehungsgeschichte und gesetzgeberischer Zweck

3 Historisch knüpft § 108 an das Bewusstsein des Gesetzgebers an, dass Verschmelzungen genossenschaftlicher Prüfungsverbände zwangsläufig in die Mitgliedschaftsposition der angeschlossenen Genossenschaften und genossenschaftsnahen Unternehmen eingreifen.[5] Diese Mitgliedschaft ist in der Regel kein bloßer Formalakt, sondern die zentrale Anknüpfung für die Pflichtprüfung, für die Beteiligung an der Verbandsorganisation und für die Wahrnehmung bestimmter mitgliedschaftlicher Einflussrechte.

4 Im Ausgangspunkt wollte der Gesetzgeber die innerhalb des Vereinsrechts grundsätzlich weitgehende Satzungsautonomie im Bereich des Austrittsrechts nicht infrrage stellen. § 39 BGB überlässt es der **Satzung**, die Kündigungsfrist nach oben zu verlängern, solange dem Mitglied jedenfalls die Möglichkeit verbleibt, zum Ende des Geschäftsjahres aus dem Verband auszuscheiden. Dieser Ansatz kollidiert jedoch mit der spezifischen Situation einer Verschmelzung: Die Mitglieder des übertragenden Verbands sehen sich **nach Vollzug** der Gesamtrechtsnachfolge einem neuen Prüfungsverband gegenüber, dessen Satzungsstruktur, Prüfungsorganisation und Beitrags- oder Entgeltordnung erheblich von derjenigen „ihres" bisherigen Verbands **abweichen können.** Ihnen ohne weiteres auch die – mitunter erheblich – verlängerten Kündigungsfristen des übernehmenden Verbands aufzuerlegen, erschien dem Gesetzgeber unbillig.

5 § 108 reagiert auf dieses Spannungsverhältnis, indem er den betroffenen Mitgliedern in der konkreten Umbruchphase nach der Verschmelzung ein gesetzliches Korrektiv an die Hand gibt. Die Norm will kein allgemeines Sonderkündigungsrecht außerhalb des Verschmelzungskontexts schaffen, sondern lediglich verhindern, dass die Mitgliedschaft in einem Verband, dem man sich nicht bewusst angeschlossen hat, durch überlange Kündigungsfristen „verfestigt" wird. Sie ist damit Ausdruck einer situationsbezogenen, nicht einer generellen Korrektur der vereinsrechtlichen Austrittsordnung.

III. Rechtsnatur und sachlicher Anwendungsbereich

6 § 108 knüpft ausdrücklich an den Austritt „gemäß § 39 BGB" an.[6] Die Norm setzt damit voraus, dass es sich um **einen ordentlichen, fristgebundenen Austritt** i. S. des allgemeinen Vereinsrechts handelt. Außerordentliche, aus wichtigem Grund erklärbare Kündigungen bleiben davon unberührt.[7] Ihre Voraussetzungen richten sich allein nach den allgemeinen Grundsätzen des Vereinsrechts, wonach ein Mitglied seine Mitgliedschaft aus wichtigem

---

2) *Bloehs* in: BeckOGK-UmwG, § 108 Rz. 2.

3) *Bloehs* in: BeckOGK-UmwG, § 108 Rz. 2.

4) *Bloehs* in: BeckOGK-UmwG, § 108 Rz. 3; *Leuering* in: KölnKomm-UmwG, § 108 Rz. 2; a. A. außerordentliches Sonderaustrittsrecht: Widmann/Mayer-*Vossius*, UmwR, § 108 UmwG Rz. 1; in diese Richtung wohl auch Semler/Stengel/Leonard-*Katschinski*/*Wolf*, UmwG, § 108 Rz. 1 f.

5) Vgl. Semler/Stengel/Leonard-*Katschinski*/*Wolf*, UmwG, § 108 Rz. 1.

6) Semler/Stengel/Leonard-*Katschinski*/*Wolf*, UmwG, § 108 Rz. 1.

7) Vgl. Widmann/Mayer-*Vossius*, UmwR, § 108 UmwG Rz. 4.

Grund mit sofortiger Wirkung beenden kann, wenn ihm ein Festhalten bis zum satzungsmäßigen Kündigungstermin nicht zugemutet werden kann.

7 Sachlich beschränkt sich § 108 auf die **Modifikation der zulässigen Dauer der Kündigungsfrist.**[8] § 39 Abs. 2 BGB gestattet es der Satzung, das Austrittsrecht zu beschränken, insbesondere durch verlängerte Kündigungsfristen, vorausgesetzt, der Austritt ist zum Schluss des Geschäftsjahres zulässig.[9] Die Satzung kann somit grundsätzlich Kündigungsfristen vorsehen, die den Austritt nur zum Ende eines weiter hinausliegenden Geschäftsjahres erlauben oder lange Ankündigungsfristen – etwa von zwei oder drei Jahren – statuieren. § 108 erklärt derartige „überlange" Fristen für einen eng umrissenen Personenkreis für unanwendbar.[10] Die Norm lässt die Grundstruktur des § 39 BGB ansonsten unangetastet; weder die Erfordernisse an die Erklärung des Austritts noch die Möglichkeit, kürzere Fristen satzungsmäßig vorzusehen, werden berührt.

8 Teleologisch handelt es sich um zwingendes Recht:[11] Wollte man der Satzung des übernehmenden Verbands gestatten, die in § 108 angelegte Privilegierung für ehemalige Mitglieder des übertragenden Verbands zu unterlaufen – etwa durch eine Formulierung, die die Anwendbarkeit der Norm ausdrücklich ausschließt –, würde der gesetzgeberische Schutzzweck leerlaufen. Eine **zum Nachteil** der betroffenen Mitglieder **abweichende Satzungsregelung ist daher unwirksam**; zulässig sind lediglich Gestaltungen, die über § 108 hinausgehen und den Mitgliedern ein weitergehendes Austrittsrecht, etwa eine allgemein kürzere Kündigungsfrist, einräumen.

IV. Persönlicher Anwendungsbereich

9 **Adressaten** des § 108 sind ausschließlich „ehemalige Mitglieder des übertragenden Verbandes".[12] Gemeint sind damit diejenigen Genossenschaften und sonstigen Unternehmen, die zum Zeitpunkt des Wirksamwerdens der Verschmelzung Mitglied des übertragenden Prüfungsverbands waren und deren Mitgliedschaft nach den allgemeinen Regeln der Gesamtrechtsnachfolge auf den übernehmenden Verband übergeht.[13]

10 Schon aus dem Wortlaut „ehemaliges Mitglied des übertragenden Verbandes" ergibt sich, dass der Kreis der Berechtigten abschließend ist. Weder solche Mitglieder des übernehmenden Verbandes, die schon vor der Verschmelzung diesem Verband angehörten, noch spätere Beitritte genießen die Privilegierung des § 108.[14] Ebenso wenig erfasst sind etwa Unternehmen, deren Mitgliedschaft im übertragenden Verband vor dem Verschmelzungsstichtag beendet wurde;[15] sie treten nicht als Mitglieder in den übernehmenden Verband ein und können daher das besondere Austrittsrecht nicht in Anspruch nehmen.

11 Die Norm setzt ferner voraus, dass die **Mitgliedschaft nach der Verschmelzung tatsächlich fortbesteht.** Genossenschaften, die in der Verschmelzungsphase aus dem übertragenden Verband austreten oder ausgeschlossen werden und daher nicht Mitglied des

8) *Bloehs* in: BeckOGK-UmwG, § 108 Rz. 2; Semler/Stengel/Leonard-*Katschinski*/*Wolf*, UmwG, § 108 Rz. 1.

9) Vgl. hierzu *Bloehs* in: BeckOGK-UmwG, § 108 Rz. 3.1.

10) Hierzu ausf. hierzu *Bloehs* in: BeckOGK-UmwG, § 108 Rz. 3.1 ff.; s. a. Semler/Stengel/Leonard-*Katschinski*/*Wolf*, UmwG, § 108 Rz. 1.

11) Vgl. hierzu *Bloehs* in: BeckOGK-UmwG, § 108 Rz. 3.1 ff.

12) Widmann/Mayer-*Vossius*, UmwR, § 108 UmwG Rz. 7; Semler/Stengel/Leonard-*Katschinski*/*Wolf*, UmwG, § 108 Rz. 2; *Bloehs* in: BeckOGK-UmwG, § 108 Rz. 6.

13) Widmann/Mayer-*Vossius*, UmwR, § 108 UmwG Rz. 7; Semler/Stengel/Leonard-*Katschinski*/*Wolf*, UmwG, § 108 Rz. 2; *Bloehs* in: BeckOGK-UmwG, § 108 Rz. 6.

14) Vgl. *Bloehs* in: BeckOGK-UmwG, § 108 Rz. 6; Widmann/Mayer-*Vossius*, UmwR, § 108 UmwG Rz. 7 f.

15) Vgl. Widmann/Mayer-*Vossius*, UmwR, § 108 UmwG Rz. 8.

übernehmenden Verbands werden, sind von vornherein nicht Adressaten des § 108. Umgekehrt werden Mitglieder, die durch die Verschmelzung erstmals Teil des übernehmenden Verbands werden, zwar in die dortige Satzungsordnung einbezogen, können sich aber nur für einen während dieses Übergangs vorgenommenen Austritt auf die Privilegierung berufen.[16)]

V. Ausübung des Austrittsrechts

12 Die Ausübung des in § 108 vorausgesetzten Austrittsrechts richtet sich formal nach § 39 BGB.[17)] Erforderlich ist eine **einseitige, empfangsbedürftige Willenserklärung** gegenüber dem zuständigen Organ des übernehmenden Verbands, typischerweise dem Vorstand.[18)] **Formvorschriften** bestehen gesetzlich nicht; sie können sich jedoch aus der Satzung ergeben, etwa in Gestalt eines Schriftformerfordernisses oder verbindlicher Zustellungsadressen.[19)] Solche formellen Anforderungen bleiben grundsätzlich wirksam.

13 Zeitlich setzt § 108 **keine ausdrückliche Frist für die Ausübung** des begünstigten Austritts voraus.[20)] Überwiegend wird jedoch vertreten, dass die Norm nicht dazu dient, den betroffenen Mitgliedern dauerhaft eine „Fluchtmöglichkeit" aus dem übernehmenden Verband zu eröffnen.[21)] Ihr Anwendungsbereich ist auf die **Phase der Neuordnung** nach der Verschmelzung bezogen; privilegiert werden soll der Austritt, der seine Ursache in der mit der Verschmelzung verbundenen Strukturveränderung hat.[22)] Daraus folgt, dass ein zeitlich weit abgerückter Austritt – etwa nach mehreren Geschäftsjahren – nicht mehr vom Schutzzweck der Norm gedeckt ist und die Satzung des übernehmenden Verbands insoweit wieder unverkürzt zur Anwendung kommt.[23)]

14 Die Bestimmung des zulässigen Zeitfensters ist eine Frage der Auslegung.[24)] Naheliegend ist es, auf den Zeitraum abzustellen, in dem die Mitgliedschaft noch als „Fortsetzung" der früheren Mitgliedschaft im übertragenden Verband erlebt wird und die Verschmelzung im Verbandsleben präsent ist. In der Literatur wird teilweise darauf abgestellt, dass der privilegierte Austritt jedenfalls bis zum Ablauf des ersten nach der Verschmelzung beginnenden Geschäftsjahres in Anspruch genommen werden kann.[25)] Eine weitergehende zeitliche Ausdehnung würde dem Charakter des § 108 als Übergangsvorschrift widersprechen. Eine **starre Grenze lässt sich dem Gesetz indes nicht entnehmen**, so dass im Einzelfall maßgeblich sein kann, wann die wesentlichen Folgen der Verschmelzung für das betroffene Mitglied konkret sichtbar wurden – etwa durch Änderung der Prüfungsbedingungen oder der Beitragsstruktur, so dass regelmäßig eine Überlegungs- und Ausübungsfrist von drei bis sechs Monaten zuzubilligen ist.[26)]

---

16) Vgl. Widmann/Mayer-*Vossius*, UmwR, § 108 UmwG Rz. 8.

17) *Bloehs* in: BeckOGK-UmwG, § 108 Rz. 12.

18) *Bloehs* in: BeckOGK-UmwG, § 108 Rz. 13; Semler/Stengel/Leonard-*Katschinski/Wolf*, UmwG, § 108 Rz. 2; *Bloehs* in: BeckOGK-UmwG, § 108 Rz. 3; Widmann/Mayer-*Vossius*, UmwR, § 108 UmwG Rz. 9.

19) *Bloehs* in: BeckOGK-UmwG, § 108 Rz. 13; Widmann/Mayer-Vossius, UmwR, § 108 UmwG Rz. 10.

20) Widmann/Mayer-*Vossius*, UmwR, § 108 UmwG Rz. 14; *Bloehs* in: BeckOGK-UmwG, § 108 Rz. 16.

21) *Bloehs* in: BeckOGK-UmwG, § 108 Rz. 14; Semler/Stengel/Leonard-*Katschinski/Wolf*, UmwG, § 108 Rz. 4; ausf. diff. und auf Verwirkung abstellend aber Widmann/Mayer-*Vossius*, UmwR, § 108 UmwG Rz. 14 ff.

22) *Bloehs* in: BeckOGK-UmwG, § 108 Rz. 18; Lutter-*Bayer*, UmwG, § 108 Rz. 3.

23) Ausf. *Bloehs* in: BeckOGK-UmwG, § 108 Rz. 19 ff.

24) *Bloehs* in: BeckOGK-UmwG, § 108 Rz. 19.1 ff.

25) Lutter-*Bayer*, UmwG, § 108 Rz. 3; krit. *Bloehs* in: BeckOGK-UmwG, § 108 Rz. 19.1.

26) *Bloehs* in: BeckOGK-UmwG, § 108 Rz. 19 ff.

VI. Rechtsfolgen: Unanwendbarkeit verlängerter Kündigungsfristen

Rechtsfolge des § 108 ist die Nichtanwendung solcher Satzungsbestimmungen des übernehmenden Verbands, die unter Berufung auf § 39 Abs. 2 BGB eine längere Kündigungsfrist als zum Schluss des Geschäftsjahres vorsehen.[27] Die Norm stellt damit klar, dass für den privilegierten Personenkreis nur die durch § 39 vorgegebene Obergrenze gilt: Das Mitglied muss **spätestens zum Ende des laufenden Geschäftsjahres** aus dem Verband **ausscheiden können**; darüber hinausgehende Bindungsdauern sind ihm nicht zuzumuten.[28] 15

Im Ergebnis bedeutet dies, dass der Austritt des privilegierten Mitglieds spätestens zum Schluss des Geschäftsjahres wirksam wird, in dem die Kündigung fristgerecht erklärt wurde.[29] Eine ex-tunc-Wirkung des Austritts begründet die Norm nicht.[30] Soweit die Satzung des übernehmenden Verbands für alle Mitglieder – also auch unabhängig von einem Verschmelzungsvorgang – eine kürzere Kündigungsfrist vorsieht, bleibt diese günstigere Regelung unberührt. § 108 wirkt ausschließlich als Kappung überlanger Fristen; er verschafft dem Mitglied kein aus sich heraus „besseres" Austrittsrecht als der übrigen Mitgliedschaft, soweit diese bereits durch die Satzung bevorteilt ist. 16

Zu beachten ist ferner, dass § 108 nur die satzungsmäßige Fristendeterminierung betrifft, nicht jedoch weitere, **mit dem Austritt verbundene Rechtsfolgenregelungen**. Bestimmungen über die Abwicklung offener Verpflichtungen, über Beitrags- oder Umlagepflichten bis zum Wirksamwerden des Austritts oder über die Rückabwicklung spezifischer Verbandsleistungen bleiben wirksam, soweit sie nicht ihrerseits zu einer faktischen Verlängerung des Austrittszeitraums führen, die den Zweck des § 108 vereiteln würde. 17

VII. Verhältnis zu § 39 BGB, zu Ausschluss und Sonderkündigung

Systematisch ist § 108 als **speziellere Ausprägung des § 39 Abs. 2 BGB** zugunsten eines bestimmten Mitgliederkreises zu verstehen.[31] Die allgemeinen Regeln über den Austritt aus dem Verein – insbesondere über die Notwendigkeit eines satzungsmäßig eröffneten Austrittsrechts, über die Festlegung der Kündigungsfristen und über den Zeitpunkt des Wirksamwerdens – bleiben anwendbar und werden durch die Norm nur punktuell ergänzt. Insoweit ist § 108 wie eine zwingende Inhaltskontrolle der Satzungsregelungen des übernehmenden Verbands zu lesen. 18

Zu außerordentlichen **Kündigungen aus wichtigem Grund** verhält sich § 108 neutral.[32] Diese bleiben unabhängig von der Verschmelzung und ihrer zeitlichen Einordnung möglich, wenn die gesetzlichen oder in der Rechtsprechung entwickelten Voraussetzungen eines wichtigen Grundes erfüllt sind.[33] Der besondere Anwendungsbereich des § 108 grenzt sich hiervon dadurch ab, dass er gerade keinen wichtigen Grund verlangt, sondern die mit der Verschmelzung verbundene strukturelle Veränderung als hinreichende Rechtfertigung für die Nichtanwendung überlanger Kündigungsfristen ansieht. 19

Auch **Ausschlussregelungen** werden von § 108 nicht berührt. Die Möglichkeit des Verbands, Mitglieder bei Vorliegen der satzungsmäßigen oder gesetzlichen Voraussetzungen 20

27) Widmann/Mayer-*Vossius*, UmwR, § 108 UmwG Rz. 22 ff.

28) *Bloehs* in: BeckOGK-UmwG, § 108 Rz. 20.

29) *Bloehs* in: BeckOGK-UmwG, § 108 Rz. 20; vgl. auch Widmann/Mayer-*Vossius*, UmwR, § 108 UmwG Rz. 24.

30) Semler/Stengel/Leonard-*Katschinski*/*Wolf*, UmwG, § 108 Rz. 1; *Bloehs* in: BeckOGK-UmwG, § 108 Rz. 20.1; Widmann/Mayer-*Vossius*, UmwR, § 108 UmwG Rz. 24.

31) *Bloehs* in: BeckOGK-UmwG, § 108 Rz. 2.

32) Widmann/Mayer-*Vossius*, UmwR, § 108 UmwG Rz. 25.

33) Widmann/Mayer-*Vossius*, UmwR, § 108 UmwG Rz. 25; s. a. *Bloehs* in: BeckOGK-UmwG, § 108 Rz. 8.

auszuschließen, bleibt erhalten. Der Normzweck besteht nicht darin, das Mitglied „um jeden Preis" im Verband zu halten oder ihm eine zusätzliche Schutzposition gegenüber aufsichts- oder disziplinarisch motivierten Maßnahmen zu verschaffen, sondern allein darin, ihm die entschleunigte Abwicklung seiner Mitgliedschaft beim Übergang in einen neuen Verband zu erleichtern.

VIII. Übertragbarkeit und praktische Bedeutung

21 Über § 125 ist § 108 auf **Spaltungen** genossenschaftlicher Prüfungsverbände **entsprechend anzuwenden.**[34)] Ebenso gilt er, soweit genossenschaftliche Vereine nach Maßgabe des § 105 Satz 2 an einer Verschmelzung beteiligt sind, in gleicher Weise für deren Mitglieder, die kraft Gesamtrechtsnachfolge auf den Prüfungsverband übergehen.[35)] Damit wird der Schutzzweck der Norm – die Vermeidung überlanger Bindung an einen „neuen" Verband bei fehlender eigenständiger Beitrittsentscheidung – auf alle vergleichbaren Konstellationen struktureller Kontinuität übertragen.

22 In der praktischen Anwendung hat § 108 vor allem dort Bedeutung, wo der übernehmende Prüfungsverband in seiner Satzung lange Kündigungsfristen vorsieht, die mit dem Ziel verstetigter Mitgliedschaft und verlässlicher Beitragsbasis begründet werden. In solchen Fällen kann eine Verschmelzung ohne den Korrektivmechanismus des § 108 dazu führen, dass Mitglieder des übertragenden Verbands, die mit der neuen Struktur nicht einverstanden sind, faktisch über Jahre an einen Verband gebunden bleiben, dem sie nie bewusst beigetreten sind. Die Norm schafft hier einen Ausgleich zwischen der legitimen Stabilitätsinteresse des Verbands und der Autonomie der Mitglieder.

23 Für die Verbände empfiehlt es sich, die Existenz des § 108 bereits bei der Gestaltung von Verschmelzungen mitzudenken. Insbesondere sollten die **Informationsunterlagen an die Mitglieder** klar darauf hinweisen, dass ein privilegiertes Austrittsrecht mit gekappter Kündigungsfrist besteht, um spätere Streitigkeiten über dessen Umfang und zeitliche Reichweite zu vermeiden. Auf der anderen Seite sollten die Verbände ihre Beitrags- und Prüfungsordnungen so ausgestalten, dass eine größere Zahl von Austritten im Anschluss an die Verschmelzung die wirtschaftliche Tragfähigkeit des neuen Verbands nicht gefährdet.

34) Widmann/Mayer-*Vossius*, UmwR, § 108 UmwG Rz. 6.
35) *Bloehs* in: BeckOGK-UmwG, § 108 Rz. 11.

Achter Abschnitt
Verschmelzung von Versicherungsvereinen auf Gegenseitigkeit

Erster Unterabschnitt
Möglichkeit der Verschmelzung

§ 109
Verschmelzungsfähige Rechtsträger

[1]Versicherungsvereine auf Gegenseitigkeit können nur miteinander verschmolzen werden. [2]Sie können ferner im Wege der Verschmelzung durch eine Aktiengesellschaft, die den Betrieb von Versicherungsgeschäften zum Gegenstand hat (Versicherungs-Aktiengesellschaft), aufgenommen werden.

Literatur: *Hersch*, Verschmelzung von Versicherungsvereinen auf Gegenseitigkeit nach dem Umwandlungsgesetz, NZG 2016, 611.

Übersicht

I. Überblick

§ 109 begrenzt die Möglichkeiten einer Verschmelzung von VVaG. Bei einer Verschmelzung unter Beteiligung von VVaG kommen als übertragende Rechtsträger nur VVaG in Betracht und als übernehmende bzw. neue Rechtsträger nur VVaG (Satz 1) und Versicherungs-AG (Satz 2).[1] 1

II. Normzweck

§ 109 ist durch den rechtlichen Rahmen der VVaG vorgezeichnet, hier insbesondere § 8 Abs. 2 VAG und § 176 VAG. 2

Der Betrieb des Versicherungsgeschäfts durch den übertragenden VVaG (vgl. § 171 VAG) darf nach einer Verschmelzung nur in einer der dafür eigens in **§ 8 Abs. 2 VAG** zugelassenen Rechtsformen (sog. **„Numerus Clausus der Rechtsformen"**) fortgeführt werden. Zugelassene Rechtsformen sind AGs einschließlich der SE, VVaG und Körperschaften und Anstalten des öffentlichen Rechts. Der Kreis der an einer VVaG-Verschmelzung beteiligten übernehmenden bzw. neuen Rechtsträger ist mithin bereits außerhalb des § 109 durch § 8 Abs. 2 VAG begrenzt. 3

Zum anderen begrenzt die grundsätzliche **Abhängigkeit der VVaG-Mitgliedschaft vom Versicherungsverhältnis** (vgl. **§ 176 VAG**) die Möglichkeit der Verschmelzung von VVaG. Beim VVaG tun sich Rechtssubjekte zusammen, um ihre Risiken zu teilen und Schadenfälle aus einer gemeinsamen Kasse zu bedienen.[2] Dies steht einer Verschmelzung von AGs auf VVaG entgegen, weil die Aktionäre des übertragenden Rechtsträgers bei der Überführung ihrer Aktionärsrechte in VVaG-Mitgliedschaftsrechte ein Versicherungsverhältnis mit dem übernehmenden VVaG begründen würden, an dem, insbesondere Großaktionäre, kaum Interesse haben.[3] 4

III. Arten des VVaG

Das VAG (und daran anknüpfend das UmwG) unterscheidet drei „Arten" des VVaG: 5

- „normale" VVaG: Diese sind verschmelzungsfähig gemäß §§ 109–117);
- kleinere Vereine i. S. des § 210 Abs. 1, 2, 4 VAG: Diese sind verschmelzungsfähig nach §§ 118 f.;

---

1) *Böttcher* in: NK-UmwG, § 3 Rz. 22.

2) *K. Schmidt*, GesR, S. 1274.

3) Begr. Fraktionsentwurf UmwBerG, BT-Drucks. 12/6699, S. 113.

- Kleinstvereine i. S. der §§ 212 Abs. 2, 210 Abs. 3, 5 VAG: Diese sind nicht verschmelzungsfähig gemäß § 5 Abs. 2 Halbs. 2 VAG.

IV. Alternativen zur Verschmelzung

6 Angesichts der eingeschränkten Verschmelzungsmöglichkeiten bieten sich als Verschmelzungsalternativen an:

- die Vermögensübertragung gemäß §§ 180 ff.;
- die Bestandsübertragung gemäß § 13 VAG; dabei überträgt ein Erstversicherungsunternehmen den Versicherungsbestand ganz oder teilweise auf ein anderes Versicherungsunternehmen; Das von der Bestandsübertragung betroffene Mitglied erhält entweder die Mitgliedschaft im übernehmenden Rechtsträger (wenn dieser VVaG ist) oder eine Barabfindung (§§ 13 Abs. 3, 201 VAG).[4)]
- Die Funktionsausgliederung (in § 9 Abs. 4 Nr. 1 lit. c VAG vorausgesetzt) ermöglicht die Übertragung von Vertrieb, Bestandsverwaltung, Leistungsbearbeitung, Rechnungswesen, Vermögensanlage oder Vermögensverwaltung zumindest zum wesentlichen Teil auf ein anderes Unternehmen. Das andere Unternehmen muss – im Unterschied zur Bestandsübertragung – nicht notwendig ein Versicherungsunternehmen sein.

V. Verschmelzung unter ausschließlicher Beteiligung von VVaG (§ 109 Satz 1)

7 Die reine VVaG-Verschmelzung nach Satz 1 ist möglich durch Aufnahme (§ 2 Nr. 1) und durch Neugründung (§ 2 Nr. 2).[5)] Möglich ist auch die Verschmelzung mehrerer VVaG in einem Rechtsakt (sog. Mehrfachverschmelzung).[6)] Ein aufgelöster VVaG kann unter den Voraussetzungen des § 3 Abs. 3 verschmolzen werden.

8 Aufgrund des Spartentrennungsgrundsatzes (§ 8 Abs. 3 VAG) ist eine Verschmelzung zwischen zwei VVaG nur möglich, wenn beide in der gleichen Sparte tätig sind.[7)]

VI. Verschmelzung unter Beteiligung von Versicherungs-AG (§ 109 Satz 2)

9 Satz 2 regelt die **Mischverschmelzung** von VVaG. Mischverschmelzungen sind – trotz des etwas missverständlichen Wortlauts des Satz 2 („aufgenommen") – sowohl durch Aufnahme (§ 2 Nr. 1) als auch durch Neugründung (§ 2 Nr. 2) möglich.[8)]

10 Auch bei Mischverschmelzungen kommt als übertragender Rechtsträger nur ein VVaG in Betracht. Die umgekehrte Konstellation, die Verschmelzung einer AG auf einen VVaG, ist unzulässig. Der Gesetzgeber hat diese Konstellation bewusst nicht vorgesehen.[9)] Die Aktionäre einer übertragenden AG müssten gemäß § 176 Satz 2 VAG ein Versicherungsverhältnis mit dem VVaG begründen, was kaum im Interesse der Aktionäre (insbesondere der Großaktionäre) steht.

---

4) *Hersch*, NZG 2016, 611, 616: Die Bestandsübertragung ist flexibler und weniger formal. Die Verschmelzung ermöglicht eine schnelle Abwicklung des VVaG ohne Sperrjahr und schließt die Barabfindung der Mitgliedschaften aus.

5) Semler/Stengel/Leonard-*Niemeyer*, UmwG § 109 Rz. 4; Schmitt/Hörtnagl-*Missio*, UmwG/UmwStG, § 109 UmwG Rz. 2.

6) *Kammerer-Galahn* in: NK-UmwG, § 109 Rz. 21; Henssler/Strohn-*Galla*/*Cé. Müller*, GesR, § 109 UmwG Rz. 2.

7) *Broichhausen* in: KölnKomm-UmwG, § 109 Rz. 9.

8) *Kammerer-Galahn* in: NK-UmwG, § 109 Rz. 2, unter Verweis auf Begr. RegE Fraktionsentwurf UmwBerG z. § 114, BT-Drucks. 12/6699, S. 113.

9) Begr. RegE Fraktionsentwurf UmwBerG, BT-Drucks. 12/6699, S. 113.

11 Für die Übertragung von Versicherungsverhältnissen von Versicherungs-AG auf VVaG stehen die Vermögensübertragung nach § 178 oder die Bestandsübertragung nach § 13 VAG zur Verfügung.

12 Bei der Mischverschmelzung ist übernehmender bzw. neuer Rechtsträger eine Versicherungs-AG. Versicherungs-AGs sind in Satz 2 legaldefiniert als AGs die den Betrieb von Versicherungsgeschäften zum Gegenstand haben. Darüber hinaus muss die Erlaubnis der Aufsichtsbehörde vorliegen (§ 8 Abs. 1 VAG).[10]

13 Versicherungs-AG sind die **AG** und die **SE**, die den Betrieb von Versicherungsgeschäften zum Gegenstand haben.[11] Dass Satz 2 die SE erfasst, folgt aus der gebotenen europarechtskonformen Auslegung.[12] Die SE kann jedoch anders als die AG nicht an einer Verschmelzung durch Neugründung beteiligt sein, weil die Gründung einer SE nach Art. 2 Abs. 1 SE-VO voraussetzt, dass zwei Gründungsgesellschaften dem Recht verschiedener Mitgliedstaaten unterliegen.[13]

VII. Grenzüberschreitende Verschmelzung

14 Eine grenzüberschreitende Verschmelzung von VVaG scheidet de lege lata aus; gemäß §§ 1 Abs. 1, 305 ff. VVaG sind keine Kapitalgesellschaften i. S. des § 306 Abs. 1 Nr. 1.[14] Der VVaG verfügt über kein (in Anteile zerlegtes) „Gesellschaftskapital" i. S. des Art. 119 Nr. 1 lit. b der Gesellschaftsrechtsrichtlinie[15]. Die Gesellschafterstellung am VVaG wird durch die Mitgliedschaft und nicht durch Gesellschaftsanteile vermittelt.[16]

15 Die Verschmelzung eines VVaG auf eine Körperschaft oder Anstalt des öffentlichen Rechts ist nicht möglich. Der Gesetzgeber hat diese bewusst nicht geregelt.[17] Dafür spricht, dass der Gesetzgeber an anderer Stelle in §§ 174, 175 Nr. 2 lit. b Regelungen zur Vermögensübertragung von VVaG auf öffentlich-rechtliche Versicherungsunternehmen getroffen hat.

VIII. Aufsichtsrechtliche Anforderungen

16 Wirksamkeitsvoraussetzung der Verschmelzung ist gemäß § 14 Abs. 1 Satz 1 VAG die Genehmigung der Aufsichtsbehörde. Die Aufsichtsbehörde (in der Regel die BaFin gemäß § 320 Abs. 1 VAG) prüft im Genehmigungsverfahren insbesondere, ob bei der Verschmelzung die Belange der Versicherten gewahrt sind (§§ 14 Abs. 1 Satz 2, 13 Abs. 1 Satz 2 VAG) und die Vorschriften über die Umwandlung beachtet worden sind (§ 14 Abs. 2 VAG)[18]

10) *Broichhausen* in: KölnKomm-UmwG, § 109 Rz. 5.

11) *Kammerer-Galahn* in: NK-UmwG, § 109 Rz. 25; *Hersch*, NZG 2016, 611, 612.

12) Vgl. Art. 9 Abs. 1 lit. c Ziff. ii, Art. 10 SE-VO; *Broichhausen* in: KölnKomm-UmwG, § 109 Rz. 6 m. w. N.

13) *Broichhausen* in: KölnKomm-UmwG, § 109 Rz. 7.

14) *Broichhausen* in: KölnKomm-UmwG, § 109 Rz. 15; zweifelnd *Kammerer-Galahn* in: NK-UmwG, § 109 Rz. 27.

15) Richtlinie (EU) 2017/1132 des Europäischen Parlaments und des Rates v. 14.6.2017 über bestimmte Aspekte des Gesellschaftsrechts (Gesellschaftsrechtsrichtlinie), ABl. (EU) L 169/46 v. 30.6.2017.

16) Semler/Stengel/Leonard-*Drinhausen*, 5. Aufl., UmwG, § 122b Rz. 6; zweifelnd *Kammerer-Galahn* in: NK-UmwG, § 109 Rz. 27; Semler/Stengel/Leonard-*Niemeyer*, UmwG, § 109 Rz. 12.

17) Ebenso *Kammerer-Galahn* in: NK-UmwG, § 109 Rz. 5.

18) § 14 Abs. 2 VAG ist einschränkend dahingehend auszulegen, dass die Aufsichtsbehörde die Einhaltung der Regelungen des UmwG nur prüft, soweit der Schutzzweck des VAG berührt ist, wie z. B. bei zur Nichtigkeit des Verschmelzungsbeschluss führenden Verstößen gegen das UmwG, dazu *Hersch*, NZG 2016, 611, 614 f.

IX. Rechtsfolgen der Verschmelzung

17 Der **übertragende VVaG erlischt** (§ 20 Abs. 1 Nr. 2).

18 Im Falle der **Verschmelzung** eines VVaG **auf einen anderen VVaG** erhalten die Mitglieder des übertragenden VVaG gemäß § 20 Abs. 1 Nr. 3 kraft Gesetzes die **Mitgliedschaft** in dem **übernehmenden VVaG**. Für den Inhalt der Mitgliedschaftsrechte ist die Satzung des übernehmenden VVaG maßgeblich. Der übertragende VVaG muss dem Mitglied keine Barabfindung gemäß § 29 Abs. 1 Satz 2 anbieten, weil das Mitglied im übernehmenden VVaG keinen weitergehenden Verfügungsbeschränkungen unterworfen ist als bisher.[19]

19 Im Fall der **Verschmelzung** eines VVaG **auf eine Versicherungs-AG** erhalten die Mitglieder des übertragenden VVaG gemäß § 20 Abs. 1 Nr. 3 kraft Gesetz die Stellung als Aktionär in der übernehmenden Versicherungs-AG. Die Aktienbeteiligung entspricht dem Barwert der Mitgliedschaft nach dem VVaG. Die Mitgliedschaftsrechte bestimmen sich auch hier nach der Satzung des übernehmenden bzw. neuen Rechtsträgers. Das Mitglied kann dem Verschmelzungsbeschluss vor dem Hintergrund des § 29 Abs. 1 Satz 1 zur Niederschrift im Versammlungsprotokoll widersprechen. In diesem Fall ist dem Mitglied ein Abfindungsangebot zu unterbreiten.[20]

19) *Hersch*, NZG 2016, 611, 612.
20) Dazu *Hersch*, NZG 2016, 611, 612.

Zweiter Unterabschnitt
Verschmelzung durch Aufnahme

§ 110
Inhalt des Verschmelzungsvertrags

Sind nur Versicherungsvereine auf Gegenseitigkeit an der Verschmelzung beteiligt, braucht der Verschmelzungsvertrag oder sein Entwurf die Angaben nach § 5 Abs. 1 Nr. 3 bis 5 und 7 nicht zu enthalten.

Literatur: *Hersch*, Verschmelzung von Versicherungsvereinen auf Gegenseitigkeit nach dem Umwandlungsgesetz, NZG 2016, 611.

Übersicht

I. Normzweck

1 § 110 erklärt bei reinen VVaG-Verschmelzungen ansonsten gemäß § 5 Abs. 1 erforderliche Angaben im Verschmelzungsvertrag zum Umtauschverhältnis, zur Anteilsübertragung und zu Sonderrechten beim übernehmenden Rechtsträger für entbehrlich. Derartige Angaben setzen einen Anteilstausch voraus, der bei reinen VVaG-Verschmelzungen nicht stattfindet.[1] Die **Vermögensrechte** der VVaG-Mitglieder gehen vielmehr auf im **Versicherungsvertrag**, der beim übernehmenden bzw. neuen VVaG kraft Gesetzes fortgeführt

1) Begr. Fraktionsentwurf UmwBerG, BT-Drucks. 12/6699, S. 113.

wird und der im Grundsatz als ausreichende Entschädigung für den Verlust der Mitgliedschaft im übertragenden VVaG gilt.[2)]

II. Anwendungsbereich

§ 110 gilt für reine VVaG-Verschmelzungen. Bei Mischverschmelzungen bleibt es hingegen bei den allgemeinen Anforderungen des § 5.[3)] 2

III. Mindestangaben

Bei reinen VVaG-Verschmelzungen muss der Verschmelzungsvertrag nur folgende Mindestangaben gemäß §§ 110, 5 Abs. 1 enthalten: 3

- **Nr. 1:** Name oder die Firma und Sitz der an der Verschmelzung beteiligten VVaG;
- **Nr. 2:** die Vereinbarung über die Übertragung des Vermögens jedes übertragenden VVaG als Ganzes gegen Gewährung von Mitgliedschaften an dem übernehmenden VVaG;
- **Nr. 6:** den Verschmelzungsstichtag;
- **Nr. 8:** jeden besonderen Vorteil, der einem Mitglied des Vorstands oder des Aufsichtsrats der an der Verschmelzung beteiligten VVaG, einem geschäftsführenden Mitglied, einem Partner, einem Abschlussprüfer oder einem Verschmelzungsprüfer gewährt wird; und
- **Nr. 9:** die Folgen der Verschmelzung für die Arbeitnehmer und ihre Vertretungen sowie die insoweit vorgesehenen Maßnahmen.

Ein **Abfindungsangebot** nach § 29 Abs. 1 Satz 2 ist bei einer reinen VVaG-Verschmelzung nicht erforderlich. Denn die Mitgliedschaften an dem übernehmenden VVaG sind § 176 VAG denselben Verfügungsbeschränkungen unterworfen wie beim übertragenden VVaG, sodass sich die Rechtsstellung des Mitglieds durch die Verschmelzung nicht verschlechtert.[4)] 4

IV. Entbehrliche Angaben

Die Angaben nach § 5 Abs. 1 Nr. 3 sind entbehrlich. Diese Angaben beziehen sich auf das **Umtauschverhältnis** der Anteile und Mitgliedschaften. Das Umtauschverhältnis ist bei der Verschmelzung von VVaG irrelevant, weil der VVaG kein in Anteile zerlegtes Grund- oder Stammkapital hat.[5)] Im Zentrum des Interesses der Mitglieder steht kein rechnerischer Anteil an einer Vermögensmasse oder Mitgliedschaftsrechte in Form von Mitverwaltungs- oder Vermögensrechten, sondern der Versicherungsvertrag.[6)] 5

Weitere Angaben nach § 5 Abs. 1 Nr. 4, 5 zur **Anteilsübertragung** erübrigen sich, weil die Mitglieder des übertragenden VVaG die Mitgliedschaft im übernehmenden VVaG ohne weiteren Beitritts- oder Aufnahmeakt kraft Gesetzes erlangen gemäß § 20 Abs. 1 Nr. 3 UmwG.[7)] 6

§ 5 Abs. 1 Nr. 7 erklärt Angaben zu den vom übernehmenden Rechtsträger gewährten **Sonderrechten** für entbehrlich. Sonderrechte i. S. des § 23 betreffen jedoch nicht das Umtauschverhältnis der Anteile im engen Sinne und spielen in Form von Genussrechten 7

---

2) *Scheel/Harzenetter* in: BeckOGK-UmwG, § 110 Rz. 5.

3) Schmitt/Hörtnagl-*Missio*, UmwG/UmwStG, § 110 UmwG Rz. 2; *Scheel/Harzenetter* in: BeckOGK-UmwG, § 110 Rz. 2.

4) *Scheel/Harzenetter* in: BeckOGK-UmwG, § 110 Rz. 8, 8.1; Semler/Stengel/Leonard-*Niemeyer*, UmwG, § 110 Rz. 9.

5) Henssler/Strohn-*Galla/Cé. Müller*, GesR, § 110 UmwG Rz. 1.

6) *Broichhausen* in: KölnKomm-UmwG, § 110 Rz. 4.

7) *Hersch*, NZG 2016, 611, 612.

bei der Verschmelzung von VVaG eine Rolle, weshalb richtigerweise in den Verschmelzungsvertrag Regelungen aufgenommen werden müssen, auf welche Weise dem Inhaber des Sonderrechts eine wirtschaftliche Kompensation zugeführt wird.[8)]

8 Außerhalb der Pflichtangaben des § 5 empfiehlt sich eine Aufnahme von **aufschiebenden Bedingungen** in den Verschmelzungsvertrag für die erforderliche **aufsichtsrechtliche Genehmigung.**

8) *Broichhausen* in: KölnKomm-UmwG, § 110 Rz. 4a.

§ 111
Bekanntmachung des Verschmelzungsvertrags*)

[1]Der Verschmelzungsvertrag oder sein Entwurf ist vor der Einberufung der obersten Vertretung, die gemäß § 13 Abs. 1 über die Zustimmung zum Verschmelzungsvertrag beschließen soll, zum Register einzureichen. [2]Das Gericht hat in der Bekanntmachung nach § 10 des Handelsgesetzbuchs einen Hinweis darauf bekanntzumachen, daß der Vertrag oder sein Entwurf beim Handelsregister eingereicht worden ist.

*) § 111 i. d. F. des UmwBerG geändert durch Art. 8 des Gesetzes über elektronische Handelsregister und Genossenschaftsregister sowie das Unternehmensregister (EHUG), v. 10.11.2006, BGBl. I 2006, 2553.

Literatur: *Hersch*, Verschmelzung von Versicherungsvereinen auf Gegenseitigkeit nach dem Umwandlungsgesetz, NZG 2016, 611.

Übersicht

I. Normzweck

1 § 111 dient dem Schutz der Mitglieder der an der Verschmelzung beteiligten VVaG. Jedes Mitglied soll sich auf die Beschlussfassung in der obersten Vertretung über den Verschmelzungsvertrag **vorbereiten** können.[1)] Dazu kann das Mitglied des VVaG den **Verschmelzungsvertrag** bzw. den Entwurf beim Register **einsehen** (§ 9 Abs. 1 HGB) und auf seine Kosten einen Ausdruck verlangen (§ 9 Abs. 4 HGB).

II. Anwendungsbereich

2 § 111 gilt für die **Verschmelzung durch Aufnahme** und (über § 114) für die Verschmelzung **durch Neugründung.** Auf alle an der Verschmelzung beteiligten VVaG ist § 111 anzuwenden. Für an der Verschmelzung beteiligte Versicherungs-AG gilt der (weitgehend gleichlautende) § 61.[2)]

1) *Broichhausen* in: KölnKomm-UmwG § 111 Rz. 1.
2) Henssler/Strohn-*Galla/Cé. Müller*, GesR, § 111 UmwG Rz. 1.

III. Einreichungspflicht (Satz 1)

Die Einreichungspflicht trifft den **Vorstand.**[3] Der Vorstand muss den Verschmelzungsvertrag oder seinen Entwurf rechtzeitig zum Register einreichen. Zuständig ist das Register am Sitz des VVaG (§ 185 VAG);[4] bei kleineren VVaG ist nicht das Register, sondern die Aufsichtsbehörde zuständig (§ 118 Satz 2). 3

Die Einreichung ist **rechtzeitig**, wenn sie vor der Einberufung der obersten Vertretung[5] erfolgt. Der Zeitpunkt der Einberufung ist der der Bekanntmachung in den Geschäftsblättern oder, im Falle der schriftlichen Einberufung, der Versendungszeitpunkt des Einberufungsschreibens.[6] Eine Einreichung kurz vor dem Erscheinen des Gesellschafts- bzw. Vereinsblatts oder Empfangs der Einladung ist ausreichend, um die von Art. 6 der Verschmelzungsrichtlinie[7] vorgesehene **Monatsfrist** zu wahren.[8] 4

IV. Bekanntmachungspflicht (Satz 2)

Das Registergericht muss die Einreichung des Verschmelzungsvertrags bzw. seines Entwurfs bekannt machen,[9] den Verschmelzungsvertrag selbst aber nicht veröffentlichen. 5

V. Verzicht auf Einreichung und Bekanntmachung

Eine Einreichung und Bekanntmachung müssen dann nicht erfolgen, wenn sämtliche Mitglieder des VVaG einen entsprechenden Verzicht erklären. Da die Norm nicht dem Gläubigerschutz, sondern dem Schutz der Mitglieder des VVaG dient, ist das Publizitätserfordernis abdingbar.[10] 6

VI. Rechtsfolgen bei Verstoß

Der Verstoß gegen § 111 führt zur **Anfechtbarkeit** des von der obersten Vertretung gefassten Verschmelzungsbeschlusses gemäß § 191 VAG, § 243 AktG, wenn bei wertender Betrachtungsweise möglich ist, dass der Verstoß sich auf das Beschlussergebnis ausgewirkt hat.[11] 7

Das wird indes nur selten der Fall sein. Die Möglichkeit der Mitglieder, sich auf die Beschlussfassung der obersten Vertretung über den Verschmelzungsvertrag vorzubereiten, ist anderweitig gewährleistet durch die Bekanntmachung der Tagesordnung (§ 191 VAG, § 124 AktG) sowie durch die Auslegung des Verschmelzungsvertrags bzw. seines 8

---

3) § 188 VAG i. V. m. § 76 Abs. 1 AktG bzw. für den kleineren VAG § 210 VAG i. V. m. § 26 Abs. 1 BGB.

4) *Broichhausen* in: KölnKomm-UmwG, § 111 Rz. 3 – unter Verweis auf § 185 VAG.

5) Oberste Vertretung ist beim VVaG gemäß der Legaldefinition in § 184 VAG die Versammlung von Mitgliedern oder von Vertretern der Mitglieder.

6) § 191 VAG, § 121 AktG; Semler/Stengel/Leonard-*Niemeyer*, UmwG, § 111 Rz. 15.

7) Richtlinie 2005/56/EG des Europäischen Parlaments und des Rates v. 26.10.2005 über die Verschmelzung von Kapitalgesellschaften aus verschiedenen Mitgliedstaaten (Verschmelzungsrichtlinie [grenzüberschreitend]), ABl. (EG) L 310/1 v. 25.11.2005.

8) *Broichhausen* in: KölnKomm-UmwG, § 111 Rz. 3 – unter Verweis auf § 185 VAG.

9) S. www.handelsregister.de; www.handelsregisterbekanntmachungen.de; bei kleineren VVaG www.bundesanzeiger.de.

10) *Broichhausen* in: KölnKomm-UmwG, § 111 Rz. 4; Semler/Stengel/Leonard-*Niemeyer*, UmwG, § 111 Rz. 23; Semler/Stengel/Leonard-*Diekmann*, UmwG, § 61 Rz. 14, vertritt, dass der Verzicht notariell beurkundet werden muss.

11) *Broichhausen* in: KölnKomm-UmwG, § 111 Rz. 5 – mit Verweis auf BGH, Urt. v. 12.11.2001 – II ZR 225/99, NZG 2002, 130 = NJW 2002, 1128.

Entwurfs im Geschäftsraum des VVaG (§ 112 Abs. 1) und später in der Versammlung der obersten Vertretung (§ 112 Abs. 2).[12)]

9 Die erhobene Anfechtungsklage ist ein **Eintragungshindernis** für die Verschmelzung gemäß § 16 Abs. 2 Satz 2.

10 Bei **kleineren Vereinen** führt ein Verstoß gegen § 111 zur Nichtigkeit des Verschmelzungsbeschlusses, wenn der Verstoß Relevanz für das Beschlussergebnis hat.[13)]

11 Der Verstoß gegen § 111 kann nach dem Wortlaut des § 14 Abs. 2 VAG wegen Nichtbeachtung der „Vorschriften über die Umwandlung" zur **Versagung der Genehmigung durch die Aufsichtsbehörde** führen. Dieser Wortlaut des § 14 Abs. 2 VAG ist zu weit. Der Schutzzweck des VAG ist erst dann betroffen, wenn der Verschmelzungsvertrag nichtig ist.[14)]

12 Zudem kann das Registergericht ein **Zwangsgeld** gegen Vorstandsmitglieder festsetzen, die die Pflicht nach § 111 zur Einreichung und Bekanntmachung des Verschmelzungsvertrags oder seines Entwurfs nicht erfüllen (§ 350 Abs. 1 Satz 1).

---

12) Semler/Stengel/Leonard-*Niemeyer*, UmwG, § 111 Rz. 24.

13) § 243 AktG ist nicht auf kleinere Vereine anwendbar (vgl. §§ 191, 210 VAG). Es bleibt bei der Anwendbarkeit des Vereinsrechts, das nicht zwischen anfechtbaren und nichtigen Beschlüssen differenziert, dazu grundlegend BGH, Urt. v. 9.11.1972 – II ZR 63/71, BGHZ 59, 369 = NJW 1973, 235; *Schöpflin* in: BeckOK-BGB, § 32 Rz. 30 m. w. N.

14) *Hersch*, NZG 2016, 611, 614; *Broichhausen* in: KölnKomm-UmwG, § 111 Rz. 5a.

§ 112

Vorbereitung, Durchführung und Beschluß der Versammlung der obersten Vertretung*)

(1) [1]Von der Einberufung der Versammlung der obersten Vertretung an, die gemäß § 13 Abs. 1 über die Zustimmung zum Verschmelzungsvertrag beschließen soll, sind in dem Geschäftsraum des Vereins die in § 63 Abs. 1 bezeichneten Unterlagen zur Einsicht der Mitglieder auszulegen. [2]Dazu erforderliche Zwischenbilanzen sind gemäß § 63 Absatz 2 Satz 1 bis 4 aufzustellen.

(2) [1]In der Versammlung der obersten Vertretung sind die in § 63 Abs. 1 bezeichneten Unterlagen auszulegen. [2]§ 64 Abs. 1 Satz 2 und Abs. 2 ist entsprechend anzuwenden.

(3) [1]Der Verschmelzungsbeschluß der obersten Vertretung bedarf einer Mehrheit von drei Vierteln der abgegebenen Stimmen. [2]Die Satzung kann eine größere Mehrheit und weitere Erfordernisse bestimmen.

*) § 112 i. d. F. des UmwBerG geändert durch Art. 1 des Dritten Gesetzes zur Änderung des Umwandlungsgesetzes (3. UmwGÄndG), v. 11.7.2011, BGBl. I 2011, 1338.

Literatur: *Hersch*, Verschmelzung von Versicherungsvereinen auf Gegenseitigkeit nach dem Umwandlungsgesetz, NZG 2016, 611.

Übersicht

I. Normzweck

1 Die Vorgaben zur Vorbereitung (§ 112 Abs. 1) und zur Durchführung (§ 112 Abs. 2) der Versammlung der obersten Vertretung dienen dem Schutz der Mitglieder und der Transparenz des Verschmelzungsverfahrens.

II. Anwendungsbereich

2 § 112 gilt für reine VVaG-Verschmelzungen und für Mischverschmelzungen. Auf die an einer Mischverschmelzung beteiligte AG selbst ist § 112 aber nicht anwendbar; insoweit gelten ausschließlich die §§ 63–65.[1]

III. Oberste Vertretung

3 Den Verschmelzungsbeschluss (§ 13 Abs. 1) beim VVaG fasst die **oberste Vertretung.** Oberste Vertretung ist je nach Satzung entweder die Versammlung von Mitgliedern oder von Vertretern der Mitglieder (§ 184 VAG). Beide Arten der obersten Vertretung entsprechen gemäß § 191 VAG funktional der Hauptversammlung einer AG.[2]

IV. Vorbereitung und Durchführung der Versammlung (§ 112 Abs. 1, 2)

4 In Vorbereitung der Versammlung der obersten Vertretung trifft den Vorstand nach § 112 Abs. 1 die Pflicht zur Auslegung der in § 63 Abs. 1 bestimmten Unterlagen im Geschäftsraum des VVaG. Soweit nach § 63 Abs. 1 Nr. 5 Prüfungsberichte auszulegen sind, gilt dies jedoch nur für die Mischverschmelzung im Hinblick auf die Versicherungs-AG, nicht aber für die reine VVaG-Verschmelzung.[3]

5 Bei der Durchführung der Versammlung der obersten Vertretung trifft den Vorstand nach Abs. 2 eine **Erläuterungspflicht** (§ 64 Abs. 1 Satz 2) und eine **Auskunftspflicht** (§ 64 Abs. 2).

6 Das Mitglied des VVaG hat de lege lata kein Recht auf Abschriftenerteilung. Der Gesetzgeber hat sich bewusst gegen eine Übernahme des Rechts auf Abschriftenerteilung §§ 63 Abs. 3, 82 Abs. 2, 101 Abs. 2 entschieden.[4]

V. Rechtsfolgen eines Verstoßes gegen § 112 Abs. 1, 2

7 Der Verstoß gegen § 112 führt zur Anfechbarkeit des Verschmelzungsbeschlusses gemäß § 191 VAG i. V. m. §§ 243 ff. AktG, beim kleineren VVaG mangels Geltung der §§ 243 ff. AktG ggf. sogar zu dessen Nichtigkeit.

VI. Verschmelzungsbeschluss (§ 112 Abs. 3)

8 Der Beschluss der obersten Vertretung bedarf einer Mehrheit von drei Vierteln der abgegebenen Stimmen. Die Satzung des VVaG kann eine größere Mehrheit und weitere Erfordernisse bestimmen (§ 112 Abs. 3 Satz 2), z. B. eine Mindestanwesenheit für die Beschlussfähigkeit (Quorum) oder das Erfordernis einer mehrfachen Beschlussfassung.[5]

9 Die Beschlussfassung selbst richtet sich beim „großen" VVaG gemäß § 191 VAG nach den Vorschriften des AktG und beim kleineren Verein gemäß § 210 Abs. 2 VAG nach §§ 32 ff. BGB.

---

1) *Scheel/Harzenetter* in: BeckOGK-UmwG § 112 Rz. 3.

2) *Broichhausen* in: KölnKomm-UmwG, § 112 Rz. 2.

3) Begr. Fraktionsentwurf UmwBerG, BT-Drucks. 12/6699, S. 113; *Broichhausen* in: KölnKomm-UmwG, § 112 Rz. 3.

4) Begr. Fraktionsentwurf UmwBerG, BT-Drucks. 12/6699, S. 113, zu den Zweifeln an der Verfassungsmäßigkeit der gesetzlichen Regelung *Scheel/Harzenetter* in: BeckOGK-UmwG, § 112 Rz. 21 bis 25.

5) Schmitt/Hörtnagl-*Missio*, UmwG/UmwStG, § 112 UmwG Rz. 10.

§ 113
Keine gerichtliche Nachprüfung

Sind nur Versicherungsvereine auf Gegenseitigkeit an der Verschmelzung beteiligt, findet eine gerichtliche Nachprüfung des Umtauschverhältnisses der Mitgliedschaften nicht statt.

Übersicht

I. Normzweck

1 § 113 hat **klarstellende Funktion.** Bei einer reinen VVaG-Verschmelzung gibt es keinen Anteilstausch (siehe § 110 Rz. 1 [*Mallmann*]) und deshalb auch keine Bestimmung des Umtauschverhältnisses. § 113 schließt die Anwendung von § 15 Abs. 1 und des Spruchverfahrens als lex specialis aus.[1)]

II. Einzelerläuterung

2 Die §§ 110 ff. gehen davon aus, dass dem **vermögensrechtlichen Teil** der VVaG-Mitgliedschaft im übertragenden VVaG keine eigenständige Bedeutung zukommt, die nicht durch die Mitgliedschaft im aufnehmenden bzw. neuen VVaG kompensiert würde.[2)] Eine Ausnahme davon besteht nur bei Versicherungsverträgen mit Überschussbeteiligung. Bei einer Überschussbeteiligung werden die Interessen der Mitglieder durch das **aufsichtsrechtliche Genehmigungsverfahren geschützt**, in dem die BaFin gemäß §§ 14, 13 VAG die Versichertenbelange und dadurch auch die **Wertrelation der Mitgliedschaften** zu prüfen hat.[3)]

---

1) *Scheel/Harzenetter* in: BeckOGK-UmwG § 113 Rz. 3.
2) *Scheel/Harzenetter* in: BeckOGK-UmwG § 113 Rz. 4.
3) *Kammerer-Galahn* in: NK-UmwG, § 113 Rz. 4; *Broichhausen* in: KölnKomm-UmwG, § 113 Rz. 2.

Dritter Unterabschnitt
Verschmelzung durch Neugründung

§ 114
Anzuwendende Vorschriften

Auf die Verschmelzung durch Neugründung sind die Vorschriften des Zweiten Unterabschnitts entsprechend anzuwenden, soweit sich aus den folgenden Vorschriften nichts anderes ergibt.

Übersicht

I. Anwendungsbereich

1 §§ 114 bis 117 gelten für die Verschmelzung durch Neugründung sowohl bei reinen **VVaG-Verschmelzungen** als auch bei **Mischverschmelzungen.**[1)]

---

1) Begr. Fationsentwurf UmwBerG, BT-Drucks. 12/6699, S. 113.

II. Einzelerläuterung

Für die Verschmelzung **durch Neugründung** gelten neben den §§ 1–3 die allgemeinen Vorschriften der §§ 36–38, soweit sich nicht aus den §§ 109–113 und – wiederum speziell gegenüber diesen – aus den §§ 114–117 nichts anderes ergibt.[2) 2]

Die §§ 109, 110, 113 gelten uneingeschränkt. Die **Verfahrensregelungen** in §§ 111, 112 gelten bei der Verschmelzung durch Neugründung nur für den VVaG, der als übertragender Rechtsträger beteiligt ist;[3)] Dabei wird § 112 durch die §§ 115 f. ergänzt. Ist der neue Rechtsträger ein VVaG, sind neben §§ 115–117 über die Verweisung in § 36 Abs. 2 die für die Rechtsform geltenden **Gründungsvorschriften** anzuwenden, also die §§ 171 ff. VAG für den VVaG und im Falle der Mischverschmelzung für die zu gründende Versicherungs-AG die §§ 1 ff. AktG. 3

Eine Verschmelzung durch Neugründung einer **SE** ist nicht möglich (siehe dazu § 109 Rz. 13 [*Mallmann*]). 4

2) *Scheel/Harzenetter* in: BeckOGK-UmwG, § 114 Rz. 4.

3) Henssler/Strohn-*Galla/Cé. Müller*, GesR, § 114 UmwG Rz. 1.

§ 115
Bestellung der Vereinsorgane

[1]Die Vorstände der übertragenden Vereine haben den ersten Aufsichtsrat des neuen Rechtsträgers und den Abschlußprüfer für das erste Voll- oder Rumpfgeschäftsjahr zu bestellen. [2]Die Bestellung bedarf notarieller Beurkundung. [3]Der Aufsichtsrat bestellt den ersten Vorstand.

Übersicht

I. Normzweck

§ 115 soll die Handlungsfähigkeit des neu gegründeten Rechtsträgers ohne zeitliche Verzögerung sicherstellen.[1)] 1

II. Anwendungsbereich

§ 115 gilt nur **für den neu gegründeten VVaG** ist. Das folgt aus der Überschrift des § 115 („Vereinsorgane").[2)] Ist der neue Rechtsträger hingegen eine **Versicherungs-AG**, gelten die Gründungsvoraussetzungen des Aktienrechts, die hinsichtlich der Bestellung der neuen Organe in § 30 Abs. 1, Abs. 4 inhaltsgleiche Regelungen vorsehen. 2

1) *Broichhausen* in: KölnKomm-UmwG, § 115 Rz. 1; *Scheel/Harzenetter* in: BeckOGK-UmwG, § 115 Rz. 2.

2) *Broichhausen* in: KölnKomm-UmwG, § 115 Rz. 2; die Gegenauffassung (z. B. Schmitt/Hörtnagl-*Missio*, UmwG/UmwStG, § 115 UmwG Rz. 1), die maßgeblich auf den Wortlaut „Rechtsträger" abstellt, wendet § 115 auch bei der Mischverschmelzung an.

III. Bestellung des ersten Aufsichtsrats (§ 115 Satz 1, 2)

3 Die Bestellung des ersten Aufsichtsrats erfolgt zu einem Zeitpunkt, in dem der VVaG als solcher nicht besteht (§ 117 Satz 1) und es noch keine oberste Vertretung gibt. Deshalb bestellen nach Satz 1 die **Vorstände der übertragenden Vereine** den ersten Aufsichtsrat. Die Bestellung ist eine **einseitige, empfangsbedürftige Willenserklärung**, kein Beschluss,[3] ist notariell zu beurkunden (Satz 2) und steht unter der **aufschiebenden Bedingung** des zustimmenden Verschmelzungsbeschlusses der übertragenden Vereine nach § 116 Abs. 1 Satz 1.

4 Die allgemeinen aufsichtsrechtlichen und gesellschaftsrechtlichen Vorgaben sind zu beachten, insbesondere die §§ 24, 189 VAG und § 100 AktG.

5 Der erste Aufsichtsrat ist gemäß § 189 Abs. 3 VAG i. V. m. § 30 Abs. 3 Satz 1 AktG längstens bis zur Beendigung der **ersten ordentlichen Mitglieder- bzw. Mitgliedervertreterversammlung**, die über die Entlastung des AR für das erste Voll- oder Rumpfjahr beschließt, bestellt.[4]

IV. Bestellung des Abschlussprüfers (§ 115 Satz 1)

6 Die Vorstände der übertragenden VVaG bestellen nach § 115 Satz 1 auch den **Abschlussprüfer für das erste Voll- oder Rumpfgeschäftsjahr.** Die Regelung zielt darauf ab, eine nur zum Zwecke der Bestellung des Abschlussprüfers notwendige Hauptversammlung bzw. Versammlung der obersten Vertretung zu vermeiden.[5] Die Bestellung des Abschlussprüfers muss nach Satz 2 notariell **beurkundet** werden.[6] Eine Zustimmung der obersten Vertretungen der übertragenden VVaG durch Verschmelzungsbeschluss ist nicht notwendig.

V. Bestellung des ersten Vorstands (§ 115 Satz 3)

7 Den ersten Vorstand bestellt – wie sonst nach § 188 Satz 2 VAG, § 84 AktG auch – der (erste) **Aufsichtsrat.** Der Aufsichtsrat entscheidet mit einfacher Mehrheit der abgegebenen Stimmen (§ 190 Abs. 3 VAG i. V. m. § 108 Abs. 1 AktG). Solange der erste Aufsichtsrat selbst nicht wirksam bestellt ist, ist die Bestellung des ersten Aufsichtsrats schwebend unwirksam.[7]

8 Die Bestellung des ersten Vorstands setzt keine notarielle Beurkundung voraus. Die **Sitzungsniederschrift** ist dem Registergericht vorzulegen (§ 190 Abs. 3). Die allgemeinen Bestellungsvoraussetzungen zu beachten, insbesondere §§ 16, 47 VAG.

VI. Rechtsfolge bei Verstoß

9 Die unwirksame Bestellung des Vorstands und des Aufsichtsrats ist ein **Eintragungshindernis.**[8]

3) *Scheel/Harzenetter* in: BeckOGK-UmwG, § 115 Rz. 10.
4) *Scheel/Harzenetter* in: BeckOGK-UmwG, § 115 Rz. 10.
5) *Broichhausen* in: KölnKomm-UmwG, § 115 Rz. 4.
6) *Broichhausen* in: KölnKomm-UmwG, § 115 Rz. 5.
7) *Scheel/Harzenetter* in: BeckOGK-UmwG, § 115 Rz. 20.
8) *Broichhausen* in: KölnKomm-UmwG, § 115 Rz. 7.

§ 116
Beschlüsse der obersten Vertretungen*)

(1) [1]Die Satzung des neuen Rechtsträgers und die Bestellung seiner Aufsichtsratsmitglieder bedürfen der Zustimmung der übertragenden Vereine durch Verschmelzungsbeschlüsse. [2]Die §§ 76 und 112 Absatz 3 sind entsprechend anzuwenden.

(2) [1]In der Bekanntmachung der Tagesordnung eines Vereins ist der wesentliche Inhalt des Verschmelzungsvertrags bekanntzumachen. [2]In der Bekanntmachung haben der Vorstand und der Aufsichtsrat, zur Wahl von Aufsichtsratsmitgliedern und Prüfern nur der Aufsichtsrat, Vorschläge zur Beschlußfassung zu machen. [3]Hat der Aufsichtsrat auch aus Aufsichtsratsmitgliedern der Arbeitnehmer zu bestehen, so bedürfen Beschlüsse des Aufsichtsrats über Vorschläge zur Wahl von Aufsichtsratsmitgliedern nur der Mehrheit der Stimmen der Aufsichtsratsmitglieder der Mitglieder des Vereins.

*) § 116 i. d. F. des UmwBerG geändert durch Art. 1 des Gesetzes zur Umsetzung der Umwandlungsrichtlinie und zur Änderung weiterer Gesetze (UmRUG), v. 22.2.2023, BGBl. I 2023, Nr. 51.

Übersicht

I. Normzweck

§ 116 trifft für den Beschluss des übertragenden Rechtsträgers gemäß Absatz 1 Satz 1 eine eigenständige Regelung; i. Ü. hat § 116 nur klarstellende Funktion.[1] 1

II. Anwendungsbereich

§ 116 gilt sowohl für die Neugründung eines VVaG als auch für die Neugründung einer Versicherungs-AG.[2] 2

III. Verschmelzungsbeschlüsse (§ 116 Abs. 1)

§ 116 Abs. 1 Satz 1 bestimmt, dass die übertragenden Vereine der Satzung des neuen Rechtsträgers und der Bestellung seiner Aufsichtsratsmitglieder durch Verschmelzungsbeschlüsse **zustimmen** müssen. Zuständig für die Beschlussfassungen ist die **oberste Vertretung.** Beide Verschmelzungsbeschlüsse bedürfen nach § 116 Abs. 1 Satz 2 i. V. m. § 112 Abs. 3 einer **Mehrheit von drei Vierteln** der abgegebenen Stimmen, sofern die Satzung keine größere Mehrheit oder weitere Erfordernisse bestimmt. 3

IV. Bekanntmachungen (§ 116 Abs. 2 Satz 1)

Die Mitglieder des VVaG sollen über den wesentlichen Inhalt des Verschmelzungsvertrags bereits in der Bekanntmachung der **Tagesordnung** informiert werden. Diese Vorgabe folgt bereits aus § 191 Satz 1 VAG i. V. m. § 124 Abs. 2 und Abs. 3 AktG. 4

1) *Broichhausen* in: KölnKomm-UmwG, § 116 Rz. 2.
2) Begr. Fraktionsentwurf UmwBerG, BT-Drucks. 12/6699, S. 114.

V. Wahlvorschläge (§ 116 Abs. 2 Satz 2, 3)

5 Der **Vorstand und** der **Aufsichtsrat** des übertragenden VVaG haben der obersten Vertretung des übertragenden VVaG Vorschläge zur Beschlussfassung zu unterbreiten.

6 Betrifft der Vorschlag zur Beschlussfassung die **Wahl von Aufsichtsratsmitgliedern und Prüfern** im neuen Rechtsträger, darf nur der Aufsichtsrat (nicht der Vorstand) Vorschläge unterbreiten. Für die Vorschläge des Aufsichtsrats zur Wahl von Aufsichtsratsmitgliedern bei den der Mitbestimmung unterliegenden Rechtsträgern enthält § 116 Abs. 2 Satz 3 eine **Sonderregelung.** Vorschlagsbeschlüsse bedürfen nur einer Mehrheit der Aufsichtsratsmitglieder, die nicht die Arbeitnehmer vertreten.

7 Die Regelung in § 116 Abs. 2 Satz 2 und 3 ist **gesetzgeberisch verfehlt.** Es ist unnötig, dass der Aufsichtsrat der obersten Vertretung einen Vorschlag zur Wahl von Aufsichtsratsmitgliedern unterbreitet, nachdem der erste Aufsichtsrats bereits durch die Vorstände des übertragenden VVaG bestellt ist (§ 115 Satz 1). Gleiches gilt für einen Vorschlag des Aufsichtsrats zur Wahl von Abschlussprüfern, die die Vorstände der übertragenden Rechtsträger bereits bestellt haben (§ 115 Satz 1).[3)]

---

3) Zum Ganzen: *Scheel/Harzenetter* in: BeckOGK-UmwG, § 116 Rz. 3 – 8.

§ 117
Entstehung und Bekanntmachung des neuen Vereins[*)]

[1]Vor der Eintragung in das Register besteht ein neuer Verein als solcher nicht. [2]Wer vor der Eintragung des Vereins in seinem Namen handelt, haftet persönlich; handeln mehrere, so haften sie als Gesamtschuldner.

*) § 117 i. d, F. des UmwBerG geändert durch Art. 8 des Gesetzes über elektronische Handelsregister und Genossenschaftsregister sowie das Unternehmensregister (EHUG), v. 10.11.2006, BGBl. I 2006, 2553.

Übersicht

I. Normzweck

1 § 117 beweckt, dass das Erlöschen des übertragenden Rechtsträgers (§ 20 Abs. 1 Nr. 2) und die Entstehung des neu gegründeten VVaG zusammenfallen.

II. Anwendungsbereich

2 § 117 ist nur auf den im Wege der Verschmelzung **durch Neugründung** entstehenden VVaG abwendbar.

3 Entgegen der **missverständlichen Überschrift** regelt § 117 keine Bekanntmachung. Die Bekanntmachung richtet sich vielmehr nach den allgemeinen Vorschriften der §§ 36, 19 Abs. 3 UmwG i. V. m. § 10 HGB.[1)].

---

1) *Scheel/Harzenetter* in: BeckOGK-UmwG, § 117 Rz. 6.

III. Enstehung des neu gegründeten VVaG (§ 117 Satz 1)

Der neu gegründete VVaG entsteht nach § 117 Satz 1 mit der **Eintragung** ins Handelsregister. Damit weicht Satz 1 ab von § 171 VAG, wonach ein VVaG mit der **Erlaubniserteilung** durch die BaFin entsteht. Auf diese Weise fallen das Erlöschen des übertragenden Rechtsträgers nach § 20 Abs. 1 Nr. 2 und die Entstehung des neu gegründeten VVaG zusammen. Soweit teilweise vertreten wird, § 117 sei notwendig, weil erst mit Wirksamwerden der Verschmelzung durch Eintragung im Handelsregister die Erlaubnis der übertragenden Rechtsträger zum Geschäftsbetrieb auf den neu zu gründenden VVaG übergehen könne,[2] verkennt, dass diese Erlaubnis nach § 8 VAG nicht übergehen kann. Die BaFin prüft die Erlaubnisfähigkeit des neu gegründeten VVaG vielmehr i. R. des **Genehmigungsverfahrens** nach § 14 VAG. 4

IV. Handelndenhaftung (§ 117 Satz 2)

Die Handelndenhaftung folgt bereits aus § 54 Satz 2 BGB, weshalb Satz 2 **nur klarstellende Funktion** hat.[3] Es gelten die gleichen Grundsätze wie bei § 41 Abs. 1 Satz 2 AktG. Die Handelndenhaftung **erlischt** mit der Eintragung des VVaG.[4] 5

2) So etwa *Scheel/Harzenetter* in: BeckOGK-UmwG, § 117 Rz. 4.

3) *Scheel/Harzenetter* in: BeckOGK-UmwG, § 117 Rz. 5.

4) *Broichhausen* in: KölnKomm-UmwG, § 117 Rz. 4.

Vierter Unterabschnitt Verschmelzung kleinerer Vereine

§ 118 Anzuwendende Vorschriften*)

[1]Auf die Verschmelzung kleinerer Vereine im Sinne des § 210 des Versicherungsaufsichtsgesetzes sind die Vorschriften des Zweiten und des Dritten Unterabschnitts entsprechend anzuwenden. [2]Dabei treten bei kleineren Vereinen an die Stelle der Anmeldung zur Eintragung in das Register der Antrag an die Aufsichtsbehörde auf Genehmigung, an die Stelle der Eintragung in das Register und ihrer Bekanntmachung die Bekanntmachung im Bundesanzeiger nach § 119.

*) § 118 geändert durch Art. 3 des Gesetzes zur Modernisierung der Finanzaufsicht über Versicherungen (VAMoG), v. 1.4.2015, BGBl. I 2015, 434; § 118 geändert durch Art. 2 des Gesetzes zur Änderung von Vorschriften über Verkündung und Bekanntmachungen sowie der Zivilprozessordnung, des Gesetzes betreffend die Einführung der Zivilprozessordnung und der Abgabenordnung (BAnzDiG), v. 22.12.2011, BGBl. I 2011, 3044; § 118 i. d. F. des UmwBerG geändert durch Art. 8 des Gesetzes über elektronische Handelsregister und Genossenschaftsregister sowie das Unternehmensregister (EHUG), v. 10.11.2006, BGBl. I 2006, 2553.

Literatur: *Hersch*, Verschmelzung von Versicherungsvereinen auf Gegenseitigkeit nach dem Umwandlungsgesetz, NZG 2016, 611.

Übersicht

I. Normzweck

1 Kleinere Vereine werden nicht in das Handelsregister eingetragen.[1] §§ 118 f. ersetzen deshalb die Anmeldung und Eintragung der Verschmelzung ins Handelsregister durch den **Antrag an die Aufsichtsbehörde** auf Genehmigung der Verschmelzung und deren Bekanntmachung.

II. Anwendungsbereich

2 § 118 gilt nur für die Verschmelzung kleinerer VVaG. Sind „große“ VVaG an der Verschmelzung beteiligt, bleibt es bei den §§ 110 ff., weil am Ende der Verschmelzung nur ein „großer“ VVaG stehen kann.[2] § 118 ermöglicht sowohl eine Verschmelzung kleinerer Vereine zum VVaG als auch eine Mischverschmelzung kleinerer Vereine zur Versicherungs-AG.[3]

III. Kleinerer Verein

3 Ein VVaG wird zum kleineren Verein, wenn eine **entsprechende** (bestandskräftige, zumindest aber sofort vollziehbare) **Entscheidung der Aufsichtsbehörde**[4] vorliegt (§ 210 Abs. 4 VAG). Ist die Entscheidung nicht bestandskräftig bzw. nicht sofort vollziehbar, empfiehlt sich kumulative Anwendung der für den VVaG und den kleineren Verein geltenden Vorgaben.[5]

IV. Anzuwendende Vorschriften

4 § 118 Satz 1 erklärt die §§ 110–117[6] für anwendbar. Beim **Verweis** in Satz 1 **auch auf § 111** handelt es sich um ein **Redaktionsversehen** des Gesetzgebers, das durch eine analoge Anwendung des § 118 Satz 2 dergestalt zu korrigieren ist, dass der Verschmelzungsvertrag oder sein Entwurf bei der Aufsichtsbehörde einzureichen ist. Die Aufsichtsbehörde hat dann einen Hinweis auf die Einreichung bekannt zu machen. Die Mitglieder haben nach § 29 VwVfG ein Recht auf Einsichtnahme.[7]

5 Die Bekanntmachung der Verschmelzung und deren Genehmigung ersetzen die Eintragung ins Handelsregister und **lösen die Wirkungen gemäß § 20 aus.**

---

1) Nach § 210 VAG gelten für den kleineren Verein weder §§ 185–187 VAG noch § 21 BGB.

2) *Scheel/Harzenetter* in: BeckOGK-UmwG, § 118 Rz. 3; Henssler/Strohn-*Galla/Cé. Müller*, GesR, § 118 UmwG Rz. 1; *Hersch*, NZG, 2016, 611, 618.

3) *Broichhausen* in: KölnKomm-UmwG, § 118 Rz. 1; Henssler/Strohn-*Galla/Cé. Müller*, GesR, § 118 UmwG Rz. 1.

4) Aufsichtsbehörde ist grundsätzlich die BaFin (§§ 7 Nr. 1, 320 VAG i. V. m. §§ 1, 4 FinDAG). Bei kleineren Vereinen kann auf Antrag der BaFin das BMF die Zuständigkeit auf die Landesaufsichtsbehörde übertragen (§ 321 Abs. 1 VAG).

5) *Scheel/Harzenetter* in: BeckOGK-UmwG, § 118 Rz. 6.

6) §§ 110–117 sind die „Vorschriften des zweiten und dritten Unterabschnitts“.

7) *Scheel/Harzenetter* in: BeckOGK-UmwG, § 118 Rz. 2, 9.

§ 119
Bekanntmachung der Verschmelzung[*]

Sobald die Verschmelzung von allen beteiligten Aufsichtsbehörden genehmigt worden ist, macht die für den übernehmenden kleineren Verein zuständige Aufsichtsbehörde, bei einer Verschmelzung durch Neugründung eines kleineren Vereins die für den neuen Verein zuständige Aufsichtsbehörde die Verschmelzung und ihre Genehmigung im Bundesanzeiger bekannt.

*) § 119 geändert durch Art. 2 des Gesetzes zur Änderung von Vorschriften über Verkündung und Bekanntmachungen sowie der Zivilprozessordnung, des Gesetzes betreffend die Einführung der Zivilprozessordnung und der Abgabenordnung (BAnzDiG), v. 22.12.2011, BGBl. I 2011, 3044; § 119 i. d. F. desUmwBerG geändert durch Art. 8 des Gesetzes über elektronische Handelsregister und Genossenschaftsregister sowie das Unternehmensregister (EHUG), v. 10.11.2006, BGBl. I 2006, 2553.

Übersicht

I. Normzweck

Bei der Übertragung der Zuständigkeit durch die BaFin auf die Landesaufsicht gemäß § 321 Abs. 1 VAG kann es dazu kommen, dass am behördlichen Genehmigungsverfahren **mehrere Aufsichtsbehörden** beteiligt sind. § 119 bestimmt deshalb die behördliche Zuständigkeit für die Bekanntmachung. 1

Die **Bekanntmachung** nach § 119 ersetzt die Eintragung der Verschmelzung im Handelsregisger und deren Bekanntmachung (§ 10 HGB).[1] 2

II. Anwendungsbereich

§ 119 ist anwendbar, wenn der übernehmende bzw. neue Rechtsträger ein kleinerer Verein ist. 3

III. Regelungsgehalt

Für die Bekanntmachung der Verschmelzung und ihrer Genehmigung im Bundesanzeiger ist die Aufsichtsbehörde **zuständig**, die für den **übernehmenden bzw. neu gegründeten Verein** zuständig ist. 4

IV. Wirkung der Bekanntmachung

Mit der Bekanntmachung treten die Wirkungen des § 20 ein. 5

---

1) *Broichhausen* in: KölnKomm-UmwG, § 119 Rz. 1; *Scheel/Harzenetter* in: BeckOGK-UmwG, § 119 Rz. 1.

Neunter Abschnitt
Verschmelzung von Kapitalgesellschaften mit dem Vermögen eines Alleingesellschafters

§ 120
Möglichkeit der Verschmelzung

(1) Ist eine Verschmelzung nach den Vorschriften des Ersten bis Achten Abschnitts nicht möglich, so kann eine Kapitalgesellschaft im Wege der Aufnahme mit dem Vermögen eines Gesellschafters oder eines Aktionärs verschmolzen werden, sofern sich alle Geschäftsanteile oder alle Aktien der Gesellschaft in der Hand des Gesellschafters oder Aktionärs befinden.

(2) Befinden sich eigene Anteile in der Hand der Kapitalgesellschaft, so werden sie bei der Feststellung der Voraussetzungen der Verschmelzung dem Gesellschafter oder Aktionär zugerechnet.

Literatur: *Bärwaldt/Schabacker*, Ein Dauerbrenner: Die Verschmelzung einer Kapitalgesellschaft mit dem Vermögen ihres Alleingesellschafters, NJW 1997, 93; *Bernert*, Liquidation und

Löschung der GmbH, MittBayNot 2021, 309; *Bisle*, Umwandlung einer GmbH in ein Einzelunternehmen, NWB 2017, 2137; *Dehmer/Stratz*, Nochmals: Die Verschmelzung auf den Alleingesellschafter, DB 1996, 1071; *DNotI*, Verschmelzung auf eine aufgelöste GmbH, aufnehmende Gesellschaft in Liquidation, Erfordernis eines ausdrücklich gefassten Fortsetzungsbeschlusses, Sanierungsverschmelzung, Sperrjahr, Gutachten 2/2014, 11; *Freier*, Die Löschung der GmbH aus dem Handelsregister ohne vorherige Einhaltung des Sperrjahres – Status Quo und Ausblick, NZG 2020, 812; *Heckschen*, Die Verschmelzung auf den Alleingesellschafter – eine missglückte gesetzliche Regelung, ZIP 1996, 450; *Lohr*, Verschmelzung der GmbH mit dem Vermögen des Alleingesellschafters, GmbH-StB 2006, 240; *Priester*, Die „Umwandlung" einer GmbH auf ihren nicht-vollkaufmännischen Alleingesellschafter, DB 1996, 413; *Strahl*, Grunderwerbsteuer und ausgewählte gesellschaftsrechtliche Transaktionen, RNotZ 2021, 61; *Wrenger*, Verschmelzung von Kapitalgesellschaften mit dem Vermögen eines Alleingesellschafters bei fehlender Eintragungsfähigkeit in das Handelsregister, BB 1997, 1905.

Übersicht

I. Systematik und Zielsetzung

1 § 120 bildet den Einstieg in den Neunten Abschnitt des UmwG, der eine besondere Form der Verschmelzung regelt: die Verschmelzung einer Kapitalgesellschaft auf eine einzige natürliche Person, die sämtliche Geschäftsanteile oder Aktien hält.[1] Diese Vorschrift ist nur dann anwendbar, wenn eine Verschmelzung nach den allgemeinen Regeln der §§ 2–119 ausgeschlossen ist.[2] Der Regelungszweck liegt in der Bereitstellung eines einfachen, effizienten und rechtssicheren Weges zur Überleitung des Gesellschaftsvermögens auf einen Alleingesellschafter unter Wahrung der Prinzipien der Gesamtrechtsnachfolge.[3]

2 Mit § 120 wird eine alternative „Exit-Möglichkeit" für Kapitalgesellschaften geschaffen, deren **Fortführung nicht mehr gewünscht ist.**[4] Insbesondere in Konstellationen, in denen eine Liquidation aus praktischen oder wirtschaftlichen Gründen nicht in Betracht kommt, bietet die Verschmelzung auf den Alleingesellschafter eine **flexible Strukturierungslösung.**[5] Im Unterschied zu einer Vermögensübertragung im Wege der Einzelrechtsnachfolge oder zur Liquidation wird hier der **gesamte Aktiv- und Passivbestand** der Gesellschaft im Wege der **Universalsukzession** auf eine natürliche Person übertragen, ohne dass es einer Einzelübertragung oder einer Auseinandersetzung im Liquidationsverfahren bedarf.

II. Praktische Anwendungsbereiche

3 In der Praxis tritt die Vorschrift in mehreren **typischen Fallgruppen** in Erscheinung: Regelmäßig relevantester Fall dürfte die Beendigung der Kapitalgesellschaft bei **Fortführung als Einzelunternehmen** sein.[6] Der Alleingesellschafter beabsichtigt dabei das Unter-

1) *Bisle*, NWB 2017, 2137; *Dehmer/Stratz*, DB 1996, 1071; *Heckschen*, ZIP 1996, 450; *Lohr*, GmbH-StB 2006, 240; *Priester*, DB 1996, 413; *Wrenger*, BB 1997, 1905.
2) *Leitzen* in: BeckOGK-UmwG, § 120 Rz. 8.
3) *Leitzen* in: BeckOGK-UmwG, § 120 Rz. 8.
4) S. ausf. *Leitzen* in: BeckOGK-UmwG, § 120 Rz. 2 ff.
5) Widmann/Mayer-*Heckschen*, UmwR, § 120 UmwG Rz. 1; *Leitzen* in: BeckOGK-UmwG, § 120 Rz. 2.
6) *Leitzen* in: BeckOGK-UmwG, § 120 Rz. 2.

nehmen unter seiner eigenen Person fortzuführen, etwa in der Rechtsform des Einzelkaufmanns (e. K.). Die Verschmelzung ermöglicht dabei die Übernahme aller Vermögenswerte sowie der bestehenden Vertragsbeziehungen.

Als Vehikel für eine effiziente **„Blitzlöschung“**[7] dient das Verfahren nach §§ 120 ff. auch der Vermeidung von Liquidation und Einzelübertragungen.[8] Die Gesellschaft soll beendet werden, jedoch ohne Durchführung des häufig langwierigen Liquidationsverfahrens (§ 73 GmbHG, § 272 AktG) und ohne Versilberung der Aktiva. 4

Das Verfahren findet auch Einsatz bei der **Reorganisation von Konzernstrukturen,** etwa wenn eine Tochter-GmbH vollständig in das Vermögen des Gesellschafters integriert werden soll. 5

Schließlich kann i. R. der **vorweggenommenen Erbfolge** die Umwandlung nach § 120 zur Bündelung oder Überführung von Gesellschaftsvermögen auf eine natürliche Person genutzt werden. 6

III. Verhältnis zu anderen Umwandlungsformen

Die Umwandlung nach § 120 steht im Spannungsverhältnis zu mehreren Alternativen: Die **Liquidation** einer Kapitalgesellschaft nach den gesetzlichen Vorgaben ist aufwändig, langwierig und mit Unwägbarkeiten verbunden. Zudem können steuerliche Nachteile entstehen. Ein **Asset Deal** ermöglicht auch eine selektive Übertragung, jedoch zu dem Preis der Einzelübertragungspflicht. Zudem entfällt hier die Möglichkeit der Rechtsnachfolge in vertragliche Rechte und Pflichten. Der **Formwechsel** nach §§ 190 ff. bewirkt eine Identitätswahrung und ist dort angezeigt, wo das Unternehmen lediglich in eine andere Rechtsform überführt werden soll, ohne dass eine Vermögensübertragung erfolgt. Gegenüber diesen Alternativen bietet § 120 den Vorteil der zügigen Gesamtrechtsnachfolge, ohne dass externe Erwerber einbezogen werden müssen. 7

§ 120 stellt damit ein **wirkungsvolles Instrument** zur Umstrukturierung und Beendigung von Kapitalgesellschaften dar. Die Norm bietet **erhebliche Vorteile** gegenüber anderen Gestaltungen – nicht zuletzt durch die Möglichkeit der Firmenfortführung und die Reduktion des Verfahrensaufwands. Gleichwohl bedarf die Anwendung einer sorgfältigen Prüfung der **Haftungsfolgen**, insbesondere in Bezug auf Altverbindlichkeiten. Für die Praxis bleibt § 120 eine pragmatische Lösung in klaren Ein-Personen-Konstellationen, die – bei richtiger Handhabung – eine wirtschaftlich sinnvolle und rechtlich belastbare Alternative zur Liquidation oder Einzelrechtsnachfolge bietet. 8

IV. Persönlicher Anwendungsbereich – Beteiligte Rechtsträger

Übertragender Rechtsträger kann ausschließlich eine Kapitalgesellschaft mit **Sitz im Inland** sein. § 3 Abs. 1 Nr. 2 nennt in diesem Zusammenhang explizit GmbH, UG (haftungsbeschränkt), AG, KGaA und SE.[9] Dabei ist weder auf den Unternehmensgegenstand noch auf eine tatsächliche Geschäftstätigkeit abzustellen.[10] Indes ist zwingend erforder- 9

---

7) S. zur umstrittenen Möglichkeit einer sog. „Blitzlöschung“ bie Vermögenslosigkeit ausführlich *Bernert*, MittBayNot 2021, 309; *Freier*, NZG 2020, 812; OLG Celle, Beschl. v. 17.10.2018 – 9 W 80/18, NZG 2018, 1425 = RNotZ 2019, 108; KG Berlin, Beschl. v. 2.6.2022 – 22 W 25/22, NJW-RR 2023, 46 = NZG 2023, 75; KG Berlin, Beschl. v. 12.9.2019 – 22 W 29/18, BeckRS 2019, 36753; OLG Jena, Beschl. v. 15.5.2019 – 2 W 159/19, ZIP 2020, 520 = BeckRS 2019, 23313.

8) S. Widmann/Mayer-*Heckschen*, UmwR, § 120 UmwG Rz. 3.2; *Leitzen* in: BeckOGK-UmwG, § 120 Rz. 2.

9) *Simon* in: KölnKomm-UmwG, § 120 Rz. 17; Kallmeyer-*Marsch-Barner*, § 120 Rz. 2; Schmitt/Hörtnagl-*Missio*, UmwG/UmwStG, § 120 UmwG Rz. 4.

10) *Simon* in: KölnKomm-UmwG, § 120 Rz. 21.

lich, dass die Kapitalgesellschaft auch **in das Handelsregister eingetragen** ist, da Vorgesellschaften nicht verschmelzungsfähig sind (siehe zum maßgeblichen Zeitpunkt Rz. 19).[11)]

10 Soll eine **Personengesellschaft** in das Vermögen einer Person, die zumindest wirtschaftlich gesehen alleiniger Eigentümer dieser ist, nach Maßgabe des § 120 überführt werden, ist ein **vorheriger Formwechsel in eine Kapitalgesellschaft** erforderlich aber auch möglich.[12)]

11 Eine **GmbH in Liquidation** kann nach § 3 Abs. 3 grundsätzlich übertragender Rechtsträger sein, sofern nicht die Insolvenz eröffnet wurde.[13)] Eine insolvente Kapitalgesellschaft ist hingegen nicht verschmelzungsfähig, da in diesem Fall der Fortführungswille und die Zustimmungsbefugnis der Gesellschafter fehlen.[14)]

12 Zulässig ist auch die Verschmelzung von **Einpersonen-KGaA**[15)] und **SE**,[16)] sofern sich alle Aktien in der Hand einer natürlichen Person befinden.[17)] Maßgeblich ist stets die Alleininhaberschaft der Anteile zum maßgeblichen Zeitpunkt (siehe dazu Rz. 19). Möglich ist es auch in einem einheitlichen Vorgang die **Verschmelzung mehrerer Kapitalgesellschaften** als übertragende Rechtsträger in der Weise zusammenzufassen, dass die Verschmelzung einheitlich wirksam wird.[18)]

13 Nicht zulässig ist die Anwendung auf **ausländische Gesellschaften**, selbst wenn diese im Inland tätig sind oder dort eingetragen sind. Die Norm beschränkt sich auf Gesellschaften deutschen Rechts.[19)]

14 Der **übernehmende Rechtsträger** kann **ausschließlich** eine **natürliche Person** sein.[20)] Juristische Personen, rechtsfähige Personengesellschaften sowie Gesamthandsgemeinschaften sind nicht erfasst. Selbst die Einbeziehung einer Erbengemeinschaft wird – anders als bei § 152 – ganz überwiegend abgelehnt.[21)]

15 Die **Kaufmannseigenschaft** der aufnehmenden Person ist keine Voraussetzung.[22)] Die Eintragung im Handelsregister ist nur dann erforderlich, wenn das Unternehmen nach der Verschmelzung als **e. K.** fortgeführt werden soll. Hierzu wird darauf hingewiesen, dass in der Anmeldung der Verschmelzung klargestellt werden sollte, ob sich der Alleingesellschafter für oder gegen eine Eintragung entschieden hat.[23)] Nicht höchstrichterlich geklärt ist weiterhin, ob ein aufnehmender **Kleingewerbetreibender** sich nach § 2 HGB in das Handelsregister eintragen lassen muss oder diesbezüglich ein Wahlrecht besteht. Die h. M. in der aktuellen Kommentarliteratur geht weiterhin davon aus, dass der klein-

---

11) *Simon* in: KölnKomm-UmwG, § 120 Rz. 19; *Leitzen* in: BeckOGK-UmwG, § 120 Rz. 15.

12) *Leitzen* in: BeckOGK-UmwG, § 120 Rz. 12.

13) *DNotI*, Gutachten 2/2014, 11.

14) *Leitzen* in: BeckOGK-UmwG, § 120 Rz. 17.

15) *Simon* in: KölnKomm-UmwG, § 120 Rz. 17, 41; Kallmeyer-*Marsch-Barner*, UmwG, § 120 Rz. 2; Schmitt/Hörtnagl-*Missio*, UmwG/UmwStG, § 120 UmwG Rz. 4; a. A. *Bärwaldt/Schabacker*, NJW 1997, 93, 94.

16) *Simon* in: KölnKomm-UmwG, § 120 Rz. 18; Widmann/Mayer-*Heckschen*, UmwR, § 120 UmwG Rz. 6.2; Lutter/Hommelhoff/Teichmann-*Seibt*, SE-VO, Art. 9 Rz. 4; a. A. *Schäfer* in: MünchKomm-AktG, Art. 66 SE-VO Rz. 1.

17) Ausf. *Leitzen* in: BeckOGK-UmwG, § 120 Rz. 10 ff.

18) *Simon* in: KölnKomm-UmwG, § 120 Rz. 27; Semler/Stengel/Leonard-*Seulen*, UmwG, § 120 Rz. 14.

19) *Leitzen* in: BeckOGK-UmwG, § 120 Rz. 12.

20) OLG Schleswig, Beschl. v. 15.11.2000 – 2 W 145/00, NZG 2001, 418 = NJW-RR 2002, 461; *Simon* in: KölnKomm-UmwG, § 120 Rz. 29.

21) *Leitzen* in: BeckOGK-UmwG, § 120 Rz. 18.

22) BGH, Beschl. v. 4.5.1998 – II ZB 18/97, NJW 1998, 2536 = NZG 1998, 647; *Simon* in: KölnKomm-UmwG, § 120 Rz. 32; Schmitt/Hörtnagl-*Missio*, UmwG/UmwStG, § 120 UmwG Rz. 5.

23) Lutter-*Schwab*, UmwG, § 122 Rz. 7; Kallmeyer-*Zimmermann*, UmwG, § 122 Rz. 4; Widmann/Mayer-*Heckschen*, UmwR, § 122 UmwG Rz. 21.

gewerbliche Alleingesellschafter ein Wahlrecht gemäß § 2 Satz 2 HGB hat und dass dieses nicht durch die Regelungen des Umwandlungsrechts ausgehebelt wird.[24)] Es wird zudem für die Praxis empfohlen, diese Frage aufgrund der ungeklärten Rechtslage zuvor mit dem (für die übertragende Gesellschaft) zuständigen Registergericht abzustimmen.[25)]

Auch **Minderjährige oder betreute Personen** können im Grundsatz aufnehmende Rechtsträger sein, bedürfen jedoch gerichtlicher Genehmigung (§ 1854 Nr. 4 BGB).[26)] Wenn der Minderjährige das Einzelunternehmen als Erwerbsgeschäft weiterführt ist § 1852 BGB anwendbar.[27)] Die **Staatsangehörigkeit** und der **Wohnsitz** des Alleingesellschafters sind **ohne Bedeutung.**[28)] Umstritten war jedoch, ob aus § 1 folgt, dass die natürliche Person ihren Wohnsitz im Inland haben muss. Die heute überwiegende Auffassung verneint zu Recht eine solche Wohnsitzanknüpfung.[29)] Auf die Frage der allgemeinen Zulässigkeit einer Verschmelzung über die Grenze und deren Voraussetzungen kommt es im Zusammenhang mit § 120 nicht an.[30)] In derartigen Konstellationen ist die Verschmelzung nach den §§ 120 ff. durchzuführen, da es sich nicht um eine grenzüberschreitende Verschmelzung i. S. der §§ 305 ff. handelt. 16

Eine etwaige **Überschuldung** des Alleingesellschafters steht der Verschmelzung nicht entgegen.[31)] Das UmwG enthält insoweit keine Grundlage analoge Anwendung von § 154, und eine planwidrige Regelungslücke wird zu Recht verneint.[32)] 17

V. Anforderungen an die Anteilsinhaberschaft

§ 120 Abs. 1 setzt voraus, dass sich **sämtliche Geschäftsanteile** oder Aktien der übertragenden Gesellschaft formaljuristisch **im Alleineigentum des Gesellschafters** befinden.[33)] Maßgeblich ist die zivilrechtliche Inhaberschaft im Außenverhältnis.[34)] Wirtschaftliche Eigentumslagen – etwa durch Treuhandverhältnisse oder Nießbrauch – sind unbeachtlich.[35)] Ob die Anteile volleingezahlt sind ist unbeachtlich.[36)] 18

---

24) Lutter-*Schwab*, UmwG, § 122 Rz. 4, 7; Kallmeyer-*Zimmermann*, UmwG, § 122 Rz. 4 f.; Semler/Stengel/Leonard-*Seulen*, UmwG, § 122 Rz. 10; Schmitt/Hörtnagl-*Missio*, UmwG/UmwStG, § 122 UmwG Rz. 4; *Mayer/Weiler* in: MünchHdb. GesR, Bd. 3, § 72 Rz. 302 f.; a. A. *Haggeney* in: HK-UmwG, § 122 Rz. 8 f., 14; *Limmer*, Hdb. Unternehmensumwandlung, Kap. 4 Rz. 649; eher offen Widmann/Mayer-*Heckschen*, UmwR, § 120 UmwG Rz. 23.2, § 122 UmwG Rz. 21, der i. Ü. davon ausgeht, dass sich der Kannkaufmann im Anschluss sofort wieder löschen lassen könne.

25) Vgl. *Mayer/Weiler* in: MünchHdb. GesR, Bd. 3, § 72 Rz. 303.

26) S. Widmann/Mayer-*Heckschen*, UmwR, § 120 UmwG Rz. 17; *Simon* in: KölnKomm-UmwG, § 120 Rz. 36; *Leitzen* in: BeckOGK-UmwG, § 120 Rz. 21.

27) *Leitzen* in: BeckOGK-UmwG, § 120 Rz. 21; Henssler/Strohn-*Heidinger/Knaier*, GesR, § 13 UmwG Rz. 17.

28) *Simon* in: KölnKomm-UmwG, § 120 Rz. 35; *Leitzen* in: BeckOGK-UmwG, § 120 Rz. 22.

29) *Leitzen* in: BeckOGK-UmwG, § 120 Rz. 22; Semler/Stengel/Leonard-*Seulen*, UmwG, § 120 Rz. 22; Henssler/Strohn-*Galla/Cé. Müller*, GesR, § 120 UmwG Rz. 1; Lutter-*Karollus/M. T. Schwab*, UmwG, § 120 Rz. 25 f.; Kallmeyer-*Marsch-Barner/Oppenhoff*, UmwG, § 120 Rz. 5.

30) So ausdrücklich Semler/Stengel/Leonard-*Seulen*, UmwG, § 120 Rz. 22 a. E.; Lutter-*Karollus/M. T. Schwab*, UmwG, § 120 Rz. 26: „Insoweit liegt nach hier vertretener Auffassung keine kollisionsrechtliche Fragestellung einer grenzüberschreitenden Umwandlung vor."

31) *Leitzen* in: BeckOGK-UmwG, § 120 Rz. 24.

32) So Lutter-*Karollus/M. T. Schwab*, UmwG, § 120 Rz. 28; *Leitzen* in: BeckOGK-UmwG, § 120 Rz. 24.

33) Schmitt/Hörtnagl-*Hörtnagl/Ollech*, UmwG/UmwStG, § 120 UmwG Rz. 8.

34) *Simon* in: KölnKomm-UmwG, § 120 Rz. 38.

35) *Leitzen* in: BeckOGK-UmwG, § 120 Rz. 30, 32; *Simon* in: KölnKomm-UmwG, § 120 Rz. 39.

36) *Leitzen* in: BeckOGK-UmwG, § 120 Rz. 33; *Simon* in: KölnKomm-UmwG, § 120 Rz. 25.

19 Die Voraussetzung muss unmittelbar vor Wirksamwerden der Verschmelzung, genauer gesagt **im Zeitpunkt des Wirksamwerdens**, vorliegen.[37] Ein lediglich zeitgleicher Erwerb genügt daher ebenso wenig wie eine aufschiebend bedingte Übertragung, die erst mit Eintragung der Verschmelzung wirksam wird.[38] Ausnahmsweise zulässig ist jedoch eine **aufschiebend bedingte Übertragung** unter der Bedingung der Eintragung des Erwerbs im Handelsregister des übertragenden Rechtsträgers.[39]

20 **§ 120 Abs. 2** bestimmt, dass Anteile, die sich im Eigentum der Kapitalgesellschaft befinden, dem Gesellschafter zugerechnet werden.[40] Voraussetzung ist ein unmittelbares Halten durch die Gesellschaft. **Mittelbare Beteiligungen** – etwa über Tochtergesellschaften – genügen nicht.[41]

VI. Verfahrensablauf

21 Die Verschmelzung erfolgt – abweichend vom Regelfall – durch **Abschluss eines Verschmelzungsvertrages** zwischen der Kapitalgesellschaft und der natürlichen Person.[42] Der Vertrag ist notariell zu **beurkunden**. Die **Gesellschafterversammlung** der Kapitalgesellschaft muss dem Vertrag gemäß § 13 UmwG zustimmen.[43]

22 Eine Beschlussfassung aufseiten des Gesellschafters entfällt ebenso wie eine Verschmelzungsprüfung oder ein Bericht.[44] Die Erleichterungen begründen sich aus der Personalunion von übernehmendem Rechtsträger und Anteilseigner.

23 Die Verschmelzung ist zur Eintragung in das **Handelsregister** anzumelden.[45] Die Wirksamkeit richtet sich nach § 122 Abs. 1 bzw. Abs. 2.

VII. Steuerliche und kostenrechtliche Aspekte

24 Ertragsteuerlich erfolgt eine Rückwirkung auf den Verschmelzungsstichtag (§ 3 Abs. 2 Satz 1 UmwStG). Die Buchwerte können fortgeführt werden.[46] Grunderwerbsteuer fällt bei Einhaltung der Voraussetzungen des § 6a GrEStG nicht an.[47] Umsatzsteuerlich entfaltet die Verschmelzung keine Rückwirkung.[48]

25 **Notarkosten** richten sich nach dem Geschäftswert des übergehenden Vermögens (§ 38 GNotKG).[49] Für Beurkundung und Registeranmeldung entstehen jeweils gesonderte Gebühren. **Gerichtskosten** folgen aus der HRegGebV.[50]

---

37) Ausf. *Leitzen* in: BeckOGK-UmwG, § 120 Rz. 34 ff.; *Simon* in: KölnKomm-UmwG, § 120 Rz. 44 f.

38) *Leitzen* in: BeckOGK-UmwG, § 120 Rz. 34.2; *Simon* in: KölnKomm-UmwG, § 120 Rz. 44.

39) *Leitzen* in: BeckOGK-UmwG, § 120 Rz. 34.3; *Simon* in: KölnKomm-UmwG, § 120 Rz. 44.

40) *Leitzen* in: BeckOGK-UmwG, § 120 Rz. 35.

41) *Simon* in: KölnKomm-UmwG, § 120 Rz. 42; Schmitt/Hörtnagl-*Missio/Ollech*, UmwG/UmwStG, § 120 UmwG Rz. 8.

42) *Leitzen* in: BeckOGK-UmwG, § 120 Rz. 38

43) *Leitzen* in: BeckOGK-UmwG, § 120 Rz. 38.

44) *Leitzen* in: BeckOGK-UmwG, § 120 Rz. 38.

45) *Leitzen* in: BeckOGK-UmwG, § 120 Rz. 39.

46) *Leitzen* in: BeckOGK-UmwG, § 120 Rz. 45.

47) BFH, Urt. v. 21.8.2019 – II R 15/19, II R 50/13, BStBl. II 2020, 329 = DStR 2020, 343; *Strahl*, RNotZ 2021, 61, 82; *Leitzen* in: BeckOGK-UmwG, § 120 Rz. 46.

48) *Leitzen* in: BeckOGK-UmwG, § 120 Rz. 47.

49) Ausf. *Leitzen* in: BeckOGK-UmwG, § 120 Rz. 41 ff.

50) S. *Leitzen* in: BeckOGK-UmwG, § 120 Rz. 44.

§ 121
Anzuwendende Vorschriften

Auf die Kapitalgesellschaft sind die für ihre Rechtsform geltenden Vorschriften des Ersten und Zweiten Teils anzuwenden.

Literatur: *Bärwaldt/Schabacker*, Ein Dauerbrenner: Die Verschmelzung einer Kapitalgesellschaft mit dem Vermögen ihres Alleingesellschafters, NJW 1997, 93; *Bisle*, Umwandlung einer GmbH in ein Einzelunternehmen, NWB 2017, 2137; *Dehmer/Stratz*, Nochmals: Die Verschmelzung auf den Alleingesellschafter, DB 1996, 1071; *Heckschen*, Die Verschmelzung auf den Alleingesellschafter – eine missglückte gesetzliche Regelung, ZIP 1996, 450; *Lohr*, Verschmelzung der GmbH mit dem Vermögen des Alleingesellschafters, GmbH-StB 2006, 240; *Priester*, Die „Umwandlung" einer GmbH auf ihren nicht-vollkaufmännischen Alleingesellschafter, DB 1996, 413; *Wrenger*, Verschmelzung von Kapitalgesellschaften mit dem Vermögen eines Alleingesellschafters bei fehlender Eintragungsfähigkeit in das Handelsregister, BB 1997, 1905.

Übersicht

I. Systematik und Zweck der Norm

§ 121 konkretisiert, welche Bestimmungen des allgemeinen Verschmelzungsrechts auf die in §§ 120 ff. geregelten Sonderfälle Anwendung finden.[1] Damit stellt die Vorschrift sicher, dass auch die **atypische Konstellation** der Verschmelzung einer Kapitalgesellschaft auf eine natürliche Person nicht rechtsfrei abläuft, sondern den bewährten Verfahrensmechanismen des Umwandlungsrechts unterliegt.[2] Der Gesetzgeber wollte dadurch vermeiden, dass der in § 120 vorgesehene Sonderweg gegenüber klassischen Verschmelzungen eine Umgehungsmöglichkeit bietet.[3] Zugleich schafft die Norm Klarheit darüber, dass **trotz des Fehlens einer Anteilsgewährung** ein vollständiger Verschmelzungsvorgang vorliegt, auf den **grundsätzlich die allgemeinen Regeln** zu übertragen sind.[4] 1

Die Verschmelzung nach §§ 120 ff. ist **stets** eine **Verschmelzung zur Aufnahme.**[5] Eine Verschmelzung zur Neugründung scheidet schon begrifflich aus, da der übernehmende 2

1) Widmann/Mayer-*Heckschen*, UmwR, § 121 UmwG Rz. 2.1 f; allgemein dazu *Börwald/Schabacker*, NJW 1997, 93; *Bisle*, NWB 2017, 2137; *Dehner/Stratz*, DB 1996, 1071; *Heckschen*, ZIP 1996, 450; *Lohr*, GmbH-StB 2006, 240; *Priester*, DB 1996, 413; *Wrenger*, BB 1997, 1905.

2) *Leitzen* in: BeckOGK-UmwG, § 121 Rz. 1.

3) *Leitzen* in: BeckOGK-UmwG, § 121 Rz. 1.

4) S. a. *Leitzen* in: BeckOGK-UmwG, § 121 Rz. 1, der jedoch zudem darauf verweist, dass keine Verschmelzung i. S. des § 2 vorliegt.

5) *Simon* in: KölnKomm-UmwG, § 121 Rz. 2.

Rechtsträger eine bereits existierende natürliche Person ist.[6] Damit entfällt die Anwendbarkeit aller Vorschriften, die ausschließlich auf die Neugründung zugeschnitten sind (§§ 56–59, §§ 73–76). Anwendbar sind neben den allgemeinen Vorschriften der §§ 2–38[7] – je nach Ausgangsrechtsträger – die §§ 46–78.[8] Für den aufnehmenden Einzelkaufmann gibt es – abgesehen von Regeln betreffend das Registerverfahren – keine besonderen Vorschriften.[9] Nach früherem Recht war die Vermögensübertragung auf den Alleingesellschafter nicht als Verschmelzung zur Aufnahme ausgestaltet.[10]

II. Allgemein anwendbare Vorschriften

3 Grundsätzlich anwendbar sind die allgemeinen Vorschriften der §§ 2-38.[11] Nachdem es außer dem Alleingesellschafter im Verfahren der Verschmelzung nach den §§ 120 ff. keine anderen Gesellschafter gibt, folgt bereits aus § 8 Abs. 3 Satz 1 Alt. 2 und § 9 Abs. 2, dass auch ohne Verzichtserklärung eine Anwendung der §§ 8–12 bzgl. der **Information der Anteilsinhaber** nicht in Betracht kommt.[12] Ein **Verschmelzungsbericht und eine Verschmelzungsprüfung** scheiden bei der Verschmelzung auf den Alleingesellschafter daher aus. Aufgrund des Charakters der Verschmelzung auf den Alleingesellschafter kommt die Anwendung der §§ 14, 15 nicht in Betracht, da bei allstimmigen **Beschlüssen** eine Anfechtung ausgeschlossen ist und im Falle der Verschmelzung auf den Alleingesellschafter denklogisch stets ein allstimmiger Beschluss vorliegt.[13] Folgerichtig scheidet bei der **Anmeldung** dann auch die Anwendbarkeit des § 16 Abs. 2 und Abs. 3 aus.[14]

4 Mangels Anteilsinhaber des übertragenden Rechtsträgers die gegen die Verschmelzung stimmen könnten, sind die §§ 29–35 ebenfalls nicht anwendbar.[15] Hieraus ergibt sich ein eingeschränkter Inhalt für die **der Anmeldung beizufügenden Unterlagen** gemäß § 17 Abs. 1.[16] Bereits der Wortlaut des § 122 („Kapitalgesellschaft") stellt klar, dass lediglich § 18 Abs. 1 anwendbar ist.[17] § 20 Nr. 3 gilt mangels Anteilsgewährung an einen aufnehmenden Rechtsträger nicht. Da sich § 27 auf Ansprüche gegen die Verwaltungsorgane des übernehmenden Rechtsträgers bezieht, gilt auch diese Norm nicht.[18] Die §§ 36–38 gelten für Verschmelzungen zur Neugründung und kommen für eine Verschmelzung nach den §§ 120 ff. daher nicht in Betracht.

5 Die **übrigen allgemeinen Vorschriften der §§ 2–38** kommen zur Anwendung, was für das Verschmelzungsverfahren allgemein die folgenden Implikationen hat.

1. Verschmelzungsvertrag

6 **Zwingend** ist der Abschluss eines schriftlichen, notariell beurkundeten[19] Verschmelzungsvertrages (§§ 4 ff.).[20] Auch in den Fällen der §§ 120 ff. genügt daher nicht etwa ein einfacher

6) *Leitzen* in: BeckOGK-UmwG, § 121 Rz. 2.
7) Lutter-*Schwab*, UmwG, § 121 Rz. 1.
8) Semler/Stengel/Leonard-*Seulen*, UmwG, § 121 Rz. 2.
9) Semler/Stengel/Leonard-*Seulen*, UmwG, § 121 Rz. 1.
10) Ausf. Widmann/Mayer-*Heckschen*, UmwR, § 121 UmwG Rz. 2.3 f.
11) Lutter-*Schwab*, UmwG, § 121 Rz. 1.
12) Ausf. *Leitzen* in: BeckOGK-UmwG, § 121 Rz. 28 ff.
13) So auch *Leitzen* in: BeckOGK-UmwG, § 121 Rz. 32; Schmitt/Hörtnagl-*Missio*, UmwG/UmwStG, § 121 UmwG Rz. 1.
14) Kallmeyer-*Marsch-Barner*, UmwG, § 16 Rz. 29; *Leitzen* in: BeckOGK-UmwG, § 121 Rz. 32.
15) Widmann/Mayer-*Heckschen*, UmwR, § 121 UmwG Rz. 12.1.
16) S. i. E. auch *Leitzen* in: BeckOGK-UmwG, § 121 Rz. 34.1.
17) So auch *Leitzen* in: BeckOGK-UmwG, § 121 Rz. 34.2.
18) *Leitzen* in: BeckOGK-UmwG, § 121 Rz. 34.6.
19) Widmann/Mayer-*Heckschen*, UmwR, § 121 UmwG Rz. 6 – m. Hinweis darauf, dass, da die Zustimmung des Alleingesellschafters gewiss ist, ein Entwurf keinen Sinn ergibt.
20) Begr. Fraktionsentwurf UmwBerG, BT-Drucks. 12/6699, S. 115; *Leitzen* in: BeckOGK-UmwG, § 121 Rz. 3.

Umwandlungsbeschluss.[21] Der Vertrag ist von den Vertretungsorganen der übertragenden Gesellschaft in vertretungsberechtigter Anzahl **zu unterzeichnen**;[22] aufseiten der natürlichen Person als **übernehmender Rechtsträger** genügt deren **eigene Erklärung**.[23] Schwierigkeiten können sich ergeben, wenn die natürliche Person zugleich Organ der Kapitalgesellschaft ist: dann greift das **Insichgeschäftsverbot** (§ 181 BGB, dazu ggf. § 112 AktG für die Vertretung der AG durch den Aufsichtsrat,[24] § 35 Abs. 3 GmbHG).[25]

Inhaltlich gilt **§ 5 nur eingeschränkt**.[26] Angaben zu Anteilsgewährung, Umtauschverhältnis oder Bareinlagen sind entbehrlich,[27] zwingend erforderlich bleibt jedoch die Bestimmung des **Verschmelzungsstichtags** (§ 5 Abs. 1 Nr. 6).[28] 7

Hat die übertragende Gesellschaft **Arbeitnehmer**, sind die Folgen der Verschmelzung für die Arbeitnehmer und ihre Vertretungen sowie die insoweit vorgesehenen Maßnahmen zwingend anzugeben.[29] 8

Der Vertrag muss beinhalten, dass das **Vermögen der Kapitalgesellschaft als Ganzes** auf die natürliche Person im Wege der Verschmelzung übergeht.[30] 9

Besteht bei der übertragenden Gesellschaft ein **Betriebsrat**, ist der Vertragsentwurf rechtzeitig zuzuleiten (§ 5 Abs. 3).[31] Unklar ist, ob auch beim übernehmenden Rechtsträger – etwa wenn dieser bereits ein Unternehmen mit Betriebsrat führt – eine Beteiligung erforderlich ist. Die h. M.[32] bejaht dies teleologisch: Der Betriebsrat soll die Möglichkeit erhalten, Einwendungen vorzubringen, auch wenn bei der natürlichen Person keine Anteilsversammlung stattfindet. 10

2. Zustimmungsbeschluss des übertragenden Rechtsträgers und Besonderheiten bei dem übernehmenden Alleingesellschafter

Der Verschmelzungsvertrag bedarf stets der Zustimmung der Anteilseigner der übertragenden Gesellschaft (§ 13).[33] Auch beim Einpersonengesellschafter kann auf diesen Beschluss nicht verzichtet werden.[34] Bestehen **Belastungen der Anteile** durch Rechte Dritter (Pfand, Nießbrauch, Treuhand), ist deren Zustimmung nach allgemeinen Grundsätzen erforderlich (siehe allgemein dazu § 13 Rz. 25 ff. [*Hoefling*]).[35] 11

Genehmigungspflichten familien- oder betreuungsgerichtlicher Art (§§ 1643, 1852 BGB) können hinzutreten, wenn Minderjährige beteiligt sind.[36] Für die Zustimmung in 12

21) *Leitzen* in: BeckOGK-UmwG, § 121 Rz. 3.

22) *Leitzen* in: BeckOGK-UmwG, § 121 Rz. 5; Widmann/Mayer-*Heckschen*, UmwR, § 121 UmwG Rz. 7.

23) Vgl. *Leitzen* in: BeckOGK-UmwG, § 121 Rz. 4, 48.

24) *Leitzen* in: BeckOGK-UmwG, § 121 Rz. 6.

25) Widmann/Mayer-*Heckschen*, UmwR, § 121 UmwG Rz. 7 – m. Hinweis auf Befreiungsmöglichkeit, s. a. *Lohr*, GmbH-StB 2021, 95.

26) *Leitzen* in: BeckOGK-UmwG, § 121 Rz. 7 ff.

27) Widmann/Mayer-*Heckschen*, UmwR, § 121 UmwG Rz. 8.1 f.; *Leitzen* in: BeckOGK-UmwG, § 121 Rz. 7.1.

28) *Leitzen* in: BeckOGK-UmwG, § 121 Rz. 7.2; Widmann/Mayer-*Heckschen*, UmwR, § 121 UmwG Rz. 10.

29) Ausf. Widmann/Mayer-*Heckschen*, UmwR, § 121 UmwG Rz. 12 ff.

30) Widmann/Mayer-*Heckschen*, UmwR, § 121 UmwG Rz. 8.1.

31) *Leitzen* in: BeckOGK-UmwG, § 121 Rz. 8; Semler/Stengel/Leonard-Seulen, UmwG, § 121 Rz. 6.

32) *Simon* in: KölnKomm-UmwG, § 121 Rz. 14; Kallmeyer-*Zimmermann*, UmwG, § 121 Rz. 3; Semler/Stengel/Leonard-*Seulen*, UmwG, § 121 Rz. 6; Lutter-*Schwab*, UmwG, § 121 Rz. 9.

33) Kallmeyer-*Zimmermann*, UmwG, § 121 Rz. 3; *Leitzen* in: BeckOGK-UmwG, § 121 Rz. 10.

34) *Leitzen* in: BeckOGK-UmwG, § 121 Rz. 10.

35) *Leitzen* in: BeckOGK-UmwG, § 121 Rz. 25; *Simon* in: KölnKomm-UmwG, § 13 Rz. 69 f.

36) Ausf. *Leitzen* in: BeckOGK-UmwG, § 121 Rz. 24.

der Gesellschafterversammlung des übertragenden Rechtsträgers findet die **güterrechtliche Verfügungsbeschränkung** des § 1365 BGB keine Anwendung.[37)]

13 Aufseiten der **übernehmenden natürlichen Person** kann und muss kein Verschmelzungsbeschluss gefasst werden.[38)] Gesetzlich ist auch keine separate Zustimmungserklärung der übernehmenden natürlichen Person oder ähnliches gefordert, so dass eine solche nicht erforderlich ist.[39)] Bei der übernehmenden natürlichen Person ist daher die Beteiligung am Verschmelzungsvertrag ausreichend.[40)]

3. Anmeldung zum Handelsregister

14 Die Anmeldung hat grundsätzlich (§ 122 Abs. 2) sowohl durch die übertragende Gesellschaft als auch durch den übernehmenden Rechtsträger zu erfolgen (§§ 16 ff.). Aufseiten des übertragenden Rechtsträgers sind gemäß § 16 Abs. 1 die **Vertretungsorgane** in vertretungsberechtigter Anzahl zur Anmeldung berufen.[41)] Für die **übernehmende natürliche Person** tritt diese an die Stelle des Organs;[42)] eine analoge Anwendung der Vorschriften ist geboten, um die Registerpraxis funktionsfähig zu halten. Der Anmeldung der Gesellschaft sind insbesondere beizufügen: der Verschmelzungsvertrag, der Zustimmungsbeschluss, die Schlussbilanz sowie ggf. Nachweise über die Zuleitung an den Betriebsrat.[43)]

4. Wirksamwerden der Verschmelzung

15 Ob die Verschmelzung mit Eintragung beim übernehmenden Rechtsträger wirksam wird (§ 20), hängt davon ab, ob ein Handelsregistereintrag für den Einzelkaufmann erforderlich ist. § 122 differenziert insoweit: Bei eingetragenen Kaufleuten wird die Eintragung konstitutiv; andernfalls genügt die Eintragung bei der übertragenden Gesellschaft.

III. Anwendbare Vorschriften abhängig vom Ausgangsrechtsträger

16 Je nachdem welcher Rechtsträger als übertragender Rechtsträger fungiert können weitere Vorschriften des Verschmelzungsrechts anwendbar sein.

1. GmbH oder UG (haftungsbeschränkt) als übertragender Rechtsträger

17 Für die GmbH als übertragenden Rechtsträger sind die §§ 46 ff. nur in begrenztem Umfang einschlägig. § 46 betrifft ausdrücklich die GmbH als übernehmenden Rechtsträger, weshalb diese Vorschrift in der hier in Rede stehenden Einpersonenverschmelzung keine Anwendung findet.[44)]

18 Ebenso entfällt eine Anwendung des § 48, da eine Verschmelzungsprüfung mangels Anteilsgewährung und Bewertungsverhältnis nicht erforderlich ist (siehe Rz. 3).[45)] Der Prüfungszweck der Norm – die Kontrolle der Werthaltigkeit der gewährten Anteile – läuft im Einpersonenfall vollständig leer.

37) *Leitzen* in: BeckOGK-UmwG, § 121 Rz. 27; Widmann/Mayer-*Heckschen*, UmwR, § 121 UmwG Rz. 29; Semler/Stengel/Leonard-*Seulen*, UmwG, § 121 Rz. 12.

38) LG Dresden, Beschl. v. 14.11.1996 – 45 T 60/96, GmbHR 1997, 175 = DB 1997, 88; *Heckschen*, DB 1998, 1395; Widmann/Mayer-*Heckschen*, UmwR, § 121 UmwG Rz. 18.

39) LG Dresden, Beschl. v. 14.11.1996 – 45 T 60/96, GmbHR 1997, 175 = DB 1997, 88.

40) *Leitzen* in: BeckOGK-UmwG, § 121 Rz. 49.

41) Widmann/Mayer-*Heckschen*, UmwR, § 121 UmwG Rz. 37.

42) *Leitzen* in: BeckOGK-UmwG, § 121 Rz. 16.1.

43) *Leitzen* in: BeckOGK-UmwG, § 121 Rz. 20 f.

44) *Leitzen* in: BeckOGK-UmwG, § 121 Rz. 37.

45) *Leitzen* in: BeckOGK-UmwG, § 121 Rz. 38.

Dagegen bleiben die **§§ 47 und 49 anwendbar**, weil sie die internen Beschlussvoraussetzungen bei der übertragenden Gesellschaft betreffen und damit unabhängig von der Zahl der Anteilseigner Bedeutung behalten.[46] Nach h. A. sind beide Bestimmungen jedoch dispositiver Natur, so dass die Gesellschafter auf ihre formale Einhaltung verzichten können, sofern die Willensbildung klar dokumentiert ist.[47] Ein Verschmelzungsbeschluss ist gleichwohl stets erforderlich; er verkörpert den konstitutiven Willensakt der Gesellschaft zur Übertragung ihres Vermögens. Das in § 47 Abs. 4 GmbHG verankerte Stimmrechtsverbot greift in dieser Konstellation nicht ein, weil der einzige Gesellschafter – zugleich Alleingesellschafter und übernehmender Rechtsträger – nicht „für sich selbst" als Drittbeteiligter stimmt, sondern den Willen der Gesellschaft in Personalunion bildet. Eine Anwendung der Vorschrift wäre systemwidrig und würde den Zweck des Einpersonenverfahrens konterkarieren. 19

Die Vorschriften der **§§ 50 bis 52 sind** im Einpersonenfall **weitgehend gegenstandslos.** Sie knüpfen an Mehrheitsverhältnisse, Stimmrechtsquoten oder Sonderrechte anderer Gesellschafter an und setzen damit eine Mehrpersonengesellschaft voraus. Nur in der seltenen Konstellation, dass im Zeitpunkt der Beschlussfassung noch mehrere Gesellschafter beteiligt sind und die Alleininhaberschaft erst mit Wirksamwerden der Verschmelzung eintritt, können einzelne Verfahrensregeln aus §§ 50 oder 51 ausnahmsweise relevant bleiben.[48] 20

Vollständig unanwendbar sind schließlich die **§§ 53 bis 59**. Diese betreffen ausschließlich Verschmelzungen zur Neugründung und greifen schon dem Regelungskonzept nach nicht ein. 21

2. AG als übertragender Rechtsträger

Bei der AG entfällt – entsprechend der Grundentscheidung des § 9 Abs. 3 i. V. m. § 8 Abs. 3 Satz 1 Var. 2 – die Notwendigkeit einer Verschmelzungsprüfung auch in der Einpersonenverschmelzung (siehe bereits Rz. 3), so dass **§ 60 nicht anwendbar** ist.[49] Der Zweck des Prüfungsmechanismus, die Angemessenheit des Umtauschverhältnisses sicherzustellen, besteht nicht, wenn der Alleinaktionär als einziger Anteilseigner sämtliche Aktien hält und keine neuen Anteile gewährt werden. 22

Anwendbar bleibt demgegenüber § 61 (bei der KGaA i. V. m. § 78). Die Pflicht zur Einreichung des Verschmelzungsvertrags oder seines Entwurfs beim Handelsregister besteht auch im Einpersonenfall fort.[50] Der Gesetzgeber hat an dieser formellen Kontrolle bewusst festgehalten, um die Transparenz gegenüber Dritten und Gläubigern zu gewährleisten. 23

Nicht abschließend geklärt ist die Frage, ob die **Einberufungsfristen des § 123 AktG** auch dann einzuhalten sind, wenn der Alleinaktionär ausdrücklich oder stillschweigend auf deren Einhaltung verzichtet.[51] Das Einberufungserfordernis dient ausschließlich dem Schutz der Aktionäre, der im Einpersonenverhältnis nicht zur Anwendung kommen kann. Gleichwohl bleibt der Verschmelzungsbeschluss als solcher notwendig; der Alleinaktionär kann ihn auch außerhalb einer formellen Hauptversammlung fassen, muss aber eine niederschriftliche Dokumentation sicherstellen. 24

Vor der **Registeranmeldung** muss der Verschmelzungsvertrag oder zumindest sein Entwurf beim Handelsregister eingereicht werden (§ 61 Abs. 1). Eine Einreichung „unmittel- 25

46) *Leitzen* in: BeckOGK-UmwG, § 121 Rz. 39.

47) Widmann/Mayer-*Heckschen*, UmwR, § 121 UmwG Rz. 19.

48) Ausf. *Leitzen* in: BeckOGK-UmwG, § 121 Rz. 40.1.

49) *Leitzen* in: BeckOGK-UmwG, § 121 Rz. 41.

50) *Leitzen* in: BeckOGK-UmwG, § 121 Rz. 42.

51) Widmann/Mayer-*Heckschen*, UmwR, § 121 UmwG Rz. 4, 15 f.

bar vor“ der Registeranmeldung genügt;[52] das Gesetz verlangt keinen zeitlichen Mindestabstand. Entscheidend ist, dass das Registergericht im Zeitpunkt der Anmeldung Kenntnis vom Vertragsinhalt besitzt.

26 **§ 62** ist auf die Einpersonenverschmelzung **nicht anwendbar.** Die Vorschrift bezieht sich auf Konzernverschmelzungen i. S. der Beteiligungstatbestände des § 62 Abs. 1 Satz 1 (100 %- oder 90 %-Beteiligung zwischen Kapitalgesellschaften) und setzt damit eine gesellschaftsrechtliche Mehrpersonenkonstellation voraus. Eine planwidrige Regelungslücke, die eine analoge Anwendung rechtfertigen könnte, besteht nicht.

27 Auch **§§ 63 und 64** verlieren im Einpersonenfall ihre Bedeutung.[53] Sie regeln die Ausübung von Minderheiten- und Sonderrechten, die nur bei Mehrheits- oder Mischbeteiligungen existieren können. Im Einpersonenverhältnis ist ihr Schutzzweck nicht betroffen; sie sind daher teleologisch zu reduzieren.

28 **§ 65** ist insoweit **bedeutungslos**, als die dort vorgesehene Mehrheitsentscheidung nicht einschlägig ist. Die **§§ 66 bis 72** (Anteilsgewährung, Kapitalmaßnahmen, Umtauschverhältnis) entfallen schon deshalb, weil keine Aktienausgabe an den Erwerber erfolgt. Da keine Verschmelzung zur Neugründung vorliegt, sind auch **§§ 73 bis 76 unanwendbar.**

3. KGaA als übertragender Rechtsträger

29 Für die KGaA gelten die zu § 61 dargestellten Grundsätze entsprechend (§ 78). Ist neben dem Alleinaktionär ein **persönlicher haftender Gesellschafter** vorhanden, bedarf die Verschmelzung zusätzlich dessen Zustimmung (§ 78 Satz 3). Die besondere Mischstruktur der KGaA führt also dazu, dass der Komplementär – auch wenn er am Kapital nicht beteiligt ist – im Verfahren mitwirken muss.

30 Im Übrigen gelten dieselben Vereinfachungen wie bei der AG: Die Verschmelzungsprüfung entfällt, der Verschmelzungsvertrag ist einzureichen, die Minderheiten- und Konzernvorschriften bleiben unanwendbar.

52) Widmann/Mayer-*Heckschen*, UmwR, § 121 UmwG Rz. 16.
53) *Leitzen* in: BeckOGK-UmwG, § 121 Rz. 44.

§ 122
Eintragung in das Handelsregister*)

(1) Ein noch nicht in das Handelsregister eingetragener Alleingesellschafter oder Alleinaktionär ist nach den Vorschriften des Handelsgesetzbuchs in das Handelsregister einzutragen; § 18 Abs. 1 bleibt unberührt.

(2) Kommt eine Eintragung nicht in Betracht, treten die in § 20 genannten Wirkungen durch die Eintragung der Verschmelzung in das Register des Sitzes der übertragenden Kapitalgesellschaft ein.

*) § 122 i. d. F. des UmwBerG geändert durch Art. 7 des Gesetzes zur Neuregelung des Kaufmanns- und Firmenrechts und zur Änderung anderer handels- und gesellschaftsrechtlicher Vorschriften (Handelsrechtsreformgesetz – HRefG), v. 22.6.1998, BGBl. I 1998, 1474.

Literatur: *Bärwaldt/Schabacker*, Ein Dauerbrenner: Die Verschmelzung einer Kapitalgesellschaft mit dem Vermögen ihres Alleingesellschafters, NJW 1997, 93; *Bisle*, Umwandlung einer GmbH in ein Einzelunternehmen, NWB 2017, 2137; *Dehmer/Stratz*, Nochmals: Die Verschmelzung auf den Alleingesellschafter, DB 1996, 1071; *Heckschen*, Die Verschmelzung auf den Alleingesellschafter – eine missglückte gesetzliche Regelung, ZIP 1996, 450; *Lohr*, Verschmelzung der GmbH mit dem Vermögen des Alleingesellschafters, GmbH-StB 2006, 240; *Priester*, Die „Umwandlung“ einer

GmbH auf ihren nicht-vollkaufmännischen Alleingesellschafter, DB 1996, 413; *Wrenger*, Verschmelzung von Kapitalgesellschaften mit dem Vermögen eines Alleingesellschafters bei fehlender Eintragungsfähigkeit in das Handelsregister, BB 1997, 1905.

Übersicht

I. Systematik und Zweck der Norm

§ 122 bildet das registerrechtliche Scharnier der Verschmelzung auf den Alleingesellschafter nach § 120. Während § 120 den materiellen Sondertatbestand der Verschmelzung auf den Alleingesellschafter schafft und § 121 die Schutz- und Wirkungsmechanik des allgemeinen Verschmelzungsrechts auf diesen Vorgang überträgt, beantwortet § 122 die **Vollzugsfrage**, danach wo und unter welchen Voraussetzungen eingetragen wird.[1] **§ 122 Abs. 1** knüpft an das **allgemeine Handelsrecht** an und verlangt – wo dessen Voraussetzungen erfüllt sind – eine Eintragung des übernehmenden Alleingesellschafters/Alleinaktionärs als Kaufmann; **§ 122 Abs. 2** schafft für die übrigen Konstellationen eine **abweichende Wirksamkeitsregel**, um das Verfahren trotz fehlender Eintragung des Übernehmers registerfähig zu halten. Die Norm stellt damit die **Brücke zwischen Umwandlungs- und Firmenrecht** her und synchronisiert den Wirksamkeitszeitpunkt mit § 20, soweit eine Eintragung beim Übernehmer stattfindet; fehlt diese, tritt die Wirkung ausnahmsweise mit der Eintragung beim übertragenden Rechtsträger ein. 1

Der Gesetzgeber hat mit § 122 den Sonderfall geregelt, dass der übernehmende Rechtsträger keine Gesellschaft, sondern eine **einzelne natürliche oder rechtsfähige Person** ist. Anders als in den üblichen Fällen einer Verschmelzung zwischen juristischen Personen **fehlt hier ein „Zielregister"**, in das der Vorgang eingetragen werden könnte. Während § 20 die Wirksamkeit der Verschmelzung grundsätzlich an die Eintragung beim übernehmenden Rechtsträger knüpft, würde dieses Erfordernis hier unter Umständen ins Leere laufen. § 122 begegnet diesem Befund, indem er **zwei Alternativen** eröffnet: 2

- Wird der Alleingesellschafter nach dem Handelsrecht im Handelsregister geführt oder muss er dort eingetragen werden, so erfolgt die Eintragung in dieses Register (§ 122 Abs. 1);
- andernfalls tritt die Wirksamkeit mit der Eintragung im Register des übertragenden Rechtsträgers ein (§ 122 Abs. 2 UmwG).

Die Vorschrift ist somit **keine neue Wirksamkeitsnorm**, sondern eine **Spezialregelung zur Registertechnik**, die die Wirksamkeitsvorschrift des § 20 modifiziert, wo diese mangels Zielregister nicht anwendbar wäre. 3

II. Eintragung des übernehmenden Alleingesellschafters in das Handelsregister (§ 122 Abs. 1)

Nach Absatz 1 ist der übernehmende Alleingesellschafter, sofern er nach den Vorschriften des HGB eintragungspflichtig ist, vor oder gleichzeitig mit der Verschmelzung in das 4

1) Allgemein dazu und zur Systematik insgesamt *Börwaldt/Schabacker*, NJW 1997, 93; *Bisle*, NWB 2017, 2137; *Dehmer/Stratz*, DB 1996, 1071; *Heckschen*, ZIP 1996, 450; *Rohr*, GmbH-Stb 2006, 240; *Priester*, DB 1996, 413; *Wrenger*, BB 1997, 1905.

Handelsregister einzutragen.[2] Die Norm verweist damit nicht auf eine bestimmte Registerhandlung, sondern auf das gesamte handelsrechtliche Eintragungssystem. § 122 Abs. 1 dürfte daher als **Rechtsgrundverweisung**[3] auf die §§ 1 ff. HGB zu verstehen sein: Ob eine Eintragung erforderlich oder zulässig ist, richtet sich daher nicht nach dem Umwandlungsrecht, sondern nach den §§ 1 ff. HGB. Entscheidend ist, ob der übernehmende Rechtsträger als **Kaufmann i. S. des Handelsrechts** anzusehen ist.[4]

5 Ist der Übernehmer **bereits als Kaufmann** im Handelsregister **eingetragen**, so kann die Verschmelzung zu dessen bestehendem Registerblatt eingetragen werden.[5] Dabei kann die Firma fortgeführt, geändert oder – bei Bedarf – neu gebildet werden, wobei die allgemeinen Regeln der §§ 18 ff. HGB gelten.[6] Möglich ist es auch beide Firmen gesondert fortzuführen, denn nach allg. firmenrechtlichen Grundsätzen ist ein Einzelkaufmann berechtigt, mehrere Handelsgeschäfte unter verschiedenen Firmen zu betreiben.[7]

6 Besteht dagegen noch **keine Eintragung**, muss zwischen drei Fallgruppen unterschieden werden:

- **Registerpflichtige Kaufleute** (Ist-Kaufleute, oHG, KG) sind verpflichtet, sich nach § 14 HGB einzutragen, bevor oder gleichzeitig mit der Verschmelzung.[8] Die Verschmelzung kann erst eingetragen werden, wenn der übernehmende Rechtsträger im Register existent ist.
- **Kann-Kaufleute** i. S. des § 2 HGB haben ein Wahlrecht. Sie können sich – müssen aber nicht – ins Handelsregister eintragen lassen.[9] § 122 schränkt dieses Wahlrecht nicht ein; der Einpersonenfall soll das handelsrechtliche System nicht verändern. Wird keine Eintragung vorgenommen, greift Absatz 2.

7 **Nichtkaufleute oder reine Vermögensverwalter** sind nicht registerfähig.[10] Bei ihnen kommt eine Eintragung nicht in Betracht; ihre Verschmelzung wird allein über § 122 Abs. 2 abgewickelt.

8 Der übernehmende Alleingesellschafter muss also nur dann „voreingetragen" sein, wenn er nach allgemeinen handelsrechtlichen Maßstäben **eintragungspflichtig** ist. Damit bleibt das Umwandlungsrecht subsidiär zum Handelsrecht. Die Voreintragungspflicht entfällt nicht deshalb, weil der Betrieb nach der Verschmelzung sogleich eingestellt werden soll;[11] entscheidend ist allein, ob **im Zeitpunkt des Wirksamwerdens** ein Handelsgewerbe i. S. des § 1 HGB betrieben wird. Eine geplante Abwicklung befreit daher nicht von der Registerpflicht.[12]

9 § 122 Abs. 1 enthält zudem eine **Öffnung für den Fall, dass der übernehmende Rechtsträger bereits existiert** und die übertragende Gesellschaft in einen bestehenden Betrieb eingegliedert wird. In diesem Fall erfolgt die Eintragung als Ergänzung des bestehenden Registerblatts. Die Firma kann fortgeführt werden, wenn sie firmenfähig ist und die

---

2) Semler/Stengel/Leonard-*Seulen*, UmwG, § 122 Rz. 1.
3) So auch *Leitzen* in: BeckOGK-UmwG, § 122 Rz. 2; a. A. Widmann/Mayer-*Heckschen*, UmwR, § 122 UmwG Rz. 3.
4) *Leitzen* in: BeckOGK-UmwG, § 122 Rz. 8 ff.
5) Schmitt/Hörtnagl-*Missio*, UmwG/UmwStG, § 122 UmwG Rz. 5.
6) *Leitzen* in: BeckOGK-UmwG, § 122 Rz. 12 ff.
7) Schmitt/Hörtnagl-*Missio*, UmwG/UmwStG, § 122 UmwG Rz. 5; s. a. Widmann/Mayer-*Heckschen*, UmwR, § 121 UmwG Rz. 44.
8) *Leitzen* in: BeckOGK-UmwG, § 122 Rz. 3; Widmann/Mayer-*Heckschen*, UmwR, § 122 UmwG Rz. 3.
9) Lutter-*Schwab*, UmwG, § 122 Rz. 7; Semler/Stengel/Leonard-*Seulen*, UmwG, § 122 Rz. 10; Schmitt/Hörtnagl-*Missio*, UmwG/UmwStG, § 122 UmwG Rz. 4; *Leitzen* in: BeckOGK-UmwG, § 122 Rz. 17; Kallmeyer-*Zimmermann*, UmwG, § 122 Rz. 5; s. a. Widmann/Mayer-*Heckschen*, UmwR, § 122 UmwG Rz. 21.
10) *Leitzen* in: BeckOGK-UmwG, § 122 Rz. 10.
11) Semler/Stengel/Leonard-*Seulen*, UmwG, § 122 Rz. 10.
12) So aber Lutter-*Schwab*, UmwG, § 122 Rz. 9; *Simon* in: KölnKomm-UmwG, § 122 Rz. 8.

Grundsätze der Firmenwahrheit und Firmenunterscheidbarkeit gewahrt sind. Eine bereits unzulässige Firma wird durch Fortführung nicht zulässig; die Grenzen der §§ 18 ff. HGB gelten uneingeschränkt fort.

III. Wirksamkeit der Verschmelzung bei fehlender Eintragung des übernehmenden Alleingesellschafters (§ 122 Abs. 2)

Fehlt eine Eintragung oder kommt sie rechtlich nicht in Betracht, wird die Verschmelzung gemäß § 122 Abs. 2 mit der Eintragung beim übertragenden Rechtsträger wirksam.[13] Diese Abweichung von § 20 ist Ausdruck einer klaren gesetzgeberischen Pragmatik: Der Vorgang darf nicht daran scheitern, dass es beim Übernehmer kein Register gibt. § 122 Abs. 2 stellt also keine „Ersatzeintragung" dar, sondern verlagert den Wirksamkeitszeitpunkt an den Ort der letzten registerrechtlich greifbaren Handlung – die Eintragung beim übertragenden Rechtsträger. 10

Die **Wirkung** ist **umfassend**: Mit der Eintragung im Handelsregister des übertragenden Rechtsträgers geht das Vermögen der Kapitalgesellschaft in einem einzigen Rechtsakt auf den Alleingesellschafter über, und die Gesellschaft erlischt. Eine **zusätzliche Anmeldung durch den Übernehmer ist nicht erforderlich**; die Eintragung beim übertragenden Register genügt vollständig. Das Registergericht prüft allerdings, ob die Voraussetzungen des § 122 Abs. 2 tatsächlich gegeben sind, also keine Eintragung beim Übernehmer erfolgen konnte oder musste.[14] 11

Aus Gründen der Registerklarheit sollte die **Anmeldung** der Gesellschaft **ausdrücklich darauf hinweisen**, dass und weshalb § 122 Abs. 2 Anwendung findet – etwa durch den Zusatz, der Übernehmer sei keine eintragungspflichtige Person i. S. der §§ 1 ff. HGB. 12

IV. Registerverfahren

Für das Verfahren gelten die allgemeinen Regeln der **§§ 16 ff. Anmeldepflichtig** ist die übertragende Gesellschaft, vertreten durch ihre Vertretungsorgane in vertretungsberechtigter Anzahl (siehe § 121 Rz. 14 [*Knaier*]). Der übernehmende Rechtsträger muss nur dann mitwirken, wenn er selbst eintragungsfähig ist und ein eigenes Registerblatt erhält. Dem Register sind **sämtliche wesentlichen Unterlagen** beizufügen: der notariell beurkundete Verschmelzungsvertrag, der Zustimmungsbeschluss der Gesellschafterversammlung oder Hauptversammlung, die Schlussbilanz (§ 17) und – soweit einschlägig – Nachweise über die Beteiligung des Betriebsrats. Da keine Anteilsgewährung erfolgt, entfallen Berichte, Prüfungen und Wertermittlungsunterlagen (siehe ausführlich § 121 Rz. 3 [*Knaier*]). 13

Die **Zuständigkeit** liegt beim Registergericht (Rechtspfleger) am Sitz der übertragenden Gesellschaft. Dort erfolgt auch die konstitutive Eintragung. Wird der Übernehmer eingetragen (§ 122 Abs. 1), sind die Eintragungen auf beiden Seiten zu koordinieren, damit die Rechtswirkungen zeitgleich eintreten können. Die Bekanntmachung erfolgt im Registerportal; sie muss den Hinweis auf das Erlöschen der übertragenden Gesellschaft enthalten. 14

Nach der Eintragung sind sämtliche **Folgeregister** (Grundbuch, Marken- und Patentregister, Transparenzregister) anzupassen. Der Rechtsübergang vollzieht sich kraft Universalsukzession, so dass keine Einzelübertragungen notwendig sind. Für die Grundbuchumschreibung genügt regelmäßig der Registerauszug mit dem Eintragungsvermerk. 15

V. Firmenrechtliche Fragen

Die Einpersonenverschmelzung kann firmenrechtlich zu unterschiedlichen Ergebnissen führen. Der Übernehmer kann die **bisherige Firma fortführen**, sofern er firmenfähig ist; 16

13) *Leitzen* in: BeckOGK-UmwG, § 122 Rz. 18.
14) *Leitzen* in: BeckOGK-UmwG, § 122 Rz. 20.

eine Verpflichtung hierzu besteht jedoch nicht.[15)] Die Fortführung ist insbesondere dann zulässig, wenn der übernehmende Rechtsträger den Geschäftsbetrieb tatsächlich fortsetzt und die Firma keine irreführenden Elemente enthält.[16)] § 25 HGB spielt daneben nur noch eine untergeordnete Rolle, da die Haftungskontinuität bereits über § 20 UmwG sichergestellt ist. Gleichwohl empfiehlt es sich, bei Fortführung wesentlicher Firmenelemente **klarzustellen**, dass die **Haftung** auf der gesetzlichen Gesamtrechtsnachfolge beruht und nicht auf einem schuldrechtlichen Erwerbsvorgang.

VI. Grenz- und Sonderfragen

17 Besondere Aufmerksamkeit verdient die Situation des **Kleingewerbetreibenden**: Hier hat der Gesetzgeber kein Eintragungsgebot geschaffen, sondern den bestehenden Wahlmechanismus des HGB unverändert gelassen. Der Übernehmer kann also wählen, ob er sich in das Handelsregister eintragen lässt. Tut er es nicht, wird die Verschmelzung durch **Eintragung beim übertragenden Rechtsträger** wirksam (§ 122 Abs. 2). Ein Umkehrschluss, wonach § 122 Abs. 2 nur auf nicht eintragungsfähige Personen anwendbar wäre, wäre mit dem Sinn der Norm unvereinbar. § 122 Abs. 2 dient nicht der Einschränkung handelsrechtlicher Wahlrechte, sondern der Vermeidung von Vollzugsdefiziten.

18 Komplex sind auch die Fälle, in denen der übernehmende Rechtsträger **erst durch den Vermögensübergang ein Handelsgewerbe** i. S. des § 1 HGB **begründet.** In diesem Moment entsteht eine Registerpflicht ex nunc; eine Rückwirkung auf den Wirksamkeitszeitpunkt der Verschmelzung ist ausgeschlossen. Der Betrieb kann also zunächst ohne Registereintrag entstehen, muss aber anschließend eingetragen werden, sobald die Schwelle zum Handelsgewerbe überschritten ist.

19 Für den umgekehrten Fall, dass der **übernehmende Rechtsträger eine ausländische Person oder Gesellschaft** ist, enthält § 122 Abs. 2 eine **stillschweigende Kollisionsregel**: Die Verschmelzung wird in Deutschland mit der Eintragung beim übertragenden Rechtsträger wirksam, unabhängig davon, ob und wie der Erwerber nach ausländischem Recht einzutragen ist. Die deutschen Wirkungen knüpfen allein an den Registereintrag des übertragenden Unternehmens an.

---

15) *Leitzen* in: BeckOGK-UmwG, § 122 Rz. 12.

16) *Leitzen* in: BeckOGK-UmwG, § 122 Rz. 13 f.

Zehnter Abschnitt
(aufgehoben)

§§ 122a–122m
(aufgehoben)

1 Die Vorschriften enthielten Regelungen zur grenzüberschreitenden Verschmelzung. Mit der Aufhebung der §§ 122a–122m durch Art. 1 des UmRUG[1)] erfolgte eine Neuordnung der Vorschriften zu grenzüberschreitenden Umwandlungen im Sechsten Buch des UmwG. Die grenzüberschreitenden Verschmelzungen sind nunmehr im Ersten Teil des Sechsten Buches in den §§ 305–319 geregelt.

---

1) Art. 1 des Gesetzes zur Umsetzung der Umwandlungsrichtlinie und zur Änderung weiterer Gesetze (UmRUG), v. 22.2.2023, BGBl. I 2023, Nr. 51.

Drittes Buch
Spaltung

Erster Teil
Allgemeine Vorschriften

Erster Abschnitt
Möglichkeit der Spaltung

§ 123
Arten der Spaltung

(1) Ein Rechtsträger (übertragender Rechtsträger) kann unter Auflösung ohne Abwicklung sein Vermögen aufspalten

1. zur Aufnahme durch gleichzeitige Übertragung der Vermögensteile jeweils als Gesamtheit auf andere bestehende Rechtsträger (übernehmende Rechtsträger) oder
2. zur Neugründung durch gleichzeitige Übertragung der Vermögensteile jeweils als Gesamtheit auf andere, von ihm dadurch gegründete neue Rechtsträger

gegen Gewährung von Anteilen oder Mitgliedschaften dieser Rechtsträger an die Anteilsinhaber des übertragenden Rechtsträgers (Aufspaltung).

(2) Ein Rechtsträger (übertragender Rechtsträger) kann von seinem Vermögen einen Teil oder mehrere Teile abspalten

1. zur Aufnahme durch Übertragung dieses Teils oder dieser Teile jeweils als Gesamtheit auf einen bestehenden oder mehrere bestehende Rechtsträger (übernehmende Rechtsträger) oder
2. zur Neugründung durch Übertragung dieses Teils oder dieser Teile jeweils als Gesamtheit auf einen oder mehrere, von ihm dadurch gegründeten neuen oder gegründete neue Rechtsträger

gegen Gewährung von Anteilen oder Mitgliedschaften dieses Rechtsträgers oder dieser Rechtsträger an die Anteilsinhaber des übertragenden Rechtsträgers (Abspaltung).

(3) Ein Rechtsträger (übertragender Rechtsträger) kann aus seinem Vermögen einen Teil oder mehrere Teile ausgliedern

1. zur Aufnahme durch Übertragung dieses Teils oder dieser Teile jeweils als Gesamtheit auf einen bestehenden oder mehrere bestehende Rechtsträger (übernehmende Rechtsträger) oder
2. zur Neugründung durch Übertragung dieses Teils oder dieser Teile jeweils als Gesamtheit auf einen oder mehrere, von ihm dadurch gegründeten neuen oder gegründete neue Rechtsträger

gegen Gewährung von Anteilen oder Mitgliedschaften dieses Rechtsträgers oder dieser Rechtsträger an den übertragenden Rechtsträger (Ausgliederung).

(4) Die Spaltung kann auch durch gleichzeitige Übertragung auf bestehende und neue Rechtsträger erfolgen.

Literatur: *Adolff/Eschwey*, Lastenverteilung bei der Finanzmarktstabilisierung, ZHR 177 (2013), 902; *Aha*, Einzel- oder Gesamtrechtsnachfolge bei der Ausgliederung?, AG 1997, 345; *Arbeitskreis Umwandlungsrecht*, Vorschläge zum Referentenentwurf eines Umwandlungsgesetzes, ZGR 1993, 321; *Armbrüster*, Bewegung im Recht der Lebensversicherung, NJW 2014, 497; *Baderschneider*, Die Stiftung als Zielstruktur im Umwandlungsgesetz, 2017; *Bayer*, 1000 Tage neues Umwandlungsrechts – eine Zwischenbilanz, ZIP 1997, 1613; *Bayer/Schmidt, J.*, Der Regierungsentwurf zur Änderung des Umwandlungsgesetzes – Eine kritische Stellungnahme, NZG 2006, 841; *Bayer/Wirth*, Eintragung der Spaltung und Eintragung der neuen Rechtsträger – oder: Pfadsuche im Verweisungsdschungel des neuen Umwandlungsrechts, ZIP 1996, 817; *Behme/Brühl*, Was ist eine Ausgliederung? – Anwendungsprobleme bei der Ausgliederung aus dem Vermögen eines Einzelkaufmanns nach Inkrafttreten des UmRuG, NZG 2024, 1502; *Berger/Ofek*, A diversification effect on firm value, 37 Journal of Financial Economics 39 (1995), abrufbar unter https://pages.stern.nyu.edu/~eofek/PhD/papers/BO_Diversification_JFE.pdf (Abrufdatum: 26.2.2026); *Bialluch*, Ausstrahlungswirkungen im Unternehmensrecht, 2020; *Bungert*, Ausgliederung durch Einzelrechtsübertragung und analoge Anwendung des Umwandlungsgesetzes, NZG 1998, 367; *Bungert/Rogier*, Der Carve-out von Unternehmensteilen in der gesellschaftsrechtlichen Praxis, DB 2017, 2977; *Caldecott*, Introduction to special issue: stranded assets and the environment, 7 Journal of Sustainable Finance & Investment, No. 1, 1 (2017), abrufbar unter https://www.tandfonline.com/doi/full/10.1080/20430795.2016.1266748 (Abrufdatum: 26.2.2026; *Döding/Drechsler/Wentz, K.*, Mitgliederaktivismus als Mechanismus der Corporate Governance im Großverein, ZIP 2022, 1088; *Dreher*, Ausstrahlungen des Aufsichtsrechts auf das Aktienrecht, ZGR 2010, 496; *Drygala, T./Drygala, A.*, Wer braucht ein Frühwarnsystem?, ZIP 2000, 297; *Engelkamp*, Rentnergesellschaft 2.0 – Neue Gestaltungsmöglichkeiten im Konzern und bei M&A-Transaktionen, ZIP 2016, 1664; *Fest*, Sustainable Shareholder Activism, AG 2024, 269; *Fischer, J.-B.*, Ausstrahlungswirkungen im Recht, 2018; *Fleischer*, Zur ergänzenden Anwendung von Aktienrecht auf die GmbH, GmbHR 2008, 673; *Fleischer*, Börseneinführung von Tochtergesellschaften, ZHR 165 (2001), 513; *Francus*, Texas Two-Stepping out of Bankruptcy, 120 Mich. L. Rev. 38 (2022), abrufbar unter https://repository.law.umich.edu/mlr_online/vol120/iss1/3 (Abrufdatum: 26.2.2026); *Fuhrmann/Döding*, Enkraft Capital vs. RWE AG – misslungener Auftakt des ESG-Aktivismus in Deutschland?, AG 2022, R168; *Ganske*, Spaltung der Treuhandunternehmen, DB 1991, 791; *Geck*, Die Spaltung von Unternehmen nach dem neuen Umwandlungsrecht, DStR 1995, 416; *Gözlügöl/Ringe*, Net-Zero Transition and Divestments of Carbon-Intensive Assets, 56 UC Davis L. Rev., 1963 (2023), abrufbar unter https://papers.ssrn.com/sol3/papers.cfm?abstract_id=4431314 (Abrufdatum: 26.2.2026); *Gözlügöl/Ringe*, Private Companies: The Missing Link on the Path to Net Zero, 2022, abrufbar unter https://papers.ssrn.com/sol3/papers.cfm?abstract_id=4065115 (Abrufdatum: 26.2.2026); *Habersack*, Umwandlung der AG ohne Mitwirkung der Hauptversammlung, in: Festschrift für Norbert Horn, 2006, S. 337; *Hahn*, Zum Gläubigerschutz bei der Spaltung von Kapitalgesellschaften, GmbHR 1991, 242; *Harrer/Carbonare/Fritsche*, Börsennotierung nach Abspaltung als Handlungsalternative zum klassischen Börsengang, BKR 2013, 309; *Hasselbach*, Der Übergang von Bedeckungswerten im Rahmen der Bestandsübertragung nach § 14 VAG, VersR 2010, 429; *Heckschen*, Unternehmensmobilität im EU-Binnenmarkt – Grenzüberschreitendes Verfahren, ZGR-Sonderheft 26/2023, 101; *Heckschen*, Der Verzicht auf Anteilsgewähr – Gestaltungsmöglichkeiten und Grenzen aus gesellschaftsrechtlicher Sicht, GWR 2010, 101; *Heckschen*, Anteilsgewähr bei Verschmelzung, Spaltung und Formwechsel – aktuelle Entwicklungen, GmbHR 2021, 8; *Heckschen/Knaier*, Größte Reform des Umwandlungsrechts – nicht nur Richtlinienumsetzung!, GmbHR 2022, 501; *Heidenhain*, Partielle Gesamtrechtsnachfolge bei der Spaltung – Bemerkungen zu § 132 Umwandlungsgesetz, ZHR 168 (2004), 468; *Heidenhain*, Sonderrechtsnachfolge bei der Spaltung, ZIP 1995, 801; *Henssler*, Die Ausgliederung von Versorgungsverpflichtungen auf eine Rentnergesellschaft, RdA 2023, 20; *Hohenstatt/Seibt*, Ausgliederung laufender Pensionsverbindlichkeiten: Eine arbeits- und umwandlungsrechtliche Betrachtung, ZIP 2006, 546; *Hommelhoff*, Risikosegmentierung durch die Tochter-GmbH im Alleinbesitz, ZHR 188 (2024), 336; *Kallmeyer*, Der Einsatz von Spaltung und Formwechsel nach dem UmwG 1995 für die Zukunftssicherung von Familienunternehmen, DB 1996, 28; *Kallmeyer*, Kombination von Spaltungsarten nach dem neuen Umwandlungsgesetz, DB 1995, 81; *Kallmeyer*, Das neue Umwandlungsgesetz – Verschmelzung, Spaltung und Formwechsel von Handelsgesellschaften, ZIP 1994, 1746; *Kappenhagen/Wentz, K.*, Die Sondervorschriften zur Vorbereitungsphase grenzüberschreitender Spaltungen – ein Vergleich mit den Vorschriften zu innerstaatlichen Spaltungen, WM 2023, 2113; *Kleindiek*, Vertragsfreiheit und Gläubigerschutz im künftigen Spaltungsrecht nach dem Referentenentwurf UmwG, ZGR 1992, 513; *Kittner*, Der Begriff von Run-off und Bestandsversicherung in der Lebensversicherung de lege lata und de lege ferenda, GWR 2022, 373; *Kovvali/Listokin*, Valuing ESG, 49 BYU L. Rev. 705 (2024), abrufbar unter https://digitalcommons.law.byu.edu/lawreview/vol49/iss3/7/ (Abrufdatum: 26.2.2026); *Kraakman/Armour/Davies et al.*, The Anatomy of Corporate Law, 3. Aufl., 2017; *Lieder*, Die rechtsgeschäftliche Sukzession, 2015; *Laeven/Levine*, Bank governance, regulation, and risk taking, 85 Journal of Financial Economics 331 (2007), abrufbar unter https://papers.ssrn.com/sol3/Delivery.cfm/SSRN_ID1142967_code261593.pdf?abstractid=1142967&mirid=1&type=2 (Abrufdatum: 26.2.2026); *Lieder/Scholz*, Vinkulierte Forderungen und Gesellschaftsanteile in der umwandlungsrechtlichen Universalsukzession, ZIP 2015, 1705; *Lutter*, Zur Reform von Umwandlung und Fusion – Das Konzept und seine Verwirklichung im Diskussionsentwurf, ZGR 1990, 392; *Maier/Funke*, Umwandlungsrechtliche und umwandlungssteuerrechtliche Aspekte einer mehrstufigen Kettenumwandlung, DStR 2015, 2703; *Marx*, Auswirkungen der Spaltung nach dem Umwandlungsgesetz auf Rechtsverhältnisse mit Dritten, 2001; *Mayer*, Ein Vorschlag zur sachgerechten Auslegung des § 132 UmwG, GmbHR 1996, 403; *Mayer*, Erste Zweifelsfragen bei der Unternehmensspaltung, DB 1995, 861; *Mertens*, Zur Universalsukzession in einem neuen Umwandlungsrecht, AG 1994, 66; *Micheler*, Spaltung und Teileinbringung von Gesellschaften nach französischem Recht, RIW 1993, 15; *Müller-Stewens/Brauer*, Integrierte Unternehmensführung, in: Festschrift für Claus Steinle, 2011, S. 29; *Neye*, Der Regierungsentwurf zur Reform des Umwandlungsrechts, ZIP 1994, 165; *van Ooy*, Zulässigkeit einer umwandlungsrechtlichen Direktabspaltung, 2022; *Parikh*, Mass Exploitation, 170 U. Pa. L. Rev. Online 53 (2022), abrufbar unter https://scholarship.law.upenn.edu/penn_law_review_online/vol170/iss1/4 (Abrufdatum: 26.2.2026) *Paschos/Funken*, Die Direktabspaltung, in: Festschrift Marsch-Barner, 2018, S. 419; *Paulus*, Insolvenz mbH – über Sinn und Zweck des Insolvenzverfahrens, ZIP 2022, 2465; *Petersen*, Der Gläubigerschutz im Umwandlungsrecht, München, 2001 (Habil.); *Pfeuffer*, Verschmelzungen und Spaltungen als nachteilige Rechtsgeschäfte im Sinne von § 311 Abs. 1 AktG, 2006; *Pickhardt*, Die Abgrenzung des spaltungsrelevanten Vermögensteils als Kernproblem der Spaltung, DB 1999, 729; *Picot*, Die Rechte der Aktionäre beim Delisting börsennotierter Gesellschaften, Köln 2009; *Pluskat*, Das kalte Delisting, BKR 2007, 54; *Priester*, Die klassische Ausgliederung – ein Opfer des Umwandlungsgesetzes 1994?, ZHR 163 (1999), 187; *Priester*, Das neue Umwandlungsrecht aus notarieller Sicht, DNotZ 1995, 427; *Rieble*, Verschmelzung und Spaltung von Unternehmen und ihre Folgen für Schuldverhältnisse mit Dritten, ZIP 1997, 301; *Schäfer/Ott*, Lehrbuch der ökonomischen Analyse des Zivilrechts, 6. Aufl., 2020; *Schaumlöffel/Wesker*, Run-Off: Schutz der Kunden in der Lebensversicherung, BaFin Journal v. 15.2.2018, S. 12 ff., abrufbar unter https://www.bafin.de/SharedDocs/Downloads/DE/BaFinJournal/2018/bj_1802.html (Abrufdatum: 26.2.2026); *Schmidt, F.*, Die Ausstrahlung aufsichtsrechtlicher Corporate Governance auf das Aktienrecht, 2017; *Schmidt, H.*, Totalausgliederung nach § 123 III UmwG, AG 2005, 26; *Schmidt, K.*, Integrationswirkung des Umwandlungsgesetzes, in: Festschrift für Peter Ulmer, 2003, S. 557; *Schmidt, K.*, Gläubigerschutz bei Umstrukturierungen – Zum Referentenentwurf eines Umwandlungsgesetzes, ZGR 1993, 366; *Schmidt, K.*, Universalsukzession kraft Rechtsgeschäfts: Bewährungsproben eines zivilrechtsdogmatischen Rechtsinstituts im Unternehmensrecht, AcP 191 (1991), 495; *Schmidt, K.*, Gesetzliche Gestaltung und dogmatisches Konzept eines neuen Umwandlungsgesetzes – Überlegungen zur legislatorischen Praxis und Theorie, ZGR 1990, 580; *Schnorbus*, Die Direktabspaltung – Eine Untersuchung zur Ausschüttung von Aktien an Tochtergesellschaften an die Aktionäre der Muttergesellschaft nach dem Umwandlungsrecht, ZGR 2019, 780; *Schollmeyer*, Mehr als Umsetzung – Der Regierungsentwurf für das UmRUG liegt vor, NZG 2022, 937; *Schreier/Leicht*, Übertragung von Verträgen bei Carve-Outs, NZG 2011, 121; *Seeburger*, Die Zu- und Aufteilung von Vertragsverhältnissen im Rahmen der Unternehmensspaltung, 2022; *Semieniuk et al.*, Stranded fossil-fuel assets translate to major losses for investors in advanced economies, Nature Climate Change 2022, 532, abrufbar unter https://www.nature.com/articles/s41558-022-01356-y (Abrufdatum: 26.2.2026); *Teichmann, A.*, Vinkulierte Gesellschaftsanteile im Vermögen zu spaltender Rechtsträger, GmbHR 2014, 393; *Teichmann, A.*, Spaltung, in: Lutter, Kölner Umwandlungsrechtstage, 1995, S. 91; *Teichmann, A.*, Die Spaltung von Rechtsträgern als Akt der Vermögensübertragung, ZGR 1993, 396; *Thaten*, Die Ausstrahlung des Aufsichts- auf das Aktienrecht am Beispiel der Corporate Governance von Banken und Versicherungen, 2016; *Tillmann/Rieckhoff*, Nachteilsausgleichspflicht bei Abspaltungen im faktischen Konzern?, AG 2008, 486; *Taraporevala*, The other climate risk investors need to talk about, Financial Times v. 14.5.2021, abrufbar unter https://www.ft.com/content/c586e4cd-9fb7-47a3-8b43-3839e668fe3a (Abrufdatum: 26.2.2026); *Veil*, Aktuelle Probleme im Ausgliederungsrecht, ZIP 1998, 361; *Verse*, Konzernrechtlicher Nachteilsausgleich bei Verschmelzungen und Spaltungen, in: Festschrift für K. Schmidt, 2019, Bd. 2, S. 583; *Weiler*, Die „Spaltung zu Null“ als Mittel der Umstrukturierung von Unternehmen – Nicht-verhältniswahrende Spaltungen im Lichte der Anteilsgewährpflicht, NZG 2013, 1326; *Wessels*, Umhängung und Isolierung von Pensionsverpflichtungen durch Spaltung, ZIP 2010, 1417; *Wicke*, Der Grundsatz der Anteilsgewährung bei der Verschmelzung und seine Ausnahmen, ZGR 2017, 527; *Wolfers/Rau*, Finanzmarktstabilisierung, 3. Akt: „Bad Banks“ zur Entlastung der Bilanzen, NJW 2009, 2401; *Zöllner*, Bemerkungen zu allgemeinen Fragen des Referentenentwurfs eines Umwandlungsgesetzes, ZGR 1993, 334.

Übersicht

I. Allgemeines

1. Regelungsgehalt und -systematik

1 § 123 normiert die drei Spaltungsarten der **Aufspaltung** (§ 123 Abs. 1), **Abspaltung** (§ 123 Abs. 2) sowie **Ausgliederung** (§ 123 Abs. 3) und erklärt die **Kombination einer Spaltung zur Aufnahme und zur Neugründung** für zulässig (§ 123 Abs. 4). Die Spaltung gilt im Verhältnis zur Verschmelzung als „Gegenstück“[1)] sowie „Spiegelbild“[2)]: Während

1) Begr. Fraktionsentwurf z. UmwBerG, BT-Drucks. 12/6699, S. 71; Widmann/Mayer-*Weiler*, UmwR, § 123 UmwG Rz. 17.

2) *Kallmeyer*, ZIP 1994, 1746, 1748; *A. Teichmann*, ZGR 1993, 396; *J. Schmidt* in: MünchHdb. GesR, Bd. 8, § 20 Rz. 2; *Stiegler* in: Jung/Krebs/Stiegler, Gesellschaftsrecht in Europa, § 23 Rz. 1.

die Verschmelzung zwei Vermögen zusammenführt, soll die Spaltung ein Vermögen trennen.[3] Dabei ist ein zentrales Motiv der Spaltungsvorschriften, die Vermögensübertragung im Wege der partiellen Gesamtrechtsnachfolge zu normieren (siehe Rz. 15).[4] Die partielle Gesamtrechtsnachfolge soll insbesondere ermöglichen, Verbindlichkeiten auch ohne Zustimmung der Gläubiger übertragen zu können.[5]

Die §§ 123 ff. sind so konzipiert, dass in großem Umfang auf die Vorschriften des Zweiten Buchs, d. h. das Verschmelzungsrecht (§§ 2 bis 122), verwiesen wird (§ 125). Das Resultat ist ein „Verweisungsdschungel"[6], der dem Normanwender eine recht komplizierte „Zusammenschau" des Verschmelzungs- und des Spaltungsrechts abverlangt.[7] 2

2. Entstehung der Spaltungsvorschriften

Die Spaltung ist im Vergleich zur Verschmelzung und zum Formwechsel eine **jüngere „Innovation"**.[8] Der Gesetzgeber hat sie erstmals im Zuge der konsolidierten Kodifikation des Umwandlungsrechts im UmwG 1994 normiert.[9] Das bedeutet nicht, dass die Unternehmenspraxis zuvor keinerlei Umstrukturierungen kannte. So werden in der älteren Literatur als Beispiele für die Abspaltung VARTA und Monachia sowie als Fälle der Ausgliederung Holzmüller, Allianz, Daimler, Thyssen, Kaufhof und RWE genannt.[10] Die Praxis musste sich dabei aber jeweils „hochkomplizierte[r] Einzelübertragungen von Tausenden von Aktiva und Passiva" bedienen.[11] Diese Probleme sah auch der Gesetzgeber.[12] Um Abhilfe zu schaffen und zugleich den „Schlußstein des rechtsdogmatischen Umwandlungsgebäudes"[13] zu setzen, musste der Gesetzgeber nicht ohne Blaupause agieren. Vielmehr standen verschiedene Regelungen Pate: Zum einen berief sich der Gesetzgeber auf die „bekannten und bewährten" verschmelzungsrechtlichen Normen.[14] Dementsprechend sieht das Spaltungsrecht – soweit möglich und zweckmäßig – umfangreiche Verweisungen auf das **Verschmelzungsrecht** vor (§ 125 Abs. 1 UmwG). Zum anderen kam dem **französischen Recht** zur *scission*[15] Vorbildcharakter zu.[16] Schließlich ging dem Spaltungsrecht des UmwG ein Testlauf voraus: Nach der Wiedervereinigung erließ der Gesetzgeber das **Gesetz über die Spaltung der von der Treuhandanstalt verwalteten Unternehmen** (SpTrUG)[17], 3

3) *Kallmeyer*, ZIP 1994, 1746, 1748; *Verse* in: BeckOGK-UmwG, § 123 Rz. 1.

4) *A. Teichmann*, ZGR 1993, 396, 398.

5) Begr. Fraktionsentwurf z. UmwBerG, BT-Drucks. 12/6699, S. 74; Lutter-*Lieder*, UmwG, § 123 Rz. 9.

6) *Bayer/Wirth*, ZIP 1996, 817; *Bayer*, ZIP 1997, 1613, 1626; krit. zum „Problem der Verweisungen" auch *K. Schmidt*, ZGR 1990, 580, 584 f.

7) *A. Teichmann* in: Lutter, Kölner Umwandlungsrechtstage, S. 91, 98.

8) *Schnorbus*, ZGR 2019, 780, 781; vgl. auch *K. Schmidt*, AcP 191 (1991), 495, 510, wonach sich im DiskE 1991 „Sensationelles" ankündige; ähnlich *Zöllner*, ZGR 1993, 334, 342 – „sachliche Hauptbedeutung des Entwurfs"; zur Entwicklung *Lieder* in: MünchHdb. GesR, Bd. 8, § 1 Rz. 4.

9) *Stiegler* in: Jung/Krebs/Stiegler, Gesellschaftsrecht in Europa, § 23 Rz. 3; *Priester*, DNotZ 1995, 427, 431; *A. Teichmann* in: Lutter, Kölner Umwandlungsrechtstage, S. 91, bezeichnet die Regelung der Spaltungsvorgänge als wesentliches Element der Neukonzeptionierung des UmwG.

10) *Lutter*, ZGR 1990, 392, 401 f.

11) *Lutter*, ZGR 1990, 392, 402; gleichsinnig *Kleindiek*, ZGR 1992, 513, 514 f.

12) Begr. Fraktionsentwurf z. UmwBerG, BT-Drucks. 12/6699, S. 74.

13) *K. Schmidt*, GesR, § 12 IV 4, S. 357; aufgegriffen von *Lieder* in: MünchHdb. GesR, Bd. 8, § 1 Rz. 4.

14) Begr. Fraktionsentwurf z. UmwBerG, BT-Drucks. 12/6699, S. 115.

15) Dazu *Micheler*, RIW 1993, 15 ff.

16) Begr. Fraktionsentwurf z. UmwBerG, BT-Drucks. 12/6699, S. 115; *Stiegler* in: Jung/Krebs/Stiegler, Gesellschaftsrecht in Europa, § 23 Rz. 1; *A. Teichmann* in: Lutter, Kölner Umwandlungsrechtstage, S. 91.

17) Gesetz über die Spaltung der von der Treuhandanstalt verwalteten Unternehmen (SpTrUG), v. 5.4.1991, BGBl. I 1991, 854; zuletzt geändert durch Art. 8 Abs. 9 des Gesetzes zur Einführung internationaler Rechnungslegungsstandards und zur Sicherung der Qualität der Abschlussprüfung (Bilanzrechtsreformgesetz – BilReG), v. 4.12.2004, BGBl. I 2004, 3166.

um die vormals staatseigenen Betriebe in Ostdeutschland zu reorganisieren.[18] Dieses „kleine Spaltungsgesetz“[19] basierte auf dem Diskussionsentwurf zum UmwG, dessen Regelungen das SpTrUG bereits „partiell verwirklich[te]“.[20]

4 Schon von Anfang an bestand ein **europarechtlicher Hintergrund**: Bereits 1982 trat die Spaltungsrichtlinie in Kraft.[21] Sie wurde im Jahr 2017 mit weiteren gesellschaftsrechtlichen Richtlinien zur Gesellschaftsrechtsrichtlinie[22] zusammengefasst und findet sich nunmehr in Art. 135 ff. Gesellschaftsrechtsrichtlinie. Der europarechtliche Zugriff auf die mitgliedstaatlichen Regelungen zu innerstaatlichen Spaltungen ist ungewöhnlich ausgestaltet: Wird das "Ob" eines Spaltungsrechts den Mitgliedstaaten anheimgestellt, ist das (etwaige) „Wie“ europarechtlich determiniert (Art. 135 Abs. 1 Gesellschaftsrechtsrichtlinie).[23] Der **Anwendungsbereich** der früheren Spaltungsrichtlinie sowie der heutigen Art. 135 ff. Gesellschaftsrechtsrichtlinie umfasst nur Aufspaltungen, an denen ausschließlich AGs beteiligt sind (Art. 135 Abs. 1 i. V. m. Art. 136 und Anhang I Gesellschaftsrechtsrichtlinie).[24] Die Umwandlungsrichtlinie[25] nahm der deutsche Gesetzgeber zum Anlass, die §§ 123 ff. teilweise zu überarbeiten: Im Zuge der Umsetzung durch das **UmRUG**[26] wurde der Rechtsrahmen für inländische Spaltungen zum Teil an die neu eingefügten Regelungen zu grenzüberschreitenden Spaltungen angepasst, um einen „Gleichlauf“ herzustellen.[27]

3. Spaltung als Mehrzweckinstrument der Unternehmenspraxis

5 Die Spaltung dient der Praxis als vielfältiges Gestaltungsinstrument. Schon dem Gesetzgeber schwebten im Gesetzgebungsprozess zahlreiche Anwendungsfälle vor.[28] Zu den an dieser Stelle nicht erschöpfend aufgeführten Spaltungszwecken zählt insbesondere das Heraustrennen einer Unternehmenssparte, um diese anschließend zu veräußern (**Carve-out-Transaktion**).[29] Zudem kann die Spaltung eingesetzt werden, um eine **Holdingstruktur** zu etablieren[30] oder die Konzernstruktur in sonstiger Weise anzupassen.[31] Für **Familien-**

18) *Pfeuffer*, Verschmelzungen und Spaltungen als nachteilige Rechtsgeschäfte i. S. von § 311 Abs. 1 AktG, S. 31; *Marx*, Auswirkungen der Spaltung nach dem UmwG auf Rechtsverhältnisse mit Dritten, S. 20; *Kleindiek*, ZGR 1992, 513, 513.

19) Mit dieser Bezeichnung Begr. Fraktionsentwurf z. UmwBerG, BT-Drucks. 12/6699, S. 79.

20) *K. Schmidt*, AcP 191 (1991), 495, 496; *K. Schmidt*, GesR, § 12 IV 4, S. 358; *A. Teichmann* in: Lutter, Kölner Umwandlungsrechtstage, S. 91.

21) Sechste Richtlinie 82/891/EWG des Rates v. 17.12.1982 gemäß Artikel 54 Absatz 3 Buchstabe g) des Vertrages betreffend die Spaltung von Aktiengesellschaften (Spaltungsrichtlinie), ABl. (EG) L 378/47 v. 31.12.1982; dazu *Stiegler* in: Jung/Krebs/Stiegler, Gesellschaftsrecht in Europa, § 23 Rz. 1.

22) Richtlinie (EU) 2017/1132 des EU Parlaments und des Rates v. 14.6.2017 über bestimmte Aspekte des Gesellschaftsrechts (Gesellschaftsrechtsrichtlinie), ABl. (EU) L 169/46 v. 30.6.2017.

23) Zum Hintergrund dieser „auf den ersten Blick eigenwillig anmutende[n] Regelungstechnik“ *Verse* in: BeckOGK-UmwG, § 123 Rz. 16 f., wonach dies die europarechtlichen Vorgaben zu Verschmelzungen vor Umgehung schützen soll; dazu auch *Lutter/Bayer/J. Schmidt*, Europäisches Unternehmens- und Kapitalmarktrecht, § 21 Rz. 2 f.

24) *Verse* in: BeckOGK-UmwG, § 123 Rz. 17; *Stiegler* in: Jung/Krebs/Stiegler, Gesellschaftsrecht in Europa, § 23 Rz. 8 ff.

25) Richtlinie (EU) 2019/2121 des Europäischen Parlaments und des Rates vom 27.11.2019 zur Änderung der Richtlinie (EU) 2017/1132 in Bezug auf grenzüberschreitende Umwandlungen, Verschmelzungen und Spaltungen (Umwandlungsrichtlinie), ABl. (EU) L 321/1 v. 12.12.2019.

26) Gesetz zur Umsetzung der Umwandlungsrichtlinie und zur Änderung weiterer Gesetze (UmRUG), v. 22.2.2023, BGBl. I 2023, Nr. 51.

27) Begr. RegE z. UmRUG, BT-Drucks. 20/3822, S. 46 (insb. zum Gläubigerschutz); dazu auch *Schollmeyer*, NZG 2022, 937.

28) Begr. Fraktionsentwurf z. UmwBerG, BT-Drucks. 12/6699, S. 74.

29) Dazu *Bungert/Rogier*, DB 2017, 2977; *Schreier/Leicht*, NZG 2011, 121; ausf. die Handbuchbeiträge in Lappe/Gattringer, Carve-out-Transaktionen.

30) Ausf. *Stephan* in: Lutter/Bayer, Holding-Handbuch, § 3 Rz. 123 ff.

31) Widmann/Mayer-*Weiler*, UmwR, § 123 UmwG Rz. 14.

unternehmen bietet die Spaltung die Möglichkeit, die verschiedenen Familienstämme – mitunter auch in Erbschaftsauseinandersetzungen – zu trennen.[32] Im Übrigen lassen sich (zukünftig eintretende) **Haftungsrisiken** durch die Spaltung steuern, indem sie durch das „Haftungsschott"[33] des Kapitalgesellschaftsrechts (§ 13 Abs. 2 GmbHG, § 1 Abs. 1 Satz 2 AktG) isoliert werden. Die Gesetzesbegründung nennt diesbezüglich ausdrücklich Produkthaftungsrisiken.[34] Die Lasten einer bereits eingetretenen Produkthaftung lassen sich durch die Spaltung allerdings nicht vermeiden. Insbesondere hat sich hierzulande bislang kein Äquivalent zum – nicht unumstrittenen[35] – sog. **Texas-Two-Step** in den USA gezeigt, bei dem die Vermögenswerte per „divisive merger" und Insolvenzverfahren der „LiabilityCo" nach Chapter 11 dem Zugriff der Massenkläger entzogen werden.[36]

Große Bedeutung hat die Spaltung auch bei **börsennotierten AGs** (zu den Spaltungsfolgen siehe Rz. 40 f.). In der jüngeren Vergangenheit ließ sich häufig beobachten, dass börsennotierte Gesellschaften – mitunter auch auf Druck aktivistischer Aktionäre[37] – eine Unternehmenssparte abspalten. Dem liegt typischerweise eine kapitalmarktorientierte Überlegung zugrunde: Vereint eine AG mehrere Sparten in sich, besteht die Gefahr, dass einzelne Unternehmenssparten im Börsenkurs der Aktie nicht adäquat oder sogar überhaupt nicht eingepreist sind (**Konglomeratsabschlag**).[38] Der Konglomeratsabschlag wurde jeweils als einer von mehreren Gründen für die Spaltungsvorhaben Daimler/Daimler Truck (2021)[39], Siemens/Siemens Energy (2020)[40], Siemens/Osram (2013)[41] und Metro/Ceconomy (2017)[42] angegeben. 6

Ein noch junger Trend ist das sog. **Brownspinning.** Dabei trennen sich börsennotierte Gesellschaften von emissionsintensiven Geschäftsbereichen, um die eigene Klimabilanz 7

32) *Geck*, DStR 1995, 416, 417, der dies kurz nach Inkrafttreten des UmwG den „wichtigste[n] Fall der Praxis" nannte; ausf. *Kallmeyer*, DB 1996, 28 f.

33) *Hommelhoff*, ZHR 188 (2024), 336, 338, der dies als „das wesentliche Entscheidungskriterium für die Konzernbildung in der Wirtschaftspraxis" bezeichnet.

34) Begr. Fraktionsentwurf z. UmwBerG, BT-Drucks. 12/6699, S. 74.

35) *Parikh*, 170 U. Pa. L. Rev. Online 53 (2022) („one of the most controversial legal issues").

36) Ausf. *Francus*, 120 Mich. L. Rev. 38, 40 ff. (2022); aus dem deutschen Schrifttum *Paulus*, ZIP 2022, 2465, 2466 f.

37) Dazu *Klöhn* in: Hommelhoff/Hopt/Leyens, Unternehmensführung durch Vorstand und Aufsichtsrat, § 40 Rz. 22.

38) *Göhring/Borsche/Thurner* in: Habersack/Mülbert/Schlitt, Unternehmensfinanzierung am Kapitalmarkt, § 4 Rz. 64; einen Konglomeratsabschlag von 13 bis 15 % ermittelnd *Berger/Ofek*, 37 Journal of Financial Economics 39, 40 ff. (1995); zum Konglomeratsabschlag bei diversifizierten Bankgruppen *Laeven/Levine*, 85 Journal of Financial Economics 331, 343 ff. (2007); dagegen zumindest eine „verantwortungsvolle Diversifikation" befürwortend *Müller-Stewens/Brauer* in: FS Steinle, S. 29 ff.

39) Gemeinsamer Abspaltungs- und Ausgliederungsbericht (Spaltungsbericht) des Vorstands der Daimler AG und des Vorstands der Daimler Truck Holding AG, 9.8.2021, S. 46, abrufbar unter https://group.mercedes-benz.com/dokumente/investoren/hauptversammlung/daimler-ir-ahv-2021-abspaltungsausgliederungsbericht.pdf (Abrufdatum: 26.2.2026).

40) Gemeinsamer Spaltungsbericht der Vorstände der Siemens AG und Siemens Energy AG, v. 22.5.2020, S. 51, abrufbar unter https://assets.new.siemens.com/siemens/assets/api/uuid:419d3deb-0dd2-4ab4-b8d3-8a26d89b7e89/Gemeinsamer-Spaltungsbericht-vom-22-Mai-2020.pdf (Abrufdatum: 26.2.2026).

41) Zwar nicht den Terminus des Konglomeratsabschlags nutzend, aber den Fokus auf die „Kerngeschäftsfelder" der Siemens AG betonend: Gemeinsamer Spaltungsbericht der Vorstände der Siemens AG und der Osram Licht AG, v. 28.11.2012, S. 31, abrufbar unter https://assets.new.siemens.com/siemens/assets/api/uuid:c2d8847e-c2a4-45be-9ab5-1c3e8dfe193a/auslage-top-8-spaltungsbericht-final-de.pdf (Abrufdatum: 26.2.2026).

42) Gemeinsamer Spaltungsbericht der Metro AG und der Metro Wholesale & Food Specialist AG, v. 13.12.2016, S. 38, abrufbar unter www.ceconomy.de/media/hv-2017-top11-spaltungsbericht_de.pdf (Abrufdatum: 26.2.2026).

zu verbessern.[43] Auf Käuferseite dieser besonders gelagerten Carve-out-Transaktionen treten häufig Private-Equity-Investoren auf.[44] Katalysator für den Trend sind insbesondere aktivistische Aktionäre,[45] die mittlerweile auch in Deutschland mit Brownspinning-Forderungen auftreten (**Enkraft/RWE**).[46] Brownspinning-Transaktionen sind umstritten: Zum Teil wird kritisiert, dass der Kapitalmarkt dadurch seine Rolle bei der Klimatransformation einbüße.[47] Davon ungeachtet dürfte der Trend weiter fortschreiten. Für die Unternehmen bietet sich dadurch nämlich die Möglichkeit, das Risiko zu steuern, dass Vermögensgegenstände aufgrund regulatorischer und gesellschaftlicher Entwicklungen zukünftig plötzlich und vorzeitig an Wert verlieren könnten **(Stranded Assets)**[48].[49] Die Trennung emissionsintensiver Unternehmenssparten von nachhaltigen Geschäftsbereichen kann spaltungsrechtlich auf zweierlei Weise strukturiert werden:

– Zum einen ist die Abspaltung oder Ausgliederung der emissionsintensiven Vermögensgegenstände auf einen übernehmenden oder neu gegründeten Rechtsträger denkbar.

– Zum anderen können die nachhaltigen Vermögensteile abgespalten oder ausgegliedert werden.

8 Letztere Transaktionsstruktur lässt sich in Anlehnung an das Brownspinning als **Greenspinning** bezeichnen. Eine solche Greenspinning-Transaktion wurde 2021 vom aktivistischen Hedgefonds Third Point gegenüber Shell gefordert.[50]

9 Schließlich macht sich die **Bank- und Versicherungsbranche** die partielle Gesamtrechtsnachfolge der Spaltung zunutze, die eine Zustimmung des Gläubigers bzw. Schuldners einer zu übertragenden Verbindlichkeit bzw. Forderung obsolet macht (siehe dazu Rz. 17).[51] Dadurch können **Kreditportfolios** leichter übertragen werden. Als Reaktion auf die Finanzkrise sah das Finanzmarktstabilisierungsgesetz (FMStFG)[52] u. a. die Abspaltung und die Ausgliederung als mögliche Wege vor, auf denen Kreditinstitute ihre Risikopositionen auf Abwicklungsanstalten übertragen konnten, wobei die Spaltungsvorschriften modifiziert wurden (§ 8a Abs. 1 Satz 1, Abs. 8 FMStFG).[53] Auch bei sog. **externen Run-off-Transaktionen**, bei denen **Lebensversicherungsbestände** auf spezialisierte Run-off-Plattformen übertragen werden,[54] findet die Spaltung Gebrauch. Die Abspaltung oder Ausgliederung

43) *Gözlügöl/Ringe*, Private Companies: The Missing Link on the Path to Net Zero, S. 10 ff.; *Kovvali/Listokin*, 49 BYU L. Rev. 705, 754 (2024); aus dem deutschen Schrifttum *Fuhrmann/Döding*, AG 2022, R168; *Fest*, AG 2024, 269, 275.

44) *Gözlügöl/Ringe*, Private Companies: The Missing Link on the Path to Net Zero, S. 14 f.

45) So m. dem Bsp. Bluebell Capital/Glencore *Gözlügöl/Ringe*, 56 UC Davis L. Rev., 1963, 1984 f. (2023); m. den Bsp. Third Point/Shell und Elliott/SSE *Döding/Drechsler/K. Wentz*, ZIP 2022, 1088, 1091.

46) Dazu *Fuhrmann/Döding*, AG 2022, R168 ff.

47) So der damalige CEO von State Street Global Advisors *Taraporevala*, Financial Times v. 14.5.2021 abrufbar unter https://www.ft.com/content/c586e4cd-9fb7-47a3-8b43-3839e668fe3a (Abrufdatum: 26.2.2026); *Gözlügöl/Ringe*, Private Companies: The Missing Link on the Path to Net Zero, S. 16.

48) Dazu *Caldecott*, 7 Journal of Sustainable Finance & Investment, No. 1, 1, 2 ff. (2017); *Semieniuk et al.*, Nature Climate Change 2022, 532 ff.

49) Instruktiv zur wirtschaftlichen Mechanik von Brownspinning-Transaktionen *Gözlügöl/Ringe*, 56 UC Davis L. Rev., 1963, 1984 f. (2023).

50) *Aliaj/Brower/McCormick/Jacobs*, Financial Times v. 27.10.2021, abrufbar unter https://www.ft.com/content/b4fc6926-e991-43ca-9ac8-3b1478c23dd5 (Abrufdatum: 26.2.2026).

51) Vgl. schon Begr. Fraktionsentwurf z. UmwBerG, BT-Drucks. 12/6699, S. 74, wo Kreditinstitute und Versicherungsunternehmen besonders hervorgehoben werden.

52) Gesetz zur Umsetzung eines Maßnahmenpakets zur Stabilisierung des Finanzmarktes (Finanzmarktstabilisierungsgesetz – FMStFG), v. 17.10.2008, BGBl. I 2008, 1982.

53) Dazu instruktiv *Adolff/Eschwey*, ZHR 177 (2013), 902, 928 f.; die Abspaltung als „bevorzugte[n] Übertragungsweg" der Praxis bezeichnend *Wolfers/Rau*, NJW 2009, 2401, 2405.

54) Dazu *Armbrüster*, NJW 2014, 497, 503; *Kittner*, GWR 2022, 373, 374; ausf. und m. Begriffsdefinition *Schaumlöffel/Wesker*, BaFin Journal v. 15.2.2018, S. 12 ff.

der zu übertragenden Versicherungsbestände bietet eine Gestaltungsalternative zum speziell auf die Versicherungsbranche zugeschnittenen Übertragungsakt der Bestandsübertragung nach § 13 VAG.[55] Sachlich verwandt mit Lebensversicherungsprodukten sind **Pensionsverbindlichkeiten** aus Direktzusagen. Pensionsverbindlichkeiten werden in der Transaktionspraxis u. a. per Ausgliederung oder Abspaltung auf sog. **Rentnergesellschaften** übertragen. Das geschieht häufig im Vorbereitungsstadium von M&A-Transaktionen, weil ein Käufer des übertragenden Rechtsträgers – d. h. der Zielgesellschaft – typischerweise kein Interesse daran hat, die Belastung durch die Pensionsverbindlichkeiten zu übernehmen.[56]

II. Phasen eines Spaltungsvorgangs

Allgemein lässt sich eine Spaltung in drei Phasen unterteilen: Eine Vorbereitungsphase, eine Beschlussphase und eine Vollzugsphase.[57] 10

In der **Vorbereitungsphase** wird zunächst 11

1. die Schlussbilanz des übertragenden Rechtsträgers aufgestellt und geprüft (§§ 125 Satz 1, 17 Abs. 2)[58] sowie eine Unternehmensbewertung durchgeführt, dann
2. wird der Spaltungs- und Übernahmevertrag (§ 126) abgeschlossen bzw. ein endgültiger Entwurf aufgestellt, soweit der Abschluss erst nach der Beschlussfassung erfolgen soll,[59] anschließend
3. werden der Spaltungsbericht erstellt (§ 127)[60] und ein Spaltungsprüfer bestellt (§§ 125 Satz 1, 9 Abs. 1), wobei die Ausnahme nach § 125 Abs. 1 Satz 2 zu beachten ist (siehe § 125 Rz. 37 [*Döding/K. Wentz*]),[61] folgend
4. wird der Spaltungs- und Übernahmevertrag an den Betriebsrat zugeleitet (§ 126 Abs. 3),[62]
5. im Falle einer Korrektur des Vertrages wird der neu gefasste Vertrag abermals dem Betriebsrat zugeleitet und dieser in der abschließenden Version u. U. zum Handelsregister eingereicht (§§ 125 Satz 1, 61, 111), schließlich
6. wird eine Versammlung der Anteilsinhaber einberufen, wobei bei Publikumsgesellschaften eine Auslegung des Vertrages zu erfolgen hat.[63]

In der **Beschlussphase** wird 12

1. der Spaltungs- und Übernahmevertrag in der Anteilsinhaberversammlung erläutert und ggf. ausgelegt,
2. ein Beschluss der Anteilsinhaber entsprechend den jeweiligen gesetzlichen Vorgaben gefasst sowie

---

55) *Hasselbach*, VersR 2010, 429, 432; vgl. allgemein zur Umwandlung als Alternative zur Bestandsübertragung Kaulbach/Bähr/Pohlmann-*Pohlmann*, VAG, § 14 Rz. 1.

56) *Henssler*, RdA 2023, 20; *Wessels*, ZIP 2010, 1417; *Engelkamp*, ZIP 2016, 1664, 1668 f.; *Hohenstatt/Seibt*, ZIP 2006, 546, 547.

57) *Verse* in: BeckOGK-UmwG, § 123 Rz. 26 ff.; Widmann/Mayer-*Weiler*, UmwR, § 123 UmwG Rz. 100; *Heckschen*, ZGR-Sonderheft 26/2023, 101, 102; *Kappenhagen/K. Wentz*, WM 2023, 2113, 2114 f.; *Marx*, Auswirkungen der Spaltung nach dem UmwG auf Rechtsverhältnisse mit Dritten, S. 33.

58) *Verse* in: BeckOGK-UmwG, § 123 Rz. 27.

59) *Verse* in: BeckOGK-UmwG, § 123 Rz. 28.

60) *Verse* in: BeckOGK-UmwG, § 123 Rz. 29.

61) *Verse* in: BeckOGK-UmwG, § 123 Rz. 30; Widmann/Mayer-*Weiler*, UmwR, § 123 UmwG Rz. 103.

62) *Verse* in: BeckOGK-UmwG, § 123 Rz. 34; Widmann/Mayer-*Weiler*, UmwR, § 123 UmwG Rz. 104.

63) *Marx*, Auswirkungen der Spaltung nach dem UmwG auf Rechtsverhältnisse mit Dritten, S. 33.

3. unter Umständen das Kapital beim aufnehmenden Rechtsträger erhöht bzw. beim übertragenden Rechtsträger herabgesetzt.[64]

13 Die **Vollzugsphase** besteht aus

1. der Anmeldung einer etwaigen Kapitalerhöhung, der Übergabe der Anteile sowie einer ggf. notwendigen Zuzahlung,
2. der Anmeldung der Spaltung durch die Vertretungsorgane bei den entsprechenden Handelsregistern (§§ 125 Satz 1, 16 Abs. 1),
3. der Eintragung der Spaltung im Handelsregister (§§ 130, 131 Abs. 1, 135 Satz 1) und
4. im Falle der Auf- und Abspaltung der Aushändigung der Anteile an dem übernehmenden Rechtsträger an die Anteilsinhaber bzw. bei einer Ausgliederung der Aushändigung dieser Anteile an den übertragenden Rechtsträger.[65]

III. Anatomie der Spaltung

14 Das UmwG kennt mit der Aufspaltung (§ 123 Abs. 1), der Abspaltung (§ 123 Abs. 2) und der Ausgliederung (§ 123 Abs. 3) drei Arten der Spaltung. Diese unterscheiden sich insbesondere hinsichtlich des Schicksals des übertragenden Rechtsträgers: Führt die Aufspaltung zu seinem Untergang, bleibt er bei der Abspaltung und der Ausgliederung erhalten. Entkleidet von derartigen und weiteren Besonderheiten zeigt sich die Anatomie der Spaltung in der **partiellen Gesamtrechtsnachfolge**, der **Spaltungsfreiheit**, dem **rechtsgeschäftlichen Charakter** und der **Anteilsgewährung**.[66]

1. Partielle Gesamtrechtsnachfolge

15 Das **Herzstück des Spaltungsrechts** bildet die sog. partielle Gesamtrechtsnachfolge.[67] Dafür ist kennzeichnend, dass die von der Spaltung umfassten Gegenstände des zu übertragenden Vermögens nicht einzeln übertragen werden, sondern mit Handelsregistereintragung der Spaltung (§ 131 Abs. 1 Nr. 1) „als Gesamtheit" (§ 123 Abs. 1 bis 3), d. h. **„uno actu"**, übergehen.[68] Weil bei der Spaltung grundsätzlich[69] nicht das gesamte Vermögen auf einen einzigen Rechtsträger übergeht, erhält die spaltungsrechtliche Gesamtrechtsnachfolge zur Unterscheidung von der verschmelzungsrechtlichen Universalsukzession den Begriffszusatz **„partiell"**.[70]

16 Es ist das Verdienst von *Lieder*, die „rechtsgeschäftliche Universalsukzession" – wozu auch die Spaltung zählt – auf rechtsökonomische Vorzüge untersucht und dabei die Brücke zum ökonomischen Konzept der **Transaktionskosten**[71] geschlagen zu haben.[72] Die von

---

64) *Verse* in: BeckOGK-UmwG, § 123 Rz. 36 ff.; Widmann/Mayer-*Weiler*, UmwR, § 123 UmwG Rz. 106; *Marx*, Auswirkungen der Spaltung nach dem UmwG auf Rechtsverhältnisse mit Dritten, S. 33 f.

65) *Verse* in: BeckOGK-UmwG, § 123 Rz. 40 ff.; *Marx*, Auswirkungen der Spaltung nach dem UmwG auf Rechtsverhältnisse mit Dritten, S. 34.

66) Mit dieser Aufzählung schon *J. Schmidt* in: MünchHdb. GesR, Bd. 8, § 20 Rz. 3 ff.; ähnlich auch Lutter-*Lieder*, UmwG, § 123 Rz. 15 ff., der zusätzlich zu den hier dargestellten „Strukturprinzipien" außerdem noch das „Spezialitätsprinzip" und das „Bestimmtheitsprinzip" anführt.

67) *Verse* in: BeckOGK-UmwG, § 123 Rz. 4; *Leuering* in: KölnKomm-UmwG, § 123 Rz. 7; *Fischer* in: NK-UmwG, § 123 Rz. 9.

68) *J. Schmidt* in: MünchHdb. GesR, Bd. 8, § 20 Rz. 5; *Larisch* in: MünchHdb. GesR, Bd. 8, § 27 Rz. 8; *Verse* in: BeckOGK-UmwG, § 123 Rz. 4.

69) Zum Sonderfall der sog. Totalausgliederung s. Rz. 30.

70) *J. Schmidt* in: MünchHdb. GesR, Bd. 8, § 20 Rz. 5; *Leuering* in: KölnKomm-UmwG, § 123 Rz. 9; *Larisch* in: MünchHdb. GesR, Bd. 8, § 27 Rz. 9; *Lieder*, Die rechtsgeschäftliche Sukzession, S. 718; *Heidenhain*, ZIP 1995, 801.

71) Zu Transaktionskosten *Schäfer/Ott*, Lehrbuch der ökonomischen Analyse des Zivilrechts, S. 78 ff.

72) *Lieder*, Die rechtsgeschäftliche Sukzession, S. 719 ff. und – zur Transaktionstheorie – S. 66 ff.

Lieder gefundenen rechtsökonomischen Vorteile einer Gesamtrechtsnachfolge lassen sich mit Blick auf die Spaltung in zeitlicher Hinsicht (Vorbereitungs-, Vollzugs- und Integrationsphase) weiter ausdifferenzieren: In der **Vorbereitungsphase** einer Transaktion hat die Spaltung im Vergleich zur Übertragung der einzelnen Vermögensgegenstände den Vorzug, dass die Spaltung von den Voraussetzungen der Einzelrechtsübertragung befreit ist.[73)]

Insbesondere ist die Übertragung von Verträgen, Forderungen oder Verbindlichkeiten auch **ohne Zustimmung der Vertragspartner, Schuldner oder Gläubiger** (§§ 414, 415 BGB) möglich.[74)] Auch Abtretungsverbote (§ 399 Alt. 2 BGB) und insbesondere eine **Vinkulierung von Gesellschaftsanteilen** werden überwunden.[75)] Dadurch müssen die Transaktionsparteien nicht in Erfahrung bringen, ob und wessen Zustimmung erforderlich ist, und sparen **Informationskosten** ein.[76)] Auch die Kosten, die maßgeblichen Personen zu kontaktieren und um Zustimmung zu bitten, fallen weg. Diese Kosten können erheblich sein. Schon der Gesetzgeber hat sich im Gesetzgebungsprozess von der Sorge leiten lassen, dass eine große Vielzahl von Zustimmungserfordernissen wirtschaftlich notwendige Umstrukturierungen bedroht.[77)] Sind Zustimmungen Dritter obsolet, sparen sich die Transaktionsparteien zudem aufwendige Verhandlungen.[78)] Insbesondere wird die **Gefahr opportunistischer Blockaden einzelner Gläubiger** vermieden.[79)] 17

In der **Vollzugsphase** kann die Spaltung Transaktionskostenvorteile bieten, weil als „Proprium der Gesamtnachfolge"[80)] alle Vermögensgegenstände durch einen einzigen Übertragungsakt übergehen und dadurch **Übertragungskosten einer Vielzahl von Einzelrechtsübertragungen** vermieden werden.[81)] In der sich daran anschließenden **Integrationsphase** kann die Spaltung Kosten senken, weil die partielle Gesamtrechtsnachfolge im Vergleich zu einer Vielzahl von Einzelübertragungsakten das Potential angreifbarer Rechtsverstöße reduziert.[82)] Zudem werden die **„Reparatur- und Streitbewältigungskosten"** durch „weitreichende Bestandsschutzregeln" (§ 131 Abs. 2) gesenkt.[83)] Freilich ist zu beachten, dass auch die Spaltung **Vorbereitungs-, Durchführungs-, und Integrationskosten** verursacht.[84)] Ob sie auch im konkreten Fall gegenüber der Einzelrechtsübertragung vorzugswürdig ist, muss daher jeweils im Einzelnen geprüft werden.[85)] 18

73) *Verse* in: BeckOGK-UmwG, § 123 Rz. 5.

74) OLG Dresden, Beschl. v. 28.4.2008 – 8 U 65/08, WM 2008, 1273 f.; *Verse* in: BeckOGK-UmwG, § 123 Rz. 5.

75) Zu Abtretungsverboten bei Verschmelzung BGH, Urt. v. 22.9.2016 – VII ZR 298/14, Rz. 25, BGHZ 212, 90, 97 = ZIP 2016, 2015, 2016; zur Vinkulierung von Gesellschaftsanteilen bei Abspaltung OLG Hamm, Urt. v. 16.4.2014 – I-8 U 82/13, ZIP 2014, 1479, 1481; eingehend *Lieder/Scholz*, ZIP 2015, 1705 ff.; a. A. zumindest bei Abspaltung und Ausgliederung *A. Teichmann*, GmbHR 2014, 393 ff.

76) *Lieder*, Die rechtsgeschäftliche Sukzession, S. 720; *Lieder* in: MünchHdb. GesR, Bd. 8, § 4 Rz. 22.

77) Begr. Fraktionsentwurf z. UmwBerG, BT-Drucks. 12/6699, S. 74.

78) *Lieder*, Die rechtsgeschäftliche Sukzession, S. 720.

79) *Lieder*, Die rechtsgeschäftliche Sukzession, S. 720; in diesem Kontext zu „räuberische[n] Gläubiger[n]" schon *Rieble*, ZIP 1997, 301.

80) *Lieder*, Die rechtsgeschäftliche Sukzession, S. 716; Lutter-*Lieder*, UmwG, § 123 Rz. 15; *Lieder* in: MünchHdb. GesR, Bd. 8, § 4 Rz. 17.

81) *Lieder*, Die rechtsgeschäftliche Sukzession, S. 719 f.; so auch hinsichtlich formbedürftiger Übertragungen *Verse* in: BeckOGK-UmwG, § 123 Rz. 5.

82) *Lieder*, Die rechtsgeschäftliche Sukzession, S. 720.

83) *Lieder* in: MünchHdb. GesR, Bd. 8, § 4 Rz. 22.

84) So hinsichtlich der Durchführung einer Universalsukzession *Lieder*, Die rechtsgeschäftliche Sukzession, S. 720; instruktiv zu den Nachteilen der Spaltung *Verse* in: BeckOGK-UmwG, § 123 Rz. 6.

85) Dazu eingehend Widmann/Mayer-*Weiler*, UmwR, § 123 UmwG Rz. 22 ff.; zur Entscheidung zwischen „Ausgliederung und Sacheinlage gegen Anteilsgewährung" Kallmeyer-*Sickinger*, UmwG, § 123 Rz. 17 ff.

19 Ohne die Ausgabe neuer Anteile – z. B. bei einer Upstream-Spaltung – lässt das Gesetz auch die Übertragung von die Aktiva übersteigenden **Passiva** zu.[86] Anders als eine Verschmelzung kann sich eine Spaltung demnach auch auf die Übertragung von Verbindlichkeiten beschränken.[87] Ein Missbrauchspotenzial besteht wegen des **Sukzessionsschutzes** (siehe dazu Rz. 21) nicht.[88]

2. Spaltungsfreiheit

20 Das Spaltungsrecht wird vom **Grundsatz der Spaltungsfreiheit** beherrscht. Schon der Gesetzgeber ging in seiner Begründung davon aus, dass den Parteien „erhebliche Freiheit" gewährt werde.[89] Diese Erwägung muss bei der Auslegung der §§ 123 ff. stets berücksichtigt werden.[90] Die Spaltungsfreiheit umfasst zunächst das **„Ob"** des Spaltungsvorgangs. Anders als bei der Verschmelzung geht sie aber weit darüber hinaus.[91] Die Parteien sind grundsätzlich frei darin, welchem der beteiligten Rechtsträger sie welche Vermögensgegenstände nach Maßgabe des § 126 Abs. 1 Nr. 9 zuweisen (sog. **Vermögensaufteilungsfreiheit**).[92] Dieser Entscheidungsspielraum wird verbreitet als „Ausfluss der Privatautonomie" charakterisiert.[93] Zugleich ist er **Ausdruck des unternehmerischen Charakters** der Entscheidung zur Spaltung.[94] Konsequenterweise lehnt die heute ganz h. A. entschieden ab, einen Spaltungsvorgang nur unter der Voraussetzung zuzulassen, dass die Vermögensteile betriebswirtschaftlich sachgerecht aufgeteilt werden.[95] Es liegt bspw. bei einer Abspaltung einer Unternehmenssparte allein in der Hand der beteiligten Rechtsträger, dem aufnehmenden bzw. neu gegründeten Rechtsträger genügend Vermögensteile zu übertragen, damit diese Sparte fortan eigenständig ertrags- und damit lebensfähig ist. Eine auf derartige **betriebswirtschaftliche Aspekte** gerichtete Überprüfung i. R. des Eintragungsverfahrens würde nach Ansicht des Gesetzgebers zudem zur Überforderung der Registerrichter führen und den Prozess unnötig verlangsamen.[96] Die rechtlichen Impulse

---

86) *Leuering* in: KölnKomm-UmwG, § 123 Rz. 10; Kallmeyer-*Sickinger*, UmwG, § 123 Rz. 1; Semler/Stengel/Leonard-*Zessel/Schwanna*, UmwG, § 123 Rz. 6.

87) Kallmeyer-*Sickinger*, UmwG, § 123 Rz. 1; Semler/Stengel/Leonard-*Zessel/Schwanna*, UmwG, § 123 Rz. 6; ausf. *Verse* in: BeckOGK-UmwG, § 123 Rz. 83.

88) So aber LG Hamburg, Beschl. v. 8.12.2005 – 417 T 16/05, Rz. 16, BeckRS 2010, 27941.

89) Begr. Fraktionsentwurf z. UmwBerG, BT-Drucks. 12/6699, S. 118.

90) So zu Recht schon *Larisch* in: MünchHdb. GesR, Bd. 8, § 27 Rz. 12.

91) Auf den höheren Freiheitsgrad im Spaltungsrecht hinweisend *Seeburger*, Die Zu- und Aufteilung von Vertragsverhältnissen i. R. der Unternehmensspaltung, S. 63 f., 74.

92) Begr. Fraktionsentwurf z. UmwBerG, BT-Drucks. 12/6699, S. 118; Widmann/Mayer-*Weiler*, UmwR, § 123 UmwG Rz. 39; Kallmeyer-*Sickinger*, UmwG, § 123 Rz. 1; *Larisch* in: MünchHdb. GesR, Bd. 8, § 27 Rz. 11; *Lieder*, Die rechtsgeschäftliche Sukzession, S. 727.

93) *Foerster* in: BeckOGK-UmwG, § 131 Rz. 9; ebenso *Lieder*, Die rechtsgeschäftliche Sukzession, S. 727; Lutter-*Lieder*, UmwG, § 123 Rz. 21; vgl. aber mit Abgrenzung zur „schuldrechtlichen Vertragsfreiheit" *Seeburger*, Die Zu- und Aufteilung von Vertragsverhältnissen i. R. der Unternehmensspaltung, S. 64 f.

94) *Kleindiek*, ZGR 1992, 513, 517 – „Ausdruck einer unternehmerischen Zweckmäßigkeitsentscheidung"; ebenfalls auf das unternehmerische Ermessen hinweisend Lutter-*M. F. Schwab*, UmwG, § 133 Rz. 12; ähnlich auch Lutter-*Lieder*, UmwG, § 123 Rz. 23; *Lieder*, Die rechtsgeschäftliche Sukzession, S. 728.

95) Etwa Kallmeyer-*Sickinger*, UmwG, § 123 Rz. 1; Widmann/Mayer-*Weiler*, UmwR, § 123 UmwG Rz. 39; Lutter-*Priester/Lieder*, UmwG, § 126 Rz. 80; gleichsinnig schon zum RefE *Kleindiek*, ZGR 1992, 513, 516 f.; a. A. *Pickhardt*, DB 1999, 729, 730 f.; zumindest de lege ferenda auch und deshalb krit. zum damaligen Entwurf *Hahn*, GmbHR 1991, 242, 248 f.; *Mertens*, AG 1994, 66, 77 f.

96) Begr. Fraktionsentwurf z. UmwBerG, BT-Drucks. 12/6699, S. 118; gleichsinnig schon im Fraktionsentwurf z. SpTrUG, BT-Drucks. 12/105, S. 9 f.; krit. schon im Gesetzgebungsverfahren zu dieser gesetzgeberischen Einschätzung *Hahn*, GmbHR 1991, 242, 248; krit. auch *Mertens*, AG 1994, 66, 77.

beschränken sich nach alldem auf finanzielle Anreize – namentlich Haftung[97)] und Steuern[98)]. Ausnahmen davon finden sich vereinzelt in der **branchenspezifischen Regulierung** – etwa im Versicherungsaufsichtsrecht (§ 14 VAG).

Die Spaltungsfreiheit wird durch zwei Regelungskomplexe flankiert: Zum einen bestehen **Einschränkungen der Spaltungsfreiheit.**[99)] Diesbezüglich wird auf die Kommentierung zu § 131 Rz. 9 ff. [*Lubberich*] verwiesen. Zum anderen statuiert das Umwandlungsrecht mit seinen Schutzvorschriften zugunsten betroffener Interessengruppen einen umfangreichen **„Sukzessionsschutz"**.[100)] Diese sollen – wie das Gesellschaftsrecht im Allgemeinen[101)] – den Interessenkonflikt zwischen den beteiligten Rechtsträgern, ihren Anteilsinhabern und ihren Gläubigern auflösen. Ein solcher Interessenkonflikt droht, weil den Gläubigern nach der Spaltung nicht mehr dieselbe Haftungsmasse zur Verfügung steht.[102)] Dem soll insbesondere die Haftung „als Gesamtschuldner" aus § 133 Rechnung tragen.[103)] Der besondere Gläubigerschutz ist auch deshalb geboten, weil die Gläubiger ohne ihre Zustimmung an dem – in den Worten von *Karsten Schmidt* – „Abenteuer" der Spaltung teilnehmen, in diese mit anderen Worten hineingedrängt werden.[104)] Schon in der Gesetzesbegründung wird daher betont, dass die Haftung aus § 133 einen Ausgleich für die Spaltungsfreiheit darstellt,[105)] sodass sie verbreitet auch als ihr „Korrelat" bezeichnet wird.[106)] 21

3. Rechtsgeschäft

Der Spaltungsvorgang ist ein **rechtsgeschäftlicher Akt.**[107)] Dieser Einordnung steht nicht entgegen, dass die Spaltung erst mit Eintragung wirksam wird (§ 131 Abs. 1).[108)] Maßgeblich für den rechtsgeschäftlichen Charakter spricht, dass den beteiligten Rechtsträgern bei der Zuweisung der Vermögensgegenstände weitreichende Entscheidungsspielräume zugebil- 22

---

97) Vgl. zur „Steuerungsfunktion" der Haftung aus § 133 Lutter-*M. F. Schwab*, UmwG, § 133 Rz. 12; *Lieder*, Die rechtsgeschäftliche Sukzession, S. 760; *Seeburger*, Die Zu- und Aufteilung von Vertragsverhältnissen i. R. der Unternehmensspaltung, S. 79; ähnlich schon *K. Schmidt*, ZGR 1993, 366, 389 – „Seriositätsgewähr für Spaltungsvorhaben".

98) Dazu *Petersen*, Der Gläubigerschutz im Umwandlungsrecht, S. 14 f.; vgl. zu dieser Überlegung (noch zum SpTrUG) auch *Ganske*, DB 1991, 791, 795 Fn. 77; zu umwandlungsteuerrechtlichen Anforderungen an die Vermögenszuweisung bei der Auf- und Abspaltung *Hemme* in: MünchHdb. GesR, Bd. 8, § 49 Rz. 4 ff.; *Baldamus* in: BeckOGK-UmwG, § 1 Rz. 172 ff.

99) *Larisch* in: MünchHdb. GesR, Bd. 8, § 27 Rz. 12 ff.

100) *Lieder* in: MünchHdb. GesR, Bd. 8, § 4 Rz. 48; *Rieble*, ZIP 1997, 301, 302; *Seeburger*, Die Zu- und Aufteilung von Vertragsverhältnissen i. R. der Unternehmensspaltung, S. 78.

101) Zu diesem Regelungsanliegen instruktiv *Armour/Hansmann/Kraakman* in: Kraakman/Armour/Davies et al., The Anatomy of Corporate Law, S. 30; *Bachmann/Eidenmüller/Engert/Fleischer/Schön*, Rechtsregeln für die geschlossene Kapitalgesellschaft, S. 9 ff.

102) *Lieder* in: MünchHdb. GesR, Bd. 8, § 4 Rz. 55; *Seeburger*, Die Zu- und Aufteilung von Vertragsverhältnissen i. R. der Unternehmensspaltung, S. 77; *Kleindiek*, ZGR 1992, 513, 515; *Rieble*, ZIP 1997, 301, 302.

103) *Lieder* in: MünchHdb. GesR, Bd. 8, § 4 Rz. 56.

104) Mit dieser Bezeichnung *K. Schmidt*, AcP 191 (1991), 495, 510; *K. Schmidt*, ZGR 1993, 366, 383 – „Die Spaltung von Unternehmen ist rechtspraktisch und rechtstechnisch ein Abenteuer."

105) Begr. Fraktionsentwurf z. UmwBerG, BT-Drucks. 12/6699, S. 121 f.

106) *Seeburger*, Die Zu- und Aufteilung von Vertragsverhältnissen i. R. der Unternehmensspaltung, S. 75, 78; gleichsinnig *Lieder* in: MünchHdb. GesR, Bd. 8, § 4 Rz. 53, 56 – „das kohärente Gegenstück zur Spaltungsfreiheit"; *Lieder*, Die rechtsgeschäftliche Sukzession, S. 758.

107) Lutter-*Lieder*, UmwG, § 123 Rz. 17 ff.; *Verse* in: BeckOGK-UmwG, § 126 Rz. 2.1; *Rieble*, ZIP 1997, 301, 303; *K. Schmidt*, AcP 191 (1991), 495, 510 ff.; *A. Teichmann*, ZGR 1993, 396, 398; ausf. *Seeburger*, Die Zu- und Aufteilung von Vertragsverhältnissen i. R. der Unternehmensspaltung, S. 57 ff.; allgemeiner noch *Lieder*, Die rechtsgeschäftliche Sukzession, S. 722 ff., wonach alle umwandlungsrechtlichen Fälle der Universalsukzession rechtsgeschäftlichen Charakter haben.

108) Lutter-*Lieder*, UmwG, § 123 Rz. 18; *Seeburger*, Die Zu- und Aufteilung von Vertragsverhältnissen i. R. der Unternehmensspaltung, S. 58 ff.; *Verse* in: BeckOGK-UmwG, § 126 Rz. 2.1.

ligt werden (Spaltungsfreiheit, siehe dazu Rz. 20). Der Spaltung liegt daher eine „privatautonome Willensäußerung“ zugrunde.[109)]

4. Anteilsgewährung

23 Weiterer zentraler Grundsatz der §§ 123 ff. ist die **Gewährung von Anteilen als Gegenleistung für die übertragenen Vermögenswerte.**[110)] Bei der Auf- und Abspaltung erhalten die Anteilsinhaber des übertragenden Rechtsträgers die Anteile am übernehmenden bzw. neu gegründeten Rechtsträger (siehe dazu Rz. 24 und Rz. 28). Im Fall einer sog. **nicht-verhältniswahrenden Auf- oder Abspaltung** ist zum Zweck des Minderheitenschutzes gemäß § 128 Satz 1 erforderlich, dass alle Anteilsinhaber des übertragenden Rechtsträgers zustimmen.[111)] Bei der Ausgliederung erhält der übertragende Rechtsträger selbst die Anteile (siehe Rz. 29). Hierauf kann er bei einer Ausgliederung zur Aufnahme **verzichten.** Seit dem Inkrafttreten des UmRUG[112)] schließt § 125 Abs. 1 Satz 1 Nr. 4 die Anwendbarkeit der §§ 54, 68 nicht mehr generell aus, sondern allein die Anwendbarkeit der §§ 54 Abs. 1 Satz 1, 68 Abs. 1 Satz 1. Daher sind die §§ 54 Abs. 1 Satz 3, 68 Abs. 1 Satz 3 auf die Ausgliederung anzuwenden, sodass ein **Verzicht des übertragenden Rechtsträgers auf Anteilsgewährung** auch im Fall einer Ausgliederung zur Aufnahme zulässig ist.[113)] Diese Neuerung ist der jüngste Mosaikstein in der fortschreitenden „Erosion des Grundsatzes der Anteilsgewährung“.[114)] Ferner findet sich eine **Ausnahme** vom Grundsatz der Anteilsgewährung in § 131 Abs. 1 Nr. 3 (siehe dazu § 131 Rz. 50 [*Lubberich*]).

IV. Spaltungsarten

1. Aufspaltung (§ 123 Abs. 1)

24 Charakteristisch für die Aufspaltung ist, dass der übertragende Rechtsträger – anders als bei der Abspaltung und der Ausgliederung – stets sein **gesamtes Vermögen** überträgt. Das Vermögen geht auf mindestens zwei Rechtsträger über.[115)] Es ist sowohl eine **Aufspaltung zur Aufnahme** (Abs. 1 Nr. 1) möglich, wodurch das Vermögen auf bereits bestehende Rechtsträger übertragen wird, als auch eine **Aufspaltung zur Neugründung** (Abs. 1 Nr. 2), bei der das Vermögen auf neu gegründete Rechtsträger übergeht. Die Anteilsinhaber des übertragenden Rechtsträgers erhalten im Gegenzug Anteile der übernehmenden oder neu gegründeten Rechtsträger. Anders als bei der Abspaltung und der Ausgliederung **erlischt** der übertragende Rechtsträger durch die Aufspaltung, ohne dass eine Abwicklung erforderlich ist (§ 131 Abs. 1 Nr. 2). Das rückt die Aufspaltung in die Nähe der Verschmelzung, die ebenfalls die Übertragung des gesamten Vermögens unter

---

109) Lutter-*Lieder*, UmwG, § 123 Rz. 17; *Seeburger*, Die Zu- und Aufteilung von Vertragsverhältnissen i. R. der Unternehmensspaltung, S. 59.

110) Kallmeyer-*Sickinger*, UmwG, § 123 Rz. 4; *Leuering* in: KölnKomm-UmwG, § 123 Rz. 13 ff.; *Weiler*, NZG 2013, 1326, 1326, 1329.

111) *Verse* in: BeckOGK-UmwG, § 128 Rz. 1 und 3; Semler/Stengel/Leonard-*Schröer/Greitemann*, UmwG, § 128 Rz. 3.

112) Gesetz zur Umsetzung der Umwandlungsrichtlinie und zur Änderung weiterer Gesetze (UmRUG), v. 22.2.2023, BGBl. I 2023, Nr. 51.

113) Begr. RegE z. UmRUG, BT-Drucks. 20/3822, S. 83; Kallmeyer-*Sickinger/Lanfermann*, UmwG, § 125 Rz. 57; *Verse* in: BeckOGK-UmwG, § 125 Rz. 58; Lutter-*Lieder*, UmwG, § 123 Rz. 66; *Heckschen/Knaier*, GmbHR 2022, 501, 510; *Behme/Brühl*, NZG 2024, 1502, 1504.

114) Zur „Erosion des Grundsatzes der Anteilsgewährung“ *Heckschen*, GmbHR 2021, 8, 9; *Heckschen*, GWR 2010, 101 ff.; *Wicke*, ZGR 2017, 527, 528.

115) *Leuering* in: KölnKomm-UmwG, § 123 Rz. 18; *Pfeuffer*, Verschmelzungen und Spaltungen als nachteilige Rechtsgeschäfte i. S. von § 311 Abs. 1 AktG, S. 32; *Marx*, Auswirkungen der Spaltung nach dem UmwG auf Rechtsverhältnisse mit Dritten, S. 28.

Auflösung der übertragenden Rechtsträger bewirkt (§ 20 Abs. 1 Nr. 1 und Nr. 2).[116] Während aber bei der Aufspaltung das Vermögen auf mindestens zwei Rechtsträger übergeht, sieht die Verschmelzung nur die Vermögensübertragung auf einen Rechtsträger vor.[117]

2. Abspaltung (§ 123 Abs. 2)

25 Durch die Abspaltung gehen vom Vermögen des übertragenden Rechtsträgers **ein Teil oder mehrere Teile** über. Wie bei der Aufspaltung (Abs. 1) können auf Empfängerseite sowohl bereits bestehende Rechtsträger (**Abspaltung zur Aufnahme**, Abs. 2 Nr. 1) als auch neu gegründete Rechtsträger (**Abspaltung zur Neugründung**, Abs. 2 Nr. 2) stehen. Im Unterschied zur Aufspaltung kann das abgespaltene Vermögen auch auf nur einen einzigen übernehmenden bzw. neuen Rechtsträger übergehen. Zudem führt die Abspaltung nicht zur Auflösung des übertragenden Rechtsträgers; das stellt einen charakteristischen Unterschied zur Aufspaltung dar.[118] Die Anteilsinhaber des übertragenden Rechtsträgers, die unverändert ihre Anteile am übertragenden Rechtsträger behalten, erhalten im Zuge der Abspaltung zusätzlich Anteile des übernehmenden oder neu gegründeten Rechtsträgers. Dadurch gewinnt die Abspaltung – zumindest bei einem positiven Wert des abgespaltenen Vermögens – einen **„Ausschüttungscharakter“**.[119] Die Anteilseigner des übertragenden Rechtsträgers erhalten nämlich die gewährten Anteile, indem der übertragende Rechtsträger Vermögensteile verliert. Insofern lässt sich die Anteilsgewährung als „Gegenleistung“ ansehen.[120]

26 Anders als bei der Aufspaltung betrifft die Abspaltung nicht das gesamte Vermögen des übertragenden Rechtsträgers. Eine „Totalabspaltung“, die das gesamte Vermögen umfasst, ist nach allgemeiner Auffassung – rechtsformübergreifend[121] – **unzulässig**.[122] Dafür wird der Wortlaut des Absatz 2 angeführt, der als abspaltungsfähiges Vermögen „einen Teil oder mehrere Teile“ vorsieht.[123] Zudem führte die Totalabspaltung dazu, dass der übertragende Rechtsträger zu einer bloßen „vermögenslose[n] Hülle“ würde.[124] Das wird zu Recht abgelehnt. Während § 123 Abs. 2 demnach die Totalabspaltung verbietet und damit ein Maximum des zulässigerweise abgespaltenen Vermögens formuliert, sieht die Norm kein Minimum vor, ab dessen Erreichen eine Abspaltung erst zulässig ist. Die Abspaltung kann sich daher auch nur auf **einen einzigen Vermögensgegenstand** beziehen.[125]

---

116) *Verse* in: BeckOGK-UmwG, § 123 Rz. 53; Widmann/Mayer-*Weiler*, UmwR, § 123 UmwG Rz. 158 f.; *Kallmeyer*, ZIP 1994, 1746, 1748, wonach die Aufspaltung das „genaue Spiegelbild der Verschmelzung“ sei; vgl. auch *Baderschneider*, Die Stiftung als Zielstruktur im UmwG, S. 69.

117) *Sagasser* in: Sagasser/Bula, Umwandlungen, § 18 Rz. 4.

118) Widmann/Mayer-*Weiler*, UmwR, § 123 UmwG Rz. 162 – „wesentlicher struktureller Unterschied“; *H. Schmidt*, AG 2005, 26, 27 – „Wesensmerkmal“; vgl. auch die Auflistung „wesentliche[r] Unterschiede“ der Spaltungsarten *J. Schmidt* in: MünchHdb. GesR, Bd. 8, § 20 Rz. 17.

119) Lutter-*Lieder*, UmwG, § 123 Rz. 38; *Verse* in: BeckOGK-UmwG, § 123 Rz. 65; Widmann/Mayer-*Weiler*, UmwR, § 123 UmwG Rz. 97.

120) So Lutter-*Lieder*, UmwG, § 123 Rz. 38; zust. BFH, Urt. v. 28.5.2020 – IV R 17/17, Rz. 22, ZIP 2020, 2334, 2336.

121) Bei Kapitalgesellschaften ergänzend mit §§ 140, 146 UmwG argumentierend Lutter-*Lieder*, UmwG, § 123 Rz. 52.

122) Lutter-*Lieder*, UmwG, § 123 Rz. 52; *Verse* in: BeckOGK-UmwG, § 123 Rz. 67; ausf. im Kontext der „Totalausgliederung“ *H. Schmidt*, AG 2005, 26 f., 30.

123) *Verse* in: BeckOGK-UmwG, § 123 Rz. 67.

124) So Lutter-*Lieder*, UmwG, § 123 Rz. 52.

125) *Verse* in: BeckOGK-UmwG, § 123 Rz. 79; Kallmeyer-*Sickinger*, UmwG, § 123 Rz. 1; Lutter-*Lieder*, UmwG, § 123 Rz. 22; Semler/Stengel/Leonard-*Zessel*/*Schwanna*, UmwG, § 123 Rz. 6.

27 Entgegenstehende Überlegungen in Gestalt von § 123 Abs. 5 RefE sind nicht Gesetz geworden.[126)] Gleichwohl ist bei der Abspaltung eines Einzelgegenstands Vorsicht geboten. Die Literatur hat nämlich eine **Missbrauchskontrolle** entwickelt, die die rechtsmissbräuchliche Umgehung von Übertragungsbeschränkungen (insbesondere Abtretungsverbot hinsichtlich einer Forderung, Vinkulierung eines Gesellschaftsanteils) verhindern soll.[127)] Unbeschadet der Frage, ob es einer solchen Missbrauchskontrolle tatsächlich bedarf, sollte diese höchst zurückhaltend ausgestaltet sein.[128)] Insbesondere stellt sich die Frage des Rechtsmissbrauchs erst dort, wo die vorrangigen Schutzregelungen des UmwG leerlaufen.[129)] Im Übrigen wäre ein weiterer gesetzlicher Schutz erst dann unabdingbar, wenn sich die Interessenträger nicht adäquat selbst schützen können. Nach Auffassung des Schrifttums steht es ihnen aber frei, ihre Interessen durch „rechtsgeschäftliche Gestaltungsmittel" zu wahren, die zwar keine dingliche Übertragungssperre, wohl aber Kündigungsrechte und sonstige Korrekturmöglichkeiten statuieren können.[130)]

28 Sowohl die Aufspaltung als auch die Abspaltung sind Fälle der „horizontalen Spaltung"[131)]: Die im Zuge dieser Spaltungsvorgänge gewährten Anteile an den übernehmenden bzw. neuen Rechtsträgern stehen den **Anteilseignern des übertragenden Rechtsträgers** zu. Aufgrund der ähnlichen Transaktionsstrukturen befinden sich die Aufspaltung und Abspaltung in der Unternehmenspraxis in einem Konkurrenzverhältnis; nach *Lutter* sind die Unterschiede „nur graduell, nicht hingegen systematisch".[132)] Dabei gilt die Abspaltung in der Praxis – wovon bereits der Gesetzgeber ausging[133)] – als dominierende Form der „horizontalen Spaltung".[134)] Als praktische Vorzüge der Abspaltung werden insbesondere **Transaktionskostenvorteile** angeführt. Die Kosten der Beurkundung sowie etwaige Grunderwerbsteuern seien niedriger, wenn nicht das gesamte Vermögen per Aufspaltung übertragen, sondern nur ein Teil des Vermögens abgespalten wird.[135)]

126) Begr. Fraktionsentwurf z. UmwBerG, BT-Drucks. 12/6699, S. 116; mit Bericht aus der damaligen Ministerialpraxis *Neye*, ZIP 1994, 165, 168; im Gesetzgebungsprozess für eine Streichung plädierend *Arbeitskreis Umwandlungsrecht*, ZGR 1993, 321, 328.

127) *Verse* in: BeckOGK-UmwG, § 123 Rz. 81 f. m. w. N.; Widmann/Mayer-*Weiler*, UmwR, § 123 UmwG Rz. 43; tendenziell auch *Fischer* in: NK-UmwG, § 123 Rz. 10 – „erscheint […] zumindest nicht ausgeschlossen"; die Missbrauchsgefahr relativierend *Heidenhain*, ZHR 168 (2004), 468, 480.

128) So schon *Lieder*, Die rechtsgeschäftliche Sukzession, S. 730, wonach die „Grenze des Rechtsmissbrauchs sehr eng zu ziehen" sei.

129) Ähnlich *Lieder*, Die rechtsgeschäftliche Sukzession, S. 730; *Bayer/J. Schmidt*, NZG 2006, 841, 845 – „Dritte sind durch §§ 133 f. UmwG ausreichend geschützt"; anders *Verse* in: BeckOGK-UmwG, § 123 Rz. 81, der darauf abstellt, ob die Schutzregelungen des UmwG die bedrohten Interessen im Vergleich zur Übertragungsbeschränkung „gleichwertig" schützen.

130) Ausf. *Seeburger*, Die Zu- und Aufteilung von Vertragsverhältnissen i. R. der Unternehmensspaltung, S. 206 ff.; vgl. auch *Bachmann/Eidenmüller/Engert/Fleischer/Schön*, Rechtsregeln für die geschlossene Kapitalgesellschaft, S. 127.

131) Kallmeyer-*Sickinger*, UmwG, § 123 Rz. 12; Semler/Stengel/Leonard-*Zessel/Schwanna*, UmwG, § 123 Rz. 14.

132) *Lutter*, ZGR 1990, 392, 403 – zum DiskE; vgl. auch *Kallmeyer*, ZIP 1994, 1746, 1748 – „Das Ergebnis der Abspaltung ist also dasselbe wie bei der Aufspaltung"; ebenso Lutter-*Lieder*, UmwG, § 123 Rz. 19, wonach die Entscheidung zwischen einer Aufspaltung und einer Abspaltung „eher technisch bedingt" sei.

133) Begr. Fraktionsentwurf z. UmwBerG, BT-Drucks. 12/6699, S. 71.

134) Kallmeyer-*Sickinger*, UmwG, § 123 Rz. 16; Lutter-*Lieder*, UmwG, § 123 Rz. 51; *Verse* in: BeckOGK-UmwG, § 123 Rz. 61; Widmann/Mayer-*Weiler*, UmwR, § 123 UmwG Rz. 162; Semler/Stengel/Leonard-*Zessel/Schwanna*, UmwG, § 123 Rz. 14; gleichsinnig schon mit früher Prognose *Kallmeyer*, ZIP 1994, 1746, 1748.

135) Lutter-*Lieder*, UmwG, § 123 Rz. 51; *Verse* in: BeckOGK-UmwG, § 123 Rz. 61; *Fischer* in: NK-UmwG, § 123 Rz. 20.

3. Ausgliederung (§ 123 Abs. 3)

29 Im Zuge der Ausgliederung geht – ähnlich wie bei der Abspaltung – ein Vermögensteil des übertragenden Rechtsträgers auf einen oder mehrere übernehmende Rechtsträger (**Ausgliederung zur Aufnahme**, Abs. 3 Nr. 1) bzw. dadurch gegründete neue Rechtsträger (**Ausgliederung zur Neugründung**, Abs. 3 Nr. 2) über. Der übertragende Rechtsträger bleibt bestehen. Die Ausgliederung ist ein Fall der „vertikalen Spaltung".[136] Das bedeutet, dass der übertragende Rechtsträger die im Gegenzug gewährten Anteile am aufnehmenden bzw. neuen Rechtsträger erhält. Die Ausgliederung wird daher auch als **„Vermögensumschichtung"** beschrieben.[137] Die Anteilsinhaber des übertragenden Rechtsträgers erhalten demgegenüber – anders als bei den „horizontalen Spaltungen" (Aufspaltung und Abspaltung) – keine Anteile.

30 Im Gegensatz zur Abspaltung, die nicht das gesamte Vermögen des übertragenden Rechtsträgers umfassen darf, besteht diese Beschränkung bei der Ausgliederung nicht; vielmehr gilt die **„Totalausgliederung"**, wodurch der übertragende Rechtsträger zu einer bloßen Holdinggesellschaft wird, nach **heute einhelliger Auffassung** als zulässige Gestaltung.[138] Diese Auslegung erscheint mit Blick auf den Wortlaut von § 123 Abs. 3 und dem Vergleich zum ähnlich formulierten Absatz 2, der eine Totalabspaltung verbietet, zunächst widersprüchlich.[139] Die Zulässigkeit der Totausgliederung wird indes zu Recht bejaht. Dafür streitet die Normhistorie: Schon in den Gesetzesmaterialien hat der Gesetzgeber u. a. die Entstehung einer Holdinggesellschaft als verbreitetes Anliegen der Unternehmenspraxis aufgeführt und damit zugleich als Regelungsbedürfnis anerkannt, dem das Spaltungsrecht nachkommen sollte.[140] Zudem wird für die Zulässigkeit einer Totalausgliederung zu Recht angeführt, dass der übertragende Rechtsträger dadurch – anders als bei einer Totalabspaltung – nicht zu einer leeren Hülle wird, sondern mit den Anteilen am aufnehmenden bzw. neuen Rechtsträger weiterhin Vermögen hat.[141] Ein Bedürfnis, die Spaltungsfreiheit einzuschränken und die Totalausgliederung zu verbieten, besteht daher nicht.

V. Sonderkonstellationen

31 § 123 Abs. 4 statuiert mit der Kombination aus der Spaltung zur Aufnahme und der Spaltung zur Neugründung eine gesetzliche Sonderkonstellation der Spaltungsarten. Daneben haben sich in Rechtswissenschaft und Praxis zahlreiche weitere Sonderkonstellation entwickelt. Hinsichtlich der durch das UmRUG eingeführten Vorschriften zur

---

136) *Verse* in: BeckOGK-UmwG, § 123 Rz. 69; Lutter-*Lieder*, UmwG, § 123 Rz. 57; Kallmeyer-*Sickinger*, UmwG, § 123 Rz. 12.

137) *J. Schmidt* in: MünchHdb. GesR, Bd. 8, § 20 Rz. 14; Lutter-*Lieder*, UmwG, § 123 Rz. 57; *Baderschneider*, Die Stiftung als Zielstruktur im UmwG, S. 70.

138) BAG, Urt. v. 16.5.2013 – 6 AZR 556/11, AP ZPO § 850h Nr. 23, Rz. 20; OLG Hamm, Urt. v. 4.3.2010 – 2 U 98/09, juris Rz. 51 = NJW 2010, 2591; ebenfalls von der Zulässigkeit ausgehend BFH, Urt. v. 7.8.2002 – I R 99/00, Rz. 18, BFHE 199, 489; LSG Niedersachsen-Bremen, Urt. v. 8.11.2017 – L 3 KA 109/15, juris Rz. 42; ausf. *H. Schmidt*, AG 2005, 26, 28 ff.; ebenso *Verse* in: BeckOGK-UmwG, § 123 Rz. 72; *J. Schmidt* in: MünchHdb. GesR, Bd. 8, § 20 Rz. 14; Semler/Stengel/Leonard-*Zessel/Schwanna*, UmwG, § 123 Rz. 17; Lutter-*Lieder*, UmwG, § 123 Rz. 56; *Stephan* in: Lutter/Bayer, Holding-Handbuch, § 3 Rz. 125; Kallmeyer-*Sickinger*, UmwG, § 123 Rz. 12; *Sagasser* in: Sagasser/Bula, Umwandlungen, § 18 Rz. 16; Schmitt/Hörtnagl-*Hörtnagl*, UmwG/UmwStG, § 123 UmwG Rz. 22; a. A. *Kallmeyer*, ZIP 1994, 1746, 1749; *Kallmeyer*, DB 1995, 81; zunächst offenbar noch Zulässigkeit verneinend *Mayer*, DB 1995, 861, 862; sodann aber von Zulässigkeit ausgehend *Mayer*, GmbHR 1996, 403, 405.

139) Dies ebenfalls einräumend *Verse* in: BeckOGK-UmwG, § 123 Rz. 72.

140) Begr. Fraktionsentwurf z. UmwBerG, BT-Drucks. 12/6699, S. 74; m. Hinw. auf die Gesetzesmaterialien schon *Verse* in: BeckOGK-UmwG, § 123 Rz. 72 Fn. 62; *Fischer* in: NK-UmwG, § 123 Rz. 22.

141) Lutter-*Lieder*, UmwG, § 123 Rz. 56; *H. Schmidt*, AG 2005, 26, 30 f.

Sonderkonstellation der grenzüberschreitenden Spaltung wird auf die Kommentierung zu §§ 320 ff. verwiesen.

1. Kombinationsformen

a) Kombination aus Spaltung zur Aufnahme und Spaltung zur Neugründung (§ 123 Abs. 4)

32 § 123 Abs. 4 eröffnet die Gestaltungsoption, die Spaltung durch gleichzeitige Übertragung auf bestehende und neue Rechtsträger durchzuführen, um der Transaktionspraxis „möglichst viel Spielraum" zu verschaffen.[142] Ein Beispiel für eine solche **Kombination aus der Spaltung zur Aufnahme und der Spaltung zur Neugründung** ist die Aufspaltung eines übertragenden Rechtsträgers auf einen aufnehmenden und einen neu gegründeten Rechtsträger.[143]

b) Weitere zulässige Kombinationen

33 Nach h. M. ist es möglich, einen Vermögensteil des übertragenden Rechtsträgers abzuspalten und einen anderen Vermögensteil desselben Rechtsträgers auszugliedern.[144] Ein Praxisbeispiel dafür ist **Daimler Truck (2021)**: Dort übertrug die damalige Daimler AG (heute: Mercedes-Benz Group AG) eine Mehrheitsbeteiligung an der Daimler Truck AG per Abspaltung zur Aufnahme und eine Minderheitsbeteiligung per Ausgliederung zur Aufnahme an die Daimler Truck Holding AG.[145]

34 Umstritten ist dagegen, ob eine **Kombination aus Abspaltung und Ausgliederung hinsichtlich desselben Vermögensteils** möglich ist. Dadurch würden zum Teil dem übertragenden Rechtsträger und zum Teil seinen Anteilsinhabern Anteile am aufnehmenden bzw. neu gegründeten Rechtsträger gewährt werden.[146] Gegen die Zulässigkeit dieser Gestaltung wird angeführt, dass sie vom Normwortlaut nicht umfasst sei.[147] Das „Analogieverbot" des § 1 Abs. 2 stehe daher einer Kombination aus Abspaltung und Ausgliederung hinsichtlich desselben Vermögensteils entgegen.[148] Die Gegenauffassung hält diese Kombinationsform für zulässig.[149] Dem ist beizupflichten. Durch diese Kombination werden keine schutzwürdigen Interessen (etwa von Anteilsinhabern, Gläubigern oder Arbeitnehmern) bedroht.[150] Die jeweiligen „Kautelen" von Abspaltung und Ausgliederung werden allesamt eingehalten.[151] Zu Recht wird daher dafür plädiert, die Spaltungs-

---

142) Begr. Fraktionsentwurf z. UmwBerG, BT-Drucks. 12/6699, S. 116.

143) *Verse* in: BeckOGK-UmwG, § 123 Rz. 86.

144) *J. Schmidt* in: MünchHdb. GesR, Bd. 8, § 20 Rz. 19; *Verse* in: BeckOGK-UmwG, § 123 Rz. 88 f.; Semler/Stengel/Leonard-*Zessel/Schwanna*, UmwG, § 123 Rz. 20.

145) Gemeinsamer Abspaltungs- und Ausgliederungsbericht (Spaltungsbericht) des Vorstands der Daimler AG und des Vorstands der Daimler Truck Holding AG, v. 9.8.2021, S. 2 f., abrufbar unter https://group.mercedes-benz.com/dokumente/investoren/hauptversammlung/daimler-ir-ahv-2021-abspaltungs-ausgliederungsbericht.pdf (Abrufdatum: 26.2.2026).

146) Vgl. das Bsp. in Widmann/Mayer-*Weiler*, UmwR, § 123 UmwG Rz. 177.

147) *Verse* in: BeckOGK-UmwG, § 123 Rz. 89; Schmitt/Hörtnagl-*Hörtnagl*, UmwG/UmwStG, § 123 UmwG Rz. 17; i. Erg. auch Semler/Stengel/Leonard-*Zessel/Schwanna*, UmwG, § 123 Rz. 20; *Raible* in: HK-UmwG, § 123 Rz. 33.

148) *Verse* in: BeckOGK-UmwG, § 123 Rz. 89; Schmitt/Hörtnagl-*Hörtnagl*, UmwG/UmwStG, § 123 UmwG Rz. 17.

149) Kallmeyer-*Sickinger*, UmwG, § 123 Rz. 13; Lutter-*Lieder*, UmwG, § 123 Rz. 65; Widmann/Mayer-*Weiler*, UmwR, § 123 UmwG Rz. 177; *Fischer* in: NK-UmwG, § 123 Rz. 27; *J. Schmidt* in: MünchHdb. GesR, Bd. 8, § 20 Rz. 19; *Leuering* in: KölnKomm-UmwG, § 123 Rz. 32 f.

150) Lutter-*Lieder*, UmwG, § 123 Rz. 65; Widmann/Mayer-*Weiler*, UmwR, § 123 UmwG Rz. 177; *Leuering* in: KölnKomm-UmwG, § 123 Rz. 33.

151) So Widmann/Mayer-*Weiler*, UmwR, § 123 UmwG Rz. 177.

freiheit (siehe dazu Rz. 20) nicht ohne Not einzuschränken.[152] Überzeugungskraft hat ferner das Argument, wonach die Kombination innerhalb des „im UmwG selbst gezogenen Rahmen[s] möglicher Umwandlungskonstellationen" bleibe und daher nicht gegen § 1 Abs. 2 verstoße.[153]

c) Unzulässige Kombinationen

Nach allgemeiner Auffassung ist die **Aufspaltung inkompatibel mit den übrigen Spaltungsarten.**[154] Es ist ein Wesensmerkmal der Aufspaltung, dass der übertragende Rechtsträger liquidationslos erlischt (§ 123 Abs. 1). Das ist unvereinbar mit der Abspaltung und der Ausgliederung, die jeweils das Fortbestehen des übertragenden Rechtsträgers vorsehen.[155] Die Inkompatibilität der Aufspaltung mit den beiden anderen Spaltungsarten wird besonders augenscheinlich bei der Kombination mit der Ausgliederung: Würde der übertragende Rechtsträger nach Absatz 1 erlöschen, könnte er nicht mehr nach Maßgabe von Absatz 3 die gewährten Anteile erhalten.[156] 35

Ebenfalls allgemein anerkannt ist, dass nicht **zwei oder mehr Rechtsträger** durch einen einzigen Vorgang gespalten werden können.[157] Dafür streitet zum einen der Wortlaut von § 123 Abs. 1 bis 3, in dem jeweils nur von „ein[em]" übertragenden Rechtsträger die Rede ist.[158] Zum anderen spricht die Entstehungsgeschichte der Norm gegen die Beteiligung mehrerer übertragender Rechtsträger. Diese Konstellation, die zunächst noch in § 123 Abs. 3 RefE vorgesehen war, wurde nicht in die schließlich in Kraft getretene Gesetzesfassung übernommen.[159] Die Transaktionspraxis ist daher im Bedarfsfall gehalten, Spaltungen mehrerer übertragender Rechtsträger durch schuldrechtliche Vereinbarungen miteinander zu verbinden.[160] 36

2. Spaltung im Konzern

Im Spaltungsrecht finden sich zahlreiche **Privilegierungen**, die konzerninterne Spaltungsvorgänge erheblich erleichtern.[161] Insbesondere durch die Verweisung auf § 8 in § 127 Satz 2 gibt es zahlreiche Konstellationen, in denen ein Spaltungsbericht sowie die Spaltungsprüfung bei Konzernsachverhalten obsolet sind (siehe § 127 Rz. 33 ff. [*K. Wentz*]). Nach § 125 Abs. 1 Satz 1 findet § 62 Abs. 1 bis 4 auch auf Spaltungen innerhalb eines Konzerns Anwendung. Von besonderer Relevanz ist die Anwendung von § 62 Abs. 1, Abs. 2 bei der Spaltung einer Kapitalgesellschaft i. S. des § 3 Abs. 1 Nr. 2 zur Aufnahme durch die Mutter (AG, KGaA, SE). Hiernach bedarf es **keines Spaltungsbeschlusses auf Ebene der Muttergesellschaft**, wenn diese mit mindestens 90 % an der Tochtergesellschaft 37

152) Lutter-*Lieder*, UmwG, § 123 Rz. 65.

153) Lutter-*Lieder*, UmwG, § 123 Rz. 65; zust. Widmann/Mayer-*Weiler*, UmwR, § 123 UmwG Rz. 177.

154) Lutter-*Lieder*, UmwG, § 123 Rz. 67; Semler/Stengel/Leonard-*Zessel/Schwanna*, UmwG, § 123 Rz. 20; *Fischer* in: NK-UmwG, § 123 Rz. 25; *J. Schmidt* in: MünchHdb. GesR, Bd. 8, § 20 Rz. 20; *Leuering* in: KölnKomm-UmwG, § 123 Rz. 35 – „logisch nicht denkbar".

155) Lutter-*Lieder*, UmwG, § 123 Rz. 67; *Fischer* in: NK-UmwG, § 123 Rz. 25 – „bereits rein wesenstechnisch nicht kombinierbar".

156) Schmitt/Hörtnagl-*Hörtnagl*, UmwG/UmwStG, § 123 UmwG Rz. 17.

157) *J. Schmidt* in: MünchHdb. GesR, Bd. 8, § 20 Rz. 21; Kallmeyer-*Oppenhoff*, UmwG, § 1 Rz. 21; Lutter-*Lieder*, UmwG, § 123 Rz. 69.

158) *J. Schmidt* in: MünchHdb. GesR, Bd. 8, § 20 Rz. 21.

159) *J. Schmidt* in: MünchHdb. GesR, Bd. 8, § 20 Rz. 21.

160) Kallmeyer-*Sickinger*, UmwG, § 123 Rz. 2; ausf. und m. Hinw. für die Praxis *Maier/Funke*, DStR 2015, 2703 ff.

161) Dazu und zum Folgenden *Verse* in: BeckOGK-UmwG, § 123 Rz. 92 ff.

beteiligt ist und keine qualifizierte Aktionärsminderheit die Beschlussfassung verlangt.[162] Das gilt nicht, wenn mehrere übernehmende Gesellschaften nur zusammen die Anteilsschwelle von 90 % erreichen.[163]

38 Bei einer 100-prozentigen Beteiligung der übernehmenden AG, KGaA bzw. SE ist der **Spaltungsbeschluss auf Ebene der Tochter obsolet** (§ 125 Abs. 1 Satz 1, 62 Abs. 4 Satz 1).[164] Dasselbe gilt, wenn mehrere übernehmende Rechtsträger zusammengerechnet 100 % der Anteile an der übertragenden Kapitalgesellschaft halten.[165] Dafür spricht insbesondere der Wortlaut des § 125 Abs. 2 („die übernehmenden [...] Rechtsträger") und des Art. 154 Gesellschaftsrechtsrichtlinie („den begünstigenden Gesellschaften").[166]

39 Die **Vorschriften zum faktischen Konzern (§§ 311 ff. AktG)** werden – entgegen einer Literaturauffassung[167] – vom UmwG nicht generell verdrängt.[168] Gleichwohl genießen die umwandlungsrechtlichen Schutzinstrumente (insbesondere das Spruchverfahren) grundsätzlich Vorrang.[169] Raum für konzernrechtliche Überlegungen bleibt daher nur dort, wo der umwandlungsrechtliche Schutz teilweise oder gar vollständig leer läuft: Man denke etwa an konkrete Existenzgefährdungen durch „Abspaltung existenznotwendiger Vermögensteile"[170] sowie die Spaltung auf einen überschuldeten Rechtsträger[171]. Diese Aufzählung ist allerdings nicht abschließend.[172]

162) Lutter-*Lieder*, UmwG, § 125 Rz. 24; *Verse* in: BeckOGK-UmwG, § 123 Rz. 93; Widmann/Mayer-*Mayer*, UmwR, § 125 UmwG Rz. 52.

163) *Verse* in: BeckOGK-UmwG, § 123 Rz. 93; Lutter-*Lieder*, UmwG, § 125 Rz. 24; a. A. *Habersack* in: FS Horn, S. 337, 354.

164) *Verse* in: BeckOGK-UmwG, § 123 Rz. 94; Widmann/Mayer-*Mayer*, UmwR, § 125 UmwG Rz. 52.1; Kallmeyer-*Sickinger*/*Lanfermann*, UmwG, § 125 Rz. 70.

165) *Verse* in: BeckOGK-UmwG, § 123 Rz. 94; Lutter-*Lieder*, UmwG, § 125 Rz. 24.

166) *Verse* in: BeckOGK-UmwG, § 123 Rz. 94.

167) Kallmeyer-*Sickinger*, UmwG, § 123 Rz. 15; Grigoleit-*Grigoleit*, AktG, § 311 Rz. 30; *Tillmann*/*Rieckhoff*, AG 2008, 486, 490 ff. – „abschließende Regelung im UmwG", wonach eine Ausnahme bei Existenzgefährdung aber zumindest „denkbar" sei; unklar im Kontext einer Verschmelzungskonstellation OLG Frankfurt, Beschl. v. 8.2.2006 – 12 W 185/05, AG 2006, 249, 254 – „Minderheitenschutz im UmwG gesondert geregelt", woraus nicht zwingend ein genereller Vorrang des UmwG folgt, sondern dem ebenso gut bloß ein Vorrang hinsichtlich der Frage des Umtauschverhältnisses zu entnehmen sein könnte.

168) Instruktiv *Verse* in: FS K. Schmidt, S. 583, 586 ff.; *Verse* in: BeckOGK-UmwG, § 123 Rz. 100; ebenso – wenngleich mit zum Teil unterschiedlichen Anforderungen an die Nachteilszufügung – *Pfeuffer*, Verschmelzungen und Spaltungen als nachteilige Rechtsgeschäfte i. S. von § 311 AktG?, S. 211 – „stehen vielmehr weitestgehend nebeneinander"; Lutter-*Lieder*, UmwG, § 125 Rz. 30; aus dem konzernrechtlichen Schrifttum etwa K. Schmidt/Lutter-*J. Vetter*, AktG, § 311 Rz. 81; Emmerich/Habersack-*Habersack*, Aktien- und GmbH-Konzernrecht, § 311 AktG Rz. 30a; *Fleischer* in: Großkomm-AktG, § 311 Rz. 160.

169) *Krieger* in: MünchHdb. GesR, Bd. 4, § 70 Rz. 88; Lutter-*Lieder*, UmwG, § 123 Rz. 31; *Streyl*/*Schaper*, ZIP 2017, 410, 416; ebenso *Verse* in: BeckOGK-UmwG, § 123 Rz. 102 ff., *Verse* in: FS K. Schmidt, S. 583, 592 f.; wonach gemäß § 254 Abs. 2 BGB etwaige benachteiligte Aktionäre das Spruchverfahren vorrangig zu betreiben haben; so auch *Pfeuffer*, Verschmelzungen und Spaltungen als nachteilige Rechtsgeschäfte i. S. von § 311 AktG?, S. 264.

170) *Krieger* in: MünchHdb. GesR, Bd. 4, § 70 Rz. 88; *Verse* in: FS K. Schmidt, S. 583, 595; Lutter-*Lieder*, UmwG, § 123 Rz. 30; K. Schmidt/Lutter-*J. Vetter*, AktG, § 311 Rz. 81; *Fleischer* in: Großkomm-AktG, § 311 Rz. 160; Emmerich/Habersack-*Habersack*, Aktien- und GmbH-Konzernrecht, § 311 AktG Rz. 30a; ebenfalls dafür offen *Tillmann*/*Rieckhoff*, AG 2008, 486, 492, die ansonsten einen weitreichenden Vorrang des UmwG annehmen.

171) *Verse* in: FS K. Schmidt, S. 583, 594; K. Schmidt/Lutter-*J. Vetter*, AktG, § 311 Rz. 81.

172) Vgl. Lutter-*Lieder*, UmwG, § 123 Rz. 30, wonach die Anwendung des Konzernrechts nicht auf Fälle der Existenzgefährdung reduziert sei; zu den vorgenannten und weiteren Anwendungsfällen der §§ 311 ff. AktG *Verse* in: BeckOGK-UmwG, § 123 Rz. 103 f.

3. Spaltung einer börsennotierten AG

Durch **Aufspaltung einer börsennotierten AG** erfolgt ein **„kaltes Delisting"**, da wegen des Erlöschens des übertragenden Rechtsträgers (§ 131 Abs. 1 Nr. 2) eine Börsenzulassung undenkbar ist.[173)] Aus diesem Grund ist den durch Widerspruch zur Niederschrift dissentierenden Anteilsinhabern der börsennotierten Gesellschaft gemäß §§ 125 Abs. 1 Satz 1, 29 Abs. 1 Satz 1 Alt. 2 im Spaltungs- und Übernahmevertrag der Erwerb der Anteile gegen Abfindung anzubieten.[174)] Ein fehlendes oder fehlerhaftes Abfindungsangebot führt aber weder zur Unwirksamkeit des Spaltungs- und Übernahmevertrages noch zur Unwirksamkeit oder Anfechtbarkeit des Spaltungsbeschlusses (§§ 125 Abs. 1 Satz 1, 32).[175)] Auch kann das Registergericht die Eintragung nicht ablehnen.[176)] Den übergangenen Anteilsinhabern steht allein das Spruchverfahren offen (§§ 125 Abs. 1 Satz 1, 34 UmwG, § 1 Nr. 5 SpruchG).[177)] 40

Die **Abspaltung einer börsennotierten AG** auf eine AG stellt eine Alternative zum „klassischen" IPO einer Tochtergesellschaft dar.[178)] Mit Eintragung der Abspaltung erhalten die Aktionäre der übertragenden AG im Verhältnis ihrer Beteiligung Aktien an der neuen AG (§ 131 Abs. 1 Nr. 3 Satz 1). Es müssen also weder alte Aktien platziert noch neue Aktien gezeichnet werden, sodass ein „Platzierungsrisiko" nicht zu befürchten ist.[179)] Das Problem der richtigen Preisfindung[180)] stellt sich ebenso wenig. Daher gilt die Abspaltung als geeignetes Instrument, um einzelne Unternehmenssparten auch in einem herausfordernden Kapitalmarktumfeld an die Börse zu führen.[181)] Anders als beim „klassischen" IPO kann die wirtschaftliche Trennung von einzelnen Geschäftsbereichen „in einem Schritt" erfolgen.[182)] Wie das Beispiel Mercedes Benz/Daimler Truck gezeigt hat, bietet aber auch die Spaltungslösung die Gestaltungsmöglichkeit, dass die übertragende AG durch Kombination aus Abspaltung und Ausgliederung selbst Aktien erhält und damit weiterhin in gewissem Umfang am nunmehr eigenständigen Geschäftsbereich wirtschaftlich partizipiert (zur Zulässigkeit dieser Kombination siehe bereits Rz. 33). 41

Aus **betriebswirtschaftlicher Perspektive** ist ein Nachteil der Abspaltung im Vergleich zum IPO und zum Unternehmensverkauf, dass der übertragenden AG keine finanziellen Mittel zufließen.[183)] Daher **sinkt** ihre **Marktkapitalisierung**, was Folgen für die Indexzu- 42

---

173) OLG Düsseldorf, Beschl. v. 30.12.2004 – I-19 W 3/04 AktE (Rhenag), ZIP 2005, 300, 301; *Brellochs* in: BeckOGK-UmwG, § 141 Rz. 19; *Wilsing/v. d. Linden* in: KölnKomm-UmwG, Vor § 141 Rz. 10; *Walz* in: Münch-AHB AktR, § 50 AktG Rz. 40; *Pluskat*, BKR 2007, 54, 59.

174) *Brellochs* in: BeckOGK-UmwG, § 141 UmwG Rz. 19; *Wilsing/v. d. Linden* in: KölnKomm-UmwG, Vor § 141 Rz. 10; *Picot*, Die Rechte der Aktionäre beim Delisting börsennotierter Gesellschaften, S. 185; *Sagasser/Bula* in: Sagasser/Bula, Umwandlungen, § 9 Rz. 164.

175) Kallmeyer-*Sickinger/Lanfermann*, UmwG, § 125 Rz. 36.

176) Zur Verschmelzung Kallmeyer-*Oppenhoff*, UmwG, § 29 Rz. 16.

177) Kallmeyer-*Sickinger/Lanfermann*, UmwG, § 125 Rz. 36; *Drescher* in: BeckOGK-SpruchG, § 1 Rz. 19.

178) Ausf und auch zum Kapitalmarktrecht *Harrer/Carbonare/Fritsche*, BKR 2013, 309 ff.; *Göhring/Borsche/Thurner* in: Habersack/Mülbert/Schlitt, Unternehmensfinanzierung am Kapitalmarkt, § 4 Rz. 45 ff.; dazu auch *Oppenhoff* in: MünchHdb. GesR, Bd. 8, § 29 Rz. 5 ff.; *Wilsing/v. d. Linden* in: KölnKomm-UmwG, Vor § 141 Rz. 9.

179) *Oppenhoff* in: MünchHdb. GesR, Bd. 8, § 29 Rz. 6; *Harrer/Carbonare/Fritsche*, BKR 2013, 309, 310; *Wilsing/v. d. Linden* in: KölnKomm-UmwG, Vor § 141 Rz. 9.

180) Dazu *Fleischer*, ZHR 165 (2001), 513, 528 ff.

181) *Brellochs* in: BeckOGK-UmwG, § 141 Rz. 20; *Wilsing/v. d. Linden* in: KölnKomm-UmwG, Vor § 141 Rz. 9.

182) *Oppenhoff* in: MünchHdb. GesR, Bd. 8, § 29 Rz. 6; *Harrer/Carbonare/Fritsche*, BKR 2013, 309, 310 f.; *Göhring/Borsche/Thurner* in: Habersack/Mülbert/Schlitt, Unternehmensfinanzierung am Kapitalmarkt, § 4 Rz. 60.

183) *Harrer/Carbonare/Fritsche*, BKR 2013, 309, 311; *Wilsing/v. d. Linden* in: KölnKomm-UmwG, Vor § 141 Rz. 9.

gehörigkeit haben kann.[184] Zudem kann der umwandlungsrechtlich gebotene Ablauf den Transaktionsprozess verlangsamen: Es ist nämlich stets ein Hauptversammlungsbeschluss auf Ebene der börsennotierten AG erforderlich, was trotz der Möglichkeit eines Freigabeverfahrens aus §§ 125 Abs. 1 Satz 1, 16 Abs. 3[185] zu Verzögerungen führen kann, wenn einzelne Aktionäre Anfechtungsklage erheben.[186] Darüber hinaus wird die Haftung aus § 133 als weiterer Nachteil der Spaltungslösung genannt.[187]

4. Direktabspaltung

43 Eine besondere Gestaltung der Abspaltung stellt die sog. **Direktabspaltung** dar. Dabei überträgt eine Muttergesellschaft (übertragender Rechtsträger) im Wege der Abspaltung zur Aufnahme (Abs. 2 Nr. 1) Anteile an der Tochtergesellschaft auf ebenjene Tochtergesellschaft (übernehmender Rechtsträger).[188] In der Folge gehen die bislang von der Muttergesellschaft gehaltenen Anteile auf ihre Anteilsinhaber über.[189] Dabei handelt es sich um einen **Direkterwerb,** sodass der aufnehmende Rechtsträger die übertragenen Anteile zu keinem Zeitpunkt hält.[190] Die Direktabspaltung kennt eine graduelle Abstufung: In ihrer „Reinform" umfasst sie ausschließlich Anteile am übernehmenden Rechtsträger; bei der Direktabspaltung i. w. S. werden dagegen noch weitere Vermögensgegenstände übertragen.[191]

44 Gegen diese von der h. M.[192] als zulässig erachtete Transaktionsstruktur wird vereinzelt Kritik erhoben. So wird bemängelt, dass der aufnehmende Rechtsträger entgegen dem Wortlaut des § 123 Abs. 2 Nr. 1 kein Vermögen erhalte.[193] Auch der Wortlaut des § 126 Abs. 1 Nr. 2 und Nr. 9 spreche dafür, dass Gegenstände des Vermögens übergehen müssen.[194] Das Spaltungsrecht stelle nur Befreiungsmöglichkeiten für die Anteilsgewährung und die Kapitalerhöhung, nicht jedoch für die Vermögensübertragung bereit.[195]

45 Der h. M. ist beizupflichten; die **Direktabspaltung ist zulässig.** Überzeugend ist der Hinweis, dass der Direkterwerb bloß die spaltungsrechtlich vorgeschriebenen Abspaltungsfolgen (§ 123 Abs. 2 Nr. 1) – d. h. Vermögensübergang zum übernehmenden Rechtsträ-

---

184) *Schlitt/Ries*, PLATOW Recht 2012, Nr. 126, 8, abrufbar unter https://brief.platow.de/banken/spin-off-ein-instrument-fuer-alle-faelle/ (Abrufdatum: 26.2.2026); *Göhring/Borsche/Thurner* in: Habersack/Mülbert/Schlitt, Unternehmensfinanzierung am Kapitalmarkt, § 4 Rz. 58.

185) Vgl. etwa OLG München, Beschl. v. 10.4.2013 – 7 AktG 1/13 (Siemens/Osram), NZG 2013, 622; OLG Düsseldorf, Urt. v. 22.6.2017 – 6 AktG 1/17 (Metro/Ceconomy), AG 2017, 900.

186) *Brellochs* in: BeckOGK-UmwG, § 141 Rz. 21; bei erfolgreicher Durchführung eines Freigabeverfahrens einen Zeitraum von drei bis fünf Monaten angebend *Schlitt/Ries*, PLATOW Recht 2012, Nr. 126, 8, abrufbar unter https://brief.platow.de/banken/spin-off-ein-instrument-fuer-alle-faelle/ (Abrufdatum: 26.2.2026); ebenfalls die Langwierigkeit der Maßnahme betonend *Wilsing/v. d. Linden* in: KölnKomm-UmwG, Vor § 141 Rz. 9.

187) *Brellochs* in: BeckOGK-UmwG, § 141 Rz. 21.

188) *Schnorbus*, ZGR 2019, 780, 783; *Paschos/Funken* in: FS Marsch-Barner, S. 419.

189) *Schnorbus*, ZGR 2019, 780, 783 f.; *Paschos/Funken* in: FS Marsch-Barner, S. 419.

190) Instruktiv *Schnorbus*, ZGR 2019, 780, 791 ff.; *Paschos/Funken* in: FS Marsch-Barner, S. 419, 422 ff.; ebenso *Verse* in: BeckOGK-UmwG, § 123 Rz. 84.

191) *Schnorbus*, ZGR 2019, 780, 789 – m. Aufzählung bereits durchgeführter Direktabspaltungen i. w. S.; *Verse* in: BeckOGK-UmwG, § 123 Rz. 85; *Paschos/Funken* in: FS Marsch-Barner, S. 419.

192) Ausf. *Schnorbus*, ZGR 2019, 780, 785 ff.; Rowedder/Pentz-*Schnorbus*, GmbHG, Anh. § 77 Rz. 5; *Paschos/Funken* in: FS Marsch-Barner, S. 419, 421 ff.; *Verse* in: BeckOGK-UmwG, § 123 Rz. 84 f.; ebenso *Sagasser* in: Sagasser/Bula, Umwandlungen, § 18 Rz. 140; Semler/Stengel/Leonard-*Zessel/Schwanna*, UmwG, § 123 Rz. 22; Widmann/Mayer-*Mayer*, UmwR, § 126 UmwG Rz. 83 f.; Lutter-*Priester/Lieder*, UmwG, § 126 Rz. 31.

193) *van Ooy*, Zulässigkeit einer umwandlungsrechtlichen Direktabspaltung, S. 21; Widmann/Mayer-*Weiler*, UmwR, § 123 UmwG Rz. 17 Fn. 28 – „erscheint […] problematisch".

194) *van Ooy*, Zulässigkeit einer umwandlungsrechtlichen Direktabspaltung, S. 21 f.

195) *van Ooy*, Zulässigkeit einer umwandlungsrechtlichen Direktabspaltung, S. 22 f.

ger (§ 131 Abs. 1 Nr. 1) und Anteilsübertragung auf die Anteilsinhaber des übertragenden Rechtsträgers (§ 131 Abs. 1 Nr. 3 Satz 1) – in einem einzigen Übertragungsschritt vereine.[196] Nur wegen der Besonderheit, dass der abgespaltene Vermögensteil und die im Gegenzug zu gewährenden Anteile am übernehmenden Rechtsträger identisch sind, kommt es zu dem Direkterwerb. Die **grundsätzliche Abspaltungsmechanik bleibt dagegen erhalten.** Insofern trägt das systematische Argument der Gegenauffassung nicht, dass das Spaltungsrecht keinen Dispens von der Vermögensübertragung zum übernehmenden bzw. neu gegründeten Rechtsträger vorsieht.[197] Zugleich steht – anders als die Gegenauffassung meint[198] – das Numerus-clausus-Prinzip (§ 1 Abs. 2) der Direktabspaltung nicht entgegen. Dieses Prinzip wurde vor allem geschaffen, um Rosinenpicken zulasten von Gläubigern und Anlegern – nämlich (partielle) Universalsukzession ohne Sukzessionsschutz – zu vermeiden.[199] Die Direktabspaltung ist kein außergesetzlicher Spaltungstyp, den das Numerus-clausus-Prinzip zu verhindern sucht. Sie ist eine herkömmliche Abspaltung, die alle Vorgaben an das Abspaltungsverfahren einhält und nur aufgrund der soeben geschilderten „Eigenart des Übertragungsgegenstands"[200] zu einem Direkterwerb führt. Der spaltungsrechtliche **Sukzessionsschutz wird dadurch nicht beeinträchtigt.**[201] Im Übrigen lässt sich weder dem Gesetz noch den Gesetzesmaterialien entnehmen, dass Anteile des übernehmenden Rechtsträgers nicht zum abspaltungsfähigen Vermögen gehören. Daher spricht auch die **Spaltungsfreiheit** (siehe dazu Rz. 20) für die Zulässigkeit der Direktabspaltung.[202]

VI. Verwandte Maßnahmen außerhalb des Anwendungsbereichs (Ausstrahlungswirkung)

Der Unternehmenspraxis stehen Alternativen zur Spaltung bereit, mit denen sich vergleichbare Umstrukturierungen realisieren lassen. Dazu zählt die **Einzelrechtsübertragung**, die schon in den Gesetzesmaterialien als Gestaltungsalternative zur Ausgliederung angeführt wird.[203] Dabei werden die Vermögensgegenstände im Wege der **Sacheinlage** eingebracht, wodurch der übertragende Rechtsträger – wie bei der Ausgliederung – im Gegenzug Anteile erhält.[204] Diese Gestaltungsmöglichkeit wird weder vom Spaltungsrecht verdrängt noch durch das Numerus-clausus-Prinzip aus § 1 Abs. 2 beeinträchtigt.[205] Laut den Gesetzesmaterialien sollen die Spaltungsarten bloß den Gestaltungsspielraum erweitern.[206] 46

196) *Verse* in: BeckOGK-UmwG, § 123 Rz. 85.

197) Vgl. auch *Verse* in: BeckOGK-UmwG, § 123 Rz. 85, wonach es „in einem weiteren Sinne" zu einer Vermögensübertragung auf den übernehmenden Rechtsträger komme; im Ergebnis ebenfalls *Paschos/Funken* in: FS Marsch-Barner, S. 419, 428 f., die den tatsächlichen Vermögensübergang zum übernehmenden Rechtsträger für entbehrlich erachten.

198) *van Ooy*, Zulässigkeit einer umwandlungsrechtlichen Direktabspaltung, S. 23 f.

199) Vgl. Begr. Fraktionsentwurf z. UmwBerG, BT-Drucks. 12/6699, S. 80; dazu und zu vorhergehenden negativen Erfahrungen *Lieder*, Die rechtsgeschäftliche Sukzession, S. 783 f.; Lutter-*Drygala*, UmwG, § 1 Rz. 50.

200) *Verse* in: BeckOGK-UmwG, § 123 Rz. 85.

201) *Schnorbus*, ZGR 2019, 780, 793 f.

202) So schon *Schnorbus*, ZGR 2019, 780, 786; ähnlich auch *Paschos/Funken* in: FS Marsch-Barner, S. 419, 428 f.

203) Begr. Fraktionsentwurf UmwBerG, BT-Drucks. 12/6699, S. 80.

204) Kallmeyer-*Sickinger*, UmwG, § 123 Rz. 17.

205) Kallmeyer-*Sickinger*, UmwG, § 123 Rz. 17 – „Wahlrecht"; Widmann/Mayer-*Heckschen*, UmwR, § 1 UmwG Rz. 394.

206) Begr. Fraktionsentwurf UmwBerG, BT-Drucks. 12/6699, S. 80.

47 Das **Nebeneinander von Spaltung und Einzelrechtsübertragung** provoziert die Frage, ob die jüngeren und ausführlicheren Regelungen der einen Gestaltungsmöglichkeit (namentlich §§ 123 ff.) auch auf die andere – und sei es bloß analog – Anwendung finden. Der Diskurs über derartige **„Ausstrahlungswirkungen“**[207] ist nicht bloß ein umwandlungsrechtliches Phänomen, sondern wird auch in weiteren gesellschaftsrechtlichen Kontexten geführt.[208] Man denke exemplarisch an bank- und versicherungsaufsichtsrechtliche Vorgaben zur Corporate Governance und das Aktienrecht.[209] Auch der Gesetzgeber, der von einer Ausstrahlung des MoPeG[210] auch auf einen Teil des GmbH-Rechts ausgeht, griff den Terminus bereits auf.[211]

48 Die **Rechtsprechung** zeigt sich zum Teil offen für Ausstrahlungswirkungen der §§ 123 ff., lehnt diese zum Teil aber auch ab: Das LG Karlsruhe entschied, dass die Vorschriften über den Spaltungsbericht auf eine „Ausgliederung durch Einzelrechtsübertragung“ analog anwendbar seien.[212] Demgegenüber entschied das LG München I im Infineon-Urteil – im Anschluss an das LG Hamburg[213] – gegen eine Analogie der Spaltungsvorschriften.[214] Zu berücksichtigen ist ferner, dass der II. Zivilsenat des BGH das Umwandlungsrecht auch im Gelatine-Urteil (knapp) angesprochen hat. Das geschah zwar nicht zur Analogiebildung; wohl aber zog der II. Zivilsenat das UmwG ergänzend heran, um die von ihm aufgestellte Voraussetzung der qualifizierten Mehrheit zu plausibilisieren.[215]

49 Im **Schrifttum** finden sich einige Sympathien für eine grundsätzlich bestehende Möglichkeit der Ausstrahlungswirkung.[216] Die Gegenauffassung lehnt dies ab und begründet dies damit, dass eine Anwendung umwandlungsrechtlicher Schutzvorschriften nur dann in Betracht kommt, wenn die umwandlungsrechtlichen Vorteile beansprucht werden.[217] Allgemein wird mit Verweis auf § 1 Abs. 2 abgelehnt, die Wirkung der partiellen Gesamt-

207) Mit dieser Bezeichnung im umwandlungsrechtlichen Kontext schon früh *Veil*, ZIP 1998, 361, 366 f.; *Priester*, ZHR 163 (1999), 187, 198; vgl. auch *Dauner-Lieb/Gadomski* in: KölnKomm-UmwG, § 1 Rz. 46 ff.

208) *Fleischer*, GmbHR 2008, 673, 678; monographisch *Bialluch*, Ausstrahlungswirkungen im Unternehmensrecht, S. 5 ff. und passim.

209) Dazu *Dreher*, ZGR 2010, 496, 501 ff.; im Kontext der Vorstandsvergütung *Fleischer* in: BeckOGK-AktG, § 87 AktG Rz. 32; monographisch etwa *F. Schmidt*, Die Ausstrahlung aufsichtsrechtlicher Corporate Governance auf das Aktienrecht, 2017; *Thaten*, Die Ausstrahlung des Aufsichts- auf das Aktienrecht am Bsp. der Corporate Governance von Banken und Versicherungen, 2016; *J.-B. Fischer*, Ausstrahlungswirkungen im Recht, 2018.

210) Gesetz zur Modernisierung des Personengesellschaftsrechts (Personengesellschaftsrechtsmodernisierungsgesetz – MoPeG), v. 10.8.2021, BGBl. I 2021, 3436.

211) Begr. RegE MoPeG, BT-Drucks. 19/27635, S. 228; dazu Scholz-*K. Schmidt/Bochmann*, GmbHG, § 45 Rz. 51 ff.; zuvor schon zum Gesetz zur Kontrolle und Transparenz im Unternehmensbereich Begr. RegE KonTraG, BR-Drucks. 872/97, S. 37; dazu *T. Drygala/A. Drygala*, ZIP 2000, 297 ff.

212) LG Karlsruhe, Beschl. v. 6.11.1997 – O 43/97 KfH I, NZG 1998, 393, 394 f.; dazu krit. *Bungert*, NZG 1998, 367 ff.

213) LG Hamburg, Urt. v. 21.1.1997 – 402 O 122/96, AG 1997, 238.

214) LG München I, Urt. v. 8.6.2006 – 5 HK O 5025/06 (Infineon), ZIP 2006, 2036, 2038.

215) BGH, Urt. v. 26.4.2004 – II ZR 155/02 (Gelatine), BGHZ 159, 30, 46 = NJW 2004, 1860, 1864.

216) *Drinhausen/Keinath* in: BeckOGK-UmwG, § 1 Rz. 54; Lutter-*Bayer*, UmwG, Einl. I Rz. 69; Lutter-*Drygala*, UmwG, § 1 Rz. 60; *Böttcher* in: NK-UmwG, § 1 Rz. 46; Schmitt/Hörtnagl-*Hörtnagl*, UmwG/UmwStG, § 1 UmwG Rz. 69; *Priester*, ZHR 163 (1999), 187, 198 f.; *Lieder* in: MünchHdb. GesR, Bd. 8, § 4 Rz. 62; *Maulbetsch/Rebel* in: HK-UmwG, § 1 Rz. 14.

217) Semler/Stengel/Leonard-*Stengel*, UmwG, § 1 Rz. 66 f., 68; Henssler/Strohn-*Wamser*, GesR, § 1 UmwG Rz. 27; Widmann/Mayer-*Heckschen*, UmwR, § 1 UmwG Rz. 405; *Aha*, AG 1997, 345, 356; zumindest hinsichtlich einer umfassenden Ausstrahlung ebenso Widmann/Mayer-*Mayer*, UmwR, Anh. 5 Rz. 907 ff. – „abgeschlossenes Schutzsystem“.

rechtsnachfolge zu übertragen, sodass die Streitfrage allein darum kreist, ob die Schutzvorschriften des UmwG ausstrahlen können.[218)]

So vorsichtig man sein sollte, einer Ausstrahlungswirkung pauschal eine Absage zu erteilen, so zurückhaltend sollte die Ausstrahlungswirkung angenommen werden. Das Spaltungsrecht ist kein „Eiland losgelöst vom übrigen Gesellschaftsrecht".[219)] In den §§ 123 ff. kommen grundlegende Wertungen des Gesetzgebers zum Ausdruck. Diese sollte der Rechtsanwender auch bei Maßnahmen außerhalb des UmwG nicht ignorieren. Gleichwohl sind weiterhin die etablierten methodischen Vorgaben an die Analogiebildung einzuhalten.[220)] Das setzt allzu eifrigen Bemühungen, die spaltungsrechtlichen Schutzvorschriften auf die Einzelrechtsübertragung anzuwenden, Grenzen. 50

218) So Lutter-*Drygala*, UmwG, § 1 Rz. 60.

219) Lutter-*Drygala*, UmwG, § 1 Rz. 60; vgl. auch zur „Integrationswirkung des UmwG" *K. Schmidt* in: FS Ulmer, S. 557, 574.

220) Vgl. ähnlich schon zur Ausstrahlungswirkung des Aufsichtsrechts *Dreher*, ZGR 2010, 496, 503.

§ 124
Spaltungsfähige Rechtsträger

(1) An einer Aufspaltung oder einer Abspaltung können als übertragende, übernehmende oder neue Rechtsträger die in § 3 Abs. 1 genannten Rechtsträger sowie als übertragende Rechtsträger wirtschaftliche Vereine, an einer Ausgliederung können als übertragende, übernehmende oder neue Rechtsträger die in § 3 Abs. 1 genannten Rechtsträger sowie als übertragende Rechtsträger wirtschaftliche Vereine, Einzelkaufleute, Stiftungen sowie Gebietskörperschaften oder Zusammenschlüsse von Gebietskörperschaften, die nicht Gebietskörperschaften sind, beteiligt sein.

(2) § 3 Abs. 3 und 4 ist auf die Spaltung entsprechend anzuwenden.

Literatur: *Baderschneider*, Die Stiftung als Zielstruktur im Umwandlungsgesetz, 2017; *Berninger*, Die Unternehmergesellschaft (haftungsbeschränkt) – Sachkapitalerhöhungsverbot und Umwandlungsrecht, GmbHR 2010, 63; *Casper*, Erfahrungen und Reformbedarf bei der SE – Gesellschaftsrechtliche Reformvorschläge, ZHR 173 (2009), 181; *Casper*, Numerus Clausus und Mehrstaatlichkeit bei der SE-Gründung, AG 2007, 97; *Döding/Drechsler/Wentz, K.*, Mitgliederaktivismus als Mechanismus der Corporate Governance im Großverein, ZIP 2022, 1088; *Eckhardt*, Umwandlungen im Insolvenzverfahren, 2023; *Heinemann*, Die Unternehmergesellschaft als Zielgesellschaft von Formwechsel, Verschmelzung und Spaltung nach dem Umwandlungsgesetz, NZG 2008, 820; *Hennrichs*, Die UG (haftungsbeschränkt) – Reichweite des Sacheinlageverbots und gesetzliche Rücklage, NZG 2009, 1161; *Hirte*, Die Europäische Aktiengesellschaft, NZG 2002, 1; *Hoger/Lieder*, Die grenzüberschreitende Anwachsung, ZHR 180 (2016), 613; *Kappenhagen/Wentz, K.*, Vorbereitungsphase grenzüberschreitender Spaltungen – ein Vergleich mit den Vorschriften zu innerstaatlichen Spaltungen, WM 2023, 2113; *Kossmann/Heinrich*, Möglichkeiten der Umwandlung einer bestehenden SE, ZIP 2007, 164; *Madaus*, Umwandlungen als Gegenstand eines Insolvenzplans nach dem ESUG, ZIP 2012, 2133; *Oplustil/Schneider, M.*, Zur Stellung der Europäischen Aktiengesellschaft im Umwandlungsrecht, NZG 2003, 13; *Priester*, Personengesellschaften im Umwandlungsrecht, DStR 2005, 788; *Röder/Schollmeyer*, Verschmelzung und Spaltung der Immobilien-GbR, ZPG 2024, 241, *Scholz*, Die Genossenschaft in der notariellen Praxis, RNotZ 2021, 441; *Teichmann, A.*, Spaltung, in: Lutter, Kölner Umwandlungsrechtstage, 1995, S. 91; *Vossius*, Gründung und Umwandlung der deutschen Europäischen Gesellschaft (SE), ZIP 2005, 741; *Wachter*, Umwandlung insolventer Gesellschaften, NZG 2015, 858; *Wicke*, Die SE als Familienunternehmen, RNotZ 2020, 25.

Übersicht

I. Allgemeines

1 § 124 regelt **abschließend**, welche Rechtsträger übertragender, übernehmender oder neu entstehender Teil einer Spaltung sein können.[1] Das Gesetz verwendet dabei den Begriff „Rechtsträger“[2] und nicht den im grenzüberschreitenden Kontext der Gesellschaftsrechtsrichtlinie[3] in § 321 eingeführten Begriff „Gesellschaften“, was den im Verhältnis zu grenzüberschreitenden Spaltungsvorgängen weiteren Anwendungsbereich innerstaatlicher Spaltungen sprachlich unterstreicht.[4] § 124 bedient sich der für das UmwG charakteristischen **Verweisungstechnik** und nimmt auf § 3 Abs. 1 Bezug, der die verschmelzungsfähigen Rechtsträger regelt, geht inhaltlich jedoch darüber hinaus und lässt auch Spaltungen anderer Rechtsträger in bestimmten Konstellationen zu.[5] So können **wirtschaftliche Vereine** (§ 22 BGB) übertragender Rechtsträger einer Auf-, Abspaltung oder Ausgliederung sein. Zudem kommen als übertragende Rechtsträger einer Ausgliederung neben den in § 3 Abs. 1 genannten auch **Einzelkaufleute, Stiftungen und Gebietskörperschaften** bzw. deren Zusammenschlüsse in Betracht.

2 § 124 Abs. 2 verweist auf § 3 Abs. 3 und Abs. 4 und regelt die **Spaltung aufgelöster Rechtsträger und Misch-Spaltungen.**

1) Semler/Stengel/Leonard-*Zessel/Schwanna*, UmwG, § 124 Rz. 1; *Leuering* in: KölnKomm-UmwG, § 124 Rz. 1; *Fischer* in: NK-UmwG, § 124 Rz. 1; *Raible* in: HK-UmwG, § 124 Rz. 1; zu § 3 Begr. Fraktionsentwurf UmwBerG, BT-Drucks. 12/6699, S. 81.

2) Zum Begriffsverständnis Lutter-*Drygala*, UmwG, § 3 Rz. 2.

3) Richtlinie (EU) 2017/1132 des Europäischen Parlaments und des Rates vom 14. Juni 2017 über bestimmte Aspekte des Gesellschaftsrechts (Gesellschaftsrechtsrichtlinie), ABl. (EU) L 169/46 v. 30.6.2017.

4) Vgl. *Kappenhagen/K. Wentz*, WM 2023, 2113, 2114.

5) Widmann/Mayer-*Weiler*, UmwR, § 124 UmwG Rz. 3, 26.

II. Spaltungsfähigkeit einzelner Rechtsträger

1. eGbR, OHG, KG und PartG (§ 124 Abs. 1 i. V. m. § 3 Abs. 1 Nr. 1)

a) eGbR

Die GbR war bislang vom Umwandlungsrecht „stiefmütterlich behandelt“ worden.[6] Das änderte sich mit Inkrafttreten des **MoPeG**[7]. Nunmehr gehört zumindest die **eingetragene Gesellschaft bürgerlichen Rechts (eGbR)** zum Kreis der in § 3 Abs. 1 Nr. 1 aufgelisteten umwandlungsfähigen Rechtsträger und kann daher (grundsätzlich) auch an einem Spaltungsvorgang teilnehmen, § 124 Abs. 1.[8] Zentral ist dabei das sog. **Voreintragungserfordernis:** Die Spaltungsfähigkeit hängt von der Eintragung im Gesellschafterregister ab.[9] Eine **Spaltung zur Neugründung einer eGbR** setzt ferner voraus, dass diese mindestens zwei Gesellschafter hat.[10] Eine Ausgliederung zur Neugründung scheitert zwangsläufig an dieser Voraussetzung, da eine Aufnahme weiterer Anteilsinhaber des neuen Rechtsträgers dem UmwG fremd ist.[11] Dass eine Ausgliederung zur Neugründung einer Personengesellschaft daher nicht möglich ist, wird von den Gesetzesmaterialien gestützt.[12] Der entsprechende gesetzgeberische Wille kommt zudem in den §§ 152, 161, 168 zum Ausdruck.[13] 3

b) Personenhandelsgesellschaften (OHG, KG)

Die in § 3 Abs. 1 Nr. 1 als Personenhandelsgesellschaften bezeichneten OHG und KG können als übertragende sowie als übernehmende bzw. neu gegründete Rechtsträger an der Spaltung teilnehmen.[14] Eine Spaltung **zur Neugründung** setzt aber voraus, dass an der neu gegründeten OHG bzw. KG **mindestens zwei Gesellschafter** beteiligt sind.[15] 4

c) PartG

Ist die PartG übernehmender oder neu gegründeter Rechtsträger dürfen Mitgliedschaften **nur natürlichen Personen** gewährt werden, die Angehörige der freien Berufe sind, § 1 Abs. 1 Satz 1 und Satz 3 PartGG.[16] Wie bei eGbR, OHG und KG gilt auch für die Spaltung zur Neugründung, dass mindestens zwei Gesellschafter an der neu gegründeten PartG beteiligt sein müssen.[17] 5

---

6) *Priester*, DStR 2005, 788.

7) Gesetz zur Modernisierung des Personengesellschaftsrechts (Personengesellschaftsrechtsmodernisierungsgesetz – MoPeG), v. 10.8.2021, BGBl. I 2021, 3436.

8) Begr. RegE MoPeG, BT-Drucks. 19/27635, S. 264; *Röder/Schollmeyer*, ZPG 2024, 241; *Schollmeyer* in: Schäfer, Das neue Personengesellschaftsrecht, § 12 Rz. 7.

9) *Schollmeyer* in: Schäfer, Das neue Personengesellschaftsrecht, § 12 Rz. 45; *Fischer* in: NK-UmwG, § 124 Rz. 6; Lutter-*Lieder*, UmwG, § 124 Rz. 15.

10) *Verse* in: BeckOGK-UmwG, § 124 Rz. 6; *Schollmeyer* in: Schäfer, Das neue Personengesellschaftsrecht, § 12 Rz. 8; Schmitt/Hörtnagl-*Hörtnagl*, UmwG/UmwStG, § 124 UmwG Rz. 2a.

11) *Verse* in: BeckOGK-UmwG, § 124 Rz. 8; Schmitt/Hörtnagl-*Hörtnagl*, UmwG/UmwStG, § 124 UmwG Rz. 31; a. A. *Nießen* in: KölnKomm-UmwG, § 135 Rz. 47; Semler/Stengel/Leonard-*Bärwaldt*, UmwG, § 135 Rz. 18;

12) Begr. Fraktionsentwurf UmwBerG, BT-Drucks. 12/6699, S. 128; darauf bereits hinweisend *Verse* in: BeckOGK-UmwG, § 124 Rz. 8; Widmann/Mayer-*Weiler*, UmwR, § 124 UmwG Rz. 39.

13) *Verse* in: BeckOGK-UmwG, § 124 Rz. 8.

14) Widmann/Mayer-*Weiler*, UmwR, § 124 UmwG Rz. 33 ff.

15) *Verse* in: BeckOGK-UmwG, § 124 Rz. 6; Widmann/Mayer-*Weiler*, UmwR, § 124 UmwG Rz. 37.

16) *Verse* in: BeckOGK-UmwG, § 124 Rz. 10; Semler/Stengel/Leonard-*Zessel/Schwanna*, UmwG, § 124 Rz. 7; Widmann/Mayer-*Weiler*, UmwR, § 124 UmwG Rz. 43.

17) Widmann/Mayer-*Weiler*, UmwR, § 124 UmwG Rz. 42.

2. Kapitalgesellschaften (§ 124 Abs. 1 i. V. m. § 3 Abs. 1 Nr. 2)

6 Zu den Kapitalgesellschaften gehören nach der Legaldefinition des § 3 Abs. 1 Nr. 2 die **GmbH**, die **AG** und **KGaA**. Ebenfalls von diesem Begriff umfasst sind die **UG (haftungsbeschränkt)** als „Unterform der GmbH"[18] und die **SE**[19].

a) AG

7 Die AG kann sowohl übertragender als auch neu gegründeter bzw. übernehmender Rechtsträger eines Spaltungsvorgangs sein. Allerdings ist die Spaltung einer AG während eines **Zeitraums von zwei Jahren ab Eintragung** der AG ins Handelsregister erheblich **eingeschränkt.** In dieser Phase ist gemäß § 141 nur eine Ausgliederung zur Neugründung möglich (siehe dazu ausführlich § 141 Rz. 37 [*Nolden*]).

b) KGaA

8 Die KGaA unterliegt **denselben Einschränkungen (§ 141) wie die AG**. Die KGaA kann auch bei der Ausgliederung zur Neugründung als neu gegründeter Rechtsträger auftreten, da die Ausgestaltung einer KGaA als „Einpersonengesellschaft" zulässig ist.[20]

c) SE

9 Zumindest im Grundsatz kann eine SE mit Sitz in Deutschland unter den für eine AG geltenden Voraussetzungen an einem Spaltungsvorgang teilnehmen, Art. 9 Abs. 1 lit. c Ziff. ii SE-VO[21] i. V. m. §§ 124 Abs. 1, 3 Abs. 1 Nr. 2.[22]

10 Die **Spaltung einer SE als übertragender Rechtsträger** ist demnach – genauso wie bei der AG und KGaA – durch § 141 eingeschränkt.[23] Die zweijährige Frist des Art. 66 Abs. 1 Satz 2 SE-VO ist dagegen auf Spaltungsvorgänge nicht anzuwenden, da sich ihr Anwendungsbereich allein auf Formwechsel beschränkt (vgl. Art. 66 Abs. 2 SE-VO).[24]

11 Weitreichenden Einschränkungen unterliegt die **Spaltung zur Neugründung einer SE,** da die Gründung einer SE in der SE-VO abschließend geregelt ist (numerus clausus), Art. 1 Abs. 1 SE-VO. Von allen Gründungsarten der Art. 2 und 3 SE-VO kommt im Spaltungskontext allein eine „sekundäre Gründung"[25] (Art. 3 Abs. 2 Satz 1 SE-VO) in Betracht, wobei eine bereits existierende SE eine Tochter-SE gründet. Demnach ist die Ausgliederung (§ 123 Abs. 3 Nr. 2) einer bestehenden SE auf eine neu gegründete SE

18) Lutter-*Drygala*, UmwG, § 3 Rz. 11; Kallmeyer-*Oppenhoff*, UmwG, § 3 Rz. 9.

19) Kallmeyer-*Oppenhoff*, UmwG, § 3 Rz. 11.

20) *Verse* in: BeckOGK-UmwG, § 124 Rz. 12; Widmann/Mayer-*Weiler*, UmwR, § 124 UmwG Rz. 50.

21) Verordnung (EG) Nr. 2157/2001 des Rates v. 8.10.2001 über das Statut der Europäischen Gesellschaft (SE) (SE-VO), ABl. (EU) L 294/1 v. 10.11.2001.

22) Lutter-*Lieder*, UmwG, § 124 Rz. 7 f.; *Verse* in: BeckOGK-UmwG, § 124 Rz. 15 ff.; Kallmeyer-*Sickinger*, UmwG, § 124 Rz. 1; *Oplustil/M. Schneider*, NZG 2003, 13, 17.

23) *Verse* in: BeckOGK-UmwG, § 124 Rz. 17; Widmann/Mayer-*Weiler*, UmwR, § 124 UmwG Rz. 53.

24) *Verse* in: BeckOGK-UmwG, § 124 Rz. 17; Widmann/Mayer-*Weiler*, UmwR, § 124 UmwG Rz. 53; Lutter-*Lieder*, UmwG, § 124 Rz. 8; *Wicke*, RNotZ 2020, 25, 29; *Vossius*, ZIP 2005, 741, 748 – „als Ausnahmevorschrift eng auszulegen"; a. A. *Casper* in: BeckOGK-AktG, Art. 2 SE-VO Rz. 47, der eine analoge Anwendung befürwortet; für Analogie auch *C. Schäfer* in: MünchKomm-AktG, Art. 66 SE-VO Rz. 14; *Oplustil/M. Schneider*, NZG 2003, 13, 17; zumindest bei Übertragung „wesentliche[r] Vermögensbestandteile" ebenso *Johannsen-Roth* in: MünchHdb. GesR, Bd. 8, § 43 Rz. 115.

25) *Johannsen-Roth* in: MünchHdb. GesR, Bd. 8, § 43 Rz. 109; *Casper* in: BeckOGK-AktG, Art. 2 SE-VO Rz. 47; *Casper*, AG 2007, 97, 104.

zulässig.[26] Entgegen einer vereinzelt vertretenen Auffassung[27] kann eine SE nicht als neu gegründeter Rechtsträger an einer Aufspaltung und Abspaltung teilnehmen.[28] Dadurch würde keine Tochter-SE, sondern eine **Schwester-SE** entstehen.[29] Deren Gründung ist mit Blick auf den Wortlaut („Tochtergesellschaften") nicht von Art. 3 Abs. 2 Satz 1 SE-VO umfasst. Auch eine analoge Anwendung ist abzulehnen.

d) GmbH

Von allen Kapitalgesellschaften ist die Spaltungsfähigkeit der GmbH **am wenigsten eingeschränkt**. Sie kann bei einer Aufspaltung, Abspaltung oder Ausgliederung sowohl übertragender als auch aufnehmender bzw. neu gegründeter Rechtsträger sein. Eine mit § 141 vergleichbare Beschränkung ist der GmbH fremd.[30] 12

e) UG (haftungsbeschränkt)

Die UG (haftungsbeschränkt) ist eine **„Unterform der GmbH"**.[31] Sie kann deshalb grundsätzlich beteiligter Rechtsträger einer Spaltung sein.[32] 13

Die Spaltungsfähigkeit einer UG (haftungsbeschränkt) als **übertragender Rechtsträger** ist eingeschränkt: Im Falle einer **Abspaltung** müssen die Kapitalerhaltungsvorschriften gewahrt bleiben, weshalb eine Abspaltung scheitert, wenn die Übertragung des Vermögens zu einer das Stammkapital angreifenden Unterbilanz führt.[33] Eine Kapitalherabsetzung im Zuge der Abspaltung nach § 139 UmwG ist für die UG ausgeschlossen (vgl. §§ 58 Abs. 2 Satz 1, 58a Abs. 4, 5 Abs. 1 GmbHG).[34] Dies gilt nicht, wenn die UG zwischenzeitlich eine Kapitalerhöhung auf über 25.000 € durchgeführt hat und damit zur GmbH erstarkt ist und allein auf die Umfirmierung nach § 5a Abs. 5 Halbs. 2 GmbHG verzichtet hat.[35] Die Kapitalerhaltungsvorschriften sind auch bei der **Ausgliederung** zu beachten. Das ist von Bedeutung, wenn die der UG (haftungsbeschränkt) als Gegenleistung gewährten Anteile am aufnehmenden Rechtsträger weniger wert sind als der übertragene Vermögensteil.[36] 14

---

26) *Verse* in: BeckOGK-UmwG, § 124 Rz. 17; *Casper* in: BeckOGK-AktG, Art. 2 SE-VO Rz. 47; *Oechsler* in: MünchKomm-AktG, Art. 3 SE-VO Rz. 8; *Raible* in: HK-UmwG, § 124 Rz. 31; Habersack/Drinhausen-*Habersack*, SE-Recht, Art. 3 SE-VO Rz. 12; Lutter-*Lieder*, UmwG, § 124 Rz. 9; *Johannsen-Roth* in: MünchHdb. GesR, Bd. 8, § 43 Rz. 114; Widmann/Mayer-*Weiler*, UmwR, § 124 UmwG Rz. 56; a. A. *Hirte*, NZG 2002, 1, 10.

27) *Oechsler* in: MünchKomm-AktG, Art. 3 SE-VO Rz. 8; *Oplustil/M. Schneider*, NZG 2003, 13, 17.

28) Zutreffend die h. M.: *Verse* in: BeckOGK-UmwG, § 124 Rz. 17; Lutter-*Lieder*, UmwG, § 124 Rz. 9; Widmann/Mayer-*Weiler*, UmwR, § 124 UmwG Rz. 55; *Johannsen-Roth* in: MünchHdb. GesR, Bd. 8, § 43 Rz. 114; Habersack/Drinhausen-*Habersack*, SE-Recht, Art. 3 SE-VO Rz. 12; *Casper* in: BeckOGK-AktG, Art. 2 SE-VO Rz. 47; *Casper*, AG 2007, 97, 104; *Casper*, ZHR 173 (2009), 181, 192 f.; *Kossmann/Heinrich*, ZIP 2007, 164, 168; Semler/Stengel/Leonard-*Zessel/Schwanna*, UmwG, § 124 Rz. 9; *Fischer* in: NK-UmwG, § 124 Rz. 2; Kallmeyer-*Sickinger*, UmwG, § 124 Rz. 1.

29) *Casper* in: BeckOGK-AktG, Art. 2 SE-VO Rz. 47; *Casper*, ZHR 173 (2009), 181, 192 f.

30) *Verse* in: BeckOGK-UmwG, § 124 Rz. 11.

31) Widmann/Mayer-*Weiler*, UmwR, § 124 UmwG Rz. 60; Semler/Stengel/Leonard-*Stengel*, UmwG, § 3 Rz. 20a; Schmitt/Hörtnagl-*Hörtnagl*, UmwG/UmwStG, § 124 UmwG Rz. 14.

32) *Fischer* in: NK-UmwG, § 124 Rz. 3; Schmitt/Hörtnagl-*Hörtnagl*, UmwG/UmwStG, § 124 UmwG Rz. 14.

33) *Verse* in: BeckOGK-UmwG, § 124 Rz. 14; Lutter-*Lieder*, UmwG, § 124 Rz. 4; Widmann/Mayer-*Weiler*, UmwR, § 124 UmwG Rz. 63.

34) Widmann/Mayer-*Weiler*, UmwR, § 124 UmwG Rz. 63; *Verse* in: BeckOGK-UmwG, § 124 Rz. 14; Habersack/Casper/Löbbe-*Paura*, GmbHG, § 5a Rz. 68.

35) Widmann/Mayer-*Weiler*, UmwR, § 124 UmwG, Rz. 63.

36) *Verse* in: BeckOGK-UmwG, § 124 Rz. 14.

15 Die **Spaltung zur Neugründung** einer UG (haftungsbeschränkt) ist wegen des Sacheinlageverbots aus § 5a Abs. 2 Satz 2 GmbHG ausgeschlossen, weil nach der gesetzlichen Konzeption des UmwG (vgl. insbesondere §§ 58, 138) umwandlungsrechtliche Neugründungen zwingend Sachgründungen sind.[37)]

16 Die **Spaltung zur Aufnahme** ist nur eingeschränkt möglich, weil das Sacheinlageverbot des § 5a Abs. 2 Satz 2 GmbHG auch bei der Kapitalerhöhung gilt.[38)] Die Spaltung zur Aufnahme ist daher nur zulässig, wenn das Stammkapital im Zuge des Spaltungsvorgangs auf mindestens 25.000 € erhöht wird und die UG (haftungsbeschränkt) damit zur GmbH wird.[39)] Darüber hinaus kann eine UG (haftungsbeschränkt) übernehmender Rechtsträger sein, wenn eine Spaltung im Ausnahmefall ohne Kapitalerhöhung vollzogen wird.[40)]

f) Vor-Gesellschaft und Vorgründungsgesellschaft

17 Die Vor-Gesellschaft und die Vorgründungsgesellschaft sind als solche **nicht spaltungsfähig,**[41)] da die Kapitalgesellschaft *als solche* erst mit Eintragung in das Handelsregister entsteht (vgl. § 11 Abs. 1 GmbHG; § 41 Abs. 1 AktG).[42)] Erst ab diesem Zeitpunkt sind Kapitalgesellschaften spaltungsfähig.[43)] Zuvor können aber bereits auf die später anvisierte Spaltung gerichtete **Vorbereitungshandlungen** vorgenommen werden.[44)] Dies beinhaltet den (aufschiebend bedingten) Abschluss eines Spaltungs- und Übernahmevertrags bzw. den eines Spaltungsplans sowie die Einholung der notwendigen Zustimmungen der Anteilsinhaber.[45)] Die Eintragung der Spaltung in das Handelsregister erfolgt dann unmittelbar nach Eintragung der Kapitalgesellschaft in das Handelsregister.[46)]

3. Genossenschaft (§ 124 Abs. 1 i. V. m. § 3 Abs. 1 Nr. 3)

18 Eine **eingetragene Genossenschaft** (eG) kann ohne drohenden Verstoß gegen das Mindestbeteiligungsgebot gemäß § 4 GenG durch Spaltung gegründet werden (vgl. § 135 Abs. 2 Satz 3).[47)] Jedoch muss die **Mindestbeteiligung** innerhalb von sechs Monaten erreicht werden, da andernfalls die Amtslöschung nach § 80 GenG droht.[48)]

---

37) BGH, Beschl. v. 11.4.2011 – II ZB 9/10, NZG 2011, 666 Rz. 11 ff.; *Berninger*, GmbHR 2010, 63, 69 f.; Lutter-*Lieder*, UmwG, § 124 Rz. 4; *Leuering* in: KölnKomm-UmwG, § 124 Rz. 6; *Nießen* in: KölnKomm-UmwG, § 135 Rz. 53; *Verse* in: BeckOGK-UmwG, § 124 Rz. 13; *Fischer* in: NK-UmwG, § 124 Rz. 3; Kallmeyer-*Sickinger*, UmwG, § 124 Rz. 1; Widmann/Mayer-*Weiler*, UmwR, § 124 UmwG Rz. 67; Habersack/Casper/Löbbe-*Paura*, GmbHG, § 5a Rz. 68; a. A. – indes noch vor dem BGH-Beschluss – *Hennrichs*, NZG 2009, 1161, 1163.

38) Widmann/Mayer-*Weiler*, UmwR, § 124 UmwG Rz. 64; Lutter-*Lieder*, UmwG, § 124 Rz. 5.

39) Widmann/Mayer-*Weiler*, UmwR, § 124 UmwG Rz. 65; Lutter-*Lieder*, UmwG, § 124 Rz. 5; *Berninger*, GmbHR 2010, 63, 69 f.

40) *Heinemann*, NZG 2008, 820, 822; *Berninger*, GmbHR 2010, 63, 69 f.; Semler/Stengel/Leonard-*Stengel*, UmwG, § 3 Rz. 20d; *Verse* in: BeckOGK-UmwG, § 124 Rz. 13; Lutter-*Lieder*, UmwG, § 124 Rz. 5; Widmann/Mayer-*Weiler*, UmwR, § 124 UmwG Rz. 66; Schmitt/Hörtnagl-*Hörtnagl*, UmwG/UmwStG, § 124 UmwG Rz. 14.

41) Kallmeyer-*Sickinger*, UmwG, § 124 Rz. 1.

42) Widmann/Mayer-*Fronhöfer*, UmwR, § 3 UmwG Rz. 74.

43) *Leuering* in: KölnKomm-UmwG, § 3 Rz. 23; Lutter-*Drygala*, UmwG, § 3 Rz. 7; Widmann/Mayer-*Fronhöfer*, UmwR, § 3 UmwG, Rz. 75.

44) *Leuering* in: KölnKomm-UmwG, § 3 Rz. 24; Lutter-*Drygala*, UmwG, § 3 Rz. 7; Kallmeyer-*Sickinger*, UmwG, § 124 Rz. 1, spricht von „vorweggenommener Spaltung".

45) *Leuering* in: KölnKomm-UmwG, § 3 Rz. 24; Widmann/Mayer-*Fronhöfer*, UmwR, § 3 UmwG Rz. 75.

46) *Leuering* in: KölnKomm-UmwG, § 3 Rz. 24.

47) *Verse* in: BeckOGK-UmwG, § 124 Rz. 18; Widmann/Mayer-*Weiler*, UmwR, § 124 UmwG Rz. 68.

48) *Verse* in: BeckOGK-UmwG, § 124 UmwG Rz. 18.

Eine **SCE** kann als Pendant zur innerstaatlichen eG[49] ebenfalls beteiligter Rechtsträger sein, wobei eine Spaltung **zur Neugründung ausscheidet**, da die Gründung abschließend in der SCE-VO[50] geregelt ist.[51] Die SCE-VO kennt keine Art. 3 Abs. 2 SE-VO entsprechende Vorschrift, weshalb die Gründung einer SCE durch Ausgliederung einer bereits bestehenden SCE ausscheidet.[52] 19

4. Eingetragener Verein (§ 124 Abs. 1 i. V. m. § 3 Abs. 1 Nr. 4)

Der eingetragene **Idealverein** i. S. des § 21 BGB kann sich gemäß § 149 Abs. 1 nur an einem Spaltungsvorgang beteiligen, wenn seine **Satzung** oder landesrechtliche Vorschriften nicht entgegenstehen. Als **übertragender Rechtsträger** genießt der Idealverein – anders als der wirtschaftliche Verein, § 124 Abs. 1 – eine weitgehende Spaltungsfähigkeit.[53] Die Gesetzesbegründung nennt als Anwendungsfall die „Abtrennung von Berufssportabteilungen".[54] An einer Spaltung kann der Idealverein als **übernehmender bzw. neu gegründeter Rechtsträger** dagegen nur teilnehmen, wenn das übertragende Vermögen von einem anderen Idealverein stammt, § 149 Abs. 2. Bei der Spaltung zur Neugründung eines Idealvereins ist es gemäß § 135 Abs. 2 Satz 3 zunächst zulässig, dass der neue Idealverein entgegen § 56 BGB bloß ein einziges Mitglied hat; um die Amtslöschung (§ 73 BGB) zu verhindern, muss der Idealverein aber innerhalb von drei Monaten ab Eintragung eine **Mindestanzahl** von drei Mitgliedern erreichen.[55] 20

5. Genossenschaftlicher Prüfungsverband (§ 124 Abs. 1 i. V. m. § 3 Abs. 1 Nr. 5)

Die Spaltungsmöglichkeit des genossenschaftlichen Prüfungsverbands wird **durch § 150 beschränkt**: Demnach kann der genossenschaftliche Prüfungsverband sein Vermögen durch Aufspaltung bzw. einen Vermögensteil durch Abspaltung nur auf einen anderen genossenschaftlichen Prüfungsverband übertragen, § 150 Halbs. 1.[56] Dagegen ist die Ausgliederung sowohl auf einen anderen genossenschaftlichen Prüfungsverband (§ 150 Halbs. 1) als auch auf eine Kapitalgesellschaft (§ 150 Halbs. 2) möglich. Eine sog. **Totalausgliederung**, die das gesamte Vermögen des genossenschaftlichen Prüfungsverbands umfasst, ist unzulässig[57] (siehe zur Zulässigkeit der Totalausgliederung allgemein § 123 Rz. 30 [*Döding/K. Wentz*]). 21

6. VVaG (§ 124 Abs. 1 i. V. m. § 3 Abs. 1 Nr. 6)

Die Beteiligung eines VVaG an einem Spaltungsvorgang wird umwandlungsrechtlich (§ 151) und versicherungsaufsichtsrechtlich **erheblich eingeschränkt**: Nach § 8 Abs. 2 VAG können nur AG, SE, VVaG sowie Körperschaften und Anstalten des öffentlichen Rechts eine Erlaubnis zum Betrieb von Versicherungsgeschäften erhalten. Insbesondere 22

---

49) Vgl. zu den konzeptionellen Unterschieden zwischen SCE und eG *Scholz*, RNotZ 2021, 441, 456 ff.

50) Verordnung (EG) Nr. 1435/2003 des Rates vom 22. Juli 2003 über das Statut der Europäischen Genossenschaft (SCE) (SCE-VO), ABl.(EU) L 207/1 v. 18.8.2003.

51) *Leuering* in: KölnKomm-UmwG, § 124 Rz. 6; *Verse* in: BeckOGK-UmwG, § 124 Rz. 20; Lutter-*Lieder*, UmwG, § 124 Rz. 12; Widmann/Mayer-*Weiler*, UmwR, § 124 UmwG Rz. 73; Schmitt/Hörtnagl-*Hörtnagl*, UmwG/UmwStG, § 124 UmwG Rz. 17.

52) *Verse* in: BeckOGK-UmwG, § 124 Rz. 20; Lutter-*Lieder*, UmwG, § 124 Rz. 12; Widmann/Mayer-*Weiler*, UmwR, § 124 UmwG Rz. 73.

53) Widmann/Mayer-*Weiler*, UmwR, § 124 UmwG Rz. 74; Lutter-*Hennrichs*, UmwG, § 149 Rz. 7.

54) Begr. Fraktionsentwurf UmwBerG, BT-Drucks. 12/6699, S. 116.

55) Widmann/Mayer-*Weiler*, UmwR, § 124 UmwG Rz. 75; *Verse* in: BeckOGK-UmwG, § 124 Rz. 21.

56) Dazu Schmitt/Hörtnagl-*Hörtnagl*, UmwG/UmwStG, § 124 UmwG Rz. 22 f.

57) Widmann/Mayer-*Weiler*, UmwR, § 124 UmwG Rz. 78; *Bloehs* in: BeckOGK-UmwG, § 150 Rz. 5 f.; Semler/Stengel/Leonard-*Katschinski*/*Wolf*, UmwG, § 150 Rz. 6.

daraus erklärt sich die Beschränkung des § 151 Satz 1, wonach die Auf- und Abspaltung nur auf einen VVaG oder eine Versicherungs-AG (bzw. -SE) zulässig ist.[58] Wenn keine Versicherungsverträge übertragen werden, ist auch die Ausgliederung auf eine GmbH möglich (§ 151 Satz 2). Wie bei jeder Umwandlung eines Versicherungsunternehmens ist gemäß § 14 Abs. 1 VAG die **Genehmigung der BaFin** erforderlich.[59]

7. Wirtschaftlicher Verein (§ 124 Abs. 1)

23 Wirtschaftliche Vereine i. S. des § 22 BGB können an einer Spaltung **nur als übertragender Rechtsträger** teilnehmen.[60] Die Rolle eines übernehmenden oder neuen Rechtsträgers kann ein wirtschaftlicher Verein dagegen gemäß § 124 Abs. 1 ausdrücklich nicht einnehmen.[61] Die Gesetzesmaterialien begründen diese Einschränkung mit wesentlichen Rechtsformunterschieden zwischen einem Verein und einer Kapitalgesellschaft: Es fehle dem Verein an einem hinreichenden Gläubigerschutz (z. B. hinsichtlich Rechnungslegung sowie Kapitalaufbringung und -erhaltung).[62] Zudem unterliege der Verein nicht der Mitbestimmung und lasse eine effektive Kontrolle des Vorstandshandelns durch die Mitgliederversammlung vermissen.[63] Daher sei es rechtspolitisch nicht wünschenswert, die Verbreitung des wirtschaftlichen Vereins durch Spaltungsvorgänge zu fördern.[64]

8. Einzelkaufleute (§ 124 Abs. 1)

24 Einzelkaufleute können gemäß § 124 Abs. 1 nur beschränkt an Spaltungen teilnehmen. Es ist allein zulässig, dass ein Einzelkaufmann als **übertragender Rechtsträger** einen Vermögensteil per **Ausgliederung** überträgt. Die zulässigen Zielrechtsträger richten sich nach § 152 Satz 1. Weil ein Einzelkaufmann keine Anteile gewähren kann, scheidet die Spaltung auf einen Einzelkaufmann als **übernehmenden Rechtsträger** aus.[65] Es bestehen aber zumindest alternative Gestaltungsmöglichkeiten: So kann ein vergleichbares Resultat erreicht werden, indem in einem ersten Schritt auf eine Ein-Personen-GmbH eines Einzelkaufmanns gespalten und anschließend diese mit dem Vermögen des Einzelkaufmanns verschmolzen wird (§§ 125 Satz 1 i. V. m. §§ 3 Abs. 2 Nr. 2, 120).[66] Auch Anwachsungslösungen sind möglich.[67]

9. Stiftung (§ 124 Abs. 1)

25 **Rechtsfähige Stiftungen des Privatrechts** i. S. des § 80 BGB sind gemäß § 124 Abs. 1 nur begrenzt spaltungsfähig.[68] Sie können i. R. einer **Ausgliederung** übertragender Rechts-

58) Widmann/Mayer-*Weiler*, UmwR, § 124 UmwG Rz. 79; Semler/Stengel/Leonard-*Niemeyer*, UmwG, § 151 Rz. 4.

59) Lutter-*Wilm*, UmwG, § 151 Rz. 19; Kallmeyer-*Vossius*, UmwG, § 151 Rz. 13 f.

60) Lutter-*Lieder*, UmwG, § 124 Rz. 14; Widmann/Mayer-*Weiler*, UmwR, § 124 UmwG Rz. 82; *Raible* in: HK-UmwG, § 124 Rz. 27.

61) Semler/Stengel/Leonard-*Zessel/Schwanna*, UmwG, § 124 Rz. 5.

62) Begr. Fraktionsentwurf UmwBerG, BT-Drucks. 12/6699, S. 116, 81.

63) Begr. Fraktionsentwurf UmwBerG, BT-Drucks. 12/6699, S. 116, 81 f.; zur Vorstandskontrolle im Vergleich zwischen Aktien- und Vereinsrecht *Döding/Drechsler/K. Wentz*, ZIP 2022, 1088, 1092 ff.

64) Begr. Fraktionsentwurf UmwBerG, BT-Drucks. 12/6699, S. 116.

65) Widmann/Mayer-*Weiler*, UmwR, § 124 UmwG Rz. 88; Lutter-*Lieder*, UmwG, § 124 Rz. 16; Semler/Stengel/Leonard-*Zessel/Schwanna*, UmwG, § 124 Rz. 6; Schmitt/Hörtnagl-*Hörtnagl*, UmwG/UmwStG, § 124 UmwG Rz. 44.

66) Widmann/Mayer-*Weiler*, UmwR, § 124 UmwG Rz. 88; Lutter-*Lieder*, UmwG, § 124 Rz. 16; *Verse* in: BeckOGK-UmwG, § 124 Rz. 23 Fn. 41.

67) Widmann/Mayer-*Weiler*, UmwR, § 124 UmwG Rz. 88; Kallmeyer-*Sickinger*, UmwG, § 124 Rz. 2; Lutter-*Lieder*, UmwG, § 124 Rz. 16; zu verschiedenen Anwachsungsmodellen *Hoger/Lieder*, ZHR 180 (2016), 613, 615.

68) *Baderschneider*, Die Stiftung als Zielstruktur im UmwG, S. 80 ff.; Lutter-*Lieder*, UmwG, § 124 Rz. 13; Widmann/Mayer-*Weiler*, UmwR, § 124 UmwG Rz. 90.

träger einer Spaltung sein, wobei sie die Anteile der übernehmenden Gesellschaft stets selbst erhalten müssen.[69] Nach § 161 kommt eine Ausgliederung nur auf eine aufnehmende Personenhandelsgesellschaft oder Kapitalgesellschaft bzw. zur Neugründung einer Kapitalgesellschaft in Betracht. Für Stiftungen dürfte die Ausgliederung zur Begründung einer Holding-Stiftung besonders relevant sein.[70] Dies gilt zumal Ausgliederungsgegenstand nach § 161 allein ein von der Stiftung betriebenes Unternehmen oder Teile desselben sein können.[71]

Stiftungen verfügen als **„eigentümerloses Rechtssubjekt“**[72] über keine Anteilseigner und können daher keine Anteile i. R. einer Spaltung gewähren.[73] Auch können etwaige Anteile nicht an „Stiftungseigner“ übertragen werden, weshalb die Stiftung **weder für eine Auf- noch Abspaltung** als übertragender Rechtsträger zur Verfügung steht.[74] Für dieses Verbot führt die Gesetzesbegründung insbesondere eine schlechtere Governance in Stiftungen an.[75] So finde eine Kontrolle der Unternehmensleitung der Stiftung durch Mitglieder oder vergleichbar interessierte Personen bei Stiftungen mangels dortiger Existenz nicht statt,[76] was das rechtspolitische Unbehagen gegen eine Übertragung von Vermögenswerten erklärt. Zudem verweist die Gesetzesbegründung auf die Bedenken, gegen die Berücksichtigung wirtschaftlicher Vereine als übernehmender Rechtsträger, die auch für die Stiftung gelten (siehe dazu Rz. 23).[77] 26

Nicht spaltungsfähig sind **Stiftungen des öffentlichen Rechts**[78] und **nicht rechtsfähige Stiftungen des Privatrechts.**[79] Die Spaltungsfähigkeit **kirchlicher Stiftungen** richtet sich danach, ob sie als Stiftung des Privatrechts organisiert sind.[80] 27

10. Gebietskörperschaften (§ 124 Abs. 1)

Die Spaltungsfähigkeit von Gebietskörperschaften (z. B. Bund, Länder, Gemeinden) und **Zusammenschlüssen** von Gebietskörperschaften, **die nicht Gebietskörperschaft sind**, ist eingeschränkt.[81] Sie können gemäß § 124 Abs. 1 ausschließlich **übertragende Rechtsträger einer Ausgliederung** sein. Eine Ausgliederung ist gemäß § 168 nur zulässig, wenn das für die Körperschaft oder den Zusammenschluss maßgebende Bundes- oder Landesrecht dem nicht entgegensteht. Hinsichtlich der weiteren Details der Ausgliederung ist auf die Kommentierung zu den §§ 168 ff. zu verweisen. 28

---

69) Lutter-*Lieder*, UmwG, § 124 Rz. 1; *A. Teichmann* in: Lutter, Kölner Umwandlungsrechtstage, S. 91, 95.

70) Begr. Fraktionsentwurf UmwBerG, BT-Drucks. 12/6699, S. 116; Widmann/Mayer-*Weiler*, UmwR, § 124 UmwG Rz. 90.

71) *Baderschneider*, Die Stiftung als Zielstruktur im UmwG, S. 82.

72) Lutter-*Seyfarth*, UmwG, § 161 Rz. 6.

73) Begr. Fraktionsentwurf UmwBerG, BT-Drucks. 12/6699, S. 130.

74) Widmann/Mayer-*Weiler*, UmwR, § 124 UmwG Rz. 92; Lutter-*Seyfarth*, UmwG, § 161 Rz. 6.

75) Begr. Fraktionsentwurf UmwBerG, BT-Drucks. 12/6699, S. 116; hierzu ausf. *Baderschneider*, Die Stiftung als Zielstruktur im UmwG, S. 117 ff.

76) Begr. Fraktionsentwurf UmwBerG, BT-Drucks. 12/6699, S. 116.

77) Begr. Fraktionsentwurf UmwBerG, BT-Drucks. 12/6699, S. 116; hierzu ausf. *Baderschneider*, Die Stiftung als Zielstruktur im UmwG, S. 125 ff.

78) *Verse* in: BeckOGK-UmwG, § 124 Rz. 23 Fn. 42; ebenso und mit rechtspolitischer Kritik Schmitt/Hörtnagl-*Hörtnagl*, UmwG/UmwStG, § 124 UmwG Rz. 48.

79) Widmann/Mayer-*Weiler*, UmwR, § 124 UmwG Rz. 90.

80) *A. Krüger* in: BeckOGK-UmwG, § 161 Rz. 10; Lutter-*Seyfarth*, UmwG, § 161 Rz. 16.

81) Widmann/Mayer-*Weiler*, UmwR, § 124 UmwG Rz. 94; *Verse* in: BeckOGK-UmwG, § 124 Rz. 23; Schmitt/Hörtnagl-*Hörtnagl*, UmwG/UmwStG, § 124 UmwG Rz. 52 ff.

III. Aufgelöste Rechtsträger (§ 124 Abs. 2 i. V. m. § 3 Abs. 3)

29 Aufgelöste Rechtsträger können gemäß § 124 Abs. 2 i. V. m. § 3 Abs. 3 an der Spaltung als **übertragender Rechtsträger** teilnehmen, wenn ihre Fortsetzung beschlossen werden *könnte*.[82] Dagegen ist mit Blick auf den Wortlaut des § 124 Abs. 2 i. V. m. § 3 Abs. 3 („als übertragende Rechtsträger") ausgeschlossen, dass ein aufgelöster Rechtsträger der **übernehmende Rechtsträger** einer Spaltung ist.[83]

30 Als Pendant zur Sanierungsfusion[84] ermöglicht Abs. 2 i. V. m. § 3 Abs. 3 die **Sanierungsspaltung,**[85] wobei die beiden Umwandlungsszenarien vergleichbare Probleme aufwerfen.[86] So handelt es sich auch bei einer Spaltung zur Neugründung oder Aufnahme in Sanierungsfällen um eine Sacheinlage, weshalb die **Werthaltigkeit der Sacheinlage** bei einer Spaltung auf eine Kapitalgesellschaft aus Gründen der Kapitalerhaltung gewährleistet sein muss, um eine unzulässige Unterpari-Emission zu vermeiden.[87] Bei einer Auf- oder Abspaltung auf eine **Personengesellschaft** besteht diese Gefahr dagegen nicht.[88] Auch eine **Ausgliederung** – bei der es zu einem Aktiv-Aktiv-Tausch kommt – wirft keine vergleichbaren Probleme auf.[89] Eine Sanierungsaufspaltung **zur Neugründung** eines bestehenden Unternehmens mit Unterbilanz ist gleichwohl zulässig, wenn nur das festgesetzte Kapital der Zielgesellschaften dem Wert der aufgespalteten Vermögensmassen entspricht.[90] Hierdurch wird die Unterbilanz der sich umwandelnden Gesellschaft beendet.[91] Freilich müssen bei jeder Sanierungsspaltung auch für die übertragende Gesellschaft die Vorschriften über die Kapitalerhaltung sowie die diese sichernden Vorschriften beachtet werden.[92]

IV. Misch-Spaltungen (§ 124 Abs. 2 i. V. m. § 3 Abs. 4)

31 Misch-Spaltungen sind nur unter Beachtung der **jeweiligen Sondervorschriften** (insbesondere §§ 141, 149 Abs. 2, 150, 151, 152, 161, 168) möglich.[93]

---

82) Lutter-*Lieder*, UmwG, § 124 Rz. 17; *Verse* in: BeckOGK-UmwG, § 124 Rz. 25; *Fischer* in: NK-UmwG, § 124 Rz. 7; Semler/Stengel/Leonard-*Zessel/Schwanna*, UmwG, § 124 Rz. 11.

83) So jeweils zum Verschmelzungsrecht (§ 3 Abs. 3) OLG Brandenburg, Beschl. v. 27.1.2015 – 7 W 118/14, Rz. 13 ff., NZG 2015, 884; OLG Naumburg, Beschl. v. 12.2.1997 – 10 Wx 1-97, NJW-RR 1998, 178, 179; ebenso zum Spaltungsrecht Lutter-*Lieder*, UmwG, § 124 Rz. 18; a. A. *Wachter*, NZG 2015, 858, 861; *Madaus*, ZIP 2012, 2133, 2134 f.

84) Vgl. hierzu etwa *Leuering* in: KölnKomm-UmwG, § 3 Rz. 52 ff.; *Eckhardt*, Umwandlungen im Insolvenzverfahren, S. 118.

85) Zu den Gründen einer Sanierungsspaltung *Tautorus/Janner* in: Münch-AHB Insolvenz und Sanierung, Rz. 21.143.

86) *Hermanns/Holtz* in: Buth/Hermanns, Restrukturierung, Sanierung, Insolvenz, Rz. 23.73.

87) *Hermanns/Holtz* in: Buth/Hermanns, Restrukturierung, Sanierung, Insolvenz, Rz. 23.73; *Tautorus/Janner* in: Münch-AHB Insolvenz und Sanierung, Rz. 21.149.

88) *Hermanns/Holtz* in: Buth/Hermanns, Restrukturierung, Sanierung, Insolvenz, Rz. 23.76.

89) *Hermanns/Holtz* in: Buth/Hermanns, Restrukturierung, Sanierung, Insolvenz, Rz. 23.77; *Tautorus/Janner* in: Münch-AHB Insolvenz und Sanierung, Rz. 21.150.

90) *Hermanns/Holtz* in: Buth/Hermanns, Restrukturierung, Sanierung, Insolvenz, Rz. 23.74; *Tautorus/Janner* in: Münch-AHB Insolvenz und Sanierung, Rz. 21.150.

91) *Hermanns/Holtz* in: Buth/Hermanns, Restrukturierung, Sanierung, Insolvenz, Rz. 23.74.

92) Vgl. *Hermanns/Holtz* in: Buth/Hermanns, Restrukturierung, Sanierung, Insolvenz, Rz. 23.77.

93) *Leuering* in: KölnKomm-UmwG, § 124 Rz. 2; *Verse* in: BeckOGK-UmwG, § 124 Rz. 40; *Fischer* in: NK-UmwG, § 124 Rz. 10.

§ 125
Anzuwendende Vorschriften*)

(1) [1]Soweit sich aus diesem Buch nichts anderes ergibt, sind die Vorschriften des Zweiten Buches auf die Spaltung mit folgenden Ausnahmen entsprechend anzuwenden:

1. **mit Ausnahme des § 62 Absatz 5,**
2. **bei Aufspaltung mit Ausnahme der § 9 Absatz 2 und § 12 Absatz 3 jeweils in Verbindung mit § 8 Absatz 3 Satz 3 Nummer 1 Buchstabe a,**
3. **bei Abspaltung und Ausgliederung mit Ausnahme des § 18,**
4. **bei Ausgliederung mit Ausnahme der §§ 29 bis 34, des § 54 Absatz 1 Satz 1, des § 68 Absatz 1 Satz 1 und des § 71 und für die Anteilsinhaber des übertragenden Rechtsträgers mit Ausnahme des § 14 Absatz 2 und des § 15.**

[2]Eine Prüfung im Sinne der §§ 9 bis 12 findet bei Ausgliederung nicht statt. [3]Bei Abspaltung ist § 133 für die Verbindlichkeit nach § 29 anzuwenden.

(2) An die Stelle der übertragenden Rechtsträger tritt der übertragende Rechtsträger, an die Stelle des übernehmenden oder neuen Rechtsträgers treten gegebenenfalls die übernehmenden oder neuen Rechtsträger.

*) § 125 geändert durch Art. 1 des Zweiten Gesetzes zur Umsetzung der Umwandlungsrichtlinie und zur Änderung weiterer Gesetze (UmRUG), v. 22.2.2023, BGBl. I 2023, Nr. 51; § 125 geändert durch Art. 1 des Dritten Gesetzes zur Änderung des Umwandlungsgesetzes (3. UmwGÄndG), v. 11.7.2011, BGBl. I 2011, 1338; § 125 i. d. F. des UmwBerG geändert durch Art. 1 des Zweiten Gesetzes zur Änderung des Umwandlungsgesetzes (2. UmwGÄndG), v. 19.4.2007, BGBl. I 2007, 542.

Literatur: *Bayer/Wirth*, Eintragung der Spaltung und Eintragung der neuen Rechtsträger – oder: Pfadsuche im Verweisungsdschungel des neuen Umwandlungsrechts, ZIP 1996, 817; *Engelmeyer*, Informationsrechte und Verzichtsmöglichkeiten im Umwandlungsgesetz, BB 1998, 330; *Heckschen/Knaier*, Größte Reform des Umwandlungsrechts – nicht nur Richtlinienumsetzung!, GmbHR 2022, 501; *Kögel*, Firmenrechtliche Besonderheiten des neuen Umwandlungsrechts, GmbHR 1996, 168; *Schnorbus*, Die Direktabspaltung, ZGR 2019, 780.

Übersicht

I. Allgemeines

1 § 125 gilt in der im Zuge des **UmRUG**[1)] überarbeiten Fassung seit dem 1.3.2023. Die Gesetzesänderung diente der Verbesserung der Übersichtlichkeit.[2)] Außerdem wurde der Kreis der auf die Spaltung anwendbaren Vorschriften beschränkt, um dem durch Literatur ausgemachten Bedürfnis einer teleologischen Reduktion der Norm den Boden zu entziehen und insoweit Klarheit zu schaffen.[3)]

2 § 125 legt fest, welche Vorschriften des Verschmelzungsrechts auf die Spaltung anwendbar sind. Die Norm ist der **Nucleus des Spaltungsrechts.**[4)] Für Spaltungen zur Neugründung enthält § 135 weitere Verweisungen, die neben § 125 treten. Die auf Spaltungsvorgänge anzuwendenden Vorschriften werden durch Verweisung auf das Zweite Buch des UmwG (§§ 2 bis 122) bestimmt, dessen Umfang durch explizite Herausnahme einzelner Verschmelzungsvorschriften in § 125 Abs. 1 Satz 1 Nr. 1 bis 5, Satz 2 und 3 wieder begrenzt wird. Zudem stellt § 125 Abs. 1 Satz 1 klar, dass die Vorschriften des Dritten Buchs, d. h. des Spaltungsrechts, vorrangig sind („Soweit sich aus diesem Buch nichts anderes ergibt").[5)] Methodisch handelt es sich bei der Verweisung auf das Verschmelzungsrecht in Absatz 1 anders als der Wortlaut zunächst annehmen lässt („entsprechend") nicht um einen Rechtsgrundverweis, sondern um eine **gesetzesimmanente Rechtsanalogie.**[6)]

3 § 125 legt die **Spiegelbildlichkeit von Verschmelzung und Spaltung** offen (siehe § 123 Rz. 1 [*Döding/K. Wentz*]). Die Anteilsinhaber der an einer Spaltung beteiligten Rechtsträger sind ähnlichen Gefahren ausgesetzt wie diejenigen eines an einer Verschmelzung beteiligten Rechtsträgers, was den angeglichenen Rechtsrahmen erklärt.[7)]

4 § 125 Abs. 2 trägt spaltungstechnischen Besonderheiten terminologisch Rechnung.[8)] Die Vorschrift hat keine sachliche Relevanz.[9)]

---

1) Gesetz zur Umsetzung der Umwandlungsrichtlinie und zur Änderung weiterer Gesetze (UmRUG), v. 22.2.2023, BGBl. I 2023, Nr. 51.

2) Begr. RegE UmRUG, BT-Drucks. 20/3822, S. 82; *Leuering* in: KölnKomm-UmwG, § 125 Rz. 5; Henssler/Strohn-*Galla/Cé. Müller*, GesR, § 125 UmwG Rz. 1 bezeichnen die Verweisung als „äußerst komplex"; krit. auch Lutter-*Lieder*, UmwG, § 125 Rz. 3; *Bayer/Wirth*, ZIP 1996, 817 – „Verweisungsdschungel".

3) *Fischer* in: NK-UmwG, § 125 Rz. 1.

4) *Fischer* in: NK-UmwG, § 125 Rz. 2 – „zentrale Norm"; Semler/Stengel/Leonard-*Zessel/Schwanna*, UmwG, § 125 Rz. 2 – „eine der zentralen Vorschriften"; Widmann/Mayer-*Mayer*, UmwR, § 125 UmwG Rz. 1.7 – „die zentrale Vorschrift"; Lutter-*Lieder*, UmwG, § 125 Rz. 1 – „die zentrale Grundlagenvorschrift".

5) *Verse* in: BeckOGK-UmwG, § 125 Rz. 1; Lutter-*Lieder*, UmwG, § 125 Rz. 2.

6) Vgl. zu dieser Differenzierung z. B. auch Begr. RegE MoPeG, BT-Drucks. 19/27635, S. 222, 251, 274.

7) Begr. Fraktionsentwurf UmwBerG, BT-Drucks. 12/6699, S. 117.

8) *Leuering* in: KölnKomm-UmwG, § 125 Rz. 4; *Verse* in: BeckOGK-UmwG, § 125 Rz. 1.

9) Lutter-*Lieder*, UmwG, § 125 Rz. 78.

II. Anzuwendende Vorschriften

Allgemein ausgeschlossen ist gemäß § 125 Abs. 1 Satz 1 Nr. 1 die Anwendbarkeit des § 62 Abs. 5. Der dort geregelte verschmelzungsrechtliche Squeeze-out findet kein Pendant im Spaltungsrecht.[10)] 5

1. Aufspaltung

a) Aufspaltungsvertrag/-plan

Für die Aufspaltung finden die Vorschriften zum Verschmelzungsvertrag und -plan (§§ 4 bis 7) Anwendung, wobei § 5 durch § 126 (ggf. i. V. m. § 136 bei einer Aufspaltung zur Neugründung) ersetzt wird.[11)] § 4 wird bei der **Aufspaltung zur Neugründung** durch § 136 ersetzt und § 7 findet darauf gemäß § 135 Abs. 1 Satz 1 ebenfalls keine Anwendung.[12)] 6

b) Spaltungsbericht

§ 8 wird durch § 127 ersetzt. § 127 Satz 2 enthält allerdings eine eigene Verweisung auf § 8 Abs. 1 Satz 3 bis 5, Abs. 2 und 3; auf die Aufspaltung ist § 8 Abs. 3 Satz 3 Nr. 1 lit. a nicht anzuwenden (§ 127 Satz 2 Halbs. 2).[13)] 7

c) Spaltungsprüfung

§§ 9 bis 12 UmwG gelten im Fall der Aufspaltung entsprechend,[14)] wobei § 9 Abs. 2 und § 12 Abs. 3 i. V. m. § 8 Abs. 3 Satz 3 Nr. 1 lit. a entfallen (§ 125 Abs. 1 Satz 1 Nr. 2).[15)] Der Spaltungsvertrag oder sein Entwurf ist von einem oder mehreren Spaltungsprüfern auf Vollständigkeit, Richtigkeit darin enthaltener Angaben sowie Angemessenheit des vorgeschlagenen Umtauschverhältnisses und einer etwaigen baren Zuzahlung zu prüfen.[16)] Ob eine Spaltungsprüfung durchzuführen ist, richtet sich nach dem für den jeweiligen Rechtsträger anwendbaren Recht.[17)] Die Spaltungsprüfung betrifft auch den Spaltungsbericht,[18)] wobei hier weder die Zweckmäßigkeit des Aufspaltungsvorgangs noch die Vollständigkeit des Berichts zu prüfen sind.[19)] 8

d) Zustimmungsbeschlüsse

§§ 13 bis 15 gelten für die Aufspaltung entsprechend und werden im Fall der nicht verhältniswahrenden Spaltung durch § 128 ergänzt.[20)] Für **Bewertungsrügen**, die sich 9

10) *Leuering* in: KölnKomm-UmwG, § 125 Rz. 9; Schmitt/Hörtnagl-*Hörtnagl/Rinke*, UmwG/UmwStG, § 125 UmwG Rz. 13; *Fischer* in: NK-UmwG, § 125 Rz. 4.

11) Henssler/Strohn-*Galla/Cé. Müller*, GesR, § 125 UmwG Rz. 4; Lutter-*Lieder*, UmwG, § 125 Rz. 10; Widmann/Mayer-*Mayer*, UmwR, § 125 UmwG Rz. 15.

12) Lutter-*Lieder*, UmwG, § 125 Rz. 10; *Verse* in: BeckOGK-UmwG, § 125 Rz. 9; *Leuering* in: KölnKomm-UmwG, § 125 Rz. 24; Widmann/Mayer-*Mayer*, UmwR, § 125 UmwG Rz. 15.

13) *Verse* in: BeckOGK-UmwG, § 125 Rz. 10; Semler/Stengel/Leonard-*Zessel/Schwanna*, UmwG, § 125 Rz. 5; Widmann/Mayer-*Mayer*, UmwR, § 125 UmwG Rz. 13.

14) So zur Bestellung des Spaltungsprüfers OLG Düsseldorf, Beschl. v. 24.9.2015 – I-26 W 13/15, NZG 2016, 151.

15) Zum Grund des Entfallens *Verse* in: BeckOGK-UmwG, § 125 Rz. 11; *Bungert* in: Fleischer/Hüttemann, Rechtshdb. Unternehmensbewertung, Rz. 22.146.

16) *Engelmeyer*, BB 1998, 330, 332; vgl. auch *Bungert* in: Fleischer/Hüttemann, Rechtshdb. Unternehmensbewertung, Rz. 22.145.

17) Ausf. Widmann/Mayer-*Mayer*, UmwR, § 125 UmwG Rz. 35 ff.

18) *Schnorbus*, ZGR 2019, 780, 803.

19) *Engelmeyer*, BB 1998, 330, 332.

20) Lutter-*Lieder*, UmwG, § 125 Rz. 12; *Verse* in: BeckOGK-UmwG, § 125 Rz. 13; Widmann/Mayer-*Mayer*, UmwR, § 125 UmwG Rz. 51.

gegen das Umtauschverhältnis richten, steht anstelle der Anfechtungsklage allein das **Spruchverfahren** offen (§§ 14 Abs. 2, 15 Abs. 1 Satz 1 und 2 i. V. m. § 125 Abs. 1 Satz 1, § 1 Nr. 5 SpruchG). Das gilt seit Inkrafttreten des UmRUG auch für die Bewertungsrügen von Anteilsinhabern des übernehmenden Rechtsträgers.[21)]

e) Anmeldung zum Register

10 Für die **Aufspaltung zur Aufnahme** gelten die §§ 16, 17 entsprechend.[22)] Die Vorschriften werden durch § 129 ergänzt. Bei einer **Aufspaltung zur Neugründung** entfallen § 16 Abs. 1 (vgl. § 135) sowie § 38. §§ 16 Abs. 2 und Abs. 3 sowie § 17 gelten in diesem Fall entsprechend und werden durch § 137 ergänzt.[23)]

f) Firma

11 § 18 wird nicht modifiziert und gilt entsprechend für die Aufspaltung.[24)] § 125 Abs. 1 Satz 1 Nr. 3 nimmt § 18 nur für Ausgliederung und Abspaltung aus dem Anwendungsbereich aus. § 18 setzt das Erlöschen des übertragenden Rechtsträgers voraus und passt deshalb denklogisch nur für die **Aufspaltung.**[25)] Eine **Firmendoppelung ist unzulässig.**[26)] Das lässt die Anwendung von § 18 angesichts der Vielzahl übernehmender bzw. neu gegründeter Rechtsträger schwierig erscheinen und wirft die Frage auf, welcher der übernehmenden bzw. neuen Rechtsträger die Firma fortführen darf.[27)] Wer hierzu berechtigt ist, richtet sich nach **§ 22 Abs. 1 HGB.**[28)] Entscheidend ist demnach, welcher Rechtsträger das Gewerbe des übertragenden Rechtsträgers „im Großen und Ganzen"[29)] übernimmt.[30)] Nach der Gegenauffassung wird § 22 Abs. 1 HGB durch § 18 verdrängt.[31)] Es stehe den Spaltungsparteien offen, frei zu entscheiden, welcher Rechtsträger die Firma fortführt. Für die hier vertretene Auffassung spricht vor allem die Gesetzesbegründung, die explizit vom Bestehenbleiben des § 22 Abs. 1 HGB neben § 18 ausgeht.[32)] Auch spricht der mit § 22 verfolgte Verkehrsschutz dafür,[33)] bei einer Aufspaltung allein demjenigen Rechtsträger die Fortführung der Firma zu erlauben, der nach der Aufspaltung mit den übertra-

---

21) *Verse* in: BeckOGK-UmwG, § 125 Rz. 13; Kallmeyer-*Sickinger/Lanfermann*, UmwG, § 125 Rz. 18.

22) Lutter-*Lieder*, UmwG, § 125 Rz. 14; *Verse* in: BeckOGK-UmwG, § 125 Rz. 14.

23) Lutter-*Lieder*, UmwG, § 125 Rz. 14; *Verse* in: BeckOGK-UmwG, § 125 Rz. 14; *Leuering* in: KölnKomm-UmwG, § 125 Rz. 25 und 32.

24) Lutter-*Lieder*, UmwG, § 125 Rz. 15; *Leuering* in: KölnKomm-UmwG, § 125 Rz. 13; *Kögel*, GmbHR 1996, 168, 172 f.

25) *Leuering* in: KölnKomm-UmwG, § 125 Rz. 12; *Ritter* in: Münch-AHB AktR, § 8 Rz. 60; anders bei einer weitreichenden Abspaltung, die nur noch ein „Rumpfgeschäft" beim übertragenden Rechtsträger verbleiben lässt, *Kögel*, GmbHR 1996, 168, 173 – „weder logisch noch zwingend".

26) So zu Recht die h. M.: Kallmeyer-*Sickinger/Lanfermann*, UmwG, § 125 Rz. 28; Lutter-*Lieder*, UmwG, § 125 Rz. 14; *Leuering* in: KölnKomm-UmwG, § 125 Rz. 13; *Sagasser* in: Sagasser/Bula, Umwandlungen, § 18 Rz. 70; im Ergebnis auch Widmann/Mayer-*Mayer*, UmwR, § 125 UmwG Rz. 57; a. A. *Kögel*, GmbHR 1996, 168, 173; Schmitt/Hörtnagl-*Hörtnagl/Rinke*, UmwG/UmwStG, § 125 UmwG Rz. 15.

27) *Leuering* in: KölnKomm-UmwG, § 125 Rz. 13.

28) Lutter-*Lieder*, UmwG, § 125 Rz. 14; *Verse* in: BeckOGK-UmwG, § 125 Rz. 15; Widmann/Mayer-*Mayer*, UmwR, § 125 UmwG Rz. 57.

29) BGH, Urt. v. 26.5.1972 – I ZR 44/71, NJW 1972, 2123; BGH, Urt. v. 22.11.1990 – I ZR 14/89, NJW 1991, 1353, 1354.

30) Lutter-*Lieder*, UmwG, § 125 Rz. 15; Widmann/Mayer-*Mayer*, UmwR, § 125 UmwG Rz. 57.

31) *Leuering* in: KölnKomm-UmwG, § 125 Rz. 13; Kallmeyer-*Sickinger/Lanfermann*, UmwG, § 125 Rz. 28; *Sagasser* in: Sagasser/Bula, Umwandlungen, § 18 Rz. 70; vgl. auch mit sogar weitergehendem Ansatz Schmitt/Hörtnagl-*Hörtnagl/Rinke*, UmwG/UmwStG, § 125 UmwG Rz. 15.

32) Begr. Fraktionsentwurf UmwBerG, BT-Drucks. 12/6699, S. 91.

33) Staub-*Burgard*, HGB, § 22 Rz. 1.

genen Vermögensteilen das Gewerbe des übertragenden Rechtsträgers nach außen fortführt.

g) Eintragung im Register, Bekanntmachung und Wirkung der Eintragung

§ 130 ersetzt § 19 Abs. 1 und Abs. 2.[34] Im Fall einer Aufspaltung zur Neugründung erfolgt diese Ersetzung durch eine „Kombination" aus § 130 Abs. 1 und § 137.[35] § 20 wird durch § 131 ersetzt, während § 21 entsprechend gilt.[36] Die Bekanntmachung richtet sich nach § 19 Abs. 3.[37] 12

h) Gläubigerschutz und Schutz der Inhaber von Sonderrechten

Der für das Spaltungsrecht spezifische Gläubigerschutz der §§ 133, 134 tritt **ergänzend** neben § 22 (vgl. § 133 Abs. 1 Satz 2 Halbs. 1).[38] Dasselbe gilt für den Schutz der Inhaber von Sonderrechten aus § 23 (vgl. § 133 Abs. 2 Satz 1).[39] 13

i) Entsprechende Geltung der §§ 24 bis 35a

Die §§ 24 bis 35 sind entsprechend anzuwenden.[40] Dasselbe gilt für den durch das UmRUG neu eingefügten § 35a.[41] Bei der Aufspaltung zur Neugründung existiert der Rechtsträger auf Empfängerseite noch nicht, sodass § 27 gemäß § 135 Abs. 1 Satz 1 „naturgemäß entfällt".[42] Mit Ausnahme von § 37 werden sämtliche Vorschriften der Verschmelzung zur Neugründung (§§ 36 bis 38) durch § 135 bzw. § 137 ersetzt.[43] 14

j) Rechtsformspezifische Besonderheiten

Abhängig von der Rechtsform der an der Spaltung beteiligten Rechtsträger müssen besondere Vorschriften berücksichtigt werden.[44] 15

aa) Personengesellschaften

Auf Personengesellschaften finden die §§ 39 bis 42, auf PartGs die §§ 45a bis 45e entsprechende Anwendung. Das Spaltungsrecht kennt für Personengesellschaften keine eigenen rechtsformspezifischen Bestimmungen.[45] 16

34) *Bayer/Wirth*, ZIP 1996, 817, 818; Semler/Stengel/Leonard-*Zessel/Schwanna*, UmwG, § 125 Rz. 5; Lutter-*Lieder*, UmwG, § 125 Rz. 16.

35) Semler/Stengel/Leonard-*Zessel/Schwanna*, UmwG, § 125 Rz. 5; Lutter-*Lieder*, UmwG, § 125 Rz. 16; *Leuering* in: KölnKomm-UmwG, § 125 Rz. 28; dazu auch *Bayer/Wirth*, ZIP 1996, 817, 819 ff.

36) Lutter-*Lieder*, UmwG, § 125 Rz. 16; Kallmeyer-*Sickinger/Lanfermann*, UmwG, § 125 Rz. 31.

37) Begr. Fraktionsentwurf UmwBerG, BT-Drucks. 12/6699, S. 120; Lutter-*Lieder*, UmwG, § 125 Rz. 16; Kallmeyer-*Sickinger/Lanfermann*, UmwG, § 125 Rz. 27.

38) Kallmeyer-*Sickinger/Lanfermann*, UmwG, § 125 Rz. 32; Lutter-*Lieder*, UmwG, § 125 Rz. 17; Semler/Stengel/Leonard-*Zessel/Schwanna*, UmwG, § 125 Rz. 5; Widmann/Mayer-*Mayer*, UmwR, § 125 UmwG Rz. 13; *Verse* in: BeckOGK-UmwG, § 125 Rz. 17; *Leuering* in: KölnKomm-UmwG, § 125 Rz. 30; offenbar a. A. Henssler/Strohn-*Galla/Cé. Müller*, GesR, § 125 UmwG Rz. 4 – „wird […] ersetzt"; *Raible* in: HK-UmwG, § 125 Rz. 9.

39) Lutter-*Lieder*, UmwG, § 125 Rz. 18; Kallmeyer-*Sickinger/Lanfermann*, UmwG, § 125 Rz. 34; *Verse* in: BeckOGK-UmwG, § 125 Rz. 17.

40) Lutter-*Lieder*, UmwG, § 125 Rz. 18; Kallmeyer-*Sickinger/Lanfermann*, UmwG, § 125 Rz. 35 ff.

41) *Verse* in: BeckOGK-UmwG, § 125 Rz. 23; Kallmeyer-*Sickinger/Lanfermann*, UmwG, § 125 Rz. 37a.

42) Semler/Stengel/Leonard-*Zessel/Schwanna*, UmwG, § 125 Rz. 5; ebenso Lutter-*Lieder*, UmwG, § 125 Rz. 18; *Verse* in: BeckOGK-UmwG, § 125 Rz. 18.

43) *Verse* in: BeckOGK-UmwG, § 125 Rz. 23.

44) Ausf. Lutter-*Lieder*, UmwG, § 125 Rz. 19 ff.

45) Widmann/Mayer-*Mayer*, UmwR, § 125 UmwG Rz. 71; Lutter-*Lieder*, UmwG, § 125 Rz. 20.

bb) Rechtsfähiger Verein

17 § 149 regelt die Spaltungsmöglichkeiten unter Einbeziehung eines rechtsfähigen Vereins und ersetzt § 99.[46] Daneben finden die §§ 100 bis 104a entsprechend Anwendung.

cc) GmbH

18 Im Falle der **Aufspaltung zur Aufnahme** finden die §§ 46 bis 55 entsprechende Anwendung. Zudem regelt § 138 spaltungsrechtliche Besonderheiten. § 54 Abs. 1 Satz 1 Nr. 1 und Nr. 2 finden Anwendung, da im Fall der Aufspaltung kein „Anteilsaustausch" stattfindet.[47] Das Kapitalerhöhungsverbot nach § 54 Abs. 1 Satz 1 Nr. 3 ist dagegen grundsätzlich nicht anzuwenden.[48] Allein wenn der übertragende Rechtsträger nicht voll eingezahlte Anteile am übernehmenden Rechtsträger i. R. der Aufspaltung auf diesen übertragen will, findet § 54 Abs. 1 Satz 1 Nr. 3 Anwendung, da insoweit ein Verstoß gegen § 33 Abs. 1 GmbHG vorliegt, der durch das umwandlungsrechtliche Kapitalerhöhungsverbot ergänzt wird.[49] § 54 Abs. 1 Satz 2 Nr. 2 (Kapitalerhöhungswahlrecht) gilt allein dann entsprechend, wenn die Aufspaltung dazu führt, dass Anteile am übernehmenden Rechtsträger spaltungsbedingt vom übertragenden auf den übernehmenden Rechtsträger übertragen werden.[50]

19 Für die **Aufspaltung zur Neugründung** finden § 56, der teilweise auf §§ 46 ff. rückverweist, sowie §§ 57 bis 59 entsprechende Anwendung.[51] § 138 ersetzt § 58 Abs. 2, was einen Sachgründungsbericht stets erforderlich macht.[52] § 58 Abs. 1 gilt entsprechend, wobei der hiernach zu erstattende Sachgründungsbericht allein Angaben zum übertragenden Vermögensteil zu enthalten hat und hierin nicht der Geschäftsverlauf und die Lage des übertragenden Rechtsträgers dargestellt werden müssen.[53]

dd) AG, SE und KGaA

20 §§ 141 bis 144 regeln rechtsformspezifische Besonderheiten für die Aufspaltung von **AGs**. Diese beanspruchen sowohl für die Spaltung zur Aufnahme als auch zur Neugründung Geltung. Bei einer **Aufspaltung zur Aufnahme** einer AG sind §§ 60 bis 72b grundsätzlich entsprechend anzuwenden.[54] Für Konzernsachverhalte gilt dies auch für die in § 62 Abs. 1 bis Abs. 4 geregelten Erleichterungen (siehe dazu § 123 Rz. 37 [*Döding/K. Wentz*]).[55] § 68 Abs. 1 Satz 1 Nr. 3 findet als Pendant zu § 54 Abs. 1 Satz 1 Nr. 3 nur unter den hierzu dargestellten Voraussetzungen entsprechende Anwendung (siehe Rz. 18).[56]

---

46) *Verse* in: BeckOGK-UmwG, § 125 Rz. 39; *Fischer* in: NK-UmwG, § 125 Rz. 7.

47) Lutter-*Lieder*, UmwG, § 125 Rz. 21; ebenso *Verse* in: BeckOGK-UmwG, § 125 Rz. 28.1; Widmann/Mayer-*Mayer*, UmwR, § 125 UmwG Rz. 79; a. A. Kallmeyer-*Sickinger*/*Lanfermann*, UmwG, § 125 Rz. 56.

48) Lutter-*Lieder*, UmwG, § 125 Rz. 21; *Verse* in: BeckOGK-UmwG, § 125 Rz. 28.

49) Lutter-*Lieder*, UmwG, § 125 Rz. 21; Widmann/Mayer-*Mayer*, UmwR, § 125 UmwG Rz. 80; *Verse* in: BeckOGK-UmwG, § 125 Rz. 28; Kallmeyer-*Sickinger*/*Lanfermann*, UmwG, § 125 Rz. 56.

50) Lutter-*Lieder*, UmwG, § 125 Rz. 22; *Verse* in: BeckOGK-UmwG, § 125 Rz. 29; Widmann/Mayer-*Mayer*, UmwR, § 125 UmwG Rz. 82.

51) Lutter-*Lieder*, UmwG, § 125 Rz. 23.

52) *Verse* in: BeckOGK-UmwG, § 125 Rz. 30; Semler/Stengel/Leonard-*Zessel*/*Schwanna*, UmwG, § 125 Rz. 6.

53) *Verse* in: BeckOGK-UmwG, § 125 Rz. 30; ebenso Lutter-*Lieder*, UmwG, § 125 Rz. 23.

54) Vgl. zu § 125 Abs. 1 Satz 1 i. V. m. §§ 63 bis 65 BGH, Urt. v. 23.2.2021 – II ZR 65/19, Rz. 18 und 36, BGHZ 229, 27, 32 und 38 = NZG 2021, 782; vgl. zu § 125 Abs. 1 Satz 1 i. V. m. § 63 auch KG Berlin, Beschl. v. 25.9.2023 – 12 AktG 3/23, Rz. 35, NZG 2024, 352.

55) Lutter-*Lieder*, UmwG, § 125 Rz. 24; Widmann/Mayer-*Mayer*, UmwR, § 125 UmwG Rz. 89.

56) *Verse* in: BeckOGK-UmwG, § 125 Rz. 32; Lutter-*Lieder*, UmwG, § 125 Rz. 24.

§ 142 Abs. 1 ersetzt § 69 Abs. 1 Satz 1 Halbs. 2.[57] Für die **Aufspaltung zur Neugründung** gelten §§ 73 bis 76, wobei § 75 Abs. 2 durch § 144 ersetzt wird.[58] Der Gründungsbericht nach § 75 Abs. 1 Satz 1 muss sich – wie bei der GmbH – auf den zu übertragenden Vermögensteil und nicht auf die Geschäftslage des übertragenden Rechtsträgers beziehen.[59]

Für die **SE** gelten gemäß Art. 9 Abs. 1 lit. c Ziff. ii SE-VO die für die AG maßgeblichen Vorschriften entsprechend.[60] 21

Für die **KGaA** gelten ebenfalls die Bestimmungen zur AG, wobei darüber hinaus §§ 78, 141, 142, 144 zu beachten sind.[61] § 143 findet keine Anwendung. 22

ee) Eingetragene Genossenschaft, SCE

Für die eG gilt § 147 unabhängig von der Aufspaltungsart, der § 79 ersetzt; §§ 80–95 gelten für die Aufspaltung zur Aufnahme und §§ 96 bis 98 für die Aufspaltung zur Neugründung entsprechend.[62] Für die SCE gelten die gleichen Voraussetzungen (Art. 8 Abs. 1 lit. c Ziff. ii SCE-VO).[63] Eine spaltungsbedingte Neugründung ist allerdings ausgeschlossen (siehe § 124 Rz. 19 [*Döding/K. Wentz*]).[64] 23

ff) Genossenschaftlicher Prüfverband, VVaG

Für den genossenschaftlichen Prüfverband gelten § 150 unmittelbar, der § 105 ersetzt, und §§ 106 bis 108 entsprechend.[65] 24

§ 151 Satz 1 regelt die Möglichkeiten der Spaltung eines VVaG. § 109 ist insoweit verdrängt.[66] Darüber hinaus finden auf die Aufspaltung zur Aufnahme §§ 110 bis 113 und für die Aufspaltung zur Neugründung §§ 114 bis 117 entsprechende Anwendung.[67] Für den kleineren VVaG i. S. des § 210 VAG sind §§ 118, 119 zu beachten.[68] 25

2. Abspaltung

a) Allgemeine Bestimmungen

Grundsätzlich gelten dieselben Vorschriften wie für die Aufspaltung.[69] Allerdings bestehen folgende Modifikationen: § 18 findet gemäß § 125 Abs. 1 Satz 1 Nr. 3 auf die Abspaltung keine Anwendung, da der übertragende Rechtsträger fortbesteht.[70] Die Norm 26

57) *Verse* in: BeckOGK-UmwG, § 125 Rz. 32.

58) Semler/Stengel/Leonard-*Zessel/Schwanna*, UmwG, § 125 Rz. 6; *Verse* in: BeckOGK-UmwG, § 125 Rz. 34; Widmann/Mayer-*Mayer*, UmwR, § 125 UmwG Rz. 88; *Fischer* in: NK-UmwG, § 125 Rz. 7.

59) Lutter-*Lieder*, UmwG, § 125 Rz. 25; *Verse* in: BeckOGK-UmwG, § 125 Rz. 34.

60) *Verse* in: BeckOGK-UmwG, § 125 Rz. 35; Widmann/Mayer-*Mayer*, UmwR, § 125 UmwG Rz. 91.

61) Lutter-*Lieder*, UmwG, § 125 Rz. 27; Semler/Stengel/Leonard-*Zessel/Schwanna*, UmwG, § 125 Rz. 6.

62) *Verse* in: BeckOGK-UmwG, § 125 Rz. 37; Semler/Stengel/Leonard-*Zessel/Schwanna*, UmwG, § 125 Rz. 6.

63) Lutter-*Lieder*, UmwG, § 125 Rz. 29; *Verse* in: BeckOGK-UmwG, § 125 Rz. 38.

64) *Verse* in: BeckOGK-UmwG, § 125 Rz. 38.

65) *Verse* in: BeckOGK-UmwG, § 125 Rz. 39; Semler/Stengel/Leonard-*Zessel/Schwanna*, UmwG, § 125 Rz. 6.

66) *Verse* in: BeckOGK-UmwG, § 125 Rz. 40.

67) Lutter-*Lieder*, UmwG, § 125 Rz. 32; *Verse* in: BeckOGK-UmwG, § 125 Rz. 40; Semler/Stengel/Leonard-*Zessel/Schwanna*, UmwG, § 125 Rz. 6.

68) *Verse* in: BeckOGK-UmwG, § 125 Rz. 40.

69) Lutter-*Lieder*, UmwG, § 125 Rz. 33; Semler/Stengel/Leonard-*Zessel/Schwanna*, UmwG, § 125 Rz. 7.

70) Lutter-*Lieder*, UmwG, § 125 Rz. 33; *Verse* in: BeckOGK-UmwG, § 125 Rz. 15; Semler/Stengel/Leonard-*Zessel/Schwanna*, UmwG, § 125 Rz. 7.

ist angesichts der klaren gesetzgeberischen Intention[71)] auch nicht analog anzuwenden,[72)] wenngleich bisweilen ein praktisches Bedürfnis hierfür angeführt wird.[73)] Die Unanwendbarkeit von § 18 schließt eine Firmenfortführung nach § 22 Abs. 1 HGB jedoch nicht aus.[74)]

27 § 28 entfällt.[75)] Anders als bei der Verschmelzung und der Aufspaltung bleibt nach Wirksamwerden der Abspaltung nämlich der übertragende Rechtsträger bestehen, sodass Klagen gegen ihn gerichtet werden können.[76)]

28 Anders als bei der Aufspaltung (vgl. § 125 Abs. 1 Satz 1 Nr. 2) finden i. R. der Spaltungsprüfung auch die §§ 9 Abs. 2, 12 Abs. 3 i. V. m. § 8 Abs. 3 Satz 3 Nr. 1 lit. a Anwendung.[77)] Bei der Abspaltung einer 100%igen Tochtergesellschaft auf ihre Mutter ist daher keine Spaltungsprüfung erforderlich.[78)] Dies dürfte seit der Neufassung von § 125 unstreitig sein.[79)]

29 § 26, wonach Schadensersatzansprüche nach § 25 durch einen **besonderen Vertreter** geltend gemacht werden, findet nach zustimmungswürdiger h. M. auf die Abspaltung ebenfalls Anwendung.[80)]

30 Seit dem UmRUG stellt § 125 Abs. 1 Satz 3 ausdrücklich klar, dass § 133 auf Ansprüche nach § 29 anzuwenden ist.[81)] Der **Barabfindungsanspruch** der austrittsberechtigten Anteilsinhaber kann daher sowohl gegen den übernehmenden als auch gegen den übertragenden Rechtsträger geltend gemacht werden.[82)]

b) Rechtsformspezifische Besonderheiten

31 Auch bei der Abspaltung sind je nach Rechtsform der an der Spaltung beteiligten Rechtsträger Besonderheiten zu beachten.[83)]

aa) Personengesellschaften

32 Für die Abspaltung unter Beteiligung von Personengesellschaften finden grundsätzlich dieselben Vorschriften Anwendung wie für die Aufspaltung (siehe Rz. 16). §§ 39f, 42, 45e sind dagegen nicht anzuwenden, soweit Verbindlichkeiten beim übertragenden Rechtsträ-

71) Begr. Fraktionsentwurf UmwBerG, BT-Drucks. 12/6699, S. 117; vgl. zum Fortbestand dieser gesetzgeberischen Intention im UmRUG: Begr. RegE UmRUG, BT-Drucks. 20/3822, S. 82 – „keine inhaltliche Änderung“.

72) Im Ergebnis ebenso *Leuering* in: KölnKomm-UmwG, § 125 Rz. 12.

73) Kallmeyer-*Sickinger/Lanfermann*, UmwG, § 125 Rz. 29.

74) *Verse* in: BeckOGK-UmwG, § 125 Rz. 15; Widmann/Mayer-*Mayer*, UmwR, § 125 UmwG Rz. 58; *Leuering* in: KölnKomm-UmwG, § 125 Rz. 12.

75) Kallmeyer-*Sickinger/Lanfermann*, UmwG, § 125 Rz. 17; Lutter-*Lieder*, UmwG, § 125 Rz. 33; Widmann/Mayer-*Mayer*, UmwR, § 125 UmwG Rz. 17; *Verse* in: BeckOGK-UmwG, § 125 Rz. 19; *Fischer* in: NK-UmwG, § 125 Rz. 8.

76) Lutter-*Lieder*, UmwG, § 125 Rz. 33; Widmann/Mayer-*Mayer*, UmwR, § 125 UmwG Rz. 17.

77) *Verse* in: BeckOGK-UmwG, § 125 Rz. 12; Lutter-*Lieder*, UmwG, § 125 Rz. 35.

78) *Bungert* in: Fleischer/Hüttemann, Rechtshdb. Unternehmensbewertung, Rz. 22.145.

79) Vgl. zum vormals bestehenden Streit in der Literatur Lutter-*Lieder*, UmwG, § 125 Rz. 34 f.

80) Lutter-*Lieder*, UmwG, § 125 Rz. 36; *Verse* in: BeckOGK-UmwG, § 125 Rz. 18.1; Widmann/Mayer-*Mayer*, UmwR, § 125 UmwG Rz. 17; a. A. *Leuering* in: KölnKomm-UmwG, § 125 Rz. 31.

81) Zum klarstellenden Charakter Begr. RegE UmRUG, BT-Drucks. 20/3822, S. 83; Lutter-*Lieder*, UmwG, § 125 Rz. 37.

82) Begr. RegE UmRUG, BT-Drucks. 20/3822, S. 83; *Verse* in: BeckOGK-UmwG, § 125 Rz. 21; Henssler/Strohn-*Galla/Cé. Müller*, GesR, § 125 UmwG Rz. 6; dazu und zu kautelarjuristischen Gestaltungsmöglichkeiten Lutter-*Lieder*, UmwG, § 125 Rz. 37.

83) Ausf. Lutter-*Lieder*, UmwG, § 125 Rz. 38 ff.

ger bleiben.[84] Für Verbindlichkeiten, die auf den übernehmenden Rechtsträger übergehen, gelten die Nachhaftungsvorschriften nach §§ 133 Abs. 1, Abs. 3, wobei die Anteilsinhaber dieses Rechtsträgers akzessorisch haften (§§ 721, 721b BGB, §§ 126, 128, 171, 172 HGB, § 8 PartGG).[85]

bb) Rechtsfähiger Verein, genossenschaftlicher Prüfverband, VVaG

Für Abspaltungen unter Beteiligung eines rechtsfähigen Vereins, eines genossenschaftlichen Prüfverbands oder eines VVaG gelten dieselben Voraussetzungen wie für die Aufspaltung.[86] 33

cc) GmbH

Abgesehen von § 51 Abs. 1 Satz 3, der wegen des Fortbestands des übertragenden Rechtsträgers bei der Abspaltung aus teleologischen Gründen nicht anwendbar ist,[87] finden dieselben Vorschriften wie für die Aufspaltung Anwendung.[88] Dieser Regelungskomplex wird durch die §§ 139, 140 ergänzt.[89] 34

dd) AG, SE und KGaA

Grundsätzlich gelten die für die Aufspaltung dargestellten Vorschriften auch für die Abspaltung. Allerdings finden weder § 70 noch § 72 Abs. 1 Anwendung, nachdem es bei der Abspaltung nicht zu einem Umtausch von Aktien kommt.[90] Hinzu treten §§ 145 und 146. Aufgrund des Fortbestehens des übertragenden Rechtsträgers findet § 74 auf die Abspaltung keine Anwendung.[91] Genauso wie bei Aufspaltung gelten gemäß Art. 9 Abs. 1 lit. c Ziff. ii SE-VO[92] die auf die AG anzuwendenden Vorschriften für die SE entsprechend.[93] 35

ee) Eingetragene Genossenschaft, SCE

Neben die für die Aufspaltung geltenden Vorschriften tritt § 148; für die SCE gelten die gleichen Voraussetzungen (Art. 8 Abs. 1 lit. c Ziff. ii SCE-VO).[94] 36

3. Ausgliederung

a) Allgemeine Bestimmungen

Für die Ausgliederung gelten grundsätzlich dieselben Vorgaben wie für die Abspaltung.[95] 37
Das heißt, dass § 28[96] und – wegen der ausdrücklichen Anordnung des § 125 Abs. 1

---

84) Lutter-*Lieder*, UmwG, § 125 Rz. 38; *Verse* in: BeckOGK-UmwG, § 125 Rz. 24 f.; Kallmeyer-*Sickinger/Lanfermann*, UmwG, § 125 Rz. 49.

85) Lutter-*Lieder*, UmwG, § 125 Rz. 38; *Verse* in: BeckOGK-UmwG, § 125 Rz. 24.

86) Lutter-*Lieder*, UmwG, § 125 Rz. 44 ff.; *Verse* in: BeckOGK-UmwG, § 125 Rz. 39 f.

87) *Verse* in: BeckOGK-UmwG, § 125 Rz. 27; Kallmeyer-*Sickinger/Lanfermann*, UmwG, § 125 Rz. 53.

88) Lutter-*Lieder*, UmwG, § 125 Rz. 39; Widmann/Mayer-*Mayer*, UmwR, § 125 UmwG Rz. 18.

89) *Verse* in: BeckOGK-UmwG, § 125 Rz. 26.

90) Lutter-*Lieder*, UmwG, § 125 Rz. 40; *Verse* in: BeckOGK-UmwG, § 125 Rz. 32; Widmann/Mayer-*Mayer*, UmwR, § 125 UmwG Rz. 18; Kallmeyer-*Sickinger/Lanfermann*, UmwG, § 125 Rz. 81.

91) Lutter-*Lieder*, UmwG, § 125 Rz. 40; *Verse* in: BeckOGK-UmwG, § 125 Rz. 34; Kallmeyer-*Sickinger/Lanfermann*, UmwG, § 125 Rz. 83; Widmann/Mayer-*Mayer*, UmwR, § 125 UmwG Rz. 90.

92) Verordnung (EG) Nr. 2157/2001 des Rates v. 8.10.2001 über das Statut der Europäischen Gesellschaft (SE) (SE-VO), ABl. (EU) L 294/1 v. 10.11.2001.

93) Widmann/Mayer-*Mayer*, UmwR, § 125 UmwG Rz. 91; *Verse* in: BeckOGK-UmwG, § 125 Rz. 35.

94) Lutter-*Lieder*, UmwG, § 125 Rz. 42 f.; *Verse* in: BeckOGK-UmwG, § 125 Rz. 37 f.

95) Henssler/Strohn-*Galla/Cé. Müller*, GesR, § 125 UmwG Rz. 8.

96) *Verse* in: BeckOGK-UmwG, § 125 Rz. 51; Widmann/Mayer-*Mayer*, UmwR, § 125 UmwG Rz. 21.

Satz 1 Nr. 3 – § 18[97] auf die Ausgliederung ebenfalls keine Anwendung finden. Allerdings sind folgende **Besonderheiten** zu beachten: Eine Prüfung der Ausgliederung (§§ 9 bis 12) muss gemäß § 125 Abs. 1 Satz 2 ausdrücklich nicht erfolgen. Dies ist konsequent: Da auf Ebene der Anteilsinhaber des übertragenden Rechtsträgers kein „Anteilstausch" stattfindet, muss kein Umtauschverhältnis nach § 126 Abs. 1 Nr. 3 bestimmt werden.[98] Aus diesem Grund sind auch die rechtsformspezifischen §§ 39e, 42, 48, 60, 100 nicht anzuwenden.[99]

38 Im Rahmen der **Beschlüsse über den Ausgliederungsvertrag** (§§ 13 bis 15) finden § 14 Abs. 2 und § 15 keine Anwendung für Anteilsinhaber des übertragenden Rechtsträgers (§ 125 Abs. 1 Satz 1 Nr. 4); die Anteilsinhaber des übertragenden Rechtsträgers sind nämlich von der Ausgliederung nicht unmittelbar betroffen, da die Vermögensübertragung und Anteilsgewährung allein im Verhältnis der übertragenden bzw. übernehmenden Rechtsträger stattfindet.[100] Außerdem findet § 13 Abs. 2 keine Anwendung, da der übertragende Rechtsträger keine Anteilsrechte sondern nur einen Vermögensteil überträgt und § 13 Abs. 2 insoweit aus teleologischen Gründen keine Anwendung finden darf.[101]

39 Nach § 125 Abs. 1 Satz 1 Nr. 4 entfallen die §§ 29 bis 34, § 54 Abs. 1 Satz 1, § 68 Abs. 1 Satz 1 sowie § 71. §§ 29 bis 34 sind nicht anzuwenden, weil die Anteilsinhaber des übertragenden Rechtsträgers **keine Anteile** am übernehmenden Rechtsträger erhalten und ihnen deshalb kein Abfindungsangebot unterbreitet werden muss.[102] Daneben entfällt auch ohne gesetzliche Bestimmung hierzu die Pflicht, unbekannte Aktionäre des übertragenden Rechtsträgers nach § 35 zu benennen, da diese im Falle der Ausgliederung keine Anteile erhalten.[103]

b) Rechtsformspezifische Besonderheiten

40 Je nach beteiligten Rechtsträgern sind unterschiedliche Besonderheiten zu beachten.[104]

aa) Personengesellschaften

41 Für die Ausgliederung unter Beteiligung von Personengesellschaften finden grundsätzlich dieselben Vorschriften Anwendung wie für die Aufspaltung (siehe Rz. 16). Allerdings ist § 40 Abs. 2 nicht anzuwenden, da nicht den Anteilsinhabern, sondern dem übertragenden Rechtsträger Anteile gewährt werden.[105] Nachdem bei der Ausgliederung keine Spaltungsprüfung stattfindet (§ 125 Abs. 1 Satz 2), sind die §§ 39e, 42, 45e Satz 2 nicht anzuwenden.[106] § 42 i. V. m. § 39f, der die Nachhaftung regelt und das Erlöschen des übertragenden Rechtsträgers voraussetzt, findet auf die Ausgliederung ebenfalls keine Anwendung,

---

97) *Verse* in: BeckOGK-UmwG, § 125 Rz. 48; Lutter-*Lieder*, UmwG, § 125 Rz. 57; *Leuering* in: KölnKomm-UmwG, § 125 Rz. 12.

98) Lutter-*Lieder*, UmwG, § 125 Rz. 49; *Leuering* in: KölnKomm-UmwG, § 125 Rz. 14.

99) Lutter-*Lieder*, UmwG, § 125 Rz. 49; *Verse* in: BeckOGK-UmwG, § 125 Rz. 55,

100) Lutter-*Lieder*, UmwG, § 125 Rz. 52 ff.; *Verse* in: BeckOGK-UmwG, § 125 Rz. 45; krit. hierzu *Leuering* in: KölnKomm-UmwG, § 125 Rz. 15.

101) Lutter-*Lieder*, UmwG, § 125 Rz. 51; Widmann/Mayer-*Mayer*, UmwR, § 125 UmwG Rz. 21; *Verse* in: BeckOGK-UmwG, § 125 Rz. 44.

102) Begr. Fraktionsentwurf UmwBerG, BT-Drucks. 12/6699, S. 117; *Leuering* in: KölnKomm-UmwG, § 125 Rz. 18; *Verse* in: BeckOGK-UmwG, § 125 Rz. 52.

103) Lutter-*Lieder*, UmwG, § 125 Rz. 60; *Verse* in: BeckOGK-UmwG, § 125 Rz. 52.

104) Ausf. Lutter-*Lieder*, UmwG, § 125 Rz. 61 ff.

105) Lutter-*Lieder*, UmwG, § 125 Rz. 61; Widmann/Mayer-*Mayer*, UmwR, § 125 UmwG Rz. 73; Kallmeyer-*Sickinger/Lanfermann*, UmwG, § 125 Rz. 46.

106) Lutter-*Lieder*, UmwG, § 125 Rz. 61; vgl. auch *Verse* in: BeckOGK-UmwG, § 125 Rz. 54; Widmann/Mayer-*Mayer*, UmwR, § 125 UmwG Rz. 73.

da die Ausgliederung das Bestehenbleiben des übertragenden Rechtsträgers voraussetzt.[107] Auf PartGs finden §§ 45a–45e entsprechende Anwendung, wobei weder §§ 39e, 45e noch §§ 45e, 39f aus den zur Personengesellschaft genannten Gründen anzuwenden sind.[108]

bb) Rechtsfähiger Verein, genossenschaftlicher Prüfverband, VVaG

Für den **rechtsfähigen Verein** gelten grundsätzlich dieselben Vorschriften wie für die Abspaltung. Die §§ 100, 104a finden jedoch keine Anwendung, da die in den Normen aufgeführten Vorschriften (§§ 9 bis 12 und §§ 29 bis 34) gemäß § 125 Abs. 1 Satz 1 Nr. 4, Satz 2 auf die Ausgliederung keine Anwendung finden.[109] 42

Bei der Aufspaltung unter Einbeziehung eines **genossenschaftlichen Prüfverbands** kann auch auf die Ausführungen zur Aufspaltung verwiesen werden, wobei § 150 Halbs. 2 die Optionen der Ausgliederung erweitert.[110] 43

Für den **VVaG** gelten grundsätzlich die Ausführungen zur Auf- und Abspaltung, wobei § 151 Satz 2 die Ausgliederungsmöglichkeiten erweitert, indem er bestimmt, dass der VVaG im Wege der Ausgliederung einen Vermögensteil auf eine bestehende oder neue GmbH oder AG übertragen kann, sofern keine Versicherungsverträge übertragen werden. § 113 findet keine Anwendung, da bei der Ausgliederung kein Umtauschverhältnis festgelegt wird.[111] 44

cc) GmbH

Auf die Ausgliederung finden grundsätzlich dieselben Vorschriften Anwendung, die auch für die Aufspaltung gelten.[112] Für die GmbH als übertragenden Rechtsträger müssen § 139 und § 140 beachtet werden.[113] Die entsprechende Anwendung von § 46 im Falle der Ausgliederung bedeutet, dass an die Stelle der Anteilsinhaber im Ausgliederungs- und Übernahmevertrag der übertragende Rechtsträger tritt.[114] § 59 Satz 2 findet im Falle der Ausgliederung zur Neugründung keine Anwendung.[115] 45

Die in § 54 Abs. 1 Satz 1 normierten umwandlungsrechtlichen **Kapitalerhöhungsverbote** finden gemäß § 125 Abs. 1 Satz 1 Nr. 4 keine Anwendung.[116] Die Kapitalerhöhungsverbote aus dem GmbHG finden dagegen Anwendung.[117] Das Kapitalerhöhungswahlrecht gemäß § 54 Abs. 1 Satz 2 Nr. 1 ist entsprechend anwendbar. § 125 Abs. 1 Satz 1 Nr. 4 dispensiert in dem seit Inkrafttreten des UmRUG geltenden Wortlaut allein von der Anwendung des § 54 Abs. 1 Satz 1, sodass sich der hierzu ehedem geführte Streit aufgelöst haben dürfte.[118] Auch die Möglichkeit des Anteilsverzichts nach § 54 Abs. 1 Satz 3 wird nicht länger durch § 125 Abs. 1 Satz 1 ausgeschlossen, weshalb auch bei der Ausgliederung zur Aufnahme der übertragende Rechtsträger auf die Anteilsgewährung verzich- 46

107) *Verse* in: BeckOGK-UmwG, § 125 Rz. 54; Kallmeyer-*Sickinger/Lanfermann*, UmwG, § 125 Rz. 49.
108) *Verse* in: BeckOGK-UmwG, § 125 Rz. 54.
109) *Verse* in: BeckOGK-UmwG, § 125 Rz. 71.
110) Lutter-*Lieder*, UmwG, § 125 Rz. 73.
111) *Verse* in: BeckOGK-UmwG, § 125 Rz. 72.
112) Lutter-*Lieder*, UmwG, § 125 Rz. 62.
113) *Verse* in: BeckOGK-UmwG, § 125 Rz. 56; Widmann/Mayer-*Mayer*, UmwR, § 125 UmwG Rz. 22.
114) Kallmeyer-*Sickinger/Lanfermann*, UmwG, § 125 Rz. 50a; *Verse* in: BeckOGK-UmwG, § 125 Rz. 56; missverständlich Lutter-*Lieder*, UmwG, § 125 Rz. 62.
115) Zu den Gründen *Verse* in: BeckOGK-UmwG, § 125 Rz. 62; ebenso Kallmeyer-*Sickinger/Lanfermann*, UmwG, § 125 Rz. 65.
116) Zu den Gründen Lutter-*Lieder*, UmwG, § 125 Rz. 63; *Verse* in: BeckOGK-UmwG, § 125 Rz. 57.
117) Lutter-*Lieder*, UmwG, § 125 Rz. 63; *Verse* in: BeckOGK-UmwG, § 125 Rz. 57.1.
118) Lutter-*Lieder*, UmwG, § 125 Rz. 64; Kallmeyer-*Sickinger/Lanfermann*, UmwG, § 125 Rz. 57.

ten kann.[119] § 54 Abs. 4 gilt nach der Revision von § 125 i. R. des UmRUG entsprechend. Demnach können bare Zuzahlungen auch i. R. der Ausgliederung nur noch unter Wahrung der dort geregelten 10 %-Grenze erfolgen.[120]

dd) AG, SE und KGaA

47 Für die AG, SE und KGaA gelten im Grundsatz die gleichen Voraussetzungen wie im Fall der Aufspaltung. Im Falle der **Ausgliederung zur Aufnahme** sind darüber hinaus § 142 (Sacheinlageprüfung in Bezug auf die übernehmende AG) und § 141, § 145 und § 146 (Sperrfrist, Kapitalherabsetzung und Kapitaldeckungserklärung in Bezug auf die übertragende AG) zu beachten.[121] § 60 ist nicht anzuwenden, da eine Spaltungsprüfung bei einer Ausgliederung obsolet ist (§ 125 Abs. 1 Satz 2).[122] § 125 Abs. 1 Satz 1 Nr. 4 schließt die Anwendung allein von § 68 Abs. 1 Satz 1 aus, weshalb sowohl § 68 Abs. 1 Satz 2 Nr. 1 als auch § 68 Abs. 1 Satz 3 Anwendung finden. Auch § 68 Abs. 3 findet mit Blick auf den eindeutigen Wortlaut von § 125 Abs. 1 Satz 1 Nr. 4 Anwendung.[123] § 69 Abs. 1 Satz 1 Halbs. 2 wird durch § 142 Abs. 1 ersetzt, was eine Sacheinlageprüfung in jedem Fall erforderlich macht.[124] § 71 ist bereits explizit durch § 125 Abs. 1 Satz 1 Nr. 4 ausgeschlossen. Daneben finden §§ 70 und 72 keine Anwendung, weil es im Falle der Ausgliederung nicht zu einem Anteilsaustausch kommt.[125]

48 Für die **Ausgliederung zur Neugründung** sind § 74 sowie § 75 Abs. 2 nicht anzuwenden, da die Vorschriften durch § 144 ersetzt werden, was eine Gründungsprüfung und einen Gründungsbericht stets erforderlich macht.[126]

49 Für eine SE mit Sitz in Deutschland gelten gemäß Art. 9 Abs. 1 lit. c Ziff. ii SE-VO die auf die AG anzuwendenden Vorschriften entsprechend. Dies gilt nur, wenn die SE als übertragender Rechtsträger an der Ausgliederung beteiligt ist. Eine spaltungsrechtliche Neugründung einer SE ist gemäß Art. 3 Abs. 2 SE-VO nur in Form der Ausgliederung einer 100%igen Tochter-SE aus der Mutter-SE möglich (zur eingeschränkten Beteiligungsfähigkeit der SE an Spaltungsvorgängen siehe § 124 Rz. 11 [*Döding/K. Wentz*]).[127]

50 Für die Ausgliederung unter Beteiligung einer KGaA ist rechtsformspezifisch § 78 neben den für die AG geltenden Vorschriften zu berücksichtigen.[128]

---

119) Zum Streit um eine teleologische Reduktion von § 125 Abs. 1 Satz 1 in der vor dem UmRUG geltenden Fassung *Heckschen/Knaier*, GmbHR 2022, 501, 510; Lutter-*Lieder*, UmwG, § 125 Rz. 65; *Verse* in: BeckOGK-UmwG, § 125 Rz. 58.

120) Zu Recht *Verse* in: BeckOGK-UmwG, § 125 Rz. 60; Kallmeyer-*Sickinger/Lanfermann*, UmwG, § 125 Rz. 60; a. A. Lutter-*Lieder*, UmwG, § 125 Rz. 67, der sich für eine „zwanglose" Auslegung von § 125 Abs. 1 Satz 1 Nr. 4 ausspricht.

121) *Verse* in: BeckOGK-UmwG, § 125 Rz. 63; Widmann/Mayer-*Mayer*, UmwR, § 125 UmwG Rz. 94.

122) Lutter-*Lieder*, UmwG, § 125 Rz. 70; *Verse* in: BeckOGK-UmwG, § 125 Rz. 64; Widmann/Mayer-*Mayer*, UmwR, § 125 UmwG Rz. 92.

123) Widmann/Mayer-*Mayer*, UmwR, § 125 UmwG Rz. 93; *Verse* in: BeckOGK-UmwG, § 125 Rz. 64; Kallmeyer-*Sickinger/Lanfermann*, UmwG, § 125 Rz. 77 und 60; a. A. Lutter-*Lieder*, UmwG, § 125 Rz. 70.

124) *Verse* in: BeckOGK-UmwG, § 125 Rz. 64; ebenso Widmann/Mayer-*Mayer*, UmwR, § 125 UmwG Rz. 22.

125) Lutter-*Lieder*, UmwG, § 125 Rz. 70; *Verse* in: BeckOGK-UmwG, § 125 Rz. 65; Widmann/Mayer-*Mayer*, UmwR, § 125 UmwG Rz. 22; Kallmeyer-*Sickinger/Lanfermann*, UmwG, § 125 Rz. 81.

126) *Verse* in: BeckOGK-UmwG, § 125 Rz. 66; ebenso Widmann/Mayer-*Mayer*, UmwR, § 125 UmwG Rz. 24; Kallmeyer-*Sickinger/Lanfermann*, UmwG, § 125 Rz. 83.

127) *Verse* in: BeckOGK-UmwG, § 125 Rz. 67.

128) *Verse* in: BeckOGK-UmwG, § 125 Rz. 68.

ee) Eingetragene Genossenschaft, SCE

51 Für die eG und die SCE gelten dieselben Vorschriften wie für die Aufspaltung.[129)]

ff) Einzelkaufmann, rechtsfähige Stiftung, Gebietskörperschaften

52 Für die **Ausgliederung zur Aufnahme** unter Einbeziehung eines **Einzelkaufmanns** sind neben den allgemeinen Vorschriften über die Ausgliederung die §§ 152 bis 157 zu beachten.[130)] Für die **Ausgliederung zur Neugründung** unter Einbeziehung eines Einzelkaufmanns sind neben den allgemeinen Vorschriften über die Ausgliederung die §§ 152, 158 bis 160 zu anzuwenden.[131)]

53 Im Falle der Ausgliederung unter Einbeziehung einer **rechtsfähigen Stiftung** sind neben den allgemeinen Vorschriften §§ 161 bis 167 zu beachten.[132)]

54 Im Falle der Ausgliederung unter Einbeziehung einer **Gebietskörperschaft oder eines Zusammenschlusses einer Gebietskörperschaft** sind neben den allgemeinen Vorschriften §§ 168 bis 173 zu anzuwenden.[133)]

129) Lutter-*Lieder*, UmwG, § 125 Rz. 71.

130) Lutter-*Lieder*, UmwG, § 125 Rz. 75; *Verse* in: BeckOGK-UmwG, § 125 Rz. 73; Widmann/Mayer-*Mayer*, UmwR, § 125 UmwG Rz. 22.

131) Lutter-*Lieder*, UmwG, § 125 Rz. 75; dazu auch inklusive Verweisungen des § 158 Widmann/Mayer-*Mayer*, UmwR, § 125 UmwG Rz. 24.

132) Lutter-*Lieder*, UmwG, § 125 Rz. 76; *Verse* in: BeckOGK-UmwG, § 125 Rz. 73; Widmann/Mayer-*Mayer*, UmwR, § 125 UmwG Rz. 22 und 24.

133) Lutter-*Lieder*, UmwG, § 125 Rz. 77; *Verse* in: BeckOGK-UmwG, § 125 Rz. 73; Widmann/Mayer-*Mayer*, UmwR, § 125 UmwG Rz. 22 und 24.

Zweiter Abschnitt
Spaltung zur Aufnahme

§ 126

Inhalt des Spaltungs- und Übernahmevertrags[*)]

(1) Der Spaltungs- und Übernahmevertrag oder sein Entwurf muß mindestens folgende Angaben enthalten:

1. **den Namen oder die Firma und den Sitz der an der Spaltung beteiligten Rechtsträger;**
2. **die Vereinbarung über die Übertragung der Teile des Vermögens des übertragenden Rechtsträgers jeweils als Gesamtheit gegen Gewährung von Anteilen oder Mitgliedschaften an den übernehmenden Rechtsträgern;**
3. **bei Aufspaltung und Abspaltung das Umtauschverhältnis der Anteile und gegebenenfalls die Höhe der baren Zuzahlung oder Angaben über die Mitgliedschaft bei den übernehmenden Rechtsträgern;**
4. **bei Aufspaltung und Abspaltung die Einzelheiten für die Übertragung der Anteile der übernehmenden Rechtsträger oder über den Erwerb der Mitgliedschaft bei den übernehmenden Rechtsträgern;**

5. den Zeitpunkt, von dem an diese Anteile oder die Mitgliedschaft einen Anspruch auf einen Anteil am Bilanzgewinn gewähren, sowie alle Besonderheiten in bezug auf diesen Anspruch;
6. den Zeitpunkt, von dem an die Handlungen des übertragenden Rechtsträgers als für Rechnung jedes der übernehmenden Rechtsträger vorgenommen gelten (Spaltungsstichtag);
7. die Rechte, welche die übernehmenden Rechtsträger einzelnen Anteilsinhabern sowie den Inhabern besonderer Rechte wie Anteile ohne Stimmrecht, Vorzugsaktien, Mehrstimmrechtsaktien, Schuldverschreibungen und Genußrechte gewähren, oder die für diese Personen vorgesehenen Maßnahmen;
8. jeden besonderen Vorteil, der einem Mitglied eines Vertretungsorgans oder eines Aufsichtsorgans der an der Spaltung beteiligten Rechtsträger, einem geschäftsführenden Gesellschafter, einem Partner, einem Abschlußprüfer oder einem Spaltungsprüfer gewährt wird;
9. die genaue Bezeichnung und Aufteilung der Gegenstände des Aktiv- und Passivvermögens, die an jeden der übernehmenden Rechtsträger übertragen werden, sowie der übergehenden Betriebe und Betriebsteile unter Zuordnung zu den übernehmenden Rechtsträgern;
10. bei Aufspaltung und Abspaltung die Aufteilung der Anteile oder Mitgliedschaften jedes der beteiligten Rechtsträger auf die Anteilsinhaber des übertragenden Rechtsträgers sowie den Maßstab für die Aufteilung;
11. die Folgen der Spaltung für die Arbeitnehmer und ihre Vertretungen sowie die insoweit vorgesehenen Maßnahmen.

(2) [1]Soweit für die Übertragung von Gegenständen im Falle der Einzelrechtsnachfolge in den allgemeinen Vorschriften eine besondere Art der Bezeichnung bestimmt ist, sind diese Regelungen auch für die Bezeichnung der Gegenstände des Aktiv- und Passivvermögens (Absatz 1 Nr. 9) anzuwenden. [2]§ 28 der Grundbuchordnung ist zu beachten. [3]Im übrigen kann auf Urkunden wie Bilanzen und Inventare Bezug genommen werden, deren Inhalt eine Zuweisung des einzelnen Gegenstandes ermöglicht; die Urkunden sind dem Spaltungs- und Übernahmevertrag als Anlagen beizufügen.

(3) Der Vertrag oder sein Entwurf ist spätestens einen Monat vor dem Tag der Versammlung der Anteilsinhaber jedes beteiligten Rechtsträgers, die gemäß § 125 in Verbindung mit § 13 Abs. 1 über die Zustimmung zum Spaltungs- und Übernahmevertrag beschließen soll, dem zuständigen Betriebsrat dieses Rechtsträgers zuzuleiten.

*) § 126 i. d. F. des UmwBerG geändert durch Art. 1 des Gesetzes zur Änderung des Umwandlungsgesetzes, des Partnerschaftsgesellschaftsgesetzes und anderer Gesetze (UmwGÄndG), v. 22.7.1998, BGBl. I 1998, 1878.

Literatur: *Bachmann*, Außer Wesen nichts gewesen?, ZHR 185 (2021), 52; *Bachner*, Individualarbeits- und kollektivrechtliche Auswirkungen des neuen Umwandlungsgesetzes, NJW 1995, 2881; *Bandehzadeh*, Verschmelzungen unter Beteiligung von Aktiengesellschaften: Bestellung eines Treuhänders bei unverbrieften Aktien (§ 71 Abs. 1 UmwG)?, DB 2007, 1514; *Berner/Klett*, Die Aufteilung von Vertragsverhältnissen, NZG 2008, 601; *Blasche*, Die Bezeichnung von Grundstücken, unvermessenen Teilflächen und Rechten an Grundstücken im Spaltungs- und Übernahmevertrag, NZG 2016, 328; *Blechmann*, Die Zuleitung des Umwandlungsvertrags an den Betriebsrat, NZA 2005, 1143; *Corzelius/Senn*, Arbeitnehmer als Geschäftsführer im Kontext des Unternehmenskaufs, GWR 2024, 191; *Drees/Uckermann*, Pensionsverpflichtungen bei der Unternehmensliquidation: Trotz Versorgungsverbindlichkeiten alles im grünen Bereich bei der Unternehmensauflösung, PU 2024, 96; *Drygala, A.*, Die Reichweite der arbeitsrechtlichen Angaben im Verschmelzungsvertrag, ZIP 1996, 1365; *Dzida*, Die Unterrichtung des „zuständigen" Betriebsrats bei innerstaatlichen und grenzüberschreitenden Verschmelzungen, GmbHR 2009, 459; *Fedke*, Auswirkungen von konzerninternen Verschmelzungsvorgängen auf bestehende Unternehmensverträge, Der Konzern 2008, 533; *Gattringer*, Die rätselhafte Begrenzung der Nachhaftung auf das Nettoaktivvermögen bei der Spaltung, NZG 2023, 443; *Gaul*, Beteiligungsrechte von Wirtschaftsausschuss und Betriebsrat bei Umwandlung und Betriebsübergang, DB 1995, 2265; *Graef*, Nichtangabe von besonderen Vorteilen im Verschmelzungsvertrag gemäß § 5 Abs. 1 Nr. 8 UmwG – Unwirksamkeit der getroffenen Vereinbarungen?, GmbHR 2005, 908; *Gröne*, Die Ausgliederung aus dem Vermögen des Einzelkaufmanns auf die GmbH, RNotZ 2022, 293; *Grunewald*, Auslegung von Unternehmens- und Umwandlungsverträgen, ZGR 2009, 647; *DNotI*, Gutachten: UmwG §§ 2, 6; EGBGB Art. 11 – Abschluss eines Verschmelzungsvertrags; Auslandsbeurkundung, DNotI-Report 2016, 93; *Hahn*, Zum Gläubigerschutz bei der Spaltung von Kapitalgesellschaften, GmbHR 1991, 242; *Hausch*, Arbeitsrechtliche Pflichtangaben nach dem UmwG, RNotZ 2007, 308; *Heckschen*, Anteilsgewähr bei Verschmelzung, Spaltung und Formwechsel – aktuelle Entwicklungen, GmbHR 2021, 8; *Heckschen*, Der Verzicht auf Anteilsgewähr – Gestaltungsmöglichkeiten und Grenzen aus gesellschaftsrechtlicher Sicht, GWR 2010, 101; *Heckschen*, Die Pflicht zur Anteilsgewährung im Umwandlungsrecht, DB 2008, 1363; *Heidenhain*, Spaltungsvertrag und Spaltungsplan, NJW 1995, 2873; *Kappenhagen/Wentz, K.*, Vorbereitungsphase grenzüberschreitender Spaltungen – ein Vergleich mit den Vorschriften zu innerstaatlichen Spaltungen, WM 2023, 2113; *Kleindiek*, Vertragsfreiheit und Gläubigerschutz im künftigen Spaltungsrecht, ZGR 1992, 513; *Krause*, Wie lang ist ein Monat? – Fristberechnung am Beispiel des § 5 Abs. 3 UmwG, NJW 1999, 1448; *Lakenberg*, Rechtsprechungsregeln für die umwandlungsrechtliche Übertragung von Arbeitsverhältnissen, NJW 2018, 3064; *Lieder*, Die rechtsgeschäftliche Sukzession, 2015; *Lunk*, GmbH-Geschäftsführer: Kündigungsschutz und Betriebsübergang, NZG 2024, 60; *Lutz*, Hinweise für den Vertragsgestalter bei einer grenzüberschreitenden Verschmelzung unter dem besonderen Gesichtspunkt der Hinausverschmelzung, BWNotZ 2010, 23; *Marx*, Auswirkungen der Spaltung nach dem Umwandlungsgesetz auf Rechtsverhältnisse mit Dritten, 2001; *Mayer*, Erste Zweifelsfragen bei der Unternehmensspaltung, DB 1995, 861; *Meiß*, Gesellschaftsrechtliche Umstrukturierungen und die Auswirkungen auf die Vergabe öffentlicher Aufträge, 2018; *Melchior*, Die Beteiligung von Betriebsräten an Umwandlungsvorgängen aus Sicht des Handelsregisters, GmbHR 1996, 833; *Müller*, Auswirkungen von Umstrukturierungen nach dem Umwandlungsgesetz auf Beherrschungs- und Gewinnabführungsverträge, BB 2002, 157; *Pfaff*, Disposivität der Betriebsratsunterrichtung im Umwandlungsverfahren, DB 2002, 686; *Priester*, Anteilsgewährung und sonstige Leistungen bei Verschmelzung und Spaltung, ZIP 2013, 2033; *Priester*, Mitgliederwechsel im Umwandlungszeitpunkt, DB 1997, 560; *Priester*, Das neue Umwandlungsrecht aus notarieller Sicht, DNotZ, 1995, 427; *Rieble*, Verschmelzung und Spaltung von Unternehmen und ihre Folgen für Schuldverhältnisse mit Dritten, ZIP 1997, 301; *Saal/Flockhaus*, „Outsourcing" von Pensionsverbindlichkeiten – Wirksame Maßnahmen im Niedrigzinsumfeld, BB 2017, 2933; *Schmidt, J.*, BB-Gesetzgebungs- und Rechtsprechungsreport zum Europäischen Unternehmensrecht 2023/2024, BB 2024, 1859; *Schmidt, H.*, Verschmelzung – Spaltung – Formwechsel nach neuem Umwandlungsrecht und Umwandlungssteuerrecht, in: Lutter, Kölner Umwandlungsrechtstage, 1995; *Schnorbus*, Die Direktabspaltung, ZGR 2019, 780; *Seeburger*, Die Zu- und Aufteilung von Vertragsverhältnissen im Rahmen der Unternehmensspaltung, 2022; *Teichmann*, Die Spaltung von Rechtsträgern als Akt der Vermögensübertragung, ZGR 1993, 396; *Thiele/König*, Die Anforderungen an die Bezeichnung der zu übertragenden Gegenstände des Aktiv- und Passivvermögens gem. § 126 Abs. 1 Nr. 9 UmwG, NZG 2015, 178; *Timm*, Die Auswirkungen einer Realteilung des herrschenden Unternehmens auf Beherrschungs- und Gewinnabführungsverträge, DB 1993, 569; *Weiler*, Grenzen der Dispositionsfreiheit bei der umwandlungsrechtlichen Anteilsgewähr, GmbHR 2021, 473; *Weiler*, Die „Spaltung zu Null" als Mittel der Umstrukturierung von Unternehmen, NZG 2013, 1326; *Wicke*, Der Grundsatz der Anteilsgewährung bei der Verschmelzung und seine Ausnahmen, ZGR 2017, 527; *Willemsen*, Arbeitsrecht im Umwandlungsgesetz, NZA 1996, 791; *Wirth*, Auseinanderspaltung als Mittel zur Trennung von Familienstämmen und zur Filialabspaltung, AG 1997, 455; *Wlotzke*, Arbeitsrechtliche Aspekte des neuen Umwandlungsrechts, DB 1995, 40; *Yalcin*, Betriebsratsrechte nach dem Umwandlungsgesetz, AuR 2022, 409.

Übersicht

I. Allgemeines

1. Regelungskonzept

1 Das Gesetz unterscheidet zwischen dem in § 126 geregelten „Spaltungs- und Übernahmevertrag" und dem „Ausgliederungs- und Übernahmevertrag" (vgl. §§ 131 Abs. 1 Nr. 3 Satz 3, 157), ohne dass sich aus der terminologischen Unterscheidung rechtliche Konsequenzen

ergeben würden.[1] Der Ausgliederungs- und Übernahmevertrag ist schlicht eine **Unterform** des Spaltungs- und Übernahmevertrag.[2]

§ 126 ist das Pendant zum Verschmelzungsvertrag (vgl. § 5).[3] Von der für das UmwG charakteristischen Verweisungstechnik,[4] wonach wegen des weitgehenden inhaltlichen Gleichlaufs eine Verweisung auf § 5 möglich gewesen wäre,[5] hat der Gesetzgeber bewusst Abstand genommen, um die Gesetzesanwendung zu vereinfachen.[6] Das Gesetz spricht ohne erkennbaren Mehrwert vom **„Spaltungs- und Übernahmevertrag"** anstatt in Anlehnung an § 4 allein vom „Spaltungsvertrag".[7] Allein in § 354 Abs. 3 verwendet das Gesetz den Begriff „Spaltungsvertrag" und deutet an, dass aus der Bezeichnung als Spaltungs- und **Übernahme**vertrag keine rechtlichen Konsequenzen folgen. 2

§ 126 Abs. 1 und Abs. 2 regeln die **inhaltlichen Mindestanforderungen** an einen Spaltungs- und Übernahmevertrag. Diese werden über die Verweisung in § 125 erweitert und umfassen im Einzelfall auch das Abfindungsangebot bei Auf- und Abspaltungen (§§ 125, 29), die Bestimmung der Gesellschafterstellung bei Beteiligung einer Personenhandelsgesellschaft als übernehmender Rechtsträger (§§ 125, 40 Abs. 1), die Angabe bestimmter persönlicher Daten bei Beteiligung einer PartG als übernehmender Rechtsträger (§§ 125 Abs. 1 Satz 1, 45b), die Bestimmung der Geschäftsanteile an einer übernehmenden GmbH (§§ 125, 46) sowie besondere Bestimmungen bei Aufnahme durch eine Genossenschaft (§§ 125, 80 Abs. 1).[8] Darüber hinaus können die Spaltungsparteien **freiwillige weitere Angaben** aufnehmen (siehe Rz. 97).[9] 3

§ 126 Abs. 2 sichert zusammen mit Absatz 1 Nr. 9 eine genaue **Bezeichnung** der **zu übertragenden Vermögensgegenstände**. Dies ist notwendig, weil anders als beim Verschmelzungsvertrag nicht zwangsläufig das gesamte Vermögen übertragen und somit i. S. des Verkehrsschutzes eine rechtssichere Zuordnung aller Vermögensgegenstände gewährleistet wird.[10] 4

§ 126 Abs. 3 regelt die Pflicht, den geschlossenen Vertrag oder seinen Entwurf an die zuständigen Betriebsräte in den an der Spaltung beteiligten Rechtsträger **weiterzuleiten** sowie die dabei einzuhaltende **Frist**. Mit der Zuleitung des Spaltungs- und Übernahmevertrags an den Betriebsrat (Abs. 3) sowie an die Anteilseigner (vgl. etwa §§ 125 Satz 1, 47, 61 Abs. 1), stellt das Gesetz eine umfangreiche Information der relevanten Stakeholder sicher.[11] 5

1) Kallmeyer-*Sickinger/Lanfermann*, UmwG, § 126 Rz. 1; *Verse* in: BeckOGK-UmwG, § 126 Rz. 3; *Raible* in: HK-UmwG, § 126 Rz. 3; Kallmeyer-*Sickinger*, UmwG, § 136 Rz. 1.

2) *Verse* in: BeckOGK-UmwG, § 126 Rz. 3; *Leuering* in: KölnKomm-UmwG, § 126 Rz. 3; Schmitt/Hörtnagl-*Hörtnagl*, UmwG/UmwStG, § 126 UmwG Rz. 1.

3) Widmann/Mayer-*Mayer*, UmwR, § 126 UmwG Rz. 1; *Raible* in: HK-UmwG, § 126 Rz. 2; *Verse* in: BeckOGK-UmwG, § 126 Rz. 1, 19; Schmitt/Hörtnagl-*Hörtnagl*, UmwG/UmwStG, § 126 UmwG Rz. 1.

4) *Kappenhagen/Wentz*, WM 2023, 2113, 2114.

5) Vgl. *Raible* in: HK-UmwG, § 126 Rz. 1.

6) Begr. Fraktionsentwurf UmwBerG, BT-Drucks. 12/6699, S. 117.

7) Widmann/Mayer-*Mayer*, UmwR, § 126 UmwG Rz. 3.

8) Widmann/Mayer-*Mayer*, UmwR, § 126 UmwG Rz. 6; *Verse* in: BeckOGK-UmwG, § 126 Rz. 129 ff.; Kallmeyer-*Sickinger/Lanfermann/Willemsen/Müller-Bonanni*, UmwG, § 126 Rz. 3; Schmitt/Hörtnagl-*Hörtnagl*, UmwG/UmwStG, § 126 UmwG Rz. 11; *Heidenhain*, NJW 1995, 2873. 2875.

9) *Verse* in: BeckOGK-UmwG, § 126 Rz. 18, 136 ff.; Schmitt/Hörtnagl-*Hörtnagl*, UmwG/UmwStG, § 126 UmwG Rz. 116; Semler/Stengel/Leonard-*Schröer/Greitemann*, UmwG, § 126 Rz. 94.

10) Widmann/Mayer-*Mayer*, UmwR, § 126 UmwG Rz. 1; *Verse* in: BeckOGK-UmwG, § 126 Rz. 77.

11) *Leuering* in: KölnKomm-UmwG, § 126 Rz. 2; *Böttcher* in: NK-UmwG, § 5 Rz. 2; *Wicke* in: BeckOGK-UmwG, § 5 Rz. 2; *Kappenhagen/Wentz*, WM 2023, 2113, 2115; enger Schmitt/Hörtnagl-*Hörtnagl*, UmwG/UmwStG, § 126 UmwG Rz. 3 – „Schutzvorschrift im Interesse der Anteilsinhaber".

2. Anwendungsbereich

6 Unmittelbar findet § 126 auf die **Spaltung zur Aufnahme** Anwendung. Über die Verweisung in § 135 Abs. 1 Satz 1 findet § 126 auch auf eine **Spaltung zur Neugründung** Anwendung, wobei hierbei nicht von einem multilateralen Spaltungs- und Übernahmevertrag, sondern allein von einem Spaltungsplan gesprochen werden kann, weil zunächst allein der übertragende Rechtsträger existiert.[12]

7 Bestimmte **Mindestangaben** (Abs. 2 Nr. 3, Nr. 4 und Nr. 10) sieht das Gesetz nur für den Fall einer **Auf- und Abspaltung** vor, was wohl auf der Annahme beruht, dass bei einer Ausgliederung die Anteile des übernehmenden Rechtsträgers dem übertragenden Rechtsträger selbst zustehen.[13] Für § 126 Abs. 2 Nr. 3 ist jedoch anerkannt, dass jedenfalls die Zahl und der Betrag der vom übernehmenden Rechtsträger als Gegenleistung gewährten Anteile zwingend auch bei einer Ausgliederung in den Spaltungs- und Übernahmevertrag aufzunehmen sind.[14] Auch Angaben nach § 126 Abs. 2 Nr. 4 können aus Informationsgesichtspunkten eine sinnvolle Ergänzung des Vertragswerkes im Fall einer Ausgliederung darstellen.[15] § 126 Abs. 1 Nr. 7 UmwG findet auch auf die **Ausgliederung** Anwendung, weil die dort beschriebenen Sonderrechte nicht zwingend mit der Gewährung von Anteilen am übernehmenden Rechtsträger zusammenhängen müssen.[16]

3. Rechtsnatur

8 Der Spaltungs- und Übernahmevertrag ist Teil des notwendigen **verbandsrechtlichen Organisationsaktes**, er ist **Schuldvertrag** und nach zutreffender Meinung im Schrifttum[17] **Verfügungsgeschäft.**[18] Soweit er in die Vermögenssphäre der Gesellschafter eingreift, handelt es sich um einen Organisationsakt,[19] was zur Folge hat, dass die Zustimmung der Anteilsinhaber notwendige Wirksamkeitsvoraussetzung ist.[20] Schuldrechtlich werden die Vertragsparteien gebunden, die Spaltung nach den vereinbarten Konditionen durchzuführen und auf die Eintragung der Spaltung hinzuwirken.[21] Insoweit lässt sich der Spaltungs- und Übernahmevertrag klageweise durchsetzen.[22]

---

12) Widmann/Mayer-*Mayer*, UmwR, § 126 UmwG Rz. 2; Kallmeyer-*Sickinger*, UmwG, § 136 Rz. 2; *Raible* in: HK-UmwG, § 126 Rz. 4; Semler/Stengel/Leonard-*Schröer/Greitemann*, UmwG, § 126 Rz. 4; *Leuering* in: KölnKomm-UmwG, § 126 Rz. 4; *Fischer* in: NK-UmwG, § 126 Rz. 2; *Marx*, Auswirkungen der Spaltung nach dem UmwG auf Rechtsverhältnisse mit Dritten, S. 35; *Kappenhagen/Wentz*, WM 2023, 2113, 2115; *Heidenhain*, NJW 1995, 2873, 2873.

13) *Raible* in: HK-UmwG, § 126 Rz. 3.

14) *Verse* in: BeckOGK-UmwG, § 126 Rz. 53; Henssler/Strohn-*Galla/Cé. Müller*, GesR, § 126 UmwG Rz. 11; Semler/Stengel/Leonard-*Schröer/Greitemann*, UmwG, § 126 Rz. 36; Widmann/Mayer-*Mayer*, UmwR, § 126 UmwG Rz. 130; Lutter-*Priester/Lieder*, UmwG, § 126 Rz. 44.

15) *Verse* in: BeckOGK-UmwG, § 126 Rz. 64.

16) Widmann/Mayer-*Mayer*, UmwR, § 126 UmwG Rz. 4; *Leuering* in: KölnKomm-UmwG, § 126 Rz. 3.

17) Lutter-*Priester/Lieder*, UmwG, § 126 Rz. 8; *Lieder*, Die rechtsgeschäftliche Sukzession, S. 725; *Verse* in: BeckOGK-UmwG, § 126 Rz. 3; *Seeburger*, Die Zu- und Aufteilung von Vertragsverhältnissen i. R. der Unternehmensspaltung, S. 61; a. A. Semler/Stengel/Leonard-*Schröer/Greitemann*, UmwG, § 126 Rz. 6; Widmann/Mayer-*Mayer*, UmwR, § 126 UmwG Rz. 17; *Raible* in: HK-UmwG, § 126 Rz. 7; *Fischer* in: NK-UmwG, § 126 Rz. 3.

18) *Verse* in: BeckOGK-UmwG, § 126 Rz. 2.

19) *Leuering* in: KölnKomm-UmwG, § 4 Rz. 4.

20) Lutter-*Priester/Lieder*, UmwG, § 126 Rz. 7; *Verse* in: BeckOGK-UmwG, § 126 Rz. 8; *Raible* in: HK-UmwG, § 126 Rz. 7.

21) *Verse* in: BeckOGK-UmwG, § 126 Rz. 8.

22) Lutter-*Priester/Lieder*, UmwG, § 126 Rz. 7.

Der Spaltungs- und Übernahmevertrag hat darüber hinaus auch **unmittelbar dingliche Wirkung.**[23] Diese Wirkung hängt mit der rechtsgeschäftlichen Natur der partiellen Universalsukzession zusammen (siehe § 123 Rz. 15 [*Döding/K. Wentz*]).[24] Den an der Spaltung beteiligten Rechtsträgern kommt bei der Auswahl der Vermögensgegenstände weitreichender Ermessensspielraum zu, weshalb dem Übertragungsakt ein privatautonomer Willensakt zugrundliegt. Dieser Einschätzung steht auch § 131 Abs. 1 nicht entgegen, wonach erst mit Eintragung der Spaltung dingliche Wirkung eintritt.[25] Vielmehr ist der Spaltungs- und Übernahmevertrag insoweit mit der Einigung nach §§ 873 Abs. 1, 925 Abs. 1 BGB bei dem Erwerb eines Grundstücks vergleichbar.[26] Auch hier sieht das Gesetz einen doppelten Erwerbstatbestand vor. Erst mit Auflassung und Eintragung im Grundbuch ist der Erwerbstatbestand erfüllt. Diese Doppelnatur liegt auch dem Spaltungs- und Übernahmevertrag zugrunde.[27] Der Abschluss des Spaltungs- und Übernahmevertrags stellt das Willenselement der Verfügung und die Eintragung in das Handelsregister das Vollzugselement dar.[28] 9

Die Bedeutung des Streits nach der Rechtsnatur des Spaltungs- und Übernahmevertrags ist für die Praxis gering. Insbesondere scheidet ein gutgläubiger spaltungsrechtlicher Erwerb in jedem Fall aus.[29] 10

4. Auslegung, Nichtigkeit und Anfechtbarkeit

Der Spaltungs- und Übernahmevertrag ist als **einheitliches Vertragswerk auszugestalten.**[30] Die Auslegung dieses Vertrags richtet sich nach §§ 133, 157 BGB.[31] Außerdem ist die ratio des gesamten UmwG, einen praxistauglichen Regelungsrahmen für die Übertragung von Vermögensgesamtheiten durch partielle Rechtsnachfolge zu schaffen,[32] i. R. der Auslegung zu berücksichtigen. 11

Da der Spaltungs- und Übernahmevertrag einerseits formbedürftig ist und andererseits am Vertragsschluss unbeteiligte Dritte betrifft, sind bei der Auslegung weitere Besonderheiten zu beachten: Auf der einen Seite folgt aus der **Drittbetroffenheit**, dass der Spal- 12

23) *Lieder*, Die rechtsgeschäftliche Sukzession, S. 725; Lutter-*Priester/Lieder*, UmwG, § 126 Rz. 8; *Verse* in: BeckOGK-UmwG, § 126 Rz. 2; a. A. Widmann/Mayer-*Mayer*, UmwR, § 126 UmwG Rz. 17; Henssler/Strohn-*Galla/Cé. Müller*, GesR, § 126 UmwG Rz. 3; *Fischer* in: NK-UmwG, § 126 Rz. 3; *Raible* in: HK-UmwG, § 126 Rz. 7 – „mittelbar dingliche Wirkung".

24) Lutter-*Priester/Lieder*, UmwG, § 126 Rz. 8; *Seeburger*, Die Zu- und Aufteilung von Vertragsverhältnissen i. R. der Unternehmensspaltung, S. 62.

25) So aber Widmann/Mayer-*Mayer*, UmwR, § 126 UmwG Rz. 17.

26) Lutter-*Priester/Lieder*, UmwG, § 126 Rz. 8; *Seeburger*, Die Zu- und Aufteilung von Vertragsverhältnissen i. R. der Unternehmensspaltung, S. 62.

27) *Lieder*, Die rechtsgeschäftliche Sukzession, S. 725; *Seeburger*, Die Zu- und Aufteilung von Vertragsverhältnissen i. R. der Unternehmensspaltung, S. 62.

28) *Lieder*, Die rechtsgeschäftliche Sukzession, S. 725.

29) Vgl. Lutter-*Lieder*, UmwG, § 126 Rz. 18 f.; *Marx*, Auswirkungen der Spaltung nach dem UmwG auf Rechtsverhältnisse mit Dritten, S. 73.

30) Widmann/Mayer-*Mayer*, UmwR, § 126 UmwG Rz. 8; Lutter-*Priester/Lieder*, UmwG, § 126 Rz. 9; Semler/Stengel/Leonard-*Schröer/Greitemann*, UmwG, § 126 Rz. 9; *Heidenhain*, NJW 1995, 2873, 2873.

31) BGH, Urt. v. 08.10.2003 – XII ZR 50/02, WM 2003, 2335, 2337; OLG Hamm, Urt. v. 4.3.2020 – I-8 U 32/19, Rz. 139, NZG 2020, 949, 955; *Marx*, Auswirkungen der Spaltung nach dem UmwG auf Rechtsverhältnisse mit Dritten, S. 35; Semler/Stengel/Leonard-*Schröer/Greitemann*, UmwG, § 126 Rz. 25; Lutter-*Priester/Lieder*, UmwG, § 126 Rz. 21; vgl. zum Verschmelzungsvertrag Lutter-*Drygalla*, UmwG, § 3 Rz. 4; *Thiele/König*, NZG 2015, 178, 182; *Leuering* in: KölnKomm-UmwG, § 4 Rz. 6; *Böttcher* in: NK-UmwG, § 5 Rz. 8.

32) Vgl. *Meiß*, Gesellschaftsrechtliche Umstrukturierungen und die Auswirkungen auf die Vergabe öffentlicher Aufträge, S. 107.

tungs- und Übernahmevertrag **objektiv auszulegen** ist.[33] Dies gilt jedenfalls dann, wenn der Vertrag eine Klausel enthält, die über den schuldrechtlichen Bestandteil des Vertrages, der nur die an der Spaltung beteiligten Rechtsträger betrifft, hinausgeht und den Rechtsverkehr oder die Anteilsinhaber betrifft.[34] Entscheidend ist in diesem Fall, wie ein verständiger Dritter die Regelungen des Vertrages versteht.

13 Auf der anderen Seite bewirkt die Formbedürftigkeit i. R. der Auslegung, dass nur dasjenige berücksichtigt werden darf, was **in der Vertragsurkunde Anklang gefunden hat.**[35] Daraus folgt aber nicht, dass jeder Einzelgegenstand der zu übertragenden Sachgesamtheit in der Urkunde benannt werden muss, um i. R. der Auslegung als Vertragsinhalt anerkannt zu werden. Einerseits kann auf Dokumente außerhalb der Urkunde verwiesen werden, andererseits können Gegenstände und Dokumente auch ohne ausdrückliche Verweisung aufgrund einer Klausel als Vertragsinhalt gelten, die einen gesamten Geschäftsbereich zum Gegenstand des Spaltungsvorgangs erhebt.[36] Die Regierungsbegründung zum UmwG stellt insoweit fest, dass es bei der Übertragung von Betrieben oder Teilbetrieben ausreichend ist, „dass bei betriebswirtschaftlicher Betrachtungsweise ein Gegenstand oder eine Verbindlichkeit dem Geschäftsbetrieb eines bestimmten Unternehmensteils zuzurechnen ist."[37] Außerdem sind auch sog. **All-Klauseln zulässig**, die die Einbeziehung sämtlicher zu übertragender Aktiva und Passiva sicherstellen.[38]

14 Für **Mängel des Spaltungs- und Übernahmevertrags** gelten die **allgemeinen Vorschriften**. Ein sittenwidriger Spaltungs- und Übernahmevertrag ist nach § 138 Abs. 1 BGB ein gesetzeswidriger nach § 134 BGB nichtig.[39] Für Willensmängel gelten die §§ 119 ff. BGB.[40] Die Anfechtung ist von den jeweiligen Geschäftsorganen – in vertretungsberechtigter Anzahl – geltend zu machen.[41] Eine fehlende Beurkundung führt zur Formnichtigkeit gemäß § 125 Satz 1 BGB.[42] Die Nichtigkeit des Spaltungs- und Übernahmevertrags begründet ein Eintragungshindernis, das von Amts wegen registerseits zu berücksichtigen ist.[43] Nach der Eintragung führen Mängel grundsätzlich nicht dazu, dass die Spaltung unwirksam wird (§ 131 Abs. 1 Nr. 4, Abs. 2).[44]

15 **Fehlen die Mindestangaben nach Absatz 1 Nr. 1 bis Nr. 3** hat dies nach Ansicht des OLG Frankfurt am Main und Teilen der Literatur ebenfalls die **Nichtigkeit** des Spaltungs- und Übernahmevertrages zur Folge.[45] Dies überzeugt jedenfalls dann, wenn sich die dort geregelten essentialia negotii nicht durch Auslegung des Vertragswerks – ein-

---

33) Lutter-*Drygalla*, UmwG, § 5 Rz. 4; Semler/Stengel/Leonard-*Schröer/Greitemann*, UmwG, § 126 Rz. 2; a. A. *Grunewald*, ZGR 2009, 647, 658 f.; *Böttcher* in: NK-UmwG, § 126 Rz. 8.

34) Lutter-*Priester/Lieder*, UmwG, § 126 Rz. 21; *Fischer* in: NK-UmwG, § 126 Rz. 3.

35) Semler/Stengel/Leonard-*Schröer/Greitemann*, UmwG, § 6 Rz. 3; *Thiele/König*, NZG 2015, 178, 183.

36) *Verse* in: BeckOGK-UmwG, § 126 Rz. 16.

37) Begr. Fraktionsentwurf UmwBerG, BT-Drucks. 12/6699, S. 119.

38) BGH, Urt. v. 8.10.2003 – XII ZR 50/02, WM 2003, 2335, 2337; *Leuering* in: KölnKomm-UmwG, § 126 Rz. 58.; *Blasche*, NZG 2016, 328, 329.

39) *Verse* in: BeckOGK-UmwG, § 126 Rz. 9; *Fischer* in: NK-UmwG, § 126 Rz. 8.

40) *Verse* in: BeckOGK-UmwG, § 126 Rz. 9.

41) Lutter-*Priester/Lieder*, UmwG, § 126 Rz. 136.

42) *Verse* in: BeckOGK-UmwG, § 126 Rz. 9; *Fischer* in: NK-UmwG, § 126 Rz. 8.

43) *Verse* in: BeckOGK-UmwG, § 126 Rz. 9.

44) *Verse* in: BeckOGK-UmwG, § 126 Rz. 9; Lutter-*Priester/Lieder*, UmwG, § 126 Rz. 138; *Fischer* in: NK-UmwG, § 126 Rz. 8.

45) OLG Frankfurt/M., Beschl. v. 10.3.1998 – 20 W 60/98, NZG 1998, 649; *Fischer* in: NK-UmwG, § 126 Rz. 8; Semler/Stengel/Leonard-*Schröer/Greitemann*, UmwG, § 126 Rz. 107; Lutter-*Drygalla*, UmwG, § 5 Rz. 155; zurückhaltender dagegen *Verse* in: BeckOGK-UmwG, § 126 Rz. 134 Fn. 251.

schließlich der in bezuggenommenen Anlagen – ermitteln lassen.[46] Eine Heilung durch Eintragung der Spaltung scheidet insoweit aus.[47]

5. Europäischer Hintergrund

§ 126 basiert auf Art. 137 Richtlinie 2017/1132/EU[48].[49] Da es sich bei den Vorgaben der Richtlinie um Mindestvorgaben handelt (vgl. Art. 137 Abs. 2 Richtlinie 2017/1132/EU), war der deutsche Gesetzgeber frei darin, über die Richtlinie hinausgehende Vorgaben für den Spaltungs- und Übernahmevertrag vorzusehen.[50] Von diesem Umsetzungsspielraum hat er insbesondere mit Absatz 2 Nr. 11 Gebrauch gemacht.[51] 16

6. Form des Spaltungs- und Übernahmevertrags und Abschlusskompetenz

a) Form

Die Form des Spaltungs- und Übernahmevertrags richtet sich nach § 125 Abs. 1 Satz 1 17
i. V. m. § 6. Hiernach bedarf der Spaltungs- und Übernahmevertrag der **notariellen Beurkundung**. Das Beurkundungserfordernis bezweckt die Gewährleistung materieller Richtigkeit, der Beweissicherung sowie der Belehrung und Beratung der Vertragsparteien.[52] Außerdem soll die Umgehung anderer Formvorschriften für Übertragungsvorgänge nach Einzelrechtsnachfolge (vgl. etwa § 311b Abs. 1 BGB) verhindert werden, die durch den Spaltungsvorgang verdrängt werden.[53] Die gemeinsame Anwesenheit der Parteien ist nicht vorgeschrieben, weshalb auch eine **sukzessive Beurkundung** der jeweiligen Erklärungen **zulässig** ist.[54] Eine Online-Beurkundung nach § 16a BeurkG scheidet aus, da sie nicht durch das UmwG zugelassen ist.[55] Ein formwidrig geschlossener Vertrag ist nichtig (§ 125 Satz 1 BGB).[56] Die Eintragung in das Handelsregister heilt einen etwaigen Formmangel (vgl. § 131 Abs. 2).

Während das SpTrUG[57] ein zweistufiges Spaltungsverfahren vorsah, bei dem zunächst 18
der Spaltungs- und Übernahmevertrag beurkundet und anschließend beim Handelsregister eingereicht werden musste, bevor in einem zweiten Schritt der Spaltungsbeschluss beurkundet werden konnte, erlaubt das UmwG nun, den Spaltungsvertrag und -beschluss

---

46) So auch für den Fall der Bestimmung der Vertragspartei im Fall fehlender Aufnahme des Sitzes *Verse* in: BeckOGK-UmwG, § 126 Rz. 134 Fn. 251.

47) Semler/Stengel/Leonard-*Schröer/Greitemann*, UmwG, § 126 Rz. 107; *Verse* in: BeckOGK-UmwG, § 126 Rz. 134.

48) Richtlinie (EU) 2017/1132 des Europäischen Parlaments und des Rates v. 14.6.2017 über bestimmte Aspekte des Gesellschaftsrechts (Gesellschaftsrechtsrichtlinie), ABl. (EU) L 169/46 v. 30.6.2017.

49) Vgl. *Bader/Börner* in: Kindler/Lieder, European Corporate Law, Art. 137 RL 2017/1132/EU Rz. 9 ff.; *Verse* in: BeckOGK-UmwG, § 126 Rz. 20.

50) Widmann/Mayer-*Mayer*, UmwR, § 126 UmwG Rz. 7.1.

51) *Verse* in: BeckOGK-UmwG, § 126 Rz. 20.

52) *Verse* in: BeckOGK-UmwG, § 126 Rz. 5; *Leuering* in: KölnKomm-UmwG, § 6 Rz. 1; Gutachten DNotI-Report 2016, 93, 95.

53) Begr. Fraktionsentwurf UmwBerG, BT-Drucks. 12/6699, S. 117; *Verse* in: BeckOGK-UmwG, § 126 Rz. 5; *Marx*, Auswirkungen der Spaltung nach dem UmwG auf Rechtsverhältnisse mit Dritten, S. 36.

54) Lutter-*Drygalla*, UmwG, § 6 Rz. 6.

55) Vgl. Staudinger-*Herrler*, BGB, § 129 Rz. 443e.

56) LG Nürnberg-Fürth, Urt. v. 7.12.2022 – 12 KLs 501 Js 2401/22, Rz. 264, BeckRS 2022, 50977; *Verse* in: BeckOGK-UmwG, § 126 Rz. 5.

57) Gesetz über die Spaltung der von der Treuhandanstalt verwalteten Unternehmen (SpTrUG), v. 5.4.1991, BGBl. I 1991, 854.

in einer einzigen Urkunde zusammenzufassen und beides an einem Tag zu beurkunden.[58] Aus Kostengründen kann es sich sogar empfehlen, eine einheitliche Urkunde zu beurkunden, wobei der Spaltungs- und Übernahmevertrag und der Spaltungsbeschluss kostenrechtlich verschiedene Beurkundungsgegenstände betreffen und daher separat zu bewerten sind.[59]

19 Das **Formerfordernis ist umfassend** und betrifft den gesamten Spaltungs- und Übernahmevertrag einschließlich aller Nebenabreden, deren rechtliches Schicksal vom Bestand des Hauptvertrages abhängen und mit diesem ein einheitliches Ganzes bilden, sowie die gemäß § 126 Abs. 2 Satz 3 in Bezug genommenen Bilanzen und Inventare.[60] Bei einer Spaltung zur Neugründung umfasst das Formbedürfnis auch das Statut des neu gegründeten Rechtsträgers (vgl. §§ 125 Abs. 1 Satz 1, 37), weshalb ein grundsätzlich formfreier Gesellschaftsvertrag einer neu gegründeten Personengesellschaft beurkundungsbedürftig wird.[61] Zwar betrifft die Formbedürftigkeit nur das Organisationsstatut,[62] jedoch empfiehlt es sich insoweit aus Gründen der Klarstellung in den Gesellschaftsvertrag der neu gegründeten Gesellschaft eine Klausel aufzunehmen, wonach künftige Änderungen lediglich der Schriftform bedürfen.[63] Regelungen in einem Vorvertrag oder in anderen Vertragswerken, die eine durchsetzbare Verpflichtung oder auch nur einen faktischen Zwang begründen, einen Spaltungs- und Übernahmevertrag abzuschließen, unterliegen ebenfalls dem Beurkundungserfordernis.[64] Gleiches gilt für Vertragsstrafen, die über die Pauschalierung eines Schadensersatzes hinausgehen.[65]

20 Zur **Vereinfachung des Beurkundungsprozesses** bietet es sich an, von § 13a BeurkG (Bezugsurkunde) und § 14 Abs. 1, Abs. 2 BeurkG (eingeschränkte Vorlesungspflicht) Gebrauch zu machen.[66] Eine **Beurkundung im Ausland** ist mit deutschem Recht vereinbar, wenn Urkundsperson und der Beurkundungsvorgang mit deutschen Voraussetzungen gleichwertig ist.[67] Das ist dann der Fall, wenn die „ausländische Urkundsperson nach Vorbildung und Stellung im Rechtsleben eine der Tätigkeit des deutschen Notars entsprechende Funktion ausübt und für die Urkunde ein Verfahrensrecht zu beachten hat, das den tragenden Grundsätzen des deutschen Beurkundungsrechts entspricht".[68] Ob eine solche Gleichwertigkeit bei der Beurkundung von Spaltungs- und Übernahmeverträ-

58) *Marx*, Auswirkungen der Spaltung nach dem UmwG auf Rechtsverhältnisse mit Dritten, S. 32; Kallmeyer-*Zimmermann*, UmwG, § 6 Rz. 3; OLG Karlsruhe, Beschl. v. 2.3.1998 – 11 Wx 6/98, NZG 1998, 433.

59) Widmann/Mayer-*Heckschen*, UmwR, § 13 UmwG Rz. 246; Kallmeyer-*Zimmermann*, UmwG, § 13 Rz. 43.

60) *Verse* in: BeckOGK-UmwG, § 126 Rz. 5; *Raible* in: HK-UmwG, § 126 Rz. 10; *Fischer* in: NK-UmwG, § 126 Rz. 4; *Marx*, Auswirkungen der Spaltung nach dem UmwG auf Rechtsverhältnisse mit Dritten, S. 36; *Heidenhain*, NJW 1995, 2873. 2874.

61) *Leuering* in: KölnKomm-UmwG, § 6 Rz. 10; *Marx*, Auswirkungen der Spaltung nach dem UmwG auf Rechtsverhältnisse mit Dritten, S. 35; Lutter-*Drygalla*, UmwG, § 6 Rz. 2.

62) Schmitt/Hörtnagl-*Winter*, UmwG/UmwStG, § 37 UmwG Rz. 3; Semler/Stengel/Leonard-*Schröer/Greitemann*, UmwG, § 37 Rz. 4.

63) *H. Schmidt* in: Lutter, Kölner Umwandlungsrechtstage, S. 59, 66.

64) Lutter-*Drygalla*, UmwG, § 6 Rz. 4; Semler/Stengel/Leonard-*Schröer/Greitemann*, UmwG, § 6 Rz. 6.

65) Semler/Stengel/Leonard-*Schröer/Greitemann*, UmwG, § 6 Rz. 6.

66) *Raible* in: HK-UmwG, § 126 Rz. 11; *Gröne*, RNotZ 2022, 293, 297.

67) BGH, Urt v. 21.10.2014 – II ZR 330/13, Rz. 16, DNotZ 2015, 207; BGH, Beschl. v. 16.2.1981 – II ZB 8/80, NJW 1981, 1160; *Leuering* in: KölnKomm-UmwG, § 6 Rz. 10; Semler/Stengel/Leonard-*Schröer/Greitemann*, UmwG, § 6 Rz. 17.

68) BGH, Urt. v. 21.10.2014 – II ZR 330/13, Rz. 16, DNotZ 2015, 207; vgl. auch *Hoger* in: MünchHdb. GesR, Bd. 8, § 8 Rz. 17 ff.

gen anzunehmen ist, wird unterschiedlich beurteilt.[69] Aus Gründen der Rechtssicherheit ist der Praxis **von einer Auslandsbeurkundung abzuraten.**[70]

b) Abschlusskompetenz

Für den Abschluss des Spaltungs- und Übernahmevertrags sind die **Vertretungsorgane der beteiligten Rechtsträger zuständig** (§§ 125 Abs. 1 Satz 1, 4 Abs. 1 Satz 1).[71] Grundsätzlich müssen die Organwalter in der vom Gesetz vorgesehenen Zusammensetzung handeln.[72] Soweit der Gesellschaftsvertrag oder die Satzung eine entsprechende Regelung enthält, ist auch eine **unechte Gesamtvertretung** mit einem Prokuristen zulässig.[73] Auch der Abschluss durch einen Bevollmächtigten ist zulässig, wobei diesem mit Blick auf § 17 eine schriftliche Vollmacht ausgestellt werden sollte.[74] Ein Prokurist kann ohne entsprechende Vollmacht keinen **Spaltungs- und Übernahmevertrag** abschließen, da dieser als außergewöhnliches Geschäft i. S. d § 49 Abs. 1 HGB **nicht von der Prokura umfasst** ist.[75] Das gilt selbst dann, wenn sich das zu übertragende Vermögen auf ein Bruchteil des Gesamtvermögens oder sogar nur auf einen einzelnen Vermögensgegenstand bezieht, da nicht die wirtschaftliche Tragweite sondern die **strukturelle Bedeutung** des vom Prokuristen **abgeschlossenen Geschäfts** bestimmt, ob es sich um ein Geschäft handelt, das der Betrieb eines Handelsgewerbes mit sich bringt. Besteht **Personenidentität der Vertretungsorgane** der beteiligten Rechtsträger, muss § 181 BGB beachtet werden, weshalb ein in den Spaltungsbeschluss zu inkorporierender Befreiungsbeschluss sinnvoll erscheint.[76] 21

Der **Spaltungs- und Übernahmevertrag** kann zeitlich vor oder **nach dem Zustimmungsbeschluss** geschlossen werden; nach § 125 i. V. m. § 4 Abs. 2 UmwG ist in letzterem Fall vor dem Beschluss ein **schriftlicher Entwurf** des Spaltungs- und Übernahmevertrages aufzustellen. Dem Wortlaut entsprechend muss der Entwurf nicht notariell beurkundet werden.[77] Die Schriftform genügt.[78] Wenn die Zustimmung der Anteilsinhaber ungewiss ist, ist es naheliegend, zunächst einen Vertragsentwurf vorzulegen, um zu verhindern, nach der Ablehnung den mit den notwendigen Änderungen beschlossenen Vertrag erneut zu beurkunden.[79] Auch für den Entwurf gilt das zur Zuständigkeit der Vertretungsorgane gesagte (siehe Rz. 21). Der **Entwurf** stellt die Blaupause für den nach der Zustimmung zu beurkundenden Vertrag dar, von der **grundsätzlich nicht abgewichen** werden darf. Jede **Abweichung** vom Entwurf bedarf eines **erneuten Zustimmungsbeschlusses.**[80] Das gilt jedoch nur, wenn die Anteilsinhaber den Abweichungen nicht schon 22

69) Zum Streitstand Schmitt/Hörtnagl-*Winter*, UmwG/UmwStG, § 6 UmwG Rz. 13 ff.

70) Henssler/Strohn-*Galla/Cé. Müller*, GesR, § 126 UmwG Rz. 4; zurückhaltend auch *Hoger* in: MünchHdb. GesR, § 8 Rz. 19.

71) Lutter-*Priester/Lieder*, UmwG, § 126 Rz. 14; *Raible* in: HK-UmwG, § 126 Rz. 8; *Fischer* in: NK-UmwG, § 126 Rz. 4.

72) *Verse* in: BeckOGK-UmwG, § 126 Rz. 4; *Leuering* in: KölnKomm-UmwG, § 126 Rz. 10; *Heidenhain*, NJW 1995, 2873. 2874.

73) *Verse* in: BeckOGK-UmwG, § 126 Rz. 4; Lutter-*Priester/Lieder*, UmwG, § 126 Rz. 14; *Raible* in: HK-UmwG, § 126 Rz. 8.

74) *Leuering* in: KölnKomm-UmwG, § 126 Rz. 10; *Heidenhain*, NJW 1995, 2873. 2874.

75) Lutter-*Priester/Lieder*, UmwG, § 126 Rz. 14; *Krebs* in: MünchKomm-HGB, § 49 Rz. 24.

76) *Raible* in: HK-UmwG, § 126 Rz. 9.

77) *Leuering* in: KölnKomm-UmwG, § 6 Rz. 3.

78) *Raible* in: HK-UmwG, § 126 Rz. 10; *Heidenhain*, NJW 1995, 2873. 2874.

79) Lutter-*Priester/Lieder*, UmwG, § 126 Rz. 13; *Verse* in: BeckOGK-UmwG, § 126 Rz. 7; *Leuering* in: KölnKomm-UmwG, § 126 Rz. 13; *Heidenhain*, NJW 1995, 2873. 2874.

80) Lutter-*Priester/Lieder*, UmwG, § 126 Rz. 13 mit Verweisung auf BGH, Urt. v. 16.11.1981 – II ZR 150/80, NJW 1982, 933 ff.; *Leuering* in: KölnKomm-UmwG, § 126 Rz. 13.

zugestimmt haben.[81] Unschädlich ist die Änderung des nach §§ 125 Abs. 1 Satz 1, 61 bekanntgegebenen Entwurfs i. R. des Zustimmungsbeschlusses jedenfalls dann, wenn allein Anteilsinhaber betreffende Inhalte durch Beschluss abgeändert werden. Insofern kann die Hauptversammlung i. R. ihrer Änderungsbefugnis vom bekanntgegebenen Entwurf abweichen, wobei im Falle der Beteiligung eines anderen Rechtsträgers letzterer über die durch den Beschluss geänderte Fassung erneut beschließen muss.[82] Richtigerweise löst eine entsprechende Änderung am bekanntgegebenen Entwurf jedenfalls dann keine erneute Pflicht zur Einreichung gegenüber dem Handelsregister aus, wenn die Änderungen unwensentlich sind,[83] wobei an die Annahme einer wesentlichen Änderung hohe Anforderungen zu stellen sind, da nur so die Änderungsbefugnis der Hauptversammlung umfassend gesichert ist.

7. Wirksamkeit des Spaltungs- und Übernahmevertrags

23 Hinsichtlich der Wirksamkeit des Spaltungs- und Übernahmevertrags ist aufgrund seiner vielschichtigen Rechtsnatur zu unterscheiden. **Dingliche Verfügungswirkung** entfaltet der Vertrag gemäß § 131 Abs. 1 Nr. 1 **mit Eintragung** in das Register des übertragenden Rechtsträgers.[84] **Schuldrechtliche Bindung** entfaltet der Vertrag mit **notarieller Beurkundung** und Vorliegen der **notwendigen Zustimmung** der Anteilseigner der beteiligten Rechtsträger.[85] Ab diesem Zeitpunkt besteht eine durchsetzbare Pflicht, dem Vertragsinhalt entsprechend auf die Eintragung der Spaltung im Handelsregister hinzuwirken und alles zu unternehmen, um die Durchführung des Vertrages zu sichern.[86]

24 Anspruchsberechtigt sind nur die an der Spaltung beteiligten Rechtsträger nicht aber die Anteilseigner.[87] Diese Pflicht kann mittels **Leistungsklage** und anschließender Zwangsvollstreckung durchgesetzt werden.[88] Im Rahmen der Zwangsvollstreckung wird die Handelsregisteranmeldung unter den Voraussetzungen von § 894 ZPO fingiert.[89] Ein vorläufig vollstreckbares Urteil ist nicht ausreichend.[90] Die notwendige Schlussbilanz (§ 17 Abs. 2 ZPO) ist nach § 888 ZPO durchsetzbar.[91] Gleiches gilt für den Auskunftsanspruch, ob ein Negativtestat nach § 16 Abs. 2 abgegeben werden kann.[92]

II. Mindestinhalt im Einzelnen

1. Allgemeines

25 Klauseln zu den in § 126 Abs. 1 Nr. 1 bis Nr. 11 geregelte Mindestinhalt bedarf es im Spaltungs- und Übernahmevertrag nur, wenn eine entsprechende Vorschrift vor dem Hintergrund des Spaltungsvorgangs Sinn ergibt. Eine **Negativerklärung** dergestalt, dass bestimmte Rechte (Abs. 1 Nr. 7) oder Vorteile (Abs. 1 Nr. 8) nicht gewährt werden,

81) Lutter-*Priester/Lieder*, UmwG, § 126 Rz. 13.
82) Widmann/Mayer-*Mayer*, UmwR, § 126 UmwG Rz. 14.
83) Zum Streitstand beim Verschmelzungsvertrag Widmann/Mayer-*Rieger*, UmwR, § 61 UmwG Rz. 4.1.
84) *Verse* in: BeckOGK-UmwG, § 126 Rz. 8.
85) *Verse* in: BeckOGK-UmwG, § 126 Rz. 8.
86) *Verse* in: BeckOGK-UmwG, § 126 Rz. 8; Semler/Stengel/Leonard-*Schröer/Greitemann*, UmwG, § 126 Rz. 16.
87) Semler/Stengel/Leonard-*Schröer/Greitemann*, UmwG, § 126 Rz. 16; *Fischer* in: NK-UmwG, § 126 Rz. 6.
88) *Leuering* in: KölnKomm-UmwG, § 4 Rz. 30 m. w. N.
89) *Leuering* in: KölnKomm-UmwG, § 4 Rz. 31.
90) Kallmeyer-*Oppenhoff*, UmwG, § 4 Rz. 19.
91) Kallmeyer-*Oppenhoff*, UmwG, § 4 Rz. 19; *Leuering* in: KölnKomm-UmwG, § 4 Rz. 31.
92) *Leuering* in: KölnKomm-UmwG, § 4 Rz. 31.

bedarf es nicht.[93] Insofern besteht kein Informationsbedürfnis der vom Spaltungsvorgang betroffenen Stakeholder. Bei einer Auf- und Abspaltung ohne Anteilsgewährung – so z. B. bei Abspaltung von einer 100%igen-Tochter auf die Mutter oder bei Verzicht auf die Anteilsgewährung durch die Anteilsinhaber des übertragenden Rechtsträgers – entfallen die Anteilsgewährung und die damit zusammenhängenden Mindestangaben zur Anteilsgewährung und dem Umtauschverhältnis (Abs. 1 Nr. 2 bis 5 und Nr. 10).[94]

2. Bezeichnung der beteiligten Rechtsträger (§ 126 Abs. 1 Nr. 1)

Nach Absatz 1 Nr. 1 muss der Spaltungs- und Übernahmevertrag den Namen oder Firma 26 und den Sitz der an der Spaltung beteiligten Rechtsträger enthalten. In diesem Zusammenhang ist auch anzugeben, wer übertragender und wer übernehmender Rechtsträger ist.[95] Geläufig ist darüber hinaus die **Angabe der Handelsregister-Nummer** und des Registergerichts.[96] Soweit i. R. der Spaltung die Änderung von Firma und/oder Sitz geplant ist, sollte dies kenntlich gemacht werden.[97] Bei komplexen Spaltungsstrukturen kann ein dem eigentlichen Vertrag vorangestellter Definitions- und Abkürzungsteil innerhalb der Urkunde Sinn ergeben, in dem auch der Umwandlungsprozess beschrieben wird.[98]

Auch der durch eine Spaltung zur Neugründung entstehende Rechtsträger gilt i. S. des 27 § 126 Abs. 1 Nr. 1 als „an der Spaltung beteiligt".[99] Bei der Spaltung zur Neugründung stehen der Sitz und die Firma des Rechtsträgers bereits fest, da der Spaltungsplan gemäß § 125 Satz 1 i. V. m. § 37 den Gesellschaftsvertrag, den Partnerschaftsvertrag oder die Satzung des neuen Rechtsträgers bereits enthalten muss.

3. Vereinbarung der Vermögensübertragung (§ 126 Abs. 1 Nr. 2)

Absatz 1 Nr. 2 sieht vor, dass die Vereinbarung über die Vermögensübertragung gegen 28 Gewährung von Anteilen oder Mitgliedschaft an den übernehmenden Rechtsträgern zwingender Bestandteil des Spaltungs- und Übernahmevertrages ist. Die Vereinbarung ist der „Kern des Spaltungsvertrags".[100]

Typischerweise werden die als Gegenleistung für die Vermögensübertragung zu gewäh- 29 renden **Anteile durch eine Kapitalerhöhung** geschaffen, für die das Gesetz mit §§ 125 Abs. 1 Satz 1, 55 (GmbH) und §§ 125 Abs. 1 Satz 1, 69 (AG) Erleichterungen vorsieht.[101] Natürlich können bei einer Spaltung zur Aufnahme auch bereits bestehende eigene Anteile der übernehmenden Gesellschaft, Anteile, die die übertragende Gesellschaft an der übernehmenden hält und durch vorherige Auf- oder Abspaltung auf diese überträgt (§§ 125 Abs. 1 Satz 1, § 54 Abs. 1 Satz 2 Nr. 2, § 68 Abs. 1 Satz 2 Nr. 2, § 78)

93) OLG Frankfurt/M., Beschl. v. 4.4.2011 – 20 W 466/10, NZG 2011, 1278 f.; *Böttcher* in: NK-UmwG, § 5 Rz. 5.

94) *Verse* in: BeckOGK-UmwG, § 126 Rz. 34; *Leuering* in: KölnKomm-UmwG, § 126 Rz. 32; Lutter-*Priester/Lieder*, UmwG, § 126 Rz. 33; *Schnorbus*, ZGR 2019, 780, 795.

95) *Fischer* in: NK-UmwG, § 126 Rz. 11.

96) *Verse* in: BeckOGK-UmwG, § 126 Rz. 21.

97) *Verse* in: BeckOGK-UmwG, § 126 Rz. 21.

98) *Raible* in: HK-UmwG, § 126 Rz. 22.

99) *Leuering* in: KölnKomm-UmwG, § 126 Rz. 22; *Verse* in: BeckOGK-UmwG, § 126 Rz. 21; *Fischer* in: NK-UmwG, § 126 Rz. 11.

100) *Leuering* in: KölnKomm-UmwG, § 126 Rz. 23; Lutter-*Priester/Lieder*, UmwG, § 126 Rz. 28; *Böttcher* in: NK-UmwG, § 5 Rz. 13; *Weiler*, NZG 2013, 1326, 1328.

101) Widmann/Mayer-*Mayer*, UmwR, § 126 UmwG Rz. 65.

sowie Anteile eines am übernehmenden Rechtsträger beteiligten Gesellschafters als Gegenleistung eingesetzt werden.[102)]

30 Bei einer Aufspaltung muss das gesamte Vermögen, bei einer Abspaltung kann nur ein Teil des Vermögens übertragen werden.[103)] Die Ausgliederung kann sowohl einen Teil als auch das gesamte Vermögen (Totalausgliederung) betreffen. Bei einer Totalausgliederung darf der übertragende Rechtsträger anders als bei einer partiellen Ausgliederung nicht auf die Anteilsgewährung verzichten (keine Totalausgliederung zu null), weil dieser andernfalls als leere Hülle zurückbliebe. Aus diesem Grund entsteht bei einer **Totalausgliederung** zwangsläufig eine **Holding-Struktur.**[104)]

31 Im Spaltungs- und Übernahmevertrag muss deutlich werden, dass die Vertragsparteien die Vermögensmasse nicht durch Einzelrechtsnachfolge, sondern durch **partielle Gesamtrechtsnachfolge** übertragen wollen.[105)] Hierbei empfiehlt es sich, die gesetzliche Formulierung zu übernehmen.[106)]

32 Grundsätzlich sind im Gegenzug zur Vermögensübertragung Anteile oder Mitgliedschaft zu gewähren.[107)] Diese Pflicht wird gesetzlich und durch privatautonomen Verzicht eingeschränkt.[108)] Eine gesetzliche Ausnahme regelt § 131 Abs. 1 Nr. 3 Satz 1 Halbs. 2 (insbesondere bei Upstream-Spaltung), wobei diese Ausnahme durch das in §§ 125 Abs. 1 Satz 1, 54 Abs. 1 Satz 1 (GmbH), §§ 125 Abs. 1 Satz 1, 68 Abs. 1 Satz 1 (AG) geregelte **Kapitalerhöhungsverbot** bestätigt wird.[109)] Soweit der übertragende Rechtsträger eigene Anteile hält, werden ihm bei einer Auf- und Abspaltung keine Anteile gewährt (§ 131 Abs. 1 Nr. 3 Satz 1 Halbs. 2). Daneben können sowohl die Anteilsinhaber des übertragenden Rechtsträgers (Auf- und Abspaltung) als auch die übertragende Gesellschaft selbst (Ausgliederung) (§§ 125 Abs. 1 Satz 1, 54 Abs. 1 Satz 3 bzw. § 68 Abs. 1 Satz 3) auf die Anteilsgewährung verzichten („Spaltung zu null“, siehe Rz. 91). Auch ist unter den in § 128 geregelten Voraussetzungen eine nicht-verhältniswahrende Spaltung zulässig.

33 Zwar beschränkt sich die Verweisung in § 125 Abs. 1 Satz 1 und damit die Verzichtsmöglichkeit auf Kapitalgesellschaften, allerdings vertritt die h. L. zu Recht eine **analoge Anwendung von § 54 Abs. 1 Satz 3, bzw. § 68 Abs. 1 Satz 3** auch **auf andere Rechtsformen.**[110)] Die Verzichtsmöglichkeit dient dem Schutz der Anteilsinhaber und nicht dem anderer Stakeholder.[111)] Das UmwG kennt mit § 22 und § 25 ein Schutzsystem für Gläubiger.[112)]

102) *Verse* in: BeckOGK-UmwG, § 126 Rz. 27.

103) *Verse* in: BeckOGK-UmwG, § 126 Rz. 24.

104) Lutter-*Priester/Lieder*, UmwG, § 126 Rz. 29.

105) *Leuering* in: KölnKomm-UmwG, § 126 Rz. 23.

106) *Fischer* in: NK-UmwG, § 126 Rz. 12.

107) Vgl. jüngst zur unzulässigen Ausgliederung des Betriebs eines Einzelkaufmanns zur Aufnahme in das GmbH-Vermögen allein als Sachagio und damit insoweit gegenleistungslos OLG Celle, Beschl. v. 13.6.2024 – 9 W 37/24, BWNotZ 2024, 298. S. hierzu § 152 Rz. 35 [*Cyglakow*].

108) *Raible* in: HK-UmwG, § 126 Rz. 25.

109) Widmann/Mayer-*Mayer*, UmwR, § 126 UmwG Rz. 67.1, 75 ff.; Kallmeyer-*Sickinger/Lanfermann/Willemsen/Müller-Bonanni*, UmwG, § 126 Rz. 6; *Leuering* in: KölnKomm-UmwG, § 126 Rz. 27; ausf. zu Sonderkonstellationen Lutter-*Priester/Lieder*, UmwG, § 126 Rz. 30 ff.

110) *Verse* in: BeckOGK-UmwG, § 126 Rz. 32; Lutter-*Priester/Lieder*, UmwG, § 126 Rz. 32; *Leuering* in: KölnKomm-UmwG, § 126 Rz. 29; *Wicke*, ZGR 2017, 527, 529; *Heckschen*, DB 2008, 1363, 1367, 1369; *Heckschen*, GmbHR 2021, 8, 9 f.; *Heckschen*, GWR 2010, 101, 102; *Priester*, ZIP 2013, 2033, 2034; a. A. *Weiler*, GmbHR 2021, 473, 474.

111) *Wicke*, ZGR 2017, 527, 529.

112) *Wicke*, ZGR 2017, 527, 529.

4. Umtauschverhältnis (§ 126 Abs. 1 Nr. 3)

a) Allgemeines

Nach Absatz 1 Nr. 3 muss der Spaltungs- und Übernahmevertrag bei Auf- und Abspaltungen das Umtauschverhältnis der Anteile und ggf. die Höhe der baren Zuzahlung oder Angaben über die Mitgliedschaft bei den übernehmenden Rechtsträgern regeln. Bei einer Spaltung findet anders als bei der Verschmelzung kein Anteilsumtausch statt, weshalb der **Begriff „Umtauschverhältnis" missverständlich** ist.[113] 34

b) Angaben zum Umtauschverhältnis bei Auf- und Abspaltung

Bei der **Aufspaltung** zeigt das Umtauschverhältnis an, wie viele Anteile an den übernehmenden Rechtsträgern den Anteilsinhabern des erlöschenden übertragenden Rechtsträger gewährt werden; bei der **Abspaltung** zeigt es an, wie viele Anteile am übernehmenden Rechtsträger den Inhabern des fortbestehenden Rechtsträgers zuzuteilen sind, wobei deren Anteile am übertragenden Rechtsträger unverändert bleiben.[114] 35

Das Umtauschverhältnis lässt sich durch Bezugnahme auf den Nennbetrag oder den Anteil am Stamm- bzw. Grundkapital darstellen.[115] Die Bestimmung des konkreten Verhältnisses unterliegt der Disposition der an der Spaltung beteiligten Rechtsträger. Eine **Überprüfung der Angemessenheit durch das Registergericht findet nicht statt.**[116] Die Ermittlung des Umtauschverhältnisses macht eine Unternehmensbewertung notwendig.[117] In Fällen der Spaltung zur Aufnahme stellt sich die Ermittlung des Umtauschverhältnisses als besonders komplex dar, da neben dem zu übertragenden Vermögensteil auch der übernehmende Rechtsträger zu bewerten ist. Unter Absatz 1 Nr. 3 ist jedoch nur die Angabe des Verhältnisses notwendig. **Einzelheiten zur Ermittlung** des Umtauschverhältnisses können **im Spaltungsbericht dargestellt** werden.[118] 36

Bei der Spaltung auf eine **GmbH** ist §§ 125 Abs. 1 Satz 1, 46 Abs. 1 zu beachten, wonach der Spaltungs- und Übernahmevertrag für jeden Anteilsinhaber des übertragenden Rechtsträgers den **Nennbetrag** des Geschäftsanteils zu bestimmen hat, den die übernehmende GmbH ihm gewähren muss. Bei einer übernehmenden **Personenhandelsgesellschaft** ist §§ 125 Abs. 1 Satz 1, 40 Abs. 1 zu beachten, wonach die Rechtsstellung der Anteilsinhaber des übertragenden Rechtsträgers in der übernehmenden Personenhandelsgesellschaft genau zu bestimmen ist. 37

Soweit der Zielrechtsträger keine übertragbaren Anteile gewähren kann (rechtsfähiger Verein, VVaG, Genossenschaft, genossenschaftlicher Prüfungsverband) muss der Spaltungs- und Übernahmevertrag Angaben über die **Mitgliedschaft** bei den übernehmenden Rechtsträgern enthalten. Das Gesetz zeichnet allein den unterschiedlichen Aufbau des Zielrechtsträgers terminologisch nach, ohne dass ein inhaltlicher Unterschied bezweckt wäre.[119] Der Spaltungs- und Übernahmevertrag muss, anders als der Spaltungsbeschluss, nicht darstellen, welche Rechtsänderungen die einzelnen Anteilsinhaber erwartet.[120] 38

---

113) *Verse* in: BeckOGK-UmwG, § 126 Rz. 38.

114) *Verse* in: BeckOGK-UmwG, § 126 Rz. 32; *Leuering* in: KölnKomm-UmwG, § 126 Rz. 35.

115) *Verse* in: BeckOGK-UmwG, § 126 Rz. 39.

116) *Verse* in: BeckOGK-UmwG, § 126 Rz. 45.

117) *Marx*, Auswirkungen der Spaltung nach dem UmwG auf Rechtsverhältnisse mit Dritten, S. 38.

118) *Verse* in: BeckOGK-UmwG, § 126 Rz. 41; Lutter-*Priester/Lieder*, UmwG, § 126 Rz. 40; *Marx*, Auswirkungen der Spaltung nach dem UmwG auf Rechtsverhältnisse mit Dritten, S. 35.

119) *Verse* in: BeckOGK-UmwG, § 126 Rz. 52; Schmitt/Hörtnagl-*Hörtnagl*, UmwG/UmwStG, § 126 UmwG Rz. 55; Lutter-*Priester/Lieder*, UmwG, § 126 Rz. 40.

120) *Verse* in: BeckOGK-UmwG, § 126 Rz. 52; Lutter-*Priester/Lieder*, UmwG, § 126 Rz. 40; a. A. Schmitt/Hörtnagl-*Hörtnagl*, UmwG/UmwStG, § 126 UmwG Rz. 55; Semler/Stengel/Leonard-*Schröer/Greitemann*, UmwG, § 126 Rz. 43.

c) Ausgliederung

39 **Absatz 1 Nr. 3 gilt** trotz des missverständlichen Wortlauts auch **im Fall der Ausgliederung.** Nachdem bei der Ausgliederung der übertragende Rechtsträger selbst die Gegenleistung erhält, sind zwar keine Angaben zum Umtauschverhältnis aufzunehmen,[121] wohl aber solche zur Zahl und dem Betrag der vom übernehmenden Rechtsträger als Gegenleistung gewährten **Anteile.**[122]

d) Angaben zur baren Zuzahlungen

aa) Allgemeines

40 Der Spaltungs- und Übernahmevertrag muss Angaben zu etwaig zu leistenden baren Zuzahlungen enthalten. Dies **gilt auch für die Ausgliederung**, da bare Zuzahlungen eine Gegenleistung für den ausgegliederten Vermögensteil darstellen.[123] Diese Zuzahlungen werden soweit es sich beim übernehmenden Rechtsträger um eine Kapitalgesellschaft oder Genossenschaft handelt durch §§ 125 Abs. 1 Satz 1, 54 Abs. 4, §§ 125 Abs. 1 Satz 1, 68 Abs. 3, §§ 125 Abs. 1 Satz 1, 78 sowie §§ 125 Abs. 1 Satz 1, 87 Abs. 2 Satz 2 beschränkt. Hiernach dürfen die Zuzahlungen 10 % des Gesamtnennbetrags der zu gewährenden Anteile des übernehmenden Rechtsträgers nicht überschreiten. Dies gilt auch für die Ausgliederung, da § 125 Abs. 1 Satz 1 Nr. 4 in der jetzigen Fassung nicht auf § 54 Abs. 4 bzw. § 68 Abs. 3 verweist.

bb) Auf- und Abspaltung

41 Bei einer Auf- oder Abspaltung ist es mit Blick auf § 128 **zulässig**, unter Wahrung der 10 %-Schwelle **einzelnen Anteilsinhabern des übertragenden Rechtsträgers allein eine Barabfindung** zu gewähren.[124] Zwar spricht hiergegen prima facie der Wortlaut von § 126 Abs. 1 Nr. 3 („Zuzahlung"); jedoch überlagert das Telos von § 128, wonach die Trennung von Gesellschaftergruppen und Familienstämmen ermöglicht werden soll, diese Wortlautbedenken.[125] Bei einer Auf- und Abspaltung muss der Spaltungs- und Übernahmevertrag den Gesamtbetrag der Zuzahlung sowie den auf den einzelnen Anteilsinhaber entfallenen Teil darstellen.[126]

42 Im Fall einer Auf- oder Abspaltung ist die Gewährung einer Sachleistung als Gegenleistung selbst innerhalb der 10 %-Schwelle grundsätzlich unzulässig.[127] Hierfür spricht bereits der Wortlaut von Nr. 3 („baren Zuzahlung"). Allein spricht nichts gegen die **Zulässigkeit einer Darlehensgutschrift** innerhalb der 10 %-Grenze.[128] Hierbei handelt es sich wirtschaftlich betrachtet um eine zeitlich verschobene und unter Umständen verzinste Barzah-

121) *Leuering* in: KölnKomm-UmwG, § 126 Rz. 34; *Marx*, Auswirkungen der Spaltung nach dem UmwG auf Rechtsverhältnisse mit Dritten, S. 39.

122) *Verse* in: BeckOGK-UmwG, § 126 Rz. 53 m. w. N.

123) *Verse* in: BeckOGK-UmwG, § 126 Rz. 56.

124) *Verse* in: BeckOGK-UmwG, § 126 Rz. 48; Lutter-*J. Vetter*, UmwG, § 54 Rz. 133 ff.; a. A. *Wirth*, AG 1997, 455, 457; weitergehend *Bachmann*, ZHR 185 (2021), 52, der die Schranke von 10 % als disponibel ansieht, sofern alle Anteilsinhaber des übertragenden Rechtsträgers zustimmen.

125) Zu Recht *Verse* in: BeckOGK-UmwG, § 126 Rz. 48.

126) *Leuering* in: KölnKomm-UmwG, § 5 Rz. 50.

127) A. A. *Verse* in: BeckOGK-UmwG, § 126 Rz. 50.

128) Lutter-*Priester/Lieder*, UmwG, § 126 Rz. 47; Widmann/Mayer-*Mayer*, UmwR, § 126 UmwG Rz. 140 ff.; *Niessen* in: KölnKomm-UmwG, § 54 Rz. 74; a. A. für eine generelle Unzulässigkeit Semler/Stengel/Leonard-*Reichert*, UmwG, § 54 Rz. 42; *Lutz*, BWNotZ 2010, 23, 29; für die generelle Zulässigkeit ohne Einhaltung der 10 %-Grenze *Böttcher* in: NK-UmwG, § 126 Rz. 39; Schmitt/Hörtnagl-*Hörtnagl*, UmwG/UmwStG, § 126 UmwG Rz. 53.

lung.[129] Voraussetzung ist aber die Zustimmung der von der Sachleistung betroffenen Anteilsinhaber.[130]

Zahlungen unter den Anteilsinhabern, die i. R. einer nicht-verhältniswahrenden Spaltung gewährt werden, um die einstimmige Zustimmung i. S. des § 128 zu sichern, fallen nicht unter Absatz 1 Nr. 3.[131] Sie sind zulässig und unterliegen nicht der Beschränkung aus §§ 54 Abs. 4, 68 Abs. 3 oder § 87 Abs. 2 Satz 2.[132] Nachdem sie aber für den Aufteilungsmaßstab prägend sein können, sind sie in den Spaltungs- und Übernahmevertrag aufzunehmen (Abs. 1 Nr. 10).[133] 43

cc) Ausgliederung

Auch i. R. der Ausgliederung sind an die übertragende Gesellschaft geleistete bare Zuzahlungen in den Spaltungs- und Übernahmevertrag aufzunehmen.[134] Die Zuzahlung ist darüber hinaus auch im Kapitalerhöhungsbeschluss einer aufnehmenden Kapitalgesellschaft (§ 56 Abs. 1 GmbHG bzw. § 183 Abs. 1 AktG) oder in den Gründungsstatuten der umwandlungsrechtlich neu gegründeten Kapitalgesellschaft aufzunehmen (§ 5 Abs. 4 GmbHG, § 27 Abs. 1 AktG), nachdem es sich bei dieser Konstruktion um eine gemischte Sacheinlage handelt.[135] Die Zuzahlung unterliegt der 10 %-Grenze, da § 125 Abs. 1 Satz 1 Nr. 4 weder auf § 54 Abs. 4 noch § 68 Abs. 3 verweist. 44

e) Rechtsfolgen

Bei einem **unangemessenen Umtauschverhältnis** i. R. einer Auf- oder Abspaltung können Anteilsinhaber sowohl des übernehmenden wie auch des übertragenden Rechtsträgers **zwar keine Beschlussmängelklage** gegen den Spaltungsbeschluss erheben (§§ 125 Abs. 1 Satz 1, 14 Abs. 2), sie haben aber einen im **Spruchverfahren** durchzusetzenden Anspruch auf eine angemessene bare Zuzahlung (§§ 125 Abs. 1 Satz 1, 15).[136] Die **Verweigerung der Eintragung droht** dagegen **nicht**, weil das Registergericht die Angemessenheit des Umtauschverhältnisses nicht prüfen darf.[137] 45

Bei der **Ausgliederung** können Anteilsinhaber des übertragenden Rechtsträgers mittels **Beschlussmängelklage** innerhalb der Monatsfrist (§§ 125 Abs. 1 Satz 1, 14 Abs. 1) den Ausgliederungsbeschluss angreifen, wenn sie der Ansicht sind, die gewährten Anteile inklusive etwaiger Zuzahlung seien keine gleichwertige Gegenleistung.[138] § 14 Abs. 2, der ein entsprechendes Vorgehen blockieren würde, findet auf Anteilsinhaber des übertragenden Rechtsträgers einer Ausgliederung keine Anwendung (§ 125 Abs. 1 Satz 1 Nr. 4). 46

---

129) Widmann/Mayer-*Mayer*, UmwR, § 126 UmwG Rz. 142; *Niessen* in: KölnKomm-UmwG, § 54 Rz. 74.

130) Vgl. etwa *Verse* in: BeckOGK-UmwG, § 126 Rz. 49; *Böttcher* in: NK-UmwG, § 5 Rz. 39; Schmitt/Hörtnagl-*Hörtnagl*, UmwG/UmwStG, § 126 UmwG Rz. 53.

131) *Verse* in: BeckOGK-UmwG, § 126 Rz. 51.

132) Schmitt/Hörtnagl-*Hörtnagl*, UmwG/UmwStG, § 126 UmwG Rz. 52; Lutter-*Priester/Lieder*, UmwG, § 128 Rz. 18; *Verse* in: BeckOGK-UmwG, § 126 Rz. 51.

133) Lutter-*Priester/Lieder*, UmwG, § 128 Rz. 18; Schmitt/Hörtnagl-*Hörtnagl*, UmwG/UmwStG, § 126 UmwG Rz. 108; a. A. *Verse* in: BeckOGK-UmwG, § 126 Rz. 51, der aber aus Gründen der Rechtssicherheit die Aufnahme in den Spaltungs- und Übernahmevertrag empfiehlt.

134) *Verse* in: BeckOGK-UmwG, § 126 Rz. 56.

135) *Verse* in: BeckOGK-UmwG, § 126 Rz. 56.

136) *Verse* in: BeckOGK-UmwG, § 126 Rz. 43.

137) *Verse* in: BeckOGK-UmwG, § 126 Rz. 45.

138) *Verse* in: BeckOGK-UmwG, § 126 Rz. 54.

5. Einzelheiten für die Übertragung der Anteile (§ 126 Abs. 1 Nr. 4)

47 Absatz 1 Nr. 4 bestimmt, dass der Spaltungs- und Übernahmevertrag bei der Auf- und Abspaltung die Einzelheiten für die Übertragung der Anteile der übernehmenden Rechtsträger oder über den Erwerb der Mitgliedschaft bei den übernehmenden Rechtsträgern regeln muss. Die Vorschrift betrifft insbesondere die Herkunft der gewährten Anteile (z. B. durch Kapitalerhöhung oder von einem Dritten) und den Übertragungsmodus.[139)] Der Übertragungsmodus beinhaltet auch die Frage, welche Partei der Spaltung welche Kosten zu übernehmen hat.[140)]

48 Bei einer Auf- und Abspaltung auf eine AG, KGaA oder inländische SE ist §§ 125 Abs. 1 Satz 1, 71, 73, 78 zu beachten, weshalb der zu bestellende Treuhänder anzugeben ist.[141)] Ohne Verbriefung der Anteile stellt sich die Frage nach einer Treuhänderbestellung nicht.[142)]

49 Bei einer **Auf- und Abspaltung auf eine übernehmende GmbH** sind Abweichungen in der Ausgestaltung der durch Kapitalerhöhung geschaffenen Anteile (§§ 125 Abs. 1 Satz 1, 46 Abs. 2) darzustellen.[143)] Soweit keine neuen Anteile an der GmbH geschaffen, sondern bereits vorhandene verwendet werden, sind Nennwert und Empfänger zu benennen.[144)] Hierbei empfiehlt sich eine Nummerangabe entsprechend der Gesellschafterliste.[145)]

50 Ist eine **Personenhandelsgesellschaft übernehmender Rechtsträger** sind die Einzelheiten der Gesellschafterstellung der hinzukommenden Gesellschafter zu regeln. Hierzu gehört, welcher Gesellschafter beschränkt, bzw. unbeschränkt haften soll und welche Einlage zu leisten ist.[146)]

51 Entgegen dem Wortlaut sind auch im Falle der Ausgliederung Einzelheiten zur Anteilsübertragung im Spaltungs- und Übernahmevertrag zu regeln.[147)] Dies gebietet die unter Nr. 3 dargestellte Schutzwürdigkeit der Anteilsinhaber der übertragenden Gesellschaft (siehe Rz. 39).

6. Gewinnberechtigung der zu gewährenden Anteile (§ 126 Abs. 1 Nr. 5)

52 Absatz 1 Nr. 5 sieht vor, dass der Spaltungs- und Übernahmevertrag Ausführungen zum Zeitpunkt, ab dem die vom übernehmenden Rechtsträger gewährten Anteile gewinnberechtigt sind, sowie zu etwaigen Besonderheiten des Gewinnbezugsrechts der Anteile enthalten muss. Die Pflicht entfällt, wenn i. R. der Spaltung keine Anteile gewährt werden.[148)]

139) *Leuering* in: KölnKomm-UmwG, § 126 Rz. 42.

140) Semler/Stengel/Leonard-*Schröer/Greitemann*, UmwG, § 126 Rz. 44; Lutter-*Priester/Lieder*, UmwG, § 126 Rz. 49; Henssler/Strohn-*Galla/Cé. Müller*, GesR, § 126 UmwG Rz. 14; *Böttcher* in: NK-UmwG, § 126 Rz. 41; *Marx*, Auswirkungen der Spaltung nach dem UmwG auf Rechtsverhältnisse mit Dritten, S. 39.

141) *Verse* in: BeckOGK-UmwG, § 126 Rz. 62; Semler/Stengel/Leonard-*Schröer/Greitemann*, UmwG, § 5 Rz. 37; Henssler/Strohn-*Galla/Cé. Müller*, GesR, § 126 UmwG Rz. 14; *Böttcher* in: NK-UmwG, § 5 Rz. 42.

142) Lutter-*Priester/Lieder*, UmwG, § 126 Rz. 49; Schmitt/Hörtnagl-*Hörtnagl*, UmwG/UmwStG, § 126 UmwG Rz. 56; *Bandehzadeh*, DB 2007, 1514, 1515.

143) Semler/Stengel/Leonard-*Schröer/Greitemann*, UmwG, § 5 Rz. 38; *Wicke* in: BeckOGK-UmwG, § 5 Rz. 51.

144) Semler/Stengel/Leonard-*Schröer/Greitemann*, UmwG, § 5 Rz. 38; *Wicke* in: BeckOGK-UmwG, § 5 Rz. 51.

145) *Wicke* in: BeckOGK-UmwG, § 5 Rz. 51.

146) *Wicke* in: BeckOGK-UmwG, § 5 Rz. 51; *Böttcher* in: NK-UmwG, § 5 Rz. 43.

147) *Leuering* in: KölnKomm-UmwG, § 126 Rz. 43; a. A. Semler/Stengel/Leonard-*Schröer/Greitemann*, UmwG, § 126 Rz. 44; vgl. auch Lutter-*Priester/Lieder*, UmwG, § 126 Rz. 49, die die Angabe jedenfalls für empfehlenswert halten.

148) *Leuering* in: KölnKomm-UmwG, § 126 Rz. 45.

Die Gewinnberechtigung wird häufig mit dem Spaltungsstichtag (Abs. 1 Nr. 6) zusammenfallen oder diesem unmittelbar nachfolgen.[149)] Eine entsprechende Regelung ist jedoch nicht zwingend. Unter Besonderheiten der Gewinnbezugsberechtigung versteht man vom gesetzlichen Regelfall abweichende Sonderrechte einzelner Anteilsinhaber (z. B. Vorzugsgewinn) oder einen abweichenden Gewinnverteilungsschlüssel.[150)] Die Vereinbarung eines besonderen **schuldrechtlichen Anspruchs**, der an den Jahresgewinn des Rechtsträgers gekoppelt ist, **fällt nicht unter Absatz 1 Nr. 5**, da dieser nicht den gewährten Anteilen entspringt.[151)] Aus diesem Grund müssen bspw. Besserungsscheine oder entsprechende Genussrechte nicht angegeben werden.[152)]

7. Spaltungsstichtag (§ 126 Abs. 1 Nr. 6)

Absatz 1 Nr. 6 verlangt eine Regelung zum Spaltungsstichtag im Spaltungs- und Übernahmevertrag und definiert diesen als Zeitpunkt, von dem an die Handlungen des übertragenden Rechtsträgers als für Rechnung jedes der übernehmenden Rechtsträger vorgenommen gelten. Die Bestimmung des Spaltungsstichtags bestimmt den Zeitpunkt, von dem an der Spaltungs- und Übernahmevertrag **schuldrechtliche Wirkung entfalten** soll.[153)] 53

Die Vorschrift ist im Fall von Abspaltungen und Ausgliederungen missverständlich, da der übertragende Rechtsträger hier bestehen bleibt und deshalb nicht sämtliche Handlungen des übertragenden Rechtsträgers als für Rechnung des übernehmenden Rechtsträgers gelten.[154)] Bei Abspaltung und Ausgliederung bezieht sich der Spaltungsstichtag deshalb nur auf den zu übertragenden Vermögensteil.[155)] 54

Die Bestimmung des Spaltungsstichtags hat maßgebliche Bedeutung für den Wechsel der Rechnungslegung.[156)] Der Spaltungsstichtag hat dem Stichtag für die Schlussbilanz des übertragenden Rechtsträgers zu entsprechen.[157)] Dieser darf bei Anmeldung der Spaltung **nicht länger als acht Monate zurückliegen** (§§ 125 Abs. 1 Satz 1, 17 Abs. 2 Satz 4). Wird die Jahresbilanz des letzten Geschäftsjahres als Schlussbilanz verwendet, ist der Stichtag der Schlussbilanz im Fall der Kongruenz von Kalender- und Geschäftsjahr der 31.12. 24:00 Uhr und der Spaltungsstichtag der 1.1. 00:00 Uhr.[158)] Im Einzelfall kann es Sinn ergeben, eine **variable Stichtagsregelung** vorzusehen.[159)] Dies ist insbesondere dann der Fall, wenn mit Verzögerungen bei der Eintragung zu rechnen ist.[160)] 55

8. Sonderrechte (§ 126 Abs. 1 Nr. 7)

Nach Absatz 1 Nr. 7 muss der Spaltungs- und Übernahmevertrag die Rechte, welche die übernehmenden Rechtsträger einzelnen Anteilsinhabern sowie den Inhaber besonderer 56

149) *Verse* in: BeckOGK-UmwG, § 126 Rz. 65; Lutter-*Priester/Lieder*, UmwG, § 126 Rz. 50; Widmann/Mayer-*Mayer*, UmwR, § 126 UmwG Rz. 158.

150) *Verse* in: BeckOGK-UmwG, § 126 Rz. 65; Lutter-*Priester/Lieder*, UmwG, § 126 Rz. 51.

151) *Wicke* in: BeckOGK-UmwG, § 5 Rz. 60; Semler/Stengel/Leonard-*Schröer/Greitemann*, UmwG, § 126 Rz. 46.

152) *Wicke* in: BeckOGK-UmwG, § 5 Rz. 60.

153) *Leuering* in: KölnKomm-UmwG, § 126 Rz. 43; Lutter-*Priester/Lieder*, UmwG, § 126 Rz. 53.

154) Semler/Stengel/Leonard-*Schröer/Greitemann*, UmwG, § 126 Rz. 47.

155) *Fischer* in: NK-UmwG, § 126 Rz. 21; *Verse* in: BeckOGK-UmwG, § 126 Rz. 67.

156) *Marx*, Auswirkungen der Spaltung nach dem UmwG auf Rechtsverhältnisse mit Dritten, S. 40.

157) *Marx*, Auswirkungen der Spaltung nach dem UmwG auf Rechtsverhältnisse mit Dritten, S. 40; *Verse* in: BeckOGK-UmwG, § 126 Rz. 67; Lutter-*Priester/Lieder*, UmwG, § 126 Rz. 53.

158) Vgl. *Verse* in: BeckOGK-UmwG, § 126 Rz. 67.

159) *Verse* in: BeckOGK-UmwG, § 126 Rz. 67.

160) *Wicke* in: BeckOGK-UmwG, § 5 Rz. 70.

Rechte wie Anteile ohne Stimmrechte, Vorzugsaktien, Mehrstimmrechtsaktien, Schuldverschreibungen und Genussrechte gewähren, oder die für diese Personen vorgesehenen Maßnahmen enthalten. Die Gewährung von Sonderrechten und -vorteilen verschiebt je nach Ausgestaltung das wirtschaftliche und/oder rechtliche Gefüge unter den am Spaltungsvorgang beteiligten Rechtsträgern bzw. deren Anteilsinhabern. Absatz 1 Nr. 7 schafft insoweit **Transparenz.**[161] Entscheidend ist nicht, ob durch die Gewährung von Sonderrechten die wirtschaftlichen Rahmenbedingungen des Spaltungsvorgangs beeinflusst werden; vielmehr ist die Informationspflicht auch bei wirtschaftlich nicht messbarer, aber **rechtlicher Ungleichbehandlung** der Anteilsinhaber ausgelöst. Die Anteilsinhaber sollen nachvollziehen können, ob der **gesellschaftsrechtliche Gleichbehandlungsgrundsatz gewahrt** wurde.[162]

57 Die gewährten Rechte können **schuldrechtlicher oder mitgliedschaftlicher Natur** sein.[163] Sie müssen aber vom übernehmenden Rechtsträger gewährt werden. Nicht unter Absatz 1 Nr. 7 und damit nicht veröffentlichungspflichtig sind deshalb unter den Anteilsinhabern vereinbarte Rechte und Pflichten (z. B. Stimmbindungsverträge oder Optionsrechte).[164]

58 Die Informationspflicht beschränkt sich nicht auf im Zuge der Spaltung eingeräumte Sonderrechte, sondern betrifft auch vor der Spaltung im übertragenden Rechtsträger bestehende Sonderrechte, die sich im übernehmenden Rechtsträger fortsetzen (§§ 125 Abs. 1 Satz 1, 23).[165] Darüber hinaus ist auch über Sonderrechte zu informieren, die nicht spaltungsbedingt im übernehmenden Rechtsträger entstehen, sondern bereits vor der Spaltung dort bestanden.[166]

59 Das Telos von Absatz 1 Nr. 7, eine umfassende Information der Anteilsinhaber der an der Spaltung beteiligten Rechtsträger sicherzustellen, gebietet es auch über solche **Sonderrechte** zu informieren, die **der übertragende Rechtsträger spaltungsbedingt gewährt.**[167] Die Frage stellt sich nur bei der Ausgliederung und Abspaltung, da nur in diesen Spaltungsfällen der übertragende Rechtsträger bestehen bleibt.

60 Werden keine Sonderrechte gewährt, ist eine **Negativerklärung nicht notwendig.** Eine klarstellende Regelung ist jedoch sinnvoll.[168] Werden Sonderrechte gewährt, aber nicht im Spaltungsvertrag erwähnt, begründet dies ein Eintragungshindernis.[169]

9. Sondervorteile (§ 126 Abs. 1 Nr. 8)

61 Nach Absatz 1 Nr. 8 muss der Vertrag jeden besonderen Vorteil benennen, der einem Mitglied eines Vertretungsorgans oder eines Aufsichtsorgans der an der Spaltung beteiligten Rechtsträger, einem geschäftsführenden Gesellschafter, einem Partner, einem Abschlussprüfer oder einem Spaltungsprüfer gewährt wird. Die Vorschrift bezweckt, An-

---

161) *Verse* in: BeckOGK-UmwG, § 126 Rz. 70; Lutter-*Priester/Lieder*, UmwG, § 126 Rz. 53; *Marx*, Auswirkungen der Spaltung nach dem UmwG auf Rechtsverhältnisse mit Dritten, S. 40.

162) *Fischer* in: NK-UmwG, § 126 Rz. 23.

163) Lutter-*Priester/Lieder*, UmwG, § 126 Rz. 56; *Verse* in: BeckOGK-UmwG, § 126 Rz. 73.

164) Semler/Stengel/Leonard-*Schröer/Greitemann*, UmwG, § 126 Rz. 49; *Fischer* in: NK-UmwG, § 126 Rz. 22; Lutter-*Priester/Lieder*, UmwG, § 126 Rz. 56; *Verse* in: BeckOGK-UmwG, § 126 Rz. 72.

165) *Verse* in: BeckOGK-UmwG, § 126 Rz. 71. *Fischer* in: NK-UmwG, § 126 Rz. 23; Lutter-*Priester/Lieder*, UmwG, § 126 Rz. 56.

166) *Verse* in: BeckOGK-UmwG, § 126 Rz. 72.

167) *Verse* in: BeckOGK-UmwG, § 126 Rz. 72 m. w. N.

168) *Fischer* in: NK-UmwG, § 126 Rz. 23; Semler/Stengel/Leonard-*Schröer/Greitemann*, UmwG, § 126 Rz. 52; *Verse* in: BeckOGK-UmwG, § 126 Rz. 70.

169) OLG Hamburg, Urt. v. 16.4.2004 – 11 U 11/03, NZG 2004, 729; Lutter-*Priester/Lieder*, UmwG, § 126 Rz. 57; Widmann/Mayer-*Mayer*, UmwR, § 126 UmwG Rz. 169.

teilsinhaber darüber zu informieren, ob **Entscheidungsträger** der an der Spaltung beteiligten Rechtsträger oder mit der Prüfung Beauftragte durch die Gewährung von Sondervorteilen in **ihrer Loyalität bzw. Objektivität beeinträchtigt** wurden.[170)]

Die Vorschrift nennt die **Begünstigten von Sondervorteilen abschließend.** Sondervorteile für andere als die genannten Personen müssen nicht im Spaltungs- und Übernahmevertrag aufgedeckt werden.[171)] Aufsichtsorgan meint neben dem obligatorischen Aufsichtsrat in der AG auch den fakultativen Aufsichtsrat in der GmbH und sonst jedes Mitglied eines Organs, dem nicht nur beratende, sondern überwachende Kompetenzen zukommen (z. B. Beiträte, Gesellschafterausschüsse).[172)] 62

Wie aus der Bezeichnung „besonderer Vorteil" deutlich wird, ist bspw. eine **normale Vergütung für Abschluss- und Spaltungsprüfer nicht aufzuführen.**[173)] Eine Negativerklärung für den Fall, dass keine Sondervorteile gewährt werden, ist obsolet.[174)] Eine entsprechende Klarstellung im Spaltungs- und Übernahmevertrag ist dennoch zu empfehlen. 63

Der Sondervorteil muss anlässlich der Spaltung gewährt werden.[175)] Das ergibt sich zwar nicht unmittelbar aus dem Wortlaut, wohl aber aus dem Telos von § 126, wonach ein hinreichender Informationsstand der an der Spaltung beteiligten Anteilsinhaber **anlässlich des Spaltungsbeschlusses** gewährleistet werden soll. 64

Inhaltlich sind alle denkbaren **wirtschaftlichen und nicht wirtschaftlichen Sondervorteile** erfasst.[176)] Ein denkbarer und gängiger Sondervorteil ist die Zusicherung einer entsprechenden Organposition innerhalb des übernehmenden Rechtsträgers.[177)] Auch finanzielle Zuwendungen wie Abfindungszahlungen, die i. R. der Spaltung ausgezahlt werden, sind offenlegungspflichtig.[178)] Nicht offenlegungspflichtig ist dagegen eine Abfindungszahlung, die spaltungsbedingt gewährt wird, aber aufgrund einer vertraglichen Regelung mit dem entsprechenden Entscheidungsträger ohnehin zu zahlen gewesen wäre.[179)] Dies gilt freilich nur, wenn die geleistete Zahlung nicht den vertraglich zugesicherten Betrag übersteigt oder andere Sondervorteile gewährt werden.[180)] 65

Eine **fehlende Angabe** kann theoretisch Schadensersatzforderungen gegen das Vertretungsorgan begründen, das den Spaltungs- und Übernahmevertrag abgeschlossen hat.[181)] Dies ist insbesondere bei nicht offengelegten Abfindungsleistungen i. R. der Spaltung denkbar. Die unzureichende oder unterlassene Offenlegung im Spaltungs- und Übernahmevertrag lässt nach zutreffender Ansicht in der Literatur die **Wirksamkeit des zugesi-** 66

---

170) *Verse* in: BeckOGK-UmwG, § 126 Rz. 74; *Leuering* in: KölnKomm-UmwG, § 5 Rz. 125; Widmann/Mayer-*Mayer*, UmwR, § 126 UmwG Rz. 170; Lutter-*Priester/Lieder*, UmwG, § 126 Rz. 58.

171) *Fischer* in: NK-UmwG, § 126 Rz. 24; *Leuering* in: KölnKomm-UmwG, § 5 Rz. 127; Lutter-*Priester/Lieder*, UmwG, § 126 Rz. 58.

172) Widmann/Mayer-*Mayer*, UmwR, § 126 UmwG Rz. 170; Lutter-*Priester/Lieder*, UmwG, § 126 Rz. 58.

173) *Marx*, Auswirkungen der Spaltung nach dem UmwG auf Rechtsverhältnisse mit Dritten, S. 41; *Leuering* in: KölnKomm-UmwG, § 5 Rz. 129; Lutter-*Priester/Lieder*, UmwG, § 126 Rz. 59; Widmann/Mayer-*Mayer*, UmwR, § 126 UmwG Rz. 170.

174) *Verse* in: BeckOGK-UmwG, § 126 Rz. 74; Widmann/Mayer-*Mayer*, UmwR, § 126 UmwG Rz. 170.

175) *Leuering* in: KölnKomm-UmwG, § 5 Rz. 131; Lutter-*Priester/Lieder*, UmwG, § 126 Rz. 60.

176) *Verse* in: BeckOGK-UmwG, § 126 Rz. 75.

177) *Fischer* in: NK-UmwG, § 126 Rz. 25; *Leuering* in: KölnKomm-UmwG, § 5 Rz. 130.

178) *Verse* in: BeckOGK-UmwG, § 126 Rz. 75.

179) Lutter-*Priester/Lieder*, UmwG, § 126 Rz. 60.

180) *Verse* in: BeckOGK-UmwG, § 126 Rz. 75.

181) *Fischer* in: NK-UmwG, § 126 Rz. 25; Widmann/Mayer-*Mayer*, UmwR, § 126 UmwG Rz. 171; Semler/Stengel/Leonard-*Schröer/Greitemann*, UmwG, § 5 Rz. 74.

cherten Sondervorteils dagegen **unberührt.**[182] Eine Unwirksamkeit der versprochenen Sondervorteile lässt sich zivilrechtlich nicht begründen. Absatz 1 Nr. 8 dient der Informationsgewähr der Anteilsinhaber und stellt kein Schutzgesetz i. S. des § 134 BGB dar. Die von Teilen der Literatur[183] vertretene Unwirksamkeit gestützt auf eine analoge Anwendung von §§ 32 Abs. 3 und 26 Abs. 3 AktG überzeugt nicht. Eine Regelungslücke ist nicht ersichtlich. Die Unwirksamkeit einer Vereinbarung aufgrund fehlender Offenlegung gegenüber von der Vereinbarung mittelbar betroffenen Dritten ist zivilrechtlich die Ausnahme, die einer expliziten gesetzlichen Norm bedarf. § 26 AktG basiert auf § 19 AktG 1937.[184] Der Gesetzgeber hatte bei Schaffung von § 126 mit § 26 AktG eine entsprechende Blaupause. Daraus kann geschlossen werden, dass § 126 AktG bewusst zur Unwirksamkeit der Vereinbarung von Sondervorteilen schweigt. Darüber hinaus lässt sich die Schutzrichtung von § 26 AktG und § 126 Abs. 1 Nr. 8 nicht vergleichen, weshalb keine vergleichbare Interessenlage besteht.[185]

10. Besondere Bezeichnung und Aufteilung der Aktiva und Passiva (§ 126 Abs. 1 Nr. 9, Abs. 2)

a) Allgemeines

67 Absatz 1 Nr. 9 regelt in Abweichung zum Verschmelzungsrecht, dass im Spaltungs- und Übernahmevertrag die genaue Bezeichnung und Aufteilung der Gegenstände des Aktiv- und Passivvermögens, die an jeden der übernehmenden Rechtsträger übertragen werden, sowie ein etwaig übergehender Betrieb oder Betriebsteile unter Zuordnung zu den übernehmenden Rechtsträgern geregelt werden muss. Die Abweichung von den verschmelzungsrechtlichen Vorgaben erklärt sich daraus, dass, abgesehen von einer Totalausgliederung, im Spaltungsrecht nicht das gesamte Vermögen eines übertragenden auf einen einzigen übernehmenden Rechtsträger übertragen wird.[186] Deshalb muss der Spaltungs- und Übernahmevertrag aus **Gründen der Rechtssicherheit und des Verkehrsschutzes** eine Bestimmung für die zu übertragenden und die beim übertragenden Rechtsträger verbleibenden Gegenstände vorsehen,[187] wobei hierbei die nachfolgend dargestellten Erleichterungen gelten (siehe Rz. 70 ff.) Absatz 1 Nr. 9 wird durch Absatz 2 konkretisiert. Hiernach findet § 28 GBO auf den Spaltungs- und Übernahmevertrag entsprechende Anwendung (Abs. 2 Satz 2). Außerdem erlaubt die Vorschrift eine Verweisung auf Urkunden, die dem Spaltungs- und Übernahmevertrag als Anlage beigefügt wurden (Abs. 2 Satz 3).

68 **Gegenstände des Aktivvermögens** meint alle – auch nicht bilanzierfähige – Gegenstände und Rechte.[188] Da es nicht auf die Aktivierungs- oder Passivierungsfähigkeit ankommt,[189] sind hiervon auch immaterielle Vermögenswerte, abgeschriebene Aktiva, schwebende

182) *Fischer* in: NK-UmwG, § 126 Rz. 26; *Verse* in: BeckOGK-UmwG, § 126 Rz. 76; zur Verschmelzung *Böttcher* in: NK-UmwG, § 126 Rz. 70; a. A. Widmann/Mayer-*Mayer*, UmwR, § 126 UmwG Rz. 171.

183) Widmann/Mayer-*Mayer*, UmwR, § 5 UmwG Rz. 175; Lutter-*Drygalla*, UmwG, § 5 Rz. 82.

184) *Röhricht/Schall* in: GroßKomm-AktG, § 26 Rz. 1.

185) *Graef*, GmbHR 2005, 908, 911.

186) *Verse* in: BeckOGK-UmwG, § 126 Rz. 77; *Leuering* in: KölnKomm-UmwG, § 126 Rz. 52; *Fischer* in: NK-UmwG, § 126 Rz. 27.

187) *Leuering* in: KölnKomm-UmwG, § 126 Rz. 52; *Fischer* in: NK-UmwG, § 126 Rz. 27; *Gröne*, RNotZ 2022, 293, 297; *Heidenhain*, NJW 1995, 2873. 2876.

188) *Leuering* in: KölnKomm-UmwG, § 126 Rz. 53; Semler/Stengel/Leonard-*Schröer/Greitemann*, UmwG, § 126 Rz. 56; Lutter-*Priester/Lieder*, UmwG, § 126 Rz. 63; Schmitt/Hörtnagl-*Hörtnagl*, UmwG/UmwStG, § 126 UmwG Rz. 66; *Marx*, Auswirkungen der Spaltung nach dem Umwandlungsgesetz auf Rechtsverhältnisse mit Dritten, S. 42.

189) *Verse* in: BeckOGK-UmwG, § 126 Rz. 78; Lutter-*Priester/Lieder*, UmwG, § 126 Rz. 63; Kallmeyer-*Sickinger/Lanfermann/Willemsen/Müller-Bonanni*, UmwG, § 126 Rz. 19; *Gattringer*, NZG 2023, 443, 444.

Geschäfte, Dauerschuldverhältnisse und Eventualverbindlichkeiten umfasst.[190] Nicht umfasst sind dagegen Rechnungsabgrenzungsposten und das Eigenkapital des übertragenden Rechtsträgers.[191] Auch **nicht materialisierte Verbindlichkeiten** sind aufzuführen. Das gilt insbesondere für mögliche Risiken aus Produkthaftung, Altlasten oder Steuernachzahlungen.[192] Mit Blick auf die Rechtsprechung des EuGH in Sachen LinaNova[193] empfiehlt es sich, für nicht materialisierte Verbindlichkeiten wie Umweltschäden und etwaige Sanierungskosten eine Regelung in den Spaltungs- und Übernahmevertrag aufzunehmen. Nur so lässt sich eine aus der fehlenden Zuweisung im Spaltungs- und Übernahmevertrag resultierende **zeitlich unbegrenzte Haftung** (§§ 133 Abs. 1 Satz 1, Abs. 3) **vermeiden.**[194]

Betrieb oder Betriebsteil ist unter Rückgriff auf das arbeitsrechtliche Begriffsverständnis auszulegen.[195] Hiernach ist ein Betrieb eine organisatorische Einheit, innerhalb derer ein Unternehmen auch unter Rückgriff auf seine Mitarbeiter durch Mitteleinsatz arbeitstechnische Zwecke fortgesetzt verfolgt.[196] Sinn der Vorschrift ist es nicht, eine genauere sachenrechtlichen Darstellung zu gewährleisten, da Betriebe und Betriebsteile aus Aktiva und Passiva bestehen, die auch ohne den Zusatz aufzuschlüsseln wären.[197] Vielmehr **dient Absatz 1 Nr. 9 insoweit der Information der Arbeitnehmer**, die nachvollziehen können sollen, ob ein Betriebsübergang vorliegt.[198] 69

b) Anforderungen an die Bestimmtheit

aa) Allgemeines

Absatz 2 Satz 1 verdeutlicht, dass grundsätzlich dieselben Anforderungen für die Bestimmung der einzelnen zu übertragenden Vermögensteile gelten, wie im Fall der Einzelrechtsnachfolge.[199] Die Anforderungen an die Bezeichnung der Vermögensteile ist vergleichbar mit den Bezeichnungsanforderungen beim Asset-Deal.[200] Dort entwickelte Erleichterungen können genauso fruchtbar gemacht werden wie jene, die für Sicherungsübereignungen entwickelt wurden.[201] 70

Die Anforderungen an die Bestimmung der einzelnen Gegenstände dürfen nicht überspannt werden,[202] andernfalls würde der Sinn der partiellen Gesamtrechtsnachfolge unterminiert. 71

190) *Leuering* in: KölnKomm-UmwG, § 126 Rz. 53; Semler/Stengel/Leonard-*Schröer/Greitemann*, UmwG, § 126 Rz. 56; Kallmeyer-*Sickinger/Lanfermann/Willemsen/Müller-Bonanni*, UmwG, § 126 Rz. 19; Schmitt/Hörtnagl-*Hörtnagl*, UmwG/UmwStG, § 126 UmwG Rz. 69.

191) *Leuering* in: KölnKomm-UmwG, § 126 Rz. 54.

192) Widmann/Mayer-*Mayer*, UmwR, § 126 UmwG Rz. 174.1.

193) EuGH, Urt. v. 29.7.2024 – Rs. C-713/22 (Liva Nova), WM 2024, 1667; vgl. dazu *J. Schmidt*, BB 2024, 1859, 1874.

194) Widmann/Mayer-*Mayer*, UmwR, § 126 UmwG Rz. 174.1.

195) Lutter-*Priester/Lieder*, UmwG, § 126 Rz. 64; Schmitt/Hörtnagl-*Hörtnagl*, UmwG/UmwStG, § 126 UmwG Rz. 72; *Verse* in: BeckOGK-UmwG, § 126 Rz. 80; *Marx*, Auswirkungen der Spaltung nach dem UmwG auf Rechtsverhältnisse mit Dritten, S. 42.

196) *Marx*, Auswirkungen der Spaltung nach dem UmwG auf Rechtsverhältnisse mit Dritten, S. 42; Schmitt/Hörtnagl-*Hörtnagl*, UmwG/UmwStG, § 126 UmwG Rz. 73.

197) *Verse* in: BeckOGK-UmwG, § 126 Rz. 79.

198) Krit. hierzu *Verse* in: BeckOGK-UmwG, § 126 Rz. 79.

199) *Verse* in: BeckOGK-UmwG, § 126 Rz. 83; *Leuering* in: KölnKomm-UmwG, § 126 Rz. 57; *Fischer* in: NK-UmwG, § 126 Rz. 28; Lutter-*Priester/Lieder*, UmwG, § 126 Rz. 66; Widmann/Mayer-*Mayer*, UmwR, § 5 UmwG Rz. 202; Semler/Stengel/Leonard-*Schröer/Greitemann*, UmwG, § 126 Rz. 61; a. A. *Thiele/König*, NZG 2015, 178 ff.

200) Semler/Stengel/Leonard-*Schröer/Greitemann*, UmwG, § 126 Rz. 61.

201) Widmann/Mayer-*Mayer*, UmwR, § 126 UmwG Rz. 202.

202) BGH, Urt. v. 8.10.2003 – XII ZR 50/02, NZG 2003, 1172, 1174; *Priester*, DNotZ, 1995, 427, 445.

Ausreichend ist die **Bestimmbarkeit** der Gegenstände.[203] Hiernach ist entscheidend, ob ein **sachkundiger Dritter** ermitteln kann, welcher Gegenstand von der partiellen Gesamtrechtsnachfolge umfasst ist.[204] Dafür ist nicht erforderlich, dass allein anhand des Spaltungs- und Übernahmevertrages und der Anlagen jeder Gegenstand zugeordnet werden kann; vielmehr sind auch außerhalb der Urkunde liegende Umstände in die Ermittlung einzustellen, die in irgendeiner Form – bspw. durch Bezugnahme auf dem Vertrag beigefügte Bilanzen und Inventare (Abs. 2 Satz 3) – Anklang in der Urkunde gefunden haben und eine eindeutige Zuordnung ermöglichen.[205] Unzureichend ist dagegen die Angabe einer Quote (30 % des Inventars).[206] Bei komplexen Sachgesamtheiten, bei denen bestimmte Vermögensbestandteile nicht i. R. der Spaltung übergehen sollen, empfiehlt sich eine **Negativabgrenzung.**[207]

72 Eine sachenrechtlich hinreichende Bestimmbarkeit kann auch durch die Verwendung sog. **„All-Klauseln"** erreicht werden.[208] Diese sind auch bei spaltungsrechtlichen Grundstücksübertragungen zulässig.[209] Neben der genauen Benennung der wichtigsten (nicht) zu übertragenden Vermögensgegenstände ist die Verwendung einer solchen Klausel empfehlenswert.[210]

73 Ergibt die Auslegung, dass bestimmte Gegenstände nicht vom Spaltungs- und Übernahmevertrag erfasst sind (sog. „vergessene Gegenstände"), verleiben sie beim übertragenden Rechtsträger, soweit dieser nicht i. R. einer Aufspaltung erlischt.[211] Bei einer Aufspaltung gehen „vergessene Gegenstände" anteilig auf die übernehmenden Rechtsträger über (vgl. § 131 Abs. 3).

bb) Bewegliche Sachen

74 Bewegliche Sachen, die i. R. der Spaltung übertragen werden sollen, können **tabellenförmig** dargestellt werden.[212] Dabei sind auch Sachen aufzunehmen, die wegen eines Eigentumsvorbehalts oder einer Sicherungsübereignung nicht (mehr) im Eigentum des übertragenden Rechtsträgers stehen.[213] Freilich kann anstatt der Benennung der beweglichen Sache auch genauer das Anwartschaftsrecht aufgeführt werden.[214] Soweit der Spaltungs- und Übernahmevertrag auf das Eigentum an einem Gegenstand abstellt, an dem der übertragende Rechtsträger nur ein Anwartschaftsrecht innehat (z. B. im Fall einer eine Sachgesamtheit betreffenden Klausel), umfasst dies erst recht das Anwartschaftsrecht.

---

203) BGH, Urt. v. 8.10.2003 – XII ZR 50/02, NZG 2003, 1172; OLG Köln, Urt. v. 28.7.2016 – 7 U 179/15, Rz. 20, BeckRS 2016, 15818.

204) Widmann/Mayer-*Mayer*, UmwR, § 5 UmwG Rz. 202 m. w. N.

205) *Verse* in: BeckOGK-UmwG, § 126 Rz. 85; *Gröne*, RNotZ 2022, 293, 298.

206) Lutter-*Priester/Lieder*, UmwG, § 126 Rz. 67.

207) Widmann/Mayer-*Mayer*, UmwR, § 5 UmwG Rz. 202.

208) *Priester*, DNotZ, 1995, 427, 446; *Gröne*, RNotZ 2022, 293, 298.

209) OLG Schleswig, Beschl. v. 1.10.2008 – 2 W 241/08, DNotZ 2010, 66 ff.

210) *Verse* in: BeckOGK-UmwG, § 126 Rz. 86.1; *Blasche*, NZG 2016, 328, 330.

211) Lutter-*Priester/Lieder*, UmwG, § 126 Rz. 79.

212) Semler/Stengel/Leonard-*Schröer/Greitemann*, UmwG, § 126 Rz. 62.

213) Schmitt/Hörtnagl-*Hörtnagl*, UmwG/UmwStG, § 126 UmwG Rz. 86; Lutter-*Priester/Lieder*, UmwG, § 126 Rz. 73; *Thiele/König*, NZG 2015, 178, 179.

214) *Raible* in: HK-UmwG, § 126 Rz. 71.

cc) Anteile an Gesellschaften

75 Anteile an anderen als den an der Spaltung beteiligten Gesellschaften müssen durch Nennung der Firma, des Sitzes sowie der HR-Nummer und Beteiligungshöhe individualisierbar gemacht werden.[215]

dd) Forderungen

76 Forderungen sind durch Nennung des Betrags, der Art, des Grundes, des Schuldners sowie der Fälligkeit zu konkretisieren.[216] Auch die gesammelte Übertragung von Forderungen einzelner Geschäftsarten oder Geschäftszweige ist zulässig.[217] Ein der Forderungsübertragung entgegenstehendes Abtretungsverbot (§ 399 Alt. 2 BGB) steht der Spaltung nicht entgegen.[218] Es bleibt aber auch nach der Spaltung bestehen und hindert den übernehmenden Rechtsträger, frei über die Forderung zu verfügen.[219] Dagegen ist ein gutgläubiger Forderungserwerb auch spaltungsrechtlich unmöglich.[220]

ee) Verbindlichkeiten

77 **Verbindlichkeiten** sind grundsätzlich **wie Forderungen zu individualisieren.**[221] § 415 BGB und § 418 BGB finden keine Anwendung.[222] Auch **nicht materialisierte Verbindlichkeiten**, für die bereits Rückstellungen gebildet wurden, können und sollten mit Blick auf die EuGH-Rechtsprechung im Fall LinaNova[223] individualisiert werden. Es empfiehlt sich für solche ungewisse Verbindlichkeiten eine Auffangklausel in den Spaltungs- und Übernahmevertrag aufzunehmen,[224] um die Hauptschuldnerstellung innerhalb der gesamtschuldnerischen Haftung nach § 133 Abs. 1 Satz 1 zu definieren. Außerdem kommt eine Enthaftung nach § 133 Abs. 3 für einen Rechtsträger der Spaltung nur für Verbindlichkeiten in Betracht, die diesem im Spaltungs- und Übernahmevertrag ausdrücklich nicht zugewiesen wurden.[225] **Verbindlichkeiten können nach der Regierungsbegründung nicht auf mehrere Rechtsträger aufgeteilt werden.**[226] Das vermag **nicht zu überzeugen,** weshalb die h. M. zu Recht eine Aufteilung jedenfalls dann zulässt, wenn die Ansprüche ihrem Inhalt nach auf die Erbringung einer teilbaren Leistung gerichtet sind.[227]

ff) Grundstücke und Rechte an Grundstücken

78 Grundstücke sowie Rechte an Grundstücken müssen im Spaltungs- und Übernahmevertrag nach Absatz 2 Satz 2 entsprechend § 28 GBO übereinstimmend mit dem Grundbuch

---

215) *Fischer* in: NK-UmwG, § 126 Rz. 34; Widmann/Mayer-*Mayer*, UmwR, § 5 UmwG Rz. 204; *Raible* in: HK-UmwG, § 126 Rz. 73.

216) *Fischer* in: NK-UmwG, § 126 Rz. 35; Widmann/Mayer-*Mayer*, UmwR, § 5 UmwG Rz. 218.

217) *Fischer* in: NK-UmwG, § 126 Rz. 35.

218) Lutter-*Priester/Lieder*, UmwG, § 126 Rz. 71; Widmann/Mayer-*Mayer*, UmwR, § 5 UmwG Rz. 218; Kallmeyer-*Sickinger/Lanfermann*, UmwG, § 131 Rz. 9.

219) Lutter-*Priester/Lieder*, UmwG, § 126 Rz. 73.

220) *Fischer* in: NK-UmwG, § 126 Rz. 36.

221) Semler/Stengel/Leonard-*Schröer/Greitemann*, UmwG, § 126 Rz. 68; *Fischer* in: NK-UmwG, § 126 Rz. 37; Widmann/Mayer-*Mayer*, UmwR, § 126 UmwG Rz. 239.

222) Lutter-*Priester/Lieder*, UmwG, § 126 Rz. 77; Widmann/Mayer-*Mayer*, UmwR, § 126 UmwG Rz. 237.

223) EuGH, Urt. v. 29.7.2024 – Rs. C-713/22 (Liva Nova), WM 2024, 1667; vgl. dazu *J. Schmidt*, BB 2024, 1859, 1874.

224) Widmann/Mayer-*Mayer*, UmwR, § 126 UmwG Rz. 239.

225) *Fischer* in: NK-UmwG, § 126 Rz. 37; Widmann/Mayer-*Mayer*, UmwR, § 126 UmwG Rz. 239.

226) Begr. Fraktionsnetwurf UmwBerG, BT-Drucks. 12/6699, S. 118.

227) Ausf. Widmann/Mayer-*Mayer*, UmwR, § 126 UmwG Rz. 240 ff.

oder durch Verweisung auf das Grundbuchblatt bezeichnet werden.[228] Die Regelung verdeutlicht welchen **besonderen Wert** der Gesetzgeber einem rechtssicheren **Grundstücksverkehr** beimisst.[229]

79 Ein **Verstoß gegen das Gebot nach Absatz 2 Satz 2** führt unabhängig davon, ob der Übertragungswille der Spaltungsparteien an einem Grundstück eindeutig aus dem Spaltungs- und Übernahmevertrag ersichtlich wird, nach dem BGH dazu, dass der übernehmende Rechtsträger mit Eintragung der Spaltung kein Eigentum am Grundstück erlangt.[230] Die vom Gesetzgeber bezweckte Rechtssicherheit des Grundstücksverkehrs lässt sich nur so erreichen. Teilweise vertritt die jüngere Rechtsprechung in Einschränkung zum BGH, dass der übernehmende Rechtsträger dann Eigentum auch ohne eine § 28 GBO entsprechende Bezeichnung erlangen soll, „wenn die zu übertragende Rechte, für die § 28 GBO Geltung beansprucht, in dem Spaltungs- und Übernahmevertrag für jedermann klar und eindeutig bestimmt sind".[231] Hiernach sind auch All-Klauseln bei der Übertragung von Grundstücken zulässig,[232] wenn auch mit Blick auf die **BGH-Rechtsprechung** eine den Anforderungen von § 28 GBO entsprechende Beschreibung der Grundstücke vorzugswürdig ist.[233] Auch wenn die Literatur die BGH-Rechtsprechung mit beachtlichen Argumenten kritisiert,[234] sollten Grundstücke bis zu einer anderen gesetzlichen Regelung oder Stellungnahme des BGH übereinstimmend mit dem Grundbuch oder durch Hinweis auf das Grundbuchblatt bezeichnet werden.[235] Dies gilt insbesondere mit Blick auf die Rechtsfolge einer fehlerhaften Bezeichnung: Bei einer § 28 GBO nicht entsprechenden Bezeichnung kommt eine spätere Heilung gemäß § 131 Abs. 1 Nr. 1 nicht in Betracht.[236]

80 Bei der **Übertragung von Teilflächen** ist eine katastertaugliche Karte zur Spezifizierung der Teilfläche zu verwenden.[237] Zudem setzt die Eigentumsübertragung hierbei voraus, dass die Teilung des Grundstücks rechtlich vollzogen wurde.[238]

gg) Vertragsverhältnisse

81 Vertragsverhältnisse sind durch Nennung des Vertragsgegenstandes, des oder der Vertragspartner sowie des Datums des Vertragsschlusses zu individualisieren.[239] Sie können ohne Mitwirkung des Vertragspartners übertragen werden.[240] Letzterem steht allenfalls

228) Semler/Stengel/Leonard-*Schröer/Greitemann*, UmwG, § 126 Rz. 64; *Heidenhain*, NJW 1995, 2873, 2876.

229) *Verse* in: BeckOGK-UmwG, § 126 Rz. 90.

230) BGH, Urt. v. 25.1.2008 – V ZR 79/07, NZG 2008, 436.

231) KG Berlin, Beschl. v. 1.8.2014 – 1 W 213/14, NZG 2015, 602; OLG Schleswig, Beschl. v. 26.8.2009 – 2 W 241/08, FGPrax 2010, 21; diese Einschränkung kritisiert *Verse* in: BeckOGK-UmwG, § 126 Rz. 91 – „wenig konsequent".

232) OLG Schleswig, Beschl. v. 1.10.2008 – 2 W 241/08, DNotZ 2010, 66 ff.; Kallmeyer-*Sickinger/Lanfermann/Willemsen/Müller-Bonanni*, UmwG, § 126 Rz. 21a; a. A. *Leuering* in: KölnKomm-UmwG, § 126 Rz. 60.

233) *Wilsch*, FGPrax 2018, 53, 55 (Urteilsanm.); *Perz*, DNotZ 2010, 66, 70 (Urteilsanm.).

234) Vgl. etwa Lutter-*Priester/Lieder*, UmwG, § 126 Rz. 55.

235) Semler/Stengel/Leonard-*Schröer/Greitemann*, UmwG, § 126 Rz. 64.

236) Semler/Stengel/Leonard-*Schröer/Greitemann*, UmwG, § 126 Rz. 64.

237) Lutter-*Priester/Lieder*, UmwG, § 126 Rz. 56; Semler/Stengel/Leonard-*Schröer/Greitemann*, UmwG, § 126 Rz. 64; *Leuering* in: KölnKomm-UmwG, § 126 Rz. 61.

238) *Verse* in: BeckOGK-UmwG, § 126 Rz. 96; *Fischer* in: NK-UmwG, § 126 Rz. 33; *Gröne*, RNotZ 2022, 293, 298.

239) *Fischer* in: NK-UmwG, § 126 Rz. 40.

240) *Fischer* in: NK-UmwG, § 126 Rz. 40; Henssler/Strohn-*Galla/Cé. Müller*, GesR, § 126 UmwG Rz. 31; Widmann/Mayer-*Mayer*, UmwR, § 126 UmwG Rz. 225.

bei „Unzumutbarkeit" der Vertragsfortführung ein außerordentliches Kündigungsrecht zu.[241] Außerdem kann sich ein Kündigungsrecht auch aus einer Change-of-Control-Klausel sowie unter den Voraussetzungen des Wegfalls der Geschäftsgrundlage (§ 313 Abs. 3 Satz 2 BGB)[242] ergeben.[243] Das Kündigungsrecht schützt den Vertragspartner mit Blick auf die Zukunft, während er vergangenheitsbezogen durch die gesamtschuldnerische Haftung geschützt wird (§ 133 Abs. 1 Satz 1).[244]

Vertragsverhältnisse sind nach überzeugender Ansicht **grundsätzlich genau wie Verbindlichkeiten teilbar.**[245] Besondere Praxisrelevanz kommt der Aufteilung von Dauerschuldverhältnissen zu (z. B. Aufteilung eines gepachteten Betriebsgrundstück auf den übertragenden und übernehmenden Rechtsträger).[246] 82

Bei der spaltungsrechtlichen Übertragung eines **Beherrschungs- und Gewinnabführungsvertrages** muss differenziert werden. Ist das herrschende Unternehmen übertragender Rechtsträger, kann dieses den Beherrschungs- und Gewinnabführungsvertrag im Spaltungs- und Übernahmevertrag mit der Wirkung übertragen, dass ein anderer übernehmender Rechtsträger neues herrschendes Unternehmen wird.[247] Die Aufsplittung auf mehrere herrschende Unternehmen i. R. der Spaltung ist allerdings unzulässig.[248] § 293 AktG findet keine analoge Anwendung, weshalb es keiner Zustimmung der Anteilsinhaber des beherrschten Unternehmens bedarf.[249] Technisch bedarf es für die Übertragung des Beherrschungs- und Gewinnabführungsvertrages der Berichtigung des Handelsregisters, wobei die Eintragung für die Übertragung nur deklaratorische Bedeutung hat.[250] Ist dagegen das abhängige Unternehmen übertragender Rechtsträger scheidet die Übertragung des Beherrschungs- und Gewinnabführungsvertrages i. R. einer Spaltung zur Aufnahme aus.[251] Bei der Spaltung zur Neugründung erstreckt sich der Beherrschungs- und Gewinnabführungsvertrag dagegen auf den neu gegründeten Rechtsträger.[252] 83

241) Semler/Stengel/Leonard-*Schröer/Greitemann*, UmwG, § 126 Rz. 72; Widmann/Mayer-*Mayer*, UmwR, § 126 UmwG Rz. 228.

242) § 21 normiert nicht abschließend einen Sonderfall der Störung der Geschäftsgrundlage (vgl. etwa Lutter-*Grunewald*, UmwG, § 21 Rz. 2, 9).

243) *Berner/Klett*, NZG 2008, 601, 604; vgl. Auch Henssler/Strohn-*Galla/Cé. Müller*, GesR, § 126 UmwG Rz. 31.

244) Widmann/Mayer-*Mayer*, UmwR, § 126 UmwG Rz. 228.

245) *Fischer* in: NK-UmwG, § 126 Rz. 40; *Heidenhain*, NJW 1995, 2873, 2877; diff. Schmitt/Hörtnagl-*Hörtnagl*, UmwG/UmwStG, § 126 UmwG Rz. 51 ff.; eingeschränkend *Verse* in: BeckOGK-UmwG, § 126 Rz. 116, der mit Verweis auf § 242 BGB allenfalls wenn „die Teilung für den Vertragspartner keine nennenswerte Belastung bedeutet" eine Teilung zulassen will; dem folgend *Seeburger*, Die Zu- und Aufteilung von Vertragsverhältnissen i. R. der Unternehmensspaltung, S. 283 f.; a. A. *Teichmann*, ZGR 1993, 396, 413; *Hahn*, GmbHR 1991, 242, 246; *Kleindiek*, ZGR 1992, 513, 519; *Rieble*, ZIP 1997, 301, 310.

246) Semler/Stengel/Leonard-*Schröer/Greitemann*, UmwG, § 126 Rz. 72; *Heidenhain*, NJW 1995, 2873, 2877.

247) Widmann/Mayer-*Mayer*, UmwR, § 126 UmwG Rz. 232; *Leuering* in: KölnKomm-UmwG, § 131 Rz. 24; Kallmeyer-*Sickinger*, UmwG, § 126 Rz. 26; *Heidenhain*, NJW 1995, 2873, 2877; *Müller*, BB 2002, 157, 157; *Fedke*, Der Konzern 2008, 533, 536 f.

248) *Heidenhain*, NJW 1995, 2873, 2877; *Timm*, DB 1993, 569, 574.

249) Widmann/Mayer-*Mayer*, UmwR, § 126 UmwG Rz. 232; *Leuering* in: KölnKomm-UmwG, § 131 Rz. 24; Kallmeyer-*Sickinger*, UmwG, § 126 Rz. 26; Henssler/Strohn-*Galla/Cé. Müller*, GesR, § 126 UmwG Rz. 11.

250) Widmann/Mayer-*Mayer*, UmwR, § 126 UmwG Rz. 232.

251) *Leuering* in: KölnKomm-UmwG, § 131 Rz. 25; Semler/Stengel/Leonard-*Schröer/Greitemann*, UmwG, § 126 Rz. 74; Ascheid/Preis/Schmidt-*Steffan*, Kündigungsrecht, § 126 UmwG Rz. 11; Kallmeyer-*Sickinger*, UmwG, § 126 Rz. 26.

252) Kallmeyer-*Sickinger*, UmwG, § 126 Rz. 26; *Leuering* in: KölnKomm-UmwG, § 131 Rz. 25; diff. Semler/Stengel/Leonard-*Schröer/Greitemann*, UmwG, § 126 Rz. 74, wonach bei einer maßgeblichen Veränderung des Vertragsgegenstands ein Neuabschluss des Unternehmensvertrages notwendig sei.

84 Werden ganze **Betriebe oder Betriebsteile übertragen**, gehen die entsprechenden Arbeitsverhältnisse gemäß §§ 125 Abs. 1 Satz 1, 35a Abs. 2 i. V. m. § 613a Abs. 1 Satz 1 BGB auf den übernehmenden Rechtsträger über, soweit die betroffenen Arbeitnehmer nicht nach **§ 613a Abs. 6 BGB widersprechen.**[253)] Sofern kein Betrieb oder Betriebsteil übertragen wird, Arbeitsverhältnisse des beim übertragenden Rechtsträger verbleibenden Betriebs übertragen werden oder Arbeitsverhältnisse mit einer betriebsübergreifenden Funktion übertragen werden, findet § 613a BGB keine Anwendung.[254)] **Diese Arbeitsverhältnisse** müssen **im Spaltungs- und Übernahmevertrag individualisiert** werden, weil sie nicht kraft Gesetz übergehen.[255)] Weil der Arbeitnehmer andernfalls der Spaltung schutzlos ausgeliefert wäre, geht das Arbeitsverhältnis auch außerhalb des Anwendungsbereichs von § 613a BGB nur mit dessen Zustimmung über.[256)] Im Fall der **Aufspaltung**, bei der ein Widerspruchsrecht aufgrund des Erlöschens des übertragenden Rechtsträgers denklogisch ausgeschlossen ist, hat der Arbeitnehmer ein Wahlrecht, bei welchem der neuen übernehmenden Rechtsträger sein Arbeitsverhältnis fortgesetzt werden soll.[257)]

85 **Organmitglieder** sind üblicherweise aufgrund eines Dienstvertrages bei den Gesellschaften tätig und haben keinen Arbeitnehmerstatus.[258)] Für sie ist **§ 613a BGB** grundsätzlich **nicht anwendbar.**[259)] Ausnahmsweise findet § 613a BGB auch auf ein Organmitglied Anwendung, wenn dieses auf Basis eines Arbeitsvertrages tätig wird,[260)] was freilich eine unübliche Konstellation darstellt.[261)] Im Regelfall muss die Übertragung von Organmitgliedern aus diesem Grund **im Spaltungs- und Übernahmevertrag gesondert angeordnet werden.**[262)]

86 **Pensionsverpflichtungen ausgeschiedener Arbeitnehmer** können im Spaltungs- und Übernahmevertrag **frei zugeordnet werden.**[263)] Es bedarf weder der Zustimmung des Versorgungsempfängers noch des Pensions-Sicherungs-Vereins a. G.[264)] § 613a BGB i. V. m. § 125 Abs. 1 Satz 1, § 35a Abs. 2 findet in dieser Konstellation keine Anwendung.[265)] § 4a BetrAVG steht der Neuzuordnung der Pensionsverpflichtungen nicht im Wege.[266)] Die umwandlungsrechtlichen Vorschriften sind nach der Rechtsprechung des BAG insoweit vorrangig.[267)] Bei einer nicht hinreichenden finanziellen Ausstattung des die Pensionsverpflichtung übernehmenden Rechtsträgers drohen aber Schadensersatzansprüche der Zuwendungsempfänger.[268)]

87 Die **Trennung von Pensionsverpflichtung und laufenden Arbeitsverhältnis** ist dagegen selbst dann **unzulässig**, wenn der Arbeitnehmer der Abweichung von § 613a BGB zu-

253) *Fischer* in: NK-UmwG, § 126 Rz. 40; *Verse* in: BeckOGK-UmwG, § 126 Rz. 104.

254) *Verse* in: BeckOGK-UmwG, § 126 Rz. 105.

255) *Verse* in: BeckOGK-UmwG, § 126 Rz. 105; *Fischer* in: NK-UmwG, § 126 Rz. 44.

256) *Verse* in: BeckOGK-UmwG, § 126 Rz. 106.

257) BAG, Urt. v. 19.10.2017 – 8 AZR 63/16, NJW 2018, 885, 890; a. A. *Lakenberg*, NJW 2018, 3064 ff.

258) *Corzelius/Senn*, GWR 2024, 191, 191.

259) *Lunk*, NZG 2024, 60, 63 m. zahlr. Nachw.

260) BAG, Urt. v. 20.7.2023 – 6 AZR 228/22, NZA 2023, 1457 ff.; dem zust. *Witt*, NJW 2024, 234, 238 (Urteilsanm.).

261) *Corzelius/Senn*, GWR 2024, 191, 192.

262) *Verse* in: BeckOGK-UmwG, § 126 Rz. 107; *Leuering* in: KölnKomm-UmwG, § 126 Rz. 68.

263) *Verse* in: BeckOGK-UmwG, § 126 Rz. 109; *Leuering* in: KölnKomm-UmwG, § 126 Rz. 70; *Drees/Uckermann*, PU 2024, 96, 96.

264) BAG, Urt. v. 11.3.2008 – 3 AZR 358/06, NZA 2009, 790, 792.

265) *Verse* in: BeckOGK-UmwG, § 126 Rz. 109.

266) *Saal/Flockenhaus*, BB 2017, 2933, 2934.

267) BAG, Urt. v. 11.3.2008 –3 AZR 358/06, NZA 2009, 790, 792.

268) Schmitt/Hörtnagl-*Hörtnagl*, UmwG/UmwStG, § 126 UmwG Rz. 113.

stimmt.[269] Zwar ist ein Abweichen von § 613a BGB mit Zustimmung des Arbeitnehmers zulässig, allerdings ist die Aufspaltung von Arbeitsverhältnis und Pensionsansprüchen undurchsichtiger als der vollständige Übergang des Arbeitsverhältnisses auf einen anderen Rechtsträger. Aus Gründen des Arbeitnehmerschutzes ist deshalb eine Alles-oder-Nichts-Lösung in Bezug auf die Zustimmung zur Abweichung von § 613a BGB zu bevorzugen.

11. Aufteilung der Anteile (§ 126 Abs. 1 Nr. 10)

Nach Absatz 1 Nr. 10 muss der Spaltungs- und Übernahmevertrag bei Auf- und Abspaltung 88 die Aufteilung der Anteile oder Mitgliedschaften jedes der beteiligten Rechtsträger auf die Anteilsinhaber des übertragenden Rechtsträgers sowie den Maßstab für die Aufteilung enthalten. Die Norm verdeutlicht, dass nicht nur eine verhältniswahrende, sondern auch eine **nicht verhältniswahrende Spaltung zulässig** ist.[270] Die Zuteilung der Anteile ist demnach sowohl nach dem bisherigen Beteiligungsverhältnis als auch nach einem neuen Verteilungsschlüssel zulässig. Die Vorschrift stellt klar, dass die Beteiligungsverhältnisse sowohl im übernehmenden als auch im übertragenden Rechtsträger neu geordnet werden können.[271] Die Neuzuordnung der Anteile aller an der Spaltung beteiligten Rechtsträger wird gemäß § 131 Abs. 1 Nr. 3 Satz 1 mit Eintragung der Spaltung wirksam.

Bei einer verhältniswahrenden Auf- und Abspaltung bedarf es allein eines Hinweises, dass 89 die Beteiligungsverhältnisse im übernehmenden Rechtsträger denjenigen im übertragenden Rechtsträger entsprechen sollen.[272] Bei der Spaltung auf eine Personenhandelsgesellschaft oder eine GmbH sind besondere Angaben zu den gewährten Anteilen notwendig (vgl. §§ 125 Abs. 1 Satz 1, 40, §§ 125 Abs. 1 Satz 1, 46 Abs. 1).[273]

Bei einer verhältniswahrenden Spaltung zur Aufnahme betrifft das sich entsprechende Be- 90 teiligungsverhältnis nur die seitens des übernehmenden Rechtsträgers gewährten Anteile, die dem Beteiligungsverhältnis im übertragenden Rechtsträger entsprechen. Die Anteile der Altgesellschafter im übernehmenden Rechtsträger bleiben unberücksichtigt.[274]

Die Vorschrift soll nicht ermöglichen, Anteilsinhaber ohne ihr Einverständnis aus dem 91 übertragenden Rechtsträger auszuschließen, weshalb eine nicht verhältniswahrende Spaltung nach § 128 nur mit Zustimmung aller Anteilsinhaber des übertragenden Rechtsträgers zulässig ist (siehe § 128 Rz. 15 [*K. Wentz*]).[275] Als Extremfall der nicht verhältniswahrenden Spaltung ist auch die sog. **„Spaltung zu null"** zulässig, die es ermöglicht, auf die Übertragung jedweder Anteile am übernehmenden Rechtsträger zu verzichten oder einen Anteilsinhaber des übertragenden Rechtsträgers seinem Willen entsprechend auszuschließen.[276] Zwar ist auch eine **Ausgliederung zu null** zulässig, weil § 125 Abs. 1 Satz 1 Nr. 4 lediglich auf § 54 Abs. 1 Satz 1 bzw. § 68 Abs. 1 Satz 1 und nicht auch auf § 54 Abs. 1 Satz 3 verweist;[277] eine Totalausgliederung zu null scheidet dagegen aus, da die übertra-

---

269) Für eine generelle Unzulässigkeit *Leuering* in: KölnKomm-UmwG, § 126 Rz. 108.1; *Saal/Flockenhaus*, BB 2017, 2933, 2934; a. A. *Verse* in: BeckOGK-UmwG, § 126 Rz. 108.1.

270) *Weiler*, NZG 2013, 1326, 1329; Lutter-*Priester/Lieder*, UmwG, § 126 Rz. 104.

271) *Verse* in: BeckOGK-UmwG, § 126 Rz. 122; *Leuering* in: KölnKomm-UmwG, § 126 Rz. 77.

272) *Verse* in: BeckOGK-UmwG, § 126 Rz. 119; Lutter-*Priester/Lieder*, UmwG, § 126 Rz. 103; *Fischer* in: NK-UmwG, § 126 Rz. 56; Schmitt/Hörtnagl-*Hörtnagl*, UmwG/UmwStG, § 126 UmwG Rz. 104.

273) *Verse* in: BeckOGK-UmwG, § 126 Rz. 119; *Fischer* in: NK-UmwG, § 126 Rz. 57; Schmitt/Hörtnagl-*Hörtnagl*, UmwG/UmwStG, § 126 UmwG Rz. 106; *Raible* in: HK-UmwG, § 126 Rz. 83.

274) *Verse* in: BeckOGK-UmwG, § 126 Rz. 119.

275) Lutter-*Priester/Lieder*, UmwG, § 126 Rz. 104; *Leuering* in: KölnKomm-UmwG, § 126 Rz. 33, 76.

276) *Verse* in: BeckOGK-UmwG, § 126 Rz. 21 ff.

277) Vgl. zur Gesetzesänderung, die insoweit Klarheit geschaffen hat *Verse* in: BeckOGK-UmwG, § 126 Rz. 35.

gende Gesellschaft hierbei als leere Hülle zurückbliebe. Bei einer Ausgliederung zu null ist ausreichend, dass aus dem Spaltungs- und Übernahmevertrag der Verzichtswille eindeutig erkennbar ist.[278] Die Möglichkeit des Verzichts besteht neben Kapitalgesellschaften auch bei anderen Rechtsträgern.[279]

92 Der Spaltungs- und Übernahmevertrag muss bei der nicht verhältniswahrenden Auf- und Abspaltung genau bestimmen, wem wie viele Anteile an den beteiligten Rechtsträgern zustehen.[280] Bei einer nicht verhältniswahrenden Auf- und Abspaltung auf eine Personenhandelsgesellschaft oder GmbH sind §§ 125 Abs. 1 Satz 1, 40 bzw. §§ 125 Abs. 1 Satz 1, 46 Abs. 1 zu beachten.[281] Eine **Spaltung, bei der Anteile an einen Dritten gewährt werden,** ist – wie sich aus dem Wortlaut von §§ 126 Abs. 1 Nr. 10, 131 Abs. 1 Nr. 3 Satz 1 ergibt – **weder verhältniswahrend noch nicht verhältniswahrend zulässig.**[282] Das gilt auch für die Auf- und Abspaltung auf eine neue GmbH & Co. KG.[283] Ein vergleichbares Ergebnis lässt sich aber durch eine Kombination aus Spaltung und Beitritt erzielen.[284]

93 Auch zulässige Zahlungen eines Anteilsinhabers an einen i. R. einer nicht verhältniswahrenden Spaltung benachteiligten Anteilsinhaber sind im Spaltungs- und Übernahmevertrag offenzulegen.[285] Deren Offenlegung ist notwendig, da nicht verhältniswahrende Spaltungen nur mit Zustimmung sämtlicher Anteilsinhaber möglich sind (§ 128) und inter-partes-Zahlungen für die Zustimmungsentscheidung entscheidend sein können.[286]

12. Folgen für die Arbeitnehmer und ihre Vertretungen (§ 126 Abs. 1 Nr. 11)

94 Absatz 1 Nr. 11 sieht vor, dass der Spaltungs- und Übernahmevertrag Angaben über die Folgen der Spaltung für die Arbeitnehmer und ihre Vertretungen sowie die insoweit vorgesehenen Maßnahmen enthalten muss. Von vornherein nicht ausreichend sind pauschale Hinweise (z. B. „die spaltungsrechtlichen Folgen richten sich nach § 613a BGB“).[287] Rechtlich handelt es sich bei den Angaben nach Absatz 1 Nr. 11 um eine **reine Wissenserklärung ohne rechtliche Bindungswirkung.**[288] Ausgeschlossen ist die Aufnahme von verbindlichen Willenserklärungen zugunsten der Arbeitnehmer in den Spaltungs- und Übernahmevertrag damit nicht. Vielmehr kann der **Vertrag auch verbindliche Regelungen** zugunsten der Arbeitnehmer enthalte (z. B. Arbeitsplatzgarantie).[289]

95 Nach der Regierungsbegründung ist Absatz 1 Nr. 11 Parallelvorschrift zu § 5 Abs. 1 Nr. 9 und **dient dem sozialen Frieden.**[290] Die Vorschrift umfasst alle individual- und kollek-

---

278) *Verse* in: BeckOGK-UmwG, § 126 Rz. 35.2.

279) *Verse* in: BeckOGK-UmwG, § 126 Rz. 35.1.

280) *Verse* in: BeckOGK-UmwG, § 126 Rz. 120; Lutter-*Priester/Lieder*, UmwG, § 126 Rz. 104.

281) *Verse* in: BeckOGK-UmwG, § 126 Rz. 120.

282) *Verse* in: BeckOGK-UmwG, § 126 Rz. 121; *Raible* in: HK-UmwG, § 126 Rz. 85; Schmitt/Hörtnagl-*Hörtnagl*, UmwG/UmwStG, § 126 UmwG Rz. 108.

283) *Verse* in: BeckOGK-UmwG, § 126 Rz. 121; Schmitt/Hörtnagl-*Hörtnagl*, UmwG/UmwStG, § 126 UmwG Rz. 106; Widmann/Mayer-*Mayer*, UmwR, § 126 UmwG Rz. 276; Semler/Stengel/Leonard-*Schröer/Greitemann*, UmwG, § 126 Rz. 84; *Heidenhain*, NJW 1995, 2873, 2878; *Mayer*, DB 1995, 861, 863; a. A. Lutter-*Priester/Lieder*, UmwG, § 126 Rz. 105; *Raible* in: HK-UmwG, § 126 Rz. 85; *Priester*, DB 1997, 560, 563.

284) Schmitt/Hörtnagl-*Hörtnagl*, UmwG/UmwStG, § 126 UmwG Rz. 108.

285) Lutter-*Priester/Lieder*, UmwG, § 128 Rz. 18; Schmitt/Hörtnagl-*Hörtnagl*, UmwG/UmwStG, § 126 UmwG Rz. 108; a. A. *Verse* in: BeckOGK-UmwG, § 126 Rz. 120.

286) Schmitt/Hörtnagl-*Hörtnagl*, UmwG/UmwStG, § 126 UmwG Rz. 108.

287) *Ibrig* in: Reichert, GmbH & Co. KG, § 52 Rz. 23.

288) *Yalcin*, AuR 2022, 409, 409; *Willemsen*, NZA 1996, 791, 796.

289) *Yalcin*, AuR 2022, 409, 409.

290) Begr. Fraktionsentwurf UmwBerG, BT-Drucks. 12/6699, S. 119, 83.

tivarbeitsrechtlichen Änderungen (z. B. kündigungsschutzrechtliche Folgen, Übergang von Arbeitsverhältnissen auf den neuen Rechtsträger, Betriebsübergang, Wechsel der Tarifzuständigkeit oder eine Veränderung der betriebsverfassungsrechtlichen Strukturen).[291] Diese sind unabhängig davon darzustellen, ob es sich um Vor- oder Nachteile für die Arbeitnehmer handelt.[292] Dagegen sind **bloß mittelbare Auswirkungen** (z. B. eine bezweckte Personalreduzierung, Versetzungen, Umschulungen oder verlängerte Arbeitswege) im Spaltungs- und Übernahmevertrag **nicht zu berücksichtigen.**[293] Haben die an der Spaltung beteiligten Rechtsträger keine Arbeitnehmer, ist eine Regelung obsolet.[294]

III. Rechtsfolge fehlender Mindestangaben

Das vollständige Fehlen einer nach Abs. 1 notwendige Mindestangabe im Spaltungs- und 96
Übernahmevertrag zieht **grundsätzlich ein Eintragungshindernis** nach sich.[295] Auch können die **Anteilsinhaber** im Falle des Fehlens der Mindestangaben den jeweiligen **Spaltungsbeschluss** innerhalb der Monatsfrist nach §§ 125 Abs. 1 Satz 1, 14 Abs. 1 **anfechten.**[296] Das zuvor gesagte **gilt für Angaben nach § 126 Abs. 1 Nr. 11 nur eingeschränkt.** Einerseits ist die Prüfungskompetenz des Registergerichts hinsichtlich der arbeitsrechtlichen Angaben eingeschränkt, weshalb die Eintragung nur bei vollständigem Fehlen oder offensichtlicher Unrichtigkeit vorliegt; andererseits kommt eine Anfechtung des Beschlusses aufgrund fehlerhafter Information nach Absatz 1 Nr. 11 nicht in Betracht.[297] Fehlen die in Absatz 1 Nr. 1 bis Nr. 3 geregelten essentialia negotii, ist der Spaltungs- und Übernahmevertrag nichtig. Eine Heilung durch Eintragung scheidet in diesem Fall aus.

IV. Weiterer fakultativer Inhalt

Wie der Wortlaut von Absatz 1 bereits indiziert („mindestens folgende Angaben"), können 97
die Vertragsparteien eines Spaltungs- und Übernahmevertrages auch andere Klauseln aufnehmen.[298]

1. Gewährleistungen

Bei der Abspaltung und Ausgliederung kann der übertragende Rechtsträger die Werthal- 98
tigkeit der übertragenen Vermögensgegenstände zusichern.[299] Bei der Aufspaltung, wo der übertragende Rechtsträger erlischt, kommt allenfalls die Zusicherung durch die Anteilsinhaber des übertragenden Rechtsträgers in Betracht.[300]

291) *Marx*, Auswirkungen der Spaltung nach dem UmwG auf Rechtsverhältnisse mit Dritten, S. 48; *Verse* in: BeckOGK-UmwG, § 126 Rz. 124; *Yalcin*, AuR 2022, 409, 410.

292) OLG Düsseldorf, Beschl. v. 15.5.1998 – 3 Wx 156/98, NZA 1998, 766; *Yalcin*, AuR 2022, 409, 410.

293) So OLG Düsseldorf, Beschl. v. 15.5.1998 – 3 Wx 156/98, NZA 1998, 766, 767; *Blechmann*, NZA 2005, 1143, 1147; *A. Drygala*, ZIP 1996, 1365, 1368 ff.; Kallmeyer-*Willemsen/Müller-Bonanni*, UmwG, § 5 Rz. 54; Widmann/Mayer-*Mayer*, UmwR, § 5 UmwG Rz. 183; a. A. *Yalcin*, AuR 2022, 409, 410; *Bachner*, NJW 1995, 2881, 2886; wohl auch *Wlotzke*, DB 1995, 40, 41; einschränkend auch *Hohenstatt/Schramm* in: KölnKomm-UmwG, § 5 Rz. 144.

294) *Fischer* in: NK-UmwG, § 126 Rz. 60.

295) *Verse* in: BeckOGK-UmwG, § 126 Rz. 132; *Böttcher* in: NK-UmwG, § 5 Rz. 108.

296) *Verse* in: BeckOGK-UmwG, § 126 Rz. 132.

297) Hierzu *Verse* in: BeckOGK-UmwG, § 126 Rz. 132 f.; vgl. auch *Böttcher* in: NK-UmwG, § 5 Rz. 97.

298) Ausf. hierzu Widmann/Mayer-*Mayer*, UmwR, § 126 UmwG Rz. 298 ff.

299) Widmann/Mayer-*Mayer*, UmwR, § 126 UmwG Rz. 354.1.

300) *Verse* in: BeckOGK-UmwG, § 126 Rz. 137.

2. Übertragung im Wege der Einzelrechtsnachfolge

99 Die Parteien können sich als Absicherung der Transaktion verpflichten, Gegenstände, die nicht im Wege der partiellen Gesamtrechtsnachfolge übergegangen sind, durch Einzelrechtsnachfolge zu übertragen. Gerade bei Spaltungsvorgängen mit Auslandsbezug ist eine entsprechende Regelung sinnvoll, da das ausländische Recht unter Umständen die Wirkung der partiellen Gesamtrechtsnachfolge auf dort belegenes Vermögen nicht anerkennt.301)

3. Innenausgleich zwischen Haupt- und Mithaftenden (§ 133 Abs. 1)

100 Eine Regelung, die einen Innausgleich zwischen Haupt- und Mithaftenden vorsieht, ist nur deklaratorischer Natur.302) In einem Haftungsfall nach § 133 Abs. 1 ergibt sich bereits aus dem Spaltungs- und Übernahmevertrag selbst ein Innenausgleichsanspruch, da der Mithaftende nur akzessorisch haftet.

4. Weitere häufige fakultative Klauseln

101 In einigen Fällen kann es sinnvoll sein, ein Wettbewerbsverbot zu vereinbaren, wobei die Grenzen aus Art. 101 AEUV, § 1 GWB zu beachten sind. Auch schuldrechtliche Veräußerungsbeschränkungen zur Verhinderung steuerschädlicher Anteilsveräußerungen und Regelungen zu den mit der Spaltung verbundenen Kosten sowie damit zusammenhängenden Steuern sind anzudenken.303)

V. Zuleitung an den Betriebsrat (§ 126 Abs. 3)

102 Nach Absatz 3 ist der Vertrag oder sein Entwurf spätestens einen Monat vor dem Tag der Versammlung der Anteilsinhaber der beteiligten Rechtsträger, die die Zustimmung zum Spaltungs- und Übernahmevertrag beschließen (§§ 125 Abs. 1 Satz 1, 13), dem zuständigen Betriebsrat jedes beteiligten Rechtsträgers zuzuleiten. Die Zuleitung soll **eine effektive Mitwirkung des Betriebsrats** an einer sozialverträglichen Ausgestaltung des Spaltungsprozesses **sicherstellen.**304) Auch wenn dieser Regelungszweck ein arbeitnehmerfreundliches Verständnis von Absatz 3 indiziert,305) ist die Vorschrift im **Zusammenhang mit Absatz 1 Nr. 11** eng auszulegen.

103 Dem Betriebsrat ist nach vorzugswürdiger Ansicht der **gesamte Spaltungs- und Übernahmevertrag einschließlich aller Anlagen zuzuleiten**, auch wenn diese auf den ersten Blick nicht für die Bewertung des Spaltungsvorgangs aus arbeitsrechtlicher Perspektive relevant zu sein scheinen.306) Soweit der Spaltungs- und Übernahmevertrag nach Zuleitung an den Betriebsrat abgeändert wird, wird zum Teil vertreten, dass ist die neue Fassung dem Betriebsrat nur dann nicht zuzuleiten ist, wenn es sich allein um redaktionelle oder rechtstechnische Änderungen handelt.307) Dem kann aber wegen des Zusammenhangs von der in Absatz 3 geregelten Übermittlungspflicht und Absatz 1 Nr. 11 nicht gefolgt werden. Vielmehr ist eine **erneute Zuleitungspflicht hiernach nur anzunehmen,** wenn

301) *Verse* in: BeckOGK-UmwG, § 126 Rz. 139; Widmann/Mayer-*Mayer*, UmwR, § 126 UmwG Rz. 353.

302) *Verse* in: BeckOGK-UmwG, § 126 Rz. 140 f.

303) Zu allem *Verse* in: BeckOGK-UmwG, § 126 Rz. 144 ff.

304) *Yalcin*, AuR 2022, 409, 411; *Tiesler* in: HK-UmwG, § 5 Rz. 194.

305) *Yalcin*, AuR 2022, 409, 411.

306) OLG Naumburg, Beschl. v. 17.3.2003 – 7 Wx 6/02, NZG 2004, 734; Henssler/Strohn-*Heidinger/Knaier*, GesR, § 5 UmwG Rz. 39; Kallmeyer-*Willemsen/Müller-Bonanni*, UmwG, § 5 Rz. 74; *Tiesler* in: HK-UmwG, § 5 Rz. 195; *Yalcin*, AuR 2022, 409, 411; a. A. LG Essen, Beschl. v. 15.3.2002 – 42 T 1/02, NZG 2002, 736; *Blechmann*, NZA 2005, 1143, 1148; Semler/Stengel/Leonard-*Simon*, UmwG, § 126 Rz. 108; Widmann/Mayer-*Mayer*, UmwR, § 5 UmwG Rz. 251.

307) So *Yalcin*, AuR 2022, 409, 411; *Melchior*, GmbHR 1996, 833, 839.

die Änderungen am Spaltungs- und Übernahmevertrag **Arbeitnehmerbelange** betreffen.[308] Eine weitergehende Zuleitungspflicht gebietet auch die ratio von § 126 Abs. 3, dem Betriebsrat eine effektive Mitwirkung an einer sozialverträglichen Umgestaltung zu ermöglichen, nicht.[309] Jedenfalls aus Gründen gebotener Vorsicht sollte in der Praxis auf eine erneute Zuleitung nach Änderungen am Spaltungs- und Übernahmevertrag nicht verzichtet werden.[310]

Der Betriebsrat kann **auf die Zuleitung anders als auf die Einhaltung der Monatsfrist** 104
nach vorzugswürdiger h. M. **nicht verzichten.**[311] Der Verzicht des Betriebsrats auf die Einhaltung der Monatsfrist bedarf der Schriftform (§§ 125 Abs. 1 Satz 1, 17 Abs. 1).[312] Die Zuleitungsfrist darf durch den Verzicht auf firstkonforme Übermittlung nicht soweit verkürzt werden, dass eine Umgehung der Unzulässigkeit eines gänzlichen Verzichts auf die Zuleitung vorliegt.[313] Zulässig erscheint eine Reduzierung auf vier bis fünf Tage.[314] Bei entsprechenden Gründen der Dringlichkeit ist auch eine weitergehende Verkürzung denkbar.

Die **Fristberechnung** richtet sich nach §§ 187 Abs. 1, 188 Abs. 2 BGB, wobei ausgehend 105
vom Wortlaut des § 126 Abs. 3 („einen Monat vor dem Tage der Versammlung") die Zuleitung ohne entsprechende Fristreduzierung einen Monat und einen Werktag vor dem Tag der Anteilsinhaberversammlung erfolgen muss, weil der Versammlungstag nicht mitzuzählen ist.[315]

Bei Bestehen eines **Gesamtbetriebsrats**, ist diesem der Spaltungs- und Übernahmevertrag 106
zuzuleiten.[316] Bei Unsicherheiten sollte an alle in Betracht kommenden Arbeitnehmervertretungen zugeleitet werden.[317] Betrifft die Spaltung nur einen von mehreren Betrieben eines Rechtsträgers, hat die Zuleitung neben dem Gesamtbetriebsrat auch an den Einzelbetriebsrat des betroffenen Betriebs zu erfolgen.[318] **Fehlt ein Betriebsrat** ganz, entfällt

308) Widmann/Mayer-*Mayer*, UmwR, § 5 UmwG Rz. 261; Kallmeyer-*Willemsen/Müller-Bonanni*, UmwG, § 5 Rz. 78; *Tiesler* in: HK-UmwG, § 5 Rz. 196; Semler/Stengel/Leonard-*Schröer/Greitemann*, UmwG, § 5 Rz. 147; *Hausch*, RNotZ 2007, 308, 316; *Dzida*, GmbHR 2009, 459, 463.

309) A. A. *Yalcin*, AuR 2022, 409, 411; vgl. auch *Gaul*, DB 1995, 2265, 2266; *Melchior*, GmbHR 1996, 833, 836.

310) So auch Widmann/Mayer-*Mayer*, UmwR, § 5 UmwG Rz. 261.

311) OLG Naumburg, Beschl. v. 17.3.2003 – 7 Wx 6/02, NZG 2004, 734; LG Gießen, Beschl. v. 22.6.2004 – 6 T 12/04, Der Konzern 2004, 622; Henssler/Strohn-*Heidinger/Knaier*, GesR, § 5 UmwG Rz. 40; *Böttcher* in: NK-UmwG, § 126 Rz. 119; Schmitt/Hörtnagl-*Langner*, UmwG/UmwStG, § 5 UmwG Rz. 125; Lutter-*Drygala*, UmwG, § 5 Rz. 148; *Pfaff*, DB 2002, 686, 686; *Yalcin*, AuR 2022, 409, 411; *Hausch*, RNotZ 2007, 308, 314; a. A. Semler/Stengel/Leonard-*Schröer/Greitemann*, UmwG, § 126 Rz. 146; *Dzida*, GmbHR 2009, 459, 461.

312) Schmitt/Hörtnagl-*Langner*, UmwG/UmwStG, § 5 UmwG Rz. 125; Widmann/Mayer-*Mayer*, UmwR, § 5 UmwG Rz. 251; *Yalcin*, AuR 2022, 409, 411.

313) *Yalcin*, AuR 2022, 409, 411; *Dzida*, GmbHR 2009, 459, 464.

314) LG Gießen, Beschl. v. 22.6.2004 – 6 T 12/04, Der Konzern 2004, 622; vgl. auch Schmitt/Hörtnagl-*Langner*, UmwG/UmwStG, § 5 UmwG Rz. 125; *Dzida*, GmbHR 2009, 459, 464 (im Einzelfall 24 Stunden).

315) Schmitt/Hörtnagl-*Langner*, UmwG/UmwStG, § 5 UmwG Rz. 126; Semler/Stengel/Leonard-*Schröer/Greitemann*, UmwG, § 5 Rz. 144; *Krause*, NJW 1999, 1448, 1449; anders *Böttcher* in: NK-UmwG, § 126 Rz. 117, der sich aus Gründen der Rechtssicherheit für einen Monat und zwei Tage ausspricht.

316) Semler/Stengel/Leonard-*Simon*, UmwG, § 126 Rz. 108; *Böttcher* in: NK-UmwG, § 126 Rz. 116; *Gaul*, DB 1995, 2265, 2266.

317) Semler/Stengel/Leonard-*Schröer/Greitemann*, UmwG, § 5 Rz. 143; *Böttcher* in: NK-UmwG, § 126 Rz. 116.

318) *Yalcin*, AuR 2022, 409, 411.

die Zuleitungspflicht.[319] Das Fehlen des Betriebsrats sollte im Spaltungs- und Übernahmevertrag erwähnt und mit Blick auf die Rechtsprechung des AG Duisburg[320] dem Registergericht eidesstattlich versichert werden, obwohl nach zutreffender Auffassung eine einfache schriftliche Erklärung ausreichen würde.[321]

107 Die ordnungsgemäße **Erfüllung** der Zuleitung ist **dem Registergericht nachzuweisen.**[322] Die fehlende oder nicht fristgerechte Zuleitung stellt ein Eintragungshindernis dar (§§ 125 Abs. 1 Satz 1, 17 Abs. 1).[323] Aus einer fehlerhaften Zuleitung erwächst weder für die Anteilseigner noch die Arbeitnehmer ein Anfechtungsrecht.[324] Auch scheiden Schadensersatzansprüche aus.[325] Der Betriebsrat kann die Zuleitungspflicht nicht im Verfahren nach § 23 Abs. 3 BetrVG durchsetzen.[326] Er kann allenfalls das Registergericht auf Zuleitungsmängel hinweisen.[327]

---

319) Henssler/Strohn-*Heidinger/Knaier*, GesR, § 5 UmwG Rz. 42; Lutter-*Drygala*, UmwG, § 5 Rz. 145; Schmitt/Hörtnagl-*Langner*, UmwG/UmwStG, § 5 UmwG Rz. 119; *Hausch*, RNotZ 2007, 308, 314; Semler/Stengel/Leonard-*Schröer/Greitemann*, UmwG, § 5 Rz. 148; a. A. *Yalcin*, AuR 2022, 409, 411.

320) AG Duisburg, Urt. v. 4.1.1996 – 23 HRB 4942, 5935, GmbHR 1996, 372; krit. dazu Semler/Stengel/Leonard-*Schröer/Greitemann*, UmwG, § 5 Rz. 148 m. w. N.

321) Vgl. Semler/Stengel/Leonard-*Schröer/Greitemann*, UmwG, § 5 Rz. 148; Lutter-*Drygala*, UmwG, § 5 Rz. 150; Widmann/Mayer-*Mayer*, UmwR, § 5 UmwG Rz. 263.

322) *Yalcin*, AuR 2022, 409, 411.

323) Henssler/Strohn-*Heidinger/Knaier*, GesR, § 5 UmwG Rz. 40; Lutter-*Drygala*, UmwG, § 5 Rz. 150; Widmann/Mayer-*Mayer*, UmwR, § 5 UmwG Rz. 264.

324) Henssler/Strohn-*Heidinger/Knaier*, GesR, § 5 UmwG Rz. 40; Lutter-*Drygala*, UmwG, § 5 Rz. 150; einschränkend Widmann/Mayer-*Mayer*, UmwR, § 5 UmwG Rz. 265, der sich für ein Anfechtungsrecht der Anteilsinhaber ausspricht, diese aber entweder am Rechtsschutzbedürfnis oder an der fehlenden Kausalität des Verfahrensverstoßes als zum scheitern verurteilt bezeichnet; für ein Anfechtungsrecht der Anteilsinhaber auch *Yalcin*, AuR 2022, 409, 412.

325) Widmann/Mayer-*Mayer*, UmwR, § 5 UmwG Rz. 266.

326) Widmann/Mayer-*Mayer*, UmwR, § 5 UmwG Rz. 266; *Yalcin*, AuR 2022, 409, 411.

327) *Yalcin*, AuR 2022, 409, 411.

§ 127
Spaltungsbericht*)

[1]Die Vertretungsorgane jedes der an der Spaltung beteiligten Rechtsträger haben einen ausführlichen schriftlichen Bericht zu erstatten, in dem die Spaltung, der Vertrag oder sein Entwurf im einzelnen und bei Aufspaltung und Abspaltung insbesondere das Umtauschverhältnis der Anteile und die bei seiner Ermittlung gewählten Bewertungsmethoden oder die Angaben über die Mitgliedschaften bei den übernehmenden Rechtsträgern, der Maßstab für ihre Aufteilung sowie die Höhe einer anzubietenden Barabfindung und die zu ihrer Ermittlung gewählten Bewertungsmethoden rechtlich und wirtschaftlich erläutert und begründet werden (Spaltungsbericht); der Bericht kann von den Vertretungsorganen auch gemeinsam erstattet werden. [2]§ 8 Absatz 1 Satz 3 bis 5, Absatz 2 und 3 ist entsprechend anzuwenden; bei Aufspaltung ist § 8 Absatz 3 Satz 3 Nummer 1 Buchstabe a nicht anzuwenden.

*) § 127 i. d. F. des UmwBerG geändert durch Art. 1 des Gesetzes zur Umsetzung der Umwandlungsrichtlinie und zur Änderung weiterer Gesetze (UmRUG), v. 22.2.2023, BGBl. I 2023, Nr. 51.

Literatur: *Bungert/Rogier*, Der Carve-out von Unternehmensteilen in der gesellschaftsrechtlichen Praxis, DB 2017, 2977; *Engelmeyer*, Informationsrechte und Verzichtsmöglichkeiten im Umwandlungsgesetz, BB 1998, 330, *Fuhrmann*, Gesetzliche Formerfordernisse von Vorstandsberichten, AG 2004, 135; *Gorton/Schmid*, Capital, Labor, and the Firm: A Study of German Codetermination, Journal of the European Economic Association, Vol. 2 Issue 5, 863 (2004); *Heckschen*, Die Entwicklung des Umwandlungsrechts aus Sicht der Rechtsprechung und Praxis, DB 1998, 1385; *Kappenhagen/Wentz*, Vorbereitungsphase grenzüberschreitender Spaltungen – ein Vergleich mit den Vorschriften zu innerstaatlichen Spaltungen, WM 2023, 2113; *Müller*, Unterzeichnung des Verschmelzungsberichts, NJW 2000, 2001; *Schnorbus*, Die Direktabspaltung, ZGR 2019, 780, *Schmoll*, Die Stellungnahme der Zielgesellschaft und die Gegenleistung in der Unternehmensübernahme, 2018; *Schöne*, Das Aktienrecht als „Maß aller Dinge" im neuen Umwandlungsrecht?, GmbHR 1995, 325; *Stiegler*, Umwandlungsrechtliche Änderungen im Zuge des 4. Bürokratisierungsgesetzes, GmbHR 2024, 234; *Veil*, Aktuelle Probleme iim Ausgliederungsrecht, ZIP 1998, 361.

Übersicht

I. Allgemeines

1. Regelungszweck und unionsrechtlicher Hintergrund

1 § 128 bezweckt, die Anteilsinhaber der am Spaltungsvorgang beteiligten Rechtsträger über die wirtschaftlichen und rechtlichen Konsequenzen des Spaltungsvorgangs umfassend zu

informieren.[1] Anders als das grenzüberschreitende Pendant in § 324 sind allein Anteilsinhaber und nicht auch Arbeitnehmer oder andere Stakeholder Schutzbegünstigte des Spaltungsberichts nach § 127.[2] Die Vorschrift entspricht § 8, der den Verschmelzungsbericht regelt,[3] wobei eine schlichte Verweisung auf § 8 aufgrund spaltungsrechtlicher Besonderheiten nicht in Betracht kam.[4] § 8 kommt aber eine gewisse Auffangfunktion i. R. des Spaltungsberichts zu, wie die eingeschränkte Verweisung in Satz 2 zeigt.[5]

2 Unionsrechtlich basiert § 127 auf Art. 141 Richtlinie 2017/1132/EU[6],[7] wobei die Richtlinie nur Auf- und Abspaltungen von AGs regelt. § 127, der auch für die Ausgliederung Geltung beansprucht und zudem weitere Rechtsträger erfasst setzt die Richtlinie überschießend um.[8]

3 Die durch das UmRUG in Satz 1 aufgenommene Pflicht, die der Ermittlung des Umtauschverhältnisses zugrunde liegenden Bewertungsmethode offenzulegen, findet sich zwar nicht in Art. 141 Richtlinie 2017/1132/EU, wohl aber in Art. 160e Abs. 3 lit. b Richtlinie 2019/2121/EU[9] für grenzüberschreitende Spaltungen. Da die Richtlinie 2017/1132/EU für innerstaatliche Spaltungen nur Mindestvorgaben aufstellt, war es dem Gesetzgeber unbenommen, die innerstaatliche an die grenzüberschreitende Spaltung i. R. des UmRUG anzugleichen.[10]

2. Anwendungsbereich

4 Der Anwendungsbereich von § 127 ist **weit gefasst**. Erfasst werden grundsätzlich **alle Spaltungsarten**, wobei es nicht auf die Rechtsform der am Spaltungsvorgang beteiligten Rechtsträger ankommt.[11] Das Gesetz grenzt den Anwendungsbereich stellenweise ein. Gemäß §§ 153, 158 bedarf es keines Ausgliederungsbericht für einen an einer Spaltung beteiligten **Einzelkaufmann**; nach §§ 162, 164 ist ein Ausgliederungsbericht grundsätzlich für eine an einer Spaltung als übertragender Rechtsträger beteiligte **Stiftung** entbehrlich. Gemäß § 169 bedarf es keines Ausgliederungsberichts für eine beteiligte **Gebietskörperschaft**.[12] Auch wenn alle Gesellschafter einer **eGbR** oder einer **Personenhandelsgesellschaft** geschäftsführungsberechtigt sind, besteht gemäß §§ 125 Satz 1, 39a, 42 keine Berichtspflicht. Nach §§ 125 Satz 1, 45c besteht die Pflicht, einen Spaltungsbericht aufzustellen, bei Spaltung einer **PartG** nur, wenn ein Partner von der Geschäftsführung ausgeschlossen ist.[13] Die Berichtspflicht entfällt zudem gemäß § 143 auch bei einer verhält-

---

1) *Verse* in: BeckOGK-UmwG, § 127 Rz. 1; *Leuering* in: KölnKomm-UmwG, § 127 Rz. 1; *Fischer* in: NK-UmwG, § 127 Rz. 1; *Veil*, ZIP 1998, 361, 362; vgl. zur europarechtlichen Basis *Stiegler* in: Jung/Krebs/Stiegler, Gesellschaftsrecht in Europa, Rz. 23.21.

2) *Kappenhagen/Wentz*, WM 2023, 2113, 2116 f.; vgl. zum Ausschluss anderer Stakeholdergruppen aus dem Schutzbereich des Spaltungsberichts Lutter-*Schwab*, UmwG, § 127 Rz. 7; Henssler/Strohn-*Galla/Cé. Müller*, GesR, § 127 UmwG Rz. 1.

3) *Fischer* in: NK-UmwG, § 127 Rz. 1.

4) *Leuering* in: KölnKomm-UmwG, § 127 Rz. 1; *Verse* in: BeckOGK-UmwG, § 127 Rz. 2.

5) *Leuering* in: KölnKomm-UmwG, § 127 Rz. 1.

6) Richtlinie (EU) 2017/1132 des Europäischen Parlaments und des Rates v. 14.6.2017 über bestimmte Aspekte des Gesellschaftsrechts (Gesellschaftsrechtsrichtlinie), ABl. (EU) L 169/46 v. 30.6.2017.

7) Hierzu *Stiegler* in: Jung/Krebs/Stiegler, Gesellschaftsrecht in Europa, Rz. 23.20.

8) *Leuering* in: KölnKomm-UmwG, § 127 Rz. 4; *Fischer* in: NK-UmwG, § 127 Rz. 3.

9) Richtlinie (EU) 2019/2121 des Europäischen Parlaments und des Rates v. 27.11.2019 zur Änderung der Richtlinie (EU) 2017/1132 in Bezug auf grenzüberschreitende Umwandlungen, Verschmelzungen und Spaltungen (Mobilitätsrichtlinie), ABl. (EU) L 321/1 v. 12.12.2019.

10) *Verse* in: BeckOGK-UmwG, § 127 Rz. 7.

11) *Fischer* in: NK-UmwG, § 127 Rz. 1; *Leuering* in: KölnKomm-UmwG, § 127 Rz. 2.

12) *Leuering* in: KölnKomm-UmwG, § 127 Rz. 2; *Verse* in: BeckOGK-UmwG, § 127 Rz. 55.

13) *Kappenhagen/Wentz*, WM 2023, 2113, 2116.

niswahrenden Ab- und Aufspaltung zur Neugründung, sofern sowohl der **übertragende und der übernehmende Rechtsträger AGs** sind. Gemäß § 135 Abs. 3 ist ein Spaltungsbericht bei einer Ausgliederung zur Neugründung entbehrlich, da sich die Beteiligung der Anteilsinhaber des übertragenden Rechtsträgers im übernehmenden Rechtsträger mittelbar fortsetzt und es insoweit kein Informationsbedürfnis gibt.[14] Auch bei einer Ausgliederung zur Aufnahme im Wege der Einzelrechtsnachfolge ist grundsätzlich kein Spaltungsbericht zu erstellen.[15]

§ 127 ist aber dann **analog** anzuwenden, wenn die auf die **Einzelrechtsnachfolge** zielende Maßnahme noch nicht das Stadium eines Vertragsentwurfs erreicht hat, die Anteilsinhaber hierüber einen Beschluss fassen sollen und allein eine analoge Anwendung von § 127 dem Informationsbedürfnis der Anteilsinhaber gerecht wird.[16] Auch unter den in §§ 127 Satz 2, 8 Abs. 3 genannten Voraussetzungen ist ein Spaltungsbericht entbehrlich (siehe Rz. 32). 5

II. Berichtspflichtige

Der Spaltungsbericht ist im Falle einer Spaltung zur Aufnahme vom **Vertretungsorgan** jedes an der Spaltung beteiligten Rechtsträgers zu erstatten. Bei einer Auf- und Abspaltung zur Neugründung hat allein das **Vertretungsorgan des übertragenden Rechtsträger** ein Spaltungsbericht zu erstellen, da der übernehmende Rechtsträger vor Eintragung der Spaltung noch nicht existiert.[17] Bei der Ausgliederung zur Neugründung ist kein Spaltungsbericht zu erstellen (vgl. § 135 Abs. 3). 6

Das Vertretungsorgan muss den Spaltungsbericht als **Gesamtorgan** erstatten.[18] Ausreichend ist ein entsprechender Beschluss des Gesamtorgans.[19] Welche Mehrheitserfordernisse notwendig sind, richtet sich nach den allgemeinen Vorschriften für den jeweiligen Rechtsträger.[20] Es ist zulässig und üblich, dass sich das Vertretungsorgan bei der Vorbereitung des Berichts beraten lässt.[21] Einem dissentierenden Verwaltungsorganmitglied muss keine Möglichkeit zur Stellungnahme im Spaltungsbericht gegeben werden.[22] Möglich ist ein **gemeinsamer Bericht** aller am Spaltungsvorgang beteiligten Rechtsträger (Satz 1 Halbs. 2).[23] Dies bietet sich aus Kostengründen und deshalb an, weil die Vertre- 7

14) Begr. RegE UmRUG, BT-Drucks. 20/3822, S. 84.

15) *Fischer* in: NK-UmwG, § 127 Rz. 4.

16) Lutter-*Schwab*, UmwG, § 127 Rz. 2; tendenzeill auch LG Karlsruhe, Beschl. v. 6.11.1997 – O 43/97 KfH I, NZG 1998, 393 ff.; für eine generelle Ablehnung der analogen Anwendung *Fischer* in: NK-UmwG, § 127 Rz. 4; Henssler/Strohn-*Galla/Cé. Müller*, GesR, § 127 UmwG Rz. 1; *Raible* in: HK-UmwG, § 127 Rz. 3; tendenziell auch a. A. Semler/Stengel/Leonard-*Gehling*, UmwG, § 127 Rz. 3, der einen Spaltungsbericht aber für empfehlenswert hält; vgl. auch *Mülbert* in: GroßKomm-AktG, § 119 Rz. 118 m. w. N.

17) *Verse* in: BeckOGK-UmwG, § 127 Rz. 9; *Leuering* in: KölnKomm-UmwG, § 127 Rz. 5; *Kappenhagen/Wentz*, WM 2023, 2113, 2116.

18) *Verse* in: BeckOGK-UmwG, § 127 Rz. 10; *Leuering* in: KölnKomm-UmwG, § 127 Rz. 6; *Fischer* in: NK-UmwG, § 127 Rz. 5; Semler/Stengel/Leonard-*Gehling*, UmwG, § 127 Rz. 5.

19) *Verse* in: BeckOGK-UmwG, § 127 Rz. 10; Semler/Stengel/Leonard-*Gehling*, UmwG, § 127 Rz. 5.

20) Semler/Stengel/Leonard-*Gehling*, UmwG, § 127 Rz. 5.

21) Semler/Stengel/Leonard-*Gehling*, UmwG, § 127 Rz. 5.

22) *Verse* in: BeckOGK-UmwG, § 127 Rz. 11; *Raible* in: HK-UmwG, § 127 Rz. 9; Semler/Stengel/Leonard-*Gehling*, UmwG, § 127 Rz. 5a; Henssler/Strohn-*Galla/Cé. Müller*, GesR, § 127 UmwG Rz. 3 UmwG; a. A. Lutter-*Schwab*, UmwG, § 127 Rz. 10.

23) Widmann/Mayer-*Mayer*, UmwR, § 127 UmwG Rz. 11 f.; *Fischer* in: NK-UmwG, § 127 Rz. 6; *Raible* in: HK-UmwG, § 127 Rz. 11; *Verse* in: BeckOGK-UmwG, § 127 Rz. 14; Semler/Stengel/Leonard-*Gehling*, UmwG, § 127 Rz. 6; *Engelmeyer*, BB 1998, 330, 331; *Bungert/Rogier*, DB 2017, 2977, 2982.

tungsorgane der Rechtsträger dadurch dazu angehalten werden, eine gemeinsame Linie zum Spaltungsvorgang zu entwickeln.[24)]

8 Bei einer Spaltung zwischen **Mutter- und Tochter-Gesellschaft** entspricht ein gemeinsamer Spaltungsbericht der Praxis.[25)] Die Entscheidung, ob ein gemeinsamer Spaltungsbericht erstellt wird, obliegt den Vertretungsorganen in den kompetenziellen Grenzen des jeweiligen Rechtsträgers. So kann insbesondere ein Gesellschafterbeschluss die Geschäftsführung der GmbH dazu verpflichten (§ 37 Abs. 1 GmbHG), einem gemeinsamen Spaltungsbericht zuzustimmen.[26)] Auch ist ein die Leitungsverantwortung des Vorstands einschränkender Zustimmungsvorbehalt des Aufsichtsrats denkbar.[27)]

III. Form, Zugänglichmachung und Registereinreichung

9 Der Spaltungsbericht ist **schriftlich** i. S. des § 126 BGB zu erstatten.[28)] Er ist dementsprechend von den vertretungsberechtigten Organen eigenhändig zu unterzeichnen, wobei die Unterzeichnung in einer **vertretungsberechtigten Zusammensetzung** ausreichend ist.[29)] Teilweise wird in der Literatur eine darüberhinausgehende Anzahl an Organmitgliedern für notwendig erachtet.[30)] Dies überzeugt nicht, weil durch eine größere Anzahl an Organmitgliedern die Manipulationsgefahr nicht wirklich minimiert wird[31)] und es deshalb dem wohlverstandenem Schutzinteresse der Anteilsinhaber widerspräche, das Prozedere der Unterzeichnung zu verkomplizieren. Außerdem ordnet das Gesetz an Stellen, wo es ein Handeln sämtlicher Mitglieder des Vertretungsorgans als erforderlich ansieht, dies explizit an (z. B. § 97 Abs. 1, § 222 Abs. 1, § 78 GmbHG, § 36 Abs. 1 AktG).[32)] Aus dem Schweigen in § 127 kann der Rückschluss gezogen werden, dass das Handeln einer vertretungsberechtigten Anzahl ausreichend ist.

10 Die Art der **Zugänglichmachung** des Berichts hängt vom Rechtsträger ab.[33)] Den GmbH-Gesellschaftern sowie den Gesellschaftern einer Personengesellschaft ist der Bericht spätestens mit der Einberufung der Gesellschafterversammlung zu übermitteln (§§ 125 Abs. 1 Satz 1, 39b, 42 45c, 47). Bei der AG muss der Spaltungsbericht ab der Einberufung der Hauptversammlung, die über die Spaltung entscheidet, zuganglich gemacht werden (§§ 125 Abs. 1 Satz 1, 63 Abs. 1 Nr. 4), wobei die Abrufbarkeit über die Website der Gesellschaft genügt (§§ 125 Abs. 1 Satz 1, 63 Abs. 4).

11 Der Spaltungsbericht ist gemäß §§ 125 Abs. 1 Satz 1, 17 Abs. 1 der **Anmeldung** der Spaltung zum Register **beizufügen**. Dort ist er der Öffentlichkeit zugänglich (§ 9 Abs. 1 Satz 1 HGB, § 707b Nr. 2 BGB, § 79 BGB, § 5 Abs. 2 PartGG, § 156 GenG). Bei einem Verzicht auf den Spaltungsbericht, sind der Registeranmeldung der Spaltung die Verzichtserklärungen beizufügen (§§ 125 Abs. 1 Satz 1, 17 Abs. 1).

---

24) Widmann/Mayer-*Mayer*, UmwR, § 127 UmwG Rz. 11.

25) *Schnorbus*, ZGR 2019, 780, 802 Fn. 71 m. zahlr. Bsp.

26) *Verse* in: BeckOGK-UmwG, § 127 Rz. 16; Widmann/Mayer-*Mayer*, UmwR, § 127 UmwG Rz. 11; Lutter-*Schwab*, UmwG, § 127 Rz. 16.

27) *Leuering* in: KölnKomm-UmwG, § 127 Rz. 11; Lutter-*Schwab*, UmwG, § 127 Rz. 16.

28) Krit. zum Schriftformerfordernis *Stiegler*, GmbHR 2024, 234, 236 f.

29) *Verse* in: BeckOGK-UmwG, § 127 Rz. 12; *Fischer* in: NK-UmwG, § 127 Rz. 7; Widmann/Mayer-*Mayer*, UmwR, § 127 UmwG Rz. 10; Henssler/Strohn-*Galla/Cé. Müller*, GesR, § 127 UmwG Rz. 3; *Raible* in: HK-UmwG, § 127 Rz. 9; *Stiegler*, GmbHR 2024, 234, 236.

30) Kallmeyer-*Sickinger*, UmwG, § 127 Rz. 4 – „von jedem einzelnen Mitglied des Vertretungsorgans"; ebenso Lutter-*Schwab*, UmwG, § 127 Rz. 10.

31) BGH, Beschl. v. 21.5.2007 – II ZR 266/04 (KG), NZG 2007, 714, 716.

32) Zum Verschmelzungsbericht *Müller*, NJW 2000, 2001, 2003; *Fuhrmann*, AG 2004, 135, 138.

33) *Kappenhagen/Wentz*, WM 2023, 2113, 2116.

IV. Inhalt des Spaltungsberichts (§ 127 Satz 1)

1. Allgemeines

12 Für den Spaltungsbericht gelten dieselben Grundsätze wie für den Verschmelzungsbericht (siehe dazu § 8 Rz. 1 [*Redenius-Hövermann/Laufersweiler*]). Der Inhalt des Spaltungsberichts muss so gefasst sein, dass er einem **„verständigen Anteilsinhaber"** als Beurteilungsgrundlage dienen kann, den konkreten Spaltungsvorgang rechtlich und wirtschaftlich zu überblicken.[34] Es gibt keinen feststehenden Berichtsstandard.[35] Vielmehr ist der Inhalt des Spaltungsberichts einzelfallabhängig.

13 Dem Vertretungsorgan steht bei der Erstellung des Spaltungsberichts ein **Darstellungsspielraum** zu.[36] Der Spaltungsbericht soll die Anteilsinhaber nicht befähigen, spaltungsrelevante Entscheidungen der Vertretungsorgane in jeder Einzelheit nachzuvollziehen.[37] Ein ausreichendes Informationsniveau ist vielmehr erreicht, wenn die Anteilsinhaber den Spaltungsvorgang rechtlich und wirtschaftlich einer **Plausibilitätskontrolle** unterziehen können.[38]

2. Darstellung und Erläuterung des Spaltungsvorgangs und Spaltungsvertrags bzw. des Vertragentwurfs (§ 127 Satz 1)

14 Der Spaltungsbericht muss Angaben zur Sinnhaftigkeit der Spaltung mit Blick auf die optimale Verfolgung des Unternehmenszwecks und -gegenstandes sowie zur technischen Abwicklung der Spaltung enthalten.[39] An die Plausibilisierung des Spaltungsvorgangs vor dem Hintergrund des Unternehmenszwecks und -gegenstands sind jedenfalls bei der AG keine hohen Anforderungen zu stellen, handelt es sich bei der Entscheidung, wie der Unternehmenszweck am besten verfolgt werden kann, doch um eine unternehmerische Entscheidung, die der Kompetenz des Vorstands unterfällt.

15 Der Spaltungsvorgang lässt sich durch die Beschreibung des **Übergangs vom Ist- zum angestrebten Soll-Zustand** darstellen.[40] Der Ist-Zustand der am Spaltungsvorgang beteiligten Rechtsträger muss anhand der bestehenden gesellschaftsrechtlichen Struktur, der Organe, der Governance sowie der Struktur der Anteilsinhaber illustriert werden.[41] Daneben sind die **wirtschaftlichen Kerndaten** der Rechtsträger offenzulegen. Das gilt auch für nicht von der Spaltung betroffene Geschäftsbereiche des übertragenden Rechtsträgers, wenn auch nicht in gleichem Umfang.[42] Freilich verlangt die Offenlegung von Geschäftsdaten eine **Abwägung mit dem Geheimhaltungsinteresse** des Rechtsträgers (Satz 2 i. V. m. § 8 Abs. 2; siehe dazu § 8 Rz. 19 [*Redenius-Hövermann/Laufersweiler*]). Der Spaltungsbericht muss Angaben zu den Geschäftsfeldern der Rechtsträger sowie zu den darin erwirtschafteten Umsätzen und Marktanteilen enthalten.[43] Angaben zur **Mitarbeiterstruktur** sind ebenso erforderlich, betreffen sie doch die wirtschaftliche Sinnhaf-

---

34) *Fischer* in: NK-UmwG, § 127 Rz. 9; *Verse* in: BeckOGK-UmwG, § 127 Rz. 19; Widmann/Mayer-*Mayer*, UmwR, § 8 UmwG Rz. 18.

35) *Leuering* in: KölnKomm-UmwG, § 127 Rz. 13; *Raible* in: HK-UmwG, § 127 Rz. 15.

36) Widmann/Mayer-*Mayer*, UmwR, § 8 UmwG Rz. 18; *Raible* in: HK-UmwG, § 127 Rz. 15; Semler/Stengel/Leonard-*Gehling*, UmwG, § 127 Rz. 11.

37) Widmann/Mayer-*Mayer*, UmwR, § 8 UmwG Rz. 18; *Leuering* in: KölnKomm-UmwG, § 127 Rz. 22; Henssler/Strohn-*Galla/Cé. Müller*, GesR, § 127 UmwG Rz. 1.

38) Lutter-*Drygala*, UmwG, § 8 Rz. 12 m. w. N.

39) *Verse* in: BeckOGK-UmwG, § 127 Rz. 20; Kallmeyer-*Sickinger*, UmwG, § 127 Rz. 5.

40) *Fischer* in: NK-UmwG, § 127 Rz. 10.

41) *Fischer* in: NK-UmwG, § 127 Rz. 10.

42) *Verse* in: BeckOGK-UmwG, § 127 Rz. 21; diff. *Raible* in: HK-UmwG, § 127 Rz. 17.

43) *Fischer* in: NK-UmwG, § 127 Rz. 10; Kallmeyer-*Sickinger*, UmwG, § 127 Rz. 5.

tigkeit der Strukturmaßnahme. Als jedenfalls rechtlich relevante Information[44] muss der Spaltungsbericht auch Ausführungen zur **mitbestimmungsrechtlichen Situation** in den beteiligten Rechtsträgern enthalten.[45] Auch eine mit der Spaltung einhergehende Beendigung der Börsennotierung oder einer Indexzugehörigkeit muss erläutert werden.[46]

16 Der Spaltungsbericht muss die mit der Spaltung verbundenen Chancen und Risiken darstellen.[47] Bei einem gemeinsamen Spaltungsbericht empfiehlt sich eine getrennte Darstellung der angestellten **Chancen-Risiko-Analyse** für den jeweiligen Rechtsträger.[48] Die Chancen-Risiko-Analyse hat gesellschaftsrechtliche, steuerrechtliche (insbesondere das Risiko einer steuerschädlichen Veräußerung i. S. des § 15 Abs. 2 UmwStG), bilanzielle und finanzwirtschaftliche Perspektiven einzunehmen.[49] Hierbei sind insbesondere die den jeweiligen Rechtsträgern zugewiesenen Gegenstände des Aktiv- und Passivvermögens hervorzuheben.[50] Die Kosten der Spaltung stellen einen typischerweise mit der Spaltung zusammenhängenden Nachteil dar, auf den im Spaltungsbericht einzugehen ist.[51]

17 Aufgrund ihrer gestiegenen Bedeutung sollten auch bestimmte **nicht-wirtschaftliche und schwer quantifizierbare Risiken und Aspekte** eines Spaltungsvorgangs (z. B. umweltbezogene und menschenrechtsbezogene Auswirkungen) dargestellt werden. Dies gilt insbesondere für Brown- oder Green-Spinning-Transaktionen, bei denen die Umschichtung von Vermögensgegenständen mit negativem Umwelteinfluss die Strukturmaßnahme maßgeblich prägt. Auch sind bedachte Alternativen zur Spaltung und die Gründe darzustellen, wieso diese zur Erreichung des mit der Spaltung verfolgten Ziels nicht in Betracht kamen.[52]

18 Der Spaltungsbericht muss auch **Angaben zur Haftungssituation** der beteiligten Rechtsträger enthalten.[53] Ausgangspunkt ist die gesamtschuldnerische Haftung der Rechtsträger (§§ 133, 134).[54] Dabei ist darzustellen, welche Verbindlichkeit welchem Rechtsträger zugewiesen wird und ob dieser als Hauptschuldner im Stande ist, die Verbindlichkeit zu bedienen oder ob eine Mithaftung des anderen Rechtsträgers droht.[55] Auch etwaige mit der Spaltung zusammenhängende **Kapitalmaßnahmen** sind darzustellen, wobei ein Schwerpunkt auf die Einhaltung der Vorschriften zur Kapitalaufbringung zu legen ist.[56]

44) Es ist umstritten, ob Mitbestimmung eine Auswirkung auf den Unternehmenswert hat. Vgl. etwa *Gorton/Schmid*, Journal of the European Economic Association, Vol. 2 Issue 5, 863 ff. (2004).

45) *Fischer* in: NK-UmwG, § 127 Rz. 10; Henssler/Strohn-*Galla/Cé. Müller*, GesR, § 127 UmwG Rz. 5; a. A. wohl *Verse* in: BeckOGK-UmwG, § 127 Rz. 25.

46) Semler/Stengel/Leonard-*Gehling*, UmwG, § 127 Rz. 17.

47) *Fischer* in: NK-UmwG, § 127 Rz. 11; *Verse* in: BeckOGK-UmwG, § 127 Rz. 22.

48) *Verse* in: BeckOGK-UmwG, § 127 Rz. 22.

49) *Fischer* in: NK-UmwG, § 127 Rz. 11; *Verse* in: BeckOGK-UmwG, § 127 Rz. 25.

50) *Fischer* in: NK-UmwG, § 127 Rz. 11.

51) *Verse* in: BeckOGK-UmwG, § 127 Rz. 23.

52) Henssler/Strohn-*Galla/Cé. Müller*, GesR, § 127 UmwG Rz. 4; *Veil*, ZIP 1998, 361, 362; *Schnorbus*, ZGR 2019, 780, 802.

53) *Fischer* in: NK-UmwG, § 127 Rz. 12; *Leuering* in: KölnKomm-UmwG, § 127 Rz. 15; Semler/Stengel/Leonard-*Gehling*, UmwG, § 127 Rz. 19; einschränkend Henssler/Strohn-*Galla/Cé. Müller*, GesR, § 127 UmwG Rz. 5 –„allenfalls über abweichende Haftungsverteilungen im Innenverhältnis nach Maßgabe des Spaltungsvertrags".

54) *Fischer* in: NK-UmwG, § 127 Rz. 12.

55) *Fischer* in: NK-UmwG, § 127 Rz. 12; *Leuering* in: KölnKomm-UmwG, § 127 Rz. 15; Semler/Stengel/Leonard-*Gehling*, UmwG, § 127 Rz. 19.

56) Henssler/Strohn-*Galla/Cé. Müller*, GesR, § 127 UmwG Rz. 5.

3. Darstellung und Erläuterung des Umtauschverhältnisses und der Barabfindung sowie der zugrunde liegenden Bewertungsmethode (§ 127 Satz 1)

19 Bei einer nicht-verhältniswahrenden Auf- oder Abspaltung ist das Umtauschverhältnis sowie die verwendete Berechnungsmethode darzustellen und zu erklären. Das **Umtauschverhältnis** legt fest, in welchem Verhältnis den Anteilsinhaber des übertragenden Rechtsträgers Anteile am übernehmenden Rechtsträger für die Vermögensübertragung gewährt werden.[57] Das Umtauschverhältnis ist entscheidendes Äquivalenzbarometer für die Zustimmung der Anteilsinhaber. Bei einer verhältniswahrenden Spaltung zur Neugründung oder zur Aufnahme durch eine „leere Hülle" sind Ausführungen zum Umtauschverhältnis obsolet.[58] Ein Hinweis, wonach die Beteiligungsverhältnisse verhältniswahrend fortgesetzt werden, ist aber empfehlenswert. Die Darstellung der Bewertungsmethode ist in diesem Fall ebenfalls obsolet.

20 Auch bei einer **Ausgliederung zur Aufnahme** sind das Umtauschverhältnis und die Berechnungsmethode im Spaltungsbericht darzustellen und zu erläutern – jedoch nur, wenn am übernehmenden Rechtsträger Dritte beteiligt sind.[59] Auch in diesem Fall sind die Anteilsinhaber auf das Äquivalenzbarometer angewiesen, um die Strukturmaßnahme nachvollziehen zu können (§ 127 analog).[60] Praxisrelevanter Anwendungsfall ist die Gründung eines **Joint Ventures.**[61]

21 Bei einer **nicht verhältniswahrenden Auf- und Abspaltung** ist das Umtauschverhältnis darzustellen und zu erklären. Dabei bildet die Darstellung und Erklärung der Bewertungsmethode die Grundlage für die Erklärung des Umtauschverhältnisses. Sowohl die zu übertragenden Vermögensgegenstände als auch der übernehmende Rechtsträger müssen hierfür eingehend bewertet und auf Grundlage dieser Bewertung miteinander verglichen werden.[62] Die Wahl der **Bewertungsmethode obliegt dem Vertretungsorgan.** Grundsätzlich muss der zu übertragende Vermögensteil und der übernehmende Rechtsträger nach derselben Berechnungsmethode bewertet werden **(Grundsatz der Methodengleichheit).**[63] Ausnahmsweise ist eine unterschiedliche Bewertungsmethode zulässig, wobei der Spaltungsbericht erklären muss, weshalb die Verwendung einer einheitlichen Methode unsachgemäß gewesen wäre.[64] Das Vertretungsorgan muss die gewählte Bewertungsmethode hinsichtlich der Auswahlentscheidung im Vergleich zu anderen Bewertungsmethoden als auch hinsichtlich ihrer Funktionsweise und wissenschaftlichen Überzeugungskraft im Einzelfall verteidigen. Bei Wahl einer üblichen Bewertungsmethode wie dem Ertragswertverfahren ist der Begründungsaufwand häufig geringer.[65] Selbst wenn der übernehmende Rechtsträgers börsennotiert ist, kann bei einer Abspaltung nicht auf die Börsenwertmethode abgestellt werden, da der übertragende Vermögensteil nicht börslich bepreist ist

57) *Verse* in: BeckOGK-UmwG, § 127 Rz. 29.

58) *Verse* in: BeckOGK-UmwG, § 127 Rz. 30; *Bungert* in: Fleischer/Hüttemann, Rechtshdb. Unternehmensbewertung, 22.139.

59) *Fischer* in: NK-UmwG, § 127 Rz. 16; *Leuering* in: KölnKomm-UmwG, § 127 Rz. 20; *Verse* in: BeckOGK-UmwG, § 127 Rz. 36; *Veil*, ZIP 1998, 361, 362.

60) *Bungert* in: Fleischer/Hüttemann, Rechtshdb. Unternehmensbewertung, 22.149.

61) *Bungert* in: Fleischer/Hüttemann, Rechtshdb. Unternehmensbewertung, 22.149.

62) *Verse* in: BeckOGK-UmwG, § 127 Rz. 31; ausf. zu den unterschiedlichen Bewertungsmethoden Kallmeyer-*Oppenhoff*, UmwG, § 8 Rz. 13 ff.

63) Vgl. zum Grundsatz der Methodengleichheit *Bungert* in: Fleischer/Hüttemann, Rechtshdb. Unternehmensbewertung, 22.24; *Schmoll*, Die Stellungnahme der Zielgesellschaft und die Gegenleistung in der Unternehmensübernahme, S. 221.

64) Lutter-*Drygala*, UmwG, § 8 Rz. 21.

65) *Erkens* in: KölnKomm-UmwG, § 8 Rz. 26.

und ein Verstoß gegen den Grundsatz der Methodengleichheit vorliegen würde.[66] Soweit eine Barabfindung gemäß §§ 125 Abs. 1 Satz 1, 29 anzubieten ist, hat der Spaltungsbericht sich zu dieser sowie zur Berechnungsmethode zu äußern.[67]

4. Angaben über die Mitgliedschaft (§ 127 Satz 1)

22 Der Spaltungsbericht muss „Angaben über die Mitgliedschaften" enthalten, wenn der übernehmende Rechtsträger keine Anteile ausgibt, sondern allein Mitgliedschaften gewähren kann. Das ist insbesondere bei Genossenschaften, VVaG, genossenschaftlichen Prüfverbänden und rechtsfähigen Vereinen der Fall. Auch bei den **Kapital- und Personengesellschaften** ist trotz des missverständlichen Wortlauts („oder") im Spaltungsbericht anzugeben, wie sich die Mitgliedschaft im übernehmenden Rechtsträger fortsetzt und welche Änderungen in der mitgliedschaftlichen Stellung eintreten.[68] Dies ist überall dort notwendig, wo statutarische oder gesetzliche Einschränkungen und Erweiterungen mitgliedschaftlicher Rechte eintreten. So kommen etwa Abweichungen in der Übertragbarkeit der Anteile (Vinkulierung), der Gewinnverteilung oder ein Wettbewerbsverbot in Betracht.[69] Ob man dieses unstreitige Ergebnis durch die Ersetzung des Wortlauts „oder" durch „und ggf."[70] oder durch die Anwendung von § 127 Satz 2 i. V. m. § 8 Abs. 1 Satz 3 Halbs. 2 („Folgen für die Beteiligung der Anteilsinhaber")[71] erreicht, ist aus Sicht der Praxis nebensächlich.[72]

23 Liegt wirtschaftlich eine verhältniswahrende Spaltung vor und erlöschen **allein Sonderrechte** im übernehmenden Rechtsträger oder werden diese gewährt, handelt es sich dennoch um eine verhältniswahrende Spaltung.[73] In diesem Fall muss der Spaltungsbericht zwar keine Ausführungen zum Umtauschverhältnis, wohl aber Angaben über die Mitgliedschaft enthalten.

5. Angaben zur technischen Umsetzung

24 Der Spaltungsbericht hat auch Angaben zur technischen Umsetzung der Spaltung zu enthalten.[74] Dabei ist auf die geplante **Art der Spaltung** sowie die **wesentlichen Schritte** und **geplanten Zeitpunkte** einzugehen. Soweit bei einer Ausgliederung geplant ist, die der übertragenden Gesellschaft zufallenden Anteile am übernehmenden Rechtsträger an einen Anteilsinhaber des übertragenden Rechtsträgers oder einen Dritten zu übertragen, ist dies im Spaltungsbericht darzustellen.[75] Teile der Literatur sehen es dagegen als ausreichend an, wenn die Anteilsübertragung in einem gesonderten Bericht offengelegt wird.[76] Dieses Verständnis von § 127 überzeugt nicht, liegt ihm doch ein zu formelles Begriffsverständnis des Spaltungsvorgangs zugrunde, der die wirtschaftliche Relevanz der auf die

---

66) *Bungert* in: Fleischer/Hüttemann, Rechtshdb. Unternehmensbewertung, 22.143.

67) *Bungert* in: Fleischer/Hüttemann, Rechtshdb. Unternehmensbewertung, 22.156.

68) *Verse* in: BeckOGK-UmwG, § 127 Rz. 32.1.

69) Widmann/Mayer-*Mayer*, UmwR, § 127 UmwG Rz. 41.

70) So Widmann/Mayer-*Mayer*, UmwR, § 127 UmwG Rz. 41; *Schöne*, GmbHR 1995, 325, 330; Lutter-*Schwab*, UmwG, § 127 Rz. 36; Semler/Stengel/Leonard-*Gehling*, UmwG, § 127 Rz. 37.

71) *Verse* in: BeckOGK-UmwG, § 127 Rz. 32.1.

72) So auch *Fischer* in: NK-UmwG, § 127 Rz. 22; Henssler/Strohn-*Galla/Cé. Müller*, GesR, § 127 UmwG Rz. 7.

73) *Bungert* in: Fleischer/Hüttemann, Rechtshdb. Unternehmensbewertung, 22.141.

74) *Verse* in: BeckOGK-UmwG, § 127 Rz. 24.

75) *Verse* in: BeckOGK-UmwG, § 127 Rz. 36.1.

76) Lutter-*Schwab*, UmwG, § 127 Rz. 7; *Raible* in: HK-UmwG, § 127 Rz. 31; wohl auch *Leuering* in: KölnKomm-UmwG, § 127 Rz. 21.

Spaltung folgenden Übertragung der Anteile für die übrigen Anteilsinhaber nicht hinreichend würdigt.

6. Verweis auf den Verschmelzungsbericht (§ 127 Satz 2)

Nach Satz 2 sind § 8 Abs. 1 Satz 3 bis 5, Abs. 2 und 3 entsprechend anzuwenden. Das zeigt die gesetzlich konzipierte Parallelität von Verschmelzungs- und Spaltungsbericht.[77] 25

a) Besondere Schwierigkeiten bei der Bewertung und sonstige Folgen für die Beteiligung der Anteilsinhaber (§ 8 Abs. 1 Satz 3)

Der Spaltungsbericht hat sich mit „besonderen Schwierigkeiten" bei der Unternehmensbewertung zu befassen. Auf allgemeine Schwierigkeiten muss er aber nicht hinweisen.[78] Für etwaige besondere Schwierigkeiten kann ein **gesonderter Abschnitt** aufgenommen werden; zulässig ist aber auch eine **integrierte Darstellung** innerhalb des Abschnitts zur Unternehmensbewertung.[79] Über den Wortlaut hinaus muss der Spaltungsbericht auch auf **Schwierigkeiten bei der Bewertung anderer zu übertragender Gegenstände** hinweisen.[80] Gerade hier besteht die Gefahr für Anteilsinhaber des übertragenden Rechtsträgers übergangen zu werden.[81] Gerade bei sehr jungen Unternehmen oder in Sanierungsfällen können Bewertungsschwierigkeiten auftreten, zu denen eingehend im Spaltungsbericht ausgeführt werden muss.[82] Keinesfalls ausreichend ist ein allgemein gehaltener Hinweis, wonach besondere Schwierigkeiten bei der Bewertung vorlagen.[83] Der Spaltungsbericht muss vielmehr darlegen, mit welchem Vorgehen eine adäquate Bewertung sichergestellt wurde.[84] 26

b) Folgen für die Beteiligung der Anteilsinhaber (§ 8 Abs. 1 Satz 3)

Die „Folgen für die Beteiligung der Anteilsinhaber", über die der Spaltungsbericht aufzuklären hat, meint vornehmlich die **Änderung der Beteiligungsquote**. Soweit sich die Beteiligungsquote nicht verschiebt (verhältniswahrende Spaltung zur Neugründung), erübrigen sich entsprechende Informationen.[85] Soweit sich Beteiligungsquoten verschieben, ist allein der Hinweis auf die alte und neue Quote nicht ausreichend. Vielmehr sind die damit **zusammenhängenden rechtlichen Konsequenzen** darzustellen. Dies gilt insbesondere für Wegfall oder Entstehen einer Sperrminorität oder anderer relevanter Mehrheiten.[86] 27

c) Information bei verbundenen Unternehmen (§ 8 Abs. 1 Satz 4, Satz 5)

Nach Satz 2 i. V. m. § 8 Abs. 1 Satz 4 muss der Bericht „Angaben über alle für die [Spaltung] wesentlichen Angelegenheiten der anderen verbundenen Unternehmen" machen, 28

---

77) *Fischer* in: NK-UmwG, § 127 Rz. 25.

78) Widmann/Mayer-*Mayer*, UmwR, § 127 UmwG Rz. 50; *Leuering* in: KölnKomm-UmwG, § 127 Rz. 28.

79) *Verse* in: BeckOGK-UmwG, § 127 Rz. 26; Semler/Stengel/Leonard-*Gehling*, UmwG, § 127 Rz. 39; *Fischer* in: NK-UmwG, § 127 Rz. 26.

80) Schmitt/Hörtnagl-*Hörtnagl*, UmwG/UmwStG, § 127 UmwG Rz. 17; Widmann/Mayer-*Mayer*, UmwR, § 127 UmwG Rz. 50; Kallmeyer-*Sickinger*, UmwG, § 127 Rz. 11; *Fischer* in: NK-UmwG, § 127 Rz. 26.

81) Widmann/Mayer-*Mayer*, UmwR, § 127 UmwG Rz. 50.

82) *Verse* in: BeckOGK-UmwG, § 127 Rz. 26; Semler/Stengel/Leonard-*Gehling*, UmwG, § 127 Rz. 39; Widmann/Mayer-*Mayer*, UmwR, § 127 UmwG Rz. 51; *Bungert* in: Fleischer/Hüttemann, Rechtshdb. Unternehmensbewertung, 22.144.

83) Widmann/Mayer-*Mayer*, UmwR, § 127 UmwG Rz. 51.

84) Widmann/Mayer-*Mayer*, UmwR, § 127 UmwG Rz. 51.

85) *Verse* in: BeckOGK-UmwG, § 127 Rz. 40.

86) *Fischer* in: NK-UmwG, § 127 Rz. 27.

wenn an der Spaltung ein verbundenes Unternehmen i. S. des § 15 AktG beteiligt ist. Eine entsprechende Hinweispflicht greift nur für **„umwandlungsrelevante" Informationen.**[87] Betrifft die Spaltung ein abhängiges Unternehmen, sind Informationen über das herrschende Unternehmen, wenn überhaupt, nur sehr eingeschränkt „umwandlungsrelevant".[88] Dagegen besteht ein erhebliches Informationsbedürfnis hinsichtlich der Spaltungsfolgen bei einer **Spaltung eines konzernbeherrschenden Rechtsträgers.**[89] Hier hat der Spaltungsbericht Informationen zur Auswirkung auf alle abhängigen Gesellschaften zu enthalten.[90]

29 § 8 Abs. 1 Satz 5 sichert die Berichtspflicht ab, indem es die Vertretungsorgane der **abhängigen Rechtsträger** verpflichtet Auskunft über die wesentlichen Angelegenheiten zu gewähren. Wobei auch das **Geheimhaltungsinteresse** des abhängigen Rechtsträgers bei der Erstellung des Spaltungsberichts zu beachten ist.[91] Deshalb können auch die Vertretungsorgane des abhängigen Rechtsträgers unter den Voraussetzungen von § 8 Abs. 2 die Auskunft verweigern.[92] Die übrigen allgemeinen Auskunftspflichten (z. B. aus § 131 AktG oder § 51a GmbHG) bleiben unberührt, wobei sich deren rechtliche Grenzen auf die Auskunftspflicht in § 8 Abs. 1 Satz 5 erstrecken.[93]

d) Geheimnisschutz (§ 8 Abs. 2)

30 § 127 Satz 2 verweist auf § 8 Abs. 2. Hiernach findet die Offenlegungspflicht im Spaltungsbericht im Geheimhaltungsinteresse der an der Spaltung beteiligten Rechtsträger oder eines verbundenen Unternehmens seine Grenzen. Das Geheimhaltungsinteresse der Gesellschaft ist im Einzelfall dem Informationsbedürfnis der Anteilsinhaber gegenüberzustellen.[94] Nur in Bezug auf Informationen, die erhebliches Nachteilspotential bei Bekanntwerden haben, besteht überhaupt ein potenzieller Geheimnisschutz.[95] Unerheblich sind etwaige Nachteile für Dritte (z. B. Gesellschafter).[96] Ein hohes Informationsbedürfnis kann im Einzelfall auch die Preisgabe sensibler Informationen verlangen. Es handelt sich mithin um eine **Einzelfallentscheidung**, ob dem Geheimisschutz oder dem Informationsbedürfnis Vorrang einzuräumen ist. Da der Geheimnisschutz unionsrechtlich nicht vorgesehen ist, sind an die Annahme von Tatsachen, die einer Preisgabe entgegenstehen, hohe Anforderungen zu stellen.[97] Die Abwägung der widerstreitenden Interessen hat das zuständige Vertretungsorgan des Rechtsträgers vorzunehmen.[98] Die zu § 131 Abs. 3 Satz 1 AktG entwickelten Grundsätze lassen sich für die Abwägungsentscheidung

---

87) Semler/Stengel/Leonard-*Gehling*, UmwG, § 127 Rz. 43; *Leuering* in: KölnKomm-UmwG, § 127 Rz. 31; Widmann/Mayer-*Mayer*, UmwR, § 127 UmwG Rz. 55; Lutter-*Schwab*, UmwG, § 127 Rz. 41; *Fischer* in: NK-UmwG, § 127 Rz. 28.

88) *Verse* in: BeckOGK-UmwG, § 127 Rz. 28; Lutter-*Schwab*, UmwG, § 127 Rz. 43.

89) *Verse* in: BeckOGK-UmwG, § 127 Rz. 28; Widmann/Mayer-*Mayer*, UmwR, § 127 UmwG Rz. 55; Lutter-*Schwab*, UmwG, § 127 Rz. 44 f.

90) *Verse* in: BeckOGK-UmwG, § 127 Rz. 28; Widmann/Mayer-*Mayer*, UmwR, § 127 UmwG Rz. 55.

91) Widmann/Mayer-*Mayer*, UmwR, § 127 UmwG Rz. 53; Widmann/Mayer-*Mayer*, UmwR, § 8 UmwG Rz. 54.1.

92) Semler/Stengel/Leonard-*Gehling*, UmwG, § 8 Rz. 62; Widmann/Mayer-*Mayer*, UmwR, § 127 UmwG Rz. 53.

93) Lutter-*Schwab*, UmwG, § 127 Rz. 50; Kallmeyer-*Oppenhoff*, UmwG, § 8 Rz. 28; Lutter-*Drygala*, UmwG, § 8 Rz. 48.

94) Schmitt/Hörtnagl-*Winter*, UmwG/UmwStG, § 8 UmwG Rz. 30.

95) *Maulbetsch/Rebel* in: HK-UmwG, § 8 Rz. 52.

96) Widmann/Mayer-*Mayer*, UmwR, § 127 UmwG Rz. 58.

97) *Verse* in: BeckOGK-UmwG, § 127 Rz. 45 m. w. N.

98) *Raible* in: HK-UmwG, § 127 Rz. 52 – „Geschäftsleitung".

fruchtbar machen.[99] Zwar spricht § 8 Abs. 2 davon, dass der Spaltungsbericht entsprechende Informationen nicht zu enthalten „braucht", die Preisgabe sensibler Informationen mit erheblichen Schädigungspotenzial stellt aber eine Pflichtverletzung des jeweiligen Organs dar.[100] Insoweit „darf" der Spaltungsbericht derartige Informationen nicht enthalten.[101]

Der Spaltungsbericht ist **im Register einsehbar**, weshalb sich auch geschlossene Gesellschaften auf den Geheimnisschutz berufen können.[102] Kommt das jeweilige Vertretungsorgan i. R. der Abwägung zum Ergebnis, die Auskunft unter Berufung auf den Geheimnisschutz zu verweigern, muss der Spaltungsbericht erläutern, aus welchen Gründen keine Angaben erfolgen (§ 8 Abs. 2 Satz 2). Ein pauschaler Verweis auf Geheimhaltungsinteressen genügt der Erläuterungspflicht nicht.[103] Das Vertretungsorgan darf die notwendigen Ausführungen aber auch nicht derart präzise fassen, dass die geheimhaltungsbedürftige Information publik wird.[104] Auch für die Erläuterung zu den Geheimhaltungsinteressen gilt, dass der Spaltungsbericht nur eine Plausibilisierung seiner Rechtmäßigkeit ermöglichen muss,[105] was eine weitreichende Unbestimmtheit zulässt. 31

e) Entbehrlichkeit des Spaltungsberichts aufgrund Verzichts (§ 8 Abs. 3 Satz 1, Satz 2)

§ 127 Satz 2 verweist auf § 8 Abs. 3 Satz 1, Satz 2 und lässt unter bestimmten Voraussetzungen zu, dass die Anteilsinhaber der beteiligten Rechtsträger auf die Erstellung eines Spaltungsberichts verzichten. Die Vorschrift ist europarechtskonform.[106] Der Verzicht muss nach § 8 Abs. 3 Satz 2 notariell beurkundet sein. Er muss sich **auf die konkrete Spaltung** beziehen.[107] Da „alle Anteilsinhaber" ihren Verzicht erklären müssen, ist die Vorschrift für große Publikumsgesellschaften kaum von praktischer Relevanz.[108] Der **Verzicht** auf die Berichterstellung **kann** nach §§ 125 Abs. 1 Satz 1, 17 Abs. 2 zum Register **nachgereicht** werden, da er den Umwandlungsvorgang nicht als solchen berührt.[109] Voraussetzung ist aber, dass der Spaltungsbeschluss und -vertrag bereits eingereicht wurden.[110] § 8 Abs. 3 spricht davon, dass der Verzicht der Anteilsinhaber „des beteiligten Rechtsträgers" entscheidend ist. Dieser durch das UmRUG geänderte Wortlaut (zuvor „aller beteiligten Rechtsträger") macht verdeutlicht, dass ein Verzicht auf den Spaltungsbericht auch **nur durch einen der an der Spaltung beteiligten Rechtsträger zulässig** ist.[111] Verzichten die Anteilsinhaber eines Rechtsträgers auf den Spaltungsbericht, lässt dies die Berichtspflicht der übrigen an der Spaltung beteiligten Rechtsträger unberührt.[112] 32

---

99) Widmann/Mayer-*Mayer*, UmwR, § 127 UmwG Rz. 57; Semler/Stengel/Leonard-*Gehling*, UmwG, § 8 Rz. 66.

100) Semler/Stengel/Leonard-*Gehling*, UmwG, § 8 Rz. 67.

101) Kallmeyer-*Oppenhoff*, UmwG, § 8 Rz. 32.

102) *Verse* in: BeckOGK-UmwG, § 127 Rz. 44.

103) Widmann/Mayer-*Mayer*, UmwR, § 127 UmwG Rz. 60; Kallmeyer-*Oppenhoff*, UmwG, § 8 Rz. 32.

104) Kallmeyer-*Oppenhoff*, UmwG, § 127 Rz. 32.

105) Kallmeyer-*Oppenhoff*, UmwG, § 8 Rz. 32.

106) Ausf. *Verse* in: BeckOGK-UmwG, § 127 Rz. 48.1.

107) *Verse* in: BeckOGK-UmwG, § 127 Rz. 47.

108) *Fischer* in: NK-UmwG, § 127 Rz. 31; *Engelmeyer*, BB 1998, 330, 332.

109) OLG Brandenburg, Beschl. v. 5.2.2018 – 7 W 86/17, NJW-Spezial 2018, 304; Lutter-*Schwab*, UmwG, § 127 Rz. 51b.

110) *Verse* in: BeckOGK-UmwG, § 127 Rz. 47; *Heidinger*, DNotZ 1999, 161, 165 (Urteilsanm.); *Heckschen*, DB 1998, 1385, 1393.

111) Lutter-*Drygala*, UmwG, § 8 Rz. 53; *Verse* in: BeckOGK-UmwG, § 127 Rz. 48; *Leuering* in: KölnKomm-UmwG, § 127 Rz. 35.

112) Lutter-*Drygala*, UmwG, § 8 Rz. 53; *Verse* in: BeckOGK-UmwG, § 127 Rz. 48.

f) Entbehrlichkeit des Spaltungsberichts aus anderen Gründen (§ 8 Abs. 3 Satz 3)

aa) Abspaltung oder Ausgliederung auf den alleinigen Anteilsinhaber (§ 8 Abs. 3 Satz 3 Nr. 1 lit. a)

33 Die Berichtspflicht entfällt bei einer **Abspaltung oder Ausgliederung von einer 100%igen-Tochter auf ihre Muttergesellschaft.** Die Vorschrift ist richtlinienkonform.[113] Eine Aufspaltung allein auf eine Muttergesellschaft scheidet bereits denklogisch aus, da an einer Aufspaltung mehrere Rechtsträger beteiligt sind (vgl. Satz 2 Halbs. 2).[114] Eine Berichtspflicht ist entbehrlich, weil die Mutter das wirtschaftliche Risiko der Tochter auch bereits vor der Spaltung allein getragen hat.[115] Bei einer Abspaltung einer 100%igen-Tochter auf die Mutter entfällt neben dem Spaltungsbericht auch die Spaltungsprüfung (§ 125 Abs. 1 Satz 1 i. V. m. §§ 9 Abs. 2, 8 Abs. 3 Satz 3 Nr. 1 lit. a).[116]

bb) Spaltung unter Schwestergesellschaften (§ 8 Abs. 3 Satz 3 Nr. 1 lit. b)

34 Sofern sich alle Anteile des übertragenden und übernehmenden Rechtsträgers in den Händen desselben Rechtsträgers befinden, entfällt die Berichtspflicht. Dies betrifft den Fall der **Spaltung zweier 100%iger Schwestergesellschaften.** Das Gesetz sieht die Muttergesellschaft, die das wirtschaftliche Risiko der Schwestergesellschaften ohnehin trägt, als nicht schutzbedürftig an, da die Spaltung der Schwestergesellschaften allein mit Zustimmung der Mutter realisierbar ist.[117] Für die Frage, wann sich alle Anteile in der Hand eines Rechtsträgers befinden, kommt es auf die rechtliche Inhaberschaft an.[118] Obwohl nicht unmittelbar von § 8 Abs. 3 Satz 3 Nr. 1 lit. b erfasst, ist ein Spaltungsbericht auch im Falle einer down-stream Abspaltung, bei der die Muttergesellschaft Anteile an einer Tochter auf eine andere Tochter „nach unten" abspaltet und ihre Gesellschafter im Gegenzug entsprechend Anteile an der aufnehmenden Tochtergesellschaft erhalten, insoweit nicht erforderlich, als der Bericht wirtschaftliche Implikationen der Abspaltung darstellt. Wirtschaftlich betrachtet handelt es sich nämlich um einen unechten Sidestream-Merger unter Ausschüttung der Gegenleistung, der mit dem in § 8 Abs. 3 Satz 3 Nr. 1 lit. b geregelten Fall vergleichbar ist. §§ 127 Satz 2, 8 Abs. 3 Satz 3 Nr. 1 lit. b erfasst den Fall nicht unmittelbar, da die Anteile der Mutter von ihren Gesellschaftern und die Anteile der Tochter von der Mutter gehalten werden. Allerdings kann es insoweit keinen Unterschied machen, ob die Gesellschafter der Muttergesellschaft wie bei einer Verschmelzung unter Schwestergesellschaften mittelbar oder wie bei einer Abspaltung unmittelbar am aufnehmenden Rechtsträger beteiligt werden. Auch scheint es unbillig, würde man i. R. des Wortlauts von §§ 127 Satz 2, 8 Abs. 3 Satz 3 Nr. 1 lit. b auf den Spaltungsbericht zu verzichten, wenn die Vermögenswerte der einen auf eine andere Tochter abgespalten werden, diesen aber verlangen, wenn direkt die Anteile an der Tochter abgespalten werden. Der Spaltungsbericht dient alleine dem Schutz der Anteilsinhaber (siehe dazu Rz. 1); diese müssen bei einer down-stream Abspaltung jedoch in Bezug auf den Wert ihrer Beteiligung nicht geschützt werden, weil unabhängig von der Bewertung des abgespaltenen Vermögensteils oder der aufnehmenden Gesellschaft ihr Vermögensinteresse entweder über

113) *Verse* in: BeckOGK-UmwG, § 127 Rz. 50.1; a. A. Lutter-*Schwab*, UmwG, § 127 Rz. 54, der aber übersieht, dass die Richtlinie (EU) 2017/1132 allein die innerstaatliche Aufspaltung regelt (vgl. hierzu *Stiegler* in: Jung/Krebs/Stiegler, Gesellschaftsrecht in Europa, Rz. 23.10.

114) *Fischer* in: NK-UmwG, § 127 Rz. 34; Schmitt/Hörtnagl-*Hörtnagl*, UmwG/UmwStG, § 127 UmwG Rz. 21.

115) Semler/Stengel/Leonard-*Gehling*, UmwG, § 127 Rz. 51.

116) *Verse* in: BeckOGK-UmwG, § 127 Rz. 50.2.

117) Begr. RegE UmRUG, BT-Drucks. 20/3822, S. 69.

118) Kallmeyer-*Oppenhoff*, UmwG, § 8 Rz. 39.

ihre mittelbare oder unmittelbare Beteiligung am jeweiligen Rechtsträger geschützt ist. Andere Angaben – wie etwa zu wesentlichen Strukturunterschieden zwischen übertragendem und übernehmendem Rechtsträger bei einer Mischspaltung – hat der Spaltungsbericht aber zu enthalten.

cc) Spaltung unter Beteiligung einer Einpersonengesellschaft (§ 8 Abs. 3 Satz 3 Nr. 2)

Für einen Rechtsträger mit nur einem Anteilsinhaber entfällt die Berichtspflicht, da die Spaltung nicht ohne dessen Zustimmung beschlossen werden kann.[119] Die Berichtspflicht betrifft jedoch nur den Rechtsträger mit einem einzigen Anteilsinhaber und lässt die Berichtspflicht für andere an der Spaltung beteiligten Rechtsträgern unberührt.[120] 35

V. Rechtsfolgen unzureichender Berichterstattung

Fehlt es an zwingend erforderlichen Angaben im Spaltungsbericht liegt ein **fehlerhafter Spaltungsbericht** vor, der gemäß § 243 Abs. 4 Satz 1 AktG (bzw. § 110 Abs. 1 HGB) als relevanter Berichtsmangel zur **Anfechtbarkeit** des Spaltungsbeschlusses der Hauptversammlung oder der Gesellschafterversammlung führen kann.[121] Der Mangel muss in der Versammlung gerügt worden sein.[122] Entscheidend ist, ob die Angaben im Spaltungsbericht ausreichend sind, um eine Plausibilitätsprüfung zu ermöglichen.[123] Freilich ist für die Anfechtung Voraussetzung, dass der Spaltungsbeschluss auf der mangelhaften Ausführung beruht.[124] Das ist im Fall der unterlassenen Information von vornherein ausgeschlossen, wenn die Tatsachen, über die im Spaltungsbericht zu informieren wäre, aus anderen der Gesellschaftsversammlung vorzulegenden Dokumenten ersichtlich ist.[125]Im Übrigen ist die Kausalität des fehlerhaften Spaltungsberichts für das Abstimmungsverhalten jedoch typischerweise gegeben (prima-facie-Beweis).[126] Die mögliche Entkräftung dieses Anscheinsbeweises ist möglich, wenn auch unwahrscheinlich.[127] Eine nachträgliche Informationserteilung heilt den fehlerhaften Spaltungsbericht grundsätzlich nicht.[128] Zulässig ist aber, Informationen, die erst nach der Einberufung der Versammlung entstanden sind, erst i. R. der über den Spaltungsbeschluss beschließenden Versammlung zu teilen.[129] 36

Bei den **übrigen Personengesellschaften** ist der Spaltungsbeschluss **nichtig**.[130] Bei einem eine Barabfindung betreffenden Berichtsmangel kommt weder Anfechtbarkeit noch Nichtigkeit in Betracht.[131] Vielmehr haben die Anteilsinhaber die Möglichkeit, ein **Spruchverfahren** einzuleiten (§§ 125 Abs. 1 Satz 1, 34). 37

---

119) Begr. RegE UmRUG, BT-Drucks. 20/3822, S. 70.

120) *Verse* in: BeckOGK-UmwG, § 127 Rz. 54.

121) *Verse* in: BeckOGK-UmwG, § 127 Rz. 57.; Widmann/Mayer-*Mayer*, UmwR, § 127 UmwG Rz. 75; Kallmeyer-*Oppenhoff*, UmwG, § 8 Rz. 33; BGH, Urt. v. 23.2.2021 – II ZR 65/19, DStR 2021, 1367, 1375.

122) Kallmeyer-*Oppenhoff*, UmwG, § 8 Rz. 35.

123) *Erkens* in: KölnKomm-UmwG, § 8 Rz. 75; Kallmeyer-*Oppenhoff*, UmwG, § 8 Rz. 33.

124) *Fischer* in: NK-UmwG, § 127 Rz. 35.

125) Henssler/Strohn-*Galla/Cé. Müller*, GesR, § 127 UmwG Rz. 1; Kallmeyer-*Oppenhoff*, UmwG, § 8 Rz. 35.

126) Ähnlich BGH, Urt. v. 22.5.1989 – II ZR 206/88, NJW 1989, 2689, 2691.

127) *Erkens* in: KölnKomm-UmwG, § 8 Rz. 75 – „eine Kategorie fehlerhafter aber nicht kausaler Verschmelzungsberichte […] gibt [es grundsätzlich nicht]"; m. Bsp. aber Semler/Stengel/Leonard-*Gehling*, UmwG, § 8 Rz. 78.

128) *Verse* in: BeckOGK-UmwG, § 127 Rz. 57.

129) Kallmeyer-*Oppenhoff*, UmwG, § 8 Rz. 35.

130) *Verse* in: BeckOGK-UmwG, § 127 Rz. 57; Widmann/Mayer-*Mayer*, UmwR, § 127 UmwG Rz. 75; Kallmeyer-*Oppenhoff*, UmwG, § 8 Rz. 36.

131) *Verse* in: BeckOGK-UmwG, § 127 Rz. 57.

38 Die **Anfechtbarkeit bzw. Nichtigkeit** muss innerhalb eines Monats ab Beschlussfassung geltend gemacht werden (§§ 125 Abs. 1 Satz 1, 14 Abs. 1). Anschließend darf das Registergericht den Mangel nicht als Eintragungshindernis behandeln, da das Registergericht entsprechend § 398 FamFG allein die Öffentlichkeit schützende Vorschriften prüft und nicht solche, die allein den Anteilsinhabern dienen.[132)] Fehlt der Spaltungsbericht dagegen ganz, liegt ein Eintragungshindernis vor. In diesem Fall liegt keine ordnungsgemäße Anmeldung der Spaltung i. S. des §§ 125 Abs. 1 Satz 1, 17 Abs. 1 vor.[133)] Bei einem grenzüberschreitenden Spaltungsbericht ist die Rechtslage aufgrund der weiterreichenden Schutzrichtung anders zu beurteilen (siehe dazu § 324 Rz. 2 [*Heinrichs*]).

39 Bei einer **vorsätzlichen unrichtigen Darstellung** der Unternehmensverhältnisse im Spaltungsbericht droht den Vertretungsorganen gemäß § 346 Abs. 1 Nr. 1 eine Geld oder Freiheitsstrafe.

132) *Verse* in: BeckOGK-UmwG, § 127 Rz. 58; Lutter-*Drygala*, UmwG, § 8 Rz. 62; Kallmeyer-*Oppenhoff*, UmwG, § 8 Rz. 36.

133) Widmann/Mayer-*Mayer*, UmwR, § 8 UmwG Rz. 68; Lutter-*Drygala*, UmwG, § 8 Rz. 62.

§ 128
Zustimmung zur Spaltung in Sonderfällen

[1]Werden bei Aufspaltung oder Abspaltung die Anteile oder Mitgliedschaften der übernehmenden Rechtsträger den Anteilsinhabern des übertragenden Rechtsträgers nicht in dem Verhältnis zugeteilt, das ihrer Beteiligung an dem übertragenden Rechtsträger entspricht, so wird der Spaltungs- und Übernahmevertrag nur wirksam, wenn ihm alle Anteilsinhaber des übertragenden Rechtsträgers zustimmen. [2]Bei einer Spaltung zur Aufnahme ist der Berechnung des Beteiligungsverhältnisses der jeweils zu übertragende Teil des Vermögens zugrunde zu legen.

Literatur: *Barry*, Nießbrauch an GmbH-Geschäftsanteilen, RNotZ 2014, 401; *Brandi/Schmidt, M. K.*, Die grenzüberschreitende Spaltung nach dem UmRUG, AG 2023, 297; *Bürk/Wentz*, Das aktienrechtliche Entsendungsrecht im Licht der neuen Rechtsprechung, ZIP 2020, 2219; *Düll/Schlitt/Reichert*, Die gesellschafts- und steuerrechtliche Gestaltung des Nießbrauchs an GmbH-Anteilen, GmbHR 1998, 565; *Heckschen*, Anteilsgewähr bei Verschmelzung, Spaltung und Formwechsel – akteulle Entwicklungen, GmbHR 2021, 8; *Heckschen*, Aktuelle Probleme des Spaltungsrechts, GmbHR 2015, 897; *Heidenhain*, Fehlerhafte Umsetzung der Spaltungs-Richtlinie, EuZW 1995, 327; *Louven/Koglin*, Zustimmung der Hauptversammlung zu Umwandlungsmaßnahmen: Zum Erfordernis von Sonderbeschlüssen der Vorzugsaktionäre, DB 2021, 2135; *Röder/Schollmeyer*, Verschmelzung und Spaltung der Immobilien-GbR, ZPG 2024, 241; *Rubner/Fischer*, Möglichkeiten einer nicht-verhältniswahrenden Spaltung von Kapitalgesellschaften im Lichte des § 128 UmwG, NZG 2014, 761; *Timm/Schöne*, Abfindung in Aktien: Das Gebot der Gattungsgleichheit – Bericht über ein aktienrechtliches Schiedsgerichtsverfahren, in: Festschrift für Bruno Kropff, 1997, S. 315; *Weiler*, Die „Spaltung zu Null" als Mittel der Umstrukturierung von Unternehmen, NZG 2013, 1326.

Übersicht

I. Allgemeines

§ 128 regelt die nicht verhältniswahrende Auf- und Abspaltung. Auf Ausgliederungen findet § 128 denklogisch keine Anwendung, nachdem dort alle vom übernehmenden Rechtsträger gewährten Anteile dem übertragenden Rechtsträger selbst zustehen und sich die Frage nach der Aufteilung unter den Anteilsinhabern des letzteren nicht stellt.[1] 1

§ 128 weicht mit dem **stipulierten Einstimmigkeitserfordernis** vom Grundsatz ab, wonach allein der betroffene Anteilsinhaber einer Schlechterstellung seiner Rechtsposition zustimmen muss,[2] und ist deshalb als Ausnahmevorschrift eng auszulegen (singularia non sunt extendenda).[3] 2

Da die nicht verhältniswahrende Spaltung nicht dazu bestimmt ist, unliebsame Anteilsinhaber herauszudrängen, sieht § 128 als Schutzmechanismus die **Zustimmung aller Anteilsinhaber** des übertragenden Rechtsträgers vor. Diese Regelung bezieht sich jedoch ausschließlich auf die Mehrheitsverhältnisse im übertragenden Rechtsträger. Für den übernehmenden Rechtsträger gelten weiterhin die allgemeinen Vorschriften zum Spaltungsbeschluss sowie die dort erforderlichen, rechtsformabhängigen Mehrheitsverhältnisse.[4] 3

§ 128 ermöglicht es als spaltungsrechtliche Besonderheit, den Beteiligungsschlüssel im übertragenden und übernehmenden Rechtsträger zu ändern und dadurch **Gesellschaftergruppen oder Familienstämme voneinander zu trennen.**[5] Aufgrund der erforderlichen 100 %-Zustimmungsquote ist die nicht verhältniswahrende Spaltung jedoch für große Publikumsgesellschaften praktisch irrelevant.[6] 4

II. Europarechtlicher Hintergrund

Art. 137 Abs. 2 lit. i, Art. 139 Abs. 2 Richtlinie (EU) 2017/1132[7] bilden die europarechtliche Grundlage für die nicht verhältniswahrende Spaltung. Hiernach sind Mitgliedstaa- 5

---

1) *Verse* in: BeckOGK-UmwG, § 128 Rz. 4; Schmitt/Hörtnagl-*Hörtnagl*, UmwG/UmwStG, § 128 UmwG Rz. 1; Lutter-*Priester*/*Lieder*, UmwG, § 128 Rz. 4.

2) *Bungert* in: Fleischer/Hüttemann, Rechtshdb Unternehmensbewertung, 22.141.

3) OLG Düsseldorf, Urt. v. 22.6.2017 – I-6 AktG 1/17, Rz. 95, AG 2017, 900; vgl. auch Semler/Stengel/Leonard-*Schröer*/*Greitemann*, UmwG, § 128 Rz. 8.

4) *Verse* in: BeckOGK-UmwG, § 128 Rz. 5; Henssler/Strohn-*Galla*/*Cé. Müller*, GesR, § 128 UmwG Rz. 1; *Leuering* in: KölnKomm-UmwG, § 128 Rz. 13; Schmitt/Hörtnagl-*Hörtnagl*, UmwG/UmwStG, § 128 UmwG Rz. 31; *Fischer* in: NK-UmwG, § 125 Rz. 2; *Klaaßen-Kaiser* in: MünchHdb. GesR, Bd. 8, § 25 Rz. 23.

5) Begr. Fraktionsentwurf UmwBerG, BT-Drucks. 12/6699, S. 119 f.; *Verse* in: BeckOGK-UmwG, § 128 Rz. 3; *Leuering* in: KölnKomm-UmwG, § 128 Rz. 2.

6) *Fischer* in: NK-UmwG, § 125 Rz. 2; *Verse* in: BeckOGK-UmwG, § 128 Rz. 7; *Rubner*/*Fischer*, NZG 2014, 761, 762.

7) Richtlinie (EU) 2017/1132 des Europäischen Parlaments und des Rates v. 14.6.2017 über bestimmte Aspekte des Gesellschaftsrechts (Gesellschaftsrechtsrichtlinie), ABl. (EU) L 169/46 v. 30.6.2017.

ten, die die Richtlinie in Bezug auf Spaltungen umgesetzt haben, verpflichtet, auch **nicht verhältniswahrende Aufspaltung** unter ausschließlicher Beteiligung börsennotierter Gesellschaften anzuerkennen.[8] Als Schutzmechanismus für dissentierende Anteilsinhaber des übertragenden Rechtsträgers sieht Art. 139 Abs. 2 Richtlinie (EU) 2017/1132 vor, dass diesen im Falle einer nicht verhältniswahrenden Spaltung ein Austrittsrecht gewährt werden kann (Sell-out-Recht).[9] Einen einstimmigen Zustimmungsbeschluss, wie ihn § 128 regelt, kennt die Richtlinie nicht.[10] § 128 ist dennoch richtlinienkonform.[11] Sowohl der Wortlaut von Art. 139 Abs. 2 Richtlinie (EU) 2017/1132 („können […] vorsehen"), der es den Mitgliedstaaten anheimstellt, das dort geregelte Austrittsrecht umzusetzen, als auch der in Art. 139 Abs. 1 Satz 2 Richtlinie (EU) 2017/1132 i. V. m. Art. 93 Abs. 1 Satz 2 Richtlinie (EU) 2017/1132 angedeutete Mindestschutz für Anteilsinhaber („mindestens"), sprechen dafür, das Einstimmigkeitserfordernis in § 128 als zulässige, über die Vorgaben der Richtlinie hinausgehende Umsetzung anzusehen.[12]

III. Nicht verhältniswahrende Spaltung

1. Allgemeines

6 Eine nicht verhältniswahrende Spaltung liegt vor, wenn Anteile am übernehmenden Rechtsträger den Anteilsinhabern des übertragenden Rechtsträgers nach einem anderen **Beteiligungsschlüssel** gewährt werden, als er im übertragenden Rechtsträger besteht.[13] Eine nicht verhältniswahrende Spaltung ist sowohl zur Aufnahme als auch zur Neugründung möglich.[14] Sie ist bereits in § 126 Abs. 1 Nr. 10 angelegt und gesetzlich zulässig.[15]

7 Auch eine **Neuordnung** der Anteile im übertragenden Rechtsträger ist als nicht verhältniswahrende Spaltung zulässig (vgl. § 126 Abs. 1 Nr. 10 „jedes der beteiligten Rechtsträger").[16] Da auch hier ein Herausdrängen von Anteilsinhabern gegen deren Willen verhindert werden muss, ist § 128 jedenfalls dann analog für den übertragenden Rechtsträger anzuwenden, wenn nicht auch die Anteile am übernehmenden Rechtsträger nicht verhältniswahrend übergehen und § 128 deshalb ohnehin direkt anzuwenden ist.[17]

2. Spaltung zur Aufnahme

a) Verhältniswahrende Spaltung zur Aufnahme (§ 128 Satz 2)

8 Eine verhältniswahrende Spaltung zur Aufnahme liegt vor, wenn die vom übernehmenden Rechtsträger gewährten Anteile dem Beteiligungsverhältnis im übertragenden Rechtsträger entsprechen. Dies stellt Satz 2 fest, wonach bei einer Spaltung zur Aufnahme der Berech-

8) *Verse* in: BeckOGK-UmwG, § 128 Rz. 6; Lutter-*Priester/Lieder*, UmwG, § 128 Rz. 1; *Leuering* in: KölnKomm-UmwG, § 128 Rz. 3; Schmitt/Hörtnagl-*Hörtnagl*, UmwG/UmwStG, § 128 UmwG Rz. 1.

9) Vgl. hierzu ausf. *Lutter/Bayer/J. Schmidt*, Europäisches Unternehmens- und Kapitalmarktrecht, § 21 Rz. 85 ff.

10) *Verse* in: BeckOGK-UmwG, § 128 Rz. 7; Lutter-*Priester/Lieder*, UmwG, § 128 Rz. 2.

11) *Verse* in: BeckOGK-UmwG, § 128 Rz. 8 m. w. N.; a. A. *Heidenhain*, EuZW 1995, 327, 328; vgl. auch Widmann/Mayer-*Mayer*, UmwR, § 128 UmwG Rz. 18 – „erhebliche Zweifel".

12) *Verse* in: BeckOGK-UmwG, § 128 Rz. 8; Lutter-*Priester/Lieder*, UmwG, § 128 Rz. 2; *Lutter/Bayer/J. Schmidt*, Europäisches Unternehmens- und Kapitalmarktrecht, § 21 Rz. 60, 86 f.

13) *Leuering* in: KölnKomm-UmwG, § 128 Rz. 1; Semler/Stengel/Leonard-*Schröer/Greitemann*, UmwG, § 128 Rz. 5; *Rubner/Fischer*, NZG 2014, 761, 761.

14) *Fischer* in: NK-UmwG, § 125 Rz. 3; *Leuering* in: KölnKomm-UmwG, § 128 Rz. 7 f.; *Klaaßen-Kaiser* in: MünchHdb. GesR, § 25 Rz. 22.

15) *Leuering* in: KölnKomm-UmwG, § 128 Rz. 1; *Heckschen*, GmbHR 2021, 8, 10.

16) *Verse* in: BeckOGK-UmwG, § 128 Rz. 12; Schmitt/Hörtnagl-*Hörtnagl*, UmwG/UmwStG, § 128 UmwG Rz. 18; Kallmeyer-*Sickinger*, UmwG, § 128 Rz. 4b; *Röder/Schollmeyer*, ZPG 2024, 241, 243.

17) *Verse* in: BeckOGK-UmwG, § 128 Rz. 12.

nung der Beteiligungsverhältnisse **allein der jeweils zu übertragende Vermögensteil zugrunde zu legen** ist.

b) Nicht verhältniswahrende Spaltung zur Aufnahme

Eine nicht verhältniswahrende Spaltung zur Aufnahme liegt vor, wenn die Anteilsinhaber des übertragenden Rechtsträgers nicht entsprechend ihrem bisherigen Beteiligungsverhältnis Anteile am übernehmenden Rechtsträger erhalten.[18] Unerheblich ist, ob die Anteilsinhaber des übertragenden Rechtsträgers im Vergleich zu den des übernehmenden Rechtsträgers **wertmäßig** zutreffend behandelt wurden.[19] Hierbei handelt es sich um eine Frage des Umtauschverhältnisses (§ 126 Abs. 1 Nr. 3),[20] welches i. R. des **Spruchverfahrens** (§§ 125 Abs. 1 Satz 1, 14 Abs. 2, 15) überprüft werden kann.[21] 9

3. Spaltung „zu null"

Als besonderen Fall der nicht verhältniswahrenden Spaltung lässt § 128 auch die Spaltung „zu null" zu.[22] Hierbei werden einzelne Anteilsinhaber des übertragenden Rechtsträgers gar nicht an einem oder mehreren übernehmenden (neuen) Rechtsträgern beteiligt. Diese Gestaltungsform ist ohne Rücksicht auf die Rechtsform der beteiligten Rechtsträgern möglich, auch wenn § 125 Abs. 1 Satz 1 allein für Kapitalgesellschaften auf die Verzichtsmöglichkeit nach § 54 Abs. 1 Satz 3, bzw. § 68 Abs. 1 Satz 3 verweist (siehe § 126 Rz. 91 [*K. Wentz*]). 10

4. Spaltung unter Zahlung zwischen den Anteilsinhabern

Zahlungen eines i. R. einer nicht verhältniswahrenden Spaltung begünstigten an einen benachteiligten Anteilsinhaber zur Erwirkung der Zustimmung des Letzteren sind zulässig.[23] Sie unterliegen keiner betragsmäßigen Beschränkung.[24] Sie sind aber im Spaltungsvertrag **offenzulegen** (siehe § 126 Rz. 93 [*K. Wentz*]). Die Zahlung bindet den betroffenen Anteilsinhaber allein schuldrechtlich. Darüber hinaus können auch andere Anteilsinhaber ihre Zustimmung i. S. des § 128 verweigern, da es sich ohne Rücksicht auf die Zahlung weiterhin um eine nicht verhältniswahrende Spaltung handelt.[25] 11

IV. Verhältniswahrende Spaltung in besonderen Fällen

1. Verhältniswahrende Spaltung im Falle von Anteilsspitzen

Ein Umtauschverhältnis, wonach nicht für jeden Anteil am übertragenden Rechtsträger ein oder mehrere volle Anteile am übernehmenden Rechtsträger gewährt werden, kann als 12

18) *Fischer* in: NK-UmwG, § 125 Rz. 4; *Verse* in: BeckOGK-UmwG, § 128 Rz. 10.; *Leuering* in: KölnKomm-UmwG, § 128 Rz. 9; Schmitt/Hörtnagl-*Hörtnagl*, UmwG/UmwStG, § 128 UmwG Rz. 2.

19) OLG Düsseldorf, Urt. v. 22.6.2017 – I-6 AktG 1/17, Rz. 95, AG 2017, 900; *Leuering* in: KölnKomm-UmwG, § 128 Rz. 11.

20) Lutter-*Priester/Lieder*, UmwG, § 128 Rz. 10; *Verse* in: BeckOGK-UmwG, § 128 Rz. 11; *Fischer* in: NK-UmwG, § 125 Rz. 5; Schmitt/Hörtnagl-*Hörtnagl*, UmwG/UmwStG, § 128 UmwG Rz. 8; Semler/Stengel/Leonard-*Schröer/Greitemann*, UmwG, § 128 Rz. 5.

21) *Leuering* in: KölnKomm-UmwG, § 128 Rz. 11; *Louven/Koglin*, DB 2021, 2135, 2137.

22) OLG München, Beschl. v. 10.7.2013 – 31 Wx 131/13, NZG 2013, 951; hierzu *Weiler*, NZG 2013, 1326 f.; *Heckschen*, GmbHR 2015, 897, 899.

23) Lutter-*Priester/Lieder*, UmwG, § 128 Rz. 18; *Fischer* in: NK-UmwG, § 128 Rz. 8; *Sagasser* in: Sagasser/Bula, Umwandlungen, § 18 Rz. 41; Schmitt/Hörtnagl-*Hörtnagl*, UmwG/UmwStG, § 128 UmwG Rz. 26; Widmann/Mayer-*Mayer*, UmwR, § 128 UmwG Rz. 34; Semler/Stengel/Leonard-*Schröer/Greitemann*, UmwG, § 128 Rz. 10; *Leuering* in: KölnKomm-UmwG, § 128 Rz. 35; Schmitt/Hörtnagl-*Hörtnagl*, UmwG/UmwStG, § 128 UmwG Rz. 108; *Heckschen*, GmbHR 2021, 8, 9.

24) Lutter-*Priester/Lieder*, UmwG, § 128 Rz. 18.

25) *Fischer* in: NK-UmwG, § 125 Rz. 8; Lutter-*Priester/Lieder*, UmwG, § 128 Rz. 18.

verhältniswahrende Spaltung konzipiert werden, wenn für die entstehenden Spitzen ein **Barausgleich** gemäß §§ 125 Abs. 1 Satz 1, 54 Abs. 4, § 68 Abs. 3 (sog. Spitzenausgleich) gewährt wird.[26] Der Spitzenausgleich darf jedoch nur zu einer geringen Verschiebung der Beteiligungsquoten führen.[27] Andernfalls liegt eine nicht verhältniswahrende Spaltung vor. Außerdem müssen die entstandenen Spitzen selbst unter Einsatz von Teilungs- und Stückelungserleichterungen (§§ 54 Abs. 3, 55 Abs. 1) nicht zu verhindern gewesen sein.[28]

13 Im Falle von **AGs** können auch zunächst **Teilrechte** entsprechend dem Umtauschverhältnis gewährt, diese anschließend zusammengelegt und alsdann von einem Treuhänder für Rechnung der Teilrechtsinhaber verwertet werden (§§ 125 Abs. 1 Satz 1, 72 Abs. 2 i. V. m. § 226 Abs. 3 AktG).[29] Auch bei diesem Vorgehen handelt es sich um eine verhältniswahrende Spaltung, die sich nicht an § 128 messen lassen muss, wenn nur eine geringfügige Verschiebung der Beteiligungsquote vorliegt.[30]

2. Spaltung unter rechtsqualitativen Änderungen

14 Eine verhältniswahrende Spaltung liegt auch vor, wenn sich wirtschaftlich betrachtet die Beteiligungsquoten der Anteilsinhaber im übernehmenden Rechtsträger fortsetzen und allein eine rechtsqualitative Änderung der Beteiligungen eintritt (z. B. Wegfall von Sonderrechte, Umwandlung von Stamm- in Vorzugsaktien oder die Ausgabe von stimmrechtslosen Anteilen am übernehmenden Rechtsträger).[31] § 128 findet in diesem Fall **keine Anwendung.**[32] Den in diesen Fällen notwendigen Minderheitenschutz hat der Gesetzgeber in §§ 125 Abs. 1 Satz 1, 23 geregelt.[33] Eine für eine analoge Anwendung von § 128 notwendige Regelungslücke liegt nicht vor. Allein die Zustimmung der jeweils betroffenen Anteilsinhaber zum Wegfall oder Verschlechterung ihrer Rechtsstellung im Rechtsträger ist notwendig.[34]

V. Zustimmungserfordernis

1. Allgemeines

15 Satz 1 sieht vor, dass die Wirksamkeit des Spaltungsvertrags von der Zustimmung aller Anteilsinhaber abhängt. Die Vorschrift modifiziert lediglich die **Mehrheitserfordernisse**

---

26) *Verse* in: BeckOGK-UmwG, § 128 Rz. 14; *Fischer* in: NK-UmwG, § 128 Rz. 7; Schmitt/Hörtnagl-*Hörtnagl*, UmwG/UmwStG, § 128 UmwG Rz. 21; vgl. auch *Heckschen*, GmbHR 2015, 897, 901; i. Erg. ebenso *Leuering* in: KölnKomm-UmwG, § 128 Rz. 37 – „teleologische Reduktion" von § 128; i. Erg. ebenso Lutter-*Priester/Lieder*, UmwG, § 128 Rz. 12 – „teleologische Reduktion".

27) *Verse* in: BeckOGK-UmwG, § 128 Rz. 14; *Fischer* in: NK-UmwG, § 128 Rz. 7.

28) Lutter-*Priester/Lieder*, UmwG, § 128 Rz. 12; Semler/Stengel/Leonard-*Schröer/Greitemann*, UmwG, § 128 Rz. 9.

29) Vgl. etwa den gemeinesamen Spaltungsbericht der Vorstände der Continental AG und der Vitesco Technologies Group AG aus 2021, S. 42 f., abrufbar unter https://cdn.continental.com/fileadmin/__imported/sites/corporate/_international/german/hubpages/30_20investor_20relations/50_20veranstaltungen/hauptversammlung/2021/download/gemeinsamer_20spaltungsbericht_202021.pdf#:~:text=der%20Continental%20AG%20auf%20die%20VT%20Group,VT%20Group%20AG%20sowie%20die%20Vitesco%20Technologies (Abrufdatum: 26.2.2026).

30) *Verse* in: BeckOGK-UmwG, § 128 UmwG Rz. 15; Lutter-*Priester/Lieder*, UmwG, § 128 Rz. 12.

31) *Bungert* in: Fleischer/Hüttemann, Rechtshdb. Unternehmensbewertung, 22.141; Semler/Stengel/Leonard-*Schröer/Greitemann*, UmwG, § 128 Rz. 8; *Leuering* in: KölnKomm-UmwG, § 128 Rz. 42; Schmitt/Hörtnagl-*Hörtnagl*, UmwG/UmwStG, § 128 UmwG Rz. 3; Lutter-*Priester/Lieder*, UmwG, § 128 Rz. 11; vgl. auch BGH, Urt. v.23.2.2021 – II ZR 65/19, AG 2021, 468, 471.

32) *Leuering* in: KölnKomm-UmwG, § 128 Rz. 42; *Verse* in: BeckOGK-UmwG, § 128 Rz. 22; für eine analoge Anwendung *Timm/Schöne* in: FS Kropff, S. 315, 330 ff.

33) *Leuering* in: KölnKomm-UmwG, § 128 Rz. 42.

34) *Verse* in: BeckOGK-UmwG, § 128 Rz. 22; Lutter-*Priester/Lieder*, UmwG, § 128 Rz. 11; Schmitt/Hörtnagl-*Hörtnagl*, UmwG/UmwStG, § 128 UmwG Rz. 3; *Bungert* in: Fleischer/Hüttemann, Rechtshdb. Unternehmensbewertung, 22.141.

für den Spaltungsbeschluss und verpflichtet nicht zu einem gesonderten Beschluss.[35] Auch wenn nur einzelne Anteilsinhaber benachteiligt werden, ist die Zustimmung aller Anteilsinhaber notwendig.[36] Das **UmRUG** hat insoweit Klarheit geschaffen, als die Regierungsbegründung eine Einschränkung des Zustimmungserfordernisses nach § 128 dergestalt annimmt, dass allein im Falle einer nicht verhältniswahrenden grenzüberschreitenden Spaltung die benachteiligten Anteilsinhaber zustimmen müssen.[37] Die Zustimmung nach § 128 ist notariell zu **beurkunden** (§§ 125 Abs. 1 Satz 1, 13 Abs. 3 Satz 1).[38]

Auch nicht stimmberechtigte oder bei der Beschlussfassung nicht anwesende Anteilsinhaber, solche die Anteile mit temporären Rechtsverlust (§ 20 Abs. 7, § 21 Abs. 4 AktG, § 44 WpHG, § 59 WpÜG) halten sowie Inhaber von dinglichen Sicherungsrechten an den betroffenen Anteilen (Nießbrauch und Pfandrecht) müssen ihre Zustimmung erteilen.[39] 16

2. Zustimmungserfordernis bei dinglichen Sicherungsrechten

Das Zustimmungserfordernis im Falle von dinglichen Sicherungsrechten ergibt sich aus **§§ 1071, 1276 BGB** und nicht aus einer analogen Anwendung von § 128.[40] Für eine Analogie fehlt es wegen der Sondervorschriften aus dem BGB bereits an einer Regelungslücke.[41] Folge der Herleitung des Zustimmungserfordernisses aus §§ 1071, 1276 BGB ist, dass die besondere Formvorschrift aus §§ 125 Abs. 1 Satz 1, 13 Abs. 3 Satz 1 nicht eingreift und die Zustimmung dinglicher Sicherungsrechtsinhaber formlos erteilt werden kann.[42] §§ 1071, 1276 BGB sehen ein entsprechendes Zustimmungserfordernis aber nur vor, wenn die vom beschränkt dinglichen Recht betroffenen **Anteile** zur i. R. der nicht verhältniswahrende Spaltung **benachteiligten Anteilsgruppe gehören.**[43] Andere Nießbraucher und Pfandgläubiger werden nicht i. S. der §§ 1071, 1276 benachteiligt. 17

Stimmt der Anteilsinhaber einer nicht verhältniswahrenden Spaltung zu, ohne dass der Nießbraucher oder Pfandgläubiger i. S. des §§ 1071, 1276 der Strukturmaßnahme zugestimmt hat, löst dies allein **Schadenersatzansprüche** des Nießbrauchers oder Pfandgläubigers gegenüber dem Anteilsinhaber aus.[44] Gegen die bisweilen vertretene Unwirksamkeit der die Beeinträchtigung auslösenden Zustimmung zur nicht verhältniswahrenden Spaltung spricht der Verkehrsschutz. Die zumeist fehlende Kenntnis der an der Spaltung beteiligten Gesellschaft bzw. der Mitgesellschafter von der dinglichen Belastung ließe es 18

---

35) *Leuering* in: KölnKomm-UmwG, § 128 Rz. 23; *Klaaßen-Kaiser* in: MünchHdb. GesR, Bd. 8, § 25 Rz. 24.

36) *Klaaßen-Kaiser* in: MünchHdb. GesR, Bd. 8, § 25 Rz. 24; Schmitt/Hörtnagl-*Hörtnagl*, UmwG/UmwStG, § 128 UmwG Rz. 29; a. A. *Leuering* in: KölnKomm-UmwG, § 128 Rz. 30; krit. Semler/Stengel/Leonard-*Schröer/Greitemann*, UmwG, § 128 Rz. 3.

37) Begr. RegE UmRUG, BT-Drucks. 20/3822, S. 110; hierzu *Brandi/M. K. Schmidt*, AG 2023, 297, 304.

38) *Leuering* in: KölnKomm-UmwG, § 128 Rz. 27; *Fischer* in: NK-UmwG, § 125 Rz. 9; Schmitt/Hörtnagl-*Hörtnagl*, UmwG/UmwStG, § 128 UmwG Rz. 29.

39) *Verse* in: BeckOGK-UmwG, § 128 Rz. 26, 32 f; *Leuering* in: KölnKomm-UmwG, § 128 Rz. 26; *Fischer* in: NK-UmwG, § 125 Rz. 9; Semler/Stengel/Leonard-*Schröer/Greitemann*, UmwG, § 128 Rz. 12 f.; *Rubner/Fischer*, NZG 2014, 761, 761.

40) *Verse* in: BeckOGK-UmwG, § 128 Rz. 32; Widmann/Mayer-*Mayer*, UmwR, § 128 UmwG Rz. 23; Lutter-*Priester/Lieder*, UmwG, § 128 Rz. 22; Schmitt/Hörtnagl-*Hörtnagl*, UmwG/UmwStG, § 128 UmwG Rz. 29; a. A. *Leuering* in: KölnKomm-UmwG, § 128 Rz. 26.

41) So auch Lutter-*Priester/Lieder*, UmwG, § 128 Rz. 22.

42) *Verse* in: BeckOGK-UmwG, § 128 Rz. 32; Lutter-*Priester/Lieder*, UmwG, § 128 Rz. 22; Schmitt/Hörtnagl-*Hörtnagl*, UmwG/UmwStG, § 128 UmwG Rz. 29.

43) *Verse* in: BeckOGK-UmwG, § 128 Rz. 33.

44) OLG Düsseldorf, Beschl. v. 14.9.1998 – 3 Wx 209/98, NJW-RR 1999, 619, 620; Widmann/Mayer-*Mayer*, UmwR, § 128 UmwG Rz. 23; *Reichert/Schlitt/Duell*, GmbHR 1998, 565. 570; a. A. *Verse* in: BeckOGK-UmwG, § 128 Rz. 34.

unerträglich erscheinen, die Wirksamkeit der Strukturmaßnahme an die Zustimmung des dinglich Berechtigten zu knüpfen.[45]

3. Weitere besondere Zustimmungsvoraussetzungen

19 Unter Umständen ist die Zustimmung eines Anteilsinhabers unter dem Gesichtspunkt einer Vinkulierung gesondert einzuholen (§§ 125 Abs. 1 Satz 1, 13 Abs. 2).[46] Ohne dessen Zustimmung sind ein bereits gefasster Spaltungsbeschluss und ein bereits geschlossener Spaltungsvertrag schwebend unwirksam.[47]

4. Treubindung und Zustimmungspflicht

20 Bei der Zustimmungsentscheidung sind Anteilsinhaber grundsätzlich frei, können aber im Einzelfall treugebunden und zur Zustimmung verpflichtet sein.[48] Die Intensität der Treuepflicht, die den einzelnen Anteilsinhaber bindet, richtet sich nicht nur nach dem Interesse der Gesellschaft an der Strukturmaßnahme und dem entgegenstehenden Interesse des dissentierenden Anteilsinhabers, sondern auch nach dessen **Beteiligungshöhe** am jeweiligen Rechtsträger.[49]

21 Angesichts der weitreichenden Konsequenzen einer nicht verhältniswahrenden Spaltung sind die **Anforderungen tendenziell hoch**, unter denen eine treugebundene Pflicht zur Zustimmung angenommen werden kann.[50] Ausgeschlossen ist eine solche Treubindung jedoch nicht, wäre es doch unerträglich, könnte ein nur geringfügig beteiligter Anteilsinhaber einer im wohlverstandenen Interesse des Rechtsträgers liegenden nicht verhältniswahrenden Spaltung widersprechen und die Strukturmaßnahme somit verhindern.[51]

22 Angesichts der anteilsabhängigen Stärke der Treuepflicht kann nicht pauschal davon ausgegangen werden, dass allein „dringende“[52] oder „überwiegende“[53] Gesellschaftsinteressen ausreichen, um eine entsprechende Abstimmungspflicht zu begründen. Vielmehr ist es eine Frage des Einzelfalls, **wie gewichtig die Gesellschaftsinteressen** im Verhältnis zu den die ablehnende Haltung begründenden Erwägungen des Anteilsinhabers **ausgestaltet sein müssen**. In jedem Fall muss der erlittene Nachteil kompensiert werden.[54] Die Zustimmungspflicht ist mittels **Leistungsklage** durchzusetzen (§ 894 ZPO).[55]

45) *Barry*, RNotZ 2014, 401, 413; dies sieht auch *Verse* in: BeckOGK-UmwG, § 128 Rz. 34, der deshalb die Unwirksamkeit nur annimmt, wenn die Belastung dem Rechtsträger mitgeteilt wurde.

46) Lutter-*Priester/Lieder*, UmwG, § 128 Rz. 7; *Klaaßen-Kaiser* in: MünchHdb. GesR, Bd. 8, § 25 Rz. 9; Kallmeyer-*Sickinger/Lanfermann*, UmwG, § 125 Rz. 14.

47) *Klaaßen-Kaiser* in: MünchHdb. GesR, Bd. 8, § 25 Rz. 9.

48) *Leuering* in: KölnKomm-UmwG, § 128 Rz. 31; *Verse* in: BeckOGK-UmwG, § 128 Rz. 30; Semler/Stengel/Leonard-*Schröer/Greitemann*, UmwG, § 128 Rz. 14; Lutter-*Priester/Lieder*, UmwG, § 128 Rz. 23; *Klaaßen-Kaiser* in: MünchHdb. GesR, Bd. 8, § 25 Rz. 25.

49) *Leuering* in: KölnKomm-UmwG, § 128 Rz. 31; vgl. zur Berücksichtigung der Beteiligungshöhe bei der Bestimmung der Treubindung *Bürk/Wentz*, ZIP 2020, 2219, 2227.

50) *Verse* in: BeckOGK-UmwG, § 128 Rz. 30; Schmitt/Hörtnagl-*Hörtnagl*, UmwG/UmwStG, § 128 UmwG Rz. 30.

51) *Leuering* in: KölnKomm-UmwG, § 128 Rz. 31.

52) So etwa Lutter-*Priester/Lieder*, UmwG, § 128 Rz. 23; ähnlich Kallmeyer-*Sickinger*, UmwG, § 128 Rz. 6 – „vialtes Interesse“.

53) So etwa *Fischer* in: NK-UmwG, § 125 Rz. 11.

54) *Verse* in: BeckOGK-UmwG, § 128 Rz. 30.

55) *Leuering* in: KölnKomm-UmwG, § 128 Rz. 31; *Verse* in: BeckOGK-UmwG, § 128 Rz. 30; Schmitt/Hörtnagl-*Hörtnagl*, UmwG/UmwStG, § 128 UmwG Rz. 30; Lutter-*Priester/Lieder*, UmwG, § 128 Rz. 23.

23 Für die Zustimmungspflicht dinglich Berechtigter gilt Entsprechendes.[56)] Dogmatisch lässt sich deren Zustimmungspflicht nicht aus einer mittelbaren gesellschaftsrechtlichen Treuepflicht herleiten, sondern aus dem dem dinglichen Rechtsverhältnis zugrunde liegenden schuldrechtlichen Vertrag.[57)]

VI. Rechtsfolgen

24 Die fehlende Zustimmung i. S. des § 128 führt zur **schwebenden Unwirksamkeit** des Spaltungs- und Übernahmevertrags, ohne dass es einer Anfechtung des Spaltungsbeschlusses bedarf.[58)] Die Unwirksamkeit stellt ein Eintragungshindernis dar, das jedoch unbeachtlich wird, wenn das Registergericht die Eintragung vornimmt (§ 131 Abs. 2).[59)]

56) *Leuering* in: KölnKomm-UmwG, § 128 Rz. 32; Lutter-*Priester/Lieder*, UmwG, § 128 Rz. 23; *Klaaßen-Kaiser* in: MünchHdb. GesR, Bd. 8, § 25 Rz. 25.

57) Widmann/Mayer-*Mayer*, UmwR, § 128 UmwG Rz. 23.

58) *Verse* in: BeckOGK-UmwG, § 128 Rz. 31; Semler/Stengel/Leonard-*Schröer/Greitemann*, UmwG, § 128 Rz. 17; Lutter-*Priester/Lieder*, UmwG, § 128 Rz. 24.

59) *Leuering* in: KölnKomm-UmwG, § 128 Rz. 44; *Verse* in: BeckOGK-UmwG, § 128 Rz. 31; Lutter-*Priester/Lieder*, UmwG, § 128 Rz. 24.

§ 129
Anmeldung der Spaltung

Zur Anmeldung der Spaltung ist auch das Vertretungsorgan jedes der übernehmenden Rechtsträger berechtigt.

Literatur: *Heidtkamp*, Die umwandlungsrechtliche Schlussbilanz – praxisrelevante Zweifelsfragen, NZG 2013, 852; *Schmidt/Heinz*, Schlussbilanzen bei Spaltungen, DB 2008, 2696.

Übersicht

I. Allgemeines

1 Die Vorschrift dient im Wesentlichen Klarstellungszwecken. § 16 Abs. 1 Satz 2 regelt auf Verschmelzungsebene, dass das Vertretungsorgan **des übernehmenden Rechtsträgers** berechtigt ist, die Verschmelzung auch zur Eintragung in das Register des Sitzes jedes der **übertragenden Rechtsträger** anzumelden.[1)] **§ 16** findet dem Grunde nach gemäß **§ 125** auch auf die **Spaltung** Anwendung. Die wesentlichen Inhalte der Registeranmeldung der Spaltung ergeben sich somit bereits aus § 125 i. V. m. §§ 16 und 17. § 129 ergänzt diese Regelung für die Aufspaltung, Abspaltung und Ausgliederung zur Aufnahme.[2)] § 129 räumt nun **jedem** übernehmenden Rechtsträger die Berechtigung ein, die **Spaltung zur**

1) Die Erlaubnis für die übernehmende Seite, umwandlungsgesetzliche Maßnahmen anzumelden, dient der Verfahrensbeschleunigung, vgl. *Schwab* in: MünchHdb. GesR, Bd. 8, § 26 Rz. 5.

2) § 135 Abs. 1 Satz 1; für die Anmeldung der Spaltung zur Neugründung gilt hingegen § 137, vgl. Semler/Stengel/Leonard-*Schwanna*, UmwG, § 129 Rz. 1.

Eintragung beim Register **des übertragenden Rechtsträgers** anzumelden. Das Klarstellungserfordernis ergibt sich durch die Besonderheit, dass bei der Spaltung nicht vorgegeben ist, **wie viele übernehmende Rechtsträger** es gibt.[3] Die Vorschrift kommt den Vorgaben von Art. 16 Abs. 2 der Spaltungsrichtlinie nach.[4] Die Vorgabe galt nur bzgl. AGs, wurde aber für alle Rechtsformen umgesetzt.

II. Anmeldeberechtigung

1. Am Sitz des übertragenden Rechtsträgers

2 Beim übertragenden Rechtsträger kann die Spaltung nach den **allgemeinen Vorschriften** (§§ 125, 16 Abs. 1 Satz 1) durch das **Vertretungsorgan des übertragenden Rechtsträgers** angemeldet werden. § 129 räumt dieses Recht den **Vertretungsorganen jedes der übernehmenden Rechtsträger** ein.

3 Grundsätzlich genügt hierbei die **Anmeldung der Spaltung** durch die Vertretungsorgane **in vertretungsberechtigter Zahl.**[5] Auch **unechte Gesamtvertretung** ist zulässig.[6]

4 Etwas anderes gilt nur, wenn die Spaltung mit einer **Kapitalmaßnahme** verbunden wird. In der Praxis kann eine erforderliche Kapitalherabsetzung zeitgleich durchgeführt werden.[7] In diesem Zusammenhang sind **§ 78 GmbHG bzw. §§ 223, 229 Abs. 3 AktG** zu beachten, was zur Folge hat, dass die Anmeldung bei der GmbH durch **sämtliche Geschäftsführer** und bei der AG durch den **Vorstand** in vertretungsberechtigter Zahl **zuzüglich des Aufsichtsratsvorsitzenden** anzumelden ist. Rechtsgeschäftliche Vertretung ist zulässig; die Vollmacht bedarf der Form des § 12 Abs. 1 Satz 3 HGB (notarielle Beglaubigung).

2. Am Sitz des übernehmenden Rechtsträgers

5 Beim **übernehmenden Rechtsträger** gibt es keine dem § 129 entsprechende Vorschrift. Mithin können **nur die Organe** des betreffenden übernehmenden Rechtsträgers anmelden; es bleibt bei der allgemeinen Regelung des **§ 16 Abs. 1 Satz 1.**[8]

6 Es ist zudem in der Praxis zu beachten, dass im Falle **mehrerer übernehmender Rechtsträger** nicht einer von diesen die **Anmeldung für einen anderen** vornehmen kann.[9]

---

3) *Fischer* in: NK-UmwG, § 129 Rz. 1.

4) Sechste Richtlinie 82/891/EWG des Rates v. 17.12.1982 gemäß Artikel 54 Absatz 3 Buchstabe g) des Vertrages betreffend die Spaltung von Aktiengesellschaften (Spaltungsrichtlinie), ABl. (EG) L 378/47 v. 31.12.1982; aufgehoben durch Art. 150 Abs. 2 der Richtlinie 2017/1132 des Europäischen Parlaments und des Rates v. 14.6.2017 über bestimmte Aspekte des Gesellschaftsrechts (Gesellschaftsrechtsrichtlinie), ABl. (EU) L 169/46 v. 30.6.2017.

5) Semler/Stengel/Leonard-*Schwanna*, UmwG, § 129 Rz. 3; *Schwab* in: MünchHdb. GesR, Bd. 8, § 26 Rz. 6; Kallmeyer-*Zimmermann*, UmwG, § 129 Rz. 2; *Verse* in: BeckOGK-UmwG, § 129 Rz. 7; *Leuering* in: KölnKomm-UmwG, § 129 Rz. 7.

6) *Schwab* in: MünchHdb. GesR, Bd. 8, § 26 Rz. 6; Semler/Stengel/Leonard-*Schwanna*, UmwG, § 129 Rz. 3; *Verse* in: BeckOGK-UmwG, § 129 Rz. 11; Widmann/Mayer-*Weiler*, UmwR, § 129 UmwG Rz. 31; Kallmeyer-*Zimmermann*, UmwG, § 129 Rz. 2; Lutter-*Priester*/*Lieder*, UmwG, § 129 Rz. 3.

7) Dies ist zulässig, vgl. Semler/Stengel/Leonard-*Schwanna*, UmwG, § 129 Rz. 2; *Krafka*, Registerrecht, 1. Teil 3. Abschn. A. Rz. 1193, 1194.

8) Freilich liegt dies bei der Spaltung zur Neugründung anders, vgl. § 137 Abs. 1, da es noch keinen aufnehmenden Rechtsträger gibt.

9) Ganz h. M., vgl. Widmann/Mayer-*Weiler*, UmwR, § 129 UmwG Rz. 6; Semler/Stengel/Leonard-*Schwanna*, UmwG, § 129 Rz. 5; Kallmeyer-*Zimmermann*, UmwG, § 129 Rz. 3; Lutter-*Priester*/*Lieder*, UmwG, § 129 Rz. 2; Schmitt/Hörtnagl-*Hörtnagl*, UmwG/UmwStG, § 129 UmwG Rz. 2; Henssler/Strohn-*Galla*/*Cé. Müller*, GesR, § 129 UmwG Rz. 2; *Leuering* in: KölnKomm-UmwG, § 129 Rz. 6; *Verse* in: BeckOGK-UmwG, § 129 Rz. 5; *Raible* in: HK-UmwG, § 129 Rz. 1; a. A. wohl Goutier/Knopf/Tulloch-*Goutier*, UmwR, § 129 UmwG Rz. 1 – zu sämtlichen Anmeldungen berechtigt.

7 Auch beim **übernehmenden Rechtsträger** gilt, dass die Anmeldebefugnis **in vertretungsberechtigter Anzahl** gegeben sein muss. Bei Kapitalerhöhungen gelten die entsprechenden Sonderregelungen:

- Bei der GmbH haben sämtliche Geschäftsführer anzumelden (§§ 125, 55 i. V. m. § 78 GmbG);
- bei AG und KGaA haben die Vertretungsorgane in vertretungsberechtigter Zahl (oder in **unechter Gesamtvertretung**) und zusätzlich der **Aufsichtsratsvorsitzende** (§§ 125, 69 i. V. m. §§ 184 Abs. 1, 188 Abs. 1, 278 AktG) anzumelden.[10]

III. Anmeldung

1. Inhalt

8 Anzumelden ist die **Spaltung** selbst; **Firma und Sitz der beteiligten Rechtsträger** sind anzugeben. Es sollte zudem angegeben werden, um welche **Form der Spaltung** es sich handelt.

9 Gesetzlich sind **keine weiteren zwingenden Angaben** vorgeschrieben. In der Praxis können weitere Angaben im Einzelfall zur **Vermeidung von Fehlern oder Zwischenverfügungen** sinnvoll sein. **Kapitalmaßnahmen** sind nach den für sie geltenden Regeln unter Berücksichtigung der erforderlichen Versicherungen anzumelden.[11]

10 Gemäß **§ 125** i. V. m. **§ 16 Abs. 2** ist eine Erklärung erforderlich, dass eine Klage gegen die Wirksamkeit der Spaltungsbeschlüsse der beteiligten Rechtsträger nicht (bzw. nicht fristgemäß) erhoben oder eine solche Klage abgewiesen oder zurückgenommen wurde. Die **Negativerklärung** und die sich insoweit stellenden Rechtsfragen entsprechen der Situation bei der **Verschmelzung** (siehe näher § 16 Rz. 28 ff. [*Hoefling*]).[12]

2. Anlagen

11 Für die Anlagen der Anmeldung der Spaltungsmaßnahme gelten die §§ 125 und 17. An die Stelle des Verschmelzungsvertrages tritt der **Spaltungsvertrag**. Die Verschmelzungsbeschlüsse gemäß § 13 werden ersetzt durch die **Spaltungsbeschlüsse**. Der Verschmelzungs- und Prüfungsbericht wird ersetzt durch den Spaltungs- und den Spaltungsprüfungsbericht.[13] Bei der **Ausgliederung** findet **keine Prüfung** statt.

12 Zusammengefasst sind die folgenden Anlagen/Urkunden beizufügen:[14]

- **Spaltungs-** bzw. **Ausgliederungs- und Übernahmevertrag** (§ 126),
- **Spaltungsbeschlüsse**,
- **Spaltungsbericht** bzw. **Verzichtserklärung**,
- **Spaltungsprüfungsbericht** (Ausnahme: Ausgliederung),
- Zuleitungsnachweise an den **Betriebsrat** (**§ 126 Abs. 3**),

10) Semler/Stengel/Leonard-*Schwanna*, UmwG, § 129 Rz. 6.

11) Es ist nicht der Spaltungsvertrag (oder etwa die Spaltungsbeschlüsse), sondern die Spaltung als solche anzumelden, allg. M., vgl. statt aller Semler/Stengel/Leonard-*Schwanna*, UmwG, § 129 Rz. 7, *Verse* in: BeckOGK-UmwG, § 129 Rz. 17; *Leuering* in: KölnKomm-UmwG, § 129 Rz. 10.

12) Semler/Stengel/Leonard-*Schwanna*, UmwG, § 129 Rz. 9; *Verse* in: BeckOGK-UmwG, § 129 Rz. 18; Kallmeyer-*Zimmermann*, UmwG, § 129 Rz. 8; Lutter-*Priester/Lieder*, UmwG, § 129 Rz. 9.

13) Semler/Stengel/Leonard-*Schwanna*, UmwG, § 129 Rz. 10.

14) Semler/Stengel/Leonard-*Schwanna*, UmwG, § 129 Rz. 11 ff.; Lutter-*Priester/Lieder*, UmwG, § 129 Rz. 11; *Fischer* in: NK-UmwG, § 129 Rz. 5; *Leuering* in: KölnKomm-UmwG, § 129 Rz. 15.

- **Schlussbilanz** der übertragenden Gesellschaft (grundsätzlich **Gesamtbilanz** des übertragenden Rechtsträgers),[15]
- eventuelle **Zustimmungserklärungen** einzelner Anteilsinhaber,
- ggf. **staatliche Genehmigungen,**
- **Kapitalgesellschaft** als übertragender Rechtsträger: Erklärungen über die Deckung des Mindeststamm- bzw. Grundkapitals sind beizufügen (**§ 140**),
- bei AG und KGaA: gemäß **§§ 125, 76 Abs. 1** sind Nachweise zu erbringen, dass die Gesellschaft bereits seit mehr als zwei Jahren besteht (Handelsregisterauszug).

13 Wird eine **Kapitalerhöhung** bei der aufnehmenden Gesellschaft durchgeführt, sind zusätzlich folgende Unterlagen einzureichen:

- Abschrift des beurkunden **Erhöhungsbeschlusses,**
- **Werthaltigkeitsnachweis,**
- bei AG oder KGaA: Bericht über die bei der Kapitalerhöhung zwingend vorgeschriebene **Sacheinlageprüfung,**
- bei GmbH: **Liste der Übernehmer** der neuen Stammeinlagen,
- vollständiger Wortlaut Satzung/Gesellschaftsvertrag mit Notarbescheinigung.

3. Anmeldefrist

14 Die Spaltung muss bei dem **übertragenden Rechtsträger** innerhalb der Acht-Monats-Frist gemäß § 17 Abs. 2 Satz 4 angemeldet werden.[16] Eine **Reihenfolge** der Anmeldungen beim übertragenden oder übernehmenden Rechtsträger ist allerdings gesetzlich nicht vorgeschrieben. Ein anderes gilt für die Reihenfolge der **Eintragungen** (§ 130).[17]

---

15) Grundsätzlich handelt es sich um eine Gesamtbilanz des übertragenden Rechtsträgers. Bei der Abspaltung und Ausgliederung bietet sich ggf. eine Aufteilung in Teilbilanzen an, je nachdem, wie der Wertnachweis für eventuelle Kapitalmaßnahmen geführt wird. Für die näheren Erfordernisse empfiehlt sich in der Praxis eine Abstimmung mit dem zuständigen Register. Zur Aufteilung in Teilbilanzen vgl. ferner Kallmeyer-*Zimmermann*, UmwG, § 130 Rz. 3; *Krafka*, Registerrecht, 1. Teil 3. Abschn. A. Rz. 1192; Schmitt/Hörtnagl-*Hörtnagl*, UmwG/UmwStG, § 17 UmwG Rz. 50 m. w. N.; Semler/Stengel/Leonard-*Schwanna*, UmwG, § 129 Rz. 11; *Heidtkamp*, NZG 2013, 852, 856 f.; hinsichtlich der Ausgliederung s. a. *Schmidt/Heinz*, DB 2008, 2696.

16) Semler/Stengel/Leonard-*Schwanna*, UmwG, § 129 Rz. 16; Lutter-*Priester/Lieder*, UmwG, § 129 Rz. 6, 7; *Fischer* in: NK-UmwG, § 129 Rz. 4.

17) Semler/Stengel/Leonard-*Schwanna*, UmwG, § 129 Rz. 16.

§ 130
Eintragung der Spaltung*)

(1) [1]Die Spaltung darf in das Register des Sitzes des übertragenden Rechtsträgers erst eingetragen werden, nachdem sie im Register des Sitzes jedes der übernehmenden Rechtsträger eingetragen worden ist. [2]Die Eintragung im Register des Sitzes jedes der übernehmenden Rechtsträger ist mit dem Vermerk zu versehen, daß die Spaltung erst mit der Eintragung im Register des Sitzes des übertragenden Rechtsträgers wirksam wird, sofern die Eintragungen in den Registern aller beteiligten Rechtsträger nicht am selben Tag erfolgen.

(2) [1]Das Gericht des Sitzes des übertragenden Rechtsträgers hat von Amts wegen dem Gericht des Sitzes jedes der übernehmenden Rechtsträger den Tag der Eintragung der Spaltung mitzuteilen sowie einen Registerauszug und den Gesellschaftsvertrag, den

Partnerschaftsvertrag oder die Satzung des übertragenden Rechtsträgers in Abschrift, als Ausdruck oder elektronisch zu übermitteln. [2]Nach Eingang der Mitteilung hat das Gericht des Sitzes jedes der übernehmenden Rechtsträger von Amts wegen den Tag der Eintragung der Spaltung im Register des Sitzes des übertragenden Rechtsträgers zu vermerken.

*) § 130 geändert durch Art. 1 des Zweiten Gesetzes zur Änderung des Umwandlungsgesetzes (2. UmwGÄndG), v. 19.4.2007, BGBl. I 2007, 542; § 130 geändert durch Art. 8 des Gesetzes über elektronische Handelsregister und Genossenschaftsregister sowie das Unternehmensregister (EHUG), v. 10.11.2006, BGBl. I 2006, 2553; § 130 geändert durch Art. 14 des Gesetzes zur Einführung der Europäischen Genossenschaft und zur Änderung des Genossenschaftsrechts (SCEEG), v. 14.8.2006, BGBl. I 2006, 1911; § 130 i. d. F. des UmwBerG geändert durch Art. 1 des Gesetzes zur Änderung des Umwandlungsgesetzes, des Partnerschaftsgesellschaftsgesetzes und anderer Gesetze (UmwGÄndG), v. 22.7.1998, BGBl. I 1998, 1878.

Literatur: *Bruski*, Die Gründungsphase der Aktiengesellschaft bei der Spaltung zur Neugründung, AG 1997, 17; *Heidenhain*, Entstehung vermögens- und subjektloser Kapitalgesellschaften, GmbHR 1995, 264; *Neye*, Nochmals: Entstehung und vermögens- und subjektloser Kapitalgesellschaften, GmbHR 1995, 565.

Übersicht

I. Normzweck

Als **verdrängende Spezialregelung** zu § 19 Abs. 1 und Abs. 2 regelt § 130 die **Reihenfolge der Eintragungen** und das Eintragungsverfahren für Spaltungen, sowie den Zeitpunkt der Wirksamkeit der Maßnahme (Eintragung im Register des Sitzes des übertragenden Rechtsträgers). 1

Bedeutsam für die Praxis ist zuvorderst die Regelung des Spaltungsrechts, dass **Spaltungen** mit Eintragung in das Register des Sitzes des **übertragenden Rechtsträgers** wirksam werden (§ 131 Abs. 1). Bei der **Verschmelzung** ist dies **genau andersherum** (§ 20 Abs. 1). Danach wird die Verschmelzung mit der Eintragung in das Register am Sitz des **übernehmenden Rechtsträgers** wirksam. Da es bei der Spaltung aber mehrere übernehmende Rechtsträger geben kann, ist diese Abweichung gerechtfertigt. Hierdurch wird erreicht, dass wie auch bei der Verschmelzung die **zeitlich letzte Eintragung** konstitutive Wirkung hat.[1] 2

Auf Spaltungen **zur Neugründung** findet § 130 Abs. 2 keine Anwendung; insoweit ist **§ 137 Abs. 3** wiederum die verdrängende Spezialregelung. Die allgemeine Regelung zu den **Bekanntmachungen** (§ 19 Abs. 3) bleibt auch für Spaltungen über § 125 anwendbar.[2] 3

II. Reihenfolge der Eintragungen (§ 130 Abs. 1)

Die Reihenfolge der Eintragungen ist von den beteiligten Registergerichten **nicht wählbar**, sondern vorgeschrieben (zwingendes Recht).[3] Auch die **beteiligten Rechtsträger** 4

---

1) Schmitt/Hörtnagl-*Hörtnagl*, UmwG/UmwStG, § 130 UmwG Rz. 2; Kallmeyer-*Zimmermann*, Um Eintragung der Spaltung wG, § 130 Rz. 1; Lutter-*Priester/Lieder*, UmwG, § 130 Rz. 4; *Fischer* in: NK-UmwG, § 130 Rz. 3.

2) Semler/Stengel/Leonard-*Schwanna*, UmwG, § 130 Rz. 1; *Verse* in: BeckOGK-UmwG, § 130 Rz. 2; Schmitt/Hörtnagl-*Hörtnagl*, UmwG/UmwStG, § 130 UmwG Rz. 1.

3) Die Reihenfolge entspricht § 346 AktG a. F.

können auf die Eintragungsreihenfolge keinen Einfluss nehmen. Gemäß § 130 Abs. 1 Satz 1 hat zunächst die Eintragung in den Registern **aller beteiligten übernehmenden Rechtsträger** zu erfolgen. Erst dann kann die Eintragung in das Register des Sitzes des **übertragenden Rechtsträger** erfolgen (§ 130 Abs. 1 Satz 1).

5 Kommt es bei beteiligten **Kapitalgesellschaften** als aufnehmender Rechtsträger zu einer **Kapitalerhöhung**, so muss diese gemäß §§ 125, 53, 66 **voreingetragen** werden. Dies ist von hoher Bedeutung, weil dadurch sichergestellt wird, dass die Anteile, die i. R. der Spaltungsmaßnahme gewährt werden, zum Zeitpunkt des Wirksamwerdens der Spaltung bereits bestehen (siehe näher dazu § 53 Rz. 1 [*Otte*] und § 66 Rz. 1 [*Nolden*]).[4)]

6 In gleicher Weise müssen **Kapitalherabsetzungsmaßnahmen** des übertragenden Rechtsträgers voreingetragen sein (§§ 139 Satz 2, 145 Satz 2, vgl. dazu näher § 139 Rz. 17 [*Stiegler*]). Erst nach der Eintragung der **Kapitalmaßnahmen** erfolgt die Eintragung im Register der übernehmenden Rechtsträger. Dabei ist ein Vorbehaltsvermerk aufzunehmen (§ 130 Abs. 1 Satz 2). Wird dieser Vermerk nicht angebracht, kann er nachgeholt werden.[5)]

7 Handelt es sich um eine **Maßnahme zur Neugründung**, hat der Vorbehaltsvermerk den Hinweis zu enthalten, dass der aufnehmende Rechtsträger erst mit der Eintragung im Register am Sitz des **übertragenden Rechtsträgers** entsteht.[6)]

8 Erfolgen die Eintragungen in den Registern aller beteiligten Rechtsträger am selben Tag, sind die **Vorbehaltsvermerke entbehrlich** (§ 130 Abs. 1 Satz 2). In der Praxis ist dies meist dann der Fall, wenn dasselbe Registergericht für alle beteiligten Rechtsträger zuständig ist. Aber auch unter Beteiligung **mehrerer Registergerichte** empfiehlt sich in der Praxis, bei Bedarf die Möglichkeit einer taggleichen Eintragung voranzufragen und/oder auf eine taggleiche Eintragung hinzuwirken.[7)]

9 Erfolgen die Eintragungen **nicht am selben Tag**, so muss der anmeldende übertragende Rechtsträger **nachweisen**, dass die Spaltung bei allen beteiligten übernehmenden Rechtsträgern voreingetragen ist. Dies erfolgt in der Praxis etwa durch Vorlage **beglaubigter Handelsregisterauszüge**, aus denen die Eintragung ersichtlich ist. Während die Registergerichte in der Praxis häufig (freiwillig) auf diesen Nachweis verzichten und sich durch eigene Einsichtnahme von der Wirksamkeit überzeugen bzw. eine freiwillige Inkenntnissetzung des jeweils anderen Registergerichts erfolgt, ist eine Benachrichtigung von Amts wegen über die erfolgte vor Eintragung **vom Gesetz nicht vorgesehen.**[8)]

10 Es bedarf eigentlich keiner besonderen Erwähnung, dass die Nachweise selbstverständlich **nachgereicht** werden können.[9)] Dies ist von **erheblicher Praxisrelevanz**, weil die Anmel-

4) Schmitt/Hörtnagl-*Hörtnagl*, UmwG/UmwStG, § 130 UmwG Rz. 5.

5) OLG Düsseldorf, Beschl. v. 14.12.1998 – 3 Wx 483-98, NJW-RR 1999, 1052, 1052 f. = DB 1999, 734; Schmitt/Hörtnagl-*Hörtnagl*, UmwG/UmwStG, § 130 UmwG Rz. 6; *Raible* in: HK-UmwG, § 130 Rz. 4.

6) *Verse* in: BeckOGK-UmwG, § 130 Rz. 9; Semler/Stengel/Leonard-*Schwanna*, UmwG, § 130 Rz. 10; *Leuering* in: KölnKomm-UmwG, § 130 Rz. 9; *Raible* in: HK-UmwG, § 130 Rz. 4; Schmitt/Hörtnagl-*Hörtnagl*, UmwG/UmwStG, § 130 UmwG Rz. 6; *Neye*, GmbHR 1995, 565, 566; *Bruski*, AG 1997, 17, 19; a. A. *Heidenhain*, GmbHR 1995, 264, 265.

7) Schmitt/Hörtnagl-*Hörtnagl*, UmwG/UmwStG, § 130 UmwG Rz. 6, weist zutr. darauf hin, dass auch ohne entsprechende Anregung seitens der Beteiligten eine Abstimmung unter mehreren Registergerichten durchaus keine Seltenheit darstellt.

8) *Verse* in: BeckOGK-UmwG, § 130 Rz. 13; Widmann/Mayer-*Mayer*, UmwR, § 130 UmwG Rz. 20; Semler/Stengel/Leonard-*Schwanna*, UmwG, § 130 Rz. 18; *Raible* in: HK-UmwG, § 130 Rz. 11; Schmitt/Hörtnagl-*Hörtnagl*, UmwG/UmwStG, § 130 UmwG Rz. 7; Lutter-*Priester/Lieder*, UmwG, § 130 Rz. 10; Kallmeyer-*Zimmermann*, UmwG, § 130 Rz. 11.

9) Schmitt/Hörtnagl-*Hörtnagl*, UmwG/UmwStG, § 130 UmwG Rz. 7; Lutter-*Priester*, UmwG, § 130 Rz. 13; *Raible* in: HK-UmwG, § 130 Rz. 11; *Verse* in: BeckOGK-UmwG, § 130 Rz. 13; *Leuering* in: KölnKomm-UmwG, § 130 Rz. 10.

dung der Spaltung angesichts der erforderlichen Schlussbilanz gemäß § 17 fristgebunden ist. In der Praxis wird daher die Anmeldung beim übertragenden Rechtsträger zeitgleich mit der Anmeldung beim übernehmenden Rechtsträger eingereicht.

Wird die gesetzlich vorgeschriebene Eintragungsreihenfolge nicht eingehalten, ist dies **unschädlich**. Auch in diesem Fall entfaltet die Spaltung **mit Eintragung im Register des übertragenden Rechtsträgers** Wirksamkeit.[10] Die versäumten Voreintragungen sind dann nachzuholen.[11] 11

Umstritten ist, ob Entsprechendes für **versäumte Voreintragungen** von **Kapitalerhöhungen** gilt. Der wohl (noch) herrschende Ansatz in der Literatur ist, dass die Eintragung nachgeholt werden kann, die **Spaltung** aber **bereits mit der verfrühten Eintragung** wirksam wird.[12] Die im Vordringen befindliche **Gegenansicht** kritisiert diesen Ansatz: Die i. R. der Spaltung zu gewährenden Anteile existieren noch nicht. Daher könne die Spaltung erst wirksam werden, wenn die Kapitalerhöhung eingetragen ist.[13] Allerdings sollte der Gesetzeszweck der §§ 130 ff. (insbesondere des § 131 Abs. 2) aber nicht vergessen werden. Ziel ist die unbedingte **Gewährleistung der Wirksamkeit der Spaltung** unter größtmöglicher Rechtssicherheit. Die Gegenansicht kann zudem Fälle kaum beherrschen, in denen die mangelnde Voreintragung der Kapitalerhöhung erst nach geraumer Zeit entdeckt wird.[14] 12

III. Prüfung durch die beteiligten Registergerichte

Die zuständigen Registergerichte haben die Beachtung der **formellen und materiellen Eintragungsvoraussetzungen** der Spaltung zu prüfen. In formeller Hinsicht obliegt dem Registergericht insbesondere die Überprüfung der Anmeldung nach den folgenden Gesichtspunkten: 13

- **Zuständigkeit** des angerufenen Registergerichts,
- Einhaltung der **Form** der Anmeldung (insbesondere gemäß § 12 HGB),
- **Ordnungsmäßigkeit** der Anmeldung, insbesondere Abgabe durch befugte Unterzeichner und ggf. wirksame **Bevollmächtigung** (insbesondere § 12 Abs. 1 Satz 3 HGB; insoweit genügt auch eine **Vollmachtsbescheinigung** eines Notars gemäß § 21 Abs. 3 BNotO, § 12 Abs. 1 Satz 4 HGB),[15]
- Vorliegen der erforderlichen **Anlagen** gemäß §§ 125, 17 (§ 129 Rz. 11 f. [*Lubberich*]),
- Vorliegen der (je nach Einzelfall) **erforderlichen Erklärungen** gemäß §§ 125, 16 Abs. 2 **(Negativerklärung)**, § 52 **(Zustimmung)**,
- Erklärungen nach § 140 bei GmbH, § 146 bei der AG und § 148 bei der eG (Vorliegen der **Gründungsvoraussetzungen** beim übertragenden Rechtsträger bei Ausgliederung

---

10) Semler/Stengel/Leonard-*Schwanna*, UmwG, § 130 Rz. 12; Lutter-*Priester/Lieder*, UmwG, § 130 Rz. 14; *Fischer* in: NK-UmwG, § 130 UmwG Rz. 12; *Leuering* in: KölnKomm-UmwG, § 130 Rz. 22.

11) *Fischer* in: NK-UmwG, § 130 Rz. 12; Semler/Stengel/Leonard-*Schwanna*, UmwG, § 130 Rz. 12; *Leuering* in: KölnKomm-UmwG, § 130 Rz. 22; Lutter-*Priester/Lieder*, UmwG, § 130 Rz. 14.

12) Schmitt/Hörtnagl-*Hörtnagl*, UmwG/UmwStG, § 130 UmwG Rz. 9; Semler/Stengel/Leonard-*Schwanna*, UmwG, § 130 Rz. 12; *Leuering* in: KölnKomm-UmwG, § 130 Rz. 23; Kallmeyer-*Zimmermann*, UmwG, § 130 Rz. 13; *Raible* in: HK-UmwG, § 130 Rz. 9; *Fischer* in: NK-UmwG, § 130 Rz. 12.

13) Widmann/Mayer-*Mayer*, UmwR, § 130 UmwG Rz. 21; *Verse* in: BeckOGK-UmwG, § 130 Rz. 19.

14) Zutr. daher Schmitt/Hörtnagl-*Hörtnagl*, UmwG/UmwStG, § 130 UmwG Rz. 9.

15) Um den Regelungszielen des Gesetzes zur Übertragung von Aufgaben im Bereich der freiwilligen Gerichtsbarkeit auf Notare, v. 26.6.2013, BGBl. I 2013, 1800, Rechnung zu tragen, sollte die Praxis hiervon häufiger Gebrauch machen.

und Abspaltung); bei der Ausgliederung aus dem Vermögen eines einzelkaufmännischen Unternehmens: Erklärung, dass Verbindlichkeiten dessen Vermögen nicht übersteigen.

14 Die Prüfung in materieller Hinsicht umfasst insbesondere die folgenden Gesichtspunkte:

- Ordnungsmäßigkeit des **Spaltungsvertrages** (**Vertretungsberechtigung** der Unterzeichner; Inhalt und Form),
- Vorliegen der gesetzlichen **Mindestanforderungen** an den Inhalt des Spaltungsvertrags,[16)]
- Vorliegen und Ordnungsmäßigkeit aller erforderlichen **Spaltungsbeschlüsse** (insbesondere das Erreichen der erforderlichen Mehrheiten),[17)]
- ggf. **Betriebsratszuleitung,**
- Ordnungsmäßigkeit der **Schlussbilanz** gemäß § 17 Abs. 2 (§ 129 Rz. 12 [*Lubberich*]).

15 Wird gleichzeitig eine **Kapitalerhöhung** durchgeführt, sind zusätzlich die rechtsträgerspezifischen **Kapitalerhöhungsvorschriften** zu beachten (§ 125 UmwG i. V. m. § 55 GmbHG, §§ 69, 78 AktG für AG und KGaA).[18)] Es liegt ein Fall der **Sachkapitalerhöhung** vor. Dementsprechend erfolgt eine Prüfung der **Werthaltigkeit der Sacheinlagen,** §§ 9c, 57a GmbHG; 38 Abs. 2 AktG. Diese Prüfung nach den allgemeinen Vorschriften erfolgt zusätzlich zu der bei AGs durchzuführenden externen **Werthaltigkeitsprüfung.**[19)]

16 Das Gericht hat allerdings bei seiner Prüfung **keine Zweckmäßigkeitserwägungen** anzustellen. Es sind weder Aspekte des Umtauschverhältnisses noch der Erforderlichkeit Gegenstand der Prüfung des Registergerichts. Diese Gesichtspunkte können nur im Wege der entsprechenden zulässigen Verfahrensarten (**Anfechtungsklage, Unwirksamkeitsklage, Spruchverfahren**) geltend gemacht werden. Die entsprechenden Vorschriften sind abschließend.[20)]

17 Liegen keine Eintragungshindernisse vor, hat das Gericht die beantragten Eintragungen vorzunehmen. Im Falle von (behebbaren) Eintragungshindernissen hat das Gericht eine **Zwischenverfügung** zu erlassen. Gegen die Zwischenverfügung ist die Beschwerde (§ 58 FamFG) zulässig, im Anschluss die Rechtsbeschwerde (§ 70 FamFG), bei Entscheidungen des Rechtspflegers entsprechend die Erinnerung (§ 11 RPflG). Nicht rechtsmittelfähig sind die Eintragung (es kommt höchstens eine Umdeutung eines eingelegten Rechtsmittels in eine **Löschungsanregung** nach § 395 FamFG in Betracht)[21)] und die Anregung, die Anmeldung zurückzunehmen.[22)]

---

16) Schmitt/Hörtnagl-*Hörtnagl*, UmwG/UmwStG, § 130 UmwG Rz. 13.

17) Semler/Stengel/Leonard-*Schwanna*, UmwG, § 130 Rz. 3; Schmitt/Hörtnagl-*Hörtnagl*, UmwG/UmwStG, § 130 UmwG Rz. 14.

18) Schmitt/Hörtnagl-*Hörtnagl*, UmwG/UmwStG, § 130 UmwG Rz. 15.

19) Semler/Stengel/Leonard-*Schwanna*, UmwG, § 130 Rz. 5.

20) Schmitt/Hörtnagl-*Hörtnagl*, UmwG/UmwStG, § 130 UmwG Rz. 15; Semler/Stengel/Leonard-*Schwanna*, UmwG, § 130 Rz. 7; Lutter-*Priester/Lieder*, UmwG, § 130 Rz. 7; Widmann/Mayer-*Mayer*, UmwR, § 130 UmwG Rz. 15.

21) OLG Düsseldorf, Beschl. v. 14.12.1998 – 3 Wx 483-98, NJW-RR 1999, 1052, 1052 f. = DB 1999, 734; BayObLG, Beschl. v. 4.12.1984 – BReg 3 Z 215/84, WM 1985, 480 = DNotZ 1986, 48; Schmitt/Hörtnagl-*Hörtnagl*, UmwG/UmwStG, § 130 UmwG Rz. 20, der darauf hin weist, dass die Amtslöschung der Eintragung nicht mehr in Betracht kommt, sobald die konstitutive Eintragung in das Register beim übertragenden Rechtsträger vollzogen ist; ebenso *Raible* in: HK-UmwG, § 130 Rz. 21; Widmann/Mayer-*Mayer*, UmwR, § 130 UmwG Rz. 27; *Verse* in BeckOGK-UmwG, § 130 Rz. 32; Semler/Stengel/Leonard-*Schwanna*, UmwG, § 130 Rz. 13.

22) OLG Schleswig, Beschl. v. 1.2.2012 – 2 W 192/11, FGPrax 2012, 126 = BeckRS 2012, 13779; Semler/Stengel/Leonard-*Schwanna*, UmwG, § 130 Rz. 14.

IV. Zusammenwirken der Registergerichte (§ 130 Abs. 2)

Hat das Registergericht die Spaltung am Sitz des übertragenden Rechtsträgers eingetragen, so ist es verpflichtet, dem zuständigen Gericht am Sitz jedes übernehmenden Rechtsträgers die **Eintragung der Spaltung von Amts wegen mitzuteilen.** Anders als bei der Voreintragung bei jedem übernehmenden Rechtsträger müssen die Beteiligten dem Registergericht insoweit keinen Nachweis erbringen. Jedes zuständige Registergericht am Sitz eines übernehmenden Rechtsträgers hat den **Tag der Eintragung** der Spaltung und damit des Wirksamwerdens durch Vermerk einzutragen. 18

In jedem Falle verbleibt die **Registerakte** des übertragenden Rechtsträgers anders als bei der Verschmelzung (§ 19 Abs. 2 Satz 2) beim dort zuständigen Registergericht, auch wenn der übertragende Rechtsträger (im Falle der Abspaltung) erlischt.[23] Es wird lediglich von Amts wegen ein **Registerauszug** des übertragenden Rechtsträgers und der **Gesellschaftsvertrag/die Satzung** (bzw. Partnerschaftsvertrag) in Abschrift, als Ausdruck oder in elektronischer Form, übermittelt. Dabei ist allerdings die Frage zu stellen, inwieweit diese Regelung von Nutzen ist, da die Unterlagen inhaltlich **nur auf dem Stand der Eintragung** weitergeleitet werden und spätere Änderungen unbeachtet bleiben.[24] 19

V. Bekanntmachung

Jede erfolgte Eintragung ist gemäß **§§ 125, 19 Abs. 3** von Amts wegen nach **§ 10 HGB** bekannt zu machen. Die **Gläubiger** des betreffenden Rechtsträgers sind in der Bekanntmachung auf ihr Recht, **Sicherheit** zu verlangen, hinzuweisen (§§ 125, 22 Abs. 1 Satz 3). 20

23) Semler/Stengel/Leonard-*Schwanna*, UmwG, § 130 Rz. 19; Schmitt/Hörtnagl-*Hörtnagl*, UmwG/UmwStG, § 130 UmwG Rz. 24; Lutter-*Priester/Lieder*, UmwG, § 130 Rz. 18.

24) Semler/Stengel/Leonard-*Schwanna*, UmwG, § 130 Rz. 19.

§ 131

Wirkungen der Eintragung[*)]

(1) Die Eintragung der Spaltung in das Register des Sitzes des übertragenden Rechtsträgers hat folgende Wirkungen:

1. **Das Vermögen des übertragenden Rechtsträgers, bei Abspaltung und Ausgliederung der abgespaltene oder ausgegliederte Teil oder die abgespaltenen oder ausgegliederten Teile des Vermögens einschließlich der Verbindlichkeiten gehen entsprechend der im Spaltungs- und Übernahmevertrag vorgesehenen Aufteilung jeweils als Gesamtheit auf die übernehmenden Rechtsträger über.**

2. **[1]Bei der Aufspaltung erlischt der übertragende Rechtsträger. [2]Einer besonderen Löschung bedarf es nicht.**

3. **[1]Bei Aufspaltung und Abspaltung werden die Anteilsinhaber des übertragenden Rechtsträgers entsprechend der im Spaltungs- und Übernahmevertrag vorgesehenen Aufteilung Anteilsinhaber der beteiligten Rechtsträger; dies gilt nicht, soweit der übernehmende Rechtsträger oder ein Dritter, der im eigenen Namen, jedoch für Rechnung dieses Rechtsträgers handelt, Anteilsinhaber des übertragenden Rechtsträgers ist oder der übertragende Rechtsträger eigene Anteile innehat oder ein Dritter, der im eigenen Namen, jedoch für Rechnung dieses Rechtsträgers handelt, dessen Anteilsinhaber ist. [2]Rechte Dritter an den Anteilen oder Mitgliedschaften des übertragenden Rechtsträgers bestehen an den an ihre Stelle tretenden**

Anteilen oder Mitgliedschaften der übernehmenden Rechtsträger weiter. [3]Bei Ausgliederung wird der übertragende Rechtsträger entsprechend dem Ausgliederungs- und Übernahmevertrag Anteilsinhaber der übernehmenden Rechtsträger.

4. Der Mangel der notariellen Beurkundung des Spaltungs- und Übernahmevertrags und gegebenenfalls erforderlicher Zustimmungs- oder Verzichtserklärungen einzelner Anteilsinhaber wird geheilt.

(2) Mängel der Spaltung lassen die Wirkungen der Eintragung nach Absatz 1 unberührt.

(3) Ist bei einer Aufspaltung ein Gegenstand im Vertrag keinem der übernehmenden Rechtsträger zugeteilt worden und läßt sich die Zuteilung auch nicht durch Auslegung des Vertrags ermitteln, so geht der Gegenstand auf alle übernehmenden Rechtsträger in dem Verhältnis über, das sich aus dem Vertrag für die Aufteilung des Überschusses der Aktivseite der Schlußbilanz über deren Passivseite ergibt; ist eine Zuteilung des Gegenstandes an mehrere Rechtsträger nicht möglich, so ist sein Gegenwert in dem bezeichneten Verhältnis zu verteilen.

*) § 131 geändert durch Art. 1 des Zweiten Gesetzes zur Änderung des Umwandlungsgesetzes (2. UmwGÄndG), v. 19.4.2007, BGBl. I 2007, 542; § 131 i. d. F. des UmwBerG geändert durch Art. 1 des Gesetzes zur Änderung des Umwandlungsgesetzes, des Partnerschaftsgesellschaftsgesetzes und anderer Gesetze (UmwGÄndG), v. 22.7.1998, BGBl. I 1998, 1878.

Literatur: *Berner/Klett*, Die Aufteilung von Vertragsverhältnissen – Ein Beitrag zu mehr Rechtssicherheit bei umwandlungsrechtlichen Spaltungen, NZG 2008, 601; *Bitter*, Kreditverträge in Umwandlung und Umstrukturierung, ZHR 173 (2009), 379; *Blasche*, Die Bezeichnung von Grundstücken, unvermessenen Teilflächen und Rechten an Grundstücken im Spaltungs- und Übernahmevertrag, NZG 2016, 328; *Bork/Jacoby*, Das Schicksal des Zivilprozesses bei Abspaltungen, ZHR 167 (2003), 440; *Buchner/Schlobach*, Die Auswirkung der Umwandlung von Gesellschaften auf die Rechtsstellung ihrer Organpersonen, GmbHR 2004, 1; *Bungert/Lange*, Bezeichnungserfordernisse des Grundbuchrechts bei Abspaltungen von Dienstbarkeiten nach dem UmwG, DB 2009, 103; *Dreyer*, Rechtsnachfolge in „höchstpersönliche" Rechte von Verbänden, JZ 2007, 606; *Fedke*, Auswirkungen von konzerninternen Verschmelzungsvorgängen auf bestehende Unternehmensverträge, DK 2008, 533; *Fisch*, Der Übergang ausländischen Vermögens bei Verschmelzungen und Spaltungen – Eine Analyse aus Sicht der Praxis, NZG 2016, 448; *Heckschen*, Inhalt und Umfang der Gesamtrechtsnachfolge – sog. Vertrauensstellungen und Mitgliedschaften, GmbHR 2014, 626; *Heckschen/Michel*, Bedeutung der (partiellen) Gesamtrechtsnachfolge beim Übergang von öffentlich-rechtlichen Personalerlaubnissen: Zugleich Besprechung von VGH Baden-Württemberg v. 9.4.2025 – 6 S 460/24, GmbHR 2025, 959; *Heidenhain*, Partielle Gesamtrechtsnachfolge bei der Spaltung, ZHR 168 (2004), 468; *Kort*, Das Verhältnis der Umwandlung zur Satzungsänderung, Unternehmensgegenstandsänderung und Gesellschaftszweckänderung, AG 2011, 611; *Krockenberger/Spiegl*, Spaltung und Rahmenvertrag, NZG 2016, 1401; *Lieder/Koch*, Umwandlungsrechtliche Gesamtrechtsnachfolge in öffentlich-rechtliche Positionen, GmbHR 2022, 389; *Lieder/Scholz*, Vinkulierte Forderungen und Gesellschaftsanteile in der umwandlungsrechtlichen Universalsukzession, ZIP 2015, 1705; *Mayer/Weiler*, Neueregelungen durch das Zweite Gesetz zur Änderung des Umwandlungsgesetzes, (Teil II) DB 2007, 1291; *Müller*, Auswirkungen von Umstrukturierungen nach dem Umwandlungsgesetz auf Beherrschungs- und Gewinnabführungsverträge, BB 2002, 157; *Priester*, Das neue Umwandlungsrecht aus notarieller Sicht, DNotZ 1995, 427; *Rieble*, Verschmelzung und Spaltung von Unternehmen und ihre Folgen für Schuldverhältnisse mit Dritten, ZIP 1997, 301; *Rubel/Sandhaus*, Der Wegfall des § 132 UmwG: Konsequenzen für die Beachtlichkeit von Übertragungshindernissen bei der Spaltung, DK 2009, 327; *Schmidt-Ott*, Grundstücks- durch Gesellschaftsspaltung?, ZIP 2008, 1353; *Schorling*, Zur Bezeichnung von Grundstücken und Grundstücksteilflächen im Spaltungs- und Übernahmevertrag, AG 2008, 653; *Schreier/Leicht*, Übertragung von Verträgen bei Carve-Outs, NZG 2011, 121; *Schöer*, Reichweite der partiellen Gesamtrechtsnachfolge nach Aufhebung des

§ 132 UmwG, in: Festschrift für Georg Maier-Reimer, 2010, S. 657; *Stöber*, Die Auswirkungen einer Umwandlung nach dem Umwandlungsgesetz auf einen laufenden Zivilprozess, NZG 2006, 574; *Teichmann*, Die Spaltung von Rechtsträgern als Akt der Vermögensübertragung, ZGR 1993, 396; *Volmer*, Vollzugsprobleme bei Spaltungen, WM 2002, 428.

Übersicht

I. Allgemeines; Normzweck

1 Die Vorschrift ist die **zentrale Rechtsfolgennorm des Spaltungsrechts**. Ihre Rolle und Funktion **entspricht** § 20 (Wirkungen der Eintragung der Verschmelzung) für das Spaltungsrecht.[1] Sie nimmt allerdings auf die verschiedenen **Spaltungsarten** und die Besonderheiten des Spaltungsrechts (insbesondere: nur partielle Gesamtrechtsnachfolge) Rücksicht. Die Kernelemente der Regelung sind die folgenden:

- **Vermögensübergang** vom übertragenden auf den/die übernehmenden Rechtsträger (§ 131 Abs. 1 Nr. 1);
- **Erlöschen** des übertragenden Rechtsträgers (§ 131 Abs. 1 Nr. 2);
- **Anteilsgewährung nach** den Vorgaben im Spaltung und Übernahmevertrag (§ 131 Abs. 1 Nr. 3);
- **Mängelheilung** (§ 131 Abs. 1 Nr. 4, Abs. 2);
- die **Zuteilung** vergessener Vermögensgegenstände (§ 131 Abs. 3).

2 § 131 gilt für **alle Spaltungsarten**, also sowohl für Spaltungen zur Aufnahme als auch gemäß § 135 Abs. 1 Satz 1 für Maßnahmen zur Neugründung.

II. Eintragung als Tatbestandsvoraussetzung (§ 131 Abs. 1 Halbs. 1)

3 Wie sich schon aus § 130 Abs. 1 Satz 1 i. V. m. Satz 2 ergibt, werden Spaltungen mit Eintragung der Maßnahme in das Handelsregister des **übertragenden Rechtsträgers** wirksam.

1) Schmitt/Hörtnagl-*Hörtnagl*, UmwG/UmwStG, § 131 UmwG Rz. 2; *Fischer* in: NK-UmwG, § 131 Rz. 1; Semler/Stengel/Leonard-*Leonard*, UmwG, § 131 Rz. 1; *Leuering* in: KölnKomm-UmwG, § 131 Rz. 4; Lutter-*Lieder*, UmwG, § 131 Rz. 1.

Diese Eintragung ist Voraussetzung für die in § 131 angeordneten Rechtsfolgen. Die Regelung dient der **Rechtssicherheit** und der Sicherstellung, dass eine **Prüfung** der Eintragungsvoraussetzungen durch das Registergericht erfolgt.[2)] Die **Eintragung beim übertragenden Rechtsträger** ist deshalb vom Gesetzgeber als entscheidendes Kriterium gewählt worden, weil auf Seiten des übertragenden Rechtsträgers denklogisch **nur ein Rechtsträger** existieren kann, aufseiten des übernehmenden Teils hingegen durchaus mehrere.[3)]

III. Vermögensübergang (§ 131 Abs. 1 Nr. 1)

1. Partielle Gesamtrechtsnachfolge

4 Durch die Eintragung der Spaltung im Register am Sitz des übertragenden Rechtsträger wird der Vermögensübergang wirksam: Die **im Spaltungsvertrag bezeichneten Gegenstände** (Sachen, Rechte, Verbindlichkeiten) gehen grundsätzlich im Wege der **Gesamtrechtsnachfolge** auf den/die aufnehmenden Rechtsträger über. Im Unterschied zu § 20 Abs. 1 Satz 1 ist diese Gesamtrechtsnachfolge jedoch lediglich **partiell**. Es geht nur ein **im Spaltungsvertrag definierter Teil** des Vermögens des übertragenden Rechtsträgers auf einen (oder mehrere) andere(n) Rechtsträger über. Welcher Teil dies ist, muss im Spaltungsvertrag festgelegt werden. Mit der Eintragung **vollzieht sich dann der Vermögensübergang** in dem Umfang und in der Art und Weise, wie es im Spaltungsvertrag vorgesehen ist.[4)]

5 Welche Aktiva und Passiva auf welchen übernehmenden Rechtsträger übergehen, muss **im Spaltungsvertrag detailliert bestimmt** werden, § 126 Abs. 1 Nr. 9. Es ist allgemein anerkannt, dass die Anforderungen an die Kennzeichnung der einzelnen Gegenstände **nicht überspannt** werden dürfen.[5)] Der BGH hat anerkannt, dass auch **Auffangklauseln**, mit denen sämtliche Gegenstände, die einem bestimmten Bereich zugehören, pauschal erfasst werden, **zulässig** sind.[6)] Die Zuweisungen im Spaltungsvertrag sind der **Auslegung** zugänglich.[7)] Dies bedeutet, dass nach **§§ 133, 157, 242 BGB** ggf. ergänzend **auszulegen** ist, wie die Gegenstände unter den beteiligten Rechtsträgern aufgeteilt werden sollen.

6 Eine praxisrelevante Ausnahme von dem **Grundsatz der Auslegungsfähigkeit** der Zuweisungsregelungen im Spaltungsvertrag regelt **§ 126 Abs. 2 Satz 2**, namentlich den Verweis auf **§ 28 GBO**. Das Eigentum an **Grundstücken** geht mit Registereintragung am Sitz des übertragenden Rechtsträgers (=Wirksamkeit der Spaltung) **nur dann** auf den **übernehmenden Rechtsträger** über, wenn das Grundstück im Spaltungsvertrag **den Bestimmungen der GBO entsprechend** bezeichnet worden ist.[8)] Für eine Auslegung verbleibt insoweit kein Anwendungsbereich.[9)]

---

2) Semler/Stengel/Leonard-*Leonard*, UmwG, § 131 Rz. 5.

3) Schmitt/Hörtnagl-*Hörtnagl*, UmwG/UmwStG, § 131 UmwG Rz. 3.

4) Semler/Stengel/Leonard-*Leonard*, UmwG, § 131 Rz. 7; *Fischer* in: NK-UmwG, § 131 Rz. 2; Schmitt/Hörtnagl-*Hörtnagl*, UmwG/UmwStG, § 131 UmwG Rz. 4; *Larisch* in: MünchHdb. GesR, Bd. 8, § 27 Rz. 9.

5) Semler/Stengel/Leonard-*Leonard*, UmwG, § 131 Rz. 7.

6) BGH, Urt. v. 8.10.2003 – XII ZR 50/02, AG 2004, 98, 99 = NJW-RR 2004, 123, 124.

7) BGH, Urt. v. 8.10.2003 – XII ZR 50/02, AG 2004, 98, 99 = NJW-RR 2004, 123, 124.; Semler/Stengel/Leonard-*Leonard*, UmwG, § 131 Rz. 7.

8) BGH, Urt. v. 25.1.2008 – V ZR 79/07, NZG 2008, 436, 437 f. = NJW-RR 2008, 756, 757 f.; Semler/Stengel/Leonard-*Leonard*, UmwG, § 131 Rz. 7; *Larisch* in: MünchHdb. GesR, Bd. 8, § 27 Rz. 11; Henssler/Strohn-*Galla/Cé. Müller*, GesR, § 131 UmwG Rz. 15. Grundlegend zur Bezeichnung von Grundstücken im Spaltungsvertrag *Blasche*, NZG 2016, 328.

9) So BGH, Urt. v. 25.1.2008 – V ZR 79/07, NZG 2008, 436, 438. = NJW-RR 2008, 756, 758; a. A. Schmitt/Hörtnagl-*Hörtnagl*, UmwG/UmwStG, § 126 UmwG Rz. 81 – Auslegung zulässig; ebenso Widmann/Mayer-*Mayer*, UmwR, § 126 UmwG Rz. 212; Henssler/Strohn-*Galla/Cé. Müller*, GesR, § 131 UmwG Rz. 15; Lutter-*Lieder*, UmwG, § 131 Rz. 55; *Priester*, DNotZ 1995, 427, 445 f.; *Volmer*, WM 2002, 428, 430 f.; *Bungert/Lange*, DB 2009, 103, 103; *Schorling*, AG 2008, 653, 655 f.

Wie auch i. R. von § 20 (siehe § 20 Rz. 9 [*Lubberich*]) kommt ein gutgläubiger Erwerb bei der Sonderrechtsnachfolge nach ganz h. M. nicht in Betracht.[10] 7

2. Grenzen

Im Grundsatz gilt das Recht der **Spaltungsfreiheit,**[11] welches auch beinhaltet, dass die Zuordnung (und das Zuordnungsverhältnis zu den beteiligten Rechtsträgern) nicht vorgegeben ist. Diese auch als **Aufteilungsfreiheit** bezeichnete Wahlmöglichkeit ist weitgehend unbeschränkt (siehe dazu näher § 126 Rz. 67 ff. [*K. Wentz*]). 8

Einschränkungen sind in engen Grenzen anerkannt. Eine für die Praxis bedeutsame Einschränkung folgt aus dem Steuerrecht: **§§ 15, 16, 20, 21, 24 UmwStG** schreiben vor, dass das praktisch sehr bedeutsame **Bewertungswahlrecht** nur in Anspruch genommen werden kann, wenn ein **Teilbetrieb** oder eine mitunternehmerschaftliche Beteiligung an einer Kapitalgesellschaft (bzw. bei **§ 21 UmwStG**: eine sog. „Mehrheit vermittelnde Beteiligung" an einer Kapitalgesellschaft) übertragen werden. 9

Die Besonderheiten der **partiellen Gesamtrechtsnachfolge** werfen Schwierigkeiten auf, die bei der vollständigen Gesamtrechtsnachfolge nicht entstehen. Beispielsweise stellen sich bei der vollständigen Gesamtrechtsnachfolge keine Fragen zu **vergessenen Vermögensgegenständen,**[12] welche jedoch bei der partiellen Gesamtrechtsnachfolge behandelt werden müssen. 10

Eine weitere Schwierigkeit könnte darin zu sehen sein, dass insbesondere Spaltungen dazu genutzt werden könnten, **Schutzvorschriften** bei der Einzelrechtsübertragung zu umgehen, zumal es bei den meisten Spaltungskonstellationen einen fortbestehenden übertragenden Rechtsträger gibt.[13] Der Gesetzgeber begegnet diesen Umgehungsgefahren mit **§§ 133, 134.**[14] Darüber hinaus kann in Extremfällen[15] eine missbräuchliche Vertragsgestaltung gegeben sein. Während es in der Rechtsprechung einzelne Fälle eines durchgreifenden Missbrauchseinwands gegeben hat,[16] verlangt die Literatur teilweise das Hinzutreten zusätzlicher, eindeutig bestimmbarer Kriterien,[17] wie etwa eine **konkrete Schädigungsabsicht.**[18] Im Übrigen sind die Grenzen des Missbrauchsverbots eng zu ziehen und sollte nur in Ausnahmefällen Anwendung finden.[19] Dies ist aus Gründen der Rechtssicherheit geboten. Andere halten eine materiell-rechtliche Kontrolle für unzulässig und behandeln das UmwG als Spezialnorm, das abschließend Rechtfertigungen für alle Umwandlungen 11

10) Kallmeyer-*Sickinger*/*Lanfermann*, UmwG, § 131 Rz. 5; Semler/Stengel/Leonard-*Leonard*, UmwG, § 131 Rz. 8; Schmitt/Hörtnagl-*Hörtnagl*, UmwG/UmwStG, § 131 UmwG Rz. 8; *Raible* in: HK-UmwG, § 131 Rz. 4; *Fischer* in: NK-UmwG. § 131 Rz. 11; Lutter-*Lieder*, UmwG, § 131 Rz. 19.

11) *Larisch* in: MünchHdb. GesR, Bd. 8, § 27 Rz. 11; *Sagasser* in: Sagasser/Bula, Umwandlungen, § 18 Rz. 51; Lutter-*Lieder*, UmwG, § 131 Rz. 9.

12) Schmitt/Hörtnagl-*Hörtnagl*, UmwG/UmwStG, § 131 UmwG Rz. 4.

13) Schmitt/Hörtnagl-*Hörtnagl*, UmwG/UmwStG, § 131 UmwG Rz. 4.

14) *Raible* in: HK-UmwG, § 131 Rz. 7; Schmitt/Hörtnagl-*Hörtnagl*, UmwG/UmwStG, § 131 UmwG Rz. 4; ferner Lutter-*Lieder*, § 131 Rz. 10 ff.

15) *Fischer* in: NK-UmwG, § 131 Rz. 10, nennt das Beispiel, dass der Vermögensmasse eines Rechtsträgers lediglich Passiva zugeordnet werden und mithin dessen Insolvenz in Kauf genommen wird.

16) LG Hamburg, Beschl. v. 8.12.2005 – 417 T 16/05, Rz. 13 ff., ZIP 2005, 2331, 2332 = BeckRS 2010, 27941.

17) Semler/Stengel/Leonard-*Schröer*/*Greitemann*, UmwG, § 131 Rz. 17.

18) *Fischer* in: NK-UmwG, § 131 Rz. 10.

19) Lutter-*Lieder*, UmwG, § 131 Rz. 26; Widmann/Mayer-*Mayer*, UmwR, § 126 UmwG Rz. 201.1.

beinhalte.[20] Diese Einordnung übersieht jedoch den Umstand, dass der Grundsatz von Treu und Glauben (§ 242 BGB) der Privatrechtsordnung immanent ist.[21]

12 Der Vermeidung der Umgehung von Schutzvorschriften (Missbrauchsgefahr) diente auch die Vorschrift des **§ 132** in der Fassung vor dem **2. UmwGÄndG**,[22] welche bestimmte **rechtliche Übertragungshindernisse** für den Fall der Spaltung ausdrücklich aufrecht erhielt.[23] Sie wurde auf die ausnahmslos kritischen Stellungnahmen aus der Literatur hin ersatzlos gestrichen.[24] Damit unterliegen die Regeln für die **partielle Gesamtrechtsnachfolge** (im Blick auf die Übertragbarkeit von Gegenständen) den gleichen Regelungen wie auch die Verschmelzung.[25]

13 Grundsätzlich bleiben nur **höchstpersönliche Rechte und Pflichten** von der Übertragbarkeit durch Gesamtrechtsnachfolge ausgeschlossen.[26] Ob die **Besonderheiten der partiellen Gesamtrechtsnachfolge** als Form der Sonderrechtsnachfolge dazu führen, dass im konkreten Fall in der Praxis **Übertragungshindernisse** zu beachten sind, kann nur im Einzelfall beurteilt werden. Unberührt bleiben Konsequenzen auf schuldrechtlicher Ebene, wie etwa potenzielle Schadensersatzansprüche oder Kündigungsrechte nach erfolgter Übertragung durch Spaltung.[27]

3. Einzelfälle

14 Über die genannten, eng eingegrenzten allgemeinen Einschränkungen der Spaltungsfreiheit hinaus sind **Besonderheiten** der Wirkungen der **partiellen Gesamtrechtsnachfolge** bei bestimmten Vermögenspositionen zu beachten.

a) Auslandsvermögen

15 Grundsätzlich folgen die Vermögensgegenstände unabhängig von deren Standort der **Zuweisung im Spaltungsvertrag.** Unter Umständen sind jedoch ergänzende Übertragungsakte nach der jeweils anwendbaren **lokalen Rechtsordnung (lex rei sitae)** vorzunehmen. Diese müssen bei Aufspaltung vor deren Wirksamwerden erfolgen.[28]

---

20) *Kort*, AG 2011, 611, 613; ähnl. restriktiv auch *Heidenhain*, ZHR 168 (2004), 468, 480; *Rubel/Sandhaus*, DK 2009, 327, 330; *Schöer* in: FS Maier-Reimer, S. 664 ff.

21) Lutter-*Lieder*, UmwG, § 131 Rz. 25.

22) Zweites Gesetz zur Änderung des Umwandlungsgesetzes (2. UmwGÄndG), v. 19.4.2007, BGBl. I 2007, 542.

23) Nach der Vorschrift blieben „allgemeine Vorschriften, welche die Übertragbarkeit eines bestimmten Gegenstandes ausschließen oder an bestimmte Voraussetzungen knüpfen oder nach denen die Übertragung eines bestimmten Gegenstandes einer staatlichen Genehmigung bedarf" durch die Wirkungen der Eintragung nach § 131 unberührt. § 399 BGB war hiervon allerdings ausdrücklich ausgenommen.

24) § 132 n. F. i. d. F. des UmRUG betrifft eine gänzlich andere Regelungsmaterie.

25) Näher zu der damaligen Neuregelung des 2. UmwGÄndG vgl. *Meyer/Weiler*, DB 2007, 1291.

26) Begr. RegE z. 2. UmwGÄndG z. § 131 UmwG, BT-Drucks. 16/2919, S. 19; vgl. auch BGH, Urt. v. 2.7.2021 – V ZR 201/20, Rz. 11, NZG 2021, 1370, 1372 = ZIP 2021, 1965, 1967; BGH, Urt. v. 13.8.2015 – VII ZR 90/14, Rz. 24, NZG 2015, 1277, 1278 = AG 2015, 900, 901; Schmitt/Hörtnagl-*Hörtnagl*, UmwG/UmwStG, § 131 UmwG Rz. 11; Kallmeyer-*Sickinger/Lanfermann*, UmwG, § 131 Rz. 2; ausf. *Foerster* in: BeckOGK-UmwG, § 131 Rz. 22 ff.; vgl. a. die aktuelle Darstellung bei *Heckschen/Michel*, GmbHR 2025, 959.

27) Dazu *Bitter*, ZHR 173 (2009), 379.

28) Widmann/Mayer-*Vossius*, UmwR, § 131 UmwG Rz. 29; *Foerster* in: BeckOGK-UmwG, § 131 Rz. 11; Lutter-*Lieder*, UmwG, § 131 Rz. 8; Kallmeyer-*Sickinger/Lanfermann*, UmwG, § 131 Rz. 4; Semler/Stengel/Leonard-*Leonard*, UmwG, § 131 Rz. 8; Schmitt/Hörtnagl-*Hörtnagl*, UmwG/UmwStG, § 131 UmwG Rz. 8; *Larisch* in: MünchHdb. GesR, Bd. 8, § 27 Rz. 14; *Heckschen*, GmbHR 2014, 626, 627; ausf. *Fisch*, NZG 2016, 448, 449 ff.

b) Bewegliche Gegenstände

Diese gehen entsprechend der **Zuweisung im Spaltungsvertrag** auf den übernehmenden Rechtsträger über. Eine Einigung und Übergabe bzw. Übergabesurrogate sind nicht erforderlich. Besitz geht ohne weiteres über.[29] Es werden nur Gegenstände erfasst, die im Eigentum des übertragenden Teils stehen. **Gutgläubiger Erwerb** ist ausgeschlossen.[30] 16

c) Grundstücke, grundstücksgleiche Rechte

Ähnlich wie bei beweglichen Sachen gehen **Grundstücke** (und ebenso **Wohnungs- und Teileigentum** sowie **Erbbaurechte**) entsprechend der Aufteilung im Spaltungsvertrag auf den übernehmenden Rechtsträger über. Der Rechtsübergang findet **außerhalb des Grundbuchs** statt. Das Grundbuch ist zu berichtigen. Zur Grundbuchberichtigung ist neben der grunderwerbsteuerlichen Unbedenklichkeitsbescheinigung die Vorlage eines Nachweises des wirksamen Vollzuges der Spaltungsmaßnahme erforderlich. Dieser kann durch Vorlage des Handelsregisterauszuges (der übertragenden Gesellschaft, **§ 131 Abs. 1**) und des **Spaltungvertrages** erfolgen.[31] 17

Diese Nachweise müssen in zumindest **beglaubigter Abschrift** vorliegen (**§ 29 GBO**). Da das Grundbuchamt allerdings keine materiell-rechtliche Prüfung der Wirkamkeit durchführt, wirkt sich dies nicht etwa auf Formerfordernisse für die **Bevollmächtigung beim Abschluss des Spaltungsvertrages** aus, so dass etwaige Vollmachten auch dann nicht zwingend notariell beglaubigter Unterzeichnung bedürfen, wenn Grundbesitz zum abgespaltenen Vermögen gehört.[32] 18

Bei **Abspaltung** sowie **Ausgliederung** kommt auch eine Grundbuchberichtigung durch **Bewilligung** in Betracht.[33] In diesem Falle ist die Zustimmung des übernehmenden Rechtsträgers erforderlich (§ 22 Abs. 2 GBO). Die Übertragung von **Miteigentumsanteilen**[34] sowie die Übertragung von (unvermessenen) **Teilflächen**[35] sind möglich. Bei der Übertragung von Teilflächen ist allerdings der Besonderheit Beachtung zu gewähren, dass das **Teilgrundstück vor Wirksamwerden der Spaltung** entstanden sein muss,[36] da der dingliche Eigentumswechsel nicht vor dessen Existenz im Rechtssinne eintreten kann.[37] 19

---

29) Widmann/Mayer-*Vossius*, UmwR, § 131 UmwG Rz. 73; Kallmeyer-*Sickinger/Lanfermann*, UmwG, § 131 Rz. 6; Schmitt/Hörtnagl-*Hörtnagl*, UmwG/UmwStG, § 131 UmwG Rz. 24; *Raible* in: HK-UmwG, § 131 Rz. 39.

30) Schmitt/Hörtnagl-*Hörtnagl*, UmwG/UmwStG, § 131 UmwG Rz. 24; *Raible* in: HK-UmwG, § 131 Rz. 39.

31) Kallmeyer-*Sickinger/Lanfermann*, UmwG, § 131 Rz. 7; Henssler/Strohn-*Galla/Cé. Müller*, § 131 UmwG Rz. 15; *Larisch* in: MünchHdb. GesR, Bd. 8, § 27 Rz. 41; *Leuering* in: KölnKomm-UmwG, § 131 Rz. 32.

32) OLG Hamm, Beschl. v. 10.7.2014 – I-15 W 189/14, NZG 2015, 71 = AG 2015, 401; Schmitt/Hörtnagl-*Hörtnagl*, UmwG/UmwStG, § 131 UmwG Rz. 13.

33) Bei der Aufspaltung besteht diese Möglichkeit nicht, da der abgebende Teil (der Bucheigentümer) erlischt.

34) *Fischer* in: NK-UmwG, § 131 Rz. 13; Schmitt/Hörtnagl-*Hörtnagl*, UmwG/UmwStG, § 131 UmwG Rz. 15; Lutter-*Lieder*, UmwG, § 131 Rz. 57; Semler/Stengel/Leonard-*Schröer/Greitemann*, UmwG, § 131 Rz. 22; *Larisch* in: MünchHdb. GesR, Bd. 8, § 27 Rz. 43; *Leuering* in: KölnKomm-UmwG, § 131 Rz. 32.

35) Widmann/Mayer-*Vossius*, UmwR, § 131 UmwG Rz. 106; *Leuering* in: KölnKomm-UmwG, § 131 Rz. 32; *Raible* in: HK-UmwG, § 131 Rz. 32; *Fischer* in: NK-UmwG, § 131 Rz. 13; Lutter-*Lieder*, UmwG, § 131 Rz. 56; *Larisch* in: MünchHdb. GesR, Bd. 8, § 27 Rz. 43. Abl. *Schmidt-Ott*, ZIP 2008, 1353, 1353 ff.

36) *Larisch* in: MünchHdb. GesR, Bd. 8, § 27 Rz. 43; *Leuering* in: KölnKomm-UmwG, § 131 Rz. 32.

37) Widmann/Mayer-*Vossius*, UmwR, § 131 UmwR Rz. 112; Schmitt/Hörtnagl-*Hörtnagl*, UmwG/UmwStG, § 131 UmwG Rz. 15; § 126 UmwG Rz. 81, der (mit ähnlicher Begründung: die im Spaltungsvertrag zuzuordnenden Rechte/Gegenstände müssen vor Wirksamwerden der Maßnahme bereits existieren) verneint, dass eine Teilung nach dem WEG und Aufteilung auf die verschiedenen Rechtsträger mit dinglicher Wirkung mit Wirksamwerden der Spaltung möglich ist. Als Lösung für die Praxis bietet sich die Einräumung von Bruchteilseigentum an, verbunden mit einer Auflage, eine WEG-Teilung durchzuführen.

20 Darüber hinaus ist zu beachten, dass die **wesentlichen Bestandteile** eines Grundstücks (§ 94 BGB) immer nur dem Rechtsträger zugeordnet werden können, dem auch das Grundstückseigentum zugewiesen ist (**§ 93 BGB**).[38] Anders liegt es bei Scheinbestandteilen, welche frei zugewiesen werden können.[39] **Zustimmungserfordernisse** (§ 12 WEG; § 5 ErbbauRG) und **öffentlich-rechtliche Genehmigungserfordernisse** hindern den Eigentumsübergang nicht.[40]

d) Rechte an Grundstücken

21 Unproblematisch gehen auch **Grundpfandrechte** im Wege der partiellen Gesamtrechtsnachfolge als **frei übertragbare Rechte** mit Wirksamwerden der Spaltung auf den übernehmenden Rechtsträger über.[41] Die Briefübergabe ist **keine Wirksamkeitsvoraussetzung.**[42] Im Falle der **Weiterübertragung** durch Abtretung ist eine Voreintragung (§ 40 Abs. 1 GBO) entbehrlich.[43]

22 Bei **Hypotheken** ist wie bei allen **akzessorischen Rechten** zu beachten, dass die Hypothek nur zusammen mit der besicherten Forderung übergehen kann. Die diesbezügliche Zuweisung im Spaltungsvertrag muss also für Forderung und Hypothek einheitlich erfolgen (§ 1153 BGB).

23 **Nießbrauchsrechte** sind grundsätzlich **nicht übertragbar**, § 1059 Abs. 1 BGB. Allerdings kann ein Nießbrauch nach § 1059a Abs. 1 Satz 1 BGB von einer juristischen Person im Wege der Gesamtrechtsnachfolge übertragen werden, wenn der Übergang nicht ausdrücklich ausgeschlossen ist. Diese Ausnahme erfasst auch den Fall der **Spaltung.**[44] Von sehr hoher praktischer Bedeutung ist insoweit, dass **§ 1059a Abs. 1 Satz 1 BGB** auf **Personenhandelsgesellschaften** entsprechend anwendbar ist (§ 1059a Abs. 2 BGB). Auch ein **Nießbrauchsrecht** kann nach § 1059 Abs. 1 Nr. 2 BGB bei der Übertragung eines **Unternehmensteils** übertragen werden. Ähnliches gilt für beschränkt persönliche Dienstbarkeiten über § 1092 Abs. 2 BGB.

24 Die Ausführungen gelten entsprechend für das **dingliche Vorkaufsrecht.**[45]

---

38) Semler/Stengel/Leonard-*Schröer/Greitemann*, UmwG, § 131 Rz. 22; Lutter-*Lieder*, UmwG, § 131 Rz. 57; *Fischer* in: NK-UmwG, § 131 Rz. 13; Schmitt/Hörtnagl-*Hörtnagl*, UmwG/UmwStG, § 131 UmwG Rz. 16.

39) Lutter-*Lieder*, UmwG, § 131 Rz. 58; *Fischer* in: NK-UmwG, § 131 Rz. 14; Semler/Stengel/Leonard-*Schröer/Greitemann*, UmwG, § 131 Rz. 22; Schmitt/Hörtnagl-*Hörtnagl*, UmwG/UmwStG, § 131 UmwG Rz. 16.

40) *Leuering* in: KölnKomm-UmwG, § 131 Rz. 32; Kallmeyer-*Sickinger/Lanfermann*, UmwG, § 131 Rz. 7; *Raible* in: HK-UmwG, § 131 Rz. 30; Lutter-*Lieder*, UmwG, § 131 Rz. 53; Schmitt/Hörtnagl-*Hörtnagl*, UmwG/UmwStG, § 131 UmwG Rz. 16; *Larisch* in: MünchHdb. GesR, Bd. 8, § 27 Rz. 42.

41) *Fischer* in: NK-UmwG, § 131 Rz. 15; *Larisch* in: MünchHdb. GesR, Bd. 8, § 27 Rz. 47; Lutter-*Lieder*, UmwG, § 131 Rz. 62. OLG Hamm, Beschl. v. 4.1.2011 – 15 W 452/10, NZG 2011, 393, 393 = BeckRS 2011, 2684; OLG Schleswig, Beschl. v 1.10.2008 – 2 W 241/08, DNotZ 2010, 66, 66 = NJW-RR 2010, 592, 593 – Ausnahme jedoch, wenn zu übertragende Rechte „für jedermann klar und eindeutig"; Lutter-*Teichmann*, UmwG, 5. Aufl., § 131 Rz. 37; Kallmeyer-*Sickinger/Lanfermann/Willesen/Müller-Bonanni*, UmwG, § 126 Rz. 21, setzen die Kennzeichnungsanforderungen des § 28 GBO auch bei Grundpfandrechtsübertragungen voraus, was über die gesetzlichen Anforderungen allerdings hinausgeht. Empfehlenswert ist dies in der Praxis dennoch, worauf auch Schmitt/Hörtnagl-*Hörtnagl*, UmwG/UmwStG, § 126 UmwG Rz. 81, und *Blasche*, NZG 2016, 328, 333, zu Recht hinweisen.

42) *Fischer* in: NK-UmwG, § 131 Rz. 15; Schmitt/Hörtnagl-*Hörtnagl*, UmwG/UmwStG, § 131 UmwG Rz. 22.

43) Schmitt/Hörtnagl-*Hörtnagl*, UmwG/UmwStG, § 131 UmwG Rz. 22.

44) Widmann/Mayer-*Vossius*, UmwR, § 131 UmwG Rz. 125; *Foerster* in: BeckOGK-UmwG, § 131 Rz. 49 f.; Semler/Stengel/Leonard-*Schröer/Greitemann*, UmwG, § 131 Rz. 42; Kallmeyer-*Sickinger/Lanfermann*, UmwG, § 131 Rz. 8; *Raible* in: HK-UmwG, § 131 Rz. 35; Lutter-*Lieder*, UmwG, § 131 Rz. 65; Schmitt/Hörtnagl-*Hörtnagl*, UmwG/UmwStG, § 131 UmwG Rz. 17; *Larisch* in: MünchHdb. GesR, Bd. 8, § 27 Rz. 46.

45) *Fischer* in: NK-UmwG, § 131 Rz. 17; Schmitt/Hörtnagl-*Hörtnagl*, UmwG/UmwStG, § 131 UmwG Rz. 19; Kallmeyer-*Sickinger/Lanfermann*, UmwG, § 131 Rz. 8.

e) Verträge; Forderungen

Vertragsverhältnisse können **grundsätzlich frei übertragen** werden, wobei in der Regel alle Rechtspositionen, die dem Vertrag zugehören, übergehen.[46] Vertragsverhältnisse können auch auf **verschiedene übernehmende Rechtsträger** oder zwischen übertragendem und übernehmendem Rechtsträger aufgeteilt werden. Die Grenze ist eine **Änderung der Leistungspflicht** seitens des unbeteiligten Vertragspartners.[47] 25

Fraglich ist hierbei allerdings, ob Vertragsverhältnisse **auf verschiedene Rechtsträger** in der Weise aufgeteilt werden können, dass mehrere selbstständige Vertragsverhältnisse mit jeweils an der Spaltung beteiligten Rechtsträgern erzeugt werden (i. S. einer „Realteilung“).[48] Hierüber besteht in der Literatur Uneinigkeit. Wenn dies jedoch **ohne Erweiterung der Pflichten** des Vertragspartners im Einzelfall möglich ist, erscheint es vorzugswürdig, dem **Grundsatz der Spaltungsfreiheit** Vorrang einzuräumen und eine Realteilung von Vertragsverhältnisses ebenfalls im Grundsatz zuzulassen.[49] Nicht möglich ist dabei aber, eine **akzessorische Sicherheit** von der ihr zugrunde liegenden Forderung zu trennen. 26

Ähnliches gilt grundsätzlich für **Dauerschuldverhältnisse.**[50] 27

Auch (Einzel-)Ansprüche und Forderungen gehen **nach Maßgabe der Zuordnung** im Spaltungsvertrag über. **§ 399 BGB** findet **keine Anwendung** (nach Wegfall des §§ 132 a. F.). Insoweit wird differenzierend betrachtet, ob dem gesetzlichen Abtretungsverbot nach § 399 Alt. 1 BGB Bedeutung i. R. der Spaltung zukommt. Danach kann eine Forderung nicht abgetreten werden, wenn die **Leistung an einen anderen** nicht ohne Inhaltsänderung erfolgen kann. Hier müsse geprüft werden, ob im Einzelfall eine Inhaltsänderung vorliegt.[51] Andererseits wird auch vertreten, dass ein Forderungsübergang bei Abspaltungen und Ausgliederungen regelmäßig nach § 399 BGB ausgeschlossen sei.[52] Die einzige dort zugestandene Ausnahme ist, dass ein **Betrieb** oder **Betriebsteil** übertragen wird, in dessen Bereich die Forderung begründet wurde, was bei Spaltungen ein praxishäufiger Fall ist. 28

Nebenrechte nach **§ 401 BGB** gehen ebenfalls über. Da §§ 404 ff. BGB anwendbar sind, kann dem Schuldnerschutz insoweit Rechnung getragen werden.[53] 29

f) Wettbewerbsverbote

Wettbewerbsverbote und **Unterlassungsverpflichtungen** (oder auch **Kartellverpflichtungen**) sind ebenfalls grundsätzlich übertragbar, fallen also **demjenigen Rechtsträger** 30

46) BGH, Urt. v. 8.10.2003 – XII ZR 50/02, WM 2003, 2335, 2336 = NZG 2003, 1172; OLG Dresden, Beschl. v. 28.4.2008 – 8 U 65/08, WM 2008, 1273, 1274; *Fischer* in: NK-UmwG, § 131 Rz. 23.

47) *Leuering* in: KölnKomm-UmwG, § 131 Rz. 31; Schmitt/Hörtnagl-*Hörtnagl*, UmwG/UmwStG, § 131 UmwG Rz. 52; *Fischer* in: NK-UmwG, § 131 Rz. 25; Semler/Stengel/Leonard-*Schröer/Greitemann*, UmwG, § 131 Rz. 38; ausf. *Berner/Klett*, NZG 2008, 601.

48) Die Realteilung abl.: Schmitt/Hörtnagl-*Hörtnagl*, UmwG/UmwStG, § 131 UmwG Rz. 57; *Rieble*, ZIP 1997, 301, 310; *Krockenberger/Spiegl*, NZG 2016, 1401, 1404 f.; *Teichmann*, ZGR 1993, 396, 412 ff.; *Verse* in: BeckOGK-UmwG, § 126 Rz. 112 ff.: aber zulässig, wenn Teilung keine nennenswerte Belastung für Vertragspartner und dieser deshalb gemäß § 242 BGB zustimmungspflichtig.

49) Die Realteilung befürwortend: *Larisch* in: MünchHdb. GesR, Bd. 8, § 27 Rz. 57; Semler/Stengel/Leonard-*Schöer/Greitemann*, UmwG, § 131 Rz. 38; *Leuering* in: KölnKomm-UmwG, § 131 Rz. 31; *Fischer* in: NK-UmwG, § 131 Rz. 25; Lutter-*Lieder*, UmwG, § 131 Rz. 87; Henssler/Strohn-*Galla/Cé. Müller*, GesR, § 131 UmwG Rz. 20; *Berner/Klett*, NZG 2008, 601, 603 f.; *Schreier/Leicht*, NZG 2011, 121, 126 f.

50) *Larisch* in: MünchHdb. GesR, Bd. 8, § 27 Rz. 56; Henssler/Strohn-*Galla/Cé. Müller*, GesR, Bd. 8, § 131 UmwG Rz. 20; *Leuering* in: KölnKomm-UmwG, § 131 Rz. 30; Lutter-*Lieder*, UmwG, § 131 Rz. 82.

51) Näher dazu Semler/Stengel/Leonard-*Schröer/Greitemann*, UmwG, § 131 Rz. 31; Schmitt/Hörtnagl-*Hörtnagl*, UmwG/UmwStG, § 131 UmwG Rz. 32, jeweils m. w. N.

52) Lutter-*Teichmann*, UmwG, 5. Aufl., § 131 Rz. 46.

53) *Fischer* in: NK-UmwG, § 131 Rz. 18.

zu, dem sie im Spaltungsvertrag **zugewiesen** sind.[54] Wenn jedoch die Fortführung der Verpflichtung im Einzelfall **bei nur einem der beteiligten Rechtsträger** den Interessen des Gläubigers nicht gerecht werden kann, könnte eine Erstreckung **auf mehrere Rechtsträger** erforderlich sein. Dies ist im Einzelfall zutreffend, wenn die **Verpflichtung nicht wirksam** oder **nicht sinnvollerweise** bei nur einem Rechtsträger begründet werden kann. Dies lässt sich auf den Rechtsgedanken der gesamtschuldnerischen Haftung nach § 133 Abs. 1 stützen.[55] Auf der anderen Seite kann sich auch **i. R. einer Vertragsauslegung** ergeben, dass sich eine **Einschränkung der Verpflichtungen** auf bestimmte, übergehenden Betriebsteile ergibt.[56]

g) Mitgliedschaften und Beteiligungen an Gesellschaften

31 Für **Mitgliedschaften** und **Beteiligungen** gilt der Grundsatz, dass diese im Regelfall nach Vorgabe der Zuweisung im Spaltungsvertrag auf den jeweiligen Rechtsträger übergehen. Das Verschmelzungsrecht und damit die Grundsätze zu § 20 finden entsprechende Anwendung (siehe dazu § 20 Rz. 29 [*Lubberich*]).

32 Die Mitgliedschaft bzw. Beteiligung an **Körperschaften** ist in Ermangelung von Vinkulierungsklauseln übertragbar (GmbH, AG, KGaA, SE).[57] Bei **Vereinsmitgliedschaften** ergibt sich aus § 38 Satz 1 BGB, dass diese **als solche** nicht übertragbar sind, es sei denn, die Satzung regelt etwas anderes (§ 40 Satz 1 BGB).

33 Gewichtige Stimmen in der Literatur schlagen vor, die **Vereinsmitgliedschaft** unabhängig von einer Satzungsregelung als übertragbar anzusehen.[58]

34 Bei **Personengesellschaften** war bislang zwischen Kommandit- und GbR-beteiligungen zu unterscheiden. Die Stellung als Kommanditist wurde grundsätzlich als übertragbar ausgestaltet, §§ 177, 234 Abs. 2 HGB.[59] Dies wurde für die **GbR** bislang anders gesehen (die Beteiligung galt als höchstpersönlich, arg. ex. § 727 Abs. 1 BGB a. F.; § 131 Abs. 3 Nr. 1 HGB a. F.). Die Übergangsfähigkeit durch Spaltung setzte also zumindest nach **h. A.** eine entsprechende **Gestattung** im Gesellschaftsvertrag voraus.[60]

35 Diese Rechtslage wurde jüngst durch das **MoPeG**[61] geändert. Es gilt der Vorrang der Verbandskontinuität.[62] Das Ausscheiden eines Gesellschafters durch Tod (§ 723 Abs. 1 Satz 1 BGB n. F.) ist der Rechtslage bei der Kommanditgesellschaft **angeglichen worden** (§ 131 Abs. 3 Nr. 1 HGB a. F.; § 130 Abs. 1 Nr. 1 HGB). Es gibt bezüglich der Übertragbarkeit im Wege einer Spaltung mithin keine Unterscheidung mehr zwischen einer

---

54) *Fischer* in: NK-UmwG, § 131 Rz. 47.

55) Semler/Stengel/Leonard-*Schröer/Greitemann*, UmwG, § 131 Rz. 30.

56) *Fischer* in: NK-UmwG, § 131 Rz. 47.

57) Schmitt/Hörtnagl-*Hörtnagl*, UmwG/UmwStG, § 131 UmwG Rz. 38.

58) Lutter-*Lieder*, UmwG, § 131 Rz. 97; *Leuering* in: KölnKomm-UmwG, § 131 Rz. 23; Widmann/Mayer-*Vossius*, UmwR, § 131 UmwG Rz. 74; a. A. Semler/Stengel/Leonard-*Schröer/Greitemann*, UmwG, § 131 Rz. 24; *Fischer* in: NK-UmwG, § 131 Rz. 26, mit dem Argument, dass die Mitgliedschaft in einem Verein als höchstpersönliches Recht konzipiert sei.

59) Schmitt/Hörtnagl-*Hörtnagl*, UmwG/UmwStG, § 131 UmwG Rz. 38.

60) *Raible* in: HK-UmwG, § 131 Rz. 75; Semler/Stengel/Leonard-*Schröer/Greitemann*, UmwG, § 131 Rz. 26; Henssler/Strohn-*Galla/Cé. Müller*, GesR, § 131 UmwG Rz. 7; *Fischer* in: NK-UmwG, § 131 Rz. 28; Kallmeyer-*Sickinger*, UmwG, § 131 Rz. 14. A. A. waren *Simon* in: KölnKomm-UmwG, 1. Aufl., § 131 Rz. 22; *Lieder/Schulz*, ZIP 2015, 1705, 1708 f.; *Dreyer*, JZ 2007, 606, 610 ff.; *Heckschen*, GmbHR 2014, 626, 636 f.

61) Gesetz zur Modernisierung des Personengesellschaftsrechts (MoPeG), v. 10.8.2021, BGBl. I 2021, 3436.

62) Schmitt/Hörtnagl-*Hörtnagl*, UmwG/UmwStG, § 131 UmwG Rz. 38.

Kommanditbeteiligung, der Rechtstellung eines stillen Gesellschafters oder eines GbR-Gesellschafters.[63]

h) Immaterialgüter

Während **Patente** (§ 15 PatG), **Marken** (§ 27 MarkenG), **Gebrauchsmuster** (§ 22 GebrMG) und **Geschmacksmuster** (§ 29 DesignG) grundsätzlich **übertragbar** sind und unter der Voraussetzung, dass keine öffentlich-rechtlichen Hindernisse für die Übertragbarkeit vorliegen, entsprechend der Zuweisungen im Spaltungsvertrag übergehen,[64] sind **Urheberrechte** grundsätzlich **nicht übertragbar** (§ 29 Abs. 1 UrhG). Das Urheberrecht wird als **höchstpersönliches Recht des Schöpfers** angesehen (§§ 7, 29 UrhG).[65] **Nutzungsrechte** können jedoch eingeräumt oder übertragen werden (§§ 31, 34 Abs. 1, 3 UrhG);[66] das ist die gängige Gestaltung in der Praxis. 36

i) Firma

Auch eine **Firma** kann separat übertragen werden (§ 125 Satz 1 i. V. m. § 18). Voraussetzung ist allerdings, dass die Vorschriften der §§ 22 ff. HGB eingehalten werden. **Firmenkontinuität** und **Zustimmung des übertragenden Rechtsträgers** sind erforderlich.[67] 37

j) Unternehmensverträge

Der **herrschende Vertragsteil** kann grundsätzlich einen **Unternehmensvertrag** an einen übernehmenden Rechtsträger übertragen.[68] Nach h. A. sind auch keine **Zustimmungserfordernisse** zu beachten.[69] Diskutiert wird in der Literatur, ob die Zustimmungserfordernisse nach **§§ 295 bzw. 293 AktG** analoge Anwendung finden.[70] Darüber hinaus wird ein **Zustimmungserfordernis der Anteilsinhaber** des übernehmenden Rechtsträgers, welches über den Spaltungsbeschluss (gesetzestypischer Zustimmungsbeschluss nach § 13) hinausgeht, diskutiert,[71] obschon es hierfür im Gesetz keine Anhaltspunkte gibt. Es ist des Weiteren zu beachten, dass der abhängigen Gesellschaft im Einzelfall ein **Kündigungsrecht** zustehen könnte (§ 297 AktG).[72] 38

Hat jedoch der **übertragende Rechtsträger** einen Unternehmensvertrag als **abhängige Gesellschaft** geschlossen, so wird ein automatischer Übergang durch die Spaltung von der 39

63) Schmitt/Hörtnagl-*Hörtnagl*, UmwG/UmwStG, § 131 UmwG Rz. 38.

64) Semler/Stengel/Leonard-*Schröer/Greitemann*, UmwG, § 131 Rz. 41; *Fischer* in: NK-UmwG, § 131 Rz. 38; *Larisch* in: MünchHdb. GesR, Bd. 8, § 27 Rz. 85.

65) Semler/Stengel/Leonard-*Schröer/Greitemann*, UmwG, § 131 Rz. 41; *Fischer* in: NK-UmwG, § 131 Rz. 39.

66) Semler/Stengel/Leonard-*Schröer/Greitemann*, UmwG, § 131 Rz. 41; *Fischer* in: NK-UmwG, § 131 Rz. 39.

67) Lutter-*Lieder*, UmwG, § 131 Rz. 96; Semler/Stengel/Leonard-*Schröer/Greitemann*, UmwG, § 131 Rz. 44; *Fischer* in: NK-UmwG, § 131 Rz. 33.

68) *Leuering* in: KölnKomm-UmwG, § 131 Rz. 24; Semler/Stengel/Leonard-*Schröer/Greitemann*, UmwG, § 131 Rz. 29; *Fischer* in: NK-UmwG, § 131 Rz. 35; *Foerster* in: BeckOGK-UmwG, § 131 Rz. 70.

69) Schmitt/Hörtnagl-*Hörtnagl*, UmwG/UmwStG, § 131 UmwG Rz. 59; *Fischer* in: NK-UmwG, § 131 Rz. 35; Semler/Stengel/Leonard-*Schröer/Greitemann*, UmwG, § 131 Rz. 29; *Leuering* in: KölnKomm-UmwG, § 131 Rz. 24.

70) Vgl. *Leuering* in: KölnKomm-UmwG, § 131 Rz. 24; Semler/Stengel/Leonard-*Schröer/Greitemann*, UmwG, § 131 Rz. 29; Lutter-*Lieder*, UmwG, § 131 Rz. 111; *Foerster* in: BeckOGK-UmwG, § 131 Rz. 72; *Fedke*, DK 2008, 533, 536 f.

71) *Leuering* in: KölnKomm-UmwG, § 131 Rz. 24; *Raible* in: HK-UmwG, § 131 Rz. 60; Semler/Stengel/Leonard-*Schröer/Greitemann*, UmwG, § 131 Rz. 29; Lutter-*Lieder*, UmwG, § 131 Rz. 111; *Foerster* in: BeckOGK-UmwG, § 131 Rz. 72; *Fedke*, DK 2008, 533, 536 f.; dagegen Lutter-*Priester*, UmwG, 5. Aufl., § 126 Rz. 65.

72) *Raible* in: HK-UmwG, § 131 Rz. 60; Schmitt/Hörtnagl-*Hörtnagl*, UmwG/UmwStG, § 131 UmwG Rz. 59; *Müller*, BB 2002, 157, 158.

in der Literatur vorherrschenden Ansicht (jedenfalls bei Maßnahmen zur Aufnahme) abgelehnt.[73] Anders liegt es bei **Maßnahmen zur Neugründung**. Dies wird gemeinhin mit dem Argument so vertreten, dass bei Maßnahmen zur Aufnahme eine **Vermögensvermischung** zu vermeiden sei. Dies bei Maßnahmen zur Neugründung nicht zu befürchten. Die Praxis sollte sich an der vorgenannten Ansicht orientieren und von einem automatischen Übergang ausschließlich bei Maßnahmen zur Neugründung ausgehen.

k) Prozessrechtsverhältnisse

40 Prozessrechtsverhältnisse sind grundsätzlich nicht vom allgemeinen **Vermögensbegriff** umfasst.[74] Die Übertragbarkeit richtet sich nach den **prozessualen Bestimmungen**, die insoweit Vorrang genießen.[75]

41 Nach der **Kernvorschrift des § 265 ZPO**, welche der Besonderheit Rechnung trägt, dass Prozessrechtsverhältnisse eigener Natur sind und **nicht isoliert übertragen** werden können, sondern **ausschließlich prozessualen Grundsätzen** folgen, hat die partielle Gesamtrechtsfolge i. R. der Abspaltung und Ausgliederung **keine Auswirkungen** auf einen Aktivprozess.[76]

42 Darüber hinaus gilt für die Erstreckung des Urteils auf den übernehmenden Rechtsträger **§ 325 ZPO** und für die Vollstreckung **§§ 727, 731 ZPO**. Der übertragende Rechtsträger führt den Prozess hinsichtlich übertragener Gegenstände **als Prozessstandschafter** fort.[77] Bei der **Aufspaltung** wird der Prozess mit den übernehmenden Rechtsträgern fortgeführt; es handelt sich um einen **gesetzlichen Fall des Parteiwechsels**.[78] Das Prozessrecht regelt Ähnliches für den **Passivprozess**.[79]

l) Arbeitsverhältnisse

43 Grundsätzlich können **Arbeitsverhältnisse** i. R. von Spaltungen frei **dem übertragenden** oder **dem übernehmen Rechtsträger** zugeordnet werden; **§ 613 Satz 2 BGB** steht der Übertragbarkeit nicht ausnahmslos im Wege.[80] Wird jedoch ein **Betrieb oder Betriebsteil**

---

73) *Fischer* in: NK-UmwG, § 131 Rz. 36; Schmitt/Hörtnagl-*Hörtnagl*, UmwG/UmwStG, § 131 UmwG Rz. 60; Semler/Stengel/Leonard-*Schröer/Greitemann*, UmwG, § 131 Rz. 28; Emmerich/Habersack-*Emmerich*, Aktien- und GmbH-Konzernrecht, § 297 AktG Rz. 47; *Larisch* in: MünchHdb. GesR, Bd. 8, § 27 Rz. 40; *J. Schmidt* in: MünchHdb. GesR, Bd. 8, § 22 Rz. 65; a. A. Lutter-*Lieder*, UmwG, § 131 Rz. 113; *Foerster* in: BeckOGK-UmwG, § 131 Rz. 73 f.

74) *Fischer* in: NK-UmwG, § 131 Rz. 41; *Larisch* in: MünchHdb. GesR, Bd. 8, § 27 Rz. 80; Lutter-*Lieder*, UmwG, § 131 Rz. 123; *Bork/Jacoby*, ZHR 167 (2003), 440, 442.

75) Semler/Stengel/Leonard-*Leonard*, UmwG, § 131 Rz. 10; Schmitt/Hörtnagl-*Hörtnagl*, UmwG/UmwStG, § 131 UmwG Rz. 72; *Foerster* in: BeckOGK-UmwG, § 131 Rz. 94; *Bork/Jacoby*, ZHR 167 (2003), 440, 441 f.

76) BGH, Urt. v. 6.12.2000 – XII ZR 219/98, ZIP 2001, 305, 306 = NJW 2001, 1217, 1218; OLG München, Urt. v. 9.4.2024 – 9 U 4221/23 Bau e, MDR 2024, 894 = ZfBR 2024, 414; vgl. auch *Fischer* in: NK-UmwG, § 131 Rz. 42.

77) OLG Hamburg, Urt. v. 9.9.2010 – 3 U 58/09, NJOZ 2011, 1597, 1598 = BeckRS 2010, 26123; Schmitt/Hörtnagl-*Hörtnagl*, UmwG/UmwStG, § 131 UmwG Rz. 73; Lutter-*Lieder*, UmwG, § 131 Rz. 126 ff.; *Foerster* in: BeckOGK-UmwG, § 131 Rz. 95; Semler/Stengel/Leonard-*Leonard*, UmwG, § 131 Rz. 10; *Fischer* in: NK-UmwG, § 131 Rz. 42; *Raible* in: HK-UmwG, § 131 Rz. 88; Kallmeyer-*Sickinger/Lanfermann*, UmwG, § 131 Rz. 19; *Bork/Jacoby*, ZHR 167 (2003), 440, 450.

78) BGH, Urt. v. 1.12.2003 – II ZR 161/02, WM 2004, 127, 128 = ZIP 2004, 92, 93 – zur Verschmelzung; Schmitt/Hörtnagl-*Hörtnagl*, UmwG/UmwStG, § 131 UmwG Rz. 73; Semler/Stengel/Leonard-*Leonard*, UmwG, § 131 Rz. 10; Lutter-*M. F. Schwab*, UmwG, § 133 Rz. 163; *Foerster* in: BeckOGK-UmwG, § 131 Rz. 97; *Fischer* in: NK-UmwG, § 131 Rz. 43; a. A. Lutter-*Lieder*, UmwG, § 131 Rz. 125, nach dem der Prozess nach § 239 ZPO (analog) unterbrochen wird; ebenso *Stöber*, NZG 2006, 574, 574 f.

79) Vgl. Schmitt/Hörtnagl-*Hörtnagl*, UmwG/UmwStG, § 131 UmwG Rz. 74; Semler/Stengel/Leonard-*Leonard*, UmwG, § 131 Rz. 10; Kallmeyer-*Sickinger/Lanfermann*, UmwG, § 131 Rz. 19.

80) *Fischer* in: NK-UmwG, § 131 Rz. 49.

i. R. der Spaltung übertragen, können die diesen Betrieb oder Betriebsteil zugeordneten **Arbeitsverhältnisse nicht getrennt** von **diesem** übertragen werden, §§ 125, 35a Abs. 2 i. V. m. § 613a Abs. 1 Satz 1 BGB.[81] Im Falle der **Übertragung** steht den Arbeitnehmern ein **Widerspruchsrecht** nach **§ 613a Abs. 6 BGB** zu. Bei Abspaltung und Ausgliederung folgt daraus, dass der Arbeitsvertrag im Falle des Widerspruchs mit dem **übertragenden Rechtsträger** fortbesteht. Es kann sich dann seitens des übertragenden Rechtsträger ein **Kündigungsrecht** ergeben. Bei der **Aufspaltung** führt der Widerspruch zum Erlöschen des betroffenen Arbeitsverhältnisses.[82]

m) Öffentlich-rechtliche Rechtspositionen; Genehmigungen und Erlaubnisse

Zu differenzieren ist, ob eine **personenbezogene Rechtsposition** (verbleibt beim übertragenden Rechtsträger) oder eine **gegenstandsbezogene Rechtsposition** (geht durch Spaltung über) gegeben ist.[83] Personenbezogen ist die Rechtsposition dann, wenn sie an die **Person des Rechtsträgers** gebunden ist. **Sie ist dann höchstpersönlich.** Beispiele sind die Erlaubnis für **Bankgeschäfte** nach § 32 KWG, § 8 VAG für **Versicherungsgeschäfte**, die Gaststättenerlaubnis nach § 2 GastG, aber auch § 1 Handwerksordnung (Betrieb eines selbstständigen zulassungspflichtigen Handwerks), § 33c GewO (Spielgeräte mit Gewinnmöglichkeit), § 34a GewO (Bewachungsgewerbe), § 34b GewO (Auktionen), § 34c GewO (Makler, Bauträger, Baubetreuer), § 30 GewO (Privatkrankenanstalten). Für den **Neuerwerb der Rechtsposition** muss durch den/die übernehmenden Rechtsträger gesorgt werden. 44

Sachbezogene Positionen, wie bspw. die **Baugenehmigung** oder eine **Zustandsverantwortlichkeit** gehen mit dem betroffenen Gegenstand auf den übernehmenden Rechtsträger über.[84] Unproblematisch können öffentlich-rechtliche Verpflichtungen, die **in Entgelt** zu erfüllen sind, übertragen werden. 45

n) Versorgungsverbindlichkeiten/Pensionsverbindlichkeiten

Die Versorgungsansprüche **aktiver Arbeitnehmer** fallen in den Anwendungsbereich von **§ 613a Abs. 1 Satz 1 BGB** und gehen **zwingend** mit dem zugehörigen Betrieb oder Betriebsteil auf den übernehmenden Rechtsträger über.[85] Bei **Pensionären** oder ausgeschiedenen Arbeitnehmern gilt, dass die entsprechenden Verbindlichkeiten frei übertragen werden können.[86] 46

o) Organstellungen

Bei **Abspaltung** und **Ausgliederung** gilt grundsätzlich **Amtskontinuität**: Die Organe behalten ihre Positionen.[87] Bei der **Aufspaltung** stellt sich die Frage nicht, weil der übertragende Rechtsträger **erlischt**. 47

---

81) Semler/Stengel/Leonard-*Simon*, UmwG, § 131 Rz. 46; *Fischer* in: NK-UmwG, § 131 Rz. 48.

82) Semler/Stengel/Leonard-*Simon*, UmwG, § 131 Rz. 46; *Fischer* in: NK-UmwG, § 131 Rz. 48.

83) *Fischer* in: NK-UmwG, § 131 Rz. 45; krit. dazu *Lieder/Koch*, GmbHR 2022, 389.

84) Schmitt/Hörtnagl-*Hörtnagl*, UmwG/UmwStG, § 131 UmwG Rz. 69; Semler/Stengel/Leonard-*Schröer/Greitemann*, UmwG, § 131 Rz. 43; Lutter-*Lieder*, UmwG, § 131 Rz. 118; *Raible* in: HK-UmwG, § 131 Rz. 82; *Foerster* in: BeckOGK-UmwG, § 131 Rz. 88; *Fischer* in: NK-UmwG, § 131 Rz. 45; Kallmeyer-*Sickinger/Lanfermann*, UmwG, § 131 Rz. 17; *Rubel/Sandhaus*, DK 2009, 327, 335.

85) Semler/Stengel/Leonard-*Simon*, UmwG, § 131 Rz. 47; *Fischer* in: NK-UmwG, § 131 Rz. 50.

86) *Fischer* in: NK-UmwG, § 131 Rz. 51; *Larisch* in: MünchHdb. GesR, Bd. 8, § 27 Rz. 62; Widmann/Mayer-*Vossius*, UmwR, § 131 UmwG Rz. 63; Semler/Stengel/Leonard-*Simon*, UmwG, § 131 Rz. 49.

87) *Fischer* in: NK-UmwG, § 131 Rz. 52; Kallmeyer-*Sickinger/Lanfermann*, UmwG, § 131 Rz. 12; *Leuering* in: KölnKomm-UmwG, § 131 Rz. 20; *Buchner/Schlobach*, GmbHR 2004, 1, 2.

IV. Erlöschen des übertragenden Rechtsträgers bei Aufspaltung (§ 131 Abs. 1 Nr. 2)

48 Bei der Aufspaltung **erlischt** der übertragende Rechtsträger mit Wirksamwerden der Maßnahme. Dies ist der Zeitpunkt der Eintragung der Spaltung in das Register des übertragenden Rechtsträgers (§ 131 Abs. 1 Nr. 2 Satz 1). Einer **Abwicklung oder Liquidation** bedarf es nicht. Über § 125 findet allerdings auch **§ 25 Abs. 2** (analoge) Anwendung, der eine Ausnahme regelt, falls sich Organmitglieder des übertragenden Rechtsträgers gemäß **§ 25 Abs. 1** im Zusammenhang mit der konkreten Spaltungsmaßnahme **schadensersatzpflichtig** gemacht haben (siehe i. E. dazu § 25 Rz. 32 ff. [*Lubberich*]).[88] Danach wird das Fortbestehen des übertragenden Rechtsträgers fingiert. Eine vergleichbare Rechtsfolge gibt es bei der **Abspaltung** und **Ausgliederung** nicht, da der übertragende Rechtsträger jeweils nur Vermögensteile überträgt.[89]

V. Anteilsgewährung (§ 131 Abs. 1 Nr. 3)

49 Die **Anteilsgewährung** ist ein **wesentliches Grundprinzip** der Spaltung. Mit der Eintragung der Aufspaltung und Abspaltung erhalten die Anteilsinhaber des übertragenden Rechtsträgers Anteile an dem (oder den) beteiligten übernehmenden Rechtsträger(n). Der Erwerb erfolgt **kraft Gesetzes**. Die Aufteilung der Beteiligungsverhältnisse ergibt sich aus den Zuweisungen im Spaltungsvertrag (§ 126 Abs. 1 Nr. 3 und 9). Die Vorschrift nimmt Rücksicht auf die Unterschiede zwischen den drei Spaltungsarten. Bei **Auf- und Abspaltung** erhalten die Gesellschafter des übertragenden Rechtsträgers die Anteile (§ 131 Abs. 1 Nr. 3 Satz 1). Bei **Ausgliederung** erlangt der übertragende Rechtsträger selbst die Beteiligungen (§ 131 Abs. 1 Nr. 3 Satz 3).

50 § 131 Abs. 1 Nr. 3 Satz 1 Halbs. 2 regelt praxisbedeutsame **Ausnahmen**: Ist der übernehmende Rechtsträger Anteilsinhaber des übertragenden Rechtsträgers, oder hat der übertragende Rechtsträger **eigene Anteile** (1./2. Alt.), kommt eine Übertragung von Anteilen nicht in Betracht. Damit ist der Erwerb **ausgeschlossen** für **Anteile, die dem übernehmenden Rechtsträger am übertragenden Rechtsträger** gehören. Dadurch wird verhindert, dass ein übernehmender Rechtsträger Anteile an sich selbst erwirbt. Auch die Kapitalerhöhungsverbote bei GmbH und AG, welche bei Verschmelzungen gelten (§§ 54 Abs. 1 Satz 1 und Abs. 2, 68 Abs. 1 Satz 1 und Abs. 2), gelten bei **Auf- und Abspaltung** entsprechend; eine Anwendung auf die **Ausgliederung** kommt nicht in Betracht.[90]

51 Eine Übertragung von Anteilen am übernehmenden Rechtsträger kommt zudem nicht in Betracht, wenn **durch notariell beurkundete Erklärung** darauf **verzichtet** wurde, wobei hierzu die Zustimmung aller Anteilsinhaber erforderlich ist.

52 Rechte Dritter, die an Anteilen des übertragenden Rechtsträgers bestehen, setzen sich an den an ihre Stelle tretenden Anteilen fort. Auch **§ 131 Abs. 1 Nr. 3 Satz 2** ist für **Aufspaltung und Abspaltung** anzuwenden, auch wenn der Wortlaut insoweit nicht vollkommen eindeutig ist („an ihre Stelle tretenden Anteilen“).[91]

---

88) Semler/Stengel/Leonard-*Leonard*, UmwG, § 131 Rz. 58; *Fischer* in: NK-UmwG, § 131 Rz. 55; *Leuering* in: KölnKomm-UmwG, § 131 Rz. 43.

89) Semler/Stengel/Leonard-*Leonard*, UmwG, § 131 Rz. 58; Lutter-*Lieder*, UmwG, § 131 Rz. 135; *Fischer* in: NK-UmwG, § 131 Rz. 54; *Leuering* in: KölnKomm-UmwG, § 131 Rz. 42.

90) Kallmeyer-*Sickinger/Lanfermann*, UmwG, § 131 Rz. 24; *Leuering* in: KölnKomm-UmwG, § 131 Rz. 45; Semler/Stengel/Leonard-*Leonard*, UmwG, § 131 Rz. 60.

91) *Fischer* in: NK-UmwG, § 131 Rz. 62; *Leuering* in: KölnKomm-UmwG, § 131 Rz. 53 f.; Semler/Stengel/Leonard-*Leonard*, UmwG, § 131 Rz. 62a.

VI. Mängel(-folgen) (§ 131 Abs. 1 Nr. 4; Abs. 2)

Mängel, welche die **Beurkundung des Spaltungsvertrages**, die **Spaltung, Beschlüsse, Zustimmungserfordernisse** und **Verzichtserklärungen** betreffen, werden mit Eintragung am Sitz des übertragenden Rechtsträgers geheilt. Die Wirkungen entsprechen § 20 Abs. 1 Nr. 4 (siehe i. E. § 20 Rz. 66 ff. [*Lubberich*]). 53

Weitere Spaltungsmängel werden gemäß § 131 Abs. 2, der § 20 Abs. 2 entspricht (dazu näher § 20 Rz. 68 ff. [*Lubberich*]), geheilt. Regelungshintergrund ist, dass eine **Rückabwicklung** einer **vollzogen Spaltung** nicht durchführbar ist und aus Gründen der Rechtssicherheit auch nicht gewünscht ist.[92] Eine Rückgängigmachung der Spaltungswirkungen nach Eintragung kommt daher weder mit Wirkung ex tunc noch mit Wirkung ex nunc in Betracht.[93] Damit werden Mängel des **Spaltungs- und Übernahmevertrags**, die **Nichtigkeit** oder **Anfechtbarkeit** des Spaltungsbeschlusses, oder auch das Fehlen bzw. die Unwirksamkeit notwendiger **Sonderbeschlüsse** und **Zustimmungserklärungen** geheilt.[94] Unheilbare Mängel sind lediglich **das völlige Fehlen eines Spaltungvertrages** oder der Zustimmung der Anteilseigner oder ein eklatanter und offensichtlicher Verstoß gegen den Ordre Public (siehe i. E. dazu § 20 Rz. 66 ff. [*Lubberich*]).[95] 54

VII. „Vergessene" Vermögensgegenstände (§ 131 Abs. 3)

Enthält der Spaltungsvertrag eine Lücke, kann dies die **unterschiedlichsten Hintergründe** haben. Zum Beispiel sind **unvorhergesehene Veränderungen** nach Vertragsabschluss in der Praxis häufig Ursache von **Regelungslücken.**[96] 55

§ 131 Abs. 3 ordnet zunächst an, dass die Lücke **im Wege der Auslegung** zu schließen ist. In diesem Zusammenhang ist dann etwa zu berücksichtigen, ob ein Vermögensgegenstand zu einem **Teilbetrieb** gehört, oder ob einzelne Vermögensgegenstände wirtschaftlich miteinander verbunden sind.[97] 56

Ergibt sich aus der Auslegung **keine Zuordnung** der Aktiva, soll auf zweiter Stufe eine Zuordnung der betroffenen vergessenen Vermögenspositionen auf sämtliche **übernehmenden Rechtsträger** übergehen. § 131 Abs. 3 a. E. sieht ein Aufteilungsverhältnis vor, welches am Reinvermögen orientiert ist. 57

92) *Fischer* in: NK-UmwG, § 131 Rz. 65.
93) Semler/Stengel/Leonard-*Leonard*, UmwG, § 131 Rz. 65; *Fischer* in: NK-UmwG, § 131 Rz. 65.
94) Semler/Stengel/Leonard-*Leonard*, UmwG, § 131 Rz. 66.
95) Semler/Stengel/Leonard-*Leonard*, UmwG, § 131 Rz. 67.
96) Semler/Stengel/Leonard-*Schröer/Greitemann*, UmwG, § 131 Rz. 69.
97) Schmitt/Hörtnagl-*Hörtnagl*, UmwG/UmwStG, § 131 UmwG Rz. 100 ff.; *Fischer* in: NK-UmwG, § 131 Rz. 68; *Larisch* in: MünchHdb. GesR, Bd. 8, § 27 Rz. 89.

§ 132
Kündigungsschutzrecht[*)]

(1) Führen an einer Spaltung beteiligte Rechtsträger nach dem Wirksamwerden der Spaltung einen Betrieb gemeinsam, so gilt dieser als Betrieb im Sinne des Kündigungsschutzrechts.

(2) Die kündigungsrechtliche Stellung eines Arbeitnehmers, der vor dem Wirksamwerden einer Spaltung zu dem übertragenden Rechtsträger in einem Arbeitsverhältnis steht, verschlechtert sich auf Grund der Spaltung für die Dauer von zwei Jahren ab dem Zeitpunkt ihres Wirksamwerdens nicht.

*) § 132 neu eingefügt durch Art. 1 des Gesetzes zur Umsetzung der Umwandlungsrichtlinie und zur Änderung weiterer Gesetze (UmRUG), v. 22.2.2023, BGBl. I 2023, Nr. 51; § 132 a. F. aufgehoben durch Art. 1 des Zweiten Gesetzes zur Änderung des Umwandlungsgesetzes (2. UmwGÄndG), v. 19.4.2007, BGBl. I 2007, 542.

Literatur: *Bachner*, Individualarbeits- und kollektivrechtliche Auswirkungen des neuen Umwandlungsgesetzes, NJW 1995, 2881; *Bauer/Lingemann*, Das neue Umwandlungsrecht und seine arbeitsrechtlichen Auswirkungen, NZA 1994, 1057; *Borho*, Zum maßgeblichen Zeitpunkt für das Eingreifen des Bestandsschutzes nach § 323 Abs. 1 UmwG, RdA 2022, 159; *Düwell*, Umwandlung von Unternehmen und arbeitsrechtliche Folgen – Das Arbeitsrecht im Gesetz zur Bereinigung des Umwandlungsrechts, NZA 1996, 393; *Mengel*, Umwandlungen im Arbeitsrecht – Eine Untersuchung der arbeitsrechtlichen Vorschriften des Gesetzes zur Bereinigung des Umwandlungsrechts vom 28. Oktober 1994, 1997; *Otto/Mückl*, Kündigungsschutz bei Arbeitsverhältnissen mit Auslandsbezug, BB 2008, 1231; *Preis/Willemsen*, Umstrukturierung von Betrieb und Unternehmen im Arbeitsrecht, 1999.

Übersicht

I. Gesetzliche Stellung und Regelungsbereiche

1 § 132 Abs. 1 **überführt ohne inhaltliche Änderungen** den bisherigen §§ § 322 a. F. und § 132 Abs. 2 den bisherigen § 323 Abs. 1 a. F. – systematisch zutreffender[1] – vom Siebten in das Zweite Buch des UmwG. Während § 132 Abs. 1 klarstellt, dass eine Spaltung (§ 123) im Fall der gemeinsamen Betriebsfortführung durch die an ihr beteiligten Rechtsträger nichts daran ändert, dass dieser Betrieb ein Betrieb i. S. des Kündigungsschutzrechts ist oder bleibt, hält § 132 Abs. 2 entsprechend – allerdings zeitlich **befristet auf zwei Jahre** – die kündigungsrechtliche Stellung eines Arbeitnehmers, in der dieser vor der Spaltung zu dem übertragenden Rechtsträger steht, gegenüber dem Rechtsträger aufrecht, zu dem das Arbeitsverhältnis nach der Spaltung besteht.

2 Beide Regelungen sind unverändert **auch auf die Teilübertragung anwendbar** (§ 177 Abs. 1, § 179 Abs. 1, § 184 Abs. 1, § 189 Abs. 1). Die Anwendbarkeit auf **grenzüberschreitende** Spaltungen folgt aus § 320 Abs. 2 (und ist teilweise wohl ein Redaktionsversehen, siehe Rz. 12).

1) Kallmeyer-*Willemsen/Müller-Bonanni*, UmwG, § 132 Rz. 1; *Hohenstatt/Schramm* in: KölnKomm-UmwG, § 132 Rz. 1, 14.

II. Normzweck des § 132 Abs. 1

Der Gesetzgeber hat den heutigen § 132 Abs. 1 im Allgemeinen eingeführt, um „den Besonderheiten der neuen Rechtsinstitute der Spaltung und Teilübertragung auch arbeitsrechtlich Rechnung zu tragen“[2]. 3

1. Klarstellung zum gemeinsamen Betrieb

§ 132 Abs. 1 stellt damit vor allem klar,[3] dass die in der Rechtsprechung des BAG[4] anerkannte Rechtsfigur des gemeinsamen Betriebs mehrerer Unternehmen – die betriebsverfassungsrechtlich in § 1 Abs. 1 Satz 2 BetrVG bestätigt ist[5] – kündigungsrechtlich auch dann zur Anwendung kommt, wenn diese Unternehmen aus der Spaltung eines übertragenden Rechtsträgers gemäß § 1 Abs. 1 Nr. 2, §§ 123 ff. hervorgegangen sind. Eine umwandlungsrechtliche Spaltung, die aus einem Rechtsträger mehrere rechtlich selbständige Rechtsträger macht, hat also keinen Einfluss darauf, ob ein **gemeinsamer Betrieb** i. S. des Kündigungsschutzrechts gegeben ist oder nicht, sondern dessen Vorliegen **beurteilt sich nach den allgemeinen Regeln**. Soweit das BAG[6] entgegen der Gesetzesbegründung zum heutigen Absatz 1 aufgrund des Wortlauts („gilt“) erwogen hat, es handele sich um eine Fiktion, ist die Gesetzesformulierung nicht geglückt, ändert aber nichts daran, dass es sich zutreffender Weise lediglich um eine Klarstellung handelt.[7] 4

Alternativ wird zwar teilweise in Erwägung gezogen,[8] Zweck des § 132 Abs. 1 sei – über eine bloße Klarstellung hinaus – festzulegen, dass kündigungsschutzrechtlich bereits dann von einem Gemeinschaftsbetrieb auszugehen sei, wenn im betriebsverfassungsrechtlichen Sinn gemäß § 1 Abs. 2 Nr. 2 BetrVG ein gemeinsamer Betrieb vermutet wird, weil Absatz 1 nur dann selbständige Bedeutung habe. Das übersieht aber, dass der Gesetzgeber explizit lediglich eine Klarstellung wollte und sich die **Fiktion des § 1 Abs. 2 Nr. 2 BetrVG ausdrücklich auf das BetrVG beschränkt.**[9] Ob die Vermutungsregel § 1 Abs. 2 Nr. 2 BetrVG (früher § 322 Abs. 1 a. F.) i. R. des KSchG anzuwenden ist, hat das BAG[10] ausdrücklich offengelassen. Richtigerweise gilt sie hier nicht.[11] Denn im Umkehrschluss zu der aus dem Wortlaut folgenden Beschränkung der Vermutung des § 1 Abs. 2 Nr. 2 BetrVG auf das BetrVG vermutet § 132 Abs. 2 – anders als § 1 Abs. 2 Nr. 2 BetrVG – keinen gemeinsamen Betrieb i. S. des Kündigungsschutzrechts, sondern erhält die kündigungsschutzrechtliche Stellung lediglich vorübergehend. Die Darlegungs- und Beweislast für das Vorliegen eines Gemeinschaftsbetriebs im kündigungsrechtlichen Sinne trägt also der Arbeitnehmer, ohne sich auf § 1 Abs. 2 Nr. 2 BetrVG berufen zu können.[12] Die 5

---

2) Begr. Fraktionsentwurf z. UmwBerG, BT-Drucks. 12/6699, S. 174.

3) Begr. Fraktionsentwurf z. UmwBerG, BT-Drucks. 12/6699, S. 174.

4) Vgl. etwa BAG, Urt. v. 13.6.1985 – 2 AZR 452/84, AP Nr. 10 zu § 1 KSchG 1969; BAG, Urt. v. 18.1.1990 – 2 AZR 355/89, AP Nr. 9 zu § 23 KSchG 1969; BAG, Urt. v. 20.5.2021 – 2 AZR 560/20, NJW 2021, 2454; zu Bedeutung und Folgen für das Kündigungsrecht s. Linck/Preis-*Moll*/*Schubert*/*Schmitt*, Kündigungsrecht, § 23 KSchG Rz. 26 ff.

5) Zu den betriebsverfassungsrechtlichen Folgen einer umwandlungsrechtlichen Spaltung vgl. *Mückl* in: Mückl/Fuhlrott/Niklas/Otto/Schwab, Umstrukturierung, Kap. 4 Rz. 146 ff.

6) BAG, Urt. v. 12.11.1998 – 2 AZR 459/97, NZA 1999, 590, 592; *Niklas* in: Gaul, Umstrukturierung, Rz. 17.125.

7) *Foerster* in: BeckOGK-UmwG, § 132 Rz. 6.

8) Z. B. *Düwell*, NZA 1996, 393, 397; i. E. offengelassen von Lutter-*Sagan*, UmwG, § 132 Rz. 11 ff.

9) *Foerster* in: BeckOGK-UmwG, § 132 Rz. 9.

10) BAG, Urt. v. 20.5.2021 – 2 AZR 560/20, Rz. 23 ff., NJW 2021, 2454.

11) Semler/Stengel/Leonard-*Simon*/*Fischer*, UmwG, § 132 Rz. 6; Schmitt/Hörtnagl-*Langner*, UmwG/UmwStG, § 132 UmwG Rz. 12; Widmann/Mayer-*Wälzholz*, UmwR, § 322 UmwG (Altkommentierung) Rz. 12; a. A. Preis/Willemsen-*Joost*, Umstrukturierung von Betrieb und Unternehmen, Rz. 88.

12) *Hohenstatt*/*Schramm* in: KölnKomm-UmwG, § 132 Rz. 5 m. w. N. auch zur Gegenansicht.

Praxis wird aber in Rechnung stellen müssen, dass sich die ArbG im Zweifel faktisch an der betriebsverfassungsrechtlichen Situation orientieren werden.[13]

6 § 132 Abs. 1 zwingt weder für sich genommen noch i. V. m. § 132 Abs. 2 dazu, den bisher einheitlichen Betrieb nach der Spaltung als Gemeinschaftsbetrieb zu führen. Die **unternehmerisch-strategische Entscheidung**, ob die an der Spaltung beteiligten Rechtsträger künftig kündigungsschutzrechtlich **eigenständig und getrennt agieren**, d. h. auch den Betrieb spalten,[14] oder einen gemeinsamen Betrieb führen, bleibt unberührt.[15] Eine Betriebsspaltung **fällt nicht unter das Verschlechterungsverbot** nach § 132 Abs. 2.[16]

7 § 132 Abs. 1 und bei Abs. 2 enthalten unterschiedliche Schutzregime, die unabhängig voneinander zur Anwendung kommen.

2. Historische Entwicklung

8 Der heutige § 132 Abs. 1 war bis zum 1.3.2023 § 322 a. F., der seinerseits der frühere Absatz 2 der ihm vorgehenden Fassung von § 322 a. F. ist; ihm war als Absatz 1 bis zum Inkrafttreten des BetrVG-ReformG am 28.7.2001[17] als Absatz 1 eine Bestimmung vorangestellt, die dem heutigen § 1 Abs. 2 Nr. 2 BetrVG entspricht.

3. Anwendungsbereich des § 132 Abs. 1

9 Die Klarstellung des § 132 Abs. 1 greift ein, wenn eine **Spaltung** gemäß § 1 Abs. 1 Nr. 2, §§ 123 ff. oder eine **Teilübertragung**, auf die Absatz 1 gemäß § 177 Abs. 1, § 179 Abs. 1, § 184 Abs. 1, § 189 Abs. 1 anwendbar ist, stattgefunden haben. Soweit **Einzelrechtsübertragungen** zum selben Ergebnis führen, findet § 132 Abs. 1 keine Anwendung. Für die Anwendung des Kündigungsschutzrechts ist dies mit Blick darauf, dass Absatz 1 nur klarstellenden Charakter hat, in der Sache unerheblich. Maßgeblich ist allein, ob tatbestandlich ein gemeinsamer Betrieb gegeben ist.

10 Soweit die Anwendbarkeit von § 132 Abs. 1 auf den Fall beschränkt wird, dass der betroffene Betrieb im Spaltungs- und Übernahmevertrag (§ 126) oder im Spaltungsplan (§ 136) mindestens zwei spaltungsbeteiligten Rechtsträgern zugeordnet ist, überzeugt dies nicht.[18] Mit Blick auf den Normzweck von Absatz 1 ist gerade **spaltungsunabhängig zu beurteilen**, ob es sich tatbestandlich um einen gemeinsamen Betrieb handelt. Die Betriebsstruktur ist kündigungsrechtlich rechtsträgerübergreifend nur durch das (Nicht-)**Vorliegen einer Führungsvereinbarung** gestaltbar, nicht aber im Spaltungsvertrag oder -plan, soweit sie nicht darin enthalten ist.[19]

11 Keine Voraussetzung ist auch, dass spaltungsbeteiligte Rechtsträger bei Wirksamwerden der Spaltung gemäß § 131 einen gemeinsamen Betrieb führen. In Einklang mit dem klarstellenden Gesetzeswortlaut kommt es vielmehr darauf an, dass sie „nach dem Wirk-

---

13) *Hohenstatt/Schramm* in: KölnKomm-UmwG, § 132 Rz. 5.

14) Dies löst nach § 111 Satz 3 Nr. 3 BetrVG Beteiligungsrechte des Betriebsrates aus, vgl. Richardi-*Annuß*, BetrVG, § 111 Rz. 100 ff.; *Niklas* in: Gaul, Umstrukturierung, Rz. 17.121.

15) Vgl. *Hohenstatt/Schramm* in: KölnKomm-UmwG, § 132 Rz. 6; Lutter-*Sagan*, UmwG, § 132 Rz. 10; Semler/Stengel/Leonard-*Simon/Fischer*, UmwG, § 132 Rz. 10; Kallmeyer-*Willemsen/Müller-Bonanni*, UmwG, § 132 Rz. 16.

16) Kallmeyer-*Willemsen/Müller-Bonanni*, UmwG, § 132 Rz. 17; *Hohenstatt/Schramm* in: KölnKomm-UmwG, § 132 Rz. 6; Lutter-*Sagan*, UmwG, § 132 Rz. 10.

17) Gesetz zur Reform des Betriebsverfassungsgesetzes (Betriebsverfassungsreformgesetz – BetrVG-ReformG), v. 23.7.2001, BGBl. I 2001, 1852.

18) *Foerster* in: BeckOGK-UmwG, § 132 Rz. 7.

19) *Foerster* in: BeckOGK-UmwG, § 132 Rz. 7.

samwerden der Spaltung einen Betrieb gemeinsam" führen[20]. Ob sie dies auch **vor dem Wirksamwerden einer Spaltung und bei Wirksamwerden einer Spaltung** getan haben, spielt keine Rolle. § 132 Abs. 1 bewirkt keinen Zwang, einen Betrieb gemeinsam zu führen (siehe Rz. 6) noch die gemeinsame Führung eines Betriebs aufrechtzuerhalten.

Hinsichtlich der Anwendbarkeit von § 132 Abs. 1 auf die **grenzüberschreitende Spaltung** gemäß § 320 Abs. 2 handelt es sich dann nicht um eine Klarstellung, wenn man den gemeinsamen Betrieb mehrerer Unternehmen im Kündigungsschutzrecht zutreffend auf inländische Betriebe beschränkt.[21] Denn dann würde der Anwendungsbereich des gemeinsamen Betriebs im Umwandlungsrecht mit § 320 Abs. 2 auf die grenzüberschreitende Spaltung erweitert. Dass dies beabsichtigt war, wird man schon mit Blick auf Art. 3 GG bezweifeln dürfen. 12

4. Tatbestand des gemeinsamen Betriebs im Kündigungsschutzrecht

Der gemeinsame Betrieb mehrerer Unternehmen wird mit Zustimmung der herrschenden Literatur[22] vom BAG im KSchG anerkannt und liegt vor, wenn 13

> „die in einer Betriebsstätte vorhandenen materiellen und immateriellen Betriebsmittel mehrerer Unternehmen zu arbeitstechnischen Zwecken zusammengefasst, geordnet und gezielt eingesetzt werden und der Einsatz der menschlichen Arbeitskraft von einem einheitlichen Leitungsapparat betriebsbezogen gesteuert wird. Die beteiligten Unternehmen müssen sich zumindest stillschweigend zu einer gemeinsamen Führung rechtlich verbunden haben, so dass der Kern der Arbeitgeberfunktionen im sozialen und personellen Bereich von derselben institutionellen Leitung ausgeübt wird. Eine lediglich unternehmerische Zusammenarbeit genügt nicht."[23]

Spezifische Zusammenhänge mit dem UmwG im Allgemeinen und dem Recht der Spaltung gemäß § 1 Abs. 1 Nr. 2, §§ 123 ff. im Besonderen, bestehen nicht, so dass die Kennzeichnung eines gemeinsamen Betriebs hier nicht weiter vertieft wird. 14

5. Überblick über Rechtsfolgen des gemeinsamen Betriebs im Kündigungsschutzrecht

Konsequenz eines Gemeinschaftsbetriebs im Kündigungsschutzrecht ist nach der Rechtsprechung des BAG[24] und der h. M.[25], dass für den **Schwellenwert** des § 23 Abs. 1 KSchG alle im Gemeinschaftsbetrieb beschäftigten Arbeitnehmer zu berücksichtigen sind. 15

Auch für die **Ermittlung** des Schwellenwerte gemäß § 17 Abs. 1 KSchG sind sämtliche im gemeinsamen Betrieb beschäftigten Arbeitnehmer zu beachten.[26] 16

Für die **Prüfung einer Weiterbeschäftigung** auf anderweitigen freien Arbeitsplätzen sind ebenfalls alle im gemeinsamen Betrieb vorhandenen freien gleich- oder geringerwertigen Arbeitsplätze zu berücksichtigen. Keine Rolle spielt, welchem Rechtsträger der jeweilige 17

---

20) *Foerster* in: BeckOGK UmwG, § 132 Rz. 8.

21) Vgl. bereits *Otto/Mückl*, BB 2008, 1231; str. vgl. für die h. M. *Kiel* in ErfK-ArbR, § 23 KSchG Rz. 6; BAG, Urt. v. 1.6.2023 – 2 AZR 150/22, Rz. 33, NZA 2023, 1396.

22) Vgl. nur *Kiel* in ErfK-ArbR, § 23 KSchG Rz. 5; Linck/Preis-*Moll/Schubert/Schmitt*, Kündigungsrecht, § 23 KSchG Rz. 26 ff.

23) BAG, Urt. v. 20.5.2021 – 2 AZR 560/20, NJW 2021, 2454.

24) BAG, Urt. v. 23.5.2013 – 2 AZR 54/12, Rz. 28, NZA 2013, 1197.

25) *Hohenstatt/Schramm* in: KölnKomm-UmwG, § 132 Rz. 8 m. w. N.

26) BAG, Urt. v. 29.4.1999 – 2 AZR 352/98, AG 2000, 75; Lutter-*Sagan*, UmwG, § 132 Rz. 16; *Willemsen/Sittard* in: Willemsen/Hohenstatt/Schweibert/Seibt, Umstrukturierung und Übertragung von Unternehmen, Kap. 8 Rz. 148.

Arbeitsplatz zugeordnet ist. Freie Arbeitsplätze außerhalb des gemeinsamen Betriebs sind demgegenüber nur bei dem jeweiligen Vertragsarbeitgeber zu berücksichtigen.[27)]

18 Im Fall **betriebsbedingter Kündigungen** umfasst die Sozialauswahl über die Rechtsträgergrenzen hinweg den gesamten Betrieb.[28)] Die an einem gemeinsamen Betrieb beteiligten Unternehmen müssen also sich vor Ausspruch einer betriebsbedingten Kündigung darüber einigen, welcher der jeweils vergleichbaren Arbeitnehmer des gemeinsamen Betriebs sozial am wenigsten schutzbedürftig ist. Nur dessen Arbeitsverhältnis darf gekündigt werden.

19 Im Rahmen des § 15 Abs. 5 KSchG sind auch **Betriebsabteilungen** zu berücksichtigen, die rechtlich dem Nicht-Vertragsarbeitgeber innerhalb des Gemeinschaftsbetriebs **zugeordnet sind.**[29)]

III. Normzweck des § 132 Abs. 2

1. Gesetzesbegründung

20 Die vom heutigen Gesetzeswortlaut des § 132 Abs. 2 nur geringfügig abweichende ursprüngliche Entwurfsfassung gab als Hintergrund der Regelung an:

> „Für eine Übergangszeit von zwei Jahren nach dem Wirksamwerden der Spaltung oder Teilübertragung eines Rechtsträgers soll sich die kündigungsrechtliche Stellung eines Arbeitnehmers dieses Rechtsträgers auch dann nicht verschlechtern können, wenn in dem neuen, ihn beschäftigenden Rechtsträger die für die Anwendbarkeit kündigungsrechtlicher Regelungen notwendige Beschäftigtenzahl nicht erreicht wird; dies betrifft insbesondere § 23 Abs. 1 des KSch(G)."

21 Dies wiederum hatte die Sorge zum Hintergrund, dass es durch die Einführung der Rechtsinstitute der Spaltung und Teilübertragung „zu einer Zerschlagung von Betrieben kommen kann". Den dadurch begründeten Gefahren will § 132 Abs. 2 begegnen.

2. Historische Entwicklung und gesetzgeberische Intention

22 Der heutige § 132 Abs. 2 befand sich bis zum 1.3.2022 in § 323 Abs. 1 a. F. Auch dort betraf er lediglich die kündigungsrechtliche Stellung bei Spaltung und Teilübertragung. Er wurde lediglich aus systematischen Erwägungen ohne inhaltliche Änderung redaktionell vom Siebten in das Zweite Buch des UmwG versetzt. Die Regelung des § 323 Abs. 2 a. F., findet sich nun in § 35a.

3. Schutz vor Verschlechterung „auf Grund" der Spaltung

23 Die Wahrung des kündigungsrechtlichen Besitzstands setzt voraus, dass der Arbeitnehmer vor der Spaltung bzw. Vermögensübertragung in einem **Arbeitsverhältnis** zu dem übertragenden Rechtsträger stand.[30)] Maßgeblich ist der **Zeitpunkt des Abschlusses** des Arbeitsvertrags.[31)] Ob dies auch im Nachgang zum Übertragungsvorgang der Fall ist, spielt insoweit keine Rolle.[32)]

24 Beschränkt man § 132 Abs. 2 auf seinen Wortlaut, bleibt allerdings kaum ein Anwendungsbereich. Denn eine umwandlungsrechtliche Spaltung oder Teilübertragung hat keine Be-

---

27) Vgl. *Foerster* in: BeckOGK-UmwG, § 132 Rz. 11; *Oetker* in: ErfK-ArbR, § 132 UmwG Rz. 3; Semler/Stengel/Leonard-*Simon/Fischer*, UmwG, § 132 Rz. 13; *Willemsen/Sittard* in: Willemsen/Hohenstatt/Schweibert/Seibt, Umstrukturierung und Übertragung von Unternehmen, Kap. 8 Rz. 149; Lutter-*Sagan*, UmwG, § 132 Rz. 16.

28) *Hohenstatt/Schramm* in: KölnKomm-UmwG, § 132 Rz. 11 m. w. N.

29) *Hohenstatt/Schramm* in: KölnKomm-UmwG, § 132 Rz. 13 m. w. N.

30) *Oetker* in ErfK-ArbR, § 132 UmwG Rz. 6, näher *Borho*, RdA 2022, 159 ff.

31) *Hohenstatt/Schramm* in: KölnKomm-UmwG, § 132 Rz. 17 m. w. N.

32) *Oetker* in: ErfK-ArbR, § 132 UmwG Rz. 6.

deutung für den Betrieb als arbeitsorganisatorische Einheit.[33] Vielmehr ist insoweit entscheidend, ob in tatsächlicher Hinsicht Änderungen der betrieblichen Organisation, namentlich eine Teilung/Aufteilung des Betriebs, stattfinden (vgl. § 21 BetrVG). Nimmt man § 132 Abs. 2 („auf Grund der Spaltung") wörtlich, sind daher nur kündigungsrechtliche **Verschlechterungen** erfasst, die sich **unmittelbar aus dem Rechtsträgerwechsel** durch die Spaltung des übertragenden Rechtsträgers gemäß § 1 Abs. 1 Nr. 2, §§ 123 ff. **ergeben.**[34] Die in der Gesetzesbegründung als „Zerschlagung von Betrieben" gekennzeichneten Fälle organisatorischer Veränderungen auf betrieblicher Ebene würden dagegen von Absatz 2 nicht erfasst.

Der Begriff „auf Grund" wird daher teilweise nicht i. S. von „unmittelbar" infolge der Spaltung des übertragenden Rechtsträgers gemäß § 1 Abs. 1 Nr. 2, §§ 123 ff. ausgelegt. Ausreichend sollen kündigungsrechtliche Verschlechterungen sein, die sich im Einzelfall ohne Absatz 2 daraus ergeben würden, dass es im weiteren Sinne in sachlichem und zeitlichem Zusammenhang mit einer Spaltung gemäß § 1 Abs. 1 Nr. 2, §§ 123 ff. auch zur **Zerschlagung eines Betriebs/Aufteilung eines Betriebs** kommt. 25

Das **BAG**[35] hat zum heutigen § 132 Abs. 2, früher § 323 Abs. 1 a. F., zum Normzweck allerdings entschieden: 26

> „Die Regelung gilt nur für Verschlechterungen, die auf Grund der Spaltung eingetreten sind. Dies ist der Fall, wenn sie sich als unmittelbare Folge einer Spaltung darstellen […]. Nachfolgende Entwicklungen werden von § 323 Abs. 1 UmwG nicht erfasst und können sich durchaus nachteilig für den Arbeitnehmer auswirken."

Dem ist zuzustimmen,[36] denn § 132 Abs. 2 stellt lediglich sicher, dass die bisher für das Arbeitsverhältnis maßgeblichen kündigungsrechtlichen Normen auch nach der Spaltung angewandt werden (das „Ob"). Das „Wie" ihrer Anwendung richtet sich allerdings nach den tatsächlichen und rechtlichen **Verhältnissen nach der Spaltung.**[37] Es wird mithin insbesondere nicht die Einheitlichkeit des bisherigen Betriebs fingiert, wenn gleichzeitig mit dem bisherigen Rechtsträger auch der Betrieb gespalten wird und die an der Spaltung beteiligten Rechtsträger sich nicht gemäß § 132 Abs. 1 auf die Weiterführung als gemeinsamer Betrieb einigen. Im Rahmen der Sozialauswahl und bei Prüfung einer Weiterbeschäftigungsmöglichkeit darf daher **nicht auf die im Ursprungsbetrieb vorhandenen Verhältnisse abgestellt** werden. Namentlich zwingt § 132 Abs. 2 die beteiligen Rechtsträgers auch nicht dazu, einen gemeinsamen Betrieb zu vereinbaren (siehe bereits Rz. 6). 27

4. Ausgrenzung sonstiger Umstrukturierungen

Für Verschmelzung und Formwechsel, die dem Wortlaut nach nicht erfasst sind, besteht die Sorge vor der Zerschlagung von Betrieben auch der Gesetzesbegründung nach nicht. Mit dem Gesetz zur Umsetzung der Umwandlungsrichtlinie[38] hat der Gesetzgeber dies noch einmal ausdrücklich bestätigt.[39] Eine analoge Anwendung scheidet schon deshalb aus.[40] Entsprechendes gilt – angesichts des spezifischen Zuschnitts von § 132 Abs. 2 auf 28

33) Zur Differenzierung zwischen diesen Ebenen vgl. bereits *Mückl* in: Mückl/Fuhlrott/Niklas/Otto/Schwab, Umstrukturierung, Kap. 4 Rz. 146 ff., 161 ff.

34) BAG, Urt. v. 22.9.2005 – 6 AZR 526/04, Rz. 22, NZA 2006, 658.

35) BAG, Urt. v. 22.9.2005 – 6 AZR 526/04, Rz. 22, NZA 2006, 658.

36) Ausf. zum sehr heterogenen Meinungsbild *Hohenstatt/Schramm* in: KölnKomm-UmwG, § 132 Rz. 19 ff. m. w. N.

37) Kallmeyer-*Willemsen/Müller-Bonanni*, UmwG, § 132 Rz. 19 ff.

38) Gesetz zur Umsetzung der Umwandlungsrichtlinie und zur Änderung weiterer Gesetze, v. 22.2.2023, BGBl. I 2023, 51.

39) *Hohenstatt/Schramm* in: KölnKomm-UmwG, § 132 Rz. 18.

40) So die h. M. vgl. nur *Hohenstatt/Schramm* in: KölnKomm-UmwG, § 132 Rz. 18 m. w. N.

die Spaltung – für **Umstrukturierungen außerhalb des UmwG.** Das BAG[41] hatte dies schon früher ausdrücklich bestätigt.

5. Kennzeichen der kündigungsrechtlichen Stellung

29 Allerdings ist nicht offensichtlich, ob § 132 Abs. 2 mit „kündigungsrechtliche[r] Stellung des Arbeitnehmers“ restriktiv lediglich die kündigungsschutzrechtliche Stellung meint, wie manche Stimmen in der Literatur annehmen.[42] Nach der Begründung des RegE zu § 322 Abs. 2 a. F. zielt die Norm zwar in erster Linie auf § 23 Abs. 1 KSchG, d. h. auf die Erhaltung des gesetzlichen Kündigungsschutzes trotz Absinkens der Beschäftigtenzahl unter den Schwellenwert des § 23 Abs. 1 KSchG, ab. Gegen eine Beschränkung darauf spricht insbesondere ein Vergleich mit dem Wortlaut des § 132 Abs. 1 („im Sinne des Kündigungsschutzrechts“) ergibt. Die heutige Überschrift „Kündigungsschutzrecht“ ändert daran nichts, da mit ihr **keine Änderung der Rechtslage beabsichtigt** war. Es dürfte sich um ein unreflektiertes Redaktionsversehen handeln. Über das KSchG hinaus kommen daher auch **sonstige kündigungsrechtliche Regelungen** in Betracht, allerdings mit folgenden, dem Wortsinn des Begriffs „Stellung“ entsprechenden Einschränkungen, der eine subjektive Rechtsposition fordert:[43]

– Die kündigungsrechtlichen Regeln selbst werden befristet weiter angewendet, aber nicht die für ihre Anwendung maßgeblichen tatsächlichen Umstände „eingefroren“ und
– sie müssen die „kündigungsrechtliche Stellung des Arbeitnehmers“ selbst inhaltlich regeln, d. h. sich nicht nur reflexartig zugunsten des Arbeitnehmers auswirken (können).

30 Abzulehnen ist daher auch die Auffassung,[44] **jede auch nur irgendwie vorstellbare rechtliche Schlechterstellung** des zu Kündigenden durch die Umwandlung werde in der Frist des § 132 Abs. 2 verboten.

6. Ausprägungen der kündigungsrechtlichen Stellung.

31 Gemäß § 132 Abs. 2 befristet weiter anzuwenden sind (bei Vorliegen der von ihnen geforderten tatsächlichen Voraussetzungen) zunächst §§ 1 – 14 KSchG.

32 Aus einer auf § 132 Abs. 2 gestützten Anwendung von § 15 KSchG folgt aber nur die weitere Anwendung als solche. Scheidet der betroffene Arbeitnehmer infolge der Spaltung aus seinem Amt aus, wird das Amt selbst nicht als fortbestehend fingiert.[45] Er genießt lediglich für bis zu zwei Jahre den **nachwirkenden Kündigungsschutz** gemäß § 15 Abs. 1 Satz 2 KSchG. Das **Zustimmungserfordernis** nach § 15 Abs. 1 Satz 1 KSchG i. V. m. § 103 Abs. 1 BetrVG ist demgegenüber **nicht erfasst.**[46]

33 Denkbar ist auch die **Anwendung der §§ 17 ff. KSchG**, wenn man sie auch als Schutznormen zugunsten des einzelnen Arbeitnehmers auffasst. Insoweit wird man zum einen die derzeitige Rechtsprechungsentwicklung abwarten und zum anderen – soweit das BAG[47] teilweise einen Kündigungsschutz zukünftig allein aus der Beteiligung des Betriebsrats herleiten möchte – eine Bewertung parallel zur Schutzwirkung sonstiger betriebsverfassungsrechtlicher Normen vornehmen müssen (siehe Rz. 34). Allerdings kann sich eine unver-

41) BAG, Urt. v. 15.2.2007 – 8 AZR 397/06, Rz. 50, NZA 2007, 739.

42) So *Bauer/Lingemann*, NZA 1994, 1057, 1060.

43) Zum Folgenden Kallmeyer-*Willemsen/Müller-Bonanni*, UmwG, § 132 Rz. 27.

44) Vgl. in diese Richtung argumentierend z. B. *Bachner*, NJW 1995, 2881, 2884; *Düwell*, NZA 1996, 393 ff.

45) Kallmeyer-*Willemsen/Müller-Bonanni*, UmwG, § 132 Rz. 29.

46) *Hohenstatt/Schramm* in: KölnKomm-UmwG, § 132 Rz. 32; Kallmeyer-*Willemsen/Müller-Bonanni*, UmwG, § 132 Rz. 29 m. w. N.

47) Vgl. BAG, Urt. v. 23.5.2024 – 6 AZR 155/21, NZA 2024, 981.

änderte Anwendung der §§ 17 ff. KSchG entsprechend der vor der Spaltung maßgeblichen Arbeitnehmerzahl als kontraproduktiv erweisen.[48)]

34 Ob auch betriebsverfassungsrechtliche Normen, welche bei der **Kündigung von Arbeitsverhältnissen** relevant werden können (z. B. §§ 95, 99 102, 103 BetrVG), von § 132 Abs. 2 erfasst werden, ist umstritten.[49)] Richtigerweise wird man das verneinen müssen.[50)] Schließlich handelt es sich dabei nicht um Regelungen, welche die individuelle kündigungsrechtliche Rechtsstellung des Arbeitnehmers regeln. Ihr Einbezug würde zudem zu einem unauflösbaren **Wertungswiderspruch** zu § 132a Abs. 2 führen.

35 Erst recht nicht erfasst sind die §§ 111 ff. BetrVG (Interessenausgleich und Sozialplan bei Betriebsänderungen).[51)] Die bloße Aussicht auf einen Sozialplan gehört nicht zur kündigungsrechtlichen Stellung und wird daher nicht geschützt, wenn der dem Spaltprodukt zuzuordnende Betrieb aus dem Anwendungsbereich der §§ 111 ff. BetrVG herausfällt. Möglich ist in diesem Fall (nach Ablauf eines etwaigen Übergangsmandats i. S. des § 21a BetrVG) eine Aufrechterhaltung i. R. einer Kollektivvereinbarung nach § 132a Abs. 2. Der Verlust der „Aussicht" auf einen Sozialplan bei späteren Betriebsänderungen ist ebenfalls kein ausgleichspflichtiger Nachteil i. S. des § 112 BetrVG.

36 Ob auch **Regelungen zur kündigungsrechtlichen Stellung** (z. B. zu Kündigungsfristen, Ausschlüssen der ordentlichen Kündigung oder Zustimmungserfordernissen seitens einer Arbeitnehmervertretung) in Tarifverträgen und Betriebsvereinbarungen von § 132 Abs. 2 erfasst sind bzw. ihre Geltung sich ausschließlich nach § 613a Abs. 1 Satz 2–4 BGB i. V. m. § 35a Abs. 2 UmwG richten soll, ist umstritten. Die Gesetzesmaterialien sprechen eher dagegen.[52)] Es ist auch nicht erkennbar, warum § 132 Vorrang vor § 35a Abs. 2 haben sollte. Dafür sprechen keine systematischen Argumente. Schließlich bezweckt § 132 Abs. 2 die Verhinderung einer Schlechterstellung, aber **keine Besserstellung** des Arbeitnehmers mit Blick auf kündigungsrechtliche Aspekte.[53)]

7. Geschützter Zeitraum

37 Der Schutzzeitraum von zwei Jahren **beginnt** mit dem Wirksamwerden der Spaltung, d. h. mit der Eintragung gemäß § 131. Auf die **Berechnung** des Zeitraums finden die §§ 187 ff. BGB, namentlich § 187 Abs. 1 BGB, § 188 Abs. 2 Var. 1 BGB, jedenfalls entsprechend Anwendung.[54)] § 193 BGB findet keine Anwendung, da keine Willenserklärung innerhalb einer Frist abzugeben oder eine Leistung zu bewirken ist. Ob eine kündigungsrechtliche Maßnahme in den Zeitraum von zwei Jahren fällt, richtet sich nach dem Zeitpunkt des **Zugangs** der **Kündigungserklärung**.[55)]

48) Kallmeyer-*Willemsen/Müller-Bonanni*, UmwG, § 132 Rz. 28.

49) *Hohenstatt/Schramm* in: KölnKomm-UmwG, § 132 Rz. 33 ff.; Kallmeyer-*Willemsen/Müller-Bonanni*, UmwG, § 132 Rz. 30 ff. m. w. N.

50) *Hohenstatt/Schramm* in: KölnKomm-UmwG, § 132 Rz. 33 ff.; Kallmeyer-*Willemsen/Müller-Bonanni*, UmwG, § 132 Rz. 31 ff.

51) H. M. vgl. nur *Hohenstatt/Schramm* in: KölnKomm-UmwG, § 132 Rz. 34 m. w. N.; a. A. z. B. Lutter-*Sagan*, UmwG, § 132 Rz. 27; *Mengel*, Umwandlungen, S. 269.

52) Kallmeyer-*Willemsen/Müller-Bonanni*, UmwG, § 132 Rz. 34.

53) *Hohenstatt/Schramm* in: KölnKomm-UmwG, § 132 Rz. 36; Kallmeyer-*Willemsen/Müller-Bonanni*, UmwG, § 132 Rz. 34 m. w. N.

54) Für eine unmittelbare Anwendung *Hohenstatt/Schramm* in: KölnKomm-UmwG, § 132 Rz. 40.

55) *Hohenstatt/Schramm* in: KölnKomm-UmwG, § 132 Rz. 40 m. w. N.

§ 132a
Mitbestimmungsbeibehaltung*)

(1) [1]Entfallen durch Abspaltung oder Ausgliederung bei einem übertragenden Rechtsträger die gesetzlichen Voraussetzungen für die Beteiligung der Arbeitnehmer im Aufsichtsrat, so sind die vor der Spaltung geltenden Vorschriften noch für einen Zeitraum von fünf Jahren nach dem Wirksamwerden der Abspaltung oder Ausgliederung anzuwenden. [2]Dies gilt nicht, wenn die betreffenden Vorschriften eine Mindestzahl von Arbeitnehmern voraussetzen und die danach berechnete Zahl der Arbeitnehmer des übertragenden Rechtsträgers auf weniger als in der Regel ein Viertel dieser Mindestzahl sinkt.

(2) [1]Hat die Spaltung eines Rechtsträgers die Spaltung eines Betriebes zur Folge und entfallen für die aus der Spaltung hervorgegangenen Betriebe Rechte oder Beteiligungsrechte des Betriebsrats, so kann durch Betriebsvereinbarung oder Tarifvertrag die Fortgeltung dieser Rechte oder Beteiligungsrechte vereinbart werden. [2]Die §§ 9 und 27 des Betriebsverfassungsgesetzes bleiben unberührt.

*) § 132a eingefügt durch Art. 1 des Gesetzes zur Umsetzung der Umwandlungsrichtlinie und zur Änderung weiterer Gesetze (UmRUG), v. 22.2.2023, BGBl. I 2023, Nr. 51.

Literatur: *Habersack*, Das Mitbestimmungsstatut der SE: „Ist“ oder „Soll“?, AG 2018, 823; *Heinze*, Arbeitsrechtliche Fragen bei der Übertragung und Umwandlung von Unternehmen, ZfA 1997, 1; *Mengel*, Umwandlungen im Arbeitsrecht – Eine Untersuchung der arbeitsrechtlichen Vorschriften des Gesetzes zur Bereinigung des Umwandlungsrechts vom 28.“Oktober 1994, 1997; *Mückl*, Mitbestimmung bei Gründung einer Societas Europaea (SE) – „Sein“ oder Sollen?, BB 2018, 2868.

Übersicht

I. Gesetzliche Stellung und Regelungsbereiche

1. Systematische Stellung des § 132a im UmwG

§ 132a überführt weitestgehend ohne inhaltliche Änderungen den bisherigen § 325 a. F. – da sie bestimmte Spaltungen erfasst: systematisch zutreffender – vom Siebten in das Zweite Buch des UmwG. Allerdings wurde der Anwendungsbereich der Vorschrift kraft Verweisung auf Teilübertragungen und grenzüberschreitende Spaltungen erstreckt. Die Anwendbarkeit auf Teilübertragungen folgt aus §§ 177 Abs. 1, 179 Abs. 1, 184 Abs. 1, 189 Abs. 1. 1

Da sich der **Schutz** des § 132a Abs. 1 auf das **übertragende Unternehmen** bezieht (siehe Rz. 12), werden nur Herausspaltungen in Form der grenzüberschreitenden Abspaltung zur Neugründung (§§ 123 Abs. 2 Nr. 2, 320 Abs. 1 Nr. 1) sowie der grenzüberschreitenden Ausgliederung zur Neugründung (§§ 123 Abs. 3 Nr. 2, 320 Abs. 1 Nr. 1) erfasst. Von der in §§ 320 Abs. 1 Nr. 2, 332 über die Richtlinie (EU) 2017/1132[1] hinaus geregelten **grenzüberschreitenden Spaltung zur Aufnahme** sind mitbestimmungsrelevante Konstellationen hingegen ausgenommen. 2

Eine analoge Anwendung auf andere Spaltungsfälle scheidet ebenso aus wie auf sonstige Umstrukturierungsfälle außerhalb des UmwG.[2] 3

§ 132a Abs. 1 schützt ausschließlich die **gesetzliche Unternehmensmitbestimmung**, die in Unternehmen bestimmter Rechtsformen durch Arbeitnehmervertreter im Aufsichtsrat ausgeübt wird, d. h. die Mitbestimmung nach dem MitbestG[3], dem Montan-MitbestG[4], dem Montan-MitbestErgG[5] oder dem DrittelbG[6]. Die Mitbestimmung nach dem SEBG[7], dem SCEBG[8], dem MgVG[9] oder dem MgFSG[10] ist ebenso wenig erfasst[11] wie eine lediglich auf Vereinbarung beruhende Mitbestimmung,[12] soweit sie überhaupt zulässig ist.[13] Ob ergänzende Vereinbarungen i. S. von § 1 Abs. 3 Satz 2 möglich sind, soweit eine vereinbarte Mitbestimmung zulässig ist, ist umstritten.[14] 4

---

1) Richtlinie (EU) 2017/1132 des Europäischen Parlaments und des Rates v. 14.6.2017 über bestimmte Aspekte des Gesellschaftsrechts (Gesellschaftsrechtsrichtlinie), ABl. (EU) L 169/46 v. 30.6.2017.

2) Vgl. für die h. M. z. B. Widmann/Mayer-*Titze*, UmwR, § 132a UmwG Rz. 14 m. w. N. auch zur vereinzelt vertretenen Gegenansicht.

3) Mitbestimmungsgesetz (MitbestG), v. 4.5.1976, BGBl. I 1976, 1153.

4) Gesetz über die Mitbestimmung der Arbeitnehmer in den Aufsichtsräten und Vorständen der Unternehmen des Bergbaus und der Eisen und Stahl erzeugenden Industrie (MontanMitbestG), v. 21.5.1951, BGBl. III, Nr. 801-2.

5) Gesetz zur Ergänzung des Gesetzes über die Mitbestimmung der Arbeitnehmer in den Aufsichtsräten und Vorständen der Unternehmen des Bergbaus und der Eisen und Stahl erzeugenden Industrie (Montan-MitbestErgG), v. 7.8.1956, BGBl. III, Nr. 801-3.

6) Gesetz über die Drittelbeteiligung der Arbeitnehmer im Aufsichtsrat (Drittelbeteiligungsgesetz – DrittelbG), v. 18.5.2004, BGBl. I 2004, 974.

7) Gesetz über die Beteiligung der Arbeitnehmer in einer Europäischen Gesellschaft (SE-Beteiligungsgesetz – SEBG), v. 22.12.2004, BGBl. I 2004, 3675, 3686.

8) Gesetz über die Beteiligung der Arbeitnehmer und Arbeitnehmerinnen in einer Europäischen Genossenschaft (SCE-Beteiligungsgesetz – SCEBG), v. 14.8.2006, BGBl. I 2006, 1911, 1917.

9) Gesetz über die Mitbestimmung der Arbeitnehmer bei einer grenzüberschreitenden Verschmelzung (MgVG), v. 21.12.2006, BGBl. I 2006, 3332.

10) Gesetz über die Mitbestimmung der Arbeitnehmer bei grenzüberschreitendem Formwechsel und grenzüberschreitender Spaltung (MgFSG), v. 4.1.2023, BGBl. I 2023 Nr. 10.

11) A. A. für den Spezialfall eines Tendenzunternehmens Widmann/Mayer-*Titze*, UmwR, § 132a UmwG Rz. 28 ff.

12) Widmann/Mayer-*Titze*, UmwR, § 132a UmwG Rz. 5.

13) Schubert/Wißmann/Kleinsorge-*Schubert*, MitbestR, § 1 MitbestG Rz. 87 ff.; Schubert/Wißmann/Kleinsorge-*Kleinsorge*, MitbestR, § 4 DrittelbG Rz. 3 ff.

14) Abl. Semler/Stengel/Leonard-*Simon/Fischer*, UmwG, § 132a Rz. 25; befürwortend *Uffmann* in: MünchHdb. ArbR, § 382 Rz. 25; Widmann/Mayer-*Titze*, UmwR, § 132a UmwG Rz. 6.

2. Ziele und Zwecke der Norm

5 § 132a regelt einerseits die **zeitlich begrenzte Beibehaltung** der Unternehmensmitbestimmung trotz Wegfalls von Anwendungsvoraussetzungen infolge einer Abspaltung oder Ausgliederung (§ 132a Abs. 1) und ermöglicht andererseits **kollektivrechtliche Vereinbarungen über den Fortbestand** betriebsverfassungsrechtlicher (Beteiligungs-)Rechte, deren Voraussetzungen infolge einer Betriebsspaltung entfallen sind, die ihrerseits durch eine Unternehmensspaltung oder Teilübertragung bedingt ist (§ 132a Abs. 2).

6 Zweck dieser Regelungen ist es, (zu ermöglichen) zu verhindern, dass durch (bestimmte) Spaltungsvorgänge von Mitarbeiterzahlen abhängige Formen der Unternehmensmitbestimmung und betriebsverfassungsrechtliche (Beteiligungs-)Rechte eingeschränkt oder beseitigt werden. Dieselbe Zwecksetzung verfolgt für die bestehende Unternehmensmitbestimmung das MitbestBeiG, das sie im Zusammenhang mit grenzüberschreitenden Betriebsübertragungen schützt. Die Konzeption der befristeten Beibehaltung der Unternehmensmitbestimmung, obwohl die Voraussetzungen für die Anwendung des zugrunde liegenden Gesetzes nicht mehr erfüllt werden, ist zudem aus § 1 Abs. 3 MontanMitbestG und § 16 Abs. 2 MitbestErgG bekannt.

7 Entscheidungen zu § 132a (auch zur Vorgängernorm) sind nicht bekannt,[15] so dass die mit ihm intendierte Abschreckung vor Spaltungen mit dem vorrangigen Ziel einer Verringerung oder Beseitigung der Mitbestimmung zu wirken scheint.

II. Beibehaltung der Unternehmensmitbestimmung (§ 132a Abs. 1)

1. Tatbestandsmerkmale von § 132a Abs. 1

a) Abspaltung oder Ausgliederung

8 Der Wortlaut beschränkt die befristete Mitbestimmungsbeibehaltung ausdrücklich hinsichtlich eines Wegfalls der Anwendungsvoraussetzungen des jeweiligen Mitbestimmungsgesetzes infolge von Abspaltung (§ 123 Abs. 2) oder Ausgliederung (§ 123 Abs. 3). **Andere Formen der Umwandlung** werden vorbehaltlich der gesetzlichen Verweisungen auf § 132a (siehe Rz. 2, 27) nicht erfasst. Das gilt für alle Fälle des Formwechsels sowie die Aufspaltung nach § 123 Abs. 1, aber auch für Betriebs(teil)übergänge i. S. des § 613a BGB im Wege der Einzelrechtsnachfolge. Eine analoge Anwendung kommt nicht in Betracht (siehe bereits oben Rz. 3, 20).

9 Die Abspaltung oder Ausgliederung allein muss **kausal für das Absinken der Mitarbeiterzahl** sein.[16] Das ist nicht mehr der Fall, wenn der Abspaltung oder Ausgliederung ein Betriebs(teil)übergang i. S. des § 613a BGB im Wege der Einzelrechtsnachfolge vorgeschaltet wird, um den Übertragungsstichtag steuern zu können, was in der Praxis z. B. durch den Abschluss unechter Betriebsführungsverträge[17] geschieht. Denn dann bewirkt bereits der vorgelagerte Betriebs(teil)übergang das Absinken der Mitarbeiterzahl. Darin

---

15) Widmann/Mayer-*Titze*, UmwR, § 132a UmwG Rz. 4.

16) *Hohenstatt/Schramm* in: KölnKomm-UmwG, § 132a Rz. 17 ff.; *Oetker* in: ErfK-ArbR, § 132a UmwG Rz. 11; Lutter-*Sagan*, UmwG, § 132a Rz. 14 ff. – es sei denn es handelt sich um eine bewusste Umgehung; *Seibt* in: Willemsen/Hohenstatt/Schweibert/Seibt, Umstrukturierung und Übertragung von Unternehmen, Kap. 6 Rz. 124; Semler/Stengel/Leonard-*Simon/Fischer*, UmwG, § 132a Rz. 11; a. A. Schubert/Wißmann/Kleinsorge-*Schubert*, MitbestR, § 1 MitbestG Rz. 71; Widmann/Mayer-*Titze*, UmwR, § 132a UmwG Rz. 22.

17) Vgl. dazu *Willemsen/Schaer* in: Willemsen/Hohenstatt/Schweibert/Seibt, Umstrukturierung und Übertragung von Unternehmen, Kap. 7 Rz. 56 ff.

liegt, wenn dem praktischen Bedürfnis einer **Steuerung des Übertragungsstichtags** Rechnung getragen wird, auch kein Rechtsmissbrauch.[18)]

b) Wegfall beim übertragenden Rechtsträger

Ausgehend vom Wortlaut des § 132a Abs. 1 Satz 1 greift der mitbestimmungsrechtliche Bestandsschutz nur bei dem Unternehmen ein, das bis zur Abspaltung oder Ausgliederung die gesetzlichen Voraussetzungen für die Anwendung eines deutschen Mitbestimmungsgesetzes erfüllt hat. Ob es auch **tatsächlich** auf das Unternehmen **angewandt** worden sein muss, ist umstritten.[19)] Dagegen spricht zwar ein Umkehrschluss aus § 1 MitbestBeiG, dafür aber ein systematischer Schluss aus § 96 Abs. 4 AktG und die damit verbundene Rechtssicherheit. Spiegelbildlich stellt sich hier dieselbe Frage wie bei der Umwandlung in eine SE, in deren Rahmen der BGH[20)] ein eingeleitetes Statusverfahren für maßgeblich gehalten hat. 10

Sämtliche **Rechtsformen**, in denen gesetzlich mitbestimmte und nach deutschem Recht verfasste Unternehmen geführt werden können (AG, KGaA, GmbH, Genossenschaft, VVaG), sind nach § 124 i. V. m. § 3 Abs. 1 Nr. 2, 3 und 6 spaltungs- und ausgliederungsfähig und daher von § 132a Abs. 1 erfasst. 11

Keine Rolle für die Anwendung des § 132a Abs. 1 spielt nach allgemeiner Meinung der **Mitbestimmungsstatus des übernehmenden Rechtsträgers.**[21)] § 132a Abs. 1 schützt nicht davor, im aufnehmenden Unternehmen möglicherweise keine oder eine im Vergleich zum übertragenden Rechtsträger schwächere Form der Mitbestimmung vorzufinden. Umgekehrt findet § 132a Abs. 1 auf den übertragenden Rechtsträger auch dann Anwendung, wenn beim übernehmenden Rechtsträger dieselbe oder eine stärkere Form der Mitbestimmung besteht.[22)] 12

c) Wegfall durch Absinken der Arbeitnehmerzahl beim übertragenden Rechtsträger

Weiter fordert § 132a Abs. 1 Satz 1, dass die gesetzlichen Anwendungsvoraussetzungen für die Beteiligung der Arbeitnehmer im Aufsichtsrat entfallen. Gemeint sind damit die Voraussetzungen des bisher für das Unternehmen maßgebenden Mitbestimmungsgesetzes. Erfasst sind daher auch Fälle, in denen die Unternehmensmitbestimmung nicht erlischt, sondern sich **lediglich verändert**[23)], z. B. ein Ausscheiden aus dem MitbestG unter gleichzei- 13

18) Vgl. zu den Grenzen des Rechtsmissbrauchseinwands in Bezug auf den beschränkten Geltungsbereich von § 132a Abs. 1 auch Widmann/Mayer-*Titze*, UmwR, § 132a UmwG Rz. 13 f.; *Seibt* in: Willemsen/Hohenstatt/Schweibert/Seibt, Umstrukturierung und Übertragung von Unternehmen, Kap. 6 Rz. 131; für den Fall des Rechtsformenwechsels OLG Naumburg, Urt. v. 6.2.1997 – 7 U 236/96, NZA-RR 1997, 177 ff.

19) Dafür Semler/Stengel/Leonard-*Simon/Fischer*, UmwG, § 132a Rz. 4; i. E. ebenso *Hohenstatt/Schramm* in: KölnKomm-UmwG, § 132a Rz. 8 wohl auch Kallmeyer-*Willemsen/Müller-Bonnani*, UmwG, § 132a Rz. 4 – Beibehaltung des Mitbestimmungsstatuts; a. A. Lutter-*Sagan*, UmwG, § 132a Rz. 12; Schubert/Wißmann/Kleinsorge-*Schubert*, MitbestR, § 1 MitbestG Rz. 66.

20) BGH, Beschl. v. 23.7.2019 – II ZB 20/18, Rz. 29 ff., 35, NZG 2019, 1157; *Habersack*, AG 2018, 823, 829; a. A. *Mückl*, BB 2018, 2868, 2871; *Seibt*, EWiR 2019, 549, 550 (Urteilsanm.) (alle zur SE).

21) Vgl. nur Schubert/Wißmann/Kleinsorge-*Schubert*, MitbestR, § 1 MitbestG Rz. 63; Semler/Stengel/Leonard-*Simon/Fischer*, UmwG, § 132a Rz. 2.

22) Schubert/Wißmann/Kleinsorge-*Schubert*, MitbestR, § 1 MitbestG Rz. 63; Widmann/Mayer-*Titze*, UmwR, § 132a UmwG Rz. 9.

23) H. M., vgl. *Hohenstatt/Schramm* in: KölnKomm-UmwG, § 132a Rz. 9; Lutter-*Sagan*, UmwG, § 132a Rz. 9; Schubert/Wißmann/Kleinsorge-*Schubert*, MitbestR, § 1 MitbestG Rz. 67; Henssler/Strohn-*Moll*, GesR, § 132a UmwG Rz. 7; *Oetker* in: ErfK-ArbR, § 132a UmwG Rz. 6; *Seibt* in: Willemsen/Hohenstatt/Schweibert/Seibt, Umstrukturierung und Übertragung von Unternehmen, Kap. 6 Rz. 119; Semler/Stengel/Leonard-*Simon/Fischer*, UmwG, § 132a Rz. 6.

tigem Hineinwachsen in das DrittelbG. Abzulehnen ist mit der h. M.[24)] eine Anwendung auf Fälle, in denen sich infolge der Abspaltung oder Ausgliederung innerhalb desselben Mitbestimmungsstatus lediglich die **Zahl der Aufsichtsratsmitglieder** der Arbeitnehmer ändert.[25)]

14 § 132a Abs. 1 setzt voraus, dass die Anwendungsvoraussetzungen des bisherigen Mitbestimmungsstatus **beim übertragenden Rechtsträger selbst entfallen,** so dass Fälle, in denen bei einem Unternehmen die Voraussetzungen für den bisherigen Mitbestimmungsstatus deshalb entfallen, weil eine Tochtergesellschaft einen Teil ihres Unternehmens abgespalten oder ausgegliedert hat, nicht erfasst werden.[26)]

15 Von dem Erfordernis, dass die Spaltung bei dem mitbestimmten Rechtsträger stattfindet, ist auch im Fall der mitbestimmten **Kapitalgesellschaft & Co. KG** (§ 4 MitbestG) keine Ausnahme zu machen, so dass im Fall einer Spaltung der KG und des dadurch bedingten Wegfalls der Voraussetzungen des § 4 MitbestG § 132a Abs. 1 nicht eingreift.[27)]

d) Entstehen von Tendenzschutz

16 § 132a Abs. 1 ist nicht anwendbar, wenn infolge der Abspaltung oder Ausgliederung beim übertragenden Rechtsträger der Tendenzschutz nach § 1 Abs. 2 DrittelbG oder nach § 1 Abs. 4 MitbestG eingreift. Die Beibehaltung der Unternehmensmitbestimmung verstieße in diesem Fall gegen die verfassungsrechtlichen Wertungen der Art. 4, 5 GG, auf denen der gesetzliche Ausschluss der Mitbestimmung beruht. § 132a Abs. 1 ist insoweit verfassungskonform einschränkend auszulegen.[28)]

2. Rechtsfolgen von § 132a Abs. 1

a) Befristete Mitbestimmungsbeibehaltung

17 Nach § 132a Abs. 1 Satz 1 scheidet der mitbestimmte übertragende Rechtsträger nicht unmittelbar nach der Abspaltung bzw. Ausgliederung (und dem anschließend erforderlichen Statusverfahren nach § 97 AktG) aus dem bisherigen Mitbestimmungsstatut aus. Vielmehr sind die bisher einschlägigen Vorschriften – vorbehaltlich einer zu geringen Arbeitnehmerzahl (siehe unten Rz. 21 ff.) – noch **weitere fünf Jahre** anzuwenden.

18 Beibehalten wird unstreitig die Regelung zur Zusammensetzung des Aufsichtsrats. Umstritten ist aber, ob darüber hinaus das **bisherige Mitbestimmungsstatut** als solches, also einschließlich der Vorschriften über das Wahlverfahren, die Rechtsstellung und die Funktionsweise des Aufsichtsrats sowie den Vorstand (z. B. Arbeitsdirektor), erfasst ist.

24) *Hohenstatt/Schramm* in: KölnKomm-UmwG, § 132a Rz. 12; Lutter-*Sagan*, UmwG, § 132a Rz. 11; Schubert/Wißmann/Kleinsorge-*Schubert*, MitbestR, § 1 MitbestG Rz. 67; Henssler/Strohn-*Moll*, GesR, § 132a UmwG Rz. 8; *Seibt* in: Willemsen/Hohenstatt/Schweibert/Seibt, Umstrukturierung und Übertragung von Unternehmen, Kap. 6 Rz. 120; Semler/Stengel/Leonard-*Simon/Fischer*, UmwG, § 132a Rz. 7.

25) Zutr. ebenfalls abl. für Fälle einer durch Satzung festgelegten Aufsichtsratsgröße Widmann/Mayer-*Titze*, UmwR, § 132a UmwG Rz. 17 m. w. N.

26) *Hohenstatt/Schramm* in: KölnKomm-UmwG, § 132a Rz. 5; Widmann/Mayer-*Titze*, UmwR, § 132a UmwG Rz. 19; *Seibt* in: Willemsen/Hohenstatt/Schweibert/Seibt, Umstrukturierung und Übertragung von Unternehmen, Kap. 6 Rz. 122.

27) *Hohenstatt/Schramm* in: KölnKomm-UmwG, § 132a Rz. 5; Lutter-*Sagan*, UmwG, § 132a Rz. 10; *Seibt* in: Willemsen/Hohenstatt/Schweibert/Seibt, Umstrukturierung und Übertragung von Unternehmen, Kap. 6 Rz. 123; a. A. z. B. Widmann/Mayer-*Titze*, UmwR, § 132a UmwG Rz. 20 m. w. N.

28) Semler/Stengel/Leonard-*Simon/Fischer*, UmwG, § 132a Rz. 13; *Seibt* in: Willemsen/Hohenstatt/Schweibert/Seibt, Umstrukturierung und Übertragung von Unternehmen, Kap. 6 Rz. 126; *Oetker* in: ErfK-ArbR, § 132a UmwG Rz. 8; a. A. z. B. Widmann/Mayer-*Titze*, UmwR, § 132a UmwG Rz. 28 m. w. N.

Aufgrund des Wortlauts sowie des systematischen Zusammenhangs zwischen dem Tatbestand und der Rechtsfolge des § 132a Abs. 1 Satz 1 gelten richtigerweise nur die Vorschriften „für die Beteiligung der Arbeitnehmer im Aufsichtsrat" fort. Nicht erfasst sind Vorschriften, die wie z. B. § 33 MitbestG, § 13 MontanMitbestG und § 13 MitbestErgG, die Zusammensetzung des Vertretungsorgans betreffen. Die Verpflichtung zur Bestellung eines Arbeitsdirektors erhält § 132a Abs. 1 dementsprechend ebenfalls nicht aufrecht.[29)]

Die **Fünf-Jahres-Frist** beginnt mit der Eintragung der Spaltung (§ 131).[30)] Sie wird 19
entsprechend §§ 187 Abs. 1, 188 Abs. 2 BGB berechnet.[31)]

Weitere Spaltungen während des Beibehaltungszeitraums bzw. eine sonstige Reduktion 20
der Belegschaft spielen für die Anwendung des § 132a Abs. 1 solange keine Rolle, wie dadurch nicht die Untergrenze des § 132a Abs. 1 Satz 2 (siehe Rz. 21 ff.) unterschritten wird. Erfüllt der übertragende Rechtsträger während des Beibehaltungszeitraums wieder die Anwendungsvoraussetzungen, deren **Wegfall** zur Anwendung des § 132a Abs. 1 geführt hat, endet die Mitbestimmungsbeibehaltung. Die Mitbestimmung im Aufsichtsrat beruht wieder unmittelbar auf dem einschlägigen Gesetz, ohne dass ein Statusverfahren nach §§ 97 ff. AktG oder ein anderes Verfahren erforderlich wäre. Entfallen die Anwendungsvoraussetzungen später erneut aufgrund einer Abspaltung oder Ausgliederung, greift § 132a Abs. 1 erneut ein.[32)] Fallen sie erneut aufgrund anderer Ursachen weg, lebt die Rechtsfolge des § 132a Abs. 1 nicht wieder auf.[33)] Denn das wäre nur mit einer Analogie begründbar, deren Voraussetzungen nicht vorliegen und die i. Ü. konsequent abgelehnt wird (siehe oben Rz. 3).

b) Ausnahme: weniger als ein Viertel der Mindestarbeitnehmerzahl

Die Mitbestimmung wird nach § 132a Abs. 1 Satz 2 nicht beibehalten, wenn ausschließlich 21
infolge der Spaltung ein Viertel der gesetzlich geforderten Arbeitnehmerzahl unterschritten wird.[34)] Mit Blick auf das MitbestG liegt die Grenze bei 501, für das Montan-MitbestG bei 251 und nach dem DrittelbG bei 126 in der Regel beschäftigten Arbeitnehmern.[35)]

§ 132a Abs. 1 Satz 1greift nach zutreffender Ansicht auch dann nicht ein, wenn erst ein 22
zusätzlich zur Spaltung gleichzeitig vorgenommener **Personalabbau** das Unterschreiten der Grenze bewirkt[36)]. Dafür spricht der eindeutige Wortlaut des § 132a Abs. 1.

Wird die geforderte Arbeitnehmerzahl erst **während des fünfjährigen Beibehaltungs-** 23
zeitraums i. S. des § 132a Abs. 1 Satz 2 **unterschritten**, greift § 132a Abs. 1 Satz 2 ab diesem Zeitpunkt ein. Unerheblich ist, ob das Absinken der Beschäftigtenzahl durch

29) *Hohenstatt/Schramm* in: KölnKomm-UmwG, § 132a Rz. 22; *Mengel*, Umwandlungen im Arbeitsrecht, S. 419 f. und 425; Lutter-*Sagan*, UmwG, § 132a Rz. 21; a. A. *Oetker* in: ErfK-ArbR, § 132a UmwG Rz. 13; *Uffmann* in: MünchHdb. ArbR, § 382 Rz. 10; für eine analoge Anwendung: *Mengel*, Umwandlungen im Arbeitsrecht, S. 455.

30) Widmann/Mayer-*Titze*, UmwR, § 132a UmwG Rz. 35; Semler/Stengel/Leonard-*Simon/Fischer*, UmwG, § 132a Rz. 20.

31) Semler/Stengel/Leonard-*Simon/Fischer*, UmwG, § 132a Rz. 20.

32) Widmann/Mayer-*Titze*, UmwR, § 132a UmwG Rz. 39; Semler/Stengel/Leonard-*Simon/Fischer*, UmwG, § 132a Rz. 22.

33) A. A. Widmann/Mayer-*Titze*, UmwR, § 132a UmwG Rz. 39; Semler/Stengel/Leonard-*Simon/Fischer*, UmwG, § 132a Rz. 22.

34) Wie hier *Hohenstatt/Schramm* in: KölnKomm-UmwG, § 132a Rz. 14 ff. m. w. N. zum Streitstand.

35) Vgl. *Hohenstatt/Schramm* in: KölnKomm-UmwG, § 132a Rz. 14; Widmann/Mayer-*Titze*, UmwR, § 132a UmwG Rz. 40.

36) *Hohenstatt/Schramm* in: KölnKomm-UmwG, § 132a Rz. 18 f.; Widmann/Mayer-*Titze*, UmwR, § 132a UmwG Rz. 42.

einen Spaltungsvorgang i. S. von § 132a Abs. 1 oder auf andere Weise bewirkt wird.[37)] Ein kurzfristiges Absinken unter ein Viertel des Schwellenwerts für nur wenige Monate ist konsequenterweise unbeachtlich, da § 132a Abs. 1 Satz 2 auf die Zahl der **„in der Regel"** beschäftigten Arbeitnehmer abstellt.[38)]

24 Soweit § 132a Abs. 1 Satz 2 einmal eingegriffen hat, kommt es auch dann zu keiner Mitbestimmungsbeibehaltung, wenn die Arbeitnehmerzahl **später wieder auf über ein Viertel steigt**, ohne den gesetzlichen Regelschwellenwert zu erreichen. Denn § 132a Abs. 1 regelt die Mitbestimmungsbeibehaltung, nicht ihre erleichterte Wiedereinführung nach dem Wegfall.[39)]

c) Bedeutung für die Aufsichtsratsmitglieder

25 Wird nach § 132a Abs. 1 Satz 1 die Mitbestimmung beibehalten, bleiben die Aufsichtsratsmitglieder grundsätzlich für die **Amtsdauer**, für die sie bestellt bzw. gewählt sind, im Amt.[40)] Endet ihre reguläre Amtszeit während der Mitbestimmungsbeibehaltung, sind Neuwahlen durchzuführen. Ein Statusverfahren nach § 97 AktG ist nur erforderlich, wenn ein vom MitbestG erfasster übertragender Rechtsträger nach der Spaltung einen kleineren Aufsichtsrat bilden muss.[41)]

26 Lediglich das Amt derjenigen Aufsichtsratsmitglieder, die als Arbeitnehmer in den abgespaltenen oder ausgegliederten Unternehmensteil eingegliedert sind und daher infolge der Spaltung ihre **Unternehmenszugehörigkeit verlieren**, endet, soweit die Unternehmenszugehörigkeit nach dem einschlägigen Mitbestimmungsgesetz Voraussetzung der Wählbarkeit ist.[42)]

3. Verhältnis zu anderen Fortgeltungsregelungen

a) Richtlinie (EU) 2017/1132 und Umsetzungsgesetze

27 Art. 160l der Richtlinie (EU) 2017/1132[43)] i. d. F. der Richtlinie (EU) 2019/2121[44)] enthält Vorschriften zur Sicherung der Mitbestimmung bei **grenzüberschreitenden Spaltungen zur Neugründung** innerhalb der EU sowie des EWR. Im Rahmen der grenzüberschreitenden Spaltung aus einer Kapitalgesellschaft deutschen Rechts können sich der Schutz der ausländischen Vorschriften zur Umsetzung der Richtlinie (EU) 2017/1132 und § 132a Abs. 1 **ergänzen.** Während die Richtlinie (EU) 2017/1132 auf einen Bestandsschutz bei dem aufnehmenden Rechtsträger zielt, führt § 132a Abs. 1 zu einer befristeten Beibehal-

---

37) Lutter-*Sagan*, UmwG, § 132a Rz. 18; Schubert/Wißmann/Kleinsorge-*Schubert*, MitbestR, § 1 MitbestG Rz. 75; Semler/Stengel/Leonard-*Simon/Fischer*, UmwG, § 132a Rz. 24; Widmann/Mayer-*Titze*, UmwR, § 132a UmwG Rz. 43.

38) Widmann/Mayer-*Titze*, UmwR, § 132a UmwG Rz. 44.

39) *Hohenstatt/Schramm* in: KölnKomm-UmwG, § 132a Rz. 16; Widmann/Mayer-*Titze*, UmwR, § 132a UmwG Rz. 44; Schubert/Wißmann/Kleinsorge-*Schubert*, MitbestR, § 1 MitbestG Rz. 75; *Oetker* in: ErfK-ArbR, § 132a UmwG Rz. 10

40) *Hohenstatt/Schramm* in: KölnKomm-UmwG, § 132a Rz. 24; Schubert/Wißmann/Kleinsorge-*Schubert*, MitbestR, § 1 MitbestG Rz. 76; Semler/Stengel/Leonard-*Simon/Fischer*, UmwG, § 132a Rz. 23; Widmann/Mayer-*Titze*, UmwR, § 132a UmwG Rz. 45.

41) Semler/Stengel/Leonard-*Simon/Fischer*, UmwG, § 132a Rz. 23; Widmann/Mayer-*Titze*, UmwR, § 132a UmwG Rz. 45.

42) *Hohenstatt/Schramm* in: KölnKomm-UmwG, § 132a Rz. 24; Widmann/Mayer-*Titze*, UmwR, § 132a UmwG Rz. 46 f.

43) Richtlinie (EU) 2017/1132 des Europäischen Parlaments und des Rates v. 14.6.2017 über bestimmte Aspekte des Gesellschaftsrechts (Gesellschaftsrechtsrichtlinie), ABl. (EU) L 169/46 v. 30.6.2017.

44) Richtlinie (EU) 2019/2121 des Europäischen Parlaments und des Rates v. 27.11.2019 zur Änderung der Richtlinie (EU) 2017/1132 in Bezug auf grenzüberschreitende Umwandlungen, Verschmelzungen und Spaltungen (Umwandlungsrichtlinie), ABl. (EU) L 321/1 v. 12.12.2019.

tung der Mitbestimmung bei dem übertragenden Rechtsträger. Der Anwendungsbereich der Richtlinie (EU) 2017/1132 und des § 132a Abs. 1 ist aber **nicht vollständig deckungsgleich**: Während die Richtlinie (EU) 2019/2121 nur die Spaltung der in Anhang II der Richtlinie (EU) 2017/1132 erfassten Kapitalgesellschaften (darunter die deutsche AG, KGaA und die GmbH) regelt, bezieht sich § 132a Abs. 1 nur auf die Spaltungsformen der Abspaltung und Ausgliederung (siehe Rz. 2 ff.).

b) § 31 MgFSG

Reine Klarstellungsfunktion hat der in Umsetzung des Art. 160l Abs. 4 lit. c der Richtlinie (EU) 2017/1132 geschaffene § 31 MgFSG (ebenso wie entsprechende Umsetzungsvorschriften der weiteren Mitgliedstaaten).[45] Danach lassen die Verhandlungen über die Mitbestimmung in der neuen Gesellschaft die in der sich spaltenden Gesellschaft geltenden Mitbestimmungsvorschriften unberührt. Die Beibehaltung der Mitbestimmung nach § 132a Abs. 1 greift, sobald die gesetzlichen Voraussetzungen für die Beteiligung der Arbeitnehmer im Aufsichtsrat der sich spaltenden Gesellschaft infolge der Abspaltung oder Ausgliederung entfallen. 28

c) MitbestBeiG

§ 132a Abs. 1 gilt auch für die nur noch infolge § 1 MitbestBeiG bestehende Mitbestimmung im Aufsichtsrat.[46] Im umgekehrten Fall läuft § 1 MitbestBeiG leer.[47] Durch die Erstreckung des § 132a Abs. 1 auf die grenzüberschreitende Spaltung nach § 320 Abs. 2 kommt es zu einer **geringfügigen Überschneidung** seines Anwendungsbereichs mit § 1 MitbestBeiG: Die grenzüberschreitende Ausgliederung ist nach § 1 Abs. 3 Nr. 2 UmwStG steuerrechtlich eine Einbringung i. S. von §§ 20 ff. UmwStG und – soweit es sie zur Neugründung nach §§ 123 Abs. 3 Nr. 2, 320 Abs. 1 Nr. 1 erfolgt – dürfte daher zur Mitbestimmungssicherung bei der sich spaltenden Kapitalgesellschaft sowohl der Anwendungsbereich des § 132a Abs. 1 als auch der des § 1 MitbestBeiG eröffnet sein. Ein Spezialitätsverhältnis ist nicht erkennbar, so dass beide unabhängig voneinander gelten dürften.[48] 29

d) § 1 Abs. 3 Montan-MitbestG

Im Verhältnis von § 132a Abs. 1 zu § 1 Abs. 3 Montan-MitbestG hat letzterer nach zutreffender h. M. als **lex specialis** Vorrang.[49] Damit hat § 132a Abs. 1 für dem Montan-MitbestG unterfallende Unternehmen keine Bedeutung. 30

4. Verfahren

Soweit die Abspaltung oder Ausgliederung nach § 132a Abs. 1 einen Wechsel des Mitbestimmungsstatus bewirkt, hat das Vertretungsorgan ein **Statusverfahren** nach §§ 97 ff. AktG durchzuführen. Gelangt das Vertretungsorgan zu der Auffassung, dass nach der Spaltung zwar die Anwendungsvoraussetzungen des bisher für die Zusammensetzung des Aufsichtsrats maßgeblichen Gesetzes nicht mehr vorliegen, dass die Mitbestimmung aber nach § 132a Abs. 1 beizubehalten ist, ist zunächst kein Statusverfahren erforderlich. Ist 31

---

45) Kallmeyer/*Müller-Bonanni*, UmwG, § 31 MgFSG Rz. 2; Widmann/Mayer-*Titze*, UmwR, § 132a UmwG Rz. 49; vgl. auch Begr. RegE z. MgFSGEG, BT-Drucks. 20/3817, S. 56.

46) Widmann/Mayer-*Titze*, UmwR, § 132a UmwG Rz. 50 m. w. N.

47) Widmann/Mayer-*Titze*, UmwR, § 132a UmwG Rz. 51.

48) Widmann/Mayer-*Titze*, UmwR, § 132a UmwG Rz. 52.

49) *Hohenstatt/Schramm* in: KölnKomm-UmwG, § 132a Rz. 21; Lutter-*Sagan*, UmwG, § 132a Rz. 24; Semler/Stengel/Leonard-*Simon/Fischer*, UmwG, § 132a Rz. 14; *Uffmann* in: MünchHdb. ArbR, § 382 Rz. 28; a. A. *Heinze*, ZfA 1997, 1, 17 f.

der Beibehaltungszeitraum **abgelaufen** oder die Arbeitnehmerzahl zwar noch nicht aufgrund der Spaltung, aber später während des Laufs des Beibehaltungszeitraums auf weniger als ein Viertel der gesetzlich geforderten Stärke gesunken oder ein kleinerer nach dem MitbestG gebildeter Aufsichtsrat erforderlich, hat das Vertretungsorgan ein Statusverfahren durchzuführen.

III. Beibehaltung betriebsverfassungsrechtlicher (Beteiligungs-)Rechte (§ 132a Abs. 2)

1. Anwendungsbereich und Zweck

32 § 132a Abs. 2 ist hat weitgehend nur **deklaratorische Bedeutung**. Denn Vorschriften über Beteiligungsrechte des Betriebsrats sind in aller Regel nur einseitig zwingend und daher durch Tarifvertrag,[50] Betriebsvereinbarung oder Regelungsabrede[51] erweiterbar.

33 Eine unmittelbare Anwendung von § 132a Abs. 2 auf **europäische Betriebsräte** scheidet schon deswegen aus, weil „Betriebsrat“, wie sich aus der Verweisung auf §§ 9, 27 BetrVG ergibt, nur Betriebsräte i. S. des BetrVG meint. Eine Analogie kommt mangels Regelungslücke nicht in Betracht.[52] Dasselbe gilt für einen kraft Gesetzes zu bildenden SE-Betriebsrat nach §§ 22 ff. SEBG und einen SCE-Betriebsrat nach §§ 22 ff. SCEBG. Denn eine analoge Anwendung auf SE-Betriebsrat und SCE-Betriebsrat würde den zwingenden Vorgaben für die Sitzverteilung im Anhang Teil 1 lit. e der Richtlinie 2001/86/EG bzw. im Anhang Teil 1 lit. e der Richtlinie 2003/72/EG widersprechen.[53]

2. Tatbestand

a) Spaltung oder Teilübertragung

34 § 132a Abs. 2 Satz 1 setzt seinem Wortlaut zunächst voraus, dass eine Spaltung (oder kraft Verweisung: eine Teilübertragung) stattgefunden hat, wobei anders als in § 132a Abs. 1 jede Form der Spaltung erfasst ist.[54] Da § 132a Abs. 2 an die Terminologie des § 1 i. V. m. §§ 123 und 174 anknüpft, sind nur Spaltungs- und Übertragungsvorgänge i. S. des UmwG erfasst.

b) Voraussetzungen auf Betriebsebene

aa) Spaltung des Betriebs

35 Die Spaltung oder Teilübertragung des Unternehmens muss für die Spaltung eines Betriebs ursächlich sein. Rechtsträger- und Betriebsebene sind dabei allerdings streng zu trennen.[55] Eine Unternehmensspaltung hat für sich genommen unmittelbar niemals eine Betriebsspaltung zur Folge. Insoweit ist der Wortlaut irreführend. Es geht um **unterschiedliche Ebenen und unterschiedliche Maßnahmen.** Gemeint ist ein sachlicher und zeitlicher Zusammenhang einer Betriebsspaltung i. S. des BetrVG mit einer Spaltung bzw. Teilübertragung i. S. des UmwG. Die umwandlungsrechtliche Spaltung muss richtigerweise tragender Beweggrund für die Betriebsspaltung sein.[56]

---

50) BAG, Urt. v. 24.8.2004 – 1 ABR 28/03, NZA 2005, 371.

51) BAG, Urt. v. 14.8.2001 – 1 AZR 744/00, NZA 2002, 342.

52) Widmann/Mayer-*Titze*, UmwR, § 132a UmwG Rz. 78.

53) Widmann/Mayer-*Titze*, UmwR, § 132a UmwG Rz. 79.

54) *Hohenstatt/Schramm* in: KölnKomm-UmwG, § 132a Rz. 28; Semler/Stengel/Leonard-*Simon/Fischer*, UmwG, § 132a Rz. 27; Widmann/Mayer-*Titze*, UmwR, § 132a UmwG Rz. 64.

55) *Mückl* in: Mückl/Fuhlrott/Niklas/Otto/Schwab, Umstrukturierung, Kap. 4 Rz. 263; *Hohenstatt/Schramm* in: KölnKomm-UmwG, § 132a Rz. 30 m. w. N.

56) *Hohenstatt/Schramm* in: KölnKomm-UmwG, § 132a Rz. 33.

§ 132a Abs. 2 meint die **Betriebsspaltung i. S. des § 111 Satz 3 Nr. 3 BetrVG.** Bezugspunkt ist der Betrieb als organisatorische Einheit.[57] Da § 132a Abs. 2 ausschließlich Rechte des Betriebsrats zum Gegenstand hat, ist bei seiner Anwendung vom Betriebsbegriff des BetrVG auszugehen. 36

Eine Spaltung i. S. von § 111 Satz 3 Nr. 3 BetrVG setzt voraus, dass zumindest zwei neue Einheiten entstehen.[58] Dieses Erfordernis ist auch erfüllt, wenn ein abgespaltener Betriebsteil anschließend in einen anderen Betrieb – desselben Arbeitgebers oder eines Betriebsteilerwerbers – **eingegliedert** wird und dabei untergeht.[59] Eine Betriebsspaltung ist dementsprechend die Teilung des Betriebs in tatsächlicher Hinsicht.[60] Sie kann sowohl in Form einer **Betriebsaufspaltung** als auch in Form einer **Abspaltung** eines Betriebsteils erfolgen.[61] Bei einer **Aufspaltung** wird der Ursprungsbetrieb aufgelöst; der Betriebsrat erhält unter den Voraussetzungen des § 21a Abs. 1 Satz 1 BetrVG ein zeitlich begrenztes Übergangsmandat für die Betriebsteile und behält nach § 21b BetrVG ein Restmandat für den Ursprungsbetrieb.[62] Bei einer **Abspaltung** bleibt die Identität des ursprünglichen Betriebs hingegen erhalten. Der Betrieb wird nicht aufgelöst, sondern besteht fort.[63] Der Betriebsrat bleibt in diesem Fall im Amt und behält – neben einem Übergangsmandat i. S. von § 21a Abs. 1 BetrVG für den abgespaltenen Betriebsteil – das ihm durch die Wahl übertragene Mandat zur Vertretung der Belegschaftsinteressen und zur Wahrnehmung betriebsverfassungsrechtlicher Aufgaben.[64] 37

Diese Grundsätze gelten auch für einen von mehreren Unternehmen geführten **Gemeinschaftsbetrieb.**[65] Die Auflösung der Betriebsführungsgemeinschaft und die getrennte Fortführung der Betriebsteile in eigenständigen Betrieben hat nach Auffassung des BAG allerdings nicht stets zur Folge, dass damit der Ursprungsbetrieb i. S. von § 21b BetrVG untergeht. Entscheidend sei – so das BAG – vielmehr auch dann, ob dessen **Identität** erhalten bleibt, weil ein räumlicher und funktionaler Zusammenhang mit dem Ursprungsbetrieb gegeben und das betriebliche Substrat, auf das sich das Betriebsratsamt bezieht, weitgehend unverändert geblieben ist.[66] 38

Da Rechte des Betriebsrats gesichert werden sollen, kann § 132a Abs. 2 nur solche Produkte einer betriebsverfassungsrechtlichen Spaltung erfassen, die für sich allein nach §§ 1, 3 oder 4 Abs. 1 BetrVG **betriebsratsfähig** sind.[67] 39

Unstreitig ist, dass § 132a Abs. 2 auf den beim übertragenden Rechtsträger **verbleibenden Betrieb(steil)** Anwendung findet. Umstritten ist, ob dies auch für Betrieb(steil)e des aufnehmenden Rechtsträgers gilt.[68] 40

---

57) BAG, Urt. v. 20.6.2013 – 2 AZR 271/12, DB 2013, 1674; BAG, Beschl. v. 29.5.1991 – 7 ABR 54/90, AP Nr. 5 zu § 4 BetrVG 1972, Bl. 2.

58) BAG, Beschl. v. 18.3.2008 – 1 ABR 77/06, NZA 2008, 957; LAG Schleswig-Holstein, Urt. v. 7.7.2016 – 5 Sa 414/15, dazu EWiR 2017, 59 *(Lindemann)*.

59) BAG, Beschl. v. 18.3.2008 – 1 ABR 77/06, NZA 2008, 957; LAG Schleswig-Holstein, Urt. v. 7.7.2016 – 5 Sa 414/15, dazu EWiR 2017, 59 *(Lindemann)*.

60) BAG, Beschl. v. 8.3.2022 – 1 ABR 19/21, Rz. 18, NZA 2022, 1068.

61) BAG, Beschl. v. 8.3.2022 – 1 ABR 19/21, Rz. 18, NZA 2022, 1068.

62) BAG, Beschl. v. 8.3.2022 – 1 ABR 19/21, Rz. 18, NZA 2022, 1068.

63) BAG, Beschl. v. 8.3.2022 – 1 ABR 19/21, Rz. 18, NZA 2022, 1068.

64) BAG, Beschl. v. 8.3.2022 – 1 ABR 19/21, Rz. 18, NZA 2022, 1068.

65) BAG, Beschl. v. 8.3.2022 – 1 ABR 19/21, Rz. 19, NZA 2022, 1068.

66) BAG, Beschl. v. 8.3.2022 – 1 ABR 19/21, Rz. 19, NZA 2022, 1068.

67) *Hohenstatt/Schramm* in: KölnKomm-UmwG, § 132a Rz. 31; (möglicherweise enger) Widmann/Mayer-*Titze*, UmwR, § 132a UmwG Rz. 66 m. w. N.

68) Befürwortend Widmann/Mayer-*Titze*, UmwR, § 132a UmwG Rz. 67; a. A. z. B. *Hohenstatt/Schramm* in: KölnKomm-UmwG, § 132a Rz. 32; Semler/Stengel/Leonard-*Simon/Fischer*, UmwG, § 132a Rz. 29.

bb) Wegfall von (Beteiligungs-)Rechten des Betriebsrats

41 Infolge der Betriebsspaltung vor dem Hintergrund der Unternehmensspaltung müssen Mitbestimmungs-, Beratungs- und Unterrichtungsrechte des Betriebsrats gegenüber dem Arbeitgeber entfallen.[69] Auch alle sonstigen Rechte des Betriebsrats[70] sind erfasst, insbesondere organisatorische, aber auch lediglich auf Tarifvertrag oder Betriebsvereinbarung beruhende.[71]

42 Der Rechtsverlust ergibt sich aus dem Vergleich der Situation im gespaltenen Betrieb vor seiner Spaltung mit derjenigen in jedem einzelnen der aus der Spaltung **hervorgegangenen** Betrieb(steil). Tritt nur bei einem dieser Betrieb(steil)e ein Rechtsverlust ein, ist § 132a Abs. 2 nur auf diesen anwendbar.[72] Der Begriff „hervorgegangen" bezieht sich nach dem Sicherungszweck der Vorschrift nicht auf die Existenz des Betriebs überhaupt, sondern auf dessen Bestand nach der Spaltung.

43 Nicht anwendbar ist § 132a Abs. 2, wenn Beteiligungsrechte **schon aufgrund der Spaltung oder Teilübertragung** i. S. des UmwG entfallen, ohne dass insoweit eine Betriebsspaltung i. S. des § 111 BetrVG noch relevant wäre. Die insoweit teilweise geforderte Analogie,[73] ist mangels Regelungslücke abzulehnen,[74]

44 Ein Wegfall der Rechte nach §§ 9 und 27 BetrVG ist von der Anwendung des § 132a Abs. 2 durch dessen Satz 2 ausdrücklich ausgenommen.

45 Im Fall der Teilübertragung nach §§ 174 f. können Betriebsteile auch auf **juristische Personen des öffentlichen Rechts** übergehen, auf die das BetrVG nach § 130 BetrVG 1972 nicht anwendbar ist.[75] Der übergegangene Betriebsteil fällt dann in den Anwendungsbereich eines Personalvertretungsgesetzes. Wegen der zwischen dem BetrVG und den Personalvertretungsgesetzen bestehenden erheblichen strukturellen Unterschiede wird man § 132a Abs. 2 nur dort anwenden können, wo BetrVG und das jeweilige Personalvertretungsgesetz dieselben Beteiligungsrechte kennen.[76]

3. Rechtsfolge: Möglichkeit einer Fortgeltungsvereinbarung

46 Als Rechtsfolge ermöglicht § 132a Abs. 2 die **unbefristete oder befristete Fortgeltung** von Rechten, die im gespaltenen Betrieb bestanden haben, ausschließlich durch **Tarifvertrag** oder **Betriebsvereinbarung,**[77] **nicht durch Regelungsabrede.**[78] Die Fortgeltungsvereinbarung muss aber im zeitlichen und sachlichen Zusammenhang mit der Spaltung

69) *Hohenstatt/Schramm* in: KölnKomm-UmwG, § 132a Rz. 34; Lutter-*Sagan*, UmwG, § 132a Rz. 29; Semler/Stengel/Leonard-*Simon/Fischer*, UmwG, § 132a Rz. 32.

70) Vgl. zu ihnen *Hohenstatt/Schramm* in: KölnKomm-UmwG, § 132a Rz. 35 ff.

71) *Hohenstatt/Schramm* in: KölnKomm-UmwG, § 132a Rz. 40; Lutter-*Sagan*, UmwG, § 132a Rz. 29; Semler/Stengel/Leonard-*Simon/Fischer*, UmwG, § 132a Rz. 32.

72) *Hohenstatt/Schramm* in: KölnKomm-UmwG, § 132a Rz. 34; Widmann/Mayer-*Titze*, UmwR, § 132a UmwG Rz. 69.

73) Richardi-*Annuß*, BetrVG, § 111 Rz. 25.

74) Ebenso Widmann/Mayer-*Titze*, UmwR, § 132a UmwG Rz. 72.

75) Zum Tendenzschutz nach § 118 BetrVG vgl. z. B. *Hohenstatt/Schramm* in: KölnKomm-UmwG, § 132a Rz. 39.

76) *Hohenstatt/Schramm* in: KölnKomm-UmwG, § 132a Rz. 49; Kallmeyer-*Willemsen/Müller-Bonanni*, UmwG, § 132a Rz. 19; a. A. Semler/Stengel/Leonard-*Simon/Fischer*, UmwG, § 132a Rz. 43; Widmann/Mayer-*Titze*, UmwR, § 132a UmwG Rz. 77.

77) Lutter-*Sagan*, UmwG, § 132a Rz. 31; Widmann/Mayer-*Titze*, UmwR, § 132a UmwG Rz. 82; Semler/Stengel/Leonard-*Simon/Fischer*, UmwG, § 132a Rz. 33.

78) Widmann/Mayer-*Titze*, UmwR, § 132a UmwG Rz. 82.

abgeschlossen worden sein und in Kraft treten.[79] Sind sie bereits infolge der Betriebsspaltung entfallen, scheidet eine „Fortgeltung" aus, so dass auch keine Fortgeltungsvereinbarung i. S. des § 132a Abs. 2 abgeschlossen werden kann.[80] Soweit die durch die Spaltung entfallenden Rechte bisher schon auf Betriebsvereinbarung oder Tarifvertrag beruhten, ist nur insoweit von Bedeutung, als er die zusätzliche Möglichkeit eröffnet, die Fortgeltung einer tariflichen Regelung durch Betriebsvereinbarung und diejenige einer Betriebsvereinbarung durch Tarifvertrag zu vereinbaren.[81]

Die – **freiwillige**[82] und daher nicht einigungsstellenfähige und (vorbehaltlich anderer 47
Vereinbarung) nicht nachwirkende – Betriebsvereinbarung wird grundsätzlich zwischen dem Betriebsrat des aus der Spaltung hervorgegangenen Betriebs und dessen Arbeitgeber abgeschlossen. Sie kann aber auch im Vorgriff auf die Spaltung zwischen dem bisherigen Arbeitgeber und dem Betriebsrat abgeschlossen werden.[83]

Soll die Fortgeltung durch Tarifvertrag geregelt werden, kommt neben einem **Firmentarifvertrag** ein firmenbezogener **Verbandstarifvertrag** in Betracht. Soweit er vor Vollzug 48
der Spaltung von dem übertragenden Rechtsträger abgeschlossen wird, muss – bei einem Firmentarifvertrag – der Spaltungsvertrag die Verpflichtung dem richtigen Rechtsträger zuweisen und die tarifschließende Gewerkschaft auch für den jeweiligen Betrieb tarifzuständig sein.[84] Ein entsprechender Verbandstarifvertrag greift nur ein, wenn der Betriebsinhaber dem vertragschließenden Arbeitgeberverband angehört, was nicht durch Spaltungsvertrag ermöglicht werde kann (vgl. § 31 BGB). Da ein auf § 132a Abs. 2 beruhender Tarifvertrag ausschließlich betriebsverfassungsrechtliche Fragen regelt, ist nach § 3 Abs. 2 TVG die Tarifbindung des Arbeitgebers ausreichend,[85] ohne dass es auf die Tarifbindung des jeweiligen Arbeitnehmers ankommt.

---

79) Lutter-*Sagan*, UmwG, § 132a Rz. 31; Semler/Stengel/Leonard-*Simon/Fischer*, UmwG, § 132a Rz. 41; Widmann/Mayer-*Titze*, UmwR, § 132a UmwG Rz. 81.

80) *Hohenstatt/Schramm* in: KölnKomm-UmwG, § 132a Rz. 42.

81) Widmann/Mayer-*Titze*, UmwR, § 132a UmwG Rz. 82.

82) Widmann/Mayer-*Titze*, UmwR, § 132a UmwG Rz. 83; Schmitt/Hörtnagl-*Langner*, UmwG/UmwStG, § 132a UmwG Rz. 21; Lutter-*Sagan*, UmwG, § 132a Rz. 35.

83) Widmann/Mayer-*Titze*, UmwR, § 132a UmwG Rz. 83; Lutter-*Sagan*, UmwG, § 132a Rz. 31; a. A. – Zuständigkeit des bisherigen Betriebsrats nur i. R. eines Übergangsmandats nach § 21a BetrVG 1972 – Semler/Stengel/Leonard-*Simon/Fischer*, UmwG, § 132a Rz. 36.

84) *Hohenstatt/Schramm* in: KölnKomm-UmwG, § 132a Rz. 45; Semler/Stengel/Leonard-*Simon/Fischer*, UmwG, § 132a Rz. 35; Widmann/Mayer-*Titze*, UmwR, § 132a UmwG Rz. 84.

85) *Hohenstatt/Schramm* in: KölnKomm-UmwG, § 132a Rz. 44; Schmitt/Hörtnagl-*Langner*, UmwG/UmwStG, § 132a UmwG Rz. 20; Semler/Stengel/Leonard-*Simon/Fischer*, UmwG, § 132a Rz. 34.

§ 133

Schutz der Gläubiger und der Inhaber von Sonderrechten*)

(1) [1]Für die Verbindlichkeiten des übertragenden Rechtsträgers, die vor dem Wirksamwerden der Spaltung begründet worden sind, haften die an der Spaltung beteiligten Rechtsträger als Gesamtschuldner. [2]Die §§ 25, 26 und 28 des Handelsgesetzbuchs sowie § 125 in Verbindung mit § 22 bleiben unberührt; zur Sicherheitsleistung ist nur der an der Spaltung beteiligte Rechtsträger verpflichtet, gegen den sich der Anspruch richtet.

(2) [1]Für die Erfüllung der Verpflichtung nach § 125 in Verbindung mit § 23 haften die an der Spaltung beteiligten Rechtsträger als Gesamtschuldner. [2]Bei Abspaltung und Ausgliederung können die gleichwertigen Rechte im Sinne des § 125 in Verbindung mit § 23 auch in dem übertragenden Rechtsträger gewährt werden.

(3) [1]Diejenigen Rechtsträger, denen die Verbindlichkeiten nach Absatz 1 Satz 1 im Spaltungs- und Übernahmevertrag nicht zugewiesen worden sind, haften für diese Verbindlichkeiten, wenn sie vor Ablauf von fünf Jahren nach der Spaltung fällig und daraus Ansprüche gegen sie in einer in § 197 Abs. 1 Nr. 3 bis 5 des Bürgerlichen Gesetzbuchs bezeichneten Art festgestellt sind oder eine gerichtliche oder behördliche Vollstreckungshandlung vorgenommen oder beantragt wird; bei öffentlich-rechtlichen Verbindlichkeiten genügt der Erlass eines Verwaltungsakts. [2]Die Haftung der in Satz 1 bezeichneten Rechtsträger ist beschränkt auf den Wert des ihnen am Tag des Wirksamwerdens zugeteilten Nettoaktivvermögens. [3]Für vor dem Wirksamwerden der Spaltung begründete Versorgungsverpflichtungen auf Grund des Betriebsrentengesetzes beträgt die in Satz 1 genannte Frist zehn Jahre.

(4) [1]Die Frist beginnt mit dem Tage, an dem die Eintragung der Spaltung in das Register des Sitzes des übertragenden Rechtsträgers nach § 125 in Verbindung mit § 19 Abs. 3 bekannt gemacht worden ist. [2]Die für die Verjährung geltenden §§ 204, 206, 210, 211 und 212 Abs. 2 und 3 des Bürgerlichen Gesetzbuchs sind entsprechend anzuwenden.

(5) Einer Feststellung in einer in § 197 Abs. 1 Nr. 3 bis 5 des Bürgerlichen Gesetzbuchs bezeichneten Art bedarf es nicht, soweit die in Absatz 3 bezeichneten Rechtsträger den Anspruch schriftlich anerkannt haben.

(6) [1]Die Ansprüche nach Absatz 2 verjähren in fünf Jahren. [2]Für den Beginn der Verjährung gilt Absatz 4 Satz 1 entsprechend.

*) § 133 geändert durch Art. 1 des Gesetzes zur Umsetzung der Umwandlungsrichtlinie und zur Änderung weiterer Gesetze (UmRUG), v. 22.2.2023, BGBl. I 2023, Nr. 51; § 133 geändert durch Art. 1 des Zweiten Gesetzes zur Änderung des Umwandlungsgesetzes (2. UmwGÄndG), v. 19.4.2007, BGBl. I 2007, 542; § 133 i. d. F. des UmwBerG geändert durch. Art. 8 des Gesetzes über elektronische Handelsregister und Genossenschaftsregister sowie das Unternehmensregister (EHUG), v. 10.11.2006, BGBl. I 2006, 2553.

Literatur: *Albers*, Zur Gläubigerkonkurrenz um die begrenzte Mithaftung nach Spaltung, ZIP 2024, 2849; *Becker/Fett*, Verantwortlichkeit für Verunreinigungen nach dem neuen Bundes-Bodenschutzgesetz im Spannungsfeld von Umwelt- und Gesellschaftsrecht, NZG 1999, 1189; *Blobel/Menz*, Die Auswirkungen von Schuldner- und Gläubigerwechsel auf die Spaltungshaftung nach § 133 UmwG, NZG 2009, 608; *Bork/Jacoby*, Das Schicksal des Zivilprozesses bei Abspaltungen, ZHR 167 (2003), 440; *Düwell*, Auswirkungen von Umwandlung und Betriebsübergang auf den Arbeitsgerichtsprozess, NZA 2012, 761; *Fleischer/Empt*, Gesellschaftsrechtliche Durchgriffs- und Konzernhaftung und öffentlich-rechtliche Altlastenverantwortlichkeit, ZIP 2000, 905; *Gattringer*, Die rätselhafte Begrenzung der Nachhaftung auf das Nettoaktivvermögen bei der Spaltung, NZG 2023, 443; *Habersack*, Grundfragen der Spaltungshaftung nach § 133 Abs. 1 Satz 1 UmwG, in: Festschrift für Gerold Bezzenberger, 2000, S. 93; *Heckschen*, Die umwandlungsrechtliche Universalsukzession und ihre haftungsrechtliche Kompensation, GmbHR 2017, 953; *Heidenhain*, Spaltungsvertrag und Spaltungsplan, NJW 1995, 2873; *Hill*, Das neue Umwandlungsrecht und seine Auswirkungen auf die betriebliche Altersversorgung, BetrAV 1995, 114; *Ihrig*, Zum Inhalt der Haftung bei der Spaltung, ZHR Beiheft 68 (1998), 80; *Kahlert/Gehrke*, ESUG macht es möglich: Ausgliederung statt Asset Deal im Insolvenzplanverfahren, DStR 2013, 975; *Lüneborg*, Die Nachhaftung des ausgeschiedenen Personengesellschafters für Altverbindlichkeiten, ZIP 2012, 2229; *Madaus*, Umwandlungen als Gegenstand eines Insolvenzplans nach dem ESUG, ZIP 2012, 2133; *Müller*, Die gesamtschuldnerische Haftung bei der Spaltung nach §§ 133, 134 UmwG, DB 2001, 2637; *Rieble*, Verschmelzung und Spaltung von Unternehmen und ihre Folgen für Schuldverhältnisse mit Dritten, ZIP 1997, 301; *Rubner/Neuering*, Die spaltungsrechtliche Nachhaftung, NJW-Spezial 2025, 655; *Schall/Horn*, Der Übergang öffentlich-rechtlicher Pflichten in der Spaltung am Beispiel der abstrakten Polizeipflicht, ZIP 2003, 327; *Schmidt, K.*, Gläubigerschutz bei Umstrukturierungen, ZGR 1993, 366; *Simon/Brünkmans*, Die Ausgliederung von sanierungswürdigen Betriebsteilen mithilfe des Insolvenzplanverfahrens nach ESUG: Verdrängt die Gläubigerautonomie den institutionalisierten

Gläubigerschutz des Umwandlungsgesetzes?, ZIP 2014, 657; *Simon/Merkelbach*, Gesellschaftsrechtliche Strukturmaßnahmen im Insolvenzplanverfahren nach dem ESUG, NZG 2012, 121; *Spindler*, Gesellschaftsrechtliche Verantwortlichkeit und Bundesbodenschutzgesetz: Grundlagen und Grenzen, ZGR 2001, 385; Zu Mietverhältnissen jüngst OLG Dresden, Urt. v. 18.9.2025 – 12 U 178/25, BeckRS 2025, 38865 = NJW-Spezial 2026, 113 m. Anm. *Leuring/Rubner*. Sterw, Mitschuldverhaftung bei der Spaltung zwischen Bürgerlichen, Gesellschats- und Insolvenzrecht, ZGR 2026, 146; *Willemsen*, Arbeitsrecht im Umwandlungsgesetz – Zehn Fragen aus der Sicht der Praxis, NZA 1996, 791.

Übersicht

I. Allgemeines

1. Normzweck

Spaltungsmaßnahmen können für die Gläubiger der beteiligten Rechtsträger durch die Vermögensverschiebung eine **erhebliche Interessenbeeinträchtigung** darstellen. Dies gilt umso mehr, als dass die Beteiligten frei wählen können, welche Vermögenswerte beim übertragenden Rechtsträger verbleiben und welche wiederum auf den übernehmenden 1

Rechtsträger übergehen (**Spaltungsfreiheit** in Ausprägung der Aufteilungs- und Übertragungsfreiheit).[1] Das wertmäßige Verhältnis unterliegt gleichsam keinerlei Vorgaben, solange die **Kapitalziffer** des übertragenden Rechtsträgers unbeeinträchtigt bleibt und kein seltener Ausnahmefall des **Rechtsmissbrauchs** vorliegt.

2 Dementsprechend hat der Gesetzgeber **Schutzmechanismen** umgesetzt, deren Typen die Gesellschaftsrechtsrichtlinie[2] vorgibt (Anspruch auf Sicherheitsleistung nebst Ausfallhaftung, Art. 146 Abs. 2 Gesellschaftsrechtsrichtlinie, gesamtschuldnerische Haftung, Art. 146 Abs. 6 Gesellschaftsrechtsrichtlinie, zuvor Art. 12 Abs. 2, 4 Spaltungsrichtlinie).[3]

3 Daneben unberührt bestehen bleibt die **Haftung aus Firmenfortführung** (echte Anspruchskonkurrenz);[4] dies ordnet § 133 Abs. 1 Satz 2 Halbs. 1 ausdrücklich an. Des Weiteren finden die Gläubigerschutzregelungen des **Verschmelzungsrechts** durch den Verweis in § 125 Anwendung.

4 Aufgrund des **Nachhaftungsbegrenzungsgesetzes**[5] ist die Haftung des Rechtsträgers, dem die Schuld im Spaltungsvertrag **nicht** zugewiesen ist, auf fünf Jahre (bzw. für betriebsrentengesetzliche Ansprüche zehn Jahre) befristet. Jüngst wurde dessen Haftung durch das **UmRUG**[6] noch einmal deutlich eingegrenzt. § 133 Abs. 3 Satz 2 begrenzt die Haftung auf den Wert des ihnen am Tag des Wirksamwerdens der Spaltung zugeteilten Nettoaktivvermögens.

2. Anwendungsbereich

5 Sämtliche **Spaltungsarten** werden vom Wortlaut des § 133 erfasst (**Ausgliederung, Auf- und Abspaltung**).[7] Über § 135 sind auch Maßnahmen zur Neugründung einbegriffen. Zusätzlich existieren Sonderregeln für die Ausgliederung in §§ 156 ff.

6 In der **Insolvenz** soll § 133 nach Stimmen in der Literatur nicht anwendbar sein, damit eine sanierende Übertragung nicht konterkariert wird (ähnlich der Argumentation[8] zu § 25 HGB).[9] Eine (analoge) Anwendung auf Fälle der **Einzelrechtsübertragung** scheidet mangels planwidriger Regelungslücke aus (zum numerus clausus und zum Analogieverbot außerhalb des UmwG siehe näher oben § 1 Rz. 55 [*Stiegler*]).[10]

---

1) *Larisch* in: MünchHdb. GesR, Bd. 8, § 27 Rz. 111; *Fischer* in: NK-UmwG, § 133 UmwG Rz. 1; *Leuering* in: KölnKomm-UmwG, § 133 Rz. 1; Semler/Stengel/Leonard-*Seulen*, UmwG, § 133 Rz. 1.

2) Richtlinie 2017/1132 des Europäischen Parlaments und des Rates v. 14.6.2017 über bestimmte Aspekte des Gesellschaftsrechts (Gesellschaftsrechtsrichtlinie), ABl. (EU) L 169/46 v. 30.6.2017.

3) Sechste Richtlinie 82/891/EWG des Rates v. 17.12.1982 gemäß Artikel 54 Absatz 3 Buchstabe g) des Vertrages betreffend die Spaltung von Aktiengesellschaften (Spaltungsrichtlinie), ABl. (EG) L 378/47 v. 31.12.1982.

4) Widmann/Mayer-*Vossius*, UmwR, § 133 UmwG Rz. 9; Schmitt/Hörtnagl-*Hörtnagl*, UmwG/UmwStG, § 133 UmwG Rz. 17; *Raible* in: HK-UmwG, § 133 Rz. 2.

5) Gesetz zur zeitlichen Begrenzung der Nachhaftung von Gesellschaftern (NachhBG), v. 18.3.1994, BGBl. I 1994, 560.

6) Gesetz zur Umsetzung der Umwandlungsrichtlinie und zur Änderung weiterer Gesetze (UmRUG), v. 22.2.2023, BGBl. I 2023, 51.

7) Widmann/Mayer-*Vossius*, UmwR, § 133 UmwG Rz. 6, der zu Recht betont, dass die die generelle Anwendbarkeit von § 133 auf die Ausgliederung nachteilig für die Beteiligten sein kann, wenn der übertragende Rechtsträger nur einen kleinen Teil seines Vermögens ausgliedert. Denn § 133 führt zu einer Haftung des aufnehmenden Rechtsträgers auch für die Vermögensteile, die beim übertragenden Rechtsträger verbleiben.

8) Zu dieser Problematik vgl. *Thiessen* in: MünchKomm-HGB, § 25 Rz. 36 m. w. N.

9) Semler/Stengel/Leonard-*Seulen*, UmwG, § 133 Rz. 2a; *Kahlert/Gehrke*, DStR 2013, 975, 977 ff.; *Simon/Brünkmans*, ZIP 2014, 657, 664 ff.; a. A. *Madaus*, ZIP 2012, 2133, 2136; *Simon/Merkelbach*, NZG 2012, 121, 128.

10) OLG Karlsruhe, Beschl. v. 24.11.2022 – 6 U 162/21, BeckRS 2022, 38594; Schmitt/Hörtnagl-*Hörtnagl*, UmwG/UmwStG, § 1 UmwG Rz. 70.

II. Haftung der beteiligten Rechtsträger (§ 133 Abs. 1)

1. Gesamtschuldner

a) Hauptschuldner und Mithafter

Der Wortlaut des § 133 Abs. 1 und 3 regelt eine gesamtschuldnerische Haftung der beteiligten Rechtsträger. Dennoch wird zwischen dem Rechtsträger, dem die **Haftung im Spaltungsvertrag zugeordnet** wurde **(Hauptschuldner)** und dem weiteren Rechtsträger, dem die Schuld nicht zugewiesen wurde, der aber für die Schuld nach § 133 für eine Dauer von **fünf bzw. zehn Jahren** mit einsteht **(Mithafter)** unterschieden.[11] 7

Unstreitig ist die Differenzierung relevant für die **Ausgestaltung der Haftung** und die Haftungsfolgen. Zunächst ist sie für den **Innenausgleich** unter den beteiligten Rechtsträgern maßgebend; die allgemeine **Regressmöglichkeit** eröffnet dabei **§ 426 Abs. 1 Satz 1 BGB.** Der Anspruch auf **Sicherheitsleistung** steht den Gläubigern nur gegenüber dem Hauptschuldner zu (**§§ 125, 22**). Zum anderen erlischt die **Haftung des Mithafters** nach Ablauf der in **§ 133 Abs. 3** festgelegten Fristen. Die **Haftung des Hauptschuldners** unterliegt hingegen keinem besonderen Zeitablauf. 8

Zur Frage, ob die Unterscheidung zwischen **Hauptschuldner** einerseits und **Mithafter** andererseits darüber hinaus noch Relevanz für die Qualifizierung als Primär- und Sekundärschuldner entfaltet, werden unterschiedliche Meinungen vertreten. 9

b) Akzessorietätstheorie

Trotz des **eindeutigen Wortlauts von § 133** nimmt eine Ansicht in der Literatur an, dass der **Mithafter** neben dem Hauptschuldner nur **akzessorisch** haftet.[12] Teilweise wird hierfür argumentiert, dass es **nicht zu einer Verdopplung** der Schuldnerstellung durch die Spaltung kommen müsse, sondern dass eine bloße **Mithaftung für eine fremde Schuld** ausreiche.[13] 10

c) Gesamtschuld

Die wohl bisher **h. A.** nimmt an, dass die beteiligten Rechtsträger alle nebeneinander gleichrangig als Gesamtschuldner haften. Diese Ansicht stützt sich im Wesentlichen auf den **Wortlaut** des Gesetzes.[14] 11

d) Stellungnahme

Gewichtige inhaltliche Argumente sprechen für eine **akzessorische Haftung.** Zuvorderst ist festzustellen, dass die Akzessorietät gleichsam **richtlinienkonform** ist.[15] Die Annahme einer Gesamtschuld würde über die Anforderung der Richtlinie weit hinausgehen. Schließlich unterscheiden sich die Rechtsfolgen bedeutsam. So wirken bei der Gesamtschuld **Einwendungen und Einreden** nur gegen den einzelnen Gesamtschuldner (§ 425 BGB). Beim Vorgehen nach der Akzessorietätstheorie ändert sich das Rechtsverhältnis un- 12

---

11) *K. Schmidt*, ZGR 1993, 366, 386; Semler/Stengel/Leonard-*Seulen*, UmwG, § 133 Rz. 27; Lutter-*M. F. Schwab*, UmwG, § 133 Rz. 16 ff.; *Ihrig*, ZHR Beiheft 68 (1998), 80, 82 f.

12) *Habersack* in: FS Bezzenberger, S. 96 ff.; Widmann/Mayer-*Vossius*, UmwR, § 133 UmwG Rz. 25 ff.; *Fischer* in: NK-UmwG, § 133 Rz. 25; Lutter-*M. F. Schwab*, UmwG, § 133 Rz. 21 ff.; Kallmeyer-*Sickinger/Lanfermann*, UmwG, § 133 Rz. 3; *Rieble*, ZIP 1997, 301, 312; *Blobel/Menz*, NZG 2009, 608, 612.

13) *Rieble*, ZIP 1997, 301, 312.

14) *Larisch* in: MünchHdb. GesR, Bd. 8, § 27 Rz. 115; *Leuering* in: KölnKomm-UmwG, § 133 Rz. 18 ff.; *Foerster* in: BeckOGK-UmwG, § 133 Rz. 25; Schmitt/Hörtnagl-*Hörtnagl*, UmwG/UmwStG, § 133 UmwG Rz. 3; Semler/Stengel/Leonard-*Seulen*, UmwG, § 133 Rz. 30 f.; Henssler/Strohn-*Galla/Cé. Müller*, GesR, § 133 UmwG Rz. 3; *Raible* in: HK-UmwG, § 133 Rz. 12.

15) Semler/Stengel/Leonard-*Seulen*, UmwG, § 133 Rz. 31; Lutter-*M. F. Schwab*, UmwG, § 133 Rz. 24.

mittelbar auf **Ebene der Hauptschuld** (und nimmt Einfluss **auf deren Durchsetzbarkeit**), Einwendungen und Einreden wirken also **für alle Rechtsträger** begünstigend. Es scheint nicht recht ersichtlich, warum die Gläubiger bessergestellt werden sollen, als im Falle der **Haftung der Gesellschafter** einer oHG für Gesellschaftsschulden nach **§ 126 (§ 128 a. F.) HGB**, der die Akzessorietät bei § 133 nachgebildet ist. Allerdings steht die Annahme einer **Gesamtschuld** mit dem Wortlaut des **§ 133** im Einklang. Die Situation ist auch eine andere als i. R. der Wortlautanalyse bei § 128 a. F. HGB. Während die Akzessorietätstheorie nach jener Vorschrift zu dem Schluss gekommen war, dass die **Gesamtschuld**, welche im Wortlaut enthalten war, sich nur auf das Verhältnis der mithaftenden Gesellschafter **untereinander** bezieht, greift diese **Interpretation des Wortlauts** des § 133 nicht Platz.[16] Denn diesen Rückschluss lässt der Wortlaut anders als bei § 126 HGB (§ 128 HGB a. F.) nicht zu. Vereinzelt wird zwar angenommen, dass der **Begriff der Gesamtschuld** in § 133 möglicherweise auf eine ungenaue deutsche Übersetzung in der deutschen Fassung der **Richtlinie 82/891/EWG**,[17] jetzt Gesellschaftsrechtsrichtlinie,[18] beruht.[19] Allerdings ist davon auszugehen, dass sich der Gesetzgeber des UmwG der Bedeutung der Begrifflichkeit **bewusst** war.[20]

13 Ferner ist die Situation mit derjenigen in **§ 126 bzw. § 128 HGB nicht vergleichbar**. Während in jener Vorschrift das Verhältnis der Haftung zwischen einer **Gesellschaftsschuld** auf der einen Seite und der **persönlichen Haftung der Gesellschafter** auf der anderen Seite geregelt wird, betrifft § 133 **nur Gesellschaftsschulden**. Dies sind Schulden unter **gleichstufigen Schuldnern**. Die Annahme einer Akzessorietät würde auch den häufigsten Fall der Spaltung, nämlich, dass lediglich **zwei Rechtsträger** an dieser teilnehmen, und sich die Schulden auf diese beiden verteilen, zu stark vernachlässigen.

14 Nach alledem scheint es **überzeugend**, die **gesamtschuldnerische Haftung** der beteiligten Rechtsträger anzunehmen. Diese Lösung wird dem Gesetzeszweck am ehesten gerecht. Im Gegenzug zur Spaltungsfreiheit, welche umfassend ist, begegnet der Gesetzgeber den zutage tretenden Gefahren durch die zeitlich befristete **gemeinsame Haftung**. Die Gläubiger sollen so gestellt werden, **als wäre die Spaltung nicht vollzogen** und als stünde das Vermögen des übertragenen Rechtsträgers ungespalten zur Verfügung.[21]

---

16) Schmitt/Hörtnagl-*Hörtnagl*, UmwG/UmwStG, § 133 UmwG Rz. 3; Semler/Stengel/Leonard-*Seulen*, UmwG, § 133 Rz. 31; *Foerster* in: BeckOGK-UmwG, § 133 Rz. 25 ff.

17) Sechste Richtlinie 82/891/EWG des Rates v. 17.12.1982 gemäß Artikel 54 Absatz 3 Buchstabe g) des Vertrages betreffend die Spaltung von Aktiengesellschaften (Spaltungsrichtlinie), ABl. (EG) L 378/47 v. 31.12.1982.

18) Richtlinie 2017/1132 des Europäischen Parlaments und des Rates v. 14.6.2017 über bestimmte Aspekte des Gesellschaftsrechts (Gesellschaftsrechtsrichtlinie), ABl. (EU) L 169/46 v. 30.6.2017.

19) Lutter-*M. F. Schwab*, UmwG, § 133 Rz. 24, weist darauf hin, dass das Akzessorietätsmodell mit Art. 146 Abs. 3 der Gesellschaftsrechtsrichtlinie im Einklang stehe. Zwar spreche Art. 146 Abs. 3 der Gesellschaftsrechtsrichtlinie ebenfalls von einer Haftung als Gesamtschuldner, jedoch habe die Richtlinie als Vorbild das französische Spaltungsrecht, wonach die Rechtsträger als „solidarité des debiteurs" haften. In diesem Modell seien die Rechtsträger deutlich stärker miteinander verbunden als im deutschen Modell der Gesamtschuld. Es handle sich mithin um eine ungenaue deutsche Übersetzung.

20) Schmitt/Hörtnagl-*Hörtnagl*, UmwG/UmwStG, § 133 UmwG Rz. 3; *Raible* in: HK-UmwG, § 133 Rz. 12, in dieser Richtung auch die Begr. zur Änderung von § 133 durch das UmRUG, Begr. RegE UmRUG z. § 133 UmwG, BT-Drucks. 20/3822, S. 84.

21) Schmitt/Hörtnagl-*Hörtnagl*, UmwG/UmwStG, § 133 UmwG Rz. 6; *Raible* in: HK-UmwG, § 133 Rz. 12; Semler/Stengel/Leonard-*Seulen*, UmwG, § 133 Rz. 48 – dem Gläubiger seine bisherige Haftungsmasse erhalten.

2. Verbindlichkeiten

a) Zeitpunkt (Altschulden, Neuschulden)

Die Vorschrift gilt für **sämtliche Schulden**, nicht nur für Zahlungspflichten.[22] Allerdings kommt es für die Erfassung von Pflichten durch **§ 133** darauf an, wann diese **begründet** worden sind. 15

Im Rahmen von § 133 ist danach zu unterscheiden, ob die Verbindlichkeit **vor dem Wirksamwerden** der Spaltung begründet worden ist (**sog. „Altschulden"**) oder zu einem späteren Zeitpunkt (**dann „Neuschulden"**). **§ 133** gilt nach einem Wortlaut **nur für Altschulden**. Für Neuschulden haftet folglich nur derjenige Rechtsträger, bei dem sie originär begründet wurden. Eine gesamtschuldnerische Haftung scheidet aus. 16

Maßgebliches Abgrenzungskriterium für die Frage, ob eine Altschuld oder eine Neuschuld vorliegt, ordnet **§ 133** den Zeitpunkt des **Wirksamwerdens der Spaltung** an. Die Spaltung wird mit **Eintragung im Handelsregister** des übertragenen Rechtsträgers wirksam, § 131 Abs. 1. Der **Wortlaut** ist **insofern eindeutig**. 17

Dennoch gehen Teile der Literatur davon aus, dass es für die Abgrenzung zusätzlich auf den Zeitpunkt der **Bekanntmachung** der Spaltung durch das Handelsregister ankomme.[23] Eine Gesamtschuld liege aus Gutglaubensgesichtspunkten nur dann vor, wenn die Spaltung **bekannt gemacht** worden sei.[24] Gestützt wird dies auf eine Parallele zu § 22. Es bestünde ein besonderes Bedürfnis, das **Vertrauen** auf den bekannt gemachten Stand des Handelsregisters zu schützen.[25] 18

Allerdings lässt der klare Wortlaut für die Auslegung, die dem **öffentlichen Glauben** erst ab **Bekanntmachung im Handelsregister** Beachtung schenkt, keinen Raum.[26] 19

b) Begründung der Verbindlichkeit

§ 133 erfasst Verbindlichkeiten, die zum maßgeblichen Zeitpunkt **begründet** worden sind. In diesem Sinne gilt eine Verbindlichkeit als begründet, wenn die **Rechtsgrundlage** für sie gelegt wurde. Es kommt nicht etwa darauf an, ob eine Forderung zivilrechtlich **zur Anspruchsentstehung** gelangt ist, oder, ob der Anspruch **fällig geworden** oder eine **aufschiebende Bedingung** eingetreten ist;[27] auch der Wahrscheinlichkeitsgrad der Entstehung des Anspruchs spielt keine Rolle.[28] Gegenansichten sind insoweit nicht ersichtlich.[29] Insoweit kann für die Praxis konstatiert werden, dass der **Anwendungsbereich** der 20

---

22) Schmitt/Hörtnagl-*Hörtnagl*, UmwG/UmwStG, § 133 UmwG Rz. 10.

23) Semler/Stengel/Leonard-*Seulen*, UmwG, § 133 Rz. 11; teils auch *Foerster* in: BeckOGK-UmwG, § 133 Rz. 65 – § 131 Abs. 1 Satz 1 im Einzelfall durch § 15 HGB überlagert.

24) Semler/Stengel/Leonard-*Seulen*, UmwG, § 133 Rz. 11.

25) Semler/Stengel/Leonard-*Seulen*, UmwG, § 133 Rz. 11; vgl. auch den Beispielsfall bei *Foerster* in: BeckOGK-UmwG, § 133 Rz. 65.

26) So auch Schmitt/Hörtnagl-*Hörtnagl*, UmwG/UmwStG, § 133 UmwG Rz. 10; Kallmeyer-*Sickinger/Lanfermann*, UmwG, § 133 Rz. 6; Lutter-*M. F. Schwab*, UmwG, § 133 Rz. 81; *Raible* in: HK-UmwG, § 133 Rz. 4; *Larisch* in: MünchHdb. GesR, Bd. 8, § 27 Rz. 118; *Fischer* in: NK-UmwG, § 133 Rz. 12; *Leuering* in: KölnKomm-UmwG, § 133 Rz. 25; Widmann/Mayer-*Vossius*, UmwR, § 133 UmwG Rz. 20.

27) Vgl. nur BGH, Urt. v. 13.8.2015 – VII ZR 90/14, Rz. 37, NZG 2015, 1277, 1280 = AG 2015, 900, 902; Schmitt/Hörtnagl-*Hörtnagl*, UmwG/UmwStG, § 133 UmwG Rz. 11; Kallmeyer-*Sickinger/Lanfermann*, UmwG, § 133 Rz. 8; *Fischer* in: NK-UmwG, § 133 Rz. 14; *Larisch* in: MünchHdb. GesR, Bd. 8, § 27 Rz. 119.

28) Semler/Stengel/Leonard-*Seulen*, UmwG, § 133 Rz. 12: Kommt der Anspruch nicht zur Entstehung, ist die Mithaftung gegenstandslos.

29) Vgl. Schmitt/Hörtnagl-*Hörtnagl*, UmwG/UmwStG, § 133 UmwG Rz. 11, der darauf verweist, dass die selben Grundsätze gelten wie bei vergleichbaren Vorschriften, etwa §§ 25, 28, 127 (130 a. F.), 137 (§ 160 a. F.) HGB.

gesamtschuldnerischen Haftung (Haftungserweiterung auf aufnehmenden und übertragenden Rechtsträger als gleichgeordnete Schuldner) **erheblich größer** ist, als der Wortlaut zunächst den Anschein erweckt.

c) Einzelfälle

aa) Vertragliche Ansprüche

21 Bei **vertraglichen Ansprüchen** oder anderen **rechtsgeschäftlichen Verbindlichkeiten** ist der Rechtsgrund mit Abschluss des Vertrages gelegt, wenn aus dem Abschluss ohne Zusatzabreden eine Forderung und spiegelbildlich die Verbindlichkeit entsteht.[30)]

bb) Dauerschuldverhältnisse

22 Die vorstehend skizzierten Grundsätze gelten auch für **Dauerschuldverhältnisse.** Von erheblicher Bedeutung ist insoweit, dass mit Abschluss des Vertrages **sämtliche Einzelverbindlichkeiten bereits begründet** sind, die aus dem Vertrag erwachsen. Dies gilt auch dann, wenn diese möglicherweise erst **viele Jahre nach Vertragsschluss** fällig werden.[31)]

cc) Angebote

23 Bindende Angebote, die der **Gläubiger** vor Wirksamwerden der Spaltung, welches der **entscheidende Abgrenzungszeitpunkt** ist (dazu siehe oben Rz. 15 ff.), unterbreitet hat, begründen Altverbindlichkeiten, auch und vor allem dann, wenn das Angebot erst **nach dem Wirksamkeitszeitpunkt** angenommen wird.[32)] Liegt es umgekehrt, hat also der **Rechtsträger** ein Angebot unterbreitet und wird dies nach Wirksamwerden der Spaltung durch den Gläubiger angenommen, liegt eine **neue Verbindlichkeit** vor.[33)] Die Gegenansicht nimmt an, dass stets eine **Altschuld** vorliege.[34)]

dd) Versorgungszusagen

24 Für Versorgungszusagen gilt, dass alle Ansprüche, die bereits **angelegt** waren und nach Wirksamwerden der Spaltung **der Höhe nach** ansteigen, etwa wegen Betriebszugehörigkeit, von § 133 erfasst sind. Voraussetzung ist allerdings, dass die Versorgungszusage erteilt worden ist, bevor die Spaltung eingetragen wurde.[35)] **Unverfallbarkeit** oder **Warte-**

---

30) BGH, Urt. v. 13.8.2015 – VII ZR 90/14, Rz. 37, NZG 2015, 1277, 1280 = AG 2015, 900, 902; Kallmeyer-*Sickinger/Lanfermann*, UmwG, § 133 Rz. 8; Schmitt/Hörtnagl-*Hörtnagl*, UmwG/UmwStG, § 133 UmwG Rz. 11; *Leuering* in: KölnKomm-UmwG, § 133 Rz. 22; *Fischer* in: NK-UmwG, § 133 Rz. 15; *Larisch* in: MünchHdb. GesR, Bd. 8, § 27 Rz. 120; Semler/Stengel/Leonard-*Seulen*, UmwG, § 133 Rz. 13; *Heckschen*, GmbHR 2017, 953, 955; vgl. auch *K. Schmidt/Drescher* in: MünchKomm-HGB, § 128 Rz. 51.

31) BGH, Urt. v. 13.8.2015 – VII ZR 90/14, Rz. 37, NZG 2015, 1277, 1280 = AG 2015, 900, 902; Schmitt/Hörtnagl-*Hörtnagl*, UmwG/UmwStG, § 133 UmwG Rz. 11; Kallmeyer-*Sickinger/Lanfermann*, UmwG, § 133 Rz. 8; *Raible* in: HK-UmwG, § 133 Rz. 7; *Larisch* in: MünchHdb. GesR, Bd. 8, § 27 Rz. 120; *Heckschen*, GmbHR 2017, 953, 955; vgl. auch *K. Schmidt/Drescher* in: MünchKomm-HGB, § 128 Rz. 51.

32) *Fischer* in: NK-UmwG, § 133 Rz. 16; Schmitt/Hörtnagl-*Hörtnagl*, UmwG/UmwStG, § 133 UmwG Rz. 11; Semler/Stengel/Leonard-*Seulen*, UmwG, § 133 Rz. 14; *Leuering* in: KölnKomm-UmwG, § 133 Rz. 24; Lutter-*M. F. Schwab*, UmwG, § 133 Rz. 82.

33) Schmitt/Hörtnagl-*Hörtnagl*, UmwG/UmwStG, § 133 UmwG Rz. 11; *Leuering* in: KölnKomm-UmwG, § 133 Rz. 24; Semler/Stengel/Leonard-*Seulen*, UmwG, § 133 Rz. 14; *Larisch* in: MünchHdb. GesR, Bd. 8, § 27 Rz. 125.

34) Vgl. *Foerster* in: BeckOGK-UmwG, § 133 Rz. 72 ff.

35) Schmitt/Hörtnagl-*Hörtnagl*, UmwG/UmwStG, § 133 UmwG Rz. 11; Semler/Stengel/Leonard-*Seulen*, UmwG, § 133 Rz. 24 f.; *Raible* in: HK-UmwG, § 133 Rz. 9; *Foerster* in: BeckOGK-UmwG, § 133 Rz. 67.

fristen spielen keine Rolle.[36] Ein anderes gilt nur, wenn Ansprüche auf Vertragsänderungen beruhen, die **nach Wirksamwerden** der Spaltung vereinbart werden.[37]

ee) Kontokorrentabreden

§ 133 erstreckt sich auch auf Schulden in einer **Kontokorrentabrede.** Jedoch ist der Haftungsumfang auf den **niedrigsten Stand** eines Rechnungsabschlusses nach **Wirksamwerden** der Spaltung begrenzt.[38] 25

ff) Bedingte Ansprüche

Bedingte Ansprüche sind Altschulden, wenn der Rechtsgrund **vor dem Abgrenzungszeitpunkt** liegt; der Zeitpunkt des Bedingungseintritts spielt keine Rolle. **Aufschiebende und auflösende Bedingungen** werden gleich behandelt. Die Wahrscheinlichkeit des Bedingungseintritts spielt keine Rolle. 26

gg) Gewährte Sicherheiten

Fraglich ist das Schicksal von (Personal- und Real-)**Sicherheiten**, die für **Verbindlichkeiten des übertragenden Rechtsträgers** bestellt wurden. Bei Sicherheiten, die der **Hauptschuldner** (d. h. der übertragende Rechtsträger) **selbst bestellt** hat, bestehen keine Besonderheiten; sie bleiben ohne weiteres erhalten.[39] 27

Bezüglich **Sicherheiten, die von Dritten bestellt** wurden, besteht Einigkeit, dass diese Sicherheiten ohne weitere Voraussetzungen, insbesondere ohne Drittzustimmung, bestehen bleiben müssen. Vorgetragen wird hierfür im Wesentlichen das Argument, dass die **besicherte Verbindlichkeit identisch** bleibt, auch wenn sie auf einen anderen Rechtsträger übertragen wurde.[40] Die Vorschrift des § 418 BGB, welche ohne entsprechende Mitwirkung ein Erlöschen von Sicherheiten anordnet, füge sich nicht in die Situation der Spaltung ein (auch nicht entsprechend/analog).[41] Vereinzelt wird die gegenteilige Ansicht vertreten: § 418 BGB sei i. R. der §§ 131 ff. entsprechend anwendbar, was zur Folge hätte, dass der Fortbestand der Sicherheit von der **Mitwirkung des Sicherungsgebers** (Übertragungszustimmung) abhinge.[42] Eine differenzierende Ansicht wendet § 418 BGB **ab dem Enthaftungszeitpunkt** nach § 133 Abs. 3 an.[43] 28

Die letztgenannten Ansichten müssen sich allerdings mit dem berechtigten Vorwurf auseinandersetzen, dass deren Vorgehen die Gläubiger benachteiligt. Die Situation im **Spaltungsrecht** des UmwG ist auch nicht mit derjenigen im **Schuldübernahmerecht** des BGB 29

36) Schmitt/Hörtnagl-*Hörtnagl*, UmwG/UmwStG, § 133 UmwG Rz. 11; *Raible* in: HK-UmwG, § 133 Rz. 9.

37) Schmitt/Hörtnagl-*Hörtnagl*, UmwG/UmwStG, § 133 UmwG Rz. 11; *Larisch* in: MünchHdb. GesR, Bd. 8, § 27 Rz. 122; Semler/Stengel/Leonard-*Seulen*, UmwG, § 133 Rz. 25; *Müller*, DB 2001, 2637, 2638; *Willemsen*, NZA 1996, 791, 801; *Hill*, BetrAV 1995, 114, 117 f.; a. A. Lutter-*M. F. Schwab*, UmwG, § 134 Rz. 91 – Haftung für alle Versorgungsansprüche, die der Arbeitnehmer bis zum Ende der Enthaftungsfrist nach § 134 Abs. 3 erdient hat.

38) Semler/Stengel/Leonard-*Seulen*, UmwG, § 133 Rz. 16; Schmitt/Hörtnagl-*Hörtnagl*, UmwG/UmwStG, § 133 UmwG Rz. 11; *Foerster* in: BeckOGK-UmwG, § 133 Rz. 68.

39) *Leuering* in: KölnKomm-UmwG, § 133 Rz. 61; Semler/Stengel/Leonard-*Seulen*, UmwG, § 133 Rz. 17; Lutter-*M. F. Schwab*, UmwG, § 133 Rz. 117.

40) Semler/Stengel/Leonard-*Seulen*, UmwG, § 133 Rz. 17; *Larisch* in: MünchHdb. GesR, Bd. 8, § 27 Rz. 127; Lutter-*M. F. Schwab*, UmwG, § 133 Rz. 116.

41) Semler/Stengel/Leonard-*Seulen*, UmwG, § 133 Rz. 17; Schmitt/Hörtnagl-*Hörtnagl*, UmwG/UmwStG, § 131 UmwG Rz. 67; *Leuering* in: KölnKomm-UmwG, § 133 Rz. 62; *Larisch* in: MünchHdb. GesR, Bd. 8, § 27 Rz. 158; *Fischer* in: NK-UmwG, § 133 UmwG Rz. 71; *Rieble*, ZIP 1997, 301, 309.

42) Lutter-*Teichmann*, UmwG, 5. Aufl., § 131 Rz. 49.

43) Lutter-*M. F. Schwab*, UmwG, § 133 Rz. 116.

vergleichbar, weil die beteiligten Rechtsträger im Falle der Spaltung **gesamtschuldnerisch** haften, wohingegen es bei der privativen Schuldübernahme gerade nicht zu einer Erweiterung des Schuldnerkreises (nach Köpfen) kommt. § 22 gibt zudem hinreichende Möglichkeiten, Sicherheitsleistung zu verlangen, wenn der **Anspruch eines Gläubigers gefährdet** ist.[44)]

hh) Ansprüche aus Bereicherungsrecht und unerlaubter Handlung

30 Die Behandlung von Ansprüchen aus **gesetzlichen Schuldverhältnissen** richtet sich nach dem Zeitpunkt des Eintritts der haftungsbegründenden Umstände. Dies gilt sowohl für **bereicherungsrechtliche Ansprüche** als auch für **Ansprüche aus unerlaubter Handlung.**

31 Bei Ansprüchen aus **ungerechtfertigter Bereicherung** (§§ 812 ff. BGB) ist zu unterscheiden zwischen Leistungs- und Nichtleistungskondiktion (Eingriffs-/Verwendungskondition). Bei der **Leistungskondiktion** kommt es darauf an, ob der irrtümlich angenommene Rechtsgrund für die Leistung **vor dem Zeitpunkt des Wirksamwerdens** der Spaltung bereits bestand. Bei der Nichtleistungskondiktion kommt es auf den Zeitpunkt des Eingriffs beziehungsweise der Verwendung an.[45)]

32 Bei Ansprüchen aus **unerlaubter Handlung** oder **Gefährdungshaftung** kommt es für die Anwendbarkeit des § 133 auf das haftungsbegründende Verhalten an. Es ist also zu fragen, ob dieses **vor oder nach** dem Wirksamwerden der Spaltungsmaßnahme erfolgte. Der Zeitpunkt des Schadenseintritts spielt dann keine Rolle mehr.[46)]

ii) Dingliche Ansprüche

33 Dingliche Ansprüche stellen im Haftungssystem des Spaltungsrechts eine Besonderheit und in einer Vielzahl von Fällen einen Fremdkörper dar. In der Praxis betreffen dingliche Rechtsverhältnisse in aller Regel die **aktuelle Beziehung** zwischen einer **Rechtsperson und einer Sache.** Ob und wie diese Beziehung besteht, ist laufend aktuell und individuell für jedes Rechtssubjekt zu prüfen. Dass dingliche Verbindlichkeiten in der Praxis Altschulden darstellen, ist kaum vorstellbar, weil die **Tatbestandsvoraussetzungen** für diese Ansprüche bzw. Rechte stets **bei demjenigem Rechtsträger** vorliegen müssen, um den es aktuell geht. Es wird sich bei solchen Rechtsverhältnissen also stets um Neuschulden handeln; der betroffene Rechtsträger ist originär **aus eigenem Recht** verpflichtet.[47)]

34 Ähnliches muss in der Praxis im Grundsatz für **Herausgabeansprüche** gelten: Die **Vindikationslage** besteht nur zwischen demjenigen, der aktuell als **Störer** zu qualifizieren ist und dem **Eigentümer.** Andere Spaltungsbeteiligte hingegen haften **weder originär** noch als Mithafter. Auch die Zerstörung einer herauszugebenden Sache (oder die Verfügung hierüber) nach dem Wirksamwerden der Spaltung gehört in diese Fallgruppe: Auch wenn die betroffene Sache von demjenigen veräußert wird, dem sie **im Spaltungsvertrag zugewiesen** wurde, sind die Folgeansprüche wiederum auf der Verletzung des Eigentums und

---

44) Semler/Stengel/Leonard-*Seulen*, UmwG, § 133 Rz. 17.

45) BGH, Urt. v. 17.1.2012 – II ZR 197/10, Rz. 14 ff., NZG 2012, 221, 221 f. = DB 2012, 397, 397 f. – zu § 128 HGB: grundsätzlich Altverbindlichkeit, anders jedoch bei versehentlicher Doppelzahlung; Semler/Stengel/Leonard-*Seulen*, UmwG, § 133 Rz. 17a; *Foester* in: BeckOGK-UmwG, § 133 Rz. 75; vgl. auch *K. Schmidt/Drescher* in: MünchKomm-HGB, § 128 Rz. 59. Kritische Befassung zur Leistungskondiktion *Lüneborg*, ZIP 2012, 2229, 2235 ff. – zu § 128 HGB: Zeitpunkt der Leistungshandlung vorzugswürdig.

46) Semler/Stengel/Leonard-*Seulen*, UmwG, § 133 Rz. 18; *Larisch* in: MünchHdb. GesR, Bd. 8, § 27 Rz. 128; *Fischer* in: NK-UmwG, § 133 Rz. 19; *Leuering* in: KölnKomm-UmwG, § 133 Rz. 23; Schmitt/Hörtnagl-*Hörtnagl*, UmwG/UmwStG, § 133 UmwG Rz. 14; a. A. *Lüneborg*, ZIP 2012, 2229, 2237 – zu § 128 HGB: nicht nur Verletzungshandlung, sondern auch die kausal darauf beruhende Rechtsgutsverletzung muss erfolgt sein.

47) Semler/Stengel/Leonard-*Seulen*, UmwG, § 133 Rz. 19; *Larisch* in: MünchHdb. GesR, Bd. 8, § 27 Rz. 129. Krit. dazu *Foerster* in: BeckOGK-UmwG, § 133 Rz. 46.

nicht auf der Verletzung der Herausgabepflicht zu begründen, so dass die dinglichen Ansprüche, welche sich hieraus ergeben könnten, ebenfalls wieder Neuschulden wären.

jj) Öffentlich-rechtliche Pflichten

Im Hinblick auf **öffentlich-rechtliche** Pflichten und Unterlassungsansprüche gegen den Hauptschuldner/übertragenden Rechtsträger als **aktuellen Störer** stellen sich vergleichbare Fragen: Auch bzgl. solcher Rechtsverhältnisse werden die Tatbestandsvoraussetzungen **originär und gesondert** auf Ebene des aktuell Verpflichteten/in Anspruch Genommenen zu prüfen sein.[48] Damit ist praktisch kaum vorstellbar, dass es sich nach der Definition um **Altverbindlichkeiten** i. R. von § 133 handeln kann. 35

Eine **Altverbindlichkeit** könnte lediglich dann vorliegen, wenn die Ursache für den zu beseitigenden Zustand bereits vor dem Wirksamwerden der Spaltung gesetzt wurde.[49] 36

kk) Vergessene Verbindlichkeiten

Verbindlichkeiten, die im Spaltungsvertrag weder dem übertragenden noch dem übernehmenden Rechtsträger zugeordnet wurden, werden gemeinhin als sog. **„vergessene Verbindlichkeiten"** behandelt. Fraglich ist, wie diese i. R. des Haftungssystems des § 133 zu behandeln sind. Primär ist die Zuordnung der Haftung durch Auslegung zu ermitteln.[50] Vordringlich sollte dabei ein Augenmerk darauf gelegt werden, ob möglicherweise eine **konkludente Zuordnung** zu einem der beteiligten Rechtsträger erfolgt ist.[51] 37

Erst wenn die **Auslegung zu keinem eindeutigen Ergebnis** geführt hat, muss an nächster Stelle nach den einzelnen **Spaltungsarten** unterschieden werden. Liegt eine Aufspaltung vor, ist der übertragende Rechtsträger nach Wirksamwerden der Spaltung nicht mehr vorhanden. Die übernehmenden Rechtsträger haften als Gesamtschuldner für die **Verbindlichkeiten.**[52] Das Ergebnis unterscheidet sich damit von der Fallgruppe der **vergessenen Gegenstände des Aktivvermögens** gemäß **§ 131 Abs. 3.**[53] Die Relevanz ist erheblich: Nur so findet die Nachhaftungsbegrenzung des § 133 Abs. 3 Anwendung. 38

In den Fällen der **Abspaltung** oder **Ausgliederung** existiert der übertragende Rechtsträger nach wie vor. Die Haftung für die Verbindlichkeit verbleibt bleibt bei diesem als Hauptschuldner, die anderen Rechtsträger sind Mithafter.[54] 39

48) Semler/Stengel/Leonard-*Seulen*, UmwG, § 133 Rz. 20; *Larisch* in: MünchHdb. GesR, Bd. 8, § 27 Rz. 130.

49) Als praxisrelevantes Beispiel können insoweit die Pflichten aus § 4 BBodSchG genannt werden, vgl. dazu auch Semler/Stengel/Leonard-*Seulen*, UmwG, § 133 Rz. 20; *Foerster* in: BeckOGK-UmwG, § 133 Rz. 76; Lutter-*M. F. Schwab*, UmwG, § 133 Rz. 84; *Becker/Fett*, NZG 1999, 1189, 1196; *Fleischer/Empt*, ZIP 2000, 905, 912; *Spindler*, ZGR 2001, 385, 399 f.; *Schall/Horn*, ZIP 2003, 327, 334.

50) *Fischer* in: NK-UmwG, § 133 Rz. 19; *Larisch* in: MünchHdb. GesR, Bd. 8, § 27 Rz. 131; *Leuering* in: KölnKomm-UmwG, § 133 Rz. 26; Lutter-*M. F. Schwab*, UmwG, § 133 Rz. 88.

51) *Fischer* in: NK-UmwG, § 133 Rz. 19; *Leuering* in: KölnKomm-UmwG, § 133 Rz. 26; Lutter-*M. F. Schwab*, UmwG, § 133 Rz. 88.

52) *Raible* in: HK-UmwG, § 133 Rz. 19; Semler/Stengel/Leonard-*Seulen*, UmwG, § 133 Rz. 37; *Fischer* in: NK-UmwG, § 133 Rz. 20; *Larisch* in: MünchHdb. GesR, Bd. 8, § 27 Rz. 131; Lutter-*M. F. Schwab*, UmwG, § 133 Rz. 88; *Leuering* in: KölnKomm-UmwG, § 133 Rz. 26; *Habersack* in: FS Bezzenberger, S. 104.

53) Dies entspricht der ganz h. M., vgl. *Habersack* in: FS Bezzenberger, S. 104; Kallmeyer-*Sickinger/Lanfermann*, UmwG, § 133 Rz. 17; Semler/Stengel/Leonard-*Seulen*, UmwG, § 133 Rz. 37 f. Die Gegenansicht, vertreten von Schmitt/Hörtnagl-*Hörtnagl*, UmwG/UmwStG, § 131 UmwG Rz. 111, der annimmt, dass § 131 Abs. 3 entsprechende Anwendung findet, stützt sich darauf, dass der Wortlaut „Gegenstände" einem weiten Verständnis zugänglich ist, so dass auch Verbindlichkeiten hiervon erfasst seien.

54) *Fischer* in: NK-UmwG, § 133 Rz. 20; *Larisch* in: MünchHdb. GesR, Bd. 8, § 27 Rz. 131; *Leuering* in: KölnKomm-UmwG, § 133 Rz. 26; Lutter-*M. F. Schwab*, UmwG, § 133 Rz. 87; Kallmeyer-*Sickinger/Lanfermann*, UmwG, § 133 Rz. 17; *Habersack* in: FS Bezzenberger, S. 104.

3. Rechtsfolgenseite (Haftungsumfang)

40 Die Gesamtschuldner haften dem Gläubiger im gleichen Umfang **nach dessen Belieben**; er ist **nicht verpflichtet**, den **Hauptschuldner vorrangig** in Anspruch zu nehmen (§ 421 BGB).[55] Dies gilt unabhängig davon, ob man sich der **Akzessorietätstheorie** oder der **Gesamtschuld** anschließt.

a) Erfüllungs- und Sekundäransprüche

41 Die Gesamtschuldner haften **primär auf Erfüllung**. Ihre Verpflichtungen richten sich nach **Art**, **Umfang** sowie **Inhalt** vollständig nach der Hauptschuld. Es ist der Zeitpunkt entscheidend, in dem die Schuld des Hauptschuldners und des Mithafters **entsteht**.[56] Bei **Geldschulden** gibt es keine weiteren Besonderheiten.

42 Bei **Sachleistungspflichten** haften die Mithafter ebenfalls **primär auf Erfüllung**. In der Praxis ergeben sich allerdings häufig daraus Probleme, dass die Sachleistung nach Wirksamwerden der Spaltung **nicht mehr** oder **nicht mehr in der Weise** erbracht werden kann, wie vor der Spaltung, da den beteiligten Rechtsträgern die Gegenstände, die zu Erbringung der Sachleistungen erforderlich sind, im Spaltungsvertrag zugewiesen wurden. So kann es sich ergeben, dass der Hauptschuldner eine Pflicht nicht mehr erfüllen kann, weil ihm die Gegenstände (etwa zur Produktion) nicht mehr gehören bzw. nicht mehr zugänglich sind. Auch in solchen Fällen bleibt die **Haftung grundsätzlich bestehen**. Sie wandelt sich auch nicht unmittelbar in einen **Schadensersatzanspruch wegen Unmöglichkeit**. Der Mithafter hat gegen den Hauptschuldner einen Freistellungsanspruch auf Leistung an den Dritten.[57]

43 Erst wenn der **Freistellungsanspruch** gegen den Hauptschuldner nicht durchsetzbar ist, kommt es zu einer Wandelung des Erfüllungsanspruchs in einen **Schadensersatzanspruch**, namentlich wegen **nachträglicher Unmöglichkeit**, die der übertragende Rechtsträger **zu vertreten** hat (§§ 280 Abs. 1 Satz 2, 283 BGB).[58]

44 Beim **übernehmenden Rechtsträger** liegt ein Fall der **anfänglichen Unmöglichkeit** vor. Die Unmöglichkeit ist eine Tatsache mit **Einzelwirkung i. S. des § 425 BGB**, d. h., dass sie nur von demjenigen Rechtsträger geltend gemacht werden kann, in dessen Person die Voraussetzungen vorliegen.[59]

45 Zu einem anderen Ergebnis käme indes die **Akzessorietätstheorie**. Nach dieser müsste ein **Untergang der Primäransprüche** wegen Unmöglichkeit auch zur **Befreiung des Mithafters** von der Erfüllungspflicht führen. Denn die Akzessorietätslehre wendet §§ 421 ff. BGB nicht an (somit auch nicht § 425 BGB). Ähnlich den zur oHG entwickelten Grundsätzen kommt die Akzessorietätslehre dennoch auf anderem Wege zur Einzelwirkung der

---

55) Schmitt/Hörtnagl-*Hörtnagl*, UmwG/UmwStG, § 133 UmwG Rz. 7; Semler/Stengel/Leonard-*Seulen*, UmwG, § 133 Rz. 40; *Larisch* in: MünchHdb. GesR, Bd. 8, § 27 Rz. 133.

56) Semler/Stengel/Leonard-*Seulen*, UmwG, § 133 Rz. 40; zum Schuldbeitritt: BGH, Urt. v. 7.11.1995 – XI ZR 235/94, NJW 1996, 249, 249 = BeckRS 1995, 7449; BGH, Urt. v. 27.3.1972 – VII ZR 31/71, BGHZ 58, 251, 255 = NJW 1972, 939, 939; *Larisch* in: MünchHdb. GesR, Bd. 8, § 27 Rz. 132; *Fischer* in: NK-UmwG, § 133 Rz. 21.

57) Semler/Stengel/Leonard-*Seulen*, UmwG, § 133 Rz. 41; *Fischer* in: NK-UmwG, § 133 Rz. 34; *Raible* in: HK-UmwG, § 133 Rz. 16; *Larisch* in: MünchHdb. GesR, Bd. 8, § 27 Rz. 134.

58) Semler/Stengel/Leonard-*Seulen*, UmwG, § 133 Rz. 41; *Fischer* in: NK-UmwG, § 133 Rz. 34; *Raible* in: HK-UmwG, § 133 Rz. 16; *Larisch* in: MünchHdb. GesR, Bd. 8, § 27 Rz. 134.

59) *Fischer* in: NK-UmwG, § 133 Rz. 34; Schmitt/Hörtnagl-*Hörtnagl*, UmwG/UmwStG, § 133 UmwG Rz. 9; Semler/Stengel/Leonard-*Seulen*, UmwG, § 133 Rz. 41, 54.

Unmöglichkeit. Dies erfolgt dadurch, dass sie die Akzessorietät an dieser Stelle durchbricht, oder aber den Beteiligten die Berufung auf das Unvermögen versagt.[60)]

b) Unterlassungsansprüche; individuelle Geschäftspflichten; Wettbewerb

Fraglich ist, ob die gesamtschuldnerische Haftung von Hauptschuldner und Mithafter auch **Unterlassungsansprüche** und **individuelle Pflichten im Geschäftsverkehr** erfasst. Dies kann Pflichten erfassen, die ein Unternehmen oder auch nur einen Teil davon betreffen, z. B. Zahlungsansprüche, die sich an Erfolgskennzahlen des Unternehmens orientieren.[61)] 46

Äußerst praxisrelevant sind etwa **Wettbewerbsverbote**, mit denen Unterlassungspflichten einhergehen oder auch Unterlassungspflichten im Zusammenhang mit Schutzrechtsverletzungen. Bei derartigen Pflichten ist **durch Auslegung zu ermitteln**, ob sie übergangsfähig sind. Insbesondere mit Blick auf den Bezugspunkt des Verbots kann ein Wettbewerbsverbot sehr problematisch sein, da der Umfang der Rechte durch den **Übergang** bzw. die **Mithaftung** nicht **erweitert oder beschränkt** werden darf.[62)] In Wettbewerbskonstellationen ist es bedeutsam, dass **nur derjenige Rechtsträger**, dem der betroffene **Unternehmensteil** im Spaltungsvertrag zugewiesen wurde, überhaupt in der Lage ist, das Wettbewerbsverbot einzuhalten. Es kann nur derjenige Rechtsträger haften, der in der Lage wäre, einen **Verstoß** zu verüben. Dies ist in der Regel der Hauptschuldner. Eine eigene Unterlassungsverpflichtung des Mithafters wird daher weitestgehend verneint.[63)] Allerdings können den Mithafter **Schadensersatzansprüche** treffen, wenn der Hauptschuldner seine Unterlassungspflicht verletzt.[64)] Teilweise wird auch eine Verpflichtung des Mithafters angenommen, auf den Hauptschuldner **einzuwirken**, das Wettbewerbsverbot einzuhalten (hilfsweise Schadensersatz zu leisten) und die Vertragsstrafe, die eventuell verwirkt wurde, mitzuzahlen.[65)] 47

c) Einreden, Einwendungen

Die Einwendungen und Einreden nach **§§ 422 bis 425 BGB** sind unter Berücksichtigung der spaltungsrechtlichen Besonderheiten anwendbar. 48

---

60) Dazu näher Semler/Stengel/Leonard-*Seulen*, UmwG, § 133 Rz. 41 – unter Verweis auf Lutter-*M. F. Schwab*, UmwG, § 133 Rz. 35 ff.; *Habersack* in: FS Bezzenberger, S. 107 f.; *Rieble*, ZIP 1997, 301, 312.

61) Semler/Stengel/Leonard-*Seulen*, UmwG, § 133 Rz. 42.

62) Semler/Stengel/Leonard-*Seulen*, UmwG, § 133 Rz. 43, kritisiert dabei, dass lediglich die Formulierung, ein Rechtsträger dürfe sich durch die Spaltung nicht seinen (Unterlassungs-)Pflichten entziehen, zu einseitig sei; vgl. Schmitt/Hörtnagl-*Hörtnagl*, UmwG/UmwStG, § 131 UmwG Rz. 64; Lutter-*Lieder*, UmwG, § 131 Rz. 79; *Foerster* in: BeckOGK-UmwG, § 133 Rz. 44; *Leuering* in: KölnKomm-UmwG, § 133 Rz. 29.

63) Zu titulierten Ansprüchen nach Schutzrechtsverletzungen jüngst OLG Frankfurt/M., Beschl. v. 15.9.2025 – 6 U 60/18, NZG 2025, 1675 (nicht rechtskräftig, die Rechtsbeschwerde ist beim BGH unter VII ZB 33/25 anhängig), allgemein hierzu *Larisch* in: MünchHdb. GesR, Bd. 8, § 27 Rz. 135; *Fischer* in: NK-UmwG, § 133 Rz. 36; *Leuering* in: KölnKomm-UmwG, § 133 Rz. 30; Lutter-*M. F. Schwab*, UmwG, § 133 Rz. 46; Semler/Stengel/Leonard-*Seulen*, UmwG, § 133 Rz. 44.

64) *Larisch* in: MünchHdb. GesR, Bd. 8, § 27 Rz. 135; *Fischer* in: NK-UmwG, § 133 Rz. 36; *Leuering* in: KölnKomm-UmwG, § 133 Rz. 30; Lutter-*M. F. Schwab*, UmwG, § 133 Rz. 46.

65) Semler/Stengel/Leonard-*Seulen*, UmwG, § 133 Rz. 44; weitergehend Schmitt/Hörtnagl-*Hörtnagl*, UmwG/UmwStG, § 131 UmwG Rz. 64, der bei Dauerverpflichtungen die Unterlassungspflichten nur des Hauptschuldners (also nur desjenigen, der in der Lage ist, gegen die Unterlassungsverpflichtung zu verstoßen) nicht für ausreichend erachtet. Der Übergang von Ansprüchen auf bestimmte Rechtsträger sei daher nicht zur Disposition der beteiligten Rechtsträger gestellt, damit sich Schuldner nicht durch Spaltung der Haftung entziehen können.

aa) **Einzel- und Gesamtwirkung**

49 Sämtlichen Einwendungen und Einreden, die bereits vor Wirksamwerden der Spaltung entstanden waren, fällt **Gesamtwirkung** zu. Das bedeutet, dass sie sowohl dem Hauptschuldner als auch dem Mithafter zugute kommen. Nach Wirksamwerden der Spaltung haben Einwendungen und Einreden nur dann Gesamtwirkung, wenn dies im Gesetz (§§ 422 bis 424 BGB) oder in dem Schuldverhältnis angeordnet ist.[66]

bb) **Beispiele**

(1) **Aufrechnung**

50 Einer **Aufrechnung**, die vor der Spaltung wirksam geworden ist, kommt **Gesamtwirkung** zu (§ 422 Abs. 1 Satz 2 BGB). Es genügt sogar, wenn vor dem Wirksamwerden der Spaltung lediglich eine Aufrechnungslage bestand, nach der der Hauptschuldner mit einer Gegenforderung aufrechnen konnte. Hierauf können sich auch die **Mithafter** berufen und die Leistung verweigern, solange dem Hauptschuldner die **Aufrechnung noch möglich** ist.[67] Unproblematisch ist der Fall, wenn die Aufrechnungslage erst nach Wirksamwerden der Spaltung entsteht. In diesem Fall können sich die **Mithafter nicht** auf die Aufrechnungsverbote **berufen.**[68]

(2) **Anfechtung, Rücktritt**

51 Alle haftenden Rechtsträger können sich auf die Gestaltungsrechte wie Anfechtung oder Rücktritt berufen, auch wenn sie selbst diese Rechte **nicht ausüben können**, solange der **Hauptschuldner** zur Anfechtung oder zum Rücktritt berechtigt ist.[69] Auch wenn bspw. der **Mithafter diese Gestaltungsrechte nicht ausüben kann**, wird ihm gemeinhin eine **Einrede** in entsprechender Anwendung der für die akzessorische Haftung geltenden Bestimmungen zugestanden.[70]

(3) **Verjährung**

52 Die **Verjährungstatbestände** sind für jeden Rechtsträger getrennt zu prüfen (§ 425 Abs. 2 BGB).[71]

(4) **Einwendungsverzicht**

53 Erklärt einer der beteiligten Rechtsträger den Verzicht auf eine Einwendung oder Einrede, so wirkt sich dies **nur gegenüber demjenigen Rechtsträger** aus, der diesen Verzicht erklärt hat (Tatsache mit Einzelwirkung).[72] Dies gilt nach überzeugender h. A. ebenfalls,

---

66) *Larisch* in: MünchHdb. GesR, Bd. 8, § 27 Rz. 137; Lutter-*M. F. Schwab*, UmwG, § 133 Rz. 61; *Leuering* in: KölnKomm-UmwG, § 133 Rz. 32.

67) *Larisch* in: MünchHdb. GesR, Bd. 8, § 27 Rz. 138; *Fischer* in: NK-UmwG, § 133 Rz. 29; Lutter-*M. F. Schwab*, UmwG, § 133 Rz. 67.

68) *Larisch* in: MünchHdb. GesR, Bd. 8, § 27 Rz. 138; *Fischer* in: NK-UmwG, § 133 Rz. 29; Semler/Stengel/Leonard-*Seulen*, UmwG, § 133 Rz. 52.

69) *Fischer* in: NK-UmwG, § 133 Rz. 27; Semler/Stengel/Leonard-*Seulen*, UmwG, § 133 Rz. 53; *Larisch* in: MünchHdb. GesR, Bd. 8, § 27 Rz. 139; *Leuering* in: KölnKomm-UmwG, § 133 Rz. 36.

70) Semler/Stengel/Leonard-*Seulen*, UmwG, § 133 Rz. 53; *Larisch* in: MünchHdb. GesR, Bd. 8, § 27 Rz. 139; *Leuering* in: KölnKomm-UmwG, § 133 Rz. 36.

71) *Larisch* in: MünchHdb. GesR, Bd. 8, § 27 Rz. 140; Semler/Stengel/Leonard-*Seulen*, UmwG, § 133 Rz. 56; *Fischer* in: NK-UmwG, § 133 Rz. 31; *Foerster* in: BeckOGK-UmwG, § 133 Rz. 55.

72) *Larisch* in: MünchHdb. GesR, Bd. 8, § 27 Rz. 141; *Fischer* in: NK-UmwG, § 133 Rz. 31; Semler/Stengel/Leonard-*Seulen*, UmwG, § 133 Rz. 57.

wenn das **Gegenrecht** selbst **Gesamtwirkung** gehabt hätte.[73] Die Gegenansicht kommt über die **Akzessorietätslehre** zum gegenteiligen Ergebnis.[74]

4. Prozessuales

Rechtsstreitigkeiten, die erst **nach dem Wirksamwerden der Spaltung** anhängig werden, kommt Einzelwirkung zu, § 425 BGB (insoweit wird von **„neuen Rechtsstreitigkeiten"** gesprochen).[75] 54

Bei zum Zeitpunkt des Wirksamwerdens der Spaltung **bereits anhängigen Prozessen** finden für die streitigen Verbindlichkeiten, die im Spaltungsvertrag dem Hauptschuldner zugewiesen sind, die Grundsätze des **gesetzlichen Schuldbeitritts** Anwendung. Die Spaltungsmaßnahme hätte auf den Rechtsstreit als solchen keinen Einfluss. Eine **Rechtskraftwirkung gegenüber dem Mithafter** scheidet aus.[76] Möchte der Kläger den Mithafter in Anspruch nehmen, muss er die **Klage erweitern.**[77] 55

Weist der Spaltungsvertrag die streitige Verbindlichkeit allerdings dem übernehmenden Rechtsträger zu, geht die Verbindlichkeit auf den übernehmenden Rechtsträger über (§ 131 Abs. 1 Nr. 1).[78] Es findet **Rechtsnachfolge** statt. Der übertragende Rechtsträger haftet fünf Jahre weiter. Die Spaltung hat auf den anhängigen Rechtsstreit auch in diesen Fällen **keinen Einfluss.** Der übertragende Rechtsträger wird den Prozess in doppeltem Interesse weiterführen, einerseits im eigenen Interesse[79] und andererseits als **Prozessstandschafter** für den übernehmenden Rechtsträger als Hauptschuldner.[80] 56

Besonderheiten muss die Praxis bei der **Aufspaltung** beachten: Der Rechtsstreit gegen den bisherigen Beklagten kann nicht fortgesetzt werden, da dieser nicht fortexistiert. Es finden Verschmelzungsgrundsätze Anwendung. Wie bei der Verschmelzung wird also das Verfahren unterbrochen (§§ 239, 246 ZPO analog).[81] 57

Bei rechtskräftiger Entscheidung vor Wirksamwerden der Spaltung kann eine vollstreckbare Ausfertigung gegen den übernehmenden Rechtsträger erteilt werden.[82] 58

III. Innenverhältnis Hauptschuldner; Mithafter

Geht man davon aus, dass der Hauptschuldner und der Mithafter **Gesamtschuldner** sind (siehe dazu oben Rz. 11), so richtet sich im Falle der Erfüllung eines an der Spaltung beteiligten Rechtsträger der Innenausgleich danach, in welchem **Verhältnis** die Beteiligten zueinander stehen: Mithafter sind gegenüber dem Hauptschuldner im Verhältnis zu- 59

---

73) Semler/Stengel/Leonard-*Seulen*, UmwG, § 133 Rz. 57.

74) Näher *Habersack* in: FS Bezzenberger, S. 106; Lutter-*M. F. Schwab*, UmwG, § 133 Rz. 62, 64.

75) Semler/Stengel/Leonard-*Seulen*, UmwG, § 133 Rz. 59; *Foerster* in: BeckOGK-UmwG, § 133 Rz. 59; *Larisch* in: MünchHdb. GesR, Bd. 8, § 27 Rz. 142; abl. infolge des Akzessorietätsmodells Lutter-*M. F. Schwab*, UmwG, § 133 Rz. 151.

76) BGH, Urt. v. 8.5.1989 – II ZR 237/88, NJW-RR 1989, 1055, 1056 = WM 1989, 1219, 1221; Semler/Stengel/Leonard-*Seulen*, UmwG, § 133 Rz. 61.

77) Semler/Stengel/Leonard-*Seulen*, UmwG, § 133 Rz. 61; zur Zulassung der Klageerweiterung vgl. BAG, Urt. v. 16.5.2013 – 6 AZR 556/11, Rz. 59, NZA 2013, 1079, 1084 = BeckRS 2013, 69778.

78) Semler/Stengel/Leonard-*Seulen*, UmwG, § 133 Rz. 62.

79) Nach BAG, Urt. v. 16.5.2013 – 6 AZR 556/11, Rz. 59, NZA 2013, 1079, 1084 = BeckRS 2013, 69778; *Bork/Jacoby*, ZHR 167 (2003), 440, 453, handelt der übertragende Rechtsträger allein im eigenen Interesse.

80) So Semler/Stengel/Leonard-*Seulen*, UmwG, § 133 Rz. 63.

81) BGH, Urt. v. 1.12.2003 – II ZR 161/02, NJW 2004, 1528, 1528 = NZA 2004, 173, 174; Semler/Stengel/Leonard-*Seulen*, UmwG, § 133 Rz. 64; *Düwell*, NZA 2012, 761, 762; a. A. Schmitt/Hörtnagl-*Hörtnagl*, UmwG/UmwStG, § 131 UmwG Rz. 74 – gesetzlicher Parteiwechsel; ebenso Lutter-*M. F. Schwab*, UmwG, § 133 Rz. 163.

82) Semler/Stengel/Leonard-*Seulen*, UmwG, § 133 Rz. 65.

einander **nicht zum Ausgleich verpflichtet**, der Hauptschuldner hat mithin keinen Rückgriffsanspruch, da die Zuweisung der Verbindlichkeit im Spaltungsvertrag eine „anderweitige Bestimmung" i. S. des **§ 426 Abs. 1 Satz 1 Halbs. 2 BGB** darstellt.[83)] Im umgekehrten Fall hat der Mithafter, der durch den Gläubiger in Anspruch genommen werden soll, ein Freistellungsanspruch bzw. wenn er bereits in Anspruch genommen wurde einen Ausgleichsanspruch gegen den Hauptschuldner nach § 426 Abs. 1, 2 BGB.[84)]

60 Anders verhält es sich bei **mehreren Mithaftern** untereinander. Begleicht ein Mithafter die Verbindlichkeit, und kann er den Hauptschuldner nicht in Regress nehmen (etwa, weil der Hauptschuldner nicht leistungsfähig ist), kann der Mithafter auch bei den anderen Mitarbeitern Rückgriff nehmen (§ 426 Abs. 1 BGB).[85)]

61 Die Frage ist in solchen Fällen, **in welchem Verhältnis** die Mithafter zur Haftung verpflichtet sind. Nach h. M. haften diese **nach Kopfteilen**, es sei denn, der Spaltungsvertrag regelt eine abweichende Aufteilung.[86)] Eine andere Ansicht ordnet den Mithaftern nach dem Verhältnis des ihnen jeweils **zugewiesenen Reinvermögens** die Haftung zu.[87)]

IV. Beendigung und Begrenzung der Haftung (§ 133 Abs. 3)

1. Enthaftung nach fünf Jahren (§ 133 Abs. 3 Satz 1)

62 Der Mithafter wird nach Ablauf eines Zeitraums von **fünf Jahren** nach der Spaltung von der Haftung befreit. Hierfür müssen allerdings zwei Voraussetzungen erfüllt sein. Die Verbindlichkeit muss innerhalb der **fünfjährigen Frist** fällig werden und der Gläubiger muss seine Forderung in einer in § 133 Abs. 3 Satz 1 i. V. m. **§ 197 Abs. 1 Nr. 3–5 BGB** vorgesehen Form feststellen lassen, **Vollstreckungshandlungen** vornehmen oder solche beantragen. Bei der nach fünf Jahren eintretenden Enthaftung handelt sich um eine rechtsvernichtende Einwendung, so dass eine Leistung **rechtsgrundlos** erfolgen würde. Folge wäre nach Inanspruchnahme trotz dieser Enthaftung ein **Kondiktionsanspruch** des Mithafters aus § 812 Abs. 1 Satz 1 BGB.[88)]

2. Enthaftung aufgrund mangelnder Fälligkeit

63 Die Haftung des Mithafters erlischt, wenn die Fälligkeit nicht innerhalb von fünf Jahren (bzw. zehn Jahren bei Ansprüchen aufgrund des BetrAVG) nach der Spaltung eintritt, sondern erst **nach Ablauf dieser Frist**. Der Rechtsgrund der Verbindlichkeit spielt keine

83) *Larisch* in: MünchHdb. GesR, Bd. 8, § 27 Rz. 144; *Fischer* in: NK-UmwG, § 133 Rz. 39 – grundsätzlich Haftung zu gleichen Teilen gemäß § 426 Abs. 1 Satz 1 Halbs. 1 BGB, weshalb Regelung im Spaltungsvertrag ausdrücklich empfohlen; *Leuering* in: KölnKomm-UmwG, § 133 Rz. 63; Schmitt/Hörtnagl-*Hörtnagl*, UmwG/UmwStG, § 133 UmwG Rz. 66; Kallmeyer-*Sickinger/Lanfermann*, UmwG, § 133 Rz. 11 f.; *Heidenhain*, NJW 1995, 2873, 2879.

84) *Larisch* in: MünchHdb. GesR, Bd. 8, § 27 Rz. 144; Lutter-*M. F. Schwab*, UmwG, § 133 Rz. 147; *Fischer* in: NK-UmwG, § 133 Rz. 38; Kallmeyer-*Sickinger/Lanfermann*, UmwG, § 133 Rz. 11; *Leuering* in: KölnKomm-UmwG, § 133 Rz. 63.

85) *Larisch* in: MünchHdb. GesR, Bd. 8, § 27 Rz. 145; Lutter-*M. F. Schwab*, UmwG, § 133 Rz. 150; *Leuering* in: KölnKomm-UmwG, § 133 Rz. 65; Schmitt/Hörtnagl-*Hörtnagl*, UmwG/UmwStG, § 133 UmwG Rz. 16; Kallmeyer-*Sickinger/Lanfermann*, UmwG, § 133 Rz. 12.

86) Schmitt/Hörtnagl-*Hörtnagl*, UmwG/UmwStG, § 133 UmwG Rz. 16; Kallmeyer-*Sickinger/Lanfermann*, UmwG, § 133 Rz. 12; *Leuering* in: KölnKomm-UmwG, § 133 Rz. 65.

87) Semler/Stengel/Leonard-*Seulen*, UmwG, § 137 Rz. 67; Goutier/Knopf/Tulloch-*Goutier*, UmwR, § 133 UmwG Rz. 14; Widmann/Mayer-*Vossius*, UmwR, § 133 UmwG Rz. 28; *Raible* in: HK-UmwG, § 133 Rz. 13; in diese Richtung auch *Larisch* in: MünchHdb. GesR, Bd. 8, § 27 Rz. 145, der richtigerweise empfiehlt, diese Frage ausdrücklich im Spaltungsvertrag zu regeln; wohl auch Lutter-*M. F. Schwab*, UmwG, § 133 Rz. 150, seit Einfügung des § 133 Abs. 3 Satz 2 unter Hinweis auf die empfohlene Regelung der Ausgleichsquote zwischen den Beteiligten im Spaltungsvertrag.

88) Lutter-*M. F. Schwab*, UmwG, § 133 Rz. 114; *Leuering* in: KölnKomm-UmwG, § 133 Rz. 59.

Rolle.[89] Ebenso spielt es keine Rolle, um welche **Art des Schuldverhältnisses** es sich handelt. Es werden Dauerschuldverhältnisse, Verträge und Schadensersatzansprüche erfasst.

3. Enthaftung mangels Feststellung/Vollstreckung (§ 133 Abs. 3 Satz 1 Alt. 1)

Der Gläubiger kann die **Enthaftung dadurch vermeiden**, dass er seine Forderung nach § 133 Abs. 3 Satz 1 i. V. m. § 197 Abs. 1 – Nr. 3–5 BGB feststellen lässt. Er müsste hierfür eine rechtskräftige **Feststellung des Anspruchs** (§ 197 Abs. 1 Nr. 3 BGB), eine Feststellung innerhalb eines **vollstreckbaren Vergleichs** oder einer **vollstreckbaren Urkunde** (§ 197 Abs. 1 Nr. 4 BGB) oder eine vollstreckbare **Feststellung im Insolvenzverfahren** (§ 197 Abs. 1 Nr. 5 BGB) erwirken. Voraussetzung ist demnach also das Vorliegen eines vollstreckbaren Titels. 64

4. Gerichtliche/behördliche Vollstreckunghandlung (§ 133 Abs. 3 Satz 1 Alt. 2)

Eine Enthaftung scheidet ebenfalls aus, wenn eine gerichtliche oder behördliche **Vollstreckungshandlung gegen den Mithafter** vorgenommen oder beantragt wurde (§ 133 Abs. 3 Satz 1 Alt. 2). Bedeutsam ist insoweit, dass das Gesetz voraussetzt, dass auch ein vollstreckbarer Titel, der schon vor der Spaltung vorlag, nach der Spaltung durch **Vollstreckungsmaßnahmen** durchgesetzt wird **(insbesondere gegen den Mithafter)**.[90] Anders liegt es, wenn ein **rechtskräftiger Titel** erst nach der Spaltung erwirkt wird. Dieser genügt, um die Enthaftung zu unterbrechen. 65

Mit Blick auf **öffentlich-rechtliche Verpflichtungen** genügt der Erlass eines Verwaltungsaktes zur Unterbrechung der Enthaftungswirkung (§ 133 Abs. 3 Satz 1 Halbs. 2). 66

Auch im Fall eines **schriftlichen Anerkenntnisses** i. S. des § 133 Abs. 5 ist eine Enthaftung ausgeschlossen. Es hat keine Wirkung für andere Mithafter.[91] 67

5. Mögliche Hemmung der Enthaftung (§ 133 Abs. 4 Satz 2)

In der Praxis muss beachtet werden, dass die **Frist** nach § 133 Abs. 4 Satz 2 i. V. m. §§ 204, 206, 210 und 211 BGB **gehemmt** sein kann. Sehr praxisrelevant sind Maßnahmen der Rechtsverfolgung als Hemmungstatbestand (§ 204 Abs. 1 BGB). Die Hemmung endet **sechs Monate** nach Rechtskraft einer Entscheidung bzw. nach einer anderweitigen Beendigung des Verfahrens (§ 204 Abs. 2 BGB).[92] 68

Der Hemmungszeitraum wird entsprechend § 209 BGB i. R. der fünfjährigen Enthaftung **nicht mitgerechnet.** 69

6. Betragsmäßige Beschränkung (§ 133 Abs. 3 Satz 2)

§ 133 Abs. 3 Satz 2 beschränkt die gesamtschuldnerische Haftung der an der Spaltung beteiligten Rechtsträger auf den Wert des ihnen zugeteilten **Nettoaktivvermögens**,[93] was für grenzüberschreitende Spaltungen nach Art. 160j Abs. 2 Satz 2 der Umwandlungsrichtlinie[94] unionsrechtlich vorgegeben wurde. Der Gesetzgeber hat dies **auf alle Spaltungen** 70

89) *Larisch* in: MünchHdb. GesR, Bd. 8, § 27 Rz. 148; Lutter-*M. F. Schwab*, UmwG, § 133 Rz. 105; *Fischer* in: NK-UmwG, § 133 Rz. 60; *Leuering* in: KölnKomm-UmwG, § 133 Rz. 40, 43; Semler/Stengel/Leonard-*Seulen*, UmwG, § 133 Rz. 79.

90) *Fischer* in: NK-UmwG, § 133 Rz. 63; Lutter-*M. F. Schwab*, UmwG, § 133 Rz. 112.

91) *Leuering* in: KölnKomm-UmwG, § 133 Rz. 52; *Fischer* in: NK-UmwG, § 133 Rz. 66; Lutter-*M. F. Schwab*, UmwG, § 133 Rz. 118.

92) *Foerster* in: BeckOGK-UmwG, § 133 Rz. 94; *Fischer* in: NK-UmwG, § 133 Rz. 68; Lutter-*M. F. Schwab*, UmwG, § 133 Rz. 106.

93) Näher dazu jüngst *Albers*, ZIP 2024, 2849; *Stern*, ZGR 2026, 146.

94) Richtlinie (EU) 2019/2121 des Europäischen Parlaments und des Rates v. 27.11.2019 zur Änderung der Richtlinie (EU) 2017/1132 in Bezug auf grenzüberschreitende Umwandlungen, Verschmelzungen und Spaltungen (Umwandlungsrichtlinie), ABl. (EU) L 321/1 v. 12.12.2019.

ausgedehnt. Eine **Definition des Nettoaktivvermögens** liegt nicht vor. Die Definition ist der Ausgestaltung durch die Judikatur überlassen. Es ist davon auszugehen, dass hierunter der Wert der Gegenstände des **Aktivvermögens** (sämtliche Vermögenswerte und Vermögenspositionen) abzüglich des Werts der Gegenstände des **Passivvermögens** (sämtliche Verbindlichkeiten gemäß § 133 Abs. 1 Satz 1) zu verstehen ist.[95)]

V. Sicherheitsleistung

71 Als Ergänzung zur gesamtschuldnerischen Haftung von Hauptschuldner und den weiteren beteiligten Rechtsträgern (Mithafter) sieht § 133 Abs. 1 Satz 2 das **Recht auf Sicherheitsleistung** als vervollständigendes Element des Gläubigerschutzes vor. Grundsätzlich kann das Recht von jedem Gläubiger der beteiligten Rechtsträger geltend gemacht werden. Auch die Gläubiger des übernehmenden Rechtsträgers können nach § 133 Abs. 1 Satz 2 vorgehen. Allerdings können die jeweiligen Gläubiger **nur gegen den Hauptschuldner** vorgehen, also gegen denjenigen Rechtsträger, dem die zu sichernde Verbindlichkeit im Spaltungsvertrag zugeordnet wurde.[96)]

72 Im Wesentlichen kann darüber hinaus zu den Einzelheiten auf die **Grundsätze zu § 22** verwiesen werden (dazu siehe oben § 22 Rz. 11 ff. [*Stiegler*]). Die zu beachten Besonderheiten i. R. des Spaltungsrechts beschränken sich auf das Folgende:

- Es kann nur Sicherheit verlangt werden, wenn **noch kein Erfüllungsanspruch** vorliegt, §§ 125, 22 Abs. 1 Satz 1. Das bedeutet, dass die zu sichernde Forderung **noch nicht fällig** sein darf.[97)]
- Der Anspruchsteller muss die Existenz der abzusichernden Forderung beweisen und glaubhaft machen, dass durch die Spaltung die Erfüllung der (erst später fällig werdenden) Forderung gefährdet wird, §§ 125, 22 Abs. 1 Satz 2. Dies kann in der Praxis häufig dann der Fall sein, wenn die zu sichernde Forderung **erst nach Ablauf der Enthaftung gemäß § 133 Abs. 3** fällig wird.[98)]

VI. Inhaber von Sonderrechten (§ 133 Abs. 2)

73 Zu weiten Teilen kann die Kommentierung zu § 23 herangezogen werden (siehe dazu oben § 23 Rz. 7 ff. [*Stiegler*]).

74 Auch die Inhaber von Rechten in einem übertragenen Rechtsträger, die **kein Stimmrecht** gewähren, haben einen Anspruch auf Gewährung gleichwertiger Rechte im Zuge der Spaltung (§§ 133 Abs. 2 Satz 2, 125 Satz 1, 23). Schutzbedürftig sind insbesondere die **Inhaber von Anteilen ohne Stimmrecht**, von Wandelschuldverschreibungen, von Gewinnschuldverschreibungen und von Genussrechten. Der Spaltungsvertrag muss bestimmen, bei welchen der beteiligten Rechtsträger die jeweiligen Sonderrechte einzuräumen sind (§ 126 Abs. 1 Nr. 7).

75 Bei der **Allokation** zwischen den beteiligten Rechtsträgern sind die Parteien allerdings frei. Das Gegenstück zu dieser Wahlfreiheit ist § 133 Abs. 2 Satz 1, der die gesamtschuldnerische Haftung der beteiligten Rechtsträger anordnet, wobei zwischen **Hauptschuldner**

---

95) *Fischer* in: NK-UmwG, § 133 Rz. 70; *Gattringer*, NZG 2023, 443, 454; *Rubner/Leuering*, NJW-Spezial 2025, 655, 656.

96) *Fischer* in: NK-UmwG, § 133 Rz. 46; Lutter-*M. F. Schwab*, UmwG, § 133 Rz. 90; Semler/Stengel/Leonard-*Seulen*, UmwG, § 133 Rz. 123; *Leuering* in: KölnKomm-UmwG, § 133 Rz. 74.

97) *Leuering* in: KölnKomm-UmwG, § 133 Rz. 72; *Fischer* in: NK-UmwG, § 133 Rz. 48; Lutter-*M. F. Schwab*, UmwG, § 133 Rz. 90 f.

98) *Fischer* in: NK-UmwG, § 133 Rz. 49; Lutter-*M. F. Schwab*, UmwG, § 133 Rz. 92; Semler/Stengel/Leonard-*Seulen*, UmwG, § 133 Rz. 121.

und **Mithafter** unterschieden wird.[99] Auch ist es zulässig, im Spaltungsvertrag gleichwertige Rechte in mehreren Rechtsträgern zu gewähren.[100]

Voraussetzung für den Schutz als Sonderrechtsinhaber ist, dass der betroffene Inhaber eines Rechts ist, welches **kein Stimmrecht** gewährt. Gesetzlich genannt sind **Wandel- und Gewinnschuldverschreibung** sowie **Genussrechte**. Erfasst werden aber auch mitgliedschaftsähnliche Rechtspositionen, mit denen kein Stimmrecht verbunden ist und die nicht im Gesetz genannt sind. Es kommt nicht auf die Frage an, ob die Rechte wertpapiermäßig verbrieft sind.[101] Erfasst sind insbesondere **Wandelschuldverschreibungen, Gewinnschuldverschreibungen** oder Optionen, die ein **Recht auf Umtausch oder Bezug von Gesellschaftsanteilen** gewähren. Inhaberschuldverschreibungen sind jedoch **nicht geschützt**, da bei diesen ein fester Zins zugesagt ist.[102] 76

Nicht geschützt sind auch **Optionsrechte**, die zum **Bezug von Anteilen** eines anderen Rechtsträgers berechtigen sowie **Optionen**, die von einem Dritten ausgestellt wurden, da es dann nicht um Ansprüche gegen den übertragenden Rechtsträger geht, sondern um Ansprüche gegen Dritte.[103] 77

Die Ausgestaltung des Anspruchs und dessen Umfang richten sich danach, gegen welchen Anspruchsgegner vorgegangen wird. Wird gegen den Hauptschuldner vorgegangen, so ist die Verpflichtung durchzusetzen, die entsprechenden **Rechte zu gewähren**. Im Grunde ist auch nur der Hauptschuldner in der Lage, den Anspruch zu erfüllen, da diesem die Schuld **im Spaltungsvertrag zugewiesen** wurde. Hat das Einwirken auf den Hauptschuldner keinen Erfolg, haften die **Mithafter** auf **Schadensersatz wegen Unmöglichkeit**. 78

Erfolgte **keine Zuweisung** im Spaltungsvertrag, hat der Gläubiger ein **Wahlrecht**, welchen Rechtsträger er in Anspruch nehmen will, er kann in diesem Fall also von jedem beteiligten Rechtsträger Erfüllung verlangen.[104] 79

---

99) *Fischer* in: NK-UmwG, § 133 Rz. 51.

100) *Larisch* in: MünchHdb. GesR, Bd. 8, § 27 Rz. 207; *Leuering* in: KölnKomm-UmwG, § 133 Rz. 77.

101) Semler/Stengel/Leonard-*Kalss*, UmwG, § 23 Rz. 4; *Larisch* in: MünchHdb. GesR, Bd. 8, § 27 Rz. 208; *Maulbetsch* in: HK-UmwG, § 23 Rz. 7.

102) *Böttcher* in: NK-UmwG, § 23 Rz. 10; Kallmeyer-*Oppenhoff*, UmwG, § 23 Rz. 6; *Maulbetsch* in: HK-UmwG, § 23 Rz. 14; Semler/Stengel/Leonard-*Kalss*, UmwG, § 23 Rz. 5; *Larisch* in: MünchHdb. GesR, Bd. 8, § 27 Rz. 212.

103) *Larisch* in: MünchHdb. GesR, Bd. 8, § 27 Rz. 212; Semler/Stengel/Leonard-*Kalss*, UmwG, § 23 Rz. 5; *Erkens* in: KölnKomm-UmwG, § 23 Rz. 17; *Rieder* in: BeckOGK-UmwG, § 23 Rz. 20.

104) *Larisch* in: MünchHdb. GesR, Bd. 8, § 27 Rz. 221; *Raible* in: HK-UmwG, § 133 Rz. 40; Schmitt/Hörtnagl-*Hörtnagl*, UmwG/UmwStG, § 133 Rz. 27; Semler/Stengel/Leonard-*Seulen*, UmwG, § 133 Rz. 74; *Fischer* in: NK-UmwG, § 133 Rz. 54.

§ 134

Schutz der Gläubiger in besonderen Fällen[*]

(1) [1]Spaltet ein Rechtsträger sein Vermögen in der Weise, daß die zur Führung eines Betriebes notwendigen Vermögensteile im wesentlichen auf einen übernehmenden oder mehrere übernehmende oder auf einen neuen oder mehrere neue Rechtsträger übertragen werden und die Tätigkeit dieses Rechtsträgers oder dieser Rechtsträger sich im wesentlichen auf die Verwaltung dieser Vermögensteile beschränkt (Anlagegesellschaft), während dem übertragenden Rechtsträger diese Vermögensteile bei der Führung seines Betriebes zur Nutzung überlassen werden (Betriebsgesellschaft), und sind an den an der Spaltung beteiligten Rechtsträgern im wesentlichen dieselben Personen beteiligt, so haftet die Anlagegesellschaft auch für die Forderungen der Arbeitnehmer der Betriebsgesellschaft als Gesamtschuldner, die binnen fünf Jahren nach dem Wirksamwerden der

Spaltung auf Grund der §§ 111 bis 113 des Betriebsverfassungsgesetzes begründet werden. [2]Dies gilt auch dann, wenn die Vermögensteile bei dem übertragenden Rechtsträger verbleiben und dem übernehmenden oder neuen Rechtsträger oder den übernehmenden oder neuen Rechtsträgern zur Nutzung überlassen werden.

(2) Die gesamtschuldnerische Haftung nach Absatz 1 gilt auch für vor dem Wirksamwerden der Spaltung begründete Versorgungsverpflichtungen auf Grund des Betriebsrentengesetzes.

(3) Für die Ansprüche gegen die Anlagegesellschaft nach den Absätzen 1 und 2 gilt § 133 Abs. 3 Satz 1, Abs. 4 und 5 entsprechend mit der Maßgabe, daß die Frist fünf Jahre nach dem in § 133 Abs. 4 Satz 1 bezeichneten Tage beginnt.

*) § 134 i. d. F. des UmwBerG geändert durch Art. 1 des Zweiten Gesetzes zur Änderung des Umwandlungsgesetzes (2. UmwGÄndG), v. 19.4.2007, BGBl. I 2007, 542.

Literatur: *Müller*, Die gesamtschuldnerische Haftung bei der Spaltung nach §§ 133, 134 UmwG, DB 2001, 2637; *Röger/Tholuck*, Der erzwungene Sozialplan bei Betriebsspaltungen (§ 134 UmwG) und Konzernverbindungen, NZA 2012, 294.

Übersicht

I. Zweck der Norm

1 § 134 ergänzt den Gläubigerschutz für den Spezialfall der Betriebsaufspaltung, welche die Auftrennung eines Rechtsträgers in eine **Anlagegesellschaft** auf der einen Seite und eine **Betriebsgesellschaft** auf der anderen Seite meint. Der Gesetzgeber hatte zur Kenntnis genommen, dass die **Betriebsaufspaltung** in dieser Form ein praxishäufiges Gestaltungselement insbesondere mittelständischer Unternehmen geworden war.[1] Eine häufige Form der Betriebsaufspaltung in diesem Sinne ist die Trennung in eine **Kapitalgesellschaft,** in der die operativen Tätigkeiten der Gesellschaft mit **Haftungsabschottung** zum Gesellschafter gebündelt wurden. Wesentliche Teile des Anlagevermögens **(Immobilien)** wurden hingegen entweder in das **Individualeigentum** oder in das Eigentum einer **Personengesellschaft** allokiert. Auf diese Weise werden die Haftungsmassen der operativen Einheit und der Besitzgesellschaft voneinander abgeschottet.

2 Durch diese Gestaltung können **Arbeitnehmer der Betriebsgesellschaft** in besonderer Weise benachteiligt werden.[2] § 134 regelt deshalb, dass Sozialplan- und Nachteilsaus-

1) Semler/Stengel/Leonard-*Seulen*, UmwG, § 134 Rz. 1. Nach Schmitt/Hörtnagl-*Hörtnagl*, UmwG/UmwStG, § 134 UmwG Rz. 1, werde der Norm jedoch keine große Bedeutung zukommen, da die „klassische Betriebsaufspaltung" an Attaktivität und Beliebtheit verliere.

2) *Fischer* in: NK-UmwG, § 134 Rz. 1; Semler/Stengel/Leonard-*Seulen*, UmwG, § 134 Rz. 2; Begr. RegE UmwG, bei *Ganske*, Umwandlungsrecht, S. 167; Begr. RegE UmwG z. § 134, BR-Drucks. 75/94, S. 122. Lutter-*M. F. Schwab*, UmwG, § 134 Rz. 9 f. sieht diesen Normzweck als in der Gesetzesbegründung unzureichend begründet an.

gleichsansprüche (§§ 111 ff. BetrVG) zulasten aller beteiligten Anlagegesellschaften und Betriebsgesellschaften **länger als fünf Jahre** (Grundsatz gemäß § 133) aufrecht erhalten bleiben. Die **Nachhaftungsfrist** beträgt für diese besonderen Ansprüche **zehn Jahre** (§ 134 Abs. 3). § 134 Abs. 2, der **gesamtschuldnerische Haftung** für bereits vor dem Wirksamwerden der Spaltung begründete Versorgungsverpflichtungen anordnet, begründet **keine Haftungserweiterung** im Vergleich zu § 133 Abs. 1 Satz 1. Die zwischenzeitlich in Kraft getretene allgemeine **Verlängerung der Nachhaftung** für Ansprüche aus dem **BetrAVG** hat für einen Gleichlauf der Vorschriften gesorgt. § 134 Abs. 2 kann allerdings noch für Altfälle Relevanz entfalten.[3)]

II. Anwendungsbereich

3 Der Wortlaut des § 134 lässt zunächst vermuten, dass die Vorschrift **alle drei Spaltungsarten** (Abspaltung, Aufspaltung, Ausgliederung) betrifft. Allerdings ist der Anwendungsbereich der Norm in der Literatur **umstritten**. Unproblematisch erfasst die Vorschrift die **Abspaltung** (klarer Wortlaut des § 134 Abs. 1). Insoweit spielt es keine Rolle, ob die Maßnahme zur **Aufnahme** oder zur **Neugründung** erfolgt; beide Varianten fallen in den Geltungsbereich des § 134.[4)]

4 Auch die **Ausgliederung** kommt als Fall des § 134 in Betracht. Die vom Tatbestand vorgesehene Voraussetzung, dass an den an der Spaltung beteiligten Rechtsträgern „im wesentlichen dieselben Personen beteiligt" sind, meint vor allem, dass ein Gleichlauf auf Ebene der **Gesellschafter der Beteiligten** gegeben ist. Der Gesetzgeber hatte allerdings nicht nur unmittelbare Gesellschafterstellungen im Sinn. Vielmehr können auch mittelbare Beteiligungen erfasst werden. In der Folge ist auch die **Ausgliederung vom Tatbestand erfasst.**[5)]

5 Problematisch ist hingegen die Anwendbarkeit des § 134 auf die **Aufspaltung**. Dies ist darauf zurückzuführen, dass der Wortlaut der Vorschrift von einem Fortbestehen des übertragenden Rechtsträgers ausgeht, was aber im Fall der Aufspaltung gerade nicht zutrifft. Aus diesem Grund wird teilweise vertreten, dass § 134 auf die Aufspaltung keine Anwendung findet.[6)] Die Gegenauffassung wendet dahingegen § 134 analog mit der Begründung an, dass auch bei Aufspaltungen das Vermögen auf eine Anlage- und eine Betriebsgesellschaft aufgeteilt werden könne, wodurch das Schutzbedürfnis für Arbeitnehmer entstehe. Dies sei eine planwidrige Regelungslücke, die durch die Analogie geschlossen werde.[7)]

---

3) Semler/Stengel/Leonard-*Seulen*, UmwG, § 134 Rz. 42; Schmitt/Hörtnagl-*Hörtnagl*, UmwG/UmwStG, § 134 UmwG Rz. 2; *Raible* in: HK-UmwG, § 134 Rz. 4, 47.

4) *Fischer* in: NK-UmwG, § 134 Rz. 7; *Hohenstatt/Schramm* in: KölnKomm-UmwG, § 134 Rz. 4; Kallmeyer-*Willemsen/Müller-Bonanni*, UmwG, § 134 Rz. 4.

5) *Fischer* in: NK-UmwG, § 134 UmwG Rz. 8; *Hohenstatt/Schramm* in KölnKomm-UmwG, § 134 Rz. 4; Lutter-*M. F. Schwab*, UmwG, § 134 Rz. 8, 67 ff.; Kallmeyer-*Willemsen/Müller-Bonanni*, UmwG, § 134 Rz. 5; Schmitt/Hörtnagl-*Hörtnagl*, UmwG/UmwStG, § 134 UmwG Rz. 20; *Sagasser* in: Sagasser/Bula, Umwandlungen, § 18 Rz. 112; *Annuß* in: BeckOGK-UmwG, § 134 Rz. 5.

6) Widmann/Mayer-*Vossius*, UmwR, § 134 UmwG Rz. 5; *Hohenstatt/Schramm* in: KölnKomm-UmwG, § 134 Rz. 4; *Annuß* in: BeckOGK-UmwG, § 134 Rz. 5; Schmitt/Hörtnagl-*Hörtnagl*, UmwG/UmwStG, § 134 UmwG Rz. 18.

7) Lutter-*M. F. Schwab*, UmwG, § 134 Rz. 65; Semler/Stengel/Leonard-*Seulen*, UmwG, § 134 Rz. 34; Kallmeyer-*Willemsen/Müller-Bonanni*, UmwG, § 134 Rz. 4; *Raible* in: HK-UmwG, § 134 Rz. 8; *Sagasser* in: Sagasser/Bula, Umwandlungen, § 18 Rz. 111; *Fischer* in: NK-UmwG, § 134 Rz. 9; *Larisch* in: MünchHdb. GesR, Bd. 8, § 27 Rz. 163; *Müller*, DB 2001, 2637, 2639. Vgl. in diese Richtung auch BAG, Beschl v. 15.3.2011 – 1 ABR 97/09, Rz. 27, NZA 2011, 1112, 1114 = ZIP 2011, 1433, 1435. Vgl. hierzu ferner *Röger/Tholuck*, NZA 2012, 294, die sich mit diesem Urteil und der Bestimmung des Sozialplanvolumes bei Betriebsspaltungen auseinandersetzen.

III. Betriebsaufspaltung (§ 134 Abs. 1)

6 § 134 Abs. 1 unterscheidet **zwei Richtungen** der Betriebsaufspaltung: In der ersten Variante überträgt die bisher operative Gesellschaft ihr **wesentliches Betriebsvermögen** (Anlagevermögen) auf eine Besitzgesellschaft (§ 134 Abs. 1 Satz 1). Die bisher operative Gesellschaft als übertragender Rechtsträger bleibt Arbeitgeber. In der zweiten Variante hält die bisher operative Gesellschaft dieses **Betriebsvermögen** zurück und fungiert fortan als **Besitzgesellschaft. Betriebsgesellschaft** wird der **aufnehmende Rechtsträger.** Diesem wird das **betriebsnotwendige Anlagevermögen** zur Nutzung überlassen (§ 134 Abs. 1 Satz 2). Arbeitgeber wird in dieser zweiten Variante der aufnehmende Rechtsträger. Es findet ein Betriebsübergang i. S. des § 613a BGB statt.[8] Aufgrund der **ausbleibenden Übertragung des Anlagevermögens** in der zweiten Variante wird in der Literatur darauf hingewiesen, dass dieser Fall für die Praxis häufig vorteilhaft sein könnte, da die Transaktionskosten sich in dieser Konstellation im Vergleich geringer halten lassen.[9]

1. Auslagerung auf Anlagegesellschaft (§ 134 Abs. 1 Satz 1)

7 Die Tatbestandsvoraussetzungen (betriebsnotwendige Vermögensteile, Übertragung im wesentlichen Umfang, vermögensverwaltende Tätigkeit, Nutzungsüberlassung) sind im Wortlaut des § 134 Abs. 1 Satz 1 vorgegeben.

a) Betriebsnotwendige Vermögensteile

8 § 134 Abs. 1 Satz 1 verwendet den **Betriebsbegriff im arbeitsrechtlichen Sinne.**[10] Es kann auf die Definition zu § 126 Abs. 1 Nr. 9 zurückgegriffen werden (siehe dazu § 126 Rz. 69 [*K. Wentz*]). Damit kommt es auf die **organisatorische Einheit** von Arbeitsmitteln an, mit welchen ein bestimmter Zweck verfolgt wird.[11] Die Spaltung muss die **Zuführung der betriebsnotwendigen Vermögensbestandteile** erfassen. Es erfolgt eine funktionale Betrachtung des konkreten Zwecks des entstehenden Betriebs in der Betriebsgesellschaft. Der **Wert des Vermögensgegenstands** spielt dabei **keine Rolle.**[12] Ein notwendiger Bestandteil ist dann zu bejahen, wenn der Gegenstand in Anbetracht des Betriebszwecks **nicht entbehrlich** ist.[13]

---

8) *Hohenstatt/Schramm* in: KölnKomm-UmwG, § 134 Rz. 6, 16; Lutter-*M. F. Schwab,* UmwG, § 134 Rz. 12; *Fischer* in: NK-UmwG, § 134 Rz. 5.

9) Widmann/Mayer-*Vossius*, UmwR, § 134 UmwG Rz. 28; *Hohenstatt/Schramm* in: KölnKomm-UmwG, § 134 Rz. 2; *Fischer* in: NK-UmwG, § 134 Rz. 5.

10) *Fischer* in: NK-UmwG, § 134 Rz. 12; Semler/Stengel/Leonard-*Seulen*, UmwG, § 134 Rz. 11; Kallmeyer-*Willemsen/Müller-Bonanni*, UmwG, § 134 Rz. 7; *Hohenstatt/Schramm* in: KölnKomm-UmwG, § 134 Rz. 7; Lutter-*M. F. Schwab*, UmwG, § 134 Rz. 25; *Sagasser* in: Sagasser/Bula, Umwandlungen, § 18 Rz. 113; Schmitt/Hörtnagl-*Hörtnagl*, UmwG/UmwStG, § 134 UmwG Rz. 9; *Larisch* in: MünchHdb. GesR, Bd. 8, § 27 Rz. 170; a. A. *Annuß* in: BeckOGK-UmwG, § 134 Rz. 9 ff.

11) *Hohenstatt/Schramm* in: KölnKomm-UmwG, § 134 Rz. 7; *Fischer* in: NK-UmwG, § 134 Rz. 12; Kallmeyer-*Willemsen/Müller-Bonanni*, UmwG, § 134 Rz. 7; Lutter-*M. F. Schwab*, UmwG, § 134 Rz. 25.

12) *Fischer* in: NK-UmwG, § 134 Rz. 13, der darauf hinweist, dass Finanzanlageprodukte aus diesem Grunde nicht zum „betriebsnotwendigen Vermögen" i. S. von § 134 Abs. 1 Satz 1 gezählt werden können, es sei denn, der Betrieb ist auf solche Produkte ausgerichtet, wie bei Versicherungen oder Banken; ebenso *Hohenstatt/Schramm* in: KölnKomm-UmwG, § 134 Rz. 7; Kallmeyer-*Willemsen/Müller-Bonanni*, UmwG, § 134 Rz. 10.

13) Kallmeyer-*Willemsen/Müller-Bonanni*, UmwG, § 134 Rz. 7 ff.; *Fischer* in: NK-UmwG, § 134 Rz. 13; Widmann/Mayer-*Vossius*, UmwR, § 134 UmwG Rz. 40.

Notwendiges Vermögen kann allerdings **materielles** und **immaterielles Anlagevermögen** sein (§ 266 Abs. 2 HGB).[14] In Betracht kommen also insbesondere **gewerbliche Schutzrechte, Betriebsgrundstücke bzw. Gebäude** sowie **Produktions-** oder sonstige **Anlagen.** 9

Mit Blick auf das **Umlaufvermögen** ist **umstritten**, ob dies die Tatbestandsvoraussetzungen **erfüllen kann.** Teilweise wird unter Berufung auf die **Austauschbarkeit** und **Wandelbarkeit** des Umlaufvermögens verneint, dass insoweit betriebsnotwendige Teile vorliegen können.[15] An anderer Stelle wird die Frage bejaht, da der Wortlaut der Vorschrift nicht auf eine Unterscheidung zwischen Anlage- und Umlaufvermögen abstelle.[16] Dem ist zuzustimmen. Für eine derart einengende Lesart gibt der Wortlaut keinen Anlass. 10

b) Übertragung in wesentlichem Umfang

Gemäß § 134 Abs. 1 Satz 1 muss das betriebsnotwendige Vermögen **im Wesentlichen** von der Betriebsgesellschaft auf die Anlagegesellschaft übertragen werden. Fraglich ist, was unter dem Begriff **„wesentlich"** in diesem Zusammenhang zu verstehen ist. Nach der h. A. wird das Kriterium nach dem **Verhältnis der Werte** der zurückbehaltenen und übertragenen Vermögensgegenstände beurteilt.[17] 11

Nach der **Gegenansicht** ist eine **operativ-funktionale Betrachtung** anzustellen.[18] Eine ähnliche Betrachtung stellt eine dritte Ansicht an, die vertritt, dass das **unternehmerische Erfolgspotenzial** des Vermögensteils zu beurteilen ist.[19] Damit käme dem Merkmal „im Wesentlichen" allerdings **keine eigenständige Bedeutung** mehr zu, was nicht zu überzeugen vermag. 12

Sieht man mit der h. A. eine wertmäßige Betrachtung als richtig an, was in Ansehung des Wortlauts überzeugt, stellt sich noch die Frage, ab welcher Schwelle das Merkmal der **Wesentlichkeit** erreicht wird. In Anlehnung an §§ 419 a. F., 1365 BGB wird die Übertragung von mindestens **85–90 %** des betriebsnotwendigen Vermögens auf die Anlagegesellschaft verlangt.[20] Anderorts wird die Grenze bei zwei Dritteln des betriebsnotwendigen Vermögens betrachtet.[21] Nach einer dritten Ansicht wird eine **feste Wertgrenze** für unangebracht angesehen; entscheidend sei, ob das unternehmerische **Erfolgspotenzial** mit dem Vermögensteil einhergehe.[22] In Anbetracht des Wortlauts, der ein klares Tatbestandsmerkmal mit unbestimmten Rechtsbegriffen vorsieht, und der Rechtsprechung, die 13

---

14) Semler/Stengel/Leonard-*Seulen*, UmwG, § 134 Rz. 12; wohl auch Schmitt/Hörtnagl-*Hörtnagl*, UmwG/UmwStG, § 134 UmwG Rz. 12; *Fischer* in: NK-UmwG, § 134 Rz. 13.

15) So *Lutter-M. F. Schwab*, UmwG, § 134 Rz. 31 f.; Semler/Stengel/Leonard-*Seulen*, UmwG, § 134 Rz. 12; *Annuß* in: BeckOGK-UmwG, § 134 Rz. 15; diff. Schmitt/Hörtnagl-*Hörtnagl*, UmwG/UmwStG, § 134 UmwG Rz. 13 – regelmäßig nicht notwenig; ebenso *Raible* in: HK-UmwG, § 134 Rz. 12 – vereinzelt Gegenstände denkbar, die betriebsnotwendig sind, wohl aber die Ausnahme.

16) Widmann/Mayer-*Vossius*, UmwR, § 134 UmwG Rz. 32; Kallmeyer-*Willemsen/Müller-Bonanni*, UmwG, § 134 Rz. 7, 10; *Hohenstatt/Schramm* in: KölnKomm-UmwG, § 134 Rz. 8 – im Einzelfall Notwendigkeit zu bejahen.

17) Widmann/Mayer-*Vossius*, UmwR, § 134 UmwG Rz. 43 f.; Kallmeyer-*Willemsen/Müller-Bonanni*, UmwG, § 134 Rz. 11; *Fischer* in: NK-UmwG, § 134 Rz. 14; Schmitt/Hörtnagl-*Hörtnagl*, UmwG/UmwStG, § 134 UmwG Rz. 16; Semler/Stengel/Leonard-*Seulen*, UmwG, § 134 Rz. 14.

18) *Hohenstatt/Schramm* in: KölnKomm-UmwG, § 134 Rz. 12; *Annuß* in: BeckOGK-UmwG, § 134 Rz. 16.

19) So Lutter-*M. F. Schwab*, UmwG, § 134 Rz. 35.

20) Widmann/Mayer-*Vossius*, UmwR, § 134 UmwG Rz. 44; Semler/Stengel/Leonard-*Seulen*, UmwG, § 134 Rz. 14; Schmitt/Hörtnagl-*Hörtnagl*, UmwG/UmwStG, § 134 UmwG Rz. 16.

21) Kallmeyer-*Willemsen/Müller-Bonanni*, UmwG, § 134 Rz. 11.

22) Für die i. w. S. „funktionalen" Betrachtungen ist dies auch konsequent, dementsprechend in diese Richtung Lutter-*M. F. Schwab*, UmwG, § 134 Rz. 35.

zu vergleichbaren Normen ergangen ist,[23] kann ein Orientierungsrahmen von **85–90 %** des betriebsnotwendigen Vermögens, dass die Betriebsgesellschaft auf die Anlagegesellschaft auslagert, als angemessene Wertgrenze erachtet werden.[24]

c) Vermögensverwaltende Tätigkeit

14 Die Tätigkeit des übernehmenden Rechtsträgers muss **„im Wesentlichen"** auf die **Verwaltung** dieser übertragenen Vermögensteile beschränkt werden. Wendet man den Wortlaut strikt auf den Praxisfall an, führt jede anderweitige, nicht ganz unerhebliche Tätigkeit der Anlagegesellschaft, insbesondere die Führung anderer Betriebe, zum **Ausschluss der Mithaftung** nach § 134 Abs. 1.[25] Die ganz überwiegende Ansicht legt den Tatbestand dahingehend aus, dass die Verwaltungstätigkeit des übernehmenden Rechtsträgers sich „im Wesentlichen" **nur auf jenes Vermögen** zu beschränken hat, welches **zu dem betreffenden Betrieb gehört** und konkret **in dieser Spaltung** übertragen wurde. Anderweitige Tätigkeiten der Anlagegesellschaft, die sich **nicht auf diesen Betrieb** beziehen, seien dies operative oder vermögensverwaltende Aktivitäten, sind nach dieser Auffassung für die Anwendbarkeit des Tatbestandes nicht relevant. Hiernach spielt es also keine Rolle, welche **sonstigen Tätigkeiten** die Anlagegesellschaft ausübt. Konkret kommt es dann darauf an, dass die Anlagegesellschaft nach dem Spaltungsvertrag bezüglich der insoweit betriebsnotwendigen Vermögensbestandteile **lediglich verwaltende Aufgaben wahrnimmt.**[26]

d) Nutzungsüberlassung

15 Die Anlagegesellschaft muss der Betriebsgesellschaft wiederum die Vermögensteile **bei der Führung des Betriebes** der Betriebsgesellschaft zur Nutzung überlassen. Erforderlich ist ein **Rechtsverhältnis**, wonach der Betriebsgesellschaft eine **Nutzung des betriebsnotwendigen Vermögens** gestattet wird. Es kommen alle Arten von Nutzungsüberlassung in Betracht. Auch ein faktisches Nutzungsverhalten genügt.[27] Die Nutzungsüberlassung muss **für die Führung des Betriebes** erfolgen. Der Betrieb muss zwar nicht unverändert fortgeführt werden, wenn die Spaltung durchgeführt ist. Dies wäre z. B. dann nicht der Fall, wenn es zu einer **Betriebsteilung** kommt. Allerdings genügt es für den Tatbestand des § 134 Abs. 1 nicht, wenn die betriebsnotwendigen Vermögensgegenstände **einem Dritten** anstatt der **Betriebsgesellschaft** überlassen werden.[28]

e) Personelle Voraussetzungen

16 An der **Betriebsgesellschaft** und an der **Anlagegesellschaft** müssen im Wesentlichen dieselben Personen beteiligt sein. Damit wird auf die im Wesentlichen identische Gesellschafter-

23) BGH, Urt. v. 13.3.1991 – XII ZR 79/90, NJW 1991, 1739, 1740 = FamRZ 1991, 669, 670 – zu § 1365 BGB.

24) Ähnl. *Fischer* in: NK-UmwG, § 134 Rz. 15, der zutr. darauf hinweist, dass immer der konkrete Einzelfall zu berücksichtigen ist, der ggf. eine anderes Ergebnis rechtfertigen kann. Ebenso Schmitt/Hörtnagl-*Hörtnagl*, UmwG/UmwStG, § 134 UmwG Rz. 16.

25) Kallmeyer-*Willemsen/Müller-Bonanni*, UmwG, § 134 Rz. 15, sowie Schmitt/Hörtnagl-*Hörtnagl*, UmwG/UmwStG, § 134 UmwG Rz. 21 – mit Blick auf die Führung eines anderen Betriebes.

26) Widmann/Mayer-*Vossius*, UmwR, § 134 UmwG Rz. 53; Semler/Stengel/Leonard-*Seulen*, UmwG, § 134 Rz. 15 f.; *Fischer* in: NK-UmwG, § 134 Rz. 16; *Hohenstatt/Schramm* in: KölnKomm-UmwG, § 134 Rz. 13 f.; Lutter-*M. F. Schwab*, UmwG, § 134 Rz. 46 ff.; *Larisch* in: MünchHdb. GesR, Bd. 8, § 27 Rz. 173.

27) Kallmeyer-*Willemsen/Müller-Bonanni*, UmwG, § 134 Rz. 12; *Fischer* in: NK-UmwG, § 134 Rz. 17; *Hohenstatt/Schramm* in: KölnKomm-UmwG, § 134 Rz. 15 f.; Semler/Stengel/Leonard-*Seulen*, UmwG, § 134 Rz. 18; *Larisch* in: MünchHdb. GesR, Bd. 8, § 27 Rz. 174.

28) Kallmeyer-*Willemsen/Müller-Bonanni*, UmwG, § 134 Rz. 14; *Fischer* in: NK-UmwG, § 134 Rz. 17; Schmitt/Hörtnagl-*Hörtnagl*, UmwG/UmwStG, § 134 UmwG Rz. 24; Lutter-*M. F. Schwab*, UmwG, § 134 Rz. 42.

stellung (**unmittelbar oder mittelbar**) abgestellt. Es wird keine vollständige Parallelität/Gesellschafteridentität gefordert.[29] So genügt es bspw., wenn die Gesellschafter in Anlage- und Betriebsgesellschaft **einheitliche geschäftliche Betätigungen** ausüben können (**Beherrschungsidentität**).[30] Diese Beherrschungsidentität ist bereits erreicht, wenn die Mehrheiten bei der betroffenen Anlage- und Betriebsgesellschaft identisch sind (mehr als 50 %).[31] Auch eine ggf. gegebene Disproportionalität der Beteiligung i. R. der jeweiligen Mehrheiten bei Anlage- und Betriebsgesellschaft führt nicht zu einem anderen Ergebnis, solange die Mehrheiten in der **Gesamtschau** wiederum **identisch** sind, so dass die Leitung der beteiligten Gesellschaften von den identischen Gesellschaftergruppen ausgeübt wird.[32] Bei der Bestimmung der Anlage- und der Betriebsgesellschaft ist auf die **Beteiligung nach Anteilsquoten** abzustellen. Die Beteiligung **nach Köpfen** spielt keine Rolle. Hieraus kann allerdings im Einzelfall folgen, dass trotz vollständiger **Identität des Gesellschafterkreises** in Anbetracht besonders unterschiedlicher Beteiligungen eine Beherrschungsidentität i. S. von § 134 Abs. 1 Satz 1 nicht anzunehmen ist.[33]

Ergeben sich im Einzelfall **Schwierigkeiten** bei der Feststellung der **Beherrschungsidentität**, weil Stimmrechte und Kapital- und Gewinnbeteiligung auseinander fallen, so ist der Schutzzweck der Norm dahingehend zu verstehen, dass jedenfalls nach h. A. die **Stimmrechte** entscheidend sind.[34] Nach einer Gegenansicht[35] ist jedoch mit guten Argumenten die Perspektive auf die **Verschiebung der verfügbaren Haftmasse** zu richten. Dies sei das „Problem", dem sich § 134 widme, weshalb nicht auf die Stimmrechte, sondern auf das Verhältnis der Kapital- und Gewinnbeteiligung abzustellen sei. Vor dem Hintergrund des gesetzgeberischen Motivs ist dies überzeugend. Es wird richtigerweise nicht auf die **Leitungsmacht**, sondern auf das zur Verfügung stehende Vermögen abgestellt. 17

2. Auslagerung auf Betriebsgesellschaft (§ 134 Abs. 1 Satz 2)

Die zweite Variante der von § 134 Abs. 1 erfassten Betriebsaufspaltung beschreibt den Fall, dass der übertragende Rechtsträger **zur Anlagegesellschaft** wird und **den Betrieb selbst** ohne das Anlagevermögen auf eine Betriebsgesellschaft überträgt.[36] Voraussetzung ist, dass sich die Übertragung auf eine bei Spaltung bereits bestehende organisatorische Einheit i. S. eines Betriebs oder Betriebsteils bezieht.[37] Die weiteren Tatbestandsvoraussetzungen des § 134 Abs. 1 Satz 1 bleiben ohne weitere Abweichungen anwendbar. 18

29) *Fischer* in: NK-UmwG, § 134 Rz. 19; Semler/Stengel/Leonard-*Seulen*, UmwG, § 134 Rz. 27; Schmitt/Hörtnagl-*Hörtnagl*, UmwG/UmwStG, § 134 UmwG Rz. 32.

30) *Hohenstatt/Schramm* in: KölnKomm-UmwG, § 134 Rz. 17; *Fischer* in: NK-UmwG, § 134 Rz. 19; Kallmeyer-*Willemsen/Müller-Bonanni*, UmwG, § 134 Rz. 16; *Annuß* in: BeckOGK-UmwG, § 134 Rz. 19; *Raible* in: HK-UmwG, § 134 Rz. 24; Widmann/Mayer-*Vossius*, UmwR, § 134 UmwG Rz. 61; Schmitt/Hörtnagl-*Hörtnagl*, UmwG/UmwStG, § 134 UmwG Rz. 26.

31) *Fischer* in: NK-UmwG, § 134 Rz. 19; a. A. Semler/Stengel/Leonard-*Seulen*, UmwG, § 134 Rz. 28 – 85 %.

32) Lutter-*M. F. Schwab*, UmwG, § 134 Rz. 60 f.; *Fischer* in: NK-UmwG, § 134 Rz. 19.

33) *Hohenstatt/Schramm* in: KölnKomm-UmwG, § 134 Rz. 18; Semler/Stengel/Leonard-*Seulen*, UmwG, § 134 Rz. 26; Kallmeyer-*Willemsen/Müller-Bonanni*, UmwG, § 134 Rz. 16; Fischer in: NK-UmwG, § 134 Rz. 20. Vgl. auch die Bsp. bei Schmitt/Hörtnagl-*Hörtnagl*, UmwG/UmwStG, § 134 UmwG Rz. 27 ff.

34) *Hohenstatt/Schramm* in: KölnKomm-UmwG, § 134 Rz. 20; Lutter-*M. F. Schwab*, UmwG, § 134 Rz. 60; Kallmeyer-*Willemsen/Müller-Bonanni*, UmwG, § 134 Rz. 16; *Fischer* in: NK-UmwG, § 134 Rz. 20.

35) Semler/Stengel/Leonard-*Seulen*, UmwG, § 134 Rz. 26.

36) Semler/Stengel/Leonard-*Seulen*, UmwG, § 134 Rz. 20 f.; *Fischer* in: NK-UmwG, § 134 Rz. 22.

37) Kallmeyer-*Willemsen/Müller-Bonanni*, UmwG, § 134 Rz. 13; *Fischer* in: NK-UmwG, § 134 Rz. 22.

IV. Rechtsfolgen

19 Als Rechtsfolge wird die **Mithaftung der Anlagegesellschaft** für **Arbeitnehmeransprüche** aufgrund der §§ 111–113 BetrVG und für die **Versorgungsverpflichtungen** aufgrund des Betriebsrentengesetzes (BetrAVG) **erweitert**.

1. Ansprüche aus §§ 111–113 BetrVG (§ 134 Abs. 1)

20 Es werden betriebsverfassungsrechtliche Ansprüche erfasst, die **innerhalb von fünf Jahren** nach der Spaltung begründet werden. Dies können **Ansprüche aus einem Sozialplan** (§ 112 BetrVG) oder auch **Nachteilsausgleichsansprüche** (§ 113 BetrVG) sein.[38] Entscheidender Zeitpunkt für die Begründung solcher Ansprüche wäre die Betriebsänderung, welche das Erfordernis eines Sozialplans gemäß §§ 111, 112 BetrVG auslöst.[39] Wenn die betriebsverfassungsrechtlichen Ansprüche bereits **vor der Spaltung** begründet worden waren, folgt die Haftung der beteiligten Rechtsträger aus § 133.[40] In der Folge haftet die **Anlagegesellschaft** neben der **Betriebsgesellschaft** für die Ansprüche aus §§ 111–113 BetrVG. Für die Haftungsgemeinschaft gelten die Grundsätze zu § 133 entsprechend (dazu siehe oben § 133 Rz. 11 [*Lubberich*]).

21 Als **Anspruchsteller** kommen nach dem Wortlaut des § 134 **Arbeitnehmer** in Betracht, mithin die **Arbeitnehmer der Betriebsgesellschaft**. Der Arbeitnehmerbegriff wird parallel zu § 5 BetrVG verwendet. Damit sind **leitende Angestellte** nicht erfasst (§ 5 Abs. 3 BetrVG).[41] Das Gleiche gilt für freie Mitarbeiter und Organe.[42] Die sind als Gläubiger allein über § 133 geschützt.[43]

22 Fraglich ist, ob die **Arbeitnehmereigenschaft** bereits **vor der Spaltung** vorgelegen haben muss. Insoweit wird einerseits von **Alt-Arbeitnehmern** und **Neu-Arbeitnehmern** andererseits gesprochen. Dass Alt-Arbeitnehmer in den Schutzbereich einbezogen sind, ist in der Literatur einhellig anerkannt.[44] Umstritten ist, ob auch **Neu-Arbeitnehmer** in den **Schutzbereich von § 134** fallen. Dies wird gemeinhin **verneint**, da der Schutzzweck der Norm darauf abziele, diejenigen Arbeitnehmer zu schützen, deren Ansprüche durch die Spaltung **eine nachteilige Entwicklung genommen** haben könnten. Dies kommt denklogisch nur für Alt-Arbeitnehmer in Betracht.[45] Anderorts wird auf den **Wortlaut des § 134 Abs. 1 Satz 1** abgestellt, der eine Unterscheidung prima facie nicht rechtfertigt. Darüber hinaus beabsichtige § 134 ein umfassendes qualifiziertes Arbeitnehmer Schutz-

---

38) *Fischer* in: NK-UmwG, § 134 Rz. 24; Schmitt/Hörtnagl-*Hörtnagl*, UmwG/UmwStG, § 134 UmwG Rz. 38; Semler/Stengel/Leonard-*Seulen*, UmwG, § 134 Rz. 36; *Annuß* in: BeckOGK-UmwG, § 134 Rz. 22 f.; Kallmeyer-*Willemsen/Müller-Bonanni*, UmwG, § 134 Rz. 17.

39) *Fischer* in: NK-UmwG, § 134 Rz. 24; Kallmeyer-*Willemsen/Müller-Bonanni*, UmwG, § 134 Rz. 17 – Vorliegen der Betriebsänderung; ähnl. Schmitt/Hörtnagl-*Hörtnagl*, UmwG/UmwStG, § 134 UmwG Rz. 39 – Durchführung der Betriebsänderung; wohl auch Semler/Stengel/Leonard-*Seulen*, UmwG, § 134 Rz. 36, sowie *Hohenstatt/Schramm* in: KölnKomm-UmwG, § 134 Rz. 22.

40) *Hohenstatt/Schramm* in: KölnKomm-UmwG, § 134 Rz. 21; Kallmeyer-*Willemsen/Müller-Bonanni*, UmwG, § 134 Rz. 17; *Fischer* in: NK-UmwG, § 134 Rz. 24.

41) *Fischer* in: NK-UmwG, § 134 Rz. 25; Lutter-*M. F. Schwab*, UmwG, § 134 Rz. 71; Schmitt/Hörtnagl-*Hörtnagl*, UmwG/UmwStG, § 134 UmwG Rz. 5.

42) *Fischer* in: NK-UmwG, § 134 Rz. 25; Lutter-*M. F. Schwab*, UmwG, § 134 Rz. 71, Schmitt/Hörtnagl-*Hörtnagl*, UmwG/UmwStG, § 134 UmwG Rz. 5.

43) Lutter-*M. F. Schwab*, UmwG, § 134 Rz. 71.

44) *Fischer* in: NK-UmwG, § 134 Rz. 26.

45) So auch *Hohenstatt/Schramm* in: KölnKomm-UmwG, § 134 Rz. 21a; Kallmeyer-*Willemsen/Müller-Bonanni*, UmwG, § 134 Rz. 18; *Annuß* in: BeckOGK-UmwG, § 134 Rz. 7; Schmitt/Hörtnagl-*Hörtnagl*, UmwG/UmwStG, § 134 UmwG Rz. 4; Henssler/Strohn-*Galla/Cé. Müller*, GesR, § 134 UmwG Rz. 11; Semler/Stengel/Leonard-*Seulen*, UmwG, § 134 Rz. 37 f.; Widmann/Mayer-*Vossius*, UmwR, § 134 UmwG Rz. 89.

konzept.[46] Eine solche Sichtweise ist allerdings kritisch zu sehen: Es stellt sich die grundsätzliche Frage, ob eine umwandlungsrechtliche Norm wie § 134 einen Schutz vor Betriebsverlagerungen **auch für neue Arbeitnehmer** bieten soll. Dies erscheint zweifelhaft. Deren Arbeitsverhältnis wird streng genommen durch die Spaltung gar nicht mehr beeinflusst. Der umwandlungsrechtliche Sonderschutz gilt daher nur für Alt-Arbeitnehmer.

2. Versorgungsansprüche (§ 134 Abs. 2)

Gemäß § 134 Abs. 2 gilt die gesamtschuldnerische Haftung der Anlagegesellschaft neben der Betriebsgesellschaft **auch für Versorgungsverpflichtungen** aufgrund des Betriebsrentengesetzes (BetrAVG), wenn diese vor dem Wirksamwerden der Spaltung begründet wurden. Dieselbe Haftung ergibt sich aus § 133 Abs. 1 Satz 1, so dass die Vorschrift bis zum 2. UmwÄndG[47] lediglich die **Fristverlängerung von fünf auf zehn Jahre** regelte.[48] Seit dem 2. UmwÄndG gilt diese Regelung nur noch für **Altfälle.** Denn § 133 Abs. 3 Satz 3 bestimmt nun unmittelbar eine **zehnjährige Enthaftung** für Versorgungsansprüche, und zwar für **sämtliche Spaltungen** und nicht nur für die Fälle der **Betriebsaufspaltung** nach § 134. 23

3. Enthaftungsfrist (§ 134 Abs. 3)

§ 134 Abs. 3 bestimmt zur Enthaftungsfrist, dass § 133 Abs. 3 Satz 1, Abs. 4 und Abs. 5 entsprechende Anwendung finden. Die **Tatbestandsmerkmale**, die **Frist** und die **Hemmungstatbestände** sind entsprechend anwendbar (siehe dazu i. E. oben § 133 Rz. 7 ff., 62 ff., 68 ff. [*Lubberich*]). 24

Zu beachten ist, dass § 134 Abs. 3 a. E. den Zeitpunkt des Fristbeginns auf **fünf Jahre nach der Bekanntmachung** der Spaltung festgelegt. Für die Ansprüche aus § 134 Abs. 1 und Abs. 2 ergibt sich somit eine **Enthaftungsfrist von zehn Jahren.**[49] Gleichzeitig gibt es allerdings **keinen Verweis** in § 134 Abs. 3 auf § 133 Abs. 3 Satz 2, so dass sich für Versorgungsansprüche lediglich eine zehn-, aber keine 15-jährige Haftung errechnet.[50] 25

46) Lutter-*M. F. Schwab*, UmwG, § 134 Rz. 74.

47) Zweites Gesetz zur Änderung des Umwandlungsgesetzes (2. UmwÄndG), v. 19.4.2007, BGBl. I 2007, 542.

48) Schmitt/Hörtnagl-*Hörtnagl*, UmwG/UmwStG, § 134 UmwG Rz. 42; *Fischer* in: NK-UmwG, § 134 Rz. 32.

49) Lutter-*M. F. Schwab*, UmwG, § 134 Rz. 81; Schmitt/Hörtnagl-*Hörtnagl*, UmwG/UmwStG, § 134 UmwG Rz. 45 f.; Kallmeyer-*Willemsen/Müller-Bonanni*, UmwG, § 134 Rz. 30; *Fischer* in: NK-UmwG, § 134 Rz. 35; *Hohenstatt/Schramm* in: KölnKomm-UmwG, § 134 Rz. 26; *Larisch* in: MünchHdb. GesR, Bd. 8, § 27 Rz. 183.

50) Schmitt/Hörtnagl-*Hörtnagl*, UmwG/UmwStG, § 134 UmwG Rz. 46; Kallmeyer-*Willemsen/Müller-Bonanni*, UmwG, § 134 Rz. 31; *Fischer* in: NK-UmwG, § 134 Rz. 35.

Dritter Abschnitt
Spaltung zur Neugründung

§ 135

Anzuwendende Vorschriften*)

(1) [1]Auf die Spaltung eines Rechtsträgers zur Neugründung sind die Vorschriften des Zweiten Abschnitts entsprechend anzuwenden, jedoch mit Ausnahme der §§ 129 und 130 Abs. 2 sowie der nach § 125 entsprechend anzuwendenden §§ 4, 7 und 16 Abs. 1 und des § 27. [2]An die Stelle der übernehmenden Rechtsträger treten die neuen Rechts-

träger, an die Stelle der Eintragung der Spaltung im Register des Sitzes jeder der übernehmenden Rechtsträger tritt die Eintragung jedes der neuen Rechtsträger in das Register.

(2) [1]Auf die Gründung der neuen Rechtsträger sind die für die jeweilige Rechtsform des neuen Rechtsträgers geltenden Gründungsvorschriften anzuwenden, soweit sich aus diesem Buch nichts anderes ergibt. [2]Den Gründern steht der übertragende Rechtsträger gleich. [3]Vorschriften, die für die Gründung eine Mindestzahl der Gründer vorschreiben, sind nicht anzuwenden.

(3) Bei einer Ausgliederung zur Neugründung ist ein Spaltungsbericht nicht erforderlich.

*) § 135 i. d. F. des UmwBerG geändert durch Art. 1 des Gesetzes zur Umsetzung der Umwandlungsrichtlinie und zur Änderung weiterer Gesetze (UmRUG), v. 22.2.2023, BGBl. I 2023, Nr. 51.

Literatur: *Böhringer*, Der Minderjährige als Beteiligter an Umwandlungen nach dem UmwG, NotBZ 2014, 121; *Ihrig*, Gläubigerschutz durch Kapitalaufbringung bei Verschmelzung und Spaltung nach neuem Umwandlungsrecht, GmbHR 1995, 622; *Lieder/Bialluch*, Differenzhaftung und Existenzvernichtungshaftung bei Verschmelzung, ZGR 2019, 760; *Ulmer/Ihrig*, Die Rechtsnatur der Einmann-Gründungsaktion, GmbHR 1988, 373; *Wicke*, Sanierungsfusion und Existenzvernichtungshaftung, DNotZ 2019, 405.

Übersicht

I. Zweck der Norm

1 Die **§§ 135–137** können als einführende, allgemeine Vorschriften zu Beginn der besonderen Vorschriften über die **Spaltung zur Neugründung** verstanden werden.[1] Der Gesetzgeber trifft mit § 135 durch Verweisung auf die Vorschriften zur **Spaltung zur Aufnahme** einerseits und auf die anwendbaren rechtsformspezifischen **Gründungsvorschriften** für die neu gegründeten **aufnehmenden Rechtsträger** andererseits ähnliche Regelungen wie im Bereich der **Verschmelzung durch Neugründung** (§ 36).[2] Betrachtet man die Abschnitte und Verweisungen innerhalb des UmwG als ein Vorgehen vom Allgemeinen ins Spezielle, kann man die Vorschriften zur **Spaltung zur Neugründung** als Spitze der Verweisungspyramide ansehen **(speziellste Stufe)**. Gemäß § 135 sind zunächst die allgemeinen Spaltungsvorschriften (**§§ 123–125**) sowie die Vorschriften über die **Spaltung zur**

1) *Fischer* in: NK-UmwG, § 135 Rz. 1; Semler/Stengel/Leonard-*Bärwaldt*, UmwG, § 135 Rz. 1; *Weiß* in: BeckOGK-UmwG, § 135 Rz. 1.

2) Semler/Stengel/Leonard-*Bärwaldt*, UmwG, § 135 Rz. 1; *Weiß* in: BeckOGK-UmwG, § 135 Rz. 3; *Nießen* in: KölnKomm-UmwG, § 135 Rz. 2; *Fischer* in: NK-UmwG, § 135 Rz. 1.

Aufnahme (**§§ 126–134**) auf die Spaltung zur Neugründung anwendbar. Über § 125 gelangt auch das **Verschmelzungsrecht** zur Anwendung. Anwendbar sind mithin auch die rechtsformspezifischen Vorschriften zur Verschmelzung zur Neugründung, aber auch die allgemeinen Verschmelzungsvorschriften (**§§ 2–35**). § 135 ist an **§ 36** angelehnt; deren Absatz 2 ist jeweils **wortgleich.**

Während die Möglichkeit, eine Spaltung zur Neugründung durchzuführen erst mit dem **Inkrafttreten des UmwG** im Jahre 1995 geschaffen wurde, sind heute Maßnahmen zur Neugründung durch Spaltung **sehr viel häufiger** als durch Verschmelzung, da die Praxis die Neugründung durch partielle Gesamtrechtsnachfolge regelmäßig in Anspruch nimmt.[3] 2

II. Anzuwendende Vorschriften (§ 135 Abs. 1 Satz 1)

Zunächst verweist § 135 Abs. 1 Satz 1 auf die Vorschriften des zweiten Abschnitts. Dies sind die Vorschriften über die **Spaltung zur Aufnahme,** §§ 126–134. 3

Ausgenommen hiervon sind jedoch eine Reihe von Vorschriften. Vorerst betrifft dies die §§ 129 und 130 Abs. 2. Die **Nichtanwendbarkeit des § 129** überzeugt im Kontext der Spaltung zur Neugründung. Die Vorschrift räumt **den Vertretungsorganen der übernehmenden Rechtsträger** zusätzlich das Recht zur Anmeldung der Spaltung ein. Diese übernehmenden Rechtsträger **existieren** bei der Maßnahme zur Neugründung allerdings noch nicht. Daher kann § 129 keine Anwendung finden.[4] 4

Auch **§ 130 Abs. 2** (Eintragungsreihenfolge und Zusammenarbeit der Registergerichte) passt bei Maßnahmen zur Neugründung nicht. Die Vorschrift wird durch § 137 Abs. 3 verdrängt.[5] Darüber hinaus werden folgende Vorschriften von der entsprechenden Anwendung ausgenommen: 5

- § 4: **Verschmelzungsvertrag** (spezieller: Spaltungs- und Übernahmevertrag bei der Spaltung zur Aufnahme und **Spaltungsplan** bei der Spaltung zur Neugründung), allerdings bleibt § 4 Abs. 2 (Beschlussfassung auf Entwurfsbasis) nach heute wohl allgemeiner Ansicht anwendbar;[6] die Situation entspricht derjenigen beim Spaltungsvertrag (siehe dazu näher § 126 Rz. 25 ff. [*K. Wentz*]);
- § 7: **Kündigung** des Verschmelzungsvertrages, da kein Vertrag existiert;[7]
- § 16 Abs. 1: **Anmeldung** der Verschmelzung (§ 137 Abs. 1, 2 sind spezieller);
- § 27: **Schadensersatzpflicht** der Organe des übernehmenden Rechtsträgers;[8]
- die gemäß **§ 125** ausgenommenen Vorschriften (siehe dazu näher § 125 Rz. 5 ff. [*Döding/K. Wentz*]).

---

3) Widmann/Mayer-*Mayer*, UmwR, § 135 UmwG Rz. 2; Semler/Stengel/Leonard-*Bärwaldt*, UmwG, § 135 Rz. 2; *Nießen* in: KölnKomm-UmwG, § 135 Rz. 3; *Fischer* in: NK-UmwG, § 135 Rz. 2; Lutter-*Lieder*, UmwG, § 135 Rz. 1; *Weiß* in: BeckOGK-UmwG, § 135 Rz. 3.

4) Semler/Stengel/Leonard-*Bärwaldt*, UmwG, § 135 Rz. 4; *Nießen* in: KölnKomm-UmwG, § 135 Rz. 18; *Fischer* in: NK-UmwG, § 135 Rz. 4; Schmitt/Hörtnagl-*Hörtnagl*, UmwG/UmwStG, § 135 UmwG Rz. 6.

5) *Fischer* in: NK-UmwG, § 135 Rz. 4; Semler/Stengel/Leonard-*Bärwaldt*, UmwG, § 135 Rz. 4; *Nießen* in: KölnKomm-UmwG, § 135 Rz. 19; Schmitt/Hörtnagl-*Hörtnagl*, UmwG/UmwStG, § 135 UmwG Rz. 7.

6) Lutter-*Lieder*, UmwG, § 136 Rz. 3. Von einem „Redaktionsversehen" sprechen insoweit Widmann/Mayer-*Mayer*, UmwR, § 135 UmwG Rz. 5; Semler/Stengel/Leonard-*Bärwaldt*, UmwG, § 135 Rz. 4; Schmitt/Hörtnagl-*Hörtnagl*, UmwG/UmwStG, § 135 UmwG Rz. 8; *Fischer* in: NK-UmwG, § 135 Rz. 6.

7) Schmitt/Hörtnagl-*Hörtnagl*, UmwG/UmwStG, § 135 UmwG Rz. 9; *Nießen* in: KölnKomm-UmwG, § 135 Rz. 23.

8) Die Nichtanwendbarkeit ist angesichts der fehlenden Existenz dieser Rechtsträger konsequent; *Fischer* in: NK-UmwG, § 135 Rz. 7; Semler/Stengel/Leonard-*Bärwaldt*, UmwG, § 135 Rz. 4; *Nießen* in: KölnKomm-UmwG, § 135 Rz. 23.

6 **Anzuwenden** auf die Spaltung zur Neugründung sind mithin die folgenden Vorschriften:
- Vorrangig die Spezialvorschriften in **§§ 138 ff.** (rechtsformabhängig);
- Allgemeiner Teil der Spaltung zur Neugründung, **§§ 135–137;**
- **§§ 126–134** i. V. m. § 135 Abs. 1 Satz 1; danach **§§ 123–125;**
- die Vorschriften des Verschmelzungsrechts unter Überprüfung auf ihre Anwendbarkeit auf die Spaltung zur Neugründung (**§§ 135 Abs. 1 Satz 1, 125 Satz 1**).

III. Begriffliche Abweichungen von den Verweisvorschriften (§ 135 Abs. 1 Satz 2)

7 Die Besonderheiten der Spaltung zur Neugründung gegenüber der Spaltung zur Aufnahme machen einige Begriffsanpassungen in den gesetzlichen Vorschriften notwendig. Diese Anpassungen nimmt **§ 135 Abs. 1 Satz 2** vor. Nach dieser Vorschrift treten an die Stelle der „übernehmenden Rechtsträger" die sog. „neuen Rechtsträger" und an die Stelle der **„Eintragung der Spaltung"** im Register der übernehmenden Rechtsträger (Voreintragung, keine konstitutive Wirkung für die Spaltung) tritt die **„Eintragung jedes neuen Rechtsträgers"**. In der Verabschiedung des Spaltungsplans durch Zustimmungsbeschluss liegt der **Errichtungsakt** des neuen Rechtsträgers. Handelt es sich bei dem neuen Rechtsträger um eine Kapitalgesellschaft, bleibt er bis zum Wirksamwerden der Gründung (Wirksamkeit der Spaltung, also Eintragung in das Handelsregister beim übertragenden Rechtsträger) im Zustand einer **Vorgesellschaft.**[9)]

IV. Anwendbarkeit der Gründungsvorschriften (§ 135 Abs. 2)

8 Gemäß **§ 135 Abs. 2 Satz 1** sind bei der Spaltung zur Neugründung auf die Gründung der neuen Rechtsträger die **rechtsformspezifischen** Gründungsvorschriften anwendbar. Dies gilt nur, soweit sich nicht aus dem Dritten Buch **(Spaltung)** und dem über § 125 entsprechend anwendbaren Zweiten Buch **(Verschmelzung)** etwas anderes ergibt (§ 135 Abs. 2 Satz 1).

1. Anwendung der Sachgründungsvorschriften

9 Soweit § 135 auf die **Gründungsvorschriften** verweist, sind insoweit die **Sachgründungsvorschriften** gemeint, da die **Neugründung eines Rechtsträgers** bei einer Spaltung (wie auch bei einer Verschmelzung zur Neugründung) stets eine **Sachgründung** ist.[10)] Einzuhalten sind damit auch die Vorschriften zur **Kapitalaufbringung.**[11)] Damit muss das übergehende **Nettovermögen** das für den neuen Rechtsträger (Kapitalgesellschaft) vorgesehene Nominalkapital decken. Eine **Unterpari-Emission** ist unzulässig (siehe dazu § 124 Rz. 30 [*Döding/K. Wentz*]; § 136 Rz. 4 ff. [*Lubberich*] zur entsprechenden Geltung bei Spaltungen).[12)] Etwaige **Fehlbeträge** könnten durch ergänzende Bareinlagen ausgeglichen

---

9) Lutter-*Lieder*, UmwG, § 135 Rz. 23; *Fischer* in: NK-UmwG, § 135 Rz. 16; Semler/Stengel/Leonard-*Bärwaldt*, UmwG, § 135 Rz. 29a; *Nießen* in: KölnKomm-UmwG, § 135 Rz. 27; *Weiß* in: BeckOGK-UmwG, § 135 Rz. 39; a. A. *Ulmer/Ihrig*, GmbHR 1988, 373, 375 ff. – nicht rechtsfähiges Sondervermögen des Gründers.

10) Semler/Stengel/Leonard-*Bärwaldt*, UmwG, § 135 Rz. 16; *Fischer* in: NK-UmwG, § 135 Rz. 14; Lutter-*Lieder*, UmwG, § 135 Rz. 8; *Weiß* in: BeckOGK-UmwG, § 135 Rz. 41; Kallmeyer-*Sickinger*, UmwG, § 135 Rz. 11; *Ihrig*, GmbHR 1995, 622, 637.

11) Semler/Stengel/Leonard-*Bärwaldt*, UmwG, § 135 Rz. 16; Schmitt/Hörtnagl-*Hörtnagl*, UmwG/UmwStG, § 135 UmwG Rz. 15; *Fischer* in: NK-UmwG, § 135 Rz. 14; Lutter-*Lieder*, UmwG, § 135 Rz. 8; *Weiß* in: BeckOGK-UmwG, § 135 Rz. 41; Kallmeyer-*Sickinger*, UmwG, § 135 Rz. 11.

12) Semler/Stengel/Leonard-*Bärwaldt*, UmwG, § 135 Rz. 16; Schmitt/Hörtnagl-*Hörtnagl*, UmwG/UmwStG, § 135 UmwG Rz. 15; *Weiß* in: BeckOGK-UmwG, § 135 Rz. 41, 74; Kallmeyer-*Sickinger*, UmwG, § 135 Rz. 11.

werden.[13] Während eine Haftung der Gründer nach §§ 46 AktG, 9a GmbHG grundsätzlich in Betracht kommt,[14] scheidet eine **Differenzhaftung der Anteilsinhaber** des neuen Rechtsträgers aus.[15]

2. Gründerstellung (§ 135 Abs. 2 Satz 2)

Die Stellung des **Gründers** nimmt der **übertragende Rechtsträger** ein (**§ 135 Abs. 2 Satz 2**), 10
welcher auch die Organe des neuen Rechtsträgers bestellt.[16]

3. Einpersonengründung (§ 135 Abs. 2 Satz 3)

Die Gründereigenschaft des übertragenden Rechtsträgers hat zur Folge, dass die Neu- 11
gründung eines Rechtsträgers durch Spaltung in allen Fällen eine **Einpersonengründung** darstellt.[17]

Dies macht es erforderlich, Vorschriften außerhalb des UmwG, welche eine Mindestzahl 12
von Gründern vorschreibt, für nicht anwendbar zu erklären (§ 135 Abs. 2 Satz 3). Diese Regelung rechtfertigt sich daraus, dass nicht die Anteilsinhaber, **sondern der übertragende Rechtsträger** selbst als Gründer zu qualifizieren ist.[18] Dies ist bedeutsam für die **Genossenschaft** (§ 4 GenG) und den **Verein** (§ 56 BGB), darüber hinaus für **genossenschaftliche Prüfungsverbände** (§ 56 BGB i. V. m. § 63 GenG) und **VVaG** (§§ 54, 705 BGB: h. M.: mindestens zwei Personen als Gesellschafter). Das Privileg des § 135 Abs. 2 Satz 3 ist allerdings **auf die Gründungsphase limitiert.**[19]

4. Beitritt Dritter bei der Spaltung

Sehr fraglich ist, ob bei der **Spaltung zur Neugründung** auch dritte Personen als Gesell- 13
schafter des neuen Rechtsträgers hinzutreten können.

Die Frage hat Praxisrelevanz, da nur durch eine **Kombination der Spaltung** mit dem 14
Beitritt eines Dritten eine Personengesellschaft durch alle Spaltungsarten neu gegründet

---

13) Widmann/Mayer-*Mayer*, UmwR, § 135 UmwG Rz. 44; Semler/Stengel/Leonard-*Bärwaldt*, UmwG, § 135 Rz. 16; *Weiß* in: BeckOGK-UmwG, § 135 Rz. 52.1.

14) Semler/Stengel/Leonard-*Bärwaldt*, UmwG, § 135 Rz. 29; *Fischer* in: NK-UmwG, § 135 Rz. 15; *Nießen* in: KölnKomm-UmwG, § 135 Rz. 38.

15) BGH, Urt. v. 6.11.2018 – II ZR 199/17, Rz. 18, DStR 2019, 340, 341 = AG 2019, 302, 304 – für die Verschmelzung einer GmbH auf eine GmbH zur Aufnahme mit Bestätigung dieses Grundsatzes zur Neugründung – § 135 Abs. 2 Satz 2 und § 36 Abs. 2 Satz 2 stimmen überein; *Weiß* in: BeckOGK-UmwG, § 135 Rz. 64 ff.; *Wicke*, DNotZ 2019, 405, 408; Semler/Stengel/Leonard-*Bärwaldt*, UmwG, § 135 Rz. 16; *Nießen* in: KölnKomm-UmwG, § 135 Rz. 37; krit. Lutter-*Lieder*, UmwG, § 135 Rz. 14 ff.; ausf. auch *Lieder/Bialluch*, ZGR 2019, 760, 761 ff.

16) Widmann/Mayer-*Mayer*, UmwR, § 135 UmwG Rz. 50; *Nießen* in: KölnKomm-UmwG, § 135 Rz. 33, die richtigerweise darauf hinweisen, dass die Bestellung der Organe bereits im Spaltungsplan erfolgen kann, aber nicht muss (in der Praxis ist eine Bestellung bereits im Plan ratsam). Zwar gibt es noch keine Vor-GmbH (der Spaltungsbeschluss wird in der Regel erst zeitgleich mit dem Beschluss wirksam), die Bestellung kann aber aufschiebend bedingt auf den Zustimmungszeitpunkt erfolgen. Zur Problematik aufschiebend bedingter Beschlüsse bei der Bestellung von Geschäftsführern vgl. *Stephan/Tieves* in: MünchKomm-GmbHG, § 35 Rz. 54; Habersack/Casper/Löbbe-*Paefgen*, GmbHG, § 35 Rz. 34. Gegen die Zulässigkeit bedingter Bestellungsbeschlüsse sprechen sich aus: Scholz-*U. H. Schneider/S. H. Schneider*, GmbHG, § 6 Rz. 74; jedenfalls auflösende Bedingungen zulassend: BGH, Urt. v. 24.10.2005 – II ZR 55/04, Rz. 14 ff., NZG 2006, 62, 63 = GmbHR 2006, 46, 47.

17) *Fischer* in: NK-UmwG, § 135 Rz. 15; Semler/Stengel/Leonard-*Bärwaldt*, UmwG, § 135 Rz. 29; *Nießen* in: KölnKomm-UmwG, § 135 Rz. 25; *Weiß* in: BeckOGK-UmwG, § 135 Rz. 42; Lutter-*Lieder*, UmwG, § 135 Rz. 11; Widmann/Mayer-*Mayer*, UmwR, § 135 UmwG Rz. 14; *Ihrig*, GmbHR 1995, 622, 636 f.

18) *Fischer* in: NK-UmwG, § 135 Rz. 17; Semler/Stengel/Leonard-*Bärwaldt*, UmwG, § 135 Rz. 29.

19) Semler/Stengel/Leonard-*Bärwaldt*, UmwG, § 135 Rz. 29; *Nießen* in: KölnKomm-UmwG, § 135 Rz. 26; *Fischer* in: NK-UmwG, § 135 Rz. 17.

werden könnte, angenommen, dass der übertragende Rechtsträger nur einen Gesellschafter hat. Denn **Personengesellschaften** müssen **zwingend mehr als einen** Gesellschafter haben.

15 Nach einer in der Literatur verbreiteten Ansicht ist es aufgrund des Identitätsgrundsatzes **unzulässig**, die Spaltung mit einem Beitritt zu kombinieren.[20] Allerdings hat der BGH im Jahre 2005 die **Gründung einer Personengesellschaft** durch Spaltung zugelassen,[21] nachdem er Verstöße gegen das Gebot der **Kontinuität der Mitgliedschaft**, den **Gleichbehandlungsgrundsatz**, das Verbot der Verfolgung von Sondervorteilen oder die gesellschaftsrechtliche Treupflicht verneint hatte. Dem folgend nehmen weite Teile der Literatur an, dass durch einen Beitritt unmittelbar **keine Drittinteressen beeinträchtigt** werden.[22] Dies ist überzeugend, da schwer vorstellbar ist, wie dem übertragenden Rechtsträger (oder dem übernehmenden Rechtsträger) durch den Beitritt Vermögenswerte entzogen werden sollen. Damit erscheint das „Gebot der Kontinuität der Mitgliedschaft" bzw. der Identitätsgrundsatz als eine **überwindbare Formalität**.

V. Besonderheiten im Ablauf der Spaltung zur Neugründung

16 Im Ablauf der Spaltung zur Neugründung ergeben sich die wesentlichen Unterschiede zur Spaltung zur Aufnahme daraus, dass nur **ein existierender Rechtsträger** an der Maßnahme beteiligt ist.[23]

17 Von den nachstehend genannten Besonderheiten abgesehen, vollzieht sich der Ablauf der Spaltung nach den Maßgaben für die Spaltung zur Aufnahme. Es kommen grundsätzlich **sämtliche Rechtsformen** i. S. von **§ 3 Abs. 1** als **aufnehmende Rechtsträger** in Betracht.[24]

1. Spaltungsplan

18 Bei der Spaltung zur Neugründung tritt der **Spaltungsplan** an die Stelle des Spaltungs- und Übernahmevertrages. Der Spaltungsplan ist eine **einseitige, nicht empfangsbedürftige** Willenserklärung, die von den vertretungsberechtigten **Organen** des übertragenden Rechtsträgers in notariell beurkundeter Form **(§ 125 Satz 1 i. V. m. § 6)** abzugeben ist (siehe zu den Einzelheiten zum Spaltungsplan § 136 Rz. 4 ff. [*Lubberich*]); der Mindestinhalt richtet sich i. Ü. nach § 126 Abs. 1 (über § 135 Abs. 1 Satz 1); siehe § 126 Rz. 25 ff. [*K. Wentz*].

2. Spaltungsbeschluss

19 Der Spaltungsplan wird erst wirksam, wenn ein **zustimmender Beschluss** der Anteilsinhaber vorliegt, § 125 Satz 1 i. V. m. § 13 Abs. 1.[25] Es ist nur ein einziger Beschluss erforderlich (auf Seiten des neuen Rechtsträgers, der noch nicht existiert, ist noch kein Beschluss denkbar).[26] Es muss nicht über die Satzung oder den **Gesellschaftsvertrag** des

---

20) Widmann/Mayer-*Mayer*, UmwR, § 135 UmwG Rz. 14; Schmitt/Hörtnagl-*Hörtnagl*, UmwG/UmwStG, § 135 UmwG Rz. 14; *Weiß* in: BeckOGK-UmwG, § 135 Rz. 45.

21) BGH, Urt. v. 9.5.2005 – II ZR 29/03, NZG 2005, 722, 723 = DB 2005, 1842, 1843; OLG Oldenburg, Beschl. v. 19.12.2019 – 12 W 133/19 (HR), NZG 2020, 193 = ZIP 2020, 558.

22) Lutter-*Lieder*, UmwG, § 135 Rz. 21; Semler/Stengel/Leonard-*Bärwaldt*, UmwG, § 135 Rz. 18; *Fischer* in: NK-UmwG, § 135 Rz. 20; *Nießen* in: KölnKomm-UmwG, § 135 Rz. 47.

23) Semler/Stengel/Leonard-*Bärwaldt*, UmwG, § 135 Rz. 9; *Fischer* in: NK-UmwG, § 135 Rz. 11; *Nießen* in: KölnKomm-UmwG, § 135 Rz. 10.

24) Semler/Stengel/Leonard-*Bärwaldt*, UmwG, § 135 Rz. 6; *Nießen* in: KölnKomm-UmwG, § 135 Rz. 7; *Fischer* in: NK-UmwG, § 135 Rz. 10.

25) *Fischer* in: NK-UmwG, § 135 Rz. 13; Semler/Stengel/Leonard-*Bärwaldt*, UmwG, § 135 Rz. 13; *Nießen* in: KölnKomm-UmwG, § 135 Rz. 10.

26) Schmitt/Hörtnagl-*Hörtnagl*, UmwG/UmwStG, § 135 UmwG Rz. 18.

neuen Rechtsträgers Beschluss gefasst werden.[27] Im Übrigen finden die Grundsätze zur Spaltung zur Aufnahme Anwendung (siehe § 13 Rz. 4 ff. [*Hoefling*]). Zu beachten ist allerdings, dass der Spaltungsbeschluss ggf. im Falle der Neugründung dem **Katalog der zustimmungspflichtigen Geschäfte** eines Betreuers gemäß § 1852 BGB unterfällt, so dass die Stimmabgabe für einen Minderjährigen beim Spaltungsbeschluss der **familiengerichtlichen Genehmigung** bedarf.[28]

3. Spaltungsbericht

Bei der Spaltung zur Neugründung ist der Spaltungsbericht nur von den Organen des übertragenden Rechtsträgers zu erstatten. Wie beim Spaltungsplan (Auf-/Abspaltung zur Neugründung) gilt, dass sich **Angaben zum Umtauschverhältnis** erübrigen (alle Anteile am neuen Rechtsträger werden von den Anteilsinhabern des übertragenden Rechtsträgers übernommen (bzw. vom übertragenden Rechtsträger); stattdessen sind Angaben über die **Aufteilung der Anteile** erforderlich (siehe § 136 Rz. 10 [*Lubberich*]).[29] 20

Erläutert werden müssen auch die **Satzung bzw. der Gesellschaftsvertrag** des neuen Rechtsträgers, da sie Bestandteil des Spaltungsvertrages sind.[30] Darüber hinausgehende Besonderheiten gegenüber dem Spaltungsbericht für Maßnahmen zur Aufnahme bestehen nicht (siehe i. E. § 127 Rz. 12 ff. [*K. Wentz*]). Die eventuelle **Entbehrlichkeit** des Berichts (insbesondere bei Verzicht aller Anteilsinhaber des übernehmenden Rechtsträgers) richtet sich nach den allgemeinen Regeln.[31] 21

4. Spaltungsprüfung

Bei der Auf- und Abspaltung zur Neugründung ist eine Spaltungsprüfung durchzuführen. Die Grundsätze zu **§§ 9–12** sind über die Verweisvorschriften (**§§ 135, 125**) anwendbar (siehe dazu § 9 Rz. 9 ff. [*Redenius-Hövermann/Laufersweiler*]). Auch in Bezug auf die Prüfung gilt, dass mangels eines Umtauschverhältnisses der Schwerpunkt auf der **Prüfung der Angemessenheit** der Aufteilung der neuen Anteile unter den Anteilsinhabern liegt, während auch die Satzung bzw. der Gesellschaftsvertrag als Teil des Spaltungsplans Prüfungsgegenstand sind.[32] Für die **Entbehrlichkeit** der Prüfung gelten die allgemeinen Vorschriften (Verschmelzungsrecht), etwa durch notariell beurkundeten Verzicht aller Anteilsinhaber des übertragenden Rechtsträgers (§ 125 Satz 1 i. V. m. § 9 Abs. 3 i. V. m. § 8 Abs. 3 Satz 1). 22

5. Anmelde- und Eintragungsverfahren

Zu den Besonderheiten des Anmelde- und Eintragungsverfahren bei Maßnahmen zur Neugründung siehe § 137 Rz. 3 ff. [*Lubberich*]. 23

---

27) Schmitt/Hörtnagl-*Hörtnagl*, UmwG/UmwStG, § 135 Rz. 19 – m. dem Hinweis, dass dies vor Inkrafttreten des UmwG 1995 anders lag (§ 32 Abs. 2 Satz 1 KapErhG und § 353 Abs. 3 Satz 1 AktG a. F.).

28) Schmitt/Hörtnagl-*Hörtnagl*, UmwG, § 135 Rz. 20; *Weiß* in: BeckOGK-UmwG, § 135 Rz. 33; vgl. auch *Böhringer*, NotBZ 2014, 121.

29) Schmitt/Hörtnagl-*Hörtnagl*, UmwG/UmwStG, § 135 UmwG Rz. 21, der die Angaben zur Aufteilung der Anteile als Schwerpunkt des Spaltungsberichts ansieht.

30) Schmitt/Hörtnagl-*Hörtnagl*, UmwG/UmwStG, § 135 UmwG Rz. 21.

31) *Fischer* in: NK-UmwG, § 135 Rz. 12; Schmitt/Hörtnagl-*Hörtnagl*, UmwG, § 135 Rz. 21; *Nießen* in: KölnKomm-UmwG, § 135 Rz. 10; *Weiß* in: BeckOGK-UmwG, § 135 Rz. 23; vgl. auch die Aufzählung bei Semler/Stengel/Leonard-*Bärwaldt*, UmwG, § 135 Rz. 11.

32) Schmitt/Hörtnagl-*Hörtnagl*, UmwG/UmwStG, § 135 UmwG Rz. 22; *Weiß* in: BeckOGK-UmwG, § 135 Rz. 27; Widmann/Mayer-*Mayer*, UmwR, § 135 UmwG Rz. 81.

VI. Entfallen des Spaltungsberichts bei Ausgliederung (§ 135 Abs. 3)

24 Gemäß § 135 Abs. 3 ist der Spaltungsbericht bei Ausgliederung zur Neugründung entbehrlich. Die durch das UmRUG[33] eingeführte Vorschrift hat die Situation derjenigen bei der grenzüberschreitenden Ausgliederung zur Neugründung angeglichen (§ 324 Abs. 2 Satz 1; siehe dazu näher § 324 Rz. 35 ff. [*Heinrichs*]). Dies gründet sich darauf, dass der Wert der Beteiligung der Anteilsinhaber von einer Ausgliederung zur Neugründung nicht beeinflusst wird.

33) Gesetz zur Umsetzung der Umwandlungsrichtlinie und zur Änderung weiterer Gesetze (UmRUG), v. 22.2.2023, BGBl. I 2023, Nr. 51.

§ 136
Spaltungsplan

[1]Das Vertretungsorgan des übertragenden Rechtsträgers hat einen Spaltungsplan aufzustellen. [2]Der Spaltungsplan tritt an die Stelle des Spaltungs- und Übernahmevertrags.

Literatur: *Heidenhain*, Spaltungsvertrag und Spaltungsplan, NJW 1995, 2873; *Priester*, Mitgliederwechsel im Umwandlungszeitpunkt, DB 1997, 560.

Übersicht

I. Zweck der Vorschrift

1 § 136 trifft **Sonderregelungen zum Spaltungsplan** für Spaltungen **zur Neugründung.** Die Besonderheit bei der Spaltung zur Neugründung liegt darin, dass originär **nur ein Rechtsträger** beteiligt ist. Deshalb tritt der Spaltungsplan an die Stelle des Spaltungsvertrages (§ 136 Satz 2).[1]

II. Eigenschaften und Besonderheiten des Spaltungsplans

2 Der Spaltungsplan unterliegt als **einseitige, nicht empfangsbedürftige Willenserklärung** den (auch Auslegungs-)Regeln für solche Willenserklärungen.[2] Der Spaltungsplan weist

1) Lutter-*Priester/Lieder*, UmwG, § 136 Rz. 2 f.; *Fischer* in: NK-UmwG, § 136 Rz. 1; Semler/Stengel/Leonard-*Schöer/Greitemann*, UmwG, § 136 Rz. 1; *Nießen* in: KölnKomm-UmwG, § 136 Rz. 1.

2) Kallmeyer-*Sickinger*, UmwG, § 136 Rz. 3; Widmann/Mayer-*Mayer*, UmwR, § 136 UmwG Rz. 7 f.; Semler/Stengel/Leonard-*Schröer/Greitemann*, UmwG, § 136 Rz. 3; Lutter-*Priester/Lieder*, UmwG, § 126 Rz. 4; *Fischer* in: NK-UmwG, § 136 Rz. 2; *Nießen* in: KölnKomm-UmwG, § 136 Rz. 4; Henssler/Strohn-*Galla/Cé. Müller*, GesR, § 136 UmwG Rz. 2, 5; Schmitt/Hörtnagl-*Hörtnagl*, UmwG/UmwStG, § 136 UmwG Rz. 5; *J. Schmidt* in: MünchHdb. GesR, Bd. 8, § 22 Rz. 100; *Heidenhain*, NJW 1995, 2873, 2873.

eine Ähnlichkeit mit der Umwandlungserklärung nach altem Recht (§§ 51, 56b UmwG a. F. [1969]) auf.[3)]

Der Spaltungsplan ist damit, jedenfalls **bis** zum Vorliegen des **Spaltungsbeschlusses, frei widerruflich.**[4)] Ein Widerruf seitens der Organe ist dabei zunächst formfrei möglich.[5)] Ab dem Zeitpunkt der Beschlussfassung der Anteilsinhaber über die Zustimmung zum Spaltungsplan erfordert der Widerruf eine **vorherige Beschlussfassung** mit dem gleichen **Mehrheitserfordernis** wie bei der Zustimmung.[6)] 3

III. Form

1. Form des Spaltungsplans

Die zum Spaltungsvertrag aufgestellten Grundsätze gelten entsprechend (siehe § 126 Rz. 17 ff. [*K. Wentz*]). Wie auch der Spaltungsvertrag ist der Spaltungsplan **notariell zu beurkunden** (§ 125 Satz 1 i. V. m. § 6). 4

2. Form von Vollmachten

Ein **Handeln aufgrund Vollmacht** ist unproblematisch möglich, allerdings scheidet nach § 180 Satz 1 BGB ein Handeln unter Vorbehalt der **Nachgenehmigung** aus.[7)] 5

Da bei der Beurkundung des Spaltungsplans auch die **Satzung jedes neuen Rechtsträgers** festgestellt wird, bedarf auch die Vollmacht der notariellen Form, soweit der neue Rechtsträger eine Kapitalgesellschaft ist. Die einschlägigen **Gründungsvorschriften** (§ 23 Abs. 2 Satz 1 AktG; § 2 Abs. 2 GmbHG) finden über § 135 Abs. 2 Satz 1 (i. V. m. §§ 125, 37) Anwendung (siehe § 135 Rz. 8 [*Lubberich*]).[8)] Wird weder eine **GmbH**, noch eine **AG/KGaA** als neuer Rechtsträger gegründet, existiert **kein materiell-rechtliches Formerfordernis** für die Vollmacht (**§ 167 Abs. 2 BGB**). Das Schrifttum **empfiehlt** zwecks der Nachweismöglichkeit gegenüber dem Handelsregister allerdings Schriftform.[9)] Darüber 6

3) Schmitt/Hörtnagl-*Hörtnagl*, UmwG/UmwStG, § 136 UmwG Rz. 3, der darauf hinweist, dass der Spaltungsplan hingegen keine Ähnlichkeit zum Spaltungsplan bei der grenzüberschreitenden Verschmelzung aufweist, der ein zweiseitiger Vertrag ist (sprachlich irreführend).

4) Lutter-*Priester/Lieder*, UmwG, § 136 Rz. 7; Schmitt/Hörtnagl-*Hörtnagl*, UmwG/UmwStG, § 136 UmwG Rz. 3; *J. Schmidt* in: MünchHdb. GesR, Bd. 8, § 22 Rz. 101; Widmann/Mayer-*Mayer*, UmwR, § 136 UmwG Rz. 58; *Nießen* in: KölnKomm-UmwG, § 136 Rz. 10; *Weiß* in: BeckOGK-UmwG, § 136 Rz. 26.

5) *J. Schmidt* in: MünchHdb. GesR, Bd. 8, § 22 Rz. 101; Widmann/Mayer-*Mayer*, UmwR, § 136 UmwG Rz. 58; *Nießen* in: KölnKomm-UmwG, § 136 Rz. 10; *Weiß* in: BeckOGK-UmwG, § 136 Rz. 26.

6) Schmitt/Hörtnagl-*Hörtnagl*, UmwG/UmwStG, § 136 UmwG Rz. 3; *J. Schmidt* in: MünchHdb. GesR, Bd. 8, § 22 Rz. 101; Widmann/Mayer-*Mayer*, UmwR, § 136 UmwG Rz. 58; *Nießen* in: KölnKomm-UmwG, § 136 Rz. 11; Henssler/Strohn-*Galla/Cé. Müller*, GesR, § 136 UmwG Rz. 5.

7) *Klumpp* in: HK-UmwG, § 136 Rz. 4; Schmitt/Hörtnagl-*Hörtnagl*, UmwG/UmwStG, § 136 UmwG Rz. 7; *J. Schmidt* in: MünchHdb. GesR, Bd. 8, § 22 Rz. 102; Semler/Stengel-*Schröer/Greitemann*, UmwG, § 136 Rz. 4; Widmann/Mayer-*Mayer*, UmwR, § 136 UmwG Rz. 15; *Nießen* in: KölnKomm-UmwG, § 136 Rz. 4; Henssler/Strohn-*Galla/Cé. Müller*, GesR, § 136 UmwG Rz. 3.

8) *Weiß* in: BeckOGK-UmwG, § 136 Rz. 9; *Klumpp* in: HK-UmwG, § 136 Rz. 4; Schmitt/Hörtnagl-*Hörtnagl*, UmwG/UmwStG, § 136 UmwG Rz. 6; Lutter-*Priester/Lieder*, UmwG, § 136 Rz. 6; Widmann/Mayer-*Mayer*, UmwR, § 136 UmwG Rz. 15.

9) Schmitt/Hörtnagl-*Hörtnagl*, UmwG/UmwStG, § 136 UmwG Rz. 6; Widmann/Mayer-*Mayer*, UmwR, § 136 UmwG Rz. 16; Semler/Stengel/Leonard-*Schröer/Greitemann*, UmwG, § 136 Rz. 5; *Nießen* in: KölnKomm-UmwG, § 136 Rz. 4.

hinaus ist der Spaltungsplan selbst beurkundungspflichtig und der beurkundende **Notar** muss die Vertretung ebenfalls prüfen (**§ 12 BeurkG**).[10)]

IV. Aufstellung des Spaltungsplans (§ 136 Satz 1)

1. Zuständigkeit

7 Auch für die Aufstellung des Spaltungsplans gelten die Grundsätze für den **Spaltungsvertrag** entsprechend (siehe § 126 Rz. 21 [*K. Wentz*]). Für die Aufstellung des Spaltungsplans ist **das Vertretungsorgan** des übertragenden Rechtsträgers zuständig (§ 136 Satz 1). Erforderlich, aber auch ausreichend ist ein Handeln **in vertretungsberechtigter Anzahl.**[11)] Zwar ist dementsprechend eine **unechte Gesamtvertretung** möglich,[12)] es liegt allerdings ein Prinzipalgeschäft (als Grundlagengeschäft) vor, so dass Prokuristen den Spaltungsplan nicht allein aufstellen können.[13)]

2. Zeitpunkt

8 Anders als für den Verschmelzungsvertrag (§ 4 Abs. 2) und für den Spaltungsvertrag (siehe dazu bereits § 135 Rz. 18 ff. [*Lubberich*] und siehe näher § 126 Rz. 22 [*K. Wentz*]) ist **umstritten**, ob der Spaltungsplan vor Beschlussfassung bzw. spätestens zeitgleich mit der Beschlussfassung aufgestellt werden muss. Nach der strengeren Ansicht ist dies der Fall, während nach der weitergehenden Ansicht auch über einen **Spaltungsplan im Entwurf** abgestimmt werden kann.[14)] Bedenken bestehen aus Sicht der strengeren Ansicht angesichts des klaren Wortlauts des § 130 Abs. 1 Satz 1, der § 4 Abs. 2 ausdrücklich ausschließt.[15)] Die h. M. nimmt allerdings an, dass es sich hierbei um ein gesetzgeberisches Redaktionsversehen handeln muss, da kein Grund ersichtlich ist, warum eine Beschlussfassung über einen Entwurf nicht möglich sein sollte.[16)]

---

10) Relevanter wäre für die Praxis allerdings eine zuverlässige Möglichkeit einer formgerechten Vollmachtsbestätigung für einseitige Willenserklärungen. Dann könnte mit zunächst formwidriger Bevollmächtigung bereits der Spaltungsplan beurkundet werden und die formgerechte Vollmachtsbestätigung nachgeholt werden. Diese Möglichkeit steht grundsätzlich auch bei einseitigen Willenserklärungen zur Verfügung. Allerdings muss beachtet werden, dass die Formvorschriften für Gründungsvollmachten nach h. A. ein Wirksamkeitserfordernis darstellen und nicht lediglich Ordnungsvorschriften sind, die einen Legitimationsnachweis für eine formwidrige, aber materiell-rechtlich existierende Bevollmächtigung fordern (vgl. Habersack/Casper/Löbbe-*Ulmer/Löbbe*, GmbHG, § 2 Rz. 31; Scholz-*Cramer*, GmbHG, § 2 Rz. 31, jeweils m. w. N.). Nach h. M. wäre der Vollmachtgeber dann erst ab Vorliegen der formgerechten Vollmachtsbestätigung an die für ihn abgegebenen Erklärungen gebunden, weshalb sich dieses Vorgehen mit Blick auf die damit verbundene Rechtsunsicherheit nicht anbieten dürfte.

11) Schmitt/Hörtnagl-*Hörtnagl*, UmwG/UmwStG, § 136 UmwG Rz. 6; *J. Schmidt* in: MünchHdb. GesR, Bd. 8, § 22 Rz. 102; Semler/Stengel/Leonard-*Schröer/Greitemann*, UmwG, § 136 Rz. 4, § 126 Rz. 7; Widmann/Mayer-*Mayer*, UmwR, § 136 UmwG Rz. 13; *Nießen* in: KölnKomm-UmwG, § 136 Rz. 4; Henssler/Strohn-*Galla/Cé. Müller*, GesR, § 136 UmwG Rz. 3.

12) *J. Schmidt* in: MünchHdb. GesR, Bd. 8, § 22 Rz. 102; Widmann/Mayer-*Mayer*, UmwR, § 136 UmwG Rz. 13; Henssler/Strohn-*Galla/Cé. Müller*, GesR, § 136 UmwG Rz. 3.

13) Widmann/Mayer-*Mayer*, UmwR, § 136 UmwG Rz. 14; Henssler/Strohn-*Galla/Cé. Müller*, GesR, § 136 UmwG Rz. 3; *J. Schmidt* in: MünchHdb. GesR, Bd. 8, § 22 Rz. 102.

14) Näher *J. Schmidt* in: MünchHdb. GesR, Bd. 8, § 22 Rz. 104 m. w. N.

15) Vgl. *Nießen* in: KölnKomm-UmwG, § 136 Rz. 6.

16) Widmann/Mayer-*Mayer*, UmwR, § 136 UmwG Rz. 6; Semler/Stengel/Leonard-*Schröer/Greitemann*, UmwG, § 136 Rz. 5; Schmitt/Hörtnagl-*Hörtnagl*, UmwG/UmwStG, § 135 UmwG Rz. 8; Lutter-*Priester/Lieder*, UmwG, § 136 Rz. 6; *J. Schmidt* in: MünchHdb. GesR, Bd. 8, § 22 Rz. 104; *Fischer* in: NK-UmwG, § 136 Rz. 4.

3. Vollständigkeit des Spaltungsplans

Der Spaltungsplan muss ein **einheitliches Dokument** darstellen. Dies gilt auch dann, wenn mehrere unterschiedliche Spaltungsmaßnahmen kombiniert werden. Dies ist in der Praxis durchaus nicht selten: Etwa können eine **Spaltung zur Aufnahme** und eine **Spaltung zur Neugründung** miteinander kombiniert werden (als einheitliche Maßnahme; zu unterscheiden ist dies von Kettenmaßnahmen, bei denen getrennte Vorgänge vorliegen). Der Spaltungsplan ist in jedem Falle **mit in den Spaltungsvertrag zu integrieren.** Dies gründet sich darauf, dass die Anteilsinhaber bei ihrer Zustimmungsentscheidung den **gesamten Vorgang** kennen müssen; auch kann das Umtauschverhältnis nur einheitlich für den gesamten Vorgang bestimmt werden.[17] 9

V. Inhalt des Spaltungsplans (§ 136 Satz 2)

Da der Spaltungsplan gemäß § 136 Satz 2 an die Stelle des Spaltungsvertrages tritt, muss 10 er grundsätzlich **dieselben Angaben** enthalten wie dieser (§§ 135 Abs. 1 Satz 1, 136 i. V. m. § 126 Abs. 1). Es gelten folgende Abweichungen:

- Der **Gesellschaftsvertrag** bzw. die **Satzung**[18] des neuen Rechtsträgers muss im Spaltungsplan enthalten sein (§§ 135, 125 Satz 1, 37). Damit einher geht eine Pflicht zur **notariellen Beurkundung des Gesellschaftsvertrags**, und zwar unabhängig von der Rechtsform des neuen Rechtsträgers.[19] Für spätere Änderungen des Gesellschaftsvertrages bzw. der Satzung greifen dann wieder die (ggf. weniger strengen) rechtsformspezifischen Regelungen ein.[20] Besondere inhaltliche Anforderungen an den Gesellschaftsvertrag stellt das Umwandlungsrecht bei der Spaltung grundsätzlich nicht; die Anforderungen richten sich nach den rechtsformspezifischen Regeln (§ 135 Abs. 2 Satz 1).[21]
- Es entfallen die **Angaben zum Umtauschverhältnis** (§ 126 Abs. 1 Satz 3). Bei der Abspaltung und Aufspaltung zur Neugründung fallen den Anteilsinhabern des übertragenen Rechtsträgers alle Anteile an den neuen Rechtsträgern zu.[22]
- Es sind jedoch Angaben über die **Höhe der Beteiligung** am neuen Rechtsträger erforderlich.[23] Dabei kann die Höhe des Stammkapitals des neuen Rechtsträgers frei gewählt werden.[24] Die gesetzlichen Mindestkapitalerfordernisse müssen freilich er-

17) Widmann/Mayer-*Mayer*, UmwR, § 136 UmwG Rz. 5; Lutter-*Priester/Lieder*, UmwG, § 136 Rz. 6; *J. Schmidt* in: MünchHdb. GesR, Bd. 8, § 22 Rz. 103; Semler/Stengel/Leonard-*Schröer/Greitemann*, UmwG, § 136 Rz. 15; *Nießen* in: KölnKomm-UmwG, § 136 Rz. 7.

18) Bzw. Partnerschaftsvertrag oder Statut.

19) Widmann/Mayer-*Mayer*, UmwR, § 136 UmwG Rz. 25; Schmitt/Hörtnagl-*Hörtnagl*, UmwG/UmwStG, § 136 UmwG Rz. 12 und § 37 UmwG Rz. 3; *Weiß* in: BeckOGK-UmwG, § 136 Rz. 23.

20) Schmitt/Hörtnagl-*Hörtnagl*, UmwG/UmwStG, § 136 UmwG Rz. 12.

21) Schmitt/Hörtnagl-*Hörtnagl*, UmwG/UmwStG, § 136 UmwG Rz. 12.

22) Widmann/Mayer-*Mayer*, UmwR, § 136 UmwG Rz. 21; Lutter-*Priester/Lieder*, UmwG, § 136 Rz. 9; *Fischer* in: NK-UmwG, § 136 Rz. 8; Schmitt/Hörtnagl-*Hörtnagl*, UmwG/UmwStG, § 136 UmwG Rz. 9; *J. Schmidt* in: MünchHdb. GesR, Bd. 8, § 22 Rz. 106; Semler/Stengel/Leonard-*Schröer/Greitemann*, UmwG, § 136 Rz. 11; *Nießen* in: KölnKomm-UmwG, § 136 Rz. 19.

23) Widmann/Mayer-*Mayer*, UmwR, § 136 UmwG Rz. 21; Lutter-*Priester/Lieder*, UmwG, § 136 Rz. 9; *Fischer* in: NK-UmwG, § 136 Rz. 8; *J. Schmidt* in: MünchHdb. GesR, Bd. 8, § 22 Rz. 107; Semler/Stengel/Leonard-*Schröer/Greitemann*, UmwG, § 136 Rz. 11; *Nießen* in: KölnKomm-UmwG, § 136 Rz. 19.

24) Schmitt/Hörtnagl-*Hörtnagl*, UmwG/UmwStG, § 136 UmwG Rz. 11; Lutter-*Priester/Lieder*, UmwG, § 136 Rz. 11; *J. Schmidt* in: MünchHdb. GesR, Bd. 8, § 22 Rz. 107; Semler/Stengel/Leonard-*Schröer/Greitemann*, UmwG, § 136 Rz. 11; *Nießen* in: KölnKomm-UmwG, § 136 Rz. 19.

füllt werden.[25] Darüber hinaus muss das **Nominalkapital** durch das übertragene Vermögen gedeckt sein. Es liegt eine Sachgründung vor.[26)]

– Angesichts der Regelungen in §§ 135, 125 Satz 1, 59 Satz 2, 76 Abs. 2 Satz 2, 98 Satz 2 empfiehlt das Schrifttum zudem zu Recht, dass die Organbestellungen für den neuen Rechtsträger ebenfalls innerhalb des Spaltungsplans erfolgen sollten.[27]

11 Sehr fraglich ist, ob bei Gelegenheit der Spaltung zur Neugründung **Dritte** als neue Gesellschafter beitreten können (siehe bereits näher § 135 Rz. 13 ff. [*Lubberich*]). Die Frage ist umstritten. Teile der Literatur lehnen die **Zulässigkeit eines Beitritts Dritter** ab. Zur Begründung wird vorgebracht, dass die Systematik des UmwG die Spaltung nur in dem Kreis, der zuvor beteiligt ist, zulasse, und neue Beteiligte nicht hinzutreten können **(Identitätsgrundsatz).**[28] Nach der wohl überwiegenden Ansicht ist das Hinzutreten eines Dritten bei einer Spaltung zur Neugründung zulässig.[29] Dies überzeugt, da das UmwG den Beitritt Dritter an keiner Stelle ausschließt und **schutzwürdige Interessen** der **Gläubiger bzw. Anteilsinhaber** nicht verletzt werden.[30] Zum **Formwechsel** hat der BGH auch obiter dictum anerkannt, dass Dritte dem Rechtsträger beitreten können.[31] Es ist nicht ersichtlich, warum bei der Spaltung zur Neugründung andere Grundsätze gelten sollten.[32] Allerdings müssen Dritte dann im Spaltungsplan ausdrücklich benannt werden; sie müssen ihm ebenfalls (wie die Altgesellschafter) in notariell beurkundeter Form zustimmen (analog § 13 Abs. 3, 221).[33]

VI. Kostenrechtliche Besonderheiten

12 Aus der Rechtsnatur des Spaltungsplans als **einseitige Willenserklärung** folgt, dass der Gebührensatz für die Beurkundungskosten lediglich 1,0 beträgt (Nr. 21200 KV GNotKG), während für den Spaltungsvertrag eine 2,0 Gebühr anfällt (Nr. 21100 KV GNotKG).

---

25) *J. Schmidt* in: MünchHdb. GesR, Bd. 8, § 22 Rz. 107; Semler/Stengel/Leonard-*Schröer/Greitemann*, UmwG, § 136 Rz. 11; *Nießen* in: KölnKomm-UmwG, § 136 Rz. 19; Schmitt/Hörtnagl-*Hörtnagl*, UmwG/UmwStG, § 136 UmwG Rz. 11.

26) Lutter-*Priester/Lieder*, UmwG, § 136 Rz. 11; *J. Schmidt* in: MünchHdb. GesR, Bd. 8, § 22 Rz. 107; Schmitt/Hörtnagl-*Hörtnagl*, UmwG/UmwStG, § 136 UmwG Rz. 11; Semler/Stengel/Leonard-*Schröer/Greitemann*, UmwG, § 136 Rz. 12; *Nießen* in: KölnKomm-UmwG, § 136 Rz. 19.

27) Lutter-*Priester/Lieder*, UmwG, § 136 Rz. 16; *Fischer* in: NK-UmwG, § 136 Rz. 9; *J. Schmidt* in: MünchHdb. GesR, Bd. 8, § 22 Rz. 109; Semler/Stengel/Leonard-*Schröer/Greitemann*, UmwG, § 136 Rz. 14; Widmann/Mayer-*Mayer*, UmwR, § 136 UmwG Rz. 30; *Nießen* in: KölnKomm-UmwG, § 136 Rz. 24.

28) Widmann/Mayer-*Mayer*, UmwR, § 136 UmwG Rz. 33; Schmitt/Hörtnagl-*Hörtnagl*, UmwG/UmwStG, § 136 UmwG Rz. 14.

29) Lutter-*Priester/Lieder*, UmwG, § 136 Rz. 15; Kallmeyer-*Sickinger*, UmwG, § 135 Rz. 17; *Nießen* in: KölnKomm-UmwG, § 136 Rz. 8; *Priester*, DB 1997, 560, 566; betreffend Verschmelzungen: Semler/Stengel/Leonard-*Bärwaldt*, UmwG, § 36 Rz. 70; Lutter-*Grunewald*, UmwG, § 36 Rz. 15; Henssler/Strohn-*Ca. Müller*, GesR, § 36 UmwG Rz. 7.

30) Semler/Stengel/Leonard-*Bärwaldt*, UmwG, § 36 Rz. 70; Lutter-*Grunewald*, UmwG, § 36 Rz. 15; Henssler/Strohn-*Ca. Müller*, GesR, § 36 UmwG Rz. 7; *J. Schmidt* in: MünchHdb. GesR, Bd. 8, § 22 Rz. 110.

31) BGH, Urt. v. 9.5.2005 – II ZR 29/03, NZG 2005, 722, 723 = DB 2005, 1842, 1843.

32) Kallmeyer-*Sickinger*, UmwG, § 135 Rz. 17; Lutter-*Priester/Lieder*, UmwG, § 136 Rz. 15; *J. Schmidt* in: MünchHdb. GesR, Bd. 8, § 22 Rz. 110.

33) *Priester*, DB 1997, 560, 566; Kallmeyer-*Sickinger*, UmwG, § 135 Rz. 17; Lutter-*Priester/Lieder*, UmwG, § 136 Rz. 15; *J. Schmidt* in: MünchHdb. GesR, Bd. 8, § 22 Rz. 110; *Nießen* in: KölnKomm-UmwG, § 136 Rz. 8.

Da der aufnehmende Rechtsträger bei der **Spaltung zur Neugründung** noch nicht existiert, wird im Regelfall nur ein einziger Zustimmungsbeschluss beurkundet. Dies ist allerdings kostenneutral, indem mehrere Zustimmungsbeschlüsse zueinander als **gegenstandsgleich** behandelt werden (§ 109 Abs. 2 Nr. 4 lit. g GNotKG). 13

§ 137

Anmeldung und Eintragung der neuen Rechtsträger und der Spaltung*)

(1) Das Vertretungsorgan des übertragenden Rechtsträgers hat jeden der neuen Rechtsträger bei dem Gericht, in dessen Bezirk er seinen Sitz haben soll, zur Eintragung in das Register anzumelden.

(2) Das Vertretungsorgan des übertragenden Rechtsträgers hat die Spaltung zur Eintragung in das Register des Sitzes des übertragenden Rechtsträgers anzumelden.

(3) [1]Das Gericht des Sitzes jedes der neuen Rechtsträger hat von Amts wegen dem Gericht des Sitzes des übertragenden Rechtsträgers den Tag der Eintragung des neuen Rechtsträgers mitzuteilen. [2]Nach Eingang der Mitteilungen für alle neuen Rechtsträger hat das Gericht des Sitzes des übertragenden Rechtsträgers die Spaltung einzutragen sowie von Amts wegen den Zeitpunkt der Eintragung den Gerichten des Sitzes jedes der neuen Rechtsträger mitzuteilen sowie ihnen einen Registerauszug und den Gesellschaftsvertrag, den Partnerschaftsvertrag oder die Satzung des übertragenden Rechtsträgers in Abschrift, als Ausdruck oder elektronisch zu übermitteln. [3]Der Zeitpunkt der Eintragung der Spaltung ist in den Registern des Sitzes jedes der neuen Rechtsträger von Amts wegen einzutragen.

*) § 137 geändert durch Art. 17 des Gesetzes zur Umsetzung der Digitalisierungsrichtlinie (DiRUG), v. 5.7.2021, BGBl. I 2021, 3338; § 137 geändert durch Art. 8 des Gesetzes über elektronische Handelsregister und Genossenschaftsregister sowie das Unternehmensregister (EHUG), v. 10.11.2006, BGBl. I 2006, 2553; § 137 geändert durch Art. 14 des Gesetzes zur Einführung der Europäischen Genossenschaft und zur Änderung des Genossenschaftsrechts (SCEEG), v. 14.8.2006, BGBl. I 2006, 1911; § 137 i. d. F. des UmwBerG geändert durch Art. 1 des Gesetzes zur Änderung des Umwandlungsgesetzes, des Partnerschaftsgesellschaftsgesetzes und anderer Gesetze (UmwGÄndG), v. 22.7.1998, BGBl. I 1998, 1878.

Literatur: *Bayer/Wirth*, Eintragung der Spaltung und Eintragung der neuen Rechtsträger – oder: Pfadsuche im Verweisungsdschungel des neuen Umwandlungsrechts, ZIP 1996, 817; *Bruski*, Die Gründungsphase der Aktiengesellschaft bei der Spaltung zur Neugründung, AG 1997, 17; *Engelmeyer*, Das Spaltungsverfahren bei der Spaltung von Aktiengesellschaften, AG 1996, 193; *Heidenhain*, Duplik von Dr. Heidenhain zu Neye, GmbHR 1995, 566; *Heidenhain*, Entstehung vermögens- und subjektloser Kapitalgesellschaften, GmbHR 1995, 264; *Ihrig*, Gläubigerschutz durch Kapitalaufbringung bei Verschmelzung und Spaltung nach neuem Umwandlungsrecht, GmbHR 1995, 622; *Neye*, Nochmals: Entstehung und vermögens- und subjektloser Kapitalgesellschaften, GmbHR 1995, 565.

Übersicht

I. Zweck der Norm

1 Die Vorschrift betrifft das Verfahren der Anmeldung und Eintragung der Spaltung unter Berücksichtigung der **Besonderheiten bei Maßnahmen zur Neugründung.** Bei Maßnahmen zur Neugründung existiert der **aufnehmende Rechtsträger** noch nicht, so dass dieser auch keine Anmeldung vornehmen kann (anders § 129). Deshalb wird das Vertretungsorgan des übertragenden Rechtsträgers in § 137 Abs. 1 dazu verpflichtet, **alle neuen Rechtsträger** und die **Spaltungsmaßnahme** bei dem Gericht, in dessen Bezirk der jeweilige neue Rechtsträger seinen Sitz haben soll, zur Eintragung in das Register anzumelden. Damit ist § 130 Abs. 2 nicht anwendbar (§ 137 Abs. 3 stellt insoweit eine **verdrängende Spezialregelung** dar).[1)]

2 Anwendbar bleiben § 130 Abs. 1 und über §§ 135, 125 auch §§ 16 Abs. 2 und Abs. 3, sowie § 17. Zu unterscheiden ist die **Anmeldung des neuen Rechtsträgers** (gemäß § 137 Abs. 1) von der **Anmeldung der Spaltungsmaßnahme** als solcher (gemäß § 137 Abs. 2).

II. Anmeldung neue Rechtsträger (§ 137 Abs. 1)

3 Angesichts des vorliegenden Gründungsvorgangs muss **jeder übernehmende Rechtsträger** bei dem Gericht, in dessen Bezirk er seinen Sitz haben soll, zur Eintragung angemeldet werden.

1. Zuständigkeit und Inhalt der Anmeldung

4 Zuständig für die Anmeldung ist **das Vertretungsorgan des übertragenden Rechtsträgers.** Hierin liegt der wesentliche Unterschied zur Anmeldung einer Spaltung zur Aufnahme. Bei der hier vorliegenden Maßnahme zur **Neugründung** wird nicht etwa die Spaltung beim aufnehmenden Rechtsträger angemeldet, sondern die **Gründung des neuen Rechtsträgers.**[2)] Von erheblicher Bedeutung für die Praxis ist, dass es sich bei der Zuständigkeit für die Anmeldung (Vertretungsorgan des übertragenden Rechtsträgers) um eine **ausschließliche Zuständigkeit** handelt.[3)] Die Organe des aufnehmenden Rechtsträgers können die Anmeldung mangels dessen Existenz nicht durchführen.

5 Dies führt in der Praxis zu besonderem Aufwand, da die i. R. einer Gründung einer **Kapitalgesellschaft** abzugebenden **persönlichen Erklärungen** (§ 8 Abs. 3 GmbHG, § 37 Abs. 2 AktG) von den **zukünftigen Organen** der Kapitalgesellschaft abgegeben werden müssen. Diese sind oftmals nicht mit den Anmeldern personenidentisch. Vor diesem Hintergrund ist darauf hinzuweisen, dass die Erklärungen nach den allgemeinen Gründungsvorschriften[4)] auch zu gesonderter Urkunde erfolgen und der Anmeldung als Anlage beigefügt werden können.[5)]

6 Darüber hinaus sind bei der Spaltung zur Neugründung durch Gründung einer **GmbH** die weiteren **rechtsformspezifischen Angaben** zu machen. Insbesondere sind eine **inländische Geschäftsanschrift** und die **Vertretungsbefugnis der Geschäftsführer** anzumelden.

---

1) *Fischer* in: NK-UmwG, § 137 Rz. 3.
2) Schmitt/Hörtnagl-*Hörtnagl*, UmwG/UmwStG, § 137 UmwG Rz. 2; *Fischer* in: NK-UmwG, § 137 Rz. 4.
3) *Fischer* in: NK-UmwG, § 137 Rz. 5, der zutr. darauf hinweist, dass mögliche Anmeldungsbefugnisse aus den Gründungsvorschriften von § 137 Abs. 1 verdrängt werden, vgl. § 135 Abs. 2.
4) *Herrler* in: MünchKomm-GmbHG, § 8 Rz. 47.
5) Schmitt/Hörtnagl-*Hörtnagl*, UmwG/UmwStG, § 137 UmwG Rz. 2; *Fischer* in: NK-UmwG, § 137 Rz. 5; *Nießen* in: KölnKomm-UmwG, § 137 Rz. 15.

(§ 8 Abs. 4 GmbHG). Die Versicherung über die Bewirkung und freie Verfügbarkeit der Einlagen entfällt, es sei denn, es wurden bare Zuzahlungen geleistet.[6)]

Bei Gründung einer **AG** durch Spaltung gilt das Vorstehende entsprechend.[7)] Als weitere **rechtsformabhängige Besonderheiten** sind insbesondere folgende Aspekte zu beachten: 7

- Gemäß § **160 Abs. 2** ist eine Erklärung darüber, dass die **Verbindlichkeiten des sich spaltenden Rechtsträgers** dessen Vermögen nicht übersteigen, wenn ein Einzelkaufmann eine **Kapitalgesellschaft durch Ausgliederung** gründet (siehe auch näher § 160 Rz. 19 ff. [*Cyglakow*]).[8)]
- Bei **Gründung einer Personenhandelsgesellschaft** im Wege der Spaltung ist die Angabe des **Geschäftsbeginns der Gesellschaft** entbehrlich, da dieser nicht vor Wirksamwerden der Spaltung liegen kann. Der Beginn ist damit zwingend bei Eintragung der Spaltung gegeben.[9)]

2. Beizufügende Unterlagen

Welche Unterlagen der Anmeldung des neuen Rechtsträgers beizufügen sind, richtet sich nach den auf diesen neuen Rechtsträger anwendbaren **Gründungsvorschriften.** Jedenfalls muss sich **aus der Anmeldung** ergeben, dass die neue Gründung des Rechtsträgers auf einer Spaltungsmaßnahme beruht und **welche Form der Spaltung** vorliegt.[10)] Darüber hinaus sind die durch § 17 verlangten Anlagen beizufügen (§ 125 Satz 1). Schließlich ist die **Negativerklärung** nach § 16 Abs. 2 abzugeben (§§ 135, 125).[11)] 8

Rechtsformspezifisch ist darüber hinaus zu beachten, dass der übertragende Rechtsträger bei Gründung einer **GmbH** einen **Sachgründungsbericht** zu erstatten hat. Dies ergibt sich aus §§ 138, 135 Abs. 2 Satz 2. Der Bericht ist von den Vertretungsorganen in vertretungsberechtigter Anzahl zu unterzeichnen; **Bevollmächtigung scheidet aus.**[12)] Zum Nachweis der Werthaltigkeit der erbrachten (Sach-)Einlagen wird teilweise eine gesonderte Spaltungsbilanz oder „Teilbilanz" verlangt (insoweit bestehen keine Unterschiede zur Spaltung zur Aufnahme mit Kapitalmaßnahme; siehe dazu näher § 129 Rz. 12 f. [*Lubberich*]). 9

Bei neu gegründeten **AG** oder KGaA gelten die Maßstäbe für Verschmelzungen zur Neugründung ohne Besonderheiten entsprechend (siehe dazu näher § 17 Rz. 4 [*Hoefling*]). Zum Nachweis der Werthaltigkeit gilt wie bei der GmbH, dass eine gesonderte Spaltungsbilanz bzw. Teilbilanz oder ein **Sachverständigengutachten** als Wertnachweis verlangt werden 10

---

6) Semler/Stengel/Leonard-*Schwanna*, UmwG, § 137 Rz. 5; Kallmeyer-*Zimmermann*, UmwG, § 137 Rz. 9.

7) Hinsichtlich der Entbehrlichkeit des Erfordernisses der Versicherung über die Einlageleistung: Kallmeyer-*Zimmermann*, UmwG, § 137 Rz. 11; Semler/Stengel/Leonard-*Schwanna*, UmwG, § 137 Rz. 4; *Nießen* in: KölnKomm-UmwG, § 137 Rz. 16; *Weiß* in: BeckOGK-UmwG, § 137 Rz. 29; *Klumpp* in: HK-UmwG, § 137 Rz. 14; *Ihrig*, GmbHR 1995, 622, 630 f.

8) Kallmeyer-*Zimmermann*, UmwG, § 137 Rz. 10; Semler/Stengel/Leonard-*Schwanna*, UmwG, § 137 Rz. 6.

9) Semler/Stengel/Leonard-*Schwanna*, UmwG, § 137 Rz. 7; *Fischer* in: NK-UmwG, § 137 Rz. 11; Lutter-*Priester/Lieder*, UmwG, § 137 Rz. 6; a. A. *Nießen* in: KölnKomm-UmwG, § 137 Rz. 24 – Entstehung kraft Geschäftsbeginn denkbar.

10) *Fischer* in: NK-UmwG, § 137 Rz. 8; *Nießen* in: KölnKomm-UmwG, § 137 Rz. 11; *Weiß* in: BeckOGK-UmwG, § 137 Rz. 14; Kallmeyer-*Zimmermann*, UmwG, § 137 Rz. 7; a. A. Lutter-*Priester/Lieder*, UmwG, § 137 Rz. 4 – Angabe zweckmäßig aber keine Verpflichtung; ebenso bei der Spaltung zur Aufnahme *Schwab* in: MünchHdb. GesR, Bd. 8, § 26 Rz. 11; *Leuering* in: KölnKomm-UmwG, § 129 Rz. 10; Semler/Stengel/Leonard-*Schwanna*, UmwG, § 129 Rz. 7.

11) Semler/Stengel/Leonard-*Schwanna*, UmwG, § 137 Rz. 8; *Fischer* in: NK-UmwG, § 137 Rz. 8; *Nießen* in: KölnKomm-UmwG, § 137 Rz. 11; *Weiß* in: BeckOGK-UmwG, § 137 Rz. 13; Kallmeyer-*Zimmermann*, UmwG, § 137 Rz. 5.

12) Semler/Stengel/Leonard-*Schwanna*, UmwG, § 137 Rz. 11; Kallmeyer-*Zimmermann*, UmwG, § 137 Rz. 16 m. w. N.

kann.[13] Des Weiteren ist durch beglaubigten Handelsregisterauszug zu bestätigen, dass der übertragende Rechtsträger mehr als zwei Jahre besteht, § 141. Stichtag für die Zwei-Jahres-Frist ist der Tag der Abstimmung über den Spaltungsplan.[14]

III. Anmeldung der Spaltungsmaßnahme (§ 137 Abs. 2)

11 Für die Anmeldung der Spaltung zur Neugründung gelten sämtliche Grundsätze, die zur Anmeldung der **Spaltung zur Aufnahme** dargestellt wurden (siehe dazu näher § 129 Rz. 8 ff. [*Lubberich*]), mit den einzigen Ausnahmen, dass die Spaltung zur Neugründung lediglich durch den **übertragenden Rechtsträger angemeldet** werden kann (weil nur dieser bei Anmeldung existiert) und die **Zuständigkeit** allein des Registergerichts im Bezirk des Sitzes des **übertragenden Rechtsträgers** gegeben ist.

12 Inhaltlich müssen sich aus der Anmeldung **die beteiligten Rechtsträger** und die **konkrete Art der Spaltungsmaßnahme** ergeben.[15] Die Gründungsunterlagen des neuen Rechtsträgers brauchen nicht enthalten zu sein. Das Vorliegen der **Gründungsvoraussetzungen** wird durch das Register im Bezirk des übertragenden Rechtsträgers nicht geprüft.[16]

13 Zu beachten ist allerdings das Erfordernis von **höchstpersönlichen Erklärungen** über die Kapitaldeckung (§§ 140, 146).

14 **Anlagen** und beizufügende Unterlagen sind:
- der **Spaltungsplan** mit der **Satzung** des neuen Rechtsträgers,
- der Spaltungsbeschluss; sowie
- die **Erklärung über die Kapitalausstattung** einer übertragenden Kapitalgesellschaft.[17]

IV. Registereintragung (§ 137 Abs. 3)

15 In § 137 Abs. 3 wird das **Eintragungsverfahren** für die Spaltung zur Neugründung geregelt. Neben den entsprechenden Eintragungen sind auch **Mitteilungspflichten** der zuständigen Gerichte untereinander vorgeschrieben. Durch das Verfahren wird gewährleistet, dass die **Spaltung** und die **Gründung** (Eintragung der neuen Rechtsträger) zu einem einheitlichen Wirksamkeitszeitpunkt erfolgen.[18]

16 Das **Registerverfahren** zur Prüfung der Spaltung und der Neugründung(en) sieht vor, dass die Spaltung einerseits sowohl seitens des **Registergerichts des übertragenden** als auch **jedes übernehmenden Rechtsträgers** geprüft wird. Es wird die Ordnungsmäßigkeit der Spaltung **in formeller und materieller Hinsicht** geprüft (siehe dazu auch § 130 Rz. 13 f. [*Lubberich*]).[19]

---

13) Widmann/Mayer-*Mayer*, UmwR, § 137 UmwG Rz. 42; Kallmeyer-*Zimmermann*, UmwG, § 137 Rz. 21; Semler/Stengel/Leonard-*Schwanna*, UmwG, § 137 Rz. 10; *Nießen* in: KölnKomm-UmwG, § 137 Rz. 37.

14) Kallmeyer-*Zimmermann*, UmwG, § 137 Rz. 17; Semler/Stengel/Leonard-*Schwanna*, UmwG, § 137 Rz. 10.

15) *Fischer* in: NK-UmwG, § 137 Rz. 15; *Nießen* in: KölnKomm-UmwG, § 137 Rz. 32; vgl. auch dazu Kallmeyer-*Zimmermann*, UmwG, § 129 Rz. 6.

16) *Fischer* in: NK-UmwG, § 137 Rz. 15; *Nießen* in: KölnKomm-UmwG, § 137 Rz. 32; Semler/Stengel/Leonard-*Schwanna*, UmwG, § 137 Rz. 17.

17) Semler/Stengel/Leonard-*Schwanna*, UmwG, § 137 Rz. 15 – m. Verweis auf den über § 135 anwendbaren § 17.

18) Begr. RegE UmwG z. § 137, BR-Drucks. 75/94, S. 123; Begr. RegE UmwG, bei *Ganske*, Umwandlungsrecht, S. 170; *Fischer* in: NK-UmwG, § 137 Rz. 16; *Nießen* in: KölnKomm-UmwG, § 137 Rz. 40.

19) Semler/Stengel/Leonard-*Schwanna*, UmwG, § 137 Rz. 16; *Weiß* in: BeckOGK-UmwG, § 137 Rz. 82.

17 Die **Prüfung der Neugründung** führt ausschließlich das jeweils zuständige Registergericht eines jeden neuen Rechtsträgers durch.[20] Der Prüfungsumfang ist rechtsformabhängig (siehe näher dazu auch § 38 Rz. 23 ff. [*Redenius-Hövermann/Laufersweiler*]). Bei der Gründung einer **Kapitalgesellschaft**, bei der es sich um eine **Sachgründung** handelt, ist insbesondere der Wert der übertragenen Vermögensteile mit Blick auf die im Gegenzug dazu **gewährten Geschäftsanteile** (Summe der Stammeinlage) zu prüfen. Unter Umständen genügt als Wertnachweis die Schlussbilanz gemäß § 17.[21] Die vorgeschriebene **Eintragungsreihenfolge** sieht vor, dass zunächst die neuen Rechtsträger in das für sie **jeweils zuständige Register** einzutragen sind. Diese Eintragung hat noch **keine konstitutive Wirkung**. Die Eintragung erfolgt unter dem Vorbehalt, dass sie erst mit Eintragung der Spaltung in das Register des Sitzes des übertragenden Rechtsträgers wirksam wird, es sei denn, die Eintragungen erfolgen in den Registern aller Beteiligten Rechtsträger am selben Tag (siehe auch § 130 Rz. 8 [*Lubberich*]).[22]

18 Sobald ein neuer Rechtsträger in das für diesen zuständige Register eingetragen wird, ist dieses Register dazu verpflichtet, nach **§ 137 Abs. 3 Satz 1** dem Registergericht des übertragenden Rechtsträgers eine **Mitteilung** hierüber zu machen, die den Tag der Eintragung des neuen Rechtsträgers beinhaltet. Mithin brauchen die beteiligten Rechtsträger die Voreintragung ihrerseits **nicht nachzuweisen.**[23]

19 Im Anschluss, also nach erfolgter Eintragung aller neuen Rechtsträger und nach vorliegen aller Mitteilungen über den Eintragungstag, erfolgt die Eintragung der Spaltung in das Register des übertragenden Rechtsträgers (§§ 135 Abs. 1 Satz 1, 130 Abs. 1 Satz 1). **Die Eintragung ist konstitutiv.** Damit treten die **Spaltungswirkungen** ein (§ 131): Die neuen Rechtsträger entstehen; die **Beteiligungen** an diesen werden nach den Bestimmungen des Spaltungsvertrages übertragen bzw. erworben; der **Vermögensübergang** des i. R. der Spaltung übertragenen Vermögens vollzieht sich.[24] Die Wirkungen sind damit gleichlaufend zur Spaltung zur Aufnahme geregelt.[25]

20 Es schließt sich sodann eine weitere Mitteilungspflicht an: Das Registergericht am Sitz des **übertragenden Rechtsträgers** hat dem/den Registergericht(en) der neuen Rechtsträger gemäß § 137 Abs. 3 Satz 2 **von Amts wegen** den Zeitpunkt der Eintragung der Spaltung mitzuteilen. Den Registergerichten am Sitz der neuen Rechtsträger wird zudem der **Registerauszug** und der **Gesellschaftsvertrag** (oder das entsprechende rechtsformabhängige Dokument; Partnerschaftsvertrag bzw. Satzung) des übertragenden Rechtsträgers übersandt (§ 137 Abs. 3 Satz 2 a. E.).[26] Wie zu § 130 bereits angemerkt (siehe § 130

20) Semler/Stengel/Leonard-*Schwanna*, UmwG, § 137 Rz. 17; *Fischer* in: NK-UmwG, § 137 Rz. 17; Lutter-*Priester/Lieder*, UmwG, § 137 Rz. 14; *Nießen* in: KölnKomm-UmwG, § 137 Rz. 37; *Weiß* in: BeckOGK-UmwG, § 137 Rz. 83.

21) Semler/Stengel/Leonard-*Schwanna*, UmwG, § 137 Rz. 17.

22) Kallmeyer-*Zimmermann*, UmwG, § 137 Rz. 22; Schmitt/Hörtnagl-*Hörtnagl*, UmwG/UmwStG, § 137 UmwG Rz. 4; *Bruski*, AG 1997, 17, 19; *Neye*, GmbHR 1995, 565, 566; *Engelmeyer*, AG 1996, 193, 207 f.; *Bayer/Wirth*, ZIP 1996, 817, 820 ff.; auch *Heidenhain*, GmbHR 1995, 264, 265, und *Heidenhain*, GmbHR 1995, 566, 567 (Duplik zu *Neye*), der krit. feststellt, dass es auf diese Weise einen registerlich existierenden Rechtsträger gibt, der „vermögens- und subjektlos“ ist. Der gesetzgeberische Wille, die Eintragungen zeitgleich wirksam werden zu lassen, hatte allerdings Vorrang, so dass diese registerliche Schwebezeit hinzunehmen ist.

23) Lutter-*Priester/Lieder*, UmwG, § 137 Rz. 18; Semler/Stengel/Leonard-*Schwanna*, UmwG, § 137 Rz. 19; Schmitt/Hörtnagl-*Hörtnagl*, UmwG/UmwStG, § 137 UmwG Rz. 4, die alle darauf hinweisen, dass bei Spaltungen zur Aufnahme die beteiligten Rechtsträger den Nachweis hingegen selbst erbringen müssen.

24) Kallmeyer-*Zimmermann*, UmwG, § 137 Rz. 23; Lutter-*Priester/Lieder*, UmwG, § 137 Rz. 19; *Fischer* in: NK-UmwG, § 137 Rz. 18; *Nießen* in: KölnKomm-UmwG, § 137 Rz. 38.

25) Lutter-*Priester/Lieder*, UmwG, § 137 Rz. 19.

26) Lutter-*Priester/Lieder*, UmwG, § 137 Rz. 21; *Fischer* in: NK-UmwG, § 137 Rz. 18; *Nießen* in: KölnKomm-UmwG, § 137 Rz. 41.

Rz. 19 [*Lubberich*]), ist es fraglich, inwieweit diese Regelung von Nutzen ist, da die Unterlagen nur zum Wirksamkeitszeitpunkt der Spaltung vorgelegt werden und Änderungen nicht nachvollzogen werden.

21 Abschließender Vorgang ist die Eintragung durch jedes Registergericht bei jedem neuen Rechtsträger gemäß § 137 Abs. 3 Satz 3 **von Amts wegen**. Die Eintragung beinhaltet den **Zeitpunkt** der Eintragung der Spaltung beim übertragenden Rechtsträger. Der Vorläufigkeitsvermerk ist aus dem Register zu löschen.[27)]

V. Bedeutung der Eintragungsreihenfolge

22 Die angeordnete Eintragungsreihenfolge ist **zwingend**, jedoch ist deren Verletzung folgenlos.[28)] Die **Spaltungswirkungen** treten also auch dann ein, wenn die Spaltung eingetragen wird, bevor sämtliche neue Rechtsträger eingetragen sind.[29)] Diese Eintragungen sind nachzuholen (siehe auch näher § 130 Rz. 11 f. [*Lubberich*] zur Situation bei Spaltungen zur Aufnahme, insbesondere mit Kapitalerhöhung).[30)]

VI. Kosten, Rechtsmittel

23 Die **Eintragungskosten** für die Spaltung zur Neugründung weisen keine Besonderheiten gegenüber der Eintragung der Verschmelzung zur Neugründung auf (siehe insoweit § 19 Rz. 24 ff. [*Hoefling*]). Auch für die **Notarkosten** gilt Entsprechendes (siehe § 16 Rz. 24 f. [*Hoefling*]).

24 Wird die **Eintragung einer Spaltung** zur Neugründung abgelehnt, ist die **Beschwerde** zum Landgericht das statthafte Rechtsmittel (§§ 58 FamFG). In nächster Instanz entscheidet das Oberlandesgericht über die Rechtsbeschwerde (§§ 70 ff. FamFG). Gegen die Eintragung ist kein Rechtsmittel vorgesehen.[31)]

27) *Fischer* in: NK-UmwG, § 137 Rz. 19; *Nießen* in: KölnKomm-UmwG, § 137 Rz. 39.

28) Semler/Stengel/Leonard-*Schwanna*, UmwG, § 137 Rz. 22; *Fischer* in: NK-UmwG, § 137 Rz. 20; *Nießen* in: KölnKomm-UmwG, § 137 Rz. 42; Kallmeyer-*Zimmermann*, UmwG, § 137 Rz. 28; Lutter-*Priester/Lieder*, UmwG, § 137 Rz. 20; Schmitt/Hörtnagl-*Hörtnagl*, UmwG/UmwStG, § 137 UmwG Rz. 9.

29) Schmitt/Hörtnagl-*Hörtnagl*, UmwG/UmwStG, § 137 UmwG Rz. 9; Semler/Stengel/Leonard-*Schwanna*, UmwG, § 137 Rz. 22; *Fischer* in: NK-UmwG, § 137 Rz. 20; *Nießen* in: KölnKomm-UmwG, § 137 Rz. 42; Kallmeyer-*Zimmermann*, UmwG, § 137 Rz. 28; Lutter-*Priester/Lieder*, UmwG, § 137 Rz. 20.

30) Semler/Stengel/Leonard-*Schwanna*, UmwG, § 137 Rz. 22; *Fischer* in: NK-UmwG, § 137 Rz. 20; *Nießen* in: KölnKomm-UmwG, § 137 Rz. 42; Kallmeyer-*Zimmermann*, UmwG, § 137 Rz. 28; Lutter-*Priester/Lieder*, UmwG, § 137 Rz. 20; Schmitt/Hörtnagl-*Hörtnagl*, UmwG/UmwStG, § 137 UmwG Rz. 9.

31) Semler/Stengel/Leonard-*Schwanna*, UmwG, § 137 Rz. 23, der darauf verweist, dass ein Rechtsmittel gegen die Eintragung in eine Löschungsanregung nach § 395 FamFG umgedeutet werden kann.

Zweiter Teil
Besondere Vorschriften

Erster Abschnitt
Spaltung unter Beteiligung von Gesellschaften mit beschränkter Haftung

§ 138

Sachgründungsbericht

Ein Sachgründungsbericht (§ 5 Abs. 4 des Gesetzes betreffend die Gesellschaften mit beschränkter Haftung) ist stets erforderlich.

Literatur: *Bayer*, Sonderrechte in der GmbH: Dogmatik und Praxisfragen, GmbHR 2024, 337; *Bayer*, 1000 Tage neues Umwandlungsrecht – eine Zwischenbilanz, ZIP 1997, 1613; *Beckmann/Hoffmannbeck*, Konzernverschmelzungen gem. § 62 UmwG: Mehr Rechtssicherheit jetzt, weitere Erleichterungen in der Zukunft?, NZG 2024, 1589; *Behme/Brühl*, Was ist eine Ausgliederung? – Anwendungsprobleme bei der Ausgliederung aus dem Vermögen eines Einzelkaufmanns nach Inkrafttreten des UmRUG, NZG 2024, 1502; *Berninger*, Aufstieg der UG (haftungsbeschränkt) zur vollwertigen GmbH, GmbHR 2011, 953; *Berninger*, Die Unternehmergesellschaft (haftungsbeschränkt) – Sachkapitalerhöhungsverbot und Umwandlungsrecht, GmbHR 2010, 63; *Bochmann*, Statutarische Gestaltung virtueller Gesellschafterversammlungen nach dem DiREG, in: Festschrift Andreas Heidinger, 2023, S. 37; *Brandi/Schmidt, M. K.*, Die grenzüberschreitende Spaltung nach dem UmRUG, AG 2023, 297; *Bungert/Strothotte*, Die grenzüberschreitende Spaltung nach dem Referentenentwurf des UmRUG, BB 2022, 1411; *Damm*, Die Kapitalerhöhung einer GmbH mit Aufnahme eines ausgegliederten Einzelunternehmens als Sachagio – Zugleich Anmerkung zu OLG Celle (9. Zivilsenat), Beschluss vom 13.6.2024 – 9 W 37/24, BWNotZ 2024, 344; *DNotI*, Einheits-GmbH & Co. KG, Vertretung der KG in der Gesellschafterversammlung der GmbH, Altgesellschaft ohne Regelung im KG-Vertrag, DNotI-Report 2024, 189; *Gasteyer/Weller*, Das Stimmverbot nach § 47 Abs. 4 GmbHG und seine (allzu) differenzierte Anwendung, in: Festschrift Andreas Cahn, 2024, S. 105; *Gröne*, Die Ausgliederung aus dem Vermögen des Einzelkaufmanns auf die GmbH, RNotZ 2022, 293; *Grunewald*, Die Eintragung einer GmbH & Co. KG im Handelsregister vor Eintragung der Komplementär-GmbH, ZIP 2024, 2973; *Grünwald/Becker*, Die Liquidation der Einheits-GmbH & Co. KG unter Auflösung der Einheitsstruktur (Rückübertragungsmodell), notar 2025, 107; *Heckschen*, Differenzhaftung und existenzvernichtender Eingriff bei der Verschmelzung in der Krise, NZG 2019, 561; *Heckschen*, Die GmbH-Gründung 10 Jahre nach MoMiG – Eine Bestandsaufnahme, GmbHR 2018, 1093; *Heckschen/Weitbrecht*, Umwandlung von Einzelunternehmen (Teil II), ZPG 2023, 244; *Heckschen/Weitbrecht*, Umwandlung von Einzelunternehmen (Teil I), ZPG 2023, 211; *Hommelhoff*, Minderheitenschutz bei Umstrukturierungen, ZGR 1993, 452; *Kappenhagen/Wentz*, Vorbereitungsphase grenzüberschreitender Spaltungen – ein Vergleich mit den Vorschriften zu innerstaatlichen Spaltungen, WM 2023, 2113; *Kleinebrink*, Unternehmen, Betrieb oder Firma? (Auch) Eine Strategiefrage, ArbRB 2023, 374; *Lieder*, Eigene Geschäftsanteile im Umwandlungsrecht, GmbHR 2014, 232; *Lieder/Bialluch*, Differenzhaftung und Existenzvernichtungshaftung bei Verschmelzung, ZGR 2019, 760; *Meister*, Die Auswirkungen des MoMiG auf das Umwandlungsrecht, NZG 2008, 767; *Mosch*, Das Ende der Vor-GmbH & Co. KG im Registerrecht?, NZG 2025, 22; *Ortmann*, Die Errichtung der Einheits-GmbH & Co. KG - Aubruch zu neuen Ufern oder alles beim Alten?, NZG 2025, 1665; Perwein, Ist die Ausgliederung des Sachagios umwandlungsrechtlich und umwandlungssteuerlich wirklich am Ende?. NotBZ 2025, 452; Perwein, Barkapitalerhöhung mit Ausgliederung des Sachagois, NotBZ 2025, 24; *Priester*, Eine Lanze für die Differenzhaftung bei Verschmelzung von GmbH, ZIP 2019, 646; *Priester*, Die klassische Ausgliederung – ein Opfer des Umwandlungsgesetzes 1994?, ZHR 163 (1999), 187; *Freiherr v. Proff*, Die Anwachsung als Gestaltungsmodell bei Personengesellschaften, DStR 2016, 2227; *Römermann/Passarge*, Die GmbH & Co. KG ist tot – es lebe die UG & Co. KG!, ZIP 2009, 1497; *Schöne*, Das Aktienrecht als „Maß aller Dinge" im neuen Umwandlungsrecht?, GmbHR 1995, 325; *Schöne*, Die Spaltung unter Beteiligung von GmbH, 1998; *Schwedhelm/Streck/Mack*, Die Spaltung unter Beteiligung der GmbH nach neuem Umwandlungsrecht, GmbHR 1995, 7; *Staake*, Eintragung einer Vor-GmbH als Komplementärin – Alles anders nach dem MoPeG?, RFamU 2024, 503; *Stiegler*, Beschlussfassung per App, GmbHR 2023, R290; *Teichmann*, Vinkulierte Gesellschaftsanteile im Vermögen zu spaltender Rechtsträger, GmbHR 2014, 393; *Teichmann*, Die Spaltung von Rechtsträgern als Akt der Vermögensübertragung, ZGR 1993, 396; *Weinmann*, Die gesellschafterlose GmbH, RFamU 2024, 293; *Wicke*, Sanierungsfusion und Existenzvernichtungshaftung, DNotZ 2019, 405; *Wicke*, Gründungserleichterungen als zentrales Reformanliegen, GmbHR 2018, 1105; *Woinar*, Abgesang auf die Ausgliederung als Sachagio, NotBZ 2025, 369; *Zell*, Die Stellung der Kommanditisten in der Einheitsgesellschaft – wo § 170 II HGB zu kurz greift, NZG 2024, 1693.

Übersicht

I. Die Spaltung unter Beteiligung von GmbH

1 Im ersten Abschnitt des besonderen Spaltungsrechts werden in den §§ **138–140** spezielle Vorgaben für die „Spaltung unter Beteiligung von Gesellschaften mit beschränkter Haftung" statuiert. Diese Normen befassen sich mit gesonderten Kapitalschutzthemen, wenn an einer Spaltung eine GmbH als übertragender oder übernehmender Rechtsträger beteiligt ist; sie dienen damit letztlich dem **Schutz der Gesellschaftsgläubiger.**[1]

1. Rechtspraxis

2 In der Praxis besitzt die Spaltung unter Beteiligung von GmbHs eine im Vergleich zur Spaltung unter Beteiligung anderer Rechtsformen sehr **große Bedeutung**. Dies liegt neben der rein faktischen Anzahl an existierenden GmbHs vor allem an deren Verwendung in Konzernkonstellationen. Aufgrund der Weisungsmacht der/des GmbH-Gesellschafter(s) stellt dabei vor allem die Ausgliederung typischerweise eine Art der **Konzernbildung** mit dem übertragenden Rechtsträger als herrschende und der GmbH als übernehmende, abhängige Gesellschaft dar.[2] Aber auch die anderen in § 123 zur Verfügung

1) Vgl. *Brellochs* in: BeckOGK-UmwG, § 138 Rz. 1.
2) So bereits *Hommelhoff*, ZGR 1993, 452, 456.

gestellten Spaltungsarten entsprechen den jeweils praktischen Bedürfnissen nach unternehmerischen Umstrukturierungsmöglichkeiten. So beschäftigt seit einiger Zeit vor allem die Ausgliederung des Vermögens eines Einzelunternehmens (vgl. § 152) auf eine GmbH vermehrt die Gerichte,[3] was durch die mit dem UmRUG[4] einhergehende Änderung des § 125 Abs. 1 Satz 1 Nr. 4 in Bezug auf die nur noch partielle Nicht-Geltung des § 54 Abs. 1 verstärkt wurde.

2. Regelungssystematik

Neben den ggf. verdrängenden Spezialvorschriften der §§ 138–140 kommen die allgemeinen spaltungsrechtlichen Bestimmungen der **§§ 123 ff.** zur Anwendung. Insbesondere stehen einer GmbH daher die verschiedenen Spaltungsarten des § 123 Abs. 1–3 (Aufspaltung, Abspaltung, Ausgliederung) einschränkungslos zur Verfügung und die GmbH ist – stückweise abgesehen von der UG (haftungsbeschränkt) als Sonderform – vollumfänglich spaltungsfähiger Rechtsträger (vgl. § 124 Abs. 1 i. V. m. § 3 Abs. 1). Auch eine bereits aufgelöste, aber noch fortsetzungsfähige GmbH ist spaltungsfähig (vgl. § 124 Abs. 2 i. V. m. § 3 Abs. 3). 3

Darüber hinaus gelten aufgrund der Verweisung des § 125 Abs. 1 Satz 1 die besonderen Vorschriften für die GmbH als an einer Verschmelzung beteiligtem Rechtsträger (**§§ 46–59)** für die Spaltung unter Beteiligung von GmbHs **„entsprechend"**. Eine entsprechende Anwendung bedeutet in diesem Zusammenhang, dass die verschmelzungsrechtlichen Vorschriften nur insoweit zur Anwendung kommen, wie nicht **spaltungsbedingte Besonderheiten** im Vergleich zur Verschmelzung dem entgegenstehen.[5] Zudem bedeutet es, dass die jeweiligen verschmelzungsrechtlichen Vorschriften zweck- und damit ggf. inhaltsbezogen auf die Umwandlungsart der Spaltung anzupassen sind. Obgleich teilweise so bezeichnet,[6] handelt es sich daher gerade weniger um eine Rechtsgrundverweisung als um eine gesetzesimmanente **Rechtsanalogie.**[7] 4

Schließlich sind bei einer Spaltung zur Aufnahme die Kapitalerhöhungsbestimmungen des **GmbHG** (vgl. §§ 55 ff. GmbHG)[8] sowie bei einer Spaltung zur Neugründung einer GmbH die Gründungsvorschriften des GmbHG zu beachten.[9] Bei der Ausgliederung zur Aufnahme kommen jedoch ggf. die Erleichterungen nach § 125 Abs. 1 Satz 1 Nr. 4 i. V. m. § 54 Abs. 1 Satz 2, 3 zum Tragen (siehe auch Rz. 12). 5

3. Spaltung unter Beteiligung einer UG (haftungsbeschränkt)

Da die UG (haftungsbeschränkt) „nur" eine Unter- bzw. Sonderform der GmbH und insofern keine eigenständige Gesellschaftsform ist, ist sie im UmwG auch nicht gesondert als spaltungsfähiger Rechtsträger genannt, was indes zunächst nicht deren Umwandlungsfähigkeit als solche einschränkt (siehe auch § 1 Rz. 18 [*Stiegler*]).[10] Davon abweichend ist 6

---

3) S. OLG Celle, Beschl. v. 13.6.2024 – 9 W 37/24, ZIP 2024, 1662; OLG Naumburg, Beschl. v. 9.12.2022 – 12 Wx 34/22, GmbHR 2023, 619; BGH, Urt. v. 2.7.2021 – V ZR 201/20, ZIP 2021, 1965.

4) Gesetz zur Umsetzung der Umwandlungsrichtlinie und zur Änderung weiterer Gesetze (UmRUG), v. 22.2.2023, BGBl. I 2023, Nr. 51.

5) Vgl. Lutter-*Lieder*, UmwG, § 125 Rz. 2.

6) So *Schöne*, Die Spaltung unter Beteiligung von GmbH, S. 199; *Kleinebrink*, ArbRB 2023, 374, 377.

7) Wenngleich in anderem Kontext aufschlussreich auch die diesbezügliche Differenzierung zwischen einer Rechtsgrundverweisung und einer entsprechenden Anwendung („Rechtsanalogie") in Begr. RegE MoPeG, BT-Drucks. 19/27635, S. 222.

8) Ausnahme: § 55 Abs. 1 GmbHG (vgl. § 125 Abs. 1 Satz 1)

9) *Brellochs* in: BeckOGK-UmwG, § 138 Rz. 2.

10) Vgl. nur Lutter-*Drygala*, UmwG, § 1 Rz. 50.

allerdings eine **Spaltung zur Neugründung** einer UG (haftungsbeschränkt) nicht möglich.[11] Die Übertragung des Vermögens auf den neuen Rechtsträger würde sich in diesem Fall als Sachgründung darstellen, was zwingend die Aufstellung eines Sachgründungsberichts gemäß § 138 erfordern würde und somit mit dem Sacheinlageverbot des § 5a Abs. 2 Satz 2 GmbHG unvereinbar wäre.[12] Denn bei einer gemäß § 123 Abs. 3 Nr. 2 durch Abspaltung neu gegründeten Gesellschaft erfolgt die Erbringung des Stammkapitals für den neuen Rechtsträger zwingend durch eine Vermögensübertragung des übertragenden Rechtsträgers.[13] Dabei spielt es auch keine Rolle, dass aufgrund der Spaltungsfreiheit nur Barvermögen auf die übernehmende Gesellschaft übertragen werden soll.[14]

7 Bei einer **Spaltung zur Aufnahme** kommt eine UG (haftungsbeschränkt) nur dann als **übernehmender** Rechtsträger in Betracht, wenn eine Auf-/Abspaltung oder eine Ausgliederung ohne Kapitalerhöhung i. S. von § 125 Abs. 1 Satz 1 i. V. m. § 54 erfolgen soll, da andernfalls der Spaltung das Sacheinlageverbot des § 5a Abs. 2 Satz 2 GmbHG entgegensteht.[15] Ist zur Durchführung der Abspaltung eine Kapitalherabsetzung erforderlich (vgl. § 139), scheitert die Spaltung, da eine Kapitalherabsetzung für die UG (haftungsbeschränkt) nicht vorgesehen ist.[16]

8 Die Verwendung einer UG (haftungsbeschränkt) als **übertragender Ausgangsrechtsträger** ist ebenfalls im Grundsatz möglich.[17] Dies soll nach h. M. allerdings nur gelten, sofern nicht eine Kapitalherabsetzung (z. B. nach § 139) erforderlich ist.[18] Hintergrund sei, dass bei Anwendbarkeit des § 139 nach § 58 Abs. 2 Satz 1 GmbHG zwingend das **Mindeststammkapital** von 25.000 € gewahrt bleiben muss, was per Definition bei einer UG (haftungsbeschränkt) ausgeschlossen sein soll.[19] Tatsächlich findet sich diese Einschränkung in Bezug auf die UG (haftungsbeschränkt) allerdings nicht im Wortlaut des § 139 wieder und kann sich auch nicht ohne weiteres hieraus entnehmen lassen. Auch wenn es eine überwiegend theoretische Konstellation sein mag, kann eine UG (haftungsbeschränkt) als übertragende Gesellschaft daher ebenfalls ihr Kapital nach Maßgabe des § 58 GmbHG herabsetzen. Aufgrund der zwingenden gesetzlichen **Thesaurierungspflicht** des § 5a Abs. 3 GmbHG ist eine vereinfachte Kapitalherabsetzung, wie sie § 139 gestattet, aufgrund von § 58a Abs. 2 Satz 1 GmbHG hingegen nicht möglich. Da § 139 Satz 1 aber auch nur von der Möglichkeit der Durchführung der Kapitalherabsetzung im vereinfachten Verfahren und nicht von einer entsprechenden Pflicht spricht (siehe auch § 139 Rz. 6 [*Stiegler*]), schließt dies die Zulässigkeit der Spaltung einer UG (haftungsbeschränkt) als übertragender Rechtsträger unter Herabsetzung deren vereinbarten Stammkapitals nicht aus (natürlich aber nur, sofern das Stammkapital nicht ohnehin schon niedrigstmöglich mit 1 € gewählt wurde). Ist hingegen keine Kapitalherabsetzung erforderlich, kann die

---

11) BGH, Beschl. v. 11.4.2011 • II ZB 9/10, ZIP 2011, 1054; *Lieder/Becker* in: BeckOGK-GmbHG, § 5a Rz. 161; *Heckschen*, GmbHR 2018, 1093, 1102; *Wicke*, GmbHR 2018, 1105, 1111.

12) BGH, Beschl. v. 11.4.2011 • II ZB 9/10, ZIP 2011, 1054; *Berninger*, GmbHR 2011, 953, 961; *Berninger*, GmbHR 2010, 63, 69.

13) OLG Frankfurt/M., Beschl. v. 9.3.2010 – 20 W 7/10, ZIP 2010, 1798.

14) BGH, Beschl. v. 11.4.2011 • II ZB 9/10, ZIP 2011, 1054; *Heckschen*, GmbHR 2018, 1093, 1102 f.

15) *Berninger*, GmbHR 2010, 63, 69; *Lieder/Becker* in: BeckOGK-GmbHG, § 5a Rz. 161; Michalski/Heidinger/Leible/J. Schmidt-*J. Schmidt*, GmbHG, § 5a Rz. 47; Habersack/Casper/Löbbe-*Paura*, GmbHG, § 5a Rz. 68.

16) Habersack/Casper/Löbbe-*Paura*, GmbHG, § 5a Rz. 68.

17) Vgl. nur *Römermann/Passarge*, ZIP 2009, 1497, 1500.

18) *Wicke*, GmbHG, § 5a Rz. 17; *Heckschen* in: Heckschen/Heidinger, Die GmbH in der Gestaltungs- und Beratungspraxis, Kap. 5 Rz. 134; *Höfinghoff* in: KölnHdb.-GesR, Kap. 8 Rz. 1014.

19) So *Mayer/Weiler* in: Beck'sches Notar-Hdb., § 22 Rz. 282; Widmann/Mayer-*Weiler*, UmwR, § 124 UmwG Rz. 63.

UG (haftungsbeschränkt) ohnehin als übertragender Rechtsträger an einer Abspaltung oder Ausgliederung beteiligt sein.[20)]

4. Spaltung einer GmbH & Co. KG

Bei einer GmbH & Co. KG ist die KG als **Personengesellschaft** der maßgebliche Rechtsträger, sodass sich auch die Umwandlungsfähigkeit sowie das anwendbare Umwandlungsrecht hiernach bestimmen; mithin kann die KG gemäß § 124 Abs. 1 i. V. m. § 3 Abs. 1 Nr. 1 sowohl übertragender, übernehmender als auch neuer Rechtsträger einer Spaltung sein.[21)] **Ausgeschlossen** ist einzig die **Ausgliederung** des Vermögens eines Einzelkaufmanns zur Neugründung einer GmbH & Co. KG (vgl. auch § 152 Satz 1), da dies im Ergebnis zur **Errichtung einer Einpersonen-KG führen würde**, was gesetzlich ausgeschlossen ist.[22)] Denkbar ist allerdings die Ausgliederung zur Neugründung nur der Komplementär-GmbH, die sich nachfolgend an einer separat davon gegründeten KG als persönlich haftende Gesellschafterin beteiligt.[23)] Normativ kommen mittels des Verweises in § 125 Abs. 1 Satz 1 in erster Linie die Regelungen der §§ 40–42 entsprechend zur Geltung, wobei § 42 weitgehend das seit dem MoPeG bestehende Verschmelzungsrecht der **§§ 39 ff.** für die GbR zur Anwendung bringt. 9

Denkbar ist ferner, dass die Spaltung **„innerhalb" der GmbH & Co. KG** erfolgt. Hintergrund ist, dass die Komplementär-GmbH sowie die KG als solche eigenständige Rechtsträger und damit dem Grunde nach separat umwandlungsfähig sind, also sich beide jeweils auch als übertragende oder übernehmende Gesellschaft an einer Spaltung zur Aufnahme beteiligen können. In Abhängigkeit von der diesbezüglichen Funktion der GmbH kommen dabei die Regelungen der §§ 138–140 zur Geltung, auf der anderen Seite der KG die bereits genannten (siehe Rz. 9) Verschmelzungsbestimmungen in entsprechender Anwendung. Bei der **Aufspaltung der KG** müsste die Vermögensübertragung neben der GmbH auf einen weiteren Rechtsträger (entweder auf eine „externe" Gesellschaft oder einen Kommanditisten als Rechtsträger i. S. des § 124 Abs. 1 i. V. m. § 3 Abs. 1) erfolgen, da § 123 Abs. 1 eindeutig von mehreren („andere") als übernehmende bzw. neue Rechtsträger spricht.[24)] Zudem würde die KG erlöschen (vgl. § 131 Abs. 1 Nr. 2), sodass u. a. auch die Eigenschaft der GmbH als Komplementärin beendet werden würde. Bei einer sog. Einheits-GmbH & Co. KG (vgl. § 170 Abs. 2 HGB) wäre dies wiederum mit dem Problem behaftet, dass eine eigentlich rechtlich unzulässige „Kein-Personen-GmbH" entstehen würde.[25)] Da in diesem Fall aber die GmbH nicht bereits anfänglich gesellschafterlos war, geht die h. M. nicht von deren sofortiger Zwangsbeendigung aus, sondern die Gesellschaft begibt sich in das Stadium der Auflösung und kann (schnellstmöglich) mittels **Hinzunahme eines neuen Gesellschafters** fortgesetzt werden.[26)] Da bei der **Abspaltung** eines Vermögensteils **der KG** diese sowohl als Rechtsträger erhalten bleibt als auch nur ein übernehmender Rechtsträger erforderlich ist (vgl. § 123 Abs. 2 Nr. 1), kann die Komplementär-GmbH als aufnehmende Gesellschaft in diesem Fall dienen. Bei der GmbH müssen hierbei ggf. die §§ 55 ff. GmbHG beachtet werden (siehe bereits Rz. 5). 10

---

20) *Meister*, NZG 2008, 767, 768; *Verse* in: BeckOGK-UmwG, § 124 Rz. 14.

21) *Brellochs* in: BeckOGK-UmwG, § 138 Rz. 19; *Ihrig* in: Reichert, GmbH & Co. KG, § 54 Rz. 2; *Dremel* in: Hesselmann/Mueller-Thuns, Hdb. GmbH & Co. KG, § 11 Rz. 11.410.

22) Begr. RegE UmwG, BT-Drucks. 12/6699, S. 128; *Brellochs* in: BeckOGK-UmwG, § 138 Rz. 19; *Heckschen/Weitbrecht*, ZPG 2023, 211, 215; Widmann/Mayer-*Mayer*, UmwR, § 152 UmwG Rz. 72.1.

23) *Herwig/Böttcher* in: NK-UmwG, § 152 Rz. 21.

24) Statt vieler Lutter-*Lieder*, UmwG, § 123 Rz. 47.

25) Zur Problematik vgl. auch *Zell*, NZG 2024, 1693, 1700 f.

26) Vgl. OLG Hamburg, Urt. v. 27.7.2023 – 2 U 2/23, GmbHR 2024, 197; *Fleischer* in: MünchKomm-GmbHG, § 1 Rz. 85; *Weinmann*, RFamU 2024, 293, 301.

11 Auch die **Ausgliederung** eines Vermögensteils **der KG** auf die Komplementär-GmbH nach § 123 Abs. 3 ist möglich, obgleich hier verschiedene Besonderheiten zu beachten sind. Zum einen kann es bei der übernehmenden Komplementär-GmbH zur Entstehung eigener Anteile kommen, wobei dann vor allem § 33 GmbHG zu beachten ist, denn das Kapitalerhöhungsverbot des § 54 Abs. 1 Satz 1 Nr. 3 gilt aufgrund § 125 Abs. 1 Satz 1 Nr. 4 gerade nicht.[27] Obwohl inhaltlich einschlägig, gilt deswegen auch § 54 Abs. 1 Satz 1 Nr. 1 nicht, sodass, sofern im Spaltungsvertrag entsprechend bezeichnet, die Komplementär-GmbH im Wege der Gesamtrechtsnachfolge durchaus eigene Anteile erwerben kann, wenn diese von der KG vorher vollständig geleistet wurden.[28] Ebenfalls auf Ebene der Komplementär-GmbH ist bei einer Einheits-GmbH & Co. KG ferner § 170 Abs. 2 HGB zu beachten, sofern gesellschaftsvertraglich nicht Abweichendes bestimmt wurde (siehe auch Rz. 28). Zudem können sich haftungstechnische Fragen dergestalt stellen, dass die Geschäftsführung der Komplementär-GmbH bei erweitertem Verständnis des § 43 Abs. 1 GmbHG auch die Interessen der KG zu berücksichtigen hat,[29] mithin eine Vermögensausgliederung von dieser trotz der Spaltungsfreiheit nicht (schadhaft) willkürlich sein darf. Gegebenenfalls erleichternd ist hingegen bei der KG als übertragender Rechtsträger aufgrund von § 125 Abs. 1 Satz 1 i. V. m. § 42 i. V. m. § 39a dann kein Spaltungsbericht erforderlich, wenn alle Kommanditisten gleichzeitig Geschäftsführer der Komplementär-GmbH sind.[30]

12 Wiederum bei der Komplementär-GmbH erscheint zunächst auch eine **Kapitalerhöhung** nach den Vorgaben der §§ 55 ff. GmbHG erforderlich, da § 123 Abs. 3 auf den ersten Blick zwingend eine Anteilsgewährung als Gegenleistung („gegen Gewährung von Anteilen“) vorsieht.[31] Dies müsste dann auch bei einer Einheits-GmbH & Co. KG gelten. Allerdings ist gemäß § 125 Abs. 1 Satz 1 Nr. 4 i. d. F. des UmRUG nur noch § 54 Abs. 1 Satz 1 bei einer Ausgliederung nicht mehr entsprechend anzuwenden und nicht mehr, wie noch nach altem Recht, die komplette Norm des § 54.[32] Insbesondere besteht nunmehr daher die Möglichkeit von einer Kapitalerhöhung abzusehen, wenn entweder die Voraussetzungen des § 54 Abs. 1 Satz 2 oder des § 54 Abs. 1 Satz 3 vorliegen.[33] Da ein Anteilsverzicht nach § 54 Abs. 1 Satz 3 häufig steuerlich nachteilig ist, wird er praktisch eher nicht erwogen werden.[34] Denkbar ist aber, dass die Komplementär-GmbH neben der KG als Anteilsinhaberin eigene Geschäftsanteile besitzt, die insofern anstelle der Ausgabe neuer Geschäftsanteile zur Anteilsgewährung genutzt werden (vgl. § 54 Abs. 1 Satz 2 Nr. 1). Da entsprechende eigene Anteile bei einer

27) Vgl. zum Verhältnis beider Normen auch *Lieder*, GmbHR 2014, 232, 233.

28) *Roßkopf/Notz* in: MünchKomm-GmbHG, § 33 Rz. 226; wohl auch *Limmer* in: Limmer, Hdb. Unternehmensumwandlung, Kap. 10 Rz. 51; in der Konsequenz wohl auch KG, Beschl. v. 2.12.2025 – 22 W 40/25; in ähnlichem Kontext *Zell*, NZG 2024, 1693, 1700; generell für eine analoge Anwendung des § 33 Abs. 1 GmbHG bei einer Einheits-GmbH & Co. KG Michalski/Heidinger/Leible/J. Schmidt-*Sosnitza*, GmbHG, § 33 Rz. 44.

29) Vgl. BGH, Urt. v. 14.3.2023 – II ZR 162/21, ZIP 2023, 1019.

30) OLG Rostock, Beschl. v. 10.2.2021 – 1 W 37/20, ZIP 2021, 526; Koch-*Kraft*, Personengesellschaftsrecht, § 42 Rz. 6; wohl auch *Heckschen/Weitbrecht*, ZPG 2023, 244, 247; a. A. Schmitt/Hörtnagl-*Missio*, UmwG/UmwStG, § 39a UmwG Rz. 3; Lutter-*Schwab*, UmwG, § 127 Rz. 54a; *Wachter*, GmbHR 2021, 500, 501 (Urteilsanm.).

31) Vgl. OLG Celle, Beschl. v. 13.6.2024 – 9 W 37/24, ZIP 2024, 1662; Wohl auch OLG Köln, Beschl. v. 22.1.2020 – I-18 Wx 22/19, ZIP 2020, 556 – zur Verschmelzung; krit. in Bezug auf die Anteilsgewährungspflicht *Behme/Brühl*, NZG 2024, 1502, 1504; zust. hingegen *Damm*, BWNotZ 2024, 344, 346; in diesem Sinne auch *Genc/Hirsch*, GmbHR 2024, 972, 974 (Urteilsanm.); *Heckschen/Weitbrecht*, ZPG 2023, 244, 246; für die Möglichkeit eines ausdrücklichen Verzichts auf die ausgliederungsbedingte Anteilsgewährung Perwein, NotBZ 2025, 24, 26.

32) *Verse* in: BeckOGK-UmwG, § 125 Rz. 58; Lutter-*Lieder*, UmwG, § 125 Rz. 66; *Heckschen/Weitbrecht*, ZPG 2023, 244, 246 f.; *Fischer* in: NK-UmwG, § 125 Rz. 4; vgl. auch Begr. RegE UmRUG, BT-Drucks. 20/3822, S. 82 f.

33) *Behme/Brühl*, NZG 2024, 1502, 1504; Lutter-*Lieder*, UmwG, § 125 Rz. 64; *Genc/Hirsch*, GmbHR 2024, 972, 973 (Urteilsanm.).

34) Vgl. *Behme/Brühl*, NZG 2024, 1502, 1504; *Gröne*, RNotZ 2022, 293, 300 f.

Komplementär-GmbH jedoch eher selten sein werden, scheint vielmehr § 54 Abs. 1 Satz 2 Nr. 2 die passende Gestaltung bei einer Einheits-GmbH & Co. KG zu sein. Da § 54 Abs. 1 Satz 2 Nr. 2 zunächst eine verschmelzungsspezifische Situation betrifft, sog. Downstream Merger, (siehe auch § 54 Rz. 16 [*Otte*]), wird angenommen, dass die Norm für eine Ausgliederung nicht passend sei und nicht ohne weiteres die Entbehrlichkeit einer Kapitalerhöhung bei der aufnehmenden GmbH begründen könne.[35] Eine entsprechende Einschränkung gibt der – auch auf eine Ausgliederung übertragene – Wortlaut indes nicht wirklich her. Denn als einzige Einschränkung ist dort genannt, dass die Einlagen auf die gehaltenen Anteile bereits vollständig eingezahlt wurden. Um daher bei einer Einheits-GmbH & Co. KG trotzdem eine Kapitalerhöhungspflicht bei der aufnehmenden Komplementär-GmbH einer Ausgliederung annehmen zu können, müsste man entweder § 125 Abs. 1 Satz 1 Nr. 4 analog auch auf § 54 Abs. 1 Satz 2 Nr. 2 erstrecken oder die Norm innerhalb der grundsätzlichen Geltung auf null teleologisch reduzieren. Ob eine solche vollständige Reduktion rechtsmethodisch zulässig ist, kann hier bezweifelt und dem Gesetzgeber insofern kaum Planwidrigkeit unterstellt werden.[36] Das gleiche Argument lässt sich letztlich auch in Bezug auf eine Analogie des neuen § 125 Abs. 1 Satz 1 Nr. 4 vorbringen: Der Gesetzgeber hat sich i. R. des UmRUG explizit Gedanken über die Einschränkung der Norm gemacht, sodass unterstellt werden kann, dass er auch diesen speziellen Fall der Ausgliederung vor Augen hatte. Die einschlägige Möglichkeit **von einer Kapitalerhöhung** bei der Komplementär-GmbH **abzusehen**, kommt daher zum Tragen.[37] Auch Aspekte des **Gläubigerschutzes** stehen dem nicht zwingend entgegen, da die Gläubiger lediglich in ihrem Vertrauen darauf geschützt werden sollen, dass der GmbH bei einer Kapitalerhöhung das ausgewiesene Stammkapital zugeführt wird.[38] Auch die §§ 138 ff. gebieten keine abweichende Sichtweise. Die entsprechende Entbehrlichkeit einer Kapitalerhöhung ist aus praktischer Sicht dabei umso bedeutender, da der BGH erst vor kurzem bestimmt hat, dass sich der Geschäftswert für die Beurkundung eines spaltungsbedingten Kapitalerhöhungsbeschlusses bei einer GmbH nicht am Nominalwert, sondern am wirtschaftlichen Wert der Geschäftsanteile bemisst.[39)]

Ist die **Komplementär-GmbH übertragender Rechtsträger** auf die KG als übernehmende Gesellschaft, bestehen ebenfalls die genannten Grundkonstellationen. Bei einer **Aufspaltung** der Komplementär-GmbH u. a. auf die KG (und ggf. auf den einen oder mehrere Kommanditisten) würde die GmbH erlöschen (vgl. § 131 Abs. 1 Nr. 2). Dies wäre nur möglich, wenn die KG entweder bereits eine weitere Komplementärin besitzt oder gleichzeitig bzw. innerhalb einer kurzen Übergangsfrist solch eine neue installiert. Bei der **Abspaltung** eines Teilvermögens der Komplementär-GmbH ist zudem § 139 zu beachten; gleiches gilt für die Sonderbestimmung des § 140 bei einer übertragenden GmbH. Schließlich besteht die Möglichkeit der Vermögens**ausgliederung** der Komplementär-GmbH auf die KG. Auch hier sind §§ 139 f. zu berücksichtigen. Bei einer Einheits-GmbH & Co. KG ist zudem jeweils die besondere Regelung des § 170 Abs. 2 HGB zu beachten (siehe bereits Rz. 11). 13

Unabhängig vom Vorliegen einer Einheits-GmbH & Co. KG wird man sich in der Praxis eher einer **Anwachsung** nach § 712a Abs. 1 BGB bedienen, da diese (sowie § 712 BGB) auch für die (GmbH & Co.) KG gelten.[40] Mit der Anwachsung des Vermögens auf die 14

35) So *Behme/Brühl*, NZG 2024, 1502, 1504 (Fn. 17); wohl auch *Verse* in: BeckOGK-UmwG, § 125 Rz. 58.

36) Vgl. allg. *Möllers*, Juristische Methodenlehre, § 5 Rz. 53.

37) Mangels Erwähnung wohl auch Widmann/Mayer-*Mayer*, UmwR, § 125 UmwG Rz. 82.

38) Vgl. allg. nur Michalski/Heidinger/Leible/J. Schmidt-*Leitzen*, GmbHG, § 5 Rz. 8.

39) Vgl. BGH, Beschl. v. 23.7.2024 – II ZB 3/24, AG 2024, 782.

40) Vgl. Koch-*Könen*, Personengesellschaftsrecht, § 712 BGB Rz. 3; Staub-*Schäfer*, HGB, § 130 Rz. 41.

Komplementär-GmbH kann dabei erreicht werden, dass das Vermögen der KG liquidationslos mit Ausscheiden des (letzten) Kommanditisten auf die GmbH als einzig verbliebene Gesellschafterin ipso iure im Wege der Gesamtrechtsnachfolge übergeht.[41] Eine Spaltung der KG ist sodann allerdings gemäß § 125 Abs. 1 Satz 1 i. V. m. § 42 i. V. m. § 39 ausgeschlossen (siehe auch § 1 Rz. 38 [*Stiegler*]).[42] Vorteil dieser Anwachsungsvariante ist, dass es keines Übernahmevertrags oder -erklärung bedarf und auch die umwandlungsrechtlichen Schutzbestimmungen nicht zur Anwendung kommen, was die Anwachsung regelmäßig zeit- und kostengünstiger im Vergleich z. B. zur Spaltung macht.[43]

5. Besonderheiten der Spaltung unter Beteiligung einer GmbH

15 Zunächst ist, wie auch generell, die Spaltung (Auf-, Abspaltung, Ausgliederung) unter Beteiligung einer GmbH als übertragender oder übernehmender (aufnehmender) Rechtsträger ein Akt der Vermögensübertragung.[44] Eine **Vor-GmbH** muss spätestens bei Wirksamwerden der Spaltung das Stadium der vollwertigen (eingetragenen) Gesellschaft erreicht haben.[45] Unabhängig davon, ob die Verwendung bereits einer Vor-GmbH z. B. als Komplementärin einer KG möglich ist,[46] ergibt sich dies schon daraus, dass die Aufzählung der spaltungsfähigen Rechtsträger gemäß § 124 Abs. 1 i. V. m. § 3 Abs. 1 abschließend ist und die Vor-GmbH, losgelöst davon, ob man sie als Gesellschaft sui generis oder bereits selbst als juristische Person charakterisiert,[47] nicht genannt ist.

16 Die Ähnlichkeit mit der Verschmelzung rechtfertigt es, dass aufgrund des allgemeinen Verweises in § 125 Abs. 1 Satz 1 für die Spaltung unter Beteiligung einer GmbH weitgehend das diesbezügliche **Verschmelzungsrecht der §§ 46–59** entsprechend zur Anwendung kommt. Die Gesetzesbegründung spricht hierbei die Geltung verschiedener Normen explizit an. So soll z. B. die Unterrichtung der Gesellschafter einer sich spaltenden GmbH dem Recht der Verschmelzung nach § 47 entsprechen.[48] Ebenfalls soll nach § 48 eine Prüfung der Auf- und Abspaltung einer GmbH durch unabhängige Spaltungsprüfer bestehen, sofern ein Gesellschafter dies verlangt.[49] Auch die rechtstechnischen Fragen, die durch die Vorschriften des GmbH-Rechts über die Höhe der Gesellschaftsanteile auftreten können, müssen bei der Spaltung ebenso wie bei der Verschmelzung gelöst werden.[50] Schließlich sollen die Verschmelzungsvorschriften der §§ 52–55, die die Anmeldung und Eintragung sowie den Schutz Dritter betreffen, auch für die Spaltung unter Beteiligung von GmbHs gelten, da auch insoweit keine Unterschiede in den Interessenla-

41) Vgl. nur *Freiherr v. Proff*, DStR 2016, 2227.

42) Vgl. allg. auch *Burg/Nordhues* in: NK-UmwG, § 39 Rz. 10.

43) Vgl. auch *Lieder* in: MünchHdb. GesR, Bd. 8, § 3 Rz. 19.

44) Vgl. *Teichmann*, ZGR 1993, 396.

45) *Bärwaldt/Wisniewski* in: BeckHdb. Personengesellschaften, § 25 Rz. 436; *Höfinghoff* in: KölnHdb.-GesR, Kap. 8 Rz. 1016.

46) Dies abl. OLG Brandenburg, Beschl. v. 10.7.2024 – 7 W 41/24, GmbHR 2024, 1089; zust. *Schulteis*, GWR 2024, 404 (Urteilsanm.); wohl auch *Grünwald/Becker*, notar 2025, 107; zu Recht a. A. *Fröhleke/Seidel*, GmbHR 2024, 1090, 1091 f. (Urteilsanm.); *Staake*, RFamU 2024, 503, 508; *Alm*, ZPG 2024, 420, 422 (Urteilsanm.); *Grunewald*, ZIP 2024, 2973, 2974; *Mosch*, NZG 2025, 22, 24; *Ortmann*, NZG 2025, 1665, 1671.

47) Für letzteres insb. K. Schmidt/Lutter-*Drygala*, AktG, § 41 Rz. 5; *Staake*, RFamU 2024, 503, 508; a. A. die h. M., vgl. statt vieler *Koch*, AktG, § 41 Rz. 4; in Bezug auf die Entscheidung des OLG Brandenburg wohl auch *Alm*, ZPG 2024, 420, 421 (Urteilsanm.).

48) Begr. Fraktionsentwurf UmwBerG, BT-Drucks. 12/6699, S. 124.

49) Begr. Fraktionsentwurf UmwBerG, BT-Drucks. 12/6699, S. 124.

50) Begr. Fraktionsentwurf UmwBerG, BT-Drucks. 12/6699, S. 124.

gen der Beteiligten bestehen.[51] Diese Bestimmungen werden jeweils durch die §§ 138 ff. ergänzt und ggf. verdrängt, wo **spaltungsspezifische Besonderheiten** geboten sind.[52]

Die Geltung des GmbH-Verschmelzungsrechts ist allerdings nicht absolut. Vielmehr bestehen verschiedene Ein- bzw. **Beschränkungen**, die sich vor allem aus der Natur der Spaltung unter Beteiligung von GmbHs im Vergleich zur Verschmelzung ergeben. So findet bspw. § 59 Satz 2 im Fall der Ausgliederung zur Neugründung keine Anwendung.[53] Auch die in § 54 Abs. 1 Satz 1 normierten umwandlungsrechtlichen Kapitalerhöhungsverbote finden gemäß § 125 Abs. 1 Satz 1 Nr. 4 keine Anwendung (siehe bereits Rz. 12).[54] Etwaige Kapitalerhöhungsverbote des GmbHG sind hingegen zu beachten.[55] Zudem ist § 51 Abs. 1 Satz 3 wegen des Fortbestands des übertragenden Rechtsträgers bei der Abspaltung zweckbezogen nicht anwendbar.[56] 17

In Abhängigkeit davon, in welcher Funktion eine GmbH bei einer Spaltung fungiert, kommt zudem das einschlägige **GmbH-Recht** zur Geltung und ist insofern zu beachten. Ist die GmbH aufnehmender oder neuer Rechtsträger, handelt es sich bei der Kapitalaufbringung oder ggf. -erhöhung um eine solche gegen **Sacheinlage**, wobei Gegenstand der Sacheinlage der Teil des abgespaltenen Vermögens ist. Die Einlagepflicht wird dann erfüllt durch die Übertragung des abzuspaltenden Vermögens der übertragenden auf die aufnehmende bzw. neue GmbH. Bei der Spaltung zur Neugründung einer GmbH ist daher aufgrund des Verweises in § 135 Abs. 2 Satz 1 entsprechend das GmbH-Gründungsrecht weitgehend anzuwenden, was insbesondere auch das Kapitalaufbringungsrecht umfasst.[57] Das Kapitalerhöhungsrecht kommt größtenteils[58] dann zur Anwendung, wenn die aufnehmende GmbH ihr Kapital im Zuge der Spaltung erhöht.[59] Kostenrechtlich ist hierbei zu beachten, dass sich der Geschäftswert für die Beurkundung des entsprechenden Kapitalerhöhungsbeschlusses nicht am Nominalwert, sondern am wirtschaftlichen Wert der Geschäftsanteile bemisst.[60] Aspekte der Kapitalerhaltung sind hingegen Fragen einer GmbH als übertragenden Rechtsträger und daher überwiegend bei § 139 zu verorten (siehe auch § 139 Rz. 1 f. [*Stiegler*]).[61] Dort sind dann aber die einschlägigen §§ 30 f. GmbHG zu beachten, da auch im Zuge einer Spaltung nicht in das „allgemeine[s] Organisationsrecht" einer GmbH eingegriffen werden darf.[62] Vor allem bei der Vermögensausgliederung auf eine bestehende GmbH müssen aber ggf. die Vorgaben für das Entstehen von eigenen Anteilen (vgl. § 33 GmbHG) beachtet werden (siehe bereits Rz. 11). 18

a) Spaltungs- und Übernahmevertrag bzw. Spaltungsplan

Ganz allgemein gelten hinsichtlich der Erstellung des Spaltungs- und Übernahmevertrags bzw. des Spaltungsplans bei der Spaltung von GmbHs grundsätzlich zunächst keine Be- 19

51) Begr. Fraktionsentwurf UmwBerG, BT-Drucks. 12/6699, S. 124.
52) *Verse* in: BeckOGK-UmwG, § 125 Rz. 26.
53) Zu den Gründen *Verse* in: BeckOGK-UmwG, § 125 Rz. 62; Kallmeyer-*Sickinger/Lanfermann*, UmwG, § 125 Rz. 65.
54) Zu den Gründen Lutter-*Lieder*, UmwG, § 125 Rz. 63; *Verse* in: BeckOGK-UmwG, § 125 Rz. 57.
55) Lutter-*Lieder*, UmwG, § 125 Rz. 63; *Verse* in: BeckOGK-UmwG, § 125 Rz. 57.1.
56) *Verse* in: BeckOGK-UmwG, § 125 Rz. 27; Kallmeyer-*Sickinger/Lanfermann*, UmwG, § 125 Rz. 53.
57) Vgl. BayObLG, Beschl. v. 10.12.1998 – 3Z BR 237/98, ZIP 1999, 968.
58) Für Ausnahme vgl. § 125 Abs. 1 Satz 1 i. V. m. § 55 Abs. 1.
59) Zur Entbehrlichkeit der Kapitalerhöhung vgl. § 125 Abs. 1 Satz 1 i. V. m. § 54 Abs. 1 Satz 2, 3.
60) BGH, Beschl. v. 23.7.2024 – II ZB 3/24, AG 2024, 782.
61) *Schöne*, Die Spaltung unter Beteiligung von GmbH, S. 65.
62) Begr. Fraktionsentwurf UmwBerG, BT-Drucks. 12/6699, S. 124.

sonderheiten.[63] Insbesondere sind daher auch eine nicht-verhältniswahrende Spaltung und sogar eine sog. Spaltung zu null zulässig.[64] Die **Zuständigkeit** für die Erstellung und den Abschluss des Spaltungs- und Übernahmevertrags bzw. des Spaltungsplans liegt bei der GmbH-Geschäftsführung als Vertretungsorgan der Gesellschaft.[65]

20 Aufgrund der allgemeinen Verweisungsnorm des § 125 Abs. 1 Satz 1 ist bei der inhaltlichen Ausgestaltung des Spaltungs- und Übernahmevertrags bzw. des Spaltungsplans ergänzend zum generellen Mindestinhalt des § 126 Abs. 1 die Norm des **§ 46 zu beachten.**[66] Im Spaltungs- bzw. Übernahmevertrag muss daher insbesondere für die Anteilsinhaber des übertragenden Rechtsträgers der Nennbetrag der Geschäftsanteile bestimmt werden, die sie in der übernehmenden GmbH erhalten sollen. Für eine Spaltung zur Neugründung einer GmbH gilt dies entsprechend.[67] Vor allem aufgrund der Regelung des § 126 Abs. 1 Nr. 10 sollen die Anforderungen des § 46 zudem bei einer übertragenden GmbH zu beachten sein;[68] mithin käme bei einer Spaltung, wo alle beteiligten Rechtsträger jeweils GmbHs sind, § 46 eine allumfassende Bedeutung zu. Bei der Ausgliederung tritt für die Anwendung dieser Vorschrift der übertragende Rechtsträger an die Stelle von dessen Anteilsinhabern.[69]

21 Bei der Spaltung zur Neugründung unter Beteiligung einer GmbH tritt sprachlich an die Stelle des Spaltungs- und Übernahmevertrags der **Spaltungsplan** (§ 136 Satz 2). Da es sich beim Spaltungsplan abweichend zum Spaltungs- und Übernahmevertrag um eine einseitige, nicht empfangsbedürftige Willenserklärung handelt,[70] kann er grundsätzlich bis zur Eintragung der Spaltung im Register des übertragenden Rechtsträgers auch widerrufen oder abgeändert werden.[71]

b) Spaltungsbericht

22 Für GmbHs als beteiligte Rechtsträger an einer Spaltung sehen die §§ 138 – 140 keine Besonderheiten vor. Es gilt daher vollumfänglich die einschlägige Norm des § 127, sodass grundsätzlich die Erstellung eines Spaltungsberichts bei der GmbH als übertragender oder übernehmender Rechtsträger erforderlich ist.[72] Da § 127 Satz 2 u. a. auf § 8 Abs. 3 verweist, kann aber auch auf die Erstellung des Spaltungsberichts durch notarielle Verzichtserklärung **verzichtet** werden (vgl. § 8 Abs. 3 Satz 1, 2) und u. U. ist die Erstellung des Spaltungsberichts für alle oder eine der beteiligten GmbHs **entbehrlich**. Die im Zuge des UmRUG zusätzlich eingefügte Entbehrlichkeit des Berichts nach § 8 Abs. 3 Satz 3 Nr. 2 für nur einen an der Umwandlung beteiligten Rechtsträger, der nur einen (rechtlichen) Anteilsinhaber besitzt, gilt somit ebenfalls für die Spaltung, wodurch vor allem Konzern-

---

63) *Limmer* in: Limmer, Hdb. Unternehmensumwandlung, Kap. 6 Rz. 44.

64) OLG München, Beschl. v. 10.7.2013 – 31 Wx 131/13, ZIP 2013, 1468; LG Konstanz, Beschl. v. 13.2.1998 – 1 HTH 6/97, ZIP 1998, 1226; LG Essen, Beschl. v. 15.3.2002 – 42 T 1/02, ZIP 2002, 893.

65) *Brellochs* in: BeckOGK-UmwG, § 138 Rz. 5.

66) *Brellochs* in: BeckOGK-UmwG, § 138 Rz. 5; Lutter-*Priester/Lieder*, UmwG, Einf. vor § 138 Rz. 3; Widmann/Mayer-*Mayer*, UmwR, Vor §§ 138 – 140 UmwG Rz. 4.

67) Lutter-*Priester/Lieder*, UmwG, § 136 Rz. 9; Widmann/Mayer-*Mayer*, UmwR, Vor §§ 138 – 140 UmwG Rz. 4; Schmitt/Hörtnagl/*Hörtnagl*, UmwG/UmwStG, Vor zu §§ 138 – 140 UmwG Rz. 2.

68) Schmitt/Hörtnagl/*Hörtnagl*, UmwG/UmwStG, Vor zu §§ 138 – 140 UmwG Rz. 3.

69) Kallmeyer-*Sickinger*, UmwG, § 125 Rz. 50a.

70) Vgl. nur *Fischer* in: NK-UmwG, § 136 Rz. 2.

71) *Niessen* in: KölnKomm-UmwG, § 136 Rz. 9a; Semler/Stengel/Leonard-*Schröer/Greitemann*, UmwG, § 136 Rz. 8.

72) *Brellochs* in: BeckOGK-UmwG, § 138 Rz. 6; Lutter-*Priester/Lieder*, UmwG, Einf. vor § 138 Rz. 4; Widmann/Mayer-*Mayer*, UmwR, Vor §§ 138 – 140 UmwG Rz. 5.

spaltungen weiter erleichtert werden (siehe auch § 127 Rz. 35 [*Wentz*]).[73] Aufgrund von § 127 Satz 2 Halbs. 2 erlangt für die Aufspaltung hingegen § 8 Abs. 3 Satz 3 Nr. 1 lit. a keine Geltung. Hintergrund ist, dass es bei einer Aufspaltung zwangsweise mindestens zwei übernehmende Rechtsträger geben muss.[74] Bei einer Abspaltung und Ausgliederung ist die für Konzernsachverhalte bestehende Ausnahme des § 8 Abs. 3 Satz 3 Nr. 1 lit. a hingegen anwendbar (vgl. § 127 Satz 2 Halbs. 1). Denkbar wäre dies z. B. bei der Ausgliederung eines Teilvermögens einer Komplementär-GmbH auf die Kommanditgesellschaft bei einer Einheits-GmbH & Co. KG.

23 Sowohl bei der Verschmelzung als auch darauf aufbauend bei der Spaltung unter Beteiligung einer GmbH wird seit langem diskutiert, ob neben der Entbehrlichkeit des Berichts nach (§ 127 Satz 2 i. V. m.) § 8 Abs. 3 Satz 3 zusätzlich der nunmehrige **§ 39a analog** (ehemals § 41) zur Anwendung kommen kann,[75] also ein Spaltungsbericht bei einer beteiligten GmbH dann nicht erforderlich wäre, wenn alle deren Gesellschafter gleichzeitig geschäftsführungsbefugt sind.[76] Das OLG Rostock schloss sich in einer Entscheidung aus dem Jahr 2021 jedoch der anderen (leicht überwiegenden) Meinung[77] an.[78] § 39a kommt daher auch bei der Spaltung einer GmbH **nicht** analog zur Anwendung. Argumentativ lässt sich dieses Ergebnis zudem dadurch untermauern, dass der Gesetzgeber im Zuge des UmRUG mit dem anwendbaren neuen § 8 Abs. 3 Satz 3 Nr. 2 gerade eine weitere Möglichkeit der Entbehrlichkeit des Berichts geschaffen hat, die gerade auch personalistisch-strukturierte GmbHs umfasst.[79] Planwidrigkeit als Analogievoraussetzung mag man damit nur schwer bejahen können. Vollends Klarheit vermag letztlich aber wohl nur eine diesbezüglich einschlägige BGH-Entscheidung bringen; bis dahin ist aus praktischer Sicht sicherheitshalber der Entscheidung des **OLG Rostock** zu folgen. Dieses entschied aber gleichsam, dass davon abweichend bei einer **GmbH & Co. KG** als übertragender Rechtsträger auf Ebene der KG aufgrund von (§ 125 Abs. 1 Satz 1 i. V. m.) § 42 i. V. m. § 39a dann kein Bericht erforderlich ist, wenn alle Kommanditisten gleichzeitig Geschäftsführer der Komplementär-GmbH sind (siehe oben Rz. 11).[80]

c) Spaltungsprüfung

24 Zunächst gilt für Aspekte der Spaltungsprüfung einer GmbH, also der Prüfung des Spaltungs- und Übernahmevertrags durch einen unabhängigen Prüfer, das allgemeine Spaltungsrecht; es gilt also aufgrund der Verweisung des § 125 Abs. 1 Satz 1 weitgehend das Verschmelzungsrecht der **§§ 9–12**.[81] Gleichwohl enthält § 125 Abs. 1 selbst verschiedene Ausnahmen hiervon, die auch für eine beteiligte GmbH gelten: So ist bei einer **Ausgliederung** mangels Anteilstausch generell keine Spaltungsprüfung erforderlich (vgl.

73) Zum entsprechenden Zweck der Norm vgl. Begr. RegE UmRUG, BT-Drucks. 20/3822, S. 69.

74) Lutter-*Schwab*, UmwG, § 127 Rz. 53.

75) Für eine analoge Anwendung bei der GmbH-Verschmelzung *Fromholzer* in: BeckOGK-UmwG, § 8 Rz. 167; Lutter-*Drygala*, UmwG, § 8 Rz. 58; Semler/Stengel/Leonard-*Gehrlein*, UmwG, § 8 Rz. 75; Kallmeyer-*Oppenhoff*, UmwG, § 8 Rz. 41; *Goslar/Böttcher* in: NK-UmwG, § 8 Rz. 44.

76) So Henssler/Strohn-*Galla/Cé. Müller*, GesR, § 127 UmwG Rz. 12; *Schöne*, Die Spaltung unter Beteiligung von GmbH, S. 362; *Klaaßen-Kaiser* in: MünchHdb. GesR, Bd. 8, § 23 Rz. 42.

77) S. *Schollmeyer* in: BeckOGK-UmwG, § 39a Rz. 5; *Erkens* in: KölnKomm-UmwG, § 8 Rz. 65; *Dauner-Lieb/Tettinger* in: KölnKomm-UmwG, § 39a Rz. 4; Lutter-*Schmidt*, UmwG, § 39a Rz. 3; Koch-*Kraft*, PersonengesellschaftsR, § 39a UmwG Rz. 3; zu § 41 bereits *Bayer*, ZIP 1997, 1613, 1620.

78) OLG Rostock, Beschl. v. 10.2.2021 – 1 W 37/20, ZIP 2021, 526 – zur Verschmelzung.

79) Dies gilt auch trotz des eigentlichen Zuschnitts der Norm auf Konzernkonstellationen, vgl. Henssler/Strohn-*Heidinger/Knaier*, GesR, § 8 UmwG Rz. 22.

80) OLG Rostock, Beschl. v. 10.2.2021 – 1 W 37/20, ZIP 2021, 526; Koch-*Kraft*, PersonengesellschaftsR, § 42 Rz. 6; wohl auch *Heckschen/Weitbrecht*, ZPG 2023, 244, 247.

81) Vgl. nur Lutter-*Priester/Lieder*, UmwG, Einf. vor § 138 Rz. 5.

§ 125 Abs. 1 Satz 2). Insofern ist auch bei einer GmbH & Co. KG auf Ebene der Kommanditgesellschaft § 42 i. V. m. § 39e nicht anzuwenden.[82] Bei der **Aufspaltung** kommt die bereits beim Spaltungsbericht ausgeschlossene Entbehrlichkeit nach § 8 Abs. 3 Satz 3 Nr. 1 lit. a (siehe Rz. 22) auch für die Spaltungsprüfung und -bericht zum Tragen (vgl. § 125 Abs. 1 Satz 1 Nr. 2).

25 Speziell für die Spaltung unter Beteiligung einer GmbH ist zusätzlich § 125 Abs. 1 Satz 1 i. V. m. **§ 48** anzuwenden.[83] Der Spaltungs- und Übernahmevertrag ist auf Seiten der beteiligten GmbH daher nur nach den §§ 9–12 zu prüfen, sofern dies ein GmbH-Gesellschafter nach Erhalt der nach § 47 erforderlichen Unterlagen innerhalb einer Woche von der Geschäftsführung verlangt. Das Recht eine Spaltungsprüfung zu verlangen ist dabei zwingend und kann nicht i. R. des GmbH-Gesellschaftsvertrags oder des Spaltungs- und Übernahmevertrags ausgeschlossen oder beschränkt werden.[84] Auch eine Einschränkung i. R. einer schuldrechtlichen Gesellschaftervereinbarung wäre wohl unwirksam. Die Pflicht zur Prüfung der Angemessenheit einer ggf. im Spaltungs- und Übernahmevertrag bestimmten Barabfindung nach § 30 Abs. 2 bleibt – ausgenommen bei der Ausgliederung aufgrund von § 125 Abs. 1 Satz 1 Nr. 4 – von der Geltung des § 48 unberührt.[85]

d) Beschlussfassung

26 Für GmbHs als beteiligte Rechtsträger an einer Spaltung sehen die §§ 138–140 keine Besonderheiten vor; es gilt daher weitgehend gemäß § 125 Abs. 1 Satz 1 das einschlägige **GmbH-Verschmelzungsrecht**. Im Vorfeld der beschließenden Gesellschafterversammlung sind daher zunächst auch die Unterrichtungspflichten des § 47[86] sowie die Vorbereitungshandlungen des § 49 zu beachten.[87] Für die Frist zur Einberufung der beschließenden Gesellschafterversammlung gilt § 51 Abs. 1 Satz 2 GmbHG, d. h. mindestens eine Woche. Auch ansonsten gelten die Vorgaben des GmbHG für die Einberufung und Abhaltung von Gesellschafterversammlungen.[88]

27 Auf Basis des § 125 Abs. 1 Satz 1 i. V. m. § 13 Abs. 1 bedarf es grundsätzlich generell eines zustimmenden Beschlusses der Gesellschafter der GmbH, unabhängig von der Art der Spaltung.[89] Eine **Ausnahme** besteht jedoch dann, wenn sich das gesamte Stammkapital einer übertragenden GmbH in der Hand einer übernehmenden AG befindet, also bei einer Konzernspaltung zur Aufnahme auf eine AG. Dann bedarf es auf Ebene der GmbH nach § 125 Abs. 1 Satz 1 i. V. m. § 62 Abs. 4 keines Spaltungsbeschlusses bei dieser.[90] Ist die übernehmende Gesellschaft hingegen keine AG, also z. B. eine andere GmbH oder eine (GmbH & Co.) KG, soll dies nach einhelliger Auffassung nicht gelten und ein Spaltungsbeschluss ist zwingend erforderlich.[91] Vollends nachvollziehbar erscheint dies jedoch aufgrund vergleichbarer Interessenlage nicht und es wäre begrüßenswert, wenn

---

82) Lutter-*Lieder*, UmwG, § 125 Rz. 61; vgl. auch *Verse* in: BeckOGK-UmwG, § 125 Rz. 54; Widmann/Mayer-*Mayer*, UmwR, § 125 UmwG Rz. 73.

83) *Brellochs* in: BeckOGK-UmwG, § 138 Rz. 9; Lutter-*Priester/Lieder*, UmwG, Einf. vor § 138 Rz. 5; Widmann/Mayer-*Mayer*, UmwR, Vor §§ 138–140 UmwG Rz. 6.

84) Lutter-*Vetter*, UmwG, § 48 Rz. 7 – zur Verschmelzung.

85) Lutter-*Vetter*, UmwG, § 48 Rz. 6; *Schöne*, GmbHR 1995, 325, 335 – jeweils zur Verschmelzung.

86) *Brellochs* in: BeckOGK-UmwG, § 138 Rz. 13; Lutter-*Priester/Lieder*, UmwG, Einf. vor § 138 Rz. 7.

87) Begr. Fraktionsentwurf UmwBerG, BT-Drucks. 12/6699, S. 124.

88) *Limmer* in: Limmer, Hdb. Unternehmensumwandlung, Kap. 6 Rz. 47; vgl. auch *Höfinghoff* in: KölnHdb.-GesR, Kap. 8 Rz. 1276.

89) Vgl. Begr. Fraktionsentwurf UmwBerG, BT-Drucks. 12/6699, S. 124.

90) *v. Hinden* in: BeckOGK-UmwG, § 50 Rz. 11.

91) Vgl. nur Widmann/Mayer-*Rieger*, UmwR, § 62 UmwG Rz. 58.

(gerichtlich) eine analoge Anwendung des § 62 Abs. 4 in Erwägung gezogen würde.[92] Da jedoch ggf. die Gesetzesbegründung zu § 138 dem einen Riegel vorschiebt,[93] wäre eine entsprechende Gesetzesänderung abzuwarten. Selbst z. B. bei einer Ausgliederung nur weniger oder geringwertiger Vermögensteile bleibt die Beschlussfassung der Gesellschafter daher verpflichtend (siehe auch Einl. Rz. 101 [*Stiegler*]).[94]

Sofern nicht abweichend vereinbart,[95] ist bei der Spaltung „innerhalb" einer Einheits-**GmbH & Co. KG** (siehe dazu Rz. 10) ggf. die Regelung des § 170 Abs. 2 HGB zu beachten, sodass in diesem Fall der Spaltungsbeschluss der Komplementär-GmbH von den KG-Kommanditisten zu fassen ist.[96] 28

Aufgrund der Geltung des § 13 Abs. 1 Satz 2 muss die Zustimmung der Gesellschafter in der GmbH-**Gesellschafterversammlung** erfolgen. Da die Norm jedoch lediglich von einer „Versammlung" spricht, ist auch eine virtuelle oder hybride Beschlussfassung davon umfasst.[97] Insofern sieht auch § 48 Abs. 1 Satz 2 GmbHG nunmehr vor, dass Versammlungen auch „fernmündlich oder mittels Videokommunikation abgehalten werden" können.[98] Eine versammlungslose Beschlussfassung i. S. des § 48 Abs. 2 GmbHG (Umlaufverfahren) ist hingegen nicht möglich (siehe auch Einl. Rz. 102 [*Stiegler*]).[99] 29

Über § 125 Abs. 1 Satz 1 ist auch die Norm des § 50 anwendbar.[100] Es bedarf daher mindestens einer **qualifizierten Stimmenmehrheit** von ¾, wobei gesellschaftsvertraglich auch größere Mehrheiten vereinbart werden können (vgl. § 50 Abs. 1 Satz 1, 2). Für die genaue Berechnung der qualifizierten Mehrheit können die allgemeinen Grundsätze gemäß § 53 Abs. 2 GmbHG herangezogen werden.[101] Sollen im Zuge einer Spaltung jedoch – was möglich ist – die Beteiligungsquoten der Gesellschafter der übertragenden GmbH verändert werden, bedarf es nicht nur der Zustimmung aller stimmberechtigten Anteilsinhaber, sondern auch solcher, die stimmrechtslose Anteile halten.[102] Eine darüber hinausgehende analoge Anwendung des § 128 Satz 1 wird jedoch zu Recht abgelehnt.[103] Der Stimmrechtsausschluss des § 47 Abs. 4 GmbHG gilt darüber hinaus aber nicht. Hintergrund ist, dass bei Umwandlungsmaßnahmen als kooperative Geschäfte[104] das Minderheitenschutzsystem des UmwG abschließend ist und insofern grundsätzlich keinen Raum für die ergänzende Anwendung dieser Regelung lässt.[105] 30

---

92) De lege ferenda für eine Erstreckung auf GmbH auch *Beckmann/Hoffmannbeck*, NZG 2024, 1589, 1594.

93) S. Begr. Fraktionsentwurf UmwBerG, BT-Drucks. 12/6699, S. 124: „Es ist nicht möglich, abweichend vom Recht der Verschmelzung auf die Einschaltung der Gesellschafter als Beschlussorgan zu verzichten und die Spaltung damit allgemein zu einem reinen Geschäft der Unternehmensleitung zu machen".

94) Vgl. *Priester*, ZHR 163 (1999), 187, 192.

95) Zur Dispositivität des § 170 Abs. 2 HGB Koch-*Ceesay*, PersonengesellschaftsR, § 170 HGB Rz. 12; *Liebscher* in: Reichert, GmbH & Co. KG, § 3 Rz. 10a; *DNotI*, DNotI-Report 2024, 189, 191.

96) Dies gilt auch, wenn die GmbH eigene Anteile hält, so KG, Beschl. v. 2.12.2025 – 22 W 40/25.

97) Vgl. auch BGH, Beschl. v. 5.10.2021 – II ZB 7/21, ZIP 2021, 2276; vgl. auch OLG Karlsruhe, Beschl. v. 13.12.2021 – 19 W 29/21 (Wx), BeckRS 2021, 54602.

98) Insofern zur Gleichwertigkeit der physischen und nicht-physischen Versammlung *Bochmann* in: FS Heidinger, S. 37, 46.

99) Vgl. nur Widmann/Mayer-*Heckschen*, UmwR, § 13 UmwG Rz. 2; Lutter-*Drygala*, UmwG, § 13 Rz. 9.

100) Begr. Fraktionsentwurf UmwBerG, BT-Drucks. 12/6699, S. 124.

101) *Schöne*, Die Spaltung unter Beteiligung von GmbH, S. 166.

102) Lutter-*Priester/Lieder*, UmwG, § 128 Rz. 21; Semler/Stengel/Leonard-*Schröer/Greitemann*, UmwG, § 128 Rz. 12; *Verse* in: BeckOGK-UmwG, § 128 Rz. 26.

103) Vgl. nur *Leuering* in: KölnKomm-UmwG, § 128 Rz. 42.

104) Vgl. Scholz-*Schmidt/Bochmann*, GmbHG, § 47 Rz. 114; Lutter/Hommelhoff-*Bayer*, GmbHG, § 47 Rz. 24; *Gasteyer/Weller* in: FS Cahn, S. 105, 112.

105) Lutter-*Vetter*, UmwG, § 50 Rz. 8.

31 Neben den allgemeinen Beschluss- und Zustimmungsanforderungen spielen in der Praxis ergänzende Zustimmungserfordernisse, insbesondere für Inhaber von Sonderrechten, eine Rolle. **Sonderrechte** sind vor allem bei der überwiegend personalistisch strukturierten GmbH weit verbreitet. Eine einheitliche Begriffsdefinition, was alles ein „Sonderrecht" ist, besteht jedoch nicht; im Hinblick auf die allgemeine Regelung des § 35 BGB sind Sonderrechte in der Satzung begründete Mitgliedschaftsrechte, die einem einzelnen Gesellschafter oder einzelnen Gesellschaftern besondere Vorrechte im Vergleich zu anderen Gesellschaftern gewähren.[106] Zunächst gilt dabei die Reglung des § 51 für entsprechende Zustimmungserfordernisse in „Sonderfällen".[107] Das entsprechende Beschlusserfordernis scheidet jedoch für die übertragende GmbH aus, wenn eine Spaltung zur Neugründung oder eine Ausgliederung erfolgen soll. Zu beachten sind ferner etwaige **schuldrechtliche Zustimmungserfordernisse** z. B. aufgrund einer entsprechenden Regelung in einer Gesellschaftervereinbarung. Hierin können sowohl die Zustimmung einzelner Gesellschafter bzw. Investoren für eine Umwandlungsmaßnahme wie eine Spaltung statuiert sein, als auch die vorherige Zustimmung eines (schuldrechtlichen oder korporativen) Beirats. Zudem gelten sowohl § 13 Abs. 2 als auch § 50 Abs. 2 entsprechend für die Spaltung (vgl. § 125 Abs. 1 Satz 1 UmwG), sodass sich im Einzelfall auch hieraus gesonderte Zustimmungsrechte ergeben können. Zusätzliche Beschlusserschwernisse gelten darüber hinaus aber grundsätzlich nicht. Dies gilt insbesondere auch bei einer Komplementär-GmbH einer GmbH & Co. KG, da vor allem § 39c i. V. m. § 42, der für die KG gilt, nicht auch auf Ebene der GmbH (analog) zur Anwendung kommt.[108] Ob gesellschaftsvertraglich bestehende Vinkulierungsklauseln sich auch auf Umwandlungsvorgänge wie eine Spaltung erstrecken, ist hingegen umstritten.[109] Herausgebildet hat sich dabei zumindest, dass im Fall der Aufspaltung und damit des Erlöschens der sich spaltenden GmbH etwaige Sonderrechte bei dieser, wie z. B. Vinkulierungen, untergehen.[110]

e) Registerverfahren

32 Im Hinblick vor allem auf die erforderliche Handelsregisteranmeldung einer Spaltung unter Beteiligung einer GmbH bestehen einzelne Besonderheiten: Ist die übertragende Gesellschaft bei einer Abspaltung oder Ausgliederung eine GmbH, ist § 140 zu beachten,[111] d. h. deren Geschäftsführer haben zu erklären, dass die Voraussetzungen für die Gründung dieser Gesellschaft unter Berücksichtigung der Spaltung im Zeitpunkt der Anmeldung vorliegen. Zudem ist über § 125 Abs. 1 Satz 1 die Regelung des § 52 zu berücksichtigen. Die Geschäftsführung der GmbH hat daher auch darüber eine Erklärung abzugeben, dass alle erforderlichen Personen nach § 51 Abs. 1 dem Spaltungsbeschluss zugestimmt haben.[112]

33 Das zuständige Registergericht prüft sowohl die Zulässigkeit der gewählten Spaltungsart unter Beteiligung einer GmbH als solche als auch die Einhaltung der einschlägigen Spezialregelungen; bei einer Spaltung zur Neugründung einer GmbH daher vor allem auch die ordnungsgemäße **Beachtung der Gründungsvorschriften** des GmbHG (siehe auch Rz. 5).[113] So ist z. B. nach einer Entscheidung des OLG Celle eine Verknüpfung

106) Zuletzt *Bayer*, GmbHR 2024, 337, 338.

107) Begr. Fraktionsentwurf UmwBerG, BT-Drucks. 12/6699, S. 124; zur Bedeutung auch *Höfinghoff* in: KölnHdb.-GesR, Kap. 8 Rz. 1278.

108) Lutter-*Schwab*, UmwG, § 127 Rz. 54a; wohl auch *Liebscher* in: Reichert, GmbH & Co. KG, § 51 Rz. 60.

109) Vgl. dazu und zum Streitstand *Teichmann*, GmbHR 2014, 393, 401.

110) *Bayer*, GmbHR 2024, 337, 345; Lutter-*Vetter*, UmwG, § 50 Rz. 40.

111) Widmann/Mayer-*Mayer*, UmwR, Vor §§ 138–140 UmwG Rz. 9.

112) Lutter-*Priester/Lieder*, UmwG, Einf. vor § 138 Rz. 11; Widmann/Mayer-*Mayer*, UmwR, Vor §§ 138–140 UmwG Rz. 9.

113) Vgl. *Brellochs* in: BeckOGK-UmwG, § 138 Rz. 17.

einer Ausgliederung mit einer Kapitalerhöhung nebst Sachagio im Umfang der Ausgliederung nicht möglich (siehe auch § 152 Rz. 35 [*Cyglakow*]) und die Eintragung würde abgelehnt werden.[114)] Auch kann es zur Ablehnung der Eintragung kommen, wenn die im Zuge der Spaltung einzubringenden Vermögensgegenstände überwertet sind (vgl. § 9c Abs. 1 Satz 2 GmbHG; siehe zu den Rechtsfolgen auch Rz. 48).[115)]

II. Zweck und Hintergrund des § 138 UmwG

34 Eigentlich gilt über den Generalverweis des § 125 Abs. 1 Satz 1 auch die Regelung des **§ 58 Abs. 2** für das GmbH-Verschmelzungsrecht. Danach ist ein Sachgründungsbericht einer im Zuge der Umwandlung neu zu gründenden GmbH dann nicht erforderlich, wenn „eine Kapitalgesellschaft oder eine eingetragene Genossenschaft übertragender Rechtsträger ist". Der Hintergrund dieser Bestimmung, dass es bei der GmbH keines Sachgründungsberichts mehr bedarf, weil bereits beim übertragenden Rechtsträger zwangsläufig die gesetzlichen Kapitalaufbringungs- und Kapitalerhaltungsregelungen beachten werden mussten,[116)] ist **bei einer Spaltung nicht sachgerecht.**[117)] Aufgrund vor allem der in § 126 Abs. 1 Nr. 9 bestimmten Gestaltungs-, i. S. von Vermögensaufteilungsfreiheit, steht die Verteilung der einzelnen Gegenstände des Aktiv- und Passivvermögens weitgehend im freien Belieben der an der Spaltung beteiligten Rechtsträger. Dies kann im Einzelfall nachteilige Konsequenzen für die Gläubiger bewirken. Dies gilt erst recht aufgrund der Möglichkeit einer nicht-verhältniswahrenden Spaltung (vgl. § 128) und damit sogar der Zulässigkeit einer sog. Spaltung zu Null.[118)] Denn wird eine GmbH im Wege der Spaltung neu gegründet, können die Gläubiger insofern gefährdet werden, wenn der übertragende Rechtsträger die weniger wertvollen Vermögensteile abstößt oder wenn deren Zusammensetzung die Ertragsaussichten des übertragenen Betriebes sinken lässt.[119)]

35 § 138 bestimmt daher abweichend von § 125 Abs. 1 Satz 1 i. V. m. § 58 Abs. 2, dass die Erstellung eines Sachgründungsberichts i. S. des § 5 Abs. 4 GmbHG bei einer Spaltung zur Neugründung einer GmbH **stets** erforderlich ist.[120)] § 58 Abs. 2 wird in diesem Fall daher verdrängt.[121)] Zum Wohle der **Gläubiger** sollen diese dadurch trotz der für den übertragenden Rechtsträger geltenden Kapitalschutzvorgaben in ihrem Vertrauen auf die ordnungsgemäße Kapitalausstattung der GmbH **geschützt** werden.[122)] Auch ein Verzicht kommt daher nicht in Betracht.[123)] Gesetzgeberisch denkbar wäre auch gewesen z. B. § 125 Abs. 1 Satz 1 Nr. 1 dergestalt zu erweitern, dass bereits darin eine Nicht-Geltung

---

114) So OLG Celle, Beschl. v. 13.6.2024 – 9 W 37/24, ZIP 2024, 1662; KG, Beschl. v. 16.6.2025 – 22 W 11/25, NZG 2025, 1239 = ZIP 2025 2120; Mosch, ZIP 2025, 2732, 2734 (Urteilsanm.); *Neuhöfer*, NZG 2025, 1417, 1420 (Urteilsanm.); *Woinar*, NotBZ 2025, 369, 372; *Damm*, BWNotZ 2024, 344, 346; a. A. *Behme/Brühl*, NZG 2024, 1502, 1506; Perwein, NotBZ 2025, 452, 545; für die Möglichkeit eines Verzichts auf die ausgliederungsbedingte Anteilsgewährung auch Perwein, NotBZ 2025, 24, 26.

115) BayObLG, Beschl. v. 10.12.1998 – 3Z BR 237/98, ZIP 1999, 968; *Niessen* in: KölnKomm-UmwG, § 138 Rz. 19; Henssler/Strohn-*Galla/Cé. Müller*, GesR, § 138 UmwG Rz. 2; *Höfinghoff* in: KölnHdb.-GesR, Kap. 8 Rz. 1295.

116) Vgl. nur Semler/Stengel/Leonard-*Reichert*, UmwG, § 58 Rz. 11.

117) Lutter-*Priester/Lieder*, UmwG, § 138 Rz. 2.

118) Zu deren Zulässigkeit OLG München, Beschl. v. 10.7.2013 – 31 Wx 131/13, ZIP 2013, 1468; LG Konstanz, Beschl. v. 13.2.1998 – 1 HTH 6/97, ZIP 1998, 1226; LG Essen, Beschl. v. 15.3.2002 – 42 T 1/02, ZIP 2002, 893; s. a. Rz. 19.

119) Begr. Fraktionsentwurf UmwBerG, BT-Drucks. 12/6699, S. 125.

120) Vgl. auch BayObLG, Beschl. v. 10.12.1998 – 3Z BR 237/98, ZIP 1999, 968.

121) *Brellochs* in: BeckOGK-UmwG, § 138 Rz. 21; Lutter-*Priester/Lieder*, UmwG, § 138 Rz. 1.

122) Statt vieler *Niessen* in: KölnKomm-UmwG, § 138 Rz. 4; Lutter-*Priester/Lieder*, UmwG, § 138 Rz. 2; vgl. auch Begr. Fraktionsentwurf UmwBerG, BT-Drucks. 12/6699, S. 125; BAG, Urt. v. 11.3.2008 – 3 AZR 358/06, BB 2009, 329.

123) Statt vieler *Fischer* in: NK-UmwG, § 138 Rz. 3.

des Verschmelzungsrechts und damit des § 58 Abs. 2 „bei einer Spaltung zur Neugründung einer GmbH" statuiert würde; dann wäre § 138 in der Tat obsolet gewesen. Da jedoch § 125 generell rechtsformneutral formuliert ist, ist eine Sonderbestimmung speziell für GmbHs und damit innerhalb der §§ 138 ff. vorzugswürdig.

36 Die **praktische Bedeutung** des § 138 ist aufgrund seines beschränkten Anwendungsbereichs (siehe dazu sogleich bei Rz. 37) eher gering.[124)] Dies liegt vor allem daran, dass die aufgrund der Norm zwingend zur Anwendung kommenden GmbH-Sachgründungsvorschriften in der Regel zeit- und kostenaufwendig sind und insofern eher der Weg über den Erwerb einer Vorrats-GmbH und die anschließenden Spaltung zur Aufnahme auf diese als übernehmenden Rechtsträger gewählt wird.[125)]

III. Anwendungsbereich des § 138

37 § 138 spricht vom „Sachgründungsbericht" nach § 5 Abs. 4 GmbHG. Das impliziert, dass die Norm nach mittlerweile überwiegender Auffassung nur die Spaltung **zur Neugründung einer GmbH** umfasst.[126)] Welche Rechtsform der übertragende (bestehende) Rechtsträger besitzt, ist dabei unerheblich.[127)] Ist die GmbH übertragender Rechtsträger – wie es in der Praxis oftmals der Fall ist –, folgt aus § 138 hingegen nicht, dass im Hinblick auf die entstehenden neuen Rechtsträger – unabhängig von deren Rechtsform – ein Sachgründungsbericht entsprechend den Vorschriften des GmbHG zu erstellen ist. Vielmehr ist § 138 nur dann einschlägig, wenn aufgrund einer Spaltung eine neue GmbH entsteht. Insbesondere bei einer Spaltung zur Aufnahme einer bestehenden GmbH ist die Norm daher nicht anzuwenden.[128)] Eines Sachkapitalerhöhungsberichts bedarf es auf Ebene der aufnehmenden GmbH daher nicht zwingend. Dies entspricht letztlich auch den Wertungen des GmbH-Rechts, wo ein solcher Bericht von Gesetzes wegen ebenfalls nicht gefordert wird.[129)] Zu beachten ist jedoch, dass auch bei einer Sachkapitalerhöhung bei der aufnehmenden GmbH das Registergericht durchaus die Darlegung der vor allem in § 5 Abs. 4 Satz 2 GmbHG genannten Inhalte fordern kann. Aus praktischer Sicht empfiehlt sich daher eine genaue Abstimmung mit dem zuständigen Registergericht.[130)]

38 § 138 gilt auch für eine **grenzüberschreitende Spaltung** nach den §§ 320 ff. (vgl. § 320 Abs. 2), sofern darin keine gesonderten Abweichungen normiert sind.[131)] Denklogisch gilt dies aber nur bei einer Hereinspaltung nach Deutschland, da bei einer Herausspaltung die ggf. neu gegründete Gesellschaft nicht dem deutschen Recht unterliegt und das UmwG daher nicht zur Geltung kommen kann.

IV. Anwendung des GmbH-Sachgründungsrechts

39 Nach dem Wortlaut des § 138 handelt es sich beim Sachgründungsbericht um den Bericht des § 5 Abs. 4 GmbHG. Hintergrund ist insofern, dass es sich bei einer Spaltung zur

124) Henssler/Strohn-*Galla/Cé. Müller*, GesR, § 138 UmwG Rz. 2; Kallmeyer-*Sickinger*, UmwG, § 138 Rz. 2.

125) Henssler/Strohn-*Galla/Cé. Müller*, GesR, § 138 UmwG Rz. 2; Kallmeyer-*Sickinger*, UmwG, § 138 Rz. 2.

126) *Niessen* in: KölnKomm-UmwG, § 138 Rz. 2; Henssler/Strohn-*Galla/Cé. Müller*, GesR, § 138 UmwG Rz. 2.

127) *Niessen* in: KölnKomm-UmwG, § 138 Rz. 5.

128) *Niessen* in: KölnKomm-UmwG, § 138 Rz. 6; Widmann/Mayer-*Mayer*, UmwR, § 138 UmwG Rz. 2.1; Schmitt/Hörtnagl-*Hörtnagl*, UmwG/UmwStG, § 138 UmwG Rz. 3; *Fischer* in: NK-UmwG, § 138 Rz. 5.

129) Vgl. nur *Stelmaszczyk* in: BeckOGK-GmbHG, § 56 Rz. 169; Michalski/Heidinger/Leible/J. Schmidt-*Ziemons*, GmbHG, § 56 Rz. 28.

130) *Fischer* in: NK-UmwG, § 138 Rz. 6; wohl auch Semler/Stengel/Leonard-*Reichert*, UmwG, § 138 Rz. 2.

131) *Brandi/M. K. Schmidt*, AG 2023, 297, 301; *Bungert/Strothotte*, BB 2022, 1411, 1422, *Kappenhagen/Wentz*, WM 2023, 2113, 2115.

Neugründung um eine **Sachgründung** handelt, denn bei allen Spaltungsarten wird das aufzubringende Stammkapital gerade nicht in Form von Bareinlagen erbracht. Der entsprechende Sachgründungsbericht tritt dabei neben den Spaltungsbericht des § 127 und ersetzt diesen daher nicht bzw. macht ihn nicht obsolet. Dies folgt vor allem daraus, dass beide Berichte einen unterschiedlichen Adressatenkreis besitzen.[132)]

Auch ansonsten kommt, soweit sich aus den spaltungsspezifischen Vorschriften des UmwG nicht Abweichendes ergibt, bei einer Spaltung zur Neugründung einer GmbH gemäß § 135 Abs. 2 Satz 1 das geltende **GmbH-Gründungsrecht** zur Anwendung.[133)] Insbesondere gilt daher das Verbot der Unterpari-Emission,[134)] sodass bei der GmbH der Wert der übertragenen Aktiva die Höhe der übergehenden Verbindlichkeiten übersteigen muss (siehe auch Rz. 44).[135)] 40

V. Sachgründungsbericht

Aufgrund der Regelung des § 138 ist bei einer Spaltung zur Neugründung einer GmbH zwingend ein Sachgründungsbericht nach den Vorgaben des **§ 5 Abs. 4 GmbHG** zu erstellen.[136)] Ist eine GmbH übertragender, sich spaltender Rechtsträger oder handelt es sich um eine Spaltung zur Aufnahme einer bestehenden GmbH, gilt § 138 wie gesagt nicht (siehe bereits Rz. 37). Ferner finden über § 125 Abs. 1 Satz 1 die Norm des § 56, die ihrerseits weitgehend auf die §§ 46–54 verweist, sowie die §§ 57–59 entsprechende Anwendung.[137)] So gilt z. B. auch die Bestimmung des § 58 Abs. 1 als Ergänzung bezüglich des Inhalts des Sachgründungsberichts (siehe dazu Rz. 45). 41

1. Formelle Anforderungen

Der Sachgründungsbericht ist **schriftlich** zu verfassen.[138)] Einer notariellen Beurkundung bedarf es hingegen nicht.[139)] Unmittelbar aus § 5 Abs. 4 Satz 2 GmbHG ergibt sich ein Schriftformerfordernis allerdings nicht,[140)] wird von der einhelligen Auffassung im Schrifttum hierzu jedoch vor allem aufgrund der Einreichungspflicht des § 8 Abs. 1 Nr. 4 GmbHG bejaht.[141)] § 8 Abs. 1 Nr. 4 GmbHG begründet aber selbst kein Schriftformerfordernis[142)] und verweist zudem auf die Geltung des § 12 Abs. 2 HGB (vgl. § 8 Abs. 5 GmbHG). Jüngere Rechtsprechung[143)] und Literatur[144)] lassen i. R. des § 12 Abs. 2 HGB 42

---

132) *Niessen* in: KölnKomm-UmwG, § 138 Rz. 7.

133) Vgl. nur Lutter-*Priester/Lieder*, § 138 Rz. 4.

134) Vgl. BAG, Urt. v. 11.3.2008 – 3 AZR 358/06, GmbHR 2008, 1326; *Niessen* in: KölnKomm-UmwG, § 138 Rz. 4; *Heinz/Wildner*, GmbHR 2008, 1332, 1333 (Urteilsanm.); *Schwedhelm/Streck/Mack*, GmbHR 1995, 7, 10; *Limmer* in: Limmer, Hdb. Unternehmensumwandlung, Kap. 10 Rz. 51.

135) *Niessen* in: KölnKomm-UmwG, § 138 Rz. 4.

136) Vgl. nur BayObLG, Beschl. v. 10.12.1998 – 3Z BR 237/98, ZIP 1999, 968; BAG, Urt. v. 11.3.2008 – 3 AZR 358/06, BB 2009, 329;

137) Lutter-*Priester/Lieder*, UmwG, § 125 Rz. 23.

138) *Brellochs* in: BeckOGK-UmwG, § 138 Rz. 26; Lutter-*Priester/Lieder*, UmwG, § 138 Rz. 6; *Niessen* in: KölnKomm-UmwG, § 138 Rz. 8.

139) Lutter-*Priester/Lieder*, UmwG, § 138 Rz. 6; *Niessen* in: KölnKomm-UmwG, § 138 Rz. 8.

140) Für den AG-Gründungsbericht besteht ein solches Erfordernis hingegen expressis verbis in § 32 Abs. 1 AktG.

141) Statt vieler Scholz-*Veil*, GmbHG, § 5 Rz. 102 m. w. N.

142) Henssler/Strohn-*Schäfer*, GesR, § 8 GmbHG Rz. 6.

143) Vgl. KG Berlin, Beschl. v. 30.6.2022 – 22 W 36/22, GmbHR 2022, 1191; KG Berlin, Beschl. v. 5.10.2022 – 22 W 54/22, GmbHR 2023, 223; wohl auch OLG Düsseldorf, Beschl. v. 20.3.2019 – 3 Wx 20/18, GmbHR 2019, 890.

144) Vgl. *Neuhöfer*, NZG 2023, 607, 608 (Urteilsanm.); *Stiegler*, GmbHR 2023, R290, R291.

aber zumindest eine elektronische Unterschrift zu, sodass dies auch in diesem Kontext ausreichend sein sollte. Vorsichtshalber ist dennoch die Einhaltung der Schriftform i. S. des § 126 Abs. 1 BGB („wet ink") zu empfehlen.

43 Im Hinblick auf § 135 Abs. 2 Satz 2 ist der Gründungsbericht **durch den übertragenden Rechtsträger** als Gründer der neuen GmbH zu erstellen.[145] Dieser wiederum wird vertreten durch seine Vertretungsorgane in vertretungsberechtigter Zahl.[146]

2. Materielle Anforderungen

44 Die an den Sachgründungsbericht gestellten materiellen Anforderungen ergeben sich zunächst aus den GmbH-rechtlichen Vorgaben des § 5 Abs. 4.[147] Die übertragende Gesellschaft hat daher vor allem die für die **Angemessenheit** der Leistungen für **Sacheinlagen** wesentlichen Umstände darzulegen (vgl. § 5 Abs. 4 Satz 2 GmbHG). Entscheidend ist in diesem Zusammenhang, dass nachvollziehbar die **Werthaltigkeit** der auf die GmbH zu übertragenden, im Spaltungsplan bestimmten Vermögensgegenstände beschrieben wird.[148] Nur dann kann i. S. der realen Kapitalaufbringung die tatsächliche Deckung des Stammkapitals der neuen GmbH angenommen werden. Im Zweifel sind hierzu einschlägige Nachweise und Unterlagen beizufügen, wie z. B. Jahresergebnisse[149] (vgl. § 5 Abs. 4 Satz 2 GmbHG)[150] oder relevante Verträge.[151] Auch eine Bezugnahme auf die zu erstellende Spaltungsbilanz (siehe Rz. 47) erscheint hilfreich.[152] Aus praktischer Sicht ist damit die (ordnungsgemäße) Erstellung eines Sachgründungsberichts häufig eine der zeitaufwendigsten und kostenintensivsten Aspekte des gesamten Spaltungsvorgangs,[153] was bei der Planung der Strukturmaßnahmen entsprechend berücksichtigt werden sollte.

45 Ergänzend zu § 5 Abs. 4 GmbHG gilt § 125 Abs. 1 Satz 1 i. V. m. **§ 58 Abs. 1.**[154] Der **Sachgründungsbericht** hat daher grundsätzlich auch Angaben zum Geschäftsverlauf und die Lage des übertragenden Rechtsträgers zu enthalten. Dies gilt indes nur, sofern ein gesamtes Unternehmen übertragen werden soll. Andernfalls erschöpfen sich die entsprechenden Angaben auf den gemäß dem Spaltungsplan auf die GmbH zu übertragenden Vermögensteil.[155] Dies ergibt sich aus der Natur der Spaltung als partielle Vermögensübertragung in Abgrenzung zur Verschmelzung.

3. Registerprüfung

46 Der Sachgründungsbericht ist gemäß § 135 Abs. 2 Satz 1 i. V. m. § 8 Abs. 1 Nr. 4 GmbHG der **Handelsregisteranmeldung** der Spaltung zur Neugründung der GmbH beizufügen.[156]

---

145) *Brellochs* in: BeckOGK-UmwG, § 138 Rz. 26; Lutter-*Priester/Lieder*, UmwG, § 138 Rz. 6; *Niessen* in: KölnKomm-UmwG, § 138 Rz. 9; Schmitt/Hörtnagl-*Hörtnagl*, UmwG/UmwStG, § 138 UmwG Rz. 4.

146) *Brellochs* in: BeckOGK-UmwG, § 138 Rz. 26; Lutter-*Priester/Lieder*, UmwG, § 138 Rz. 6; *Niessen* in: KölnKomm-UmwG, § 138 Rz. 9; Kallmeyer-*Sickinger*, UmwG, § 138 Rz. 5

147) *Brellochs* in: BeckOGK-UmwG, § 138 Rz. 28; Lutter-*Priester/Lieder*, UmwG, § 138 Rz. 7; *Niessen* in: KölnKomm-UmwG, § 138 Rz. 10.

148) *Brellochs* in: BeckOGK-UmwG, § 138 Rz. 29; Lutter-*Priester/Lieder*, UmwG, § 138 Rz. 7.

149) I. S. des nach den Grundsätzen ordnungsgemäßer Buchführung zu ermittelnden Jahresüberschusses oder -fehlbetrags nach § 275 Abs. 2 Nr. 17 bzw. Abs. 3 Nr. 16 HGB, vgl. *Niessen* in: KölnKomm-UmwG, § 138 Rz. 12; Widmann/Mayer-*Mayer*, UmwR, § 152 UmwG Rz. 14.

150) § 5 Abs. 4 Satz 2 GmbH findet allerdings keine Anwendung bei einzelnen Vermögensgegenständen, die kein Unternehmen darstellen, vgl. *Niessen* in: KölnKomm-UmwG, § 138 Rz. 14.

151) Vgl. auch *Niessen* in: KölnKomm-UmwG, § 138 Rz. 14.

152) *Brellochs* in: BeckOGK-UmwG, § 138 Rz. 29, 31; Lutter-*Priester/Lieder*, UmwG, § 138 Rz. 7.

153) Vgl. *Damm*, BWNotZ 2024, 344, 345.

154) Vgl. nur Lutter-*Priester/Lieder*, UmwG, § 138 Rz. 8.

155) *Brellochs* in: BeckOGK-UmwG, § 138 Rz. 30; Lutter-*Priester/Lieder*, UmwG, § 138 Rz. 8.

156) Gleiches würde sich i. Erg. nach § 125 Abs. 1 Satz 1 i. V. m. § 17 Abs. 1 ergeben.

Für die Einreichung via Notar gilt § 8 Abs. 5 GmbHG i. V. m. § 12 Abs. 2 HGB. Auf Basis des insofern eingereichten Sachgründungsberichts prüft das zuständige Registergericht dessen formale (siehe Rz. 42 f.) und materielle Wirksamkeit (siehe Rz. 44 f.). Insbesondere überprüft es die Werthaltigkeit der als Sacheinlage eingebrachten Vermögensgegenstände.[157] Kommt das Registergericht zu dem Ergebnis, dass diese überwertet sind und insofern nicht dem vereinbarten Stammkapital der zu gründenden GmbH entsprechen, kann es die Eintragung der Spaltung gemäß § 135 Abs. 2 Satz 1 i. V. m. § 9c Abs. 1 Satz 2 GmbHG ablehnen.[158]

Über § 125 Abs. 1 Satz 1 kommt ferner die allgemeine Norm des § 17 zur Geltung. 47
Einzureichen sind daher zudem vor allem der Beschluss des übertragenden Rechtsträgers über die Bestellung der GmbH-Geschäftsführer, falls diese nicht bereits direkt im Gesellschaftsvertrag bestellt worden sind, eine von den bestellten Geschäftsführern unterzeichnete Liste der GmbH-Gesellschafter nach den Anforderungen des § 40 GmbHG, die Versicherung der Geschäftsführer über das Nicht-Vorliegen etwaiger Bestellungshindernisse und nach § 17 Abs. 2 die Schlussbilanz des übertragenden Rechtsträgers.

VI. Rechtsfolgen eines fehlenden oder fehlerhaften Berichts

Der Sachgründungsbericht kann fehlerhaft sein, wenn sich daraus eine unzulässige 48
Überwertung der einzubringenden Sacheinlagen ergibt (siehe insofern zur Geltung des § 9c Abs. 1 Satz 2 GmbHG bereits Rz. 46). Die Spaltung wird dann nicht eingetragen und kann damit nicht wirksam werden.[159] Dies ergibt sich schon aus dem Verweis des § 135 Abs. 2. Grundsätzlich ist daher zumindest auch eine **Differenzhaftung** des übertragenden Rechtsträgers gemäß § 9 Abs. 1 Satz 1 GmbHG bei einer Ausgliederung zur Neugründung einer GmbH möglich.[160] Dem steht auch eine jüngere BGH-Entscheidung[161] nicht entgegen, da darin lediglich die Differenzhaftung der Gesellschafter bei einer Verschmelzung/Spaltung zur Aufnahme mit Kapitalerhöhung verneint wurde. Das Urteil kommt, übertragen auf eine Spaltung,[162] hingegen wertungsmäßig dann zur Geltung, wenn die aufnehmende (bestehende) GmbH im Zuge einer Auf- oder Abspaltung ihr Kapital erhöht (vgl. auch § 125 Abs. 1 Satz 1 i. V. m. § 55 (im Umkehrschluss) i. V. m. § 56 Abs. 2 GmbHG i. V. m. § 9 Abs. 1 Satz 1 GmbHG). Diese normative Herleitung gilt auch für eine Ausgliederung zur Aufnahme einer GmbH. Entsprechendes gilt für eine Aufspaltung zur Neugründung.[163] Abgesehen davon hält die genannte BGH-Entscheidung darüber hinaus eine **Existenzvernichtungshaftung** gemäß § 826 BGB der Gesellschafter des übertragenden Rechtsträgers für möglich, wenn aufgrund der Verschmelzung/Spaltung eines insolvenzreifen Rechtsträgers die Insolvenz der aufnehmenden GmbH begründet wird.[164] Dies mag vor allem bei der Aufspaltung von Bedeutung

---

157) Vgl. zuletzt nur *Damm*, BWNotZ 2024, 344, 345.

158) Vgl. BayObLG, Beschl. v. 10.12.1998 – 3Z BR 237/98, ZIP 1999, 968; *Niessen* in: KölnKomm-UmwG, § 138 Rz. 19; Henssler/Strohn-*Galla/Cé. Müller*, GesR, § 138 UmwG Rz. 2; Lutter-*Priester/Lieder*, UmwG, § 138 Rz. 10.

159) *Niessen* in: KölnKomm-UmwG, § 138 Rz. 19.

160) *Brellochs* in: BeckOGK-UmwG, § 138 Rz. 39; Lutter-*Priester/Lieder*, UmwG, § 138 Rz. 14; *Wicke*, DNotZ 2019, 405, 408.

161) BGH, Urt. v. 6.11.2018 – II ZR 199/17, ZIP 2019, 646 – zur Verschmelzung.

162) Zur Geltung auch für die Spaltung Scholz-*Veil*, GmbHG, § 9 Rz. 4; *Heckschen*, NZG 2019, 561; *Wicke*, DNotZ 2019, 405, 408.

163) *Oppenhoff* in: MünchHdb. GesR, Bd. 8, § 29 Rz. 184; *Wicke*, DNotZ 2019, 405, 408.

164) So BGH, Urt. v. 6.11.2018 – II ZR 199/17, ZIP 2019, 646 – zur Verschmelzung; zust. *Heckschen*, NZG 2019, 561, 566; wohl auch *Kleindiek* in: NK-UmwG, § 55 Rz. 17; *Wicke*, DNotZ 2019, 405, 410; a. A. *Priester*, ZIP 2019, 646; *Lieder/Bialluch*, ZGR 2019, 760.

sein, da dort der übertragende Rechtsträger im Zuge des Wirksamwerdens der Spaltung erlischt.

49 Mängel des Sachgründungsberichts können grundsätzlich nachträglich **geheilt** werden oder der Sachgründungsbericht kann insgesamt **nachgeholt** werden.[165] Kommt es zu einer Eintragung trotz Fehlens oder Mängeln beim Sachgründungsbericht, ist die neue GmbH nach Eintragung der Spaltung gemäß § 137 Abs. 3 rechtswirksam entstanden und Fehler und/oder Mängel können nicht mehr gerügt werden.

165) *Niessen* in: KölnKomm-UmwG, § 138 Rz. 19.

§ 139
Herabsetzung des Stammkapitals

[1]Ist zur Durchführung der Abspaltung oder der Ausgliederung eine Herabsetzung des Stammkapitals einer übertragenden Gesellschaft mit beschränkter Haftung erforderlich, so kann diese auch in vereinfachter Form vorgenommen werden. [2]Wird das Stammkapital herabgesetzt, so darf die Abspaltung oder die Ausgliederung erst eingetragen werden, nachdem die Herabsetzung des Stammkapitals im Register eingetragen worden ist.

Literatur: *Bungert/Strothotte*, Die grenzüberschreitende Spaltung nach dem Referentenentwurf des UmRUG, BB 2022, 1411; *Groß*, Deckung eines Spaltungsverlustes bei einer Aktiengesellschaft durch Auflösung nach § 150 III und IV AktG gebundener Rücklagen?, NZG 2010, 770; *Hölzle*, Unternehmensumwandlung in Krise, Sanierung und Insolvenz, FR 2006, 447; *Ittner*, Die Spaltung nach dem neuen Umwandlungsrecht, MittRhNotK 1997, 105; *Maier-Reimer*, Vereinfachte Kapitalherabsetzung durch Verschmelzung?, GmbHR 2004, 1128; *Naraschewski*, Die vereinfachte Kapitalherabsetzung bei der Spaltung einer GmbH, GmbHR 1995, 697; *Petersen*, Vereinfachte Kapitalherabsetzung durch Verschmelzung?, GmbHR 2004, 728; *Petersen*, Der Gläubigerschutz im System des Umwandlungsrechts, Der Konzern 2004, 185; *Priester*, Kapitalherabsetzung und Gewinnausschüttung, NZG 2021, 370; *Prinz/Rösner*, Die „Erforderlichkeit" in § 145 UmwG im Lichte des Kapitalschutzes des § 150 AktG, AG 2021, 148; *Recktenwald*, Abspaltung bei Bestehen einer Unterbilanz, NZG 2024, 521; *Schöne*, Die Spaltung unter Beteiligung von GmbH, 1998; *Schubert/Stelzer*, „Erforderlichkeit" der vereinfachten Kapitalherabsetzung bei Spaltungen, GmbHR 2012, R153; *Wilhelmi*, Der Grundsatz der Kapitalerhaltung im System des GmbH-Rechts, 2001; *Zeidler*, Rechtliche Probleme bei der Deckung des Spaltungsverlusts einer Aktiengesellschaft, WPg 2004, 324.

Übersicht

I. Hintergrund und Normzweck

1 Generell bei der Spaltung und speziell bei einer solchen einer GmbH kann die Übertragung von Aktiva auf einen anderen bzw. neuen Rechtsträger zu einem (bilanziellen) Ver-

mögensverlust (sog. **Spaltungsverlust**) führen.[1] Bei einer Abspaltung erfolgt keine unmittelbare Vermögenskompensation für die übertragende GmbH, da nicht sie, sondern deren Gesellschafter Anteilsinhaber am aufnehmenden/neuen Rechtsträger werden. Zudem würde in diesem Fall das Entstehen einer **spaltungsbedingten Unterbilanz** bei der GmbH eine unzulässige Kapitalrückzahlung an deren Gesellschafter gemäß § 30 GmbHG darstellen.[2] Bei einer Ausgliederung findet zwar ein Aktivtausch statt, die GmbH selbst wird daher Anteilsinhaberin des aufnehmenden bzw. neuen Rechtsträgers, jedoch müssen diese erhaltenen Anteile auch eine werthaltige Gegenleistung darstellen,[3] was vor allem bei einer Ausgliederung zur Aufnahme eines sich in wirtschaftlichen Schwierigkeiten befindlichen Rechtsträgers problematisch sein kann.[4] Aufgrund der Vermögensaufteilungsfreiheit bei Spaltungsvorgängen besteht somit die Gefahr, dass das bei der übertragenden GmbH verbleibende Vermögen nicht mehr zur Stammkapitaldeckung ausreicht.[5] Um dies zu verhindern und dennoch weitgehend am Grundsatz der Spaltungsfreiheit (siehe dazu auch Einl. Rz. 75 [*Stiegler*]) festzuhalten, hat daher ggf. eine **Herabsetzung des Stammkapitals** auf Ebene der übertragenden GmbH zu erfolgen.[6] Um diese und damit die Spaltung jedoch nicht unnötig zu erschweren, sieht § 139 die Möglichkeit der Durchführung einer entsprechenden Kapitalherabsetzung im **vereinfachten Verfahren** nach den Vorgaben des GmbH-Gesetzes (§§ 58a ff. GmbHG) vor.[7]

Generell dient eine vereinfachte Kapitalherabsetzung der Erleichterung von Sanierungen.[8] 2
Dies gilt im Grundsatz aus unternehmerischer Sicht auch i. R. des § 139 Satz 1 und damit bei der Durchführung einer sog. **Sanierungsspaltung** einer GmbH, sodass es möglich erscheint, dass vor allem der Insolvenzgrund der Überschuldung durch die Spaltung der GmbH mittels vereinfachter Kapitalherabsetzung präventiv unterbunden wird.[9] Zwar ist es anders als bei der „allgemeinen" vereinfachten Kapitalherabsetzung der §§ 58a ff. GmbHG nicht vordergründiger Zweck der spaltungsbedingten Kapitalherabsetzung eine Unterbilanz zu beseitigen,[10] sondern vielmehr eine solche im Zuge der Spaltung nicht entstehen zu lassen. Da aber nach hier vertretener Auffassung (siehe Rz. 13) die Höhe der Kapitalherabsetzung nicht zwingend dem Nennkapital des übernehmenden bzw. neuen Rechtsträgers entsprechen muss, ist als Gestaltungsvariante auch die Spaltung der betroffenen GmbH unter Geltung des § 139 Satz 1 denkbar, um eine zukünftige Insolvenz des Unternehmens zu verhindern. Tatsächlich kann die Geschäftsführung im Hinblick auf § 1 Abs. 1

---

1) *Recktenwald*, NZG 2024, 521, 524; *Schubert/Stelzer*, GmbHR 2012, R153; entsprechend zur AG nach § 145 *Groß*, NZG 2010, 770; *Prinz/Rösner*, AG 2021, 148; *Zeidler*, WPg 2004, 324.

2) *Brellochs* in: BeckOGK-UmwG, § 139 Rz. 4; *Niessen* in: KölnKomm-UmwG, § 139 Rz. 2; Lutter-*Priester/Lieder*, UmwG, § 139 Rz. 3.

3) Im Kontext der Kapitalerhaltung vgl. auch OLG München, Urt. v. 6.7.2005 – 7 U 2230/05, ZIP 2006, 564.

4) *Brellochs* in: BeckOGK-UmwG, § 139 Rz. 4; Lutter-*Priester/Lieder*, UmwG, § 139 Rz. 4; *Priester*, NZG 2021, 370, 373; Semler/Stengel/Leonard-*Reichert*, UmwG, § 139 Rz. 4.

5) Vgl. Begr. Fraktionsentwurf UmwBerG, BT-Drucks. 12/6699, S. 125.

6) Vgl. Begr. Fraktionsentwurf UmwBerG, BT-Drucks. 12/6699, S. 125; Lutter-*Priester/Lieder*, UmwG, § 139 Rz. 3; Kallmeyer-*Sickinger*, UmwG, § 139 Rz. 2.

7) *Niessen* in: KölnKomm-UmwG, § 139 Rz. 3; Semler/Stengel/Leonard-*Reichert*, UmwG, § 139 Rz. 7; Lutter-*Priester/Lieder*, UmwG, § 139 Rz. 3; Kallmeyer-*Sickinger*, UmwG, § 139 Rz. 2; *Priester*, GmbHR 2008, 993, 995 (Urteilsanm.); *Recktenwald*, NZG 2024, 521.

8) Statt vieler *Vetter* in: MünchKomm-GmbHG, Vor § 58 Rz. 2.

9) *Hermanns/Holtz* in: Buth/Hermanns, Restrukturierung, Sanierung, Insolvenz, § 23 Rz. 77; *Hölzle*, FR 2006, 447; Kallmeyer-*Sickinger*, UmwG, § 124 Rz. 4; partiell a. A. *Brellochs* in: BeckOGK-UmwG, § 139 Rz. 8.

10) In diesem Kontext auch *Brellochs* in: BeckOGK-UmwG, § 139 Rz. 8.

Satz 2 StaRUG[11] sogar angehalten sein, eine entsprechende Umwandlung als „Gegenmaßnahme“ in Betracht zu ziehen.[12]

3 Anders als verbreitet angenommen, dient zumindest § 139 Satz 1 **nicht** dem Schutz der Gesellschaftsgläubiger.[13] Denn die im Hinblick auf die Kapitalerhaltungsnorm des § 30 GmbHG ggf. erforderlich werdende Herabsetzung des GmbH-Stammkapitals[14] ist Tatbestandsvoraussetzung und nicht (gläubigerschützende) Rechtsfolge der Norm. Bei § 139 Satz 1 handelt es sich vielmehr um eine **Ermöglichungsnorm** (Norm mit Ermöglichungsfunktion),[15] die es der sich spaltenden GmbH gestattet, sie nicht jedoch verpflichtet (siehe Rz. 6), eine gesellschaftsrechtlich erforderliche (zur Erforderlichkeit siehe Rz. 10) Kapitalherabsetzung im vereinfachten Verfahren durchzuführen.[16] Sie dient daher eher der Gewährleistung unternehmerischer Flexibilität, statt dass damit ein Schutz der Gläubiger sichergestellt wird. Der Gläubigerschutz selbst wird dann durch die überwiegend einschlägigen Vorschriften des GmbH-Gesetzes (vgl. §§ 58b–58d GmbHG) gewährleistet, welche – wenngleich in anderer Form – aber auch bei der ordentlichen Kapitalherabsetzung bestehen. Auch einen darüberhinausgehenden Schutz der Gesellschafter der übertragenden GmbH bezweckt § 139 nicht.[17]

II. Anwendungsbereich

4 Dem Wortlaut des § 139 Satz 1 nach ist sowohl der sachliche als auch der persönliche Anwendungsbereich der Norm beschränkt. Die Möglichkeit der Kapitalherabsetzung im vereinfachten Verfahren nach den §§ 58a ff. GmbHG besteht nur bei **Abspaltungen** sowie **Ausgliederungen** und, wenn die GmbH **übertragender**, sich spaltender Rechtsträger ist. Die übernehmende Gesellschaft muss hingegen nicht zwingend auch eine GmbH sein.[18] Da mit § 145 eine Parallelregelung für AG/KGaA besteht, haben praktisch auch diese als übertragende Rechtsträger die Möglichkeit der Durchführung einer Kapitalherabsetzung im vereinfachten Verfahren, dann aber maßgeblich nach den aktienrechtlichen Bestimmungen der §§ 229 ff. AktG. Zudem ist es unerheblich, ob die Abspaltung oder Ausgliederung zur Aufnahme oder zur Neugründung erfolgt.[19] Hintergrund ist, dass sich § 139 allein auf den übertragenden Rechtsträger bezieht. Da bei einer Aufspaltung der übertragende Rechtsträger erlischt (vgl. § 131 Abs. 1 Nr. 2 Satz 1), können sich bei diesem Fragen einer spaltungsbedingten Unterbilanz nicht stellen und § 139 ist daher nicht anwendbar. Obgleich vom Anwendungsbereich erfasst, wird auch bei einer Ausgliederung zur Neugründung regelmäßig keine Pflicht zur Kapitalherabsetzung bestehen und § 139 daher weitgehend ins Leere laufen.[20]

---

11) Gesetz über den Stabilisierungs- und Restrukturierungsrahmen für Unternehmen (Unternehmensstabilisierungs- und -restrukturierungsgesetz – StaRUG), v. 22.12.2020, BGBl. I 2020, 3256.

12) Vgl. allg. *J. Schmidt* in: MünchKomm-StaRUG, § 1 Rz. 45 ff.

13) So jedoch (sprachlich) *Recktenwald*, NZG 2024, 521; *Schöne*, Die Spaltung unter Beteiligung von GmbH, S. 65; wohl auch Widmann/Mayer-*Mayer*, UmwR, § 139 UmwG Rz. 2; Semler/Stengel/Leonard-*Reichert*, UmwG, § 139 Rz. 3.

14) Zur Gläubigerschutzfunktion des § 30 GmbHG vgl. nur BGH, Urt. v. 24.11.2003 – II ZR 171/01, ZIP 2004, 263; *Ekkenga* in: MünchKomm-GmbHG, § 30 Rz. 15 – „Gläubigerschutz durch Kapitalerhaltung“.

15) Allg. zur umwandlungsrechtlichen Ermöglichungsfunktion s. a. Einl. Rz. 10 [*Stiegler*].

16) In diesem Sinne AG Berlin-Charlottenburg, Beschl. v. 28.5.2008 – 99 AR 3278/08, GmbHR 2008, 993.

17) In diesem Sinne *Priester*, GmbHR 2008, 993 (Urteilsanm.); a. A. *Petersen*, Der Konzern 2004, 185, 190.

18) Lutter-*Priester/Lieder*, UmwG, § 139 Rz. 2; Widmann/Mayer-*Mayer*, UmwR, § 139 UmwG Rz. 8.

19) Lutter-*Priester/Lieder*, UmwG, § 139 Rz. 2; Widmann/Mayer-*Mayer*, UmwR, § 139 UmwG Rz. 8.

20) *Brellochs* in: BeckOGK-UmwG, § 139 Rz. 4; *Niessen* in: KölnKomm-UmwG, § 139 Rz. 12.

Über § 320 Abs. 2 kommt § 139 auch für eine grenzüberschreitende **Hinausspaltung** 5
einer GmbH aus Deutschland zur Anwendung.[21] In Bezug auf § 139 Satz 2 sind dabei jedoch die **besonderen Eintragungsmodalitäten** für grenzüberschreitende Spaltungen (vgl. § 330) zu beachten. Für eine Hereinspaltung nach Deutschland kommt § 139 nicht zur Geltung, da naturgemäß die sich spaltende Auslandsgesellschaft nicht dem deutschen Recht unterliegt und insofern keine GmbH ist.

III. Möglichkeit der vereinfachten Kapitalherabsetzung (§ 139 Abs. 1)

Sind die Voraussetzungen (Tatbestandsmerkmale) des § 139 Satz 1 erfüllt, ist zur Vermeidung einer spaltungsbedingten Unterbilanz daher eine Kapitalherabsetzung bei der GmbH erforderlich (siehe dazu Rz. 10), eröffnet der Gesetzgeber für die übertragende GmbH die Möglichkeit der Durchführung einer „vereinfachten" Herabsetzung des Stammkapitals im Vorfeld der Spaltung. § 139 Satz 1 spricht indes nur von der Möglichkeit der Durchführung einer Kapitalherabsetzung im vereinfachten Verfahren und nicht von einer entsprechenden Pflicht (**„kann"**).[22] Auch eine ordentliche Kapitalherabsetzung zur Verhinderung einer spaltungsbedingten Unterbilanz ist daher denkbar, wenngleich eine solche aufgrund der grundsätzlichen Nachteiligkeit gegenüber einer vereinfachten Kapitalherabsetzung (siehe Rz. 9) praktisch kaum als Alternative in Betracht gezogen werden wird. Nicht bezieht sich die Ermöglichung aber auf das **„Ob"** der Kapitalherabsetzung; diese ist, wenn sie nach Maßgabe des § 139 Satz 1 erforderlich ist, zwingend durchzuführen. Nur das **„Wie"** stellt der Gesetzgeber zur Disposition, wobei wiederum weitgehend die jeweils einschlägigen Bestimmungen des GmbH-Gesetzes zu befolgen sind. 6

Mit § 139 Satz 1 nimmt das Gesetz die Bestimmungen der **§§ 58a ff. GmbHG** für die Durchführung einer vereinfachten Kapitalherabsetzung in Bezug. Dabei handelt es sich nach überwiegender Auffassung um eine **Rechtsfolgenverweisung.**[23] Der Verweis erstreckt sich insofern auf die (formale und materielle) Durchführung einer vereinfachten Kapitalherabsetzung und nicht auf deren zulässigkeitsbegründende Voraussetzung i. R. des GmbH-Gesetzes. Dies hat zur Folge, dass insbesondere die Tatbestandsvoraussetzung des § 58a Abs. 1 GmbHG bei einer Spaltung einer GmbH nicht zum Tragen kommt.[24] Es muss daher gerade keine verlustbedingte Unterbilanz bei der GmbH vorliegen,[25] die Kapitalherabsetzung andererseits aber spaltungsbedingt „erforderlich" sein (siehe dazu Rz. 10). Das Vorliegen nur einer Rechtsfolgenverweisung schließt es allerdings nicht aus, dass die in Bezug genommenen §§ 58a ff. GmbHG mit Blick auf die spaltungsrechtlichen Besonderheiten zur Anwendung gelangen (siehe im Detail Rz. 16).[26] 7

Umstritten ist in diesem Zusammenhang, ob **§ 58a Abs. 2 GmbHG** auch bei einer GmbH-Spaltung Geltung erlangt, es also nur im Umfang von 90 % und nicht einer vollständigen Auflösung der Kapital- und Gewinnrücklagen bedarf. Die systematisch besseren Gründe sprechen im Ergebnis dafür, dass § 58a Abs. 2 GmbHG ebenso wie § 58a Abs. 1 GmbHG 8

21) *Bungert/Strothotte*, BB 2022, 1411, 1420; *Stiegler* in: NK-UmwG, § 320 Rz. 20.

22) *Niessen* in: KölnKomm-UmwG, § 139 Rz. 4; *Limmer* in: Limmer, Hdb. Unternehmensumwandlung, Kap. 6 Rz. 62.

23) AG Berlin-Charlottenburg, Beschl. v. 28.5.2008 – 99 AR 3278/08, GmbHR 2008, 993; *Priester*, GmbHR 2008, 993, 995 (Urteilsanm.); Semler/Stengel/Leonard-*Reichert*, UmwG, § 139 Rz. 6 m. w. N.

24) Kallmeyer-*Sickinger*, UmwG, § 139 Rz. 1; *Niessen* in: KölnKomm-UmwG, § 139 Rz. 13; *Limmer* in: Limmer, Hdb. Unternehmensumwandlung, Kap. 6 Rz. 57.

25) *Niessen* in: KölnKomm-UmwG, § 139 Rz. 13; Scholz-*Tebben*, GmbHG, § 58a Rz. 44; vgl. auch Lutter-*Priester/Lieder*, UmwG, § 139 Rz. 5.

26) Lutter-*Priester/Lieder*, UmwG, § 139 Rz. 5.

keine Anwendung findet.[27] Dies gilt nicht zur deswegen, weil es sich um eine Rechtsfolgenverweisung handelt (siehe Rz. 6), sondern auch aufgrund der unterschiedlichen Zweckrichtung der spaltungsbezogen und der rein GmbH-rechtlichen Kapitalherabsetzungsmöglichkeit: Eine 10%ige Kapitalreserve, die nicht aufgelöst werden muss, soll gerade der Sanierungsfähigkeit der sich in Schwierigkeiten befindlichen GmbH dienen und ist damit auch im Kontext des § 58a Abs. 1 GmbHG zu betrachten.[28] Dies ist i. R. einer Spaltung aber typischerweise nicht der Fall, da gerade noch keine Unterbilanz vorliegen muss.

1. Vorteilhaftigkeit der vereinfachten Kapitalherabsetzung

9 Wie bereits dargestellt (siehe Rz. 6), enthält § 139 Satz 1 keine Pflicht zur Durchführung einer Kapitalherabsetzung im vereinfachten Verfahren, sondern ermöglicht diese lediglich. Denkbar wäre daher auch weiterhin eine ordentliche Herabsetzung des Stammkapitals der GmbH. Aus praktischer Sicht ist die vereinfachte Kapitalherabsetzung nach den §§ 58a ff. GmbHG jedoch gerade mit verschiedensten Vorteilen verbunden, die § 139 Satz 1 den Beteiligten zur Verfügung stellen will (zum Zweck der Norm siehe Rz. 3). So nimmt eine ordentliche Kapitalherabsetzung typischerweise deutlich mehr Zeit in Anspruch als eine solche im vereinfachten Verfahren. Hintergrund ist vor allem, dass es bei einer vereinfachten Kapitalherabsetzung weder eines **Gläubigeraufrufs** (vgl. § 58 Abs. 1 Nr. 1 GmbHG) noch des Ablaufs eines **Sperrjahres** (vgl. § 58 Abs. 1 Nr. 3 GmbHG) bedarf, bevor der Herabsetzungsbeschluss zum Handelsregister angemeldet werden kann.[29] Der Schutz der GmbH-Gläubiger bestimmt sich abweichend weitgehend nach den Vorschriften der §§ 58b–58d GmbHG (siehe zu deren Anwendbarkeit auch Rz. 16).

2. Erforderlichkeit einer Kapitalherabsetzung

10 Spaltungsvorgänge, bei denen der übertragende Rechtsträger fortbesteht (Abspaltung, Ausgliederung) dürfen nicht dazu führen, dass das im Zuge der Spaltung beim übertragenden Rechtsträger verbleibende Vermögen zur Deckung des eingetragenen Stammkapitals nicht mehr ausreicht. Andernfalls kann die Erklärung über die Stammkapitaldeckung nach § 140 nicht wahrheitsgemäß abgegeben werden (siehe auch § 140 Rz. 6 [*Stiegler*]). Um dies sicherzustellen, wird auf Ebene der übertragenden GmbH ggf. eine Herabsetzung des bestehenden Stammkapitals notwendig. Insofern stellt § 139 Satz 1 ausdrücklich klar, dass die Möglichkeit der Durchführung einer Kapitalherabsetzung im vereinfachten Verfahren nur dann besteht, wenn eine Herabsetzung des Stammkapitals der übertragenden GmbH überhaupt **„erforderlich“** ist.[30] Losgelöst vor allem von § 58a Abs. 1 GmbHG (siehe Rz. 7) ist im spaltungsrechtlichen Kontext eine vereinfachte Kapitalherabsetzung daher grundsätzlich nur dann zulässig, wenn im Zuge der Durchführung der Spaltung eine **Unterbilanz** bei der übertragenden GmbH **entstehen würde.**[31]

27) *Niessen* in: KölnKomm-UmwG, § 139 Rz. 16; *Fischer* in: NK-UmwG, § 139 Rz. 15; Semler/Stengel/Leonard-*Reichert*, UmwG, § 139 Rz. 10; *Vetter* in: MünchKomm-GmbHG, Vor § 58 Rz. 123; *Priester*, GmbHR 2008, 993, 995 (Urteilsanm.); a. A. *Brellochs* in: BeckOGK-UmwG, § 139 Rz. 11; Lutter-*Priester/Lieder*, UmwG, § 139 Rz. 7; Schmitt/Hörtnagl-*Hörtnagl*, UmwG/UmwStG, § 139 UmwG Rz. 8; Widmann/Mayer-*Mayer*, UmwR, § 139 UmwG Rz. 20; *Sagasser* in: Sagasser/Bula, Umwandlungen, § 18 Rz. 98; *Mayer/Weiler* in: Beck'sches Notar-Hdb., § 22 Rz. 407; in Bezug auf § 145 auch *Prinz/Rösner*, AG 2021, 148, 153.

28) Vgl. auch *Vetter* in: MünchKomm-GmbHG, Vor § 58 Rz. 123.

29) Im Kontext des § 139 *Brellochs* in: BeckOGK-UmwG, § 139 Rz. 5; *Niessen* in: KölnKomm-UmwG, § 139 Rz. 3; *Recktenwald*, NZG 2024, 521, 522.

30) AG Berlin-Charlottenburg, Beschl. v. 28.5.2008 – 99 AR 3278/08, GmbHR 2008, 993.

31) Vgl. nur *Recktenwald*, NZG 2024, 521; offenbar anders zu § 145 im aktienrechtlichen Kontext *Prinz/Rösner*, AG 2021, 148, 153.

Dies schließt nach h. A. jedoch nicht zwangsläufig aus, dass bei der übertragenden GmbH **bereits eine Unterbilanz bestehen darf.**[32] Denn betrachtet man den unmittelbar mit § 139 Satz 1 im Zusammenhang stehenden § 140, so schreibt dieser nur vor, dass zum Zeitpunkt der Handelsregisteranmeldung der Spaltung keine Unterbilanz bei der übertragenden GmbH vorliegen darf. Eine Aussage darüber, ob im Vorfeld bereits eine Unterbilanz als Rechtsfolgenausschluss zu § 139 Satz 1 besteht, lässt sich daraus nicht entnehmen. Die Erforderlichkeit ist also auch dann zu bejahen, wenn durch die Kapitalherabsetzung nicht nur eine Unterbilanz vermieden wird, sondern auch eine bestehende Unterbilanz beseitigt (und damit auch die Vertiefung einer solchen vermieden) wird.[33] Es kann im Ergebnis keinen Unterschied machen, ob durch die Kapitalherabsetzung eine Unterbilanz nur vermieden oder auch beseitigt und vermieden wird.[34] Beides schließt insofern einander nicht aus. Nachzudenken wäre in diesem Fall jedoch darüber, ob dann nicht zusätzlich die Voraussetzungen des § 58a Abs. 1 GmbHG gegeben sein müssen. Denkbar ist ferner, dass im Vorfeld der spaltungsbedingten Kapitalherabsetzung nach § 139 Satz 1 entweder die Bestandsgesellschafter, insbesondere durch zusätzliche Eigenkapitalzahlungen in die freie Kapitalrücklage gemäß § 272 Abs. 2 Nr. 4 HGB, die Unterbilanz beseitigen[35] oder eine vorangeschaltete (vereinfachte oder ordentliche) Kapitalherabsetzung durchführen.[36] Sehr anwenderfreundlich ist vor allem die letzte Alternative freilich nicht. 11

Die maßgebende Frage ist, **wann** im Zuge einer beabsichtigten Spaltung eine Herabsetzung des GmbH-Stammkapitals tatsächlich zwingend erforderlich ist. Dies ist der Fall, wenn andernfalls durch die Spaltung eine Unterbilanz bei der übertragenden GmbH herbeigeführt würde (siehe bereits Rz. 10). Mit anderen Worten ist anhand einer **bilanzmäßigen Gegenüberstellung** der Aktiva und Passiva zu ermitteln,[37] ob durch den potenziell spaltungsbedingten Vermögensabfluss das Aktivvermögen das Fremdkapital (zuzüglich Rückstellungen) und das Stammkapital nicht mehr deckt. Es müssen regelmäßig auch offene Eigenkapitalposten (insbesondere Rücklagen) bei der übertragenden GmbH fehlen bzw. bereits aufgelöst worden sein.[38] Bei einer bloßen oder überwiegenden Übertragung von Passiva der GmbH auf eine aufnehmende oder neue Gesellschaft wird hingegen grundsätzlich keine Erforderlichkeit einer Kapitalherabsetzung bestehen. 12

Umstritten ist, ob eine Kapitalherabsetzung nur insoweit erforderlich ist, wie beim übernehmenden bzw. neuen Rechtsträger (neues) Nennkapital im Zuge der Spaltung gebildet werden soll.[39] Die Höhe der Kapitalherabsetzung dürfte daher allein der Nennkapitalbildung beim übernehmenden Rechtsträger dienen. Hierdurch soll verhindert werden, dass abgespaltene Vermögenswerte, die bei der GmbH Teil des gebundenen Stammkapitals 13

32) *Brellochs* in: BeckOGK-UmwG, § 139 Rz. 12; *Niessen* in: KölnKomm-UmwG, § 139 Rz. 18; Lutter-*Priester/Lieder*, UmwG, § 139 Rz. 10; *Priester*, NZG 2021, 370, 372; *Recktenwald*, NZG 2024, 521, 524; *Höfinghoff* in: KölnHdb.-GesR, Kap. 8 Rz. 1282.

33) A. A. *Recktenwald*, NZG 2024, 521, 522; Widmann/Mayer-*Mayer*, UmwR, § 139 UmwG Rz. 21.3; wohl auch *Priester*, NZG 2021, 370, 372.

34) In diesem Sinne wohl auch *Niessen* in: KölnKomm-UmwG, § 140 Rz. 13; Kallmeyer-*Zimmermann*, UmwG, § 140 Rz. 4.

35) *Brellochs* in: BeckOGK-UmwG, § 139 Rz. 12; *Recktenwald*, NZG 2024, 521, 524.

36) *Brellochs* in: BeckOGK-UmwG, § 139 Rz. 12; Lutter-*Priester/Lieder*, UmwG, § 139 Rz. 10; *Priester*, NZG 2021, 370, 372.

37) Im Detail i. R. des GmbH-Rechts *Wilhelmi*, Der Grundsatz der Kapitalerhaltung im System des GmbH-Rechts, S. 102 ff.; im Kontext des § 139 auch Lutter-*Priester/Lieder*, UmwG, § 139 Rz. 9.

38) Vgl. Noack/Servatius/Haas-*Kersting*, GmbHG, § 58a Rz. 9; Scholz-*Tebben*, GmbHG, § 58a Rz. 45.

39) Hierfür AG Berlin-Charlottenburg, Beschl. v. 28.5.2008 – 99 AR 3278/08, GmbHR 2008, 993; *Priester*, GmbHR 2008, 993, 995 (Urteilsanm.); *Fischer* in: NK-UmwG, § 139 Rz. 14; Semler/Stengel/Leonard-*Reichert*, UmwG, § 139 Rz. 10; *Naraschewski*, GmbHR 1995, 697, 701; Henssler/Strohn-*Galla/Cé. Müller*, GesR, § 139 UmwG Rz. 6.

waren, beim übernehmenden Rechtsträger nun für Ausschüttungen an die Gesellschafter zur Verfügung stehen.[40] Diese Sichtweise ist allerdings abzulehnen.[41] Maßgebend ist allein die **Höhe des abfließenden Nettovermögens** bei der übertragenden GmbH.[42] Alles andere würde im Ergebnis die Geltung eines umwandlungsrechtlichen Summengrundsatzes bedeuten, den das UmwG als solches aber gerade nicht kennt (siehe Einl. Rz. 76 [*Stiegler*]).[43] Auch eine spürbare Verschlechterung des Gläubigerschutzes geht damit nicht zwangsläufig einher. Vielmehr ist i. R. der von Gesetzgeber schon seinerzeit bewusst weitreichend geschaffenen Umwandlungs- und Vermögensaufteilungsfreiheit bei der Spaltung diese Wertungsentscheidung hinzunehmen.[44]

14 Ist eine Kapitalherabsetzung im vereinfachten Verfahren im Vorfeld der Spaltung durchgeführt worden, obwohl sie nicht nach § 139 Satz 1 erforderlich war, führt dies zur **Anfechtbarkeit** des entsprechenden Kapitalherabsetzungsbeschlusses.[45] Der Spaltungsbeschluss bleibt hingegen wirksam.

3. Durchführung der vereinfachten Kapitalherabsetzung

15 Die **Durchführung** der vereinfachten Kapitalherabsetzung bestimmt sich weitgehend nach den GmbH-rechtlichen Bestimmungen der **§§ 58a ff. GmbHG**, wobei jedoch aufgrund spaltungsrechtlicher Besonderheiten nicht alle dieser Regelungen vollumfänglich anzuwenden sind.[46]

16 Da auch die vereinfachte Herabsetzung des Stammkapitals einer GmbH zwangsläufig eine Anpassung des Gesellschaftsvertrags erforderlich macht, gelten die Vorgaben für dessen Änderungen; der **Kapitalherabsetzungsbeschluss** muss daher mindestens mit einer qualifizierten ¾-Mehrheit gefasst werden, ist notariell zu beurkunden sowie zur Eintragung ins Handelsregister anzumelden (vgl. § 58a Abs. 5 i. V. m. §§ 53 f. GmbHG). Im Kapitalherabsetzungsbeschluss selbst sind die Nennbeträge der einzelnen Geschäftsanteile anzupassen (vgl. § 58a Abs. 3 Satz 1). Die im Zuge der Kapitalherabsetzung frei werden Vermögensbeträge dürfen im Kontext des § 139 Satz 1 grundsätzlich nur für die spätere Kapital- und ggf. Rücklagenausstattung des übernehmenden bzw. neuen Rechtsträgers verwendet und insbesondere nicht an die Gesellschafter ausgeschüttet werden (vgl. § 58b Abs. 1 GmbHG).[47] Dies soll eine Umgehung der Kapitalerhaltungsvorschrift des § 30 GmbHG verhindern.[48] Möglich ist unter Geltung des § 58b Abs. 2 GmbHG aber die **stückweise Rücklagenbildung** auch bei der übertragenden GmbH.[49] Auch die Ausschüttungsbe-

40) AG Berlin-Charlottenburg, Beschl. v. 28.5.2008 – 99 AR 3278/08, GmbHR 2008, 993; entsprechend zur Verschmelzung auch *Petersen*, GmbHR 2004, 728 f.

41) *Brellochs* in: BeckOGK-UmwG, § 139 Rz. 14; Lutter-*Priester/Lieder*, UmwG, § 139 Rz. 11; *Niessen* in: KölnKomm-UmwG, § 139 Rz. 23; *Vetter* in: MünchKomm-GmbHG, Vor § 58 Rz. 124; Schmitt/Hörtnagl/*Hörtnagl*, UmwG/UmwStG, § 139 UmwG Rz. 12 ff.; Kallmeyer-*Sickinger*, UmwG, § 139 Rz. 3; Widmann/Mayer-*Mayer*, UmwR, § 139 UmwG Rz. 21; *Ittner*, MittRhNotK 1997, 105, 108; *Schubert/Stelzer*, GmbHR 2012, R153, R154.

42) *Brellochs* in: BeckOGK-UmwG, § 139 Rz. 14; Lutter-*Priester/Lieder*, UmwG, § 139 Rz. 11.

43) *Niessen* in: KölnKomm-UmwG, § 139 Rz. 23; *Vetter* in: MünchKomm-GmbHG, Vor § 58 Rz. 124; in diesem Kontext (zur Verschmelzung) auch *Maier-Reimer*, GmbHR 2004, 1128, 1132; a. A. *Petersen*, GmbHR 2004, 728.

44) In diesem Sinne *Brellochs* in: BeckOGK-UmwG, § 139 Rz. 15.

45) *Brellochs* in: BeckOGK-UmwG, § 139 Rz. 16; Lutter-*Priester/Lieder*, UmwG, § 139 Rz. 12; Semler/Stengel/Leonard-*Reichert*, UmwG, § 139 Rz. 11.

46) *Brellochs* in: BeckOGK-UmwG, § 139 Rz. 17; Lutter-*Priester/Lieder*, UmwG, § 139 Rz. 13.

47) *Brellochs* in: BeckOGK-UmwG, § 139 Rz. 19; Lutter-*Priester/Lieder*, UmwG, § 139 Rz. 14.

48) Begr. Fraktionsentwurf UmwBerG, BT-Drucks. 12/6699, S. 125.

49) *Brellochs* in: BeckOGK-UmwG, § 139 Rz. 20; Lutter-*Priester/Lieder*, UmwG, § 139 Rz. 14; Semler/Stengel/Leonard-*Reichert*, UmwG, § 139 Rz. 15; a. A. *Niessen* in: KölnKomm-UmwG, § 139 Rz. 28.

schränkung des § 58b Abs. 3 GmbHG sowie § 53c GmbHG (zumindest dessen Satz 1) sind nach h. M. anwendbar.[50] Die Begrenzung der Gewinnausschüttung nach der Kapitalherabsetzung gemäß § 58d GmbHG ist bei der Spaltung einer GmbH aufgrund der abweichenden Ausgangslage hingegen nicht anzuwenden.[51]

IV. Eintragungsreihenfolge (§ 139 Satz 2)

Nach § 139 Satz 2 darf im Fall der Kapitalherabsetzung bei der übertragenden GmbH die jeweilige Spaltung erst eingetragen werden, **nachdem** die Herabsetzung des Stammkapitals im Register eingetragen worden ist. Dies dient dem Schutz des Rechtsverkehrs, und zwar dergestalt, dass die Kapitalherabsetzung nicht erst nach der realen Vermögensreduktion durch die Spaltung bekannt, sondern bereits davor offengelegt wird. Mit dieser zeitlichen Eintragungsreihenfolge wird indes keine Aussage über das jeweilige Wirksamwerden der Maßnahmen (Kapitalherabsetzung und Spaltung) getroffen.[52] Vielmehr wird auch die bereits ins Handelsregister eingetragene Kapitalherabsetzung erst mit Eintragung der Spaltung im Handelsregister und damit deren Wirksamwerden wirksam.[53] Scheitert die Spaltung, ist die bereits eingetragene Kapitalherabsetzung von Amts wegen zu löschen.[54] Umgekehrt hat eine Missachtung der Eintragungsreihenfolge des § 139 Satz 2 **keine Konsequenzen** in Bezug auf die Wirksamkeit einer bereits eingetragenen Spaltung; die Anmeldung zur Eintragung der Kapitalherabsetzung ist dann aber schnellstmöglich nachzuholen.[55] 17

50) *Brellochs* in: BeckOGK-UmwG, § 139 Rz. 22 f.; Lutter-*Priester/Lieder*, UmwG, § 139 Rz. 14, 16; Semler/Stengel/Leonard-*Reichert*, UmwG, § 139 Rz. 15; a. A. *Niessen* in: KölnKomm-UmwG, § 139 Rz. 28.

51) *Brellochs* in: BeckOGK-UmwG, § 139 Rz. 24; Lutter-*Priester/Lieder*, UmwG, § 139 Rz. 17; Semler/Stengel/Leonard-*Reichert*, UmwG, § 139 Rz. 16; *Niessen* in: KölnKomm-UmwG, § 139 Rz. 32; *Priester*, NZG 2021, 370, 373; a. A. Schmitt/Hörtnagl-*Hörtnagl*, UmwG/UmwStG, § 139 UmwG Rz. 29; Widmann/Mayer-*Mayer*, UmwR, § 139 UmwG Rz. 75.

52) *Brellochs* in: BeckOGK-UmwG, § 139 Rz. 30.

53) *Brellochs* in: BeckOGK-UmwG, § 139 Rz. 30; *Niessen* in: KölnKomm-UmwG, § 139 Rz. 39; Semler/Stengel/Leonard-*Reichert*, UmwG § 139 Rz. 19; *Recktenwald*, NZG 2024, 521, 522.

54) *Brellochs* in: BeckOGK-UmwG, § 139 Rz. 24; Lutter-*Priester/Lieder*, UmwG, § 139 Rz. 17; Semler/Stengel/Leonard-*Reichert*, UmwG, § 139 Rz. 16; *Niessen* in: KölnKomm-UmwG, § 139 Rz. 32; *Höfinghoff* in: KölnHdb.-GesR, Kap. 8 Rz. 1287.

55) *Brellochs* in: BeckOGK-UmwG, § 139 Rz. 31; Lutter-*Priester/Lieder*, UmwG, § 139 Rz. 24; *Niessen* in: KölnKomm-UmwG, § 139 Rz. 40.

§ 140
Anmeldung der Abspaltung oder der Ausgliederung

Bei der Anmeldung der Abspaltung oder der Ausgliederung zur Eintragung in das Register des Sitzes einer übertragenden Gesellschaft mit beschränkter Haftung haben deren Geschäftsführer auch zu erklären, daß die durch Gesetz und Gesellschaftsvertrag vorgesehenen Voraussetzungen für die Gründung dieser Gesellschaft unter Berücksichtigung der Abspaltung oder der Ausgliederung im Zeitpunkt der Anmeldung vorliegen.

Literatur: *Bungert/Strothotte*, Die grenzüberschreitende Spaltung nach dem Referentenentwurf des UmRUG, BB 2022, 1411; *Hölzle*, Unternehmensumwandlung in Krise, Sanierung und Insolvenz, FR 2006, 447; *Recktenwald*, Abspaltung bei Bestehen einer Unterbilanz, NZG 2024, 521; *Priester*, Kapitalherabsetzung und Gewinnausschüttung, NZG 2021, 370; *Schubert/Stelzer*, „Erforderlichkeit" der vereinfachten Kapitalherabsetzung bei Spaltungen, GmbHR 2012, R153;

Stiegler, Beschlussfassung per App?, GmbHR 2023, R290; *Stindt*, Ausgliederung bei Unterbilanz der übertragenden GmbH – zur Erklärung gem. § 140 UmwG, NZG 2017, 174.

Übersicht

I. Hintergrund und Normzweck

1 Bei der Spaltung (einer GmbH) kann aufgrund der umfassenden Spaltungsfreiheit (siehe dazu Einl. Rz. 75 [*Stiegler*]) die Übertragung von Aktiva auf einen anderen bzw. neuen Rechtsträger zu einem (bilanziellen) Vermögensverlust beim übertragenden Rechtsträger führen.[1] Die Spaltungsvorgänge, bei denen der übertragende Rechtsträger fortbesteht (Abspaltung, Ausgliederung) dürfen aber nicht dazu führen, dass das im Zuge der Spaltung bei der übertragenden GmbH verbleibende Vermögen zur Deckung deren eingetragenen Stammkapitals nicht mehr ausreicht.[2] Um dies somit zu verhindern und teilweise im Zusammenspiel mit § 139 bestimmt daher § 140, dass bei der Spaltungsanmeldung der übertragenden GmbH deren Geschäftsführer zu erklären haben, dass die gesellschaftsvertraglich und gesetzlich vorgesehenen **Kapitalschutzbestimmungen** auch i. R. der Umwandlungsmaßnahme eingehalten wurden. Die Norm dient folglich der Sicherung der fortwährenden Kapitalausstattung der übertragenden GmbH;[3] mithin dem **Kapitalschutz.**[4] Wird die Erklärung vorsätzlich falsch abgegeben, kann dies zu strafrechtlichen Konsequenzen führen (vgl. § 346 Abs. 2) (siehe dazu Rz. 17).

II. Anwendungsbereich

2 Wie bei § 139 (siehe § 139 Rz. 4 [*Stiegler*]) ist auch der Anwendungsbereich des § 140 sachlich sowie persönlich beschränkt. Zunächst werden nur die Geschäftsführer der **übertragenden GmbH** verpflichtet. Die übernehmende bzw. im Zuge der Spaltung neu entstehende Gesellschaft muss hingegen nicht zwingend auch eine GmbH sein.[5] Mit § 146 Abs. 1 besteht für AG/KGaA eine Parallelregelung. Ferner gilt § 140 nur für **Abspaltungen** sowie **Ausgliederungen** einer GmbH, nicht hingegen für Aufspaltungen. Hintergrund ist, dass bei der Aufspaltung der übertragende Rechtsträger erlischt und damit auch Fragen seiner Kapitalerhaltung obsolet sind.[6] Eine in Bezug auf Ausgliederungen teilweise vorgebrachte teleologische Reduktion,[7] findet im Normzweck der Vorschriften keinen Halt.[8] Unerheblich ist, ob die Abspaltung oder Ausgliederung zur Aufnahme oder zur Neugründung erfolgen soll.

---

1) *Recktenwald*, NZG 2024, 521, 524; *Schubert/Stelzer*, GmbHR 2012, R153.

2) Begr. Fraktionsentwurf UmwBerG, BT-Drucks. 12/6699, S. 125.

3) *Brellochs* in: BeckOGK-UmwG, § 140 Rz. 2; *Höfinghoff* in: KölnHdb.-GesR, Kap. 8 Rz. 1280; Lutter-*Priester/Lieder*, UmwG, § 140 Rz. 1; *Niessen* in: KölnKomm-UmwG, § 140 Rz. 2; *Priester*, NZG 2021, 370, 373.

4) *Brellochs* in: BeckOGK-UmwG, § 140 Rz. 2; Kallmeyer-*Zimmermann*, UmwG, § 140 Rz. 1; *Priester*, NZG 2021, 370, 373; Schmitt/Hörtnagl-*Hörtnagl*, UmwG/UmwStG, § 140 UmwG Rz. 1; *Limmer* in: Limmer, Hdb. Unternehmensumwandlung, Kap. 10 Rz. 54.

5) Vgl. nur *Klumpp* in: HK-UmwG, § 140 Rz. 2.

6) *Brellochs* in: BeckOGK-UmwG, § 140 Rz. 3.

7) So Kallmeyer-*Zimmermann*, UmwG, § 140 Rz. 4; *Sagasser* in: Sagasser/Bula, Umwandlungen, § 18 Rz. 90.

8) *Brellochs* in: BeckOGK-UmwG, § 140 Rz. 3; Lutter-*Priester/Lieder*, UmwG, § 140 Rz. 2; *Niessen* in: KölnKomm-UmwG, § 140 Rz. 8; Widmann/Mayer-*Mayer*, UmwR, § 140 UmwG Rz. 3.

Da die **UG (haftungsbeschränkt)** lediglich eine Unter- bzw. Sonderform der GmbH ist und sich § 140 nur auf GmbHs als übertragende Rechtsträger bezieht, gilt die Norm auch für diese (zur Spaltungsfähigkeit einer UG (haftungsbeschränkt) als übertragender Rechtsträger siehe § 138 Rz. 8 [*Stiegler*]; allgemein auch § 1 Rz. 18 [*Stiegler*]). Das satzungsmäßig bestimmte Stammkapital muss daher erhalten bleiben, was entsprechend zu versichern ist. Da § 140 keine Anforderungen an das Bestehen gesetzlicher Rücklagen stellt, kann die Spaltung einer UG (haftungsbeschränkt) grundsätzlich auch zulasten solcher Rücklagen erfolgen.[9] 3

Über § 320 Abs. 2 kommt § 140 auch für eine grenzüberschreitende **Hinausspaltung** einer GmbH aus Deutschland zur Anwendung.[10] Für eine Hereinspaltung nach Deutschland kommt § 140 nicht zur Geltung, da naturgemäß die sich spaltende Auslandsgesellschaft nicht dem deutschen Recht unterliegt und insofern keine GmbH ist. 4

Die Erklärung der Geschäftsführer hat unabhängig davon zu erfolgen, ob zur Durchführung einer Abspaltung eine vereinfachte Kapitalherabsetzung erfolgt.[11] § 140 gilt daher **auch, aber nicht nur,** in Bezug auf die Möglichkeit des § 139. Gleichwohl wird die Geschäftsführererklärung in der Praxis regelmäßig im Zusammenhang mit einer erfolgten Kapitalherabsetzung im Vorfeld der geplanten Spaltung stehen. 5

III. Kapitaldeckungserklärung

Gemäß § 140 haben die Geschäftsführer der übertragenden GmbH gegenüber deren zuständigem Registergericht i. R. der Anmeldung der Spaltung zu versichern, dass „die durch Gesetz und Gesellschaftsvertrag vorgesehenen Voraussetzungen für die Gründung“ unter Berücksichtigung der Spaltung im Zeitpunkt der Anmeldung vorliegen. Die entsprechende (strafbewehrte) Versicherung wird gemeinhin als Kapitaldeckungserklärung[12] oder **Solidätserklärung**[13] bezeichnet. Durch sie soll ausgedrückt werden, dass das Stammkapital der übertragenden GmbH auch im Zuge der Spaltung durch deren Aktiva weiter gedeckt ist. Gerade damit wird jedoch deutlich, dass sich die Erklärung des § 140 aus gesetzlicher Sicht nicht nur auf eine Einhaltung der Kapitalerhaltungsnorm des § 30 GmbHG beziehen darf. Denn dieser schützt gerade nicht vor einem über die Rückzahlung an die Gesellschafter hinausgehenden, verlustbedingten Verbrauch des eingezahlten Stammkapitals.[14] Es geht also vielmehr um die Stammkapitaldeckung durch das **Nettobuchvermögen,** also das buchmäßige Aktivvermögen abzüglich der mit ihrem Nennwert angesetzten Verbindlichkeiten sowie Rückstellungen und passiven Rechnungsabgrenzungsposten.[15] 6

9) *Verse* in: BeckOGK-UmwG, § 124 Rz. 14; Lutter-*Lieder*, UmwG, § 124 Rz. 4.

10) *Bungert/Strothotte*, BB 2022, 1411, 1420.

11) *Recktenwald*, NZG 2024, 521.

12) *Brellochs* in: BeckOGK-UmwG, § 140 Rz. 2; Lutter-*Priester/Lieder*, UmwG, § 140 Rz. 3; *Priester*, NZG 2021, 370, 373.

13) Happ/Bednarz-*Bednarz*, UmwR, Muster 2.05 lit. g i. V. m. Muster 2.04 lit. h; *Priester*, NZG 2021, 370, 373; zur Parallelnorm des § 146 Abs. 1 auch *Burg/Nordhues* in: NK-UmwG, § 146 Rz. 6; *Oppenhoff* in: MünchHdb. GesR, Bd. 8, § 29 Rz. 108.

14) Insofern zur Reichweite des § 30 GmbHG *Altmeppen*, GmbHG, § 30 Rz. 7; Michalski/Heidinger/Leible/J. Schmidt-*Heidinger*, GmbHG, § 30 Rz. 7.

15) IDW, Auswirkungen einer Spaltung auf den handelsrechtlichen Jahresabschluss (IDW RS HFA 43), Stand: 6.9.2012, Rz. 16, FN-IDW 12/2012, 714 ff.; Lutter-*Priester/Lieder*, UmwG, § 140 Rz. 4; *Fischer* in: NK-UmwG, § 140 Rz. 5; *Höfinghoff* in: KölnHdb.-GesR, Kap. 8 Rz. 1280; *Recktenwald*, NZG 2024, 521, 522; Schmitt/Hörtnagl-*Hörtnagl*, UmwG/UmwStG, § 140 UmwG Rz. 7.

1. Verpflichtete

7 § 140 bestimmt als Verpflichtete der Abgabe der Kapitaldeckungserklärung die „Geschäftsführer" der übertragenden GmbH. Hierbei handelt es sich um eine **höchstpersönliche** Erklärung der Geschäftsführer.[16] Eine Bevollmächtigung ist daher nicht möglich.[17] Dies gilt jeweils auch, wenn die Handelsregisteranmeldung der Spaltung durch das Vertretungsorgan des übernehmenden Rechtsträgers erfolgt (vgl. § 129). Im Rahmen des Insolvenzverfahrens ist der Insolvenzverwalter zur Abgabe der Erklärung berechtigt und verpflichtet.

8 Streitig ist, ob die Erklärung durch **sämtliche Geschäftsführer**[18] oder nur in vertretungsberechtigter Zahl[19] erfolgen muss. Da die Erklärung individuell-strafbewehrt ist (siehe Rz. 17) und auch § 78 GmbHG weder direkt noch analog anwendbar ist, kann im Ergebnis nur eine Erklärung durch sämtliche zum Zeitpunkt der Handelsregisteranmeldung der Spaltung amtierenden Geschäftsführer der übertragenden GmbH in Betracht kommen. Schon rein sicherheitshalber ist dies zu raten. Maßgeblicher Zeitpunkt für die Geschäftsführerstellung ist wie auch allgemein die Bekanntgabe des Bestellungsbeschlusses gegenüber der entsprechenden Person.

2. Inhalt der Erklärung

9 Gemäß dem Wortlaut des § 140 ist zu erklären, dass „die durch Gesetz und Gesellschaftsvertrag vorgesehenen Voraussetzungen für die Gründung dieser Gesellschaft unter Berücksichtigung der Abspaltung oder der Ausgliederung im Zeitpunkt der Anmeldung vorliegen". Die Geschäftsführung hat entsprechendes bei der Registeranmeldung der Spaltung strafbewehrt zu „garantieren".[20] Gemeinhin wird der **Wortlaut** des § 140 und damit der Umfang der Versicherung allerdings als verfehlt oder zumindest **unklar** betrachtet.[21] Hintergrund ist vor allem, dass die Einhaltung der GmbH-rechtlichen Gründungsbestimmungen i. R. der Spaltung einer bereits bestehenden GmbH unpassend erscheinen. Im Hinblick auf den Zweck des § 140 darf dies daher nicht dahingehend missverstanden werden, dass ggf. nicht mehr vorhandenes Stammkapital aufzufüllen ist. Vielmehr bestimmt selbst die Gesetzesbegründung, dass eine erneute Überprüfung der Gründungsvorschriften für die übertragende GmbH nicht notwendig ist und dies auch den Spaltungsvorgang unnötig mit formalen Anforderungen und zusätzlichen Kosten belasten würde.[22] Sofern bei der GmbH daher schon vor der Ausgliederung/Abspaltung das Stammkapital nicht mehr vollständig zur Verfügung stand, reicht es aus, wenn die Geschäftsführer erklären, dass es durch die Ausgliederung/Abspaltung nicht zu einer weiteren Verschlechterung der Stammkapitalsituation gekommen ist.[23] „Voraussetzungen für die Gründung" kann sich folglich allenfalls auf die zu beachtende **Einhaltung der**

---

16) Statt vieler *Brellochs* in: BeckOGK-UmwG, § 140 Rz. 9; Semler/Stengel/Leonard-*Reichert*, UmwG, § 140 Rz. 4.

17) Lutter-*Priester/Lieder*, UmwG, § 140 Rz. 7; *Niessen* in: KölnKomm-UmwG, § 140 Rz. 19.

18) *Brellochs* in: BeckOGK-UmwG, § 140 Rz. 9; Kallmeyer-*Zimmermann*, UmwG, § 140 Rz. 6; Lutter-*Priester/Lieder*, UmwG, § 140 Rz. 7; *Recktenwald*, NZG 2024, 521; Widmann/Mayer-*Mayer*, UmwG, § 140 Rz. 11; *Niessen* in: KölnKomm-UmwG, § 140 Rz. 20.

19) Semler/Stengel/Leonard-*Reichert*, UmwG, § 140 Rz. 4; Henssler/Strohn-*Galla/Cé Müller*, GesR, § 140 UmwG Rz. 3; Schmitt/Hörtnagl-*Hörtnagl*, UmwG/UmwStG, § 140 UmwG Rz. 3.

20) Begr. Fraktionsentwurf UmwBerG, BT-Drucks. 12/6699, S. 125.

21) Vgl. nur *Priester*, NZG 2021, 370, 373.

22) Begr. Fraktionsentwurf UmwBerG, BT-Drucks. 12/6699, S. 125.

23) *Niessen* in: KölnKomm-UmwG, § 140 Rz. 13.

Mindesthöhe der Stammeinlagen beziehen,[24] also in erster Linie die gesetzliche Stammkapitalziffer und den gesetzlichen Mindestnennbetrag.[25]

Auch die Bezugnahme auf die **gesellschaftsvertraglichen Voraussetzungen** der übertragenden GmbH erscheint weitgehend gegenstandslos und bezieht sich im spaltungsrechtlichen Kontext allenfalls auf das über das Mindeststammkapital hinausgehend festgesetzte Stammkapital der GmbH.[26] 10

Betreffend den Inhalt der Versicherung geht die h. M. davon aus, dass es nicht genügt, in der Erklärung lediglich den Wortlaut des § 140 wieder zu geben, sondern es muss eine **Kapitaldeckungserklärung** abgegeben werden (siehe zum entsprechenden Formulierungsvorschlag Rz. 13). Die Erklärung muss danach auch die Aussage enthalten, dass das satzungsmäßige bzw. gesetzliche Stammkapital der übertragenden GmbH unter Berücksichtigung der Abspaltung oder Ausgliederung durch das verbleibende Nettovermögen gedeckt ist.[27] Sofern zur Durchführung der Spaltung eine Herabsetzung des Stammkapitals der übertragenden GmbH erfolgt, ist auf die nach der Kapitalherabsetzung verbleibende Stammkapitalziffer abzustellen.[28] Es ist also insbesondere im Ergebnis zu erklären, dass es im Zuge der Spaltung zu keinem Verstoß gegen § 30 GmbHG kommen wird.[29] Insofern sind auch etwaige stille Reserven nicht zu berücksichtigen.[30] Darüber hinaus wird angeraten, in der Kapitaldeckungserklärung anzugeben, dass eine vorherige Kapitalherabsetzung nicht erforderlich war und daher das originäre Stammkapital maßgeblich ist.[31] Aufgrund der Regelung des § 139 Satz 2 erscheint dies aber nicht zwingend erforderlich. 11

Teilweise wird vertreten, dass § 140 **teleologisch zu reduzieren** sein, wenn die geplante Spaltung nicht kausal für die (bereits bestehende) Unterbilanz der GmbH ist und sich folglich die Kapitaldeckungserklärung in diesem Fall nur darauf bezieht, dass die **Spaltung nicht ursächlich** für die Unterdeckung des Stammkapitals ist und dadurch auch keine Vertiefung der Unterbilanz eintritt.[32] Entscheidend sei allein, dass das Stammkapital „durch" die Spaltung angegriffen wird.[33] Im Ergebnis ist dies jedoch abzulehnen. Durch eine solche, vom Wortlaut des § 140 abweichende, Betrachtung lässt sich der Zweck der Norm (siehe Rz. 1) nicht verlässlich bestimmen und würde auch in zu großem Widerspruch zu den allgemeinen GmbH-rechtlichen Wertungen stehen. Vielmehr bezieht sich der einschlägige Wortlaut „unter Berücksichtigung der Abspaltung oder der Ausgliederung" darauf, dass damit ausgedrückt werden soll, dass die Kapitalausstattung im Zuge der Spaltung zugrunde zu legen, diese im Hinblick auf die Erklärung also vielmehr zu antizipieren ist.[34] Denn „im Zeitpunkt der Anmeldung" ist die jeweilige Spaltung noch nicht 12

24) Vgl. Begr. Fraktionsentwurf UmwBerG, BT-Drucks. 12/6699, S. 125; *Limmer* in: Limmer, Hdb. Unternehmensumwandlung, Kap. 10 Rz. 54.

25) Lutter-*Priester/Lieder*, UmwG, § 140 Rz. 5.

26) Vgl. Schmitt/Hörtnagl-*Hörtnagl*, UmwG/UmwStG, § 140 UmwG Rz. 9; Lutter-*Priester/Lieder*, UmwG, § 140 Rz. 6.

27) *Limmer* in: Limmer, Hdb. Unternehmensumwandlung, Kap. 10 Rz. 54; *Brellochs* in: BeckOGK-UmwG, § 140 Rz. 5; Semler/Stengel/Leonard-*Reichert*, UmwG, § 140 Rz. 2.

28) Henssler/Strohn-*Galla/Cé Müller*, GesR, § 140 UmwG Rz. 1; *Brellochs* in: BeckOGK-UmwG, § 140 Rz. 11.

29) Vgl. nur *Brellochs* in: BeckOGK-UmwG, § 140 Rz. 5.

30) *Niessen* in: KölnKomm-UmwG, § 140 Rz. 9; Lutter-*Priester/Lieder*, UmwG, § 140 Rz. 4; Semler/Stengel/Leonard-*Reichert*, UmwG, § 140 Rz. 2; Kallmeyer-*Zimmermann*, UmwG, § 140 Rz. 2.

31) Vgl. *Krafka*, Registerrecht, Rz. 1192; *Recktenwald*, NZG 2024, 521, 524.

32) So Kallmeyer-*Zimmermann*, UmwG, § 140 Rz. 4; Widmann/Mayer-*Mayer*, UmwR, § 140 UmwG Rz. 8; *Niessen* in: KölnKomm-UmwG, § 140 Rz. 13.

33) So hervorhebend *Niessen* in: KölnKomm-UmwG, § 140 Rz. 13.

34) Vgl. zu § 146 Lutter-*Schwab*, UmwG, § 146 Rz. 11 – „zukunftsgerichtet".

wirksam und daher eigentlich noch in Planung (vgl. insofern auch § 130 Abs. 1 Satz 1, § 131 Abs. 1). Insofern kann es im Umkehrschluss nicht von Bedeutung i. R. des § 140 sein, ob bereits – spaltungsunabhängig – eine Unterbilanz vorliegt (siehe auch § 139 Rz. 11 [*Stiegler*]).[35] Maßgebend ist allein, dass **nach Wirksamwerden** der Spaltung, also mit Registereintragung bei der übertragenden GmbH und vorheriger Eintragung bei den/dem übernehmenden Rechtsträger(n) (vgl. § 130 Abs. 1 Satz 2), das Stammkapital durch das Nettobuchvermögen gedeckt ist, also keine Unterbilanz besteht.[36] Dies bedeutet dann aber auch, dass wenn eine bestehende Unterbilanz nicht im Vorfeld oder im Zuge der Spaltung beseitigt werden kann, z. B. weil eine (vereinfachte) Kapitalherabsetzung nicht möglich ist oder die Übertragung auch von Passiva, zusätzlichen Eigenkapitalzahlungen in die freie Kapitalrücklage oder der Verzicht auf die Rückzahlung eines Gesellschafterdarlehens[37] eine Unterdeckung nicht ausreichend verringert (siehe auch § 139 Rz. 11 [*Stiegler*]), die Kapitaldeckungserklärung des § 140 nicht wahrheitsgemäß abgegeben werden kann.[38] Das Argument, der Gesetzgeber hätte solch eine potenzielle Einschränkung der Spaltungsfreiheit systematisch dann in § 124 und nicht i. R. der Erklärung nach § 140 verorten müssen,[39] verfängt ebenfalls nicht. Denn wie dargestellt, wird die Zulässigkeit einer Spaltung in diesem Zusammenhang nicht als solche eingeschränkt, sondern unter die, letztlich auf den besonderen Wertungen des GmbH-Rechts beruhende, ergänzende Voraussetzung gestellt, dass generell das Stammkapital durch das Nettobuchvermögen gedeckt ist.

13 **Formulierungsvorschlag** einer Kapitaldeckungserklärung:[40)]

„Erklärung gemäß § 140 UmwG

Wir, sämtliche Geschäftsführer der […]-GmbH als übertragender Rechtsträger der geplanten Spaltung mit der [neu zu gründenden] […]-GmbH/AG etc., erklären hiermit im Hinblick auf § 140 UmwG, dass die durch das Gesetz und den Gesellschaftsvertrag der […]-GmbH vorgesehenen Voraussetzungen für die Gründung der […]-GmbH unter Berücksichtigung der Spaltung im Zeitpunkt der Anmeldung vorliegen. Ferner erklären wir, dass das Stammkapital der […]-GmbH im Zuge der Spaltung in voller Höhe durch die nach der Spaltung verbleibenden Aktiva gedeckt ist."

14 Eine explizite Ergänzung, dass im Fall einer spaltungsbedingten Kapitalherabsetzung nach § 139 auch das gesetzliche Mindeststammkapital nicht unterschritten und der Mindestnennbetrag der Anteile eingehalten wird, wäre redundant und ist daher **nicht zwingend erforderlich.**[41] Dies ergibt sich bereits aus dem ersten Satz des Formulierungsvorschlags bezüglich der Einhaltung der Gründungsvorschriften. Im Hinblick auf die Erwägungen in Rz. 12 gilt grundsätzlich gleiches für eine etwaig ergänzende Aussage, dass durch die Spaltung keine Vertiefung einer ggf. bereits bestehenden Unterbilanz eintritt.[42] Sicher-

---

35) *Niessen* in: KölnKomm-UmwG, § 140 Rz. 13; *Recktenwald*, NZG 2024, 521, 524; *Stindt*, NZG 2017, 174, 176; Widmann/Mayer-*Mayer*, UmwR, § 140 UmwG Rz. 8; a. A. Lutter-*Priester*/*Lieder*, UmwG, § 140 Rz. 3; *Priester*, NZG 2021, 370, 373.

36) In diesem Sinne auch *Niessen* in: KölnKomm-UmwG, § 140 Rz. 13; Kallmeyer-*Zimmermann*, UmwG, § 140 Rz. 4.

37) Vgl. in diesem Zusammenhang *Heckschen* in: Reul/Heckschen/Wienberg, InsR, § 4 Rz. 567.

38) In diesem Sinne auch *DNotI*, Gutachten Nr. 82866 v. 25.1.2008 (intern); *Recktenwald*, NZG 2024, 521, 524; a. A. *Niessen* in: KölnKomm-UmwG, § 140 Rz. 13.

39) So *Niessen* in: KölnKomm-UmwG, § 140 Rz. 13.

40) Angelehnt an Happ/Bednarz-*Bednarz*, UmwR, Muster 2.05 lit. g i. V. m. Muster 2.04 lit. h; Widmann/Mayer-*Mayer*, UmwR, § 140 UmwG Rz. 7.

41) Im Ergebnis auch Widmann/Mayer-*Mayer*, UmwR, § 140 UmwG Rz. 7.1; wohl a. A. unter Berufung auf die Gesetzesbegründung *Brellochs* in: BeckOGK-UmwG, § 140 Rz. 7; Lutter-*Priester*/*Lieder*, UmwG, § 140 Rz. 5; Semler/Stengel/Leonard-*Reichert*, UmwG, § 140 Rz. 3.

42) So jedoch *Hölzle*, FR 2006, 447, 457; *Recktenwald*, NZG 2024, 521, 524; *Stindt*, NZG 2017, 174, 175.

heitshalber empfiehlt sich allerdings eine Abstimmung mit dem zuständigen Registergericht.[43)]

3. Zeitpunkt der Erklärung

Die Kapitaldeckungserklärung nach § 140 hat „[b]ei **der Anmeldung** der Abspaltung oder der Ausgliederung" zur Eintragung im Handelsregister der übertragenden GmbH zu erfolgen. Sie muss sich daher auf den Zeitpunkt der Anmeldung beziehen.[44)] Dies ist aber nicht dahingehend falsch zu verstehen, dass auch in Bezug auf diesen Zeitpunkt die Deckung des Kapitals zu versichern ist. Vielmehr ist die Erklärung **zukunftsgerichtet** (siehe bereits Rz. 12), d. h. sie bezieht sich darauf, dass nach vollzogener und wirksam gewordener Spaltung das Stammkapital der übertragenden GmbH durch deren (verbleibenden) Nettobuchvermögen gedeckt ist. Insofern schreibt § 140 nur vor, dass zum Zeitpunkt der Handelsregisteranmeldung der Spaltung keine Unterbilanz bei der übertragenden GmbH vorliegen darf.[45)] Eine Aussage darüber, ob im Vorfeld bereits eine Unterbilanz als Rechtsfolgenausschluss zu § 139 Satz 1 besteht, lässt sich daraus nicht entnehmen (siehe auch § 139 Rz. 11 [*Stiegler*]). Für die Erklärung nach § 140 spielt es dabei ebenfalls keine Rolle, ob durch eine etwaige Kapitalherabsetzung eine Unterbilanz nur vermieden oder auch beseitigt und vermieden werden soll.[46)] 15

4. Form der Erklärung

Eine spezifische Form für die Erklärung sieht der Gesetzgeber nicht vor. Da § 140 davon spricht, dass die Erklärung „[b]ei der Anmeldung" zu erfolgen hat, wird ersichtlich, dass sie nicht selbst Bestandteil der Anmeldung, sondern dieser **nur beizufügen** ist.[47)] Es gilt daher insbesondere nicht der Beglaubigungszwang des § 12 Abs. 1 HGB.[48)] Vielmehr handelt es sich um ein einzureichendes „Dokument" nach § 12 Abs. 2 HGB, sodass die Erklärung zumindest elektronisch in einem maschinenlesbaren und durchsuchbaren Datenformat einzureichen ist. Mangels Beurkundungs- oder Beglaubigungserfordernis ist dabei wiederum die Einreichung einer (unbeglaubigten) elektronischen Aufzeichnung ausreichend (vgl. § 12 Abs. 2 Satz 2 HGB). Insofern bedürfte die Erklärung der Geschäftsführer auch nicht einmal zwingend der Schriftform des § 126 BGB,[49)] sondern ein rein elektronisch erstelltes **Textdokument** i. S. des § 126b BGB ist ausreichend und sogar ohne elektronische Signatur hinreichend.[50)] Eine weitereichende Form ist gleichwohl unschädlich. Daher wird in der Praxis die Erklärung nach § 140 regelmäßig zusammen mit der Anmeldung der Spaltung öffentlich beglaubigt. 16

---

43) *Recktenwald*, NZG 2024, 521, 524; *Stindt*, NZG 2017, 174, 176.

44) *Brellochs* in: BeckOGK-UmwG, § 140 Rz. 11; *Niessen* in: KölnKomm-UmwG, § 140 Rz. 22; Lutter-*Priester/Lieder*, UmwG, § 140 Rz. 9; vgl. auch *Klingberg* in: Deubert/Förschle/Störk, Sonderbilanzen, Spaltungsbilanzen Rz. 75.

45) Insofern sind grundsätzlich auch Veränderungen des Eigenkapitals nach Anmeldung, aber noch vor Eintragung der Spaltung, unerheblich, vgl. nur Kallmeyer-*Zimmermann*, UmwG, § 140 Rz. 10.

46) In diesem Sinne wohl auch *Niessen* in: KölnKomm-UmwG, § 140 Rz. 13; Kallmeyer-*Zimmermann*, UmwG, § 140 Rz. 4.

47) Vgl. nur *Brellochs* in: BeckOGK-UmwG, § 140 Rz. 11; *Niessen* in: KölnKomm-UmwG, § 140 Rz. 21.

48) *Brellochs* in: BeckOGK-UmwG, § 140 Rz. 12; *Niessen* in: KölnKomm-UmwG, § 140 Rz. 21; Lutter-*Priester/Lieder*, UmwG, § 140 Rz. 10; Semler/Stengel/Leonard-*Reichert*, UmwG § 140 Rz. 7.

49) So aber wohl *Brellochs* in: BeckOGK-UmwG, § 140 Rz. 12; *Niessen* in: KölnKomm-UmwG, § 140 Rz. 21.

50) Allg. i. R. des § 12 Abs. 2 HGB KG Berlin, Beschl. v. 30.6.2022 – 22 W 36/22, GmbHR 2022, 1191; OLG Düsseldorf, Beschl. v. 20.3.2019 – I-3 Wx 20/18, ZIP 2019, 1530; im gesellschaftsrechtlichen Kontext auch *Neuhöfer*, NZG 2023, 607, 608 (Urteilsanm.); *Stiegler*, GmbHR 2023, R290, R291.

IV. Rechtsfolgen

17 Die Kapitaldeckungserklärung des § 140 ist **strafbewehrt** (vgl. § 346 Abs. 2). Der/die verpflichtete(n) Geschäftsführer machen sich strafbar, wenn er/sie bewusst unrichtige Angaben gemacht oder der Erklärung zugrunde gelegt hat/haben. Wurde die Erklärung lediglich fahrlässig i. S. von § 276 Abs. 2 BGB unrichtig erstellt und abgegeben, ist sie entsprechend zu korrigieren.[51] Das Registergericht ist dabei jeweils nur bei begründeten Zweifeln an der Richtigkeit der abgegebenen Erklärung berechtigt, weitere Nachweise zur Kapitaldeckung zu verlangen.[52] Dies ist insbesondere der Fall, wenn sich aus der Schlussbilanz i. S. von §§ 125 Abs. 1 i. V. m. § 17 Abs. 2 Satz 1 oder einer Abspaltungsbilanz Anhaltspunkte für die Unrichtigkeit der Kapitaldeckungserklärung ergeben.[53] Wurde i. R. der Handelsregisteranmeldung der Spaltung überhaupt keine Erklärung nach § 140 abgegeben, hat das zuständige Registergericht diese mittels Zwischenverfügung nachzufordern und bei Erfolglosigkeit die Eintragung der Spaltung in das Register der übertragenden GmbH abzulehnen.[54]

18 Da § 346 Abs. 2 nach h. M. ein Schutzgesetz i. S. des § 823 Abs. 2 BGB darstellt,[55] kann zusätzlich eine **zivilrechtliche Haftung** bei vorsätzlich falscher Abgabe der Erklärung in Betracht kommen.[56] Voraussetzung ist allerdings, dass der jeweils Geschädigte[57] im Vertrauen auf die Richtigkeit der in der Erklärung abgegebenen Versicherung tatsächlich und nachweisbar einen Schaden erlitten hat.[58] Dies dürfte in der Praxis eher schwerfallen.

---

51) *Brellochs* in: BeckOGK-UmwG, § 140 Rz. 13; Lutter-*Priester/Lieder*, UmwG, § 140 Rz. 14; Semler/Stengel/Leonard-*Reichert*, UmwG, § 140 Rz. 10.

52) Kallmeyer-*Zimmermann*, UmwG, § 140 Rz. 8; Henssler/Strohn-*Galla/Cé Müller*, GesR, § 140 UmwG Rz. 5.

53) Widmann/Mayer-*Mayer*, UmwR, § 140 UmwG Rz. 15.

54) *Brellochs* in: BeckOGK-UmwG, § 140 Rz. 15; *Niessen* in: KölnKomm-UmwG, § 140 Rz. 24.

55) Vgl. nur Kallmeyer-*Oppenhoff*, UmwG, § 346 Rz. 2 m. w. N.

56) Im Kontext des § 140 auch *Klumpp* in: HK-UmwG, § 140 Rz. 14.

57) Insb., jedoch nicht abschließend, der Gläubiger, vgl. Graf/Jäger/Wittig-*von Häfen*, Wirtschafts- und Steuerstrafrecht, § 346 UmwG Rz. 2; einschränkend *Krafka* in: BeckOGK-UmwG, § 346 Rz. 10.

58) Vgl. nur Park-*Eidam*, Kapitalmarktstrafrecht, § 346 UmwG Rz. 4.

Zweiter Abschnitt
Spaltung unter Beteiligung von Aktiengesellschaften und Kommanditgesellschaften auf Aktien

§ 141
Ausschluss der Spaltung*)

Eine Aktiengesellschaft oder eine Kommanditgesellschaft auf Aktien, die noch nicht zwei Jahre im Register eingetragen ist, kann außer durch Ausgliederung zur Neugründung nicht gespalten werden.

*) § 141 i. d. F. des UmwBerG geändert durch Art. 1 des Zweiten Gesetzes zur Änderung des Umwandlungsgesetzes (2. UmwGÄndG), v. 19.4.2007, BGBl. I 2007, 542.

Literatur: *Adolff/Tieves*, Über den rechten Umgang mit einem entschlusslosen Gesetzgeber: Die aktienrechtliche Lösung des BGH für den Rückzug von der Börse, BB 2003, 797; *Bayer/Schmidt, J.*, Der Regierungsentwurf zur Änderung des Umwandlungsgesetzes – Eine kritische Stellungnahme, NZG 2006, 841; *Bungert/Rogier*, Der Carve-out von Unternehmensteilen in der gesellschaftsrechtlichen Praxis, DB 2017, 2977; *DAV (Handelsrechtsausschuss)*, Stellungnahme zum Regierungsentwurf eines Zweiten Gesetzes zur Änderung des Umwandlungsgesetzes, NZG 2006, 737; *Harrer/Carbonare/Fritsche*, Börsennotierung nach Abspaltung als Handlungsalternative zum klassischen Börsengang, BKR 2013, 309; *Hirte*, Die Europäische Aktiengesellschaft – ein Überblick nach In-Kraft-Treten der deutschen Ausführungsgesetzgebung, (Teil II) DStR 2005, 700; *Kallmeyer*, Stellungnahme der Centrale für die GmbH Dr. Otto Schmidt v. 16.3.2006 zum Referentenentwurf eines Zweiten Gesetzes zur Änderung des Umwandlungsgesetzes, GmbHR 2006, 418; *Kleindiek*, „Going Private" und Anlegerschutz, in: Festschrift für Gerold Bezzenberger, 2000, S. 653; *Mayer/Weiler*, Neuregelungen durch das Zweite Gesetz zur Änderung des Umwandlungsgesetzes, (Teil II) DB 2007, 1291; *Merkner/Sustmann*, Die Verwaltungspraxis der BaFin in Sachen Beteiligungstransparenz auf Grundlage der Neufassung des Emittentenleitfadens, NZG 2013, 1361; *Meyer-Landrut/Kiem*, Der Formwechsel einer Publikumsaktiengesellschaft – Erste Erfahrungen aus der Praxis, (Teil I) WM 1997, 1361; *Oplustil/Schneider*, Zur Stellung der Europäischen Aktiengesellschaft im Umwandlungsrecht, NZG 2003, 13; *Paschos/Funken*, Die Direktabspaltung, in: Festschrift Reinhard Marsch-Barner, 2018, S. 419; *Pluskat*, Das kalte Delisting, BKR 2007, 54; *Richard/Weinheimer*, Der Weg zurück: Going Private, BB 1999, 1613; *Scholer*, § 141 UmwG – Auslegungsfragen in Literatur und Praxis, ZIP 2022, 2056; *Steck*, Das Gesellschaftsrecht des „kalten Delisting", AG 1998, 460; *Vossius*, Gründung und Umwandlung der deutschen Europäischen Gesellschaft (SE), ZIP 2005, 741.

Übersicht

I. Regelungssystematik der §§ 141 ff.

Die §§ 141 bis 146 enthalten besondere Vorschriften für die Spaltung unter Beteiligung von AGs und KGaAs. Diese Normen ergänzen und modifizieren die allgemeinen Vorschriften zur Spaltung insbesondere in Hinblick auf die aktienspezifische Kapitalerhaltung sowie den Schutz von Aktionären und Gläubigern.[1] Umwandlungsrechtstypische Verweise weisen über § 125 Abs. 1 Satz 1 mit verschiedenen Ausnahmen auf die Regelungen im Zweiten Buch zur Verschmelzung und über § 135 Abs. 2 Satz 1 auf das Gründungsrecht des jeweiligen Rechtsträgers. 1

Für die Spaltung unter Beteiligung von AGs ergibt sich folgende Regelungssystematik: 2

	Spaltung zur Aufnahme	Spaltung zur Neugründung
Besondere Spaltungsvorschriften	§§ 141, 142, 142a, 145, 146	§§ 141, 142a, 143, 144, 145, 146
Allgemeine Spaltungsvorschriften	§§ 123–134	§§ 123–125, 135–137

1) *Brellochs* in: BeckOGK-UmwG, § 141 Rz. 1; Widmann-Mayer-*Rieger*, UmwR, Vorb. §§ 141–146 UmwG Rz. 1 ff.; Schmitt/Hörtnagl-*Hörtnagl*, UmwG/UmwStG, Vor § 141 UmwG Rz. 1.

	Spaltung zur Aufnahme	Spaltung zur Neugründung
Verschmelzungsvorschriften	§ 125 Abs. 1 Satz 1[2] i. V. m. §§ 2–35a, 60–72b (bei KGaA über § 78)	§ 125 Abs. 1 Satz 1 i. V. m. §§ 36–38, 2–15, 16 Abs. 2, 3, 17–26, 28–35a sowie §§ 73–76[3], §§ 60–65, 67, 68 Abs. 3, 70–72b (bei KGaA über § 78)
Kapitalerhöhung	§ 142 i. V. m. § 69 i. V. m. dem Kapitalerhöhungsrecht des übernehmenden Rechtsträgers (§§ 182 ff. AktG)	n/a
Gründungsrecht	n/a	§ 135 Abs. 2 Satz 1 i. V. m. dem Gründungsrecht des übernehmenden Rechtsträgers (§§ 23 ff. AktG, §§ 279 ff. AktG)

3 Für die Anwendung der §§ 141–146 genügt es, wenn eine AG oder KGaA als übertragender, übernehmender oder neuer Rechtsträger beteiligt ist.[4] Auf die Rechtsform der anderen Rechtsträger kommt es insoweit nicht an.[5] Generell sind Spaltungen zur Aufnahme wie auch zur Neugründung umfasst, wobei die §§ 141–146 teils auf übertragende, teils auf übernehmende oder neu gegründete AGs anwendbar sind.

4 Mit den §§ 141–146 waren die Art. 135–160 Gesellschaftsrechtsrichtlinie[6] umzusetzen, soweit diese nicht in dem allgemeinen Teil zur Spaltung Berücksichtigung gefunden haben.[7] Mit dem UmRUG[8] wurde § 142a eingeführt und § 142 Abs. 1 um einen 2. Halbsatz ergänzt.[9]

II. Anwendungsbereich

5 Die §§ 141–146 sind auf **AGs** und – mit Ausnahme des § 143 (siehe § 143 Rz. 4 [*Nolden*]) – auf die **KGaA** anwendbar. Die **SE** wird als **spaltungsfähiger Rechtsträger** i. S. des § 124 i. V. m. § 3 nicht explizit aufgeführt. Grundsätzlich wird die SE i. R. der Spaltung entsprechend Art. 9 Abs. 1 lit. c Ziff. ii SE-VO[10] **wie eine AG behandelt**. Dagegen spricht nach h. M. auch nicht Art. 66 SE-VO, der (allein) den Formwechsel der SE vorrangig regelt.[11] Art. 66 SE-VO enthält umgekehrt aber kein Verbot von anderen Umwandlungsformen.[12] Auch gibt es keinen Grund, die SE bei der Spaltung entgegen der Wertung des

2) Mit den spezifischen Ausnahmen des § 125 Abs. 1 Satz 1 Nr. 1–4, Satz 2.

3) Wg. § 144 mit Ausnahme des § 75 Abs. 2.

4) *Wilsing/v. d. Linden* in: KölnKomm-UmwG, Vor § 141 Rz. 1.

5) Vgl. Widmann/Mayer-*Rieger*, UmwR, Vorb. §§ 141–146 UmwG Rz. 6 ff.

6) Richtlinie (EU) 2017/1132 des Europäischen Parlaments und des Rates vom 14. Juni 2017 über bestimmte Aspekte des Gesellschaftsrechts (Gesellschaftsrechtsrichtlinie), ABl. (EU) L 169/46 v. 30.6.2017.

7) Vgl. *Brellochs* in: BeckOGK-UmwG, § 141 Rz. 4; Schmitt/Hörtnagl-*Hörtnagl*, UmwG/UmwStG, Vor § 141 UmwG Rz. 1.

8) Gesetz zur Umsetzung der Umwandlungsrichtlinie und zur Änderung weiterer Gesetze (UmRUG), v. 22.2.2023, BGBl. I 2023, Nr. 51.

9) Begr. RegE UmRUG, BT-Drucks. 20/3822, S. 84.

10) Verordnung (EG) Nr. 2157/2001 des Rates v. 8.10.2001 über das Statut der Europäischen Gesellschaft (SE) (SE-VO), ABl. (EU) L 294/1 v. 10.11.2001.

11) So aber *Veil* in: Jannott/Frodermann, Hdb. SE, 1. Aufl., Kap. 10 Rz. 19, 61; *Hirte*, DStR 2005, 700, 704.

12) *Schäfer* in: MünchKomm-AktG, Art. 66 SE-VO Rz. 1; Semler/Stengel/Leonard-*Drinhausen*, UmwG, Einl. C. Rz. 56.

Art. 10 SE-VO gegenüber einer nationalen AG schlechterzubehandeln.[13] Dem Normzweck des Art. 66 SE-VO kann durch eine analoge Anwendung auf die Spaltung Rechnung getragen werden,[14] wobei die Sperrfrist des Art. 66 Abs. 1 SE-VO ohnehin in § 141 angelegt ist.

Ausgeschlossen ist allerdings die **Spaltung zur Neugründung einer SE**. Hier verdrängen die Gründungsvorschriften der SE-VO das nationale Recht.[15] Zulässig ist nach Art. 3 Abs. 2 SE-VO lediglich eine **Ausgliederung** zur Neugründung einer SE durch eine SE.[16] 6

III. Ablauf einer Spaltung unter Beteiligung von AGs und KGaA

Der Spaltungsprozess unter Beteiligung von AGs läuft bis zum Registerverfahren weitgehend **parallel zum Verschmelzungsprozess**. Die beteiligten Rechtsträger schließen einen **Spaltungsvertrag** (§ 126) oder stellen, im Fall der Spaltung zur Neugründung, einen **Spaltungsplan** auf (§ 136) und erstatten einen **Spaltungsbericht** (§§ 127, 142). Die Spaltung unterliegt der **Prüfung** durch einen sachverständigen Prüfer (§ 125 Abs. 1 Satz 1 i. V. m. § 9), der schriftlich über das Ergebnis der **Prüfung berichtet** (§ 125 Abs. 1 Satz 1 i. V. m. § 12). Nach der Fassung der **Spaltungsbeschlüsse** (§ 125 Abs. 1 Satz 2 i. V. m. § 13) durch die Anteilsinhaber der beteiligten Rechtsträger wird die Spaltung durch **Eintragung im Handelsregister** wirksam (§ 130). 7

In der Praxis wird die Spaltung unter Beteiligung von AGs insbesondere für **Spin-offs einzelner Geschäftsbereiche** mit anschließender Veräußerung oder einem Börsengang der neuen Einheit genutzt. Jüngere Beispiele sind die Abspaltung des Unternehmensbereichs Automotive von Continental (2025), der Nutzfahrzeugsparte von der Daimler AG zu Daimler Truck (2021), Continental/Vitesco (2021) oder Siemens/Siemens Energy (2020). Dabei bieten sich zwei Wege an: Mit der **Ausgliederung** wird zunächst die **organisatorische Trennung** des Geschäftsbereichs im Wege partiellen Gesamtrechtsnachfolge (siehe § 131 Rz. 4 ff. [*Lubberich*]) herbeigeführt, bevor in einem technisch zweiten Schritt die **neuen Aktien an der Börse platziert** werden. Der Erlös fließt dem übertragenden Rechtsträger zu und kann zur Schuldentilgung, für Investitionen oder Dividendenausschüttungen verwendet werden. 8

Bei einem Spin-off im Wege der **Abspaltung** werden die **neuen Aktien** des abgespaltenen Bereichs direkt **an die Anteilsinhaber des übertragenen Rechtsträgers** übertragen und nicht bei Dritt-Investoren über den Kapitalmarkt platziert. Aufgrund der dadurch erlangten Marktunabhängigkeit kann die **Transaktionssicherheit** gerade in einem schwierigen Börsenumfeld gewährleistet werden. Allerdings fließen dem übertragenden Rechtsträger keine neuen Mittel zu. Der Vorteil liegt eher in der strategischen Fokussierung des neuen wie auch des alten Geschäftsbereichs und der damit verbundenen **Erhöhung der Kapitalmarktattraktivität** für die verschiedenen Anlegergruppen.[17] Ein Spin-off mit zeitgleicher Börsennotierung hat eine hohe rechtliche Komplexität und bedarf durch die Verschrän- 9

13) *Brellochs* in: BeckOGK-UmwG, § 141 Rz. 23; *Vossius*, ZIP 2005, 741, 748 f.; Semler/Stengel/Leonard-*Drinhausen*, UmwG, Einl. C Rz. 58.

14) *Schäfer* in: MünchKomm-AktG, Art. 66 SE-VO Rz. 14; *Brellochs* in: BeckOGK-UmwG, § 141 Rz. 23; *Oplustil/Schneider*, NZG 2003, 13, 17.

15) *Oechsler* in: MünchKomm-AktG, Vor Art. 1 SE-VO Rz. 24.

16) *Oechsler* in: MünchKomm-AktG, Art. 3 SE-VO Rz. 8; Habersack/Drinhausen-*Drinhausen*, SE-Recht, Art. 3 Rz. 12.

17) *Wilsing/v. d. Linden* in: KölnKomm-UmwG, Vor § 141 Rz. 9; *Brellochs* in: BeckOGK-UmwG, § 141 Rz. 20.

kung der umwandlungs-, aktien- und kapitalmarktrechtlichen Voraussetzungen und Abläufe einer detaillierten zeitlichen und organisatorischen Abstimmung.[18)]

10 Für die Spaltung unter Beteiligung von AGs gelten i. R. des Spaltungsprozesses die folgenden Spezifika:

1. Vorbereitungshandlungen

11 Der Schwerpunkt des Transaktionsprozesses liegt bei Spaltungen von AGs regelmäßig in der **organisatorischen Vorbereitung der Trennung**. Vor der Durchführung der Spaltung sind die zu trennenden Bereiche autark auszurichten und wechselseitige Abhängigkeiten zu regeln. Das betrifft etwa gemeinsame Liefer- und Kundenverträge, die Zuordnung von IP-Rechten, Lizenzen und Genehmigungen, die Auflösung oder Neufassung gruppeninterner Leistungen oder konzernübergreifender Services wie Versicherungen oder IT, die Zuordnung von Personal, Immobilien und gemeinsam genutztem Anlagevermögen oder die Abgrenzung von Subventionen, Steuern und Pensionen. Ebenfalls einer Abstimmung im Vorfeld der Spaltung bedarf die **Besetzung der Organe** der an der Spaltung beteiligten Rechtsträger. Hier sind vor allem für den Aufsichtsrat die aktien- und mitbestimmungsrechtlichen Vorgaben des § 96 AktG[19)] sowie bei börsennotierten AGs die Anforderungen des DCGK in Abschnitt B und C zu beachten.[20)]

12 Die Initiative und Verantwortung für die Vorbereitung einer Spaltung liegt beim geschäftsführenden Organ des übertragenden Rechtsträgers und bedarf grundsätzlich keines ermächtigenden Beschlusses der Anteilsinhaber. In einem geschlossenen Gesellschafterkreis kann sich ein **Ermächtigungsbeschluss** zur Vorbereitung einer Spaltung in Hinblick auf die mit der Vorbereitung der Spaltung verbundenen nicht unerheblichen Kosten[21)] empfehlen. Bei wesentlichen und insbesondere nicht oder nur schwer umkehrbaren Vorbereitungsschritten ist in der AG zu prüfen, ob die **Zustimmung des Aufsichtsrats** erforderlich ist.

13 Auf Verlangen einer qualifizierten Aktionärsminderheit von 5 % (§ 122 Abs. 1, Abs. 2) kann die Hauptversammlung nach § 83 AktG den Vorstand einer AG verpflichten, eine Spaltung vorzubereiten.

14 Bei börsennotierten übertragenden Rechtsträgern kann die Spaltung wesentlicher Geschäftsbereiche eine **Insiderinformation i. S. von Art. 7 MAR**[22)] darstellen.[23)] Beschließt die Emittentin die Veröffentlichung nach Art. 17 Abs. 4 MAR zunächst aufzuschieben,

---

18) *Brellochs* in: BeckOGK-UmwG, § 141 Rz. 20 f.; *Wilsing/v. d. Linden* in: KölnKomm-UmwG, Vor § 141 Rz. 9; *Harrer/Carbonare/Fritsche*, BKR 2013, 309 ff.; Zur Ausgliederung (Carve-out) *Bungert/Rogier*, DB 2017, 2977, 2978; zur Abspaltung (Spin-off) *Paschos/Funken* in: FS Marsch-Barner, S. 419 ff.; *Göhring/Borsche/Thumer* in: Habersack/Mülbert/Schlitt, Unternehmensfinanzierung am Kapitalmarkt, § 4 Rz. 4.74 ff.; *Oppenhoff* in: MünchHdb. GesR, Bd. 8, § 29 Rz. 6.

19) Vgl. *Spindler* in: BeckOGK-AktG, § 96; *Koch*, AktG, § 96; *Habersack* in: MünchKomm-AktG, § 96.

20) Vgl. dazu Henssler/Strohn-*E. Vetter/Peters*, GesR, Abschn. B und C DCGK; Kremer/Bachmann/Favoccia/v. Werder-*Kremer*, DCGK, Abschn. B; Ghassemi-Tabar-*Busch/Link*, DCGK, Abschn. C.

21) So waren ausweislich des gemeinsamen Spaltungsberichts Continental AG/Continental Automotive Holding SE vom 13.3.2025 allein für die Vorbereitung der Verselbständigung des Unternehmensbereichs Automotive (Aumovio) externe Kosten von rund 229 Mio. € geschätzt, für die Umsetzung der Abspaltung sowie im Zusammenhang mit der Börsenzulassung wurden weitere Kosten i. H. von ca. 71 Mio. € veranschlagt. Hinzu kamen noch Grunderwerbssteuern i. H. von 51 Mio. € sowie weiterer Abspaltungsbezogener Steueraufwand von geschätzten 71-209 Mio. €.

22) Verordnung (EU) Nr. 596/2014 des Europäischen Parlaments und des Rates v. 16.4.2014 über Marktmissbrauch (Marktmissbrauchsverordnung) und zur Aufhebung der Richtlinie 2003/6/EG des Europäischen Parlaments und des Rates und der Richtlinien 2003/124/EG, 2003/125/EG und 2004/72/EG der Kommission (Marktmissbrauchsverordnung – MAR), ABl. (EU) L 173/1 v. 12.6.2014.

23) Vgl. nur *BaFin*, Emittentenleitfaden, Modul C, Ziff. I.2.1.5.13.

ist die Umsetzung einer Insiderorganisation zur Einhaltung und Kontrolle der Voraussetzungen des Art. 17 Abs. 4 MAR einschließlich der Führung von Insiderlisten im Unternehmen und den eingeschalteten Beratern (Art. 18 MAR) geboten. Entfallen die Voraussetzungen für den Aufschub, ist die Insiderinformation unverzüglich zu veröffentlichen (Art. 17 Abs. 1 MAR).

2. Spaltungsvertrag bzw. Spaltungsplan

Zentrales Dokument der Spaltung ist der Spaltungs- und Übernahmevertrag zwischen 15
dem übertragenden und dem übernehmenden Rechtsträger (§ 126). **Zuständig** für den Abschluss des Vertrages ist in der AG der Vorstand, in der KGaA die geschäftsführende Komplementärin (§ 125 Abs. 1 Satz 1 i. V. m. § 4 Abs. 1 Satz 1). In der **SE** zeichnet je nach Ausgestaltung der Vorstand (Art. 39 SE-VO i. V. m. § 93 AktG) oder die geschäftsführenden Direktoren (§ 40 SEAG). Bei der Spaltung zur Neugründung wird nach § 136 Satz 2 der Vertrag durch den **Spaltungsplan** ersetzt, den das Verwaltungsorgan des übertragenden Rechtsträgers aufstellt (§ 136 Satz 1).

Spaltungsvertrag und -plan bedürfen der **notariellen Beurkundung** (§ 125 Abs. 1 Satz 1 16
i. V. m. § 6) und müssen jeweils mindestens einen Monat vor der Hauptversammlung dem Handelsregister (§ 125 Abs. 1 Satz 1 i. V. m. § 61 Satz 1) und dem Betriebsrat (§ 126 Abs. 3) zugeleitet werden. Das Registergericht veröffentlicht die Einreichung des Vertrages bzw. des Plans in einer **Hinweisbekanntmachung nach § 10 HGB.** Die jeweilige Hauptversammlung darf erst frühestens einen Monat nach dieser Bekanntmachung über die Spaltung Beschluss fassen (§ 125 Abs. 1 Satz 1 i. V. m. § 61 Satz 3).

3. Spaltungsbericht

Die Vertretungsorgane der an der Spaltung beteiligten Rechtsträger erstellen einen schrift- 17
lichen Bericht über die Spaltung mit dem in § 127 Satz 1 vorgegebenen Inhalt. Zentraler Bestandteil des Berichts für eine Auf- oder Abspaltung ist die **Darstellung und Begründung des Umtauschverhältnisses** sowie einer ggf. erforderlichen **Barabfindung**. Ein gemeinsamer Bericht aller beteiligter Rechtsträger ist zulässig (§ 127 Satz 1 Halbs. 2). Der Bericht ist bei der AG vom Vorstand in vertretungsberechtigter Anzahl zu unterzeichnen (siehe § 127 Rz. 9 [*K. Wentz*]).

Der **Bericht** ist in den Fällen des §§ 127 Satz 2, 135 Abs. 3 und 143 **entbehrlich.**[24] Das 18
betrifft die folgenden Fälle:

§ 8 Abs. 3 Satz 1 i. V. m. § 60 Satz 2	Notariell beurkundete Verzichtserklärungen aller Anteilsinhaber aller beteiligten Rechtsträger
§ 8 Abs. 3 Satz 3 Nr. 1 lit. a	Übertragender Rechtsträger ist Alleingesellschafter des übernehmenden Rechtsträgers, das gilt nicht für die Aufspaltung (§ 127 Satz 2 Halbs. 2).
§ 8 Abs. 3 Satz 3 Nr. 1 lit. b	Übertragender und übernehmender Rechtsträger haben dieselbe Muttergesellschaft
§ 8 Abs. 3 Satz 3 Nr. 2	Für den beteiligten Rechtsträger, der nur einen Anteilsinhaber hat.
§ 135 Abs. 3	Ausgliederung zur Neugründung
§ 143	Verhältniswahrende Spaltung einer AG zur Neugründung einer AG

24) *Wilsing/v. d. Linden* in: KölnKomm-UmwG, vor § 141 Rz. 4, *Brellochs* in: BeckOGK-UmwG, § 141 Rz. 7.

4. Spaltungsprüfung

19 Wie bei der Verschmelzung ist der Spaltungsvertrag bzw. -plan nach § 125 Abs. 1 Satz 1 i. V. m. § 60 i. V. m. §§ 9–12 zu prüfen. Davon ausgenommen ist nach § 125 Abs. 1 Satz 2 die Ausgliederung, bei der eine Prüfung nicht erforderlich ist. Bei der Aufspaltung sind umgekehrt die Verzichtsmöglichkeiten nach § 9 Abs. 2 und § 12 Abs. 3 für die Prüfung und den Prüfungsbericht durch § 125 Abs. 1 Satz 1 Nr. 2 ausgeschlossen.

20 Die Prüfung bezieht sich insbesondere auf das **Umtauschverhältnis** und soll die Aktionäre vor der Gefahr der willkürlichen Vermögensverschiebung schützen.[25)]

5. Hauptversammlung und Spaltungsbeschlüsse

21 Der Spaltungsvertrag bzw. -plan wird nur wirksam, wenn die Anteilsinhaber der beteiligten Rechtsträger durch **notariell beurkundeten Beschluss** zustimmen (§ 125 Abs. 1 Satz 1 i. V. m. § 13). Bei Beteiligung einer AG ist die Hauptversammlung nach § 125 Abs. 1 Satz 1 i. V. m. §§ 61–63 sowie den §§ 121 ff. AktG vorzubereiten. Zur Information der Aktionäre ist

- nach § 125 Abs. 1 Satz 1 i. V. m. § 63 der Spaltungsvertrag bzw. -plan,
- die Jahresabschlüsse und Lageberichte der beteiligten Rechtsträger für die letzten drei Geschäftsjahre, ggf. eine Zwischenbilanz,
- der nach § 127 erstattete Spaltungsbericht sowie
- die nach § 125 Abs. 1 Satz 1 i. V. m. §§ 9–12 erstatteten Prüfberichte auszulegen.[26)]

22 Ein nach § 142 erforderlicher **Bericht über die Sacheinlageprüfung** oder der **Gründungsprüfungsbericht** nach § 144 gehören nicht zu den auslagepflichtigen Unterlagen, sind aber im Vorfeld der Hauptversammlung zum Register einzureichen und können dort eingesehen werden (vgl. § 142 Abs. 2).

23 Der Spaltungsbeschluss bedarf nach § 125 Abs. 1 Satz 1 i. V. m. § 65 einer **Mehrheit von 75 %** des bei der Beschlussfassung vertretenen Grundkapitals, soweit die Satzung nicht eine höhere Kapitalmehrheit vorsieht. Bei einer **nichtverhältnismäßigen Aufspaltung oder Abspaltung** müssen alle Anteilsinhaber des übertragenden Rechtsträgers zustimmen (§ 128 Satz 1). Der Hauptversammlungsbeschluss ist nach § 125 Abs. 1 Satz 1 i. V. m. § 13 Abs. 3 notariell zu beurkunden (siehe § 13 Rz. 32 ff. [*Hoefling*]).

24 Die **Konzernerleichterungen** des § 62 Abs. 1 und Abs. 4 sind nach § 125 Abs. 1 Satz 1 auch auf Spaltungen anwendbar.[27)] Das gilt **nicht** für den umwandlungsrechtlichen **Squeeze-out**, dessen Anwendung nach § 125 Abs. 1 Satz 1 Nr. 1 ausgeschlossen ist. Soweit man den Spaltungsbeschluss als nach § 141 unzulässige Vorbereitungshandlung ansieht, ist eine Beschlussfassung **in den ersten zwei Jahren** nach Gründung einer AG oder KGaA nicht möglich. Richtigerweise kommt es für § 141 nicht auf die Beschlussfassung, sondern die Eintragung im Handelsregister an, so dass die Spaltungssperre des § 141 zumindest für die **Beschlussfassung** keine Beschränkungen vorgibt (so die h. M., siehe noch Rz. 35 ff.).

6. Kapitalmaßnahmen

25 Die Auf- oder Abspaltung zur Aufnahme ist grundsätzlich mit einer **Kapitalerhöhung beim übernehmenden Rechtsträger** verbunden. Dabei sind über § 125 Abs. 1 Satz 1 i. V. m.

---

25) Begr. RegE UmwBerG, BR-Drucks. 75/94, S. 124; *Brellochs* in: BeckOGK-UmwG, § 141 Rz. 8.

26) *Oppenhoff* in: MünchHdb. GesR, Bd. 8, § 29 Rz. 153; Schmitt/Hörtnagl-*Hörtnagl*, UmwG/UmwStG, Vor § 141 UmwG Rz. 5.

27) *Brellochs* in: BeckOGK-UmwG, § 141 Rz. 10 mit Bsp.

§ 68 Abs. 1 und Abs. 2 die **Kapitalerhöhungsbeschränkungen bzw. -wahlrechte** anwendbar. Gleiches gilt für die Beschränkung der baren Zuzahlung aus § 125 Abs. 1 Satz 1 i. V. m. § 68 Abs. 3. Für die Ausgliederung gilt das Kapitalerhöhungsverbot aus § 68 Abs. 1 Satz 1 nicht, das Kapitalerhöhungswahlrecht aus § 68 Abs. 2 sowie die Barzahlungsschranke des § 68 Abs. 3 sind seit der Änderung des § 125 Abs. 1 Satz 1 Nr. 4 durch das UmRUG nunmehr anwendbar. Auch die **Erleichterungen des § 69** gelten für die Spaltung, allerdings mit der Maßgabe des § 142 Abs. 1, dass immer eine Sacheinlageprüfung stattzufinden hat. Dem entspricht bei der Spaltung zur Neugründung die Pflicht nach § 144 zur Erstattung eines Gründungsberichts sowie der Durchführung einer Gründungsprüfung.[28]

§ 145 Satz 1 erlaubt bei der übertragenden AG oder KGaA einer Abspaltung oder Ausgliederung eine **vereinfachte Form der Herabsetzung des Grundkapitals**. Die Eintragung der Kapitalherabsetzung ist nach § 145 Satz 2 eine Eintragungsbedingung für die Spaltung.[29] 26

7. Registerverfahren

Die Spaltung ist nach § 125 Abs. 1 Satz 1 i. V. m. § 16 zur Eintragung in das Handelsregister der beteiligten Rechtsträger anzumelden. Die Anmeldung kann nach § 129 durch die Vertretungsorgane der übernehmenden Rechtsträger erfolgen (siehe § 129 Rz. 1 ff. [*Lubberich*]). Neben den Anlagen nach § 125 Abs. 1 Satz 1 i. V. m. § 17 sind bei **Anmeldung** einer Abspaltung oder Ausgliederung unter Beteiligung einer AG der Spaltungsbericht nach § 127 sowie bei der Abspaltung der Prüfungsbericht nach § 125 Abs. 1 Satz 1 i. V. m. § 12 beizufügen. 27

In der Anmeldung einer Abspaltung oder Ausgliederung einer übertragenden AG oder KGaA haben der Vorstand bzw. die persönlich haftenden Gesellschafter neben der Negativerklärung nach § 16 Abs. 2 auch die **Versicherung** abzugeben, dass das Grundkapital zum Zeitpunkt der Anmeldung auch bei Berücksichtigung der Spaltung weiterhin gedeckt ist (§ 146). 28

Eine Eintragung vor Ablauf der zweijährigen Spaltungssperre des § 141 ist unzulässig (h. M., siehe Rz. 45). 29

Für das Eintragungsverfahren der Spaltung nach § 130 ergeben sich keine Besonderheiten durch die Beteiligung einer AG oder KGaA: **Umgekehrt zum Verschmelzungsverfahren** (siehe dazu § 19 Rz. 4 [*Hoefling*]) erfolgt zunächst die Eintragung im Register der übernehmenden Rechtsträger mit dem Wirksamkeitsvermerk des § 130 Abs. 1 Satz 2. Erst dann kann die Eintragung im Register des übertragenden Rechtsträgers erfolgen. Mit dieser Eintragung wird die Spaltung wirksam (§ 131). Im Anschluss wird dieses Wirksamkeitsdatum im Register des übernehmenden Rechtsträgers vermerkt. 30

8. Wirkungen der Eintragung

Die Wirkungen der Eintragung richten sich unabhängig von der Beteiligung einer AG oder KGaA nach § 131. Das gespaltene oder ausgegliederte Vermögen geht auf den übernehmenden Rechtsträger über. Bei der Auf- und Abspaltung werden die Anteilsinhaber des übertragenden Rechtsträgers unmittelbar Anteilsinhaber des übertragenden oder neuen Rechtsträgers, bei der Ausgliederung übernimmt der übertragende Rechtsträger die Anteile. Der **aufgespaltene Rechtsträger erlischt** (§ 131 Abs. 2 Satz 1; siehe dazu § 131 Rz. 48 [*Lubberich*]). 31

---

28) *Brellochs* in: BeckOGK-UmwG, § 141 Rz. 12; *Wilsing/v. d. Linden* in: KölnKomm-UmwG, Vor § 141 Rz. 7.
29) *Wilsing/v. d. Linden* in: KölnKomm-UmwG, Vor § 141 Rz. 7.

32 Aufgrund dieses Effekts kommt es bei der Aufspaltung einer börsennotierten AG, SE oder KGaA in nicht börsennotierte Gesellschaften zu einem sog. **„kalten Delisting"**. Der börsennotierte Rechtsträger und seine Aktien erlöschen mit Eintragung der Aufspaltung in das Handelsregister. Damit erledigt sich die Börsenzulassung ipso jure (§ 43 Abs. 2 VwVfG) und führt zu einem Delisting außerhalb des gesetzlich geregelten Rahmens des § 39 BörsG.[30)] Gleichwohl wird nach h. M. ein kaltes Delisting nicht als unzulässige Umgehung des § 39 BörsG angesehen.[31)] Dafür spricht zum einen der in § 39 BörsG nicht vorgesehene zwingende Hauptversammlungsbeschluss mit qualifizierter Mehrheit, zum anderen das bei einem kalten Delisting einschlägige Abfindungsangebot nach § 29 (siehe § 29 Rz. 16 ff. [*Hoppe*]).

9. Mitteilungspflichten

33 Unternehmen sind nach § 20 AktG verpflichtet, einer AG unverzüglich mitzuteilen, wenn sie **mehr als 25 %** (§ 20 Abs. 1 AktG) oder **mehr als 50 %** (§ 20 Abs. 4 AktG) der Aktien halten.[32)] Diese Mitteilungspflichten kommen auch in Betracht, wenn der Erwerb durch Spaltungsvorgänge erfolgt.[33)] Die Gesellschaft hat die Mitteilungen unverzüglich nach § 20 Abs. 6 AktG bekannt zu machen. Rechte aus den Aktien ruhen, bis die Mitteilung durch das Unternehmen vorgenommen wurde (§ 20 Abs. 7 AktG). Mitteilungen, die in Hinblick auf eine **Beteiligung** an einer übertragenden AG abgegeben wurden, ersetzen die **für die übernehmende AG abzugebenden Mitteilungen** nicht. Umgekehrt gehen Beschränkungen von Aktionärsrechten aus § 20 Abs. 7, die bei einer übertragenden AG bestanden, **nicht** auf die Beteiligung an einer übernehmenden AG **über**.[34)]

34 Entsprechendes gilt für die **Mitteilungspflichten aus §§ 33 ff. WpHG**, wenn die Spaltung auf eine an einem geregelten Markt notierte AG durchgeführt wurde oder die übernehmende oder neue AG im Zuge der Spaltung an einem geregelten Markt gelistet wurde. Aktionäre, die im Zuge der Spaltung 3, 5, 10, 15, 20, 25, 30, 50 oder 75 % der Stimmrechte einer Emittentin erworben haben oder denen die Stimmrechte nach § 34 zugerechnet werden, haben dies der Bundesanstalt für Finanzdienstleistungsaufsicht (BaFin) und der Gesellschaft innerhalb von vier Handelstagen zu melden.[35)] Ferner haben Aktionäre, die die Schwelle von 10 % erreichen oder überschreiten, nach § 43 WpHG der Emittentin die mit dem Erwerb der Stimmrechte verfolgten Ziele und die Herkunft der Mittel mitzuteilen. Der Adressatenkreis der §§ 33 ff. WpHG geht weiter als der des § 20 AktG und umfasst

---

30) Vgl. *Brellochs*, in: BeckOGK-UmwG, § 141 Rz. 19; *Wilsing/v. d. Linden* in: KölnKomm-UmwG, § 141 Rz. 10; *Groß*, KapMarktR, § 39 BörsG Rz. 13; Schwark/Zimmer-*Heidelbach*, KapMarktR-Komm., § 39 BörsG Rz. 42; *Pluskat*, BKR 2007, 54, 55; *Kleindiek* in: FS Bezzenberger, S. 654; *Schiemzik*, Segmentwechsel börsenaktiver Unternehmen, 2005, S. 85 f.; anders wohl *Steck*, AG 1998, 460, 462 – „Geschäftsführung zum Vollzug des Delisting verpflichtet".

31) *Meyer-Landrut/Kiem*, WM 1997, 1361, 1367; *de Vries*, Delisting – Kapitalmarktrecht, Gesellschaftsrecht, Umwandlungsrecht, S. 126 ff., 133; *Richard/Weinheimer*, BB 1999, 1613; *Steck*, AG 1998, 460, 466; Semler/Stengel/Leonard-*Kalss*, UmwG, § 29 Rz. 6a, 16; vgl. auch *Hohn*, Going Private: Vorteilhaftigkeitsanalyse und Gestatungsformen, S. 53; *Süssmann*, BKR 2003, 257, 259 (Urteilsanm.); a. A. *Kleppe*, Anlegerschutz beim Rückzug eines Unternehmens von der Börse, S. 195 ff., 200; vgl. auch LG Hanau, Urt. v. 2.5.2002 – 5 O 63/01, DB 2002, 2261, das einer Anfechtung gegen den Verschmelzungsbeschluss gemäß § 243 Abs. 2 AktG u. a. mangels angemessenen Ausgleichs der Minderheitsaktionäre für den Fungibilitätsverlust stattgegeben hat; zust. *Adolff/Tieves*, BB 2003, 797, 805.

32) Vgl. allg. zu den Mitteilungspflichten § 20 AktG: *Koch*, AktG, § 20 Rz. 3, 6; *Bayer* in: MünchKomm-AktG, § 20 Rz. 13 ff.; 25 f.; Henssler/Strohn-*Keßler*, GesR, § 20 AktG Rz. 3 ff., 8 ff.; *Hoffmann-Becking* in: MünchHdb. GesR, Bd. 4, § 3 Rz. 31.

33) *Koch*, AktG, § 20 Rz. 3; *Brellochs* in: BeckOGK-UmwG, § 141 Rz. 14.

34) *Brellochs* in: BeckOGK-UmwG, § 141 Rz. 16.

35) Allg. zu § 33 WpHG Fuchs/Zimmermann-*Zimmermann*, WpHG, § 33; *Diekmann* in: BeckOK-WpHR, § 33.

auch Privatpersonen.[36] Die Mitteilungspflicht entsteht mit Einbuchung der börsennotierten Aktien in die Depots der Anleger bzw. mit erstmaliger Aufnahme der Aktien in den geregelten Markt. Der **Abschluss des Spaltungsvertrages** mit einer börsennotierten AG als übernehmendem Rechtsträger stellt hingegen kein Instrument zum Erwerb von Aktien i. S. des § 38 WpHG dar und ist noch nicht meldepflichtig.[37] Das ergibt sich schon daraus, dass vor der Eintragung der Spaltung keine neuen Aktien entstehen, auf die sich der Erwerb beziehen kann.

IV. Spaltungsverbot des § 141

1. Inhalt, Ratio und Normhistorie

§ 141 bestimmt eine grundsätzliche **Spaltungssperre** für eine neu gegründete AG oder KG für den Zeitraum von zwei Jahren ab der Ersteintragung im Handelsregister. Die Sperre dient als **Umgehungsschutz für die Nachgründungsvorschrift des § 52 AktG.**[38] § 52 AktG soll die AG in der Nachgründungsphase vor Vermögensabflüssen schützen, die die effektive Kapitalaufbringung gefährden.[39] Daneben soll der Vorstand im Nachgang zur Gründung vor einer übermäßigen Einflussnahme der Gründer geschützt werden.[40] Im Vergleich zu § 52 AktG geht § 141 AktG in seiner Regelungsanordnung weiter. Während § 52 AktG Nachgründungen grundsätzlich zulässt, aber zum Schutz einen der Sachgründung entlehnten Prozess vorsieht, ordnet § 141 ein generelles Spaltungsverbot für den Nachgründungszeitraum an.[41] 35

Der Gesetzgeber sieht die **ersten zwei Jahre** nach der Gründung als einen für Gläubiger und Aktionäre **besonders sensiblen Zeitraum**, in dem Gefahren für Aktionäre (unverhältnismäßige Teilung von Vermögen) und Gläubiger (Spaltung auf eine überschuldete Gesellschaft) drohen.[42] Tatsächlich dürften diese Gefahren weithin durch die in § 133 angeordnete gesamtschuldnerische Haftung sowie die erforderlichen Zustimmungsquoten (§ 125 Abs. 1 Satz 1 i. V. m. § 65) nebst der möglichen Überprüfung eines Umtauschverhältnisses im Spruchverfahren (§ 125 Abs. 1 Satz 1 i. V. m. § 15) gebannt sein.[43] 36

Die Regierungskommission Corporate Governance hatte daher die Streichung des § 141 angeregt.[44] Mit dem 2. UmwGÄndG vom 9.4.2007[45] erfolgte eine Neufassung des ursprünglich auf § 353 Abs. 2 AktG a. F. beruhenden § 141, im Wesentlichen wurde die Regelung aber beibehalten. Lediglich die **Ausgliederung zur Neugründung** wurde **aus dem Anwendungsbereich genommen**, da bei der Ausgliederung zur Neugründung die 37

---

36) Fuchs/Zimmermann-*Zimmermann*, WpHG, § 33 Rz. 7; *Diekmann* in: BeckOK-WpHR, § 33 WpHG Rz. 44.

37) *Brellochs* in: BeckOGK-UmwG, § 141 Rz. 18; *Merkner/Sustmann*, NZG 2013, 1361, 1969.

38) Begr. RegE UmwBerG, BR-Drucks. 75/94, S. 126; *Brellochs* in: BeckOGK-UmwG, § 141 Rz. 25; *Wilsing/v. d. Linden* in: KölnKomm-UmwG, § 141 Rz. 1; Widmann/Mayer-*Rieger*, UmwR, § 141 UmwG Rz. 1.

39) BGH, Urt. v. 9.7.2007 – II ZR 62/06, BGHZ 173, 145 Rz. 18 = NJW 2007, 3425; *Pentz* in: MünchKomm-AktG, § 52 Rz. 6; *Koch*, AktG, § 52 Rz. 1; Grigoleit-*Vedder*, AktG, § 52 Rz. 1.

40) BGH, Urt. v. 15.1.1990 – II ZR 164/88, BGHZ 110, 47, 55 = NJW 1990, 982; *Koch*, AktG, § 52 Rz. 1; Grigoleit-*Vedder*, AktG, § 52 Rz. 1.

41) Lutter-*Schwab*, UmwG, § 52 Rz. 2; *Brellochs* in: BeckOGK-UmwG, § 52 Rz. 25.

42) Begr. RegE UmwBerG, BR-Drucks. 75/94, S. 126; Lutter-*Schwab*, UmwG, § 141 Rz. 4.

43) Vgl. zur Kritik an § 141 etwa *Brellochs* in: BeckOGK-UmwG, § 141 Rz. 25; Semler/Stengel/Leonard-*Diekmann*, UmwG, § 141 Rz. 3; *Bayer/J. Schmidt*, NZG 2006, 841, 845.

44) Unterrichtung BReg, Bericht der Regierungskommission „Corporate Governance", Drucks. 14/7515, S. 20, Rz. 196.

45) Zweites Gesetz zur Änderung des Umwandlungsgesetzes (2. UmwGÄndG), v. 19.4.2007, BGBl. I 2007, 542.

Vermögensverschiebung immer auf eine 100%ige Neugründung erfolgt und sich die oben genannten Gefahren nicht verwirklichen können.[46)]

2. Spaltungssperre

a) Geltungsbereich der Sperre

38 Die Spaltungssperre des § 141 gilt grundsätzlich für alle Arten der Spaltung zur Aufnahme und zur Neugründung, d. h. für die Aufspaltung, Abspaltung und Ausgliederung. Eine Ausnahme bildet seit dem 2. UmwGÄndG vom 9.4.2007 die Ausgliederung zur Neugründung.[47)] Die Ausgliederung zur Aufnahme auf eine 100%ige Tochter unterfällt trotz der Vergleichbarkeit mit der Ausgliederung zur Neugründung aber dem § 141.[48)]

39 Die Regelung betrifft die AG, SE[49)] und KGaA, die als übertragende Rechtsträger an der Spaltung beteiligt sind. Auf die Rechtsform des übernehmenden oder neuen Rechtsträgers kommt es nicht an.[50)] Ist der übernehmende Rechtsträger wiederum eine AG oder KGaA, sind die Nachgründungsvorschriften über § 125 Abs. 1 i. V. m. § 67 Satz 1, 78 Abs. 1 anzuwenden.[51)]

b) Sperrfrist

40 Die zweijährige Spaltungssperre ist eine **vorwärtslaufende Frist**, deren Berechnung sich nach § 187 Abs. 1, 188 Abs. 2 BGB bemisst. § 193 BGB ist nicht anwendbar, da die Frist nicht die Abgabe einer Willenserklärung betrifft.[52)]

41 Die Frist **beginnt** bei Neugründungen mit der Eintragung in das Handelsregister (§ 39 AktG),[53)] bei der Aktivierung von Vorratsgesellschaften mit der Eintragung der Aktivierung durch Änderung des Unternehmensgegenstandes.[54)]

42 Bei **formgewechselten Gesellschaften** ist zu unterscheiden: Formwechselt eine **Personengesellschaft** in eine AG oder KGaA, kommt es für den Beginn der Frist des § 141 auf die Eintragung des Formwechsels nach § 202 Abs. 1 an (vgl. § 220 Abs. 3 Satz 2).[55)] Ein Formwechsel einer **AG in eine KGaA** oder umgekehrt hingegen lässt die Frist des § 141

46) Begr. RegE 2. UmwGÄndG, BT-Drucks. 16/2919, S. 19.

47) Begr. RegE 2. UmwGÄndG, BT-Drucks. 16/2919, S. 19.

48) Zur Ausgliederung zur Aufnahme auf eine 100%ige Tochtergesellschaft auch *Mayer/Weiler*, DB 2007, 1291, 1293; *Kallmeyer*, GmbHR 2006, 418, 421; *DAV (Handelsrechtsauschuss)*, NZG 2006, 737, 743.

49) Über Art. 9 Abs. 1 lit. c Ziff. ii SE-VO; *Scholer*, ZIP 2022, 2056, 2056; Henssler/Strohn-*Galla/C. Müller*, GesR, § 141 UmwG Rz. 1.

50) *Wilsing/v. d. Linden* in: KölnKomm-UmwG, § 141 UmwG Rz. 3a, *Brellochs* in: BeckOGK-UmwG, § 141 Rz. 26; Schmitt/Hörtnagl-*Hörtnagl*, UmwG/UmwStG, § 141 UmwG Rz. 1; Kallmeyer-*Sickinger*, UmwG, § 141 Rz. 1.

51) *Brellochs* in: BeckOGK-UmwG, § 141 Rz. 27; *Wilsing/v. d. Linden* in: KölnKomm-UmwG, § 141 Rz. 4; Widmann/Mayer-*Rieger*, UmwR, § 141 UmwG Rz. 17.

52) Vgl. *Wilsing/v. d. Linden* in: KölnKomm-UmwG, § 141 Rz. 5.

53) *Brellochs* in: BeckOGK-UmwG, § 141 Rz. 30; Schmitt/Hörtnagl-*Hörtnagl*, UmwG/UmwStG, § 141 UmwG Rz. 2; Widmann/Mayer-*Rieger*, UmwR, § 141 UmwG Rz. 8; *Wilsing/v. d. Linden* in: KölnKomm-UmwG, § 141 Rz. 5.

54) Vgl. *Brellochs* in: BeckOGK-UmwG, § 141 Rz. 26 – m. Verweis auf die aktienrechtliche Diskussion zur Anwendung des § 52 auf Vorrats- und Mantelgründungen, vgl. insoweit *Hoffmann-Becking* in: MünchHdb. GesR, Bd. 4, § 4 Rz. 55; *Pentz* in: MünchKomm-AktG, § 23 Rz. 96 ff.; *Koch*, AktG, § 23 Rz. 27a.

55) Lutter-*Schwab*, UmwG, § 141 Rz. 10; *Brellochs* in: BeckOGK-UmwG, § 141 Rz. 26, 31; Semler/Stengel/Leonard-*Diekmann*, UmwG, § 141 Rz. 10.

nicht neu beginnen (vgl. § 245 Abs. 2 bzw. Abs. 3 Satz 3).[56] Das gilt nach h. M. auch für den **Formwechsel aus der GmbH** in die AG oder KGaA, wenn die GmbH beim Formwechsel bereits zwei Jahre existierte (vgl. § 245 Abs. 1 Satz 3).[57]

Ist die übertragende AG oder KGaA aus einer **Verschmelzung oder Spaltung zur Neugründung** entstanden, beginnt die Frist mit dem Wirksamwerden der Umwandlung.[58] Das gilt auch, wenn die übertragenden Rechtsträger ausschließlich AG oder KGaA sind, da der neue Rechtsträger erst mit Eintragung der Umwandlung zu existieren beginnt.[59] Auch für die nach Art. 17 SE-VO durch Verschmelzung gegründete **SE** ist die Eintragung der Verschmelzung der maßgebliche Zeitpunkt für den Beginn der Frist des § 141.[60] 43

Die Sperrfrist bezieht sich ausschließlich auf Spaltungsvorgänge i. S. des § 123 mit Ausnahme der Ausgliederung zur Neugründung. **Sonstige spaltungsähnliche Transaktionen** außerhalb des UmwG unterliegen keiner Sperrfrist nach § 141, zu prüfen wäre aber jeweils die Anwendung des § 52 AktG.[61] 44

c) Reichweite der Sperre

Unterschiedlich wird bewertet, welche Spaltungsbestandteile die Sperrfrist des § 141 umfasst. Teilweise wird schon darauf abgestellt, dass der **Spaltungsstichtag** i. S. des § 126 Abs. 1 Nr. 6 nicht in die Zwei-Jahres-Frist fallen darf.[62] Andere verweisen auf den notariell beurkundeten **Abschluss des Spaltungsvertrags bzw. die Aufstellung des Spaltungsplans**, da auch § 52 AktG auf das schuldrechtliche Geschäft abstellt.[63] Dem wird entgegengehalten, dass die Bindungswirkung bei spaltungsrechtlichen Verträgen/Plänen erst mit der **Beschlussfassung** eintritt.[64] Auch § 76 Abs. 1 in der bis zum 28.2.2023 geltenden Fassung stellte für die Verschmelzungssperre auf die Beschlussfassung ab. Allerdings war schon damals § 141 lex specialis zu § 76 a. F., zumal § 76 Abs. 1 durch das UmRUG gestrichen wurde (zur Diskussion siehe § 76 Rz. 3 [*Nolden*]). Richtigerweise wird man daher alle Vorbereitungshandlungen der Spaltung zulassen und allein auf die **Eintragung der Spaltung im Handelsregister** abstellen.[65] Erst zu diesem Zeitpunkt wird die mit der Spaltung verbundene Vermögensübertragung wirksam und die Nachgründungsverfahren könnten sich materialisieren. § 141 enthält mithin nur ein **Erfolgs-, kein Handlungsver-** 45

---

56) Widmann/Mayer-*Rieger*, UmwR, § 141 UmwG Rz. 9; Kallmeyer-*Sickinger*, UmwG, § 141 Rz. 2; Lutter-*Schwab*, UmwG, § 141 Rz. 10; *Brellochs* in: BeckOGK-UmwG, § 141 Rz. 31; *Scholer*, ZIP 2022, 2056, 2057.

57) *Brellochs* in: BeckOGK-UmwG, § 141 Rz. 26; *Wilsing/v. d. Linden* in: KölnKomm-UmwG, § 141 Rz. 5; *Oppenhoff* in: MünchHdb. GesR, Bd. 8, § 29 Rz. 25; a. A. Widmann/Mayer-*Rieger*, UmwR, § 141 UmwG Rz. 9.

58) Schmitt/Hörtnagl-*Hörtnagl*, UmwG/UmwStG, § 141 UmwG Rz. 2; Widmann/Mayer-*Rieger*, UmwR, § 141 UmwG Rz. 10; *Wilsing/v. d. Linden* in: KölnKomm-UmwG, § 141 Rz. 5 – m. Hinweis zu den unterschiedlichen Anknüpfungspunkten an die maßgebliche Registrierung bei Verschmelzung und Spaltung.

59) *Brellochs* in: BeckOGK-UmwG, § 141 Rz. 32; Semler/Stengel/Leonard-*Diekmann*, UmwG, § 141 Rz. 11.

60) *Scholer*, ZIP 2022, 2056, 2058; *Wilsing/v. d. Linden* in: KölnKomm-UmwG, § 141 Rz. 5.

61) *Oppenhoff* in: MünchHdb. GesR, Bd. 8, § 29 Rz. 22; Lutter-*Schwab*, UmwG, § 141 Rz. 11; *Brellochs* in: BeckOGK-UmwG, § 141Rz. 28; *Wilsing/v. d. Linden* in: KölnKomm-UmwG § 141 Rz. 6.

62) Vgl. Henssler/Strohn-*Galla/C. Müller*, GesR, § 141 UmwG Rz. 6; Widmann/Mayer-Rieger, UmwR, § 141 UmwG Rz. 14.

63) Lutter-*Schwab*, UmwG, § 141 Rz. 13 ff.; Schmitt/Hörtnagl-*Hörtnagl*, UmwG/UmwStG, § 141 UmwG Rz. 3.

64) Kallmeyer-*Sickinger*, UmwG, § 141 Rz. 3; Semler/Stengel/Leonard-*Diekmann*, UmwG, § 141 Rz. 14.

65) *Wilsing/v. d. Linden* in: KölnKomm-UmwG, § 141 Rz. 7; *Brellochs* in: BeckOGK-UmwG, § 141 Rz. 36; Widmann/Mayer-*Rieger*, UmwR, § 141 UmwG Rz. 15; *Scholer*, ZIP 2022, 2056, 2059.

bot.[66] Da zu der Streitfrage allerdings noch keine einschlägige Rechtsprechung vorliegt, empfehlt sich in der Praxis, den Spaltungsvertrag bzw. -plan auf den Ablauf der Frist des § 141 aufschiebend zu bedingen und das Verfahren mit dem Registergericht im Vorfeld abzustimmen.[67]

3. Rechtsfolgen eines Verstoßes

46 Die Rechtsfolgen eines Verstoßes gegen § 141 hängen davon ab, welche Reichweite man dem § 141 zuweist. Schließt man aus, dass bestimmte Vorbereitungshandlungen wie der Abschluss des Spaltungsvertrags, die Aufstellung des Plans oder die Spaltungsbeschlüsse in der zweijährigen Sperrfrist vorgenommen werden dürfen, sind diese nach Maßgabe des § 141 nichtig und bedürfen nach Beendigung der Frist der Neuvornahme. Das Registergericht hat eine entsprechende Anmeldung zurückzuweisen.[68]

47 Nach hier vertretener Auffassung führt § 141 zu einer **Registersperre bis zum Ablauf der Frist.** Sind **Vorbereitungshandlungen** einschließlich der Anmeldung der Spaltung noch während der Sperrfrist vorgenommen worden, darf das Registergericht die Anmeldung nicht zurückweisen, sondern muss die Spaltung mit Ablauf der Frist eintragen.[69]

48 Wird die Spaltung entgegen § 141 vor Ablauf der Frist eingetragen, bleibt sie **gemäß § 131 Abs. 2 wirksam.**[70]

66) *Wilsing/v. d. Linden* in: KölnKomm-UmwG, § 141 Rz. 7; vgl. zur früheren Diskussion bei der Spaltung zur Neugründung durch den Verweis auf § 76 a. F. Lutter-*Schwab*, UmwG, § 141 Rz. 20.
67) Kallmeyer-*Sickinger*, UmwG, § 141 Rz. 9; Lutter-*Schwab*, UmwG, § 141 Rz. 21.
68) Semler/Stegel/Leonard-*Diekmann*, UmwG, § 141 Rz. 15 ff.; Schmitt/Hörtnagl-*Hörtnagl*, UmwG/UmwStG, § 141 UmwG Rz. 5; Lutter-*Schwab*, UmwG, § 141 Rz. 15; Kallmeyer-*Sickinger*, UmwG, § 141 Rz. 8.
69) *Widmann/Mayer*-Rieger, UmwR, § 141 UmwG Rz. 18; *Brellochs* in: BeckOGK-UmwG, § 141 Rz. 37, *Wilsing/v. d. Linden* in: KölnKomm-UmwG, § 141 Rz. 8.
70) *Wilsing/v. d. Linden* in: KölnKomm-UmwG, § 141 Rz. 8; Schmitt/Hörtnagl-*Hörtnagl*, UmwG/UmwStG, § 141 UmwG Rz. 5; Semler/Stengel/Leonard-*Diekmann*, UmwG, § 141 Rz. 17.

§ 142

Spaltung mit Kapitalerhöhung; Spaltungsbericht[*)]

(1) § 69 ist mit der Maßgabe anzuwenden, daß eine Prüfung der Sacheinlage nach § 183 Abs. 3 des Aktiengesetzes stets stattzufinden hat; § 183a des Aktiengesetzes ist anzuwenden.

(2) In dem Spaltungsbericht ist gegebenenfalls auf den Bericht über die Prüfung von Sacheinlagen bei einer übernehmenden Aktiengesellschaft nach § 183 Abs. 3 des Aktiengesetzes sowie auf das Register, bei dem dieser Bericht zu hinterlegen ist, hinzuweisen.

*) § 142 i. d. F. des UmwBerG geändert durch Art. 1 des Gesetzes zur Umsetzung der Umwandlungsrichtlinie und zur Änderung weiterer Gesetze (UmRUG), v. 22.2.2023, BGBl. I 2023, Nr. 51.

Literatur: *Bayer/Schmidt, J.*, Der Referentenentwurf zum 3. UmwÄndG: Vereinfachungen bei Verschmelzungen und Spaltungen und ein neuer verschmelzungsspezifischer Squeeze out, ZIP 2010, 953; *Ihrig*, Gläubigerschutz durch Kapitalaufbringung bei Verschmelzung und Spaltung nach neuem Umwandlungsrecht, GmbHR 1995, 622; *Nestler*, Wertfindung bei Sacheinlagen, GWR 2014, 121; *Petersen*, Der Gläubigerschutz im Umwandlungsrecht, München 2001 (Habil.); *Stein/Fischer*, Umfang der Sacheinlageprüfung bei höherem Ausgabebetrag, ZIP 2014, 1362; *Verse*, (Gemischte) Sacheinlagen, Differenzhaftung und Vergleich über Einlageforderungen, ZGR 2012, 875; *Wieneke*, Die Differenzhaftung des Inferenten und die Zulässigkeit eines Vergleichs über ihre Höhe, NZG 2012, 136.

Übersicht

I. Inhalt und Normzweck, Entstehungsgeschichte

Erhöht eine übernehmende AG bei einer Spaltung zur Aufnahme ihr Grundkapital, steht über § 125 Abs. 1 Satz 1 i. V. m. § 69 grundsätzlich ein **erleichtertes Verfahren** zur Verfügung. § 69 sieht dabei eine Sacheinlagenprüfung nach § 183 Abs. 3 AktG nur in bestimmten abstrakten Gefahrensituationen vor (siehe § 69 Rz. 14 ff. [*Nolden*]). Für die Spaltung schränkt § 142 diese Erleichterung aus Gründen des Gläubiger- und Anlegerschutzes wieder ein, indem **grundsätzlich eine Sacheinlagenprüfung** für verpflichtend erklärt wird (§ 142 Abs. 1) und im Spaltungsbericht ein Hinweis auf die Sacheinlagenprüfung aufzunehmen ist (§ 142 Abs. 2). Für die Spaltung zur Neugründung einer AG gilt insoweit § 144, der eine **verpflichtende Gründungsprüfung** anordnet (siehe § 144 Rz. 9 [*Nolden*]). 1

Hintergrund ist die bei der Spaltung im Vergleich zur Verschmelzung erhöhte Gefahr, dass Vermögenswerte übertragen werden, die den Nennbetrag der ausgegebenen Aktien nicht decken.[1] Einen **Schutz der Anteilsinhaber des übertragenden Rechtsträgers** vor einer Unterbewertung des übertragenen Vermögens umfasst § 142 nicht.[2] Das würde auf eine Registerprüfung für das Umtauschverhältnis hinauslaufen, die dem Umwandlungsrecht systemfremd ist. Anteilsinhaber des übertragenden Rechtsträgers sind insoweit auf das Spruchverfahren verwiesen.[3] 2

§ 142 setzt Art. 141 Abs. 2 Satz 2 (Aufspaltung) und Art. 159 (Abspaltung) der Gesellschaftsrechtsrichtlinie[4] überschießend auch für die Ausgliederung um.[5] Nach Kritik aus dem Schrifttum wurde mit dem UmRUG[6] § 142 Abs. 1 um den 2. Halbsatz ergänzt, um die mit dem ARUG[7] eingefügte aktienrechtliche Befreiung von der Sacheinlageprüfung für die Fälle des § 33a AktG auch für die Spaltung umzusetzen (siehe noch Rz. 10). 3

II. Anwendungsbereich

§ 142 Abs. 1 gilt für **Spaltungen zur Aufnahme,** bei denen eine **AG, KGaA oder SE** (Art. 9 Abs. 1 lit. c Ziff. ii SE-VO)[8] als **übernehmender Rechtsträger** beteiligt ist. Die 4

---

1) Begr. RegE UmwBerG, BR-Drucks. 75/94, S. 126; *Wilsing/v. d. Linden* in: KölnKomm-UmwG, § 142 Rz. 1; Henssler/Strohn-*Galla/C. Müller*, GesR, § 142 UmwG Rz. 1; krit. dazu *Ihrig*, GmbHR 1995, 622, 643.

2) *Brellochs* in: BeckOGK-UmwG, § 142 Rz. 3; Kallmeyer-*Sickinger*, UmwG, § 142 Rz. 2; a. A. *Petersen*, Der Gläubigerschutz im Umwandlungsrecht, 2001, S. 301.

3) *Brellochs* in: BeckOGK-UmwG, § 142 Rz. 3; Lutter-*Schwab*, UmwG, § 142 Rz. 6.

4) Richtlinie (EU) 2017/1132 des Europäischen Parlaments und des Rates vom 14. Juni 2017 über bestimmte Aspekte des Gesellschaftsrechts (Gesellschaftsrechtsrichtlinie), ABl. (EU) L 169/46 v. 30.6.2017.

5) *Brellochs* in: BeckOGK-UmwG, § 142 Rz. 4; *Wilsing/v. d. Linden* in: KölnKomm-UmwG, § 142 Rz. 3.

6) Vgl. Begr. RegE UmRUG, BT-Drucks. 20/3822, S. 84.

7) Gesetz zur Umsetzung der Aktionärsrechterichtlinie (ARUG), v. 30.7.2009, BGBl. I 2009, 2479.

8) Verordnung (EG) Nr. 2157/2001 des Rates v. 8.10.2001 über das Statut der Europäischen Gesellschaft (SE) (SE-VO), ABl. (EU) L 294/1 v. 10.11.2001.

Anwendung auf die KGaA ergibt sich aus dem Verweis des § 142 auf § 69, der wiederum nach § 78 auf die KGaA anwendbar ist.[9]

5 § 142 Abs. 2 richtet sich auch an den **übertragenden Rechtsträger** (str., siehe dazu Rz. 14), die Rechtsform des übertragenden Rechtsträgers ist aber unerheblich. Entgegen vereinzelter Literaturstimmen[10] ist § 142 Abs. 2 auch für die aufnehmende KGaA anwendbar. Das ergibt sich weniger aus der Gesetzesbegründung[11] als aus dem systematischen Zusammenhang zwischen § 142 Abs. 1 und dem darauf aufbauenden Absatz 2.[12]

6 § 142 findet nur Anwendung, wenn i. R. einer Spaltung zur Aufnahme eine **Kapitalerhöhung** durchgeführt wird. Setzt die übernehmende AG bei der Durchführung der Spaltung eigene Aktien ein, ist keine Kapitalerhöhung erforderlich.[13] Für die Spaltung zur Neugründung gilt § 144.

III. Kapitalerhöhung und Sacheinlagenprüfung

7 Soweit die übernehmende AG keine eigenen Aktien nutzt, erfordert die Spaltung zur Aufnahme eine Kapitalerhöhung. Diese kann durch den Verweis von § 125 Abs. 1 Satz 1 auf § 69 unter erleichterten Bedingungen durchgeführt werden. Eine Sacheinlageprüfung ist nach § 69 Abs. 1 Satz 1 Halbs. 2 nur erforderlich, wenn bestimmte abstrakte oder konkrete Gefahrenlagen vorliegen (siehe § 69 Rz. 14 ff. [*Nolden*]). Eine solche abstrakte Gefahrenlage durch eine mögliche **Zuteilung nicht ausreichender Vermögensgegenstände** wird bei der Spaltung zur Aufnahme auf eine AG selbst bei Vorliegen einer geprüften Schlussbilanz und daraus abgeleiteten Spaltungsbilanz angenommen.[14] § 142 Abs. 1 schränkt daher die Erleichterungen des § 69 wieder ein und setzt für die Spaltung zur Aufnahme auf eine AG grundsätzlich eine Sacheinlagenprüfung voraus.[15]

8 Die **Durchführung der Sacheinlagenprüfung** erfolgt nach den aktienrechtlichen Grundsätzen der §§ 183 Abs. 3, 33 Abs. 3–5, 34, 35 AktG:

Prüfer	Bestellung eines nach § 33 Abs. 4, 5 AktG qualifizierten Prüfers durch das Amtsgericht am Sitz der übernehmenden AG; ein Vorschlag durch den Vorstand ist möglich und in der Praxis üblich. Im Sinne einer effektiven Prüfung kann nach § 125 Abs. 1 Satz 1 i. V. m. § 69 Abs. 1 Satz 4 der Spaltungsprüfer die Sacheinlageprüfung übernehmen.	§ 33 Abs. 3 Satz 2 AktG, § 14 AktG

9) Widmann/Mayer-*Rieger*, UmwR, § 142 UmwG Rz. 3; *Brellochs* in: BeckOGK-UmwG, § 142 Rz. 3.

10) Widmann/Mayer-*Rieger*, UmwR, § 142 UmwG Rz. 7.

11) Begr. RegE UmwBerG, BR-Drucks. 75/94, S. 126, spricht zwar von „übernehmenden Rechtsträgern“, beschränkt sich zuvor aber auf die Unterrichtung von „Aktionären der beteiligten Aktiengesellschaften“.

12) *Brellochs* in: BeckOGK-UmwG, § 142 Rz. 12; Henssler/Strohn-*Galla*/*C. Müller*, GesR, § 142 UmwG Rz. 7; Schmitt/Hörtnagl-*Hörtnagl*, UmwG/UmwStG, § 142 UmwG Rz. 2; mit Verweis auf die Gesetzesbegründung auch *Wilsing*/*v. d. Linden* in: KölnKomm-UmwG, § 142 Rz. 3.

13) Lutter-*Schwab*, UmwG, § 142 Rz. 1; *Brellochs* in: BeckOGK-UmwG, § 142 Rz. 2.

14) Begr. RegE UmwBerG, BR-Drucks. 75/94, S. 126; Kallmeyer-*Sickinger*, UmwG, § 142 Rz. 2; *Wilsing*/*v. d. Linden* in: KölnKomm-UmwG, § 142 Rz. 4; Schmitt/Hörtnagl-*Hörtnagl*, UmwG/UmwStG, § 142 UmwG Rz. 1; krit. *Bayer*/*J. Schmidt*, ZIP 2010, 953, 957.

15) *Brellochs* in: BeckOGK-UmwG, § 142 Rz. 9; *Wilsing*/*v. d. Linden* in: KölnKomm-UmwG, § 142 Rz. 4; Schmitt/Hörtnagl-*Hörtnagl*, UmwG/UmwStG, § 142 UmwG Rz. 1; Lutter-*Schwab*, UmwG, § 142 Rz. 1.

Gegenstand	Richtigkeit und Vollständigkeit der Angaben des Vorstands über die Übernahme der Aktien, die Einlagen auf das Grundkapital sowie die Festsetzungen nach § 26, 27 AktG. Deckung des geringsten Ausgabebetrages der ausgegebenen Aktien sowie eines korporativen Agios[16] durch den Wert des im Wege der Spaltung übertragenden Vermögens.	§ 34 Abs. 1 Nr. 1 und 2 AktG
Rechte des Prüfers	Auskunftsrecht der Prüfer gegenüber der Gesellschaft nach § 35 Abs. 1, 2; Anspruch auf vom Gericht festgesetzte angemessene Vergütung.	§ 35 AktG
Bericht	Schriftlicher Bericht des Sacheinlagenprüfers über die Umstände der Prüfung, der dem Vorstand und dem Gericht übergeben wird.	§ 34 Abs. 2, 3 AktG
Einsichtnahme	Prüfbericht kann über das Register von jedermann eingesehen werden.	§ 34 Abs. 3 Satz 2 AktG

9 Über die Frage der Sacheinlageprüfung hinaus bleibt § 69 bei der Spaltung zur Aufnahme i. Ü. anwendbar.[17]

10 Eine **Rückausnahme** besteht seit Ergänzung des § 142 Abs. 1 Halbs. 2 durch das UmRUG für die Fälle des § 183a AktG. Dies betrifft insbesondere die **Einbringung von übertragbaren Wertpapieren oder Geldmarktinstrumenten** i. S. des § 2 Abs. 1 und 2 WpHG (§ 33a Abs. 1 Nr. 1 AktG) sowie die Einbringung von Vermögensgegenständen, für die eine aktuelle **Bewertung durch einen unabhängigen Sachverständigen** vorliegt (§ 33a Abs. 1 Nr. 2 AktG) und es keine Anzeichen gibt, dass die ermittelten Werte der Wertpapiere oder Vermögensgegenstände zum Zeitpunkt der Einbringung erheblich niedriger liegen (§ 33a Abs. 2 AktG).[18]

11 Für den Fall des **§ 142 Abs. 2 Halbs. 2** gelten zusätzlich die **Voraussetzungen des § 183 Abs. 2–4 AktG**: Der Vorstand hat neben dem Datum des Kapitalerhöhungsbeschlusses die Angaben nach § 37a Abs. 1 und 2 AktG in den Gesellschaftsblättern bekannt zu machen. Die Eintragung der Kapitalerhöhung darf erst vier Wochen seit der Bekanntmachung in das Register eingetragen werden. Auf Antrag von Aktionären der übernehmenden AG, die mindestens 5 % an der AG halten, hat das Amtsgericht nach Anhörung des Vorstands einen oder mehrere Sacheinlagenprüfer zu bestellen.[19] Die Prüfung erfolgt dann nach den §§ 33 Abs. 4 und 5, 34, 35 AktG entsprechend. Anteilsinhaber der übertragenden Gesellschaft haben kein Antragsrecht. Sie sind allein durch die Möglichkeit eines Spruchverfahrens zur Überprüfung des Umtauschverhältnisses geschützt.[20]

---

16) H. M. vgl. *Brellochs* in: BeckOGK-UmwG, § 142 Rz. 9; *Stein/Fischer*, ZIP 2014, 1362, 1365; BGH, Urt. v. 6.12.2011 – II ZR 149/10 (Babcock-Borsig), BGHZ 191, 364 = ZIP 2012, 73; *Schürnbrand/Verse* in: MünchKomm-AktG, § 183 Rz. 84; *Lieder* in: HK-AktG, § 34 Rz. 6, § 183 Rz. 27; *Koch*, AktG, § 34 Rz. 3, § 183 Rz. 16; *A. Arnold* in: KölnKomm-AktG, § 34 Rz. 8; *Hoffmann/Becking* in: MünchHdb. GesR, Bd. 4, § 4 Rz. 38; *Adolff/Häller* in: Großkomm-AktG, § 183 Rz. 95; K. Schmidt/Lutter-*Veil*, AktG, § 183 Rz. 25 f.; *Verse*, ZGR 2012, 875, 880 f.; *Wieneke*, NZG 2012, 136, 138; *Nestler*, GWR 2014, 121, 123 f.; enger Grigoleit-*Rieder/Holzmann*, AktG, § 183 Rz. 29.

17) Widmann/Mayer-*Rieger*, UmwR, § 142 UmwG Rz. 1; Schmitt/Hörtnagl-*Hörtnagl*, UmwG/UmwStG, § 142 UmwG Rz. 1; *Brellochs* in: BeckOGK-UmwG, § 142 Rz. 10.

18) Vgl. im Detail zu § 33a AktG nur *Koch*, AktG, § 33a Rz. 2 ff., Rz. 5 ff.; *Pentz* in: MünchKomm-AktG, § 33a Rz. 14 ff., Rz. 26 ff.; *Gerber* in: BeckOGK-AktG, § 33a Rz. 3 ff.

19) Henssler/Strohn-*Galla/C. Müller*, GesR, § 142 UmwG Rz. 5.

20) *Brellochs* in: BeckOGK-UmwG, § 142 Rz. 3; Lutter-*Schwab*, UmwG, § 142 Rz. 5; a. A. *Petersen*, Der Gläubigerschutz im Umwandlungsrecht, 2001, S. 301 (s. bereits Rz. 2).

IV. Hinweis im Spaltungsbericht

12 § 142 Abs. 2 verlangt einen Hinweis in den nach § 127 von den Vertretungsorganen der beteiligten Rechtsträger zu erstattenden Spaltungsberichten auf den Bericht über die **Sacheinlagenprüfung** und das **Register**, bei dem dieser Bericht hinterlegt ist. Die Registerangaben sollen den Anteilsinhabern der beteiligten Rechtsträger die Einsichtnahme erleichtern.[21] Die Registerangabe reicht aus. Der Beifügung des Prüfberichts über die Sacheinlagen in den Spaltungsbericht ist nicht zwingend, kann aber freiwillig vorgenommen werden.[22]

13 Die Hinweispflicht gilt ebenso wie die Prüfungspflicht nach § 142 Abs. 1 nur, wenn überhaupt eine Kapitalerhöhung im Zuge der Spaltung zur Aufnahme erforderlich ist.[23] Greift die Ausnahme des § 142 Abs. 1 Halbs. 2 i. V. m. §§ 183a, 33a AktG entfällt der Hinweis ebenso wie im Fall der Entbehrlichkeit eines Spaltungsbericht nach § 127 Abs. 2 i. V. m. § 8 Abs. 3.[24]

14 Der Hinweis ist in den **Spaltungsbericht einer übernehmenden AG, SE oder KGaA** (str., siehe schon Rz. 5) oder in einen **gemeinsamen Bericht** nach § 127 Satz 1 Halbs. 2 aufzunehmen. Ob darüber hinaus eine **Aufnahme in einen gesonderten Spaltungsberichts** des übertragenden Rechtsträgers aufzunehmen ist, wird unterschiedlich beurteilt. Mit Blick auf den Wortlaut des § 142 Abs. 2 und den Zusammenhang zum Schutzweck des Absatz 1 wird eine Ausdehnung des Hinweises auf den Bericht des übertragenden Rechtsträgers für zu weit erachten.[25] Die Gesetzesbegründung zu § 142 lässt eher auf eine Erweiterung auf alle an der Spaltung beteiligten AGs schließen.[26] Das in § 142 Abs. 2 kodifizierte **Informationsinteresse** an der Sacheinlagenprüfung haben aber ebenso Anteilsinhaber von übertragenden Rechtsträgern anderer Rechtsformen, da zumindest bei der Ausgliederung und Abspaltung eine Differenzhaftung der übertragenden Gesellschaft nicht ausgeschlossen werden kann.[27] Eine Aufnahme des Hinweises in die Spaltungsberichte anderer übernehmender Rechtsträger in anderen Rechtsformen als der AG, KGaA oder SE ist nicht erforderlich.[28]

15 Der Prüfungsbericht gehört aufgrund der **Hinterlegung beim Handelsregister** nicht zu den auslagepflichtigen oder zu übersendenden Dokumenten nach § 125 Abs. 1 Satz 1 i. V. m. § 63 Abs. 1 und 3. Eine freiwillige Auslage des Berichts über die Prüfung der Sacheinlage und eine Veröffentlichung auf der Internetseite der Gesellschaft nach § 61 Abs. 4 kann sich in der Praxis zur Vermeidung von Nachfragen in der Hauptversammlung[29] und mit Blick auf die Relevanz eines Fehlers bei Anfechtungsklagen (siehe dazu sogleich Rz. 17) empfehlen.

---

21) *Wilsing/v. d. Linden* in: KölnKomm-UmwG, § 142 Rz. 5.

22) *Brellochs* in: BeckOGK-UmwG, § 142 Rz. 14; Lutter-*Schwab*, UmwG, § 142 Rz. 7; Kallmeyer-*Sickinger*, UmwG, § 142 Rz. 6.

23) Semler/Stengel/Leonard-*Diekmann*, UmwG, § 142 Rz. 8

24) *Brellochs* in: BeckOGK-UmwG, § 142 Rz. 13; Lutter-*Schwab*, UmwG, § 142 Rz. 6; *Wilsing/v. d. Linden* in: KölnKomm-UmwG, § 142 Rz. 5; Kallmeyer-*Sickinger*, UmwG, § 142 Rz. 7; Schmitt/Hörtnagl-*Hörtnagl*, UmwG/UmwStG, § 142 UmwG Rz. 2.

25) *Brellochs* in: BeckOGK-UmwG, § 142 Rz. 13.

26) Begr. RegE UmwBerG, BR-Drucks. 75/94, S. 126.

27) Vgl. zur Differenzhaftung des übertragenden Rechtsträgers *Brellochs* in: BeckOGK-UmwG, § 142 Rz. 10 m. w. N.

28) *Wilsing/v. d. Linden* in: KölnKomm-UmwG, § 142 Rz. 5; Widmann/Mayer-*Rieger*, UmwR, § 142 UmwG Rz. 10.

29) *Brellochs* in: BeckOGK-UmwG, § 142 Rz. 16; Henssler/Strohn-*Galla*/*C. Müller*, GesR, § 142 UmwG Rz. 6; Kallmeyer-*Sickinger*, UmwG, § 142 Rz. 8.

V. Rechtsfolgen von Verstößen

Fehlt eine nach § 142 Abs. 1 erforderliche Sacheinlagenprüfung, darf die Spaltung nicht vom Registergericht eingetragen werden. Erfolgt gleichwohl eine Eintragung, wird das Fehlen der Prüfung nach § 131 geheilt.[30] Die **Heilungswirkung nach § 131 Abs. 2** umfasst nicht nur die Spaltung, sondern auch die Kapitalerhöhung bei der übernehmenden AG (siehe § 131 Rz. 54 [*Lubberich*]).[31] 16

Ein Verstoß gegen die Hinweispflicht nach § 142 Abs. 2 berechtigt als Verfahrensfehler zur **Anfechtung des Spaltungsbeschlusses** nach § 243 AktG bei der übernehmenden AG sowie – soweit man den Normbefehl wie hier auf den übertragenden Rechtsträger ausweitet – auch des Beschlusses des übertragenden Rechtsträgers. Anteilsinhaber weiterer an einer Spaltung beteiligter übernehmender Rechtsträger sind nicht anfechtungsberechtigt. Der Spaltungsbericht ist ohne den nach § 142 Abs. 2 vorgeschrieben Hinweis unvollständig und die Information der betroffenen Anteilsinhaber erschwert. Eine **Relevanz des Fehlers** i. S. des § 243 Abs. 4 Satz 1 AktG wird man aber verneinen können, wenn der Bericht über die Prüfung der Sacheinlage im Spaltungsbericht abgedruckt oder angehängt war oder der Sacheinlageprüfungsbericht ebenso wie der Spaltungsbericht auf der Website der beteiligten Rechtsträger nach § 63 Abs. 4 veröffentlicht war.[32] 17

30) Kallmeyer-*Sickinger*, UmwG, § 142 Rz. 9; *Wilsing/v. d. Linden* in: KölnKomm-UmwG, § 142 Rz. 6; Semler/Stengel/Leonard-*Diekmann*, UmwG, § 142 Rz. 10.

31) *Wilsing/v. d. Linden* in: KölnKomm-UmwG, § 142 Rz. 6.

32) Im Grundsatz strenger Kallmeyer-*Sickinger*, UmwG, § 142 Rz. 10; wohl auch *Brellochs* in: BeckOGK-UmwG, § 142 Rz. 17.

§ 142a
Verpflichtungen nach § 72a*)

Verpflichtungen des übertragenden Rechtsträgers zur Gewährung zusätzlicher Aktien gemäß § 72a Absatz 1 Satz 1 und Absatz 2 Satz 1 gehen ungeachtet ihrer Zuweisung im Spaltungs- und Übernahmevertrag oder im Spaltungsplan entsprechend der Aufteilung der Anteile der anspruchsberechtigten Aktionäre gemäß § 126 Absatz 1 Nummer 10, auch in Verbindung mit § 135 Absatz 1 und § 136 Satz 2, ganz oder teilweise auf die übernehmende oder neue Aktiengesellschaft oder Kommanditgesellschaft auf Aktien über.

*) § 142a eingefügt durch Art. 1 des Gesetzes zur Umsetzung der Umwandlungsrichtlinie und zur Änderung weiterer Gesetze (UmRUG), v. 22.2.2023, BGBl. I 2023, Nr. 51.

Literatur: Siehe auch die Angaben zu § 72a; *DAV (Handelsrechtsausschuss)*, Stellungnahme zum Referentenentwurf eines Gesetzes zur Umsetzung der Umwandlungsrichtlinie, NZG 2022, 849; *IDW*, Stellungnahme v. 17.5.2022 zum Referentenentwurf eines Gesetzes zur Umsetzung der Umwandlungsrichtlinie

Übersicht

I. Normzweck und Historie

1 § 142a schränkt die Spaltungsfreiheit des § 126 Abs. 1 Nr. 2 zugunsten der Absicherung des mit dem UmRUG vom 22.2.2023[1] in § 72a Abs. 1 Satz 1 und Abs. 2 Satz 1 eingeführten Anspruchs auf Gewährung von zusätzlichen Aktien anstelle der baren Zuzahlung (§ 15) ein.[2] § 72a wurde eingeführt, um die übernehmende Gesellschaft vor dem **Risiko eines ungewissen Liquiditätsabflusses** zu schützen (zur ratio siehe § 72a Rz. 1 ff. [*Nolden*]). Mit § 142a soll sichergestellt werden, dass Ansprüche von Aktionären nach § 72a nicht durch eine abweichende Vermögenszuordnung im Spaltungsvertrag oder Spaltungsplan unmöglich werden.[3] In der Sache ordnet § 142a eine **Surrogation** an: An Stelle des Anspruchs auf zusätzliche Aktien des vormals übernehmenden, jetzt übertragenden Rechtsträgers tritt ein quotenabhängiger Anspruch auf Leistung der Aktien der (jetzt) übernehmenden AG.[4]

II. Anwendungsbereich

2 § 142a umfasst **alle Spaltungsarten** einschließlich kombinierter Spaltungen i. S. des § 123 Abs. 4. Als übertragender Rechtsträger kommt nur eine AG, KGaA oder SE (Art. 9 Nr. 1 lit. c Ziff. ii SE-VO)[5] infrage. Für die Auf- und Abspaltung gilt das auch für die Rechtsform des übernehmenden oder neuen Rechtsträgers.[6] Eine Parallelnorm für die GmbH fehlt.[7] Bei der Ausgliederung ist die Rechtsform der aufnehmenden Gesellschaft beliebig, da der Anspruch bei der übertragenden Gesellschaft verbleibt.[8]

3 Die Norm setzt einen bereits **bestehenden Anspruch aus § 72a Abs. 1 Satz 1** voraus. Die nunmehr übertragende Gesellschaft muss daher **bereits vor der Spaltung** bei einer Umwandlung **eine Ersetzung der baren Zuzahlung erklärt haben** und nach Durchführung der Umwandlung **Aktien nach § 72a Abs. 1 Satz 1 schulden**. Die **Vortransaktion** kann eine Verschmelzung gewesen sein, § 72a und § 72b sind über § 125 Abs. 1 Satz 1 aber auch auf die Spaltung sowie nach § 248a auf den Formwechsel anwendbar.[9] Die Ersetzung wird im Verschmelzungs- oder Spaltungsvertrag erklärt und nach dem ebenfalls mit dem UmRUG eingeführten § 10a SpruchG prozessual im Spruchverfahren gerichtlich bestimmt.

4 Zeitlich umfasst § 142a alle Spaltungen, die mit dem früheren übernehmenden Rechtsträger zwischen der Eintragung der Vortransaktion und der Entscheidung im Spruchverfahren nach § 10a SpruchG durchgeführt werden. Das Spruchverfahren braucht noch nicht eingeleitet sein.[10]

---

1) Gesetz zur Umsetzung der Umwandlungsrichtlinie und zur Änderung weiterer Gesetze (UmRUG), v. 22.2.2023, BGBl. I 2023, Nr. 51.

2) *Wilsing/v. d. Linden* in: KölnKomm-UmwG, § 142a Rz. 1; *Brellochs* in: BeckOGK-UmwG, § 142a Rz. 5; Kallmeyer-*Sickinger*, UmwG, § 142a Rz. 1; Lutter-*Schwab*, UmwG, § 142a Rz. 1; *DAV (Handelsrechtsauschuss)*, NZG 2022, 849, 855.

3) Begr. RegE UmRUG, BT-Drucks. 20/3822, S. 84.

4) *DAV (Handelsrechtsauschuss)*, NZG 2022, 849, 855; *Wilsing/v. d. Linden* in: KölnKomm-UmwG, § 142a Rz. 1.

5) Verordnung (EG) Nr. 2157/2001 des Rates v. 8.10.2001 über das Statut der Europäischen Gesellschaft (SE) (SE-VO), ABl. (EU) L 294/1 v. 10.11.2001.

6) Krit. hierzu Stellungnahme des IDW v. 17.5.2022 zum RefE UmRUG, S. 2, abrufbar unter https://www.idw.de/IDW/Medien/IDW-Schreiben/2022/IDW-Schreiben-BMJ-UmRUG-RefE.pdf (Abrufdatum: 26.2.2026).

7) *Brellochs* in: BeckOGK-UmwG, § 142a Rz. 7.

8) *Wilsing/v. d. Linden* in: KölnKomm-UmwG, § 142a Rz. 3.

9) *Brellochs* in: BeckOGK-UmwG, § 142a Rz. 6.

10) *Wilsing/v. d. Linden* in: KölnKomm-UmwG, § 142a Rz. 6.

III. Quotaler Übergang der Verpflichtung aus § 72a

5 § 142a ordnet einen gesetzlichen Übergang der Verpflichtung des übertragenden Rechtsträgers aus § 72a Abs. 1 Satz 1 und Abs. 2 Satz 1 auf den übernehmenden oder neuen Rechtsträger einer Spaltung an. **Entgegen dem Regelfall der Spaltungsfreiheit** nach § 126 Abs. 1 Nr. 2 können die Parteien diese Ansprüche **nicht frei den übernehmenden Rechtsträger zuordnen.** Eine entgegenstehende Vereinbarung im Spaltungsvertrag oder -plan ist unbeachtlich.[11)]

6 Der Übergang erfolgt **entsprechend der Aufteilung der Anteile** der anspruchsberechtigten Aktionäre gemäß § 126 Abs. 1 Nr. 10. Bei der Aufspaltung verteilt sich der Anspruch aus § 142a auf die beiden übernehmenden Rechtsträger, soweit diese AGs, SEs oder KGaAs sind. Das gilt sowohl bei der verhältniswahrenden wie auch bei nicht-verhältniswahrenden Spaltung.[12)] Bei der Abspaltung gilt dies für den übertragenden und den übernehmenden Rechtsträger entsprechend. Für die **Ausgliederung greift § 142a nicht,** da nur die ausgliedernde Gesellschaft an der neuen oder übernehmenden Tochtergesellschaft beteiligt ist.[13)]

7 Ist eine der übernehmenden Gesellschaften **keine AG, KGaA oder SE,** wandelt sich der Anspruch auf zusätzliche Aktien nach § 72a Abs. 3 Nr. 2 vollständig in einen Anspruch auf Barzuzahlung i. S. des § 15 zurück.[14)] § 72a Abs. 3 Nr. 2 lässt **keine Teilersetzung** zu.

V. Prozessuales

8 § 10a Abs. 2 SpruchG trägt einem Übergang des Anspruchs durch § 142a Rechnung. Der Anspruch auf Leistung zusätzlicher Aktien ist nach § 10a Abs. 1 **durch das Gericht** durch Festlegung des zu gewährenden Nennbetrags oder bei Stückaktien die Zahl der zusätzlichen Aktien zu bestimmen. Dabei ist der nachfolgende Spaltungsvorgang zu berücksichtigen.[15)] Der Antragsgegner im Spruchverfahren wechselt. Nach **§ 10a Abs. 2 Satz 2** ist **Antragsgegner** die Gesellschaft, auf welche die Pflicht zur Gewährung zusätzlicher Aktien im Wege der Gesamtrechtsnachfolge übergegangen ist.

VI. Kapitalerhöhung (§ 72b)

9 Die erforderlichen neuen Aktien können nach § 72b durch eine **vereinfachte Kapitalerhöhung** geschaffen werden. Diese Regel gilt über § 125 Abs. 1 Satz 1 auch für die übernehmende neue AG, SE oder KGaA.[16)]

11) *Brellochs* in: BeckOGK-UmwG, § 142a Rz. 9; Lutter-*Schwab*, UmwG, § 142a Rz. 2; Kallmeyer-*Sickinger*, UmwG, § 142a Rz. 2.
12) Kallmeyer-*Sickinger*, UmwG, § 142a Rz. 4; *Brellochs* in: BeckOGK-UmwG, § 142a Rz. 12.
13) *Brellochs* in: BeckOGK-UmwG, § 142a Rz. 10; *Wilsing/v. d. Linden* in: KölnKomm-UmwG, § 142a Rz. 8 f.
14) *Wilsing/v. d. Linden* in: KölnKomm-UmwG, § 142a Rz. 9; *Brellochs* in: BeckOGK-UmwG, § 142a Rz. 10.
15) *Brellochs* in: BeckOGK-UmwG, § 142a Rz. 13; *Wilsing/v. d. Linden* in: KölnKomm-UmwG, § 142a Rz. 9.
16) Begr. RegE UmRUG, BT-Drucks. 20/3822, S. 79.

§ 143

Verhältniswahrende Spaltung zur Neugründung*)

Erfolgt die Gewährung von Aktien an der neu gegründeten Aktiengesellschaft oder an den neu gegründeten Aktiengesellschaften (§ 123 Absatz 1 Nummer 2, Absatz 2 Nummer 2) im Verhältnis zur Beteiligung der Aktionäre an der übertragenden Aktiengesellschaft, so sind die §§ 8 bis 12 sowie 63 Absatz 1 Nummer 3 bis 5 nicht anzuwenden.

*) § 143 i. d. F. des UmwBerG neugefasst durch Art. 1 des Dritten Gesetzes zur Änderung des Umwandlungsgesetzes (3. UmwGÄndG), v. 11.7.2011, BGBl. I 2011, 1338.

Literatur: *Bayer/Schmidt, J.*, Der Referentenentwurf zum 3. UmwÄndG: Vereinfachungen bei Verschmelzungen und Spaltungen und ein neuer verschmelzungsspezifischer Squeeze-out, ZIP 2010, 953; *Breschendorf/Wallner*, Neues im Umwandlungsrecht durch das Dritte Gesetz zur Änderung des UmwG, GWR 2011, 511; *Heckschen*, Die Novelle des Umwandlungsgesetzes – Erleichterungen für Verschmelzungen und Squeeze-out, NJW 2011, 2390; *Simon/Merkelbach*, Das Dritte Gesetz zur Änderung des UmwG, DB 2011, 1317; *Timm/Schöne*, Abfindung in Aktien: Das Gebot der Gattungsgleichheit, in: Festschrift für Bruno Kropff, 1997, S. 315; *Wagner*, Der Regierungsentwurf für ein Drittes Gesetz zur Änderung des Umwandlungsgesetzes, DStR 2010, 1629.

Übersicht

I. Inhalt, Normzweck und Entwicklung der Norm

1 § 143 regelt für den begrenzten Fall der **verhältniswahrenden Spaltung zur Neugründung** unter ausschließlicher **Beteiligung von AGs** bestimmte **Erleichterungen** durch den Wegfall von Spaltungsbericht, Spaltungsprüfung und Prüfberichten (§§ 8–12) sowie den entsprechenden Verzicht auf Auslagen, Aushändigungen und Internetveröffentlichungen dieser Dokumente (§ 63 Abs. 1 Nr. 4 und 5). Auch die nach § 63 Abs. 1 Nr. 3 ggf. erforderliche Zwischenbilanz entfällt.

2 Hintergrund dieser Erleichterung ist, dass bei der verhältniswahrenden Spaltung das **Vermögen des übertragenden Rechtsträgers nicht zu Ungunsten einzelner Aktionäre** übertragen werden kann. Da zudem die gleiche Rechtsform fortgesetzt wird, ist die Spaltung i. S. des § 143 nicht mit Nachteilen für die Aktionäre verbunden.[1] Rechte von Gläubigern, Arbeitnehmern oder anderen beteiligten Dritten sind nicht berührt. Die Erleichterungen des § 143 betreffen allein **Informationsrechte zugunsten der Aktionäre.**

3 **§ 143** wurde durch das 3. UmwÄndG vom 11.7.2011 **vollständig ausgetauscht.** Die Vorgängerregelung zur Nachinformation der Aktionäre wurde in den § 64 Abs. 1 Satz 2 verlagert.[2] Mit der Neufassung des § 143 werden Art. 156 Abs. 4 und Art. 159 der Gesellschaftsrechtsrichtlinie[3] umgesetzt, die vorsehen, dass bei verhältniswahrender Aufspaltung- oder Abspaltung zur Neugründung auf die Erstellung und Auslage eines Spaltungsberichts, der Spaltungsprüfung sowie einer Zwischenbilanz verzichtet werden kann.[4]

II. Verhältniswahrende Spaltung unter AGs zur Neugründung

4 § 143 setzt zunächst voraus, dass **ausschließlich AGs** an der Spaltung beteiligt sind. Auf die **KGaA** ist § 143 aufgrund des deutlichen Wortlauts, gerade in Abgrenzung zu den

1) *Bayer/J. Schmidt*, ZIP 2010, 953, 957 f.; Kallmeyer-*Sickinger*, UmwG, § 143 Rz. 2; Lutter-*Schwab*, UmwG, § 143 Rz. 3; *Wilsing/v. d. Linden* in: KölnKomm-UmwG, § 143 Rz. 1; *Brellochs* in: BeckOGK-UmwG, § 143 Rz. 4; Semler/Stengel/Leonard-*Diekmann*, UmwG, § 143 Rz. 1b.

2) *Brellochs* in: BeckOGK-UmwG, § 143 Rz. 3; *Wilsing/v. d. Linden* in: KölnKomm-UmwG, § 143 Rz. 2.

3) Richtlinie (EU) 2017/1132 des Europäischen Parlaments und des Rates v. 14.6.2017 über bestimmte Aspekte des Gesellschaftsrechts (Gesellschaftsrechtsrichtlinie), ABl. (EU) L 169/46 v. 30.6.2017, vormals Art. 22 Abs. 5 Spaltungsrichtlinie (Sechste Richtlinie 82/891/EWG des Rates v. 17.12.1982 gem. Art. 54 Abs. 3 Buchst. g des Vertrages betreffend die Spaltung von Aktiengesellschaften (Spaltungsrichtlinie), ABl. (EG) L 378/47 v. 31.12.1982).

4) *Bayer/J. Schmidt*, ZIP 2010, 953, 957 f.; *Heckschen*, NJW 2011, 2390, 2395; Kallmeyer-*Sickinger*, UmwG, § 143 Rz. 1; *Wilsing/v. d. Linden* in: KölnKomm-UmwG, § 143 Rz. 2.

§§ 141, 142a, 145 und 146 Abs. 1 nicht anwendbar.[5] Die **SE** ist als übertragender Rechtsträger in § 143 einbezogen (Art. 9 Abs. 1 lit. c Ziff. ii SE-VO)[6], aufgrund des Vorrangs der Art. 15–37 SE-VO aber nicht als neue übernehmende Gesellschaft.[7]

5 Erfasst werden von § 143 ausschließlich **Auf- und Abspaltungen zur Neugründung**. Da bei der Ausgliederung keine Aktien an die Aktionäre der übertragenden AG gewährt werden, greift § 143 nicht. Allerdings ist bei der Ausgliederung zur Neugründung ein Spaltungsbericht (§ 135 Abs. 3) ebenso wenig erforderlich wie eine Spaltungsprüfung (§ 125 Abs. 1 Satz 2).[8] Auch die Spaltung zur Aufnahme auf eine beteiligungsidentische Schwestergesellschaft ist trotz der gleichen ratio aufgrund der Beschränkung auf neu gegründete AGs nicht von § 143 erfasst.[9]

6 Die Spaltung zur Neugründung ist **verhältniswahrend**, wenn die Aktionäre der übertragenden AGs nach Durchführung der Spaltung im gleichen Verhältnis an der oder den neu gegründeten AG beteiligt sind. Dabei kommt es allein auf die **Beteiligungsquote** an, die Anzahl der Aktien oder Nennbeträge ist unerheblich.[10] Entscheidend für die Berechnung ist nicht das satzungsmäßige, sondern das **tatsächliche Grundkapital**, einschließlich von noch nicht im Register eingetragenen **bedingten Kapitalerhöhungen oder Einziehungen**.[11] Unschädlich sind bare Zuzahlungen als Spitzenausgleich[12] oder die Gewährung unterschiedlicher Rechte.[13] Auch der Wegfall einer Börsennotierung ist für die Anwendung des § 143 unerheblich.[14] Allerdings sind die Aktionäre des übertragenden Rechtsträgers durch das Abfindungsangebot aus § 125 Abs. 1 Satz 1 i. V. m. § 29 bzw. § 125 Abs. 1 Satz 3 i. V. m. §§ 29 und 133 geschützt.[15]

III. Erleichterungen des § 143

7 Soweit § 143 einschlägig ist, gelten für die Spaltung zur Neugründung bestimmte die Informationsrechte der Aktionäre betreffende Erleichterungen, die die Aktionäre des übertragenden Rechtsträgers auch nicht durch Minderheitsverlangen erzwingen können:[16]

– Entfall der schriftlichen Verschmelzungsberichte (§ 127, § 8);[17]

5) *Brellochs* in: BeckOGK-UmwG, § 143 Rz. 7; *Wilsing/v. d. Linden* in: KölnKomm-UmwG, § 143 Rz. 4; Widmann/Mayer-*Rieger*, UmwR, § 143 UmwG Rz. 2.

6) Verordnung (EG) Nr. 2157/2001 des Rates v. 8.10.2001 über das Statut der Europäischen Gesellschaft (SE) (SE-VO), ABl. (EU) L 294/1 v. 10.11.2001.

7) *Brellochs* in: BeckOGK-UmwG, § 143 Rz. 7; *Wilsing/v. d. Linden* in: KölnKomm-UmwG, § 143 Rz. 4; die SE ausschließend: Semler/Stengel/Leonard-*Diekmann*, UmwG, § 143 Rz. 2.

8) *Brellochs* in: BeckOGK-UmwG, § 143 Rz. 8; Henssler/Strohn-*Galla/C. Müller*, GesR, § 143 UmwG Rz. 3; *Wilsing/v. d. Linden* in: KölnKomm-UmwG, § 143 Rz. 5.

9) Eine erwägenswerte Übertragung auf die Spaltung zur Aufnahme scheitert an dem Fehlen einer Regelungslücke; vgl. unter Verweis auf Art. 156 Abs. 4 Gesellschaftsrechtsrichtlinie: Lutter-*Schwab*, UmwG, § 143 Rz. 6; *Brellochs* in: BeckOGK-UmwG, § 143 Rz. 8.

10) *Brellochs* in: BeckOGK-UmwG, § 143 Rz. 9; *Wilsing/v. d. Linden* in: KölnKomm-UmwG, § 143 Rz. 6.

11) *Wagner*, DStR 2010, 1629, 1631; *Simon/Merkelbach*, DB 2011, 1317, 1323; *Breschendorf/Wallner*, GWR 2011, 511, 514; Lutter-*Schwab*, UmwG, § 143 Rz. 7; *Wilsing/v. d. Linden* in: KölnKomm-UmwG, § 143 Rz. 6.

12) *Brellochs* in: BeckOGK-UmwG, § 143 Rz. 9; *Wilsing/v. d. Linden* in: KölnKomm-UmwG, § 143 Rz. 6; vgl. auch Art. 155 Abs. 1 Gesellschaftsrechtsrichtlinie; a. A. Lutter-*Schwab*, UmwG, § 143 Rz. 10.

13) *Wilsing/v. d. Linden* in: KölnKomm-UmwG, § 143 Rz. 6; a. A. Lutter-*Schwab*, UmwG, § 143 Rz. 9; Semler/Stengel/Leonard-*Diekmann*, UmwG, § 143 Rz. 4; *Timm/Schöne* in: FS Kropff, S. 315, 330 ff.

14) Lutter-*Schwab*, UmwG, § 143 Rz. 7; Kallmeyer-*Sickinger*, UmwG, § 143 Rz. 4.

15) *Wilsing/v. d. Linden* in: KölnKomm-UmwG, Vorb. §§ 131–146 Rz. 10.

16) Henssler/Strohn-*Galla/C. Müller*, GesR, § 143 UmwG Rz. 4.

17) Der fehlerhafte Verweis auf § 8 statt § 127 gilt als Redaktionsversehen, vgl. Henssler/Strohn-*Galla/C. Müller*, GesR, § 143 UmwG Rz. 4; Kallmeyer-*Sickinger*, UmwG, § 143 Rz. 7; Widmann/Mayer-*Rieger*, UmwR, § 143 UmwG Rz. 7; *Breschendorf/Wallner*, GWR 2011, 511, 514.

- Entfall der Spaltungsprüfung und der Prüfberichte (§ 125 Abs. 1 Satz 1 i. V. m. §§ 9–12);
- Entfall der Auslagepflichten sowie der Pflicht zur Übersendung von Abschriften und der Internetpublizität (§ 125 Abs. 1 Satz 1 i. V. m. § 63 Abs. 1 Nr. 4 und 5, Abs. 3, Abs. 4);
- keine Vorlage einer Zwischenbilanz, falls der Stichtag der Spaltungsbilanz mehr als sechs Monate vor dem Abschluss des Spaltungsvertrags/-Plans liegt (§ 125 Abs. 1 Satz 1 i. V. m. § 63 Abs. 1 Nr. 3).

8 Werden die Erleichterungen **in Anspruch genommen, obwohl § 143 nicht einschlägig** ist, sind die Informationsrechte der Aktionäre verletzt und der Spaltungsbeschluss nach § 243 Abs. 1 AktG anfechtbar,[18] soweit die Mängel nicht durch die Eintragung nach § 131 Abs. 2 geheilt werden (siehe § 131 Rz. 54 [*Lubberich*]).

18) Lutter-*Schwab*, UmwG, § 143 Rz. 11; Semler/Stengel/Leonard-*Diekmann*, UmwG, § 143 Rz. 7.

§ 144

Gründungsbericht und Gründungsprüfung

Ein Gründungsbericht (§ 32 des Aktiengesetzes) und eine Gründungsprüfung (§ 33 Abs. 2 des Aktiengesetzes) sind stets erforderlich.

Literatur: *Bayer/Schmidt, J.*, BB-Gesetzgebungs- und Rechtsprechungsreport zum Europäischen Unternehmensrecht 2010/2011, BB 2012, 3; *Bayer/Schmidt, J.*, Der Referentenentwurf zum 3. UmwÄndG: Vereinfachungen bei Verschmelzungen und Spaltungen und ein neuer verschmelzungsspezifischer Squeeze out, ZIP 2010, 953; *Engelmeyer*, Das Spaltungsverfahren bei der Spaltung von Aktiengesellschaften, AG 1996, 193; *Petersen*, Der Gläubigerschutz im Umwandlungsrecht, München 2001 (Habil.); *Sendhaus*, Richtlinienvorschlag der Kommission zur Vereinfachung der Berichts- und Dokumentationspflichten bei Verschmelzungen und Spaltungen, NZG 2009, 41.

Übersicht

I. Inhalt, Normzweck und Entstehungsgeschichte

1 § 144 regelt wie § 142 eine **Rückausnahme zu bestimmten Erleichterungen** der umwandlungsrechtlichen Neugründung einer AG und ordnet für die Spaltung in eine AG zur Aufnahme immer einen Gründungsbericht nach § 32 AktG und eine Gründungsprüfung nach § 33 Abs. 2 AktG an.

2 Ausgangspunkt dieser Rückausnahme ist der Verweis von § 135 Abs. 2 in das **Gründungsrecht der übernehmenden Rechtsträger.** § 135 Abs. 1 Satz 1 verweist wiederum über § 125 Abs. 1 Satz 1 auf die bei der Verschmelzung zur Neugründung geltende Ausnahme des § 75 Abs. 2, nach der bei einer Verschmelzung, bei der eine Kapitalgesellschaft oder eine eingetragene Genossenschaft übertragender Rechtsträger ist, kein Gründungsbericht und keine Gründungsprüfung erforderlich sind.[1] Anders als bei der Verschmelzung wird bei der Spaltung zur Neugründung **nur ein Teilvermögen** des übertragenden Rechtsträgers in die neue AG **eingebracht**. Der in § 75 Abs. 2 liegende Rechtsgedanke

1) Ausf. zur Normsystematik Widmann/Mayer-*Rieger*, UmwR, § 142 UmwG Rz. 3.

des durch die strengen Eigenkapitalgrundsätze bzw. die enge Prüfung bei Genossenschaften abgesicherten übergehenden Vermögens lässt sich daher nicht auf die Spaltung übertragen. § 144 soll daher der latenten Gefahr entgegenwirken, dass das **übertragene Teilvermögen den geringsten Ausgabebetrag nicht deckt.**[2] Ratio der Norm ist insoweit die **wirksame Kapitalaufbringung** sowie der **Gläubigerschutz**, indirekt auch der Schutz der Aktionäre sowie anderer Rechteinhaber der neuen AG.[3]

Der Rechtsgedanke des § 144 findet sich für die **Spaltung zur Aufnahme** in § 142.[4] Für die Spaltung zur Aufnahme in eine GmbH gilt § 138. 3

Die Vorschrift des § 144 geht ursprünglich auf Art. 22 Abs. 4 der Spaltungsrichtlinie[5] zurück, der eine strenge Prüfung der Gründungsvorgänge bei Spaltungen zur Neugründung vorschrieb. Obwohl Art. 22 Abs. 4 Spaltungsrichtlinie durch die Änderungsrichtlinie 2009/109/EG[6] vom 16.9.2009 gestrichen wurde, hat der deutsche Gesetzgeber überschießend an der Erforderlichkeit von Gründungsbericht und Gründungsprüfung bei der Spaltung zur Aufnahme in eine AG festgehalten.[7] 4

II. Anwendungsbereich

§ 144 findet Anwendung auf alle Spaltungen zur Neugründung einer AG oder KGaA sowie auf kombinierte Spaltungen (§ 123 Abs. 4) unter Beteiligung von zumindest **einer neuen AG oder KGaA.**[8] Auf die Neugründung einer **SE** ist § 144 wegen der vorrangigen europäischen Regelungen nicht anwendbar (siehe § 141 Rz. 6 [*Nolden*] sowie schon § 124 Rz. 11 [*Döding/K. Wentz*]). Die SE kann allerdings als übertragender Rechtsträger an der Spaltung beteiligt sein, auf die Rechtsform des übertragenden Rechtsträgers kommt es bei § 144 nicht an.[9] Bei Spaltungen zur Aufnahme greift § 142. 5

III. Gründungsbericht

Der übertragende Rechtsträger hat als Gründer (§ 135 Abs. 2 Satz 2) nach Maßgabe des § 144 UmwG i. V. m. § 32 AktG einen **schriftlichen Bericht über den Hergang der Gründung** zu erstatten. Der Bericht soll den Gründungsvorgang nachvollziehbar machen und – i. V. m. der Gründungsprüfung – die Überprüfung der tatsächlichen Kapitalaufbringung durch die Spaltung zur Aufnahme ermöglichen.[10] 6

2) Kallmeyer-*Sickinger*, UmwG, § 144 Rz. 2; Lutter-*Schwab*, UmwG, § 144 Rz. 6; *Petersen*, Der Gläubigerschutz im Umwandlungsrecht, 2001, S. 292; *Wilsing/v. d. Linden* in: KölnKomm-UmwG, § 144 Rz. 1; krit. *Bayer/J. Schmidt*, ZIP 2010, 953, 957.

3) Semler/Stengel/Leonard-*Diekmann*, UmwG, § 144 Rz. 3; Kallmeyer-*Sickinger*, UmwG, § 144 Rz. 2; Widmann/Mayer-*Rieger*, UmwR, § 144 UmwG Rz. 1; Lutter-*Schwab*, UmwG, § 144 Rz. 1, 6.

4) *Brellochs* in: BeckOGK-UmwG, § 144 Rz. 2.

5) Sechste Richtlinie 82/891/EWG des Rates v. 17.12.1982 gem. Art. 54 Abs. 3 Buchst. g des Vertrages betreffend die Spaltung von Aktiengesellschaften (Spaltungsrichtlinie), ABl. (EG) L 378/47 v. 31.12.1982.

6) Richtlinie 2009/109/EG des Europäischen Parlaments und des Rates v. 16.9.2009 zur Änderung der Richtlinien 77/91/EWG, 78/855/EWG und 82/891/EWG des Rates sowie der Richtlinie 2005/56/EG hinsichtlich der Berichts- und Dokumentationspflicht bei Verschmelzungen und Spaltungen (Änderungsrichtlinie 2009/109/EG), ABl. (EU) L 259/14 v. 2.10.2009.

7) *Bayer/J. Schmidt*, ZIP 2010, 953, 957; *Bayer/J. Schmidt*, BB 2012, 3, 8; *Sendhaus*, NZG 2009, 41, 46; *Brellochs* in: BeckOGK-UmwG, § 144 Rz. 3; Kallmeyer-*Sickinger*, UmwG, § 144 Rz. 1; Lutter-*Schwab*, UmwG, § 144 Rz. 4.

8) *Brellochs* in: BeckOGK-UmwG, § 144 Rz. 5; Semler/Stengel/Leonard-*Diekmann*, UmwG, § 144 Rz. 5; Widmann/Mayer-*Rieger*, UmwR, § 144 UmwG Rz. 2.

9) *Wilsing/v. d. Linden* in: KölnKomm-UmwG, § 144 Rz. 3; Henssler/Strohn-*Galla/C. Müller*, GesR, § 144 UmwG Rz. 3; *Brellochs* in: BeckOGK-UmwG, § 144 Rz. 4.

10) *Wilsing/v. d. Linden* in: KölnKomm-UmwG, § 144 Rz. 4; Kallmeyer-*Sickinger*, UmwG, § 144 Rz. 3.

7 In dem Bericht sind neben dem Gründungshergang die **wesentlichen Umstände** darzulegen, aus denen sich die **Angemessenheit des zu übertragenden Teilvermögens** für die Sacheinlage ergibt (§ 32 Abs. 1 AktG).[11] Zu berichten ist ferner über **Sondervorteile** für Organmitglieder (§ 32 Abs. 2 AktG). Daneben sind noch Angaben über den **Geschäftslauf und die Lage des übertragenden Rechtsträgers** erforderlich (siehe § 75 Rz. 5 f. [*Nolden*]). Das ergibt sich aus § 75 Abs. 1 Satz 1, der über §§ 135 Abs. 1 Satz 1, 125 Abs. 1 Satz 1 anwendbar bleibt.[12]

8 Der Gründungsbericht ist von dem Geschäftsführungsorgan des übertragenden Rechtsträgers in vertretungsberechtigter Form **persönlich zu unterzeichnen**[13] und nach § 37 Abs. 4 Nr. 4 AktG der Anmeldung der neuen AG oder KGaA nach § 137 Abs. 1 beizufügen (zur Anmeldung siehe § 137 Rz. 3 ff. [*Lubberich*]).

IV. Gründungsprüfung

9 Aufbauend auf dem Gründungsbericht haben **zwei Gründungsprüfungen** zu erfolgen: § 144 adressiert mit § 33 Abs. 2 AktG die **externe Gründungsprüfung** durch einen gerichtlich bestellten Prüfer. Darüber hinaus ist über § 135 Abs. 2 Satz 1 UmwG i. V. m. § 33 Abs. 1 AktG eine **interne Gründungsprüfung** durch **Vorstand und Aufsichtsrat** der neuen Gesellschaft durchzuführen.[14] § 144 verdrängt insoweit nicht das aktienrechtliche Gründungsrecht.[15]

10 Die Gründungsprüfung ist nur erforderlich, wenn tatsächlich eine Sachgründung i. S. des § 33 Abs. 2 i. R. der Spaltung vorliegt.[16] § 144 verweist inhaltlich auf § 33 Abs. 2, der wiederum eigene Anforderungen für die Gründungsprüfung vorsieht. Das wird teilweise mit dem Hinweis auf den Wortlaut des § 144 („stets") sowie den Schutzzweck für Gläubiger und Aktionäre bestritten.[17] Für die enge Auslegung spricht aber nicht nur die Historie über Art. 22 Abs. 4 der Spaltungsrichtlinie, der sich allein auf die Sachgründung bezog,[18] sondern auch die mit dem ARUG[19] aufgenommene Ausnahme des § 33a AktG. Anders als bei der Verschmelzung zur Neugründung i. S. des § 75 können bei der Spaltung Vermögensteile gezielt abgespalten werden, die unter die **Ausnahmen nach § 33a Abs. 1 Nr. 2 oder 2 AktG** fallen. Für solche Einbringungsgegenstände hat das ARUG klargestellt, dass der Schutz der Aktionäre und Gläubiger durch die Kapitalmarktbewertung bzw. die Sachverständigenprüfung hinreichend gewahrt ist.[20] Es ist nicht ersichtlich, dass die Spezifika der Spaltung einen höheren Maßstab erfordern. Für eine Prüfung der weiteren Angaben im Gründungsbericht besteht darüber hinaus kein Interesse.

---

11) *Brellochs* in: BeckOGK-UmwG, § 144 Rz. 9; *Wilsing/v. d. Linden* in: KölnKomm-UmwG, § 144 Rz. 4.

12) *Engelmeyer*, AG 1996, 193, 206; *Brellochs* in: BeckOGK-UmwG, § 144 Rz. 10; *Wilsing/v. d. Linden* in: KölnKomm-UmwG, § 144 Rz. 5; Lutter-*Schwab*, UmwG, § 144 Rz. 7; Semler/Stengel/Leonard-*Diekmann*, UmwG, § 144 Rz. 6; Widmann/Mayer-*Rieger*, UmwR, § 14 UmwG Rz. 5.

13) *Brellochs* in: BeckOGK-UmwG, § 144 Rz. 7.

14) *Wilsing/v. d. Linden* in: KölnKomm-UmwG, § 144 Rz. 5.

15) *Brellochs* in: BeckOGK-UmwG, § 144 Rz. 11.

16) *Brellochs* in: BeckOGK-UmwG, § 144 Rz. 13; Semler/Stengel/Leonard-*Diekmann*, UmwG, § 144 Rz. 7; Lutter-*Schwab*, UmwG, § 144 Rz. 10 f.

17) Kallmeyer-*Sickinger*, UmwG, § 144 Rz. 2; Widmann/Mayer-*Rieger*, UmwR, § 144 UmwG Rz. 11; *Oppenhoff* in: MünchHdb. GesR, Bd. 8, § 29 Rz. 74 ff.; *Klumpp* in: HK-UmwG, § 144 Rz. 4.

18) Lutter-*Schwab*, UmwG, § 144 Rz. 10.

19) Gesetz zur Umsetzung der Aktionärsrechterichtlinie (ARUG), v. 30.7.2009, BGBl. I 2009, 2479.

20) Vgl. Begr. RegE ARUG, BT-Drucks. 16/11642, S. 22.

11 Der **Gründungsprüfer** wird auf Antrag durch das Amtsgericht am Sitz der neuen Gesellschaft **bestellt** (§ 33 Abs. 3 Satz 2 AktG i. V. m. § 14 AktG). Der **Antrag** kann durch den übertragenden Rechtsträger oder den Vorstand der neuen AG gestellt werden[21] und wird in der Praxis mit einem Vorschlag verbunden (siehe dazu § 142 Rz. 8 [*Nolden*]). Der Spaltungsprüfer kann mit dem Gründungsprüfer identisch sein (§ 135 Abs. 1 Satz 1, § 125 Abs. 1 Satz 1, § 75 Abs. 1 Satz 2), wobei die **Spaltungsprüfung sich auf die Angemessenheit des Umtauschverhältnisses**, die **Gründungsprüfung sich auf die Deckung des geringsten Ausgabepreises der neuen Aktien** richtet.[22]

12 Der **Umfang der Prüfung** richtet sich sowohl für die interne wie auch die externe Gründungsprüfung nach § 135 Abs. 2 Satz 1 UmwG i. V. m. § 34 AktG. Zu prüfen ist die Richtigkeit und Vollständigkeit der Angaben des übertragenden Rechtsträgers als Gründer im Gründungsbericht (siehe Rz. 7) über die Übernahme der Aktien, die Einlagen auf das Grundkapital und die Festsetzungen nach §§ 26, 27 AktG (§ 34 Abs. 1 Nr. 1 AktG). Zentraler Punkt der Prüfung ist freilich, ob der Wert des im Zuge der Spaltung übertragenen Teilvermögens den geringsten Ausgabebetrag der ausgegebenen Aktien sowie ein ggf. vereinbartes korporatives Agio deckt (zur Diskussion zum korporativen Agio siehe auch § 142 Fn. 16 [*Nolden*]).[23] Daneben sind die zusätzlichen umwandlungsrechtlichen Inhalte nach § 75 Abs. 1 Satz 1 zum Geschäftsverlauf sowie zur Lage des übertragenden Rechtsträgers zu prüfen.[24]

13 Sowohl über die interne wie auch die externe Prüfung ist ein **schriftlicher Bericht** zu erstellen (§ 135 Abs. 2 Satz 1 UmwG i. V. m. § 34 Abs. 2 Satz 1 AktG).[25] Die Berichte sind zum Handelsregister der neu zu gründenden AG sowie bei deren Vorstand einzureichen (§ 135 Abs. 2 Satz 1 UmwG i. V. m. § 34 Abs. 3 Satz 1 AktG). Er ist im Register für jedermann einsehbar (§ 135 Abs. 2 Satz 1 UmwG i. V. m. § 34 Abs. 3 Satz 2 AktG)[26] Eine Weiterleitung der Prüfberichte an den übertragenden Rechtsträger dürfte schon in Hinblick auf einen Abgleich mit dem Spaltungsbericht und der Spaltungsprüfung sinnvoll sein.[27]

V. Rechtsfolgen von Verstößen

14 Fehlen der Gründungsbericht oder die Gründungsprüfungsberichte oder sind diese unvollständig, liegt ein **Eintragungshindernis** vor.[28] Das Registergericht wird regelmäßig eine Zwischenverfügung erlassen und die Nachreichung der fehlenden Berichte bzw. die Korrektur verlangen. Wird der Verfügung nicht nachgekommen, kann das Registergericht die Eintragung ablehnen.[29] Eine Zwischenverfügung hat keine Auswirkungen auf die Frist des § 125 Abs. 1 Satz 1 i. V. m. § 17 Abs. 2 Satz 4.[30]

---

21) Semler/Stengel/Leonard-*Diekmann*, UmwG, § 144 Rz. 6; Widmann/Mayer-*Rieger*, UmwR, § 142 UmwG Rz. 10; Lutter-*Schwab*, UmwG, § 144 Rz. 12.

22) *Brellochs* in: BeckOGK-UmwG, § 144 Rz. 14.

23) *Engelmeyer*, AG 1996, 193, 206; *Wilsing/v. d. Linden* in: KölnKomm-UmwG, § 144 Rz. 5; *Brellochs* in: BeckOGK-UmwG, § 144 Rz. 15.

24) *Wilsing/v. d. Linden* in: KölnKomm-UmwG, § 144 Rz. 5.

25) Widmann/Mayer-*Rieger*, UmwR, § 144 UmwG Rz. 9; Lutter-*Schwab*, UmwG, § 144 Rz. 12.

26) Widmann/Mayer-*Rieger*, UmwR, § 144 UmwG Rz. 9.

27) Verpflichtend Lutter-*Schwab*, UmwG, § 144 Rz. 12; *Brellochs* in: BeckOGK-UmwG, § 144 Rz. 15; Semler/Stengel/Leonard-*Diekmann*, UmwG, § 144 Rz. 6; empfehlend wie hier Widmann/Mayer-*Rieger*, UmwR, § 144 UmwG Rz. 9.

28) *Brellochs* in: BeckOGK-UmwG, § 144 Rz. 16; *Wilsing/v. d. Linden* in: KölnKomm-UmwG, § 144 Rz. 5.

29) BayObLG, Beschl. v. 10.12.1998 – 3Z BR 237/98, GmbHR 1999, 295 = NJW-RR 1999, 833; Semler/Stengel/Leonard-*Diekmann*, UmwG, § 144 Rz. 8; *Oppenhoff* in: MünchHdb. GesR, Bd. 8, § 29 Rz. 78.

30) *Brellochs* in: BeckOGK-UmwG, § 144 Rz. 16.

15 Die Eintragung der neuen Gesellschaft ist nach § 137 Abs. 3 Voraussetzung für die Eintragung der Spaltung. Mit der Eintragung der Spaltung gilt allerdings die Heilungswirkung des § 131 Abs. 2, die auch Fehler bei der Gründung der AG, etwa einen fehlenden oder fehlerhaften Gründungs- oder Gründungsprüfungsbericht, umfasst.[31)]

31) *Wilsing/v. d. Linden* in: KölnKomm-UmwG, § 144 Rz. 5; Widmann/Mayer-*Rieger*, UmwR, § 144 UmwG Rz. 7 und 12; Semler/Stengel/Leonard-*Diekmann*, UmwG, § 144 Rz. 8; *Oppenhoff* in: MünchHdb. GesR, Bd. 8, § 29 Rz. 81.

§ 145
Herabsetzung des Grundkapitals

[1]Ist zur Durchführung der Abspaltung oder der Ausgliederung eine Herabsetzung des Grundkapitals einer übertragenden Aktiengesellschaft oder Kommanditgesellschaft auf Aktien erforderlich, so kann diese auch in vereinfachter Form vorgenommen werden. [2]Wird das Grundkapital herabgesetzt, so darf die Abspaltung oder die Ausgliederung erst eingetragen werden, nachdem die Durchführung der Herabsetzung des Grundkapitals im Register eingetragen worden ist.

Literatur: Siehe auch die Angaben bei § 139. *Adolff*, Zur Kapitalerhaltung bei der Abspaltung nach dem UmwG, in: Festschrift für Eberhard Stilz, 2014, S. 1; *Groß*, Deckung eines Spaltungsverlustes bei einer Aktiengesellschaft durch Auflösung von nach § 150 III und IV AktG gebundenen Rücklagen, NZG 2010, 770; *IDW*, Stellungnahme HFA 1/1998: Zweifelsfragen bei Spaltungen, WPg 1998, 508; *Ihrig*, Zum Kapitalschutz bei der Spaltung von Aktiengesellschaften, in: Festschrift für Karsten Schmidt, 2009, S. 779; *Müller, W.*, Zweifelsfragen zum Umwandlungsrecht, WPg 1996, 857; *Priester*, Kapitalschutz bei der übertragenden Gesellschaft in Spaltungsfällen, in: Festschrift für Helmut Schippel, 1996, S. 487; *Priester*, Kapitalherabsetzung und Gewinnausschüttung, NZG 2021, 370; *Oser*, Bilanz- und Gesellschaftsrecht bei Spaltungen, StuB 2014, 631; *Petersen*, Der Gläubigerschutz im System des Umwandlungsrechts, Der Konzern 2004, 185; *Petersen*, Der Gläubigerschutz im Umwandlungsrecht, München 2001 (Habil.); *Prinz/Rösner*, Der Ausgleich eines spaltungsbedingten Bilanzverlusts der Aktiengesellschaft, AG 2021, 148; *Zeidler*, Rechtliche Probleme bei der Deckung des Spaltungsverlusts einer Aktiengesellschaft, WPg 2004, 325.

Übersicht

I. Inhalt, Normzweck und Entstehungsgeschichte

1 Wie die Parallelnorm in § 139 für die GmbH[1)] ermöglicht es § 145 der übertragenden Gesellschaft eine **spaltungsbedingte Unterbilanz durch eine vereinfachte Kapitalherabsetzung nach §§ 229 ff. AktG auszugleichen (§ 145 Satz 1)**. Eine spaltungsbedingte Unter-

1) Zu den Unterschieden von § 139 und § 145 vgl. Widmann/Mayer-*Rieger*, UmwR, § 145 UmwG Rz. 3 ff., sowie *Ihrig* in: FS K. Schmidt, S. 779, 782.

bilanz kann je nach Ausgestaltung der Spaltung beim übertragenden Rechtsträger eintreten, wenn nach dem spaltungsbedingten Vermögensabfluss das verbleibende Nettovermögen, also das Aktivvermögen bewertet zu Buchwerten abzüglich der Passiva ohne Eigenkapital,[2] das Grundkapital des übertragenden Rechtsträgers nicht mehr vollständig deckt.[3]

Die Gefahr ist bei der **Abspaltung** erhöht, da die neuen Anteile am übernehmenden oder neuen Rechtsträger an die Anteilsinhaber des übertragenden Rechtsträgers gewährt werden und dem übertragenden Rechtsträger selbst trotz **Abfluss von Nettovermögen strukturell keine Gegenleistung** zukommt.[4] Die Abspaltung stellt eine kompensationslose Ausschüttung an die Aktionäre und insoweit zulässige Ausnahme von der strengen Kapitalbindung durch § 57 AktG dar.[5] 2

Bei einer **Ausgliederung** erhält die übertragende Gesellschaft zwar Anteile am übernehmenden Rechtsträger,[6] in spezifischen Situationen kann aber auch bei der Ausgliederung zur Aufnahme eine Unterbilanz drohen, etwa wenn bei einer gemischten Ausgliederung das Umtauschverhältnis zum Nachteil der übertragenden Gesellschaft von den wahren Wertverhältnissen abweicht oder der übernehmende Rechtsträger überschuldet ist und der übertragende Rechtsträger daher unmittelbar nach Übernahme der Anteile eine bilanzielle Wertkorrektur vornehmen muss.[7] 3

Das für **ordentliche Kapitalherabsetzungen** vorgesehene **Verfahren** nach den §§ 222 ff. AktG ist aufgrund des dort vorgesehenen gläubigerschützenden Schritte nach § 225 AktG **zeitaufwändig** und würde einen Spaltungsprozess mit einer übertragenden AG deutlich verlängern[8]. Da der die §§ 222 ff. AktG bestimmende Gläubigerschutz im Umwandlungsrecht spaltungsspezifisch (§§ 125, 135 mit Verweis auf 22, und § 133) aufgegriffen wird,[9] erscheint es gerechtfertigt, den Kapitalherabsetzungsprozess zu beschleunigen und dafür auf die für die Sanierungssituation zugeschnittene **vereinfachte Kapitalherabsetzung** nach §§ 229 ff. AktG zurückzugreifen.[10] Die §§ 229 ff. AktG sind bei der Anwendung auf die spaltungsbedingte Kapitalherabsetzung spezifisch nach ihrem Sinn und Zweck bei einer spaltungsbedingten Kapitalherabsetzung auszulegen und anzuwenden.[11] 4

---

2) Vgl. zur Bestimmung einer Unterbilanz im Detail *Brellochs* in: BeckOGK-UmwG, § 145 Rz. 15; Semler/Stengel/Leonard-*Diekmann*, UmwG, § 145 Rz. 5 ff.; Widmann/Mayer-*Rieger*, UmwR, § 145 UmwG Rz. 10 f.

3) Lutter-*Schwab*, UmwG, § 145 Rz. 2, und *Brellochs* in: BeckOGK-UmwG, § 145 Rz. 4, weisen etwa darauf hin, dass jede Abspaltung zur Neugründung einer Kapitalgesellschaft zwingend zu einem Nettovermögensabfluss beim übertragenden Rechtsträger führt.

4) Vgl. *Brellochs* in: BeckOGK-UmwG, § 145 Rz. 9; Semler/Stengel/Leonard-*Diekmann*, UmwG, § 145 Rz. 1; *Wilsing/v. d. Linden* in: KölnKomm-UmwG, § 145 Rz. 4; Kallmeyer-*Sickinger*, UmwG, § 145 Rz. 1; Widmann/Mayer-*Rieger*, UmwR, § 145 UmwG Rz. 2 und 6.

5) Vgl. *Wilsing/v. d. Linden* in: KölnKomm-UmwG, § 145 Rz. 4; zur Vereinbarkeit mit § 57 AktG *Brellochs* in: BeckOGK-UmwG, § 145 Rz. 9; Widmann/Mayer-*Rieger*, UmwR, § 145 UmwG Rz. 5; *Ihrig* in: FS K. Schmidt, S. 779, 785; *Priester* in FS Schippel, S. 487, 489.

6) In der Literatur wird die Gefahr einer ausgliederungsbedingten Unterbilanz damit als praktisch fast nie erforderlich bezeichnet, vgl. Semler/Stengel/Leonard-*Diekmann*, UmwG, § 145 Rz. 14; Widmann/Mayer-*Rieger*, UmwR, § 145 UmwG Rz. 1; Lutter-*Schwab*, UmwG, § 145 Rz. 4 – „§ 145 UmwG [läuft] rechtspraktisch leer"; *IDW*, WPg 1998, 508, 510.

7) Vgl. Begr. RegE UmwBerG, BR-Drucks. 75/94, S. 125, 127; *Brellochs* in: BeckOGK-UmwG, § 145 Rz. 4; Kallmeyer-*Sickinger*, UmwG, § 145 Rz. 2; Widmann/Mayer-*Rieger*, UmwR, § 145 UmwG Rz. 7 f.; *Wilsing/v. d. Linden* in: KölnKomm-UmwG, § 145 Rz. 4.

8) Widmann/Mayer-*Rieger*, UmwR, § 145 UmwG Rz. 2; Lutter-*Schwab*, UmwG, § 145 Rz. 1 f.

9) Vgl. *Adolff* in: FS Stilz, S. 1, 3; *Ihrig* in: FS K. Schmidt, S. 779, 786; krit. *Priester* in FS Schippel, S. 487, 495 f.

10) Widmann/Mayer-*Rieger*, UmwR, § 145 UmwG Rz. 2; Lutter-*Schwab*, UmwG, § 145 Rz. 2 f.; Kallmeyer-*Sickinger*, UmwG, § 146, Rz. 1.

11) *Brellochs* in: BeckOGK-UmwG, § 145 Rz. 19; Lutter-*Schwab*, UmwG, § 145 Rz. 21; *Priester* in FS Schippel, S. 487, 498.

5 Wird eine Kapitalherabsetzung nach § 145 Satz 1 durchgeführt, bestimmt **§ 145 Satz 2** zum Schutz des Rechtsverkehrs, dass die Kapitalherabsetzung **vor der Spaltung eingetragen** werden muss.[12)]

6 § 145 wurde durch das UmwBerG vom 28.10.1994[13)] eingeführt und ist seit dem Inkrafttreten am 1.1.1995 unverändert in Geltung.

II. Anwendungsbereich

7 § 145 ist auf **Abspaltungen und Ausgliederungen** anwendbar, bei denen eine **AG, KGaA oder SE** (Art. 9 Abs. 1 lit. c Ziff. ii SE-VO)[14)] als übertragender Rechtsträger beteiligt ist. Die Rechtsform des übernehmenden oder neuen Rechtsträgers ist dabei unerheblich.[15)] Ebenso unerheblich ist die Struktur der Spaltung zur Aufnahme, Neugründung oder als kombinierte Spaltung (§ 123 Abs. 4).[16)] § 145 gilt auch für grenzüberschreitende Spaltungen mit deutscher übertragender AG, KGaA oder SE.[17)]

8 **Aufspaltungen** sind von § 145 Satz 1 ausgenommen, da eine Herabsetzung des Grundkapitals aufgrund des Erlöschens des übertragenden Rechtsträgers (§ 131 Abs. 1 Nr. 2) keine Rolle spielt.[18)] Diskutiert wird aber eine entsprechende Anwendung von § 145 UmwG i. V. m. § 232 AktG, wenn bei einer Aufspaltung das Eigenkapital der übernehmenden Rechtsträger in der Summe das vorherige Grundkapital des übertragenden Rechtsträgers unterschreitet.[19)]

III. Vereinfachte Kapitalherabsetzung (§ 145 Satz 1)

9 Die vereinfachte Kapitalherabsetzung nach § 145 Satz 1 kann für die Kapitalherabsetzung bei **spaltungsbedingten Nettovermögensabflüssen** herangezogen werden, wobei die Einzelheiten der Voraussetzungen der § 145 kontrovers diskutiert werden.

1. Erforderlichkeit der Kapitalherabsetzung

10 Nach § 145 Satz 1 ist die vereinfachte Kapitalherabsetzung nur zulässig, soweit sie zur Durchführung der Abspaltung oder Ausgliederung erforderlich ist. Die Einzelheiten zur „Erforderlichkeit" sind umstritten.

11 So wird zunächst aus dem **Ausnahmecharakter** der Abspaltung zur Kapitalbindung des § 57 AktG abgeleitet, dass eine Kapitalherabsetzung nur dann in Betracht komme, wenn mit der Spaltung eine **Leistung an die Aktionäre der übertragenden Gesellschaft** verbun-

12) Lutter-*Schwab*, UmwG, § 145 Rz. 7.

13) Gesetz zur Bereinigung des Umwandlungsrechts (UmwBerG), v. 28.10.1994, BGBl. I 1994, 3210 (ber. 22.3.1995, BGBl. I 1995, 428).

14) Verordnung (EG) Nr. 2157/2001 des Rates v. 8.10.2001 über das Statut der Europäischen Gesellschaft (SE) (SE-VO), ABl. (EU) L 294/1 v. 10.11.2001.

15) Widmann/Mayer-*Rieger*, UmwR, § 145 UmwG Rz. 1; *Wilsing/v. d. Linden* in: KölnKomm-UmwG, § 145 Rz. 3.

16) Lutter-*Schwab*, UmwG, § 145 Rz. 7; *Wilsing/v. d. Linden* in: KölnKomm-UmwG, § 145 Rz. 3.

17) *Stelmaszcyk* in: BeckOGK-UmwG, § 329 Rz. 31; Habersack/Drinhausen-*Kiem/Sitter*, SE-Recht, § 329 UmwG Rz. 8.

18) Widmann/Mayer-*Rieger*, UmwR, § 145 UmwG Rz. 1; Kallmeyer-*Sickinger*, UmwG, § 145 Rz. 2; *Wilsing/v. d. Linden* in: KölnKomm-UmwG, § 145 Rz. 3.

19) So Lutter-*Schwab*, UmwG, § 145 Rz. 29; strenger *Petersen*, Der Gläubigerschutz im Umwandlungsrecht, 2001, S. 317 f.; *Petersen*, Der Konzern 2004, 185, 190 f., nachdem die Summe des Grund- bzw. Stammkapitals der übernehmenden Rechtsträger dem des übertragenden Rechtsträgers vor der Spaltung entsprechen muss (sog. Summentheorie).

den sei.[20] Gegen diese enge Auslegung spricht allerdings nicht nur der Wortlaut des § 145 Satz 1, sondern auch der mit § 145 verbundene Zweck, Spaltungsvorgänge durch das vereinfachte Verfahren der Kapitalherabsetzung nach §§ 229 ff. AktG zu erleichtern.[21] Entscheidend ist daher nur, dass die Spaltung ohne die Kapitalherabsetzung nicht durchgeführt werden könnte.[22]

Streitig ist sodann die Frage der **vorrangigen Auflösung von Eigenkapitalpositionen** zum Ausgleich einer Unterbilanz. Dabei besteht zunächst Einigkeit, dass vor einer Kapitalherabsetzung ungebundene Rücklagen wie ein **Gewinnvortrag nach § 266 Abs. 3 A. IV HGB** und andere **freie Gewinnrücklagen nach § 266 Abs. 3 A. III Nr. 3 und 4 HGB** aufzulösen sind[23] und umgekehrt eine **Rücklage für Anteile an einem herrschenden oder mehrheitlich beteiligten Unternehmen** nach §§ 266 Abs. 3 A. III. Nr. 2, 272 Abs. 4 HGB unberührt bleibt.[24] 12

Darüber hinausgehend wird vereinzelt vor der vereinfachten Kapitalherabsetzung die **vollständige Auflösung gesetzlich gebundener Rücklagen**, insbesondere der gesetzlichen Rücklage nach § 150 AktG sowie der Kapitalrücklagen nach § 272 Abs. 2 Nr. 1–3 HGB gefordert.[25] Andere sehen in § 145 eine Rechtsfolgenverweisung auf die §§ 229 ff. AktG und lehnen eine Auflösung der gebundenen Rücklagen mit dem Argument eines vorrangigen aktienrechtlichen Gläubiger- und Anlegerschutzes vollständig ab.[26] Richtigerweise wird man mit der vermittelnden Ansicht entsprechend § 229 Abs. 2 Satz 1 AktG eine **Reduzierung der gebundenen Rücklagen bis zu einem Betrag von 10 %** des mit Wirksamwerden der Spaltung beim übertragenden Rechtsträger verbleibenden Grundkapitals verlangen.[27] § 145 Satz 1 ersetzt die in § 229 Abs. 1 AktG für die Anwendung der vereinfachten Kapitalherabsetzung vorausgesetzte Sanierungssituation durch die spaltungsbedingte Unterbilanz, ohne § 229 Abs. 2 Satz 1 AktG auszunehmen. Auch gibt es keinen Grund die Kapitalrücklagen im Anwendungsbereich des § 145 strenger zu behandeln als das Grundkapital. Das gilt umso mehr, als die Gläubiger bei der Spaltung weniger durch die Eigenkapitalregularien als durch umwandlungsspezifische Maßnahmen wie insbesondere §§ 125, 135, 22 sowie § 133 geschützt werden.[28] 13

Die vereinfachte Kapitalherabsetzung beim übertragenden Rechtsträger ist nur in dem **Umfang** zulässig, wie gezeichnetes Kapital i. S. des § 272 Abs. 1 HGB und nach § 150 Abs. 3, 4 AktG gebundene Rücklagen der §§ 272 Abs. 2 Nr. 1–3 HGB beim überneh- 14

20) So mit Fallbeispielen Widmann/Mayer-*Rieger*, UmwR, § 145 UmwG Rz. 8 f.; wohl auch Semler/Stengel/Leonard-*Diekmann*, UmwG, § 145 Rz. 4.

21) Vgl. *Brellochs* in: BeckOGK-UmwG, § 145 Rz. 10.

22) Lutter-*Schwab*, UmwG, § 145 Rz. 9; *Petersen*, Der Gläubigerschutz im Umwandlungsrecht, 2001, S. 313.

23) *Brellochs* in: BeckOGK-UmwG, § 145 Rz. 12; Widmann/Mayer-*Rieger*, UmwR, § 145 UmwG Rz. 12; Lutter-*Schwab*, UmwG, § 145 Rz. 17; *Wilsing/v. d. Linden* in: KölnKomm-UmwG, § 145 Rz. 5.

24) *Brellochs* in: BeckOGK-UmwG, § 145 Rz. 12; Widmann/Mayer-*Rieger*, UmwR, § 145 UmwG Rz. 11; *Ihrig* in: FS K. Schmidt, S. 779, 788; *IDW*, WPg 1998, 508, 510.

25) *Müller*, WPg 1996, 857, 866; *IDW*, WPg 1998, 508, 510; über den Weg der Auflösung gebundener Rücklagen im Wege einer Kapitalerhöhung aus Gesellschaftsmitteln mit nachfolgender Kapitalherabsetzung *Ihrig* in: FS K. Schmidt, S. 779, 789 f.

26) Henssler/Strohn-*Galla/C. Müller*, GesR, § 141 UmwG Rz. 4; *Klumpp* in: HK-UmwG, § 145 Rz. 4; Lutter-*Schwab*, UmwG, § 145 Rz. 18; Kallmeyer-*Sickinger*, UmwG, § 145 Rz. 5.

27) *Burg/Nordhues* in: NK-UmwG, § 145 Rz. 7; Semler/Stengel/Leonard-*Diekmann*, UmwG, § 145 Rz. 5b; Schmitt/Hörtnagl-*Hörtnagl*, UmwG/UmwStG, § 145 UmwG Rz. 4; Widmann/Mayer-*Rieger*, UmwR, § 145 UmwG Rz. 12; *Wilsing/v. d. Linden* in: KölnKomm-UmwG, § 145 Rz. 5; *Groß*, NZG 2010, 770, 772; *Oser*, StuB 2014, 631, 634 f.; *Prinz/Rösner*, AG 2021, 148, 153; *Zeidler*, WPg 2004, 325, 329.

28) Darauf weist auch *Zeidler*, WPg 2004, 325, 327, hin.

menden Rechtsträger gebildet werden.[29] Da beide Rechtsträger nach § 133 Abs. 1 gesamtschuldnerisch haften, bleibt das für die Erfüllung von Verbindlichkeiten bestehende Haftkapital aus der Sicht der Gläubiger des übernehmenden Rechtsträgers gleich.[30] Für eine **überschießende Kapitalherabsetzung** steht das vereinfachte Verfahren nach § 145 Satz 1 nicht zur Verfügung, das gilt auch, soweit beim übernehmenden Rechtsträger ungebundene Einlagen nach § 272 Abs. 2 Nr. 4 HGB gebildet werden. Eine weitere Grenze für die Kapitalherabsetzung nach § 145 Satz 1 bildet der Mindestnennbetrag nach § 7 AktG. Droht eine **Unterschreitung des Mindestnennbetrags** durch die Spaltung, muss die übertragende AG vor der Spaltung ihr Kapital entsprechend erhöhen.[31]

15 Die vereinfachte Kapitalherabsetzung über § 145 Satz 1 steht überdies nur zur Verfügung, soweit die Unterbilanz **durch die Spaltung verursacht** ist.[32] Eine bereits vor der Spaltung bestehende Unterbilanz beim übertragenden Rechtsträger ist grundsätzlich kein Spaltungshindernis,[33] muss aber vor dem Hintergrund der Kapitaldeckungserklärung nach § 146 vor der Handelsregisteranmeldung durch eine Kapitalerhöhung oder eine ordentliche Kapitalherabsetzung ausgeglichen werden.[34] Eine vereinfachte Kapitalherabsetzung kommt nur infrage, wenn eine echte Sanierungssituation i. S. des § 229 Abs. 1 AktG vorliegt.

2. Durchführung der Kapitalherabsetzung

16 Die vereinfachte Kapitalherabsetzung wird nach den allgemeinen aktienrechtlichen Vorschriften (§§ 229 ff. AktG) durchgeführt.[35] Der Kapitalherabsetzungsbeschluss muss den **Herabsetzungsbetrag** und entsprechend § 229 Abs. 1 Satz 2 AktG den **Zweck, einen spaltungsbedingten Verlust zu decken,** ausdrücklich benennen.[36] Der Beschluss wird in der Praxis zumeist zusammen mit dem Spaltungsbeschluss gefasst und kann auch mit anderen Beschlüssen zur Änderung der Kapitalia oder Auflösung von Rücklagen kombiniert werden.[37]

17 Der Hauptversammlungsbeschluss bedarf der einfachen Stimmenmehrheit (§ 133 Abs. 1 AktG) sowie einer Mehrheit von **mindestens drei Viertel des bei der Beschlussfassung vertretenen Grundkapitals,** soweit die Satzung nicht eine größere Kapitalmehrheit oder

---

29) Semler/Stengel/Leonard-*Diekmann*, UmwG, § 145 Rz. 7 f.; Widmann/Mayer-*Rieger*, UmwR, § 145 UmwG Rz. 12.1; Lutter-*Schwab*, UmwG, § 145 Rz. 15 f.; a. A. – nur in Höhe des beim übernehmenden Rechtsträger gebildeten Nennkapitals – *Petersen*, Gläubigerschutz im Umwandlungsrecht, 2001, S. 313 f.; *Priester* in FS Schippel, S. 487, 497; eine Beschränkung vollständig abl. *Brellochs* in: BeckOGK-UmwG, § 145 Rz. 17; *W. Müller*, WPg 1996, 857, 866.

30) So für § 139 AG Charlottenburg, Beschl. v. 18.5.2008 – 99 AR 3278/08, GmbHR 2008, 993; krit. zum Begründungsansatz dazu *Priester*, GmbHR 2008, 994 f. (Urteilsanm.).

31) *Wilsing/v. d. Linden* in: KölnKomm-UmwG, § 145 Rz. 6.

32) Widmann/Mayer-*Rieger*, UmwR, § 145 UmwG Rz. 13; Lutter-*Schwab*, UmwG, § 145 Rz. 18.

33) *Brellochs* in: BeckOGK-UmwG, § 145 Rz. 16; Widmann/Mayer-*Rieger*, UmwR, § 145 UmwG Rz. 13; *Wilsing/v. d. Linden* in: KölnKomm-UmwG, § 145 Rz. 6.

34) *Brellochs* in: BeckOGK-UmwG, § 145 Rz. 16; Lutter-*Schwab*, UmwG, § 145 Rz. 16; *Wilsing/v. d. Linden* in: KölnKomm-UmwG, § 145 Rz. 6; a. A. Semler/Stengel/Leonard-*Diekmann*, UmwG, § 145 Rz. 6, insoweit in Widerspruch zu Rz. 7.

35) *Brellochs* in: BeckOGK-UmwG, § 145 Rz. 19; Widmann/Mayer-*Rieger*, UmwR, § 145 UmwG Rz. 14; *Wilsing/v. d. Linden* in: KölnKomm-UmwG, § 145 Rz. 7.

36) Widmann/Mayer-*Rieger*, UmwR, § 145 UmwG Rz. 18.

37) *Brellochs* in: BeckOGK-UmwG, § 145 Rz. 21; Semler/Stengel/Leonard-*Diekmann*, UmwG, § 145 Rz. 10; Kallmeyer-*Sickinger*, UmwG, § 145 Rz. 6; *Wilsing/v. d. Linden* in: KölnKomm-UmwG, § 145 Rz. 7.

weitere Erfordernisse vorsieht. Bei mehreren Aktiengattungen haben die Aktionäre jeder Gattung einen Sonderbeschluss zu fassen (§§ 229 Abs. 2, 222 Abs. 1 und 2 AktG).[38)]

Der Kapitalherabsetzungsbeschluss sowie die Durchführung (anders in der GmbH, siehe § 139 Rz. 15 f. [*Stiegler*]) sind zum Register anzumelden (§§ 229 Abs. 3, 223, 227 AktG). Beide **Anmeldungen** können miteinander (§ 227 Abs. 2 AktG) sowie mit der Anmeldung der Spaltung verbunden werden.[39)] Bei einer einheitlichen Anmeldung empfiehlt sich in der Praxis die Aufnahme eines Hinweises, dass die Eintragung der Spaltung erst nach der Eintragung der Durchführung der Kapitalherabsetzung eingetragen werden darf (§ 145 Satz 2).[40)] Abweichend von §§ 229 Abs. 3, 224 AktG wird die Kapitalherabsetzung erst **mit Eintragung der Spaltung wirksam** (siehe dazu noch Rz. 22 ff.). 18

Das Registergericht prüft die Notwendigkeit der vereinfachten Kapitalherabsetzung i. S. des § 145.[41)] Verneint das Registergericht die Erforderlichkeit, kann es die Registereintragung unabhängig von einer Anfechtung ablehnen.[42)] Daneben führt ein Verstoß gegen § 145 zur Anfechtbarkeit des Kapitalherabsetzungsbeschlusses. Gegen eine Anfechtungsklage steht der übertragenden Gesellschaft ein Freigabeverfahren nach § 246a AktG zur Verfügung (zum Freigabeverfahren im Umwandlungsrecht siehe § 16 Rz. 38 ff. [*Hoefling*]). 19

3. Rechtsfolgen

Die Rechtsfolgen der vereinfachten Kapitalherabsetzung ergeben sich aus den §§ 229 ff. AktG, wobei jeweils die **spezifische umwandlungsrechtliche Spaltungssituation** mit zu berücksichtigen ist:[43)] 20

- **Auszahlungen aus der Auflösung** der Kapital- und Gewinnrücklagen und aus der Kapitalherabsetzung an die Aktionäre sind unzulässig, auch über den übernehmenden Rechtsträger.[44)] Das ergibt sich nicht nur aus § 230 AktG, sondern schon aus dem oben dargestellten Kriterium der Erforderlichkeit der spaltungsbedingten Kapitalherabsetzung. Nicht als Auszahlung i. S. des § 230 AktG gilt die spaltungsspezifische Ausgabe neuer Anteile an die Aktionäre des übertragenden Rechtsträgers nach § 131 Abs. 1 Nr. 3.
- Das **Gewinnausschüttungsverbot** nach § 233 AktG gilt i. R. der spaltungsbedingten Kapitalherabsetzung nicht.[45)] § 233 AktG ist auf eine Sanierungssituation zugeschnitten. Der Gläubigerschutz wirkt bei der spaltungsbedingten Kapitalherabsetzung über §§ 22, 133.

---

38) Vgl. zu den formellen Beschlussvoraussetzungen *Marsch-Barner/Maul* in: BeckOGK-AktG, § 222 Rz. 17 ff.

39) Semler/Stengel/Leonard-*Diekmann*, UmwG, § 145 Rz. 10; Widmann/Mayer-*Rieger*, UmwR, § 145 UmwG Rz. 19.

40) Widmann/Mayer-*Rieger*, UmwR, § 145 UmwG Rz. 19.

41) *Brellochs* in: BeckOGK-UmwG, § 145 Rz. 28; Widmann/Mayer-*Rieger*, UmwR, § 145 UmwG Rz. 20; Lutter-*Schwab*, UmwG, § 145 Rz. 20.

42) *Brellochs* in: BeckOGK-UmwG, § 145 Rz. 18; Kallmeyer-*Sickinger*, UmwG, § 145 Rz. 8; für § 139 AG Charlottenburg, Beschl. v. 28.5.2008 – 99 AR 3278/08, GmbHR 2008, 993, 994.

43) *Brellochs* in: BeckOGK-UmwG, § 145 Rz. 19; Lutter-*Schwab*, UmwG, § 145 Rz. 21; *Priester* in FS Schippel, S. 487, 498.

44) Lutter-*Schwab*, UmwG, § 145 Rz. 22; *Brellochs* in: BeckOGK-UmwG, § 145 Rz. 22; Semler/Stengel/Leonard-*Diekmann*, UmwG, § 145 Rz. 12; Widmann/Mayer-*Rieger*, UmwR, § 145 UmwG Rz. 13.2; *Wilsing/v. d. Linden* in: KölnKomm-UmwG, § 145 Rz. 8; *IDW*, WPg 1998, 508, 510.

45) *Wilsing/v. d. Linden* in: KölnKomm-UmwG, § 145 Rz. 8; Kallmeyer-*Sickinger*, UmwG, § 145 Rz. 7; *Brellochs* in: BeckOGK-UmwG, § 145 Rz. 25; Lutter-*Schwab*, UmwG, § 145 Rz. 25; Widmann/Mayer-*Rieger*, UmwR, § 145 Rz. 13.3; *Priester*, NZG 2021, 370, 373 – für die Spaltung „gesunder" Unternehmen; a. A. Henssler/Strohn-*Galla*/*C. Müller*, GesR, § 141 UmwG Rz. 4; Schmitt/Hörtnagl-*Hörtnagl*, UmwG/UmwStG, § 145 UmwG Rz. 6; *Burg*/*Nordhues* in: NK-UmwG, § 145 Rz. 8.

– Auch die Option zur **Rückwirkung der Kapitalherabsetzung** auf den letzten Jahresabschluss vor der Kapitalherabsetzung nach § 234 AktG ist auf die Sanierungssituation zugeschnitten. Da die spaltungsbedingte Notwendigkeit der Kapitalherabsetzung erst mit Wirksamwerden der Spaltung eintritt, besteht für eine Rückwirkung der Kapitalherabsetzung kein Bedarf.[46] Gleiches gilt für die Rückwirkung einer gleichzeitig gefassten Kapitalerhöhung nach § 235 AktG.[47]

21 Wird eine die **tatsächliche Notwendigkeit übersteigende Kapitalherabsetzung** eingetragen und mit der Spaltung wirksam, ist der überschießende Betrag entsprechend § 232 AktG in die Kapitalrücklagen einzustellen und ist nach § 150 Abs. 3, 4 AktG gebunden.[48]

IV. Reihenfolge der Eintragungen (§ 145 Satz 2)

22 § 145 Satz 2 bestimmt, dass die Durchführung der spaltungsbedingten Herabsetzung des Grundkapitals **vor der Spaltung** in das Handelsregister der übertragenden Gesellschaft eingetragen werden muss.[49] Diese Eintragung ist nach § 131 Abs. 1 für die Wirksamkeit der Spaltung entscheidend. Die Eintragung der Spaltung in das Register des übernehmenden Rechtsträgers ist hingegen von der Eintragung der Kapitalherabsetzung unabhängig.

23 Da die Kapitalherabsetzung abweichend von §§ 229 Abs. 3, 224 AktG erst mit Eintragung der Spaltung wirksam wird,[50] stellt die in § 145 Satz 2 bestimmte **Eintragungsreihenfolge** sicher, dass die Kapitalherabsetzung aus dem Handelsregister ersichtlich ist, bevor das Vermögen der übertragenden Gesellschaft abfließt. Sollte die Spaltung endgültig nicht im Handelsregister eingetragen werden, ist die zuvor eingetragene Kapitalherabsetzung von Amts wegen **zu löschen**[51]

24 Kommt es entgegen § 145 Satz 2 zu einer **Eintragung** der Spaltung **vor der Kapitalherabsetzung**, wird aufgrund der konditionalen Verbindung von Kapitalherabsetzung und Spaltung letztere erst mit Eintragung der Kapitalherabsetzung wirksam. Der Zeitpunkt des Wirksamwerdens der Spaltung ist mit einem berichtigenden Vermerk im Handelsregister des übertragenden wie auch des übernehmenden Rechtsträgers zu vermerken (zur Parallele bei der Verschmelzung mit Kapitalerhöhung siehe § 66 Rz. 11 f. [*Nolden*]).[52]

25 § 145 Satz 2 **kann als Spezialnorm** für den spaltungsbedingten Vermögensabfluss **nicht auf andere** im zeitlichen Zusammenhang mit der Spaltung gefasste **Kapitalmaßnahmen**

---

46) *Brellochs* in: BeckOGK-UmwG, § 145 Rz. 26; Semler/Stengel/Leonard-*Diekmann*, UmwG, § 145 Rz. 11; Kallmeyer-*Sickinger*, UmwG, § 145 Rz. 7; a. A. Lutter-*Schwab*, UmwG, § 145 Rz. 27; *Priester* in FS Schippel, S. 487, 499 f.

47) Widmann/Mayer-*Rieger*, UmwR, § 145 UmwG Rz. 13.4; Kallmeyer-*Sickinger*, UmwG, § 145 Rz. 7; *Wilsing/v. d. Linden* in: KölnKomm-UmwG, § 145 Rz. 8.

48) *Brellochs* in: BeckOGK-UmwG, § 145 Rz. 24; Semler/Stengel/Leonard-*Diekmann*, UmwG, § 145 Rz. 12; Widmann/Mayer-*Rieger*, UmwR, § 145 UmwG Rz. 13.4 f.; Lutter-*Schwab*, UmwG, § 145 Rz. 24; *Wilsing/v. d. Linden* in: KölnKomm-UmwG, § 145 Rz. 8; *Priester* in FS Schippel, S. 487, 499; *IDW*, WPg 1998, 508, 510.

49) Teilweise wird eine teleologische Reduzierung des § 145 Satz 2 auf die Eintragung des Kapitalreduzierungsbeschlusses vertreten, so etwa *Brellochs* in: BeckOGK-UmwG, § 145 Rz. 29, der Streit hat aber aufgrund der regelmäßig gleichzeitig erfolgenden Anmeldung kaum praktische Bedeutung, vgl. Kallmeyer-*Sickinger*, UmwG, § 145 Rz. 9.

50) Widmann/Mayer-*Rieger*, UmwR, § 145 UmwG Rz. 23; Kallmeyer-*Sickinger*, UmwG, § 145 Rz. 10; *Wilsing/v. d. Linden* in: KölnKomm-UmwG, § 145 Rz. 9; a. A. wohl Semler/Stengel/Leonard-*Diekmann*, UmwG, § 145 Rz. 15.

51) Henssler/Strohn-*Galla/C. Müller*, GesR, § 141 UmwG Rz. 9; *Brellochs* in: BeckOGK-UmwG, § 145 Rz. 30; *Wilsing/v. d. Linden* in: KölnKomm-UmwG, § 145 Rz. 9.

52) Widmann/Mayer-*Rieger*, UmwR, § 145 UmwG Rz. 24, verlangt hingegen eine Neueintragung der Durchführung der Kapitalherabsetzung; Semler/Stengel/Leonard-*Diekmann*, UmwG, § 145 Rz. 15, dagegen die Neueintragung der Spaltung.

erweitert werden.[53] Die Spaltung ist insoweit nicht von der Eintragung einer ordentlichen Kapitalherabsetzung, einer vereinfachten Kapitalherabsetzung nach § 229 ff. AktG oder einer Kapitalerhöhung zur Erreichung des Mindestausgabebetrags (§ 7 AktG) abhängig. Allerdings kann das Wirksamwerden dieser Maßnahmen aufgrund des Erfordernisses der Kapitaldeckungserklärung nach § 146 Abs. 1 praktisch ein Anmeldungshindernis darstellen.

53) So Lutter-*Schwab*, UmwG, § 145 Rz. 30; Schmitt/Hörtnagl-*Hörtnagl*, UmwG/UmwStG, § 145 UmwG Rz. 8; wie hier *Brellochs* in: BeckOGK-UmwG, § 145 Rz. 31; Widmann/Mayer-*Rieger*, UmwR, § 145 UmwG Rz. 23; Kallmeyer-*Sickinger*, UmwG, § 145 Rz. 11; *Wilsing/v. d. Linden* in: KölnKomm-UmwG, § 145 Rz. 9.

§ 146
Anmeldung der Abspaltung oder der Ausgliederung

(1) Bei der Anmeldung der Abspaltung oder der Ausgliederung zur Eintragung in das Register des Sitzes einer übertragenden Aktiengesellschaft hat deren Vorstand oder einer Kommanditgesellschaft auf Aktien haben deren zu ihrer Vertretung ermächtigte persönlich haftende Gesellschafter auch zu erklären, daß die durch Gesetz und Satzung vorgesehenen Voraussetzungen für die Gründung dieser Gesellschaft unter Berücksichtigung der Abspaltung oder der Ausgliederung im Zeitpunkt der Anmeldung vorliegen.

(2) Der Anmeldung der Abspaltung oder der Ausgliederung sind außer den sonst erforderlichen Unterlagen auch beizufügen:

1. der Spaltungsbericht nach § 127;

2. bei Abspaltung der Prüfungsbericht nach § 125 in Verbindung mit § 12.

Literatur: *Engelmeyer*, Das Spaltungsverfahren bei der Spaltung von Aktiengesellschaften, AG 1996, 193; *Mayer, D.*, Erste Zweifelsfragen bei der Unternehmensspaltung, DB 1995, 861; *Vossius*, Zur Unterzeichnung des Verschmelzungsberichts, NotBZ 2007, 363.

Übersicht

I. Inhalt, Normzweck und Entstehungsgeschichte

Mit der von § 146 Abs. 1 vorgesehenen und über § 346 Abs. 2 strafbewehrten **Soliditäts- oder Kapitaldeckungserklärung** bestätigt der Vorstand bzw. die geschäftsführenden Komplementäre einer übertragenden AG oder KGaA bei einer Abspaltung oder Ausgliederung, dass der übertragende Rechtsträger auch nach dem spaltungsbedingten Vermögensabfluss der von Gesetz und Satzung vorgegebenen Kapitalausstattung entspricht.[1] 1

1) Die Gesetzesbegründung spricht von „Verantwortung übernehmen", Begr. RegE UmwBerG, BR-Drucks. 75/94, S. 127.

Für die **GmbH** gilt die Parallelnorm des § 140.[2] Dem Ziel des **Kapital- und Gläubigerschutz**[3] entspricht es auch, dass § 146 Abs. 2 die Vorlage des Spaltungsberichts nach § 127 sowie des Prüfberichts nach § 125 i. V. m.§ 12 an das Registergericht klarstellend[4] verlangt, damit das Registergericht ggf. **Zweifeln an der Solidität** der übertragenden Gesellschaft nachgehen kann. Der Gesetzgeber hat sich zur Vermeidung zusätzlicher Kosten und i. S. eines effizienten Prozesses bewusst gegen einen gesonderten Prüfungsbericht zur Kapitalausstattung der übertragenden Gesellschaft nach der Spaltung entschieden.[5] Zur Frage des Prüfungsrechts bzw. einer Prüfungspflicht des Registergerichts siehe noch Rz. 16 f.

2 Die Norm ist seit der Einführung mit dem UmwBerG vom 28.10.1994 unverändert und hat keinen europarechtlichen Hintergrund.[6]

II. Anwendungsbereich

3 Der Anwendungsbereich des § 146 umfasst **Abspaltungen und Ausgliederungen** zur **Aufnahme, zur Neugründung sowie kombinierte Spaltungen** (§ 123 Abs. 4) mit einer **AG, SE** (Art. 9 Abs. 1 lit. c (ii) SE-VO)[7] **oder KGaA** als übertragendem Rechtsträger. Auf die Rechtsform des übernehmenden Rechtsträgers kommt es nicht an.[8] In der Literatur wird teilweise eine teleologische Reduktion für die Ausgliederung zur Neugründung vorgeschlagen, da eine solche Ausgliederung bilanziell nur zu einem Aktivtausch führt und die Gefahr einer Kapitalunterdeckung nicht besteht.[9] Die Praxis wird hier nicht das Risiko einer Zwischenverfügung durch das Registergericht eingehen,[10] zumal gerade bei der Ausgliederung zur Neugründung aufgrund des Aktivtauschs der Nachweis der bestehenden Kapitaldeckung für die Erklärungspflichtigen leicht zu führen ist.

III. Kapitaldeckungserklärung (§ 146 Abs. 1)

1. Verpflichtete

4 Die Kapitaldeckungserklärung ist nach dem Wortlaut des § 146 Abs. 1 vom **Vorstand** der übertragenden AG oder den **zur Vertretung ermächtigten persönlich haftenden Gesellschaftern** der KGaA abzugeben. Bei einer monistisch gestalteten SE sind die **geschäftsführenden Direktoren** (§ 40 SEAG)[11] verpflichtet.

---

2) *Brellochs* in: BeckOGK-UmwG, § 146 Rz. 12; Lutter-*M. F. Schwab*, UmwG, § 146 Rz. 2.

3) *Brellochs* in: BeckOGK-UmwG, § 146 Rz. 2; *Wilsing/v. d. Linden* in: KölnKomm-UmwG, § 146 Rz. 1.

4) Der Spaltungs- sowie der Prüfungsbericht sind ohnehin nach § 125 Abs. 1 Satz 1, § 135 Abs. 1 Satz 1 i. V. m. § 17 Abs. 1 Anlagen zur Registeranmeldung.

5) So ausdrücklich die Begr. RegE UmwBerG, BR-Drucks. 75/94, S. 127; Widmann/Mayer-*Rieger*, UmwR, § 146 UmwG Rz. 2; Kallmeyer-*Sickinger*, UmwG, § 146 Rz. 2.

6) *Brellochs* in: BeckOGK-UmwG, § 146 Rz. 2; *Wilsing/v. d. Linden* in: KölnKomm-UmwG, § 146 Rz. 2; Semler/Stengel/Leonard-*Diekmann*, UmwG, § 146 Rz. 2.

7) Verordnung (EG) Nr. 2157/2001 des Rates v. 8.10.2001 über das Statut der Europäischen Gesellschaft (SE) (SE-VO), ABl. (EU) L 294/1 v. 10.11.2001.

8) *Wilsing/v. d. Linden* in: KölnKomm-UmwG, § 146 Rz. 3; Lutter-*M. F. Schwab*, UmwG, § 146 Rz. 5.

9) Widmann/Mayer-*Rieger*, UmwR, § 146 UmwG Rz. 1; weitergehend für alle Ausgliederungen Semler/Stengel/Leonard-*Diekmann*, UmwG, § 146 Rz. 3; dagegen *Brellochs* in: BeckOGK-UmwG, § 146 Rz. 3; Schmitt/Hörtnagl-*Hörtnagl*, UmwG/UmwStG, § 146 UmwG Rz. 1; Kallmeyer-*Zimmermann*, UmwG, § 146 Rz. 1.

10) Vgl. Widmann/Mayer-*Rieger*, UmwR, § 146 UmwG Rz. 1

11) Gesetz zur Ausführung der Verordnung (EG) Nr. 2157/2001 des Rates v. 8.10.2001 über das Statut der Europäischen Gesellschaft (SE) (SE-Ausführungsgesetz – SEAG), v. 22.12.2004, BGBl. I 2004, 3675.

5 Anders als die Anmeldung der Spaltung zum Register ist die Kapitaldeckungserklärung von **sämtlichen** Vorstandsmitgliedern oder geschäftsführenden Direktoren bzw. allen vertretungsberechtigten Komplementären abzugeben.[12)] Das ergibt sich zum einen aus der funktionellen Parallele zur Erklärung nach § 37 AktG, die nach § 36 Abs. 1 AktG von allen Mitgliedern des Vorstands abzugeben ist. Zum anderen spricht die Rechtsnatur des § 146 Abs. 1 sowie die persönliche Strafanordnung durch § 346 Abs. 2 für diese Auslegung. Als **höchstpersönliche Erklärung** ist keine rechtsgeschäftliche Vertretung oder unechte Gesamtvertretung mit einem Prokuristen zulässig.[13)]

6 Die Verpflichtung nach § 146 Abs. 1 besteht für den Vorstand bzw. die geschäftsführenden Komplementäre der übertragenden Gesellschaft auch, wenn die **Spaltungsanmeldung** nach § 129 durch das Vertretungsorgan **des übernehmenden Rechtsträgers** durchgeführt wird.[14)]

2. Inhalt

7 Nach dem Wortlaut des § 146 Abs. 1 muss die Kapitaldeckungserklärung beinhalten, dass die durch Gesetz und Satzung vorgesehenen Gründungsvoraussetzungen unter Berücksichtigung des spaltungsbedingten Vermögensabgangs **im Zeitpunkt der Anmeldung** (noch) vorliegen. Aus § 346 Abs. 2 ergibt sich, dass der Kern der Erklärung darin liegt, dass das **Grundkapital der Gesellschaft** durch das nach der Spaltung verbleibende Nettoaktivvermögen nach Buchwerten **gedeckt ist.**[15)] Die Hebung **stiller Reserven** zum Ausgleich des spaltungsbedingten Vermögensabflusses ist für die Zwecke der Kapitaldeckungserklärung unzulässig.[16)] Bei komplexen Bewertungsfragen und einer knappen Kapitaldeckung empfiehlt sich in der Praxis zur Vermeidung persönlicher und strafrechtlicher Haftung die **Einholung eines Bewertungsgutachtens.**[17)]

8 Wird im Zuge der Spaltung beim übertragenden Rechtsträger eine **Kapitalherabsetzung** durchgeführt, ist diese vor der Spaltung im Register einzutragen (siehe § 145 Rz. 22 ff. [*Nolden*]). Die Kapitaldeckungserklärung bezieht sich in diesem Fall auf das reduzierte Grundkapital.[18)]

9 Absichern müssen die Erklärenden auch die Wahrung der **Anforderungen aus § 8 Abs. 2 und 3 AktG.**[19)] Weitere Gründungsvoraussetzungen, insbesondere aus § 37 AktG, sind nicht Gegenstand der Erklärung.[20)]

12) H. M., vgl. *Brellochs* in: BeckOGK-UmwG, § 146 Rz. 8; *Wilsing/v. d. Linden* in: KölnKomm-UmwG, § 146 Rz. 4; Widmann/Mayer-*Rieger*, UmwR, § 146 UmwG Rz. 6; Kallmeyer-*Zimmermann*, UmwG, § 146 Rz. 4; *Klumpp* in: HK-UmwG, § 146 Rz. 5; *Wirth*, Spaltung einer eingetragenen Genossenschaft, 1998, S. 316 f.; *Burg* in: NK-UmwG, § 146 Rz. 10; a. A. – vertretungsberechtigte Zahl – Semler/Stengel/Leonard-*Diekmann*, UmwG, § 146 Rz. 5; Lutter-*M. F. Schwab*, UmwG, § 146 Rz. 6; Schmitt/Hörtnagl-*Hörtnagl*, UmwG/UmwStG, § 146 UmwG Rz. 2; *Vossius*, NotBZ 2007, 363.

13) *Brellochs* in: BeckOGK-UmwG, § 146 Rz. 8; Lutter-*M. F. Schwab*, UmwG, § 146 Rz. 6; Kallmeyer-*Zimmermann*, UmwG, § 146 Rz. 4.

14) *Brellochs* in: BeckOGK-UmwG, § 146 Rz. 9; Lutter-*M. F. Schwab*, UmwG, § 146 Rz. 8; Widmann/Mayer-Rieger, UmwR, § 146 UmwG Rz. 7; a. A. wohl Schmitt/Hörtnagl-*Hörtnagl*, UmwG/UmwStG, § 146 UmwG Rz. 3.

15) *Brellochs* in: BeckOGK-UmwG, § 146 Rz. 6; Kallmeyer-*Sickinger*, UmwG, § 146 Rz. 3; *Wilsing/v. d. Linden* in: KölnKomm-UmwG, § 146 Rz. 6; Lutter-*M. F. Schwab*, UmwG, § 146 Rz. 9.

16) *Brellochs* in: BeckOGK-UmwG, § 146 Rz. 6; *Wilsing/v. d. Linden* in: KölnKomm-UmwG, § 146 Rz. 6.

17) Widmann/Mayer-*Rieger*, UmwR, § 146 UmwG Rz. 10.

18) *Brellochs* in: BeckOGK-UmwG, § 146 Rz. 7; Kallmeyer-*Sickinger*, UmwG, § 146 Rz. 3.

19) Lutter-*M. F. Schwab*, UmwG, § 146 Rz. 9; *Wilsing/v. d. Linden* in: KölnKomm-UmwG, § 146 Rz. 6.

20) *Brellochs* in: BeckOGK-UmwG, § 146 Rz. 7; Lutter-*M. F. Schwab*, UmwG, § 146 Rz. 9; *Wilsing/v. d. Linden* in: KölnKomm-UmwG, § 146 Rz. 6.

10 Die Erklärung bezieht sich nach dem Wortlaut des § 146 Abs. 1 auf den **Zeitpunkt der Anmeldung** zum Register des übertragenden Rechtsträgers, allerdings unter Berücksichtigung des spaltungsbedingten Vermögensabflusses zum Zeitpunkt des Wirksamwerdens der Spaltung sowie einer ggf. vorher einzutragenden Kapitalherabsetzung.[21)] Eine **Aktualisierungspflicht** zwischen Anmeldung und Eintragung besteht nicht, soweit die Erklärung nicht wegen eines Irrtums der Erklärenden korrigiert werden muss.[22)]

3. Form

11 Die Kapitaldeckungserklärung ist gegenüber dem **Registergericht des Sitzes der übertragenden AG oder KGaA** abzugeben. Eine Pflicht zur Einreichung beim Register des übernehmenden Rechtsträgers besteht nicht.[23)]

12 Die Erklärung bedarf keiner besonderen Form. Sie kann **privatschriftlich** als eigenes Dokument neben der Anmeldung abgegeben werden,[24)] etwa wenn die Anmeldung nach § 129 von dem Vertretungsorgan des übernehmenden Rechtsträgers vorgenommen wird. In der Praxis erfolgt die Kapitaldeckungserklärung regelmäßig innerhalb der in öffentlich beglaubigter Form anzugebenden Anmeldung nach § 137 Abs. 2, § 129, § 125 Abs. 1 Satz 1, § 135 Abs. 1 Satz 1 jeweils i. V. m. § 16. In diesem Fall ist darauf zu achten, dass die Anmeldung abweichend von § 16 **von allen Vorständen bzw. geschäftsführenden Komplementären** zu unterzeichnen ist.[25)]

IV. Strafrechtliche und zivilrechtliche Haftung

13 Mitglieder des Vorstands oder persönlich haftende Gesellschafter des übertragenden Rechtsträgers machen sich nach § 346 Abs. 2 strafbar, wenn sie **vorsätzlich unrichtige Angaben** über die Deckung des Grundkapitals erklären (siehe § 346 Rz. 17 ff. [*Maske-Reiche*]). Die Strafandrohung umfasst nur die Kapitaldeckungserklärung, die von § 146 Abs. 1 darüber hinaus vorgesehenen Erklärungen sind von § 346 Abs. 2 nicht umfasst.[26)]

14 Unterschreitet das Nettoaktivvermögen entgegen der Kapitaldeckungserklärung das Grundkapital der Gesellschaft, **haften** die Erklärungsverpflichteten bei einer vorsätzlich unrichtigen Erklärung über § 823 Abs. 2 BGB i. V. m. § 346 Abs. 2 **gegenüber Gläubigern** auch zivilrechtlich i. H. des Differenzbetrages.[27)] Der Anspruch besteht maximal i. H. des bei der Spaltung abgeflossenen Vermögens und nur, soweit unter Berücksichtigung des spaltungsspezifischen Gläubigerschutzes aus § 133 überhaupt ein Schaden eingetreten ist. Aktionäre sind nicht in den Schutzbereich des § 146 bzw. § 346 Abs. 2 einbezogen und könne aus einer falschen Erklärung keine Ansprüche ableiten.[28)]

---

21) *Brellochs* in: BeckOGK-UmwG, § 146 Rz. 10; *Wilsing/v. d. Linden* in: KölnKomm-UmwG, § 146 Rz. 8.

22) H. M.: *Brellochs* in: BeckOGK-UmwG, § 146 Rz. 10; *Wilsing/v. d. Linden* in: KölnKomm-UmwG, § 146 Rz. 8; Widmann/Mayer-*Rieger*, UmwR, § 146 UmwG Rz. 12; Kallmeyer-*Zimmermann*, UmwG, § 146 Rz. 3, 9; weitergehend mit Verweis auf das allgemeine Registerrecht wohl Lutter-*M. F. Schwab*, UmwG, § 146 Rz. 11.

23) *Wilsing/v. d. Linden* in: KölnKomm-UmwG, § 146 Rz. 4.

24) *Brellochs* in: BeckOGK-UmwG, § 146 Rz. 11; *Wilsing/v. d. Linden* in: KölnKomm-UmwG, § 146 Rz. 7; Lutter-*M. F. Schwab*, UmwG, § 146 Rz. 12; Semler/Stengel/Leonard-*Diekmann*, UmwG, § 146 Rz. 9; *Burg* in: NK-UmwG, § 146 Rz. 11, weist darauf hin, dass in der Praxis die Erklärung meist als Bestandteil der Handelsregisteranmeldung des übertragenden Rechtsträgers mitbeglaubigt wird; a. A. *Engelmeyer*, AG 1996, 193, 204.

25) Kallmeyer-*Zimmermann*, UmwG, § 146 Rz. 5; *Wilsing/v. d. Linden* in: KölnKomm-UmwG, § 146 Rz. 7.

26) *Brellochs* in: BeckOGK-UmwG, § 146 Rz. 12; Widmann/Mayer-*Rieger*, UmwR, § 146 UmwG Rz. 18.

27) Widmann/Mayer-*Rieger*, UmwR, § 146 UmwG Rz. 17.

28) Vgl. Begr. RegE UmwBerG, BR-Drucks. 75/94, S. 127.

V. Beizufügende Unterlagen (§ 146 Abs. 2)

Nach § 146 Abs. 2 sind der Anmeldung der Spaltung der **Spaltungsbericht** nach § 127 sowie im Falle der Abspaltung der **Prüfungsbericht** nach § 125 Abs. 1 Satz 1 i. V. m. § 12 beizufügen. Da der Spaltungsbericht sowie ggf. der Prüfungsbericht ohnehin zu den nach §§ 125 Abs. 1 Satz 1, 135 Abs. 1 Satz 1 jeweils i. V. m. § 17 Abs. 1 beizufügenden Unterlagen gehört, hat § 146 Abs. 2 insoweit nur **klarstellenden Charakter.**[29] Insoweit entfällt die Pflicht zur Beifügung nach § 146 Abs. 2, wenn die Berichte nach §§ 127, 125 Abs. 1 Satz 1, 135 Abs. 1 Satz 1 jeweils i. V. m. §§ 8 ff. nicht erforderlich sind.[30] In der Praxis kann es sich empfehlen, einen entsprechenden Hinweis auf die Berichte bzw. deren Entfall in die Erklärung nach Absatz 1 mit aufzunehmen (siehe das Musterbeispiel bei Rz. 18). 15

VI. Registerverfahren

Der Gesetzgeber hat dem Registergericht die Befugnis zugewiesen, **Zweifeln an der Solidität** des übertragenden Rechtsträgers nach Wirksamwerden der Spaltung **„nachzugehen".**[31] Das Registergericht kann dabei grundsätzlich auf die strafbewehrte Kapitaldeckungserklärung des Vorstands bzw. der geschäftsführenden Komplementäre vertrauen und unterliegt **keiner materiellen Prüfungspflicht der Solidität** des übertragenden Rechtsträgers. Die Prüfung des Registergerichts beschränkt sich auf die **Vollständigkeit und Plausibilität der Erklärung.**[32] Bei Annahme offensichtlicher Unrichtigkeiten oder bei begründeten Zweifeln an der Richtigkeit der Erklärung kann das Gericht weitere Nachweise verlangen (§ 26 FamFG). 16

Fehlt eine Erklärung nach § 146 Abs. 1 oder ist diese unvollständig oder fehlerhaft, besteht ein Eintragungshindernis. Wird das Hindernis nach angemessener Frist (vgl. § 382 Abs. 4 FamFG) nicht ausgeräumt, lehnt das Gericht die Eintragung durch Beschluss ab (§ 382 Abs. 3 FamFG). Erfolgt trotz fehlerhafter Erklärung eine Eintragung, hat die Eintragung nach § 131 Abs. 2 Bestand (siehe § 131 Rz. 54 [*Lubberich*]).[33] 17

VII. Mustererklärung

Muster einer Soliditäts- und Kapitaldeckungserklärung für die übertragende AG: 18

Soliditäts- und Kapitaldeckungserklärung

Der Vorstand der [… Aktiengesellschaft] erklärt nach § 146 Abs. 1 UmwG, dass die durch Gesetz und Satzung vorgesehenen Voraussetzungen für die Gründung der [… Aktiengesellschaft] als übertragender Rechtsträger unter Berücksichtigung der am [Datum] beschlossenen [Abspaltung/Ausgliederung] zum Zeitpunkt der Anmeldung der Spaltung zum Handelsregister des übertragenden Rechtsträgers vorliegen. Die Mitglieder des Vorstands erklären insbesondere, dass

– das Nettoaktivvermögen der [… Aktiengesellschaft] unter Berücksichtigung des spaltungsbedingten Vermögensabflusses bei Wirksamwerden der angemeldeten [Abspaltung/Ausgliederung] [sowie nach Eintragung der im Rahmen der Spaltung nach § 145 UmwG

---

29) *Brellochs* in: BeckOGK-UmwG, § 146 Rz. 13; *Wilsing/v. d. Linden* in: KölnKomm-UmwG, § 146 Rz. 10; Lutter-*M. F. Schwab*, UmwG, § 146 Rz. 14; Semler/Stengel/Leonard-*Diekmann*, UmwG, § 146 Rz. 10.

30) Ausf. Widmann/Mayer-*Rieger*, UmwR, § 146 UmwG Rz. 14 f.; ebenso *Brellochs* in: BeckOGK-UmwG, § 146 Rz. 13; *Wilsing/v. d. Linden* in: KölnKomm-UmwG, § 146 Rz. 10; Lutter-*M. F. Schwab*, UmwG, § 146 Rz. 14; Semler/Stengel/Leonard-*Diekmann*, UmwG, § 146 Rz. 10.

31) Vgl. Begr. RegE UmwBerG, BR-Drucks. 75/94, S. 127.

32) *Brellochs* in: BeckOGK-UmwG, § 146 Rz. 14; Widmann/Mayer-*Rieger*, UmwR, § 146 UmwG Rz. 13; Lutter-*M. F. Schwab*, UmwG, § 146 Rz. 15; Kallmeyer-*Sickinger*, UmwG, § 146 Rz. 7; enger wohl *D. Mayer*, DB 1995, 861, 866 – für § 140 UmwG (keine Befugnis zur Prüfung).

33) *Brellochs* in: BeckOGK-UmwG, § 146 Rz. 15; Kallmeyer-*Zimmermann*, UmwG, § 146 Rz. 8.

beschlossenen Kapitalherabsetzung] das zum Zeitpunkt des Wirksamwerdens der Spaltung eingetragene Grundkapital der [... Aktiengesellschaft] in Höhe von [...] € deckt sowie

- die Mindestbeträge für die Aktien nach § 8 [Abs. 2/Abs. 3] bei Wirksamwerden der angemeldeten Spaltung weiterhin gewahrt sind.

In diesem Zusammenhang fügen wir entsprechend § 146 Abs. 2 UmwG bei:

- den Spaltungsbericht vom [Datum] nach § 127 UmwG sowie
- [für den Fall der Abspaltung: den Prüfungsbericht nach § 125 UmwG i. V. m. § 12 UmwG des gerichtlich bestellten Prüfers [...] vom [Datum].

[Alternativ: In Hinblick auf § 146 Abs. 2 weisen wir darauf hin, dass ein Spaltungs- sowie ein Prüfungsbericht nach § [...] UmwG nicht erforderlich ist und vom Vorstand daher nicht erstellt bzw. beauftragt wurde.]

Dritter Abschnitt
Spaltung unter Beteiligung eingetragener Genossenschaften

§ 147
Möglichkeit der Spaltung*)

Die Spaltung eines Rechtsträgers anderer Rechtsform zur Aufnahme von Teilen seines Vermögens durch eine eingetragene Genossenschaft kann nur erfolgen, wenn eine erforderliche Änderung der Satzung der übernehmenden Genossenschaft gleichzeitig mit der Spaltung beschlossen wird.

*) § 147 i. d. F. des UmwBerG durch Art. 14 des Gesetzes zur Einführung der Europäischen Genossenschaft und zur Änderung des Genossenschaftsrechts (SCEEG), v. 14.8.2006, BGBl. I 2006, 1911.

Literatur: *Wirth*, Spaltungen einer eingetragenen Genossenschaft, 1998.

Übersicht

I. Stellung der Norm und systematische Einordnung

1 § 147 ist eine Spezialvorschrift des Spaltungsrechts, deren Bedeutung weniger in einer eigenständigen materiellen Regelung der Spaltung als vielmehr in ihrer **koordinierenden Funktion zwischen Umwandlungsrecht und Genossenschaftsrecht** liegt.[1] Die Norm adressiert eine spezifische Mischkonstellation: die Spaltung zur Aufnahme, bei der eine bereits bestehende eG übernehmender Rechtsträger ist und bei der sich infolge der Spaltung Anpassungsbedarf an der Satzung dieser Genossenschaft ergibt.[2]

2 Systematisch ergänzt § 147 die allgemeinen Spaltungsvorschriften der §§ 123 ff.[3] und steht zugleich in enger Parallele zu den Regelungen über die Verschmelzung auf eine Genossenschaft (§§ 79 ff.).[4] Gemeinsam ist diesen Vorschriften der Gedanke, dass Strukturmaß-

1) Widmann/Mayer-*Fronhöfer*, UmwR, § 147 UmwG Rz. 2; s. a. RegE UmwBerG, BR-Drucks. 75/94.

2) Widmann/Mayer-*Fronhöfer*, UmwR, § 147 UmwG Rz. 1; Semler/Stengel/Leonard-*Bonow*, UmwG, § 147 Rz. 1.

3) *Bloehs* in: BeckOGK-UmwG, § 147 Rz. 1, 9.

4) Widmann/Mayer-*Fronhöfer*, UmwR, § 147 UmwG Rz. 4.

nahmen mit mitgliedschaftsrechtlichen Auswirkungen **nicht isoliert registerrechtlich vollzogen werden dürfen**, wenn die organisationsrechtliche Verfassung des aufnehmenden Rechtsträgers nicht zugleich angepasst wird. § 147 macht diesen Gedanken für den Bereich der Spaltung ausdrücklich und zwingend.[5)]

II. Anwendungsbereich der Norm

Der Anwendungsbereich des § 147 ist eng begrenzt. Er setzt voraus, dass eine Spaltung zur Aufnahme i. S. der §§ 123, 124 vorliegt und dass übernehmender Rechtsträger eine **bereits bestehende** eG ist.[6)] Nicht erfasst sind Spaltungen zur Neugründung einer Genossenschaft;[7)] in diesen Fällen wird die Satzung der neuen eG bereits im Spaltungsplan festgelegt, so dass es an einem Koordinationsproblem fehlt.[8)] Ebenso wenig greift § 147 bei reinen Genossenschaftsspaltungen[9)] oder bei Spaltungen, an denen zwar Genossenschaften beteiligt sind, diese aber nicht übernehmender Rechtsträger sind.[10)] 3

Der gesetzgeberische Fokus liegt damit auf den **typischen Mischspaltungen**, bei denen Vermögen – häufig verbunden mit dem Eintritt neuer Mitglieder oder der Zuteilung von Geschäftsanteilen – aus einem Rechtsträger anderer Rechtsform auf eine bestehende Genossenschaft übergeht.[11)] Gerade in diesen Fällen besteht die Gefahr, dass die Satzung der eG mit der spaltungsbedingten Mitglieder-, Kapital- oder Zweckstruktur nicht kompatibel ist.[12)] 4

III. Erforderlichkeit einer Satzungsänderung

Zentrale Tatbestandsvoraussetzung des § 147 ist, dass eine Satzungsänderung der aufnehmenden Genossenschaft „erforderlich" ist.[13)] Ob dies der Fall ist, lässt sich nicht abstrakt bestimmen, sondern ergibt sich ausschließlich aus der **konkreten Ausgestaltung der Spaltung** und ihren Auswirkungen auf die Organisationsverfassung der Genossenschaft.[14)] 5

Erforderlich ist eine Satzungsänderung immer dann, wenn die bestehende Satzung die spaltungsbedingten Folgen nicht rechtlich tragen kann.[15)] Das betrifft insbesondere Fälle, in denen neue Mitglieder aufgenommen werden, Geschäftsanteile in einer Höhe zugeteilt werden sollen, die die Satzung nicht vorsieht, oder der Unternehmensgegenstand der Genossenschaft erweitert oder verändert wird.[16)] Auch Anpassungen der Nachschusspflicht, der Pflichtbeteiligung oder der persönlichen Beitrittsvoraussetzungen können eine Satzungsänderung notwendig machen.[17)] 6

---

5) Ausf. zur Frage, unter welchen Umständen eine Satzungsänderung erforderlich ist Widmann/Mayer-*Fronhöfer*, UmwR, § 147 UmwG Rz. 8 ff.

6) *Bloehs* in: BeckOGK-UmwG, § 147 Rz. 7; Semler/Stengel/Leonard-*Bonow*, UmwG, § 147 Rz. 1.

7) Widmann/Mayer-*Fronhöfer*, UmwR, § 147 UmwG Rz. 2.

8) Vgl. *Bloehs* in: BeckOGK-UmwG, § 147 Rz. 37.

9) Widmann/Mayer-*Fronhöfer*, UmwR, § 147 UmwG Rz. 2.

10) Vgl. Widmann/Mayer-*Fronhöfer*, UmwR, § 147 UmwG Rz. 2.

11) *Bloehs* in: BeckOGK-UmwG, § 147 Rz. 90.

12) Ausf. *Bloehs* in: BeckOGK-UmwG, § 147 Rz. 94 ff.

13) *Bloehs* in: BeckOGK-UmwG, § 147 Rz. 94; Widmann/Mayer-*Fronhöfer*, UmwR, § 147 UmwG Rz. 6.

14) Widmann/Mayer-*Fronhöfer*, UmwR, § 147 UmwG Rz. 4; Semler/Stengel/Leonard-*Bonow*, UmwG, § 147 Rz. 30.

15) *Bloehs* in: BeckOGK-UmwG, § 147 Rz. 94 ff.

16) *Bloehs* in: BeckOGK-UmwG, § 147 Rz. 95 ff.; Widmann/Mayer-*Fronhöfer*, UmwR, § 147 UmwG Rz. 8 ff.

17) *Bloehs* in: BeckOGK-UmwG, § 147 Rz. 96 f.

7 § 147 zwingt dazu, diese Fragen **nicht als nachgelagerte Organisationsentscheidung**, sondern als integralen Bestandteil des Spaltungsvorgangs zu behandeln.[18] Die Norm wirkt damit präventiv und schließt einen registerrechtlichen Vollzug aus, der genossenschaftsrechtlich auf einem unzutreffenden oder unvollständigen Satzungsrahmen beruht.[19]

IV. Gleichzeitigkeit von Spaltungsbeschluss und Satzungsänderung

8 Kern der Norm ist das Erfordernis, dass die erforderliche Satzungsänderung **gleichzeitig mit der Spaltung** beschlossen wird.[20] Dieses Gleichzeitigkeitserfordernis ist streng auszulegen.[21] Es genügt nicht, dass Spaltung und Satzungsänderung lediglich in zeitlicher Nähe beschlossen werden[22] oder in derselben Generalversammlung auf getrennten Tagesordnungspunkten stehen.[23] Vielmehr verlangt § 147 eine **inhaltliche und zeitliche Kopplung beider Beschlüsse** zu einem einheitlichen Entscheidungsakt.[24]

9 Die Mitglieder der aufnehmenden Genossenschaft sollen über ein geschlossenes Gesamtpaket entscheiden, das sowohl die Übernahme des Spaltungsvermögens als auch die hierfür notwendige Anpassung der Satzung umfasst. Damit wird verhindert, dass eine Spaltung gebilligt wird, ohne dass den Mitgliedern die genossenschaftsrechtlichen Konsequenzen – etwa veränderte Beteiligungs- oder Haftungsstrukturen – zugleich verbindlich vor Augen geführt werden. Umgekehrt soll auch eine Satzungsänderung nicht „auf Vorrat“ beschlossen werden, deren Anwendungsfall ungewiss ist.[25]

10 Rechtstechnisch bedeutet dies, dass der Beschluss sowohl den **Anforderungen des Umwandlungsrechts als auch denen des Genossenschaftsrechts** genügen muss.[26] Die erhöhte Komplexität der Beschlussfassung ist vom Gesetz bewusst in Kauf genommen worden, um die Legitimation und Transparenz des Strukturvorgangs zu sichern.

V. Registerrechtlicher Vollzug

11 Das Kopplungsgebot des § 147 setzt sich konsequent auf der Ebene des Registervollzugs fort. Die Spaltung darf nur eingetragen werden, wenn die Satzungsänderung wirksam beschlossen und zur Eintragung angemeldet ist.[27] In der Praxis erfolgt dies regelmäßig durch eine **gemeinsame oder zumindest koordinierte Anmeldung** von Spaltung und Satzungsänderung.[28]

12 Dabei sind die **unterschiedlichen registerrechtlichen Anknüpfungspunkte** zu beachten: Während sich die Anmeldung der Spaltung nach den Vorschriften des Umwandlungsrechts richtet, unterliegt die Anmeldung der Satzungsänderung den Vorgaben des GenG.[29]

---

18) *Bloehs* in: BeckOGK-UmwG, § 147 Rz. 100 ff.
19) Widmann/Mayer-*Fronhöfer*, UmwR, § 147 UmwG Rz. 14 ff.
20) Widmann/Mayer-*Fronhöfer*, UmwR, § 147 UmwG Rz. 14; *Bloehs* in: BeckOGK-UmwG, § 147 Rz. 100.
21) Widmann/Mayer-*Fronhöfer*, UmwR, § 147 UmwG Rz. 14 ff.; *Bloehs* in: BeckOGK-UmwG, § 147 Rz. 100 ff.
22) Vgl *Bloehs* in: BeckOGK-UmwG, § 147 Rz. 102; Widmann/Mayer-*Fronhöfer*, UmwR, § 147 UmwG Rz. 14.
23) So ausdrücklich Widmann/Mayer-*Fronhöfer*, UmwR, § 147 UmwG Rz. 14.
24) *Bloehs* in: BeckOGK-UmwG, § 147 Rz. 100; Schmitt/Hörtnagl-*Hörtnagl*, UmwG/UmwStG, § 147 UmwG Rz. 3; Semler/Stengel/Leonard-*Bonow*, UmwG, § 147 Rz. 35; Lutter-*Bayer*, UmwG, § 147 Rz. 25.
25) S. zu einer zuvor beschlossenen Satzungsänderung auch *Bloehs* in: BeckOGK-UmwG, § 147 Rz. 103.
26) Widmann/Mayer-*Fronhöfer*, UmwR, § 147 UmwG Rz. 15.
27) Widmann/Mayer-*Fronhöfer*, UmwR, § 147 UmwG Rz. 17; *Bloehs* in: BeckOGK-UmwG, § 147 Rz. 104.
28) Vgl. Widmann/Mayer-*Fronhöfer*, UmwR, § 147 UmwG Rz. 17.
29) Widmann/Mayer-*Fronhöfer*, UmwR, § 147 UmwG Rz. 17 ff.

Materiell bilden beide Anmeldungen jedoch eine Einheit.[30] Das Registergericht hat zu prüfen, ob die Satzung der aufnehmenden Genossenschaft im Zeitpunkt der Eintragung der Spaltung bereits so gefasst ist, dass sie die neue Mitglieder- und Vermögensstruktur trägt.

VI. Bewertung und praktische Bedeutung

§ 147 ist eine vergleichsweise knappe, aber systematisch bedeutsame Vorschrift. Sie zwingt zur **frühzeitigen Verzahnung von Umwandlungs- und Genossenschaftsrecht** und verhindert, dass Spaltungen auf eine bestehende eG formal korrekt, aber organisationsrechtlich defizitär vollzogen werden. Für die Praxis folgt daraus, dass die Satzung der aufnehmenden Genossenschaft stets Teil der Transaktionsplanung sein muss und nicht als bloßes „Anschlussproblem" behandelt werden darf. 13

Dogmatisch fügt sich § 147 stimmig in das Leitbild des Umwandlungsrechts ein, Strukturentscheidungen mit mitgliedschaftsrechtlichen Auswirkungen nur unter strenger formeller und materieller Legitimation zuzulassen. Zugleich respektiert die Norm die Eigenlogik des Genossenschaftsrechts, indem sie die Satzungsautonomie nicht suspendiert, sondern deren rechtzeitige Anpassung zwingend voraussetzt. 14

30) Vgl. *Bloehs* in: BeckOGK-UmwG, § 147 Rz. 104.

§ 148

Anmeldung der Abspaltung oder der Ausgliederung*)

(1) Bei der Anmeldung der Abspaltung oder der Ausgliederung zur Eintragung in das Register des Sitzes einer übertragenden Genossenschaft hat deren Vorstand auch zu erklären, daß die durch Gesetz und Satzung vorgesehenen Voraussetzungen für die Gründung dieser Genossenschaft unter Berücksichtigung der Abspaltung oder der Ausgliederung im Zeitpunkt der Anmeldung vorliegen.

(2) Der Anmeldung der Abspaltung oder der Ausgliederung sind außer den sonst erforderlichen Unterlagen auch beizufügen:

1. **der Spaltungsbericht nach § 127;**
2. **das Prüfungsgutachten nach § 125 in Verbindung mit § 81.**

*) § 148 i. d. F. des UmwBerG geändert durch Art. 14 des Gesetzes zur Einführung der Europäischen Genossenschaft und zur Änderung des Genossenschaftsrechts (SCEEG), v. 14.8.2006, BGBl. I 2006, 1911.

Literatur: *Wirth*, Spaltungen einer eingetragenen Genossenschaft, 1998.

Übersicht

I. Normzweck und systematische Stellung

1 § 148 regelt die registerrechtlichen Besonderheiten bei **Abspaltungen und Ausgliederungen**, an denen eine **eG als übertragender Rechtsträger** beteiligt ist.[1] Die Vorschrift ergänzt das allgemeine Spaltungsanmeldungsregime um **genossenschaftsspezifische Sicherungen**, die gewährleisten sollen, dass die nach der Spaltung verbleibende Genossenschaft ihre **rechtsformspezifischen Mindestanforderungen** weiterhin erfüllt. Der Fokus der Norm liegt damit nicht auf dem übernehmenden Rechtsträger, sondern ausschließlich auf der wirtschaftlichen und organisatorischen Stabilität der sog. „Restgenossenschaft“.[2]

2 Systematisch entspricht § 148 der Funktion von § 140 (GmbH) und § 146 (AG/KGaA).[3] Allen drei Normen liegt derselbe Leitgedanke zugrunde: Spaltungen dürfen nicht dazu führen, dass dem übertragenden Rechtsträger durch den Abgang wesentlicher Vermögensteile die Grundlage für seine Fortexistenz entzogen wird.[4] Während dies bei Kapitalgesellschaften primär über das Mindestkapital abgesichert wird, tritt bei der Genossenschaft an dessen Stelle die **Erhaltung der Förderfähigkeit des Genossenschaftszwecks** i. S. des § 1 GenG. § 148 überträgt diesen Schutzgedanken konsequent in das Spaltungsrecht.

3 Der Anwendungsbereich der Norm ist bewusst auf **Abspaltung und Ausgliederung** beschränkt.[5] Für die Aufspaltung bedarf es keiner entsprechenden Regelung, da der übertragende Rechtsträger in diesem Fall erlischt und sich die Frage seiner fortbestehenden Organisations- und Kapitalgrundlagen nicht stellt.[6]

II. Anwendungsbereich

4 § 148 findet Anwendung auf **sämtliche Abspaltungen und Ausgliederungen**, bei denen eine **eG übertragender Rechtsträger** ist, unabhängig davon, welche Rechtsform der übernehmende Rechtsträger besitzt und ob es sich um eine Spaltung zur Aufnahme oder zur Neugründung handelt.[7] Maßgeblich ist allein, dass nach Vollzug der Spaltung eine Genossenschaft fortbesteht, deren Funktionsfähigkeit gesichert sein muss.[8]

5 Nicht erfasst sind hingegen Konstellationen, in denen die Genossenschaft **lediglich übernehmender Rechtsträger** ist.[9] Ebenso wenig betrifft § 148 die Frage, ob der übernehmende Rechtsträger seinerseits die rechtsformspezifischen Anforderungen erfüllt; dies unterliegt den jeweiligen Spezialvorschriften für die aufnehmende Rechtsform und ist nicht Gegenstand der Norm.[10]

III. Vorstandserklärung nach § 148 Abs. 1

1. Inhalt und dogmatische Einordnung

6 Kernstück des § 148 ist die in Absatz 1 vorgesehene **Vorstandserklärung.**[11] Der Vorstand der übertragenden Genossenschaft hat bei der Anmeldung zu erklären, dass die durch

1) *Bloehs* in: BeckOGK-UmwG, § 148 Rz. 1.
2) Vgl. *Bloehs* in: BeckOGK-UmwG, § 148 Rz. 1.
3) *Bloehs* in: BeckOGK-UmwG, § 148 Rz. 2; Widmann/Mayer-*Fronhöfer*, UmwR, § 148 UmwG Rz. 3.
4) Widmann/Mayer-*Fronhöfer*, UmwR, § 148 UmwG Rz. 3.
5) *Bloehs* in: BeckOGK-UmwG, § 148 Rz. 5.
6) *Bloehs* in: BeckOGK-UmwG, § 148 Rz. 6.
7) Widmann/Mayer-*Fronhöfer*, UmwR, § 148 UmwG Rz. 4.
8) Vgl. *Bloehs* in: BeckOGK-UmwG, § 148 Rz. 2.
9) *Bloehs* in: BeckOGK-UmwG, § 148 Rz. 5.
10) *Bloehs* in: BeckOGK-UmwG, § 148 Rz. 7.
11) Widmann/Mayer-*Fronhöfer*, UmwR, § 148 UmwG Rz. 6 ff.

Gesetz und Satzung vorgesehenen Voraussetzungen für die Gründung der Genossenschaft **auch unter Berücksichtigung der Abspaltung oder Ausgliederung** im Zeitpunkt der Anmeldung vorliegen.[12)]

Diese Erklärung ist ihrem rechtlichen Charakter nach keine bloße Formalbestätigung, sondern eine **materielle Verantwortungserklärung.**[13)] Sie bezieht sich zwar dem Wortlaut nach auf die „Gründungsvoraussetzungen", zielt inhaltlich jedoch auf die **wirtschaftliche Tragfähigkeit** der verbleibenden Genossenschaft.[14)] Maßgeblich ist nicht die formale Erfüllung der Gründungstatbestände der §§ 11, 11a GenG, sondern die Frage, ob die Genossenschaft nach der Spaltung weiterhin in der Lage ist, ihren **Förderauftrag gegenüber den Mitgliedern** zu erfüllen, ohne Gläubigerinteressen zu gefährden.[15)] 7

Damit enthält die Erklärung ein **Prognoseelement.**[16)] Der Vorstand hat ex ante zu beurteilen, ob die Organisations-, Vermögens- und Ertragslage der Restgenossenschaft ausreichend ist.[17)] Er bestätigt nicht vergangene Tatsachen, sondern übernimmt Verantwortung für eine tragfähige Fortführungsannahme.[18)] 8

2. Mindestkapital nach § 8a GenG

Besondere Bedeutung kommt der Erklärung bei Genossenschaften zu, deren Satzung ein **Mindestkapital nach § 8a GenG** vorsieht.[19)] In diesen Fällen muss der Vorstand zusätzlich sicherstellen und erklären, dass die satzungsmäßigen Regelungen zur **Aussetzung der Rückzahlung von Geschäftsguthaben** eingehalten sind.[20)] Dabei ist zu berücksichtigen, dass das Mindestkapital nicht zwingend als fixer Eurobetrag ausgestaltet sein muss, sondern auch als relative Größe definiert werden kann.[21)] 9

§ 148 verlangt keine bilanzielle Mindestkapitalprüfung i. S. der Kapitalgesellschaften.[22)] Entscheidend ist vielmehr, dass die genossenschaftsrechtlichen **Sicherungsmechanismen gegen einen übermäßigen Eigenkapitalabfluss** funktionsfähig bleiben. Eine schematische Übertragung kapitalgesellschaftsrechtlicher Unterbilanzkriterien ist mit dem Normzweck nicht vereinbar.[23)] 10

3. Form, Zuständigkeit und Zeitpunkt der Erklärung

Die Vorstandserklärung ist „bei" der Anmeldung abzugeben, ohne selbst Bestandteil der Anmeldung zu sein.[24)] Sie kann daher grundsätzlich auch nachgereicht werden, bezieht sich inhaltlich jedoch zwingend auf den **Zeitpunkt der Anmeldung.**[25)] Erklärungsbefugt 11

12) Ausf. Widmann/Mayer-*Fronhöfer*, UmwR, § 148 UmwG Rz. 8; *Bloehs* in: BeckOGK-UmwG, § 148 Rz. 8 ff.

13) Vgl. auch *Bloehs* in: BeckOGK-UmwG, § 148 Rz. 8 ff.

14) *Bloehs* in: BeckOGK-UmwG, § 148 Rz. 9.

15) *Bloehs* in: BeckOGK-UmwG, § 148 Rz. 9.

16) Widmann/Mayer-*Fronhöfer*, UmwR, § 148 UmwG Rz. 16.

17) Widmann/Mayer-*Fronhöfer*, UmwR, § 148 UmwG Rz. 16.

18) Widmann/Mayer-*Fronhöfer*, UmwR, § 148 UmwG Rz. 16.

19) *Bloehs* in: BeckOGK-UmwG, § 148 Rz. 12.

20) *Bloehs* in: BeckOGK-UmwG, § 148 Rz. 12.

21) *Bloehs* in: BeckOGK-UmwG, § 148 Rz. 12.

22) *Bloehs* in: BeckOGK-UmwG, § 148 Rz. 12.

23) Vgl. *Bloehs* in: BeckOGK-UmwG, § 148 Rz. 12.

24) Widmann/Mayer-*Fronhöfer*, UmwR, § 148 UmwG Rz. 16.

25) Ausf. *Bloehs* in: BeckOGK-UmwG, § 148 Rz. 15 ff.

ist der Vorstand der übertragenden Genossenschaft in **vertretungsberechtigter Anzahl**; eine Mitwirkung sämtlicher Vorstandsmitglieder ist nicht erforderlich.[26)]

12 Nicht zulässig ist es hingegen, die Erklärung durch das Vertretungsorgan des übernehmenden Rechtsträgers abzugeben.[27)] § 148 knüpft bewusst an das Organ an, das auch nach der Spaltung für die Restgenossenschaft Verantwortung trägt.

4. Sorgfaltspflicht und Haftung

13 Die Abgabe der Erklärung unterliegt der allgemeinen **Sorgfaltspflicht des § 34 GenG.**[28)] Der Vorstand hat sein Handeln nicht nur an kaufmännischen Maßstäben, sondern auch am Förderzweck und an den Interessen der Mitglieder auszurichten.[29)] Bei einer unzutreffenden Erklärung kommen zivilrechtliche Haftungsansprüche nach § 34 Abs. 2 GenG in Betracht; eine strafrechtliche Sanktion ist demgegenüber – anders als bei §§ 140, 146 – gesetzlich nicht vorgesehen.[30)] Diese bewusste Differenzierung beruht auf der strukturellen Eigenart der Genossenschaft und steht einer strengen zivilrechtlichen Verantwortlichkeit nicht entgegen. Unberührt bleiben jedoch allgemeine straf- oder ordnungswidrigkeitenrechtliche Tatbestände, sofern deren Voraussetzungen im Einzelfall erfüllt sind.

IV. Beizufügende Unterlagen nach § 148 Abs. 2

14 § 148 Abs. 2 erweitert den allgemeinen Katalog der Anmeldeunterlagen um zwei zwingende Dokumente: den **Spaltungsbericht nach § 127** und das **Prüfungsgutachten nach § 125 i. V. m. § 81.**[31)] Die Vorschrift verfolgt das Ziel, dem Registergericht eine **plausibilitätsgestützte Kontrolle** der Vorstandserklärung zu ermöglichen.[32)]

15 Ein **Verzicht** auf den Spaltungsbericht ist in diesen Fällen ausgeschlossen.[33)] Dies gilt unabhängig davon, ob die allgemeinen Verzichtsvoraussetzungen des § 127 grundsätzlich vorliegen würden. Der Gesetzgeber misst der inhaltlichen Transparenz gerade bei Abspaltungen und Ausgliederungen von Genossenschaften besonderes Gewicht bei, weil die wirtschaftliche Substanz der Restgenossenschaft nicht durch formale Kapitalvorschriften abgesichert ist. Zwar wird dies nicht einhellig beurteilt, der zwingende Charakter des § 148 Abs. 2 folgt jedoch aus dessen eigenständiger Kontrollfunktion.

16 Entsprechendes gilt für das Prüfungsgutachten des zuständigen genossenschaftlichen Prüfungsverbands.[34)] Auch hier hat § 148 im Ergebnis klarstellende Funktion: Unabhängig von der komplexen Verweisungsstruktur des UmwG besteht Einigkeit, dass bei Abspaltungen und Ausgliederungen von Genossenschaften eine externe fachliche Kontrolle zwingend erforderlich ist.[35)]

---

26) *Bloehs* in: BeckOGK-UmwG, § 148 Rz. 16.

27) *Bloehs* in: BeckOGK-UmwG, § 148 Rz. 16.1 ff.

28) *Bloehs* in: BeckOGK-UmwG, § 148 Rz. 21.

29) *Bloehs* in: BeckOGK-UmwG, § 148 Rz. 21 ff.

30) Widmann/Mayer-*Fronhöfer*, UmwR, § 148 UmwG Rz. 17.

31) *Bloehs* in: BeckOGK-UmwG, § 148 Rz. 27.

32) Widmann/Mayer-*Fronhöfer*, UmwR, § 148 UmwG Rz. 40 ff.

33) So auch *Bloehs* in: BeckOGK-UmwG, § 148 Rz. 29; Semler/Stengel/Leonard-*Bonow*, UmwG, § 147 Rz. 14; *Wirth*, Spaltungen einer eingetragenen Genossenschaft, S. 188; Lutter-*Bayer*, UmwG, § 148 Rz. 24; a. A. Widmann/Mayer-*Fronhöfer*, UmwR, § 147 UmwG Rz. 40 ff.; Schmitt/Hörtnagl-*Hörtnagl*, UmwG/UmwStG, § 148 UmwG Rz. 5.

34) *Bloehs* in: BeckOGK-UmwG, § 148 Rz. 31 f.

35) Vgl. *Bloehs* in: BeckOGK-UmwG, § 148 Rz. 32.

V. Registergerichtliche Prüfung

Die Prüfung durch das Registergericht beschränkt sich nicht auf eine rein formale Vollständigkeitskontrolle, reicht aber auch nicht zu einer umfassenden materiellen Zweckmäßigkeits- oder Fortführungsprüfung. Die Prüfung durch das Registergericht beschränkt sich daher vielmehr auf eine **Plausibilitätskontrolle.**[36] Das Gericht hat nicht eigenständig zu beurteilen, ob die Genossenschaft nach der Spaltung wirtschaftlich erfolgreich sein wird, sondern lediglich zu prüfen, ob die Vorstandserklärung schlüssig ist und durch die vorgelegten Unterlagen getragen wird.[37] Bei Zweifeln kann das Registergericht weitere Nachweise verlangen oder die Eintragung versagen. 17

Gerade hier entfaltet § 148 seine praktische Wirkung: Die Norm zwingt dazu, wirtschaftliche Tragfähigkeitsfragen bereits im Vorfeld der Anmeldung sorgfältig aufzubereiten und dokumentiert zu begründen. 18

VI. Gesamtbewertung

§ 148 ist eine **zentrale Sicherungsnorm des genossenschaftlichen Spaltungsrechts.** Sie ersetzt das kapitalgesellschaftsrechtliche Mindestkapital durch ein funktionales Schutzkonzept, das auf die Erhaltung der Förderfähigkeit der Genossenschaft ausgerichtet ist. Die Norm stärkt die Verantwortung des Vorstands, bindet externe Prüfungsmechanismen ein und verleiht dem Registergericht ein effektives Instrument zur Gefahrenabwehr. 19

In der Gestaltungspraxis bedeutet dies, dass Abspaltungen und Ausgliederungen aus Genossenschaften nicht allein als vermögensrechtliche Strukturmaßnahmen begriffen werden dürfen. Sie erfordern vielmehr eine **integrierte Betrachtung von Umwandlungsrecht, Genossenschaftsrecht und wirtschaftlicher Tragfähigkeit.** § 148 bildet hierfür den normativen Angelpunkt. 20

36) *Bloehs* in: BeckOGK-UmwG, § 148 Rz. 14.
37) *Bloehs* in: BeckOGK-UmwG, § 148 Rz. 14.

Vierter Abschnitt
Spaltung unter Beteiligung rechtsfähiger Vereine

§ 149
Möglichkeit der Spaltung

(1) Ein rechtsfähiger Verein kann sich an einer Spaltung nur beteiligen, wenn die Satzung des Vereins oder Vorschriften des Landesrechts nicht entgegenstehen.

(2) Ein eingetragener Verein kann als übernehmender Rechtsträger im Wege der Spaltung nur andere eingetragene Vereine aufnehmen oder mit ihnen einen eingetragenen Verein gründen.

Übersicht

I. Normzweck und systematische Stellung

1 § 149 eröffnet rechtsfähigen Vereinen den Zugang zum Instrumentarium der Spaltung und integriert sie damit in das allgemeine umwandlungsrechtliche System der partiellen Gesamtrechtsnachfolge.[1] Die Norm ist zugleich Öffnungs- und Begrenzungsvorschrift: Sie bestätigt einerseits die grundsätzliche **Spaltungsfähigkeit** des Vereins, unterwirft diese aber andererseits spezifischen **vereinsrechtlichen Schranken,** die den besonderen Charakter des Vereinsrechts – insbesondere die Zweckbindung, die Mitgliederautonomie und das Idealvereinsprinzip – sichern sollen.[2]

2 Systematisch steht § 149 an der Schnittstelle zwischen dem allgemeinen Spaltungsrecht (§§ 123 ff.) und dem Vereinsrecht des BGB. Die Vorschrift ist als **lex specialis** für rechtsfähige Vereine konzipiert und ergänzt die generelle Spaltungsfähigkeit nach § 124 um vereinsrechtliche Korrektive.[3] In ihrer Funktion entspricht sie § 99 für die Verschmelzung; beide Normen verfolgen denselben Leitgedanken, Strukturmaßnahmen von Vereinen nur insoweit zuzulassen, als sie mit deren organisationsrechtlicher Eigenart vereinbar bleiben.

II. Anwendungsbereich

3 Der persönliche Anwendungsbereich des § 149 erfasst **rechtsfähige Vereine,** also sowohl den e. V. (§ 21 BGB) als auch den wirtschaftlichen Verein (§ 22 BGB).[4] Vereine ohne Rechtspersönlichkeit sind nicht spaltungsfähig; ebenso wenig fallen Sonderträger mit eigenständigem Umwandlungsregime – insbesondere genossenschaftliche Prüfungsverbände – unter § 149, für die § 150 eine abschließende Sonderregelung enthält.[5]

4 Sachlich gilt § 149 für **alle Spaltungsformen** i. S. des § 123, mithin für Auf-, Ab- und Ausgliederungen, jeweils zur Aufnahme oder – soweit zulässig – zur Neugründung.[6] Die Norm entscheidet dabei nicht über die technische Ausgestaltung der Spaltung; diese richtet sich weiterhin nach den allgemeinen Vorschriften der §§ 123–137 sowie über § 125 nach den für die Verschmelzung rechtsfähiger Vereine geltenden Regelungen. § 149 bestimmt vielmehr, **ob** und **unter welchen strukturellen Voraussetzungen** ein Verein an einer solchen Maßnahme beteiligt sein darf.[7]

III. Spaltungsbefugnis des Vereins (§ 149 Abs. 1)

5 § 149 Abs. 1 stellt die Spaltungsbefugnis des rechtsfähigen Vereins ausdrücklich unter den **Vorbehalt entgegenstehenden Satzungs- oder Landesrechts.**[8] Damit knüpft die Norm an die vereinsrechtliche Grundentscheidung an, dass Strukturmaßnahmen nur i. R. der autonomen Satzungsordnung zulässig sind.[9] Die Satzung kann die Spaltung ausdrücklich untersagen oder faktisch ausschließen, etwa durch eine strikte Festlegung der Organisationsform oder durch Zweckbestimmungen, die mit einer Vermögensaufteilung unvereinbar sind.[10]

1) *Reul* in: BeckOGK-UmwG, § 149 Rz. 2.
2) Widmann/Mayer-*Vossius*, UmwR, § 149 UmwG Rz. 4.
3) *Reul* in: BeckOGK-UmwG, § 149 Rz. 8 ff.
4) *Reul* in: BeckOGK-UmwG, § 149 Rz. 12.
5) *Reul* in: BeckOGK-UmwG, § 149 Rz. 13.
6) *Reul* in: BeckOGK-UmwG, § 149 Rz. 8.
7) Ausf. *Reul* in: BeckOGK-UmwG, § 149 Rz. 14 ff.
8) Widmann/Mayer-*Vossius*, UmwR, § 149 UmwG Rz. 14.
9) *Reul* in: BeckOGK-UmwG, § 149 Rz. 29 ff.
10) *Reul* in: BeckOGK-UmwG, § 149 Rz. 29 ff.

Der Satzungsvorbehalt ist dabei nicht formalistisch zu verstehen. Nicht jede allgemein gehaltene Zweckbeschreibung oder jede Betonung der Dauerhaftigkeit des Vereins genügt, um eine Spaltung auszuschließen. Entscheidend ist vielmehr, ob die Satzung bei **objektiver Auslegung** erkennen lässt, dass eine Aufteilung des Vereinsvermögens oder der Mitgliedschaftsstruktur mit dem satzungsmäßigen Leitbild nicht vereinbar ist. Umgekehrt kann eine Satzung, die wirtschaftliche Betätigung ausdrücklich zulässt oder organisatorische Flexibilität vorsieht, die Spaltung tragen, auch wenn sie diese nicht ausdrücklich erwähnt. 6

Der ebenfalls normierte Vorbehalt entgegenstehenden Landesrechts hat in der Praxis geringe Bedeutung. Einschlägige landesrechtliche Spaltungssperren bestehen nicht; die Klausel hat im Wesentlichen deklaratorischen Charakter.[11] 7

IV. Eingetragener Verein als übernehmender Rechtsträger (§ 149 Abs. 2)

§ 149 Abs. 2 enthält eine zentrale Beschränkung: Ein **e. V. darf als übernehmender Rechtsträger** einer Spaltung nur auftreten, wenn **ausschließlich andere e. V.'s** an der Spaltung beteiligt sind.[12] Mischspaltungen, bei denen Vermögen aus Kapital- oder Personengesellschaften auf einen e. V. übergehen soll, sind damit ausgeschlossen.[13] 8

Diese Beschränkung dient dem **Schutz des Idealvereins**. Der Gesetzgeber will verhindern, dass ein e. V. durch Aufnahme unternehmerisch geprägter Vermögensmassen faktisch in ein wirtschaftliches Unternehmen transformiert wird, ohne den vereinsrechtlichen Rahmen zu verlassen. § 149 Abs. 2 entspricht insoweit § 99 Abs. 2 für die Verschmelzung und ist systematisch wie teleologisch gleich auszulegen. 9

Die Norm beschränkt jedoch nicht die Rolle des Vereins als **übertragender Rechtsträger**.[14] Ein e. V. darf Vermögensteile grundsätzlich **auf jede nach § 3 Abs. 1 spaltungsfähige Rechtsform** übertragen, insbesondere auch auf Kapitalgesellschaften oder Genossenschaften. Damit trägt § 149 der praktischen Bedeutung der Ausgliederung wirtschaftlicher Tätigkeiten aus Vereinen Rechnung. 10

V. Wirtschaftlicher Verein und Sonderkonstellationen

Der wirtschaftliche Verein ist nach § 149 spaltungsfähig, jedoch nur **als übertragender Rechtsträger.**[15] Er kann Vermögen abspalten oder ausgliedern, nicht aber als übernehmender oder neu gegründeter Rechtsträger auftreten.[16] Diese Beschränkung folgt aus der systematischen Stellung des wirtschaftlichen Vereins im UmwG: Er ist nicht in den Katalog des § 3 Abs. 1 aufgenommen und soll daher nicht als Zielträger einer partiellen Gesamtrechtsnachfolge fungieren.[17] 11

Altrechtliche Vereine werden über die Übergangsvorschriften des UmwG im Ergebnis dem wirtschaftlichen Verein gleichgestellt.[18] Auch sie sind nur als übertragende Rechtsträger spaltungsfähig.[19] Aufgelöste rechtsfähige Vereine können an einer Spaltung teilneh- 12

11) *Reul* in: BeckOGK-UmwG, § 149 Rz. 37.
12) S. die Übersicht über die verschiedenen Konstellationen bei Widmann/Mayer-*Vossius*, UmwR, § 149 UmwG Rz. 20 ff.
13) *Reul* in: BeckOGK-UmwG, § 149 Rz. 38.
14) Widmann/Mayer-*Vossius*, UmwR, § 149 UmwG Rz. 16.
15) Widmann/Mayer-*Vossius*, UmwR, § 149 UmwG Rz. 16.
16) *Reul* in: BeckOGK-UmwG, § 149 Rz. 16.
17) *Reul* in: BeckOGK-UmwG, § 149 Rz. 18.
18) Widmann/Mayer-*Vossius*, UmwR, § 149 UmwG Rz. 10; *Reul* in: BeckOGK-UmwG, § 149 Rz. 19 ff.
19) Widmann/Mayer-*Vossius*, UmwR, § 149 UmwG Rz. 10; *Reul* in: BeckOGK-UmwG, § 149 Rz. 19 ff.

men, sofern ihre Fortsetzung zulässig wäre; die Spaltung tritt dann funktional an die Stelle der Liquidation.[20)]

VI. Zweckbindung und § 33 BGB

13 Besondere Bedeutung kommt i. R. des § 149 der **Zweckbindung des Vereins** zu.[21)] Eine Spaltung kann – insbesondere bei Ab- oder Ausgliederungen – faktisch zu einer Zweckänderung führen, wenn der verbleibende Verein seinen bisherigen Förder- oder Idealzweck nicht mehr oder nur noch in grundlegend veränderter Form verfolgen kann.[22)]

14 In diesen Fällen ist **§ 33 Abs. 1 Satz 2 BGB** zu beachten.[23)] Eine Zweckänderung erfordert grundsätzlich die Zustimmung aller Mitglieder. Die umwandlungsrechtlichen Mehrheitsregelungen verdrängen dieses Einstimmigkeitserfordernis nicht.[24)] Der Spaltungsbeschluss allein genügt daher nicht, wenn er zugleich eine qualifizierte Zweckänderung bewirkt. Diese dogmatische Trennlinie ist für die Gestaltungspraxis von erheblicher Bedeutung und wird in der Praxis häufig unterschätzt.

VII. Verhältnis zu alternativen Gestaltungen

15 § 149 eröffnet den formellen Weg der Spaltung, schließt aber alternative Gestaltungen außerhalb des UmwG nicht aus.[25)] Vereine können Vermögensteile weiterhin im Wege der Einzelrechtsübertragung, der Sachgründung oder der Einbringung ausgliedern. Diese Gestaltungen vermeiden das formalisierte Spaltungsverfahren, verzichten aber zugleich auf die Wirkungen der partiellen Gesamtrechtsnachfolge und auf die registerrechtliche Klarheit des Umwandlungsrechts.

16 § 149 positioniert die Spaltung damit nicht als zwingenden, wohl aber als **qualitativ besonders abgesicherten Weg** der Strukturveränderung. Wer die Vorteile des Umwandlungsrechts in Anspruch nimmt, muss die mitgliedschafts- und satzungsrechtlichen Schutzmechanismen akzeptieren, die die Norm etabliert.

VIII. Gesamtbewertung

17 § 149 bildet den zentralen Anknüpfungspunkt für die Spaltung rechtsfähiger Vereine. Die Norm verbindet die Flexibilität des Umwandlungsrechts mit den Strukturprinzipien des Vereinsrechts und verhindert zugleich dessen funktionale Überformung. Sie erlaubt die sachgerechte Auslagerung wirtschaftlicher Tätigkeiten, schützt aber den Idealverein vor einer schleichenden Kommerzialisierung durch Strukturmaßnahmen.

18 In der Gesamtsystematik der §§ 147–150 zeigt § 149, dass der Gesetzgeber die Spaltung nicht als rein vermögensrechtlichen Vorgang versteht, sondern als organisationsrechtliche Grundentscheidung, die nur unter strikter Wahrung der rechtsformspezifischen Identität des beteiligten Rechtsträgers zulässig ist.

---

20) Widmann/Mayer-*Vossius*, UmwR, § 149 UmwG Rz. 11.

21) *Reul* in: BeckOGK-UmwG, § 149 Rz. 41 ff.

22) *Reul* in: BeckOGK-UmwG, § 149 Rz. 41 ff.

23) *Reul* in: BeckOGK-UmwG, § 149 Rz. 41 ff.

24) *Reul* in: BeckOGK-UmwG, § 149 Rz. 41 ff.

25) *Reul* in: BeckOGK-UmwG, § 149 Rz. 54 ff.

Fünfter Abschnitt
Spaltung unter Beteiligung genossenschaftlicher Prüfungsverbände

§ 150
Möglichkeit der Spaltung

Die Aufspaltung genossenschaftlicher Prüfungsverbände oder die Abspaltung oder Ausgliederung von Teilen eines solchen Verbandes kann nur zur Aufnahme der Teile eines Verbandes (übertragender Verband) durch einen anderen Verband (übernehmender Verband), die Ausgliederung auch zur Aufnahme von Teilen des Verbandes durch eine oder zur Neugründung einer Kapitalgesellschaft erfolgen.

Übersicht

I. Stellung der Norm und systematische Einordnung

1 § 150 ergänzt das Sonderregime der §§ 105–108 UmwG für genossenschaftliche Prüfungsverbände um die Möglichkeit struktureller Spaltungen.[1] Während die §§ 105–108 die Verschmelzung dieser Verbände inhaltlich begrenzen, innerverbandlich legitimieren und verfahrensrechtlich einhegen (siehe § 105 Rz. 1 ff. [*Knaier*]), legt § 150 fest, **in welchen Konstellationen Prüfungsverbände ihr Vermögen spalten dürfen** und welche Rechtsträger als Auffangadressen zulässig sind.[2] Die Norm steht damit im Schnittpunkt dreier Regelungskomplexe: des allgemeinen Spaltungsrechts (§§ 123 ff. UmwG), des vereins- bzw. genossenschaftsrechtlich überformten Prüfungsverbandsrechts (§ 63b GenG) und des aufsichtsrechtlichen Systems der Pflichtprüfung.

2 Ausgangspunkt ist § 124 Abs. 1 i. V. m. § 3 Abs. 1 Nr. 5 UmwG: genossenschaftliche Prüfungsverbände sind grundsätzlich spaltungsfähige Rechtsträger.[3] § 150 **verengt diesen allgemeinen Grundsatz in zweifacher Hinsicht:**

– Zum einen darf die Spaltung eines Prüfungsverbands zur Aufnahme nur zugunsten eines anderen Prüfungsverbands erfolgen;[4]

1) Widmann/Mayer-*Vossius*, UmwR, § 150 UmwG Rz. 1.
2) Widmann/Mayer-*Vossius*, UmwR, § 150 UmwG Rz. 1.
3) *Bloehs* in: BeckOGK-UmwG, § 150 Rz. 1.
4) Widmann/Mayer-*Vossius*, UmwR, § 150 UmwG Rz. 2.

– zum anderen ist eine Ausgliederung auf andere Rechtsträger ausschließlich in Richtung einer Kapitalgesellschaft (bestehend oder neu zu gründend) zulässig.[5)]

3 **Nicht vorgesehen** ist die Spaltung zur Neugründung eines Prüfungsverbands.[6)] Der Norm liegt erkennbar derselbe Leitgedanke zugrunde wie § 105 (siehe dazu § 105 Rz. 10 f. [*Knaier*]): Jede tiefgreifende Strukturmaßnahme im Prüfungsverbandswesen soll nur unter Beibehaltung einer geschlossenen, aufsichtsrechtlich kontrollierten Verbandslandschaft möglich sein.

II. Spaltungsfähigkeit und Rechtsformen

1. Spaltungsfähigkeit dem Grunde nach

4 Prüfungsverbände sind – unabhängig von ihrer konkreten Rechtsform – als besondere Trägergruppe in § 3 Abs. 1 Nr. 5 UmwG ausdrücklich erfasst und über § 124 grundsätzlich alle Spaltungsformen fähig:[7)] Aufspaltung, Abspaltung, Ausgliederung, jeweils zur Aufnahme oder – dem System nach – zur Neugründung. § 150 fungiert dabei als eng gefasste lex specialis, die diese abstrakte Spaltungsfähigkeit inhaltlich strukturiert und begrenzt.[8)]

5 **In der Praxis** existieren genossenschaftliche Prüfungsverbände derzeit ausschließlich in der **Rechtsform des e. V.** (siehe dazu § 105 Rz. 13 [*Knaier*]). Dies hat Konsequenzen für die Anwendung der allgemeinen vereinsrechtlichen Spaltungsvorschrift des § 149: Soweit ein Prüfungsverband als e. V. an einer Spaltung beteiligt ist, greifen neben § 150 regelmäßig auch die form- und verfahrensrechtlichen Sonderregeln des Vereinsrechts ein, insbesondere § 149 Abs. 2 zur Zulässigkeit der Beteiligung als aufnehmender Rechtsträger.[9)] Diese Normen sind allerdings im Lichte des Prüfungsverbands-Sonderregimes auszulegen; wo § 150 strengere Vorgaben macht, hat er Vorrang.[10)]

2. Keine Totalausgliederung – Sicherung der Prüfungsfähigkeit

6 Der Wortlaut des § 150 gestattet ausdrücklich nur die **Ausgliederung „von Teilen"** eines genossenschaftlichen Prüfungsverbands. Daraus folgt zwingend, dass eine Totalausgliederung des gesamten Verbandsvermögens auf einen anderen Rechtsträger unzulässig ist.[11)] Der übertragende Prüfungsverband muss nach der Spaltung noch als funktionsfähiger Träger der genossenschaftsrechtlichen Pflichtprüfung fortbestehen.[12)]

7 Diese teleologische Restriktion korrespondiert mit § 63b Abs. 4 GenG, wonach der Hauptzweck des Prüfungsverbands in der Betreuungs- und Pflichtprüfung nach §§ 53 ff. GenG besteht.[13)] Würde das operative Prüfungsvermögen vollständig auf einen anderen Rechtsträger verschoben, verbliebe ein „ausgehöhlter" Verband ohne reale Prüfungstätigkeit. Aufsichtrechtlich wäre dann regelmäßig der Entzug des Prüfungsrechts geboten (§ 64a GenG), was zugleich zum Verlust der Stellung als Prüfungsverband führte.[14)] Das

5) Widmann/Mayer-*Vossius*, UmwR, § 150 UmwG Rz. 2.
6) *Bloehs* in: BeckOGK-UmwG, § 150 Rz. 1.
7) *Bloehs* in: BeckOGK-UmwG, § 150 Rz. 8.
8) *Bloehs* in: BeckOGK-UmwG, § 150 Rz. 2 ff.
9) *Bloehs* in: BeckOGK-UmwG, § 150 Rz. 4; a. A. Semler/Stengel/Leonard-*Katschinski*/*Wolf*, UmwG, § 149 Rz. 6.
10) Vgl. auch *Bloehs* in: BeckOGK-UmwG, § 150 Rz. 18.5.
11) Widmann/Mayer-*Vossius*, UmwR, § 150 UmwG Rz. 16.
12) *Bloehs* in: BeckOGK-UmwG, § 150 Rz. 6.
13) *Bloehs* in: BeckOGK-UmwG, § 150 Rz. 6; Widmann/Mayer-*Vossius*, UmwR, § 150 UmwG Rz. 20.
14) Widmann/Mayer-*Vossius*, UmwR, § 150 UmwG Rz. 20 ff.

Gesetz will genau diese Konstellation vermeiden: Spaltungen und Ausgliederungen dürfen die Prüfungsverbände umstrukturieren, aber nicht in leere Hüllen transformieren.

III. Spaltungsarten und zulässige Konstellationen

1. Spaltung zur Aufnahme unter Prüfungsverbänden

§ 150 Halbs. 1 erfasst primär die Spaltung zur Aufnahme unter Beteiligung genossenschaftlicher Prüfungsverbände.[15] Danach ist eine Auf- oder Abspaltung von Vermögensteilen eines Prüfungsverbands nur zulässig, wenn der übernehmende Rechtsträger wiederum ein genossenschaftlicher Prüfungsverband ist.[16] Das gilt unabhängig davon, ob aufseiten des übernehmenden Verbands eine Aufspaltung zu mehreren Verbänden oder eine partielle Abspaltung vorliegt. 8

Der Gesetzgeber setzt damit dieselbe Klammer wie in § 105 (siehe dazu § 105 Rz. 17 ff. [*Knaier*]): Der Kreis der Verbandslandschaft bleibt geschlossen. Prüfungsverbände dürfen sich untereinander neu ordnen – etwa durch Abgabe von Tätigkeitsbereichen, regionale Entflechtung oder Spezialisierung –, aber sie dürfen keine Prüfungsvermögen in nicht dem Prüfungsrecht unterliegende Strukturen „abwandern" lassen.[17] Die staatliche Aufsicht nach § 64 GenG bleibt so lückenlos sichergestellt. 9

2. Keine Spaltung zur Neugründung eines Prüfungsverbands

Eine Spaltung zur Neugründung eines neuen Prüfungsverbands ist nach § 150 ausgeschlossen.[18] Die Norm erwähnt die Spaltung zur Neugründung nicht, sondern beschränkt sich – in Bezug auf Prüfungsverbände – auf **Spaltungen zur Aufnahme**. Dahinter steht kein bloßes Redaktionsversehen, sondern eine **bewusste Systementscheidung**: Die Entstehung eines Prüfungsverbands ist nach dem GenG an ein eigenständiges Anerkennungs- und Verleihungsverfahren für das Prüfungsrecht geknüpft (§§ 63, 63b GenG). 10

Würde man eine Spaltung zur Neugründung zulassen, entstünde zwangsläufig ein Zeitraum, in dem die von der Spaltung betroffenen Genossenschaften keinem anerkannten Prüfungsverband angehören oder einem Verband, dessen Prüfungsrecht noch nicht verliehen ist. Dies stünde im **Widerspruch zur Pflichtmitgliedschaft** nach § 54 GenG, die lückenlos gewährleistet sein muss und deren Missachtung das Registergericht nach § 54a GenG zu einschneidenden Maßnahmen bis hin zur Auflösung der Genossenschaft berechtigen kann.[19] Die Konsequenz ist: § 150 ist insoweit abschließend; eine Analogie zugunsten einer Spaltung zur Neugründung eines Prüfungsverbands verbietet sich.[20] Gleiches gilt für die Ausgliederung zur Neugründung eines Prüfungsverbands: Auch sie würde die verfahrensrechtliche Sicherung des Prüfungsrechts unterlaufen. 11

3. Mischspaltungen

Besondere Aufmerksamkeit verdient die Konstellation, in der ein Prüfungsverband als übernehmender Rechtsträger an einer Spaltung beteiligt ist, deren übertragender Rechtsträger kein Prüfungsverband (sondern etwa eine Genossenschaft oder Kapitalgesellschaft) ist.[21] § 150 formuliert – aus der Perspektive des Prüfungsverbands als übertragenden 12

15) S. a. die Übersicht bei Widmann/Mayer-*Vossius*, UmwR, § 150 UmwG Rz. 14.
16) *Bloehs* in: BeckOGK-UmwG, § 150 Rz. 8.
17) Vgl. *Bloehs* in: BeckOGK-UmwG, § 150 Rz. 8.
18) Widmann/Mayer-*Vossius*, UmwR, § 150 UmwG Rz. 15.
19) *Bloehs* in: BeckOGK-UmwG, § 150 Rz. 12.
20) *Bloehs* in: BeckOGK-UmwG, § 150 Rz. 13.
21) S. *Bloehs* in: BeckOGK-UmwG, § 150 Rz. 17 ff.; Widmann/Mayer-*Vossius*, UmwR, § 150 UmwG Rz. 14.

Rechtsträgers – Einschränkungen für dessen Spaltungsfähigkeit, regelt aber die **Rolle des Prüfungsverbands als übernehmenden Rechtsträger** nicht ausdrücklich.[22)]

13 Dogmatisch spricht vieles dafür, Mischspaltungen jedenfalls insoweit zuzulassen, als die allgemeinen spaltungsrechtlichen Kombinationsregeln nach §§ 123 ff. eingehalten sind und der übernehmende Rechtsträger ein Prüfungsverband bleibt.[23)] Entscheidend ist, dass die staatliche Aufsicht nach § 64 GenG gewahrt bleibt und der Prüfungsverband durch die Aufnahme fremder Vermögensteile nicht seinen Charakter verliert.

14 Schwieriger wird die Lage, wenn der **Prüfungsverband in der Rechtsform des e. V.** organisiert ist: Dann gilt zusätzlich § 149 Abs. 2, wonach e. Vs. als übernehmende Rechtsträger **nur mit gleichartigen Rechtsträgern** (ebenfalls e. V.) spalten können.[24)] Solange in der Praxis ausschließlich Prüfungsverbände in Vereinsform existieren, bleibt die Mischspaltung im Prüfungsverbandsbereich daher eher ein theoretisches Randphänomen; rechtssystematisch muss sie aber mitgedacht werden, sofern künftig Prüfungsverbände in anderen Rechtsformen zugelassen würden.[25)]

4. Ausgliederung auf Kapitalgesellschaften

15 Halbsatz 2 des § 150 eröffnet die Möglichkeit, Teile des Vermögens eines Prüfungsverbands auf eine Kapitalgesellschaft auszugliedern, sei es **zur Aufnahme** durch eine bereits bestehende Gesellschaft, sei es **zur Neugründung** einer solchen Einheit.[26)] Andere Rechtsformen – insbesondere eingetragene Genossenschaften – sind als übernehmende oder neu zu gründende Rechtsträger ausgeschlossen.[27)]

16 Teleologisch ist diese Öffnung **auf „Hilfs- und Nebenfunktionen“** des Verbands zugeschnitten. Gemeint sind insbesondere Tätigkeitsbereiche, die zwar funktional mit der Prüfungstätigkeit verbunden sind, aber nicht zwingend im Verband selbst vorgehalten werden müssen, etwa Seminar- und Fortbildungsgeschäft, IT-Dienstleistungen, Beratungs- und Serviceeinheiten oder ähnliche operative Einheiten, die in einer Kapitalgesellschaft effizienter geführt werden können.[28)] Der Prüfungsverband bleibt dabei Muttergesellschaft und kann über gesellschaftsrechtliche Steuerungsmechanismen auf die ausgelagerten Funktionen Einfluss nehmen.

17 Die Ausgliederungsbefugnis endet jedoch dort, wo der **Kern der Prüfungsverbandsfunktion** tangiert wird. Weder darf das Prüfungsrecht als solches – das als öffentlich-rechtlich verliehene Befugnis an die Verbandsorganisation gebunden ist – privatautonom „übertragen“ werden, noch darf die Ausgliederung so weit gehen, dass der zurückbleibende Verband seine Prüfungsaufgaben nicht mehr wahrnehmen kann. § 150 verlangt, dass die wesentliche Identität des Prüfungsverbands erhalten bleibt; die Kapitalgesellschaft darf nicht zum faktischen Träger des Prüfungswesens werden, während der Verband zur bloßen Holding degeneriert.[29)]

22) Vgl. *Bloehs* in: BeckOGK-UmwG, § 150 Rz. 17.

23) Ausf. *Bloehs* in: BeckOGK-UmwG, § 150 Rz. 18 ff.

24) *Bloehs* in: BeckOGK-UmwG, § 150 Rz. 18.5.

25) *Bloehs* in: BeckOGK-UmwG, § 150 Rz. 21.

26) *Bloehs* in: BeckOGK-UmwG, § 150 Rz. 22.

27) *Bloehs* in: BeckOGK-UmwG, § 150 Rz. 23.

28) *Bloehs* in: BeckOGK-UmwG, § 150 Rz. 27.

29) Vgl. *Bloehs* in: BeckOGK-UmwG, § 150 Rz. 26.

IV. Verfahrensrechtliche Besonderheiten

1. Auf- und Abspaltung

18 Über § 125 Abs. 1 Satz 1 verweist das Gesetz für Spaltungen unter Beteiligung genossenschaftlicher Prüfungsverbände auf die **allgemeinen Spaltungsvorschriften der §§ 123 ff.** sowie – für die verbandsinternen und aufsichtsrechtlichen Elemente – auf die **Sondervorschriften der §§ 105–108.**[30] Inhalt und Form des Spaltungs- und Übertragungsvertrags bzw. des Spaltungsplans richten sich nach §§ 126, 136 UmwG;[31] Spaltungsbericht und mögliche Verzichtskonstellationen ergeben sich aus § 127.[32]

19 Die **Vorbereitung und Beschlussfassung** in den Mitgliederversammlungen folgt – über § 106 – den Regeln der §§ 101–103.[33] Praktisch bedeutet dies: Die Mitgliederversammlungen bzw. Vertreterversammlungen der beteiligten Prüfungsverbände müssen ordnungsgemäß einberufen werden, erhalten Zugang zu Spaltungsvertrag/-plan, Bericht und ergänzenden Unterlagen und fassen mit qualifizierter Mehrheit den Spaltungsbeschluss. Inhaltlich entspricht dies weitgehend der Verschmelzungslogik; die Spaltung ist als vergleichbar einschneidender Organisationsakt konzipiert und unterliegt daher denselben Legitimationsanforderungen (siehe dazu § 106 Rz. 8 ff. [*Knaier*]).

20 Die **Anmeldung der Spaltung zum Register** erfolgt – über § 125 i. V. m. § 107 – durch die Vorstände der beteiligten Rechtsträger. Die in § 107 entwickelten Grundsätze zur Vertretung, zur Zusammenstellung der Unterlagen und zur Sorgfaltspflicht der Leitungsorgane gelten entsprechend.[34] Nach Eintragung haben die Prüfungsverbände ihre Mitglieder über die Spaltung zu informieren (§§ 125, 107 Abs. 3),[35] und die Spaltung ist der Aufsichtsbehörde unverzüglich anzuzeigen (§§ 125, 107 Abs. 2).[36]

21 Besonderes Gewicht kommt dem sog. **Austrittsrecht** der Mitglieder des übertragenden Verbands zu: Über § 125 i. V. m. § 108 (siehe dazu § 108 Rz. 6 ff. [*Knaier*]) werden verlängerte satzungsmäßige Kündigungsfristen für diesen Mitgliederkreis suspendiert.[37] Die Norm schafft kein neues außerordentliches Kündigungsrecht, sondern begrenzt die zulässige Bindungsdauer im unmittelbaren Anschluss an die Spaltung auf den Rahmen des § 39 BGB.

2. Ausgliederung

22 Bei Ausgliederungen ordnet § 125 Abs. 1 Satz 2 an, dass **keine Spaltungsprüfung** stattzufinden hat.[38] Der Gesetzgeber überträgt damit die im Bereich der Verschmelzung bereits angelegte Linie auf die Spaltung: Angesichts der fachlichen Nähe und Professionalität der Mitgliederkreise verzichtet er auf eine obligatorische externe Strukturprüfung; der Spaltungsbericht und die innerverbandliche Kontrolle sollen ausreichen.[39]

23 Für die **Anmeldung der Ausgliederung** gelten § 107 und die dort entwickelten Grundsätze entsprechend. **Besonderheit:** Bei Ausgliederung auf eine Kapitalgesellschaft muss die Anmeldung auch durch deren vertretungsberechtigtes Organ in der gesetzlich oder

30) *Bloehs* in: BeckOGK-UmwG, § 150 Rz. 29.
31) *Bloehs* in: BeckOGK-UmwG, § 150 Rz. 30.
32) *Bloehs* in: BeckOGK-UmwG, § 150 Rz. 31.
33) *Bloehs* in: BeckOGK-UmwG, § 150 Rz. 32.
34) *Bloehs* in: BeckOGK-UmwG, § 150 Rz. 33.
35) Widmann/Mayer-*Vossius*, UmwR, § 150 UmwG Rz. 32.
36) Widmann/Mayer-*Vossius*, UmwR, § 150 UmwG Rz. 31.
37) *Bloehs* in: BeckOGK-UmwG, § 150 Rz. 34.
38) Widmann/Mayer-*Vossius*, UmwR, § 150 UmwG Rz. 30.
39) *Bloehs* in: BeckOGK-UmwG, § 150 Rz. 35.

gesellschaftsvertraglich vorgeschriebenen Anzahl erfolgen; der Spaltungsvorgang ist registerrechtlich doppelseitig abzusichern.[40)]

24 **Umstritten ist, ob § 108 auf Ausgliederungen entsprechend anzuwenden ist** und den Mitgliedern des ausgliedernden Prüfungsverbands ein erleichtertes Austrittsrecht vermittelt.[41)] Dogmatisch überzeugt die restriktive Auffassung: Bei Ausgliederung bleibt die Mitgliedschaft der Genossenschaften im Prüfungsverband unverändert bestehen, die Prüfungsfähigkeit des Verbands muss – schon aus aufsichtsrechtlichen Gründen – erhalten bleiben, und weder Satzung noch Stimmrechtsverhältnisse ändern sich notwendig. Die mitgliedschaftliche Situation unterscheidet sich damit grundlegend von der Auf- oder Abspaltung, bei der die Mitgliedschaft kraft Gesamtrechtsnachfolge auf einen neuen Verband übergehen kann. Für Ausgliederungen ist es daher sachgerecht, § 108 nicht anzuwenden und den Mitgliederschutz über das allgemeine Institut der **Kündigung aus wichtigem Grund** zu gewährleisten, wenn die Ausgliederung im Einzelfall unzumutbare Auswirkungen hat.[42)]

V. Praktische Bedeutung und Bewertung

25 § 150 eröffnet genossenschaftlichen Prüfungsverbänden einen begrenzten, aber funktional bedeutsamen Spielraum zur strukturellen Neuordnung. Die Norm erlaubt, Prüfungsverbände durch Spaltungen untereinander neu zu konfigurieren – etwa durch sektorale oder regionale Neuabgrenzungen –, und sie gestattet die Auslagerung geeigneter Tätigkeitsbereiche in Kapitalgesellschaften. Zugleich schließt sie eine Reihe von Konstellationen bewusst aus: Es gibt keine Spaltung zur Neugründung eines Prüfungsverbands, keine Totalausgliederung des Prüfungsvermögens und keine Ausgliederung auf sonstige Körperschaften wie eingetragene Genossenschaften.

26 In der **Gestaltungspraxis** verlangt § 150 deshalb ein hohes Maß an dogmatischer Disziplin. Jede Spaltungsmaßnahme ist daraufhin zu prüfen, ob der Prüfungsverband als solcher seine Funktionsfähigkeit und seine aufsichtsrechtliche Einbindung behält, ob die Mitgliederinteressen – insbesondere hinsichtlich Mitgliedschaftsbindung und Austrittsmöglichkeiten – angemessen berücksichtigt werden und ob Spaltungsvertrag/-plan, Bericht, Beschluss, Anmeldung, Mitgliederinformation und Behördenanzeige sachgerecht ineinandergreifen.

---

40) *Bloehs* in: BeckOGK-UmwG, § 150 Rz. 36.
41) *Bloehs* in: BeckOGK-UmwG, § 150 Rz. 37 ff.
42) So auch *Bloehs* in: BeckOGK-UmwG, § 150 Rz. 37.3.

Sechster Abschnitt
Spaltung unter Beteiligung von Versicherungsvereinen auf Gegenseitigkeit

§ 151
Möglichkeit der Spaltung*)

[1]Die Spaltung unter Beteiligung von Versicherungsvereinen auf Gegenseitigkeit kann nur durch Aufspaltung oder Abspaltung und nur in der Weise erfolgen, daß die Teile eines übertragenden Vereins auf andere bestehende oder neue Versicherungsvereine auf Gegenseitigkeit oder auf Versicherungs-Aktiengesellschaften übergehen. [2]Ein Versicherungsverein auf Gegenseitigkeit kann ferner im Wege der Ausgliederung einen

Vermögensteil auf eine bestehende oder neue Gesellschaft mit beschränkter Haftung oder eine bestehende oder neue Aktiengesellschaft übertragen, sofern damit keine Übertragung von Versicherungsverträgen verbunden ist.

*) § 151 i. d. F. des UmwBerG geändert durch Art. 1 des Zweiten Gesetzes zur Änderung des Umwandlungsgesetzes (2. UmwGÄndG), v. 19.4.2007, BGBl. I 2007, 542.

Übersicht

I. Überblick

§ 151 begrenzt in Fortführung des § 109 den **Kreis der Rechtsträger**, die an der Spaltung von VVaG beteiligt sein können, auf VVaG und Versicherungs-AG (zur Begründung für die Begrenzung siehe § 109 Rz. 2 [*Mallmann*]).[1] Zusätzlich begrenzt § 151 die möglichen **Spaltungsarten** auf die Auf- und Abspaltung zur Aufnahme und zur Neugründung. 1

Ausgliederungen auf GmbH und AG sind nach § 151 Satz 2 nur zulässig, sofern damit keine Versicherungsverträge übertragen werden. Ein jüngeres **Praxisbeispiel** für einer derartige Ausgliederung nach § 151 Satz 2 ist die Ausgliederung verschiedener Geschäftsbereiche der GOTHAER Versicherungsbank VVaG und der Barmenia Versicherungen a. G. auf die heutige Barmenia.Gothaer Finanzholding AG im Zuge der Fusion von Gothaer und Barmenia. 2

II. Auf- und Abspaltung (§ 151 Satz 1)

Auf- und Abspaltungen (§ 123 Abs. 1, Abs. 2) sind nach dem Wortlaut zulässig auf folgende Rechtsträger: 3

- VVaG und
- Versicherungs-AG, d. h. AG und SE, die den Betrieb von Versicherungsgeschäften zum Gegenstand haben (siehe § 109 Rz. 9 [*Mallmann*]).

Nach dem eindeutigen Wortlaut des § 151 Satz 1 scheiden Auf- und Abspaltungen auf andere Rechtsträger aus. Das gilt selbst dann, wenn dieser andere Rechtsträger nur Hilfsfunktionen übernimmt und keine Versicherungsverträge übernimmt.[2] 4

III. Ausgliederung (§ 151 Satz 2)

Ausgliederungen sind zulässig auf **GmbHs und AGs**, sofern keine Übertragung von Versicherungsverträgen stattfindet. Die Versicherungsverträge müssen beim übertragenden VVaG verbleiben. § 151 Satz 2 will damit die Ausliederung von Hilfsfunktionen ermöglichen. Hilfsfunktionen sind z. B. der Vertrieb, die Bestandsverwaltung, die Leistungsbearbeitung und das Rechnungswesen.[3] Es gibt keinen sachlichen Grund, warum Satz 2 die Ausgliederung auf andere Rechtsformen als GmbHs und AGs ausschließt.[4] 5

Nicht nach Satz 2 explizit erlaubte Ausgliederungen sind **unzulässig** nach § 151 Satz 1.[5] Diese **Anordnung** ist **nicht sachgerecht**. Der Gesetzgeber begründet die Anordnung mit 6

1) Begr. Fraktionsentwurf UmwBerG, BT-Drucks. 12/6699, S. 128.

2) Ebenso *Broichhausen* in: KölnKomm-UmwG, § 151 Rz. 5a.

3) Dreher-*Dreher*, VAG, § 32 Rz. 34.

4) Ebenso *Broichhausen* in: KölnKomm-UmwG, § 151 Rz. 8; die Unzulässigkeit einer Ausgliederung nach § 151 Satz 2 auf VVaG ist jedoch sachgerecht, weil übernehmende/neu gegründete VVaG kein Versicherungsgeschäft i. S. des § 171 VAG betreiben.

5) § 151 Satz 1 erklärt von den drei Spaltungsarten in § 123 „nur" die Auf- und Abspaltung für zulässig.

der in § 176 Satz 2 VAG vorgesehenen „zwingenden Verbindung von Mitgliedschaft und Versicherungsverhältnis".[6] Dies überzeugt nicht.[7] Die Mitglieder des übertragenden VVaG erhalten – anders als der übertragende VVaG selber – keine Anteile oder Mitgliedschaftsrechte am übernehmenden/neu gegründeten Rechtsträger. Die vom übertragenden VVaG erhaltenen Anteile oder Mitgliedschaftsrecht kompensieren jedoch einen etwaigen durch die Ausgliederung eingetretenen Wertverlust der Mitgliedschaft im übertragenden VVaG.

7 Eine „Totalausgliederung" ist nach dem Wortlaut des § 151 Satz 2 („Vermögensteil") nicht möglich und wäre ohne die nach § 151 Satz 2 verbotene gleichzeitige Übertragung von Versicherungsverträgen ohnehin kaum vorstellbar.[8]

IV. Aufsichtsrechtliche Anforderungen

8 Die Genehmigung der Aufsichtsbehörde ist gemäß § 14 Abs. 1 Satz 1 VAG **Wirksamkeitsvoraussetzung** für die **Auf- und Abspaltung** (§ 151 Satz 1). Dies dürfte in teleologischer Reduktion des § 14 Abs. 1 Satz 1 VAG **nicht** auch für die **Ausgliederung** gelten, hinsichtlich derer gemäß § 47 Nr. 8 VAG Anzeigepflichten des übertragenden VVaG bestehen.

6) Begr. Fraktionsentwurf UmwBerG, BT-Drucks. 12/6699, S. 128.
7) Ebenso *Broichhausen* in: KölnKomm-UmwG, § 151 Rz. 6.
8) *Scheel/Harzenetter* in: BeckOGK-UmwG, § 151 Rz. 23.

Siebenter Abschnitt
Ausgliederung aus dem Vermögen eines Einzelkaufmanns

Erster Unterabschnitt
Möglichkeit der Ausgliederung

§ 152
Übernehmende oder neue Rechtsträger

[1]Die Ausgliederung des von einem Einzelkaufmann betriebenen Unternehmens, dessen Firma im Handelsregister eingetragen ist, oder von Teilen desselben aus dem Vermögen dieses Kaufmanns kann nur zur Aufnahme dieses Unternehmens oder von Teilen dieses Unternehmens durch Personenhandelsgesellschaften, Kapitalgesellschaften oder eingetragene Genossenschaften oder zur Neugründung von Kapitalgesellschaften erfolgen. [2]Sie kann nicht erfolgen, wenn die Verbindlichkeiten des Einzelkaufmanns sein Vermögen übersteigen.

Literatur: *Aha*, Einzel- oder Gesamtrechtsnachfolge bei der Ausgliederung?, AG 1997, 345; *Behme/Bühl*, Was ist eine Ausgliederung? – Anwendungsprobleme bei der Ausgliederung aus dem Vermögeneines Einzelkaufmanns nach Inkrafttreten des UmRuG, NZG 2024, 1502; *Börhinger*, Grundbuchberichtigung bei Umwandlung von Gesellschaften, BWNotZ 2016, 154; *DNotI*, Gutachten: Ausgliederung aus dem Vermögen des Einzelkaufmanns zur Aufnahme durch eine GmbH & Co. KG; Teilausgliederung; Herausnahme eines Vermögensgegenstands; Entwidmung; automatisches Erlöschen der Firma des Einzelkaufmanns; Anmeldung des Erlöschens, DNotI-Report 2021, 180; *DNotI*, Gutachten: Beurkundung eines Ausgliederungsplans vor Aufstellung einer Schlussbilanz, DNotI-Report 2019, 75; *Eble*, Familien- und betreuungsgerichtliche Genehmigungen im Gesellschaftsrecht, RNotZ 2021, 117; *Gröne*, Die Ausgliederung aus dem Vermögen des Einzelkaufmanns auf die GmbH, RNotZ 2022, 293; *Heckschen/Dany*, Unzulässigkeit einer Kapitalerhöhung mit Aufnahme eines ausgegliederten Einzelunternehmens als Sachagio, GWR 2025, 182; *Heckschen/Weitbrecht*, Umwandlung von Einzelunternehmen, (Teil I) ZPG 2023, 211, (Teil II) ZPG 2023, 244; *Kahlert/Gehrke*, ESUG macht es möglich: Ausgliederung statt Asset Deal im Insolvenzplanverfahren, DStR 2013, 975; *Lubberich*, Sachagio bei GmbH-Gründungen und Kapitalerhöhungen – Gestaltungsmöglichkeiten und Risiken im Überblick, DNotZ 2016, 164; *Mayer*, handelsrechtliche Fragen bei der Umwandlung eines einzelkaufmännischen Unternehmens in eine GmbH und bei vergleichbaren Umwandlungsfällen, DStR 1994, 43; *Perwein*, Vom Einzelunternehmen in die GmbH – Einzelrechtsnachfolge oder Gesamtrechtsnachfolge als besserer Weg?, GmbHR 2007, 1214; *Runge*, MoPeG und UmRUG- Erste Praxiserfahrungen, NotBZ 2024, 253; *Schmidt, K.*, Die Erbengemeinschaft nach einem Einzelkaufmann Verfassung, Haftung, Umwandlung und Minderjährigenschutz, NJW 1985, 2785; *Schröder/Berner*, Die Ausgliederung eines einzelkaufmännischen Unternehmens im Insolvenzplanverfahren: Rechtliche Grundlagen und Praxisbericht, NZI 2017, 837; *Sedlmayer*, Stiller Gesellschafter in der Umwandlung des Geschäftsinhabers, DNotZ 2003, 611; *Simon/Brünkmans*, Die Ausgliederung von sanierungswürdigen Betriebsteilen mithilfe des Insolvenzplanverfahrens nach ESUG: Verdrängt die Gläubigerautonomie den institutionalisierten Gläubigerschutz des Umwandlungsgesetzes?, ZIP 2014, 657; *Terner*, Zur Anwendbarkeit des § 1059a BGB auf einzelkaufmännische Unternehmen, ZfIR 2007, 228.

Übersicht

I. Allgemeines

1. Normzweck, Rechtshistorie

1 Die §§ 152 ff. verfolgen zum einen das Ziel für den Einzelkaufmann eine weitere und im **Vergleich zur sachenrechtlichen Einbringung**[1] **erleichterte Möglichkeit** zu schaffen, sein Geschäftsvermögen auf eine **bestehende Kapitalgesellschaft** zu übertragen.[2] Ursprünglich war der Vorgang der „Ausgliederung" nur im Umwandlungsteuerrecht anerkannt.[3] Mit der Einführung der §§ 152 ff. wurde dieser Vorgang schließlich auch im Gesellschaftsrecht gesetzlich verankert und ein Einklang der Rechtsordnung erreicht.[4] Daneben eröffnet § 152 dem Einzelkaufmann auch die Möglichkeit, unter erleichterten Voraussetzungen in eine **Personengesellschaft oder Genossenschaft** einzutreten und seine Einlage in die Gesellschaft uno acto zu erbringen.[5] Weiter gewährt § 152 die Möglichkeit einer Ausgliederung zur **Neugründung einer Kapitalgesellschaft.** Zu den einzelnen Möglichkeiten i. E. siehe Rz. 6 ff.

2 Der **Ausschluss der Ausgliederungsmöglichkeiten bei Überschuldung** nach § 152 Satz 2 (siehe hierzu i. E. Rz. 56) übernimmt die gesetzgeberische Wertung des EGInsO.[6] Der Normzweck des Satz 2 ist umstritten (siehe Rz. 57).

2. Regelungssystematik

3 Die Ausgliederung ist nach § 123 Abs. 3 eine Form der Spaltung. Neben den Bestimmungen im zweiten Teil des Dritten Buches, die **spezielle Regeln** für verschiedene Spaltungsarten enthalten, gelten für Ausgliederungen somit auch die **allgemeinen Vorschriften zur Spaltung gemäß den §§ 123–137.** Weiter verweist § 125 sowohl für Spaltungen insgesamt als auch für Ausgliederungen teilweise auf die Anwendung des **Verschmelzungsrechts.**

4 Im Rahmen der §§ 152 ff. legt der Erste Unterabschnitt (§ 152) fest, auf welche bestehenden oder neu gegründeten Rechtsträger der Einzelkaufmann Teile seines Vermögens ausgliedern kann (siehe Rz. 27 ff.), und verbietet zudem solche Vorgänge im Fall einer Überschuldung des Einzelkaufmanns (siehe Rz. 56 ff.).[7]

5 Der Zweite Unterabschnitt (§§ 153–157) regelt die Ausgliederung zur Aufnahme, während der Dritte Unterabschnitt (§§ 158–160) darauf aufbauend Besonderheiten der Ausgliederung zur Neugründung bestimmt.

1) S. als Alternative zur Ausgliederung Rz. 66.
2) Begr. Fraktionsentwurf UmwBerG, BT-Drucks. 12/6699, S. 128.
3) Begr. Fraktionsentwurf UmwBerG, BT-Drucks. 12/6699, S. 128.
4) Begr. Fraktionsentwurf UmwBerG, BT-Drucks. 12/6699, S. 128.
5) Begr. Fraktionsentwurf UmwBerG, BT-Drucks. 12/6699, S. 128.
6) Einführungsgesetz zur Insolvenzordnung (EGInsO), v. 5.10.1994, BGBl. I 1994, 2911. Vgl. Begr. Fraktionsentwurf UmwBerG, BT-Drucks. 12/6699, S. 129 wonach: „Satz 2 des § 152 übernimmt […] die jetzige Regelung, die durch das Einführungsgesetz zum Gesetz zur Reform des Insolvenzrechts vorgesehen werden soll (vgl. jeweils die Sätze 2 der [bisherigen] §§ 50, 56a UmwG)".
7) Begr. Fraktionsentwurf UmwBerG, BT-Drucks. 12/6699, S. 128.

II. Möglichkeiten der Ausgliederung eines einzelkaufmännischen Unternehmens (§ 152 Satz 1)

1. Übertragender Rechtsträger

a) Eingetragener Einzelkaufmann

Das UmwG bezieht sich auf der Seite des übertragenden Rechtsträgers auf den **Begriff des „Einzelkaufmanns"**. Eine genaue Definition dieses Begriffs findet sich im Gesetz jedoch nicht.[8] Nach einhelliger Auffassung ist hier der **Kaufmannsbegriff i. S. des HGB** heranzuziehen und damit eine natürliche Person, die ein Handelsgewerbe i. S. der §§ 1, 2 oder 3 HGB ausübt, gemeint.[9] 6

Aus dem ausdrücklichen Wortlaut „dessen Firma im Handelsregister eintragen ist" in § 152 sowie aus den §§ 131, 154 ergibt sich ferner, dass als übertragende Rechtsträger nur Einzelunternehmen infrage kommen, die im **Handelsregister eingetragen** sind.[10] Ist der Einzelkaufmann hingegen vor der Ausgliederung überhaupt nicht im Handelsregister eingetragen, kommt keine Ausgliederung nach dem UmwG in Betracht (und auch keine Heilung nach § 131 Abs. 2).[11] Nach den Gesetzgebungsmaterialien sollte es ausdrücklich keine Möglichkeit geben, auch einem nicht in das Handelsregister eingetragenem **„Minderkaufmann"** die Ausgliederung nach den §§ 152 ff. zu gestatten.[12] Insofern sah man die Gefahr, dass durch eine solche weitgehende Möglichkeit die allgemeine zivilrechtlichen Vorschriften über die Übertragung von Sachen und Verbindlichkeiten umgangen werden könnten.[13] Vielmehr können sog. **Kleinunternehmer** nunmehr über § 2 HGB durch Eintragung der Firma des Unternehmens in das Handelsregister den Status des Einzelkaufmanns erlangen und so „umwandlungsfähig" werden.[14] Für **freiberufliche** oder **vermögensverwaltende** Einzelunternehmen scheidet mangels Eintragungsfähigkeit im Handelsregister jedoch die Möglichkeit der Ausgliederung gänzlich aus.[15] 7

Da das Gesetz **allein auf die Eintragung** abstellt, ist die Einordnung als sog. Ist-Kaufmann (§ 1 Abs. 1 HGB) oder Kann-Kaufmann (§ 2 HGB) i. Ü. unerheblich.[16] 8

In Bezug auf den **Zeitpunkt der Eintragung** wird allgemein als ausreichend erachtet, wenn die Registereintragung unmittelbar vor Wirksamwerden der Ausgliederung erfolgt.[17] Es 9

8) *Leitzen* in: BeckOGK-UmwG, § 152 Rz. 21; *Gröne*, RNotZ 2022, 293, 294; Schmitt/Hörtnagl-*Hörtnagl*, UmwG/UmwStG, § 152 UmwG Rz. 3; Widmann/Mayer-*Mayer*, UmwR, § 152 UmwG Rz. 23.

9) *Leitzen* in: BeckOGK-UmwG, § 152 Rz. 21; Widmann/Mayer-*Mayer*, UmwR, § 152 UmwG Rz. 23 f.; *Gröne*, RNotZ 2022, 293, 294; Schmitt/Hörtnagl-*Hörtnagl*, UmwG/UmwStG, § 152 UmwG Rz. 3; Henssler/Strohn-*Büteröwe*, GesR, § 152 UmwG Rz. 14.

10) *Leitzen* in: BeckOGK-UmwG, § 152 Rz. 22.

11) Widmann/Mayer-*Mayer*, UmwR, § 152 UmwG Rz. 25 f.; Schmitt/Hörtnagl-*Hörtnagl*, UmwG/UmwStG, § 152 UmwG Rz. 8; Lutter-*Schwab*, UmwG, § 152 Rz. 24; *Giedinghagen* in: KölnKomm-UmwG, § 152 Rz. 46.

12) Begr. Fraktionsentwurf UmwBerG, BT-Drucks. 12/6699, S. 127.

13) Begr. Fraktionsentwurf UmwBerG, BT-Drucks. 12/6699, S. 127.

14) Schmitt/Hörtnagl-*Hörtnagl*, UmwG/UmwStG, § 152 UmwG Rz. 3; Widmann/Mayer-*Mayer*, UmwR, § 152 UmwG Rz. 25.

15) *Leitzen* in: BeckOGK-UmwG, § 152 Rz. 22; Schmitt/Hörtnagl-*Hörtnagl*, UmwG/UmwStG, § 152 UmwG Rz. 3; verneint für nicht eingetragenen Rechtsanwalt OLG Frankfurt/M., Beschl. v. 23.9.1999 – 20 W 353/99, OLGR Frankfurt 1999, 312 = NJW-RR 2000, 770; zu dem damit verbundenen Wertungswiderspruch de lege lata *Behme/Brühl*, NZG 2024, 1502, 1503.

16) Vgl. Widmann/Mayer-*Mayer*, UmwR, § 152 UmwG Rz. 25; *Leitzen* in: BeckOGK-UmwG, § 152 Rz. 27 ff.

17) Widmann/Mayer-*Mayer*, UmwR, § 152 UmwG Rz. 25; *Leitzen* in: BeckOGK-UmwG, § 152 Rz. 23; Schmitt/Hörtnagl-*Hörtnagl*, UmwG/UmwStG, § 152 UmwG Rz. 9; Lutter-*Schwab*, UmwG, § 152 Rz. 24.

genügt, wenn die **Anmeldung** zur Eintragung der Firma **gleichzeitig** mit der Anmeldung der Ausgliederung zum Handelsregister eingereicht wird.[18]

b) Fälschliche Eintragung des Einzelkaufmanns

10 Mängel der Ausgliederung lassen die Wirkungen der Eintragung unberührt, siehe § 131 Abs. 2 (siehe Rz. 65 sowie § 131 Rz. 53 f. [*Lubberich*]). Im Rahmen des § 152 bleibt die Ausgliederung insbesondere auch dann rechtswirksam, wenn die Ausgliederung im Handelsregister des übertragenden Einzelkaufmanns eingetragen wird, obwohl dieser dort **fälschlicherweise eingetragen** war (bspw. schon aufgrund des gänzlichen **Fehlens eines Gewerbebetriebs**).[19] Aus Gründen der Rechtssicherheit kann es lediglich darauf ankommen, dass der Einzelkaufmann eingetragen ist.[20]

11 Fällt hingegen vor der Eintragung der Ausgliederung auf, dass die Eintragung des Einzelkaufmanns mangels Gewerbes zu Unrecht erfolgt ist, scheidet nach überwiegender Meinung eine Ausgliederung aus, da es **schon an der Kaufmannseigenschaft fehlt.**[21] Zutreffend vermag die Fiktionswirkung des § 5 HGB hier nicht weiterzuhelfen, da sie zum einen nach der überwiegenden Auffassung nur Unternehmen umfasst, die überhaupt einen Gewerbebetrieb betreiben[22] und zum anderen jedenfalls gegenüber dem Registergericht keine Wirkung entfaltet.[23]

c) Besonderheiten aufseiten des Einzelkaufmanns

aa) Ehegattenzustimmung nach § 1365 Abs. 1 BGB

12 Der Einzelkaufmann bedarf einer Zustimmung des Ehegatten gemäß § 1365 Abs. 1 BGB, wenn das auszugliedernde Unternehmen sein **gesamtes oder nahezu das gesamte Vermögen** darstellt.[24] Eine fehlende Zustimmung wird durch Eintragung im Handelsregister gemäß § 131 Abs. 2 geheilt (siehe § 131 Rz. 53 [*Lubberich*]).[25]

bb) Güterstand der Gütergemeinschaft

13 Umstritten ist, ob die Ausgliederung aus dem Vermögen eines Einzelkaufmanns bei bestehender Gütergemeinschaft **möglich** ist. Eine Ansicht schließt die Ausgliederung ohne

18) Widmann/Mayer-*Mayer*, UmwR, § 152 UmwG Rz. 25; *Leitzen* in: BeckOGK-UmwG, § 152 Rz. 23; Schmitt/Hörtnagl-*Hörtnagl*, UmwG/UmwStG, § 152 UmwG Rz. 9; Lutter-*Schwab*, UmwG, § 152 Rz. 24.

19) Jedenfalls für die Wirkung des § 131 Abs. 2 einhellige Auffassung, vgl. *Leitzen* in: BeckOGK-UmwG, § 152 Rz. 31.4; Schmitt/Hörtnagl-*Hörtnagl*, UmwG/UmwStG, § 152 UmwG Rz. 10; Lutter-*Schwab*, UmwG, § 152 Rz. 49; *Giedinghagen* in: KölnKomm-UmwG, § 152 Rz. 46.

20) So auch *Limmer* in: Limmer, Hdb. Unternehmensumwandlung, Abschn. 3 Kap. 6 Rz. 235; Lutter-*Schwab*, UmwG, § 152 Rz. 49.

21) Ausf. zum Meinungsstand s. *Leitzen* in: BeckOGK-UmwG, § 152 Rz. 31 ff.; Ausgliederung abl.: Schmitt/Hörtnagl-*Hörtnagl*, UmwG/UmwStG, § 152 UmwG Rz. 10; Semler/Stengel/Leonard-*Seulen*, UmwG, § 152 Rz. 21; Widmann/Mayer-*Mayer*, UmwR, § 152 UmwG Rz. 27; *Giedinghagen* in: KölnKomm-UmwG, § 152 Rz. 11; *Böttcher* in: NK-UmwG, § 152 Rz. 6; a. A. Lutter-*Schwab*, UmwG, § 152 Rz. 24.

22) BGH, Urt. v. 19.5.1960 – II ZR 72/59, BGHZ 32, 307 = NJW 1960, 1664; Hopt-*Merkt*, HGB, § 5 Rz. 2.

23) So *Leitzen* in: BeckOGK-UmwG, § 152 Rz. 31.3; zu keiner Wirkung im Registerverfahren s. Ebenroth/Boujong-*Kindler*, HGB, § 5 Rz. 42.

24) Henssler/Strohn-*Büteröwe*, GesR, § 152 UmwG Rz. 18; *Leitzen* in: BeckOGK-UmwG, § 152 Rz. 81; Schmitt/Hörtnagl-*Hörtnagl*, UmwG/UmwStG, § 152 UmwG Rz. 33; Semler/Stengel/Leonard-*Seulen*, UmwG, § 152 Rz. 43; Lutter-*Schwab*, UmwG, § 152 Rz. 16.

25) Semler/Stengel/Leonard-*Seulen*, UmwG, § 152 Rz. 43.

vorherige Vereinbarung eines Vorbehaltsguts aus.[26] Nach a. A. ist die Ausgliederung jedenfalls grundsätzlich zulässig.[27] Letzterer Ansicht ist zuzustimmen, da nur so eine **Harmonisierung des Handelsrechts mit dem Umwandlungsrecht** erreicht werden kann: Ein Ehegatte kann das Handelsgeschäft in eigenem Namen führen, selbst wenn das Handelsgeschäft in das Gesamtgut fällt und keine Vereinbarung eines Vorbehaltsguts hierzu erfolgte (vgl. § 1456 BGB).[28] In diesem Fall ist der betreibende Ehegatte alleine Kaufmann und es wird auch nur dieser Ehegatte ins Handelsregister eingetragen.[29] Handelsrechtlich liegt trotz der Gütergemeinschaft damit jedenfalls ein einzelkaufmännisches Unternehmen vor, sodass es widersprüchlich wäre, den Einzelkaufmann in Gütergemeinschaft nicht als umwandlungsfähigen Rechtsträger anzuerkennen.[30] Auf die vorherige Vereinbarung eines Vorbehaltsguts kommt es nicht an.[31] Zur erforderlichen Mitwirkung des anderen Ehegatten siehe Rz. 14.

Die Veräußerung und damit auch eine den Bestand des Erwerbsgeschäfts grundlegend verändernde Umwandlungsmaßnahme ist jedoch nicht von einer etwaigen Verwaltungsbefugnis aus § 1465 BGB gedeckt, sodass zur Ausgliederung nach §§ 1451 ff. BGB die **Mitwirkung beider Ehegatten erforderlich** ist.[32] Dies kann durch eine (formfreie) Zustimmung des anderen Ehegatten verwirklicht werden, eine zwingende gemeinsame Vornahme des Rechtsgeschäfts ist nicht erforderlich.[33] 14

cc) Pächter

Ist der Einzelkaufmann Unternehmenspächter, kann er als **Träger**[34] des einzelkaufmännischen Unternehmens ausgliedern.[35] Im Rahmen der Ausgliederung sind jedoch nur der **Pachtvertrag** und Gegenstände übertragbar, deren **Rechtsinhaber** der Einzelkaufmann selbst ist (typischerweise ist der Pächter lediglich Eigentümer des Umlaufvermögens).[36] Soweit der Einzelkaufmann hinsichtlich einzelner Gegenstände nicht Rechtsinhaber ist (typischerweise Gegenstände des Anlagevermögens), bedürfen diese Gegenstände einer 15

---

26) Vgl. Semler/Stengel/Leonard-*Seulen*, UmwG, § 152 Rz. 27; Henssler/Strohn-*Büteröwe*, GesR, § 152 UmwG Rz. 16; Schmitt/Hörtnagl-*Hörtnagl*, UmwG/UmwStG, § 152 UmwG Rz. 5.

27) Vgl. Lutter-*Schwab*, UmwG, § 152 Rz. 15; *Klumpp* in: HK-UmwG, § 152 Rz. 6; *Leitzen* in: BeckOGK-UmwG, § 152 Rz. 36; Widmann/Mayer-*Mayer*, UmwR, § 152 UmwG Rz. 36 (jedoch einverständliches Handeln beider Ehegatten fordernd).

28) BGH, Urt. v. 10.7.1975 – II ZR 154/72, BGHZ 65, 79 = NJW 1975, 1774, 1175; BayObLG, Beschl. v. 16.1.1978 – BReg. 1 Z 6/78, BayObLGZ 1978, 5 = FamRZ 79, 809; *Krafka*, Registerrecht, Rz. 498; *Münch* in: MünchKomm-BGB, § 1416 Rz. 8.

29) BayObLG, Beschl. v. 16.1.1978 – BReg. 1 Z 6/78, BayObLGZ 1978, 5 = FamRZ 79, 809; *Krafka*, Registerrecht, Rz. 498; *Münch* in: MünchKomm-BGB, § 1416 Rz. 8; Ebenroth/Boujong-*Kindler*, HGB § 1 Rz. 87.

30) So auch *Klumpp* in: HK-UmwG, § 152 Rz. 6.

31) BayObLG, Beschl. v. 16.1.1978 – BReg. 1 Z 6/78, BayObLGZ 1978, 5 = FamRZ 79, 809; *Krafka*, Registerrecht, Rz. 498; *Münch* in: MünchKomm-BGB, § 1416 Rz. 8.

32) *Mensch* in: BeckOGK-BGB, § 1431 Rz. 15.

33) *Mensch* in: BeckOGK-BGB, § 1431 Rz. 8-10.1; gemeinsamen Abschluss für erforderlich haltend Lutter-*Schwab*, UmwG, § 152 Rz. 15.

34) „Unternehmensträger“: Hopt-*Merkt*, HGB, Vor § 1 Rz. 58, § 1 Rz. 30.

35) Lutter-*Schwab*, UmwG, § 152 Rz. 18; Schmitt/Hörtnagl-*Hörtnagl*, UmwG/UmwStG, § 152 UmwG Rz. 13; Widmann/Mayer-*Mayer*, UmwR, § 152 UmwG Rz. 43; Semler/Stengel/Leonard-*Seulen*, UmwG, § 152 Rz. 37.

36) Semler/Stengel/Leonard-*Seulen*, UmwG, § 152 Rz. 37 f.; Schmitt/Hörtnagl-*Hörtnagl*, UmwG/UmwStG, § 152 UmwG Rz. 13.

gesonderten Einzelrechtsübertragung durch den Rechtsinhaber (Verpächter), falls sie ebenfalls auf den übernehmenden Rechtsträger übertragen werden sollen.[37)]

dd) Nießbraucher

16 Betreibt der Einzelkaufmann sein Unternehmen aufgrund eines Nießbrauchrechts (nicht bloß Ertrags- oder Quotenertragsnießbrauch[38)]) und ist er nach außen als Leiter des Unternehmens erkennbar, so ist auch der Unternehmensnießbraucher selbst Unternehmensträger[39)] und kann ausgliedern.[40)] Im Rahmen der Ausgliederung können jedoch nur Gegenstände erfasst werden, dessen Rechtsinhaber der Einzelkaufmann selbst ist (hierzu insofern wie bei der Pacht siehe zuvor Rz. 15). Der **Nießbrauch** selbst ist aufgrund von § 1059 BGB jedoch **nicht übertragbar** (anders als der Pachtvertrag siehe Rz. 15). Die Ausnahme von der Unübertragbarkeit aus § 1059a BGB findet keine Anwendung (s. zur Ausnahme bei juristischen Personen und Personengesellschaften § 131 Rz. 23 [*Lubberich*]).[41)]

ee) Erbengemeinschaft

17 Führt nach dem Tod eines Einzelunternehmers die Erben des Verstorbenen das Unternehmen in ungeteilter Erbengemeinschaft fort (§ 27 HGB),[42)] so müssen sich die Erben nach § 31 HGB als Inhaber des Unternehmens in Erbengemeinschaft eintragen lassen.[43)] Inhaber und **handelsrechtlich Unternehmensträger** des einzelkaufmännischen Unternehmens sind die Erben gesamthänderisch in Erbengemeinschaft.[44)] Als Inhaber können die **Erben in Erbengemeinschaft damit konsequent auch das einzelkaufmännischen Unternehmen ausgliedern.**[45)] Der strenge Typenzwang des UmwG steht dem nicht entgegen[46)], da insofern bereits an den Begriff des „Einzelkaufmanns“ anzuknüpfen ist.[47)] Indem schon handelsrechtlich eine gleichstellende Betrachtung hinsichtlich der Erben in Erbengemeinschaft erfolgt, kann für das Umwandlungsrecht nichts anderes gelten.[48)]

---

37) Semler/Stengel/Leonard-*Seulen*, UmwG, § 152 Rz. 37; Schmitt/Hörtnagl-*Hörtnagl*, UmwG/UmwStG, § 152 UmwG Rz. 13; *Giedinghagen* in: KölnKomm-UmwG, § 152 Rz. 19; Henssler/Strohn-*Büteröwe*, GesR, § 152 UmwG Rz. 20; Lutter-*Schwab*, UmwG, § 152 Rz. 18; *Leitzen* in: BeckOGK-UmwG, § 152 Rz. 38; *Herwig/Böttcher* in: NK-UmwG, § 152 Rz. 14; Widmann/Mayer-*Mayer*, UmwR, § 152 UmwG Rz. 43.

38) Hopt-*Merkt*, HGB, § 1 Rz. 30; Schmitt/Hörtnagl-*Hörtnagl*, UmwG/UmwStG, § 152 UmwG Rz. 14.

39) Hopt-*Merkt*, HGB, § 1 Rz. 30.

40) Schmitt/Hörtnagl-*Hörtnagl*, UmwG/UmwStG, § 152 UmwG Rz. 14.

41) OLG Nürnberg, Beschl. v. 27.2.2013 – 15 W 2482/12, RNotZ 2013, 434 = NZG 2013, 750; Semler/Stengel/Leonard-*Seulen*, UmwG, § 152 Rz. 39; *Terner*, ZfIR 2007, 228, 232; a. A. *Pohlmann* in: MünchKomm-BGB, § 1059a Rz. 3.

42) Zur Zulässigkeit s. BGH, Urt. v. 8.10.1984 – II ZR 223/83, BGHZ 92, 259 = NJW 1985, 136, 137; BGH, Urt. v. 17.1.1951 – II ZR 16/50, BGHZ 1, 65 = NJW 1951, 311, 312; BGH, Urt. v. 24.9.1959 – II ZR 46/59, BGHZ 30, 391, 394 f. = NJW 1959, 2114, 2115; *Thiessen* in: MünchKomm-HGB, § 27 Rz. 67; *K. Schmidt*, NJW 1985, 2785, 2787; *Bömeke* in: BeckOK-HGB, § 27 Rz. 32; *Fedke* in: BeckOGK-HGB, § 22 Rz. 66.

43) *Heidinger* in: MünchKomm-HGB, § 22 Rz. 24; Hopt-*Merkt*, HGB, § 1 Rz. 37; *Fedke* in: BeckOGK-HGB, § 22 Rz. 67.

44) BGH, Urt. v. 8.10.1984 –II ZR 223/83, BGHZ 92, 259 = NJW 1985, 136, 137; Hopt-*Merkt*, HGB, § 1 Rz. 37.

45) So i. Erg. auch: Semler/Stengel/Leonard-*Seulen*, UmwG, § 152 Rz. 26; Lutter-*Schwab*, UmwG, § 152 Rz. 14; *Giedinghagen* in: KölnKomm-UmwG, § 152 Rz. 16; *Heckschen/Weitbrecht*, ZPG 2023, 211, 217; a. A. Henssler/Strohn-*Büteröwe*, GesR, § 152 UmwG Rz. 16.

46) So aber Widmann/Mayer-*Mayer*, UmwR, § 152 UmwG Rz. 32 f.

47) So auch: *Giedinghagen* in: KölnKomm-UmwG, § 152 Rz. 16.

48) Lutter-*Schwab*, UmwG, § 152 Rz. 14; Semler/Stengel/Leonard-*Seulen*, UmwG, § 152 Rz. 26; *Giedinghagen* in: KölnKomm-UmwG, § 152 Rz. 16.

Erfolgt die Ausgliederung zur Neugründung oder zur Aufnahme auf eine **Kapitalgesellschaft**, so können die Erben in ungeteilter Erbengemeinschaft als solche die **Anteile** der neuen Kapitalgesellschaft bzw. die zu gewährenden Anteile bei der Ausgliederung zur Aufnahme halten.[49] Anders verhält es sich bei der Ausgliederung zur Aufnahme auf eine **Personengesellschaft**, da die Erben in Erbengemeinschaft hier nach der h. A. nicht Gesellschafter sein können.[50] Gesellschafter werden in diesem Fall die einzelnen Erben.[51] 18

ff) Testamentsvollstreckung

Führt der Testamentsvollstrecker das Unternehmen **als Treuhänder** selbst weiter, ist er als Unternehmensinhaber auch zur Ausgliederung befugt, sofern der Erblasser keine gegenteilige Anordnung getroffen hat.[52] Bei dieser sog. Treuhandlösung muss sich der Testamentsvollstrecker selbst (ohne Testamentsvollstreckervermerk) ins Handelsregister eintragen lassen und führt das Unternehmen nach außen hin als Inhaber uneingeschränkt weiter.[53] In diesem Fall wird auch der Testamentsvollstrecker selbst Gesellschafter des aufnehmenden oder neu gegründeten Rechtsträgers.[54] 19

Führt der Testamentsvollstrecker das Unternehmen hingegen **im Namen der Erben** weiter (sog. Vollmachtslösung)[55], können nur diese die Ausgliederung vornehmen.[56] Hier ist wiederrum die Streitfrage relevant, ob eine Erbengemeinschaft bei der Ausgliederung beteiligt sein kann (siehe zuvor Rz. 17 f.). Folgt man der hier vertretenen Auffassung, dass eine Ausgliederung zulässig ist, bedarf diese mangels Verfügungsbefugnis der Erben (§ 2211 BGB) zusätzlich der Zustimmung des Testamentsvollstreckers.[57] 20

gg) Stille Beteiligung

Besteht eine stille Beteiligung an dem zu übertragenden einzelkaufmännischen Unternehmen, ist der Unternehmensträger dennoch der eingetragene Kaufmann. Dieser kann ausgliedern und die Rechte und Pflichten aus der stillen Beteiligung i. R. der Ausgliederung auf den aufnehmenden/neuen Rechtsträger übertagen.[58] Die Zustimmung des stillen 21

---

49) So auch *Leitzen* in: BeckOGK-UmwG, § 152 Rz. 34; zur Zulässigkeit der erbengemeinschaftlichen Verwaltung eines Geschäftsanteils vgl. etwa Michalski/Heidinger/Leible/J. Schmidt-*Ebbing*, GmbHG, § 15 Rz. 12; *Altmeppen*, GmbHG, § 15 Rz. 31.

50) Zur Unzulässigkeit der Erbengemeinschaft als Gesellschafter s. BGH, Urt. v. 20.4.1972 – II ZR 143/69, BGHZ 58, 316 = NJW 1972, 1755, 1755; Hopt-*Roth*, HGB, § 105 Rz. 43 m. w. N.

51) Ebenso Semler/Stengel/Leonard-*Seulen*, UmwG, § 152 Rz. 26; a. A. Lutter-*Schwab*, UmwG, § 152 Rz. 14 – nicht diff. erhält Erbengemeinschaft als solche Anteile; *Leitzen* in: BeckOGK-UmwG, § 152 Rz. 34 – deshalb nur für Kapitalgesellschaften als zulässig erachtend.

52) Lutter-*Schwab*, UmwG, § 152 Rz. 20; Semler/Stengel/Leonard-*Seulen*, UmwG, § 152 Rz. 41; Widmann/Mayer-*Mayer*, UmwR, § 152 UmwG Rz. 44; Schmitt/Hörtnagl-*Hörtnagl*, UmwG/UmwStG, § 152 UmwG Rz. 15; *Leitzen* in: BeckOGK-UmwG, § 152 Rz. 37; *Giedinghagen* in: KölnKomm-UmwG, § 152 Rz. 22.

53) Lutter-*Schwab*, UmwG, § 152 Rz. 20; Widmann/Mayer-*Mayer*, UmwR, § 152 UmwG Rz. 44; *Pauli* in: Bengel/Reimann/Holtz/Röhl, Hdb. Testamentsvollstreckung, § 5 Rz. 120.

54) *Leitzen* in: BeckOGK-UmwG, § 152 Rz. 37.

55) S. hierzu *Pauli* in: Bengel/Reimann/Holtz/Röhl, Hdb. Testamentsvollstreckung, § 5 Rz. 129.

56) Semler/Stengel/Leonard-*Seulen*, UmwG, § 152 Rz. 26; Widmann/Mayer-*Mayer*, UmwR, § 152 UmwG Rz. 46; Lutter-*Schwab*, UmwG, § 152 Rz. 20; *Giedinghagen* in: KölnKomm-UmwG, § 152 Rz. 22.

57) Lutter-*Schwab*, UmwG, § 152 Rz. 20; Semler/Stengel/Leonard-*Seulen*, UmwG, § 152 Rz. 26; *Giedinghagen* in: KölnKomm-UmwG, § 152 Rz. 22; Widmann/Mayer-*Mayer*, UmwR, § 152 UmwG Rz. 46.

58) Semler/Stengel/Leonard-*Seulen*, UmwG, § 152 Rz. 40; *Giedinghagen* in: KölnKomm-UmwG, § 152 Rz. 21; zu Einzelheiten s. Widmann/Mayer-*Mayer*, UmwR, § 152 UmwG Rz. 47 ff.

Gesellschafters kann lediglich für das Innenverhältnis erforderlich sein, im Außenverhältnis bedarf es dieser nicht.[59)]

hh) Minderjährige, Betreute

22 Betreuer bzw. bei einem Minderjährigen die Eltern (über § 1643 Abs. 1 BGB) bedürfen gemäß § 1852 Nr. 2 BGB „zu einem Gesellschaftsvertrag, der zum Betrieb eines Erwerbsgeschäfts eingegangen wird", die **Genehmigung** des Betreuungsgerichts (bzw. des Familiengerichts, § 1643 Abs. 1 BGB). Die Ausgliederung zur **Neugründung** bedarf daher regelmäßig der betreuungsgerichtlichen bzw. familiengerichtlichen Genehmigung.[60)] An einem „Erwerbsgeschäft" fehlt es lediglich dann, wenn der neu gegründete Rechtsträger allein der privaten Vermögensverwaltung dient.[61)]

23 Bei der Ausgliederung zur **Aufnahme** ist hingegen umstritten, ob eine Genehmigung erforderlich ist, da bereits kein neuer Gesellschaftsvertrag i. S. des § 1852 Nr. 2 BGB eingegangen wird.[62)] Seit der Reform des Vormundschafts- und Betreuungsrechts[63)] kann sich ein Genehmigungserfordernis lediglich aus § 1852 Nr. 1 lit. a BGB (Verfügung durch die der Betreute ein Erwerbsgeschäfts erwirbt oder veräußert) oder § 1852 Nr. 1 lit. b BGB (Verfügung durch die der Betreute einen Anteil an einer Personen- oder Kapitalgesellschaft, die ein Erwerbsgeschäfts betreibt, erwirbt oder veräußert) ergeben.[64)]

24 Eine **fehlende** betreuungsgerichtlichen bzw. familiengerichtlichen Genehmigung wird mit Eintragung der Ausgliederung gemäß § 131 Abs. 2 **geheilt.**[65)]

ii) Auslandsbezug, Staatangehörigkeit; Wohnsitz

25 Eine **ausländische Staatsangehörigkeit** des Einzelkaufmanns hat keine Auswirkung.[66)]

26 Auch ein **Wohnsitz** des Einzelkaufmanns im Ausland ist unschädlich. Insofern kommt für die Anwendbarkeit der deutschen Rechtsordnung allein darauf an, dass der Einzelkaufmann mit dem auszugliedernden Unternehmen in einem **inländischen Register** eingetragen ist und der übernehmende oder neu gegründete Rechtsträger seinen Sitz im Inland hat.[67)] Der nach § 1 erforderliche „Sitz im Inland" für die Anwendbarkeit des UmwG meint nicht den Wohnsitz einer natürlichen Person[68)] (siehe dazu § 1 Rz. 22 ff. [*Stiegler*]).

2. Übernehmende oder neue Rechtsträger

a) Übernehmender Rechtsträger

aa) Mögliche übernehmende Rechtsträger

27 Eine Ausgliederung zur Aufnahme kann nach § 152 Satz 1 durch **Personenhandelsgesellschaften, Kapitalgesellschaften** oder **eG** erfolgen.

---

59) Widmann/Mayer-*Mayer*, UmwR, § 152 UmwG Rz. 48; *Giedinghagen* in: KölnKomm-UmwG, § 152 Rz. 21; Semler/Stengel/Leonard-*Seulen*, UmwG, § 152 Rz. 40; *Sedlmayer*, DNotZ 2003, 611, 618 f.

60) S. hierzu ausf. auch zum neuen Vormundschafts- und Betreuungsrecht seit 1.1.2023: *Heckschen/Weitbrecht*, ZPG 2023, 211, 214; *Eble*, RNotZ 2021, 117, 140.

61) *Eble*, RNotZ 2021, 117, 120 m. zahlr. N. aus der Rspr.; *Schöpflin* in: BeckOGK-BGB, § 1852 Rz. 6; *Heckschen/Weitbrecht*, ZPG 2023, 211, 214.

62) S. ausf. zum Meinungsstand *Heckschen/Weitbrecht*, ZPG 2023, 211, 214, und *Eble*, RNotZ 2021, 117, 140.

63) Gesetz zur Reform des Vormundschafts- und Betreuungsrechts, v. 4.5.2021, BGBl. I 2021, 938.

64) *Heckschen/Weitbrecht*, ZPG 2023, 211, 214.

65) *Heckschen/Weitbrecht*, ZPG 2023, 211, 214.

66) Semler/Stengel/Leonard-*Seulen*, UmwG, § 152 Rz. 16; Lutter-*Schwab*, UmwG, § 152 Rz. 29; *Giedinghagen* in: KölnKomm-UmwG, § 152 Rz. 25; *Leitzen* in: BeckOGK-UmwG, § 152 Rz. 43; Widmann/Mayer-*Mayer*, UmwR, § 152 UmwG Rz. 21.

67) Semler/Stengel/Leonard-*Seulen*, UmwG, § 152 Rz. 17.

68) Semler/Stengel/Leonard-*Seulen*, UmwG, § 152 Rz. 16.

Als Personenhandelsgesellschaften sind damit die **oHG** und die **KG** (auch die GmbH & Co. KG) als aufnehmende Rechtsträger möglich. 28

Als Kapitalgesellschaften sind die **GmbH**, die **AG**, aber auch die **SE**[69], die **KGaA** und die **UG (haftungsbeschränkt)**[70] mögliche aufnehmende Rechtsträger. 29

Nicht genannt ist die **eGbR**. Insbesondere hat sich durch das MoPeG[71] § 152 nicht verändert. Dies wird als redaktionelles Versehen i. R. der MoPeG-Gesetzgebung gesehen,[72] sodass die die Möglichkeit der Ausgliederung zur Aufnahme auf die eGbR derzeit als ungeklärt einzustufen ist.[73] Aufgrund des strengen Typenzwangs des UmwG (siehe hierzu § 1 Rz. 53 ff. [*Stiegler*]) ist jedenfalls mangels ausdrücklicher gesetzlicher Regelung bis zu einem Tätigwerden des Gesetzgebers eine Ausgliederung zur Aufnahme auf die eGbR für die Praxis mit Unsicherheiten verbunden. 30

Weiter nicht genannt sind **PartG** und **Stiftungen**, sodass diese als übernehmende Rechtsträger ausscheiden.[74] 31

bb) Zeitpunkt der Eintragung des übernehmenden Rechtsträgers

Der aufnehmende Rechtsträger muss **nicht schon im Zeitpunkt der Vornahme der Ausgliederung** im Handelsregister eingetragen sein. Vielmehr ist es möglich, die Ausgliederung auf eine **gleichzeitig gegründete Personenhandelsgesellschaft** vorzunehmen, solange im umwandlungsrechtlichen Sinne keine Ausgliederung zur Neugründung stattfindet.[75] Entsprechend genügt es, wenn der aufnehmende Rechtsträger unmittelbar vor Wirksamwerden der Ausgliederung im Register eingetragen wird.[76] 32

cc) Erfordernis der Kapitalerhöhung beim übernehmenden Rechtsträger

Wie schon nach den allgemeinen Regeln zur Spaltung (allgemein zur Anteilsgewährungspflicht § 123 Rz. 23 [*Döding/K. Wentz*]) werden auch bei der Ausgliederung eines einzelkaufmännischen Unternehmens zur Aufnahme **Geschäftsanteile oder Mitgliedschaftsrechten an der aufnehmenden Gesellschaft** gewährt. Das Besondere an der Ausgliederung besteht darin, dass der übertragende Rechtsträger **selbst** die Anteile am aufnehmenden bzw. neuen Rechtsträger erhält (§ 123 Abs. 3, siehe § 123 Rz. 23 [*Döding/K. Wentz*]). Bei einer Ausgliederung aus dem Vermögen eines Einzelkaufmanns ist dies zwingend, da es in diesem Fall keine anderen Anteilseigner geben kann. Die Anteile oder Mitgliedschaftsrechte werden somit direkt dem Einzelkaufmann gewährt.[77] 33

Aufgrund von § 125 Abs. 1 gelten für die Ausgliederung zur Aufnahme die Vorschriften zur **erleichterten Kapitalerhöhung** und damit die §§ 53 ff. für die **GmbH** (siehe hierzu § 125 Rz. 46 [*Döding/K. Wentz*]) und die §§ 66 ff. für die **AG** (siehe hierzu § 125 Rz. 47 [*Döding/K. Wentz*]). 34

69) Lutter-*Schwab*, UmwG, § 153 Rz. 30.

70) Gesetz zur Modernisierung des Personengesellschaftsrechts (Personengesellschaftsrechtsmodernisierungsgesetz – MoPeG), v. 10.8.2021, BGBl. I 2021, 3436.

71) Zur Problematik der Sachkapitalerhöhung bei der UG aufgrund § 5a Abs. 2 Satz 2 s. Rz. 40.

72) *Heckschen/Weitbrecht*, ZPG 2023, 211, 215; Lutter-*Schwab*, UmwG, § 152 Rz. 30; *Runge*, NotBZ 2024, 253, 254 (zur Ansicht von *Lieder*); a. A. *Leitzen* in: BeckOGK-UmwG, § 152 Rz. 58.

73) *Giedinghagen* in: KölnKomm-UmwG, § 152 Rz. 30.

74) Henssler/Strohn-*Büteröwe*, GesR, § 152 UmwG Rz. 8; Lutter-*Schwab*, UmwG, § 152 Rz. 30; Widmann/Mayer-*Mayer*, UmwR, § 152 UmwG Rz. 72.1.

75) Semler/Stengel/Leonard-*Seulen*, UmwG, § 152 Rz. 52.

76) Semler/Stengel/Leonard-*Seulen*, UmwG, § 152 Rz. 52; *Leitzen* in: BeckOGK-UmwG, § 152 Rz. 50; Widmann/Mayer-*Mayer*, UmwR, § 152 UmwG Rz. 72.1.

77) *Limmer* in: Limmer, Hdb. Unternehmensumwandlung, Absch. 3 Kap. 6 Rz. 244.

35 **Nicht möglich** ist die Einbringung des Einzelunternehmens **als bloßes Sachagio** (siehe hierzu auch § 126 Rz. 32 [*K. Wentz*]) und auch **nicht als Barkapitalerhöhung mit Sachagio** anstelle einer Sachkapitalerhöhung.[78] Das OLG Celle lehnt die Ausgliederung als Sachagio in einem obiter dictum jedenfalls ab, da die Übertragung des ausgegliederten Vermögens zwingend „gegen“ Gewährung von Anteilen erfolgen muss.[79] Ein solches Gegenseitigkeitsverhältnis liegt nach diesem strengen Verständnis jedoch nur vor, soweit das eingebrachte Vermögen unmittelbar in das Stammkapital eingeht.[80] In der Literatur stößt dieses Verständnis auf Kritik.[81] Richtigerweise stellt die Kapitalerhöhung bei der Ausgliederung aus dem Vermögen des Einzelkaufmanns zur Aufnahme bereits nach den **allgemeinen strukturellen Einordnungen** (siehe hierzu ausführlich § 130 Rz. 15 [*Lubberich*]) eine **Sachkapitalerhöhung** dar. Der Gegenstand der **Sacheinlage** ist der ausgegliederte Vermögensteil.[82] Die Ausgliederung des einzelkaufmännischen Unternehmens in Form eines Sachagios und damit ohne jegliche Sachkapitalerhöhung widerspricht diesem elementaren, strukturellen Verständnis. Insbesondere hat auch die Tatsache, dass i. R. des § 20 UmwStG der Begriff der Sacheinlage weiter verstanden wird und auch eine Bareinlage mit Sachagio umfasst,[83] keine Auswirkung auf den gesellschaftsrechtlichen Begriff der Sacheinlage und damit die umwandlungsrechtlichen Möglichkeiten.

36 Wie auch bei Ausgliederung zur Neugründung ist insofern mangels struktureller Unterschiede auch eine **gemischte Bar- und Sachkapitalerhöhung möglich** (als sog. „Mischeinlage“). Siehe hierzu § 158 Rz. 7 f. [*Cyglakow*] (Mischeinlage bei Sachgründung).

b) Neu gegründeter Rechtsträger

aa) Mögliche neue Rechtsträger

37 Eine Ausgliederung zur Neugründung kommt nach § 152 Satz 1 nur in Betracht, wenn es sich bei dem neu zu gründenden Rechtsträger um eine **Kapitalgesellschaft** handelt. Da bei einer Ausgliederung zur Neugründung die Geschäftsanteile an der neu entstehenden Gesellschaft dem Einzelkaufmann gewährt werden, entsteht zwangsläufig eine **Einmann-Gesellschaft.** Naturgemäß scheiden damit Personengesellschaften und Genossenschaften als taugliche Zielrechtsträger aus.[84]

38 Neben der **GmbH** ist daher eine Ausgliederung des einzelkaufmännischen Unternehmens zur Neugründung einer **AG** und einer **KGaA möglich** (siehe § 3 Abs. 1 Nr. 2).

39 Im Gegensatz dazu ist eine Ausgliederung zur Neugründung einer **SE nicht möglich**, da die zulässigen Entstehungsgründe einer SE in Art. 2 der SE-VO[85] abschließend aufgeführt sind und die Ausgliederung dort nicht genannt wird.[86]

78) KG, Beschl. v. 16.6.2025 – 22 W 11/25, DSTR 2025, 1768 mit Anm. *Woinar*; OLG Celle, Beschl. v. 13.6.2024 – 9 W 37/24, NZG 2024, 1041 = GmbHR 2024, 972, krit. hierzu *Behme/Brühl*, NZG 2024, 1502, 1503.

79) OLG Celle, Beschl. v. 13.6.2024 – 9 W 37/24, NZG 2024, 1041 1042 = GmbHR 2024, 972.

80) Anm. *Woinar* zu KG, Beschl. v. 16.6.2025 – 22 W 11/25, DStR 2025, 1768, 1170; *Behme/Brühl*, NZG 2024, 1502, 1503.

81) *Behme/Brühl*, NZG 2024, 1502, 1503; Anm. *Woinar* zu KG, Beschl. v. 16.6.2025 – 22 W 11/25, DStR 2025, 1768, 1170; befürwortend hingegen *Heckschen/Dany*, GWR 2025, 182.

82) *Limmer* in: Limmer, Hdb. Unternehmensumwandlung, Absch. 3 Kap. 6 Rz. 246.

83) Vgl. BFH, Urt. v. 7.4.2010 – I R 55/09, BFHE 229, 518 = DStR 2010, 1780; *Lubberich*, DNotZ 2016, 164, 175.

84) Begr. Fraktionsentwurf UmwBerG, BT-Drucks. 12/6699, S. 128.

85) Verordnung (EG) Nr. 2157/2001 des Rates v. 8.10.2001 über das Statut der Europäischen Gesellschaft (SE) (SE-VO), ABl. (EU) L 294/1 v. 10.11.2001.

86) *Leitzen* in: BeckOGK-UmwG, § 152 Rz. 57; *Giedinghagen* in: KölnKomm-UmwG, § 152 Rz. 31; Widmann/Mayer-*Mayer*, UmwR, § 152 UmwG Rz. 72.

Auch die Ausgliederung zur Neugründung einer **UG** (haftungsbeschränkt) als Sonderform der GmbH ist **nicht möglich**, da die Ausgliederung zur Neugründung als Sachgründung einzuordnen ist (siehe hierzu § 158 Rz. 5 [*Cyglakow*]) und eine Sachgründung bei der UG nicht möglich ist (§ 5a Abs. 2 Satz 2 GmbHG); allgemein zur Neugründung einer UG durch Spaltung siehe § 138 Rz. 6 [*Stiegler*].[87] 40

bb) Einordnung als Sachgründung

Zur systematischen Einordnung als **Sachgründung** des neuen Rechtsträgers siehe § 158 Rz. 5 [*Cyglakow*]. 41

Zur Möglichkeit der sog. **„Mischeinlage"** bei der Neugründung siehe § 158 Rz. 7 [*Cyglakow*]. 42

Zu den **allgemeinen Anforderungen** siehe § 135 Rz. 3 ff. [*Lubberich*], zu den weiteren Besonderheiten bei der Ausgliederung eines einzelkaufmännischen Unternehmens zur Neugründung siehe § 158 Rz. 4 ff. [*Cyglakow*], sowie § 159 Rz. 1 ff. [*Cyglakow*]. 43

c) Mehrere aufnehmende/neue Rechtsträger

Der Einzelkaufmann kann sein Unternehmen bei der Ausgliederung auf mehrere neue oder aufnehmende Rechtsträger aufteilen.[88] Hier gelten dieselben Grundsätze wie bei der Ausgliederung anderer Unternehmensformen (siehe § 123 Rz. 29 [*Döding/Wentz*]). 44

3. Ausgliederungsgegenstände

a) Gesamtunternehmen oder Unternehmensteile

Die Einordnung der Ausgliederung je nach Umfang des Ausgliederungsgegenstands als Gesamtausgliederung (auch Totalausgliederung genannt) oder Teilausgliederung ist entscheidend für das **weitere Schicksal der Firma** des Einzelunternehmens (siehe hierzu § 155 Rz. 1 f. [*Cyglakow*]). 45

Bereits nach dem Wortlaut des § 152 Satz 1 kann ein eingetragener Einzelkaufmann sein Unternehmen oder „Teile desselben" ausgliedern. Gegenstand können ein oder mehrere Vermögenteile sein. Der zu übertragende Teil muss für sich betrachtet **wirtschaftlich keine funktionale Einheit** oder gar einen Teilbetrieb i. S. des steuerrechtlichen Einordnung bilden.[89] Hinsichtlich der Aufteilung des Vermögens des übertragenden Rechtsträgers besteht vielmehr **weite Gestaltungsfreiheit**[90]. Möglich ist daher die Ausgliederung **einzelner Aktiva und Passiva**, etwa auch **einzelner Vertragsverhältnisse.**[91] Der Einzelkaufmann kann auch Vermögensgegenstände des **Privatvermögens** in den Ausgliederungsplan bzw. Ausgliederungsvertrag aufnehmen, erforderlich ist hierzu eine sog. „Umwidmung".[92] Nimmt der Einzelkaufmann hingegen umgekehrt einzelne Gegenstände des 46

---

87) BGH, Beschl. v. 11.4.2011 – II ZB 9/10, Rz. 12, NJW 2011, 1883, 1884 = DNotZ 2012, 70.

88) Begr. Fraktionsentwurf UmwBerG, BT-Drucks. 12/6699, S. 130.

89) Lutter-*Schwab*, UmwG, § 152 Rz. 39; *Leitzen* in: BeckOGK-UmwG, § 152 Rz. 68; Widmann/Mayer-*Mayer*, UmwR, § 152 UmwG Rz. 62; Semler/Stengel/Leonard-*Seulen*, UmwG, § 152 Rz. 87.

90) Lutter-*Schwab*, UmwG, § 152 Rz. 37, *Giedinghagen* in: KölnKomm-UmwG, § 152 Rz. 36.

91) Schmitt/Hörtnagl-*Hörtnagl*, UmwG/UmwStG, § 152 UmwG Rz. 21; Lutter-*Schwab*, UmwG, § 152 Rz. 39.

92) OLG Brandenburg, Beschl. v. 8.8.2013 – 5 W 84/13, NZG 2014, 713 = ZIP 2013, 2361; Semler/Stengel/Leonard-*Seulen*, UmwG, § 152 Rz. 67; Henssler/Strohn-*Büteröwe*, GesR, § 152 UmwG Rz. 23; Schmitt/Hörtnagl-*Hörtnagl*, UmwG/UmwStG, § 152 UmwG Rz. 22; Lutter-*Schwab*, UmwG, § 152 Rz. 41

Betriebsvermögens aus der Übertragung aus, sind die ggf. damit verbundenen steuerlichen Folgen (Entnahme) zu beachten.[93)]

47 Maßgeblich für den Ausgliederungsumfang ist der **sachenrechtliche Bestimmtheitsgrundsatz.**[94)] Diesem genügt entweder eine positive Aufzählung sämtlicher auszugliedernden Vermögensgegenstände oder negativ eine Aufzählung der von der Ausgliederung ausgeschlossenen Gegenstände im Ausgliederungsvertrag bzw. im Ausgliederungsplan.[95)] Aufgrund der weiten Gestaltungsfreiheit sind auch sog. **„All-Klauseln"** zulässig, wobei zusätzlich i. R. dieser Klausel einzelne, besonders bedeutende Positionen aufgezählt werden können („insbesondere") (siehe § 126 Rz. 72 [*K. Wentz*]).[96)]

48 **Nicht erforderlich** ist die **Aufstellung einer Ausgliederungsbilanz** (im Unterschied zur Schlussbilanz). Diese allein genügt zudem nicht dem Bestimmtheitserfordernis.[97)]

b) Mehrere Einzelunternehmen

49 Im Grundsatz ist es möglich, dass ein Einzelkaufmann mehrere getrennte Unternehmen unter verschiedenen Firmen führt.[98)]

50 **Es ist möglich, mehrere eigenständige Einzelunternehmen** – auch jeweils getrennt im Handelsregister eingetragene Unternehmen – ***eines*** Einzelkaufmanns auf einen oder mehrere aufnehmende (oder neu zu gründende) Rechtsträger auszugliedern.[99)] Hierbei handelt es sich um jeweils eigenständige Ausgliederungsvorgänge.[100)] Die verschiedenen Unternehmen müssen vor der Ausgliederung auch nicht zu einem einheitlichen Unternehmen zusammengeführt werden, da die Vermögensgegenstände i. R. der Ausgliederung umgewidmet werden können und so einem anderen Unternehmen zugeordnet werden.[101)]

51 Es ist jedoch **nicht möglich, mehrere eigenständig firmierende Einzelunternehmen** derselben natürlichen Person i. R. einer einzigen Ausgliederung **gleichzeitig** auf einen aufnehmenden Rechtsträger zu übertragen.[102)] Die Übertragung von zwei getrennt als e. K. eingetragenen Einzelunternehmen kann daher nur durch zwei unmittelbar **aufeinanderfolgende Ausgliederungen** erfolgen.[103)] Bei einer Ausgliederung zur Neugründung

93) Widmann/Mayer-*Mayer*, UmwR, § 152 UmwG Rz. 62; Semler/Stengel/Leonard-*Seulen*, UmwG, § 152 Rz. 87.

94) DNotI, Gutachten, DNotI-Report 2019, 75, 76; Lutter-*Schwab*, UmwG, § 152 Rz. 37; *Gröne*, RNotZ 2022, 293, 297; *Mayer*, DStR 1994, 432, 434 – schon zum alten Recht.

95) Lutter-*Schwab*, UmwG, § 152 Rz. 37; DNotI, Gutachten, DNotI-Report 2021, 180, 181; *Herwig/Böttcher* in: NK-UmwG, § 152 Rz. 25.

96) Hierzu auch *Gröne*, RNotZ 2022, 293, 298; OLG Hamm, Urt. v. 4.3.2010 – 2 U 98/09, juris Rz. 52 = NJW 2010, 2591.

97) DNotI, Gutachten, DNotI-Report 2019, 75, 76; DNotI, Gutachten, DNotI-Report 2021, 180, 181; vgl. auch OLG Hamm, Urt. v. 4.3.2010 – 2 U 98/09, juris Rz. 52 = NJW 2010, 2591; Kallmeyer-*Sickinger/Lanfermann/Willemsen/Müller-Bonanni*, UmwG, § 126 Rz. 20.

98) Widmann/Mayer-*Mayer*, UmwR, § 152 UmwG Rz. 64; Hopt-*Merkt*, HGB, § 17 Rz. 8; *Heidinger* in: MünchKomm-HGB, § 17 Rz. 9 m. w. N.

99) *Leitzen* in: BeckOGK-UmwG, § 152 Rz. 6; Schmitt/Hörtnagl-*Hörtnagl*, UmwG/UmwStG, § 152 UmwG Rz. 17; Lutter-*Schwab*, UmwG, § 152 Rz. 40; Semler/Stengel/Leonard-*Seulen*, UmwG, § 152 Rz. 47; *Giedinghagen* in: KölnKomm-UmwG, § 152 Rz. 38; Widmann/Mayer-*Mayer*, UmwR, § 152 UmwG Rz. 65; Zweifel äußernd *Heckschen/Weitbrecht*, ZPG 2023, 244, 245.

100) Schmitt/Hörtnagl-*Hörtnagl*, UmwG/UmwStG, § 152 UmwG Rz. 17.

101) Widmann/Mayer-*Mayer*, UmwR, § 152 UmwG Rz. 65; *Leitzen* in: BeckOGK-UmwG, § 152 Rz. 7.

102) *Leitzen* in: BeckOGK-UmwG, § 152 Rz. 7; Schmitt/Hörtnagl-*Hörtnagl*, UmwG/UmwStG, § 152 UmwG Rz. 18; Semler/Stengel/Leonard-*Seulen*, UmwG, § 152 Rz. 46; Lutter-*Schwab*, UmwG, § 152 Rz. 12; Widmann/Mayer-*Mayer*, UmwR, § 152 UmwG Rz. 66.

103) *Leitzen* in: BeckOGK-UmwG, § 152 Rz. 7; Semler/Stengel/Leonard-*Seulen*, UmwG, § 152 Rz. 46; Widmann/Mayer-*Mayer*, UmwR, § 152 UmwG Rz. 66.

würde der zweite Vorgang zwangsläufig eine Ausgliederung vom Einzelkaufmann auf einen aufnehmenden (da bereits gegründeten) Rechtsträger darstellen.

c) Möglichkeit der Mischeinlage

52 Zur Möglichkeit der sog. „Mischeinlage" bei einer Ausgliederung zur Neugründung einer GmbH siehe § 158 Rz. 7 f. [*Cyglakow*].

d) Besonderheiten bei einzelnen Ausgliederungsgegenständen

53 **Grundstücke** sind im Ausgliederungsvertrag ordnungsmäßig zu bezeichnen[104] und gehen als Ausgliederungsgegenstände mit der Eintragung der Ausgliederung ohne Weiteres auf den übernehmenden Rechtsträger über (siehe § 126 Rz. 78 [*K. Wentz*], § 131 Rz. 6 [*Lubberich*]).[105] Einer Auflassung bedarf es nicht; das unrichtig gewordene Grundbuch wird lediglich berichtigt.[106] Hinsichtlich der Grunderwerbsteuer kann die Steuerbegünstigung des § 6a GrEStG zur Anwendung gelangen.[107]

54 War der e. K. als **Verwalter einer Wohnungseigentümergemeinschaft** bestellt und umfasst die Ausgliederung auch die Organstellung als WEG-Verwalter und den zugrunde liegenden Verwaltervertrag, gehen in der Regel auch diese im Wege der Rechtsnachfolge auf den übernehmenden Rechtsträger über.[108] Allein aus dem Umstand, dass eine natürliche Person zum Verwalter bestellt wurde, ergibt sich nicht stets eine die Übertragung hinderliche Höchstpersönlichkeit.[109]

55 Zur **Pacht** siehe Rz. 15; zum **Nießbrauch** Rz. 16. Zu weiteren Gegenständen, insbesondere auch dem Übergang von Vertragsverhältnissen und zu **nicht übergehenden Rechtspositionen** (siehe § 131 Rz. 14 ff. [*Lubberich*]).

III. Ausschluss bei Überschuldung (§ 152 Satz 2)

56 Die Ausgliederung ist nach § 152 Satz 2 ausdrücklich ausgeschlossen, wenn die Verbindlichkeiten des Einzelkaufmanns sein Vermögen überschreiten, sprich bei **Überschuldung** des Einzelkaufmanns.

1. Sinn und Zweck

57 Sinn und Zweck des Ausgliederungsverbots sind umstritten.[110] Den **Gesetzgebungsmaterialien** ist lediglich zu entnehmen, dass das Überschuldungsverbot die gesetzgeberische Wertung übernimmt, die bereits in § 50 Satz 2 a. F. zum Ausdruck kam und die durch das EGInsO vorgesehen war.[111] Eingeführt wurde das Verbot der Ausgliederung bei Über-

104) § 126 Abs. 2 Satz 2 i. V. m. § 28 Satz 1 GBO; vgl. BGH, Urt. v. 25.1.2008 – V ZR 79/07, Rz. 23, DNotZ 2008, 468 = NZG 2008, 436; *Schöner/Stöber* in: Schöner/Stöber, Grundbuchrecht, Rz. 995b, 995e.

105) Vgl. BGH, Urt. v. 25.1.2008 – V ZR 79/07, Rz. 23, DNotZ 2008, 468 = NZG 2008, 436; *Schöner/Stöber* in: Schöner/Stöber, Grundbuchrecht, Rz. 995b, 995e.

106) *Schöner/Stöber* in: Schöner/Stöber, Grundbuchrecht, Rz. 995b, 995e; vgl. ausf. hierzu *Böhringer*, BWNotZ 2016, 154.

107) BFH, Urt. v. 25.9.2024 – II R 2/22, DStR 2021, 2969; hierzu auch *Behme/Brühl*, NZG 2024, 1502, 1503.

108) BGH, Urt. v. 2.7.2021 – V ZR 201/20, Rz. 9, ZWE 2021, 410 = DNotZ 2022, 60.

109) BGH, Urt. v. 2.7.2021 – V ZR 201/20, Rz. 9, ZWE 2021, 410 = DNotZ 2022, 60.

110) S. ausf. zum Meinungsstand *Leitzen* in: BeckOGK-UmwG, § 152 Rz. 72 f.

111) Vgl. Begr. Fraktionsentwurf UmwBerG, BT-Drucks. 12/6699, S. 129 wonach: „Satz 2 des § 152 übernimmt […] die jetzige Regelung, die durch das Einführungsgesetz zum Gesetz zur Reform des Insolvenzrechts vorgesehen werden soll (vgl. jeweils die Sätze 2 der [bisherigen] §§ 50, 56a UmwG", bezugnehmend wohl auf EGInsO, v. 5.10.1994, BGBl. I 1994, 2911.

schuldung tatsächlich erstmals durch Art. 43 Nr. 3 des EGInsO v. 5.10.1994. Den Gesetzgebungsmaterialien hierzu kann wiederrum entnommen werden, dass i. R. der Reform § 419 BGB a. F. – die Vorschrift über die Haftung des Vermögensübernehmers – aufgehoben wurde und entsprechend die Vorschriften des UmwG, welche sich hierauf beziehen, zu streichen waren.[112)] Unausgesprochen – aber der Sache wohl immanent – wurde mit der gleichzeitigen Streichung der Verweisungsvorschriften zu § 419 BGB a. F. das Überschuldungsverbot eingefügt.[113)] § 419 BGB a. F. sah einen gesetzlichen Schuldbeitritt für denjenigen vor, der durch einen Vertrag das Vermögen einer anderen Person übernahm und diente damit dem Gläubigerschutz. Zwar ist vom Regelungsinhalt nunmehr eine zu § 419 BGB a. F. ähnliche, aber doch speziellere und (zeitlich) begrenztere Regelung in §§ 156 f. zu finden. Nichtsdestotrotz scheint es jedoch im Hinblick auf die Gesetzgebungshistorie überzeugend, dass aufgrund der Streichung der Verweise auf § 419 BGB a. F. im UmwG mit der „gleichzeitigen" Einfügung des Überschuldungsverbots, der Gesetzgeber ein (weiteres) Gegenstück für den Gläubigerschutz einfügen wollte. Überzeugend ist damit der Sinn und Zweck des Satz 2 in einem **Schutz der Gläubiger des Einzelkaufmanns** zu sehen.[114)]

2. Vermögensvergleich im Einzelnen

58 Für die Prüfung der Überschuldung ist ein **Vermögensvergleich** vorzunehmen und dabei auf das **Gesamtvermögen** der ausgliedernden Person abzustellen.[115)] Es wird das Unternehmens- und Privatvermögen der Person den Unternehmens- und Privatverbindlichkeiten gegenübergestellt.[116)] Entscheidend ist stets das **Gesamtsaldo**. Allein die Schlussbilanz (§§ 125, 17) ist damit nicht aussagekräftig darüber, ob eine Ausgliederungssperre nach § 152 Satz 2 vorliegt. Auch kann eine relevante Überschuldung i. S. des § 152 Satz 2 sich nicht auf eines von mehreren selbständigen Unternehmen der ausgliedernden Person beschränken.

59 Für die Beurteilung der Überschuldung ist abzustellen auf den **Zeitpunkt des Wirksamwerdens der Ausgliederung** (§ 131 Abs. 1) mit Eintragung im Handelsregister des Einzelkaufmanns.[117)] Eine erst nach der Ausgliederung bei dem Einzelkaufmann entstehende Überschuldung ist somit unschädlich. Nicht relevant ist damit, ob das zurückbleibende Vermögen nach der Ausgliederung die Schulden des Einzelkaufmanns deckt.[118)]

112) Begr. RegE EGInsO, BT. Drucks. 12/3803, S. 84.

113) S. Begr. RegE EGInsO, BT. Drucks. 12/3803, S. 84 – ohne nähere Bgr. zur Einfügung des Satz 2.

114) Ebenso i. Erg. Lutter-*Schwab*, UmwG, § 152 Rz. 43; *Leitzen* in: BeckOGK-UmwG, § 152 Rz. 72.1; Schmitt/Hörtnagl-*Hörtnagl*, UmwG/UmwStG, § 152 UmwG Rz. 24; Widmann/Mayer-*Mayer*, UmwR, § 152 UmwG Rz. 76 – jedenfalls diesen Zweck auch anerkennend; a. A. – Schutz des übernehmenden Rechtsträgers – Semler/Stengel/Leonard-*Seulen*, UmwG, § 152 Rz. 74; *Gröne*, RNotZ 2022, 293, 296; *Herwig/Böttcher* in: NK-UmwG, § 152 Rz. 30.

115) *Leitzen* in: BeckOGK-UmwG, § 152 Rz. 73; *Giedinghagen* in: KölnKomm-UmwG, § 152 Rz. 41; Semler/Stengel/Leonard-*Seulen*, UmwG, § 152 Rz. 75; Lutter-*Schwab*, UmwG, § 152 Rz. 44; Schmitt/Hörtnagl-*Hörtnagl*, UmwG/UmwStG, § 152 UmwG Rz. 26.

116) *Leitzen* in: BeckOGK-UmwG, § 152 Rz. 73; Lutter-*Schwab*, UmwG, § 152 Rz. 44, Schmitt/Hörtnagl-*Hörtnagl*, UmwG/UmwStG, § 152 UmwG Rz. 26; Widmann/Mayer-*Mayer*, UmwR, § 152 UmwG Rz. 78; Kallmeyer-*Sickinger*, UmwG, § 152 Rz. 10.

117) Lutter-*Schwab*, UmwG, § 152 Rz. 44; Kallmeyer-*Sickinger*, UmwG, § 152 Rz. 10; *Leitzen* in: BeckOGK-UmwG, § 152 Rz. 73.

118) Lutter-*Schwab*, UmwG, § 152 Rz. 44; Kallmeyer-*Sickinger*, UmwG, § 152 Rz. 10; *Leitzen* in: BeckOGK-UmwG, § 152 Rz. 73; Widmann/Mayer-*Mayer*, UmwR, § 152 UmwG Rz. 78; *Herwig/Böttcher* in: NK-UmwG, § 152 Rz. 33.

Maßgeblich sind die **Verkehrswerte** des Gesamtvermögens, nicht die Buchwerte.[119) Strittig ist, ob der statische Liquidationswert oder der eine positive Fortführungsprognose erfordernde Fortführungswert anzusetzen ist.[120) Da das bei dem Einzelkaufmann verbleibende Vermögen meist nicht mehr das unternehmerisch gewidmete Vermögen darstellt, fehlt es jedoch in einem solchen Fall schon an einer Grundlage für eine Fortführungsprognose, sodass jedenfalls dann die **Liquidationswerte** anzusetzen sind.[121) 60

Das Ausgliederungsverbot bei Überschuldung ist **teleologisch zu reduzieren**, wenn die Ausgliederung i. R. eines **Insolvenzplanverfahrens** erfolgt.[122) Hierbei wird der Verschuldungsgrad bereits dokumentiert, sodass schon keine unentdeckte Überschuldung vorliegen kann. Nimmt man an, dass das Ausgliederungsverbot die Gläubiger des Einzelkaufmanns vor einer Vermögensverlagerung schützen soll (siehe Rz. 57), läuft auch dieser Zweck leer, da die Gläubiger durch ihre Mitwirkung im Insolvenzplanverfahren und damit durch spezifische insolvenzrechtliche Mittel geschützt werden. 61

Zum **Nachweis im Registerverfahren** siehe § 154 Rz. 3 f. [*Cyglakow*], § 160 Rz. 8 [*Cyglakow*]. 62

IV. Rechtsfolgen der Ausgliederung

Als eine Form der Spaltung bewirkt die Ausgliederung eine **(partielle) Gesamtrechtsnachfolge** kraft Gesetzes zum Zeitpunkt der Eintragung der Ausgliederung im Handelsregister (= Wirksamwerden), vgl. § 131 Abs. 1 Nr. 1. Zu den Wirkungen der Spaltung siehe § 131 Rz. 4 ff. [*Lubberich*], zu den nicht übertragbaren Rechtspositionen siehe § 131 Rz. 14 ff. [*Lubberich*]. 63

V. Registerverfahren

Zu den Besonderheiten im Registerverfahren, insbesondere auch zu den jeweiligen Anmeldungen der Ausgliederung zum Handelsregister siehe § 154 Rz. 7 ff. [*Cyglakow*]; § 160 Rz. 7 ff. [*Cyglakow*]. 64

VI. Heilung von Mängeln der Ausgliederung

Mängel der Ausgliederung lassen die Wirkungen der Eintragung unberührt, vgl. § 131 Abs. 2 (siehe § 131 Rz. 53 [*Lubberich*]). Zu einzelnen Mängeln i. R. des § 152: siehe Rz. 10 (fälschliche/fehlende Eintragung des Einzelkaufmanns), Rz. 12 (fehlende Ehegattenzustimmung), Rz. 22 ff. (fehlende betreuungs-/familiengerichtliche Genehmigung). 65

119) Widmann/Mayer-*Mayer*, UmwR, § 152 UmwG Rz. 78; Lutter-*Schwab*, UmwG, § 152 Rz. 44; *Leitzen* in: BeckOGK-UmwG § 152 Rz. 73.

120) Liquidationswert annehmend Lutter-*Schwab*, UmwG, § 152 Rz. 45 f.; Kallmeyer-*Sickinger*, UmwG, § 152 Rz. 10; hingegen abstellend auf Fortführungsprognose (wenn möglich): *Leitzen* in: BeckOGK-UmwG, § 152 Rz. 76; Schmitt/Hörtnagl-*Hörtnagl*, UmwG/UmwStG, § 152 UmwG Rz. 27; Semler/Stengel/Leonard-*Seulen*, UmwG, § 152 Rz. 77; i. Erg. auch *Giedinghagen* in: KölnKomm-UmwG, § 152 Rz. 43; Widmann/Mayer-*Mayer*, UmwG, § 152 Rz. 78.

121) Jedenfalls auch für den Fall, dass kein unternehmerisch gewidmetes Vermögen mehr verbleibt: Lutter-*Schwab*, UmwG, § 152 Rz. 45 f.; *Leitzen* in: BeckOGK-UmwG § 152 Rz. 76; *Giedinghagen* in: KölnKomm-UmwG, § 152 Rz. 43; Widmann/Mayer-*Mayer*, UmwR, § 152 UmwG Rz. 78.

122) AG Norderstedt, Beschl. v. 7.11.2016 – 66 IN 226/15, ZInsO 2017, 554 = ZIP 2017, 586; Schmitt/Hörtnagl-*Hörtnagl*, UmwG/UmwStG, § 152 UmwG Rz. 25; Lutter-*Schwab*, UmwG, § 152 Rz. 46b; *Simon/Brünkmans*, ZIP 2014, 657, 667; *Heckschen/Weitbrecht*, ZPG 2023, 244, 248; *Schröder/Berner*, NZI 2017, 837, 840; a. A. *Kahlert/Gehrke*, DStR 2013, 975, 976.

VII. Alternativen zur Ausgliederung

66 Alternativ zur Ausgliederung nach dem UmwG kommt stets eine Einzelrechtsübertragung – häufig als **„Einbringung"** bezeichnet – in Betracht, bspw. zur Aufnahme durch Sachkapitalerhöhung bei einer bestehenden Gesellschaft oder durch Neugründung einer Gesellschaft mittels Sachgründung.[123)] Dem sachenrechtlichen Bestimmtheitsgrundsatz müssen dabei sämtliche Vorgehensweisen genügen (siehe Rz. 47). Für die Wahl der Vorgehensweise ist im Einzelfall abzuwägen: die Ausgliederung nach dem UmwG ist mit einem aufwendigen Verfahren nach den §§ 152 ff. verbunden, zugleich ist jedoch die Zustimmung der einzelnen Vertragspartner und Gläubiger nicht erforderlich.[124)] Steuerlich gelten sowohl die Ausgliederung eines einzelkaufmännischen Unternehmens als auch die Übertragung durch Einzelrechtsnachfolge als sogenannte „Einbringung" i. S. des § 20 Abs. 1 UmwStG. Hinsichtlich der Grunderwerbsteuer kann die Steuerbegünstigung des § 6a GrEStG jedoch ausschließlich bei einer Ausgliederung nach den Vorschriften des UmwG zur Anwendung gelangen.[125)]

VIII. Überblick: Einzelne Schritte der Ausgliederung

67 Konkret ergeben sich bei der Ausgliederung aus dem Vermögen eines Einzelkaufmanns unter Berücksichtigung der allgemeinen Vorschriften folgende Schritte **im Überblick:**

1. Ausgliederung zur Aufnahme

68 Bei der Ausgliederung zur Aufnahme sind erforderlich:

- Notariell beurkundeter **Ausgliederungsvertrag** (§ 126),
- **Ausgliederungsbericht** für die aufnehmende Gesellschaft (§ 127), zum Entfallen des Ausgliederungsberichts für den Einzelkaufmann siehe § 153 Rz. 1 [*Cyglakow*],
- (falls vorhanden) **Unterrichtung des Betriebsrates**, siehe § 153 Rz. 14 ff. [*Cyglakow*],
- bei aufnehmender AG: Bekanntmachung des Ausgliederungsvertrages beim Handelsregister vor der Hauptversammlung (§ 61),
- **Unterrichtung der Gesellschafter** der aufnehmenden Gesellschaft (§§ 47, 63),
- (keine Ausgliederungsprüfung gemäß §§ 9–12 wegen Entbehrlichkeit gemäß § 125 Abs. 1 Satz 2),
- notariell beurkundeter **Zustimmungsbeschluss** der Anteilsinhaber der aufnehmenden Gesellschaft (§ 13); zur Entbehrlichkeit des Zustimmungsbeschlusses beim Einzelkaufmann siehe § 153 Rz. 7 [*Cyglakow*],
- **Kapitalerhöhung** bei der aufnehmenden Gesellschaft (soweit erforderlich), siehe hierzu Rz. 53 (GmbH: §§ 54 f.; AG: §§ 68 f.),
- **Registeranmeldung** beim Register des Einzelkaufmanns (siehe hierzu § 154 Rz. 8 ff. [*Cyglakow*]) und bei der übernehmenden Gesellschaft (§§ 16, 17, 52; siehe hierzu § 154 Rz. 13 ff. [*Cyglakow*]),
- Eintragung der Kapitalerhöhung (soweit erforderlich; § 53 bzw. § 66),

---

123) Ausf. zur Gegenüberstellung von Einbringung und Ausgliederung s. *Aha*, AG 1997, 345; *Perwein*, GmbHR 2007, 1214; *Behme/Brühl*, NZG 2024, 1502.

124) Vgl. *Limmer* in: Limmer, Hdb. Unternehmensumwandlung, Abschn. 3 Kap. 6 Rz. 233.

125) BFH, Urt. v. 25.9.2024 – II R 2/22, DStR 2021, 2969; hierzu auch *Behme/Brühl*, NZG 2024, 1502, 1503.

– **Eintragung der Ausgliederung** beim Handelsregister der übernehmenden Gesellschaft und anschließend beim Einzelkaufmann (§ 130 Abs. 1; siehe § 130 Rz. 4 [*Lubberich*]).

2. Ausgliederung zur Neugründung

Bei der Ausgliederung zur Neugründung sind erforderlich: 69

– Notariell beurkundeter **Ausgliederungsplan** (§§ 126, 136); zum Entfallen von Zustimmungsbeschlüssen siehe § 153 Rz. 11 f. [*Cyglakow*] und Entbehrlichkeit einer Ausgliederungserklärung siehe § 153 Rz. 13 [*Cyglakow*],
– (falls vorhanden) **Unterrichtung des Betriebsrates**, siehe § 153 Rz. 14 ff. [*Cyglakow*]
– bei Neugründung einer GmbH: **Sachgründungsbericht** (§ 138 i. V. m. § 159, siehe hierzu § 159 Rz. 5 [*Cyglakow*]),
– bei Neugründung einer AG: **Gründungsbericht** und **Gründungsprüfung** (§§ 32, 33 AktG; § 144 i. V. m. § 159 UmwG, siehe § 159 Rz. 9 ff. [*Cyglakow*]),
– **Registeranmeldung** beim Register des Einzelkaufmanns (siehe § 160 Rz. 7 ff. [*Cyglakow*]) und bei der neuen Gesellschaft (§ 137 i. V. m. § 158; siehe § 160 Rz. 10 ff. [*Cyglakow*]),
– **Eintragung** der neuen Gesellschaft in das Handelsregister und anschließend Eintragung der Ausgliederung in das Handelsregister des Einzelkaufmanns (§ 137 Abs. 3).

Zweiter Unterabschnitt
Ausgliederung zur Aufnahme

§ 153
Ausgliederungsbericht

Ein Ausgliederungsbericht ist für den Einzelkaufmann nicht erforderlich.

Literatur: *Gröne*, Die Ausgliederung aus dem Vermögen des Einzelkaufmanns auf die GmbH, RNotZ 2022, 293; *Schwedhelm*, Vom Einzelunternehmer zum Gesellschafter-Geschäftsführer, (Teil 1) GmbH-StB 2004, 20.

Übersicht

I. Normzweck

1 Der Gesetzgeber lässt den Ausgliederungsbericht für den Einzelkaufmann entfallen, da der Einzelkaufmann nicht selbst über seine Gründe für die Ausgliederung unterrichtet werden muss.[1] Die Gesetzgebungsmaterialien lassen primär auf einen rein **klarstellenden Charakter** der Vorschrift schließen, denn der Gesetzgeber brachte einen für ihn bereits denklogischen Schluss zum Ausdruck.

2 Gleichzeitig lässt diese Klarstellung auch einen allgemeinen Rückschluss auf den gesetzgeberischen **Sinn und Zweck des Ausgliederungsberichts** zu. Hält der Gesetzgeber den Ausgliederungsbericht beim Einzelkaufmann für entbehrlich, da dieser bereits selbst unterrichtet ist, so kann der Ausgliederungsbericht nach der gesetzgeberischen Intention **allein dem Informationsinteresse der Inhaber des übertragenden Rechtsträgers** dienen.[2] Ein Informationsinteresse der Gläubiger des übertragenen Rechtsträger wird damit nicht bedient.

II. Anwendungsbereich

3 Die Vorschrift stellt eine Ausnahme zur Spaltungsberichtspflicht aus § 127 dar und gilt für **sämtliche Ausgliederungen** aus dem Vermögen eines Einzelkaufmanns.

4 Ausdrücklich nicht erfasst ist nach den Gesetzgebungsmaterialien die Frage nach der Erforderlichkeit eines Berichts für die Anteilsinhaber des übernehmenden Rechtsträgers.[3] Die Vorschrift ist deshalb **nur für den übertragenden Rechtsträger anwendbar.**

5 Die Berichtspflicht des übernehmenden Rechtsträgers ergibt sich weiterhin aus den allgemeinen Vorschriften (§ 127 und § 8). Zu den **Ausnahmen beim übernehmenden Rechtsträger** vgl. § 8, § 127 Satz 2; siehe § 127 Rz. 34 ff. [*Wentz*]). Zudem wurde (bzw. wird teilweise weiterhin) eine Ausnahme von der Berichtspflicht beim übernehmenden Rechtsträger für den Fall diskutiert, dass der **Einzelkaufmann alleiniger Gesellschafter** der aufnehmenden Kapitalgesellschaft ist.[4] Richtigerweise entfällt nunmehr jedenfalls seit dem UmRUG[5] aufgrund der allgemeinen Vorschrift des § 8 Abs. 3 Satz 3 Nr. 2 in diesem Fall ausdrücklich die Notwendigkeit eines Ausgliederungsberichts.[6] Die Gegenansicht, welche mit einer fehlenden Stütze im Gesetz argumentiert,[7] ist damit nicht mehr haltbar.

III. Weitere Ausnahmen und Besonderheiten zu Beschluss-, Erklärungs- oder Unterrichtungserfordernissen

6 § 153 enthält nur eine Ausnahme zum Ausgliederungsbericht, während ausdrückliche gesetzliche Regelung hinsichtlich erforderlicher Zustimmungsbeschlüsse sowie hinsichtlich der Unterrichtung eines Betriebsrates fehlen. Die Besonderheiten zu diesen gesetzli-

1) Begr. Fraktionsentwurf UmwBerG, BT-Drucks. 12/6699, S. 129.

2) *Giedinghagen* in: KölnKomm-UmwG, § 153 Rz. 3; Widmann/Mayer-*Mayer*, UmwR, § 153 UmwG Rz. 1; Schmitt/Hörtnagl-*Hörtnagl*, UmwG/UmwStG, § 153 UmwG Rz. 1.

3) Begr. Fraktionsentwurf UmwBerG, BT-Drucks. 12/6699, S. 129.

4) S. für einen Entfall der Berichtspflicht Kallmeyer-*Sickinger*, UmwG, § 153 Rz. 2; Henssler/Strohn-*Büteröwe*, GesR, § 153 UmwG Rz. 2; dagegen *Leitzen* in: BeckOGK-UmwG, § 153 Rz. 10; a. A. Widmann/Mayer-*Mayer*, UmwR, § 153 UmwG Rz. 2.

5) Gesetz zur Umsetzung der Umwandlungsrichtlinie und zur Änderung weiterer Gesetze (UmRUG), v. 22.2.2023, BGBl. I 2023, Nr. 51.

6) Lutter-*Schwab*, UmwG, § 153 Rz. 6.

7) So (wohl noch) zur Rechtslage zuvor *Leitzen* in: BeckOGK-UmwG, § 153 Rz. 10; Widmann/Mayer-*Mayer*, UmwR, § 153 UmwG Rz. 2.

chen Anforderungen bei einer Ausgliederung aus dem Vermögen eines Einzelkaufmanns stellen sich wie folgt dar:

1. Zustimmungsbeschluss bei Ausgliederung zur Aufnahme

a) Aufseiten des Einzelkaufmanns

Bei der **Ausgliederung zur Aufnahme** bedarf es grundsätzlich eines Zustimmungsbeschlusses zu dem Ausgliederungsvertrag durch die „Anteilsinhaber" der beteiligten Rechtsträger (§§ 13, 125; siehe § 125 Rz. 38 [*Döding/K. Wentz*]). **Mangels Anteilsinhaber** kommt ein Zustimmungsbeschluss **beim Einzelkaufmann** jedoch schon nicht in Betracht und es bedarf somit auch keiner ausdrücklichen Ausnahmeregelung in den §§ 152 ff.[8] Wie auch der Ausgliederungsbericht schon mangels Anteilsinhaber entfällt (siehe oben Rz. 1 f.) kann konsequent mangels Anteilsinhaber auch schon kein Zustimmungsbeschluss aufseiten des übertragenden Rechtsträgers gefordert werden.[9] 7

b) Aufseiten des übernehmenden Rechtsträgers

Unberührt bleibt davon das Erfordernis des **Zustimmungsbeschlusses aufseiten des übernehmenden Rechtsträgers** (aus §§ 125 Abs. 1, 13 Abs. 1). 8

Strittig ist dies für den **Ausnahmefall**, dass der Einzelkaufmann **Alleingesellschafter** einer übernehmenden Kapitalgesellschaft ist (eine Alleingesellschafter-Konstellation käme bei Personengesellschaften schon nicht in Betracht).[10] In diesem Fall ist formal betrachtet aufseiten des übernehmenden Rechtsträgers ein Anteilsinhaber vorhanden. Ein **konkludenter Zustimmungsbeschluss** kann schon nicht angenommen werden,[11] da der Ausgliederungsvertrag zwischen dem Einzelkaufmann und aufseiten des aufnehmenden Rechtsträgers mit dessen vertretungsberechtigtem Geschäftsführungsorgan geschlossen wird. Damit fehlt es bereits an einer (konkludenten) Erklärungshandlung des Einzelkaufmanns in der Funktion als Anteilsinhaber. 9

Jedenfalls scheitert ein konkludenter Beschluss an der Formgebundenheit des Zustimmungsbeschlusses (§§ 125 Abs. 1, 13 Abs. 1, 3).[12] Sinn und Zweck des Zustimmungsbeschlusses ist es jedoch, die Kompetenz für das mit einer Ausgliederung einhergehende Grundlagengeschäft dem Vertretungsorgan des übernehmenden Rechtsträgers zu entziehen und auf die Anteilsinhaber zu verlegen, sodass diese bei der Durchführung eines solchen Grundlagengeschäfts ebenfalls beteiligt werden (siehe hierzu § 13 Rz. 1, 4 [*Hoefling*]). Dieser Sinn und Zweck läuft leer, wenn der Anteilsinhaber bereits der Einzelkaufmann als übertragender Rechtsträger selbst ist, sodass das Erfordernis des Zustimmungsbeschluss in diesem Ausnahmefall richtigerweise **teleologisch zu reduzieren** ist. 10

---

8) Lutter-*Schwab*, UmwG, Vor § 153 Rz. 11; *Leitzen* in: BeckOGK-UmwG, § 153 Rz. 3; Semler/Stengel/Leonard-*Seulen*, UmwG, § 158 Rz. 10; Lutter-*Schwab*, UmwG, Vor § 153 Rz. 11, § 154 Rz. 12.

9) *Leitzen* in: BeckOGK-UmwG, § 153 Rz. 3; Semler/Stengel/Leonard-*Seulen*, UmwG, § 158 Rz. 10; Lutter-*Schwab*, UmwG, Vor § 153 Rz. 11, § 154 Rz. 12; a. A. Widmann/Mayer-*Mayer*, UmwR, § 152 UmwG Rz. 232 – statt eines Beschlusses eine einseitige Zustimmungserklärung des Einzelkaufmanns, welche notariell zu beurkunden sei, fordernd.

10) Str. Zustimmungsbeschluss nicht für erforderlich haltend: Kallmeyer-*Sickinger*, UmwG, § 153 Rz. 3 (s. § 121 Rz. 13 [*Knaier*]); a. A. für die Ausgliederung zur Aufnahme – in diesem Fall Zustimmungsbeschluss für erforderlich haltend – *Leitzen* in: BeckOGK-UmwG, § 153 Rz. 13.

11) So OLG Brandenburg, Beschl. v. 5.2.2018 – 7 W 86/17, GmbHR 2018, 523 = MittBayNot 2019, 71; bezweifelnd aufgrund des Formerfordernisses aus § 13: Lutter-*Schwab*, UmwG, Vor § 153 Rz. 13.

12) So auch Lutter-*Schwab*, UmwG, Vor § 153 Rz. 13.

2. Zustimmungsbeschluss bei Ausgliederung zur Neugründung

a) Aufseiten des Einzelkaufmanns

11 Bei der Ausgliederung zur Neugründung bedarf es **mangels Ausgliederungsvertrags** schon **keines Zustimmungsbeschlusses** aufseiten des übertragenden Rechtsträgers, sprich des Einzelkaufmanns. Es fehlt an einem Gegenstand der Zustimmung.[13] An die Stelle des Ausgliederungsvertrags tritt der Ausgliederungsplan (§§ 136 Satz 2, 126; siehe hierzu auch § 136 Rz. 1 [*Lubberich*]). Zum Erfordernis einer Ausgliederungserklärung siehe unten Rz. 13).

b) Aufseiten des neuen Rechtsträgers

12 Ein **Zustimmungsbeschluss** ist aufseiten der neu gegründeten Kapitalgesellschaft schon naturgemäß nicht erforderlich, da die Entstehung der (Vor-)Gesellschaft das Wirksamwerden des Ausgliederungsplan voraussetzt und der neue Rechtsträger erst mit Vollzug d. h. Eintragung der Ausgliederung im Register entsteht (siehe § 131 Rz. 3 [*Lubberich*]).

3. Ausgliederungserklärung bei Ausgliederung zur Neugründung

13 Streitig ist, ob der Einzelkaufmann bei der **Ausgliederung zur Neugründung** eine notariell zu beurkundende Ausgliederungserklärung neben der Aufstellung des Ausgliederungsplans abgeben muss.[14] Jedoch gehen selbst dies verlangende Stimmen davon aus, dass eine solche Ausgliederungserklärung jedenfalls (auch schon stillschweigend) im notariellen Ausgliederungsplan abgegeben werden könne.[15] Richtigerweise ist die Ausgliederungserklärung **gänzlich entbehrlich**, da eine solche vom Gesetz schon nicht verlangt wird und i. Ü. der Einzelkaufmann mit Aufstellung des notariellen Ausgliederungsplans stets seine Zustimmung abgibt.

4. Unterrichtungspflichten bei einem Betriebsrat bei Ausgliederung zur Aufnahme oder zur Neugründung

14 Eine Spezialvorschrift zu § 126 Abs. 3 besteht für Ausgliederungen aus dem Vermögen eines Einzelkaufmanns nicht. Sofern bei dem einzelkaufmännischen Unternehmen ein Betriebsrat vorhanden ist, ist diesem somit nach § 126 Abs. 3 innerhalb einer Monatsfrist der Ausgliederungsplan oder sein Entwurf zuzuleiten.[16]

15 Problematisch ist die **Bestimmung dieser Monatsfrist**. Der Wortlaut des § 126 Abs. 3 stellt auf einen Zustimmungsbeschluss ab und kann deshalb bei einem Einzelkaufmann nicht direkt angewendet werden (siehe Rz. 11). Nach dem Sinn und Zweck der Vorschrift sollte der Betriebsrat einen Monat bevor die Ausgliederung für den betroffenen Rechtsträger **bindend** geworden ist informiert werden, um so seinen Einfluss noch rechtzeitig geltend machen zu können.[17]

16 Entsprechend ist bei der Ausgliederung zu differenzieren, denn die Bindung entsteht bei einer Ausgliederung zur Aufnahme mit Beurkundung des Ausgliederungs- und Über-

---

13) *Leitzen* in: BeckOGK-UmwG, § 158 Rz. 9.

14) Verlangend Widmann/Mayer-*Mayer*, UmwR, § 152 UmwG Rz. 94; Kallmeyer-*Sickinger*, UmwG, § 158 Rz. 2; *Schwedhelm*, GmbH-StB 2004, 20, 21 – statt eines Ausgliederungsplans; abl. Semler/Stengel/Leonard-*Seulen*, UmwG, § 158 Rz. 11; *Leitzen* in: BeckOGK-UmwG, § 158 Rz. 12 ff.; *Giedinghagen* in: KölnKomm-UmwG, § 158 Rz. 9.

15) Widmann/Mayer-*Mayer*, UmwR, § 152 UmwG Rz. 95.

16) Widmann/Mayer-*Mayer*, UmwR, § 153 UmwG Rz. 6; *Giedinghagen* in: KölnKomm-UmwG, § 153 Rz. 5; Semler/Stengel/Leonard-*Seulen*, UmwG, § 153 Rz. 4; Lutter-*Schwab*, UmwG, § 153 Rz. 4.

17) Vgl. Semler/Stengel/Leonard-*Seulen*, UmwG, § 153 Rz. 5; *Gröne*, RNotZ 2022, 293, 301.

nahmevertrages, während sie bei einer Ausgliederung zur Neugründung letztlich erst mit der Eintragung im Handelsregister entsteht. Konkret bedeutet dies für die Monatsfrist des § 126 Abs. 3:

– Bei einer **Ausgliederung zur Aufnahme** muss der Entwurf des Ausgliederungsvertrages also mind. einen Monat vor der Beurkundung des Ausgliederungs- und Übernahmevertrags dem Betriebsrat zugeleitet werden.[18)]

– Demgegenüber kommt es bei der **Ausgliederung zur Neugründung** bei der Berechnung der Monatsfrist auf den Zeitpunkt der Registeranmeldung der Ausgliederung beim einzelkaufmännischen Unternehmen an.[19)]

18) Widmann/Mayer-*Mayer*, UmwR, § 153 UmwG Rz. 6; Lutter-*Schwab*, UmwG, § 153 Rz. 4; Semler/Stengel/Leonard-*Seulen*, UmwG, § 153 Rz. 5; *Leitzen* in: BeckOGK-UmwG, § 153 Rz. 6; *Giedinghagen* in: KölnKomm-UmwG, § 153 Rz. 5; *Gröne*, RNotZ 2022, 293, 301.

19) Lutter-*Schwab*, UmwG, § 153 Rz. 4; *Leitzen* in: BeckOGK-UmwG, § 153 Rz. 6; *Giedinghagen* in: KölnKomm-UmwG, § 153 Rz. 5; Widmann/Mayer-*Mayer*, UmwR, § 153 UmwG Rz. 6; *Gröne*, RNotZ 2022, 293, 301.

§ 154
Eintragung der Ausgliederung

Das Gericht des Sitzes des Einzelkaufmanns hat die Eintragung der Ausgliederung auch dann abzulehnen, wenn offensichtlich ist, daß die Verbindlichkeiten des Einzelkaufmanns sein Vermögen übersteigen.

Literatur: *Gröne*, Die Ausgliederung aus dem Vermögen des Einzelkaufmanns auf die GmbH, RNotZ 2022, 293.

Übersicht

I. Eintragungshindernis bei Überschuldung; Erklärung des Einzelkaufmanns

§ 154 ordnet für das Registergericht an, dass bei offensichtlicher Überschuldung des Einzelkaufmanns die Eintragung der Ausgliederung zu unterbleiben hat. Die Vorschrift statuiert das **registerverfahrensrechtliche Gegenstück zum materiellen Verbot** der Ausgliederung bei Überschuldung aus § 152 Satz 2 (siehe hierzu näher § 152 Rz. 56 ff. [*Cyglakow*]). 1

Für die **Ablehnung** der Eintragung muss die Überschuldung **„offensichtlich"** sein. Damit ist jedoch nicht gemeint, dass sich die Überschuldung aufdrängen müsste oder gar eine nähere Prüfung des Registergerichts überhaupt nicht möglich wäre. Vielmehr muss zum einen für die Ablehnung *nach* Prüfung des Registergerichts die Überschuldung **zweifels-** 2

frei feststehen und *insofern* offensichtlich sein.[1] Und zum anderen kann das Registergericht *für* die Prüfung nicht von vornherein umfassende Nachweise verlangen.

3 **Wieweit** konkret im Registerverfahren die Tatsache **nachzuweisen** ist, dass die Verbindlichkeiten des Einzelkaufmanns sein Vermögen nicht übersteigen, regelt das Gesetz nicht weiter. Eine Aufstellung der Vermögenslage des Einzelkaufmanns zur Prüfung einer Überschuldung kennt das Gesetz lediglich in § 159 Abs. 2 und 3. Diese sind jedoch allein für den Fall der Ausgliederung auf eine AG und eine KGaA zur Neugründung anwendbar (siehe hierzu § 159 Rz. 14 ff. [*Cyglakow*]). Es genügt daher für die Eintragung der Ausgliederung regelmäßig die **Erklärung** des Einzelkaufmanns, dass seine Verbindlichkeiten sein Vermögen nicht übersteigen. Die Erklärung ist dabei mangels Anordnung im UmwG **nicht zwingend,**[2] begründet aber für das Registergericht **i. R. der Prüfung regelmäßig ein Regel-Ausnahme-Verhältnis**, indem die Richtigkeit der Erklärung, d. h. kein Vorliegen von Überschuldung, als Regel anzusehen ist und die damit die nähere Überprüfung der Überschuldung als Ausnahme nur bei konkreten Anhaltspunkten in Betracht kommt. Zwar ist diese Erklärung mangels gesetzlicher Verankerung **nicht strafbewehrt**[3], sodass insofern von einer geringeren Richtigkeitsgarantie auszugehen ist; zugleich entspricht die Annahme des Regel-Ausnahme-Verhältnisses der Regelungsmethodik des § 154. Das Registergericht kann daher **Nachweise** lediglich bei **begründeten Zweifeln** an der Richtigkeit der Erklärung fordern (etwa wegen der in der Bilanz nach Buchwerten erkennbaren Überschuldung).

4 Als Nachweis kommt dann (in Anlehnung an § 159 Abs. 3) eine **Auflistung der Aktiva und Passiva** insbesondere des Privatvermögens, ggf. auch des Betriebsvermögens, zu Verkehrswerten in Betracht. Eine solche Auflistung muss jedoch – schon mangels gesetzlicher Regelung – nicht die strengen Anforderungen wie beim Nachweis der Werthaltigkeit einer Einlageleistung bei Gründung einer Kapitalgesellschaft erfüllen.

5 Für die Beurteilung der Überschuldung ist auch registerverfahrensrechtlich abzustellen auf den **Zeitpunkt** des Wirksamwerdens der Ausgliederung (§ 131 Abs. 1) mit Eintragung im Handelsregister des Einzelkaufmanns (siehe zum Zeitpunkt: § 152 Rz. 59 [*Cyglakow*]).[4]

6 Darüber hinaus bestehen hinsichtlich der Prüfungskompetenz und des Prüfungsumfangs des Registergerichts keine Besonderheiten bei der Ausgliederung aus dem Vermögen eines Einzelkaufmanns. Zu den allgemeinen Grundsätzen (siehe § 130 Rz. 13 ff. [*Lubberich*]).

II. Registeranmeldungen zur Ausgliederung zur Aufnahme

1. Allgemeines, Anmeldezuständigkeit

7 Gemäß § 125 Satz 1 i. V. m. § 16 Abs. 1 ist die Ausgliederung zur Eintragung in das Handelsregister sowohl des Einzelkaufmanns als auch des übernehmenden Rechtsträgers anzumelden. Die Anmeldung erfolgt für den übernehmenden Rechtsträger durch dessen

1) *Giedinghagen* in: KölnKomm-UmwG, § 154 Rz. 4; Lutter-*Schwab*, UmwG, § 154 Rz. 3; Kallmeyer-*Zimmermann*, UmwG, § 154 Rz. 4; Semler/Stengel/Leonard-*Seulen*, UmwG, § 154 Rz. 15; Widmann/Mayer-*Mayer*, UmwR, § 154 UmwG Rz. 12.

2) Eine „Versicherung" für verpflichtend haltend die h. M.: Schmitt/Hörtnagl-*Hörtnagl*, UmwG/UmwStG, § 154 UmwG Rz. 4; Widmann/Mayer-*Mayer*, UmwR, § 154 UmwG Rz. 12; Semler/Stengel/Leonard-*Seulen*, UmwG, § 154 Rz. 3; Erklärung nicht für erforderlich haltend *Giedinghagen* in: KölnKomm-UmwG, § 154 Rz. 6; Lutter-*Schwab*, UmwG, § 154 Rz. 11.

3) Widmann/Mayer-*Mayer*, UmwR, § 154 UmwG Rz. 12.

4) Semler/Stengel/Leonard-*Seulen*, UmwG, § 160 Rz. 10; *Leitzen* in: BeckOGK-UmwG, § 160 Rz. 21; Henssler/Strohn-*Büteröwe*, GesR, § 160 UmwG Rz. 3; *Giedinghagen* in: KölnKomm-UmwG, § 160 Rz. 12; Kallmeyer-*Zimmermann*, UmwG, § 160 Rz. 6; vgl. zur GmbH auch BGH, Urt. v. 9.3.1981 – II ZR 54/80, BGHZ 80, 129, 136 = NJW 1981, 1373.

Vertretungsorgan (§ 16 Abs. 1) und auf Seiten des e. K. durch den Einzelkaufmann selbst oder ebenfalls durch das Vertretungsorgan des übernehmenden Rechtsträgers (§ 129).

2. Registeranmeldung aufseiten des e. K.

a) Inhalt

Der Inhalt der Anmeldung der Ausgliederung zur Aufnahme zum Handelsregister bestimmt sich zunächst nach den allgemeinen Vorschriften (siehe hierzu § 129 Rz. 8 ff. [*Lubberich*]). 8

Neben der erforderlichen **Erklärung zu keiner Überschuldung** (siehe Rz. 3) auf Seiten des e. K. ergeben sich zudem folgende **Besonderheiten:** 9

Bei der Handelsregisteranmeldung des e. K. ist die **Schlussbilanz** des einzelkaufmännischen Unternehmens einzureichen (§§ 125, 17 Abs. 2). Ausreichend ist, wenn die Schlussbilanz bis zur Anmeldung erstellt und festgestellt ist.[5] Im Übrigen gelten die allgemeinen Grundsätze (siehe § 125 Abs. 1 Satz 1 i. V. m. § 17 Abs. 2; siehe § 17 Rz. 26 ff. [*Hoefling*]). Soweit für den Einzelkaufmann jedoch **keine Bilanzierungspflicht besteht**, genügt es, wenn die bisherigen Rechnungsunterlagen beifügt werden.[6] Insofern können die umwandlungsrechtlichen Vorschriften (§§ 125, 17 Abs. 2) keine Bilanzierungspflicht statuieren.[7] 10

Eine **Negativerklärung** hinsichtlich beschlussanfechtender Klagen (§ 16 Abs. 2 Satz 1) ist schon mangels eines Beschlusses (siehe § 153 Rz. 7 [*Cyglakow*]) nicht erforderlich.[8] 11

b) Einzureichende Anlagen

Der Registeranmeldung auf Seiten des e. K. zur Ausgliederung zur Aufnahme sind folgende Anlagen – soweit jeweils einschlägig – regelmäßig in elektronisch beglaubigter Abschrift (§ 12 HGB) beizufügen (siehe auch § 129 Rz. 11 ff. [*Lubberich*][9]): 12

- Abschrift des **Ausgliederungsvertrags** (siehe hierzu § 126),
- Abschrift des **Zustimmungsbeschlusses** der Anteilsinhaber der aufnehmenden Gesellschaft (siehe hierzu Rz. 8),
- Abschrift des **Ausgliederungsberichts** für die aufnehmende Gesellschaft (siehe hierzu § 153 Rz. 4 [*Cyglakow*]),
- Nachweis über die fristgemäße **Zuleitung an den Betriebsrat** (siehe hierzu Rz. 14 ff.),
- **Schlussbilanz** des einzelkaufmännischen Unternehmens zum Ausgliederungsstichtag (siehe hierzu Rz. 10).

3. Registeranmeldung des übernehmenden Rechtsträgers

a) Inhalt

Der Inhalt der Anmeldung der Ausgliederung zur Aufnahme bestimmt sich auch bei dem aufnehmenden Rechtsträger nach den allgemeinen Vorschriften (siehe hierzu § 129 Rz. 8 ff. [*Lubberich*]). Hierbei sind die Besonderheiten je nach Rechtsform des übernehmenden Rechtsträgers zu beachten (siehe hierzu § 129 Rz. 12 [*Lubberich*]). 13

---

5) Henssler/Strohn-*Büteröwe*, GesR, § 152 UmwG Rz. 26.

6) Lutter-*Schwab*, UmwG, § 154 Rz. 10; *Leitzen* in: BeckOGK-UmwG, § 152 Rz. 123.

7) Anders jedoch OLG Köln, Beschl. v. 10.2.2020 – 2 Wx 28/20, RNotZ 2020, 479 (Bilanzierungspflicht aus § 17 Abs. 2 UmwG annehmend, auch ohne Bilanzierungspflicht nach kaufmännischen Regeln im Fall der Verschmelzung zweier Vereine).

8) *Leitzen* in: BeckOGK-UmwG, § 152 Rz. 124.

9) S. auch *Gröne*, RNotZ 2022, 293, 309.

14 Die **Erklärung** des Einzelkaufmanns zu **keiner Überschuldung** (siehe hierzu Einzelheiten bei Rz. 3) ist i. R. der Registeranmeldung des übernehmenden Rechtsträgers nicht erforderlich, da § 154 das damit einhergehende Eintragungshindernis und die Prüfungskompetenz allein beim „Gericht des Sitzes des Einzelkaufmanns“ statuiert.[10] Eine Regelung wie in § 160 Abs. 2 fehlt für das Registergericht des übernehmenden Rechtsträgers.

15 Eine **Negativerklärung** nach §§ 16 Abs. 2 Satz 1, 125 Satz 1 UmwG ist beim übernehmendem Rechtsträger nicht entbehrlich und damit in die Registeranmeldung aufzunehmen.

b) Einzureichende Anlagen

16 Der Registeranmeldung auf Seiten des übernehmenden Rechtsträgers sind ebenfalls – soweit jeweils einschlägig – alle oben (siehe Rz. 12) **genannten Anlagen** beizufügen. Die Beifügung der **Schlussbilanz** des einzelkaufmännischen Unternehmens zum Ausgliederungsstichtag ist jedoch beim übernehmenden Rechtsträger **nicht zwingend erforderlich**. § 17 Abs. 2 (anwendbar über § 125 Abs. 1) betrifft schon dem Wortlaut nach lediglich die Anmeldung beim übertragenden Rechtsträger.[11] Das Registergericht des neuen Rechtsträgers kann jedoch i. R. seiner allg. Prüfungspflicht ggf. die Vorlage der Schlussbilanz des übertragenden Rechtsträgers verlangen.[12]

17 Darüber hinaus ergeben sich folgende weiter erforderlichen Anlagen:

- **Bei Kapitalerhöhung** bei der aufnehmenden Gesellschaft: sämtliche Unterlagen zur Kapitalerhöhung (Kapitalerhöhungsbeschluss, ggf. Prüfungsbericht zur Sachkapitalerhöhung; Satzungsneufassung),[13]
- bei **aufnehmender AG**: ggf. Nachweis der Bekanntmachung nach § 62 Abs. 3 Satz 2,[14]
- bei **aufnehmender eG**: Stellungnahme des Prüfungsverbands (§§ 148 Abs. 2 Nr. 2, 125 i. V. m § 86).[15]

III. Registeranmeldungen zur Ausgliederung zur Neugründung

18 Siehe hierzu § 160 Rz. 1 ff. [*Cyglakow*].

10) I. Erg. ebenso Semler/Stengel/Leonard-*Seulen*, UmwG, § 154 Rz. 3; s. zum Streitstand der Prüfungskompetenz des Registergerichts des übernehmenden Rechtsträgers: *Leitzen* in: BeckOGK-UmwG, § 154 Rz. 21 f.

11) BayObLG, Beschl. v. 10.12.1998 – 3Z BR 237/98, NZG 1999, 321 = MittBayNot 1999, 304.

12) BayObLG, Beschl. v. 10.12.1998 – 3Z BR 237/98, NZG 1999, 321 = MittBayNot 1999, 304.

13) Semler/Stengel/Leonard-*Seulen*, UmwG, § 154 Rz. 12.

14) *Limmer* in: Limmer, Hdb. Unternehmensumwandlung, Abschn. 3 Kap. 5 Rz. 389.

15) Semler/Stengel/Leonard-*Seulen*, UmwG, § 154 Rz. 13.

§ 155
Wirkungen der Ausgliederung

[1]Erfaßt die Ausgliederung das gesamte Unternehmen des Einzelkaufmanns, so bewirkt die Eintragung der Ausgliederung nach § 131 das Erlöschen der von dem Einzelkaufmann geführten Firma. [2]Das Erlöschen der Firma ist von Amts wegen in das Register einzutragen.

Literatur: *DNotI*, Gutachten (Ausgliederung aus dem Vermögen des Einzelkaufmanns zur Aufnahme durch eine GmbH & Co. KG; Teilausgliederung; Herausnahme eines Vermögensgegenstands; Entwidmung; automatisches Erlöschen der Firma des Einzelkaufmanns; Anmeldung des Erlöschens), DNotI-Report 2021, 180.

Eine **Gesamtausgliederung** bewirkt nach § 155 Satz 1 ein **Erlöschen der Firma** des Einzelkaufmanns. Verbleibt auch nur ein unbedeutender Teil des Unternehmens beim Einzelkaufmann, erlischt die Firma nicht nach § 155 Satz 1.[1] Das Erlöschen ist nach § 155 Satz 2 **von Amts wegen** in das Register einzutragen. Zu den **allgemeinen Wirkungen der Ausgliederung** siehe § 152 Rz. 63 [*Cyglakow*]. 1

Bei einer **Teilübertragung** ist zu prüfen, ob beim Einzelkaufmann noch ein Gewerbe im kaufmännischen Umfang verbleibt. Falls nicht, muss der Einzelkaufmann das Erlöschen gemäß § 31 Abs. 2 Satz 1 HGB beim Handelsregister anmelden.[2] Es greifen somit die allgemeinen handelsrechtlichen Vorschriften.[3] 2

Der Einzelkaufmann kann i. R. des § 155 auch einzelne Vermögensgegenstände dem **unternehmerischen Zweck entziehen** und somit entwidmen, ohne die Einordnung als Gesamtausgliederung zu beeinflussen.[4] Umstritten ist, ob allein die Nichtübertragung bereits eine konkludente Entwidmung darstellt.[5] Empfehlenswert ist deshalb – je nach Interessenlage – für die Anwendung oder Vermeidung des § 155 die Umwidmungen explizit vorzunehmen oder zu unterlassen.[6] 3

1) DNotI, Gutachten, DNotI-Report 2021, 180, 181; Lutter-*Schwab*, UmwG, § 155 Rz. 2; Kallmeyer-*Sickinger*, UmwG, § 155 Rz. 3; Widmann/Mayer-*Mayer*, UmwR, § 155 UmwG Rz. 4.

2) Lutter-*Schwab*, UmwG, § 155 Rz. 5; Kallmeyer-*Sickinger*, UmwG, § 155 Rz. 6; *Leitzen* in: BeckOGK-UmwG, § 155 Rz. 12.

3) DNotI, Gutachten, DNotI-Report 2021, 180, 181.

4) *Giedinghagen* in: KölnKomm-UmwG, § 155 Rz. 4; *Leitzen* in: BeckOGK-UmwG, § 155 Rz. 7; Schmitt/Hörtnagl-*Hörtnagl*, UmwG/UmwStG, § 155 UmwG Rz. 2.

5) S. hierzu DNotI, Gutachten, DNotI-Report 2021, 180, 181 m. w. N.

6) Ebenso Kallmeyer-*Sickinger*, UmwG, § 155 Rz. 4; Widmann/Mayer-*Mayer*, UmwR, § 155 UmwG Rz. 6; s. a. DNotI, Gutachten, DNotI-Report 2021, 180, 181.

§ 156
Haftung des Einzelkaufmanns

[1]Durch den Übergang der Verbindlichkeiten auf übernehmende oder neue Gesellschaften wird der Einzelkaufmann von der Haftung für die Verbindlichkeiten nicht befreit. [2]§ 418 des Bürgerlichen Gesetzbuchs ist nicht anzuwenden.

Übersicht

I. Allgemeines

Die §§ 156, 157 regeln als *leges specialis* gegenüber §§ 133, 134 die Haftung des Einzelkaufmanns für übertragene Verbindlichkeiten und deren zeitliche Begrenzung.[1] Mangels eines über die §§ 133–134 hinausgehenden Regelungsinhalts, kommt ihnen jedoch nur eine klarstellende Funktion zu. Soweit in den §§ 156 f. keine Regelung enthalten ist, 1

1) Lutter-*Schwab*, UmwG, § 156 Rz. 2; Semler/Stengel/Leonard-*Seulen*, UmwG, § 156 Rz. 2; Widmann/Mayer-*Mayer*, UmwR, § 156 UmwG Rz. 4.

finden i. Ü. wiederum die allgemeinen Regelungen aus §§ 133 f. Anwendung, somit insbesondere § 133 Abs. 2.[2)]

II. Keine Haftungsbefreiung (§ 156 Satz 1)

2 Im **Grundsatz** wird der Einzelkaufmann durch den Übergang von Verbindlichkeiten auf übernehmende oder neue Gesellschaften bei der Ausgliederung von der Haftung für bestehende Verbindlichkeiten **nicht befreit** (§ 156 Satz 1), sondern es erfolgt **lediglich ein Schuldbeitritt** des übernehmenden Rechtsträgers.[3)] § 157 **begrenzt** jedoch die fortdauernde Haftung des Einzelkaufmanns in zeitlicher Hinsicht (siehe zur Haftungsreichweite näher § 157 Rz. 1 ff. [*Cyglakow*]).

3 Der Schuldbeitritt bewirkt eine **gesamtschuldnerische Haftung** des Einzelkaufmanns und des aufnehmenden oder neuen Rechtsträgers (siehe hierzu näher § 133 Rz. 7 ff. [*Lubberich*]).[4)]

III. Ausschluss des § 418 BGB (§ 156 Satz 2)

4 § 156 Satz 2 stellt durch den ausdrücklichen Ausschluss von § 418 BGB klar, dass beim Übergang einer Forderung i. R. der Ausgliederung – anders als bei einer Einzelrechtsübertragung – kein Erlöschen der für die Forderung bestellten Sicherungsrechte eintritt. Insofern stellt § 156 Satz 2 lediglich klar, was bereits generell beim Rechtsübergang durch Gesamtrechtsnachfolge gilt.[5)]

---

2) Lutter-*Schwab*, UmwG, § 156 Rz. 2.

3) *Giedinghagen* in: KölnKomm-UmwG, § 156 Rz. 6; Lutter-*Schwab*, UmwG, § 156 Rz. 3; Widmann/Mayer-*Mayer*, UmwR, § 156 UmwG Rz. 6.

4) Semler/Stengel/Leonard-*Seulen*, UmwG, § 156 Rz. 13; Lutter-*Schwab*, UmwG, § 156 Rz. 19.

5) Widmann/Mayer-*Mayer*, UmwR, § 156 UmwG Rz. 10; Lutter-*Schwab*, UmwG, § 156 Rz. 21; *Giedinghagen* in: KölnKomm-UmwG, § 156 Rz. 13; Henssler/Strohn-*Büteröwe*, GesR, § 156 UmwG Rz. 3; Schmitt/Hörtnagl-*Hörtnagl*, UmwG/UmwStG, § 156 UmwG Rz. 9.

§ 157

Zeitliche Begrenzung der Haftung für übertragene Verbindlichkeiten[*)]

(1) [1]Der Einzelkaufmann haftet für die im Ausgliederungs- und Übernahmevertrag aufgeführten Verbindlichkeiten, wenn sie vor Ablauf von fünf Jahren nach der Ausgliederung fällig und daraus Ansprüche gegen ihn in einer in § 197 Abs. 1 Nr. 3 bis 5 des Bürgerlichen Gesetzbuchs bezeichneten Art festgestellt sind oder eine gerichtliche oder behördliche Vollstreckungshandlung vorgenommen oder beantragt wird; bei öffentlich-rechtlichen Verbindlichkeiten genügt der Erlass eines Verwaltungsakts. [2]Eine Haftung des Einzelkaufmanns als Gesellschafter des aufnehmenden Rechtsträgers nach § 126 des Handelsgesetzbuchs bleibt unberührt.

(2) [1]Die Frist beginnt mit dem Tage, an dem die Eintragung der Ausgliederung in das Register des Sitzes des Einzelkaufmanns nach § 125 in Verbindung mit § 19 Abs. 3 bekannt gemacht worden ist. [2]Die für die Verjährung geltenden §§ 204, 206, 210, 211 und 212 Abs. 2 und 3 des Bürgerlichen Gesetzbuchs sind entsprechend anzuwenden.

(3) Einer Feststellung in einer in § 197 Abs. 1 Nr. 3 bis 5 des Bürgerlichen Gesetzbuchs bezeichneten Art bedarf es nicht, soweit der Einzelkaufmann den Anspruch schriftlich anerkannt hat.

(4) Die Absätze 1 bis 3 sind auch anzuwenden, wenn der Einzelkaufmann in dem Rechtsträger anderer Rechtsform geschäftsführend tätig wird.

*) § 157 geändert durch Art. 60 des Gesetzes zur Modernisierung des Personengesellschaftsrechts (Personengesellschaftsrechtsmodernisierungsgesetz – MoPeG), v. 10.8.2021, BGBl. I 2021, 3436; § 157 i. d. F. des UmwBerG geändert durch Art. 8 des Gesetzes über elektronische Handelsregister und Genossenschaftsregister sowie das Unternehmensregister (EHUG), v. 10.11.2006, BGBl. I 2006, 2553.

Literatur: *Maier-Reimer*, Nachhaftungsbegrenzung und neues Verjährungsecht, DB 2002, 1818.

Übersicht

I. Haftungsreichweite (§ 157 Abs. 1)

1 Gemäß §§ 156, 157 Abs. 1 haftet der Einzelkaufmann für ausgegliederte Verbindlichkeiten **fünf Jahre** lang nach.[1] Dies umfasst **alle Verbindlichkeiten**, die aufgrund des Ausgliederungsvertrags auf den aufnehmenden Rechtsträger **übergegangen sind**, unabhängig von deren Rechtsgrund oder Charakter.[2] Umfasst sind daher auch private Verbindlichkeiten, wenn diese i. R. der Ausgliederung übergegangen sind.[3]

2 Haftet der Einzelkaufmann hingegen nach der Umwandlung als Gesellschafter des aufnehmenden Rechtsträgers **persönlich** (z. B. als persönlich haftender Gesellschafter einer oHG oder als Komplementär einer KG), besteht kein Bedarf für eine zeitliche Begrenzung der Haftung.[4] Dies verdeutlicht ausdrücklich die Anordnung der **Fortgeltung des § 126 HGB** in **§ 157 Abs. 1 Satz 2.**

3 Für **nicht übergegangene** Verbindlichkeiten haftet der Einzelkaufmann **unbegrenzt.** Jedoch kann aufgrund von § 25 HGB auch eine Haftung des übernehmenden oder neue Rechtsträgers greifen, einhergehend mit einer Enthaftung des Einzelkaufmanns, siehe hierzu unten Rz. 7).[5]

II. Frist, Schriftliche Anerkennung (§ 152 Abs. 2 und Abs. 3)

4 § 157 Abs. 2 und Abs. 3 für den Einzelkaufmann entsprechen genau der Regelung des § 133 Abs. 4 und Abs. 5. Zu weiteren Einzelheiten siehe § 133 Rz. 68 f. [*Lubberich*].

III. Geschäftsführende Tätigkeit (§ 152 Abs. 4)

5 Absatz 4 verdeutlicht, dass die Haftungsbegrenzung des Einzelkaufmanns auch dann greift, wenn er im übernehmenden Rechtsträger geschäftsführend tätig bleibt. Insofern handelt es sich lediglich um eine ausdrückliche Klarstellung.

---

1) Zur Verhinderung der Enthaftung und Verjährungsfragen s. *Maier-Reimer*, DB 2002, 1818.

2) *Leitzen* in: BeckOGK-UmwG, § 157 Rz. 6; Semler/Stengel/Leonard-*Seulen*, UmwG, § 157 Rz. 5, Lutter-*Schwab*, UmwG, § 157 Rz. 5; Widmann/Mayer-*Mayer*, UmwR, § 156 UmwG Rz. 11.

3) *Giedinghagen* in: KölnKomm-UmwG, § 157 Rz. 5; Lutter-*Schwab*, UmwG, § 157 Rz. 5.

4) Begr. Fraktionsentwurf UmwBerG, BT-Drucks. 12/6699, S. 129; *Giedinghagen* in: KölnKomm-UmwG, § 157 Rz. 6.

5) Widmann/Mayer-*Mayer*, UmwR, § 156 UmwG Rz. 12; Schmitt/Hörtnagl-*Hörtnagl*, UmwG/UmwStG, § 156 UmwG Rz. 3; *Giedinghagen* in: KölnKomm-UmwG, § 157 Rz. 4; *Leitzen* in: BeckOGK-UmwG, § 156 Rz. 10.

IV. Anwendbarkeit weiterer Vorschriften

6 **§ 28 HGB** ist neben § 157 nicht anwendbar, auch wenn dieser in § 133 Abs. 1 Satz 2 erwähnt ist. § 28 HGB betrifft den Fall einer Einbringung im Zuge einer Gesellschaftsgründung, während die Ausgliederung zwangläufig bei Personengesellschaften eine bereits vorher bestehende Personengesellschaft voraussetzt (siehe § 152 Rz. 37 [*Cyglakow*]).[6]

7 Anwendbar sind jedoch **§ 25 und § 26 HGB**, sodass beim Einzelkaufmann insbesondere eine Enthaftung nach § 26 HGB greifen kann, wenn der übernehmende oder neue Rechtsträger für nicht übertragene Verbindlichkeiten aus § 133 Abs. 1 Satz 2 UmwG, § 25 HGB haftet.[7]

---

6) Semler/Stengel/Leonard-*Seulen*, UmwG, § 156 Rz. 18; vgl. Schmitt/Hörtnagl-*Hörtnagl*, UmwG/UmwStG, § 133 UmwG Rz. 18; *Foerster* in: BeckOGK-UmwG, § 133 Rz. 99.

7) Lutter-*Schwab*, UmwG, § 156 Rz. 5; Widmann/Mayer-*Mayer*, UmwR, § 156 UmwG Rz. 12; Schmitt/Hörtnagl-*Hörtnagl*, UmwG/UmwStG, § 156 UmwG Rz. 3.

Dritter Unterabschnitt
Ausgliederung zur Neugründung

§ 158
Anzuwendende Vorschriften

Auf die Ausgliederung zur Neugründung sind die Vorschriften des Zweiten Unterabschnitts entsprechend anzuwenden, soweit sich aus diesem Unterabschnitt nichts anderes ergibt.

Übersicht

I. Allgemeines, anwendbare Vorschriften

1 Der Dritte Unterabschnitt (§§ 158–160) bestimmt, ausgehend von der entsprechenden Anwendung der Vorschriften des Zweiten Unterabschnitts (§§ 153–157), **Besonderheiten der Ausgliederung zur Neugründung.**

2 Die §§ 158 ff. enthalten insoweit **keine abweichenden Vorschriften** zum Zweiten Unterabschnitt (§§ 153–157), sodass sämtliche dieser Vorschriften auch für die Ausgliederung zur Neugründung anwendbar bleiben und die §§ 159, 160 lediglich ergänzend heranzuziehen sind.[1]

3 Zum **Überblick der einzelnen Schritte der Ausgliederung zur Neugründung** siehe § 152 Rz. 69 [*Cyglakow*].

---

1) Semler/Stengel/Leonard-*Seulen*, UmwG, § 158 Rz. 2.

II. Besonderheiten der Ausgliederung zur Neugründung

4 Neben der ausdrücklichen Regelungen in § 159 und § 160 ergeben sich folgende allgemeine Besonderheiten bei der Ausgliederung zur Neugründung:

1. Einordnung als Sachgründung

5 Wie sich bereits auf der Bezugnahme auf die Sachgründungsvorschriften in § 159 Abs. 1 ergibt, stellt die Ausgliederung zur Neugründung systematisch eine **Sachgründung** dar, bei der der **Volleinzahlungsgrundsatz** gilt.[2] Als Sachgründung ist zwingend eine **Sacheinlage** erforderlich (siehe zur Problematik des Sachagios § 152 Rz. 35 [*Cyglakow*]). Im Übrigen sind je nach Kapitalgesellschaftsform die einschlägigen Sachgründungsvorschriften zu beachten; Näheres siehe § 159 Rz. 4 ff. [*Cyglakow*].

6 Da bei der Ausgliederung der übertragende Rechtsträger selbst die Anteile am neuen Rechtsträger erhält (§ 123 Abs. 3 UmwG, siehe bereits bei der Ausgliederung zur Aufnahme § 152 Rz. 33 [*Cyglakow*]), ist der Einzelkaufmann bei einer Ausgliederung zur Neugründung zwangsläufig der **alleinige Gründer** und Empfänger der neuen Anteile. Infolgedessen trägt er auch die **Differenzhaftung**, falls eine Sacheinlage – konkret das ausgegliederte Einzelunternehmen – überbewertet wurde.[3]

2. Möglichkeit der Mischeinlage

7 Trotz Einordnung als Sachgründung ist bei der Ausgliederung zur Neugründung auf eine **GmbH** eine **gemischte Bar- und Sachgründung möglich**. Insoweit besteht bereits bei der üblichen Sachgründung einer GmbH die Möglichkeit einer sog. **„Mischeinlage“**, wonach der Einleger die Wertdifferenz zwischen Mindestkapital und dem Wert der Sacheinlage in Form einer Bareinlage ausgleicht.[4] Für die Ausgliederung eines einzelkaufmännischen Unternehmens zur Neugründung einer GmbH kann aufgrund des Verweises auf die allgemeinen Gründungsvorschriften in § 135 Abs. 2 Satz 1 UmwG nichts anderes gelten.[5] Der Einzelkaufmann kann somit neben den auszugliedernden Vermögensgegenständen des Unternehmens noch eine **weitere Bareinlagen erbringen.**

8 Zudem ist die Möglichkeit der „Mischeinlage“ nicht nur zulässig, um das Mindestkapital von 25.000 € der GmbH zu erbringen, sondern **auch zur Erbringung einer Differenz bei einem frei gewählten höheren Stammkapital** der gegründeten GmbH. Insofern bestehen keine strukturellen Unterschiede.

3. Zustimmungsbeschluss zur Ausgliederung bei neuem Rechtsträger

9 Ein **Zustimmungsbeschluss** ist aufseiten der neu gegründeten Kapitalgesellschaft nicht erforderlich, siehe hierzu § 153 Rz. 12 [*Cyglakow*].

4. Ausgliederungserklärung des Einzelkaufmanns

10 Eine **Ausgliederungserklärung** des Einzelkaufmanns ist neben dem Ausgliederungsplan entbehrlich, siehe hierzu § 153 Rz. 13 [*Cyglakow*].

---

2) BGH, Beschl. v. 11.4.2011 – II ZB 9/10, Rz. 12, NJW 2011, 1883, 1884 = DNotZ 2012, 70.

3) § 9 GmbHG; Lutter-*Schwab*, UmwG, § 159 Rz. 1, 18, 28.

4) Vgl. etwa *Schwandtner* in: MünchKomm-GmbHG, § 5 Rz. 240; Michalski/Heidinger/Leible/J. Schmidt-*Leitzen*, GmbHG, § 5 Rz. 56 m. w. N.

5) OLG Oldenburg, Beschl. v. 29.10.1993 – 5 W 158/93, NJW-RR 1994, 426 = GmbHR 1994, 64 (noch zum alten Recht); Semler/Stengel/Leonard-*Seulen*, UmwG, § 152 Rz. 70; Lutter-*Schwab*, UmwG; § 159 Rz. 17; vgl. Widmann/Mayer-*Mayer*, UmwR, § 152 UmwG Rz. 112.

§ 159
Sachgründungsbericht, Gründungsbericht und Gründungsprüfung

(1) Auf den Sachgründungsbericht (§ 5 Abs. 4 des Gesetzes betreffend die Gesellschaften mit beschränkter Haftung) ist § 58 Abs. 1, auf den Gründungsbericht (§ 32 des Aktiengesetzes) § 75 Abs. 1 entsprechend anzuwenden.

(2) Im Falle der Gründung einer Aktiengesellschaft oder einer Kommanditgesellschaft auf Aktien haben die Prüfung durch die Mitglieder des Vorstands und des Aufsichtsrats (§ 33 Abs. 1 des Aktiengesetzes) sowie die Prüfung durch einen oder mehrere Prüfer (§ 33 Abs. 2 des Aktiengesetzes) sich auch darauf zu erstrecken, ob die Verbindlichkeiten des Einzelkaufmanns sein Vermögen übersteigen.

(3) [1]Zur Prüfung, ob die Verbindlichkeiten des Einzelkaufmanns sein Vermögen übersteigen, hat der Einzelkaufmann den Prüfern eine Aufstellung vorzulegen, in der sein Vermögen seinen Verbindlichkeiten gegenübergestellt ist. [2]Die Aufstellung ist zu gliedern, soweit das für die Prüfung notwendig ist. [3]§ 320 Abs. 1 Satz 2 und Abs. 2 Satz 1 des Handelsgesetzbuchs gilt entsprechend, wenn Anlaß für die Annahme besteht, daß in der Aufstellung aufgeführte Vermögensgegenstände überbewertet oder Verbindlichkeiten nicht oder nicht vollständig aufgeführt worden sind.

Übersicht

I. Allgemeines, Systematik

1 Aus der Bezugnahme auf die Sachgründungsvorschriften in § 159 ergibt sich die **systematische Einordnung** der Ausgliederung zur Neugründung als **Sachgründung** (siehe näher hierzu § 158 Rz. 5 [*Cyglakow*]).

2 **§ 159 Abs. 1** verweist für die Neugründung auf die einschlägigen Vorschriften für den Sachgründungsbericht der Gesellschafter bei der GmbH bzw. den Gründungsbericht bei der AG oder KGaA. Die **Verweisung** hat dabei nur **klarstellenden Charakter**, da sich die Anwendung auf den verwiesenen § 58 Abs. 1 für die GmbH sowie des § 75 Abs. 1 bereits aus den allgemeinen Vorschriften ergibt (§§ 125 Satz 1, 135).[1)]

3 **§ 159 Abs. 2 und Abs. 3** betreffen hingegen lediglich die Ausgliederung zur Neugründung einer AG oder KGaA und **ergänzen** hierfür die **aktienrechtlichen Vorschriften** hinsichtlich der Gründungsprüfung.[2)]

1) Vgl. Schmitt/Hörtnagl-*Hörtnagl*, UmwG/UmwStG, § 159 UmwG Rz. 1.
2) *Leitzen* in: BeckOGK-UmwG, § 159 Rz. 1.

II. Sachgründungsbericht, Gründungsbericht (§ 159 Abs. 1)

1. Zuständigkeit

Zuständig für die Erstellung des Sachgründungsberichts bzw. Gründungsberichts ist der **Einzelkaufmann als „Gründer"** (vgl. § 135 Abs. 2 Satz 2).[3) 4

2. GmbH

§ 159 Abs. 1 verweist für die Ausgliederung zur Neugründung einer GmbH für den erforderlichen **Sachgründungsbericht** unter Bezugnahme auf § 5 Abs. 4 GmbHG ausdrücklich auf die ergänzende Regelung aus § 58 Abs. 1. Weitere, eigene Besonderheiten sieht § 159 Abs. 1 nicht vor. Im Wesentlichen kann deshalb **zum Inhalt** des Sachgründungsberichts und weiterer Einzelheiten auf die Ausführungen zu **§ 58** (siehe § 58 Rz. 5 ff. [*Otte*]) **verwiesen** werden. 5

Da es nach dem Wortlaut des § 58 auf den Geschäftsverlauf und die Lage beim übertragenden Rechtsträger ankommt, sind grundsätzlich auch die **Vermögensverhältnisse im Privatbereich** des Einzelkaufmanns darzulegen.[4) 6

Wird lediglich ein **Unternehmensteil** übertragen sind allein die insoweit einschlägigen Ergebniszahlen ausreichend, da auch lediglich der Unternehmenteil Gegenstand der Sacheinlage ist.[5) 7

Auf den Sachgründungsbericht kann **nicht verzichtet** werden (siehe § 138 Rz. 39 [*Stiegler*]). 8

3. AG oder KGaA

Für die Ausgliederung zur Neugründung einer AG oder KGaA verweist § 159 Abs. 1 hinsichtlich des erforderlichen **Gründungsberichts** unter Bezugnahme auf § 32 AktG auf die ergänzende Regelung aus § 75 Abs. 1 und sieht (wie bei der GmbH, siehe Rz. 5) keine weiteren Besonderheiten vor. Zum **Inhalt** des Gründungsberichts und weiterer Einzelheiten wird auf die Ausführungen zu **§ 75 verwiesen** (siehe § 75 Rz. 5 ff. [*Nolden*]). Aufgrund des Verweises auf § 75 sind i. R. der Darstellung der Lage beim übertragenen Rechtsträger auch die **Vermögensverhältnisse im Privatbereich** des Einzelkaufmanns darzulegen (siehe hierzu auch bei der GmbH Rz. 6 oben (*Cyglakow*)). 9

Auf den Gründungsbericht kann **nicht verzichtet** werden (siehe § 138 Rz. 41 [*Stiegler*]). 10

Zur bei der AG und KGaA erforderlichen **Gründungsprüfung** (§ 33 AktG) vgl. die weiteren Ergänzungen in § 159 Abs. 2 (siehe Rz. 12 f.) und § 159 Abs. 3 (siehe Rz. 14 f.). 11

III. Gründungsprüfung bei AG oder KGaA (§ 159 Abs. 2)

Bei der Neugründung einer AG oder KGaA findet eine interne Gründungsprüfung durch die Mitglieder des Vorstands und des Aufsichtsrats (§ 33 Abs. 1 AktG) und eine externe Gründungsprüfung durch außenstehende, gerichtlich bestellte Prüfer (§ 33 Abs. 2 Nr. 4 AktG) statt. Der Umfang der Prüfung richtet sich nach § 34 AktG. Über diese Anforderungen hinaus **erweitert § 159 Abs. 2 den Prüfungsumfang** bei der Ausgliederung zur Neugründung einer AG oder KGaA insoweit, dass sich die **interne und die externe Prüfung** auch darauf erstrecken muss, ob die Verbindlichkeiten des Einzelkaufmanns sein Vermögen übersteigen. Die Prüfung dient damit zur **Einhaltung des Ausgliederungsverbots bei Überschuldung** (vgl. § 152 Satz 2, siehe dazu näher § 152 Rz. 56 ff. [*Cyglakow*]; 12

---

3) Widmann/Mayer-*Mayer*, UmwR, § 159 UmwG Rz. 4.

4) Vgl. hierzu vertiefend Widmann/Mayer-*Mayer*, UmwR, § 159 UmwG Rz. 4 f.

5) *Leitzen* in: BeckOGK-UmwG, § 159 Rz. 5.

§ 160 Rz. 19 ff. [*Cyglakow*]).[6] Um diese erweiterte Prüfung vornehmen zu können, ist den Prüfern eine **Vermögensaufstellung nach § 159 Abs. 3 vorzulegen**, siehe hierzu näher Rz. 14 ff.

13 Der Prüfungsbericht der Mitglieder des Vorstands und des Aufsichtsrats sowie der Gründungsprüfer ist i. R. der Anmeldung des neuen Rechtsträgers zum Registergericht vorzulegen, § 135 Abs. 2 Satz 1 UmwG, § 37 Abs. 3 Nr. 4 AktG (siehe hierzu § 160 Rz. 18 [*Cyglakow*]).

IV. Vermögensaufstellung (§ 159 Abs. 3)

1. Anwendungsbereich, Adressat

14 Nach § 159 Abs. 3 hat der Einzelkaufmann zur Prüfung, ob die Verbindlichkeiten des Einzelkaufmanns sein Vermögen übersteigen, den Prüfern eine Aufstellung vorzulegen, in der sein Vermögen seinen Verbindlichkeiten gegenübergestellt ist. Diese Regelung gilt nach ihrem Wortlaut („Zur Prüfung") allerdings schon nur bei der **erweiterten Gründungsprüfung**, die nach **§ 159 Abs. 2 lediglich bei der Neugründung einer AG oder KGaA** angeordnet ist (siehe oben Rz. 12). **„Prüfer"** sind damit – trotz einer Mehrdeutigkeit des Wortlauts – nach dem Sinn und Zweck alle die eine „Prüfung" i. S. des § 159 Abs. 2 vornehmen und somit die internen und externen Gründungsprüfer (siehe Rz. 12).[7]

15 Die Vermögensaufstellung erfolgt **nur gegenüber** den Prüfern. Diese stellen anhand der vorgelegten Vermögensaufstellung fest, ob eine ausgliederungshinderliche Überschuldung vorliegt. Allein diese **Feststellung** der Prüfer ist bereits ausreichend.[8] Die Vermögensaufstellung ist daher **nicht als Anlage** zur Ausgliederung beim Handelsregister einzureichen (siehe § 160 Rz. 15 ff. [*Cyglakow*]).[9]

16 In allen **anderen Fällen** genügt regelmäßig schon eine **Erklärung** des Einzelkaufmanns zu keiner Überschuldung und die Vermögensaufstellung nach § 159 Abs. 3 ist nicht erforderlich (siehe zur Erklärung über Nichtvorliegen einer Überschuldung § 154 Rz. 3 [*Cyglakow*]; zum Verbot der Ausgliederung bei Überschuldung siehe § 152 Rz. 56 ff. [*Cyglakow*]). Insbesondere ist mangels planwidriger Regelungslücke § 159 Abs. 3 auch nicht analogiefähig.[10]

2. Inhalt der Aufstellung

17 § 159 Abs. 3 verlangt eine Aufstellung, in der das Vermögen des Einzelkaufmanns seinen Verbindlichkeiten gegenübergestellt wird. Da die Aufstellung zur Prüfung der Einhaltung der **Ausgliederungsverbots bei Überschuldung** dient (vgl. § 152 Satz 2, siehe dazu näher § 152 Rz. 56 ff. [*Cyglakow*]; § 160 Rz. 19 ff. [*Cyglakow*]) muss auch die Aufstellung nach § 159 Abs. 3 auf das **Gesamtvermögen** der ausgliedernden Person abstellen. Es ist das gesamte Unternehmens- und Privatvermögen der Person den gesamten Unternehmens-

6) Schmitt/Hörtnagl-*Hörtnagl*, UmwG/UmwStG, § 159 UmwG Rz. 4.

7) Schmitt/Hörtnagl-*Hörtnagl*, UmwG/UmwStG, § 159 UmwG Rz. 8; Lutter-*Schwab*, UmwG, § 160 Rz. 10; *Giedinghagen* in: KölnKomm-UmwG, § 159 Rz. 10; *Herwig/Böttcher* in: NK-UmwG, § 159 Rz. 9; *Leitzen* in: BeckOGK-UmwG, § 159 Rz. 22; a. A. Widmann/Mayer-*Mayer*, UmwR, § 159 UmwG Rz. 14; Semler/Stengel/Leonard-*Seulen*, UmwG, § 159 Rz. 12 – nur externe Prüfer.

8) Schmitt/Hörtnagl-*Hörtnagl*, UmwG/UmwStG, § 159 UmwG Rz. 9; Semler/Stengel/Leonard-*Seulen*, UmwG, § 159 Rz. 19; Widmann/Mayer-*Mayer*, UmwR, § 159 UmwG Rz. 15.

9) Lutter-*Schwab*, UmwG, § 160 Rz. 10; *Giedinghagen* in: KölnKomm-UmwG, § 159 Rz. 18; *Leitzen* in: BeckOGK-UmwG, § 159 Rz. 23; Henssler/Strohn-*Büteröwe*, GesR, § 159 UmwG Rz. 6; Widmann/Mayer-*Mayer*, UmwR, § 159 UmwG Rz. 15; Schmitt/Hörtnagl-*Hörtnagl*, UmwG/UmwStG, § 159 UmwG Rz. 9.

10) So auch *Leitzen* in: BeckOGK-UmwG, § 159 Rz. 7.

und Privatverbindlichkeiten gegenüberzustellen (siehe hierzu § 152 Rz. 58 [*Cyglakow*]). Entscheidend ist stets das **Gesamtsaldo.** Allein die Schlussbilanz (§§ 125, 17) genügt damit nicht einer Vermögensaufstellung i. S. des § 159 Abs. 3.[11]

Für die **Bewertung** der einzelnen Vermögenspositionen i. R. der Aufstellung sind die **Verkehrswerte** des Gesamtvermögens, nicht die Buchwerte maßgeblich (siehe § 152 Rz. 60 [*Cyglakow*]). Im Übrigen gelten hier die Ausführungen zu § 152 Rz. 58 ff. [*Cyglakow*] entsprechend. 18

Die Vermögensaufstellung ist nach § 159 Abs. 3 Satz 2 zu **gliedern,** soweit dies für die Prüfung und Beurteilung des Registergerichts notwendig ist. In welchen Fällen eine solche Gliederung notwendig ist und Einzelheiten hierzu, schreibt das Gesetz nicht weiter vor. Empfohlen und sinnvoll ist eine Gliederung nach Betriebs- und Privatvermögen[12] und die Kennzeichnung der die Ausgliederung einbezogenen Teile des Privatvermögens.[13] Das Betriebsvermögen sollte zudem wie bei einer Bilanz nach § 266 HGB in Aktiv- und Passivposten gruppiert werden.[14] 19

3. Prüf- und Auskunftsrecht

Durch den **Verweis auf § 320 Abs. 1 Satz 2 und Abs. 2 Satz 1 HGB** können die Prüfer, wenn Anlass für die Annahme besteht, dass in der Aufstellung aufgeführte Vermögensgegenstände überbewertet oder Verbindlichkeiten nicht oder nicht vollständig aufgeführt worden sind, **weitere Nachforschungen** veranlassen. Konkret können diese damit Bücher, Schriften, Vermögensgegenstände und Schulden prüfen (§ 320 Abs. 1 Satz 2 HGB) und alle Aufklärungen und Nachweise verlangen, die für die Prüfung notwendig sind (§ 320 Abs. 2 Satz 1 HGB). 20

---

11) Lutter-*Schwab*, UmwG, § 159 Rz. 11; Schmitt/Hörtnagl-*Hörtnagl*, UmwG/UmwStG, § 159 UmwG Rz. 5; Widmann/Mayer-*Mayer*, UmwR, § 159 UmwG Rz. 12.

12) Lutter-*Schwab*, UmwG, § 159 Rz. 11; Schmitt/Hörtnagl-*Hörtnagl*, UmwG/UmwStG, § 159 UmwG Rz. 7 – „stets erforderlich"; Semler/Stengel/Leonard-*Seulen*, UmwG, § 159 Rz. 16; *Giedinghagen* in: KölnKomm-UmwG, § 159 Rz. 13; *Leitzen* in: BeckOGK-UmwG, § 159 Rz. 38; Widmann/Mayer-*Mayer*, UmwR, § 159 UmwG Rz. 9.

13) Lutter-*Schwab*, UmwG, § 159 Rz. 11; Semler/Stengel/Leonard-*Seulen*, UmwG, § 159 Rz. 16; Kallmeyer-*Sickinger*, UmwG, § 159 Rz. 6.

14) Schmitt/Hörtnagl-*Hörtnagl*, UmwG/UmwStG, § 159 UmwG Rz. 7; *Leitzen* in: BeckOGK-UmwG, § 159 Rz. 38; Semler/Stengel/Leonard-*Seulen*, UmwG, § 159 Rz. 16; Lutter-*Schwab*, UmwG, § 159 Rz. 11.

§ 160
Anmeldung und Eintragung

(1) Die Anmeldung nach § 137 Abs. 1 ist von dem Einzelkaufmann und den Geschäftsführern oder den Mitgliedern des Vorstands und des Aufsichtsrats einer neuen Gesellschaft vorzunehmen.

(2) Die Eintragung der Gesellschaft ist abzulehnen, wenn die Verbindlichkeiten des Einzelkaufmanns sein Vermögen übersteigen.

Literatur: *Gröne*, Die Ausgliederung aus dem Vermögen des Einzelkaufmanns auf die GmbH, RNotZ 2022, 293; *Ihrig*, Gläubigerschutz durch Kapitalaufbringung bei Verschmelzung und Spaltung nach neuem Umwandlungsrecht, GmbHR 1995, 622.

Übersicht

I. Registeranmeldung zur Ausgliederung zur Neugründung (§ 160 Abs. 1)

1. Allgemeines, Anmeldezuständigkeit

1 Die Ausgliederung zur Neugründung bedarf neben einer Anmeldung zum Handelsregister des ausgliedernden e. K. auch einer Anmeldung zur Eintragung des neuen Rechtsträgers.

2 Die **Anmeldung zur Eintragung in das Handelsregister des Einzelkaufmanns** erfolgt durch den Einzelkaufmann selbst und ergibt sich aus der allgemeinen spaltungsrechtlichen Vorschrift des § 137 Abs. 2. Zudem ist das Eintragungshindernis aus § 154 zu beachten (siehe hierzu § 154 Rz. 1 ff. [*Cyglakow*]).

3 Die **Anmeldung zur Eintragung des neuen Rechtsträgers** regelt **§ 160 Abs. 1** (abweichend zu § 137 Abs. 1). Danach erfolgt die Anmeldung des neuen Rechtsträgers durch den Einzelkaufmann selbst und den Geschäftsführern oder den Mitgliedern des Vorstands und des Aufsichtsrats der neuen Gesellschaft. Der Wortlaut stellt im systematischen Vergleich etwa zu § 137 Abs. 1, Abs. 2 und § 16 Abs. 1 nicht auf das „Vertretungsorgan" des neuen Rechtsträgers ab, sodass es nicht ausreichen kann, wenn die Geschäftsführer bzw. Vorstände lediglich in vertretungsberechtigter Anzahl anmelden. Erforderlich ist die Anmeldung durch **sämtliche Geschäftsführer bei der GmbH** bzw. **sämtliche Vorstandsmitglieder und Aufsichtsratsmitglieder bei der AG.**[1)]

4 **Systematisch verdrängt** § 160 Abs. 1 die für die jeweilige Rechtsform des neuen Rechtsträgers geltenden Gründungsvorschriften hinsichtlich der Anmeldezuständigkeit. Dies gilt jedoch nur *soweit* § 160 Abs. 1 tatsächlich eine Regelung enthält. Im Übrigen ist nach § 135 Abs. 2 Satz 1 auf die jeweiligen Gründungsvorschriften abzustellen. Die Regelung in § 160 Abs. 1 selbst ist dabei zunächst **spiegelbildlich zu den jeweiligen spezialgesetzlichen Gründungsvorschriften zur Anmeldung** und **ergänzt** diese um die zusätzliche Anmeldepflicht auch des Einzelkaufmanns. Bei der AG ergibt sich nach den Gründungsvorschriften außerhalb des UmwG die Anmeldepflicht sämtlicher Mitglieder des Vorstands und des Aufsichtsrates parallel aus § 36 Abs. 1 AktG. Die nach § 36 Abs. 1 AktG weiter erforderliche Anmeldung durch die Gründer wird insofern schon nach der allgemeinen Vorschrift des § 135 Abs. 2 Satz 2 durch den Einzelkaufmann ersetzt, der den Gründern gleich steht.[2)] Bei der GmbH ergibt sich die Anmeldepflicht sämtlicher Geschäftsführer bei der Gründung parallel zu § 160 Abs. 1 UmwG aus §§ 7 Abs. 1, 78 GmbHG.

5 Da insoweit § 160 Abs. 1 für die **KGaA** keine Regelung enthält, ist bei der KGaA nach § 135 Abs. 2 Satz 1 UmwG i. V. m. § 283 Nr. 1, § 36 Abs. 1 AktG eine Anmeldung

---

1) *Giedinghagen* in: KölnKomm-UmwG, § 160 Rz. 5; *Leitzen* in: BeckOGK-UmwG, § 160 Rz. 4; *Gröne*, RNotZ 2022, 293, 307; Semler/Stengel/Leonard-*Seulen*, UmwG, § 160 Rz. 2; Lutter-*Schwab*, UmwG, § 160 Rz. 3.

2) Lutter-*Schwab*, UmwG, § 160 Rz. 3; Widmann/Mayer-*Mayer*, UmwR, § 160 UmwG Rz. 3; Semler/Stengel/Leonard-*Seulen*, UmwG, § 160 Rz. 2.

sowohl durch den Einzelkaufmann als auch durch alle persönlich haftenden Gesellschafter und Aufsichtsratsmitglieder erforderlich.[3)]

Verfügt die neuzugründende **GmbH** über einen **Aufsichtsrat (§ 52 GmbHG)**, ist eine Anmeldung durch alle Geschäftsführer ausreichend. Eine Anmeldung auch durch alle Mitglieder des Aufsichtsrates ist nicht erforderlich.[4)] Auch bei der erstmaligen Anmeldung einer GmbH ergibt sich ein solches Erfordernis nicht, selbst wenn die Mitglieder des Aufsichtsrats vor der Eintragung der Gesellschaft ins Handelsregister bestellt sind.[5)] Insbesondere verweist § 52 Abs. 3 GmbH nicht auf § 36 Abs. 1 AktG. Aus § 160 Abs. 1 sind neben der ausdrücklich angeordneten Anmeldepflicht auch des Einzelkaufmanns keine strengeren Anforderungen als in den jeweils gelten Gründungsvorschriften zu entnehmen (siehe oben Rz. 4). Der Wortlaut „Aufsichtsrat" des § 160 Abs. 1 ist einschränkend auszulegen und kann lediglich den Aufsichtsrat nach dem AktG meinen. 6

2. Registeranmeldung aufseiten des e. K.

a) Inhalt

Der Inhalt der Anmeldung zum Registergericht des e. K. bestimmt sich nach den allgemeinen Vorschriften (siehe hierzu § 137 Rz. 12 ff. [*Lubberich*]). 7

Neben der erforderlichen **Erklärung zu keiner Überschuldung** (siehe § 154 Rz. 3 [*Cyglakow*]) aufseiten des e. K. ergeben sich **Besonderheiten zur Schlussbilanz** (siehe hierzu § 154 Rz. 3 [*Cyglakow*]) und der Entbehrlichkeit der **Negativerklärung** (siehe hierzu § 154 Rz. 11 [*Cyglakow*]). 8

b) Einzureichende Anlagen

Der Registeranmeldung aufseiten des e. K. zur Ausgliederung zur Neugründung sind folgende Anlagen – soweit jeweils einschlägig – regelmäßig in elektronisch beglaubigter Abschrift (§ 12 Abs. 1 Satz 1 HGB) beizufügen (siehe auch § 129 Rz. 11 ff. [*Lubberich*])[6)]: 9

- Abschrift des **Ausgliederungsplans** (siehe hierzu § 126, § 136 [*Lubberich*]),
- Nachweis über die fristgemäße **Zuleitung an den Betriebsrat** (siehe hierzu § 153 Rz. 14 ff. [*Cyglakow*]),
- **Schlussbilanz** des einzelkaufmännischen Unternehmens zum Ausgliederungsstichtag (siehe hierzu Rz. 8).

3. Registeranmeldung des neu gegründeten Rechtsträgers

a) Inhalt

Der Inhalt der Anmeldung zum Registergericht des neuen Rechtsträger bestimmt sich zunächst nach den allgemeinen Vorschriften (§§ 137 Abs. 1, 135 Abs. 2) und somit im Wesentlichen nach den **Gründungsvorschriften** der jeweiligen Kapitalgesellschaft (siehe hierzu § 135 Rz. 8 f. [*Lubberich*]).[7)] Im Bezug auf die Ausgliederung ergeben sich hierzu folgende **Besonderheiten:** 10

---

3) Widmann/Mayer-*Mayer*, UmwR, § 160 UmwG Rz. 3.

4) A. A. *Leitzen* in: BeckOGK-UmwG, § 160 Rz. 4.1 – Anmeldung auch durch alle Aufsichtsratsmitglieder für erforderlich haltend.

5) Vgl. Michalski/Heidinger/Leible/J. Schmidt-*Giedinghagen*, GmbHG, § 52 Rz. 127 – lediglich Vorlage der Bestellungsurkunden und Liste sämtlicher Mitglieder erforderlich.

6) S. a. *Gröne*, RNotZ 2022, 293, 309.

7) Widmann/Mayer-*Mayer*, UmwR, § 160 UmwG Rz. 7.1.

11 Die **Erklärung** des Einzelkaufmanns zu **keiner Überschuldung** (siehe hierzu Einzelheiten bei § 154 Rz. 3 [*Cyglakow*]) ist auch i. R. der Registeranmeldung des neuen Rechtsträgers erforderlich (§ 160 Abs. 2).

12 Die **Negativerklärung** nach §§ 135 Abs. 1, 125 Satz 1, **§ 16 Abs. 2 Satz 1** ist beim neuen Rechtsträger mangels eines Beschlusses (siehe § 153 Rz. 12 [*Cyglakow*]) entbehrlich.

13 Bei der Ausgliederung zur Neugründung einer **GmbH** ist eine **Versicherung über die Einlageleistung nach § 8 Abs. 2 GmbHG** nicht erforderlich, da die Einlageleistungen bei der Ausgliederung zur Neugründung nicht im Wege der Einzelrechtsübertragung sondern durch partiellen Gesamtrechtsnachfolge erfolgen.[8] Außerdem kann eine Versicherung nach § 8 Abs. 2 GmbHG zum Zeitpunkt der Anmeldung noch nicht wahrheitsgemäß abgegeben werden, da das ausgegliederte Vermögen bzw. der Vermögensteil des Einzelkaufmanns erst mit der Eintragung der Ausgliederung im Handelsregister als Sacheinlage auf die neu gegründete GmbH übergeht (§ 131 Abs. 1 Nr. 1 Satz 1). Eine solche Versicherung wäre daher lediglich eine zukunftsbezogene Prognose und somit ohne tatsächlichen Wert.

14 Bei der Ausgliederung zur Neugründung einer **AG** oder **KGaA** ist aufgrund der Einordnung als Sachgründung (siehe hierzu § 158 Rz. 5 [*Cyglakow*]) gemäß § 37 Abs. 1 Satz 1 AktG in der Anmeldung zu erklären, dass die Voraussetzungen des § 36a Abs. 2 Satz 3 AktG erfüllt sind, also das auszugliedernde Vermögen dem **Ausgabebetrag der Aktien entspricht.**[9] Die notwendigen Versicherungen über die Einlageleistung bei Bargründung (§§ 37 Abs. 1, 36 Abs. 2 AktG) sind aufgrund der Einordnung als Sachgründung schon nicht einschlägig.[10]

b) Einzureichende Anlagen

15 Der Registeranmeldung des neuen Rechtsträgers sind ebenfalls – soweit jeweils einschlägig – alle in Rz. 9 **genannten Anlagen** beizufügen.[11] Die Beifügung der **Schlussbilanz** des einzelkaufmännischen Unternehmens zum Ausgliederungsstichtag ist jedoch beim neuen Rechtsträger **nicht zwingend erforderlich.** § 17 Abs. 2 (anwendbar über §§ 125 Abs. 1, 135 Abs. 1) betrifft schon dem Wortlaut nach lediglich die Anmeldung beim übertragenden Rechtsträger.[12] Das Registergericht des neuen Rechtsträgers kann jedoch i. R. seiner allg. Prüfungspflicht ggf. die Vorlage der Schlussbilanz des übertragenden Rechtsträgers verlangen.[13]

16 Zudem sind alle nach den **Gründungsvorschriften** der jeweiligen Kapitalgesellschaft erforderlichen Unterlagen beizufügen (siehe hierzu § 135 Rz. 8 ff. [*Lubberich*]).[14] Im Bezug auf die Ausgliederung ergeben sich hierzu folgende **Besonderheiten:**

17 Bei der Ausgliederung zur Neugründung einer **GmbH** ist die **Gesellschafterliste** als Gründungsliste gemäß §§ 8 Abs. 1 Nr. 3, 78 GmbHG, § 135 Abs. 2 UmwG von sämtlichen künftigen Geschäftsführern zu unterzeichnen. Eine Unterzeichnung zusätzlich durch den Einzelkaufmann (für den Fall, dass dieser nicht bereits Geschäftsführer der neuen GmbH

8) Lutter-*Schwab*, UmwG, § 160 Rz. 4.; Widmann/Mayer-*Mayer*, UmwR, § 160 UmwG Rz. 7.1; Semler/Stengel/Leonard-*Seulen*, UmwG, § 160 Rz. 4; *Giedinghagen* in: KölnKomm-UmwG, § 160 Rz. 7; *Leitzen* in: BeckOGK-UmwG, § 160 Rz. 12.1.

9) Widmann/Mayer-*Mayer*, UmwR, § 160 UmwG Rz. 7.1.

10) A. A. *Giedinghagen* in: KölnKomm-UmwG, § 160 Rz. 7 – die Erklärung zur Werthaltigkeit nach § 37 Abs. 1 AktG für erforderlich haltend.

11) S. a. *Gröne*, RNotZ 2022, 293, 309.

12) BayObLG, Beschl. v. 10.12.1998 – 3Z BR 237/98, NZG 1999, 321 = MittBayNot 1999, 304.

13) BayObLG, Beschl. v. 10.12.1998 – 3Z BR 237/98, NZG 1999, 321 = MittBayNot 1999, 304.

14) S. den umfassenden Überblick bei *Limmer* in: Limmer, Hdb. Unternehmensumwandlung, Absch. 3 Kap. 5 Rz. 400 f., und bei *Leitzen* in: BeckOGK-UmwG, § 160 Rz. 12 ff.

ist) kann zwar weder aus § 160 Abs. 1, noch aufgrund des Verweises aus § 135 Abs. 2 Satz 1 UmwG, §§ 8 Abs. 1 Nr. 3, 78 GmbHG gefolgert werden, wird jedoch mangels bisheriger Klärung durch die Rechtsprechung empfohlen.[15] Weiter ist ein **Sachgründungsbericht** (siehe hierzu § 159 Rz. 4 ff. [*Cyglakow*]) nebst Unterlagen über die Werthaltigkeit des übertragenen Vermögens (§§ 159, 138, 135 Abs. 2 UmwG i. V. m. § 8 Abs. 1 Nr. 5 GmbHG; in der Regel Spaltungsbilanz,[16] aber auch z. B. Wertgutachten denkbar) erforderlich.

Bei der Ausgliederung zur Neugründung einer **AG** oder **KGaA** ist der **Gründungsbericht** (§§ 32, 33 AktG; § 144 UmwG i. V. m. § 159 UmwG, siehe hierzu § 159 Rz. 9 f. [*Cyglakow*]) erforderlich sowie die **Prüfungsberichte** der Mitglieder des Vorstands und des Aufsichtsrats als auch der Gründungsprüfer (§ 135 Abs. 2 Satz 1 UmwG, § 37 Abs. 3 Nr. 4 AktG; siehe hierzu § 159 Rz. 13 [*Cyglakow*]). Die Vermögensaufstellung nach § 159 Abs. 3 ist hingegen nicht einzureichen (siehe hierzu § 159 Rz. 15 [*Cyglakow*]). 18

II. Eintragungshindernis bei Überschuldung (§ 160 Abs. 2)

Parallel zu § 154 statuiert § 160 Abs. 2 auch im Falle der Ausgliederung zur Neugründung ein **registerverfahrensrechtliches Gegenstück zum materiellen Verbot** der Ausgliederung bei Überschuldung (§ 152 Satz 2). Während § 154 die Prüfungskompetenz dem Registergericht des Einzelkaufmanns zuschreibt, gewährt § 160 Abs. 2 eine Prüfungskompetenz im Hinblick auf die Überschuldung auch dem Registergericht des neuen Rechtsträgers, sodass eine **doppelte Prüfung** stattfindet.[17] Die Gerichte sind bei der Prüfung unabhängig und nicht gegenseitig an die Annahmen des anderen Gerichts gebunden.[18] 19

Im **Unterschied** zur Regelungsmethodik des § 154 (siehe hierzu § 154 Rz. 3 [*Cyglakow*]), stellt § 160 Abs. 2 nicht darauf ab, dass für die Ablehnung der Eintragung die Überschuldung des Einzelkaufmanns offensichtlich sein muss. Konkret muss *nach* Prüfung des Registergerichts für eine Ablehnung der Eintragung die Überschuldung nicht zweifelsfrei feststehen, die Hürde der „Offensichtlichkeit" greift insofern nicht (siehe im Unterschied zu § 154 dort bei Rz. 3 [*Cyglakow*]). Für eine Ablehnung reichen bereits nicht widerlegte Anhaltspunkte für die Überschuldung.[19] Zudem hat das Registergericht anders als bei § 154 im Falle der Neugründung bereits aufgrund der Unterlagen zur Anmeldung (siehe Rz. 15 ff.) weitergehende Nachweise, insoweit steht dem Registergericht der Gründungsbericht samt Werthaltigkeitsnachweisen (siehe hierzu § 159 Rz. 4 ff. [*Cyglakow*]) zur Verfügung und bei der AG sowie bei der KGaA enthält auch der Prüfungsbericht Feststellungen zur Überschuldung, da insofern den Prüfern eine Vermögenaufstellung nach § 159 Abs. 3 vorzulegen war (siehe hierzu § 159 Rz. 12 [*Cyglakow*]). 20

Für die Beurteilung der Überschuldung ist registerverfahrensrechtlich wie bei § 154 auf den **Zeitpunkt des Wirksamwerdens der Ausgliederung** (§ 131 Abs. 1) mit Eintragung im Handelsregister beim Einzelkaufmann abzustellen (siehe zum Zeitpunkt bei § 152 21

---

15) *Leitzen* in: BeckOGK-UmwG, § 160 Rz. 12.3; *Gröne*, RNotZ 2022, 293, 309 (in Fn. 229); *Limmer* in: Limmer, Hdb. Unternehmensumwandlung, Absch. 3 Kap. 5 Rz. 403.

16) S. oben Rz. 15, Schlussbilanz nicht zwingend erforderlich, kann aber i. R. der Prüfung der Werthaltigkeit erforderlich sein.

17) *Giedinghagen* in: KölnKomm-UmwG, § 160 Rz. 11.

18) *Leitzen* in: BeckOGK-UmwG, § 160 Rz. 18; Schmitt/Hörtnagl-*Hörtnagl*, UmwG/UmwStG, § 160 UmwG Rz. 4; *Giedinghagen* in: KölnKomm-UmwG, § 160 Rz. 11.

19) Semler/Stengel/Leonard-*Seulen*, UmwG, § 160 Rz. 8; *Giedinghagen* in: KölnKomm-UmwG, § 160 Rz. 10; Lutter-*Schwab*, UmwG, § 160 Rz. 8; anders *Leitzen* in: BeckOGK-UmwG, § 160 Rz. 23 – Ablehnung der Eintragung nur bei Feststellung der Überschuldung.

Rz. 59 [*Cyglakow*], siehe auch § 154 Rz. 5 [*Cyglakow*]).[20] Diese folgt zeitlich nach der Eintragung des neuen Rechtsträgers, sodass teilweise – zumindest bei konkreten Anhaltpunkten für Veränderungen – die Möglichkeit einer Nachtragsprüfung des Registergerichts des Einzelkaufmanns angenommen wird.[21]

20) Semler/Stengel/Leonard-*Seulen*, UmwG, § 160 Rz. 10; *Leitzen* in: BeckOGK-UmwG, § 160 Rz. 21; Henssler/Strohn-*Büteröwe*, GesR, § 160 UmwG Rz. 3; *Giedinghagen* in: KölnKomm-UmwG, § 160 Rz. 12; Kallmeyer-*Zimmermann*, UmwG, § 160 Rz. 6; vgl. zur GmbH auch BGH, Urt. v. 9.3.1981 – II ZR 54/80, BGHZ 80, 129, 136 = NJW 1981, 1373.

21) *Leitzen* in: BeckOGK-UmwG, § 160 Rz. 21; Lutter-*Schwab*, UmwG, § 160 Rz. 6, 16; *Ihrig*, GmbHR 1995, 622, 638; *Giedinghagen* in: KölnKomm-UmwG, § 160 Rz. 11 – m. Einzelheiten zum Meinungsstand.

Achter Abschnitt
Ausgliederung aus dem Vermögen rechtsfähiger Stiftungen

§ 161
Möglichkeit der Ausgliederung

Die Ausgliederung des von einer rechtsfähigen Stiftung (§ 80 des Bürgerlichen Gesetzbuchs) betriebenen Unternehmens oder von Teilen desselben aus dem Vermögen dieser Stiftung kann nur zur Aufnahme dieses Unternehmens oder von Teilen dieses Unternehmens durch Personenhandelsgesellschaften oder Kapitalgesellschaften oder zur Neugründung von Kapitalgesellschaften erfolgen.

Literatur: *Cranshaw*, Umwandlung von Stiftungen, npoR 2024, 93; *Dahlmanns*, Errichtung einer rechtsfähigen Stiftung – zugleich Modell der Unternehmensnachfolge, RNotZ 2020, 417; *Feick/Schwalm/Schwind*, Anmeldung und Eintragung der (vermögensverwaltenden) GbR in das Gesellschaftsregister, ZEV 2024, 146; *Gantenbrink/Plottek*, Zusammenlegung/Zulegung vs. Anfallberechtigter: Weiter konfliktreich, ZStV 2017, 211; *Hüttemann/Rawert*, Ausdrücklicher und mutmaßlicher Stifterwille. Zur Dogmatik des neuen § 83 BGB, AcP 222 (2022), 301; *Lieder*, Die Umwandlung eingetragener BGB-Gesellschaften nach dem modernisierten Umwandlungsgesetz, NotBZ 2024, 361; *Muscheler*, Auflösung und Aufhebung der Stiftung, JZ 2024, 322; *Orth*, Stiftungsrechtsreform: Bedeutung des Stiftungsregisters für das Transparenzregister, BB 2020, 2512; *Raupach/Böckstiegel*, „Umwandlungen" bei der Rechtsformwahl gemeinnütziger Organisationen, in: Festschrift für Siegfried Widmann, 2000, S. 459; *Schauer*, Zulegung und Zusammenlegung von Stiftungen nach neuem Recht, ZEV 2022, 512; *Schauer*, Stellungnahme zu den Regelungen des Referentenenwurfs zur Zu- und Zusammenlegung, npoR 2021, 35; *Scherer/Schwalm*, Waghalsige Stiftungskonstruktionen, NZG 2021, 1425; *Schwalm*, Die neuen und reformierten Register: Transparenzregister, Lobbyregister, Zuwendungsempfängerregister, Stiftungsregister, npoR 2024, 50; *Schwalm*, Das neue Stiftungsrecht – Ein Kompendium zur Stiftungsrechtsreform (auch) für die notarielle Praxis, (Teil 1) NotBZ 2022, 81 und (Teil II) NotBZ 2022, 121; *Schwalm*, Stiftungsrechtsreform ante portas? – Kernbotschaften für die Stiftungspraxis, ZEV 2021, 68; *Schwalm*, Das Transparenzregister im stiftungsrechtlichen Kontext – Alte und neue Herausforderungen (auch) nach der GwG-Novelle, ZStV 2020, 52; *Werner*, Outsourcing – Chancen, Risiken und Grenzen, ZStV 2010, 210.

Übersicht

I. Allgemeines

1. Normzweck und Systematik

§§ 161 ff. regeln die Umwandlungsmöglichkeiten nach dem UmwG unter Beteiligung einer rechtsfähigen Stiftung bürgerlichen Rechts.[1)] § 161 stellt dabei die „Grundnorm" dar. Allein zulässige Form einer Umwandlung der Stiftung nach dem UmwG ist die Beteiligung an einer Spaltung und dabei auch nur in Form der **Ausgliederung aus dem Betriebsvermögen der Stiftung als übertragender Rechtsträger** zur Aufnahme oder zur Neugründung einer Handelsgesellschaft.[2)] Zentraler Grund dieser engen **Begrenzung auf nur eine singuläre Umwandlungsoption** ist die besondere Struktur der Stiftung: Weil die Stiftung eine mitgliederlose Rechtsform ist und demzufolge keinerlei Anteilseigner hat, kommt für sie von vornherein nur die Beteiligung an solchen Umwandlungsvorgängen in Betracht, bei denen die Gegenleistung (Anteile am aufnehmenden Rechtsträger) dem übertragenden und fortbestehenden Rechtsträger selbst (der Stiftung) zugewiesen werden.[3)] Dies sieht das UmwG aber lediglich im Falle einer Spaltung in Form der Ausgliederung vor.[4)] Für andere Umwandlungsvorgänge (Verschmelzung, Aufspaltung, Abspaltung oder Rechtsformwechsel) bestimmt das UmwG, dass die Anteile des übernehmenden Rechtsträgers auf die Anteilseigner des übertragenden Rechtsträgers übergehen, die bei der Stiftung gerade fehlen.[5)] Dementsprechend kommt die Stiftung in den allgemeinen Katalogen der umwandlungsfähigen Rechtsträger (§ 3) auch nicht vor. **Andere Umstrukturierungsmaßnahmen** bzw. „Umwandlungsmöglichkeiten" **der Stiftung außerhalb des UmwG** bleiben davon **unberührt** (siehe dazu Rz. 72) 1

Mit der Schaffung der §§ 161 ff. eröffnete der Gesetzgeber Stiftungen letztlich die Möglichkeit, das eigene Betriebsvermögen in eine **Kapital- oder Personenhandelsgesellschaft** einzubringen und sich so auf die **Rolle einer Muttergesellschaft bzw. Holding** zurückzuziehen, ohne dabei die eigene Existenz zu gefährden. Nach der stiftungsrechtlichen 2

1) Soweit nicht anderweitig qualifiziert meint Stiftung nachfolgend stets die rechtsfähige Stiftung bürgerlichen Rechts i. S. des §§ 80 ff. BGB.
2) Semler/Stengel/Leonard-*Stengel*, UmwG, § 161 Rz. 1.
3) Begr. Fraktionsentwurf UmwBerG, BT-Drucks. 12/6699, S. 130.
4) *Krüger* in: BeckOGK-UmwG, § 161 Rz. 1.
5) Begr. Fraktionsentwurf UmwBerG, BT-Drucks. 12/6699, S. 130; *Leuering* in: KölnKomm-UmwG, § 161 Rz. 2; *O. Schmidt* in: HK-UmwG, § 161 Rz. 3.

Anschauung transformiert sich dabei eine **Unternehmensträgerstiftung** in eine **Unternehmensbeteiligungsstiftung** bzw. Beteiligungsträgerstiftung.[6] Gleichzeitig sollte dadurch unternehmenstragenden Stiftungen ermöglicht werden, ihr Unternehmen in einer geeigneteren, weil dem modernen Wirtschaftsverkehr angepassten (Rechts-)Form weiterzubetreiben.[7] Daneben kann die Ausgliederung auch als potentieller Schutzmechanismus zum Schutz der Stiftung vor weitergehenden Haftungsgefahren in Betracht kommen, namentlich dann, wenn das von der Stiftung betriebene Unternehmen, also das „unternehmerische Stiftungsvermögen", das übrige Stiftungsvermögen und somit den Fortbestand der ganzen Stiftung gefährdet.[8]

3 Die **Begrenzung** der Stiftung auf die Rolle des nur übertragenden Rechtsträgers war bei der Einführung der §§ 161 ff. **rechtspolitisch explizit gewollt.**[9] Der Gesetzgeber hat dem im Gesetzgebungsverfahren vorgebrachten Wunsch, der Stiftung auch als übernehmender Rechtsträger verschiedene Möglichkeiten der Umwandlung zu eröffnen, bewusst nicht entsprochen. Maßgeblich beruhte die Absage an eine Weiterung der Umwandlungsmöglichkeiten auf der Überlegung, dass die Rechtsform der Stiftung ursprünglich nicht als Träger von Unternehmen konzipiert war. Deren Eignung als **tauglicher Unternehmensträger** begegnete früher ähnlichen Bedenken, wie sie auch in Bezug auf den wirtschaftlichen Verein als übernehmenden Rechtsträger bestanden: Hier wie dort fehle es – so die Kritik – an einer ausreichenden Einbindung in das handels- sowie **gesellschaftsrechtliche Regelungs- und Schutzsystem** (etwa in Sachen Rechnungslegung oder der Kapitalaufbringung und -erhaltung). Bei der Stiftung wögen diese Bedenken sogar besonders schwer, da es hier angesichts der mitgliederlosen Organisationsstruktur an einer effektiven Kontrolle der Unternehmensleitung durch Anteilseigener oder vergleichbar interessierter Akteure fehle.[10]

4 Aus originär stiftungsrechtlicher Sicht sind die Bedenken jedenfalls heute unbegründet, denn inzwischen ist das Prinzip der **„gemeinwohlkonformen Allzweckstiftung"**[11] mit dem Placet des Gesetzgebers anerkannt, wonach sich eine Stiftung ohne Weiteres auch als Unternehmensträgerin betätigen darf und ein gebundener Anspruch auf Anerkennung der Stiftung in Ermangelung eines Anerkennungshindernisses (vgl. § 82 BGB) besteht.[12] Solange das UmwG den Kreis der Umwandlungsmöglichkeiten nicht erweitert, bleibt es dabei, dass sich eine Stiftung nur als übertragender Rechtsträger i. R. einer Ausgliederung an einer Umwandlung nach dem UmwG beteiligen kann. De lege lata beschränkt sich der Anwendungsbereich des **§ 161** auf die sog. **Unternehmensträgerstiftung.**[13]

2. Regelungsregime

5 Das Regelungsregime betreffend den Vorgang der Ausgliederung von Stiftungsvermögen ergibt sich zum einen aus den **rechtsformspezifischen Spezialvorschriften** der §§ 161–167 sowie zum anderen aus den **allgemeinen Spaltungsregeln** der §§ 123–127.[14] Ergänzt

6) Begr. RegE UmwBerG z. §§ 124, 161, BR-Drucks. 75/94, S. 117, 131; *Krüger* in: BeckOGK-UmwG, § 161 Rz. 2; Lutter-*Seyfarth*, UmwG, § 161 Rz. 1; *Leuering* in: KölnKomm-UmwG, § 161 Rz. 2a.

7) Lutter-*Seyfarth*, UmwG, § 161 Rz. 1; Semler/Stengel/Leonard-*Stengel*, UmwG, § 161 Rz. 11.

8) Ähnl. *Dahlmanns*, RNotZ 2020, 417, 424.

9) Begr. RegE UmwBerG z. § 124, BR-Drucks. 75/94, S. 117; *Leuering* in: KölnKomm-UmwG, § 161 Rz. 2a; Semler/Stengel/Leonard-*Stengel*, UmwG, § 161 Rz. 10 ff.

10) Begr. Fraktionsentwurf UmwBerG z. §§ 3, 124 UmwG, BT-Drucks. 12/6699, S. 81, 116.

11) *Dutta* in: Richter, StiftR, § 5 Rz. 5.

12) S. nur Semler/Stengel/Leonard-*Stengel*, UmwG, § 161 Rz. 16.

13) Ganz h. A., s. nur Semler/Stengel/Leonard-*Stengel*, UmwG, § 161 Rz. 1; *Leuering* in: KölnKomm-UmwG, § 161 Rz. 13; A. A. *Raupach/Böckstiegel* in: FS Widmann, S. 459, 485 f.

14) Henssler/Strohn-*Wamser*, GesR, § 161 UmwG Rz. 1; *Leuering* in: KölnKomm-UmwG, § 161 Rz. 3.

werden die Spaltungsregeln durch die Generalverweisungen in § 125 und § 135 Abs. 1 auf das Recht über die Verschmelzung. Im Übrigen ist, wie § 135 Abs. 2 klarstellt, das **Gründungsrecht** des jeweiligen aufnehmenden Rechtsträgers zu beachten.[15)]

Ideen- und entwicklungsgeschichtlich ist das Regelungsregime in §§ 161 ff. an dasjenige in §§ 152 ff. zur Ausgliederung von Vermögen des Einzelkaufmanns angelehnt. Die dortigen Vorschriften können daher grundsätzlich – freilich mit Bedacht – zur Auslegung und zum Verständnis herangezogen werden.[16)] 6

Für die Stiftung als Ausgliederungssubjekt gelten schließlich noch das **bürgerlich-rechtliche Stiftungsrecht** in §§ 80 ff. BGB sowie ergänzend das Stiftungsrecht der Länder über die 16 **Landesstiftungsgesetze,** wobei das Stiftungszivilrecht mit dem am 16.7.2021 verkündeten und überwiegend zum 1.7.2023 in Kraft getretenen StiftRVEG[17)] nunmehr abschließend in den §§ 80 ff. BGB geregelt ist; die Landesstiftungsgesetze sind daher zu reinen Aufsichtsgesetzen „degeneriert".[18)] 7

3. Besonderes Spannungsfeld zwischen Stiftungsrecht und Umwandlungsrecht

Stiftungsrecht und Umwandlungsrecht stehen in einem **latenten Spannungsverhältnis** zueinander. Aus der umwandlungsrechtlichen Zulässigkeit einer Maßnahme darf niemals ohne Weiteres auf die stiftungsrechtliche Zulässigkeit geschlossen werden. Wenngleich es stiftungsrechtlich de lega lata weder ein Ausgliederungsverbot noch allgemeinverbindliche Ausgliederungsbeschränkungen gibt, ist stets – vorgreiflich – zu prüfen, ob und in welchem Ausmaß die Ausgliederung stiftungsrechtlich überhaupt zulässig ist.[19)] **Stiftungsrechtliche Grenzen** können sich insbesondere aus dem Stiftungsgeschäft und der **Stiftungssatzung**, die richtigerweise Teil des Stiftungsgeschäfts ist, was inzwischen in § 81 Abs. 1 BGB auch zum Ausdruck kommt („Im Stiftungsgeschäft muss der Stifter [Nr. 1] der Stiftung eine Satzung geben […]"), ergeben. Ferner sind die Stiftungsorgane und Stiftungsbehörden bei allen Maßnahmen und Entscheidungen streng an den maßgeblichen **Stifterwillen** gebunden (vgl. § 83 Abs. 2 BGB); spricht der ermittelbare tatsächliche, hilfsweise der mutmaßliche Stifterwille gegen eine Ausgliederung, so darf diese nicht durchgeführt werden. 8

Eine wichtige, dogmatisch betrachtet die wichtigste „natürliche" Grenze setzt der vom Stifter festgelegte **Stiftungszweck**; er bildet gemeinsamen mit dem Stiftungsvermögen und der Stiftungsorganisation die konstitutiven Merkmale der Stiftung (**„Stiftungstrias"**).[20)] Dem Stiftungszweck, dem **„Herzstück" der Stiftung,**[21)] wird stiftungsrechtlich – vereinfacht gesagt – alles andere, das dogmatisch nur dienenden Charakter zur Erfüllung des vom Stifter vorgegebenen Stiftungszwecks hat, untergeordnet.[22)] 9

Ist der Stiftungszweck etwa der unmittelbare Betrieb eines bestimmten Unternehmens, so würde die Ausgliederung des Unternehmens aus dem Vermögen der Stiftung isoliert 10

15) *Leuering* in: KölnKomm-UmwG, § 161 Rz. 3.

16) Begr. RegE UmwBerG, BR-Drucks. 75/94, S. 130; Henssler/Strohn-*Wamser*, GesR, § 161 UmwG Rz. 1; *Leuering* in: KölnKomm-UmwG, § 161 Rz. 5; Schmitt/Hörtnagl-*Hörtnagl*, UmwG/UmwStG, Vor § 161 UmwG Rz. 1.

17) Gesetz zur Vereinheitlichung des Stiftungsrechts und zur Änderung des Infektionsschutzgesetzes (StiftRVEG), v. 16.7.2021, BGBl. I 2021, 2947.

18) *Schwalm*, NotBZ 2022, 81, 82.

19) *Leuering* in: KölnKomm-UmwG, § 161 Rz. 22a; Semler/Stengel/Leonard-*Stengel*, UmwG, § 161 Rz. 8 f.; Henssler/Strohn-*Wamser*, GesR, § 161 UmwG Rz. 3; Lutter-*Seyfarth*, UmwG, § 161 Rz. 43 ff.

20) Statt aller *Fischer/Nissel* in: Werner/Saenger/Fischer, Die Stiftung, § 7 Rz. 1.

21) VG Ansbach, Urt. v. 16.3.2021 – AN 10 K 19.00766, ZStV 2021, 215, 219, m. Anm. *Schwalm*.

22) *Fischer/Nissel* in: Werner/Saenger/Fischer, Die Stiftung, § 7 Rz. 1.

betrachtet zur **Unmöglichkeit** der dauernden und nachhaltigen **Zweckerfüllung** führen. Wäre dieser Zustand „endgültig" und kann die Stiftung in diesem Fall durch eine vorrangige Satzungsänderung nicht so umgestaltet werden, dass sie ihren Zweck wieder dauernd und nachhaltig erfüllen kann, was kaum je der Fall sein dürfte, liegt ein – schlussendlich zwingender – **Auflösungsgrund** vor (vgl. § 87 Abs. 1 BGB); wird die Auflösung in einem solchen Fall nicht unverzüglich von den zuständigen Stiftungsorganen beschlossen, so kann – regelmäßig: muss – die zuständige Stiftungsbehörde die Aufhebung der Stiftung verfügen (§ 87a BGB). Wird eine Stiftung erst einmal in die **Abwicklungsphase** (Liquidation) übergeleitet, so ist dies – anders als bei Gesellschaften, bei denen zumindest bis zu einem bestimmten Punkt eine Fortführung beschlossen werden kann – ein grundsätzlich irreversibler Zustand, der die Stiftung zwangsläufig zur Vollbeendigung führt (siehe näher dazu auch Rz. 32).

11 Wird eine Ausgliederung stiftungsrechtlich **unzulässig durchgeführt**, so berührt das die Wirksamkeit der Umwandlungsmaßnahme nach ihrer Durchführung grundsätzlich nicht; § 131 Abs. 2 sorgt für einen weitreichenden Bestandsschutz. Es ist aber stets zu bedenken, dass eine **„fehlerhafte Ausgliederung"** ungeachtet der Gefahr einer **Organhaftung** zu beträchtlichen, ja ggf. sogar **existenzgefährdenden Konsequenzen** für die Stiftung führen kann. Sollte einmal eine Ausgliederung unter Beteiligung einer Stiftung in Betracht gezogen werden, so sollte stets auch stiftungsrechtliche Expertise herangezogen werden. **Gestaltungsfehler**, die sich auf den Bestand und die Ausgestaltung der Stiftung auswirken, sind aufgrund stiftungsspezifischer Besonderheiten erfahrungsgemäß besonders schwer reversibel.[23] Alle Regelungen der §§ 161 ff. sind daher stets (auch) im Lichte des Stiftungsrechts zu reflektieren.

12 Im Einzelfall können die Voraussetzungen für eine auf Ebene der Stiftung im Status quo an und für sich unzulässige Ausgliederung ggf. durch **vorgreifliche Maßnahmen** (Umstrukturierungsmaßnahmen wie Satzungsänderungen, Schaffung von Eintragungsvoraussetzungen einer Handelsregistereintragung etc.) geschaffen werden. Nicht jede Ausgliederung geht zwingend mit einer Satzungsänderung einher und wird auch nicht „vollwertig" als solche behandelt;[24] soweit § 163 Abs. 1 auf die Regelungen für Satzungsänderungen verweist, werden in Ermangelung speziellerer Regelungen für die Ausgliederung die **Regelungen über Satzungsänderungen** für den Ausgliederungsbeschluss für entsprechend anwendbar erklärt.

13 Die **praktische Bedeutung** der Ausgliederung i. S. der §§ 161 ff. bleibt aber weiterhin gering: Einerseits ist der Anwendungsbereich eng, andererseits organisieren sich die meisten Stiftungen als **Beteiligungsträgerstiftung** und nehmen somit das Ergebnis einer Ausgliederung – Schaffung einer Mutter-Tochter-Struktur, in der die Tochtergesellschaft das Unternehmen betreibt – vorweg, indem die Beteiligungen bei Errichtung i. R. sog. Vermögenswidmung oder durch spätere Zuwendung, regelmäßig durch Zustiftung, eingebracht werden. Neben haftungsrechtlichen Gesichtspunkten spricht vor allem auch die **Flexibilität** eher für die Beteiligungsträgerstiftung;[25] da ein Unternehmen hinreichende Flexibilität benötigt, die Rechtsform Stiftung aber vergleichsweise unflexibel ist, etwa weil jede Satzungsänderung zwingend behördlich genehmigt werden muss (arg. e § 85a Abs. 1 Satz 2 BGB), drängt sich die Ausgestaltung als Unternehmensträgerstiftung – vorbehaltlich der Schaffung eines eigenen „Unternehmensrechts" der Stiftung respektive eines Stiftungssonderrechts für unternehmenstragende Stiftungen – nicht auf.

23) Vgl. *Schwalm*, NotBZ 2022, 81, 83; *Scherer/Schwalm*, NZG 2021, 1425.

24) A. A. wohl *Cranshaw*, npoR 2024, 93, 95 – „Die Ausgliederung wird in der Stiftung als Satzungsänderung behandelt (§ 163 Abs. 1 UmwG i. V. m. §§ 85, 85a BGB)".

25) *Dahlmanns*, RNotZ 2020, 417, 424.

II. Stiftung als Beteiligte an Umwandlungsvorgängen

14 Die Beteiligungsmöglichkeiten der Stiftung an Umwandlungsvorgängen sind gemäß § 161 an vergleichsweise strenge Vorgaben geknüpft. Die Ausgliederungsfähigkeit der Stiftung ergibt sich – im Gegensatz zu den meisten anderen spaltungsfähigen Rechtsträgern – nicht unmittelbar aus § 124 i. V. m. § 3, da die Stiftung im dortigen Katalog umwandlungsfähiger Rechtsträger nicht aufgeführt ist. Allerdings ergibt sich aus § 124 Abs. 1 die grundsätzliche Beteiligungsfähigkeit der Stiftung an einer Ausgliederung als **übertragender Rechtsträger.**

15 § 161 präzisiert dies weiter und benennt Voraussetzungen der **Stiftung als taugliches Ausgliederungssubjekt**; daneben finden sich auch ungeschriebene Tatbestandsmerkmale, die die Umwandlungsmöglichkeiten der Stiftung weiter einschränken. Taugliches Ausgliederungssubjekt kann die Stiftung nur nach folgenden Kriterien sein:

- Die Stiftung muss als übertragender Rechtsträger auftreten (siehe Rz. 16),
- sie muss eine rechtsfähige Stiftung des bürgerlichen Rechts sein (siehe Rz. 17 ff.),
- sie muss unter ihrer Firma ein Unternehmen betreiben (siehe Rz. 25) und
- muss nach § 33 HGB im Handelsregister eingetragen sein (siehe Rz. 26 ff.).[26]

1. Rolle als übertragender Rechtsträger

16 Während das ursprüngliche Umwandlungsrecht eine Beteiligung der Stiftung an einer Umwandlung bzw. Spaltung noch nicht vorgesehen hatte, sieht das reformierte Umwandlungsrecht nunmehr entsprechende – wenn auch stark eingeschränkte – Möglichkeiten vor.[27] Anerkannt wurde ein Regelungsbedürfnis für die Übertragung eines Stiftungsunternehmens in eine Handelsgesellschaft.[28] Dementsprechend ermöglicht § 161 ausnahmsweise die Beteiligung der Stiftung an einer Spaltung in Form einer Ausgliederung, sofern die Stiftung als der übertragende Rechtsträger auftritt. Als übernehmender Rechtsträger kommt die Stiftung nach dem UmwG weiter nicht in Betracht.[29] Im Ergebnis ist die Stiftung ein **„übernahmefeindlicher Rechtsträger"** nach dem UmwG.

2. Rechtsfähige Stiftung des bürgerlichen Rechts

17 § 161 spricht von einer rechtsfähigen Stiftung und verweist auf **§ 80 BGB**, also die **rechtsfähige Stiftung des bürgerlichen Rechts**. Nur diese Form der Stiftung ist von § 161 erfasst.[30] Die rechtsfähige Stiftung des bürgerlichen Rechts wird seit dem 1.7.2023 in § 80 Abs. 1 Satz 1 BGB erstmals **legaldefiniert**, und zwar als eine mit einem Vermögen zur dauernden und nachhaltigen Erfüllung eines vom Stifter vorgegebenen Zwecks ausgestattete, mitgliederlose juristische Person.[31]

18 Nach § 80 Abs. 1 Satz 2 BGB wird die Stiftung in der Regel auf unbestimmte **Zeit** errichtet, kann aber auch auf bestimmte Zeit errichtet werden, innerhalb derer ihr gesamtes Vermögen zur Erfüllung ihres Zwecks zu verbrauchen ist (sog. Verbrauchsstiftung). Der

26) S. a. *Krüger* in: BeckOGK-UmwG, § 161 Rz. 12 ff.

27) *Krüger* in: BeckOGK-UmwG, § 161 Rz. 2.

28) Begr. RegE UmwBerG z. §§ 124, 161, BR-Drucks. 75/94, S. 117, 131; *Krüger* in: BeckOGK-UmwG, § 161 Rz. 2.

29) *Leuering* in: KölnKomm-UmwG, § 161 Rz. 2a; Semler/Stengel/Leonard-*Stengel*, UmwG, § 161 Rz. 4 ff.; Schmitt/Hörtnagl-*Hörtnagl*, UmwG/UmwStG, § 161 UmwG Rz. 1.

30) Semler/Stengel/Leonard-*Stengel*, UmwG, § 161 Rz. 17; *Leuering* in: KölnKomm-UmwG, § 161 Rz. 7 f.; Henssler/Strohn-*Wamser*, GesR, § 161 UmwG Rz. 1; Schmitt/Hörtnagl-*Hörtnagl*, UmwG/UmwStG, § 161 UmwG Rz. 12.

31) *Schwalm*, NotBZ 2022, 81, 83.

gesetzliche Idealtypus ist damit weiterhin die „Ewigkeitsstiftung", der **Ausnahmetypus** die (Voll-)Verbrauchsstiftung.[32] Die Verbrauchsstiftung spielt im Zusammenhang mit der Ausgliederung nach §§ 161 ff. keine Rolle, da sog. Unternehmensträgerstiftungen grundsätzlich nicht (sinnvoll) als Verbrauchsstiftung ausgestaltet werden können.[33] Allgemein ist die Stiftung geprägt durch die besondere Verknüpfung von Zweck und Vermögen und durch ihre mitglieder- bzw. eigentümerlose Organisation.[34]

19 Von der nach § 161 exklusiv erfassten rechtsfähigen Stiftung des bürgerlichen Rechts **abzugrenzen** sind **weitere Stiftungsformen**, insbesondere

- nicht-rechtsfähige Stiftungen (sog. unselbstständige Stiftungen)
- Stiftungskörperschaften (Stiftungsvereine und -gesellschaften)
- Stiftungen des öffentlichen Rechts und
- kirchliche Stiftungen (je nach Ausgestaltung).

20 **Nicht-rechtsfähige Stiftungen** ähneln zwar ihrer Struktur nach rechtsfähigen Stiftungen und weisen eine „funktionale Äquivalenz" zu diesen auf, erlangen aber selbst keine eigene Rechtspersönlichkeit.[35] Handlungsfähig ist die nicht-rechtsfähige Stiftung ausschließlich über den sog. **Stiftungsträger** (deshalb: **unselbstständige Stiftung**), der jede rechtsfähige Person (eine natürliche oder juristische Person oder – theoretisch – auch eine rechtsfähige Personengesellschaft) sein kann. Bei der nichtrechtsfähigen (unselbstständigen) Stiftung werden Vermögenswerte vom Stifter auf einen rechtsfähigen Stiftungsträger übertragen.

21 Nicht selten wird die Rechtsbeziehung zwischen Stifter und Stiftungsträger als **Treuhand oder treuhandähnliches Geschäft** ausgestaltet; das Stiftungsvermögen wird dann vom Stiftungsträger treuhänderisch von diesem **als wirtschaftliches Sondervermögen** verwaltet (Treuhändergeschäft) und dauerhaft zur Verfolgung des vorgegebenen Stiftungszwecks verwendet.[36] Alternativ kommt etwa auch eine **Ausgestaltung als Schenkung unter Auflage** in Betracht; für den „Auflagenvollzug" greifen dann die Regelungen, die zwischen Stifter und Stiftungsträger in einem Stiftungsvertrag vereinbart worden sind. Die nicht-rechtsfähige Stiftung erhält auch eine „Satzung"; dogmatisch handelt es sich in Ermangelung einer eigenen Rechtspersönlichkeit der unselbständigen Stiftung um besondere vertragliche Absprachen, die aus dem Stiftungsvertrag herrühren.

22 Außerhalb des Anwendungsbereichs von § 161 stehen auch sog. **Stiftungskörperschaften**. Dabei handelt es nicht um Stiftungen im Rechtssinne, sondern um körperschaftlich verfasste Rechtsträger, insbesondere (aber nicht zwingend nur) Vereine oder GmbHs, die funktional über entsprechende Satzungsgestaltung stiftungsähnlich ausgestaltet sind.[37] Für diese Rechtsträger beschränkt sich die Umwandlungsfähigkeit nicht auf § 161, sondern es finden die allgemeinen Regeln der jeweiligen Rechtsform Anwendung.[38]

23 **Öffentlich-rechtliche Stiftungen** sind nicht für die Beteiligung an privatrechtlichen Umwandlungsvorgängen geeignet, da sie nicht nur Rechtssubjekte im privatrechtlichen Sinne, sondern auch Verwaltungsträger sind.[39] Die Abgrenzung zur rechtsfähigen Stiftung

---

32) *Schwalm*, NotBZ 2022, 81, 83.

33) Ähnl. Lutter-*Seyfarth*, UmwG, § 161 Rz. 9.

34) Grüneberg-*Ellenberger*, BGB, Vorb. § 80 Rz. 6 ff.

35) Grüneberg-*Ellenberger*, Vorb. § 80 Rz. 12; Lutter-*Seyfarth*, UmwG, § 161 Rz. 13.

36) *Leuering* in: KölnKomm-UmwG, § 161 Rz. 8; *Krüger* in: BeckOGK-UmwG, § 161 Rz. 6.

37) *Krüger* in: BeckOGK-UmwG, § 161 Rz. 9; *Leuering* in: KölnKomm-UmwG, § 161 Rz. 8.

38) *Leuering* in: KölnKomm-UmwG, § 161 Rz. 8.

39) *Krüger* in: BeckOGK-UmwG, § 161 Rz. 7 ff. – m. w. N. auch zur Kritik daran, dass öffentlich-rechtliche Stiftungen nicht dem Anwendungsbereich der §§ 161 ff. unterfallen; ferner *Leuering* in: KölnKomm-UmwG, § 161 Rz. 8.

des bürgerlichen Rechts erfolgt über den Entstehungsakt. Der Status als öffentlich-rechtliche Stiftung wird nämlich durch Gesetz oder Verwaltungsakt verliehen.[40)]

Die Anwendbarkeit des § 161 auf **kirchliche Stiftungen** hängt von deren Natur bzw. Ausgestaltung ab. Ist die kirchliche Stiftung öffentlich-rechtlich organisiert, scheidet eine Anwendung des § 161 aus. Im Falle einer Organisation als rechtsfähige Stiftung des bürgerlichen Rechts (§ 80 BGB) ist die Beteiligung an einer umwandlungsrechtlichen Ausgliederung nach § 161 hingegen möglich. Dass Letztere darüber hinaus kirchenrechtlichen Regelungen unterliegen, ist dabei unschädlich.[41)] 24

3. Betrieb eines Unternehmens

Wie sich aus dem Wortlaut von § 161 ergibt, muss die ausgliedernde Stiftung selbst ein Unternehmen betreiben, womit auch der **Übertragungsgegenstand** (Ausgliederungsobjekt, siehe Rz. 36 ff.) gesetzlich festgelegt wird.[42)] Per se „unschädlich" ist ein etwaiger gemeinnütziger Steuerstatus, da auch **gemeinnützige** Stiftungen in einem bestimmten Umfang Unternehmen betreiben können.[43)] 25

4. Eintragung im Handelsregister

Schließlich setzt § 161 als **ungeschriebene Tatbestandsvoraussetzung** nach allgemeiner Meinung die Eintragung der Stiftung in das Handelsregister nach § 33 HGB voraus.[44)] Dieses Eintragungserfordernis ergibt sich nicht direkt aus dem Wortlaut von § 161, allerdings aus einem systematischen Regelungszusammenhang. So spricht § 164 Abs. 2 – in Parallele zu § 154 beim Einzelkaufmann – von dem „Gericht des Sitzes der Stiftung" und ordnet diesem eine originäre Zuständigkeit zu. Da es (noch) kein Stiftungsregister gibt (siehe aber Rz. 29 ff.), kann damit nur das Handelsregister gemeint sein. Würde man ein Eintragungserfordernis ablehnen, würde **§ 164 Abs. 2** quasi sinnentleert.[45)] Zudem knüpft **§ 131** die Wirksamkeit der Ausgliederung an die Eintragung im Register des übertragenden Rechtsträgers. Für Ausnahmen, bei denen der spaltungsfähige Rechtsträger nicht im Handelsregister eingetragen sein muss, sind darüber hinaus Sonderregelungen (wie etwa bei § 104 Abs. 1 Satz 1) getroffen worden.[46)] Schließlich verlangt das UmwG in § 125 Abs. 1 i. V. m. § 17 Abs. 2, dass der Anmeldung zur Eintragung der Spaltung im Handelsregister eine **Schlussbilanz** des übertragenden Rechtsträgers beizufügen ist. Dies setzt aber eine **Buchführungspflicht** gemäß § 238 HGB voraus, die wiederum nur bei einem im Handelsregister eingetragenen Kaufmann vorliegt. Eine Ausnahme hiervon enthalten die §§ 161 ff. nicht.[47)] 26

Die **Eintragungsfähigkeit** ins Handelsregister ist nicht gegeben, wenn die Stiftung nicht selbst, sondern allenfalls mittelbar ein Unternehmen über die von ihr gehaltenen Unternehmensbeteiligungen betreibt; sog. **Unternehmensbeteiligungsstiftungen** können daher – anders als die sog. Unternehmensträgerstiftungen – grundsätzlich **nicht Beteiligte i. S. von** 27

40) *Krüger* in: BeckOGK-UmwG, § 161 Rz. 7.

41) *Krüger* in: BeckOGK-UmwG, § 161 Rz. 10; *Leuering* in: KölnKomm-UmwG, § 161 Rz. 9.

42) *Werner*, ZStV 2010, 210, 214.

43) *Krüger* in: BeckOGK-UmwG, § 161 Rz. 11; Schmitt/Hörtnagl-*Hörtnagl*, UmwG/UmwStG, § 161 UmwG Rz. 2.

44) *Leuering* in: KölnKomm-UmwG, § 161 Rz. 10; Henssler/Strohn-*Wamser*, GesR, § 161 UmwG Rz. 2; *Krüger* in: BeckOGK-UmwG, § 161 Rz. 12; Semler/Stengel/Leonard-*Stengel*, UmwG, § 161 Rz. 21; Lutter-*Seyfarth*, UmwG, § 161 Rz. 17.

45) *Leuering* in: KölnKomm-UmwG, § 161 Rz. 10; *Krüger* in: BeckOGK-UmwG, § 161 Rz. 12.

46) *Leuering* in: KölnKomm-UmwG, § 161 Rz. 8.

47) Lutter-*Seyfarth*, UmwG, § 161 Rz. 17; *Krüger* in: BeckOGK-UmwG, § 161 Rz. 12 ff.

§ 161 sein. Etwas anderes ist aber anzunehmen, wenn eine Stiftung – ohne „echte" Unternehmensträgerstiftung zu sein – tatsächlich im Handelsregister eingetragen ist, weil dann die Grundsätze des **Scheinkaufmanns** (§ 5 HGB) Anwendung finden. Die Stiftung kann dann bis zur Löschung Beteiligte nach § 161 sein.[48] Eine solche Eintragung mag zwar eine „Fehleintragung" unter Verstoß gegen handels- und registerrechtliche Grundsätze darstellen, formal wird nach diesseitiger Auffassung aber die Umwandlungsmöglichkeit – bei Vorliegen der weiteren Voraussetzungen – eröffnet.

28 Der maßgebliche **Zeitpunkt zur Erfüllung des Eintragungserfordernisses** der Stiftung im Handelsregister ist (erst) in der Eintragung der Ausgliederung im Handelsregister zu sehen; erst zu diesem Zeitpunkt im Umwandlungsverfahren müssen die Wirksamkeitsvoraussetzungen der Ausgliederung vorliegen. Die Eintragung der Stiftung im Handelsregister muss daher **spätestens** zum Zeitpunkt der Eintragung der Ausgliederung erfolgt sein. Beide Eintragungen können allerdings auch miteinander verbunden werden.[49]

29 Ein Sonderproblem dürfte sich künftig im Zusammenhang mit der jüngsten **Stiftungsrechtsreform** und der geplanten Einführung eines **bundesweiten Stiftungsregisters** mit negativer Publizitätswirkung stellen, das – nach einer zwischenzeitlichen Verschiebung des Inkrafttretens – nun zum 1.1.2028 statt wie ursprünglich vorgesehen zum 1.1.2026 eingerichtet wird.[50] Es fragt sich, ob die Eintragungspflicht in das Handelsregister gleichwohl als ungeschriebene Tatbestandsvoraussetzung aufrechtzuerhalten ist. Teilweise wird vertreten, das Handelsregistereintragungserfordernis könne aufgegeben werden.[51] Begründet wird dies damit, dass § 131 Abs. 1 nicht explizit vom „Handelsregister", sondern „nur" vom **„Register des Sitzes des übertragenden Rechtsträgers"** spreche. Das Stiftungsregister sei ein solches „Register des Sitzes des übertragenden Rechtsträgers" und lasse die Eintragung der Ausgliederung zu; es sei eine reine Nachlässigkeit des Gesetzgebers gewesen, dass die Eintragung der Ausgliederung nicht in den Kanon der eintragungspflichtigen Tatsachen i. S. des § 2 StiftRG aufgenommen worden sei. Die Eintragung der Ausgliederung sei keine eintragungspflichtige, aber eine eintragungsfähige Tatsache.[52]

30 Gegen diese – aus praktischer Sicht zu begrüßende – Auffassung spricht allerdings der Umstand, dass das Stiftungsregister „freiwilligen" Eintragungen zurückhaltend gegenübersteht, woraus auch abgeleitet wird, dass grundsätzlich nur **die eintragungspflichtigen Tatsachen** auch eintragungsfähig sind.[53] In der Tat wäre es wünschenswert, wenn § 2 StiftRG im Zuge einer anstehenden Revision entsprechend um die **Eintragung der Ausgliederung** ergänzt würde. Ferner sollten bzw. müssten aber auch die – bislang entgegen der geäußerten Kritik nicht vorgesehenen[54] – Angaben zum **Stiftungszweck** in § 2 StiftRG ergänzt werden; daraus könnte dann zumindest abgeleitet werden, dass die Stiftung das Betreiben eines Unternehmens zum Zweck hat.

---

48) *Krüger* in: BeckOGK-UmwG, § 161 Rz. 16; Semler/Stengel/Leonard-*Stengel*, UmwG, § 161 Rz. 21; *Leuering* in: KölnKomm-UmwG, § 161 Rz. 11.

49) *Krüger* in: BeckOGK-UmwG, § 161 Rz. 14; *Leuering* in: KölnKomm-UmwG, § 161 Rz. 12; Semler/Stengel/Leonard-*Stengel*, UmwG, § 161 Rz. 22.

50) Zur Einführung des Stiftungsregisters vgl. *Schwalm*, NotBZ 2022, 121 ff.; *Schwalm*, npoR 2024, 50, 52 f.; die Einführung des Stiftungsregisters wurde auf den 1.1.2028 verschoben durch das Gesetz zur Änderung der Vorschriften über die Einführung der elektronischen Akte in der Justiz und über die allgemeine Beeidigung von Gerichtsdolmetschern sowie zur Änderung des Stiftungsregisterrechts, v. 8.12.2025, BGBl. I 2025, 319.

51) Lutter-*Seyfarth*, UmwG, § 161 Rz. 20.

52) Lutter-*Seyfarth*, UmwG, § 161 Rz. 20.

53) *Orth*, BB 2020, 2512, 2514; *Schwalm*, npoR 2024, 50, 56 f.

54) *Schwalm*, NotBZ 2022, 121, 122; *Schwalm*, npoR 2024, 50, 53.

Ohne diese Angaben bleibt eine Ableitung, dass die Stiftung selbst ein Unternehmen betreibt bzw. dieses unmittelbar trägt, **nur aus dem Handelsregister ersichtlich**. Bis zu einer entsprechenden Anpassung der Rechtslage sprechen daher die besseren Gründe dafür, dass das Eintragungserfordernis in das Handelsregister nicht aufgegeben wird bzw. nicht durch eine Eintragung in das Stiftungsregister „ersetzt" werden kann.[55] Es wird dann u. E. ab dem 1.1.2028 kraft eines auf unterschiedlichen Eintragungserfordernissen beruhenden **Doppeleintragungserfordernisses** zu einer parallelen Eintragung der Unternehmensträgerstiftung im Handelsregister und im Stiftungsregister kommen. Unberührt davon bleiben weitere Registerpflichten der Unternehmensträgerstiftung, etwa mit Blick auf die Eintragung ihrer wirtschaftlich Berechtigten im **Transparenzregister** oder – wenn sie sich an einer eingetragenen GbR beteiligt – hinsichtlich ihrer Gesellschafterstellung durch Ausweis im Gesellschaftsregister (vgl. § 707 Abs. 2 Nr. 2 BGB).[56] Die Registerpluralität führt zu einem nicht ganz unbedeutendem bürokratischen **Mehraufwand** für Stiftungen, wobei nicht nur die Sanktionierung von Eintragungsverstößen die Einhaltung sämtlicher Registerpflichten zu einem bedeuteten – in der Stiftungswirklichkeit häufig unterschätztem – Compliance-Thema macht. 31

5. Beteiligungsfähigkeit einer aufgelösten Stiftung?

Nach hier vertretener Auffassung kann nur eine **„werbende" Stiftung**, nicht hingegen auch eine **„sterbende" Stiftung** an einer Ausgliederung beteiligt sein. Der in § 3 Abs. 3 zum Ausdruck kommende Rechtsgedanke, wonach auch ein in Auflösung befindlicher Rechtsträger an einer Umwandlung beteiligt sein kann, greift bei der Beteiligung einer Stiftung an einer Ausgliederung als besonderer Form der Spaltung nicht ein. Dies liegt darin begründet, dass die **Möglichkeit eines Fortsetzungsbeschluss** – wie **von § 3 Abs. 3 vorgesehen** – bei der Stiftung **nicht gegeben** ist. Es findet sich etwa keine § 274 AktG oder § 42 Satz 2 und 3 BGB vergleichbare Regelung für die Stiftung, wonach die Fortsetzung der Stiftung durch die Entscheidungsträger beschlossen werden kann. Befindet sich die Stiftung einmal in Abwicklung, bewegt sich die Stiftung nach der heute vorherrschenden Vorstellung grundsätzlich in einer **Einbahnstraße Richtung Vollbeendigung**.[57] 32

Dies ist aus unterschiedlichen Gründen misslich, nicht zuletzt weil die **Neuerrichtung einer beendeten Stiftung** häufig nicht mehr möglich ist, etwa weil das Restvermögen (Liquidationserlös) beim vom Stifter personenverschiedenen Anfallberechtigten angelandet ist und dem (noch lebenden) Stifter nicht für die Ausstattung einer neuen Stiftung zur Verfügung steht oder weil der Stifter ggf. bereits verstorben ist und kein neues Stiftungsgeschäft erklären kann; dass ein Stifter, der die Stiftungserrichtung lebzeitig errichtet hat, zugleich ein **Notfallkonzept** zur Errichtung einer („neuen") Stiftung von Todes wegen vorhält, hat äußersten Seltenheitswert. Kautelarjuristisch lässt sich ein derartiges Notfallkonzept etwa dadurch verwirklichen, dass man eine posthum zu errichtende Stiftung mit einem aufschiebend bedingten Vermächtnis ausstattet. Bleibt der Bedingungseintritt aus, bleibt auch die Stiftungserrichtung aus, da es dann bereits an einer wirksamen Vermögenswidmung fehlt, so dass ein zwingendes Anerkennungshindernis gegeben ist. 33

De lege ferenda wäre wünschenswert, dass die **stiftungsspezifische Möglichkeit zur Fortsetzung** einer in Abwicklung befindlichen Stiftung anerkannt wird. Der jüngste Vorschlag *Muschelers*,[58] wonach in Abwicklung befindliche Stiftungen ggf. durch einen **„Fortset-** 34

---

55) Wie hier *Krüger* in: BeckOGK-UmwG, § 161 Rz. 16.1.

56) Zur Eintragung in das Transparenzregister *Schwalm*, npoR 2024, 50, 53 f.; zur Eintragung in das Gesellschaftsregister *Feick/Schwalm/Schwind*, ZEV 2024, 146, 149 ff.

57) *Muscheler*, JZ 2024, 322, 324; *Otto* in: jurisPK-BGB, § 87b Rz. 5 f.

58) *Muscheler*, JZ 2024, 322, 324.

zungs-Verwaltungsakt" der Stiftungsbehörde „gerettet" werden können, erscheint durchaus zielführend, führt aber zu weiteren klärungsbedürftigen Folgefragen. So fehlt es etwa einer gesetzlichen Ermächtigungsgrundlage für einen derartigen Verwaltungsakt. Diese bräuchte es aus verfassungsrechtlichen Gründen in den Fällen, in denen nach dem Vorbehalt des Gesetzes und der dazu vertretenen „Wesentlichkeitstheorie" eine gesetzliche Rechtsgrundlage für erforderlich erachtet wird, was bei einer sog. **Eingriffsverwaltung** stets der Fall ist.[59] Eine Eingriffsverwaltung im Zusammenhang mit dem „Fortsetzungs-Verwaltungsakt" wäre zu bejahen, wenn es sich um einen zumindest auch-belastenden Verwaltungsakt handeln würde. Dies wäre wiederum etwa anzunehmen, wenn man den statutarisch benannten Anfallberechtigten einer Stiftung (vgl. § 87c Abs. 1 Satz 1 BGB) ein Anwartschaftsrecht oder gar ein ab dem Zeitpunkt der Auflösung bestehendes „Vollrecht" zubilligen möchte,[60] das durch den Umkehrungsakt von der „sterbenden" zur „werbenden" Stiftung beeinträchtigt oder gar vereitelt würde.

35 Ferner stellen sich **Kompetenzfragen,** wenn die Abwicklung der Stiftung nicht auf einer Auflösung i. S. des § 87 BGB oder einer Aufhebung i. S. des § 87a BGB beruht, sondern auf einer insolvenzbedingten Auflösung i. S. des § 87b BGB; hier träten Insolvenzgericht und Stiftungsaufsichtsbehörde in eine Kompetenz-Konkurrenz. Jedenfalls für die Fälle der **§§ 87, 87a BGB** könnte – anstelle des „Fortsetzungs-Verwaltungsakts" auch eine (extensive) Anwendung der **§§ 48 ff. VwVfG** als Lösungsmöglichkeit zur Fortsetzung der aufgelösten Stiftung in Betracht zu ziehen sein.

III. Tauglicher Ausgliederungsgegenstand (Ausgliederungsobjekt)

36 Nach dem Anwendungsbereich des § 161 kommen als Ausgliederungsobjekte nur die von der **Stiftung betriebenen Unternehmen** oder **Teile derselben** in Betracht.[61] Mit dieser Beschränkung unterscheiden sich die §§ 161 ff. von den allgemeinen Spaltungsregeln insofern, als nach § 123 grundsätzlich *jeder* Vermögensteil eines spaltungsfähigen Rechtsträgers ausgegliedert werden kann.[62] Die Beschränkungen der §§ 161 ff. folgen dabei dem Grundgedanken, der auch den Sonderregeln betreffend die Ausgliederung beim Einzelkaufmann (§§ 152 ff.) und bei den Gebietskörperschaften bzw. Zusammenschlüssen (§§ 168 ff.) zugrunde liegt: Anders als bei den sonstigen Rechtsträgern i. S. des § 124 ist das Vermögen der Stiftung (respektive des Einzelkaufmanns, der Gebietskörperschaft bzw. des Zusammenschlusses) nicht zwingend deckungsgleich mit dem Unternehmensvermögen.[63] Vielmehr können **verschiedene Vermögenssphären** voneinander unterschieden werden, und zwar einerseits das **Unternehmensvermögen** und andererseits das sonstige **„Privatvermögen" der Stiftung** (respektive des Einzelkaufmanns, der Gebietskörperschaft bzw. des Zusammenschlusses).[64] Ein ähnlicher – dogmatisch freilich nur sehr begrenzt vergleichbarer – Trennungsgedanke der Sphären findet sich auch im (Körperschaft-)Steuerrecht, wonach Einkünfte einer unbeschränkt körperschaftsteuerpflichtigen Stiftung (§ 1 Abs. 1 Nr. 4 KStG) – anders als etwa Einkünfte einer unbeschränkt körperschaftsteuerpflichtigen Kapitalgesellschaft (§ 1 Abs. 1 Nr. 1 KStG) – nicht automatisch als Einkünfte aus Gewerbebetrieb zu behandeln sind (arg. e contr. § 8 Abs. 2 KStG).

---

59) Vgl. nur Fehling/Kastner/Störmer-*Schwarz*, VerwR, § 35 VwVfG Rz. 11 ff.

60) *Roth* in: MünchHdb. GesR, Bd. 7, § 96 Rz. 25; *Gantenbrink/Plottek*, ZStV 2017, 211, 213.

61) Lutter-*Seyfarth*, UmwG, § 161 Rz. 21; *Leuering* in: KölnKomm-UmwG, § 161 Rz. 13; Semler/Stengel/Leonard-*Stengel*, UmwG, § 161 Rz. 23.

62) *Krüger* in: BeckOGK-UmwG, § 161 Rz. 17.

63) Semler/Stengel/Leonard-*Stengel*, UmwG, § 161 Rz. 24; Lutter-*Seyfarth*, UmwG, § 161 Rz. 17; *Leuering* in: KölnKomm-UmwG, § 161 Rz. 10.

64) Semler/Stengel/Leonard-*Stengel*, UmwG, § 161 Rz. 24.

Besonders anzumerken ist, dass unter umwandlungsrechtlichen Gesichtspunkten auch **nicht-unternehmensbezogenes Vermögen** aus der „Privatvermögenssphäre" der Stiftung – vorbehaltlich der im Einzelfall stets zu prüfenden stiftungsrechtlichen Grenzen[65] – in die „Unternehmenssphäre" **umgewidmet** werden, wodurch es dann zum Unternehmensvermögen gehört und ausgliederungsfähig ist.[66] Für umwandlungsrechtliche Zwecke soll grundsätzlich bereits die Aufnahme in den Ausgliederungs- und Übernahmevertrag ausreichen.[67] Dies zugrunde gelegt, ergeben sich durchaus **Gestaltungsspielräume**, um das **Vermögen** der Stiftung in die „Ausgliederungsfähigkeit" hinein zu **strukturieren.** In diesem Punkt dürfte sich regelmäßig eher das Stiftungszivilrecht mit seinen vergleichsweise restriktiven vermögensrechtlichen Prinzipien als das Umwandlungsrecht als Hemmschuh einer Ausgliederung erweisen. 37

1. Betriebenes Stiftungsunternehmen

Ausgliederungsgegenstand muss ein von der **Stiftung selbst betriebenes Unternehmen** 38 (Stiftungsunternehmen) sein. Charakteristisch kommt dies (nur) bei der sog. Unternehmensträgerstiftung vor. Diese ist von der – in der Praxis deutlich dominierenden – Beteiligungsträgerstiftung, bei der das Unternehmen von einer in das Stiftungsvermögen eingebrachten Beteiligungsgesellschaft betrieben wird, abzugrenzen.[68] Wird das Unternehmen von der **Beteiligungsgesellschaft** betrieben, betreibt die Stiftung dieses Unternehmen also allenfalls mittelbar. Diese „Mittelbarkeit" wird von § 161 nicht erfasst. Die Ausgliederung von Anteilen an einer Personenhandels- oder Kapitalgesellschaft nach § 161 scheidet aus.[69]

Den **Begriff des Stiftungsunternehmens** definiert das UmwG nicht. Abzustellen ist 39 deshalb auf den **Betrieb eines Handelsgewerbes** nach § 1 Abs. 2 HGB. Das Handelsgewerbe eines Kaufmanns ist insoweit immer zugleich das Unternehmen des Unternehmers.[70] Der Begriff des „Betreibens" entspricht dem in § 1 Abs. 1 HGB.[71]

Werden von der Stiftung **mehrere Unternehmen** betrieben, kann auch eine gleichzeitige 40 Ausgliederung mehrerer Unternehmen auf einen oder mehrere aufnehmende Rechtsträger erfolgen.[72] Die Wirksamkeit der Ausgliederung setzt dann aber voraus, dass die Ausgliederung in sämtlichen Handelsregistern eingetragen wird, in denen die Stiftung eingetragen ist, was dann relevant wird, wenn die jeweiligen Stiftungsunternehmen in unterschiedlichen Handelsregistern eingetragen sind.[73] Dieser Aspekt der Einbeziehung einer Mehrheit von Unternehmen darf nicht mit einer etwaigen Mehrheit von Stiftungen aufseiten der übertragenden Rechtsträger verwechselt werden; aufseiten des übertragen-

65) In § 83b Abs. 2 BGB wird nunmehr das Grundstockvermögen der Stiftung bundeseinheitlich definiert, während § 83c Abs. 1 Satz 1 BGB bestimmt, dass das Grundstockvermögen ungeschmälert zu erhalten ist. Dies könnte einer freien Umwidmung entgegenstehen, *Krüger* in: BeckOGK-UmwG, § 161 Rz. 18.

66) Widmann/Mayer-*Rieger*, UmwR, § 161 UmwG Rz. 49; *Krüger* in: BeckOGK-UmwG, § 161 Rz. 18; Semler/Stengel/Leonard-*Stengel*, UmwG, § 161 Rz. 29.

67) *Leuering* in: KölnKomm-UmwG, § 161 Rz. 16; Widmann/Mayer-*Rieger*, UmwR, § 161 UmwG Rz. 62; Semler/Stengel/Leonard-*Stengel*, UmwG, § 161 Rz. 29.

68) *Leuering* in: KölnKomm-UmwG, § 161 Rz. 13.

69) Lutter-*Seyfarth*, UmwG, § 161 Rz. 17.

70) *Leuering* in: KölnKomm-UmwG, § 161 Rz. 14; Semler/Stengel/Leonard-*Stengel*, UmwG, § 161 Rz. 25.

71) Lutter-*Seyfarth*, UmwG, § 161 Rz. 22; Semler/Stengel/Leonard-*Stengel*, UmwG, § 161 Rz. 25; *Leuering* in: KölnKomm-UmwG, § 161 Rz. 14.

72) *Krüger* in: BeckOGK-UmwG, § 161 Rz. 21; Semler/Stengel/Leonard-*Stengel*, UmwG, § 161 Rz. 27; *Leuering* in: KölnKomm-UmwG, § 161 Rz. 18.

73) *Krüger* in: BeckOGK-UmwG, § 161 Rz. 21; *Leuering* in: KölnKomm-UmwG, § 161 Rz. 18.

den Rechtsträgers kann sich **stets nur eine Stiftung** – die ihrerseits mehrere Unternehmen betreiben kann – **beteiligen.**[74)]

2. Teile eines Stiftungsunternehmens

41 Auch Teile des Stiftungsunternehmens sind nach § 161 ausgliederungs- und übertragungsfähig. Insoweit gelten die zu § 123 Abs. 3 entwickelten Grundsätze. Eine Ausgliederung im Wege der §§ 161 ff. ist daher auch in Bezug auf einzelne Sachen und Rechte aus dem Vermögen eines Stiftungsunternehmens möglich.[75)] Dass die zur Ausgliederung bestimmten **Einzelgegenstände** eine wirtschaftlich sinnvolle Einheit bilden, ist nicht notwendig.[76)] Eine entsprechende Prüfungspflicht des Registergerichts oder der Aufsichtsbehörde wäre auch völlig unpraktikabel.[77)] Daran ändert auch die Tatsache nichts, dass der stiftungsspezifische § 161 explizit an den Unternehmensbegriff anknüpft, während die allgemeine Spaltungsvorschrift in § 123 Abs. 3 den offeneren, weitergehenden Vermögensbegriff verwendet. Schließlich liegt der Grund für diese abweichenden Terminologien lediglich in der besagten stiftungsrechtlichen Besonderheit begründet, dass die Stiftung (wie auch der Einzelkaufmann i. S. der §§ 152 ff. oder die Körperschaften i. S. der §§ 168 ff.) verschiedene Vermögenssphären unterhalten; die Stiftung ist gerade kein „geborener Unternehmensträger".[78)] Der Unternehmensbegriff in § 161 definiert lediglich die „ausgliederungsfähige Masse" ohne darüber hinausgehenden Bedeutungsgehalt.[79)]

IV. Das Ausgliederungsverfahren und die Ausgliederungsmöglichkeiten von Stiftungsvermögen

42 Für das Ausgliederungsverfahren aus der Stiftung gelten die **allgemeinen Spaltungsregeln nach §§ 123 ff. sowie** über den Verweis in § 125 Abs. 1 Satz 1 das **Verschmelzungsrecht,** soweit nicht § 125 selbst oder die §§ 162 ff. Abweichendes regeln.

1. Ablauf und Verfahren im Allgemeinen

43 Die Ausgliederung aus dem Stiftungsvermögen ist – wie sich aus § 161 selbst ergibt – möglich zur Aufnahme durch Personenhandels- oder Kapitalgesellschaften oder zur Neugründung von Kapitalgesellschaften.[80)]

44 Grundlage der Ausgliederung ist der zwischen der Stiftung und dem übernehmenden Zielrechtsträger zu schließende **Ausgliederungsvertrag** (§ 126) bzw. – im Falle der Ausgliederung zur Neugründung – der **Ausgliederungsplan** (§ 136), der dann an die Stelle des Ausgliederungsvertrags tritt. Die notwendigen inhaltlichen Angaben sind in § 126 Abs. 1 gelistet, wobei Nr. 3, 4 und 10 für Stiftungen keine Bedeutung haben, da eine Auf- oder Abspaltung von Stiftungsunternehmen konstruktiv nicht möglich ist (siehe Rz. 1).[81)] § 125 Abs. 1 Satz 1 i. V. m. § 4 Abs. 2 erlaubt die Vorlage des Ausgliederungsvertrags bzw. -plans zur Beschlussfassung auch als Entwurf.

---

74) Lutter-*Seyfarth*, UmwG, § 161 Rz. 33.

75) Lutter-*Seyfarth*, UmwG, § 161 Rz. 23; *Leuering* in: KölnKomm-UmwG, § 161 Rz. 17; *Krüger* in: BeckOGK-UmwG, § 161 Rz. 20; Semler/Stengel/Leonard-*Stengel*, UmwG, § 161 Rz. 26.

76) Lutter-*Seyfarth*, UmwG, § 161 Rz. 23; Schmitt/Hörtnagl-*Hörtnagl*. UmwG, § 161 Rz. 5.

77) Semler/Stengel/Leonard-*Stengel*, UmwG, § 161 Rz. 26.

78) Lutter-*Seyfarth*, UmwG, § 161 Rz. 23.

79) Lutter-*Seyfarth*, UmwG, § 161 Rz. 23.

80) Semler/Stengel/Leonard-*Stengel*, UmwG, § 161 Rz. 30.

81) Lutter-*Seyfarth*, UmwG, § 161 Rz. 25.

Im Falle der Ausgliederung zur **Neugründung** sind bei der Errichtung der übernehmenden Kapitalgesellschaft die jeweiligen **Gründungsvorschriften** (§ 125 Abs. 1 Satz 1 i. V. m. § 36 zu beachten (siehe Rz. 63).[82)] 45

Nach § 162 ist ein **Ausgliederungsbericht** erforderlich, wenn die Ausgliederung nach § 164 Abs. 1 der staatlichen Genehmigung bedarf oder wenn bei Lebzeiten des Stifters von dessen Zustimmung abhängig ist (i. E. siehe § 162 Rz. 3 [*Schwalm/Schwind*]). Davon unberührt bleibt die Pflicht der Vertretungsorgane des übernehmenden Rechtsträgers einen ausführlichen schriftlichen Bericht zu erstatten (§ 127).[83)] 46

Der Ausgliederungsvertrag bzw. -plan (oder deren Entwurf) sind – soweit vorhanden – den **Betriebsräten** der beteiligten Rechtsträger zuzuleiten (§ 126 Abs. 3). Dies gilt auch in Bezug auf etwaige Betriebsräte von Stiftungsunternehmen. Während nämlich das Recht der Unternehmensmitbestimmung auf Stiftungen keine Anwendung findet (vgl. § 1 Abs. 1 MitBestG[84)], § 1 Abs. 1 und 2 Montan-MitBestG[85)], § 1 Abs. 1 MitBestErgG[86)], sind Stiftungen dem rechtsformunabhängigen Recht der betrieblichen Mitbestimmung unterworfen (§ 1 BetrVG[87)]).[88)] 47

Ausgliederungsvertrag und -plan erfordern die **notarielle Beurkundung** (§ 125 Abs. 1 Satz 1 i. V. m. § 6). Eine **Prüfung** i. S. der §§ 9–12 findet gemäß § 125 Abs. 1 Satz 2 bei der Ausgliederung generell nicht statt. 48

Die **Beschlussfassung** betreffend den Ausgliederungsvertrag bzw. -plan (oder Entwurf) aufseiten des **übernehmenden Rechtsträgers** erfolgt nach den allgemeinen Vorschriften (§§ 125, 13) und den besonderen Vorschriften des jeweiligen Zielrechtsträgers. Für den Ausgliederungsbeschluss aufseiten der **Stiftung** gilt die Sondervorschrift in § 163, die die stiftungsrechtlichen Vorschriften für die Beschlussfassung für entsprechend anwendbar erklärt. Mit Blick auf die nicht-körperschaftliche Organisation bzw. der mitgliederlosen Struktur der Stiftung sind hiernach die satzungsrechtlich bestimmten **Organe** der Stiftung zur Beschlussfassung berufen (i. E. siehe § 163 Rz. 14 [*Schwalm/Schwind*]).[89)] Aus Gründen der Praktikabilität kann die Beurkundung des Ausgliederungsbeschlusses mit der des Ausgliederungsvertrags bzw. -plans zusammengefasst werden.[90)] 49

Die **Anmeldung zur Eintragung** der Ausgliederung in das Handelsregister bestimmt sich nach den §§ 129, 130, 137 sowie §§ 125 Abs. 1 Satz 1 i. V. m. §§ 16, 17 (siehe i. E. die dortigen Kommentierungen). Die Anmeldung hat bei den Handelsregistern sämtlicher beteiligter Rechtsträger zu erfolgen, ohne dass dabei eine bestimmte Reihenfolge vorgegeben wäre.[91)] Zur Anmeldung befugt ist zum einen das jeweilige Vertretungsorgan, über § 129 aber auch das Vertretungsorgan jedes der übernehmenden Rechtsträger. 50

82) Widmann/Mayer-*Rieger*, UmwR, § 161 UmwG Rz. 70, 87.

83) Lutter-*Seyfarth*, UmwG, § 161 Rz. 28.

84) Mitbestimmungsgesetz (MitbestG), v. 4.5.1976, BGBl. I 1976, 1153.

85) Gesetz über die Mitbestimmung der Arbeitnehmer in den Aufsichtsräten und Vorständen der Unternehmen des Bergbaus und der Eisen und Stahl erzeugenden Industrie (MontanMitbestG), v. 21.5.1951, BGBl. III, Nr. 801-2.

86) Gesetz zur Ergänzung des Gesetzes über die Mitbestimmung der Arbeitnehmer in den Aufsichtsräten und Vorständen der Unternehmen des Bergbaus und der Eisen und Stahl erzeugenden Industrie (Montan-MitbestErgG), v. 7.8.1956, BGBl. III, Nr. 801-3.

87) Betriebsverfassungsgesetz (BetrVG), v. 25.9.2001 (Neufassung), BGBl. I 2001, 2518.

88) Staudinger-*Hüttemann/Rawert*, BGB, Vorb. §§ 80–88 Rz. 254; Lutter-*Seyfarth*, UmwG, § 161 Rz. 26.

89) Lutter-*Seyfarth*, UmwG, § 161 Rz. 30.

90) *Leuering* in: KölnKomm-UmwG, § 161 Rz. 32.

91) *Leuering* in: KölnKomm-UmwG, § 161 Rz. 32.

51 Die allgemeinen **Vorgaben in §§ 16, 17 i. V. m. § 125 Abs. 1 Satz 1** gelten mit gewissen **stiftungsspezifischen Modifizierungen:** Die nach § 16 Abs. 2 abzugebende Erklärung, dass keine Klage gegen die Wirksamkeit des Zustimmungsbeschlusses erhoben wurde, kann sich bei Stiftungen von vornherein nicht auf Anfechtungsklagen von Anteilseignern beziehen. Stattdessen geht es in Stiftungsfällen dann um eine Negativerklärung hinsichtlich der Rechtsmittel von an der Stiftung mittelbar beteiligter Akteure, also Organmitglieder, Destinatäre oder des noch lebenden Stifters.[92] Eine weitere stiftungsrechtliche Besonderheit ist es, dass zu den nach § 17 beizufügenden Anlagen auch die **Genehmigungsurkunde** gehört, sofern eine Genehmigungspflicht i. S. von § 164 gegeben ist. Besteht hinsichtlich der Ausgliederung Genehmigungsfreiheit, ist – zumindest vorsorglich – ein Negativtestat über die fehlende Genehmigungspflicht beizufügen (siehe i. E. § 164 Rz. 36 [*Schwalm/Schwind*]).[93]

2. Ausgliederung zur Aufnahme

52 Die Ausgliederung aus der Stiftung ist zur Aufnahme und zur Neugründung möglich. Anders als die Ausgliederung zur Neugründung kann die Ausgliederung zur Aufnahme – wie sich aus dem eindeutigen Wortlaut des § 161 ergibt – sowohl unter Beteiligung von bestehenden Personenhandels- als auch Kapitalgesellschaften erfolgen. Aufseiten der übertragenden Stiftung ist – auch wenn diese mehrere Unternehmen betreibt, die in die Ausgliederung einbezogen werden – stets **nur** die Beteiligung **einer Stiftung** zulässig.[94] Aufseiten des übernehmenden Zielrechtsträgers zur Aufnahme ist hingegen eine Beteiligung **mehrerer Rechtsträger**, wie sich aus dem Wortlaut von § 123 Abs. 3 Nr. 1 bei gleichzeitigem Fehler einer Einschränkung in § 161 ergibt, zulässig.[95] Nach § 123 Abs. 4 ist es möglich, die Ausgliederung zur Aufnahme und die Ausgliederung zur Neugründung miteinander zu **kombinieren**;[96] für die Stiftung bleibt hier ein eher theoretischer (Rest-)Anwendungsbereich für derartige Kombinationsmöglichkeiten.

53 Nach der Auffassung von *Lieder* ist der Anwendungsbereich des § 161 hinsichtlich der übernahmefähigen Personengesellschaften nicht auf die Personenhandelsgesellschaften, also oHG und KG, beschränkt, sondern – vorbehaltlich des Rechtsformzwangs nach §§ 105 Abs. 1, 1 Abs. 2 HGB – auch auf die eGbR erweitert.[97] Begründet wird diese **Erweiterung des Katalogs der übernahmefähigen Rechtsträger** damit, dass der **MoPeG-Gesetzgeber** die **eGbR als grundsätzlich vollumfänglich umwandlungsfähigen Rechtsträger** etablieren wollte, was bei § 161 (wie bei §§ 152, 168) ohne sachlichen Grund und aufgrund eines Redaktionsversehens unterblieben sei. Während die Grundaussage einleuchtet, ist gleichwohl Zurückhaltung geboten, jedenfalls solange keine **Klarstellung** im Gesetzestext zu § 161 erfolgt.

54 Zudem dürften **die praktischen Auswirkungen** der Diskussion **gering** sein: Einerseits dürfte sich der Restanwendungsbereich wegen des Rechtsformzwangs auf (seltene) Fälle des Kann-Kaufmanns beschränken. Andererseits werfen GbR-Beteiligungen von Stiftungen (mindestens) dieselben Probleme wie andere vollhaftende Beteiligungen auf, so dass sich die eGbR als Zielrechtsform auch nicht zwingend aufdrängt; hinzu kommt, dass mit der Eintragung der GbR in das Gesellschaftsregister und im Annex auch in das Transpa-

92) Lutter-*Seyfarth*, UmwG, § 161 Rz. 31 – dort auch zur geringen praktischen Bedeutung; *Leuering* in: KölnKomm-UmwG, § 161 Rz. 34; *Krüger* in: BeckOGK-UmwG, § 161 Rz. 23.2.

93) Lutter-*Seyfarth*, UmwG, § 161 Rz. 31; *Leuering* in: KölnKomm-UmwG, § 161 Rz. 34.

94) Lutter-*Seyfarth*, UmwG, § 161 Rz. 33.

95) *Krüger* in: BeckOGK-UmwG, § 161 Rz. 29.

96) *Leuering* in: KölnKomm-UmwG, § 161 Rz. 21.

97) *Lieder*, NotBZ 2024, 361, 362.

renzregister einige gewichtige Vorteile verloren gehen, die „öffentlichkeitsscheue" Stiftungen, insbesondere (unternehmensverbundene) Familienstiftungen, früher häufiger zum Rückgriff auf die GbR motiviert haben.[98] Wenngleich aus heutiger Sicht nicht auszuschließen ist, dass die eGbR tatsächlich als übernahmefähiger Rechtsträger i. S. des § 161 anerkannt wird, wird bei den **weiteren Ausführungen** vorliegend „nur" **auf die Personenhandelsgesellschaften abgestellt**, nicht zugleich auch auf die eGbR.

Anders als bei den anderen Arten der Spaltung findet bei der Ausgliederung kein Anteilstausch auf Gesellschafterebene statt, was es der Stiftung überhaupt erst ermöglicht, an einer Umwandlung in Form der Ausgliederung beteiligt zu sein. Es muss damit zwar kein Umtauschverhältnis der Anteile festgelegt werden, indes führen stiftungsspezifische Gründe dazu, dass die von der Stiftung **zu erlangende „Gegenleistung"** nicht frei festgelegt werden kann. Ein freiwilliger Anteilsverzicht – sofern man einen solchen überhaupt für zulässig erachtet – dürfte bei der Stiftung gänzlich auszuschließen sein. Ist das Ausgliederungsobjekt **Teil des Grundstockvermögens** der Stiftung, so unterliegt es dem Gebot der Vermögenserhaltung in Bezug auf das Grundstockvermögen i. S. des § 83c Abs. 1 Satz 1 BGB. Soweit nach der Stiftungssatzung eine sog. Umschichtung des Grundstockvermögens nicht ausgeschlossen ist und auch keine zwingende Substanzerhaltung eines bestimmten Vermögensgegenstands vorgesehen ist, kann das Grundstockvermögen gegenständlich zwar ausgetauscht werden,[99] indes muss – verkürzt gesagt – ein **zumindest wertadäquates Surrogat** in das Grundstockvermögen „eingelegt" werden, damit durch die Maßnahme nicht – vorbehaltlich einer anderweitig möglichen „Aufstockung" des Grundstockvermögens – gegen das Gebot der Vermögenserhaltung in Bezug auf das Grundstockvermögen verstoßen wird.[100] Untechnisch gesprochen muss es also zu einem „Aktivtausch auf Augenhöhe" kommen, bei der die erworbenen Anteile am aufnehmenden Rechtsträger den weggegebenen Teilen des Grundstockvermögens (wertmäßig) entsprechen.[101] 55

Soweit die Ausgliederung zur Aufnahme auf eine Personenhandelsgesellschaft erfolgt, hängt die **Beteiligungsform der Stiftung** zunächst von der Rechtsform der auf der übernehmenden Seite stehenden Personenhandelsgesellschaft ab. Während bei einer **oHG** der Weg der Stiftung in die Position eines persönlich vollhaftenden Gesellschafters vorgezeichnet ist, kommt bei der **KG** sowohl die Position des Komplementärs und damit des persönlich vollhaftenden Gesellschafters als auch die des Kommanditisten und damit des persönlich beschränkt haftenden Gesellschafters in Betracht. Die **Rechtsstellung** der Stiftung ist ebenso wie ihre **Einlage vertraglich festzusetzen** (arg. e § 125 Abs. 1 Satz 1 i. V. m. § 40 Abs. 1). 56

Übernimmt die Stiftung die **Position des Komplementärs**, führt dies im Ergebnis zu einer (je nach Beteiligung eines weiteren Komplementärs ggf. atypisch ausgestalteten) Stiftung & Co. KG, die – entgegen früherer Skepsis – heute abseits derjenigen Fälle, in denen die Komplementär-Stiftung als reine Funktionsstiftung agiert, grundsätzlich anerkannt ist und sich in der Praxis aus unterschiedlichen Gründen einer zunehmenden Beliebtheit erfreut.[102] Nichtsdestotrotz ist stets zu untersuchen, ob sich die Stiftung aus stiftungszivilrechtlichen Gründen **überhaupt als persönlich vollhaftende Gesellschafterin beteiligen kann**;[103] derartige Restriktionen, die sich insbesondere aus der Stiftungssatzung und 57

98) Zur Transparenzpflicht der eGbR: *Feick/Schwalm/Schwind*, ZEV 2024, 146, 151 f.; zu den Diskretionsanliegen von Stiftungen: *Schwalm*, ZStV 2020, 52, 53 f., 61 f.

99) *Mehren* in: Schauhoff/Mehren, Stiftungsrecht nach der Reform, Kap. 7 Rz. 7 ff.

100) Vgl. auch Semler/Stengel/Leonard-*Stengel*, UmwG, § 161 Rz. 32.

101) Ähnl. Widmann/Mayer-*Rieger*, UmwR, § 161 UmwG Rz. 84; Lutter-*Seyfarth*, UmwG, § 161 Rz. 34.

102) S. nur *Feick/Schwalm* in: Münch-AHB ErbR, § 38 Rz. 35; *Schwalm*, ZEV 2021, 68, 72.

103) *Krüger* in: BeckOGK-UmwG, § 161 Rz. 31.1 ff.

aus dem maßgeblichen Stifterwillen ableiten können, werden regelmäßig nicht nur die Beteiligung als Komplementärin einer KG „verbieten“, sondern auch die Beteiligung der Stiftung als oHG-Gesellschafterin.

58 Soweit die Ausgliederung zur Aufnahme **auf eine Kapitalgesellschaft** vollzogen wird, erfolgt die Ausgliederung gegen die Gewährung vorhandener Anteile oder durch die Ausgabe neuer Anteile, die im Wege der Kapitalerhöhung nach den einschlägigen Regeln geschaffen werden.[104] Unschädlich für den **Anteilserwerb durch Kapitalerhöhung** ist es, wenn die Stiftung bereits Anteile am übernehmenden Rechtsträger hält; dies gilt selbst für den Fall, dass die Stiftung die Einlagen auf die diesbezüglichen Anteile noch **nicht vollständig erbracht** hat, da die Kapitalerhöhungsverbote der §§ 54, 68 nach § 125 Abs. 1 Satz 1 Nr. 4 für die Ausgliederung unter Beteiligung der Stiftung nicht anwendbar sind.[105]

59 Bei allen Gestaltungen ist darauf zu achten, dass das (gesetzliche und vertragliche bzw. statutarische) **Gesellschaftsrecht des übernehmenden Rechtsträgers** und das (gesetzliche und statutarische) **Stiftungsrecht** der infolge der vollzogenen Ausgliederung sodann als Gesellschafterin beteiligten Stiftung **bestmöglich miteinander „harmonieren“**. Dies gilt nicht nur hinsichtlich der Einhaltung des Stiftungszwecks – auch wenn dies im Schrifttum in den Vordergrund gerückt wird[106] –, sondern insgesamt. Die Beteiligung einer Stiftung führt nicht selten zu Störfeldern innerhalb einer Gesellschaft; ein **stiftungsrechtlich gebotenes Verhalten** – das sich sowohl aus einer Legalitäts- als auch einer stiftungsrechtlichen Treuepflicht ergeben kann –, kann etwa zu einem aus Sicht der Mitgesellschafter „illoyalen“ Verhalten der Stiftung innerhalb des Gesellschafterkreises führen, weil die Stiftungsinteressen – gezwungenermaßen – in den Vordergrund gerückt werden.[107] Ein solches Verhalten wiederum konfligiert mit der **gesellschaftsrechtlichen Treuepflicht**, die – auch für die Stiftung – sowohl gegenüber den Mitgesellschaftern als auch gegenüber der Gesellschaft besteht. Soweit der Stiftung gesellschaftsvertraglich keine „Sonderrechte“ eingeräumt sind, ist sie aus originär gesellschaftsrechtlicher Sicht „normale“ Gesellschafterin. Gleichwohl zwingen stiftungsrechtliche Gesichtspunkte häufig zu einer „Sonderlösung“.

60 Wie derartige **Konflikte aufzulösen** sind, ist stets eine Frage des Einzelfalls. Sowohl das Stiftungsrecht als auch das Gesellschaftsrecht können hier im Einzelfall mit guten Gründen einen „Vorrang“ für sich einfordern. Soweit sich mit der Thematik überhaupt auseinandergesetzt wird, insbesondere unter dem Gesichtspunkt der gesellschaftsrechtlichen Treuepflichten, finden sich überwiegend – indes nicht nur[108] – tendenziell „stiftungsfreundliche“ Ansätze. Mitunter wird für ein **Zurücktreten der gesellschaftsrechtlichen Treuepflicht** hinter das stiftungsrechtlich gebotene Verhalten plädiert oder aber es wird die Idee eines „stiftungsloyalen Mitgesellschafters“ geäußert.[109] Es gibt allerdings keinen allgemein anerkannten Zweifelssatz zugunsten eines Vorrangs der Stiftungsinteressen („in dubio pro fundatione“); häufig wird man die Stiftungsinteressen aber in der Tat zur Lösung einer gesellschaftsrechtlichen Problemstellung angemessen ins Licht rücken und besonders berücksichtigen müssen. Grundsätzlich ist dafür einzutreten, dass der Stiftung **möglichst eine deutliche Beherrschungsmacht** (Stimmrechte, ggf. zusätzliche personelle Einbindung der Stiftungsorganmitglieder auf Ebene der Tochtergesellschaft) eingeräumt

104) Lutter-*Seyfarth*, UmwG, § 161 Rz. 36.
105) Lutter-*Seyfarth*, UmwG, § 161 Rz. 36.
106) Vgl. etwa Lutter-*Seyfarth*, UmwG, § 161 Rz. 48 ff.
107) Lutter-*Seyfarth*, UmwG, § 161 Rz. 48.
108) Vgl. *Stengel*, Stiftung und Personengesellschaft, S. 73; dem entgegentretend Lutter-*Seyfarth*, UmwG, § 161 Rz. 48g.
109) Überblicksartig zusammengefasst *Krüger* in: BeckOGK-UmwG, § 161 Rz. 31.5 m. w. N.

wird.[110] Die Probleme entschärfen sich naturgemäß in den Fällen, in denen die Ausgliederung auf eine **100%ige-Tochter** oder (deutlich) **mehrheitlich beherrschte Tochter** erfolgt.[111] Anders als bisweilen suggeriert, lösen sich dann aber nicht alle Probleme in Luft auf, denn selbstverständlich kann auch eine Alleinbeherrschungsstellung mit dem maßgeblichen Stiftungsrecht konfligieren; freilich darf die Ausgliederung in solchen Fällen schon gar nicht vollzogen werden, aber wie bei allen anderen Maßnahmen sind auch hier fehlerhaft durchgeführte – und sodann jedenfalls zunächst bestandskräftige – Maßnahmen mit in den Blick zu nehmen.

Soweit die §§ 161 ff. keine besonderen Regelungen bereithalten und sich aus den allgemeinen Vorschriften für die Spaltung (insbesondere § 125) keine Besonderheiten ergeben, ist auf das Recht der Verschmelzung zu rekurrieren; es finden daher die allgemeinen Regelungen der §§ 46 ff., 60 ff. und 78 Anwendung.[112] 61

3. Ausgliederung zur Neugründung

Bei der Ausgliederung zur Neugründung ist – anders als bei der Ausgliederung zur Aufnahme – eine **Beteiligung einer Personenhandelsgesellschaft** aufseiten des aufnehmenden Rechtsträgers **nicht möglich**. Die teilweise als zulässig angesehene Möglichkeit einer Ausgliederung zur Neugründung einer Personengesellschaft unter gleichzeitiger Beteiligung eines zweiten Gesellschafters dürfte wegen des insoweit klaren Wortlauts des § 161 bei der Ausgliederung der Stiftung zur Neugründung versperrt sein.[113] 62

Für die Errichtung des i. R. der Ausgliederung zur Neugründung neu entstehenden übernehmenden Rechtsträgers gelten nach § 135 Abs. 2 Satz 1 vorbehaltlich anderweitiger Regelungen im Dritten Buch (§§ 123 ff.) die auf die jeweilige Rechtsform anzuwendenden **Gründungsvorschriften.**[114] Der neue Rechtsträger muss **zwingend eine Kapitalgesellschaft** sein. Hintergrund ist die Grundannahme des Gesetzgebers, dass eine Einpersonen-Personen(handels-)gesellschaft gesellschaftsrechtlich unzulässig ist. Diese Auffassung herrscht bis heute vor und wird durch das MoPeG (vgl. etwa § 712a Abs. 1 Satz 1 BGB) gestärkt.[115] Die **Einpersonen-Kapitalgesellschaft** hingegen ist heute trotz verbandsrechtlicher Friktionen allgemein anerkannt und gesetzlich positiv durch die Herabsetzung der Mindestgründerzahl auf lediglich einen Gründer (vgl. § 1 GmbHG, § 2 AktG) verankert. Als übernehmender, im Zuge der Ausgliederung zur Neugründung entstehender Rechtsträger kommt grundsätzlich jede als Kapitalgesellschaft ausgestaltete Rechtsform in Betracht, d. h. AG, GmbH, SE und KGaA.[116] 63

Nicht mehr ernsthaft bestritten wird, dass eine Stiftung persönlich haftende Gesellschafterin einer **KGaA** werden kann.[117] Zulässig ist es auch, wenn die Stiftung eine Doppelstellung in der KGaA als persönlich haftende Gesellschafterin und als Kommanditaktionärin erhält (Einpersonen-KGaA).[118] Die Gründung der Einmann-KGaA i. R. der Ausgliederung zur Neugründung ist umwandlungsrechtlich wegen des Ausnahmetatbestands 64

110) *Leuering* in: KölnKomm-UmwG, § 161 Rz. 23.
111) *Krüger* in: BeckOGK-UmwG, § 161 Rz. 32.1.
112) Lutter-*Seyfarth*, UmwG, § 161 Rz. 36; *Leuering* in: KölnKomm-UmwG, § 161 Rz. 29.
113) *Krüger* in: BeckOGK-UmwG, § 161 Rz. 34; *Leuering* in: KölnKomm-UmwG, § 161 Rz. 19.
114) Semler/Stengel/Leonard-*Stengel*, UmwG, § 161 Rz. 36.
115) Vgl. *Sanders* in: BeckOGK-HGB, § 105 Rz. 456 m. w. N.
116) Lutter-*Seyfarth*, UmwG, § 161 Rz. 38.
117) Vgl. BGH v. 24.2.1997 – II ZB 11/96, ZIP 1997, 1027; Widmann/Mayer-*Rieger*, UmwR, § 161 UmwG Rz. 93; *Feick/Schwalm* in: Münch-AHB ErbR, § 38 Rz. 38.
118) Widmann/Mayer-*Rieger*, UmwR, § 161 UmwG Rz. 93; Lutter-*Seyfarth*, UmwG, § 161 Rz. 38; *Krüger* in: BeckOGK-UmwG, § 161 Rz. 35; a. A. noch Lutter-*Hüttemann/Rawert*, UmwG, § 161 Rz. 38.

in § 135 Abs. 2 Satz 3 zulässig, wonach die Vorschriften über die Mindestanzahl der Gründer nicht anwendbar sind.

65 Auch wenn wie eingangs beschrieben die Ausgliederung zur Neugründung auf eine Personenhandelsgesellschaft nicht zulässig ist, so kann ein funktional äquivalentes Ergebnis jedoch dadurch erreicht werden, dass **kurz vor Durchführung** der Ausgliederung eine **Personenhandelsgesellschaft gegründet** wird, auf diese dann die Ausgliederung zur Aufnahme bewirkt wird.[119)]

66 Etwaige stiftungsrechtliche Grenzen hinsichtlich der Beteiligungsfähigkeit der Stiftung sind auch bei der Beteiligung an einer **neu gegründeten Kapitalgesellschaft** zu beachten; aufgrund der Haftungsbeschränkung der Kapitalgesellschaften sind jedoch diejenigen Probleme, die sich mit der Vollhafterstellung der Stiftung ergeben, abgemildert. Dasselbe gilt grundsätzlich für etwaige Konflikte mit einem Mitgesellschafter, wenn die Stiftung i. R. der Ausgliederung zur Neugründung Alleingesellschafterin der neuen Tochter-Kapitalgesellschaft wird und daher stets die gesellschaftsrechtliche Beherrschungsmacht sichergestellt ist.[120)] Es können sich bei einer Beteiligung an einer Tochter-Kapitalgesellschaft jedoch andere stiftungsrechtliche Grenzen ergeben, etwa wenn sich die Stiftung an einer **potentiell börsennotierten Kapitalgesellschaft** beteiligen soll, die vermögensrechtlichen Vorgaben der Stiftung aber die Beteiligung an einer solchen – vorbehaltlich einer Satzungsänderung zur Lockerung der vermögensrechtlichen Vorgaben – „verbieten".

4. Wirkungen der Ausgliederung

67 Die Wirkungen der Ausgliederung bestimmen sich nach **§ 131**. Mit Eintragung der Ausgliederung in das Handelsregister (bzw. den Handelsregistern) der Stiftung geht das ausgegliederte Vermögen einschließlich der Verbindlichkeiten nach Maßgabe des Ausgliederungsvertrags bzw. -plans im Wege der partiellen Gesamtrechtsnachfolge auf den neuen Rechtsträger über (§ 131 Abs. 1 Nr. 1). Die übertragende Stiftung wird damit entsprechend der im Ausgliederungsvertrag bzw. -plan festgesetzten Aufteilung Gesellschafter des übernehmenden Zielrechtsträgers (§ 131 Abs. 1 Nr. 3).

68 Etwaige **Beurkundungsmängel** werden geheilt (§ 131 Abs. 1 Nr. 4). **Mängel der Spaltung** lassen die Wirkungen der Eintragung nach § 131 Abs. 1 zudem unberührt (§ 131 Abs. 2). § 131 Abs. 2 führt letztlich zur Bestandskraft der **„fehlerhaften Ausgliederung"**; gerade in diesem Fall können das hinsichtlich der Bestandskraft einer fehlerhaften Maßnahme eher „großzügige" Umwandlungsrecht und das umgekehrt abseits § 86f Abs. 3 BGB sehr restriktive Stiftungsrecht miteinander konfligieren, etwa in den Fällen einer Ausgliederung, die (unbewusst oder bewusst) stifterwillenswidrig durchgeführt wird und somit gegen das Prinzip der Maßgeblichkeit des Stifterwillens – das oberste Prinzip des Stiftungsrechts – verstoßen hat.[121)] Im Worst Case kann die **Bestandskraft einer „fehlerhaften Ausgliederung"** der Stiftung sogar den Todesstoß versetzen, namentlich dann, wenn der „Wegfall" des Unternehmens oder bedeutender Teile davon dazu führt, dass der vom Stifter **vorgegebene Stiftungszweck nicht mehr dauernd und nachhaltig erfüllt werden kann**, was vorbehaltlich einer gegenläufigen Korrektur einen Auflösungs- respektive Aufhebungsgrund nach §§ 87, 87a BGB schafft.

---

119) Widmann/Mayer-*Rieger*, UmwR, § 161 UmwG Rz. 96; Semler/Stengel/Leonard-*Stengel*, UmwG, § 161 Rz. 35; *Leuering* in: KölnKomm-UmwG, § 161 Rz. 20.

120) *Leuering* in: KölnKomm-UmwG, § 161 Rz. 23.

121) *Schwalm*, NotBZ 2022, 81, 87; *Hüttemann/Rawert*, AcP 222 (2022), 301, 302; *Jakob/Picht/Kopp* in: BeckOGK-BGB, § 83 Rz. 3.

Freilich kann eine derartige „fehlerhafte Ausgliederung“ zur **Organhaftung** führen – jedenfalls für eine infolge der „fehlerhaften Ausgliederung“ im Ergebnis existenzbedrohte Stiftung ist dies jedoch ein schwacher Trost, da die Fortsetzung einer in Abwicklung befindlichen Stiftung schwierig bis unmöglich ist und der Weg zur Neuerrichtung häufig versperrt ist (siehe dazu bereits Rz. 32 ff.).[122] 69

Eine dem § 155 entsprechende Vorschrift, die über das **Schicksal der Firma** der Stiftung entscheidet, fehlt in den §§ 161 ff. Nach allgemeinen handelsrechtlichen Grundsätzen **erlischt die Firma** jedoch auch hier kraft Gesetzes, sofern mit Eintragung der Ausgliederung die Stiftung aufhört, ein Handelsgewerbe zu betreiben.[123] Das Erlöschen ist dann nach § 31 Abs. 2 HGB zum Handelsregister anzumelden. Sofern die Stiftung einen Teil des Unternehmens als Handelsgewerbe fortführt, bleibt die Firma bestehen.[124] Der übernehmende **Zielrechtsträger** kann die Firma der Stiftung (unter Hinzufügung des jeweiligen Rechtsformzusatzes) nach firmenrechtlichen Grundsätzen fortführen (§ 22 HGB). Übernimmt der neue Rechtsträger auch den Firmenbestandteil „Stiftung“ bzw. führt ihn fort, sind die Vorgaben des § 18 HGB zu beachten.[125] Im Übrigen kann die ausgliedernde Stiftung ihren Namen allerdings grundsätzlich behalten, sofern keine besondere Verwechslungsgefahr droht; andernfalls kann eine Namensänderung geboten sein.[126] 70

Zudem sind mit der Ausgliederung besondere **Haftungsfolgen** verbunden, vgl. §§ 166, 167 und die Kommentierungen ebenda. 71

V. Weitere „Umwandlungen“ der Stiftung abseits des UmwG

Die Stiftung kann auch abseits des UmwG an Vorgängen beteiligt sein, die untechnisch als „Umwandlungen“ bezeichnet werden. Diese Vorgänge sind unter Anlegung umwandlungsrechtlicher Vergleichsmaßstäbe nur sehr partiell vergleichbar. Der Ursprung dieser „Umwandlungsoptionen“ liegt originär im Stiftungsrecht begründet. 72

1. Zulegung und Zusammenlegung (§§ 86 ff. BGB)

Zu erwähnen sind insbesondere die stiftungsrechtlichen Rechtsinstitute der **Zulegung** und der **Zusammenlegung**, die inzwischen bundesrechtlich in §§ 86 ff. BGB geregelt sind. Die Ausgliederung nach §§ 161 ff. bleibt davon sämtlich unberührt.[127] Die Diskussion, ob die früher in den Landesgesetzen geregelten Vorschriften zur Zulegung und Zusammenlegung wegen mangelnder Gesetzgebungskompetenz womöglich nichtig waren, ist überholt.[128] 73

Mitunter werden die beiden Rechtsinstitute unter dem Oberbegriff der „Zusammenführung“ oder der **„Stiftungsfusion“** zusammengefasst.[129] Gemein ist diesen Rechtsinstituten, dass aufseiten der übertragenden und der aufnehmenden Rechtsträger **exklusiv nur rechtsfähige Stiftungen bürgerlichen Rechts beteiligt** sein können. Weiter ist ihnen 74

122) Der Autor *Schwalm* arbeitet an einer einschlägigen Monografie („Die fehlerhafte Stiftung“) zur Behandlung fehlerhafter Organisationsakte im Stiftungsrecht und zur Übertragbarkeit verbandsrechtlicher Lehren auf die Stiftung als Nichtverband. Auch „fehlerhafte Umwandlungen“ können als fehlerhafter Organisationsakt qualifiziert werden.

123) *Krüger* in: BeckOGK-UmwG, § 161 Rz. 26; *Leuering* in: KölnKomm-UmwG, § 161 Rz. 40; Semler/Stengel/Leonard-*Stengel*, UmwG, § 161 Rz. 38.

124) *Krüger* in: BeckOGK-UmwG, § 161 Rz. 26; *Leuering* in: KölnKomm-UmwG, § 161 Rz. 40.

125) *Krüger* in: BeckOGK-UmwG, § 161 Rz. 27.

126) Lutter-*Seyfarth*, UmwG, § 161 Rz. 42; wohl auch Semler/Stengel/Leonard-*Stengel*, UmwG, § 161 Rz. 38.

127) *Cranshaw*, npoR 2024, 93, 95.

128) Vgl. zur alten Rechtslage Semler/Stengel/Leonard-*Stengel*, UmwG, 5. Aufl., 2021, § 161 Rz. 43 ff.

129) *Cranshaw*, npoR 2024, 93; *Schauer*, ZEV 2022, 512; *Schauer*, npoR 2021, 35; *Schwalm*, ZEV 2021, 68, 73.

gemein, dass die **übertragende Stiftung** als Rechtsträger **untergeht**. Strukturell ist damit keine Vergleichbarkeit mit der hier behandelten Ausgliederung i. S. der §§ 161 ff. gegeben, da die ausgliedernde Stiftung nicht ipso iure untergeht. Die Zulegung entspricht unter Heranziehung der Umwandlungstatbestände nach dem UmwG am ehesten der Verschmelzung zur Aufnahme und die Zusammenlegung am ehesten der Verschmelzung zur Neugründung.[130)]

75 Anders als die Ausgliederung i. S. der §§ 161 ff., die als solche nur eingeschränkt einer behördlichen Genehmigung bedarf (siehe dazu § 164 Rz. 6 ff. [*Schwalm/Schwind*]), bedürfen die Zulegung und Zusammenlegung für ihre Wirksamkeit **stets der behördlichen Genehmigung** (arg. e § 86b Abs. 1 Satz 2 BGB). Ein weiterer zentraler Unterschied zur Ausgliederung i. S. der §§ 161 ff. ist, dass über eine Zulegung und Zusammenlegung nicht autonom und unter Zweckmäßigkeitsgesichtspunkten entschieden werden kann, sondern dass eine solche **nur dann möglich** ist, wenn die **übertragende Stiftung** – untechnisch gesprochen – **auf anderem Wege nicht mehr sinnvoll zu retten ist.** Der Stifter kann keinen gestalterischen Einfluss auf die Zulässigkeit und die Voraussetzungen einer Zulegung oder Zusammenführung nehmen, da es sich bei den §§ 86 ff. BGB nach der Vorstellung des Gesetzgebers um zwingendes Gesetzesrecht handelt.[131)] Zudem können die Zulegung und Zusammenlegung – wenn auch subsidiär – hoheitlich **durch Eingriffsverwaltungsakt verfügt** werden (vgl. § 86b Abs. 2 BGB). In der Praxis erweist es sich als äußerst schwierig, eine Zulegung und Zusammenlegung, auch wenn diese „vernünftig" erscheint, durchzusetzen; abseits der strengen gesetzlichen – zwingenden – Voraussetzungen zeigen sich die Stiftungsbehörden vor dem Hintergrund ihres Schutzauftrags und der Konsequenz des Erlöschens der übertragenden Stiftung sehr zurückhaltend.

76 Nicht unproblematisch ist, dass über die §§ 86 ff. BGB ein **„eigenes Umwandlungsrecht"** für die Stiftung geschaffen wurde, das rechtstechnisch womöglich **besser in das UmwG hätte integriert werden sollen.**[132)] So übernimmt das BGB partiell Mechanismen des UmwG, die sich aber nicht friktionslos in die stiftungsrechtliche Dogmatik einpassen lassen. Sehr deutlich werden die Schwächen einer partiellen Übernahme umwandlungsrechtlicher Vorschriften, wenn man § 86f Abs. 3 BGB betrachtet, der dem § 20 Abs. 2 nachgebildet ist. Danach bleiben **Mängel einer Zulegung oder Zusammenlegung** weitreichend mit der Bestandskraft der behördlichen Genehmigung – die insoweit an die Stelle der (Handels-)Registereintragung tritt – unberührt. Übersehen wurde aber, dass die Bestandskraft einer fehlerhaften Zulegung oder Zusammenlegung – die immerhin zum Erlöschen der übertragenden Stiftung führt – zu einem **potentiell irreversiblen Zustand** führt. Denn anders als das Umwandlungsrecht, das für die fehlerhafte Verschmelzung mit der Spaltung immerhin ein Instrument für einen „Umkehrungsakt" bereithält, gibt es derartige Instrumente im Stiftungsrecht nicht. Eine einmal beendete (untergangene) Stiftung kann grundsätzlich auch nicht „wiedererrichtet" werden (siehe hierzu Rz. 32 ff.). Zudem fragt sich, wie etwa der maßgebliche **Stifterwille** bei einer Stiftung ermittelt wird, die durch „Neugründung" i. R. der Zusammenlegung zweier oder mehrerer Stiftungen geschaffen wurde; anders als bei Verschmelzungsvorgängen gibt es aufseiten der neu gegründeten Stiftung keine Gesellschafter, die einen aktuellen und autonom wandelbaren Willen bilden können.

---

130) *Schauer*, ZEV 2022, 512.

131) Begr. RegE StiftRVEG, BT-Drucks. 19/28173, S. 69; *Cranshaw*, npoR 2024, 93, 95; dagegen aber etwa *Schauer*, ZEV 2022, 512, 516.

132) *Schwalm*, NotBZ 2022, 121, 124; *Schwalm*, ZEV 2021, 68, 73.

Ferner wurde **bislang versäumt**, das stiftungsrechtliche „Umwandlungssystem“ auch **steuerlich kohärent einzupassen.**[133] Da sich die Zulegung und Zusammenlegung nicht als Umwandlungsmaßnahme des UmwG darstellen, mag es konsequent erscheinen, diese Maßnahmen auch nicht ins UmwStG einzubinden. Die derzeitige Lösung, den Erwerb der aufnehmenden Stiftung **als Schenkung zu qualifizieren** (vgl. § 7 Abs. 1 Nr. 9 ErbStG) führt jedoch zu unzähligen – längst noch nicht vollständig entdeckten – steuerlichen Folgeproblemen. 77

Während die Bereitstellung stiftungsspezifischer verschmelzungsähnlicher Instrumente im Ausgangspunkt zu begrüßen ist, sollte der Gesetzgeber die nächste Gelegenheit nutzen, um die §§ 86 ff. BGB (einschließlich der dazu gehörigen Steuernormen) einer Revision zu unterziehen. Dabei wäre auch zu erwägen, ob man nicht noch einmal den Vorschlag prüfen sollte, diese umwandlungsähnlichen Vorgänge in das UmwG (und das UmwStG) zu integrieren. 78

2. Weitere „Umwandlungsmöglichkeiten“ der Stiftung

Daneben finden sich noch andere Maßnahmen in Bezug auf die Stiftung, die mitunter auch als „Umwandlung“ bezeichnet werden. Ein derartiges Institut stellt etwa die „Umwandlung“ von einer sog. **Ewigkeitsstiftung** (gesetzlicher Idealtypus) **in eine (Voll-)Verbrauchsstiftung** (gesetzlicher Ausnahmetypus). Ziel dieser „Umwandlungsmaßnahme“ ist es – verkürzt gesagt – den Grundsatz der Vermögenserhaltung zu durchbrechen und es der Stiftung zu erlauben, auch ihren Vermögensstock, das sog. **Grundstockvermögen, für die Zweckerfüllung einzusetzen.** Dadurch wird erreicht, dass das gesamte Vermögen der Stiftung sukzessiv abgeschmolzen wird, bis die Stiftung – nach einem festzulegenden Zeitraum – aufgelöst werden kann. Auch diese „Umwandlungsmaßnahme“ führt letztlich zur **Beendigung der Stiftung.** In § 85 Abs. 1 Satz 4 BGB ist diese Form der „Umwandlung“ als gesetzliche Satzungsänderung implementiert worden; im Gesetz ist insoweit von einer „Umgestaltung“ in eine Verbrauchsstiftung die Rede, wobei der Begriff der Umwandlung ebenso Verwendung findet. 79

Vor dem Hintergrund, dass es sich bei der **Verbrauchsstiftung** um den gesetzlichen **Ausnahmetypus** handelt, nimmt es nicht wunder, dass die gesetzlichen **Voraussetzungen** für die Zulässigkeit und Genehmigungsfähigkeit einer solchen Satzungsänderung **vergleichsweise hoch** sind. Nach § 85 Abs. 1 Satz 4 BGB ist eine „Umgestaltung“ in eine Verbrauchsstiftung nur zulässig, wenn der Stiftungszweck nicht mehr dauernd und nachhaltig erfüllt werden kann und gesichert erscheint, dass die Stiftung ihren Zweck (nur) infolge der Maßnahme wieder dauernd und nachhaltig erfüllen kann, wobei der Vermögensverbrauch zur Zweckerfüllung dann innerhalb einer bestimmten Zeit (grundsätzlich mindestens zehn Jahre) zu erfolgen hat. Bei dieser Möglichkeit der „Umgestaltung“ handelt es sich um eine Einbahnstraße.[134] Der umgekehrte Weg ist versperrt. 80

Wenn eine Stiftung also von Beginn an unter den (zusätzlichen) Voraussetzungen des § 81 Abs. 2 BGB als **Verbrauchsstiftung** errichtet wurde, **kann sie nicht nachträglich in eine Ewigkeitsstiftung „umgewandelt“ werden**, selbst wenn sie – entgegen des ursprünglichen Plans – vermögenstechnisch prosperiert. Zulässig ist nach der gegenwärtigen Konzeption allenfalls eine „Verlängerung“ der Überlebensdauer, nicht aber die vollwertige Umgestaltung in den anderen (Regel-)Typus. Damit ist vorgezeichnet, dass eine Verbrauchsstiftung früher oder später aufgelöst werden muss. Misslich ist hier, dass der „Ablauf“ der vorgesehenen Zeit einen (zwingenden) Auflösungsgrund darstellt. Auch 81

133) *Schwalm*, ZEV 2021, 68, 73.
134) *Schwalm*, NotBZ 2022, 121, 125.

hier sollte der Gesetzgeber die Chance nutzen, um ein aus praktischer Sicht durchaus sinnvolles „Umwandlungsinstrumentarium" einer praxisgerechten und insgesamt „stiftungsfreundlicheren" Nutzungsmöglichkeit zuzuführen.

82 Des Weiteren kommt auch – ggf. nach vorheriger Umstrukturierung bzw. Umschichtung des Stiftungsvermögens – eine **Übertragung von Stiftungsvermögen** auf eine allein oder mit anderen Gesellschaftern **gegründete Personen- oder Kapitalgesellschaft** im Wege der Einzelrechtsnachfolge, etwa durch Sachgründung oder Sacheinlage, in Betracht, sofern dem im Einzelfall keine stiftungsrechtlichen Grenzen gesetzt sind;[135] eine solche Grenze könnte bspw. eine zunächst **erforderliche Zweckänderung** sein, für die die nach § 85 Abs. 1 BGB erforderlichen – sehr hohen – Voraussetzungen nicht gegeben sind, so dass keine nach § 85a Abs. 1 Satz 2 BGB erforderliche behördliche Genehmigung erreicht werden kann.

83 Nach hiesiger Auffassung nicht in Betracht kommt eine **„Umwandlung" in Gestalt der Veränderung der Rechtsnatur**, etwa von einer rechtsfähigen Stiftung des öffentlichen Rechts in eine Stiftung bürgerlichen Rechts.[136] Hierfür **fehlt es an einer geeigneten Rechtsgrundlage**; zudem ist die Divergenz des Entstehungsakts – der bei einer rechtsfähigen Stiftung des bürgerlichen Rechts zwingend in einem Stiftungsgeschäft i. S. des § 81 BGB zu sehen ist, das bei einer durch Hoheitsakt errichteten rechtsfähigen Stiftung des öffentlichen Rechts aber gerade fehlt – letztlich „schädlich".

84 Auch die **Auflösung/Aufhebung der „alten Stiftung"** und ein Vermögensübertrag auf eine „neue Stiftung" ist nicht als geeignete „Umwandlungsform" in Betracht zu ziehen, da die Beendigung der aufgelösten bzw. aufgehobenen Stiftung eine Zensurwirkung hat, auch in vermögensrechtlicher Hinsicht, da ein etwaiger Liquidationserlös beim (vom Stifter grundsätzlich personenverschiedenen) **Anfallberechtigten** anfällt, so dass das Stiftungsvermögen ceteris paribus nicht für die Neuerrichtungsvariante zur Verfügung steht.[137]

135) *Krüger* in: BeckOGK-UmwG, § 161 Rz. 38; Semler/Stengel/Leonard-*Stengel*, UmwG, § 161 Rz. 40; *Leuering* in: KölnKomm-UmwG, § 161 Rz. 4; Lutter-*Seyfarth*, UmwG, § 161 Rz. 53.

136) A. A. Semler/Stengel/Leonard-*Stengel*, UmwG, § 161 Rz. 44.

137) A. A. wohl Semler/Stengel/Leonard-*Stengel*, UmwG, § 161 Rz. 45.

§ 162
Ausgliederungsbericht

(1) Ein Ausgliederungsbericht ist nur erforderlich, wenn die Ausgliederung nach § 164 Abs. 1 der staatlichen Genehmigung bedarf oder wenn sie bei Lebzeiten des Stifters von dessen Zustimmung abhängig ist.

(2) Soweit nach § 164 Abs. 1 die Ausgliederung der staatlichen Genehmigung oder der Zustimmung des Stifters bedarf, ist der Ausgliederungsbericht der zuständigen Behörde und dem Stifter zu übermitteln.

Literatur: *Schwalm*, Das neue Stiftungsrecht – Ein Kompendium zur Stiftungsrechtsreform (auch) für die notarielle Praxis, (Teil 1) NotBZ 2022, 81.

Übersicht

I. Normzweck und Systematik

§ 162 regelt das Erfordernis eines Ausgliederungsberichts für die ausgliedernde Stiftung.[1)] Es handelt sich um lex specialis zu § 127, der den Ausgliederungsbericht bei der Spaltung allgemein regelt.[2)] Abweichend von den allgemeinen Regeln in § 127 ist nach § 162 ein Ausgliederungsbericht bei der Stiftung nur dann erforderlich, wenn die Ausgliederung nach § 164 Abs. 1 behördlich genehmigungspflichtig oder von der Zustimmung des noch lebenden Stifters abhängig ist.[3)] Diese **stiftungsspezifische Spezialregelung** rührt daher, dass die Stiftung keine Anteilseigner hat, so dass taugliche **Berichtsgläubiger** mit einem entsprechenden Informations- und Aufklärungsinteresse jedenfalls nicht in gleichem Maße wie bei Gesellschaften vorhanden sind (ähnlich beim Einzelkaufmann, vgl. § 153).[4)] Entsprechend der mitglieder- bzw. eigentümerlosen Struktur der Stiftung wird der Ausgliederungsbeschluss durch das hierfür zuständige Stiftungsorgan (siehe dazu § 163 Rz. 1 ff. [*Schwalm/Schwind*]) gefasst. Die allgemeine Konzeption bei Spaltungen (Berichtspflicht an Anteilseigner zur Schaffung einer informationellen Entscheidungsgrundlage für den kollektiven Ausgliederungsbeschluss) passt somit nicht, jedenfalls nicht ohne Weiteres.[5)] 1

§ 162 betrifft lediglich die ausgliedernde Stiftung. Unberührt bleibt die sich aus § 127 ergebende Pflicht des **aufnehmenden Rechtsträgers** zur Erstattung eines Ausgliederungsberichts.[6)] 2

II. Erforderlichkeit eines Ausgliederungsberichts (§ 162 Abs. 1)

1. Eingeschränkte Erforderlichkeit

Das in § 162 Abs. 1 angeordnete Erfordernis der Erstellung eines Ausgliederungsberichts dient der **Befriedigung eines berechtigten Aufklärungs- und Informationsinteresses** bestimmter Akteure hinsichtlich der durch eine Ausgliederung erfolgenden Umstrukturierung; bei der Stiftung gilt dies in Bezug auf bestimmte „Dritte", die zwar nicht an der Ausgliederungsentscheidung unmittelbar beteiligt sind, von deren Zustimmung die Ausgliederung aber dennoch abhängt.[7)] Solche potenziellen Berichtsgläubiger bei der Stiftung sind nach der in § 162 niedergelegten Vorstellung des Gesetzgebers zum einen die zuständige **Stiftungsbehörde** (Aufsichtsbehörde), sofern ein stiftungsrechtlicher Genehmigungsvorbehalt angeordnet ist (§ 164 Abs. 1), und zum anderen der **noch lebende Stifter** selbst, wenn die Ausgliederung von dessen Zustimmung abhängig ist.[8)] Dementsprechend 3

1) Soweit nicht anderweitig qualifiziert meint Stiftung nachfolgend stets die rechtsfähige Stiftung bürgerlichen Rechts i. S. der §§ 80 ff. BGB.

2) *Krüger* in: BeckOGK-UmwG, § 162 Rz. 2; Semler/Stengel/Leonard-*Stengel*, UmwG, § 162 Rz. 1.

3) Statt aller Lutter-*Seyfarth*, UmwG, § 162 Rz. 1.

4) Semler/Stengel/Leonard-*Stengel*, UmwG § 162 Rz. 1; Schmitt/Hörtnagl-*Hörtnagl*, UmwG § 162 Rz. 1.

5) Begr. Fraktionsentwurf UmwBerG, BT-Drucks. 12/6699, S. 130; *Krüger* in: BeckOGK-UmwG, § 162 Rz. 2; Lutter-*Seyfarth*, UmwG, § 162 Rz. 1; *Leuering* in: KölnKomm-UmwG, § 162 Rz. 1; Semler/Stengel/Leonard-*Stengel*, UmwG, § 162 Rz. 1; Widmann/Mayer-*Rieger*, UmwR, § 162 UmwG Rz. 1.

6) Semler/Stengel/Leonard-*Stengel*, UmwG, § 162 Rz. 3; Lutter-*Seyfarth*, UmwG, § 162 Rz. 5; Widmann/Mayer-*Rieger*, UmwR, § 162 UmwG Rz. 2.

7) Semler/Stengel/Leonard-*Stengel*, UmwG, § 162 Rz. 2.

8) Henssler/Strohn-*Wamser*, GesR, § 162 UmwG Rz. 1; Semler/Stengel/Leonard-*Stengel*, UmwG, § 162 Rz. 1 – 5; Lutter-*Seyfarth*, UmwG, § 162 Rz. 4.

ordnet § 162 Abs. 1 in diesen beiden Fällen das Erfordernis eines Ausgliederungsberichts an.[9)]

4 Es ist anzumerken, dass das Gesetz hier – wie bei den §§ 161 ff. im Generellen – einem bestimmten, insgesamt etwas **anachronistisch anmutenden Stiftungsverständnis** folgt, das durch die Entstehungsgeschichte und die fehlende Revision der Normen begründet werden kann.

5 Berechtigte Aufklärungs- und Informationsinteressen kann es jedenfalls unter **Wertungsgesichtspunkten** neben den im Gesetz genannten Berichtsgläubigern auch aufseiten weiterer sog. Stiftungsbeteiligter geben, etwa bei **Destinatären** einer (unternehmenstragenden) Familienstiftung, sofern und soweit ihnen im Einzelfall „starke Rechte" durch die Satzung eingeräumt sind.[10)] Insoweit wird der Anwendungsbereich des § 162 mitunter auch in entsprechender Anwendung auf diese Personen erweitert.[11)] Im Gesetzgebungsverfahren sind indes bestimmte „Mitwirkungspflichten" anderer Stiftungsbeteiligter, bspw. eines (fakultativen) Aufsichtsorgans diskutiert, letztlich aber gestrichen worden, weshalb der Gesetzgeber wohl von einer stark eingeschränkten gesetzlichen Berichtserstellungspflicht ausgegangen ist.[12)] Dies könnte die **Analogiefähigkeit** der Vorschrift in Ermangelung einer planwidrigen Regelungslücke infrage stellen.

6 Gleichviel wie: Sollte die **Satzung** über die beiden im Gesetz geregelten Fälle hinaus im Einzelfall einmal eine weitergehende Berichtspflicht statuieren, so würde ein „Fehlen" des Ausgliederungsberichts wohl zwar nicht unmittelbar gegen § 162 verstoßen, indes einen **Verstoß gegen statutarische Legalitätspflichten** bedeuten, was bei einer gleichwohl durchgeführten Ausgliederung – wenn auch eher theoretisch – im Einzelfall unter **Organhaftungsgesichtspunkten** relevant werden kann.

7 Für die Frage, wann ein entsprechender **behördlicher Genehmigungsvorbehalt** besteht, nimmt § 162 Abs. 1 Bezug auf § 164 Abs. 1, der wiederum auf das **(landesspezifische) Stiftungsrecht** verweist (siehe dazu näher § 164 Rz. 6 [*Schwalm/Schwind*]). Eine **allgemeine bundesrechtliche Genehmigungspflicht** für die Ausgliederung als Umwandlungsmaßnahme nach §§ 161 ff. gibt es **de lege lata nicht.**[13)] Davon abgesehen ist eine behördliche Genehmigung aus bundesrechtlichen Gründen erforderlich, wenn mit der Ausgliederung eine **Satzungsänderung** verbunden ist, § 85a Abs. 1 Satz 2 BGB.[14)] Dieses Genehmigungserfordernis knüpft aber ausdrücklich an die Satzungsänderung (i. S. der §§ 85, 85a BGB), nicht an die Ausgliederung (i. S. der §§ 161 ff.) an. Die Satzungsänderung ist dann Voraussetzung oder Folge der Ausgliederung, nicht aber mit dieser Form der Grundlagenänderung deckungsgleich.

8 Eine **Zustimmungspflicht des noch lebenden Stifters** für eine Ausgliederung kann sich – auch nach der zum 1.7.2023 in Kraft getretenen Stiftungsrechtsreform, die die bundesrechtlich vereinheitlichte und abschließende Regelung des Stiftungszivilrechts in §§ 80 ff. BGB zum Ziel hatte[15)] – nach hiesiger Auffassung theoretisch weiterhin aus den 16 **Landesstiftungsgesetzen** ergeben, da der Bundesgesetzgeber keine Regelungen zur Ausgliederung nach §§ 161 ff. getroffen und insoweit keine kompetenzverdrängende Regelungen,

9) Begr. Fraktionsentwurf UmwBerG, BT-Drucks. 12/6699, S. 130.

10) A. A. wohl Semler/Stengel/Leonard-*Stengel*, UmwG, § 162 Rz. 1 – „Ein Informationsinteresse […] können nur der Stifter oder die Aufsichtsbehörde besitzen".

11) § 162 entsprechend heranziehend aber *Leuering* in: KölnKomm-UmwG, § 163 Rz. 5; Henssler/Strohn/*Wamser*, GesR, § 162 UmwG Rz. 1.

12) Vgl. *Ganske*, Umwandlungsrecht, S. 189 f.

13) Widmann/Mayer-*Rieger*, UmwR, § 162 UmwG Rz. 6.

14) *Leuering* in: KölnKomm-UmwG, § 162 Rz. 3.

15) Vgl. *Schwalm*, NotBZ 2022, 81 f.

die ein „Überschreiben" bzw. Verdrängen der landesrechtlichen Normen nach Art. 31 GG zur Folge hätte, geschaffen hat. Soweit ersichtlich kommt de lege lata aber allenfalls für Stiftungen, die in **Thüringen** ihren Rechtssitz haben, eine derartige landesrechtlich angeordnete Zustimmungspflicht des lebenden Stifters für die Ausgliederung in Betracht, wenn man § 9 Abs. 2 ThürStiftG insoweit auch für den in § 9 Abs. 3 ThürStiftG geregelten Fall der Ausgliederung (siehe dazu näher § 164 Rz. 8 [*Schwalm/Schwind*]) für entsprechend anwendbar erachtet. Dies erscheint argumentativ vertretbar, umgekehrt aber auch nicht zwingend, da § 9 Abs. 3 ThürStiftG ausdrücklich nur auf § 9 Abs. 1 ThürStiftG und nicht auch auf § 9 Abs. 2 ThürStiftG verweist.

Daneben kommen **statutarische Zustimmungspflichten** des noch lebenden Stifters in 9
Betracht. Diese führen ebenfalls zur Pflicht zur Erstellung des Ausgliederungsberichts.[16] Zur Erstellung eines Ausgliederungsberichts aufgrund weitergehender statutarischer Pflichten siehe oben unter Rz. 6.

2. Entbehrlichkeit des Ausgliederungsberichts

Durch die Formulierung im Gesetzestext („nur erforderlich, wenn […]") wird bereits 10
deutlich, dass der Ausgliederungsbericht regelmäßig entbehrlich sein kann. Abseits im Einzelfall statutarisch angeordneter Berichtspflichten bzw. „Entbehrlichkeitsverbote" (wie etwa Verzichtsverbote) dürfte die Entbehrlichkeit des Ausgliederungsberichts (auch) den praktischen Regelfall reflektieren. Eine vollständige Entbehrlichkeit wie etwa bei § 169 Satz 1 (siehe dazu § 169 Rz. 7 ff. [*Schwalm/Schwind*]) ist der Ausgliederung unter Beteiligung der Stiftung indes fremd.

Ein Ausgliederungsbericht nach dem Vorbild des § 162 soll nach überwiegender Auffas- 11
sung **entbehrlich** sein, wenn der zustimmungsbedürftige Stifter oder etwaige sonstige mitwirkungsberechtigte Kontrollorgane an dem Ausgliederungsbeschluss unmittelbar beteiligt sind und diesem nach § 163 i. V. m. den Vorschriften des Stiftungsrechts zustimmen; in methodischer Hinsicht erfolgt eine **teleologische Reduktion** des § 162.[17] Mit Blick auf einen relevanten Verfahrensfehler ist in Zweifelsfällen eher zur Erstellung des Ausgliederungsberichts zu raten, wenngleich die Verfahrensfehler nur schwer angreifbar sind (siehe dazu § 163 Rz. 26 ff. [*Schwalm/Schwind*]).

Zudem steht es nach wohl h. A. dem Stifter nach § 127 Satz 2 i. V. m. § 8 Abs. 3 frei, mit 12
notariell beurkundeter Erklärung auf den Ausgliederungsbericht **zu verzichten.**[18] Denkbar ist ein **Verzicht** grundsätzlich auch in Bezug auf die Genehmigungsbehörde, da es nicht ausgeschlossen ist, dass sie die für ihre Entscheidungsfindung notwendigen Informationen auch anderweitig bezieht und deshalb ein Verzicht auf den Ausgliederungsbericht unschädlich wäre.[19] **In der Praxis** dürfte dies kaum einmal eine Rolle spielen;[20] einerseits bestehen nur (noch) singuläre Genehmigungspflichten für die Ausgliederung als solche (siehe dazu § 164 Rz. 6 ff. [*Schwalm/Schwind*]); andererseits zeigt die praktische Erfahrung im Umgang mit Stiftungsaufsichtsbehörden, dass zum Schutz der Stiftung im Zweifel selten bis gar nicht auf derartige „Informationsrechte" verzichtet wird, sofern

16) *Leuering* in: KölnKomm-UmwG, § 162 Rz. 4.

17) *Leuering* in: KölnKomm-UmwG, § 162 Rz. 6; Lutter-*Seyfarth*, UmwG, § 162 Rz. 4.

18) Lutter-*Seyfarth*, UmwG, § 162 Rz. 4; eingehend dazu Widmann/Mayer-*Rieger*, UmwR, § 162 UmwG Rz. 10 ff., insb. dazu, dass es sich genau genommen um eine Analogie zu § 8 Abs. 3 Satz 2 handeln müsse.

19) Henssler/Strohn-*Wamser*, GesR, § 162 UmwG Rz. 1; Lutter-*Seyfarth*, UmwG, § 162 Rz. 4; Widmann/Mayer-*Rieger*, UmwR, § 162 UmwG Rz. 13 – dort auch zu abw. Meinungen.

20) Ebenso Lutter-*Seyfarth*, UmwG, § 162 Rz. 4.

eine „Lockerung" nicht im Gesetz selbst angelegt ist (vgl. etwa § 9 Abs. 2 Nr. 3 Halbs. 3 StiftG-BW).

III. Inhalt des Ausgliederungsberichts

13 § 162 trifft hinsichtlich des notwendigen Inhalts des Ausgliederungsberichts keine Aussage mit eigenständigem Regelungsgehalt. Es gelten daher zunächst die **allgemeinen Vorschriften** des § 127 i. V. m. § 8 Abs. 1 Satz 2–4, Abs. 2, jedoch i. E. unter Beachtung **stiftungsspezifischer Besonderheiten.**[21)]

14 Im Ausgangspunkt sind Angaben zum **Umtauschverhältnis** abweichend von § 127 Satz 1 grundsätzlich entbehrlich, da es bei der Ausgliederung – ganz generell, nicht stiftungsspezifisch – zu **keinem Anteilsaustausch** auf Gesellschafterebene kommt.[22)] Dies gilt zumindest ohne Weiteres für die Ausgliederung zur Neugründung oder wenn der aufnehmende Zielrechtsträger ohnehin eine 100%ige-Tochtergesellschaft der Stiftung ist.[23)]

15 Stiftungsspezifische vermögensrechtliche Grundsätze, insbesondere der **Grundsatz der Vermögenserhaltung** (vgl. § 83c Abs. 1 BGB), gebieten es, dass bei der Ausgliederung auf eine Gesellschaft, an der Dritte beteiligt sind, im Ausgliederungsbericht Angaben zum **Wert des übertragenen Vermögens** (Unternehmens/-teile) sowie zum Wert des **erhaltenen Vermögens (Anteile)** zu machen sind.[24)] Insoweit handelt es sich um Informationen, die sowohl für die Stiftungsaufsicht als auch für den noch lebenden Stifter (dem ein Zustimmungsvorbehalt zusteht) von Bedeutung sind, um bewerten zu können, ob das Umtauschverhältnis angemessen ist (gemäß des stiftungsrechtlichen Vermögenserhaltungsgebots muss der Wert der Anteile, die die Stiftung im Gegenzug erhält, mindestens dem Wert der ausgegliederten Vermögensteile entsprechen; „adäquater Beteiligungswert"[25)]).[26)] Entsprechende Angaben zum Wert des übertragenen Vermögens sowie zum Wert der hierfür erhaltenen Anteile gehören daher in den **Ausgliederungsbericht.**[27)]

16 Die Erstellung des Ausgliederungsberichts obliegt dem nach dem Stiftungsrecht zuständigen **Organ** der Stiftung. Sofern die Stiftungssatzung nichts anderes vorsieht, ist dies der nach § 84 Abs. 2 BGB geschäftsführungs- und vertretungsbefugte **Stiftungsvorstand.**[28)] Über den **schriftformbedürftigen** Ausgliederungsbericht hat der **Gesamtvorstand** der Stiftung **Beschluss zu fassen.**[29)] Dem Schriftformerfordernis genügt es jedoch nach allgemeinen Regeln (§ 127), sofern die Unterzeichnung durch Organmitglieder in vertretungsberechtigter Zahl erfolgt.[30)] Hiervon zu unterscheiden ist die in § 163 Abs. 3 angeordnete strengere **notarielle Form für den Ausgliederungsbeschluss,** bei dem auch etwaige Zustimmungen des noch lebenden Stifters (oder anderer Zustimmungspflichtiger) der notariellen Form unterliegen (siehe dazu § 163 Rz. 22 [*Schwalm/Schwind*]).

21) *Leuering* in: KölnKomm-UmwG, § 162 Rz. 8; Semler/Stengel/Leonard-*Stengel*, UmwG, § 162 Rz. 4.

22) Lutter-*Seyfarth*, UmwG, § 162 Rz. 6; *Leuering* in: KölnKomm-UmwG, § 162 Rz. 8.

23) *Leuering* in: KölnKomm-UmwG, § 162 Rz. 8; Semler/Stengel/Leonard-*Stengel*, UmwG, § 162 Rz. 4; Lutter-*Seyfarth*, UmwG, § 162 Rz. 4.

24) Widmann/Mayer-*Rieger*, UmwR, § 162 UmwG Rz. 17.

25) *Leuering* in: KölnKomm-UmwG, § 162 Rz. 8.

26) Widmann/Mayer-*Rieger*, UmwR, § 162 UmwG Rz. 17; *O. Schmidt* in: HK-UmwG, § 162 Rz. 9.

27) Widmann/Mayer-*Rieger*, UmwR, § 162 UmwG Rz. 17.

28) Lutter-*Seyfarth*, UmwG, § 162 Rz. 7; *Leuering* in: KölnKomm-UmwG, § 162 Rz. 9.

29) Lutter-*Seyfarth*, UmwG, § 162 Rz. 7.

30) Lutter-*Seyfarth*, UmwG, § 162 Rz. 7, es bestehe ausweislich § 84 Abs. 2 Satz 2 BGB keine stiftungsrechtliche Besonderheit, wonach die Außenerklärung des vom Gesamtvorstand gebildeten Willens vertretungsfeindlich wäre, m. w. N. auch zur a. A.; *Leuering* in: KölnKomm-UmwG, § 162 Rz. 9; abw. *O. Schmidt* in: HK-UmwG, § 162 Rz. 10.

IV. Pflicht zur Übermittlung des Ausgliederungsberichts (§ 162 Abs. 2)

Nach § 162 Abs. 2 ist der Ausgliederungsbericht der **zuständigen Behörde und/oder dem Stifter** zu übermitteln, soweit nach § 164 Abs. 1 die Ausgliederung der behördlichen Genehmigung oder der Zustimmung des Stifters bedarf.[31] Die **Übermittlungspflicht** greift freilich nicht, soweit auch keine **vorgreiflich Erstellungspflicht** besteht, d. h. in den zuvor beschriebenen Fällen, in denen die Erstellung entbehrlich ist, was unter Umständen auch durch Verzicht bewirkt werden kann (siehe oben unter Rz. 10 ff.). 17

Sofern **weitere mitwirkungsberechtigte Akteure bzw. Stiftungsorgane** vorhanden sind, die als Berichtsgläubiger gelten, soll auch hinsichtlich dieser eine Übermittlungspflicht bestehen.[32] Dies ist im Ergebnis konsequent. Die entscheidende vorgelagerte Frage ist aber, ob **überhaupt eine Berichtspflicht besteht** (siehe oben unter Rz. 3 ff.). Eine gesetzliche Berichtspflicht bestünde nur, wenn man **§ 162 Abs. 1 in diesen Fällen entsprechend oder analog** anwenden könnte, was fraglich erscheint (siehe oben unter Rz. 5). Hinsichtlich einer statutarischen Berichtspflicht ist der Stifter frei, eine solche zugunsten weiterer Berichtsgläubiger durch Satzungsregelung zu statuieren. Vorzugswürdig(er) erscheint es, die Übermittlungspflicht in diesen Fällen aber **als Spiegelbild eines statutarischen Rechts** abzuleiten, anstatt eine entsprechende oder analoge Anwendung der bewusst eng gefassten Norm zu bemühen. Letztlich streitet man bei der dogmatischen Begründung derartiger Pflichten aber um Kaisers Bart: In der Praxis ist es abseits theoretischer Streitfälle kaum denkbar, dass ein mehr oder weniger aufwändiger Bericht demjenigen, der ein Berichtsinteresse darlegt, nicht auch übermittelt wird. 18

Die Übermittlungspflicht trifft das für die Berichterstattung (Erstellung und Unterzeichnung) **verantwortliche Stiftungsorgan.** Hinsichtlich des **Zeitpunkts der Übermittlung** trifft das UmwG keine Aussage. Angesichts dessen, dass die Ausgliederung erst mit Genehmigung bzw. Zustimmung wirksam wird, kann die Übermittlung vor, aber auch erst nach erfolgter Beschlussfassung (§ 163) erfolgen.[33] 19

31) *Leuering* in: KölnKomm-UmwG, § 162 Rz. 10; Lutter-*Seyfarth*, UmwG, § 162 Rz. 8; Widmann/Mayer-*Rieger*, UmwR, § 162 UmwG Rz. 22, problematisiert, dass der Wortlaut des § 162 Abs. 2 unklar sei, wonach **immer sowohl** der Stiftungsaufsicht **als auch** dem Stifter zu übermitteln sei, auch wenn nur die behördliche Genehmigung oder nur die Zustimmung des Stifters erforderlich ist. Das (zutreffende) Ergebnis, nämlich dass der Ausgliederungsbericht nur an die Behörde und/oder den Stifter zu übermitteln ist, sofern auch tatsächlich eine entsprechende Genehmigungs- bzw. Zustimmungspflicht besteht, möchte er im Wege einer teleologischen Reduktion erreichen.

32) *Leuering* in: KölnKomm-UmwG, § 162 Rz. 10; *Lutter-Seyfarth*, UmwG, § 162 Rz. 9.

33) *Leuering* in: KölnKomm-UmwG, § 162 Rz. 10; Henssler/Strohn-*Wamser*, GesR, § 162 UmwG Rz. 2; Lutter-*Seyfarth*, UmwG, § 162 Rz. 9.

§ 163
Beschluß über den Vertrag

(1) Auf den Ausgliederungsbeschluß sind die Vorschriften des Stiftungsrechts für die Beschlußfassung über Satzungsänderungen entsprechend anzuwenden.

(2) Sofern das nach Absatz 1 anzuwendende Stiftungsrecht nicht etwas anderes bestimmt, muß der Ausgliederungsbeschluß von dem für die Beschlußfassung über Satzungsänderungen nach der Satzung zuständigen Organ oder, wenn ein solches Organ nicht bestimmt ist, vom Vorstand der Stiftung einstimmig gefaßt werden.

(3) Der Beschluß und die Zustimmung nach den Absätzen 1 und 2 müssen notariell beurkundet werden.

Literatur: *Gollan*, Stiftungsrecht nach der Reform: Denkanstöße für eine streitvermeidende Satzungsgestaltung, ErbR 2024, 658; *Schwalm*, Das neue Stiftungsrecht – Ein Kompendium zur Stiftungsrechtsreform (auch) für die notarielle Praxis, (Teil I) NotBZ 2022, 81; *Schwalm/Thiele*, Die Form des Stiftungsgeschäfts unter Lebenden: Ausnahmsloser „Vorrang" des § 81 Abs. 1 S. 1 BGB, ZEV 2020, 523; *Orth*, Reform der Landesstiftungsgesetze 2023, ZStV 2024, 3.

Übersicht

I. Normzweck und Systematik

1 Jeder Umwandlungsvorgang setzt die Zustimmung aufseiten aller beteiligten Rechtsträger voraus.[1] Die Zustimmung für die erforderlichen Verträge wird im Beschlusswege herbeigeführt. Soweit (nur) Gesellschaften an der Umwandlung beteiligt sind, entscheiden die Gesellschafter als Anteilsinhaber über die Umwandlungsmaßnahme und die zugrunde liegenden Verträge. Bei der Ausgliederung als besonderer Form der Spaltung findet für die Beschlussfassung über den Ausgliederungsvertrag bzw. den Ausgliederungsplan (**„Ausgliederungsbeschluss"**) grundsätzlich § 125 Abs. 1 Satz 1 Anwendung, der wiederum auf § 13 und die dortigen Regelungen für die Verschmelzung verweist. Dieser Verweis „versagt" gewissermaßen aber für den Ausgliederungsbeschluss der rechtsfähigen Stiftung bürgerlichen Rechts,[2] da sie als **mitgliederlose juristische Person** keine Anteilsinhaber hat, die einen solchen Beschluss fassen könnten.[3]

2 § 163 enthält infolgedessen **rechtsformspezifische Regelungen** für den Ausgliederungsbeschluss aufseiten der übertragenden Stiftung, namentlich solche für die **Zuständigkeit**, die erforderliche **Mehrheit** und die **Form** der Beschlussfassung. In systematischer Hinsicht ist § 163 insoweit lex specialis zu § 125 Abs. 1 Satz 1 für die an der Ausgliederung beteiligte Stiftung.[4] Keine Aussagen trifft § 163 zu den materiellen Voraussetzungen einer Ausgliederung.[5]

3 § 163 gilt **ausschließlich** für die Beschlussfassung aufseiten der übertragenden Stiftung. Für die Beschlussfassung aufseiten des übernehmenden Rechtsträgers, der keine Stiftung sein kann (arg. e § 161), bleibt § 125 Abs. 1 Satz 1 anwendbar.[6] Die zuständigen Stiftungsorgane – regelmäßig der Stiftungsvorstand als gesetzliches Vertretungsorgan der Stiftung – sind unter Anwendung der allgemeinen Regeln häufig (auch) für den Zustim-

1) *Leuering* in: KölnKomm-UmwG, § 163 Rz. 1.

2) Soweit nicht anderweitig qualifiziert meint Stiftung nachfolgend stets die rechtsfähige Stiftung bürgerlichen Rechts i. S. der §§ 80 ff. BGB.

3) Schmitt/Hörtnagl-*Hörtnagl*, UmwG/UmwStG, § 163 UmwG Rz. 1.

4) *Krüger* in: BeckOGK-UmwG, § 163 Rz. 1; Gankse, UmwR, S. 191.

5) *Krüger* in: BeckOGK-UmwG, § 163 Rz. 1.

6) Semler/Stengel/Leonard-*Stengel*, UmwG, § 163 Rz. 2; Widmann/Mayer-*Rieger*, UmwR, § 163 UmwG Rz. 3; *Krüger* in: BeckOGK-UmwG, § 163 Rz. 3.

mungsbeschluss aufseiten des aufnehmenden Rechtsträgers zuständig, insbesondere dann, wenn die Ausgliederung wie praxisüblich auf eine 100%ige-Tochtergesellschaft der Stiftung erfolgt.[7)]

II. Entstehung

§ 163 wurde mit dem UmwG von 1994 eingeführt und seitdem inhaltlich **nicht verändert**. Die Norm regelt bestimmte Modalitäten für die **interne Willensbildung** für den Ausgliederungsbeschluss innerhalb der ausgliedernden Stiftung und knüpft an die gesetzgeberischen Wertungen zu § 162 an.[8)] Wenngleich die Vorschrift zu einer Zeit eingeführt wurde, in der die stiftungszivilrechtliche Rechtslage eine andere war, lässt sie sich auch heute überwiegend friktionslos anwenden, wenn sie **zeitgemäß** unter Heranziehung der seit 1.7.2023 geltenden Rechtslage im Stiftungszivilrecht (§§ 80 ff. BGB n. F.) interpretiert wird. 4

III. Anknüpfung des Ausgliederungsbeschlusses an den Satzungsänderungsbeschluss (§ 163 Abs. 1)

§ 163 Abs. 1 knüpft die interne Willensbildung über eine Ausgliederung der Stiftung an diejenige einer **Satzungsänderung** an. Die Vorschriften des Stiftungsrechts über Satzungsänderungen sollen nach § 163 Abs. 1 für die Ausgliederung entsprechend heranzuziehen sein. Damit wird zunächst zum Ausdruck gebracht, dass es sich bei einer Ausgliederung um eine **Grundlagenentscheidung** handelt, die nach der Vorstellung des Gesetzgebers im Ausgangspunkt bei allen Rechtsformen einer Änderung des Gesellschaftsvertrags bzw. der Satzung gleichzustellen ist.[9)] Des Weiteren hat die **„Entsprechungsklausel"** für die Stiftung durchaus einen **eigenständigen Bedeutungsgehalt**, da nicht jede Ausgliederung eine förmliche Satzungsänderung auf Ebene der Stiftung voraussetzt oder nach sich zieht.[10)] 5

Die Vorschrift entstammt aus einer Zeit, in der es noch keine bundrechtlich vereinheitlichten und abschließenden Regelungen über Satzungsänderungen gab. Solche sind mit **§§ 85, 85a BGB** zum 1.7.2023 in Kraft getreten; die höchst uneinheitlichen Regelungen zu Satzungsänderungen, die in den 16 Landesstiftungsgesetzen enthalten waren, wurden insoweit verdrängt.[11)] 6

Während – vereinfacht gesagt – § 85 BGB die **materiellen Satzungsänderungsvoraussetzungen** normiert, regelt § 85a BGB – neben behördlichen Eingriffsbefugnissen – das Verfahren für eine Satzungsänderung, gewissermaßen also die **formellen Satzungsänderungsvoraussetzungen.** Nach **Art. 229 § 59 Satz 1 EGBGB** sind die §§ 85, 85a BGB auch auf alle Stiftungen, die vor dem 1.7.2023 errichtet worden sind **(BGB-Bestandsstiftungen)**, anzuwenden. Die §§ 85, 85a BGB sind über § 163 Abs. 1 auch für die Ausgliederung heranzuziehen.[12)] § 85a Abs. 2 BGB, der eine (subsidiäre) behördliche Satzungsänderungskompetenz der zuständigen Stiftungsbehörde statuiert, spielt indes – schon definitorisch, weil es sich um eine Eingriffskompetenz durch Verwaltungsakt und nicht um eine Entscheidung durch Beschlussfassung handelt – keine Rolle.[13)] 7

---

7) *Gottschald/Knoop* in: MünchHdb. GesR, Bd. 5, § 110 Rz. 22.

8) Ganske, Umwandlungsrecht, S. 188.

9) Lutter-*Seyfarth*, UmwG, § 163 Rz. 2; Begr. Fraktionsentwurf UmwBerG z. § 162, BT-Drucks. 12/6699, S. 130.

10) *Leuering* in: KölnKomm-UmwG, § 163 Rz. 2; Lutter-*Seyfarth*, UmwG, § 163 Rz. 2; Widmann/Mayer-*Rieger*, UmwR, § 163 UmwG Rz. 4.

11) *Schwalm*, NotBZ 2022, 81, 82.

12) Schmitt/Hörtnagl-*Hörtnagl*, UmwG/UmwStG, § 163 UmwG Rz. 3.

13) Schmitt/Hörtnagl-*Hörtnagl*, UmwG/UmwStG, § 163 UmwG Rz. 5.

8 § 85 Abs. 4 BGB bringt zum Ausdruck, dass die in § 85 Abs. 1 bis 3 BGB statuierten gesetzlichen Satzungsänderungsvoraussetzungen **dispositiv** sind. In der Praxis machen Stifter regelmäßig davon Gebrauch, die § 85 Abs. 1 bis 3 BGB durch entsprechende Bestimmungen im Stiftungsgeschäft bzw. – genauer gesagt – in der **Stiftungssatzung**, die den organisationsrechtlichen Teil des Stiftungsgeschäfts reflektiert, zu modifizieren, regelmäßig zu „liberalisieren", d. h. Satzungsänderungen unter erleichterten Voraussetzungen zuzulassen. Sämtliche Satzungsänderungen werden indes nur und erst durch eine **stiftungsbehördliche Genehmigung** (§ 85a Abs. 1 S. 2 BGB), die einen sog. privatrechtsgestaltenden Verwaltungsakt darstellt, wirksam; das Genehmigungserfordernis als Teil der präventiven Stiftungsaufsicht ist zwingend und **nicht dispositiv**.

9 Sehr wohl **dispositiv** sind aber hingegen die originär stiftungszivilrechtlichen Anforderungen an das **Satzungsänderungsverfahren außerhalb des Genehmigungserfordernisses**. Der Stifter kann – sofern er die Stiftung mehrstufig verfasst, d. h. die Stiftung mit weiteren **fakultativen Organen** neben dem Vorstand als einzigem Pflichtorgan ausgestattet hat – die Zuständigkeit einem Organ seiner Wahl zuordnen, die Wirksamkeit des Satzungsänderungsbeschlusses auch von der **Zustimmung** eines weiteren Organs (oder unter Umständen auch von Dritten, zu denen der lebende Stifter vorbehaltlich einer Organmitgliedschaft selbst gehört) abhängig machen und grundsätzlich auch die für die Beschlussfassung **erforderliche Mehrheit** frei festlegen. Fehlen genauere statutarische Vorgaben, greift für die Beschlussfassung in einem mehrköpfigen Stiftungsorgan der ebenfalls zum 1.7.2023 eingeführte **§ 84b BGB**, der wiederum auf § 32 BGB und damit auf die Beschlussfassung der Mitgliederversammlung des Vereins verweist. Nach § 32 BGB entscheidet grundsätzlich die Mehrheit der abgegebenen Stimmen.[14)]

10 **In der Praxis** finden sich nur **höchst selten** Satzungsbestimmungen, die die Ausgliederung i. S. der §§ 161 ff. unmittelbar adressieren. Sehr **häufig** finden sich hingegen Satzungsbestimmungen, die individuelle Regelungen für Satzungsänderungen bereithalten.

11 In der Konsequenz bedeutet das Vorhergesagte für § 163 Folgendes: Sofern und soweit § 163 keine strengeren gesetzlichen Anforderungen formuliert – was gemäß Absatz 2 für das Quorum des Ausgliederungsbeschlusses umstritten und gemäß Absatz 3 für die Form des Ausgliederungsbeschlusses zwingend ist (dazu sogleich) –, ist für den Ausgliederungsbeschluss der ausgliedernden Stiftung umfänglich auf die – gegenüber den gesetzlichen Regelungen vorrangigen – **individuellen Satzungsbestimmungen über Satzungsänderungen zurückzugreifen**. Sofern und soweit keine individuellen Satzungsbestimmungen für Satzungsänderungen vorhanden sind oder solche zwar vorhanden sind, diese aber nicht (zulässigerweise) vom Gesetz abweichen, ist auf **§§ 85, 85a BGB** zu rekurrieren. Ob und inwieweit bei einem Rückgriff auf das Gesetz auch auf § 84b Satz 1 BGB zurückgegriffen werden kann, hängt davon ab, wie man das in § 163 Abs. 2 formulierte **Einstimmigkeitserfordernis** versteht (siehe dazu Rz. 19).

12 § 84b Satz 2 BGB, der das **Stimmverbot** bei bestimmten Rechtsgeschäften, die mit einem **Interessenkonflikt** einhergehen, regelt, bleibt dessen ungeachtet stets anwendbar; er kann etwa eingreifen, wenn ein Mitglied des Stiftungsorgans zugleich Anteilsinhaber und/oder Mitglied eines Organs des übernehmenden Rechtsträgers ist.

IV. (Auffang-)Zuständigkeit und Mehrheitserfordernisse (§ 163 Abs. 2)

1. Doppelter Regelungsbereich des § 163 Abs. 2

13 § 163 Abs. 2 regelt bei näherem Besehen **zweierlei**: Einerseits eine gesetzliche (Auffang-)**Zuständigkeitsregelung** für den Ausgliederungsbeschluss, andererseits das für den

14) Lutter-*Seyfarth*, UmwG, § 163 Rz. 5.

Ausgliederungsbeschluss **erforderliche Quorum**. Nach dem Gesetzeswortlaut greift § 163 Abs. 2 nur, sofern das nach Absatz 1 anzuwendende Stiftungsrecht nichts anderes bestimmt. Unterschiedliche Positionen bestehen dahingehend, ob sich der Verweis nur auf die Zuständigkeitsfrage bezieht oder auch auf die erforderliche Mehrheit für den Ausgliederungsbeschluss, für den § 163 Abs. 2 dem Wortlaut nach Einstimmigkeit vorsieht.

2. (Auffang-)Zuständigkeit für den Ausgliederungsbeschluss

Die Frage nach der Zuständigkeit für den Ausgliederungsbeschluss richtet sich primär nach den Vorgaben des Stiftungsrechts, auf die § 163 Abs. 1 verweist; § 163 Abs. 2 ist insoweit nur sekundär heranzuziehen.[15] Für die Frage, welches Stiftungsorgan für den Ausgliederungsbeschluss zuständig ist, gilt in der Gesamtschau folgende **„Zuständigkeitskaskade“**: 14

- Handelt es sich bei der ausgliedernden Stiftung um eine mehrstufig verfasste Stiftung, d. h. eine solche, die mindestens zwei Stiftungsorgane eingerichtet hat, ist dasjenige Stiftungsorgan für die Ausgliederung zuständig, dem nach der Stiftungssatzung die Ausgliederung als Aufgabe zugewiesen ist.
- Enthält die Stiftungssatzung – wie im **praktischen Regelfall** – keine spezielle Zuständigkeitsregelung für die Ausgliederung, ist dasjenige Stiftungsorgan für die Ausgliederung zuständig, das für eine Satzungsänderung zuständig wäre.
- Enthält die Stiftungssatzung auch für die Satzungsänderung keine Zuständigkeitsregelung, ist der Stiftungsvorstand für die Ausgliederung zuständig.

Insoweit hält § 163 Abs. 2 eine **Auffangzuständigkeit** für den Stiftungsvorstand vor, die indes **keinen eigenständigen Regelungscharakter** hat. Denn auch ohne die in § 163 Abs. 2 normierte Auffangzuständigkeit wäre der Stiftungsvorstand in Ermangelung einer anderweitigen Aufgabenzuweisung für die Entscheidung über die Ausgliederung zuständig. Stiftungszivilrechtlich gilt der **Stiftungsvorstand** grundsätzlich als **allzuständig.**[16] Er ist für eine Aufgabe nur dann nicht zuständig, sofern und soweit eine Aufgabe durch die Stiftungssatzung einem anderen (fakultativen) Organ zugewiesen ist. Es gibt **de lege lata** keine gesetzliche Regelung, die die Zuständigkeit für eine Satzungsänderung (oder gar für eine Ausgliederung) positiv einem anderen Stiftungsorgan zuweisen würde.[17] Allenfalls lässt sich im konkreten Einzelfall ggf. einmal eine ungeschriebene (Annex-)Kompetenz eines weiteren (fakultativen) Organs, etwa eines Stiftungsrats oder Kuratoriums, argumentativ herleiten, etwa dann, wenn diesem die ausdrückliche Zuständigkeit für eingriffsintensivere Grundlagenänderungen (Zulegung und Zusammenlegung, Auflösung) in der Satzung zugewiesen ist und die Satzung gleichermaßen hinsichtlich einer ausdrücklichen Aufgabenzuweisung betreffend Satzungsänderungen schweigt. In der Praxis treten zudem häufiger Gestaltungen auf, bei denen sowohl der dem Stiftungsvorstand als **auch der einem weiteren (fakultativen) Organ zugewiesene Aufgabenbereich** nicht abschließend formuliert ist, was häufig durch **„Insbesondere-Regelungen“** gekennzeichnet ist; in diesen Fällen ist es eine Frage der Auslegung der Stiftungssatzung, welchem Stiftungsorgan die Entscheidung zugewiesen sein sollte. Im Zweifel fällt dem Stiftungsvorstand die Kompetenz kraft auffangmäßiger gesetzlicher Allzuständigkeit zu; nicht mehr bringt § 163 Abs. 2 für sich genommen zum Ausdruck. 15

Neben der Frage, welches Organ primär für die „eigentliche“ Beschlussfassung des Ausgliederungsbeschlusses zuständig ist, stellt sich die Frage, ob im Einzelfall zusätzlich auch 16

15) *Krüger* in: BeckOGK-UmwG, § 163 Rz. 1.

16) *Gollan*, ErbR 2024, 658, 660 f.

17) Schmitt/Hörtnagl-*Hörtnagl*, UmwG/UmwStG, § 163 UmwG Rz. 4.

Zustimmungsbedürfnisse beachtlich sind, die zu dem bzw. neben den Beschluss treten.[18] Es ist eine dogmatisch zwar interessante, hier aber nicht zu vertiefende Frage, in welchem Verhältnis Beschluss und Zustimmung zueinander stehen; letztlich führt die fehlende oder unwirksame Zustimmung zur potentiellen Angreifbarkeit des Ausgliederungsbeschlusses. Denkbar sind zuvorderst Zustimmungsbedürfnisse **des noch lebenden Stifters**, eines **weiteren Stiftungsorgans** (z. B. eines Aufsichts- oder Beratungsorgans) oder **weiterer sog. Stiftungsbeteiligter** (z. B. von **Destinatären**). Ein etwaiges Zustimmungserfordernis kann sowohl an den Ausgliederungsbeschluss oder an den Satzungsänderungsbeschluss anknüpfen; letzteres dürfte – sofern überhaupt ein Zustimmungsbedürfnis gegeben ist – den Regelfall der praxisüblichen Satzungsgestaltung reflektieren und den gesetzestypischen Fall der Anknüpfung an den Satzungsänderungsbeschluss abbilden (vgl. § 163 Abs. 1).

17 **Zustimmungserfordernisse** können sich entweder **aus dem Gesetz** oder **aus der Satzung**, im Einzelfall – bei hinreichender Ermächtigungsgrundlage in der Satzung – ggf. auch einmal aus einer **Geschäftsordnung** ergeben. **Gesetzliche Zustimmungsbedürfnisse**, die sich konkret auf den Ausgliederungsbeschluss beziehen, existieren de lege lata – soweit ersichtlich – nicht. Sukzessiv abgeschafft wurden bzw. werden gesetzliche Zustimmungsbedürfnisse, nach denen die Wirksamkeit einer Satzungsänderung von der Zustimmung des **lebenden Stifters** abhängig sein sollte.[19] Teilweise appellieren die Landesstiftungsgesetze (nur) noch an die Möglichkeit, dass sich der Stifter entsprechende Zustimmungsrechte durch die Satzung vorbehalten kann (vgl. etwa § 7 Abs. 2 Satz 2 SaarlStiftG), was allerdings nur klarstellenden Charakter hat. Ob die Landesstiftungsgesetze künftig noch Zustimmungsbedürfnisse statuieren dürfen, erscheint fraglich, da §§ 85, 85a BGB abschließenden Charakter haben sollen; es erscheint nicht fernliegend, dass etwaige landesgesetzliche Regelungen wegen Art. 31 GG „überschrieben" würden.[20] **Statutarische Zustimmungsbedürfnisse** begegnen in der Praxis häufig(er), selten zwar in Bezug auf den Ausgliederungsbeschluss, wohl aber in Bezug auf den Satzungsänderungsbeschluss.[21]

18 Soweit nach dem in § 163 Abs. 1 niedergelegten Grundsatz auf die Regelungen für Satzungsänderungen zurückgegriffen werden kann bzw. muss, ist im Einzelfall stets zu prüfen, ob die **Wirksamkeit des Ausgliederungsbeschlusses** – ebenso wie bei der Satzungsänderung – **noch von einer Zustimmung abhängig ist**; wie dargelegt, sind solche statuarischen Zustimmungsbedürfnisse nicht selten. Fehlt eine erforderliche Zustimmung, gleich ob es sich um eine gesetzliche oder statutarisch erforderliche Zustimmung handelt, ist der Ausgliederungsbeschluss **fehlerhaft** und – zumindest zunächst – grundsätzlich potentiell angreifbar.

3. Erforderliche Mehrheit für den Ausgliederungsbeschluss

19 Der Gesetzeswortlaut des § 163 Abs. 2 suggeriert, dass der Ausgliederungsbeschluss auf Ebene der ausgliedernden Stiftung **stets einstimmig** zu fassen ist. Mitunter wird problematisiert, ob sich die **„Öffnungsklausel"** des § 163 Abs. 2, wonach dieser nur gilt, sofern das nach § 163 Abs. 1 anzuwendende Stiftungsrecht nicht etwas anderes bestimmt, auch auf das **Einstimmigkeitserfordernis** erstreckt oder nicht. Teilweise wird das Einstimmigkeitsprinzip weiterhin als gegeben angesehen oder wird zumindest nicht dahingehend

18) Lutter-*Seyfarth*, UmwG, § 163 Rz. 6.

19) Vgl. zur durch die Stiftungszivilrechtsreform im Umbruch befindlichen Rechtslage Lutter-*Seyfarth*, UmwG, § 163 Rz. 6.

20) Zweifelnd ebenfalls Lutter-*Seyfarth*, UmwG, § 163 Rz. 6.

21) Ähnl. der Befund bei Lutter-*Seyfarth*, UmwG, § 163 Rz. 6.

hinterfragt, ob das nach § 163 Abs. 1 anzuwendende Stiftungsrecht eine abweichende Regelung bereithält.[22] Weder aber ist der Wortlaut *zwingend* zugunsten eines stets erforderlichen Einstimmigkeitserfordernisses zu lesen noch ergeben sich aus der Genese der Norm entsprechende Restriktionen.[23] Für das Mehrheitserfordernis in § 163 Abs. 2 gilt im Ergebnis nichts anderes wie für die angesprochene Zuständigkeitsfrage. Auf das in § 163 Abs. 2 statuierte Einstimmigkeitserfordernis ist daher **nur sekundär zurückzugreifen,** wenn das nach § 163 Abs. 1 heranzuziehende Stiftungsrecht keine (abweichende) Regelung bereithält.

Überzeugenderweise ist eine Einstimmigkeit abseits der gesetzestypischen Situation eines Einpersonen-Organs daher nur dann gefordert, wenn die Satzung bei einem **Mehrpersonen-Organ** ein strenges Einstimmigkeitserfordernis statuiert.[24] Im Übrigen ist diejenige Mehrheit erforderlich, die in der Satzung für die Ausgliederung oder subsidiär für die Satzungsänderung angeordnet ist, **häufig eine qualifizierte Mehrheit** (etwa 2/3 oder 3/4 der abgegebenen Stimmen). 20

Schweigt die Satzung zum relevanten Mehrheitserfordernis, greift im Mehrpersonen-Organ das in §§ 84b Satz 1, 32 BGB verankerte **(einfache) Mehrheitsprinzip,** das im Stiftungsrecht bei der Anwendung des § 84b Satz 1 BGB – anders als im Vereinsrecht – **universell** für alle Beschlussgegenstände gilt.[25] Dies gilt selbst für alle Kollektivbeschlüsse wie etwa den Auflösungsbeschluss nach § 87 BGB, die eingriffsintensiver als der Ausgliederungsbeschluss sind, da sie letztlich – anders als die Ausgliederung – zur Beendigung der Stiftung führen. Es wäre unter teleologischen Gesichtspunkten letztlich auch **wertungswidersprüchlich,** wenn für den weniger eingriffsintensiven Ausgliederungsbeschluss exklusiv ein strengeres Quorum erforderlich wäre. 21

4. Form des Ausgliederungsbeschlusses (§ 163 Abs. 3)

Der Ausgliederungsbeschluss bedarf für seine Wirksamkeit nach § 163 Abs. 3 zwingend der **notariellen Beurkundung.** Das Gesetz ist als **stiftungsspezifische Ausprägung** der allgemeinen Regelung nach § 125 Abs. 1 Satz 1 i. V. m. § 13 Abs. 3 zu verstehen, da der Beschluss nicht von Anteilseignern, sondern von „Dritten" zu fassen ist.[26] Wie auch im Falle des § 125 Abs. 1 Satz 1 i. V. m. § 13 Abs. 3 sind auch etwaig erforderliche Zustimmungen (vgl. unter 3.) beurkundungspflichtig.[27] 22

Die Vorschrift ist nach dem klar erkennbaren Willen des Gesetzgebers **nicht dispositiv.** Ein Vorstoß des Bundesrates, die strenge Form zu liberalisieren, ist im Gesetzgebungsverfahren auf Ablehnung gestoßen.[28] Auf die Form des § 128 BGB kann infolgedessen nicht verzichtet werden.[29] 23

Im Ergebnis ist § 163 Abs. 3 ein **„Sonderling"** im Stiftungskontext: Für **keine andere Grundlagenänderung** (Satzungsänderung, Zulegung und Zusammenlegung, Auflösung) bedarf der Beschluss der zuständigen Stiftungsorgane der notariellen Beurkundung. Nicht einmal das Stiftungsgeschäft als Grundlage des Errichtungsakts muss notariell beurkundet 24

22) So wohl *Leuering* in: KölnKomm-UmwG, § 163 Rz. 2a.

23) Vgl. *Ganske*, Umwandlungsrecht, S. 191.

24) So auch Lutter-*Seyfarth*, UmwG, § 163 Rz. 5.

25) *Uffmann* in: NK-StiftR, § 84b BGB Rz. 53; *Windeknecht* in: Schauhoff/Mehren, Stiftungsrecht nach der Reform, Kap. 6 Rz. 55.

26) Lutter-*Seyfarth*, UmwG, § 163 Rz. 8.

27) *Krüger* in: BeckOGK-UmwG, § 163 Rz. 3; Semler/Stengel/Leonard-*Stengel*, UmwG, § 163 Rz. 5; Widmann/Mayer-*Rieger*, UmwR, § 163 UmwG Rz. 12.

28) *Ganske*, Umwandlungsrecht, S. 191.

29) Henssler/Strohn-*Wamser*, GesR, § 163 UmwG Rz. 1.

werden, selbst wenn der Stiftung zur Ausstattung Vermögen übertragen werden soll, für dessen Übertragung es ansonsten einer notariell beurkundeten Übertragungsverpflichtung bedarf; dies stellt § 81 Abs. 3 BGB n. F. nunmehr ausdrücklich klar,[30] entsprach indes auch vor dessen Einführung der wohl h. M.[31] § 163 Abs. 3 ordnet daher das – soweit ersichtlich – **strengste gesetzliche Formerfordernis**, das exklusiv nur für die Stiftung Geltung beansprucht, an.

25 Nicht von der Beurkundungspflicht des § 163 Abs. 3 ist eine ggf. erforderliche **stiftungsbehördliche Genehmigung** erfasst.[32]

V. Rechtsschutz gegen den Ausgliederungsbeschluss

26 Der auf Ebene der ausgliedernden Stiftung gefasste Ausgliederungsbeschluss kann mit der Klage nach § 125 Abs. 1 Satz 1 i. V. m. § 14 Abs. 1 angegriffen werden.[33] Derartige Klagen besitzen **Seltenheitswert**. Die Seltenheit der Klagen korreliert bereits mit der Seltenheit der Durchführung einer Ausgliederung i. S. der §§ 161 ff. Daneben lässt sich eine generelle Zurückhaltung von Klagen, die sich gegen potentiell fehlerhafte Beschlüsse von Stiftungsorganen richten, beobachten.

27 Häufig werden derartige Klagen schon deshalb nicht erhoben, weil man ihnen wegen einer **fehlenden „Klagebefugnis“** bzw. einer **fehlenden Aktivlegitimation** der sog. Stiftungsbeteiligten – dazu gehören etwa der Stifter, Stiftungsorgane und Destinatäre – a priori geringe Erfolgsaussichten beimisst.[34] Tatsächlich bedürfen bei der Stiftung individuelle Rechte zur Überprüfung potentiell fehlerhafter Beschlüsse einer besonderen rechtsformspezifischen Herleitung bzw. Rechtfertigung. Den Stiftungsbeteiligten wird **keine „allgemeine Rechtmäßigkeitskontrolle“** zugebilligt.

28 Eine „allgemeine Rechtmäßigkeitskontrolle“ des Handelns der Stiftungsorgane obliegt grundsätzlich der **Stiftungsaufsicht**, die indes in manchen Bundesländern für bestimmte Stiftungstypen, insbesondere Familienstiftungen, stark **eingeschränkt** ist.[35] Nach dem sog. **Subsidiaritätsgrundsatz** dürfen die Stiftungsaufsichtsbehörden indes nur dann eingreifen, wenn die Stiftung – verkürzt gesagt – nicht in der Lage dazu ist, die Stiftungsangelegenheiten im Innenverhältnis selbst zu regeln. Vor diesem Hintergrund ist es allerdings auch schwer vertretbar, sämtlichen Stiftungsbeteiligten das Recht abzusprechen, die Rechtmäßigkeit eines Beschlusses ohne Einbeziehung der Stiftungsaufsicht kontrollieren zu lassen, da der Subsidiaritätsgrundsatz ansonsten zumindest bei potentiell fehlerhaften Beschlüssen unterlaufen würde. Während im Ergebnis klar ist, dass bestimmte – erforderlichenfalls gerichtlich durchsetzbare – Überprüfungsmöglichkeiten eines potentiell fehlerhaften Beschlusses anzuerkennen sind, hat sich bis heute **keine unumstößliche Linie herausgebildet**, die für alle Fälle verbindlich festlegen würde, welchen Stiftungsbeteiligten in welchen Situationen welche Rechtsschutzmöglichkeiten eröffnet sind.

29 Generell werden Stiftungsbeteiligten weiterhin eher **zurückhaltend** gesetzliche Klagerechte **zugebilligt**, auch in Bezug auf die Überprüfung potentiell fehlerhafter (Ausgliederungs-)Beschlüsse; großzügiger ist man, wenn derartige Rechte **in der Satzung verankert**

---

30) *Schwalm*, NotBZ 2022, 81, 85.

31) *Schwalm/Thiele*, ZEV 2020, 523, 525 ff.

32) Schmitt/Hörtnagl-*Hörtnagl*, UmwG/UmwStG, § 163 UmwG Rz. 7; *Leuering* in: KölnKomm-UmwG, § 163 Rz. 3.

33) Lutter-*Seyfarth*, UmwG, § 163 Rz. 10; *Leuering* in: KölnKomm-UmwG, § 163 Rz. 3.

34) Henssler/Strohn-*Wamser*, GesR, § 163 UmwG Rz. 1; Semler/Stengel/Leonard-*Stengel*, UmwG, § 163 Rz. 6 f.

35) Überblick zu den einzelnen Landesstiftungsgesetzen bei *Orth*, ZStV 2024, 3, 18 f.

worden sind.[36] Immerhin sollen Mitglieder des für die Beschlussfassung zuständigen Organs zur gerichtlichen Überprüfung desjenigen Beschlusses, den sie als fehlerhaft ansehen, klagebefugt bzw. aktivlegitimiert sein, wenn sie durch den Beschluss in ihren organschaftlichen Rechten beeinträchtigt werden (können).[37] Dies ist etwa anzunehmen, wenn es auf die Stimme des klagenden Organmitglieds ankam, es relevante Stimmen anderer Organmitglieder für unwirksam erachtet (z. B. aufgrund eines in Wahrheit bestehenden Stimmverbots) oder bei einer Beschlussfassung fehlerhaft nicht mitwirkte, also übergangen wurde, z. B. aufgrund einer fehlerhaften Ladung. Ob bereits die Organmitgliedschaft für eine entsprechende „Klagebefugnis" bzw. Aktivlegitimation ausreicht, ist umstritten.[38]

30 Neben einer erfolgreichen Klage nach § 125 Abs. 1 Satz 1 i. V. m. § 14 kann dem Ausgliederungsbeschluss auch auf anderem Wege die Grundlage entzogen werden. Neben einer **freiwillig veranlassten Aufhebung** des Ausgliederungsbeschlusses durch die zuständigen Stiftungsorgane (Aufhebungsbeschluss als actus contrarius) kommt im Einzelfall auch die Aufhebung des Beschlusses auf Grundlage einer **stiftungsbehördlichen Eingriffsmaßnahme**, etwa einer Beanstandung des Organbeschlusses, in Betracht.[39] Der Vollzug der Ausgliederung ist dann nicht mehr zulässig.[40]

36) *Godron/Gollan*, in: Richter, StiftR, § 6 Rz. 321 ff., 360 ff.; *Leuering* in: KölnKomm-UmwG, § 163 Rz. 4.
37) *Godron/Gollan*, in: Richter, StiftR, § 6 Rz. 361; *Leuering* in: KölnKomm-UmwG, § 163 Rz. 4.
38) Zum Streitstand *Godron/Gollan*, in: Richter, StiftR, § 6 Rz. 361 m. w. N.
39) Widmann/Mayer-*Rieger*, UmwR, § 163 UmwG Rz. 18; Lutter-*Seyfarth*, UmwG, § 163 Rz. 12.
40) Lutter-*Seyfarth*, UmwG, § 163 Rz. 12.

§ 164
Genehmigung der Ausgliederung

(1) Die Ausgliederung bedarf der staatlichen Genehmigung, sofern das Stiftungsrecht dies vorsieht.

(2) Soweit die Ausgliederung nach Absatz 1 der staatlichen Genehmigung nicht bedarf, hat das Gericht des Sitzes der Stiftung die Eintragung der Ausgliederung auch dann abzulehnen, wenn offensichtlich ist, daß die Verbindlichkeiten der Stiftung ihr Vermögen übersteigen.

Literatur: *Hüttemann*, Gemeinnützigkeitsrecht als organisationsbezogener Förderungstatbestand – Funktion, Stand und Reformfragen, FR 2016, 969; *Orth*, Reform der Landesstiftungsgesetze 2023, ZStV 2024, 3.

Übersicht

I. Überblick

1 Mangels Anteilseignern kommt bei Stiftungen den Stiftungsaufsichtsbehörden als Kontrollinstanz eine besondere Bedeutung zu. Die Stiftungsaufsicht soll gewissermaßen das Fehlen der Anteilseigner „kompensieren"; die **spezifische Gefährdungslage** der Stiftung rechtfertigt auch heute noch einen **staatlichen Schutz.**[1] In einigen Bundesländern ist die laufende Aufsicht über privatnützige Stiftungen, insbesondere Familienstiftungen, indes **unterschiedlich stark zurückgedrängt**, was – nicht ohne Kritik – mit einem fehlenden öffentlichen Interesse an der Beaufsichtigung dieser Stiftungen begründet wird.[2] Aber auch in den Fällen, in denen die laufende Stiftungsaufsicht stark zurückgedrängt ist, fehlt eine Aufsichtskomponente nicht gänzlich. Denn zumindest die im BGB verankerten Kompetenzen, insbesondere die Genehmigungspflichten für Satzungsänderungen (§ 85a Abs. 1 Satz 2 BGB), für Zulegungen und Zusammenlegungen (§ 86b Abs. 1 Satz 2 BGB) oder die Auflösung (§ 87a Abs. 3 BGB), sind letztlich auch als Aufsichtsmaßnahmen, wenn auch als Maßnahmen einer präventiven Stiftungsaufsicht, einzustufen.

2 Gleichviel wie: Mit Blick auf den **Grundsatz der Aufsicht über Stiftungen** wirft § 164 Abs. 1 die Frage der **staatlichen Genehmigungsbedürftigkeit von Ausgliederungen** aus dem Vermögen einer Stiftung auf, zu deren Beantwortung auf das „Stiftungsrecht" verwiesen wird, wobei der UmwG-Gesetzgeber zunächst (ausschließlich) das seinerzeit maßgebliche landesrechtliche Stiftungsrecht im Blick hatte.[3] Letztlich hat für die von § 164 in den Blick genommene Konstellation bei näherem Besehen aber auch die bundeseinheitliche **Reform des Stiftungszivilrechts**, die zum 1.7.2023 in Kraft getreten ist, **nichts geändert**: Auch die neu gefassten §§ 80 ff. BGB enthalten keine allgemeinen Genehmigungstatbestände für Ausgliederungen aus einer Stiftung. Aus dem BGB lässt sich mithin bis heute kein spezifisches Genehmigungserfordernis i. S. des § 164 ableiten. Zum 1.7.2023 wurde jedoch § 85a Abs. 1 Satz 2 BGB eingeführt, der nunmehr bundeseinheitlich anordnet, dass **Satzungsänderungen** der Genehmigung der nach Landesrecht zuständigen Behörden bedürfen. Für eine i. R. der Ausgliederung erforderliche Satzungsänderung besteht mithin ein eigenes Genehmigungserfordernis nach § 85a Abs. 1 Satz 2 BGB.

3 **Ob** eine staatliche **Genehmigungspflicht besteht**, haben die zuständigen **Stiftungsbehörden zu überprüfen** (siehe Rz. 6 ff.). Neben den jeweiligen Voraussetzungen eines im konkreten Fall ggf. einschlägigen stiftungsrechtlichen Genehmigungstatbestandes (kraft ausdrücklicher Anordnung, siehe Rz. 8, aufgrund Satzungsänderung, siehe Rz. 10, oder wegen sonstiger Rechtsgeschäfte, siehe Rz. 18) gehört zum **Prüfungsprogramm der Aufsichtsbehörden** insbesondere auch, ob ein Ausgliederungshindernis wegen **Überschuldung** besteht (siehe Rz. 22) und die **formellen sowie materiellen Voraussetzungen** des Ausgliederungsbeschlusses vorliegen (siehe Rz. 25).

4 Dabei lässt § 164 Abs. 1 die Frage unberührt, ob eine aufsichtsbehördliche Genehmigung auch **aus anderen, branchenspezifischen Gründen** erforderlich ist.[4]

5 Zum **Prüfungsumfang der Registergerichte** gehören die formellen und materiellen Voraussetzungen nach dem UmwG, die Überschuldung der Stiftung (§ 164 Abs. 2, siehe Rz. 34) sowie die Frage der Genehmigungspflicht nach § 164 Abs. 1 (siehe Rz. 36); die

---

1) *Fischer* in: Richter, Stiftungsrecht, § 8 Rz. 1 ff.; *Leuering* in: KölnKomm-UmwG, § 164 Rz. 1.

2) Überblick zu den geltenden Aufsichtseinschränkungen und zur Kritik bei *Weitemeyer* in: MünchKomm-BGB, § 80 Rz. 104 f. m. w. N.

3) Begr. Fraktionsentwurf UmwBerG z. § 164, BT-Drucks. 12/6699, S. 131, „[…] soll nach *Absatz 1* dem auf die jeweilige Stiftung anwendbaren Stiftungsrecht überlassen bleiben"; Lutter-*Seyfarth*, UmwG, § 164 Rz. 2; *Leuering* in: KölnKomm-UmwG, § 164 Rz. 2.

4) Begr. Fraktionsentwurf UmwBerG z. § 164, BT-Drucks. 12/6699, S. 131.

Vereinbarkeit der Ausgliederung mit dem Stiftungsrecht gehört hingegen nicht dazu (siehe Rz. 36).

II. Stiftungsrechtliche Genehmigungserfordernisse

6 Genehmigungspflichtig ist die Ausgliederung aus dem Stiftungsvermögen nur dann, wenn das Stiftungsrecht dies vorsieht (§ 164 Abs. 1). Nach diesseitiger Auffassung ist weiterhin für diese Frage allein das **Landesstiftungsrecht maßgeblich**, da das BGB keinen spezifischen Genehmigungstatbestand für eine Ausgliederung i. S. der §§ 161 ff. enthält. Dadurch, dass der Bundesgesetzgeber von dieser Kompetenz keinen Gebrauch gemacht hat, bleibt nach hiesiger Auffassung eine Kompetenz zugunsten der Länder bestehen. Im Zuge der Reform zur Vereinheitlichung des Stiftungsrechts wurden die Länder dazu veranlasst, ihre Landesstiftungsgesetze anzupassen. Die **Reformen der Landesstiftungsgesetze** sind **derzeit noch nicht abgeschlossen.**[5] Soweit die Länder ihre Gesetze angepasst haben, haben sie keine relevante Regelung i. S. des § 164 Abs. 1 getroffen. Insoweit verbleibt es – soweit ersichtlich – aktuell lediglich bei dem in § 9 **Abs. 3 ThürStiftG** enthaltenen Genehmigungserfordernis (siehe dazu auch Rz. 8 f.).

7 Neben einer ausdrücklich angeordneten Genehmigungspflicht zur Ausgliederung im Landesrecht kann sich ein Genehmigungserfordernis aber auch **vor dem Hintergrund einer Satzungsänderung** ergeben, die mit einem Ausgliederungsvorgang einhergeht (§ 85a Abs. 1 Satz 2 BGB). Schließlich kommt eine Genehmigungspflicht auch aufgrund der Anwendung landesgesetzlich normierter Genehmigungsvorbehalte für bestimmte Rechtsgeschäftsformen in Betracht, wobei diese Genehmigungsvorbehalte i. R. der Reformen der Landesstiftungsgesetze soweit zurückgedrängt worden sind, dass sie für eine Ausgliederung i. S. der §§ 161 ff. de lege lata keine Rolle spielen dürften.

1. Genehmigungserfordernis kraft ausdrücklicher Anordnung

8 Ein **ausdrückliches Genehmigungserfordernis** für die Ausgliederung von Vermögen aus der Stiftung kennt nur das thüringische Stiftungsgesetz (§ 9 Abs. 3 ThürStiftG). Die übrigen Landesstiftungsgesetze enthalten de lege lata keinen gesonderten Tatbestand einer Ausgliederungsgenehmigung.[6] Auch die Reform zur Vereinheitlichung des Stiftungsrechts im BGB hat keinen generellen Genehmigungstatbestand mit sich gebracht.[7]

9 Allerdings stellt sich nunmehr auch für **§ 9 Abs. 3 ThürStiftG** die Frage, ob diese Landesregelung insoweit überhaupt noch Geltung erlangt oder aber durch das Gesetz zur Vereinheitlichung des Stiftungsrechts **verdrängt wird.** Letzteres wäre der Fall, wenn man annähme, dass die §§ 80 ff. BGB das materielle Stiftungsrecht nunmehr abschließend regeln wollen, auch über die getroffenen Regelungen hinaus. Die besseren Gründe sprechen jedoch dafür, dass der Bundesgesetzgeber die Ausgliederung i. S. der §§ 161 ff. bei der Schaffung der §§ 80 ff. BGB gar nicht mitbedacht hat und hierfür keine abschließende Regelung treffen wollte. Ein „Overruling" auch des § 164 Abs. 1 mit der Stiftungsrechtsreform kann dem Gesetzgeber unserer Auffassung nach nicht unterstellt werden. Im Ergebnis verbleibt es daher dabei, dass die Länder – theoretisch – auch weiterhin eine **(Rest-)Kompetenz für Genehmigungstatbestände** i. S. des § 164 Abs. 1 haben.

5) Überblick über den Reformprozess bei *Orth*, ZStV 2024, 3.

6) *Lieder* in: MünchHdb. GesR, Bd. 8, § 29 Rz. 455.

7) Lutter-*Seyfarth*, UmwG, § 164 Rz. 2; *Leuering* in: KölnKomm-UmwG, § 164 Rz. 2; *Krüger* in: BeckOGK-UmwG, § 164 Rz. 2, 2.1.; Schmitt/Hörtnagl-*Hörtnagl*, UmwG/UmwStG, § 164 UmwG Rz. 1.

2. Genehmigungserfordernis wegen gleichzeitiger Satzungsänderung

10 Auch wenn die Landesstiftungsgesetze keinen gesonderten Tatbestand für eine Ausgliederungsgenehmigung enthalten, kann die Ausgliederung dennoch stiftungsrechtlich genehmigungspflichtig werden, sofern die Ausgliederung **gleichzeitig eine Satzungsänderung erfordert.**[8] Mittlerweile ordnet § 85a Abs. 1 Satz 2 BGB bundeseinheitlich an, dass eine Satzungsänderung die **Genehmigung der nach Landesrecht zuständigen Behörde** zwingend voraussetzt; die bisherigen Anordnungen der Landesstiftungsgesetze, die entsprechende staatliche Genehmigungspflichten normiert hatten, sind hierdurch obsolet und dementsprechend aufgehoben worden.[9]

11 **Unerheblich** sind die **Gründe**, aufgrund derer die Ausgliederung eine Satzungsänderung erforderlich macht bzw. welche Bestimmungen der Stiftungssatzung von der Änderung betroffen sind.[10] Die Ausgliederung eines Stiftungsunternehmens oder Teile hiervon macht eine Satzungsänderung jedenfalls dann **erforderlich**, wenn die Stiftungssatzung bei der Beschreibung der zur **Verfolgung des Stiftungszwecks** notwendigen Tätigkeit auf das Stiftungsunternehmen Bezug nimmt oder sonst Bestimmungen enthält, wonach die Stiftung auf den Betrieb eines bestimmten Stiftungsunternehmens ausgerichtet ist.[11]

12 Zu unterscheiden sind **zwei Arten von Satzungsänderungen** mit jeweils verschiedenen Genehmigungsvoraussetzungen: einfache und qualifizierte Satzungsänderungen.

13 **Einfache Satzungsänderungen** liegen vor, sofern der Stiftungszweck, sowie die „prägenden Bestimmungen der Stiftungsverfassung" unangetastet bleiben, mithin keine Satzungsbestimmungen betroffen sind, die unter § 85 Abs. 1 oder Abs. 2 Satz 1 BGB fallen (sonst qualifizierte Satzungsänderung); es handelt sich insofern um einen Auffangtatbestand.[12] Einfache Satzungsänderungen sind nach § 85 Abs. 3 BGB zulässig, wenn dies der Erfüllung des Stiftungszwecks dient.

14 Eine **qualifizierte Satzungsänderung** liegt im Falle einer **Zweckänderung** oder erheblichen **Zweckbeschränkung** vor (§ 85 Abs. 1 BGB). **Zulässig** ist dies, wenn der Stiftungszweck nicht mehr dauernd und nachhaltig erfüllt werden kann (§ 85 Abs. 1 Satz 1 Nr. 1 BGB) oder der Stiftungszweck das **Gemeinwohl gefährdet** (§ 85 Abs. 1 Satz 1 Nr. 2 BGB). Für den ersten Fall nennt § 85 Abs. 1 Satz 2 BGB beispielhaft („insbesondere") die Situation, dass eine Stiftung **keine ausreichenden Mittel** für die nachhaltige Erfüllung des Stiftungszwecks hat und solche Mittel in absehbarer Zeit auch nicht erwerben kann. Eine Satzungsänderung i. S. von § 85 Abs. 1 Satz 1 setzt außerdem voraus, dass es als gesichert erscheint, dass die Stiftung den beabsichtigten neuen oder beschränkten Stiftungszweck dauernd und nachhaltig erfüllen kann (§ 85 Abs. 1 Satz 3 BGB).

15 Überdies erlaubt § 85 Abs. 2 Satz 1 BGB die Änderung des Stiftungszwecks sowie **„anderer prägender Bestimmungen der Stiftungsverfassung"**, wenn sich die **Verhältnisse** nach Errichtung der Stiftung **wesentlich verändert** haben und eine solche Änderung erforderlich ist, um die Stiftung an die veränderten Verhältnisse anzupassen. Die praktische Schwierigkeit bleibt darin begründet, festzustellen, was eine „prägende Bestimmung" der

---

8) Lutter-*Seyfarth*, UmwG, § 164 Rz. 3; Schmitt/Hörtnagl/*Hörtnagl*, UmwG/UmwStG, § 164 UmwG Rz. 1; Henssler/Strohn-*Wamser*, GesR, § 164 UmwG Rz. 1; *Leuering* in: KölnKomm-UmwG, § 164 Rz. 2.

9) Lutter-*Seyfarth*, UmwG, § 164 Rz. 3.

10) Widmann/*Mayer-Rieger*, UmwR, § 164 UmwG Rz. 6.

11) Lutter-*Seyfarth*, UmwG, § 164 Rz. 3; Widmann/*Mayer-Rieger*, UmwR, § 164 UmwG Rz. 7; *O. Schmidt* in: HK-UmwG, § 164 Rz. 3.

12) *Krüger* in: BeckOGK-UmwG, § 164 Rz. 3.4; Widmann/*Mayer-Rieger*, UmwR, § 164 UmwG Rz. 7; Lutter-*Seyfarth*, UmwG, § 164 Rz. 5; *Leuering* in: KölnKomm-UmwG, § 164 Rz. 3; *O. Schmidt* in: HK-UmwG, § 164 Rz. 4.

Stiftungssatzung abseits der im Gesetz genannten Regelbeispiele (Name, Sitz, Art und Weise der Zweckerfüllung, Verwaltung des Grundstockvermögens) ist.

Für jegliche Satzungsänderung sind außerdem die Limitierungen zu beachten, die der Stifter in der Stiftungssatzung niedergelegt hat.[13] Eine Satzungsänderung darf sich in **keinen Widerspruch** zum ausdrücklichen oder stillschweigenden bzw. konkludenten **Willen des Stifters** setzen.[14] Vor diesem Hintergrund ist eine Satzungsänderung von vornherein ausgeschlossen, soweit der Stifter eine Satzungsänderung generell oder zumindest partiell (etwa in Bezug auf das betriebene Stiftungsunternehmen) ausgeschlossen hat (vgl. auch § 85 Abs. 4 BGB). Eine Ausgliederung, die die Notwendigkeit einer Satzungsänderung mit sich brächte, scheiterte dann bereits an der fehlenden Genehmigungsfähigkeit der erforderlichen Satzungsänderung.[15] 16

Während ein Ausgliederungsvorgang ohne Weiteres eine einfache Satzungsänderung notwendig machen kann,[16] gilt dies in Bezug auf qualifizierte Satzungsänderungen nicht ohne Weiteres. Soweit mitunter aber vertreten wird, dass ein Ausgliederungsvorhaben **nie** den Tatbestand einer qualifizierten Satzungsänderung erfüllen könne,[17] ist dies u. E. in dieser Pauschalität unzutreffend. Es ist zu differenzieren: Soweit die Ausgliederung lediglich die **Vermögenszusammensetzung** der Stiftung betrifft, hinsichtlich der nicht auch der Zweck oder – niedrigschwelliger – die Art und Weise der Zweckverwirklichung und/oder die Verwaltung des Grundstockvermögens angepasst werden muss, sind die eingriffsintensiveren § 85 Abs. 1 und Abs. 2 BGB nicht betroffen. **Im Einzelfall** kann aber sehr wohl auch **etwa die Zweckbestimmung** einer Ausgliederung ohne qualifizierte Satzungsänderung entgegenstehen. Ist der **Stiftungszweck so (eng) formuliert**, dass die Stiftung das Unternehmen selbst betreiben muss, dann wäre entsprechend eine – nur unter sehr hohen Voraussetzungen zulässige – Zweckänderung i. S. des § 85 Abs. 1 BGB für die Ausgliederung erforderlich. Die Frage, ob eine Ausgliederung auch eine qualifizierte Satzungsänderung voraussetzt, muss im Einzelfall geprüft werden. 17

3. Genehmigungserfordernis wegen sonstiger Rechtsgeschäfte

Neben notwendigen Satzungsänderungen kann sich ein staatliches Genehmigungserfordernis prinzipiell auch daraus ergeben, dass mit der Ausgliederung nach den Stiftungsgesetzen der Länder genehmigungsbedürftige Rechtsgeschäfte verbunden sind, wobei die Kompetenz der Länder für die Statuierung von derartigen rechtsgeschäftsspezifischen Genehmigungsvorbehalten inzwischen bezweifelt wird. Das Aufsichtsmittel des Genehmigungsvorbehalts ist allerdings mittlerweile **nahezu bedeutungslos** geworden, da die Bundesländer auch schon vor den letzten Landesstiftungsrechtsreformen dazu übergegangen sind, solche **abzuschaffen**.[18] Für die mit der Ausgliederung zusammenhängenden Rechtsgeschäfte sind jedenfalls für privatnützige Stiftungen derzeit keine rechtsgeschäftlichen Genehmigungsvorbehalte ersichtlich. 18

Im Einzelfall ist zu prüfen, ob eine landesrechtliche **Anzeigepflicht** besteht; ein Verstoß gegen eine solche führte aber nicht zur Unwirksamkeit des Geschäfts und würde die Ausgliederung – ungeachtet der Wirkungen der Eintragungen – als solche nicht gefährden. 19

13) Lutter-*Seyfarth*, UmwG, § 164 Rz. 7; Widmann/*Mayer-Rieger*, UmwR, § 164 UmwG, Rz. 7.

14) Lutter-*Seyfarth*, UmwG, § 164 Rz. 7.

15) Lutter-*Seyfarth*, UmwG, § 164 Rz. 7; Widmann/*Mayer-Rieger*, UmwR, § 164 UmwG Rz. 7.

16) Lutter-*Seyfarth*, UmwG, § 164 Rz. 8, wenn die Satzung die Verbindung zwischen Stiftung und Unternehmen etwa durch Personalunion der Leitungsgremien institutionalisiert; *Lieder*, in: MünchHdb. GesR, Bd. 8, § 29 Rz. 456.

17) So etwa Lutter-*Seyfarth*, UmwG, § 164 Rz. 9.

18) Übersicht bei Staudinger-*Hüttemann*/*Rawert*, BGB, Vorb. §§ 80 ff. Rz. 146.

III. Genehmigungsverfahren

20 Die Aufsichtsbehörde wird **auf Antrag bzw. Anzeige** tätig. Zum Zwecke der sachgerechten Information ist ihr der Ausgliederungsbericht nach § 162 zu übermitteln.[19] Was die Details des **Ablaufs des Verfahrens** und etwaige Fristen anbelangt, regeln die Landesstiftungsgesetze Näheres.

21 Die **zuständige Behörde** ergibt sich aus den jeweiligen Landesgesetzen:

- Baden-Württemberg: §§ 3 Abs. 1, 8 Abs. 3 BWStiftG; die Regierungspräsidien oder das Ministerium, in dessen Geschäftsbereich der Zweck der Stiftung überwiegend fällt;
- Bayern: Art. 3 Abs. 2 Satz 1 BayStiftG: die Regierungen;
- Berlin: §§ 2 Satz 1, 5 Abs. 3 BerlStiftG: die für die Justiz zuständige Senatsverwaltung;
- Brandenburg: § 4 Abs. 1 und 2 StiftGBbg; das Innenministerium;
- Bremen: § 2 BremStiftG; die Senatorin oder der Senator für Inneres und Sport;
- Hessen: § 3 Abs. 2 HStiftG; das Regierungspräsidium;
- Mecklenburg-Vorpommern: § 2 StiftG M-V; das für das Stiftungswesen zuständige Ministerium;
- Niedersachsen: § 3 NStiftG; das Amt für regionale Landesentwicklung;
- Nordrhein-Westfalen: § 2 Abs. 1 StiftG NRW; grundsätzlich die Bezirksregierungen;
- Rheinland-Pfalz: § 4 RPLStiftG; die Aufsichts- und Direktionsdirektion;
- Saarland: § 2 SaarlStiftG; das Ministerium für Inneres, Bauen und Sport;
- Sachsen: § 10 Abs. 1 SächsStiftG; die Landesdirektion;
- Sachsen-Anhalt: § 3 Abs. 1 StiftG LSA; das Landesverwaltungsamt;
- Schleswig-Holstein: § 18 Abs. 1 SHStiftG; Landrätinnen oder Landräte und die Bürgermeisterinnen oder Bürgermeister der kreisfreien Städte; § 18 Abs. 2 SHStiftG: das für Inneres zuständige Ministerium in den Fällen, in denen das Land Schleswig-Holstein Stifter oder Mitstifter war oder in denen es der Stiftung institutionelle Förderung gewährt;
- Thüringen: §§ 9 Abs. 3, 4 Abs. 1 ThürStiftG; das Innenministerium;
- Hamburg: § 5 Abs. 1 HambStiftG i. V. m. der Anordnung zur Durchführung des Hamburgischen Stiftungsgesetzes v. 21.12.2005; Justizbehörde.

IV. Behördlicher Prüfungsumfang

1. Überschuldung der Stiftung als Genehmigungshindernis

22 Die zuständige Stiftungsbehörde hat – neben den in Rz. 3 genannten Voraussetzungen – nach h. M. vor Erteilung der Genehmigung auch zu prüfen, ob der Ausgliederung eine **Überschuldung** der Stiftung entgegensteht; es handelt sich dabei nämlich um ein **allgemeines Ausgliederungshindernis.**[20] Dies beruht entweder auf einer analogen Anwendung von § 152 Satz 2 aus dem Recht des Einzelkaufmanns.[21] Jedenfalls aber aus einem **Erst-recht-Schluss zu § 164 Abs. 2**: Hiernach muss das Registergericht eine Überschul-

---

19) Widmann/*Mayer-Rieger*, UmwR, § 164 UmwG Rz. 26.

20) *Krüger* in: BeckOGK-UmwG, § 164 Rz. 8; Lutter-*Seyfarth*, UmwG, § 164 Rz. 16; *Leuering* in: KölnKomm-UmwG, § 164 Rz. 5; Schmitt/Hörtnagl-*Hörtnagl*, UmwG/UmwStG, § 164 UmwG Rz. 2; Semler/Stengel/Leonard-*Stengel*, UmwG, § 164 Rz. 5; Henssler/Strohn-*Wamser*, GesR, § 164 UmwG Rz. 1.

21) *Krüger* in: BeckOGK-UmwG, § 164 Rz. 8.

dungsprüfung in Fällen vornehmen, in denen die Ausgliederung keiner staatlichen Genehmigung bedarf. Ohne eine entsprechende Prüfungspflicht auch der Behörde in den genehmigungsbedürftigen Ausgliederungsfällen, würden Ausgliederungen überschuldeter Stiftungen aber unterschiedlich beurteilt werden, und zwar abhängig davon, ob eine staatliche Genehmigungspflicht vorliegt oder fehlt.[22)]

Die Überschuldung als allgemeines, auch von der Stiftungsbehörde zu prüfendes Ausglie- 23
derungshindernis lässt sich schließlich auch damit begründen, dass die Stiftungsorgane bei Überschuldung dazu verpflichtet sind, die **Eröffnung des Insolvenzverfahrens** zu beantragen (§ 84 Abs. 5 BGB i. V. m. § 42 Abs. 2 Satz 1 BGB), was wiederum seitens der Stiftungsaufsicht zu überprüfen und notfalls zu erzwingen ist.[23)] Mit Eröffnung des Insolvenzverfahrens gilt die Stiftung dann als aufgelöst (§ 87b BGB). Die Überschuldung der Stiftung verhindert daher jegliches Ausgliederungsvorhaben.[24)]

Aus diesen allgemeinen Erwägungen wird i. Ü. auch abgeleitet, dass das **Registergericht** 24
die Frage der Überschuldung auch dann überprüfen kann, wenn eine staatliche Ausgliederungsgenehmigung erforderlich ist und erteilt wurde. § 164 Abs. 2 ist vor diesem Hintergrund nämlich nicht i. S. einer Beschränkung der registerrechtlichen Prüfungskompetenzen zu verstehen (siehe unten Rz. 34).[25)]

2. Rechtmäßigkeit des Ausgliederungsbeschlusses

Schließlich hat die Genehmigungsbehörde die formelle und materielle Rechtsmäßigkeit 25
des Ausgliederungsbeschlusses (§ 163 Abs. 1) zu prüfen.[26)] Im Falle eines Verstoßes gegen das Stiftungsrecht kann der Ausgliederungsbeschluss seitens der behördlichen Stiftungsaufsicht beanstandet oder aufgehoben werden.[27)] Die Durchführung der Ausgliederung ist dann nicht mehr möglich, weil der Genehmigungserteilung gleichsam die Grundlage entzogen ist.[28)]

Die behördliche Stiftungsaufsicht hat insbesondere zu prüfen, ob das konkrete Ausgliede- 26
rungsvorhaben mit dem **Grundsatz der Vermögenserhaltung** (vgl. § 83c Abs. 1 BGB), der je nach Stiftung individuell (Substanzerhaltung, nominale Werterhaltung, reale Werterhaltung, Mischformen) ausgestaltet ist, vereinbar ist.[29)] Wird gegen dieses Prinzip verstoßen, sind das Ausgliederungsvorhaben bzw. der ihm zustimmende Ausgliederungsbeschluss der Stiftungsorgane materiell rechtswidrig. Insbesondere im Falle der Ausgliederung zur Aufnahme durch bestehende Personenhandels- oder Kapitalgesellschaften ist daher zu prüfen, ob die als Gegenleistung für die Übertragung des Stiftungsvermögens erhaltenen Anteile am übernehmenden Rechtsträger dem Wert des übertragenden Vermögens auch tatsächlich entsprechen.[30)] Insbesondere dieser Fall bestätigt die Aussage, dass durchaus auch qualifizierte Satzungsänderungen für die Ausgliederung erforderlich sein können (siehe oben Rz. 14 ff.).

---

22) Lutter-*Seyfarth*, UmwG, § 164 Rz. 16; *Krüger* in: BeckOGK-UmwG, § 164 Rz. 8; *Leuering* in: KölnKomm-UmwG, § 164 Rz. 5 – zur übergeordneten Stellung der Aufsichtsbehörde gegenüber dem Registergericht; Henssler/Strohn-*Wamser*, GesR, § 164 UmwG Rz. 1.

23) *Leuering* in: KölnKomm-UmwG, § 164 Rz. 5; Lutter-*Seyfarth*, UmwG, § 164 Rz. 16.

24) Lutter-*Seyfarth*, UmwG, § 164 Rz. 16; *Lieder* in: MünchHdb. GesR, Bd. 8, § 29 Rz. 458.

25) Lutter-*Seyfarth*, UmwG, § 164 Rz. 16.

26) *Lieder* in: MünchHdb. GesR, Bd. 8, § 29 Rz. 458; *Krüger* in: BeckOGK-UmwG, § 164 Rz. 8; *Leuering* in: KölnKomm-UmwG, § 164 Rz. 6.

27) Lutter-*Seyfarth*, UmwG, § 164 Rz. 17.

28) Lutter-*Seyfarth*, UmwG, § 164 Rz. 17.

29) *Lieder* in: MünchHdb. GesR, Bd. 8, § 29 Rz. 459; *O. Schmidt* in: HK-UmwG, § 164 Rz. 10.

30) Lutter-*Seyfarth*, UmwG, § 164 Rz. 18.

27 Geht es um **steuerbegünstigte („gemeinnützige") Stiftungen**, ist die Stiftungsaufsicht angehalten, auf die Einhaltung der satzungsmäßigen Gemeinnützigkeit zu achten.[31] Insoweit gehören die steuerrechtlichen Voraussetzungen der Gemeinnützigkeit (vgl. insbesondere §§ 55 ff. AO) zu den zwingenden Satzungsbestandteilen (§ 59 AO und § 60 Abs. 1 Satz 2 AO i. V. m. Anlage 1).[32] Damit kommt jenen steuerrechtlichen Anforderungen auch eine zivilrechtliche Bindungswirkung zu.[33] Zum Prüfungsprogramm der behördlichen Stiftungsaufsicht betreffend die Genehmigungsfähigkeit der Ausgliederung gehören folglich auch steuerrechtliche Vorgaben wie etwa das Begünstigungsverbot (§ 55 Abs. 1 Nr. 3 AO) oder die gemeinnützige Vermögensbindung (§ 55 Abs. 1 Nr. 4 AO).[34]

28 Ähnliches gilt bei Ausgliederungsvorhaben im Zusammenhang mit einem sog. **Stiftungszweckbetrieb** (Zweckverwirklichungsbetrieb).[35] Dabei handelt es sich um ein Unternehmen, das in einem derart engen sachlichen und funktionalen Zusammenhang zum Stiftungszweck steht, dass sich dieser ohne das konkrete Unternehmen nicht erreichen lässt. Dadurch **entscheidet der Stiftungszweck gleichsam auch über die Führung des Unternehmens**. Paradigmatisch sind etwa das einer Stiftung gewidmete Krankenhaus oder Seniorenheim, das mit eigenen Mitteln den Stiftungszweck der Kranken- bzw. Altenpflege verfolgt.[36] Vor diesem Hintergrund erstreckt sich das Prüfungsprogramm der behördlichen Stiftungsaufsicht auch darauf, ob ein beherrschender Einfluss der Stiftung auf die Unternehmensführung des übernehmenden Rechtsträgers auch noch nach Durchführung des Ausgliederungsvorgangs gewährleistet ist **(Erhaltung des zwecknotwendigen Einflusses)**.[37] Zur Rechtmäßigkeitskontrolle des Ausgliederungsbeschlusses gehört es also ebenfalls, inzident zu prüfen, ob Gesellschaftsvertrag und Gesellschafterstruktur des übernehmenden Rechtsträgers sowie sonstige Abreden so ausgerichtet sind, dass weiterhin eine Unternehmensführung i. S. des Stiftungszwecks möglich ist.[38]

29 Problematisch kann dies insbesondere werden, wenn an dem übernehmenden Rechtsträger neben der ausgliedernden Stiftung **noch weitere Personen beteiligt sind**.[39] Ist ein **fortgesetzter Einfluss** der ausgliedernden Stiftung auf die Unternehmensführung nicht sichergestellt, besteht das Risiko, dass die Stiftung ihren Zweck nicht mehr dauernd und nachhaltig erfüllen kann (§ 87 Abs. 1 Satz 1 BGB). Ein solcher Vorgang würde den Ausgliederungsbeschluss fehlerhaft machen, der insofern zu beanstanden oder aufzuheben wäre.[40] Daneben ergeben sich nachteilige Konsequenzen aufseiten der Stiftung, wenn gleichwohl dagegen verstoßen wird; im schlimmsten Fall würde ein Auflösungs- oder Aufhebungsgrund geschaffen, wenn keine Abstandnahme erfolgt bzw. eine vorgreifliche Satzungsänderung, die die Voraussetzungen für eine rechtmäßige Ausgliederung schafft.

30 Fungiert das auszugliedernde Stiftungsunternehmen lediglich als **Dotationsquelle**, ist die Ausgliederung bei Beachtung des Stiftungsrechts regelmäßig unbedenklicher angesichts

31) Lutter-*Seyfarth*, UmwG, § 164 Rz. 18.

32) Lutter-*Seyfarth*, UmwG, § 164 Rz. 18.

33) Lutter-*Seyfarth*, UmwG, § 164 Rz. 18; zum Einfluss des Gemeinnützigkeitsrechts auf die Organisationsverfassung *Hüttemann*, FR 2016, 969 ff.

34) Lutter-*Seyfarth*, UmwG, § 164 Rz. 18.

35) Dazu Staudinger-*Hüttemann/Rawert*, BGB, Vorb. §§ 80 ff. Rz. 209; Lutter-*Seyfarth*, UmwG, § 161 Rz. 44.

36) Dazu Staudinger-*Hüttemann/Rawert*, BGB, Vorb. §§ 80 ff. Rz. 209; Lutter-*Seyfarth*, UmwG, § 161 Rz. 44; Widmann/*Mayer-Rieger*, UmwR, § 164 UmwG Rz. 22.

37) *Lieder* in: MünchHdb. GesR, Bd. 8, § 29 Rz. 432; Lutter-*Seyfarth*, UmwG, § 164 Rz. 19; Widmann/*Mayer-Rieger*, UmwR, § 164 UmwG Rz. 22; *Krüger* in: BeckOGK-UmwG, § 164 Rz. 9.

38) *Lieder* in: MünchHdb. GesR, Bd. 8, § 29 Rz. 432; Lutter-*Seyfarth*, UmwG, § 164 Rz. 19; Widmann/*Mayer-Rieger*, UmwR, § 164 UmwG Rz. 22.

39) Widmann/*Mayer-Rieger*, UmwR, § 164 UmwG Rz. 22.

40) Lutter-*Seyfarth*, UmwG, § 164 Rz. 19.

dessen, dass die Anforderungen an die Erhaltung eines zwecknotwendigen Einflusses dann naturgemäß geringer sein werden.[41)]

V. Folgen fehlender Genehmigung

Sofern die staatliche Genehmigung erforderlich ist (§ 164 Abs. 1), ist sie Rechtmäßigkeitsvoraussetzung des konkreten Ausgliederungsvorgangs.[42)] Das Fehlen der Genehmigung löst grundsätzlich ein **Eintragungshindernis** aus.[43)] Kommt es aber dennoch zur Registereintragung, wird die Ausgliederung wirksam, da die Eintragung insoweit Heilungswirkung hat (§ 131 Abs. 2).[44)] 31

VI. Genehmigungsfreie Ausgliederung

Das **Prüfungsprogramm des zuständigen Registergerichts** bestimmt sich zunächst nach den allgemeinen Bestimmungen betreffend die formellen und materiellen Eintragungsvoraussetzungen nach dem UmwG und betrifft somit insbesondere die Ordnungsmäßigkeit des Ausgliederungsplans bzw. Ausgliederungsvertrags, der Ausgliederungsbeschlüsse, der Anmeldung zum Handelsregister sowie der beizufügenden Unterlagen.[45)] 32

Für den Fall, dass eine staatliche **Ausgliederungsgenehmigung nicht erforderlich** ist, ordnet § 164 Abs. 2 an, dass das **Registergericht** außerdem prüfen muss, ob die Stiftung überschuldet ist bzw. durch die Ausgliederung überschuldet sein würde.[46)] Die Eintragung der Ausgliederung ist dann abzulehnen, wenn **offensichtlich** ist, dass die **Verbindlichkeiten** der Stiftung ihr **Vermögen übersteigen.**[47)] Dies entspricht den §§ 154, 160 Abs. 2 aus dem Recht des Einzelkaufmanns.[48)] Ein Eintragungshindernis besteht ausweislich des Wortlauts jedoch nur dann, wenn die Überschuldung auch offensichtlich ist, also zweifelsfrei feststeht; verbleiben Zweifel kann die Ausgliederung nicht verweigert werden.[49)] 33

Auch wenn § 164 Abs. 2 die registergerichtliche **Prüfung der Überschuldung** nur für genehmigungsfreie Ausgliederungen ausdrücklich anordnet, heißt das nicht, dass das Registergericht daran gehindert wäre, eine Überschuldungsprüfung **auch bei genehmigungspflichtigen Ausgliederungsvorhaben** vorzunehmen. Die eingeschränkte Anordnung in § 164 Abs. 2 rührt nämlich daher, dass im Fall einer genehmigungspflichtigen Ausgliederung die Überschuldung der Stiftung ohnehin durch die Stiftungsbehörde einer Prüfung unterzogen wird.[50)] 34

In praktischer Hinsicht steht das Registergericht wiederum vor der Schwierigkeit, die Überschuldungsfrage auch tatsächlich sachgerecht prüfen zu können. Viel für sich hat deshalb ein **pragmatisches Vorgehen** wie es sich als modus operandi auch bei Ausgliede- 35

41) *Krüger* in: BeckOGK-UmwG, § 164 Rz. 9; Lutter-*Seyfarth*, UmwG, § 164 Rz. 19; Widmann/*Mayer-Rieger*, UmwR, § 164 UmwG Rz. 24; *O. Schmidt* in HK-UmwG, § 164 Rz. 11.

42) Widmann/*Mayer-Rieger*, UmwR, § 164 UmwG Rz. 29; *Krüger* in: BeckOGK-UmwG, § 164 Rz. 10; *Leuering* in: KölnKomm-UmwG, § 164 Rz. 8.

43) *Leuering* in: KölnKomm-UmwG, § 164 Rz. 8; Widmann/*Mayer-Rieger*, UmwR, § 164 UmwG Rz. 29; *Krüger* in: BeckOGK-UmwG, § 164 Rz. 10.

44) *Krüger* in: BeckOGK-UmwG, § 164 Rz. 11; Widmann/*Mayer-Rieger*, UmwR, § 164 UmwG Rz. 29; *Leuering* in: KölnKomm-UmwG, § 164 Rz. 8; Lutter-*Seyfarth*, UmwG, § 164 Rz. 23.

45) Widmann/*Mayer-Rieger*, UmwR, § 164 UmwG Rz. 30; *Leuering* in: KölnKomm-UmwG, § 164 Rz. 7; Lutter-*Seyfarth*, UmwG, § 164 Rz. 21.

46) Widmann/*Mayer-Rieger*, UmwR, § 164 UmwG Rz. 31.

47) Lutter-*Seyfarth*, UmwG, § 164 Rz. 21; *Leuering* in: KölnKomm-UmwG, § 164 Rz. 7.

48) Lutter-*Seyfarth*, UmwG, § 164 Rz. 21.

49) Widmann/*Mayer-Rieger*, UmwR, § 164 UmwG Rz. 36; *Krüger* in: BeckOGK-UmwG, § 164 Rz. 12, der materielle Prüfungsmaßstab entspreche dem bei § 152 Satz 2.

50) Widmann/*Mayer-Rieger*, UmwR, § 164 UmwG Rz. 33; *O. Schmidt* in: HK-UmwG, § 164 Rz. 15.

rungen aus dem Vermögen eines Einzelkaufmanns bereits durchgesetzt hat, und zwar entweder i. R. der Anmeldung der Ausgliederung oder in Form einer privatschriftlichen Erklärung **zu versichern**, dass eine Verschuldung nicht vorliegt (**Negativversicherung**).[51] Verbleiben Zweifel, kann das Registergericht eine **Vermögensaufstellung** (vgl. § 159 Abs. 3) oder anderweitige geeignete Unterlagen anfordern (**Informationsrecht zur Plausibilitätsprüfung**).[52]

36 Während das Vorliegen einer staatlichen **Genehmigungspflicht** nach h. M. in das **Prüfungsprogramm des Registergerichts** fällt (vgl. § 26 FamFG), gehört die **Vereinbarkeit der Ausgliederung mit dem Stiftungsrecht nicht** zum gerichtlichen Prüfungsumfang.[53] Um eine Nachfrage des Registergerichts bei der Aufsichtsbehörde insoweit vorwegzunehmen, bietet es sich an, i. R. der Anmeldung bereits ein entsprechendes **Negativtestat** der Aufsichtsbehörde beizufügen. Ungeachtet dessen kann das Registerrecht allerdings auch die Vorlage eines solchen Negativtestats **verlangen**.[54]

51) Widmann/*Mayer-Rieger*, UmwR, § 164 UmwG Rz. 34; *O. Schmidt* in: HK-UmwG, § 164 Rz. 16.

52) Widmann/*Mayer-Rieger*, UmwR, § 164 UmwG Rz. 35; *Krüger* in: BeckOGK-UmwG, § 164 Rz. 12.

53) *Krüger* in: BeckOGK-UmwG, § 164 Rz. 13; *Leuering* in: KölnKomm-UmwG, § 164 Rz. 7; Lutter-*Seyfarth*, UmwG, § 164 Rz. 22; Henssler/Strohn-*Wamser*, GesR, § 164 UmwG Rz. 1.

54) Lutter-*Seyfarth*, UmwG, § 164 Rz. 22; *Krüger* in: BeckOGK-UmwG, § 164 Rz. 14, 14.1; *Leuering* in: KölnKomm-UmwG, § 164 Rz. 7.

§ 165
Sachgründungsbericht und Gründungsbericht

Auf den Sachgründungsbericht (§ 5 Abs. 4 des Gesetzes betreffend die Gesellschaften mit beschränkter Haftung) ist § 58 Abs. 1, auf den Gründungsbericht (§ 32 des Aktiengesetzes) § 75 Abs. 1 entsprechend anzuwenden.

Übersicht

I. Normzweck und Systematik

1 Die Vorschrift betrifft das Verfahren bei der Ausgliederung der Stiftung[1] zur Neugründung auf eine Kapitalgesellschaft (GmbH, AG, KGaA).[2] Dabei wird zum einen klargestellt, dass es auch bei der Ausgliederung aus dem Vermögen einer Stiftung stets eines (Sach-)Gründungsberichts bedarf. Zum anderen werden über die Verweisung auf § 58 Abs. 1 und § 75 Abs. 1 die **Berichtspflichten** gegenüber dem allgemeinen Gründungs- und Kapitalaufbringungsrecht von AGs und GmbHs hinaus erweitert, und zwar was die **Darlegung zum Geschäftsverlauf und zur Lage des übertragenen (Teil-)Unternehmens** anbelangt.[3]

2 § 165 entspricht wortgleich den Parallelbestimmungen in § 159 Abs. 1 zum Einzelkaufmann sowie in § 170 zur Gebietskörperschaft bzw. zum Zusammenschluss (siehe dazu

1) Soweit nicht anderweitig qualifiziert meint Stiftung nachfolgend stets die rechtsfähige Stiftung bürgerlichen Rechts i. S. der §§ 80 ff. BGB.

2) Lutter-*Seyfarth*, UmwG, § 165 Rz. 2; Widmann/Mayer-*Rieger*, UmwR, § 165 UmwG Rz. 2.

3) *O. Schmidt* in: HK-UmwG, § 165 Rz. 1.

§ 170 Rz. 4 [*Schwalm/Schwind*]).[4] Für die Situation bei der Stiftung kompensiert § 165 dafür, dass das Stiftungsrecht keine am Gläubigerschutz orientierte Prüfung der Kapitalaufbringung bzw. -erhaltung kennt und dementsprechend ein erhöhtes Bedürfnis nach Kapitalsicherung beim neuen Zielrechtsträger besteht.[5] Die insoweit angeordneten erweiterten Berichtspflichten dienen damit der **Kapitalsicherung des neuen Rechtsträgers.**[6] Konkret soll dadurch die Prüfung der Kapitalaufbringung insbesondere durch das Registergericht erleichtert werden.[7]

Genau genommen hat § 165 nur **deklaratorischen Charakter**, da sich die sinngemäße Anwendung von §§ 58 Abs. 1, 75 Abs. 1 bereits aus den allgemeinen Anordnungen in § 135 Abs. 1 i. V. m. § 125 ergibt.[8] 3

II. Anwendungsbereich

Die Anordnung der (nur) *entsprechenden* Anwendung der §§ 58 Abs. 1, 73 Abs. 1 rührt daher, dass diese lediglich in Bezug auf den **von der Ausgliederung betroffenen Unternehmensteil** anzuwenden sind, also gerade nicht auf die Stiftung im Ganzen bzw. das gesamte Unternehmen im Falle einer nur Teilausgliederung.[9] Sonstige Tätigkeiten der übertragenden Stiftung sind somit nicht Gegenstand der Berichtspflichten.[10] 4

III. Sachgründungsbericht und Gründungsbericht

Der gesetzlich vorgeschriebene **Inhalt** des Sachgründungsberichts ergibt sich aus § 5 Abs. 4 GmbHG, der des Gründungsberichts aus § 32 AktG (siehe allgemein dazu § 58 Rz. 5 [*Otte*] und § 75 Rz. 5 [*Nolden*]). Darzustellen ist demnach der **Geschäftsverlauf** und die **Lage** des von der Stiftung betriebenen und (ganz oder teilweise) ausgegliederten Unternehmens. 5

Inhaltlich hat sich die **Darstellung** im Lagebericht an den zu § 289 Abs. 1 HGB i. V. m. § 264 Abs. 2 Satz 1 HGB entwickelten Grundsätzen zu orientieren; insoweit sind die tatsächlichen Verhältnisse des Stiftungsunternehmens (Vermögens-, Finanz- und Ertragslage) abzubilden.[11] Regelmäßig umfasst dies auch die Darstellung solcher Vorgänge, die nach dem Ausgliederungsvertrag eingetreten und von besonderer Bedeutung sind (vgl. § 289 Abs. 2 Satz 1 Nr. 1 HGB) sowie solche, die voraussichtlich die Entwicklung des neuen Rechtsträgers betreffen (vgl. § 289 Abs. 2 Satz 1 Nr. 2 HGB).[12] 6

Was den **zeitlichen Umfang** der erweiterten Berichtspflichten anbelangt, wird man entsprechend § 5 Abs. 4 Satz 2 GmbHG und § 32 Abs. 2 Satz 2 Nr. 3 AktG die **letzten beiden Jahre** vor dem Ausgliederungsstichtag als Darstellungszeitraum anzusetzen haben.[13] 7

---

4) Lutter-*Seyfarth*, UmwG, § 165 Rz. 2.

5) Begr. Fraktionsentwurf UmwBerG, BT-Drucks. 12/6699, S. 131; Lutter-*Seyfarth*, UmwG, § 165 Rz. 2; *Leuering* in: KölnKomm-UmwG, § 165 Rn. 2.

6) Begr. Fraktionsentwurf UmwBerG, BT-Drucks. 12/6699, S. 131; Lutter-*Seyfarth*, UmwG, § 165 Rz. 2.

7) *O. Schmidt* in: HK-UmwG, § 165 Rz. 1; Widmann/Mayer-*Rieger*, UmwR, § 165 UmwG Rz. 3.

8) *Leuering* in: KölnKomm-UmwG, § 165 Rz. 1 f.; Henssler/Strohn-*Wamser*, GesR, § 165 UmwG Rz. 1; Schmitt/Hörtnagl-*Hörtnagl*, UmwG/UmwStG, § 165 UmwG Rz. 1.

9) Begr. Fraktionsentwurf UmwBerG, BT-Drucks. 12/6699, S. 131; *Leuering* in: KölnKomm-UmwG, § 165 Rz. 1; Lutter-*Seyfarth*, UmwG, § 165 Rz. 4.

10) *O. Schmidt* in: HK-UmwG, § 165 Rz. 2; *Krüger* in: BeckOGK,-UmwG, § 165 Rz. 5; Widmann/Mayer-*Rieger*, UmwR, § 165 UmwG Rz. 9.

11) Lutter-*Seyfarth*, UmwG, § 165 Rz. 6; *Leuering* in: KölnKomm-UmwG, § 165 Rz. 2.

12) Lutter-*Seyfarth*, UmwG, § 165 Rz. 6; Widmann/Mayer-*Rieger*, UmwR, § 165 UmwG Rz. 9.

13) Lutter-*Seyfarth*, UmwG, § 165 Rz. 5 – m. Verweis auf die h. M. zu § 53 UmwG und § 56d UmwG 1969/1980; Widmann/Mayer-*Rieger*, UmwR, § 165 UmwG Rz. 9.

§ 166
Haftung der Stiftung

[1]Durch den Übergang der Verbindlichkeiten auf übernehmende oder neue Gesellschaften wird die Stiftung von der Haftung für die Verbindlichkeiten nicht befreit. [2]§ 418 des Bürgerlichen Gesetzbuchs ist nicht anzuwenden.

Übersicht

I. Normzweck und Systematik

1 Mit der Ausgliederung von Stiftungsvermögen (insbesondere Unternehmen oder Unternehmensteile) gehen sämtliche Verbindlichkeiten der Stiftung,[1)] die zum Eintragungszeitpunkt Teil des Ausgliederungsvertrags bzw. -plans sind, auf den übernehmenden bzw. neuen Zielrechtsträger über **(partielle Gesamtrechtsnachfolge)**.[2)] Aus Gründen des **Gläubigerschutzes** normiert § 166 eine zeitlich begrenzte (Mit-)Haftung der Stiftung neben dem Zielrechtsträger.[3)] Überwiegend wird § 166 insoweit als lex specialis zu den § 133 Abs. 1, 3–5 angesehen.[4)] Nach diesseitiger Auffassung ergibt sich die Mithaftung schon aus den allgemeinen Bestimmungen, weshalb § 166 – ebenso wie bei § 172 – nur eine **klarstellende Funktion** zukommt. § 166 entspricht dabei wortgleich den **Parallelbestimmungen** in § 156 und § 172 (siehe § 156 Rz. 1 ff. [*Cyglakow*] sowie § 172 Rz. 5 [*Schwalm/Schwind*], die die entsprechende Haftungssituation bei Ausgliederung aus dem Vermögen des Einzelkaufmanns bzw. der Gebietskörperschaft oder des Zusammenschlusses regeln.[5)]

II. Haftung der übertragenden Stiftung (§ 166 Satz 1)

2 Im **Außenverhältnis** verbleibt die übertragende Stiftung gemeinsam mit dem neuen bzw. übernehmenden Zielrechtsträger in der Haftung, und zwar als **Gesamtschuldner** i. S. der §§ 421 ff. BGB.[6)] Diese dem Gläubigerschutz dienende Außenhaftung ist zeitlich beschränkt auf fünf Jahre (§ 167 i. V. m. § 157), womit zum Ausdruck kommt, dass der eigentliche Primärschuldner der übergegangenen Verbindlichkeiten der übernehmende, neue Rechtsträger ist und nicht die übertragende Stiftung.[7)]

3 Demgegenüber wirkt sich der Rechtsübergang der Verbindlichkeiten im **Innenverhältnis** – anders als im Außenverhältnis – voll aus: Im Verhältnis zur übertragenden Stiftung haftet der übernehmende Zielrechtsträger entsprechend der Zuordnung, wie es der Ausgliede-

---

1) Soweit nicht anderweitig qualifiziert meint Stiftung nachfolgend stets die rechtsfähige Stiftung bürgerlichen Rechts i. S. der §§ 80 ff. BGB.

2) *Leuering* in: KölnKomm-UmwG, § 166 Rz. 1 f.; Lutter-*Seyfarth*, UmwG, § 166 Rz. 1; Semler/Stengel/Leonard-*Stengel*, UmwG, § 166 Rz. 1, 3.

3) *Krüger* in: BeckOGK-UmwG, § 166 Rz. 2; *Leuering* in: KölnKomm-UmwG, § 166 Rz. 2.

4) *Leuering* in: KölnKomm-UmwG, § 166 Rz. 1; *Krüger* in: BeckOGK-UmwG, § 166 Rz. 2; Semler/Stengel/Leonard-*Stengel*, UmwG, § 166 Rz. 1; Widmann/Mayer-*Rieger*, UmwR, § 166 UmwG Rz. 23; O. *Schmidt* in: HK-UmwG, § 166 Rz. 1.

5) Vgl. Lutter-*H. Schmidt*, UmwG, § 172 Rz. 1.

6) Semler/Stengel/Leonard-*Stengel*, UmwG, § 166 Rz. 1.

7) Lutter-*Seyfarth*, UmwG, § 166 Rz. 2.

rungsvertrag bzw. -plan vorsieht, für die übergegangenen Verbindlichkeiten grundsätzlich alleine; der Ausgliederungsvertrag bzw. -plan bildet insoweit eine speziellere, abweichende Regelung i. S. von § 426 Abs. 1 Satz 1 Halbs. 2 BGB.[8)]

4 Eigenständige Bedeutung neben § 166 Satz 1 hat die **Mithaftung** des übertragenden Rechtsträgers in Bezug auf **Ansprüche von Sonderrechtsinhabern** gemäß § 133 Abs. 2 i. V. m. § 23 („Rechte in einem übertragenden Rechtsträger, die kein Stimmrecht gewähren").[9)] Bei der Stiftung kommen zumeist nur Rechte von **Destinatären** infrage, sofern solche in der Stiftungssatzung (ausnahmsweise) eingeräumt worden sind.[10)] Weitere **Sonderrechte** sind eingedenk der grundsätzlich bestehenden Gestaltungsfreiheit im Stiftungsrecht zwar begründbar, spielen in der Praxis aber **keine bedeutende Rolle**. Insbesondere die Ausgabe von Gewinnschuldverschreibungen oder Genussrechten kommt nach Stiftungsrecht aber **nicht in Betracht**, da das durch die Stiftung erwirtschaftete Vermögen lediglich dem Stiftungszweck entsprechend verwendet werden darf.[11)] Die Mitglieds- bzw. Eigentümerlosigkeit der Stiftung (anteilsinhaberloses Rechtssubjekt), hat schließlich auch zur Folge, dass eine Begebung von stimmrechtslosen Anteilen, Wandelschuldverschreibungen oder vergleichbaren Rechtspositionen **ausgeschlossen** ist.[12)]

III. Keine Anwendung von § 418 BGB (§ 166 Satz 2)

5 § 166 Satz 2 setzt den **Gläubigerschutz** konsequent fort, indem er erklärt, dass die Anwendung von § 418 BGB, wonach akzessorische Sicherungsrechte (Bürgschaften und Pfandrechte) bei einer Schuldübernahme (§§ 414 f. BGB) erlöschen und eine Hypothek entsprechend einem Gläubigerverzicht behandelt wird, ausgeschlossen ist. Mit anderen Worten: **Sicherungsrechte**, die für ausgegliederte und übergegangene Verbindlichkeiten bestellt wurden, bleiben auch nach Forderungsübergang bestehen.[13)] Diese Anordnung dürfte dabei vor allem klarstellenden Charakter haben, da der auf Einzelrechtsübertragungen zugeschnittene § 418 BGB die Situation einer Vermögensübertragung mittels Gesamtrechtsnachfolge (bei Ausgliederung) ohnehin nicht erfasst.[14)] Im Übrigen bleiben nicht nur die in § 418 BGB unmittelbar angesprochenen akzessorischen, sondern auch etwaige **nicht-akzessorische (fiduziarische) Sicherungsrechte** wie Sicherungsgrundschulden, -übereignungen, -abtretungen oder abstrakte Schuldversprechen erhalten.[15)]

IV. Haftung des übernehmenden bzw. neuen Rechtsträgers

6 Die Haftung des übernehmenden bzw. neuen (Ziel-)Rechtsträgers wird in § 166 nicht geregelt. Insoweit verbleiben die allgemeinen Haftungsgrundsätze, also § 131 Abs. 1 Nr. 1

8) *Leuering* in: KölnKomm-UmwG, § 166 Rz. 2; *Krüger* in: BeckOGK-UmwG, § 166 Rz. 3; Semler/Stengel/Leonard-*Stengel*, UmwG, § 166 Rz. 2; Widmann/Mayer-*Rieger*, UmwR, § 166 UmwG Rz. 26; Henssler/Strohn-*Wamser*, GesR, § 166 UmwG Rz. 1.

9) Widmann/Mayer-*Rieger*, UmwR, § 166 UmwG Rz. 23; Lutter-*Seyfarth*, UmwG, § 166 Rz. 5.

10) Lutter-*Seyfarth*, UmwG, § 166 Rz. 5; *Krüger* in: BeckOGK-UmwG, § 166 Rz. 5; vgl. Staudinger-Hüttemann/Rawert, BGB § 85 Rz. 37 ff. – für Anhaltspunkte denkbarer Sonderrechte von Destinatären.

11) Lutter-*Seyfarth*, UmwG, § 166 Rz. 5.

12) Lutter-*Seyfarth*, UmwG, § 166 Rz. 5; Widmann/Mayer-*Rieger*, UmwR, § 166 UmwG Rz. 28.

13) Semler/Stengel/Leonard-*Stengel*, UmwG, § 166 Rz. 4; Lutter-*M. T. Schwab*, UmwG, § 156 Rz. 21, entnimmt der insoweit wortgleichen Parallelvorschrift in § 156 nur einen klarstellenden Charakter, da § 418 BGB richtigerweise bei einem Vermögensübergang mittels Gesamtrechtsnachfolge ohnehin nicht anwendbar sei.

14) Lutter-*M. T. Schwab*, UmwG, § 156 Rz. 21; Widmann/Mayer-*Rieger*, UmwR, § 166 UmwG Rz. 19. Der Verweis auf § 418 Abs. 2 BGB hat mittlerweile keine praktische Relevanz mehr, da Insolvenzvorrechte durch §§ 38 f. InsO abgeschafft wurden.

15) Vgl. Lutter-*M. T. Schwab*, UmwG, § 156 Rz. 21.

hinsichtlich der nach dem Ausgliederungsvertrag/-plan übernommenen Verbindlichkeiten und § 133 Abs. 1 und 3 UmwG, § 25 HGB für nicht übernommene, aber im Zeitpunkt der Ausgliederung begründete Verbindlichkeiten.[16)]

7 Auch die Haftung für betriebliche **Steuerschulden** aus § 75 AO bleibt von § 166 unberührt.[17)]

16) *Leuering* in: KölnKomm-UmwG, § 166 Rz. 5; *Krüger* in: BeckOGK-UmwG, § 166 Rz. 6; Lutter-*Seyfarth*, UmwG, § 166 Rz. 3; Semler/Stengel/Leonard-*Stengel*, UmwG, § 166 Rz. 5.

17) Widmann/Mayer-*Rieger*, UmwR, § 166 UmwG Rz. 30; *Krüger* in: BeckOGK-UmwG, § 166 Rz. 6.

§ 167
Zeitliche Begrenzung der Haftung für übertragene Verbindlichkeiten

Auf die zeitliche Begrenzung der Haftung der Stiftung für die im Ausgliederungs- und Übernahmevertrag aufgeführten Verbindlichkeiten ist § 157 entsprechend anzuwenden.

Übersicht

I. Normzweck und Systematik

1 § 167 normiert – in Parallele zu § 173 – die **zeitliche Begrenzung der Mithaftung** des übertragenden Rechtsträgers, hier der Stiftung,[1)] indem § 157 (zeitliche Begrenzung bei Ausgliederung aus dem Vermögen des Einzelkaufmanns) für entsprechend anwendbar erklärt wird. Die Mithaftung der übertragenden Stiftung für ausgegliederte Verbindlichkeiten (§ 166) ist damit **begrenzt auf fünf Jahre.**[2)] Die Regelung entspricht insoweit auch der Konzeption in § 133 Abs. 3 bis 5.[3)]

2 Aufgrund der gleichen Sachlage gelten i. E. die Ausführungen zu § 173 (siehe dazu § 173 Rz. 2 [*Schwalm/Schwind*]).

II. Anwendungsbereich

3 § 167 knüpft an die in § 166 angeordnete gesamtschuldnerische Mithaftung der übertragenden Stiftung an. Dabei ist jedoch der Wortlaut nach allgemeiner Meinung zu eng geraten: Während § 167 ausdrücklich nur von den im **Ausgliederungs- und Übernahme*vertrag*** aufgeführten Verbindlichkeiten spricht, ist man sich darüber einig, dass die Haftungsbegrenzung auch für die im **Ausgliederungs- und Übernahme*plan*** aufgeführten Verbindlichkeiten gelten müsse.[4)] Sachliche Gründe für eine unterschiedliche Behandlung der übergegangenen Verbindlichkeiten bei Ausgliederung zur Neugründung sind schlicht

1) Soweit nicht anderweitig qualifiziert meint Stiftung nachfolgend stets die rechtsfähige Stiftung bürgerlichen Rechts i. S. der §§ 80 ff. BGB.

2) *Leuering* in: KölnKomm-UmwG, § 167 Rz. 1; *O. Schmidt* in: HK-UmwG, § 167 Rz. 1.

3) *Krüger* in: BeckOGK-UmwG, § 167 Rz. 1.

4) *Krüger* in: BeckOGK-UmwG, § 167 Rz. 3; Henssler/Strohn-*Wamser*, GesR, § 167 UmwG Rz. 1; Semler/Stengel/Leonard-*Stengel*, UmwG, § 167 Rz. 1.

nicht ersichtlich.[5] Auch in Bezug auf die Parallelvorschrift in § 173 gilt nichts anderes (siehe dazu § 173 Rz. 7 [*Schwalm/Schwind*]).

Hinsichtlich des zeitlichen Anwendungsbereichs auf Verbindlichkeiten, die vor dem 1.1.1995 entstanden sind, vgl. § 319.[6] 4

III. Entsprechende Anwendung von § 157

Von der Haftungsbegrenzung erfasst werden alle Verbindlichkeiten, die innerhalb der Fünf-Jahres-Frist **fällig und geltend gemacht** (§ 157 Abs. 1 Satz 1) oder durch die Stiftung **schriftlich anerkannt** wurden (§ 157 Abs. 3); fehlt es an der Fälligkeit oder an einer Verfolgungshandlung (z. B. gerichtliche Geltendmachung) tritt **Enthaftung** ein.[7] Ist Enthaftung eingetreten, steht der übertragenden Stiftung eine rechtsvernichtende Einwendung zu.[8] **Fristbeginn** ist die Bekanntmachung der Handelsregistereintragung der Ausgliederung nach § 125 Satz 1 i. V. m. § 19 Abs. 3 (vgl. § 157 Abs. 2 Satz 1). 5

Stiftungsrechtliche Besonderheiten ergeben sich hinsichtlich der entsprechenden Anwendung von § 157 nicht, so dass betreffend die Einzelheiten auf die dortige Kommentierung verwiesen werden kann (siehe § 157 [*Cyglakow*]).[9] 6

5) *Leuering* in: KölnKomm-UmwG, § 167 Rz. 2; Semler/Stengel/Leonard-*Stengel*, UmwG, § 167 Rz. 1; Widmann/Mayer-*Rieger*, UmwR, § 167 UmwG Rz. 3, der sich auf § 136 Satz 2 als positivgesetzliche Argumentationsstütze beruft, wonach in den Fällen der Spaltung zu Neugründung der Spaltungsplan an die Stelle des Spaltungs- und Übernahmevertrages tritt. Gleiches müsse insoweit für den Ausgliederungsplan bzw. Ausgliederungs- und Übernahmevertrag gelten.

6) Vgl. Widmann/Mayer-*Rieger*, UmwR, § 167 UmwG Rz. 4.

7) *Leuering* in: KölnKomm-UmwG, § 167 Rz. 1; Semler/Stengel/Leonard-*Stengel*, UmwG, § 167 Rz. 3 f.; Lutter-*Seyfarth*, UmwG, § 167 Rz. 1; Widmann/Mayer-*Rieger*, UmwR, § 167 UmwG Rz. 5.

8) Semler/Stengel/Leonard-*Stengel*, UmwG, § 167 Rz. 4.

9) Widmann/Mayer-*Rieger*, UmwR, § 167 UmwG Rz. 6; Lutter-*Seyfarth*, UmwG, § 167 Rz. 2.

Neunter Abschnitt
Ausgliederung aus dem Vermögen von Gebietskörperschaften oder Zusammenschlüssen von Gebietskörperschaften

§ 168
Möglichkeit der Ausgliederung

Die Ausgliederung eines Unternehmens, das von einer Gebietskörperschaft oder von einem Zusammenschluß von Gebietskörperschaften, der nicht Gebietskörperschaft ist, betrieben wird, aus dem Vermögen dieser Körperschaft oder dieses Zusammenschlusses kann nur zur Aufnahme dieses Unternehmens durch eine Personenhandelsgesellschaft, eine Kapitalgesellschaft oder eine eingetragene Genossenschaft oder zur Neugründung einer Kapitalgesellschaft oder einer eingetragenen Genossenschaft sowie nur dann erfolgen, wenn das für die Körperschaft oder den Zusammenschluß maßgebende Bundes- oder Landesrecht einer Ausgliederung nicht entgegensteht.

Literatur: *Besgen/Langner*, Zum Übergangsmandat des Personalrats bei der privatisierenden Umwandlung, NZA 2003, 1239; *Borsch*, Ausgliederung kirchlicher Unternehmen aus Kapitalgesellschaften, DNotZ 2005, 10; *DNotI*, Gutachten (Ausgliederung aus dem Vermögen von Gebietskörperschaften; gleichzeitige Ausgliederung mehrerer Eigenbetriebe mehrerer Gemeinden [Baden-Württemberg] zur Aufnahme auf eine GmbH & Co. KG; Zulässigkeit; „verschmelzende Spaltung"), DNotI-Report 2015, 123; *DNotI*, Gutachten (UmwG § 168 Ausgliederung aus dem Vermögen einer Gebietskörperschaft), DNotI-Report 1995, 181; *Gaß*, Die Umwandlung gemeindlicher Unternehmen, Würzburg 2003 (Diss.); *Gramm*, Privatisierung und notwendige Staatsaufgaben, Freiburg 2000 (Habil.); *Heckschen*, Umstrukturierungen unter Beteiligung der öffentlichen Hand in private Rechtsformen und umgekehrt, GmbHR 2018, 779; *Klette*, Die rechtliche Verselbstständigung von Unternehmen der Gebietskörperschaften und Gemeindeverbände, BB 1970, 376; *Kuchler*, Geht die Mitgliedschaft einer Kommune in einem Zweckverband im Wege der Gesamtrechtsnachfolge auf ein gem. § 168 UmwG ausgegliedertes Unternehmen (des privaten Rechts) über?, VBlBW 2010, 343; *Lepper*, Die Ausgliederung kommunaler Unternehmen in der notariellen Praxis, RNotZ 2006, 313; *Lieder*, Die Umwandlung eingetragener BGB-Gesellschaften nach dem modernisierten Umwandlungsgesetz, NotBZ 2024, 361; *Schneider*, Das neue Umwandlungsrecht (III), DB 1970, 237; *Pawlak*, Die Privatisierung öffentlicher Unternehmen: Übergangsmandat des Personalrats und Fortbestand kollektiver Regelungen, ZTR 2008, 74; *Pfeiffer*, Können katholische Kirchengemeinden Ihre Unternehmen durch eine Ausgliederung nach Umwandlungsgesetz privatisieren?, NJW 2000, 3694; *Schaub*, Arbeitsrechtliche Fragen bei der Privatisierung öffentlicher Betriebe und Einrichtungen, WiB 1996, 97; *Schindhelm/Stein*, Der Gegenstand der Ausgliederung bei einer Privatisierung nach dem UmwG, DB 1999, 1375; *Schwalm/Schwind*, Die Auslandsstiftung & Co. KG – Eine zulässige grenzüberschreitende Grundtypenvermischung?, DStR 2024, 563; *Schwarz*, Das neue Umwandlungsrecht, DStR 1994, 1694; *Seel/Rabe*, Die Rechtsstellung von Arbeitnehmern und Beamten bei Privatisierungen, öAT 2011, 201; *Steuck*, Die privatisierende Umwandlung – Zur Ausgliederung von Regie- und Eigenbetrieben der Gebietskörperschaften u. a. nach dem neuen Umwandlungsrecht, NJW 1995, 2887; *Suppliet*, Ausgliederung nach § 168 UmwG, Rostock 2005 (Diss.); *Wollenschläger/von Harbou*, Arbeitsrechtliche Fragen bei Privatisierungs- und Outsourcingmaßnahmen in öffentlichen Krankenhäusern, NZA 2005, 1081.

Übersicht

I. Einführung zum Neunten Abschnitt (§§ 168–173)

1. Regelungsbereich

1 Der Neunte Abschnitt des Dritten Buches des UmwG regelt die Ausgliederung aus dem Vermögen von Gebietskörperschaften oder von Zusammenschlüssen von Gebietskörperschaften. Die §§ 168 ff. behandeln die Übertragung eines organisatorisch, aber nicht rechtlich selbstständigen Unternehmens aus dem Vermögen einer Gebietskörperschaft oder dem eines Zusammenschlusses von Gebietskörperschaften auf einen bestehenden oder neu zu gründenden Rechtsträger in der Rechtsform des Privatrechts im Wege der **Ausgliederung**. Die §§ 168 ff. schaffen dazu eine das allgemeine Spaltungsrecht teils durch Sondervorschriften überlagernde **privatrechtliche Verfahrensordnung** für die Überleitung von kommunalen Unternehmen der öffentlichen Hand, insbesondere in Form von Regie- und Eigenbetrieben (zum Begriff siehe Rz. 29), die Aufgaben der Daseinsvorsorge wahrnehmen, auf Rechtsträger in privatrechtlicher Rechtsform.[1)]

2 § 168 unterscheidet die **Ausgliederung zu Aufnahme** und die **Ausgliederung zur Neugründung** (siehe dazu Rz. 38 ff.). Tauglicher **Ausgangsrechtsträger** ist eine Gebietskörperschaft oder ein Zusammenschluss von Gebietskörperschaften (siehe dazu Rz. 16 ff.). Bei der Ausgliederung zur Aufnahme erfolgt die Übertragung des Unternehmens auf einen schon bestehenden Rechtsträger; bei der Ausgliederung zur Neugründung auf einen neu zu gründenden Rechtsträger. Taugliche **Zielrechtsträger** sind die im Gesetz abschließend genannten Rechtsformen des Privatrechts (siehe dazu Rz. 39 ff.). Weiter regelt § 169 die Entbehrlichkeit eines Ausgliederungsberichts und eines Ausgliederungsbeschlusses, § 170 den Inhalt von (Sach-)Gründungsberichten, § 171 das Wirksamwerden der Ausgliederung durch deren Eintragung ins Handelsregister des Zielrechtsträgers sowie §§ 172, 173 die Mithaftung auf Zeit der übertragenden öffentlichen Hand.

3 Die Überleitung des Unternehmers von der öffentlichen Hand auf den privatrechtlichen Rechtsträger vollzieht sich im Wege der **partiellen Gesamtrechtsnachfolge** (siehe dazu Rz. 74). Als **Gegenleistung** erhält die Gebietskörperschaft bzw. der Zusammenschluss Anteile oder Mitgliedschaftsrechte an dem übernehmenden bzw. neuen Rechtsträger (siehe dazu Rz. 75 f.).

4 Die zivilrechtliche Ausgliederung steht ausdrücklich unter dem **Vorbehalt des öffentlichen Rechts** (siehe dazu Rz. 49). Entgegenstehendes öffentliches Bundes- oder Landesrecht kann eine zivilrechtlich mögliche Ausgliederung ausschließen oder an weitere Voraussetzungen knüpfen.

2. Zweck

5 Der Neunte Abschnitt soll die **Privatisierung** von kommunalen Unternehmen öffentlicher Gebietskörperschaften bzw. Zusammenschlüsse, insbesondere von Regie- und Eigenbetrieben, ermöglichen.[2)] Durch die angeordnete partielle Gesamtrechtsnachfolge im Vergleich zum ansonsten nur gangbaren Weg der Einzelübertragung[3)] soll die Privatisierung zudem erleichtert werden.[4)]

---

1) *Suppliet*, Ausgliederung nach § 168 UmwG, 2005, S. 27.
2) Begr. Fraktionsentwurf UmwBerG, BT-Drucks. 12/6699, S. 132; *Ganske*, Umwandlungsrecht, S. 195. S. a. Lutter-*H. Schmidt*, UmwG, § 168 Rz. 1.
3) S. umfassend zur Einzelrechtsnachfolge: *Lepper*, RNotZ 2006, 313, 315 f.
4) Vgl. Begr. RegE UmwG, BT-Drucks. V/3165, S. 17; *Ganske*, Umwandlungsrecht, S. 195 f.; *Suppliet*, Ausgliederung nach § 168 UmwG, 2005, S. 27. S. umfassend zu den Vorteilen der partiellen Gesamtrechtsnachfolge im Vergleich zur Einzelrechtsnachfolge: *Mayer/Weiler* in: MünchHdb. GesR, Bd. 3, § 72 Rz. 732.

6 **Ziel** der Privatisierung ist regelmäßig die öffentlichen Aufgaben insbesondere durch die Realisierung von Synergieeffekten, die privatrechtliche Organisation und die mögliche Beteiligung Dritter effizienter zu erledigen.[5] Zugrunde liegende Motive einer Privatisierung können – neben den genannten wirtschaftlichen Gesichtspunkten der Aufgabenerfüllung – auch fiskalische Sparmaßnahmen oder ordnungspolitische Liberalisierungserwägungen sein.[6]

7 Die rechtspraktisch bedeutsamen Ausgliederungsmöglichkeiten des § 168 ermöglichen sowohl die formelle als auch die materielle Privatisierung.[7] Bei der zulässigen **formellen Privatisierung** (Organisationsprivatisierung), die das öffentliche Recht unter weitere Voraussetzungen knüpfen kann, bedient sich die öffentliche Hand zur Aufgabenwahrnehmung einer Organisationsform des Privatrechts, an der sie alle Anteile hält.[8] Sind Inhaber des Rechtsträgers Private und wird die öffentliche Aufgabendurchführung ganz oder teilweise unter Rückzug der öffentlichen Hand auf Private übertragen, handelt es sich um eine bei kommunalen Pflichtaufgaben unzulässige, i. Ü. aber unter dem Vorbehalt des öffentlichen Rechts zulässige **materielle Privatisierung** (Aufgabenprivatisierung).[9]

8 Liegen die Voraussetzungen der Ausgliederung nicht vor, ist eine Privatisierung unter Beteiligung der öffentlichen Hand – abgesehen von dem Formwechsel einer Körperschaft oder Anstalt des öffentlichen Rechts i. S. des §§ 301 ff. und der Vermögensübertragung Rechts i. S. des §§ 174 ff.[10] – grundsätzlich[11] nur durch Einzelrechtsnachfolge möglich, indem die dem Unternehmen zugeordneten Vermögensgegenstände durch **Einzelrechtsübertragung** auf einen bestehenden oder auch neu gegründeten Rechtsträger übertragen werden.[12]

3. Systematische Stellung im UmwG

9 Die Ausgliederung ist eine **Unterart der Spaltung** i. S. des § 123. Arten der Spaltung sind die in § 123 legaldefinierte Aufspaltung (§ 123 Abs. 1), Abspaltung (§ 123 Abs. 2) und Ausgliederung (§ 123 Abs. 3). § 124 Abs. 1 bezieht die Gebietskörperschaften und die Zusammenschlüsse von Gebietskörperschaften in den Kreis der spaltungsfähigen Rechtsträger ein. Trotz dessen ist der Gebietskörperschaft bzw. dem Zusammenschluss einschränkend nur die Ausgliederung unter den Voraussetzungen der §§ 168 ff. eröffnet. Weder die **Aufspaltung** i. S. des § 123 Abs. 1 noch die **Abspaltung** i. S. des § 123 Abs. 2 stehen der Gebietskörperschaft bzw. dem Zusammenschluss als umwandlungsrechtliche Möglichkeiten zur Verfügung.[13] Eine Erweiterung ist nicht möglich. Die Umwandlungsmöglichkeiten des UmwG sind abschließend und einer Analogie nicht zugänglich.[14]

---

5) Vgl. *Wolfers/Voland* in: MünchHdb. GesR, Bd. 8, § 76 Rz. 3; *Lepper*, RNotZ 2006, 313, 314.

6) *Wolfers/Voland* in: MünchHdb. GesR, Bd. 8, § 76 Rz. 4; *Lepper*, RNotZ 2006, 313, 314.

7) Semler/Stengel/Leonard-*Krebs*, UmwG, § 168 Rz. 5. Umfassend zu den Privatisierungsformen: Widmann/Mayer-*Heckschen*, UmwR, § 168 UmwG Rz. 10 ff. und 53 ff.

8) *Foerster* in: BeckOGK-UmwG, § 168 Rz. 7. Umfassend zum Begriff: *Suppliet*, Ausgliederung nach § 168 UmwG, 2005, S. 30 ff.; Widmann/Mayer-*Heckschen*, UmwR, § 168 UmwG Rz. 54 ff.

9) *Foerster* in: BeckOGK-UmwG, § 168 Rz. 7. Umfassend zum Begriff: *Suppliet*, Ausgliederung nach § 168 UmwG, S. 30 ff.; Widmann/Mayer-*Heckschen*, UmwR, § 168 UmwG Rz. 78 ff.

10) S. dazu umfassend: *Suppliet*, Ausgliederung nach § 168 UmwG, 2005, S. 130 f.; *Lepper*, RNotZ 2006, 313, 315 f.; *Mayer/Weiler* in: MünchHdb. GesR, Bd. 3, § 72 Rz. 14 ff.

11) S. zu der ausnahmsweisen Zulassung von Umwandlungen durch Bundes- oder Landesgesetz i. S. des § 1 Abs. 2, *Lepper*, RNotZ 2006, 313, 314.

12) *Suppliet*, Ausgliederung nach § 168 UmwG, 2005, S. 23, dort auch zu den Nachteilen der Einzelrechtsübertragung im Vergleich zur Ausgliederung. S. a. Widmann/Mayer-*Heckschen*, UmwR, § 168 UmwG Rz. 9.

13) *Suppliet*, Ausgliederung nach § 168 UmwG, 2005, S. 23; *Foerster* in: BeckOGK-UmwG, § 168 Rz. 4; *Leuering* in: KölnKomm-UmwG, § 168 Rz. 8; *Lepper*, RNotZ 2006, 313, 315.

14) *Lepper*, RNotZ 2006, 313, 314.

10 Auf die Ausgliederung aus dem Vermögen von Gebietskörperschaften bzw. Zusammenschlüssen von Gebietskörperschaften finden – neben dem auf alle Umwandlungen anwendbaren § 1 – die §§ 123 ff. Anwendung, soweit die **Sondervorschriften des Neunten Abschnitts** nichts Abweichendes bestimmen und sich aus dem Wesen der öffentlichen Hand keine Besonderheiten ergeben.[15] **Durch** die **§§ 168 ff.** werden die zivilrechtlichen Ausgliederungsmöglichkeiten und -modalitäten für Gebietskörperschaften bzw. den Zusammenschlüssen von Gebietskörperschaften **nicht unerheblich beschränkt.**[16] Abweichend vom allgemeinen Spaltungsrecht kann **nur ein ganzes Unternehmen** im Wege der Ausgliederung übertragen werden.[17] Eine Überleitung anderer Vermögensteile ist nicht zugelassen.[18] Auch ist der **Kreis der tauglichen Zielrechtsträger** durch § 168 eingeschränkt und die Übertragung ist allein auf einen einzigen übernehmenden oder neuen Rechtsträger möglich.[19] Die Ausgliederung auf mehrere Rechtsträger ist ausgeschlossen (siehe dazu Rz. 47). Die öffentlich-rechtliche Zulässigkeit der Ausgliederung beurteilt sich – wie der Vorbehalt des § 168 klargestellt – nach Bundes- oder Landesgesetz.[20]

4. Entstehungsgeschichte

11 Bis zum Inkrafttreten des UmwG von 1969 war die Gründung von privaten Rechtsformen unter Einbringung des Vermögens eines von Gebietskörperschaften betriebenen Unternehmens im Wege der Einzelrechtsübertragung möglich und gebräuchlich.[21]

12 Mit der Neufassung des UmwG 1969 wurde die errichtende Umwandlung zur Neugründung in eine AG (§ 57) oder eine GmbH (§ 58) für von Gebietskörperschaften betriebene Unternehmen geschaffen.[22] Die Vorschriften orientierten sich an der Ausgliederung aus dem Vermögen eines Einzelkaufmanns.[23] Die privatisierende Umwandlung war nur zulässig, wenn das für die Gebietskörperschaft oder die Gemeindeverbände maßgebende Bundes- oder Landesrecht eine Umwandlung zuließ (§ 57 Abs. 1 Satz 2, § 58 Abs. 1 Satz 2).

13 Durch das UmwBerG[24] wurde die Ausgliederung aus dem Vermögen der öffentlichen Hand zum 1.1.1995 in wesentlichen Punkten erweiternd novelliert, um der zunehmenden Bedeutung der Übertragung von Aufgaben der kommunalen Daseinsvorsorge auf Rechtsformen des Privatrechts Rechnung zu tragen.[25] So wurde die Möglichkeit der Ausgliederung zur Aufnahme auf eine bereits bestehende AG, GmbH, KGaA, Personenhandelsgesellschaften oder eG geschaffen.[26] Der Gesetzgeber erkannte das Bedürfnis, einen Regie- oder Eigenbetrieb zum Zwecke der Rationalisierung und Kostenersparnis auf einen be-

15) Henssler/Strohn-*Wamser*, GesR, § 168 UmwG Rz. 1; Lutter-*H. Schmidt*, UmwG, § 168 Rz. 17.

16) Begr. Fraktionsentwurf UmwBerG, BT-Drucks. 12/6699, S. 132; *Leuering* in: KölnKomm-UmwG, § 168 Rz. 8; *Lepper*, RNotZ 2006, 313, 315.

17) Begr. Fraktionsentwurf UmwBerG, BT-Drucks. 12/6699, S. 132; *Lepper*, RNotZ 2006, 313, 315.

18) Begr. Fraktionsentwurf UmwBerG, BT-Drucks. 12/6699, S. 132; *Ganske*, Umwandlungsrecht, S. 196; *Lepper*, RNotZ 2006, 313, 315.

19) Begr. Fraktionsentwurf UmwBerG, BT-Drucks. 12/6699, S. 132; *Lepper*, RNotZ 2006, 313, 315.

20) *Lepper*, RNotZ 2006, 313, 315.

21) Begr. RegE UmwG, BT-Drucks. V/3165, S. 17; *Ganske*, Umwandlungsrecht, S. 195.

22) Gesetz zur Neufassung des Umwandlungsgesetzes, v. 6.11.1969, BGBl. I 1969, 2081, 2090. Umfassend zum UmwG 1969: *Suppliet*, Ausgliederung nach § 168 UmwG, 2005, S. 107 ff.; *Klett*, BB 1970, 376; *Schneider*, DB 1970, 237; DNotI-Report 1995, 181 f. S. a. *Foerster* in: BeckOGK-UmwG, § 168 Rz. 4.

23) *DNotI*, Gutachten, DNotI-Report 1995, 181, 182.

24) Gesetz zur Bereinigung des Umwandlungsrechts (UmwBerG), v. 28.10.1994, BGBl. I 1994, 3210.

25) Begr. Fraktionsentwurf UmwBerG, BT-Drucks. 12/6699, S. 132; *Ganske*, Umwandlungsrecht, S. 195.

26) Begr. Fraktionsentwurf UmwBerG, BT-Drucks. 12/6699, S. 132; *Ganske*, Umwandlungsrecht, S. 195 f.; *DNotI*, Gutachten, DNotI-Report 1995, 181, 182.

reits bestehende Privatrechtsform zu übertragen.[27] Auch wurde die KGaA als neuer tauglicher Zielrechtsträger bei der Ausgliederung zur Neugründung zugelassen.[28] Ausgliederungsgegenstand ist und bleibt nur das Unternehmen als Ganzes.[29] Im Vergleich zum alten Recht muss das Bundes- oder Landesrecht die Ausgliederung nicht mehr ausdrücklich oder sinngemäß zulassen; es darf der Ausgliederung nur nicht entgegenstehen.[30]

5. Einfluss des Europäischen Rechts

14 Das europäische **Sekundärrecht** regelt weder im Verordnungs- noch im Richtlinienwege die Ausgliederung aus dem Vermögen der öffentlichen Hand.[31] Mittelbar finden jedoch unionsrechtlich determinierte Vorschriften über die §§ 123 ff. auf die Ausgliederung i. S. des § 168 Anwendung.[32] Nicht abschließend geklärt ist, ob im Fall der Ausgliederung aufgrund der überschießenden Umsetzung des deutschen Gesetzgebers eine gespaltene Auslegung oder im Lichte des Unionsrechts eine einheitliche und damit auch richtlinienkonforme Auslegung in Betracht kommt.[33]

15 Das **Beihilfeverbot** des Art. 107 Abs. 1 AEUV kann insbesondere bei der verbotenen Kapitalzufuhr mit Beihilfecharakter einschlägig sein und die vom Registergericht im Eintragungsverfahren nachzuprüfende **Notifizierungspflicht** auslösen.[34]

II. Übertragender Rechtsträger

16 Taugliche übertragende Rechtsträger sind nach § 168 i. V. m. § 124 Abs. 1 eine Gebietskörperschaft oder ein Zusammenschluss von Gebietskörperschaften, die nicht Gebietskörperschaften sind.

1. Gebietskörperschaft

17 Gebietskörperschaften sind **staatliche oder kommunale rechtsfähige juristische Personen des öffentlichen Rechts**, die sich durch die gesetzlich angeordnete Mitgliedschaft aller durch Wohnsitz erfassten Bewohner eines bestimmten Teils des Staatsgebietes kennzeichnen.[35] Entscheidend ist demnach die mitgliedschaftliche Verfasstheit und die Unabhängigkeit vom Mitgliederwechsel eines Trägers öffentlicher Verwaltung.[36]

18 **Gebietskörperschaften** sind mithin: Gemeinden, kreisfreie Städte, Kreise, Landkreise, landesrechtliche Kommunalkörperschaften.[37]

27) Begr. Fraktionsentwurf UmwBerG, BT-Drucks. 12/6699, S. 132.

28) Begr. Fraktionsentwurf UmwBerG, BT-Drucks. 12/6699, S. 132.

29) Begr. Fraktionsentwurf UmwBerG, BT-Drucks. 12/6699, S. 132; *DNotI*, Gutachten, NotI-Report 1995, 181, 182.

30) Begr. Fraktionsentwurf UmwBerG, BT-Drucks. 12/6699, S. 132; *DNotI*, Gutachten, DNotI-Report 1995, 181, 182.

31) *Foerster* in: BeckOGK-UmwG, § 168 Rz. 8; Semler/Stengel/Leonard-*Krebs*, UmwG, § 168 Rz. 14.

32) Umfassend dazu: *Foerster* in: BeckOGK-UmwG, § 168 Rz. 8; Semler/Stengel/Leonard-*Krebs*, UmwG, § 168 Rz. 14.

33) S. zum Streitstand: *Foerster* in: BeckOGK-UmwG, § 168 Rz. 8; Semler/Stengel/Leonard-*Krebs*, UmwG, § 168 Rz. 14.

34) Umfassend: Semler/Stengel/Leonard-*Krebs*, UmwG, § 168 Rz. 90 f.

35) Henssler/Strohn-*Wamser*, GesR, § 168 UmwG Rz. 3. Mit nahezu wortgleicher Definition: *Foerster* in: BeckOGK-UmwG, § 168 Rz. 10; Semler/Stengel/Leonard-*Krebs*, UmwG, § 168 Rz. 17; Widmann/Mayer-*Heckschen*, UmwR, § 168 UmwG Rz. 135; Lutter-*H. Schmidt*, UmwG, § 168 Rz. 5; *Leuering* in: KölnKomm-UmwG, § 168 Rz. 12.

36) *Suppliet*, Ausgliederung nach § 168 UmwG, 2005, S. 127.

37) Semler/Stengel/Leonard-*Krebs*, UmwG, § 168 Rz. 17; Widmann/Mayer-*Heckschen*, UmwR, § 168 UmwG Rz. 135; Lutter-*H. Schmidt*, UmwG, § 168 Rz. 5; *Leuering* in: KölnKomm-UmwG, § 168 Rz. 12; *Lepper*, RNotZ 2006, 313, 315.

Obgleich **Bund** und **Länder** nicht unter den öffentlich-rechtlichen Begriff der Gebietskörperschaften im engeren Sinne fallen, ist anerkannt, dass der Bund und die einzelnen Bundesländer ausgliederungsfähig sind.[38] 19

Auch **kirchliche Körperschaften des öffentlichen Rechts** (z. B. Kirchengemeinde)[39] 20
können unter den Begriff der Gebietskörperschaft gefasst werden, wenn sie mitgliedschaftlich strukturiert sind und die Mitgliedschaft an den Wohnsitz innerhalb eines bestimmten Gebietes anknüpft.[40]

Keine Gebietskörperschaften sind: juristische Personen des Privatrechts, öffentlich- 21
rechtliche Stiftungen,[41] sonstige öffentlich-rechtliche Körperschaften und rechtsfähige Anstalten des öffentlichen Rechts[42].[43]

Einer **Erweiterung** des Kreises der nach § 168 ausgliederungsfähigen Rechtsträger steht 22
das umwandlungsrechtliche **Analogieverbot** entgegen (siehe auch Rz. 27).[44]

2. Zusammenschluss von Gebietskörperschaften

Ein Zusammenschluss von Gebietskörperschaften, ohne selbst Gebietskörperschaft zu 23
sein, ist eine öffentlich-rechtliche Körperschaft ohne Gebietshoheit.[45] Sie hat also keinen gebietskörperschaftlichen Charakter.[46] Sie ist vielmehr **bundkörperschaftlicher Natur** und wird den Bund- bzw. Verbandskörperschaften zugeordnet.[47] Kennzeichnend ist die **gemeinsame Aufgabenwahrnehmung** durch die vereinigten Mitglieder.[48]

Zusammenschluss von Gebietskörperschaften, ohne selbst Gebietskörperschaft zu sein, 24
sind insbesondere **Gemeindeverbände**, kommunale Zweck- und Versorgungsverbände,[49] **Verbände der Sparkassen**,[50] Krankenkassen[51] sowie Verwaltungsgemeinschaften[52].

Mangels körperschaftlicher Struktur nicht ausreichend ist, wenn die Gebietskörperschaften 25
die Aufgaben in einer **kommunalen Arbeitsgemeinschaft** oder aufgrund einer **öffent-**

38) *Suppliet*, Ausgliederung nach § 168 UmwG, 2005, S. 127; *Gaß*, Die Umwandlung gemeindlicher Unternehmen, 2003, S. 193 (Fn. 208); *Foerster* in: BeckOGK-UmwG, § 168 Rz. 10; Semler/Stengel/Leonard-*Krebs*, UmwG, § 168 Rz. 17; Lutter-*H. Schmidt*, UmwG, § 168 Rz. 5.

39) *Pfeiffer*, NJW 2000, 3694.

40) *Suppliet*, Ausgliederung nach § 168 UmwG, 2005, S. 127; *Foerster* in: BeckOGK-UmwG, § 168 Rz. 11; Semler/Stengel/Leonard-*Krebs*, UmwG, § 168 Rz. 18; Widmann/Mayer-*Heckschen*, UmwR, § 168 UmwG Rz. 135; *Leuering* in: KölnKomm-UmwG, § 168 Rz. 16. Umfassend dazu: *Lepper*, RNotZ 2006, 313, 316; *Pfeiffer*, NJW 2000, 3694; *Borsch*, DNotZ 2005, 10.

41) Öffentlich-rechtliche Stiftungen fallen auch nicht in den Anwendungsbereich des § 161, s. oben § 161 Rz. 23 [*Schwalm/Schwind*].

42) Körperschaften und Anstalten des öffentlichen Rechts können im Wege des Formwechsels (§§ 301 ff.) in eine Rechtsform des Privatrechts überführt werden.

43) Lutter-*H. Schmidt*, UmwG, § 168 Rz. 7; *Leuering* in: KölnKomm-UmwG, § 168 Rz. 19.

44) *Foerster* in: BeckOGK-UmwG, § 168 Rz. 12; *Leuering* in: KölnKomm-UmwG, § 168 Rz. 19.

45) Henssler/Strohn-*Wamser*, GesR, § 168 UmwG Rz. 3.

46) Henssler/Strohn-*Wamser*, GesR, § 168 UmwG Rz. 3, *Gaß*, Die Umwandlung gemeindlicher Unternehmen, 2003, S. 194.

47) Henssler/Strohn-*Wamser*, GesR, § 168 UmwG Rz. 3; Lutter-*H. Schmidt*, UmwG, § 168 Rz. 8; *Leuering* in: KölnKomm-UmwG, § 168 Rz. 14.

48) Henssler/Strohn-*Wamser*, GesR, § 168 UmwG Rz. 3.

49) Widmann/Mayer-*Heckschen*, UmwR, § 168 UmwG Rz. 136; *Leuering* in: KölnKomm-UmwG, § 168 Rz. 14.

50) *Klingenberg* in: Deubert/Förschle/Störk, Sonderbilanzen, Rz. 416.

51) *Klingenberg* in: Deubert/Förschle/Störk, Sonderbilanzen, Rz. 416.

52) Semler/Stengel/Leonard-*Krebs*, UmwG, § 168 Rz. 20a; *Lepper*, RNotZ 2006, 313, 316.

lich-rechtlichen Zweckvereinbarung gemeinsam erledigen oder einzelnen Gebietskörperschaften übertragen.[53)]

26 Tauglicher Ausgangsrechtsträger können auch **Zweckverbände mit privatrechtlichen Mitgliedern** sein. Dies unter der Voraussetzung, dass der Zweckverband überwiegend aus gebietskörperschaftlichen Mitgliedern besteht und folglich einen öffentlich-rechtlichen Charakter aufweist.[54)]

3. Mehrere übertragende Rechtsträger

27 **Umstritten** ist, ob an einer Ausgliederung mehrere übertragende Rechtsträger beteiligt, sein können. Dabei handelt es sich um Fälle, bei denen ein Unternehmen von mehreren Gebietskörperschaften oder mehreren Zusammenschlüssen von Gebietskörperschaften betrieben wird.[55)] Der Wortlaut von § 168 geht ausdrücklich davon aus, dass allein eine Gebietskörperschaft und ein Zusammenschluss als Träger eines Unternehmens einen tauglichen ausgliederungsfähigen Rechtsträger darstellen. Trotz des entgegenstehenden Wortlauts **erkennt eine Ansicht** in Rechtsprechung und Schrifttum die Zulässigkeit **einer Beteiligung mehrerer** übertragender Rechtsträger **an einer Ausgliederung an.**[56)] Dies wird insbesondere damit begründet, dass bei der Ausgliederung aus dem Vermögen der öffentlichen Hand – abweichend vom allgemeinen Spaltungsrecht – die Eintragung der Ausgliederung nicht beim übertragenden, sondern nach § 171 (siehe dazu § 171 Rz. 7 f. [*Schwalm/Schwind*] beim übernehmenden bzw. neuen Rechtsträger maßgeblich ist, so dass – anders als im allgemeinen Spaltungsrecht – der Zeitpunkt des Wirksamwerdens der Ausgliederung auch bei der Beteiligung mehrerer Rechtsträger rechtsicher bestimmt werden könne.[57)] Zuletzt bestehe auch ein praktisches Bedürfnis soll bestehen.[58)] Dem ist **nicht zuzustimmen.** Der Wortlaut des § 168 ist eindeutig.[59)] Weder § 168 noch das allgemeine Spaltungsrecht in § 123 sehen eine verschmelzende Ausgliederung vor. Die Erweiterung der Zahl der ausgliederungsfähigen Rechtsträger ist **contra legem** und würde überdies am Analogieverbot des § 1 Abs. 2 scheitern.[60)] Auch würde sich die über den Wortlaut hinausgehende, im Vergleich zum allgemeinen Spaltungsrecht zahlenmäßige Erweiterung nicht systematisch stimmig in den Regelungsbereich des Neunten Abschnitts integrieren lassen.[61)] Die Regelungen des **Neunten Abschnitts** enthalten im Verhältnis zu den allgemeinen Spaltungsvorschriften **Einschränkungen** und gerade keine Erweiterungen (siehe Rz. 9 f.). In den Gesetzesmaterialien findet sich zudem kein Hinweis auf ein Redaktionsversehen des Gesetzgebers (siehe Rz. 11 f.). Auch besteht **kein rechtspraktisches Bedürf-**

53) *Gaß*, Die Umwandlung gemeindlicher Unternehmen, 2003, S. 194; *Foerster* in: BeckOGK-UmwG, § 168 Rz. 13; Widmann/Mayer-*Heckschen*, UmwR, § 168 UmwG Rz. 136.

54) Henssler/Strohn-*Wamser*, GesR, § 168 UmwG Rz. 3; Semler/Stengel/Leonard-*Krebs*, UmwG, § 168 Rz. 20a; Widmann/Mayer-*Heckschen*, UmwR, § 168 UmwG Rz. 136; *Lepper*, RNotZ 2006, 313, 316; *Leuering* in: KölnKomm-UmwG, § 168 Rz. 14.

55) *Gaß*, Die Umwandlung gemeindlicher Unternehmen, 2003, S. 194 (Fn. 212); *Suppliet*, Ausgliederung nach § 168 UmwG, 2005, S. 133 – dort auch je mit einem Bsp.; Lutter-*H. Schmidt*, UmwG, § 168 Rz. 9.

56) Henssler/Strohn-*Wamser*, GesR, § 168 UmwG Rz. 2; Semler/Stengel/Leonard-*Krebs*, UmwG, § 168 Rz. 25; Widmann/Mayer-*Heckschen*, UmwR, § 168 UmwG Rz. 143 f.; *Leuering* in: KölnKomm-UmwG, § 168 Rz. 20 f.; *Heckschen* in: Beck'sches Notar-Hdb., § 24 Rz. 278; *DNotI*, Gutachten, DNotI-Report 2015, 123 f. Wohl auch: *Lepper*, RNotZ 2006, 313, 317.

57) Semler/Stengel/Leonard-*Krebs*, UmwG, § 168 Rz. 24; Widmann/Mayer-*Heckschen*, UmwR, § 168 UmwG Rz. 144.

58) Henssler/Strohn-*Wamser*, GesR, § 168 UmwG Rz. 2; *Leuering* in: KölnKomm-UmwG, § 168 Rz. 21.

59) *Foerster* in: BeckOGK-UmwG, § 168 Rz. 15.

60) Vgl. *Suppliet*, Ausgliederung nach § 168 UmwG, 2005, S. 133; *Foerster* in: BeckOGK-UmwG, § 168 Rz. 15.

61) Vgl. *Foerster* in: BeckOGK-UmwG, § 168 Rz. 15.

nis.[62] Eine Übertragung des gemeinsamen Unternehmens ist insbesondere[63] im Wege der Einzelrechtsnachfolge möglich.[64] **De lege lata** ist die Ausgliederung eines Unternehmens durch mehrere übertragende Rechtsträger nicht möglich.[65] Sollte in der Praxis dennoch der Versuch einer verschmelzenden Ausgliederung unternommen werden, sollte das Vorgehen mit dem zuständigen Registergericht abgestimmt werden.[66]

III. Unternehmen als Gegenstand der Ausgliederung

Abweichend von allgemeinen Spaltungsrecht kann Gegenstand der Ausgliederung i. S. des § 168 nicht ein Vermögenteil, sondern nur ein Unternehmen sein. 28

1. Begriff des Unternehmens

Der Begriff des Unternehmens wird vom Gesetz nicht legaldefiniert.[67] Die überwiegende Ansicht spricht sich für eine **am Zweck des § 168 orientierte Auslegung** aus.[68] Ein Rekurs auf den handelsrechtlichen,[69] kommunalverfassungsrechtlichen,[70] steuerlichen[71] oder arbeitsrechtlichen[72] Unternehmensbegriffs kommt daher nicht in Betracht.[73] Die Begriffsbestimmung hat daher unter Berücksichtigung des gesetzgeberisch artikulierten Zwecks, wonach der Neunte Abschnitt eine privatisierende Umwandlung von Eigen-[74] und Regiebetrieben[75] der öffentlichen Hand ermöglichen und erleichtern soll (siehe Rz. 5 f.), zu erfolgen (sog. **funktioneller Unternehmensbegriff**). Unternehmen sind davon ausgehend öffentliche Einrichtung, die eine organisatorische Eigenständigkeit, nicht aber eine rechtliche Selbstständigkeit aufweisen und eine anbietende sowie entgeltliche Tätig- 29

62) *Foerster* in: BeckOGK-UmwG, § 168 Rz. 15; Lutter-*H. Schmidt*, UmwG, § 168 Rz. 9.

63) *Suppliet*, Ausgliederung nach § 168 UmwG, 2005, S. 132 f. – dort auch mit weiteren Hilfskonstruktionen und dem Hinweis, dass die in § 124 Abs. 4 vorgesehene Umwandlungsmöglichkeit bei Beteiligung der öffentlichen Hand unzulässig ist.

64) *Gaß*, Die Umwandlung gemeindlicher Unternehmen, 2003, S. 194; *Suppliet*, Ausgliederung nach § 168 UmwG, 2005, S. 133; Lutter-*H. Schmidt*, UmwG, § 168 Rz. 9.

65) *Gaß*, Die Umwandlung gemeindlicher Unternehmen, 2003, S. 194; *Suppliet*, Ausgliederung nach § 168 UmwG, 2005, S. 133; *Foerster* in: BeckOGK-UmwG, § 168 Rz. 15.

66) *Lepper*, RNotZ 2006, 313, 317.

67) Henssler/Strohn-*Wamser*, GesR, § 168 UmwG Rz. 4; Semler/Stengel/Leonard-*Krebs*, UmwG, § 168 Rz. 26; *Leuering* in: KölnKomm-UmwG, § 168 Rz. 22; *Schindhelm/Stein*, DB 1999, 1375.

68) Henssler/Strohn-*Wamser*, GesR, § 168 UmwG Rz. 4; *Foerster* in: BeckOGK-UmwG, § 168 Rz. 24; Semler/Stengel/Leonard-*Krebs*, UmwG, § 168 Rz. 26; Schmitt/Hörtnagl-*Hörtnagl*, UmwG/UmwStG, § 168 UmwG Rz. 3; *Lepper*, RNotZ 2006, 313, 317.

69) S. dazu *Suppliet*, Ausgliederung nach § 168 UmwG, 2005, S. 145 f.

70) S. dazu *Suppliet*, Ausgliederung nach § 168 UmwG, 2005, S. 148 f.; *Schindhelm/Stein*, DB 1999, 1375, 1376.

71) S. dazu *Suppliet*, Ausgliederung nach § 168 UmwG, 2005, S. 150 f.; *Schindhelm/Stein*, DB 1999, 1375, 1376.

72) S. dazu *Suppliet*, Ausgliederung nach § 168 UmwG, 2005, S. 151 f.; *Schindhelm/Stein*, DB 1999, 1375, 1376 f.

73) *Suppliet*, Ausgliederung nach § 168 UmwG, 2005, S. 145 ff.; *Gaß*, Die Umwandlung gemeindlicher Unternehmen, 2003, S. 191; Semler/Stengel/Leonard-*Krebs*, UmwG, § 168 Rz. 26; Lutter-*H. Schmidt*, UmwG, § 168 Rz. 9.

74) Eigenbetriebe sind rechtlich unselbstständig, aber organisatorisch weitgehend verselbstständigt. Finanzwirtschaftlich stellt der Eigenbetrieb ein Sondervermögen dar, welches getrennt vom Haushalt zu verwaltend ist, vgl. Schmitt/Hörtnagl-*Hörtnagl*, UmwG/UmwStG, § 168 UmwG Rz. 4. Umfassend zum Begriff *Suppliet*, Ausgliederung nach § 168 UmwG, 2005, S. 155 f.

75) Regiebetriebe sind in die Verwaltung der Gebietskörperschaft rechtlich, organisatorisch, personell und haushalts- bzw. rechnungstechnisch integriert. Sie sind sowohl rechtlich als auch organisatorisch unselbstständig, vgl. Schmitt/Hörtnagl-*Hörtnagl*, UmwG/UmwStG, § 168 UmwG Rz. 4. Umfassend zum Begriff *Suppliet*, Ausgliederung nach § 168 UmwG, 2005, S. 156 f. – dort auch mit Bsp.

keit am Markt planmäßig und auf Dauer wahrnehmen.[76)] Eine Gewinnerzielungsabsicht ist nicht erforderlich.[77)] Erforderlich ist zudem, dass unter dem Vorbehalt des öffentlichen Rechts die Tätigkeit der öffentlichen Einrichtung in privater Rechtsform betrieben werden kann.[78)]

30 Unter diesen allgemeinen Unternehmensbegriff können neben den vom Gesetzgeber ausdrücklich genannten Eigen- und Regiebetrieben auch die **nicht-rechtsfähige Anstalt des öffentlichen Rechts**[79)] oder **sonstige Sondervermögen**[80)] subsumiert werden. Kein ausgliederungsfähiges Unternehmen ist demgegenüber die rechtsfähige Anstalt des öffentlichen Rechts.[81)]

31 **Beispiele** für öffentliche Einrichtungen, die danach typischerweise Gegenstand einer privatisierenden Ausgliederung sein können, sind:

- Versorgungsbetriebe (Strom, Gas, Wasser, Fernwärme),
- Entsorgungsbetriebe (Abfallbeseitigung und -verwertung, Straßen- und Gebäudereinigung),
- kulturelle Einrichtungen (Museen, Theater, Büchereien, zoologische Gärten),
- Einrichtungen des Gesundheitswesens (Krankenhäuser, Altenheime, Sanatorien, Bäder),
- Restaurations- und Kantinenbetriebe,
- Verkehrsbetriebe,
- Materialprüfungsanstalten.[82)]

2. Ausgliederung ganzer Unternehmen

32 Nur ein Unternehmen in seiner Gesamtheit ist tauglicher Ausgliederungsgegenstand. Dies stellt der Wortlaut des § 168 eindeutig klar. Dies zeigt auch der systematische Vergleich mit § 152 bzw. § 161, die je auch die Überleitung eines Teils eines Unternehmens ausdrücklich zulassen.[83)] Auch der Gesetzgeber geht davon aus, dass die Übertragung im Wege der Ausgliederung nur das **Unternehmen als Ganzes** erfasst.[84)]

33 So scheidet nicht nur eine „Aufspaltung" des bislang einheitlichen Unternehmens auf mehrere Rechtsträger aus (siehe Rz. 47), sondern auch eine Übertragung von einzelnen **Organisationseinheiten**, wie Stellen, Abteilungen oder Betrieben bzw. Betriebsteilen[85)]. Teile eines Unternehmens können mithin nur **im Wege der Einzelrechtsnachfolge** über-

76) Vgl. so oder so ähnl.: *Suppliet*, Ausgliederung nach § 168 UmwG, 2005, S. 153 f.; Henssler/Strohn-*Wamser*, GesR, § 168 UmwG Rz. 4; *Foerster* in: BeckOGK-UmwG, § 168 Rz. 15. Kürzer: *Gaß*, Die Umwandlung gemeindlicher Unternehmen, 2003, S. 191; *Lepper*, RNotZ 2006, 313, 317.

77) *Suppliet*, Ausgliederung nach § 168 UmwG, 2005, S. 154; *Gaß*, Die Umwandlung gemeindlicher Unternehmen, 2003, S. 191; *Lepper*, RNotZ 2006, 313, 317.

78) *Gaß*, Die Umwandlung gemeindlicher Unternehmen, 2003, S. 191; Lutter-*H. Schmidt*, UmwG, § 168 Rz. 10.

79) *Suppliet*, Ausgliederung nach § 168 UmwG, 2005, S. 157; Semler/Stengel/Leonard-*Krebs*, UmwG, § 168 Rz. 30; *Foerster* in: BeckOGK-UmwG, § 168 Rz. 25; Widmann/Mayer-*Heckschen*, UmwR, § 168 UmwG Rz. 124; *Schindhelm/Stein*, DB 1999, 1375, 1377. Krit. *Lepper*, RNotZ 2006, 313, 317 f.

80) *Suppliet*, Ausgliederung nach § 168 UmwG, 2005, S. 157; *Foerster* in: BeckOGK-UmwG, § 168 Rz. 25. Krit. *Lepper*, RNotZ 2006, 313, 317 f.

81) *Suppliet*, Ausgliederung nach § 168 UmwG, 2005, S. 154; Widmann/Mayer-*Heckschen*, UmwR, § 168 UmwG Rz. 124.

82) *Steuck*, NJW 1995, 2887, 2888. S. a. *Foerster* in: BeckOGK-UmwG, § 168 Rz. 26; *Schindhelm/Stein*, DB 1999, 1375, 1377; *Lepper*, RNotZ 2006, 313, 317.

83) Vgl. *Steuck*, NJW 1995, 2887, 2889; *Leuering* in: KölnKomm-UmwG, § 168 Rz. 26.

84) Begr. Fraktionsentwurf UmwBerG, BT-Drucks. 12/6699, S. 132; *Ganske*, Umwandlungsrecht, S. 196.

85) *Foerster* in: BeckOGK-UmwG, § 168 Rz. 27; Lutter-*H. Schmidt*, UmwG, § 168 Rz. 12.

tragen werden.[86] Gleiches gilt für einzelne Vermögensgegenstände des auszugliedernden Unternehmens.[87]

Die im Vergleich zum allgemeinen Spaltungsrecht und den Ausgliederungsmöglichkeiten für den Einzelkaufmann und die Stiftung enthaltende gesetzliche Einschränkung soll aber nicht dazu führen, dass eine **gestaltende Vermögenszuordnung** bei der Ausgliederung nach § 168 ausgeschlossen ist.[88] Begründet wird dies damit, dass die privatisierende Umwandlung von Unternehmen der öffentlichen Hand nicht unnötigerweise erschwert werden sollte.[89] Die Gestaltungsgrenzen sind noch nicht abschließend geklärt. Zum einen wird es noch als ausreichend erachtet, wenn nur der **Unternehmenskern**[90] übertragen wird.[91] Dazu ist aber notwendig, dass das Unternehmen seine Funktionsfähigkeit als Einheit nicht verliert.[92] So können **nicht betriebsnotwendige Vermögensgegenstände**, wie Immobilien, Forderungen oder Verbindlichkeiten, bei der Gebietskörperschaft bzw. dem Zusammenschluss zurückbehalten werden.[93] Gleiches gilt auch für **betriebsnotwendiges Vermögen**, aber nur dann, wenn die Nutzung durch das auszugliedernde Unternehmen schuldrechtlich sichergestellt ist.[94] 34

Zum anderen wird auch der **Einbezug** von bislang nicht dem Unternehmen zugeordneten und **dienenden Betriebsteilen**, die verwaltungsintern mehreren öffentlichen Einrichtungen dienen, ohne selbst Unternehmen zu sein (z. B. Hausmeisterservice, Datenverarbeitung) oder von Vermögensgegenständen im Ausgliederungsverfahren, also eine umfangsmäßige Erweiterung des Unternehmens, als zulässig angesehen.[95] 35

3. Ausgliederung mehrerer Unternehmen

Nach weit überwiegender Ansicht soll die **zeitgleiche Ausgliederung** mehrerer Unternehmen einer Gebietskörperschaft oder eines Zusammenschlusses zulässig sein.[96] Dem 36

86) *Gaß*, Die Umwandlung gemeindlicher Unternehmen, 2003, S. 192; Lutter-*H. Schmidt*, UmwG, § 168 Rz. 12.

87) *Lepper*, RNotZ 2006, 313, 318.

88) *Gaß*, Die Umwandlung gemeindlicher Unternehmen, 2003, S. 192; Semler/Stengel/Leonard-*Krebs*, UmwG, § 168 Rz. 31; *Steuck*, NJW 1995, 2887, 2889; *Lepper*, RNotZ 2006, 313, 318.

89) Vgl. *Gaß*, Die Umwandlung gemeindlicher Unternehmen, 2003, S. 192; Semler/Stengel/Leonard-*Krebs*, UmwG, § 168 Rz. 31; *Foerster* in: BeckOGK-UmwG, § 168 Rz. 27; *Steuck*, NJW 1995, 2887, 2889.

90) S. zum Versuch der Bestimmung des Begriffs des Unternehmenskern im umwandlungsrechtlichen Sinne: *Steuck*, NJW 1995, 2887, 2889; *Gaß*, Die Umwandlung gemeindlicher Unternehmen, 2003, S. 192.

91) *Foerster* in: BeckOGK-UmwG, § 168 Rz. 27; Schmitt/Hörtnagl-*Hörtnagl*, UmwG/UmwStG, § 168 UmwG Rz. 5; *Steuck*, NJW 1995, 2887, 2889; *Gaß*, Die Umwandlung gemeindlicher Unternehmen, 2003, S. 192; Semler/Stengel/Leonard-*Krebs*, UmwG, § 168 Rz. 31; Widmann/Mayer-*Heckschen*, UmwR, § 168 UmwG Rz. 126; *Lepper*, RNotZ 2006, 313, 318.

92) *Gaß*, Die Umwandlung gemeindlicher Unternehmen, 2003, S. 192; *Foerster* in: BeckOGK-UmwG, § 168 Rz. 28; *Lepper*, RNotZ 2006, 313, 318.

93) Henssler/Strohn-*Wamser*, GesR, § 168 UmwG Rz. 4; *Foerster* in: BeckOGK-UmwG, § 168 Rz. 28; Semler/Stengel/Leonard-*Krebs*, UmwG, § 168 Rz. 32; Schmitt/Hörtnagl-*Hörtnagl*, UmwG/UmwStG, § 168 UmwG Rz. 5.

94) *Gaß*, Die Umwandlung gemeindlicher Unternehmen, 2003, S. 192; *Foerster* in: BeckOGK-UmwG, § 168 Rz. 28 – je am Bsp. des betriebsnotwendigen Grundstücks, welches pachtweise überlassen wird.

95) *Gaß*, Die Umwandlung gemeindlicher Unternehmen, 2003, S. 192; Henssler/Strohn-*Wamser*, GesR, § 168 UmwG Rz. 4; *Foerster* in: BeckOGK-UmwG, § 168 Rz. 29; Semler/Stengel/Leonard-*Krebs*, UmwG, § 168 Rz. 31; Schmitt/Hörtnagl-*Hörtnagl*, UmwG/UmwStG, § 168 UmwG Rz. 5; Lutter-*H. Schmidt*, UmwG, § 168 Rz. 12a.

96) *Gaß*, Die Umwandlung gemeindlicher Unternehmen, 2003, S. 193; *Foerster* in: BeckOGK-UmwG, § 168 Rz. 29; Semler/Stengel/Leonard-*Krebs*, UmwG, § 168 Rz. 34; Schmitt/Hörtnagl-*Hörtnagl*, UmwG/UmwStG, § 168 UmwG Rz. 5; Widmann/Mayer-*Heckschen*, UmwR, § 168 UmwG Rz. 132; *Leuering* in: KölnKomm-UmwG, § 168 Rz. 28; Lutter-*H. Schmidt*, UmwG, § 168 Rz. 13; *Lepper*, RNotZ 2006, 313, 318.

ist **nicht zuzustimmen.**[97] Der Wortlaut spricht ausdrücklich von der Ausgliederung „eines" Unternehmens.[98] Es wäre wenig überzeugend, die Frage, ob bei der Ausgliederung mehrere Rechtsträger sowohl auf der Aktiv- als auch der Passivseite beteiligt sein können, unter Hinweis auf den Wortlaut zu verneinen, aber beim Ausgliederungsgegenstand zu bejahen.[99] Auch die systematische Anleihe an der Ausgliederung aus dem Vermögen eines Einzelkaufmanns, wo eine Übertragung mehrerer Unternehmen für zulässig erachtet wird, überzeugt nicht.[100] Die Gesetzesbegründung spricht ausdrücklich davon, dass die Gebietskörperschaft oder der Zusammenschluss „einen" Vermögensteil im Wege der Ausgliederung übertragen kann, wenn dieser ein Unternehmen ist.[101] Damit kommt – anders als die überwiegende Ansicht[102] meint – ein entsprechender gesetzgeberischer Regelungswille zum Ausdruck, dass gerade nicht mehrere Vermögenteile und damit mehrere Unternehmen auf den Zielrechtsträger übergeleitet werden können. Für eine zeitgleiche Ausgliederung mehrerer Unternehmen uno actu ist auch – außer das **Zusammenführen mehrerer Ausgliederungen in ein Verfahren** – kein sachliches Bedürfnis erkennbar.[103] Durch mehrere hintereinandergeschaltete Ausgliederungen kann das gleiche Ergebnis auf Basis des Gesetzes erreicht werden.

4. Ausgliederung mehrerer Unternehmen durch mehrere übertragende Rechtsträger

37 Vereinzelt wird es gar für zulässig gehalten, dass mehrere Unternehmen verschiedener Gebietskörperschaften oder Zusammenschlüsse uno acto ausgegliedert werden können.[104] Dem ist mit der obigen Begründung (siehe Rz. 27 und Rz. 36) zu widersprechen.

IV. Übernehmender oder neuer Rechtsträger

38 § 168 bestimmt die tauglichen Zielrechtsträger anhand der Art der Ausgliederung.[105] Das Gesetz unterscheidet zwischen der Ausgliederung **zur Aufnahme** und der Ausgliederung **zur Neugründung**. Eine Erweiterung der genannten Zielrechtsträger kommt nicht in Betracht. Die gesetzliche Aufzählung ist abschließend.[106] Zu beachten ist, dass das öffentliche Bundes- oder Landesrecht nach § 168 zulässige Zielrechtsträger von der Ausgliederung ausschließen kann.[107]

97) So auch schon: *Suppliet*, Ausgliederung nach § 168 UmwG, 2005, S. 154.

98) Dies erkennt auch die überwiegende Ansicht: *Gaß*, Die Umwandlung gemeindlicher Unternehmen, 2003, S. 193; *Foerster* in: BeckOGK-UmwG, § 168 Rz. 29; Widmann/Mayer-*Heckschen*, UmwR, § 168 UmwG Rz. 132; *Leuering* in: KölnKomm-UmwG, § 168 Rz. 28; Semler/Stengel/Leonard-*Krebs*, UmwG, § 168 Rz. 34.

99) Für weite Auslegung des Wortlauts: *Foerster* in: BeckOGK-UmwG, § 168 Rz. 29.

100) So aber: Semler/Stengel/Leonard-*Krebs*, UmwG, § 168 Rz. 34.

101) Begr. Fraktionsentwurf UmwBerG, BT-Drucks. 12/6699, S. 132; *Ganske*, Umwandlungsrecht, S. 196.

102) *Foerster* in: BeckOGK-UmwG, § 168 Rz. 29; Semler/Stengel/Leonard-*Krebs*, UmwG, § 168 Rz. 34; Widmann/Mayer-*Heckschen*, UmwR, § 168 UmwG Rz. 132; *Leuering* in: KölnKomm-UmwG, § 168 Rz. 28; Lutter-*H. Schmidt*, UmwG, § 168 Rz. 13.

103) A. A. *Foerster* in: BeckOGK-UmwG, § 168 Rz. 29; Semler/Stengel/Leonard-*Krebs*, UmwG, § 168 Rz. 34; Widmann/Mayer-*Heckschen*, UmwR, § 168 UmwG Rz. 132; *Leuering* in: KölnKomm-UmwG, § 168 Rz. 28; Lutter-*H. Schmidt*, UmwG, § 168 Rz. 13.

104) Widmann/Mayer-*Heckschen*, UmwR, § 168 UmwG Rz. 134; *Heckschen*, GmbHR 2018, 779, 783 f.

105) Überblick bei Widmann/Mayer-*Heckschen*, UmwR, § 168 UmwG Rz. 85 f.

106) *Gaß*, Die Umwandlung gemeindlicher Unternehmen, 2003, S. 195; *Leuering* in: KölnKomm-UmwG, § 168 Rz. 32.

107) *Foerster* in: BeckOGK-UmwG, § 168 Rz. 18; Semler/Stengel/Leonard-*Krebs*, UmwG, § 168 Rz. 38.

1. Übernehmender Rechtsträger bei der Ausgliederung zur Aufnahme

Bei der Ausgliederung zur Aufnahme kommen als **übernehmende Rechtsträger** allein eine Personenhandelsgesellschaft (oHG, KG sowie die entsprechenden Typenvermischungen,[108]) eine Kapitalgesellschaft (UG,[109]) GmbH, AG, KGaA und die entsprechenden Vorgesellschaften[110])) oder eine eG in Betracht. Auch supranationale Rechtsformen, wie die EWIV,[111]) die SE[112]) oder die SCE[113]), können, wenn sie ihren Sitz in Deutschland haben, taugliche Zielrechtsträger sein.[114]) 39

An den Rechtsträgern können und werden qua Rechtsform auch **Dritte** beteiligt sein.[115]) Insbesondere die Kapitalgesellschaften müssen nicht im Alleineigentum der Gebietskörperschaft bzw. des Zusammenschlusses stehen.[116]) 40

Nicht möglich ist eine Ausgliederung zur Aufnahme auf die von § 3 Abs. 1 für umwandlungsfähig erklärte eGbR[117]), PartG, e. V. und VVaG.[118]) Auch Vorgründungsgesellschaften, rechtsfähige Stiftungen des Privatrechts, einzelkaufmännische Unternehmen und Körperschaften des öffentlichen Rechts sind als Zielrechtsträger ausgeschlossen.[119]) Auf ausgeschlossene Rechtsträger kann das Unternehmen der öffentlichen Hand nur im Wege der Einzelrechtsnachfolge übertragen werden.[120]) Aufgelöste Rechtsträger sind nicht ausgliederungsfähig.[121]) 41

Rechtspraktisch scheiden jedoch Rechtsformen aus, bei denen sich die öffentliche Hand als persönlich haftender Gesellschafter beteiligt (z. B. oHG oder Beteiligung als Komplementärin an einer KG bzw. KGaA); eine solche unbeschränkte Haftung ist nach öffent- 42

---

108) *Gaß*, Die Umwandlung gemeindlicher Unternehmen, 2003, S. 195 – zur GmbH & Co. KG; *Leuering* in: KölnKomm-UmwG, § 168 Rz. 29. S. jüngst zur Auslandsstiftung & Co.: *Schwalm/Schwind*, DStR 2024, 563.

109) Umfassend zur UG: *Foerster* in: BeckOGK-UmwG, § 168 Rz. 17.

110) *Foerster* in: BeckOGK-UmwG, § 168 Rz. 17; *Leuering* in: KölnKomm-UmwG, § 168 Rz. 29; *Lepper*, RNotZ 2006, 313, 319.

111) § 1 EWIV-Ausführungsgesetz (Gesetz zur Ausführung der EWG-Verordnung über die Europäische wirtschaftliche Interessenvereinigung (EWIV-Ausführungsgesetz), v. 14.4.1988, BGBl. I 1988, 514).

112) Art. 9 Abs. 1 lit. c Ziff. ii, Art. 10 SE-VO (Verordnung (EG) Nr. 2157/2001 des Rates v. 8.10.2001 über das Statut der Europäischen Gesellschaft (SE) (SE-VO), ABl. (EU) L 294/1 v. 10.11.2001).

113) Art. 9 SCE-VO (Verordnung (EG) Nr. 1435/2003 des Rates vom 22. Juli 2003 über das Statut der Europäischen Genossenschaft (SCE) (SCE-VO), ABl.(EU) L 207/1 v. 18.8.2003).

114) Semler/Stengel/Leonard-*Krebs*, UmwG, § 168 Rz. 35; *Leuering* in: KölnKomm-UmwG, § 168 Rz. 31; Widmann/Mayer-*Heckschen*, UmwR, § 168 UmwG Rz. 87 f.

115) Vgl. *Foerster* in: BeckOGK-UmwG, § 168 Rz. 16; Widmann/Mayer-*Heckschen*, UmwR, § 168 UmwG Rz. 97.

116) *Foerster* in: BeckOGK-UmwG, § 168 Rz. 16.

117) Lutter-*H. Schmidt*, UmwG, § 168 Rz. 14; *Verse* in: BeckOGK-UmwG, § 124 Rz. 41. A. A. *Lieder*, NotBZ 2024, 361, 362, der die eGbR auch bei der Ausgliederung nach § 168 als tauglichen Zielrechtsträger ansieht. Bei dem Nichteinbezug der eGbR in den Kreis der ausgliederungsfähigen Rechtsträger i. S. des § 168 i. R. des MoPeG (Gesetz zur Modernisierung des Personengesellschaftsrechts (Personengesellschaftsrechtsmodernisierungsgesetz – MoPeG), v. 10.8.2021, BGBl. I 2021, 3436) soll es sich um ein Redaktionsversehen des Gesetzgebers handeln, so wohl auch *Verse* in: BeckOGK-UmwG, § 124 Rz. 41. Selbst wenn das UmwG die eGbR bei der Ausgliederung aus dem Vermögen der öffentlichen Hand als übernehmenden Rechtsträger zivilrechtlich anerkennen würde, hätte diese Ausgliederungsmöglichkeit (derzeit) keinen praktischen Anwendungsbereich. Das öffentliche Recht verbietet der öffentlichen Hand eine Beteiligung als vollhaftende Gesellschafterin (s. dazu unten Rz. 42).

118) *Foerster* in: BeckOGK-UmwG, § 168 Rz. 18; Lutter-*H. Schmidt*, UmwG, § 168 Rz. 15; Widmann/Mayer-*Heckschen*, UmwR, § 168 UmwG Rz. 87.

119) Semler/Stengel/Leonard-*Krebs*, UmwG, § 168 Rz. 36; Lutter-*H. Schmidt*, UmwG, § 168 Rz. 15; *Lepper*, RNotZ 2006, 313, 319; Widmann/Mayer-*Heckschen*, UmwR, § 168 UmwG Rz. 87.

120) Semler/Stengel/Leonard-*Krebs*, UmwG, § 168 Rz. 36; Lutter-*H. Schmidt*, UmwG, § 168 Rz. 15.

121) Widmann/Mayer-*Heckschen*, UmwR, § 168 UmwG Rz. 93 – sofern die Fortsetzung nicht möglich ist.

lichem Recht nicht zulässig.[122] Eine Ausgliederung eines **gemeinnützigen Unternehmens** auf eine Personengesellschaft kommt wegen § 51 Abs. 1 Satz 2 AO grundsätzlich nicht in Betracht.[123]

2. Neuer Rechtsträger bei der Ausgliederung zur Neugründung

43 Bei der Ausgliederung zur Neugründung kommen als **neu zu gründende Rechtsträger** allein eine Kapitalgesellschaft (GmbH, AG, KGaA und ihre entsprechenden Vorgesellschaften) oder eine eG/SCE in Betracht.

44 Aufgrund der gesetzlichen Einschränkung im Vergleich zur Ausgliederung zur Aufnahme sind die **Personenhandelsgesellschaften** bei der Ausgliederung zur Neugründung kein tauglicher Zielrechtsträger.

45 Die **SE** kommt als kapitalgesellschaftsrechtliche Zielrechtsform bei der Ausgliederung zur Neugründung nicht in Betracht, weil Art. 2 SE-VO dies nicht als Gründungsmöglichkeit vorsieht.[124] Auch ist die **UG** wegen des Sacheinlageverbots nach § 5a Abs. 2 GmbHG kein tauglicher Rechtsträger.[125] Im Übrigen sind auch die oben (siehe Rz. 41 f.) genannten Rechtsformen bei der Ausgliederung zur Neugründung ausgeschlossen.

46 Mit Wirksamwerden der Ausgliederung durch Eintragung des neu gegründeten Rechtsträgers entsteht eine Einpersonen-Gesellschaft[126] bzw. Einpersonen-Genossenschaft[127]. Die Gebietskörperschaft bzw. der Zusammenschluss ist alleiniger Inhaber aller Geschäftsanteile bzw. Mitgliedschaftsrechte **(formelle Privatisierung)**. Ein Beitritt eines Dritten zum neu gegründeten Rechtsträger ist mangels entsprechender gesetzlicher Anordnung unzulässig.[128] Eine materielle Privatisierung ist durch die Ausgliederung zur Neugründung nicht möglich.

3. Ausgliederung auf mehrere Rechtsträger

47 Abweichend vom allgemeinem Spaltungsrecht ist bei der Ausgliederung aus dem Vermögen der öffentlichen Hand eine Ausgliederung **auf mehrere übernehmende oder neue Rechtsträger unzulässig.**[129] Dieses Ergebnis wird durch den von § 123 Abs. 3 abweichenden Wortlaut des § 168 („eine"; „einer") und den eindeutig artikulierten Willen des Gesetzgebers gedeckt. Der Gesetzgeber hat sich bewusst dafür entschieden, eine Überleitung des

---

122) *DNotI*, Gutachten, DNotI-Report 2015, 123 f.; Widmann/Mayer-*Heckschen*, UmwR, § 168 UmwG Rz. 92; *Heckschen* in: Beck'sches Notar-Hdb., § 24 Rz. 277.

123) *Kirchhain* in: Schauhoff/Kirchhain, Hdb. der Gemeinnützigkeit, § 20 Rz. 93.

124) Henssler/Strohn-*Wamser*, GesR, § 168 UmwG Rz. 2; *Leuering* in: KölnKomm-UmwG, § 168 Rz. 31; Widmann/Mayer-*Heckschen*, UmwR, § 168 UmwG Rz. 94; *Foerster* in: BeckOGK-UmwG, § 168 Rz. 20 – dort auch zur Möglichkeit der Gründung einer Tochter-SE.

125) *Foerster* in: BeckOGK-UmwG, § 168 Rz. 20; Widmann/Mayer-*Heckschen*, UmwR, § 168 UmwG Rz. 94; a. A. Lutter-*H. Schmidt*, UmwG, § 168 Rz. 15a.

126) Eine Einpersonen-KGaA ist ausnahmsweise möglich, da nach §§ 135, 125, 36 Abs. 2 Satz 3 etwaige Vorschriften, die für die Gründung eine Mindestzahl von Gründungsgesellschaftern vorschreiben, bei der Ausgliederung keine Anwendung finden, *Lepper*, RNotZ 2006, 313, 319.

127) § 4 GenG schreibt für die Gründung einer Genossenschaft eine Mindestmitgliederzahl von drei vor. Bei der Ausgliederung zur Neugründung entsteht eine Einpersonen-Genossenschaft. Dies ist ausnahmsweise möglich, da nach §§ 135, 125, 36 Abs. 2 Satz 3 etwaige Vorschriften, die für die Gründung eine Mindestzahl von Gründern vorschreiben, bei der Ausgliederung keine Anwendung finden. Um eine Amtslöschung nach § 80 GenG zu verhindern, muss die Mindestanzahl der Mitglieder innerhalb von sechs Monaten nach Eintragung erreicht werden. Dazu: Schmitt/Hörtnagl-*Hörtnagl*, UmwG/UmwStG, § 168 UmwG Rz. 8.

128) *Foerster* in: BeckOGK-UmwG, § 168 Rz. 21; Semler/Stengel/Leonard-*Krebs*, UmwG, § 168 Rz. 42; Widmann/Mayer-*Heckschen*, UmwR, § 168 UmwG Rz. 97.

129) Henssler/Strohn-*Wamser*, GesR, § 168 UmwG Rz. 2; *Foerster* in: BeckOGK-UmwG, § 168 Rz. 22; Semler/Stengel/Leonard-*Krebs*, UmwG, § 168 Rz. 44; Lutter-*H. Schmidt*, UmwG, § 168 Rz. 16; *Leuering* in: KölnKomm-UmwG, § 168 Rz. 33; Widmann/Mayer-*Heckschen*, UmwR, § 168 UmwG Rz. 142 f.; *Lepper*, RNotZ 2006, 313, 320.

öffentlichen Unternehmens nur auf einen einzigen übernehmenden oder neuen Rechtsträger zu ermöglichen.[130] Diese Beschränkung beruht darauf, dass für das Wirksamwerden der Ausgliederung – nicht wie im allgemeinen Spaltungsrecht – auf die Eintragung beim übertragenden, sondern nach § 171 auf die **Eintragung beim übernehmenden oder neuen Rechtsträger** abgestellt wird. Die Mehrfacheintragung der Ausgliederung bei mehreren Zielrechtsträgern würde **registerrechtliche Probleme** herbeiführen und zu Rechtsunsicherheiten im Hinblick auf den Zeitpunkt des Wirksamwerdens der Ausgliederung führen.[131] Eine Regelung, die an die letzte Eintragung der Ausgliederung bei einer von mehreren übernehmenden oder neuen Gesellschaften oder Genossenschaften anknüpft, hält der Gesetzgeber für die registergerichtliche Praxis für zu kompliziert.[132] Auch erkennt er bislang nicht das **praktische Bedürfnis** für die Zulassung einer gleichzeitigen Ausgliederung aus dem Vermögen der öffentlichen Hand auf mehrere übernehmende oder neue Rechtsträger an.[133]

Sollte in der Praxis das Bedürfnis für die gleichzeitigen Ausgliederung auf mehrere über- 48 nehmende oder neue Rechtsträger bestehen, kann dies im Wege der **Einzelrechtsübertragung** erfolgen.[134] Zweckmäßiger erscheint die Ausgliederung auf einen Rechtsträger samt nachfolgender Spaltung.[135]

V. Kein entgegenstehendes Bundes- oder Landesgesetz

Der Ausgliederung dürfen keine für die Gebietskörperschaft oder den Zusammenschluss 49 maßgeblichen bundes- oder landesrechtlichen Vorschriften entgegenstehen. Es gilt der **Vorrang des Öffentlichen Rechts**. Die §§ 168 ff. regeln allein die privatrechtlichen Voraussetzungen der Ausgliederung.[136] Das Bundes- oder Landesgesetz darf also die Ausgliederung nicht generell verbieten.[137] Ausgliederungsverbote des öffentlichen Rechts sind nicht ersichtlich.[138] Öffentlich-rechtliche Sondervorschriften können die privatisierende Umwandlung aber nur unter weiteren oder von §§ 168 f. abweichenden Voraussetzungen zulassen.[139] Diese können sich insbesondere aus dem **Verfassungsrecht** selbst, aus dem **bundes- bzw. landesgesetzlichen Haushaltsrecht** oder auch dem jeweiligen **Kommunalrecht** ergeben.[140] Grenzen der Privatisierung[141] zeigen sich im Kernbereich der Eingriffsverwaltung (z. B. Justiz, Polizei, Bundeswehr, Zoll, Rechtspflege, Strafvollzug und Steuererhebung).[142] Auch innerhalb des verfassungsrechtlich garantierten Kernbereichs der kommu-

130) Begr. Fraktionsentwurf UmwBerG, BT-Drucks. 12/6699, S. 132; *Ganske*, Umwandlungsrecht, S. 196.

131) Vgl. Henssler/Strohn-*Wamser*, GesR, § 168 UmwG Rz. 2; *Foerster* in: BeckOGK-UmwG, § 168 Rz. 22; Semler/Stengel/Leonard-*Krebs*, UmwG, § 168 Rz. 44; Lutter-*H. Schmidt*, UmwG, § 168 Rz. 16; *Leuering* in: KölnKomm-UmwG, § 168 Rz. 33.

132) Begr. Fraktionsentwurf UmwBerG, BT-Drucks. 12/6699, S. 132.

133) Begr. Fraktionsentwurf UmwBerG, BT-Drucks. 12/6699, S. 132.

134) *Gaß*, Die Umwandlung gemeindlicher Unternehmen, 2003, S. 195; Semler/Stengel/Leonard-*Krebs*, UmwG, § 168 Rz. 44; *Foerster* in: BeckOGK-UmwG, § 168 Rz. 22; Lutter-*H. Schmidt*, UmwG, § 168 Rz. 16; Widmann/Mayer-*Heckschen*, UmwR, § 168 UmwG Rz. 142.

135) *Gaß*, Die Umwandlung gemeindlicher Unternehmen, 2003, S. 195; Semler/Stengel/Leonard-*Krebs*, UmwG, § 168 Rz. 44; Lutter-*H. Schmidt*, UmwG, § 168 Rz. 16; Widmann/Mayer-*Heckschen*, UmwR, § 168 UmwG Rz. 142.

136) Henssler/Strohn-*Wamser*, GesR, § 168 UmwG Rz. 1; Lutter-*H. Schmidt*, UmwG, § 168 Rz. 17.

137) Henssler/Strohn-*Wamser*, GesR, § 168 UmwG Rz. 1; Lutter-*H. Schmidt*, UmwG, § 168 Rz. 17; *Leuering* in: KölnKomm-UmwG, § 168 Rz. 43.

138) Semler/Stengel/Leonard-*Krebs*, UmwG, § 168 Rz. 87; *Foerster* in: BeckOGK-UmwG, § 168 Rz. 31; Widmann/Mayer-*Heckschen*, UmwR, § 168 UmwG Rz. 393; Lutter-*H. Schmidt*, UmwG, § 168 Rz. 17.

139) Henssler/Strohn-*Wamser*, GesR, § 168 UmwG Rz. 1; Lutter-*H. Schmidt*, UmwG, § 168 Rz. 17.

140) Semler/Stengel/Leonard-*Krebs*, UmwG, § 168 Rz. 87 f.; Lutter-*H. Schmidt*, UmwG, § 168 Rz. 17; Widmann/Mayer-*Heckschen*, UmwR, § 168 UmwG Rz. 398 ff.

141) Umfassend dazu: *Gramm*, Privatisierung und notwendige Staatsaufgaben, 2000. S. zur Zulässigkeit der Privatisierung: *Lepper*, RNotZ 2006, 313, 320 f.

142) Semler/Stengel/Leonard-*Krebs*, UmwG, § 168 Rz. 87; *Foerster* in: BeckOGK-UmwG, § 168 Rz. 31.

nalen Selbstverwaltung wird die privatisierende Ausgliederung an zusätzliche Voraussetzungen geknüpft (z. B. Sicherung des öffentlichen Zwecks; angemessene Einflussnahme der Gemeinde; Begrenzung der Haftung; Subsidiarität bestimmter Rechtsformen).[143] Schließlich existieren Genehmigungsvorbehalte von Aufsichtsbehörden.[144]

VI. Besonderheiten des Ausgliederungsverfahren unter Beteiligung der öffentlichen Hand

50 Auf die Ausgliederung als Unterfall der Spaltung finden die allgemeinen Vorschriften des Spaltungsrechts §§ 123 ff. (und der dort enthaltenen Weiterverweise insbesondere auf das Verschmelzungsrecht) Anwendung.[145] Die darin enthaltene Systematik des allgemeinen Spaltungsrechts gibt einen **Ablauf** des Ausgliederungsverfahrens vor, der sich in **drei Phasen** vollzieht:[146]

- In der Vorbereitungsphase werden der Ausgliederungs- und Übernahmevertrag bzw. Ausgliederungsplan und die erforderlichen Berichte erstellt.
- In der Beschlussphase wird über den Ausgliederungsplan Beschluss gefasst.
- In der Vollzugsphase wird die Ausgliederung ins Handelsregister eingetragen, um die Wirkungen der Ausgliederung auszulösen.

51 Auch das **Ausgliederungsverfahren unter Beteiligung der öffentlichen Hand** läuft nach diesem vom allgemeinen Spaltungsrecht vorgegebenen System ab.[147] Bei der privatisierenden Umwandlung sind aber die rechtsträgerspezifischen Besonderheiten, die sich aus den Sondervorschriften der §§ 168 ff. und tatsächlicher Sicht ergeben, zu beachten.[148] In Bezug auf das Ausgliederungsverfahren ist zwischen der **Ausgliederung zur Aufnahme** und der **Ausgliederung zur Neugründung** zu unterscheiden.[149] Im Folgenden wird allein auf die **Besonderheiten** des Ausgliederungsverfahrens unter Beteiligung der öffentlichen Hand eingegangen. Im Übrigen sei auf die Ausführungen zum allgemeinen Spaltungsrecht verwiesen.

1. Ausgliederung zur Aufnahme[150]

a) Vorbereitungsphase

aa) Ausgliederungs- und Übernahmevertrag

52 Bei der Ausgliederung zur Aufnahme ist ein **Ausgliederungs- und Übernahmevertrag** zu entwerfen und abzuschließen. Er bildet die rechtsgeschäftliche Grundlage der privatisierenden Umwandlung.[151]

143) Semler/Stengel/Leonard-*Krebs*, UmwG, § 168 Rz. 88; *Foerster* in: BeckOGK-UmwG, § 168 Rz. 31; *Leuering* in: KölnKomm-UmwG, § 168 Rz. 43. Umfassende Übersicht bei Widmann/Mayer-*Heckschen*, UmwR, § 168 UmwG Rz. 396 ff.

144) Semler/Stengel/Leonard-*Krebs*, UmwG, § 168 Rz. 88; *Foerster* in: BeckOGK-UmwG, § 168 Rz. 31.

145) *Gaß*, Die Umwandlung gemeindlicher Unternehmen, 2003, S. 198; Semler/Stengel/Leonard-*Krebs*, UmwG, § 168 Rz. 46; *Foerster* in: BeckOGK-UmwG, § 168 Rz. 32.

146) Zum Ganzen: *Gaß*, Die Umwandlung gemeindlicher Unternehmen, 2003, S. 198; Semler/Stengel/Leonard-*Krebs*, UmwG, § 168 Rz. 48; *Leuering* in: KölnKomm-UmwG, § 168 Rz. 36; *Schwarz*, DStR 1994, 1694, 1700.

147) *Gaß*, Die Umwandlung gemeindlicher Unternehmen, 2003, S. 198; Semler/Stengel/Leonard-*Krebs*, UmwG, § 168 Rz. 48.

148) *Gaß*, Die Umwandlung gemeindlicher Unternehmen, 2003, S. 198; *Foerster* in: BeckOGK-UmwG, § 168 Rz. 32.

149) *Gaß*, Die Umwandlung gemeindlicher Unternehmen, 2003, S. 198; Semler/Stengel/Leonard-*Krebs*, UmwG, § 168 Rz. 48.

150) Eine schematische Übersicht des Ablaufs findet sich bei Widmann/Mayer-*Heckschen*, UmwR, § 168 UmwG Rz. 148.

151) *Gaß*, Die Umwandlung gemeindlicher Unternehmen, 2003, S. 198.

Sein notwendiger **Inhalt** folgt aus § 126, soweit auf die Ausgliederung anwendbar.[152] Bei der Ausgliederung aus dem Vermögen der öffentlichen Hand ist die Angabe eines Sitzes der übertragenden Gebietskörperschaft i. S. des **§ 126 Abs. 1 Nr. 1** mangels eines solchen nicht erforderlich.[153] Der Zusammenschluss hat einen Sitz und ist mithin zur Angabe verpflichtet.[154] Auch wenn die Gebietskörperschaft über Anteilsinhaber verfügt, wird **§ 126 Abs. 1 Nr. 7** auf die Gebietskörperschaft selbst bezogen, d. h. wenn ihr etwaige Sonderrechte gewährt werden, ist dies in den Umwandlungsverträgen anzugeben.[155] Im Ausgliederungs- und Übernahmevertrag ist das auszugliedernde Unternehmen nach **§ 126 Abs. 1 Nr. 9 i. V. m. Abs. 2** genau zu bezeichnen und das auf den Zielrechtsträger zu übertragende Aktiv- und Passivvermögen anzugeben.[156] Dabei gelten die schon dargestellten Grundsätze zur gestaltenden Vermögenszuordnung (siehe Rz. 34). 53

Unklar ist, ob der Ausgliederungsvertrag nach **§ 126 Abs. 1 Nr. 11** die Folgen der Ausgliederung für die **Arbeitnehmer und ihre kollektiven Vertretungen** sowie die insoweit vorgesehenen Maßnahmen beinhalten muss. Grund dafür ist, dass bei der öffentlichen Hand, wenn überhaupt, nur ein Personalrat bestehen kann. Primäradressat im Hinblick auf die Folgen für die Arbeitnehmer ist aber – wie die Zuleitungspflicht des § 126 Abs. 3 klarstellt – der Betriebsrat. **Richtigerweise** tritt – obgleich der Gesetzgeber dies nicht ausdrücklich geregelt hat – der Personalrat bzw. die kirchliche Mitarbeitervertretung an die Stelle des Betriebsrats.[157] Sinn und Zweck des Gesetzes ist es, die Arbeitnehmervertretungen über die Folgen der Umwandlungsmaßnahme zu informieren. Folglich greift § 126 Abs. 1 Nr. 11 auch bei der Ausgliederung aus dem Vermögen der öffentlichen Hand (zu den arbeitsrechtlichen Folgen für Arbeitnehmer und Beamte siehe Rz. 77 f.).[158] 54

Der Abschluss des Ausgliederungsvertrag bedarf nach § 125 i. V. m. § 6 der **notariellen Form** (zur Heilung einer nicht erfolgten bzw. fehlerhaften Beurkundung siehe § 171 Rz. 19 [*Schwalm/Schwind*]).[159] 55

Der Ausgliederungsvertrag wird durch die für die beteiligten Rechtsträger je **vertretungsberechtigten Organe** geschlossen.[160] Dies bestimmt sich für den übernehmenden Rechtsträger nach dessen Gesellschaftsvertrag.[161] Für die übertragende Gebietskörperschaft bzw. den übertragenden Zusammenschluss richtet sich dies nach dem jeweils maßgeblichen öffentlichen Organisationsrecht.[162] Das im Einzelfall einschlägige öffentliche Bundes- oder Landesrecht ist mithin zu befragen, ob ein die Ausgliederung legitimierender Zustimmungsbeschluss zwingend vorgeschrieben ist, welches Organ zur Entscheidung berufen 56

152) § 126 Abs. 1 Nr. 3, 4 und 10 beziehen sich ausschließlich auf die Auf- und Abspaltung.

153) *Foerster* in: BeckOGK-UmwG, § 168 Rz. 33; Semler/Stengel/Leonard-*Krebs*, UmwG, § 168 Rz. 51.

154) *Foerster* in: BeckOGK-UmwG, § 168 Rz. 33; Semler/Stengel/Leonard-*Krebs*, UmwG, § 168 Rz. 51; *Leuering* in: KölnKomm-UmwG, § 168 Rz. 36.

155) *Gaß*, Die Umwandlung gemeindlicher Unternehmen, 2003, S. 200; *Foerster* in: BeckOGK-UmwG, § 168 Rz. 34; Semler/Stengel/Leonard/*Krebs*, UmwG, § 168 Rz. 51.

156) *Gaß*, Die Umwandlung gemeindlicher Unternehmen, 2003, S. 198 f.; *Foerster* in: BeckOGK-UmwG, § 168 Rz. 35; Widmann/Mayer-*Heckschen*, UmwR, § 168 UmwG Rz. 177 ff. Zur Frage, ob die Mitgliedschaft einer Kommune in einem Zweckverband übergeht, *Kuchler*, VBlBW 2010, 343.

157) Semler/Stengel/Leonard-*Krebs*, UmwG, § 168 Rz. 55; *Leuering* in: KölnKomm-UmwG, § 168 Rz. 41; Widmann/Mayer-*Heckschen*, UmwR, § 168 UmwG Rz. 186; *Foerster* in: BeckOGK-UmwG, § 168 Rz. 37; *Lepper*, RNotZ 2006, 313, 328. Krit. Lutter-*H. Schmidt*, UmwG, § 168 Rz. 10b.

158) Widmann/Mayer-*Heckschen*, UmwR, § 168 UmwG Rz. 185.

159) *Gaß*, Die Umwandlung gemeindlicher Unternehmen, 2003, S. 203; *Leuering* in: KölnKomm-UmwG, § 168 Rz. 39; *Lepper*, RNotZ 2006, 313, 323; Semler/Stengel/Leonard/*Krebs*, UmwG, § 168 Rz. 5 und Rz. 59 – dort auch zur Frage der Beurkundung im Ausland.

160) Widmann/Mayer-*Heckschen*, UmwR, § 168 UmwG Rz. 158; *Lepper*, RNotZ 2006, 313, 323.

161) Semler/Stengel/Leonard-*Krebs*, UmwG, § 168 Rz. 57.

162) Umfassend dazu: Widmann/Mayer-*Heckschen*, UmwR, § 168 UmwG Rz. 159 ff.

ist und welche Form- sowie Fristvorgaben bei der organinternen Willensbildung einzuhalten sind (siehe § 169 Rz. 12 [*Schwalm/Schwind*]). Beim Doppelmandat ist zudem § 181 BGB zu beachten.[163] Die **Bevollmächtigung Dritter** ist möglich.[164] Die Vollmacht bedarf nicht der notariellen Form, § 167 Abs. 2 BGB.[165]

57 Der Ausgliederungsvertrag sollte unter dem **Vorbehalt der Genehmigung** durch die zuständigen Aufsichtsbehörden abgeschlossen werden, soweit solche erforderlich sind (siehe Rz. 49 a. E.).[166]

bb) Ausgliederungsbericht

58 Abweichend von § 127 normiert § 169 Satz 1, dass ein **Ausgliederungsbericht** für die übertragende Gebietskörperschaft oder den übertragenden Zusammenschluss von Gebietskörperschaften entbehrlich ist (umfassend siehe § 169 Rz. 7 [*Schwalm/Schwind*]).

59 Für den **übernehmenden Zielrechtsträger** gilt § 127 unverändert fort; ein Ausgliederungsbericht ist grundsätzlich stets zu erstatten (dazu und zu den Ausnahmen siehe § 169 Rz. 9 [*Schwalm/Schwind*]).

cc) Keine Prüfung der Ausgliederung

60 Eine Prüfung des Ausgliederungs- und Übernahmevertrags erfolgt nach § 125 Satz 2 ausdrücklich nicht.

dd) Informationspflichten

61 Aus § 126 Abs. 3 folgt die Pflicht, den Ausgliederungs- und Übernahmevertrag dem an die Stelle des Betriebsrats tretenden Personalrat des übertragenden Rechtsträgers, soweit ein solcher besteht, zuzuleiten.[167]

b) Beschlussphase

62 Abweichend vom allgemeinen Spaltungsrecht überantwortet § 169 Satz 2 die Entscheidung, ob und unter welchen Voraussetzungen ein **Ausgliederungsbeschluss** beim **übertragenden Rechtsträger** erforderlich ist, dem öffentlichen Organisationsrecht der jeweiligen Gebietskörperschaft oder dem jeweiligen Zusammenschluss von Gebietskörperschaften. Dagegen ist beim **aufnehmenden Zielrechtsträger** ein Beschluss über die Ausgliederung erforderlich (umfassend siehe § 169 Rz. 13 [*Schwalm/Schwind*]).[168]

c) Vollzugsphase

63 Letztlich ist die Ausgliederung zur Aufnahme zur Eintragung in das Register anzumelden. Abweichend vom allgemeinen Spaltungsrecht ist die Ausgliederung aber nicht beim übertragenden Rechtsträger, sondern nach § 171 bei der Ausgliederung zur Aufnahme zur

163) *Gaß*, Die Umwandlung gemeindlicher Unternehmen, 2003, S. 201 f.; *Leuering* in: KölnKomm-UmwG, § 168 Rz. 37; Widmann/Mayer-*Heckschen*, UmwR, § 168 UmwG Rz. 163 f.

164) *Foerster* in: BeckOGK-UmwG, § 168 Rz. 39; Semler/Stengel/Leonard-*Krebs*, UmwG, § 168 Rz. 57; *Leuering* in: KölnKomm-UmwG, § 168 Rz. 37; Widmann/Mayer-*Heckschen*, UmwR, § 168 UmwG Rz. 161.

165) *Foerster* in: BeckOGK-UmwG, § 168 Rz. 39; Semler/Stengel/Leonard-*Krebs*, UmwG, § 168 Rz. 57; *Leuering* in: KölnKomm-UmwG, § 168 Rz. 37.

166) Semler/Stengel/Leonard-*Krebs*, UmwG, § 168 Rz. 53; *Foerster* in: BeckOGK-UmwG, § 168 Rz. 34.

167) Widmann/Mayer-*Heckschen*, UmwR, § 168 UmwG Rz. 156 und Rz. 192; *Foerster* in: BeckOGK-UmwG, § 168 Rz. 40; Semler/Stengel/Leonard-*Krebs*, UmwG, § 168 Rz. 61; *Lepper*, RNotZ 2006, 313, 328.

168) Zum Kapitalerhöhungsbeschluss s. Widmann/Mayer-*Heckschen*, UmwR, § 168 UmwG Rz. 198 f.

Eintragung in das Register des Sitzes des übernehmenden Rechtsträgers anzumelden (umfassend siehe § 171 Rz. 7 [*Schwalm/Schwind*]). Erst mit der Eintragung der Ausgliederung im Register des übernehmenden Rechtsträgers treten die Wirkungen der Ausgliederung ein (umfassend siehe § 171 Rz. 15 ff. [*Schwalm/Schwind*]).

2. Ausgliederung zur Neugründung

a) Vorbereitungsphase

aa) Ausgliederungsplan

Bei der Ausgliederung zur Neugründung ist ein Ausgliederungsplan auszustellen. Bei dem Ausgliederungsplan handelt es sich um eine **einseitige, nicht empfangsbedürftige Willenserklärung** der Gebietskörperschaft bzw. des Zusammenschlusses, die von dem jeweils vertretungsberechtigten Organ abgegeben wird.[169] Dieser bildet die rechtsgeschäftliche Grundlage der privatisierenden Umwandlung.[170] 64

Der notwendige **Inhalt** des Ausgliederungsplans entspricht dem des Ausgliederungs- und Übernahmevertrags (siehe Rz. 53).[171] Ergänzend muss der **Gesellschaftsvertrag** des neu zu gründenden Rechtsträgers im Ausgliederungsplan enthalten sein oder – wie praxisüblich – im Ausgliederungsplan festgestellt und als mitzuverlesende Anlage diesem beigefügt werden.[172] 65

Der Ausgliederungsplan bedarf der **notariellen Form.**[173] Anders als bei der Ausgliederung zur Aufnahme kann die **Vollmacht** Dritter aufgrund der rechtsformspezifischen Erfordernisse des Zielrechtsträgers (§ 23 Abs. 1 Satz 2, § 280 Abs. 1 Satz 3 AktG, § 2 Abs. 2 GmbHG) ebenfalls der notariellen Form bedürfen.[174] 66

bb) Anwendung der Gründungsvorschriften des Zielrechtsträgers

Die jeweiligen Gründungsvorschriften des Zielrechtsträgers sind nach Maßgabe von § 135 Abs. 2 zu beachten.[175] 67

Da es sich bei der Ausgliederung zur Neugründung materiell-rechtlich um eine Sachgründung handelt, muss zur Sicherung der Kapitalaufbringung bei der neu zu gründenden AG bzw. KGaA (§ 32 AktG) ein **Gründungsbericht** und bei der neu zu gründenden GmbH ein **Sachgründungsbericht** (§ 5 Abs. 4 GmbHG) angefertigt werden. Aus dem insoweit nur klarstellenden § 170 folgt die Pflicht, den Gründungs- bzw. Sachgründungsbericht samt **erweiterter Darstellung des Geschäftsverlaufs und der Lage** des übertragenden Unternehmens zu erstellen (umfassend siehe § 170 Rz. 11 f. [*Schwalm/Schwind*]). 68

cc) Ausgliederungsbericht

Ein Ausgliederungsbericht ist nach § 169 Satz 1 nicht zu erstellen (umfassend siehe § 169 Rz. 7 [*Schwalm/Schwind*]). 69

---

169) Semler/Stengel/Leonard-*Krebs*, UmwG, § 168 Rz. 77; Widmann/Mayer-*Heckschen*, UmwR, § 168 UmwG Rz. 244 f.

170) *Foerster* in: BeckOGK-UmwG, § 168 Rz. 33.

171) Semler/Stengel/Leonard-*Krebs*, UmwG, § 168 Rz. 78; Widmann/Mayer-*Heckschen*, UmwR, § 168 UmwG Rz. 247.

172) Semler/Stengel/Leonard-*Krebs*, UmwG, § 168 Rz. 81.

173) Semler/Stengel/Leonard-*Krebs*, UmwG, § 168 Rz. 82; Widmann/Mayer-*Heckschen*, UmwR, § 168 UmwG Rz. 248.

174) Widmann/Mayer-*Heckschen*, UmwR, § 168 UmwG Rz. 246 und Rz. 256.

175) Semler/Stengel/Leonard-*Krebs*, UmwG, § 168 Rz. 80; Widmann/Mayer-*Heckschen*, UmwR, § 168 UmwG Rz. 249 f.

dd) Keine Prüfung der Ausgliederung

70 Eine Prüfung des Ausgliederungsplans erfolgt nach § 125 Satz 2 ausdrücklich nicht.

71 Die **Neugründung** einer AG bzw. KGaA macht aber nach dem allgemeinen Gründungsregime eine Gründungsprüfung nach §§ 33 f. AktG erforderlich.[176]

b) Beschlussphase

72 Für den Ausgliederungsbeschluss kann auf die Ausführungen zur Ausgliederung zur Aufnahme verwiesen werden (siehe Rz. 62). Ein Beschluss des neuen Rechtsträgers entfällt.[177]

c) Vollzugsphase

73 Schließlich ist die Ausgliederung zur Neugründung durch Anmeldung des neuen Rechtsträgers zur Eintragung in das Register anzumelden. Nach § 171 wird auch bei der Ausgliederung zur Neugründung die Umwandlungsmaßnahme erst mit Eintragung des neuen Rechtsträgers wirksam (umfassend siehe § 171 Rz. 8 [*Schwalm/Schwind*]).

VII. Wirkung der Ausgliederung

74 Mit der Eintragung der Ausgliederung in das Register des Sitzes des übernehmenden Rechtsträgers oder mit der Eintragung des neuen Rechtsträgers in das Register treten die in § 131 normierten Wirkungen der Ausgliederung ein. Dies ist insbesondere der Übergang des auszugliedernden Unternehmens auf den Zielrechtsträger im Wege der **partiellen Gesamtrechtsnachfolge** (umfassend zu den Wirkungen der Ausgliederung siehe § 171 Rz. 15 ff. [*Schwalm/Schwind*]). Im Gegenzug erhält die Gebietskörperschaft bzw. der Zusammenschluss als **Gegenleistung** für die Übertragung des Unternehmens Anteile oder Mitgliedschaftsrechte am übernehmenden bzw. neuen Rechtsträger.[178]

75 Bei der **Ausgliederung** zur Aufnahme erhält die Gebietskörperschaft bzw. der Zusammenschluss entweder eigene Anteile bzw. Mitgliedschaftsrechte oder neu im Wege einer Kapitalerhöhung geschaffene Anteile.[179]

76 Bei der Ausgliederung zur **Neugründung** wird die Gebietskörperschaft bzw. der Zusammenschluss alleiniger Anteilsinhaber bzw. alleiniges Mitglied des dann neu im Wege der Sachgründung errichteten Rechtsträgers.[180] Auch kommt es zur **Heilung** etwaiger Mängel (umfassend zu den Wirkungen der Ausgliederung siehe § 171 Rz. 19 [*Schwalm/Schwind*]).

77 Hinsichtlich der **arbeitsrechtlichen Auswirkungen** der Privatisierung auf das beim auszugliedernden Unternehmen beschäftigte Personal ist zu unterscheiden:[181] **Angestellte und Arbeiter im öffentlichen Dienst**, die am Ausgliederungsstichtag beschäftigt sind, werden über die nach § 324 anwendbaren Regelungen zum Betriebsübergang (§ 613a Abs. 1, 4 bis 6 BGB) auf den übernehmenden bzw. neuen Rechtsträger übergeleitet, der in

176) *Gaß*, Die Umwandlung gemeindlicher Unternehmen, 2003, S. 211; Widmann/Mayer-*Heckschen*, UmwR, § 168 UmwG Rz. 342.

177) Widmann/Mayer-*Heckschen*, UmwR, § 168 UmwG Rz. 250.

178) *Gaß*, Die Umwandlung gemeindlicher Unternehmen, 2003, S. 197.

179) Vgl. *Gaß*, Die Umwandlung gemeindlicher Unternehmen, 2003, S. 197.

180) Vgl. *Gaß*, Die Umwandlung gemeindlicher Unternehmen, 2003, S. 197.

181) S. zu weiteren arbeitsrechtlichen Fragen im Zusammenhang mit der privatisierenden Umwandlung, insb. zum Übergangsmandat des Personalrats und dem Fortbestand kollektiver Regelungen *Schaub*, WiB 1996, 97; *Wollenschläger/v. Harbou*, NZA 2005, 1081; *Pawlak*, ZTR 2008, 74; *Lepper*, RNotZ 2006, 313; *Besgen/Langner*, NZA 2003, 1239.

die jeweiligen Vertragsverhältnisse und die Rolle des Arbeitsgebers mit sämtlichen Rechten sowie Pflichten eintritt.[182)]

Beamte können aufgrund der fehlenden Dienstherrenfähigkeit des privatrechtlichen Rechtsträgers nicht übergleitet werden.[183)] § 613a BGB findet auf das Beamtenverhältnis keine Anwendung.[184)] Als Behelfskonstruktionen werden verschiedene Lösungsmodelle vorgeschlagen:[185)] Nach dem **Entlassungsmodell** wird der Beamte auf dessen Antrag hin aus dem Beamtenverhältnis entlassen und mit ihm ein privatrechtliches Arbeitsverhältnis mit dem Zielrechtsträger begründet. Nach dem **Sonderurlaubsmodell** wird dem Beamten auf dessen Antrag hin Sonderurlaub gewährt und mit ihm ein privatrechtliches Arbeitsverhältnis mit dem Zielrechtsträger begründet. Nach dem **Dienstüberlassungsmodell** wird dem Zielrechtsträger nicht der Beamte selbst, sondern dessen Dienstleistung überlassen. Nach dem **Zuweisungsmodell** wird die Dienstleistung des Beamten dem privaten Zielrechtsträger zugewiesen.[186)] 78

Die **steuerlichen Folgen** bestimmen sich nach §§ 20 ff. UmwStG, da es sich bei der Ausgliederung steuerlich um eine Einbringung handelt.[187)] Gehört zu dem im Wege der Ausgliederung übergegangenen Vermögen ein **Grundstück**, fällt grundsätzlich **Grunderwerbsteuer** nach § 1 Abs. 1 GrEStG an.[188)] 79

---

182) Widmann/Mayer-*Heckschen*, UmwR, § 168 UmwG Rz. 473 f.; *Leuering* in: KölnKomm-UmwG, § 168 Rz. 44; *Wolfers/Voland* in: MünchHdb. GesR, Bd. 8, § 76 Rz. 39 ff.; *Lepper*, RNotZ 2006, 313, 328; *Seel/Rabe*, öAT 2011, 201, 202 – dort auch zur Beteiligung der Mitarbeitervertretung.

183) *Leuering* in: KölnKomm-UmwG, § 168 Rz. 46; Widmann/Mayer-*Heckschen*, UmwR, § 168 UmwG Rz. 484; *Wolfers/Voland* in: MünchHdb. GesR, Bd. 8, § 76 Rz. 47; *Lepper*, RNotZ 2006, 313, 329; *Seel/Rabe*, öAT 2011, 201, 203.

184) Widmann/Mayer-*Heckschen*, UmwR, § 168 UmwG Rz. 483; *Wolfers/Voland* in: MünchHdb. GesR, Bd. 8, § 76 Rz. 47; *Heckschen* in: Beck'sches Notar-Hdb., § 24 Rz. 279; *Seel/Rabe*, öAT 2011, 201, 203.

185) Zum Ganzen je umfassend: Widmann/Mayer-*Heckschen*, UmwR, § 168 UmwG Rz. 486; *Wolfers/Voland* in: MünchHdb. GesR, Bd. 8, § 76 Rz. 48 ff.; *Heckschen* in: Beck'sches Notar-Hdb., § 24 Rz. 279; *Lepper*, RNotZ 2006, 313, 329.

186) Für Landesbeamte § 20 Abs. 2 BeamtStG und für Bundesbeamte § 29 Abs. 1 BBG (für Altfälle vor dem 1.7.2002 gilt § 63 Abs. 3 Satz 2 i. V. m. § 123 BRRG), *Seel/Rabe*, öAT 2011, 201, 203.

187) *Steuck*, NJW 1995, 2887, 2890; *Storg* in: Hidien/Jürgens, Die Besteuerung der öffentlichen Hand, § 15 Rz. 129.

188) Widmann/Mayer-*Heckschen*, UmwR, § 168 UmwG Rz. 226 f.; *Heckschen*, GmbHR 2018, 779, 789 – dort auch zur Vermeidung durch Ausgliederung auf eine GmbH & Co. KG.

§ 169
Ausgliederungsbericht; Ausgliederungsbeschluß

[1]Ein Ausgliederungsbericht ist für die Körperschaft oder den Zusammenschluß nicht erforderlich. [2]Das Organisationsrecht der Körperschaft oder des Zusammenschlusses bestimmt, ob und unter welchen Voraussetzungen ein Ausgliederungsbeschluß erforderlich ist.

Literatur: Siehe auch das Schrifttum zu § 168. *Gaß*, Die Umwandlung gemeindlicher Unternehmen, Würzburg 2003 (Diss.); *Lepper*, Die Ausgliederung kommunaler Unternehmen in der notariellen Praxis, RNotZ 2006, 313.

Übersicht

I. Normzweck und Systematik

1 Allgemein legt § 127 jedem an der Ausgliederung zur Aufnahme beteiligten Rechtsträger eine Berichtspflicht auf. Demgegenüber ist bei der Ausgliederung zur Neugründung ein Ausgliederungsbericht nach § 135 Abs. 3 schon generell nicht erforderlich.[1)] Aber auch die an einer Ausgliederung zur Aufnahme beteiligte Gebietskörperschaft oder den daran beteiligten Zusammenschluss von Gebietskörperschaften trifft weder allgemeine noch spezielle Berichtspflichten. **§ 169 Satz 1** stellt dazu für die Ausgliederung zur Aufnahme unmissverständlich klar, dass ein **Ausgliederungsbericht** für die Gebietskörperschaft oder den Zusammenschluss von Gebietskörperschaften nicht erforderlich ist. Der Normzweck liegt darin, dass die Gebietskörperschaft oder der Zusammenschluss keine Anteilseigner hat, die über die umwandlungsrechtliche Ausgliederung zu informieren sind.[2)]

2 Aus dem gleichen Grund verlangt das Gesetz in **§ 169 Satz 2** bei der Ausgliederung keinen **Ausgliederungsbeschluss.**[3)] Allgemein haben die Anteilsinhaber nach §§ 125 Abs. 1 Satz 1, 135 Abs. 1, 13 über die umwandlungsrechtliche Maßnahme Beschluss zu fassen und dieser zuzustimmen. Die Gebietskörperschaft oder der Zusammenschluss von Gebietskörperschaften verfügt jedoch nicht über Anteilsinhaber, die durch Beschluss über die Ausgliederung befinden könnten,[4)] weshalb das allgemeine umwandlungsrechtliche Beschlusserfordernis der Anteilseigner keine Anwendung finden kann.[5)] Vielmehr richtet sich die Entscheidung über die Ausgliederung – wie Satz 2 in Anerkennung des Vorrangs des öffentlichen Rechts und insbesondere der Gesetzgebungskompetenz der Länder klarstellt[6)] – nach dem öffentlichen Organisationsrecht der übertragenden Gebietskörperschaft bzw. des übertragenden Zusammenschlusses.[7)]

3 Inhaltlich korrespondiert § 169 Satz 1 mit § 153 und § 162 (siehe dazu § 162 [*Schwalm/Schwind*]).

II. Entstehung

4 Das UmwG von 1969 enthielt in den §§ 57, 58 keine Regelung zum nunmehr in § 169 Satz 1 vorgesehenen Ausgliederungsbericht und zu dem in § 169 Satz 2 normierten öffentlich-rechtlichen Regelungsvorbehalt.[8)] Beides wurde im Zuge des UmwBerG[9)] zum 1.1.1995 in das UmwG integriert.[10)]

III. Anwendungsbereich

5 § 169 **Satz 1** ist – vorbehaltlich etwaiger Vorgaben des öffentlichen Rechts (siehe unten Rz. 8) – allein bei der Ausgliederung zur Aufnahme anwendbar.[11)] Bei der Ausgliederung zur Neugründung statuiert das UmwG schon generell keine Berichtspflicht (siehe oben Rz. 1).

---

1) Lutter-*H. Schmidt*, UmwG, § 169 Rz. 4.
2) *Leuering* in: KölnKomm-UmwG, § 169 Rz. 1.
3) *Foerster* in: BeckOGK-UmwG, § 169 Rz. 1; Lutter-*H. Schmidt*, UmwG, § 169 Rz. 2.
4) *Leuering* in: KölnKomm-UmwG, § 169 Rz. 1; *Foerster* in: BeckOGK-UmwG, § 169 Rz. 5; Lutter-*H. Schmidt*, UmwG, § 169 Rz. 6.
5) Lutter-*H. Schmidt*, UmwG, § 169 Rz. 2.
6) Vgl. Widmann/Mayer-*Heckschen*, UmwR, § 169 UmwG Rz. 17.
7) *Ganske*, Umwandlungsrecht, S. 196; Widmann/Mayer-*Heckschen*, UmwR, § 169 UmwG Rz. 3.
8) Semler/Stengel/Leonard-*Krebs*, UmwG, § 169 Rz. 2.
9) Gesetz zur Bereinigung des Umwandlungsrechts (UmwBerG), v. 28.10.1994, BGBl. I 1994, 3210.
10) Vgl. Begr. RegE UmwBerG, BR-Drucks. 75/94, S. 36; *Ganske*, UmwR, S. 196.
11) Lutter-*H. Schmidt*, UmwG, § 169 Rz. 4; Schmitt/Hörtnagl-*Hörtnagl*, UmwG/UmwStG, § 169 UmwG Rz. 1.

§ 169 **Satz 2** ist sowohl auf die Ausgliederung zur Aufnahme als auch die Ausgliederung zur Neugründung anwendbar. 6

IV. Entbehrlichkeit des Ausgliederungsberichts (§ 169 Satz 1)

Abweichend von § 127 normiert § 169 Satz 1, dass ein **Ausgliederungsbericht** für die Gebietskörperschaft oder den Zusammenschluss von Gebietskörperschaften **entbehrlich** ist. Der Ausgliederungsbericht ist deshalb nicht erforderlich, weil die Gebietskörperschaft oder der Zusammenschluss von Gebietskörperschaften **keine Anteilsinhaber** hat, die durch den Bericht über die Ausgliederung informiert werden müssten.[12] Ein Informationsbedürfnis der anstelle der Anteilseigner berufenen **Entscheidungsträger** der Gebietskörperschaft oder des Zusammenschlusses von Gebietskörperschaften erkennt der Gesetzgeber ebenso wenig an.[13] Die zur Entscheidung über die Ausgliederung berufenen Organe sind für die Beschaffung der notwendigen Informationen grundsätzlich selbst verantwortlich.[14] 7

Ausnahmsweise kann sich aber unabhängig von § 169 Satz 1 sowohl bei der Ausgliederung zur Aufnahme als auch bei der Ausgliederung zur Neugründung eine Berichts- bzw. Erläuterungspflicht der Gebietskörperschaft oder des Zusammenschlusses von Gebietskörperschaften aus etwaigen über § 168 anwendbaren **öffentlich-rechtlichen Vorschriften** ergeben.[15] Dem Primat des öffentlichen Rechts folgend steht § 169 Satz 1 einem öffentlich-rechtlichen Berichtserfordernis nicht entgegen.[16] 8

Der Regelungsgehalt von § 169 Satz 1 erstreckt sich nicht auf den **übernehmenden Zielrechtsträger.**[17] Beim übernehmenden Zielrechtsträger gilt § 127 unverändert fort; ein Ausgliederungsbericht ist im Grundsatz stets zu erstatten (umfassend dazu siehe § 127 Rz. 4 ff. [*K. Wentz*]).[18] Ist der übernehmende Zielrechtsträger – wie in der Praxis häufig – eine **Eigengesellschaft** der Gebietskörperschaft oder des Zusammenschlusses von Gebietskörperschaften ist ein Ausgliederungsbericht nach §§ 127 Satz 2, 8 Abs. 3 Satz 3 Nr. 2 **ausnahmsweise entbehrlich.**[19] Dies aber nur unter der **Voraussetzung,** dass die übertragende Gebietskörperschaft oder der übertragende Zusammenschluss von Gebietskörperschaften alleiniger Anteilsinhaber des übernehmenden Rechtsträgers ist.[20] Ist dies nicht der Fall, kann ein Ausgliederungsbericht beim Zielrechtsträger ausnahmsweise auch nicht erforderlich sein, wenn nach §§ 127 Satz 2, 8 Abs. 3 Satz 1 alle Anteilsinhaber des jeweils beteiligten Rechtsträgers auf seine Erstellung **verzichten.** 9

Der **Verzicht** ist gemäß § 8 Abs. 3 Satz 2 notariell zu beurkunden. Da die Gebietskörperschaft oder der Zusammenschluss von Gebietskörperschaften keine Anteilseigner hat, haben die Vorschriften nur für den übernehmenden Zielrechtsträger einen Anwendungsbereich.[21] Einer Verzichtserklärung der Gebietskörperschaft oder des Zusammenschlus- 10

12) *Foerster* in: BeckOGK-UmwG, § 169 Rz. 1; Semler/Stengel/Leonard-*Krebs*, UmwG, § 169 Rz. 1.

13) *Foerster* in: BeckOGK-UmwG, § 169 Rz. 3; *Leuering* in: KölnKomm-UmwG, § 169 Rz. 2.

14) *Foerster* in: BeckOGK-UmwG, § 169 Rz. 3; *Leuering* in: KölnKomm-UmwG, § 169 Rz. 3.

15) Henssler/Strohn-*Wamser*, GesR, § 169 UmwG Rz. 1; Lutter-*H. Schmidt*, UmwG, § 169 Rz. 4.

16) Vgl. Lutter-*H. Schmidt*, UmwG, § 169 Rz. 4.

17) Lutter-*H. Schmidt*, UmwG, § 169 Rz. 5; Semler/Stengel/Leonard-*Krebs*, UmwG, § 169 Rz. 5; *Leuering* in: KölnKomm-UmwG, § 169 Rz. 8; Widmann/Mayer-*Heckschen*, UmwR, § 169 UmwG Rz. 4.

18) *Foerster* in: BeckOGK-UmwG, § 169 Rz. 4; Lutter-*H. Schmidt*, UmwG, § 169 Rz. 5; Widmann/Mayer-*Heckschen*, UmwR, § 169 UmwG Rz. 4.

19) *Gaß*, Die Umwandlung gemeindlicher Unternehmen, 2003, S. 203 f.; Lutter-*H. Schmidt*, UmwG, § 169 Rz. 5.

20) Lutter-*H. Schmidt*, UmwG, § 169 Rz. 5.

21) Semler/Stengel/Leonard-*Krebs*, UmwG, § 169 Rz. 6.

ses von Gebietskörperschaften bedarf es mithin nicht;[22] auch nicht ihrer zuständigen, weil entscheidungs- und vertretungsbefugten, Organe.[23]

11 Ergänzend ist auf folgende **rechtsformspezifische Besonderheiten** hinzuweisen:[24] Bei der Ausgliederung auf eine **Personenhandelsgesellschaft** (oHG, KG) als übernehmenden Zielrechtsträger sieht §§ 42, 39a eine Befreiung von der Berichtspflicht vor, wenn alle Gesellschafter dieser Gesellschaft zur Geschäftsführung berechtigt sind.[25] Bei der Ausgliederung auf eine **AG** oder **KGaA** sind die umwandlungsrechtlichen Vorschriften zur Nachberichterstattung (§ 64 Abs. 1 Satz 2 bzw. § 78) zu berücksichtigen.[26] Bei der Ausgliederung auf eine **Genossenschaft** als übernehmenden Zielrechtsträger bedarf es ergänzend nach §§ 125, 81 der Einholung eines Gutachtens des Prüfungsverbandes.[27]

V. Ausgliederungsbeschluss (§ 169 Satz 2)

12 § 169 Satz 2 überantwortet die Entscheidung, ob und unter welchen Voraussetzungen ein **Ausgliederungsbeschluss** erforderlich ist, dem öffentlichen Organisationsrecht der jeweiligen Gebietskörperschaft oder dem jeweiligen Zusammenschluss von Gebietskörperschaften.[28] Das im Einzelfall einschlägige öffentliche Bundes- oder Landesrecht[29] ist mithin zu befragen, ob ein die Ausgliederung legitimierender Zustimmungsbeschluss[30] zwingend vorgeschrieben ist, welches Organ zur Entscheidung berufen ist und welche Form- sowie Fristvorgaben bei der organinternen Willensbildung einzuhalten sind (Totalverweis)[31].[32] Ein notarielles Beurkundungserfordernis kann nicht aus § 13 Abs. 3 abgeleitet werden.[33] Die formelle und materielle Wirksamkeit des Zustimmungsbeschlusses richten sich ausschließlich nach öffentlichem Recht. Ein fehlender bzw. rechtswidriger Zustimmungsbeschluss lässt die Vertretungsmacht der vertretungsberechtigten Organe, die den Ausgliederungsvertrag im Namen der Gebietskörperschaft oder des Zusammenschlusses von Gebietskörperschaften geschlossen haben, grundsätzlich unberührt.[34] Einem nach dem öffentlichen Organisationsrecht notwendigem Zustimmungsbeschluss kommt daher grundsätzlich weder eine die Wirksamkeit des Vertreterhandelns der Organe der Gebietskörperschaft oder des Zusammenschlusses von Gebietskörperschaften noch eine die

22) *Foerster* in: BeckOGK-UmwG, § 169 Rz. 4.

23) Wie hier: *Foerster* in: BeckOGK-UmwG, § 169 Rz. 4; Semler/Stengel/Leonard-*Krebs*, UmwG, § 169 Rz. 6. A. A. *Gaß*, Die Umwandlung gemeindlicher Unternehmen, 2003, S. 204; Widmann/Mayer-*Heckschen*, UmwR, § 169 UmwG Rz. 5.

24) Umfassend: Widmann/Mayer-*Heckschen*, UmwR, § 169 UmwG Rz. 7 ff.

25) Lutter-*H. Schmidt*, UmwG, § 169 Rz. 5. Näher dazu Widmann/Mayer-*Heckschen*, UmwR, § 169 UmwG Rz. 7.

26) Widmann/Mayer-*Heckschen*, UmwR, § 169 UmwG Rz. 9 f.

27) Lutter-*H. Schmidt*, UmwG, § 169 Rz. 5; Semler/Stengel/Leonard-*Krebs*, UmwG, § 169 Rz. 7.

28) Vgl. Widmann/Mayer-*Heckschen*, UmwR, § 169 UmwG Rz. 3.

29) Umfassend dazu Widmann/Mayer-*Heckschen*, UmwR, § 169 UmwG Rz. 11 – m. Verweis auf dort § 168 Rz. 160.

30) Das Kommunalrecht aller Bundesländer sieht ein solches Zustimmungserfordernis des kommunalen Repräsentationsorgans vor, da es sich bei der privatisierenden Umwandlung nicht um ein Geschäft der laufenden Verwaltung des kommunalen Vertretungsorgans handelt, dazu: Widmann/Mayer-*Heckschen*, UmwR, § 169 UmwG Rz. 18.

31) Widmann/Mayer-*Heckschen*, UmwR, § 169 UmwG Rz. 26.

32) Lutter-*H. Schmidt*, UmwG, § 169 Rz. 6; Semler/Stengel/Leonard-*Krebs*, UmwG, § 169 Rz. 8.

33) Lutter-*H. Schmidt*, UmwG, § 169 Rz. 6; Widmann/Mayer-*Heckschen*, UmwR, § 169 UmwG Rz. 15 und Rz. 26; *Heckschen* in: Beck'sches Notar-Hdb., § 24 Rz. 281.

34) Semler/Stengel/Leonard-*Krebs*, UmwG, § 169 Rz. 9; a. A. *Gaß*, Die Umwandlung gemeindlicher Unternehmen, 2003, S. 209.

Wirksamkeit der Ausgliederung berührende Außenwirkung zu.[35] Eine Außenwirkung kann auch nicht aus § 13 Abs. 1 abgeleitet werden.[36] (Zur Vorlagepflicht im Registerverfahren und zur Heilung fehlender bzw. rechtswidriger Zustimmungsbeschlüsse durch Registereintragung siehe § 171 Rz. 19 [*Schwalm/Schwind*]).

Der Regelungsgehalt von § 169 Satz 2 erstreckt sich ebenfalls nicht auf den **übernehmenden Zielrechtsträger.**[37] Beim übernehmenden Rechtsträger gelten die allgemeinen Vorschriften zum Zustimmungsbeschluss unverändert fort.[38] Nach §§ 125 Abs. 1, 13 Abs. 1, 3 ist folglich ein **notariell zu beurkundender Beschluss** der Anteilseigner des übernehmenden Zielrechtsträgers erforderlich, in welchem diese vor (oder auch nach) Abschluss des Ausgliederungsvertrags der Ausgliederung zustimmen.[39] Etwaige Entbehrlichkeitstatbestände sieht das UmwG für den Beschluss der Anteileigner des Zielrechtsträgers nicht vor; auch wenn die übertragende Gebietskörperschaft oder der übertragende Zusammenschluss von Gebietskörperschaften alleiniger Anteilsinhaber des Zielrechtsträgers ist.[40] § 62 Abs. 1 ist weder direkt noch entsprechend anwendbar.[41] 13

§ 169 Satz 2 betrifft allein den nach Bundes- oder Landesrecht erforderlichen Beschluss zur Zustimmung der Ausgliederung. **Nicht erfasst** sind davon zu unterscheidende öffentlich-rechtliche **Zustimmungs- oder Genehmigungsvorbehalte von Rechts- oder Aufsichtsbehörden** (siehe dazu § 168 Rz. 49 [*Schwalm/Schwind*]; zur Vorlagepflicht im Registerverfahren und zur Heilung fehlender bzw. rechtswidriger Zustimmungs- oder Genehmigungsvorbehalte durch Registereintragung siehe § 171 Rz. 19 [*Schwalm/Schwind*]).[42] 14

35) Vgl. Lutter-*H. Schmidt*, UmwG, § 169 Rz. 6; Widmann/Mayer-*Heckschen*, UmwR, § 169 UmwG Rz. 19. A. A. *Gaß*, Die Umwandlung gemeindlicher Unternehmen, 2003, S. 209. Auch die fehlende Handelsregistereintragung abstellend: *Leuering* in: KölnKomm-UmwG, § 169 Rz. 4.

36) Lutter-*H. Schmidt*, UmwG, § 169 Rz. 6.

37) Semler/Stengel/Leonard-*Krebs*, UmwG, § 169 Rz. 11; Lutter-*H. Schmidt*, UmwG, § 169 Rz. 6.

38) *Foerster* in: BeckOGK-UmwG, § 169 Rz. 8; Henssler/Strohn-*Wamser*, GesR § 169 UmwG Rz. 1; Lutter-*H. Schmidt*, UmwG, § 169 Rz. 6; Widmann/Mayer-*Heckschen*, UmwR, § 169 UmwG Rz. 28.

39) Vgl. *Gaß*, Die Umwandlung gemeindlicher Unternehmen, 2003, S. 206; *Lepper*, RNotZ 2006, 313, 332; Widmann/Mayer-*Heckschen*, UmwR, § 169 UmwG Rz. 28 ff. – dort auch zu den rechtsformspezifischen Besonderheiten.

40) Lutter-*H. Schmidt*, UmwG, § 169 Rz. 6. A. A. Gaß, Die Umwandlung gemeindlicher Unternehmen, 2003, S. 206 f. S. a. Widmann/Mayer-*Heckschen*, UmwR, § 169 UmwG Rz. 29 – zur Möglichkeit des Verzichts.

41) *Gaß*, Die Umwandlung gemeindlicher Unternehmen, 2003, S. 207 (Fn. 278); *Foerster* in: BeckOGK-UmwG, § 169 Rz. 8; Lutter-*H. Schmidt*, UmwG, § 169 Rz. 6; Semler/Stengel/Leonard-*Krebs*, UmwG, § 169 Rz. 11.

42) *Leuering* in: KölnKomm-UmwG, § 169 Rz. 5.

§ 170

Sachgründungsbericht und Gründungsbericht

Auf den Sachgründungsbericht (§ 5 Abs. 4 des Gesetzes betreffend die Gesellschaften mit beschränkter Haftung) ist § 58 Abs. 1, auf den Gründungsbericht (§ 32 des Aktiengesetzes) § 75 Abs. 1 entsprechend anzuwenden.

Literatur: Siehe das Schrifttum zu § 168.

Übersicht

I. Normzweck und Systematik

1 § 170 stellt klar, dass bei der Ausgliederung zur Neugründung auf eine GmbH oder AG die jeweiligen nach dem materiellen Gründungsrecht erforderlichen Gründungsberichte um die Darstellung des Geschäftsverlaufs und der Lage des ausgegliederten Unternehmens zu ergänzen sind. Der Normzweck der Vorschrift liegt darin, die **Kapitalaufbringung** i. R. der Ausgliederung zur Neugründung, bei der es sich materiell-rechtlich um eine **Sachgründung** handelt, sicherzustellen und deren Prüfung durch das Registergericht zu erleichtern.[1)]

2 Die **Pflicht zu Erstellung eines (Sach-)Gründungsberichts** samt Darstellung des Geschäftsverlaufs und der Lage des übertragenden Unternehmens folgt schon aus den allgemeinen Vorschriften.[2)] Bei der Ausgliederung zur Neugründung sind über § 135 Abs. 2 die jeweiligen Gründungsvorschriften des neu zu gründenden Zielrechtsträgers anzuwenden. Das aktienrechtliche Gründungsregime verlangt in § 32 AktG die Erstattung eines Gründungsberichts. Das GmbH-Recht sieht bei Sachgründung, wozu die Ausgliederung zur Neugründung zählt (siehe Rz. 8), einen Sachgründungsbericht in § 5 Abs. 4 GmbHG vor. Neben dem allgemeinen, d. h. aus dem Aktien- bzw. GmbH-Recht folgenden, Berichtsinhalt folgt aus §§ 135, 125 Abs. 1, 75 Abs. 1 für die AG bzw. §§ 135, 125 Abs. 1, 58 Abs. 1 für die GmbH, dass der Geschäftsverlauf und die Lage des übertragenden Rechtsträgers darzustellen sind.[3)]

3 Bei § 170, der die entsprechende Anwendung von § 75 Abs. 1 bzw. § 58 Abs. 1 auf die jeweiligen (Sach-)Gründungsberichte anordnet, handelt es sich folglich lediglich um eine (an sich überflüssige[4)]) **Klarstellung.**[5)]

4 Die Norm entspricht wortgleich § 159 und § 165 (siehe dazu § 165 Rz. 2 [*Schwalm/Schwind*]).

II. Entstehung

5 Schon das UmwG von 1969 enthielt in den § 57 Abs. 2 i. V. m. § 53 bei der Ausgliederung zur Neugründung auf eine AG eine Regelung zum Gründungsbericht samt Darstellung des Geschäftsverlaufs und der Lage des übertragenden Unternehmens.[6)] War Zielrechtsträger eine GmbH, war ein Sachgründungsbericht auf Grundlage des GmbH-Gründungsrechts zu erstellen.[7)] Umwandlungsrechtliche Vorgaben, die Anleihe an § 159 und § 165 nahmen,[8)] zur Darstellung des bisherigen Geschäftsverlaufs und der Lage des auszuglie-

1) Widmann/Mayer-*Heckschen*, UmwR, § 170 UmwG Rz. 2; Lutter-*H. Schmidt*, UmwG, § 170 Rz. 1 f.

2) Vgl. Henssler/Strohn-*Wamser*, GesR, § 170 UmwG Rz. 1; Widmann/Mayer-*Heckschen*, UmwR, § 170 UmwG Rz. 1.

3) *Foerster* in: BeckOGK-UmwG, § 170 Rz. 3; Lutter-*H. Schmidt*, UmwG, § 170 Rz. 6.

4) *Foerster* in: BeckOGK-UmwG, § 170 Rz. 3; Henssler/Strohn-*Wamser*, GesR, § 170 UmwG Rz. 1; Schmitt/Hörtnagl-*Hörtnagl*, UmwG/UmwStG, § 170 UmwG Rz. 1; Widmann/Mayer-*Heckschen*, UmwR, § 170 UmwG Rz. 1.

5) *Leuering* in: KölnKomm-UmwG, § 170 Rz. 1.

6) Semler/Stengel/Leonard-*Krebs*, UmwG, § 170 Rz. 3; Widmann/Mayer-*Heckschen*, UmwR, § 170 UmwG Rz. 3.

7) Semler/Stengel/Leonard-*Krebs*, UmwG, § 170 Rz. 3.

8) *Ganske*, Umwandlungsrecht, S. 196.

dernden Unternehmens unter Beteiligung einer GmbH wurden erst durch die Reform mit Wirkung zum 1.1.1995 eingeführt.[9]

III. Anwendungsbereich

§ 170 betrifft allein den Fall der **Ausgliederung zur Neugründung.**[10] Tauglicher neu zu gründender Zielrechtsträger ist nach dem Wortlaut allein die **GmbH** oder die **AG**. 6

Daneben ist § 170 aber auch auf die nicht ausdrücklich erwähnte **KGaA** anwendbar.[11] 7
Dies folgt zum einen aus dem in § 78 Satz 1 angeordneten Verweis auf § 75 Abs. 1 auf den § 170 gerade Bezug nimmt.[12] Zum anderen sind über § 278 Abs. 3 AktG die aktienrechtlichen Gründungsvorschriften und damit auch die Regelung zum Gründungsbericht in § 32 AktG sinngemäß anzuwenden.[13]

IV. Sachgründungsbericht und Gründungsbericht

Den gesetzlich vorgeschriebenen Inhalt des Sachgründungsberichts gibt § 5 Abs. 4 GmbHG 8
und des Gründungsberichts § 32 AktG vor (siehe allgemein dazu § 58 Rz. 5 ff. [*Otte*] und § 75 Rz. 5 [*Nolden*]).

Im Zusammenhang mit der Ausgliederung eines Unternehmens aus dem Vermögen der 9
öffentlichen Hand ist auf folgende **Besonderheiten** hinzuweisen: Nach allgemeinen Vorgaben des GmbH- bzw. Aktienrechts sind die **Jahres- bzw. Betriebsergebnisse** der beiden letzten Geschäftsjahre im Sachgründungs- bzw. Gründungsbericht darzulegen. Darzulegen ist das Jahres- bzw. Betriebsergebnis des auszugliedernden Unternehmens. Dazu soll die übertragende Gebietskörperschaft bzw. Zusammenschluss aber nur dann verpflichtet sein, wenn Jahres- bzw. Betriebsergebnisse zu den auszugliedernden Unternehmen gesondert ausgewiesen werden.

Ist der Gebietskörperschaft bzw. dem Zusammenschluss ein gesonderter Ausweis auf- 10
grund nicht vorgeschriebener öffentlich-rechtlicher Rechnungslegung **nicht möglich**, soll die im GmbH- und Aktienrecht wurzelnde Pflicht nach überwiegender Ansicht entfallen und die Angabe entbehrlich sein.[14] Dieser vollständigen, weil **zu pauschalen, Freistellung** ist im Anschluss an *Foerster* ebenfalls zu widersprechen.[15] Im Übrigen gelten keine Besonderheiten und es kann auf die allgemeinen Erläuterungen verwiesen werden (siehe dazu schon oben Rz. 8; zur Vorlage des Sachgründungs- bzw. Gründungsberichts im Registerverfahren siehe § 171 Rz. 8 f. [*Schwalm/Schwind*]).

V. Darstellung des Geschäftsverlaufs und der Lage

Ergänzend zum GmbH- bzw. aktienrechtlich determinierten Berichtsinhalt sind der Ge- 11
schäftsverlauf und die Lage des übertragenden Rechtsträgers im Sachgründungs- bzw. Gründungsbericht darzustellen (siehe allgemein dazu § 58 Rz. 7 [*Otte*] und § 75 Rz. 6 [*Nolden*]).

---

9) Vgl. Lutter-*H. Schmidt*, UmwG, § 170 Rz. 3; Semler/Stengel/Leonard-*Krebs*, UmwG, § 170 Rz. 3.

10) S. nur Lutter-*H. Schmidt*, UmwG, § 170 Rz. 4.

11) Henssler/Strohn-*Wamser*, GesR, § 170 UmwG Rz. 1; Widmann/Mayer-*Heckschen*, UmwR, § 170 UmwG Rz. 6.

12) Lutter-*H. Schmidt*, UmwG, § 170 Rz. 4.

13) Lutter-*H. Schmidt*, UmwG, § 170 Rz. 4; Widmann/Mayer-*Heckschen*, UmwR, § 170 UmwG Rz. 6.

14) Henssler/Strohn-*Wamser*, GesR, § 170 UmwG Rz. 1; Lutter-*H. Schmidt*, UmwG, § 170 Rz. 5; Semler/Stengel/Leonard-*Krebs*, UmwG, § 170 Rz. 7.

15) *Foerster* in: BeckOGK-UmwG, § 170 Rz. 4.

12 Im Zusammenhang mit der Ausgliederung eines Unternehmens aus dem Vermögen der öffentlichen Hand ist auf folgende **Besonderheiten** hinzuweisen: Die inhaltliche Erweiterung der Berichtspflichten bezieht sich **nur auf das auszugliedernde Unternehmen** und nicht auf die Gebietskörperschaft bzw. den Zusammenschluss von Gebietskörperschaften selbst.[16] Dies folgt methodisch aus der angeordneten sinngemäßen Anwendung und erklärt sich damit, dass die von § 170 in Bezug genommenen §§ 58 Abs. 1, 75 Abs. 1 den vollständigen Übergang eines übertragenden Rechtsträgers, während die Ausgliederung i. S. der §§ 168 f. allein den partiellen Übergang eines zwar ganzen Unternehmens aus dem Vermögen einer (fortbestehenden) Gebietskörperschaft bzw. eines Zusammenschlusses betrifft.[17] Als grundsätzlich[18] maßgeblicher Berichtszeitraum für die vergangenheitsbezogene Darstellung des Geschäftsverlaufs werden – in Anleihe an § 5 Abs. 4 Satz 2 GmbHG und § 332 Abs. 2 Nr. 3 AktG – zwei Geschäfts- bzw. Kalenderjahre angesehen.[19] Im Übrigen gelten keine Besonderheiten und es kann auf die allgemeinen Erläuterungen verwiesen werden (siehe dazu schon oben Rz. 8).

16) *Foerster* in: BeckOGK-UmwG, § 170 Rz. 5; Henssler/Strohn-*Wamser*, GesR, § 170 UmwG Rz. 1; *Leuering* in: KölnKomm-UmwG, § 170 Rz. 2; Lutter-*H. Schmidt*, UmwG, § 170 Rz. 6; Schmitt/Hörtnagl-*Hörtnagl*, UmwG/UmwStG, § 170 UmwG Rz. 1; Semler/Stengel/Leonard-*Krebs*, UmwG, § 170 Rz. 8.

17) Lutter-*H. Schmidt*, UmwG, § 170 Rz. 6.

18) Zur Verkürzung des Berichtszeitraums bei einem Unternehmen, das noch keine zwei Jahre besteht, vgl. KG Berlin, Urt. v. 26.10.2021 – 22 W 44/21, Rz. 11, NJW-RR 2021, 1631, 1633 = NZG 2022, 77.

19) *Foerster* in: BeckOGK-UmwG, § 170 Rz. 5; Henssler/Strohn-*Wamser*, GesR, § 170 UmwG Rz. 1; *Leuering* in: KölnKomm-UmwG, § 170 Rz. 2; Lutter-*H. Schmidt*, UmwG, § 170 Rz. 6; Semler/Stengel/Leonard-*Krebs*, UmwG, § 170 Rz. 10; Widmann/Mayer-*Heckschen*, UmwR, § 170 UmwG Rz. 6 – zur AG/KGaA.

§ 171
Wirksamwerden der Ausgliederung

Die Wirkungen der Ausgliederung nach § 131 treten mit deren Eintragung in das Register des Sitzes des übernehmenden Rechtsträgers oder mit der Eintragung des neuen Rechtsträgers ein.

Literatur: Siehe auch das Schrifttum zu § 168. *DNotI*, Gutachten (UmwG § 168 Ausgliederung aus dem Vermögen einer Gebietskörperschaft), DNotI-Report 1995, 181; *Gaß*, Die Umwandlung gemeindlicher Unternehmen, Würzburg 2003 (Diss.); *Heckschen*, Umstrukturierungen unter Beteiligung der öffentlichen Hand in private Rechtsformen und umgekehrt, GmbHR 2018, 799; *Klein*, Kommunalwirtschaftliche Eigen- und Regiebetriebe im Spiegel des Handelsregisterrechts, MittBayNot 2016, 291; *Klette*, Die rechtliche Verselbstständigung von Unternehmen der Gebietskörperschaften und Gemeindeverbände, BB 1970, 376; *Lepper*, Die Ausgliederung kommunaler Unternehmen in der notariellen Praxis, RNotZ 2006, 313; *Schneider*, Das neue Umwandlungsrecht (III), DB 1970, 237; *Suppliet*, Ausgliederung aus dem Vermögen von Gebietskörperschaften, (Teil 1) NotBZ 1999, 49; *Werner*, Die privatisierende Umwandlung, VBl. 2019, 397.

Übersicht

I. Normzweck und Systematik

Abweichend vom allgemeinen Spaltungsrecht wird nach § 171 die **Ausgliederung zur Aufnahme mit deren Eintragung** in das Register des Sitzes des übernehmenden Rechtsträgers und die Ausgliederung zur Neugründung mit Eintragung des neuen Rechtsträgers wirksam.[1] Sowohl bei der Ausgliederung zur Aufnahme als auch bei der Ausgliederung **zur Neugründung** ist die Eintragung in das Register des übertragenden Rechtsträgers – abweichend von §§ 130 Abs. 1, 137 Abs. 1, 2 – nicht erforderlich.[2] Grund für die gesetzliche Abweichung war der bei Entstehung des UmwG noch geltende § 36 HGB a. F., wonach für Unternehmen von Gebietskörperschaften, insbesondere Regie- und Eigenbetriebe, keine Handelsregisterpflicht bestand.[3] Folglich konnten die Wirkungen der Ausgliederung nicht an die Eintragung in das Register des Ausgangsrechtsträgers angeknüpft werden.[4] Eine Anknüpfung der Wirkungen der privatisierenden Umwandlungsmaßnahme an eine Bekanntmachung durch die Organe des auszugliedernden Unternehmens ohne registergerichtliche Prüfung entspricht nach Ansicht des Gesetzgebers nicht den Bedürfnissen der Rechtssicherheit.[5] Um einen für den Rechtsverkehr sicheren und eindeutigen Anknüpfungspunkt für die Wirksamkeit der Ausgliederung zu schaffen, ist allein die Eintragung beim bzw. des Zielrechtsträger(s) maßgeblich.[6] 1

II. Entstehung

Für die Ausgliederung zur Neugründung entsprach es der in § 57 Abs. 2 und § 58 Abs. 2 je i. V. m. § 55 Abs. 1 Satz 1 und 2 UmwG 1969[7] geltenden Rechtslage, dass die Wirkungen der Ausgliederungen an die Eintragung des neuen Rechtsträgers geknüpft werden.[8] Mit der Reform des Umwandlungsrechts durch das UmwBerG[9] wurde dies auch für die Ausgliederung zur Aufnahme bestimmt.[10] 2

III. Anwendungsbereich

§ 171 findet sowohl auf die **Ausgliederung zur Annahme** als auch auf die **Ausgliederung zur Neugründung** Anwendung. 3

Die Vorschrift gilt zudem unabhängig davon, ob das **auszugliedernde Unternehmen** der Gebietskörperschaft im **Handelsregister eingetragen ist** oder **nicht.**[11] Nach der ersatzlosen Streichung des § 36 HGB durch das HRefG[12] sind Unternehmen der öffentlichen Hand nicht mehr von der Handelsregisterpflicht befreit. § 33 HGB normiert nunmehr für alle juristische Personen, die ein vollkaufmännisches Handelsgewerbe betreiben, d. h. auch Unternehmen von öffentlich-rechtlichen Gebietskörperschaften, eine **Anmeldepflicht** 4

---

1) Statt aller: Henssler/Strohn-*Wamser*, GesR, § 171 UmwG Rz. 1.

2) Vgl. Semler/Stengel/Leonard-*Krebs*, UmwG, § 171 Rz. 1.

3) Semler/Stengel/Leonard-*Krebs*, UmwG, § 171 Rz. 1; Henssler/Strohn-*Wamser*, GesR, § 171 UmwG Rz. 1; Widmann/Mayer-*Heckschen*, UmwR, § 171 UmwG Rz. 1. S. allg. *Maierhofer* in: BeckOGK-HGB, § 33 Rz. 14; *Krafka* in: MünchKomm-HGB, § 33 Rz. 2.

4) Vgl. Widmann/Mayer-*Heckschen*, UmwR, § 171 UmwG Rz. 2 f.

5) *Ganske*, Umwandlungsrecht, S. 196.

6) *Ganske*, Umwandlungsrecht, S. 196; Semler/Stengel/Leonard-*Krebs*, UmwG § 171 Rz. 1.

7) Gesetz zur Neufassung des Umwandlungsgesetzes, v. 6.11.1969, BGBl. I 1969, 2081.

8) *Ganske*, Umwandlungsrecht, S. 196. S. dazu *Klette*, BB 1970, 376, 379; *Schneider*, DB 1970, 237, 238.

9) Gesetz zur Bereinigung des Umwandlungsrechts (UmwBerG), v. 28.10.1994, BGBl. I 1994, 3210.

10) *Ganske*, Umwandlungsrecht, S. 196.

11) Vgl. *Leuering* in: KölnKomm-UmwG, § 171 Rz. 1; Lutter-*H. Schmidt*, UmwG, § 171 Rz. 1a.

12) Gesetz zur Neuregelung des Kaufmanns- und Firmenrechts und zur Änderung anderer handels- und gesellschaftsrechtlicher Vorschriften (Handelsrechtsreformgesetz – HRefG), BGBl. I 1998, 1474.

zum Handelsregister.[13] Über den Wortlaut der Vorschrift hinaus werden auch ohne Rechtspersönlichkeit ausgestattete, ein Handelsgewerbe betreibende Eigenbetriebe,[14] eigenbetriebsähnliche Einrichtungen[15] sowie (wohl auch) Regiebetriebe[16] von Gebietskörperschaften als von § 33 HGB erfasst und damit als eintragungsfähig und -pflichtig angesehen.

5 Eine **korrigierende Auslegung bzw. teleologische Reduktion** des § 171 ist vor dem Hintergrund des § 33 HGB nicht angebracht.[17] Auch bei Eintragung des auszugliedernden Unternehmens in das Handelsregister ist eine Eintragung der Ausgliederung in das Register des Sitzes des übertragenden Rechtsträgers für deren Wirksamkeit nicht erforderlich.[18]

IV. Eintragung in das Register

6 Die Eintragung in das Register ist beim zuständigen Registergericht anzumelden.[19] Dabei gelten sowohl für die Ausgliederung zur Aufnahme (§§ 125, 16, 17) als auch für die Ausgliederung zu Neugründung (§ 137 Abs. 1, 3; §§ 135, 125, 16 Abs. 2, 3; § 17) die je einschlägigen allgemeinen Vorschriften.[20]

7 Die **Ausgliederung zur Aufnahme** ist zur Eintragung in das Register des Sitzes des übernehmenden Rechtsträgers anzumelden. Bei der Ausgliederung zur Aufnahme ist die Ausgliederung beim übernehmenden Rechtsträger nach §§ 125, 16 unter Beifügung der in § 17 genannten Anlagen in das zuständige Register zur Eintragung anzumelden.[21] **Zur Anmeldung** ist das Vertretungsorgan des übernehmenden Rechtsträgers in vertretungsberechtigter Zahl verpflichtet.[22] **Gegenstand der Anmeldung** ist die Tatsache der Ausgliederung.[23]

8 Bei der **Ausgliederung zur Neugründung** ist der neue Rechtsträger nach § 137 Abs. 1 unter Beifügung der in § 17 genannten Anlagen bei dem Registergericht zur Eintragung anzumelden, in dessen Bezirk der neue Rechtsträger seinen Sitz haben soll.[24] **Zur Anmeldung** ist das Vertretungsorgan der Gebietskörperschaft oder des Zusammenschlusses

13) BayObLG, Beschl. v. 12.12.2001 – 3Z BR 174/01, Rpfleger 2002, 316 = BeckRS 2001, 30226128; *Maierhofer* in: BeckOGK-HGB, § 33 Rz. 14; *Krafka* in: MünchKomm-HGB, § 33 Rz. 2.

14) BayObLG, Beschl. v. 12.12.2001 – 3Z BR 174/01, Rpfleger 2002, 316 = BeckRS 2001, 30226128; OLG Frankfurt/M., Beschl. v. 10.12.2009 – 20 W 150/09, juris Rz. 25; *Bömeke* in: BeckOK-HGB, § 33 Rz. 2.

15) *Krafka* in: MünchKomm-HGB, § 33 Rz. 2.

16) Umfassend *Klein*, MittBayNot 2016, 291 f. Im Anschluss: *Maierhofer* in: BeckOGK-HGB, § 33 Rz. 16; *Krafka* in: MünchKomm-HGB, § 33 Rz. 2.

17) *Leuering* in: KölnKomm-UmwG, § 171 Rz. 1; Lutter-*H. Schmidt*, UmwG, § 171 Rz. 1a.

18) Lutter-*H. Schmidt*, UmwG, § 171 Rz. 1a; *Foerster* in: BeckOGK-UmwG, § 171 Rz. 3.

19) *Leuering* in: KölnKomm-UmwG, § 171 Rz. 2.

20) *Leuering* in: KölnKomm-UmwG, § 171 Rz. 2.

21) *Gaß*, Die Umwandlung gemeindlicher Unternehmen, 2003, S. 209.

22) *Leuering* in: KölnKomm-UmwG, § 171 Rz. 3; Lutter-*H. Schmidt*, UmwG, § 171 Rz. 4; Semler/Stengel/Leonard-*Krebs*, UmwG, § 171 Rz. 3; Henssler/Strohn-*Wamser*, GesR, § 171 UmwG Rz. 2; *Foerster* in: BeckOGK-UmwG, § 171 Rz. 4.

23) *Leuering* in: KölnKomm-UmwG, § 171 Rz. 4; Lutter-*H. Schmidt*, UmwG, § 171 Rz. 4; *Foerster* in: BeckOGK-UmwG, § 171 Rz. 4.

24) *Leuering* in: KölnKomm-UmwG, § 171 Rz. 3; *Gaß*, Die Umwandlung gemeindlicher Unternehmen, 2003, S. 212; Semler/Stengel/Leonard-*Krebs*, UmwG, § 171 Rz. 3; *DNotI*, Gutachten, DNotI-Report 1995, 181, 184.

verpflichtet.[25] Im Falle der Neugründung einer GmbH, AG oder KGaA ist es zweckmäßig, die Geschäftsleiter (Geschäftsführer; Vorstand) – auch wenn ihnen keine Anmeldezuständigkeit zukommt – am Registerverfahren zu beteiligen, da diese die Versicherungen nach § 8 Abs. 3 GmbHG bzw. § 37 Abs. 2 AktG abzugeben haben, wonach keine Bestellungshindernisse vorliegen.[26] Die Versicherung nach § 8 Abs. 2 GmbHG bzw. § 37 Abs. 1 AktG ist dagegen rechtstechnisch konsequent nicht erforderlich, weil die Sacheinlage erst mit Eintragung im Wege der Gesamtrechtsnachfolge wirksam erfüllt wird und sodann zur freien Verfügung der Geschäftsleiter steht.[27] Die **Praxis der Registergerichte** ist in dieser Frage aber uneinheitlich, so dass sich eine Vorababstimmung anbietet.[28]

Gegenstand der Anmeldung ist, wie § 171 klarstellt, die Gründung des neuen Rechtsträgers. Ob auch die Tatsache der Ausgliederung selbst anmeldepflichtig ist, ist umstritten. Dafür wird von einer Ansicht angeführt, dass eine Eintragung der Umwandlungsmaßnahme unter Beteiligung der öffentlichen Hand nicht gewährleistet ist, wenn das auszugliedernde Unternehmen nicht im Handelsregister eingetragen ist.[29] Nach einer vermittelnden Ansicht ist die Eintragung der Ausgliederung nur dann nicht erforderlich, wenn das übertragene Unternehmen bereits im Handelsregister eingetragen ist und deshalb das Erlöschen der Firma anzumelden ist.[30] Richtigerweise ist die **Tatsache der Ausgliederung nicht einzutragen.**[31] § 171 sieht eine solche nicht vor und knüpft die Wirkungen der Ausgliederung **allein an die Eintragung des neuen Rechtsträgers.**[32] 9

Für den **übertragenden Rechtsträger** besteht weder bei der Ausgliederung zur Aufnahme noch bei der Ausgliederung zur Neugründung eine Anmeldepflicht.[33] Dies gilt unstreitig, wenn das auszugliedernde Unternehmen nicht im Handelsregister eingetragen ist.[34] Ist das auszugliedernde Unternehmen im Handelsregister eingetragen, soll nach einer im Schrifttum vertretenen Ansicht das Vertretungsorgan der Gebietskörperschaft bzw. des Zusammenschlusses die Ausgliederung zur Eintragung anmelden.[35] Dem ist **nicht zuzustimmen.** Der Gesetzgeber hat sich **ausdrücklich gegen eine Eintragung beim Ausgangsrechtsträger** entschieden. Auch nach Wegfall des § 36 HGB a. F. hat der Gesetzgeber an § 171 festgehalten. Ein Rückgriff auf die in §§ 125 Abs. 1, 16 Abs. 1 geregelte allgemeine Anmeldepflicht ist weder systematisch noch nach dem Willen des Gesetzgebers gangbar. Selbst wenn man einen Rückgriff auf das allgemeine Spaltungsrecht für systematisch haltbar 10

25) Lutter-*H. Schmidt*, UmwG, § 171 Rz. 4; Semler/Stengel/Leonard-*Krebs*, UmwG, § 171 Rz. 3; Schmitt/Hörtnagl-*Hörtnagl*, UmwG/UmwStG, § 171 UmwG Rz. 1; Henssler/Strohn-*Wamser*, GesR, § 171 UmwG Rz. 2; *Leuering* in: KölnKomm-UmwG, § 171 Rz. 3; *Suppliet*, NotBZ 1999, 49, 52; Henssler/Strohn-*Wamser*, GesR, § 171 UmwG Rz. 2; *DNotI*, Gutachten, DNotI-Report 1995, 181, 184; *Lepper*, RNotz 2006, 313, 333.

26) Semler/Stengel/Leonard-*Krebs*, UmwG, § 171 Rz. 3. S. a. *DNotI*, Gutachten, DNotI-Report 1995, 181, 184; *Lepper*, RNotz 2006, 313, 333.

27) *Suppliet*, NotBZ 1999, 49, 52; Semler/Stengel/Leonard-*Krebs*, UmwG, § 171 Rz. 5; *Foerster* in: BeckOGK-UmwG, § 171 Rz. 6; *Lepper*, RNotz 2006, 313, 332 f. A. A. Widmann/Mayer-*Heckschen*, UmwR, § 168 UmwG Rz. 296, 308.

28) Vgl. Semler/Stengel/Leonard-*Krebs*, UmwG, § 171 Rz. 5; Widmann/Mayer-*Heckschen*, UmwR, § 168 UmwG Rz. 296, 308.

29) Vgl. *Leuering* in: KölnKomm-UmwG, § 171 Rz. 3; *Suppliet*, NotBZ 1999, 49, 52; *Lepper*, RNotz 2006, 313, 333.

30) Semler/Stengel/Leonard-*Krebs*, UmwG, § 171 Rz. 4; *Leuering* in: KölnKomm-UmwG, § 171 Rz. 4.

31) Lutter-*H. Schmidt*, UmwG, § 171 Rz. 4; *Foerster* in: BeckOGK-UmwG, § 171 Rz. 6.

32) *Foerster* in: BeckOGK-UmwG, § 171 Rz. 6.

33) Lutter-*H. Schmidt*, UmwG, § 171 Rz. 3, 6. A. A. Widmann/Mayer-Heckschen, UmwR, § 171 UmwG Rz. 3; *Krafka*, Registerrecht, Teil 1 Rz. 862.

34) *Foerster* in: BeckOGK-UmwG, § 171 Rz. 5.

35) Widmann/Mayer-Heckschen, UmwR, § 171 UmwG Rz. 3; Henssler/Strohn-*Wamser*, GesR, § 171 UmwG Rz. 1; *Lepper*, RNotz 2006, 313, 331 f.

hielte, kann nicht erklärt werden, weshalb die Eintragung nicht beim übertragenen Rechtsträger, sondern beim auszugliedernden Unternehmen, also beim Ausgliederungsgegenstand selbst, erfolgen soll.[36] Letztlich führt die Eintragung auch **nicht zu einem Gewinn an Rechtssicherheit**. Einer Eintragung der Ausgliederung beim auszugliedernden Unternehmen käme nämlich lediglich eine deklaratorische Wirkung zu.[37] Eine ausreichende Information des Rechtsverkehrs über den Ausgliederungsvorgang ist durch das Erlöschen der Firma des ausgegliederten Unternehmens gewährleistet.[38] Eine Vorabstimmung mit dem Registergericht ist angezeigt.[39]

11 Mangels entsprechender Regelung ist ein etwaig **nach dem öffentlichen Recht** notwendiger **Ausgliederungsbeschluss** i. S. des § 169 Satz 2, dem keine die Wirksamkeit der Ausgliederung tangierende Außenwirkung zukommt, dem Registergericht nicht vorzulegen.[40] § 17 Abs. 1 betrifft nur den Ausgliederungsbeschluss nach Umwandlungsrecht.[41] Infolgedessen ist bei der Ausgliederung zur Aufnahme der Ausgliederungsbeschluss beim übernehmenden Rechtsträger nach allgemeinen Vorschriften beizufügen.[42] Etwaige erforderliche Zustimmungen und Genehmigungen übergeordneter Behörden, denen keine Außenwirkung zukommt, sind ebenfalls nicht im Eintragungsverfahren beizubringen.[43] Da die Nachweispflichten von den Registerpflichten in der Praxis unterschiedlich gehandhabt werden, empfiehlt sich eine **Vorabstimmung.**[44]

12 Eine **Negativerklärung** i. S. des § 16 Abs. 2 ist von der Gebietskörperschaft oder dem Zusammenschluss als **übertragendem Rechtsträger** bei der Anmeldung nicht beizufügen.[45] Grund dafür ist, dass bei der Ausgliederung aus dem Vermögen ein Ausgliederungsbeschluss nach Umwandlungsrecht, gegen den sich eine Klage i. S. des § 14 richten könnte, nicht vorgesehen ist. Sollte das öffentliche Recht einen Zustimmungsbeschluss fordern, bedarf es, selbst wenn dieser im Wege des Kommunalverfassungsstreits angegriffen werden sollte, keiner Negativerklärung. § 16 Abs. 2 erfasst derartige Streitigkeiten nicht.[46] Demgegenüber ist eine Negativerklärung bei der Ausgliederung zur Aufnahme allein betreffend den beim **übernehmenden Zielrechtsträger** gefassten Ausgliederungsbeschluss erforderlich.[47]

36) *Foerster* in: BeckOGK-UmwG, § 171 Rz. 5.

37) *Foerster* in: BeckOGK-UmwG, § 171 Rz. 5. So auch Widmann/Mayer-Heckschen, UmwR, § 171 UmwG Rz. 9.

38) *Foerster* in: BeckOGK-UmwG, § 171 Rz. 5. A. A. *Lepper*, RNotz 2006, 313, 332.

39) *Lepper*, RNotz 2006, 313, 332.

40) Lutter-*H. Schmidt*, UmwG, § 171 Rz. 4a; *Foerster* in: BeckOGK-UmwG, § 171 Rz. 7. A. A. *Suppliet*, NotBZ 1999, 49, 53; Semler/Stengel/Leonard-*Krebs*, UmwG, § 171 Rz. 8.

41) Lutter-*H. Schmidt*, UmwG, § 171 Rz. 4a.

42) Lutter-*H. Schmidt*, UmwG, § 171 Rz. 4a.

43) Lutter-*H. Schmidt*, UmwG, § 171 Rz. 4a; Semler/Stengel/Leonard-*Krebs*, UmwG, § 171 Rz. 8. A. A. *Suppliet*, NotBZ 1999, 49, 53.

44) Lutter-*H. Schmidt*, UmwG, § 171 Rz. 4a (Fn. 19).

45) Semler/Stengel/Leonard-*Krebs*, UmwG, § 171 Rz. 6; *Leuering* in: KölnKomm-UmwG, § 171 Rz. 5; *Foerster* in: BeckOGK-UmwG, § 171 Rz. 8; Lutter-*H. Schmidt*, UmwG, § 171 Rz. 5; *Heckschen* in: Beck'sches Notar-Hdb., § 24 Rz. 282; *DNotI*, Gutachten, DNotI-Report 1995, 181, 184; *Lepper*, RNotz 2006, 313, 332.

46) Semler/Stengel/Leonard-*Krebs*, UmwG, § 171 Rz. 7; Lutter-*H. Schmidt*, UmwG, § 171 Rz. 5; *Lepper*, RNotz 2006, 313, 332.

47) Semler/Stengel/Leonard-*Krebs*, UmwG, § 171 Rz. 6; *Leuering* in: KölnKomm-UmwG, § 171 Rz. 5; *Foerster* in: BeckOGK-UmwG, § 171 Rz. 8; Lutter-*H. Schmidt*, UmwG, § 171 Rz. 5; *Lepper*, RNotz 2006, 313, 332.

Eine **Schlussbilanz** des auszugliedernden Unternehmens muss bei der Anmeldung nicht zwingend vorgelegt werden.[48] Vereinzelt geblieben ist die Ansicht, die eine aus § 17 folgende Pflicht der Gebietskörperschaft bzw. des Zusammenschlusses zur Erstellung einer Schlussbilanz annimmt[49] bzw. dann annimmt, wenn das auszugliedernde Unternehmen nach öffentlich-rechtlichen Vorschriften **rechnungslegungspflichtig ist.**[50] Weder Wortlaut noch Normzweck streiten dafür: Nach § 17 Abs. 2 besteht nur die Pflicht zur Einreichung einer Schluss- bzw. Ausgliederungsbilanz für die Anmeldung der Umwandlungsmaßnahme beim übertragenden Rechtsträgers, die aber bei der Ausgliederung nach § 168 aufgrund der nicht bestehenden Anmeldepflicht der Gebietskörperschaft bzw. des Zusammenschlusses von Gebietskörperschaften nicht eingreift.[51] Da die Registergerichte in der Praxis teilweise die Vorlage einer höchstens acht Monate vor dem Anmeldetag aufgestellten Schlussbilanz verlangen, empfiehlt sich eine **Vorabstimmung.**[52] 13

Bei der Ausgliederung auf eine **Genossenschaft** (§§ 125 Satz 1, 81 Abs. 1 Satz 1, § 86) oder Neugründung einer Genossenschaft (§ 135 Abs. 2 Satz 1, § 11 Abs. 2 Nr. 3 GenG) ist ein **Prüfungsgutachten** durch den genossenschaftlichen Prüfungsverband zu erstellen und der Anmeldung beizufügen.[53] 14

V. Wirkungen der Registereintragung

Mit der Eintragung der Ausgliederung in das Register des Sitzes des übernehmenden Rechtsträgers bzw. mit der Eintragung des neuen Rechtsträgers in das Register treten die in § 131 normierten Wirkungen der Ausgliederung ein: 15

Nach § 171 i. V. m. § 131 Abs. 1 Nr. 1 geht das ausgegliederte Unternehmen samt der im Ausgliederungs- und Übernahmevertrag oder Ausgliederungsplan eindeutig bezeichneten Vermögensgegenstände[54] und Verbindlichkeiten im Wege der **partiellen Gesamtrechtsnachfolge**[55] auf den übernehmenden bzw. neuen Zielrechtsträger über.[56] Eine Einzelrechtsnachfolge von Vermögensgegenständen (z. B. Übereignung oder Forderungsabtretung) oder eine Vertrags- oder Schuldübernahme i. S. der §§ 414 f. BGB ist mithin nicht notwendig.[57] In der Praxis sind i. R. laufender vertraglicher **Leistungs- und Lieferverpflichtungen** etwaige **Change-of-Control-Klauseln** zu beachten, die eine mit der Umwandlung nicht erwünschte Kündigung des Vertragspartners zur Folge haben können.[58] 16

---

48) Henssler/Strohn-*Wamser*, GesR, § 171 UmwG Rz. 2; Semler/Stengel/Leonard-*Krebs*, UmwG, § 171 Rz. 9; *Leuering* in: KölnKomm-UmwG, § 171 Rz. 6; *Foerster* in: BeckOGK-UmwG, § 171 Rz. 9; Lutter-*H. Schmidt*, UmwG, § 171 Rz. 5; *Storg* in: Hidien/Jürgens, Die Besteuerung der öffentlichen Hand, § 15 Rz. 131.

49) *Gaß*, Die Umwandlung gemeindlicher Unternehmen, 2003, S. 199. Tendenziell auch *Lepper*, RNotz 2006, 313, 332.

50) *Klingenberg* in: Deubert/Förschle/Störk, Sonderbilanzen, Rz. 416.

51) *Suppliet*, NotBZ 1997, 141, 145; *Foerster* in: BeckOGK-UmwG, § 171 Rz. 9; Lutter-*H. Schmidt*, UmwG, § 171 Rz. 5.

52) *Storg* in: Hidien/Jürgens, Die Besteuerung der öffentlichen Hand, § 15 Rz. 132 – dort auch m. w. Hinweisen zu den Anforderungen an die Bilanz. So auch *Lepper*, RNotz 2006, 313, 332.

53) Henssler/Strohn-*Wamser*, GesR, § 171 UmwG Rz. 2; Semler/Stengel/Leonard-*Krebs*, UmwG, § 171 Rz. 10; *Leuering* in: KölnKomm-UmwG, § 171 Rz. 7; Lutter-*H. Schmidt*, UmwG, § 171 Rz. 5.

54) S. zum Übergang von Grundstücken und dem damit einhergehenden Anfall von Grunderwerbsteuer, *Heckschen*, GmbHR 2018, 799, 789; *Werner*, VBl. 2019, 397, 401.

55) *Gaß*, Die Umwandlung gemeindlicher Unternehmen, 2003, S. 212; Widmann/Mayer-Heckschen, UmwR, § 171 UmwG Rz. 9.

56) Lutter-*H. Schmidt*, UmwG, § 171 Rz. 7; *Foerster* in: BeckOGK-UmwG, § 171 Rz. 10. Zur weiten Auslegung und zum Ausschluss höchstpersönlicher Rechte: *Heckschen*, GmbHR 2018, 799, 788; *Werner*, VBl. 2019, 397, 401.

57) *Gaß*, Die Umwandlung gemeindlicher Unternehmen, 2003, S. 212. S. zu den Vorteilen der partiellen Gesamtrechtsnachfolge: *Mayer/Weiler* in: MünchHdb. GesR, Bd. 3; § 72 Rz. 732.

58) *Heckschen*, GmbHR 2018, 799, 789; *Werner*, VBl. 2019, 397, 401.

Es kann sich eine Ergänzungsvereinbarung anbieten.[59] Etwaige Kollisionen von übergehenden und eigenen Vertragsverpflichtungen des Zielrechtsträgers mit Dritten sind über § 21 bzw. § 313 BGB aufzulösen.[60]

17 **Öffentlich-rechtliche Personalgenehmigungen**, insbesondere gewerberechtliche Erlaubnisse, gehen nicht über und sind nach Wirksamwerden der Ausgliederung im Zweifel neu zu beantragen.[61] **Arbeitsverhältnisse** von Arbeitnehmern, die beim ausgegliederten Unternehmen angestellt sind, gehen nach § 613a BGB über.[62] Beim ausgegliederten Unternehmen tätige Beamte können nur durch Individualvereinbarung oder spezielles Gesetz auf den übernehmenden bzw. neuen Zielrechtsträger übergeleitet werden; § 613a BGB findet auf öffentlich-rechtliche **Beamtenverhältnisse** keine Anwendung (zu den arbeitsrechtlichen Auswirkungen: § 168 Rz. 77 ff. [*Schwalm/Schwind*]).[63]

18 Nach § 171 i. V. m. § 131 Abs. 1 Nr. 3 Satz 3 wird die übertragende Gebietskörperschaft oder der Zusammenschluss von Gebietskörperschaften entsprechend dem Ausgliederungs- und Übernahmevertrag bzw. dem Ausgliederungsplan **Anteilsinhaber** des übernehmenden bzw. neuen Zielrechtsträgers.[64]

19 Über § 171 i. V. m. § 131 Abs. 1 Nr. 4 kommt es mit Eintragung zur **Heilung** etwaiger Mängel der notariellen Beurkundung des Ausgliederungs- und Übernahmevertrags bzw. des Ausgliederungsplans; gleiches gilt für erforderliche Zustimmungs- oder Verzichtserklärungen.[65] Dies gilt sowohl für die fehlende als auch die fehlerhafte notarielle Beurkundung.[66] Entsprechende Anwendung findet die Vorschrift auf nicht eingehaltene oder fehlerhaft angewendete öffentlich-rechtliche Formerfordernisse.[67]

20 **Sonstige Mängel** der Ausgliederung lassen nach § 131 Abs. 2 die mit der Eintragung eintretenden Folgen i. S. des § 131 Abs. 1 unberührt. Dies gilt auch für das Fehlen oder Nichtbeachten öffentlich-rechtlicher Ausgliederungsvoraussetzungen.[68] Die Mängel schlagen also nicht auf die Wirksamkeit der Ausgliederung durch. Eine Rückabwicklung einer fehlerhaften, aber eingetragenen und vollzogenen Ausgliederung ist nicht möglich.[69]

21 Der **Gläubigerschutz** durch die ebenfalls übergehenden Verbindlichkeiten wird durch § 172 gewährleistet (siehe dazu § 172 Rz. 1 [*Schwalm/Schwind*]).

---

59) *Gaß*, Die Umwandlung gemeindlicher Unternehmen, 2003, S. 212.
60) *Gaß*, Die Umwandlung gemeindlicher Unternehmen, 2003, S. 212.
61) *Heckschen*, GmbHR 2018, 799, 788; *Werner*, VBl. 2019, 397, 401.
62) Lutter-*H. Schmidt*, UmwG, § 171 Rz. 7.
63) Lutter-*H. Schmidt*, UmwG, § 171 Rz. 7.
64) Lutter-*H. Schmidt*, UmwG, § 171 Rz. 7; *Foerster* in: BeckOGK-UmwG, § 171 Rz. 10; *Leuering* in: KölnKomm-UmwG, § 171 Rz. 9.
65) *Leuering* in: KölnKomm-UmwG, § 171 Rz. 10; Lutter-*H. Schmidt*, UmwG, § 171 Rz. 9.
66) Lutter-*H. Schmidt*, UmwG, § 171 Rz. 8.
67) Lutter-*H. Schmidt*, UmwG, § 171 Rz. 8; *Foerster* in: BeckOGK-UmwG, § 171 Rz. 11.
68) *Foerster* in: BeckOGK-UmwG, § 171 Rz. 11.
69) Lutter-*H. Schmidt*, UmwG, § 171 Rz. 9.

§ 172

Haftung der Körperschaft oder des Zusammenschlusses

[1]Durch den Übergang der Verbindlichkeiten auf den übernehmenden oder neuen Rechtsträger wird die Körperschaft oder der Zusammenschluß von der Haftung für die Verbindlichkeiten nicht befreit. [2]§ 418 des Bürgerlichen Gesetzbuchs ist nicht anzuwenden.

Literatur: Siehe auch das Schrifttum zu § 168. *Gaß*, Die Umwandlung gemeindlicher Unternehmen, Würzburg 2003 (Diss.).

Übersicht

I. Normzweck und Systematik

Der sowohl bei der Ausgliederung zur Aufnahme als auch bei der Ausgliederung zur Neugründung anwendbare[1)] § 172 Satz 1 bezweckt den **Schutz der Gläubiger des übertragenden Rechtsträgers**, indem die Gebietskörperschaft bzw. der Zusammenschluss durch den ohne Einwilligung der Gläubiger erfolgten Übergang der Verbindlichkeiten bei Wirksamwerden der Ausgliederung auf den übernehmenden oder neuen Rechtsträger nicht von der gesamtschuldnerischen Haftung befreit wird.[2)] Die Mithaftung des übertragenden Rechtsträgers folgt allgemein schon aus § 133 Abs. 1 Satz 1.[3)] § 172 Satz 1 hat folglich lediglich **klarstellende Funktion.**[4)] Der Norm kommt keine verdrängende Spezialität zu.[5)] Ein Rückgriff auf das Haftungsregime des allgemeinen Spaltungsrechts zur Begründung eines über § 172 Satz 1 hinausgehenden Gläubigerschutzes ist nicht ausgeschlossen.[6)] 1

Neben der Gebietskörperschaft bzw. dem Zusammenschluss haftet der übernehmende bzw. der neue **Zielrechtsträger** im Außenverhältnis als Gesamtschuldner.[7)] Dies bestimmt sich nach der allgemeinen Haftungsvorschrift des § 133[8)] (siehe zur Haftung des Zielrechtsträgers Rz. 14 ff.). 2

§ 172 Satz 2 dient ebenfalls dem **Gläubigerschutz.**[9)] Die Vorschrift ordnet abweichend vom allgemeinen Zivilrecht an, dass **Sicherungs- und Vorzugsrechte** bei der Ausgliederung aus dem Vermögen der öffentlichen Hand nicht nach § 418 BGB erlöschen. 3

Die Norm findet ihre Rechtfertigung darin, dass sich der Schuldnerwechsel bei der Ausgliederung ohne Zustimmung und auch gegen den Willen der Gläubiger des übertragenden Rechtsträgers vollzieht.[10)] 4

§ 172 entspricht inhaltlich § 156 und § 166 (siehe dazu § 166 Rz. 1 [*Schwalm/Schwind*]).[11)] 5

---

1) Zum Anwendungsbereich s. nur: *Leuering* in: KölnKomm-UmwG, § 172 Rz. 1.
2) Henssler/Strohn-*Wamser*, GesR, § 172 UmwG Rz. 1; *Foerster* in: BeckOGK-UmwG, § 172 Rz. 2; Semler/Stengel/Leonard-*Krebs*, UmwG, § 172 Rz. 1; Widmann/Mayer-*Heckschen*, UmwR, § 172 UmwG Rz. 1.
3) Schmitt/Hörtnagl-*Hörtnagl*, UmwG/UmwStG, § 172 UmwG Rz. 1.
4) Schmitt/Hörtnagl-*Hörtnagl*, UmwG/UmwStG, § 172 UmwG Rz. 1; *Foerster* in: BeckOGK-UmwG, § 172 Rz. 2; Widmann/Mayer-*Heckschen*, UmwR, § 172 UmwG Rz. 2.
5) A. A. Henssler/Strohn-*Wamser*, GesR, § 172 UmwG Rz. 1; Semler/Stengel/Leonard-*Krebs*, UmwG, § 172 Rz. 3; *Gaß*, Die Umwandlung gemeindlicher Unternehmen, 2003, S. 214; *Leuering* in: KölnKomm-UmwG, § 172 Rz. 1.
6) *Foerster* in: BeckOGK-UmwG, § 172 Rz. 3.
7) Henssler/Strohn-*Wamser*, GesR, § 172 UmwG Rz. 1.
8) Henssler/Strohn-*Wamser*, GesR, § 172 UmwG Rz. 1.
9) Semler/Stengel/Leonard-*Krebs*, UmwG, § 172 Rz. 1; *Foerster* in: BeckOGK-UmwG, § 172 Rz. 2; Widmann/Mayer-*Heckschen*, UmwR, § 172 UmwG Rz. 2.
10) Semler/Stengel/Leonard-*Krebs*, UmwG, § 172 Rz. 1; *Foerster* in: BeckOGK-UmwG, § 172 Rz. 2; *Leuering* in: KölnKomm-UmwG, § 172 Rz. 2.
11) Schmitt/Hörtnagl-*Hörtnagl*, UmwG/UmwStG, § 172 UmwG Rz. 1; *Foerster* in: BeckOGK-UmwG, § 172 Rz. 2; *Leuering* in: KölnKomm-UmwG, § 172 Rz. 1; Widmann/Mayer-*Heckschen*, UmwR, § 172 UmwG Rz. 3.

II. Entstehung

6 § 172 übernimmt das in § 57 Abs. 2 und § 38 Abs. 2 je i. V. m. § 55 Abs. 2 Satz 1 und 2 UmwG 1969[12] enthaltende Recht und erfasst auch die durch das UmwBerG[13] zum 1.1.1995 neu geschaffenen Ausgliederungsmöglichkeiten.[14]

III. Haftung des übertragenden Rechtsträgers (§ 172 Satz 1)

7 Durch den im Wege der partiellen Gesamtrechtsnachfolge (siehe dazu § 171 Rz. 16 [*Schwalm/Schwind*]) erfolgten Übergang der Verbindlichkeiten auf den übernehmenden bzw. neuen Rechtsträger wird die Gebietskörperschaft bzw. der Zusammenschluss nicht von der **Mithaftung** befreit.[15]

8 Die gesamtschuldnerische Mithaftung der Gebietskörperschaft bzw. des Zusammenschlusses besteht aber nur **auf Zeit.** Über § 173 ist sie auf fünf Jahre begrenzt (zur Nachhaftung siehe § 173 Rz. 8 f. [*Schwalm/Schwind*]).

9 Die Gebietskörperschaft bzw. der Zusammenschluss haftet – neben dem Zielrechtsträger (siehe Rz. 10) – unter den weiteren Voraussetzungen des § 173 (siehe § 173 Rz. 8 f. [*Schwalm/Schwind*]) für die im Ausgliederungs- und Übernahmevertrag oder Ausgliederungsplans **aufgeführten Verbindlichkeiten** des ausgegliederten Unternehmens fort.[16] **Umfang** und **Bestand** der Verbindlichkeiten bestimmen sich zum Zeitpunkt des Wirksamwerden der Ausgliederung.[17] Eine Haftung für bei der Gebietskörperschaft bzw. dem Zusammenschluss verbleibende, weil ausdrücklich **nicht aufgeführte** bzw. **vergessene,**[18] **Verbindlichkeiten** besteht, unverändert und ohne zeitliche Beschränkung, fort (zum Anspruch auf Sicherheitsleistung siehe Rz. 17 ff.).[19] Eine Mithaftung für bereits bestehende **Altverbindlichkeiten** oder nach der Ausgliederung begründete **Neuverbindlichkeiten** des Zielrechtsträgers besteht grundsätzlich[20] nicht (siehe Rz. 16).[21]

10 Die Gebietskörperschaft bzw. der Zusammenschluss und der Zielrechtsträger haften im **Außenverhältnis** gemeinsam als **Gesamtschuldner** i. S. der §§ 421 ff. BGB.[22] Nach allgemeinen Grundsätzen kann der Gläubiger innerhalb der Grenzen des §§ 226, 242, 826 BGB[23] und unter Berücksichtigung des § 173[24] wählen, welchen Gesamtschuldner er ganz oder teilweise in Anspruch nimmt.[25]

---

12) Gesetz zur Bereinigung des Umwandlungsrechts (UmwBerG) v. 28.10.1994 BGBl. I 1994, 3210.

13) Gesetz zur Bereinigung des Umwandlungsrechts (UmwBerG), v. 28.12.1994, BGBl. I 1994, 3210.

14) Begr. Fraktionsentwurf UmwBerG, BT-Drucks. 12/6699, S. 132; *Ganske*, Umwandlungsrecht, S. 197.

15) Lutter-*H. Schmidt*, UmwG, § 172 Rz. 4.

16) Henssler/Strohn-*Wamser*, GesR, § 172 UmwG Rz. 1; Lutter-*H. Schmidt*, UmwG, § 172 Rz. 4.

17) Widmann/Mayer-*Heckschen*, UmwR, § 172 UmwG Rz. 7.

18) Für im Wege der ergänzenden Auslegung gewonnenen Anspruchs auf Übernahme der vergessenen Verbindlichkeiten im Wege der Einzelrechtsnachfolge oder auf Freistellung des übertragenden Rechtsträgers, Lutter-*H. Schmidt*, UmwG, § 172 Rz. 10.

19) Lutter-*H. Schmidt*, UmwG, § 172 Rz. 4 und Rz. 11; Semler/Stengel/Leonard-*Krebs*, UmwG, § 172 Rz. 16; *Foerster* in: BeckOGK-UmwG, § 172 Rz. 7; *Leuering* in: KölnKomm-UmwG, § 172 Rz. 1.

20) S. zur nachträglichen Einbeziehung von Neuverbindlichkeiten: Widmann/Mayer-*Heckschen*, UmwR, § 172 UmwG Rz. 8.

21) Semler/Stengel/Leonard-*Krebs*, UmwG, § 172 Rz. 5; Lutter-*H. Schmidt*, UmwG, § 172 Rz. 14; Widmann/Mayer-*Heckschen*, UmwR, § 172 UmwG Rz. 14.

22) Henssler/Strohn-*Wamser*, GesR, § 172 UmwG Rz. 1; Semler/Stengel/Leonard-*Krebs*, UmwG, § 172 Rz. 1; Lutter-*H. Schmidt*, UmwG, § 172 Rz. 5; *Leuering* in: KölnKomm-UmwG, § 172 Rz. 1.

23) *Kreße* in: BeckOGK-BGB, § 421 Rz. 56.

24) Lutter-*H. Schmidt*, UmwG, § 172 Rz. 5.

25) Lutter-*H. Schmidt*, UmwG, § 172 Rz. 5.

Im **Innenverhältnis** sind die Gebietskörperschaft bzw. der Zusammenschluss und Zielrechtsträger abweichend von der Grundregel des § 426 Abs. 1 Satz 1 BGB nicht zu gleichen Teilen verpflichtet. Bei der Ausgliederung ist es der im Ausgliederungs- und Übernahmevertrag oder Ausgliederungsplan dokumentierte Wille der beteiligten Rechtsträger, dass der übernehmende bzw. neue Rechtsträger neuer **Primärschuldner** der ihm zugeordneten und auf ihn übergegangenen Verbindlichkeiten ist.[26] Die Gebietskörperschaft bzw. der Zusammenschluss hat folglich nach allgemeinen zivilrechtlichen Grundsätzen schon vor Leistung an den Gläubiger einen **Befreiungsanspruch** oder nach erfolgter Inanspruchnahme einen **Ausgleichsanspruch** in vollem Umfang.[27] 11

IV. Keine Anwendung von § 418 BGB (§ 172 Satz 2)

Nach § 172 Satz 2 erlöschen Sicherungs- und Vorzugsrechte der Gläubiger nicht bei dem mit dem Wirksamwerden der Ausgliederung einhergehenden Schuldnerwechsel. Die Anwendung des § 418 BGB wird ausgeschlossen.[28] Die **Sicherungs- und Vorzugsrechte** der Gläubiger, an den im Wege der Gesamtrechtsnachfolge auf den übernehmenden bzw. neuen Rechtsträger übergehenden Verbindlichkeiten, bleiben bestehen.[29] Gläubiger der übertragenden Gebietskörperschaft bzw. des Zusammenschlusses können ihre Sicherungsrechte[30] bzw. im Insolvenzfalle ihre Vorzugsrechte,[31] die an den auf den Zielrechtsträger übergegangenen Verbindlichkeiten bestehen, auch nach Wirksamwerden der Ausgliederung gegenüber dem übernehmenden bzw. neuen Rechtsträger geltend machen.[32] 12

Anknüpfungspunkt der Sicherungs- und Vorzugsrechte ist jeweils nur die gesicherte Verbindlichkeit; nicht die Mithaftung auf Zeit der Gebietskörperschaft bzw. des Zusammenschlusses.[33] Aus diesem Grund findet die Nachhaftungsbegrenzung des § 173 keine Anwendung.[34] Die Sicherungs- und Vorzugsrechte können auch nach Ablauf der Fünfjahresfrist noch geltend gemacht werden.[35] Unerheblich ist zudem, wer die Sicherheit bestellt hat.[36] 13

V. Haftung des übernehmenden bzw. neuen Rechtsträgers

Die Haftung des Zielrechtsträgers bestimmt sich nach allgemeinen Grundsätzen. Neben der Gebietskörperschaft bzw. dem Zusammenschluss haftet der übernehmende bzw. neue Rechtsträger im **Außenverhältnis** als **Gesamtschuldner** sowohl für die im Ausgliede- 14

26) Semler/Stengel/Leonard-*Krebs*, UmwG, § 172 Rz. 8; Henssler/Strohn-*Wamser*, GesR, § 172 UmwG Rz. 1; Lutter-*H. Schmidt*, UmwG, § 172 Rz. 5; *Leuering* in: KölnKomm-UmwG, § 172 Rz. 3.

27) Grüneberg-*Grüneberg*, BGB, § 426 Rz. 4. *Foerster* in: BeckOGK-UmwG, § 172 Rz. 6; Henssler/Strohn-*Wamser*, GesR, § 172 UmwG Rz. 1; Semler/Stengel/Leonard-*Krebs*, UmwG, § 172 Rz. 8; Lutter-*H. Schmidt*, UmwG, § 172 Rz. 5; *Leuering* in: KölnKomm-UmwG, § 172 Rz. 3.

28) *Foerster* in: BeckOGK-UmwG, § 172 Rz. 11; Lutter-*H. Schmidt*, UmwG, § 172 Rz. 7.

29) Henssler/Strohn-*Wamser*, GesR, § 172 UmwG Rz. 2; Semler/Stengel/Leonard-*Krebs*, UmwG, § 172 Rz. 14; Lutter-*H. Schmidt*, UmwG, § 172 Rz. 7.

30) Erfasst sind nicht nur akzessorische (Bürgschaft, Pfandrecht, Hypothek), sondern auch nichtakzessorische und damit selbstständige Sicherungsrechte (Sicherungsgrundschuld, -übereignung, -abtretung), auf die § 418 BGB entsprechend anwendbar ist, *Rohe* in: BeckOK-BGB § 418 Rz. 4.

31) Zur geringen Bedeutung der Vorzugsrechte in der Insolvenz des Übernehmers nach der Reform des Insolvenzrechts, *Rohe* in: BeckOK-BGB, § 418 Rz. 11. Zur verbleibenden Bedeutung: *Heinig* in: BeckOGK-BGB, § 418 Rz. 39.

32) *Foerster* in: BeckOGK-UmwG, § 172 Rz. 11.

33) *Foerster* in: BeckOGK-UmwG, § 172 Rz. 11.

34) *Foerster* in: BeckOGK-UmwG, § 172 Rz. 11; *Leuering* in: KölnKomm-UmwG, § 172 Rz. 4; Lutter-*H. Schmidt*, UmwG, § 172 Rz. 7.

35) *Foerster* in: BeckOGK-UmwG, § 172 Rz. 11.

36) *Foerster* in: BeckOGK-UmwG, § 172 Rz. 11.

rungs- und Übernahmevertrag oder Ausgliederungsplan aufgeführten und bei Wirksamwerden der Ausgliederung **übergegangenen** Verbindlichkeiten (§§ 131 Abs. 1 Nr. 1, 135) als auch – unter der Berücksichtigung der Haftungsbegrenzung des § 133 Abs. 1 und 3[37)] – für **alle**[38)] bei der Gebietskörperschaft bzw. bei dem Zusammenschluss **verbleibenden, d. h. auch vergessene,** Verbindlichkeiten (§ 133).[39)]

15 Die zeitliche Nachhaftungsbegrenzung des § 173 gilt für den Zielrechtsträger nicht. Im **Innenverhältnis** ist der übernehmende bzw. neue Rechtsträger für die übergegangenen Verbindlichkeiten primärverpflichtet (siehe Rz. 11); umgekehrt ist es der übertragende Rechtsträger für die verbleibenden Verbindlichkeiten.[40)] Da sich bei der Ausgliederung aus dem Vermögen der öffentlichen Hand keine Besonderheiten ergeben,[41)] sei insoweit auf die allgemeinen Ausführungen verwiesen.

16 Für **Altverbindlichkeiten**, d. h. bei Wirksamwerden der Ausgliederung bereits beim Zielrechtsträger bestehende, und für **Neuverbindlichkeiten**, d. h. nach Wirksamwerden der Ausgliederung beim Zielrechtsträger begründete, haftet dieser allein (siehe Rz. 9).[42)]

VI. Anspruch auf Sicherheitsleistung

17 Die Gläubiger sämtlicher an der Ausgliederung beteiligter Rechtsträger, gegen die sich der Anspruch richtet, haben im Grundsatz nach §§ 133, 125 Abs. 1, 22 bei Vorliegen der Anspruchsvoraussetzungen ein Recht auf Sicherheitsleistung für die bei Wirksamwerden der Ausgliederung begründeten, aber noch nicht fälligen Forderungen.[43)]

18 Umstritten ist, ob die **Gläubiger der übertragenden Gebietskörperschaft oder des Zusammenschlusses** nach allgemeinen Grundsätzen des Spaltungsrechts ein Anspruch auf Sicherheitsleistung gegen die Gebietskörperschaft oder den Zusammenschluss für die bei ihr bzw. ihm **verbleibenden Verbindlichkeiten** zustehen kann. Vereinzelt wird dies schon generell im Hinblick auf die fehlende Insolvenzfähigkeit der Gebietskörperschaft oder des Zusammenschlusses und das damit nicht gegebene Schutzbedürfnis der Gläubiger verneint.[44)] Richtigerweise sollte – auch wenn einem Gläubiger kaum je die Glaubhaftmachung der Anspruchsgefährdung gelingen wird[45)] – das Recht auf Sicherheitsleistung nicht schon von vornherein zu Lasten des Gläubigerschutzes ausgeschlossen werden, sondern konsequenterweise allein auf Tatbestandsebene abgelehnt werden.[46)]

37) Abweichend von § 134 Abs. 4 Satz 1 ist nicht auf den Tag der Eintragung in das Register des Sitzes des übertragenden Rechtsträgers, sondern wegen § 171 auf die Bekanntmachung der Eintragung der Ausgliederung in das Register des übernehmenden Rechtsträgers oder der Eintragung des neuen Rechtsträgers abzustellen, *Foerster* in: BeckOGK-UmwG, § 172 Rz. 10; Lutter-*H. Schmidt*, UmwG, § 172 Rz. 13. Für die Fristberechnung ist der auf die Bekanntmachung folgende Tag maßgeblich, Lutter-*H. Schmidt*, UmwG, § 172 Rz. 13.

38) *Foerster* in: BeckOGK-UmwG, § 172 Rz. 9.

39) *Foerster* in: BeckOGK-UmwG, § 172 Rz. 8 f.; Lutter-*H. Schmidt*, UmwG, § 172 Rz. 10 und 12; Semler/Stengel/Leonard-*Krebs*, UmwG, § 172 Rz. 16; *Leuering* in: KölnKomm-UmwG, § 172 Rz. 6.

40) *Foerster* in: BeckOGK-UmwG, § 172 Rz. 9; Lutter-*H. Schmidt*, UmwG, § 172 Rz. 12; Semler/Stengel/Leonard-*Krebs*, UmwG, § 172 Rz. 17.

41) *Foerster* in: BeckOGK-UmwG, § 172 Rz. 8.

42) Lutter-*H. Schmidt*, UmwG, § 172 Rz. 14; Semler/Stengel/Leonard-*Krebs*, UmwG, § 172 Rz. 18.

43) *Leuering* in: KölnKomm-UmwG, § 172 Rz. 5.

44) Widmann/Mayer-*Heckschen*, UmwR, § 168 Rz. 209. Im Anschluss: *Gaß*, Die Umwandlung gemeindlicher Unternehmen, 2003, S. 214.

45) Semler/Stengel/Leonard-*Krebs*, UmwG, § 172 Rz. 11; Lutter-*H. Schmidt*, UmwG, § 172 Rz. 8.

46) I. Erg. ebenso: *Foerster* in: BeckOGK-UmwG, § 172 Rz. 7; Henssler/Strohn-*Wamser*, GesR, § 172 UmwG Rz. 2; Semler/Stengel/Leonard-*Krebs*, UmwG, § 172 Rz. 11; Lutter-*H. Schmidt*, UmwG, § 172 Rz. 8; *Leuering* in: KölnKomm-UmwG, § 172 Rz. 5.

Wegen der auf den übernehmenden bzw. auf den neuen Rechtsträger **übergegangenen Verbindlichkeiten** hat die übertragende Gebietskörperschaft bzw. der Zusammenschluss keine Sicherheitsleistung an ihre bzw. seine Gläubiger zu leisten.[47] Zur Sicherheitsleistung ist im Spaltungsrecht nach § 133 Abs. 1 Satz 2 Halbs. 2 nur der Rechtsträger verpflichtet, gegen den sich der Anspruch richtet, also derjenige dem die Verbindlichkeiten bei der Ausgliederung im Ausgliederungs- und Übernahmevertrag oder Ausgliederungsplan zugeordnet wurden und der diese übernommen hat.[48] Die Gläubiger können deshalb Sicherheitsleistung allein von dem übernehmenden bzw. neuen Rechtsträger als neuem Primärschuldner der mit Wirksamwerden der Ausgliederung übergegangenen Verbindlichkeiten verlangen; nicht aber von der Gebietskörperschaft bzw. des Zusammenschlusses, die bzw. der nach §§ 172 Satz 1, 173 auf Zeit forthaftet.[49] 19

---

47) Henssler/Strohn-*Wamser*, GesR, § 172 UmwG Rz. 2; Semler/Stengel/Leonard-*Krebs*, UmwG, § 172 Rz. 12; Lutter-*H. Schmidt*, UmwG, § 172 Rz. 9.

48) *Foerster* in: BeckOGK-UmwG, § 172 Rz. 5; Semler/Stengel/Leonard-*Krebs*, UmwG, § 172 Rz. 13; Lutter-*H. Schmidt*, UmwG, § 172 Rz. 9.

49) Semler/Stengel/Leonard-*Krebs*, UmwG, § 172 Rz. 13; Lutter-*H. Schmidt*, UmwG, § 172 Rz. 9 f.; *Leuering* in: KölnKomm-UmwG, § 172 Rz. 5.

§ 173
Zeitliche Begrenzung der Haftung für übertragene Verbindlichkeiten

Auf die zeitliche Begrenzung der Haftung für die im Ausgliederungs- und Übernahmevertrag aufgeführten Verbindlichkeiten ist § 157 entsprechend anzuwenden.

Literatur: Siehe das Schrifttum zu § 168.

Übersicht

I. Normzweck und Systematik

Die verfassungsmäßige[1] Norm knüpft an § 172 an.[2] § 173 bezweckt die **zeitliche und auch sachliche Begrenzung** der in § 172 Satz 1 angeordneten, gesamtschuldnerischen Haftung der Gebietskörperschaft bzw. des Zusammenschlusses (siehe dazu § 172 Rz. 8 ff. [*Schwalm/Schwind*]) für die bei Wirksamwerden der Ausgliederung übergegangenen Verbindlichkeiten.[3] Der Verweis auf § 157 stellt klar, dass auch bei der Ausgliederung aus dem Vermögen der öffentlichen Hand für die Geltendmachung von Ansprüchen aus übergegangenen Verbindlichkeiten gegen die Gebietskörperschaft bzw. den Zusammenschluss die fünfjährige **Ausschlussfrist** unter den dort normierten, kumulativen Voraussetzungen eingreift. Die Haftung der Gebietskörperschaft bzw. des Zusammenschlusses 1

---

1) Umfassend zur Verfassungsmäßigkeit des § 173: Lutter-*H. Schmidt*, UmwG, § 173 Rz. 2. Im Zusammenhang mit der Privatisierung öffentlich-rechtlicher Kreditinstitute: Semler/Stengel/Leonard-*Krebs*, UmwG, § 173 Rz. 8.

2) *Foerster* in: BeckOGK-UmwG, § 173 Rz. 3; Lutter-*H. Schmidt*, UmwG, § 173 Rz. 1.

3) Lutter-*H. Schmidt*, UmwG, § 173 Rz. 1; Semler/Stengel/Leonard-*Krebs*, UmwG, § 173 Rz. 4.

wird so zur Mithaftung auf Zeit. Zugleich wird auch die gesetzliche Sicherung der Gläubiger zeitlich begrenzt.[4)]

2 Die Norm entspricht § 167 (siehe dazu § 167 Rz. 1 f. [*Schwalm/Schwind*]).[5)]

3 Für vor dem 1.1.1995 entstandene Verbindlichkeiten enthält § 353 eine Sonderregelung.[6)]

II. Entstehung

4 Die Vorschrift war in ihrem Regelungsgehalt schon im UmwG 1969[7)] enthalten.[8)] Sie übernimmt das in § 57 Abs. 2 und § 58 Abs. 2 je i. V. m. § 56 UmwG 1969 enthaltende geltende Recht.[9)]

III. Anwendungsbereich

5 § 173 begrenzt ausschließlich die über § 172 Satz 1 angeordnete gesamtschuldnerische Mithaftung der Gebietskörperschaft bzw. des Zusammenschlusses für **übergegangene Verbindlichkeiten** (zu Versorgungsverpflichtungen siehe Rz. 16 f.).[10)]

6 Bei der Gebietskörperschaft bzw. dem Zusammenschluss **verbleibende Verbindlichkeiten** werden nicht von der Norm erfasst. Eine Enthaftung der Gebietskörperschaft bzw. des Zusammenschlusses kommt – abseits von den allgemeinen Verjährungsregeln – nicht in Betracht.[11)] Die Enthaftung des übernehmenden bzw. neuen Rechtsträgers, der für die nach der Ausgliederung bei der Gebietskörperschaft bzw. dem Zusammenschluss verbleibenden Verbindlichkeiten mithaftet, bestimmt sich nach **§ 133 Abs. 3**.

7 Trotz des entgegenstehenden Wortlautes erfasst die Enthaftungsnorm des § 173 nicht nur die im **Ausgliederungs- und Übernahmevertrag**, sondern auch die im **Ausgliederungsplan** aufgeführten Verbindlichkeiten.[12)] Aufgeführt sind auch solche Verbindlichkeiten, die sich aus **Anlagen** zum Ausgliederungs- und Übernahmevertrag bzw. Ausgliederungsplan (Urkunden i. S. des § 126 Abs. 2 Satz 3, wie z. B. Bilanzen) ergeben.[13)] Die Verbindlichkeiten müssen also dem Zielrechtsträger in den Ausgliederungsdokumenten zugeordnet worden bzw. zumindest **im Wege der Auslegung**[14)] zuordenbar sein. Entgegen dem Wortlaut findet § 173 also nicht nur auf die **Ausgliederung zur Aufnahme**, sondern auch auf die **Ausgliederung zur Neugründung** Anwendung.[15)]

IV. Entsprechende Anwendung von § 157

8 Die Gebietskörperschaft bzw. der Zusammenschluss haftet nach § 172 für übergegangene Verbindlichkeiten nur dann, wenn diese innerhalb von fünf Jahren nach dem Wirksam-

---

4) Vgl. *Foerster* in: BeckOGK-UmwG, § 173 Rz. 2; Semler/Stengel/Leonard-*Krebs*, UmwG, § 173 Rz. 1.

5) Begr. Fraktionsentwurf UmwBerG, BT-Drucks. 12/6699, S. 132; *Ganske*, Umwandlungsrecht, S. 197.

6) Lutter-*H. Schmidt*, UmwG, § 173 Rz. 1 und Rz. 14.

7) Gesetz zur Neufassung des Umwandlungsgesetzes, v. 6.11.1969, BGBl. I 1969, 2081.

8) Vgl. Semler/Stengel/Leonard-*Krebs*, UmwG, § 173 Rz. 3.

9) Begr. Fraktionsentwurf UmwBerG, BT-Drucks. 12/6699, S. 132; *Ganske*, Umwandlungsrecht, S. 197.

10) Vgl. Semler/Stengel/Leonard-*Krebs*, UmwG, § 173 Rz. 2; Lutter-*H. Schmidt*, UmwG, § 173 Rz. 5.

11) Vgl. Semler/Stengel/Leonard-*Krebs*, UmwG, § 173 Rz. 10; Lutter-*H. Schmidt*, UmwG, § 173 Rz. 5.

12) Allg. Meinung: Semler/Stengel/Leonard-*Krebs*, UmwG, § 173 Rz. 4; Henssler/Strohn-*Wamser*, GesR, § 173 UmwG Rz. 1; *Foerster* in: BeckOGK-UmwG, § 173 Rz. 3; Lutter-*H. Schmidt*, UmwG, § 173 Rz. 5; *Leuering* in: KölnKomm-UmwG, § 171 Rz. 2.

13) Semler/Stengel/Leonard-*Krebs*, UmwG, § 173 Rz. 4; Henssler/Strohn-*Wamser*, GesR, § 173 UmwG Rz. 1; *Foerster* in: BeckOGK-UmwG, § 173 Rz. 3; Lutter-*H. Schmidt*, UmwG, § 173 Rz. 5.

14) *Foerster* in: BeckOGK-UmwG, § 173 Rz. 3; Lutter-*H. Schmidt*, UmwG, § 173 Rz. 5.

15) Lutter-*H. Schmidt*, UmwG, § 173 Rz. 5; *Leuering* in: KölnKomm-UmwG, § 171 Rz. 2.

werden der Ausgliederung fällig und (kumulativ) diese innerhalb dieser Ausschlussfrist entsprechend geltend gemacht werden.

Die Haftung setzt erstens die **Fälligkeit** der übergegangenen Verbindlichkeit **innerhalb der Fünf-Jahres-Frist** nach der Ausgliederung voraus. Die fünfjährige Ausschlussfrist beginnt bei der Ausgliederung – abweichend von § 157 Abs. 2 Satz 1 – nicht mit dem Tag der Eintragung in das Register des Sitzes des übertragenden Rechtsträgers.[16] Wegen § 171 (siehe dazu § 171 Rz. 6 f. [*Schwalm/Schwind*]) ist auf die **Bekanntmachung der Eintragung** der Ausgliederung in das Register des übernehmenden Rechtsträgers oder der **Eintragung des neuen Rechtsträgers** abzustellen.[17] 9

Für die **Fristberechnung** sind die §§ 187 ff. BGB maßgeblich.[18] Die Frist beginnt nach § 187 Abs. 1 BGB an dem auf die Bekanntmachung folgenden Tag. Das Fristende endet nach § 188 Abs. 2 Halbs. 1 BGB mit dem Ablauf desjenigen Tages, der nach seinem Datum dem Tag der Bekanntmachung entspricht.[19] § 193 BGB kann den Fälligkeitszeitraums von fünf Jahren nicht verlängern.[20] 10

Die Haftung setzt zweitens voraus, dass die Verbindlichkeiten nach **§ 197 Abs. 1 Nr. 3–5 BGB festgestellt sind**, wenn eine **Vollstreckungshandlung** vorgenommen oder beantragt wird oder wenn bei öffentlich-rechtlichen Verbindlichkeiten ein Verwaltungsakt erlassen wird. Fällt das Fristende der fünfjährigen Ablauffrist auf einen Samstag, Sonntag oder einen Feiertag, kann eine anspruchserhaltende Maßnahme nach § 193 BGB noch am nächsten Werktag ergriffen werden.[21] 11

Einer Feststellung nach § 197 Abs. 1 Nr. 3–5 bedarf es nur ausnahmsweise dann nicht, wenn die Gebietskörperschaft bzw. der Zusammenschluss den Anspruch nach § 173 i. V. m. § 157 Abs. 3 schriftlich **anerkennt**. 12

§ 157 Abs. 4 hat bei der Ausgliederung nach § 168 grundsätzlich keinen praktischen Anwendungsbereich.[22] Gleiches gilt für § 157 Abs. 1 Satz 2.[23] 13

Werden die Verbindlichkeit erst nach der Fünf-Jahres-Frist fällig oder werden die Verbindlichkeiten nicht geltend gemacht bzw. anerkannt, ist die Gebietskörperschaft bzw. der Zusammenschluss enthaftet.[24] Der Haftungsanspruch der Gläubiger samt etwaiger **Sekundäransprüche** erlischt.[25] 14

Im Übrigen kann wegen der Einzelheiten auf die Kommentierung des § 157 verwiesen werden (siehe dazu § 157 Rz. 1 ff. [*Cyglakow*]). 15

V. Entsprechende Anwendung von § 133 Abs. 3 Satz 3

Die Enthaftungsfrist von **zehn Jahren**, die § 133 Abs. 3 Satz 3 für die Ausgliederung von **Versorgungsverpflichtungen** nach dem BetrAVG[26] zum Schutz der Gläubiger solcher 16

16) Lutter-*H. Schmidt*, UmwG, § 173 Rz. 6; *Foerster* in: BeckOGK-UmwG, § 173 Rz. 4.

17) *Foerster* in: BeckOGK-UmwG, § 173 Rz. 4; Lutter-*H. Schmidt*, UmwG, § 173 Rz. 6; *Leuering* in: KölnKomm-UmwG, § 171 Rz. 1.

18) Semler/Stengel/Leonard-*Krebs*, UmwG, § 173 Rz. 6.

19) *Foerster* in: BeckOGK-UmwG, § 173 Rz. 4; Lutter-*H. Schmidt*, UmwG, § 173 Rz. 6.

20) Lutter-*H. Schmidt*, UmwG, § 173 Rz. 6.

21) Voraussetzung ist, dass die Verbindlichkeit innerhalb der Fünfjahresfrist fällig gewordenen ist, Lutter-*H. Schmidt*, UmwG, § 173 Rz. 6.

22) Lutter-*H. Schmidt*, UmwG, § 173 Rz. 12.

23) Lutter-*H. Schmidt*, UmwG, § 173 Rz. 12; Widmann/Mayer-*Heckschen*, GesR, § 173 UmwG Rz. 5.

24) Vgl. Lutter-*H. Schmidt*, UmwG, § 173 Rz. 6.

25) Der Ablauf der Ausschlussfrist begründet eine von Amts wegen zu beachtende rechtsvernichtende Einwendung, *Foerster* in: BeckOGK-UmwG, § 173 Rz. 5.

26) Gesetz zur Verbesserung der betrieblichen Altersversorgung (Betriebsrentengesetz – BetrAVG), v. 19.12.1974, BGBl. I 1974, 3610.

Versorgungsansprüche anordnet, findet entsprechende Anwendung auf die Ausgliederung durch die öffentliche Hand.[27]

17 Der weder in § 173 noch in § 157 enthaltende **Verweis auf § 133 Abs. 3 Satz 3** stellt ein **Redaktionsversehen** des Gesetzgebers dar.[28] Eine Privilegierung der Gebietskörperschaft oder des Zusammenschlusses, wenn Gegenstand der Ausgliederung nach § 168 auch Versorgungsverpflichtungen nach dem Betriebsrentengesetz sind, ist nicht ersichtlich.[29]

27) Lutter-*H. Schmidt*, UmwG, § 173 Rz. 7; Semler/Stengel/Leonard-*Krebs*, UmwG, § 173 Rz. 6.
28) Lutter-*H. Schmidt*, UmwG, § 173 Rz. 7; Semler/Stengel/Leonard-*Krebs*, UmwG, § 173 Rz. 6.
29) Lutter-*H. Schmidt*, UmwG, § 173 Rz. 7; Semler/Stengel/Leonard-*Krebs*, UmwG, § 173 Rz. 6.

Viertes Buch
Vermögensübertragung

Erster Teil
Möglichkeit der Vermögensübertragung

§ 174
Arten der Vermögensübertragung

(1) Ein Rechtsträger (übertragender Rechtsträger) kann unter Auflösung ohne Abwicklung sein Vermögen als Ganzes auf einen anderen bestehenden Rechtsträger (übernehmender Rechtsträger) gegen Gewährung einer Gegenleistung an die Anteilsinhaber des übertragenden Rechtsträgers, die nicht in Anteilen oder Mitgliedschaften besteht, übertragen (Vollübertragung).

(2) Ein Rechtsträger (übertragender Rechtsträger) kann

1. unter Auflösung ohne Abwicklung sein Vermögen aufspalten durch gleichzeitige Übertragung der Vermögensteile jeweils als Gesamtheit auf andere bestehende Rechtsträger,

2. von seinem Vermögen einen Teil oder mehrere Teile abspalten durch Übertragung dieses Teils oder dieser Teile jeweils als Gesamtheit auf einen oder mehrere bestehende Rechtsträger oder

3. aus seinem Vermögen einen Teil oder mehrere Teile ausgliedern durch Übertragung dieses Teils oder dieser Teile jeweils als Gesamtheit auf einen oder mehrere bestehende Rechtsträger

gegen Gewährung der in Absatz 1 bezeichneten Gegenleistung in den Fällen der Nummer 1 oder 2 an die Anteilsinhaber des übertragenden Rechtsträgers, im Falle der Nummer 3 an den übertragenden Rechtsträger (Teilübertragung).

Übersicht

I. Vorbemerkung: Praktische Relvanz der §§ 174 ff.

Im vierten Buch des UmwG ist die Vermögensübertragung geregelt. Bei dieser überträgt 1
ein Rechtsträger sein Vermögen als Ganzes (**Vollübertragung**) oder Teile seines Vermögens (**Teilübertragung**) durch Gesamt- oder Sonderrechtsnachfolge **auf einen** aufnehmenden, **bereits bestehenden Rechtsträger.**[1] Die praktische Bedeutung der Vermögensübertragung ist – jedenfalls aus empririscher Sicht – äußert gering.[2] Seit Einführung der Vorschriften sind lediglich zwölf Vermögensübertragungen nach den Vorschriften des

1) Schmitt/Hörtnagl-*Winter*, UmwG/UmwStG, Vorb. §§ 174 ff. UmwG Rz. 1.

2) Semler/Stengel/Leonard-*Stengel*, UmwG, § 174 Rz. 10.

UmwG bekannt geworden.[3] Einer der Gründe für dieses Schattendasein liegt darin begründet, dass die **aus steuerlicher Sicht** gewünschte Buchwertfortführung die **Gewährung von Gesellschaftsrechten als Gegenleistung erforderlich** macht, sofern die Gegenleistung nicht gänzlich entfällt.[4] Die Vermögensübertragung basiert jedoch auf der Gewährung einer nicht in Gesellschaftsrechten bestehenden Gegenleistung. Daher scheidet die Vermögensübertragung in allen Fällen aus, in welchen eine Versteuerung stiller Reserven vermieden werden soll.

II. Zweck der Vorschrift und Entstehungsgeschichte

2 §§ 174 ff. ermöglichen es Rechtsträgern, die aus strukturellen Gründen keine Verschmelzung oder Spaltung durchführen können, da ein **Umtausch von Anteilen nicht infrage kommt**, Umwaldungsmaßnahmen mit Gesamt- oder Sonderrechtsnachfolge durchzuführen.[5] Der Gesetzgeber wollte auch solchen Rechtsträgern eine Form der Umwandlung bieten.[6]

3 Wie bereits die geringe parktische Bedeutung zeigt, dient die Vermögensübertragung als Auffangtatbestand für Sonderfälle.[7] **Europarechtliche Vorgaben** für die Vermögensübertragung gibt es nicht.[8]

III. Vollübertragung (§ 174 Abs. 1)

4 Bei der Vollübertragung nach § 174 Abs. 1 muss der übertragende Rechtsträger sein **Vermögen als Ganzes** im Wege der **Gesamtrechtsnachfolge** auf einen bereits bestehenden Rechtsträger übertragen. Die hierfür gewährte Gegenleistung darf nicht in Anteilen am übernehmenden Rechtsträger bestehen. Da lediglich bestehende Rechtsträger an der Vollübertragung beteiligt sein dürfen, scheidet eine Übertragung im Wege der Neugründung aus.[9] Es besteht jedoch die Möglichkeit, einen **Rechtsträger in Gründung** an der Vollübertragung zu beteiligen.[10] Weiterhin eingeschränkt wird der Anwendungsbereich durch den in § 175 festgelegten Kreis der möglichen beteiligten Rechtsträger.

5 Für die Vollübertragung weiterhin erforderlich ist, dass das Vermögen als Ganzes übertragen wird. Insoweit deckt sich die Definition der Vollübertragung mit derjenigen der **Verschmelzung durch Aufnahme** gemäß § 2.[11] Die Übertragung des Vermögens findet im Wege der Gesamtrechtsnachfolge statt.

6 Die Übertragung des Vermögens als Ganzes, ohne dass einzelne Vermögenbestandteile aus der Übertragung ausgenommen werden, ermöglicht das für die Vermögensübertragung charakteristische **Erlöschen des übertragenden Rechtsträgers** ohne separate Abwicklung.[12] Soweit im Übertragungsvertrag festgelegt wird, dass einzelne Vermögensbestandteile zurückbehalten werden, führt dies zur Unwirksamkeit des Übertragungsvertrags.[13]

---

3) Semler/Stengel/Leonard-*Stengel*, UmwG, § 174 Rz. 10.
4) Semler/Stengel/Leonard-*Stengel*, UmwG, § 174 Rz. 10.
5) Begr. Fraktionsentwurf UmwBerG, BR-Drucks. 75/94, S. 133.
6) *Leuering* in: KölnKomm-UmwG, § 174 Rz. 1.
7) *Scheel/Harzenetter* in: BeckOGK-UmwG, § 174 Rz. 7.
8) *Scheel/Harzenetter* in: BeckOGK-UmwG, § 174 Rz. 7.
9) Semler/Stengel/Leonard-*Stengel*, UmwG, § 174 Rz. 10; *Scheel/Harzenetter* in: BeckOGK-UmwG, § 174 Rz. 19.
10) Widmann/Mayer-*Heckschen*, UmwR, § 174 UmwG Rz. 19.
11) Schmitt/Hörtnagl-*Winter*, UmwG/UmwStG, § 174 UmwG Rz. 2; Widmann/Mayer-*Heckschen*, UmwR, § 174 UmwG Rz. 16.
12) Schmitt/Hörtnagl-*Winter*, UmwG/UmwStG, Vorb. §§ 174 ff. UmwG Rz. 12.
13) *Scheel/Harzenetter* in: BeckOGK-UmwG, § 174 Rz. 22.

In diesen Fällen kommt eine **Umdeutung** in eine aktienrechtliche Übertragung nach § 179a AktG in Betracht.[14] Teil der übertragenen Vermögensmasse sind im Fall von **Versicherungen** auch Versicherungsbestände, wobei in Anbahnung befindliche Versicherungsverhältnis nicht erfasst sind.[15]

Maßgebliche für den Umfang ist das im Zeitpunkt des Wirksamwerdens der Übertragung vorhandenen Vermögen. **Wirksamkeit** erlangt die Vermögensübertragung gemäß § 176 Abs. 2 Satz 2 mit Eintragung in das Register des Sitzes des übertragenden Rechtsträgers. Hierdurch gehen alle Aktiva und Passiva auf den übernehmenden Rechtsträger über. Erfasst werden auch **nicht bilanzierte Vermögensgegenstände.**[16] Grundsätzlich unbeachtlich sind folglich Veränderungen zwischen dem Abschluss des Vertrages und Eintragung der Vermögensübertragung, wobei **Schadensersatzansprüche und Rücktrittsrechte** bei Veränderungen der Vermögensverhältnisse außerhalb der gewöhnlichen Fortführung des übertragenden Rechtsträgers in Betracht kommen.[17] 7

Ausgangspunkt zur Bestimmung der **Gegenleistung** ist die Vereinbarung der Parteien im Übertragungsvertrag.[18] Die Gegenleistung darf nicht in der Gewährung von Anteilen bestehen, weitere Anforderungen stellt § 174 Abs. 1 nicht auf. Typischerweise wird eine Geldzahlung vereinbart. Einschränkend ist der Wortlaut der Vorschrift jedoch dahingehend auszulegen, dass **Anteile an anderen Unternehmen** als dem übertragenden Rechtsträger als Gegenleistung gewährt werden dürfen.[19] 8

IV. Teilübertragung (§ 174 Abs. 2)

Unter den im Gesetz nicht näher definierten Begriff des Vermögensteiles fallen auch einzelne Vermögensgegenstände.[20] In der Vertragsgestaltung ist dem Bestimmtheitsgrundsatz hinreichend Rechnung zu tragen, sodass genau feszulegen ist, welcher Teil des Vermögens übertragen werden soll. Die dargelegten Grundsätze zum übertragenden Rechtsträger, sowie zur infrage kommenden Gegenleistung geltend auch für Absatz 2 entsprechend. 9

1. Aufspaltung (Abs. 2 Nr. 1)

Nach dem Vorbild des § 123 überträgt bei der aufspaltenden Teilübertragung der übertragende Rechtsträger in einem einheitlichen Vorgang sein gesamtes Vermögen durch **mindestens zwei Teilübertragungen** auf **mindestens zwei übernehmende Rechtsträger**, wobei die Vermögensübertragung im Wege einer partiellen Gesamtrechtsnachfolge erfolgt. Eine Abwicklung/Liquidation des übertragenden Rechtsträgers erfolgt nicht. Ebenso wie nach Absatz 1 müssen die an der Übertragung beteiligten Rechtsträger bereits bestehen. Eine Neugründung kommt nicht in Betracht. 10

14) Widmann/Mayer-*Heckschen*, UmwR, § 174 UmwG Rz. 16.

15) Schmitt/Hörtnagl-*Winter*, UmwG/UmwStG, § 174 UmwG Rz. 5.

16) Schmitt/Hörtnagl-*Winter*, UmwG/UmwStG, § 174 UmwG Rz. 5.

17) Semler/Stengel/Leonard-*Stengel*, UmwG, § 174 Rz. 13; *Kammerer-Galahn* in: NK-UmwG, § 174 Rz. 13.

18) *Leuering* in: KölnKomm-UmwG, § 174 Rz. 10.

19) H. M. Schmitt/Hörtnagl-*Winter*, UmwG/UmwStG, § 174 UmwG Rz. 7; *Kammerer-Galahn* in: NK-UmwG, § 174 Rz. 18; Widmann/Mayer-*Heckschen*, UmwR, § 174 UmwG Rz. 23 jeweils m. w. N. Abw. jedoch Semler/Stengel/Leonard-*Stengel*, UmwG, § 174 Rz. 20.

20) Semler/Stengel/Leonard-*Stengel*, UmwG, § 174 Rz. 13; Lutter-*Schmidt*, UmwG, § 174 Rz. 12; *Kammerer-Galahn* in: NK-UmwG, § 174 Rz. 16; Widmann/Mayer-*Heckschen*, UmwR, § 174 UmwG Rz. 31.

2. **Abspaltung (Abs. 2 Nr. 2)**

11 Im Unterschied zur Aufspaltung nach Absatz 2 Nr. 1 bleibt der übertragende Rechtsträger bei der abspaltenden Teilübertragung bestehen, da er einen Teil seines Vermögens **nicht überträgt.** Parallel zur Aufspaltung steht die **Gegenleistung** den Anteilsinhabern des sich spaltenden Rechtsträgers zu.[21)]

3. **Ausgliederung (Abs. 2 Nr. 3)**

12 Für die Ausgliederung nach Absatz 2 Nr. 3 gilt das zu Absatz 2 Nr. 2 Gesagte entsprechend, jedoch wird die für die Vermögensübertragung zu erbringende Gegenleistung unmittelbar an den übertragenden Rechtsträger selbst erbracht. Auf diese Weise kommt es nicht zu einer Vermögensminderung des übertragenden Rechtsträgers, sondern zu einer **Vermögensumschichtung.**[22)] Die Ausgliederung wird dadurch zum Unternehmensverkauf[23)], soweit die Gegenleistung in Geld besteht.[24)]

---

21) Semler/Stengel/Leonard-*Stengel*, UmwG, § 174 Rz. 17.

22) Semler/Stengel/Leonard-*Stengel*, UmwG, § 174 Rz. 18.

23) S. auch Begr. Fraktionsentwurf z. § 174 Abs. 2 Nr. 3, BR-Drucks. 75/94, S. 133.

24) Schmitt/Hörtnagl-*Winter*, UmwG/UmwStG, § 174 UmwG Rz. 11.

§ 175
Beteiligte Rechtsträger

Eine Vollübertragung ist oder Teilübertragungen sind jeweils nur möglich

1. **von einer Kapitalgesellschaft auf den Bund, ein Land, eine Gebietskörperschaft oder einen Zusammenschluß von Gebietskörperschaften;**
2. a) **von einer Versicherungs-Aktiengesellschaft auf Versicherungsvereine auf Gegenseitigkeit oder auf öffentlich-rechtliche Versicherungsunternehmen;**
   b) **von einem Versicherungsverein auf Gegenseitigkeit auf Versicherungs-Aktiengesellschaften oder auf öffentlich-rechtliche Versicherungsunternehmen;**
   c) **von einem öffentlich-rechtlichen Versicherungsunternehmen auf Versicherungs-Aktiengesellschaften oder auf Versicherungsvereine auf Gegenseitigkeit.**

Literatur: *Münch*, Rückumwandlung einer GmbH in eine Betriebsform des öffentlichen Rechts, insbesondere in einen Eigenbetrieb, DB 1995, 550.

Übersicht

I. **Allgemeines**

1 Gemeinsam mit § 174 bildet § 175 den vor die Klammer gezogenen allgemeinen Teil der Vermögensübertragung. Die in § 175 abschließend genannten Rechtsträger sind die für

eine Vermögensübertragung allein zulässigen. Weitere Konstellationen kommen nicht in Betracht.[1] § 175 regelt zwei voneinander abzugrenzende Übertragungskonstellationen:

- Zum einen die Übertragung von einer Kapitalgesellschaft auf die öffentliche Hand (Abs. 1),
- zum anderen die Übertragung unter Versicherungsunternehmen (Abs. 2).

Nicht erfasst, sondern durch öffentlich-rechtliche Vorschriften geregelt, werden Übertragungsvorgänge, an welchen **lediglich öffentlich-rechtliche Rechtsträger beteiligt** sind. § 175 ist ein Analogieverbot zu entnehmen, sodass sich eine entsprechende Anwendung verbietet. 2

II. Vermögensübertragung von einer Kapitalgesellschaft auf eine Gebietskörperschaft oder auf einen Zusammenschluss von Gebietskörperschaften (§ 175 Nr. 1)

Übertragender Rechtsträger nach § 175 Nr. 1 muss eine **Kapitalgesellschaft** sein. Die für das gesamte Umwandlungsrecht gültige Definition der Kapitalgesellschaft findet sich in § 3 Abs. 1 Nr. 2. Erfasst sind hiernach die GmbH, die UG haftungsbeschränkt nach § 5a GmbHG, die AG, inklusive der SE, sowie die KGaA. 3

§ 175 Nr. 1 eröffnet der öffentlichen Hand eine **Rückübertragung zum Eigen- oder Regiebetrieb** im Falle einer Ausgliederung (§ 168).[2] **Stille Reserven** werden hierdurch nicht aufgelöst, da die Übertragung im Wege der Gesamtrechtsnachfolge stattfindet. Eine Abwicklung der übertragenden Gesellschaft ist entbehrlich.[3] Die Praxis hat den Weg der Übertragung nach § 175 Nr. 1 jedoch bislang nicht als attraktive Lösung wahrgenommen. 4

Übernehmender Rechtsträger gemäß § 175 Nr. 1 ist der Bund, ein Land, eine Gebietskörperschaft oder einen Zusammenschluss von Gebietskörperschaften. Es besteht ein Gleichlauf zu den Gebietskörperschaften nach § 168. Der weitergehende Begriff des „Zusammenschlusses von Gebietskörperschaften" erfasst z. B. auch Zweckverbände.[4] 5

III. Vermögensübertragung unter Beteiligung von Versicherungsunternehmen (§ 175 Nr. 2)

§ 175 Nr. 2 zählt den abschließenden Kreis von an einer Vermögensübertragung beteiligungsfähigen Versicherungsunternehmen auf. Erfasst sind die Versicherungs-AG, Versicherungsvereine auf Gegenseitigkeit (VVaG) und öffentlich-rechtliche Versicherungsunternehmen. Die umständlich formulierte Vorschrift macht dabei durch ihre Systematik deutlich, dass die **beteiligten Versicherungsunternehmen nicht typengleich sein dürfen**. 6

Aufgrund der Möglichkeit der **Bestandsübertragung nach § 13 VAG** fristet die Vermögensübertragung unter Versicherungsunternehmen nach § 175 Nr. 2 ein Schattendasein, denn die Bestandsübertragung ist der Vermögensübertragung in der praktischen Umsetzung deutlich überlegen.[5] 7

1) Begr. Fraktionsentwurf UmwBerG, BR-Drucks. 75/94, S. 133; Lutter-*Schmidt*, UmwG, § 175 Rz. 1; Schmitt/Hörtnagl-*Winter*, UmwG/UmwStG, § 175 UmwG Rz. 1; *Leuering* in: KölnKomm-UmwG, § 175 Rz. 1.

2) Semler/Stengel/Leonard-*Stengel*, UmwG, § 175 Rz. 5.

3) *Münch*, DB 1995, 550.

4) Schmitt/Hörtnagl-*Winter*, UmwG/UmwStG, § 175 UmwG Rz. 3.

5) Schmitt/Hörtnagl-*Winter*, UmwG/UmwStG, § 175 UmwG Rz. 5 m. empirischen Nachw.

Zweiter Teil
Übertragung des Vermögens oder von Vermögensteilen einer Kapitalgesellschaft auf die öffentliche Hand

Erster Abschnitt
Vollübertragung

§ 176
Anwendung der Verschmelzungsvorschriften

(1) Bei einer Vollübertragung nach § 175 Nr. 1 sind auf die übertragende Kapitalgesellschaft die für die Verschmelzung durch Aufnahme einer solchen übertragenden Gesellschaft jeweils geltenden Vorschriften des Zweiten Buches entsprechend anzuwenden, soweit sich aus den folgenden Vorschriften nichts anderes ergibt.

(2) [1]Die Angaben im Übertragungsvertrag nach § 5 Abs. 1 Nr. 4, 5 und 7 entfallen. [2]An die Stelle des Registers des Sitzes des übernehmenden Rechtsträgers tritt das Register des Sitzes der übertragenden Gesellschaft. [3]An die Stelle des Umtauschverhältnisses der Anteile treten Art und Höhe der Gegenleistung. [4]An die Stelle des Anspruchs nach § 23 tritt ein Anspruch auf Barabfindung; auf diesen sind § 29 Abs. 1, § 30 und § 34 entsprechend anzuwenden.

(3) [1]Mit der Eintragung der Vermögensübertragung in das Handelsregister des Sitzes der übertragenden Gesellschaft geht deren Vermögen einschließlich der Verbindlichkeiten auf den übernehmenden Rechtsträger über. [2]Die übertragende Gesellschaft erlischt; einer besonderen Löschung bedarf es nicht.

(4) Die Beteiligung des übernehmenden Rechtsträgers an der Vermögensübertragung richtet sich nach den für ihn geltenden Vorschriften.

Übersicht

I. Grundlagen und Zweck

Der zweite Teil des Vierten Buchs markiert den Beginn einer Reihe von Vorschriften, die durch eine umfassende Verweisungstechnik den konkreten Ablauf der Vermögensübertragung regeln. 1

Aufgrund des strukturellen Gleichlaufs zwischen Vollübertragung und Verschmelzung zur Aufnahme, der sich insbesondere darin zeigt, dass eine Vollübertragung nur auf einen bestehenden Rechtsträger möglich ist, erkärt § 176 Abs. 1 die **Vorschriften über die Verschmelzung zur Aufnahme** des Zweiten Buchs für **anwendbar.**[1] Hierbei legt das Gesetz i. E. fest, welche Vorschriften keine Anwendung finden, bzw. modifiziert systematisch kohärent Teilbereiche. Insbesondere die Ausnahmen nach § 176 Abs. 2 Satz 1, 3 2

1) Begr. Fraktionsentwurf UmwBerG, BR-Drucks. 75/94, S. 133.

folgen dabei aus dem Umstand, dass die Vermögensübertragung keinen Austausch von Anteilen zulässt und der übertragende Rechtsträger nicht der Registerpublizität unterliegt.[2)]

II. Globalverweisung auf Verschmelzungsrecht (§ 176 Abs. 1)

3 Soweit eine **Vollübertragung** nach § 175 Nr. 1 vorliegt, sind die Vorschriften des zweiten Buchs über die Verschmelzung durch Aufnahme anzuwenden.[3)]

4 Das Zusammenspiels zwischen Absatz 1 und Absatz 4, welcher deutlich macht, dass für den übernehmenden Rechtsträger lediglich die Vorschriften des öffentlichen Rechts gelten, zeigt, dass die Globalverweisung in § 176 Abs. 1 von vornherein keine Anwendung auf solche Vorschriften finden kann, die nur den übernehmenden Rechtsträger betreffen.[4)] Dies gilt insbesondere für die §§ 18, 24, 53 ff. und 68 f.

III. Verfahrensregelungen (§ 176 Abs. 2 Satz 1)

5 Absatz 2 Satz 1 schränkt die nach § 5 erforderlichen **Angaben im Übertragungsvertrag** ein. Entbehrlich sind hierbei insbesondere die Angaben, die sich auf Anteile am übernehmenden Rechtsträger beziehen. Auch für den Übertragungsvertrag ist gemäß §§ 4, 6 die notarielle Beurkundung erforderlich.

6 An die Stelle des Registers des Sitzes des übernehmenden Rechtsträgers tritt gemäß § 176 Abs. 2 Satz 2 das **Register des Sitzes der übertragenden Gesellschaft**. Hintergrund der Regelung des Absatz 2 Satz 2 ist die Annahme des Gesetzgebers, dass der aufnehmende öffentlich-rechtliche Rechtsträger nicht in ein Register eingetragen ist.[5)] Selbst wenn dies im Einzelfall anders ist, darf aufgrund des eindeutigen Wortlauts der Vorschrift keine Eintragung in das Handelsregister des übernehmenden Rechtsträgers erfolgen.[6)] Der Anmeldung ist eine **Schlussbilanz** beizufügen (§ 17 Abs. 2). Weiterhin ist erforderlich, dass die Vertretungsorgane des übertragenden Rechtsträgers die **Negativerklärung** gemäß § 16 Abs. 2 abgeben, auch ein Unbedenklichkeitsverfahren nach § 16 Abs. 3 kommt in Betracht.

7 Anstelle der Angabe des Umtauschverhältnisses (§ 5 Abs. 1 Nr. 3) tritt gemäß Absatz 2 Satz 3 bei einem Übertragungsvertrag die Angaben zu **Art und Höhe der Gegenleistung**. Die Gegenleistung muss entsprechend § 5 Abs. 2 dann nicht festgelegt werden, wenn sich alle Anteile der übertragenden KapGes zum Zeitpunkt des Vertragsschlusses bereits in der Hand des übernehmenden Rechtsträgers befinden.

8 Gemäß § 176 Abs. 2 Satz 4 tritt an die Stelle des Anspruch nach § 23 auf Gewährung von Sonderrechten ein Anspruch auf **Barabfindung**.

2) Schmitt/Hörtnagl-*Winter*, UmwG/UmwStG, § 176 UmwG Rz. 2.

3) Für eine umfassende Aufzählung aller anzuwendenden Vorschriften s. Schmitt/Hörtnagl-*Winter*, UmwG/UmwStG, § 176 UmwG Rz. 4.

4) *Scheel/Harzenetter* in: BeckOGK-UmwG, § 176 Rz. 6.

5) *Leuering* in: KölnKomm-UmwG, § 176 Rz. 3; Widmann/Mayer-*Heckschen*, UmwR, § 176 UmwG Rz. 40.

6) *Leuering* in: KölnKomm-UmwG, § 176 Rz. 3; Henssler/Strohn-*Decker*, GesR, § 176 UmwG Rz. 2; Widmann/Mayer-*Heckschen*, UmwR, § 176 UmwG Rz. 40.

Zweiter Abschnitt
Teilübertragung

§ 177
Anwendung der Spaltungsvorschriften

(1) Bei einer Teilübertragung nach § 175 Nr. 1 sind auf die übertragende Kapitalgesellschaft die für die Aufspaltung, Abspaltung oder Ausgliederung zur Aufnahme von Teilen einer solchen übertragenden Gesellschaft geltenden Vorschriften des Dritten Buches sowie die dort für entsprechend anwendbar erklärten Vorschriften des Zweiten Buches auf den vergleichbaren Vorgang entsprechend anzuwenden, soweit sich aus den folgenden Vorschriften nichts anderes ergibt.

(2) [1]§ 176 Abs. 2 bis 4 ist entsprechend anzuwenden. [2]An die Stelle des § 5 Abs. 1 Nr. 4, 5 und 7 tritt § 126 Abs. 1 Nr. 4, 5, 7 und 10.

Übersicht

I. Systematik

1 Die in § 174 Abs. 2 definierte **Teilübertragung**, bei welcher anders als bei der Vollübertragung nicht das gesamte Vermögen auf den Empfänger übertragen wird, sondern die Möglichkeit besteht, mehrere Vermögensteile **an eine Mehrzahl übernehmender Rechtsträger** zu übertragen, ist mit der Spaltung wesensverwandt. Aus diesem Grund verweist § 177 Abs. 1 für die übertragende Kapitalgesellschaft auf die §§ 123–134, 141–146, d. h. auf die Vorschriften zur Aufspaltung, Abspaltung und Ausgliederung. Eine Spaltung zur Neugründung ist, wie generell bei der Vermögensübertragung, nicht zulässig.[1] Die konkret anzuwendenden Vorschriften hängen davon ab, welchem Typ der Spaltung die Teilübertragung entspricht.[2]

II. Anwendbare Vorschriften

2 Für den **Teilübertragungsvertrag** ist der **Mindestinhalt** der § 126, 177 Abs. 2 Satz 2 zu beachten. Soweit auf der übernehmenden Seite mehrere Rechtsträger beteiligt sind, ist ein **einheitlicher Vertrag** erforderlich.[3] Zweck des einheitlichen Vertrages ist, dass die Anteilsinhaber den gesamten Vorgang ihrer Entscheidung zugrunde legen können.[4] Absatz 2 Satz 2 regelt, dass die Festsetzungen von § 126 Abs. 1 Nr. 4, 5, 7 und 10 über die Anteilsübertragung und den Übertragungsstichtag nicht in den Teilübertragungsvertrag aufzunehmen sind.

3 Gemäß §§ 177 Abs. 1, 127 der bei Teilübertragungen von Kapitalgesellschaften auf die öffentliche Hand (§ 175 Nr. 1) auf die übertragende Kapitalgesellschaft Anwendung findet, sind die Vertretungsorgane der übertragenden Kapitalgesellschaft dazu verpflichtet, einen ausführlichen schriftlichen **Übertragungsberichts** zu erstatten. Zweck des Übertragungsberichts ist es, den Anteilsinhabern die Beurteilung zu ermöglichen, ob die Teilübertra-

1) Semler/Stengel/Leonard-*Stengel*, UmwG, § 177 Rz. 2.
2) Semler/Stengel/Leonard-*Stengel*, UmwG, § 177 Rz. 2.
3) Semler/Stengel/Leonard-*Stengel*, UmwG, § 177 Rz. 8.
4) Semler/Stengel/Leonard-*Stengel*, UmwG, § 177 Rz. 8.

gung wirtschaftlich sinnvoll und gesetzmäßig ist.[5] Parallel zur Vollübertragung besteht gemäß § 127 Satz 2 UmwG i. V. m. § 8 Abs. 3 Satz 1 Alt. 1, Satz 2 die Möglichkeit, in notariell beurkundeter Form auf den Übertragungsbericht zu verzichten.[6]

4 Erforderlich ist, dass die **Anteilsinhaberversammlung** der übertragenden Kapitalgesellschaft nach Maßgabe von Abs. 1 i. V. m. §§ 125, 13 dem Spaltungs- und Übernahmevertrag zustimmt.[7]

---

5) Semler/Stengel/Leonard-*Stengel*, UmwG, § 177 Rz. 10.

6) Schmitt/Hörtnagl-*Winter*, UmwG/UmwStG, § 177 UmwG Rz. 2.

7) Schmitt/Hörtnagl-*Winter*, UmwG/UmwStG, § 177 UmwG Rz. 2.

Dritter Teil
Vermögensübertragung unter Versicherungsunternehmen

Erster Abschnitt
Übertragung des Vermögens einer Aktiengesellschaft auf Versicherungsvereine auf Gegenseitigkeit oder öffentlich-rechtliche Versicherungsunternehmen

Erster Unterabschnitt
Vollübertragung

§ 178
Anwendung der Verschmelzungsvorschriften

(1) Bei einer Vollübertragung nach § 175 Nr. 2 Buchstabe a sind auf die beteiligten Rechtsträger die für die Verschmelzung durch Aufnahme einer Aktiengesellschaft und die für einen übernehmenden Versicherungsverein im Falle der Verschmelzung jeweils geltenden Vorschriften des Zweiten Buches entsprechend anzuwenden, soweit sich aus den folgenden Vorschriften nichts anderes ergibt.

(2) § 176 Abs. 2 bis 4 ist entsprechend anzuwenden.

(3) Das für ein übernehmendes öffentlich-rechtliches Versicherungsunternehmen maßgebende Bundes- oder Landesrecht bestimmt, ob der Vertrag über die Vermögensübertragung zu seiner Wirksamkeit auch der Zustimmung eines anderen als des zur Vertretung befugten Organs des öffentlich-rechtlichen Versicherungsunternehmens oder einer anderen Stelle und welcher Erfordernisse die Zustimmung bedarf.

Übersicht

I. Allgemeines

§ 178 regelte die Vermögensübertragung von einer **Versicherungs-AG** auf Versicherungsvereine auf Gegenseitigkeit oder auf öffentlich-rechtliche Versicherungsunternehmen (§ 175 Nr. 2 lit. a). Dem Vorbild des § 176 folgend legt Absatz 1 die entsprechende Anwendung der Verschmelzungsvorschriften fest. Für die übertragende Versicherungs-AG geltend neben den allgemeinen Verschmelzungsvorschriften mit Ausnahme der Vorschriften betreffend die Verschmelzung zur Neugründung (§§ 4–35) die besonderen Verschmelzungsvorschriften gemäß §§ 60 ff.[1] Anwendung finden dabei lediglich die Regelungen zur AG, da die Rechtsformen der GmbH und der KGaA für den Betrieb eines Versicherungsgeschäfts nicht zugelassen sind.[2] 1

1) Henssler/Strohn-*Wamser*, GesR, § 178 UmwG Rz. 1.

2) Semler/Stengel/Leonard-*Stengel*, UmwG, § 178 Rz. 7.

II. Anzuwendende Vorschriften

2 Erforderlich für eine Vermögensübertragung nach § 175 Nr. 2 ist der Abschluss eines notariell beurkundeten **Übertragungsvertrags** (§ 6). Vor dessen Abschluss ist aufgrund der in § 13 niedergelegten Zustimmungserfordernisse die Anfertigung eines Vertragsentwurfs erforderlich. Der Abschluss des Vertrages erfolgt durch die satzungsmäßigen Vertreter, dh bei einer AG oder einem VVaG der Vorstand (vgl. § 4 Abs. 1). Der Mindestinhalt des Vertrages richtet sich nach § 5. Hierbei besteht kein Unterschied zu den gesetzlichen Anforderungen bei der Übertragung des Vermögens einer Kapitalgesellschaft auf die öffentliche Hand.[3] Die Angaben in § 5 Abs. 1 Nr. 4, 5 und 7 sind entbehrlich (Abs. 2 i. V. m. § 176 Abs. 2 Satz 1).[4] Eine **Übertragungsprüfung** des Übertragungsvertrags oder dessen Entwurf findet nur für die übertragende Versicherungs-AG statt (§§ 60, 9 Abs. 1). Wirksamkeit erlangt der Übertragungsvertrag durch den Übertragungsbeschluss der Hauptversammlung der Versicherungs-AG und der obersten Vertretung des VVaG.[5]

3 Soweit nicht alle Anteile des übertragenden Rechtsträgers in der Hand des übernehmenden Rechtsträgers liegen oder auf eine Erstattung verzichtet wird, müssen die Vertretungsorgane eines jeden beteiligten Rechtsträgers (ggf. gemeinsam), einen ausführlichen schriftlichen **Übertragungsbericht** erstatten (§ 8). Eine Ausnahme für öffentlich-rechtliche Versicherungsunternehmen besteht nicht.[6]

4 Gemäß § 14 Satz 1 VAG ist für jede Umwandlung, d. h. auch für die Vollübertragung, eine **Genehmigung der Aufsichtsbehörde** erforderlich. Eine Prüfung der Angemessenheit der Gegenleistung findet durch die Aufsichtsbehörde nicht statt, denn die Beurteilung des Unternehmenswerts gehört nicht zu den Aufgaben der Aufsichtsbehörde.[7]

---

3) Semler/Stengel/Leonard-*Stengel*, UmwG, § 178 Rz. 11.
4) Henssler/Strohn-*Wamser*, GesR, § 178 UmwG Rz. 2.
5) Henssler/Strohn-*Wamser*, GesR, § 178 UmwG Rz. 3.
6) Semler/Stengel/Leonard-*Stengel*, UmwG, § 178 Rz. 14.
7) Henssler/Strohn-*Wamser*, GesR, § 178 UmwG Rz. 3; Semler/Stengel/Leonard-*Stengel*, UmwG, § 178 Rz. 19.

Zweiter Unterabschnitt
Teilübertragung

§ 179
Anwendung der Spaltungsvorschriften

(1) Bei einer Teilübertragung nach § 175 Nr. 2 Buchstabe a sind auf die beteiligten Rechtsträger die für die Aufspaltung, Abspaltung oder Ausgliederung zur Aufnahme von Teilen einer Aktiengesellschaft und die für übernehmende Versicherungsvereine auf Gegenseitigkeit im Falle der Aufspaltung, Abspaltung oder Ausgliederung von Vermögensteilen geltenden Vorschriften des Dritten Buches und die dort für entsprechend anwendbar erklärten Vorschriften des Zweiten Buches auf den vergleichbaren Vorgang entsprechend anzuwenden, soweit sich aus den folgenden Vorschriften nichts anderes ergibt.

(2) § 176 Abs. 2 bis 4 sowie § 178 Abs. 3 sind entsprechend anzuwenden.

Übersicht

I. Allgemeines

§ 179 regelt die aufspaltende, abspaltende oder ausgliedernde Teilvermögensübertragung von einer Versicherungs-AG auf einen bestehenden VVaG bzw. ein öffentlich-rechtliches Versicherungsunternehmen (§ 175 Nr. 2 lit. a). Hierfür verweist die Vorschrift auf die **Vorschriften über die Spaltung zur Aufnahme** unter Beteiligung einer AG und eines VVaG. Die folgenden Vorschriften enthalten teilweise abweichende Regelungen. 1

II. Anwendbarkeit der Spaltungsvorschriften

Parallel zur Vollübertragung kommt als übernehmender Rechtsträger bei der Teilübertragung **nur ein bestehender VVaG** in Betracht. Nach h. M. muss es sich hierbei um einen großen VVaG handeln.[1] 2

Die Teilübertragung erfordert ebenfalls einen den Vorgaben des § 126 genügenden **Übertragungsvertrag**, der gemäß § 6 notariell beurkundet werden muss. Inhaltlich muss sich aus dem Übertragungsvertrag ergeben, dass die Versicherungs-AG einen im Vertrag genau bezeichneten Teil ihres Vermögens durch Sonderrechtsnachfolge auf den VVaG übertragen möchte.[2] Anders als bei der Spaltung zur Aufnahme tritt an die Stelle des dort geregelten Umtauschverhältnisses der Anteile die **Art und Höhe der Gegenleistung.** 3

Hinsichtlich der Vorbereitung, Fassung und Zuständigkeit des Übertragungsbeschlusses gelten die zur Vollübertragung gemachten Ausführungen entsprechend. 4

Sofern nicht § 8 Abs. 3 zur Anwendung kommt, haben die Vertretungsorgane eines jeden beteiligten Rechtsträgers (ggf. gemeinsam) einen Übertragungsbericht zu erstatten. Zur aufsichtsbehördlichen Genehmigung gemäß § 14 VAG gilt das zur Vollübertragung Gesagte entsprechend. Die Notwendigkeit einer aufsichtsbehördlichen Genehmigung besteht dabei für alle beteiligten Versicherungsgesellschaften.[3] 5

---

1) Semler/Stengel/Leonard-*Stengel*, UmwG, § 179 Rz. 3.
2) *Scheel/Harzenetter* in: BeckOGK-UmwG, § 179 Rz. 4.
3) Semler/Stengel/Leonard-*Stengel*, UmwG, § 179 Rz. 10.

Zweiter Abschnitt
Übertragung des Vermögens eines Versicherungsvereins auf Gegenseitigkeit auf Aktiengesellschaften oder öffentlich-rechtliche Versicherungsunternehmen

Erster Unterabschnitt
Vollübertragung

§ 180
Anwendung der Verschmelzungsvorschriften

(1) Bei einer Vollübertragung nach § 175 Nr. 2 Buchstabe b sind auf die beteiligten Rechtsträger die für die Verschmelzung durch Aufnahme eines Versicherungsvereins

und die für eine übernehmende Aktiengesellschaft im Falle der Verschmelzung jeweils geltenden Vorschriften des Zweiten Buches entsprechend anzuwenden, soweit sich aus den folgenden Vorschriften nichts anderes ergibt.

(2) § 176 Abs. 2 bis 4 sowie § 178 Abs. 3 sind entsprechend anzuwenden.

(3) Hat ein Mitglied oder ein Dritter nach der Satzung des Vereins ein unentziehbares Recht auf den Abwicklungsüberschuß oder einen Teil davon, so bedarf der Beschluß über die Vermögensübertragung der Zustimmung des Mitglieds oder des Dritten; die Zustimmung muß notariell beurkundet werden.

Übersicht

I. Allgemeines

1 Soweit sich aus den §§ 181–183 nichts anderes ergibt, verweist § 180 für die **Vollübertragung** eines VVaG auf eine Versicherungs-AG oder ein öffentlich-rechtliches Versicherungsunternehmen (§ 175 Nr. 2 lit. b) auf Vorschriften über die Verschmelzung zur Aufnahme (§§ 4–35, §§ 60–72, §§ 109–113). Absatz 1 enthält einen Generalverweis auf das allgemeine und besondere Verschmelzungsrecht.

II. Anzuwendende Vorschriften

2 Der Generalverweis in § 180 Abs. 1 führt zur Anwendung der §§ 2–35, sowie für den übertragenden VVaG auch zur Anwendung von §§ 110–113.

3 Der erforderliche **Übertragungsvertrag** (§ 5) muss Regelungen zur Art und Höhe der Gegenleistung enthalten, welche an die Stelle zum Umtauschverhältnis treten (Abs. 2 i. V. m. § 176 Abs. 2 Satz 3).[1] § 181 enthält Sonderregelungen zur Gegenleistung. In Abweichung zum umgekehrten Fall des § 178 prüft die **Genehmigungsbehörde** gemäß § 14 Abs. 1 Satz 2 VAG auch die Angemessenheit der Gegenleistung, da diese die Versichertenbelange unmittelbar betrifft. Die Aufsichtsbehörde kann erst nach der Beschlussfassung tätig werden (vgl. § 14 VAG).[2] Fehlt die aufsichtsrechtliche Genehmigung liegt ein Eintragungshindernis vor da sie Wirksamkeitsvoraussetzung ist.[3]

4 Bei der Vorbereitung des **Übertragungsbeschlusses** sind gemäß § 180 Abs. 1 i. V. m. § 63 und § 112 Abs. 1, 2 insbesondere die Informationspflichten der beschlusszuständigen Gremien zu beachten, was jedoch nur für die Versicherungs-AG und den VVaG gilt.[4] Für den Beschluss selbst ist gemäß § 180 Abs. 1 i. V. m. § 65 Abs. 1 Satz 1 und § 112 Abs. 3 Satz 1 eine Drei-Viertel-Mehrheit des bei der Beschlussfassung vertretenen Grundkapitals bzw. der abgegebenen Stimmen erforderlich.[5] Eine höhere Schwelle kann durch die Satzung festgelegt werden.[6]

5 Gemäß Absatz 3 müssen Mitglieder, denen nach der Satzung des Vereins ein unentziehbares Recht auf den Abwicklungsüberschuss oder einen Teil davon zusteht, dem Beschluss zustimmen. Erst in der Zusammenschau mit § 183 wird Absatz 3 verständlich, wonach die **Gewährung der Gegenleistung an bestimmte Voraussetzungen geknüpft** ist. Die Be-

---

1) Henssler/Strohn-*Wamser*, GesR, § 180 UmwG Rz. 2.

2) *Scheel/Harzenetter* in: BeckOGK-UmwG, § 180 Rz. 22.

3) Widmann/Mayer-*Heckschen*, UmwR, § 180 UmwG Rz. 23.

4) Semler/Stengel/Leonard-*Stengel*, UmwG, § 180 Rz. 9.

5) *Scheel/Harzenetter* in: BeckOGK-UmwG, § 180 Rz. 16.

6) *Scheel/Harzenetter* in: BeckOGK-UmwG, § 180 Rz. 16.

schlussfassung ist notariell zu beurkunden und kann vor, während oder nach der Beschlussfassung erfolgen.[7)]

Für **bestehende Versicherungsverhältnisse** gilt, dass diese zu festen Prämien beim übernehmenden Rechtsträger unverändert fortgesetzt werden. Es besteht kein außerordentliches Kündigungsrecht aufgrund der Vermögensübertragung.[8)] 6

7) Henssler/Strohn-*Wamser*, GesR, § 180 UmwG Rz. 3.
8) Henssler/Strohn-*Wamser*, GesR, § 180 UmwG Rz. 3.

§ 181
Gewährung der Gegenleistung

(1) Der übernehmende Rechtsträger ist zur Gewährung einer angemessenen Gegenleistung verpflichtet, wenn dies unter Berücksichtigung der Vermögens- und Ertragslage des übertragenden Vereins im Zeitpunkt der Beschlußfassung der obersten Vertretung gerechtfertigt ist.

(2) [1]In dem Beschluß, durch den dem Übertragungsvertrag zugestimmt wird, ist zu bestimmen, daß bei der Verteilung der Gegenleistung jedes Mitglied zu berücksichtigen ist, das dem Verein seit mindestens drei Monaten vor dem Beschluß angehört hat. [2]Ferner sind in dem Beschluß die Maßstäbe festzusetzen, nach denen die Gegenleistung auf die Mitglieder zu verteilen ist.

(3) [1]Jedes berechtigte Mitglied erhält eine Gegenleistung in gleicher Höhe. [2]Eine andere Verteilung kann nur nach einem oder mehreren der folgenden Maßstäbe festgesetzt werden:

1. die Höhe der Versicherungssumme,

2. die Höhe der Beiträge,

3. die Höhe der Deckungsrückstellung in der Lebensversicherung,

4. der in der Satzung des Vereins bestimmte Maßstab für die Verteilung des Überschusses,

5. der in der Satzung des Vereins bestimmte Maßstab für die Verteilung des Vermögens,

6. die Dauer der Mitgliedschaft.

(4) Ist eine Gegenleistung entgegen Absatz 1 nicht vereinbart worden, so ist sie auf Antrag vom Gericht zu bestimmen; § 30 Abs. 1 und § 34 sind entsprechend anzuwenden.

Übersicht

I. Allgemeines

Nach § 181 hat der übernehmende Rechtsträger eine **angemessene Gegenleistung** zu gewähren, wenn dies in Anbetracht der Vermögens- und Ertragslage des übertragenden Vereins gerechtfertigt ist. Diese Gegenleistung wird nach der Maßgabe der § 181 Abs. 2 und 3 auf die Mitglieder des übertragenden VVaG verteilt. Die Überprüfung im gerichtlichen Spruchverfahren ist in Absatz 4 durch Verweis geregelt. 1

2 Zweck des § 181 ist die Mitglieder eines VVaG davor zu schützen, bei der Übertragung des Vermögens des VVaG auf einen anderen Rechtsträger leer auszugehen.[1] Zwar stellt die Mitgliedschaft im VVaG, anders als diejenige in einer Versicherungs-AG keinen jederzeit und unmittelbar realisierbaren Vermögenswert dar, vielmehr steht der Versicherungsvertrag im Vordergrund.[2] Fälle, in denen der Verlust der Mitgliedschaft nicht durch die Beendigung des Versicherungsvertrags eintritt, sondern bspw. durch Liquidation des VVaG, zeigen aber, dass auch die Mitgliedschaft im VVaG eine wirtschaftliche und damit schutzwürdige Position darstellt.[3]

II. Angemessene Gegenleistung

3 Ein Eingriff in diese Position liegt im Fall der Vermögensübertragung vor. Deshalb wird den Mitgliedern des VVaG für den Verlust der mitgliedschaftlichen Rechte am Vereinsvermögen ein Anspruch auf die **Gewährung einer Gegenleistung** zugestanden. Ein solcher Anspruch besteht jedoch nach § 181 Abs. 2 Satz 1 nur, wenn das betreffende Mitglied dem Verein **seit mindestens drei Monaten angehöhrt** hat. Für die Berechnung dieser Frist werden weder der Tag des Beginns der Mitgliedschaft, noch der Tag der Beschlussfassung über den Übertragungsvertrag mitgezählt. Den Beschlussorganen ist es nach h. M. unbenommen, geringere Anforderungen für die Anspruchsberechtigung festzulegen.[4] Die gesetzlichen Vorgaben zur Anspruchsberechtigung stellen mithin nur einen Mindestschutzrahmen für die Mitglieder auf.

III. Beteiligungsmaßstab

4 Im Umwandlungsbeschluss sind nach § 181 Abs. 2 Satz 2 die Maßstäbe festzusetzen, nach denen die Gegenleistung auf die Mitglieder zu verteilen ist. Hierbei bestimmt Absatz 3 Satz 1, dass jedes berechtigte Mitglied grundsätzlich eine Gegenleistung in gleicher Höhe erhält. Abweichend von diesem Grundsatz können nach dem Katalog des Absatz 3 Satz 2 weitere Maßstäbe herangezogen werden. Die **Aufzählung** in § 181 Abs. 3 Satz 2 Nr. 1–6 ist dabei **abschließend.**[5] Der Wortlaut („nach einem oder mehreren") gestattet auch eine Kombination der Maßstäbe. Der VVaG hat hierbei diejenige Maßstabskombination zu wählen, die zu einer gerechten Verteilung führt.[6] Rechtliche Grundlage jeder Wahl eines Verteilungsmaßstabs ist nämlich der Gleichbehandlungsgrundsatz i. S. des § 177 Abs. 1 VAG.[7] Eingeschränkt wird die Gleichbehandlung dadruch, dass nur eine grob willkürliche Wahl des Maßstabs im Spruchverfahren nach § 181 Abs. 3 angreifbar ist.[8]

IV. Antrag auf gerichtliche Bestimmung

5 Soweit entgegen § 181 Abs. 1 keine Gegenleistung vereinbart worden ist oder das anspruchsberechtigte Mitglied der Auffassung ist, dass die Gegenleistung nicht hoch genug bemessen ist, kann ein **Antrag auf gerichtliche Bestimmung** (Abs. 4 Halbs. 1) **oder Überprüfung** der Gegenleistung stellen (Abs. 4 Halbs. 2) gestellt werden.

1) Widmann/Mayer-*Heckschen*, UmwR, § 181 UmwG Rz. 1.
2) *Scheel/Harzenetter* in: BeckOGK-UmwG, § 181 Rz. 4.
3) *Scheel/Harzenetter* in: BeckOGK-UmwG, § 181 Rz. 5, auch zu weiteren denkbaren Konstellationen, in welchen eine Abfindung zu zahlen ist.
4) Henssler/Strohn-*Wamser*, GesR, § 181 UmwG Rz. 1 m. w. N.
5) Schmitt/Hörtnagl-*Winter*, UmwG/UmwStG, § 181 UmwG Rz. 4.
6) Schmitt/Hörtnagl-*Winter*, UmwG/UmwStG, § 181 UmwG Rz. 4.
7) *Scheel/Harzenetter* in: BeckOGK-UmwG, § 181 Rz. 29.
8) *Scheel/Harzenetter* in: BeckOGK-UmwG, § 181 Rz. 29.

§ 182
Unterrichtung der Mitglieder*)

[1]Sobald die Vermögensübertragung wirksam geworden ist, hat das Vertretungsorgan des übernehmenden Rechtsträgers allen Mitgliedern, die dem Verein seit mindestens drei Monaten vor dem Beschluß der obersten Vertretung über die Vermögensübertragung angehört haben, den Wortlaut des Vertrags in Textform mitzuteilen. [2]In der Mitteilung ist auf die Möglichkeit hinzuweisen, die gerichtliche Bestimmung der angemessenen Gegenleistung zu verlangen.

*) § 182 i. d. F. des UmwBerG geändert durch Art. 26 des Gesetzes zur Anpassung der Formvorschriften des Privatrechts und anderer Vorschriften an den modernen Rechtsgeschäftsverkehr, v. 13.7.2001, BGBl. I 2001, 1542.

Übersicht

I. Regelungszweck

Regelungszweck von § 182 ist der **Schutz der Mitglieder des untergegangenen VVaG.**[1] 1
Hierfür verpflichtet die Vorschrift den übernehmenden Rechtsträger, bestimmten ausgeschiedenen Mitglieder den Vermögensübertragungsvertragstext mitzuteilen sowie diese über die Möglichkeit zu informieren, die festgesetzte Gegenleistung gerichtlich überprüfen zu lassen. Die Vorschrift gewinnt besonders dort an Relevanz, wo nicht die Gesamtheit der Mitglieder in der Mitgliederversammlung, sondern die Mitgliedervertreterversammlung den Vermögensübertragungsbeschluss gefasst hat.[2] Auch bei Beschlussfassung der Mitgliederversammlung kommt der Vorschrift jedoch eine wichtige Informationsfunktion zu.[3]

II. Inhalt, Form und Frist der Mitteilung

§ 182 verpflichtet, den Wortlaut des **Vermögensübertragungsvertrag in Textform** mit- 2
zuteilen (§ 126b BGB). Daneben hat die Mitteilung darauf hinzuweisen, dass die Mitglieder die Möglichkeit haben, eine angemessene Gegenleistung im Spruchverfahren gerichtlich festsetzen zu lassen (Satz 2). Eine **Rechtsbehelfsbelehrung** verlangt das Gesetz nicht.[4] Da die konkrete Verteilung der Gegenleistung nicht bereits im Vermögensübertragungsvertrag festgelegt wird und sich aus diesem nicht bereits die endgültige Anspruchsberechtigung ergibt, sondern sich beides erst aus Vermögensübertragungs**beschluss** ergibt (vgl. § 181 Abs. 2 Satz 2), ist für eine ausreichende Information der Mitglieder auch der Beschluss mitzuteilen, was zwar nicht unmittelbar aus dem Wortlaut von Satz 1 folgt, wohl aber allgemein anerkannt ist.[5]

Satz 1 regelt nicht explizit eine Mitteilungsfrist, sondern spricht allein davon, dass die In- 3
formationen zu erteilen sind, „sobald die Vermögensübertragung wirksam geworden ist". Die Vermögensübertragung ist **mit Eintragung** in das für den VVaG zuständige Register

1) Lutter-*Wilm*, UmwG, § 182 Rz. 1.
2) *Broichhausen* in: KölnKomm-UmwG, § 182 Rz. 1; Lutter-*Wilm*, UmwG, § 182 Rz. 1.
3) Lutter-*Wilm*, UmwG, § 182 Rz. 1; Widmann/Mayer-*Heckschen*, UmwR, § 182 UmwG Rz. 1.
4) Lutter-*Wilm*, UmwG, § 182 Rz. 3; Widmann/Mayer-*Heckschen*, UmwR, § 182 UmwG Rz. 6.
5) Lutter-*Wilm*, UmwG, § 182 Rz. 3; *Broichhausen* in: KölnKomm-UmwG, § 182 Rz. 2; Widmann/Mayer-*Heckschen*, UmwR, § 182 UmwG Rz. 6; Semler/Stengel/Leonard-*Stengel*, UmwG, § 182 Rz. 3; Henssler/Strohn-*Wamser*, GesR, § 182 UmwG Rz. 1.

wirksam.[6] Mit Blick auf die dreimonatige Antragsfrist im Spruchverfahren (§ 4 Abs. 1 SpruchG) und damit zusammenhängend möglichen Schadensersatzforderungen bei schuldhaft verspäteter Information, empfiehlt sich eine **unverzügliche (§ 121 Abs. 1 Satz 1 BGB) Unterrichtung.**[7]

III. Zuständigkeit

4 Das Vertretungsorgan des **übernehmenden Rechtsträgers** ist für die Informationserteilung zuständig.[8] Eine Informationspflicht des übertragenden Rechtsträgers scheidet a priori aus, da dieser bereits erloschen ist.[9] Es handelt sich nicht um eine höchstpersönliche Pflicht, weshalb eine Delegierung zulässig ist.[10]

IV. Adressat

5 Die Information ist an alle Mitglieder des übertragenden VVaG zu richten, die diesem seit mindestens drei Monaten vor dem Vermögensübertragungsbeschluss angehört haben. Es kommt nicht darauf an, ob dem jeweiligen Mitglied eine Gegenleistung zugesprochen wurde oder nicht.[11] Die Information ist erst recht notwendig, wenn der Übertragungsbeschluss keine Abfindung vorsieht, da sie angesichts der Möglichkeit der Mitglieder, eine gerichtliche Festsetzung auch in diesem Fall zu erzwingen (§ 181 Abs. 4), notwendig ist.[12]

6 Soweit eine Gegenleistung für Mitglieder vorgesehen ist, die bei Beschlussfassung nicht bereits drei Monate Mitglied des VVaG waren, sind auch diese zu unterrichten.[13]

7 **Zu fester Prämie Versicherte** (§ 177 Abs. 2 VAG) zählen nicht zum Adressatenkreis.[14] Sie sind keine Mitglieder des VVaG, weshalb ihnen durch die Vermögensübertragung kein Nachteil entsteht.[15]

V. Haftung

8 Für unrichtige oder unvollständige Information haften die Mitglieder des Vertretungsorgans des übernehmenden Rechtsträgers den Mitgliedern des VVaG auf Schadensersatz.[16] Die Haftung ist angesichts der notwendigen **Kausalität** eher theoretischer Natur.

---

6) Widmann/Mayer-*Heckschen*, UmwR, § 182 UmwG Rz. 8.

7) *Broichhausen* in: KölnKomm-UmwG, § 182 Rz. 4; Lutter-*Wilm*, UmwG, § 182 Rz. 5; Widmann/Mayer-*Heckschen*, UmwR, § 182 UmwG Rz. 8; Semler/Stengel/Leonard-*Stengel*, UmwG, § 182 Rz. 5.

8) *Broichhausen* in: KölnKomm-UmwG, § 182 Rz. 3; Lutter-*Wilm*, UmwG, § 182 Rz. 4.

9) Widmann/Mayer-*Heckschen*, UmwR, § 182 UmwG Rz. 4.

10) *Broichhausen* in: KölnKomm-UmwG, § 182 Rz. 3; Lutter-*Wilm*, UmwG, § 182 Rz. 4; a. A. *Wagner* in: HK-UmwG, § 181 Rz. 4; Widmann/Mayer-*Heckschen*, UmwR, § 182 UmwG Rz. 4; Semler/Stengel/Leonard-*Stengel*, UmwG, § 182 Rz. 1.

11) Lutter-*Wilm*, UmwG, § 182 Rz. 2; Widmann/Mayer-*Heckschen*, UmwR, § 182 UmwG Rz. 5.

12) Lutter-*Wilm*, UmwG, § 182 Rz. 2; Widmann/Mayer-*Heckschen*, UmwR, § 182 UmwG Rz. 5; Semler/Stengel/Leonard-*Stengel*, UmwG, § 182 Rz. 4.

13) *Broichhausen* in: KölnKomm-UmwG, § 182 Rz. 3; Lutter-*Wilm*, UmwG, § 182 Rz. 2; Widmann/Mayer-*Heckschen*, UmwR, § 182 UmwG Rz. 5.

14) *Broichhausen* in: KölnKomm-UmwG, § 182 Rz. 3; Lutter-*Wilm*, UmwG, § 182 Rz. 2.

15) Widmann/Mayer-*Heckschen*, UmwR, § 182 UmwG Rz. 5.

16) Widmann/Mayer-*Heckschen*, UmwR, § 182 UmwG Rz. 9.

§ 183
Bestellung eines Treuhänders

(1) [1]Ist für die Vermögensübertragung eine Gegenleistung vereinbart worden, so hat der übertragende Verein einen Treuhänder für deren Empfang zu bestellen. [2]Die Vermögensübertragung darf erst eingetragen werden, wenn der Treuhänder dem Gericht angezeigt hat, daß er im Besitz der Gegenleistung ist.

(2) [1]Bestimmt das Gericht nach § 181 Abs. 4 die Gegenleistung, so hat es von Amts wegen einen Treuhänder für deren Empfang zu bestellen. [2]Die Gegenleistung steht zu gleichen Teilen den Mitgliedern zu, die dem Verein seit mindestens drei Monaten vor dem Beschluß der obersten Vertretung über die Vermögensübertragung angehört haben. [3]§ 26 Abs. 4 ist entsprechend anzuwenden.

Übersicht

I. Allgemeines

1 § 183 bezweckt, ein gegenleistungsloses Erlöschen des VVaG zu verhindern und dient damit dem **Schutz der Vereinsmitglieder.**[1)] Entsprechend § 71 Abs. 1 sieht die Vorschrift die Einsetzung eines Treuhänders für die Empfangnahme der Gegenleistung vor, was sich aufgrund der Verweisung in § 180 Abs. 1 auch ohne die Regelung in Abs. 1 Satz 1 ergeben hätte.[2)] Eine Vorschrift wäre hiernach allein für ein öffentlich-rechtliches Versicherungsunternehmen notwendig gewesen.[3)]

II. Aufgaben des Treuhänders

2 Der Treuhänder hat sicherzustellen, dass die **Gegenleistung nach Eintragung geleistet und beschlusskonform verteilt wird.**[4)] Die Empfangnahme einer als Gegenleistung vereinbarten versicherungstechnischen Abfindung durch einen bestellten Treuhänder wirft anders als die Empfangnahme einer Barzahlung erhebliche Probleme auf, weil hierfür eine Inbesitznahme ausscheidet.[5)] Soweit die Gegenleistung in einer Verbesserung der Vertragskonditionen besteht, hat der Treuhänder die Abgabe eines verbindlichen Angebots sicherzustellen.[6)]

III. Bestellung des Treuhänders

3 § 183 Abs. 1 Satz 1 verpflichtet den übertragenden VVaG als Treugeber einen Treuhänder für den Empfang der Gegenleistung zu bestellen, soweit der Vermögensübertragungsvertrag

1) Widmann/Mayer-*Heckschen*, UmwR, § 183 UmwG Rz. 1.

2) Widmann/Mayer-*Heckschen*, UmwR, § 183 UmwG Rz. 1; Semler/Stengel/Leonard-*Stengel*, UmwG, § 183 Rz. 1; *Broichhausen* in: KölnKomm-UmwG, § 183 Rz. 1.

3) Widmann/Mayer-*Heckschen*, UmwR, § 183 UmwG Rz. 1; vgl. auch Lutter-*Wilm*, UmwG, § 183 Rz. 1; Semler/Stengel/Leonard-*Stengel*, UmwG, § 183 Rz. 1.

4) Widmann/Mayer-*Heckschen*, UmwR, § 183 UmwG Rz. 2; Semler/Stengel/Leonard-*Stengel*, UmwG, § 183 Rz. 2; Henssler/Strohn-*Wamser*, GesR, § 183 UmwG Rz. 2; *Broichhausen* in: KölnKomm-UmwG, § 183 Rz. 6; Lutter-*Wilm*, UmwG, § 183 Rz. 2.

5) Widmann/Mayer-*Heckschen*, UmwR, § 183 UmwG Rz. 2; Semler/Stengel/Leonard-*Stengel*, UmwG, § 183 Rz. 2; krit. insbesondere Lutter-*Wilm*, UmwG, § 183 Rz. 5.

6) Widmann/Mayer-*Heckschen*, UmwR, § 183 UmwG Rz. 2; Semler/Stengel/Leonard-*Stengel*, UmwG, § 183 Rz. 2; *Broichhausen* in: KölnKomm-UmwG, § 183 Rz. 7.

eine Gegenleistung vorsieht. Hierfür ist der **Vorstand verantwortlich.**[7] § 128 Abs. 3 bis 6 VAG finden keine Anwendung.[8] Als Treuhänder kommen sowohl natürliche als auch juristische Personen in Betracht, wobei häufig spezielle Treuhandgesellschaften, Banken oder Notare bestellt werden.[9] In jedem Fall ist die Unabhängigkeit des Treuhänders von den Parteien des Vermögensübertragungsvertrages notwendig.[10]

4 **Ausnahmsweise** bestellt ein Gericht nach Abs. 2 Satz 1 den Treuhänder **von Amts wegen.** Üblich und in der Praxis empfehlenswert ist die Benennung des Treuhänders bereits im Vermögensübertragungsvertrag.[11] Allein dadurch entsteht jedoch kein Vertragsverhältnis zwischen VVaG und Treuhänder auf dessen Grundlage letzterer agieren kann.[12] Notwendig ist vielmehr der gesonderte Abschluss eines Vertrages, über den dem Treuhänder eine Legitimationsurkunde ausgestellt werden sollte.[13] Aus diesem Vertrag steht dem Treuhänder eine angemessene Vergütung sowie Auslagenersatz zu.[14] Beides wird im Fall einer gerichtlichen Bestellung der Höhe nach durch das Gericht festgesetzt (vgl. Abs. 2 Satz 3, § 26 Abs. 4 Satz 2), wobei in jedem Fall nach Erlöschen des VVaG der übernehmende Rechtsträger haftet.[15]

5 Der Treuhänder hat allein die vertraglich vorgesehene Abwicklung der Gegenleistung sicherzustellen. Die Abwicklung einer **durch das Gericht korrigierten Gegenleistung** hat nicht der Treuhänder, sondern das Vertretungsorgan des übernehmenden Rechtsträgers sicherzustellen.[16] Der Treuhänder hat die Gegenleistung möglichst zeitnah nach Beschlussfassung in Empfang zu nehmen, da die Vermögensübertragung erst nach Anzeige der Gegenleistung beim Gericht **eingetragen werden darf** (Abs. 1 Satz 2).[17] Die Anzeige hat sich nur an das Registergericht des übertragenden VVaG zu richten. Dieses teilt dem Register des übernehmenden Rechtsträgers die Eintragung von Amts wegen mit.[18]

6 Legt der Vermögensübertragungsvertrag keine Gegenleistung fest, sondern wird diese nach § 181 Abs. 4 durch das Gericht bestimmt, bestimmt das Gericht nach Absatz 2 auch den zuständigen Treuhänder. Absatz 2 Satz 2 bestimmt, dass bei einer gerichtlichen Bestellung von Amts wegen der **gesetzlich vorgesehene Verteilungsschlüssel** anzuwenden ist und jedem Mitglied, das dem Verein seit mindestens drei Monaten vor dem Beschluss über die Vermögensübertragung angehört hat, ein gleicher Teil der Gegenleistung zusteht.

7) Widmann/Mayer-*Heckschen*, UmwR, § 183 UmwG Rz. 4; *Broichhausen* in: KölnKomm-UmwG, § 183 Rz. 2.

8) Widmann/Mayer-*Heckschen*, UmwR, § 183 UmwG Rz. 4.

9) Widmann/Mayer-*Heckschen*, UmwR, § 183 UmwG Rz. 4.

10) Semler/Stengel/Leonard-*Stengel*, UmwG, § 183 Rz. 3.

11) Widmann/Mayer-*Heckschen*, UmwR, § 183 UmwG Rz. 4; Semler/Stengel/Leonard-*Stengel*, UmwG, § 183 Rz. 3; *Broichhausen* in: KölnKomm-UmwG, § 183 Rz. 2; Lutter-*Wilm*, UmwG, § 183 Rz. 3.

12) Widmann/Mayer-*Heckschen*, UmwR, § 183 UmwG Rz. 4; Semler/Stengel/Leonard-*Stengel*, UmwG, § 183 Rz. 3; Lutter-*Wilm*, UmwG, § 183 Rz. 3.

13) Widmann/Mayer-*Heckschen*, UmwR, § 183 UmwG Rz. 4; *Broichhausen* in: KölnKomm-UmwG, § 183 Rz. 3.

14) Widmann/Mayer-*Heckschen*, UmwR, § 183 UmwG Rz. 6; Semler/Stengel/Leonard-*Stengel*, UmwG, § 183 Rz. 7; *Broichhausen* in: KölnKomm-UmwG, § 183 Rz. 8; Lutter-*Wilm*, UmwG, § 183 Rz. 8.

15) Widmann/Mayer-*Heckschen*, UmwR, § 183 UmwG Rz. 6; *Broichhausen* in: KölnKomm-UmwG, § 183 Rz. 8; Lutter-*Wilm*, UmwG, § 183 Rz. 8.

16) Widmann/Mayer-*Heckschen*, UmwR, § 183 UmwG Rz. 4; Semler/Stengel/Leonard-*Stengel*, UmwG, § 183 Rz. 6.

17) Widmann/Mayer-*Heckschen*, UmwR, § 183 UmwG Rz. 5.

18) Widmann/Mayer-*Heckschen*, UmwR, § 183 UmwG Rz. 5.

Zweiter Unterabschnitt
Teilübertragung

§ 184
Anwendung der Spaltungsvorschriften

(1) Bei einer Teilübertragung nach § 175 Nr. 2 Buchstabe b sind auf die beteiligten Rechtsträger die für die Aufspaltung, Abspaltung oder Ausgliederung zur Aufnahme von Teilen eines Versicherungsvereins auf Gegenseitigkeit und die für übernehmende Aktiengesellschaften im Falle der Aufspaltung, Abspaltung oder Ausgliederung geltenden Vorschriften des Dritten Buches und die dort für entsprechend anwendbar erklärten Vorschriften des Zweiten Buches auf den vergleichbaren Vorgang entsprechend anzuwenden, soweit sich aus den folgenden Vorschriften nichts anderes ergibt.

(2) § 176 Abs. 2 bis 4 sowie § 178 Abs. 3 sind entsprechend anzuwenden.

Übersicht

I. Allgemeines

§ 184 ist hinsichtlich der Rollenverteilung von übertragenden und übernehmenden Rechtsträger **spiegelbildlich zu § 179** konzipiert und entspricht dieser Vorschrift im Grundsatz.[1)] § 184 findet für den Fall Anwendung, dass der VVaG übertragender Rechtsträger und eine AG oder ein öffentlich-rechtliche Versicherungsunternehmen übernehmender Rechtsträger sind.[2)] Absatz 1 verweist auf die **Vorschriften zur Aufspaltung, Abspaltung und Ausgliederung,** wobei sich die konkrete Anwendung nach der gewählten Übertragungsmethode richtet.[3)] Sowohl bei der Auf- als auch bei der Abspaltung steht die gezahlte Gegenleistung den Mitgliedern des VVaG zu (§ 174 Abs. 2 Nr. 1 oder Nr. 2), wobei der VVaG bei der Aufspaltung untergeht und bei der Abspaltung bestehen bleibt.[4)] Soweit im Zuge der Vermögensübertragung die Mitgliedschaft beim übertragenden VVaG erlischt, ist dem Mitglied hierfür eine **Abfindung** zu zahlen, wobei mangels Abfindungsregelung in § 184 auf §§ 181 bis 183 zurückgegriffen werden kann.[5)] Bei der Ausgliederung steht die Gegenleistung dem VVaG selbst zu (§ 174 Abs. 2 Nr. 3). 1

1) Lutter-*Wilm*, UmwG, § 184 Rz. 1; *Broichhausen* in: KölnKomm-UmwG, § 184 Rz. 1; Widmann/Mayer-*Heckschen*, UmwR, § 184 UmwG Rz. 10; Semler/Stengel/Leonard-*Stengel*, UmwG, § 184 Rz. 1.
2) Lutter-*Wilm*, UmwG, § 184 Rz. 1.
3) *Broichhausen* in: KölnKomm-UmwG, § 184 Rz. 1.
4) *Broichhausen* in: KölnKomm-UmwG, § 184 Rz. 1.
5) *Broichhausen* in: KölnKomm-UmwG, § 184 Rz. 1; Widmann/Mayer-*Heckschen*, UmwR, § 184 UmwG Rz. 2; Henssler/Strohn-*Wasmer*, GesR, § 184 UmwG Rz. 2.

II. Zulässigkeit der Teilübertragung auf ein öffentlich-rechtliches Versicherungsunternehmen

1. Auf- und abspaltende Teilübertragung

2 Obwohl § 151 Satz 1 bestimmt, dass als übernehmender Rechtsträger einer Auf- und Abspaltung eines VVaG allein andere VVaG sowie Versicherungs-AGs zulässig sind, ist allgemein anerkannt, dass ein öffentlich-rechtliches Versicherungsunternehmen bei einer auf- und abspaltenden Teilübertragung **zulässiger übernehmender Rechtsträger** sein kann.[6] Einerseits verweist § 184 auf § 176 Abs. 2 und § 178 Abs. 3, welche spezielle Regelungen für öffentlich-rechtliche Versicherungsunternehmen enthalten.[7] Dies deutet auf den gesetzgeberischen Willen hin, diese Unternehmen als übernehmende Rechtsträger bei einer auf- und abspaltenden Teilübertragung zuzulassen. Andererseits werden bei der Teilrechtsübertragung – anders als bei der Spaltung – keine Anteile oder Mitgliedschaften als Gegenleistung gewährt. Die Gewährung von Anteilen oder Mitgliedschaften erklärt aber den Ausschluss öffentlich-rechtlicher Versicherungsunternehmen gemäß § 151 von einer Spaltung. Folglich greift die ratio von § 151 auf die Teilübertragung nicht.[8] Auch die systematische Stellung von § 184 im Zweiten Abschnitt über die Vermögensübertragung, der seiner Überschrift zufolge die Einbeziehung öffentlich-rechtlicher Versicherungsunternehmen vorsieht, spricht dafür, dass § 151 einer Übertragung auf ein übernehmendes öffentlich-rechtliches Versicherungsunternehmen nicht entgegensteht.[9]

2. Ausgliedernde Teilübertragung

3 Mit Blick auf § 151 Satz 2, der eine Ausgliederung unter Beteiligung eines VVaG nur auf eine GmbH oder eine AG unter Ausschluss der Übertragung von Versicherungsverträgen zulässt, ist eine Teilübertragung eines übertragenden VVaG **unter Einschluss von Versicherungsverträgen nicht zulässig.**[10] Auch teleologisch lässt sich die Unzulässigkeit erklären: Die Zulässigkeit der Ausgliederung unter Einbeziehung von Versicherungsverträgen wäre unbillig. Mitglieder, deren Verträge ausgegliedert würden, erhielten hierfür keine Gegenleistung, da diese dem VVaG selbst zusteht, wohingegen die verbleibenden Mitglieder einen Wertzuwachs erhielten.[11] Ob darüber hinaus eine Ausgliederung auf einen VVaG allgemein unzulässig ist, ist eher eine theoretische Fragestellung, nachdem diese aus steuerrechtlichen Gründen ohnehin praktisch irrelevant ist.[12]

III. Regelungsgehalt

1. Teilübertragung auf eine Versicherungs-AG

a) Allgemeines

4 Die Teilübertragung auf eine Versicherungs-AG setzt einen Übertragungsvertrag, einen Übertragungsbericht, eine Übertragungsprüfung, einen **Übertragungsbeschluss**, eine aufsichtsbehördliche Genehmigung sowie die Anmeldung, Eintragung und Bekanntmachung voraus.

---

6) Lutter-*Wilm*, UmwG, § 184 Rz. 2; *Broichhausen* in: KölnKomm-UmwG, § 184 Rz. 2; Henssler/Strohn-*Wasmer*, GesR, § 184 UmwG Rz. 3; Semler/Stengel/Leonard-*Stengel*, UmwG, § 184 Rz. 6.

7) Lutter-*Wilm*, UmwG, § 184 Rz. 2.

8) Lutter-*Wilm*, UmwG, § 184 Rz. 2.

9) Lutter-*Wilm*, UmwG, § 184 Rz. 2; Semler/Stengel/Leonard-*Stengel*, UmwG, § 184 Rz. 6.

10) *Broichhausen* in: KölnKomm-UmwG, § 184 Rz. 2; Widmann/Mayer-*Heckschen*, UmwR, § 184 UmwG Rz. 7 f.; Henssler/Strohn-*Wasmer*, GesR, § 184 UmwG Rz. 3.

11) Widmann/Mayer-*Heckschen*, UmwR, § 184 UmwG Rz. 7; Semler/Stengel/Leonard-*Stengel*, UmwG, § 184 Rz. 5.

12) Ausf. Widmann/Mayer-*Heckschen*, UmwR, § 184 UmwG Rz. 8; vgl. auch Semler/Stengel/Leonard-*Stengel*, UmwG, § 184 Rz. 7.

b) Übertragungsvertrag

Der Übertragungsvertrag ist **von den Vertretungsorganen** der an der Übertragung beteiligten Rechtsträgern in der nach § 6 vorgeschriebenen Form abzuschließen.[13] Der Mindestinhalt richtet sich nach § 126, wobei aufgrund der Konzeption der Vermögensübertragung die Angaben zum Umtauschverhältnis der Anteile bzw. der Mitgliedschaften entfallen, da eine solche nicht gewährt wird.[14] Stattdessen hat der Übertragungsvertrag Angaben zur Art und Höhe der von der übernehmenden AG zu leistenden Gegenleistung zu enthalten.[15] 5

c) Übertragungsbericht

Die Vertretungsorgane haben einen Übertragungsbericht zu erstatten, in dem sie zu den rechtlichen und wirtschaftlichen Motiven und Auswirkungen der Vermögensübertragung Stellung beziehen (Abs. 1, § 127). Unter den Voraussetzungen nach §§ 127, 8 Abs. 3 ist der Bericht entbehrlich. Die Mitglieder des übertragenden VVaG und die Aktionäre der übernehmenden Versicherungs-AG können hiernach in notariell beurkundeter Form auf die Erstattung verzichten.[16] Dabei können freilich auch nur die Mitglieder des VVaG oder der AG auf den Bericht verzichten, was die Berichtspflicht in Bezug auf den jeweils anderen Rechtsträger nicht beeinflusst (siehe § 127 Rz. 32 [*K. Wentz*]). 6

d) Übertragungsprüfung

Für die übernehmende AG besteht die Pflicht den Übertragungsvertrag durch einen sachverständigen Prüfer überprüfen zu lassen (Abs. 1, §§ 125 Abs. 1 Satz 1, 9 Abs. 1, §§ 60 ff.).[17] Bei einem entsprechenden Verzicht, ist auch diese Prüfung obsolet.[18] 7

e) Übertragungsbeschluss

Der Übertragungsbeschluss muss von der **obersten Vertretung des VVaG sowie der Hauptversammlung** gefasst werden.[19] In beiden Fällen bedarf es einer Drei-Viertel-Mehrheit. Der Beschluss muss die Zustimmung zum Übertragungsvertrag enthalten sowie – soweit nicht nach § 181 Abs. 1 auf die Festsetzung einer Gegenleistung verzichtet wird – bestimmen, welche Mitglieder in welchem Verhältnis an der Gegenleistung beteiligt werden (vgl. § 181 Abs. 2).[20] Im Falle einer nicht verhältniswahrenden Vermögensübertragung ist die Zustimmung sämtlicher Mitglieder des VVaG notwendig.[21] 8

f) Aufsichtsrechtliche Genehmigung

Nach § 14 VAG bedarf jede Umwandlung – und damit auch die Teilübertragung – eines VVaG der Genehmigung der Aufsichtsbehörde. Die Aufsichtsbehörde prüft hierbei auch die Angemessenheit der Gegenleistung.[22] 9

---

13) *Broichhausen* in: KölnKomm-UmwG, § 184 Rz. 4; Widmann/Mayer-*Heckschen*, UmwR, § 184 UmwG Rz. 11.
14) Lutter-*Wilm*, UmwG, § 184 Rz. 5; Widmann/Mayer-*Heckschen*, UmwR, § 184 UmwG Rz. 11, 20 ff.
15) Lutter-*Wilm*, UmwG, § 184 Rz. 5.
16) Lutter-*Wilm*, UmwG, § 184 Rz. 6; Widmann/Mayer-*Heckschen*, UmwR, § 184 UmwG Rz. 13; *Broichhausen* in: KölnKomm-UmwG, § 184 Rz. 4.
17) Lutter-*Wilm*, UmwG, § 184 Rz. 7.
18) Lutter-*Wilm*, UmwG, § 184 Rz. 7.
19) Lutter-*Wilm*, UmwG, § 184 Rz. 8; Widmann/Mayer-*Heckschen*, UmwR, § 184 UmwG Rz. 14.
20) Lutter-*Wilm*, UmwG, § 184 Rz. 9.
21) Krit. in diesem Zusammenhang Lutter-*Wilm*, UmwG, § 184 Rz. 8.
22) Lutter-*Wilm*, UmwG, § 184 Rz. 10.

g) Anmeldung, Eintragung und Bekanntmachung

10 Die Teilübertragung muss von den Vorständen des VVaG sowie der Versicherungs-AG beim Handelsregister des **Sitzes beider Unternehmen** angemeldet werden.[23] Insbesondere die Übertragungsbilanz (§ 17 Abs. 2) und der etwaig notwendige Nachweis der Zuleitung an den Betriebsrat sind der Anmeldung beizufügen. Die Genehmigung der Aufsichtsbehörde ist nicht zwingend in der in § 17 Abs. 2 normierten Frist beizufügen.[24] Die Teilübertragung wird grundsätzlich im Register beider beteiligter Rechtsträger eingetragen.[25] Sofern ein **öffentlich-rechtliches Versicherungsunternehmen** beteiligt ist, genügt die Eintragung im Handelsregister am Sitz des übertragenden VVaG (§§ 184 Abs. 2, 176 Abs. 2 Satz 2).[26] Die Eintragung ist nach § 19 Abs. 3 bekannt zu machen.

2. Teilübertragung auf ein öffentlich-rechtliches Versicherungsunternehmen

11 Ein öffentlich-rechtliches Versicherungsunternehmen kann übernehmender Rechtsträger einer Teilübertragung sein.[27] Besonderheiten hinsichtlich der Vertretungsbefugnis und der Form für die zustimmende Beschlussfassung ergeben sich aus dem für das öffentlich-rechtliche Versicherungsunternehmen anwendbare Bundes- oder Landesrecht.[28] Nachdem die Arbeit der öffentlich-rechtlichen Versicherungsunternehmen auf dem Gegenseitigkeitsprinzip basiert, ist die Gewährung einer **Gegenleistung** nicht unproblematisch und **bedarf besonderer Begutachtung.**[29] Das Anmeldungs- und Eintragungsverfahren entspricht der Teilübertragung auf eine Versicherungs-AG.[30]

23) Lutter-*Wilm*, UmwG, § 184 Rz. 11.
24) Lutter-*Wilm*, UmwG, § 184 Rz. 18.
25) Lutter-*Wilm*, UmwG, § 184 Rz. 11; Widmann/Mayer-*Heckschen*, UmwR, § 184 UmwG Rz. 18.
26) Lutter-*Wilm*, UmwG, § 184 Rz. 11.
27) Widmann/Mayer-*Heckschen*, UmwR, § 184 UmwG Rz. 19.
28) Lutter-*Wilm*, UmwG, § 178 Rz. 25.
29) Ausf. Lutter-*Wilm*, UmwG, § 178 Rz. 27 f.
30) Lutter-*Wilm*, UmwG, § 184 Rz. 13.

Dritter Abschnitt
Übertragung des Vermögens eines kleineren Versicherungsvereins auf Gegenseitigkeit auf eine Aktiengesellschaft oder auf ein öffentlich-rechtliches Versicherungsunternehmen

§ 185
Möglichkeit der Vermögensübertragung

Ein kleinerer Versicherungsverein auf Gegenseitigkeit kann sein Vermögen nur im Wege der Vollübertragung auf eine Versicherungs-Aktiengesellschaft oder auf ein öffentlich-rechtliches Versicherungsunternehmen übertragen.

Übersicht

I. Allgemeines

Vormals war die Vermögensübertragung unter Beteiligung eines kleineren VVaGin § 53a VAG a. F. normiert.[1] Wann ein VVaG als „klein" gilt, entscheidet die Aufsichtsbehörde (§ 210 Abs. 4 VAG). 1

II. Regelungsgehalt

Kleine VVaG können allein eine Vollübertragung vornehmen. Eine Teilübertragung ist dagegen unzulässig.[2] Übernehmende Rechtsträger können entweder die Versicherungs-AG oder ein öffentlich-rechtliches Versicherungsunternehmen sein. Zwar kann damit keine Vollübertragung auf einen großen VVaG vorgenommen werden; jedoch ist die Verschmelzung (§§ 118 f.) insoweit eine zulässige Gestaltungsalternative.[3] §§ 185 ff. sind keine abschließenden Regelungen für die Vermögensübertragung unter Einbeziehung kleinerer VVaG.[4] Deshalb kann ein kleinerer VVaG übernehmender Rechtsträger sein.[5] Dagegen ist eine Vermögensübertragung unter Beteiligung eines Kleinst-VVaG (§ 5 Abs. 1 VAG) nicht möglich.[6] 2

1) *Broichhausen* in: KölnKomm-UmwG, § 185 Rz. 1.
2) Widmann/Mayer-*Heckschen*, UmwR, § 185 UmwG Rz. 1; Henssler/Strohn-*Wasmer*, GesR, § 185 UmwG Rz. 1.
3) *Broichhausen* in: KölnKomm-UmwG, § 185 Rz. 2; Widmann/Mayer-*Heckschen*, UmwR, § 185 UmwG Rz. 5; Lutter-*Wilm*, UmwG, § 185 Rz. 2.
4) *Broichhausen* in: KölnKomm-UmwG, § 185 Rz. 2a; Henssler/Strohn-*Wasmer*, GesR, § 185 UmwG Rz. 1.
5) *Broichhausen* in: KölnKomm-UmwG, § 185 Rz. 2a; Widmann/Mayer-*Heckschen*, UmwR, § 185 UmwG Rz. 5; Henssler/Strohn-*Wasmer*, GesR, § 185 UmwG Rz. 1.
6) *Broichhausen* in: KölnKomm-UmwG, § 185 Rz. 2b; Lutter-*Wilm*, UmwG, § 185 Rz. 3.

§ 186
Anzuwendende Vorschriften*)

[1]Auf die Vermögensübertragung sind die Vorschriften des Zweiten Abschnitts entsprechend anzuwenden. [2]Dabei treten bei kleineren Vereinen an die Stelle der Anmeldung zur Eintragung in das Register der Antrag an die Aufsichtsbehörde auf Genehmigung, an die Stelle der Eintragung in das Register und ihrer Bekanntmachung die Bekanntmachung im Bundesanzeiger nach § 187.

*) § 186 geändert durch Art. 2 des Gesetzes zur Änderung von Vorschriften über Verkündung und Bekanntmachungen sowie der Zivilprozessordnung, des Gesetzes betreffend die Einführung der Zivilprozessordnung und der Abgabenordnung (BAnzDiG), v. 22.12.2011 BGBl. I 2011, 3044; § 186 i. d. F. des UmwBerG geändert durch Art. 8 des Gesetzes über elektronische Handelsregister und Genossenschaftsregister sowie das Unternehmensregister (EHUG), v. 10.11.2006, BGBl. I 2006, 2553.

Übersicht

I. Allgemeines

§ 186 verweist für die Vermögensübertragung unter Einbeziehung von kleineren VVaG auf die Vorschriften des zweiten Abschnitts und damit die Vorschriften über die Vermögens- 1 übertragung unter Beteiligung eines größeren VVaG. Nachdem kleinere VVaG jedoch nicht ins Handelsregister eingetragen werden, sind Anpassungen der allgemein anwendbar erklärten Vorschriften notwendig.[1)]

II. Durchführung der Vermögensübertragung

1. Übertragungsvertrag und -beschluss

2 Auch bei einer Vermögensübertragung unter Beteiligung eines kleineren VVaG ist der Abschluss eines Übertragungsvertrages notwendig. Dieser hat der in § 6 geregelten Form zu entsprechen.[2)] Mindestinhalt des Vertrages (Satz 1, §§ 180 Abs. 2 i. V. m. § 176 Abs. 2 Satz 3) sind Angaben zur Art und Höhe der Gegenleistung, wobei diese nicht in Anteilen oder Mitgliedschaften gewährt wird, weshalb keine Angaben zum Umtauschverhältnis der Anteile notwendig sind (Satz 1, § 180 Abs. 2 i. V. m. § 176 Abs. 2 Satz 3).[3)]

3 Ein Übertragungsbeschluss von der **obersten Vertretung des kleineren VVaG** ist notwendig, wobei deren Zuständigkeit auch besteht, soweit statutarisch ein schriftliches Verfahren gemäß §§ 210 Abs. 2 VAG, 32 Abs. 2 BGB vorgesehen ist.[4)] Der notariell zu beurkundende Zustimmungsbeschluss bedarf – vorbehaltlich einer anderen Satzungsregel – einer Mehrheit von Dreiviertel der abgegebenen Stimmen. §§ 241 ff. AktG findet auf den Beschluss der obersten Vertretung keine Anwendung.[5)] Vielmehr ist die Nichtigkeitsklage statthaft, wobei die Monatsfrist aus § 14 Abs. 1 zu beachten ist.[6)] Bei Fehlern hinsichtlich der Angemessenheit der Gegenleistung ist das Spruchverfahren (§ 1 Nr. 4 SpruchG) statthaft.[7)]

2. Behördliche Genehmigung und Bekanntmachung

4 Alle beteiligten Rechtsträger benötigen eine aufsichtsbehördliche Genehmigung (§ 14 VAG).[8)] Der **Genehmigungsantrag** ersetzt für den übertragenden kleinen VVaG die Anmeldung zur Eintragung in das Handelsregister (Satz 2), weshalb gemäß §§ 16 Abs. 2, 17 dem Antrag die notwendigen Erklärungen und Anlagen beizufügen sind.[9)] Für die Bekanntmachung unter Beteiligung von kleineren VVaG sowie öffentlich-rechtlichen Versicherungsunternehmen ist § 187 zu beachten.

5 Nach Satz 2 ist eine **Bekanntmachung** im Bundesanzeiger vorgesehen, wenn ein kleiner VVaG sein Vermögen auf eine Versicherungs-AG überträgt. Bei einer Übertragung auf eine Versicherungs-AG ist das Registergericht nach Satz 1, §§ 180 Abs. 1, 19 Abs. 3 für

---

1) *Broichhausen* in: KölnKomm-UmwG, § 186 Rz. 1; Widmann/Mayer-*Heckschen*, UmwR, § 186 UmwG Rz. 2; Lutter-*Wilm*, UmwG, § 186 Rz. 1.

2) *Broichhausen* in: KölnKomm-UmwG, § 186 Rz. 2.

3) *Broichhausen* in: KölnKomm-UmwG, § 186 Rz. 2.

4) *Broichhausen* in: KölnKomm-UmwG, § 186 Rz. 3; Widmann/Mayer-*Heckschen*, UmwR, § 186 UmwG Rz. 4; Lutter-*Wilm*, UmwG, § 186 Rz. 2.

5) *Broichhausen* in: KölnKomm-UmwG, § 186 Rz. 5; Widmann/Mayer-*Heckschen*, UmwR, § 186 UmwG Rz. 5; Lutter-*Wilm*, UmwG, § 186 Rz. 3.

6) *Broichhausen* in: KölnKomm-UmwG, § 186 Rz. 5; Widmann/Mayer-*Heckschen*, UmwR, § 186 UmwG Rz. 5; Lutter-*Wilm*, UmwG, § 186 Rz. 3.

7) *Broichhausen* in: KölnKomm-UmwG, § 186 Rz. 5; Lutter-*Wilm*, UmwG, § 186 Rz. 3.

8) *Broichhausen* in: KölnKomm-UmwG, § 186 Rz. 6; Lutter-*Wilm*, UmwG, § 186 Rz. 4.

9) *Broichhausen* in: KölnKomm-UmwG, § 186 Rz. 6; Widmann/Mayer-*Heckschen*, UmwR, § 186 UmwG Rz. 6.

die Bekanntmachung zuständig.[10] Für die Veranlassung der Bekanntmachung ist der Vorstand der Versicherungs-AG zuständig.[11]

Die Bekanntmachung im Bundesanzeiger führt zu den in § 20 geregelten **Rechtsfolgen.**[12] Das Vermögen des kleineren VVaG geht im wegen der Gesamtrechtsnachfolge auf den übernehmenden Rechtsträger über. Die Mitgliedschaften im kleineren VVaG erlöschen, wobei die ausgeschiedenen Mitglieder im Gegenzug eine Gegenleistung erhalten (§ 181).[13] 6

10) *Broichhausen* in: KölnKomm-UmwG, § 186 Rz. 9; Widmann/Mayer-*Heckschen*, UmwR, § 186 UmwG Rz. 7.

11) Widmann/Mayer-*Heckschen*, UmwR, § 186 UmwG Rz. 7 f.

12) Widmann/Mayer-*Heckschen*, UmwR, § 186 UmwG Rz. 9; Lutter-*Wilm*, UmwG, § 186 Rz. 9.

13) Widmann/Mayer-*Heckschen*, UmwR, § 186 UmwG Rz. 9; Lutter-*Wilm*, UmwG, § 186 Rz. 9.

§ 187
Bekanntmachung der Vermögensübertragung*)

Sobald die Vermögensübertragung von allen beteiligten Aufsichtsbehörden genehmigt worden ist, macht bei einer Vermögensübertragung auf ein öffentlich-rechtliches Versicherungsunternehmen die für den übertragenden kleineren Verein zuständige Aufsichtsbehörde die Vermögensübertragung und ihre Genehmigung im Bundesanzeiger bekannt.

*) § 187 geändert durch Art. 2 des Gesetzes zur Änderung von Vorschriften über Verkündung und Bekanntmachungen sowie der Zivilprozessordnung, des Gesetzes betreffend die Einführung der Zivilprozessordnung und der Abgabenordnung (BAnzDiG), v. 22.12.2011 BGBl. I 2011, 3044; § 187 i. d. F. des UmwBerG geändert durch Art. 8 des Gesetzes über elektronische Handelsregister und Genossenschaftsregister sowie das Unternehmensregister (EHUG), v. 10.11.2006, BGBl. I 2006, 2553.

Übersicht

I. Allgemeines

1 § 187 entspricht § 53 Abs. 3 VAG a. F.[1] Die Vorschrift befasst sich mit der Bekanntmachung der Vermögensübertragung auf ein öffentlich-rechtliches Versicherungsunternehmen. Das öffentlich-rechtliche Versicherungsunternehmen ist genauso wie der VVaG nicht im Handelsregister eingetragen, was die Notwendigkeit von § 187 erklärt.[2]

II. Regelungsgehalt

2 § 187 sieht eine Bekanntmachung im Bundesanzeiger vor. Die für den übertragenden VVaG zuständige **Aufsichtsbehörde** ist für die Bekanntmachung im Bundesanzeiger zuständig. Teil der Bekanntmachung ist neben der Vermögensübertragung und der Genehmigung auch der **Hinweis an die Gläubiger** i. S. des § 22 Abs. 1 Satz 3. Die Aufsichtsbehörde muss die Mitglieder des VVaG nicht über die Möglichkeit eines Spruchverfahrens informieren, da für diesen Hinweis das übernehmende öffentlich-rechtliche Versicherungsunternehmen zuständig ist (§§ 186 Satz 1, 182).[3]

1) *Broichhausen* in: KölnKomm-UmwG, § 187 Rz. 1; Widmann/Mayer-*Heckschen*, UmwR, § 187 UmwG Rz. 3.

2) *Broichhausen* in: KölnKomm-UmwG, § 187 Rz. 1; Lutter-*Wilm*, UmwG, § 187 Rz. 1.

3) *Broichhausen* in: KölnKomm-UmwG, § 187 Rz. 2.

Vierter Abschnitt
Übertragung des Vermögens eines öffentlich-rechtlichen Versicherungsunternehmens auf Aktiengesellschaften oder Versicherungsvereine auf Gegenseitigkeit

Erster Unterabschnitt
Vollübertragung

§ 188
Anwendung der Verschmelzungsvorschriften*)

(1) Bei einer Vollübertragung nach § 175 Nr. 2 Buchstabe c sind auf die übernehmenden Rechtsträger die für die Verschmelzung durch Aufnahme geltenden Vorschriften des Zweiten Buches sowie auf das übertragende Versicherungsunternehmen § 176 Abs. 3 entsprechend anzuwenden, soweit sich aus den folgenden Vorschriften nichts anderes ergibt.

(2) § 176 Abs. 2 und 4 sowie § 178 Abs. 3 sind entsprechend anzuwenden.

(3) [1]An die Stelle der Anmeldung zur Eintragung in das Register treten bei den öffentlich-rechtlichen Versicherungsunternehmen der Antrag an die Aufsichtsbehörde auf Genehmigung, an die Stelle der Eintragung in das Register und ihrer Bekanntmachung die Bekanntmachung nach Satz 2. [2]Die für das öffentlich-rechtliche Versicherungsunternehmen zuständige Aufsichtsbehörde macht, sobald die Vermögensübertragung von allen beteiligten Aufsichtsbehörden genehmigt worden ist, die Übertragung und ihre Genehmigung im Bundesanzeiger bekannt.

*) § 188 geändert durch Art. 2 des Gesetzes zur Änderung von Vorschriften über Verkündung und Bekanntmachungen sowie der Zivilprozessordnung, des Gesetzes betreffend die Einführung der Zivilprozessordnung und der Abgabenordnung (BAnzDiG), v. 22.12.2011 BGBl. I 2011, 3044; § 188 i. d. F. des UmwBerG geändert durch Art. 8 des Gesetzes über elektronische Handelsregister und Genossenschaftsregister sowie das Unternehmensregister (EHUG), v. 10.11.2006, BGBl. I 2006, 2553.

Übersicht

I. Allgemeines

1 § 188, der die direkte Vermögensübertragung durch ein öffentlich-rechtliches Versicherungsunternehmen auf einen **VVaG oder eine Versicherungs-AG** regelt, ist kaum von praktischer Relevanz.[1] Auch eine **SE** kann möglicher Zielrechtsträger einer in § 188 geregelten Vermögensübertragung sein (Art. 10 SE-VO)[2].[3]

1) *Broichhausen* in: KölnKomm-UmwG, § 188 Rz. 1; Semler/Stengel/Leonard-*Stengel*, UmwG, § 188 Rz. 1.

2) Verordnung (EG) Nr. 2157/2001 des Rates v. 8.10.2001 über das Statut der Europäischen Gesellschaft (SE) (SE-VO), ABl. (EU) L 294/1 v. 10.11.2001.

3) Widmann/Mayer-*Heckschen*, UmwR, § 188 UmwG Rz. 2.

II. Regelungsgehalt

1. Allgemeines

Für die Vermögensübertragung von einem öffentlich-rechtlichen Versicherungsunternehmen auf eine Versicherungs-AG oder einen VVaG ist ein Übertragungsvertrag, ein Übertragungsbericht, eine Übertragungsprüfung, ein Übertragungsbeschluss, aufsichtsbehördliche Genehmigungen sowie die Bekanntmachung im Bundesanzeiger notwendig. 2

Ein Treuhänder i. S. des § 71 Satz 1 ist nicht zu bestellen.[4] Eine Bestellung kann jedoch im Einzelfall sinnvoll sein.[5] 3

2. Übertragungsvertrag

Der Übertragungsvertrag ist von den vertretungsberechtigten Organen der beteiligten Rechtsträger in der nach § 6 vorgeschriebenen Form (Abs. 1, § 6) zu schließen und hat inhaltlich den Anforderungen aus § 5 zu entsprechen (Abs. 1 i. V. m. § 5).[6] Dabei sind Anpassungen notwendig, da keine Anteile oder Mitgliedschaften als Gegenleistung gewährt werden (Abs. 2, § 176 Abs. 2). Hieraus folgt auch, dass Angaben zum Umtauschverhältnis obsolet sind und durch **Abfindungsregeln** ersetzt werden (Abs. 2, § 176 Abs. 2 Satz 3). 4

3. Übertragungsbericht und -prüfung

Die beteiligten Versicherungsunternehmen müssen grundsätzlich einen Übertragungsbericht erstellen (Abs. 1, § 8). Auf diesen kann jedoch unter den Voraussetzungen nach Abs. 2, § 176 Abs. 4 verzichtet werden. Der Bericht ist grundsätzlich durch einen **Sachverständigen** zu prüfen, wenn ein Versicherungs-AG in die Vermögensübertragung involviert ist, wobei sich die Prüfung auf den Bericht der Versicherungs-AG beschränkt (Abs. 1, §§ 60 Satz 1, 9 Abs. 1).[7] Bei notariellem Verzicht aller Anteilsinhaber ist der Prüfbericht obsolet.[8] 5

4. Übertragungsbeschluss

Die übernehmende Versicherungs-AG bzw. der übernehmende VVaG muss dem Übertragungsvertrag in der Hauptversammlung bzw. in der Versammlung der obersten Vertretung zustimmen (Abs. 1, § 13 Abs. 1). Die Anforderungen an die Zustimmung zum Übertragungsvertrag seitens des übertragenden öffentlich-rechtlichen Versicherungsunternehmens ergeben sich aus dem öffentlich-rechtlichen Unternehmensrecht (Abs. 2, § 178 Abs. 3).[9] 6

5. Aufsichtsrechtliche Genehmigung

Alle beteiligten Rechtsträger bedürfen nach § 14 VAG der Zustimmung der Aufsichtsbehörde. Der **Genehmigungsantrag** ersetzt die registerrechtliche Anmeldung der Vermögensübertragung, nachdem das öffentlich-rechtliche Versicherungsunternehmen nicht im Handelsregister eingetragen ist (Abs. 3 Satz 1). Die nach §§ 16 Abs. 2, 17 notwendigen Erklärungen und Anlagen sind dem Antrag an die Aufsichtsbehörde beizufügen.[10] 7

---

4) *Broichhausen* in: KölnKomm-UmwG, § 188 Rz. 8a; Widmann/Mayer-*Heckschen*, UmwR, § 188 UmwG Rz. 14; Semler/Stengel/Leonard-*Stengel*, UmwG, § 188 Rz. 8.

5) *Broichhausen* in: KölnKomm-UmwG, § 188 Rz. 8a; Semler/Stengel/Leonard-*Stengel*, UmwG, § 188 Rz. 8.

6) Widmann/Mayer-*Heckschen*, UmwR, § 188 UmwG Rz. 5.

7) *Broichhausen* in: KölnKomm-UmwG, § 188 Rz. 4; Semler/Stengel/Leonard-*Stengel*, UmwG, § 188 Rz. 5; Widmann/Mayer-*Heckschen*, UmwR, § 188 UmwG Rz. 7.

8) Widmann/Mayer-*Heckschen*, UmwR, § 188 UmwG Rz. 7.

9) Semler/Stengel/Leonard-*Stengel*, UmwG, § 188 Rz. 2.

10) *Broichhausen* in: KölnKomm-UmwG, § 188 Rz. 8; Semler/Stengel/Leonard-*Stengel*, UmwG, § 188 Rz. 7; Widmann/Mayer-*Heckschen*, UmwR, § 188 UmwG Rz. 13.

6. Bekanntgabe

8 Die für das öffentlich-rechtliche Versicherungsunternehmen zuständige Aufsichtsbehörde gibt die Übertragung im Bundesanzeiger bekannt, sobald die aufsichtsbehördlichen Genehmigungen für beide Rechtsträger vorliegen.[11] Die Eintragung in das Register der Versicherungs-AG bzw. des VVaG erfolgt nach Abs. 1, § 19.[12]

7. Rechtsfolge

9 Im Zeitpunkt der Bekanntmachung nach § 188 Abs. 3 Satz 2 treten die Rechtsfolgen der Vermögensübertragung ein.[13] Das öffentlich-rechtliche Versicherungsunternehmen erlischt (Abs. 1, § 20 Abs. 1 Nr. 2 Satz 1), das Vermögen – einschließlich der unveränderten Versicherungsverträge – geht im Wege der Gesamtrechtsnachfolge über (Abs. 1, § 20 Abs. 1 Nr. 1 Satz 1).

11) *Broichhausen* in: KölnKomm-UmwG, § 188 Rz. 9; Semler/Stengel/Leonard-*Stengel*, UmwG, § 188 Rz. 9; Widmann/Mayer-*Heckschen*, UmwR, § 188 UmwG Rz. 20.

12) *Broichhausen* in: KölnKomm-UmwG, § 188 Rz. 9.

13) *Broichhausen* in: KölnKomm-UmwG, § 188 Rz. 12.

Zweiter Unterabschnitt
Teilübertragung

§ 189
Anwendung der Spaltungsvorschriften

(1) Bei einer Teilübertragung nach § 175 Nr. 2 Buchstabe c sind auf die übernehmenden Rechtsträger die für die Aufspaltung, Abspaltung oder Ausgliederung zur Aufnahme geltenden Vorschriften des Dritten Buches und die dort für entsprechend anwendbar erklärten Vorschriften des Zweiten Buches auf den vergleichbaren Vorgang sowie auf das übertragende Versicherungsunternehmen § 176 Abs. 3 entsprechend anzuwenden, soweit sich aus den folgenden Vorschriften nichts anderes ergibt.

(2) § 176 Abs. 2 und 4, § 178 Abs. 3 sowie § 188 Abs. 3 sind entsprechend anzuwenden.

Übersicht

I. Allgemeines

1 § 189 regelt die Teilübertragung des Vermögens eines öffentlich-rechtlichen Versicherungsunternehmens. Die Vorschrift ist ein Novum des UmwG.[1] Hinsichtlich des übernehmenden Rechtsträgers verweist § 189 auf die jeweiligen Vorschriften des Spaltungsrechts. Die Vorschrift ermöglicht grundsätzlich die auf- und abspaltende sowie die ausgliedernde Teilvermögensübertragung.

1) Widmann/Mayer-*Heckschen*, UmwR, § 189 UmwG Rz. 1.

II. Regelungsgehalt

1. Allgemeines

Die Teilvermögensübertragung setzt ein Übertragungsvertrag, einen Übertragungsbericht, eine Übertragungsprüfung, einen Übertragungsbeschluss, aufsichtsrechtliche Genehmigungen sowie die Bekanntmachung voraus. 2

2. Übertragungsvertrag

Der Übertragungsvertrag ist von den vertretungsberechtigten Organen der beteiligten Rechtsträger zu schließen und hat der in § 6 normierten Form zu entsprechen. Der **Mindestinhalt** folgt aus Abs. 1 i. V. m. § 126. Da bei der Vermögensübertragung keine Anteile oder Mitgliedschaften gewährt werden, sind entsprechende Angaben hierzu obsolet und werden durch die Vereinbarung einer **Gegenleistung** ersetzt Abs. 2, § 176 Abs. 2 Satz 3.[2] 3

3. Übertragungsbericht, -prüfung und -beschluss

Jeder an der Teilvermögensübertragung beteiligte Rechtsträger hat einen Übertragungsbericht anzufertigen. Die Versicherungs-AG ist im Fall einer auf- und abspaltenden Teilvermögensübertragung verpflichtet, den Übertragungsvertrag – oder seinen Entwurf – durch einen **sachverständigen Prüfer** überprüfen zu lassen (Abs. 1, §§ 125 Abs. 1 Satz 1, 60 Abs. 1). Bei einer ausgliedernden Teilvermögensübertragung gilt dies nach Abs. 1, § 125 Abs. 1 Satz 2 nicht. Die Anforderungen an den Übertragungsbeschluss entsprechen wegen der Verweisung auf die verschmelzungsrechtlichen Vorschriften denen der Vollübertragung.[3] 4

4. Genehmigungen und Bekanntmachung

Alle an der Teilvermögensübertragung beteiligten Rechtsträger haben bei der Aufsichtsbehörde eine Genehmigung zu beantragen (§ 14 VAG).[4] Diese **ersetzt die Anmeldung zur Eintragung in das Handelsregister** (Abs. 2, § 188 Abs. 3 Satz 1). Dementsprechend sind dem Antrag die gemäß §§ 16, 17 notwendigen Erklärungen und Unterlagen beizufügen.[5] 5

Die zuständige Aufsichtsbehörde gibt die Teilvermögensübertragung bekannt, nachdem das öffentlich-rechtliche Versicherungsunternehmen nicht im Handelsregister eingetragen ist (Abs. 2, § 188 Abs. 3).[6] In Bezug auf beteiligte Versicherungs-AG oder VVaG erfolgt die Bekanntmachung im Handelsregister und durch das Registergericht (Abs. 1, §§ 125, 19 Abs. 3).[7] Die Bekanntmachung durch die Aufsichtsbehörde folgt dabei der Registereintragung nach (Abs. 1, Abs. 2, § 130).[8] 6

5. Rechtsfolge

Die Teilvermögensübertragung wird **mit Genehmigung und Bekanntmachung** der Vermögensübertragung durch die Aufsichtsbehörde des übertragenden öffentlich-rechtlichen Versicherungsunternehmens wirksam.[9] Dies bewirkt, dass die im Übertragungsvertrag vereinbarten Vermögensgegenstände durch partielle Gesamtrechtsnachfolge übergehen (Abs. 1, § 131 Abs. 1 Nr. 1). Bei einer aufspaltenden Vermögensübertragung erlischt das öffentlich-rechtliche Versicherungsunternehmen (Abs. 1, § 131 Abs. 1 Nr. 2). 7

---

2) *Broichhausen* in: KölnKomm-UmwG, § 189 Rz. 3.
3) *Broichhausen* in: KölnKomm-UmwG, § 189 Rz. 5.
4) *Broichhausen* in: KölnKomm-UmwG, § 189 Rz. 6; Widmann/Mayer-*Heckschen*, UmwR, § 189 UmwG Rz. 9; Lutter-*Wilm*, UmwG, § 189 Rz. 3.
5) Lutter-*Wilm*, UmwG, § 189 Rz. 4.
6) *Broichhausen* in: KölnKomm-UmwG, § 189 Rz. 7.
7) *Broichhausen* in: KölnKomm-UmwG, § 189 Rz. 8.
8) *Broichhausen* in: KölnKomm-UmwG, § 189 Rz. 8.
9) *Broichhausen* in: KölnKomm-UmwG, § 189 Rz. 10; Lutter-*Wilm*, UmwG, § 189 Rz. 4.

Fünftes Buch
Formwechsel

Erster Teil
Allgemeine Vorschriften

§ 190
Allgemeiner Anwendungsbereich

(1) Ein Rechtsträger kann durch Formwechsel eine andere Rechtsform erhalten.

(2) Soweit nicht in diesem Buch etwas anderes bestimmt ist, gelten die Vorschriften über den Formwechsel nicht für Änderungen der Rechtsform, die in anderen Gesetzen vorgesehen oder zugelassen sind.

Literatur: *Bärwaldt/Schabacker*, Der Formwechsel als modifizierte Neugründung, ZIP 1998, 1293; *Baschnagel/Hilser*, Grenzüberschreitende Umwandlungen von Personengesellschaften nach dem MoPeG und dem UmRUG – aktuelle Entwicklungen sowie rechtspolitische und rechtsdogmatische Perspektiven, ZPG 2024, 81; *Bücker/Kopp*, Erste Praxiserfahrungen mit einem grenzüberschreitenden Hereinformwechsel nach dem neuen UmwG in die Rechtsform der Aktiengesellschaft, AG 2023, 764; *Heckschen*, Die Reform des Umwandlungsrechts – eine erste Bestandsaufnahme, DNotZ 2024, 404; *Heckschen*, Die GmbH-Reform – Wege und Irrwege, DStR 2007, 1442; *Heckschen/Hilser*, Grenzüberschreitender Gesellschaftszuzug aus Drittstaaten nach Deutschland am Praxisbeispiel einer Schweizer Aktiengesellschaft, (Teil II) DStR 2022, 1053; *Kerschbaumer*, Praktische Probleme bei der Anwendung der GmbH-Gründungsvorschriften beim Formwechsel von der AG in die GmbH nach § 197 UmwG, NZG 2011, 892; *Löbbe*, Die grenzüberschreitende Umwandlung nach dem UmRUG, ZHR 187 (2023), 498; *Schaper*, Venture Capital in der Vertragsgestaltung, ZGR 2024, 509; *Schaper*, Selektion und Kombination von Gesellschaftsformen im institutionellen Wettbewerb, 2012; *Schmidt, J.*, Im Labyrinth des Gesellschaftskollisionsrechts: Gründungstheorie statt „zurück auf die Trabrennbahn", EuZW 2021, 613; *Schön*, Die Personengesellschaft im europäischen Gesellschaftsrecht, ZHR 187 (2023), 123; *Stiegler*, Hereinformwechsel in eine Kommanditgesellschaft, NZG 2020, 979; *Stiegler*, Grenzüberschreitende Mobilität von Personengesellschaften, ZGR 2017, 312; *Vossius*, Gründung und Umwandlung der deutschen Europäischen Gesellschaft (SE), ZIP 2005, 741.

Übersicht

I. Allgemeines, Rechtsträgeridentität

1 Beim Formwechsel handelt es sich um die vierte Form der Umwandlung gemäß § 1 Abs. 1 Nr. 4. Durch den Formwechsel ändert ein Rechtsträger seine Rechtsform unter

Beibehaltung seiner rechtlichen und wirtschaftlichen Identität.[1] Das heißt, dass der im Rechtsverkehr auftretende Rechtsträger vor und nach dem Formwechsel identisch bleibt **(rechtliche Identität)** und i. R. des Formwechsels – im Gegensatz zu den übrigen Umwandlungsformen gemäß § 1 Abs. 1 Nr. 1–3 – keine Vermögensübertragung bzw. Gesamtrechtsnachfolge stattfindet **(wirtschaftliche Identität)**.[2] Demgegenüber ändert sich bei Vollzug des Formwechsels (also mit dessen Eintragung im zuständigen Register gemäß § 202 Abs. 1 Nr. 1) das auf den Rechtsträger anwendbare Recht und damit die Organisations- und Vermögensverfassung; vielfach wird in diesem Zusammenhang auch vom **„Wechsel des Rechtskleids"** des Rechtsträgers gesprochen.[3]

II. Gesetzessystematik

2 Neben § 1 als allgemeiner Vorschrift des Umwandlungsrechts sind die Bestimmungen zum Formwechsel grundsätzlich in den **§§ 190 ff.** (dem Fünften Buch des UmwG) enthalten. Umfassende Verweisungen auf das Verschmelzungsrecht, wie sie etwa im Spaltungsrecht vorkommen, sind im Formwechselrecht die Ausnahme.

3 In seinem Ersten Teil enthält das Fünfte Buch des UmwG die **allgemeinen Vorschriften** (§§ 190–213), die für alle Arten der im UmwG vorgesehenen (inländischen) Formwechsel unabhängig von der Rechtsform Anwendung finden.

4 Der Zweite Teil enthält die rechtsformspezifischen **besonderen Vorschriften** (§§ 214–304):

- Erster Abschnitt, §§ 214–225c: Formwechsel von Personengesellschaften,
- Zweiter Abschnitt, §§ 226–257: Formwechsel von Kapitalgesellschaften,
- Dritter Abschnitt, §§ 258–271: Formwechsel eingetragener Genossenschaften,
- Vierter Abschnitt, §§ 272–290: Formwechsel rechtsfähiger Vereine,
- Fünfter Abschnitt, §§ 291–300: Formwechsel von Versicherungsvereinen auf Gegenseitigkeit, und
- Sechster Abschnitt, §§ 301–304: Formwechsel von Körperschaften und Anstalten des öffentlichen Rechts.

III. Numerus Clausus; Formwechsel außerhalb des UmwG (§ 190 Abs. 2)

5 Das Fünfte Buch legt die nach dem UmwG vorgesehenen Formwechselmöglichkeiten (inländischer) Rechtsformen abschließend fest **(numerus clausus)**.[4] Dazu benennt § 191 Abs. 1 enumerativ die in Betracht kommenden Ausgangsrechtsformen des formwechselnden Rechtsträgers und § 191 Abs. 2 die möglichen Zielrechtsformen.[5] Die Vorschriften des Zweiten Teils (§§ 214–304) legen fest, von welcher dieser Ausgangsrechtsformen ein Formwechsel nach dem UmwG jeweils in welche Zielrechtsform erfolgen kann.[6]

1) Semler/Stengel/Leonard-*Zessel/Schwanna*, UmwG, § 190 Rz. 3; *Foerster* in: BeckOGK-UmwG, § 190 Rz. 2; *Kerschbaumer*, NZG 2011, 892.

2) BGH, Beschl. v. 14.1.2016 – V ZB 148/14, NZG 2016, 517, 518 = DNotZ 2016, 517; Semler/Stengel/Leonard-*Zessel/Schwanna*, UmwG, § 190 Rz. 4; vgl. demgegenüber *Bärwaldt/Schabacker*, ZIP 1998, 1293 ff. zur Theorie von der modifizierten Neugründung; krit. hierzu *Foerster* in: BeckOGK-UmwG, § 190 Rz. 42.

3) *Foerster* in: BeckOGK-UmwG, § 190 Rz. 2, 41; Schmitt/Hörtnagl-*Winter*, UmwG/UmwStG, § 190 UmwG Rz. 1.

4) *Petersen* in: KölnKomm-UmwG, § 190 Rz. 12; Semler/Stengel/Leonard-*Zessel/Schwanna*, UmwG, § 190 Rz. 24; Lutter-*Hoger*, UmwG, § 190 Rz. 9 f.

5) Kallmeyer-*Berger*, UmwG, § 190 Rz. 11; Semler/Stengel/Leonard-*Zessel/Schwanna*, UmwG, § 190 Rz. 24.

6) Übersicht bei *Sagasser/Luke* in: Sagasser/Bula, Umwandlungen, § 30 Rz. 21.

6 Daneben regeln die §§ 333 ff. nunmehr auch den grenzüberschreitenden Formwechsel von Kapitalgesellschaften zwischen Mitgliedstaaten der EU oder Vertragsstaaten des Abkommens über den EWR (siehe hierzu ab Rz. 13).

7 § 190 Abs. 2 stellt klar, dass **Formwechselvorgänge** auch **außerhalb des UmwG** möglich sind und die Vorschriften anderer Gesetze über einen Rechtsformwechsel vom UmwG unberührt bleiben.[7]

8 Ein praxisrelevantes Beispiel ist hierfür die **Umwandlung** (womit der Formwechsel gemeint ist) **einer AG in eine SE** gemäß Art. 2 Abs. 4 SE-VO und Art. 37 SE-VO.[8] Da Art. 37 SE-VO aber die Umwandlung in eine SE nur sehr lückenhaft regelt, finden zur Schießung dieser Lücken neben dem vorrangigen SE-Recht ergänzend bestimmte Vorschriften der §§ 190 ff. entsprechende Anwendung.[9]

9 Ein weiteres Beispiel ist die **Umwandlung in die umgekehrte Richtung**, also einer **SE in eine AG** nach Art. 66 Abs. 1 Satz 1 SE-VO.[10] Art. 66 SE-VO ist allerdings nicht als abschließende Regelung zu verstehen, sodass eine SE auch durch Formwechsel nach nationalem Recht in eine andere Rechtsform, die für die nationale AG als Zielrechtsreform zur Verfügung steht (z. B. in eine GmbH), umgewandelt werden kann.[11] Auf einen Formwechsel[12] einer SE in eine andere Rechtsform als der AG findet jedoch die zweijährige Sperrfrist nach Art. 66 Abs. 1 Satz 2 SE-VO entsprechend Anwendung.[13]

10 Auch der **Rechtsformwechsel zwischen Personengesellschaften** (z. B. die Umwandlung einer oHG in eine KG durch Beitritt eines Kommanditisten oder die Umwandlung einer eGbR durch Aufnahme eines Handelsgewerbes zur oHG) stellt keinen Formwechsel i. S. des UmwG dar (vgl. § 214 Abs. 1; siehe hierzu auch § 191 Rz. 6 [*Schaper/Meven*]), sondern richtet sich nach den Vorschriften des HGB,[14] genauer gesagt nach den Vorschriften zum **Statuswechsel**.[15]

---

7) Kallmeyer-*Berger*, UmwG, § 190 Rz. 17; Semler/Stengel/Leonard-*Zessel/Schwanna*, UmwG, § 190 Rz. 25.

8) Semler/Stengel/Leonard-*Zessel/Schwanna*, UmwG, § 190 Rz. 25; Henssler/Strohn-*Drinhausen/Keinath*, GesR, § 190 UmwG Rz. 14; Lutter-*Hoger*, UmwG, § 190 Rz. 17.

9) *Schäfer* in: MünchKomm-AktG, Art. 37 SE-VO Rz. 4; Lutter-*Hoger*, UmwG, § 190 Rz. 17. I. E. sind jedoch bestimmte Fragen in diesem Zusammenhang umstritten (z. B., ob für den Inhalt des Umwandlungsplans ergänzend auf das nationale Formwechselrecht (§ 194 Abs. 1) oder auf das SE-Recht (Art. 20 Abs. 1 SE-VO bzw. Art. 32 Abs. 2 SE-VO) zurückzuführen ist).

10) Schmitt/Hörtnagl-*Winter*, UmwG/UmwStG, § 190 UmwG Rz. 4; *Foerster* in: BeckOGK-UmwG, § 190 Rz. 65. Weitere Bsp. bei Kallmeyer-*Berger*, UmwG, § 190 Rz. 14.

11) OLG Frankfurt/M., Beschl. v. 2.12.2010 – 5 Sch 3/10, NZG 2012, 351, 352 = BeckRS 2011, 16034; *Foerster* in: BeckOGK-UmwG, § 190 Rz. 65; Schmitt/Hörtnagl-*Winter*, UmwG/UmwStG, § 190 UmwG Rz. 4; a. A. wohl noch *Vossius*, ZIP 2005, 741, 749, der in Widmann/Mayer-*Vossius*, UmwR, § 191 UmwG Rz. 14.1 klarstellt, dass Art. 66 SE-VO nur eine zeitliche, nicht hingegen eine inhaltliche Einschränkung enthält. S. a. *Schäfer* in: MünchKomm-AktG, Art. 66 SE-VO Rz. 14, wonach eine bestehende SE neben dem Formwechsel auch an einer Verschmelzung oder Spaltung nach nationalem Recht beteiligt sein kann.

12) Zur Frage, ob die Sperrfrist nach Art. 66 Abs. 1 Satz 2 SE-VO auch auf einen Verschmelzungs- oder Spaltungsvorgang unter Beteiligung einer SE Anwendung findet: *Schäfer* in: MünchKomm-AktG, Art. 66 SE-VO Rz. 14.

13) *Schäfer* in: MünchKomm-AktG, Art. 66 SE-VO Rz. 14; Schmitt/Hörtnagl-*Winter*, UmwG/UmwStG, § 190 UmwG Rz. 4; *Foerster* in: BeckOGK-UmwG, § 190 Rz. 65; a. A. *Kiem* in: KölnKomm-AktG, Art. 66 SE-VO Rz. 12 f.

14) Vgl. Kallmeyer-*Berger*, UmwG, § 190 Rz. 14; *Sagasser/Luke* in: Sagasser/Bula, Umwandlungen, § 30 Rz. 126; Schmitt/Hörtnagl-*Winter*, UmwG/UmwStG, § 190 UmwG Rz. 4.

15) § 707c BGB i. V. m. §§ 106 Abs. 3–5, 107 Abs. 3 HGB (ggf. i. V. m. § 161 Abs. 2 HGB oder § 4 Abs. 4 PartGG). S. a. Schmitt/Hörtnagl-*Winter*, UmwG/UmwStG, § 190 UmwG Rz. 4; *Herrler* in: MünchHdb. GesR, Bd. 1, § 12 Rz. 1.

11 Kein Fall eines identitätswahrenden Rechtsformwechsels (weder nach den Vorschriften des UmwG noch nach Regelungen außerhalb des UmwG) ist die **Anwachsung**, also das Ausscheiden des vorletzten Gesellschafters aus einer Personengesellschaft, da in diesem Fall die Personengesellschaft (GbR, oHG oder KG) erlischt und ihr Vermögen im Wege der Gesamtrechtsnachfolge auf den verbleibenden Gesellschafter übergeht.[16]

12 Auch der Übergang von der **UG (haftungsbeschränkt) zur „vollwertigen" GmbH** durch Erhöhung des Stammkapitals auf mindestens 25.000 € (§ 5a Abs. 5 GmbHG) stellt keinen Rechtsformwechsel dar, da es sich bei der UG (haftungsbeschränkt) nicht um eine eigenständige Rechtsform, sondern um eine Variante der GmbH handelt.[17]

IV. Grenzüberschreitender Formwechsel

13 Seit Inkrafttreten des UmRUG[18] ist der **grenzüberschreitende Formwechsel** von **Kapitalgesellschaften** zwischen Mitgliedstaaten der EU oder Vertragsstaaten des Abkommens über den EWR in den §§ 333 ff. kodifiziert.[19] §§ 190 ff. sind auf solche in den Anwendungsbereich der §§ 333 ff. fallenden grenzüberschreitenden Formwechsel nur subsidiär anzuwenden, soweit sich aus den §§ 333 ff. nichts Abweichendes ergibt (§ 333 Abs. 2).[20]

14 **Nicht von §§ 333 ff. erfasst** und im deutschen Recht auch nicht anderweitig kodifiziert sind

– grenzüberschreitende Formwechsel von Personengesellschaften (sowohl innerhalb der EU bzw. des EWR als auch mit Drittstaatenbezug) sowie
– grenzüberschreitende Formwechsel von Kapitalgesellschaften aus oder nach Drittstaaten.[21]

15 Der grenzüberschreitende Formwechsel unter Beteiligung einer deutschen **Personengesellschaft** als Ausgangs- oder Zielrechtsform ist weder im deutschen nationalen Recht noch im EU-Sekundärrecht kodifiziert.[22] Sofern es sich um einen grenzüberschreitenden Formwechsel unter Beteiligung einer Personengesellschaft innerhalb der EU bzw. des EWR handelt, finden die Grundsätze der EuGH-Rechtsprechung zur Niederlassungsfreiheit in Bezug auf den grenzüberschreitenden Zuzug und Wegzug[23] von Gesellschaften Anwendung.[24] Die deutsche Rechtsprechung ist dem im Grundsatz gefolgt und hat den Formwechsel einer luxemburgischen Kommanditgesellschaft (société en commandite simple) in eine deutsche KG anerkannt.[25] Nach welchen materiell-rechtlichen Vorschriften sich der grenzüberschreitende Formwechsel im nationalen Recht vollzieht, ist um-

---

16) *Foerster* in: BeckOGK-UmwG, § 190 Rz. 60; Lutter-*Hoger*, UmwG, § 190 Rz. 15 f.; *Petersen* in: KölnKomm-UmwG, § 190 Rz. 27 f.

17) Kallmeyer-*Berger*, UmwG, § 190 Rz. 14; *Petersen* in: KölnKomm-UmwG, § 190 Rz. 29; Lutter-*Hoger*, UmwG, § 190 Rz. 18. Vgl. auch *Heckschen*, DStR 2007, 1442, 1446.

18) Gesetz zur Umsetzung der Umwandlungsrichtlinie und zur Änderung weiterer Gesetze (UmRUG), v. 22.2.2023, BGBl. I 2023, Nr. 51.

19) Vgl. hierzu etwa *Löbbe*, ZHR 187 (2023), 498 ff.; *Bücker/Kopp*, AG 2023, 764 ff.

20) Vgl. *Luy* in: BeckOGK-UmwG, § 333 Rz. 29 ff.; Schmitt/Hörtnagl-*Winter*, UmwG/UmwStG, § 333 UmwG Rz. 1.

21) Kallmeyer-*Biller/Wilk*, UmwG, § 333 Rz. 6, 10.

22) *Luy* in: BeckOGK-UmwG, § 334 Rz. 13; Widmann/Mayer-*Stelmaszczyk*, UmwR, § 334 UmwG Rz. 18.

23) Übersicht der Rspr. bei *Foerster* in: BeckOGK-UmwG, § 190 Rz. 14 ff., sowie *Schaper*, Selektion und Kombination von Gesellschaftsformen im institutionellen Wettbewerb, S. 112 ff.

24) Henssler/Strohn-*Drinhausen/Keinath*, GesR, § 334 UmwG Rz. 3; *Schön*, ZHR 187 (2023), 123, 148; *Heckschen*, DNotZ 2024, 404, 406; *Baschnagel/Hilser*, ZPG 2024, 81; *Stiegler*, ZGR 2017, 312, 341 ff.

25) OLG Oldenburg, Beschl. v. 30.6.2020 – 12 W 23/20, NZG 2020, 992, 993 f. = DNotZ 2021, 148, 149 ff., wobei zu beachten ist, dass die Entscheidung vor dem UmRUG ergangen ist; zum Beschl. des OLG Oldenburg: *Stiegler*, NZG 2020, 979.

stritten.[26] Mangels harmonisiertem Sekundärrecht ist bei solchen Vorhaben in jedem Fall eine enge Abstimmung mit den Registern der beteiligten Jurisdiktionen vorzunehmen, um einen reibungslosen Umwandlungsprozess zu gewährleisten.[27]

Grenzüberschreitende Formwechsel unter Beteiligung einer Kapitalgesellschaft, die dem Recht eines Staates **außerhalb der EU oder des EWR** unterliegt, unterfallen nicht dem Schutz der Niederlassungsfreiheit gemäß Art. 49, 54 AEUV.[28] Weder die §§ 190 ff. noch die §§ 333 ff. sind auf solche grenzüberschreitenden Formwechsel in oder aus einen Drittstaat anwendbar.[29] 16

Zu einem (automatischen) grenzüberschreitenden Formwechsel kommt es allerdings, wenn eine **Kapitalgesellschaft aus einem Drittstaat** ihren Verwaltungssitz nach Deutschland verlegt.[30] Die deutsche Rechtsprechung wendet in diesem Fall nämlich weiterhin die Sitztheorie mit der Folge an, dass deutsches Sachrecht auf die Gesellschaft Anwendung findet und die Gesellschaft mangels Eintragung im Handelsregister als GbR oder oHG zu behandeln ist (sog. Wechselbalgtheorie).[31] Für die Gesellschafter der umqualifizierten Auslandsgesellschaft führt die Verlegung des Verwaltungssitzes somit zur persönlichen und unbeschränkten Haftung für die Gesellschaftsverbindlichkeiten.[32] 17

V. Motive für einen Formwechsel

Ein Formwechsel wird in der Regel immer dann durchgeführt, wenn die tatsächlichen Rahmenbedingungen oder die Interessen der beteiligten Parteien nicht mehr den Eigenschaften der gewählten Rechtsform entsprechen oder für geplante zukünftige Vorhaben eine bestimmte Rechtsform erforderlich ist (z. B. die Rechtsform der AG, KGaA oder SE für einen Börsengang). Dementsprechend sind die Motive für einen Formwechsel vielfältig. In der Praxis werden vor einem Formwechsel die **Vor- und Nachteile** der in Betracht kommenden Zielrechtsformen gegenübergestellt und (auch im Vergleich zu der gegenwärtigen Rechtsform) unter verschiedenen Gesichtspunkten bewertet. 18

Ein Formwechsel von einer **Personengesellschaft in eine Kapitalgesellschaft** wird häufig durchgeführt, um die Haftung der Gesellschafter zu begrenzen. Zudem erlaubt die Kapitalgesellschaft eine Fremdgeschäftsführung (Drittorganschaft).[33] 19

---

26) Vgl. *Luy* in: BeckOGK-UmwG, § 334 Rz. 16 ff.; Schmitt/Hörtnagl-*Winter*, UmwG/UmwStG, § 334 UmwG Rz. 5 und *Schön*, ZHR 187 (2023), 123, 156 ff., die eine analoge Anwendung der §§ 333 ff. befürworten (s. a. § 191 Rz. 3 [*Schaper/Meven*]).

27) Henssler/Strohn-*Drinhausen/Keinath*, GesR, § 334 UmwG Rz. 3.

28) OLG Zweibrücken, Beschl. v. 11.7.2022 – 3 W 12/22, Rz. 11, NZG 2023, 174 = GmbHR 2023, 123; Kallmeyer-*Biller*, UmwG, Vorb. §§ 305–345 Rz. 22; *Luy* in: BeckOGK-UmwG, § 333 Rz. 24. Vgl. ferner *Heckschen/Hilser*, DStR 2022, 1053, 1055 ff., bzgl. eines zweistufigen Ansatzes, wonach die Gesellschaft ihren Sitz zunächst aus einem Drittstaat in einen EU-Mitgliedstaat, der eine identitätswahrende Sitzverlegung zulässt, verlegt und anschließend ein grenzüberschreitender Formwechsel nach Deutschland durchgeführt wird.

29) *Luy* in: BeckOGK-UmwG, § 333 Rz. 25; vgl. Henssler/Strohn-*Drinhausen/Keinath*, GesR, § 190 UmwG Rz. 17.

30) *Weller* in: MünchKomm-GmbHG, Einl. Rz. 373 – „Metamorphose" der ausländischen in eine inländische Rechtsform; *Sagasser/Clasen* in: Sagasser/Bula, Umwandlungen, § 33 Rz. 51.

31) BGH, Urt. v. 27.10.2008 – II ZR 158/06, NZG 2009, 68, 70 = NJW 2009, 289, 290 f.; *Sagasser/Clasen* in: Sagasser/Bula, Umwandlungen, § 33 Rz. 52. Sofern die Gesellschaft nur über einen Anteilsinhaber verfügt, wird sie nach der Verwaltungssitzverlegung als Einzelkaufmann oder Kleingewerbetreibender umqualifiziert, *J. Schmidt*, EuZW 2021, 613, 615.

32) BGH, Urt. v. 27.10.2008 – II ZR 158/06, NZG 2009, 68, 70 = NJW 2009, 289, 291; *Weller* in: MünchKomm-GmbHG, Einl. Rz. 374; *Sagasser/Clasen* in: Sagasser/Bula, Umwandlungen, § 33 Rz. 53; *J. Schmidt*, EuZW 2021, 613, 615.

33) *Foerster* in: BeckOGK-UmwG, § 190 Rz. 23; Semler/Stengel/Leonard-*Zessel/Schwanna*, UmwG, § 190 Rz. 5; Widmann/Mayer-*Vossius*, UmwR, § 190 UmwG Rz. 37.

20 Auch für den **Rechtsformwechsel zwischen Kapitalgesellschaften** kann es gute Gründe geben: Sofern eine kapitalmarktfähige Rechtsform für einen Börsengang gewählt werden soll, kommen als Rechtsformen eine AG, KGaA oder SE in Betracht. Eine SE bietet gegenüber der AG noch eine Reihe weiterer Vorzüge.[34] So kann z. B. bei der SE zwischen einer monistischen und dualistischen Leitungsstruktur gewählt werden (siehe Art. 38 lit. b SE-VO) und es können durch eine Arbeitnehmerbeteiligungsvereinbarung individuelle Mitbestimmungsmodelle für die SE mit den Arbeitnehmervertretern vereinbart werden (vgl. § 21 SEBG).

21 Bei einem Formwechsel von einer **Kapitalgesellschaft in eine Personengesellschaft** sind häufig steuerliche, mitbestimmungsrechtliche und/oder bilanzrechtliche Unterschiede maßgeblich.[35]

VI. Übersicht: Der Ablauf eines Formwechselprozesses

22 Der Formwechselprozess wird üblicherweise in **drei Phasen** unterteilt:

- die Vorbereitungs-,
- die Beschluss- und
- die Vollzugsphase.

23 Die einzelnen Durchführungsschritte hängen – abgesehen von den rechtlichen Gründungsanforderungen der Zielrechtsform – auch davon ab, ob es sich um eine (ggf. börsennotierte) Publikumsgesellschaft handelt oder um eine Gesellschaft, bei der zwischen den Anteilsinhabern Einvernehmen hinsichtlich des Formwechselvorhabens besteht. Im letzteren Fall können auf zahlreiche **dispositive Anforderungen** (z. B. den Formwechselbericht, § 192 Abs. 2 Satz 1 Alt. 2) und gewisse Formalia verzichtet werden, wodurch der Prozess deutlich vereinfacht und beschleunigt werden kann.[36]

24 Insbesondere bei Gesellschaften, die nicht börsennotiert sind, aber über eine große Zahl an Anteilsinhabern verfügen, sollte frühzeitig mit dem Einholen von **Vollmachten** sowie entsprechenden Existenz- und Vertretungsnachweisen der Anteilsinhaber begonnen werden, damit eine Vollversammlung durchgeführt und auf die dispositiven Gesetzesanforderungen verzichtet werden kann (zu den Formanforderungen entsprechender Vollmachten siehe § 193 Rz. 17, 18 [*Schaper/Meven*]).

25 Je nach Anzahl der Anteilsinhaber können die **Abstimmung der Formwechseldokumentation** und insbesondere der gesellschaftsrechtlichen Vertragsdokumentation der Zielrechtsform einen wesentlichen Teil des Formwechselaufwands ausmachen.

1. Vorbereitungsphase

26 Zunächst sind in der Vorbereitungsphase die **Zweckmäßigkeit** und die **Umsetzbarkeit** des Formwechselvorhabens (insbesondere aus gesellschafts- bzw. umwandlungsrechtlicher, steuerlicher sowie arbeits- und mitbestimmungsrechtlicher Sicht) zu prüfen.

27 Zur Planung und Strukturierung des Projekts wird in aller Regel ein **Zeit- und Maßnahmenplan** (sog. Step Plan) erstellt, in dem die einzelnen Umsetzungsschritte, deren Zuständigkeiten und Zeitpunkte festgehalten werden. Hinsichtlich der zeitlichen Planung bietet der Formwechsel gegenüber einer Verschmelzung oder Spaltung größere Flexibilität, da dem Register **keine Schlussbilanz**, die auf einen höchstens acht Monate vor der Anmeldung liegenden Stichtag aufgestellt ist, vorgelegt werden muss (§ 17 Abs. 2 [i. V. m. § 125 Satz 1]).

34) Vgl. *Oechsler* in: MünchKomm-AktG, Vorb. SE-VO Rz. 12 ff.; *Schaper*, Selektion und Kombination von Gesellschaftsformen im institutionellen Wettbewerb, S. 155 ff.

35) *Foerster* in: BeckOGK-UmwG, § 190 Rz. 23; Widmann/Mayer-*Vossius*, UmwR, § 190 UmwG Rz. 38.

36) *Foerster* in: BeckOGK-UmwG, § 190 Rz. 25.

Darüber hinaus sind in der Vorbereitungsphase die Entwürfe der Formwechseldokumentation zu erstellen und mit den beteiligten Parteien abzustimmen. 28

- Das Vertretungsorgan hat nach § 192 Abs. 1 einen **Formwechselbericht** zu erstellen, sofern an dem formwechselnden Rechtsträger nicht nur ein Anteilsinhaber beteiligt ist oder alle Anteilsinhaber auf seine Erstattung in notariell beurkundeter Form verzichten (§ 192 Abs. 2). Zum Inhalt des Formwechselberichts siehe ab § 192 Rz. 4 [*Schaper/Meven*].
- Daneben ist ein Entwurf des Formwechselbeschlusses (einschließlich des Entwurfs des Gesellschaftsvertrags bzw. der Satzung) zu erstellen (siehe § 193 [*Schaper/Meven*] und § 194 Rz. 35). Der gesetzliche Mindestinhalt folgt aus § 194 Abs. 1 (siehe dazu ab § 194 Rz. 5 [*Schaper/Meven*]) und ggf. den besonderen Vorschriften (§§ 214–304). Der Entwurf des Formwechselbeschlusses ist Teil des Formwechselberichts (§ 192 Abs. 1 Satz 3). Sofern der formwechselnde Rechtsträger einen Betriebsrat hat, ist der Entwurf des Formwechselbeschlusses zudem spätestens einen Monat vor dem Tag der Versammlung der Anteilsinhaber, die den Formwechsel beschließen soll, an den Betriebsrat zuzuleiten (vgl. § 194 Abs. 2; siehe dazu ab § 194 Rz. 39 [*Schaper/Meven*]) oder – bei Gesellschaften mit geschlossenem Anteilsinhaberkreis – zur besseren Planung und Durchführung des Formwechselprozesses mit den Anteilsinhabern abzustimmen.
- Neben der Formwechseldokumentation im eigentlichen Sinne ist vor allem auch die **gesellschaftsrechtliche Dokumentation** an die neue Zielrechtsform anzupassen, also insbesondere der Gesellschaftsvertrag bzw. die Satzung sowie eine etwaige zwischen den Anteilsinhabern und der Gesellschaft abgeschlossene Gesellschaftervereinbarung. Die Erwartungshaltung der Anteilsinhaber ist hierbei in der Regel, dass sich aufgrund des Formwechsels keine relevanten Änderungen an ihren Rechten ergeben. Kautelarjuristische Herausforderung ist hierbei, dass die bestehenden Rechte unverändert oder jedenfalls weitgehend wirkungsgleich in die neue Rechtsform überführt werden.[37)]

Anders als bei der Verschmelzung oder Spaltung sieht das Gesetz nicht generell eine **Prüfung des Formwechsels** vor (vgl. §§ 9, 125 Satz 1).[38)] Es gibt von diesem Grundsatz allerdings praxisrelevante **Ausnahmen**: Nach § 194 Abs. 1 Nr. 6 ist in dem Formwechselbeschluss ein Abfindungsangebot nach § 207 aufzunehmen, sofern nicht der Formwechselbeschluss zu seiner Wirksamkeit der Zustimmung aller Anteilsinhaber bedarf oder an dem formwechselnden Rechtsträger nur ein Anteilsinhaber beteiligt ist (vgl. § 194 Abs. 1 Nr. 6; siehe auch § 194 Rz. 27 [*Schaper/Meven*]). Das Barabfindungsangebot richtet sich nach § 207 Abs. 1 an jeden Anteilsinhaber, der gegen den Formwechselbeschluss Widerspruch zur Niederschrift erklärt. Die Angemessenheit des Barabfindungsangebots ist gemäß §§ 208, 30 Abs. 2, 10 ff. zu überprüfen, wobei die Prüfung regelmäßig durch einen Wirtschaftsprüfer erfolgt. Sofern bei Nicht-Publikumsgesellschaften absehbar ist, dass alle Anteilsinhaber für den Formwechsel stimmen und ggf. vorsorglich auf eine Barabfindung verzichten (siehe zum Verzicht § 194 Rz. 29 [*Schaper/Meven*]),[39)] kann auch auf die Bestellung eines Prüfers verzichtet werden.[40)] Einer Prüferbestellung bedarf es ferner auch bei einem Formwechsel in die Rechtsform der AG oder KGaA, da in diesen Fällen nach § 220 Abs. 3 Satz 1 i. V. m. 29

37) Vgl. *Schaper*, ZGR 2024, 509, 513 ff.

38) *Foerster* in: BeckOGK-UmwG, § 190 Rz. 28; Semler/Stengel/Leonard-*Zessel/Schwanna*, UmwG, § 190 Rz. 17; Widmann/Mayer-*Vossius*, UmwR, § 190 UmwG Rz. 61.

39) Allg. zum Verzicht auf das Barabfindungsangebot: *Simons* in: BeckOGK-UmwG, § 207 Rz. 16 f. m. w. N.

40) Vgl. Schmitt/Hörtnagl-*Winter*, UmwG/UmwStG, § 208 UmwG Rz. 1.

§ 33 Abs. 2 AktG eine Gründungsprüfung durchzuführen und für diesen Zweck ein Gründungsprüfer zu bestellen ist.

2. Beschlussphase

30 Die Anteilsinhaber müssen dem Formwechsel durch Beschluss zustimmen (§ 193). Der Beschluss bedarf der **notariellen Form** und kann nur **in einer Versammlung** gefasst werden (§ 193 Abs. 1 und 3). Umlaufbeschlüsse sind demnach nicht zulässig (siehe dazu § 193 Rz. 9 [*Schaper/Meven*]).[41] Vorbereitung und Durchführung der Versammlung richten sich grundsätzlich nach dem Recht der Ausgangsrechtsform des formwechselnden Rechtsträgers, wobei sich abweichende Regelungen aus den rechtsformspezifischen Vorschriften des UmwG ergeben können (siehe dazu § 193 Rz. 5 [*Schaper/Meven*]).[42]

31 Neben der für die Fassung des Formwechselbeschlusses zu beachtenden Mehrheit (siehe dazu § 193 Rz. 15 [*Schaper/Meven*]), können **weitere Zustimmungserfordernisse** einzelner Anteilsinhaber zu berücksichtigen sein. Solche Zustimmungserfordernisse sind beispielsweise bei vinkulierten Anteilen einschlägig (§ 193 Abs. 2; siehe dazu ab § 193 Rz. 22 [*Schaper/Meven*]) oder wenn ein Anteilsinhaber infolge des Formwechsels die Stellung eines persönlich haftenden Gesellschafters einnehmen soll (§§ 217 Abs. 3, 233 Abs. 2 Satz 3).[43]

3. Vollzugsphase

32 Schließlich ist der Formwechsel bei dem Register des formwechselnden Rechtsträgers zur Eintragung anzumelden (§§ 198 f.). Mit der Eintragung der neuen Rechtsform im Register wird der Formwechsel wirksam (§ 202). In der Regel sind infolge des Formwechsels diverse Dokumente (z. B. der Briefkopf auf Geschäftspapieren) und Internetseiten des Unternehmens (insbesondere das Impressum) anzupassen. Auch Behörden (z. B. Gewerbeämter) und Register (z. B. Grundbuchamt) sind über den Formwechsel zu informieren.

41) Semler/Stengel/Leonard-*Zessel/Schwanna*, UmwG, § 190 Rz. 20; *Simons* in: BeckOGK-UmwG, § 193 Rz. 4; Kallmeyer-*Zimmermann*, UmwG, § 193 Rz. 3; Widmann/Mayer-*Vossius*, UmwR, § 190 UmwG Rz. 67; Lutter-*Hoger*, UmwG, § 193 Rz. 3.

42) *Foerster* in: BeckOGK-UmwG, § 190 Rz. 30; *Simons* in: BeckOGK-UmwG, § 193 Rz. 9 f.; Kallmeyer-*Zimmermann*, UmwG, § 193 Rz. 5.

43) Semler/Stengel/Leonard-*Zessel/Schwanna*, UmwG, § 190 Rz. 20.

§ 191
Einbezogene Rechtsträger[*)]

(1) Formwechselnde Rechtsträger können sein:

1. eingetragene Gesellschaften bürgerlichen Rechts, Personenhandelsgesellschaften (offene Handelsgesellschaft, Kommanditgesellschaft) und Partnerschaftsgesellschaften;

2. Kapitalgesellschaften (§ 3 Abs. 1 Nr. 2);

3. eingetragene Genossenschaften;

4. rechtsfähige Vereine;

5. Versicherungsvereine auf Gegenseitigkeit;

6. Körperschaften und Anstalten des öffentlichen Rechts.

(2) Rechtsträger neuer Rechtsform können sein:

1. eingetragene Gesellschaften bürgerlichen Rechts, Personenhandelsgesellschaften (offene Handelsgesellschaft, Kommanditgesellschaft) und Partnerschaftsgesellschaften;

2. Kapitalgesellschaften;

3. eingetragene Genossenschaften.

(3) Der Formwechsel ist auch bei aufgelösten Rechtsträgern möglich, wenn ihre Fortsetzung in der bisherigen Rechtsform beschlossen werden könnte.

*) § 191 geändert durch Art. 60 des Gesetzes zur Modernisierung des Personengesellschaftsrechts (Personengesellschaftsrechtsmodernisierungsgesetz – MoPeG), v. 10.8.2021, BGBl. I 2021, 3436; § 191 i. d. F. des UmwBerG geändert durch Art. 1 des Gesetzes zur Änderung des Umwandlungsgesetzes, des Partnerschaftsgesellschaftsgesetzes und anderer Gesetze (UmwGÄndG), v. 22.7.1998, BGBl. I 1998, 1878.

Literatur: *Baschnagel/Hilser*, Grenzüberschreitende Umwandlungen von Personengesellschaften nach dem MoPeG und dem UmRUG – aktuelle Entwicklungen sowie rechtspolitische und rechtsdogmatische Perspektiven, ZPG 2024, 81; *Berninger*, Die Unternehmergesellschaft (haftungsbeschränkt) – Sachkapitalerhöhungsverbot und Umwandlungsrecht, GmbHR 2010, 63; *Brandi/Schmidt, M. K.*, Der grenzüberschreitende Formwechsel nach dem RegE zum UmRUG, DB 2022, 1880; *Gasteyer*, Die Unternehmergesellschaft (haftungsbeschränkt) – Praktische Umsetzung des § 5a GmbHG aus anwaltlicher Sicht, NZG 2009, 1364; *Heckschen*, Die Reform des Umwandlungsrechts – eine erste Bestandsaufnahme, DNotZ 2024, 404; *Heinemann*, Die Unternehmergesellschaft als Zielgesellschaft von Formwechsel, Verschmelzung und Spaltung nach Umwandlungsgesetz, NZG 2008, 820; *Hennrichs*, Die UG (haftungsbeschränkt) – Reichweite des Sacheinlageverbots und gesetzliche Rücklage, Sacheinlage, Sachkapitalerhöhung, Umwandlung, Zuzahlungen und Rücklagen bei der UG, NZG 2009, 1161; *Schaper*, Hybrid Legal Forms at the Gates: The Transition from Combined Legal Forms to Hybrid Corporations and its consequences for Creditor Protection, ECFR 2013, 75; *Schaper*, Selektion und Kombination von Gesellschaftsformen im institutionellen Wettbewerb, 2012; *Schmidt, K.*, Die Freiberufliche Partnerschaft: Zum neuen Gesetz zur Schaffung von Partnerschaftsgesellschaften, NJW 1995, 1; *Schön*, Die Personengesellschaft im europäischen Gesellschaftsrecht, ZHR 187 (2023), 123; *Vossius*, Gründung und Umwandlung der deutschen Europäischen Gesellschaft (SE), ZIP 2005, 741.

Übersicht

I. Allgemeines

1 § 191 enthält eine **abschließende Aufzählung der Rechtsträger**, die sich an einem Formwechsel gemäß der §§ 190 ff. beteiligen können.[1] § 191 Abs. 1 nennt die zulässigen **Ausgangsrechtsformen** und § 191 Abs. 2 enthält eine inhaltlich nicht deckungsgleiche Aufzählung der möglichen **Zielrechtsformen**. Aus der Vorschrift lässt sich hingegen nicht

1) Begr. Fraktionsentwurf UmwBerG, BT-Drucks. 12/6699, S. 137; *Foerster* in: BeckOGK-UmwG, § 191 Rz. 1; Kallmeyer-*Berger*, UmwG, § 191 Rz. 1; Schmitt/Hörtnagl-*Winter*, UmwG/UmwStG, § 191 UmwG Rz. 1; Semler/Stengel/Leonard-*Zessel/Schwanna*, UmwG, § 191 Rz. 1.

unmittelbar ablesen, von welcher Ausgangsrechtsform ein Rechtsträger in welche Zielrechtsform umgewandelt werden kann.[2] Die zulässigen Kombinationsmöglichkeiten lassen sich den besonderen rechtsformspezifischen Vorschriften des Formwechsels (§§ 214–304) entnehmen.[3]

2 Das **MoPeG**[4] vom 10.8.2021 hat zu Änderungen bei den zulässigen Ausgangs- und Zielrechtsformen geführt: Während die Liste der Ausgangsrechtsformen um die **eGbR** gemäß §§ 707–707c BGB ergänzt wurde (§ 191 Abs. 1 Nr. 1), wurde die Liste der Zielrechtsformen dahingehend eingeschränkt, dass die GbR nicht mehr allgemein eine taugliche Zielrechtsform darstellt, sondern nur noch die eGbR (§ 191 Abs. 2 Nr. 1). Hintergrund für die Einschränkung der zulässigen Zielrechtsformen ist nach dem Willen des Gesetzgebers die Unterbindung von Missbrauchspotential, das dadurch gegeben sein soll, dass ein in Vermögensverfall geratener Rechtsträger durch Formwechsel in eine GbR außerhalb des Insolvenzverfahrens liquidationslos gelöscht werden könnte, ohne dass die Gläubiger durch ein Register Kenntnis von den persönlich haftenden Gesellschaftern hätten.[5]

3 Die Liste der nach § 191 einbezogenen Rechtsträger ist auf **Rechtsformen mit Sitz im Inland** beschränkt.[6] Bis zum Inkrafttreten des UmRUG[7] war § 191 europarechtskonform dahingehend auszulegen, dass i. R. der Niederlassungsfreiheit auch ein identitätswahrender Formwechsel über die Grenze, also unter Beteiligung EU-ausländischer Rechtsformen, ermöglicht werden musste.[8] Mit Einführung der **§§ 333 ff.** besteht für eine solche europarechtskonforme Auslegung beim **grenzüberschreitenden Formwechsel von Kapitalgesellschaften** zwischen Mitgliedstaaten kein Bedürfnis mehr.[9] Da aber die §§ 333 ff. einen grenzüberschreitenden Formwechsel von Personengesellschaften innerhalb der EU bzw. des EWR nicht ermöglichen (vgl. § 334; siehe dazu auch § 190 Rz. 14 f. [*Schaper/Meven*]), wird von Teilen des Schrifttums eine analoge Anwendung der §§ 333 ff. für Personengesellschaften befürwortet.[10]

4 § 191 Abs. 3 lässt schließlich den **Formwechsel eines aufgelösten Rechtsträgers** zu, wenn dessen Fortsetzung in der bisherigen Rechtsform beschlossen werden könnte. Entsprechende Vorschriften sehen das Verschmelzungsrecht (§ 3 Abs. 3) sowie das Spaltungsrecht (§ 124 Abs. 2 i. V. m. § 3 Abs. 3) vor.

---

2) Vgl. Begr. Fraktionsentwurf UmwBerG, BT-Drucks. 12/6699, S. 137; *Foerster* in: BeckOGK-UmwG, § 191 Rz. 1, 17; Semler/Stengel/Leonard-*Zessel/Schwanna*, UmwG, § 191 Rz. 1.

3) Begr. Fraktionsentwurf UmwBerG, BT-Drucks. 12/6699, S. 137; *Foerster* in: BeckOGK-UmwG, § 191 Rz. 1, 17; Semler/Stengel/Leonard-*Zessel/Schwanna*, UmwG, § 191 Rz. 1. Übersicht bei *Sagasser/Luke* in: Sagasser/Bula, Umwandlungen, § 30 Rz. 21.

4) Gesetz zur Modernisierung des Personengesellschaftsrechts (Personengesellschaftsrechtsmodernisierungsgesetz – MoPeG) v. 10.8.2021, BGBl. I 2021, 3436.

5) Begr. RegE MoPeG, BT-Drucks. 19/27635, S. 267.

6) Lutter-*Hoger*, UmwG, § 191 Rz. 1; Widmann/Mayer-*Vossius*, UmwR, § 191 UmwG Rz. 1; Henssler/Strohn-*Drinhausen/Keinath*, GesR, § 191 UmwG Rz. 2.

7) Gesetz zur Umsetzung der Umwandlungsrichtlinie und zur Änderung weiterer Gesetze (UmRUG), v. 22.2.2022, BGBl. I 2023, Nr. 51.

8) *Schön*, ZHR 187 (2023), 123, 148; *Baschnagel/Hilser*, ZPG 2024, 81; *Heckschen*, DNotZ 2024, 404, 405. Vgl. *Schaper*, Selektion und Kombination von Gesellschaftsformen im institutionellen Wettbewerb, S. 126 ff.

9) Vgl. *Luy* in: BeckOGK-UmwG, § 333 Rz. 6; *Sagasser/Luke* in: Sagasser/Bula, Umwandlungen, § 30 Rz. 20.

10) *Luy* in: BeckOGK-UmwG, § 334 Rz. 12, 17 ff.; Schmitt/Hörtnagl-*Winter*, UmwG/UmwStG, § 334 UmwG Rz. 5; vgl. ferner *Schön*, ZHR 187 (2023), 123, 156 ff.; a. A. *Brandi/M. K. Schmidt*, DB 2022, 1880, 1882 und Henssler/Strohn-*Drinhausen/Keinath*, GesR, § 334 UmwG Rz. 3, wonach sich aufgrund der ungeklärten Frage, welche Regelungen anzuwenden sind, eine enge Abstimmung mit dem entsprechenden Register empfiehlt.

II. Ausgangsrechtsformen (§ 191 Abs. 1)

§ 191 Abs. 1 führt enumerativ die formwechselfähigen Ausgangsrechtsformen auf. 5

1. Personengesellschaften (§ 191 Abs. 1 Nr. 1)

Gemäß § 191 Abs. 1 Nr. 1 sind – neben PartG (siehe hierzu unter Rz. 9) – die **eGbR** und 6 Personenhandelsgesellschaften (die **oHG** sowie die **KG**) formwechselfähige Ausgangsrechtsformen. Durch das MoPeG wurde die eGbR in den Kreis der formwechselfähigen Ausgangsrechtsformen aufgenommen und der Gestaltungsspielraum im Formwechselrecht dadurch erweitert (siehe hierzu unter Rz. 2). Nach § 214 Abs. 1 können die eGbR und Personenhandelsgesellschaften in eine Kapitalgesellschaft oder eG umgewandelt werden; aus dem Umkehrschluss ergibt sich aber, dass ein Formwechsel in die Rechtsform einer anderen Personenhandelsgesellschaft ausgeschlossen ist. Ihnen stehen aber Umwandlungsformen außerhalb des UmwG zur Verfügung (siehe zum Statuswechsel § 190 Rz. 10 [*Schaper/Meven*]).

Ebenfalls formwechselfähig sind **typengemischte Rechtsformvarianten**, also Personen- 7 handelsgesellschaften, an denen sich z. B. Kapitalgesellschaften beteiligen (z. B. GmbH & Co. KG oder SE & Co. KG), da es sich bei diesen Rechtsformen um Personenhandelsgesellschaften handelt.[11] Wandelt sich eine Kapitalgesellschaft & Co. KG in eine Kapitalgesellschaft um, werden grundsätzlich alle kapitalmäßig an der Personenhandelsgesellschaft beteiligten Gesellschafter infolge des Formwechsels zu Anteilsinhabern der Kapitalgesellschaft, wobei darauf zu achten ist, dass die Komplementär-Kapitalgesellschaft häufig nicht kapitalmäßig an der KG beteiligt ist und an diese – sofern sie Anteilsinhaberin der Kapitalgesellschaft werden soll – im Zuge des Formwechsels eine kapitalmäßige Beteiligung bzw. ein Anteil an der Kapitalgesellschaft übertragen werden muss.[12]

Formwechselfähig nach dem UmwG ist nach h. M. auch die **EWIV**.[13] Die EWIV ist zwar 8 in § 191 Abs. 1 Nr. 1 nicht explizit genannt, aber da nach § 1 EWIV-Ausführungsgesetz[14] die Vorschriften über die oHG subsidiär auf die EWIV Anwendung finden, ist die Rechtsform in § 191 Abs. 1 Nr. 1 einzubeziehen.[15]

2. PartG (§ 191 Abs. 1 Nr. 1)

Ferner kann gemäß § 191 Abs. 1 Nr. 1 auch eine **PartG** formwechselnder Rechtsträger 9 sein. Nach den §§ 225a ff. kann eine PartG in eine Kapitalgesellschaft oder eG umgewandelt werden. Die PartG mbB (§ 8 Abs. 4 PartGG) ist als Sonderform der PartG ebenfalls formwechselfähig.[16]

---

11) *Petersen* in: KölnKomm-UmwG, § 191 Rz. 3; Henssler/Strohn-*Drinhausen/Keinath*, GesR, § 191 UmwG Rz. 3; Semler/Stengel/Leonard-*Zessel/Schwanna*, UmwG, § 191 Rz. 2; Lutter-*Hoger*, UmwG, § 191 Rz. 2; eingehend zur Typenvermischung (auch aus ökonomischer und rechtsvergleichender Sicht) *Schaper*, Selektion und Kombination von Gesellschaftsformen im institutionellen Wettbewerb, S. 187 ff., 233 ff. sowie *Schaper*, ECFR 2013, 75 ff.

12) Vgl. Kallmeyer-*Berger*, UmwG, § 191 Rz. 14.

13) Kallmeyer-*Berger*, UmwG, § 191 Rz. 5; *Petersen* in: KölnKomm-UmwG, § 191 Rz. 3; Lutter-*Hoger*, UmwG, § 191 Rz. 2; Semler/Stengel/Leonard-*Zessel/Schwanna*, UmwG, § 191 Rz. 11; *K. Schmidt*, NJW 1995, 1, 7; a. A. Widmann/Mayer-*Vossius*, UmwR, § 191 UmwG Rz. 10.

14) Gesetz zur Ausführung der EWG-Verordnung über die Europäische wirtschaftliche Interessenvereinigung (EWIV-Ausführungsgesetz), v. 14.4.1988, BGBl. I 1988, 514.

15) Kallmeyer-*Berger*, UmwG, § 191 Rz. 5; *Petersen* in: KölnKomm-UmwG, § 191 Rz. 3; Semler/Stengel/Leonard-*Zessel/Schwanna*, UmwG, § 191 Rz. 11; Lutter-*Hoger*, UmwG, § 191 Rz. 2; a. A. Widmann/Mayer-*Vossius*, UmwR, § 191 UmwG Rz. 10.

16) *Foerster* in: BeckOGK-UmwG, § 191 Rz. 8; vgl. *Salger/Spanke* in: MünchHdb. GesR, Bd. 1, § 74 Rz. 21.

3. Kapitelgesellschaften (§ 191 Abs. 1 Nr. 2)

10 Kapitalgesellschaften können nach § 191 Abs. 1 Nr. 2 formwechselnder Rechtsträger sein. Nach § 3 Abs. 1 Nr. 2 sind mit Kapitalgesellschaften die **GmbH**, die **AG** und die **KGaA** gemeint. Gemäß § 226 kann eine Kapitalgesellschaft in die Rechtsform einer eGbR,[17] einer Personenhandelsgesellschaft, einer PartG, einer anderen Kapitalgesellschaft oder einer eingetragenen Genossenschaft umgewandelt werden.

11 Die **UG (haftungsbeschränkt)** ist als Rechtsformvariante der GmbH ebenfalls eine formwechselfähige Ausgangsrechtsform.[18] Beim Formwechsel der UG (haftungsbeschränkt) in eine AG oder KGaA kommt es vor dem eigentlichen Formwechsel nach dem UmwG infolge der Kapitalerhöhung auf ein Stammkapital von mindestens 50.000 € allerdings zunächst als Durchgangsstadium zu einem „Variantenwechsel" in die vollwertige GmbH (§ 5a Abs. 5 GmbHG).[19]

12 Auch die **SE** kann eine taugliche Ausgangsrechtsform für einen Formwechsel sein.[20] Nach zutreffender h. M. kann sie nicht nur gemäß Art. 66 SE-VO in eine nationale AG umgewandelt werden, sondern ebenso gemäß Art. 9 Abs. 1 lit. c Ziff. ii und Art. 10 SE-VO i. V. m. §§ 190 ff. durch Formwechsel auch in andere nationale Rechtsformen, in die sich eine nationale AG umwandeln kann.[21] Art. 66 SE-VO ist insoweit als eine nicht abschließende Regelung zu verstehen; allerdings findet die Sperrfrist des Art. 66 Abs. 1 Satz 2 SE-VO nach h. M. als Mindeststandard auch auf die anderen nationalen Formwechselvorgänge Anwendung (siehe hierzu auch § 190 Rz. 9 [*Schaper/Meven*]).[22]

13 **Vorgesellschaften** selbst sind hingegen keine formwechselfähigen Ausgangsrechtsformen.[23] Es können aber bereits im Stadium der Vorgesellschaft Vorkehrungen für einen anschließenden Formwechsel getroffen werden und auch die Überführung einer Vorgesellschaft in eine Vorgesellschaft anderer Rechtsform (ohne Zwischeneintragung des Rechtsträgers in der ursprünglichen Rechtsform) soll zulässig sein.[24]

---

17) Vor dem Hintergrund des § 191 Abs. 2 Nr. 1 muss § 226 dahingehend ausgelegt werden, dass ein Formwechsel nur in eine eGbR und nicht in eine nicht eingetragene GbR möglich ist, da § 226 den § 191 konkretisiert, aber keinen eigenständigen Regelungsgehalt hat (so auch *Sparfeld* in: BeckOGK-UmwG, § 226 Rz. 3, 50).

18) *Petersen* in: KölnKomm-UmwG, § 191 Rz. 8; Kallmeyer-*Berger*, UmwG, § 191 Rz. 2; Semler/Stengel/Leonard-*Zessel/Schwanna*, UmwG, § 191 Rz. 4; Lutter-*Hoger*, UmwG, § 191 Rz. 2; vgl. *Gasteyer*, NZG 2009, 1364, 1367.

19) *Petersen* in: KölnKomm-UmwG, § 191 Rz. 8; Semler/Stengel/Leonard-*Zessel/Schwanna*, UmwG, § 191 Rz. 4 (Fn. 12); Schmitt/Hörtnagl-*Winter*, UmwG/UmwStG, § 191 UmwG Rz. 32; *Berninger*, GmbHR 2010, 63, 67.

20) Semler/Stengel/Leonard-*Zessel/Schwanna*, UmwG, § 191 Rz. 12; *Foerster* in: BeckOGK-UmwG, § 191 Rz. 9; Schmitt/Hörtnagl-*Winter*, UmwG/UmwStG, § 190 UmwG Rz. 4; Henssler/Strohn-*Drinhausen/Keinath*, GesR, § 191 UmwG Rz. 3.

21) *Foerster* in: BeckOGK-UmwG, § 191 Rz. 9; Schmitt/Hörtnagl-*Winter*, UmwG/UmwStG, § 190 UmwG Rz. 4; Henssler/Strohn-*Drinhausen/Keinath*, GesR, § 191 UmwG Rz. 3; *Schäfer* in: MünchKomm-AktG, Art. 66 SE-VO Rz. 14; a. A. wohl *Vossius*, ZIP 2005, 741, 748, der in Widmann/Mayer-*Vossius*, UmwR, § 191 UmwG Rz. 14.1 klarstellt, dass Art. 66 SE-VO nur eine zeitliche, nicht hingegen eine inhaltliche Einschränkung enthält.

22) *Schäfer* in: MünchKomm-AktG, Art. 66 SE-VO Rz. 14; *Drinhausen* in: Habersack/Drinhausen, SE-VO, Art. 66 Rz. 12; *Foerster* in: BeckOGK-UmwG, § 190 Rz. 65; a. A. *Kiem* in: KölnKomm-AktG, Art. 66 SE-VO Rz. 12 f.

23) *Foerster* in: BeckOGK-UmwG, § 191 Rz. 10; Kallmeyer-*Berger*, UmwG, § 191 Rz. 22; *Petersen* in: KölnKomm-UmwG, § 191 Rz. 6; Schmitt/Hörtnagl-*Winter*, UmwG/UmwStG, § 191 UmwG Rz. 14; *Klaßen-Kaiser* in: MünchHdb. GesR, Bd. 8, § 32 Rz. 27.

24) *Foerster* in: BeckOGK-UmwG, § 191 Rz. 10 f.; *Petersen* in: KölnKomm-UmwG, § 191 Rz. 6.

4. Weitere Rechtsträger (§ 191 Abs. 1 Nr. 3–6)

Nach § 191 Abs. 1 Nr. 3–6 können Rechtsträger in der Rechtsform der **eG** (Nr. 3), des **rechtsfähigen Vereins** (Nr. 4), des **VVaG** (Nr. 5) sowie **Körperschaften und Anstalten des öffentlichen Rechts** (Nr. 6) formwechselnder Rechtsträger sein. 14

Die eG kann ausschließlich in eine Kapitalgesellschaft umgewandelt werden (§ 258 Abs. 1). Vor der Eintragung in das Genossenschaftsregister (vgl. § 13 GenG) kann kein Formwechsel nach dem UmwG durchgeführt werden.[25] 15

§ 191 Abs. 1 Nr. 4 ermöglicht sowohl dem **e. V.** (§ 21 BGB) als auch dem **wirtschaftlichen Verein** (§ 22 BGB) den Formwechsel.[26] Als Zielrechtsform kommen nach § 272 Abs. 1 eine Kapitalgesellschaft oder eine eG in Betracht. 16

Dem **VVaG** steht nach § 291 Abs. 1 ausschließlich der Formwechsel in die AG offen, und dies auch nur, wenn es sich bei dem VVaG nicht um einen kleineren Verein i. S. von § 210 VAG handelt. 17

Körperschaften und Anstalten des öffentlichen Rechts sind nur dann formwechselfähig, wenn sie rechtsfähig sind und das für sie maßgebende Bundes- oder Landesrecht einen Formwechsel vorsieht oder zulässt (§ 301 Abs. 2). Als Zielrechtsform kommen nur Kapitalgesellschaften in Betracht (§ 301 Abs. 1). 18

Ebenfalls formwechselfähig ist die **SCE.**[27] Entsprechend den Formwechselmöglichkeiten der SE (siehe Rz. 12) kann auch eine SCE sich in solche Rechtsformen durch Formwechsel umwandeln, in die sich eine nationale eingetragene Genossenschaft umwandeln kann.[28] Art. 76 SCE-VO, wonach eine SCE in eine dem Recht ihres Sitzmitgliedstaats unterliegende Genossenschaft umgewandelt werden kann, wenn zwei Jahre nach ihrer Eintragung vergangen und die ersten beiden Jahresabschlüsse genehmigt sind, hat insoweit (ebenso wie Art. 66 SE-VO für die SE) keine abschließende Wirkung, sondern etabliert stattdessen einen Mindeststandard für Formwechselvorgänge einer SCE nach nationalem Formwechselrecht.[29] 19

III. Zielrechtsformen (§ 191 Abs. 2)

§ 191 Abs. 2 führt **enumerativ** die zulässigen **Zielrechtsformen** auf. Der Katalog ist nicht deckungsgleich mit der Liste der Ausgangsrechtsformen in § 191 Abs. 1. 20

Zulässige Zielrechtsformen sind die **eGbR, oHG, KG, PartG, Kapitalgesellschaften** und **eG**, wobei sich die zulässigen Kombinationsmöglichkeiten aus Ausgangsrechtsform und Zielrechtsform aus den jeweils einschlägigen besonderen Vorschriften des Formwechsels (§§ 214–304) ergeben (siehe Rz. 1). 21

Seit dem MoPeG ist ein Formwechsel in eine **nicht eingetragene GbR** nach den Vorschriften des UmwG nicht mehr möglich (siehe Rz. 2).[30] 22

---

25) Schmitt/Hörtnagl-*Winter*, UmwG/UmwStG, § 191 UmwG Rz. 19.

26) *Foerster* in: BeckOGK-UmwG, § 191 Rz. 13; Schmitt/Hörtnagl-*Winter*, UmwG/UmwStG, § 191 UmwG Rz. 21 ff.; Semler/Stengel/Leonard-*Zessel/Schwanna*, UmwG, § 191 Rz. 6.

27) Semler/Stengel/Leonard-*Drinhausen*, UmwG, Einl. C. Rz. 67; *Foerster* in: BeckOGK-UmwG, § 191 Rz. 12; Henssler/Strohn-*Drinhausen/Keinath*, GesR, § 191 UmwG Rz. 3; Lutter-*Hoger*, UmwG, § 191 Rz. 2.

28) Semler/Stengel/Leonard-*Drinhausen*, UmwG, Einl. C. Rz. 67; *Foerster* in: BeckOGK-UmwG, § 191 Rz. 12.

29) Semler/Stengel/Leonard-*Drinhausen*, UmwG, Einl. C. Rz. 67; *Foerster* in: BeckOGK-UmwG, § 191 Rz. 12.

30) *Foerster* in: BeckOGK-UmwG, § 191 Rz. 15; Schmitt/Hörtnagl-*Winter*, UmwG/UmwStG, § 191 UmwG Rz. 33; Lutter-*Hoger*, UmwG, § 191 Rz. 4.

23 Auch die **UG (haftungsbeschränkt)** ist nach h. M. keine zulässige Zielrechtsform für einen Formwechsel nach dem UmwG.[31] Zwar ist sie als Rechtsformvariante der GmbH grundsätzlich von § 191 Abs. 2 Nr. 2 erfasst, allerdings steht dem Formwechsel, auf den nach § 197 Satz 1 die (Sach-)Gründungsvorschriften anzuwenden sind, das Sacheinlageverbot des § 5a Abs. 2 Satz 2 GmbHG entgegen.[32] Dem Rechtsformwechsel einer anderen Kapitalgesellschaft (z. B. einer AG) in die UG (haftungsbeschränkt) würde ohnehin schon entgegenstehen, dass das bisherige Grund- bzw. Stammkapital des formwechselnden Rechtsträgers über der maximalen Stammkapitalziffer der UG (haftungsbeschränkt) von 24.999 € liegt und das Grund- bzw. Stammkapital i. R. des Formwechsels grundsätzlich nicht frei festgesetzt werden kann.[33]

24 Tauglicher Zielrechtsträger ist – auch wenn in § 191 Abs. 2 Nr. 1 nicht explizit genannt – die EWIV, da nach § 1 EWIV-Ausführungsgesetz die Vorschriften über die oHG subsidiär auf die EWIV Anwendung finden.[34]

25 Trotz der weitgehenden Gleichstellung von SE und den nationalen AGs der Mitgliedstaaten (vgl. Art. 10 SE-VO) ist die SE **keine taugliche Zielrechtsform** für einen Formwechsel nach den Vorschriften des UmwG; insoweit gehen die Art. 2 Abs. 4, Art. 37 SE-VO vor (siehe auch § 197 Rz. 75 [*Schaper/Meven*]).[35]

IV. Aufgelöste Rechtsträger (§ 191 Abs. 3)

26 Nach **§ 191 Abs. 3** ist der Formwechsel auch bei aufgelösten Rechtsträgern möglich, wenn ihre Fortsetzung in der bisherigen Rechtsform beschlossen werden könnte.

27 Sinn und Zweck der Vorschrift ist der **Gläubigerschutz**, wonach der Formwechsel möglich sein soll, wenn der betroffene Rechtsträger noch genügend Vermögen für die Gläubiger nach dem Formwechsel als Haftungsmasse besitzt.[36]

28 Nach dem Wortlaut der Vorschrift kommt es allein auf die **Fortsetzungsfähigkeit** an, eines formellen Fortsetzungsbeschlusses bedarf es hingegen nicht.[37] Die Frage der Fortsetzungsfähigkeit beurteilt sich nach dem Recht des aufgelösten Rechtsträgers.[38] Bei einer Kapitalgesellschaft ist die Fortsetzung und damit die Möglichkeit zum Formwechsel

---

31) *Foerster* in: BeckOGK-UmwG, § 191 Rz. 15; Schmitt/Hörtnagl-*Winter*, UmwG/UmwStG, § 191 UmwG Rz. 32; Semler/Stengel/Leonard-*Zessel/Schwanna*, UmwG, § 191 Rz. 14; Kallmeyer-*Berger*, UmwG, § 191 Rz. 8; Lutter-*Hoger*, UmwG, § 191 Rz. 5; *Berninger*, GmbHR 2010, 63, 67; *Heinemann*, NZG 2008, 820, 820 f.; a. A. *Hennrichs*, NZG 2009, 1161, 1163 f.

32) *Foerster* in: BeckOGK-UmwG, § 191 Rz. 15; Schmitt/Hörtnagl-*Winter*, UmwG/UmwStG, § 191 UmwG Rz. 32; Semler/Stengel/Leonard-*Zessel/Schwanna*, UmwG, § 191 Rz. 14; Kallmeyer-*Berger*, UmwG, § 191 Rz. 8; Lutter-*Hoger*, UmwG, § 191 Rz. 5; *Heinemann*, NZG 2008, 820, 821; a. A. *Hennrichs*, NZG 2009, 1161, 1164.

33) *Heinemann*, NZG 2008, 820, 820 f.; *Gasteyer*, NZG 2009, 1364, 1368; vgl. *Berninger*, GmbHR 2010, 63, 67; Lutter-*Hoger*, UmwG, § 191 Rz. 5.

34) Kallmeyer-*Berger*, UmwG, § 191 Rz. 5, 7; Schmitt/Hörtnagl-*Winter*, UmwG/UmwStG, § 191 UmwG Rz. 10; s. a. § 197 Rz. 95 [*Schaper/Meven*].

35) Henssler/Strohn-*Drinhausen/Keinath*, GesR, § 191 UmwG Rz. 4 und § 197 UmwG Rz. 9; Semler/Stengel/Leonard-*Bärwaldt*, UmwG, § 197 Rz. 55a.

36) *Klaaßen-Kaiser*, MünchHdb. GesR, Bd. 8, § 32 Rz. 54; Semler/Stengel/Leonard-*Zessel/Schwanna*, UmwG, § 191 Rz. 16; Kallmeyer-*Berger*, UmwG, § 191 Rz. 18.

37) *Klaaßen-Kaiser*, MünchHdb. GesR, Bd. 8, § 32 Rz. 54; Kallmeyer-*Berger*, UmwG, § 191 Rz. 19; *Foerster* in: BeckOGK-UmwG, § 191 Rz. 19.

38) Kallmeyer-*Berger*, UmwG, § 191 Rz. 19; *Foerster* in: BeckOGK-UmwG, § 191 Rz. 19; Lutter-*Hoger*, UmwG, § 191 Rz. 10.

ausgeschlossen, wenn nach der Auflösung die Vermögensverteilung an die Gesellschafter bzw. Aktionäre begonnen hat.[39)]

Für aufgelöste **eGbR** und **Personenhandelsgesellschaften** ist zusätzlich zu § 191 Abs. 3 die Einschränkung des § 214 Abs. 2 zu beachten. 29

39) *Klaßen-Kaiser*, MünchHdb. GesR, Bd. 8, § 32 Rz. 56; Semler/Stengel/Leonard-*Zessel/Schwanna*, UmwG, § 191 Rz. 18; vgl. zur Fortsetzungsfähigkeit nach Eröffnung des Insolvenzverfahrens *Foerster* in: BeckOGK-UmwG, § 191 Rz. 21.

§ 192
Formwechselbericht*)

(1) [1]Das Vertretungsorgan des formwechselnden Rechtsträgers hat einen ausführlichen schriftlichen Bericht zu erstatten, in dem der Formwechsel und insbesondere die künftige Beteiligung der Anteilsinhaber an dem Rechtsträger sowie die Höhe einer anzubietenden Barabfindung und die zu ihrer Ermittlung gewählten Bewertungsmethoden rechtlich und wirtschaftlich erläutert und begründet werden (Formwechselbericht). [2]§ 8 Absatz 1 Satz 3 bis 5 und Abs. 2 ist entsprechend anzuwenden. [3]Der Formwechselbericht muß einen Entwurf des Formwechselbeschlusses enthalten.

(2) [1]Ein Formwechselbericht ist nicht erforderlich, wenn an dem formwechselnden Rechtsträger nur ein Anteilsinhaber beteiligt ist oder wenn alle Anteilsinhaber auf seine Erstattung verzichten. [2]Die Verzichtserklärungen sind notariell zu beurkunden.

*) § 192 geändert durch Art. 1 des Gesetzes zur Umsetzung der Umwandlungsrichtlinie und zur Änderung weiterer Gesetze (UmRUG), v. 22.2.2023, BGBl. I 2023, Nr. 51; § 192 i. d. F. des UmwBerG geändert durch Art. 1 des Zweiten Gesetzes zur Änderung des Umwandlungsgesetzes (2. UmwGÄndG), v. 19.4.2007, BGBl. I 2007, 542.

Literatur: *Usler*, Der Formwechsel nach dem neuen Umwandlungsrecht, MittRhNotK 1998, 22.

Übersicht

I. Allgemeines

1 § 192 verpflichtet das Vertretungsorgan des formwechselnden Rechtsträgers zur Erstattung eines Formwechselberichts.

2 Sinn und Zweck der Vorschrift ist der **Schutz der Anteilsinhaber.**[1] Ihnen soll durch das **formalisierte Informationsrecht** eine hinreichende Informationsgrundlage über den Formwechsel vermittelt werden.[2] § 192 ergänzt damit die allgemeinen gesetzlichen Informationsrechte der Anteilsinhaber (z. B. nach § 51a GmbHG und § 131 AktG), damit die Anteilsinhaber durch die Bereitstellung des Formwechselberichts die Möglichkeit erhalten, in Kenntnis aller relevanten Umstände eine fundierte Entscheidung über den Formwechsel zu treffen und ihr Stimmrecht bei der Beschlussfassung über den Formwechsel entsprechend auszuüben.[3] Neben dieser vorbereitenden Funktion bietet der Formwechselbericht den Anteilsinhabern darüber hinaus die Möglichkeit, den Formwechselbeschluss **nachträglich zu überprüfen** und zu entscheiden, ob und in welcher Form sie gegen diesen vorgehen möchten.[4] Besondere Relevanz hat der Formwechselbericht insbesondere bei Gesellschaften mit einem großen Kreis an Anteilsinhabern.[5]

3 **§ 192 Abs. 1** regelt zunächst die grundlegende **Verpflichtung des Vertretungsorgans des formwechselnden Rechtsträgers** (siehe hierzu ab Rz. 24), den Formwechselbericht zu erstatten und dessen notwendigen **(Mindest-)Inhalt** (siehe hierzu ab Rz. 4). **§ 192 Abs. 2** und die besonderen Vorschriften zum Formwechsel geben vor, in welchen Fällen ein Formwechselbericht **nicht erforderlich ist** (siehe hierzu ab Rz. 32).

II. Formwechselbericht

1. Inhalt des Formwechselberichts (§ 192 Abs. 1)

4 Gemäß § 192 Abs. 1 Satz 1 muss der Formwechselbericht den Formwechsel **ausführlich in rechtlicher und wirtschaftlicher Hinsicht erläutern und begründen.** Für den Inhalt zählt § 192 Abs. 1 (auch i. V. m. § 8 Abs. 1 Satz 3–5) **nicht abschließend** („insbesondere") Umstände auf, auf die im Formwechselbericht einzugehen ist.[6]

a) Grundlegende Prinzipien

5 Der Formwechselbericht muss **ausführlich** sein, wobei die Ausführlichkeit stets vom konkreten Formwechsel und dem individuellen Informationsbedürfnis der Anteilsinhaber, dessen Schutz § 192 bezweckt (siehe hierzu Rz. 2), abhängig ist.[7] Da sich der Gesetzgeber beim Formwechselbericht an dem **Verschmelzungsbericht** nach § 8 orientiert hat,[8] kann zur näheren Konkretisierung des Begriffs der Ausführlichkeit die zum Ver-

---

1) OLG Stuttgart, Beschl. v. 26.11.2007 – 20 W 8/07, AG 2008, 464, 467 = BeckRS 2008, 5355; LG Köln, Urt. v. 30.1.2008 – 82 O 218/07, BeckRS 2008, 11350; Kallmeyer-*Berger*, UmwG, § 192 Rz. 2; Semler/Stengel/Leonard-*Bärwaldt*, UmwG, § 192 Rz. 2.

2) OLG Stuttgart, Beschl. v. 26.11.2007 – 20 W 8/07, AG 2008, 464, 467 = BeckRS 2008, 5355; Semler/Stengel/Leonard-*Bärwaldt*, UmwG, § 192 Rz. 2; *Simons* in: BeckOGK-UmwG, § 192 Rz. 1, 4.

3) OLG Stuttgart, Beschl. v. 26.11.2007 – 20 W 8/07, AG 2008, 464, 467 = BeckRS 2008, 5355; LG Köln, Urt. v. 30.1.2008 – 82 O 218/07, BeckRS 2008, 11350; Semler/Stengel/Leonard-*Bärwaldt*, UmwG, § 192 Rz. 2; *Simons* in: BeckOGK-UmwG, § 192 Rz. 1, 4.

4) Semler/Stengel/Leonard-*Bärwaldt*, UmwG, § 192 Rz. 3; *Simons* in: BeckOGK-UmwG, § 192 Rz. 1, 40.

5) LG Köln, Urt. v. 30.1.2008 – 82 O 218/07, BeckRS 2008, 11350; Semler/Stengel/Leonard-*Bärwaldt*, UmwG, § 192 Rz. 2; *Simons* in: BeckOGK-UmwG, § 192 Rz. 1.

6) Ergänzende Ausführungen sind demnach im Formwechselbericht zulässig (vgl. § 1 Abs. 3 Satz 2), vgl. auch Henssler/Strohn-*Drinhausen/Keinath*, GesR, § 192 UmwG Rz. 12; *Simons* in: BeckOGK-UmwG, § 192 Rz. 2.

7) *Simons* in: BeckOGK-UmwG, § 192 Rz. 22; vgl. *Usler*, MittRhNotK 1998, 22, 28.

8) S. Begr. Fraktionsentwurf UmwBerG, BT-Drucks. 12/6699, S. 138.

schmelzungsbericht ergangene Rechtsprechung herangezogen werden (wobei zu beachten ist, dass beim Formwechsel in aller Regel qualitative Änderungen der Beteiligung größere Bedeutung haben als quantitative Änderungen).[9)]

Der Formwechselbericht hat den **Formwechselvorgang und seine Hintergründe transparent** für die Anteilsinhaber darzustellen, damit sie sich ein Bild darüber machen können, ob der Formwechsel wirtschaftlich zweckmäßig ist und den gesetzlichen Anforderungen entspricht.[10)] Die Anteilsinhaber sollen den Formwechsel einer **Plausibilitätskontrolle** unterziehen können, sodass der Formwechselbericht solche Tatsachen enthalten muss, die ein vernünftig denkender Anteilsinhaber als Entscheidungsgrundlage für sein Abstimmungsverhalten für erforderlich halten darf.[11)] Es ist hingegen **nicht erforderlich**, den Formwechselbericht so ausführlich zu gestalten, dass die Anteilsinhaber den Formwechsel **bis in alle Einzelheiten** nachvollziehen oder die Annahmen des Vertretungsorgans auf ihre Richtigkeit hin überprüfen können.[12)] 6

Aufgrund der Unsicherheit, die mit der Frage einhergeht, ob der Formwechselbericht ausführlich genug ist, und der möglichen Auswirkungen eines mangelhaften Formwechselberichts auf die Anfechtbarkeit bzw. Nichtigkeit des Formwechselbeschlusses (siehe hierzu Rz. 45 ff.), wird der Formwechselbericht **in der Praxis** tendenziell **sehr ausführlich** gestaltet.[13)] 7

b) Rechtliche und wirtschaftliche Erläuterung und Begründung des Formwechsels

Im Formwechselbericht muss der Formwechsel rechtlich und wirtschaftlich erläutert und begründet werden. Hierbei sind die **Voraussetzungen und Folgen** des Formwechsels sowie die **rechtlichen und wirtschaftlichen Unterschiede** zwischen der Ausgangslage und der **Zielsituation** für den formwechselnden Rechtsträger und seine Anteilsinhaber (z. B. steuerlicher Art, Haftungsrisiken etc.) **zu erläutern.**[14)] 8

Daneben sind die **Motive** sowie die **Vor- und Nachteile** des Formwechsels für den Rechtsträger und seine Anteilsinhaber darzulegen und damit der Formwechsel zu begründen.[15)] Dabei ist der Formwechsel einerseits mit alternativen Strukturmaßnahmen und andererseits mit der Situation zu vergleichen, die einschlägig wäre, wenn der Formwechsel unterbliebe und die Rechtsform des formwechselnden Rechtsträgers beibehalten würde.[16)] Insgesamt muss im Formwechselbericht dargelegt werden, warum die Vorteile des Formwechsels überwiegen bzw. die alternativen Strukturmaßnahmen und die Bei- 9

9) *Simons* in: BeckOGK-UmwG, § 192 Rz. 23.1.

10) Zum Verschmelzungsbericht: OLG Jena, Beschl. v. 5.11.2008 – 6 W 288/08, NJW-RR 2009, 182 f. = AG 2009, 582; zum Formwechselbericht: Lutter-*Hoger*, UmwG, § 192 Rz. 9 f.

11) Zum Verschmelzungsbericht: vgl. OLG Jena, Beschl. v. 5.11.2008 – 6 W 288/08, NJW-RR 2009, 182, 183 = AG 2009, 582; zum Formwechselbericht: Lutter-*Hoger*, UmwG, § 192 Rz. 10; *Simons* in: BeckOGK-UmwG, § 192 Rz. 22.

12) Zum Verschmelzungsbericht: vgl. OLG Jena, Beschl. v. 5.11.2008 – 6 W 288/08, NJW-RR 2009, 182, 183 = AG 2009, 582; zum Formwechselbericht: vgl. LG Köln, Urt. v. 30.1.2008 – 82 O 218/07, BeckRS 2008, 11350; Lutter-*Hoger*, UmwG, § 192 Rz. 9 f.; Semler/Stengel/Leonard-*Bärwaldt*, UmwG, § 192 Rz. 8.

13) Semler/Stengel/Leonard-*Bärwaldt*, UmwG, § 192 Rz. 9; *Simons* in: BeckOGK-UmwG, § 192 Rz. 22.

14) *Simons* in: BeckOGK-UmwG, § 192 Rz. 24 ff., 27; Widmann/Mayer-*Mayer*, UmwR, § 192 UmwG Rz. 29.

15) *Simons* in: BeckOGK-UmwG, § 192 Rz. 27; Widmann/Mayer-*Mayer*, UmwR, § 192 UmwG Rz. 30, 34 f.; Semler/Stengel/Leonard-*Bärwaldt*, UmwG, § 192 Rz. 6; Kallmeyer-*Berger*, UmwG, § 192 Rz. 10; *Klaaßen-Kaiser* in: MünchHdb. GesR, Bd. 8, § 33 Rz. 13.

16) *Simons* in: BeckOGK-UmwG, § 192 Rz. 27; Semler/Stengel/Leonard-*Bärwaldt*, UmwG, § 192 Rz. 6.

behaltung des aktuellen Zustands nicht gleichwertig bzw. weniger geeignet sind.[17] Auch wenn die Pflicht besteht, den Formwechsel zu begründen, ist zu beachten, dass der Formwechsel **keiner sachlichen Rechtfertigung** bedarf und die Abwägung des den Formwechselbericht aufstellenden Vertretungsorgans nicht gerichtlich überprüfbar ist.[18]

c) Künftige Beteiligung der Anteilsinhaber

10 § 192 Abs. 1 Satz 1 fordert i. R. der „insbesondere"-Aufzählung, dass auf die künftige Beteiligung der Anteilsinhaber an dem Rechtsträger eingegangen wird. Im Gegensatz zum Verschmelzungsbericht, bei dem in der Regel quantitative Änderungen der Beteiligungen der Anteilsinhaber maßgeblich sind, zeichnet sich der Formwechsel, bei dem die Beteiligungsverhältnisse in der Regel unverändert bleiben, **in erster Linie durch qualitative Veränderungen der Beteiligungen** aus.[19] Im Formwechselbericht sind daher diese qualitativen Veränderungen für die Anteilsinhaber darzustellen, wozu sowohl **Verbesserungen als auch Verschlechterungen** gehören (z. B. hinsichtlich der Übertragbarkeit der Anteile, der Besteuerung, den Sonder-, Informations- und Minderheitsrechten sowie der Haftungsrisiken der Anteilsinhaber).[20] Die notwendige Darstellung beschränkt sich jedoch auf solche Aspekte, die nicht allgemein bekannt sind und sich nicht allein aus dem Gesetz ergeben.[21]

11 Sollte der Formwechsel auch mit einer **quantitativen Veränderung der Beteiligungsverhältnisse** einhergehen, muss der Formwechselbericht ausführlich auch darauf eingehen.[22]

12 Sofern eine **bare Zuzahlung nach § 196** erfolgt, ist eine entsprechend ausführliche Erläuterung und Begründung im Formwechselbericht ebenfalls erforderlich.[23]

d) Höhe der Barabfindung und die angewandten Bewertungsmethoden

13 Im Formwechselbericht sind weiterhin die **Höhe und Angemessenheit**[24] **einer anzubietenden Barabfindung** gemäß § 207 und die zu ihrer Ermittlung gewählten **Bewertungsmethoden** zu erläutern und zu begründen. Die Erläuterungs- und Begründungspflicht gilt freilich nur für den Fall, dass den Anteilsinhabern eine Barabfindung anzubieten ist (zu den Ausnahmen siehe § 194 Rz. 27 ff. [*Schaper/Meven*] und Kommentierung zu § 207 Rz. 7 [*Seulen*]).[25] Falls dies nicht der Fall ist, muss im Formwechselbericht keine entsprechende

---

17) LG Mannheim, Urt. v. 19.12.2013 – 23 O 50/13, AG 2014, 589, 590 = BeckRS 2014, 10107; LG Köln, Urt. v. 30.1.2008 – 82 O 218/07, BeckRS 2008, 11350; *Simons* in: BeckOGK-UmwG, § 192 Rz. 27; Semler/Stengel/Leonard-*Bärwaldt*, UmwG, § 192 Rz. 6; Kallmeyer-*Berger*, UmwG, § 192 Rz. 10; *Klaßen-Kaiser* in: MünchHdb. GesR, Bd. 8, § 33 Rz. 13.

18) Kallmeyer-*Berger*, UmwG, § 192 Rz. 10; Widmann/Mayer-*Mayer*, UmwR, § 192 UmwG Rz. 36; *Klaßen-Kaiser* in: MünchHdb. GesR, Bd. 8, § 33 Rz. 13.

19) Semler/Stengel/Leonard-*Bärwaldt*, UmwG, § 192 Rz. 10; *Simons* in: BeckOGK-UmwG, § 192 Rz. 30; *Klaßen-Kaiser* in: MünchHdB GesR, Bd. 8, § 33 Rz. 17.

20) Lutter-*Hoger*, UmwG, § 192 Rz. 22; *Simons* in: BeckOGK-UmwG, § 192 Rz. 30 f.; Semler/Stengel/Leonard-*Bärwaldt*, UmwG, § 192 Rz. 10; *Klaßen-Kaiser* in: MünchHdb. GesR, Bd. 8, § 33 Rz. 17.

21) *Simons* in: BeckOGK-UmwG, § 192 Rz. 31; Semler/Stengel/Leonard-*Bärwaldt*, UmwG, § 192 Rz. 10.

22) Semler/Stengel/Leonard-*Bärwaldt*, UmwG, § 192 Rz. 11; *Simons* in: BeckOGK-UmwG, § 192 Rz. 32; *Klaßen-Kaiser* in: MünchHdb. GesR, Bd. 8, § 33 Rz. 18.

23) *Simons* in: BeckOGK-UmwG, § 192 Rz. 32; Lutter-*Hoger*, UmwG, § 192 Rz. 24; *Klaßen-Kaiser* in: MünchHdb. GesR, Bd. 8, § 33 Rz. 18.

24) *Simons* in: BeckOGK-UmwG, § 192 Rz. 38; Widmann/Mayer-*Mayer*, UmwR, § 192 UmwG Rz. 44; Henssler/Strohn-*Drinhausen*/*Keinath*, GesR, § 192 UmwG Rz. 6.

25) *Simons* in: BeckOGK-UmwG, § 192 Rz. 34.

Negativerklärung aufgenommen werden,[26] auch wenn sich eine solche (vorsorglich) anbieten kann, um Nachfragen des Registergerichts und damit einhergehend Verzögerungen der Eintragung des Formwechsels im Register vorzubeugen. Sofern entsprechende Ausführungen zur Barabfindung oder den Bewertungsmethoden fehlen oder eine Plausibilitätskontrolle nicht ermöglichen, wird der Formwechselbeschluss jedoch nicht nichtig oder anfechtbar (siehe Rz. 47), was jedoch keinesfalls dazu führen sollte, dass das Vertretungsorgan hier nachlässig agiert, schon allein um eine mögliche Haftung der Organmitglieder infolge einer Pflichtverletzung zu vermeiden.[27]

e) Verweis auf das Verschmelzungsrecht (§ 192 Abs. 1 Satz 2)

Aufgrund des Verweises von § 192 Abs. 1 Satz 2 auf § 8 Abs. 1 Satz 3–5 muss der Formwechselbericht weiterhin auf **besondere Schwierigkeiten bei der Bewertung** des formwechselnden Rechtsträgers (siehe hierzu Rz. 15 f.) und auf alle für den Formwechsel **wesentlichen Angelegenheiten anderer verbundener Unternehmen** (siehe hierzu Rz. 17) eingehen. Hingegen hat der Hinweis auf die Folgen für die Beteiligung der Anteilsinhaber nach § 192 Abs. 1 Satz 2 i. V. m. § 8 Abs. 1 Satz 3 Alt. 2 in aller Regel keine eigenständige Bedeutung, da dieser Aspekt grundsätzlich bereits durch die Berichterstattung nach § 192 Abs. 1 Satz 1 abgedeckt ist (siehe hierzu ab Rz. 10 ff.).[28] 14

aa) Besondere Schwierigkeiten bei der Bewertung

Sollten bei der **Bewertung des formwechselnden Rechtsträgers** besondere Schwierigkeiten auftreten, sind diese im Formwechselbericht darzulegen (§ 192 Abs. 1 Satz 2 i. V. m. § 8 Abs. 1 Satz 3 Alt. 1). Der Formwechselbericht muss konkrete Angaben dazu enthalten, **welche spezifischen Probleme aufgetreten sind und wie diese gelöst wurden**; allgemeine Hinweise auf bestehende Schwierigkeiten genügen nicht.[29] Falls keine Bewertungsschwierigkeiten aufgetreten sind, ist eine entsprechende Negativerklärung nicht erforderlich,[30] auch wenn sich eine solche (vorsorglich) anbieten kann (vgl. Rz. 13). 15

Die praktische Bedeutung des Verweises auf § 8 Abs. 1 Satz 3 Alt. 1 ist beim Formwechsel jedoch gering, da sich die Beteiligungsverhältnisse beim Formwechsel regelmäßig nicht ändern (siehe zum nicht-verhältniswahrenden Formwechsel § 194 Rz. 17 [*Schaper/Meven*]).[31] Darüber hinaus kann die Norm im Zusammenhang mit der Ermittlung einer angemessenen Barabfindung nach § 207 relevant werden (siehe auch Rz. 13).[32] 16

bb) Verbundene Unternehmen

Hat der formwechselnde Rechtsträger **verbundene Unternehmen i. S. des § 15 AktG,** muss der Formwechselbericht Angaben über alle für den Formwechsel wesentlichen Angele- 17

---

26) Vgl. *Simons* in: BeckOGK-UmwG, § 192 Rz. 34, wonach zur Vermeidung von Missverständnissen ein entsprechender Hinweis aufgenommen werden sollte, auch wenn dieser juristisch nicht erforderlich sei.

27) *Simons* in: BeckOGK-UmwG, § 192 Rz. 40.

28) *Klaßen-Kaiser* in: MünchHdb. GesR, Bd. 8, § 33 Rz. 22; Semler/Stengel/Leonard-*Bärwaldt*, UmwG, § 192 Rz. 15; zur sprachlichen Ungenauigkeit der Vorschrift vgl. *Simons* in: BeckOGK-UmwG, § 192 Rz. 41.

29) Semler/Stengel/Leonard-*Bärwaldt*, UmwG, § 192 Rz. 15; *Simons* in: BeckOGK-UmwG, § 192 Rz. 37.

30) *Simons* in: BeckOGK-UmwG, § 192 Rz. 37; a. A. wohl Lutter-*Hoger*, UmwG, § 192 Rz. 36; *Klaßen-Kaiser* in: MünchHdb. GesR, Bd. 8, § 33 Rz. 23.

31) Widmann/Mayer-*Mayer*, UmwR, § 192 UmwG Rz. 49; Lutter-*Hoger*, UmwG, § 192 Rz. 36; Semler/Stengel/Leonard-*Bärwaldt*, UmwG, § 192 Rz. 15.

32) Widmann/Mayer-*Mayer*, UmwR, § 192 UmwG Rz. 49; *Klaßen-Kaiser* in: MünchHdb. GesR, Bd. 8, § 33 Rz. 23.

genheiten der anderen verbundenen Unternehmen machen (§ 192 Abs. 1 Satz 2 i. V. m. § 8 Abs. 1 Satz 4). In der Praxis wird es **häufig an der Wesentlichkeit fehlen**, da sich die **Rechtsverhältnisse** des formwechselnden Rechtsträgers zu den verbundenen Unternehmen aufgrund des Formwechsels **in der Regel nicht ändern.**[33] In einem solchen Fall muss sich der Formwechselbericht hierzu auch nicht verhalten; die Aufnahme einer entsprechenden Negativerklärung ist nicht erforderlich,[34] auch wenn sich eine solche (vorsorglich) anbieten kann (vgl. Rz. 13).

f) Entwurf des Formwechselbeschlusses (§ 192 Abs. 1 Satz 3)

18 Der **Entwurf des Formwechselbeschlusses** ist gemäß § 192 Abs. 1 Satz 3 Bestandteil des Formwechselberichts. Sofern der Inhalt des Formwechselbeschlusses nicht aus sich heraus allein verständlich ist, muss er **erläutert und begründet** werden.[35] Die Ausführungen dürfen sich jedoch nicht nur auf eine bloße Wiedergabe des Beschlusses beschränken.[36] Etwaige **zusätzliche Bestandteile** des Beschlusses, wie der Entwurf des neuen Gesellschaftsvertrags bzw. der Satzung (vgl. z. B. § 218 oder § 234 Nr. 3), sind ebenfalls zu erläutern.[37]

g) Grenzen der Berichterstattungspflicht

19 Hinsichtlich des Inhalts des Formwechselberichts regelt § 192 Abs. 1 Satz 2 i. V. m. § 8 Abs. 2 Satz 1, dass solche Tatsachen im Formwechselbericht nicht aufgenommen werden müssen, deren Bekanntwerden geeignet ist, dem formwechselnden Rechtsträger oder einem verbundenen Unternehmen einen **nicht unerheblichen Nachteil** zuzufügen.[38] Hiermit wird an das aktienrechtliche **Auskunftsverweigerungsrecht nach § 131 Abs. 3 Nr. 1 AktG**[39] angeknüpft.[40]

20 Der **Begriff des Nachteils** ist **weit auszulegen** und erfasst jede nicht nur geringfügige Beeinträchtigung legitimer Interessen des Rechtsträgers oder eines verbundenen Unternehmens und ist somit weiter zu verstehen als §§ 249 ff. BGB.[41] Zudem genügt bereits die objektive Eignung, den Nachteil zuzufügen. zuzufügen.[42] Bei der Frage, ob der Nachteil (nicht un-)erheblich ist, hat das Vertretungsorgan das **Geheimhaltungsinteres-**

---

33) *Simons* in: BeckOGK-UmwG, § 192 Rz. 42 f. – auch m. Bsp. zu den Ausnahmen; Lutter-*Hoger*, UmwG, § 192 Rz. 40; *Klaaßen-Kaiser* in: MünchHdb. GesR, Bd. 8, § 33 Rz. 24.

34) *Simons* in: BeckOGK-UmwG, § 192 Rz. 42.

35) Lutter-*Hoger*, UmwG, § 192 Rz. 28; Henssler/Strohn-*Drinhausen/Keinath*, GesR, § 192 UmwG Rz. 8; Kallmeyer-*Berger*, UmwG, § 192 Rz. 16; *Klaaßen-Kaiser* in: MünchHdb. GesR, Bd. 8, § 33 Rz. 15.

36) Lutter-*Hoger*, UmwG, § 192 Rz. 28.

37) Henssler/Strohn-*Drinhausen/Keinath*, GesR, § 192 UmwG Rz. 8; *Klaaßen-Kaiser* in: MünchHdb. GesR, Bd. 8, § 33 Rz. 15.

38) Vgl. Lutter-*Hoger*, UmwG, § 192 Rz. 42; Kallmeyer-*Berger*, UmwG, § 192 Rz. 31; *Klaaßen-Kaiser* in: MünchHdb. GesR, Bd. 8, § 33 Rz. 32.

39) Zust. zur Frage, ob auch die Auskunftsverweigerungsrechte des § 131 Abs. 3 Nr. 2–6 AktG ein Geheimhaltungsinteresse begründen können: Lutter-*Hoger*, UmwG, § 192 Rz. 44, und Semler/Stengel/Leonard-*Bärwaldt*, UmwG, § 192 Rz. 18 m. w. N.; abl. *Simons* in: BeckOGK-UmwG, § 192 Rz. 50.

40) Lutter-*Hoger*, UmwG, § 192 Rz. 42; Kallmeyer-*Berger*, UmwG, § 192 Rz. 31; *Klaaßen-Kaiser* in: MünchHdb. GesR, Bd. 8, § 33 Rz. 32.

41) Semler/Stengel/Leonard-*Bärwaldt*, UmwG, § 192 Rz. 17; Kallmeyer-*Berger*, UmwG, § 192 Rz. 31; *Simons* in: BeckOGK-UmwG, § 192 Rz. 49.

42) *Simons* in: BeckOGK-UmwG, § 192 Rz. 49; Semler/Stengel/Leonard-*Bärwaldt*, UmwG, § 192 Rz. 17; Kallmeyer-*Berger*, UmwG, § 192 Rz. 32.

se des Unternehmens mit dem **Informationsinteresse der Anteilsinhaber** gegeneinander **abzuwägen.**[43)]

Sofern eine Tatsache nach den oben dargestellten Grundsätzen nicht offenzulegen ist, sind im Formwechselbericht hierfür die **Gründe darzulegen** (§ 192 Abs. 1 Satz 2 i. V. m. § 8 Abs. 2 Satz 2). Die Darlegung muss so konkret und detailliert erfolgen, als dass die Begründung seitens der Anteilsinhaber einer Plausibilitätskontrolle (siehe hierzu Rz. 6) unterzogen werden kann,[44)] sodass ein allgemeiner Hinweis auf die Schädlichkeit der Offenlegung oder das Geheimhaltungsinteresse nicht ausreicht.[45)] Die Pflicht zur Offenlegung der Gründe endet allerdings dort, wo sie selbst nachteilig sein könnte, z. B. weil aus der Begründung auf die geheimhaltungsbedürftige Tatsache geschlossen werden kann.[46)] 21

2. Berichtsadressaten

Da der Formwechselbericht dem Schutz der Anteilsinhaber dient (siehe hierzu Rz. 2), sind **alle Anteilsinhaber** des formwechselnden Rechtsträgers dessen Adressaten.[47)] Dies gilt auch für **Anteilsinhaber, die kein Stimmrecht** haben und daher über den Formwechsel nicht beschließen können.[48)] 22

Zusätzlich kann es aufgrund von gesetzlichen[49)] oder gesellschaftsvertraglichen[50)] Anforderungen erforderlich sein, den Formwechselbericht auch bestimmten **Organen** des formwechselnden Rechtsträgers **zuzuleiten**. Auch wenn der **Formwechselbeschluss**, dessen Entwurf Bestandteil des Formwechselberichts ist (siehe hierzu Rz. 18), nach § 194 Abs. 2 dem **zuständigen Betriebsrat** des formwechselnden Rechtsträgers zuzuleiten ist (siehe hierzu § 194 ab Rz. 39 [*Schaper/Meven*]), erstreckt sich diese Zuleitungspflicht **nicht auch auf den Formwechselbericht.**[51)] Anders verhält es sich mit dem Formwechselbericht bei einem grenzüberschreitenden Formwechsel: Der Formwechselbericht ist hier neben den Anteilsinhabern auch dem Betriebsrat oder, wenn ein solcher nicht besteht, den Arbeitnehmern zugänglich zu machen (§ 337 Abs. 1 i. V. m. § 310 Abs. 1 Satz 1). 23

---

43) Wie hier: Kallmeyer-*Berger*, UmwG, § 192 Rz. 32; Lutter-*Hoger*, UmwG, § 192 Rz. 41; *Simons* in: BeckOGK-UmwG, § 192 Rz. 49; *Petersen* in: KölnKomm-UmwG, § 192 Rz. 20. Nach Semler/Stengel/Leonard-*Bärwaldt*, UmwG, § 192 Rz. 17, findet hingegen eine Abwägung der Vor- und Nachteile der Offenlegung, nicht aber zwischen dem Geheimhaltungsinteresse des Unternehmens und dem Informationsinteresse der Anteilsinhaber statt.

44) Kallmeyer-*Berger*, UmwG, § 192 Rz. 34; Semler/Stengel/Leonard-*Bärwaldt*, UmwG, § 192 Rz. 19; *Petersen* in: KölnKomm-UmwG, § 192 Rz. 21; Lutter-*Hoger*, UmwG, § 192 Rz. 43.

45) Semler/Stengel/Leonard-*Bärwaldt*, UmwG, § 192 Rz. 19; *Simons* in: BeckOGK-UmwG, § 192 Rz. 54; *Petersen* in: KölnKomm-UmwG, § 192 Rz. 21; Lutter-*Hoger*, UmwG, § 192 Rz. 43.

46) *Simons* in: BeckOGK-UmwG, § 192 Rz. 54; Semler/Stengel/Leonard-*Bärwaldt*, UmwG, § 192 Rz. 19; Kallmeyer-*Berger*, UmwG, § 192 Rz. 34; a. A. scheinbar *Petersen* in: KölnKomm-UmwG, § 192 Rz. 21, wonach diese Gefahr hinzunehmen sei.

47) Kallmeyer-*Berger*, UmwG, § 192 Rz. 40; *Simons* in: BeckOGK-UmwG, § 192 Rz. 14.

48) Vgl. LG Mannheim, Urt. v. 19.12.2013 – 23 O 50/13, AG 2014, 589, 590 f. = BeckRS 2014, 10107, wonach der Formwechselbericht die Anteilsinhaber nicht nur in die Lage zu einer sachgerechten Ausübung des Stimmrechts, sondern auch zur Ausübung der übrigen Mitgliedschaftsrechte versetzen soll; m. zust. Anm. *Rahlmeyer/v. Eiff*, EWiR 2014, 317 f.; vgl. auch Kallmeyer-*Berger*, UmwG, § 192 Rz. 40, und *Simons* in: BeckOGK-UmwG, § 192 Rz. 14, mit der Begr., dass auch Anteilsinhaber ohne Stimmrecht in ihrer Vermögensposition betroffen sein können; a. A. wohl *Wardenbach*, GWR 2014, 283 (Urteilsanm.), nach dem nicht stimmberechtigte Anteilsinhaber nicht vom Schutzbereich des § 192 erfasst sind, jedoch nach § 243 Abs. 4 AktG anfechtungsbefugt sein können.

49) Kallmeyer-*Berger*, UmwG, § 192 Rz. 43.

50) *Simons* in: BeckOGK-UmwG, § 192 Rz. 16.

51) Kallmeyer-*Berger*, UmwG, § 192 Rz. 19, 41; Lutter-*Hoger*, UmwG, § 194 Rz. 43, *Simons* in: BeckOGK-UmwG, § 192 Rz. 15.

3. Berichtspflichtige

24 Der Formwechselbericht ist gemäß § 192 Abs. 1 Satz 1 durch das Vertretungsorgan des formwechselnden Rechtsträgers zu erstatten. Hierzu sind **alle Mitglieder des Vertretungsorgans** verantwortlich und verpflichtet, unabhängig von der konkreten Ausgestaltung der Vertretungsmacht des Vertretungsorgans.[52)]

25 Bei der Erstattung des Formwechselberichts handelt es sich um eine **höchstpersönliche Pflicht** des Vertretungsorgans, sodass eine Stellvertretung nicht in Betracht kommt.[53)] Hiervon unbenommen hat das Vertretungsorgan jedoch die Möglichkeit, sich bei der Anfertigung des Berichts z. B. von Rechtsanwälten und Wirtschaftsprüfern unterstützen zu lassen.[54)] Entscheidend ist, dass sich das Vertretungsorgan den Formwechselbericht letztlich „zu eigen" macht.[55)]

26 Das Gesetz regelt nicht ausdrücklich, welche Anforderungen an die „Erstattung" des Formwechselberichts zu stellen sind. Sofern das Gesetz oder der Gesellschaftsvertrag bzw. die Satzung des formwechselnden Rechtsträgers hierzu keine Vorgaben enthalten, sollte ein Weg gewählt werden, der hinreichend zum Ausdruck bringt, dass alle Mitglieder des Vertretungsorgans mit der Erstattung des Formwechselberichts einverstanden sind. Dies kann z. B. dadurch geschehen, dass alle Mitglieder des Vertretungsorgans einen entsprechenden **einstimmigen Beschluss** fassen[56)] oder der **Bericht von allen Mitgliedern des Vertretungsorgans unterschrieben** wird[57)] (auch wenn ansonsten eine Unterzeichnung des Formwechselberichts in vertretungsberechtigter Anzahl genügt, siehe hierzu Rz. 28). Selbst Mitglieder des Vertretungsorgans, die dem Formwechsel kritisch oder ablehnend gegenüberstehen, sind von der Pflicht zur Berichterstattung nicht ausgenommen; sie haben aber die Möglichkeit, abweichende oder ablehnende Meinungen im Formwechselbericht zu dokumentieren.[58)]

4. Form des Formwechselberichts

27 Der Formwechselbericht muss nach § 192 Abs. 1 Satz 1 schriftlich abgefasst werden. Gemeint ist die **Schriftform** i. S. von § 126 BGB (analog).[59)] Das Schriftformerfordernis gilt nur für das Original des Berichts; für Kopien genügt der Vermerk „Der Vorstand" oder eine ähnliche Formulierung.[60)] Die Unterzeichnung des Formwechselberichts muss sich auf den gesamten Berichtsinhalt, einschließlich des Entwurfs des Formwechselbeschlusses, erstrecken, was dadurch sichergestellt werden kann, dass die weiteren Bestand-

52) Kallmeyer-*Berger*, UmwG, § 192 Rz. 35 f.; Lutter-*Hoger*, UmwG, § 192 Rz. 4; *Simons* in: BeckOGK-UmwG, § 192 Rz. 5, 7; Henssler/Strohn-*Drinhausen/Keinath*, GesR, § 192 UmwG Rz. 10.

53) *Simons* in: BeckOGK-UmwG, § 192 Rz. 6; Widmann/Mayer-*Mayer*, UmwR, § 192 UmwG Rz. 26.

54) *Simons* in: BeckOGK-UmwG, § 192 Rz. 6; Widmann/Mayer-*Mayer*, UmwR, § 192 UmwG Rz. 26; Lutter-*Hoger*, UmwG, § 192 Rz. 4; ähnl. *Usler*, MittRhNotK 1998, 22, 29, nach dem der Formwechselbericht nicht durch die Mitglieder selbst erstellt werden muss.

55) *Simons* in: BeckOGK-UmwG, § 192 Rz. 6; Widmann/Mayer-*Mayer*, UmwR, § 192 UmwG Rz. 26; Lutter-*Hoger*, UmwG, § 192 Rz. 4.

56) *Simons* in: BeckOGK-UmwG, § 192 Rz. 7; Widmann/Mayer-*Mayer*, UmwR, § 192 UmwG Rz. 25.

57) *Simons* in: BeckOGK-UmwG, § 192 Rz. 8.

58) Lutter-*Hoger*, UmwG, § 192 Rz. 4; *Simons* in: BeckOGK-UmwG, § 192 Rz. 7; Kallmeyer-*Berger*, UmwG, § 192 Rz. 37; Widmann/Mayer-*Mayer*, UmwR, § 192 UmwG Rz. 25.

59) *Simons* in: BeckOGK-UmwG, § 192 Rz. 9, aber für eine analoge Anwendung argumentierend, da es sich bei dem Formwechselbericht um eine Wissenserklärung handelt und m. w. N. auf Literaturstimmen, die eine unmittelbare Anwendung befürworten.

60) Kallmeyer-*Berger*, UmwG, § 192 Rz. 38; Semler/Stengel/Leonard-*Bärwaldt*, UmwG, § 192 Rz. 22; Lutter-*Hoger*, UmwG, § 192 Rz. 5; Widmann/Mayer-*Mayer*, UmwR, § 192 UmwG Rz. 25.1; Henssler/Strohn-*Drinhausen/Keinath*, GesR § 192 UmwG Rz. 9.

teile entweder in den zu unterzeichnenden Formwechselbericht inkorporiert oder, falls sie als separate Anlage beigefügt werden, ebenfalls unterzeichnet werden.[61)]

28 Die Frage, wer den Formwechselbericht unterzeichnen muss, ist abweichend von der Frage der Verantwortlichkeit für dessen Erstattung zu beantworten: Während alle Mitglieder des Vertretungsorgans für die Erstattung des Formwechselberichts verantwortlich sind (siehe hierzu Rz. 24), genügt es nach mittlerweile ganz herrschender und zutreffender Auffassung im Schrifttum, dass der Formwechselbericht **durch das Vertretungsorgan in vertretungsberechtigter Anzahl unterzeichnet** wird.[62)] Unabhängig davon besteht die Möglichkeit, den Formwechselbericht durch sämtliche Mitglieder des Vertretungsorgans unterzeichnen zu lassen.[63)]

29 Bei der Unterzeichnung des Berichts ist eine Vertretung unzulässig (ebenso wie bei der Erstattung des Formwechselberichts (siehe hierzu Rz. 25), da es sich bei dem Formwechselbericht um eine Wissens- und nicht um eine Willenserklärung handelt.[64)]

5. Bereitstellung des Formwechselberichts

30 Der Formwechselbericht muss so **rechtzeitig** erstattet werden, dass er (samt Anlagen) den Anteilsinhabern spätestens mit der **Einberufung der Versammlung** i. S. des § 193 Abs. 1 bereitgestellt werden kann.[65)]

31 Die Modalitäten der Bereitstellung richten sich nach der Rechtsform des formwechselnden Rechtsträgers: Bei Personenhandelsgesellschaften, PartGs und GmbHs ist die **Übersendung des Formwechselberichts** spätestens zusammen mit der Einberufung der Versammlung der Anteilsinhaber erforderlich.[66)] Bei AGs, KGaAs, eGs, e. V.'s oder VVaGs ist der Formwechselbericht von der Einberufung der Versammlung an **in den Geschäftsräumen auszulegen**[67)] oder – im Falle der AG, KGaA und eG – über die **Internetseite** der Gesellschaft zugänglich zu machen.[68)] Zudem ist der Formwechselbericht von GmbHs, AGs, KGaAs, eGs, e. V.'s oder VVaGs **in der Versammlung**, die über den Formwechsel beschließen soll, **auszulegen.**[69)]

---

61) *Simons* in: BeckOGK-UmwG, § 192 Rz. 9; speziell zum Entwurf des Formwechselbeschlusses: Kallmeyer-*Berger*, UmwG, § 192 Rz. 38; Semler/Stengel/Leonard-*Bärwaldt*, UmwG, § 192 Rz. 22.

62) Für den Verschmelzungsbericht: BGH, Beschl. v. 21.5.2007 – II ZR 266/04, NJW-RR 2007, 1409, 1411 = NZG 2007, 714, 716 f., der eine Tendenz hat erkennen lassen, dass eine Unterzeichnung des Verschmelzungsberichts seitens des Vertretungsorgans in vertretungsberechtigter Zahl genügt, die Frage aber letztlich nicht abschließend entschieden hat. Für den Formwechselbericht: Henssler/Strohn-*Drinhausen*/*Keinath*, GesR, § 192 UmwG Rz. 9; Kallmeyer-*Berger*, UmwG, § 192 Rz. 38; Lutter-*Hoger*, UmwG, § 192 Rz. 5; Widmann/Mayer-*Mayer*, UmwR, § 192 UmwG Rz. 25.1; *Simons* in: BeckOGK-UmwG, § 192 Rz. 10; Semler/Stengel/Leonard-*Bärwaldt*, UmwG, § 192 Rz. 22.

63) Dies kann ein (zusätzlicher) Hinweis darauf sein, dass alle Mitglieder des Vertretungsorgans an der Erstattung des Formwechselberichts beteiligt waren (s. a. Rz. 26); vgl. Kallmeyer-*Berger*, UmwG, § 192 Rz. 38; Lutter-*Hoger*, UmwG, § 192 Rz. 5; *Simons* in: BeckOGK-UmwG, § 192 Rz. 10; hierzu ratend bis der BGH seine Rspr. festigt: *Petersen* in: KölnKomm-UmwG, § 192 Rz. 9.

64) Semler/Stengel/Leonard-*Bärwaldt*, UmwG, § 192 Rz. 22; *Usler*, MittRhNotK 1998, 22, 29.

65) *Simons* in: BeckOGK-UmwG, § 192 Rz. 59, 61; Widmann/Mayer-*Mayer*, UmwR, § 192 UmwG Rz. 51; Lutter-*Hoger*, UmwG, § 192 Rz. 45.

66) § 216; § 225b Satz 2 i. V. m. § 216; § 230 Abs. 1; § 238 Satz 1 i. V. m. § 230 Abs. 1.

67) § 230 Abs. 2 Satz 1, § 238 Satz 1 i. V. m. § 230 Abs. 2 Satz 1, § 251 Abs. 1 Satz 1 i. V. m. § 230 Abs. 2 Satz 1; § 260 Abs. 2 Satz 1 i. V. m. § 230 Abs. 2 Satz 1; § 274 Abs. 1 Satz 1 i. V. m. § 230 Abs. 2 Satz 1, § 283 Abs. 1 Satz 1 i. V. m. § 230 Abs. 2 Satz 1; § 292 Abs. 1 i. V. m. § 230 Abs. 2 Satz 1.

68) § 230 Abs. 2 Satz 4; § 260 Abs. 2 Satz 1 i. V. m. § 230 Abs. 2 Satz 4.

69) § 232 Abs. 1 Satz 1, § 239 Abs. 1 Satz 1, § 251 Abs. 2 i. V. m. § 239 Abs. 1 Satz 1; § 261 Abs. 1 Satz 1; § 274 Abs. 2 i. V. m. § 239 Abs. 1 Satz 1, § 283 Abs. 2 i. V. m. § 239 Abs. 1 Satz 1; § 292 Abs. 2 i. V. m. § 239 Abs. 1 Satz 1.

III. Entbehrlichkeit des Formwechselberichts

32 Ein Formwechselbericht ist nicht erforderlich, wenn an dem formwechselnden Rechtsträger **nur ein Anteilsinhaber** beteiligt ist (§ 192 Abs. 2 Satz 1 Alt. 1; siehe hierzu ab Rz. 34) oder alle Anteilsinhaber auf seine Erstattung **verzichten** (§ 192 Abs. 2 Satz 1 Alt. 2, Satz 2; siehe hierzu ab Rz. 37). Des Weiteren sind im UmwG weitere Fälle geregelt, in denen ein Formwechselbericht entbehrlich ist (siehe hierzu ab Rz. 41).

33 Ist der Formwechselbericht entbehrlich, gilt dies grundsätzlich auch für seine anderen Bestandteile[70] mit Ausnahme des Entwurfs des Formwechselbeschlusses, der, sofern der formwechselnde Rechtsträger einen **Betriebsrat** hat, diesem gemäß § 194 Abs. 2 zuzuleiten ist (siehe zur Zuleitung § 194 Rz. 39 ff. [*Schaper/Meven*]).[71]

1. Ein Anteilsinhaber (§ 192 Abs. 2 Satz 1 Alt. 1)

34 Wenn der formwechselnde Rechtsträger nur **einen einzigen Anteilsinhaber** hat, ist die Erstattung des Formwechselberichts nach § 192 Abs. 2 Satz 1 Alt. 1 nicht erforderlich. Hintergrund ist, dass § 192 dem Zweck dient, die Anteilsinhaber über den Formwechsel zu informieren (siehe hierzu Rz. 2). Wenn der formwechselnde Rechtsträger aber nur einen Anteilsinhaber hat, ist davon auszugehen, dass er **über alle erforderlichen Informationen** über den Formwechsel **verfügt,**[72] zumal er regelmäßig dessen Initiator ist.[73]

35 Der maßgebliche Zeitpunkt für die Beurteilung der Anzahl der Anteilsinhaber ist der Zeitpunkt des Wirksamwerdens des Formwechsels, also der Zeitpunkt der Eintragung im Register nach § 202.[74]

36 Fälle, in denen der formwechselnde Rechtsträger zwar **formell mehrere Anteilsinhaber** hat, diese sich aber bei wirtschaftlicher Betrachtung als nur ein Anteilsinhaber darstellen (z. B. wenn mehrere Anteilsinhaber allesamt vollständig von einem Dritten beherrscht werden), fallen nicht unter § 192 Abs. 2 Satz 1 Alt. 1, sodass in diesen Fällen nur der Verzicht auf den Formwechselbericht in Betracht kommt (siehe hierzu ab Rz. 37).[75] Dasselbe gilt im Fall von mehreren Anteilsinhabern, die einem **Pooling** oder einer **vertraglichen Stimmbindung** unterliegen.[76]

2. Verzicht auf den Formwechselbericht (§ 192 Abs. 2 Satz 1 Alt. 2)

37 Darüber hinaus steht es den Anteilsinhabern frei, auf die Erstattung des Formwechselberichts zu verzichten. Hintergrund dieses bei Rechtsträgern mit geschlossenem Anteilsin-

---

70) Widmann/Mayer-*Mayer*, UmwR, § 192 UmwG Rz. 27; *Simons* in: BeckOGK-UmwG, § 192 Rz. 69.

71) Widmann/Mayer-*Mayer*, UmwR, § 192 UmwG Rz. 27; *Simons* in: BeckOGK-UmwG, § 192 Rz. 69, 79; Kallmeyer-*Berger*, UmwG, § 192 Rz. 19.

72) Semler/Stengel/Leonard-*Bärwaldt*, UmwG, § 192 Rz. 29; vgl. *Petersen* in: KölnKomm-UmwG, § 192 Rz. 24.

73) *Simons* in: BeckOGK-UmwG, § 192 Rz. 70; Lutter-*Hoger*, UmwG, § 192 Rz. 47; *Petersen* in: KölnKomm-UmwG, § 192 Rz. 24.

74) Semler/Stengel/Leonard-*Bärwaldt*, UmwG, § 192 Rz. 30. *Simons* in: BeckOGK-UmwG, § 192 Rz. 73, stellt zwar im Grundsatz auf den Tag der Beschlussfassung ab, hält es aber i. Erg. für richtig, dass eine zu diesem Zeitpunkt bestehende Pflicht zur Erstattung des Formwechselberichts nachträglich entfällt, wenn sich der Anteilsinhaberkreis bis zur Eintragung des Formwechsels im Register auf einen Anteilsinhaber reduziert.

75) Semler/Stengel/Leonard-*Bärwaldt*, UmwG, § 192 Rz. 30; *Simons* in: BeckOGK-UmwG, § 192 Rz. 71; Widmann/Mayer-*Mayer*, UmwR, § 192 UmwG Rz. 14; Henssler/Strohn-*Drinhausen/Keinath*, GesR, § 192 UmwG Rz. 11.

76) Semler/Stengel/Leonard-*Bärwaldt*, UmwG, § 192 Rz. 30; *Simons* in: BeckOGK-UmwG, § 192 Rz. 72; Widmann/Mayer-*Mayer*, UmwR, § 192 UmwG Rz. 14; Henssler/Strohn-*Drinhausen/Keinath*, GesR, § 192 UmwG Rz. 11.

haberkreis praxisrelevanten Falls ist, dass § 192 dem Schutz des Informationsinteresses der Anteilsinhaber dient (siehe hierzu Rz. 2) und diese daher über ihren Schutz und somit auch über das Erfordernis des Formwechselberichts disponieren können.[77] Voraussetzung ist jedoch, dass **alle Anteilsinhaber** auf dessen Erstattung verzichten.

Bei dem **Verzicht** handelt es sich um eine einseitige Willenserklärung, die **notariell zu beurkunden** (§ 192 Abs. 2 Satz 2) und gegenüber dem formwechselnden Rechtsträger abzugeben ist.[78] Auf die notarielle Form kann nicht verzichtet werden.[79] Ein etwaiger Formmangel wird – wenn auch in der Praxis unwahrscheinlich – durch die Eintragung des Formwechsels im Register **geheilt** (§ 202 Abs. 1 Nr. 3).[80] 38

Der Verzicht muss nicht zu dem Zeitpunkt erklärt werden, zu dem an sich der Formwechselbericht bereitzustellen gewesen wäre (siehe zum Zeitpunkt der Bereitstellung Rz. 30); es reicht vielmehr aus, dass der Verzicht **bis zur Anmeldung des Formwechsels im Register** vorliegt.[81] Unabhängig davon wird der Verzicht in der Praxis regelmäßig i. R. der Versammlung der Anteilsinhaber nach § 193 Abs. 1 Satz 2 erklärt, da der Formwechselbeschluss nach § 193 Abs. 3 Satz 1 ebenfalls notariell zu beurkunden ist und bei formwechselnden Rechtsträgern mit geschlossenem Anteilsinhaberkreis in der Regel sämtliche Anteilsinhaber bei der Versammlung anwesend oder vertreten sind und den Verzicht vor dem beurkundenden Notar erklären können.[82] 39

Es ist auch möglich, dass **vor der Versammlung der Anteilsinhaber** auf die Erstattung des Formwechselberichts verzichtet wird, sofern zwischen den Verzichtserklärungen und dem Formwechselbeschluss ein zeitlicher Zusammenhang besteht und klar ist, dass sich der Verzicht auf den konkreten Formwechsel bezieht.[83] Ein pauschaler Verzicht, der unabhängig von einem spezifischen Formwechsel erklärt wird, reicht hingegen nicht aus.[84] 40

3. Weitere Fälle

Das UmwG regelt weitere Fälle, in denen ein Formwechselbericht entbehrlich ist: Sofern bei einer **eGbR** oder einer **Personenhandelsgesellschaft** alle Gesellschafter zur Geschäftsführung berechtigt sind, entfällt gemäß **§ 215** die Pflicht zur Erstellung des Formwechselberichts (siehe die Kommentierung zu § 215 [*Allmendinger*]). Der hinter § 215 stehende Gedanke ist, dass alle geschäftsführungsberechtigten Gesellschafter die Mög- 41

77) Lutter-*Hoger*, UmwG, § 192 Rz. 46; *Simons* in: BeckOGK-UmwG, § 192 Rz. 74.

78) Lutter-*Hoger*, UmwG, § 192 Rz. 46; Semler/Stengel/Leonard-*Bärwaldt*, UmwG, § 192 Rz. 24; *Simons* in: BeckOGK-UmwG, § 192 Rz. 75; Henssler/Strohn-*Drinhausen*/*Keinath*, GesR, § 192 UmwG Rz. 11.

79) Lutter-*Hoger*, UmwG, § 192 Rz. 46; *Simons* in: BeckOGK-UmwG, § 192 Rz. 75; Henssler/Strohn-*Drinhausen*/*Keinath*, GesR, § 192 UmwG Rz. 11.

80) Semler/Stengel/Leonard-*Bärwaldt*, UmwG, § 192 Rz. 28; *Simons* in: BeckOGK-UmwG, § 192 Rz. 83.

81) So wie hier die h. A.: Kallmeyer-*Berger*, UmwG, § 192 Rz. 60; Lutter-*Hoger*, UmwG, § 192 Rz. 46; Semler/Stengel/Leonard-*Bärwaldt*, UmwG, § 192 Rz. 27; Henssler/Strohn-*Drinhausen*/*Keinath*, GesR, § 192 UmwG Rz. 11; *Klaaßen-Kaiser* in: MünchHdb. GesR, Bd. 8, § 33 Rz. 38; a. A. *Simons* in: BeckOGK-UmwG, § 192 Rz. 81, und Widmann/Mayer-*Mayer*, UmwR, § 192 UmwG Rz. 17, wonach der Verzicht noch bis zur (Zurückweisung der) Eintragung des Formwechsels nachgereicht werden kann.

82) Zum Verzicht i. R. der Beschlussfassung über den Formwechsel: Lutter-*Hoger*, UmwG, § 192 Rz. 46; Kallmeyer-*Berger*, UmwG, § 192 Rz. 60; *Klaaßen-Kaiser* in: MünchHdb. GesR, Bd. 8, § 33 Rz. 36.

83) Kallmeyer-*Berger*, UmwG, § 192 Rz. 60; Widmann/Mayer-*Mayer*, UmwR, § 192 UmwG Rz. 16; *Simons* in: BeckOGK-UmwG, § 192 Rz. 82; Semler/Stengel/Leonard-*Bärwaldt*, UmwG, § 192 Rz. 26; *Klaaßen-Kaiser* in: MünchHdb. GesR, Bd. 8, § 33 Rz. 37.

84) Widmann/Mayer-*Mayer*, UmwR, § 192 UmwG Rz. 16; *Simons* in: BeckOGK-UmwG, § 192 Rz. 82; Semler/Stengel/Leonard-*Bärwaldt*, UmwG, § 192 Rz. 26; *Klaaßen-Kaiser* in: MünchHdb. GesR, Bd. 8, § 33 Rz. 37.

lichkeit haben, alle Unterlagen einzusehen und bei der Vorbereitung des Formwechsels mitzuwirken, weshalb der Formwechselbericht entbehrlich ist.[85)]

42 § 215 findet insofern grundsätzlich auf die **oHG** (vgl. § 116 Abs. 1 HGB) Anwendung, **nicht** jedoch auf die **KG**, da Kommanditisten grundsätzlich von der Geschäftsführung nach § 164 HGB ausgeschlossen sind. Anders ist dies bei einer **GmbH & Co. KG**, bei der alle Kommanditisten zugleich Geschäftsführer der Komplementär-GmbH sind.[86)] Die Anwendbarkeit von § 215 ergibt sich zwar nicht aus dem Wortlaut der Vorschrift, entspricht jedoch ihrem Sinn und Zweck, da in diesem Fall die Kommanditisten – mittelbar über die Geschäftsführungsbefugnis bei der Komplementärin – Zugang zu den für den Formwechsel relevanten Informationen haben und insofern kein Informationsdefizit besteht, das der Formwechselbericht kompensieren soll.[87)]

43 Eine dem § 215 ähnliche Regelung findet sich für die **PartG** in **§ 225b Satz 1**, nach dem ein Formwechselbericht nur dann erforderlich ist, wenn ein oder mehrere Partner von der Geschäftsführung ausgeschlossen sind.

44 § 215 und § 225b stellen Ausnahmeregelungen dar, die in Bezug auf andere (personalistisch geprägte) Gesellschaften **nicht analogiefähig** sind.[88)]

IV. Mängel des Formwechselberichts

45 **Klagen gegen den Formwechselbeschluss** werden häufig auf Mängel des Formwechselberichts gestützt.[89)] Hintergrund ist, dass der Formwechselbericht den Anteilsinhabern eine hinreichende Informationsgrundlage zur Fassung des Formwechselbeschlusses liefern soll und bei Mängeln des Formwechselberichts eine entsprechende Vorbereitung hierauf tangiert sein kann.[90)]

46 Ein Mangel des Formwechselberichts liegt vor, wenn er **formelle** oder **inhaltliche Fehler** aufweist, **unvollständig** ist, **verfahrensmäßig falsch** behandelt wurde oder gar **völlig fehlt.**[91)] Ein Formwechselbeschluss kann aufgrund eines Mangels des Formwechselberichts anfechtbar oder nichtig sein.[92)] Bei Kapitalgesellschaften[93)] kann der Formwechselbeschluss angefochten werden, wenn der Mangel des Formwechselberichts einen **relevanten Verstoß** gegen Mitgliedschafts- bzw. Mitwirkungsrechte der Anteilsinhaber darstellt, was der Fall ist, wenn für einen **objektiv urteilenden Anteilsinhaber** die entsprechende Informa-

85) Begr. Fraktionsentwurf UmwBerG, BT-Drucks. 12/6699, S. 98, 148.

86) Zust. OLG Rostock, Beschl. v. 10.2.2021 – 1 W 37/20, NZG 2021, 467, 468 f. = NJW-RR 2021, 490, 492 – zu § 41 a. F.; für den Formwechselbericht zust. Kallmeyer-*Blasche*, UmwG, § 215 Rz. 3; *Kühn* in: BeckOGK-UmwG, § 215 Rz. 10; Semler/Stengel/Leonard-*Bärwaldt*, UmwG, § 192 Rz. 31; Semler/Stengel/Leonard-*Schlitt*, UmwG, § 215 Rz. 10; abl. Schmitt/Hörtnagl-*Rinke*, UmwG/UmwStG, § 215 UmwG Rz. 1.

87) Vgl. *Kühn* in: BeckOGK-UmwG, § 215 Rz. 10 m. w. N.

88) Str., so auch *Simons* in: BeckOGK-UmwG, § 192 Rz. 85, sowie Widmann/Mayer-*Mayer*, UmwR, § 192 UmwG Rz. 22, jeweils m. w. N.; a. A. Kallmeyer-*Oppenhoff*, UmwG, § 8 Rz. 41 – m. w. N. zur analogen Anwendung des § 41 a. F. (nun § 39a, § 42 i. V. m. § 39a).

89) Semler/Stengel/Leonard-*Bärwaldt*, UmwG, § 192 Rz. 33; *Simons* in: BeckOGK-UmwG, § 192 Rz. 90; Henssler/Strohn-*Drinhausen*/*Keinath*, GesR, § 192 UmwG Rz. 2.

90) *Simons* in: BeckOGK-UmwG, § 192 Rz. 90.

91) *Simons* in: BeckOGK-UmwG, § 192 Rz. 91 ff.

92) Vgl. zu den rechtsformspezifischen Unterschieden zwischen Anfechtbarkeit und Nichtigkeit nach dem MoPeG: Semler/Stengel/Leonard-*Bärwaldt*, UmwG, § 192 Rz. 33.

93) Zwar sieht § 110 HGB nun auch für die oHG und KG vor, dass Beschlüsse anfechtbar sein können, der Gesetzgeber hat aber die Frage, inwieweit ein Verfahrensfehler für die Beschlussfassung Bedeutung hat oder kausal oder relevant sein muss, der weiteren Entwicklung durch die Rspr. überlassen (Begr. RegE MoPeG, BT-Drucks. 19/27635, S. 228).

tion für die sachgerechte Beurteilung des Formwechsels **erforderlich** ist.[94] Es kommt hierbei hingegen nicht (mehr) auf die Kausalität des Mangels an, so dass es unbeachtlich ist, wie ein objektiv urteilender Anteilsinhaber bei Vorliegen eines mangelfreien Formwechselberichts über den Formwechsel entschieden hätte.[95]

Nicht jeder Fehler im Formwechselbericht führt jedoch zur Anfechtbarkeit bzw. Nichtigkeit des Formwechselbeschlusses: Klagen gegen den Formwechselbeschluss können nicht darauf gestützt werden, dass die **Beteiligungsverhältnisse** unangemessen sind (vgl. § 195 Abs. 2) oder dass das **Barabfindungsangebot** nach § 207 (vgl. § 210) nicht oder nicht ordnungsgemäß im Formwechselbeschluss erfolgt ist. Bei entsprechenden Streitigkeiten steht den Anteilsinhabern das **Spruchverfahren** zur Verfügung. Vor diesem Hintergrund hat die Rechtsprechung in Bezug auf **Berichtsfehler** im Zusammenhang mit dem Barabfindungsangebot nach § 207 im Formwechselbericht entschieden, dass diese ebenfalls im Spruchverfahren zu rügen sind und nicht zur Anfechtung des Formwechselbeschlusses berechtigen.[96] Umstritten ist jedoch, ob und inwieweit der Klageausschluss des § 195 Abs. 2 auch für **entsprechende Berichtsfehler im Formwechselbericht** gilt. Richtigerweise ist der Klageausschluss für Berichtsfehler im Zusammenhang mit der baren Zuzahlung[97] ebenfalls zu bejahen. 47

Ein mangelhafter Formwechselbericht kann grundsätzlich nicht durch **nachträgliche Informationen und Korrekturen** in der Versammlung geheilt werden, da eine hinreichende Vorbereitung auf die Versammlung erfordert, dass der Formwechselbericht inhaltlich richtig und vollständig ist.[98] Nachträgliche Informationen bzw. in der Versammlung sind allerdings in Bezug auf geringfügige Mängel zulässig.[99] Ebenfalls sind nachträgliche Informationen und Korrekturen zulässig, wenn sie noch so rechtzeitig **vor der Versammlung** erfolgen, dass sich die Anteilsinhaber auf die Versammlung noch hinreichend vorbereiten können.[100] Maßgeblicher Zeitpunkt hierfür ist (jedenfalls bei nicht nur geringfügigen Mängeln), wann die Versammlung der Anteilsinhaber spätestens hätte einberufen werden müssen (unabhängig davon, ob die Versammlung zuvor schon einberufen wurde oder nicht).[101] Es ist überdies unschädlich, wenn der Formwechselbericht 48

---

94) Zur Verschmelzung: BGH, Urt. v. 18.10.2004 – II ZR 250/02, NJW 2005, 828, 830 = NZG 2005, 77, 79; im Zusammenhang mit dem Formwechsel: LG Mannheim, Urt. v. 19.12.2013 – 23 O 50/13, AG 2014, 589, 591 = BeckRS 2014, 10107; Kallmeyer-*Berger*, UmwG, § 192 Rz. 62; *Simons* in: BeckOGK-UmwG, § 192 Rz. 94.

95) Zur Verschmelzung: BGH, Urt. v. 18.10.2004 – II ZR 250/02, NJW 2005, 828, 830 = NZG 2005, 77, 79; im Zusammenhang mit dem Formwechsel: LG Mannheim, Urt. v. 19.12.2013 – 23 O 50/13, AG 2014, 589, 591 = BeckRS 2014, 10107; Kallmeyer-*Berger*, UmwG, § 192 Rz. 62.

96) BGH, Urt. v. 18.12.2000 – II ZR 1/99, NJW 2001, 1425, 1425 ff. = DStR 2001, 220, 220 ff., und BGH, Urt. v. 29.1.2001 – II ZR 368/98, NJW 2001, 1428, 1428 ff. = AG 2001, 263, 264 f.; zust. *Simons* in: BeckOGK-UmwG, § 192 Rz. 95; Henssler/Strohn-*Drinhausen/Keinath*, GesR, § 192 UmwG Rz. 6; *Klaaßen-Kaiser* in: MünchHdb. GesR, Bd. 8, § 33 Rz. 46; *Humrich/Eder* in: MünchHdb. GesR, Bd. 8, § 37 Rz. 15. Schmitt/Hörtnagl-*Winter*, UmwG/UmwStG, § 192 UmwG Rz. 15, sieht die Problematik noch nicht als abschließend geklärt an.

97) *Simons* in: BeckOGK-UmwG, § 192 Rz. 95; *Klaaßen-Kaiser* in: MünchHdb. GesR, Bd. 8, § 33 Rz. 46; a. A. Kallmeyer-*Berger*, UmwG, § 192 Rz. 63.

98) LG Mainz, Urt. v. 19.12.2000 – 10 HK O 143/99, NZG 2001, 951, 953 = BeckRS 2000, 13278; Semler/Stengel/Leonard-*Bärwaldt*, UmwG, § 192 Rz. 37; Kallmeyer-*Berger*, UmwG, § 192 Rz. 2; Lutter-*Hoger*, UmwG, § 192 Rz. 15; *Klaaßen-Kaiser* in: MünchHdb. GesR, Bd. 8, § 33 Rz. 47.

99) Vgl. Lutter-*Hoger*, UmwG, § 192 Rz. 15; Kallmeyer-*Berger*, UmwG, § 192 Rz. 2; *Klaaßen-Kaiser* in: MünchHdb. GesR, Bd. 8, § 33 Rz. 47; zweifelnd zum Verschmelzungsbericht: Widmann/Mayer-*Mayer*, UmwR, § 8 UmwG Rz. 73.

100) Vgl. Semler/Stengel/Leonard-*Bärwaldt*, UmwG, § 192 Rz. 36.

101) Vgl. zum Verschmelzungsbericht: *Fromholzer* in: BeckOGK-UmwG, § 8 Rz. 187 ff., und Widmann/Mayer-*Mayer*, UmwR, § 8 UmwG Rz. 75, jeweils m. w. N. sowie jeweils zu den Anforderungen an die Korrektur, wenn die Einberufung bereits erfolgt ist.

nach seiner Fertigstellung durch **neu hinzutretende Tatsachen** inhaltlich unrichtig wird und dies in der Versammlung richtiggestellt wird.[102)]

49 Die unrichtige Wiedergabe oder Verschleierung von Angaben im Formwechselbericht kann für die Mitglieder des Vertretungsorgans des formwechselnden Rechtsträgers nach § 346 Abs. 1 Nr. 1 **strafrechtliche Konsequenzen** nach sich ziehen.

V. Unabdingbarkeit des § 192

50 Die Vorschrift des § 192 ist **zwingend** (vgl. auch § 1 Abs. 3 Satz 1) und kann nicht durch den Gesellschaftsvertrag bzw. die Satzung oder einen Beschluss der Anteilsinhaber abbedungen werden.[103)] Auf die Erstattung des Formwechselberichts kann, sofern nicht eine der gesetzlichen Ausnahmevorschriften Anwendung findet (siehe hierzu Rz. 34 ff. und Rz. 41 ff.), nur nach Maßgabe des § 192 Abs. 2 Satz 1 Alt. 2, Satz 2 durch alle Anteilsinhaber verzichtet werden (siehe hierzu Rz. 37 ff.). Sofern der Formwechselbericht zu erstatten ist, sind die inhaltlichen Mindestvorgaben einzuhalten; eine **Beschränkung** der Berichtspflicht oder des Berichtsumfangs ist nur im gesetzlichen Rahmen (vgl. § 192 Abs. 1 Satz 2 i. V. m. § 8 Abs. 2) zulässig (siehe hierzu ab Rz. 19).[104)]

---

102) Semler/Stengel/Leonard-*Bärwaldt*, UmwG, § 192 Rz. 37; Lutter-*Hoger*, UmwG, § 192 Rz. 15.

103) *Simons* in: BeckOGK-UmwG, § 192 Rz. 2; Henssler/Strohn-*Drinhausen/Keinath*, GesR, § 192 UmwG Rz. 12; Kallmeyer-*Berger*, UmwG, § 192 Rz. 3.

104) Vgl. *Simons* in: BeckOGK-UmwG, § 192 Rz. 2.

§ 193
Formwechselbeschluss*)

(1) [1]Für den Formwechsel ist ein Beschluß der Anteilsinhaber des formwechselnden Rechtsträgers (Formwechselbeschluss) erforderlich. [2]Der Beschluß kann nur in einer Versammlung der Anteilsinhaber gefaßt werden.

(2) Ist die Abtretung der Anteile des formwechselnden Rechtsträgers von der Genehmigung einzelner Anteilsinhaber abhängig, so bedarf der Formwechselbeschluss zu seiner Wirksamkeit ihrer Zustimmung.

(3) [1]Der Formwechselbeschluss und die nach diesem Gesetz erforderlichen Zustimmungserklärungen einzelner Anteilsinhaber einschließlich der erforderlichen Zustimmungserklärungen nicht erschienener Anteilsinhaber müssen notariell beurkundet werden. [2]Auf Verlangen ist jedem Anteilsinhaber auf seine Kosten unverzüglich eine Abschrift der Niederschrift des Beschlusses zu erteilen.

*) § 193 i. d. F. des UmwBerG geändert durch Art. 1 des Gesetzes zur Umsetzung der Umwandlungsrichtlinie und zur Änderung weiterer Gesetze (UmRUG), v. 22.2.2023, BGBl. I 2023, Nr. 51.

Literatur: *Eble*, Familien- und betreuungsgerichtliche Genehmigungen im Gesellschaftsrecht, RNotZ 2021, 117; *Heckschen*, Formwechsel und Stimmrechtsvollmachten – Die Anwendung von Gründungsvorschriften beim Formwechsel am Beispiel kapitalgesellschaftsrechtlicher Formvorschriften, NZG 2017, 721; *Kerschbaumer*, Praktische Probleme bei der Anwendung der GmbH-Gründungsvorschriften beim Formwechsel von der AG in die GmbH nach § 197 UmwG, NZG 2011, 892; *Schöne/Arens*, Die Erosion des umwandlungsrechtlichen Versammlungszwangs durch das Europäische Gesellschaftsrecht, WM 2012, 381; *Streyl/Schaper*, Kompetenzverteilung und Haftung bei Strukturmaßnahmen in der AG und im Konzern, ZIP 2017, 410; *Usler*, Der Formwechsel nach dem neuen Umwandlungsrecht, MittRhNotK 1998, 21.

Übersicht

I. Allgemeines

Der Formwechselbeschluss ist zentraler Bestandteil des Formwechsels. Er unterscheidet sich strukturell von dem Beschlussverfahren bei der Verschmelzung und der Spaltung: Im Rahmen eines zweiaktigen Verfahrens wird bei der Verschmelzung und der Spaltung in einem ersten Schritt ein Verschmelzungsvertrag (§ 4) bzw. Spaltungsvertrag/-plan (§ 126, § 136) aufgestellt, dem dann in einem zweiten Schritt seitens der Anteilsinhaber der beteiligten Rechtsträger zugestimmt wird (§ 13; § 125 Abs. 1 i. V. m. § 13). Der Formwechsel zeichnet sich hingegen durch ein **einaktiges Verfahren** aus, an dem **nur ein Rechtsträger** beteiligt ist und bei dem dessen Anteilsinhaber den **Formwechselbeschluss** fassen.[1] Konsequenz ist, dass der Beschlussgegenstand des Formwechsels nicht die Zustimmung zu einem Formwechselplan bzw. -vertrag, sondern der Formwechsel selbst ist.[2] Die Fassung des Formwechselbeschlusses führt noch nicht unmittelbar die Änderung der Rechtsform herbei, da hierfür noch die Eintragung der neuen Rechtsform im Register erforderlich ist (§ 202 Abs. 1). 1

Das Erfordernis zur Fassung eines Formwechselbeschlusses ist in **§ 193 Abs. 1** Satz 1 geregelt. § 193 Abs. 1 Satz 2 stellt klar, dass der Beschluss in einer **Versammlung der Anteilsinhaber** gefasst werden muss (siehe hierzu ab Rz. 8). Der zwingende Inhalt des Formwechselbeschlusses ist nicht in § 193, sondern in § 194 (siehe hierzu Kommentierung zu § 194 [*Schaper/Meven*]) sowie den besonderen Vorschriften zum Formwechsel geregelt (§§ 214–304). 2

§ 193 Abs. 2 sieht für den Fall der Vinkulierung der Anteile am formwechselnden Rechtsträger vor, dass der Formwechselbeschluss zu dessen Wirksamkeit der **Zustimmung der durch die Vinkulierung begünstigten Anteilsinhaber** bedarf (siehe hierzu ab Rz. 22). 3

§ 193 Abs. 3 Satz 1 setzt als Form für den Formwechselbeschluss und die Zustimmungserklärungen der einzelnen Anteilsinhaber die **notarielle Beurkundung** fest (siehe hierzu Rz. 32) und § 193 Abs. 3 Satz 2 sieht vor, dass jeder Anteilsinhaber ein Recht auf eine **Abschrift der Niederschrift des Formwechselbeschlusses** hat (siehe hierzu Rz. 34). 4

1) *Simons* in: BeckOGK-UmwG, § 193 Rz. 1; Semler/Stengel/Leonard-*Bärwaldt*, UmwG, § 193 Rz. 2; Widmann/Mayer-*Weiler*, UmwR, § 193 UmwG Rz. 1.

2) *Simons* in: BeckOGK-UmwG, § 193 Rz. 1; *Wansleben* in: MünchHdb. GesR, Bd. 8, § 34 Rz. 1.

II. Formwechselbeschluss (§ 193 Abs. 1)

1. Vorbereitung und Durchführung der Versammlung

5 Da der Formwechselbeschluss nur in einer Versammlung der Anteilsinhaber gefasst werden kann (siehe hierzu ab Rz. 8), muss diese Versammlung entsprechend den gesetzlichen Anforderungen vorbereitet und durchgeführt werden. Die gesetzlichen Anforderungen richten sich in erster Linie nach den **auf den formwechselnden Rechtsträger anwendbaren Vorschriften**, die sich zum einen aus dem Gesetz (z. B. GmbHG, AktG und HGB und den besonderen Vorschriften des Formwechsels gemäß §§ 214–304)[3] sowie zum anderen dem Gesellschaftsvertrag bzw. der Satzung des formwechselnden Rechtsträgers ergeben.[4]

6 Auf entsprechende Form- und Fristvorschriften zur Vorbereitung und Durchführung der Versammlung kann durch **alle Anteilsinhaber verzichtet** werden (nicht jedoch auf die Versammlung selbst sowie auf das Beurkundungserfordernis; siehe hierzu Rz. 43).[5] Damit die Verzichtserklärungen dem Registergericht gegenüber nachgewiesen werden können, sollten sie entsprechend durch den Notar in der **Niederschrift** des Formwechselbeschlusses dokumentiert werden.[6]

7 Darüber hinaus ist bei der Vorbereitung der Versammlung gemäß § 194 Abs. 2 zu berücksichtigen, dass der Entwurf des Formwechselbeschlusses spätestens **einen Monat vor dem Tag der Versammlung der Anteilsinhaber** dem zuständigen **Betriebsrat** zugeleitet werden muss (siehe zu den Einzelheiten ab § 194 Rz. 39 [*Schaper/Meven*]). Die Zuleitung an den Betriebsrat hat insofern maßgebliche Auswirkung darauf, wann die Versammlung abgehalten werden kann. Wenn der formwechselnde Rechtsträger keinen Betriebsrat hat[7] (siehe hierzu auch § 194 Rz. 41 [*Schaper/Meven*]) oder der Betriebsrat einer Verkürzung der Monatsfrist zustimmt (siehe zum Verzicht § 194 Rz. 46 [*Schaper/Meven*]), kann die Versammlung ohne Beachtung der Monatsfrist bzw. entsprechend früher stattfinden. Zudem muss der Formwechselbericht, der gemäß § 192 Abs. 1 Satz 3 den Entwurf des Formwechselbeschlusses enthalten muss, rechtzeitig gegenüber den Anteilsinhabern bereitgestellt werden (siehe zur Bereitstellung § 192 Rz. 30 f. [*Schaper/Meven*]).

2. Versammlung der Anteilsinhaber

8 § 193 Abs. 1 Satz 2 hält explizit fest, dass der Formwechselbeschluss nur in einer Versammlung der Anteilsinhaber gefasst werden kann. Zum einen statuiert das Gesetz damit die **zwingende Kompetenz der Anteilsinhaber** über den Formwechsel zu entscheiden, sodass eine Delegation an ein anderes Organ des formwechselnden Rechtsträgers ausgeschlossen ist.[8]

9 Zum anderen setzt das Gesetz fest, dass die Beschlussfassung in einer **förmlichen Versammlung** zu erfolgen hat, um eine „umfassende Information der Anteilsinhaber durch

---

3) S. zu den Einzelheiten die tabellarischen Übersichten von Widmann/Mayer-*Weiler*, UmwR, § 193 UmwG Rz. 41 f.

4) *Simons* in: BeckOGK-UmwG, § 193 Rz. 9 ff.; Kallmeyer-*Zimmermann*, UmwG, § 193 Rz. 5.

5) Widmann/Mayer-*Weiler*, UmwR, § 193 UmwG Rz. 40; Semler/Stengel/Leonard-*Bärwaldt*, UmwG, § 193 Rz. 4, 7. Vgl. ferner *Usler*, MittRhNotK 1998, 21, 38 f., wonach grundsätzlich erforderlich ist, dass alle Anteilsinhaber auf die Vorgaben betreffend die Vorbereitung der Versammlung verzichten, es aber bei einer Versammlung, die ordnungsgemäß einberufen wurde, ausreicht, wenn lediglich die erschienenen Anteilsinhaber auf die Vorgaben betreffend die Durchführung der Versammlung verzichten.

6) Semler/Stengel/Leonard-*Bärwaldt*, UmwG, § 193 Rz. 4; Widmann/Mayer-*Weiler*, UmwR, § 193 UmwG Rz. 40; vgl. *Usler*, MittRhNotK 1998, 21, 38 f.

7) In diesem Fall entfällt das Zuleitungserfordernis, vgl. Widmann/Mayer-*Weiler*, UmwR, § 194 UmwG Rz. 171; Semler/Stengel/Leonard-*Simon/Fischer*, UmwG, § 5 Rz. 148.

8) Widmann/Mayer-*Weiler*, UmwR, § 193 UmwG Rz. 7; Semler/Stengel/Leonard-*Bärwaldt*, UmwG, § 193 Rz. 8; Kallmeyer-*Zimmermann*, UmwG, § 193 Rz. 3; Lutter-*Hoger*, UmwG, § 193 Rz. 3; *Wansleben* in: MünchHdb. GesR, Bd. 8, § 34 Rz. 2.

Rede und Gegenrede" zu gewährleisten.[9] Hieraus folgt, dass der Formwechsel nicht außerhalb einer Versammlung z. B. im schriftlichen Verfahren oder im Umlaufverfahren beschlossen werden kann.[10] Vor dem Hintergrund der Möglichkeit der Briefwahl im AktG (§ 118 Abs. 2 AktG) wird in der Literatur diskutiert, ob § 193 Abs. 1 Satz 2 richtlinienkonform dahingehend auszulegen sei, dass bei einer entsprechenden Satzungsgrundlage des formwechselnden Rechtsträgers auch die Briefwahl möglich sein soll.[11] Dies ist jedoch aufgrund des klaren Wortlauts von § 193 Abs. 1 Satz 2 abzulehnen.[12]

Aus dem Versammlungserfordernis ergibt sich aber nicht zwingend, dass eine physische 10
Versammlung abgehalten werden muss; vielmehr ist auch das Abhalten einer **virtuellen Versammlung** möglich, z. B. in Form einer Telefon- oder Videokonferenz.[13] Dies gilt aber nur, wenn das Abhalten virtueller Versammlungen „nach dem Gesetz oder [dem [Gesellschaftsvertrag bzw.] der Satzung [des formwechselnden] Rechtsträgers zulässig ist[14] und die Möglichkeit der Anteilsinhaber zum Meinungsaustausch mit den Gesellschaftsorganen und untereinander einer physischen Versammlung vergleichbar sind".[15] Das Beurkundungserfordernis aus § 193 Abs. 3 Satz 1 kann bei einer solchen virtuellen Versammlung dadurch gewahrt werden, „dass der Notar für die Beurkundung am Aufenthaltsort des Versammlungsleiters zugegen ist, sich dort von dem ordnungsgemäßen Ablauf des Beschlussverfahrens überzeugt und sodann die Feststellung des Beschlussergebnisses durch das zuständige Gesellschaftsorgan beurkundet".[16]

3. Beschlussinhalt

Die Versammlung hat über den durch das Vertretungsorgan des formwechselnden Rechts- 11
trägers vorbereiteten **Beschlussentwurf** zu beschließen.[17] Der **notwendige (Mindest-)Inhalt** des Beschlusses ergibt sich aus **§ 194** (siehe zu den Einzelheiten ab § 194 Rz. 4 [*Schaper/Meven*]) und den **besonderen Vorschriften zum Formwechsel** gemäß §§ 214–304. Der **Gesellschaftsvertrag bzw. die Satzung des Rechtsträgers neuer Rechtsform** ist

9) Semler/Stengel/Leonard-*Bärwaldt*, UmwG, § 193 Rz. 1; s. a. *Simons* in: BeckOGK-UmwG, § 193 Rz. 4; *Wansleben* in: MünchHdb. GesR, Bd. 8, § 34 Rz. 3.

10) *Simons* in: BeckOGK-UmwG, § 193 Rz. 4; Semler/Stengel/Leonard-*Bärwaldt*, UmwG, § 193 Rz. 1, 8; Kallmeyer-*Zimmermann*, UmwG, § 193 Rz. 3; Lutter-*Hoger*, UmwG, § 193 Rz. 3; *Wansleben* in: MünchHdb. GesR, Bd. 8, § 34 Rz. 2.

11) Vgl. *Schöne/Arens*, WM 2012, 381, 384 f.

12) Lutter-*Hoger*, UmwG, § 193 Rz. 3, wonach aber eine entsprechende Änderung im UmwG für die börsennotierte AGs wünschenswert wäre; s. *Simons* in: BeckOGK-UmwG, § 193 Rz. 5.1, wonach es ausreichen sollte, dass Briefwähler die Möglichkeit haben, an der Versammlung teilzunehmen; die Briefwahl sei dann nur ein zusätzliches Angebot an den (fernbleibenden/verhinderten/unwilligen) Aktionär, sein Stimmrecht auszuüben (nichtsdestotrotz hält *Simons* fest, dass es sinnvoll wäre, „wenn der Gesetzgeber den aktienrechtlich bereits erfolgten Abschied von der reinen Präsenzversammlung auch für das Umwandlungsrecht unzweideutig nachvollziehen würde").

13) BGH, Beschl. v. 5.10.2021 – II ZB 7/21, NJW-RR 2021, 1556, 1557 = NZG 2021, 1562, 1563 f. – zu § 13 bzgl. des Verschmelzungsbeschlusses einer Genossenschaft; auf den Formwechselbeschluss übertragend: *Simons* in: BeckOGK-UmwG, § 193 Rz. 4; Widmann/Mayer-*Weiler*, UmwR, § 193 UmwG Rz. 18.1. Semler/Stengel/Leonard-*Bärwaldt*, UmwG, § 193 Rz. 8a empfiehlt, eine virtuelle Versammlung nur nach einer Vorabstimmung mit dem zuständigen Registergericht durchzuführen.

14) Z. B. muss bei einer GmbH der Gesellschaftsvertrag das Abhalten virtueller Versammlungen gestatten oder sämtliche Gesellschafter müssen sich gemäß § 48 Abs. 1 Satz 2 GmbHG mit der virtuellen Versammlung in Textform einverstanden erklären oder bei einer AG muss eine Satzungsgrundlage gemäß § 118a AktG für das Abhalten von virtuellen Hauptversammlungen existieren.

15) Vgl. BGH, Beschl. v. 5.10.2021 – II ZB 7/21, NJW-RR 2021, 1556, 1557 = NZG 2021, 1562, 1563 f.

16) Vgl. BGH, Beschl. v. 5.10.2021 – II ZB 7/21, NJW-RR 2021, 1556, 1557 f. = NZG 2021, 1562, 1564; vgl. ferner Widmann/Mayer-*Weiler*, UmwR, § 193 UmwG Rz. 18.2 zum Formwechselbeschluss.

17) *Simons* in: BeckOGK-UmwG, § 193 Rz. 22; Semler/Stengel/Leonard-*Bärwaldt*, UmwG, § 193 Rz. 10.

als Anlage dem Formwechselbeschluss beizufügen (siehe § 194 Rz. 35 [*Schaper/Meven*]).[18] Mit der Zustimmung zum Formwechselbeschluss stellt die Versammlung der Anteilsinhaber den neuen Gesellschaftsvertrag bzw. die Satzung auf, sodass es diesbezüglich keiner gesonderten Feststellung bedarf.[19]

12 Es kann vorkommen, dass der finale Formwechselbeschluss nicht mehr mit dem Formwechselbeschluss, der als Entwurf dem Formwechselbericht beigefügt war (§ 192 Abs. 1 Satz 3) oder dem Betriebsrat nach § 194 Abs. 2 zugeleitet wurde, vollständig übereinstimmt, da er nachträglich geändert wurde. In Bezug auf den Formwechselbericht sind **nachträgliche Änderungen** des dem Formwechselbericht als Entwurf beigefügten Formwechselbeschlusses unschädlich und lösen keine erneute Informationspflicht gegenüber den Anteilsinhabern aus.[20] Ausdifferenzierter ist das Meinungsspektrum bei der Frage nach einer erneuten Zuleitungspflicht des Formwechselbeschlusses an den Betriebsrat (siehe hierzu § 194 Rz. 45 [*Schaper/Meven*]). Im Zweifel sollte daher in der Praxis bei Änderungen, die über die Korrektur von bloßen Rechtschreibfehlern oder Formalien des Formwechselbeschlusses hinausgehen, eine erneute (vorsorgliche) Zuleitung an den Betriebsrat erwogen werden.[21]

4. Beschlussfassung

13 Die §§ 190 ff. enthalten keine Regelungen dazu, mit welchem **Quorum** der Formwechselbeschluss zu fassen ist, sodass es – eine ordentliche Einberufung der Versammlung unterstellt und vorbehaltlich strengerer Vorgaben gemäß dem Gesellschaftsvertrag bzw. der Satzung – ausreicht, wenn allein ein Anteilsinhaber bei der Versammlung anwesend oder vertreten ist und dem Formwechsel zustimmt.[22]

14 Im Ausgangspunkt hat jeder Anteilsinhaber ein **Stimmrecht** bei der Fassung des Formwechselbeschlusses.[23] Ausgenommen hiervon sind jedoch grundsätzlich Inhaber von **stimmrechtslosen Anteilen** an **Kapitalgesellschaften.**[24] Diese haben nur dann ein Stimmrecht, wenn der Formwechsel der Kapitalgesellschaft selbst der Zustimmung aller (anwesenden und nicht erschienenen) Anteilsinhaber bedarf (z. B. § 233 Abs. 1) oder das auf den formwechselnden Rechtsträger anwendbare Recht dies entsprechend vorsieht (z. B. § 141 AktG).[25] Darüber hinaus ist für **Inhaber von stimmrechtslosen Anteilen** an **Personengesellschaften** anerkannt, dass diese ebenfalls über den Formwechsel abstimmen können, da der Formwechsel in den „Kernbereich ihrer Rechtsstellung" eingreift.[26]

15 Die allgemeinen Vorschriften zum Formwechsel sehen selbst keine Vorgaben zur notwendigen **Beschlussmehrheit** vor. Diese ergeben sich vielmehr aus den besonderen Vor-

18) Dies ergibt sich aus den besonderen Vorschriften zum Formwechsel gemäß § 218 Abs. 1; § 225c i. V. m. § 218 Abs. 1; § 234 Nr. 3; § 243 Abs. 1 Satz 1 i. V. m. § 218 Abs. 1; § 253 Abs. 1; § 263 Abs. 1 i. V. m. § 218 Abs. 1; § 276 Abs. 1 i. V. m. § 218 Abs. 1; § 285 Abs. 1 i. V. m. § 253 Abs. 1; § 294 Abs. 1 i. V. m. § 218 Abs. 1.

19) *Simons* in: BeckOGK-UmwG, § 193 Rz. 23.

20) Widmann/Mayer-*Weiler*, UmwR, § 193 UmwG Rz. 44; Schmitt/Hörtnagl-*Winter*, UmwG/UmwStG, § 193 UmwG Rz. 4.

21) Widmann/Mayer-*Weiler*, UmwR, § 194 UmwG Rz. 169; *Simons* in: BeckOGK-UmwG, § 194 Rz. 93.

22) *Simons* in: BeckOGK-UmwG, § 193 Rz. 7; Widmann/Mayer-*Weiler*, UmwR, § 193 UmwG Rz. 16.

23) Semler/Stengel/Leonard-*Bärwaldt*, UmwG, § 193 Rz. 9; Kallmeyer-*Zimmermann*, UmwG, § 193 Rz. 4; *Wansleben* in: MünchHdb. GesR, Bd. 8, § 34 Rz. 8.

24) *Wansleben* in: MünchHdb. GesR, Bd. 8, § 34 Rz. 8.

25) *Simons* in: BeckOGK-UmwG, § 193 Rz. 21; Widmann/Mayer-*Weiler*, UmwR, § 193 UmwG Rz. 51; *Wansleben* in: MünchHdb. GesR, Bd. 8, § 34 Rz. 8.

26) Semler/Stengel/Leonard-*Bärwaldt*, UmwG, § 193 Rz. 9; Widmann/Mayer-*Weiler*, UmwR, § 193 UmwG Rz. 50; *Simons* in: BeckOGK-UmwG, § 193 Rz. 21.

schriften zum Formwechsel gemäß §§ 214–304 und ggf. abweichenden (strengeren) Vorgaben aus dem Gesellschaftsvertrag bzw. der Satzung des formwechselnden Rechtsträgers.[27)]

5. Stellvertretung und Botenschaft

Anteilsinhaber des formwechselnden Rechtsträgers müssen grundsätzlich nicht persönlich bei der Versammlung anwesend sein, sondern können sich durch **Stellvertreter** vertreten lassen, wobei i. E. die auf den formwechselnden Rechtsträger anwendbaren Vorschriften maßgeblich sind.[28)] Die Erteilung einer Vollmacht ist möglich, wenn der formwechselnde Rechtsträger eine AG (§ 134 Abs. 3 AktG) oder KGaA (§ 278 Abs. 3 AktG i. V. m. § 134 Abs. 3 AktG), eine GmbH (vgl. § 47 Abs. 3 GmbHG) oder eine eG (§ 43 Abs. 5 GenG) ist. Für die Personengesellschaften sowie für e. V.'s kommt es hingegen darauf an, ob der Gesellschaftsvertrag eine Stellvertretung zulässt.[29)] 16

Es ist jedoch umstritten, welche **Formanforderungen** an die Erteilung von entsprechenden Vollmachten zu stellen sind: Ausgangspunkt ist § 167 Abs. 2 BGB, sodass das Beurkundungserfordernis aus § 193 Abs. 2 für die Vollmachtserteilung nicht zu beachten ist und die Vollmacht **grundsätzlich formfrei** erklärt werden kann.[30)] Strengere Formvorgaben können sich jedoch aus den auf den formwechselnden Rechtsträger anwendbaren Vorschriften ergeben.[31)] Insofern bedürfen Vollmachten von Anteilseignern einer GmbH (§ 47 Abs. 3 GmbHG), einer AG (§ 134 Abs. 3 Satz 3 AktG), einer KGaA (§ 278 Abs. 3 AktG i. V. m. § 134 Abs. 3 Satz 3 AktG) und eines VVaG (§ 191 Satz 3 VAG i. V. m. § 134 Abs. 3 Satz 3 AktG, sofern die oberste Vertretung die Mitgliederversammlung ist) zumindest der **Textform** und Vollmachten für den Formwechsel einer eG (§ 43 Abs. 5 Satz 2 GenG) der **Schriftform**. Sofern es sich bei dem formwechselnden Rechtsträger um eine andere Rechtsform handelt, sollten die Vollmachten der Anteilsinhaber nichtsdestotrotz zumindest in Textform eingeholt werden, da die Bevollmächtigung so dem Registergericht nachgewiesen werden kann.[32)] 17

Darüber hinaus wird von Teilen der Literatur gefordert, dass aufgrund des Verweises in § 197 Satz 1 auf die Gründungsvorschriften Vollmachten bei einem Formwechsel in eine GmbH (§ 2 Abs. 2 GmbHG), in eine AG (§ 23 Abs. 1 Satz 2 AktG) oder in eine KGaA (§ 280 Abs. 1 Satz 3 AktG) **beglaubigt** werden müssen.[33)] Dies ist jedoch abzulehnen, da der Gesellschaftsvertrag bzw. die Satzung des Rechtsträgers in der Zielrechtsform nicht selbst, sondern nur als unselbstständiger Teil des Formwechselbeschlusses festgestellt wird.[34)] Um in der Praxis angesichts des uneinheitlichen Meinungsbilds im Schrifttum einen rei- 18

27) Zu einer detaillierten Übersicht der erforderlichen Mehrheitsverhältnisse Semler/Stengel/Leonard-*Bärwaldt*, UmwG, § 193 Rz. 11, sowie *Simons* in: BeckOGK-UmwG, § 193 Rz. 30.

28) Widmann/Mayer-*Weiler*, UmwR, § 193 UmwG Rz. 19; Semler/Stengel/Leonard-*Bärwaldt*, UmwG, § 193 Rz. 12; *Simons* in: BeckOGK-UmwG, § 193 Rz. 14.

29) Widmann/Mayer-*Weiler*, UmwR, § 193 UmwG Rz. 19; Semler/Stengel/Leonard-*Bärwaldt*, UmwG, § 193 Rz. 12; *Simons* in: BeckOGK-UmwG, § 193 Rz. 14.1.

30) Widmann/Mayer-*Weiler*, UmwR, § 193 UmwG Rz. 21; *Wansleben* in: MünchHdb. GesR, Bd. 8, § 34 Rz. 14; vgl. *Simons* in: BeckOGK-UmwG, § 193 Rz. 15.

31) Widmann/Mayer-*Weiler*, UmwR, § 193 UmwG Rz. 21; Semler/Stengel/Leonard-*Bärwaldt*, UmwG, § 193 Rz. 12; vgl. *Wansleben* in: MünchHdb. GesR, Bd. 8, § 34 Rz. 14.

32) Semler/Stengel/Leonard-*Bärwaldt*, UmwG, § 193 Rz. 12. Nach Kallmeyer-*Zimmermann*, UmwG, § 193 Rz. 11, sei Schriftform ratsam.

33) Widmann/Mayer-*Weiler*, UmwR, § 193 UmwG Rz. 22; Semler/Stengel/Leonard-*Bärwaldt*, UmwG, § 193 Rz. 12; Kallmeyer-*Berger*, UmwG, § 197 Rz. 15; *Heckschen*, NZG 2017, 721, 724 ff.

34) *Simons* in: BeckOGK-UmwG, § 193 Rz. 15; Lutter-*Hoger*, UmwG, § 193 Rz. 4; Kallmeyer-*Zimmermann*, UmwG, § 193 Rz. 11; *Wansleben* in: MünchHdb. GesR, Bd. 8, § 34 Rz. 14; *Kerschbaumer*, NZG 2011, 892, 893.

bungslosen Formwechselprozess sicherzustellen, sollte man – sofern man nicht der restriktiveren Auffassung folgt und die Vollmachten der Anteilsinhaber beglaubigen lässt – die Formanforderungen für entsprechende Vollmachten mit dem Registergericht vorabstimmen.

19 Sofern bei einer Versammlung nicht alle Anteilsinhaber anwesend oder vertreten sind, kann es sich unter Umständen anbieten, mit einem **vollmachtlosen Vertreter** zu agieren und den nicht erschienenen und vertretenen Anteilsinhabern die Möglichkeit zur **Nachgenehmigung** zu geben. Das Einsetzen von vollmachtlosen Vertretern ist nicht per se (un-)zulässig, sondern es kommt hierbei vielmehr auf das auf den formwechselnden Rechtsträger anwendbare Recht an,[35)] sodass das Einsetzen von vollmachtlosen Vertretern bei der GmbH, der Personengesellschaft und dem e. V. zulässig und bei der AG, KGaA und eG unzulässig ist.[36)] Für die Nachgenehmigung gelten dieselben Formanforderungen wie für die Vollmacht (siehe zu den Formanforderungen Rz. 17 f.).

20 Umstritten ist, ob ein Anteilsinhaber seine Abstimmung in der Versammlung durch einen **Boten** übermitteln kann.[37)] Hiergegen spricht, dass die Anteilsinhaber dem Formwechsel gemäß § 193 Abs. 1 Satz 2 „in der Versammlung" zustimmen müssen, was beim Einsatz von Boten nicht gewährleistet wäre, da in einem solchen Fall die Stimmabgabe des entsprechenden Anteilsinhaber bereits vor der Versammlung stattfinden würde.[38)]

21 Sofern an dem formwechselnden Rechtsträger **minderjährige Anteilsinhaber** beteiligt sind, kann deren Stimmabgabe nur durch ihre gesetzlichen Vertreter gemäß § 1629 Abs. 1 BGB bzw. für den Fall, dass die **gesetzlichen Vertreter** an dem Formwechsel beteiligt sind, gemäß §§ 1629 Abs. 2 Satz 1, 1824 Abs. 1 Nr. 1 BGB durch einen Ergänzungspfleger nach § 1809 BGB erfolgen.[39)] Damit der gesetzliche Vertreter aber seinerseits für den minderjährigen Anteilsinhaber handeln kann, bedarf es ggf. einer **familiengerichtlichen Genehmigung**: Teilweise wird das Erfordernis bereits pauschal aus §§ 1643, 1852 Nr. 2 BGB hergeleitet, da mitunter vertreten wird, dass der Formwechsel über § 197 einer Neugründung gleichgestellt sei (siehe hierzu § 197 Rz. 3 [*Schaper/Meven*), bei der ein neuer Gesellschaftsvertrag bzw. Satzung des Rechtsträgers neuer Rechtsform beschlossen wird.[40)] Unabhängig davon ist eine familiengerichtliche Genehmigung aber immer dann gemäß §§ 1643, 1854 Nr. 4 BGB erforderlich, wenn der Minderjährige nach dem Formwechsel **erhöhten Haftungsrisiken** ausgesetzt ist (also z. B. ein Formwechsel von einer

35) Widmann/Mayer-*Weiler*, UmwR, § 193 UmwG Rz. 26; *Simons* in: BeckOGK-UmwG, § 193 Rz. 18; Semler/Stengel/Leonard-*Bärwaldt*, UmwG, § 193 Rz. 16; *Wansleben* in: MünchHdb. GesR, Bd. 8, § 34 Rz. 15; vgl. auch *Heckschen*, NZG 2017, 721, 726.

36) *Simons* in: BeckOGK-UmwG, § 193 Rz. 18; a. A. in Bezug auf die AG, sofern alle erschienenen oder vertretenen Aktionäre mit der Stimmrechtsausübung durch den vollmachtlosen Vertreter einverstanden sind: Widmann/Mayer-*Weiler*, UmwR, § 193 UmwG Rz. 29.

37) Für die grundsätzliche Zulässigkeit argumentierend, sofern dies im Gesellschaftsvertrag zugelassen ist: Widmann/Mayer-*Weiler*, UmwR, § 193 UmwG Rz. 31; Lutter-*Hoger*, UmwG, § 193 Rz. 4; Schmitt/Hörtnagl-*Winter*, UmwG/UmwStG, § 193 UmwG Rz. 8; für die grundsätzliche Unzulässigkeit argumentierend *Simons* in: BeckOGK-UmwG, § 193 Rz. 5; Semler/Stengel/Leonard-*Bärwaldt*, UmwG, § 193 Rz. 14, wobei nach *Bärwaldt* zumindest bei der GmbH die Botenschaft im Gesellschaftsvertrag zugelassen werden könne.

38) *Simons* in: BeckOGK-UmwG, § 193 Rz. 5; vgl. Semler/Stengel/Leonard-*Bärwaldt*, UmwG, § 193 Rz. 14; *Schöne/Arens*, WM 2012, 381, 382.

39) Der Grund dafür ist, dass der Minderjährige durch den Formwechsel keinen lediglich rechtlichen Vorteil i. S. des § 107 BGB erlangt, so auch Widmann/Mayer-*Weiler*, UmwR, § 193 UmwG Rz. 46; *Simons* in: BeckOGK-UmwG, § 193 Rz. 19.

40) Widmann/Mayer-*Weiler*, UmwR, § 193 UmwG Rz. 47; Semler/Stengel/Leonard-*Bärwaldt*, UmwG, § 193 Rz. 13; a. A. aufgrund der Rechtsträgeridentität Schmitt/Hörtnagl-*Winter*, UmwG/UmwStG, § 193 UmwG Rz. 10, der eine teleologische Reduktion der Norm befürwortet; offen *Eble*, RNotZ 2021, 117, 141.

Kapitalgesellschaft in eine Personengesellschaft erfolgt oder das Risiko einer Differenzhaftung besteht).[41]

III. Zustimmung einzelner Anteilsinhaber (§ 193 Abs. 2)

22 Neben dem Beschluss der Anteilsinhaber kann die Zustimmung einzelner oder aller Anteilsinhaber für den Formwechsel erforderlich sein. Zum einen sieht § 193 Abs. 2 für den Fall der **Vinkulierung** der Anteile am formwechselnden Rechtsträger vor, dass der Formwechselbeschluss zu dessen Wirksamkeit der Zustimmung der durch die Vinkulierung begünstigten Anteilsinhaber bedarf (siehe zu den Einzelheiten ab Rz. 23). Zum anderen ergeben sich aus den **besonderen Vorschriften zum Formwechsel** weitere **Zustimmungsvorbehalte** von Anteilsinhabern (siehe hierzu Rz. 26). Darüber hinaus werden die Anteilsinhaber bei Beeinträchtigungen von sonstigen Rechten i. R. des Formwechsels aber nicht durch weitere Zustimmungsvorbehalte, sondern durch wirtschaftliche Kompensationsmöglichkeiten geschützt.[42]

1. Anwendungsbereich des § 193 Abs. 2

23 § 193 Abs. 2 kommt zur Anwendung, wenn die Anteile des formwechselnden Rechtsträgers aufgrund des **Gesellschaftsvertrags bzw. der Satzung korporativ vinkuliert** sind.[43] Unbeachtlich sind hingegen schuldrechtliche Verfügungsabreden zwischen den Anteilsinhabern sowie (statuarische oder vertragliche) Vorkaufs- und Mitverkaufsrechte.[44]

24 Entsprechende Vinkulierungsklauseln sind für das Zustimmungserfordernis des § 193 Abs. 2 dann beachtlich, wenn die Abtretung die **Zustimmung einzelner** Anteilsinhaber voraussetzt oder aber, wenn die Abtretung die Zustimmung **aller Anteilsinhaber** erfordert.[45] **Unbeachtlich** ist für das Zustimmungserfordernis des § 193 Abs. 2 hingegen, wenn aufgrund der Anforderungen an das Quorum oder der Mehrheitsverhältnisse einzelne Anteilsinhaber **faktisch ein Vetorecht** haben[46] oder nach der Vinkulierungsklausel die Zustimmung des formwechselnden Rechtsträgers, der Versammlung der Anteilsinhaber oder anderer Organe wie des Beirats oder des Aufsichtsrats erforderlich sind.[47]

25 Es wird vertreten, dass das Zustimmungserfordernis des § 193 Abs. 2 teleologisch zu reduzieren sei, wenn die vinkulierten Anteile an dem Rechtsträger in der Ausgangsrechtsform **auch in der Zielrechtsform vinkuliert sind**, da in einem solchen Fall der Schutz-

41) Widmann/Mayer-*Weiler*, UmwR, § 193 UmwG Rz. 48; *Simons* in: BeckOGK-UmwG, § 193 Rz. 19; Schmitt/Hörtnagl-*Winter*, UmwG/UmwStG, § 193 UmwG Rz. 10; *Petersen* in: KölnKomm-UmwG, § 193 Rz. 5; a. A. *Eble*, RNotZ 2021, 117, 141.

42) *Wansleben* in: MünchHdb. GesR, Bd. 8, § 34 Rz. 63; Semler/Stengel/Leonard-*Bärwaldt*, UmwG, § 193 Rz. 18; Widmann/Mayer-*Weiler*, UmwR, § 193 UmwG Rz. 61.

43) Schmitt/Hörtnagl-*Winter*, UmwG/UmwStG, § 193 UmwG Rz. 17; Kallmeyer-*Zimmermann*, UmwG, § 193 Rz. 16; *Simons* in: BeckOGK-UmwG, § 193 Rz. 48.

44) Semler/Stengel/Leonard-*Bärwaldt*, UmwG, § 193 Rz. 25; Schmitt/Hörtnagl-*Winter*, UmwG/UmwStG, § 193 UmwG Rz. 17 f.; Kallmeyer-*Zimmermann*, UmwG, § 193 Rz. 16, 18; Lutter-*Hoger*, UmwG, § 193 Rz. 19, 21, wobei nach *Hoger* zwar Vorkaufs- und Ankaufsrechte nicht vom Anwendungsbereich des § 193 Abs. 2 erfasst sind, aber deren Zustimmung für die Wirksamkeit des Formwechselbeschlusses dennoch erforderlich sein soll, was sich aus den allgemeinen Grundsätzen zum Schutz der Inhaber von Sonderrechten vor der Beeinträchtigung ihrer Rechte ergebe.

45) Semler/Stengel/Leonard-*Bärwaldt*, UmwG, § 193 Rz. 20; Schmitt/Hörtnagl-*Winter*, UmwG/UmwStG, § 193 UmwG Rz. 17 f.; Kallmeyer-*Zimmermann*, UmwG, § 193 Rz. 17; *Simons* in: BeckOGK-UmwG, § 193 Rz. 49; Lutter-*Hoger*, UmwG, § 193 Rz. 14 f.

46) Lutter-*Hoger*, UmwG, § 193 Rz. 16; Semler/Stengel/Leonard-*Bärwaldt*, UmwG, § 193 Rz. 24; *Simons* in: BeckOGK-UmwG, § 193 Rz. 48.

47) Schmitt/Hörtnagl-*Winter*, UmwG/UmwStG, § 193 UmwG Rz. 17; Semler/Stengel/Leonard-*Bärwaldt*, UmwG, § 193 Rz. 23; Lutter-*Hoger*, UmwG, § 193 Rz. 16; Kallmeyer-*Zimmermann*, UmwG, § 193 Rz. 17 f.

zweck der Norm nicht tangiert sei.[48] Diese Auffassung überzeugt in der Sache. Da sie jedoch nicht gerichtlich gesichert ist, sollten in der Praxis die Zustimmungen der entsprechenden Anteilsinhaber möglichst eingeholt werden; sollte dies nicht möglich sein, ist eine Vorabstimmung mit dem zuständigen Registergericht ratsam.

2. Weitere Zustimmungsvorbehalte

26 Neben den Vinkulierungsklauseln aus dem Gesellschaftsvertrag bzw. der Satzung sehen die besonderen Vorschriften zum Formwechsel weitere Zustimmungserfordernisse einzelner oder nicht erschienener Anteilsinhaber vor.[49]

3. Zustimmungserteilung

27 Die Zustimmungserteilung der Anteilsinhaber ist **Wirksamkeitsvoraussetzung für den Formwechselbeschluss.**[50] Sie ist jedoch kein Bestandteil des Formwechselbeschlusses, sondern eine (einseitige) empfangsbedürftige Willenserklärung nach §§ 182 ff. BGB,[51] die gegenüber dem formwechselnden Rechtsträger abzugeben ist.[52]

28 Entgegen dem Wortlaut des § 193 Abs. 2, der eine „Genehmigung" erfordert, ist anerkannt, dass nicht nur die nachträgliche Zustimmung i. S. des § 184 Abs. 1 BGB hiervon erfasst ist, sondern **auch die Einwilligung** als vorherige Zustimmung i. S. des § 183 Satz 1 BGB.[53] Zudem kann die Zustimmung auch während der Versammlung der Anteilsinhaber erklärt werden.[54]

29 Solange die Zustimmung seitens eines Anteilsinhabers nicht erklärt wird, ist der bereits in der Versammlung gefasste Formwechselbeschluss **schwebend unwirksam.**[55] Sofern die Zustimmung nicht (auch nicht innerhalb einer gegenüber dem entsprechenden Anteilsinhaber gesetzten Frist) oder nur eingeschränkt erklärt wird, wird der Formwechselbeschluss endgültig unwirksam.[56] Ein solcher Mangel kann durch eine nachträglich erteilte Zustimmung oder der Eintragung des Formwechsels im Register **nicht geheilt werden**, wenngleich ein entsprechender Mangel aufgrund des umfassenden Bestandsschutzes nach § 202 Abs. 3 für die Wirksamkeit des Formwechsels mit dessen **Eintragung** unbeachtlich wird.[57]

---

48) So Lutter-*Hoger*, UmwG, § 193 Rz. 12; *Simons* in: BeckOGK-UmwG, § 193 Rz. 53; Henssler/Strohn-*Drinhausen/Keinath*, GesR, § 193 UmwG Rz. 7; a. A. Widmann/Mayer-*Weiler*, UmwR, § 193 UmwG Rz. 64.

49) S. die Übersicht von *Simons* in: BeckOGK-UmwG, § 193 Rz. 30, und Bsp. dort bei Rz. 45.

50) Schmitt/Hörtnagl-*Winter*, UmwG/UmwStG, § 193 UmwG Rz. 15, 20; Kallmeyer-*Zimmermann*, UmwG, § 193 Rz. 20.

51) Widmann/Mayer-*Weiler*, UmwR, § 193 UmwG Rz. 90; Lutter-*Hoger*, UmwG, § 193 Rz. 22; Schmitt/Hörtnagl-*Winter*, UmwG/UmwStG, § 193 UmwG Rz. 19; Kallmeyer-*Zimmermann*, UmwG, § 193 Rz. 20.

52) Widmann/Mayer-*Weiler*, UmwR, § 193 UmwG Rz. 95; Semler/Stengel/Leonard-*Bärwaldt*, UmwG, § 193 Rz. 27.

53) Widmann/Mayer-*Weiler*, UmwR, § 193 UmwG Rz. 91; Schmitt/Hörtnagl-*Winter*, UmwG/UmwStG, § 193 UmwG Rz. 19; Lutter-*Hoger*, UmwG, § 193 Rz. 22; Kallmeyer-*Zimmermann*, UmwG, § 193 Rz. 20; Semler/Stengel/Leonard-*Bärwaldt*, UmwG, § 193 Rz. 27.

54) Lutter-*Hoger*, UmwG, § 193 Rz. 22; Kallmeyer-*Zimmermann*, UmwG, § 193 Rz. 20.

55) Widmann/Mayer-*Weiler*, UmwR, § 193 UmwG Rz. 97; Schmitt/Hörtnagl-*Winter*, UmwG/UmwStG, § 193 UmwG Rz. 20; Lutter-*Hoger*, UmwG, § 193 Rz. 23; Kallmeyer-*Zimmermann*, UmwG, § 193 Rz. 22; Semler/Stengel/Leonard-*Bärwaldt*, UmwG, § 193 Rz. 27.

56) Schmitt/Hörtnagl-*Winter*, UmwG/UmwStG, § 193 UmwG Rz. 20; Kallmeyer-*Zimmermann*, UmwG, § 193 Rz. 23; Semler/Stengel/Leonard-*Bärwaldt*, UmwG, § 193 Rz. 27.

57) Widmann/Mayer-*Weiler*, UmwR, § 193 UmwG Rz. 98; Schmitt/Hörtnagl-*Winter*, UmwG/UmwStG, § 193 UmwG Rz. 20; Kallmeyer-*Zimmermann*, UmwG, § 193 Rz. 23.

4. Stellvertretung und Botenschaft

Die Zustimmungserklärung nach § 193 Abs. 2 kann durch einen **Stellvertreter** oder mittels eines **Boten** erfolgen (anders bei der Abstimmung über den Formwechselbeschluss; siehe Rz. 20).[58)] Da es sich bei der Zustimmungserklärung um eine einseitige Willenserklärung handelt (siehe Rz. 27), scheiden eine vollmachtlose Vertretung und deren nachträgliche Genehmigung gemäß § 180 S. 1 BGB aus.[59)] 30

Bezüglich der Formanforderungen für entsprechende Vollmachten gilt, dass diese grundsätzlich formfrei erteilt werden können (§ 167 Abs. 2 BGB), sofern sich nicht strengere Formvorgaben aus den auf den formwechselnden Rechtsträger anwendbaren Vorschriften ergeben (siehe auch Rz. 17). Ein Beurkundungserfordernis für entsprechende Vollmachten kann aus § 193 Abs. 2 nicht hergeleitet werden.[60)] Die gegenteilige Auffassung lässt unberücksichtigt, dass Abweichungen von § 167 Abs. 2 BGB im Gesetz ausdrücklich zu regeln sind (siehe § 2 Abs. 2 GmbHG und § 23 Abs. 1 Satz 2 AktG). 31

IV. Form des Formwechselbeschlusses und der Zustimmungserklärungen (§ 193 Abs. 3 Satz 1)

Der Formwechselbeschluss sowie etwaige Zustimmungserklärungen der Anteilsinhaber sind nach § 193 Abs. 3 Satz 1 **notariell zu beurkunden.**[61)] Die Beurkundung des Formwechselbeschlusses erfolgt in der Regel als Tatsachenprotokoll nach §§ 36 ff. BeurkG und die Beurkundung der Zustimmungserklärungen als Willenserklärungen nach §§ 8 ff. BeurkG.[62)] Sofern der Formwechselbeschluss und die Zustimmungserklärungen in einer Urkunde zusammengefasst werden sollen, hat dies insgesamt in der Form einer Verhandlungsniederschrift nach §§ 8 ff. BeurkG zu erfolgen.[63)] 32

Falls die notarielle Form nicht gewahrt wird, ist der Formwechselbeschluss nach § 125 Satz 1 BGB nichtig. Sofern der Formwechsel jedoch im Register eingetragen wird, wird der Mangel der notariellen Beurkundung geheilt (siehe § 202 Abs. 1 Nr. 3; zu näheren Einzelheiten siehe § 202 Rz. 48 ff. [*Fiedler*]). 33

V. Erteilung von Abschriften (§ 193 Abs. 3 Satz 2)

Nach § 193 Abs. 3 Satz 2 kann jeder Anteilsinhaber (unabhängig davon, ob er an der Versammlung teilgenommen hat) von dem formwechselnden Rechtsträger (nicht von dem handelnden Notar) eine **Abschrift der Niederschrift des Formwechselbeschlusses** verlangen,[64)] damit er den Formwechsel nachträglich überprüfen kann.[65)] Die **Kosten** für die Erteilung der Abschrift hat der entsprechende Anteilsinhaber nach § 193 Abs. 3 Satz 2 zu tragen. 34

---

58) Lutter-*Hoger*, UmwG, § 193 Rz. 22; *Simons* in: BeckOGK-UmwG, § 193 Rz. 57; Widmann/Mayer-*Weiler*, UmwR, § 193 UmwG Rz. 94.

59) *Simons* in: BeckOGK-UmwG, § 193 Rz. 57; Widmann/Mayer-*Weiler*, UmwR, § 193 UmwG Rz. 94.

60) Lutter-*Hoger*, UmwG, § 193 Rz. 22; Kallmeyer-*Zimmermann*, UmwG, § 193 Rz. 20; a. A. Widmann/Mayer-*Weiler*, UmwR, § 193 UmwG Rz. 94; *Petersen* in: KölnKomm-UmwG, § 193 Rz. 4.

61) S. ausf. zu den Beurkundungskosten Widmann/Mayer-*Weiler*, UmwR, § 193 UmwG Rz. 119 ff.

62) *Simons* in: BeckOGK-UmwG, § 193 Rz. 33, 65; Widmann/Mayer-*Weiler*, UmwR, § 193 UmwG Rz. 93; Semler/Stengel/Leonard-*Bärwaldt*, UmwG, § 193 Rz. 28; *Usler*, MittRhNotK 1998, 22, 43.

63) *Simons* in: BeckOGK-UmwG, § 193 Rz. 66; Widmann/Mayer-*Weiler*, UmwR, § 193 UmwG Rz. 93; Semler/Stengel/Leonard-*Bärwaldt*, UmwG, § 193 Rz. 28; *Usler*, MittRhNotK 1998, 22, 43.

64) *Simons* in: BeckOGK-UmwG, § 193 Rz. 37; Semler/Stengel/Leonard-*Bärwaldt*, UmwG, § 193 Rz. 29; Widmann/Mayer-*Weiler*, UmwR, § 193 UmwG Rz. 110.

65) *Simons* in: BeckOGK-UmwG, § 193 Rz. 37; Semler/Stengel/Leonard-*Bärwaldt*, UmwG, § 193 Rz. 29.

35 Ausweislich des klaren Wortlauts von § 193 Abs. 3 Satz 2 umfasst die Vorschrift nicht das Recht der Anteilsinhaber, **Abschriften der Zustimmungserklärungen** zu verlangen, sodass für den Fall, dass der Formwechselbeschluss und die Zustimmungserklärungen in einer Urkunde zusammengefasst wurden (siehe hierzu Rz. 32), nur das Recht besteht, auszugsweise eine Abschrift zu verlangen.[66] Das Recht, Abschriften der Zustimmungserklärungen zu verlangen, ergibt sich aber für den Anteilsinhaber, der seine Zustimmung erteilt hat, aus § 51 Abs. 1 Nr. 1, Abs. 3 BeurkG gegenüber dem handelnden Notar.[67]

VI. Nachträgliche Aufhebung des Formwechselbeschlusses und der Zustimmungserteilung

36 Nachdem der Formwechselbeschluss von den Anteilsinhabern gefasst worden ist und etwaige Zustimmungserklärungen der Anteilsinhaber eingeholt wurden, ist das Vertretungsorgan des formwechselnden Rechtsträgers verpflichtet, die Registereintragung zu veranlassen und alles Erforderliche hierfür zu unternehmen.[68] Diese Verpflichtung trifft auch den Vorstand einer AG (§ 83 Abs. 2 AktG).[69] Sofern die Anteilsinhaber **nachträglich von der Beschlussfassung Abstand nehmen** wollen, müssen sie den Formwechselbeschluss aufheben, was aber nur bis zur konstitutiven Eintragung des Formwechsels im Register möglich ist.[70] Es ist anerkannt, dass die Formerfordernisse des § 193 Abs. 3 für den aufhebenden Beschluss nicht einschlägig sind und dieser **formfrei** gefasst werden kann.[71] Richtigerweise reicht für die Beschlussfassung (vorbehaltlich abweichender Regelungen im Gesellschaftsvertrag bzw. der Satzung) die **einfache Mehrheit** aus.[72]

37 Eine **bereits erklärte Zustimmung** eines Anteilsinhabers kann nur bis zur Fassung des Formwechselbeschlusses (formlos) **widerrufen** werden.[73]

38 Nachdem die **Registereintragung** nach § 202 erfolgt ist, kann der Formwechselbeschluss **nicht mehr aufgehoben werden**, sondern die Anteilsinhaber haben nur die Möglichkeit, den Rechtsträger wiederum über einen Formwechsel umzuwandeln.[74]

VII. Mängel des Formwechselbeschlusses

39 Mängel können bei der **Stimmabgabe** i. R. des Formwechselbeschlusses auftreten und der Formwechselbeschluss kann **formelle Mängel** (z. B. fehlende Beurkundung, Beschlussfassung außerhalb der Versammlung) oder **materielle Mängel** (z. B. Verstöße gegen die

66) *Simons* in: BeckOGK-UmwG, § 193 Rz. 37, 67; Widmann/Mayer-*Weiler*, UmwR, § 193 UmwG Rz. 109.

67) *Simons* in: BeckOGK-UmwG, § 193 Rz. 67.

68) Widmann/Mayer-*Weiler*, UmwR, § 193 UmwG Rz. 13; *Simons* in: BeckOGK-UmwG, § 193 Rz. 28; Semler/Stengel/Leonard-*Bärwaldt*, UmwG, § 193 Rz. 1; Lutter-*Hoger*, UmwG, § 193 Rz. 28; Henssler/Strohn-*Drinhausen/Keinath*, GesR, § 193 UmwG Rz. 5.

69) Vgl. ferner zur Kompetenzverteilung bei Umwandlungsmaßnahmen bei einer AG: *Streyl/Schaper*, ZIP 2017, 410 ff.

70) Widmann/Mayer-*Weiler*, UmwR, § 193 UmwG Rz. 13; *Simons* in: BeckOGK-UmwG, § 193 Rz. 27; Semler/Stengel/Leonard-*Bärwaldt*, UmwG, § 193 Rz. 1.

71) Widmann/Mayer-*Weiler*, UmwR, § 193 UmwG Rz. 13; *Simons* in: BeckOGK-UmwG, § 193 Rz. 27; Semler/Stengel/Leonard-*Bärwaldt*, UmwG, § 193 Rz. 1; Kallmeyer-*Zimmermann*, UmwG, § 193 Rz. 37; Lutter-*Hoger*, UmwG, § 193 Rz. 28; Henssler/Strohn-*Drinhausen/Keinath*, GesR, § 193 UmwG Rz. 5.

72) So Widmann/Mayer-*Weiler*, UmwR, § 193 UmwG Rz. 13; Semler/Stengel/Leonard-*Bärwaldt*, UmwG, § 193 Rz. 1; Lutter-*Hoger*, UmwG, § 193 Rz. 28; Henssler/Strohn-*Drinhausen/Keinath*, GesR, § 193 UmwG Rz. 5; krit. *Simons* in: BeckOGK-UmwG, § 193 Rz. 27.

73) Semler/Stengel/Leonard-*Bärwaldt*, UmwG, § 193 Rz. 27; Henssler/Strohn-*Drinhausen/Keinath*, GesR, § 193 UmwG Rz. 8; Schmitt/Hörtnagl-*Winter*, UmwG/UmwStG, § 193 UmwG Rz. 19.

74) Widmann/Mayer-*Weiler*, UmwR, § 193 UmwG Rz. 14; *Simons* in: BeckOGK-UmwG, § 193 Rz. 29; Kallmeyer-*Zimmermann*, UmwG, § 193 Rz. 37.

inhaltlichen Mindestanforderungen gemäß § 194 Abs. 1 und den besonderen Vorschriften zum Formwechsel) aufweisen.[75)]

Da eine spezielle umwandlungsrechtliche Beschlusskontrolle nicht existiert, richten sich die Rechtsfolgen sowie deren Geltendmachung, einschließlich der einschlägigen Rechtsbehelfe, **nach dem auf den formwechselnden Rechtsträger anwendbaren Recht.**[76)] Für Klagen gegen den Formwechselbeschluss existieren lediglich Regelungen in Bezug auf die **Klagefrist** (§ 195 Abs. 1; siehe hierzu ab § 195 Rz. 3 [*Schaper/Meven*]) sowie den **Ausschluss bestimmter Klagegründe** (§ 195 Abs. 2, siehe hierzu ab § 195 Rz. 15 [*Schaper/Meven*], und die Kommentierung zu § 210 [*Seulen*]), bei denen die Anteilsinhaber auf das **Spruchverfahren** verwiesen sind.[77)] 40

Die Eintragung des Formwechsels bewirkt eine **Heilung** der mangelnden notariellen Beurkundung des Formwechselbeschlusses und ggf. erforderlicher Zustimmungs- oder Verzichtserklärungen einzelner Anteilsinhaber (§ 202 Abs. 1 Nr. 3; siehe dazu die Kommentierung zu § 202 Rz. 48 ff. [*Fiedler*]). Sonstige Mängel bleiben durch die Registereintragung unberührt.[78)] Sobald der Formwechsel aber einmal im Register eingetragen ist, wird er – abgesehen von äußerst gravierenden Ausnahmefällen[79)] – **bestandskräftig.**[80)] Etwaige Mängel können dann noch zu **Schadensersatzansprüchen** führen.[81)] 41

Mithin muss ein Anteilsinhaber, wenn er entsprechende Mängel geltend machen will, **innerhalb der einmonatigen Klagefrist** des § 195 Abs. 1 gegen den Formwechselbeschluss vorgehen, da andernfalls der Formwechsel zum Register angemeldet werden kann (§ 198 Abs. 3 i. V. m. § 16 Abs. 2). Eine rechtzeitige Beschlussmängelklage führt eine **Registersperre** herbei (§ 198 Abs. 3 i. V. m. § 16 Abs. 2 Satz 2 Halbs. 1), die aber über das **Freigabeverfahren** nach § 198 Abs. 3 i. V. m. § 16 Abs. 3 überwunden werden kann, damit die Registereintragung erfolgen und der Formwechsel wirksam und bestandskräftig werden kann.[82)] 42

VIII. Unabdingbarkeit des § 193

§ 193 Abs. 1 und 2 und damit die Kompetenz der Anteilsinhaber, in einer Versammlung über den Formwechsel zu entscheiden, sowie die durch § 193 Abs. 3 statuierten Formvorschriften sind **nicht abdingbar** (vgl. § 1 Abs. 3).[83)] Es ist lediglich möglich, dass die Anteilsinhaber auf (anderweitige) Form- und Fristvorschriften für die Vorbereitung und Durchführung der Versammlung verzichten (siehe hierzu Rz. 6). 43

75) Semler/Stengel/Leonard-*Bärwaldt*, UmwG, § 193 Rz. 30; *Simons* in: BeckOGK-UmwG, § 193 Rz. 38. Ausf. zu den verschiedenen Mängeln und deren Beachtlichkeit *Humrich* in: MünchHdb. GesR, Bd. 8, § 37 Rz. 9 ff.

76) *Simons* in: BeckOGK-UmwG, § 193 Rz. 39; Semler/Stengel/Leonard-*Bärwaldt*, UmwG, § 193 Rz. 30, 32; Widmann/Mayer-*Weiler*, UmwR, § 193 UmwG Rz. 115.

77) *Simons* in: BeckOGK-UmwG, § 193 Rz. 39; Semler/Stengel/Leonard-*Bärwaldt*, UmwG, § 193 Rz. 32.

78) Vgl. OLG München, Urt. v. 14.4.2010 – 7 U 5167/09, AG 2010, 458, 459 = BeckRS 2010, 8984; *Simons* in: BeckOGK-UmwG, § 193 Rz. 40; Henssler/Strohn-*Drinhausen/Keinath*, GesR, § 193 UmwG Rz. 11.

79) S. zu den Ausnahmefällen: Semler/Stengel/Leonard-*Leonard*, UmwG, § 202 Rz. 38 ff.

80) Zur Bestandsfestigkeit des Formwechselbeschlusses OLG München, Urt. v. 14.4.2010 – 7 U 5167/09, AG 2010, 458, 459 = BeckRS 2010, 8984.

81) OLG München, Urt. v. 14.4.2010 – 7 U 5167/09, AG 2010, 458, 459 = BeckRS 2010, 8984; *Simons* in: BeckOGK-UmwG, § 193 Rz. 40; Henssler/Strohn-*Drinhausen/Keinath*, GesR, § 193 UmwG Rz. 11.

82) *Simons* in: BeckOGK-UmwG, § 193 Rz. 41; *Humrich* in: MünchHdb. GesR, Bd. 8, § 37 Rz. 8.

83) *Simons* in: BeckOGK-UmwG, § 193 Rz. 3; Henssler/Strohn-*Drinhausen/Keinath*, GesR, § 193 UmwG Rz. 12.

§ 194
Inhalt des Formwechselbeschlusses*)

(1) In dem Formwechselbeschluss müssen mindestens bestimmt werden:

1. die Rechtsform, die der Rechtsträger durch den Formwechsel erlangen soll;

2. der Name oder die Firma des Rechtsträgers neuer Rechtsform;

3. eine Beteiligung der bisherigen Anteilsinhaber an dem Rechtsträger nach den für die neue Rechtsform geltenden Vorschriften, soweit ihre Beteiligung nicht nach diesem Buch entfällt;

4. Zahl, Art und Umfang der Anteile oder der Mitgliedschaften, welche die Anteilsinhaber durch den Formwechsel erlangen sollen oder die einem beitretenden persönlich haftenden Gesellschafter eingeräumt werden sollen;

5. die Rechte, die einzelnen Anteilsinhabern sowie den Inhabern besonderer Rechte wie Anteile ohne Stimmrecht, Vorzugsaktien, Mehrstimmrechtsaktien, Schuldverschreibungen und Genußrechte in dem Rechtsträger gewährt werden sollen, oder die Maßnahmen, die für diese Personen vorgesehen sind;

6. ein Abfindungsangebot nach § 207, sofern nicht der Formwechselbeschluss zu seiner Wirksamkeit der Zustimmung aller Anteilsinhaber bedarf oder an dem formwechselnden Rechtsträger nur ein Anteilsinhaber beteiligt ist;

7. die Folgen des Formwechsels für die Arbeitnehmer und ihre Vertretungen sowie die insoweit vorgesehenen Maßnahmen.

(2) Der Entwurf des Formwechselbeschlusses ist spätestens einen Monat vor dem Tage der Versammlung der Anteilsinhaber, die den Formwechsel beschließen soll, dem zuständigen Betriebsrat des formwechselnden Rechtsträgers zuzuleiten.

*) § 194 i. d. F. des UmwBerG geändert durch Art. 1 des Gesetzes zur Umsetzung der Umwandlungsrichtlinie und zur Änderung weiterer Gesetze (UmRUG), v. 22.2.2023, BGBl. I 2023, Nr. 51.

Literatur: *Heckschen*, Identität der Anteilseigner beim Formwechsel, DB 2008, 2122; *Olbertz*, Arbeitsrechtliche Aspekte beim Rechtsformwechsel, GWR 2017, 314; *Pfaff*, Dispositivität der Betriebsratsunterrichtung im Umwandlungsverfahren, DB 2002, 686; *Priester*, Die Identität des Gesellschafterkreises – ein zwingender Grundsatz?, DB 1997, 560; *Stohlmeier*, Zuleitung der Umwandlungsdokumentation und Einhaltung der Monatsfrist: Verzicht des Betriebsrats?, BB 1999, 1394; *Usler*, Der Formwechsel nach dem neuen Umwandlungsrecht, MittRhNotK 1998, 22; *Weiler*, Identitätsgrundsatz ade? Neues zum Formwechsel GmbH in GmbH & Co. KG und vice versa, MittBayNot 2020, 216.

Übersicht

I. Allgemeines

1 § 194 Abs. 1 setzt den **Mindestinhalt** für den Formwechselbeschluss fest (siehe hierzu ab Rz. 5). Darüber hinaus können sich **weitere inhaltliche Anforderungen** an den Formwechselbeschluss aus den **besonderen Vorschriften zum Formwechsel** gemäß §§ 214–304 ergeben und es können weitere **fakultative Angaben** im Formwechselbeschluss gemacht werden (siehe hierzu ab Rz. 37).

2 § 194 Abs. 2 statuiert die **Zuleitungspflicht** des Entwurfs des Formwechselbeschlusses an den zuständigen **Betriebsrat** (siehe hierzu ab Rz. 39) mit dem Ziel, den Formwechsel möglichst sozialverträglich durchzuführen.[1)]

3 § 194 stellt inhaltlich die Parallelvorschrift zu § 5 für den Verschmelzungsvertrag sowie § 126 und § 136 für den Spaltungs- und Übernahmevertrag bzw. Spaltungsplan dar, sodass, vorbehaltlich gesetzlicher und systematischer Abweichungen, auch auf die dortigen Kommentierungen verwiesen werden kann (siehe die Kommentierungen zu § 5 [*Redenius-Hövermann/Laufersweiler*], § 126 [*K. Wentz*] und § 136 [*Lubberich*]).

II. Inhalt des Formwechselbeschlusses

4 § 194 Abs. 1 enthält einen Katalog von Inhalten, die ausweislich des Wortlauts der Norm **„mindestens"** im Formwechselbeschluss bestimmt sein müssen (siehe hierzu ab Rz. 5). Daneben ergeben sich aus den besonderen Vorschriften zum Formwechsel nach §§ 214–304 das Erfordernis, dass der Gesellschaftsvertrag bzw. die Satzung des Rechtsträgers neuer Rechtsform dem Formwechselbeschluss beigefügt werden muss (siehe hierzu Rz. 35) sowie ggf. weitere obligatorische Mindestinhalte (siehe hierzu Rz. 36).

1. Mindestinhalt des Formwechselbeschlusses (§ 194 Abs. 1)

5 § 194 Abs. 1 statuiert einen **Mindestkatalog** von Inhalten, die im Formwechselbeschluss bestimmt sein müssen. Entsprechende Angaben sind aber **nur dann erforderlich**, wenn diese **im konkreten Fall auch tatsächlich einschlägig** sind.[2)] Werden im formwechselnden Rechtsträger keine Sonderrechte nach § 194 Abs. 1 Nr. 5 gewährt oder ist ein Barabfindungsangebot nach § 207 nicht erforderlich, kann im Formwechselbeschluss hierzu auch geschwiegen werden.[3)] Da eine entsprechende Nichterwähnung aber zu Nachfragen seitens des Registergerichts führen kann, die die Eintragung des Formwechsels im Register

1) Semler/Stengel/Leonard-*Bärwaldt*, UmwG, § 194 Rz. 4.

2) *Simons* in: BeckOGK-UmwG, § 194 Rz. 5; vgl. zum Verschmelzungsvertrag OLG Frankfurt/M., Beschl. v. 4.4.2011 – 20 W 466/10, NZG 2011, 1278, 1279 f. = RNotZ 2012, 49, 51 f.

3) *Simons* in: BeckOGK-UmwG, § 194 Rz. 5; zum Verschmelzungsvertrag: OLG Frankfurt/M., Beschl. v. 4.4.2011 – 20 W 466/10, NZG 2011, 1278, 1279 f. = RNotZ 2012, 49, 51 f.

potentiell verzögert, ist es ratsam, in solchen Fällen **Negativerklärungen** im Formwechselbeschluss aufzunehmen.[4)]

a) Neue Rechtsform des Rechtsträgers (§ 194 Abs. 1 Nr. 1)

6 Im Formwechselbeschluss muss nach § 194 Abs. 1 Nr. 1 die Rechtsform, die der Rechtsträger durch den Formwechsel erlangen soll, bestimmt werden. Hieraus ergibt sich, dass im Formwechselbeschluss die **Zielrechtsform** des formwechselnden Rechtsträgers bestimmt werden muss. Da sich diese auch aus dem beizufügenden Gesellschaftsvertrag bzw. der Satzung ergibt, kann für diese Zwecke hierauf verwiesen werden.[5)] Ausweislich des klaren Wortlauts von § 194 muss die **Ausgangsrechtsform** hingegen nicht erwähnt werden, auch wenn eine entsprechende Angabe sinnvoll ist.[6)] Zudem muss sich aus dem Formwechselbeschluss ergeben, dass der formwechselnde Rechtsträger die Zielrechtsform **durch den Formwechsel** erlangt.[7)]

b) Name oder Firma des Rechtsträgers neuer Rechtsform (§ 194 Abs. 1 Nr. 2)

7 Im Formwechselbeschluss muss nach § 194 Abs. 1 Nr. 2 der **Name** (im Falle einer eGbR oder PartG) oder die **Firma** (im Falle einer oHG, KG, GmbH, AG, KGaA, eG) des Rechtsträgers neuer Rechtsform angegeben werden. Die näheren Anforderungen hierzu regeln § 200 (siehe hierzu die Kommentierung zu § 200 [*Fiedler*]) sowie das rechtsformspezifische Namens- bzw. Firmenrecht der Zielrechtsform.[8)] Auch für den Fall, dass sich die Firma oder der Name des Rechtsträgers i. R. des Formwechsels nicht ändern, ändert sich in jedem Fall der **Rechtsformzusatz**, sodass eine entsprechende Erwähnung im Formwechselbeschluss oder ein Verweis auf den neuen Gesellschaftsvertrag bzw. die Satzung erforderlich sind.[9)]

c) Beteiligung der bisherigen Anteilsinhaber (§ 194 Abs. 1 Nr. 3)

8 Gemäß § 194 Abs. 1 Nr. 3 ist im Formwechselbeschluss die Beteiligung der bisherigen Anteilsinhaber an dem Rechtsträger nach den für die neue Rechtsform geltenden Vorschriften zu bestimmen, soweit ihre Beteiligung nicht nach dem Fünften Buch des UmwG entfällt.

9 § 194 Abs. 1 Nr. 3 ist Ausprägung des in § 202 Abs. 1 Nr. 2 Satz 1 angelegten **Grundsatzes der Identität der Anteilsinhaber**[10)] und besagt, dass vorbehaltlich gesetzlicher Ausnahmen jeder Anteilsinhaber des Rechtsträgers in der Ausgangsrechtsform nach dem Formwechsel auch in der Zielrechtsform beteiligt ist und ein Beitritt oder Ausscheiden von Anteilsinhabern kraft Formwechsel ausgeschlossen ist.[11)] In Abgrenzung zu § 194

4) Widmann/Mayer-*Weiler*, UmwR, § 194 UmwG Rz. 3; Semler/Stengel/Leonard-*Bärwaldt*, UmwG, § 194 Rz. 1; *Simons* in: BeckOGK-UmwG, § 194 Rz. 5. Solche Negativerklärungen sind jedoch nicht zwingend erforderlich: *Simons* in: BeckOGK-UmwG, § 194 Rz. 5; zum Verschmelzungsvertrag OLG Frankfurt/M., Beschl. v. 4.4.2011 – 20 W 466/10, NZG 2011, 1278, 1279 f. = RNotZ 2012, 49, 51 f.

5) *Simons* in: BeckOGK-UmwG, § 194 Rz. 10; sowie allg. zum Verweis auf die Inhalte des Gesellschaftsvertrags bzw. der Satzung Widmann/Mayer-*Weiler*, UmwR, § 194 UmwG Rz. 2, sowie Semler/Stengel/Leonard-*Bärwaldt*, UmwG, § 194 Rz. 3.

6) *Simons* in: BeckOGK-UmwG, § 194 Rz. 11; Widmann/Mayer-*Weiler*, UmwR, § 194 UmwG Rz. 13, und Lutter-*Hoger*, UmwG, § 194 Rz. 4, wonach eine entsprechende Angabe zweckmäßig ist.

7) Wobei es ausreicht, wenn sich dies aus den Umständen ergibt; der Begriff „Formwechsel" muss nicht fallen: s. *Simons* in: BeckOGK-UmwG, § 194 Rz. 11.

8) § 197 Satz 1 i. V. m. § 2 PartGG, §§ 17 ff. HGB, § 4 GmbHG, § 4 AktG, § 278 Abs. 3 i. V. m. § 4 AktG, § 3 GenG.

9) *Simons* in: BeckOGK-UmwG, § 194 Rz. 13.

10) Kallmeyer-*Berger*, UmwG, § 194 Rz. 22; *Simons* in: BeckOGK-UmwG, § 194 Rz. 16, und Widmann/Mayer-*Weiler*, UmwR, § 194 UmwG Rz. 17.

11) Kallmeyer-*Berger*, UmwG, § 194 Rz. 22, 25; *Simons* in: BeckOGK-UmwG, § 194 Rz. 16.

Abs. 1 Nr. 4, in dem es um das „wie" der Beteiligung geht, geht es bei § 194 Abs. 1 Nr. 3 um das **„ob" der Beteiligung**, sodass im Formwechselbeschluss zu bestimmen ist, dass die Beteiligung der Anteilsinhaber i. R. des Formwechsels fortbesteht oder entfällt.[12] Die namentliche Nennung aller Anteilsinhaber ist hierbei nicht erforderlich.[13]

Von dem Grundsatz der Identität der Anteilsinhaber sieht das Fünfte Buch des UmwG **Durchbrechungen** vor: So ist bei einem Formwechsel in eine **KGaA** der Beitritt[14] sowie spiegelbildlich bei einem Formwechsel aus einer KGaA das Ausscheiden[15] von persönlich haftenden Gesellschaftern möglich bzw. vorgesehen. Inwiefern ein entsprechender Beitritt oder das Ausscheiden im Formwechselbeschluss erwähnt werden muss, ist umstritten,[16] eine (klarstellende) Erwähnung ist aber in jedem Fall zu empfehlen.[17] Zudem ist es bei einem **VVaG** gemäß § 294 Abs. 1 Satz 2 möglich, dass Mitglieder, die dem formwechselnden Verein weniger als drei Jahre vor der Beschlussfassung über den Formwechsel angehören, von der Beteiligung an der AG, in die der Formwechsel erfolgt, ausgeschlossen werden können. Dies ist gemäß § 294 Abs. 1 Satz 2 im Formwechselbeschluss zu regeln.[18] 10

Abseits der gesetzlich vorgesehenen Fälle ist umstritten und i. E. ungeklärt, ob i. R. des Formwechsels **freiwillige Beitritte oder Austritte** von Anteilsinhabern möglich oder durch den Grundsatz der Identität der Anteilsinhaber ausgeschlossen sind.[19] Ausgehend von der Rechtsprechung zum Beitritt und Austritt von persönlich haftenden Gesellschaftern bei einem Formwechsel in oder aus einer KG[20] ist ein entsprechender Beitritt oder Austritt von Anteilsinhabern auf Grundlage gesellschaftsrechtlicher Vorschriften (und nicht kraft Formwechsel) möglich und kann zeitlich mit dem Formwechsel zusammenfallen.[21] 11

Davon unbenommen besteht selbstverständlich die Möglichkeit, **vor und nach Wirksamwerden des Formwechsels** dem Rechtsträger beizutreten oder auszutreten.[22] Es kann auch zwischen der Fassung des Formwechselbeschlusses und der Eintragung des Form- 12

---

12) *Simons* in: BeckOGK-UmwG, § 194 Rz. 16; *Wansleben* in: MünchHdb. GesR, Bd. 8, § 34 Rz. 25.

13) Widmann/Mayer-*Weiler*, UmwR, § 194 UmwG Rz. 19; *Simons* in: BeckOGK-UmwG, § 194 Rz. 16; Semler/Stengel/Leonard-*Bärwaldt*, UmwG, § 194 Rz. 7; Lutter-*Hoger*, UmwG, § 194 Rz. 6; *Wansleben* in: MünchHdb. GesR, Bd. 8, § 34 Rz. 25.

14) § 218 Abs. 2; § 243 Abs. 1 Satz 1 i. V. m. § 218 Abs. 2; § 263 Abs. 1 Satz 1 i. V. m. § 218 Abs. 2 und § 276 Abs. 1 i. V. m. § 218 Abs. 2.

15) § 233 Abs. 3 Satz 3, § 247 Abs. 2, § 255 Abs. 3.

16) Für eine entsprechende Pflicht wohl Semler/Stengel/Leonard-*Bärwaldt*, UmwG, § 194 Rz. 8, und Lutter-*Hoger*, UmwG, § 194 Rz. 7; gegen eine entsprechende Pflicht: *Simons* in: BeckOGK-UmwG, § 194 Rz. 18 f.; Kallmeyer-*Berger*, UmwG, § 194 Rz. 26.

17) *Simons* in: BeckOGK-UmwG, § 194 Rz. 18 f.; Kallmeyer-*Berger*, UmwG, § 194 Rz. 26.

18) *Simons* in: BeckOGK-UmwG, § 194 Rz. 18.

19) Vgl. hierzu sowie zu weiteren ungeklärten Rechtsfragen in diesem Zusammenhang: *Wansleben* in: MünchHdb. GesR, Bd. 8, § 34 Rz. 26.

20) Zum Formwechsel einer GmbH in eine KG bzgl. des Beitritts eines persönlich haftenden Gesellschafters mit Wirksamwerden des Formwechsels: OLG Oldenburg, Beschl. v. 19.12.2019 – 12 W 133/19, NZG 2020, 193, 194 f. = RNotZ 2020, 580, 582 f.; im Fall des Ausscheidens eines persönlich haftenden Gesellschafters mit Wirksamwerden des Formwechsels bei einem Formwechsel einer GmbH & Co. KG in eine GmbH: KG Berlin, Beschl. v. 19.12.2018 – 22 W 85/18, NZG 2019, 310 f. = DNotZ 2019, 384 ff. S. auch zur formwechselnden Umwandlung einer AG in eine (Publikums-) GmbH & Co. KG: BGH, Urt. v. 9.5.2005 – II ZR 29/03, NZG 2005, 722, 723 = DStR 2005, 1539, 1540 f.

21) Kallmeyer-*Berger*, UmwG, § 194 Rz. 25; *Wansleben* in: MünchHdb. GesR, Bd. 8, § 34 Rz. 26; vgl. *Heckschen*, DB 2008, 2122, 1223 f., und *Priester*, DB 1997, 560 ff.; krit. Widmann/Mayer-*Weiler*, UmwR, § 194 UmwG Rz. 29.3 ff.

22) *Simons* in: BeckOGK-UmwG, § 194 Rz. 20; Widmann/Mayer-*Weiler*, UmwR, § 194 UmwG Rz. 27, 35; *Weiler*, MittBayNot 2020, 216, 221.

wechsels im Register noch zu Anteilsübertragungen und somit zu Änderungen am Anteilsinhaberkreis kommen.[23)]

d) Zahl, Art und Umfang der Anteile oder der Mitgliedschaften (§ 194 Abs. 1 Nr. 4)

13 Nach § 194 Abs. 1 Nr. 4 hat der Formwechselbeschluss Zahl, Art und Umfang der Anteile oder der Mitgliedschaften, welche die Anteilsinhaber durch den Formwechsel erlangen oder die einem beitretenden persönlich haftenden Gesellschafter eingeräumt werden sollen, zu bestimmen. Im Gegensatz zu § 194 Abs. 1 Nr. 3, in dem es um das „ob" der Beteiligung nach dem Formwechsel geht (siehe hierzu Rz. 9), sind nach § 194 Abs. 1 Nr. 4 **Ausführungen zu dem „wie" der künftigen Beteiligung** im Formwechselbeschluss zu machen.[24)] Es geht hierbei darum, wie die Beteiligung der Anteilsinhaber **qualitativ** und **quantitativ** am Rechtsträger neuer Rechtsform ausgestaltet ist.[25)] Entsprechende Ausführungen sind notwendig, da sich durch die Eintragung des Formwechsels im Register das „Rechtskleid" des formwechselnden Rechtsträgers und somit auch die Ausgestaltung der Anteile bzw. der Mitgliedschaft am Rechtsträger verändert.[26)]

14 Der Formwechselbeschluss hat die **Zahl** der Anteile oder Mitgliedschaften am Rechtsträger in der Zielrechtsform zu bestimmen. Hierbei sind Vorgaben des auf den Zielrechtsträger anwendbaren Rechts zu beachten: Bei Kapitalgesellschaften können einem Anteilsinhaber mehrere Anteile zugewiesen werden (wobei die gesetzlich vorgeschriebenen Mindestnennbeträge bei der AG und GmbH zu berücksichtigen sind), wohingegen bei Personengesellschaften oder dem e. V. jeweils nur eine Mitgliedschaft möglich ist.[27)]

15 Da sich aufgrund des Formwechsels das auf den formwechselnden Rechtsträger anwendbare Recht ändert, hat dies auch Auswirkungen auf die **Art** der Beteiligung.[28)] Dementsprechend muss die gesetzliche Bezeichnung der neuen Beteiligung, z. B. Geschäftsanteil oder Aktie, aufgenommen werden.[29)] Sieht die Rechtsform verschiedene Arten der Beteiligung vor, hat der Formwechselbeschluss entsprechende Angaben zu enthalten, z. B. ist bei der AG als Zielrechtsform anzugeben, ob es sich um Nennbetrags- oder Stückaktien, Stamm- oder Vorzugsaktien und Inhaber- oder Namensaktien handelt und bei der KG, ob es sich um eine Komplementär- oder Kommanditbeteiligung handelt.[30)]

16 Im Rahmen des **Umfangs** der Beteiligung hat der Formwechselbeschluss zu bestimmen, in welchem Verhältnis die einem Anteilsinhaber zustehenden Anteile oder dessen Mitgliedschaft zur Gesamtheit stehen.[31)] Bei einem Formwechsel aus einer Personengesellschaft in eine Kapitalgesellschaft sind hierbei die Kapitalkonten dem gezeichneten Kapital und den entsprechenden Rücklagen zuzuordnen und bei einem Formwechsel in eine Perso-

---

23) Semler/Stengel/Leonard-*Bärwaldt*, UmwG, § 194 Rz. 11; *Simons* in: BeckOGK-UmwG, § 194 Rz. 21.

24) Lutter-*Hoger*, UmwG, § 194 Rz. 6; Widmann/Mayer-*Weiler*, UmwR, § 194 UmwG Rz. 18.

25) *Simons* in: BeckOGK-UmwG, § 194 Rz. 23; Henssler/Strohn-*Drinhausen/Keinath*, GesR, § 194 UmwG Rz. 6.

26) Vgl. Semler/Stengel/Leonard-*Bärwaldt*, UmwG, § 194 Rz. 12; Henssler/Strohn-*Drinhausen/Keinath*, GesR, § 194 UmwG Rz. 6.

27) Widmann/Mayer-*Weiler*, UmwR, § 194 UmwG Rz. 44; Semler/Stengel/Leonard-*Bärwaldt*, UmwG, § 194 Rz. 13.

28) *Simons* in: BeckOGK-UmwG, § 194 Rz. 25.

29) Henssler/Strohn-*Drinhausen/Keinath*, GesR, § 194 UmwG Rz. 8; Semler/Stengel/Leonard-*Bärwaldt*, UmwG, § 194 Rz. 20.

30) Kallmeyer-*Berger*, UmwG, § 194 Rz. 32; Widmann/Mayer-*Weiler*, UmwR, § 194 UmwG Rz. 45; *Simons* in: BeckOGK-UmwG, § 194 Rz. 25.

31) *Simons* in: BeckOGK-UmwG, § 194 Rz. 27.

nengesellschaft muss das bisherige Eigenkapital den Kapitalkonten zugeordnet und die Höhe der Einlage der Kommanditisten angegeben werden.[32)]

17 In aller Regel erfolgt ein Formwechsel **verhältniswahrend**, d. h., dass auch wenn sich Zahl und Umfang der Beteiligung nicht absolut entsprechen, dies zumindest im Verhältnis der Anteilsinhaber zueinander der Fall ist.[33)] Daneben ist anerkannt, dass neben den gesetzlich sowie von der Rechtsprechung anerkannten Fällen von Ein- und Austritten von Anteilsinhabern (siehe hierzu ab Rz. 10) ein **nicht-verhältniswahrender Formwechsel** möglich ist, der auch nicht gegen den Grundsatz der Identität der Anteilsinhaber verstößt.[34)] Der Formwechselbeschluss hat dann entsprechende Ausführungen zum nicht-verhältniswahrenden Formwechsel zu machen.[35)] Voraussetzung eines solchen Formwechsels ist in jedem Fall die **Zustimmung aller betroffenen Anteilsinhaber**, d. h. der Anteilsinhaber, deren Beteiligungsverhältnisse sich verringern sowie der Anteilsinhaber, deren Beteiligungsverhältnisse sich erhöhen, da für letztere hiermit zusätzliche Pflichten und/oder Risiken einhergehen können.[36)] Analog § 193 Abs. 3 Satz 1 sind diese **Zustimmungserklärungen notariell zu beurkunden**.[37)]

18 Sofern sich die Zahl, Art und der Umfang der Anteile oder Mitgliedschaften bereits aus dem Gesellschaftsvertrag bzw. der Satzung ergeben, kann hierauf verwiesen werden.[38)] Daneben müssen entsprechende Ausführungen im Formwechselbeschluss nicht begründet werden, da dies Gegenstand des Formwechselberichts ist.[39)]

e) Sonderrechte (§ 194 Abs. 1 Nr. 5)

19 Nach § 194 Abs. 1 Nr. 5 müssen die Rechte, die einzelnen Anteilsinhabern sowie den Inhabern besonderer Rechte (z. B. Anteile ohne Stimmrecht, Vorzugsaktien, Mehrstimmrechtsaktien, Schuldverschreibungen und Genussrechte) am Rechtsträger in der Zielrechtsform gewährt werden sollen, und die Maßnahmen, die für diese Personen vorgesehen sind, im Formwechselbeschluss bestimmt werden.

20 Durch die Nennung dieser **Sonderrechte** im Formwechselbeschluss wird den nicht begünstigten Anteilsinhabern ermöglicht, die **Einhaltung des Gleichbehandlungsgrundsatzes** zu überprüfen, sodass sie in Kenntnis dieser Umstände ihr Stimmrecht in der Versammlung der Anteilsinhaber entsprechend ausüben können.[40)]

21 Bei den Sonderrechten i. S. des § 194 Abs. 1 Nr. 5 kann man zwischen den **mitgliedschaftlichen** (Sonder-)Rechten sowie **gesellschaftsrechtlichen** Vermögensrechten unterscheiden.[41)] Die Aufzählung in § 194 Abs. 1 Nr. 5 ist allerdings **nicht abschließend**.[42)] Als

32) *Simons* in: BeckOGK-UmwG, § 194 Rz. 29; Semler/Stengel/Leonard-*Bärwaldt*, UmwG, § 194 Rz. 16 f.

33) *Simons* in: BeckOGK-UmwG, § 194 Rz. 31; Henssler/Strohn-*Drinhausen/Keinath*, GesR, § 194 UmwG Rz. 7.

34) Widmann/Mayer-*Weiler*, UmwR, § 194 UmwG Rz. 55 ff.; Kallmeyer-*Berger*, UmwG, § 194 Rz. 34; Henssler/Strohn-*Drinhausen/Keinath*, GesR, § 194 UmwG Rz. 7.

35) Lutter-*Hoger*, UmwG, § 194 Rz. 13.

36) *Simons* in: BeckOGK-UmwG, § 194 Rz. 31; Semler/Stengel/Leonard-*Bärwaldt*, UmwG, § 194 Rz. 18; Widmann/Mayer-*Weiler*, UmwR, § 194 UmwG Rz. 59.

37) *Simons* in: BeckOGK-UmwG, § 194 Rz. 31; Widmann/Mayer-*Weiler*, UmwR, § 194 UmwG Rz. 61.

38) *Simons* in: BeckOGK-UmwG, § 194 Rz. 22; Semler/Stengel/Leonard-*Bärwaldt*, UmwG, § 194 Rz. 12; Henssler/Strohn-*Drinhausen/Keinath*, GesR, § 194 UmwG Rz. 6.

39) Semler/Stengel/Leonard-*Bärwaldt*, UmwG, § 194 Rz. 15, 20.

40) Widmann/Mayer-*Weiler*, UmwR, § 194 UmwG Rz. 79; Semler/Stengel/Leonard-*Bärwaldt*, UmwG, § 194 Rz. 22.

41) Widmann/Mayer-*Weiler*, UmwR, § 194 UmwG Rz. 81.

42) Semler/Stengel/Leonard-*Bärwaldt*, UmwG, § 194 Rz. 24; Schmitt/Hörtnagl-*Winter*, UmwG/UmwStG, § 194 UmwG Rz. 7; Henssler/Strohn-*Drinhausen/Keinath*, GesR, § 194 UmwG Rz. 9.

Sonderrechte i. S. der Vorschrift kommen z. B. auch (korporativ verankerte) **Veto-, Entsende- oder Bestellungsrechte** in Betracht.[43] Rein schuldrechtliche Rechtsbeziehungen sind hingegen nicht ausreichend.[44] Auch Vorzüge, die Anteilsinhaber sich gegenseitig gewähren (und nicht seitens des formwechselnden Rechtsträgers gewährt werden), fallen nicht unter Nr. 5.[45]

22 Im Hinblick auf den Gleichbehandlungsgrundsatz sind solche Sonderrechte nicht im Formwechselbeschluss anzugeben, die allen Anteilsinhabern **gleichermaßen gewährt** werden.[46] Zudem bedarf es der Angabe solcher Sonderrechte nicht, die als **gesetzliche Folge** des Formwechsels bzw. **kraft Gesetzes** entstehen.[47]

23 Die Aufnahme von Rechten und Maßnahmen i. S. von in § 194 Abs. 1 Nr. 5 im Formwechselbeschluss ist **kein Wirksamkeitserfordernis** für die Gewährung der betreffenden Rechte.[48]

24 Sofern bei dem Rechtsträger vor dem Formwechsel bereits Sonderrechte bestehen, sind diese **in der neuen Rechtsform fortzuführen.**[49] Sofern dies nach dem maßgeblichen Gesellschaftsrecht der Zielrechtsform möglich ist, scheint es vor dem Hintergrund des Wortlauts („gewähren", „vorgesehen") naheliegend, dass solche fortgeführten Sonderrechte nicht im Formwechselbeschluss angegeben werden müssen, auch wenn sich eine vorsorgliche Aufnahme empfiehlt.[50] Wenn hingegen bereits bestehende Sonderrechte in der neuen Rechtsform nicht fortgeführt werden können, sind solche Rechte zu gewähren, die dem ursprünglichen Sonderrecht in rechtlicher und wirtschaftlicher Hinsicht am nächsten kommen.[51] Scheidet auch dies aus, ist eine anderweitige wirtschaftliche Kompensation wie eine bare Zuzahlung i. S. von § 196 vorzusehen, die im Formwechselbeschluss aufzuführen ist.[52]

f) Barabfindungsangebot (§ 194 Abs. 1 Nr. 6)

25 Gemäß § 207 hat der formwechselnde Rechtsträger jedem Anteilsinhaber, der gegen den Formwechselbeschluss Widerspruch zur Niederschrift erklärt, den Erwerb seiner umge-

43) Vgl. Semler/Stengel/Leonard-*Bärwaldt*, UmwG, § 194 Rz. 24; Widmann/Mayer-*Weiler*, UmwR, § 194 UmwG Rz. 81; Lutter-*Hoger*, UmwG, § 194 Rz. 17.

44) Widmann/Mayer-*Weiler*, UmwR, § 194 UmwG Rz. 80; *Wansleben* in: MünchHdb. GesR, Bd. 8, § 34 Rz. 37.

45) Dies ergibt sich zwar nicht ausdrücklich aus dem Wortlaut der Vorschrift, da diese offenlässt, wer die Sonderrechte den Anteilsinhabern gewährt, lässt sich aber aus dem Sinn der Angabe zu den Sonderrechten im Formwechselbeschluss herleiten, die den Anteilsinhabern die Überprüfung des Gleichbehandlungsgrundsatzes ermöglichen soll. Zudem stützt ein systematischer Vergleich zu § 5 Abs. 1 Nr. 7 diese Auffassung, da im Verschmelzungsvertrag die seitens des übernehmenden Rechtsträgers zu gewährenden Sonderrechte anzugeben sind; eine vergleichbare Klarstellung bedurfte es in § 194 Abs. 1 Nr. 5 jedoch nicht, da an dem Formwechselvorgang nur ein Rechtsträger beteiligt ist.

46) Widmann/Mayer-*Weiler*, UmwR, § 194 UmwG Rz. 79; Semler/Stengel/Leonard-*Bärwaldt*, UmwG, § 194 Rz. 22; *Simons* in: BeckOGK-UmwG, § 194 Rz. 33; Kallmeyer-*Berger*, UmwG, § 194 Rz. 40; *Wansleben* in: MünchHdb. GesR, Bd. 8, § 34 Rz. 37.

47) Widmann/Mayer-*Weiler*, UmwR, § 194 UmwG Rz. 97; *Simons* in: BeckOGK-UmwG, § 194 Rz. 33; Kallmeyer-*Berger*, UmwG, § 194 Rz. 37; *Wansleben* in: MünchHdb. GesR, Bd. 8, § 34 Rz. 37.

48) Kallmeyer-*Berger*, UmwG, § 194 Rz. 38. Zur Verschmelzung Semler/Stengel/Leonard-*Schröer*/*Greitemann*, UmwG, § 5 Rz. 74.

49) Widmann/Mayer-*Weiler*, UmwR, § 194 UmwG Rz. 77, 82; *Simons* in: BeckOGK-UmwG, § 194 Rz. 37; *Wansleben* in: MünchHdb. GesR, Bd. 8, § 36 Rz. 37.

50) *Wansleben* in: MünchHdb. GesR, Bd. 8, § 34 Rz. 37; *Simons* in: BeckOGK-UmwG, § 194 Rz. 35.

51) Widmann/Mayer-*Weiler*, UmwR, § 194 UmwG Rz. 82; Semler/Stengel/Leonard-*Bärwaldt*, UmwG, § 194 Rz. 25; Kallmeyer-*Berger*, UmwG, § 194 Rz. 39; *Simons* in: BeckOGK-UmwG, § 194 Rz. 37.

52) Widmann/Mayer-*Weiler*, UmwR, § 194 UmwG Rz. 77, 83 f.; *Simons* in: BeckOGK-UmwG, § 194 Rz. 37.

wandelten Anteile oder Mitgliedschaften gegen eine angemessene Barabfindung anzubieten (siehe hierzu die Kommentierung zu § 207 [*Seulen*]). Dieses **Abfindungsangebot** hat der Formelbeschluss nach § 194 Abs. 1 Nr. 6 zu bestimmen.

26 Der Formwechselbeschlusses muss die **Höhe der genauen Abfindung je Anteil** beziffern, d. h. dass die Angabe eines konkreten Geldbetrags pro Anteil erforderlich ist.[53] Zudem muss der Hinweis enthalten sein, dass das Angebot gemäß § 209 nur innerhalb von zwei Monaten angenommen werden kann.[54] Nicht erforderlich ist hingegen die Begründung der Höhe der Barabfindung und die zu ihrer Ermittlung gewählten Bewertungsmethoden, da entsprechende Angaben im Formwechselbericht zu reflektieren sind (siehe hierzu § 192 Rz. 13 [*Schaper/Meven*]).[55]

27 Ausweislich des Wortlauts von § 194 Abs. 1 Nr. 6 muss ein Barabfindungsangebot dann nicht im Formwechselbeschluss enthalten sein, wenn der Formwechselbeschluss zu seiner Wirksamkeit der **Zustimmung aller Anteilsinhaber** bedarf oder an dem formwechselnden Rechtsträger **nur ein Anteilsinhaber** beteiligt ist. Hintergrund ist, dass das Barabfindungsangebot dem Schutz von Minderheitsanteilsinhabern dient und es deren Schutz nicht bedarf, wenn jeder Anteilsinhaber den Formwechsel verhindern kann.[56] Das Zustimmungserfordernis aller Anteilsinhaber kann sich zum einen aus dem Gesetz, zum anderen aber auch aus dem Gesellschaftsvertrag bzw. der Satzung des formwechselnden Rechtsträgers ergeben, wenn hiernach der Formwechselbeschluss aufgrund von Vinkulierungsklauseln (siehe hierzu § 193 ab Rz. 23 [*Schaper/Meven*]) der Zustimmung aller Anteilsinhaber bedarf.[57]

28 Zudem sind Angaben zum Barabfindungsangebot im Formwechselbeschluss dann nicht erforderlich, wenn es eines Barabfindungsangebots aufgrund **besonderer gesetzlicher Vorschriften** zum Formwechsel (z. B. beim Formwechsel einer KGaA in eine AG und umgekehrt, vgl. § 250) nicht bedarf.[58]

29 Auch wenn es an einer entsprechenden gesetzlichen Regelung fehlt, ist allgemein anerkannt, dass **alle Anteilsinhaber** auf das Barabfindungsangebot **in notariell beurkundeter Form verzichten** können und in diesem Fall auch kein Barabfindungsangebot in den Formwechselbeschluss aufzunehmen ist.[59]

---

53) Widmann/Mayer-*Weiler*, UmwR, § 194 UmwG Rz. 102; Semler/Stengel/Leonard-*Bärwaldt*, UmwG, § 194 Rz. 28; *Simons* in: BeckOGK-UmwG, § 194 Rz. 45.

54) Widmann/Mayer-*Weiler*, UmwR, § 194 UmwG Rz. 103; Henssler/Strohn-*Drinhausen/Keinath*, GesR, § 194 UmwG Rz. 10; Semler/Stengel/Leonard-*Bärwaldt*, UmwG, § 194 Rz. 28; a. A. *Simons* in: BeckOGK-UmwG, § 194 Rz. 46.

55) Vgl. *Simons* in: BeckOGK-UmwG, § 194 Rz. 46; Schmitt/Hörtnagl-*Winter*, UmwG/UmwStG, § 194 UmwG Rz. 8.

56) Widmann/Mayer-*Weiler*, UmwR, § 194 UmwG Rz. 106; Henssler/Strohn-*Drinhausen/Keinath*, GesR, § 194 UmwG Rz. 10 f.; Lutter-*Hoger*, UmwG, § 194 Rz. 21.

57) Widmann/Mayer-*Weiler*, UmwR, § 194 UmwG Rz. 107 f., und Lutter-*Hoger*, UmwG, § 194 Rz. 21, wonach es hingegen nicht ausreicht, wenn alle Anteilsinhaber aufgrund der konkreten Mehrheitsverhältnisse im formwechselnden Rechtsträger faktisch über Sperrminoritäten verfügen; in diesem Fall ist also weiterhin ein Barabfindungsangebot im Formwechselbeschluss aufzunehmen.

58) Lutter-*Hoger*, UmwG, § 194 Rz. 22. S. zu den besonderen gesetzlichen Vorschriften zum Formwechsel, wonach ein Barabfindungsangebot nicht aufgenommen werden muss: Widmann/Mayer-*Weiler*, UmwR, § 194 UmwG Rz. 110.

59) Semler/Stengel/Leonard-*Bärwaldt*, UmwG, § 194 Rz. 29; Henssler/Strohn-*Drinhausen/Keinath*, GesR, § 194 UmwG Rz. 11; Widmann/Mayer-*Weiler*, UmwR, § 194 UmwG Rz. 112; Lutter-*Hoger*, UmwG, § 194 Rz. 23.

g) Folgen für die Arbeitnehmer (§ 194 Abs. 1 Nr. 7)

30 Nach § 194 Abs. 1 Nr. 7 hat der Formwechselbeschluss die Folgen des Formwechsels für die Arbeitnehmer und ihre Vertretungen sowie die insoweit vorgesehenen Maßnahmen zu bestimmen. Gemeint sind hiermit sowohl **individual- als auch kollektivarbeitsrechtliche Veränderungen**, die durch den Formwechsel ausgelöst werden.[60] Vor dem Hintergrund der beim Formwechsel geltenden **Rechtsträgeridentität** (vgl. § 202 Abs. 1) sind die Folgen des Formwechsels für die Arbeitnehmer nicht sehr weitreichend, da es zu keinem Arbeitgeberwechsel, keiner Änderung der Arbeitsverträge und keinen Auswirkungen auf Tarifverträge, Betriebsvereinbarungen oder den Betriebsrat kommt.[61]

31 Der Formwechsel kann jedoch Auswirkungen auf die **Unternehmensmitbestimmung** des Rechtsträgers haben, indem eine zuvor bestandene Mitbestimmung im Zuge des Formwechsels wegfällt oder erstmalig entsteht.[62] Dies ist im Formwechselbeschluss entsprechend darzustellen.[63] Bei einem entsprechenden Wegfall der Unternehmensmitbestimmung bei einem Formwechsel findet die Mitbestimmungssicherung nach § 132a Abs. 1 keine (entsprechende) Anwendung.[64]

32 Daneben sind aufgrund des Formwechsels **Veränderungen des Haftungsregimes** des formwechselnden Rechtsträgers möglich.[65] Auch dies ist im Formwechselbeschluss darzustellen, wenn z. B. aufgrund des Wegfalls der persönlichen Haftung der Anteilsinhaber bei einem Formwechsel einer Personengesellschaft in eine Kapitalgesellschaft die Arbeitnehmer als Gläubiger des formwechselnden Rechtsträgers betroffen sind.[66]

33 Für den Fall, dass der Formwechsel **keinen Einfluss auf die Arbeitnehmer** und ihre Vertretungen hat, bietet sich eine Negativerklärung an, auch wenn diese nicht erforderlich ist (siehe hierzu Rz. 5).[67] Sofern der formwechselnde Rechtsträger über **keine Arbeitnehmer** verfügt, ist im Formwechselbeschluss hierauf und dem damit verbundenen Entfallen weiterer Angaben nach § 194 Abs. 1 Nr. 7 hinzuweisen.[68]

34 Für den Fall, dass der formwechselnde Rechtsträger **keinen Betriebsrat** hat, entfällt zwar die Pflicht nach § 194 Abs. 2, den Entwurf des Formwechselbeschlusses dem Betriebsrat zuzuleiten (siehe hierzu Rz. 41). Hieraus kann aber nicht geschlussfolgert werden, dass in diesem Fall auch die Angaben nach § 194 Abs. 1 Nr. 7 im Formwechselbeschluss entbehr-

---

60) Henssler/Strohn-*Drinhausen/Keinath*, GesR, § 194 UmwG Rz. 12; Widmann/Mayer-*Weiler*, UmwR, § 194 UmwG Rz. 114; *Simons* in: BeckOGK-UmwG, § 194 Rz. 55; Semler/Stengel/Leonard-*Bärwaldt*, UmwG, § 194 Rz. 30.

61) Henssler/Strohn-*Drinhausen/Keinath*, GesR, § 194 UmwG Rz. 12; Semler/Stengel/Leonard-*Bärwaldt*, UmwG, § 194 Rz. 30; Widmann/Mayer-*Weiler*, UmwR, § 194 UmwG Rz. 116 f.; Kallmeyer-*Willemsen/Müller-Bonanni*, UmwG, § 194 Rz. 58.

62) S. ausf. Widmann/Mayer-*Weiler*, UmwR, § 194 UmwG Rz. 119 ff.

63) Widmann/Mayer-*Weiler*, UmwR, § 194 UmwG Rz. 119; Lutter-*Hoger*, UmwG, § 194 Rz. 27; Henssler/Strohn-*Drinhausen/Keinath*, GesR, § 194 UmwG Rz. 12.

64) Widmann/Mayer-*Weiler*, UmwR, § 194 UmwG Rz. 125 f.; Kallmeyer-*Willemsen/Müller-Bonanni*, UmwG, § 194 Rz. 58. Noch zur Vorgängerregelung § 325 Abs. 1 a. F.: *Simons* in: BeckOGK-UmwG, § 194 Rz. 56.

65) Widmann/Mayer-*Weiler*, UmwR, § 194 UmwG Rz. 133; *Simons* in: BeckOGK-UmwG, § 194 Rz. 57; Kallmeyer-*Willemsen/Müller-Bonanni*, UmwG, § 194 Rz. 58; Semler/Stengel/Leonard-*Bärwaldt*, UmwG, § 194 Rz. 32.

66) Widmann/Mayer-*Weiler*, UmwR, § 194 UmwG Rz. 133; *Simons* in: BeckOGK-UmwG, § 194 Rz. 57; Kallmeyer-*Willemsen/Müller-Bonanni*, UmwG, § 194 Rz. 58; Semler/Stengel/Leonard-*Bärwaldt*, UmwG, § 194 Rz. 32.

67) Widmann/Mayer-*Weiler*, UmwR, § 194 UmwG Rz. 134.

68) Widmann/Mayer-*Weiler*, UmwR, § 194 UmwG Rz. 137; Lutter-*Hoger*, UmwG, § 194 Rz. 31.

lich sind,[69] da das Gesetz § 194 Abs. 1 Nr. 7 als **Mindestinhalt** des Formwechselbeschlusses unabhängig von dem Bestehen eines Betriebsrats statuiert und entsprechende Angaben auch für die Anteilsinhaber von Interesse sein können.[70]

2. Gesellschaftsvertrag bzw. Satzung des Rechtsträgers neuer Rechtsform

Die besonderen Vorschriften statuieren für den jeweiligen Formwechsel, dass der **Gesellschaftsvertrag** bzw. die **Satzung** des Rechtsträgers neuer Rechtsform zum Mindestinhalt des Formwechselbeschlusses gehört.[71] 35

3. Sonstige Inhalte

Neben den in § 194 Abs. 1 geregelten allgemeinen Mindestinhalten für den Formwechselbeschluss sehen die **besonderen Formwechselvorschriften** je nach Formwechselkonstellation ggf. **weitere obligatorische Inhalte** vor, die im Formwechselbeschluss zu reflektieren sind.[72] 36

Darüber hinaus besteht die Möglichkeit, **fakultativ** weitere Inhalte im Formwechselbeschluss aufzunehmen. Dazu kommt es insbesondere, wenn über den Verweis nach § 197 Satz 1 die für die neue Rechtsform geltenden **Gründungsvorschriften** weitere Beschlusserfordernisse wie z. B. die Bestellung von Organmitgliedern oder Mindestkapitalanforderungen statuieren.[73] 37

Zudem ist es grundsätzlich sinnvoll, die **relevanten Verzichtserklärungen** in den Formwechselbeschluss aufzunehmen bzw. sie in einer Urkunde mit dem Beschluss zu verbinden.[74] Bei Rechtsträgern mit geschlossenem und überschaubaren Anteilsinhaberkreis ist dies insbesondere der Verzicht auf die Klage gegen die Wirksamkeit des Formwechselbeschlusses nach § 198 Abs. 3 i. V. m. § 16 Abs. 2 Satz 2, da andernfalls der Formwechsel erst nach Ablauf der einmonatigen Klagefrist aus § 195 Abs. 1 im Register eintragen werden kann.[75] 38

III. Zuleitung des Beschlussentwurfs an den Betriebsrat (§ 194 Abs. 2)

1. Allgemein

Nach § 194 Abs. 2 ist der **Entwurf des Formwechselbeschlusses** spätestens einen Monat vor dem Tag der Versammlung der Anteilsinhaber,[76] die den Formwechsel beschließen soll, dem **zuständigen Betriebsrat** zuzuleiten. Da die Vorschrift dem § 5 Abs. 3 für die Verschmelzung und dem § 126 Abs. 3 für die Spaltung entspricht, kann für nähere Ausführungen auf deren Kommentierung verwiesen werden (siehe hierzu § 5 Rz. 138 ff. [*Redenius-Hövermann/Laufersweiler*], und § 126 Rz. 102 ff. [*K. Wentz*]). Zweck der **Zuleitungs-** 39

69) So aber LG Stuttgart, Beschl. v. 11.12.1995 – 4 KfH T 22/95, DNotI-Report 1996, 43 – für die Verschmelzung; für den Formwechsel *Wansleben* in: MünchHdb. GesR, Bd. 8, § 34 Rz. 49.

70) Widmann/Mayer-*Weiler*, UmwR, § 194 UmwG Rz. 136; *Simons* in: BeckOGK-UmwG, § 194 Rz. 62; *Olbertz*, GWR 2017, 314, 315; in Bezug auf § 5 Abs. 1 Nr. 9 für den Verschmelzungsvertrag *Stohlmeier*, BB 1999, 1394, 1395 f.

71) § 218 Abs. 1; § 225c i. V. m. § 218 Abs. 1; § 234 Nr. 3; § 243 Abs. 1 Satz 1 i. V. m. § 218 Abs. 1; § 253 Abs. 1; § 263 Abs. 1 i. V. m. § 218 Abs. 1; § 276 Abs. 1 i. V. m. § 218 Abs. 1; § 285 Abs. 1 i. V. m. § 253 Abs. 1; § 294 Abs. 1 i. V. m. § 218 Abs. 1.

72) S. die Übersicht bei Widmann/Mayer-*Weiler*, UmwR, § 194 UmwG Rz. 142.

73) Widmann/Mayer-*Weiler*, UmwR, § 194 UmwG Rz. 151.

74) S. für einen Überblick: Widmann/Mayer-*Weiler*, UmwR, § 194 UmwG Rz. 153 f.

75) Widmann/Mayer-*Weiler*, UmwR, § 194 UmwG Rz. 154; *Simons* in: BeckOGK-UmwG, § 194 Rz. 70; Semler/Stengel/Leonard-*Bärwaldt*, UmwG, § 194 Rz. 37; Lutter-*Hoger*, UmwG, § 194 Rz. 38.

76) S. zur Fristberechnung *Simons* in: BeckOGK-UmwG, § 194 Rz. 89 f.

pflicht ist, dem zuständigen Betriebsrat zu ermöglichen, etwaige Einwendungen gegen den Formwechsel geltend zu machen sowie ggf. auf Änderungen hinzuwirken.[77] Der Betriebsrat hat diesbezüglich jedoch keine Durchsetzungsmöglichkeit, da ihm weder Zustimmungs- noch Veto-Rechte bzgl. des Formwechsels zustehen.[78]

40 Die Zuleitungspflicht bezieht sich ausweislich des Wortlauts auf den **„Entwurf"** des Formwechselbeschlusses. Dem Sinn und Zweck der Regelung Rechnung tragend, muss der Formwechselbeschluss **inhaltlich** aber **final** sein, sodass lediglich die Beschlussfassung der Versammlung der Anteilsinhaber noch aussteht.[79] In welchem Umfang **Anlagen** des Formwechselbeschlusses ebenfalls zugeleitet werden müssen, ist umstritten,[80] sodass vorsorglich sämtliche Anlagen des Formwechselbeschlusses zugeleitet werden sollten. Nicht zuzuleiten sind der Formwechselbericht oder der Entwurf der notariellen Urkunde.[81]

41 Sofern der formwechselnde Rechtsträger über **keinen Betriebsrat** verfügt, entfällt die Zuleitungspflicht nach § 194 Abs. 2 und es entsteht auch **keine ersatzweise Mitteilungspflicht gegenüber den Arbeitnehmern.**[82] Die einmonatige Frist ist in diesem Fall für die Terminierung der Versammlung der Anteilsinhaber mithin nicht zu berücksichtigen. Sofern der formwechselnde Rechtsträger neben mehreren Betriebsräten einen Gesamtbetriebsrat hat, ist der Entwurf des Formwechselbeschlusses dem **Gesamtbetriebsrat** zuzuleiten.[83] Falls es keinen Gesamtbetriebsrat gibt, hat die Zuleitung allen **(Einzel-)Betriebsräten** gegenüber zu erfolgen.[84] Sofern im konkreten Fall Unsicherheiten bzgl. des richtigen Adressaten bestehen, sollte die Zuleitung vorsorglich an alle in Betracht kommenden Betriebsräte erfolgen.[85]

42 **Innerhalb des Betriebsrats** hat die Zuleitung an den **Vorsitzenden** und wenn dieser verhindert ist, an dessen **Stellvertreter** zu erfolgen.[86] Sind beide nicht verfügbar und wurde keine anderweitige Empfangszuständigkeit für den Betriebsrat vorgesehen, kann die Zuleitung jedem anderen Betriebsratsmitglied gegenüber erfolgen.[87]

43 Da gemäß § 199 der Handelsregisteranmeldung ein Nachweis über die Zuleitung an den Betriebsrat beigefügt werden muss, sollte man sich den Empfang des Entwurfs des Formwechselbeschlusses vom Betriebsrat mittels eines **schriftlichen und datierten Empfangs-**

77) *Simons* in: BeckOGK-UmwG, § 194 Rz. 73; für die Verschmelzung Kallmeyer-*Willemsen/Müller-Bonanni*, UmwG, § 5 Rz. 74; Semler/Stengel/Leonard-*Simon/Fischer*, UmwG, § 5 Rz. 140.

78) *Simons* in: BeckOGK-UmwG, § 194 Rz. 73; vgl. *Olbertz*, GWR 2017, 314, 315, wonach weitere Beteiligungsrechte des Betriebsrats bei einem Formwechsel regelmäßig nicht gegeben sind.

79) *Simons* in: BeckOGK-UmwG, § 194 Rz. 76.

80) S. hierzu *Lakenberg* in: MünchHdb. GesR, Bd. 8, § 56 Rz. 43 f.

81) *Simons* in: BeckOGK-UmwG, § 194 Rz. 75; Lutter-*Hoger*, UmwG, § 194 Rz. 43.

82) Widmann/Mayer-*Weiler*, UmwR, § 194 UmwG Rz. 171; Lutter-*Hoger*, UmwG, § 194 Rz. 40; Schmitt/Hörtnagl-*Langner*, UmwG/UmwStG, § 194 UmwG Rz. 12 f.; *Lakenberg* in: MünchHdb. GesR, Bd. 8, § 56 Rz. 49.

83) *Simons* in: BeckOGK-UmwG, § 194 Rz. 78; *Lakenberg* in: MünchHdb. GesR, Bd. 8, § 56 Rz. 46; zur Verschmelzung Kallmeyer-*Willemsen/Müller-Bonanni*, UmwG, § 5 Rz. 76.

84) *Simons* in: BeckOGK-UmwG, § 194 Rz. 78; *Lakenberg* in: MünchHdb. GesR, Bd. 8, § 56 Rz. 46; a. A. zur Verschmelzung Semler/Stengel/Leonard-*Simon/Fischer*, UmwG, § 5 Rz. 142, wonach die Zuleitungspflicht entfällt, wenn es keinen Gesamtbetriebsrat gibt, jedoch vorsorglich eine Zuleitung an die (Einzel-)Betriebsräte erfolgen sollte.

85) *Simons* in: BeckOGK-UmwG, § 194 Rz. 79; Widmann/Mayer-*Weiler*, UmwR, § 194 UmwG Rz. 164; *Usler*, MittRhNotK 1998, 22, 36; zur Verschmelzung Kallmeyer-*Willemsen/Müller-Bonanni*, UmwG, § 5 Rz. 76; Semler/Stengel/Leonard-*Simon/Fischer*, UmwG, § 5 Rz. 142 f.

86) *Simons* in: BeckOGK-UmwG, § 194 Rz. 78; *Lakenberg* in: MünchHdb. GesR, Bd. 8, § 56 Rz. 48; zur Verschmelzung Semler/Stengel/Leonard-*Simon/Fischer*, UmwG, § 5 Rz. 141.

87) *Simons* in: BeckOGK-UmwG, § 194 Rz. 78; *Lakenberg* in: MünchHdb. GesR, Bd. 8, § 56 Rz. 48.

bekenntnisses bestätigen lassen.[88] Weigert sich der Betriebsrat zur Unterzeichnung eines Empfangsbekenntnisses, sollte der Zugang beim Betriebsrat anderweitig nachgewiesen werden (z. B. Zuleitung in Anwesenheit eines Zeugen).

Verfügt der formwechselnde Rechtsträger über keinen Betriebsrat, ist i. R. der Anmeldung des Formwechsels beim zuständigen Register nachzuweisen, dass kein Betriebsrat besteht.[89] Hierzu ist eine **schriftliche Bestätigung** des Vertretungsorgans des Rechtsträgers bzw. eine Bestätigung in der Registeranmeldung ausreichend. Einer **eidesstaatlichen Versicherung** bedarf es nicht.[90] 44

2. Nachträgliche Änderung des Formwechselbeschlusses

Werden nach der Zuleitung des Formwechselbeschlussentwurfs Änderungen an diesem erforderlich, lösen diese **nicht zwingend** eine **erneute Zuleitungspflicht** an den Betriebsrat aus.[91] An einer erneuten Zuleitungspflicht fehlt es z. B. bei lediglich redaktionellen oder rechtstechnischen Anpassungen des Formwechselbeschlusses.[92] Bei inhaltlichen Änderungen kommt es auf den Einzelfall an; eine erneute Zuleitungspflicht ist auf jeden Fall bei **wesentlichen** Änderungen erforderlich.[93] Dies ist vor allem danach zu beurteilen, ob die Änderungen die Interessen der Arbeitnehmer und ihrer Vertretungen berühren können und daher insbesondere die Angaben nach § 194 Abs. 1 Nr. 7 oder den Formwechsel als solchen betreffen.[94] Im Zweifel sollte in der Praxis bei Änderungen, die über die Korrektur von bloßen Rechtschreibfehlern, redaktionellen Änderungen oder Anpassung von Formalien hinausgehen, eine erneute Zuleitung erwogen werden.[95] 45

3. Verzicht auf die Zuleitung

Es ist anerkannt, dass der Betriebsrat auf die **Einhaltung der Monatsfrist verzichten** bzw. diese verkürzen kann.[96] Umstritten ist jedoch, ob der Betriebsrat auch auf die **Zuleitung des Formwechselbeschlusses insgesamt verzichten** kann: Dafür spricht, dass der Betriebsrat der alleinige Schutzadressat der Zuleitungspflicht ist und es ihm insofern 46

88) Zur Verschmelzung Semler/Stengel/Leonard-*Simon/Fischer*, UmwG, § 5 Rz. 141 und Kallmeyer-*Willemsen/Müller-Bonanni*, UmwG, § 5 Rz. 76; vgl. auch Henssler/Strohn-*Drinhausen/Keinath*, GesR, § 194 UmwG Rz. 14; Lutter-*Hoger*, UmwG, § 194 Rz. 41, und *Usler*, MittRhNotK 1998, 22, 37.

89) Widmann/Mayer-*Weiler*, UmwR, § 194 UmwG Rz. 171; zur Verschmelzung Kallmeyer-*Willemsen/Müller-Bonanni*, UmwG, § 5 Rz. 79, und Semler/Stengel/Leonard-*Simon/Fischer*, UmwG, § 5 Rz. 148.

90) Widmann/Mayer-*Weiler*, UmwR, § 194 UmwG Rz. 171; zur Verschmelzung Kallmeyer-*Willemsen/Müller-Bonanni*, UmwG, § 5 Rz. 79; Semler/Stengel/Leonard-*Simon Fischer*, UmwG, § 5 Rz. 148; a. A.: zur Verschmelzung: AG Duisburg, Urt. v. 4.1.1996 – 23 HRB 4942, 23 HRB 5935, GmbHR 1996, 372.

91) *Lakenberg* in: MünchHdb. GesR, Bd. 8, § 56 Rz. 57; vgl. *Simons* in: BeckOGK-UmwG, § 194 Rz. 92; Widmann/Mayer-*Weiler*, UmwR, § 194 UmwG Rz. 168.

92) *Simons* in: BeckOGK-UmwG, § 194 Rz. 92; Widmann/Mayer-*Weiler*, UmwR, § 194 UmwG Rz. 168; *Lakenberg* in: MünchHdb. GesR, Bd. 8, § 56 Rz. 57.

93) Lutter-*Hoger*, UmwG, § 194 Rz. 44; *Simons* in: BeckOGK-UmwG, § 194 Rz. 92. Im Einzelnen ist die Frage, unter welchen Voraussetzungen eine erneute Zuleitungspflicht ausgelöst wird, umstritten. S. für einen Überblick über das Meinungsspektrum: *Lakenberg* in: MünchHdb. GesR, Bd. 8, § 56 Rz. 57.

94) *Simons* in: BeckOGK-UmwG, § 194 Rz. 92; Lutter-*Hoger*, UmwG, § 194 Rz. 44; vgl. Widmann/Mayer-*Weiler*, UmwR, § 194 UmwG Rz. 168; restriktiver, wonach auch Änderungen nach § 194 Abs. 1 Nr. 1 bis 6 mitteilungspflichtig sind: *Petersen* in: KölnKomm-UmwG, § 194 Rz. 30.

95) Widmann/Mayer-*Weiler*, UmwR, § 194 UmwG Rz. 169; *Simons* in: BeckOGK-UmwG, § 194 Rz. 93.

96) Widmann/Mayer-*Weiler*, UmwR, § 194 UmwG Rz. 166; *Simons* in: BeckOGK-UmwG, § 194 Rz. 95; *Lakenberg* in: MünchHdb. GesR, Bd. 8, § 56 Rz. 55.

möglich sein sollte, darüber zu disponieren.[97] Gegenstimmen führen hingegen an, dass die Zuleitung den Betriebsrat erst in die Lage versetzt, seiner Prüfungsaufgabe nachzukommen, wobei er selbst bestimmen kann, ob er die ihm vom Gesetz zur Prüfung eingeräumte Zeit benötigt oder nicht.[98] Auch wenn die besseren Argumente für eine Verzichtsmöglichkeit des Betriebsrats auf die Zuleitung (und nicht nur auf die Frist) sprechen, sollte in der Praxis vor dem Hintergrund des Streits der rechtssichere Weg gewählt und der Formwechselbeschluss zugeleitet sowie auf die (teilweise) Einhaltung der Monatsfrist verzichtet werden.[99] Für Zwecke des Nachweises gegenüber dem Register sollte der Verzicht auf die Einhaltung der Monatsfrist schriftlich dokumentiert werden.[100]

IV. Mängel des Formwechselbeschlusses

47 Bestimmt der Formwechselbeschluss den gemäß § 194 Abs. 1 vorgesehenen Pflichtinhalt nicht oder fehlerhaft, ist er inhaltlich mangelhaft.[101] Der Formwechsel darf in der Folge grundsätzlich **nicht in das Register eingetragen werden** und kann innerhalb der **Monatsfrist** nach § 195 Abs. 1 im Klageweg angegriffen werden.[102] Von diesem Grundsatz gibt es jedoch mehrere Ausnahmen:

48 Sofern die **Anteile** an dem Rechtsträger neuer Rechtsform **nicht angemessen** sind oder die **Mitgliedschaft kein ausreichender Gegenwert** für die Anteile oder die Mitgliedschaft bei dem formwechselnden Rechtsträger ist, können die Anteilsinhaber auf dieser Grundlage gemäß § 195 Abs. 2 nicht gegen den Formwechselbeschluss klagen; stattdessen können sie einen Ausgleich durch **bare Zuzahlung verlangen**, der im Spruchverfahren überprüfbar ist (vgl. § 196).[103]

49 Enthält der Formwechselbeschluss keine Angaben zu den **Sonderrechten** nach § 194 Abs. 1 Nr. 5, ist grundsätzlich davon auszugehen, dass keine Sonderrechte gewährt werden.[104] Das (pflichtwidrige) Unterlassen der Angabe von Sonderrechten beeinträchtigt zudem die materiell-rechtliche Berechtigung des Inhabers des Sonderrechts nicht (siehe hierzu Rz. 23).

50 Das **Fehlen des Barabfindungsangebots** im Formwechselbeschluss oder dessen formelle oder materielle **Unrichtigkeit** führt nicht zur Anfechtbarkeit bzw. Unwirksamkeit des Formwechselbeschlusses (vgl. § 210), dem Anteilsinhaber steht aber der Weg des Spruchverfahrens nach § 212 offen.[105] Sofern der Formwechselbeschluss fehlerhafte oder unzureichende Angaben bzgl. § 194 Abs. 1 Nr. 7 enthält, können Arbeitnehmer und Betriebsrat entsprechende Beschlussmängel nicht klageweise geltend machen; ihnen bleibt

97) Widmann/Mayer-*Weiler*, UmwR, § 194 UmwG Rz. 167; Henssler/Strohn-*Drinhausen/Keinath*, GesR, § 194 UmwG Rz. 14; *Simons* in: BeckOGK-UmwG, § 194 Rz. 95; *Pfaff*, DB 2002, 686 ff.

98) In Bezug auf die Verschmelzung: OLG Naumburg, Beschl. v. 17.3.2003 – 7 Wx 6/02, NZG 2004, 734 = GmbHR 2003, 1433; i Erg. für den Formwechsel zust. Lutter-*Hoger*, UmwG, § 194 Rz. 43; *Petersen* in: KölnKomm-UmwG, § 194 Rz. 27.

99) Widmann/Mayer-*Weiler*, UmwR, § 194 UmwG Rz. 167; *Simons* in: BeckOGK-UmwG, § 194 Rz. 96.

100) *Simons* in: BeckOGK-UmwG, § 194 Rz. 95; Widmann/Mayer-*Weiler*, UmwR, § 194 UmwG Rz. 167.

101) *Simons* in: BeckOGK-UmwG, § 194 Rz. 72; *Humrich/Eder* in: MünchHdb. GesR, Bd. 8, § 37 Rz. 23.

102) *Simons* in: BeckOGK-UmwG, § 194 Rz. 72.

103) *Simons* in: BeckOGK-UmwG, § 194 Rz. 32; Semler/Stengel/Leonard-*Bärwaldt*, UmwG, § 194 Rz. 19.

104) Widmann/Mayer-*Weiler*, UmwR, § 194 UmwG Rz. 157; *Simons* in: BeckOGK-UmwG, § 194 Rz. 42; *Wansleben* in: MünchHdb. GesR, Bd. 8, § 34 Rz. 19; a. A. *Humrich/Eder* in: MünchHdb. GesR, Bd. 8, § 37 Rz. 23.

105) *Simons* in: BeckOGK-UmwG, § 194 Rz. 51; vgl. Kallmeyer-*Berger*, UmwG, § 194 Rz. 47.

lediglich die Möglichkeit, das Registergericht auf die entsprechenden Mängel des Formwechselbeschlusses hinzuweisen.[106] Da die Anteilsinhaber nicht die maßgeblichen Schutzadressaten von § 194 Abs. 1 Nr. 7 sind, steht auch ihnen kein Anfechtungsrecht zu.[107]

V. Mängel der Zuleitung

Wird der Entwurf des Formwechselbeschlusses dem zuständigen Betriebsrat nicht oder nicht rechtzeitig zugeleitet, können weder die Arbeitnehmer oder der Betriebsrat[108] noch die Anteilsinhaber einen entsprechenden Mangel klageweise geltend machen.[109] Da die rechtzeitige Zuleitung seitens des Registergerichts aber im Eintragungsverfahren geprüft wird, wird das Registergericht in so einem Fall die Eintragung des Formwechsels im Register ablehnen.[110] 51

VI. Unabdingbarkeit des § 194

§ 194 Abs. 1 ist bzgl. des Mindestinhalts des Formwechselbeschluss **zwingend** und kann insofern auch nicht durch einstimmigen (Formwechsel-)Beschluss oder Verzicht aller Anteilsinhaber des formwechselnden Rechtsträgers abbedungen werden.[111] 52

Die Anteilsinhaber können zudem selbstredend nicht auf die Zuleitung bzw. Einhaltung der Zuleitungsfrist des Entwurfs des Formwechselbeschlusses an den zuständigen Betriebsrat verzichten, da sie nicht der Schutzadressat des § 194 Abs. 2 sind (zur Verzichtsmöglichkeit seitens des Betriebsrats siehe Rz. 46). 53

---

106) Widmann/Mayer-*Weiler*, UmwR, § 194 UmwG Rz. 158, 161; Lutter-*Hoger*, UmwG, § 194 Rz. 33; *Simons* in: BeckOGK-UmwG, § 194 Rz. 65.

107) Widmann/Mayer-*Weiler*, UmwR, § 194 UmwG Rz. 158; m. anderer Begr. ebenso *Simons* in: BeckOGK-UmwG, § 194 Rz. 65; a. A. *Humrich/Eder* in: MünchHdb. GesR, Bd. 8, § 37 Rz. 24, wonach es darauf ankommen soll, ob sich die Anteilsinhaber nach dem rechtsformspezifischen Beschlussmängelrecht auf die Verletzung von Vorschriften berufen können, ohne persönlich betroffen sein zu müssen und Lutter-*Hoger*, UmwG, § 194 Rz. 33, wonach das Anfechtungsrecht davon abhängt, ob durch die unzutreffende Information ausnahmsweise Belange der Anteilsinhaber berührt werden.

108) Widmann/Mayer-*Weiler*, UmwR, § 194 UmwG Rz. 172; *Usler*, MittRhNotK 1998, 22, 36 f.

109) *Simons* in: BeckOGK-UmwG, § 194 Rz. 97; Widmann/Mayer-*Weiler*, UmwR, § 194 UmwG Rz. 172.

110) *Simons* in: BeckOGK-UmwG, § 194 Rz. 97; Widmann/Mayer-*Weiler*, UmwR, § 194 UmwG Rz. 172; *Usler*, MittRhNotK 1998, 22, 36 f.

111) Semler/Stengel/Leonard-*Bärwaldt*, UmwG, § 194 Rz. 1; *Simons* in: BeckOGK-UmwG, § 194 Rz. 2; Kallmeyer-*Berger*, UmwG, § 194 Rz. 4; Henssler/Strohn-*Drinhausen/Keinath*, GesR, § 194 UmwG Rz. 1; *Wansleben* in: MünchHdb. GesR, Bd. 8, § 34 Rz. 17.

§ 195
Befristung und Ausschluß von Klagen gegen den Formwechselbeschluss[*]

(1) Eine Klage gegen die Wirksamkeit des Formwechselbeschlusses muß binnen eines Monats nach der Beschlußfassung erhoben werden.

(2) Eine Klage gegen die Wirksamkeit des Formwechselbeschlusses kann nicht darauf gestützt werden, daß die in dem Beschluß bestimmten Anteile an dem Rechtsträger neuer Rechtsform nicht angemessen sind oder daß die Mitgliedschaft kein ausreichender Gegenwert für die Anteile oder die Mitgliedschaft bei dem formwechselnden Rechtsträger ist.

*) § 195 i. d. F. des UmwBerG geändert durch Art. 1 des Gesetzes zur Umsetzung der Umwandlungsrichtlinie und zur Änderung weiterer Gesetze (UmRUG), v. 22.2.2023, BGBl. I 2023, Nr. 51.

Literatur: *Bork*, Beschlußverfahren und Beschlußkontrolle nach dem Referentenentwurf eines Gesetzes zur Bereinigung des Umwandlungsrechts, ZGR 1993, 343; *Schmidt, K.*, Zur gesetzlichen Befristung der Nichtigkeitsklage gegen Verschmelzungs- und Umwandlungsbeschlüsse: Eine Ehrenrettung der §§ 14 Abs. 1, 195 UmwG, DB 1995, 1849; *Schöne*, Die Klagefrist des § 14 Abs. 1 UmwG: Teils Rechtsfortschritt, teils „Aufforderung" zu sanktionslosen Geheimbeschlüssen?, DB 1995, 1317.

Übersicht

I. Allgemeines

1 § 195 **beschränkt** die **Klagemöglichkeiten** bei Mängeln des Formwechselbeschlusses **in zeitlicher und inhaltlicher Hinsicht**: Eine Klage gegen die Wirksamkeit des Formwechselbeschlusses muss binnen eines Monats nach der Beschlussfassung erhoben werden (§ 195 Abs. 1; siehe hierzu ab Rz. 3) und kann nicht darauf gestützt werden, dass die in dem Formwechselbeschluss bestimmten Anteile an dem Rechtsträger neuer Rechtsform nicht angemessen sind oder dass die Mitgliedschaft kein ausreichender Gegenwert für die Anteile oder die Mitgliedschaft bei dem formwechselnden Rechtsträger ist (§ 195 Abs. 2; siehe hierzu ab Rz. 15). Letzteres wird durch den Anspruch auf bare Zuzahlung und die Möglichkeit der Klage im Spruchverfahren nach § 196 ausgeglichen (siehe hierzu die Kommentierung zu § 196 [*Schaper/Meven*]).

2 § 195 Abs. 2 gilt gemäß § 333 Abs. 4 **nicht** für den **grenzüberschreitenden Formwechsel** nach den §§ 333 ff.

II. Klagefrist gegen den Formwechselbeschluss (§ 195 Abs. 1)

1. Grundsatz

3 Gemäß § 195 Abs. 1 kann gegen die Wirksamkeit des Formwechselbeschlusses nur binnen einer Frist von einem Monat nach der Beschlussfassung Klage erhoben werden.

4 Entsprechend der Monatsfrist nach § 246 Abs. 1 AktG für Beschlussmängelklagen gegen Hauptversammlungsbeschlüsse einer AG[1] regelt § 195 Abs. 1 im Interesse der Rechtssicherheit eine **einheitliche Klagefrist** für alle Klagen gegen die Wirksamkeit des Formwechselbeschlusses.[2] Die Frist ist **zwingend**[3] und geht als lex specialis den allgemeinen Fristvorschriften vor.[4]

---

1) Henssler/Strohn-*Drinhausen/Keinath*, GesR, § 195 UmwG Rz. 1; Kallmeyer-*Berger*, UmwG, § 195 Rz. 3; Lutter-*Hoger*, UmwG, § 195 Rz. 1.

2) Lutter-*Hoger*, UmwG, § 195 Rz. 1 f.; Henssler/Strohn-*Drinhausen/Keinath*, GesR, § 195 UmwG Rz. 1 f.; *Simons* in: BeckOGK-UmwG, § 195 Rz. 4, 14.

3) Henssler/Strohn-*Drinhausen/Keinath*, GesR, § 195 UmwG Rz. 4; Kallmeyer-*Berger*, UmwG, § 195 Rz. 12; Semler/Stengel/Leonard-*Bärwaldt*, UmwG, § 195 Rz. 18; *Simons* in: BeckOGK-UmwG, § 195 Rz. 21.

4) *Simons* in: BeckOGK-UmwG, § 195 Rz. 16.

2. Erfasste Klagen

Klagegegenstand einer Klage i. S. des § 195 Abs. 1 ist die Wirksamkeit des Formwechselbe- 5
schlusses.[5] Die einschlägige Klageart sowie die formellen und materiellen Beschlussanforderungen, einschließlich der Frage, welche Mängel zur Unwirksamkeit des Formwechselbeschlusses führen, richten sich mit Ausnahme vorrangiger Vorschriften im UmwG wie § 195 Abs. 2 und § 210 nach den für den formwechselnden Rechtsträger jeweils geltenden Vorschriften.[6]

Der Wortlaut des § 195 Abs. 1 ist weit gefasst („Eine Klage gegen die Wirksamkeit des 6
Formwechselbeschlusses […]“) und erfasst somit **grundsätzlich alle Klagearten**, mit denen die Nichtigkeit, Unwirksamkeit oder Anfechtbarkeit eines Beschlusses der Anteilsinhaber geltend gemacht werden kann.[7] Neben **Anfechtungsklagen** sind daher auch **Nichtigkeitsklagen** von § 195 Abs. 1 erfasst, auch wenn damit für Nichtigkeitsklagen gegen Kapitalgesellschaften die Drei-Jahres-Frist des § 242 Abs. 2 Satz 1 AktG erheblich verkürzt wird.[8] Ebenfalls erfasst sind auf die Unwirksamkeit des Formwechselbeschlusses gerichtete **Feststellungsklagen.**[9]

Nicht von § 195 Abs. 1 erfasst sind hingegen **Unterlassungsklagen** und **einstweilige** 7
Verfügungen, da diese gegen die Durchführung des Formwechsels und nicht gegen die Wirksamkeit des Formwechselbeschlusses gerichtet werden.[10] Das gilt ebenso für **Klagen gegen andere Beschlüsse**, die lediglich im Zusammenhang mit dem Formwechsel stehen,[11] oder für **Schadensersatzklagen**[12].

Von § 195 Abs. 1 sind neben Klagen der **Anteilsinhaber** auch Klagen von **Organen** und 8
Organmitgliedern, die zur Geltendmachung von Beschlussmängeln befugt sind, erfasst.[13]

3. Klagefrist

Bei der Frist des § 195 Abs. 1 handelt es sich um eine **materiell-rechtliche Ausschluss-** 9
frist.[14] Die **Fristberechnung** richtet sich nach §§ 187 ff. BGB.[15] Die prozessualen Fristvor-

---

5) *Petersen* in: KölnKomm-UmwG, § 195 Rz. 8; Kallmeyer-*Berger*, UmwG, § 195 Rz. 5; Semler/Stengel/Leonard-*Bärwaldt*, UmwG, § 195 Rz. 5.

6) Kallmeyer-*Berger*, UmwG, § 195 Rz. 6; Schmitt/Hörtnagl-*Winter*, UmwG/UmwStG, § 195 UmwG Rz. 1; *Simons* in: BeckOGK-UmwG, § 195 Rz. 7.

7) Begr Fraktionsentwurf UmwBerG, BT-Drucks. 12/6699, S. 87 – zu § 14 UmwG. S. a. *Simons* in: BeckOGK-UmwG, § 195 Rz. 7.1 ff. – beispielhaft eingehend auf einzelne Rechtsformen (auch unter Berücksichtigung der Änderungen durch das MoPeG für das Beschlussmängelrecht von Personenhandelsgesellschaften).

8) Widmann/Mayer-*Wälzholz*, UmwR, § 195 UmwG Rz. 8; Kallmeyer-*Berger*, UmwG, § 195 Rz. 9; *Petersen* in: KölnKomm-UmwG, § 195 Rz. 5; *Simons* in: BeckOGK-UmwG, § 195 Rz. 9; krit. *Schöne*, DB 1995, 1317, 1319 f.; *Bork*, ZGR 1993, 343, 355.

9) Semler/Stengel/Leonard-*Bärwaldt*, UmwG, § 195 Rz. 6 f.; *Petersen* in: KölnKomm-UmwG, § 195 Rz. 6; *Simons* in: BeckOGK-UmwG, § 195 Rz. 9 f.; a. A. vgl. *K. Schmidt*, DB 1995, 1849, 1850; *Schöne*, DB 1995, 1317, 1321.

10) *Simons* in: BeckOGK-UmwG, § 195 Rz. 11, und Widmann/Mayer-*Wälzholz*, UmwR, § 195 UmwG Rz. 10, jeweils m. w. N.

11) Semler/Stengel/Leonard-*Bärwaldt*, UmwG, § 195 Rz. 11 – am Bsp. von Kapitalerhöhungsbeschlüssen.

12) *Simons* in: BeckOGK-UmwG, § 195 Rz. 11; Widmann/Mayer-*Wälzholz*, UmwR, § 195 UmwG Rz. 10.

13) *Simons* in: BeckOGK-UmwG, § 195 Rz. 12; Henssler/Strohn-*Drinhausen/Keinath*, GesR, § 195 UmwG Rz. 2; Kallmeyer-*Berger*, UmwG, § 195 Rz. 10.

14) Semler/Stengel/Leonard-*Bärwaldt*, UmwG, § 195 Rz. 13; *Simons* in: BeckOGK-UmwG, § 195 Rz. 22; Henssler/Strohn-*Drinhausen/Keinath*, GesR, § 195 UmwG Rz. 3; *Petersen* in: KölnKomm-UmwG, § 195 Rz. 9.

15) Semler/Stengel/Leonard-*Bärwaldt*, UmwG, § 195 Rz. 13; Henssler/Strohn-*Drinhausen/Keinath*, GesR, § 195 UmwG Rz. 3; *Petersen* in: KölnKomm-UmwG, § 195 Rz. 10.

schriften (insbesondere die §§ 221 ff. ZPO, 233 ff. ZPO) und die Regelungen zur Hemmung und Unterbrechung der Verjährung (§§ 203 ff. BGB) finden keine Anwendung.[16)]

10 **Fristbeginn** ist der Tag der Beschlussfassung über den Formwechsel, wobei im Falle einer mehrtägigen Anteilsinhaberversammlung der letzte Tag der Versammlung maßgebend ist.[17)] Dieser Tag wird bei der Fristberechnung nicht mitgerechnet (§ 187 Abs. 1 BGB). Auf die Kenntnis des Klägers vom Beginn der Klagefrist (d. h. (dem Tag) der Beschlussfassung) kommt es nicht an.[18)] Die Frist **endet** mit Ablauf des Tages im Folgemonat, welcher durch seine Zahl dem Tag entspricht, in den das Ereignis (Fassung des Formwechselbeschlusses) fällt (§ 188 Abs. 2 BGB). Würde das Fristende nach dieser Berechnung auf einen Samstag, Sonntag oder Feiertag fallen, endet die Frist erst am nächsten Werktag (§ 193 BGB). Die Frist wird durch Klageerhebung gewahrt, wobei gemäß § 167 ZPO die Einreichung der Klage bei Gericht maßgeblich ist, sofern die Zustellung demnächst erfolgt.[19)]

4. Rechtsfolgen der fristgemäßen und nicht-fristgemäßen Klageerhebung

11 Wird innerhalb der Frist des § 195 Abs. 1 Klage erhoben, so wird die Eintragung des Formwechsels gehindert, da die gemäß § 198 Abs. 3 i. V. m. § 16 Abs. 2 erforderliche Negativerklärung bei der Registeranmeldung nicht abgegeben werden kann **(Registersperre)**.[20)] Hierüber hilft bis zur gerichtlichen Entscheidung nur das **Freigabeverfahren** hinweg.[21)]

12 Die Fristwahrung bezieht sich aber nur auf die in der Klage geltend gemachten Unwirksamkeitsgründe, sodass **weitere Unwirksamkeitsgründe** des Formwechselbeschlusses nach Ablauf der Frist des § 195 Abs. 1 nicht mehr geltend gemacht bzw. nachgereicht werden können, es sei denn, sie sind in ihrem wesentlichen Kern bereits innerhalb der Frist dargelegt worden.[22)]

13 Erfolgt **keine Klageerhebung** innerhalb der Monatsfrist, kann die Negativerklärung gemäß § 198 Abs. 3 i. V. m. § 16 Abs. 2 abgegeben werden und es besteht keine Registersperre mehr.[23)] Auch wenn die in § 195 Abs. 1 geregelte Klagefrist eine materiell-rechtliche Ausschlussfrist darstellt (siehe Rz. 9) und eine nicht fristgemäß erhobene Klage gegen die Wirksamkeit des Formwechselbeschlusses daher als **unbegründet** abzuweisen ist, wird ein etwaiger **Mangel** des Formwechselbeschlusses durch den Ablauf der Klagefrist **nicht geheilt**.[24)] Das

---

16) Semler/Stengel/Leonard-*Bärwaldt*, UmwG, § 195 Rz. 13; *Simons* in: BeckOGK-UmwG, § 195 Rz. 22; *Petersen* in: KölnKomm-UmwG, § 195 Rz. 10.

17) Semler/Stengel/Leonard-*Bärwaldt*, UmwG, § 195 Rz. 14; *Petersen* in: KölnKomm-UmwG, § 195 Rz. 10.

18) Semler/Stengel/Leonard-*Bärwaldt*, UmwG, § 195 Rz. 15; *Simons* in: BeckOGK-UmwG, § 195 Rz. 26; *Petersen* in: KölnKomm-UmwG, § 195 Rz. 10; vgl. auch *Schöne*, DB 1995, 1317, 1318 u. 1320.

19) Semler/Stengel/Leonard-*Bärwaldt*, UmwG, § 195 Rz. 16 f. – auch zur strittigen Frage der Fristwahrung durch Einreichung eines Prozesskostenhilfeantrags.

20) *Simons* in: BeckOGK-UmwG, § 195 Rz. 27; Henssler/Strohn-*Drinhausen/Keinath*, GesR, § 195 UmwG Rz. 3; Semler/Stengel/Leonard-*Bärwaldt*, UmwG, § 195 Rz. 21.

21) *Simons* in: BeckOGK-UmwG, § 195 Rz. 27; Henssler/Strohn-*Drinhausen/Keinath*, GesR, § 195 UmwG Rz. 3.

22) Zur Verschmelzung OLG Düsseldorf, Beschl. v. 15.3.1999 – 17 W 18/99, NZG 1999, 565, 566 = BeckRS 1999, 10622; zum Formwechsel Henssler/Strohn-*Drinhausen/Keinath*, GesR, § 195 UmwG Rz. 3; Kallmeyer-*Berger*, UmwG, § 195 Rz. 17; Semler/Stengel/Leonard-*Bärwaldt*, UmwG, § 195 Rz. 16.

23) *Simons* in: BeckOGK UmwG, § 195 Rz. 24; Kallmeyer-*Berger*, UmwG, § 195 Rz. 18.

24) *Simons* in: BeckOGK-UmwG, § 195 Rz. 24 f.; Semler/Stengel/Leonard-*Bärwaldt*, UmwG, § 195 Rz. 19 f.; Kallmeyer-*Berger*, UmwG, § 195 Rz. 16, 18. Eine Heilung ist nur nach Maßgabe des § 202 durch die Registereintragung möglich und nach § 202 Abs. 1 Nr. 3 auf Mängel bei der notariellen Beurkundung des Formwechselbeschlusses und ggf. erforderlichen Zustimmungs- und Verzichtserklärungen der Anteilsinhaber beschränkt (s. hierzu auch § 193 Rz. 41 [*Schaper/Meven*] sowie Kommentierung zu § 202 Rz. 48 ff. [*Fiedler*]).

Registergericht kann die Eintragung daher verweigern,[25] wobei die Reichweite des Prüfungsrechts des Registergerichts im Einzelnen umstritten ist.[26] Die Klageberechtigten haben aber selbst keine Möglichkeit mehr, die Eintragung des Formwechsels ins Register zu verhindern.[27]

5. Verzicht auf Klageerhebung

Auch wenn die Klagefrist des § 195 Abs. 1 zwingend ist (siehe hierzu Rz. 4), kann auf die Klageerhebung durch **notarielle Erklärung** sämtlicher klageberechtigter Anteilsinhaber verzichtet werden, sodass der Formwechsel ohne Abgabe einer Negativerklärung und bereits vor Ende der Klagefrist eingetragen werden kann (§ 198 Abs. 3 i. V. m. § 16 Abs. 2 Satz 2).[28] 14

III. Klageausschluss (§ 195 Abs. 2)

1. Grundsatz

Anteilsinhaber können bei einer wirtschaftlichen Benachteiligung i. S. des § 195 Abs. 2 im Zusammenhang mit dem Formwechsel nicht gegen den Formwechsel selbst vorgehen. Sie haben stattdessen einen **Anspruch auf bare Zuzahlung**, den sie im Spruchverfahren verfolgen können (§ 196 Satz 1; siehe hierzu auch die Kommentierung zu § 196 [*Schaper/Meven*]). Dem liegt die gesetzgeberische Intention zugrunde, dass die Wirksamkeit des Formwechselbeschlusses nicht mit der Begründung infrage gestellt werden können soll, dass die umgewandelten Anteile an dem Rechtsträger neuer Rechtsform zu niedrig bemessen sind oder die Mitgliedschaft in diesem kein ausreichender Gegenwert für die Anteile oder die Mitgliedschaft bei dem formwechselnden Rechtsträger ist.[29] § 195 Abs. 2 kommt insofern eine **Präklusionswirkung** zu.[30] 15

Eine weitere Einschränkung der Klagemöglichkeiten resultiert aus **§ 210**, wonach eine Klage gegen die Wirksamkeit des Formwechselbeschlusses nicht darauf gestützt werden kann, dass das Angebot der Barabfindung (§ 207) nicht angemessen oder dass die Barabfindung im Formwechselbeschluss nicht oder nicht ordnungsgemäß angeboten worden ist. 16

2. Anwendungsbereich

Der Klageausschluss nach § 195 Abs. 2 gilt für sämtliche Klagearten, die auch von Absatz 1 erfasst sind (siehe hierzu ab Rz. 5).[31] 17

Die Präklusionswirkung nach § 195 Abs. 2 gilt auch dann, wenn das Beteiligungsverhältnis **grob falsch** ist.[32] Nur bei vorsätzlich schädigendem Verhalten (als Verstoß gegen das 18

---

25) Kallmeyer-*Berger*, UmwG, § 195 Rz. 18; *Simons* in: BeckOGK-UmwG, § 195 Rz. 10, 25; Semler/Stengel/Leonard-*Bärwaldt*, UmwG, § 195 Rz. 20.

26) Vgl. Nachweise zum Streitstand bei Kallmeyer-*Berger*, UmwG, § 195 Rz. 18, und *Simons* in: BeckOGK-UmwG, § 195 Rz. 25.

27) Vgl. *Simons* in: BeckOGK-UmwG, § 195 Rz. 10, 51.

28) Kallmeyer-*Berger*, UmwG, § 195 Rz. 12; Henssler/Strohn-*Drinhausen/Keinath*, GesR, § 195 UmwG Rz. 4; *Simons* in: BeckOGK-UmwG, § 195 Rz. 30.

29) Begr. Fraktionsentwurf UmwBerG, BT-Drucks. 12/6699, S. 140.

30) Vgl. Henssler/Strohn-*Drinhausen/Keinath*, GesR, § 195 UmwG Rz. 5 f.; *Simons* in: BeckOGK-UmwG, § 195 Rz. 34.

31) Henssler/Strohn-*Drinhausen/Keinath*, GesR, § 195 UmwG Rz. 6; Semler/Stengel/Leonard-*Bärwaldt*, UmwG, § 195 Rz. 23; Lutter-*Hoger*, UmwG, § 195 Rz. 12.

32) Semler/Stengel/Leonard-*Bärwaldt*, UmwG, § 195 Rz. 24; Lutter-*Hoger*, UmwG, § 195 Rz. 13; Kallmeyer-*Berger*, UmwG, § 195 Rz. 24; Henssler/Strohn-*Drinhausen/Keinath*, GesR, § 195 UmwG Rz. 6.

Willkürverbot) soll sich der formwechselnde Rechtsträger nicht auf § 195 Abs. 2 berufen können.[33)]

19 Der **nicht-verhältniswahrende Formwechsel**, bei dem benachteiligte Anteilsinhaber das **Fehlen der erforderlichen Zustimmung** geltend machen (siehe hierzu § 194 Rz. 17 [*Schaper/Meven*]), ist nicht von § 195 Abs. 2 erfasst, da die Anteilsinhaber sich hier auf einen formalen Mangel und nicht auf die falsche Bemessung der Anteile beziehen.[34)]

20 Ein Formwechselbeschluss ist ebenfalls anfechtbar (und § 195 Abs. 2 nicht anwendbar), wenn im Zeitpunkt der Beschlussfassung bereits feststeht, dass der Rechtsträger nach Wirksamwerden des Formwechsels (siehe zur Anspruchsentstehung des Zuzahlungsanspruchs § 196 Rz. 14 [*Schaper/Meven*]) **keine bare Zuzahlung wird leisten können**, da diese gegen **Kapitalerhaltungsvorschriften** verstoßen würde (siehe § 196 Rz. 16 [*Schaper/Meven*]).[35)]

21 Von § 195 Abs. 2 sind hingegen auch **Informationsmängel** im Formwechselbericht im Zusammenhang mit der baren Zuzahlung erfasst (str., siehe hierzu § 192 Rz. 47 [*Schaper/Meven*]).

3. Rechtsfolgen

22 Die Klage gegen den Formwechselbeschluss löst auch in den Fällen des § 195 Abs. 2 grundsätzlich die Registersperre aus.[36)] Das Gericht hat die Klage als **unzulässig** abzuweisen, sofern nicht mit der Klage auch andere Unwirksamkeitsgründe geltend gemacht werden, die nicht von § 195 Abs. 2 ausgeschlossen sind (in diesem Fall ist die Klage nur insoweit unzulässig, als die Klagegründe in den Anwendungsbereich von § 195 Abs. 2 fallen).[37)] Über die Registersperre kann i. Ü. das Freigabeverfahren hinweghelfen (§ 198 Abs. 3 i. V. m. § 16 Abs. 3 Satz 2 Var. 1).[38)]

23 Der Präklusionswirkung des § 195 Abs. 2 kommt auch **materiell-rechtliche Wirkung** zu, d. h. der Formwechselbeschluss wird aufgrund der in § 195 Abs. 2 genannten Mängel nicht unwirksam und das Registergericht kann die Eintragung nicht aus diesen Gründen verweigern.[39)]

---

33) Zur Verschmelzung OLG Düsseldorf, Beschl. v. 15.3.1999 – 17 W 18/99, NZG 1999, 565, 566 = BeckRS 1999, 10622; zum Formwechsel Kallmeyer-*Berger*, UmwG, § 195 Rz. 24; Semler/Stengel/Leonard-*Bärwaldt*, UmwG, § 195 Rz. 24; Henssler/Strohn-*Drinhausen/Keinath*, GesR, § 195 UmwG Rz. 6; i. E. *Simons* in: BeckOGK-UmwG, § 195 Rz. 44 ff.

34) *Simons* in: BeckOGK-UmwG, § 195 Rz. 37; Semler/Stengel/Leonard-*Bärwaldt*, UmwG, § 195 Rz. 28; Lutter-*Hoger*, UmwG, § 195 Rz. 19.

35) Vgl. Lutter-*Hoger*, UmwG, § 195 Rz. 20; *Simons* in: BeckOGK-UmwG, § 195 Rz. 37.

36) H. M., vgl. Kallmeyer-*Berger*, UmwG, § 195 Rz. 26 m. w. N.; a. A. Lutter-*Hoger*, UmwG, § 195 Rz. 12.

37) Semler/Stengel/Leonard-*Bärwaldt*, UmwG, § 195 Rz. 25, 27; *Simons* in: BeckOGK-UmwG, § 195 Rz. 34, 49; Widmann/Mayer-*Wälzholz*, UmwR, § 195 UmwG Rz. 22; Kallmeyer-*Berger*, UmwG, § 195 Rz. 25, 29.

38) *Simons* in: BeckOGK-UmwG, § 195 Rz. 49 m. w. N.

39) Kallmeyer-*Berger*, UmwG, § 195 Rz. 27 f.; *Simons* in: BeckOGK-UmwG, § 195 Rz. 50.

§ 196

Verbesserung des Beteiligungsverhältnisses[*)]

[1]Sind die in dem Formwechselbeschluss bestimmten Anteile an dem Rechtsträger neuer Rechtsform nicht angemessen oder ist die Mitgliedschaft bei diesem kein ausreichender Gegenwert für die Anteile oder die Mitgliedschaft bei dem formwechselnden Rechtsträger, so kann jeder Anteilsinhaber, dessen Recht, gegen die Wirksamkeit des

Formwechselbeschlusses Klage zu erheben, nach § 195 Abs. 2 ausgeschlossen ist, von dem Rechtsträger einen Ausgleich durch bare Zuzahlung verlangen. [2]Die angemessene Zuzahlung wird auf Antrag durch das Gericht nach den Vorschriften des Spruchverfahrensgesetzes bestimmt. [3]§ 15 Abs. 2 ist entsprechend anzuwenden.

*) § 196 geändert durch Art. 1 des Gesetzes zur Umsetzung der Umwandlungsrichtlinie und zur Änderung weiterer Gesetze (UmRUG), v. 22.2.2023, BGBl. I 2023, Nr. 51; § 196 i. d. F. des UmwBerG geändert durch Art. 4 des Gesetzes zur Neuordnung des gesellschaftsrechtlichen Spruchverfahrens (Spruchverfahrensneuordnungsgesetz), v. 12.6.2003, BGBl. I 2003, 838.

Literatur: *Hoger*, Kapitalschutz als Durchsetzungsschranke umwandlungsrechtlicher Ausgleichsansprüche von Gesellschaftern, AG 2008, 149; *Kraft*, Kontinuität in der Diskontinuität: Zur Einführung von Mehrstimmrechtsaktien durch Rechtsfortschreibung beim Formwechsel, ZGR 2024, 574; *Meyer-Landrut/Kiem*, Der Formwechsel einer Publikumsaktiengesellschaft – Erste Erfahrungen aus der Praxis, (Teil II) WM 1997, 1413.

Übersicht

I. Allgemeines

§ 196 ergänzt § 195 Abs. 2. Demnach können die Anteilsinhaber bei einer wirtschaftlichen Benachteiligung im Zusammenhang mit dem Formwechsel, die dadurch entsteht, dass die in dem Formwechselbeschluss bestimmten Anteile an dem Rechtsträger neuer Rechtsform nicht angemessen sind oder die Mitgliedschaft kein ausreichender Gegenwert für die Anteile oder die Mitgliedschaft bei dem formwechselnden Rechtsträger ist, nicht gegen den Formwechselbeschluss klagen (vgl. § 195 Abs. 2; siehe hierzu ab § 195 Rz. 15 [*Schaper/Meven*]). Die auf diese Weise benachteiligten Anteilsinhaber haben aber gemäß § 196 Satz 1 einen Anspruch auf **bare Zuzahlung**, der gemäß § 196 Satz 2 auf Antrag durch das Gericht im **Spruchverfahren** bestimmt wird. 1

In der Praxis kommt der Vorschrift nur eine geringe Bedeutung zu, da der formwechselnde Rechtsträger und in der Regel auch die Beteiligungsverhältnisse nach dem Formwechsel identisch bleiben (§ 202 Abs. 1 Nr. 1, Nr. 2; siehe zum nicht-verhältniswahrenden Formwechsel § 194 Rz. 17 [*Schaper/Meven*]) und es insofern beim Formwechsel nur selten zu Wertverschiebungen kommt.[1] 2

§ 196 gilt gemäß § 333 Abs. 4 nicht für den grenzüberschreitenden Formwechsel nach den §§ 333 ff. 3

1) Henssler/Strohn-*Drinhausen/Keinath*, GesR, § 196 UmwG Rz. 3; Semler/Stengel/Leonard-*Bärwaldt*, UmwG, § 196 Rz. 2.

II. Anspruchsvoraussetzungen

1. Anspruchsberechtigte und Anspruchsschuldner

4 Anspruchsberechtigt ist **jeder Anteilsinhaber** des formwechselnden Rechtsträgers, dessen Recht gegen die Wirksamkeit des Formwechselbeschlusses Klage zu erheben, nach § 195 Abs. 2 ausgeschlossen ist. Das heißt, dass alle (sonstigen) Voraussetzungen für eine Klage gegen die Wirksamkeit des Formwechselbeschlusses vorliegen müssen und die Klage nur an der Präklusionswirkung des § 195 Abs. 2 scheitert.[2)]

5 Es kommt für die Anspruchsberechtigung nicht darauf an, ob sich der Anteilsinhaber am Spruchverfahren beteiligt.[3)] Außerdem besteht die Anspruchsberechtigung **unabhängig** davon, ob der Anteilsinhaber **für oder gegen den Formwechsel stimmt** oder – im Gegensatz zu § 207 Abs. 1 Satz 1 – **Widerspruch zur Niederschrift** gegen den Formwechselbeschluss erklärt.[4)] Hintergrund ist die gesetzgeberische Intention, zu verhindern, dass Anteilsinhaber, die den Formwechsel als solchen befürworten, nur deshalb gegen ihn stimmen bzw. ihren Widerspruch erklären, um sich ihren Anspruch auf bare Zuzahlung zu erhalten.[5)] Dies gilt auch für den nicht-verhältniswahrenden Formwechsel. Zwar bedarf ein nicht-verhältniswahrender Formwechsel der Zustimmung der betroffenen Anteilsinhaber (siehe § 194 Rz. 17 [*Schaper/Meven*]), sodass man meinen könnte, mit der Zustimmung gehe auch ein Verzicht auf die bare Zuzahlung einher.[6)] Das ist aber abzulehnen,[7)] da ansonsten § 196 hinter der oben skizzierten gesetzgeberischen Intention zurückbliebe.

6 Nicht anspruchsberechtigt sind diejenigen, die nur ein **Recht am betroffenen Anteil bzw. der Mitgliedschaft** haben (bspw. ein Optionsrecht).[8)] Ausgenommen sind auch Anteilsinhaber, die aufgrund des Formwechsels ausnahmsweise aus dem formwechselnden Rechtsträger ausscheiden.[9)]

7 **Rechtsnachfolger** sind grundsätzlich unabhängig davon anspruchsberechtigt, ob eine Einzel- oder Gesamtrechtsnachfolge erfolgt (siehe zu den Auswirkungen einer Rechtsnachfolge im Spruchverfahren Rz. 23 ff.).[10)] Der Formwechselbeschluss führt nicht etwa zu einer Veräußerungssperre.[11)] **Insolvenzverwalter** und **Testamentsvollstrecker** über

---

2) Widmann/Mayer-*Weiler*, UmwR, § 196 UmwG Rz. 31; Schmitt/Hörtnagl-*Winter*, UmwG/UmwStG, § 196 UmwG Rz. 2; Semler/Stengel/Leonard-*Bärwaldt*, UmwG, § 196 Rz. 7; Kallmeyer-*Berger*, UmwG, § 196 Rz. 10; *Meyer-Landrut/Kiem*, WM 1997, 1413, 1419.

3) *Simons* in: BeckOGK-UmwG, § 196 Rz. 20; Widmann/Mayer-*Weiler*, UmwR, § 196 UmwG Rz. 44.

4) *Simons* in: BeckOGK-UmwG, § 196 Rz. 17; Kallmeyer-*Berger*, UmwG, § 196 Rz. 11; Henssler/Strohn-*Drinhausen/Keinath*, GesR, § 196 UmwG Rz. 4; Semler/Stengel/Leonard-*Bärwaldt*, UmwG, § 196 Rz. 8.

5) Vgl. Begr. RegE UmwBerG, BR-Drucks. 75/94, S. 88 f. – zu § 15 UmwG; Schmitt/Hörtnagl-*Winter*, UmwG/UmwStG, § 196 UmwG Rz. 3.

6) In diese Richtung tendierend: Schmitt/Hörtnagl-*Winter*, UmwG/UmwStG, § 196 UmwG Rz. 3.

7) So i. Erg. ebenfalls: Semler/Stengel/Leonard-*Bärwaldt*, UmwG, § 196 Rz. 8, 12; Lutter-*Hoger*, UmwG, § 196 Rz. 9; Kallmeyer-*Berger*, UmwG, § 196 Rz. 8; krit. Schmitt/Hörtnagl-*Winter*, UmwG/UmwStG, § 196 UmwG Rz. 3. Ferner grundsätzlich zust.: Widmann/Mayer-*Weiler*, UmwR, § 196 UmwG Rz. 23 f., und *Simons* in: BeckOGK-UmwG, § 196 Rz. 10, die aber einschränkend festhalten, dass bei einem nicht-verhältniswahrenden Formwechsel der zust. Anteilsinhaber im Spruchverfahren mit der Rüge der Quotenverschiebung präkludiert ist und insofern im Spruchverfahren lediglich eine qualitative Schlechterstellung rügen kann.

8) Widmann/Mayer-*Weiler*, UmwR, § 196 UmwG Rz. 31, 45; Schmitt/Hörtnagl-*Winter*, UmwG/UmwStG, § 196 UmwG Rz. 2.

9) *Simons* in: BeckOGK-UmwG, § 196 Rz. 16 f.; Widmann/Mayer-*Weiler*, UmwR, § 196 UmwG Rz. 42; Henssler/Strohn-*Drinhausen/Keinath*, GesR, § 196 UmwG Rz. 4; Semler/Stengel/Leonard-*Bärwaldt*, UmwG, § 196 Rz. 8.

10) *Simons* in: BeckOGK-UmwG, § 196 Rz. 19; Henssler/Strohn-*Drinhausen/Keinath*, GesR, § 196 UmwG Rz. 4; Kallmeyer-*Berger*, UmwG, § 196 Rz. 12; Semler/Stengel/Leonard-*Bärwaldt*, UmwG, § 196 Rz. 9.

11) *Simons* in: BeckOGK-UmwG, § 196 Rz. 40.

das Vermögen eines anspruchsberechtigten Anteilsinhabers sind als **Parteien kraft Amtes** antragsberechtigt.[12)]

8 **Anspruchsschuldner** ist der **formgewechselte Rechtsträger**, da der Barzahlungsanspruch erst mit Wirksamwerden des Formwechsels entsteht (siehe Rz. 14).[13)]

2. Wirtschaftliche Benachteiligung

9 Der Anspruch auf bare Zuzahlung zielt auf einen Ausgleich der **wirtschaftlichen Benachteiligung** des betroffenen Anteilsinhabers ab[14)] und kann geltend gemacht werden, wenn die in dem Formwechselbeschluss bestimmten Anteile an dem Rechtsträger neuer Rechtsform nicht angemessen sind oder die Mitgliedschaft bei diesem kein ausreichender Gegenwert für die Anteile oder die Mitgliedschaft bei dem formwechselnden Rechtsträger ist.[15)] Ein Anspruch auf bare Zuzahlung besteht jedoch nicht, wenn alle Anteilsinhaber eine gleichmäßige vermögensmäßige Benachteiligung erleiden; vielmehr müssen Anteilsinhaber eine **individuelle Benachteiligung** erfahren.[16)]

10 Die neuen Anteile sind nicht angemessen, wenn bei einer vergleichenden Bewertung der Anteile vor und nach dem Formwechsel eine Differenz besteht **(quantitative Benachteiligung)**.[17)] Quantitative Benachteiligungen sind aber beim Formwechsel aufgrund des Grundsatzes der Wahrung der Identität und in der Regel auch der Beteiligungsverhältnisse nur äußerst selten, sodass bare Zuzahlungen wegen einer quantitativen Benachteiligung die Ausnahme darstellen.[18)]

11 Die Mitgliedschaft an dem Rechtsträger neuer Rechtsform ist vor allem dann kein ausreichender Gegenwert für die Anteile oder die Mitgliedschaft an dem formwechselnden Rechtsträger, wenn die **Art der Beteiligung** Anteilsinhabern keine der vorherigen Beteiligung entsprechenden Rechte vermitteln oder vor dem Formwechsel bestehende **Sonderrechte** bei dem Rechtsträger neuer Rechtsform nicht oder nicht angemessen abgebildet werden **(qualitative Benachteiligung)**.[19)] Qualitative Benachteiligungen, die auf Veränderungen der Art der Beteiligung zurückzuführen sind, werden aber nur selten einen Anspruch nach § 196 begründen können, da entsprechende Veränderungen regelmäßig alle Anteilsinhaber gleichermaßen treffen.[20)] In einem solchen Fall haben Anteilsinhaber, die damit nicht einverstanden sind, nur die Möglichkeit, aus dem formwechselnden Rechts-

---

12) Schmitt/Hörtnagl-*Winter*, UmwG/UmwStG, § 196 UmwG Rz. 2; Widmann/Mayer-*Weiler*, UmwR, § 196 UmwG Rz. 45; Henssler/Strohn-*Drinhausen/Keinath*, GesR, § 196 UmwG Rz. 4.

13) *Simons* in: BeckOGK-UmwG, § 196 Rz. 21; Kallmeyer-*Berger*, UmwG, § 196 Rz. 14; Henssler/Strohn-*Drinhausen/Keinath*, GesR, § 196 UmwG Rz. 4; Semler/Stengel/Leonard-*Bärwaldt*, UmwG, § 196 Rz. 10.

14) *Simons* in: BeckOGK-UmwG, § 196 Rz. 22.

15) Vor dem UmRUG hieß es noch „zu niedrig bemessen". Durch § 196 n. F. sollte die Regelung jedoch keine inhaltliche Änderung erfahren, sodass Anteilsinhaber bei einer „zu hohen" Bemessung aufgrund des fehlenden Nachteils weiterhin keinen Ausgleichsanspruch nach § 196 haben (*Simons* in: BeckOGK-UmwG, § 196 Rz. 8.1).

16) Insoweit eine teleologische Reduktion befürwortend: OLG Düsseldorf, Beschl. v. 27.2.2004 – 19 W 3/00 AktE, NZG 2005, 280, 281 f. = BeckRS 2004, 7862; OLG Stuttgart, Beschl. v. 19.3.2008 – 20 W 3/06, AG 2008, 510, 511 f. = BeckRS 2008, 12675; Widmann/Mayer-*Weiler*, UmwR, § 196 UmwG Rz. 19, 27 m. w. N.; *Meyer-Landrut/Kiem*, WM 1997, 1413, 1420; *Kraft*, ZGR 2024, 574, 584 f.

17) Semler/Stengel/Leonard-*Bärwaldt*, UmwG, § 196 Rz. 11.

18) *Simons* in: BeckOGK-UmwG, § 196 Rz. 8, und Widmann/Mayer-*Weiler*, UmwR, § 196 UmwG Rz. 18, jeweils m. w. N. S. zu möglichen Ausnahmen: Henssler/Strohn-*Drinhausen/Keinath*, GesR, § 196 UmwG Rz. 5 m. w. N.

19) *Simons* in: BeckOGK-UmwG, § 196 Rz. 11 f.; Semler/Stengel/Leonard-*Bärwaldt*, UmwG, § 196 Rz. 13.

20) Vgl. *Simons* in: BeckOGK-UmwG, § 196 Rz. 13; Semler/Stengel/Leonard-*Bärwaldt*, UmwG, § 196 Rz. 13; Widmann/Mayer-*Weiler*, UmwR, § 196 UmwG Rz. 27 f.

träger gegen Barabfindung auszuscheiden.[21] Qualitative Benachteiligungen sind insofern insbesondere bei Inhabern besonderer Rechte relevant, wenn ihre Sonderrechte nach dem Formwechsel nicht unverändert fortbestehen und ihnen im Rahmen des Formwechsels keine oder keine angemessenen Rechte als rechtlicher und wirtschaftlicher Ausgleich für ihre bisherigen besonderen Mitgliedschaftsrechte gewährt werden (können).[22] Ein Ausgleich kann auch durch vertragliche Gestaltungen (z. B. in einer Gesellschaftervereinbarung) erfolgen, wobei im Einzelfall genau zu prüfen ist, inwieweit hierdurch eine qualitative Benachteiligung ausgeglichen wird.

3. Anspruchsinhalt

12 Anders als die Überschrift des § 196 nahelegt, hat der Anspruchsberechtigte keinen Anspruch auf eine Verbesserung seines Beteiligungsverhältnisses, sondern auf einen zeitpunktbezogenen Wertausgleich durch **Geldzahlung.**[23] Es besteht daher auch **kein Wahlrecht** zwischen der baren Zuzahlung und etwa der Einräumung von gewissen Rechten als Kompensation für den (teilweisen) Wegfall von vor dem Formwechsel bestehenden Sonderrechten oder auf Gewährung zusätzlicher bzw. Übertragung eigener Anteile.[24] Auch eine abweichende Regelung im Gesellschaftsvertrag bzw. in der Satzung oder im Formwechselbeschluss ist grundsätzlich nicht zulässig (siehe auch Rz. 29).[25]

13 Eine Ausnahme von dem Grundsatz das Wertausgleich in Geld zu leisten ist, enthält der durch das UmRUG eingefügte § 248a für den Formwechsel in eine AG oder in eine KGaA, wonach § 72a entsprechend anwendbar ist und mithin anstelle einer baren Zuzahlung zusätzliche Aktien an dem formwechselnden Rechtsträger gewährt werden können.

III. Entstehung, Höhe und Fälligkeit

1. Entstehung

14 Der Barzahlungsanspruch entsteht **kraft Gesetzes** mit Wirksamwerden des Formwechsels durch **Eintragung im Register** (§ 202).[26] Vor diesem Zeitpunkt kann der Barzahlungsanspruch bereits als künftige Forderung aufschiebend bedingt auf den Zeitpunkt des Wirksamwerdens des Formwechsels gegenüber dem formwechselnden Rechtsträger geltend gemacht werden.[27] Der Anspruch entfällt mit der Annahme des Barabfindungsangebots nach § 207 (siehe näher Rz. 19).

2. Höhe

15 Der Anspruch ist der Höhe nach **grundsätzlich unbegrenzt**[28] und besteht in Höhe der Differenz zwischen dem Wert der tatsächlich gewährten Anteile bzw. Mitgliedschafts-

---

21) Semler/Stengel/Leonard-*Bärwaldt*, UmwG, § 196 Rz. 13; Widmann/Mayer-*Weiler*, UmwR, § 196 UmwG Rz. 30; *Meyer-Landrut/Kiem* WM 1997, 1413, 1420.

22) *Simons* in: BeckOGK-UmwG, § 196 Rz. 12, und Semler/Stengel/Leonard-*Bärwaldt*, UmwG, § 196 Rz. 13, wobei nach *Bärwaldt* ein Nachteil bestehe, wenn die Sonderrechte nicht exakt abgebildet werden können.

23) Widmann/Mayer-*Weiler*, UmwR, § 196 UmwG Rz. 35; Schmitt/Hörtnagl-*Winter*, UmwG/UmwStG, § 196 UmwG Rz. 4; Semler/Stengel/Leonard-*Bärwaldt*, UmwG, § 196 Rz. 14; *Simons* in: BeckOGK-UmwG, § 196 Rz. 24.

24) Kallmeyer-*Berger*, UmwG, § 196 Rz. 15; *Simons* in: BeckOGK-UmwG, § 196 Rz. 24.

25) Kallmeyer-*Berger*, UmwG, § 196 Rz. 17; Henssler/Strohn-*Drinhausen/Keinath*, GesR, § 196 UmwG Rz. 7.

26) Kallmeyer-*Berger*, UmwG, § 196 Rz. 19; Henssler/Strohn-*Drinhausen/Keinath*, GesR, § 196 UmwG Rz. 4; Widmann/Mayer-*Weiler*, UmwR, § 196 UmwG Rz. 40.

27) Kallmeyer-*Berger*, UmwG, § 196 Rz. 23; Henssler/Strohn-*Drinhausen/Keinath*, GesR, § 196 UmwG Rz. 4; Widmann/Mayer-*Weiler*, UmwR, § 196 UmwG Rz. 41.

28) *Simons* in: BeckOGK-UmwG, § 196 Rz. 22. Damit unterscheidet sich § 196 von den Parallelvorschriften der Verschmelzung (§ 54 Abs. 4) und der Spaltung (§ 125 i. V. m. § 54 Abs. 4).

rechte und dem angemessenen Wert.[29)] Maßgeblicher Zeitpunkt für die Ermittlung der Differenz ist die Beschlussfassung über den Formwechsel.[30)]

Der Anspruch entsteht in voller Höhe.[31)] Auf Ebene der Anspruchsdurchsetzung besteht jedoch aufgrund der Anwendung der Vorschriften zur Kapitalerhaltung (§ 30 GmbHG, § 57 AktG) eine **Auszahlungssperre**, sofern und solange die Auszahlung den **Kapitalerhaltungsvorschriften** zuwiderlaufen würde.[32)] Mehrere Anspruchssteller sind anteilig zu befriedigen, sofern aufgrund der einschlägigen Kapitalerhaltungsvorschriften eine vollständige Anspruchsdurchsetzung aller Anspruchssteller (temporär) nicht möglich ist.[33)] Wird der Anspruch nach § 196 dennoch unter Verstoß gegen die Kapitalerhaltungsvorschriften erfüllt, entsteht ein **Rückgewähranspruch** des Rechtsträgers (§ 31 Abs. 1 GmbHG, §§ 57 Abs. 1 Satz 1, 62 Abs. 1 Satz 1 AktG).[34)] 16

Zudem besteht auch nach überzeugender mittlerweile h. M. **keine Differenzhaftung** der durch den Formwechsel begünstigten Anteilsinhaber, da diese der Kapitalaufbringung dient, bei § 196 aber die Kapitalerhaltung betroffen ist, da der Zuzahlungsanspruch erst mit Wirksamwerden des Formwechsels entsteht (siehe Rz. 14).[35)] 17

3. Fälligkeit

Der Anspruch wird mit seiner Entstehung, also der Eintragung des Formwechsels im Register (siehe Rz. 14), fällig (§ 271 Abs. 1 BGB). Dem formwechselnden Rechtsträger steht bis zu diesem Zeitpunkt ein Leistungsverweigerungsrecht mangels Fälligkeit zu.[36)] 18

IV. Verhältnis zu § 207

§ 207 eröffnet die Möglichkeit, gegen **Barabfindung** aus dem formwechselnden Rechtsträger auszuscheiden. Die Barabfindung nach § 207 erfordert kein unangemessenes Beteiligungsverhältnis, wie es für § 196 erforderlich ist, sondern setzt das Ausscheiden des Anteilsinhabers sowie einen Widerspruch zur Niederschrift gegen den Formwechselbeschluss voraus. § 196 und § 207 stehen im Falle eines unangemessenen Beteiligungsverhältnisses in einem **Alternativverhältnis**:[37)] Der Anteilsinhaber hat dann die Wahl, ob er Anteilsinhaber des Rechtsträgers bleiben und eine bare Zuzahlung gemäß § 196 verlangen oder gegen Barabfindung nach § 207 aus dem Rechtsträger ausscheiden möchte.[38)] Zwar kann der Anteilsinhaber die **beiden Anträge im Spruchverfahren auch kumulativ stellen,** muss sich aber bis zur zeitlichen Grenze des § 209 Satz 2 für eine der beiden Alternativen 19

29) Lutter-*Hoger*, UmwG, § 196 Rz. 15; *Simons* in: BeckOGK-UmwG, § 196 Rz. 22; Semler/Stengel/Leonard-*Bärwaldt*, UmwG, § 196 Rz. 14; Widmann/Mayer-*Weiler*, UmwR, § 196 UmwG Rz. 37.

30) Widmann/Mayer-*Weiler*, UmwR, § 196 UmwG Rz. 36; Lutter-*Hoger*, UmwG, § 196 Rz. 13; *Simons* in: BeckOGK-UmwG, § 196 Rz. 23.

31) *Simons* in: BeckOGK-UmwG, § 196 Rz. 27; Widmann/Mayer-*Weiler*, UmwR, § 196 UmwG Rz. 67; Lutter-*Hoger*, UmwG, § 196 Rz. 17; Semler/Stengel/Leonard-*Bärwaldt*, UmwG, § 196 Rz. 16.

32) *Simons* in: BeckOGK-UmwG, § 196 Rz. 27; Widmann/Mayer-*Weiler*, UmwR, § 196 UmwG Rz. 66 f.; Semler/Stengel/Leonard-*Bärwaldt*, UmwG, § 196 Rz. 16; s. a. *Hoger*, AG 2008, 149, 158 f.

33) *Simons* in: BeckOGK-UmwG, § 196 Rz. 27; vgl. *Hoger*, AG 2008, 149, 159.

34) *Simons* in: BeckOGK-UmwG, § 196 Rz. 27; Widmann/Mayer-*Weiler*, UmwR, § 196 UmwG Rz. 66; Lutter-*Hoger*, UmwG, § 196 Rz. 17; vgl. *Hoger*, AG 2008, 149, 159.

35) *Simons* in: BeckOGK-UmwG, § 196 Rz. 27; Widmann/Mayer-*Weiler*, UmwR, § 196 UmwG Rz. 69; Kallmeyer-*Berger*, UmwG, § 196 Rz. 18; Semler/Stengel/Leonard-*Bärwaldt*, UmwG, § 196 Rz. 16; Lutter-*Hoger*, UmwG, § 196 Rz. 17; *Hoger*, AG 2008, 149, 158.

36) *Simons* in: BeckOGK-UmwG, § 196 Rz. 21.

37) Vgl. *Simons* in: BeckOGK-UmwG, § 196 Rz. 32 f.

38) Kallmeyer-*Berger*, UmwG, § 196 Rz. 5; *Simons* in: BeckOGK-UmwG, § 196 Rz. 32 f.

entscheiden.[39] Verstreicht die Frist des § 209, kann der Anspruchsberechtigte nur noch bare Zuzahlung nach § 196 verlangen.[40] Mit Annahme der Barabfindung nach § 207 entfällt der Anspruch auf bare Zuzahlung.[41] Umgekehrt kann der Anspruchsinhaber den Anspruch auf Barabfindung nach § 207 nicht geltend machen, wenn er sich für den Verbleib in dem Rechtsträger (und den Barausgleich nach § 196) entscheidet.[42]

V. Durchsetzung

1. Außergerichtlich

20 Der Anspruch kann formlos gegenüber dem formgewechselten Rechtsträger geltend gemacht werden.[43] Vor der Entstehung des Anspruchs kann die künftige Forderung bereits aufschiebend bedingt auf das Wirksamwerden des Formwechsels gegenüber dem formwechselnden Rechtsträger geltend gemacht werden (siehe Rz. 14). Dieser hat jedoch bis zur Eintragung des Formwechsels im Register ein Leistungsverweigerungsrecht (siehe Rz. 18).

2. Gerichtlich

21 Eine gerichtliche Durchsetzung ist nach § 196 Satz 2 allein im **Spruchverfahren** möglich. Das Gericht entscheidet nach § 11 Abs. 1 SpruchG durch Beschluss, der gemäß § 13 Satz 2 SpruchG **inter omnes** wirkt.

22 Ein Antrag auf gerichtliche Entscheidung kann gemäß § 4 Abs. 1 Satz 1 Nr. 5 SpruchG nur binnen **drei Monaten nach dem Wirksamwerden des Formwechsels** gestellt werden. Der Antrag führt insofern nicht zu einer Registersperre für die Eintragung des Formwechsels.[44]

23 **Antragsberechtigt** ist gemäß § 3 Satz 2 SpruchG nur derjenige, der im Zeitpunkt der Antragstellung Anteilsinhaber ist. Bezüglich der **Veräußerung der Beteiligung** am Rechtsträger und der (isolierten) Abtretung des Anspruchs auf bare Zuzahlung ist im Hinblick auf die Antragsberechtigung wie folgt zu unterscheiden:

24 Bei einer Anteilsübertragung **vor der Antragstellung** zur Einleitung des Spruchverfahrens folgt die Antragsberechtigung des Erwerbers grundsätzlich aus § 3 Satz 2 SpruchG. Problematisch ist die Antragsberechtigung, wenn der Anspruch auf bare Zuzahlung vor der Antragstellung isoliert von der Beteiligung (oder umgekehrt) übertragen wird, da dann die materielle Anspruchsberechtigung und die Anteilsinhaberschaft im Zeitpunkt der Antragstellung auseinanderfallen, sodass weder der Veräußerer noch der Erwerber antragsberechtigt sind.[45] Ob und inwiefern der Anspruch auf bare Zuzahlung isoliert übertragen werden kann, hängt davon ab, ob die Anteilsübertragung vor oder nach der Eintragung des Formwechsels im Register erfolgt:

– **Zwischen Formwechselbeschluss und Eintragung** des Formwechsels im Register ist der Anspruch auf bare Zuzahlung nach § 196 noch nicht wirksam entstanden, auch

---

39) OLG Schleswig, Beschl. v. 27.10.2004 – 2 W 97/04, ZIP 2004, 2433, 2434 f. = BeckRS 2004, 15017; OLG Stuttgart, Beschl. v. 19.3.2008 – 20 W 3/06, ZIP 2008, 2020, 2021 = BeckRS 2008, 12675; *Simons* in: BeckOGK-UmwG, § 196 Rz. 33; Kallmeyer-*Berger*, UmwG, § 196 Rz. 5; Widmann/Mayer-*Weiler*, UmwR, § 196 UmwG Rz. 76.

40) *Simons* in: BeckOGK-UmwG, § 196 Rz. 33.

41) OLG Stuttgart, Beschl. v. 19.3.2008 – 20 W 3/06, ZIP 2008, 2020, 2021 = BeckRS 2008, 12675; *Simons* in: BeckOGK-UmwG, § 196 Rz. 33; Kallmeyer-*Berger*, UmwG, § 196 Rz. 5, 19; Widmann/Mayer-*Weiler*, UmwR, § 196 UmwG Rz. 76.

42) Vgl. *Simons* in: BeckOGK-UmwG, § 196 Rz. 32.

43) Kallmeyer-*Berger*, UmwG, § 196 Rz. 22 f.; Semler/Stengel/Leonard-*Bärwaldt*, UmwG, § 196 Rz. 18; *Simons* in: BeckOGK-UmwG, § 196 Rz. 36.

44) Henssler/Strohn-*Drinhausen/Keinath*, GesR, § 196 UmwG Rz. 2, 8; *Simons* in: BeckOGK-UmwG, § 196 Rz. 37; Widmann/Mayer-*Weiler*, UmwR, § 196 UmwG Rz. 70.

45) Widmann/Mayer-*Weiler*, UmwR, § 196 UmwG Rz. 49 m. w. N.

wenn die (künftige) Forderung bereits aufschiebend bedingt auf das Wirksamwerden des Formwechsels geltend gemacht werden kann (siehe Rz. 14). Kommt es zwischen der Fassung des Formwechselbeschlusses und der Eintragung im Register zu einer Anteilsübertragung, kann der Anspruch auf bare Zuzahlung nach § 196 nicht gesondert übertragen werden, da er (noch) nicht isoliert verkehrsfähig ist.[46)] Der Anteilserwerber ist gemäß § 3 Satz 2 SpruchG insofern als Anteilsinhaber im Zeitpunkt der Anspruchsentstehung antragsberechtigt.

– **Nach Eintragung** des Formwechsels im Register ist der Anspruch auf bare Zuzahlung nach § 196 selbständig verkehrsfähig.[47)] Er muss im Falle einer Anteilsübertragung gesondert an den Erwerber übertragen werden, damit der Anteilserwerber materiell nach § 196 anspruchsberechtigt ist.[48)] Ob im Einzelfall eine gemeinsame oder isolierte Übertragung von Anteils- und Anspruchsinhaberschaft vereinbart worden ist, ist bei Fehlen einer eindeutigen Regelung durch Vertragsauslegung zu ermitteln.[49)]

Werden der Anteil (ggf. zusammen mit dem Anspruch auf bare Zuzahlung) oder der isolierte Anspruch auf bare Zuzahlung **nach der Antragstellung** übertragen, bleibt der Veräußerer entsprechend § 265 Abs. 2 ZPO aktivlegitimiert, sofern die Aktivlegitimation bereits im Zeitpunkt der Antragstellung gegeben war.[50)] 25

3. Vollstreckung

Das Gericht entscheidet im Spruchverfahren durch einen feststellenden Beschluss, der nicht vollstreckbar ist.[51)] Zur Durchsetzung des Anspruchs auf bare Zuzahlung bedarf es daher einer **gesonderten Leistungsklage** (vgl. § 16 SpruchG).[52)] 26

VI. Sonstiges

1. Verzinsung

Die bare Zuzahlung ist nach §§ 196 Satz 3, 15 Abs. 2 Satz 1 nach Ablauf des Tages, an dem die Eintragung des Formwechsels gemäß § 201 bekannt gemacht worden ist, mit jährlich fünf Prozentpunkten über dem jeweiligen Basiszinssatz nach § 247 BGB zu verzinsen. Dies soll mögliche Verzögerungen des Spruchverfahrens durch den zur Zahlung verpflichteten Rechtsträger unattraktiv machen.[53)] 27

46) Str., wie hier zur Verschmelzung: Schmitt/Hörtnagl-*Winter*, UmwG/UmwStG, § 15 UmwG Rz. 9 f., und vgl. Semler/Stengel/Leonard-*Gehling*, UmwG, § 15 Rz. 10 („*Sobald* das Recht auf bare Zuzahlung entstanden ist, […] kann es selbstständig auf Dritte übertragen werden."); gegen die Möglichkeit einer getrennten Übertragung von Geschäftsanteilen und Anspruch auf bare Zuzahlung: Widmann/Mayer-*Weiler*, UmwR, § 196 UmwG Rz. 61 f., wobei man nach *Weiler* im Wege der Vertragsauslegung im Regelfall zum Ergebnis komme, dass mit der Übertragung des Anteils auch der Zuzahlungsanspruch übertragen werden soll, auch wenn kein Automatismus dahingehend bestehe.

47) Widmann/Mayer-*Weiler*, UmwR, § 196 UmwG Rz. 55 m. w. N.; vgl. Schmitt/Hörtnagl-*Winter*, UmwG/UmwStG, § 15 UmwG Rz. 10, und Semler/Stengel/Leonard-*Gehling*, UmwG, § 15 Rz. 10.

48) Widmann/Mayer-*Weiler*, UmwR, § 196 UmwG Rz. 55; vgl. Schmitt/Hörtnagl-*Winter*, UmwG/UmwStG, § 15 UmwG Rz. 10, und Semler/Stengel/Leonard-*Gehling*, UmwG, § 15 Rz. 10.

49) Widmann/Mayer-*Weiler*, UmwR, § 196 UmwG Rz. 56.

50) OLG Stuttgart, Beschl. v. 19.3.2008 – 20 W 3/06, AG 2008, 510, 510 f. = BeckRS 2008, 12675; Widmann/Mayer-*Weiler*, UmwR, § 196 UmwG Rz. 50 ff.; *Simons* in: BeckOK UmwG, § 196 Rz. 40; Kallmeyer-*Berger*, UmwG, § 196 Rz. 13.

51) Semler/Stengel/Leonard-*Bärwaldt*, UmwG, § 196 Rz. 18; Kallmeyer-*Berger*, UmwG, § 196 Rz. 26; Henssler/Strohn-*Drinhausen*/*Keinath*, GesR, § 196 UmwG Rz. 8.

52) Semler/Stengel/Leonard-*Bärwaldt*, UmwG, § 196 Rz. 18; Kallmeyer-*Berger*, UmwG, § 196 Rz. 26; Henssler/Strohn-*Drinhausen*/*Keinath*, GesR, § 196 UmwG Rz. 8.

53) Begr. RegE UmwBerG, BR-Drucks. 75/94, S. 88 – zu § 15 UmwG.

2. Weiterer Schaden bei verzögerter barer Zuzahlung

28 Die Geltendmachung weiterer Schäden im Falle der verspätet gezahlten baren Zuzahlung ist gemäß §§ 196 Satz 3, 15 Abs. 2 Satz 2 nicht ausgeschlossen. Entsprechende weitergehende Schadensersatzansprüche können jedoch nur mit der Leistungsklage und nicht im Spruchverfahren verfolgt werden.[54)]

3. Unabdingbarkeit

29 Die Regelung des § 196 ist **zwingend**, sodass der Anspruch auf bare Zuzahlung (mit Ausnahme nach § 248a i. V. m. § 72a; siehe Rz. 13) und die Möglichkeit zur Durchführung eines Spruchverfahrens weder im Gesellschaftsvertrag bzw. in der Satzung noch durch den Formwechselbeschluss abbedungen werden können.[55)] Abweichende Bestimmungen sind nichtig.[56)]

4. Verzicht und Vergleich

30 Anteilsinhaber können auf den Anspruch auf bare Zuzahlung verzichten oder sich darüber vergleichen;[57)] im Falle des **Verzichts** und des außergerichtlichen **Vergleichs** ist dies formlos möglich.[58)] In der Zustimmung zum Formwechsel ist grundsätzlich kein (konkludenter) Verzicht auf den Barzahlungsanspruch – auch nicht unter dem Vorwurf widersprüchlichen Verhaltens – zu sehen, es sei denn, dass sich der Verzichtswille aus den weiteren Umständen ergibt.[59)] Da die Wirkungen von Verzicht und Vergleich grundsätzlich nur inter partes eintreten, kann eine verfahrensbeendigende Wirkung daher nur erreicht werden, wenn alle Antragsteller und ggf. der gemeinsame Vertreter auf den Anspruch verzichten bzw. sich vergleichen.[60)]

---

54) Kallmeyer-*Berger*, UmwG, § 196 Rz. 24; Lutter-*Hoger*, UmwG, § 196 Rz. 19; Widmann/Mayer-*Weiler*, UmwR, § 196 UmwG Rz. 79.

55) *Simons* in: BeckOGK, UmwG, § 196 Rz. 2; Semler/Stengel/Leonard-*Bärwaldt*, UmwG, § 196 Rz. 5; Kallmeyer-*Berger*, UmwG, § 196 Rz. 3.

56) Semler/Stengel/Leonard-*Bärwaldt*, UmwG, § 196 Rz. 5; Kallmeyer-*Berger*, UmwG, § 196 Rz. 3.

57) Kallmeyer-*Berger*, UmwG, § 196 Rz. 27; *Simons* in: BeckOGK-UmwG, § 196 Rz. 34 f.; Lutter-*Hoger*, UmwG, § 196 Rz. 20.

58) Vgl. Kallmeyer-*Berger*, UmwG, § 196 Rz. 27. S. zu den Formanforderungen des gerichtlichen Vergleichs § 11 Abs. 2 bis 4 SpruchG.

59) *Simons* in: BeckOGK-UmwG, § 196 Rz. 17 ff.; Widmann/Mayer-*Weiler*, UmwR, § 196 UmwG Rz. 33, 81; Semler/Stengel/Leonard-*Bärwaldt*, UmwG, § 196 Rz. 8, 20.

60) Kallmeyer-*Berger*, UmwG, § 196 Rz. 27; *Simons* in: BeckOGK-UmwG, § 196 Rz. 34; Widmann/Mayer-*Weiler*, UmwR, § 196 UmwG Rz. 80, 83.

§ 197
Anzuwendende Gründungsvorschriften*)

[1]Auf den Formwechsel sind die für die neue Rechtsform geltenden Gründungsvorschriften anzuwenden, soweit sich aus diesem Buch nichts anderes ergibt. [2]Vorschriften, die für die Gründung eine Mindestzahl der Gründer vorschreiben, sowie die Vorschriften über die Bildung und Zusammensetzung des ersten Aufsichtsrats sind nicht anzuwenden. [3]Beim Formwechsel eines Rechtsträgers in eine Aktiengesellschaft ist § 31 des Aktiengesetzes anwendbar.

*) § 197 i. d. F. des UmwBerG geändert durch Art. 1 des Zweiten Gesetzes zur Änderung des Umwandlungsgesetzes (2. UmwGÄndG), v. 19.4.2007, BGBl. I 2007, 542.

Literatur: *Bärwaldt/Schabacker*, Der Formwechsel als modifizierte Neugründung, ZIP 1998, 1293; *Cramer*, Die Übernahme des Gründungsaufwands durch die GmbH, NZG 2015, 373; *Fortun*, Auswirkungen eines Rechtsformwechsels unter Beteiligung von GmbH und AG auf die Entlastung der Geschäftsführung, NZG 2022, 202; *Heckschen/Weitbrecht*, Formwechsel und eigene Anteile, ZIP 2017, 1297; *Hennrichs*, Zum Formwechsel und zur Spaltung nach dem neuen Umwandlungsgesetz, ZIP 1995, 794; *Hoger*, Fortdauer und Beendigung der organschaftlichen Rechtsstellung von Geschäftsleitern beim Formwechsel nach dem UmwG, ZGR 2007, 868; *Marz/Kriechbaumer*, Das „krumme" Grundkapital – Umwandlung einer AG in eine GmbH, BB 2025, 1859; *Schaper*, Eigene Anteile im Formwechsel, ZGR 2018, 126; *Schaper*, Reinvermögensdeckung beim Formwechsel einer GmbH in eine AG – Auswirkungen der Babcock-Entscheidung auf die §§ 245 Abs. 1 Satz 2, 220 Abs. 1 UmwG, AG 2019, 69; *Wälzholz*, Aktuelle Probleme der Unterbilanz- und Differenzhaftung bei Umwandlungsvorgängen, AG 2006, 469.

Übersicht

I. Allgemeines

1. Sinn und Zweck

Gemäß § 197 Satz 1 sind auf den Formwechsel die Gründungsvorschriften der Zielrechtsform anwendbar, soweit sich nicht ein anderes aus dem Fünften Buch des UmwG ergibt. Damit soll die Vorschrift sicherstellen, dass durch den Formwechsel in eine andere Rechtsform die Gründungsvorschriften der Zielrechtsform, die im Falle der Neugründung Anwendung finden würden, nicht umgangen werden können.[1] Dabei hatte der Gesetzgeber ersichtlich den Fall vor Augen, dass die Gründungsvorschriften der Zielrechts- 1

1) Begr. Fraktionsentwurf UmwBerG, BT-Drucks. 12/6699 S. 141; *Simons* in: BeckOGK-UmwG, § 197 Rz. 1; Lutter-*Hoger*, UmwG, § 197 Rz. 1; Kallmeyer-*Berger*, UmwG, § 197 Rz. 5; Widmann/Mayer-*Mayer*, UmwR, § 197 UmwG Rz. 2.

form strenger sind als diejenigen der Ausgangsrechtsform (z. B. beim Formwechsel einer Personengesellschaft in eine Kapitalgesellschaft).[2] Ein wesentlicher Aspekt ist dabei der Schutz der Gläubiger des Rechtsträgers der neuen Rechtsform durch Anwendung der Regeln über die Kapitalaufbringung und die Kapitalerhaltung.[3]

2. Anwendbarkeit der Gründungsvorschriften (§ 197 Satz 1)

a) Dogmatische Einordnung

2 Hinsichtlich des Umfangs der Verweisung auf die Gründungsvorschriften belässt es § 197 Satz 1 bei der Feststellung, dass „die für die neue Rechtsform geltenden Gründungsvorschriften“ auf den Formwechsel anzuwenden sind.

3 Inwieweit aber die jeweiligen Gründungsvorschriften zur Anwendung kommen, hängt aus dogmatischer Sicht davon ab, ob und inwieweit man an dem Konzept der Identität des Rechtsträgers (vgl. § 202 Abs. 1 Nr. 1) festhält: Würde man diesem Konzept den uneingeschränkten Vorrang einräumen, bliebe für die Anwendung der Gründungsvorschriften kein relevanter Raum, da es keiner Neugründung bedürfte.[4] Das Spannungsverhältnis zwischen Anwendung der Gründungsvorschriften einerseits und Identitätsdogma des Rechtsträgers andererseits wird im Schrifttum unterschiedlich aufgelöst: Zum Teil wird vertreten, die Identität des Rechtsträgers als reine Fiktion zu betrachten, was die Anwendung der Gründungsvorschriften erkläre.[5] Der Formwechsel sei demnach als **(modifizierte) Neugründung** zu behandeln, wobei die Neugründung durch die Vorschriften des fünften Buches modifiziert würde.[6] Von anderer Seite wird hingegen das Konzept der **Rechtsträgeridentität** in den Vordergrund gestellt, sodass die Gründungsvorschriften nur insoweit zur Anwendung kommen sollen, wie es zur Umgehung von zwingendem Gründungsrecht (insbesondere zum Schutz von Gläubigern) erforderlich sei.[7] Die zweite Ansicht erscheint vorzugswürdig, da sie dem gesetzlich verankerten Grundsatz der Rechtsträgeridentität am ehesten Rechnung trägt und zugleich den Sinn und Zweck des § 197 Satz 1 berücksichtigt.

b) Reichweite

4 Aus der dogmatischen Einordnung des Verweises in § 197 Satz 1 folgt, dass die Gründungsvorschriften nicht flächendeckend, sondern **punktuell und restriktiv** anzuwenden sind.[8] Entlang dieser Leitlinien ist im Einzelfall zu ermitteln, welche Gründungsvorschriften konkret zur Anwendung kommen. Bei der Anwendung des Gründungsrechts sind etwaige umwandlungsrechtliche Spezialregelungen der §§ 190 ff. zu beachten, die das

---

2) Begr. Fraktionsentwurf UmwBerG, BT-Drucks. 12/6699 S. 141; *Simons* in: BeckOGK-UmwG, § 197 Rz. 5; vgl. Henssler/Strohn-*Drinhausen/Keinath*, GesR, § 197 UmwG Rz. 1; Semler/Stengel/Leonard-*Bärwaldt*, UmwG, § 197 Rz. 1.

3) Vgl. *Simons* in: BeckOGK-UmwG, § 197 Rz. 5; Widmann/Mayer-*Mayer*, UmwR, § 197 UmwG Rz. 2; Lutter-*Hoger*, UmwG, § 197 Rz. 6.

4) Semler/Stengel/Leonard-*Bärwaldt*, UmwG, § 197 Rz. 2.

5) Semler/Stengel/Leonard-*Bärwaldt*, UmwG, § 197 Rz. 3; *Hennrichs*, ZIP 1995, 794, 797.

6) Semler/Stengel/Leonard-*Bärwaldt*, UmwG, § 197 Rz. 3; *Bärwaldt/Schabacker* ZIP 1998, 1293, 1297.

7) Widmann/Mayer-*Mayer*, UmwR, § 197 UmwG Rz. 1, 89, obwohl *Mayer* festhält, dass man den Formwechsel durchaus auch als „modifizierte Neugründung“ qualifizieren, hieraus aber keine unmittelbaren Rückschlüsse auf die Lösung einzelner Problemfälle ziehen könne; Lutter-*Hoger*, UmwG, § 197 Rz. 5 f.; *Simons* in: BeckOGK-UmwG, § 197 Rz. 4 f.; *Schaper*, AG 2019, 69, 72; vgl. *Petersen* in: KölnKomm-UmwG, § 197 Rz. 2.

8) Lutter-*Hoger*, UmwG, § 197 Rz. 6; Kallmeyer-*Berger*, UmwG, § 197, Rz. 7; *Wansleben* in: MünchHdb. GesR, Bd. 8, § 34 Rz. 54.

jeweilige Gründungsrecht modifizieren bzw. diesem vorgehen (vgl. z. B. die allgemeine Regelung des § 197 Satz 2 oder die rechtsformspezifische Vorschrift des § 220).[9)]

Die Gründungsvorschriften sind nach dem Wortlaut der Norm „auf den Formwechsel" anzuwenden. Gemeint ist damit, dass eine Anwendung der Gründungsvorschriften in Bezug auf den **anstehenden Formwechsel** erfolgt, keineswegs aber eine nachträgliche Überprüfung der ursprünglichen Gründung des formwechselnden Rechtsträgers anhand der Gründungsvorschriften stattfindet.[10)] 5

II. Die anwendbaren Gründungsvorschriften nach Rechtsform

1. Kapitalgesellschaften

a) GmbH

aa) Allgemeines

Der Rechtsformwechsel in eine GmbH ist sowohl für andere Kapitalgesellschaften (AG und KGaA) als auch für bestimmte weitere in § 191 Abs. 1 genannte Gesellschaftsformen, z. B. Personenhandelsgesellschaften und PartG, möglich (vgl. auch § 214 Abs. 1 und § 225a. Die zu beachtenden Gründungsvorschriften der GmbH sind vor allem in den §§ 1–11 GmbHG geregelt, die durch die Vorschriften des UmwG modifiziert werden. 6

bb) Gründer

Da gemäß § 1 GmbHG die Gründung auch durch eine Person möglich ist (Einmann-GmbH), ist § 197 Satz 2 Halbs. 1, nach der die Vorschriften über die Mindestzahlen von Gründern für den Formwechsel nicht gelten, insoweit für die GmbH redundant.[11)] 7

cc) Gesellschaftsvertrag

Gemäß § 3 GmbHG muss der **Gesellschaftsvertrag** folgende Angaben enthalten: Firma und Sitz der Gesellschaft, Gegenstand des Unternehmens, Betrag des Stammkapitals sowie Zahl und Nennbeträge der Geschäftsanteile, die jeder Gesellschafter gegen Einlage auf das Stammkapital (Stammeinlage) übernimmt (siehe zum Betrag des Stammkapitals und der Anzahl und Nennbeträge der Geschäftsanteile ab Rz. 21). 8

In Bezug auf die **Firma** einer GmbH findet § 4 GmbHG Anwendung, der im Zusammenhang mit dem Formwechsel durch § 200 modifiziert wird. 9

Dem Formerfordernis der **notariellen Beurkundung** des Gesellschaftsvertrags nach § 2 Abs. 1 Satz 1 GmbHG wird durch die Beurkundung des Formwechselbeschlusses nach § 193 Abs. 3 Satz 1 Rechnung getragen.[12)] 10

Die **Unterzeichnung des Gesellschaftsvertrages** durch sämtliche Gesellschafter gemäß § 2 Abs. 1 Satz 2 GmbHG ist nach verbreiteter Ansicht beim Formwechsel nicht erforderlich.[13)] Dafür spricht die grundsätzlich restriktive Anwendung der Gründungsvorschriften auf den Formwechsel (siehe hierzu Rz. 4). Da das Gesetz allerdings für bestimmte Kon- 11

9) *Simons* in: BeckOGK-UmwG, § 197 Rz. 2.

10) Semler/Stengel/Leonard-*Bärwaldt*, UmwG, § 197 Rz. 6; Widmann/Mayer-*Mayer*, UmwR, § 197 UmwG Rz. 11; Kallmeyer-*Berger*, UmwG, § 197 Rz. 7; vgl. auch *Schaper*, AG 2019, 69, 72.

11) Semler/Stengel/Leonard-*Bärwaldt*, UmwG, § 197 Rz. 19.

12) Henssler/Strohn-*Drinhausen/Keinath*, GesR, § 197 UmwG Rz. 2; Semler/Stengel/Leonard-*Bärwaldt*, UmwG, § 197 Rz. 26; Kallmeyer-*Berger*, UmwG, § 197 Rz. 15.

13) Henssler/Strohn-*Drinhausen/Keinath*, GesR, § 197 UmwG Rz. 2 und § 218 UmwG Rz. 8; Semler/Stengel/Leonard-*Schlitt*, UmwG, § 218 Rz. 6; Schmitt/Hörtnagl-*Rinke*, UmwG/UmwStG, § 218 UmwG Rz. 5; a. A. Kallmeyer-*Berger*, UmwG, § 197 Rz. 16.

stellationen das Erfordernis der Unterzeichnung ausdrücklich für unanwendbar erklärt (z. B. im Falle des Formwechsels einer AG oder KGaA in GmbH gemäß § 244 Abs. 2),[14] sollte vorsorglich in den im fünften Buch des UmwG nicht explizit geregelten Fällen eine Unterzeichnung des Gesellschaftsvertrags vorgenommen werden. Sofern eine (vorsorgliche) Unterzeichnung des Gesellschaftsvertrags vorgenommen wird, soll bei einem Formwechsel einer Personenhandelsgesellschaft in eine GmbH durch Mehrheitsentscheidung dafür die Unterzeichnung durch die für den Formwechsel stimmenden „Gründer" genügen (vgl. § 219 Satz 2).[15]

12 Zu den Formanforderungen für Vollmachten siehe § 193 Rz. 17 f. [Schaper/Meven].

13 Ist der formwechselnde Rechtsträger auch eine Kapitalgesellschaft, so sind etwaige Festsetzungen über Sondervorteile, Gründungsaufwand, Sacheinlagen und Sachübernahmen aus der Satzung der Ausgangsrechtsform grundsätzlich in den Gesellschaftsvertrag zu übernehmen (§ 243 Abs. 1 Satz 2), sofern sie nicht im Einzelfall geändert oder entfernt werden dürfen (§ 243 Abs. 1 Satz 3 i. V. m. § 26 Abs. 4 und Abs. 5 AktG).[16] Es sind auch solche Sondervorteile aufzunehmen, die erst im Zuge des Formwechsels gewährt werden (§ 26 Abs. 2 AktG analog).[17]

14 Sofern sich die nach § 3 GmbHG im Gesellschaftsvertrag zu machenden Angaben mit denen des **Formwechselbeschlusses** gemäß § 194 decken, kann im Formwechselbeschluss auf den Gesellschaftsvertrag verwiesen werden.[18]

15 Zudem sind im Gesellschaftsvertrag die festgesetzten Kosten anzugeben, die durch die Gesellschaft im Zuge des Formwechsels zu tragen sind.[19] Hinsichtlich der Höhe der **Formwechselkosten** besteht dabei – entgegen einer teilweise vertretenen Ansicht[20] – keine Begrenzung auf 10 % des Stammkapitals des formgewechselten Rechtsträgers.[21] Dagegen spricht, dass eine solche Begrenzung keine Stütze im Gesetz findet und dass die Notarkosten für den Formwechsel auf Basis des Unternehmenswertes – und somit losgelöst vom Stammkapital – berechnet werden (§ 108 Abs. 3 Satz 1 GNotKG).[22]

dd) Aufsichtsrat

16 Zwingend ist bei der GmbH nur ein Aufsichtsrat zu errichten, wenn die GmbH einem der Mitbestimmungsgesetze unterfällt. Daneben bleibt es den Anteilsinhabern unbenommen, bei der GmbH einen fakultativen Aufsichtsrat einzurichten (vgl. § 52 Abs. 1 GmbHG).[23]

---

14) Vgl. § 218 Abs. 1 Satz 2 UmwG als weitere Ausnahmevorschrift, die allerdings nur auf die Genossenschaft Anwendung findet, Henssler/Strohn-*Drinhausen/Keinath*, GesR, § 197 UmwG Rz. 8; Schmitt/Hörtnagl-*Rinke*, UmwG/UmwStG, § 218 UmwG Rz. 5.

15) Kallmeyer-*Berger*, UmwG, § 197 Rz. 16.

16) Henssler/Strohn-*Drinhausen/Keinath*, GesR, § 197 UmwG Rz. 2; Kallmeyer-*Berger*, UmwG, § 197 Rz. 17 f.

17) Semler/Stengel/Leonard-*Bärwaldt*, UmwG, § 197 Rz. 21; Widmann/Mayer-*Mayer*, UmwR, § 197 UmwG Rz. 27.

18) Semler/Stengel/Leonard-*Bärwaldt*, UmwG, § 197 Rz. 21; Kallmeyer-*Berger*, UmwG, § 197 Rz. 19.

19) Kallmeyer-*Berger*, UmwG, § 197 Rz. 18; Semler/Stengel/Leonard-*Bärwaldt*, UmwG, § 197 Rz. 21; *Simons* in: BeckOGK-UmwG, § 197 Rz. 14; Widmann/Mayer-*Mayer*, UmwR, § 197 UmwG Rz. 27; *Cramer*, NZG 2015, 373, 374.

20) OLG Celle, Beschl. v. 22.10.2014 – 9 W 124/14, GmbHR 2015, 139, 140 = NZG 2014, 1383 f.; vgl. ferner Lutter-*Hoger*, UmwG, § 197 Rz. 23, und *Cramer*, NZG 2015, 373, 378 f., wonach die Kosten des Formwechsels maximal bis zur Höhe der Stammkapitalziffer durch die GmbH getragen werden dürfen.

21) KG Berlin, Beschl. v. 26.10.2021 – 22 W 44/21, NJW-RR 2021, 1631, 1632 = NZG 2022, 77 f.; *Simons* in: BeckOGK-UmwG, § 197 Rz. 14; Widmann/Mayer-*Mayer*, UmwR, § 197 UmwG Rz. 27.

22) KG Berlin, Beschl. v. 26.10.2021 – 22 W 44/21, NJW-RR 2021, 1631, 1632 = NZG 2022, 77 f.; *Simons* in: BeckOGK-UmwG, § 197 Rz. 14.

23) *Spindler* in: MünchKomm-GmbHG, § 52 Rz. 1; *Bochmann* in: BeckOGK-GmbHG, § 52 Rz. 1.

17 Sofern nach dem Formwechsel bei der GmbH erstmals oder auf andere Weise ein (mitbestimmter) Aufsichtsrat zu errichten ist, haben die Anteilsinhaber die Aufsichtsratsmitglieder zu bestellen.[24] Nach h. M. ist **§ 197 Satz 3 i. V. m. § 31 AktG** entsprechend auf die Bestellung der Aufsichtsratsmitglieder einer GmbH anwendbar,[25] d. h. im Fall eines mitbestimmten Aufsichtsrats ist zunächst ein **„Rumpf-Aufsichtsrat"** bestehend aus Anteilsinhabervertretern zu bestellen, der nach dem Wirksamwerden des Formwechsels und der anschließenden Durchführung eines Statusverfahrens durch Arbeitnehmervertreter ergänzt wird (siehe hierzu ausführlich unten Rz. 49).

18 Sofern beim formwechselnden Rechtsträger bereits ein Aufsichtsrat bestand und der **Aufsichtsrat** nach dem Formwechsel **in gleicher Weise** wie bei dem formwechselnden Rechtsträger **gebildet und zusammengesetzt** wird, bleiben die Aufsichtsratsmitglieder für den Rest ihrer Wahlzeit als Mitglieder des Aufsichtsrats des Rechtsträgers neuer Rechtsform im Amt, vgl. § 203 Satz 2; einer erneuten Bestellung bedarf es in diesem Fall nicht (siehe hierzu ausführlich ab § 203 Rz. 6 [*Schaper/Meven*]).

ee) Geschäftsführer

19 Spätestens bis zur Handelsregisteranmeldung des Formwechsels müssen ein oder mehrere **Geschäftsführer** bestellt worden sein (vgl. § 222 Abs. 1, § 246 Abs. 2). Die Ämter der gesetzlichen Vertreter des formwechselnden Rechtsträgers enden kraft Gesetzes mit der Eintragung des Formwechsels im Handelsregister (es gilt hier keine Ämterkontinuität; siehe § 203 Rz. 5 [*Schaper/Meven*]).[26]

20 Auf die **Bestellung** der Geschäftsführer findet § 197 Satz 1 i. V. m. § 6 GmbHG Anwendung, d. h. die Bestellung erfolgt gemäß § 6 Abs. 3 Satz 2 GmbHG entweder im Gesellschaftsvertrag oder durch Gesellschafterbeschluss (§§ 6 Abs. 3 Satz 2, 46 Nr. 5 GmbHG), sofern die Bestellung nicht aufgrund mitbestimmungsrechtlicher Vorschriften durch den Aufsichtsrat zu erfolgen hat.

ff) Stammkapital, Geschäftsanteile

21 Das **Stammkapital** der GmbH als Zielrechtsform des Formwechsels muss nach § 5 Abs. 1 GmbHG i. V. m. § 197 Satz 1 mindestens 25.000 € betragen. Beim Formwechsel einer anderen Kapitalgesellschaft in eine GmbH wird das bisherige Grundkapital in unveränderter Höhe zum Stammkapital der GmbH (§ 247 Abs. 1).

22 Nach § 243 Abs. 3 Satz 1 können die **Nennbeträge** von Geschäftsanteilen abweichend vom Betrag der Anteile der formwechselnden Gesellschaft festgesetzt werden, solange sie beim Formwechsel in eine GmbH auf volle Euro[27] lauten (§ 243 Abs. 3 Satz 2, § 5 Abs. 2 Satz 1 GmbHG i. V. m. § 197 Satz 1). Führt diese Festsetzung dazu, dass die Anteilsinhaber nach dem Formwechsel nicht mehr verhältniswahrend am Rechtsträger beteiligt sind, bedarf es im Falle einer formwechselnden AG oder KGaA nach § 242 der Zustimmung der betroffenen Anteilsinhaber.

24) *Simons* in: BeckOGK-UmwG, § 197 Rz. 72 f.

25) Semler/Stengel/Leonard-*Bärwaldt*, UmwG, § 197 Rz. 71; Lutter-*Hoger*, UmwG, § 197 Rz. 47; *Simons* in: BeckOGK-UmwG, § 197 Rz. 56.

26) Kallmeyer-*Berger*, UmwG, § 197 Rz. 21; allg. zur Beendigung der Organstellung des gesetzlichen Vertreters des formwechselnden Rechtsträgers: Semler/Stengel/Leonard-*Leonard*, UmwG, § 202 Rz. 10, 14; *Fortun*, NZG 2022, 202, 203; a. A. *Hoger*, ZGR 2007, 868, 884 ff., wonach eine Neubestellung von Geschäftsleitern nicht zwingend notwendig ist.

27) Zur Frage, wie bei einem Formwechsel von einer AG in eine GmbH ein bei der AG zuvor bestehendes nicht auf volle Euro lautende Grundkapital „geglättet" wird: *Marz/Kriechbaumer*, BB 2025, 1859, 1960 ff.

23 Hält der formwechselnde Rechtsträger eigene Anteile, steht dies einem Formwechsel in die GmbH auch dann nicht entgegen, wenn die Einlage auf die (eigenen) Aktien nicht voll erbracht ist, da § 33 GmbHG auf den Formwechsel in die GmbH keine Anwendung findet.[28)]

gg) Einlagen, Kapitalaufbringung

24 Die Einlagen der Gründer auf das Stammkapital der GmbH werden mit der Eintragung des Formwechsels dadurch erbracht, dass der **gesamte Geschäftsbetrieb** des formwechselnden Rechtsträgers mit allen Aktiva und Passiva unter Wahrung der Identität der Gesellschaft zum Vermögen der GmbH wird.[29)]

25 Etwaige **Einlagen**, die in der Ausgangsrechtsform (in zulässiger Weise) nicht erbracht worden sind, sind vor dem Formwechsel in dem nach § 7 Abs. 2 GmbHG erforderlichen Umfang zu erbringen (d. h. Bareinlagen sind grundsätzlich bis zu einem Viertel des Nennbetrags zu leisten, wobei mindestens 50 % des gesetzlichen Mindeststammkapitals zu leisten sind).[30)] Darüber hinaus sind die ausstehenden Bareinlagen nicht aufgrund des Sachgründungscharakters des Formwechsels in vollem Umfang zu erbringen, da der Zweck des § 197 Satz 1 nicht darin besteht, den Schutz der Gründungsvorschriften zu erweitern, sondern sich darin erschöpft, dass das Gründungsrecht nicht umgangen wird.[31)]

26 Zur Sicherung der Kapitalaufbringung sieht § 220 Abs. 1 vor, dass die Stammkapitalziffer das **Reinvermögen** des formwechselnden Rechtsträgers nicht überschreiten darf. Reicht das Reinvermögen des formwechselnden Rechtsträgers nicht aus, um das Stammkapital zu decken, ist eine Zuzahlung erforderlich.[32)]

hh) Sachgründungsbericht

27 Die Verpflichtung zur Reinvermögensdeckung (siehe dazu unter Rz. 26) wird flankiert durch § 220 Abs. 2, wonach ein **Sachgründungsbericht** zu erstellen ist, in dem neben der Reinvermögensdeckung auch der bisherige Geschäftsverlauf und die Lage des formwechselnden Rechtsträgers darzulegen sind.[33)] Beim Wechsel einer anderen Kapitalgesellschaft, einer eG oder eines rechtsfähigen Vereins in eine GmbH ist der Sachgründungsbericht entbehrlich, vgl. § 245 Abs. 4, § 264 Abs. 2, § 277.

28 Eine **Gründungsprüfung durch einen externen Prüfer** ist beim Formwechsel in eine GmbH nicht erforderlich (vgl. § 220 Abs. 3).[34)]

ii) Haftung

29 Sofern das Reinvermögen des formwechselnden Rechtsträgers das Stammkapital nicht vollständig deckt, haften die Gesellschafter bzw. Partner einer Personenhandels- bzw.

---

28) *Schaper*, ZGR 2018, 126, 137 f.

29) Vgl. Semler/Stengel/Leonard-*Leonard*, UmwG, § 202 Rz. 2, 7; ferner Widmann/Mayer-*Mayer*, UmwR, § 197 UmwG Rz. 55, und Semler/Stengel/Leonard-*Bärwaldt*, UmwG, § 197 Rz. 29, jeweils m. Hinweis darauf, dass § 7 Abs. 3 GmbHG beim Formwechsel überflüssig sei, da das Vermögen des formwechselnden Rechtsträgers mit der Registereintragung zur endgültig freien Verfügung der Geschäftsführung der formgewechselten GmbH stehe.

30) Henssler/Strohn-*Drinhausen/Keinath*, GesR, § 197 UmwG Rz. 3; Semler/Stengel/Leonard-*Bärwaldt*, UmwG, § 197 Rz. 29; Widmann/Mayer-*Mayer*, UmwR, § 197 UmwG Rz. 54.

31) Semler/Stengel/Leonard-*Bärwaldt*, UmwG, § 197 Rz. 29; Lutter-*Hoger*, UmwG, § 197 Rz. 14; *Simons* in: BeckOGK-UmwG, § 197 Rz. 10; Widmann/Mayer-*Mayer*, UmwR, § 197 UmwG Rz. 54.

32) Vgl. Semler/Stengel/Leonard-*Schlitt*, UmwG, § 220 Rz. 17 m. w. N.

33) *Simons* in: BeckOGK-UmwG, § 197 Rz. 15; Widmann/Mayer-*Mayer*, UmwR, § 197 UmwG Rz. 45.

34) *Schlitt* in: Semler/Stengel/Leonard, UmwG, § 220 Rz. 31; Lutter-*Hoger*, UmwG, § 220 Rz. 25.

PartG für die Differenz; § 9 GmbHG findet insoweit gemäß § 197 Satz 1 auf den Formwechsel dieser Ausgangsrechtsformen Anwendung.[35] Allerdings findet die **Differenzhaftung** nach h. M. keine Anwendung auf den Formwechsel einer (anderen) Kapitalgesellschaft in eine GmbH.[36] Dies wäre mit dem Schutzzweck des § 197 Satz 1 unvereinbar, da die Werthaltigkeit der (Sach-)Einlagen zum ursprünglichen Gründungszeitpunkt überprüft wurde.[37]

Auf den Formwechsel ist (durch die Verweisung des § 197 Satz 1) auch die **Gründerhaftung** nach § 9a GmbHG anwendbar, wobei sich diese auf den Formwechselvorgang und nicht auf die Gründung des formwechselnden Rechtsträgers bezieht und auch nur die für den Formwechsel stimmenden Anteilsinhaber treffen kann (vgl. § 219 Satz 2).[38] 30

Auch wenn § 11 Abs. 2 GmbHG grundsätzlich zu den Gründungsvorschriften der GmbH zählt, besteht für die **Handelndenhaftung** im Zusammenhang mit dem Formwechsel allenfalls ein marginaler Anwendungsbereich, der durch den Schutzzweck des § 197 Abs. 1 gedeckt ist, da – anders als bei der Neugründung – bereits vor dem Formwechsel ein vollwertiges Rechtssubjekt besteht und etwaige Verbindlichkeiten in aller Regel (noch) für den Rechtsträger in der Ausgangsrechtsform begründet werden.[39] 31

jj) Anmeldung und Eintragung

Hinsichtlich der **Anmeldung** des Formwechsels finden (über § 197 Satz 1) die §§ 7 und 8 GmbHG Anwendung, sofern sie nicht durch umwandlungsrechtliche Sondervorschriften modifiziert werden (vgl. § 198, § 199, § 222, § 223, § 235, § 246).[40] 32

Nach der Prüfung der Eintragungsfähigkeit durch das Registergericht (vgl. § 9c GmbHG) erfolgt die Eintragung der formgewechselten GmbH nach Maßgabe des § 10 GmbHG (hinsichtlich der Wirkungen der Eintragungen siehe ab § 202 Rz. 12 [*Fiedler*]). Die Bekanntmachung der Eintragung richtet sich sodann nach § 201 UmwG i. V. m. § 10 HGB.[41] 33

b) AG

aa) Allgemeines

Der Rechtsformwechsel in die AG ist sowohl durch andere Kapitalgesellschaften (GmbH und KGaA) als auch durch weitere in § 191 Abs. 1 genannte Rechtsformen möglich.[42] Da die AG gegenüber den anderen Rechtsformen **strengere Gründungsvorschriften** (insbesondere Kapitalaufbringungsvorschriften) aufweist, besteht beim Formwechsel in die AG das größte Potential zum Unterlaufen der auf die AG anwendbaren Gründungsvorschriften. § 197 Satz 1 kommt beim Formwechsel in die AG aber auch dann zur Anwendung, wenn die Ausgangsrechtsform eine KGaA ist, die grundsätzlich denselben Gründungsvorschriften 34

35) Widmann/Mayer-*Mayer*, UmwR, § 197 UmwG Rz. 62; *Simons* in: BeckOGK-UmwG, § 197 Rz. 24 f.; *Wälzholz*, AG 2006, 469, 473, wobei umstritten ist, ob die Differenzhaftung jeden oder nur für den Formwechsel stimmenden Gesellschafter trifft (s. hierzu: *Wälzholz*, AG 2006, 469, 473).

36) Semler/Stengel/Leonard-*Bärwaldt*, UmwG, § 197 Rz. 33; Lutter-*Hoger*, UmwG, § 197 Rz. 39.

37) Semler/Stengel/Leonard-*Bärwaldt*, UmwG, § 197 Rz. 33; Lutter-*Hoger*, UmwG, § 197 Rz. 39.

38) Widmann/Mayer-*Mayer*, UmwR, § 197 UmwG Rz. 61; Lutter-*Hoger*, UmwG, § 197 Rz. 32.

39) *Simons* in: BeckOGK-UmwG, § 197 Rz. 23; vgl. *Petersen* in: KölnKomm-UmwG, § 197 Rz. 15.

40) Kallmeyer-*Berger*, UmwG, § 197 Rz. 27; Henssler/Strohn-*Drinhausen*/*Keinath*, GesR, § 197 UmwG Rz. 3.

41) Semler/Stengel/Leonard-*Bärwaldt*, UmwG, § 197 Rz. 31.

42) Zu den Kombinationsmöglichkeiten s. Semler/Stengel/Leonard-*Bärwaldt*, UmwG, § 191 Rz. 15.

wie die AG unterliegt; für eine teleologische Reduktion des § 197 Satz 1 besteht angesichts des eindeutigen Wortlauts des § 245 Abs. 3 Satz 1 kein Raum.[43)]

35 Zu den **Gründungsvorschriften der AG** i. S. des § 197 Satz 1 zählen dabei nicht nur die Vorschriften des Zweiten Teils des Ersten Buchs des AktG mit der Überschrift „Gründung der Gesellschaft" (§§ 23–54 AktG), sondern darüber hinaus sind auch solche des Ersten Teils des AktG (§§ 1–22 AktG) anwendbar.[44)] Daneben sind richtigerweise auch weitere aktienrechtliche Vorschriften als Gründungsvorschriften im Sinne des § 197 zu qualifizieren, sofern sie für den Gründungsvorgang der AG relevant sind (z. B. § 56 AktG).[45)]

bb) Gründer

36 Die **Gründerstellung** in einer AG bestimmt sich grundsätzlich nach § 28 AktG (Gründer sind hiernach diejenigen Aktionäre, die die Satzung festgestellt haben), wobei diese Einordnung für Zwecke des Formwechsels grundlegend durch das Umwandlungsgesetz modifiziert wird.[46)] Wer als Gründer gilt, hängt insoweit von der Rechtsform des formwechselnden Rechtsträgers ab und wird durch das UmwG bestimmt: Für **Personenhandelsgesellschaften und PartGs** als **Ausgangsrechtsform** gelten die §§ 219, 225c. Demnach werden grundsätzlich die bisherigen Gesellschafter bzw. Partner zu Gründern in der formgewechselten Rechtsform der AG. Bei einem Mehrheitsbeschluss sind hingegen nur diejenigen als Gründer zu betrachten, die für den Formwechsel gestimmt haben (s. § 219 Satz 2).

37 Ist die Ausgangsrechtsform eine **GmbH,** gelten die dem Formwechselbeschluss zustimmenden Gesellschafter als Gründer (§ 245 Abs. 1). Ist die Ausgangsrechtsform eine **KGaA**, gelten ausschließlich die persönlich haftenden Gesellschafter als Gründer (§ 245 Abs. 3), wobei im Fall einer Mehrheitsentscheidung nach § 240 Abs. 3 Satz 2 nur diejenigen Komplementäre als Gründer einzustufen sind, die für den Formwechsel gestimmt haben.[47)]

38 **§ 197 Satz 2 Halbs. 1** findet beim Formwechsel in die AG keine Anwendung, da nach § 2 AktG die Möglichkeit zur Gründung einer Einpersonen-AG besteht.[48)]

39 Bestimmte **Einschränkungen** hinsichtlich der auf die Gründer anwendbaren Vorschriften gelten für eG, rechtsfähiger Verein und VVaG, vgl. §§ 264 Abs. 3 Satz 2, 277, 295.

cc) Satzung

40 Hinsichtlich des **Inhalts der Satzung** der AG ist § 23 AktG maßgeblich.

41 Gemäß § 23 Abs. 1 AktG muss die Satzung durch **notarielle Beurkundung** festgestellt werden. Da die Satzung im Formwechselbeschluss enthalten sein muss (siehe hierzu § 194 Rz. 35 [*Schaper/Meven*]), verdrängt i. R. des Formwechsels die notarielle Beurkundung

---

43) Semler/Stengel/Leonard-*Bärwaldt*, UmwG, § 197 Rz. 36; Widmann/Mayer-*Mayer*, UmwR, § 197 UmwG Rz. 82; Lutter-*Hoger*, UmwG, § 197 Rz. 8.

44) Widmann/Mayer-*Mayer*, UmwR, § 197 UmwG Rz. 84; Semler/Stengel/Leonard-*Bärwaldt*, UmwG, § 197 Rz. 36.

45) Semler/Stengel/Leonard-*Bärwaldt*, UmwG, § 197 Rz. 36; *Schaper*, ZGR 2018, 126, 129; hingegen wohl auf den Ersten und Zweiten Teil beschränkend: Schmitt/Hörtnagl-*Winter*, UmwG/UmwStG, § 197 UmwG Rz. 5, und Widmann/Mayer-*Mayer*, UmwR, § 197 UmwG Rz. 84.

46) Widmann/Mayer-*Mayer*, UmwR, § 197 UmwG Rz. 155.

47) Semler/Stengel/Leonard-*Bärwaldt*, UmwG, § 197 Rz. 37; Widmann/Mayer-*Mayer*, UmwR, § 197 UmwG Rz. 158; a. A. Lutter-*Göthel*, UmwG, § 245 Rz. 25; Kallmeyer-*Blasche*, UmwG, § 245 Rz. 5; Henssler/Strohn-*Drinhausen/Keinath*, GesR, § 245 UmwG Rz. 6.

48) Henssler/Strohn-*Drinhausen/Keinath*, GesR § 197 UmwG Rz. 10; *Berger* in: Kallmeyer, UmwG, § 197 Rz. 31; *Simons* in: BeckOGK-UmwG, § 197 Rz. 40.

des Formwechselbeschlusses nach §§ 36 f. BeurkG die (separate) notarielle Beurkundung der Satzung.[49)]

42 Für eine wirksame **Bevollmächtigung** zur Feststellung der Satzung bzw. für den Formwechselbeschluss bedarf es keiner beglaubigten Vollmacht (§ 23 Abs. 1 Satz 2 AktG; siehe hierzu § 193 Rz. 18 [*Schaper/Meven*]).

43 Hinsichtlich der **Firma** der (neuen) AG gilt § 4 AktG, wobei dieser zusätzlich durch § 200 ergänzt wird. Neben der Firma muss die Satzung nach § 23 Abs. 3 Nr. 1 auch den **Sitz** der Gesellschaft nach § 5 AktG bestimmen.

44 Zudem hat die Satzung gemäß § 23 Abs. 3 Nr. 3–5 AktG Angaben betreffend die Höhe des **Grundkapitals**, die Zerlegung des Grundkapitals entweder in Nennbetragsaktien oder in Stückaktien sowie die Einstufung der Aktien als Inhaber- oder Namensaktien (siehe Rz. 55) und nach § 27 Abs. 1 Satz 1 AktG zum **Einlagegegenstand** (siehe Rz. 60) zu enthalten.

45 Sofern im Zuge des Formwechsels **Sondervorteile** gewährt werden, ist § 26 Abs. 1 und 2 AktG zu beachten, wonach die jeweils gewährten Sondervorteile in der Satzung festzusetzen sind.[50)] Die Bestimmung gilt hingegen nicht, sofern Sondervorteile bereits im formwechselnden Rechtsträger bestehen und nach dem Formwechsel beibehalten werden, da diese Sondervorteile nicht im Zuge des Formwechsels gewährt werden; solche Sonderrechte sind dementsprechend nicht in der Satzung der Zielrechtsform festzusetzen. Dies ist jedoch anders zu beurteilen, wenn der formwechselnde Rechtsträger eine Kapitalgesellschaft ist, bei der Festsetzungen über Sondervorteile, Gründungskosten, Sacheinlagen und Sachübernahmen **im Gesellschaftsvertrag oder der Satzung** der formwechselnden Gesellschaft **bereits festgesetzt worden sind**; diese sind gemäß § 243 Abs. 1 Satz 2 in die neue Satzung zu übernehmen. Sollen bestehende Festsetzungen geändert oder gestrichen werden, sind die Fristen des § 26 Abs. 4 und 5 AktG zu beachten.[51)]

46 Zudem sind in der Satzung gemäß § 26 Abs. 2 AktG analog auch die festgesetzten Kosten anzugeben, die durch die Gesellschaft im Zuge des Formwechsels zu tragen sind.[52)] Hinsichtlich der Höhe der **Formwechselkosten** besteht dabei keine Begrenzung auf 10 % des Stammkapitals des formgewechselten Rechtsträgers (siehe die Ausführungen zum GmbH-Formwechsel Rz. 15). Jedenfalls bei signifikanten Formwechselkosten sollten diese – ggf. in Abstimmung mit dem zuständigen Register – idealerweise ausdrücklich im externen Gründungsprüfungsbericht (siehe hierzu Rz. 65) i. R. der Kapitaldeckungsprüfung berücksichtigt werden.

dd) Aufsichtsrat

47 Die AG verfügt **zwingend** über einen **Aufsichtsrat** (§§ 95 ff. AktG). Die Vorschriften zur Bestellung des Aufsichtsrats in §§ 30, 31 AktG gehören grundsätzlich zu den Gründungsvorschriften. Allerdings sieht **§ 197 Satz 2 Halbs. 2** vor, dass die Vorschriften über die Gründung des ersten Aufsichtsrats auf den Formwechsel in eine AG nicht anwendbar sind. Gemäß § 197 Satz 3 wird § 31 AktG jedoch für anwendbar erklärt.

48 Dementsprechend ist insbesondere **§ 30 Abs. 2 AktG** (Nichtanwendbarkeit der Vorschriften über die Bestellung von Aufsichtsratsmitgliedern der Arbeitnehmer) auf den

49) Semler/Stengel/Leonard-*Bärwaldt*, UmwG, § 197 Rz. 38.

50) Semler/Stengel/Leonard-*Bärwaldt*, UmwG, § 197 Rz. 42; Widmann/Mayer-*Mayer*, UmwR, § 197 UmwG Rz. 142.

51) Semler/Stengel/Leonard-*Bärwaldt*, UmwG, § 197 Rz. 42.

52) *Simons* in: BeckOGK-UmwG, § 197 Rz. 14; Widmann/Mayer-*Mayer*, UmwR, § 197 UmwG Rz. 143.

Formwechsel in die AG nicht anwendbar.[53] Auch **§ 30 Abs. 3 Satz 1 AktG** (verkürzte Amtszeit bis zur Beendigung der Hauptversammlung, die über die Entlastung für das erste Voll- oder Rumpfgeschäftsjahr beschließt) ist nicht anwendbar, da der Aufsichtsrat nach dem Formwechsel (vorbehaltlich einer Interimszeit des „Rumpf-Aufsichtsrats") nicht ohne Arbeitnehmervertreter gebildet wird und somit kein Bedürfnis nach einer verkürzten Bestelldauer besteht.[54] Anwendbar auf den Formwechsel ist aber § 30 Abs. 4 AktG, wonach der Aufsichtsrat den ersten Vorstand bestellt, da es sich hierbei nicht um eine „Vorschrift über die Bildung und Zusammensetzung des ersten Aufsichtsrats" im Sinne des § 197 Satz 2 Halbs. 2 handelt.[55]

49 Ausdrücklich anwendbar ist im Fall des Formwechsels in die AG gemäß **§ 197 Satz 3 der § 31 AktG**. Die Bestellung der Mitglieder des ersten Aufsichtsrats entspricht daher dem Verfahren bei einer Sachgründung (vgl. 31 AktG).

- Ist beim Formwechsel in eine AG **erstmals oder in anderer Weise ein Aufsichtsrat** zu bilden, werden die Aufsichtsratsmitglieder beim Formwechsel durch die Anteilsinhaber gewählt. Handelt es sich um einen **nicht mitbestimmten Aufsichtsrat**, wählen die Anteilsinhaber sämtliche Aufsichtsratsmitglieder. Gehen die Anteilsinhaber hingegen von einem **mitbestimmten Aufsichtsrat** aus, erfolgt zunächst die Bildung eines **„Rumpf-Aufsichtsrats"**, bestehend aus (mindestens drei) Anteilseignervertretern nach Maßgabe des § 197 Satz 3 i. V. m. § 31 Abs. 1 AktG, bei dem die Posten der Arbeitnehmervertreter vakant bleiben.[56] Dieser unvollständig besetzte Aufsichtsrat ist nach Maßgabe des § 197 Satz 3 i. V. m. § 31 Abs. 2 AktG beschlussfähig und kann die Mitglieder des Vorstands bestellen.[57] Unverzüglich nach Wirksamwerden des Formwechsels ist ein Statusverfahren gemäß §§ 97 ff. AktG (§ 197 Satz 3 i. V. m. § 31 Abs. 3 AktG) mit anschließender Wahl der Arbeitnehmervertreter durchzuführen, infolgedessen der „Rumpf-Aufsichtsrat" um die fehlenden Arbeitnehmervertreter ergänzt wird.[58] Vor Eintragung des Formwechsels im Handelsregister ist die Durchführung eines Statusverfahrens hingegen nicht erforderlich (vgl. § 31 Abs. 3 AktG).[59]
- Verfügt der formwechselnde Rechtsträger bereits über einen Aufsichtsrat und wird der **Aufsichtsrat** nach dem Formwechsel in die AG **in gleicher Weise** wie bei dem formwechselnden Rechtsträger **gebildet und zusammengesetzt**, so bleiben die Aufsichtsratsmitglieder des formwechselnden Rechtsträgers für den Rest ihrer Wahlzeit als Mitglieder des Aufsichtsrats der AG im Amt, vgl. § 203 Satz 1; einer erneuten Bestellung bedarf es in diesem Fall nicht (siehe hierzu ab § 203 Rz. 6 [*Schaper/Meven*]).[60]

50 Hinsichtlich der **Vergütung der ersten Aufsichtsratsmitglieder** ist nicht abschließend geklärt, ob § 113 Abs. 2 AktG von § 197 Satz 2 Halbs. 2 erfasst ist. Da § 197 Satz 2 Halbs. 2 von „Vorschriften über die Bildung und Zusammensetzung des ersten Aufsichtsrats" spricht, während § 113 Abs. 2 AktG die Vergütung betrifft, wird von Teilen des Schrifttums die Ansicht vertreten, dass § 113 Abs. 2 AktG nicht von § 197 Satz 2 Halbs. 2

53) *Simons* in: BeckOGK-UmwG, § 197 Rz. 45; Semler/Stengel/Leonard-*Bärwaldt*, UmwG, § 197 Rz. 44; Kallmeyer-*Berger*, UmwG, § 197 Rz. 61.

54) Vgl. *Simons* in: BeckOGK-UmwG, § 197 Rz. 45; Kallmeyer-*Berger*, UmwG, § 197 Rz. 61.

55) Widmann/Mayer-*Mayer*, UmwR, § 197 UmwG Rz. 164; Semler/Stengel/Leonard-*Bärwaldt*, UmwG, § 197 Rz. 44.

56) Vgl. *Simons* in: BeckOGK-UmwG, § 197 Rz. 52.

57) Semler/Stengel/Leonard-*Bärwaldt*, UmwG, § 197 Rz. 70a.

58) *Simons* in: BeckOGK-UmwG, § 197 Rz. 52, 73; Semler/Stengel/Leonard-*Bärwaldt*, UmwG, § 197 Rz. 70a.

59) *Simons* in: BeckOGK-UmwG, § 197 Rz. 73; Semler/Stengel/Leonard-*Bärwaldt*, UmwG, § 197 Rz. 70.

60) *Simons* in: BeckOGK-UmwG, § 197 Rz. 62; vgl. Widmann/Mayer-*Mayer*, UmwR, § 197 UmwG Rz. 162; Kallmeyer-*Berger*, UmwG, § 197 Rz. 71.

erfasst werde und somit auf den AG-Formwechsel anwendbar sei.[61] Dem ist aber mit der herrschenden (und überzeugenden) Ansicht entgegenzuhalten, dass beim Formwechsel (anders als bei der Gründung) der Einfluss der Gründer auf die Vergütung des ersten Aufsichtsrats nicht ausgeschlossen werden muss und § 113 Abs. 2 AktG daher nicht auf den AG-Formwechsel anwendbar ist.[62] Angesichts des Wortlauts von § 197 Satz 2 Halbs. 2 kann es in der Praxis jedoch angezeigt sein, vorsorglich einen (bestätigenden) Hauptversammlungsbeschluss nach § 113 Abs. 2 Satz 2 AktG über die Vergütung des Aufsichtsrats in der ersten ordentlichen Hauptversammlung nach dem AG-Formwechsel zu fassen.

ee) Vorstand

Die Ämter der Mitglieder des organschaftlichen Vertretungsorgans des formwechselnden 51
Rechtsträgers erlöschen mit Wirksamwerden des Formwechsels (es gilt hier keine Ämterkontinuität; siehe § 203 Rz. 5 [*Schaper/Meven*]).[63] Die Vorstandsmitglieder der AG müssen daher **vom Aufsichtsrat** (vgl. § 30 Abs. 4 AktG) bis spätestens zur Handelsregisteranmeldung des Formwechsels **bestellt werden.**[64]

ff) Abschlussprüfer

Der Abschlussprüfer für das erste Voll- oder Rumpfgeschäftsjahr ist gemäß § 30 Abs. 1 52
AktG durch die jeweils als Gründer zu behandelnden Anteilseigner (siehe dazu ab Rz. 36) zu bestellen.[65] § 30 Abs. 1 AktG fällt insoweit nicht in den Anwendungsbereich von § 197 Satz 2, da es sich nicht um eine Vorschrift „über die Bildung und Zusammensetzung des ersten Aufsichtsrats" handelt.[66] Da die Bestellung des Abschlussprüfers gemäß § 30 Abs. 1 Satz 2 AktG der notariellen Beurkundung bedarf, sollte diese in den Formwechselbeschluss aufgenommen werden.[67]

gg) Grundkapital, Aktien

In der Satzung muss gemäß § 23 Abs. 3 Nr. 3 AktG die **Höhe des Grundkapitals** be- 53
stimmt werden. Dieses muss gemäß § 7 AktG mind. 50.000 € betragen. Sofern das bisherige Stammkapital einer formwechselnden GmbH den erforderlichen Betrag von 50.000 € unterschreitet, ist eine vorherige Kapitalerhöhung erforderlich, wobei es nicht zu

---

61) Semler/Stengel/Leonard-*Bärwaldt*, UmwG, § 197 Rz. 69; Widmann/Mayer-*Mayer*, UmwR, § 197 UmwG Rz. 166.

62) Henssler/Strohn-*Drinhausen/Keinath*, GesR, § 197 UmwG Rz. 11; Lutter-*Hoger*, UmwG, § 197 Rz. 48; Kallmeyer-*Berger*, UmwG, § 197 Rz. 61; *Petersen* in: KölnKomm-UmwG, § 197 Rz. 25.

63) Widmann/Mayer-*Mayer*, UmwR, § 197 UmwG Rz. 173; vgl. auch Semler/Stengel/Leonard-*Bärwaldt*, UmwG, § 197 Rz. 45.

64) Semler/Stengel/Leonard-*Bärwaldt*, UmwG, § 197 Rz. 45; Widmann/Mayer-*Mayer*, UmwR, § 197 UmwG Rz. 174.

65) Kallmeyer-*Berger*, UmwG, § 197 Rz. 40; vgl. Widmann/Mayer-*Mayer*, UmwR, § 197 UmwG Rz. 176.

66) Widmann/Mayer-*Mayer*, UmwR, § 197 UmwG Rz. 176; a. A. Lutter-*Hoger*, UmwG, § 197 Rz. 45, für den Fall, dass es sich bei der formwechselnden Gesellschaft um eine prüfungspflichtige Gesellschaft handelt, die für das laufende Geschäftsjahr bereits einen Abschlussprüfer bestellt hat.

67) Kallmeyer-*Berger*, UmwG, § 197 Rz. 40; Widmann/Mayer-*Mayer*, UmwR, § 197 UmwG Rz. 177; Semler/Stengel/Leonard-*Bärwaldt*, UmwG, § 197 Rz. 46.

beanstanden ist, wenn die Kapitalerhöhung am selben Tag wie der Formwechsel beschlossen wird.[68)]

54 Die **freie Festsetzung des Grundkapitals** der AG ist nicht möglich, wenn der formwechselnde Rechtsträger ebenso eine Kapitalgesellschaft (also eine GmbH oder KGaA) ist.[69)] Die Höhe des Grund- bzw. Stammkapitals des formwechselnden Rechtsträgers wird in diesen Fällen gemäß § 247 Abs. 1 fortgeschrieben und zum Grundkapital der AG.[70)] In den übrigen Formwechselkonstellationen ist die freie Festsetzung des Grundkapitals hingegen möglich.[71)] Es besteht jedoch keine Verpflichtung das gesamte Reinvermögen als Grundkapital festzusetzen.[72)]

55 Die Satzung muss zudem gemäß § 23 Abs. 3 Nr. 4 AktG die Zerlegung des Grundkapitals entweder in Nennbetragsaktien oder in Stückaktien, bei Nennbetragsaktien deren Nennbeträge und die Zahl der Aktien jedes Nennbetrags, bei Stückaktien deren Zahl. Für die **Form und Mindestbeträge der Aktien** gilt die Gründungsvorschrift des § 8 AktG. Verschiedene Aktiengattungen gem. § 11 AktG und Stimmrechte sind ebenso in der Satzung festzuhalten.[73)] Werden i. R. des Formwechsels erstmals unterschiedliche oder zusätzliche Aktiengattungen nach § 11 AktG ausgegeben, folgt aus dem Prinzip der Gleichberechtigung, dass die Schaffung solcher (zusätzlicher) Aktiengattungen nur mit der Zustimmung der bislang gleichbehandelten Anteilsinhaber im Formwechselbeschluss möglich ist.[74)]

56 Ferner muss die Satzung Angaben dazu enthalten, ob die Aktien auf den Inhaber oder auf den Namen ausgestellt werden (§ 23 Abs. 3 Nr. 5 AktG). Bei der Wahl zwischen Inhaber- und Namensaktien sind die Vorgaben des § 10 Abs. 1 AktG zu beachten.

57 Hält der formwechselnde Rechtsträger unmittelbar eigene Anteile, steht dies einem Formwechsel in die AG nicht entgegen, da § 56 Abs. 1 AktG auf den Formwechsel nicht anwendbar ist.[75)] Richtigerweise findet auch § 56 Abs. 2 AktG keine Anwendung auf den Formwechsel, so dass ein Formwechsel in eine AG auch bei (über eine Tochtergesellschaft) mittelbar gehaltenen eigenen Anteilen möglich ist.[76)]

hh) Einlagen, Kapitalaufbringung

58 Die Einlagen der Gründer auf das Grundkapital der AG werden grundsätzlich mit Eintragung des Formwechsels im Handelsregister dadurch erbracht, dass der gesamte Ge-

---

68) *Simons* in: BeckOGK-UmwG, § 197 Rz. 8; ferner Widmann/Mayer-*Mayer*, UmwR, § 197 UmwG Rz. 116, wonach ein Formwechsel zwischen Kapitalgesellschaften mit einer gleichzeitigen Sach- oder Barkapitalerhöhung zwar nicht möglich sei, sondern die Kapitalerhöhung entweder vor oder nach dem Formwechsel stattfinden müsse. Dies schließt nach hier vertretener Ansicht aber nicht aus, die Kapitalerhöhung am selben Tag zu beschließen und zum Handelsregister anzumelden, sofern bei der Anmeldung darauf geachtet wird, dass die Eintragungen im Handelsregister in der entsprechenden Reihenfolge erfolgen.

69) Widmann/Mayer-*Mayer*, UmwR, § 197 UmwG Rz. 116; Semler/Stengel/Leonard-*Bärwaldt*, UmwG, § 197 Rz. 40; *Simons* in: BeckOGK-UmwG, § 197 Rz. 8.

70) *Simons* in: BeckOGK-UmwG, § 197 Rz. 8; Semler/Stengel/Leonard-*Bärwaldt*, UmwG, § 197 Rz. 40; Widmann/Mayer-*Mayer*, UmwR, § 197 UmwG Rz. 116.

71) Widmann/Mayer-*Mayer*, UmwR, § 197 UmwG Rz. 117; Semler/Stengel/Leonard-*Bärwaldt*, UmwG, § 197 Rz. 40; *Simons* in: BeckOGK-UmwG, § 197 Rz. 8.

72) Widmann/Mayer-*Mayer*, UmwR, § 197 UmwG Rz. 118; *Simons* in: BeckOGK-UmwG, § 197 Rz. 8.

73) Semler/Stengel/Leonard-*Bärwaldt*, UmwG, § 197 Rz. 41; Widmann/Mayer-*Mayer*, UmwR, § 197 UmwG Rz. 133.

74) Hierzu ausf. Widmann/Mayer-*Mayer*, UmwR, § 197 UmwG Rz. 134 ff.

75) *Schaper*, ZGR 2018, 126, 129 f.; *Heckschen/Weitbrecht*, ZIP 2017, 1297, 1299.

76) *Schaper*, ZGR 2018, 126, 130 ff.; ebenso Grigoleit-*Grigoleit/Rachlitz*, AktG, § 56 Rz. 6 und § 71 Rz. 46 m. w. N. – auch zur Gegenansicht.

schäftsbetrieb des formwechselnden Rechtsträgers **mit allen Aktiva und Passiva** unter Wahrung der Identität der Gesellschaft **zum Vermögen der AG wird.**[77)]

Insofern bedarf es im Zusammenhang mit dem Formwechsel grundsätzlich keiner Einbringungsmaßnahmen der Anteilsinhaber oder einer Übernahme von Einlagen durch die Gesellschaft. Eine Ausnahme von diesem Grundsatz besteht, wenn im Zeitpunkt des Formwechsels **Sacheinlageverpflichtungen** nach **dem Recht der Zielrechtsform** (§ 197 Satz 1 i. V. m. § 36a Abs. 2 Satz 1 AktG) noch ausstehend sind; solche Sacheinlageverpflichtungen sind beim Formwechsel in die AG vollständig zu erbringen.[78)] Der Umstand, dass der Formwechsel als sachgründungsähnlicher Vorgang behandelt wird, führt aber nicht zu einer allgemeinen Verpflichtung zur Volleinzahlung rückständiger Bareinlagen.[79)] 59

Gemäß § 197 Satz 1 i. V. m. § 27 Abs. 1 Satz 1 AktG sind in der Satzung der Gegenstand, die Person des Einlegenden und der Nennbetrag bzw. bei Stückaktien die Zahl der bei Sacheinlage zu gewährenden Aktien zu bezeichnen.[80)] Für Zwecke des Formwechsels genügt die Aufnahme eines Hinweises in der Satzung, dass das Grundkapital durch Formwechsel des Ausgangsrechtsträgers in eine AG erbracht worden ist; der Ausgangsrechtsträger ist dabei genau zu bezeichnen.[81)] Dieser Hinweis ist unabhängig davon in die Satzung aufzunehmen, ob der formwechselnde Rechtsträger ursprünglich durch Sach- oder Bargründung entstanden ist.[82)] 60

Das Prinzip der Kapitalaufbringung gebietet es, dass beim Formwechsel in eine AG das nach Abzug der Schulden verbleibende Vermögen der Gesellschaft mindestens dem in der Satzung festgesetzten Grundkapital entsprechen muss (§ 220 Abs. 1 UmwG; zur **Reinvermögensdeckungsprüfung** siehe eingehend bei § 220 Rz. 6 ff. [*Allmendinger*]). Beim Formwechsel einer GmbH in eine AG ist ein zu GmbH-Zeiten vereinbartes korporatives und nach § 272 Abs. 2 Nr. 1 HGB zu bilanzierendes Agio allerdings nach hier vertretener Ansicht nicht in die Reinvermögensdeckung einzubeziehen.[83)] 61

ii) Gründungsbericht, Gründungsprüfung und Gründungsprüfungsberichte

Gemäß § 197 Satz 1 i. V. m. § 32 AktG haben die Gründer der AG einen **Gründungsbericht** zu erstellen. Inhaltlich muss der Gründungsbericht die Vorgaben des § 32 AktG erfüllen und zudem gemäß § 220 Abs. 2 Angaben zum bisherigen Geschäftsverlauf sowie zur Lage des formwechselnden Rechtsträgers enthalten.[84)] Auf den Gründungsbericht kann nicht verzichtet werden.[85)] Im Falle eines AG-Formwechsels einer eG, eines rechts- 62

---

77) Vgl. Semler/Stengel/Leonard-*Leonard*, UmwG, § 202 Rz. 2, 7, wonach es keines gesonderten Übergangs von Aktiva und Passiva, auch nicht im Wege der Gesamtrechtsnachfolge, bedarf.

78) *Schaper*, AG 2019, 69, 72; Semler/Stengel/Leonard-*Schlitt*, UmwG, § 220 Rz. 16; a. A. *Simons* in: BeckOGK-UmwG, § 197 Rz. 10 f.

79) *Schaper*, AG 2019, 69, 72; Semler/Stengel/Leonard-*Schlitt*, UmwG, § 220 Rz. 16.

80) Semler/Stengel/Leonard-*Bärwaldt*, UmwG, § 197 Rz. 43; Widmann/Mayer-*Mayer*, UmwR, § 197 UmwG Rz. 146.

81) Semler/Stengel/Leonard-*Bärwaldt*, UmwG, § 197 Rz. 43; *Widmann/Mayer-Mayer*, UmwR, § 197 UmwG Rz. 146.

82) Semler/Stengel/Leonard-*Bärwaldt*, UmwG, § 197 Rz. 43; Widmann/Mayer-*Mayer*, UmwR, § 197 UmwG Rz. 146.

83) *Schaper*, AG 2019, 69, 71 ff.; *Simons* in: BeckOGK-UmwG, § 197 Rz. 10; Widmann/Mayer-*Vossius*, UmwR, § 220 UmwG Rz. 10 f.; a. A. Kallmeyer-*Blasche/Lanfermann*, UmwG, § 220 Rz. 4; Schmitt/Hörtnagl-*Rinke*, UmwG/UmwStG, § 220 UmwG Rz. 5 f.

84) *Simons* in: BeckOGK-UmwG, § 197 Rz. 15; Semler/Stengel/Leonard-*Bärwaldt*, UmwG, § 197 Rz. 47; Widmann/Mayer-*Mayer*, UmwR, § 197 UmwG Rz. 182.

85) *Simons* in: BeckOGK-UmwG, § 197 Rz. 15; Semler/Stengel/Leonard-*Bärwaldt*, UmwG, § 197 Rz. 47; Widmann/Mayer-*Mayer*, UmwR, § 197 UmwG Rz. 182.

fähigen Vereines oder eines VVaG ist ein Gründungsbericht hingegen nicht zu erstatten (vgl. § 264 Abs. 3 Satz 2; § 277; § 295).

63 Der Gründungsbericht ist durch die Gründer **persönlich** (sofern es sich hierbei um juristische Personen handelt, durch das vertretungsberechtigte Organ) **zu unterzeichnen**; eine rechtsgeschäftliche Vertretung durch Bevollmächtigte ist ausgeschlossen.[86] Die Unterzeichnung erfordert **Schriftform** (§ 126 Abs. 1 BGB), wobei die Gründer nicht dasselbe Berichtsexemplar unterschreiben müssen, sondern auch inhaltlich identische, aber körperlich getrennte Berichtsexemplare unterzeichnen können.[87]

64 Die Mitglieder des Vorstands und des Aufsichtsrats der durch den Formwechsel entstehenden AG haben den Gründungs- bzw. Formwechselvorgang zu prüfen (**interne Gründungsprüfung**) (§ 197 Satz 1 i. V. m. § 33 Abs. 1 AktG) und über das Ergebnis der Prüfung einen (internen) Gründungsprüfungsbericht zu verfassen und diesen zu unterzeichnen. Der (interne) Gründungsprüfungsbericht bedarf ebenfalls der **Schriftform** (§ 126 Abs. 1 BGB).[88]

65 Der Hergang der Gründung bzw. des Formwechsels ist zudem einer externen Prüfung zu unterziehen (§ 197 Satz 1 i. V. m. § 33 Abs. 2 bis 4 AktG) (**externe Gründungsprüfung**). Die externen Prüfer sind regelmäßig Wirtschaftsprüfer und sind durch das Gericht zu bestellen.[89] Sowohl die **interne als auch** die **externe** Gründungsprüfung sind **zwingend**.[90]

jj) Haftung

66 Nach § 41 Abs. 1 Satz 2 AktG kann es grundsätzlich zu einer **Handelndenhaftung** für Verbindlichkeiten kommen, die bereits vor der Eintragung des AG-Formwechsels im Namen der AG begründet wurden.[91] Allerdings besteht für die Handelndenhaftung im Zusammenhang mit dem Formwechsel allenfalls ein marginaler Anwendungsbereich, der durch den Schutzzweck des § 197 Satz 1 gedeckt ist, da – anders als bei der Neugründung – bereits vor dem Formwechsel ein vollwertiges Rechtssubjekt besteht und etwaige Verbindlichkeiten in aller Regel (noch) für den bisherigen Rechtsträger begründet werden.[92]

67 Ferner ist beim Formwechsel in die AG eine **Gründerhaftung** nach den §§ 46 ff. AktG denkbar (zur Qualifikation als Gründer siehe ab Rz. 36).[93] Die Gründer haften gegenüber dem Rechtsträger neuer Rechtsform für die Richtigkeit und Vollständigkeit der Angaben, die zum Zwecke der Gründung bzw. zum Formwechsel der Gesellschaft gemacht worden sind. Insbesondere geht es hierbei um bestimmte Angaben im Gründungsbericht.[94] Neben den Gründern sind auch andere am Formwechsel beteiligte Personen (z. B. Vorstands- und Aufsichtsratsmitglieder) potentielle Adressaten der Gründungshaftung (§§ 47 ff. AktG).[95]

68 Zur **Differenzhaftung** siehe oben Rz. 29.[96]

---

86) *Simons* in: BeckOGK-UmwG, § 197 Rz. 15; *Gerber* in: BeckOGK-AktG, § 32 Rz. 3; *Koch*, AktG, § 32 Rz. 2; *Pentz* in: MünchKomm-AktG, § 32 Rz. 6.

87) *Gerber* in: BeckOGK-AktG, § 32 Rz. 4; *Koch*, AktG, § 32 Rz. 2.

88) *Koch*, AktG, § 34 Rz. 4; *Pentz* in: MünchKomm-AktG, § 33 Rz. 10.

89) Vgl. Semler/Stengel/Leonard-*Bärwaldt*, UmwG, § 197 Rz. 48.

90) *Simons* in: BeckOGK-UmwG, § 197 Rz. 16.

91) Lutter-*Hoger*, UmwG, § 197 Rz. 41; Widmann/Mayer-*Mayer*, UmwR, § 197 UmwG Rz. 195; Semler/Stengel/Leonard-*Bärwaldt*, UmwG, § 197 Rz. 53.

92) *Simons* in: BeckOGK-UmwG, § 197 Rz. 23; Semler/Stengel/Leonard-*Bärwaldt*, UmwG, § 197 Rz. 53; ausf. zu den Anforderungen Widmann/Mayer-*Mayer*, UmwR, § 197 UmwG Rz. 198 ff.

93) *Simons* in: BeckOGK-UmwG, § 197 Rz. 19; Widmann/Mayer-*Mayer*, UmwR, § 197 UmwG Rz. 210.

94) Vgl. Widmann/Mayer-*Mayer*, UmwR, § 197 UmwG Rz. 211.

95) Lutter-*Hoger*, UmwG, § 197 Rz. 32; Semler/Stengel/Leonard-*Bärwaldt*, UmwG, § 197 Rz. 54; Widmann/Mayer-*Mayer*, UmwR, § 197 UmwG Rz. 212.

96) Vgl. ferner *Simons* in: BeckOGK-UmwG, § 197 Rz. 24 ff.

kk) Anmeldung und Eintragung

Für die **Anmeldung** der Gründung einer AG zum Handelsregister gelten im Aktienrecht grundsätzlich die §§ 36, 37, 37a AktG. Diese werden aber in weiten Teilen durch die Vorschriften des Umwandlungsrechts verdrängt oder modifiziert.[97)] Dies betrifft zum einen die allgemeinen Vorschriften für den Formwechsel betreffend die Anmeldung und der beizufügenden Anlagen in §§ 198, 199, zum anderen aber auch rechtsformspezifische Regelungen (vgl. insbesondere § 222, § 225c, § 265, § 278 für Formwechsel von Personenhandelsgesellschaften und §§ 246 Abs. 1, 296 für Formwechsel von Kapitalgesellschaften).[98)] 69

Für die **Prüfung** und die **Eintragung** des Formwechsels im Handelsregister gelten grundsätzlich § 197 Satz 1 i. V. m. §§ 38, 39 AktG, soweit §§ 201, 202 UmwG hiervon keine abweichenden Regelungen enthalten.[99)] 70

ll) Nachgründungsvorschriften §§ 52, 53 AktG

Auch die Nachgründungsvorschriften der §§ 52 und 53 AktG zählen zu den Gründungsvorschriften und sind vom Schutzzweck des § 197 Satz 1 erfasst.[100)] Durch die Nachgründungsvorschriften soll eine **Umgehung der realen Kapitalaufbringung** durch bestimmte Erwerbsgeschäfte innerhalb einer Frist von zwei Jahren nach der Gründung vermieden werden.[101)] 71

Für den Fall des Formwechsels einer GmbH in eine AG ist zu beachten, dass gemäß § 245 Abs. 1 Satz 3 der § 52 AktG nicht anwendbar ist, „wenn die Gesellschaft mit beschränkter Haftung vor dem Wirksamwerden des Formwechsels bereits länger als zwei Jahre in das Register eingetragen war". Nach überzeugender (wenngleich umstrittener) Auffassung ist § 245 Abs. 1 Satz 3 dahingehend zu verstehen, dass die **Zwei-Jahres-Frist** nicht erst mit der Eintragung des Formwechsels in das Handelsregister beginnt, sondern bereits mit der Eintragung der GmbH-Gründung im Handelsregister, und zwar auch dann, wenn ab diesem Zeitpunkt die Zweijahresfrist noch nicht vollständig vor dem Wirksamwerden des Formwechsels abgelaufen ist.[102)] 72

Ist die formwechselnde Gesellschaft eine **KGaA**, findet § 52 AktG gemäß § 245 Abs. 3 Satz 3 keine Anwendung. 73

c) KGaA

Gem. § 278 Abs. 3 AktG gelten die Gründungsvorschriften für die AG sinngemäß auch für die KGaA, soweit sich aus den §§ 279 ff. AktG oder dem Fehlen eines Vorstands nicht ein anderes ergibt. Insoweit kann im Wesentlichen auf die Ausführungen zum Formwechsel in die AG verwiesen werden (siehe Rz. 34 ff.). Dennoch gibt es einige **Modifikationen**, die der Rechtsnatur der KGaA geschuldet sind und sich auch auf die Gründungsvorschriften im Rahmen des Formwechsels auswirken: 74

– Besonderheiten ergeben sich bei der **Gründereigenschaft** der Gesellschafter der künftigen KGaA, die von der Rechtsform der formwechselnden Gesellschaft abhängig sind.[103)]

---

97) Semler/Stengel/Leonard-*Bärwaldt*, UmwG, § 197 Rz. 50; Widmann/Mayer-*Mayer*, UmwR, § 197 UmwG Rz. 185; Kallmeyer-*Berger*, UmwG, § 197 Rz. 45.

98) Insoweit wird auf die jeweiligen Kommentierungen verwiesen.

99) Kallmeyer-*Berger*, UmwG, § 197 Rz. 46.

100) *Simons* in: BeckOGK-UmwG, § 197 Rz. 28; Semler/Stengel/Leonard-*Bärwaldt*, UmwG, § 197 Rz. 55; Widmann/Mayer-*Mayer*, UmwR, § 197 UmwG Rz. 215.

101) *Simons* in: BeckOGK-UmwG, § 197 Rz. 28; Semler/Stengel/Leonard-*Bärwaldt*, UmwG, § 197 Rz. 55.

102) Vgl. zum Streitstand Semler/Stengel/Leonard-*Scheel*, UmwG, § 245 Rz. 66 ff.

103) S. dazu im Detail Semler/Stengel/Leonard-*Bärwaldt*, UmwG, § 197 Rz. 59.

So sind bspw. bei einer formwechselnden AG die künftigen Komplementäre der KGaA Gründer (§ 245 Abs. 2 Satz 1).

- Unabhängig von der Ausgangsrechtsform bedarf der Formwechselbeschluss für einen Formwechsel in eine KGaA der **Zustimmung** derjenigen Gesellschafter, die persönlich haften werden.[104)]
- Im Zuge des Formwechsels kann ein weiterer Gesellschafter als **Komplementär beitreten** und damit den Grundsatz der personellen Identität des Anteilsinhaberkreises durchbrechen.[105)]
- Hinsichtlich der **Firma** ist § 279 AktG maßgeblich.
- Für die Feststellung und den Inhalt der **Satzung** enthalten die §§ 280, 281 AktG Sonderregelungen gegenüber dem Aktienrecht.
- Hinsichtlich der Handelsregistereintragung ist § 282 AktG (Eintragung der persönlich haftenden Gesellschafter und ihrer Vertretungsbefugnis) zu beachten.

d) SE

75 Ungeachtet des Umstands, dass die SE in vielen Belangen wie eine AG behandelt wird (vgl. Art. 10 SE-VO), ist die SE **keine taugliche Zielrechtsform** für einen Formwechsel nach Maßgabe der §§ 190 ff.; insoweit gehen die Art. 2 Abs. 4, Art. 37 SE-VO vor (siehe auch § 191 Rz. 25 [*Schaper/Meven*]).[106)] Gleichwohl können beim Formwechsel einer AG eines Mitgliedstaates in die SE bestimmte Vorschriften des nationalen Rechts zur Anwendung kommen (s. zur Anwendung des § 203 Rz. 17 [*Schaper/Meven*]).

e) eG

76 Beim Formwechsel in eine eG ist der **Firma** gemäß § 3 GenG der Zusatz „eingetragene Genossenschaft" oder „eG" zuzufügen. Im Übrigen kann die Firma des formwechselnden Rechtsträgers beibehalten werden (§ 200).[107)]

77 § 5 GenG, wonach die **Satzung** der Genossenschaft der schriftlichen Form bedarf, wird durch § 253 Abs. 1 dahingehend modifiziert, dass die Satzung in den zu beurkundenden Formwechselbeschluss aufzunehmen ist und eine Unterzeichnung der Satzung durch die Mitglieder der Genossenschaft (vgl. § 11 Abs. 2 Nr. 1 GenG) nicht erforderlich ist.

78 Nach h. M. werden der erste **Vorstand** und **Aufsichtsrat** durch die Anteilsinhaberversammlung des formwechselnden Rechtsträgers bestellt.[108)] Sofern die Zuständigkeit zur Bestellung des Vorstands gemäß § 24 Abs. 2 Satz 2 GenG auf den Aufsichtsrat delegiert ist, muss der Aufsichtsrat sich zunächst konstituieren und kann anschließend die Bestellung des ersten Vorstands vornehmen.[109)]

---

104) Vgl. §§ 217 Abs. 3, 240 Abs. 2 Satz 1, 275 Abs. 3 i. V. m. § 240 Abs. 2 Satz 1, § 303 Abs. 2 Satz 1 für die jeweiligen Ausgangsrechtsformen.

105) §§ 221, 240 Abs. 2 Satz 2 i. V. m. §§ 221, 262 Abs. 2 i. V. m. § 240 Abs. 2 Satz 2, § 221, § 275 Abs. 3 i. V. m. § 240 Abs. 2 Satz 2, §§ 221, 303 Abs. 2 Satz 2 i. V. m. § 221. Vgl. ferner Semler/Stengel/Leonard-*Bärwaldt*, UmwG, § 197 Rz. 58.

106) Henssler/Strohn-*Drinhausen/Keinath*, GesR, § 191 UmwG Rz. 4 und § 197 UmwG Rz. 9; Semler/Stengel/Leonard-*Bärwaldt*, UmwG, § 197 Rz. 55a.

107) Vgl. Semler/Stengel/Leonard-*Bärwaldt*, UmwG, § 197 Rz. 63.

108) Lutter-*Göthel*, UmwG, § 253 Rz. 24; Semler/Stengel/Leonard-*Bonow*, UmwG, § 254 Rz. 15; Widmann/Mayer-*Graf Wolffskeel v. Reichenberg*, UmwR, § 253 UmwG Rz. 5; Widmann/Mayer-*Mayer*, UmwR, § 197 UmwG Rz. 239; a. A. Semler/Stengel/Leonard-*Bärwaldt*, UmwG, § 197 Rz. 65 – Bestellung von erstem Vorstand und Aufsichtsrat erfolgt durch die künftigen Mitglieder der (Vor-)eG.

109) Widmann/Mayer-*Graf Wolffskeel v. Reichenberg*, UmwR, § 253 UmwG Rz. 5; Semler/Stengel/Leonard-*Bonow*, UmwG, § 254 Rz. 18; Lutter-*Göthel*, UmwG, § 253 Rz. 24.

Die **Anmeldung** des Formwechsels muss sowohl beim Genossenschaftsregister als auch beim Register des formwechselnden Rechtsträgers vorgenommen werden, vgl. § 198 Abs. 2 Satz 2 und 3. Hinsichtlich der Zuständigkeit für die Anmeldung finden §§ 254 Abs. 1, 286 (Formwechsel einer Kapitalgesellschaft) oder die §§ 222 Abs. 1, 225c (Formwechsel einer Personenhandelsgesellschaften oder PartG) Anwendung. 79

2. Personengesellschaften, PartG

a) Allgemeines, Anzahl der Gründer, eigene Anteile

Das UmwG ermöglicht (nur) Kapitalgesellschaften eine formwechselnde Umwandlung in eine eGbR, Personenhandelsgesellschaft oder PartG (vgl. § 226).[110] Da das Recht der Personengesellschaften keine Vorschriften zur Kapitalaufbringung enthält, besteht beim Formwechsel einer Kapitalgesellschaft in eine Personengesellschaft insoweit kein Umgehungspotential.[111] 80

Verfügt die formwechselnde Kapitalgesellschaft vor dem Formwechsel über nur einen Anteilsinhaber, muss für Zwecke des Formwechsels mindestens ein **weiterer Anteilsinhaber** hinzukommen, da Personengesellschaften zwingend mindestens zwei Anteilsinhaber voraussetzen.[112] Etwas anderes folgt auch nicht aus § 197 Satz 2.[113] Es ist zulässig, dass der Beitritt des weiteren Anteilsinhabers bei (und nicht bereits vor) dem Formwechsel in die Personengesellschaft erfolgt.[114] 81

Eine Kapitalgesellschaft, die unmittelbar eigene Anteile hält, kann ebenfalls durch Formwechsel in eine Personengesellschaft umgewandelt werden, allerdings mit der Folge, dass durch den Formwechsel die eigenen Anteile erlöschen, da eine Personengesellschaft (unmittelbar) keine eigenen Anteile halten kann; mittelbar (über eine kontrollierte Tochtergesellschaft) gehaltene eigene Anteile bleiben hingegen nach dem Formwechsel in eine Personengesellschaft bestehen.[115] 82

b) eGbR

Seit Inkrafttreten des MoPeG[116] ist gemäß § 191 Abs. 1 Nr. 1 die eGbR tauglicher Zielrechtsträger (siehe hierzu auch § 191 Rz. 21 [*Schaper/Meven*]). Erforderlich ist der Abschluss eines **Gesellschaftsvertrags** gemäß § 705 BGB, der gemäß § 234 Nr. 3 im Formwechselbeschluss enthalten sein muss. Sofern der Zweck auf den Betrieb eines Handelsgewerbes gerichtet ist, handelt es sich nicht (mehr) um eine eGbR, sondern eine oHG (dazu unten ab Rz. 85). 83

c) oHG

Ebenso wie beim Formwechsel in die eGbR muss beim Formwechsel in die oHG der **Gesellschaftsvertrag** (§ 105 HGB, § 705 BGB) gemäß § 234 Nr. 3 Teil des Formwechsel- 84

---

110) Vgl. hierzu sowie zu den Kombinationsmöglichkeiten Semler/Stengel/Leonard-*Bärwaldt*, UmwG, § 191 Rz. 15.

111) Vgl. Lutter-*Hoger*, UmwG, § 197 Rz. 7; Widmann/Mayer-*Mayer*, UmwR, § 197 UmwG Rz. 232; Schmitt/Hörtnagl-*Winter*, UmwG/UmwStG, § 197 UmwG Rz. 4.

112) Vgl. Widmann/Mayer-*Mayer*, UmwR, § 197 UmwG Rz. 237; Semler/Stengel/Leonard-*Bärwaldt*, UmwG, § 197 Rz. 9; *Petersen* in: KölnKomm-UmwG, § 197 Rz. 24; Kallmeyer-*Berger*, UmwG, § 197 Rz. 54 f.

113) *Petersen* in: KölnKomm-UmwG, § 197 Rz. 24; Kallmeyer-*Berger*, UmwG, § 197 Rz. 54 f.

114) Vgl. Semler/Stengel/Leonard-*Bärwaldt*, UmwG, § 197 Rz. 9 m. w. N.

115) *Schaper*, ZGR 2018, 126, 141 ff.

116) Gesetz zur Modernisierung des Personengesellschaftsrechts (Personengesellschaftsrechtsmodernisierungsgesetz – MoPeG), v. 10.8.2021, BGBl. I 2021, 3436.

beschlusses sein. Im Formwechselbeschluss ist auch der Sitz der Gesellschaft anzugeben (§ 234 Nr. 1).

85 Sofern der Unternehmensgegenstand des formwechselnden Rechtsträgers nicht bereits auf den **Betrieb eines Handelsgewerbes** gerichtet ist, für dessen Betrieb nach Art oder Umfang ein in kaufmännischer Weise eingerichteter Geschäftsbetrieb erforderlich ist (§ 228 Abs. 1 UmwG i. V. m. § 105 Abs. 1 HGB), bedarf es der Eintragung der Firma des Unternehmens im Handelsregister (§ 228 Abs. 1 UmwG i. V. m. § 107 Abs. 1 HGB). Bestehen Zweifel hinsichtlich der Qualifikation des Zielrechtsträgers als oHG, wird zur Vermeidung von Eintragungsschwierigkeiten ein Beschluss über den hilfsweisen Formwechsel in eine eGbR vorgeschlagen.[117]

86 Das **Firmenrecht** des HGB findet auf den Formwechsel in die oHG Anwendung.[118] Im Fall der Firmenfortführung über den Formwechsel hinaus kommt es daher zu Anpassungen beim Rechtsformzusatz (§ 200 Abs. 2 UmwG i. V. m. § 19 HGB).

d) KG

87 Gemäß § 161 Abs. 2 HGB finden auf die KG und ihre Gründung, sofern das HGB keine abweichende Regelung trifft, die **Vorschriften über die oHG** Anwendung.

88 Auch für die KG gilt, dass der Gesellschaftsvertrag gemäß § 234 Nr. 3 Teil des Formwechselbeschlusses sein muss. Gemäß § 234 Nr. 2 UmwG muss der Formwechselbeschluss zudem die Angabe der Kommanditisten sowie den Betrag der Einlage eines jeden Kommanditisten enthalten.

89 Beim Formwechsel in die **GmbH & Co. KG** wird die persönliche Haftung von einer GmbH übernommen, die vielfach vermögensmäßig nicht an der KG beteiligt ist. Daher tritt die (bislang am formwechselnden Rechtsträger nicht beteiligte) Komplementär-GmbH beim Formwechsel in die GmbH & Co. KG regelmäßig im Zeitpunkt des Formwechsels bei. Auch wenn es anders als im Fall des Formwechsels in eine KGaA an einer entsprechenden gesetzlichen Regelung fehlt (vgl. § 221), ist die Zulässigkeit des Beitritts der Komplementärin im Zeitpunkt des Formwechsels in der Rechtsprechung und im ganz herrschenden Schrifttum anerkannt.[119] Der in §§ 194 Abs. 1 Nr. 3, 202 Abs. 1 Nr. 2 Satz 1 niedergelegte Grundsatz der „Kontinuität der Mitgliedschaft" steht einem solchen Beitritt im Zeitpunkt des Formwechsels nicht entgegen (siehe hierzu auch § 194 Rz. 11 [Schaper/Meven]).[120]

90 Wird eine Kapitalgesellschaft zur Komplementärin der KG, ist zu beachten, dass nach dem **MitbestG**[121] bei der Komplementär-Kapitalgesellschaft ein Aufsichtsrat obligatorisch sein kann (vgl. § 4 MitbestG).[122]

e) PartG

91 Auf die PartG finden, sofern sich aus dem PartGG nichts Abweichendes ergibt, die **Vorschriften über die GbR** Anwendung (§ 1 Abs. 4 PartGG).

117) Widmann/Mayer-*Mayer*, UmwR, § 197 UmwG Rz. 234 m. w. N.

118) Semler/Stengel/Leonard-*Bärwaldt*, UmwG, § 197 Rz. 11.

119) BGH, Urt. v. 9.5.2005 – II ZR 29/03, NZG 2005, 722, 723 = DB 2005, 1842, 1843; OLG Oldenburg, Beschl. v. 19.12.2019 – 12 W 133/19, NZG 2020, 193, 194 f. = BB 2020, 530, 530 f.; Semler/Stengel/Leonard-*Bärwaldt*, UmwG, § 197 Rz. 13; Kallmeyer-*Blasche*, UmwG, § 228 Rz. 7; Lutter-*Göthel*, UmwG, § 228 Rz. 46 f.

120) BGH, Urt. v. 9.5.2005 – II ZR 29/03, NZG 2005, 722, 723 = DB 2005, 1842, 1843; OLG Oldenburg, Beschl. v. 19.12.2019 – 12 W 133/19, NZG 2020, 193, 194 f. = BB 2020, 530, 530 f.; Kallmeyer-*Blasche*, UmwG, § 228 Rz. 7.

121) Mitbestimmungsgesetz (MitbestG), v. 4.5.1976, BGBl. I 1976, 1153.

122) Vgl. Kallmeyer-*Berger*, UmwG, § 197 Rz. 56.

Im Zeitpunkt des Wirksamwerdens eines Formwechsels in einer Partnerschaftsgesellschaft (Eintragung im Partnerschaftsregister) müssen die **Voraussetzungen des § 1 Abs. 1 PartGG** erfüllt sein, d. h. alle Anteilsinhaber müssen natürliche Personen sein, die Gesellschaft darf kein Handelsgewerbe betreiben und die Anteilsinhaber müssen einen freien Beruf im Sinne des § 1 Abs. 2 PartGG ausüben. 92

Der **Formwechselbeschluss** muss den Partnerschaftsgesellschaftsvertrag enthalten (§ 234 Nr. 3). 93

Hinsichtlich des **Namens** der PartG sind § 2 Abs. 1 PartGG und der die beschränkte Berufshaftung zum Ausdruck bringende Rechtsformzusatz nach § 8 Abs. 4 Satz 3 PartGG zu beachten. 94

f) **EWIV**

Ein Formwechsel nach dem UmwG ist auch in eine EWIV nach h. M. zulässig.[123] Die EWIV ist zwar in § 191 Abs. 2 nicht explizit als Zielrechtsform genannt, aber da nach § 1 EWIV-Ausführungsgesetz[124] die Vorschriften über die oHG subsidiär auf die EWIV Anwendung finden, ist die Rechtsform in § 191 Abs. 2 einzubeziehen und unter die in § 226 genannten Personenhandelsgesellschaften zu subsumieren (siehe hierzu auch § 191 Rz. 24 [*Schaper/Meven*]).[125] 95

123) Widmann/Mayer-*Mayer*, UmwR, § 197 UmwG Rz. 242; Semler/Stengel/Leonard-*Bärwaldt*, UmwG, § 197 Rz. 16; Schmitt/Hörtnagl-*Winter*, UmwG/UmwStG, § 191 UmwG Rz. 10; a. A. *Sparfeld* in: BeckOGK-UmwG, § 226 Rz. 58; Widmann/Mayer-*Vossius*, UmwR, § 226 Rz. 11.

124) Gesetz zur Ausführung der EWG-Verordnung über die Europäische wirtschaftliche Interessenvereinigung (EWIV-Ausführungsgesetz), v. 14.4.1988, BGBl. I 1988, 514.

125) Widmann/Mayer-*Mayer*, UmwR, § 197 UmwG Rz. 242; Semler/Stengel/Leonard-*Bärwaldt*, UmwG, § 197 Rz. 16.

§ 198
Anmeldung des Formwechsels*)

(1) Die neue Rechtsform des Rechtsträgers ist zur Eintragung in das Register, in dem der formwechselnde Rechtsträger eingetragen ist, anzumelden.

(2) [1]Ist der formwechselnde Rechtsträger nicht in einem Register eingetragen, so ist der Rechtsträger neuer Rechtsform bei dem zuständigen Gericht zur Eintragung in das für die neue Rechtsform maßgebende Register anzumelden. [2]Das gleiche gilt, wenn sich durch den Formwechsel die Art des für den Rechtsträger maßgebenden Registers ändert oder durch eine mit dem Formwechsel verbundene Sitzverlegung die Zuständigkeit eines anderen Registergerichts begründet wird. [3]Im Falle des Satzes 2 ist die Umwandlung auch zur Eintragung in das Register anzumelden, in dem der formwechselnde Rechtsträger eingetragen ist. [4]Diese Eintragung ist mit dem Vermerk zu versehen, daß die Umwandlung erst mit der Eintragung des Rechtsträgers neuer Rechtsform in das für diese maßgebende Register wirksam wird, sofern die Eintragungen in den Registern aller beteiligten Rechtsträger nicht am selben Tag erfolgen. [5]Der Rechtsträger neuer Rechtsform darf erst eingetragen werden, nachdem die Umwandlung nach den Sätzen 3 und 4 eingetragen worden ist.

(3) § 16 Abs. 2 und 3 ist entsprechend anzuwenden.

*) § 198 i. d. F. des UmwBerG geändert durch Art. 1 des Zweiten Gesetzes zur Änderung des Umwandlungsgesetzes (2. UmwGÄndG), v. 19.4.2007, BGBl. I 2007, 542.

Literatur: *Berninger*, Handelsregistereintragung des Formwechsels einer AG in die Rechtsform der GmbH bzw. umgekehrt, GmbHR 2004, 659; *Berthold*, Die Beglaubigung qualifizierter elektronischer Signaturen in Präsenz, DNotZ 2022, 813; *Böhringer*, Form beim Registergericht einzureichender Unterlagen einer GmbH, BWNotZ 2022, 240; *Drinhausen*, Regierungsentwurf eines Zweiten Gesetzes zur Änderung des Umwandlungsgesetzes – ein Gewinn für die Praxis, BB 2006, 2313; *Feick/Schwalm/Schwind*, Anmeldung und Eintragung der (vermögensverwaltenden) GbR in das Gesellschaftsregister, ZEV 2024, 146; *Mayer*, Erste Zweifelsfragen bei der Unternehmensspaltung, DB 1995, 861; *Priester*, Das neue Umwandlungsrecht aus notarieller Sicht, DNotZ 1995, 427; *Röß*, Die GbR nach dem MoPeG, NZG 2023, 401; *Usler*, Der Formwechsel nach dem neuen Umwandlungsrecht, MittRhNotK 1998, 22.

Übersicht

I. Allgemeines

1 § 198 Abs. 1 legt die **Eintragungspflicht** eines Rechtsformwechsels fest. § 198 Abs. 2 regelt die für den Vorgang notwendigen Zuständigkeiten der Registergerichte und § 198 Abs. 3 verweist für die abzugebenden Erklärungen des Rechtsträgers bei der Anmeldung auf das Verschmelzungsrecht (§ 16 Abs. 2, 3).

2 Systematisch betrachtet, betreffen die § 198 Abs. 1 und Abs. 2 **vier** verschiedene **Fallgruppen:**[1)]

– **Absatz 1** erfasst den Fall der Formwechselanmeldung, bei dem der bereits **eingetragene** Rechtsträger zwar seine Rechtsform, aber nicht den Sitz ändert, wodurch das gleiche Registergericht zuständig bleibt.

1) Lutter-*Hoger*, UmwG, § 198 Rz. 3 ff.; Henssler/Strohn-*Drinhausen/Keinath*, GesR, § 198 UmwG Rz. 1; *Simons* in: BeckOGK-UmwG, § 198 Rz. 6.

- **Absatz 2 Satz 1** regelt die Eintragung für solche Fälle, in denen der formwechselnde Rechtsträger anfangs **keine Eintragung** in einem Register vorweisen kann, nach dem Wechsel der Rechtsform die Eintragung hingegen erforderlich wird.
- **Absatz 2 Satz 2 Halbs. 1** beschäftigt sich mit der Fallgruppe, bei der infolge des Formwechsels auch ein **Wechsel** des für den Rechtsträger zuständigen **Registers** eintritt.
- Bei Begründung einer neuen Registerzuständigkeit aufgrund einer **Sitzverlegung** ist die letzte Variante in **Absatz 2 Satz 2 Halbs. 2** einschlägig.

II. Anwendungsbereich

§ 198 gilt grundsätzlich für alle Varianten des **Formwechsels** i. S. des § 1 Abs. 1 Nr. 4. Die Besonderen Vorschriften der §§ 214 ff. enthalten keine speziellen Zuständigkeitsregelungen. In § 222 Abs. 1 wird aber das Erfordernis der Anmeldung für die GbR sowie Personenhandelsgesellschaften an zusätzliche personelle Voraussetzungen geknüpft. Gleiches gilt für weitere Rechtsformen nach Maßgabe der §§ 235, 246 Abs. 1, 254 Abs. 1, 265 Satz 1, 278 Abs. 1, 286, 296. 3

Auch bzgl. des **Anmeldungsinhaltes** können sich je nach Rechtsform weitere Erfordernisse aus dem anzuwendenden Recht ergeben.[2] 4

Die Einhaltung des **Anmeldeerfordernisses** ist für die **Wirksamkeit des Rechtsformwechsels** notwendig und folglich **unabdingbar**, weshalb keine abweichende Regelung durch einen Gesellschaftsvertrag oder Beschluss vereinbart werden kann (siehe § 202 Rz. 1 [*Fiedler*]).[3] 5

Die Eintragung ist notwendige Voraussetzung für die **Wirksamkeit** des Rechtsformwechsels (vgl. § 202); siehe dazu § 202 Rz. 1 [*Fiedler*].[4] Zu beachten ist, dass die Eintragungspflicht sich nur auf den Rechtsformwechsel bezieht; der Umwandlungsbeschluss hingegen wird nur als Anlage beigefügt und ist kein Anmeldegegenstand (vgl. § 199).[5] 6

III. Anmeldungsvarianten

1. Register des formwechselnden Rechtsträgers (§ 198 Abs. 1)

Ausgangspunkt für die Regelung in § 198 Abs. 1 ist ein Rechtsformwechsel ohne die Neubegründung der Zuständigkeit eines anderen Registers, sowohl in örtlicher als auch in sachlicher Hinsicht.[6] Dieser Vorgang liegt regelmäßig auch vor, wenn ein Wechsel der Eintragungen **innerhalb der jeweiligen Abteilungen** im Handelsregister, wie etwa von Abteilung A zu einer Eintragung in Abteilung B vorgenommen wird.[7] § 198 Abs. 1 kommt mithin eine erhebliche praktische Bedeutung zu, wenn eine Personengesellschaft 7

---

2) Lutter-*Hoger*, UmwG, § 198 Rz. 2; Henssler/Strohn-*Drinhausen/Keinath*, GesR, § 198 UmwG Rz. 1.

3) *Simons* in: BeckOGK-UmwG, § 198 Rz. 3; Semler/Stengel/Leonard-*Leonard*, UmwG, § 202 Rz. 1.

4) Henssler/Strohn-*Drinhausen/Keinath*, GesR, § 198 UmwG Rz. 1; Semler/Stengel/Leonard-*Leonard*, UmwG, § 202 Rz. 1; *Simons* in: BeckOGK-UmwG, § 198 Rz. 1; Widmann/Mayer-*Vossius*, UmwR, § 198 UmwG Rz. 1.

5) *Simons* in: BeckOGK-UmwG, § 198 Rz. 32; Henssler/Strohn-*Drinhausen/Keinath*, GesR, § 198 UmwG Rz. 2.

6) *Simons* in: BeckOGK-UmwG, § 198 Rz. 8; Henssler/Strohn-*Drinhausen/Keinath*, GesR, § 198 UmwG Rz. 2; Kallmeyer-*Zimmermann*, UmwG, § 198 Rz. 2; Semler/Stengel/Leonard-*Schwanna*, UmwG, § 198 Rz. 2; Widmann/Mayer-*Vossius*, UmwR, § 198 UmwG Rz. 7 ff.

7) *Berninger*, GmbHR 2004, 659, 661; Ebenroth/Boujong-*Schaub*, HGB, § 8 Rz. 36 f.; Henssler/Strohn-*Drinhausen/Keinath*, GesR, § 198 UmwG Rz. 2; *Priester*, DNotZ 1995, 427, 453; Schmitt/Hörtnagl-*Winter*, UmwG/UmwStG, § 198 UmwG Rz. 6a.

in eine Kapitalgesellschaft und vice versa oder ein VVaG in eine AG umgewandelt werden soll.[8)]

8 Im Rahmen dieser Fallgruppe ist mithin nur **eine Anmeldung**, und zwar beim nach wie vor zuständigen Registergericht zur bisherigen Abteilung, vorzunehmen.[9)] Dies ändert jedoch nichts daran, dass ein neues Registerblatt gemäß § 13 Abs. 3 Satz 3 HRV eröffnet werden muss.[10)] **Teilweise** wird von den Registergerichten auch in diesem Falle ein Wirksamkeitsvermerk in **Analogie zu § 198 Abs. 2 Satz 4** eingetragen, obwohl der Wortlaut des Gesetzes dies nicht erfordert.[11)]

2. Gesellschaften ohne Registereintrag (§ 198 Abs. 2 Satz 1)

9 Im Falle der Konstellation des § 198 Abs. 2 Satz 1 wird der Rechtsträger, der bislang noch in **keinem Register** eingetragen war, infolge der Rechtsformänderung erstmals in einem Register vermerkt.

10 Die Relevanz des § 198 Abs. 2 Satz 1 ist gering, da die meisten Rechtsträger eintragungspflichtig sind und bereits von Abs. 1 erfasst werden.[12)] Eine praktische Bedeutung hat der Absatz daher nur bei dem **nicht eingetragenen wirtschaftlichen Verein** sowie bei **öffentlich-rechtlichen Körperschaften** und **Anstalten ohne Eintragungspflicht** nach § 33 HGB.[13)]

11 Es ist eine Anmeldung des formgewechselten Rechtsträgers bei dem Register vorzunehmen, welches **nach** dem Rechtsformwechsel **zuständig** ist.[14)]

3. Rechtsformwechsel mit Änderung der Registerart (§ 198 Abs. 2 Satz 2 Alt. 1)

12 Bei **Absatz 2 Satz 2 Alt. 1** tritt durch den Formwechsel eine **Änderung der Art** des zuständigen Registers ein. Beispiele für verschiedene Arten von Registern sind etwa das Handelsregister sowie das Genossenschafts- als auch das Vereinsregister, weshalb die Variante eine besondere Bedeutung bei dem Wechsel von Genossenschaften in Personen- oder Kapitalgesellschaften sowie umgekehrt erlangt.[15)] Es reicht nicht aus, dass eine andere Abteilung betroffen ist, da dies bereits in § 198 Abs. 1 geregelt ist (siehe oben Rz. 7).[16)]

---

8) *Berninger*, GmbHR 2004, 659, 660; *Simons* in: BeckOGK-UmwG, § 198 Rz. 9; Lutter-*Hoger*, UmwG, § 198 Rz. 3; Semler/Stengel/Leonard-*Schwanna*, UmwG, § 198 Rz. 2.

9) Lutter-*Hoger*, UmwG, § 198 Rz. 3; Henssler/Strohn-*Drinhausen*/*Keinath*, GesR, § 198 UmwG Rz. 3; *Simons* in: BeckOGK-UmwG, § 198 Rz. 10.

10) *Simons* in: BeckOGK-UmwG, § 198 Rz. 8; *Berninger*, GmbHR 2004, 659, 661.

11) Henssler/Strohn-*Drinhausen*/*Keinath*, GesR, § 198 UmwG Rz. 3.

12) Lutter-*Hoger*, UmwG, § 198 Rz. 4; Henssler/Strohn-*Drinhausen*/*Keinath*, GesR, § 198 UmwG Rz. 4.

13) Begr. Fraktionsentwurf UmwBerG, BT-Drucks. 12/6699, S. 142; Henssler/Strohn-*Drinhausen*/*Keinath*, GesR, § 198 UmwG Rz. 4; Kallmeyer-*Zimmermann*, UmwG, § 198 Rz. 4; Lutter-*Hoger*, UmwG, § 198 Rz. 4; Semler/Stengel/Leonard-*Schwanna*, UmwG, § 198 Rz. 3; Schmitt/Hörtnagl-*Winter*, UmwG/UmwStG, § 198 UmwG Rz. 7.

14) Henssler/Strohn-*Drinhausen*/*Keinath*, GesR, § 198 UmwG Rz. 4; Lutter-*Hoger*, UmwG, § 198 Rz. 4; Semler/Stengel/Leonard-*Schwanna*, UmwG, § 198 Rz. 3; Widmann/Mayer-*Vossius*, UmwR, § 198 UmwG Rz. 14.

15) *Berninger*, GmbHR 2004, 659, 660; *Simons* in: BeckOK-UmwG, § 198 Rz. 12; Henssler/Strohn-*Drinhausen*/*Keinath*, GesR, § 198 UmwG Rz. 5; Kallmeyer-*Zimmermann*, UmwG, § 198 Rz. 5; Semler/Stengel/Leonard-*Schwanna*, UmwG, § 198 Rz. 4; Widmann/Mayer-*Vossius*, UmwR, § 198 UmwG Rz. 16.

16) *Simons* in: BeckOK-UmwG, § 198 Rz. 12; Kallmeyer-*Zimmermann*, UmwG, § 198 Rz. 5; *Krafka*, Registerrecht, Rz. 1204; Schmitt/Hörtnagl-*Winter*, UmwG/UmwStG, § 198 UmwG Rz. 8.

13 Bei diesen Sachverhalten müssen **zwei Anmeldungen** vorgenommen werden.[17] Einerseits muss bei dem Register, welches für die **formwechselnde** Gesellschaft zuständig ist, die Umwandlung angemeldet werden.[18] Hierbei erfolgt die Eintragung i. V. m. einem sog. **Wirksamkeitsvermerk** nach § 198 Abs. 2 Satz 5. Auf den Vermerk kann allerdings bei Eintragung des Rechtsformwechsels in dem Ausgangsregister und neuen Register an demselben Tag verzichtet werden (vgl. § 198 Abs. 2 Satz 4).

14 Eine weitere Anmeldung zur Eintragung, und zwar die des Rechtsträgers neuer Rechtsform, hat gemäß § 198 Abs. 2 Satz 2 Halbs. 1 i. V. m. Satz 1 bei dem Register zu erfolgen, welches für die **formgewechselte Rechtsform zuständig** ist.[19]

4. Sitzverlegung (§ 198 Abs. 2 Satz 2 Halbs. 2)

15 Ähnlich wie § 198 Abs. 2 Satz 2 Halbs. 1 erfordert Halbsatz 2 **zwei Anmeldungen in verschiedenen Registern.** Diese Anmeldungen basieren allerdings im Gegenteil zu der 1. Alternative auf einer **Sitzverlegung,** die zur Begründung einer neuen Registerzuständigkeit führt. § 13h HGB sowie § 45 AktG über die Sitzverlegung treten hinter die speziellere Vorschrift des § 198 Abs. 2 Satz 2 Alt. 2 zurück.[20]

5. Besonderheit bei der GbR

16 Durch das Inkrafttreten des **MoPeG** am 1.1.2024[21] besteht die Möglichkeit eines Formwechsels nach § 191 Abs. 2 Nr. 1 nun auch bei der **eingetragenen GbR.**[22] Sofern ein Rechtsformwechsel erfolgt, muss eine Anmeldung nach § 198 Abs. 2 Satz 2 Alt. 1, Satz 3 sowohl bei dem zuständigen Register für den **Ausgangsrechtsträger** als auch bei dem nach dem Formwechsel zuständigen Register der entstandenen **eGbR** erfolgen.[23]

IV. Anmeldung

1. Anmeldungspflichtige Person

17 § 198 selbst trifft keine Aussage darüber, wer die Anmeldung vorzunehmen hat. Hierzu finden sich ggf. **besondere Regelungen** in den §§ 214 ff. (siehe § 222 Rz. 4 ff. [*Allmendinger*]). In den übrigen Fällen ist gemäß **§ 197 Satz 1** der Anwendungsbereich der Vorschriften für die neue Rechtsform eröffnet.[24]

---

17) *Berninger*, GmbHR 2004, 659, 660; *Simons* in: BeckGOK-UmwG, § 198 Rz. 11; Henssler/Strohn-*Drinhausen/Keinath*, GesR, § 198 UmwG Rz. 5; Kallmeyer-*Zimmermann*, UmwG, § 198 Rz. 5; Semler/Stengel/Leonard-*Schwanna*, UmwG, § 198 Rz. 4; Widmann/Mayer-*Vossius*, UmwR, § 198 UmwG Rz. 17.

18) *Berninger*, GmbHR 2004, 659, 660; Henssler/Strohn-*Drinhausen/Keinath*, GesR, § 198 UmwG Rz. 6; Semler/Stengel/Leonard-*Schwanna*, UmwG, § 198 Rz. 4; Widmann/Mayer-*Vossius*, UmwR, § 198 UmwG Rz. 17.

19) Lutter-*Hoger*, UmwG, § 198 Rz. 6; *Berninger*, GmbHR 2004, 659, 660; *Simons* in: BeckOGK-UmwG, § 198 Rz. 11; Henssler/Strohn-*Drinhausen/Keinath*, GesR, § 198 UmwG Rz. 6; Semler/Stengel/Leonard-*Schwanna*, UmwG, § 198 Rz. 4.

20) Begr. Fraktionsentwurf UmwBerG, BT-Drucks. 12/6699, S. 142; Henssler/Strohn-*Drinhausen/Keinath*, GesR, § 198 UmwG Rz. 7; Schmitt/Hörtnagl-*Winter*, UmwG/UmwStG, § 198 UmwG Rz. 9.

21) Gesetz zur Modernisierung des Personengesellschaftsrechts (Personengesellschaftsrechtsmodernisierungsgesetz – MoPeG), v. 10.8.2021, BGBl. I 2021, 3436.

22) *Simons* in: BeckOGK-UmwG, § 198 Rz. 12; Lutter-*Hoger*, UmwG, § 198 Rz. 8.

23) Lutter-*Hoger*, UmwG, § 198 Rz. 8.

24) Lutter-*Hoger*, UmwG, § 198 Rz. 9; *Simons* in: BeckOGK-UmwG, § 198 Rz. 18; Semler/Stengel/Leonard-*Schwanna*, UmwG, § 198 Rz. 12.; Widmann/Mayer-*Vossius*, UmwR, § 198 UmwG Rz. 25.

a) Besondere Anmeldungsvorschriften

18 Die Anforderungen an die Anmeldung bzgl. der anmeldungspflichtigen Person ergeben sich bei den jeweiligen Rechtsträgern aus den folgenden Vorschriften:

- Personenhandelsgesellschaft in Kapitalgesellschaft: § 222;
- Kapitalgesellschaft in Personengesellschaft oder eGbR: § 235;
- Kapitalgesellschaft in Kapitalgesellschaft anderer Rechtsform: § 246 Abs. 1;
- Kapitalgesellschaft in eine eG: § 254 Abs. 1;
- eG in Kapitalgesellschaft: § 265 Satz 1 i. V. m. § 222;
- e. V. in Kapitalgesellschaft: § 278 Abs. 1 i. V. m. § 222;
- rechtsfähiger Verein in eG: § 286 i. V. m. § 254 Abs. 1;
- VVaG in AG: § 296 i. V. m. § 246 Abs. 1;
- Körperschaft und Anstalt des öffentlichen Rechts in Kapitalgesellschaft: § 302 Satz 1 i. V. m. § 197.

b) Bevollmächtigung, Anzahl der Vertreter

19 In den Vorschriften wird zwischen den **Mitgliedern des künftigen Vertretungsorgans**, § 222 Abs. 1 Satz 1 und dem **Vertretungsorgan** der Gesellschaft, die einen Formwechsel vornimmt (§§ 246 Abs. 1, 254 Abs. 1), unterschieden.[25] Im letzteren Falle genügt eine vertretungsberechtigte Anzahl.

20 Eine **Vertretung** ist möglich, mit Ausnahme von höchstpersönlichen Erklärungen.[26] Die Beauftragung eines Bevollmächtigten wird daher bei Umwandlungen in eine Kapitalgesellschaft, bei der zu versichern ist, das Stammkapital aufzubringen (§ 8 Abs. 2 GmbHG), nicht möglich sein.[27]

2. Form der Registeranmeldung

21 § 12 Abs. 1 HGB fordert eine Anmeldung des Formwechsels mittels der **elektronischen Einreichung in öffentlich beglaubigter Form**. Sie muss der Form des § 129 BGB entsprechen.[28] Die Beglaubigung der Unterschriften kann in papiergebundener Form stattfinden, wenn die Anmeldungen sodann elektronisch nach Maßgabe der §§ 12 Abs. 1 Satz 1, Abs. 2 Satz 2 Alt. 2, 39a BeurkG übermittelt werden.[29]

22 Qualifizierte elektronische Signaturen können im Wege eines **Präsenzverfahrens** beglaubigt werden[30] oder seit dem 1.8.2022 auch über das Videokommunikationssystem der Bundesnotarkammer (vgl. § 40a Abs. 1 Satz 1 Alt. 2 BeurkG).[31]

23 Die Einreichung der Registeranmeldung erfolgt sodann gemäß § 378 Abs. 3 FamFG, § 12 Abs. 1 Satz 1 HGB, § 39a BeurkG mit einem einfachen elektronischen Zeugnis durch einen **Notar**.[32]

25) Kallmeyer-*Zimmermann*, UmwG, § 198 Rz. 8; Lutter-*Hoger*, UmwG, § 198 Rz. 10.

26) *Simons* in: BeckOGK-UmwG, § 198 Rz. 19; Kallmeyer-*Zimmermann*, UmwG, § 198 Rz. 8; Lutter-*Hoger*, UmwG, § 198 Rz. 10; Semler/Stengel/Leonard-*Schwanna*, UmwG, § 198 Rz. 12; Widmann/Mayer-*Vossius*, UmwR, § 198 UmwG Rz. 36.

27) Lutter-*Hoger*, UmwG, § 198 Rz. 10; *Simons* in: BeckOGK-UmwG, § 198 Rz. 19; Lutter-*Hoger*, UmwG, § 198 Rz. 10; Widmann/Mayer-*Vossius*, UmwR, § 198 UmwG Rz. 36.

28) *Böhringer*, BWNotZ 2022, 240.

29) *Böhringer*, BWNotZ 2022, 240, 241.

30) Zum genauen Ablauf *Berthold*, DNotZ 2022, 813, 814 f.

31) Hierzu genauer *Böhringer*, BWNotZ 2022, 240, 241.

32) BGH, Beschl. v. 15.6.2021 – II ZB 25/17, Rz. 18, BeckRS 2021, 17942 = ZIP 2021, 566; *Böhringer*, BWNotZ 2022, 240, 242.

3. Inhalt

a) Allgemeiner Inhalt der Anmeldung

24 Der Inhalt der Anmeldung bestimmt sich nach der jeweiligen Fallgruppe des § 198 (siehe oben Rz. 2):

- Im Rahmen des **Absatz 1** wird die **neue Rechtsform** des Rechtsträgers angemeldet.
- Bei **Absatz 2 Satz 1 und Satz 2** wird der **Rechtsträger neuer Rechtsform** beim nun zuständigen Register angemeldet.[33)]
- Eine zusätzliche Eintragungsanmeldung beim **Ausgangsregister** ist bei **Absatz 2 Satz 2** notwendig.[34)]

b) Rechtsformspezifische Inhaltsangaben

25 Zusätzlich sind, abhängig davon, in welche Rechtsform der Wechsel erfolgt, weitere, den Inhalt der Anmeldung betreffende Vorschriften zu beachten.[35)]

aa) eGbR

26 Mit den Änderungen durch das MoPeG kann sich die GbR gemäß §§ 707, 707a BGB seither in das Gesellschaftsregister eintragen lassen und hierdurch Subjektpublizität erlangen (dann **eGbR**).[36)] Um ihre Form wechseln zu können, setzt § 191 Abs. 1 Nr. 1 Var. 1 die **Eintragung** der jeweiligen GBR **voraus**. Die Anmeldung muss folgende Inhaltsangaben enthalten:

- Name, Sitz und Anschrift der Gesellschaft, § 707 Abs. 2 Nr. 1 BGB,
- vollständiger Name, Geburtsdatum sowie Wohnort von Gesellschaftern, sofern sie natürliche Personen sind (§ 707 Abs. 2 Nr. 2 lit. a BGB),
- Firma, Rechtsform, Sitz und zuständiges Register mit Registernummer (soweit gesetzlich vorgesehen) bei Gesellschaftern, sofern sie juristische Personen sind (§ 707 Abs. 2 Nr. 2 lit. b BGB),
- Vertretungsbefugnis der Gesellschafter (§ 707 Abs. 2 Nr. 3 BGB),
- Versicherung der fehlenden Voreintragung der Gesellschaft im Handels- oder Partnerschaftsregister (§ 707 Abs. 2 Nr. 4 BGB).

bb) oHG, KG

27 Sowohl bei der **oHG** als auch bei der **KG** werden folgende Daten bei der Anmeldung verlangt:

- Firma, Sitz und Geschäftsanschrift innerhalb des Gebiets der Europäischen Union der Gesellschaft (§ 106 Abs. 2 Nr. 1 HGB),
- Name, Vorname, Geburtsdatum und Wohnort der Komplementäre, sofern sie natürliche Personen sind (§ 106 Abs. 2 Nr. 2 lit. a HGB),

33) Lutter-*Hoger*, UmwG, § 198 Rz. 11; Semler/Stengel/Leonard-*Schwanna*, UmwG, § 198 Rz. 6; Widmann/Mayer-*Vossius*, UmwR, § 198 UmwG Rz. 9, 14, 17, 21.

34) Kallmeyer-*Zimmermann*, UmwG, § 198 Rz. 11; Lutter-*Hoger*, UmwG, § 198 Rz. 11; Semler/Stengel/Leonard-*Schwanna*, UmwG, § 198 Rz. 6.

35) Tabellarische Darstellung für alle Gesellschaftsformen auch bei *Simons* in: BeckOGK-UmwG, § 198 Rz. 34; Kallmeyer-*Zimmermann*, UmwG, § 198 Rz. 12; Lutter-*Hoger*, UmwG, § 198 Rz. 12.

36) Begr. RegE MoPeG, BT-Drucks. 19/27635, S. 127 f.; *Feick/Schwalm/Schwind*, ZEV 2024, 146 f.; *Röß*, NZG 2023, 401, 402; *Simons* in: BeckOGK-UmwG, § 198 Rz. 34.

- Firma, Rechtsform, Sitz und zuständiges Register mit Registernummer (soweit gesetzlich vorgesehen) der Komplementäre, sofern diese juristische Personen sind (§ 106 Abs. 2 Nr. 2 lit. b HGB),
- Vertretungsbefugnis der Gesellschafter (§ 106 Abs. 2 Nr. 3 HGB),
- Versicherung fehlender vorheriger Eintragung im Gesellschafts- oder Partnerschaftsregister (§ 106 Abs. 2 Nr. 4 HGB),
- nach teilweiser Auffassung die Angabe des Geschäftszweigs sowie die Lage der Geschäftsräume nach § 24 Abs. 2 Satz 1, Abs. 4 HRV.[37)]

28 Zusätzlich ist bei dem **Wechsel in eine KG** notwendig:

- Name, Vorname, Geburtsdatum und Wohnort des Kommanditisten (§§ 162 Abs. 1, 161 Abs. 2 i. V. m. § 106 Abs. 2 Nr. 2 HGB),
- Betrag der Haftsumme (§ 162 Abs. 1 HGB).

cc) PartG

29 Die Anmeldung des Rechtsformwechsels in eine PartG erfordert zusätzlich:

- Name, Sitz und Gegenstand der Partnerschaft (§ 5 Abs. 1 Nr. 1, Nr. 4 PartGG),
- Name, Vorname, Geburtsdatum sowie Wohnort jedes Partners (§ 5 Abs. 1 Nr. 2 PartGG),
- in Partnerschaft ausgeübter Beruf von jedem Partner (§ 5 Abs. 1 Nr. 3 PartGG),
- Vertretungsbefugnis der Partner (§ 5 Abs. 1 Nr. 5 PartGG),
- Zugehörigkeit jedes Partners zum Freien Beruf bei Ausübung der Partnerschaft (§ 4 Abs. 2 PartGG).

dd) GmbH

30 Bei dem Wechsel in die GmbH müssen i. R. der Anmeldung insbesondere angegeben werden:

- Gesellschaftsvertrag und ggf. Vollmachten der Vertreter (§ 8 Abs. 1 Nr. 1 GmbHG),
- Namen der Geschäftsführer sowie Art und Umfang deren Vertretungsbefugnis (§ 246 Abs. 2, § 8 Abs. 4 Nr. 2 GmbHG),
- inländische Geschäftsanschrift (§ 8 Abs. 4 Nr. 1 GmbHG),
- Versicherung der Geschäftsführer (§ 8 Abs. 3 GmbHG),
- Versicherung der Geschäftsführer zur Einlagenerbringung nach § 8 Abs. 2 GmbHG, außer es liegt ein Fall des § 246 Abs. 3 vor.

31 Bei der Anmeldung einer GmbH ist in Bezug auf die Versicherung der Erbringung einer Einlageleistung nach **§ 8 Abs. 2 GmbHG umstritten**, ob diese zwingend erforderlich ist oder ob **§ 246 Abs. 3** eine Ausnahme auch für andere Formwechsel als nur die in eine Kapitalgesellschaft anderer Rechtsform statuiert.[38)] Für die Erlangung größtmöglicher Rechtssicherheit ist die Versicherung wohl empfehlenswert, wenn diese auch nur dahin-

---

37) *Simons* in: BeckOGK-UmwG, § 198 Rz. 33 als allgemeiner Inhalt; Lutter-*Hoger*, UmwG, § 198 Rz. 13 für die OHG/KG; Semler/Stengel/Leonard-*Schwanna*, UmwG, § 198 Rz. 9 für eine fakultative Angabe aus Zweckmäßigkeitserwägungen.

38) Darstellend *Simons* in: BeckOGK-UmwG, § 198 Rz. 34 Fn. 87, 84; vermittelnde A. Lutter-*Hoger*, UmwG, § 198 Rz. 15; für eine weite Auslegung *Priester*, DNotZ 1995, 427, 452.

gehend erfolgt, dass die geleisteten Einlagen beim Wirksamwerden des Formwechsels zur freien Verfügung der Gesellschafter stehen werden.[39)]

ee) AG, KGaA

32 Bei einem Formwechsel **in eine AG sowie KGaA** muss eine Anmeldung erfolgen von:

- Satzung (§ 246 Abs. 2),
- Namen der Vorstandsmitglieder sowie Art und Umfang deren Vertretungsbefugnis (§ 246 Abs. 2 UmwG, § 37 Abs. 3 Nr. 2 AktG),
- Inländischer Geschäftsanschrift (§ 37 Abs. 3 Nr. 1 AktG),
- Versicherung der Vorstandsmitglieder (§ 37 Abs. 1, 2 AktG [Ausnahme: § 246 Abs. 3]).

33 Der Wechsel zur **KGaA** erfordert darüber hinaus noch:

- persönlich haftende Gesellschafter (§ 246 Abs. 2),
- Versicherung persönlich haftender Gesellschafter (§§ 283 Nr. 1, 37 Abs. 1 AktG [Ausnahme: § 246 Abs. 3]).

34 Eine Versicherung der persönlich haftenden Gesellschafter über die Einzahlung von Leistungen auf die Einlage nach §§ 37 Abs. 1, 283 Nr. 1 AktG ist auch beim Formwechsel anderer als im unmittelbaren Geltungsbereich des § 246 Abs. 3 liegenden Gesellschaften nach teilweiser Auffassung nicht zwingend vorzunehmen, ist allerdings unter dem Blickwinkel der rechtlichen Vorsorge zu empfehlen[40)] (siehe oben zum selben Streitstand bei der GmbH Rz. 31).

ff) Genossenschaft

35 Maßgebliche Inhalte für die Anmeldung einer Genossenschaft sind:

- Satzung der Genossenschaft (§§ 265 Satz 1, 222 Abs. 1 Satz 1),[41)]
- Vorstandsmitglieder und deren Vertretungsbefugnis (§ 222 Abs. 1 Satz 2, § 11 Abs. 3 GenG).[42)]

gg) EWIV

36 Sofern ein Formwechsel in eine EWIV erfolgt, werden folgende Angaben benötigt:[43)]

- Geschäftsführer mit Namen, Geburtsdatum und deren Wohnsitz (§ 2 Abs. 2 Nr. 5 EWIV-Ausführungsgesetz),
- Vertretungsbefugnis der Geschäftsführer (§ 2 Abs. 2 Nr. 5 EWIV-Ausführungsgesetz),
- Firma, Sitz, Unternehmensgegenstand und Dauer der Vereinigung (§ 2 Abs. 2 Nr. 1, 2, 3, 5 EWIV-Ausführungsgesetz),

---

39) So auch Lutter-*Hoger*, UmwG, § 198 Rz. 15; vgl. hierzu *Simons* in: BeckOGK-UmwG, § 198 Rz. 34 Fn. 84 m. w. N, *Mayer*, DB 1995, 861, 865.

40) So auch Lutter-*Hoger*, UmwG, § 198 Rz. 18.

41) Lutter-*Hoger*, UmwG, § 198 Rz. 18; Semler/Stengel/Leonard-*Schwanna*, UmwG, § 198 Rz. 10.

42) Lutter-*Hoger*, UmwG, § 198 Rz. 18; Semler/Stengel/Leonard-*Schwanna*, UmwG, § 198 Rz. 10.

43) Semler/Stengel/Leonard-*Schwanna*, UmwG, § 198 Rz. 10; Widmann/Mayer-*Vossius*, UmwR, § 198 UmwG Rz. 41.

– Mitglieder der Vereinigung mit deren Namen, Geburtsdatum, Firma, Rechtsform, Wohnsitz oder Sitz, Nummer und Ort der Registereintragung (§ 2 Abs. 2 Nr. 4 EWIV-Ausführungsgesetz).

V. Negativerklärung (§ 198 Abs. 3)

37 § 198 Abs. 3 erklärt den für die Verschmelzung geltenden **§ 16 Abs. 2, 3** für entsprechend anwendbar.

38 Mit dem Verweis auf § 16 Abs. 2 muss bei Anmeldung eines Formwechsels eine sog. **Negativerklärung** bekundet werden, in der der Rechtsträger durch seine Vertretungsorgane erklärt, dass keine oder keine fristgemäße **Klage** mit dem Gegenstand der **Wirksamkeit des Formwechselbeschlusses** erhoben worden ist oder eine derartige Klage bereits mit Rechtskraft abgewiesen worden ist (vgl. § 16 Abs. 2 Satz 1). Eine solche Erklärung kann erst nach Ablauf der Klagefrist des § 195 Abs. 1 wirksam abgegeben werden.[44)]

39 Derartige Klagen können etwa Nichtigkeits- oder Anfechtungsklagen gegen den Beschluss sein, aber auch solche, die sich inhaltlich auf die Feststellung einer möglichen Nichtigkeit oder Unwirksamkeit des Umwandlungsbeschlusses beziehen.[45)]

40 Liegt eine Negativerklärung nicht vor, so darf gemäß §§ 198 Abs. 3, 16 Abs. 2 Satz 2 der Formwechsel **nicht eingetragen** werden (sog. **Registersperre**), **es sei denn**, dass die klageberechtigten Anteilsinhabers auf eine etwaige Klageerhebung formwirksam **verzichtet** haben.

41 Hieraus lässt sich schlussfolgern, dass Klagen von **Dritten** wie etwa Arbeitnehmern und Gläubigern oder von Vorstand und Aufsichtsrat nach § 245 Nr. 4, 5 AktG **keine Auswirkung** auf die Abgabe der Negativerklärung haben.[46)]

42 Konsequenz einer **Registersperre** ist, dass bis zum Vorliegen einer Entscheidung über die Klage die Eintragung im Register nicht möglich ist.[47)] Hintergrund ist die Vermeidung von unumkehrbaren Folgen, die durch die Eintragung eines Formwechsels eintreten können (siehe auch § 202 Rz. 53 [*Fiedler*]).[48)]

43 Sofern **Änderungen** auch **nach der Anmeldung** eintreten, die für eine Klage gegen den Beschluss von Relevanz sind, besteht gemäß § 16 Abs. 2 Satz 1 Halbs. 2 die Pflicht zur Angabe dieser bei dem Registergericht.

44 Gemäß **§§ 198 Abs. 3, 16 Abs. 3 Satz 1** steht es einer Negativerklärung gleich, wenn nach der Erhebung einer Klage gegen den Formwechselbeschluss das **Gericht** auf Antrag des formwechselnden Rechtsträgers durch Beschluss festgestellt hat, dass die Erhebung der Klage der Eintragung nicht entgegensteht (sog. **Freigabeverfahren**).[49)]

45 Die **Eintragung** des Formwechsels entfaltet allerdings auch bei Fehlen einer Negativerklärung **Wirksamkeit** (siehe zu den Wirkungen der Eintragung § 202 Rz. 54 [*Fiedler*]).[50)]

---

44) Lutter-*Hoger*, UmwG, § 198 Rz. 35.

45) *Simons* in: BeckOGK-UmwG, § 198 Rz. 49; Kallmeyer-*Zimmermann/Oppenhoff*, UmwG, § 16 Rz. 23; Lutter-*Hoger*, UmwG, § 198 Rz. 34; *Rieckers/Cloppenburg* in: BeckOGK-UmwG, § 16 Rz. 30.

46) Kallmeyer-*Oppenhoff*, UmwG, § 16 Rz. 31; Lutter-*Hoger*, UmwG, § 198 Rz. 38.

47) Henssler/Strohn-*Heidinger/Knaier*, GesR, § 16 UmwG Rz. 15; Lutter-*Hoger*, UmwG, § 198 Rz. 36.

48) Lutter-*Hoger*, UmwG, § 198 Rz. 32.

49) Ausf. hierzu m. w. N. Lutter-*Hoger*, UmwG, § 198 Rz. 39 ff.; Henssler/Strohn-*Heidinger/Knaier*, GesR, § 16 UmwG Rz. 15.

50) *Simons* in: BeckOGK-UmwG, § 198 Rz. 65; Lutter-*Hoger*, UmwG, § 198 Rz. 37.

VI. Prüfpflicht des Registergerichts

1. Prüfungsumfang

Das Registergericht trifft eine Prüfpflicht hinsichtlich der Eintragung(en) des Rechtsformwechsels, die sich auf formelle und materielle Aspekte erstreckt.[51] Der Grund hierfür liegt in der Vermeidung irreversibler Folgen aufgrund einer falschen Eintragung (vgl. § 202 Abs. 3).[52] Das Gericht ist jedenfalls, sofern **offensichtliche Zweifel** an der Vollständigkeit oder Richtigkeit bestehen, nach § 26 FamFG „von Amts wegen" angehalten, die notwendigen Ermittlungen durchzuführen.[53] 46

In den Fällen des § 198 Abs. 2 Satz 2 werden **beide Registergerichte** mit einem eigenen Prüfungsrecht ausgestattet, was unter Umständen zu inhaltlichen Differenzen führen kann.[54] 47

a) Formelle Aspekte der Prüfungspflicht

Im Rahmen der formellen Prüfungspflicht werden die **Voraussetzungen der Eintragung** überprüft.[55] Hierunter fällt einerseits die Zuständigkeit des Registergerichts in **örtlicher, sachlicher und funktioneller** Hinsicht, die Formwahrung der Anmeldung und Beifügung der erforderlichen Anlagen.[56] Andererseits wird geprüft, ob die Anmeldung mit den notwendigen Erklärungen vollständig und von den anmeldepflichtigen Personen vorgenommen worden ist.[57] 48

b) Materielle Aspekte der Prüfungspflicht

Materiell wird vom Register die **Ordnungsmäßigkeit des Formwechselbeschlusses** geprüft.[58] Die Prüfung bezieht sich in erster Linie auf das Zustandekommen des Formwechselbeschlusses sowie das Vorliegen der Gründungsvoraussetzungen.[59] 49

Bei dem Wechsel des Rechtsträgers **in eine Kapitalgesellschaft** erfolgt insbesondere auch eine Deckungskontrolle des Nennbetrags des Stammkapitals bzw. Grundkapitals des formgewechselten Rechtsträgers durch das Vermögen der formwechselnden Gesellschaft 50

---

51) Kallmeyer-*Zimmermann*, UmwG, § 198 Rz. 17; Lutter-*Hoger*, UmwG, § 198 Rz. 23; OLG Frankfurt/M., Beschl. v. 25.6.2003 – 20 W 415/02, FGPrax 2003, 276, 277 = DB 2003, 2378; Semler/Stengel/Leonard-*Schwanna*, UmwG, § 198 Rz. 13; *Usler*, MittRhNotK 1998, 22, 49; *Simons* in: BeckOGK-UmwG, § 198 Rz. 37.

52) *Simons* in: BeckOGK-UmwG, § 198 Rz. 37; Lutter-*Hoger*, UmwG, § 198 Rz. 23; Semler/Stengel/Leonard-*Schwanna*, UmwG, § 198 Rz. 13.

53) *Simons* in: BeckOGK-UmwG, § 198 Rz. 39; Kallmeyer-*Zimmermann*, UmwG, § 198 Rz. 17 f.; Widmann/Mayer-*Vossius*, UmwR, § 201 UmwG Rz. 7 ff.

54) Lutter-*Hoger*, UmwG, § 198 Rz. 23; Goutier/Knopf/Tulloch-*Laumann*, UmwR, § 199 UmwG Rz. 4, der in diesem Fall eine Vorlage an das gemeinsame Obergericht vorschlägt.

55) Kallmeyer-*Zimmermann*, UmwG, § 198 Rz. 17, 18; Lutter-*Hoger*, UmwG, § 198 Rz. 24; Semler/Stengel/Leonard-*Schwanna*, UmwG, § 198 Rz. 14; Widmann/Mayer-*Vossius*, UmwR, § 201 UmwG Rz. 6; *Simons* in: BeckOGK-UmwG, § 198 Rz. 40.

56) *Althoff* in: NK-UmwG, § 198 Rz. 14; Semler/Stengel/Leonard-*Schwanna*, UmwG, § 198 Rz. 14; *Simons* in: BeckOGK-UmwG, § 198 Rz. 40; Kallmeyer-*Zimmermann*, UmwG, § 198 Rz. 18; Lutter-*Hoger*, UmwG, § 198 Rz. 24; Widmann/Mayer-*Vossius*, UmwR, § 201 UmwG Rz. 6.

57) *Simons* in: BeckOGK-UmwG, § 198 Rz. 40; Kallmeyer-*Zimmermann*, UmwG, § 198 Rz. 17, 18; Lutter-*Hoger*, UmwG, § 198 Rz. 24; Schmitt/Hörtnagl-*Winter*, UmwG/UmwStG, § 198 UmwG Rz. 13; Semler/Stengel/Leonard-*Schwanna*, UmwG, § 198 Rz. 14.

58) Lutter-*Hoger*, UmwG, § 198 Rz. 25; *Simons* in: BeckOGK-UmwG, § 198 Rz. 41; Kallmeyer-*Zimmermann*, UmwG, § 198 Rz. 19; Semler/Stengel/Leonard-*Schwanna*, UmwG, § 198 Rz. 15; *Usler*, MittRhNotK 1998, 22, 49.

59) *Althoff* in: NK-UmwG, § 198 Rz. 14; *Simons* in: BeckOGK-UmwG, § 198 Rz. 41; Lutter-*Hoger*, UmwG, § 198 Rz. 25; Schmitt/Hörtnagl-*Winter*, UmwG/UmwStG, § 198 UmwG Rz. 13; Semler/Stengel/Leonard-*Schwanna*, UmwG, § 198 Rz. 15; *Usler*, MittRhNotK 1998, 22, 49.

nach § 220 Abs. 1 UmwG und § 245 UmwG.[60] Der Nachweis ist durch den Rechtsträger im Wege der Vorlage der Bilanz zu erbringen.[61]

51 Das Registergericht ist **nicht** dazu befugt, die **Angemessenheit des Wechsels,** dessen unternehmerische Korrektheit, ursprüngliche Voraussetzungen der Gründung der Ausgangsgesellschaft oder Vollständigkeit von eingereichten Berichten zu prüfen.[62]

52 Die Prüfungspflicht besteht trotz Fristablauf bzgl. der Klagemöglichkeit der Anteilseigner nach § 195 Abs. 1 UmwG weiter.[63] Sofern eine Entscheidung über die Klage gegen den Formwechselbeschluss fristgerecht erfolgte, ist das Register an diese gebunden.[64]

c) Entscheidungsvarianten beim Eintragungsantrag

53 Es können sich drei Ergebnisse nach der Prüfung durch das Gericht bzgl. des Eintragungsantrags ergeben:[65]

- Entweder, das Gericht nimmt die **formelle und materielle Ordnungsmäßigkeit** des Formwechsels und seiner Anmeldung an, woraufhin es sodann unverzüglich die Eintragung in das Register verfügt (§ 25 Abs. 1 Satz 2 HRV) (ggf. zum Eintragungsinhalt siehe oben Rz. 24).[66] Im Anschluss der Eintragung erfolgen nach §§ 204, 22 Abs. 1 Satz 3 der Gläubigerhinweis und gemäß § 201 HGB die Bekanntmachung der Eintragung. Außerdem werden die Beteiligten informiert, § 383 Abs. 1 FamFG.[67]
- In der zweiten möglichen Konstellation hat das Gericht **formelle oder materielle, behebbare Hindernisse**, die der Eintragung entgegenstehen, ermittelt (vgl. § 25 Abs. 1 Satz 3 HRV).[68] Daher wird es unverzüglich eine **Zwischenverfügung** erlassen, in der die Aufforderung zur Behebung der Fehler i. R. einer angemessenen Frist nach § 382 Abs. 4 FamFG erteilt wird.[69]
- Ist entweder die Eintragungsbeantragung **unzulässig** oder liegen **unbehebbare Eintragungshindernisse** vor, erfolgt ein Ablehnungsbeschluss, der mit einer Begründung gemäß § 38 Abs. 3 FamFG versehen ist und eine Rechtsbehelfsbelehrung nach § 39 FamFG, § 382 Abs. 3 FamFG enthält.[70]

2. Reihenfolge der Eintragungen (§ 198 Abs. 2 Satz 4, 5)

54 Bei mehreren erforderlichen Eintragungen (siehe Rz. 24 ff.), erfolgt gemäß § 198 Abs. 2 Satz 4, 5 zunächst die Eintragung der Umwandlung beim **Ausgangsregister** nach den Sätzen 3 und 4. Erst danach kann der Rechtsträger neuer Rechtsform eingetragen werden. Die erstere, deklaratorisch wirkende Eintragung wird zunächst mit einem **Vorläufig-**

60) Kallmeyer-*Zimmermann*, UmwG, § 198 Rz. 19; Lutter-*Hoger*, UmwG, § 198 Rz. 25; *Simons* in: BeckOGK-UmwG, § 198 Rz. 41.

61) Semler/Stengel/Leonard-*Schwanna*, UmwG, § 198 Rz. 16; Kallmeyer-*Zimmermann*, UmwG, § 198 Rz. 19.

62) *Simons* in: BeckOGK-UmwG, § 198 Rz. 42; Lutter-*Hoger*, UmwG, § 198 Rz. 25; *Usler*, MittRhNotK 1998, 22, 49; Schmitt/Hörtnagl-*Winter*, UmwG/UmwStG, § 198 UmwG Rz. 13.

63) OLG Frankfurt/M., Beschl. v. 25.6.2003 – 20 W 415/02, FGPrax 2003, 276 = DB 2003, 2378; Lutter-*Hoger*, UmwG, § 198 Rz. 26.

64) Lutter-*Hoger*, UmwG, § 198 Rz. 26.

65) Semler/Stengel/Leonard-*Schwanna*, UmwG, § 198 Rz. 19 ff.; *Simons* in: BeckOGK-UmwG, § 198 Rz. 43.

66) *Simons* in: BeckOGK-UmwG, § 198 Rz. 43; Semler/Stengel/Leonard-*Schwanna*, UmwG, § 198 Rz. 20.

67) *Otto* in: BeckOK-FamFG, § 383 Rz. 4; *Simons* in: BeckOGK-UmwG, § 198 Rz. 43.

68) *Simons* in: BeckOGK-UmwG, § 198 Rz. 43; Widmann/Mayer-*Vossius*, UmwR, § 201 UmwG Rz. 13.

69) *Krafka*, Registerrecht, Rz. 166 ff.; *Simons* in: BeckOGK-UmwG, § 198 Rz. 43.

70) *Simons* in: BeckOGK-UmwG, § 198 Rz. 43; *Obermann* in: BeckOK-FamFG, § 38 Rz. 56.

keitsvermerk gemäß Abs. 2 Satz 4 versehen.[71] Dieser ist nur dann entbehrlich, wenn die Eintragungen auf den gleichen Tag fallen (§ 198 Abs. 2 Satz 4).

Mögliche **Verstöße** gegen die Eintragungsreihenfolge haben keine Folgen für die Wirksamkeit des Formwechsels, die mit der konstitutiven Eintragung eintritt (siehe § 202 Rz. 10 [*Fiedler*]).[72] 55

Beim **Formwechsel** ist, anders als im Verschmelzungs- sowie Spaltungsrecht (vgl. §§ 19 Abs. 2 Satz 1, 130 Abs. 2 Satz 1), keine von Amts wegen zu erfolgende Benachrichtigung des Gerichts über den **Eintragungszeitpunkt** vorgesehen. Teilweise wird darin ein redaktionelles Versehen gesehen mit der Folge, dass aus Gesichtspunkten der Rechtssicherheit eine entsprechende vorherige Absprache mit dem Registergericht empfohlen wird.[73] 56

3. Rechtsmittel

Dem Rechtsträger stehen gegen die Entscheidung des Registergerichts Rechtsmittel zur Verfügung.[74] Im Falle der **Ablehnung** kann der Rechtsträger innerhalb eines Monats ab schriftlicher Bekanntgabe der Entscheidung **Beschwerde** beim Oberlandesgericht nach §§ 63 Abs. 1, 3, 64 Abs. 1 Satz 1 FamFG, § 119 Abs. 1 Nr. 1 GVG einlegen. Sofern dieses die **Rechtsbeschwerde** in seinem Beschluss nach § 70 Abs. 1, 2 FamFG zulässt, kann der Rechtsweg binnen eines Monats ab schriftlicher Bekanntgabe des Oberlandesgerichtsbeschlusses zum BGH beschritten werden (§§ 71 Abs. 1 Satz 1, 70 ff. FamFG, § 133 GVG). 57

Hinsichtlich einer ergangenen **Zwischenverfügung** ist eine Beschwerde nach § 382 Abs. 4 Satz 2 FamFG statthaft 58

Unanfechtbar ist hingegen eine **bereits vollzogene Eintragung** (§ 383 Abs. 3 FamFG). Allerdings kann eine Umdeutung einer unzulässigen Beschwerde in eine zulässige Anregung zur Einleitung eines Verfahrens auf Amtslöschung (§§ 24 Abs. 1, 395 Abs. 1 FamFG) infrage kommen.[75] 59

Beschwerdeberechtigt ist gemäß § 59 Abs. 2 FamFG der Antragsteller. Ebenfalls kann der zur Eintragung gesetzlich bevollmächtigte Notar zur Beschwerdeeinlegung nach § 378 Abs. 2 FamFG ermächtigt werden.[76] 60

VII. Kosten

Bei der Anmeldung zur Eintragung des Formwechsels fallen Gerichts- und Notarkosten an.[77] 61

1. Gerichtskosten

Maßgebend für die Gerichtskosten sind für das **Handels-, Partnerschafts-, Gesellschafts- und Genossenschaftsregister** die § 58 Abs. 1 Nr. 1 GNotKG, §§ 1, 2 HRegGebV i. V. m. 62

71) Lutter-*Hoger*, UmwG, § 198 Rz. 27; *Drinhausen*, BB 2006, 2313, 2316; *Simons* in: BeckOGK-UmwG, § 198 Rz. 61 – hier auch zum von den Anmeldenden einzureichenden Nachweis der Voreintragung.

72) *Simons* in: BeckOGK-UmwG, § 198 Rz. 62; Semler/Stengel/Leonard-*Schwanna*, UmwG, § 198 Rz. 23.

73) Widmann/Mayer-*Vossius*, UmwR, § 198 UmwG Rz. 17; Lutter-*Hoger*, UmwG, § 198 Rz. 27.

74) *Simons* in: BeckOGK-UmwG, § 198 Rz. 66.

75) BayObLG, Urt. v. 17.11.1997 – 3Z BR 442/97, Rz. 5, BeckRS 1997, 8909 = NJW-RR 1998, 829; *Simons* in: BeckOGK-UmwG, § 198 Rz. 66; Semler/Stengel/Leonard-*Schwanna*, UmwG, § 198 Rz. 25.

76) S. a. *Otto* in: BeckOK-FamFG, § 378 Rz. 18; *Simons* in: BeckOGK-UmwG, § 198 Rz. 66.

77) Lutter-*Hoger*, UmwG, § 198 Rz. 29; Semler/Stengel/Leonard-*Schwanna*, UmwG, § 198 Rz. 26 ff.; *Simons* in: BeckOGK-UmwG, § 198 Rz. 68 ff.

dem Gebührenverzeichnis.[78] Die Gebühren richten sich danach, ob es sich um eine **Ersteintragung** handelt oder nicht. Diese erfasst die Eintragung in ein anderes Register sowie den Wechsel innerhalb der Abteilungen A und B im Handelsregister.[79]

63 Bei vorhandenem Vermögen des Rechtsträgers in Form von **Grundbesitz** wird zum Teil vertreten, dass es sich nicht um eine Grundbuchberichtigung handele, sondern eine **Richtigstellung** tatsächlicher Angaben vorgenommen werde, für die keine Gebühren erhoben werden.[80] Andere sehen in der Namensänderung zwar eine **Grundbuchberichtigung;**[81] allerdings fallen auch im letzteren Falle aufgrund der Identität des Rechtsträgers keine Gebühren an, sodass der Vorgang im Ergebnis jedenfalls gebührenfrei bleibt.[82]

2. Notarkosten

64 Die Notarkosten werden anhand der notariellen Beglaubigungen der Registeranmeldung nach der **GNotKG** bestimmt. Es fällt eine 0,2-Gebühr an, die nach Nr. 25100 Abs. 2 KV GNotKG zwischen 20 bis 70 € liegen kann.

65 Sofern der Notar den Entwurf **ändert, ergänzt oder prüft**, kann die Gebühr sich auf eine 0,3–0,5-Gebühr nach Nr. 24102 KV GNotKG (Vorb. 2.4.1. Abs. 3 KV GNotKG i. V. m. Nr. 21201 Nr. 5 KV GNotKG) erhöhen.[83] Hat der Notar den Entwurf **vollständig erstellt**, wird nach § 92 Abs. 2 GNotKG die Höchstgebühr erhoben.

66 Die **Wertberechnung** richtet sich nach §§ 119 Abs. 1, 105 GNotKG betreffend das Handels-, Partnerschafts- und Genossenschaftsregister.[84] Die Bestimmung richtet sich danach, welcher Fall des § 198 Abs. 1, 2 vorliegt.[85]

---

78) Vgl. Lutter-*Hoger*, UmwG, § 198 Rz. 30; *Simons* in: BeckOGK-UmwG, § 198 Rz. 69 f. – hier auch zu den Gebühren betreffend das Vereinsregister.

79) Konkretere Ausführungen bei *Simons* in: BeckOGK-UmwG, § 198 Rz. 70; Lutter-*Hoger*, UmwG, § 198 Rz. 30; *Althoff* in: NK-UmwG, § 198 Rz. 15.

80) Lutter-*Hoger*, UmwG, § 198 Rz. 31.

81) Semler/Stengel/Leonard-*Schwanna*, UmwG, § 198 Rz. 28.

82) OLG München, Beschl. v. 30.11.2015 – 34 Wx 70/15, RNotZ 2016, 195 = ZIP 2016, 269; Semler/Stengel/Leonard-*Schwanna*, UmwG, § 198 Rz. 28.

83) *Simons* in: BeckOGK-UmwG, § 198 Rz. 68.

84) Übersichtliche Darstellung bei Widmann/Mayer-*Vossius*, UmwR, § 198 UmwG Rz. 44 ff.; für den Verein s. § 36 Abs. 2 GNotKG.

85) Semler/Stengel/Leonard-*Schwanna*, UmwG, § 198 Rz. 30.

§ 199
Anlagen der Anmeldung*)

Der Anmeldung der neuen Rechtsform oder des Rechtsträgers neuer Rechtsform sind in Ausfertigung oder öffentlich beglaubigter Abschrift oder, soweit sie nicht notariell zu beurkunden sind, in Urschrift oder Abschrift außer den sonst erforderlichen Unterlagen auch die Niederschrift des Formwechselbeschlusses, die nach diesem Gesetz erforderlichen Zustimmungserklärungen einzelner Anteilsinhaber einschließlich der Zustimmungserklärungen nicht erschienener Anteilsinhaber, der Formwechselbericht oder die Erklärungen über den Verzicht auf seine Erstellung, ein Nachweis über die Zuleitung nach § 194 Abs. 2 beizufügen.

*) § 199 geändert durch Art. 1 des Gesetzes zur Umsetzung der Umwandlungsrichtlinie und zur Änderung weiterer Gesetze (UmRUG), v. 22.2.2023, BGBl. I 2023, Nr. 51; § 199 i. d. F. des UmwBerG geändert durch Art. 4 des Gesetzes zur Umsetzung der Aktionärsrechterichtlinie (ARUG), v. 30.7.2009, BGBl. I 2009, 2479.

Literatur: *Böhringer*, Form beim Registergericht einzureichender Unterlagen einer GmbH, BWNotZ 2022, 240; *Leuering/Rubner*, Elektronische Einreichung von Unterlagen zum Handelsregister, NJW-Spezial 2022, 751; *Redeker/Gresbrand*, DocuSign wird hoffähig? – Zugleich Bespr. von KG Beschl. v. 22.6.2022 – 22 W 36/22, NZG 2022, 1735, NZG 2023, 697.

Übersicht

I. Allgemeines und Anwendungsbereich

1 Die Vorschrift des § 199 befasst sich mit den zur Anmeldung erforderlichen **Anlagen** und ist mit der Regelung des § 17 vergleichbar, der für die Verschmelzung gilt.[1] Neben der Auflistung der Anlagen, die jeder Formwechselanmeldung beigefügt werden müssen, sind dem entsprechenden Gründungsrecht des formgewechselten Rechtsträgers sowie den besonderen Vorschriften der §§ 214 ff. ggf. weitere Anforderungen an die einzureichenden Unterlagen zu entnehmen.[2] Mithin ist die Aufzählung des § 199 **keine abschließende** (vgl. auch den Wortlaut „den sonst erforderlichen Unterlagen“).[3]

2 Der ausdrückliche Regelungsgehalt des § 199 bezieht sich auf die Fälle der Anmeldung des formgewechselten Rechtsträgers zum Register des formwechselnden Rechtsträgers nach § 198 Abs. 1 sowie Anmeldung des formgewechselten Rechtsträgers zum Register nach § 198 Abs. 2 Satz 1 (siehe § 198 Rz. 9 ff. [*Fiedler*]).[4] Es wird indessen herrschend angenommen, dass **auch** die Konstellation des **§ 198 Abs. 2 Satz 2, 3**, in welcher Eintragungen in beiden Registern erfolgen, erfasst sein soll, schließlich müsse auch hier das Registergericht das Vorliegen der Voraussetzungen für die Eintragung des Rechtsträgers neuer Rechtsform prüfen, für welche gemäß § 198 Abs. 2 Satz 5 auch die Eintragung der Umwandlung vorliegen muss.[5]

3 Die **Zurverfügungstellung** der entsprechenden Anlagen räumt dem Registergericht erst die erleichterte Möglichkeit ein, die Eintragung auf alle notwendigen formellen und materiellen Voraussetzungen zu **überprüfen**, was zugleich auch **Sinn und Zweck** der Vorschrift § 199 ist.[6]

1) Henssler/Strohn-*Drinhausen/Keinath*, GesR, § 199 UmwG Rz. 1; Lutter-*Hoger*, UmwG, § 199 Rz. 1; *Simons* in: BeckOGK-UmwG, § 199 Rz. 5; Semler/Stengel/Leonard-*Schwanna*, UmwG, § 199 Rz. 1; Widmann/Mayer-*Vossius*, UmwR, § 199 UmwG Rz. 1.

2) Ausf. Darstellung der Anlagen für die einzelnen Rechtsformen bei Lutter-*Hoger*, UmwG, § 199 Rz. 7; Semler/Stengel/Leonard-*Schwanna*, UmwG, § 199 Rz. 1; Widmann/Mayer-*Vossius*, UmwR, § 199 UmwG Rz. 5.

3) Lutter-*Hoger*, UmwG, § 199 Rz. 7; *Simons* in: BeckOGK-UmwG, § 199 Rz. 3; Semler/Stengel/Leonard-*Schwanna*, UmwG, § 199 Rz. 1.

4) *Simons* in: BeckOGK-UmwG, § 199 Rz. 2.

5) Lutter-*Hoger*, UmwG, § 199 Rz. 13; *Simons* in: BeckOGK-UmwG, § 199 Rz. 2.

6) Goutier/Knopf/Tulloch-*Laumann*, UmwR, § 199 UmwG Rz. 2; Henssler/Strohn-*Drinhausen/Keinath*, GesR, § 199 UmwG Rz. 1; Kallmeyer-*Zimmermann*, UmwG, § 199 Rz. 2; Lutter-*Hoger*, UmwG, § 199 Rz. 2; Semler/Stengel/Leonard-*Schwanna*, UmwG, § 199 Rz. 1.

4 Die Norm ist in Hinsicht auf Form und Art der Unterlageneinreichung nicht dispositiv und damit **zwingend** einzuhalten.[7]

II. Formunabhängige Anlagen

5 Folgende Anlagen sind unabhängig von dem Wechsel in eine konkrete Rechtsform als **fester Anmeldungsbestandteil** in **notarieller Ausfertigung** nach § 49 BeurkG, § 12 Abs. 2 Halbs. 2 HGB oder als **öffentlich beglaubigte Abschrift** gemäß § 42 BeurkG, § 12 Abs. 2 Halbs. 2 HGB einzureichen:[8]

- Niederschrift des Formwechselbeschlusses (§§ 193, 194),
- ggf. erforderliche Zustimmungserklärungen der einzelnen Anteilsinhaber (§§ 193 Abs. 2; 217 Abs. 3; 233 Abs. 2 Satz 3, Abs. 3 Satz 1; 240 Abs. 2 Satz 1, Abs. 3 Satz 1; 241 Abs. 1 Satz 1, Abs. 3; 242),
- ggf. erforderliche Zustimmungserklärung der nicht erschienenen Anteilsinhaber (§ 233 Abs. 1),
- ggf. erforderlicher Verzicht auf einen Formwechselbericht (§ 192 Abs. 2).

6 **Weitere**, in Form der **Urschrift** oder in **einfacher**, d. h. nicht öffentlich beglaubigter **Abschrift** einzureichende Unterlagen sind:[9]

- Formwechselbericht, sofern kein Verzicht oder nur Beteiligung eines Anteilseigners am Rechtsformwechsel vorliegt (§ 192 Abs. 1),
- Nachweis über fristgemäße Zuleitung des Formwechselbeschlusses an den Betriebsrat in Form einer datierten Quittung des Empfangs durch den Vorsitzenden des Betriebsrates oder Verzicht auf die rechtzeitige Zuleitung (§ 194 Abs. 2).

7 Bezüglich der Zuleitung des **Betriebsratsbeschlusses** nach § 194 Abs. 2 ist zu beachten, dass bei fehlendem Bestehen eines Betriebsrates eine **Negativerklärung** beizufügen ist, da das Registergericht nicht eigenständig die Existenz eines Betriebsrates prüft.[10]

8 Liegt ein Formwechsel nach § 198 Abs. 2 Satz 2, 3 vor, sind zwei Anmeldungen bei dem Ausgangsregister und bei dem zukünftig zuständigen Register erforderlich (siehe § 198 Rz. 15 [*Fiedler*]).[11] De lege lata erfolgt **kein Informationsaustausch** zwischen den beiden Registern, weshalb es darüber hinaus notwendig ist, einen Nachweis in Form des beglaubigten Auszuges aus dem vorherigen Register bei Anmeldung des Wechsels miteinzureichen.[12]

---

7) *Simons* in: BeckOGK-UmwG, § 199 Rz. 4.

8) S. hierzu auch Auflistungen bei Kallmeyer-*Zimmermann*, UmwG, § 199 Rz. 2; Lutter-*Hoger*, UmwG, § 199 Rz. 3.

9) Vgl. für die Art der elektronischen Einreichung § 12 Abs. 2 Satz 2 Halbs. 1 HGB; *Simons* in: BeckOGK-UmwG, § 199 Rz. 6; Kallmeyer-*Zimmermann*, UmwG, § 199 Rz. 3; Lutter-*Hoger*, UmwG, § 199 Rz. 4.

10) Lutter-*Hoger*, UmwG, § 199 Rz. 4; Semler/Stengel/Leonard-*Schwanna*, UmwG, § 199 Rz. 4; Widmann/Mayer-*Vossius*, UmwR, § 199 UmwG Rz. 3; *Simons* in: BeckOGK-UmwG, § 199 Rz. 6 – s. hier auch zur Erklärung bei Verzicht des Betriebsrates z. B. auf die Einhaltung der Zuleitungsfrist; das LG Duisburg, Beschl. v. 4.1.1996 – 23 HRB 4942, 5935, GmbHR 1996, 372, verlangt entgegen der überwiegenden Auffassung eine eidesstattliche Versicherung über das Nichtbestehen eines Betriebsrates.

11) *Simons* in: BeckOGK-UmwG, § 199 Rz. 7; Lutter-*Hoger*, UmwG, § 199 Rz. 6.

12) Henssler/Strohn-*Drinhausen/Keinath*, GesR, § 199 Rz. 5; Kallmeyer-*Zimmermann*, UmwG, § 199 Rz. 4; *Simons* in: BeckOGK-UmwG, § 199 Rz. 7; Lutter-*Hoger*, UmwG, § 199 Rz. 6; Semler/Stengel/Leonard-*Schwanna*, UmwG, § 199 Rz. 5.

III. Formabhängige Anlagen

Anknüpfend an die allgemeinen Anlagen können sich aus den **besonderen Vorschriften** sowie dem **Gründungsrecht** der künftigen Rechtsform (vgl. § 197 Satz 1) weitere Anforderungen an die beizufügenden Anlagen ergeben, abhängig davon zu welcher Rechtsform hin der Wechsel erfolgt.[13] 9

1. GbR oder Personengesellschaften

Für den Wechsel des Rechtsträgers in eine GbR oder eine Personenhandelsgesellschaft sind über die allgemein erforderlichen **keine weiteren** Anlagen einzureichen; jedenfalls wenn der Gesellschaftsvertrag schon im Formwechselbeschluss enthalten war (vgl. § 234 Nr. 3 UmwG).[14] 10

2. GmbH

Bei der Anmeldung des Formwechsels **zu einer GmbH** muss die Beifügung folgender Unterlagen erfolgen:[15] 11

- Die Satzung, soweit sie nicht Bestandteil der Einreichung des Rechtsformwechselbeschlusses war (§ 197 Satz 1 UmwG i. V. m. § 8 Abs. 1 Nr. 1 GmbHG),
- der Beschluss zur Geschäftsführerbestellung sowie Art und Umfang deren Vertretungsbefugnis, soweit dieser auch nicht Bestandteil der Einreichung des Rechtsformwechselbeschlusses war (§ 197 Satz 1 UmwG i. V. m. § 8 Abs. 1 Nr. 2, Abs. 4 GmbHG),
- eine in vertretungsberechtigter Anzahl von den Geschäftsführern unterzeichnete Liste der Gesellschafter, § 197 Satz 1 i. V. m. § 8 Abs. 1 Nr. 3 GmbHG; bei dem Wechsel einer AG in eine GmbH mit unbekannten Aktionären eine Liste mit den auf die Aktien entfallenden Geschäftsanteilen (§ 213 i. V. m. § 35),
- einen Werthaltigkeitsnachweis, dass der Nennbetrag des Stammkapitals das nach dem Schuldenabzug verbleibende Vermögen des formwechselnden Rechtsträgers nicht übersteigt (§ 8 Abs. 1 Nr. 5 GmbHG, § 220 Abs. 1 i. V. m. §§ 245 Abs. 1 Satz 2, Abs. 2 Satz 2, Abs. 3 Satz 2, 264 Abs. 1, 277),
- bei Bestehen eines Aufsichtsrates der GmbH: Urkunden über Bestellung der Aufsichtsratsmitglieder sowie Liste der Aufsichtsratsmitglieder (§ 52 Abs. 2 GmbHG i. V. m. § 37 Abs. 4 Nr. 3 und 3a AktG [Ausnahme nach § 203 Satz 1]),
- einen Sachgründungsbericht gemäß § 197 Satz 1 UmwG i. V. m. § 8 Abs. 1 Nr. 4 GmbHG, §§ 245 Abs. 4, 264 Abs. 2, 277; der Bericht ist allerdings nicht notwendig, sofern die Ausgangsrechtsform eine Kapitalgesellschaft, Genossenschaft oder ein rechtsfähiger Verein ist,
- bei Wechsel einer Genossenschaft in eine GmbH: in Urschrift oder öffentlich beglaubigter Abschrift ein Gutachten des Prüfungsverbandes mit Vereinbarkeit vom Formwechsel zwischen Mitglieder- und Gläubigerbelangen (§§ 259, 265 Satz 2).

13) Semler/Stengel/Leonard-*Schwanna*, UmwG, § 199 Rz. 6; Widmann/Mayer-*Vossius*, UmwR, § 199 UmwG Rz. 5; *Simons* in: BeckOGK-UmwG, § 199 Rz. 8; Henssler/Strohn-*Drinhausen/Keinath*, GesR, § 199 Rz. 6; Lutter-*Hoger*, UmwG, § 199 Rz. 7.

14) Semler/Stengel/Leonard-*Schwanna*, UmwG, § 199 Rz. 10; *Simons* in: BeckOGK-UmwG, § 199 Rz. 16; Henssler/Strohn-*Drinhausen/Keinath*, GesR, § 199 Rz. 11; Kallmeyer-*Zimmermann*, UmwG, § 199 Rz. 5; Lutter-*Hoger*, UmwG, § 199 Rz. 12; Widmann/Mayer-*Vossius*, UmwR, § 199 UmwG Rz. 5.

15) S. hierzu auch Auflistungen bei Lutter-*Hoger*, UmwG, § 199 Rz. 8; *Simons* in: BeckOGK-UmwG, § 199 Rz. 13.

3. AG und KGaA

12 Erfolgt der Rechtsformwechsel **in eine AG**, setzen sich die beizufügenden Anlagen zusammen aus:[16)]

- Satzung, soweit sie nicht Bestandteil des Formwechselbeschlusses war (§ 197 Satz 1 UmwG i. V. m. § 37 Abs. 4 Nr. 1 AktG),
- Berechnung des Aufwands vom Formwechsel (§ 197 Satz 1 UmwG i. V. m. § 37 Abs. 4 Nr. 2 AktG),
- Urkunde über Vorstandsbestellung und deren Vertretungsbefugnis (§ 37 Abs. 4 Nr. 3 AktG),
- Urkunden über Bestellung der Aufsichtsratsmitglieder in Form einer Ausfertigung oder beglaubigten Abschrift sowie Liste der Aufsichtsratsmitglieder mit Angaben zum vollständigen Namen, ausgeübten Beruf und Wohnort (§ 197 Satz 1 UmwG i. V. m. § 37 Abs. 4 Nr. 3, 3a AktG), soweit sie nicht Bestandteil der Einreichung des Formwechselbeschlusses waren (§ 203 Satz 2),
- Gründungsbericht der Gründer gemäß § 32 AktG mit Ausnahmen nach §§ 264 Abs. 3 Satz 2, 277, 295, Bericht über Gründungsprüfung der Mitglieder des Vorstands, Aufsichtsrates und Gründungsprüfer nebst urkundlichen Unterlagen (§ 197 Satz 1 UmwG i. V. m. § 37 Abs. 4 Nr. 4 AktG, § 220 Abs. 2, 3 UmwG),
- Urkunde über Bestellung des Abschlussprüfers bezüglich des ersten Voll- und Rumpfgeschäftsjahres in Form der Ausfertigung oder beglaubigten Abschrift (§ 30 Abs. 1 AktG),
- Erklärung zur Kapitalaufbringung, § 37 Abs. 1 AktG, entbehrlich bei Wechsel einer GmbH oder KGaA in AG (§ 246 Abs. 3),
- Werthaltigkeitsnachweis, dass der Nennbetrag des Stammkapitals das nach dem Schuldenabzug verbleibende Vermögen des formwechselnden Rechtsträgers nicht übersteigt (§§ 220 Abs. 1; 245 Abs. 1 Satz 2, Abs. 2 Satz 2, Abs. 3 Satz 2; 264 Abs. 1),
- ggf. (notarieller) Verzicht auf Barabfindungsangebot, da Gefahr der Verweigerung der Eintragung aufgrund eines unvollständigen Formwechselbeschlusses vom Gericht besteht (§ 194 Abs. 1 Nr. 6).

13 Bei einem Formwechsel **einer Genossenschaft in eine AG** muss darüber hinaus ein Gutachten vom Prüfungsverband in Urschrift oder öffentlich beglaubigter Abschrift eingereicht werden, in dem die Vereinbarkeit des Formwechsels zwischen den Mitglieder- und Gläubigerbelangen erklärt wird (§§ 259, 265 Satz 2).[17)]

14 Im Rahmen des Wechsels von **Personengesellschaften in KGaA** müssen neben den allgemeinen, rechtsformunabhängigen und den spezifischen Anlagen der AG Urkunden über den Beitritt von allen persönlich haftenden Gesellschaftern in Form einer Ausfertigung oder öffentlich beglaubigten Abschrift beigefügt werden, § 223 i. V. m. §§ 221 Satz 1, 199.[18)]

4. PartG

15 Die Umwandlung **in eine PartG** erfordert folgende einzureichende Anlagen:[19)]

- Nachweis der Zugehörigkeit, zu dem in Partnerschaft ausgeübten Freien Beruf von jedem Partner (§ 197 Satz 1 UmwG i. V. m. § 3 Abs. 1, 4 PRV),

---

16) Auflistungen auch bei *Simons* in: BeckOGK-UmwG, § 199 Rz. 9; Lutter-*Hoger*, UmwG, § 199 Rz. 9.

17) *Simons* in: BeckOGK-UmwG, § 199 Rz. 11.

18) Semler/Stengel/Leonard-*Schwanna*, UmwG, § 199 Rz. 7; Widmann/Mayer-*Vossius*, UmwR, § 199 UmwG Rz. 7; *Simons* in: BeckOGK-UmwG, § 199 Rz. 12; Lutter-*Hoger*, UmwG, § 199 Rz. 10.

19) S. a. *Simons* in: BeckOGK-UmwG, § 199 Rz. 17; Lutter-*Hoger*, UmwG, § 199 Rz. 12.

– Versicherungsbescheinigung bzgl. Berufshaftpflichtversicherung nach § 113 Abs. 2 VVG, soweit Partnerschaft „mit beschränkter Berufshaftung“ angemeldet wird (§ 8 Abs. 4 PartGG, § 197 Satz 1 UmwG i. V. m. § 4 Abs. 3 PartGG).

5. Genossenschaft

Die Beifügung folgender Unterlagen, soweit diese nicht bereits Bestandteil der Einreichung des Formwechselbeschlusses sind, ist bei Wechsel **in eine Genossenschaft** notwendig:[20) 16

– Satzung der Genossenschaft, § 197 Satz 1 UmwG i. V. m. § 11 Abs. 2 Nr. 1 GenG, §§ 218 Abs. 1 Satz 2, 253 Abs. 1 Satz 2, 285 Abs. 1,
– Urkunde über Bestellung des Aufsichtsrates in Form der einfachen Abschrift, § 197 Satz 1 UmwG i. V. m. § 11 Abs. 2 Nr. 2 Alt. 2 GenG,
– Urkunde über Bestellung des Vorstands und deren Vertretungsbefugnis in Form der einfachen Abschrift, § 197 Satz 1 UmwG i. V. m. § 11 Abs. 2 Nr. 2 Alt. 1, Abs. 2 GenG,
– Bescheinigung vom Prüfungsverband bzgl. Zulassung zum Beitritt der Genossenschaft, § 197 Satz 1 UmwG i. V. m. § 11 Abs. 2 Nr. 3 Halbs. 1 GenG,
– gutachterliche Äußerung vom Prüfungsverband in Bezug auf eine mögliche Gefährdung der Mitglieder- und Gläubigerbelange hinsichtlich der persönlichen oder wirtschaftlichen Verhältnisse der Gesellschaft, § 197 Satz 1 UmwG i. V. m. § 11 Abs. 2 Nr. 3 Halbs. 2 GenG.

IV. Beifügungszeitpunkt und Form

1. Zeitpunkt

Dem Wortlaut des § 199 lässt sich entnehmen, dass die Anlagen „der Anmeldung […] beizufügen“ sind. Der Zeitpunkt der Einreichung der Anlagen ist folglich **zeitgleich mit der Registeranmeldung**, wobei die Beifügung ebenfalls von den zur Anmeldung Verpflichteten vorzunehmen ist.[21)] Bei Fehlen von erforderlichen Anlagen oder deren Fehlerhaftigkeit, können diese weiterhin **bis zur Eintragung nachgereicht** werden.[22)] 17

2. Form der Anlagen

§ 199 differenziert zwischen verschiedenen **Formen der Anlagen.** 18

Die erste Konstellation erfasst solche Unterlagen, die zuvor **notariell zu beurkunden** waren.[23)] Bei Anmeldung im Register werden die entsprechenden Anlagen als Ausfertigung nach § 49 BeurkG oder öffentlich beglaubigte Abschrift nach § 42 BeurkG, die regelmäßig notariell erfolgt, beigefügt.[24)] Hierzu zählen von den rechtsformunabhängigen Anlagen etwa der Formwechselbeschluss (§ 193 Abs. 3 Satz 1), Verzichtserklärungen (§ 192 Abs. 2 Satz 2) oder Zustimmungserklärungen (§ 193 Abs. 3 Satz 1, u. U. i. V. m. 19

20) S. a. Lutter-*Hoger*, UmwG, § 199 Rz. 11; Semler/Stengel/Leonard-*Schwanna*, UmwG, § 199 Rz. 9; *Simons* in: BeckOGK-UmwG, § 199 Rz. 19.

21) Schmitt/Hörtnagl *Winter*, UmwG/UmwStG, § 199 UmwG Rz. 4; *Simons* in: BeckOGK-UmwG, § 199 Rz. 24.

22) *Simons* in: BeckOGK-UmwG, § 199 Rz. 25.

23) *Simons* in: BeckOGK-UmwG, § 199 Rz. 21; Henssler/Strohn-*Drinhausen*/*Keinath*, GesR, § 199 Rz. 3; Kallmeyer-*Zimmermann*, UmwG, § 199 Rz. 2; Schmitt/Hörtnagl-*Winter*, UmwG/UmwStG, § 199 UmwG Rz. 2.

24) Henssler/Strohn-*Drinhausen*/*Keinath*, GesR, § 199 Rz. 3; *Simons* in: BeckOGK-UmwG, § 199 Rz. 21; Kallmeyer-*Zimmermann*, UmwG, § 199 Rz. 2; Schmitt/Hörtnagl-*Winter*, UmwG/UmwStG, § 199 UmwG Rz. 2; Semler/Stengel/Leonard-*Schwanna*, UmwG, § 199 Rz. 3.

§ 233 Abs. 1 Halbs. 2); siehe oben Rz. 5 ff.[25] Selbiges gilt für die rechtsformabhängigen Anlagen, soweit keine ausdrückliche Abweichung ersichtlich ist.[26]

20 Die zweite Konstellation erfasst **Urschriften und einfache Abschriften.**[27] Von den stets einzureichenden Anlagen fallen der Formwechselbericht gemäß § 192 Abs. 1, die Negativerklärung nach § 16 Abs. 2 Satz 1 und der Zuleitungsnachweis für den Betriebsrat nach § 194 Abs. 2 unter diesen Dokumententyp (siehe oben Rz. 9 ff.).[28] Auch bei den Urschriften und einfachen Abschriften ist in Bezug auf die rechtsformabhängigen Anlagen vorbehaltlich anderer Regelungen die gleiche Form zu wahren.[29]

3. Form der Übermittlung

21 Konkrete Voraussetzungen für die **Art der Anlageneinreichung** beim Register enthält § 199 zwar nicht. Vielmehr ist hierfür auf **§ 12 Abs. 2 Satz 1 HGB** zu rekurrieren, der die **elektronische** Einreichung vorgibt. Diese Form ermöglicht es, dem Register die betreffenden Dokumente ohne inhaltliche Veränderung zugänglich zu machen.[30] In der **Praxis** wird dieser Vorgang regelmäßig durch den Notar vorgenommen.[31]

4. Art der Einreichung

22 Hinsichtlich der **elektronischen Einreichungsart** legt § 12 Abs. 2 Satz 2 HGB die wesentlichen Vorgaben fest. Sofern die Anlage als **Urschrift, einfache Abschrift** oder durch gesetzliche Bestimmung in **Schriftform** einzureichen ist, genügt die elektronische Aufzeichnung als Übermittlungsform in Gestalt eines Scans des Originaldokuments an das Register aus.[32] Wird ein **notariell beurkundetes Dokument** oder **öffentlich beglaubigte Abschrift** verlangt, muss die Übermittlung in Form eines elektronischen Zeugnisses nach § 12 Abs. 2 Satz 2 Halbs. 2 HGB mit einer elektronischen Signatur nach § 39a BeurkG erfolgen.[33]

5. Einsehbarkeit

23 Die Einstellung der einzureichenden Anlagen erfolgt in einem Registerordner nach **§ 9 HRV**, bei dem sie elektronisch oder für die Öffentlichkeit beim Register aus Informationsgründen i. S. des § 9 HGB einzusehen sind.[34]

---

25) Kallmeyer-*Zimmermann*, UmwG, § 199 Rz. 2; *Simons* in: BeckOGK-UmwG, § 199 Rz. 21; Schmitt/Hörtnagl-*Winter*, UmwG/UmwStG, § 199 UmwG Rz. 2; Semler/Stengel/Leonard-*Schwanna*, UmwG, § 199 Rz. 3.

26) *Simons* in: BeckOGK-UmwG, § 199 Rz. 21.

27) Schmitt/Hörtnagl-*Winter*, UmwG/UmwStG, § 199 UmwG Rz. 2; Semler/Stengel/Leonard-*Schwanna*, UmwG, § 199 Rz. 4; *Simons* in: BeckOGK-UmwG, § 199 Rz. 21; Henssler/Strohn-*Drinhausen/Keinath*, GesR, § 199 Rz. 4; Kallmeyer-*Zimmermann*, UmwG, § 199 Rz. 3.

28) Kallmeyer-*Zimmermann*, UmwG, § 199 Rz. 3; Schmitt/Hörtnagl-*Winter*, UmwG/UmwStG, § 199 UmwG Rz. 2; *Simons* in: BeckOGK-UmwG, § 199 Rz. 21; Henssler/Strohn-*Drinhausen/Keinath*, GesR, § 199 Rz. 4; Semler/Stengel/Leonard-*Schwanna*, UmwG, § 199 Rz. 4.

29) *Simons* in: BeckOGK-UmwG, § 199 Rz. 21.

30) *Böhringer*, BWNotZ 2022, 240, 243 f.; *Simons* in: BeckOGK-UmwG, § 199 Rz. 22; *Krafka*, Registerrecht, Rz. 132; Widmann/Mayer-*Vossius*, UmwR, § 199 UmwG Rz. 2.

31) *Simons* in: BeckOGK-UmwG, § 199 Rz. 22.

32) KG, Beschl. v. 30.6.2022 – 22 W 36/22, Rz. 8, BeckRS 2022, 23992 = NJW 2022, 3521; *Leuering/Rubner*, NJW-Spezial 2022, 751 (Urteilsanm.); *Redeker/Gresbrand*, NZG 2023, 697, 697; OLG Düsseldorf, Beschl. v. 7.3.2012 – I-3 Wx 200/11, NZG 2012, 957, 958 = NJW-RR 2012, 1124; *Krafka* in: MünchKomm-HGB, § 12 Rz. 60; *Krafka*, Registerrecht, Rz. 132b; *Simons* in: BeckOGK-UmwG, § 199 Rz. 23.

33) OLG Jena, Beschl. v. 25.5.2010 – 6 W 39/10, BeckRS 2010, 13504 = GmbHR 2010, 760; *Krafka* in: MünchKomm-HGB, § 12 Rz. 64 f.; Hopt-*Merkt*, HGB, § 12 Rz. 7 ff.; *Simons* in: BeckOGK-UmwG, § 199 Rz. 23.

34) *Simons* in: BeckOGK-UmwG, § 199 Rz. 26.

V. Unvollständigkeit oder Fehlerhaftigkeit der Anlagen

Eine **Zwischenverfügung nach § 382 Abs. 4 FamFG** wird vom Register veranlasst, sofern erforderliche Anlagen fehlen oder diese inhaltlich unvollständig oder **fehlerhaft** sind und der Mangel unter Einhaltung einer angemessenen Frist **behoben** werden kann.[35] 24

Scheitert die Behebung des Mangels oder liegt ein **unbehebbarer** Mangel vor, erfolgt eine **Zurückweisung** des Eintragungsantrag.[36] Die Anlagen können jedoch auch nach Fristablauf, aber vor erfolgter Zurückweisung, noch eingereicht werden.[37] 25

Bei fristgemäßer Erledigung eines **behebbaren** Mangels, kann das Registergericht den Formwechsel eintragen.[38] 26

Es ist dem Register nicht gestattet, mittels Zwangsgeld nach § 14 HGB eine Anlageneinreichung zu **erzwingen.**[39] Ist die Eintragung vom Register, trotz Fehlen oder Fehlerhaftigkeit der Anlagen aufgrund eines Irrtums, vorgenommen worden, wird der Formwechselbeschluss nach **§ 202 Abs. 3** wirksam (siehe § 202 Rz. 56 [*Fiedler*]).[40] 27

35) Kallmeyer-*Zimmermann*, UmwG, § 199 Rz. 9; *Simons* in: BeckOGK-UmwG, § 199 Rz. 27; Lutter-*Hoger*, UmwG, § 198 Rz. 24; Schmitt/Hörtnagl-*Winter*, UmwG/UmwStG, § 199 UmwG Rz. 4.

36) *Simons* in: BeckOGK-UmwG, § 199 Rz. 27.

37) *Wansleben* in: MünchHdb. GesR, Bd. 8, § 35 Rz. 22, 28; *Simons* in: BeckOGK-UmwG, § 199 Rz. 27; Kallmeyer-*Zimmermann*, UmwG, § 199 Rz. 9.

38) Lutter-*Hoger*, UmwG, § 198 Rz. 24; Schmitt/Hörtnagl-*Winter*, UmwG/UmwStG, § 199 UmwG Rz. 4; *Simons* in: BeckOGK-UmwG, § 199 Rz. 27.

39) *Krafka* in: MünchKomm-HGB, § 14 Rz. 4; Oetker-*Preuß*, HGB, § 14 Rz. 9; *Simons* in: BeckOGK-UmwG, § 199 Rz. 27; a. A. noch Goutier/Knopf/Tulloch-*Laumann*, UmwR, § 199 UmwG Rz. 18.

40) *Simons* in: BeckOGK-UmwG, § 199 Rz. 27; Henssler/Strohn-*Drinhausen/Keinath*, GesR, § 202 UmwG Rz. 14; Lutter-*Hoger*, UmwG, § 202 Rz. 54.

§ 200

Firma oder Name des Rechtsträgers*)

(1) [1]Der Rechtsträger neuer Rechtsform darf seine bisher geführte Firma beibehalten, soweit sich aus diesem Buch nichts anderes ergibt. [2]Zusätzliche Bezeichnungen, die auf die Rechtsform der formwechselnden Gesellschaft hinweisen, dürfen auch dann nicht verwendet werden, wenn der Rechtsträger die bisher geführte Firma beibehält.

(2) Auf eine nach dem Formwechsel beibehaltene Firma ist § 19 des Handelsgesetzbuchs, § 4 des Gesetzes betreffend die Gesellschaften mit beschränkter Haftung, §§ 4, 279 des Aktiengesetzes oder § 3 des Genossenschaftsgesetzes entsprechend anzuwenden.

(3) War an dem formwechselnden Rechtsträger eine natürliche Person beteiligt, deren Beteiligung an dem Rechtsträger neuer Rechtsform entfällt, so darf der Name dieses Anteilsinhabers nur dann in der beibehaltenen bisherigen oder in der neu gebildeten Firma verwendet werden, wenn der betroffene Anteilsinhaber oder dessen Erben ausdrücklich in die Verwendung des Namens einwilligen.

(4) [1]Ist formwechselnder Rechtsträger oder Rechtsträger neuer Rechtsform eine Partnerschaftsgesellschaft, gelten für die Beibehaltung oder Bildung der Firma oder des Namens die Absätze 1 und 3 entsprechend. [2]Eine Firma darf als Name einer Partnerschaftsgesellschaft nur unter den Voraussetzungen des § 2 Abs. 1 des Partnerschaftsgesellschaftsgesetzes beibehalten werden. [3]§ 1 Abs. 3 und § 11 des Partnerschaftsgesellschaftsgesetzes sind entsprechend anzuwenden.

(5) Durch den Formwechsel in eine Gesellschaft des bürgerlichen Rechts erlischt die Firma der formwechselnden Gesellschaft.

*) § 200 geändert durch Art. 14 des Gesetzes zur Einführung der Europäischen Genossenschaft und zur Änderung des Genossenschaftsrechts (SCEEG), v. 14.8.2006, BGBl. I 2006, 1911; § 200 geändert durch Art. 1 des Gesetzes zur Änderung des Umwandlungsgesetzes, des Partnerschaftsgesellschaftsgesetzes und anderer Gesetze (UmwGÄndG), v. 22.7.1998, BGBl. I 1998, 1878; § 200 i. d. F. des UmwBerG geändert durch Art. 7 des Gesetzes zur Neuregelung des Kaufmanns- und Firmenrechts und zur Änderung anderer handels- und gesellschaftsrechtlicher Vorschriften (Handelsrechtsreformgesetz – HRefG), v. 22.6.1998, BGBl. I 1998, 1474.

Literatur: *Bärwaldt/Richter*, Das künftige Recht der GbR und seine Auswirkungen auf die Registerpraxis, DB 2021, 2476; *Hoger*, Fortdauer und Beendigung der organschaftlichen Rechtsstellung von Geschäftsleitern beim Formwechsel nach dem UmwG, ZGR 2007, 868; *Kögel*, Firmenrechtliche Besonderheiten des neuen Umwandlungsrechts, GmbHR 1996, 168.

Übersicht

I. Allgemeine Regeln

1. Systematik

1 Die Norm regelt die **firmen- und namensrechtlichen Rahmenbedingungen** des Formwechsels. Diese gelten für alle rechtlich möglichen Formwechsel (siehe zu den möglichen beteiligten Rechtsträgern § 191 Rz. 5 ff. [*Schaper/Meven*]). Sowohl der Name (vgl. **§ 12 BGB**), wie auch die Firma (vgl. **§ 17 HGB**) betreffen die Bezeichnung, unter welcher der Rechtsträger im Rechtsverkehr auftritt.[1] Der Regelungsbedarf ergibt sich zum einen aus der gemäß § 194 Abs. 1 Nr. 2 im Formwechselbeschluss enthaltenen Notwendigkeit, die Firma oder den Namen des Rechtsträgers zu bestimmen, und zum anderen daraus, dass die allgemeinen Vorschriften des HGB hinsichtlich der Firmenkontinuität schon mangels Vermögensübertragung nicht anwendbar sind.[2]

2 Besondere Bestimmungen für die **nicht firmierungsfähige GbR** und die **PartG** enthalten § 200 Abs. 4 und § 200 Abs. 5. Im Gegensatz zu den firmierungsfähigen Handelsgesellschaften (§ 17 HGB), verfügen GbR und PartG über einen **Namen** i. S. des **§ 12 BGB.**

---

1) Widmann/Mayer-*Weiler*, UmwR, § 200 UmwG Rz. 1; *Simons* in: BeckOGK-UmwG, § 200 Rz. 6.

2) Semler/Stengel/Leonard-*Schwanna*, UmwG, § 200 Rz. 8; *Simons* in: BeckOGK-UmwG, § 200 Rz. 8; Widmann/Mayer-*Weiler*, UmwR, § 200 UmwG Rz. 18; die allgemeinen firmenrechtlichen Vorschriften der §§ 17 ff. HGB gelten subsidiär, vgl. *Wansleben* in: MünchHdb. GesR, Bd. 8, § 34 Rz. 21.

Die Vorschrift des § 200 ist zwingend und abschließend; abweichende Vereinbarungen im Gesellschaftsvertrag oder in der Satzung sind nicht zulässig.[3)] § 200 ist die Parallelbestimmung zu § 18 für die Verschmelzung.[4)] 3

2. Möglichkeiten der Firmierung

a) Beibehaltung der Firma oder des Namens (§ 200 Abs. 1 Satz 1)

Soweit sich aus diesem Buch nichts anderes ergibt, steht der Formwechsel der **Beibehaltung** der Firma grundsätzlich nicht entgegen, wobei die §§ 190–304 eine solche abweichende Regelung nicht treffen.[5)] Gegenüber der Neufirmierung ist die Beibehaltung der Firma sogar als **Regelfall** vorgesehen. Hintergrund dessen ist der dem Formwechsel immanente Grundsatz der **Kontinuität des Rechtsträgers** (siehe § 202 Rz. 12 [*Fiedler*]).[6)] Die Kontinuität besteht unabhängig davon, ob der bisherige Geschäftsbetrieb fortgesetzt wird, da der Rechtsträger durch den Formwechsel nicht berührt wird.[7)] 4

Die Vorschrift stellt insofern eine Abweichung von der allgemeinen Regel des § 22 Abs. 1 HGB dar. Die Differenzierung ergibt sich jedoch allein schon aus dem Umstand, dass es bei einem Formwechsel gerade nicht zu einer Vermögensübertragung kommt und der Rechtsträger lediglich sein „Rechtskleid" wechselt.[8)] 5

Keine Fortführung der Firma liegt vor, wenn nur ein **Teil** der Firma fortgeführt, der übrige Teil dagegen geändert wird. In diesem Fall handelt es sich insgesamt um eine **Firmenneubildung.**[9)] 6

Wird dagegen nur der **Rechtsformzusatz** geändert, liegt keine Neufirmierung vor.[10)] 7

b) Neufirmierung

Neben der in § 200 Abs. 1 Satz 1 als Grundfall angelegten Beibehaltung der Firma, ergibt sich, dass auch die **Gründung einer neuen Firma** möglich ist („darf [...] beibehalten"). Im Fall der Neufirmierung spielt § 200 nur eine ergänzende Rolle.[11)] Anwendung finden dann die **allgemeinen handelsrechtlichen Normen**, insbesondere § 18 HGB, sowie die für die einzelnen Rechtsformen anwendbaren Normen (für Personenhandelsgesellschaften § 19 HGB, für die GmbH § 4 GmbHG, für die AG § 4 AktG, für die KGaA § 279 AktG und für die Genossenschaft § 3 GenG).[12)] 8

---

3) *Simons* in: BeckOGK-UmwG, § 200 Rz. 3.

4) Schmitt/Hörtnagl-*Winter*, UmwG/UmwStG, § 200 UmwG Rz. 1; Lutter-*Hoger*, UmwG, § 200 Rz. 1.

5) Lutter-*Hoger*, UmwG, § 200 Rz. 4; Semler/Stengel/Leonard-*Schwanna*, UmwG, § 200 Rz. 3.

6) Henssler/Strohn-*Drinhausen/Keinath*, GesR, § 200 UmwG Rz. 2; Kallmeyer-*Berger*, UmwG, § 200 Rz. 20; *Hoger*, ZGR 2007, 868, 888 f.; *Kögel*, GmbHR 1996, 168, 174 – „folgerichtig".

7) Kallmeyer-*Berger*, UmwG, § 200 Rz. 21; Lutter-*Hoger*, UmwG, § 200 Rz. 2; Semler/Stengel/Leonard-*Schwanna*, UmwG, § 200 Rz. 3.

8) Schmitt/Hörtnagl-*Winter*, UmwG/UmwStG, § 200 UmwG Rz. 6; *Foerster* in: BeckOGK-UmwG, § 190 Rz. 40 m. w. N.; vgl. Henssler/Strohn-*Drinhausen/Keinath*, GesR, § 200 UmwG Rz. 2; Semler/Stengel/Leonard-*Schwanna*, UmwG, § 200 Rz. 3; Widmann/Mayer-*Weiler*, UmwR, § 200 UmwG Rz. 18.

9) Lutter-*Hoger*, UmwG, § 200 Rz. 3; *Simons* in: BeckOGK-UmwG, § 200 Rz. 12; Henssler/Strohn-*Drinhausen/Keinath*, GesR, § 200 UmwG Rz. 2; Kallmeyer-*Berger*, UmwG, § 200 Rz. 23.

10) OLG Frankfurt/M., Beschl. v. 19.2.1999 – 20 W 72/99, NZG 1999, 351, 352 = NJW 1999, 2285; *Simons* in: BeckOGK-UmwG, § 200 Rz. 12; Henssler/Strohn-*Drinhausen/Keinath*, GesR, § 200 UmwG Rz. 2; Semler/Stengel/Leonard-*Schwanna*, UmwG, § 200 Rz. 3 (Fn. 10).

11) Vgl. Lutter-*Hoger*, UmwG, § 200 Rz. 12; *Simons* in: BeckOGK-UmwG, § 200 Rz. 29; Kallmeyer-*Berger*, UmwG, § 200 Rz. 14.

12) Kallmeyer-*Berger*, UmwG, § 200 Rz. 14; *Simons* in: BeckOGK-UmwG, § 200 Rz. 30; Lutter-*Hoger*, UmwG, § 202 Rz. 12.

9 Beide Alternativen, Firmenkontinuität und Neufirmierung, stehen **gleichberechtigt** nebeneinander. Im Falle der Neufirmierung bedarf es unabhängig von der Umwandlung einer **Änderung des Gesellschaftsvertrags.**[13)]

10 Mit der Eintragung in das Register ist die Firma des Rechtsträgers neuer Rechtsform wirksam, gleichzeitig erlischt die alte Firma.[14)]

3. Rechtsformzusatz (§ 200 Abs. 1 Satz 2, Abs. 2)

11 Der Grundsatz der Firmenkontinuität wird durch das **Verbot** durchbrochen, neben der Firma auch den bisherigen **Rechtsformzusatz** beizubehalten.[15)] Jeder Hinweis auf die formwechselnde Gesellschaft ist unzulässig und stellt einen Verstoß gegen den Grundsatz der Firmenwahrheit aus § 19 HGB dar.[16)]

12 § 200 Abs. 2 verweist in die Vorschriften der einzelnen Rechtsformen (§ 19 HGB, § 4 GmbHG, § 4 AktG, § 279 AktG, § 3 GenG) und sieht insofern für den Fall der Beibehaltung der Firma vor, dass für den Rechtsträger neuer Rechtsform der entsprechende Rechtsformzusatz in der Bezeichnung der Firma beinhaltet sein muss.[17)] Dies dient nicht zuletzt den Grundsätzen der Firmenwahrheit und Firmenklarheit und will damit die **Täuschung des Rechtsverkehrs verhindern.**[18)] Zusätze, die ohnehin Teil des Firmenkerns sind, dürfen bei Fortführung der Firma auch weiterhin genutzt werden, wie bspw. „& Partner", „& Co." oder „& Cie." Zusätze wie „Nachf." oder „vormals", die sodann auf die (alte) formwechselnde Gesellschaft hinweisen, fallen hingegen unter das Verbot aus § 200 Abs. 1 Satz 2; sie dürfen dem Rechtsträger neuer Rechtsform nicht hinzugefügt werden.[19)] Ein solcher Zusatz stünde dem Ziel der Umwandlung in die neue Rechtsform entgegen.[20)]

4. Einwilligung des ausscheidenden Gesellschafters oder Partners

13 War an dem formwechselnden Rechtsträger eine **natürliche Person** beteiligt, deren Beteiligung nunmehr im Zuge der Umwandlung an dem Rechtsträger neuer Rechtsform **endet**, so ist die Fortführung des Namens der natürlichen Person nur mit deren ausdrücklicher **Einwilligung** oder der Einwilligung ihrer Erben zulässig.[21)] Dies entspricht auch § 22 Abs. 1 HGB, § 24 Abs. 2 HGB. Liegt diese nicht vor, scheitert die Firmenbeibehaltung insgesamt.[22)] Die Einwilligung ist Ausdruck des allgemeinen Persönlichkeitsrechts und dessen Bestand auch bei Einbringung des Namens in der Firma.[23)]

a) Anforderungen an die Einwilligung

14 Die Einwilligung unterliegt **keinen formellen Anforderungen.**[24)] Zum Teil wird vertreten, dass die Erklärung in einem zeitlichen Zusammenhang mit dem Formwechselbeschluss

13) Lutter-*Hoger*, UmwG, § 200 Rz. 12; *Simons* in: BeckOGK-UmwG, § 200 Rz. 29.
14) *Simons* in: BeckOGK-UmwG, § 200 Rz. 33; Kallmeyer-*Berger*, UmwG, § 200 Rz. 17.
15) Henssler/Strohn-*Drinhausen/Keinath*, GesR, § 200 UmwG Rz. 3; Semler/Stengel/Leonard-*Schwanna*, UmwG, § 200 Rz. 5.
16) Lutter-*Hoger*, UmwG, § 200 Rz. 6; Staub-*Burgard*, HGB, § 19 Rz. 5.
17) Henssler/Strohn-*Drinhausen/Keinath*, GesR, § 200 UmwG Rz. 3; Semler/Stengel/Leonard-*Schwanna*, UmwG, § 200 Rz. 6; *Simons* in: BeckOGK-UmwG, § 200 Rz. 14.
18) *Simons* in: BeckOGK-UmwG, § 200 Rz. 13; Lutter-*Hoger*, UmwG, § 200 Rz. 7; Widmann/Mayer-*Weiler*, UmwR, § 200 UmwG Rz. 24.
19) Lutter-*Hoger*, UmwG, § 200 Rz. 6; *Simons* in: BeckOGK-UmwG, § 200 Rz. 13.1; Kallmeyer-*Berger*, UmwG, § 200 Rz. 25.
20) Widmann/Mayer-*Weiler*, UmwR, § 200 UmwG Rz. 24.
21) Kallmeyer-*Berger*, UmwG, § 200 Rz. 26; Semler/Stengel/Leonard-*Schwanna*, UmwG, § 200 Rz. 9.
22) *Simons* in: BeckOGK-UmwG, § 200 Rz. 15; Semler/Stengel/Leonard-*Schwanna*, UmwG, § 200 Rz. 11.
23) Semler/Stengel/Leonard-*Schwanna*, UmwG, § 200 Rz. 9 (Fn. 26); *Simons* in: BeckOGK-UmwG, § 200 Rz. 15.
24) *Simons* in: BeckOGK-UmwG, § 200 Rz. 23; Widmann/Mayer-*Weiler*, UmwR, § 200 UmwG Rz. 44.

stehen müsse.[25)] Sie muss jedenfalls den **eindeutigen, zweifelsfreien Willen** erkennen lassen, mit der Firmenfortführung einverstanden zu sein.[26)] Gemäß § 200 Abs. 3 muss die Beteiligung des Anteilsinhabers „entfallen". Gleiches gilt auch dann, wenn der Anteilsinhaber erst nach dem Wirksamwerden des Formwechselbeschlusses wegen eines Barabfindungsgebots gemäß § 207 Abs. 1 oder anderweitiger Veräußerung nach § 211 ausscheidet.[27)]

Der Wortlaut des § 200 Abs. 3 erfordert eine „ausdrückliche" Einwilligung. Einer Ansicht nach schließt dies eine **stillschweigende** oder **konkludente** Einwilligung aus.[28)] Überzeugend ist jedoch die Ansicht,[29)] dass auch eine stillschweigende Einwilligung den Anforderungen des § 200 Abs. 3 genügt. Diese Betrachtung folgt auch der Auffassung des BGH zu § 22 Abs. 1 HGB.[30)] Ausdrücklich ist die Einwilligung, solange sie **eindeutig** ist, dies kann auch bei einer stillschweigenden Einwilligung der Fall sein.[31)] 15

Die Einwilligung (vgl. § 183 Satz 1 BGB) ist als einseitige Willenserklärung **bedingungsfeindlich.**[32)] **Befristungen** der Einwilligung oder eine Erklärung unter **Auflagen** sollen dagegen möglich sein.[33)] 16

Die Willenserklärung kann zudem nach § 183 Satz 1 BGB bis zur Vornahme des Rechtsgeschäfts **widerrufen** werden, also bis zur Eintragung des Formwechselbeschlusses.[34)] 17

b) Grenzen der Einwilligung

Fraglich ist, ob die Einwilligung durch Erklärung eines **Testamentsvollstreckers, Nachlassverwalters** oder des **Insolvenzverwalters** ausreichend ist.[35)] Im Falle der Insolvenz spricht für das Ausreichen der Erklärung des Insolvenzverwalters jedenfalls, dass der Firmenname in einer möglichen Insolvenz das einzige noch **werthaltige** Gut sein kann und insofern die Verwertung desgleichen dem Gebot der bestmöglichen Gläubigerbefriedigung entspräche.[36)] 18

Der Einwilligung nach § 200 Abs. 3 bedarf es nach h. M. außerdem nicht, wenn der namensgebende Gesellschafter bzw. Partner vor der Beschlussfassung über den Form- 19

25) Kallmeyer-*Berger*, UmwG, § 200 Rz. 27; Semler/Stengel/Leonard-*Schwanna*, UmwG, § 200 Rz. 10; wohl auch Lutter-*Hoger*, UmwG, § 200 Rz. 9.

26) Lutter-*Hoger*, UmwG, § 200 Rz. 9; Semler/Stengel/Leonard-*Schwanna*, UmwG, § 200 Rz. 10.

27) Semler/Stengel/Leonard-*Schwanna*, UmwG, § 200 Rz. 9; *Simons* in: BeckOGK-UmwG, § 200 Rz. 17; Lutter-*Hoger*, UmwG, § 200 Rz. 9.

28) *Simons* in: BeckOGK-UmwG, § 200 Rz. 23; Kallmeyer-*Berger*, UmwG, § 200 Rz. 27; Semler/Stengel/Leonard-*Schwanna*, UmwG, § 200 Rz. 10.

29) BayObLG, Beschl. v. 26.11.1997 – 3 Z BR 279/97, NJW 1998, 1158, 1159 = NZG 1998, 148 – zu § 24 Abs. 2 HGB; jedenfalls bzgl. einer eindeutigen konkludenten Einwilligung Lutter-*Hoger*, UmwG, § 200 Rz. 9; sowie Widmann/Mayer-*Weiler*, UmwR, § 200 UmwG Rz. 43.

30) BGH, Urt. v. 27.4.1994 – VIII ZR 34/93, NJW 1994, 2025, 2026 = DNotZ 1995, 212.

31) BGH, Urt. v. 27.4.1994 – VIII ZR 34/93, NJW 1994, 2025, 2026 = DNotZ 1995, 212; *Heidinger* in: MünchKomm-HGB, § 22 Rz. 34; Widmann/Mayer-*Weiler*, UmwR, § 200 UmwG Rz. 43.

32) Widmann/Mayer-*Weiler*, UmwR, § 200 UmwG Rz. 40; *Simons* in: BeckOGK-UmwG, § 200 Rz. 21.

33) Widmann/Mayer-*Weiler*, UmwR, § 200 UmwG Rz. 40; *Simons* in: BeckOGK-UmwG, § 200 Rz. 21; *Bayreuther* in: MünchKomm-BGB, § 183 Rz. 3.

34) *Simons* in: BeckOGK-UmwG, § 200 Rz. 26; Kallmeyer-*Berger*, UmwG, § 200 Rz. 27; Widmann/Mayer-*Weiler*, UmwR, § 200 UmwG Rz. 45; a. A. und entgegen dem Wortlaut des § 183 Satz 1 BGB BayObLG, Beschl. v. 26.11.1997 – 3 Z BR 279/97, NJW 1998, 1158, 1160 = NZG 1998, 148; Henssler/Strohn-*Drinhausen/Keinath*, GesR, § 200 UmwG Rz. 4; Lutter-*Hoger*, UmwG, § 200 Rz. 9.

35) Offenlassend *Simons* in: BeckOGK-UmwG, § 200 Rz. 22; zweifelnd Lutter-*Hoger*, UmwG, § 200 Rz. 9; abl. Henssler/Strohn-*Drinhausen/Keinath*, GesR, § 200 UmwG Rz. 4; Widmann/Mayer-*Weiler*, UmwR, § 200 UmwG Rz. 42; Kallmeyer-*Oppenhoff*, UmwG, § 18 Rz. 12; Semler/Stengel/Leonard-*Schwanna*, UmwG, § 200 Rz. 9; *Petersen* in: KölnKomm-UmwG, § 200 Rz. 9.

36) Mit eben diesen Argumenten trotz a. A. auch Semler/Stengel/Leonard-*Schwanna*, UmwG, § 200 Rz. 9 (Fn. 27); zust. wohl auch Lutter-*Hoger*, UmwG, § 200 Rz. 9.

wechsel ausscheidet oder verstirbt oder wenn die Beteiligung außerhalb der im UmwG geregelten Gründe wegfällt.[37)]

II. Sonderfälle

1. Formwechsel unter Beteiligung einer PartG (§ 200 Abs. 4)

20 § 200 Abs. 4 stellt klar, dass im Falle der Beteiligung einer PartG § 200 Abs. 1–3 **entsprechend** anzuwenden ist. Die PartG betreibt ebenso wie die GbR kein Handelsgewerbe und führt einen **Namen** gemäß §§ 1 Abs. 1 Satz 2, 2 Abs. 1 PartGG. Der Verweis aus § 200 Abs. 2 in das spezifische Firmenrecht der Gesellschaften, die ein Handelsgewerbe betreiben (GmbH, KGaA, AG und Genossenschaft), ist schon dem Grunde nach nicht auf die PartG anwendbar. Die Verweisung des § 200 Abs. 4 in § 200 Abs. 1–3 gilt unabhängig davon, ob die Partnerschaft als formwechselnder oder als formgewechselter Rechtsträger beteiligt ist.

a) Partnerschaft als formwechselnder Rechtsträger

21 Wenngleich für die PartG besondere namensrechtliche Vorschriften Anwendung finden, sind die **Grundsätze des Firmenrechts** im Fall des Formwechsels auch hier anwendbar, d. h., dass der Name der formwechselnden PartG als Firma des formgewechselten Rechtsträger **fortgeführt** werden darf. Auch der Name eines ausscheidenden (namensgebenden) Partners darf mit dessen Einwilligung weiter als Firma geführt werden.[38)] Dabei muss jedoch nach § 200 Abs. 4 Satz 1 i. V. m. § 200 Abs. 1 Satz 2 der Rechtsformzusatz entsprechend der neuen Rechtsform **angepasst** werden. Der Verweis des § 200 Abs. 4 Satz 3 auf § 11 Abs. 1 PartGG verdeutlicht, dass die Zusätze „Partnerschaft“ und „und Partner“ dabei ausschließlich PartGs nach dem PartGG vorbehalten sind und nicht mit in die Firma überführt werden dürfen – die Fortführung betrifft insofern nur den **Namenskern.**[39)]

b) Partnerschaft als formgewechselter Rechtsträger

22 Auch in der Konstellation, dass die Partnerschaft als formgewechselter Rechtsträger an dem Formwechsel beteiligt ist, besteht die **Wahl**, die Firma entweder als Name weiterzuführen oder einen neuen Namen zu vergeben.

23 § 200 Abs. 4 Satz 2 verweist auf § 2 Abs. 1 PartGG. Ursprünglich sah § 2 Abs. 1 PartGG a. F. bestimmte Voraussetzungen für den Namen der Partnerschaft vor. Das am 1.1.2024 in Kraft getretene **MoPeG**[40)] hat das Namensrecht aber dahingehend liberalisiert, dass es nicht mehr erforderlich ist, alle vertretenen Berufe i. S. des § 1 Abs. 2 PartGG zu bezeichnen und nunmehr auch Sach- und Fantasiebezeichnungen möglich sind.[41)] Die Beschränkung, dass Nicht-Partner nicht im Namen der PartG auftreten dürfen, wurde ebenfalls aufgehoben; wegen der Gefahr der Irreführung ist aber fraglich, ob dies nun gestattet

37) *Simons* in: BeckOGK-UmwG, § 200 Rz. 18, 25; Lutter-*Hoger*, UmwG, § 200 Rz. 9; Semler/Stengel/Leonard-*Schwanna*, UmwG, § 200 Rz. 9; Widmann/Mayer-*Weiler*, UmwR, § 200 UmwG Rz. 39; a. A. *Petersen* in: KölnKomm-UmwG, § 200 Rz. 6, wonach die Norm analog angewendet werden soll.

38) Widmann/Mayer-*Weiler*, UmwR, § 200 UmwG Rz. 50; *Simons* in: BeckOGK-UmwG, § 200 Rz. 36.

39) Semler/Stengel/Leonard-*Schwanna*, UmwG, § 200 Rz. 12; Widmann/Mayer-*Weiler*, UmwR, § 200 UmwG Rz. 51; *Simons* in: BeckOGK-UmwG, § 200 Rz. 37 f.

40) Gesetz zur Modernisierung des Personengesellschaftsrechts (Personengesellschaftsrechtsmodernisierungsgesetz – MoPeG), v. 10.8.2021, BGBl. I 2021, 3436; Begr. RegE MoPeG, BT-Drucks. 19/27635, S. 100 ff.

41) Begr. RegE MoPeG, BT-Drucks. 19/27635, S. 110, 274; *Schäfer* in: MünchKomm-BGB, § 2 PartGG Rz. 1, 4; Hopt-*Merkt*, HGB, § 17 Rz. 13.

ist.[42] Erforderlich ist nur noch die Verwendung der in § 2 Abs. 1 PartGG genannten **Rechtsformzusätze.**

§ 200 Abs. 4 Satz 3 verweist auf **§ 1 Abs. 3 PartGG.** Demnach ist es in der PartG möglich, die Berufsausübung in Vorschriften über einzelne Berufe auszuschließen oder an Voraussetzungen zu knüpfen („Vorrang des Berufsrechts").[43] Die Verweisung auf die Übergangsvorschrift des § 11 Abs. 1 Satz 1 PartGG macht deutlich, dass auch **Alt-Gesellschaften** ohne die vorgeschriebenen Rechtsformzusätze, die einen Formwechsel durchlaufen, den gleichen Regeln unterliegen; auch hier kommt die Identität des Rechtsträgers zum Tragen.[44] 24

2. Formwechsel in die GbR (§ 200 Abs. 5)

a) Allgemein

Findet ein Formwechsel in eine **GbR** statt, ist also der Rechtsträger neuer Rechtsform eine GbR, so ist der Grundsatz der Firmenkontinuität zwangsläufig **durchbrochen.**[45] Die GbR ist nicht firmenfähig,[46] eine Firma der bestehenden Gesellschaft kann in der Gesellschaft neuer Rechtsform (der GbR) lediglich einen Namen gemäß § 12 BGB führen, nicht aber eine Firma. 25

Die Firma der bestehenden Gesellschaft erlischt sodann, wobei Zeitpunkt des Erlöschens die Eintragung der Umwandlung in das Register des formwechselnden Rechtsträgers ist.[47] 26

b) Änderungen durch das MoPeG

Daran, dass die GbR **nicht firmenfähig** ist, hat das am 1.1.2024 in Kraft getretenen **MoPeG nichts geändert**, vgl. § 707 Abs. 2 Nr. 1 lit. a BGB n. F., § 707b BGB n. F.[48] Das MoPeG hat jedoch durch den Verweis in die firmenrechtlichen Vorschriften des HGB – im Zuge der Einführung des § 707b BGB – insbesondere auch für die GbR zu einer Liberalisierung des Namensrechts geführt. Ebenso wie die PartG kann nunmehr auch die GbR **Sach- oder Fantasienamen** tragen. Es gelten allerdings auch die Grundsätze der Firmenwahrheit und Firmenklarheit durch Verweis auf die §§ 18, 23 HGB.[49] 27

Während § 191 Abs. 1 Nr. 1 n. F. die „eGbR" ausdrücklich bezeichnet, sieht § 200 jedenfalls keine gesonderten Regeln für den Fall vor, dass die eGbR formwechselnder Rechtsträger ist.[50] 28

---

42) *Schäfer* in: MünchKomm-BGB, § 2 PartGG Rz. 8 m. w. N. zu dieser Thematik.

43) Lutter-*Hoger*, UmwG, § 200 Rz. 10; Semler/Stengel/Leonard-*Schwanna*, UmwG, § 200 Rz. 12.

44) OLG Frankfurt/M., Beschl. v. 19.2.1999 – 20 W 72/99, NZG 1999, 351 f. = NJW 1999, 2285 ff.; Henssler/Strohn-*Drinhausen/Keinath*, GesR, § 200 UmwG Rz. 5; *Simons* in: BeckOGK-UmwG, § 200 Rz. 41 f.

45) Lutter-*Hoger*, UmwG, § 200 Rz. 11; Semler/Stengel/Leonard-*Schwanna*, UmwG, § 200 Rz. 4; *Kögel*, GmbHR 1996, 168, 174.

46) Vgl. *Enders* in: BeckOK-BGB, § 707b Rz. 16; *Simons* in: BeckOGK-UmwG, § 200 Rz. 43; Hopt-*Merkt*, HGB, § 17 Rz. 13; *Petersen* in: KölnKomm-UmwG, § 200 Rz. 11; krit. Lutter-*Hoger*, UmwG, § 200 Rz. 11.

47) Kallmeyer-*Berger*, UmwG, § 200 Rz. 32; *Simons* in: BeckOGK-UmwG, § 200 Rz. 43.

48) *Simons* in: BeckOGK-UmwG, § 200 Rz. 45; vgl. auch *Servatius*, GbR, § 707 BGB Rz. 12; sowie Lutter-*Hoger*, UmwG, § 202 Rz. 11.

49) Begr. RegE MoPeG, BT-Drucks. 19/27635, S. 135 ff.; Koch-*Szalai*, PersonengesellschaftsR, § 707b BGB Rz. 8; *Bergmann* in: jurisPK-BGB, § 707b Rz. 3; *Bärwaldt/Richter*, DB 2021, 2476, 2479.

50) *Simons* in: BeckOGK-UmwG, § 200 Rz. 45.

§ 201
Bekanntmachung des Formwechsels*)

Das für die Anmeldung der neuen Rechtsform oder des Rechtsträgers neuer Rechtsform zuständige Gericht hat die Eintragung der neuen Rechtsform oder des Rechtsträgers neuer Rechtsform nach § 10 des Handelsgesetzbuchs bekanntzumachen.

*) § 201 geändert durch Art. 17 des Gesetzes zur Umsetzung der Digitalisierungsrichtlinie (DiRUG), v. 5.7.2021, BGBl. I 2021, 3338; § 201 i. d. F. des UmwBerG geändert durch Art. 8 des Gesetzes über elektronische Handelsregister und Genossenschaftsregister sowie das Unternehmensregister (EHUG), v. 10.11.2006, BGBl. I 2006, 2553.

Literatur: *Simons*, Die Neuerungen durch das UmRUG (sowie das MoPeG und das DiRUG/DiReG) im Recht des innerstaatlichen Formwechsels, AG 2023, 754; *Usler*, Der Formwechsel nach dem neuen Umwandlungsrecht, MittRhNotK 1998, 22.

Übersicht

I. Allgemeines und Anwendungsbereich

1 § 201, der dem für die Verschmelzung geltenden § 19 Abs. 3 entspricht, befasst sich mit der **Bekanntmachung des Formwechsels** durch das zuständige Registergericht von Amts wegen.[1] Gemäß § 201 i. V. m. **§ 10 HGB** erfolgt durch das zuständige Registergericht die Bekanntmachung der Eintragung der neuen Rechtsform oder des Rechtsträgers neuer Rechtsform (vgl. § 198).[2] Die Differenzierung im Wortlaut zwischen der Bekanntmachung der neuen Rechtsform und dem Rechtsträger neuer Rechtsform ergibt sich in Parallele zu der verwendeten Terminologie in § 198 Abs. 1 (Anmeldung neuer Rechtsform) und § 198 Abs. 2 (Anmeldung des Rechtsträgers neuer Rechtsform); siehe § 198 Rz. 7 ff., 9 ff. [*Fiedler*].[3]

2 Die Anordnung der Anwendung des § 10 HGB hat grundsätzlich nur **klarstellende** Wirkung und mithin keinen eigenen Regelungsgehalt.[4] Lediglich für den Fall, dass eine Kapitalgesellschaft oder ein rechtsfähiger Verein ihre Formen in die einer **eG** wechseln, hat die Vorschrift eine eigenständige Regelungsmaterie.[5] Die Vorschrift des § 201 soll

1) Kallmeyer-*Zimmermann*, UmwG, § 201 Rz. 1; Lutter-*Hoger*, UmwG, § 201 Rz. 2.
2) Henssler/Strohn-*Drinhausen/Keinath*, GesR, § 201 UmwG Rz. 2; Semler/Stengel/Leonard-*Schwanna*, UmwG, § 201 Rz. 2.
3) Widmann/Mayer-*Vossius*, UmwR, § 201 UmwG Rz. 2; *Simons* in: BeckOGK-UmwG, § 201 Rz. 6; Kallmeyer-*Zimmermann*, UmwG, § 201 Rz. 1.
4) So auch *Simons* in: BeckOGK-UmwG, § 201 Rz. 4; Lutter-*Hoger*, UmwG, § 201 Rz. 1; Schmitt/Hörtnagl-*Winter*, UmwG/UmStG, § 201 UmwG Rz. 2; Begr. RegE UmwG z. § 201, BT-Drucks. 12/6699, S. 143.
5) Lutter-*Hoger*, UmwG, § 201 Rz. 1; Begr. Fraktionsentwurf UmwBerG z. § 201 UmwG, BT-Drucks. 12/6699, S. 143.

vielmehr zur Förderung des **Verständnisses** über das notwendige Verfahren vor dem Register beitragen und die **Registerpublizität** unterstützen.[6] Sie ist nicht abdingbar.[7]

Zu beachten bleibt, dass für die Wirksamkeit des Formwechselbeschlusses nur die Registereintragung nach § 202 konstitutive Wirkung hat (siehe § 202 Rz. 4 [*Fiedler*]). Eine zeitlich spätere Bekanntmachung durch das Registergericht hat mithin keine Auswirkungen hierauf.[8] Die Bekanntmachung entfaltet vielmehr nur **verlautbarende** Wirkung.[9] 3

§ 201 gilt für alle Fälle des Rechtsformwechsels i. S. des §§ 1 Nr. 4, 190 ff., wobei auch keine abweichenden besonderen Vorschriften zum Formwechsel nach den §§ 214 ff. zu beachten sind.[10] 4

II. Modalitäten und Verfahren bei der Bekanntmachung

1. Vorgänge, die der Bekanntmachung unterliegen

Alle formwechselbedingten Eintragungen, die bereits erfolgt sind, sind auch bekanntzumachen. Dies gilt unabhängig davon, ob die jeweilige Eintragung konstitutiv oder deklaratorisch wirkt.[11] In der Konsequenz ergibt sich, dass, je nach Fallkonstellation, **verschieden viele** Bekanntmachungen vorzunehmen sind, abhängig davon, wie viele Eintragungen um den Formwechsel erfolgen (siehe hierzu § 198 Rz. 2 [*Fiedler*]). 5

2. Inhalte

a) Bekanntmachung der Registereintragung

Inhaltlich bezieht sich die Bekanntmachung der Eintragung auf ihren **vollständigen Wortlaut** in dem jeweiligen Register.[12] Ein ausdrücklicher Verweis darauf, dass die Bekanntmachung „aufgrund des Formwechsels" erfolgt, ist seit Inkrafttreten des DiRUG nicht mehr notwendig.[13] 6

Darüber hinaus muss sie eine inhaltliche Bezugnahme auf die besonderen Angaben enthalten, die grundsätzlich bei einer Gründung der **entsprechenden Rechtsform** veröffentlicht werden müssen, vgl. etwa § 197 Satz 1 UmwG i. V. m. § 106 HGB (oHG), § 162 Abs. 2 HGB (KG), § 10 GmbHG, § 39 AktG, § 282 AktG, § 12 GenG.[14] 7

b) Bekanntmachung sonstiger oder zusätzlicher Tatsachen

Zudem können in gesetzlich bestimmten Fällen Tatsachen, die nicht im Register eingetragen werden, sog. **„Registerbekanntmachungen"** nach § 10 Abs. 3 HGB, veröffentlicht werden. Hierunter fällt z. B. der Hinweis nach §§ 204, 22 Abs. 1 Satz 3 an die Gläubiger 8

---

6) Lutter-*Hoger*, UmwG, § 201 Rz. 1; Begr. Fraktionsentwurf UmwBerG z. § 201 UmwG, BT-Drucks. 12/6699, S. 143; *Simons* in: BeckOGK-UmwG, § 201 Rz. 4.

7) *Simons* in: BeckOGK-UmwG, § 201 Rz. 3.

8) Semler/Stengel/Leonard-*Schwanna*, UmwG, § 201 Rz. 4; *Simons* in: BeckOGK-UmwG, § 201 Rz. 1; Lutter-*Hoger*, UmwG, § 201 Rz. 6; Schmitt/Hörtnagl-*Winter*, UmwG/UmwStG, § 201 UmwG Rz. 3.

9) Kallmeyer-*Zimmermann*, UmwG, § 201 Rz. 5 – auch konkret zu den durch die Bekanntmachung in Gang gesetzten Fristen; Lutter-*Hoger*, UmwG, § 201 Rz. 6; Semler/Stengel/Leonard-*Schwanna*, UmwG, § 201 Rz. 4; Widmann/Mayer-*Vossius*, UmwR, § 201 UmwG Rz. 3.

10) *Simons* in: BeckOGK-UmwG, § 201 Rz. 2.

11) *Simons* in: BeckOGK-UmwG, § 201 Rz. 6.

12) Semler/Stengel/Leonard-*Schwanna*, UmwG, § 201 Rz. 3; Widmann/Mayer-*Vossius*, UmwR, § 201 UmwG Rz. 41; *Simons* in: BeckOGK-UmwG, § 201 Rz. 8.

13) Gesetz zur Umsetzung der Digitalisierungsrichtlinie (DiRUG), v. 5.7.2021, BGBl. I 2021, 3338; Lutter-*Hoger*, UmwG, § 201 Rz. 2.

14) Lutter-*Hoger*, UmwG, § 201 Rz. 3; *Simons* in: BeckOGK-UmwG, § 201 Rz. 17; *Usler*, MittRhNotK 1998, 22, 48.

auf mögliche Sicherheitsleistungen bei Gefährdung ihrer Forderungen durch den Formwechsel.[15] Die Registerbekanntmachungen müssen vom Gericht gemäß § 33 HRV vorgenommen werden.

c) Mitteilung gegenüber den Beteiligten und Anteilsinhabern

9 Zusätzlich werden die Beteiligten gemäß § 383 Abs. 1 FamFG durch das Register über die Eintragung **informiert.**[16] Bei § 383 FamFG handelt es sich um eine Ordnungsvorschrift, was zur Folge hat, dass bei entsprechendem Fehlen der Mitteilung keine Konsequenzen hinsichtlich der Eintragung oder der Wirksamkeit der Bekanntmachung nach § 201 drohen.[17]

10 Im Rahmen von Formwechseln eingetragener Genossenschaften (§§ 267 f.), Versicherungsvereinen auf Gegenseitigkeit (§ 299) sowie rechtsfähiger Vereine (§ 281 für den Wechsel in die KG) bestimmt das Gesetz, dass das jeweilige Vertretungsorgan auch die Anteilsinhaber über den Formwechsel informieren muss. Eine entsprechende Bekanntmachung in den Gesellschaftsblättern erfolgt hierbei zeitgleich mit der Benachrichtigung.[18]

3. Zeitpunkt und Form der Bekanntmachung

11 Die Bekanntmachung der **Eintragung** erfolgt durch die **erstmalige Abrufbarkeit** im jeweiligen elektronischen Informations- und Kommunikationssystem (vgl. §§ 10, 9 Abs. 1 HGB).[19] Die Bereitstellung wird von dem Gericht, das gemäß § 198 auch für die Eintragung zuständig ist, von Amts wegen **unverzüglich** vorgenommen (vgl. § 10 Abs. 2, § 32 HRV).[20] Praktischerweise können Eintragung und Bekanntmachung somit in einem Zuge vorgenommen werden.[21]

12 Auch die **Registerbekanntmachungen** (§ 10 Abs. 3 HGB) werden in den gesetzlich bestimmten Fällen nach § 9 Abs. 1 vorgenommen (vgl. auch § 33 Abs. 1 HRV). Aufgrund der Regelung in § 33 Abs. 2 HRV kann es in der Praxis allerdings zu einem zeitlichen Auseinanderfallen der Eintragungsbekanntmachungen sowie der Registerbekanntmachungen kommen.[22]

13 Dadurch, dass nicht der genaue Zeitpunkt der erstmaligen Abrufbarkeit aufgezeichnet wird, statuiert § 10 Abs. 4 eine Vermutungswirkung dafür, dass die Eintragung mit dem Ablauf des Tages der Eintragung und eine Registerbekanntmachung mit dem Ablauf des Tages der Registerbekanntmachung als bekannt gemacht gelten.[23] Die Vermutungswirkung kann nach den allgemeinen Grundsätzen auch **widerlegt** werden, wobei die Beweis-

15) Widmann/Mayer-*Vossius*, UmwR, § 201 UmwG Rz. 42; *Simons* in: BeckOGK-UmwG, § 201 Rz. 18; Semler/Stengel/Leonard-*Schwanna*, UmwG, § 201 Rz. 3; Lutter-*Hoger*, UmwG, § 201 Rz. 2; Henssler/Strohn-*Drinhausen/Keinath*, GesR, § 201 UmwG Rz. 6; Kallmeyer-*Zimmermann*, UmwG, § 201 Rz. 3.

16) Kallmeyer-*Zimmermann*, UmwG, § 201 Rz. 1; *Krafka*, Registerrecht, Rz. 194; *Simons* in: BeckOGK-UmwG, § 201 Rz. 20; *Müther* in: BeckOK-HGB, § 10 Rz. 10.

17) *Krafka*, Registerrecht, Rz. 194; *Krafka* in: MünchKomm-FamFG, § 383 Rz. 1; *Simons* in: BeckOGK-UmwG, § 201 Rz. 20.

18) *Simons* in: BeckOGK-UmwG, § 201 Rz. 21; Widmann/Mayer-*Vossius*, UmwR, § 201 UmwG Rz. 44.

19) Seit 1.8.2022 wird der Formwechsel auf der Internetplattform www.handelsregister.de bekannt gemacht, vgl. auch Widmann/Mayer-*Vossius*, UmwR, § 201 UmwG Rz. 37; Schmitt/Hörtnagl-*Winter*, UmwG/UmwStG, § 201 UmwG Rz. 1.

20) Lutter-*Hoger*, UmwG, § 201 Rz. 2; Henssler/Strohn-*Drinhausen/Keinath*, GesR, § 201 UmwG Rz. 3; *Simons* in: BeckOGK-UmwG, § 201 Rz. 10, 12.

21) *Simons* in: BeckOGK-UmwG, § 201 Rz. 12.

22) *Simons*, AG 2023, 754, 763; *Simons* in: BeckOGK-UmwG, § 201 Rz. 13.

23) S. a. Hopt-*Merkt*, HGB, § 10 Rz. 5.

last bei der Person liegt, die sich entsprechend auf eine frühere oder spätere Abrufmöglichkeit beruft.[24)]

III. Rechtsfolgen und Bedeutung der Bekanntmachung

Einfluss auf die **Wirksamkeit** des Beschlusses des Formwechsels hat die Bekanntmachung **nicht** (zur verlautbarenden Wirkung siehe schon oben Rz. 3). 14

Abgesehen von ihrer Bedeutung für die **Publizitätswirkung** des Handelsregisters gemäß § 15 HGB, die bei unterlassener Bekanntmachung zur Berufungsmöglichkeit von Dritten auf den (noch) nicht erfolgten Formwechsel führen kann,[25)] stellt die erstmalige Abrufbarkeit vor allem einen **fristauslösenden** Tatbestand dar.[26)] 15

Dies gilt insbesondere für: 16

- das Verlangen der Gläubiger von einer Sicherheitsleistung (§§ 204, 22 Abs. 1 Satz 1),[27)]
- die Annahme des Barabfindungsangebots nach § 209 Satz 1 innerhalb von einer Zwei-Monats-Frist,[28)]
- die Verjährung der Schadensersatzansprüche gegen Mitglieder des Vertretungs- oder Aufsichtsorgans (auch als Verwaltungsträger bezeichnet) des formwechselnden Rechtsträgers innerhalb einer Fünf-Jahres-Frist (§ 205 Abs. 2),[29)]
- anderweitige Weiterveräußerungsmöglichkeit(en) des Anteils durch einen Anteilsinhaber, der barabfindungsberechtigt ist, innerhalb der Angebotsfrist nach § 211,[30)]
- den Beginn der Frist für den Enthaftungsausschluss eines nachhaftenden Gesellschafters, der früher persönlich gehaftet hat (§§ 224 Abs. 3 Satz 1, 237, 249, 257),[31)]
- die Fortdauer der Nachschusspflicht innerhalb einer Zweijahresfrist bei Insolvenz des formgewechselten Rechtsträgers (§ 271),[32)]
- die Antragsfrist nach § 4 Abs. 1 Satz 1 Nr. 5 SpruchG.[33)]

24) *Müther* in: BeckOK-HGB, § 10 Rz. 9b; *Simons* in: BeckOGK-UmwG, § 201 Rz. 12.

25) Goutier/Knopf/Tulloch-*Laumann*, UmwR, § 202 UmwG Rz. 8; Lutter-*Hoger*, UmwG, § 201 Rz. 5; *Simons* in: BeckOGK-UmwG, § 201 Rz. 35.

26) Henssler/Strohn-*Drinhausen*/*Keinath*, GesR, § 201 UmwG Rz. 7; Semler/Stengel/Leonard-*Schwanna*, UmwG, § 201 Rz. 4; Widmann/Meyer-*Vossius*, UmwR, § 201 UmwG Rz. 4; *Simons* in: BeckOGK-UmwG, § 201 Rz. 24.

27) Lutter-*Hoger*, UmwG, § 201 Rz. 5; Semler/Stengel/Leonard-*Schwanna*, UmwG, § 201 Rz. 4; Henssler/Strohn-*Drinhausen*/*Keinath*, GesR, § 201 UmwG Rz. 7; Widmann/Meyer-*Vossius*, UmwR, § 201 UmwG Rz. 4.

28) Semler/Stengel/Leonard-*Schwanna*, UmwG, § 201 Rz. 4; *Simons* in: BeckOGK-UmwG, § 201 Rz. 25; Henssler/Strohn-*Drinhausen*/*Keinath*, GesR, § 201 UmwG Rz. 7; Lutter-*Hoger*, UmwG, § 201 Rz. 5; Widmann/Meyer-*Vossius*, UmwR, § 201 UmwG Rz. 4.

29) *Simons* in: BeckOGK-UmwG, § 201 Rz. 25; Henssler/Strohn-*Drinhausen*/*Keinath*, GesR, § 201 UmwG Rz. 7; Lutter-*Hoger*, UmwG, § 201 Rz. 5; Semler/Stengel/Leonard-*Schwanna*, UmwG, § 201 Rz. 4; Widmann/Meyer-*Vossius*, UmwR, § 201 UmwG Rz. 4.

30) Lutter-*Hoger*, UmwG, § 201 Rz. 5; Semler/Stengel/Leonard-*Schwanna*, UmwG, § 201 Rz. 4; Widmann/Meyer-*Vossius*, UmwR, § 201 UmwG Rz. 4; Henssler/Strohn-*Drinhausen*/*Keinath*, GesR, § 201 UmwG Rz. 7.

31) *Simons* in: BeckOGK-UmwG, § 201 Rz. 25; Henssler/Strohn-*Drinhausen*/*Keinath*, GesR, § 201 UmwG Rz. 7; Lutter-*Hoger*, UmwG, § 201 Rz. 5; Semler/Stengel/Leonard-*Schwanna*, UmwG, § 201 Rz. 4; Widmann/Meyer-*Vossius*, UmwR, § 201 UmwG Rz. 4.

32) Lutter-*Hoger*, UmwG, § 201 Rz. 5; Widmann/Meyer-*Vossius*, UmwR, § 201 UmwG Rz. 4.; *Simons* in: BeckOGK-UmwG, § 201 Rz. 25.

33) Henssler/Strohn-*Drinhausen*/*Keinath*, GesR, § 201 UmwG Rz. 7; Kallmeyer-*Zimmermann*, UmwG, § 201 Rz. 5; Lutter-*Hoger*, UmwG, § 201 Rz. 5; Semler/Stengel/Leonard-*Schwanna*, UmwG, § 201 Rz. 4; Widmann/Mayer-*Vossius*, UmwR, § 201 UmwG Rz. 4.

IV. Fehlen oder Mangelhaftigkeit der Bekanntmachung

17 Kommt es zu einer **fehlerhaften Eintragungsreihenfolge** bei mehreren Eintragungen und Bekanntmachungen und wird daraufhin der Fristbeginn durch die Bekanntmachung zum Nachteil einer Person verschoben, so werden zwar die Eintragungen und Bekanntmachungen **nicht unwirksam**, allerdings können sich in der Folge **Amtshaftungsansprüche** nach § 839 BGB i. V. m. Art. 34 GG ergeben.[34)]

18 Dasselbe gilt für das **Unterlassen des Hinweises** auf mögliche Sicherheitsleistungsansprüche der Gläubiger gemäß **§§ 204, 22 Abs. 1 Satz 3** (siehe oben Rz. 8, siehe auch § 202 Rz. 24 [*Fiedler*]).[35)]

19 Zur fehlenden Registerpublizität siehe oben Rz. 3.

34) Widmann/Mayer-*Vossius*, UmwR, § 201 UmwG Rz. 25 f.; *Simons* in: BeckOGK-UmwG, § 201 Rz. 31 – hier auch zur nicht unverzüglichen Bereitstellung.

35) *Simons* in: BeckOGK-UmwG, § 201 Rz. 31 f.

§ 202
Wirkungen der Eintragung[*)]

(1) Die Eintragung der neuen Rechtsform in das Register hat folgende Wirkungen:

1. **Der formwechselnde Rechtsträger besteht in der in dem Formwechselbeschluss bestimmten Rechtsform weiter.**
2. **Die Anteilsinhaber des formwechselnden Rechtsträgers sind an dem Rechtsträger nach den für die neue Rechtsform geltenden Vorschriften beteiligt, soweit ihre Beteiligung nicht nach diesem Buch entfällt. Rechte Dritter an den Anteilen oder Mitgliedschaften des formwechselnden Rechtsträgers bestehen an den an ihre Stelle tretenden Anteilen oder Mitgliedschaften des Rechtsträgers neuer Rechtsform weiter.**
3. **Der Mangel der notariellen Beurkundung des Formwechselbeschlusses und gegebenenfalls erforderlicher Zustimmungs- oder Verzichtserklärungen einzelner Anteilsinhaber wird geheilt.**

(2) Die in Absatz 1 bestimmten Wirkungen treten in den Fällen des § 198 Abs. 2 mit der Eintragung des Rechtsträgers neuer Rechtsform in das Register ein.

(3) Mängel des Formwechsels lassen die Wirkungen der Eintragung der neuen Rechtsform oder des Rechtsträgers neuer Rechtsform in das Register unberührt.

*) § 202 i. d. F. des UmwBerG geändert durch Art. 1 des Gesetzes zur Umsetzung der Umwandlungsrichtlinie und zur Änderung weiterer Gesetze (UmRUG), v. 22.2.2023, BGBl. I 2023, Nr. 51.

Literatur: *Berninger*, Handelsregistereintragung des Formwechsels einer AG in die Rechtsform der GmbH bzw. umgekehrt, GmbHR 2004, 659; *Böhringer*, Grundbuchberichtigung bei Umwandlung von Gesellschaften, BWNotZ 2016, 154; *Eckert*, Der Formwechsel einer Kapitalgesellschaft in eine Personengesellschaft und seine Auswirkungen auf öffentlich-rechtliche Erlaubnisse, ZIP 1998, 1950; *Fortun*, Auswirkungen eines Rechtsformwechsels unter Beteiligung von GmbH und AG auf die Entlastung der Geschäftsführung, NZG 2022, 202; *Heckschen*, Anteilsgewähr bei Verschmelzung, Spaltung und Formwechsel – aktuelle Entwicklungen, GmbHR 2021, 8; *Kraft*, Kontinuität in der Diskontinuität – Zur Einführung von Mehrstimmrechtsaktien durch Rechtsfortschreibung beim Formwechsel, ZGR 2024, 574; *Lieder*, Der Statuswechsel zwischen Personengesellschaften, GmbHR 2024, 897; *Lohr*, Ausscheiden des Komplementärs bei einem Formwechsel einer GmbH & Co. KG in eine GmbH, GmbH-StB 2019, 205; *Mertens*, Die stille Beteiligung an der GmbH und ihre Überleitung bei Umwandlungen in die AG, AG 2000, 32; *Müller*, Auswirkungen von Umstrukturierungen nach dem Umwandlungsgesetz auf Beherrschungs- und Gewinnabführungsverträge, BB 2002, 157; *Olbertz*, Arbeitsrechtliche Aspekte beim Rechtsformwechsel, GWR 2017, 314; *Rubner/Leuering*, Der Formwechsel nach UmwG, NJW-Spezial 2021, 15; *Usler*, Der Formwechsel nach dem Umwandlungsrecht, MittRhNotK 1998, 22; *Weiler*, Grenzen der Dispositionsfreiheit bei der umwandlungsrechtlichen Anteilsgewähr – zugleich Replik auf Heckschen, GmbHR 2021, 8, GmbHR 2021, 473; *Weiler*, Identitätsgrundsatz ade? Neues zum Formwechsel GmbH in GmbH & Co. KG und vice versa, MittBayNot 2020, 216.

Übersicht

I. Allgemeines

Die Vorschrift des § 202 beschäftigt sich mit den **Wirkungen**, die durch die **Eintragung** der neuen Rechtsform einer formgewechselten Gesellschaft in das jeweilige Register ausgelöst werden. Für das Bedürfnis nach einem Rechtsformwechsel kann es unterschiedliche Antreiber geben, sei es die Vorbereitung der Gesellschaft auf den Börsengang oder die angestrebte Veränderung des unternehmerischen Einflusses der Gesellschafter.[1] § 202 Abs. 1 Nr. 1 regelt den Fortbestand des Rechtsträgers nach Formwechsel, § 202 Abs. 1 Nr. 2 Satz 1 den Fortbestand der Beteiligungen sowie in Satz 2 den Fortbestand der Rechte Dritter und § 202 Abs. 1 Nr. 3 schließlich ordnet die Heilung von etwaigen Beurkundungsmängeln durch die erfolgte Eintragung an. 1

In § 202 Abs. 2 wird der Zeitpunkt des Eintritts der in Absatz 1 bestimmten Wirkungen auch für solche Rechtsträger bestimmt, die vor dem Formwechsel nicht in ein Register eingetragen waren oder deren Register(-gericht) sich durch den Formwechsel ändert. § 202 Abs. 3 beschäftigt sich sodann mit den Konsequenzen von sonstigen dem Formwechsel anhaftenden Mängeln für die Wirkungen der Eintragung. 2

1) Vgl. *Rubner/Leuering*, NJW-Spezial 2021, 15.

1. Anwendungsbereich

3 Der **Anwendungsbereich** der Norm erstreckt sich, unabhängig von der zugrunde liegenden Rechtsform, auf alle Fälle des im Umwandlungsgesetz geregelten Formwechsels i. S. der §§ 1 Nr. 4, 190 ff.[2] In den §§ 214 ff. finden sich zudem besondere Vorschriften, die den Formwechsel und seine Rechtsfolgen modifizieren oder ergänzen können.[3] Die möglichen beteiligten Rechtsträger am Formwechsel sind in § 191 Abs. 1 und 2 beschrieben.

2. Regelungsgehalt

4 Die Eintragung des Formwechsels einer Gesellschaft i. S. des §§ 198, 199, 201 wirkt **konstitutiv** und ist somit direkte und notwendige Voraussetzung für den Eintritt der Rechtsfolgen des § 202.[4]

5 Wird der Rechtsträger in seiner neuen Rechtsform eingetragen, so wechselt dieser nur sein „Rechtskleid".[5] Nach § 202 Abs. 1 Nr. 1 bleibt der dahinterstehende Rechtsträger identisch (**Grundsatz der Identitätswahrung**).[6] Hierdurch werden etwa komplexe Verfahren von Auflösung und Neugründung entbehrlich.[7] Insoweit besteht daher eine gewisse Vergleichbarkeit zu den §§ 20 und 131, die die Folgen der Eintragung für die Verschmelzung und die Spaltung zur Aufnahme regeln, allerdings mit dem Unterschied, dass beim Formwechsel aufgrund der Identitätswahrung **weder eine Gesamtrechtsnachfolge noch eine Vermögensübertragung** stattfindet.[8]

6 Der **Zeitpunkt** der Eintragung als Auslöser für die normierten Wirkungen ist zur Wahrung der **Rechtssicherheit** und dem Schutz des Rechtsverkehrs **nicht abdingbar** (vgl. auch § 1 Abs. 3 Satz 1).[9] Gleiches gilt grundsätzlich auch für die in § 202 geregelten Wirkungen der Eintragung selbst.[10] Möglich bleibt für die Anteilsinhaber die Vereinbarung eines abweichenden Zeitpunktes im Innenverhältnis, zu dem die wirtschaftlichen Wirkungen des Formwechsels eintreten sollen.[11]

II. Eintragung des Rechtsformwechsels als tatbestandliche Voraussetzung

7 Die **Eintragung** der formgewechselten Gesellschaft in das jeweilige Register ist ausdrücklich in § 198 Abs. 1 geregelt.

---

2) *Usler*, MittRhNotK 1998, 22, 50; *Simons* in: BeckOGK-UmwG, § 202 Rz. 2.

3) Widmann/Mayer-*Vossius*, UmwR, § 202 UmwG Rz. 5; *Simons* in: BeckOGK-UmwG, § 202 Rz. 2.

4) *Berninger*, GmbHR 2004, 659, 661; Semler/Stengel/Leonard-*Leonard*, UmwG, § 202 Rz. 5; Lutter-*Hoger*, UmwG, § 202 Rz. 5; Kallmeyer-*Berger/Lanfermann*, UmwG, § 202 Rz. 1; *Simons* in: BeckOGK-UmwG, § 202 Rz. 1; Schmitt/Hörtnagl-*Winter*, UmwG/UmwStG, § 202 UmwG Rz. 5.

5) *Simons* in: BeckOGK-UmwG, § 202 Rz. 11.

6) Kallmeyer-*Berger/Lanfermann*, UmwG, § 202 Rz. 2; Lutter-*Hoger*, UmwG, § 202 Rz. 1; Semler/Stengel/Leonard-*Leonard*, UmwG, § 202 Rz. 2; *Simons* in: BeckOGK-UmwG, § 202 Rz. 1.

7) Semler/Stengel/Leonard-*Leonard*, UmwG, § 202 Rz. 2; Hessler/Strohn-*Drinhausen/Keinath*, GesR, § 202 UmwG Rz. 2.

8) *Weiler* in: Hauschild/Kallrath/Wachter, Notarhdb. Gesellschafts- und Unternehmensrecht, § 25 Rz. 305; Lutter-*Hoger*, UmwG, § 202 Rz. 7; Semler/Stengel/Leonard-*Leonard*, UmwG, § 202 Rz. 2; Lutter-*Hoger*, UmwG, § 202 Rz. 2; Kallmeyer-*Berger/Lanfermann*, UmwG, § 202 Rz. 4; Schmitt/Hörtnagl-*Winter*, UmwG/UmwStG, § 202 UmwG Rz. 2.

9) Semler/Stengel/Leonard-*Leonard*, UmwG, § 202 Rz. 5 – in Fn. 8 auch zu etwaigen anders lautenden schuldrechtlichen Verpflichtungen; *Simons* in: BeckOGK-UmwG, § 202 Rz. 4; Widmann/Mayer-*Vossius*, UmwR, § 202 UmwG Rz. 34.

10) *Simons* in: BeckOGK-UmwG, § 202 Rz. 4.

11) Lutter-*Hoger*, UmwG, § 202 Rz. 6 – auch zu den steuerrechtlichen Auswirkungen.

Es müssen unter Umständen, je nach dem, ob der formwechselnde Rechtsträger sowie der formgewechselte Rechtsträger einem Eintragungserfordernis unterliegen, unterschiedlich viele Eintragungen vorgenommen werden (§ 198 Abs. 2).[12] 8

In dem Falle, dass **nur die neue** oder **nur die alte** Rechtsform einem Eintragungserfordernis unterliegt, ist die Eintragung in das Register des formwechselnden bzw. formgewechselten Rechtsträgers unter Bezeichnung der neuen Rechtsform erforderlich.[13] Der Formwechsel wird hierbei mit der erfolgenden Eintragung in dieses Register **wirksam** (siehe hierzu auch oben Rz. 4).[14] 9

Sind für **beide Rechtsträger** Eintragungen in verschiedenen Registern oder bei unterschiedlichen Registergerichten erforderlich oder erfolgt, so ist gemäß § 198 Abs. 2 Satz 3 der Formwechsel auch in das „frühere" Register einzutragen. Diese Eintragung hat gemäß § 198 Abs. 2 Satz 5 **vor** der Eintragung in das Register der formgewechselten Gesellschaft zu erfolgen.[15] Für solche Rechtsträger ergeben sich die Rechtsfolgen des § 202 dennoch ebenfalls erst mit der konstitutiven Eintragung in das Register der **formgewechselten** Rechtsform, siehe §§ 202 Abs. 2, 198 Abs. 2.[16] Der Eintragung im Ausgangsregister kommt hingegen lediglich deklaratorische Wirkung zu.[17] 10

Mit Ausnahme der Eintragung in Registern am selben Tag, ist weiterhin an einen sog. Vorläufigkeitsvermerk nach § 198 Abs. 2 Satz 4 zu denken.[18] 11

III. Wirkungen der Eintragung des Formwechsels im Einzelnen

1. Identitätswahrung (§ 202 Abs. 1 Nr. 1)

§ 202 Abs. 1 Nr. 1 statuiert, dass der **Rechtsträger** trotz des Beschlusses zum Formwechsel in der entsprechenden neuen Rechtsform weiterbesteht.[19] Dieses Dogma wird als sog. **Grundsatz der Identität des Rechtsträgers** bezeichnet (siehe oben Rz. 5).[20] Diese Beständigkeit umfasst bspw. auch seine Rechtsbeziehungen zur Umwelt[21] und den Bestand des Vermögens der Gesellschaft.[22] Was sich durch den Formwechsel tatsächlich ändert, ist vielmehr (nur) die „rechtliche Organisation" des Rechtsträgers.[23] 12

---

12) Semler/Stengel/Leonard-*Leonard*, UmwG, § 202 Rz. 6; *Simons* in: BeckOGK-UmwG, § 202 Rz. 7 f.

13) *Simons* in: BeckOGK-UmwG, § 202 Rz. 7; Kallmeyer-*Berger/Lanfermann*, UmwG, § 202 Rz. 7; Lutter-*Hoger*, UmwG, § 202 Rz. 5; Semler/Stengel/Leonard-*Leonard*, UmwG, § 202 Rz. 6.

14) Lutter-*Hoger*, UmwG, § 202 Rz. 5; *Simons* in: BeckOGK-UmwG, § 202 Rz. 7; Semler/Stengel/Leonard-*Leonard*, UmwG, § 202 Rz. 6.

15) *Weiler* in: Hauschild/Kallrath/Wachter, Notarhdb. Gesellschafts- und Unternehmensrecht, § 25 Rz. 340.

16) *Berninger*, GmbHR 2004, 659, 662; Kallmeyer-*Berger/Lanfermann*, UmwG, § 202 Rz. 9; Lutter-*Hoger*, UmwG, § 202 Rz. 5; *Simons* in: BeckOGK-UmwG, § 202 Rz. 8.

17) Lutter-*Hoger*, UmwG, § 202 Rz. 5; *Simons* in: BeckOGK-UmwG, § 202 Rz. 8; Kallmeyer-*Berger/Lanfermann*, UmwG, § 202 Rz. 9.

18) *Simons* in: BeckOGK-UmwG, § 202 Rz. 8; Kallmeyer-*Berger/Lanfermann*, UmwG, § 202 Rz. 10.

19) Henssler/Strohn-*Drinhausen/Keinath*, GesR, § 202 UmwG Rz. 3; Lutter-*Hoger*, UmwG, § 202 Rz. 7; Schmitt/Hörtnagl-*Winter*, UmwG/UmwStG, § 202 UmwG Rz. 5; Semler/Stengel/Leonard-*Leonard*, UmwG, § 202 Rz. 7; *Simons* in: BeckOGK-UmwG, § 202 Rz. 11.

20) Henssler/Strohn-*Drinhausen/Keinath*, GesR, § 202 UmwG Rz. 3; Lutter-*Hoger*, UmwG, § 202 Rz. 7; *Winter* in: Schmitt/Hörtnagl, UmwG/UmwStG, § 202 UmwG Rz. 5.

21) Semler/Stengel/Leonard-*Leonard*, UmwG, § 202 Rz. 7; Henssler/Strohn-*Drinhausen/Keinath*, GesR, § 202 UmwG Rz. 4.

22) OLG Naumburg, Urt. v. 12.12.2019 – 1 U 125/19, Rz. 19, NZG 2020, 715, 716 = BeckRS 2019, 40244; Henssler/Strohn-*Drinhausen/Keinath*, GesR, § 202 UmwG Rz. 3; Kallmeyer-*Berger/Lanfermann*, UmwG, § 202 Rz. 13; Lutter-*Hoger*, UmwG, § 202 Rz. 7 – „Vermögensidentität", Rz. 36 – zur Bilanzkontinuität; Semler/Stengel/Leonard-*Leonard*, UmwG, § 202 Rz. 7.

23) Begr. Fraktionsentwurf UmwBerG, BT-Drucks. 12/6699, S. 136; *Luke* in: Sagasser/Bula, Umwandlungen, § 30 Rz. 4 – „gesellschaftsinterner Organisationsakt".

a) **Schuldrechtliche Beziehungen**

13 Die schuldrechtlichen Beziehungen des Rechtsträgers werden trotz Formwechsels **beibehalten.**[24] Das bedeutet konkret, dass abgeschlossene Verträge weiterhin verbindlich sind und der Rechtsträger seine Schuldner bzw. Gläubigerstellung beibehält.[25] Bedeutsam ist dies vor allem bei Dienst- sowie Arbeits- und Organverträgen, die nicht etwa infolge des Formwechsels nach § 362 BGB erlöschen (siehe aber zur Beendigung der Organstellung unten Rz. 19).[26] Auch § 613a BGB kommt aufgrund der **Amtskontiunität** in diesem Zusammenhang keine Bedeutung zu.[27] Im Einzelfall kann die grundsätzliche Kontinuität der schuldrechtlichen Beziehungen aber unter Berücksichtigung der Privatautonomie auch im jeweiligen Vertrag für den Fall des Rechtsformwechsels abbedungen werden.[28]

14 Zu trennen von dem Grundsatz des Fortbestehens schuldrechtlicher Verträge ist die **Beurteilung von tatsächlichen Umständen**, wie z. B. die für einen Unterlassungsanspruch nötige Wiederholungsgefahr. Dieser Umstand besteht nicht aufgrund der Identität des Rechtsträgers fort, vielmehr müssen auch bei Mitgliedern des formgewechselten Rechtsträger „konkrete Anhaltspunkte" für das Bestehen einer Wiederholungsgefahr vorliegen.[29]

15 Bei bestehenden **Unternehmensverträgen** kommt es darauf an, ob die herrschende Gesellschaft oder die Untergesellschaft ihre Form wechselt. Im ersteren Falle ändert sich an Beherrschungs- oder Gewinnabführungsverträgen nichts.[30]

16 So wird z. B. der Bestand einer etwaig vereinbarten **stillen Gesellschaft** durch den Formwechsel **nicht beeinträchtigt**. Grundsätzlich ist auch keine zusätzliche Zustimmung vom stillen Gesellschafter notwendig, es sei denn, diese Anforderung wurde in der Vertragsgründung der stillen Gesellschaft vereinbart.[31] Bei der Umwandlung in eine AG ist zu beachten, dass die stille Gesellschaft als Teilgewinnabführungsvertrag in das Handelsregister einzutragen ist, um diesen nicht zu beenden.[32]

17 Ändert die **Untergesellschaft** ihre Rechtsform, so werden Gewinnabführungs- und Beherrschungsverträge nicht berührt, soweit auch die **formgewechselte** Gesellschaft als Vertragspartner eines solchen Vertrages in Betracht kommt.[33] Ginge man wie einige davon aus, dass mit einer Personengesellschaft, bei welcher natürliche Personen im Außenverhältnis unbeschränkt haften, keine Beherrschungsverträge abgeschlossen werden könnten, so hätte jener Vertrag, der mit der formwechselnden Gesellschaft abgeschlossen wurde,

---

24) OLG Düsseldorf, Urt. v. 2.3.2023 – VI-5 U 1/22, Rz. 117, EWeRK 2023, 185, 197; Henssler/Strohn-*Drinhausen/Keinath*, GesR, § 202 UmwG Rz. 4; Semler/Stengel/Leonard-*Leonard*, UmwG, § 202 Rz. 9.

25) Semler/Stengel/Leonard-*Leonard*, UmwG, § 202 Rz. 9; Kallmeyer-*Berger/Lanfermann*, UmwG, § 202 Rz. 14.

26) Goutier/Knopf/Tulloch-*Laumann*, UmwR, § 202 UmwG Rz. 8.

27) BGH, Urt. v. 12.5.1997 – II ZR 50/96, NJW 1997, 2319, 2320 = BeckRS 1997, 4247; BGH, Hinweisbeschl. v. 8.1.2007 – II ZR 267/05, NJW-RR 2007, 1632, 1633 = NZA 2007, 1174; *Olbertz*, GWR 2017, 314, 316; *Althoff* in: NK-UmwG, § 202 Rz. 6; Semler/Stengel/Leonard-*Leonard*, UmwG, § 202 Rz. 9.

28) Semler/Stengel/Leonard-*Leonard*, UmwG, § 202 Rz. 9.

29) OLG Düsseldorf, Urt. v. 2.3.2023 – VI-5 U 1/22, Rz. 112, EWeRK 2023, 185, 197.

30) *Müller*, BB 2002, 157, 158.

31) Semler/Stengel/Leonard-*Leonard*, UmwG, § 202 Rz. 9 – auch zu den Folgen einer Verweigerung; Kallmeyer-*Berger/Lanfermann*, UmwG, § 202 Rz. 18; *Mertens* AG 2000, 32 – bzgl. des Formwechsels der AG in die GmbH und vice versa.

32) *Mertens* AG 2000, 32, 38.

33) *Müller*, BB 2002, 157, 160; OLG Düsseldorf, Beschl. v. 27.2.2004 – 19 W 3/00 AktE, NZG 2005, 280, 282 = ZIP 2004, 753.

nach einem Formwechsel keinen Bestand.[34] Die Gegenansicht nimmt ein Fortbestehen des Vertrags nach allgemeinen Regeln an, mit der Folge, dass die Obergesellschaft wegen Verlustes ihrer Organschaft sowie steuerlicher Vorteile aus wichtigem Grund kündigen könne.[35] Nach einer differenzierenden Ansicht komme ein Fortbestand der Verträge jedenfalls bei Personenhandelsgesellschaften in Betracht, wenn alle Gesellschafter zustimmten und die Obergesellschaft sie von ihrer unbeschränkten Haftung befreie.[36]

b) Dingliche Rechte, insb. Eigentum

Das **Eigentum** des Rechtsträgers wird durch die Rechtsformänderung nicht berührt. 18
Auch nach einem Formwechsel verbleiben Vermögensgüter bei diesem, eine Übereignung findet nicht statt. Selbiges gilt auch für das geistige Eigentum des Rechtsträgers, wie z. B. Patente und Markenrechte sowie für Beteiligungen an dritten Gesellschaften.[37] Sofern der formwechselnde Rechtsträger über **Grundstücke** als Teil seines Vermögens verfügt und diese im Grundbuch eingetragen sind, ist auch keine Auflassung notwendig und das Grundbuch wird aufgrund des Formwechsels gerade nicht i. S. des § 894 BGB unrichtig.[38] Statt einer Grundbuchberichtigung nach § 22 GBO erfolgt vielmehr eine Korrektur von Amts wegen, in der die Bezeichnung des berechtigten Rechtsträgers verändert wird.[39]

c) Vollmachten, insb. Prokura und Handlungsvollmacht

Vollmachten, wie vor allem Einzelprokuren oder Handlungsvollmachten, die der Rechts- 19
träger bereits erteilt hat, bleiben auch nach dem Formwechsel grundsätzlich bestehen.[40] Eine weitere Anmeldung im Handelsregister oder etwaige Klarstellung des Fortbestehens ist daher entbehrlich, kann unter Umständen aber sinnvoll sein, etwa wenn die formgewechselte Gesellschaft nun in ein anderes Register eingetragen wird (siehe zur Eintragung oben Rz. 10).[41] Letzteres gilt ebenfalls für das Bestehen einer **Gesamtprokura** mit einem gesetzlichen Vertreter der Gesellschaft,[42] dessen Organstellung durch die Eintragung des Wechsels beendet wird. Die anzuwendenden Vorschriften für die für die Gesellschaft handelnden Organe richten sich gemäß § 197 grundsätzlich nach den jeweiligen für die Rechtsform geltenden Regelungen.[43]

---

34) *Müller*, BB 2002, 157, 160; Semler/Stengel/Leonard-*Leonard*, UmwG, § 202 Rz. 16 – für GbR und Genossenschaft; a. A. Widmann/Mayer-*Vossius*, UmwR, § 202 UmwG Rz. 133; *Simons* in: BeckOGK-UmwG, § 202 Rz. 31.

35) *Simons* in: BeckOGK-UmwG, § 202 Rz. 31; vorbehaltlich einer entsprechenden rechtzeitigen Vertragsanpassung; in diese Richtung auch Widmann/Mayer-*Vossius*, UmwR, § 202 UmwG Rz. 133.

36) Darstellend Semler/Stengel/Leonard-*Leonard*, UmwG, § 202 Rz. 16; *Müller*, BB 2002, 157, 160; für einen ausreichenden Schutz durch die Zustimmungsrechte des UmwG plädierend Goutier/Knopf/Tulloch-*Laumann*, UmwR, § 202 UmwG Rz. 13.

37) *Böhringer*, BWNotZ 2016, 154, 159; *Simons* in: BeckOGK-UmwG, § 202 Rz. 13; Widmann/Mayer-*Vossius*, UmwR, § 202 UmwG Rz. 61.

38) *Böhringer*, BWNotZ 2016, 154, 159; Semler/Stengel/Leonard-*Leonard*, UmwG, § 202 Rz. 8; Widmann/Mayer-*Vossius*, UmwR, § 202 UmwG Rz. 26.

39) Lutter-*Hoger*, UmwG, § 202 Rz. 34; *Simons* in: BeckOGK-UmwG, § 202 Rz. 13; Semler/Stengel/Leonard-*Leonard*, UmwG, § 202 Rz. 8.

40) OLG Köln, Beschl. v. 6.5.1996 – 2 Wx 9/96, DNotZ 1996, 700 = BeckRS 1996, 8352; *Simons* in: BeckOGK-UmwG, § 202 Rz. 28; Kallmeyer-*Berger/Lanfermann*, UmwG, § 202 Rz. 26; Widmann/Mayer-*Vossius*, UmwR, § 202 UmwG Rz. 114; Semler/Stengel/Leonard-*Leonard*, UmwG, § 202 Rz. 10.

41) OLG Köln, Beschl. v. 6.5.1996 – 2 Wx 9/96, DNotZ 1996, 700= BeckRS 1996, 8352; Lutter-*Hoger*, UmwG, § 202 Rz. 41; Widmann/Mayer-*Vossius*, UmwR, § 202 UmwG Rz. 117.

42) Widmann/Mayer-*Vossius*, UmwR, § 202 UmwG Rz. 117 f., 120.

43) *Fortun*, NZG 2022, 202, 203; Semler/Stengel/Leonard-*Leonard*, UmwG, § 202 Rz. 10; Kallmeyer-*Berger/Lanfermann*, UmwG, § 202 Rz. 24; *Olbertz*, GWR 2017, 314, 316; Widmann/Mayer-*Vossius*, UmwR, § 202 UmwG Rz. 110 f.

d) Öffentlich-rechtliche Beziehungen

20 Wie bei den oben benannten Positionen unterliegen auch die **öffentlich-rechtlichen Beziehungen** keinen Veränderungen.[44] So muss der formgewechselte Rechtsträger keine etwaige gewährte öffentlich-rechtliche Genehmigung neu beantragen und ist auch weiterhin an öffentlich-rechtliche Verpflichtungen (wie Steuerverpflichtungen) gebunden.[45] Dies gilt allerdings nur solange, als keine ausdrückliche Ausnahme besteht oder durch Auslegung im Lichte der Gesetzmäßigkeit der Verwaltung eine derartige anzunehmen ist.[46] So muss etwa eine erneute Erlaubnis beantragt werden, wenn die vorher erteilte Erlaubnis an eine bestimmte Rechtsform geknüpft ist und die Behörde dieser im Einzelfall nicht ohne eine weitere Prüfung stattgeben darf.[47]

e) Prozessuale Folgen

21 In Bezug auf Rechtsstreitigkeiten, die der Rechtsträger über den Formwechsel hinaus führt, treten ebenfalls keine Veränderungen ein.[48] Konkret bedeutet dies, dass der Rechtsträger seine Partei- und Prozessfähigkeit behält und weder eine Unterbrechung der Streitigkeit, eine Rechtsnachfolge nach § 265 ZPO oder das Erfordernis einer Klageänderung nach § 263 ZPO droht.[49] Einer notwendigen Veränderung unterliegt lediglich das zu berichtigende Rubrum, wobei diese die Änderung des Rechtsformzusatzes und die gesetzliche Vertretung der Organe umfasst.[50]

22 Auch die Wirksamkeit vollstreckbarer Titel, die für oder gegen den Rechtsträger wirksam erstritten worden sind, bleibt unberührt. Diese müssen ggf. jedoch umgeschrieben werden.[51] Der Formwechsel begründet gerade kein Vollstreckungshindernis.[52] Ratsam ist es jedoch, die neue Rechtsform sowie ggf. die Firma auf dem Titel festzuhalten.[53]

2. Diskontinuität der anwendbaren Vorschriften

23 Die oben (siehe Rz. 5, 12) dargestellte, den Formwechsel überdauernde Kontinuität der Identität des Rechtsträgers erreicht ihre Grenze dort, wo es um die auf die **umgewandelte Gesellschaft** anwendbaren Vorschriften geht **(Diskontinuität der anwendbaren Rechts-**

---

44) *Simons* in: BeckOGK-UmwG, § 202 Rz. 14; Kallmeyer-*Berger/Lanfermann*, UmwG, § 202 Rz. 20; Lutter-*Hoger*, UmwG, § 202 Rz. 39; Semler/Stengel/Leonard-*Leonard*, UmwG, § 202 Rz. 11; Widmann/Mayer-*Vossius*, UmwR, § 202 UmwG Rz. 103.

45) *Simons* in: BeckOGK-UmwG, § 202 Rz. 14; Kallmeyer-*Berger/Lanfermann*, UmwG, § 202 Rz. 20; Lutter-*Hoger*, UmwG, § 202 Rz. 39; Semler/Stengel/Leonard-*Leonard*, UmwG, § 202 Rz. 11.

46) *Simons* in: BeckOGK-UmwG, § 202 Rz. 14.

47) BGH, Beschl. v. 10.1.2005 – AnwZ B 27/03, BGHZ 161, 376 = DB 2005, 1050, 1051; *Eckert*, ZIP 1998, 1950, 1951; Lutter-*Hoger*, UmwG, § 202 Rz. 39; Semler/Stengel/Leonard-*Leonard*, UmwG, § 202 Rz. 11; Widmann/Mayer-*Vossius*, UmwR, § 202 UmwG Rz. 107.

48) Lutter-*Hoger*, UmwG, § 202 Rz. 43; Kallmeyer-*Berger/Lanfermann*, UmwG, § 202 Rz. 15; Semler/Stengel/Leonard-*Leonard*, UmwG, § 202 Rz. 11; s. a. *Lieder*, GmbHR 2024, 897, 903.

49) Kallmeyer-*Berger/Lanfermann*, UmwG, § 202 Rz. 15; Lutter-*Hoger*, UmwG, § 202 Rz. 43.

50) BGH, Urt. v. 1.12.2003 – II ZR 161/02, NJW 2004, 1528, 1529 = NZA 2004, 173; Kallmeyer-*Berger/Lanfermann*, UmwG, § 202 Rz. 15; Lutter-*Hoger*, UmwG, § 202 Rz. 43; Widmann/Mayer-*Vossius*, UmwR, § 202 UmwG Rz. 39.

51) *Simons* in: BeckOGK-UmwG, § 202 Rz. 35; Kallmeyer-*Berger/Lanfermann*, UmwG, § 202 Rz. 16; Semler/Stengel/Leonard-*Leonard*, UmwG, § 202 Rz. 11; Widmann/Mayer-*Vossius*, UmwR, § 202 UmwG Rz. 39.

52) Vgl. auch zum Statuswechsel einer registrierten Personengesellschaft *Lieder*, GmbHR 2024, 897, 903; Lutter-*Hoger*, UmwG, § 202 Rz. 50.

53) *Simons* in: BeckOGK-UmwG, § 202 Rz. 35; BGH, Beschl. v. 17.5.2017 – VII ZB 64/16, NZG 2017, 822, 823 = NJW 2017, 2917; OLG Köln, Urt. v. 5.8.2003 – 3 U 30/03, BeckRS 2003, 30325231 = ZIP 2004, 238; Kallmeyer-*Berger/Lanfermann*, UmwG, § 202 Rz. 16.

ordnung).[54] Auf die rechtsformgewechselte Gesellschaft sind konsequenterweise die für die neue Gesellschaftsform geltenden Vorschriften anzuwenden.[55] Dies führt im Ergebnis dazu, dass sich gravierende Unterschiede in Bezug auf die Regelungen der Rechtsverhältnisse zwischen den Gesellschaftern untereinander und zwischen Gesellschaft und Gesellschafter ergeben können. Betroffen ist in der Regel das Innenverhältnis.[56] Besondere Bedeutung erlangt dieser Rechtsstatutswechsel z. B. bei dem Formwechsel von Personen- in Kapitalgesellschaften, bei denen besonders häufig die Anforderungen an buchhalterische Pflichten sowie Kapitalaufbringungs- und -erhaltungsvorschriften auseinanderfallen.[57] Entgegenwirken lässt sich unerwünschten Änderungen der Verhältnisse allerdings durch eine entsprechende privatautonome Änderung des Gesellschaftsvertrags oder der Satzung.[58]

In selteneren Fällen können durch den Formwechsel auch Veränderungen im Außenverhältnis auftreten. Insbesondere können Gläubiger nach §§ 204, 22 **Sicherheitsleistung** verlangen, soweit die Erfüllung ihrer Forderungen gegen einen am Formwechsel beteiligten Rechtsträger gefährdet wird.[59] Ebenso kann es nötig werden, die Firma im Hinblick auf den Rechtsformzusatz entsprechend anzupassen (vgl. auch § 200).[60] 24

3. Kontinuität der Mitgliedschaft (§ 202 Abs. 1 Nr. 2 Satz 1)

a) Identität der Anteilsinhaber

Neben dem in § 202 Abs. 1 Nr. 1 dargestellten Grundsatz der Identität des Rechtsträgers wird in Absatz 1 Nr. 2 Satz 1 die Kontinuität der Mitgliedschaft der Anteilsinhaber beim Formwechsel geregelt.[61] Konkret bedeutet dies, dass diese Form der Umwandlung **grundsätzlich kein automatisches Ausscheiden oder Eintreten neuer Anteilsinhaber** zur Folge hat.[62] Abzustellen ist für ebendiese Kontinuitätsgarantie auf den Zeitpunkt der Eintragung, mithin auf das Wirksamwerden des Formwechsels.[63] Wer zu dieser Zeit Anteilsinhaber war, wird auch nach Formwechsel Teil des Beteiligtenkreises bleiben.[64] Hierdurch soll insbesondere einem gezielten Herausdrängen von Gesellschaftern unter dem Deckmantel des Formwechsels entgegengewirkt werden.[65] Die Möglichkeit jedoch, 25

---

54) Lutter-*Hoger*, UmwG, § 202 Rz. 8; Semler/Stengel/Leonard-*Leonard*, UmwG, § 202 Rz. 12.

55) Lutter-*Hoger*, UmwG, § 202 Rz. 8.

56) Semler/Stengel/Leonard-*Leonard*, UmwG, § 202 Rz. 12; Henssler/Strohn-*Drinhausen/Keinath*, GesR, § 202 UmwG Rz. 5.

57) *Simons* in: BeckOGK-UmwG, § 202 Rz. 37, für weitere Bsp. s. a. Rz. 37.1; Lutter-*Hoger*, UmwG, § 202 Rz. 8; s. zum mittlerweile durch das ZuFinG (Gesetz zur Finanzierung von zukunftssichernden Investitionen (Zukunftsfinanzierungsgesetz – ZuFinG), v. 11.12.2023, BGBl. I 2023, 3547) gelöste Problem des Formwechsels einer GmbH in eine AG bei vorgesehenen Mehrstimmrechten *Kraft*, ZGR 2024, 574 ff.

58) Lutter-*Hoger*, UmwG, § 202 Rz. 8; Semler/Stengel/Leonard-*Leonard*, UmwG, § 202 Rz. 12.

59) Semler/Stengel/Leonard-*Leonard*, UmwG, § 202 Rz. 13; Henssler/Strohn-*Drinhausen/Keinath*, GesR, § 202 UmwG Rz. 4.

60) Semler/Stengel/Leonard-*Leonard*, UmwG, § 202 Rz. 15.

61) *Simons* in: BeckOGK-UmwG, § 202 Rz. 38 f.; Henssler/Strohn-*Drinhausen/Keinath*, GesR, § 202 UmwG Rz. 6; Kallmeyer-*Berger/Lanfermann*, UmwG, § 202 Rz. 28; Lutter-*Hoger*, UmwG, § 202 Rz. 10; Semler/Stengel/Leonard-*Leonard*, UmwG, § 202 Rz. 18.

62) *Simons* in: BeckOGK-UmwG, § 202 Rz. 41; Henssler/Strohn-*Drinhausen/Keinath*, GesR, § 202 UmwG Rz. 7; Kallmeyer-*Berger/Lanfermann*, UmwG, § 202 Rz. 29; Semler-Stengel/Leonard-*Leonard*, UmwG, § 202 Rz. 19.

63) Kallmeyer-*Berger/Lanfermann*, UmwG, § 202 Rz. 30; *Simons* in: BeckOGK-UmwG, § 202 Rz. 55.

64) *Simons* in: BeckOGK-UmwG, § 202 Rz. 41.

65) *Weiler*, MittBayNot 2020, 216; Begr. Fraktionsentwurf UmwBerG, BT-Drucks. 12/6699, S. 144; OLG Oldenburg, Beschl. v. 19.12.2019 – 12 W 133/19, Rz. 6, NZG 2020, 193, 194 = ZIP 2020, 558.

unabhängig vom Formwechsel Änderungen im Gesellschafterbestand nach den allgemeinen gesellschaftsrechtlichen Regeln vorzunehmen, bleibt unberührt.[66)]

26 Gemäß § 194 Abs. 1 Nr. 3 Halbs. 1 muss schon im Formwechselbeschluss eine Beteiligung der bisherigen Anteilsinhaber nach den für die neue Rechtsform geltenden Vorschriften bestimmt werden. Dies betrifft nur den generellen Fortbestand der Anteile, die Art und Weise der Dokumentation des Fortbestandes wird dagegen von § 194 Abs. 1 Nr. 4 erfasst.[67)]

aa) Gesetzlich geregelte Ausnahmen

27 Der Wortlaut von § 202 Abs. 1 Nr. 2 Satz 1 sowie des § 194 Abs. 1 Nr. 3 a. E. lassen darauf schließen, dass vom Identitätsgrundsatz gesetzliche Ausnahmen bestehen.[68)] Bei den im UmwG genannten Fällen handelt es sich um abschließende Regelungen.[69)]

28 Entsprechende Regelungen können sich auf den Ein- oder Austritt von Anteilsinhabern beziehen[70)] und betreffen primär den Formwechsel der KGaA in eine Personengesellschaft oder den umgekehrten Fall.[71)]

(1) Wegfall von Beteiligten im Zuge des Formwechsels

29 Folgende Konstellationen des Formwechsels können zum Ausscheiden des persönlich haftenden Gesellschafters einer **KGaA** zum Zeitpunkt des Formwechsels führen:

- Beim Formwechsel der KGaA in eine Personengesellschaft entfällt seine Beteiligung nach § 236, wenn der persönlich haftende Gesellschafter seinen Austritt erklärt hat, vgl. 233 Abs. 3 Satz 3,[72)]
- beim Formwechsel der KGaA in eine eG entfällt sie nach § 255 Abs. 3,[73)]
- beim Formwechsel der KGaA in eine Kapitalgesellschaft anderer Rechtsform erfolgt der Ausschluss gemäß § 247 Abs. 2.[74)]

30 Mangels Anwendbarkeit des Konzeptes der Anteilsinhaberschaft an einer Personengesellschaft kann auch in diesem Falle schon denklogisch keine Anteilskontinuität bestehen.[75)]

31 Wird ein VVaG in eine AG umgewandelt, so können gemäß § 294 Abs. 1 Satz 2 Mitglieder, die dem Verein weniger als drei Jahre angehörten, von der Beteiligung an der AG ausgeschlossen werden.

(2) Hinzutreten von Beteiligten im Zuge des Formwechsels

32 Es gibt einen gesetzlich geregelten Anwendungsfall, in dem der **Eintritt** eines Anteilsinhabers durch den Beschluss des Formwechsels herbeigeführt wird.[76)]

66) Kallmeyer-*Berger/Willemsen/Müller-Bonanni*, UmwG, § 194 Rz. 25, § 202 Rz. 30.

67) Henssler/Strohn-*Drinhausen/Keinath*, GesR, § 194 UmwG Rz. 5.

68) *Simons* in: BeckOGK-UmwG, § 202 Rz. 42; Henssler/Strohn-*Drinhausen/Keinath*, GesR, § 202 UmwG Rz. 6 f.; Kallmeyer-*Berger/Lanfermann*, UmwG, § 202 Rz. 29.

69) Begr. Fraktionsentwurf UmwBerG, BT-Drucks. 12/6699, S. 144; *Simons* in: BeckOGK-UmwG, § 202 Rz. 42; Semler/Stengel/Leonard-*Leonard*, UmwG, § 202 Rz. 19.

70) KG Berlin, Beschl. v. 19.12.2018 – 22 W 85/18, DNotZ 2019, 394, 395 f. = GmbHR 2019, 287; *Usler*, MittRhNotK 1998, 22, 53; *Simons* in: BeckOGK-UmwG, § 202 Rz. 42.

71) Vgl. auch *Weiler*, MittBayNot 2020, 216, 217.

72) *Sparfeld* in: BeckOGK-UmwG, § 236 Rz. 1; Widmann/Mayer-*Vossius*, UmwR, § 202 UmwG Rz. 149.

73) S. zum Abfindungsanspruch *Simons* in: BeckOGK, UmwG, § 255 Rz. 65.

74) *Simons* in: BeckOGK-UmwG, § 202 Rz. 43.

75) Widmann/Mayer-*Vossius*, UmwR, § 202 UmwG Rz. 164 f.

76) Widmann/Mayer-*Vossius*, UmwR, § 202 UmwG Rz. 148; *Simons* in: BeckOGK-UmwG, § 202 Rz. 44.

Dieser bezieht sich auf den Beitritt eines oder mehrerer persönlich haftender Gesellschafter zur KGaA als formgewechseltem Rechtsträger.[77] Je nach formwechselnder Gesellschaft richtet sich die Entstehung der Beteiligung nach § 218 Abs. 2 (im Falle einer formwechselnden GbR bzw. Personenhandelsgesellschaft); § 243 Abs. 1 Satz 1 (Kapitalgesellschaft); § 263 Abs. 1 (eG); § 276 Abs. 1 (rechtsfähiger Verein); § 302 (Anstalt des öffentlichen Rechts).[78] 33

bb) Ungeschriebene Ausnahmen

Neben den gesetzlich geregelten Konstellationen und dem dahingehend eigentlich bestehenden numerus clausus werden teilweise aus praktischen Gründen weitere Ausnahmen des Kontinuitätsgrundsatzes angedacht.[79] 34

Der Identitätsgrundsatz legt zwar nahe, dass eine entsprechende Änderung im Gesellschafterbestand nur (wenn auch unmittelbar) **vor oder nach** dem Wirksamwerden des Formwechsels (siehe zum Zeitpunkt oben Rz. 25, 2) vollzogen werden kann.[80] 35

Es wird insoweit dennoch vertreten, dass der gesetzlich verankerte Kontinuitätsgrundsatz **ausnahmsweise durchbrochen** werden könne. Dies gelte z. B. wenn eine KG & Co. KG in eine KG wechsele, die GmbH & Co. KG einem Formwechsel in eine der beiden Richtungen unterliege oder sich eine Einmann-Kapitalgesellschaft in eine Personengesellschaft wandele.[81] In diesen Fällen könne sich die Zusammensetzung des Gesellschafterbestands aus praktischen Erwägungen auch **zeitgleich** zum Formwechsel ändern.[82] 36

Vertreter dieser Ansicht stützen sich u. a. auf eine Entscheidung des BGH aus dem Jahre 2005, in welcher dieser annahm, dass ein Gesellschafter auch „im Zuge eines Formwechsels" **eintreten** könne.[83] Begründet wird dies u. a. damit, dass die §§ 202 Abs. 1 und 194 Abs. 1 Nr. 3 nur den „Austritt" eines Gesellschafters, nicht jedoch den Beitritt regelten.[84] 37

In der Folge dieser Entscheidung wurde dann zum Teil auch der **Austritt** eines Gesellschafters im Zuge des Formwechsels als zulässig erachtet. Dies sei nach überwiegender Meinung jedenfalls dann möglich, wenn alle Gesellschafter dem Ausscheiden des persönlich haftenden Gesellschafters zustimmten, schließlich sei der Zweck der Norm lediglich der Schutz des Gesellschafters vor einem unfreiwilligen Austritt durch Formwechsel.[85] Weiterhin schließe das Gesetz nicht aus, dass zeitgleich „neben" dem Formwechsel, nicht aber durch diesen, der Gesellschafterbestand verändert werden könne.[86] 38

---

77) *Simons* in: BeckOGK, UmwG, § 202 Rz. 44; *Weiler*, MittBayNot 2020, 216, 217.

78) *Simons* in: BeckOGK-UmwG, § 202 Rz. 44; Semler/Stengel/Leonard-*Bärwaldt*, UmwG, § 194 Rz. 9.

79) Darstellend *Simons* in: BeckOGK, UmwG, § 202 Rz. 45.

80) So auch *Simons* in: BeckOGK-UmwG, § 202 Rz. 45 f.; Widmann/Mayer-*Vossius*, UmwR, § 202 UmwG Rz. 46 f.

81) Darstellend *Simons* in: BeckOGK-UmwG, § 202 Rz. 45; BGH, Urt. v. 9.5.2005 – II ZR 29/03, NZG 2005, 722, 723 = DNotZ 2005, 864 – im Falle eines Formwechsels einer AG in eine GmbH & Co. KG, sofern alle Anteilsinhaber zustimmten; Lutter-*Hoger*, UmwG, § 202 Rz. 12; *Weiler*, MittBayNot 2020, 216, 217.

82) Semler/Stengel/Leonard-*Bärwaldt*, UmwG, § 194 Rz. 8 f. – explizit für die Komplementär-GmbH einer GmbH & Co. KG bei Zustimmung des Anteilsinhabers sowie die Aufnahme von neuen Anteilsinhabern; anders *Simons* in: BeckOGK-UmwG, § 202 Rz. 45.

83) BGH, Urt. v. 9.5.2005 – II ZR 29/03, GmbHR 2005, 1136 = NZG 2005, 722; s. a. *Heckschen*, GmbHR 2021, 8, 11.

84) So Semler/Stengel/Leonard-*Bärwaldt*, UmwG, § 197 Rz. 13; diese Ansicht vertretend auch *Klaaßen-Kaiser* in: MünchHdb. GesR, Bd. 8, § 32 Rz. 49 ff.; *Weiler*, MittBayNot 2020, 216, 220.

85) KG Berlin, Beschl. v. 19.12.2018 – 22 W 85/18, GmbHR 2019, 287, 288 = DNotZ 2019, 394 – bzgl. des Austritts einer nicht am Vermögen beteiligten Komplementär-Gesellschaft; Semler/Stengel/Leonard-*Leonard*, UmwG, § 202 Rz. 21, § 194 Rz. 8.

86) OLG Oldenburg, Beschl. v. 19.12.2019 – 12 W 133/19, Rz. 7, NZG 2020, 193, 194 = ZIP 2020, 558.

39 **Gegen** diese Auffassung spricht neben dem Wortlaut in erster Linie die Gesetzesbegründung, welche nahelegt, dass die im UmwG geregelten Ausnahmen von der Kontinuität der Mitgliedschaft abschließend sind.[87)] Teilweise wird diese Ausführung nur als Abgrenzung zur unter dem UmwG 1969 noch möglichen Mehrheitsumwandlung mit Ausschließungszwang verstanden, mit der Folge, dass für die vorliegenden Konstellationen die gesetzlichen Vorschriften nicht abschließend seien, sondern lediglich als „gesetzliches Muster" dienten.[88)] Außerdem habe sich der Gesetzgeber bei der Neuregelung des Formwechsels im Jahre 2007 nicht gegen die BGH-Rechtsprechung aus 2005 gestellt, was für eine Billigung der ungeschriebenen Ausnahme spreche.[89)]

40 Aufgrund des uneinheitlichen Meinungsbildes und der für die meisten Fälle doch noch ungeklärten Rechtslage[90)] erscheint es im **Praxisfall** zuträglich, sich mit dem örtlichen Registergericht in Verbindung zu setzen. Sollte dies nicht möglich sein, so verspricht jedenfalls die Option des persönlich haftenden Gesellschafters, **vor oder nach** dem Wirksamwerden des Formwechsels nach den allgemeinen gesellschaftsrechtlichen Vorschriften auszuscheiden oder einzutreten, ein gewisses Maß an Rechtssicherheit.[91)]

b) Identität der Beteiligungen (§ 202 Abs. 1 Nr. 2 Satz 1)

41 Neben der Identität des Rechtsträgers (§ 202 Abs. 1 Nr. 1, siehe oben Rz. 5, 12) und der Kontinuität der Anteilsinhaber bleiben beim Formwechsel grundsätzlich auch die Beteiligungen der Anteilsinhaber in ihrem jeweiligen **Verhältnis** bestehen (sog. **Identität der Beteiligungen**).[92)] Diese Wahrung der quantitativen Beteiligungsverhältnisse ist allerdings **nicht zwingend** (vgl. auch § 194 Abs. 1 Nr. 4 zur Bestimmung der zukünftigen Beteiligung im Formwechselbeschluss).[93)] Es steht dem Rechtsträger frei, im Formwechselbeschluss unter Zustimmung des entsprechenden Anteilsinhabers, die Beteiligungsverhältnisse zu ändern **(nichtverhältniswahrender Formwechsel)**.[94)]

42 In der Regel kommt es durch den Formwechsel jedoch zu einer **qualitativen** Änderung der Anteile.[95)] Die jeweilige rechtliche Qualität der entsprechenden Anteile ergibt sich aus den für die formgewechselte Gesellschaft geltenden Vorschriften.[96)] Es können sich ins-

---

87) Begr. Fraktionsentwurf UmwBerG, BT-Drucks. 12/6699, S. 144; so auch *Weiler*, GmbHR 2021, 473, 476.

88) KG Berlin, Beschl. v. 19.12.2018 – 22 W 85/18, GmbHR 2019, 287, 288 f. = DNotZ 2019, 394; s. a. *Lohr*, GmbH-StB 2019, 205, 206.

89) *Klaaßen-Kaiser* in: MünchHdb. GesR, Bd. 8, § 32 Rz. 50.

90) So auch *Weiler*, MittBayNot 2020, 216, 220.

91) So auch *Weiler*, MittBayNot 2020, 216, 221 f.; *Simons* in: BeckOGK-UmwG, § 202 Rz. 55; *Klaaßen-Kaiser* in: MünchHdb. GesR, Bd. 8, § 32 Rz. 50; *Althoff* in: NK-UmwG, § 202 Rz. 12; s. zur genauen Handhabung beim Formwechsel einer GmbH & Co. KG in eine GmbH *Lohr*, GmbH-StB 2019, 205, 206.

92) *Simons* in: BeckOGK-UmwG, § 202 Rz. 47; Henssler/Strohn-*Drinhausen/Keinath*, GesR, § 202 UmwG Rz. 6; Kallmeyer-*Berger/Lanfermann*, UmwG, § 202 Rz. 34 f.; Semler/Stengel/Leonard-*Leonard*, UmwG, § 202 Rz. 23.

93) *Winter* in: Schmitt/Hörtnagl, UmwG/UmwStG, § 202 UmwG Rz. 7.

94) Lutter-*Hoger*, UmwG, § 202 Rz. 14; Semler/Stengel/Leonard-*Leonard*, UmwG, § 202 Rz. 23; s. a. zum „Formwechsel zu Null" KG Berlin, Beschl. v. 19.12.2018 – 22 W 85/18, GmbHR 2019, 287, 289 = DNotZ 2019, 394; *Winter* in: Schmitt/Hörtnagl, UmwG/UmwStG, § 202 UmwG Rz. 7.

95) Henssler/Strohn-*Drinhausen/Keinath*, GesR, § 202 UmwG Rz. 8; *Winter* in: Schmitt/Hörtnagl, UmwG/UmwStG, § 202 UmwG Rz. 8.

96) *Simons* in: BeckOGK-UmwG, § 202 Rz. 47, 48 f.; Semler/Stengel/Leonard-*Bärwaldt*, UmwG, § 194 Rz. 20; Henssler/Strohn-*Drinhausen/Keinath*, GesR, § 202 UmwG Rz. 9; *Winter* in: Schmitt/Hörtnagl, UmwG/UmwStG, § 202 UmwG Rz. 8.

besondere die mit einer Anteilsinhaberschaft verbundenen Rechte und Pflichten, wie z. B. Haftungsvorschriften, ändern.[97)]

Trotz qualitativer Wandlung der Beteiligungen wird überwiegend davon ausgegangen, dass sich dies nicht durch Erlöschen und Entstehen der einzelnen Beteiligungen vollzieht, sondern vielmehr dieselbe Beteiligung bestehen bleibt.[98)] 43

Im Bereich von dispositiven gesetzlichen Vorschriften fällt diese qualitative Veränderung durch die bestehenden Ausgleichsmöglichkeiten in Satzung oder Gesellschaftsvertrag weniger ins Gewicht als bei solchen Gesellschaftsformen, welche überwiegend zwingendem Gesetzesrecht unterliegen.[99)] Kann ein für die Gesellschaftsform spezifisches Sonderrecht nicht auf die formgewechselte Gesellschaft übertragen werden, so erlischt dieses in der Folge.[100)] An seine Stelle können jedoch unter Umständen Schutzrechte nach §§ 204, 23 treten.[101)] 44

c) Fortbestand der Rechte Dritter (§ 202 Abs. 1 Nr. 2 Satz 2)

Aus dem Konzept der Identität der Beteiligung folgt konsequenterweise, dass auch die Rechte Dritter an den neuen Anteilen fortbestehen – schließlich sind diese nicht von den Anteilen an dem formwechselnden Rechtsträger zu differenzieren.[102)] Die Vorschrift hat mithin nur **klarstellende** Funktion und dient dem Schutz der Gläubiger der Anteilsinhaber und der Rechtssicherheit.[103)] 45

Zwar bezieht sich § 202 Abs. 1 Nr. 2 Satz 2 nach h. M. nur auf dingliche Rechte, dies hat allerdings nicht zur Folge, dass für schuldrechtliche Ansprüche im Ergebnis Abweichendes gilt.[104)] Für diese ergibt sich vielmehr bereits aus den allgemeinen Grundsätzen der Rechtsgeschäftslehre, dass bei Identität des Rechtsträgers, wie es hier der Fall ist, **schuldrechtliche Ansprüche** erhalten bleiben.[105)] Es sind folglich keine erneuten Übertragungs- oder Bestellungsakte erforderlich.[106)] Anders als bei Verschmelzung oder Spaltung liegt bei einem Formwechsel auch keine dingliche Surrogation zwischen den Anteilen an dem formwechselnden und denen an dem formgewechselten Rechtsträger vor.[107)] 46

---

97) *Simons* in: BeckOGK-UmwG, § 202 Rz. 49; Henssler/Strohn-*Drinhausen/Keinath*, GesR, § 202 UmwG Rz. 9; *Winter* in: Schmitt/Hörtnagl, UmwG/UmwStG, § 202 UmwG Rz. 8; s. zur Forthaftung von Anteilsinhabern bei Formwechsel in oder aus einer Rechtsform mit beschränkter Haftung Kallmeyer-*Berger/Lanfermann*, § 202 Rz. 42 f.

98) Kallmeyer-*Berger/Lanfermann*, § 202 Rz. 35; a. A. Widmann/Mayer-*Vossius*, UmwR, § 202 UmwG Rz. 28.

99) Henssler/Strohn-*Drinhausen/Keinath*, GesR, § 202 UmwG Rz. 9.

100) *Simons* in: BeckOGK-UmwG, UmwG, § 202 Rz. 52; Semler/Stengel/Leonard-*Bärwaldt*, UmwG, § 202 Rz. 29; s. zum mittlerweile durch das ZuFinG (Gesetz zur Finanzierung von zukunftssichernden Investitionen (Zukunftsfinanzierungsgesetz – ZuFinG), v. 11.12.2023, BGBl. I 2023, 3547) gelöste Problem des Formwechsels einer GmbH in eine AG bei vorgesehenen Mehrstimmrechten *Kraft*, ZGR 2024, 574 ff.

101) *Simons* in: BeckOGK-UmwG, UmwG, § 202 Rz. 52.

102) Semler/Stengel/Leonard-*Leonard*, UmwG, § 202 Rz. 30; *Simons* in: BeckOGK-UmwG, § 202 Rz. 56.

103) *Simons* in: BeckOGK-UmwG, § 202 Rz. 56; Henssler/Strohn-*Drinhausen/Keinath*, GesR, § 202 UmwG Rz. 10; Semler/Stengel/Leonard-*Leonard*, UmwG, § 202 Rz. 30.

104) Henssler/Strohn-*Drinhausen/Keinath*, GesR, § 202 UmwG Rz. 11; *Simons* in: BeckOGK-UmwG, § 202 Rz. 57; Semler/Stengel/*Leonard*, UmwG, § 202 Rz. 32, 34; Lutter-*Hoger*, UmwG, § 202 Rz. 20.

105) *Simons* in: BeckOGK-UmwG, § 202 Rz. 57, 58; Henssler/Strohn-*Drinhausen/Keinath*, GesR, § 202 UmwG Rz. 11; Semler/Stengel/Leonard-*Leonard*, UmwG, § 202 Rz. 31.

106) *Simons* in: BeckOGK-UmwG, § 202 Rz. 60; Semler/Stengel/Leonard-*Leonard*, UmwG, § 202 Rz. 31; so auch Widmann/Mayer-*Vossius*, UmwR, § 202 UmwG Rz. 147 – „Direkterwerb".

107) Widmann/Mayer-*Vossius*, UmwR, § 202 UmwG Rz. 150; *Simons* in: BeckOGK-UmwG, § 202 Rz. 60, 62; Semler/Stengel/*Leonard*, UmwG, § 202 Rz. 31.

47 Zu beachten bleibt auch bei dem Fortbestand der Rechte Dritter, dass nach dem Formwechsel das Recht der neuen Rechtsform anzuwenden ist.[108] Darüber hinaus können die Rechte Dritter an Anteilen schon rein logisch nur fortbestehen, wenn auch die Anteile selbst dies tun.[109] In Konstellationen, in denen Anteile beim Formwechsel wegfallen (siehe oben Rz. 29 ff.), gehen damit auch die an diesen bestehenden Rechte Dritter unter.[110] Dies spielt vor allem bei dem Wechsel einer Kapitalgesellschaft in eine Personengesellschaft, welche keine eigenen Anteile halten kann, eine Rolle.[111] Es kann bei mangelnder Übertragbarkeit jedoch auch hier zur Gewährung von an die Stelle des Anteils tretenden Schutzrechten nach §§ 204, 23 kommen.[112]

4. Heilung von Beurkundungsmängeln (§ 202 Abs. 1 Nr. 3)

48 Die Eintragung der neuen Rechtsform in das Register heilt gemäß § 202 Abs. 1 Nr. 3 den **Mangel der notariellen Beurkundung** des Formwechselbeschlusses und ggf. erforderlicher Zustimmungs- und Verzichtserklärungen einzelner Anteilsinhaber (zum generellen Erfordernis der Beurkundung siehe § 193 Abs. 3 Satz 1 (siehe Rz. 32). Die Vorschrift gilt parallel zu dem für die Verschmelzung geltenden § 20 Abs. 1 Nr. 4 und dem für die Spaltung geltenden § 131 Abs. 1 Nr. 4. **Nicht** erfasst von der Heilungswirkung sind **sonstige Mängel**, die nicht mit der Beurkundung selbst im Zusammenhang stehen, wie z. B. inhaltliche Mängel. Für diese gilt Absatz 3 (siehe unten Rz. 51 ff.).[113]

49 **„Heilung"** i. S. dieser Norm bedeutet die vollständige, rückwirkend geltende, materiellrechtliche Behebung des Beurkundungsmangels durch die entsprechende Eintragung.[114] Die Heilung begründet jedoch keinen Haftungsausschluss für die Organe, die den Mangel zu verantworten haben. So können gegen diese dennoch Haftungsansprüche nach §§ 205, 206 oder Amtshaftungsansprüche geltend gemacht werden.[115] Auch darauf, ob das Registergericht bei der Eintragung schuldhaft seine Prüfpflichten verletzt hat, kommt es für die Wirksamkeit der Eintragung nicht an – selbst, wenn hier im Anschluss amtshaftungsrechtliche Ansprüche in Betracht kommen können.[116]

50 In der **Praxis** kommt die Vorschrift insbesondere dann zur Geltung, wenn z. B. eine unzulässige Beurkundung im Ausland stattgefunden hat, die jedoch mit einer inländischen Beurkundung vergleichbar sein muss, oder eine inländische Beurkundung **unvollständig** ist.[117] Etwaige auf einer unvollständigen Beurkundung beruhenden Lücken des Umwandlungsbeschlusses sind durch Auslegung zu schließen.[118] Kaum praktisch relevant sind fehlerhafte Beurkundungen, gerade auch aufgrund der Prüfpflicht des Registergerichts.[119] Auf vollständige Nichtbeurkundungen sei Absatz 1 Nr. 3 überdies ohnehin nicht anwendbar.[120]

---

108) Kallmeyer-*Berger*, UmwG, § 202 Rz. 46; *Simons* in: BeckOGK-UmwG, § 202 Rz. 61.

109) *Simons* in: BeckOGK-UmwG, § 202 Rz. 58; Semler/Stengel-*Leonard*, UmwG, § 202 Rz. 32.

110) *Simons* in: BeckOGK-UmwG, § 202 Rz. 58.

111) Semler/Stengel-*Leonard*, UmwG, § 202 Rz. 32.

112) *Simons* in: BeckOGK-UmwG, § 202 Rz. 61.

113) S. a. Kallmeyer-*Berger/Lanfermann*, UmwG, § 202 Rz. 49; *Simons* in: BeckOGK-UmwG, § 202 Rz. 72 f.

114) Kallmeyer-*Berger/Lanfermann*, UmwG, § 202 Rz. 51 ff. – auch zu den Folgen für die Erhebung einer Unwirksamkeitsklage sowie die Löschung der Eintragung gemäß § 398 FamFG.

115) Semler/Stengel/*Leonard*, UmwG, § 202 Rz. 36; Kallmeyer-*Berger/Lanfermann*, UmwG, § 202 Rz. 54.

116) Lutter-*Hoger*, UmwG, § 202 Rz. 52; *Simons* in: BeckOGK-UmwG, § 202 Rz. 69 – hier auch zur Prüfpflicht des Registergerichts von Amts wegen.

117) Widmann/Mayer-*Vossius*, UmwR, § 202 UmwG Rz. 180; Kallmeyer-*Berger/Lanfermann*, UmwG, § 202 Rz. 50; Semler/Stengel/*Leonard*, UmwG, § 202 Rz. 35; *Simons* in: BeckOGK-UmwG, § 202 Rz. 68.

118) Semler/Stengel/*Leonard*, UmwG, § 202 Rz. 36.

119) *Simons* in: BeckOGK-UmwG, § 202 Rz. 687.

120) Widmann/Mayer-*Vossius*, UmwR, § 202 UmwG Rz. 181.

5. Sonstige Mängel der Umwandlung (§ 202 Abs. 3)

51 Bezüglich sonstiger Mängel des Formwechsels regelt § 202 Abs. 3, dass diese die Wirkungen der Eintragung der neuen Rechtsform oder des Rechtsträgers neuer Rechtsform in das Register **unberührt** lassen.[121)] Sie werden, anders als die Beurkundungsmängel aus § 202 Abs. 1 Nr. 3, jedoch dem Wortlaut nach nicht im technischen Sinne „geheilt".[122)]

a) Anwendungsbereich und Zweck

52 § 202 Abs. 3 gilt nur für Mängel, die **nicht die Beurkundung an sich** betreffen (siehe hierzu oben Rz. 48). Dies können z. B. Verletzungen der Regelungen aus §§ 192–200 sein oder Mängel betreffend die Zustimmungs- und Verzichtserklärungen.[123)] Hierbei spielt es keine Rolle, wie gravierend der Mangel ist oder ob er schuldhaft verursacht wurde.[124)]

53 Zweck der Norm ist insbesondere die Gewährleistung von **Rechtssicherheit und Bestandsschutz**, nicht nur für die Beteiligten der Umwandlung, sondern auch für den übrigen Rechtsverkehr, der auf die Eintragung vertrauen können soll.[125)] Eine Rückabwicklung des Formwechsels nach Eintragung soll daher auch unter Berücksichtigung der damit verbundenen enormen organisatorischen und finanziellen Belastungen vermieden werden.[126)]

b) Wirkung der Eintragung trotz Mangels

54 Die Eintragung der neuen Rechtsform oder des Rechtsträgers neuer Rechtsform entfaltet **Bestandsschutz.**[127)] Auch bei der Bestimmung des § 202 Abs. 3 handelt es sich um eine Vorschrift, die etwaige dem Formwechsel anhaftende Fehler bedeutungslos machen soll. Eine **nach der Eintragung** erfolgende Erhebung einer Unwirksamkeitsklage gegen den Formwechselbeschluss nach § 195 hat somit grundsätzlich keine Aussicht auf Erfolg. Dies gilt selbst dann, wenn der Beschluss vor Eintragung noch anfechtbar gewesen wäre.[128)] Dasselbe gilt für die etwaige Durchführung eines Amtslöschungsverfahrens nach § 397 FamFG.[129)]

55 Möglich dagegen bleibt die **Erhebung einer Klage vor der Eintragung** innerhalb der einmonatigen Frist des § 195 Abs. 1, welche zur Registersperre nach §§ 198 Abs. 3, 16 Abs. 2 Satz 2 führt[130)] sowie die Geltendmachung von Schadensersatzansprüchen nach §§ 205, 206.[131)]

56 Um eine vorschnelle Eintragung zu verhindern, prüft das Registergericht von Amts wegen vorher, ob dem Formwechsel sonstige Mängel (zu den Beurkundungsmängeln siehe oben Rz. 48) anhaften.[132)] Unterlaufen dem Registergericht hierbei Fehler, so ändert dies nichts am Bestand der Eintragung. Lediglich sich hierauf stützende **Amtshaftungsansprüche**

121) Dies nun nochmals unterstreichend: BGH, Beschl. v. 31.1.2023 – II ZR 11/22, NZG 2023, 1031.

122) *Simons* in: BeckOGK-UmwG, UmwG, § 202 Rz. 74 f.; anders wohl Semler/Stengel-*Leonard*, UmwG, § 202 Rz. 37; Lutter-*Hoger*, UmwG, § 202 Rz. 53, nach welchem die Unterscheidung zutreffenderweise jedenfalls keine praktische Relevanz habe.

123) Widmann/Mayer-*Vossius*, UmwR, § 202 UmwG Rz. 182.

124) *Simons* in: BeckOGK-UmwG, UmwG, § 202 Rz. 78.

125) Kallmeyer-*Berger/Lanfermann*, UmwG, § 202 Rz. 56; *Simons* in: BeckOGK-UmwG, § 202 Rz. 76.

126) Semler/Stengel/*Leonard*, UmwG, § 202 Rz. 37; Kallmeyer-*Berger/Lanfermann*, UmwG, § 202 Rz. 56; *Simons* in: BeckOGK-UmwG, § 202 Rz. 74.

127) Lutter-Hoger, UmwG, § 202 Rz. 54 f.; Kallmeyer-*Berger/Lanfermann*, UmwG, § 202 Rz. 58 a. E.

128) Semler/Stengel/Leonard-*Leonard*, UmwG, § 202 Rz. 38 f.; BGH, Beschl. v. 31.1.2023 – II ZR 11/22, NZG 2023, 1031, kürzlich zur Streitwertberechnung im Falle einer Beschlussanfechtung einer formgewechselten AG, bei der die Interessen hinsichtlich des (bereits eingetragenen) Formwechsels keine Rolle für die Bedeutung der Sache i. S. des § 247 Abs. 1 AktG für die Parteien spielten.

129) *Simons* in: BeckOGK-UmwG, § 202 Rz. 77; Semler/Stengel/Leonard-*Leonard*, UmwG, § 202 Rz. 42.

130) *Simons* in: BeckOGK-UmwG, § 202 Rz. 77, s. hier auch zur Folge eines erfolgreichen Freigabeverfahrens.

131) Kallmeyer-*Berger/Lanfermann*, UmwG, § 202 Rz. 56.

132) *Wansleben* in: MünchHdb. GesR, Bd. 8, § 35 Rz. 27; *Simons* in: BeckOGK-UmwG, § 202 Rz. 79.

aus § 839 BGB i. V. m. Art. 34 GG sind denkbar sowie Ansprüche aus §§ 205, 206 gegen die verantwortlichen Organmitglieder.[133)]

57 Zu beachten bleibt, dass von der Bestandsschutzwirkung lediglich der **Wechsel der Rechtsform** infolge Eintragung erfasst wird. Nicht erfasst werden dagegen solche Mängel, die i. R. der Eintragung nicht überprüft werden, z. B. solche, die bei Gründung des formwechselnden Rechtsträgers auftraten oder i. Ü. in keinem Zusammenhang mit den Wirkungen der Eintragung stehen.[134)] Die klageweise Geltendmachung etwaiger **anderer Mängel** bleibt mithin nach wie vor möglich und führt nicht schon zu einer sofortigen Unzulässigkeit mangels Rechtsschutzbedürfnisses (zur Unzulässigkeit von Klagen nach Heilung siehe oben Rz. 54).[135)]

c) Ausnahmen vom Bestandsschutz

58 Dass der Rechtsformwechsel trotz erfolgter Eintragung **unwirksam** ist, kommt nur in einigen wenigen Ausnahmefällen vor. Hiervon sind solche Konstellationen betroffen, in denen die Gewährung von Bestandsschutz nicht haltbar erscheint.[136)]

59 Wenn bspw. überhaupt **kein Umwandlungsbeschluss** zustande gekommen war und sich der Formwechsel mithin nicht als gewollte Folge der Anteilsinhaber darstellt, so führt auch die Eintragung nicht zu einer entsprechenden Wirksamkeit.[137)] Dasselbe gilt, wenn der (gewollte) Formwechsel einen Verstoß gegen die Rechtsordnung, speziell gegen das UmwG, darstellt und so mithin gesetzlich gar nicht vorgesehen ist (zum numerus clausus siehe oben Rz. 3 und 34).[138)]

60 Eine weitere diskutierte Ausnahme ist die eines durch den Formwechsel forcierten Ausschlusses eines Anteilsinhabers (**Squeeze-out**). Da die Ausnahmen eng zu fassen sind, spricht Vieles dafür, dass die Heilungswirkung des Absatz 3 auch hier, wie vom Gesetz grundsätzlich vorgesehen, eintritt.[139)] Teilweise wird sich dafür ausgesprochen, dem verdrängten Mitglied in der Folge jedenfalls einen schuldrechtlichen Ausgleichsanspruch zu gewähren.[140)]

133) Kallmeyer-*Berger/Lanfermann*, UmwG, § 202 Rz. 56; Henssler/Strohn-*Drinhausen/Keinath*, GesR, § 202 UmwG Rz. 16.

134) Lutter-*Hoger*, UmwG, § 202 Rz. 61, § 197 Rz. 9; Kallmeyer-*Berger/Lanfermann*, § 202 Rz. 58; s. Semler/Stengel/Leonard-*Leonard*, UmwG, § 202 Rz. 43 – auch zur gegenteiligen Beurteilung bei Beschlüssen zur Kapitalerhöhung oder Herabsetzung, die den Rechtsformwechsel erst ermöglichen.

135) KG Berlin, Urt. v. 30.12.2021 – 2 U 91/18, Rz. 40, BeckRS 2021, 61284; Kallmeyer-*Berger/Lanfermann*, § 202 Rz 58; s. a. *Simons* in: BeckOGK-UmwG, § 202 Rz. 79.1.

136) *Simons* in: BeckOGK-UmwG, § 202 Rz. 79; Semler/Stengel/Leonard-*Leonard*, UmwG, § 202 Rz. 38 ff.

137) Lutter-*Hoger*, UmwG, § 202 Rz. 57; *Simons* in: BeckOGK-UmwG, § 202 Rz. 80 f.; Semler/Stengel/Leonard-*Leonard*, UmwG, § 202 Rz. 39.

138) Semler/Stengel/Leonard-*Leonard*, UmwG, § 202 Rz. 40; *Simons* in: BeckOGK-UmwG, § 202 Rz. 81; *Winter* in: Schmitt/Hörtnagl, UmwG/UmwStG, § 202 UmwG Rz. 12; Lutter-*Hoger*, UmwG, § 202 Rz. 57.

139) Zum Streitstand Semler/Stengel/Leonard-*Leonard*, UmwG, § 202 Rz. 41.

140) Lutter-*Hoger*, UmwG, § 202 Rz. 59; a. A. Semler/Stengel/Leonard-*Leonard*, UmwG, § 202 Rz. 41 – für eine aus dem Verfassungsrecht folgende Beteiligung am formgewechselten Rechtsträger; s. zum Schutzbereich des Art. 14 Abs. 1 GG bzgl. Anteilsinhabern einer AG: BVerfG, Beschl. v. 27.4.1999 – 1 BvR 1613-94, NJW 1999, 3769, 3770 = NZG 1999, 931.

§ 203

Amtsdauer von Aufsichtsratsmitgliedern[*)]

[1]Wird bei einem Formwechsel bei dem Rechtsträger neuer Rechtsform in gleicher Weise wie bei dem formwechselnden Rechtsträger ein Aufsichtsrat gebildet und zusammengesetzt, so bleiben die Mitglieder des Aufsichtsrats für den Rest ihrer Wahlzeit als Mitglieder des Aufsichtsrats des Rechtsträgers neuer Rechtsform im Amt. [2]Die

Anteilsinhaber des formwechselnden Rechtsträgers können im Formwechselbeschluss für ihre Aufsichtsratsmitglieder die Beendigung des Amtes bestimmen.

*) § 203 i. d. F. des UmwBerG geändert durch Art. 1 des Gesetzes zur Umsetzung der Umwandlungsrichtlinie und zur Änderung weiterer Gesetze (UmRUG), v. 22.2.2023, BGBl. I 2023, Nr. 51.

Literatur: *Fortun*, Auswirkungen eines Rechtsformwechsels unter Beteiligung von GmbH und AG auf die Entlastung der Geschäftsführung, NZG 2022, 202; *Habersack*, Konstituierung des ersten Aufsichtsrats- oder Verwaltungsorgans der durch Formwechsel entstandenen SE und Amtszeit seiner Mitglieder, Der Konzern 2008, 67; *Kleinhenz/Leyendecker-Langner*, Ämterkontinuität bei der Umwandlung in eine dualistisch verfasste SE, AG 2013, 507; *Krause-Ablaß/Link*, Fortbestand, Zusammensetzung und Kompetenzen des Aufsichtsrats nach Umwandlungen einer AG in eine GmbH, GmbHR 2005, 731; *Leßmann/Glattfeld*, Der Aufsichtsrat beim Formwechsel einer GmbH in eine Aktiengesellschaft, ZIP 2013, 2390; *Olbertz*, Arbeitsrechtliche Aspekte beim Rechtsformwechsel, GWR 2017, 314.

Übersicht

I. Allgemeines

1 **§ 203 Satz 1** ermöglicht die **Ämterkontinuität** von Aufsichtsratsmitgliedern des formwechselnden Rechtsträgers über den Formwechsel hinaus (siehe hierzu ab Rz. 6) und stellt eine **Ausnahmevorschrift** vom **Grundsatz der Ämter*dis*kontinuität** dar (siehe hierzu ab Rz. 3). Dazu müssen sich sowohl die Bildung als auch die Zusammensetzung des Aufsichtsrats in dem formwechselnden Rechtsträger vor und nach dem Formwechsel „in gleicher Weise" vollziehen. Sind diese Voraussetzungen kumulativ erfüllt, kann der Aufsichtsrat unverändert fortbestehen und die vor dem Formwechsel bestellten Aufsichtsratsmitglieder bleiben für den Rest ihrer Wahlzeit im Amt. Auf diese Weise sollen der Formwechselprozess vereinfacht und Kosten gespart werden.[1] Zudem ist der Rechtsträger in der neuen Rechtsform aufgrund der Ämterkontinuität sofort handlungsfähig.[2]

2 Für den Fall der Ämterkontinuität nach § 203 Satz 1 ermöglicht **§ 203 Satz 2** den Anteilsinhabern des formwechselnden Rechtsträgers die **Beendigung des Amtes** ihrer Aufsichtsratsmitglieder zu bestimmen (siehe hierzu ab Rz. 19).

II. Grundsatz: (Neu-)Bestellung von Aufsichtsratsmitgliedern (Ämterdiskontinuität)

3 Außerhalb des Anwendungsbereichs des § 203 Satz 1 **enden die Aufsichtsratsämter** mit Eintragung des Formwechsels kraft Gesetzes, ohne dass es einer Abberufung bedarf.[3)]

1) Begr. Fraktionsentwurf UmwBerG, BT-Drucks. 12/6699, S. 145, Lutter-*Hoger*, UmwG, § 203 Rz. 1; Semler/Stengel/Leonard-*Simon/Fischer*, UmwG, § 203 Rz. 1.

2) Henssler/Strohn-*Drinhausen/Keinath*, GesR, § 203 UmwG Rz. 1.

3) Kallmeyer-*Berger*, UmwG, § 203 Rz. 2; Semler/Stengel/Leonard-*Simon/Fischer*, UmwG, § 203 Rz. 2; Lutter-*Hoger*, UmwG, § 203 Rz. 2, 5; Henssler/Strohn-*Drinhausen/Keinath*, GesR, § 203 UmwG Rz. 1, 5; a. A. *Krause-Ablaß/Link*, GmbHR 2005, 731, 732 f.

Das heißt, selbst wenn in diesem Fall ein Aufsichtsrat ebenfalls in der neuen Rechtsform zu bilden ist, sind dessen Mitglieder gemäß § 197 Satz 1 nach den Bestimmungen der neuen Rechtsform neu zu bestellen.[4] Ein Beschluss der Anteilseigner i. R. des Formwechsels über die Fortgeltung der Amtszeiten der Aufsichtsratsmitglieder ist nicht ausreichend.[5]

4 Die neuen Vorschriften zur Bildung und Zusammensetzung des Aufsichtsrats der Zielrechtsform finden grundsätzlich erst nach Abschluss eines Statusverfahrens nach §§ 97 ff. AktG Anwendung.[6] Eine Ausnahme gilt für den Formwechsel in die AG, bei dem gemäß § 197 Satz 3 zunächst ein ausschließlich mit Anteilseignervertretern zu besetzender (Rumpf-)Aufsichtsrat zu bilden ist und sich daran ein Statusverfahren anschließt (siehe hierzu Rz. 24 und § 197 Rz. 49 [*Schaper/Meven*]).

5 Der Grundsatz der **Ämter*dis*kontinuität** gilt i. Ü. nach ganz h. M. auch für die **gesetzlichen Vertreter** des formwechselnden Rechtsträgers, die im Zuge des Formwechsels nach Maßgabe der Regelungen der Zielrechtsform neu zu bestellen sind.[7] § 203 Satz 1 findet auf sie keine analoge Anwendung.

III. Ämterkontinuität (§ 203 Satz 1)

6 Damit es gemäß § 203 Satz 1 zur **Ämterkontinuität** von Aufsichtsratsmitgliedern über den Formwechsel hinaus kommt, muss bereits beim formwechselnden Rechtsträger ein Aufsichtsrat gebildet worden sein (siehe ab Rz. 7), der Aufsichtsrat muss vor und nach dem Formwechsel in gleicher Weise gebildet werden (siehe ab Rz. 9) und die Zusammensetzung des Aufsichtsrats muss vor und nach dem Formwechsel in gleicher Weise erfolgen (siehe ab Rz. 13).

1. Bestehen eines Aufsichtsrats beim formwechselnden Rechtsträger

7 Grundvoraussetzung für die Anwendung des § 203 Satz 1 ist das Vorhandensein eines **Aufsichtsrats beim formwechselnden Rechtsträger.**[8] **Nicht ausreichend** ist, dass **funktional vergleichbare Gremien** (z. B. ein Beirat in der GmbH) vor dem Formwechsel bestehen.[9] Diese Gremien erlöschen mit dem Formwechsel und müssen, sofern nach den Vorschriften der neuen Rechtsform zulässig, neu gebildet werden.[10] Ebenso reicht für die Anwendbarkeit des § 203 Satz 1 ein **fakultativer Aufsichtsrat** nicht aus.[11]

8 Sofern vor und nach dem Formwechsel nach gesetzlichen Vorschriften ein Aufsichtsrat zu bilden ist, ist der Anwendungsbereich des § 203 grundsätzlich auch dann eröffnet, wenn die **Kompetenzen des Aufsichtsrats** vor und nach dem Formwechsel **nicht identisch** sind, solange der Aufsichtsrat weiterhin echte Kontroll- und Überwachungsbefug-

---

4) Kallmeyer-*Berger*, UmwG, § 203 Rz. 2; Semler/Stengel/Leonard-*Simon/Fischer*, UmwG, § 203 Rz. 2.

5) Kallmeyer-*Berger*, UmwG, § 203 Rz. 2; Semler/Stengel/Leonard-*Simon/Fischer*, UmwG, § 203 Rz. 2.

6) Lutter-*Hoger*, UmwG, § 203 Rz. 12; Semler/Stengel/Leonard-*Simon/Fischer*, UmwG, § 203 Rz. 10; *Simons* in: BeckOGK-UmwG, § 203 Rz. 9.

7) Kallmeyer-*Berger*, UmwG, § 202 Rz. 24; Semler/Stengel/Leonard-*Leonard*, UmwG, § 202 Rz. 10, 14; *Fortun*, NZG 2022, 202, 203; *Olbertz*, GWR 2017, 314, 316; krit. Lutter-*Hoger*, UmwG, § 202 Rz. 40.

8) Semler/Stengel/Leonard-*Simon/Fischer*, UmwG, § 203 Rz. 3; *Simons* in: BeckOGK-UmwG, § 203 Rz. 11; Widmann/Mayer-*Vossius*, UmwR, § 203 UmwG Rz. 4.

9) *Simons* in: BeckOGK-UmwG, § 203 Rz. 12; Lutter-*Hoger*, UmwG, § 203 Rz. 10; *Wansleben* in: MünchHdb. GesR, Bd. 8, § 36 Rz. 17; *Leßmann/Glattfeld*, ZIP 2013, 2390, 2392.

10) *Simons* in: BeckOGK-UmwG, § 203 Rz. 12.

11) Lutter-*Hoger*, UmwG, § 203 Rz. 10; Semler/Stengel/Leonard-*Simon/Fischer*, UmwG, § 203 Rz. 3; Widmann/Mayer-*Vossius*, UmwR, § 203 UmwG Rz. 10; Henssler/Strohn-*Drinhausen/Keinath*, GesR, § 203 UmwG Rz. 2; *Wansleben* in: MünchHdb. GesR, Bd. 8, § 36 Rz. 17; *Leßmann/Glattfeld*, ZIP 2013, 2390, 2394; krit. *Simons* in: BeckOGK-UmwG, § 203 Rz. 18.

nisse innehat.[12] Das ist z. B. der Fall beim Formwechsel einer dem DrittelbG[13] unterfallenden GmbH, die sich in eine AG umwandelt, bei der der AG-Aufsichtsrat gemäß § 84 AktG für die Bestellung der Vorstandsmitglieder zuständig ist, der GmbH-Aufsichtsrat hingegen grundsätzlich nicht (in der nach dem DrittelbG mitbestimmten GmbH ist die Gesellschafterversammlung nach § 46 Nr. 5 GmbHG vorbehaltlich anderweitiger Regelungen im Gesellschaftsvertrag dafür zuständig).[14]

2. Bildung des Aufsichtsrats in gleicher Weise

Der Aufsichtsrat wird in gleicher Weise gebildet, wenn er vor und nach dem Formwechsel **nach denselben gesetzlichen Vorschriften zu errichten** ist.[15] 9

Handelt es sich bei dem formwechselnden Rechtsträger um eine mitbestimmte Gesellschaft, ist die Voraussetzung insbesondere erfüllt, wenn vor und nach dem Formwechsel der Aufsichtsrat nach den gleichen **mitbestimmungsrechtlichen Vorschriften** zu errichten ist.[16] Eine solche Konstellation ist bspw. beim Formwechsel einer im Anwendungsbereich des DrittelbG befindlichen GmbH mit mehr als 500 Arbeitnehmern in eine AG gegeben, da vor und nach dem Formwechsel ein Aufsichtsrat gemäß den aktienrechtlichen Vorschriften nach Maßgabe der Vorgaben des DrittelbG zu bilden ist. Unerheblich ist dabei, dass vor dem Formwechsel der Aufsichtsrat der GmbH nach § 1 Abs. 1 Nr. 3 Satz 2 DrittelbG i. V. m. den dort genannten aktienrechtlichen Vorschriften zu errichten ist, während nach dem Formwechsel die aktienrechtlichen Vorschriften qua Rechtsform Anwendung finden und die Anwendung der mitbestimmungsrechtlichen Sondervorschriften aus § 1 Abs. 1 Nr. 1 DrittelbG folgt.[17] Der Anwendbarkeit des § 203 steht auch nicht entgegen, dass sich bei einer Gesellschaft mit nach dem DrittelbG zusammengesetzten Aufsichtsrat die Anzahl der Arbeitnehmer bereits auf über 2.000 erhöht hat und somit grundsätzlich der Anwendungsbereich des MitbestG eröffnet ist, sofern die Anwendung des MitbestG nicht durch ein Statusverfahren festgestellt worden ist (vgl. § 96 Abs. 4 AktG).[18] 10

Außerhalb des Anwendungsbereichs der Unternehmensmitbestimmung kommt es zur Ämterkontinuität, sofern sich der Aufsichtsrat vor und nach dem Formwechsel **nach denselben Rechtsvorschriften** bildet.[19] 11

Eine **Bildung von Aufsichtsräten „in gleicher Weise"** kommt demnach insbesondere in folgenden Konstellationen in Betracht:[20] 12

- Formwechsel einer AG in eine KGaA (und umgekehrt);
- Formwechsel einer AG/KGaA in eine GmbH (und umgekehrt), sofern die Gesellschaft nach den Regelungen des MitbestG oder DrittelbG mitbestimmt ist;

12) *Simons* in: BeckOGK-UmwG, § 203 Rz. 16.1, 27; vgl. *Olbertz*, GWR 2017, 314, 315.

13) Gesetz über die Drittelbeteiligung der Arbeitnehmer im Aufsichtsrat (Drittelbeteiligungsgesetz – DrittelbG), v. 18.5.2004, BGBl. I 2004, 974.

14) *Simons* in: BeckOGK-UmwG, § 203 Rz. 16.1.

15) Semler/Stengel/Leonard-*Simon/Fischer*, UmwG, § 203 Rz. 3; Henssler/Strohn-*Drinhausen/Keinath*, GesR, § 203 UmwG Rz. 3.

16) Kallmeyer-*Berger*, UmwG, § 203 Rz. 7; Henssler/Strohn-*Drinhausen/Keinath*, GesR, § 203 UmwG Rz. 3.

17) Vgl. *Olbertz*, GWR 2017, 314, 315; *Simons* in: BeckOGK-UmwG, § 203 Rz. 16.1.

18) Vgl. Semler/Stengel/Leonard-*Simon/Fischer*, UmwG, § 203 Rz. 3.

19) Kallmeyer-*Berger*, UmwG, § 203 Rz. 10; *Simons* in: BeckOGK-UmwG, § 203 Rz. 15, 15.1 – m. dem Bsp. eines Formwechsels einer AG in eine KGaA, wonach in beiden Fällen (bei der KGaA über den Verweis nach § 278 Abs. 3 AktG) die §§ 95 ff. AktG Anwendung finden.

20) Siehe die Übersichten bei Henssler/Strohn-Drinhausen/*Keinath*, GesR, § 203 UmwG Rz. 4; Semler/Stengel/Leonard-*Simon/Fischer*, UmwG, § 203 Rz. 6.

- Formwechsel einer der Mitbestimmung nach § 4 Abs. 1 oder § 5 Abs. 2 MitbestG unterliegenden Kapitalgesellschaft & Co. KG in eine Kapitalgesellschaft (und umgekehrt);[21)]
- Formwechsel eines VVaG mit mehr als 500 Arbeitnehmern und einem Aufsichtsrat (§ 1 Abs. 1 Nr. 4 DrittelbG) in eine AG.

3. Zusammensetzung des Aufsichtsrats in gleicher Weise

13 Schließlich muss für die Ämterkontinuität der Aufsichtsrat vor und nach dem Formwechsel in **gleicher Weise zusammengesetzt** sein, d. h. dass die Anzahl der Aufsichtsratsmitglieder identisch sein[22)] und das Verhältnis zwischen Anteilseigner- und Arbeitnehmervertretern unverändert bleiben muss.[23)]

14 Für die **Anzahl der Aufsichtsratsmitglieder** sind grundsätzlich die anwendbaren gesetzlichen Vorschriften maßgeblich.[24)] Sofern die Anzahl der Aufsichtsratsmitglieder satzungsdispositiv ausgestaltet ist (vgl. § 95 Satz 2 AktG; § 7 Abs. 1 Satz 2, 3 MitbestG), kann es im Zusammenhang mit dem Formwechsel trotz gleichbleibender gesetzlicher Regelungen zu Änderungen bei der Anzahl der Aufsichtsratsmitglieder kommen.[25)] Solche nicht *durch*, sondern *anlässlich* des Formwechsels erfolgenden Änderungen in der Satzung bzw. dem Gesellschaftsvertrag sollen nach herrschender, aber nicht unumstrittener Ansicht der Anwendbarkeit des § 203 nicht entgegenstehen.[26)] In der Praxis wird man bei solchen Änderungen bzgl. der Zusammensetzung des Aufsichtsrats (z. B. bei der Bestellung weiterer Aufsichtsratsmitglieder) vorsorglich die übrigen Aufsichtsratsmitglieder im Amt bestätigen, so dass der Streit in der Praxis nur geringe Bedeutung hat.

15 Ob das **Verhältnis zwischen Anteilseigner- und Arbeitnehmervertretern** unverändert bleibt, folgt aus der (Nicht-)Anwendung der mitbestimmungsrechtlichen Vorschriften.

16 Für die Zusammensetzung in gleicher Weise ist **nicht erforderlich**, dass sämtliche Aufsichtsratsposten vor und nach dem Formwechsel **personenidentisch** besetzt sind.[27)] Das Ausscheiden eines Aufsichtsratsmitglieds vor oder i. R. des Formwechsels lässt die Ämterkontinuität der *übrigen* Aufsichtsratsmitglieder unberührt.[28)]

4. Sonderkonstellation: Umwandlung in die SE (Art. 37 SE-VO)

17 Inwieweit bei der (formwechselnden) Umwandlung einer AG in eine **SE** nach Art. 37 SE-VO[29)] der Grundsatz der Ämterkontinuität nach § 203 (über die Verweisungsnorm des Art. 15 SE-VO) zur Anwendung kommt, ist umstritten.[30)] Überzeugend erscheint, die

21) *Simons* in: BeckOGK-UmwG, § 203 Rz. 16.1.

22) *Simons* in: BeckOGK-UmwG, § 203 Rz. 20; Kallmeyer-*Berger*, UmwG, § 203 Rz. 8; Lutter-*Hoger*, UmwG, § 203 Rz. 2; Henssler/Strohn-*Drinhausen*/*Keinath*, GesR, § 203 UmwG Rz. 3.

23) *Simons* in: BeckOGK-UmwG, § 203 Rz. 25; Widmann/Mayer-*Vossius*, UmwR, § 203 UmwG Rz. 17; Henssler/Strohn-*Drinhausen*/*Keinath*, GesR, § 203 UmwG Rz. 3.

24) *Simons* in: BeckOGK-UmwG, § 203 Rz. 21.

25) *Simons* in: BeckOGK-UmwG, § 203 Rz. 21.

26) Henssler/Strohn-*Drinhausen*/*Keinath*, GesR, § 203 UmwG Rz. 3; Kallmeyer-*Berger*, UmwG, § 203 Rz. 8; Lutter-*Hoger*, UmwG, § 203 Rz. 2; a. A. *Simons* in: BeckOGK-UmwG, § 203 Rz. 22; *Leßmann*/*Glattfeld*, ZIP 2013, 2390, 2393 f.

27) *Simons* in: BeckOGK-UmwG, § 203 Rz. 20, 24. Vgl. Henssler/Strohn-*Drinhausen*/*Keinath*, GesR, § 203 UmwG Rz. 3; Semler/Stengel/Leonard-*Simon*/*Fischer*, UmwG, § 203 Rz. 4.

28) *Simons* in: BeckOGK-UmwG, § 203 Rz. 24; vgl. Widmann/Mayer-*Vossius*, UmwR, § 203 UmwG Rz. 15, und Semler/Stengel/Leonard-*Simon*/*Fischer*, UmwG, § 203 Rz. 4.

29) Verordnung (EG) Nr. 2157/2001 des Rates v. 8.10.2001 über das Statut der Europäischen Gesellschaft (SE) (SE-VO), ABl. (EU) L 294/1 v. 10.11.2001.

30) Überblick zum Meinungsstand bei *Kleinhenz*/*Leyendecker-Langner*, AG 2013, 507, 511 f.

Ämterkontinuität bei der SE-Umwandlung gemäß Art. 37 SE-VO anzunehmen, sofern sich der Aufsichtsrat der SE nach den gleichen Regeln bildet und zusammensetzt wie der Aufsichtsrat der AG.[31] Daran fehlt es jedenfalls, wenn sich i. R. der SE-Umwandlung das Leitungssystem des Rechtsträgers (wenn also bei der SE das monistische Leitungssystem gewählt wird) oder die Größe oder Zusammensetzung des Aufsichtsrats (z. B. in einer Beteiligungsvereinbarung nach dem SEBG)[32] ändern.[33] Aufgrund bestehender Rechtsunsicherheit werden in der Praxis die Aufsichtsratsmitglieder i. R. einer SE-Umwandlung nach Art. 37 SE-VO in aller Regel vorsorglich im Amt bestätigt.[34]

5. Rechtsfolge der Ämterkontinuität

Liegen die Voraussetzungen des § 203 Satz 1 vor und wird von der Möglichkeit der Abberufung nach § 203 Satz 2 kein Gebrauch gemacht (siehe dazu ab Rz. 19), bleiben die bisherigen Aufsichtsratsmitglieder für den **Rest ihrer Wahlzeit** als Aufsichtsratsmitglieder des Rechtsträgers neuer Rechtsform im Amt, **ohne** dass es dafür eines **(bestätigenden) Gesellschafter- oder Hauptversammlungsbeschlusses** bedarf.[35] Für die **Ersatzmitglieder** gilt die Ämterkontinuität ebenfalls und zwar unabhängig davon, ob sie bereits vor dem Formwechsel in den Aufsichtsrat nachgerückt sind oder nicht.[36] Ebenso bleiben der **Aufsichtsratsvorsitzende** und sein **Stellvertreter** im Amt.[37] 18

IV. Beendigungsbeschluss (§ 203 Satz 2)

§ 203 Satz 2 eröffnet den **Anteilseignern** die Möglichkeit, „ihre" Aufsichtsratsmitglieder i. R. des Formwechsels **abzuberufen**. Die Abberufung hat nach dem Wortlaut „im Formwechselbeschluss" zu erfolgen. Inwieweit eine Abberufung durch separaten Beschluss (außerhalb des Formwechselbeschlusses) bis zur Eintragung des Formwechsels im Register zulässig ist, ist umstritten.[38] Ungeachtet des Streitstands kann eine Abberufung selbstverständlich außerhalb des Anwendungsbereichs von § 203 Satz 2 nach den für den Rechtsträger maßgeblichen allgemeinen Vorschriften erfolgen, d. h. nach den für die Ausgangsrechtsform geltenden Vorschriften bis zur Eintragung des Formwechsels im 19

31) Habersack/Drinhausen-*Kulenkamp*, SE-Recht, Art. 37 SE-VO Rz. 63; *Schäfer* in: MünchKomm-AktG, Art. 37 SE-VO Rz. 31; Lutter/Hommelhoff/Teichmann-*J. Schmidt*, SE-Kommentar, Art. 37 SE-VO Rz. 61; *Kleinhenz/Leyendecker-Langner*, AG 2013, 507, 511 f.; vgl. auch *Eberspächer* in: BeckOGK-AktG, Art. 40 SE-VO Rz. 9, wonach es dazu allenfalls bei mitbestimmungsfreien Gesellschaften kommen könne.

32) Gesetz über die Beteiligung der Arbeitnehmer in einer Europäischen Gesellschaft (SE-Beteiligungsgesetz – SEBG), v. 22.12.2004, BGBl. I 2004, 3675, 3686.

33) Habersack/Drinhausen-*Kulenkamp*, SE-Recht, Art. 37 SE-VO Rz. 63; *Schäfer* in: MünchKomm-AktG, Art. 37 SE-VO Rz. 31; Lutter/Hommelhoff/Teichmann-*J. Schmidt*, SE-Kommentar, Art. 37 SE-VO Rz. 62.

34) Lutter/Hommelhoff/Teichmann-*J. Schmidt*, SE-Kommentar, Art. 37 SE-VO Rz. 63; *Kleinhenz/Leyendecker-Langner*, AG 2013, 507, 512.

35) *Simons* in: BeckOGK-UmwG, § 203 Rz. 38. Auch zur verbleibenden Amtsdauer: Semler/Stengel/Leonard-*Simon/Fischer*, UmwG, § 203 Rz. 7; Kallmeyer-*Berger*, UmwG, § 203 Rz. 13.

36) *Simons* in: BeckOGK-UmwG, § 203 Rz. 39; Semler/Stengel/Leonard-*Simon/Fischer*, UmwG, § 203 Rz. 8; Kallmeyer-*Berger*, UmwG, § 203 Rz. 12; Lutter-*Hoger*, UmwG, § 203 Rz. 4; *Petersen* in: KölnKomm-UmwG, § 203 Rz. 7.

37) *Simons* in: BeckOGK-UmwG, § 203 Rz. 40.

38) Dafür: *Petersen* in: KölnKomm-UmwG, § 203 Rz. 10 und Widmann/Mayer-*Vossius*, UmwR, § 203 UmwG Rz. 31 f. – sofern innerer Zusammenhang mit dem Formwechselbeschluss besteht; Lutter-*Hoger*, UmwG, § 203 Rz. 25; dagegen: Henssler/Strohn-*Drinhausen/Keinath*, GesR, § 203 UmwG Rz. 6; Kallmeyer-*Berger*, UmwG, § 203 Rz. 14.

zuständigen Register und nach Wirksamwerden des Formwechsels nach den Vorschriften der neuen Rechtsform.[39]

20 Ein dem § 203 Satz 2 vergleichbares Abberufungsrecht steht den Arbeitnehmern in Bezug auf die **Arbeitnehmervertreter** nicht zu.[40]

21 Machen die Anteilsinhaber von der Möglichkeit Gebrauch, endet die Amtszeit zu dem im Abberufungsbeschluss festgelegten Zeitpunkt.[41] Jedenfalls bei der sofortigen Abberufung sollte für die vakant gewordene Position unmittelbar ein neues Aufsichtsratsmitglied bestellt werden; § 203 Satz 2 kommt insoweit eine **Annex-Kompetenz für die Bestellung** eines neuen Aufsichtsratsmitglieds zu.[42] Die Abberufung lässt die Ämterkontinuität der übrigen Aufsichtsratsmitglieder unberührt.[43]

V. Statusverfahren

22 Hinsichtlich der Einleitung bzw. Fortführung eines **Statusverfahrens** gemäß den §§ 97 ff. AktG im Zusammenhang mit einem Formwechsel ist einerseits danach zu unterscheiden, ob die Voraussetzung des § 203 Satz 1 vorliegen und andererseits nach dem Zeitpunkt der Einleitung des Statusverfahrens.

1. Ämterkontinuität

23 Sofern die Voraussetzungen für eine Ämterkontinuität nach § 203 Satz 1 gegeben sind, ist der Aufsichtsrat grundsätzlich weiterhin nach den für ihn maßgebenden gesetzlichen Vorschriften zusammengesetzt, so dass es keines Statusverfahrens nach §§ 97 ff. AktG nach dem Formwechsel bedarf.[44] Ein Statusverfahren wird auch dann nicht erforderlich, wenn es nach Ende der Amtszeit der Aufsichtsratsmitglieder zu Neuwahlen kommt.[45]

2. Keine Ämterkontinuität

24 Kommt es durch den Formwechsel zu einer Veränderung bei der Bildung und Zusammensetzung des Aufsichtsrats, ist ein Statusverfahren nach den §§ 97 ff. AktG einzuleiten.[46] Erst nach Durchführung dieses Statusverfahrens kann der Aufsichtsrat nach den neuen Vor-

39) Henssler/Strohn-*Drinhausen/Keinath*, GesR, § 203 UmwG Rz. 6; *Simons* in: BeckOGK-UmwG, § 203 Rz. 48.

40) Semler/Stengel/Leonard-*Simon/Fischer*, UmwG, § 203 Rz. 8; Widmann/Mayer-*Vossius*, UmwR, § 203 UmwG Rz. 28.

41) Vgl. Semler/Stengel/Leonard-*Simon/Fischer*, UmwG, § 203 Rz. 8 m. w. N., wonach im Beschluss jeder Beendigungszeitpunkt zwischen dem Tag des Formwechselbeschlusses und dem Ablauf der regulären Amtszeit bestimmt werden kann.

42) *Simons* in: BeckOGK-UmwG, § 203 Rz. 50; vgl. Henssler/Strohn-*Drinhausen/Keinath*, GesR, § 203 UmwG Rz. 6, und Kallmeyer-*Berger*, UmwG, § 203 Rz. 14.

43) Vgl. Semler/Stengel/Leonard-*Simon/Fischer*, UmwG, § 203 Rz. 8.

44) Henssler/Strohn-*Drinhausen/Keinath*, GesR, § 203 UmwG Rz. 5; Semler/Stengel/Leonard-*Simon/Fischer*, UmwG, § 203 Rz. 9; Lutter-*Hoger*, UmwG, § 203 Rz. 12; Kallmeyer-*Berger*, UmwG, § 197 Rz. 75.

45) Semler/Stengel/Leonard-*Simon/Fischer*, UmwG, § 203 Rz. 9; *Simons* in: BeckOGK-UmwG, § 203 Rz. 33 zitieren.

46) Semler/Stengel/Leonard-*Simon/Fischer*, UmwG, § 203 Rz. 10; Kallmeyer-*Berger*, UmwG, § 197 Rz. 74; *Wansleben* in: MünchHdB GesR, Bd. 8, § 34 Rz. 51.

schriften zusammengesetzt werden (§ 96 Abs. 4 AktG).[47] Ist bei einem Formwechsel in eine AG erstmals ein Aufsichtsrat zu errichten, gestattet § 197 Satz 3 die Errichtung eines vorläufigen „Rumpf-Aufsichtsrats", der nur aus Anteilseignervertretern besteht und erst im Anschluss daran erfolgt die Durchführung des Statusverfahrens (siehe auch Rz. 4).[48]

Ist vor dem Formwechsel ein Statusverfahren anhängig und wird der Aufsichtsrat der neuen Rechtsform *nicht* in gleicher Weise gebildet und zusammengesetzt (der Anwendungsbereich des § 203 Satz 1 ist also nicht eröffnet), so erledigt sich das Statusverfahren mit Wirksamwerden des Formwechsels.[49] Die temporäre Fortgeltung des Mitbestimmungsrechts nach § 132a findet keine Anwendung auf den Formwechsel.[50] Somit bestimmt sich die Zusammensetzung des Aufsichtsrats allein nach den Bestimmungen der neuen Rechtsform.[51] 25

3. Umwandlung in die SE (Art. 37 SE-VO)

Ein bereits vor der Umwandlung eingeleiteten Statusverfahrens erledigt sich aufgrund einer Umwandlung einer AG in eine SE nach Art. 37 SE-VO nicht.[52] Der BGH hat dazu entschieden, dass ein vor der Eintragung der SE in das Handelsregister eingeleitetes Statusverfahren den vor der Umwandlung bestehenden „Ist-Zustand" prägt und somit eine Korrektur der vor der Umwandlung praktizierten Mitbestimmung ermöglicht.[53] 26

Ob i. R. einer SE-Umwandlung nach Art. 37 SE-VO ein **Statusverfahren** durchzuführen ist, ist **im Schrifttum umstritten.**[54] Die besseren Argumente sprechen dafür, dass für die Durchführung eines Statusverfahrens kein Bedürfnis besteht, da sich die Zusammensetzung des Aufsichtsrats nach der Mitbestimmungsvereinbarung und der Satzung der SE oder nach den Vorschriften des SEBG richtet.[55] Dies entspricht auch der Marktpraxis, die regelmäßig von der Durchführung eines Statusverfahrens absieht. 27

---

47) Semler/Stengel/Leonard-*Simon/Fischer*, UmwG, § 203 Rz. 10; *Simons* in: BeckOGK-UmwG, § 203 Rz. 9; Lutter-*Hoger*, UmwG, § 203 Rz. 12.

48) *Simons* in: BeckOGK-UmwG, § 203 Rz. 9; Kallmeyer-*Berger*, UmwG, § 197 Rz. 61, 73; *Wansleben* in: MünchHdB GesR, Bd. 8, § 34 Rz. 51.

49) *Simons* in: BeckOGK-UmwG, § 203 Rz. 6.

50) Henssler/Strohn-*Moll*, GesR, § 132a UmwG Rz. 4; *Simons* in: BeckOGK-UmwG, § 203 Rz. 6.

51) *Simons* in: BeckOGK-UmwG, § 203 Rz. 6.

52) Vgl. BGH, Beschl. v. 23.7.2019 – II ZB 20/18, NJW-RR 2019, 1254 = NZG 2019, 1157.

53) BGH, Beschl. v. 23.7.2019 – II ZB 20/18, NJW-RR 2019, 1254, 1257 = NZG 2019, 1157, 1160; vgl. auch OLG Frankfurt/M., Beschl. v. 27.8.2018 – 21 W 29/18, NZG 2018, 1254 = DB 2018, 2488, dazu *Schaper*, EWiR 2018, 615 f.

54) Überblick zum Meinungsstand bei *Kleinhenz/Leyendecker-Langner*, AG 2013, 507, 513 f.

55) *Eberspächer* in: BeckOGK-AktG, Art. 40 SE-VO Rz. 9; Habersack/Drinhausen-*Kulenkamp*, SE-Recht, Art. 37 SE-VO Rz. 64; *Reichert/Brandes* in: MünchKomm-AktG, Art. 40 SE-VO Rz. 54; *Habersack*, Der Konzern 2008, 67, 72 f.; a. A. Habersack/Drinhausen-*Seibt*, SE-Recht, Art. 40 SE-VO Rz. 51 f.; *Kleinhenz/Leyendecker-Langner*, AG 2013, 507, 514 f.

§ 204

Schutz der Gläubiger und der Inhaber von Sonderrechten

Auf den Schutz der Gläubiger ist § 22, auf den Schutz der Inhaber von Sonderrechten § 23 entsprechend anzuwenden.

Literatur: *Jaeger*, Sicherheitsleistung für Ansprüche aus Dauerschuldverhältnissen bei Kapitalherabsetzung, Verschmelzung und Beendigung eines Unternehmensvertrages, DB 1996, 1069; *Redler/Obermann*, Der Gläubigerschutz bei innerstaatlichen und grenzüberschreitenden Umwandlungen ZPG 2024, 24; *Rinnert*, Auswirkung eines Formwechsels von einer AG in eine GmbH auf das bedingte Kapital zur Sicherung von Bezugsrechten, NZG 2001, 865; *Simon*, Die Neuerungen durch das UmRUG (sowie das MoPeG und das DiRUG/DiReG) im Recht des innerstaatlichen Formwechsels, AG 2023, 754; *Veil*, Umwandlung einer Aktiengesellschaft in eine Gesellschaft mit beschränkter Haftung, Berlin 1996 (Diss.).

Übersicht

I. Grundlagen

1. Überblick

1 Die Vorschrift sieht die entsprechende Anwendbarkeit der §§ 22, 23 vor, um Gläubiger durch Sicherheitsleistung und Inhaber von Sonderrechten durch die Gewährung gleichwertiger Rechte in dem Rechtsträger neuer Rechtsform zu schützen.

2. Sinn und Zweck der Vorschrift

2 Auf den ersten Blick erscheint die entsprechende Anwendbarkeit der Schutzvorschriften des Zweiten Buches nicht unmittelbar einleuchtend. Im Unterschied zu der Umwandlung eines Rechtsträgers durch Verschmelzung oder Spaltung kommt es im Falle eines Formwechsels weder zu einem Vermögensübergang noch zu einem Identitätswechsel des Rechtsträgers, so dass den Gläubigern die **Haftungsmasse vollumfänglich erhalten** bleibt. Dennoch kann die Stellung der Gläubiger durch den Formwechsel in einer vergleichbaren Weise beeinträchtigt werden (siehe dazu unten Rz. 8). Insbesondere der **Wegfall von Kapitalschutzvorschriften oder der persönlichen Haftung** der Gesellschafter infolge des Formwechsels kann die Gläubigerstellung verschlechtern. Auch können bestimmte Sonderrechte, die den Anteilsinhabern bislang eingeräumt wurden, aufgrund der Rechtsformänderung eingeschränkt werden.

II. Schutz der Gläubiger

3 Die Inhaber eines schuldrechtlichen,[1] noch nicht fälligen Anspruchs gegen den formwechselnden Rechtsträger werden in entsprechender Anwendung des § 22 geschützt, indem ihnen bei Vorliegen der gesetzlichen Voraussetzungen ein **Anspruch auf Sicherheitsleistung** gewährt wird.[2] Dieser richtet sich inhaltlich nach §§ 232 ff. BGB. Voraussetzung hierfür ist die **Glaubhaftmachung einer Gefährdung** der Erfüllung ihrer Forderungen durch den Formwechsel.[3] Hierzu bedarf es gemäß §§ 204, 22 Abs. 1 Satz 1 der schriftlichen Anmeldung binnen sechs Monaten nach dem Tag der Bekanntmachung des Formwechsels (vgl. § 201) (siehe § 22 Rz. 32 ff. [*Stiegler*]).

1) Kallmeyer-*Berger*, UmwG, § 204 Rz. 3; Lutter-*Hoger*, UmwG, § 204 Rz. 4; Widmann/Mayer-*Vossius*, UmwR, § 204 UmwG Rz. 13; Schmitt/Hörtnagl-*Winter*, UmwG/UmwStG, § 22 UmwG Rz. 5; diff. *Simons* in: BeckOGK-UmwG, § 204 Rz. 9.

2) Lutter-*Hoger*, UmwG § 204 Rz. 8; *Redler/Obermann* ZPG 2024, 24, Rz. 8.

3) *Simons* in: BeckOGK-UmwG, § 204 Rz. 13.

1. Berechtigte Gläubiger

Nicht allen Gläubigern des Rechtsträgers steht ein Anspruch auf Sicherheitsleistung zu, sondern ausschließlich dessen **Altgläubigern**. Hierunter fallen jene Inhaber einer Forderung, deren **Rechtsgrund bereits vor dem Formwechsel** liegt (siehe dazu § 22 Rz. 12 ff. [*Stiegler*]).[4] 4

Der hierfür maßgebliche Zeitpunkt war vor dem Inkrafttreten des DiRUG[5] umstritten. Teils wurde auf die Wirksamkeit des Formwechsels mit dessen Eintragung,[6] teils auf die Bekanntmachung der Eintragung abgestellt.[7] Nunmehr fallen Eintragung und Bekanntmachung („als Abrufbarkeit der Eintragung“)[8] unter den Regelungen der neuen §§ 9 und 10 HGB im praktischen Regelfall zusammen,[9] sodass dieser Meinungsstreit keine praktische Bedeutung mehr hat.[10] 5

Ansprüche aus **Dauerschuldverhältnissen** sind differenziert zu betrachten. Die Sicherheitsleistung ist nicht nach allen noch bestehenden Forderungen zwischen Eintragung des Formwechsels und Ablauf der Restlaufzeit des Vertrages festzulegen, sondern ausschließlich nach dem konkret bestehenden Sicherungsinteresse des Gläubigers.[11] 6

2. Gefährdung der Erfüllung

Die Gefährdung der Erfüllung des Anspruchs ist vom Gläubiger **glaubhaft zu machen** (siehe dazu § 22 Rz. 29 ff. [*Stiegler*]). 7

Hierfür ist es erforderlich, aber auch ausreichend, die **überwiegende Wahrscheinlichkeit einer konkreten Gefährdung**[12] i. S. einer zumindest teilweisen Nichterfüllbarkeit der Forderung[13] darzulegen (siehe § 22 Rz. 26 ff. [*Stiegler*]).[14] Anders als bei einer Verschmelzung oder Spaltung kann der Umwandlungsvorgang selbst keine hinreichend konkrete Gefährdung begründen. Vielmehr kann sich eine Gefährdung aus dem **Wegfall besonderer Kapitalschutzvorschriften** wie § 30 GmbHG oder § 57 AktG durch den Rechtsformwechsel einer Kapital- in eine Personengesellschaft ergeben, was letztlich den Anteilsinhabern des Rechtsträgers ermöglicht, Vermögen zum Nachteil der Gläubiger durch Entnah- 8

4) OLG Bremen, Urt. v. 1.10.2015 – 5 U 21/14, NZG 2016, 185 = GmbHR 2015, 1321; Lutter-*Hoger*, UmwG, § 204 Rz. 6; Henssler/Strohn-*Drinhausen/Keinath*, GesR, § 204 UmwG Rz. 5; *Petersen* in: KölnKommentar-UmwG, § 204 Rz. 8.

5) Gesetz zur Umsetzung der Digitalisierungsrichtlinie (DiRUG), v. 5.7.2021, BGBl. I 2021, 3338; (Richtlinie (EU) 2019/1151 des Europäischen Parlaments und des Rates v. 20.6.2019 zur Änderung der Richtlinie (EU) 2017/1132 im Hinblick auf den Einsatz digitaler Werkzeuge und Verfahren im Gesellschaftsrecht (Digitalisierungsrichtlinie), ABl. (EU) L 186/80 v. 11.7.2019).

6) Kallmeyer-*Berger*, UmwG, § 204 Rz. 4; Lutter-*Hoger*, UmwG, § 204 Rz. 6; *Petersen* in: KölnKomm-UmwG, § 204 Rz. 7; *Simons* in: BeckOGK-UmwG, § 204 Rz. 7.

7) So noch: Henssler/Strohn-*Drinhausen/Keinath*, GesR, § 204 UmwG Rz. 5; Semler/Stengel/Leonard-*Kalss*, UmwG, § 204 Rz. 3.

8) *Beurskens* in BeckOGK-HGB, § 10 Rz. 9; *Krafka* in: MünchKomm-HGB, § 10 Rz. 5; Ebenroth/Boujong-*Schaub*, HGB, § 10 Rz. 7 f.

9) Ebenroth/Boujong-*Schaub*, HGB, § 10 Rz. 10; s. hierzu auch *Simon*, AG 2023, 754, 763.

10) So auch: *Erkens* in: KölnKomm-UmwG, § 22 Rz. 21; *Krafka* in: MünchKomm-HGB, § 10 Rz 8 f.; *Rieder* in: BeckOGK-UmwG, § 22 Rz. 9 (Fn. 8); Widmann/Mayer-*Vossius*, UmwR, § 22 UmwG Rz. 19.

11) BGH v. 18.3.1996 – II ZR 299/94, AG 1996, 321, 322 = DB 1996, 930, 931 f., besprochen in: *Jaeger*, DB 1996, 1069.

12) BGH, Urt. v. 26.4.2002 – LwZR 20/01, NJW 2002, 2168, 2169 = NZG 2002, 734; Lutter-*Hoger*, UmwG, § 204 Rz. 2, 13; *Simons* in: BeckOGK-UmwG, § 204 Rz. 14; einschränkend *Lenz*, Gesellschafter- und Gläubigerschutz bei dem Formwechsel einer oHG in eine GmbH, 2000, S. 285; *Veil*, Umwandlung einer Aktiengesellschaft in eine Gesellschaft mit beschränkter Haftung, 1996, S. 242.

13) Lutter-*Hoger*, UmwG, § 204 Rz. 13; *Simons* in: BeckOGK-UmwG, § 204 Rz. 17.

14) BGH, Beschl. v. 5.5.1976 – IV ZB 49/75, VersR 1976, 928 = BeckRS 1976, 30396402; Kallmeyer-*Berger*, UmwG, § 204 Rz. 6; Lutter-*Hoger*, UmwG, § 204 Rz. 12.

men zu entziehen.[15] Gleiches gilt wegen der strengeren Kapitalbindung bei **der AG für deren Formwechsel in eine GmbH.** Aber auch im Falle des **Formwechsels einer Personen- in eine Kapitalgesellschaft** kann sich der Formwechsel negativ auf die Gläubigerstellung auswirken, indem beispielsweise die persönliche Haftung der Gesellschafter entfällt.[16]

3. Ergänzende Vorschriften

9 Die Schutzvorschriften der §§ 204, 22 werden durch die §§ 205 und 206 flankiert, die eine **Schadensersatzpflicht** der Verwaltungsträger des formwechselnden Rechtsträgers begründen. Darüber hinaus statuieren die §§ 224, 225c, 237, 249, 257 eine **Nachhaftung** bei Ausscheiden eines persönlich haftenden Gesellschafters im Falle des Formwechsels einer Personengesellschaft und einer KGaA.

III. Schutz der Inhaber von Sonderrechten

10 Den Inhabern von stimmrechtslosen Sonderrechten sind im Falle eines Formwechsels über die entsprechende Anwendung des § 23 gleichwertige Rechte in dem Rechtsträger neuer Rechtsform zu gewähren. Insbesondere zählen zu diesen die Inhaber von **Vorzugsaktien, Wandelschuldverschreibungen, Gewinnschuldverschreibungen und Genussrechten.**[17] Die Festlegung derartiger Rechte ist gemäß § 194 Abs. 1 Nr. 5 zwingender Bestandteil des Formwechselbeschlusses.

11 Der über § 23 gewährte Schutz dient im Falle einer Verschmelzung und eines Formwechsels unterschiedlichen Zwecken. Bei der **Verschmelzung** soll der Inhaber von Sonderrechten des übertragenden Rechtsträgers insbesondere vor einer Verwässerung seiner Rechte geschützt werden.[18] Der Verwässerungsschutz spielt demgegenüber beim **Formwechsel** keine Rolle, da die Identität des formwechselnden Rechtsträgers erhalten bleibt und kein Vermögen übertragen wird.[19] Vielmehr bezweckt die Verweisung des § 204 auf § 23 einen Schutz vor rechtsformbedingten Beeinträchtigungen der jeweiligen Sonderrechte.[20]

12 Aus der Identität des Rechtsträgers ergibt sich daher für den Formwechsel, dass über den Wortlaut des § 23 hinaus primär nicht nur „gleichwertige", sondern **„gleiche" Rechte** zu gewähren sind.[21] So sind den Inhabern stimmrechtsloser Anteile bei dem Formwechsel einer AG oder KGaA in eine GmbH oder Personengesellschaft ebenfalls stimmrechtslose Anteile an der Gesellschaft unter der neuen Rechtsform zu gewähren.[22]

13 Nur wenn dies nicht möglich ist, sind zumindest **wirtschaftlich „gleichwertige" Rechte** zu gewähren. Die Gewährung höherwertiger Rechte ist möglich, sofern hierdurch nicht unzulässig die Rechte anderer Beteiligter beeinträchtigt werden.[23] Bei Bedarf müssen die Ausgabebedingungen der schuldrechtlichen Sonderrechte sowie die satzungsmäßigen

15) Begr. RegE UmwBerG, BR-Drucks. 75/94, S. 145.

16) *Simons* in: BeckOGK-UmwG, § 204 Rz. 15 f.; Widmann/Mayer-*Vossius*, UmwR, § 204 UmwG Rz. 19 f.

17) S. ausf. zu Sonderrechten: *Rinnert*, NZG 2001, 865.

18) Begr. RegE UmwBerG, BR-Drucks. 75/94, S. 92 f.; so auch *Althoff* in: NK-UmwG, § 204 Rz. 3; *Erkens* in: KölnKomm-UmwG, § 23 Rz. 3; Lutter-*Hoger*, UmwG, § 204 Rz. 21; *Rieder* in: BeckOGK-UmwG, § 23 Rz. 2; Schmitt/Hörtnagl-*Winter*, UmwG/UmwStG, § 23 UmwG Rz. 1.

19) Lutter-*Hoger*, UmwG, § 204 Rz. 21; *Petersen* in: KölnKomm-UmwG, § 204 Rz. 22.

20) Lutter-*Hoger*, UmwG, § 204 Rz. 21; Semler/Stengel/Leonard-*Kalss*, UmwG, § 204 Rz. 4; *Petersen* in: KölnKomm-UmwG, § 204 Rz. 22.

21) Lutter-*Hoger*, UmwG, § 204 Rz. 26; Semler/Stengel/Leonard-*Kalss*, UmwG, § 204 Rz. 4; *Petersen* in: KölnKomm-UmwG, § 204 Rz. 22.

22) Lutter-*Hoger*, UmwG, § 204 Rz. 27.

23) Begr. RegE UmwBerG, BR-Drucks. 75/94, S. 93; Lutter-*Hoger*, UmwG, § 204 Rz. 28; Semler/Stengel/Leonard-*Kalss*, UmwG, § 204 Rz. 5.

Regelungen an die Erfordernisse der neuen Rechtsform angepasst werden. Ist die Gesellschaft in der neuen Rechtsform jedoch z. B. nicht in der Lage, Bezugsrechte zu erfüllen, so reicht es ebenso wie nach § 23 nicht aus, den Inhabern von Wandelschuldverschreibungen oder Optionsanleihen ein Bezugsrecht auf Anteile der neuen Rechtsform einzuräumen. Vielmehr muss ihnen ein **Austrittsrecht** gewährt werden (siehe auch § 23 Rz. 37 [*Stiegler*]).[24] Dies gilt ebenso für Bezugsrechte auf Anteile, die künftig einer Verfügungsbeschränkung unterliegen.[25]

IV. Abdingbarkeit

Als Schutzvorschriften zugunsten der Gläubiger können die §§ 204, 22 bzw. §§ 204, 23 vonseiten des formwechselnden Rechtsträgers nicht einseitig ausgeschlossen oder eingeschränkt werden. Es ist dem Rechtsträger jedoch unbenommen, diesbezügliche Vereinbarungen mit den jeweiligen Gläubigern zu treffen.[26] 14

24) Semler/Stengel/Leonard-*Kalss*, UmwG, § 204 Rz. 5.
25) Semler/Stengel/Leonard-*Kalss*, UmwG, § 204 Rz. 5.
26) Henssler/Strohn-*Drinhausen*/*Keinath*, GesR, § 204 UmwG Rz. 12, 13; *Simons* in: BeckOGK-UmwG, § 204 Rz. 3; Widmann/Mayer-*Vossius*, UmwR, § 204 UmwG Rz. 3, 6.

§ 205
Schadenersatzpflicht der Verwaltungsträger des formwechselnden Rechtsträgers*)

(1) [1]Die Mitglieder des Vertretungsorgans und, wenn ein Aufsichtsorgan vorhanden ist, des Aufsichtsorgans des formwechselnden Rechtsträgers sind als Gesamtschuldner zum Ersatz des Schadens verpflichtet, den der Rechtsträger, seine Anteilsinhaber oder seine Gläubiger durch den Formwechsel erleiden. [2]§ 25 Abs. 1 Satz 2 ist entsprechend anzuwenden.

(2) Die Ansprüche nach Absatz 1 verjähren in fünf Jahren seit dem Tage, an dem die anzumeldende Eintragung der neuen Rechtsform oder des Rechtsträgers neuer Rechtsform in das Register bekannt gemacht worden ist.

*) § 205 i. d. F. des UmwBerG geändert durch Art. 8 des Gesetzes über elektronische Handelsregister und Genossenschaftsregister sowie das Unternehmensregister (EHUG), v. 10.11.2006, BGBl. I 2006, 2553.

Literatur: *Simon*, Die Neuerungen durch das UmRUG (sowie das MoPeG und das DiRUG/DiReG) im Recht des innerstaatlichen Formwechsels, AG 2023, 754; *Vetter*, Corporate Governance in der GmbH – Aufgaben des Aufsichtsrats der GmbH, GmbHR 2011, 449.

Übersicht

I. Grundlagen

1 Die Norm begründet eine besondere Schadensersatzpflicht der Verwaltungsträger einer formwechselnden Gesellschaft und wurde weitgehend § 25 nachempfunden, welcher die Schadensersatzpflicht der Verwaltungsträger der übertragenden Rechtsträger i. R. einer Verschmelzung regelt.

2 Zwar wahrt der formwechselnde Rechtsträger im Unterschied zu einer Verschmelzung oder Spaltung seine Identität und sein Vermögen (siehe hierzu auch § 204 Rz. 2 [*Seulen*]), die rechtlichen Rahmenbedingungen können sich infolge des Formwechsels jedoch erheblich ändern.

3 Sollte es im Zusammenhang mit dem Umwandlungsvorgang zu **Pflichtverletzungen** seitens der Verwaltungsträger kommen, so **erweitert die Vorschrift die Organhaftung** und bezieht abweichend der allgemein-gesellschaftsrechtlichen Konzeption (vgl. § 43 GmbHG und §§ 93, 116 AktG) auch die Anteilsinhaber und Gläubiger in den anspruchsberechtigten Personenkreis mit ein. Diese Ausweitung der Haftung steht auch vor dem Hintergrund der durch § 202 Abs. 1 Nr. 3, Abs. 3 begründeten **Irreversibilität des Formwechsels**, wonach durch die Registereintragung auch Mängel des Formwechsels geheilt werden.[1)]

4 Die insofern eröffnete Außenhaftung wird infolge der Verweisung des Abs. 1 Satz 1 auf § 25 Abs. 1 Satz 2 durch die dort normierte Exkulpationsmöglichkeit eingeschränkt. Bei Einhaltung der **pflichtgemäßen Sorgfalt** entfällt demnach die Haftung der Verwaltungsträger.

5 § 205 Abs. 2 begrenzt die Schadensersatzpflicht **zeitlich** durch eine fünfjährige Verjährungsfrist nach Bekanntmachung der Eintragung des Formwechsels (siehe hierzu auch § 204 Rz. 5 [*Seulen*]).

II. Die Schadensersatzpflicht der Verwaltungsträger (§ 205 Abs. 1)

6 § 205 Abs. 1 Satz 1 bestimmt die gesamtschuldnerische Haftung der Verwaltungsträger für Schäden, die durch den Formwechsel entstanden sind.

1. Anspruchsverpflichtete Verwaltungsträger

7 Die Mitglieder des Vertretungsorgans und, sofern vorhanden, des Aufsichtsorgans eines formwechselnden Rechtsträgers sind als **Gesamtschuldner** (§§ 421 ff. BGB) zum Schadensersatz verpflichtet.

8 Zu den Mitgliedern des **Vertretungsorgans** zählen alle vertretungsberechtigten und persönlich haftenden Gesellschafter von Personengesellschaften und der KGaA, die Vorstandsmitglieder der AG, des Vereins und der Genossenschaft sowie die Geschäftsführer einer GmbH.[2)] Nach teilweise vertretener Ansicht sind auch die **nur zur Geschäftsführung** befugten Gesellschafter miteinzubeziehen.[3)] In der Praxis fallen die Geschäftsführungs- und Vertretungsbefugnis meist zusammen, sodass die unterschiedlichen Meinungen zumeist keine praktischen Konsequenzen nach sich ziehen. Relevant ist die Unterscheidung bspw. für die Haftung von geschäftsführungsbefugten Kommanditisten.[4)]

---

1) Begr. Fraktionsentwurf UmwBerG, BT-Drucks. 12/6699, S. 145; Lutter-*Hoger*, UmwG, § 205 Rz. 1; *Petersen* in: KölnKomm-UmwG, § 205 Rz. 1; *Simons* in: BeckOGK-UmwG, § 205 Rz. 2.

2) So auch Kallmeyer-*Berger*, UmwG, § 205 Rz. 6; Lutter-*Hoger*, UmwG, § 205 Rz. 2; *Petersen* in: KölnKomm-UmwG, § 205 Rz. 4; *Simons* in: BeckOGK-UmwG, § 205 Rz. 8 f.

3) *Althoff* in: NK-UmwG, § 205 Rz. 3; Semler/Stengel/Leonard-*Leonard*, UmwG, § 205 Rz. 4.

4) Kallmeyer-*Berger*, UmwG, § 205 Rz. 6; Semler/Stengel/Leonard-*Leonard*, UmwG, § 205 Rz. 4.

Zu den Mitgliedern des **Aufsichtsorgans** zählen die gesetzlichen Mitglieder des Aufsichtsrates einer AG (§ 111 AktG), KGaA (§ 287 Abs. 1 AktG), Genossenschaft (§ 9 GenG), VVaG (§ 35 VAG) und GmbH (§ 1 MitbestG; § 1 Abs. 1 Nr. 3 DrittelbG). Entscheidend ist hierbei, ob dem jeweiligen Aufsichtsorgan eine tatsächliche Kontroll- und Entscheidungsfunktion zukommt.[5] Auch fakultativ gebildete Aufsichtsorgane einer GmbH (§ 52 GmbHG) oder Personengesellschaft sind Aufsichtsorgane i. S. der Norm, solange sie eine echte Aufsichtsfunktion und nicht bloß eine rein beratende Funktion haben.[6] 9

Maßgeblich für die Haftungsbegründung ist der Status als Mitglied des Vertretungsorgans **zum Zeitpunkt des pflichtwidrigen Verhaltens**, ein späteres Ausscheiden lässt die Haftung nicht entfallen.[7] 10

2. Anspruchsberechtigte

Zu den Anspruchsinhabern zählen der umgewandelte **Rechtsträger selbst, dessen Anteilsinhaber sowie die Gläubiger.** 11

Angesichts des komplexen Regelungsgefüges im UmwG wird ein Anspruch nach § 205 in der Praxis nur selten relevant. In den einschlägigen Konstellationen sind die Anspruchsberechtigten häufig durch ergänzende Vorschriften geschützt oder ist die Entstehung eines Schadens meist nur in Ausnahmefällen vorstellbar. 12

a) Formwechselnder Rechtsträger

Auch wenn der formwechselnde Rechtsträger ausdrücklich als möglicher Anspruchsinhaber im Gesetzestext aufgeführt ist, kommt es im Falle eines Formwechsels **infolge der Vermögensidentität** vor und nach dem Umwandlungsvorgang doch selten zu einer Schädigung.[8] In der Literatur werden hierfür **beispielhaft** eine fehlerhafte gesellschaftsrechtliche oder steuerrechtliche Planung sowie die unzulässige Gewährung bestimmter Vorteile nach § 194 Abs. 1 Nr. 5 angeführt.[9] 13

b) Anteilsinhaber

Im Hinblick auf mögliche Schäden der Anteilsinhaber ist zu beachten, dass **bloße Reflexschäden nicht ausreichend** sind.[10] Vielmehr sind nur vom formwechselnden Rechtsträger unabhängige Schäden relevant. Solche liegen jedenfalls dann vor, wenn sich die bisherigen Beteiligungsverhältnisse für einen Anteilsinhaber im formgewechselten Rechtsträger nicht 14

5) *Simons* in: BeckOGK-UmwG, § 205 Rz. 13; Schmitt/Hörtnagl-*Winter*, UmwG/UmwStG, § 205 UmwG Rz. 6.

6) So die allg. Ansicht: *Althoff* in: NK-UmwG, § 205 Rz. 4; Kallmeyer-*Berger*, UmwG, § 205 Rz. 7; Lutter-*Hoger*, UmwG, § 205 Rz. 4; Semler/Stengel/Leonard-*Leonard*, UmwG, § 205 Rz. 5; *Simons* in: BeckOGK-UmwG, § 205 Rz. 12, 13; Schmitt/Hörtnagl-*Winter*, UmwG/UmwStG, § 205 UmwG Rz. 6; Lutter-*Grunewald*, UmwG, § 25 Rz. 4; s. hierzu auch *Vetter*, GmbHR 2011, 449.

7) Lutter-*Hoger*, UmwG, § 205 Rz. 3; *Petersen* in: KölnKomm-UmwG, § 205 Rz. 3; *Simons* in: BeckOGK-UmwG, § 205 Rz. 6; Widmann/Mayer-*Vossius*, UmwR, § 205 UmwG Rz. 12.

8) Kallmeyer-*Berger*, UmwG, § 205 Rz. 12; Henssler/Strohn-*Drinhausen*/*Keinath*, GesR, § 205 Rz. 5; Lutter-*Hoger*, UmwG, § 205 Rz. 7; Semler/Stengel/Leonard-*Leonard*, UmwG, § 205 Rz. 14; Schmitt/Hörtnagl-*Winter*, UmwG/UmwStG, § 205 UmwG Rz. 8, 11.

9) Henssler/Strohn-*Drinhausen*/*Keinath*, GesR, § 205 Rz. 5; Lutter-*Hoger*, UmwG, § 205 Rz. 7; Semler/Stengel/Leonard-*Leonard*, UmwG, § 205 Rz. 14; Widmann/Mayer-*Vossius*, UmwR, § 205 UmwG Rz. 27; Schmitt/Hörtnagl-*Winter*, UmwG/UmwStG, § 205 UmwG Rz. 11; krit. *Petersen* in: KölnKomm-UmwG, § 205 Rz. 7.

10) Kallmeyer-*Berger*, UmwG, § 205 Rz. 12; Lutter-*Hoger*, UmwG, § 205 Rz. 8; Semler/Stengel/Leonard-*Leonard*, UmwG, § 205 Rz. 15; *Petersen* in: KölnKomm-UmwG, § 205 Rz. 8.

angemessen widerspiegeln oder etwaige Sonderrechte ohne Kompensation entfallen.[11)] In solchen Fällen steht den Anteilsinhabern neben dem Anspruch aus § 205 auch der **Anspruch aus § 196**, gerichtet auf den Ausgleich durch bare Zuzahlung, zu. Die Erfüllung des Anspruchs aus § 196 lässt den Schaden nach § 205 entfallen.[12)] Falls das Spruchverfahren nach § 196 nicht eingeleitet wird, kann dies ein Mitverschulden begründen.[13)]

c) Gläubiger

15 Ein Schaden der Gläubiger ist denkbar, falls es i. R. des Formwechsels zu einer Minderung der Haftungsmasse des neuen Rechtsträgers kommt,[14)] was unter Berücksichtigung der Vermögensidentität der Rechtsträger jedoch nur in Ausnahmefällen eintritt. In einem solchen Fall steht den Gläubigern allerdings vorrangig das Recht auf **Sicherheitsleistung** nach §§ 204, 22 zur Wahrung ihrer Interessen zu.[15)]

3. Haftung (§ 205 Abs. 1 Satz 2 i. V. m. § 25 Abs. 1 Satz 2)

16 Die Haftung der Verwaltungsträger wird durch den Verweis des § 205 Abs. 1 Satz 2 auf § 25 Abs. 1 Satz 2 eingeschränkt, wonach keine Schadensersatzpflicht besteht, wenn die Organmitglieder „bei der Prüfung der Vermögenslage der Rechtsträger und beim Abschluss des Verschmelzungsvertrags ihre Sorgfaltspflicht beobachtet haben". Ist das der Fall, liegen aber Pflichtverletzungen außerhalb dieses Pflichtenkreises vor, so kommt eine Haftung nach den allgemeinen Regeln (z. B. §§ 93, 116 AktG, § 43 GmbHG) in Betracht (siehe § 25 Rz. 6 [*Lubberich*]).[16)]

a) Prüfung der Vermögenslage des Rechtsträgers

17 Nach § 25 Abs. 1 Satz 2 führt zum einen eine Pflichtverletzung bei der „Prüfung der Vermögenslage" zur Schadensersatzpflicht. Da beim Formwechsel nur ein Rechtsträger involviert ist, bedarf es einer mit der Verschmelzung vergleichbaren Prüfung der Vermögenslage eigentlich nicht. Die Sorgfaltspflicht ist aber auf die **Erstellung des Formwechselberichts** (§ 192) sowie die **Festlegung des Ausgleichs** durch bare Zuzahlung (§ 196) zu beziehen.[17)] Eine konkrete Pflicht zur Vermögensprüfung wäre aber bspw. bei dem Formwechsel einer Personengesellschaft in eine Kapitalgesellschaft gegeben.[18)] Vor dem Hintergrund des § 220 darf das nach Abzug der Schulden verbleibende Vermögen des formwechselnden Rechtsträgers den Nennbetrag des künftigen **Stamm- bzw. Grundkapitals** nicht unterschreiten.

18 Nach h. M. bestehen die Sorgfaltspflichten, insbesondere hinsichtlich des Umwandlungsberichts, auch gegenüber den **Gläubigern**, etwa wenn diese im Vertrauen auf die Darstellung keine Sicherheit (§§ 204, 22) einfordern.[19)] Dem steht nicht entgegen, dass die An-

---

11) Henssler/Strohn-*Drinhausen/Keinath*, GesR, § 205 UmwG Rz. 5; Lutter-*Hoger*, UmwG, § 205 Rz. 9; Schmitt/Hörtnagl-*Winter*, UmwG/UmwStG, § 205 UmwG Rz. 8 f.

12) Kallmeyer-*Berger*, UmwG, § 205 Rz. 12; Lutter-*Hoger*, UmwG, § 205 Rz. 10.

13) Lutter-*Hoger*, UmwG, § 205 Rz. 10; Semler/Stengel/Leonard-*Leonard*, UmwG, § 205 Rz. 21.

14) Henssler/Strohn-*Drinhausen/Keinath*, GesR, § 205 UmwG Rz. 5; Lutter-*Hoger*, UmwG, § 205 Rz. 12; Semler/Stengel/Leonard-*Leonard*, UmwG, § 205 Rz. 17; Schmitt/Hörtnagl-*Winter*, UmwG/UmwStG, § 205 UmwG Rz. 10.

15) Kallmeyer-*Berger*, UmwG, § 205 Rz. 12; Lutter-*Hoger*, UmwG, § 205 Rz. 12; Semler/Stengel/Leonard-*Leonard*, UmwG, § 205 Rz. 17.

16) Kallmeyer-*Berger*, UmwG, § 205 Rz. 14; Henssler/Strohn-*Drinhausen/Keinath*, GesR, § 205 UmwG Rz. 6; Lutter-*Hoger*, UmwG, § 205 Rz. 13.

17) Lutter-*Hoger*, UmwG, § 205 Rz. 16; Semler/Stengel/Leonard-*Leonard*, UmwG, § 205 Rz. 9.

18) Kallmeyer-*Berger*, UmwG, § 205 Rz. 15; Lutter-*Hoger*, UmwG, § 205 Rz. 14.

19) Lutter-*Hoger*, UmwG, § 205 Rz. 12.

teilsinhaber auf den Bericht verzichten können (§ 192 Abs. 2).[20] Auch wenn die Gläubiger nicht mitentscheiden können, ob ein Bericht erstellt wird, dürfen sie dennoch auf dessen ordnungsgemäße Erstellung vertrauen, sofern ein Bericht vorgelegt wird.

b) Formwechselbeschluss

Das entsprechende Pendant zum Abschluss des Verschmelzungsvertrages stellt die Erstellung eines vollständigen **Formwechselbeschlusses** nach § 194 Abs. 1 zur umfassenden Information der Anteilsinhaber dar. Die Organmitglieder haben insoweit für eine ordnungsgemäße Durchführung des Verfahrens zu sorgen.[21] Die Beachtung von Sorgfaltspflichten erstreckt sich weiterhin auf alle Verpflichtungen, die mit der Beschlussfassung der Anteilsinhaber hinsichtlich des Formwechsels einhergehen. 19

c) Verschulden, Beweislast

Neben dem objektiven Vorliegen eines Pflichtverstoßes muss das jeweilige Organ auch ein Verschulden treffen, wobei **Fahrlässigkeit ausreichend** ist. Der Wortlaut der Norm wie auch des § 25 Abs. 1 Satz 2 stellt insofern klar, dass die **Beweislast** dem potenziell ersatzpflichtigen Organ zugewiesen wird und insofern eine Beweislastumkehr vorliegt.[22] Zur erfolgreichen **Exkulpation** der Organmitglieder müssen diese daher nachweisen, dass sie nicht pflichtwidrig oder zumindest nicht schuldhaft gehandelt haben.[23] Der Anspruchsteller muss den erlittenen **Schaden** sowie dessen kausale Entstehung durch den Formwechsel beweisen.[24] 20

d) Schaden

Der zu ersetzende Schaden muss **„durch den Formwechsel“** erlitten worden sein,[25] sodass eine Ersatzpflicht nach § 205 erst bestehen kann, wenn der Formwechsel durch Eintragung im Handelsregister wirksam geworden ist (§ 202).[26] Vor Wirksamwerden des Formwechsels sind etwaige Ansprüche nach den allgemeinen Vorschriften möglich (siehe oben Rz. 16). 21

4. Ausschluss der Haftung

Eine Billigung des Formwechselbeschlusses durch die Anteilsinhaber lässt die Haftung nicht entfallen; andernfalls würde die Norm weitestgehend ins Leere laufen.[27] Ein nachträglicher **Verzicht oder Vergleich** zwischen den Anteilsinhabern und dem Vertretungsorgan ist dennoch möglich,[28] jedoch nicht zulasten der Gläubiger der Gesellschaft (vgl. für die AG § 93 Abs. 5 Satz 3 AktG). Ist der formgewechselte Rechtsträger eine AG, KGaA oder SE, gelten für Verfügungen über dessen Ansprüche gegen die Organmitglieder die Beschränkungen nach § 93 Abs. 4 Satz 3 und 4 AktG entsprechend. 22

---

20) So aber Semler/Stengel/Leonard-*Leonard*, UmwG, § 205 Rz. 10.

21) Kallmeyer-*Berger*, UmwG, § 205 Rz. 16; Lutter-*Hoger*, UmwG, § 205 Rz. 15; Semler/Stengel/Leonard-*Leonard*, UmwG, § 205 Rz. 11.

22) So auch Kallmeyer-*Berger*, UmwG, § 205 Rz. 19; Semler/Stengel/Leonard-*Leonard*, UmwG, § 205 Rz. 8.

23) Kallmeyer-*Berger*, UmwG, § 205 Rz. 19; Lutter-*Hoger*, UmwG, § 205 Rz. 19.

24) Kallmeyer-*Berger*, UmwG, § 205 Rz. 19; Lutter-*Hoger*, UmwG, § 205 Rz. 19.

25) Lutter-*Hoger*, UmwG, § 205 Rz. 20; Semler/Stengel/Leonard-*Leonard*, UmwG, § 205 Rz. 18.

26) Schmitt/Hörtnagl-*Winter*, UmwG/UmwStG, § 205 UmwG Rz. 13.

27) Lutter-*Hoger*, UmwG, § 205 Rz. 22; Semler/Stengel/Leonard-*Leonard*, UmwG, § 205 Rz. 19.

28) Kallmeyer-*Berger*, UmwG, § 205 Rz. 4; Semler/Stengel/Leonard-*Leonard*, UmwG, § 205 Rz. 19.

5. Anspruchsinhalt

23 Der Anspruch richtet sich auf den Ausgleich des erlittenen Nachteils gemäß §§ 249 ff. BGB und wird **in der Regel in Geld** erfüllt. Dagegen kann **keine Rückgängigmachung** des Formwechsels (Naturalrestitution) verlangt werden (arg. e. § 16 Abs. 3 Satz 10).[29)]

6. Geltendmachung

24 Die Geltendmachung von Ansprüchen nach § 205 erfolgt ausschließlich durch einen **besonderen Vertreter** nach § 206 (siehe hierzu § 206 Rz. 1 [*Seulen*]).

III. Verjährung (§ 205 Abs. 2)

25 Die Ansprüche nach § 205 Abs. 1 verjähren innerhalb von **fünf Jahren** ab dem Tag der Bekanntmachung der Eintragung (§ 201). Für den Fristbeginn ist unter Berücksichtigung des neu gefassten § 10 Abs. 1 Satz 1 HGB auf die erstmalige Abrufbarkeit der Eintragung im Handelsregister abzustellen (siehe hierzu auch § 204 Rz. 5 [*Seulen*]).[30)] Insofern ist weder der Zeitpunkt der Entstehung des Anspruches noch die Kenntnis des Anspruchsinhabers entscheidend.[31)]

---

29) *Simons* in: BeckOGK-UmwG, § 205 Rz. 45.

30) S. hierzu auch: *Simon*, AG 2023, 754, 763.

31) Kallmeyer-*Berger*, UmwG, § 205 Rz. 20.

§ 206

Geltendmachung des Schadenersatzanspruchs

[1]Die Ansprüche nach § 205 Abs. 1 können nur durch einen besonderen Vertreter geltend gemacht werden. [2]Das Gericht des Sitzes des Rechtsträgers neuer Rechtsform hat einen solchen Vertreter auf Antrag eines Anteilsinhabers oder eines Gläubigers des formwechselnden Rechtsträgers zu bestellen. [3]§ 26 Abs. 1 Satz 3 und 4, Abs. 2, Abs. 3 Satz 2 und 3 und Abs. 4 ist entsprechend anzuwenden; an die Stelle der Blätter für die öffentlichen Bekanntmachungen des übertragenden Rechtsträgers treten die entsprechenden Blätter des Rechtsträgers neuer Rechtsform.

Literatur: *Westermann*, Der Besondere Vertreter im Aktienrecht, AG 2009, 237.

Übersicht

I. Grundlagen

1 Die Norm bezweckt eine **Bündelung der schadensrechtlichen Verfahren** nach § 205, indem die Geltendmachung der Ansprüche einem besonderen, vom Gericht zu bestellen-

den Vertreter vorbehalten ist.[1] Insofern orientiert sich die Norm im Wesentlichen an § 26, der Parallelregelung aus dem Verschmelzungsrecht, welche ihrerseits die früheren § 350 AktG, § 29 KapErhG und § 44a Abs. 3 VAG ersetzt.[2]

Neben einer effektiven prozessualen Gestaltung verfolgt die Norm auch den Zweck, alle **Anspruchsinhaber gleich zu behandeln** und damit auch den realisierbaren Erlös möglichst gleichmäßig unter ihnen zu verteilen, um so einem „Wettlauf" zwischen ihnen zuvorzukommen.[3] 2

§ 206 Satz 1 bestimmt die ausschließliche Geltendmachung der Ansprüche durch einen **besonderen Vertreter.** § 206 Satz 2 legt das Verfahren zur Bestellung des Vertreters fest, wonach dieser auf Antrag eines Anteilsinhabers oder Gläubigers durch das zuständige Gericht bestellt wird. Satz 3 enthält einen partiellen Verweis auf § 26. 3

Die Norm gilt **rechtsformübergreifend** für alle Fälle des Formwechsels und ist als Schutzvorschrift nicht durch Gesellschaftsvertrag, Satzung oder Formwechselbeschluss abdingbar.[4] 4

II. Rechtsstellung des besonderen Vertreters (§ 206 Satz 1)

Die Geltendmachung der Ansprüche aus § 205 obliegt allein dem besonderen Vertreter mit der Folge, dass ihm die **ausschließliche Klagebefugnis** zusteht. Mithin sind die Anspruchsinhaber von einer direkten gerichtlichen Geltendmachung ihrer Ansprüche ausgeschlossen; eine etwaig von ihnen erhobene Klage wäre als unzulässig abzuweisen.[5] Unbenommen ist den Anspruchsinhabern eine **Nebenintervention** nach § 66 ZPO.[6] 5

Anders als es der Gesetzeswortlaut vermuten lässt, agiert der besondere Vertreter nach der h. L. nicht als Vertreter der Anspruchsinhaber, sondern setzt die jeweiligen Ansprüche im eigenen Namen als **Partei kraft Amtes** durch.[7] Vor diesem Hintergrund ist der Vertreter gegenüber den Anspruchsinhabern auch **nicht weisungsgebunden.**[8] Vielmehr setzt der Vertreter die Ansprüche nach pflichtgemäßen Ermessen durch.[9] Sollte er seinen Pflichten jedoch zuwiderhandeln, bspw. durch eine nicht zweckgerechte Geltendmachung der angemeldeten Ansprüche,[10] so haftet er für daraus resultierende Schäden analog der Vorschriften für sonstige vom Gericht zugunsten Dritter bestellte Personen.[11] 6

---

1) Begr. RegE UmwBerG, BR-Drucks. 75/94, S. 145.
2) Begr. RegE UmwBerG, BR-Drucks. 75/94, S. 93.
3) Für § 26 Begr. RegE UmwBerG, BR-Drucks. 75/94, S. 93; *Althoff* in: NK-UmwG, § 206 Rz. 1; Kallmeyer-*Berger*, UmwG, § 206 Rz. 2; Lutter-*Hoger*, UmwG, § 206 Rz. 1; Widmann/Mayer-*Vossius*, UmwR, § 206 UmwG Rz. 1; krit. hierzu *Simons* in: BeckOGK-UmwG, § 206 Rz. 4.
4) Kallmeyer-*Berger*, UmwG, § 206 Rz. 4, 5; *Simons* in: BeckOGK-UmwG, § 206 Rz. 2 f.; Widmann/Mayer-*Vossius*, UmwR, § 206 UmwG Rz. 2.
5) Kallmeyer-*Berger*, UmwG, § 206 Rz. 6; Lutter-*Hoger*, UmwG, § 206 Rz. 2; Semler/Stengel/Leonard-*Leonard*, UmwG, § 206 Rz. 3; Widmann/Mayer-*Vossius*, UmwR, § 206 UmwG Rz. 3.
6) So die h. L., vgl. Kallmeyer-*Berger*, UmwG, § 206 Rz. 6; Lutter-*Hoger*, UmwG, § 206 Rz. 2; *Petersen* in: KölnKomm-UmwG, § 206 Rz. 2; Semler/Stengel/Leonard-*Leonard*, UmwG, § 206 Rz. 3; a. A. *Simons* in: BeckOGK-UmwG, § 206 Rz. 32; Widmann/Mayer-*Vossius*, UmwR, § 206 UmwG Rz. 4.
7) So auch OLG Frankfurt/M., Urt. v. 19.5.2006 – 25 U 28/05, AG 2007, 559 = BeckRS 2006, 11126; *Althoff* in: NK-UmwG, § 206 Rz. 2; Lutter-*Hoger*, UmwG, § 206 Rz. 3; Semler/Stengel/Leonard-*Leonard*, UmwG, § 206 Rz. 8; *Petersen* in: KölnKomm-UmwG, § 206 Rz. 2; Kallmeyer-*Berger*, UmwG, § 206 Rz. 6; a. A. *Simons* in: BeckOGK-UmwG, § 206 Rz. 32; Widmann/Mayer-*Vossius*, UmwR, § 206 UmwG Rz. 34 – Prozessgeschäftsführer kraft richterlicher Bestellung, Parteien des Rechtsstreits bleiben die Vertretenen.
8) Kallmeyer-*Berger*, UmwG, § 206 Rz. 6; Lutter-*Hoger*, UmwG, § 206 Rz. 4; Semler/Stengel/Leonard-*Leonard*, UmwG, § 206 Rz. 13; *Simons* in: BeckOGK-UmwG, § 206 Rz. 32.
9) *Simons* in: BeckOGK-UmwG, § 206 Rz. 34; Lutter-*Hoger*, UmwG, § 206 Rz. 4.
10) S. hierzu *Simons* in: BeckOGK-UmwG, § 206 Rz. 34, 36 ff.
11) § 1794 BGB (Vormundschaft), § 1813 BGB (Pfleger), § 1826 BGB (Betreuer), § 60 InsO (Insolvenzverwalter); vgl. Kallmeyer-*Berger*, UmwG, § 206 Rz. 14; Lutter-*Hoger*, UmwG, § 206 Rz. 4; a. A. *Simons* in: BeckOGK-UmwG, § 206 Rz. 34, und Widmann/Mayer-*Vossius*, UmwR, § 206 UmwG Rz. 38 – Haftung nach § 675 BGB analog vor; noch a. A. Semler/Stengel/Leonard-*Leonard*, UmwG, § 206 Rz. 10 – Haftung nach den Vorschriften für Liquidatoren.

7 Nach der Verweisung des Satz 3 auf § 26 Abs. 4 kommt auch dem besonderen Vertreter i. R. eines Formwechsels ein Anspruch auf die Erstattung seiner Auslagen und Vergütung seiner Tätigkeit zu (siehe § 26 Rz. 37 f. [*Lubberich*]). Diese Beträge werden vor der Verteilung an die Anspruchsinhaber von dem Erlös abgezogen, § 206 Satz 3 i. V. m. § 26 Abs. 4.

III. Bestellung und Antrag (§ 206 Satz 2)

8 Der besondere Vertreter wird auf Antrag eines Anteilsinhabers oder Gläubigers durch das zuständige Gericht am Sitz des formgewechselten Rechtsträgers bestellt.

1. Antragsberechtigte

9 Die Antragsberechtigten ergeben sich aus § 126 Satz 2 der Vorschrift.

a) Anteilsinhaber

10 Antragsberechtigt ist zunächst **jeder Anteilsinhaber**. Die Anteilsinhaberschaft muss bereits zum Zeitpunkt des Wirksamwerdens des Formwechsels (§ 202) bestanden haben. Weder der Erwerb von Anteilen im Wege der Einzelrechtsnachfolge nach Wirksamwerden des Formwechsels noch eine Abtretung der Ansprüche aus § 205 führen zu einer Übertragung der Antragsbefugnis auf den Erwerber oder Zessionar.[12] Einzig der Erwerb des Anteils im Wege der Gesamtrechtsnachfolge führt zu einem Übergang auch der Antragsbefugnis.[13]

b) Gläubiger

11 Auch **jeder Gläubiger** ist antragsberechtigt. Wie auch bei den Anteilsinhabern muss die Forderung bereits **vor dem Wirksamwerden des Formwechsels** begründet worden sein. Des Weiteren besteht die Antragsbefugnis des Gläubigers nach §§ 206, 26 Abs. 1 Satz 3 nur, wenn er von dem formgewechselten Rechtsträger **keine Befriedigung** erlangen kann. Somit sind die Gläubiger vorrangig dazu angehalten, ihren **Anspruch auf Sicherheitsleistung** nach den §§ 204, 22 geltend zu machen. Nur wenn der Anspruch auf Sicherheitsleistung nicht erfüllt wird oder der Gläubiger aus der erhaltenen Sicherheit keine Befriedigung erlangen kann, ist er antragsberechtigt.[14] Ein fruchtloser Versuch der **Zwangsvollstreckung** ist jedoch nicht erforderlich.[15]

c) Formwechselnder Rechtsträger

12 Obwohl der formwechselnde Rechtsträger nach § 205 Abs. 1 zum Kreis der Ersatzberechtigten zählt, ist er nach dem Wortlaut des § 206 Satz 2 nicht antragsbefugt.

13 Für die Parallelregelung in § 26 wird, ebenfalls entgegen des Wortlautes, eine Ausdehnung der Antragsberechtigung auf den übernehmenden Rechtsträger (als Gläubiger) anerkannt (siehe § 26 Rz. 16 [*Lubberich*]),[16] was jedoch nicht ohne Weiteres auf einen sich form-

---

12) So auch *Althoff* in: NK-UmwG, § 206 Rz. 5; Kallmeyer-*Berger*, UmwG, § 206 Rz. 8; Lutter-*Hoger*, UmwG, § 206 Rz. 5; Semler/Stengel/Leonard-*Leonard*, UmwG, § 206 Rz. 5.

13) *Althoff* in: NK-UmwG, § 206 Rz. 5; Kallmeyer-*Berger*, UmwG, § 206 Rz. 8; Lutter-*Hoger*, UmwG, § 206 Rz. 5; Semler/Stengel/Leonard-*Leonard*, § 206 UmwG Rz. 5.

14) *Althoff* in: NK-UmwG, § 206 Rz. 6; Kallmeyer-*Berger*, UmwG, § 206 Rz. 9; Lutter-*Hoger*, UmwG, § 206 Rz. 6; Semler/Stengel/Leonard-*Leonard*, UmwG, § 206 Rz. 6; krit. *Petersen* in: KölnKomm-UmwG, § 206 Rz. 3.

15) Lutter-*Hoger*, UmwG, § 206 Rz. 6; Semler/Stengel/Leonard-*Leonard*, UmwG, § 206 Rz. 6; Widmann/Mayer-*Vossius*, UmwR, § 206 UmwG Rz. 17.

16) Kallmeyer-*Oppenhoff*, UmwG, § 26 Rz. 8; Lutter-*Grunewald*, UmwG, § 26 Rz. 9; Schmit/Hörtnagl-*Winter*, UmwG/UmwStG, § 26 UmwG Rz. 14 f.; Semler/Stengel/Leonard-*Leonard*, UmwG, § 26 Rz. 6; Widmann/Mayer-*Vossius*, UmwR, § 26 UmwG Rz. 24.

wechselnden Rechtsträger übertragen werden kann. Im Rahmen des § 206 wird das Bestehen einer Antragsbefugnis daher unterschiedlich beurteilt.

14 Teilweise wird dem Rechtsträger in besonderen Konstellationen[17)] oder infolge eines Vergleiches mit der Antragsbefugnis des Rechtsträgers in § 26[18)] ein **eigenes Antragsrecht** zugestanden. Die zutreffende Gegenauffassung verneint die **Antragsbefugnis des Rechtsträgers** unter dem Hinweis auf den eindeutigen Wortlaut der Norm oder dem Fehlen einer gesetzlichen Regelungslücke (im Unterschied zu § 26).[19)]

15 Vor dem Hintergrund, dass der Rechtsträger nur in praktisch kaum relevanten Ausnahmefällen einen nach § 205 ersatzfähigen Schaden erleidet (siehe § 205 Rz. 12 [*Seulen*])[20)] und selbst in einem solchen Falle der besondere Vertreter nach Antrag eines Anteilsinhabers oder Gläubigers ohnehin auch etwaige Ansprüche des Rechtsträgers geltend machen muss,[21)] ist in Ermangelung einer Regelungslücke eine **eigene Antragsbefugnis des Rechtsträgers abzulehnen**. Mithin obliegt es auch im Falle einer direkten Schädigung des Rechtsträgers den sodann zumindest **mittelbar geschädigten Anteilsinhabern**, einen besonderen Vertreter auf ihren Antrag hin zu bestellen.[22)]

2. Bestellung des besonderen Vertreters

16 Die Bestellung des besonderen Vertreters erfolgt durch das Gericht des Sitzes des Rechtsträgers neuer Rechtsform auf Antrag eines Anspruchsberechtigten. Voraussetzung hierfür ist zusätzlich zur **Antragsberechtigung** (siehe oben Rz. 9 ff.), dass der Antragsteller den Anspruch aus § 205 **glaubhaft** macht.[23)]

17 Die **Zuständigkeit des Gerichts** bestimmt sich nach § 206 Satz 2 i. V. m. § 23a Abs. 1, 2 Nr. 4 GVG i. V. m. §§ 375 Nr. 5, 376 Abs. 1 FamFG, so dass grundsätzlich dasjenige Amtsgericht zuständig ist, in dessen Bezirk das für den formgewechselten Rechtsträger zuständige Landgericht seinen Sitz hat. Nach § 376 Abs. 2 FamFG können durch Landesrecht abweichende Zuständigkeiten begründet werden.

18 Der Antragsteller kann unverbindliche Vorschläge zur **Person des besonderen Vertreters** machen, die letztendliche Entscheidung steht jedoch im Ermessen des Gerichts.[24)] Sollte das Gericht eine unliebsame Entscheidung treffen, kann gegen diese nach § 206 Abs. 1 Satz 3 i. V. m. § 26 Abs. 1 Satz 4 sofortige Beschwerde eingelegt werden.[25)] Die Norm trifft ansonsten keine Vorgaben zur Person des Vertreters.

IV. Verfahren

1. Aufforderung zur Anmeldung der Ansprüche

19 Nach § 206 Satz 3, 26 Abs. 2 hat der Vertreter unter Hinweis auf den Zweck seiner Bestellung die Anteilsinhaber und Gläubiger aufzufordern, ihre Ansprüche nach § 205 in

17) Ausf. Widmann/Mayer-*Vossius*, UmwR, § 206 UmwG Rz. 19 ff.

18) *Althoff* in: NK-UmwG, § 206 Rz. 7.

19) Kallmeyer-*Berger*, UmwG, § 206 Rz. 11; *Simons* in: BeckOGK-UmwG, § 206 Rz. 14.

20) So auch *Althoff* in: UmwG, § 206 Rz. 7; Kallmeyer-*Berger*, UmwG, § 206 Rz. 11; Lutter-*Hoger*, UmwG, § 206 Rz. 7; *Petersen* in: KölnKomm-UmwG, § 206 Rz. 3.

21) Kallmeyer-*Berger*, UmwG, § 206 Rz. 11; *Simons* in: BeckOGK-UmwG, § 206 Rz. 14.

22) So auch Kallmeyer-*Berger*, UmwG, § 206 Rz. 10; Semler/Stengel/Leonard-*Leonard*, UmwG, § 206 Rz. 7; *Simons* in: BeckOGK-UmwG, § 206 Rz. 14.

23) Kallmeyer-*Berger*, UmwG, § 206 Rz. 12; Lutter-*Hoger*, UmwG, § 206 Rz. 8; Semler/Stengel/Leonard-*Leonard*, UmwG, § 206 Rz. 4.

24) Lutter-*Hoger*, UmwG, § 206 Rz. 10; Semler/Stengel/Leonard-*Leonard*, UmwG, § 206 Rz. 4.

25) Lutter-*Hoger*, UmwG, § 206 Rz. 9; Semler/Stengel/Leonard-*Leonard*, UmwG, § 206 Rz. 4.

einer **angemessenen Frist**, die mindestens einen Monat betragen soll, anzumelden. Anders als bei der Verschmelzung hat der Aufruf dazu in den Blättern für die öffentliche Bekanntmachung des Rechtsträgers neuer Rechtsform zu erfolgen, § 206 Satz 3 Halbs. 2.

20 Nicht fristgemäß angemeldete Ansprüche werden nach § 206 i. V. m. § 26 Abs. 3 Satz 3 bei der Verteilung des erzielten Erlöses nicht berücksichtigt.

2. Geltendmachung der Ansprüche

21 Der besondere Vertreter macht die Ansprüche geltend und setzt sie durch. Dabei hat er einen **erheblichen Entscheidungsspielraum** und trifft nach pflichtgemäßem Ermessen die Wahl, ob er Klage erhebt, Rechtsmittel einlegt oder Vergleiche abschließt.[26] Der Vertreter ist verpflichtet, die Ansprüche der Berechtigten bestmöglich zu realisieren.[27]

3. Verteilung des Erlöses

22 Die Verteilung der erzielten Erlöse erfolgt nach Abzug der Auslagen und Vergütung des Vertreters gemäß § 206 Satz 3 i. V. m. § 26 Abs. 3 Satz 2 entsprechend der Vorschriften über die Verteilung, die im Falle der Abwicklung des formwechselnden Rechtsträgers einschlägig sind.

23 Sollte der erzielte **Erlös zur Befriedigung** aller Anspruchsteller **nicht ausreichen**, so sind zunächst die Gläubiger zu berücksichtigen und erst im Anschluss daran die Anteilsinhaber.

---

26) Kallmeyer-*Berger*, UmwG, § 206 Rz. 14; Lutter-*Hoger*, UmwG, § 206 Rz. 12; Semler/Stengel/Leonard-*Leonard*, UmwG, § 206 Rz. 13; *Westermann*, AG 2009, 237, 240.

27) Kallmeyer-*Berger*, UmwG, § 206 Rz. 14; Lutter-*Hoger*, UmwG, § 206 Rz. 12.

§ 207

Angebot der Barabfindung*)

(1) [1]Der formwechselnde Rechtsträger hat jedem Anteilsinhaber, der gegen den Formwechselbeschluss Widerspruch zur Niederschrift erklärt, den Erwerb seiner umgewandelten Anteile oder Mitgliedschaften gegen eine angemessene Barabfindung anzubieten; § 71 Abs. 4 Satz 2 des Aktiengesetzes und die Anordnung der Nichtigkeit des schuldrechtlichen Geschäfts über einen verbotswidrigen Erwerb nach § 33 Absatz 2 Satz 3 des Gesetzes betreffend die Gesellschaften mit beschränkter Haftung sind insoweit nicht anzuwenden. [2]Kann der Rechtsträger auf Grund seiner neuen Rechtsform eigene Anteile oder Mitgliedschaften nicht erwerben, so ist die Barabfindung für den Fall anzubieten, daß der Anteilsinhaber sein Ausscheiden aus dem Rechtsträger erklärt. [3]Der Rechtsträger hat die Kosten für eine Übertragung zu tragen.

(2) § 29 Abs. 2 ist entsprechend anzuwenden.

*) § 207 i. d. F. des UmwBerG geändert durch Art. 1 des Gesetzes zur Umsetzung der Umwandlungsrichtlinie und zur Änderung weiterer Gesetze (UmRUG), v. 22.2.2023, BGBl. I 2023, Nr. 51.

Literatur: *Bayer/Schmidt, J.*, Wer ist mit welchen Anteilen bei Strukturveränderungen abfindungsberechtigt?, ZHR 178 (2014), 150; *Drygala/Staake*, Delisting als Strukturmaßnahme, ZIP 2013, 905; *Grunewald*, Das Recht zum Austritt aus der Aktiengesellschaft, in: Festschrift für Carsten Peter Claussen, 1997, S. 103; *Habersack*, Der getäuschte Aktionär – ein gewöhnlicher Insolvenzgläubiger?, ZIP 2025, 1307; *Hoger*, Kapitalschutz als Durchsetzungsschranke umwandlungsrechtlicher Ausgleichsansprüche von Gesellschaftern, AG 2008, 149; *Ihrig*, Gläubigerschutz durch Kapitalaufbringung bei Verschmelzung und Spaltung nach neuem Umwandlungsrecht, GmbHR 1995, 622; *Knorr*, Widerspruch und Stimmabgabe bei Umwandlungen, insbesondere beim Formwechsel von Genossenschaften, NZG 2019, 1285; *Simons*, Die Neuerungen durch das UmRUG (sowie das MoPeG und das DiRUG/DiReG) im Recht des innerstaatlichen Formwechsels, AG 2023, 754; *Wiedemann*, Das Abfindungsrecht – ein gesellschaftsrechtlicher Interessenausgleich, ZGR 1978, 477.

Übersicht

I. Grundlagen

1. Überblick

Die §§ 207–212 regeln die Barabfindung beim Formwechsel grundsätzlich **rechtsformübergreifend**. Gemäß § 302 Satz 1 gelten sie auch bei Formwechseln von Körperschaften und Anstalten des öffentlichen Rechts. **Ausnahmen** ergeben sich für den Formwechsel aus einer oder in eine **KGaA** (§§ 227, 250) sowie eines von der Körperschaftsteuer befreiten **e. V.** (§ 282 Abs. 2).[1] Entsprechend der Konzeption des UmwG steht dem überstimmten Anteilsinhaber somit nicht nur im Falle der Verschmelzung und Spaltung, sondern auch für den Fall des Formwechsels ein Austrittsrecht zu.[2] Damit haben §§ 207 ff. Bedeutung für den Anleger- und Minderheitenschutz (siehe unten Rz. 3 und Rz. 8).[3] 1

Eine zu § 207 parallele Regelung findet sich für die **Verschmelzung** in § 29.[4] Ergänzt wird § 207 durch § 196 sowie §§ 208, 209, 210, 212. 2

2. Sinn und Zweck der Vorschrift

§ 207 ist eine zentrale Regelung zum Schutz von Minderheitsgesellschaftern beim Formwechsel.[5] Sie verkörpert den allgemeinen Rechtsgedanken, dass Anteilsinhabern im Falle eines Rechtsformwechsels, der mit einer wesentlichen Veränderung ihrer Rechte einhergeht, ein **Austrittsrecht aus wichtigem Grund zustehen muss**, da die Fortführung der Mitgliedschaft unzumutbar sein kann.[6] § 207 konkretisiert somit ein allgemeines Austrittsrecht aus wichtigem Grund für den Fall des Formwechsels.[7] 3

1) Henssler/Strohn-*Drinhausen/Keinath*, GesR, § 207 UmwG Rz. 1; Kallmeyer-*Berger*, UmwG, § 207 Rz. 1 f.; Lutter-*Hoger*, UmwG, § 207 Rz. 5.
2) *Simons* in: BeckOGK-UmwG, § 207 Rz. 1.
3) Semler/Stengel/Leonard-*Kalss*, UmwG, § 207 Rz. 1.
4) Zum Gleichlauf mit der Verschmelzung s. *Petersen* in: KölnKomm-UmwG, § 207 Rz. 1.
5) Statt aller Widmann/Mayer-*Wälzholz*, UmwR, § 207 UmwG Rz. 4.
6) Lutter-*Hoger*, UmwG, § 207 Rz. 1; Semler/Stengel/Leonard-*Kalss*, UmwG, § 207 Rz. 1; *Simons* in: BeckOGK-UmwG, § 207 Rz. 3; *Wiedemann*, ZGR 1978, 477 (484); *Bayer/J. Schmidt*, ZHR 178 (2014), 150 (153); krit. *Lenz*, Gesellschafter- und Gläubigerschutz bei dem Formwechsel einer oHG in eine GmbH, 2000, S. 130.
7) Lutter-*Hoger*, UmwG, § 207 Rz. 1; *Grunewald* in FS Claussen, S. 103, 106 ff.; krit. *Klöhn*, Das System der aktien- und umwandlungsrechtlichen Abfindungsansprüche, 2009, S. 270 f.

4 Die Verpflichtung nach § 207, ein **Barabfindungsangebot** zu unterbreiten, korrespondiert mit dem **Anspruch auf Verbesserung des Beteiligungsverhältnisses** nach § 196. Den Anteilsinhabern wird damit die **Wahlmöglichkeit** eingeräumt, entweder in der Gesellschaft zu verbleiben und ggf. eine Zuzahlung gemäß § 196 zu erhalten, oder Widerspruch gegen den Formwechsel zu erheben und gegen Barabfindung aus der Gesellschaft auszuscheiden.[8] Der Gesellschafter muss sich entscheiden, entweder nach § 207 oder nach §§ 195, 196 vorzugehen. Eine gleichzeitige Inanspruchnahme beider Varianten ist nicht möglich.[9]

5 Darüber hinaus besteht ein systematischer Zusammenhang zu § 29, dem verschmelzungsrechtlichen Pendant. Dies wird auch durch den Verweis in § 207 Abs. 2 verdeutlicht.[10] Die Anwendung des **§ 29 Abs. 2** soll verhindern, dass ein Anteilsinhaber, der ohne Verschulden an der Erhebung des Widerspruchs gehindert wurde, benachteiligt wird.[11]

3. Entstehungsgeschichte

6 § 207 wurde in Anlehnung an die früheren, für den Formwechsel einer AG oder KGaA in eine GmbH geltenden Vorschriften (§§ 369 Abs. 4, 375 Abs. 1 Satz 1 Halbs. 1, Satz 4 und Abs. 3 Satz 1, 388 AktG a. F. sowie §§ 11 Nr. 2, 24 Abs. 2 Nr. 2 lit. b UmwG 1969) entwickelt.[12] Durch das UmRUG wurde mit Wirkung zum 1.3.2023 eine Regelung zur Nichtanwendbarkeit von § 33 Abs. 2 Satz 3 GmbHG ergänzt, um einen Gleichlauf mit dem Barabfindungsanspruch in den Fällen der Verschmelzung und der Spaltung herzustellen.[13]

4. Anwendungsbereich

7 § 207 stellt **zwingendes Recht** dar, so dass die Pflicht zur Unterbreitung eines Barabfindungsangebots weder durch Regelungen im Gesellschaftsvertrag oder in der Satzung noch durch einen schuldrechtlichen Vertrag abbedungen werden kann.[14] Anerkannt ist jedoch, dass die Anteilsinhaber in notariell beurkundeter Form auf das Barabfindungsangebot **verzichten** können.[15] Dieser Verzicht muss von sämtlichen Anteilsinhabern erklärt werden; eine mehrheitliche Entscheidung ist hierfür nicht ausreichend.[16] Die Verzichtserklärungen müssen entsprechend § 199 zum Handelsregister eingereicht werden.[17] Darüber hinaus ist auch ein **individueller Verzicht** einzelner Anteilsinhaber auf die Barabfindung möglich, der aber keiner besonderen Form bedarf.[18]

8) Lutter-*Hoger*, UmwG, § 207 Rz. 2; Semler/Stengel/Leonard-*Kalss*, UmwG, § 207 Rz. 3; *Simons* in: BeckOGK-UmwG, § 207 Rz. 3.
9) Kallmeyer-*Berger*, UmwG, § 207 Rz. 8; Widmann/Mayer-*Wälzholz*, UmwR, § 207 UmwG Rz. 2.
10) Widmann/Mayer-*Wälzholz*, UmwR, § 207 UmwG Rz. 2.
11) *Petersen* in: KölnKomm-UmwG, § 207 Rz. 1.
12) Semler/Stengel/Leonard-*Kalss*, UmwG, § 207 Rz. 5; Widmann/Mayer-*Wälzholz*, UmwR, § 207 UmwG Rz. 3.
13) Begr. RegE UmRUG z. § 207 Abs. 1 Satz 1, BT-Drucks. 20/3822, S. 76.
14) Kallmeyer-*Berger*, UmwG, § 207 Rz. 4; Semler/Stengel/Leonard-*Kalss*, UmwG, § 207 Rz. 2; *Simons* in: BeckOGK-UmwG, § 207 Rz. 18.
15) S. nur Schmitt/Hörtnagl-*Winter*, UmwG, § 207 Rz. 2 m. w. N.
16) Lutter-*Hoger*, UmwG, § 207 Rz. 22; *Simons* in: BeckOGK-UmwG, § 207 Rz. 16.
17) Semler/Stengel/Leonard-*Kalss*, UmwG, § 207 Rz. 17; *Simons* in: BeckOGK-UmwG, § 207 Rz. 17.
18) Lutter-*Hoger*, UmwG, § 207 Rz. 22; Widmann/Mayer-*Wälzholz*, UmwR, § 207 UmwG Rz. 35, der deutlich zwischen dem Verzicht *auf die Abgabe* eines Abfindungsangebots und dem Verzicht *auf die Rechte* aus dem Angebot unterscheidet.

Da das Barabfindungsangebot dem **Minderheitenschutz** dient, ist es entbehrlich, wenn die Rechte der opponierenden Anteilsinhaber **anderweitig effektiv geschützt** werden.[19] Gemäß § 194 Abs. 1 Nr. 6 Alt. 1 bedarf es daher keines Abfindungsangebotes, wenn der Formwechsel kraft Gesetzes oder Gesellschaftsvertrages der Zustimmung aller Anteilsinhaber bedarf. **Kraft Gesetzes** besteht ein solches **Zustimmungsbedürfnis** insbesondere beim Formwechsel einer Kapitalgesellschaft in eine GbR, oHG oder PartG (§ 233 Abs. 1) sowie – vorbehaltlich abweichender Regelungen im Gesellschaftsvertrag – beim Formwechsel einer Kapitalgesellschaft in eine KG (§ 233 Abs. 2) und beim Formwechsel einer GbR oder Personenhandelsgesellschaft (§ 217 Abs. 1) oder einer PartG (§§ 225c, 217 Abs. 1 Satz 1).[20] Das Einstimmigkeitserfordernis kann sich auch aus § 193 Abs. 2 ergeben, wenn eine **Vinkulierungsklausel** zugunsten sämtlicher Anteilsinhaber besteht.[21] 8

Umstritten ist, ob ein **faktisches Einstimmigkeitserfordernis** – etwa im Fall von Sperrminoritäten[22] – der durch Gesetz oder Gesellschaftsvertrag verlangten Einstimmigkeit gleichzustellen ist.[23] Für die Gleichstellung spricht, dass die Anteilsinhaber auch bei einem faktischem Einstimmigkeitserfordernis nicht schutzbedürftig sind, weil jeder von ihnen den Formwechsel verhindern kann.[24] Dagegen spricht aber die klare, nur auf ein statutarisches Einstimmigkeitserfordernis bezogene Regelung in § 194 Abs. 1 Nr. 6. 9

Des Weiteren entfällt die Pflicht zur Unterbreitung eines Barabfindungsangebots, wenn an dem formwechselnden Rechtsträger **nur ein Anteilsinhaber** beteiligt ist (§ 194 Abs. 1 Nr. 6 Alt. 2), da dessen Zustimmung notwendigerweise erforderlich ist.[25] 10

Einige **Stimmen aus Rechtsprechung und Literatur** hatten sich für die analoge Anwendung der §§ 190 ff. auf den Fall der freiwilligen Beendigung der Börsenzulassung, das sog. Delisting, ausgesprochen und damit ein verpflichtendes Barabfindungsangebot für ausscheidenswillige Aktionäre gefordert.[26] Dies hat der **BGH** jedoch in der Frosta-Entscheidung mit dem Hinweis auf § 250 **abgelehnt**. Dieser zeige, dass nicht einmal jeder Formwechsel nach dem UmwG eine Barabfindung auslöse.[27] Mittlerweile hat der Gesetzgeber insoweit mit § 39 Abs. 2 Satz 3, Abs. 3 BörsG eine kapitalmarktrechtliche Regelung getroffen, welche ein Delisting-Erwerbsangebot an alle Aktionäre im Wesentlichen entsprechend den Vorschriften des WpÜG verlangt. Vom Barabfindungsangebot zu unterscheiden ist außerdem das sog. **Abandon- oder Preisgaberecht** gemäß §§ 383, 385i, 385m Abs. 5, 382 AktG a. F.[28] 11

19) *Simons* in: BeckOGK-UmwG, § 207 Rz. 5.

20) *Simons* in: BeckOGK-UmwG, § 207 Rz. 6.

21) Kallmeyer-*Berger*, UmwG, § 207 Rz. 10; Lutter-*Hoger*, UmwG, § 207 Rz. 4.

22) Bsp. von *Simons* in: BeckOGK-UmwG, § 207 Rz. 9.1: 75 % Mehrheitserfordernis und drei Gesellschafter A: 40 %, B: 30 % und C: 30 %.

23) Dafür: Sagasser/Bula-*Sagasser*/*Luke*, Umwandlungen, § 30 Rz. 70; dagegen: Kallmeyer-*Berger*; UmwG, § 207 Rz. 10; Lutter-*Hoger*, UmwG, § 194 Rz. 21; *Simons* in: BeckOGK- UmwG, § 207 Rz. 9.

24) Anders, wenn nur einzelne Anteilsinhaber eine Sperrminorität haben, z. B. A: 50 %, B: 30 % und C: 20 %; da A und B alleine die 75 %-Mehrheit erreichen können, kommt eine Gleichstellung mit dem statutarischen Einstimmigkeitserfordernis entgegen *Simons* in: BeckOGK-UmwG, § 207 Rz. 9.1, nicht in Betracht.

25) Kallmeyer-*Berger*, UmwG, § 207 Rz. 9; Semler/Stengel/Leonard-*Kalss*, UmwG, § 207 Rz. 3.

26) Aus der Rspr. z. B. BayObLG, Beschl. v. 1.12.2004 – 3Z BR 106/04, NZG 2005, 312, 315 = ZIP 2005, 205; aus der Literatur *Drygala*/*Staake*, ZIP 2013, 905, 912 f.; so auch noch in der 3. Aufl. Semler/Stengel-*Kalss*, UmwG, § 207 Rz. 4.

27) BGH, Urt. v. 8.10.2013, II ZB 26/12, NJW 2014, 146 ff. = ZIP 2013, 2254; noch anders in BGH, Urt. v. 25.11.2002 – II ZR 133/01 (Macroton), BGHZ 153, 47, 53 ff. = NJW 2003, 1032.

28) Semler/Stengel/Leonard-*Kalss*, UmwG, § 207 Rz. 6.

II. Anspruchsvoraussetzung

12 Grundvoraussetzung für den Barabfindungsanspruch ist der **Widerspruch zur Niederschrift gegen den Formwechselbeschluss** durch den Anteilsinhaber bzw. dessen Vertreter. Dabei handelt es sich um einen reinen Formalakt, der weder begründet werden noch seine Zielrichtung oder die dahinterstehende Absicht erkennen lassen muss. Es ist jedoch – nicht zwingend, aber zweckmäßig – ratsam, den Widerspruch ausdrücklich als solchen zu bezeichnen.[29] Nicht ausreichend ist es, bei der Abstimmung über den Formwechsel lediglich mit „Nein" zu stimmen oder sich zu enthalten.[30] Der Widerspruch muss **während der Gesellschafterversammlung** erklärt werden und kann weder im Vorfeld eingereicht noch nachträglich erklärt werden.[31]

13 **Umstritten** ist, ob der Anteilsinhaber als Voraussetzung für die Wirksamkeit seines Widerspruchs und den Abfindungsanspruch zusätzlich **gegen den Formwechselbeschluss stimmen muss**. Ein erheblicher Teil der Literatur bejaht dies mit dem Argument, dass andernfalls die Gefahr eines „wirtschaftlichen Ausbluten[s] des Rechtsträgers"[32] bestehe.[33] Die Gegenansicht[34] stellt darauf ab, dass sich ein solches Erfordernis weder aus dem Wortlaut oder der Systematik noch aus den Gesetzesmaterialien ableiten lasse. Ferner wird auf Beweisschwierigkeiten bei anonymen Abstimmungen und die problematische Verknüpfung des Anspruchs des ausscheidenswilligen Anteilsinhabers mit einem konsequenten Abstimmungsverhalten und den wirtschaftlichen Folgen für den formwechselnden Rechtsträger verwiesen.

14 Durch den **Verweis** in § 207 Abs. 2 **auf § 29 Abs. 2** wird ein Anteilsinhaber, der **ohne eigenes Verschulden** keinen Widerspruch einlegen konnte, demjenigen gleichgestellt, der den Widerspruch erklärt hat.[35] Hat ein Anteilsinhaber also keinen Widerspruch eingelegt, kann er in den drei abschließend[36] in § 29 Abs. 2 genannten Fällen dennoch den Barabfindungsanspruch geltend machen, nämlich wenn

- der Anteilsinhaber oder sein Vertreter zu der Beschlussfassung zu Unrecht nicht zugelassen wurde bzw. zu Unrecht ausgeschlossen wurde;[37]
- die Versammlung nicht ordnungsgemäß einberufen wurde oder
- der Gegenstand der Beschlussfassung nicht ordnungsgemäß bekannt gemacht wurde.[38]

---

29) *Simons* in: BeckOGK-UmwG, § 207 Rz. 58.

30) Kallmeyer-*Berger*, UmwG, § 207 Rz. 14; *Wansleben* in: MünchHdb. GesR, Bd. 8, § 34 Rz. 46.

31) Henssler/Strohn-*Drinhausen/Keinath*, GesR, § 207 UmwG Rz. 5; Semler/Stengel/Leonard-*Kalss*, UmwG, § 207 Rz. 7; *Simons* in: BeckOGK-UmwG, § 207 Rz. 66.

32) Schmitt/Hörtnagl-*Winter*, UmwG/UmwStG, § 207 UmwG Rz. 4.

33) *Erkens/Thilo* in: KölnKomm-UmwG, § 29 Rz. 28; Henssler/Strohn-*Drinhausen/Keinath*, GesR, § 207 UmwG Rz. 5; Schmitt/Hörtnagl-*Winter*, UmwG/UmwStG, § 207 UmwG Rz. 4 m. w. N.; Semler/Stengel/Leonard-*Kalss*, UmwG, § 207 Rz. 7; Widmann/Mayer-*Wälzholz*, UmwR, § 207 UmwG Rz. 11; ferner *Knorr*, NZG 2019, 1285, 1286.

34) *Althoff* in: NK-UmwG, § 207 Rz. 7; Kallmeyer-*Berger*, UmwG, § 207 Rz. 15; *Simons* in: BeckOGK-UmwG, § 207 Rz. 62 m. w. N.; *Wansleben* in: MünchHdb. GesR, Bd. 8, § 34 Rz. 46; sowie die ganz h. L. zu § 245 Nr. 1 AktG: *Koch*, AktG, § 245 Rz. 13. Nach dieser Ansicht ist ebenso im umgekehrten Fall zu verfahren: Die Anteilsinhaber, die dem Formwechsel zugestimmt haben, verlieren dadurch nicht ihren Barabfindungsanspruch (dazu *Simons* in: BeckOGK-UmwG, § 207 Rz. 64 m. w. N.).

35) Begr. RegE UmwBerG, BR-Drucks. 75/94, S. 94.

36) *Simons* in: BeckOGK-UmwG, § 207 Rz. 69.

37) *Simons* in: BeckOGK-UmwG, § 207 Rz. 68, der sich auf die h. L. zu § 245 Nr. 2 AktG beruft und dabei auf BGH, Urt. v. 11.11.1965 – II ZR 122/63, BGHZ 44, 245, 250 = NJW 1966, 43, und *Schäfer* in: MünchKomm-AktG, § 245 Rz. 44, 47, verweist.

38) S. dazu *Erkens/Thilo* in: KölnKomm-UmwG, § 29 Rz. 30.

III. Inhalt und Form des Angebots (§ 207 Abs. 1 Satz 1)

1. Allgemeines

Die Unterbreitung des Barabfindungsangebots ist vorbehaltlich des Nichteingreifens eines Ausnahmetatbestandes (siehe oben Rz. 7 f.) verpflichtend.[39] Es ist auf den Abschluss eines Barabfindungsvertrags gerichtet, der durch die Annahme des Anteilsinhabers gemäß § 209 zustande kommt.[40] 15

2. Angebotsinhalt

Das Barabfindungsangebot muss so konkret bestimmt sein, dass **durch die schlichte Annahme** des Anteilsinhabers gemäß § 209 der Barabfindungsvertrag **zustande kommen kann.** Nicht ausreichend konkret ist etwa die bloße Angabe einer Formel zur Berechnung der Barabfindung.[41] Nach h. L. ist es auch zulässig, dem Anteilsinhaber parallel zur Abfindung alternativ andere Vermögenswerte, z. B. Wertpapiere oder Anteile an anderen Gesellschaften, anzubieten, solange dieser wählen kann, ob er diese oder doch die Barabfindung erhalten möchte.[42] 16

Gemäß § 207 muss die Barabfindung angemessen sein, ohne dass § 207 präzisiert, was damit gemeint ist. Im Hinblick auf den Eigentumsschutz durch Art. 14 GG muss die Barabfindung den **vollen wirtschaftlichen Wert der Anteile abbilden.**[43] Etwaige im Gesellschaftsvertrag getroffene **Abfindungsregelungen** sind dabei **unbeachtlich.**[44] Zur Wertermittlung ist eine **Unternehmensbewertung** (siehe dazu näher § 30 Rz. 4 ff. [*Hoppe*]) zum Stichtag der Beschlussfassung über den Formwechsel[45] durchzuführen.[46] Bei börsennotierten Unternehmen ist in der Regel der **Börsenkurs** als Untergrenze anzusehen.[47] 17

3. Angebotsform

Das Angebot muss **zwingend im Formwechselbeschluss enthalten** sein (§ 194 Abs. 1 Nr. 6) und **im Formwechselbericht erläutert** werden (§ 192 Abs. 1 Satz 1). Es wird den Anteilsinhabern somit in der Regel durch das Vertretungsorgan des formwechselnden Rechtsträgers vorgeschlagen.[48] Spätestens mit der Einberufung der Versammlung muss es den Anteilsinhabern entsprechend den Vorschriften über die Einberufung (Übersendung oder Bekanntmachung im Bundesanzeiger bzw. den Gesellschaftsblättern) mitgeteilt werden (§§ 216, 231, 238, 251, 260, 274, 283, 292).[49] Das Angebot wird jedoch nicht schon mit Fassung des Formwechselbeschlusses **wirksam.** Vielmehr ist dazu die **Eintra-** 18

39) *Simons* in: BeckOGK-UmwG, § 207 Rz. 19.

40) Ausf. zur Angebotspflicht und zur Angebotsstruktur *Simons* in: BeckOGK-UmwG, § 207 Rz. 19–23.

41) Kallmeyer-*Berger*, UmwG, § 207 Rz. 28; Lutter-*Hoger*, UmwG, § 207 Rz. 15; Semler/Stengel/Leonard-*Kalss*, UmwG, § 207 Rz. 9.

42) Henssler/Strohn-*Drinhausen/Keinath*, GesR, § 207 UmwG Rz. 4; Kallmeyer-*Berger*, UmwG, § 207 Rz. 28; Lutter-*Hoger*, UmwG, § 207 Rz. 15; Semler/Stengel/Leonard-*Kalss*, UmwG, § 207 Rz. 9; *Simons* in: BeckOGK-UmwG, § 207 Rz. 26; Widmann/Mayer-*Wälzholz*, UmwR, § 207 UmwG Rz. 22.

43) Vgl. nur BVerfG, Beschl. v. 23.8.2000 – 1 BvR 68/95, 1 BvR 147/97, ZIP 2000, 1670, 1672 = NJW 2001, 279; Lutter-*Hoger*, UmwG, § 208 Rz. 3; Semler/Stengel/Leonard-*Kalss*, UmwG, § 207 Rz. 9; *Simons* in: BeckOGK-UmwG, § 207 Rz. 25.

44) Lutter-*Hoger*, UmwG, § 208 Rz. 4; *Simons* in: BeckOGK-UmwG, § 207 Rz. 25.

45) § 192 i. V. m. § 30 Abs. 1 Satz 1.

46) *Simons* in: BeckOGK-UmwG, § 207 Rz. 25.

47) BVerfG, Beschl. v. 27.4.1999 – 1 BvR 1613/94, BVerfGE 100, 289, 309 = NJW 1999, 3769; BGH, Beschl. v. 12.3.2001 – II ZB 15/00 (DAT/Altana), BGHZ 147, 108 = NJW 2001, 2080; *Simons* in: BeckOGK-UmwG, § 207 Rz. 25.

48) *Simons* in: BeckOGK-UmwG, § 207 Rz. 27.

49) Lutter-*Hoger*, UmwG, § 207 Rz. 6.

gung des Formwechsels im Register erforderlich. Die Eintragung ist gleichsam als **aufschiebende Bedingung** zu sehen, durch deren Eintritt der Anteilsinhaber Beteiligter am formgewechselten Rechtsträger wird, so dass er dem formgewechselten Rechtsträger erst dann seine umgewandelten Anteile wirksam anbieten kann.[50)] Als Teil des Formwechselbeschlusses ist das Barabfindungsangebot gemäß § 199 auch zum **Handelsregister** einzureichen.

4. Fehlendes Angebot

19 Ist ein Barabfindungsangebot erforderlich, aber im Formwechselbeschluss nicht enthalten, ist der Beschluss **rechtswidrig**, aber nicht unwirksam. Eine Beschlussmängelklage kommt in diesem Fall gemäß § 210 ebenso wenig in Betracht, wie bei einem der Höhe nach nicht angemessenen Angebot. Die Anteilsinhaber können die Abfindung jedoch nach § 212 im Spruchverfahren bestimmen lassen.[51)]

IV. Vollzug des Angebots

20 Der nach Annahme des Angebots durch den Anteilsinhaber zustande gekommene **Barabfindungsvertrag** wird nach dem Recht des formgewechselten Rechtsträgers vollzogen. Dies geschieht entweder durch die Übertragung der Anteile des Anteilsinhabers an den formgewechselten Rechtsträger oder, indem der Anteilsinhaber Zug-um-Zug gegen Zahlung der Barabfindung aus dem Rechtsträger ausscheidet.[52)] Die Möglichkeit der Anteilsübertragung besteht jedoch nur, wenn der Rechtsträger eigene Anteile überhaupt erwerben kann. Dies ist bei Kapitalgesellschaften (§ 3 Abs. 1 Nr. 2), also der AG (§ 71 AktG), der KGaA (§ 278 Abs. 3 AktG i. V. m. § 71 AktG) und der GmbH (§ 33 GmbHG), möglich, nicht jedoch bei der KG, der oHG, der GbR, der PartG und der eG.[53)] Der Vollzug des Barabfindungsvertrages erfordert jeweils zusätzliche Erfüllungsgeschäfte.

1. AG, KGaA

21 § 71 Abs. 1 Nr. 3 AktG erlaubt es der AG und der KGaA ausdrücklich, zum Zwecke der Abfindung nach dem UmwG eigene Aktien zu erwerben.[54)] Aus einem Umkehrschluss zu § 71 Abs. 2 Satz 3 AktG ergibt sich, dass dies auch bei nicht voll eingezahlten Aktien möglich ist.[55)] § 71 Abs. 2 Satz 1 AktG schränkt den **Erwerb eigener Aktien** jedoch dahingehend ein, dass die Gesellschaft zu keinem Zeitpunkt mehr als 10 % eigener Aktien besitzen darf.[56)] Zudem darf der Erwerb nur erfolgen, wenn die Gesellschaft im Zeitpunkt des Erwerbs eine Rücklage i. H. der Aufwendungen für den Erwerb bilden könnte, ohne das Grundkapital oder eine nach Gesetz oder Satzung zu bildende Rücklage zu mindern,

50) *Simons* in: BeckOGK-UmwG, § 207 Rz. 27.

51) *Simons* in: BeckOGK-UmwG, § 207 Rz. 31; Widmann/Mayer-*Wälzholz*, UmwR, § 207 UmwG Rz. 31.

52) Kallmeyer-*Berger*, UmwG, § 207 Rz. 3; *Simons* in: BeckOGK-UmwG, § 207 Rz. 33; *Wansleben* in: MünchHdb. GesR, Bd. 8, § 36 Rz. 37.

53) *Althoff* in: NK-UmwG, § 207 Rz. 10; *Simons* in: BeckOGK-UmwG, § 207 Rz. 33; vgl. auch Widmann/Mayer-*Wälzholz*, UmwR, § 207 UmwG Rz. 29.

54) Kallmeyer-*Berger*, UmwG, § 207 Rz. 33; Lutter-*Hoger*, UmwG, § 207 Rz. 17; Widmann/Mayer-*Wälzholz*, UmwR, § 207 UmwG Rz. 14.

55) Lutter-*Hoger*, UmwG, § 207 Rz. 17; Semler/Stengel/Leonard-*Kalss*, UmwG, § 207 Rz. 11; *Simons* in: BeckOGK-UmwG, § 207 Rz. 36.

56) Henssler/Strohn-*Drinhausen/Keinath*, GesR, § 207 UmwG Rz. 6; Lutter-*Hoger*, UmwG, § 207 Rz. 17; Widmann/Mayer-*Wälzholz*, UmwR, § 207 UmwG Rz. 14; ausf. zum Verständnis von § 71 Abs. 1 Satz 1 AktG als Besitz-, nicht als Erwerbsgrenze *Simons* in: BeckOGK-UmwG, § 207 Rz. 36.1; a. A. bei Schmitt/Hörtnagl-*Winter*, UmwG/UmwStG, § 207 UmwG Rz. 7.

die nicht an die Aktionäre ausgezahlt werden darf. Sind diese Anforderungen nicht erfüllt, kann weder die Abfindung gezahlt noch der Formwechsel durchgeführt werden.[57]

Das Aktienrecht unterscheidet in § 71 Abs. 4 Satz 1 und 2 AktG hinsichtlich der **Rechtsfolgen von Verstößen** gegen die Kapitalschutzbestimmungen zwischen dem schuldrechtlichen und dem dinglichen Geschäft. Während das dingliche Geschäft wirksam bleibt (§ 207 Abs. 1 Satz 1), ist das schuldrechtliche Geschäft bei einem Verstoß gegen § 71 Abs. 1, 2 AktG grundsätzlich nichtig. § 207 Abs. 1 Satz 1 Halbs. 2 weicht jedoch von § 71 Abs. 4 Satz 2 AktG ab und schützt auch den schuldrechtlichen Barabfindungsvertrag vor der Nichtigkeit. 22

Gleichwohl sind die **Rechtsfolgen** eines Verstoßes gegen die Kapitalerhaltungsvorschriften in der Literatur **umstritten**. Ist der Verstoß gegen § 71 Abs. 1, 2 AktG bereits vor bzw. bei Fassung des Formwechselbeschlusses erkennbar, ist der Beschluss nach zutreffender überwiegender Ansicht rechtswidrig und anfechtbar.[58] Zu diesem Zeitpunkt besteht noch kein Schutzbedürfnis der Anteilsinhaber, da der Formwechsel noch nicht wirksam ist und sie folglich noch nicht berechtigt sind, das Barabfindungsangebot anzunehmen (siehe hierzu unten § 209 Rz. 6 [*Seulen*]). Der Formwechsel darf sodann vom Registergericht auch nicht eingetragen werden.[59] Dies gilt auch, wenn der Verstoß erst nach Beschlussfassung, aber vor Eintragung des Formwechsels erkennbar wird. 23

Sobald der Formwechsel hingegen **wirksam eingetragen und damit vollzogen** ist, bleiben sowohl dingliches als auch schuldrechtliches Rechtsgeschäft – wie bereits zuvor dargelegt – gemäß § 207 Abs. 1 Halbs. 2 UmwG i. V. m. § 71 Abs. 4 AktG trotz Verstoßes gegen § 71 Abs. 1, 2 AktG wirksam. Die Gesellschaft ist somit zur Zahlung der Barabfindung verpflichtet. Ein Leistungsverweigerungsrecht steht ihr in diesem Fall nicht mehr zu.[60] Wurde die Abfindung bereits geleistet, ist eine Rückforderung ausgeschlossen.[61] Auch eine Zurückhaltung und Rückabwicklung nach § 57 Abs. 1 Satz 1 AktG i. V. m. § 62 Abs. 1 Satz 1 AktG ist ausgeschlossen.[62] Die Anwendung der Kapitalerhaltungsregeln nach §§ 57, 62 AktG wird zwar i. R. des § 207 Abs. 1 Satz 1 Halbs. 2 nicht ausdrücklich ausgeschlossen. Sie würde jedoch bei einem Verstoß gegen § 71 AktG die Anordnung der Wirksamkeit des schuldrechtlichen Rechtsgeschäfts vereiteln.[63] 24

57) Henssler/Strohn-*Drinhausen*/*Keinath*, GesR, § 207 UmwG Rz. 6; Kallmeyer-*Berger*, UmwG, § 207 Rz. 33; Semler/Stengel/Leonard-*Kalss*, UmwG, § 207 Rz. 11; *Hoger* AG 2008, 149, 154.

58) Kallmeyer-*Berger*, UmwG, § 207 Rz. 35; Lutter-*Hoger*, UmwG, § 207 Rz. 18; Semler/Stengel/Leonard-*Kalss*, UmwG, § 207 Rz. 11.

59) Lutter-*Hoger*, UmwG, § 207 Rz. 18; Semler/Stengel/Leonard-*Kalss*, UmwG, § 207 Rz. 11.

60) Henssler/Strohn-*Ca. Müller*, GesR, § 29 UmwG Rz. 22; Semler/Stengel/Leonard-*Kalss*, UmwG, § 207 Rz. 11; *Simons* in: BeckOGK-UmwG, § 207 Rz. 38; Widmann/Mayer-*Wälzholz*, UmwR, § 207 UmwG Rz. 15; a. A. Lutter-*Hoger*, UmwG, § 207 Rz. 19; *Hoger*, AG 2008, 149, 154.

61) Semler/Stengel/Leonard-*Kalss*, UmwG, § 207 Rz. 11; Widmann/Mayer-*Wälzholz*, UmwR, § 207 UmwG Rz. 15; a. A. Lutter-*Hoger*, UmwG, § 207 Rz. 19; *Hoger*, AG 2008, 149, 154.

62) Ebenso Henssler/Strohn-*Ca. Müller*, GesR, § 29 UmwG Rz. 22; Kallmeyer-*Berger*, UmwG, § 207 Rz. 34; Semler/Stengel/Leonard-*Kalss*, UmwG, § 207 Rz. 11; *Simons* in: BeckOGK-UmwG, § 207 Rz. 38 m. w. N.; Widmann/Mayer-*Wälzholz*, UmwR, § 207 UmwG Rz. 15; a. A. Lutter-*Hoger*, UmwG, § 207 Rz. 19; *Petersen* in: KölnKomm-UmwG, § 207 Rz. 4; *Veith*, Der Gläubigerschutz beim Formwechsel nach dem Umwandlungsgesetz, 2003, S. 101; so auch *Ihrig* GmbHR 1995, 622, 632.

63) Henssler/Strohn-*Ca. Müller*, GesR, § 29 UmwG Rz. 22; a. A. für die insolvenzrechtliche Behandlung des Abfindungsanspruchs: *Habersack*, ZIP 2025, 1307 unter Verweis auf BGH, Urt. v. 28.1.2020 – II ZR 10/19, NZG 2020, 384 = BB 2020, 716, wonach Abfindungsansprüche, deren Auszahlung gegen Kapitalerhaltungsvorschriften verstoßen würde, erst bei der Schlussverteilung nach § 199 InsO zu berücksichtigen sind.

2. GmbH

25 Ist der formgewechselte Rechtsträger eine GmbH, besteht nach § 33 Abs. 3 GmbHG ebenfalls die Möglichkeit, eigene Geschäftsanteile zu erwerben.[64] Auch hier ist Voraussetzung, dass die Gesellschaft im Zeitpunkt des Erwerbs eine **Rücklage i. H. der Aufwendungen für den Erwerb** bilden könnte, ohne das Stammkapital oder eine nach dem Gesellschaftsvertrag zu bildende Rücklage zu mindern, die nicht zur Zahlung an die Gesellschafter verwandt werden darf. Zudem darf der Anteilserwerb nur binnen sechs Monaten ab dem Wirksamwerden des Formwechsels durch Registereintragung oder der Rechtskraft der gerichtlichen Entscheidung im Spruchverfahren erfolgen.

26 Nach ganz h. L. ist gemäß § 33 Abs. 3 GmbHG auch bei der GmbH der **Erwerb nicht voll eingezahlter Anteile** zum Zwecke der Abfindung nach dem UmwG zulässig.[65]

27 Bis zum Inkrafttreten des UmRUG[66] am 1.3.2023 bestand eine – in der Literatur[67] stark kritisierte – unterschiedliche Regelung für die formgewechselte AG bzw. KGaA und die formgewechselte GmbH: Weil § 207 Abs. 1 Satz 1 Halbs. 2 UmwG nur § 71 Abs. 4 Satz 2 AktG für nicht anwendbar erklärte, nicht hingegen § 33 Abs. 2 Satz 3 Halbs. 2 GmbHG, blieb es für die GmbH im Falle eines Verstoßes gegen die Beschränkungen des Erwerbs eigener Anteile bei der Unwirksamkeit des schuldrechtlichen Geschäfts.[68] Diese Ungleichbehandlung hat der Gesetzgeber nunmehr durch eine entsprechende Ergänzung in § 207 Abs. 1 Satz 1 behoben.[69]

28 Die zuvor unter Rz. 22 dargestellten Rechtsfolgen für einen Verstoß gegen § 71 AktG gelten daher jetzt auch i. R. des § 33 GmbHG. Ist bei Fassung des Formwechselbeschlusses bereits absehbar, dass dieser gegen § 33 GmbHG verstößt, ist der Beschluss **rechtswidrig und anfechtbar.**[70] Wird der Formwechsel dennoch vollzogen, steht dem betroffenen Rechtsträger jedoch auch hier weder ein Leistungsverweigerungsrecht noch ein Rückzahlungsanspruch in Bezug auf eine bereits geleistete Abfindung zu.[71] Ein Rückforderungsanspruch ergibt sich vergleichbar zu §§ 57, 62 AktG auch nicht aus §§ 30, 31 Abs. 1 GmbHG.[72] Ein Verstoß gegen § 33 Abs. 3 GmbHG begründet in der Regel auch einen Verstoß gegen § 30 GmbHG,[73] dessen Anwendbarkeit nicht durch § 207 Abs. 1 Satz 1 Halbs. 2 ausgeschlossen wird. Eine Anwendung der §§ 30, 31 Abs. 1 GmbHG muss dennoch unterbleiben, da sonst in den Fällen des § 33 GmbHG regelmäßig eine Rückzah-

64) Statt aller *Simons* in: BeckOGK-UmwG, § 207 Rz. 40.

65) Kallmeyer-*Berger*, UmwG, § 207 Rz. 36 f.; *Simons* in: BeckOGK-UmwG, § 207 Rz. 40.

66) Gesetz zur Umsetzung der Umwandlungsrichtlinie und zur Änderung weiterer Gesetze (UmRUG), v. 22.2.2023, BGBl. I 2023, Nr. 51.

67) So z. B. Kallmeyer-*Meister/Klöcker/Berger*, UmwG, 7. Aufl., § 207 Rz. 38 – „nicht nachvollziehbar"; Semler/Stengel/Leonard-*Kalss*, UmwG, 5. Aufl., § 207 Rz. 12 – „Wertungsdiskrepanz"; sehr ausf. zu dieser Problematik Widmann/Mayer-*Wälzholz*, UmwR, § 207 UmwG Rz. 15.1.

68) Zur bisher h. L. s. nur *Althoff* in: NK-UmwG, § 207 Rz. 15.

69) Begr. RegE UmRUG, BT-Drucks. 20/3822, S. 85 f. – „Für eine abweichende Behandlung des Formwechsels besteht kein sachlicher Grund". Krit., aber i. Erg. zust. *Simons* in: BeckOGK-UmwG, § 207 Rz. 42 f.; ebenfalls zust. Lutter-*Hoger*, UmwG, § 207 Rz. 20; ausf. *Simons*, AG 2023, 754 (Rz. 22 f.)

70) Kallmeyer-*Berger*, UmwG, § 207 Rz. 39; Lutter-*Hoger*, UmwG, § 207 Rz. 20; Semler/Stengel/Leonard-*Kalss*, UmwG, § 207 Rz. 12; Schmitt/Hörtnagl-*Winter*, UmwG/UmwStG, § 29 UmwG Rz. 13.

71) Kallmeyer-*Berger*, UmwG, § 207 Rz. 38a; Schmitt/Hörtnagl-*Winter*, UmwG/UmwStG, § 29 UmwG Rz. 13, § 207 UmwG Rz. 7; Widmann/Mayer-*Wälzholz*, UmwR, § 207 UmwG Rz. 15.1.

72) *Simons* in: BeckOGK-UmwG, § 207 Rz. 41; a. A. Lutter-*Hoger*, UmwG, § 207 Rz. 20; *Petersen* in: KölnKomm-UmwG, § 207 Rz. 5.

73) Lutter-*Hoger*, UmwG, § 207 Rz. 20.

lungspflicht gemäß §§ 30, 31 Abs. 1 GmbHG bestehen würde, wodurch die Anordnung der Wirksamkeit des schuldrechtlichen Rechtsgeschäfts umgangen werden würde.[74)]

3. KG

Im Fall der KG bestehen keine umwandlungsrechtlichen Besonderheiten. Die Zahlung der Barabfindung ist grundsätzlich möglich. Allerdings lebt die Kommanditistenhaftung gemäß §§ 172 Abs. 4 Satz 1, 171 Abs. 1 HGB wieder auf.[75)] 29

4. Ausscheiden aus dem Rechtsträger (§ 207 Abs. 1 Satz 2)

Kann der formgewechselte Rechtsträger aufgrund seiner neuen Rechtsform eigene Anteile oder Mitgliedschaften nicht erwerben, so ist gemäß § 207 Abs. 1 Satz 2 die Barabfindung für den Fall anzubieten, dass der Anteilsinhaber sein Ausscheiden aus dem Rechtsträger erklärt. Namentlich ist dies bei der **GbR**, den **Personenhandelsgesellschaften**, der **PartG** sowie der **Genossenschaft** der Fall.[76)] In diesen Fällen wird der Anteilsinhaber zunächst ebenfalls Anteilsinhaber des formgewechselten Rechtsträgers und tritt sodann nach den dafür geltenden Normen aus dem Rechtsträger aus. Das **Ausscheiden** ist jedoch nicht die unmittelbare Rechtsfolge der Annahme des Barabfindungsangebots, sondern erfolgt erst durch ein **weiteres Rechtsgeschäft.**[77)] Bei den Personengesellschaften führt das Ausscheiden dazu, dass die Beteiligung des Ausgeschiedenen erlischt und sein Anteil den verbleibenden Gesellschaftern **anwächst** (§§ 712 Abs. 1 BGB i. V. m. §§ 105 Abs. 3, 161 Abs. 2 HGB, § 1 Abs. 4 PartGG).[78)] 30

Bei **zweigliedrigen Personengesellschaften** stellt sich für das Ausscheiden des vorletzten Gesellschafters das Problem, dass das Gesetz keine **Einpersonen-**GbRs, Einpersonen-Personenhandelsgesellschaften oder Einpersonen-PartGs zulässt. Dennoch ist die Barabfindung nicht unmöglich, denn das Ausscheiden des vorletzten Anteilsinhabers führt zum Erlöschen der Gesellschaft ohne Liquidation und zum Anwachsen des Gesellschaftsvermögens beim letzten verbliebenen Gesellschafter (§ 712a BGB i. V. m. §§ 105 Abs. 3, 161 Abs. 2 HGB, § 1 Abs. 4 PartGG). Die Pflicht zur Zahlung der Barabfindung geht auf diesen über.[79)] 31

Für den ausscheidenswilligen Gesellschafter besteht **kein Wahlrecht**, ob seine Anteile erworben werden sollen oder er aus der Gesellschaft ausscheidet. Der Anteilsinhaber kann nur dann aus der Gesellschaft ausscheiden, wenn der Erwerb seiner Anteile oder Mitgliedschaft durch den formgewechselten Rechtsträger aufgrund Gesetzes unzulässig ist.[80)] 32

5. Weitere Formen des Ausscheidens und der Abfindung

Eine Vermeidung der Beschränkungen durch die Kapitalerhaltungsvorschriften, z. B. indem ein Dritter die Anteile erwirbt und die Barabfindung zahlt, ist bereits aufgrund der Unab- 33

---

74) A. A. für die insolvenzrechtliche Behandlung des Abfindungsanspruchs: *Habersack*, ZIP 2025, 1307 unter Verweis auf BGH, Urt. v. 28.1.2020 – II ZR 10/19, NZG 2020, 384 = BB 2020, 716.

75) *Simons* in: BeckOGK-UmwG, § 207 Rz. 43; Widmann/Mayer-*Wälzholz*, UmwR, § 207 UmwG Rz. 16.1.

76) *Althoff* in: NK-UmwG, § 207 Rz. 10, der noch zusätzlich den e. V. nennt; Semler/Stengel/Leonard-*Kalss*, UmwG, § 207 Rz. 13; *Wansleben* in: MünchHdb. GesR, Bd. 8, § 36 Rz. 37; Widmann/Mayer-*Wälzholz*, UmwR, § 207 UmwG Rz. 29.

77) Kallmeyer-*Berger*, UmwG, § 207 Rz. 41 ff.; *Simons* in: BeckOGK-UmwG, § 207 Rz. 47.

78) *Simons* in: BeckOGK-UmwG, § 207 Rz. 47.

79) Lutter-*Hoger*, UmwG, § 209 Rz. 8; *Simons* in: BeckOGK-UmwG, § 207 Rz. 48.

80) Schmitt/Hörtnagl-*Winter*, UmwG/UmwStG, § 207 UmwG Rz. 8; Semler/Stengel/Leonard-*Kalss*, UmwG, § 207 Rz. 13.

dingbarkeit des § 207 nicht möglich.[81] Demgegenüber ist ein **freiwilliges Angebot im Vorfeld eines Formwechsels** möglich. Denkbar ist auch, nach der Abgabe des Barabfindungsangebots zu vereinbaren, dass ein Dritter die Anteile des ausscheidenswilligen Anteilsinhabers übernimmt. § 211 erleichtert diese Vorgehensweise. Der Anteilsinhaber kann hierzu aber nicht gezwungen werden, so dass der formgewechselte Rechtsträger von der Barabfindungspflicht nicht entbunden wird.[82]

6. Kosten (§ 207 Abs. 1 Satz 3)

34 Gemäß § 207 Abs. 1 Satz 3 hat der formgewechselte Rechtsträger die Kosten der Anteilsübertragung zu tragen.[83] Davon umfasst sind neben den Kosten für notarielle Tätigkeiten auch diejenigen für die erforderlichen schuldrechtlichen Vereinbarungen,[84] nicht jedoch etwaige durch die Barabfindung oder die Übertragung ausgelöste Steuern.[85]

V. Rechtsbehelfe

35 Ist das **Barabfindungsangebot zu niedrig**, hat dies keine Folgen für den Bestand des Formwechselbeschlusses. Eine hierauf gestützte Beschlussmängelklage wäre gemäß § 210 unzulässig. Die Höhe der Barabfindung kann ausschließlich im Wege des Spruchverfahrens gemäß § 212 Satz 1 überprüft werden.[86]

36 Wird das Angebot hingegen von den in der Gesellschaft verbliebenden Anteilsinhabern als **zu hoch** angesehen, kann dies nur durch die Beschlussmängelklage geltend gemacht werden (siehe dazu § 210 Rz. 8 [*Seulen*]).[87] Das Spruchverfahren ist auch dann statthaft, wenn das Barabfindungsangebot gar nicht oder nicht ordnungsgemäß erfolgt ist (§§ 210, 212 Satz 2) (siehe dazu § 210 Rz. 9 ff. [*Seulen*]).[88]

37 Kann die Barabfindung nur unter **Verstoß gegen die Kapitalschutzvorschriften** gezahlt werden und ist dies schon zum Zeitpunkt der Beschlussfassung über den Formwechselbeschluss offenkundig, so soll der Beschluss nach h. L. anfechtbar sein (siehe dazu oben Rz. 23).

38 Ist zwischen dem formgewechselten Rechtsträger und dem Anteilsinhaber ein Barabfindungsvertrag zustande gekommen, kann die **Erfüllung** der Vertragspflichten nur im Wege der **Leistungsklage**, nicht jedoch im Spruchverfahren, erfolgen.[89]

---

81) Kallmeyer-*Berger*, UmwG, § 207 Rz. 40; Schmitt/Hörtnagl-*Winter*, UmwG/UmwStG, § 207 UmwG Rz. 9; Semler/Stengel/Leonard-*Kalss*, UmwG, § 207 Rz. 14.

82) Schmitt/Hörtnagl-*Winter*, UmwG/UmwStG, § 207 Rz. 9; *Simons* in: BeckOGK-UmwG, § 207 Rz. 50.

83) Statt aller Semler/Stengel/Leonard-*Kalss*, UmwG, § 207 Rz. 16.

84) *Althoff* in: NK-UmwG, § 207 Rz. 18; Lutter-*Hoger*, UmwG, § 207 Rz. 21; Semler/Stengel/Leonard-*Kalss*, UmwG, § 207 Rz. 16.

85) *Simons* in: BeckOGK-UmwG, § 207 Rz. 52 – „Kosten ‚durch', nicht ‚für' die Übertragung"; Widmann/Mayer-*Wälzholz*, UmwR, § 207 UmwG Rz. 30.

86) *Simons* in: BeckOGK-UmwG, § 207 Rz. 73; Widmann/Mayer-*Wälzholz*, UmwR, § 207 UmwG Rz. 4.

87) Semler/Stengel/Leonard-*Kalss*, UmwG, § 207 Rz. 10; *Simons* in: BeckOGK-UmwG, § 207 Rz. 73; offenlassend Widmann/Mayer-*Wälzholz*, UmwR, § 210 UmwG Rz. 14 ff.

88) *Simons* in: BeckOGK-UmwG, § 207 Rz. 74.

89) Kallmeyer-*Berger*, UmwG, § 207 Rz. 42; Schmitt/Hörtnagl-*Winter*, UmwG/UmwStG, § 207 Rz. 9; Semler/Stengel/Leonard-*Kalss*, UmwG, § 207 Rz. 9.

§ 208
Inhalt des Anspruchs auf Barabfindung und Prüfung der Barabfindung

Auf den Anspruch auf Barabfindung ist § 30 entsprechend anzuwenden.

Literatur: Siehe die Angaben bei § 30.

Übersicht

I. Grundlagen

1 Die Norm knüpft an die Regelung über das Barabfindungsangebot in § 207 (siehe oben § 207 Rz. 1 ff. [*Seulen*]) an und verweist zur weiteren Präzisierung der Regelung vollumfassend auf § 30 im Verschmelzungsrecht, der in entsprechender, formwechselspezifischer Anwendung heranzuziehen ist.

2 § 30 Abs. 1 Satz 1 normiert als allgemeine Regelung den maßgeblichen Zeitpunkt für die Beurteilung der Verhältnisse des formwechselnden Rechtsträgers.

3 Durch den Verweis auf § 30 Abs. 2 ist bei der Durchführung eines Formwechsels eine Angemessenheitsprüfung durch einen Umwandlungsprüfer vorgeschrieben. Anders als bei anderen Umwandlungsfällen beschränkt der Gesetzgeber die Prüfung jedoch auf die Angemessenheit der Barabfindung und verzichtet auf das Erfordernis einer umfassenden Prüfung der Umwandlung, um übermäßige Kosten zu vermeiden.[1)]

4 Die Vorschrift gilt rechtsformübergreifend für **alle Fälle des Formwechsels**[2)] und ist **nicht abdingbar.**[3)]

II. Das Barabfindungsangebot

1. Bewertungszeitpunkt

5 In entsprechender Anwendung des § 30 Abs. 1 Satz 1 sind – in Ermangelung der Beteiligung eines zweiten Rechtsträgers – die **Verhältnisse des formwechselnden Rechtsträgers im Zeitpunkt der Beschlussfassung** nach § 193 für die Prüfung der Angemessenheit der angebotenen Barabfindung maßgeblich.[4)]

1) Begr. RegE UmwBerG, BR-Drucks. 75/94 S. 139; krit. Kallmeyer-*Lanfermann*, UmwG, § 208 Rz. 1; Schmitt/Hörtnagl-*Winter*, UmwG/UmwStG, § 208 UmwG Rz. 1.

2) *Simons* in: BeckOGK-UmwG, § 208 Rz. 2; Widmann/Mayer-*Wälzholz*, UmwR, § 208 UmwG Rz. 3.

3) Lutter-*Hoger*, UmwG, § 208 Rz. 4; *Simons* in: BeckOGK-UmwG, § 208 Rz. 3; Widmann/Mayer-*Wälzholz*, UmwR, § 208 UmwG Rz. 2.

4) Kallmeyer-*Lanfermann*, UmwG, § 208 Rz. 2; Semler/Stengel/Leonard-*Wieland-Blöse*/*Jacobs*, UmwG, § 208 Rz. 3.

2. Angemessenheit der Barabfindung

6 Gemäß § 207 Abs. 1 Satz 1 muss die angebotene Barabfindung **„angemessen"** sein. Der Gesetzgeber hat jedoch keine konkrete Definition der Angemessenheit vorgenommen. Unter Berücksichtigung des durch Art. 14 GG gewährleisteten Eigentumsschutzes bemisst sich der Anspruch eines ausscheidenden Gesellschafters am **vollständigen wirtschaftlichen Wert** seiner Anteile.[5] Gesellschaftsvertragliche **Abfindungsklauseln**, welche die Höhe der Barabfindung beschränken oder von besonderen Modalitäten abhängig machen, bleiben außer Betracht.[6] Zur Ermittlung des konkreten Wertes der Anteile ist das Vertretungsorgan des formwechselnden Rechtsträgers in der Regel verpflichtet, eine Unternehmensbewertung durchführen zu lassen.[7] In Ermangelung einer gesetzlichen Regelung der Bewertungsmethode erfolgt die Bewertung nach den in Theorie und Praxis anerkannten Grundsätzen der Unternehmensbewertung (siehe dazu § 30 Rz. 4 f. [*Hoppe*]). Der Barabfindungsanspruch des Anteilsinhabers bemisst sich nach seinem Anteil am Unternehmenswert, sofern nicht ein höherer Börsenpreis zugrunde zu legen ist (siehe näher § 30 Rz. 4 f. [*Hoppe*]).[8]

III. Verzinsung und weitere Schäden

7 § 30 Abs. 1 Satz 2 verweist auf § 15 Abs. 2. Nach dessen Satz 1 ist die Barabfindung nach Ablauf des Tages, an dem die Eintragung bekannt gemacht worden ist, mit jährlich fünf Prozentpunkten über dem jeweiligen Basiszinssatz nach § 247 BGB zu verzinsen. Die Bekanntmachung der Eintragung des Formwechsels richtet sich nach § 201 i. V. m. § 10 HGB.

8 Die **Geltendmachung weiterer Schäden** ist nach § 15 Abs. 2 Satz 2 ausdrücklich **nicht ausgeschlossen** und kann im Wege der Leistungsklage durchgesetzt werden.[9]

IV. Prüfung des Angebotes zur Barabfindung

9 Die Angemessenheit der Barabfindung ist gemäß § 30 Abs. 2 Satz 1 stets durch einen **Umwandlungsprüfer** zu prüfen. Solange keine Ausnahme von der Pflicht zum Barabfindungsangebot eingreift (siehe § 207 Rz. 7 ff. [*Seulen*]), ist daher die **Prüfung verpflichtend durchzuführen**, ohne dass es eines Antrages der Anteilsinhaber bedarf.[10] Die Verzichtsmöglichkeit des § 30 Abs. 2 Satz 3 bleibt hiervon unberührt.

10 § 30 Abs. 2 Satz 2 verweist zudem auf die §§ 10 bis 12, welche die Bestellung, Stellung und Verantwortlichkeit des Umwandlungsprüfers sowie die Erstellung des Prüfungsberichts regeln (siehe § 30 Rz. 15 [*Hoppe*]).

---

5) Lutter-*Hoger*, UmwG, § 208 Rz. 3; Semler/Stengel/Leonard-*Wieland-Blöse/Jacobs*, UmwG, § 208 Rz. 4; *Simons* in: BeckOGK-UmwG, § 208 Rz. 5.

6) Lutter-*Hoger*, UmwG, § 208 Rz. 4; Semler/Stengel/Leonard-*Wieland-Blöse/Jacobs*, UmwG, § 208 Rz. 4.

7) *Simons* in: BeckOGK-UmwG, § 208 Rz. 8; *Althoff* in: NK-UmwG, § 208 Rz. 2; Semler/Stengel/Leonard-*Wieland-Blöse/Jacobs*, UmwG, § 208 Rz. 5; ausf. zur Ermittlung der angemessenen Barabfindung: Lutter-*Hoger*, UmwG, § 208 Rz. 5 ff.

8) Vgl. BVerfG, Beschl. v. 27.4.1999 – 1 BvR 1613-94, BVerfGE 100, 289 = NJW 1999, 3769; BGH, Beschl. v. 12.3.2001 – II ZB 15/00 (DAT/Altana), BGHZ 147, 108 = NJW 2001, 2080.

9) Lutter-*Hoger*, UmwG, § 208 Rz. 12; Kallmeyer-*Lanfermann*, UmwG, § 208 Rz. 4; Schmitt/Hörtnagl-*Winter*, UmwG/UmwStG, § 15 UmwG Rz. 33.

10) Lutter-*Hoger*, UmwG, § 208 Rz. 13.

§ 209

Annahme des Angebots*)

[1]Das Angebot nach § 207 kann nur binnen zwei Monaten nach dem Tage angenommen werden, an dem die Eintragung der neuen Rechtsform oder des Rechtsträgers neuer Rechtsform in das Register bekannt gemacht worden ist. [2]Ist nach § 212 ein Antrag auf Bestimmung der Barabfindung durch das Gericht gestellt worden, so kann das Angebot binnen zwei Monaten nach dem Tage angenommen werden, an dem die Entscheidung im Bundesanzeiger bekanntgemacht worden ist.

*) § 209 geändert durch Art. 2 des Gesetzes zur Änderung von Vorschriften über Verkündung und Bekanntmachungen sowie der Zivilprozessordnung, des Gesetzes betreffend die Einführung der Zivilprozessordnung und der Abgabenordnung (BAnzDiG), v. 22.12.2011, BGBl. I 2011, 3044; § 209 i. d. F. des UmwBerG geändert durch Art. 8 des Gesetzes über elektronische Handelsregister und Genossenschaftsregister sowie das Unternehmensregister (EHUG), v. 10.11.2006, BGBl. I 2006, 2553.

Literatur: *Hoger*, Kapitalschutz als Durchsetzungsschranke umwandlungsrechtlicher Ausgleichsansprüche von Gesellschaftern, AG 2008, 149; *Puszkajler/Sekera-Terplan*, Reform des Spruchverfahrens?, NZG 2015, 1055.

Übersicht

I. Überblick und Normzweck

1 § 209 regelt die **Fristen**, innerhalb derer ein ausscheidenswilliger Gesellschafter zur Annahme des Barabfindungsangebots nach § 207 berechtigt ist. Gemäß § 207 muss der formwechselnde Rechtsträger jedem Gesellschafter, der Widerspruch gegen den Formwechselbeschluss erklärt, den Erwerb seiner Anteile bzw. Mitgliedschaft gegen Zahlung einer angemessenen Barabfindung anbieten.

2 Für die Annahme dieses Angebots bestimmt § 209 **zwei eigenständige, voneinander unabhängige Annahmefristen.**[1] Grundsätzlich muss die Annahme innerhalb der Frist nach § 209 Satz 1 erfolgen. Wird ein **Spruchverfahren** nach § 212 eingeleitet, können die Anteilsinhaber gemäß § 209 Satz 2 nach Ablauf der ursprünglichen Frist noch einmal die Annahme des Angebots erklären und so auf Grundlage des Ergebnisses des Spruchverfahrens ihr Abfindungsrecht geltend machen.

3 Die Vorschrift gilt **rechtsformübergreifend** für sämtliche Arten des Formwechsels, sofern ein Barabfindungsangebot gemäß § 207 erforderlich ist.[2]

4 § 209 ist **zwingend** und kann daher insbesondere nicht zum Nachteil eines Anteilsinhabers abbedungen werden.[3] Die Norm entspricht der parallelen Regelung für die Verschmelzung in § 31.[4]

1) Semler/Stengel/Leonard-*Kalss*, UmwG, § 209 Rz. 3.

2) *Simons* in: BeckOGK-UmwG, § 209 Rz. 4; Widmann/Mayer-*Wälzholz*, UmwR, § 209 UmwG Rz. 3.

3) *Simons* in: BeckOGK-UmwG, § 209 Rz. 5; Schmitt/Hörtnagl-*Winter*, UmwG/UmwStG, § 209 UmwG Rz. 1.

4) *Althoff* in: NK-UmwG, § 209 Rz. 1; Henssler/Strohn-*Drinhausen/Keinath*, GesR, § 209 UmwG Rz. 1; *Petersen* in: KölnKomm-UmwG, § 209 Rz. 1.

II. Annahmefristen

5 § 209 differenziert zwischen zwei Fristen. § 209 Satz 1 statuiert die Frist, die grundsätzlich für sämtliche Formwechsel Anwendung findet. § 209 Satz 2 ergänzt eine weitere Annahmefrist für den Fall, dass ein Spruchverfahren gemäß § 212 eingeleitet wird.

1. Originäre Annahmefrist (§ 209 Satz 1)

6 Die nach § 207 abfindungsberechtigten Anteilsinhaber (siehe dazu oben § 207 Rz. 12 [*Seulen*]) können das Barabfindungsangebot gemäß § 209 Satz 1 binnen einer Frist von **zwei Monaten nach dem Tag der Bekanntmachung** der Eintragung des Formwechsels im Handelsregister annehmen.

7 Gemäß § 198 ist der Formwechsel in sämtlichen Fällen zwingend zur Eintragung in das Handelsregister anzumelden (siehe dazu oben § 198 Rz. 1 f. [*Fiedler*]).[5] Maßgeblich für den Fristbeginn ist die auf die Eintragung des Formwechsels folgende **Bekanntmachung** gemäß § 201 i. V. m. § 10 HGB,[6] wobei diese nach § 10 HGB in der Fassung des DiRUG[7] mit dem Eintragungszeitpunkt praktisch zusammenfällt. Ohne ordnungsgemäße Bekanntmachung des Formwechsels beginnt die Frist nicht zu laufen.[8]

8 Die **Berechnung** der zweimonatigen Frist erfolgt nach den allgemeinen Regelungen der §§ 187 Abs. 2 Satz 1, 188 Abs. 2 Alt. 2 BGB.[9]

9 Es handelt sich um eine **materiell-rechtliche Ausschlussfrist.**[10] Ist die Frist ohne Annahmeerklärung des betroffenen Anteilsinhabers abgelaufen, erlischt das Barabfindungsangebot.[11] Eine Wiedereinsetzung in den vorigen Stand ist ebenso ausgeschlossen wie die Geltendmachung sonstiger Rechtsbehelfe.[12]

2. Erweiterte Annahmefrist (§ 209 Satz 2)

10 Gemäß § 209 Satz 2 besteht für abfindungsberechtigte Anteilsinhaber nach Ablauf der originären Frist nach § 209 Satz 1 eine weitere Möglichkeit, das Barabfindungsangebot der Gesellschaft anzunehmen, sofern diesbezüglich ein **Spruchverfahren gemäß § 212** eingeleitet wurde. Ein Spruchverfahren kann gemäß § 212 beantragt werden, wenn das Barabfindungsangebot nicht, nicht angemessen oder nicht ordnungsgemäß erfolgte (siehe § 212 Rz. 5 ff. [*Seulen*]).

11 Dass das (ggf. durch das Spruchverfahren modifizierte) Barabfindungsangebot nach Beendigung des Spruchverfahrens noch angenommen werden kann, ist insbesondere für die Antragsteller im Spruchverfahren wichtig. **Antragsberechtigt** sind nach § 3 Satz 1 Nr. 4,

5) *Simons* in: BeckOGK-UmwG, § 198 Rz. 3.

6) Widmann/Mayer-*Wälzholz*, UmwR, § 209 UmwG Rz. 5.1; Schmitt/Hörtnagl-*Winter*, UmwG/UmwStG, § 209 UmwG Rz. 2.

7) Gesetz zur Umsetzung der Digitalisierungsrichtlinie (DiRUG), v. 5.7.2021, BGBl. I 2021, 3338.

8) Henssler/Strohn-*Ca. Müller*, GesR, § 31 UmwG Rz. 4.

9) *Althoff* in: NK-UmwG, § 209 Rz. 3; Semler/Stengel/Leonard-*Kalss*, UmwG, § 209 Rz. 2 Fn. 4; Widmann/Mayer-Wälzholz, UmwR, § 209 UmwG Rz. 5.1; Schmitt/Hörtnagl-*Winter*, UmwG/UmwStG, § 209 UmwG Rz. 2; a. A. Kallmeyer-*Berger*, UmwG, § 209 Rz. 11; *Simons* in BeckOGK-UmwG, § 209 Rz. 28, die die Anwendung von §§ 187 Abs. 1, 188 Abs. 2 Alt. 1 BGB vertreten; a. A. *Petersen* in: KölnKomm-UmwG, § 209 Rz. 1, der die Anwendung von §§ 187 Abs. 1, 188 Abs. 1 Halbs. 1 BGB vertritt.

10) *Althoff* in: NK-UmwG, § 209 Rz. 3; Lutter-*Hoger*, UmwG, § 209 Rz. 2; *Petersen* in: KölnKomm-UmwG, § 209 Rz. 2; Schmitt/Hörtnagl-*Winter*, UmwG/UmwStG, § 209 UmwG Rz. 3.

11) OLG Frankfurt/M., Urt. v. 8.10.2009 – 15 U 125/08, NZG 2010, 307, 308 = AG 2010, 332, 333.

12) Semler/Stengel/Leonard-*Kalss*, UmwG, § 209 Rz. 2; *Petersen* in: KölnKomm-UmwG, § 209 Rz. 2; Schmitt/Hörtnagl-*Winter*, UmwG/UmwStG, § 209 UmwG Rz. 3.

Satz 2 SpruchG nämlich nur diejenigen abfindungsberechtigten Anteilsinhaber, die das Abfindungsangebot noch nicht angenommen haben und daher noch nicht aus der Gesellschaft ausgeschieden sind (näher unten § 212 Rz. 14 f. [*Seulen*]).

Die erweiterte Annahmefrist des § 209 Satz 2 nach Abschluss des Spruchverfahrens steht allerdings **sämtlichen Anteilsinhabern** offen, die wirksam Widerspruch zur Niederschrift gegen den Formwechselbeschluss erklärt haben.[13] Unerheblich ist aufgrund der Inter-Omnes-Wirkung gemäß § 13 Satz 1 SpruchG, ob der jeweilige Anteilsinhaber selbst Antragsteller oder Verfahrensbeteiligter im Spruchverfahren war.[14] 12

Die erweiterte Frist beginnt mit dem auf die Bekanntmachung der gerichtlichen Entscheidung im Bundesanzeiger folgenden Tag. Die **gesetzlichen Vertreter** des formgewechselten Rechtsträgers sind gemäß § 14 Nr. 5 SpruchG zur Bekanntmachung der rechtskräftigen Entscheidung im Spruchverfahren verpflichtet. 13

Wird gegen die gerichtliche Entscheidung ein **Rechtsmittel** i. S. des § 12 SpruchG eingelegt, fehlt es an der erforderlichen Rechtskraft, so dass sich die Bekanntmachung und damit auch der Fristbeginn entsprechend verzögern.[15] Die anschließende zweimonatige Frist berechnet sich auch hier nach den allgemeinen Regeln der §§ 187 Abs. 2 Satz 1, 188 Abs. 2 Alt. 2 BGB.[16] 14

Damit besteht die Möglichkeit, dass die Frist gemäß § 209 Satz 2 aufgrund der nach wie vor oft langen **Verfahrensdauer** des Spruchverfahrens erst mehrere Jahre nach dem Formwechsel beginnt.[17] Dies bedeutet für die **verbleibenden Anteilsinhaber**, dass sie während dieses Zeitraums mit einem potentiellen Ausscheiden weiterer Anteilsinhaber und der damit einhergehenden Inanspruchnahme der Gesellschaft auf weitere Barabfindungen rechnen müssen. Schutzlos werden sie dabei hingegen nicht gestellt. Zum einen können sie die Anzahl der möglicherweise noch ausscheidenden Anteilsinhaber überblicken, da gemäß § 207 Satz 1 nur solche Anteilsinhaber abfindungsberechtigt sind, die Widerspruch gegen den Formwechselbeschluss erklärt haben. Zum anderen sind die ausscheidenswilligen Anteilsinhaber während der Frist des § 209 Satz 2 nicht mehr berechtigt, von der in § 211 vorgesehenen Möglichkeit einer privilegierten Veräußerung Gebrauch zu machen. Demnach sind die verbleibenden Gesellschafter für den Zeitraum des § 209 Satz 2 **nicht mehr dem Risiko ausgesetzt, dass beliebige Dritte in die Gesellschaft eintreten** (siehe § 211 Rz. 15 f. [*Seulen*]). 15

Zwischen dem Ablauf der originären Frist gemäß § 209 Satz 1 und dem **Beginn der erweiterten Frist** des § 209 Satz 2 besteht keine Möglichkeit, das Barabfindungsangebot anzunehmen.[18] 16

Die erweiterte Frist gilt für **sämtliche Entscheidungen im Spruchverfahren.** Erfasst sind insbesondere auch solche Entscheidungen, mit denen der Antrag als unzulässig oder unbegründet zurückgewiesen wird und es folglich bei dem ursprünglichen Abfindungsan- 17

13) Kallmeyer-*Berger*, UmwG, § 209 Rz. 10.

14) Henssler/Strohn-*Ca. Müller*, GesR, § 31 UmwG Rz. 5; *Petersen* in: KölnKomm-UmwG, § 209 Rz. 4a; Semler/Stengel/Leonard-*Kalss*, UmwG, § 209 Rz. 3; Widmann/Mayer-*Wälzholz*, UmwR, § 209 UmwG Rz. 6.

15) Schmitt/Hörtnagl-*Winter*, UmwG/UmwStG, § 31 UmwG Rz. 6.

16) *Althoff* in: NK-UmwG, § 209 Rz. 3; Schmitt/Hörtnagl-*Winter*, UmwG/UmwStG, § 31 UmwG Rz. 8.

17) Lutter-*Hoger*, UmwG, § 209 Rz. 4; *Petersen* in: KölnKomm-UmwG, § 209 Rz. 4a. Nach einer Untersuchung von *Puszkajler/Sekera-Terplan*, NZG 2015, 1055, betrug die mittlere Verfahrensdauer vier Jahre, in Einzelfällen aber auch deutlich länger.

18) Henssler/Strohn-*Ca. Müller*, GesR, § 31 UmwG Rz. 4.

gebot bleibt.[19] Eine Ausnahme dürfte lediglich die Zurückweisung des Antrags wegen Verfristung darstellen.[20] Anderenfalls könnten Anteilsinhaber über mehrere Jahre hinweg und ggf. auch mehrfach die Frist des § 209 Satz 2 auslösen. Hat der Antrag im Spruchverfahren Erfolg, bezieht sich die Annahme des betroffenen Anteilsinhabers auf die vom Gericht festgesetzte angemessene Barabfindung.

18 Wird das Spruchverfahren gemäß § 11 Abs. 2 SpruchG durch einen **Vergleich** beendet, liegt grundsätzlich keine gerichtliche Entscheidung i. S. der § 209 Satz 2 und § 13 Satz 1 SpruchG vor[21] und ist eine Bekanntmachung nicht gesetzlich vorgeschrieben[22]. Gleichwohl findet die erweiterte Frist gemäß § 209 Satz 2 in diesem Fall Anwendung, wenn der Vergleich entsprechend § 13 Satz 1 SpruchG Wirkung gegenüber sämtlichen abfindungsberechtigten Anteilsinhabern entfaltet.[23] Sofern der Vergleich auf vertraglicher Grundlage im Bundesanzeiger **bekannt gemacht wird**, stellt dies den für § 209 Satz 2 maßgeblichen Fristbeginn dar.[24] Bleibt eine solche Bekanntmachung aus, beginnt die Frist mit dem Zeitpunkt des Vergleichsabschlusses.[25]

19 Wie bereits die Frist nach § 209 Satz 1 stellt auch die in Satz 2 geregelte Annahmefrist eine **materiell-rechtliche Ausschlussfrist** dar, so dass die Wiedereinsetzung in den vorigen Stand und sonstige Rechtsbehelfe ausgeschlossen sind.[26] Mit Ablauf der Frist des § 209 Satz 2 ist die Annahme des Barabfindungsangebots endgültig unmöglich.

III. Annahmeerklärung

20 Die Annahme des Barabfindungsangebots nach § 207 erfolgt durch **einseitige, empfangsbedürftige Willenserklärung** nach den allgemeinen zivilrechtlichen Regelungen.[27] § 151 BGB findet hingegen keine Anwendung.[28]

21 Die Annahmeerklärung ist gegenüber dem formgewechselten Rechtsträger abzugeben.[29] Sie ist **grundsätzlich formfrei** möglich und kann sowohl ausdrücklich als auch konkludent erfolgen.[30] Dies wurde bisher überwiegend auch für eine formgewechselte GmbH so gesehen,[31] obwohl § 15 Abs. 4 GmbHG auch für die Verpflichtung zur Abtretung von

19) *Petersen* in: KölnKomm-UmwG, § 209 Rz. 4b; a. A. Widmann/Mayer-*Wälzholz*, UmwR, § 31 UmwG Rz. 8.1, wonach ein unzulässiger Antrag nicht ausreichend ist.

20) Henssler/Strohn-*Ca. Müller*, GesR, § 31 UmwG Rz. 5.

21) *Petersen* in: KölnKomm-UmwG, § 209 Rz. 4b.

22) *Krenek* in: MünchKomm-AktG, § 14 SpruchG Rz. 1.

23) Kallmeyer-*Berger*, UmwG, § 209 Rz. 9; *Simons* in: BeckOGK-UmwG, § 209 Rz. 36, der zusätzlich eine vertragliche Bekanntmachungspflicht fordert.

24) Lutter-*Hoger*, UmwG, § 209 Rz. 4; Semler/Stengel/Leonard-*Kalss*, UmwG, § 209 Rz. 3; a. A. Widmann/Mayer-*Wälzholz*, UmwR, § 31 UmwG Rz. 8.2, wonach die Zustellung des Vergleichs maßgeblich ist.

25) *Petersen* in: KölnKomm-UmwG, § 209 Rz. 4b, der den Zeitpunkt des Vergleichsabschlusses jedoch grundsätzlich als Fristbeginn ansieht; Lutter-*Hoger*, UmwG, § 209 Rz. 4; Semler/Stengel/Leonard-*Kalss*, UmwG, § 209 Rz. 3.

26) *Althoff* in: NK-UmwG, § 209 Rz. 3; Lutter-*Hoger*, UmwG, § 209 Rz. 4; *Petersen* in: KölnKomm-UmwG, § 209 Rz. 2.

27) *Althoff* in: NK-UmwG, § 209 Rz. 4.

28) *Petersen* in: KölnKomm-UmwG, § 209 Rz. 3; Schmitt/Hörtnagl-*Winter*, UmwG/UmwStG, § 209 UmwG Rz. 4.

29) Henssler/Strohn-*Ca. Müller*, GesR, § 31 UmwG Rz. 2; Schmitt/Hörtnagl-*Winter*, UmwG/UmwStG, § 209 UmwG Rz. 4; Semler/Stengel/Leonard-*Kalss*, UmwG, § 209 Rz. 2; Widmann/Mayer-*Wälzholz*, UmwR, § 209 UmwG Rz. 5.

30) Lutter-*Hoger*, UmwG, § 209 Rz. 5; a. A. Widmann/Mayer-*Wälzholz*, UmwR, § 209 UmwG Rz. 5, nach dem eine konkludente Annahme ausgeschlossen ist.

31) *Petersen* in: KölnKomm-UmwG, § 209 Rz. 3; *Simons* in: BeckOGK-UmwG, § 209 Rz. 16.1; Schmitt/Hörtnagl-*Winter*, UmwG/UmwStG, § 209 UmwG Rz. 4; a. A. Henssler/Strohn-*Ca. Müller*, GesR, § 31 UmwG Rz. 2; Widmann/Mayer-*Wälzholz*, UmwR, § 209 UmwG Rz. 5.

GmbH-Anteilen die notarielle Beurkundung verlangt. Allerdings schreibt nunmehr § 340 Abs. 3 Satz 4 für den grenzüberschreitenden Formwechsel einer GmbH die Anwendung des § 15 Abs. 4 GmbHG vor.

Als einseitige Erklärung ist die Annahmeerklärung zudem **bedingungsfeindlich.**[32] 22

Hält der betroffene Anteilsinhaber mehrere Anteile, kann die Annahme des Barabfindungs- 23
angebots auch nur hinsichtlich eines **Teils seiner Beteiligung** erfolgen.[33] Dies gilt auch, wenn der Anteilsinhaber im formgewechselten Rechtsträger nur einen Anteil hält, insbesondere bei Personengesellschaften, sofern ein teilweiser Austritt rechtstechnisch möglich ist.[34]

IV. Ausscheiden aus der Gesellschaft

Erklärt der Anteilsinhaber die Annahme des Barabfindungsangebots innerhalb der in 24
§ 209 vorgesehenen Fristen, entsteht zwischen ihm und der Gesellschaft ein **schuldrechtlicher Barabfindungsvertrag.**[35]

Im Fall von Kapitalgesellschaften ist der Anteilsinhaber sodann verpflichtet, seine Anteile 25
Zug-um-Zug gegen Zahlung der Barabfindung an die Gesellschaft **zu übertragen.**[36] **Personengesellschaften, PartGs, eGs und der rechtsfähige Verein** können hingegen keine eigenen Anteile bzw. Mitgliedschaften erwerben. In diesen Fällen erfolgt die Zahlung der Barabfindung gegen die **bloße Erklärung des Ausscheidens** aus der Gesellschaft.[37] Für das konkrete Verfahren des Ausscheidens sind die für den übernehmenden Rechtsträger geltenden Vorschriften zu beachten.[38]

Die Zahlung der Barabfindung darf zudem **nicht mit einer Rückzahlungsverpflichtung** 26
des Anteilsinhabers **belastet** sein.[39] Eine Rückzahlungsverpflichtung könnte grundsätzlich entstehen, wenn die Gesellschaft eigene Anteile unter Verstoß gegen Kapitalerhaltungsvorschriften erwirbt (§§ 30, 31 GmbHG, §§ 57, 62 AktG). Eine solche Rückforderungspflicht stünde der Erfüllung der Zahlungspflicht des Rechtsträgers entgegen.[40] Der Anteilsinhaber wäre daher berechtigt, die Übertragung seiner Anteile so lange zu verweigern, bis die ordnungsgemäße Zahlung ohne Rückzahlungsverpflichtung erfolgen kann.[41] Im Falle des Formwechsels ist jedoch regelmäßig davon auszugehen, dass eine solche Verpflichtung nicht besteht, da im Falle der Abfindungszahlung nach § 207 gemäß der besonderen Anordnung in § 207 Abs. 1 Satz 1 Halbs. 2 auch bei einem Verstoß gegen die Kapitalerhaltungsvorschriften nicht nur das dingliche (vgl. § 33 Abs. 2 Satz 3 GmbHG, § 71 Abs. 4 AktG), sondern auch das schuldrechtliche Rechtsgeschäft wirksam bleiben (siehe § 207 Rz. 22 ff. [*Seulen*]).[42]

---

32) Semler/Stengel/Leonard-*Kalss*, UmwG, § 209 Rz. 5.

33) Lutter-*Hoger*, UmwG, § 209 Rz. 5; Semler/Stengel/Leonard-*Kalss*, UmwG, § 209 Rz. 4; Henssler/Strohn-*Ca. Müller*, GesR, § 31 UmwG Rz. 3; a. A. Goutier/Knopf/Tulloch-*Bermel*, UmwG, § 29 Rz. 35.

34) Semler/Stengel/Leonard-*Kalss*, UmwG, § 209 Rz. 4.

35) Kallmeyer-*Berger*, UmwG, § 209 Rz. 2; *Simons* in: BeckOGK-UmwG, § 209 Rz. 31, 37.

36) Semler/Stengel/Leonard-*Kalss*, UmwG, § 209 Rz. 6.

37) *Wansleben* in: MünchHdb. GesR, Bd. 8, § 36 Rz. 37.

38) Lutter-*Hoger*, UmwG, § 209 Rz. 7; *Simons* in: BeckOGK-UmwG, § 209 Rz. 37; *Wansleben* in: MünchHdb. GesR, Bd. 8, § 36 Rz. 37.

39) Henssler/Strohn-*Ca. Müller*, GesR, § 31 UmwG Rz. 6; Semler/Stengel/Leonard-*Kalss*, UmwG, § 209 Rz. 7.

40) Henssler/Strohn-*Ca. Müller*, GesR, § 31 UmwG Rz. 6; Semler/Stengel-*Kalss*, UmwG, § 209 Rz. 7.

41) *Petersen* in: KölnKomm-UmwG, § 31 Rz. 15; Semler/Stengel-Kalss, UmwG, § 209 Rz. 7.

42) Henssler/Strohn-*Ca. Müller*, GesR, § 31 UmwG Rz. 6; *Petersen* in: KölnKomm-UmwG, § 31 Rz. 15; Widmann/Mayer-Wälzholz, UmwR, § 31 UmwG Rz. 1.l; a. A. Semler/Stengel/Leonard-*Kalss*, UmwG, § 209 Rz. 7; *Hoger*, AG 2008, 149, 154.

27 **Bis zur Annahme** des Barabfindungsangebots bleiben sämtliche Gesellschafterrechte der Anteilsinhaber im formgewechselten Rechtsträger bestehen, auch wenn der jeweilige Anteilsinhaber zuvor seinen Widerspruch gegen den Formwechselbeschluss erklärt hat.[43] Die **Gesellschafterrechte** bestehen grundsätzlich auch nach der Annahme bis zum wirksamen Ausscheiden aus der Gesellschaft fort.[44] Im Hinblick auf das absehbare Ausscheiden ist bei der Ausübung der Gesellschafterrechte jedoch eine zurückhaltende Handhabung geboten.[45]

43) *Wansleben* in: MünchHdb. GesR, Bd. 8, § 36 Rz. 36.

44) *Simons* in: BeckOGK-UmwG, § 209 Rz. 38; Widmann/Mayer-*Wälzholz*, UmwR, § 209 UmwG Rz. 5.0.

45) Semler/Stengel/Leonard-*Kalss*, UmwG, § 209 Rz. 8; *Simons* in: BeckOGK-UmwG, § 209 Rz. 38; Widmann/Mayer-*Wälzholz*, UmwR, § 31 UmwG Rz. 1.1.

§ 210

Ausschluß von Klagen gegen den Formwechselbeschluss*)

Eine Klage gegen die Wirksamkeit des Formwechselbeschlusses kann nicht darauf gestützt werden, daß das Angebot nach § 207 nicht angemessen oder daß die Barabfindung im Formwechselbeschluss nicht oder nicht ordnungsgemäß angeboten worden ist.

*) § 210 i. d. F. des UmwBerG geändert durch Art. 1 des Gesetzes zur Umsetzung der Umwandlungsrichtlinie und zur Änderung weiterer Gesetze (UmRUG), v. 22.2.2023, BGBl. I 2023, Nr. 51.

Literatur: *Bärwaldt*, Zum Ausschluß der Anfechtungsklage bei fehlender Information über Grundlagen des Barabfindungsangebots, GmbHR 2001, 247; *Heckschen*, Beschränkung des Klagerechts im Umwandlungsverfahren, NotBZ 2001, 206; *Hirte*, Informationsmängel und Spruchverfahren, ZHR 167 (2003), 8; *Kallmeyer*, Zum Verweis auf das Spruchstellenverfahren bei Verstoß gegen das Auskunftsrecht über abfindungsrelevante Fragen, GmbHR 2001, 200; *Luttermann*, Keine Anfechtungsklage bei Verletzung abfindungswertbezogener Informationspflichten, Anm. zu BGH vom 18.12.1999 – II ZR 1/99, BB 2001, 382.

Übersicht

I. Überblick und Normzweck

1 § 210 schließt Klagen gegen die Wirksamkeit des Formwechselbeschlusses aus, soweit diese auf Mängel des Barabfindungsangebots gestützt werden. Die Vorschrift steht dabei in einem engen inhaltlichen Zusammenhang mit §§ 207 und 212.

2 Nach § 207 ist den im Zuge des Formwechsels ausscheidenden Anteilsinhabern ein angemessenes **Barabfindungsangebot** zu unterbreiten. Ist dieses Barabfindungsangebot **nicht angemessen, nicht ordnungsgemäß oder unterbleibt es gänzlich, schließt** § 210 die Geltendmachung dieser Mängel im Wege der **Beschlussmängelklage aus.** Dadurch soll sichergestellt werden, dass die Eintragung und damit die Wirksamkeit des Formwechsels nicht durch Einwendungen verzögert oder verhindert wird, die sich auf die Unzulänglichkeit des Barabfindungsgebotes beziehen.[1]

1) Semler/Stengel/Leonard-*Bärwaldt*, UmwG, § 210 Rz. 1.

Zur Wahrung der Interessen der ausscheidenden Anteilsinhaber steht diesen gemäß § 212 die gerichtliche Geltendmachung der abfindungsbezogenen Mängel im **Spruchverfahren** offen. Die §§ 210 und 212 dienen insofern einem angemessenen Interessenausgleich zwischen dem Bedürfnis der Gesellschaft und ggf. der Gesellschaftermehrheit an einer zügigen Umsetzung des Formwechsels und den schutzwürdigen Belangen der ausscheidenden Gesellschafter an einer angemessenen Abfindung.[2] 3

§ 210 ist **zwingendes Recht.**[3] Die Regelung entspricht inhaltlich § 32, der eine vergleichbare Regelung für die Verschmelzung enthält.[4] Eine Parallelregelung findet sich für den Formwechsel zudem in § 195 Abs. 2, der eine Beschlussmängelklage aufgrund der unangemessenen Beteiligung beim formgewechselten Rechtsträger ausschließt.[5] 4

II. Anwendungsfälle

§ 210 gilt rechtsformübergreifend für **sämtliche Fälle des Formwechsels,**[6] soweit ein Barabfindungsangebot an die Anteilsinhaber erforderlich ist (siehe dazu unten § 212 Rz. 6 f. [*Seulen*]). 5

Die Unwirksamkeitsklage ist gemäß § 210 ausgeschlossen, wenn das Barabfindungsangebot (§ 207) entweder 6

– nicht angemessen ist,
– nicht ordnungsgemäß ist oder
– vollständig fehlt.

1. Nicht angemessenes Angebot

Die erste Fallgruppe betrifft Konstellationen, in denen ein Angebot der Barabfindung zwar vorliegt, dieses jedoch nicht angemessen ist. Erfasst ist damit der Fall, dass das Angebot zu niedrig ist, mithin **nicht dem wirtschaftlichen Wert** der aufgegebenen Beteiligung **entspricht.**[7] 7

Vereinzelt wird vertreten, dass diese Fallgruppe auch **ein zu hohes Barabfindungsangebot** einschließt.[8] Dies betrifft insbesondere die verbleibenden Anteilsinhaber der formgewechselten Gesellschaft, deren Interessen durch zu hohe Abfindungsangebote an die ausscheidenden Anteilsinhaber beeinträchtigt werden.[9] Die Auffassung ist hingegen abzulehnen.[10] Zwar wurde durch das **UmRUG**[11] die frühere Formulierung „zu niedrig 8

---

2) BGH, Urt. v. 29.1.2001 – II ZR 368/98 (KG), NJW 2001, 1428 = ZIP 2001, 412; BGH, Urt. v. 18.12.2000 – II ZR 1/99, NJW 2001, 1425 = ZIP 2001, 199; Semler/Stengel/Leonard-*Bärwaldt*, UmwG, § 210 Rz. 2; *Simons* in: BeckOGK-UmwG, § 210 Rz. 24.

3) Widmann/Mayer-*Wälzholz*, UmwR, § 210 UmwG Rz. 2.

4) *Althoff* in: NK-UmwG, § 210 Rz. 1; Lutter-*Hoger*, UmwG, § 210 Rz. 1; Widmann/Mayer-*Wälzholz*, UmwR, § 210 UmwG Rz. 3.

5) *Althoff* in: NK-UmwG, § 210 Rz. 1; Kallmeyer-*Berger*, UmwG, § 210 Rz. 2.

6) Kallmeyer-*Berger*, UmwG, § 210 Rz. 4; *Simons* in: BeckOGK-UmwG, § 210 Rz. 2; Widmann/Mayer-*Wälzholz*, UmwR, § 210 UmwG Rz. 3.

7) *Simons* in: BeckOGK-UmwG, § 210 Rz. 10.

8) *Althoff* in: NK-UmwG, § 210 Rz. 3; Kallmeyer-*Berger*, UmwG, § 210 Rz. 10; Semler/Stengel/Leonard-*Bärwaldt*, UmwG, § 210 Rz. 5; Widmann/Mayer-*Wälzholz*, UmwR, § 210 UmwG Rz. 8; wohl auch BGH, Urt. v. 29.1.2001 – II ZR 368/98, NJW 2001, 1428, 1430 = ZIP 2001, 412.

9) BGH, Urt. v. 29.1.2001 – II ZR 368/98, NJW 2001, 1428, 1430 = ZIP 2001, 412.

10) Lutter-*Hoger*, UmwG, § 210 Rz. 5; *Petersen* in: KölnKomm-UmwG, § 210 Rz. 5; Schmitt/Hörtnagl-*Winter*, UmwG/UmwStG, § 210 UmwG Rz. 5; *Simons* in: BeckOGK-UmwG, § 210 Rz. 17.

11) Gesetz zur Umsetzung der Umwandlungsrichtlinie und zur Änderung weiterer Gesetze (UmRUG), v. 22.2.2023, BGBl. I 2023, Nr. 51.

bemessen“ in „nicht angemessen“ geändert, was sprachlich Raum für eine Ausdehnung auf zu hohe Angebote ließe. Jedoch stellt die Gesetzesbegründung des UmRUG ausdrücklich klar, dass mit der neuen Wortwahl **keine inhaltlichen Änderungen** bezweckt waren.[12)]

2. Nicht ordnungsgemäßes Angebot

9 Daneben findet der Klageausschluss Anwendung, sofern das Angebot nicht ordnungsgemäß ist. Erfasst werden hiervon sämtliche **formalen und inhaltlichen Mängel** des Angebots.[13)] Ein nicht ordnungsgemäßes Angebot liegt insbesondere vor, wenn das Angebot unklar, widersprüchlich oder unvollständig ist.[14)]

10 Nach der Rechtsprechung des BGH fällt hierunter auch die Verletzung von Informations-, Auskunfts- oder Berichtspflichten **im Zusammenhang mit dem Barabfindungsangebot** (= abfindungswertbezogene Informationsmängel).[15)] Dazu zählen etwa unzureichende oder fehlende Angaben zum Barabfindungsangebot im Formwechselbericht gemäß § 192 Abs. 1 Satz 3 i. V. m. §§ 193, 194 Abs. 1 Nr. 6, eine mangelhafte oder fehlende Prüfung gemäß § 208 i. V. m. § 30 oder die nicht ordnungsgemäße vorzeitige Zuleitung gemäß § 231.[16)] Der BGH erfasst darüber hinaus die **Verletzung des Auskunftsrechts** der Anteilsinhaber gemäß § 131 AktG im Hinblick auf Fragen hinsichtlich des Abfindungsangebots.[17)] Begründet wird die Ausweitung des Klageausschlusses auf Informationsmängel insbesondere damit, dass § 210 die Unwirksamkeitsklage auch für ein vollständig fehlendes Angebot und damit ein umfassendes Informationsdefizit ausschließt. Dann müsse § 210 erst recht gelten, wenn ein Angebot zwar vorliegt, dies aber lediglich unvollständige oder mangelhafte Informationen enthält.[18)]

11 Der Klageausschluss für Informationsmängel findet sich mittlerweile auch in § 243 Abs. 4 Satz 2 AktG. § 210 ist jedoch weiterhin lex specialis und geht auch inhaltlich über § 243 Abs. 4 Satz 2 AktG hinaus.[19)]

3. Fehlendes Angebot

12 Der gravierendste Anwendungsfall des § 210 liegt vor, wenn ein Barabfindungsangebot vollständig unterbleibt. Auch in diesem Fall ist eine Klage gegen die Wirksamkeit des Formwechselbeschlusses gemäß § 210 ausgeschlossen und sind die betroffenen Anteilsinhaber auf das Spruchverfahren nach § 212 verwiesen.

---

12) Begr. RegE UmRUG, BR-Drucks. 371/22, S. 99 i. V. m. S. 81. Dass die Begründung in § 210 auf diejenige des § 14 Abs. 2 verweist, wonach nunmehr auch Beschlussmängelklagen der Anteilsinhaber des übernehmenden Rechtsträgers nicht mehr auf ein unangemessenes Umtauschverhältnis gestützt werden können, führt zu keiner anderen Beurteilung. Der Verweis bezieht sich nur auf den letzten Absatz der Begründung zu § 14 Abs. 2. § 210 entspricht inhaltlich im Verschmelzungsrecht vielmehr § 32, welcher weiterhin nur für Anteilsinhaber des *übertragenden* Rechtsträgers die Klagemöglichkeit beschränkt, vgl. Widmann/Mayer-*Wälzholz*, UmwR, § 32 UmwG Rz. 1, 6.

13) *Simons* in: BeckOGK-UmwG, § 210 Rz. 11.

14) BGH, Urt. v. 18.12.2000 – II ZR 1/99, NJW 2001, 1425, 1426 = ZIP 2001, 199; weitere Bsp.: *Simons* in: BeckOGK-UmwG, § 210 Rz. 11; Widmann/Mayer-*Wälzholz*, UmwR, § 210 UmwG Rz. 8.1.

15) BGH, Urt. v. 29.1.2001 – II ZR 368/98, NJW 2001, 1428, 1428 f. = ZIP 2001, 412; zust. *Heckschen*, NotBZ 2001, 206; *Hirte*, ZHR 167 (2003), 8; diff. *Luttermann*, BB 2001, 382; krit. bzgl. der dogmatischen Herleitung *Bärwaldt*, GmbHR 2001, 247, 251 f. (Urteilsanm.); *Kallmeyer*, GmbHR 2001, 200, 204 (Urteilsanm.); Semler/Stengel/Leonard-*Bärwaldt*, UmwG, § 210 Rz. 5.

16) BGH, Urt. v. 29.1.2001 – II ZR 368/98, NJW 2001, 1428 = ZIP 2001, 412; BGH, Urt. v. 18.12.2000 – II ZR 1/99, NJW 2001, 1425, 1426 = ZIP 2001, 199; *Simons* in BeckOGK, § 210 UmwG Rz. 13.

17) BGH, Urt. v. 29.1.2001 – II ZR 368/98, NJW 2001, 1428, 1430 = ZIP 2001, 412; BGH, Urt. v. 18.12.2000 – II ZR 1/99, NJW 2001, 1425, 1426 = ZIP 2001, 199.

18) BGH, Urt. v. 29.1.2001 – II ZR 368/98, NJW 2001, 1428, 1430 = ZIP 2001, 412; BGH, Urt. v. 18.12.2000 – II ZR 1/99, NJW 2001, 1425, 1426 f. = ZIP 2001, 199.

19) Kallmeyer-*Berger*, UmwG, § 210 Rz. 9; Lutter-*Hoger*, UmwG, § 210 Rz. 4; Widmann/Mayer-*Wälzholz*, UmwR, § 210 UmwG Rz. 9.2.

III. Klageausschluss

Soweit einer der in § 210 genannten Mängel vorliegt, sind sämtliche darauf beruhenden Klagen gegen die Wirksamkeit des Formwechselbeschlusses ausgeschlossen. 13

Erfasst werden sämtliche Klagearten, die auf die **Nichtigkeit, Anfechtbarkeit oder Unwirksamkeit des Formwechselbeschlusses gerichtet** sind.[20] Dies betrifft insbesondere Anfechtungs- und Nichtigkeitsklagen, aber auch allgemeine Feststellungsklagen, mit denen die Unwirksamkeit des Formwechselbeschlusses geltend gemacht wird.[21] 14

Unterlassungsklagen oder einstweilige Verfügungen, die auf die Verhinderung der Durchführung des Formwechsels oder der Beschlussfassung selbst gerichtet sind, fallen nicht unter § 210.[22] Diese richten sich nicht gegen die Wirksamkeit des Formwechselbeschlusses, so dass der Rechtsschutz hier unter den allgemeinen Voraussetzungen zulässig bleibt.[23] 15

Eine entgegen § 210 erhobene Klage ist **unzulässig**[24] und führt nicht zu einer Registersperre nach § 198 Abs. 3 i. V. m. § 16 Abs. 2.[25] Das Registergericht ist auch nicht befugt, die Eintragung des Formwechsels aufgrund eines offensichtlichen Mangels im Hinblick auf das Barabfindungsangebot ablehnen.[26] Anderenfalls würde der Zweck des § 210, eine Verzögerung des Eintragungsverfahrens zu verhindern, vereitelt.[27] 16

Die betroffenen Anteilsinhaber können im Falle des Klageausschlusses jedoch die Unangemessenheit, mangelnde Ordnungsgemäßheit oder das Fehlen des Barabfindungsangebots im Spruchverfahren nach § 212 geltend machen. Dort können sie sowohl eine Nachbesserung als auch die erstmalige Festsetzung der Barabfindung gerichtlich durchsetzen (siehe zu den Einzelheiten bei § 212 [*Seulen*]). 17

20) Kallmeyer-*Berger*, UmwG, § 210 Rz. 5; Semler/Stengel/Leonard-*Bärwaldt*, UmwG, § 210 Rz. 4.

21) *Althoff* in: NK-UmwG, § 210 Rz. 6; Lutter-*Hoger*, UmwG, § 210 Rz. 2; weiter diff. Widmann/Mayer-*Wälzholz*, UmwR, § 210 UmwG Rz. 5.

22) *Althoff* in: NK-UmwG, § 210 Rz. 6; Widmann/Mayer-*Wälzholz*, UmwR, § 210 UmwG Rz. 5.1.

23) *Simons* in: BeckOGK-UmwG, § 210 Rz. 21.

24) Kallmeyer-*Berger*, UmwG, § 210 Rz. 7; Lutter-*Hoger*, UmwG, § 210 Rz. 2; *Petersen* in: KölnKomm-UmwG, § 210 Rz. 5; Schmitt/Hörtnagl-*Winter*, UmwG/UmwStG, § 210 UmwG Rz. 3; Semler/Stengel/Leonard-*Bärwaldt*, UmwG, § 210 Rz. 4.

25) Lutter-*Hoger*, UmwG, § 210 Rz. 2; *Petersen* in: KölnKomm-UmwG, § 210 Rz. 5; Schmitt/Hörtnagl-*Winter*, UmwG/UmwStG, § 210 UmwG Rz. 4; Semler/Stengel/Leonard-*Bärwaldt*, UmwG, § 210 Rz. 4; Widmann/Mayer-*Wälzholz*, UmwR, § 210 UmwG Rz. 1; a. A. Kallmeyer-*Berger*, UmwG, § 210 Rz. 7; *Simons* in: BeckOGK-UmwG, § 210 Rz. 22.

26) Kallmeyer-*Berger*, UmwG, § 210 Rz. 8; Lutter-*Hoger*, UmwG, § 210 Rz. 2.

27) BGH, Urt. v. 18.12.2000 – II ZR 1/99, NJW 2001, 1425, 1426 = ZIP 2001, 199; Henssler/Strohn-*Ca. Müller*, GesR, § 32 UmwG Rz. 3; Semler/Stengel/Leonard-*Bärwaldt*, UmwG, § 210 Rz. 4.

§ 211
Anderweitige Veräußerung[*]

Einer anderweitigen Veräußerung des Anteils durch einen Anteilsinhaber, der nach § 207 Adressat des Abfindungsangebots ist, stehen nach Fassung des Formwechselbeschlusses bis zum Ablauf der in § 209 Satz 1 bestimmten Frist Verfügungsbeschränkungen nicht entgegen.

*) § 211 geändert durch Art. 1 des Gesetzes zur Umsetzung der Umwandlungsrichtlinie und zur Änderung weiterer Gesetze (UmRUG), v. 22.2.2023, BGBl. I 2023, Nr. 51; § 211 i. d. F. des UmwBerG geändert durch Art. 1 des Gesetzes zur Änderung des Umwandlungsgesetzes, des Partnerschaftsgesellschaftsgesetzes und anderer Gesetze (UmwGÄndG), v. 22.7.1998, BGBl. I 1998, 1878.

Literatur: *Reichert*, Folgen der Anteilsvinkulierung für Umstrukturierungen von Gesellschaften mit beschränkter Haftung und Aktiengesellschaften nach dem Umwandlungsgesetz 1995, GmbHR 1995, 176.

Übersicht

I. Überblick und Normzweck

1 § 211 ermöglicht ausscheidenswilligen Gesellschaftern, i. R. eines Formwechsels **ihre Beteiligung** an dem formwechselnden Rechtsträger unabhängig von sämtlichen gesetzlichen und gesellschaftsvertraglichen Verfügungsbeschränkungen **zu veräußern**. Die Norm eröffnet dem betroffenen Gesellschafter damit eine **alternative Austrittsmöglichkeit zu § 207** für den Fall, dass eine Übertragung der Anteile anderenfalls an bestehenden Verfügungsbeschränkungen scheitern würde.[1)]

2 Gemäß § 207 hat der Gesellschafter daneben die Möglichkeit, gegen Zahlung einer angemessenen Barabfindung aus der Gesellschaft auszuscheiden. Während § 207 eine Zahlungsverpflichtung der Gesellschaft begründet, wird die **Gegenleistung** i. R. des § 211 vom jeweiligen Erwerber erbracht.[2)] Daraus ergibt sich eine finanzielle Entlastung der Gesellschaft im Vergleich zur Abfindungslösung nach § 207.[3)] § 211 dient damit sowohl dem auch durch § 207 bezweckten **Minderheitenschutz**,[4)] wie auch den **Interessen der Gesellschaft**.

3 Die Vorschrift gilt **rechtsformübergreifend** für sämtliche Fälle des Formwechsels;[5)] dies umfasst insbesondere auch Formwechsel unter Beteiligung von Personengesellschaften sowie Vereinen. Sie entspricht der verschmelzungsrechtlichen Regelung des § 33.[6)] Als zwingendes Recht ist § 211 nicht dispositiv,[7)] Insbesondere Umgehungsmaßnahmen, etwa durch **Einziehungs- oder Hinauskündigungsklauseln**, sind im Falle der Veräußerung unzulässig.[8)]

II. Anwendungsbereich

1. Berechtigte Anteilsinhaber

4 Der **persönliche Anwendungsbereich** des § 211 erstreckt sich auf sämtliche Anteilsinhaber, die gemäß § 207 einen Anspruch auf ein Barabfindungsangebot haben. Demnach

1) Schmitt/Hörtnagl-*Winter*, UmwG/UmwStG, § 33 UmwG Rz. 1; *Simons* in BeckOGK-UmwG, § 211 Rz. 1.

2) Widmann/Mayer-*Wälzholz*, UmwR, § 211 UmwG Rz. 1.

3) *Erkens/Thilo* in: KölnKomm-UmwG, § 33 Rz. 2; Widmann/Mayer-*Wälzholz*, UmwR, § 211 UmwG Rz. 1.

4) *Althoff/Narr* in: NK-UmwG, § 211 Rz. 1; Kallmeyer-*Berger*, UmwG, § 211 Rz. 2; Lutter-*Hoger*, UmwG, § 211 Rz. 1; *Petersen* in: KölnKomm-UmwG, § 211 Rz. 1; Semler/Stengel/Leonard-*Kalss*, UmwG, § 211 Rz. 2; *Simons* in BeckOGK-UmwG, § 211 Rz. 4; Schmitt/Hörtnagl-*Winter*, UmwG/UmwStG, § 33 UmwG Rz. 11.

5) *Simons* in BeckOGK-UmwG, § 211 Rz. 4.

6) Kallmeyer-*Berger*, UmwG, § 211 Rz. 3; Lutter-*Hoger*, UmwG, § 211 Rz. 1; *Petersen* in: KölnKomm-UmwG, § 211 Rz. 2; Semler/Stengel/Leonard-*Kalss*, UmwG, § 211 Rz. 2.

7) *Althoff* in: NK-UmwG, § 211 Rz. 9; Lutter-*Hoger*, UmwG, § 211 Rz. 9.

8) *Erkens/Thilo* in: KölnKomm-UmwG, § 33 Rz. 10; *Petersen* in: KölnKomm-UmwG, § 211 Rz. 1a; *Simons* in: BeckOGK-UmwG, § 211 Rz. 6; Widmann/Mayer-*Wälzholz*, UmwR, § 211 UmwG Rz. 7.

müssen für die Anwendung des § 211 die Voraussetzungen der Anspruchsberechtigung gemäß § 207 Abs. 1 Satz 1 (siehe oben § 207 Rz. 12 f. [*Seulen*]) entsprechend vorliegen.

Ein **Barabfindungsangebot** ist grundsätzlich rechtsformübergreifend in sämtlichen Fällen des Formwechsels zu unterbreiten.[9] Ausnahmen hiervon normiert u. a. § 194 Abs. 1 Nr. 6.[10] Danach kann ein Abfindungsangebot unterbleiben, sofern der Formwechselbeschluss der Zustimmung sämtlicher Anteilsinhaber bedarf oder an dem formwechselnden Rechtsträger nur ein Anteilsinhaber beteiligt ist (siehe oben § 194 Rz. 25 ff. [*Schaper/Meven*]). Darüber hinaus ist das Angebot einer Barabfindung nach § 207 entbehrlich, wenn sämtliche Anteilsinhaber des formwechselnden Rechtsträgers auf dieses verzichten.[11] Die Anwendung der §§ 207, 211 ist ferner in bestimmten Sonderkonstellationen durch die besonderen Regelungen der §§ 227, 250, 282 Abs. 2 und 302 ausdrücklich ausgeschlossen.[12] 5

Ein **Anspruch** auf eine angemessene Barabfindung und damit auch die **Anwendbarkeit des § 211** setzen voraus, dass der betroffene Anteilsinhaber Widerspruch gegen den Formwechselbeschluss zur Niederschrift erklärt hat oder eine gemäß § 207 Abs. 2 i. V. m. § 29 Abs. 2 dem Widerspruch gleichstehende Situation gegeben ist.[13] 6

Nach einer Ansicht erfordert die Geltendmachung eines Anspruchs nach § 207 zusätzlich zur Erklärung des Widerspruchs eine **ablehnende Stimmabgabe** gegen den Formwechselbeschluss (siehe oben § 207 Rz. 13 [*Seulen*]). Dies wird vereinzelt auch auf § 211 übertragen.[14] **Dem kann jedoch nicht gefolgt werden.**[15] Richtigerweise stellt die ablehnende Stimmabgabe bereits für § 207 keine zusätzliche Anspruchsvoraussetzung dar (siehe oben § 207 Rz. 13 [*Seulen*], § 212 Rz. 9 [*Seulen*]). Erst recht kann eine solche Voraussetzung nicht für die Anwendung des § 211 verlangt werden. Das Erfordernis wird nämlich für § 207 damit begründet, dass andernfalls sämtliche Gesellschafter trotz Zustandekommens eines wirksamen Formwechselbeschlusses widersprechen und eine Barabfindung verlangen könnten, was erhebliche Liquiditätsbelastungen für die Gesellschaft mit sich brächte. Im Kontext des § 211 wird die **Gegenleistung** für die Anteile jedoch nicht von der Gesellschaft, sondern **von einem Dritten** erbracht.[16] Eine finanzielle Inanspruchnahme der Gesellschaft droht insoweit nicht. 7

2. Anderweitige Veräußerung

Der Begriff der „anderweitigen Veräußerung“ gemäß § 211 erfasst sämtliche Übertragungen von Anteilen an einen Dritten oder einen Mitgesellschafter.[17] Nicht umfasst sind sonstige Verfügungen wie etwa die Belastung des Anteils.[18] 8

9) Henssler/Strohn-*Drinhausen/Keinath*, GesR, § 207 UmwG Rz. 1.

10) Henssler/Strohn-*Drinhausen/Keinath*, GesR, § 207 UmwG Rz. 1.

11) Reichert-*Ihrig*, GmbH & Co. KG, § 56 Rz. 69.

12) *Simons* in BeckOGK-UmwG, § 211 Rz. 5; Widmann/Mayer-*Wälzholz*, UmwR, § 211 UmwG Rz. 2.

13) *Althoff* in: NK-UmwG, § 211 Rz. 8; *Simons* in: BeckOGK-UmwG, § 211 Rz. 7.

14) Henssler/Strohn-*Ca. Müller*, GesR, § 33 UmwG Rz. 2; Schmitt/Hörtnagl-*Winter*, UmwG/UmwStG, § 33 UmwG Rz. 4; Widmann/Mayer-*Wälzholz*, UmwR, § 211 UmwG Rz. 21.

15) *Erkens/Thilo* in: KölnKomm-UmwG, § 33 Rz. 18; Kallmeyer-*Berger*, UmwG, § 211 Rz. 9; *Simons* in BeckOGK-UmwG, § 211 Rz. 10.

16) *Erkens/Thilo* in: KölnKomm-UmwG, § 33 Rz. 18; *Simons* in BeckOGK-UmwG, § 211 Rz. 10.

17) Kallmeyer-*Berger*, UmwG, § 211 Rz. 10; Henssler/Strohn-*Ca. Müller*, GesR, § 33 UmwG Rz. 8; a. A. *Simons* in BeckOGK-UmwG, § 211 Rz. 48, der auch Übertragung an den Rechtsträger selbst als erfasst ansieht.

18) *Erkens/Thilo* in: KölnKomm-UmwG, § 33 Rz. 4; Widmann/Mayer-*Wälzholz*, UmwR, § 211 UmwG Rz. 23.

9 Aus der Zusammenschau mit dem Wegfall von „Verfügungsbeschränkungen“ ergibt sich, dass sich § 211 **ausschließlich auf das dingliche Verfügungsgeschäft bezieht.**[19] Das schuldrechtliche Verpflichtungsgeschäft bleibt im Anwendungsbereich des § 211 unbeachtlich.[20] Der Übertragung kann daher bspw. ein Kauf-, Tausch- oder Schenkungsvertrag zugrunde liegen.[21] Gleichfalls ist unerheblich, ob die Übertragung entgeltlich oder unentgeltlich erfolgt.[22]

10 Teilweise wird vertreten, dass § 211 nur auf Anteile anwendbar sei, die grundsätzlich **veräußerbar** sind.[23] Dies ist insbesondere bei den **Personengesellschaften** und dem **e. V.** relevant. So ist beim e. V. die Übertragbarkeit der Mitgliedschaft gemäß § 38 Satz 1 BGB ausgeschlossen, sofern nicht die Satzung gemäß § 40 Satz 1 BGB etwas Abweichendes bestimmt. Auch bei Personengesellschaften ist die Mitgliedschaft grundsätzlich höchstpersönlich und nicht übertragbar.[24] Entgegen einer Ansicht in der Literatur[25] hat sich daran auch durch das Inkrafttreten des **MoPeG** nichts geändert: Zwar regelt § 711 Abs. 1 Satz 1 BGB nunmehr ausdrücklich, dass die Übertragung mit Zustimmung der anderen Gesellschafter möglich ist. Dies entspricht jedoch der bereits zuvor geltenden Rechtslage, wonach auf die Höchstpersönlichkeit der Mitgliedschaft verzichtet werden kann, und die durch das MoPeG lediglich kodifiziert wurde.[26]

11 Die gesetzlich normierte Unübertragbarkeit der Anteile steht der **Anwendung des § 211** in den vorgenannten Fällen indes **nicht entgegen.**[27] Nach § 211 sollen u. a. gesetzliche Verfügungsbeschränkungen suspendiert werden.[28] Damit lässt § 211 gerade solche Beschränkungen, wie sie etwa in § 38 Satz 1 BGB oder § 711 Abs. 1 Satz 1 BGB enthalten sind, entfallen.

12 § 211 erfasst grundsätzlich nur die erstmalige Übertragung durch den ausscheidenswilligen Anteilsinhaber. **Weiterveräußerungen** durch den Erwerber unterfallen nicht mehr dem Schutzbereich der Norm.[29] Der Zweck des § 211 besteht darin, Anteilsinhabern, die bei dem Erwerb ihrer Beteiligung noch keine Kenntnis von einem zukünftigen Formwechsel hatten, einen erleichterten Austritt zu ermöglichen. Der Erwerber i. R. der Erstveräußerung verfügt über diese Kenntnis und ist daher nicht mehr schutzbedürftig.[30] Abweichendes gilt lediglich für den Gesamtrechtsnachfolger, der in sämtliche Rechte und Pflichten, einschließlich des Rechts aus § 211, eintritt.[31]

---

19) *Erkens/Thilo* in: KölnKomm-UmwG, § 33 Rz. 4.

20) *Althoff* in: NK-UmwG, § 211 Rz. 4; Henssler/Strohn-*Ca. Müller*, GesR, § 33 UmwG Rz. 8; Schmitt/Hörtnagl-*Winter*, UmwG/UmwStG, § 33 UmwG Rz. 5.

21) Semler/Stengel/Leonard-*Kalss*, UmwG, § 211 Rz. 5; *Simons* in BeckOGK-UmwG, § 211 Rz. 24.

22) *Simons* in BeckOGK-UmwG, § 211 Rz. 24.

23) *Erkens/Thilo* in: KölnKomm-UmwG, § 33 Rz. 4; Semler/Stengel/Leonard-*Kalss*, UmwG, § 211 Rz. 3 f.

24) *Schäfer* in: MüKo-BGB, § 711 Rz. 2.

25) *Erkens/Thilo* in: KölnKomm-UmwG, § 33 Rz. 7; Widmann/Mayer-*Wälzholz*, UmwR, § 211 UmwG Rz. 16.

26) BGH, Urt. v. 10.11.1951 – II ZR 111/50, BGHZ 3, 354 = NJW 1952, 178, 179; BGH, Urt. v. 29.6.1981 – II ZR 142/80, NJW 1981, 2747 = ZIP 1981, 981; Henssler/Strohn-*Kilian*, GesR, 5. Aufl., § 719 BGB a. F. Rz. 13; *Schäfer* in: MünchKomm-BGB, 8. Aufl., § 719 a. F. Rz. 27 f.

27) *Erkens/Thilo* in: KölnKomm-UmwG, § 33 Rz. 5 ff.; Widmann/Mayer-*Wälzholz*, UmwR, § 211 UmwG Rz. 16.

28) Begr. RegE UmwGÄndG, BT-Drucks. 13/8808, S. 11, vgl. auch Henssler/Strohn-*Ca. Müller*, GesR, § 33 UmwG Rz. 5; Widmann/Mayer-*Wälzholz*, UmwR, § 211 UmwG Rz. 16.

29) *Simons* in: BeckOGK-UmwG, § 211 Rz. 11; Widmann/Mayer-*Wälzholz*, UmwR, § 211 UmwG Rz. 18.

30) Widmann/Mayer-*Wälzholz*, UmwR, § 211 UmwG Rz. 18.

31) *Simons* in: BeckOGK-UmwG, § 211 Rz. 11; Widmann/Mayer-*Wälzholz*, UmwR, § 211 UmwG Rz. 18.

3. Zeitlicher Anwendungsrahmen

Die Privilegierung des § 211 greift ausschließlich für Veräußerungen, die **im Zeitraum zwischen der Fassung des Formwechselbeschlusses und dem Ablauf der Frist des § 209 Satz 1** vorgenommen werden, also bis zwei Monate nach der Bekanntmachung der Eintragung der neuen Rechtsform im Handelsregister. Übertragungen in diesem Zeitraum stehen keine Verfügungsbeschränkungen entgegen. 13

Erfolgt eine Übertragung bereits **vor der Beschlussfassung,** bleiben sämtliche gesetzlichen oder gesellschaftsvertraglichen Verfügungsbeschränkungen anwendbar, es sei denn, das Verfügungsgeschäft wurde ausdrücklich unter der aufschiebenden Bedingung der späteren Beschlussfassung abgeschlossen.[32] 14

In der bis 2023 geltenden Fassung verwies **§ 211 a. F.** noch vollumfänglich auf § 209, einschließlich der in § 209 Satz 2 geregelten **Fristverlängerung** für den Fall eines Spruchverfahrens gemäß § 212. Danach blieben Verfügungsbeschränkungen für sämtliche Veräußerungen unbeachtlich, die bis zwei Monate nach der Bekanntgabe der gerichtlichen Entscheidung im Spruchverfahren erfolgten. Diese Ausweitung des zeitlichen Anwendungsrahmens konnte jedoch faktisch zu einer mehrjährigen Suspendierung der Verfügungsbeschränkungen führen und damit erhebliche Unsicherheiten für die verbleibenden Gesellschafter begründen.[33] Die Änderung durch das **UmRUG**[34] stellt die ausscheidenden Anteilsinhaber nach Ablauf der Frist gemäß § 209 Satz 1 jedoch nicht schutzlos. Sie können innerhalb der erweiterten Frist des § 209 Satz 2 weiterhin nach § 207 gegen eine angemessene Barabfindung aus der Gesellschaft ausscheiden.[35] 15

Gemäß der **Übergangsregelung** in § 355 gilt § 211 a. F. weiterhin für Fälle, in denen der Formwechselbeschluss bis zum 1.3.2023 gefasst und die Anmeldung des Formwechsels zum Handelsregister bis zum 31.12.2023 vorgenommen wurde.[36] 16

III. Unbeachtlichkeit von Verfügungsbeschränkungen

Im Anwendungsbereich des § 211 (siehe oben Rz. 4 ff.) stehen Verfügungsbeschränkungen der Veräußerung des Anteils eines ausscheidenden Anteilsinhabers nicht entgegen. Die Privilegierung erfasst dabei sämtliche gesetzlichen sowie gesellschaftsvertraglichen Verfügungsbeschränkungen.[37] 17

Gesetzliche Verfügungsbeschränkungen finden sich etwa in § 38 Satz 1 BGB für den e. V. oder § 711 Abs. 1 Satz 1 für Personengesellschaften (siehe oben Rz. 10 f.).[38] Klassische **gesellschaftsvertragliche** Verfügungsbeschränkungen sind insbesondere Vinkulierungsklauseln bei GmbHs gemäß § 15 Abs. 5 GmbHG[39] oder gemäß § 68 Abs. 2 AktG bei AGs mit Namensaktien.[40] 18

---

32) *Althoff* in: NK-UmwG, § 211 Rz. 7.

33) Begr. RegE UmwGÄndG, BT-Drucks. 20/3822, S. 71 f.

34) Gesetz zur Umsetzung der Umwandlungsrichtlinie und zur Änderung weiterer Gesetze (UmRUG), v. 22.2.2023, BGBl. I 2023, Nr. 51.

35) Begr. RegE UmwGÄndG, BT-Drucks. 20/3822, S. 71 f.

36) *Simons* in BeckOGK-UmwG, § 211 Rz. 26.

37) *Petersen* in: KölnKomm-UmwG, § 211 Rz. 3; *Simons* in BeckOGK-UmwG, § 211 Rz. 15.

38) Kallmeyer-*Berger*, UmwG, § 211 Rz. 7; Lutter-*Hoger*, UmwG, § 211 Rz. 5.

39) Lutter-*Hoger*, UmwG, § 211 Rz. 5.

40) Kallmeyer-*Berger*, UmwG, § 211 Rz. 8; Lutter-*Hoger*, UmwG, § 211 Rz. 5; a. A. *Althoff* in: NK-UmwG, § 211 Rz. 5, der § 68 Abs. 2 AktG als gesetzliche Verfügungsbeschränkung einordnet.

19 § 211 suspendiert sowohl Verfügungsbeschränkungen aufseiten des **formwechselnden** als auch des **formgewechselten Rechtsträgers.**[41] Dies folgt aus dem zeitlichen Anwendungsrahmen der Norm. § 211 greift bereits ab der Fassung des Formwechselbeschlusses, wenn der formwechselnde Rechtsträger noch existiert, und wirkt bis zwei Monate nach der Bekanntmachung der Eintragung des Formwechsels, wenn die Beteiligung bereits am formgewechselten Rechtsträger besteht.[42]

20 Aus dem Wortlaut des § 211 ergibt sich ferner, **dass lediglich dinglich wirkende Verfügungsbeschränkungen suspendiert** werden.[43] Schuldrechtliche Vereinbarungen, insbesondere Vorkaufs- und Ankaufsrechte, gelten auch im Anwendungsbereich des § 211 grundsätzlich fort.[44] Sie führen letztlich nicht zur Unwirksamkeit der dinglichen Anteilsübertragung, sondern schränken lediglich die Auswahl des Erwerbers ein[45] oder verpflichten zum Schadensersatz. Eine Ausnahme gilt lediglich dann, wenn solche schuldrechtlichen Regelungen als unzulässige Umgehung des § 211 zu werten sind. Dies ist insbesondere dann anzunehmen, wenn Vorkaufs- oder Ankaufsrechte zu unangemessenen Gegenleistungen vereinbart wurden, die unter dem Verkehrswert des aufgegebenen Anteils liegen.[46]

21 Besondere **Formvorschriften** für die Übertragung eines Anteils (insbesondere § 15 Abs. 3 GmbHG) stellen **keine Verfügungsbeschränkung** i. S. des § 211 dar und bleiben folglich anwendbar.[47]

41) *Althoff* in: NK-UmwG, § 211 Rz. 6; Lutter-*Hoger*, UmwG, § 211 Rz. 4; Semler/Stengel/Leonard-*Kalss*, UmwG, § 211 Rz. 7; Henssler/Strohn-*Ca. Müller*, GesR, § 33 UmwG Rz. 7; a. A. *Reichert*, GmbHR 1995, 176, 194 – Anwendbarkeit nur für den formgewechselten Rechtsträger.

42) *Althoff* in: NK-UmwG, § 211 Rz. 6; Henssler/Strohn-*Ca. Müller*, GesR, § 33 UmwG Rz. 7; Lutter-*Hoger*, UmwG, § 211 Rz. 4; *Petersen* in: KölnKomm-UmwG, § 211 Rz. 6.

43) Widmann/Mayer-*Wälzholz*, UmwR, § 211 UmwG Rz. 11.

44) *Petersen* in: KölnKomm-UmwG, § 211 Rz. 4; Semler/Stengel/Leonard-*Kalss*, UmwG, § 211 Rz. 6.

45) *Reichert*, GmbHR 1995, 176, 177.

46) *Erkens/Thilo* in: KölnKomm-UmwG, § 33 Rz. 10; *Simons* in: BeckOGK-UmwG, § 211 Rz. 21; Widmann/Mayer-*Wälzholz*, UmwR, § 211 UmwG Rz. 6.

47) *Petersen* in: KölnKomm-UmwG, § 211 Rz. 3; *Simons* in: BeckOGK-UmwG, § 211 Rz. 23.

§ 212
Gerichtliche Nachprüfung der Abfindung*)

¹Macht ein Anteilsinhaber geltend, daß eine im Formwechselbeschluss bestimmte Barabfindung, die ihm nach § 207 Abs. 1 anzubieten war, nicht angemessen sei, so hat auf seinen Antrag das Gericht nach den Vorschriften des Spruchverfahrensgesetzes die angemessene Barabfindung zu bestimmen. ²Das gleiche gilt, wenn die Barabfindung nicht oder nicht ordnungsgemäß angeboten worden ist.

*) § 212 geändert durch Art. 1 des Gesetzes zur Umsetzung der Umwandlungsrichtlinie und zur Änderung weiterer Gesetze (UmRUG), v. 22.2.2023, BGBl. I 2023, Nr. 51; § 212 i. d. F. des UmwBerG geändert durch Art. 4 des Gesetzes zur Neuordnung des gesellschaftsrechtlichen Spruchverfahrens (Spruchverfahrensneuordnungsgesetz), v. 12.6.2003, BGBl. I 2003, 838.

Literatur: *App*, Das Spruchstellenverfahren bei der Abfindung von Gesellschaftern nach einer Umwandlung, BB 1995, 267; *Knorr*, Widerspruch und Stimmabgabe bei Umwandlungen, insbesondere beim Formwechsel von Genossenschaften, NZG 2019, 1285.

Übersicht

I. Überblick und Normzweck

§ 212 gewährt ausscheidenden Anteilsinhabern i. R. eines Formwechsels die Möglichkeit, die gerichtliche Festsetzung eines angemessenen Barabfindungsangebots im Spruchverfahren zu beantragen. Die Regelung steht in engem inhaltlichen Zusammenhang mit §§ 207 und 210.[1] 1

Während § 207 die Verpflichtung des formwechselnden Rechtsträgers normiert, den Anteilsinhabern bei Widerspruch gegen den Formwechselbeschluss ein angemessenes Barabfindungsangebot zu unterbreiten, greift **§ 212** dann ein, wenn dieses Angebot unterbleibt, nicht ordnungsgemäß erfolgt oder nicht angemessen ist. In diesen Fällen ermöglicht § 212 i. V. m. **§ 1 Nr. 5 SpruchG** den betroffenen Anteilsinhabern die Einleitung des Spruchverfahrens. 2

Die Regelung des § 212 korrespondiert dabei mit dem **Ausschluss einer Klage** gegen die Wirksamkeit des Formwechselbeschlusses **in den genannten Fällen eines mangelhaften Barabfindungsangebots** gemäß § 210.[2] Gesetzgeberisches Ziel ist es, zu verhindern, dass Einwendungen im Hinblick auf die Angemessenheit des Barabfindungsangebots die Eintragung des Formwechsels in das Handelsregister verzögern oder vollständig verhindern.[3] Um das Interesse der betroffenen Anteilsinhaber an einer angemessenen Barabfindung dennoch zu schützen, können sie diese im Spruchverfahren durchsetzen. 3

§ 212 gilt grundsätzlich **rechtsformübergreifend** für sämtliche Fälle des Formwechsels.[4] Es handelt sich um eine **zwingende Norm**, die nicht abbedungen oder beschränkt werden kann.[5] Inhaltlich entspricht § 212 der verschmelzungsrechtlichen Vorschrift des § 34.[6] Eine Parallelregelung i. R. des Formwechsels findet sich zudem in § 196, der die Anteilseigner für den Fall der Gewährung unzureichender Anteile an dem formgewechselten Rechtsträger ebenfalls auf das Spruchverfahren verweist.[7] 4

II. Voraussetzungen der gerichtlichen Bestimmung

Wer Anspruch auf eine angemessene Barabfindung hat und Widerspruch gegen den Formwechselbeschluss erklärt hat, kann im Falle des nicht angemessenen, nicht ordnungsgemäßen oder fehlenden Barabfindungsangebots die gerichtliche Bestimmung der angemessenen Barabfindung beantragen. 5

1. Pflicht zum Barabfindungsangebot

Voraussetzung für die gerichtliche Festsetzung ist, dass der formwechselnde Rechtsträger gemäß § 207 Abs. 1 verpflichtet ist, den Anteilsinhabern ein Barabfindungsangebot zu unter- 6

1) Semler/Stengel/Leonard-*Kalss*, UmwG, § 212 Rz. 2.
2) *Althoff* in: NK-UmwG, § 212 Rz. 1.
3) Widmann/Mayer-*Wälzholz*, UmwR, § 212 UmwG Rz. 2.
4) Kallmeyer-*Berger*, UmwG, § 212 Rz. 4; *Simons* in: BeckOGK-UmwG, § 212 Rz. 1.
5) Widmann/Mayer-*Wälzholz*, UmwR, § 212 UmwG Rz. 1.
6) Kallmeyer-*Berger*, UmwG, § 212 Rz. 3; Lutter-*Hoger*, UmwG, § 212 Rz. 1; Semler/Stengel/Leonard-*Kalss*, UmwG, § 212 Rz. 1.
7) *Althoff* in: NK-UmwG, § 212 Rz. 1.

breiten. Im Grundsatz ist ein solches Angebot **rechtsformübergreifend für alle Arten des Formwechsels** erforderlich (siehe oben § 207 Rz. 1, 7 f. [*Seulen*]).[8)]

7 Lediglich in **Ausnahmefällen** ist ein Barabfindungsgebot entbehrlich und demzufolge auch keine gerichtliche Bestimmung der angemessenen Barabfindung im Spruchverfahren denkbar. Einzelne dieser Ausnahmen statuiert **§ 194 Abs. 1 Nr. 6.**[9)] Danach ist ein Barabfindungsangebot entbehrlich, wenn – nach Gesetz oder Gesellschaftsvertrag – die Zustimmung sämtlicher Anteilsinhaber zum Formwechselbeschluss erforderlich ist oder an dem formwechselnden Rechtsträger nur ein Anteilsinhaber beteiligt ist. Ein Barabfindungsangebot kann zudem unterbleiben, wenn sämtliche Anteilsinhaber darauf **verzichten.**[10)] Darüber hinaus ist nach den besonderen Vorschriften der **§§ 227, 250, 282 Abs. 2 und 302** die Anwendung der §§ 207 bis 212 ausgeschlossen.[11)]

2. Widerspruch

8 Ein Anspruch auf Barabfindung gemäß § 207 Abs. 1 Satz 1 und damit auch die Einleitung des Spruchverfahrens gemäß § 212 setzen zudem voraus, dass der betroffene Anteilsinhaber dem **Formwechselbeschluss widersprochen** hat. Ein solcher Widerspruch ist unmittelbar zur Niederschrift zu erklären, sofern nicht einer der Tatbestände vorliegt, die gemäß § 207 Abs. 2 i. V. m. § 29 Abs. 2 einem Widerspruch gleichstehen (siehe oben § 29 Rz. 34 [*Hoppe*]).[12)] Die Einlegung des Widerspruchs wirkt **auch zugunsten des Gesamtrechtsnachfolgers** eines Anteilsinhabers, **nicht aber** für denjenigen, der den Anteil nach der Beschlussfassung über den Formwechsel im Wege der **Einzelrechtsnachfolge** erwirbt.[13)]

9 Es ist grundsätzlich **nicht erforderlich**, dass der Anteilseigner zusätzlich **gegen den Formwechselbeschluss stimmt.**[14)] Der Wortlaut der §§ 207, 212 stellt ausschließlich auf die Erklärung des Widerspruchs ab. Eine zusätzliche Voraussetzung in Form einer ablehnenden Stimmabgabe lässt sich aus diesen Vorschriften nicht ableiten.[15)] Eine solche Anforderung würde zudem die Wahrscheinlichkeit erhöhen, dass der Formwechsel vollständig scheitert. Betroffene Anteilsinhaber wären gezwungen, den Formwechsel **insgesamt zu blockieren**, obwohl ihr vorrangiges Ziel lediglich darin besteht, eine angemessene Abfindung zu erhalten.[16)] Demgegenüber vertritt allerdings ein beachtlicher Teil der Literatur, dass zusätzlich zur Erklärung des Widerspruchs auch eine Stimmabgabe gegen den Formwechsel erforderlich sei.[17)] Zur Begründung wird insbesondere auf das **Interesse der Gesellschaft an wirtschaftlicher Planbarkeit und Stabilität** verwiesen. Ohne dieses zusätzliche Erfordernis bestehe die Gefahr, dass trotz einer positiven Beschlussfassung sämtliche Anteilsinhaber Widerspruch einlegen und eine Barabfindung verlangen könnten,

8) Henssler/Strohn-*Drinhausen/Keinath*, GesR, § 207 UmwG Rz. 1.
9) Henssler/Strohn-*Drinhausen/Keinath*, GesR, § 207 UmwG Rz. 1.
10) Reichert-*Ihrig*, GmbH & Co. KG, § 56 Rz. 69.
11) *Simons* in: BeckOGK-UmwG, § 212 Rz. 3; Widmann/Mayer-*Wälzholz*, UmwR, § 212 UmwG Rz. 1.
12) Lutter-*Hoger*, UmwG, § 212 Rz. 2.
13) Semler/Stengel/Leonard-*Kalss*, UmwG, § 212 Rz. 11.
14) *Althoff* in: NK-UmwG, § 207 Rz. 7, § 212 Rz. 3; Kallmeyer-*Berger*, UmwG, § 207 Rz. 15, § 212 Rz. 6; Lutter-*Hoger*, UmwG, § 207 Rz. 8; *Simons* in: BeckOGK-UmwG, § 207 Rz. 62, § 212 Rz. 9.
15) *Althoff* in: NK-UmwG, § 207 Rz. 7, § 212 Rz. 3; Kallmeyer-*Berger*, UmwG, § 207 Rz. 15; *Simons* in: BeckOGK-UmwG, § 207 Rz. 62, § 212 Rz. 9.
16) *Althoff* in: NK-UmwG, § 207 Rz. 7, § 212 Rz. 3; Kallmeyer-*Berger*, UmwG, § 207 Rz. 15; Lutter-*Hoger*, UmwG, § 207 Rz. 8.
17) Henssler/Strohn-*Drinhausen/Keinath*, GesR, § 207 UmwG Rz. 5; Schmitt/Hörtnagl-*Winter*, UmwG/UmwStG, § 207 UmwG Rz. 6; Semler/Stengel/Leonard-*Kalss*, UmwG, § 207 Rz. 7, § 212 Rz. 10; Widmann/Mayer-*Wälzholz*, UmwR, § 207 UmwG Rz. 11; *Knorr*, NZG 2019, 1285, 1286.

was unter Umständen die wirtschaftliche Existenz der Gesellschaft gefährden könne.[18] Die §§ 207, 212 dienen jedoch primär dem **Minderheitenschutz.**[19] Es ist nicht ersichtlich, warum der Minderheit nunmehr überschießende Anforderungen auferlegt werden sollten, so dass sie ihrerseits Rücksicht auf die wirtschaftlichen Belange der Gesellschaft nehmen müsste. Darüber hinaus erhält die Gesellschaft ein gewisses Maß an Planbarkeit bereits aufgrund der Erklärung des Widerspruchs.[20] Außerdem bliebe nach dieser Auffassung auch unklar, ob die Tatbestände des § 29 Abs. 2 auch das Erfordernis der ablehnenden Stimmabgabe ersetzen, oder ob in den Fällen der §§ 207 Abs. 2, 29 Abs. 2 mangels Stimmabgabe faktisch kein Anspruch auf eine Barabfindung bestehen kann.

Gleichwohl **empfiehlt es sich** für opponierende Anteilsinhaber angesichts der Uneinigkeit in der Literatur, vorsorglich nicht nur den Widerspruch zu erklären, sondern auch **gegen den Formwechselbeschluss zu stimmen.**[21] 10

3. Nicht angemessenes, nicht ordnungsgemäßes oder fehlendes Angebot

Ist ein Barabfindungsangebot erforderlich, verlangt § 212 Satz 1 für die gerichtliche Festsetzung, dass das den Anteilsinhabern unterbreitete Angebot „nicht angemessen" ist. Dies ist der Fall, wenn das Angebot zu niedrig ist und damit nicht dem wirtschaftlichen Wert des aufgegebenen Anteils entspricht. 11

Ein **zu hohes Angebot** fällt hingegen nicht in den Anwendungsbereich der §§ 210, 212 und kann daher im Wege der Anfechtungs- oder Nichtigkeitsklage geltend gemacht werden (siehe dazu näher oben § 210 Rz. 8 [*Seulen*]). 12

§ 212 Satz 2 erstreckt den Anwendungsbereich des Spruchverfahrens auf Fälle, in denen das Barabfindungsangebot **„nicht ordnungsgemäß"** ist oder ganz fehlt. Erfasst werden hiervon sämtliche formelle und inhaltliche Mängel des Barabfindungsangebots, insbesondere auch sog. abfindungsrelevante Informationsmängel (siehe dazu auch oben § 210 Rz. 10 f. [*Seulen*]). 13

4. Antrag und Antragsberechtigung

Die Einleitung des Spruchverfahrens setzt einen **ordnungsgemäßen Antrag** voraus. Antragsberechtigt sind diejenigen Anteilsinhaber, die Anspruch auf eine angemessene Barabfindung gemäß § 207 haben (siehe dazu oben Rz. 5 ff.). 14

Anteilsinhaber, die das Barabfindungsangebot angenommen haben und gegen Zahlung einer **Abfindung** bereits aus der Gesellschaft **ausgeschieden** sind, sind **nicht mehr antragsberechtigt.**[22] Gemäß § 3 Satz 2 SpruchG muss der Antragsteller bei inländischen Formwechseln zum Zeitpunkt der Antragstellung noch Anteilsinhaber sein. Etwas anderes gilt dementsprechend, wenn der Anteilsinhaber das Barabfindungsangebot lediglich **für einen Teil seiner Anteile** angenommen hat; in diesem Fall besteht die Antragsberechtigung im Hinblick auf die verbleibenden Anteile fort.[23] 15

---

18) Semler/Stengel/Leonard-*Kalss*, UmwG, § 212 Rz. 10; Widmann/Mayer-*Wälzholz*, UmwR, § 207 UmwG Rz. 11; *Knorr*, NZG 2019, 1285, 1286.

19) Semler/Stengel/Leonard-*Kalss*, UmwG, § 207 Rz. 1; *Simons* in: BeckOGK-UmwG, § 207 Rz. 62.

20) Semler/Stengel/Leonard-*Kalss*, UmwG, § 207 Rz. 7.

21) So auch *Althoff* in: NK-UmwG, § 212 Rz. 3; Lutter-*Hoger*, UmwG, § 207 Rz. 8.

22) OLG Düsseldorf, Beschl. v. 6.12.2000 – 19 W 1/00 AktE, Rz. 17 ff., ZIP 2001, 158 = AG 2001, 596; Kallmeyer-*Berger*, UmwG, § 212 Rz. 6; Lutter-*Hoger*, UmwG, § 212 Rz. 3; Semler/Stengel/Leonard-*Kalss*, UmwG, § 212 Rz. 9.

23) OLG Düsseldorf, Beschl. v. 6.12.2000 – 19 W 1/00 AktE, Rz. 18, ZIP 2001, 158 = AG 2001, 596; Semler/Stengel/Leonard-*Kalss*, UmwG, § 212 Rz. 12.

16 Der Antrag ist beim gemäß § 2 Abs. 1 SpruchG **zuständigen Landgericht** einzureichen.[24] Die Einreichung muss **fristgemäß** innerhalb von drei Monaten seit dem Tag der Wirksamkeit des Formwechsels erfolgen (§ 4 Abs. 1 Satz 1 Nr. 5 SpruchG), mithin innerhalb von drei Monaten seit der Eintragung im Handelsregister (vgl. § 202).[25]

III. Entscheidung im Spruchverfahren

17 Liegen die oben (siehe unter Rz. 5 ff.) genannten Voraussetzungen vor, kann das Spruchverfahren eingeleitet werden. Eine Klage gegen die Wirksamkeit des Formwechselbeschlusses scheidet dagegen in den Fällen der mangelhaften Barabfindung gemäß § 210 aus.

18 Gibt das Gericht dem Antrag im Spruchverfahren statt, setzt **es gleichzeitig auch die angemessene Barabfindung** für die Anteilsinhaber fest.[26] Die Bestimmung durch das Gericht entfaltet dabei gemäß § 13 Satz 2 SpruchG nicht nur Wirkung für die am Spruchverfahren beteiligten Anteilsinhaber, sondern für **sämtliche ausscheidenden Anteilsinhaber**, einschließlich derer, die bereits gegen Abfindung aus der Gesellschaft ausgeschieden sind.[27]

19 Die gerichtliche Entscheidung im Spruchverfahren **entfaltet keine unmittelbare Vollstreckungswirkung.**[28] Ein Vollstreckungstitel ist daher vor den ordentlichen Gerichten im Wege der Leistungsklage zu erwirken.[29]

---

24) *Petersen* in: KölnKomm-UmwG, § 212 Rz. 5.

25) Vgl. Bürgers/Lieder-*Theusinger/Deckers*, AktG, § 4 SpruchG Rz. 4; *Simons* in BeckOGK-UmwG, § 201 Rz. 23; a. A. stellt auf Bekanntmachung ab, *Althoff* in: NK-UmwG, § 212 Rz. 2; Kallmeyer-*Berger*, UmwG, § 212 Rz. 7; *Petersen* in: KölnKomm-UmwG, § 212 Rz. 4; Semler/Stengel/Leonard-*Zessel/Schwanna*, UmwG, § 201 Rz. 4; § 4 Abs. 1 Satz 1 Nr. 5 a. F. stellte in der Tat ausdrücklich auf die Bekanntmachung ab, was aber mit dem UmRUG geändert wurde. Laut der Gesetzesbegründung (BR-Drucks. 20/3822, S. 125) sollte dies klarstellen, dass bei Umwandlungsvorgängen, die mehrere Registereintragungen erfordern, auf die für das Wirksamwerden der Umwandlung maßgebliche Eintragung abzustellen ist. In der Praxis dürfte es sich hierbei um ein untergeordnetes Problem handeln, da Eintragung und Bekanntmachung nunmehr in der Regel zusammenfallen (*Simons* in: BeckOGK-UmwG, § 201 Rz. 12).

26) *App*, BB 1995, 267, 269.

27) Semler/Stengel/Leonard-*Kalss*, UmwG, § 212 Rz. 13.

28) Kallmeyer-*Berger*, UmwG, § 212 Rz. 8; *Simons* in BeckOGK-UmwG, § 212 Rz. 16. *App*, BB 1995, 267, 269.

29) Kallmeyer-*Berger*, UmwG, § 212 Rz. 8; *Simons* in BeckOGK-UmwG, § 212 Rz. 16. *App*, BB 1995, 267, 269.

§ 213
Unbekannte Aktionäre*)

Auf unbekannte Aktionäre ist § 35 entsprechend anzuwenden.

*) § 213 i. d. F. des UmwBerG geändert durch Art. 1 des Zweiten Gesetzes zur Änderung des Umwandlungsgesetzes (2. UmwGÄndG), v. 19.4.2007, BGBl. I 2007, 542.

Literatur: *Bandehzadeh*, Zur Zulässigkeit gesellschaftsvertraglicher Handelsregistervollmachten bei Personenhandelsgesellschaften, DB 2003, 1663; *Kerschbaumer*, Praktische Probleme bei der Anwendung der GmbH-Gründungsvorschriften beim Formwechsel von der AG in die GmbH nach § 197 UmwG, NZG 2011, 892; *Oplustil/Schneider*, Zur Stellung der Europäischen Aktiengesellschaft im Umwandlungsrecht, NZG 2003, 13; *Wied*, Der Umgang mit unbekannten Minderheitsaktionären nach einem Formwechsel in eine GmbH, GmbHR 2016, 15.

Übersicht

I. Überblick und Normzweck

1 § 213 enthält durch seinen umfassenden Verweis auf § 35 eine **besondere Erleichterung für den Formwechsel.** Bei Publikumsgesellschaften, insbesondere bei AGs mit Inhaberaktien (zur Zulässigkeit vgl. § 10 Abs. 1 AktG), stellt sich häufig das Problem, dass die Identität der Anteilsinhaber nicht bekannt ist.[1] Für einen Formwechsel ist jedoch in bestimmten Fällen die **namentliche Benennung** der Anteilsinhaber **erforderlich,** etwa für die Gesellschafterliste bei einem Formwechsel in eine GmbH (§ 197 Satz 1 i. V. m. § 40 Abs. 1 GmbHG). Ist die Identität der Anteilsinhaber nicht bekannt, könnte der Formwechsel demzufolge scheitern.[2] Um dies zu vermeiden,[3] ermöglichen §§ 213, 35, die Benennung der Anteilsinhaber durch die Angabe des „insgesamt auf sie entfallenden Teils des Grundkapitals der Gesellschaft und der auf sie nach dem Formwechsel entfallenden Anteile" zu ersetzen. Die Regelung des § 35 basiert dabei auf § 33 Abs. 2 Satz 3 KapErhG[4] und ist **zwingendes Recht.**[5]

II. Bestimmung unbekannter Aktionäre

2 Die Privilegierung nach §§ 213, 35 gilt für „unbekannte Aktionäre". Der **Begriff „Aktionäre"** sowie der Verweis auf § 35 verdeutlichen, dass § 213 auf Anteilsinhaber einer **AG, KGaA** als übertragendem Rechtsträger Anwendung findet. Darüber hinaus erstreckt sich die Anwendbarkeit über Art. 10 SE-VO[6] auf die Aktionäre einer **SE.**[7] Art. 66 SE-VO regelt zwar lediglich die Umwandlung der SE in eine AG, doch wird diese Vorschrift nicht als abschließend angesehen.[8] Da die SE zunächst in eine AG und anschließend in eine andere Rechtsform des nationalen Rechts umgewandelt werden könnte, wäre es unzweckmäßig, einen direkten Formwechsel der SE in andere nationale Rechtsformen auszuschließen.[9]

3 Eine **analoge Anwendung** der §§ 213, 35 auf andere Gesellschaftsformen als die AG, KGaA und SE **scheidet** hingegen **aus.**[10]

4 Die betreffenden Aktionäre müssen den Vertretungsorganen des übertragenden Rechtsträgers **unbekannt** sein. Allerdings dürfen sich die Vertretungsorgane nicht schlicht auf

1) *Simons* in BeckOGK-UmwG, § 213 Rz. 2; Widmann/Mayer-*Wälzholz*, UmwR, § 213 UmwG Rz. 1.

2) Semler/Stengel/Leonard-*Zessel/Schwanna*, UmwG, § 213 Rz. 1.

3) Kallmeyer-*Berger*, UmwG, § 213 Rz. 1; Lutter-*Hoger*, UmwG, § 213 Rz. 1; *Petersen* in: KölnKomm-UmwG, § 213 Rz. 1.

4) Begr. RegE UmwBerG, BR-Drucks. 75/94, S. 95.

5) *Simons* in: BeckOGK-UmwG, § 213 Rz. 4; Widmann/Mayer-*Wälzholz*, UmwR, § 213 UmwG Rz. 2.

6) Verordnung (EG) Nr. 2157/2001 des Rates v. 8.10.2001 über das Statut der Europäischen Gesellschaft (SE) (SE-VO), ABl. (EU) L 294/1 v. 10.11.2001.

7) *Petersen* in: KölnKomm-UmwG, § 35 Rz. 4.

8) OLG Frankfurt/M., Beschl. v. 2.12.2010 – 5 Sch 3/10, juris Rz. 15 = NZG 2012, 351; *Foerster* in: BeckOGK-UmwG, § 190 Rz. 65; Habersack/*Drinhausen*, SE-VO, Art. 66 Rz. 7; Kallmeyer-*Berger*, UmwG, § 213 Rz. 1; Manz/Mayer/*Schröder*, SE-VO, Art. 66 Rz. 9 ff.; *Schäfer* in: MünchKomm-AktG, Art. 66 SE-VO Rz. 14; Semler/Stengel/Leonard-*Drinhausen*, UmwG, Einl. C. Rz. 62 f.; *Oplustil/Schneider*, NZG 2003, 13.

9) Semler/Stengel/Leonard-*Drinhausen*, UmwG, Einl. C. Rz. 61; *Oplustil/Schneider*, NZG 2003, 13.

10) Kallmeyer-*Berger*, UmwG, § 213 Rz. 1; Lutter-*Hoger*, UmwG, § 213 Rz. 3; *Petersen* in: KölnKomm-UmwG, § 213 Rz. 3; *Simons* in: BeckOGK-UmwG, § 213 Rz. 6, 8; Widmann/Mayer-*Wälzholz*, UmwR, § 213 UmwG Rz. 5.

ihre Unkenntnis berufen. Vielmehr trifft sie eine **Obliegenheit zur Ermittlung der Identität** der Anteilseigner, soweit dies nicht mit unverhältnismäßigem Aufwand verbunden ist.[11] Nach der Rechtsprechung des BayObLG soll diese Ermittlungspflicht so weit gehen, dass die Gesellschaft in ihrer im Bundesanzeiger zu veröffentlichenden **Einladung zur Hauptversammlung** ihre Aktionäre auffordert, der Gesellschaft ihre **Beteiligung unter Angabe u. a. ihres Namens mitzuteilen.**[12] Auch wenn sich eine derart umfassende Ermittlungspflicht nicht aus §§ 213, 35 herleiten lässt, erscheint es aus rechtlicher Vorsicht geboten, die vom BayObLG aufgestellten Anforderungen zu berücksichtigen.[13] Es empfiehlt sich zudem, bei der Anmeldung des Formwechsels eine **Versicherung abzugeben,** dass sämtliche zumutbaren Anstrengungen zur Ermittlung der unbekannten Aktionäre unternommen wurden.[14]

5 Die Privilegierung der §§ 213, 35 gilt zudem nicht unbegrenzt. Um Missbräuche zu verhindern, ist die Vorschrift gemäß § 35 Satz 1 Halbs. 2 nur anwendbar, wenn der auf die unbekannten Aktionäre entfallende Anteil am Grundkapital **insgesamt 5 % nicht überschreitet.**[15]

III. Anwendungsfälle

6 Die Anwendung der §§ 213, 35 setzt voraus, dass die **gesetzlichen Vorschriften** für den übernehmenden Rechtsträger eine **namentliche Nennung der Anteilsinhaber verlangen.** Eine solche Pflicht ergibt sich sowohl aus den allgemeinen Gründungsvorschriften, die gemäß § 197 Satz 1 beim Formwechsel Anwendung finden, sowie aus den besonderen Formvorschriften zum Formwechsel.[16] Anwendbar sind §§ 213, 35 damit insbesondere in den folgenden drei Konstellationen:

1. Formwechsel in eine GmbH

7 Beim Formwechsel einer AG, KGaA oder SE in eine GmbH ist gemäß § 197 Satz 1 i. V. m. §§ 8 Abs. 1 Nr. 3, 40 GmbHG eine **Liste aller Gesellschafter** zum Handelsregister einzureichen. Diese Liste muss gemäß § 40 Abs. 1 Satz 1 GmbHG u. a. den Namen, Vornamen, das Geburtsdatum und den Wohnort jedes Gesellschafters enthalten. Ferner erfordert der **(Gründungs-)Gesellschaftsvertrag** der übernehmenden GmbH, der gemäß § 218 Bestandteil des Formwechselbeschlusses ist, gemäß § 197 Satz 1 i. V. m. § 3 Abs. 1 Nr. 4 GmbHG die namentliche Nennung der Gesellschafter.[17]

11) *Althoff* in: NK-UmwG, § 213 Rz. 2; Henssler/Strohn-*Ca. Müller*, GesR, § 35 UmwG Rz. 7; Kallmeyer-*Berger*, UmwG, § 213 Rz. 7; *Petersen* in: KölnKomm-UmwG, § 213 Rz. 9; Reichert-*Ihrig*, GmbH & Co. KG, § 56 Rz. 113; Schmitt/Hörtnagl-*Winter*, UmwG/UmwStG, § 35 UmwG Rz. 4; Semler/Stengel/Leonard-*Zessel/Schwanna*, UmwG, § 35 Rz. 7, § 213 Rz. 7; *Wied*, GmbHR 2016, 15; a. A. Lutter-*Hoger*, UmwG, § 213 Rz. 6; *Rieder/Simons* in: BeckOGK-UmwG, § 35 Rz. 6, § 213 Rz. 10.

12) BayObLG, Beschl. v. 5.7.1996 – 3Z BR 114/96, NJW 1997, 747 = ZIP 1996, 1467.

13) Kallmeyer-*Berger*, UmwG, § 213 Rz. 7; *Erkens/Thilo* in: KölnKomm-UmwG, § 35 Rz. 19; Henssler/Strohn-*Ca. Müller*, GesR, § 35 UmwG Rz. 7; Semler/Stengel/Leonard-*Zessel/Schwanna*, UmwG, § 35 Rz. 7; Widmann/Mayer-*Wälzholz*, UmwR, § 35 UmwG Rz. 28; a. A. Lutter-*Hoger*, UmwG, § 213 Rz. 6; *Wied*, GmbHR 2015, 15.

14) *Althoff* in: NK-UmwG, § 213 Rz. 2; *Erkens/Thilo* in: KölnKomm-UmwG, § 35 Rz. 19; Henssler/Strohn-*Ca. Müller*, GesR, § 35 UmwG Rz. 7; *Wied*, GmbHR 2016, 15.

15) Begr. RegE 2. UmwGÄndG, BT-Drucks. 16/2919, S. 13.

16) Lutter-*Hoger*, UmwG, § 213 Rz. 4; Widmann/Mayer-*Wälzholz*, UmwR, § 213 UmwG Rz. 4.

17) *Narr* in: NK-UmwG, § 218 Rz. 34; *Kühn* in: BeckOGK-UmwG, § 218 Rz. 24; Lutter-*Hoger*, UmwG, § 218 Rz. 12; Widmann/Mayer-*Mayer/Vossius*, UmwR, § 218 UmwG Rz. 15 i. V. m. § 37 UmwG Rz. 7 i. V. m. § 36 UmwG Rz. 71; a. A. *Simons* in: BeckOGK-UmwG, § 213 Rz. 20; *Kerschbaumer*, NZG 2011, 892, 895.

2. Formwechsel in eine Personen(handels)gesellschaft

Beim Formwechsel in eine Personengesellschaft ist in der Praxis der Formwechsel in die KG der relevanteste Fall. Gemäß § 234 Nr. 2 müssen **sämtliche Kommanditisten** im Formwechselbeschluss namentlich benannt werden.[18] Zudem muss der Formwechselbeschluss gemäß § 234 Nr. 3 den **Gesellschaftsvertrag** der Personengesellschaft enthalten, der wiederum die Kommanditisten benennt.[19] 8

Für die **Handelsregisteranmeldung** der KG verlangen § 197 Satz 1 i. V. m. §§ 106 Abs. 2 lit. a, 161 Abs. 2 HGB die Angabe des Namens, Vornamens, Geburtsdatums und Wohnortes jedes Kommanditisten. Zu beachten ist ferner, dass die Handelsregisteranmeldung gemäß § 197 Satz 1 i. V. m. §§ 106 Abs. 7 Satz 1, 161 Abs. 2 HGB von sämtlichen Gesellschaftern zu bewirken ist. Die Privilegierung der §§ 213, 35 greift an dieser Stelle nicht. Daher ist es ratsam, bereits im Gesellschaftsvertrag der formgewechselten KG eine **Handelsregistervollmacht** für sämtliche Kommanditisten vorzusehen[20] oder einen **Pfleger** für sämtliche unbekannten Kommanditisten zu bestellen.[21] 9

Bei einem Formwechsel in eine **oHG oder eGbR** ist die Erleichterung der §§ 213, 35 weniger relevant.[22] Zwar ist auch in diesen Fällen für die Registereintragung die Benennung der Anteilsinhaber gemäß § 197 Satz 1 i. V. m. § 106 Abs. 2 lit. a HGB bzw. § 707 Abs. 2 Nr. 2 lit. a BGB erforderlich. Da der Formwechselbeschluss jedoch gemäß § 233 Abs. 1 die Zustimmung aller künftigen Gesellschafter einer oHG und GbR erfordert, ist ein solcher Formwechsel nicht durchführbar, wenn einzelne Gesellschafter nicht identifizierbar sind. Gleiches gilt gemäß § 233 Abs. 2 Satz 3 für die künftigen Komplementäre einer KG.[23] 10

3. Formwechsel in eine eG

Für den Formwechsel einer AG, KGaA oder SE in eine eG verlangt § 253 Abs. 2 Satz 1 die **namentliche Nennung jedes Mitglieds** mit mindestens einem Geschäftsanteil im Formwechselbeschluss.[24] 11

Darüber hinaus hat der Vorstand gemäß § 197 Satz 1 i. V. m. § 30 Abs. 1, 2 Nr. 1 GenG eine **Mitgliederliste** zu führen, die Familienname, Vorname und Anschrift der Mitglieder zu enthalten hat. 12

IV. Rechtsfolgen

Sind Aktionäre, die weniger als 5 % des Grundkapitals halten, unbekannt, erlauben §§ 213, 35, auf ihre individuelle namentliche Nennung in den einzureichenden Unterlagen zu verzichten. Stattdessen genügt die **kollektive Angabe des „insgesamt auf sie entfallenden Teils des Grundkapitals der Gesellschafter und der auf sie nach dem Formwechsel entfallenden Anteile"**. 13

Wird die Identität der Anteilsinhaber **nachträglich bekannt**, sind das Handelsregister und etwaige Listen der Anteilsinhaber gemäß §§ 213, 35 Satz 2 von Amts wegen zu berichti- 14

18) Lutter-*Hoger*, UmwG, § 213 Rz. 4.

19) *Simons* in: BeckOGK-UmwG, § 213 Rz. 25.

20) Vgl. hierzu OLG Schleswig, Beschl. v. 4.6.2003 – 2 W 50/03, DB 2003, 1502 = NZG 2003, 830; *Bandehzadeh*, DB 2003, 1663.

21) Kallmeyer-*Berger*, UmwG, § 213 Rz. 9; *Simons* in: BeckOGK-UmwG, § 213 Rz. 28.1; vgl. auch OLG Hamm, Beschl. v. 2.7.2002 – 15 W 162/02, DB 2002, 2428 = BeckRS 2007, 1467; OLG Bremen, Beschl. v. 15.5.2003 – 4 W 13/03, DB 2003, 1498 = BB 2003, 1525.

22) *Simons* in: BeckOGK-UmwG, § 213 Rz. 23; Widmann/Mayer-*Wälzholz*, UmwR, § 213 UmwG Rz. 4.

23) *Simons* in: BeckOGK-UmwG, § 213 Rz. 23; Widmann/Mayer-*Wälzholz*, UmwR, § 213 UmwG Rz. 4.

24) Lutter-*Hoger*, UmwG, § 213 Rz. 4; *Petersen* in: KölnKomm-UmwG, § 213 Rz. 6.

gen. Die Vertretungsorgane des übernehmenden Rechtsträgers haben dem Registergericht entsprechende Änderungen unverzüglich mitzuteilen.[25)]

15 Solange die Identität der betroffenen Anteilsinhaber nicht bekannt ist, **ruhen deren Stimmrechte in der übernehmenden Gesellschaft** gemäß §§ 213, 35 Satz 3 UmwG. Das Stimmrecht lebt erst nach dem Bekanntwerden der Identität des Anteilsinhabers und der anschließenden Berichtigung gemäß §§ 213, 35 Satz 2 wieder auf.[26)] Das Ruhen bezieht sich nach dem Wortlaut der Vorschriften nur auf das Stimmrecht; **andere Mitgliedschaftsrechte** wie etwa das Recht auf Gewinnbeteiligung bleiben davon unberührt.[27)] In der Praxis bedeutet dies jedoch auch, dass die Ausübung weiterer mitgliedschaftlicher Rechte, wie etwa das Teilnahmerecht, effektiv ausgeschlossen ist, solange die Identität unbekannt ist.[28)]

16 Nach h. L. besteht in diesem Fall auch keine Verpflichtung, den Gesellschafter zu **Gesellschafterversammlungen** zu laden.[29)] Da es hierzu bislang an höchstrichterlicher Rechtsprechung fehlt, empfiehlt sich jedoch zusätzlich zu der Einhaltung der üblichen Ladungsvoraussetzungen der Gesellschaft vorsorglich auch die **öffentliche Bekanntmachung** der Einladung im Bundesanzeiger oder die Bestellung eines Pflegers.[30)] Auf diese Weise ist auch die Ladung der unbekannten Anteilsinhaber gewährleistet.

25) *Erkens/Thilo* in: KölnKomm-UmwG, § 35 Rz. 20; Kallmeyer-*Berger*, UmwG, § 213 Rz. 10; Lutter-*Hoger*, UmwG, § 213 Rz. 8.

26) *Erkens/Thilo* in: KölnKomm-UmwG, § 35 Rz. 21a; Kallmeyer-*Berger*, UmwG, § 213 Rz. 11; Lutter-*Hoger*, UmwG, § 213 Rz. 9; *Rieder* in: BeckOGK-UmwG, § 35 Rz. 11; Schmitt/Hörtnagl-*Winter*, UmwG/UmwStG, § 35 UmwG Rz. 8; Semler/Stengel/Leonard-*Zessel/Schwanna*, UmwG, § 35 Rz. 9; *Wied*, GmbHR 2015, 15, 16; a. A. *Burg/Nordhues* in: NK-UmwG, § 35 Rz. 16; Henssler/Strohn-*Ca. Müller*, GesR, § 35 UmwG Rz. 9; *Simons* in: BeckOGK-UmwG, § 213 Rz. 40; Widmann/Mayer-*Wälzholz*, UmwR, § 35 UmwG Rz. 30, § 213 UmwG Rz. 7, die grundsätzlich nur auf den Zeitpunkt des Bekanntwerdens abstellen.

27) *Simons* BeckOGK-UmwG, § 213 Rz. 37.

28) *Simons* in: BeckOGK-UmwG, § 213 Rz. 37; vgl. auch *Erkens/Thilo* in: KölnKomm-UmwG, § 35 Rz. 22.

29) Henssler/Strohn-*Ca. Müller*, GesR, § 35 UmwG Rz. 8; *Rieder/Simons* in: BeckOGK-UmwG, § 35 Rz. 12, § 213 Rz. 34; Schmitt/Hörtnagl-*Winter*, UmwG/UmwStG, § 35 UmwG Rz. 8; Widmann/Mayer-*Wälzholz*, UmwR, § 213 UmwG Rz. 7.

30) *Simons* in: BeckOGK-UmwG, § 213 Rz. 38; *Wied*, GmbHR 2016, 15, 19, der hingegen die Anordnung einer Pflegschaft befürwortet; nur zur öffentlichen Bekanntmachung: *Burg/Nordhues* in: NK-UmwG, § 35 Rz. 18; *Erkens/Thilo* in: KölnKomm-UmwG, § 35 Rz. 24.

Zweiter Teil
Besondere Vorschriften

Erster Abschnitt
Formwechsel von Personengesellschaften

Erster Unterabschnitt
Formwechsel von Gesellschaften bürgerlichen Rechts und Personenhandelsgesellschaften

§ 214
Möglichkeit des Formwechsels*)

(1) Eine Gesellschaft bürgerlichen Rechts oder eine Personenhandelsgesellschaft kann aufgrund eines Umwandlungsbeschlusses nach diesem Gesetz nur die Rechtsform einer Kapitalgesellschaft oder einer eingetragenen Genossenschaft erlangen.

(2) Eine aufgelöste Gesellschaft bürgerlichen Rechts und eine aufgelöste Personenhandelsgesellschaft können die Rechtsform nicht wechseln, wenn die Gesellschafter eine andere Art der Auseinandersetzung als die Abwicklung durch Liquidation oder als den Formwechsel vereinbart haben.

*) § 214 geändert durch Art. 60 des Gesetzes zur Modernisierung des Personengesellschaftsrechts (Personengesellschaftsrechtsmodernisierungsgesetz – MoPeG), v. 10.8.2021, BGBl. I 2021, 3436; § 214 geändert durch Art. 1 des Gesetzes zur Umsetzung der Umwandlungsrichtlinie und zur Änderung weiterer Gesetze (UmRUG), v. 22.2.2023, BGBl. I 2023, Nr. 51; § 214 i. d. F. des UmwBerG geändert durch Art. 1 des Gesetzes zur Änderung des Umwandlungsgesetzes, des Partnerschaftsgesellschaftsgesetzes und anderer Gesetze (UmwGÄndG), v. 22.7.1998, BGBl. I 1998, 1878.

Literatur: *Allmendinger*, Die Beschlussfassung zum grenzüberschreitenden Wegzug im Binnenmarkt, Heidelberg 2016 (Diss.); *Baschnagel/Hilser*, Grenzüberschreitende Umwandlungen von Personengesellschaften nach dem MoPeG und dem UmRUG – aktuelle Entwicklungen sowie rechtspolitische und rechtsdogmatische Perspektiven, ZPG 2024, 81; *Baschnagel/Hilser*, Grenzüberschreitende Umwandlungen von Personengesellschaften: Zulässigkeit, Formen und praktische Gestaltung, ZPG 2023, 449; *Berninger*, Aufstieg der UG (haftungsbeschränkt) zur vollwertigen GmbH – Zugleich Besprechung der Beschlüsse des BGH vom 11.4.2011 – II ZB 9/10 und vom 19.4.2011 – II ZB 25/10, GmbHR 2011, 95; *Berninger*, Die Unternehmergesellschaft (haftungsbeschränkt) – Sachkapitalerhöhungsverbot und Umwandlungsrecht, GmbHR 2010, 63; *Heinemann*, Die Unternehmergesellschaft als Zielgesellschaft von Formwechsel, Verschmelzung und Spaltung nach dem Umwandlungsgesetz, NZG 2008, 820; *Lautner*, Das neue Gesellschaftsregister, (Teil 2) MittBayNot 2024, 230; *Lieder*, Der Statuswechsel zwischen Personengesellschaften, GmbHR 2024, 897; *Lieder*, Die Umwandlung eingetragener BGB-Gesellschaften nach dem modernisierten Umwandlungsgesetz, NotBZ 2024, 361; *Reidt/Gläßner*, Der grenzüberschreitende Formwechsel unter Beteiligung von Personengesellschaften – Entsprechende Anwendung der §§ 333 ff. i. V. m. §§ 190 ff., §§ 214 ff. UmwG und Überlegungen de lege ferenda, ZPG 2024, 121; *Tettinger*, UG (umwandlungsbeschränkt)? Die Unternehmergesellschaft nach dem MoMiG-Entwurf und das UmwG, Der Konzern 2008, 75; *Wertenbruch/Alm*, Der Statuswechsel zwischen Personengesellschaften nach MoPeG, ZPG 2023, 201.

Übersicht

I. Normzweck

1 Die §§ 214 ff. regeln als spezielle Regelungen zu §§ 191 ff. den Formwechsel der Personengesellschaften in eine Kapitalgesellschaft.[1] Der Gesetzgeber sah in Anbetracht von außerhalb des UmwG bestehenden Umwandlungsmöglichkeiten von Personengesellschaften in andere Personengesellschaften schlicht kein Bedürfnis, den Formwechsel in andere Rechtsformen innerhalb des UmwG zu regeln.[2] Diese Umwandlungen außerhalb des UmwG in andere Rechtsformen sind ungeachtet des engeren Anwendungsbereichs des UmwG nach wie vor möglich.[3] Diese Umwandlungsvorgänge sind anderweitig geregelt und werden als **Statuswechsel** bezeichnet. Der **Begriff** des Statuswechsels wurde durch das MoPeG eingeführt. In der Sache bestanden diese Möglichkeiten des Wechsels der Rechtsform aber auch schon vor dem MoPeG.[4] Die Möglichkeiten des Statuswechsels einer Personengesellschaft in eine andere Personengesellschaft sind im BGB und HGB nämlich in § 707c BGB, § 106 Abs. 3, § 107 Abs. 3 HGB und für die KG in § 162 HGB und für die PartG in § 4 Abs. 4 PartGG geregelt.

2 In der Sache ist der Statuswechsel jedoch gleichbedeutend mit einem **identitätswahrenden Formwechsel** einer Personengesellschaft in eine andere Personengesellschaft.[5] § 707c BGB bezieht sich aber nur auf den Statuswechsel in eine eGbR; nicht hingegen von einer solchen in eine andere Personengesellschaft oder aber auch in eine nicht-eingetragene GbR.[6] Die **Zulässigkeit und Möglichkeit des faktischen Formwechsels** einer (e)GbR in eine oHG oder umgekehrt bleibt von den Neuregelungen zum Statuswechsel daneben im Grundsatz unberührt.[7] Auch in diesem Fall kommen das UmwG und damit §§ 214 ff. nicht zur Geltung.

3 Rechtstechnisch kein Formwechsel, jedoch in der Praxis für **vergleichbare Zwecke** eingesetzt, ist die **Anwachsung**, welche ebenfalls nicht im UmwG geregelt ist. Die Anwachsung (auf den letzten verbliebenen Gesellschafter) einer Personengesellschaft ist im Zuge des

---

1) Lutter-*Hoger*, UmwG, § 214 Rz. 1; Semler/Stengel/Leonard-*Schlitt*, UmwG, § 214 Rz. 1; Schmitt/Hörtnagl-*Rinke*, UmwG/UmwStG, § 214 UmwG Rz. 1; *Kühn* in: BeckOGK-UmwG, § 214 Rz. 2.

2) Semler/Stengel/Leonard-*Schlitt*, UmwG, § 214 Rz. 2; *Schaumburg/Rödder*, UmwG, § 214 Rz. 2; *Kühn* in: BeckOGK-UmwG, § 214 Rz. 2.

3) OLG Hamm, Beschl. v. 12.7.2018 – 27 W 24/18, GmbHR 2019, 294 = ZIP 2019, 661; Lutter-*Hoger*, UmwG, § 214 Rz. 14; Semler/Stengel/Leonard-*Schlitt*, UmwG, § 214 Rz. 32 ff.; Schmitt/Hörtnagl-*Rinke*, UmwG/UmwStG, § 214 UmwG Rz. 1; Widmann/Mayer-*Vossius*, UmwR, § 214 UmwG Rz. 18 ff.; *Ganske*, Umwandlungsrecht, S. 236.

4) Vgl. für den Wechsel der oHG in eine GbR nur BGH, Urt. v. 19.5.1960 – II ZR 72/59, NJW 1960, 1664.

5) Begr. RegE MoPeG z. § 707 Abs. 4 BGB, BT-Drucks. 19/27635, S. 138; Kallmeyer-*Blasche*, UmwG, § 214 Rz. 4; Koch-*Kraft*, PersonengesellschaftsR, § 214 UmwG Rz. 5; *Lieder*, GmbHR 2024, 897, 898; *Schäfer* in: MünchKomm-BGB, § 707c Rz. 1 ff. – m. Hinweisen zur Beschlussfassungserfordernissen; zurückhaltender *Lautner*, MittBayNot 2024, 230.

6) *Servatius*, GbR, § 707c Rz. 4; *Wertenbruch/Alm*, ZPG 2023, 201, 203.

7) Koch-*Koch/Harnos*, PersonengesellschaftsR, § 707c BGB Rz. 3; *Wertenbruch/Alm*, ZPG 2023, 201, 203; *Lautner*, MittBayNot 2024, 230, 232.

MoPeG in §§ 712 f. BGB geregelt und gilt neben der (e)GbR auch für die oHG und KG.[8] So lassen sich z. B. durch ein Ausscheiden aller Kommanditisten aus einer GmbH & Co. KG, was zur Anwachsung der KG auf die Komplementär-GmbH führt, wirtschaftlich vergleichbare Ergebnisse erzielen, wie durch einen Formwechsel der KG in eine GmbH.

§ 214 Abs. 2 stellt klar, dass auch der Formwechsel **bereits aufgelöster Rechtsträger** möglich ist und soll gleichzeitig aber sicherstellen, dass im Zeitpunkt des Umwandlungsbeschlusses noch Gesellschaftsvermögen vorhanden ist. Bei der Vereinbarung einer anderweitigen Auseinandersetzung ist dies nämlich nicht gegeben.[9] 4

II. Formwechselnder Rechtsträger (§ 214 Abs. 1)

Formwechselnder Rechtsträger kann **jede Personenhandelsgesellschaft i. S. des § 3 Abs. 1 Nr. 1** sein.[10] Dies sind die oHG, die KG und die EWIV. Dabei ist die Rechtsform und Art der Gesellschafter nicht von Belang, so dass auch die GmbH & Co. KG, die AG & Co. KG und die Stiftung & Co. KG erfasst sind.[11] Bei der KGaA wiederum handelt es sich gemäß § 3 Abs. 1 Nr. 2 um eine Kapitalgesellschaft. Für sie gelten die Formwechselvorschriften der §§ 226 ff. und für die PartG die §§ 225a bis 225c.[12] 5

Mit Einführung des MoPeG ist nun gemäß § 191 Abs. 1 Nr. 1 n. F. die **eingetragene Gesellschaft bürgerlichen Rechts (eGbR)** den Personenhandelsgesellschaften gleichgestellt und fällt daher ebenfalls in den Anwendungsbereich der §§ 214 ff.[13] Die **Innen-GbR** und die nicht ins Gesellschaftsregister eingetragene Außen-GbR sind hingegen nicht vom Anwendungsbereich der §§ 214 ff. umfasst.[14] 6

III. Rechtsträger neuer Rechtsform (§ 214 Abs. 1)

Als Rechtsträger neuer Rechtsform kommen nach dem Wortlaut nur **Kapitalgesellschaften** sowie die **eG** in Betracht. Zu den Kapitalgesellschaften gehören nach der Legaldefinition des § 3 Abs. 1 Nr. 2 die GmbH, die AG und die KGaA.[15] 7

Auch wenn es sich bei der **UG (haftungsbeschränkt)** um eine Variante der GmbH handelt, kann eine solche Gesellschaft **nicht die Zielrechtsform** darstellen. Anhand des Gesetzestextes begründen lässt sich dies durch Verweis auf §§ 220 Abs. 2, 245 Abs. 4. Diese nehmen Bezug auf den Sachgründungsbericht, weshalb auch hier das **Verbot der Sachgründung** gemäß § 5a Abs. 2 Satz 2 GmbHG eingreift.[16] Ein weiterer Begründungs- 8

---

8) Im Zuge des MoPeG Koch-*Könen*, PersonengesellschaftsR, § 712 BGB Rz. 3.

9) Begr. RegE UmwBerG, BR-Drucks. 75/94, S. 148; *Ganske*, Umwandlungsrecht, S. 236.

10) Semler/Stengel/Leonard-*Schlitt*, UmwG, § 214 Rz. 9 – 13 m. w. N.; Lutter-*Hoger*, UmwG, § 214 Rz. 3.

11) Zur GmbH & Co. KG vgl. auch OLG Nürnberg, Beschl. v. 14.12.2015 – 15 W 2277/15, NZG 2016, 949 = MDR 2016, 488.

12) Lutter-*Hoger*, UmwG, § 214 Rz. 2, 4; Semler/Stengel/Leonard-*Schlitt*, UmwG, § 214 Rz. 13.

13) Lutter-*Hoger*, UmwG, § 214 Rz. 3; Lutter-*Hoger*, UmwG, Vor § 190 Rz. 17; *Lieder*, NotBZ 2024, 361.

14) Goutier/Knopf/Tulloch-*Laumann*, UmwR, § 191 UmwG Rz. 5.

15) Lutter-*Hoger*, UmwG, § 214 Rz. 12; Semler/Stengel/Leonard-*Schlitt*, UmwG, § 214 Rz. 17.

16) BGH, Beschl. v. 11.4.2011 – II ZB 9/10, Rz. 13 ff. NZG 2011, 666 = GmbHR 2011, 701; Lutter-*Hoger*, UmwG, § 191 Rz. 5; *Klaßen-Kaiser* in: MünchHdb. GesR, Bd. 8, § 32 Rz. 45; *Weiler* in: MünchHdb. GesR, Bd. 8, § 38 Rz. 15; Semler/Stengel/Leonard-Zessel/*Schwanna*, UmwG, § 191 Rz. 12; Kallmeyer-*Berger*, UmwG, § 191 Rz. 8; *Lieder/Becker* in: BeckOGK-GmbHG, § 5a Rz. 163; Habersack/Casper/Löbbe-*Paura*, GmbHG, § 5a Rz. 69; so auch *Berninger*, GmbHR 2010, 63, 67; *Berninger*, GmbHR 2011, 953, 959; *Heckschen* in: FS Spiegelberger, S. 681, 686; *Heckschen* in: Heckschen/Heidinger, Die GmbH in der Gestaltungs- und Beratungspraxis, Kap. 5 Rz. 145; *Heinemann*, NZG 2008, 820, 821; Lutter-*Joost/Hoger*, UmwG, § 214 Rz. 12; *Miras*, Unternehmergesellschaft, Rz. 22; Noack/Servatius/Haas-*Servatius*, GmbHG, § 5a Rz. 17; Rowedder/Pentz-*Raff*, GmbHG, § 5a Rz. 76; *Tettinger*, Der Konzern 2008, 75, 77 f.

ansatz liegt darin, dass der Gesetzgeber im Gegenzug zu den niedrigen Anforderungen an das Mindestkapital, einfordert, dass dieses bei der UG in bar erbracht werden muss.[17] Dies würde bei Entstehung durch einen Formwechsel unterlaufen.

9 Das **praktische Bedürfnis** eines Formwechsels einer Personengesellschaft in eine UG dürfte hingegen **gering** sein. Neben der Möglichkeit des Eintritts einer neugegründeten UG und anschließender Anwachsung auf diese durch Austritt aller bisherigen Gesellschafter der Personengesellschaft, dürfte auch eine Einbringung der Personengesellschaft in die UG als freie Zuzahlung als Gestaltungsvarianten mit wirtschaftlich vergleichbaren Ergebnissen in Betracht kommen.[18]

10 Umwandlungen in einen **rechtskräftigen Verein, einen VVaG oder eine Stiftung oder Anstalt öffentlichen Rechts** sind auch gemäß § 191 Abs. 1, 2 nicht vorgesehen.[19] Die Umwandlung in eine **SE oder SCE** wird von deren Gründungsvorschriften nicht ermöglicht, da die jeweils einschlägige EU-Verordnung insofern abschließend die Gründungsmöglichkeiten der SE bzw. SCE aufzählt.[20]

IV. Grenzüberschreitender Rechtsformwechsel

11 Auch nach dem Inkrafttreten des UmRUG[21] ist der grenzüberschreitende Formwechsel von Personengesellschaften im europäischen Binnenmarkt nicht gesetzlich geregelt. Die §§ 333 bis 345 regeln nur den **grenzüberschreitenden Formwechsel von Kapitalgesellschaften** (vgl. § 334 Satz 1).[22] Als Begründung für diese Einschränkung verwies der UmRUG-Gesetzgeber auf die fehlende sekundärrechtliche Grundlage für eine darüber hinausgehende Erfassung anderer Rechtsformen.[23] Dies ist bedauerlich, da der grenzüberschreitende Formwechsel von Personengesellschaften in andere Rechtsformen eines Mitgliedstaats der EU **unionsprimärrechtlich** bereits **seit langem anerkannt** ist.[24] Anerkanntermaßen ist die Niederlassungsfreiheit im Kontext des grenzüberschreitenden Formenwechsels nicht als bloßes Diskriminierungsverbot, sondern im Lichte des Effektivitätsgrundsatzes als Beschränkungsverbot aufzufassen,[25] welches es gebietet, sämtlichen Personengesellschaften den grenzüberschreitenden Formenwechsel zu ermöglichen.

12 Daher ist **ungeachtet der Inaktivität des Gesetzgebers** der grenzüberschreitende Formwechsel von Personengesellschaften nach § 191 Abs. 1 Nr. 1 in andere Rechtsformen eines EU-Mitgliedstaats zu gewähren.[26] Hierbei sind die **§§ 214 ff. im Zusammenspiel mit**

17) Begr. RegE MoMiG, BT-Drucks. 16/6140, S. 32; Lutter-*Hoger*, UmwG, § 191 Rz. 5.

18) So auch Habersack/Casper/Löbbe-*Paura*, GmbHG, § 5a Rz. 69.

19) Semler/Stengel/Leonard-*Schlitt*, UmwG, § 214 Rz. 18.

20) Kallmeyer-*Blasche*, UmwG, § 214 Rz. 9, 10; *Kühn* in: BeckOGK-UmwG, § 214 Rz. 12, 14; Lutter-*Hoger*, UmwG, § 214 Rz. 12; Semler/Stengel/Leonard-*Schlitt*, UmwG, § 214 Rz. 17.

21) Gesetz zur Umsetzung der Umwandlungsrichtlinie und zur Änderung weiterer Gesetze (UmRUG), v. 22.2.2023, BGBl. I 2023, Nr. 51.

22) Kallmeyer-*Biller/Wilk*, UmwG, § 333 Rz. 4; insoweit im Gleichlauf mit Richtlinie (EU) 2017/1132 des Europäischen Parlaments und des Rates v. 14.6.2017 über bestimmte Aspekte des Gesellschaftsrechts (Gesellschaftsrechtsrichtlinie), ABl. (EU) L 169/46 v. 30.6.2017.

23) Begr. RegE UmRUG, BT-Drucks. 20/3822, S. 116.

24) EuGH, Urt. v. 12.7.2012 – Rs. C-378/10 (VALE), Rz. 48, NZG 2012, 871 = NJW 2012, 2715; EuGH, Urt. v. 16.12.2008 – Rs. C-210/06 (Cartesio), Rz. 112 f., NZG 2009, 61 = NJW 2009, 569; EuGH, Urt. v. 25.10.2017 – Rs. C-106/16 (Polbud), Rz. 54, 61, NZG 2017, 1308 = NJW 2017, 3639; *Reidt/Gläßner*, ZPG 2024, 121 (Rz. 7); *Allmendinger*, DNotZ 2006, 210 ff. (Urteilsanm. z. EuGH, Urt. v. 13.12.2005 – Rs. C-411/03).

25) St. Rspr., vgl. EuGH, Urt. v. 29.11.2011 – Rz. C-371/10 (National Grid Indus), Rz. 36, NZG 2012, 114 = ZIP 2012, 169.

26) OLG Oldenburg, Beschl. v. 30.6.2020 – 12 W 23/20 (HR), ZIP 2020, 1865 = NZG 2020, 992; Semler/Stengel/Leonard-*Schlitt*, UmwG, § 214 Rz. 19; *Reidt/Gläßner*, ZPG 2024, 121.

§§ 333 ff. entsprechend anzuwenden, wobei hinsichtlich der Grundordnung eines Formwechsels auf §§ 333 ff. UmwG und im Hinblick auf die Besonderheiten einer Personengesellschaft auf §§ 214 ff. zurückgegriffen werden sollte.[27] Ebenso ist der Formwechsel einer Gesellschaft **anderer mitgliedstaatlicher Rechtsform in eine Personengesellschaft deutschen Rechts** nach § 191 Abs. 2 Nr. 1 zu ermöglichen.[28] Die **Einschränkung auf eGbR**, erscheint unionsrechtlich rechtfertigbar, da die Eintragung keine wesentliche Hürde darstellen dürfte und die Eintragung Verfahrenssicherheit gewährt.[29]

V. Aufgelöste Gesellschaft (§ 214 Abs. 2)

Grundsätzlich ist für eine Umwandlung erforderlich, dass die Gesellschaft noch besteht. 13
Nach Auflösung kommt eine Umwandlung gemäß § 191 Abs. 3 nur solange infrage, wie durch die Gesellschafter **eine Fortsetzung** in der **bisherigen Rechtsform beschlossen werden kann.**[30] Anders formuliert ist ein Formwechsel bis zur Vollbeendigung, also der vollständigen Auseinandersetzung der Gesellschaft möglich.[31] Der Fortsetzungsbeschluss muss dabei nicht ausdrücklich oder gesondert gefasst werden, sondern liegt bereits im Umwandlungsbeschluss.[32]

Zu diesem Grundsatz normiert § 214 Abs. 2 eine **Ausnahme** für den Fall, dass gemäß § 143 14
Abs. 2 HGB eine **abweichende Vereinbarung über die Auseinandersetzung** gefasst wurde, diese mithin nicht durch Liquidation oder Formwechsel erfolgen soll. Die Vereinbarung einer anderweitigen Auseinandersetzung kann bereits im Gesellschaftsvertrag bestimmt oder ad hoc beschlossen werden.[33] Gängige andere Arten der Abwicklung sind in etwa die **Veräußerung** des Unternehmens im Ganzen, die **Vollbeendigung durch Übertragung aller Anteile** auf einen Gesellschafter als zukünftiger Einzelkaufmann, **Einbringung des Unternehmens** in eine andere Gesellschaft.[34] In diesem Fall besteht ausnahmsweise keine Möglichkeit des Formwechsels.

Begründet werden diese Anforderungen mit dem **Schutz der Gläubiger**, da ansonsten 15
nicht sichergestellt ist, dass das Gesellschaftsvermögen im Zeitpunkt des Formwechselbeschlusses noch vorhanden ist.[35] An der Regelung wird jedoch zu Recht rechtspolitisch Kritik geübt.[36] Die Gläubiger sind bereits **ausreichend durch das UmwG geschützt**: Zum einen regelt § 220 Abs. 1, dass das Gesellschaftsvermögen des „alten" Rechtsträgers das neue **Stamm- oder Grundkapital** der neuen Gesellschaft werde, sodass ein Formwechsel in eine Kapitalgesellschaft bei mangelndem Gesellschaftsvermögen ohnehin nicht möglich ist. Zudem **haften die Gesellschafter** persönlich für weitere fünf Jahre nach § 224 Abs. 1,

---

27) *Reidt/Gläßner*, ZPG 2024, 121 (Rz. 25 ff.); *Baschnagel/Hilser*, ZPG 2024, 81, 85; zu den unionsrechtlichen Besonderheiten bei der Beschlussfassung einer Publikumspersonengesellschaft *Allmendinger*, Die Beschlussfassung zum grenzüberschreitenden Wegzug im Binnenmarkt, S. 275 ff.

28) OLG Oldenburg, Beschl. v. 30.6.2020 – 12 W 23/20 (HR), ZIP 2020, 1865 = NZG 2020, 992; *Reidt/Gläßner*, ZPG 2024, 121 (Rz. 26); *Baschnagel/Hilser*, ZPG 2023, 449, 454.

29) Reidt/Gläßner, ZPG 2024, 121 (Rz. 12).

30) Lutter-*Hoger*, UmwG, § 214 Rz. 5; Schmitt/Hörtnagl-*Rinke*, UmwG/UmwStG, § 214 UmwG Rz. 2.

31) *K. Schmidt*, ZHR 153 (1989), 270, 281; *Schmid* in: MünchHdb. GesR, Bd. 2, § 45 Rz. 125.

32) Lutter-*Hoger*, UmwG, § 214 Rz. 11; Semler/Stengel/Leonard-*Schlitt*, UmwG, § 214 Rz. 23.

33) Semler/Stengel/Leonard-*Schlitt*, UmwG, § 214 Rz. 27; Hopt-*Roth*, HGB, § 143 Rz. 11; Ebenroth/Boujong-*Saam*, HGB, § 143 Rz. 20; für die PartG: BGH, Beschl. v. 11.5.2009 – II ZR 210/08 (KG), Rz. 3, NJW 2009, 2205 = NZG 2009, 778.

34) Oetker-*Kamanabrou*, HGB, § 143 Rz. 16.

35) *Ganske*, Umwandlungsrecht, S. 236.

36) Lutter-*Hoger*, UmwG, § 214 Rz. 7; Semler/Stengel/Leonard-*Schlitt*, UmwG, § 214 Rz. 26; Kallmeyer-*Blasche*, UmwG, § 214 Rz. 12.

2. Schließlich wird, mit Ausnahme der Leistung der Einlage von Kommanditisten, generell bei Personenhandelsgesellschaften nicht ein bestimmter Bestand an Vermögen zugesichert.

1. Aufhebung der Vereinbarung über eine anderweitige Auseinandersetzung

16 Nach dem Wortlaut des § 214 Abs. 2 steht schon die Vereinbarung einer anderweitigen Auseinandersetzung der Umwandlung entgegen, wobei unklar ist, ob es zu einer konkreten Umsetzung der Vereinbarung kommen muss.[37] Die Vereinbarung über die anderweitige Auseinandersetzung nach § 143 HGB kann ihrerseits jedoch durch einstimmigen Beschluss der Gesellschafter **wieder aufgehoben werden.**[38] Eine solche Aufhebung wird regelmäßig bereits konkludent im **Umwandlungsbeschluss** liegen, sofern dieser **einstimmig** gefasst wird.[39] Wurde mit der anderweitigen Auseinandersetzung schon begonnen, so bietet es sich in der Praxis an klarstellend im Umwandlungsbeschluss auch die Aufhebung der Regelung und der Auseinandersetzung zu beschließen.

17 Problematisch sind die Konstellationen in denen über den **Umwandlungsbeschluss** nur durch eine **Mehrheitsentscheidung** beschlossen wird, aber für die Aufhebung der Vereinbarung über die anderweitige Auseinandersetzung Einstimmigkeit erforderlich ist. In diesem Fall muss die Aufhebung gesondert einstimmig erfolgen.[40]

18 Ist im **Gesellschaftsvertrag** oder in der jeweiligen Vereinbarung eine andere Mehrheit für die Aufhebung der Vereinbarung vorgesehen, so ist diese maßgebend. Teilweise wird darüber hinausgehend die **Zustimmung** der Gesellschafter, deren Rechte durch die Aufhebung der Auseinandersetzungsvereinbarung betroffen werden, gefordert.[41] Ein solches zusätzliches Erfordernis dürfte hingegen ohne gesonderte vertragliche Regelung dazu nicht bestehen. Wenn die Gesellschafter im Gesellschaftsvertrag oder in der jeweiligen Vereinbarung eine qualifizierte Mehrheit für die Aufhebung der Maßnahme getroffen haben, so beinhaltet dies auch, dass Gesellschafter überstimmt werden und deren Rechte und Interessen betroffen sind.

3. Insolvenz

19 Grundsätzlich ist der Formwechsel der Personengesellschaft oder Genossenschaft in der Insolvenz ausgeschlossen.[42] Ein Formwechsel i. S. von § 214 Abs. 1 kann jedoch als Maßnahme i. S. von § 225a InsO in einem **Insolvenzplan** vorgesehen werden.[43] Auch sofern das Verfahren auf Antrag des Schuldners eingestellt wird, oder aber nach Bestätigung des Insolvenzplans aufgehoben wird, ist der Formwechsel möglich.[44]

---

37) Semler/Stengel/Leonard-*Schlitt*, UmwG, § 214 Rz. 28.

38) Lutter-*Hoger*, UmwG, § 214 Rz. 9; Kallmeyer, *Blasche*, UmwG, § 214 Rz. 14; *Kühn* in: BeckOGK-UmwG, § 214 Rz. 20; weitergehend Semler/Stengel/Leonard-*Schlitt*, UmwG, § 214 Rz. 28, der aus Gründen des Normzwecks fordert, dass lediglich das Restvermögen für das Stamm-/Grundkapital der Zielgesellschaft ausreichen muss; ebenfalls a. A. Schmitt/Hörtnagl-*Rinke*, UmwG/UmwStG, § 214 UmwG Rz. 4; Widmann/Mayer-*Vossius*, UmwR, § 214 UmwG Rz. 34, der lediglich darauf verweist, dass es unerheblich ist, ob mit der anderweitigen Auseinandersetzung bereits begonnen wurde, *Rinke* m. dem Hinweis auf den eindeutigen Wortlaut.

39) Lutter-*Hoger*, UmwG, § 214 Rz. 14; Semler/Stengel/Leonard-*Schlitt*, UmwG, § 214 Rz. 29; Widmann/Mayer-*Vossius*, UmwR, § 214 UmwG Rz. 34.

40) Semler/Stengel/Leonard-*Schlitt*, UmwG, § 214 Rz. 29; Kallmeyer-*Blasche*, UmwG, § 214 Rz. 14; *Kühn* in: BeckOGK-UmwG, § 214 Rz. 20; Widmann/Mayer-*Vossius*, UmwR, § 214 UmwG Rz. 34.

41) Semler/Stengel/Leonard-*Schlitt*, UmwG, § 214 Rz. 29; Kallmeyer-*Blasche*, UmwG, § 214 Rz. 14.

42) Semmler/Stengel/Leonard-Schwanna, UmwG, § 191 Rz. 19; *Foerster* in: BeckOGK-UmwG, § 191 Rz. 21.

43) Lutter-*Hoger*, UmwG, § 191 Rz. 11; *Klaßen-Kaiser* in: MünchHdb. GesR, Bd. 8, § 32 Rz. 57; *Foerster* in: BeckOGK-UmwG, § 191 Rz. 21.

44) Lutter-*Hoger*, UmwG, § 191 Rz. 11; *Foerster* in: BeckOGK-UmwG, § 191 Rz. 21.

20 Aus Gläubigerschutzgesichtspunkten[45] ist bei der nicht mehr fortzusetzenden insolventen Gesellschaft, also bei **Nichteröffnung oder Einstellung** des Insolvenzverfahrens mangels Masse oder Einstellung des Verfahrens nach dem Schlusstermin, ein Formwechsel ausgeschlossen.[46] Die **anderweitig fortgesetzte Gesellschaft** kann einen Formwandel durchführen.

VI. Verstöße und Rechtsfolgen

21 Bei § 214 handelt es sich nach § 1 Abs. 3 Satz 1 um **zwingendes Recht**. Ein Verstoß gegen die Regelung macht den Formwechsel somit unwirksam und kann auch nicht durch die Eintragung ins Handelsregister geheilt werden, da sonst gegen den Normzweck verstoßen würde.[47]

22 Da ein einstimmig gefasster Umwandlungsbeschluss konkludent die Aufhebung der Vereinbarung beinhaltet, gibt es bei einstimmigen Umwandlungsbeschlüssen keinen Verstoß gegen § 214 Abs. 2. Ein **Mehrheitsbeschluss** zur Umwandlung trotz bestehender Vereinbarung über eine anderweitige Auseinandersetzung, mithin ein Beschluss unter Verstoß gegen **§ 214 Abs. 2**, ist zunächst unwirksam.[48] Anders als ein Verstoß gegen § 214 Abs. 1 kann ein solcher Verstoß gegen Absatz 2 jedoch **durch Registereintragung geheilt werden**. Es erfolgt jedoch keine Heilung des Mangels am Formwechselbeschluss, so dass Gesellschaftern **Schadensersatzansprüche** zustehen können.[49]

45) Semler/Stengel/Leonard-Zessel/*Schwanna*, UmwG, § 191 Rz. 19; *Foerster* in: BeckOGK-UmwG, § 191 Rz. 21.

46) *Foerster* in: BeckOGK-UmwG, § 191 Rz. 21.

47) Lutter-*Hoger*, UmwG, § 214 Rz. 13; Semler/Stengel/Leonard-*Schlitt*, UmwG, § 214 Rz. 30; Kallmeyer-*Blasche*, UmwG, § 214 Rz. 15.

48) Semler/Stengel/Leonard-*Schlitt*, UmwG, § 214 Rz. 31.

49) Kallmeyer-*Blasche*, UmwG, § 214 Rz. 15; Semler/Stengel/Leonard-*Schlitt*, UmwG, § 214 Rz. 31.

§ 215
Formwechselbericht*)

Ein Formwechselbericht ist nicht erforderlich, wenn alle Gesellschafter der formwechselnden Gesellschaft zur Geschäftsführung berechtigt sind.

*) § 215 i. d. F. des UmwBerG geändert durch Art. 1 des Gesetzes zur Umsetzung der Umwandlungsrichtlinie und zur Änderung weiterer Gesetze (UmRUG), v. 22.2.2023, BGBl. I 2023, Nr. 51.

Übersicht

I. Norminhalt und Normzweck

1 Nach § 215 ist ein **Formwechselbericht** dann nicht erforderlich, wenn alle Gesellschafter zur Geschäftsführung berechtigt sind. Damit stellt die Norm einen **Ausnahmetatbestand** zur Regelung des § 192 Abs. 1 dar, welcher grundsätzlich die Erforderlichkeit eines **Formwechselbericht** beim Rechtsformwechsel festlegt.

2 **Hintergrund und Normzweck** von § 192 Abs. 1 ist, dass Gesellschafter der formwechselnden Gesellschaft ohne Geschäftsführungsberechtigung regelmäßig ein schutzwürdiges

Interesse an der Unterrichtung und Information über die Umwandlung haben.[1] Sofern jedoch die Gesellschafter die Informationen kraft ihrer Geschäftsführungsberechtigung bereits **haben oder selbst beschaffen können**, entfällt die Schutzwürdigkeit. Ein Bericht wäre dann eine unnötige Förmlichkeit. Folglich nimmt § 215 den Fall, dass alle Gesellschafter geschäftsführungsberechtigt sind, von der Regelung des § 192 Abs. 1 aus.

II. Geschäftsführungsberechtigung

1. Allgemeines

3 Relevant ist die **Beteiligung der Gesellschafter an der Geschäftsführung** des **formwechselnden Rechtsträgers.** Nicht relevant ist, ob alle Gesellschafter auch an der Geschäftsführung der Gesellschaft beteiligt sind, in deren Rechtsform der Formwechsel erfolgt. Nicht relevant ist weiterhin, ob **stille Gesellschafter** an der Geschäftsführung beteiligt sind oder nicht.[2] Ebenfalls nicht relevant ist, ob der Gesellschafter auch tatsächlich an der Geschäftsführung mitwirkt, wie die Vertretung der Gesellschaft im Außenverhältnis (Einzel- oder Gesamtvertretung) ausgestaltet ist und ob es sich um eine **Einzelgeschäftsführung oder eine Gesamtgeschäftsführung** (§ 116 Abs. 3 oder § 116 Abs. 4 HGB) handelt. Allein entscheidend ist die **Möglichkeit der Mitwirkung** und damit der Informationsbeschaffung.[3]

4 Ein **Formwechselbericht** bleibt hingegen erforderlich, wenn einem Gesellschafter **nur einzelne Geschäftsführungsrechte** oder Mitwirkungsrechte zustehen und ansonsten von der Geschäftsführung ausgeschlossen ist.[4] Auch eine Mitwirkung von Gesellschaftern in einem **Beirat oder** einem **Aufsichtsrat** genügt nicht.[5] Entscheidend ist auch hier die Möglichkeit der umfassenden Informationsbeschaffung, die nur dann vorliegen wird, wenn ein Gesellschafter insgesamt an der Geschäftsführung beteiligt ist.

5 Diskutiert wird die Frage, ob § 215 **über seinen Wortlaut hinaus** Anwendung findet oder ein **Formwechselbericht** erforderlich bleibt, sofern ein nicht geschäftsführungsberechtigter Gesellschafter durch einen zur Geschäftsführung berechtigten Gesellschafter **beherrscht wird.** Eine solche erweiterte Anwendung von § 215 wird teilweise jedenfalls dann befürwortet, wenn der zur Geschäftsführung berechtigte Gesellschafter Alleingesellschafter des Gesellschafters der formwechselnden Gesellschaft ist.[6] Überwiegend wird dies jedoch mit Verweis auf den Wortlaut des § 215 und das Informationsinteresse des Gesellschafters selbst abgelehnt.[7] Dem ist zuzustimmen, zumal es **kein praktisches Bedürfnis** für eine solche erweiterte Anwendung der Norm gibt. Das den Gesellschafter beherrschende Unternehmen kann zumindest gemäß § 192 Abs. 2 Satz 1 Alt. 2 auf den Verzicht auf den **Formwechselbericht** durch das beherrschte Unternehmen hinwirken.[8]

---

1) Schmitt/Hörtnagl-*Rinke*, UmwG/UmwStG, § 215 UmwG Rz. 1; Lutter-*Hoger*, UmwG, § 215 Rz. 1; *Kühn* in: BeckOGK-UmwG § 215 Rz. 2; Henssler/Strohn-*Drinhausen/Keinath*, GesR, § 215 UmwG Rz. 2.

2) *Kühn* in: BeckOGK-UmwG § 215 Rz. 5; Lutter-*Hoger*, UmwG, § 215 Rz. 2; Semler/Stengel/Leonard-*Schlitt*, UmwG, § 215 Rz. 12.

3) *Kühn* in: BeckOGK-UmwG § 215 Rz. 3; Henssler/Strohn-*Drinhausen/Keinath*, GesR, § 215 UmwG Rz. 3; Semler/Stengel/Leonard-*Schlitt*, UmwG, § 215 Rz. 5; Widmann/Mayer-*Vossius*, UmwR, § 41 UmwG Rz. 9; Lutter-*H. Schmidt*, UmwG, § 39a Rz. 4.

4) Lutter-*Hoger*, UmwG, § 215 Rz. 3; Semler/Stengel/Leonard-*Schlitt*, UmwG, § 215 Rz. 9; *Kühn* in: BeckOGK-UmwG § 215 Rz. 3 und Rz. 8; Schmitt/Hörtnagl-*Rinke*, UmwG/UmwStG, § 215 UmwG Rz. 1; Goutier/Knopf/Tulloch-*Laumann*, UmwG, § 215 Rz. 4.

5) *Kühn* in: BeckOGK-UmwG § 215 Rz. 5; Widmann/Mayer-*Vossius*, UmwR, § 215 UmwG Rz. 6; Semler/Stengel/Leonard-*Schlitt*, UmwG, § 215 Rz. 8.

6) Semler/Stengel/Leonard-*Schlitt*, UmwG, § 215 Rz. 7.

7) Lutter-*Hoger*, UmwG, § 215 Rz. 2.

8) Lutter-*Hoger*, UmwG, § 215 Rz. 2; Semler/Stengel/Leonard-*Schlitt*, UmwG, § 215 Rz. 7; *Bünten* in: MünchHdb. GesR, Bd. 8, § 38 Rz. 384.

2. GbR und oHG

6 Sowohl bei der GbR (§ 715 BGB) als auch bei der oHG (§ 116 Abs. 1 HGB) sind alle Gesellschafter zur Geschäftsführung berechtigt, es sei denn es wurde gesellschaftsvertraglich **etwas anderes vereinbart** oder ein Gesellschafter gerichtlich oder durch Gesellschafterbeschluss von der Geschäftsführung ausgeschlossen. Bei der Umwandlung von Gesellschaften dieser Rechtsformen in eine andere Rechtsform bedarf es daher im Regelfall nach § 215 keines **Formwechselberichts.**[9)]

7 Es ist jedoch möglich und in der Praxis durchaus nicht unüblich, die Geschäftsführung durch gesellschaftsvertragliche Regelung auf einen oder mehrere Gesellschafter zu übertragen, sodass die restlichen Gesellschafter davon **ausgeschlossen** sind.[10)] Soweit auch nur ein Gesellschafter durch gesellschaftsvertragliche Regelung ausgeschlossen ist, ist ein Formwechselbericht erforderlich.[11)]

3. KG

8 In der KG gibt es neben den grundsätzlich geschäftsführungsberechtigten Komplementären die **Kommanditisten**, die gemäß § 164 Halbs. 1 HGB im Regelfall von der Geschäftsführung ausgeschlossen sind. Im gesetzlichen Regelfall bedarf es bei einer KG daher regelmäßig eines **Formwechselberichts** und § 215 kommt nicht zur Anwendung. Hiervon kann jedoch **gesellschaftsvertraglich abgewichen** werden.[12)] Sofern allen Kommanditisten eine Geschäftsführungsberechtigung eingeräumt wurde und auch kein Komplementär von der Geschäftsführung ausgeschlossen wurde, findet § 215 Anwendung. Wurden nur **einzelne Mitwirkungsrechte** oder Geschäftsführungsbefugnisse den Kommanditisten übertragen, genügt dies für § 215 nicht.[13)]

9 Das gilt im Grundsatz auch für die GmbH & Co. KG. Wenn, wie der gesetzliche Regelfall es vorsieht, nur die Komplementär-GmbH geschäftsführungsberechtigt ist, kommt § 215 nicht zur Anwendung und es bedarf eines **Formwechselberichts**. Das gilt selbst dann, wenn die Kommanditisten ebenfalls Gesellschafter der Komplementärin sind.[14)] Sind aber alle Kommanditisten und die Komplementär-GmbH zur Geschäftsführung in der KG berechtigt, kommt § 215 zur Anwendung, sodass es keines **Formwechselberichts** bedarf. Allein entscheidend ist dabei, dass die Komplementär-GmbH, vertreten durch ihre Geschäftsführung, zur Geschäftsführung berechtigt ist. Auf eine etwaige Geschäftsführungsbefugnis der Gesellschafter der Komplementär-GmbH kommt es nicht an.

10 Ausgehend vom Normzweck ist anerkannt, dass § 215 ebenfalls zur Anwendung kommt und es keines **Formwechselberichts** bedarf, wenn **alle Kommanditisten** zugleich Geschäftsführer der Komplementär-GmbH sind, da sodann nach dem Zweck der Norm kein Informationsbedürfnis besteht.[15)] Dieser Gedanke ist freilich auch **auf andere personalistisch strukturierte Gesellschaften** anwendbar, in etwa, wenn bei einer GmbH alle Gesel-

9) Lutter-*Hoger*, UmwG, § 215 Rz. 2.

10) Begr. RegE MoPeG, BT-Drucks. 19/27635, S. 237 – vormals in § 114 Abs, 2 HGB a. F. geregelt, aber nur mit klarstellendem Charakter, daher ist die Norm mit dem MoPeG entfallen.

11) Lutter-*Hoger*, UmwG, § 215 Rz. 2; Schmitt/Hörtnagl-*Rinke*, UmwG/UmwStG, § 215 UmwG Rz. 2.

12) BGH, Urt. v. 9.12.1968 – II ZR 33/67, BGHZ 51, 198, 201 = NJW 1969, 507; BGH, Urt. v. 4.3.1976 – II ZR 178/74, Rz. 1, NJW 1976, 1451 = MDR 1976, 643; *Kühn* in: BeckOGK-UmwG, § 215 Rz. 8.

13) Vgl. hierzu *Kühn* in: BeckOGK-UmwG, § 215 Rz. 8.

14) Lutter-*Hoger*, UmwG, § 215 Rz. 4.

15) OLG Rostock, Beschl. v. 10.2.2021 – 1 W 37/20, ZIP 2021, 526 = NZG 2021, 467 – zur Verschmelzung nach § 39a (= § 41 a. F.); in Bezug auf § 215 auch Lutter-*Hoger*, UmwG, § 215 Rz. 4; Semler/Stengel/Leonard-*Schlitt*, UmwG, § 215 Rz. 10; Kallmeyer-*Blasche*, UmwG, § 215 Rz. 3; Lutter-*Hoger*, UmwG, § 215 Rz. 3; *Kühn* in: BeckOGK-UmwG, § 215 Rz. 9; a. A. Schmitt/Hörtnagl-*Rinke*, UmwG/UmwStG, § 215 UmwG Rz. 1 – wegen des eindeutigen Wortlautes von § 39a.

schafter auch Geschäftsführer sind. Hier spräche vieles für eine entsprechende Anwendung des § 215 bzw. der Parallelnorm des § 39a (§ 41 a. F.)[16] Die Rechtsprechung[17] und leicht überwiegende Meinung im Schrifttum[18] sind dem jedoch auf Grundlage des Wortlauts des § 1 Abs. 3 Satz 1 **bislang nicht gefolgt.**

4. EWIV

11 Bei der EWIV kommt § 215 nur zur Anwendung, sofern über Art. 19 Abs. 1 der Verordnung Nr. 2137/85[19] **alle Gesellschafter zu Geschäftsführern bestellt** wurden.[20]

III. Wirkung und Rechtsfolgen

12 Sofern alle Gesellschafter ebenfalls geschäftsführungsberechtigt sind, ist ein Umwandlungsbericht gemäß § 215 entbehrlich. Mit dem Erfordernis eines **Formwechselberichts** entfällt grundsätzlich auch die Verpflichtung zur Erstellung eines **Entwurfs** für den Formwechselbeschluss gemäß § 192 Abs. 1 Satz 3 als Teil des **Formwechselberichts.**

13 Eine Ausnahme davon gilt, wenn bei der formwechselnden Gesellschaft ein **Betriebsrat** besteht. In diesem Fall dient der **Entwurf** des **Formwechselbeschlusses** als Teil des **Formwechselberichts** nicht nur der Information der nicht an der Geschäftsführung beteiligten Gesellschafter, sondern auch der **Information der Arbeitnehmer**. Denn nach § 194 Abs. 2 muss der Entwurf des Formwechselbeschlusses spätestens einen Monat vor der Gesellschafterversammlung dem Betriebsrat zugeleitet werden. Die Zuleitung an den Betriebsrat muss gegenüber dem Handelsregister nach § 199 nachgewiesen werden. Daher muss auch im Falle einer Entbehrlichkeit des **Formwechselberichts**, der Entwurf eines Formwechselbeschlusses erstellt und dem Betriebsrat zugleitet werden, soweit ein solcher in der Gesellschaft besteht.[21]

14 Sofern bei einer zulässigen Mehrheitsentscheidung über den Formwechsel ein **Abfindungsangebot** gemäß §§ 207, 194 Abs. 1 Nr. 6 zu erfolgen hat, fällt dieses nicht unter die Befreiung nach § 215.[22] Es ist **kein Bestandteil des Formwechselberichts.**

IV. Verzicht auf den Formwechselbericht gemäß § 192 Abs. 2 Satz 1 Alt. 2

15 Gemäß § 192 Abs. 2 Satz 1 Alt. 2 können die Gesellschafter **in notariell beurkundeter Form** auch auf den Formwechselbericht verzichten.[23] Ein solcher Verzicht ist in der Praxis in vielen Fällen auch bei Vorliegen der Voraussetzungen des § 215 ratsam. Denn die Voraussetzungen des § 215 sind bei der Eintragung des Formwechsels **dem Handelsregister nachzuweisen**, was durch den Verzicht erleichtert wird. Weiterhin wird dieser Nachweis häufig die Offenlegung des Gesellschaftsvertrages oder konkreter Geschäftsführungsbefug-

---

16) So zur Verschmelzung Lutter-*Drygala*, UmwG, § 8 Rz. 58; Kallmeyer-*Oppenhoff*, UmwG, § 8 Rz. 41; zur Spaltung nach § 127: Henssler/Strohn-*Galla/Cé. Müller*, GesR, § 127 UmwG Rz. 12.

17) Vgl. OLG Rostock, Beschl. v. 10.2.2021 – 1 W 37/20, ZIP 2021, 526 = NZG 2021, 467 – zur Verschmelzung.

18) Vgl. *Schollmeyer* in: BeckOGK-UmwG § 39a Rz. 7; *Erkens* in: KölnKomm-UmwG, § 8 Rz. 65; *Dauner-Lieb/Tettinger* in: KölnKomm-UmwG, § 39a Rz. 4; Semler/Stengel/Leonard-*Ihrig*, UmwG, § 41 Rz. 3; Lutter-*H. Schmidt*, UmwG, § 39a Rz. 3; Koch-*Kraft*, PersonengesellschaftsR, § 39a UmwG Rz. 3.

19) Verordnung (EWG) Nr. 2137/85 des Rates v. 25.7.1985 über die Schaffung einer Europäischen wirtschaftlichen Interessenvereinigung (EWIV), ABl. (EG) L 199/1 v. 31.7.1985.

20) Lutter-*Hoger*, UmwG, § 215 Rz. 5; Semler/Stengel/Leonard-*Schlitt*, UmwG, § 215 Rz. 11; Kallmeyer-*Blasche*, UmwG, § 215 Rz. 4; *Rose* in: HK-UmwG, § 215 Rz. 6; *Kühn* in: BeckOGK-UmwG, § 215 Rz. 11.

21) Lutter-*Hoger*, UmwG, § 215 Rz. Rz. 8 f. und § 194 Rz. 42 ff.; Semler/Stengel/Leonard-*Schlitt*, UmwG, § 215 Rz 15, 19; Kallmeyer-*Blasche*, UmwG, § 215 Rz. 5; *Kühn* in: BeckOGK-UmwG, § 215 Rz. 13, 14.

22) Lutter-*Hoger*, UmwG, § 215 Rz. 10; Semler/Stengel/Leonard-*Schlitt*, UmwG, § 215 Rz. 16; *Kühn* in: BeckOGK-UmwG, § 215 Rz. 15; Kallmeyer-*Blasche*, UmwG, § 215 Rz. 5.

23) Lutter-*Hoger*, UmwG, § 215 Rz. 11; *Kühn* in: BeckOGK-UmwG, § 215 Rz. 16.

nisse voraussetzen, was häufig nicht im Interesse der Gesellschafter liegt, sodass zum einfachen Mittel des Verzichts gegriffen wird.

Mit den meisten Stimmen in der Literatur genügt es für einen wirksamen Verzicht, wenn **lediglich die nicht geschäftsführungsbefugten Gesellschafter den Verzicht erklären.**[24] Die geschäftsführungsbefugten Gesellschafter haben kein schützenswertes Interesse an der Information der übrigen Gesellschafter und können zudem nicht zur Selbstinformation gezwungen werden. Der Wortlaut des § 192 Abs. 2 ist im Falle der Personengesellschaften insoweit nach Sinn und Zweck einzuschränken. Soweit argumentiert wird, die geschäftsführenden Gesellschafter hätten ein eigenes legitimes Interesse daran, dass die anderen Gesellschafter über den Formwechsel **auf der Grundlage eines Formwechselberichtes entscheiden**, der ihnen die dazu erforderlichen wirtschaftlichen und rechtlichen Informationen zur Verfügung stellt, da sie der **Haftung** nach § 205 Abs. 1 unterliegen, verfängt dieses Argument nicht. Denn unabhängig eines Verzichtsbeschlusses, steht es den geschäftsführenden Gesellschaftern frei, den Gesellschaftern Informationen, sei es in der Form eines Formwechselberichts oder in anderer Weise, zur Verfügung zustellen. 16

Ob die Streitfrage indessen tatsächlich praktische Relevanz hat, darf bezweifelt werden: Hält ein zur Geschäftsführung berechtigter Gesellschafter einen **Formwechselbericht** für erforderlich und sinnvoll, wird er diesen erstatten – hält er einen Formwechselbericht für in der Sache entbehrlich wird er dem Verzicht zustimmen. 17

Der **Verzicht erfasst** in der Regel auch den **Entwurf** eines Formwechselbeschlusses. Existiert jedoch ein **Betriebsrat** muss diesem gemäß § 194 Abs. 2 zumindest der Entwurf des Formwechselbeschlusses zugeleitet werden, damit dieser seine Rechte wahrnehmen kann. 18

24) Lutter-*Hoger*, UmwG, § 215 Rz. 11; *Kühn* in: BeckOGK-UmwG, § 215 Rz. 16; Semler/Stengel/Leonard-*Schlitt*, UmwG, § 215 Rz. 17; Schmitt/Hörtnagl-*Rinke*, UmwG/UmwStG, § 215 UmwG Rz. 2; *Kühn* in: BeckOGK-UmwG, § 215 Rz. 15; *Bünten* in: MünchHdb. GesR, Bd. 8, § 38 Rz. 390; Widmann/Mayer-*Vossius*, UmwR, § 215 UmwG Rz. 7; a. A. *Klaaßem-Kaiser* in: MünchHdb. GesR, Bd. 8, § 33 Rz. 40; Kallmeyer-*Berger*, UmwG, § 192 Rz. 57.

§ 216
Unterrichtung der Gesellschafter*)

Das Vertretungsorgan der formwechselnden Gesellschaft hat allen von der Geschäftsführung ausgeschlossenen Gesellschaftern spätestens zusammen mit der Einberufung der Gesellschafterversammlung, die den Formwechsel beschließen soll, diesen Formwechsel als Gegenstand der Beschlußfassung in Textform anzukündigen und einen nach diesem Buch erforderlichen Formwechselbericht sowie ein Abfindungsangebot nach § 207 zu übersenden.

*) § 216 geändert durch Art. 1 des Gesetzes zur Umsetzung der Umwandlungsrichtlinie und zur Änderung weiterer Gesetze (UmRUG), v. 22.2.2023, BGBl. I 2023, Nr. 51; § 216 i. d. F. des UmwBerG geändert durch Art. 26 des Gesetzes zur Anpassung der Formvorschriften des Privatrechts und anderer Vorschriften an den modernen Rechtsgeschäftsverkehr, v. 13.7.2001, BGBl. I 2001, 1542.

Literatur: *Röß*, Die GbR nach dem MoPeG, NZG 2023, 401.

Übersicht

I. Normzweck

1 § 216 dient der Vorbereitung der Entscheidung der Gesellschafter über den Formwechsel auf der Gesellschaftsversammlung. Insbesondere den nicht an der Geschäftsführung beteiligten Gesellschaftern soll durch die Unterrichtung und Bereitstellung von Informationen die Möglichkeit gegeben werden, sich **adäquat auf die Beschlussfassung vorzubereiten.**[1] Die Regelung kompensiert damit, dass bei **Personengesellschaften** die Regelungen über die Einberufung und vorbereitende Information bei der Beschlussfassung einer Personengesellschaft rudimentär ausgestaltet sind. Bei der Verschmelzung von Personengesellschaften findet sich eine entsprechende Regelung in § 39b.

II. Persönlicher Anwendungsbereich

1. Unterrichtung durch das Vertretungsorgan

2 Die Unterrichtung hat durch das Vertretungsorgan zu erfolgen, also den- oder diejenigen die befugt sind, die Gesellschaft wirksam **organschaftlich nach außen zu vertreten.**[2] Gesellschafter mit **Einzelvertretungsmacht** können die Unterrichtung alleine vornehmen. Andernfalls muss die Unterrichtung von den Gesellschaftern **in vertretungsberechtigter Anzahl** erklärt werden.[3]

3 In der **oHG** hat im gesetzlichen Regelfall **jeder Gesellschafter Einzelvertretungsmacht** (§ 124 Abs. 1 HGB), es sei denn, es wurde im Gesellschaftsvertrag etwas Abweichendes bestimmt. Somit kann jeder Gesellschafter die Unterrichtung alleine vornehmen. Im Falle der gemischten Gesamtvertretung, also dem Fall, dass ein Gesellschafter zusammen mit einem **Prokuristen** zur Vertretung berechtigt ist (§ 124 Abs. 3 Satz 1 HGB), muss die Unterrichtung gemeinsam mit dem Prokuristen erfolgen.[4] Nach § 720 BGB besteht bei der Vertretung im gesetzlichen Regelfall Gesamtvertretung aller Gesellschafter, außer es wurde **gesellschaftsvertraglich** etwas anderes vereinbart. Folglich muss eine Unterrichtung, sofern von der Geschäftsführung ausgeschlossene Gesellschafter existieren, gemeinsam durch die anderen Gesellschafter erfolgen.[5]

4 In der **KG** kann nach § 170 HGB die Unterrichtung nur durch die **Komplementäre** erfolgen und nicht durch die Kommanditisten, soweit gesellschaftsvertraglich nichts abweichendes bestimmt ist.[6] Bei der **GmbH & Co. KG** erfolgt die Unterrichtung folglich durch das Vertretungsorgan der Komplementär-GmbH.[7] Bei der **EWIV** wird grundsätzlich

---

1) Lutter-*Hoger*, UmwG, § 216 Rz. 1; Schmitt/Hörtnagl-*Rinke*, UmwG/UmwStG, § 216 UmwG Rz. 1, 2; Semler/Stengel/Leonard-*Schlitt*, UmwG, § 216 Rz. 1, 2.

2) Lutter-*Hoger*, UmwG, § 216 Rz. 6; Semler/Stengel/Leonard-*Schlitt*, UmwG, § 216 Rz. 5; Schmitt/Hörtnagl-*Rinke*, UmwG/UmwStG, § 216 UmwG Rz. 3; *Kühn* in: BeckOGK-UmwG, § 216 Rz. 4.

3) Lutter-*Hoger*, UmwG, § 216 Rz. 6.

4) Lutter-*Hoger*, UmwG, § 216 Rz. 6; zum Umfang der Vertretungsmacht des Prokuristen vgl. Staub-*Fischinger*, HGB, § 48 Rz. 113 ff. m. w. N.

5) *Röß*, NZG 2023, 401 405.

6) BGH, Urt. v. 9.12.1968 – II ZR 33/67, BGHZ 51, 198, 200 = NJW 1969, 507.

7) Goutier/Knopf/Tulloch-*Laumann*, UmwG, § 216 Rz. 6.

der Geschäftsführer durch den Gesellschaftsvertrag bestimmt, der dann auch zur (Einzel-)Vertretung befugt ist (Art. 19, 20 Abs. 1 Unterabs. 2 EWIV-VO[8]).[9]

2. Adressat der Unterrichtung

5 Adressat der Unterrichtung sind die von der Geschäftsführung **ausgeschlossenen Gesellschafter**. Der Anwendungsbereich von § 216 ist damit immer erst dann eröffnet, wenn **zumindest ein Gesellschafter** von der Geschäftsführung ausgeschlossen ist (siehe hierzu i. E. § 215 Rz. 2 ff. [*Allmendinger*]). Sofern die Gesellschafter zur Geschäftsführung berechtigt sind, können sie sich über die Umwandlung der Gesellschaft selbst kraft ihrer Geschäftsführungsberechtigung informieren und sind nicht mehr schutzwürdig.[10] Folglich kommen **§ 215 und § 216 niemals gleichzeitig** zur Anwendung (siehe § 215 Rz. 1 [*Allmendiger*] zum entgegengesetzten Normzweck von § 215).[11]

6 Teilweise wird vertreten, dass abweichend davon eine Informationspflicht nach § 216 auch gegenüber an der Geschäftsführung beteiligten Gesellschaftern besteht, wenn einem Geschäftsführer **Informationen pflichtwidrig verweigert** wurden.[12] Richtig daran ist, dass ein Beschluss nichtig ist, wenn einem Gesellschafter im Vorwege Informationen pflichtwidrig verweigert werden.[13] Eine Unterrichtungspflicht ergibt sich jedoch **nicht aus § 216**, sondern in Ermangelung eindeutiger Regelungen im Gesellschaftsvertrag oder der Geschäftsordnung der Geschäftsführung **aus der gesellschaftsrechtlichen Treuepflicht**,[14] wobei von einem zur Geschäftsführung berechtigten Gesellschafter erwartet werden kann, dass er sich aktiv um die Informationsbeschaffung bemüht. In der Praxis wird es sich aber in jedem Fall regelmäßig anbieten, die Unterrichtung an alle Gesellschafter in gleicher Weise auszureichen.[15]

III. Inhalt der Unterrichtung der Gesellschafter

1. Ankündigung des Formwechsels

7 Den nicht zur Geschäftsführung berechtigten Gesellschaftern muss der Formwechsel angekündigt werden. Aus der Ankündigung muss eindeutig hervorgehen, dass der Formwechsel **Gegenstand der Beschlussfassung** sein wird und **in welche Rechtsform** die Umwandlung stattfinden soll.[16] Alle weiteren relevanten Einzelheiten ergeben sich aus dem beizufügenden Formwechselbericht.[17] Folglich kann schon in der bloßen Übersendung des Entwurfs eines Umwandlungsbeschlusses eine **konkludente Ankündigung** liegen.[18] In der Praxis wird die Ankündigung regelmäßig dergestalt geschehen, dass der Formwechsel als Gegenstand der Tagesordnung der Gesellschafterversammlung aufgeführt wird.[19]

8) Verordnung (EWG) Nr. 2137/85 des Rates vom 25. Juli 1985 über die Schaffung einer Europäischen wirtschaftlichen Interessenvereinigung (EWIV-VO), ABl. (EU) L 199/1 v. 31.7.1985.
9) Semler/Stengel/Leonard-*Schlitt*, UmwG, § 216 Rz. 8.
10) Lutter-*Hoger*, UmwG, § 216 Rz. 2; Semler/Stengel/Leonard-*Schlitt*, UmwG, § 216 Rz. 3, 9, 10.
11) Schmitt/Hörtnagl-*Rinke*, UmwG/UmwStG, § 216 UmwG Rz. 5; Lutter-*Hoger*, UmwG, § 216 Rz. 2.
12) Semler/Stengel/Leonard-*Schlitt*, UmwG, § 216 Rz. 10.
13) Widmann/Mayer-*Vossius*, UmwR, § 216 UmwG Rz. 3; Kallmeyer-*Blasche*, UmwG, § 216 Rz. 7.
14) So auch Widmann/Mayer-*Vossius*, UmwR, § 216 UmwG Rz. 3; Kallmeyer-*Blasche*, UmwG, § 216 Rz. 7.
15) Lutter-*Hoger*, UmwG, § 216 Rz. 2; Semler/Stengel/Leonard-*Schlitt*, UmwG, § 216 Rz. 10; Kallmeyer-*Blasche*, UmwG, § 216 Rz. 7; Widmann/Mayer-*Vossius*, UmwR, § 216 UmwG Rz. 3; Schmitt/Hörtnagl-*Rinke*, UmwG/UmwStG, § 216 UmwG Rz. 3.
16) Lutter-*Hoger*, UmwG, § 216 Rz. 3.
17) Schmitt/Hörtnagl-*Rinke*, UmwG/UmwStG, § 216 UmwG Rz. 4 a. E.
18) Widmann/Mayer-*Vossius*, UmwR, § 216 UmwG Rz. 7.
19) Semler/Stengel/Leonard-*Schlitt*, UmwG, § 216 Rz. 11.

2. Übersendung des Formwechselberichts

8 Mit der Ankündigung des Formwechsels muss der Formwechselbericht i. S. des § 192 übersandt werden. Dies ist entbehrlich, sofern die nicht geschäftsführungsberechtigten Gesellschafter hierauf nach § 192 Abs. 1 **verzichtet** haben. Aus dem Formwechselbericht ergeben sich die relevanten Einzelheiten der Umwandlung. Er muss einen Entwurf des Umwandlungsbeschlusses enthalten und den zukünftigen Gesellschaftsvertrag oder die zukünftige Satzung.[20)]

3. Übersendung des Abfindungsangebots

9 Ebenfalls spätestens zusammen mit der Einberufung der Gesellschafterversammlung muss ein gemäß § 207 etwaig notwendiges Abfindungsangebot übersandt werden. Da das Abfindungsangebot bereits ein **Pflichtbestandteil des Formwechselberichts** gemäß § 194 Abs. 1 Nr. 6 ist, der nach § 216 zu übermitteln ist, erscheint die Erwähnung des Abfindungsangebots auf den ersten Blick entbehrlich. Haben die nicht geschäftsführungsbefugten Gesellschafter jedoch **auf den Formwechselbericht verzichtet**, nicht aber auf das Abfindungsangebot, stellt § 216 klar, dass auch in diesem Fall ein Abfindungsangebot **übersandt werden muss.**[21)]

10 Nach § 207 ist einem Gesellschafter, der **Widerspruch** zur Niederschrift gegen den Formwechsel eingelegt hat, eine angemessene Barabfindung im Gegenzug für den Erwerb seiner Anteile an der Gesellschaft zu zahlen. Die **Angemessenheit** bestimmt sich dabei nach den wirtschaftlichen Verhältnissen der Gesellschaft und kann gemäß § 225 einer gesonderten Prüfung unterzogen werden. War die Abfindung tatsächlich zu niedrig, kann der betreffende Gesellschafter dies gemäß § 212 i. V. m. §§ 1 ff. SpruchG im Spruchverfahren geltend machen.[22)]

11 Bei **Personengesellschaften** kommt eine Barabfindung generell nur in Betracht, sofern der Beschluss über den Formwechsel nach dem Gesellschaftsvertrag durch eine Mehrheitsentscheidung gefasst werden kann und **nicht einstimmig erfolgen muss.**[23)] Nach § 217 Abs. 1 Satz 1 müssen Umwandlungen von Personengesellschaften alle Gesellschafter zustimmen, es sei denn der Gesellschaftsvertrag sieht etwas anders vor, (§ 217 Abs. 1 Satz 2). Im gesetzlichen Regelfall gibt es mithin keine schutzbedürftige Minderheit, sodass es keiner Barabfindung bedarf. Insoweit klarstellend regelt § 194 Abs. 1 Nr. 6 auch, dass dem Formwechselbericht ein Abfindungsangebot nur beizufügen ist, sofern nicht der Formwechselbeschluss zu seiner Wirksamkeit der Zustimmung aller Anteilsinhaber bedarf oder an dem formwechselnden Rechtsträger **nur ein Anteilseigner** beteiligt ist. In diesen Fällen ist folglich auch die Übersendung des Abfindungsangebotes entbehrlich. Ist jedoch ein Formwechsel durch Mehrheitsbeschluss möglich, so ist ein **Abfindungsangebot auch dann erforderlich**, wenn auf Grund der Beteiligungsverhältnisse de facto **alle Gesellschafter zustimmen** müssen.[24)]

---

20) Lutter-*Hoger*, UmwG, § 216 Rz. 4; Schmitt/Hörtnagl-*Rinke*, UmwG/UmwStG, § 216 UmwG Rz. 4, 5; Semler/Stengel/Leonard-*Schlitt*, UmwG, § 216 Rz. 17.

21) Lutter-*Hoger*, UmwG, § 216 Rz. 5.

22) Semler/Stengel/Leonard-*Schlitt*, UmwG, § 216 Rz. 20, 21.

23) Lutter-*Hoger*, UmwG, § 216 Rz. 5; Schmitt/Hörtnagl-*Rinke*, UmwG/UmwStG, § 216 UmwG Rz. 6; Goutier/Knopf/Tulloch-*Laumann*, UmwG, § 216 Rz. 13.

24) Kallmeyer-*Berger/Willemsen/Mueller-Bonanni*, UmwG, § 194 Rz. 45; Lutter-*Hoger*, UmwG, § 216 Rz. 21; a. A. Semler/Stengel/Leonard-*Schlitt*, UmwG, § 216 Rz. 22 (Fn. 50).

IV. Form

Die Ankündigung der Beschlussfassung muss in **Textform** gemäß § 126b BGB erfolgen, d. h. sie muss lesbar sein, die erklärende Person muss klar erkennbar sein und muss textlich festgehalten sein. Es bedarf jedoch **keiner Unterschrift** seitens des Erklärenden. Diesen Anforderungen genügt bspw. eine Ankündigung per E-Mail.[25)] Das Ende der Erklärung muss darüber hinaus eindeutig sein, was bspw. durch eine Grußformel erfolgen kann.[26)] Die Formvorschrift kann jederzeit freiwillig durch eine strengere Form ersetzt werden, da sie eine Vereinfachung für den Rechtsverkehr bewirken soll, die dieser nicht in Anspruch nehmen muss.[27)] 12

Für die **Übersendung** des Formwechselberichts und des Abfindungsangebots ist die Textform gemäß des Wortlauts nicht festgelegt. § 192 Abs. 1 bestimmt hingegen, dass der Formwechselbericht schriftlich abgefasst werden muss. Dies bedeutet jedoch nicht, dass der Formwechselbericht auch nach § 216 in Schriftform übermittelt werden muss. Dies würde den Vereinfachungszweck der Textform in § 216 unterlaufen. Es wäre widersinnig für die Ankündigung die Textform genügen zu lassen, dann aber die Übersendung des Formwechselberichts in Schriftform zu fordern. Daher wird für die Übermittlung des Formwechselberichts und des Abfindungsangebots ebenfalls die **Textform ausreichen**, aber auch erforderlich sein.[28)] 13

In der Literatur[29)] wird vertreten, dass der Formwechselbericht **während der Gesellschafterversammlung vorgelegt** werden muss. Mangels entsprechender gesetzlicher Regelungen kann sich diese Ansicht nur auf eine analoge Anwendung der entsprechenden Regelungen zum Formwechsel von Kapitalgesellschaften (§§ 232 Abs. 1, 239 Abs. 1) in Betracht.[30)] Eine solche Analogie ist jedoch bereits **mangels Regelungslücke abzulehnen**.[31)] Durch die Information der Gesellschafter mittels der Übersendung der Ankündigung des Formwechsels samt Formwechselbericht und Abfindungsangebot, können die Gesellschafter selbst ihren Informations- und Unterrichtungsinteressen selbstständig auch während der Gesellschafterversammlung nachkommen.[32)] Einer gesonderten Auslage des Formwechselberichts ist hierfür nicht erforderlich. Zudem fehlt es auch an der Planwidrigkeit, da der Gesetzgeber ganz bewusst keine Formalien für die Gesellschafterversammlung von Personenhandelsgesellschaften geregelt hat.[33)] 14

V. Zeitpunkt der Übermittlung

Die Übermittlung muss **spätestens mit der Einberufung** der Gesellschafterversammlung, die über den Formwechsel beschließen soll, erfolgen. Für die Einberufung einer Gesellschafterversammlung einer Personengesellschaft besteht jedoch keine normierte Frist, da 15

25) Lutter-*Hoger*, UmwG, § 216 Rz. 3; Kallmeyer-*Blasche*, UmwG, § 216 Rz. 8.

26) Lutter-*Hoger*, UmwG, § 216 Rz. 3.

27) Lutter-*Hoger*, UmwG, § 216 Rz. 3; Begr. RegE Gesetz zur Anpassung der Formvorschriften des Privatrechts, BT Drucks. 14/4987 S. 29, 18.

28) Lutter-*Hoger*, UmwG, § 216 Rz. 4, 5; Schmitt/Hörtnagl-*Rinke*, UmwG/UmwStG, § 216 UmwG Rz. 7; Kallmeyer-*Blasche*, UmwG, § 216 Rz. 8; *Kühn* in: BeckOGK-UmwG, § 216 Rz. 16; Widmann/Mayer-*Vossius*, UmwR, § 216 UmwG Rz. 18; a. A. Semler/Stengel/Leonard-*Schlitt*, UmwG, § 216 Rz. 18.

29) Goutier/Knopf/Tulloch-*Laumann*, UmwG, § 214 Rz. 4 ff.

30) Lutter-*Hoger*, UmwG, § 216 Rz. 11, 12.

31) Kallmeyer-*Blasche* UmwG, § 216 Rz. 4.

32) Lutter-*Hoger*, UmwG, § 216 Rz. 11, 12; *Kühn* in: BeckOGK-UmwG, § 216 Rz. 13; Semler/Stengel/Leonard-*Schlitt*, UmwG, § 216 Rz. 19; Semler/Stengel/Leonard-*Schlitt*, UmwG, § 217 Rz. 31 ff.; Schmitt/Hörtnagl-*Rinke*, UmwG/UmwStG, § 216 UmwG Rz. 2; a. A. Goutier/Knopf/Tulloch-*Laumann*, UmwG, § 214 Rz. 4 ff.

33) *Ganske*, Umwandlungsrecht, S. 93.

der Gesetzgeber hierfür kein Bedürfnis sah.[34)] Oft wird eine solche aber im Gesellschaftsvertrag festgelegt sein.[35)] Sollte dies nicht der Fall sein, ist der Zeitpunkt der Übermittlung unter Berücksichtigung ihres Zwecks, die Vorbereitung und Anreise der Gesellschafter zu ermöglichen, zu bestimmen.[36)] Wie lang eine solche im Einzelfall ist, lässt sich generell nur schwer ermitteln. Entsprechend der Wertung des § 51 Abs. 2 HGB ist **in der Regel ein Woche ausreichend.**[37)]

16 Generell gilt, dass neben der Unterrichtung auch die Einladung **rechtzeitig** sein muss.[38)] Der entscheidende Zeitpunkt ist hier nicht der Zugang, sondern die **Absendung** der Erklärung.[39)] Die Unterrichtung kann früher als die Einladung versandt werden.[40)]

17 Eine Besonderheit ist zu beachten, sofern in der Gesellschaft ein **Betriebsrat** besteht. Diesem muss der Entwurf des Umwandlungsbeschlusses einen Monat vor Abstimmung zugeleitet werden (vgl. § 194 Abs. 2). Die **Gesellschafter** haben in diesem Fall einen Anspruch auf **zeitgleiche Unterrichtung.**[41)]

VI. Verzicht auf die Unterrichtung

18 Es besteht zwar keine gesetzliche Regelung, die die Möglichkeit eines Verzichts auf die Unterrichtung durch die nicht zur Geschäftsführung befugten Gesellschafter erlaubt. Jedoch dient die Regelung allein dem Schutz eben der Gesellschafter, sodass zumindest im Einzelfall ein **Verzicht möglich sein muss.**[42)] Dies entspricht auch der Wertung des § 192 Abs. 2 Satz 1.[43)]

19 Der Verzicht unterliegt dabei **keiner bestimmten Form.** Zum einen besteht kein Dokumentationserfordernis, da das Registergericht die Voraussetzungen des § 216 nicht überprüft. Zum anderen ist auch die Warnfunktion der notariellen Beurkundung hier nicht erforderlich, da es allein um die rechtzeitige Zugänglichmachung von Unterlagen geht und die betroffenen Gesellschafter ausreichend durch die **Möglichkeit** geschützt sind, ihre **Zustimmung zu verweigern**, sofern die Unterrichtung nicht ordnungsgemäß war.[44)] Dennoch raten manche vorsorglich bzw. aus Dokumentationszwecken zu einer Beurkun-

---

34) Begr. Fraktionsentwurf UmwBerG, BT-Drucks. 12/6699, S. 98; Begr. RegE UmwBerG, BR-Drucks. 75/94, S. 98; *Ganske*, Umwandlungsrecht, S. 237, 93.

35) Lutter-*Hoger*, UmwG, § 216 Rz. 8; Semler/Stengel/Leonard-*Schlitt*, UmwG, § 216 Rz. 14.

36) Heymann-*Hoffmann/Barlitz*, HGB, § 119 Rz. 9; Lutter-*Hoger*, UmwG, § 216 Rz. 8; Widmann/Mayer-*Vossius*, UmwR, § 216 Rz. 17.

37) Semler/Stengel/Leonard-*Schlitt*, UmwG, § 216 Rz. 14 (Fn. 36); Kallmeyer-*Blasche*, UmwG, § 216 Rz. 9 (Fn. 19); *Kühn* in: BeckOGK-UmwG, § 216 Rz. 19; *Rose* in: HK-UmwG, § 216 Rz. 9; a. A. Schmitt/Hörtnagl-*Rinke*, UmwG/UmwStG, § 216 UmwG Rz. 3., die die Monatsfrist des § 123 Abs. 1 AktG anwenden und bei Bedarf kürzen wollen.

38) Widmann/Mayer-*Vossius*, UmwG, § 216 Rz. 17.

39) Goutier/Knopf/Tulloch-*Laumann*, UmwG, § 216 Rz. 8; Semler/Stengel/Leonard-*Schlitt*, UmwG, § 216 Rz. 15; Lutter-*Hoger*, UmwG, § 216 Rz. 8.

40) Semler/Stengel/Leonard-*Schlitt*, UmwG, § 216 Rz. 15; Widmann/Mayer-*Vossius*, UmwG, § 216 Rz. 17; Kallmeyer-*Blasche*, UmwG, § 216 Rz. 10.

41) Kallmeyer-*Blasche*, UmwG, § 216 Rz. 10; Henssler/Strohn-*Drinhausen/Keinath*, GesR, § 216 UmwG Rz. 7; Semler/Stengel/Leonard-*Schlitt*, UmwG, § 216 Rz. 16.

42) Widmann/Mayer-*Vossius*, UmwR, § 216 Rz. 21; Semler/Stengel/Leonard-*Schlitt*, UmwG, § 216 Rz. 24, 25; Henssler/Strohn-*Drinhausen/Keinath*, GesR, § 216 UmwG Rz. 12; *Kühn* in: BeckOGK-UmwG, § 216 Rz. 21; Kallmeyer-*Blasche*, UmwG, § 216 Rz. 11.

43) Lutter-*Hoger*, UmwG, § 216 Rz. 9.

44) Lutter-*Hoger*, UmwG, § 216 Rz. 23; *Kühn* in: BeckOGK-UmwG, § 216 Rz. 21; Kallmeyer-*Blasche*, UmwG, § 216 Rz. 11; *Weiler* in: MünchHdb. GesR, Bd. 8, § 38 Rz. 394; a. A. *Dauner-Lieb/Tettinger* in: KölnKomm-UmwG, § 216 Rz. 26.

dung.[45)] In der **Praxis** bietet es sich an, bei notarieller Beurkundung des Gesellschafterbeschlusses ebenfalls den Verzicht **in notarieller Norm zu erklären.** Eine dahingehende Pflicht besteht jedoch nicht.

Sofern sich **wesentliche Veränderungen** hinsichtlich des Formwechsels **nach dem Verzicht** ergeben, kann ein Gesellschafter jederzeit eine Unterrichtung verlangen, ohne dass er sich widersprüchlich und damit treuwidrig verhält.[46)] 20

VII. Rechtsfolgen bei einem Verstoß

Wird trotz **fehlerhafter Unterrichtung** ein Beschluss gefasst, ist dieser unwirksam.[47)] 21
Hiervon besteht eine **Ausnahme**: Eine fehlerhafte Unterrichtung über das **Abfindungsangebot** führt nicht zur Unwirksamkeit des Beschlusses, da diese Fehler immer im Spruchverfahren geltend gemacht werden müssen.[48)] Darüber hinaus ist der Umwandlungsbeschluss auch dann wirksam, wenn ein Verzicht auf die Unterrichtung erwartet wird, deshalb nicht unterrichtet wird und der Verzicht am Ende tatsächlich erfolgt.[49)]

Zu beachten ist allerdings, dass die Unterrichtung dem Handelsregister gegenüber nicht nachgewiesen werden muss. Mit Eintragung kommt die **Heilungswirkung** des § 202 Abs. 3 zum tragen, sodass mit Eintragung der Formwechsel wirksam wird.[50)] 22

45) Widmann/Mayer-*Vossius*, UmwG, § 216 Rz. 21; Semler/Stengel/Leonard-*Schlitt*, UmwG, § 216 Rz. 27; *Kühn* in: BeckOGK-UmwG, § 216 Rz. 21; Kallmeyer-*Blasche*, UmwG, § 216 Rz. 11.

46) Semler/Stengel/Leonard-*Schlitt*, UmwG, § 216 Rz. 26.

47) Lutter-*Hoger*, UmwG, § 216 Rz. 10; *Althoff/Narr* in: NK-UmwG, § 216 Rz. 24; Kallmeyer-*Blasche*, UmwG, § 216 Rz. 13; *Sagasser/Luke* in: Sagasser/Bula, Umwandlungen, § 30 Rz. 140; a. A. Semler/Stengel/Leonard-*Schlitt*, UmwG, § 216 Rz. 29, Henssler/Strohn-*Drinhausen/Keinath*, GesR, § 216 UmwG Rz. 13, fordern Kausalität des Fehlers für die Beschlussfassung; *Dauner-Lieb/Tettinger* in: KölnKomm-UmwG, § 216 Rz. 30, fordern, dass der Fehler relevant für die Beschlussfassung war.

48) BGH, Urt. v. 18.12.2000 – II ZR 1/99, BGHZ 146, 179 = NJW 2001 1425.

49) Kallmeyer-*Blasche*, UmwG, § 216 Rz. 11.

50) Kallmeyer-*Blasche*, UmwG, § 216 Rz. 13; Semler/Stengel/Leonard-*Schlitt*, UmwG, § 216 Rz. 30; a. A. *Kühn* in: BeckOGK-UmwG, § 216 Rz. 26; *Althoff/Narr* in: NK-UmwG, § 216 Rz. 26 – Heilung insgesamt.

§ 217
Beschluß der Gesellschafterversammlung[*)]

(1) [1]Der Formwechselbeschluss der Gesellschafterversammlung bedarf der Zustimmung aller anwesenden Gesellschafter; ihm müssen auch die nicht erschienenen Gesellschafter zustimmen. [2]Der Gesellschaftsvertrag der formwechselnden Gesellschaft kann eine Mehrheitsentscheidung der Gesellschafter vorsehen. [3]Die Mehrheit muß mindestens drei Viertel der abgegebenen Stimmen betragen.

(2) Die Gesellschafter, die im Falle einer Mehrheitsentscheidung für den Formwechsel gestimmt haben, sind in der Niederschrift über den Formwechselbeschluss namentlich aufzuführen.

(3) Dem Formwechsel in eine Kommanditgesellschaft auf Aktien müssen alle Gesellschafter zustimmen, die in dieser Gesellschaft die Stellung eines persönlich haftenden Gesellschafters haben sollen.

*) § 217 geändert durch Art. 1 des Gesetzes zur Umsetzung der Umwandlungsrichtlinie und zur Änderung weiterer Gesetze (UmRUG), v. 22.2.2023, BGBl. I 2023, Nr. 51; § 217 i. d. F. des UmwBerG geändert durch Art. 1 des Gesetzes zur Änderung des Umwandlungsgesetzes, des Partnerschaftsgesellschaftsgesetzes und anderer Gesetze (UmwGÄndG), v. 22.7.1998, BGBl. I 1998, 1878.

Literatur: *Bayer*, 1.000 Tage neues Umwandlungsrecht – eine Zwischenbilanz, ZIP 1997, 1613; *Binnewies*, Formelle und materielle Voraussetzungen von Umwandlungsbeschlüssen – Beschlossen ist beschlossen?, GmbHR 1997, 727; *Erdmann*, Die Online-Versammlung im Vereins- und GmbH-Recht, MMR 2000, 526; *Heckschen*, Die Anwendung von Gründungsvorschriften beim Formwechsel am Beispiel kapitalgesellschaftsrechtlicher Formvorschriften, NZG 2017, 721; *Melchior*, Vollmachten bei Umwandlungsvorgängen – Vertretungshindernisse und Interessenkollisionen, GmbHR 1999, 520; *Meyer-Landrut/Kiem*, Der Formwechsel einer Publikumsaktiengesellschaft – Erste Erfahrungen aus der Praxis, (Teil I) WM 1997, 1361.

Übersicht

I. Norminhalt und Normzweck

1 **§ 217 Abs. 1** Satz 1 legt fest, dass Entscheidungen über den Formwechsel grundsätzlich einstimmig getroffen werden müssen. Damit folgt die Regelung dem im Personengesellschaftsrecht allgemein geltenden **Grundsatz der Einstimmigkeit** (§ 109 Abs. 3 HGB).[1] Wie § 217 Abs. 1 Satz 2 jedoch klarstellt, kann eine **Mehrheitsentscheidung gesellschaftsvertraglich** vorgesehen werden. Dabei besteht weitgehende Gestaltungsfreiheit, sodass eine Mehrheitsentscheidung auch bei Entscheidungen, wie einem Formwechsel, in Betracht kommen kann.[2] Nach § 217 Abs. 1 Satz 3 bedarf es bei einer Mehrheitsentscheidung über den Formwechsel jedoch aufgrund ihrer weitreichenden Bedeutung einer Drei-Viertel-Mehrheit der abgegebenen Stimmen.[3]

2 Mit der Regelung des **§ 217 Abs. 2**, dass die für den Formwechsel stimmenden Gesellschafter in der Niederschrift des Formwechselbeschlusses **namentlich anzuführen** sind, wird sichergestellt, dass alle gemäß § 219 Satz 2 als Gründer der neuen Gesellschaftsform geltenden Gesellschafter bekannt sind.[4]

3 **§ 217 Abs. 3** trifft eine Sonderregel für die **Umwandlung in eine KGaA**. Hier darf die Umwandlung nicht ohne die Zustimmung der in der neuen Rechtsform persönlich haftenden Gesellschafter geschehen. Dies dient dem Schutz dieser Gesellschafter, da niemandem eine persönliche Haftung aufgezwungen werden soll.[5]

---

1) Lutter-*Hoger*, UmwG, § 217 Rz. 1; Schmitt/Hörtnagl-*Rinke*, UmwG/UmwStG, § 217 UmwG Rz. 1.

2) Lutter-*Hoger*, UmwG, § 217 Rz. 1; Schmitt/Hörtnagl-*Rinke*, UmwG/UmwStG, § 217 UmwG Rz. 1.

3) Lutter-*Hoger*, UmwG, § 217 Rz. 1, 16; Schmitt/Hörtnagl-*Rinke*, UmwG/UmwStG, § 217 UmwG Rz. 1; Begr. RegE UmwGÄndG, BT-Drucks. 13/8808, S. 15, 12; *Kühn* in: BeckOGK-UmwG, § 217 Rz. 16; *Dauner-Lieb/Tettinger* in: KölnKomm-UmwG, § 217 Rz. 25; *Althoff/Narr* in: NK-UmwG, § 217 Rz. 18.

4) Begr. RegE UmwBerG z. § 217, BR-Drucks. 75/94, S. 149.

5) Begr. RegE UmwBerG z. § 217, BR-Drucks. 75/94, S. 149; Lutter-*Hoger*, UmwG, § 217 Rz. 2; Schmitt/Hörtnagl-*Rinke*, UmwG/UmwStG, § 217 UmwG Rz. 1; *Ganske*, Umwandlungsrecht, S. 239.

Die Regelungen des § 217 gelten für den Formwechselbeschluss einschließlich wesentlicher **Abreden** im Zusammenhang mit diesem. Abreden sind dann wesentlich, wenn der Formwechsel nach dem Willen der Gesellschafter mit diesen Abreden steht und fällt (Verknüpfungswille).[6] 4

II. Formwechselbeschlussdurch einstimmige Entscheidung (§ 217 Abs. 1 Satz 1)

1. Allgemeines

Gemäß § 193 muss der Beschluss über den Formwechsel auf der Gesellschafterversammlung erfolgen.[7] Dieser Beschluss wiederum muss notariell beurkundet werden.[8] 5

Im Regelfall (§ 217 Abs. 1 Satz 1) benötigt der Beschluss die Zustimmung aller Gesellschafter.[9] **Stimmenthaltungen** stellen hierbei keine Zustimmung dar und der Formwechsel scheitert, sobald eine Enthaltung vorliegt.[10] Es ist nicht erforderlich, dass alle Gesellschafter anwesend sind, vielmehr gelten die allgemeinen Regeln über die **Beschlussfähigkeit.**[11] 6

2. Zustimmung anwesender Gesellschafter

Anwesend ist ein Gesellschafter immer dann, wenn er persönlich zugegen oder per Videokonferenz oder Telefon zugeschaltet ist.[12] Eine **Vertretung** der Gesellschafter durch Dritte ist nur möglich, sofern dies im Gesellschaftsvertrag generell erlaubt wird.[13] In diesem Zusammenhang stellt sich jedoch die Frage, ob die **Bevollmächtigung** des Vertreters der **notariellen Beurkundung** bedarf. Infrage käme eine Anwendung der Formerfordernisse der §§ 2 Abs. 2 GmbHG, § 23 Abs. 1 Satz 2 AktG und § 280 Abs. 1 Satz 3 AktG über § 197 Satz 1 UmwG. Die Gesetzesbegründung lässt eine solche jedoch nicht erkennen.[14] Teilweise wird die notarielle Form der Vollmacht ohne nähere Begründung verlangt.[15] Eine differenzierende Ansicht fordert eine notarielle Beurkundung nur, wenn die ausdrückliche Zustimmung des betreffenden Gesellschafters erforderlich ist, da § 193 Abs. 3 UmwG nicht durch § 167 Abs. 2 BGB unterlaufen werden soll.[16] Nach heute überwiegender Meinung wird ein Erfordernis der notariellen Form der Vollmacht jedoch zu Recht abgelehnt, da die §§ 190 ff. insofern spezieller sind und die genannten kapitalgesellschaftlichen 7

6) Widmann/Mayer-*Vossius*, UmwR, § 217 UmwG Rz. 7 f.

7) Widmann/Mayer-*Vossius*, UmwR, § 217 UmwG Rz. 9.

8) Lutter-*Hoger*, UmwG, § 217 Rz. 3.

9) Lutter-*Hoger*, UmwG, § 217 Rz. 3; Goutier/Knopf/Tulloch-*Laumann*, UmwG, § 217 Rz. 2.

10) Lutter-*Hoger*, UmwG, § 217 Rz. 4; Kallmeyer-*Blasche*, UmwG, § 217 Rz. 3; *Althoff/Narr* in: NK-UmwG, § 217 Rz. 8.

11) Lutter-*Hoger*, UmwG, § 217 Rz. 3; Semler/Stengel/Leonard-*Schlitt*, UmwG, § 217 Rz. 6; Kallmeyer-*Blasche*, UmwG, § 217 Rz. 2; *Kühn* in: BeckOGK-UmwG, § 217 Rz. 5; *Dauner-Lieb/Tettinger* in: KölnKomm-UmwG, § 217 Rz. 9.

12) Lutter-*Drygala*, UmwG, § 13 Rz. 10; zweifelnd bzgl. der Möglichkeit eines virtuellen Meetings auch *Dauner-Lieb/Tettinger* in: KölnKomm-UmwG, § 217 Rz. 9; a. A. *Erdmann*, MMR 2000, 526, 530, der nur physische Präsenz als Anwesenheit versteht, da das UmwG in Kenntnis der anderweitigen Möglichkeiten zu diesen schweigt.

13) Semler/Stengel/Leonard-*Schlitt*, UmwG, § 217 Rz. 8; vgl. generell zu dem Thema *Melchior*, GmbHR 1999, 520 ff.

14) *Heckschen*, NZG 2017, 721, 724 f.; Begr. RegE UmwBerG, BR-Drucks. 75/94, S. 139, 149.

15) Kallmeyer-*Meister/Klöcker/Berger*, UmwG, § 197 Rz. 15; Semler/Stengel/Leonard-*Bärwaldt*, UmwG, § 197 Rz. 26.

16) Schmitt/Hörtnagl-*Winter*, UmwG/UmwStG, § 193 UmwG Rz. 8; Widmann/Mayer-*Vossius*, UmwR, § 193 UmwG Rz. 23.

Regelungen verdrängen.[17] In der Praxis dürfte sich eine schriftliche und notariell beglaubigte Vollmacht allein zur Vermeidung von Beweisschwierigkeiten dennoch regelmäßig anbieten.

8 Nach der überwiegenden Ansicht in der Literatur müssen anwesende Gesellschafter sofort, d. h. **noch in der Gesellschafterversammlung zustimmen.**[18] Eine andere Auffassung sieht hierin eine unangemessene Benachteiligung der anwesenden Gesellschafter gegenüber den nicht anwesenden, die ihre Stimme anerkanntermaßen auch **im Nachhinein abgeben** können.[19] Nach Sinn und Zweck ist zunächst nicht erkennbar, warum eine Zustimmung nicht auch nachgeholt werden kann. Es sind durchaus Situationen vorstellbar in denen sich ein anwesender Gesellschafter in der Gesellschafterversammlung noch nicht für den Formwechsel entscheiden kann. Das Erfordernis der Zustimmung in der Gesellschafterversammlung ergibt sich jedoch unmittelbar aus dem Einstimmigkeitserfordernis des § 217 Abs. 1 Satz 1. Dieses spricht von der Zustimmung aller anwesenden Gesellschafter. Der Beschluss ist daher **nicht wirksam zustande gekommen**, wenn sich ein anwesender Gesellschafter der Stimmabgabe enthält und später zustimmt.

3. Zustimmung nicht anwesender Gesellschafter

9 Nicht anwesende Gesellschafter können ihre Zustimmung vor oder nach der Gesellschafterversammlung abgeben.[20] Die Zustimmung bedarf der **notariellen Beurkundung** und muss klar Bezug nehmen auf den in Rede stehenden Beschluss.[21] Die Zustimmung kann gegenüber der Gesellschaft oder der Gesellschafterversammlung erklärt werden.[22] Die **zeitliche Spanne**, in der die Zustimmung nach der Gesellschafterversammlung erfolgen kann, kann (und sollte in der Praxis) durch eine Vereinbarung begrenzt werden, die festlegt, wie lange die übrigen Gesellschafter an ihre Zustimmung gebunden sind, bevor sie sie widerrufen dürfen, sofern bis Fristablauf nicht alle Gesellschafter zugestimmt haben.[23]

4. Stimmrecht der Gesellschafter

10 Insgesamt spielt für das Einstimmigkeitserfordernis die Stellung der einzelnen Gesellschafter keine Rolle, weder die Art der Beteiligung noch die Höhe.[24] **Auch Gesellschafter, die** nach dem Gesellschaftsvertrag der Personengesellschaft **kein Stimmrecht haben**, müssen zustimmen.

---

17) *Dauner-Lieb/Tettinger* in: KölnKomm-UmwG, § 217 Rz. 13; Widmann/Mayer-*Vossius*, UmwR, § 197 UmwG Rz. 25; Kallmeyer-*Blasche*, UmwG, § 233 Rz. 3, § 193 Rz. 20; Lutter-*Hoger*, UmwG, § 193 Rz. 4 m. w. N.; Lutter-*Göthel*, UmwG, § 233 Rz. 36 ff.

18) Kallmeyer-*Blasche*, UmwG, § 217 Rz. 3; *Althoff/Narr* in: NK-UmwG, § 217 Rz. 8; *Kühn* in: BeckOGK-UmwG, § 217 Rz. 6; Lutter-*Hoger*, UmwG, § 217 Rz. 3; Semler/Stengel/Leonard-*Schlitt*, UmwG, § 217 Rz. 10; *Dauner-Lieb/Tettinger* in: KölnKomm-UmwG, § 217 Rz. 28.

19) *Rose* in: HK-UmwG, § 217 Rz. 5.

20) Lutter-*Hoger*, UmwG, § 217 Rz. 3; Semler/Stengel/Leonard-*Schlitt*, UmwG, § 217 Rz. 10; Kallmeyer-*Blasche*, UmwG, § 217 Rz. 3.

21) Lutter-*Hoger*, UmwG, § 217 Rz. 3; Semler/Stengel/Leonard-*Schlitt*, UmwG, § 217 Rz. 10, 11; Kallmeyer-*Blasche*, UmwG, § 217 Rz. 3; Widmann/Mayer-*Vossius*, UmwR, § 217 UmwG Rz. 34.

22) Lutter-*Hoger*, UmwG, § 217 Rz. 3; Semler/Stengel/Leonard-*Schlitt*, UmwG, § 217 Rz. 10, 11; Kallmeyer-*Blasche*, UmwG, § 217 Rz. 3; a. A. *Dauner-Lieb/Tettinger* in: KölnKomm-UmwG, § 217 Rz. 15 – Erklärung gegenüber der Gesellschaft, also den Geschäftsführern; Widmann/Mayer-*Vossius*, UmwR, § 217 UmwG Rz. 91 – Zustimmung erst mit Zugang der letzten Zustimmungserklärung beim letztempfangenden Mitgesellschafter.

23) Widmann/Mayer-*Vossius*, UmwR, § 217 UmwG Rz. 92.

24) Lutter-*Hoger*, UmwG, § 217 Rz. 4.

Eine Ausnahme wird für den Fall der **Personenidentität der Gesellschafter in der GmbH & Co. KG** zwischen Komplementär-GmbH und KG diskutiert.[25] Gegen ein Zustimmungserfordernis der GmbH spricht, dass es inhaltlich auf die Zustimmung der auch sonst nicht stimmberechtigten Komplementär-GmbH nicht ankommen kann.[26] Für ein Zustimmungserfordernis könnte sprechen, dass die Komplementär-GmbH eine Gesellschafterin ist und in der Praxis die Kommanditisten auf die Zustimmung hinwirken können, sodass keine Nachteile entstehen.[27] In der Praxis dürfte es im Regelfall ratsam sein, die **Zustimmung** der Komplementär-GmbH **einzuholen.** 11

5. Zustimmungspflicht

In ganz speziellen Ausnahmefällen kann die **Treuepflicht** der Gesellschafter zur Zustimmung zum Formwechsels verpflichten.[28] Dies ist aufgrund des grundlegenden Charakters der Entscheidung über den Formwechsel, nur dann der Fall, wenn der Formwechsel im Interesse der Gesellschaft **dringend erforderlich** ist.[29] Wurde die Zustimmung trotz bestehender Treuepflicht pflichtwidrig verweigert, so ist der Beschluss dennoch wirksam, wie er gefasst wurde. Die Treuepflicht ersetzt somit nicht die treugemäße Abstimmung. Die Zustimmung wird nur durch ein **rechtskräftiges Urteil** ersetzt.[30] Dies kann die vorherige verweigerte Zustimmung jedoch nicht revidieren; der Formwechselbeschluss muss daher **wiederholt** werden.[31] Entsprechendes gilt, wenn die Treuepflicht zur Ablehnung des Formwechsels verpflichtet. 12

6. Stimmbindungsvertrag

Ein Stimmbindungsvertrag hat allein **schuldrechtliche Wirkung.**[32] Wird daher unter Verstoß gegen den Stimmbindungsvertrag nicht für den Formwechsel gestimmt, ist der Beschluss auch bei Verstoß gegen den Stimmbindungsvertrag daher zunächst wirksam und die Zustimmung muss durch ein **rechtskräftiges Urteil** ersetzt werden und danach der Formwechselbeschluss wiederholt werden.[33] Sofern **wider den Stimmbindungsvertrag** eine Zustimmung erteilt wurde, ist die Umwandlung wirksam und es bestehen lediglich Schadensersatzansprüche.[34] 13

III. Umwandlung durch Mehrheitsbeschluss

1. Gesellschaftsvertragliche Regelung (§ 217 Abs. 1 Satz 2)

Der Gesellschaftsvertrag kann eine Mehrheitsentscheidung für die Beschlussfassung zum Formwechsel vorsehen, wobei die Mehrheit mindestens drei Viertel der abgegebenen 14

---

25) *Althoff/Narr* in: NK-UmwG, § 217 Rz. 12; Kallmeyer-*Blasche*, UmwG, § 217 Rz. 4; Lutter-*Hoger*, UmwG, § 217 Rz. 4.

26) Semler/Stengel/Leonard-*Schlitt*, UmwG, § 217 Rz. 9.

27) Lutter-*Hoger*, UmwG, § 217 Rz. 4.

28) BGH, Urt. v. 28.4.1975 – II ZR 16/73, BGHZ 64, 253 = NJW 1975, 1410; BGH, Urt. v. 19.10.2009 – II ZR 240/08, BGHZ 64, 253 = NJW 2010, 65; Semler/Stengel/Leonard-*Schlitt*, UmwG, § 217 Rz. 13; *Kühn* in: BeckOGK-UmwG, § 217 Rz. 13; Widmann/Mayer-*Vossius*, UmwR, § 217 UmwG Rz. 38 f.; Lutter-*Hoger*, UmwG, § 217 Rz. 7.

29) Semler/Stengel/Leonard-*Schlitt*, UmwG, § 217 Rz. 13.

30) BGH, Urt. v. 28.4.1975 – II ZR 16/73, BGHZ 64, 253, 256 = NJW 1975, 1410 a. E.; BGH, Urt. v. 29.5.1967 – II ZR 105/66, BGHZ 64, 253 = NJW 1967, 1963, 1966 a. E.

31) BGH, Urt. v. 10.4.1989 – II ZR 225/88, NJW-RR 1989, 1056 = ZIP 1989, 1261 – zur Geschäftsführerbestellung; Semler/Stengel/Leonard-*Schlitt*, UmwG, § 217 Rz. 14; Kallmeyer-*Blasche*, UmwG, § 217 Rz. 5; *Dauner-Lieb/Tettinger* in: KölnKomm-UmwG, § 217 Rz. 24.

32) BGH, Urt. v. 29.5.1967 – II ZR 105/66, BGHZ 64, 253 = NJW 1967, 1963; Lutter-*Hoger*, UmwG, § 217 Rz. 8.

33) BGH, Urt. v. 29.5.1967 – II ZR 105/66, BGHZ 64, 253 = NJW 1967, 1983, 1966.

34) Semler/Stengel/Leonard-*Schlitt*, UmwG, § 217 Rz. 15.

Stimmen betragen muss. Denkbar ist auch, den Gesellschaftsvertrag vor der Beschlussfassung über den Formwechsel einstimmig **abzuändern** und eine Mehrheitsentscheidung zuzulassen.[35] Dies kommt in etwa infrage, wenn Gesellschafter keine Gründungsverantwortung nach § 219 Satz 2 übernehmen, jedoch der Umwandlung auch nicht im Wege stehen wollen.[36]

15 In formeller Hinsicht genügt eine **allgemeine Mehrheitsklausel**, solange durch Auslegung ermittelt werden kann, dass auch Formwechselbeschlüsse davon umfasst sind.[37] Die Klausel muss klar erkennen lassen, dass der **konkrete Beschlussgegenstand** der Mehrheitsentscheidung unterworfen ist und ist hierzu nach allgemeinen Grundsätzen auszulegen.[38] Der Beschlussgegenstand des Formwechsels muss jedoch nicht selbst spezifiziert werden. Eine anderweitige frühere Rechtsprechung des BGH[39] wurde aufgegeben.[40] Darüber hinaus muss der Formwechselbeschluss **keiner weiteren Inhaltskontrolle** bspw. auf Verletzung von Mitgliedschaftsrechten unterzogen werden. Auch wenn der BGH eine solche Prüfung auf zweiter Stufe generell für erforderlich hält, gilt dies nicht für Formwechselbeschlüsse.[41] Hier ist der Gesellschafter bereits durch die Abfindung, seine Informationsrechte und die sich durch den Formwechsel in der Regel verbessernde Haftungsstruktur **ausreichend geschützt**, sodass kein sachlicher Grund für eine weitere inhaltliche Kontrolle besteht.[42] Eine allgemeine Missbrauchskontrolle bleibt indes möglich.[43]

2. Qualifizierte Mehrheit (§ 217 Abs. 1 Satz 3)

16 Sieht der Gesellschaftsvertrag eine Mehrheitsentscheidung über den Formwechsel vor, ordnet § 217 Abs. 1 Satz 3 die qualifizierte Mehrheit von mindestens drei Vierteln der abgegebenen Stimmen an. Hiervon darf nicht nach unten abgewichen werden. Damit soll der tiefgreifenden Änderung der Gesellschafterrechte im Zuge des Formwechsels Rechnung getragen werden.[44] Eine **höhere Quote** oder andere **besondere Modalitäten** der Beschluss-

35) Lutter-*Hoger*, UmwG, § 217 Rz. 11; *Dauner-Lieb/Tettinger* in: KölnKomm-UmwG, Rz. 32.

36) Kallmeyer-*Blasche*, UmwG, § 217 Rz. 7; Semler/Stengel/Leonard-*Schlitt*, UmwG, § 217 Rz. 17; *Dauner-Lieb/Tettinger* in: KölnKomm-UmwG, § 217 Rz. 32.

37) BGH, Urt. v. 21.10.2014 – II ZR 84/13, Rz. 14, BGHZ 203, 77 = NZG 2014, 1296; BGH, Urt. v. 24.11.2008 – II ZR 116/08, Rz. 15, NZG 2009, 183 = NJW 2009, 669; BGH, Urt. v. 16.10.2012 – II ZR 239/11, Rz. 15, GmbHR 2013, 194 = NZG 2013, 63; Lutter-*Hoger*, UmwG, § 217 Rz. 13; Semler/Stengel/Leonard-*Schlitt*, UmwG, § 217 Rz. 16a.

38) BGH, Urt. v. 21.10.2014 – II ZR 84/13, Rz. 14, BGHZ 203, 77 = NZG 2014, 1296; BGH, Urt. v. 25.5.2009 – II ZR 259/07, Rz. 14, NJW-RR 2009, 1265 = NZG 2009, 862; BGH, Urt. v. 16.10.2012 – II ZR 239/11, Rz. 11, GmbHR 2013, 194 = NZG 2013, 63.

39) BGH, Urt. v. 15.1.2007 – II ZR 245/05, Rz. 9, NZG 2007, 259 = NJW 2007, 1685; BGH, Urt. v. 15.11.1982 – II ZR 62/82, BGHZ 85, 350, 355 ff. = NJW 1983, 1056, 1058; Heymann-*Hoffmann/Barlitz*, HGB, § 119 Rz. 31.

40) BGH, Urt. v. 15.1.2007 – II ZR 84/13, Rz. 14, BGHZ 203, 77 = NZG 2014, 1296.

41) BGH, Urt. v. 15.1.2007 – II ZR 245/05, Rz. 10, NZG 2007, 259= NJW 2007, 1685; BGH, Urt. v. 24.11.2008 – II ZR 116/08, Rz. 17, NZG 2009, 183 = NJW 2009, 669; BGH, Urt. v. 16.10.2012 – II ZR 239/11, Rz. 36, GmbHR 2013, 194, 197 = NZG 2013, 63; Lutter-*Hoger*, UmwG, § 217 Rz. 14.

42) *Weiler* in: MünchHdb. GesR, Bd. 8, § 38 Rz. 401; Semler/Stengel/Leonard-*Schlitt*, UmwG, § 217 Rz. 19; Lutter-*Hoger*, UmwG, § 217 Rz. 15; Kallmeyer-*Zimmermann*, UmwG, § 193 Rz. 10; Lutter-*Hoger*, UmwG, § 193 Rz. 9 m. w. N.; *Binnewies*, GmbHR 1997, 727, 733; *Bayer*, ZIP 1997, 1613, 1624; *Rose* in: HK-UmwG, § 217 Rz. 19; a. A. Goutier/Knopf/Tulloch-*Laumann*, UmwG, § 217 Rz. 12 – Kernbereichslehre.

43) *Meyer-Landrut/Kiem*, WM 1997, 1361, 1365 f.; *Dauner-Lieb/Tettinger* in: KölnKomm-UmwG, § 217 Rz. 36 ff.

44) Begr. RegE UmwBerG, BR-Drucks. 75/94, S. 149.

fassung können jedoch im Gesellschaftsvertrag vereinbart werden.[45] Eine Regelung, welche ein niedrigeres Quorum als eine Drei-Viertel-Mehrheit vorsieht, sollte im Wege der geltungserhaltenden Auslegung als Drei-Viertel-Mehrheits-Erfordernis verstanden werden.[46]

Die erforderliche Mehrheit muss mit den **Stimmen der anwesenden Gesellschafter** erreicht werden. Auf die im Nachhinein abgegebenen Stimmen der nicht anwesenden Gesellschafter kann es für die erforderliche Mehrheit aus Klarheitsgründen nicht ankommen. Andernfalls würde der Beschluss nachträglich wirksam oder unwirksam.[47] Damit entspricht die Regelung den Vorschriften bei anderen Rechtsformen.[48] 17

Wie mit **Stimmenthaltungen** bei Mehrheitsentscheidungen umzugehen ist, wird unterschiedlich beantwortet. Während manche diese schlicht nicht mitrechnen wollen,[49] werten andere sie als Gegenstimme.[50] Nach dem klaren Wortlaut der Vorschrift kommt es jedoch auf die Mehrheit der abgegebenen Stimmen an. Bei einer Enthaltung möchte der betreffende Gesellschafter aber gerade keine Stimme abgeben, sondern sich neutral verhalten. Seine Stimme im Nachhinein als Nein-Stimme zu werten, widerspräche damit klar seinem Willen und würde die Hürde der Drei-Viertel-Mehrheit entgegen des klaren Wortlauts erhöhen. Daher sind Stimmenthaltungen schlicht für die Bestimmung der erforderlichen qualifizierten Mehrheit **nicht mitzurechnen**. 18

Grundsätzlich erfolgt die **Abstimmung nach Köpfen** (vgl. § 119 Abs. 2 HGB), i. R. der Vertragsfreiheit ist es jedoch möglich, eine Abstimmung nach Kapitalanteilen oder in anderer Weise zu bestimmen.[51] Auch ungleiche Stimmrechte sind grundsätzlich zulässig, sofern keine sittenwidrigen Abhängigkeiten geschaffen werden.[52] Die nachträgliche Zustimmung der abwesenden Gesellschafter dient lediglich der Bestimmung des Gründerkreises gemäß § 219 Satz 2.[53] 19

Zu beachten ist außerdem, dass schon nach dem Rechtsgedanken von § 35 BGB **Inhaber von Sonderrechten** grundsätzlich zustimmen müssen, da ihnen, ebenso die Gesellschafter, bei denen der Gesellschaftsvertrag dies bestimmt.[54] 20

3. Folgen der Zustimmungsverweigerung

Wenn ein Gesellschafter seine Zustimmung verweigert, führt dies nicht automatisch zu seinem Ausscheiden aus der Gesellschaft, sondern er bleibt Gesellschafter i. S. des Kontinuitätsprinzips. Legt er einen **Widerspruch** zur Niederschrift gegen den Formwechselbeschluss ein, ist ihm ein **Barabfindungsangebot** zu machen, welches er entweder annehmen kann und aus der Gesellschaft ausscheiden, oder ausschlagen und somit in der Gesellschaft 21

45) Lutter-*Hoger*, UmwG, Rz. 16; Kallmeyer-*Blasche*, UmwG, § 217 Rz. 6; Semler/Stengel/Leonard-*Schlitt*, UmwG, § 217 Rz. 21; m. Bsp. für Gestaltungsmöglichkeiten *Dauner-Lieb/Tettinger* in: KölnKomm-UmwG, § 217 Rz. 34.

46) *Dauner-Lieb/Tettinger* in: KölnKomm-UmwG, § 217 Rz. 35.

47) *Althoff/Narr* in: NK-UmwG, § 217 Rz. 18; *Dauner-Lieb/Tettinger* in: KölnKomm-UmwG, § 217 Rz. 28; Semler/Stengel/Leonard-*Schlitt*, UmwG, § 217 Rz. 21; Lutter-*Hoger*, UmwG, § 217 Rz. 16.

48) Begr. RegE UmwGÄndG, BT-Drucks. 13/8808, S. 12, 15.

49) BGH, Urt. v. 25.1.1982 – II ZR 164/81, ZIP 1982, 693 = NJW 1982, 1585.

50) Goutier/Knopf/Tulloch-*Laumann*, UmwG, § 217 Rz. 11, 18.

51) Lutter-*Hoger*, UmwG, § 217 Rz. 18; BGH, Urt. v. 24.11.2008 – II ZR 116/08, Rz. 14, NZG 2009, 183 = NJW 2009, 669; Schmitt/Hörtnagl-*Rinke*, UmwG/UmwStG, § 217 UmwG Rz. 2; Widmann/Mayer-*Vossius*, UmwR, § 217 UmwG Rz. 86.1.

52) BGH, Urt. v. 14.5.1956 – II ZR 229/54, BGHZ 20, 363, 370 = NJW 1956, 1198.

53) Semler/Stengel/Leonard-*Schlitt*, UmwG, § 217 Rz. 22.

54) Semler/Stengel/Leonard-*Schlitt*, UmwG, § 217 Rz. 23, 24.

verbleiben kann, ohne die Stellung eines Gründers zu erlangen (§§ 194 Abs. 1 Nr. 3, 202 Abs. 1 Nr. 2).[55] Ein Zwangsausschluss ist hingegen nicht möglich.[56]

IV. Niederschrift (§ 217 Abs. 2)

22 Die Niederschrift des Formwechselbeschlusses bedarf nach § 193 Abs. 3 Satz 1 der **notariellen Beurkundung.**[57] Der Beschluss muss nicht unterzeichnet werden, aber eine Unterschrift ist andererseits auch nicht schädlich.[58]

23 Zwingend erforderlich ist hingegen, dass der Beschluss alle Gesellschafter, die zugestimmt haben **namentlich benennt**, damit klar ist, welche Gesellschafter gemäß § 219 Satz 2 **zu den Gründern zählen** und ggf. als solche haften.[59] Eine Ausnahme besteht nur, sofern der Beschluss **einstimmig** gefasst wurde, auch wenn grundsätzlich eine Mehrheitsentscheidung genügt hätte. In diesem Fall tragen ohnehin alle Gesellschafter Gründungsverantwortung.[60] **Nachträgliche Zustimmungen** sind aus diesen Gründen ihrerseits notariell zu beurkunden.[61]

V. Umwandlung in eine KGaA (§ 217 Abs. 3)

24 Der § 217 Abs. 3 beinhaltet eine Sonderregel für die Umwandlung in eine KGaA. Eine KGaA benötigt gemäß § 278 AktG mindestens **einen persönlich haftenden Gesellschafter.** Bei dem Formwechsel kann ein solcher entweder **beitreten oder ein Gesellschafter** muss diese Position übernehmen.[62] Eine entsprechende Regelung kann entweder direkt im Formwechselbeschluss selbst erfolgen oder per gesonderter notariell beurkundeter Regelung. Bei der Übernahme der Position durch einen Gesellschafter muss in der Regel, keine zusätzliche Regelung getroffen werden; der Formwechselbeschluss an sich genügt.[63]

25 Die Regelung betrifft **alle persönlich haftenden Gesellschafter der KGaA**. Niemandem soll eine persönliche Haftung aufgedrängt werden. Mit der Änderung der Rechtsform wird zwar die unternehmerische Aktivität fortgeführt, nicht jedoch der persönliche Haftungsumfang.[64] Dies gilt selbst dann, wenn bereits in der Ausgangsrechtsform persönlich gehaftet wurde, da u. a. die Nachhaftungsgrenze des § 224 entfällt.[65]

---

55) Semler/Stengel/Leonard-*Schlitt*, UmwG, § 217 Rz. 25.

56) OLG Karlsruhe, Urt. v. 26.9.2002 – 9 U 195/01, Rz. 28, NZG 2002, 1118 = ZIP 2003, 78.

57) Für Einzelheiten vgl. Widmann/Mayer-*Vossius*, UmwR, § 217 UmwG Rz. 116 ff.

58) Semler/Stengel/Leonard-*Schlitt*, UmwG, § 217 Rz. 37.

59) Lutter-*Hoger*, UmwG, § 217 Rz. 19.

60) Kallmeyer-*Blasche*, UmwG, § 217 Rz. 14; Semler/Stengel/Leonard-*Schlitt*, UmwG, § 217 Rz. 39; Schmitt/Hörtnagl-*Rinke*, UmwG/UmwStG, § 217 UmwG Rz. 3; *Kühn* in: BeckOGK-UmwG, § 217 Rz. 37.

61) Lutter-*Hoger*, UmwG, § 217 Rz. 2; Widmann/Mayer-*Vossius*, UmwR, § 217 UmwG Rz. 127.

62) Semler/Stengel/Leonard-*Schlitt*, UmwG, § 217 Rz. 40.

63) Lutter-*Hoger*, UmwG, § 217 Rz. 21; Goutier/Knopf/Tulloch-*Laumann*, UmwG, § 217 Rz. 23; Widmann/Mayer-*Vossius*, UmwR, § 217 UmwG Rz. 131.

64) Lutter-*Hoger*, UmwG, § 217 Rz. 21; Schmitt/Hörtnagl-*Rinke*, UmwG/UmwStG, § 217 UmwG Rz. 4; *Kühn* in: BeckOGK-UmwG, § 217 Rz. 47.

65) Kallmeyer-*Blasche* UmwG, § 217 Rz. 15; *Kühn* in: BeckOGK-UmwG, § 217 Rz. 47; Lutter-*Hoger*, UmwG, § 217 Rz. 21; Schmitt/Hörtnagl-*Rinke*, UmwG/UmwStG, § 217 UmwG Rz. 4; *Althoff/Narr* in: NK-UmwG, § 217 Rz. 27; Semler/Stengel/Leonard-*Schlitt*, UmwG, § 217 Rz. 41.

§ 218
Inhalt des Formwechselbeschlusses*)

(1) [1]In dem Formwechselbeschluss muß auch der Gesellschaftsvertrag der Gesellschaft mit beschränkter Haftung oder die Satzung der Genossenschaft enthalten sein oder die Satzung der Aktiengesellschaft oder der Kommanditgesellschaft auf Aktien festgestellt werden. [2]Eine Unterzeichnung der Satzung durch die Mitglieder ist nicht erforderlich.

(2) Der Beschluss zum Formwechsel in eine Kommanditgesellschaft auf Aktien muß vorsehen, daß sich an dieser Gesellschaft mindestens ein Gesellschafter der formwechselnden Gesellschaft als persönlich haftender Gesellschafter beteiligt oder daß der Gesellschaft mindestens ein persönlich haftender Gesellschafter beitritt.

(3) [1]Der Beschluss zum Formwechsel in eine Genossenschaft muß die Beteiligung jedes Mitglieds mit mindestens einem Geschäftsanteil vorsehen. [2]In dem Beschluß kann auch bestimmt werden, daß jedes Mitglied bei der Genossenschaft mit mindestens einem und im übrigen mit so vielen Geschäftsanteilen, wie sie durch Anrechnung seines Geschäftsguthabens bei dieser Genossenschaft als voll eingezahlt anzusehen sind, beteiligt wird.

*) § 218 geändert durch Art. 1 des Gesetzes zur Umsetzung der Umwandlungsrichtlinie und zur Änderung weiterer Gesetze (UmRUG), v. 22.2.2023, BGBl. I 2023, Nr. 51; § 218 i. d. F. des UmwBerG geändert durch Art. 14 des Gesetzes zur Einführung der Europäischen Genossenschaft und zur Änderung des Genossenschaftsrechts (SCEEG), v. 14.8.2006, BGBl. I 2006, 1911.

Literatur: *Bärwaldt/Schabacker*, Der Formwechsel als modifizierte Neugründung, ZIP 1998, 1293; *Halm*, Notwendigkeit der Bildung des mitbestimmten Aufsichtsrats bei der GmbH vor Eintragung in das Handelsregister?, BB 2000, 1849; *Kallmeyer*, Der Formwechsel der GmbH oder GmbH & Co. in die AG oder KGaA zur Vorbereitung des Going public, GmbHR 1995, 888; *Kallmeyer*, Das neue Umwandlungsgesetz, ZIP 1994, 1746; *Priester*, Umwandlung mit Bareinlage, BB 1978, 1291; *Schmidt, K.*, Formwechsel zwischen GmbH und GmbH & Co. KG, GmbHR 1995, 693; *Simon/Leuering*, Umwandlung von GmbH & Co. KGs – Ende des. Treuhandmodells, NJW-Spezial 2005, 459; *Wulff/Buchner*, Sicherung der Amtskontinuität des mitbestimmten Aufsichtsrats bei Verschmelzung und Formwechsel, ZIP 1007, 314.

Übersicht

I. Normzweck

1 Die Regelung des § 218 Abs. 1 gibt vor, dass der **Gesellschaftsvertrag oder** die **Satzung**, mithin das Statut, der neuen Gesellschaft **im Formwechselbeschluss enthalten sein muss oder festgestellt werden muss**. Die unterschiedliche Bezeichnung rührt lediglich daher, dass bei den unterschiedlichen Rechtsformen unterschiedliche Begrifflichkeiten in den jeweiligen Normen gewählt wurden.[1)] Die Regelung ergänzt damit § 194 Abs. 1 zum notwendigen Inhalt des Formwechselbeschlusses.

2 Aufgrund der gravierenden Unterschiede zwischen den Rechtsformen der Personengesellschaften als formwechselnde Rechtsträger einerseits und den Kapitalgesellschaften andererseits erscheint es dem Gesetzgeber geboten, dass der Gesellschaftsvertrag oder die Satzung, die die Rechte der Anteilsinhaber regeln, dem Formwechselbeschluss angefügt werden.[2)] In der Sache dient es der **Transparenz**, indem bereits bei Beschlussfassung die Ausgestaltung der Kapitalgesellschaft in Satzung und Gesellschaftsvertrag feststeht. Daher genügt es, dass die entsprechenden Dokumente dem Beschluss beigefügt werden, der auf sie verwiesen wird.[3)] Inhaltlich richten sich die Anforderungen an Satzung und Gesellschaftsvertrag nach den jeweiligen gesetzlichen Regelungen der Kapitalgesellschaft.[4)] Der Beschluss muss jedoch **alle Abreden umfassen**, wie sie in der neuen Kapitalgesellschaft jedenfalls vorübergehend gelten sollen. Die Anforderungen sollen nicht umgangen werden, indem lediglich eine Mustersatzung, die nur die Mindestanforderungen umfasst, beigefügt werden, wenngleich weitere Abreden bestehen.[5)] Eine Abgrenzung wird hier regelmäßig in der Praxis schwerfallen. Aufzunehmen sind jedenfalls alle Regelungen, die jedenfalls **für eine Interimsphase**, bspw. bis zum Beitritt weiterer Gesellschafter, gelten sollen.

3 § 218 Abs. 2 stellt lediglich nochmals klar, dass es für den Formwechsel in eine **KGaA** eines **persönlich haftenden Gesellschafters** bedarf. Die Möglichkeit diesen über einen Beitritt zu gewinnen, stellt hier eine Erleichterung des Formwechsels dar.[6)] § 218 Abs. 3 stellt letztlich eine Konkretisierung des § 194 Abs. 1 Nr. 3 unter Berücksichtigung der Besonderheiten der Genossenschaft dar.[7)]

II. Form des Formwechselbeschlusses

4 Der Formwechselbeschluss muss gemäß § 193 Abs. 3 **notariell beurkundet** werden.

---

1) Schmitt/Hörtnagl-*Rinke*, UmwG/UmwStG, § 218 UmwG Rz. 3; *Althoff/Narr* in: NK-UmwG, § 218 Rz. 5.

2) Begr. RegE UmwBerG, BR-Drucks. 75/94, S. 149; Lutter-*Hoger*, UmwG, § 218 Rz. 1; Schmitt/Hörtnagl-*Rinke*, UmwG/UmwStG, § 218 UmwG Rz. 1.

3) Schmitt/Hörtnagl-*Rinke*, UmwG/UmwStG, § 218 UmwG Rz. 4.

4) Lutter-*Hoger*, UmwG, § 218 Rz. 1; Schmitt/Hörtnagl-*Rinke*, UmwG/UmwStG, § 218 UmwG Rz. 3.

5) *Althoff/Narr* in: NK-UmwG, § 218 Rz. 6; Widmann/Mayer-*Vossius*, UmwR, § 218 UmwG Rz. 8; Semler/Stengel/Leonard-*Schlitt*, UmwG, § 218 Rz. 5; Schmitt/Hörtnagl-*Rinke*, UmwG/UmwStG, § 218 UmwG Rz. 3.

6) Lutter-*Hoger*, UmwG, § 218 Rz. 2; Schmitt/Hörtnagl-*Rinke*, UmwG/UmwStG, § 218 UmwG Rz. 2; Semler/Stengel/Leonard-*Schlitt*, UmwG, § 218 Rz. 2.

7) Schmitt/Hörtnagl-*Rinke*, UmwG/UmwStG, § 218 UmwG Rz. 2.

Vereinzelt wurde in der Vergangenheit vertreten, dass der Beschluss zum Formwechsel in eine GmbH von allen Gesellschaftern **unterschrieben** werden muss.[8)] Dies legt einerseits der insoweit verwirrende § 218 Abs. 2 nahe, der lediglich bei der Satzung die Unterzeichnung durch die Mitglieder für nicht erforderlich erklärt. Einen Umkehrschluss könnte man auch aus § 244 Abs. 2 ziehen, der bei einem Formwechsel einer Kapitalgesellschaft in eine GmbH, die Unterzeichnung durch alle Gesellschafter für entbehrlich erklärt. Weiterhin könnte man über die Verweisnorm des § 197 Abs. 1 zu § 2 Abs. 1 Satz 2 GmbHG gelangen, der die Unterzeichnung durch alle Gründer der GmbH vorsieht. 5

Die **einhellige Meinung** hält eine Unterzeichnung des Gesellschafterbeschlusses durch alle Gesellschafter jedoch für **nicht erforderlich**.[9)] Ausweislich des gesetzgeberischen Willens, sollten die genannten Ausnahmeregelungen nur **deklaratorischer Art** sein.[10)] Weiterhin wäre ein Erfordernis der Unterzeichnung aller Gesellschafter bei Gesellschaften mit zahlreichen Gesellschaftern schlicht unpraktikabel.[11)] Weiterhin sind Situationen denkbar, in denen abweichend von § 217 Abs. 1 nach dem Gesellschaftsvertrag eine **Mehrheitsentscheidung** möglich ist. In diesem Fall müsste die Unterschrift des ablehnenden Gesellschafter im Ernstfall erzwungen werden.[12)] Nicht zuletzt wird mit dem Formwechselbeschluss auch keine Willenserklärung beurkundet, sondern der aus mehreren Willenserklärungen resultierende Beschluss.[13)] Schließlich verfängt auch der Verweis über § 197 Abs. 1 auf die Gründungsvorschriften nicht, da dieser gerade nur erfolgt, soweit §§ 190 ff. nicht anderweitiges festlegt.[14)] Dementsprechend richtet sich die Beurkundung des Formwechselbeschlusses nach §§ 36 f. BeurkG und nicht nach §§ 8 ff. BeurkG.[15)] Eine Beurkundung nach den strengeren §§ 8 ff. BeurkG dürfte jedoch unschädlich sein. 6

III. Umwandlung in eine GmbH

Dem Umwandlungsbericht muss ein vollständiger Gesellschaftsvertrag beigefügt werden, der alle notwendigen Abreden enthält, dass sich aus ihm der Gesellschaftsvertrag der künftigen GmbH zweifelsfrei ergibt. Die in §§ 3 ff. GmbHG normierten Pflichtangaben müssen in jedem Fall enthalten sein.[16)] Im Einzelfall ergeben sich folgende Besonderheiten: 7

1. Firma und Sitz

Gemäß § 3 Abs. 1 Nr. 1 GmbHG i. V. m. § 194 Abs. 1 Nr. 2 UmwG gehört zu den Pflichtangaben die **Firma** der Gesellschaft. Entsprechend dem Kontinuitätsprinzip (§ 200) kann die Firma der Personenhandelsgesellschaft grundsätzlich fortgeführt werden, allerdings ist zwingend der Zusatz „GmbH“ oder „Gesellschaft mit beschränkter Haftung“ aufzu- 8

8) Lutter-*Hoger*, UmwG, § 218 Rz. 3 m. w. N.

9) OLG Köln Beschl. v. 17.7.1992 – 2 Wx 32/92, BB 1993, 317, 318 = NJW-RR 1993, 223; Lutter-*Hoger*, UmwG, § 218 Rz. 3; Kallmeyer-*Blasche*, UmwG, § 218 Rz. 2; *Althoff/Narr* in: NK-UmwG, § 218 Rz. 7; Semler/Stengel/Leonard-*Schlitt*, UmwG, § 218 Rz. 6; Schmitt/Hörtnagl-*Rinke*, UmwG/UmwStG, § 218 UmwG Rz. 5; *Dauner-Lieb/Tettinger* in: KölnKomm-UmwG, § 218 Rz. 16; *Kühn* in: BeckOGK-UmwG, § 218 Rz. 8.

10) Begr. RegE UmwBerG, BR-Drucks. 75/94, S. 157.

11) Widmann/Mayer-*Vossius*, UmwR, § 218 UmwG Rz. 6.

12) *Dauner-Lieb/Tettinger* in: KölnKomm-UmwG, § 218 Rz. 16.

13) *Dauner-Lieb/Tettinger* in: KölnKomm-UmwG, § 218 Rz. 17.

14) Schmitt/Hörtnagl-*Rinke*, UmwG/UmwStG, § 218 UmwG Rz. 5; *Kühn* in: BeckOGK-UmwG, § 218 Rz. 9; Widmann/Mayer-*Vossius*, UmwR, § 217 UmwG Rz. 31.

15) *Dauner-Lieb/Tettinger* in: KölnKomm-UmwG, § 218 Rz. 17; Lutter-*Hoger*, UmwG, § 218 Rz. 3; Kallmeyer-*Blasche*, UmwG, § 218 Rz. 2; *Althoff/Narr* in: NK-UmwG, § 218 Rz. 7; Semler/Stengel/Leonard-*Schlitt*, UmwG, § 218 Rz. 6; Schmitt/Hörtnagl-*Rinke*, UmwG/UmwStG, § 218 UmwG Rz. 5; *Dauner-Lieb/Tettinger* in: KölnKomm-UmwG, § 218 Rz. 17; *Kühn* in: BeckOGK-UmwG, § 218 Rz. 8.

16) Lutter-*Hoger*, UmwG, § 218 Rz. 4.

nehmen, der die Rechtsform hinreichend deutlich macht. Korrespondierend dazu können Zusätze, die auf die Personenhandelsgesellschaft zugeschnitten waren, weggelassen werden.[17)]

9 Der **Sitz** der Gesellschaft ist ebenfalls gemäß § 3 Abs. 1 Nr. 1 GmbHG aufzunehmen und wird in der Regel im Gesellschaftsvertrag bestimmt.[18)] Sollte der Sitz aus Anlass oder zeitgleich mit dem Formwechsel **verlegt** werden, wofür in der Praxis kaum ein praktisches Bedürfnis bestehen dürfte, wird diese Sitzverlegung jedoch erst **mit Eintragung** im Handelsregister **wirksam.**[19)]

2. Gegenstand des Unternehmens

10 Regelmäßig ergibt sich der Gegenstand des formwechselnden Unternehmens aus dessen Handelsgeschäft. Er muss trotzdem gemäß § 3 Abs. 1 Nr. 2 GmbHG im Gesellschaftsvertrag aufgenommen werden. In der Praxis bietet es sich daher an die Formulierung des Gesellschaftsvertrages der Personenhandelsgesellschaft **zu übernehmen.**[20)] Der Gegenstand des Unternehmens kann im Zuge des Formwechsels auch **verändert oder erweitert** werden. Allerdings ist bei einer Beschränkung des Gegenstands der Gesellschaft Vorsicht geboten, als der Gegenstand des Unternehmens die Grenzen der rechtlichen und tatsächlichen Möglichkeiten vorgibt, sowie auch die mit dem Betrieb des Geschäfts einhergehenden Verpflichtungen.[21)]

3. Stammkapital

11 Nach § 5 Abs. 1 GmbHG muss zur Gründung einer GmbH mindestens ein Stammkapital von 25.000 € aufgebracht werden. Der Gesellschaftsvertrag muss gemäß § 3 Abs. 1 Nr. 3 GmbHG **den genauen Betrag** des Stammkapitals im Einzelfall benennen, was zur Folge hat, dass dieses erstmalig **festgesetzt werden muss,** da ein solches in der Personenhandelsgesellschaft so nicht besteht.[22)] Wegen des **Verbots der Sachgründung** in § 5a Abs. 2 Satz 2 GmbHG ist ein Formwechsel in eine **UG** (haftungsbeschränkt), die geringere Anforderungen an das Stammkapital stellt, nicht im Wege des Formwechsels möglich.[23)]

12 Zur **Kapitalaufbringung und** dem **Kapitalschutz** ist § 220 zu beachten. Die Personenhandelsgesellschaft muss ein Reinvermögen von mindestens 25.000 € haben, sonst kann sie nicht ohne weiteres in eine GmbH umgewandelt werden.[24)] Unterschreitet das Reinvermögen 25.000 € muss das Vermögen der Personengesellschaft zunächst durch weitere Einlagen erhöht werden.

13 Eine Bemessung des Stammkapitals exakt nach dem Reinvermögen der Gesellschaft wird eher die Ausnahme sein. Liegt das **Reinvermögen der Personengesellschaft über dem Stammkapital** kann damit unterschiedlich verfahren werden: Regelmäßig wird es sich anbieten, den überschießenden Betrag als **Kapitalrücklage** (§ 272 Abs. 2 Nr. 1 HGB) zu

---

17) Lutter-*Hoger*, UmwG, § 218 Rz. 5; Semler/Stengel/Leonard-*Schlitt*, UmwG, § 218 Rz. 11; OLG Frankfurt/M, Beschl. v. 19.2.1999 – 20 W 72/99, NZG 1999, 351 – 352 = GmbHR 1999, 411.

18) Lutter-*Hoger*, UmwG, § 218 Rz. 6.

19) Semler/Stengel/Leonard-*Schlitt*, UmwG, § 218 Rz. 12.

20) Lutter-*Hoger*, UmwG, § 218 Rz. 7.

21) OLG Stuttgart, Urt. v. 14.5.2003 – 20 U 31/02, ZIP 2003 1981, 1987 = NZG 2003, 778; Kallmeyer-*Blasche*, UmwG, § 218 Rz. 7.

22) Lutter-*Hoger*, UmwG, § 218 Rz. 8.

23) Lutter-*Hoger*, UmwG, § 218 Rz. 8.

24) Lutter-*Hoger*, UmwG, § 218 Rz. 8; Goutier/Knopf/Tulloch-*Laumann*, UmwG, § 218 Rz. 16; *Priester*, BB 1978, 1291 f.; Semler/Stengel/Leonard-*Schlitt*, UmwG, § 218 Rz. 15.

behandeln. Ebenso denkbar ist eine **Auszahlung** an die Gesellschafter oder eine Verbuchung des überschießenden Betrages als **Gesellschafterdarlehen.**[25)]

14 Einige Stimmen in der Literatur halten dies jedoch für unzulässig, da der Formwechsel nicht die Möglichkeit schaffen soll, Vermögen aus der Gesellschaft herauszulösen, und verweisen auf das Konzept der wirtschaftlichen Identität nachdem der Vermögensbestand vor und nach dem Formwechsel gleich sein sollte.[26)] Richtigerweise sind solche Gestaltungen jedoch **zulässig.**[27)] In der Sache besteht jedenfalls nach Vollzug des Formwechsels ohnehin die Möglichkeit überschießendes Vermögen auszuzahlen und/oder in ein Darlehen umzuwandeln. Es ist damit kein Grund ersichtlich, warum dies nicht auch bereits im Zuge der Umwandlung erfolgen kann.

15 Zu beachten ist in diesem Zusammenhang jedoch, dass es bei der **KG nicht zu einer Rückgewährung** von Kommanditeinlagen **kommen darf**, da sonst die Kommanditistenhaftung wieder auflebt.[28)]

16 Gemäß § 197 i. V. m. § 5 Abs. 4 Satz 1 GmbHG müssen erbrachte **Sacheinlagen** mit Gegenstand und Betrag im Gesellschaftsvertrag aufgenommen werden. Daher muss im Gesellschaftsvertrag ausgewiesen werden, mittels welchen Anteils am Vermögen der Personengesellschaft der jeweilige Gesellschafter seine Stammeinlage auf seinen Anteil erbringt.[29)] Darüber hinaus, ist der Verweis darauf, dass die Sacheinlage durch Formwechsel erbracht wird ausreichend.[30)]

4. Geschäftsanteile

17 Nach § 3 Abs. 1 Nr. 4 GmbHG ist die Stammeinlage der jeweiligen Gesellschafter im **Gesellschaftsvertrag** zu erfassen. § 194 Abs. 1 Nr. 4 regelt, dass der Formwechselbeschluss die **Anzahl**, den **Umfang** und die **Summe der Anteile**, die jeder Anteilsinhaber erhalten soll, benennen muss.[31)]

18 Dabei werden die Gesellschaftsanteile den einzelnen Gesellschaftern lediglich **als Rechengrößen zugeordnet**, es wird jedoch seitens der Gesellschafter keine zusätzliche Leistungspflicht übernommen, sondern das Vermögen der Personenhandelsgesellschaft wird zum Vermögen der GmbH.[32)] Näheres regelt § 5 GmbHG:[33)] Die Geschäftsanteile müssen auf volle Euro lauten (§ 5 Abs. 2 Satz 1 GmbHG). Es können mehrere Anteile einem Gesellschafter zugeordnet werden. Die Summe der Geschäftsanteile muss mit der Stammkapitalziffer identisch sein.

---

25) Semler/Stengel/Leonard-*Schlitt*, UmwG, § 218 Rz. 16; Lutter-*Hoger*, UmwG, § 218 Rz. 9.

26) *Kühn* in: BeckOGK-UmwG, § 218 Rz. 22; Widmann/Mayer-*Vossius*, UmwR, § 220 UmwG Rz. 55, der ausdrücklich eine Auszahlung erst unter Auflösung einer vorher gebildeten Kapitalrücklage für möglich hält.

27) Semler/Stengel/Leonard-*Schlitt*, UmwG, § 218 Rz. 16; Lutter-*Hoger*, UmwG, § 218 Rz. 9; Kallmeyer-*Blasche*, UmwG, § 218 Rz. 9; *Rose* in: HK-UmwG, § 218 Rz. 6; *Bärwaldt/Schabacker*, ZIP 1998, 1293, 1296.

28) *Bärwaldt/Schabacker*, ZIP 1998, 1293, 1296.

29) Kallmeyer-*Blasche*, UmwG, § 218 Rz. 10; *Dauner-Lieb/Tettinger* in: KölnKomm-UmwG, § 218 Rz. 26; *Kühn* in: BeckOGK-UmwG, § 218 Rz. 24.

30) Semler/Stengel/Leonard-*Schlitt*, UmwG, § 218 Rz. 17; Lutter-*Hoger*, UmwG, § 218 Rz. 12; a. A. *Dauner-Lieb/Tettinger* in: KölnKomm-UmwG, § 218 Rz. 27 – m. der Erfordernis einer weiteren Konkretisierung.

31) Lutter-*Hoger*, UmwG, § 218 Rz. 10.

32) Lutter-*Hoger*, UmwG, § 218 Rz. 10; Semler/Stengel/Leonard-*Schlitt*, UmwG, § 218 Rz. 17.

33) Semler/Stengel/Leonard-*Schlitt*, UmwG, § 218 Rz. 18; Lutter-*Hoger*, UmwG, § 218 Rz. 10; Kallmeyer-*Blasche*, UmwG, § 218 Rz. 9.

19 Nach dem Prinzip der Kontinuität der Mitgliedschaft muss grundsätzlich jeder Gesellschafter **zumindest einen Geschäftsanteil** übernehmen.[34)] Im Regelfall setzt sich die vermögensmäßige Beteiligung der Gesellschafter an der Personengesellschaft auch in der neuen Rechtsform fort.[35)] Gesellschaftsvertraglich kann auch eine abweichende Verteilung – auch eine **nicht verhältniswahrende Verteilung** – vereinbart werden. In diesem Fall bedarf es allerdings der **Zustimmung** der von der Verhältnisverschiebung betroffenen benachteiligten Gesellschafter. Ob auch die übrigen, nicht benachteiligten Gesellschafter zustimmen müssen, hängt von der einschlägigen Regelung im Gesellschaftsvertrag der Personengesellschaft ab.[36)] Eine Zustimmung dürfte entbehrlich sein, wenn generell der Formwechsel oder auch Übertragungen von Beteiligungen nach dem Mehrheitsprinzip zugelassen sind. Strebt der einzelne Gesellschafter eine **Verbesserung** seiner Position aus dem Formwechselbeschluss an, so ist § 196 anwendbar.[37)]

20 Auch die Rechtsform der GmbH verfügt in der Regel über hinreichende Gestaltungsfreiheit, um auch Sonderkonstellationen in der Personengesellschaft gerecht zu werden. So können Vorzugsanteile gebildet werden, um eine aus der Personengesellschaft herrührende Gewinnverteilung aufrechtzuerhalten.[38)]

21 Eine Besonderheit besteht nur für die **Komplementär-GmbH einer GmbH & Co. KG.** Diese ist in der Regel. nicht am Vermögen der Personenhandelsgesellschaft beteiligt. Der früher für notwendig gehaltene Zwischenschritt, dass der Komplementär-GmbH zunächst eine Beteiligung zugewiesen wurde und sie dann nach dem vollzogenen Formwechsel ausschied, ist nicht notwendig. Daher kann die Umwandlung in eine Kapitalgesellschaft zum **Ausscheiden der Komplementärin mit Wirksamwerden des Formwechsels** führen.[39)] Dies gilt ungeachtet einer etwaig bestehenden wirtschaftlichen Beteiligung an der Personengesellschaft.

22 Ebenfalls möglich ist, dass eine **Komplementär-GmbH über den Formwechsel beitritt.**[40)] Dafür spricht schon, dass das UmwG ausdrücklich Durchbrechungen der von der Kontinuität der Mitgliedschaft und auch den nicht verhältniswahrenden Formwechsel vorsieht.

---

34) Begr. Fraktionsentwurf UmwBerG, BT-Drucks. 12/6699 S. 144; Semler/Stengel/Leonard-*Schlitt*, UmwG, § 218 Rz. 21; *Rose* in: HK-UmwG, § 218 Rz. 11; Kallmeyer-*Blasche*, UmwG, § 218 Rz. 9; *Kallmeyer*, ZIP 1994, 1746, 1751; *K. Schmidt*, GmbHR 1995, 693.

35) Semler/Stengel/Leonard-*Schlitt*, UmwG, § 218 Rz. 19; Kallmeyer-*Blasche*, UmwG, § 218 Rz. 11; *Dauner-Lieb/Tettinger* in: KölnKomm-UmwG, § 218 Rz. 31.

36) Semler/Stengel/Leonard-*Schlitt*, UmwG, § 218 Rz. 20; Lutter-*Hoger*, UmwG, § 218 Rz. 10; Goutier/Knopf/Tulloch-*Laumann*, UmwG, § 218 Rz. 7; *Rose* in: HK-UmwG, § 218 Rz. 10; Kallmeyer-*Blasche*, UmwG, § 218 Rz. 11; *Dauner-Lieb/Tettinger* in: KölnKomm-UmwG, § 218 Rz. 31.

37) Lutter-*Hoger*, UmwG, § 218 Rz. 10 f.; Semler/Stengel/Leonard-*Schlitt*, UmwG, § 218 Rz. 20.

38) Kallmeyer-*Blasche*, UmwG, § 218 Rz. 11; Semler/Stengel/Leonard-*Schlitt*, UmwG, § 218 Rz. 20; Noack/Servatius/Haas-*Kersting*, GmbHG, § 29 Rz. 52.

39) Semler/Stengel/Leonard-*Schlitt*, UmwG, § 218 Rz. 21 ff.; *Dauner-Lieb/Tettinger* in: KölnKomm-UmwG, § 218 Rz. 36; Kallmeyer-*Blasche*, UmwG, § 218 Rz. 12 ff.; Schmitt/Hörtnagl-*Rinke*, UmwG/UmwStG, § 218 UmwG Rz. 3; *Kühn* in: BeckOGK-UmwG, § 218 Rz. 29; *Kallmeyer*, GmbHR 1995, 888; *Simon/Leuering*, NJW-Spezial 2005, 459 – unter Berufung auf BGH, Urt. v. 9.5.2005 – II ZR 29/03, GmbHR 2005, 1136 = NZG 2005, 722; KG Berlin, Beschl. v. 19.12.2018 – 22 W 85/18, GmbHR 2019, 287 = NZG 2019, 310.

40) Lutter-*Hoger*, UmwG, § 202 Rz. 10; Kallmeyer-*Berger*, UmwG, § 194 Rz. 25; BGH, Vers.-Urt. v. 18.10.2016 – II ZR 314/15, NZG 2017, 104 = AG 2017, 241; OLG Bremen v. 1.10.2015 – 5 U 21/14, NZG 2016, 185, 186 = GmbHR 2015, 1321; BayObLG, Beschl. v. 2.4.2003 – 3 Z BR 57/03, NZG 2003, 829 = DB 2003, 1377; BGH, Urt. v. 9.5.2005 – II ZR 29/03, GmbHR 2005, 1136 = NZG 2005, 722.

Zudem erscheint ein zweischrittiges Vorgehen unnötig komplex und geht an den Bedürfnissen der Praxis vorbei.[41)]

Vorsicht ist hingegen bei einem **umfassenderen Gesellschafterwechsel** i. R. des Formwechsels geboten.[42)] Hier dürfte es sich weiterhin anbieten zweischrittig vorzugehen und zunächst den Formwechsel mit gleichbleibenden Gesellschaftern zu vollziehen und **anschließend die Anteilsübertragung vorzunehmen.** 23

5. Bestellung der Geschäftsführer

Die bisherige Geschäftsleiterstellung setzt sich in der GmbH nicht fort. Daher ist ein **neuer Geschäftsführer zu bestellen.**[43)] Die Bestellung der Geschäftsführer der Gesellschaft in neuer Rechtsform kann durch Beschluss oder im Gesellschaftsvertrag erfolgen (§ 6 Abs. 3 Satz 2 GmbHG). Besteht ein mitbestimmter Aufsichtsrat (§§ 25, 31 MitbestG),[44)] so muss dieser die Geschäftsführer bestellen. Im Übrigen muss die Bestellung vor Anmeldung und Eintragung des Formwechsels erfolgen, da die Geschäftsführung als Vertretungsorgan diese vornimmt (§ 222 Abs. 1).[45)] 24

6. Aufsichtsrat

Im Formwechselbeschluss kann vereinbart werden, dass die entstehende GmbH einen **fakultativen** Aufsichtsrat nach § 52 GmbHG haben soll.[46)] Im Anwendungsbereich der Mitbestimmungsgesetze (§ 1 Abs. 1 Nr. 3 DrittelbG[47)], § 1 MitbestG) hingegen ist **zwingend** ein Aufsichtsrat zu bilden. Seine Bestellung muss nicht im Gesellschaftsvertrag der Gesellschaft neuer Rechtsform aufgenommen werden.[48)] Gemäß § 194 Abs. 1 Nr. 7 muss die Bestellung eines Aufsichtsrates nur **Inhalt des Formwechselbeschlusses** sein.[49)] Es dürfte sich dann aber anbieten, diesen auch gleich im Gesellschaftsvertrag auszugestalten.[50)] 25

Während bei der Neugründung von GmbHs in diesem Zusammenhang vielfältig diskutiert wird, ob der Aufsichtsrat schon im Gründungsstadium der Gesellschaft bestellt werden muss, also vor Eintragung,[51)] sollte dies beim Formwechsel schon **vor Wirksamwerden des Formwechsels** geschehen.[52)] Die Gesellschaft ist allein aufgrund ihrer Rechtsform als Personengesellschaft mitbestimmungsfrei geblieben. Dieses Anwendungshindernis entfällt im Moment des Wirksamwerdens des Formwechsels, sodass auch bereits dann die Pflicht 26

41) Mit diesen und weiteren Argumenten auch KG Berlin, Beschl. v. 19.12.2018 – 22 W 85/18, Rz. 12 ff., GmbHR 2019, 287 = NZG 2019, 310.

42) Für Unzulässigkeit eines Gesellschafterwechsels im Zuge des Formwechsels *Dauner-Lieb/Tettinger* in: KölnKomm-UmwG, § 218 Rz. 37; für Zulässigkeit eines solchen Wechsels: Semler/Stengel/Leonard-*Bärwaldt*, UmwG, § 194 Rz. 8.

43) *Dauner-Lieb/Tettinger* in: KölnKomm-UmwG, § 218 Rz. 38; Semler/Stengel/Leonard-*Schlitt*, UmwG, § 218 Rz. 24; *Kühn* in: BeckOGK-UmwG, § 218 Rz. 37; Kallmeyer-*Blasche*, UmwG, § 218 Rz. 16.

44) Mitbestimmungsgesetz (MitbestG), v. 4.5.1976, BGBl. I 1976, 1153.

45) Lutter-*Hoger*, UmwG, § 218 Rz. 14.

46) Lutter-*Hoger*, UmwG, § 218 Rz. 15; Semler/Stengel/Leonard-*Schlitt*, UmwG, § 218 Rz. 30; *Dauner-Lieb/Tettinger* in: KölnKomm-UmwG, § 218 Rz. 39.

47) Gesetz über die Drittelbeteiligung der Arbeitnehmer im Aufsichtsrat (Drittelbeteiligungsgesetz – DrittelbG), v. 18.5.2004, BGBl. I 2004, 974.

48) Semler/Stengel/Leonard-*Schlitt*, UmwG, § 218 Rz. 29.

49) Lutter-*Hoger*, UmwG, § 218 Rz. 16.

50) Kallmeyer-*Blasche*, UmwG, § 218 Rz. 18.

51) Vgl. zu diesem Streit insgesamt *Halm*, BB 2000, 1849, 1850 ff.

52) Kallmeyer-*Blasche*, UmwG, § 218 Rz. 17; Semler/Stengel/Leonard-*Schlitt*, UmwG, § 218 Rz. 27; *Kühn* in: BeckOGK-UmwG, § 218 Rz. 41.

zur Bildung eines Aufsichtsrats besteht.[53] Darüber hinaus muss auch der **Aufsichtsrat an der Eintragung** des Formwechsels nach § 222 Abs. 1 **mitwirken.**[54]

27 **Umstritten** ist jedoch, wann der Aufsichtsrat auch mit **Arbeitnehmervertretern** zu besetzen ist. Hintergrund dieses Problems ist, dass § 197 Abs. 1 als anwendbares Gründungsrecht **keine Regelung über die Bildung des Aufsichtsrates** vorsieht. § 197 Abs. 3 verweist ausdrücklich nur für die AG auf § 31 AktG.[55] Daraus schließen manche, dass auch mangels Mitwirkungsrechte der Aufsichtsratsmitglieder im Gründungsstadium kein mitbestimmter Aufsichtsrat gebildet werden muss.[56] Andere vertreten, dass aufgrund des andernfalls notwendigen Statusverfahrens zwar der Aufsichtsrat vor Wirksamwerden des Formwechsels bestellt werden muss, dies aber notfalls in analoger Anwendung des § 104 AktG gerichtlich erfolgen kann.[57] Dagegen lässt sich jedoch einwenden, dass § 104 AktG schon vom Wortlaut her nicht passt, da er eine bestehende Kapitalgesellschaft, bzw. einen bestehenden Aufsichtsrat, voraussetzt.[58]

28 Richtigerweise ist gemeinsam mit der mittlerweile einhelligen Auffassung in der Literatur[59] **§ 31 AktG analog** anzuwenden. Die Situationen sind derart vergleichbar (Formwechsel in eine Kapitalgesellschaft), dass eine unterschiedliche Behandlung aufgrund der Art der Zielrechtsform unter den Kapitalgesellschaften nicht gerechtfertigt erscheint. Besteht bei einer GmbH & Co. KG, deren Komplementärin bereits in den Anwendungsbereich des MitbestG (§§ 4, 5 MitbestG) fällt und die in eine GmbH umgewandelt wird, schon ein Aufsichtsrat, so greift der Grundsatz der **Amtskontinuität** nach § 203.[60]

IV. Umwandlung in eine AG

29 Bei der Umwandlung in eine AG muss die **Satzung** der neugeschaffenen AG im Formwechselbeschluss festgehalten werden. Der notwendige **Inhalt** der Satzung einer AG ergibt sich aus § 23 Abs. 2 bis Abs. 4 AktG, der auch beim Formwechsel berücksichtigt werden muss.[61] Im Folgenden wird nur auf die Besonderheiten i. R. des Formwechsels hingewiesen:

1. Firma, Sitz und Gegenstand des Unternehmens (§ 23 Abs. 3 Nr. 1 und Nr. 2 AktG)

30 Nach § 23 Abs. 3 Nr. 1 AktG muss die Satzung die **Firma** und den Sitz der Gesellschaft enthalten. Gemäß § 4 AktG i. V. m. § 200 Abs. 2 muss jedenfalls die **Bezeichnung „Aktien-**

---

53) Lutter-*Hoger*, UmwG, § 218 Rz. 16; a. A. BayObLG, Beschl. v. 9.6.2000 – 3Z BR 92/00, NJW-RR 2000, 1482 f. = NZG 2000, 932 – etwa unter Hinweis auf die fehlenden Aufgaben des Aufsichtsrates im Gründungsstadium der GmbH.

54) Lutter-*Hoger*, UmwG, § 218 Rz. 16; Kallmeyer-*Blasche*, UmwG, § 218 Rz. 17; Semler/Stengel/Leonard-*Schlitt*, UmwG, § 218 Rz. 27; *Kühn* in: BeckOGK-UmwG, § 218 Rz. 41.

55) Lutter-*Hoger*, UmwG, § 218 Rz. 16.

56) Widmann/Mayer-*Vossius*, UmwR, § 222 UmwG Rz. 17; BayObLG, Beschl. v. 9.6.2000 – 3Z BR 92/00 NJW-RR 2000, 1482 f. = NZG 2000, 932; Schmitt/Hörtnagl-*Rinke*, UmwG/UmwStG, § 218 UmwG Rz. 3; Noack/Servatius/Haas-*Noack*, GmbHG, § 52 Rz. 17.

57) *Rose* in: HK-UmwG, § 218 Rz. 14; Semler/Stengel/Leonard-*Schlitt*, UmwG, § 218 Rz. 27.

58) Lutter-*Hoger*, UmwG, § 218 Rz. 16.

59) Lutter-*Hoger*, UmwG, § 218 Rz. 16; *Kühn* in: BeckOGK-UmwG, § 218 Rz. 44; *Weiler* in: MünchHdb. GesR, Bd. 8, § 38 Rz. 414; *Dauner-Lieb/Tettinger* in: KölnKomm-UmwG, § 218 Rz. 42; Kallmeyer-*Blasche*, UmwG, § 218 Rz. 17; Semler/Stengel/Leonard-*Schlitt*, UmwG, § 218 Rz. 27.

60) Lutter-*Hoger*, UmwG, § 203 Rz. 3; *Wulff/Buchner*, ZIP 2007, 314, 318; Kallmeyer-*Blasche*, UmwG, § 218 Rz. 19; *Weiler* in: MünchHdb. GesR, Bd. 8, § 38 Rz. 414; Semler/Stengel/Leonard-*Schlitt*, UmwG, § 218 Rz. 28; *Dauner-Lieb/Tettinger* in: KölnKomm-UmwG, § 218 Rz. 43; a. A. Lutter-*Hoger*, UmwG, § 218 Rz. 16.

61) Lutter-*Hoger*, UmwG, § 218 Rz. 18; Semler/Stengel/Leonard-*Schlitt*, UmwG, § 218 Rz. 32; *Dauner-Lieb/Tettinger* in: KölnKomm-UmwG, § 218 Rz. 44.

gesellschaft" oder eine entsprechende Abkürzung aufgenommen werden.[62] Gemäß § 5 AktG ist der **Sitz** jeder Ort im Inland, den die Satzung hierzu bestimmt. Er kann anlässlich des Formwechsels auch verlegt werden,[63] wofür jedoch in der Praxis in der Regel kein Bedürfnis bestehen dürfte. Pflichtinhalt der Satzung ist weiterhin der Gegenstand des Unternehmens, der in der Regel dem **Unternehmensgegenstand der Personengesellschaft** entsprechen wird.

2. Grundkapital (§ 23 Abs. 3 Nr. 3 AktG)

Zudem muss die **Höhe des Grundkapitals** aufgeführt werden. Nach § 7 AktG ist dessen Mindestnennbetrag 50.000 €. Diesen Nennbetrag darf das Aktivreinvermögen nach Abzug der Schulden **nicht unterschreiten** (§ 220). Ansonsten sind die Gesellschafter frei bei der Festsetzung des Grundkapitals, welches **nach oben hin durch das Reinvermögen der Personenhandelsgesellschaft begrenzt** wird.[64] Indem das Vermögen der Personenhandelsgesellschaft zum Vermögen der AG wird (§ 202 Abs. 1 Nr. 2), müssen auch keine Einzahlungen auf das Grundkapital erfolgen.[65] Im Übrigen gelten die Erwägungen und Erläuterungen bei der GmbH hier entsprechend (siehe Rz. 11 ff.). 31

3. Aktien und Gesellschafter (§ 23 Abs. 3 Nr. 4, Nr 5 AktG)

Gemäß § 23 Abs. 3 Nr. 4 AktG muss sich aus der Satzung die **Zerlegung** des Grundkapitals **in Nennbetragsaktien und Stückaktien** ergeben. Nennbetragsaktien sind mit dem Nennbetrag und der jeweiligen Anzahl aufzunehmen. Bei den Stückaktien reicht alleine die Zahl der Stückaktien aus. Der **Mindestnennbetrag** einer Aktie liegt gemäß § 8 Abs. 2 Satz 1 AktG bei 1 €; die Aktiennennbeträge müssen generell immer auf **volle Euro** lauten (§ 8 Abs. 2 Satz 4 AktG). Ein einzelner Geschäftsanteil kann unproblematisch in unterschiedliche Aktien **zerlegt** werden.[66] 32

Des Weiteren können Aktien **verschiedener Gattungen**, also ausgestattet mit unterschiedlichen Rechten (vgl. § 11 Satz 2 AktG) gebildet werden. So kann bspw. eine besondere Gewinnberechtigung aus der Personenhandelsgesellschaft mittels Vorzugsaktien in der AG perpetuiert werden. Die Zahl der Aktien je Gattung muss in der Satzung aufgenommen werden.[67] Es besteht ein Wahlrecht der Gesellschafter, ob sie **Namensaktien** (§ 10 Abs. 1 Satz 1 AktG = Regelfall) **oder Inhaberaktien** (§ 10 Abs. 1 Satz 2 AktG) schaffen wollen, welches in der Satzung auszuüben ist.[68] Schließlich können **Übertragungsbeschränkungen**, wie in etwa eine Vinkulierung, in der Satzung angeordnet werden.[69] 33

4. Vorstand (§ 23 Abs. 3 Nr. 6 AktG)

Die Satzung muss die Zahl der Mitglieder des Vorstands oder adäquate **Regeln zur Bestimmung der Mitglieder** enthalten. Dabei können sowohl eine oder mehrere Personen vorgesehen sein (§ 76 Abs. 2 Satz 1 AktG). Die **Bestellung** erfolgt regelmäßig außerhalb 34

62) Lutter-*Hoger*, UmwG, § 218 Rz. 19; Semler/Stengel/Leonard-*Schlitt*, UmwG, § 218 Rz. 33.
63) Lutter-*Hoger*, UmwG, § 218 Rz. 20; Semler/Stengel/Leonard-*Schlitt*, UmwG, § 218 Rz. 34.
64) Lutter-*Hoger*, UmwG, § 218 Rz. 22; Semler/Stengel/Leonard-*Schlitt*, UmwG, § 218 Rz. 37.
65) Lutter-*Hoger*, UmwG, § 218 Rz. 18; Semler/Stengel/Leonard-*Schlitt*, UmwG, § 218 Rz. 37 – m. Hinweis, dass freiwillig Einlagen anlässlich des Formwechsels erbracht werden können.
66) Lutter-*Hoger*, UmwG, § 218 Rz. 23; Semler/Stengel/Leonard-*Schlitt*, UmwG, § 218 Rz. 38.
67) Lutter-*Hoger*, UmwG, § 218 Rz. 24; Semler/Stengel/Leonard-*Schlitt*, UmwG, § 218 Rz. 39.
68) *Dauner-Lieb/Tettinger* in: KölnKomm-UmwG, § 218 Rz. 49.
69) *Dauner-Lieb/Tettinger* in: KölnKomm-UmwG, § 218 Rz. 49.

der Satzung durch den Aufsichtsrat und muss wegen der Anmeldungskompetenz des Vorstands in § 222 Abs. 1 **vor der Anmeldung der Eintragung** des Formwechsels erfolgen.[70)]

6. Aufsichtsrat

35 Da die AG **zwingend** über einen Aufsichtsrat verfügt (§ 95 AktG) und die Anmeldung des Formwechsels zum Handelsregister nach § 222 Abs. 1 S. 1 auch durch den Aufsichtsrat vorzunehmen ist ist vor Anmeldung des Formwechsels in der AG ein Aufsichtsrat zu bilden.[71)]

36 Im Ergebnis wird dabei der Formwechsel so wie eine Sachgründung behandelt.[72)] Bei der Sachgründung liegt die Bildung des ersten Aufsichtsrates in den Händen der Gründer (§§ 30, 31 AktG). Gemäß § 197 Satz 2 Halbs. 2 kommt auf die Bildung des Aufsichtsrates § 30 AktG jedoch nicht zur Anwendung. Anwendbar ist über § 197 Satz 3 hingegen **§ 31 AktG**. Die Aufsichtsratsmitglieder werden mithin **von den Gesellschaftern der Personengesellschaft** in einem gesonderten Beschluss **bestellt**.[73)] Soweit die mitbestimmungsrechtlichen Vorschriften (§§ 4, 1 DrittelbG; § 1 MitbestG) Anwendung finden, reicht es aus, dass zunächst die Anteilseignervertreter gewählt werden.[74)] Nach § 31 Abs. 3 AktG muss dann unverzüglich ein Statusverfahren nach den §§ 97–99 AktG durchgeführt werden, um eine eventuell erforderliche Mitbestimmung der Arbeitnehmer sicherzustellen. Hilfsweise können die Arbeitnehmervertreter auch gemäß § 104 Abs. 2 AktG gerichtlich bestellt werden.[75)]

37 Zu beachten ist zudem, dass es sich bei der Anwendung von § 31 AktG über § 197 Abs. 3 schon nach dem Wortlaut lediglich um eine **Option** handelt, **die nicht verpflichtend ist**. Der Aufsichtsrat kann bei mitbestimmungsfreien AGs auch direkt nach allgemeinen Vorschriften bestellt werden.[76)] Ebenso möglich ist eine Bestellung des Aufsichtsrats direkt nach Maßgabe der mitbestimmungsrechtlichen Vorschriften.[77)] Ein Entsendungsrecht für den Aufsichtsrat kann gemäß § 101 Abs. 2 Satz 1 AktG nur durch Satzung begründet werden, dies kann aber ebenso schon beim Formwechsel geschehen.[78)]

7. Sacheinlagen und -übernahmen

38 Wie bei der GmbH ist die Erbringung einer gesonderten Einlage nicht erforderlich. Die Einlage wird durch die Umwandlung der Personengesellschaft erbracht.[79)] In der Satzung muss lediglich festgehalten werden, dass die Einlagen durch den Formwechsel erbracht wurden.[80)]

---

70) Lutter-*Hoger*, UmwG, § 218 Rz. 25.

71) *Dauner-Lieb/Tettinger* in: KölnKomm-UmwG, § 218 Rz. 54; Lutter-*Hoger*, UmwG, § 218 Rz. 27.

72) Lutter-*Hoger*, UmwG, § 218 Rz. 28.

73) Semler/Stengel/Leonard-*Schlitt*, UmwG, § 218 Rz. 42.

74) Lutter-*Hoger*, UmwG, § 197 Rz. 47.

75) Lutter-*Hoger*, UmwG, § 197 Rz. 49; Semler/Stengel/Leonard-*Schlitt*, UmwG, § 218 Rz. 42a.

76) Semler/Stengel/Leonard-*Schlitt*, UmwG, § 218 Rz. 42a; Begr. RegE 2. UmwGÄndG, BT Drucks. 16/2919, S. 19.

77) Lutter-*Hoger*, UmwG, § 218 Rz. 29; Semler/Stengel/Leonard-*Schlitt*, UmwG, § 218 Rz. 42a; *Kühn* in: BeckOGK-UmwG, § 218 Rz. 63–67.

78) Lutter-*Hoger*, UmwG, § 218 Rz. 35.

79) Semler/Stengel/Leonard-*Schlitt*, UmwG, § 218 Rz. 40.

80) Lutter-*Hoger*, UmwG, § 218 Rz. 30; Semler/Stengel/Leonard-*Schlitt*, UmwG, § 218 Rz. 40.

8. Gründungsbericht und Bekanntmachung

39 Grundsätzlich muss gemäß § 32 AktG der **Hergang der Gründung** mit seinen wesentlichen Umständen so dargelegt werden, dass die Angemessenheit der Sacheinlage und -übernahme erkennbar wird. Der Gründungsbericht ist jedoch nicht Teil der Satzung.[81)]

40 Der Formwechsel in die AG muss **bekannt gemacht werden.** In welcher Form dies zu erfolgen hat, kann grundsätzlich in der Satzung festgelegt werden. Ist (gesetzlich oder vertraglich) die Bekanntmachung durch Gesellschaftsblätter erforderlich, so muss dies gemäß § 25 AktG im Bundesanzeiger erfolgen.[82)]

9. Sondervorteile und Gründungsaufwand

41 Sondervorteile und Gründungsaufwand eines Gesellschafters müssen in der Satzung aufgenommen werden,[83)] wobei Formwechselkosten gemäß § 197 Abs. 1 zum Gründungsaufwand zählen.[84)]

V. Umwandlung in eine KGaA

42 Die KGaA benötigt gemäß § 278 Abs. 1 AktG **mindestens einen persönlich haftenden Gesellschafter.** Daher sieht § 218 Abs. 2 vor, dass ein Gesellschafter im Formwechselbeschluss als persönlich haftender Gesellschafter vorgesehen wir. Der Formwechselbeschluss bedarf dabei der Zustimmung aller persönlich haftenden Gesellschafter, da keinem eine solche Haftung aufgedrängt werden soll.

43 Als persönlich haftende Gesellschafter kommen nach der Anerkennung kapitalistischer KGaAs durch den BGH[85)] und der gesetzlichen Neuregelung des § 279 Abs. 2 AktG auch juristische Personen und Handelsgesellschaften in Betracht.[86)]

1. Bestimmung der persönlich haftenden Gesellschafter

44 Grundsätzlich bestehen mehrere Möglichkeiten zur Ernennung persönlich haftender Gesellschafter, die auch nebeneinander zur Anwendung kommen können:[87)]

- Erstens: Der persönlich haftende Gesellschafter kann **aus dem Kreis der bisherigen Gesellschafter** bestimmt werden, wobei seine Stellung in der Personenhandelsgesellschaft irrelevant ist.
- Zweitens, kann ein vorher unbeteiligter **Dritter** der Gesellschaft als neuer persönlich haftender Gesellschafter **beitreten.** Dass es möglich ist, dass ein vor Formwechsel unbeteiligter Gesellschafter der Gesellschaft in neuer Rechtsform im Zuge des Formwechsels beitritt, stellt § 218 Abs. 2 ausdrücklich klar.[88)] Die **Beitrittserklärung** muss notariell beurkundet werden (§ 221 Satz 1) und der beitretende Gesellschafter die Satzung der KGaA genehmigen (§ 221 Satz 2). Mit Wirksamwerden des Formwechsels,

---

81) Lutter-*Hoger*, UmwG, § 218 Rz. 31.

82) Lutter-*Hoger*, UmwG, § 218 Rz. 32; Semler/Stengel/Leonard-*Schlitt*, UmwG, § 218 Rz. 44.

83) § 26 Abs. 1, 2 AktG; Lutter-*Hoger*, UmwG, § 218 Rz. 33; Semler/Stengel/Leonard-*Schlitt*, UmwG, § 218 Rz. 43.

84) Lutter-*Hoger*, UmwG, § 197 Rz. 20 ff.

85) BGH Beschl. v. 24.2.1997 – II ZB 11/96 ZIP 1997, 1027 = NJW 1997, 1923.

86) Lutter-*Hoger*, UmwG, § 218 Rz. 39; Semler/Stengel/Leonard-*Schlitt*, UmwG, § 218 Rz. 47; Schmitt/Hörtnagl-*Rinke*, UmwG/UmwStG, § 218 UmwG Rz. 6.

87) Lutter-*Hoger*, UmwG, § 218 Rz. 38; Semler/Stengel/Leonard-*Schlitt*, UmwG, § 218 Rz. 46, 49; Schmitt/Hörtnagl-*Rinke*, UmwG/UmwStG, § 218 UmwG Rz. 6; Kallmeyer-*Blasche*, UmwG, § 218 Rz. 31; *Kühn* in: BeckOGK-UmwG, § 218 Rz. 75.

88) Schmitt/Hörtnagl-*Rinke*, UmwG/UmwStG, § 218 UmwG Rz. 6.

also mit Eintragung im Handelsregister, erlangt der Beitretende dann die Rechtsstellung des persönlich haftenden Gesellschafters[89] und haftet ab diesem Zeitpunkt **auch für vor** seinem **Beitritt begründete Forderungen**. Letzteres ergibt sich bereits aus den allgemeinen Regeln (§ 278 Abs. 2 AktG, § 161 Abs. 2 HGB; §§ 128, 130 HGB), sodass es keiner expliziten Klarstellung bedarf.[90]

2. Feststellung der Satzung

45 Wie auch beim Formwechsel in die bisher besprochenen Kapitalgesellschaften, muss im Formwechselbeschluss die Satzung **der künftigen KGaA** festgestellt werden und **notariell beurkundet** werden (§ 193 Abs. 3 Satz 1 UmwG, § 280 Abs. 1 Satz 1 AktG). Nach § 280 Abs. 1 Satz 2 AktG müssen die Nennbetragsaktien mit Nennbetrag, die Stückaktien mit ihrer Zahl, der Ausgabebetrag und die Gattungen der Aktien in der Urkunde enthalten sein und auch in den Formwechselbeschluss übernommen werden.[91]

46 Entgegen der Regelung in § 280 Abs. 2 AktG müssen jedoch nicht die persönlich haftenden Gesellschafter und Kommanditaktionäre an der **Feststellung der Satzung** beteiligt sein. Die Regelung wird von §§ 193 Abs. 1, 218 Abs. 1 verdrängt. Es müssen, soweit der Gesellschaftsvertrag nichts Gegenteiliges bestimmt, **alle Gesellschafter der Personenhandelsgesellschaft** die Satzung feststellen. Beitretende Gesellschafter müssen nach § 221 Satz 2 ihre Zustimmung erteilen.[92]

3. Inhalt der Satzung

47 Die §§ 278 Abs. 2, 280 Abs. 1 AktG verweisen für den Inhalt der Satzung einer KGaA auf die Grundsätze für die Satzung von AGs, so dass die Grundsätze für die AG anzuwenden sind. Folgende **Besonderheiten** sind dennoch zu beachten:

48 Nach § 279 Abs. 1 AktG muss der **Firma der KGaA** eine eindeutige Formulierung angefügt werden, aus der die Rechtsform hervorgeht. Sollten nur juristische Personen persönlich und unbeschränkt haften, muss diese **Haftungsbeschränkung** ebenfalls aus der Firma hervorgehen (§ 279 Abs. 2 AktG). Zudem sind gemäß § 281 Abs. 1 AktG die **persönlich haftenden Gesellschafter** mit Name, Vorname und Wohnort aufzunehmen, nicht hingegen die Kommanditaktionäre.[93] § 281 Abs. 2 AktG schreibt vor, dass alle **Vermögenseinlagen**, die persönlich haftende Gesellschafter nicht auf das Grundkapital sondern anderweitig geleistet haben, mit Art und Höhe aufgenommen werden. Dies kann insbesondere beim Beitritt vorkommen. Allerdings besteht keine Pflicht einen Kapitalanteil zu erbringen. Der **persönlich haftende Gesellschafter** kann sich auch auf seine persönliche Haftung und Organfunktion beschränken.[94] Der **Aufsichtsrat** wird mangels anderweitiger Regelung nach § 197 Abs. 3 i. V. m. § 31 AktG bestellt.[95]

---

89) Semler/Stengel/Leonard-*Schlitt*, UmwG, § 218 Rz. 51; Schmitt/Hörtnagl-*Rinke*, UmwG/UmwStG, § 218 UmwG Rz. 7.

90) Begr. RegE UmwBerG, BR-Drucks. 75/94, S. 149; Semler/Stengel/Leonard-*Schlitt*, UmwG, § 218 Rz. 51; Schmitt/Hörtnagl-*Rinke*, UmwG/UmwStG, § 218 UmwG Rz. 7; *Kühn* in: BeckOGK-UmwG, § 218 Rz. 78; Widmann/Mayer-*Vossius*, UmwR, § 221 UmwG Rz. 27.

91) Lutter-*Hoger*, UmwG, § 218 Rz. 41.

92) Lutter-*Hoger*, UmwG, § 218 Rz. 41.

93) Semler/Stengel/Leonard-*Schlitt*, UmwG, § 218 Rz. 53.

94) Semler/Stengel/Leonard-*Schlitt*, UmwG, § 218 Rz. 49, 51; *Schlitt* in: Die Satzung der KGaA, S. 25.

95) Lutter-*Hoger*, UmwG, § 218 Rz. 46; Kallmeyer-*Blasche*, UmwG, § 218 Rz. 35; *Kühn* in: BeckOGK-UmwG, § 218 Rz. 83.

VI. Umwandlung in eine eG

§ 197 Satz 2 befreit die Umwandlung in eine eG vom Erfordernis der Mindestzahl von drei Mitgliedern aus § 4 GenG, sodass bereits die Beteiligung von **zwei Gesellschaftern** zum Formwechsel **ausreicht.**[96] Gemäß § 218 Abs. 1 muss der Formwechselbeschluss die **Satzung** der eG enthalten. Die **notarielle Form** nach § 193 Abs. 3 Satz 1 überlagert das Schriftformerfordernis des § 5 GenG (vgl. § 126 Abs. 4 BGB). Außerdem enthalten die §§ 6, 7 GenG **Mindestanforderungen** an die Satzung: 49

1. Firma und Sitz

Die Satzung muss die Firma der Gesellschaft benennen. Bei der eG ergibt sich dies aus § 6 Nr. 1 GenG. Die Firma muss den **Zusatz** „eingetragene Genossenschaft" bzw. „eG" tragen (§ 3 GenG). Dies gilt auch, wenn die Firma der Personenhandelsgesellschaft im Grundsatz weitergeführt wird (§ 200 Abs. 1 Satz 1, Abs. 2).[97] Der Sitz der Gesellschaft gehört gemäß § 6 Nr. 2 GenG zum Mindestinhalt der Satzung einer eG. Eine **Sitzverlegung** anlässlich des Formwechsels muss vor dem eigentlichen Formwechsel im Handelsregister eingetragen werden.[98] 50

2. Gegenstand des Unternehmens

Der Zweck einer eG besteht gemäß § 1 Abs. 1 GenG in der Förderung des Erwerbes oder der Wirtschaft ihrer Mitglieder oder deren sozialer oder kultureller Belange mittels gemeinschaftlichen Geschäftsbetriebs. Dieser Gegenstand ist gemäß § 6 Nr. 2 GenG in der Satzung anzugeben.[99] 51

3. Nachschüsse

Die Satzung muss nach § 6 Nr. 3 GenG Auskunft darüber geben, ob die Mitglieder der eG Nachschüsse (un-/beschränkt) für den Fall zu leisten haben, dass die Insolvenzmasse im Insolvenzverfahren nicht zur Befriedigung aller Insolvenzgläubiger ausreicht.[100] 52

4. Organe der eG

Gemäß § 6 Nr. 4 GenG gehören in die Satzung der eG ebenfalls Regelungen über die Form der Einberufung der **Generalversammlung**, die **Beurkundung** der dort gefassten Beschlüsse sowie den **Vorsitz** der Versammlung. 53

Der Vorstand hat gemäß § 222 Abs. 1 die Anmeldung zur Eintragung des Formwechsels ins **Genossenschaftsregister** vorzunehmen. Er muss daher **vorher gewählt** werden.[101] Dies geschieht jedoch nicht durch die Satzung, sondern durch Wahl in der Generalversammlung (§ 197 i. V. m. § 24 Abs. 2 Satz 1 GenG). In der Satzung können lediglich **abweichende Regelungen** hinsichtlich Mitgliederzahl oder Art der Bestellung aufgenommen werden (§ 24 Abs. 2 Satz 2 GenG). 54

§ 9 Abs. 1 GenG normiert das grundsätzliche Erfordernis eines **Aufsichtsrates** in der eG als Normalfall. Einzig in Genossenschaften mit **maximal 20 Mitgliedern** kann per Satzung auf einen Aufsichtsrat **verzichtet werden** (§ 9 Abs. 1 Satz 2 GenG) und die 55

96) Lutter-*Hoger*, UmwG, § 218 Rz. 47; Semler/Stengel/Leonard-*Schlitt*, UmwG, § 218 Rz. 55.
97) Lutter-*Hoger*, UmwG, § 218 Rz. 48; Semler/Stengel/Leonard-*Schlitt*, UmwG, § 218 Rz. 56.
98) Lutter-*Hoger*, UmwG, § 218 Rz. 49; Semler/Stengel/Leonard-*Schlitt*, UmwG, § 218 Rz. 57.
99) Lutter-*Hoger*, UmwG, § 218 Rz. 50; Semler/Stengel/Leonard-*Schlitt*, UmwG, § 218 Rz. 58.
100) Lutter-*Hoger*, UmwG, § 218 Rz. 51; Semler/Stengel/Leonard-*Schlitt*, UmwG, § 218 Rz. 61.
101) Lutter-*Hoger*, UmwG, § 218 Rz. 53; Semler/Stengel/Leonard-*Schlitt*, UmwG, § 218 Rz. 63.

Rechte und Pflichten des Aufsichtsrates werden von der Generalversammlung übernommen (§ 9 Abs. 1 Satz 3 GenG).

56 Sofern ein Aufsichtsrat zu bilden ist, wird er gemäß § 197 i. V. m. § 36 GenG durch die Generalversammlung gewählt. Die Satzung kann bestimmten Mitgliedern ein **Entsenderecht** zuweisen (§ 36 Abs. 5 GenG). Wird dieses ausgeübt, dürfen die entsandten und investierenden Mitglieder maximal ein Drittel der Aufsichtsratsmitglieder stellen. Ebenfalls durch die Satzung kann die Regelzahl von drei Mitgliedern (§ 36 Abs. 1 Satz 1 GenG) erhöht werden und die für die Beschlussfassung erforderliche Zahl muss bestimmt werden (§ 36 Abs. 1 Satz 2 GenG). Sofern das Mittbestimmungsrecht anwendbar ist, muss ein mitbestimmter Aufsichtsrat gebildet werden.102)

5. Bekanntmachungen

57 Die **Form** der Bekanntmachungen der Genossenschaft und die Bestimmung der hierfür vorgesehenen öffentlichen Blätter müssen gemäß § 6 Nr. 5 GenG ebenfalls in der Satzung angegeben werden. Mögliche öffentliche Blätter i. S. der Satzung sind alle öffentlich zugänglichen elektronischen Informationsmedien.103)

6. Geschäftsanteile (§ 218 Abs. 3)

58 §§ 7, 7a GenG regeln die Beteiligung der Mitglieder an der Genossenschaft. Der **Betrag**, bis zu welchem sich einzelne Mitglieder **mit Einlagen beteiligen können** (Geschäftsanteil),104) ist gemäß § 7 Nr. 1 GenG in der Satzung zu bestimmen. Gemäß § 7a GenG kann auch eine freiwillige oder obligatorische Beteiligung mit mehr als einem Geschäftsanteil vorgesehen werden.105)

59 Nach § 218 Abs. 3 muss im Fall des Formwechsels jedes Mitglied **mindestens einen Geschäftsanteil** zugewiesen bekommen, nur so wird dem Kontinuitätsinteresse (§ 194 Abs. 1 Nr. 3) gebührend Rechnung getragen.106) Es kann keine Mitgliedschaft ohne Beteiligung geben.107) Im Übrigen kann gemäß § 218 Abs. 3 Satz 2 auch eine gestaffelte Beteiligung vorgenommen werden, bei der so viele Geschäftsanteile pro Gesellschafter erlaubt sind, wie durch **Anrechnung seines Geschäftsguthabens** bei der Genossenschaft als voll einbezahlt anzusehen sind. Während der Geschäftsanteil eine abstrakte Beteiligungsgröße darstellt,108) ist das **Geschäftsguthaben maßgebend** für die vermögensmäßige Beteiligung an der eG und bestimmt sich durch den eingezahlten Betrag zuzüglich eines etwaigen Gewinns und abzüglich etwaiger Verluste.109)

60 Im Falle des Formwechsels ist das Geschäftsguthaben der **Anteil am Gesellschaftsvermögen der Personenhandelsgesellschaft.**110) Die Beteiligung erfolgt also durch An- und Umrechnung der Geschäftsanteile an der Personengesellschaft, wodurch dem Rechtsträger die Kapitalgrundlage erhalten bleibt und der Grundsatz der **Gleichbehandlung**

102) Lutter-*Hoger*, UmwG, § 218 Rz. 54; Semler/Stengel/Leonard-*Schlitt*, UmwG, § 218 Rz. 64.

103) Lutter-*Hoger*, UmwG, § 218 Rz. 55; Semler/Stengel/Leonard-*Schlitt*, UmwG, § 218 Rz. 66.

104) Lang/Weidmüller-*Holthaus/Lehnhoff*, GenG, § 7 Rz. 2.

105) Lutter-*Hoger*, UmwG, § 218 Rz. 56.

106) Begr. RegE UmwBerG, BR-Drucks. 75/94, S. 149.

107) Lutter-*Hoger*, UmwG, § 218 Rz. 57; Semler/Stengel/Leonard-*Schlitt*, UmwG, § 218 Rz. 59; Widmann/Mayer-*Vossius*, UmwR, § 218 UmwG Rz. 30; Schmitt/Hörtnagl-*Rinke*, UmwG/UmwStG, § 218 UmwG Rz. 8.

108) Beuthien-*Beuthien*, GenG, § 7 Rz. 1; Lang/Weidmüller-*Holthaus/Lehnhoff*, GenG, § 7 Rz. 2.

109) Beuthien-*Beuthien*, GenG, § 7 Rz. 4; Lang/Weidmüller-*Holthaus/Lehnhoff*, GenG, § 7 Rz. 5.

110) Widmann/Mayer-*Vossius*, UmwR, § 218 UmwG Rz. 33; Schmitt/Hörtnagl-*Rinke*, UmwG/UmwStG, § 218 UmwG Rz. 9; *Kühn* in: BeckOGK-UmwG, § 218 Rz. 94.

aller Mitglieder gewahrt bleibt.[111] Nicht möglich ist hingegen, dass mehr Geschäftsanteile gewährt werden, als wertmäßig durch das Geschäftsguthaben abgedeckt werden.[112]

7. Rücklage

§ 7 Nr. 2 GenG fordert die Bildung einer Rücklage durch entsprechende Regelung in der Satzung für den Fall, dass sich aus der Bilanz ein Verlust ergibt. Es müssen der **Mindestbetrag und der zurückzulegende Teil** des Jahresüberschusses beziffert werden. Gemäß § 20 Satz 1 GenG kann die Satzung auch regeln, dass ein Gewinn anstatt verteilt zu werden in die Rücklage fließt.[113] 61

8. Unterzeichnung durch die Mitglieder (§ 218 Abs. 1 Satz 2)

§ 218 Abs. 1 Satz 2 regelt ausdrücklich, dass die Satzung nicht von allen Mitgliedern der Genossenschaft unterzeichnet werden muss. Hintergrund dieser Regelung ist, dass der Formwechsel andernfalls, gerade bei großen Personenhandelsgesellschaften, über Gebühr erschwert würde.[114] 62

111) Lutter-*Hoger*, UmwG, § 218 Rz. 57; Begr. RegE UmwBerG, BR-Drucks. 75/94, S. 149.
112) Schmitt/Hörtnagl-*Rinke*, UmwG/UmwStG, § 218 UmwG Rz. 11.
113) Lutter-*Hoger*, UmwG, § 218 Rz. 58; Semler/Stengel/Leonard-*Schlitt*, UmwG, § 218 Rz. 62.
114) Lutter-*Hoger*, UmwG, § 218 Rz. 59; Semler/Stengel/Leonard-*Schlitt*, UmwG, § 218 Rz. 67.

§ 219
Rechtsstellung als Gründer

[1]Bei der Anwendung der Gründungsvorschriften stehen den Gründern die Gesellschafter der formwechselnden Gesellschaft gleich. [2]Im Falle einer Mehrheitsentscheidung treten an die Stelle der Gründer die Gesellschafter, die für den Formwechsel gestimmt haben, sowie beim Formwechsel in eine Kommanditgesellschaft auf Aktien auch beitretende persönlich haftende Gesellschafter.

Literatur: *Bärwaldt/Schabacker*, Der Formwechsel als modifizierte Neugründung, ZIP 1998, 1293; *Joost*, Formwechsel von Personenhandelsgesellschaften, in: Lutter (Hrsg.), Kölner Umweltrechtstage: Verschmelzung, Spaltung, Formwechsel nach neuem Umwandlungsrecht und Umwandlungssteuerrecht, 1995; *Priester*, Das neue Umwandlungsrecht aus notarieller Sicht, DNotZ 1995, 427; *Wolf*, Die Haftung des Kommanditisten beim Formwechsel in die GmbH, ZIP 1996, 1200.

Übersicht

I. Normzweck

§ 219 **präzisiert § 197 Satz 1**, welcher anordnet, dass beim Formwechsel die Gründungsvorschriften der neuen Rechtsform zur Anwendung kommen. Gleichzeitig ist die Norm 1

Ausfluss des **Identitätsprinzips**, nach dem der formwechselnde Rechtsträger mit der Gesellschaft neuer Rechtsform identisch ist. Da es damit keine eigentliche Gründung gibt, aber die Regelungen der Gründung nach § 197 Anwendung finden, stellt sich dann die Frage, wer bei einem Formwechsel die „Gründer" der Gesellschaft neuer Rechtsform sind und somit Gründungsverantwortung und -haftung tragen.[1)]

2 Nach § 219 ist grundsätzlich jeder Gründer, der dem Formwechselbeschluss zugestimmt hat, also im gesetzlichen Regelfall der **Einstimmigkeit** (§ 217 Abs. 1 Satz 1) **alle Gesellschafter** (§ 219 Satz 1) und im Falle einer **Mehrheitsentscheidung** (§ 217 Abs. 1 Satz 2) nur die **zustimmenden Gesellschafter** (§ 219 Satz 2 Halbs. 1). Hintergrund dieser Differenzierung ist, dass den widersprechenden Gesellschaftern eine Gründungsverantwortung nicht aufgedrängt werden soll.[2)]

3 § 219 Satz 2 Halbs. 2 regelt zudem, dass ein i. R. des **Formwechsels zu einer KGaA** beitretender persönlich haftender Gesellschafter ebenfalls als Gründer anzusehen ist.

II. Anwendungsbereich

4 Die Regelung des § 219 findet auf den Formwechsel in eine **AG, GmbH und KGaA** statt. Bei einem **Formwechsel in eine eG** ist sie hingegen **nicht einschlägig**, da hier an die Gründerstellung keine Rechtsfolgen geknüpft werden.[3)]

III. Gesellschafter als Gründer (§ 219 Satz 1)

5 Nach § 217 Abs. 1 Satz 1 bedarf der Formwechselbeschluss grundsätzlich der Zustimmung aller Gesellschafter. Im Zeitpunkt der Eintragung des Formwechsels ins Handelsregister (§ 202 Abs. 1, 2) werden somit alle Gesellschafter zu Gründern und haften entsprechend. Dies folgt aus dem logischen Umkehrschluss, dass, sofern nicht alle Gesellschafter zugestimmt haben, aufgrund des Einstimmigkeitserfordernisses schon gar kein wirksamer Formwechsel vorliegt. So kann der Gesellschafter durch schlichte **Verweigerung der Zustimmung** den Formwechsel verhindern und seiner Haftung als Gründer entgehen.[4)] Er haftet darüber hinaus in dem Fall nicht, dass er im Zuge des Formwechsels gegen Barabfindung aus der Gesellschaft gemäß § 202 **ausscheidet.**[5)]

6 Vorgesagtes gilt nach überwiegender und zutreffender Ansicht auch für den Fall, dass ein Teil der Gesellschafter **Kommanditisten** sind, sogar dann, wenn sie ihre Einlage bereits vollständig bezahlt haben und nichts zurückerhalten. Die Gründungshaftung ist außerdem **nicht auf die Höhe ihrer Einlage begrenzt.**[6)] Eine andere Literaturmeinung fordert hingegen eine teleologische Reduktion des § 219 für Kommanditisten mit dem Argument, dass es mit dem den Formwechselvorschriften zugrunde liegenden Identitätsprinzip nicht

---

1) Lutter-*Hoger*, UmwG, § 219 Rz. 1; Schmitt/Hörtnagel-*Rinke*, UmwG/UmwStG, § 219 UmwG Rz. 1; Semler/Stengel/Leonard-*Schlitt*, UmwG, § 219 Rz. 1; *Dauner-Lieb/Tettinger* in: KölnKomm-UmwG, § 219 Rz. 1.

2) Semler/Stengel/Leonard-*Schlitt*, UmwG, § 219 Rz. 1.

3) Schmitt/Hörtnagel-*Rinke*, UmwG/UmwStG, § 219 UmwG Rz. 2.

4) Lutter-*Hoger*, UmwG, § 219 Rz. 2.

5) Kallmeyer-*Blasche* UmwG, § 219 Rz. 2; Goutier/Knopf/Tulloch-*Laumann*, UmwG, § 219 Rz. 3; Semler/Stengel/Leonard-*Schlitt*, UmwG, § 219 Rz. 5; *Kühn* in: BeckOGK-UmwG, § 219 Rz. 6; a. A. Lutter-*Joost*, UmwG, 5. Aufl., 2014, § 219 Rz. 2.

6) Lutter-*Hoger*, UmwG, § 219 Rz. 4; *Althoff/Narr* in: NK-UmwG, § 219 Rz. 8; Kallmeyer-*Blasche*, UmwG, § 219 Rz. 3; Semler/Stengel/Leonard-*Schlitt*, UmwG, § 219 Rz. 14; Schmitt/Hörtnagel-*Rinke*, UmwG/UmwStG, § 219 UmwG Rz. 3; Widmann/Mayer-*Vossius*, UmwR, § 219 UmwG Rz. 25 (Fn. 15); *Kühn* in: BeckOGK-UmwG, § 219 Rz. 19; Kallmeyer-*Meister/Klöcker/Berger*, UmwG, § 197 Rz. 26; Widmann/Mayer-*Mayer*, UmwR, § 197 UmwG Rz. 65; Lutter-*Hoger*, UmwG, § 197 Rz. 38; *Priester*, DNotZ 1995, 427, 452.

vereinbar sei, dass sich die **Haftungsverhältnisse** zwischen der alten und neuen Rechtsform **änderten.**[7] Dem kann jedoch entgegnet werden, dass es regelmäßig gerade das Ziel des Formwechsels einer Personengesellschaft in eine Kapitalgesellschaft ist, Haftungsverhältnisse zu ändern bzw. sich die Haftungsverhältnisse dabei geradezu zwangsläufig ändern.[8] Im Übrigen spricht gegen diese Ansicht der klare Wortlaut von § 219 Satz 1, der nicht zwischen den Gesellschaftern differenziert.[9]

Um einer Haftung zu entgehen, können **Kommanditisten** darauf hinwirken, dass der Formwechselbeschluss gemäß § 217 Abs. 1 Satz 2 durch **Mehrheitsbeschluss** gefasst wird und dann ihre Zustimmung verweigern.[10] 7

Alternativ kann der Kommanditist **gegen Barabfindung** aus der Gesellschaft **ausscheiden.** 8
Infrage steht allerdings, ob ihn das auch tatsächlich von seiner Haftung befreit. Dem wird mit dem formaljuristischen Argument entgegengetreten, dass auch der ausscheidende Gesellschafter **zunächst Anteilsinhaber** des Rechtsträgers neuer Rechtsform wird, bevor er endgültig ausscheidet.[11] Dem wird jedoch zutreffenderweise entgegengehalten, dass das Ausscheiden **rechtstechnisch** schlicht **nicht anders zu lösen** ist, dies aber nicht zum Nachteil der Kommanditisten gehen darf, weshalb dieser Weg trotzdem eine Möglichkeit darstellen muss, sich als Kommanditist der Haftung zu entziehen.[12]

IV. Mehrheitsentscheidung (§ 219 Satz 2 Halbs. 1)

§ 219 Satz 2 Halbs. 1 korrespondiert mit § 217 Abs. 1 Satz 2 und bestimmt für den Fall der 9
Mehrheitsentscheidung nur die zustimmenden Gesellschafter als Gründer zu behandeln sind. Stimmt ein Gesellschafter gegen den Formwechsel gilt er automatisch nicht als Gründer, auch wenn er weder den Widerspruch zur Niederschrift nach § 207 Satz 1 erklärt[13] noch gegen eine Barabfindung ausscheiden möchte.[14]

V. KGaA (§ 219 Satz 2 Halbs. 2)

Gemäß §§ 218 Abs. 2, 221 Satz 1 muss der **beitretende persönlich haftende Gesellschaf-** 10
ter die **Satzung der neuen KGaA genehmigen** und wird so in den Formwechselvorgang einbezogen. Er **erlangt** daher gemäß § 219 Satz 2 eine **Gründerstellung** unabhängig davon, ob die ursprüngliche Entscheidung über den Formwechsel in einer einstimmigen oder Mehrheitsentscheidung ergangen ist. Auch wenn der Wortlaut insofern irreführend ist, dass er nur für Mehrheitsentscheidungen gelten könnte, gibt es keinen teleologischen Grund für eine Differenzierung zumal die Gründungsverantwortung auf dem Beitritt an

---

7) Lutter-*Joost*, UmwG, 5. Aufl., 2014, § 219 Rz. 4; *Joost* in: Lutter, Formwechsel von Personenhandelsgesellschaften, S. 245, 256 f. – zumindest krit.; *Wolf*, ZIP 1996, 1200, 1203.

8) *Althoff/Narr* in: NK-UmwG, § 219 Rz. 8.

9) Semler/Stengel/Leonard-*Schlitt*, UmwG, § 219 Rz. 14; Schmitt/Hörtnagel-*Rinke*, UmwG/UmwStG, § 219 UmwG Rz. 3.

10) Kallmeyer-*Blasche*, UmwG, § 219 Rz. 3.

11) Semler/Stengel/Leonard-*Schlitt*, UmwG, § 219 Rz. 14; Widmann/Mayer-*Vossius*, UmwR, § 219 UmwG Rz. 17.

12) Schmitt/Hörtnagel-*Rinke*, UmwG/UmwStG, § 219 UmwG Rz. 3; Lutter-*Hoger*, UmwG, § 219 Rz. 4; *Dauner-Lieb/Tettinger* in: KölnKomm-UmwG, § 219 Rz. 10; Widmann/Mayer-*Mayer*, UmwR, § 197 UmwG Rz. 65.

13) Lutter-*Hoger*, UmwG, § 219 Rz. 5.

14) Lutter-*Hoger*, UmwG, § 219 Rz. 5; Kallmeyer-*Blasche*, UmwG, § 219 Rz. 5; Schmitt/Hörtnagel-*Rinke*, UmwG/UmwStG, § 219 UmwG Rz. 3; *Dauner-Lieb/Tettinger* in: KölnKomm-UmwG, § 219 Rz. 10.

sich fußt und nicht auf der Art und Weise, wie der Formwechselbeschluss zustande gekommen ist.[15)]

11 Hinsichtlich der Haftung des Beitretenden für **Altverbindlichkeiten**, ist § 219 Satz 2 Halbs. 2 nur deklaratorisch. Die Haftung ergibt sich bereits aus den allgemeinen Regeln (§ 218).[16)] Darüber hinaus ist § 219 nur für den **Beitritt vor Wirksamwerden des Formwechsels** anwendbar. Nach dem Formwechsel gelten für beitretende Gesellschafter die allgemeinen Regeln.[17)]

VI. Rechtsgrundlagen der Gründerhaftung

1. Gründungshaftung (§ 9a GmbHG, § 46 AktG)

12 Gegenüber der Gesellschaft haften die Gesellschafter **verschuldensunabhängig und gesamtschuldnerisch** für alle **falschen Angaben**, die im Zusammenhang mit der Gründung gemacht wurden.[18)] In der Praxis relevant sind vor allem die Haftung wegen falscher Angaben im Gründungsbericht.[19)]

2. Differenzhaftung (§ 9 GmbHG)

13 Auch beim Formwechsel besteht eine sog. Differenzhaftung, also eine Haftung in Geld, wenn die **Sacheinlage** des Gesellschafters vom Wert her kleiner ist, **als der übernommene Geschäftsanteil** im Zeitpunkt der Anmeldung.[20)] Aufgrund der anteiligen Zuweisung des Gesellschaftsvermögens haften die Gesellschafter gesamtschuldnerisch in Geld auf die Differenz.[21)] Für das Aktienrecht hat der BGH eine äquivalente Haftung in richterlicher Rechtsfortbildung entwickelt.[22)] Aufgrund des Erfordernisses der **Reinvermögensdeckung** gemäß § 220 Abs. 1 ist der Anwendungsbereich der Differenzhaftung beim Formwechsel jedoch eher gering.[23)]

14 Dennoch ist umstritten, **welche Gesellschafter** genau von der Differenzhaftung betroffen sind. Während manche dies für alle Gesellschafter bejahen,[24)] sieht die wohl überwiegende Meinung[25)] nur eine Differenzhaftung der zustimmenden Gesellschafter für gegeben an. Für eine Haftung aller Gesellschafter kann man freilich anführen, dass die Differenzhaftung

15) Semler/Stengel/Leonard-*Schlitt*, UmwG, § 219 Rz. 8; Lutter-*Hoger*, UmwG, § 219 Rz. 6; Goutier/Knopf/Tulloch-*Laumann*, UmwG, § 219 Rz. 4.

16) Semler/Stengel/Leonard-*Schlitt*, UmwG, § 219 Rz. 8; Lutter-*Hoger*, UmwG, § 219 Rz. 7.

17) Semler/Stengel/Leonard-*Schlitt*, UmwG, § 219 Rz. 9; Lutter-*Hoger*, UmwG, § 219 Rz. 8; Kallmeyer-*Blasche*, UmwG, § 219 Rz. 6.

18) Lutter-*Hoger*, UmwG, § 197 Rz. 32 f. m. w. N.; Kallmeyer-*Blasche*, UmwG, § 219 Rz. 7, 9; Schmitt/Hörtnagel-*Rinke*, UmwG/UmwStG, § 219 UmwG Rz. 2.

19) Lutter-*Hoger*, UmwG, § 219 Rz. 3, Schmitt/Hörtnagel-*Rinke*, UmwG/UmwStG, § 219 UmwG Rz. 2; *Dauner-Lieb/Tettinger* in: KölnKomm-UmwG, § 219 Rz. 8.

20) Lutter-*Hoger*, UmwG, § 219 Rz. 3; Semler/Stengel/Leonard-*Schlitt*, UmwG, § 219 Rz. 12; zur Differenzhaftung insgesamt Noack/Servatius/Haas-*Servatius*, GmbHG, § 9 Rz. 1 ff.

21) Semler/Stengel/Leonard-*Schlitt*, UmwG, § 219 Rz. 12.

22) BGH, Urt. v. 6.12.2011 – II ZR 149/10, Rz. 16, NZG 2012, 69 = NJW-RR 2012, 866 m. w. N.; BGH, Urt. v. 27.2.1975 – II ZR 111/72, BGHZ 64, 52, 62 = NJW 1975, 974.

23) Semler/Stengel/Leonard-*Schlitt*, UmwG, § 219 Rz. 12.

24) Widmann/Mayer-*Vossius*, UmwR, § 219 UmwG Rz. 22, 32 ff.; Kallmeyer-*Meister/Klöcker/Berger*, UmwG, § 197 Rz. 26; *Althoff/Narr* in: NK-UmwG, § 197 Rz. 6; Lutter-*Joost*, UmwG, 5. Aufl., 2014, § 197 Rz. 38.

25) Lutter-*Hoger*, UmwG, § 219 Rz. 5; Kallmeyer-*Blasche*, UmwG, § 219 Rz. 8; Widmann/Mayer-*Mayer*, UmwR, § 197 UmwG Rz. 65; *Dauner-Lieb/Tettinger* in: KölnKomm-UmwG, § 219 Rz. 11; *Kühn* in: BeckOGK-UmwG, § 219 Rz. 17; Lutter-*Hoger*, UmwG, § 197 Rz. 38; Semler/Stengel/Leonard-*Schlitt*, UmwG, § 219 Rz. 13; Schmitt/Hörtnagel-*Rinke*, UmwG/UmwStG, § 219 UmwG Rz. 2 – „also zumindest der Gründer"; *Quass* in: HK-UmwG § 197 Rz. 29; Semler/Stengel/Leonard-*Bärwaldt*, UmwG, § 197 Rz. 33; *Simons* in: BeckOGK-UmwG, § 197 Rz. 17 und Rz. 27.

aus der Gesellschafterstellung und nicht aus dem Zustimmungsverhalten zum Formwechsel resultiert. Weiterhin könnte sich die Möglichkeit bieten, die Nichtzustimmung insofern zu instrumentalisieren, dass über sie ein Haftungsausschluss erlangt werden könnte, was vor dem Hintergrund der Sicherung der Kapitalaufbringung kritisch zu sehen wäre.[26)] **Gegen eine Haftung aller Gesellschafter** spricht jedoch, dass der Wortlaut des § 219 an den von § 197 angelehnt ist, der auf die Gründungsvorschriften verweist, die anerkanntermaßen die Differenzhaftung umfassen. Insofern die Differenzhaftung die Werthaltigkeit der Sacheinlage der einzelnen Gesellschafter sichern soll, kommt es darauf beim Formwechsel richtigerweise auch nicht an, da weder Einlagen erbracht werden, noch bestimmte Vermögensgegenstände einzelnen Gesellschaftern zugeordnet werden.[27)] Daher sprechen die besseren Argumente für eine Haftung **nur der zustimmenden Gesellschafter.**

3. Vorbelastungshaftung/Unterbilanzhaftung

Einer Vorbelastungs-/Unterbilanzhaftung, also eine Haftung dafür, dass das **Aktivreinvermögen die Stammkapitalziffer nicht deckt,**[28)]bedarf es beim Formwechsel nicht. Hier gilt bereits das **Gebot der Reinvermögensdeckung** gemäß § 220 Abs. 1. Sollte das Aktivreinvermögen den erforderlichen Nennbetrag des Stammkapitals nicht erreichen, kommt es schon gar nicht zum Formwechsel.[29)] 15

4. Handelndenhaftung (§ 11 Abs. 2 GmbHG, § 41 Abs. 1 Satz 2 AktG)

Ob die Handelndenhaftung nach § 11 Abs. 2 GmbHG, § 41 Abs. 1 Satz 2 AktG beim Formwechsel anwendbar ist, ist ebenfalls **umstritten**. Eine Ansicht[30)] bejaht dies in engen Grenzen mit dem Argument, dass beim Auftreten im Namen der späteren Kapitalgesellschaft ein Vertrauenstatbestand geschaffen wird. Eine Haftung kommt danach vor allem dann in Betracht, wenn ausdrücklich die künftige Kapitalgesellschaft und nicht die bestehende Personengesellschaft verpflichtet werden soll. Dieser Fall erscheint jedoch denkbar konstruiert. Soweit der Handelnde wissentlich und zielgerichtet für eine Kapitalgesellschaft auftritt, die noch nicht existiert, trifft ihn eine **Haftung aus allgemeinen zivilrechtlichen Grundsätzen.** Dies hat dann jedoch nichts mit seiner Stellung als Gründer, sondern lediglich mit seinem insoweit täuschenden Auftreten zu tun. Für alle anderen Fälle muss davon ausgegangen werden, dass der Handelnde für den alten Rechtsträger gehandelt hat und diesen verpflichten wollte. Daher hat richtigerweise die Handelndenhaftung i. R. des Formwechsels **keinen Anwendungsbereich.**[31)] Dafür spricht schließlich auch das systematische Argument, dass die Handelndenhaftung an die Handlung und nicht an die Stellung als Gründungsgesellschafter anknüpft.[32)] 16

---

26) Lutter-*Hoger*, UmwG, § 219 Rz. 5.

27) Lutter-*Hoger*, UmwG, § 219 Rz. 5.

28) BGH, Urt. v. 24.10.1988 – II ZR 176/88, BGHZ 105, 300, 302 f. = NJW 1989, 710; BGH, Urt. v. 9.3.1981 – II ZR 54/80, BGHZ 80, 129, 140 ff. = NJW 1981, 1373.

29) Lutter-*Hoger*, UmwG, § 219 Rz. 3; Widmann/Mayer-*Mayer*, UmwR, § 197 UmwG Rz. 76; a. A. *Kühn* in: BeckOGK-UmwG, § 219 Rz. 22, der auf die Gefahr einer ungedeckten Lücke zwischen Anmeldung und Eintragung verweist; Semler/Stengel/Leonard-*Schlitt*, UmwG, § 219 Rz. 15; Kallmeyer-*Blasche*, UmwG, § 219 Rz. 10.

30) *Kühn* in: BeckOGK-UmwG, § 219 Rz. 23; Widmann/Mayer-*Mayer*, UmwR, § 197 UmwG Rz. 77, 195 ff.; Semler/Stengel/Leonard-*Bärwaldt*, UmwG, § 197 Rz. 35; Lutter-*Hoger*, UmwG, § 197 Rz. 41; *Kühn* in: BeckOGK-UmwG, § 197 Rz. 22; Lutter-*Hoger*, UmwG, § 219 Rz. 3; *Bärwaldt/Schabacker*, ZIP 1998, 1293, 1298.

31) Kallmeyer-*Blasche*, UmwG, § 219 Rz. 11; *Althoff/Narr* in: NK-UmwG, § 219 Rz. 8; Widmann/Mayer-*Vossius*, UmwR, § 219 UmwG Rz. 21; Semler/Stengel/Leonard-*Schlitt*, UmwG, § 219 Rz. 16; *Weiler* in: MünchHdb. GesR, Bd. 8, § 38 Rz. 430; Henssler/Strohn-*Drinhausen/Keinath*, GesR, § 219 UmwG Rz. 12.

32) Semler/Stengel/Leonard-*Schlitt*, UmwG, § 219 Rz. 16.

§ 220
Kapitalschutz

(1) Der Nennbetrag des Stammkapitals einer Gesellschaft mit beschränkter Haftung oder des Grundkapitals einer Aktiengesellschaft oder einer Kommanditgesellschaft auf Aktien darf das nach Abzug der Schulden verbleibende Vermögen der formwechselnden Gesellschaft nicht übersteigen.

(2) In dem Sachgründungsbericht beim Formwechsel in eine Gesellschaft mit beschränkter Haftung oder in dem Gründungsbericht beim Formwechsel in eine Aktiengesellschaft oder in eine Kommanditgesellschaft auf Aktien sind auch der bisherige Geschäftsverlauf und die Lage der formwechselnden Gesellschaft darzulegen.

(3) [1]Beim Formwechsel in eine Aktiengesellschaft oder in eine Kommanditgesellschaft auf Aktien hat die Gründungsprüfung durch einen oder mehrere Prüfer (§ 33 Abs. 2 des Aktiengesetzes) in jedem Fall stattzufinden. [2]Die für Nachgründungen in § 52 Abs. 1 des Aktiengesetzes bestimmte Frist von zwei Jahren beginnt mit dem Wirksamwerden des Formwechsels.

Literatur: *Busch*, Die Deckung des Grundkapitals beim Formwechsel einer GmbH in eine Aktiengesellschaft, AG 1995, 555; *Fischer*, Formwechsel zwischen GmbH und GmbH & Co. KG, BB 1995, 2173; *Friedrich*, Der Lagebericht aus wettbewerbsrechtlicher Sicht, BB 1990, 741; *Habersack/ Schürnbrand*, Das Schicksal gebundener Ansprüche beim Formwechsel, NZG 2007, 81; *Hoger*, Kontinuität beim Formwechsel nach dem UmwG und der grenzüberschreitenden Verlegung des Sitzes einer SE, Mainz 2008 (Diss.); *Joost*, Formwechsel von Personenhandelsgesellschaften, in: Lutter (Hrsg.), Kölner Umwandlungsrechtstage, Verschmelzung, Spaltung, Formwechsel nach neuem Umwandlungsrecht und Umwandlungssteuerrecht, 1995, S. 245; *Joost*, Grundlagen und Rechtsfolgen der Kapitalerhaltungsregeln im Aktienrecht, ZHR 149 (1985), 419; *Joost*, Grundlagen und Rechtsfolgen der Kapitalerhaltungsregeln in der GmbH, ZHR 148 (1984), 27; *Joost*, Kapitalbegriff und Reichweite der Bindung des aufgebrachten Vermögens in der GmbH, GmbHR 1983, 285; *Kallmeyer*, Der Formwechsel der GmbH oder GmbH & Co in die AG oder KGaA zur Vorbereitung des Going public, GmbHR 1995, 888; *Limmer*, Der Identitätsgrundsatz beim Formwechsel in der Praxis, in: Festschrift für Siegfried Widmann, 2000, S. 51; *Mayer*, Erste Zweifelsfragen bei der Unternehmensspaltung, DB 1995, 861; *Noelle*, Gegenstand der Umwandlung nahc § 378 Abs. 3 AktG, AG 1990, 475; *Petersen*, Der Gläubigerschutz im Umwandlungsrecht, München 2001 (Habil.); *Priester*, Personengesellschaften im Umwandlungsrecht – Praxisrelevante Fragen und offene Posten, DStR 2005, 788; *Priester*, Gründungsrecht contra Identitätsprinzip – Kapitalausstattung bei Formwechsel, in: Festschrift für Wolfgang Zöllner, 1998, Bd. I, S. 449; *Priester*, Kapitalgrundlage beim Formwechsel, DB 1995, 911; *Priester*, Das neue Umwandlungsrecht aus notarieller Sicht, DNotZ 1995, 427; *Priester*, Kapitalausstattung und Gründungsrecht bei Umwandlung einer GmbH in eine AG, AG 1986, 29; *Schaper*, Eigene Anteile beim Formwechsel, ZGR 2018, 126; *Schmidt, K.*, Integrationswirkung des Umwandlungsgesetzes – Betrachtungen zur Dogmengeschichte und Rechtsfortbildung im Gesellschaftsrecht, in: Festschrift für Peter Ulmer, 2003, S. 557; *Schmidt, K.*, Volleinzahlungsgebot beim Formwechsel in die AG in der GmbH?, ZIP 1995, 1385; *Timm*, Angaben zur Kapitalausstattung einer KG bei Umwandlung in eine AG, BB 1990, 433; *Timmermans*, Kapitalaufbringung und Kapitalfestsetzung bei dem Formwechsel einer Personenhandelsgesellschaft in eine Kapitalgesellschaft, DB 1999, 948.

Übersicht

I. Normzweck

§ 220 Abs. 1 ergänzt § 197 in der Umsetzung des **Prinzips der effektiven Kapitalaufbringung** beim Formwechsel, indem der Formwechsel davon abhängig gemacht wird, dass das **Aktivreinvermögen** der Gesellschaft das Stamm- oder Grundkapital der künftigen Rechtsform decken muss.[1)] Damit soll die Regelung dem Gläubigerschutz dienen;[2)] primär dem der **neuen Gläubiger** der Gesellschaft,[3)] die aufgrund von § 220 Abs. 1 beim Formwechsel, wie bei der Gründung darauf vertrauen sollen, dass zum Zeitpunkt der Anmeldung des Formwechsels das Aktivreinvermögen die Schulden der Gesellschaft deckt und gleichzeitig das nötige Kapital vorhanden ist. **Altgläubiger** sind zumindest für eine Frist von fünf Jahren durch die Nachhaftung der Gesellschafter in § 224 geschützt.[4)] Vor allem aber ist die Regelung unter dem Aspekt wichtig, dass es in der Personengesellschaft **keine anderweitige Kontrolle der Kapitalaufbringung** gibt.[5)] Insoweit dient die Regelung auch zum Schutz von sonst möglichen Umgehungen der Kapitalaufbringungsregelungen. 1

Der zweite Absatz des § 220 ergänzt ebenfalls § 197. Der über § 197 Abs. 1 i. V. m. § 5 Abs. 4 Satz 2 GmbHG oder § 32 AktG grundsätzlich erforderliche **Gründungsbericht** muss als notwendige Angabe auch den bisherigen Geschäftsverlauf und die Lage der Gesellschaft darlegen. Zweck dieser Regelung ist, dass es in der Personengesellschaft keine Vermögensaufbringungskontrolle gibt, jedoch für die Kapitalgesellschaft sichergestellt werden muss, dass sie über ausreichend Kapital verfügt. Die Aufnahme im Gründungsbericht ermöglicht hier eine Überprüfung. Neben diesem Zweck wird der Gläubigerschutz als weiterer Zweck genannt.[6)] 2

§ 220 Abs. 3 Satz 1 stellt klar, dass auch beim Formwechsel in eine AG oder KGaA eine Gründungsprüfung durch einen hierfür bestellten **Gründungsprüfer** gemäß § 33 Abs. 2 Nr. 4 AktG zu erfolgen hat, sofern beim Formwechsel **Sacheinlagen oder Sachübernahmen** erfolgen.[7)] Hierdurch soll ein Missbrauch des Formwechsels durch Umgehung der aktienrechtlichen Kapitalerhaltungsvorschriften, für die es kein Pendant im Recht der Personengesellschaften gibt, verhindert werden.[8)] Durch § 220 Abs. 3 Satz 2 wird schließlich klargestellt, dass die **Frist des § 52 Abs. 1 AktG** mit Eintragung des Formwechsels ins Handelsregister **zu laufen beginnt**, da zu diesem Zeitpunkt der Anmeldung der Formwechsel wirksam wird.[9)] 3

---

1) Lutter-*Hoger*, UmwG, § 220 Rz. 2; Semler/Stengel/Leonard-*Schlitt*, UmwG, § 220 Rz. 1.

2) Begr. RegE UmwBerG, BR-Drucks. 75/94, S. 150.

3) Semler/Stengel/Leonard-*Schlitt*, UmwG, § 220 Rz. 1; *Petersen*, Der Gläubigerschutz im Umwandlungsrecht, 2001; *Petersen* in: KölnKomm-UmwG, § 220 Rz. 2.

4) Lutter-*Hoger*, UmwG, § 220 Rz. 2; *Petersen* in: KölnKomm-UmwG, § 220 Rz. 2.

5) Semler/Stengel/Leonard-*Schlitt*, UmwG, § 220 Rz. 1; *Petersen* in: KölnKomm-UmwG, § 220 Rz. 1.

6) Lutter-*Hoger*, UmwG, § 220 Rz. 3; Semler/Stengel/Leonard-*Schlitt*, UmwG, § 220 Rz. 2.

7) Lutter-*Hoger*, UmwG, § 220 Rz. 4.

8) Schmitt/Hörtnagl-*Rinke*, UmwG/UmwStG, § 220 UmwG Rz. 1.

9) Lutter-*Hoger*, UmwG, § 220 Rz. 4.

4 Soweit der Formwechsel in eine AG betroffen ist, dient die Norm zudem der Umsetzung von Art. 13 der Zweiten Richtlinie des Rates v. 13.12.1976[10], der vorgibt, dass die Mitgliedstaaten die notwendigen Maßnahmen zur Gewährung der für die Gründung einer AG vorgesehenen Garantien und damit den Gläubigerschutz zu treffen haben.[11]

II. Anwendungsbereich

5 § 220 findet auf den Formwechsel einer Personengesellschaft in eine GmbH, AG sowie KGaA Anwendung, nicht hingegen auf den Formwechsel in eine eG.[12] Über den Wortlaut hinaus, muss § 220 im Falle eines grenzüberschreitenden Hineinformwechsels einer Personengesellschaft einer anderen EU-Rechtsordnung in eine Kapitalgesellschaft deutschen Rechts gelten.[13]

III. Kapitaldeckung (§ 220 Abs. 1)

1. Vermögen und Kapital

6 Nach § 220 Abs. 1 muss das Vermögen der Gesellschaft nach Abzug der Schulden den Nennbetrag des Stamm- bzw. Grundkapitals der Kapitalgesellschaft decken. Zentral für das Verständnis des sog. Kapitaldeckungsprinzips ist die Unterscheidung der Begrifflichkeiten **„Vermögen"** und **„Kapital"**.

7 **Vermögen** i. S. des § 220 Abs. 1 meint das sog. Aktivreinvermögen, d. h. das Restaktivvermögen nach Abzug der Schulden.[14] Dies umfasst in der Regel alle vermögenswerten Gegenstände und Rechte der Gesellschaft unabhängig davon, ob sie bilanzierungsfähig oder -pflichtig sind.[15]

8 Das **Stamm- oder Grundkapital** hingegen ist lediglich eine rechtlich festgelegte Sollgröße.[16]

9 Zwischen diesen beiden Größen muss nun beim Formwechsel ein **Wertdeckungszusammenhang** dergestalt bestehen, dass der Betrag des Kapitals rechnerisch, wertmäßig und bilanziell durch das Aktivreinvermögen gedeckt sein muss (sog. Kapitaldeckungsprinzip).[17]

10 Gleichzeitig kennzeichnet der Betrag des Stamm- oder Grundkapitals rechnerisch den Teil des Vermögens der Gesellschaft, der beim Formwechsel durch die Gesellschafter aufgebracht wird – entweder durch vorhandenes Vermögen der Personengesellschaft oder durch zusätzliche Einlagen – (sog. **Vermögensaufbringung**) und welches auch in der Kapitalgesellschaft i. R. der Kapitalerhaltung nicht an die Gesellschafter zurückgewährt werden darf. Somit ist sichergestellt, dass die Kapitalgesellschaft im Zeitpunkt der Anmeldung des Form-

---

10) Zweite Richtlinie 77/91/EWG des Rates v. 13.12.1976 zur Koordinierung der Schutzbestimmungen, die in den Mitgliedstaaten den Gesellschaften im Sinne des Artikels 58 Absatz 2 des Vertrages im Interesse der Gesellschafter sowie Dritter für die Gründung der Aktiengesellschaft sowie für die Erhaltung und Änderung ihres Kapitals vorgeschrieben sind, um diese Bestimmungen gleichwertig zu gestalten, ABl. (EG) L 26/1 v. 31.1.1977.

11) Lutter-*Hoger*, UmwG, § 220 Rz. 1; Semler/Stengel/Leonard-*Schlitt*, UmwG, § 220 Rz. 1.

12) Widmann/Mayer-*Vossius*, UmwR, § 220 UmwG Rz. 8.

13) *Petersen* in: KölnKomm-UmwG, § 220 Rz. 4 – m. Verweis auf die Rspr. des EuGH.

14) Lutter-*Hoger*, UmwG, § 220 Rz. 5; Semler/Stengel/Leonard-*Schlitt*, UmwG, § 220 Rz. 9; Widmann/Mayer-*Vossius*, UmwR, § 220 UmwG Rz. 12 ff.; Goutier/Knopf/Tulloch-*Laumann*, UmwG, § 220 Rz. 6.

15) Semler/Stengel/Leonard-*Schlitt*, UmwG, § 220 Rz. 9; Schmitt/Hörtnagl-*Rinke*, UmwG/UmwStG, § 220 UmwG Rz. 7; Widmann/Mayer-*Vossius*, UmwR, § 220 UmwG Rz. 14; Kallmeyer-*Blasche*, UmwG, § 220 Rz. 7; *Althoff/Narr* in: NK-UmwG, § 220 Rz. 8.

16) Lutter-*Hoger*, UmwG, § 220 Rz. 5; Semler/Stengel/Leonard-*Schlitt*, UmwG, § 220 Rz. 9; Kallmeyer-*Blasche*, UmwG, § 220 Rz. 3; *Joost*, GmbHR 1983, 285, 286.

17) Semler/Stengel/Leonard-*Schlitt*, UmwG, § 220 Rz. 9; Kallmeyer-*Blasche* UmwG, § 220 Rz. 3; *Joost*, ZHR 148 (1984), 27, 28; *Joost*, GmbHR 1983, 285, 286 f.; K. Schmidt, GesR, § 37 III. 1. d).

wechsels über ihre Schulden hinaus über das erforderliche Vermögen verfügt, welches als Sicherheit für die Gläubiger zur Verfügung steht.[18] Dies schützt hingegen nicht vor einer **später eintretenden Unterdeckung** oder Überschuldung durch Geschäftsverluste.[19]

11 Dies ist keine Besonderheit des Formwechsels: Für die **Gründung** regeln §§ 5, 9 GmbHG **Vergleichbares.** Der Betrag des Stammkapitals i. H. von 25.000 € (§ 5 Abs. 1 GmbHG) muss von den Gesellschaftern durch Sach- oder Bareinlagen erbracht werden und darf gemäß § 30 Abs. 1 GmbHG nicht an die Gesellschafter zurückgezahlt werden. Die Parallelvorschriften im AktG, §§ 27, 36a AktG, in der das Grundkapital 50.000€ (§ 7 AktG) beträgt, sind strenger als bei der GmbH, da hier eine Ausschüttung von Vermögen allein durch die Verwendung von Bilanzgewinn erfolgen darf.[20]

2. Festsetzung und Betrag des Kapitals

12 Nach § 3 Abs. 1 Nr. 3 GmbHG bzw. § 23 Abs. 3 Nr. 3 AktG sind der Betrag des Stamm- oder Grundkapitals jeweils in der Satzung aufzunehmen, welche wiederum gemäß § 218 Abs. 1 Teil des Formwechselberichts ist. Es kann jeweils ein **höherer** als der gesetzlich vorgeschriebene **Mindestbetrag** des Stammkapitals im Gesellschaftsvertrag bzw. Satzung und damit im Formwechselbericht festgesetzt werden. Das Stammkapital muss jedoch nicht an die Kapitalausstattung der Personengesellschaft angepasst werden.[21] Im Regelfall wird es sich anbieten, den gesetzlichen Mindestbetrag als Stammkapital zu bestimmen und etwaige überschießende Beträge in Zuzahlung in die Kapitalrücklage, als Gesellschafterdarlehen zu verbuchen.

3. Berechnung des Reinvermögens

a) Wert des Vermögens

13 Wie der Wert des Vermögens (i. S. des § 220 Abs. 1) zu bestimmen ist, lässt § 220 offen. Denkbar wären **Buchwerte, Verkehrswerte oder Liquidationswerte.** Teilweise wird vertreten, es sei, wie bei § 30 Abs. 1 GmbHG,[22] auf die fortgeführten Buchwerte abzustellen.[23] Die weit überwiegende Auffassung in der Literatur[24] geht jedoch davon aus, dass eine **Berechnung anhand der Verkehrswerte** vorzunehmen ist. Dem ist zuzustimmen. Die formale Sichtweise, die vor allem das Identitätsprinzip i. R. des Formwechsels entge-

18) Lutter-*Hoger*, UmwG, § 220 Rz. 5.

19) Lutter-*Hoger*, UmwG, § 220 Rz. 5.

20) Lutter-*Hoger*, UmwG, § 220 Rz. 5, 6; vgl. zu §§ 27, 36a AktG näher *Joost*, ZHR 149 (1985), 419 ff.

21) Lutter-*Hoger*, UmwG, § 220 Rz. 7.

22) RG, Urt. v. 3.10.1916 – II 238/16, RGZ 88, 428, 429 f.; Noack/Servatius/Haas-*Noack*, GmbHG, § 30 Rz. 15 ff.; Semler/Stengel/Leonard-*Schlitt*, UmwG, § 220 Rz. 12; Lutter-*Hoger*, UmwG, § 220 Rz. 10; *Joost*, GmbHR 1983, 285, 287 m. w. N.

23) So *Kallmeyer*, GmbHR 1995, 888, 889 (Fn. 8); K. Schmidt, ZIP 1995, 1385; K. Schmidt, GesR § 13 II. 4 b).

24) Lutter-*Hoger*, UmwG, § 220 Rz. 10; Semler/Stengel/Leonard-*Schlitt*, UmwG, § 220 Rz. 13; Kallmeyer-*Blasche*, UmwG, § 220 Rz. 6; *Weiler* in: MünchHdb. GesR, Bd. 8, § 38 Rz. 435; *Althoff/Narr* in: NK-UmwG, § 220 Rz. 9, 12; Widmann/Mayer-*Vossius*, UmwR, § 220 UmwG Rz. 16 ff.; *Petersen* in: KölnKomm-UmwG, § 220 Rz. 9; Sagasser/Bula-*Sagasser/Luke*, Umwandlungen, § 30 Rz. 147; *Rose* in: HK-UmwG, § 220 Rz. 4; *Kühn* in: BeckOGK-UmwG, § 220 Rz. 14; OLG Frankfurt/M., Beschl. v. 19.3.2015 – 20 W 160/13, Rz. 29, ZIP 2015, 1229, 1332 = NJW-RR 2016, 414, 416; OLG Rostock, Beschl. v. 19.5.2016 – 1 W 4/15, DB 2016, 2894 = NZG 2017, 61 – zur Verschmelzung; *Busch*, AG 1995, 555, 557 f. – beachte, nicht ausdrücklich, sondern „Ertragswert"; *Fischer*, BB 1995, 2173, 2179; *Priester*, DStR 2005, 788, 793; *Timmermans*, DB 1999, 948 f. – gute Argumente; *Priester*, DB 1995, 911; *K. Schmidt*, ZIP 1995, 1385 (Fn. 5); *Petersen*, Der Gläubigerschutz im Umwandlungsrecht, 2001, S. 85 ff.; diff. Goutier/Knopf/Tulloch-*Laumann*, UmwG, § 220 Rz. 9 ff, der eine Korrektur über das Bilanz- und Gründungsrecht, sowie ein Wahlrecht zum niedrigeren Ansatz vorschlägt.

genhält und eine formale Unterbilanz beim Entstehen der Gesellschaft verhindern will,[25] überzeugt nicht. Hinsichtlich der Kapitalaufbringung wird der Formwechsel im Umwandlungsrecht wie eine Sachgründung behandelt, bei welcher es anerkanntermaßen i. R. der Vermögensbestimmung auf die Verkehrswerte ankommt.[26] Schon die früher erforderliche Vermögensaufstellung beim Formwechsel (§ 192 Abs. 2 a. F.) richtete sich zudem nach den Verkehrswerten und ihr Entfall soll ausweislich der Gesetzesbegründung kein Argument gegen eine Vermögensbestimmung anhand der Verkehrswerte sein.[27] Des Weiteren passt die Parallele zu § 30 Abs. 1 GmbHG nicht, da der Formwechsel im Vergleich zur reinen Neugründung mit Sacheinlage durch das Umwandlungsrecht gerade **erleichtert werden soll.**[28] Vor dem Hintergrund, dass auch außerhalb des UmwG bei der Vermögensermittlung i. R. eines Formwechsels die Verkehrswerte zum Ansatz gebracht werden, kann hier nichts anderes gelten.[29] Im Übrigen rechtfertigt die gründungsrechtliche Prüfung des Kapitals beim Formwechsel eine **Durchbrechung des Grundsatzes der Bilanzkontinuität.**[30]

14 Zur Bewertung des somit maßgeblichen Verkehrswerts des Handelsgeschäfts kann auf die allgemeinen Grundsätze der Unternehmensbewertung zurückgegriffen werden.[31]

b) Kein Volleinzahlungsgebot

15 Strittig ist, ob § 220 ein „Volleinzahlungsgebot" – treffender wäre wohl eine „Volleinzahlungspflicht"[32] – enthält. Es stellt sich die Frage, ob i. R. der Berechnung des Aktivvermögens rückständige Einlageansprüche der Personengesellschaft gegen ihre Gesellschafter berücksichtigt werden. Hintergrund ist, dass bei der Gründung gemäß § 7 Abs. 3 GmbHG, § 36a Abs. 2 Satz 1 AktG **Sacheinlagen** stets vollständig erbracht werden müssen. **Bareinlagen** werden für die Berechnung des Vermögens hingegen schon dann berücksichtigt, wenn sie zu ein Viertel eingezahlt wurden (§ 7 Abs. 2 Satz 2 GmbHG, § 36a AktG). Wenn das Vermögen ohne die teilweise geleisteten Bareinlagen nicht zur Deckung des Mindestkapitals ausreicht, wird teilweise gefordert, dass für den Formwechsel solche ausstehenden Einzahlungsansprüche eingezahlt werden müssen.[33]

16 Für diese Ansicht spricht vor allem, dass man den Formwechsel materiell als eine Sachgründung betrachten kann, bei der Sacheinlagen stets voll eingezahlt werden müssten.[34] Das Stammkapital müsse beim Formwechsel **mit eigenen Mitteln der Gesellschaft** abgedeckt werden und nicht durch Ansprüche gegen die Gesellschafter, da sonst eine Umge-

---

25) *Kühn* in: BeckOGK-UmwG, § 220 Rz 14; Semler/Stengel/Leonard-*Schlitt*, UmwG, § 220 Rz. 13; *Priester*, DB 1995, 911; *Timmermans*, DB 1999, 948 f.

26) Semler/Stengel/Leonard-*Schlitt*, UmwG, § 220 Rz. 13; Widmann/Mayer-*Vossius*, UmwR, § 220 UmwG Rz. 18.

27) Begr. RegE 2. UmwGÄndG, BT-Drucks. 16/2919, S. 19.; Semler/Stengel/Leonard-*Schlitt*, UmwG, § 220 Rz. 13; Widmann/Mayer-*Vossius*, UmwR, § 220 UmwG Rz. 17; *Kühn* in: BeckOGK-UmwG, § 220 Rz. 14.

28) Semler/Stengel/Leonard-*Schlitt*, UmwG, § 220 Rz. 13; *Petersen* in: KölnKomm-UmwG, § 220 Rz. 9.

29) SemlerStengel/Leonard-*Schlitt*, UmwG, § 220 Rz. 13; Widmann/Mayer-*Vossius*, UmwR, § 220 UmwG Rz. 20; *Kühn* in: BeckOGK-UmwG, § 220 Rz. 14.

30) *Priester*, DB 1995, 911; *K. Schmidt*, ZIP 1995, 1385 (Fn 5); *Petersen* in: KölnKomm-UmwG, § 220 Rz. 13.

31) Lutter-*Hoger*, UmwG, § 220 Rz. 10; Semler/Stengel/Leonard-*Schlitt*, UmwG, § 220 Rz. 14; Kallmeyer-*Blasche* UmwG, § 220 Rz. 7; OLG Frankfurt/M., Beschl. v. 19.3.2015 – 20 W 160/13, Rz. 34, ZIP 2015, 1229, 1232 = NJW-RR 2016, 414; *Althoff/Narr* in: NK-UmwG, § 220 Rz. 9; *Busch*, AG 1995, 555, 558 m. w. N.

32) *Petersen* in: KölnKomm-UmwG, § 220 Rz. 16.

33) *Joost* in: Lutter, Kölner Umwandlungsrechtstage, S. 245, 257; *Schwedhelm/Stenert*, Unternehmensumwandlung, Rz. 1670; Lutter-*Joost*, UmwG, § 220 Rz. 12; Widmann/Mayer-*Vossius*, UmwR, § 220 UmwG Rz. 30, 33; *Petersen* in: KölnKomm-UmwG, § 220 Rz. 14 ff.

34) Vgl. Semler/Stengel/Leonard-*Schlitt*, UmwG, § 220 Rz. 16; *Petersen* in: KölnKomm-UmwG, § 220 Rz. 14.

hung der Sachgründungsvorschriften drohe. Nicht zuletzt sei es schlicht nicht gerechtfertigt einer Gesellschaft den Formwechsel zu ermöglichen, die nicht in der Lage ist das notwendige Stammkapital aufzubringen.[35)]

Gegen die vorgenannten Ansichten spricht jedoch, dass es beim Formwechsel erst gar nicht 17
zu einer Einbringung von Vermögen kommt, da **keine Vermögensübertragung** stattfindet, sondern dieses unverändert dem Rechtsträger der formwechselnden Gesellschaft zugeordnet wird.[36)] Wenn man den Formwechsel durchgehend als Sachgründung behandelt, stellt der Formwechsel der Personengesellschaft im Vergleich zur Sachgründung durch Einbringung der Vermögenswerte der Personengesellschaft in die Kapitalgesellschaft keinen **Mehrwert** dar. Es ist jedoch zu unterstellen, dass der Gesetzgeber genau diesen Mehrwert schaffen wollte. Die materielle **Behandlung des Formwechsels als Sachgründung dient der Verhinderung einer Umgehung** der Kapitalaufbringungsvorschriften. Bei der Gründung jedoch reicht eine Einzahlung von Bareinlagen i. H. von ein Viertel. Es sind keine Gründe ersichtlich den Formwechsel hier strenger zu behandeln.[37)]

Somit besteht mit der wohl überwiegenden Auffassung in der Literatur[38)] beim Formwech- 18
sel **keine Volleinzahlungspflicht**. Einlageforderungen gegen die Gesellschafter sind, soweit sie werthaltig sind, bei einer Einzahlung von ein Viertel des Betrages vollständig wie ein normaler Bestandteil des Vermögens zu behandeln.[39)] Sind die Forderungen gegen die Gesellschafter **nicht voll werthaltig**, sind sie mit den Werten anzusetzen, die ein ordentlicher Kaufmann für sie veranschlagen würde.[40)] Das gilt ebenso für Forderungen der Personengesellschaft gegen ihre Gesellschafter aus anderen Geschäften.[41)]

c) Berechnungszeitpunkt

Der für die Berechnung maßgebliche Zeitpunkt ist entsprechend § 9 GmbHG die **Anmel-** 19
dung des Formwechsels zum Handelsregister, nicht der Formwechsel selbst, da dieser erst mit Eintragung eintritt.[42)] Nach vollzogenem Formwechsel entfallen die Anforderungen nach § 220 wieder.[43)] Es greifen dann die Kapitalerhaltungsvorschriften der jeweiligen Kapitalgesellschaft.

---

35) Lutter-*Joost*, UmwG, § 220 Rz. 12; *Priester* in: FS Zöllner, S. 463 ff.; *Priester*, DStR 2005, 788, 794; *Petersen*, Der Gläubigerschutz im Umwandlungsrecht, 2001, S. 105 m. w. N.

36) OLG Frankfurt/M., Beschl. v. 19.3.2015 – 20 W 160/13 Rz. 18, 19, ZIP 2015, 1229, 1230 = NJW-RR 2016, 414, 415.

37) Lutter-*Hoger*, UmwG, § 220 Rz. 12; Semler/Stengel/Leonard-*Schlitt*, UmwG, § 220 Rz. 16; *Hoger*, Kontinuität beim Formwechsel nach dem UmwG und der grenzüberschreitenden Verlegung des Sitzes einer SE, 2008, S. 113 ff.

38) Lutter-*Hoger*, UmwG, § 220 Rz. 12; Semler/Stengel/Leonard-*Schlitt*, UmwG, § 220 Rz. 16; Kallmeyer-*Blasche* UmwG, § 220 Rz. 10; *Weiler* in: MünchHdb. GesR, Bd. 8, § 38 Rz. 436; *Kühn* in: BeckOGK-UmwG, § 220 Rz. 19; *Habersack/Schürnbrand*, NZG 2007, 81, 82; *Schaper*, ZGR 2018, 126, 138 m. w. N.; *K. Schmidt* in: FS Ulmer, S. 557, 567; *K. Schmidt*, ZIP 1995, 1385, 1387 f.; Henssler/Strohn-*Drinhausen/Keinath*, GesR, § 220 UmwG Rz. 5; *Limmer* in: FS Widmann, S. 51, 63.

39) OLG Frankfurt/M., Beschl. v. 19.3.2015 – 20 W 160/13, Rz. 18, 19, ZIP 2015, 1229, 1230 = NJW-RR 2016, 414, 415; *K. Schmidt*, ZIP 1995, 1385, 1388.

40) *Hoger*, Kontinuität beim Formwechsel nach dem UmwG und der grenzüberschreitenden Verlegung des Sitzes einer SE, 2008, S. 114 f.

41) *Priester* in: FS Zöllner, S. 463.

42) *Petersen* in: KölnKomm-UmwG, § 220 Rz. 12; Lutter-*Hoger*, UmwG, § 220 Rz. 14; Kallmeyer-*Blasche* UmwG, § 220 Rz. 5; *Rose* in: HK-UmwG, § 220 Rz. 5; Schmitt/Hörtnagl-*Rinke*, UmwG/UmwStG, § 220 UmwG Rz. 10; Widmann/Mayer-*Vossius*, UmwR, § 220 UmwG Rz. 16; *Priester*, DNotZ 1995, 427, 452; *Priester* in: FS Zöllner, S. 458.

43) *Petersen* in: KölnKomm-UmwG, § 220 Rz. 12.

4. Deckung durch weitere Einlagen

20 Soweit das Vermögen nach Abzug der Schulden nicht ausreicht, um das Stammkapital der Kapitalgesellschaft zu decken, ist es nach vorzugswürdiger – aber strittiger – Auffassung[44] möglich, dass die Gesellschafter i. R. des Formwechsels **weitere Einlagen** (Bar- oder Sacheinlagen) erbringen, um den Anforderungen des § 220 Abs. 1 zu genügen. Hierfür spricht zunächst das Argument, dass keine strengeren Maßstäbe für den Formwechsel als für die Gründung gelten sollen. Auch aus dem Gesichtspunkt des Gläubigerschutz ergibt sich kein Gegenargument. Vor allem aber kann es keinen Unterschied machen, ob sich die Gesellschaft kurz vor dem Formwechsel zusätzliche Mittel durch Einlagen verschafft oder dies erst im Zuge des Formwechsels erfolgt. **Sacheinlagen** müssen dabei vollständig eingezahlt werden, **Bareinlagen** dürfen auch unvollständig sein, solange sie vollwertig sind (siehe Rz. 14).

5. Anmeldung und Prüfung des Registergerichts

21 Bei der Anmeldung des Formwechsels beim Handelsregister ist die hinreichende Kapitaldeckung **nachzuweisen.**[45] Wie genau das zu geschehen hat, ist nicht geregelt. Beim Formwechsel in eine GmbH, die AG und KGaA ist gemäß § 220 Abs. 2 Satz 1 ein **(Sach)gründungsbericht** abzugeben, in dem die relevanten Informationen aufgenommen werden können. Denkbar ist auch die Vorlage der Umwandlungsbilanz als Nachweis, sofern sich die Kapitaldeckung schon aus den fortgeführten Buchwerten ergibt.[46] Andere taugliche Mittel sind **Vermögensaufstellungen** oder **Werthaltigkeitsbescheinigungen.**[47] Wenn die Prüfung keine Kapitaldeckung ergibt, muss das Registergericht die Eintragung ablehnen (§ 197 UmwG i. V. m. § 9c GmbHG, § 38 Abs. 1 AktG).[48] Kommt es dennoch zur Eintragung wird der Formwechsel gemäß § 202 Abs. 3 dennoch wirksam.

22 Es besteht Uneinigkeit darüber, ob nach § 8 Abs. 2 GmbHG, § 37 Abs. 1 AktG in der Anmeldung die Versicherung abgegeben werden muss, dass die Leistungen auf die Einlagen **bewirkt** wurden **und** deren Gegenstand **zur freien Verfügung** der Geschäftsführer bzw. des Vorstands steht. Eine Anmeldeversicherung könnte über § 197 auch beim Formwechsel erforderlich sein, wenn man § 197 als einen allgemeinen Verweis auf das Gründungsrecht versteht.[49] Im Übrigen argumentieren die Befürworter einer Anmeldeversicherung mit § 246 Abs. 3, der die Anmeldeversicherung ausdrücklich für die Fälle des Formwechsels einer Kapitalgesellschaft in eine andere Kapitalgesellschaft erlässt. Dies bringte zum Ausdruck, dass im Umkehrschluss in allen anderen Fällen eine **Anmeldeversicherung** notwendig sei. Dem kann jedoch entgegengehalten werden, dass es beim Formwechsel **keine Neuzuordnung von Vermögen** gibt, sondern das Vermögen des Rechtsträgers als

---

44) Lutter-*Hoger*, UmwG, § 220 Rz. 16; Kallmeyer-*Blasche*, UmwG, § 220 Rz. 9; Henssler/Strohn-*Drinhausen/Keinath*, GesR, § 220 UmwG Rz. 5; *Priester* in: FS Zöllner, S. 466; *Priester*, DStR 2005, 788, 794; Semler/Stengel/Leonard-*Schlitt*, UmwG, § 220 Rz. 17; *K. Schmidt*, ZIP 1995, 1385, 1389; *Kühn* in: BeckOGK-UmwG, § 220 Rz. 25; a. A. jedoch Widmann/Mayer-*Vossius*, UmwR, § 220 UmwG Rz. 30 ff.; *Petersen* in: KölnKomm-UmwG, § 220 Rz. 17–20; Lutter-*Joost*, UmwG, § 220 Rz. 16.

45) *Petersen* in: KölnKomm-UmwG, § 220 Rz. 13.

46) Kallmeyer-*Blasche*, UmwG, § 220 Rz. 13; Lutter-*Hoger*, UmwG, § 220 Rz. 18; Semler/Stengel/Leonard-*Schlitt*, UmwG, § 220 Rz. 19; Schmitt/Hörtnagl-*Rinke*, UmwG/UmwStG, § 220 UmwG Rz. 10; *Kühn* in: BeckOGK-UmwG, § 220 Rz. 26; *Priester*, DStR 2005, 788, 793.

47) Kallmeyer-*Blasche*, UmwG, § 220 Rz. 13; Semler/Stengel/Leonard-*Schlitt*, UmwG, § 220 Rz. 20; Lutter-*Hoger*, UmwG, § 220 Rz. 18.

48) Goutier/Knopf/Tulloch-*Laumann*, UmwG, § 220 Rz. 2.

49) *K. Schmidt*, ZIP 1995, 1385, 1391; *Mayer*, DB 1995, 861, 862 – zur Spaltung; Widmann/Mayer-*Vossius*, UmwR, § 222 UmwG Rz. 58; Schmitt/Hörtnagl-*Rinke*, UmwG/UmwStG, § 222 UmwG Rz. 11.

solches bestehen bleibt.[50] Daher ist richtigerweise[51] eine Anmeldeversicherung **nicht erforderlich.** Im Einzelfall kann es natürlich in der Praxis dennoch sinnvoll sein, eine Versicherung rein vorsorglich abzugeben, um eine reibungslose Eintragung zu gewährleisten.[52]

IV. Sachgründungsbericht und Gründungsbericht (§ 220 Abs. 2)

Die Regelung des § 220 Abs. 2 könnte man zunächst für unnötig halten, da über § 197 ohnehin das Gründungsrecht anwendbar ist. Gemäß § 5 Abs. 4 GmbHG bzw. § 32 AktG ist ein (Sach-)Gründungsbericht zu erstellen. Dieser ist **kein Bestandteil des Formwechselberichts, sondern rechtlich selbstständig** (§ 192 Abs. 1), kann jedoch mit diesem zusammengefasst werden. Der Bericht ist jeweils durch die Gründer anzufertigen. Sie können auf diesen nicht verzichten (§ 192 Abs. 2), da die Vorschriften als Gläubigerschutznormen gelten.[53] 23

Der **Inhalt** ergibt sich im Wesentlichen aus § 32 AktG. Es müssen der Hergang des Formwechsels, das Grundkapital, die neuen Beteiligungen und die Bestellung von Vorstand und Aufsichtsrat aufgenommen werden.[54] Zudem muss die **Angemessenheit** der für die Leistung der Sacheinlagen wesentlichen Umstände dargelegt werden (§ 32 Abs. 2 Satz 1 AktG, § 5 Abs. 4 Satz 2 GmbHG), also die Umstände aus denen sich die Deckung des Grund- bzw. Stammkapitals durch das Reinvermögen ergeben. Soweit diese außerhalb des (Sach)Gründungsberichts erfolgen, genügt ein Verweis auf die Nachweise für das Registergericht.[55] Im Übrigen müssen die **Betriebserträge der letzten beiden Geschäftsjahre für die AG** (§ 32 Abs. 2 Satz 2 Nr. 3) **bzw. die Jahresergebnisse der letzten beiden Geschäftsjahre bei der GmbH** (§ 5 Abs. 4 Satz 2 GmbHG) angegeben werden, um dem Registergericht einen Überblick zu verschaffen. Nicht zwingend aufzunehmen sind Angaben zu Bar- oder Sacheinlagen.[56] 24

§ 220 Abs. 2 geht jedoch darüber hinaus. Zusätzlich muss der **bisherige Geschäftsverlauf sowie die Lage der formwechselnden Gesellschaft** dargelegt und beschrieben werden. Entsprechend § 289 HGB soll ein möglichst den tatsächlichen Umständen entsprechendes Bild der Gesellschaft gezeichnet werden. Dies sind vor allem Umstände, die Auswirkungen auf den Wert der Gesellschaft haben, Geschäftsvorfälle und Wettbewerbssituationen.[57] Der zeitliche Umfang richtet sich im Einzelfall nach der Dauer des Bestehens der Gesellschaft, sowie dem Umfang der Geschäftstätigkeit, muss jedoch mindestens die letzten zwei Geschäftsjahre (entsprechend der kapitalgesellschaftsrechtlichen Regelungen des § 5 Abs. 4 Satz 2 GmbHG, § 32 Abs. 2 Satz 2 Nr. 3 AktG) umfassen.[58] 25

---

50) Semler/Stengel/Leonard-*Schlitt*, UmwG, § 220 Rz. 18; *Priester* in: FS Zöllner, S. 449, 467.

51) Lutter-*Hoger*, UmwG, § 220 Rz. 17; Kallmeyer-*Blasche*, UmwG, § 220 Rz. 12; *Priester* in: FS Zöllner, S. 449, 467; Semler/Stengel/Leonard-*Schlitt*, UmwG, § 220 Rz. 18; Kallmeyer-*Zimmermann*, UmwG, § 198 Rz. 13; Widmann/Mayer-*Mayer*, UmwR, § 197 UmwG Rz. 59; *Priester*, DNotZ 1995, 427, 452; *Priester* in: FS Zöllner, S. 449, 468, wobei *Priester* eine Versicherung im Falle der Leistung weiterer Einlagen für sinnvoll hält.

52) So auch Semler/Stengel/Leonard-*Schlitt*, UmwG, § 220 Rz. 18.

53) Lutter-*Hoger*, UmwG, § 220 Rz. 21; Semler/Stengel/Leonard-*Schlitt*, UmwG, § 220 Rz. 26; *Petersen* in: KölnKomm-UmwG, § 220 Rz 20.

54) Lutter-*Hoger*, UmwG, § 220 Rz. 22.

55) Kallmeyer-*Blasche* UmwG, § 220 Rz. 16; Semler/Stengel/Leonard-*Schlitt*, UmwG, § 220 Rz. 24; Widmann/Mayer-*Vossius*, UmwR, § 220 UmwG Rz. 37 f.; Lutter-*Hoger*, UmwG, § 220 Rz. 22.

56) Semler/Stengel/Leonard-*Schlitt*, UmwG, § 220 Rz. 24.

57) Lutter-*Hoger*, UmwG, § 220 Rz. 23; *Friedrich*, BB 1990, 741 ff.

58) Lutter-*Hoger*, UmwG, § 220 Rz. 23; *Noelle*, AG 1990, 475, 479 – zum AktG; *Priester*, AG 1986, 29, 33 – zum GmbHG; *Petersen* in: KölnKomm-UmwG, § 220 Rz. 20; a. A. *Timm*, BB 1990, 433 ff.

V. Gründungsprüfung und Nachgründung (§ 220 Abs. 3)

1. Gründungsprüfung (§ 220 Abs. 3 Satz 1 i. V. m. § 33 Abs. 2 AktG)

26 Für den Formwechsel in eine AG oder KGaA besteht die Pflicht zur Durchführung einer Gründungsprüfung. Auch dies ist an sich lediglich klarstellend, soweit man die Sachgründungspflichten nach § 33 Abs. 2 Nr. 4 AktG über § 197 UmwG ohnehin für anwendbar hält. Nach § 33 Abs. 1 AktG muss die Gründungsprüfung durch die Verwaltungsorgane des Rechtsträgers in neuer Rechtsform durchgeführt werden. In einem schriftlichen Bericht (§ 34 Abs. 2 AktG) ist u. a. aufzunehmen, ob das Aktivreinvermögen zur Deckung des Grundkapitals genügt.[59] Zusätzlich hat gemäß § 220 Abs. 3 Satz 1 i. V. m. § 33 Abs. 2 AktG eine Gründungsprüfung durch einen vom Registergericht zu bestellenden (§ 33 Abs. 3 Satz 2 AktG) Gründungsprüfer zu erfolgen. Entbehrlich ist dies **nur in den Fällen des § 33a Abs. 1 Nr. 2 AktG,**[60] wenn eindeutige Anhaltspunkte für die Bewertung vorliegen.[61] Richtigerweise kommt die Norm **auch beim Formwechsel** zur Anwendung, obwohl § 220 Abs. 3 nicht direkt darauf verweist. Die Norm existierte schlicht noch nicht als § 220 Abs. 3 Satz 1 geschaffen wurde und es gibt weder im Wortlaut noch anderweitig Anhaltspunkte dafür, dass beim Formwechsel strengere Anforderungen greifen sollen, als bei der Neugründung.[62] Eine entsprechende Pflicht für die GmbH existiert nicht.[63]

2. Nachgründung

27 Gemäß § 52 Abs. 1 AktG sind Verträge der Gesellschaft mit Gründern oder mit mehr als 10 % des Grundkapitals an der Gesellschaft beteiligten Aktionären, nach denen sie vorhandene oder herzustellende Anlagen oder andere Vermögensgegenstände für eine um 10 % des Grundkapitals übersteigende Vergütung erwerben soll, und die in den ersten zwei Jahren seit der Eintragung der Gesellschaft in das Handelsregister geschlossen werden, nur mit Zustimmung der Hauptversammlung und durch Eintragung in das Handelsregister wirksam. Diese Regelung findet auch beim Formwechsel Anwendung (§ 197). Nach § 220 Abs. 3 Satz 2 beginnt die Zwei-Jahres-Frist mit Wirksamwerden des Formwechsels (§ 202).[64] Auch diese Regelung gilt nicht für die GmbH. Die Wirksamkeit von Geschäften mit der GmbH nach Formwechsel richtet sich allein nach den allgemeinen Vorschriften.[65]

59) Semler/Stengel/Leonard-*Schlitt*, UmwG, § 220 Rz. 29.

60) Kallmeyer-*Blasche* UmwG, § 220 Rz. 18; *Weiler* in: MünchHdb. GesR, Bd. 8, § 38 Rz. 440; *Kühn* in: BeckOGK-UmwG, § 220 Rz. 34.

61) Begr. RegE ARUG, BT-Drucks. 16/11642, S. 22.

62) Lutter-*Hoger*, UmwG, § 220 Rz. 24; Schmitt/Hörtnagl-*Rinke*, UmwG/UmwStG, § 220 UmwG Rz. 17.

63) Lutter-*Hoger*, UmwG, § 220 Rz. 25; *Petersen* in: KölnKomm-UmwG, § 220 Rz. 21.

64) Lutter-*Hoger*, UmwG, § 220 Rz. 26; Schmitt/Hörtnagl-*Rinke*, UmwG/UmwStG, § 220 UmwG Rz. 18.

65) Lutter-*Hoger*, UmwG, § 220 Rz. 27.

§ 221

Beitritt persönlich haftender Gesellschafter*)

[1]Der in einem Beschluss zum Formwechsel in eine Kommanditgesellschaft auf Aktien vorgesehene Beitritt eines Gesellschafters, welcher der formwechselnden Gesellschaft nicht angehört hat, muß notariell beurkundet werden. [2]Die Satzung der Kommanditgesellschaft auf Aktien ist von jedem beitretenden persönlich haftenden Gesellschafter zu genehmigen.

*) § 221 i. d. F. des UmwBerG geändert durch Art. 1 des Gesetzes zur Umsetzung der Umwandlungsrichtlinie und zur Änderung weiterer Gesetze (UmRUG), v. 22.2.2023, BGBl. I 2023, Nr. 51.

Übersicht

I. Normzweck und Anwendungsbereich

1 Nach § 218 Abs. 2 ist vorgesehen, dass im Zuge des Formwechsels in eine KGaA ein neuer, **bislang unbeteiligter Gesellschafter als persönlich haftender Gesellschafter beitreten kann.** Nur dies ist der Anwendungsbereich der Norm.[1] Nach § 221 Satz 1 bedarf die hierfür erforderliche Beitrittserklärung im Formwechselbeschluss der notariellen Beurkundung und der Beitretende muss gemäß § 221 Satz 2 die **Satzung** der KGaA **genehmigen.** Dieses Form- und Genehmigungserfordernis dient der Rechtssicherheit und dem Schutz des Beitretenden vor Übereilung.[2] Dies ist eine konsequente Übertragung des Gründungsrechts nach § 280 AktG, da beitretende persönlich haftende Gesellschafter gemäß § 219 Satz 2 ebenfalls als Gründer der formwechselnden Gesellschaft zu behandeln sind.

II. Beitrittserklärung

2 Der Beitritt zu einer im Formwechsel befindlichen Personenhandelsgesellschaft in eine KGaA nach § 218 Abs. 2 stellt eine **Ausnahme vom Grundsatz der Identität** zwischen Ausgangsrechtsträger und dem Rechtsträger in neuer Rechtsform dar. Bei der KGaA muss es mindestens einen persönlich haftenden Gesellschafter geben (§ 278 Abs. 1 AktG). Dieser kann im Zuge des Formwechsels entweder aus dem bestehenden Gesellschafterkreis ernannt werden oder von außen beitreten. § 221 Satz 1 greift nur in letzterem Falle ein, beim Beitritt eines Dritten als persönlich haftender Gesellschafter. Hierzu bedarf es einer Beitrittserklärung, mit der der Außenstehende zum Ausdruck bringt, dass er sich der Gesellschaft anschließt, die **als empfangsbedürftige Willenserklärung** bei der Gesellschaft zugehen muss.[3]

1. Form (§ 221 Satz 1)

3 Die Beitrittserklärung muss gemäß § 221 Satz 1 **notariell beurkundet** werden. Da es sich hierbei um eine Willenserklärung handelt, richtet sich die Beurkundung grundsätzlich nach §§ 8 ff. BeurkG.[4] Uneinigkeit besteht jedoch hinsichtlich der Frage, ob die Beitrittserklärung auch **zusammen mit dem Formwechselbeschluss** beurkundet werden kann. Während manche Stimmen dies ablehnen,[5] ist eine gemeinsame Beurkundung zusammen

1) Semler/Stengel/Leonard-*Schlitt*, UmwG, § 221 Rz. 2.

2) Lutter-*Hoger*, UmwG, § 221 Rz. 1.

3) Schmitt/Hörtnagl-*Rinke*, UmwG/UmwStG, § 221 UmwG Rz. 2; *Dauner-Lieb/Tettinger* in: KölnKomm-UmwG, § 221 Rz. 3.

4) Lutter-*Hoger*, UmwG, § 221 Rz. 2; Schmitt/Hörtnagl-*Rinke*, UmwG/UmwStG, § 221 UmwG Rz. 2; Semler/Stengel/Leonard-*Schlitt*, UmwG, § 221 Rz. 6; Kallmeyer-*Blasche*, UmwG, § 221 Rz. 2; *Kühn* in: BeckOGK-UmwG, § 221 Rz. 7; Goutier/Knopf/Tulloch-*Laumann*, UmwG, § 221 Rz. 3; Widmann/Mayer-*Vossius*, UmwR, § 221 UmwG Rz. 12, 23; *Dauner-Lieb/Tettinger* in: KölnKomm-UmwG, § 221 Rz. 8.

5) Goutier/Knopf/Tulloch-*Laumann*, UmwG, § 221 Rz. 3; Widmann/Mayer-*Vossius*, UmwR, § 221 UmwG Rz. 12, 23; *Dauner-Lieb/Tettinger* in: KölnKomm-UmwG, § 221 Rz. 8.

mit dem Formwechselbeschluss, der dann ebenfalls der Beurkundungspflicht unterliegt, richtigerweise zulässig.[6)]

4 Im Übrigen kann eine Beitrittserklärung grundsätzlich nicht befristet oder bedingt werden, mit **Ausnahme der Bedingung des Wirksamwerdens des Formwechsels.** Eine einmal abgegebene Beitrittserklärung kann **nicht mehr zurückgenommen werden.**[7)] **Stellvertretung** ist bei Abgabe der Beitrittserklärung möglich, die Vollmachtserteilung muss jedoch notariell beglaubigt werden.[8)]

5 Eine korrespondierende Aufnahmeerklärung der Gesellschafter oder der Gesellschaft ist nicht notwendig, es genügt der **Zugang** der Beitrittserklärung in notarieller Ausfertigung.[9)]

2. Zeitpunkt

6 Überwiegend wird verlangt, dass die Beitrittserklärung zeitlich erst **nach dem Formwechselbeschluss** erfolgt, da ein möglicher Beitritt im Formwechselbeschluss vorgesehen werden muss und durch den Formwechsel der Beitritt nach § 218 Abs. 2 rechtlich überhaupt erst möglich wird.[10)] In der Praxis dürfte es ratsam sein, auf diese Abfolge zu achten. Dennoch erscheint ein vorzeitiger Beitritt auch entgegen der genannten Gründen nach Wortlaut und Sinn und Zweck des § 221 denkbar, wenn in etwa der Formwechselbeschluss samt Satzung bereits final abgestimmt vorliegt und entsprechend beschlossen wird.[11)] **Unstreitig** muss hingegen der Beitritt **vor Anmeldung** des Formwechsels **beim Handelsregister** erfolgen, da gemäß § 223 die Beitrittserklärung hier miteingereicht werden muss.[12)] Ein späterer Beitritt – nach Wirksamwerden des Formwechsles – folgt den allgemeinen Regeln und nicht § 221.[13)]

III. Genehmigung der Satzung (§ 221 Satz 2)

7 Gemäß § 221 Satz 2 muss der beitretende persönlich haftende Gesellschafter die im Formwechselbeschluss enthaltene Satzung der künftigen KGaA genehmigen. Mit seiner Zustimmung bringt der Beitretende zum Ausdruck, dass er mit den Inhalten der Satzung einverstanden ist. Die Satzung wird damit **für ihn verbindlich.**[14)]

---

6) Lutter-*Hoger*, UmwG, § 221 Rz. 2 Semler/Stengel/Leonard-*Schlitt*, UmwG, § 221 Rz. 6; Kallmeyer-*Blasche*, UmwG, § 221 Rz. 2; *Kühn* in: BeckOGK-UmwG, § 221 Rz. 7; Schmitt/Hörtnagl-*Rinke*, UmwG/UmwStG, § 221 UmwG Rz. 2.

7) Widmann/Mayer-*Vossius*, UmwR, § 221 UmwG Rz. 9; Kallmeyer-*Blasche*, UmwG, § 221 Rz. 2; Semler/Stengel/Leonard-*Schlitt*, UmwG, § 221 Rz. 7; *Kühn* in: BeckOGK-UmwG, § 221 Rz. 6.

8) *Rose* in: HK-UmwG, § 221 Rz. 6; *Dauner-Lieb/Tettinger* in: KölnKomm-UmwG, § 221 Rz. 9; *Kühn* in: BeckOGK-UmwG, § 221 Rz. 6; Kallmeyer-*Blasche*, UmwG, § 221 Rz. 2; darüber hinausgehend fordern Semler/Stengel/Leonard-*Schlitt*, UmwG, § 221 Rz. 7 notarielle Beurkundung; Widmann/Mayer-*Vossius*, UmwR, § 221 UmwG Rz. 10 – unter Verweis auf BGH, Urt. v. 29.2.1996 – IX ZR 153/95, ZIP 1996, 745 = NJW 1996, 1467.

9) Lutter-*Hoger*, UmwG, § 221 Rz. 2; Kallmeyer-*Blasche*, UmwG, § 221 Rz. 2; Semler/Stengel/Leonard-*Schlitt*, UmwG, § 221 Rz. 7; Schmitt/Hörtnagl-*Rinke*, UmwG/UmwStG, § 221 UmwG Rz. 2; a. A. Goutier/KnopfTulloch-*Laumann*, UmwG, § 221 Rz. 2, der eine Aufnahmeerklärung fordert, dies aber formlos.

10) Lutter-*Hoger*, UmwG, § 221 Rz. 3; Semler/Stengel/Leonard-*Schlitt*, UmwG, § 221 Rz. 8; *Althoff/Narr* in: NK-UmwG, § 221 Rz. 4; *Weiler* in: MünchHdb. GesR, Bd. 8, § 38 Rz. 444; *Kühn* in: BeckOGK-UmwG, § 221 Rz. 8; Schmitt/Hörtnagl-*Rinke*, UmwG/UmwStG, § 221 UmwG Rz. 2, 4; Kallmeyer-*Blasche*, UmwG, § 221 Rz. 3.

11) S. für einen vorzeitigen Beitritt *Dauner-Lieb/Tettinger* in: KölnKomm-UmwG, § 221 Rz. 7; Goutier/Knopf/Tulloch-*Laumann*, UmwG, § 221 Rz. 4; Widmann/Mayer-*Vossius*, UmwR, § 221 UmwG Rz. 8; *Rose* in: HK-UmwG, § 221 Rz. 6.

12) Kallmeyer-*Blasche*, UmwG, § 221 Rz. 3.

13) Semler/Stengel/Leonard-*Schlitt*, UmwG; § 221 Rz. 8; Henssler/Strohn-*Drinhausen/Keinath*, UmwG § 221 Rz. 3.

14) Semler/Stengel/Leonard-*Schlitt*, UmwG, § 221 Rz. 10.

8 Ebenso wie die Beitrittserklärung ist die Genehmigungserklärung **bedingungs- und befristungsfeindlich** und bedarf der notariellen Beurkundung.[15] Beide Erklärungen sind zwar rechtlich selbstständig, wenngleich sie in einem engen inhaltlichen Zusammenhang stehen, da ein Beitritt ohne Genehmigung der Satzung ebenso sinnlos ist, wie eine Genehmigung der Satzung ohne Beitritt.[16] Sie können aber wegen ihrer rechtlichen Unabhängigkeit **zeitlich voneinander unabhängig** erfolgen.[17]

9 Liegt keine ausdrückliche Genehmigung der Satzung vor, so stellt sich die Frage, ob in der Beitrittserklärung bereits **konkludent** eine Genehmigung der Satzung liegen kann. Hierfür sprechen gute Argumente, da nicht anzunehmen ist, dass der Beitretende zwar seinen Beitritt erklärt, dabei aber nicht die Satzung akzeptiert. Dies muss jedenfalls dann gelten, wenn der Beitretende den Satzungswortlaut kennt.[18] In diesem Fall kann auch nicht der Normzweck eines Schutzes vor Übereilung oder Rechtssicherheitserwägungen dagegen sprechen.[19] Dennoch ist es in der Praxis ratsam, die Genehmigung stets ausdrücklich aufzunehmen.[20]

10 **Spätere Änderungen der Satzung** bedürfen der notariell beurkundeten Zustimmung der persönlich haftenden Gesellschafter gemäß § 285 Abs. 2, 3 AktG; die Norm gilt entsprechend bei Änderungen vor Wirksamwerden des Formwechsels.[21]

IV. Eintragung

1. Wirksamkeit des Formwechsels

11 Das Registergericht hat die Wirksamkeit des Beitritts und der Genehmigung zu überprüfen.[22] Nur, wenn eine wirksame Beteiligung, jedenfalls eines persönlich haftenden Gesellschafters, nach §§ 218 Abs. 2, 221 vorliegt, darf der Formwechsel eingetragen werden, da eine KGaA einen persönlich haftenden Gesellschafter voraussetzt.

12 Bei der **Bestellung mehrerer** persönlich haftender Gesellschafter während des Formwechsels zur KGaA ist es zwingende Voraussetzung für das Wirksamwerden des Formwechsels (Eintragung), dass **alle Beitrittserklärungen** der i. R. des Formwechsels beitretenden persönlich haftenden Gesellschafter gemäß § 223 den Unterlagen an das Registergericht **beigefügt** werden.[23]

13 Gibt es mehrere persönlich haftende Gesellschafter, bei denen die Beitritts- und Genehmigungserklärung des einen wirksam und **des anderen unwirksam ist**, so kommt es auf die Umstände des Einzelfalls an. Wenn davon auszugehen ist, dass der Beitritt des persön-

15) Semler/Stengel/Leonard-*Schlitt*, UmwG, § 221 Rz. 11; Kallmeyer-*Blasche*, UmwG, § 221 Rz. 4.

16) *Dauner-Lieb/Tettinger* in: KölnKomm-UmwG, § 221 Rz. 4.

17) Kallmeyer-*Blasche*, UmwG, § 221 Rz. 4; *Weiler* in: MünchHdb. GesR, Bd. 8, § 38 Rz. 446; *Kühn* in: BeckOGK-UmwG, § 221 Rz. 11; Widmann/Mayer-*Vossius*, UmwR, § 221 UmwG Rz. 14 ff.; Semler/Stengel/Leonard-*Schlitt*, UmwG, § 221 Rz. 12; Goutier/Knopf/Tulloch-*Laumann*, UmwG, § 221 Rz. 5; *Althoff/Narr* in: NK-UmwG, § 221 Rz. 5; Schmitt/Hörtnagl-*Rinke*, UmwG/UmwStG, § 221 UmwG Rz. 4; a. A. noch Lutter-*Joost*, UmwG, 5. Aufl., 2014, § 221 Rz. 6, m. dem Argument, dass trotz neuen Wortlauts die alte Rechtslage übernommen werden sollte, bei der beides nur gemeinsam möglich war.

18) *Weiler* in: MünchHdb. GesR, Bd. 8, § 38 Rz. 446; Semler/Stengel/Leonard-*Schlitt*, UmwG, § 221 Rz. 10; Widmann/Mayer-*Vossius*, UmwR, § 221 UmwG Rz. 19.

19) Hierauf stellen ab: Kallmeyer-*Blasche*, UmwG, § 221 Rz. 4; Lutter-*Joost*, UmwG, 5. Aufl., 2014, § 221 Rz. 6; *Kühn* in: BeckOGK-UmwG, § 221 Rz. 11.

20) Lutter-*Hoger*, UmwG, § 221 Rz. 6.

21) Lutter-*Hoger*, UmwG, § 221 Rz. 7; Semler/Stengel/Leonard-*Schlitt*, UmwG, § 221 Rz. 13; Schmitt/Hörtnagl-*Rinke*, UmwG/UmwStG, § 221 UmwG Rz. 4; Kallmeyer-*Blasche*, UmwG, § 221 Rz. 4.

22) *Dauner-Lieb/Tettinger* in: KölnKomm-UmwG, § 221 Rz. 10.

23) Lutter-*Hoger*, UmwG, § 221 Rz. 9; Semler/Stengel/Leonard-*Schlitt*, UmwG, § 221 Rz. 8, 14; Schmitt/Hörtnagl-*Rinke*, UmwG/UmwStG, § 221 UmwG Rz. 2.

lich haftenden Gesellschafters auch **unabhängig von dem Beitritt des anderen** persönlich haftenden Gesellschafters **erfolgt wäre**, kann eine Eintragung des Formwechsels erfolgen. Dies wird hingegen im Zweifel eher die Ausnahme als der Regelfall sein.[24] In der Praxis könnte es sich anbieten, vorsorglich eine entsprechende Unabhängigkeit des Beitritts in der Beitrittsdokumentation zu manifestieren.

14 Erfolgt eine Eintragung trotz Fehlerhaftigkeit des Beitritts und/oder der Genehmigung, so ist der Formwechsel dennoch nach § 202 Abs. 3 wirksam. Es gelten dann die **Grundsätze des fehlerhaften Gesellschafterbeitritts** und, falls sich nicht ein Gesellschafter zur Übernahme der persönlichen Haftung findet, stellt dies einen **Auflösungsgrund** dar. Gibt es mehrere persönliche haftenden Gesellschafter, ist der **Ausschluss des Gesellschafters** mit der fehlerhaften Beitrittserklärung möglich.[25]

2. Haftung des Beitretenden

15 Der beitretende Gesellschafter erlangt seine Stellung als persönlich haftender Gesellschafter mit Eintragung (§ 202 Abs. 1).[26] Ab dann trifft ihn die Gründungsverantwortung. Er haftet für alle Verbindlichkeiten der Gesellschaft, auch solche, die **vor dem Formwechsel entstanden sind**. Letzteres ergibt sich i. Ü. bereits aus den allgemeinen Regelungen. Im Umwandlungsrecht wurden zur Vermeidung von Dopplungen keine eigenen Normen hierzu aufgenommen.

---

24) *Dauner-Lieb/Tettinger* in: KölnKomm-UmwG, § 221 Rz. 12.

25) *Dauner-Lieb/Tettinger* in: KölnKomm-UmwG, § 221 Rz. 12.

26) Begr. Fraktionsentwurf UmwBerG, BT-Drucks. 12/6699, S. 149; Kallmeyer-*Blasche*, UmwG, § 221 Rz. 5; *Dauner-Lieb/Tettinger* in: KölnKomm-UmwG, § 221 Rz. 10; Lutter-*Hoger*, UmwG, § 221 Rz. 4.

§ 222
Anmeldung des Formwechsels*)

(1) [1]Die Anmeldung nach § 198 einschließlich der Anmeldung der Satzung der Genossenschaft ist durch alle Mitglieder des künftigen Vertretungsorgans sowie, wenn der Rechtsträger nach den für die neue Rechtsform geltenden Vorschriften einen Aufsichtsrat haben muß, auch durch alle Mitglieder dieses Aufsichtsrats vorzunehmen. [2]Zugleich mit der Genossenschaft sind die Mitglieder ihres Vorstandes zur Eintragung in das Register anzumelden.

(2) Ist der Rechtsträger neuer Rechtsform eine Aktiengesellschaft oder eine Kommanditgesellschaft auf Aktien, so haben die Anmeldung nach Absatz 1 auch alle Gesellschafter vorzunehmen, die nach § 219 den Gründern dieser Gesellschaft gleichstehen.

(3) Die Anmeldung der Umwandlung zur Eintragung in das Register nach § 198 Abs. 2 Satz 3 kann auch von den zur Vertretung der formwechselnden Gesellschaft ermächtigten Gesellschaftern vorgenommen werden.

*) § 222 i. d. F. des UmwBerG geändert durch Art. 14 des Gesetzes zur Einführung der Europäischen Genossenschaft und zur Änderung des Genossenschaftsrechts (SCEEG), v. 14.8.2006, BGBl. I 2006, 1911.

Literatur: *Bärwaldt/Jahntz*, Buchbesprechung zu Lutter, Umwandlungsgesetz, NJW 2001, 2312; *Melchior*, Vollmachten bei Umwandlungsvorgängen – Vertretungshindernisse und Interessenkollisionen, GmbHR 1999, 520.

Übersicht

I. Normzweck

1 § 222 überlagert **und modifiziert die §§ 197, 198.** § 222 Abs. 1 und Abs. 2 regeln, wer die Anmeldung vorzunehmen hat. Der Inhalt der Anmeldung und Verfahren richtet sich grundsätzlich nach den allgemeinen Regeln in §§ 198, 199, 223.[1] § 222 trifft zunächst allein Regelungen über den **Personenkreis**, der die **Anmeldung zur Eintragung** beim Registergericht vorzunehmen hat.[2]

2 § 222 Abs. 1 Satz 2 hat eine systemfremde Stellung. Dieser beinhaltet eine **Sonderbestimmung** für den Inhalt der Anmeldung des Formwechsels **zur eG.**[3] Diese muss immer auch zugleich die **Vorstandsmitglieder** zum Genossenschaftsregister anmelden, was der Klarstellung der Vertretungsverhältnisse dient.[4]

3 Sofern mit dem Formwechsel auch ein **Registerwechsel** einhergeht, enthält § 222 Abs. 3 hierfür eine Erleichterung, die die Anmeldung des Formwechsels beim bisherigen Register ermöglicht.[5] Alternativ kann diese auch durch die vertretungsbefugten **Gesellschafter der Personenhandelsgesellschaft** erfolgen.

II. Anmeldung der Eintragung (§ 222 Abs. 1 Satz 1)

4 § 222 Abs. 1 verlangt die Anmeldung durch **alle** Mitglieder des künftigen Vertretungsorgans. Eine Anmeldung durch die Geschäftsleiter in vertretungsberechtigter Anzahl genügt nicht.[6] Eine rechtsgeschäftliche **Stellvertretung** der zur Anmeldung Verpflichteten ist nicht möglich, da sie für die Richtigkeit der Anmeldung, insbesondere für die dabei abzugebende Erklärung nach § 198 Abs. 2 i. V. m. § 16, zivil- und strafrechtlich verantwortlich sind.[7] Die Anmeldung ist in öffentliche beglaubigter Form oder durch notariell beurkundete Erklärung abzugeben.[8]

1) Semler/Stengel/Leonard-*Schlitt*, UmwG, § 222 Rz. 13, 19, 22.

2) Semler/Stengel/Leonard-*Schlitt*, UmwG, § 222 Rz. 1; Schmitt/Hörtnagl-*Rinke*, UmwG/UmwStG, § 222 UmwG Rz. 1.

3) Lutter-*Hoger*, UmwG, § 222 Rz. 1; Semler/Stengel/Leonard-*Schlitt*, UmwG, § 222 Rz. 2, 5; *Dauner-Lieb/Tettinger* in: KölnKomm-UmwG, § 222 Rz. 1.

4) Begr. Fraktionsentwurf UmwBerG, BT-Drucks. 12/6699, S. 150.

5) Lutter-*Hoger*, UmwG, § 222 Rz. 1; Semler/Stengel/Leonard-*Schlitt*, UmwG, § 222 Rz. 4.

6) *Dauner-Lieb/Tettinger* in: KölnKomm-UmwG, § 222 Rz. 4.

7) Semler/Stengel/Leonard-*Schlitt*, UmwG, § 222 Rz. 12; Schmitt/Hörtnagl-*Rinke*, UmwG/UmwStG, § 222 UmwG Rz. 5; Kallmeyer-*Blasche*, UmwG, § 222 Rz. 1; *Dauner-Lieb/Tettinger* in: KölnKomm-UmwG, § 222 Rz. 4; Goutier/Knopf/Tulloch-*Laumann*, UmwG, § 222 Rz. 4; Sagasser/Bula-*Sagasser*/Luke, Umwandlungen, § 30 Rz. 153; *Melchior*, GmbHR 1999, 520 ff. m. w. N; BayObLG, Beschl. v. 12.6.1986 – BReg. 3 Z 29/86, BayObLGZ 1986, 203 = NJW 1987, 136, 137; BayObLG, Beschl. v. 13.11.1986 – BReg. 3 Z 134/86, BayObLGZ 1986, 454 = DB 1987, 215; *Pentz* in: MünchKomm-AktG, § 36 Rz. 26; Noack/Servatius/Haas-*Servatius*, GmbHG, § 7 Rz. 3.

8) *Dauner-Lieb/Tettinger* in: KölnKomm-UmwG, § 222 Rz. 4, Semler/Stengel/Leonard-*Schlitt*, UmwG, § 222 Rz. 18.

1. Formwechsel in eine GmbH

5 Nach § 197 UmwG i. V. m. §§ 7 Abs. 1, 78 GmbHG haben bei einem Formwechsel in eine GmbH alle künftigen Geschäftsführer der GmbH die Anmeldung im Namen der Gesellschaft anzumelden.[9)] Aus dieser Regelung ergibt sich im Umkehrschluss, dass die Geschäftsführer bei Anmeldung des Formwechsels bereits zwingend bestellt sein müssen[10)] (siehe § 218 Rz. 24 [*Allmendinger*]).

6 Darüber hinaus wird aber in § 222 Abs. 1 Satz 1 bestimmt, dass auch die Mitglieder eines womöglich **bestehenden Aufsichtsrats** bei der Anmeldung partizipieren müssen. Nach einhelliger Ansicht ist **im Falle der GmbH** ein fakultativer Aufsichtsrat nach § 52 GmbHG aber nicht davon erfasst.[11)] **Umstritten** ist hingegen, ob es auf die Beteiligung eines **mitbestimmten Aufsichtsrats** ankommt. Die Beteiligung des mitbestimmungsrechtlich erforderlichen Aufsichtsrats wird von der wohl h. M. – im Ergebnis überzeugend – mit dem Argument abgelehnt, dass die Vorschriften der Mitbestimmungsgesetze erst für die GmbH relevant werden und daher **im Gründungsstadium keine Anwendung** finden sollen.[12)] Nach a. A. kommt es auf die Beteiligung des mitbestimmungsrechtlich obligatorischen Aufsichtsrats an.[13)] Hierbei ist sodann wiederum fraglich, ob die Arbeitnehmervertreter des mitbestimmten Aufsichtsrats bei der Anmeldung mitwirken müssen. Dies wiederum halten die **meisten Stimmen in der Literatur,**[14)] ebenso wie eine gerichtliche Bestellung dieser Aufsichtsratsmitglieder analog § 104 AktG, die dann notwendig werden würde, **für nicht erforderlich.** Vielmehr sei ein **„Rumpfaufsichtsrat"** bestehend aus den Vertretern der Gesellschafter zu bilden, der dann anzumelden habe.[15)] Vor dem Hintergrund des Streitstandes ist eine vorherige **Abstimmung mit dem Registergericht** in der Praxis ratsam, wenn ein mitbestimmungsrechtlicher Aufsichtsrat nach der Umwandlung infrage kommt.

7 Eine Anmeldung durch die Gesellschafter ist weder erforderlich noch vorgesehen. Gerade bei **großen Publikumspersonengesellschaften** wäre dies häufig unpraktikabel. Außerdem entspricht dies dem Willen des Gesetzgebers, der die GmbH nicht in den Anwendungsbereich des § 222 Abs. 2 einbezogen hat und die Vorgängerregelung, die die Beteiligung noch forderte, nicht übernommen hat.[16)]

---

9) Lutter-*Hoger*, UmwG, § 222 Rz. 4; Semler/Stengel/Leonard-*Schlitt*, UmwG, § 222 Rz. 8.

10) Schmitt/Hörtnagl-*Rinke*, UmwG/UmwStG, § 222 UmwG Rz. 3; *Dauner-Lieb/Tettinger* in: KölnKomm-UmwG, § 222 Rz. 6.

11) Kallmeyer-*Blasche*, UmwG, § 222 Rz. 2; Semler/Stengel/Leonard-*Schlitt*, UmwG, § 222 Rz. 10; Schmitt/Hörtnagl-*Rinke*, UmwG/UmwStG, § 222 UmwG Rz. 3; Widmann/Mayer-*Vossius*, UmwR, § 222 UmwG Rz. 15; *Dauner-Lieb/Tettinger* in: KölnKomm-UmwG, § 222 Rz. 6; Goutier/Knopf/Tulloch-*Laumann*, UmwG, § 222 Rz. 3; *Kühn* in: BeckOGK-UmwG, § 222 Rz. 11; Lutter-*Hoger*, UmwG, § 222 Rz. 4.

12) Widmann/Mayer-*Vossius*, UmwR, § 222 UmwG Rz. 17 f.; Schmitt/Hörtnagl-*Rinke*, UmwG/UmwStG, § 222 UmwG Rz. 3; Noack/Servatius/Haas-*Noack*, GmbHG, § 52 Rz. 17; Lutter/Hommelhoff-*Hommelhoff*, GmbHG, § 52 Rz. 1; Scholz-*Veil*, GmbHG, § 8 Rz. 19; Scholz-*K. Schmidt*, GmbHG, § 11 Rz. 61.

13) *Kühn* in: BeckOGK-UmwG, § 222 Rz. 11; Kallmeyer-*Blasche*, UmwG, § 222 Rz. 2; Lutter-*Hoger*, UmwG, § 222 Rz. 4; *Dauner-Lieb/Tettinger* in: KölnKomm-UmwG, § 222 Rz. 6; *Bärwaldt/Jahntz*, NJW 2001, 2312, 2313.

14) Kallmeyer-*Blasche*, UmwG, § 222 Rz. 2; Lutter-*Hoger*, UmwG, § 222 Rz. 3 f.; Henssler/Strohn-*Drinhausen/Keinath*, GesR, § 222 UmwG Rz. 2; *Kühn* in: BeckOGK-UmwG, § 222 Rz. 11; a. A. Semler/Stengel/Leonard-*Schlitt*, UmwG, § 222 Rz. 9.

15) *Kühn* in: BeckOGK-UmwG, § 222 Rz. 11.

16) Lutter-*Hoger*, UmwG, § 222 Rz. 5; Semler/Stengel/Leonard-*Schlitt*, UmwG, § 222 Rz. 11.

2. Formwechsel in eine AG

Die Anmeldung des Formwechsels in eine AG hat durch **alle Mitglieder des Vorstands** und alle Mitglieder **des Aufsichtsrats** zu erfolgen. Der Vorstand muss folglich also durch den Aufsichtsrat bereits vor Anmeldung bestellt werden.[17] 8

Im Falle eines **mitbestimmten Aufsichtsrats** ist auch beim Formwechsel in die AG umstritten, ob die Arbeitnehmervertreter mitwirken und daher bei Anmeldung bereits bestellt sein müssen. Vielfach wird auch eine Beteiligung der Arbeitnehmervertreter, zumindest sofern diese bereits gewählt wurden, gefordert.[18] Umgekehrt, soll die **fehlende Wahl** der Arbeitnehmervertreter aufgrund des generell **langwierigen Verfahrens** die Eintragung, und damit die Wirksamkeit des Formwechsels, **nicht behindern.**[19] Es muss **lediglich eine Erklärung** in der Anmeldung aufgenommen werden, dass die Arbeitnehmervertreter noch nicht bestellt wurden.[20] 9

Überzeugender erscheint hier eine eindeutige Regelung, die nicht auf einen zufällig schon erfolgten Wahlvorgang abstellt. Mit **Verweis auf § 31 AktG** sind daher nur **bereits bestellte Anteilseignervertreter** an der Anmeldung **zu beteiligen.**[21] In der Praxis ist es aufgrund der unsicheren Rechtslage in jedem Fall empfehlenswert Rücksprache mit dem Registergericht zu halten, ob eine Beteiligung der Arbeitnehmervertretung als notwendig angesehen wird.[22] 10

Zusätzlich fordert § 222 Abs. 2 die Anmeldung **durch die Gründer.** Wer Gründer ist, bestimmt sich beim Formwechsel nach § 219. Demnach sind bei **einstimmiger** Entscheidung alle (§ 219 Satz 1) und bei **Mehrheitsentscheidung,** die dem Formwechsel zustimmenden, Gesellschafter (§ 219 Satz 2) Gründer, wobei es nicht darauf ankommt, ob die Zustimmung in der Gesellschafterversammlung oder nachträglich erteilt wurde.[23] 11

Bei einer **größeren Anzahl von Gesellschaftern und Aktionären** kann die Vielzahl der erforderlichen Erklärungen eine **praktische Herausforderung** darstellen. Gerade bei großen Publikumspersonengesellschaften kann es sich jedoch auch anbieten, die Anmeldung direkt **im Anschluss an die Abstimmung** über den Formwechsel unterschreiben zu lassen und die Unterschrift dann beglaubigen zu lassen,[24] oder eine entsprechende Erklärung **direkt im Formwechselbeschluss** oder der Zustimmungserklärung aufzunehmen.[25] 12

Zu beachten ist jedoch, dass aus oben genannten Gründen (siehe Rz. 10) bei der Anmeldung **keine Stellvertretung** möglich ist, auch dann nicht, wenn die Zustimmung zum Formwechsel durch einen Stellvertreter erteilt wurde.[26] 13

---

17) Semler/Stengel/Leonard-*Schlitt*, UmwG, § 222 Rz. 16.

18) Lutter-*Hoger*, UmwG, § 222 Rz. 3, § 218 Rz. 29; *Weiler* in: MünchHdb. GesR, Bd. 8, § 38 Rz. 450; Widmann/Mayer-*Vossius*, UmwR, § 222 UmwG Rz. 21 ff., der allerdings noch weiter geht und eine Notbestellung über § 104 AktG fordert; *Kühn* in: BeckOGK-UmwG, § 222 Rz. 11, 21; Kallmeyer-*Blasche*, UmwG, § 222 Rz. 2, 3; Henssler/Strohn-*Drinhausen/Keinath*, GesR, § 222 UmwG Rz. 2.

19) Lutter-*Hoger*, UmwG, § 222 Rz. 3; Kallmeyer-*Blasche*, UmwG, § 222 Rz. 2, 3.

20) Widmann/Mayer-*Vossius*, UmwR, § 222 UmwG Rz. 25.

21) Semler/Stengel/Leonard-*Schlitt*, UmwG, § 222 Rz. 16 – m. N. zur gesetzgeberischen Intention.

22) Kallmeyer-*Blasche*, UmwG, § 222 Rz. 2; *Kühn* in: BeckOGK-UmwG, § 222 Rz. 11.

23) Semler/Stengel/Leonard-*Schlitt*, UmwG, § 222 Rz. 17; Schmitt/Hörtnagl-*Rinke*, UmwG/UmwStG, § 222 UmwG Rz. 6.

24) Widmann/Mayer-*Vossius*, UmwR, § 222 UmwG Rz. 39.

25) *Dauner-Lieb/Tettinger* in: KölnKomm-UmwG, § 222 Rz. 9 m. w. Hinweisen hierzu.

26) Kallmeyer-*Blasche*, UmwG, § 222 Rz. 4; Semler/Stengel/Leonard-*Schlitt*, UmwG, § 222 Rz. 18; *Kühn* in: BeckOGK-UmwG, § 222 Rz. 23.

14 Die Anmeldung muss i. Ü. nicht von allen Beteiligten gleichzeitig bewirkt werden, sondern kann **auch getrennt erklärt werden**. In der Praxis kommen häufig gesondert beglaubigte Anmeldungserklärungen zum Einsatz.[27)]

III. Formwechsel in eine KGaA (§ 222 Abs. 2)

15 Der Formwechsel in eine KGaA unterscheidet sich nur punktuell vom Formwechsel in eine AG: In der KGaA gibt es keinen Vorstand, sondern an seine Stelle treten die persönlich haftenden Gesellschafter.[28)] § 222 Abs. 2 enthält zusätzlich die Klarstellung, dass **beitretende** persönlich haftende Gesellschafter (§ 218 Abs. 2) auch **an der Anmeldung mitwirken müssen.**[29)] Ist der persönlich haftende Gesellschafter eine Gesellschaft trifft die Anmeldepflicht die Gesellschaft, die durch ihre Geschäftsleiter **in vertretungsberechtigter Anzahl** vertreten wird.[30)]

IV. Formwechsel in eine eG (§ 222 Abs. 1 Satz 2)

16 Beim Formwechsel in eine eG bestehen drei Besonderheiten:

1. Registerwechsel

17 Zum einen kommt es zu einem Registerwechsel, da die Personenhandelsgesellschaft gemäß §§ 106, 161 Abs. 2 HGB im Handelsregister und die eGbR gemäß §§ 707, 707a BGB im Unternehmensregister eingetragen ist, während die künftige eG gemäß § 10 GenG im Genossenschaftsregister eingetragen werden muss. Weiterhin bedarf es folglich gleich einer **doppelten Anmeldung**:

- gemäß § 198 Abs. 2 Satz 2 muss die eG beim Genossenschaftsregister zur Eintragung angemeldet werden und
- gemäß § 198 Abs. 2 Satz 3 der Formwechsel beim Register des formwechselnden Rechtsträgers, in dem die Gesellschaft bisher eingetragen war.

18 **Zeitlich** muss die Anmeldung des Formwechsels vor der Anmeldung der eG zum Genossenschaftsregister erfolgen (§ 198 Abs. 2 Satz 5). Erst danach kann der Formwechsel wirksam werden (§ 202 Abs. 1).[31)]

19 Die Anmeldung erfolgt nach § 222 Abs. 1 durch die Mitglieder des Vorstands und den Mitgliedern des künftigen Aufsichtsrats,[32)] dessen Zusammensetzung sich nach § 36 GenG richtet.[33)] Eine Anmeldung durch die **übrigen Gründer ist nicht erforderlich**, da § 222 Abs. 2 keine Anwendung findet.[34)]

2. Anmeldung der Satzung

20 Die Satzung der eG muss laut dem Gesetzestext **gleichzeitig** mit der Genossenschaft beim Genossenschaftsregister angemeldet werden. Dies ergibt sich jedoch auch schon aus § 199.

27) Semler/Stengel/Leonard-*Schlitt*, UmwG, § 222 Rz. 18.

28) Semler/Stengel/Leonard-*Schlitt*, UmwG, § 222 Rz. 21.

29) Vgl. insgesamt Lutter-*Hoger*, UmwG, § 222 Rz. 3; Schmitt/Hörtnagl-*Rinke*, UmwG/UmwStG, § 222 UmwG Rz. 7; Semler/Stengel/Leonard-*Schlitt*, UmwG, § 222 Rz. 21.

30) Semler/Stengel/Leonard-*Schlitt*, UmwG, § 222 Rz. 21.

31) Lutter-*Hoger*, UmwG, § 222 Rz. 6.

32) Lutter-*Hoger*, UmwG, § 222 Rz. 7.

33) Semler/Stengel/Leonard-*Schlitt*, UmwG, § 222 Rz. 25; Widmann/Mayer-*Vossius*, UmwR, § 222 UmwG Rz. 48; *Dauner-Lieb/Tettinger* in: KölnKomm-UmwG, § 222 Rz. 13; *Kühn* in: BeckOGK-UmwG, § 222 Rz. 30.

34) Lutter-*Hoger*, UmwG, § 222 Rz. 7; Schmitt/Hörtnagl-*Rinke*, UmwG/UmwStG, § 222 UmwG Rz. 8.

§ 218 Abs. 1 und ist in § 222 folglich nur klarstellend erwähnt. Eine **Bezugnahme** auf den Formwechselbeschluss genügt.[35] Einer **Unterzeichnung** durch mindestens drei Mitglieder (§ 11 Abs. 2 Nr. 1 GenG) bedarf es gemäß § 218 Abs. 1 Satz 2 nicht.[36]

3. Anmeldung des Vorstands

Für die Anmeldung der eG enthält § 222 Abs. 1 Satz 2 die ausdrückliche Vorgabe, dass bei der Anmeldung zum Genossenschaftsregister die Mitglieder des Vorstands zur Eintragung in das Register anzumelden sind. Gemäß § 197 UmwG Satz 1 i. V. m. § 11 Abs. 2 Nr. 2 GenG muss **ohnehin eine Abschrift** der Urkunde **über die Bestellung** der Vorstandsmitglieder der Anmeldung beigefügt werden. An sich hat die Norm damit keine eigenständige Bedeutung, da die Informationen dem Registergericht schon vorliegen.[37] Dennoch ist es ratsam jedenfalls nochmal in der Anmeldung auf die Anlage ausdrücklich Bezug zu nehmen oder eine gesonderte Anmeldeerklärung aufzunehmen.[38] 21

V. Registerwechsel (§ 222 Abs. 3)

Im Falle eines Registerwechsels greift die Regelung des § 222 Abs. 3 ein und erleichtert den Formwechselverfahren durch eine **ergänzende Zuständigkeit**. 22

Zu einem Registerwechsel kann es neben der bereits beschriebenen Situation des Formwechsels in eine eG **auch dann** kommen, wenn im Zuge des Formwechsels der (satzungsmäßige) **Sitz der Gesellschaft verlagert wird** und daher örtlich ein anderes Register zuständig ist.[39] Häufigster Anwendungsfall wird jedoch vermutlich der Formwechsel einer GbR sein, da hier ein Wechsel aus dem Gesellschaftsregister in das Handelsregister oder das Genossenschaftsregister erfolgt.[40] 23

In den Fällen des Registerwechsels muss gemäß § 198 Abs. 2 Satz 3 der Formwechsel der Gesellschaft **zusätzlich** zur Eintragung im neuen Register, **beim alten Register** angemeldet werden. Zeitlich muss die Anmeldung beim alten Register also **vor der Eintragung zum neuen Register** erfolgen (§ 198 Abs. 2). Die Eintragung in das alte Register erfolgt daher zunächst mit dem Vermerk, dass der Formwechsel erst wirksam wird, wenn die Eintragung des Formwechsels bei dem für die Kapitalgesellschaft zuständigen Register erfolgt ist. Der Formwechsel wird aber **erst mit Eintragung im neu zuständigen Register wirksam** (§ 202 Abs. 2).[41] Die formwechselnde Gesellschaft wird sodann im bislang zuständigen Register **gelöscht** ohne, dass es eines weiteren Antrags bedarf.[42] 24

Die erleichternde Wirkung des **§ 222 Abs. 3** besteht darin, dass die Anmeldung des Formwechsels zum Register, dem die Personen(handels)gesellschaft angehört, auch durch die vertretungsberechtigten Gesellschafter der Gesellschaft erfolgen kann. Damit stellt dieser Absatz eine **Erleichterung zu § 106 Abs. 7 HGB** dar, der eine Anmeldung durch sämtliche Gesellschafter fordert. 25

---

35) *Dauner-Lieb/Tettinger* in: KölnKomm-UmwG, § 222 Rz. 14.

36) Lutter-*Hoger*, UmwG, § 222 Rz. 8; Semler/Stengel/Leonard-*Schlitt*, UmwG, § 222 Rz. 26.

37) Lutter-*Hoger*, UmwG, § 222 Rz. 9; Semler/Stengel/Leonard-*Schlitt*, UmwG, § 222 Rz. 26; *Dauner-Lieb/Tettinger* in: KölnKomm-UmwG, § 222 Rz. 14.

38) *Dauner-Lieb/Tettinger* in: KölnKomm-UmwG, § 222 Rz. 14.

39) *Dauner-Lieb/Tettinger* in: KölnKomm-UmwG, § 222 Rz. 15.

40) *Dauner-Lieb/Tettinger* in: KölnKomm-UmwG, § 222 Rz. 15.

41) Lutter-*Hoger*, UmwG, § 222 Rz. 10; Semler/Stengel/Leonard-*Schlitt*, UmwG, § 222 Rz. 24, 30; Schmitt/Hörtnagl-*Rinke*, UmwG/UmwStG, § 222 UmwG Rz. 2, 30; *Dauner-Lieb/Tettinger* in: KölnKomm-UmwG, § 222 Rz. 15.

42) Schmitt/Hörtnagl-*Rinke*, UmwG/UmwStG, § 222 UmwG Rz. 30.

26 Aus dem Wortlaut von § 222 Abs. 3 indes ist nicht eindeutig erkennbar, **ob die vertretungsberechtigten Gesellschafter** die Anmeldung **immer gemeinsam vollziehen müssen**, oder ob eine Anmeldung in der vertretungsbefugten Stärke (ggf. sogar in Einzelvertretung gemäß § 124 Abs. 1 HGB) ausreicht. Vor dem Hintergrund des Normzwecks der Erleichterung des Formwechselverfahrens bei Registerwechsel, ist es vorzugswürdig, eine **Vertretung in vertretungsbefugter Zahl ausreichen** zu lassen.[43] Eine Ausnahme besteht aufgrund des eindeutigen Wortlaut des § 222 Abs. 3 („Gesellschafter" nicht Prokuristen) nur im Fall der **unechten Gesamtvertretung.**[44]

27 Wichtig ist jedoch, dass es sich bei § 222 Abs. 3 **nur um eine Alternative zu § 222 Abs. 1, 2 handelt**, die Anmeldung also auch jederzeit durch die dort genannten Personen erfolgen kann.[45] Gerade in der Praxis wird es auf § 222 Abs. 3 häufig nicht ankommen, da die Anmeldung zum „neuen" Register nach wie vor nach § 222 Abs. 1, 2 zu erfolgen hat und die Anmeldung zum „alten" Register dann in einem Zug erklärt werden kann.[46]

28 Der Anmeldung zum alten Register sind die **Unterlagen nach § 199 beizufügen.** Es stellt sich jedoch die Frage des Umfangs der Prüfungskompetenz des alten Registers, da sich bei einem gleichwertigen Prüfungsumfang der **Problemfall unterschiedlicher Auffassungen der Gerichte** ergeben kann und eine doppelte Prüfung zudem nicht wirtschaftlich erscheint.[47] Sinnvoll erscheint es daher die Hauptlast der Prüfung bei dem neuen Registergericht zu sehen, da dieses auch **zukünftig** für die entstehende Gesellschaft **zuständig ist** und den Prüfungsumfang des alten Registergerichts entsprechend einzuschränken. Hierfür spricht auch, dass die Eintragung in das Handelsregister der Personenhandelsgesellschaft lediglich deklaratorische Bedeutung hat, die **Eintragung** in das **für die Kapitalgesellschaft zuständige Register jedoch konstitutive Wirkung.**[48]

---

43) Lutter-*Hoger*, UmwG, § 222 Rz. 10; Semler/Stengel/Leonard-*Schlitt*, UmwG, § 222 Rz. 27; Widmann/Mayer-*Vossius*, UmwR, § 222 UmwG Rz. 12; *Kühn* in: BeckOGK-UmwG, § 222 Rz. 41; *Dauner-Lieb/Tettinger* in: KölnKomm-UmwG, § 222 Rz. 16; Kallmeyer-*Blasche* UmwG, § 222 Rz. 6; Schmitt/Hörtnagl-*Rinke*, UmwG/UmwStG, § 222 UmwG Rz. 9; Begr. Fraktionsentwurf UmwBerG, BT-Drucks. 12/6699, S. 151.

44) Widmann/Mayer-*Vossius*, UmwR, § 222 UmwG Rz. 12; Kallmeyer-*Blasche*, UmwG, § 222 Rz. 6.

45) Semler/Stengel/Leonard-*Schlitt*, UmwG, § 222 Rz. 27.

46) *Kühn* in: BeckOGK-UmwG, § 222 Rz. 42; Kallmeyer-*Blasche*, UmwG, § 222 Rz. 6; Semler/Stengel/Leonard-*Schlitt*, UmwG, § 222 Rz. 27, 28, der diesen Weg sogar empfiehlt.

47) Lutter-*Hoger*, UmwG, § 198 Rz. 23; *Dauner-Lieb/Tettinger* in: KölnKomm-UmwG, § 222 Rz. 15.

48) Nur Semler/Stengel/Leonard-*Schlitt*, UmwG, § 222 Rz. 30.

§ 223
Anlagen der Anmeldung

Der Anmeldung der neuen Rechtsform oder des Rechtsträgers neuer Rechtsform sind beim Formwechsel in eine Kommanditgesellschaft auf Aktien außer den sonst erforderlichen Unterlagen auch die Urkunden über den Beitritt aller beitretenden persönlich haftenden Gesellschafter in Ausfertigung oder öffentlich beglaubigter Abschrift beizufügen.

Übersicht

I. Anwendungsbereich

1 Die Norm findet ausschließlich auf den Formwechsel einer Personenhandelsgesellschaft **in eine KGaA** Anwendung.[1]

2 § 223 erweitert den nach § 199 **erforderlichen Anlagenkatalog** zur Anmeldung der Eintragung des Formwechsels in einer KGaA beim Registergericht um die **Beitrittserklärungen** der gemäß § 218 Abs. 2 beitretenden persönlich haftenden Gesellschafter. Somit wird dem Registergericht eine Prüfung der ordnungsgemäßen Angabe der Zusammensetzung der Gesellschafter ermöglicht.[2]

3 Im Übrigen erfordert die Anmeldung eines Formwechsels in eine KGaA dieselben Anlagen, wie der in eine AG, mit dem Unterschied, dass der **Gründungsprüfbericht** von den **persönlich haftenden Gesellschaftern und dem Aufsichtsrat** und nicht vom Vorstand abzugeben ist. Einer Urkunde über die Bestellung des Vorstandes bedarf es entsprechend ebenfalls nicht.[3]

4 Soweit man über die Umwandlung in eine KGaA hinaus, einen **Gesellschafterwechsel** i. R. des Formwechsels für möglich hält, findet die Norm auf den entsprechenden Beitritt analoge Anwendung.

II. Beitrittserklärung

5 „Urkunden über den Beitritt" i. S. des § 223 meint die **auf einen vorangegangenen Formwechsel bezogene** Beitrittserklärung als persönlich haftender Gesellschafter, der als Dritter, von außen zur Gesellschaft hinzutritt (siehe § 218 Rz. 44 [*Allmendinger*]).[4] Die ebenfalls erforderliche Zustimmungserklärung der für den Formwechsel stimmenden Altgesellschafter (§ 217 Abs. 3), ist bereits gemäß § 199 in notariell beurkundeter Form (§ 193 Abs. 3 Satz 1) der Anmeldung zur Eintragung beizufügen. Hierfür kommt § 223 nicht zur Anwendung. Sofern mehrere persönlich haftende Gesellschafter der KGaA beitreten, so sind alle ihre Beitrittserklärungen aufzunehmen.[5]

6 Die Beitrittserklärung muss gemäß § 221 Satz 1 **notariell beurkundet** werden. Der Anlagenliste ist sie in Ausfertigung oder beglaubigter Abschrift (§ 42 BeurkG) beizufügen.[6]

III. Genehmigung der Satzung

7 Gemäß § 221 Satz 2 muss der Beitretende die Satzung der künftigen KGaA genehmigen. § 223 trifft keine Aussage darüber, ob diese Genehmigungserklärung ebenfalls den Anlagen der Anmeldung beigefügt werden muss. Vor dem Hintergrund, dass § 223 jedoch den Zweck verfolgt, dass alle Voraussetzungen des Formwechsels vollständig dokumentiert werden sollen und so dem Registergericht zur Verfügung stehen sollen,[7] ist es jedoch vorzugs-

1) Semler/Stengel/Leonard-*Schlitt*, UmwG, § 223 Rz. 2; *Dauner-Lieb/Tettinger* in: KölnKomm-UmwG, § 223 Rz. 1.
2) Lutter-*Hoger*, UmwG, § 223 Rz. 1; Semler/Stengel/Leonard-*Schlitt*, UmwG, § 223 Rz. 1; Schmitt/Hörtnagl-*Rinke*, UmwG/UmwStG, § 223 UmwG Rz. 1.
3) Semler/Stengel/Leonard-*Schlitt*, UmwG, § 223 Rz. 6.
4) Semler/Stengel/Leonard-*Schlitt*, UmwG, § 223 Rz. 7.
5) Lutter-*Hoger*, UmwG, § 223 Rz. 2; Semler/Stengel/Leonard-*Schlitt*, UmwG, § 223 Rz. 7.
6) Lutter-*Hoger*, UmwG, § 223 Rz. 3; Semler/Stengel/Leonard-*Schlitt*, UmwG, § 223 Rz. 7; Schmitt/Hörtnagl-*Rinke*, UmwG/UmwStG, § 223 UmwG Rz. 1.
7) Habersack/Wicke-*Kühn*, UmwG, § 223 Rz. 9.

würdig mit der überwiegenden Ansicht[8] zu verlangen, dass auch die **Genehmigungserklärung nachzuweisen** ist. In der Praxis wird dies häufig keinen Unterschied machen, da beide Erklärungen oft zusammen abgegeben werden (siehe § 221 Rz. 9 [*Allmendinger*]).[9]

IV. Anmeldung

8 Grundsätzlich wird der Formwechsel durch Anmeldung (und anschließende Eintragung) der neuen Rechtsform wirksam (§§ 198 Abs. 1, 202 Abs. 1). Im Falle eines Registerwechsels muss der Rechtsträger neuer Rechtsform beim nun zuständigen Register für den neuen Rechtsträger angemeldet und eingetragen werden (§§ 198 Abs. 2, 202 Abs. 2). § 223 greift sowohl für die Anmeldung der neuen Rechtsform, als auch für die Anmeldung des Rechtsträgers neuer Rechtsform.[10]

8) Lutter-*Hoger*, UmwG, § 223 Rz. 4; Semler/Stengel/Leonard-Schlitt, UmwG, § 223 Rz. 8; Schmitt/Hörtnagl-*Rinke*, UmwG/UmwStG, § 223 UmwG Rz. 1; Kallmeyer-*Blasche*, UmwG, § 223 Rz. 2; *Dauner-Lieb/Tettinger* in: KölnKomm-UmwG, § 223 Rz. 1; Widmann/Mayer-*Vossius*, UmwR, § 223 UmwG Rz. 43; *Althoff/Narr* in: NK-UmwG, § 223 Rz. 5; *Kühn* in: BeckOGK-UmwG, § 223 Rz. 9; *Rose* in: HK-UmwG, § 223 Rz. 1.

9) Semler/Stengel/Leonard-*Schlitt*, UmwG, § 223 Rz. 8.

10) Lutter-*Hoger*, UmwG, § 223 Rz. 6; Semler/Stengel/Leonard-*Schlitt*, UmwG, § 223 Rz. 2.

§ 224
Fortdauer und zeitliche Begrenzung der persönlichen Haftung[*]

(1) Der Formwechsel berührt nicht die Ansprüche der Gläubiger der Gesellschaft gegen einen ihrer Gesellschafter aus Verbindlichkeiten der formwechselnden Gesellschaft, für die dieser im Zeitpunkt des Formwechsels nach § 721 des Bürgerlichen Gesetzbuchs oder nach § 126 des Handelsgesetzbuchspersönlich haftet.

(2) Der Gesellschafter haftet für diese Verbindlichkeiten, wenn sie vor Ablauf von fünf Jahren nach dem Formwechsel fällig und daraus Ansprüche gegen ihn in einer in § 197 Abs. 1 Nr. 3 bis 5 des Bürgerlichen Gesetzbuchs bezeichneten Art festgestellt sind oder eine gerichtliche oder behördliche Vollstreckungshandlung vorgenommen oder beantragt wird; bei öffentlich-rechtlichen Verbindlichkeiten genügt der Erlass eines Verwaltungsakts.

(3) [1]Die Frist beginnt mit dem Tage, an dem die Eintragung der neuen Rechtsform oder des Rechtsträgers neuer Rechtsform in das Register bekannt gemacht worden ist. [2]Die für die Verjährung geltenden §§ 204, 206, 210, 211 und 212 Abs. 2 und 3 des Bürgerlichen Gesetzbuchs sind entsprechend anzuwenden.

(4) Einer Feststellung in einer in § 197 Abs. 1 Nr. 3 bis 5 des Bürgerlichen Gesetzbuchs bezeichneten Art bedarf es nicht, soweit der Gesellschafter den Anspruch schriftlich anerkannt hat.

(5) Die Absätze 1 bis 4 sind auch anzuwenden, wenn der Gesellschafter in dem Rechtsträger anderer Rechtsform geschäftsführend tätig wird.

*) § 224 geändert durch Art. 60 des Gesetzes zur Modernisierung des Personengesellschaftsrechts (Personengesellschaftsrechtsmodernisierungsgesetz – MoPeG), v. 10.8.2021, BGBl. I 2021, 3436; § 224 geändert durch i. d. F. des UmwBerG geändert durch Art. 8 des Gesetzes über elektronische Handelsregister und Genossenschaftsregister sowie das Unternehmensregister (EHUG), v. 10.11.2006, BGBl. I 2006, 2553.

Literatur: *Bärwaldt/Schabacker*, Das Ausscheiden des Kommanditisten ohne Nachhaftung, NJW 1998, 1909; *Bärwaldt/Schabacker*, Der Formwechsel als modifizierte Neugründung, ZIP 1998,

1293; *Hoger*, Kontinuität beim Formwechsel nach dem UmwG und der grenzüberschreitenden Verlegung des Sitzes einer SE, Mainz 2008 (Diss.); *Joost*, Formwechsel von Personenhandelsgesellschaften, in: Lutter (Hrsg.), Kölner Umwandlungsrechtstage, Verschmelzung, Spaltung, Formwechsel nach neuem Umwandlungsrecht und Umwandlungssteuerrecht, 1995, S. 245; *Lüneborg*, Die Nachhaftung des ausgeschiedenen Personengesellschafters für Altverbindlichkeiten, ZIP 2012, 2229; *Maier-Reimer*, Nachhaftungsbegrenzung und neues Verjährungsrecht, DB 2002, 1818; *Petersen*, Der Gläubigerschutz im Umwandlungsrecht, München 2001 (Habil.); *Schmidt, H.*, Verschmelzung von Personengesellschaften, in: Lutter (Hrsg.), Kölner Umwandlungsrechtstage, Verschmelzung, Spaltung, Formwechsel nach neuem Umwandlungsrecht und Umwandlungssteuerrecht, 1995, S. 59; *Schmidt, K./Schneider*, Haftungserhaltende Gläubigerstrategien beim Ausscheiden von Gesellschaftern bei Unternehmensübertragung, Umwandlung und Auflösung Abstimmungsbedarf bei den §§ 26, 160 HGB, §§ 45, 133, 157, 224 UmwG und § 159 HGB, BB 2003, 1961; *Wiedemann*, Identität beim Rechtsformwechsel, ZGR 1999, 568.

Übersicht

I. Normzweck

1 Durch den Formwechsel sollen sich die Gesellschafter nicht ihrer **bereits begründeten Gesellschafterhaftung** entziehen können, auch wenn ein Formwechsel häufig mit dem Ziel durchgeführt wird, die Haftung der Gesellschafter auszuschließen. Das geht wegen § 224 Abs. 1 allerdings nur für die **künftige Haftung.**[1] Die Kontinuität der Haftung ergibt sich freilich schon aus den jeweiligen Haftungsnormen § 721 BGB und § 160 HGB selbst, sodass § 224 Abs. 1 zunächst nur klarstellende Funktion hat.[2]

2 Die **Absätze 2 bis 4 schränken sodann diese Haftungskontinuität ein.** Der Normzweck besteht darin, den Gesellschafter der formwechselnden Gesellschaft nach dem Ablauf von fünf Jahren von der Haftung für Verbindlichkeiten der formwechselnden Gesellschaft zu befreien, es sei denn der Gläubiger hat Maßnahmen zur Durchsetzung des Anspruchs ergriffen.[3] Es erfolgt ein weitgehender Gleichlauf mit der Verschmelzung in § 39f und an die Nachhaftungsbegrenzungen in § 728b BGB und § 137 HGB und somit eine weitgehende Gleichstellung mit der Haftung des persönlich haftenden Gesellschafters bei Ausscheiden aus der Gesellschaft.[4] **Entsprechend** anwendbar ist die Regelung nach § 249 auf den **Formwechsel der KGaA** in eine GmbH oder AG.

---

1) Lutter-*Hoger*, UmwG, § 224 Rz. 1; Widmann/Mayer-*Vossius*, UmwR, § 224 UmwG Rz. 4; Semler/Stengel/Leonard-*Schlitt*, UmwG, § 224 Rz. 1.

2) *Dauner-Lieb/Tettinger* in: KölnKomm-UmwG, § 224 Rz. 9.

3) *Dauner-Lieb/Tettinger* in: KölnKomm-UmwG, § 224 Rz. 1; *Kühn* in: BeckOGK-UmwG, § 224 Rz. 4.

4) Semler/Stengel/Leonard-*Schlitt*, UmwG, § 224 Rz. 2; *Rose* in: HK-UmwG, § 224 Rz. 4; *Dauner-Lieb/Tettinger* in: KölnKomm-UmwG, § 224 Rz. 6.

3 § 224 Abs. 5 enthält, wie § 137 Abs. 3 Satz 2 HGB, eine Sonderregel für den Fall, dass ein persönlich haftender Gesellschafter nach Formwechsel in eine GmbH & Co. KG **nur noch die Position eines Kommanditisten bekleidet, gleichzeitig** jedoch der **Geschäftsführer** der Komplementär-GmbH ist. Aufgrund der so beherrschenden Stellung des Gesellschafters hat die Rechtsprechung in vergleichbaren Situationen eine unbegrenzte Haftung für Altverbindlichkeiten der Gesellschaft konstatiert.[5] Dem hat der Gesetzgeber durch Schaffung des § 224 Abs. 5 und § 137 Abs. 3 Satz 2 HGB korrigierend entgegengewirkt und explizit die **Anwendbarkeit der Enthaftung nach § 224 Abs. 2 bis 4** normiert.[6]

II. Persönlicher Anwendungsbereich (§ 224 Abs. 1)

4 § 224 Abs. 1 hält fest, dass die persönlich haftenden Gesellschafter gegenüber den Gläubigern der Gesellschaft weiterhin nach § 126 HGB bzw. § 721 BGB haften. Die Norm erfasst dabei **alle persönlich haftenden Gesellschafter** einschließlich derer, die erst kurz vor dem Formwechsel beitreten. Sie haften nach §§ 126, 127 HGB n. F., §§ 721 ff. BGB ebenfalls für **Verbindlichkeiten** der Gesellschaft, die bereits **vor ihrem Beitritt** begründet wurden.[7] Nicht unter § 224 Abs. 1 fallen hingegen Gesellschafter die bereits vor dem Formwechsel aus der Gesellschaft **ausgeschieden** sind, selbst wenn der Grund des Ausscheidens der Formwechsel selbst ist.[8] Festzuhalten ist aber, dass diese ausgeschiedenen Gesellschafter nach den §§ 126 ff. HGB, §§ 721 ff. BGB für die Verbindlichkeiten der Gesellschaft haften, die während ihrer Zugehörigkeit zur Gesellschaft entstanden sind.[9] Die Nachhaftung dieser Gesellschafter richtet sich folglich auch nicht nach § 224 Abs. 2 bis 4, sondern nach § 728b BGB bzw. § 137 HGB.

5 Gesellschafter, die erst **nach dem Formwechsel beitreten,** haften mangels Stellung als persönlich haftende Gesellschafter zum Zeitpunkt der Begründung der Verbindlichkeit nicht.

6 Die Regelung gilt für **Kommanditisten** in gleicher Weise mit der Folge, dass eine etwaige persönliche Haftung von Kommanditisten **nicht** durch den Formwechsel **erlischt.**[10] Kommanditisten können den Gläubigern der Gesellschaft ebenfalls persönlich für Verbindlichkeiten haften, wenn sie ihre **Einlage** noch nicht eingezahlt haben bis zur Höhe der **Haftsumme** (§ 171 HGB) oder soweit die Einlage zurückgezahlt wurde (§ 172 Abs. 4 Satz 1

5) BAG, Urt. v. 28.11.1989 – 3 AZR 818/87, BAGE 63, 260 = NZA 1990, 557 f.; BGH, Urt. v. 25.9.1989 – II ZR 259/88, BGHZ 108, 330, 341 = NJW 1990, 49; BGH, Urt. v. 19.5.1983 – II ZR 49/82, NJW 1983, 2256, 2258 = ZIP 1983, 819; BGH, Urt. v. 19.5.1983 – II ZR 207/81, NJW 1983, 2940, 2941 = ZIP 1983, 817; BGH, Urt. v. 22.9.1980 – II ZR 204/79, BGHZ 78, 114, 118 f. = NJW 1981, 175.

6) Begr. RegE Nachhaftungsbegrenzungsgesetz, BT-Drucks. 12/1868, S. 9.

7) Lutter-*Hoger*, UmwG, § 224 Rz. 3; Kallmeyer-*Blasche* UmwG, § 224 Rz. 5; Semler/Stengel/Leonard-*Schlitt*, UmwG, § 224 Rz. 7.

8) Lutter-*Hoger*, UmwG, § 224 Rz. 3; Semler/Stengel/Leonard-*Schlitt*, UmwG, § 224 Rz. 7; *Kühn* in: BeckOGK-UmwG, § 224 Rz. 8; Goutier/Knopf/Tulloch-*Laumann*, UmwG, § 224 Rz. 7.

9) Ebenroth/Boujong-*Noack*, HGB, § 126 Rz. 34; *K. Schmidt/Drescher* in: MünchKomm-HGB, § 128 Rz. 41; Oetker-*Boesche*, HGB, § 128 Rz. 48 ff.; Henssler/Strohn-*Streitz*, GesR, § 126 HGB Rz. 45 f.; *Schäfer* in: MünchKomm-BGB, § 721 Rz. 47 f.; Koch-*Ceesay*, PersonengesellschaftsR, § 721 BGB Rz. 31 ff.; Habersack/Schäfer-*Habersack*, Das Recht der OHG, § 129 HGB Rz. 15; Lutter-*Hoger*, UmwG, § 224 Rz. 3; Kallmeyer-*Blasche* UmwG, § 224 Rz. 5; Semler/Stengel/Leonard-*Schlitt*, UmwG, § 224 Rz. 7; Widmann/Mayer-*Vossius*, UmwR, § 224 UmwG Rz. 36; *Kühn* in: BeckOGK-UmwG, § 224 Rz. 8; a. A. Goutier/Knopf/Tulloch-Laumann, UmwG, § 224 Rz. 6, der eine Weiterhaftung aufgrund des Sinn und Zwecks der Vorschrift befürwortet.

10) Lutter-*Hoger*, UmwG, § 224 Rz. 9; Semler/Stengel/Leonard-*Schlitt*, UmwG, § 224 Rz. 8; *Hoger*, Kontinuität beim Formwechsel nach dem UmwG und der grenzüberschreitenden Verlegung des Sitzes einer SE, S. 136; Widmann/Mayer-*Vossius*, UmwR, § 224 UmwG Rz. 38; Kallmeyer-*Blasche* UmwG, § 224 Rz. 8; *Dauner-Lieb/Tettinger* in: KölnKomm-UmwG, § 224 Rz. 7; *Petersen* Der Gläubigerschutz im Umwandlungsrecht, 2001, S. 44 f.

HGB). Eine Haftung kann auch dann entstehen, wenn die Einlage durch Entnahme eines Gewinnanteils unter den geschuldeten Betrag herabsinkt oder eine Gewinnentnahme trotz einer durch Verlust bereits herabgesetzten Einlage erfolgt (§ 172 Abs. 4 Satz 2 HGB). Ein weiterer Fall unbeschränkter unmittelbarer Haftung der Kommanditisten auch nach Formwechsel besteht, wenn der Kommanditist Geschäften der Gesellschaft vor Eintragung ins Handelsregister zugestimmt hat (§ 176 Abs. 1 HGB).

Für neu eintretende Kommanditisten etwa infolge eines Erwerbs, gilt dies ebenso für den Zeitraum **zwischen Eintragung und Beitritt.**[11] Eine Barabfindung nach §§ 208 f. führt zu einer Haftung des Kommanditisten, wenn er seine Einlage vor Formwechsel vollständig eingezahlt hatte. In diesem Fall gab es nämlich vor dem Formwechsel keine Haftung des Kommanditisten und die Zahlung der Einlage nach Formwechsel stellt keine Rückgewähr eben dieser dar, da die KG in diesem Moment nicht mehr existiert. Er wird dennoch zunächst Gesellschafter der Kapitalgesellschaft und **scheidet dann gemäß §§ 207 ff. gegen Abfindung aus** dieser aus.[12] Die Abfindung nach § 208 wird alleine aus dem Vermögen der Kapitalgesellschaft geleistet, da die Anteile der Personen(handels)gesellschaft bereits umgewandelt wurden und ist ggf. nur aus freiem Vermögen der Kapitalgesellschaft zu zahlen. Es handelt sich folglich um einen Vorgang, der sich nach dem jeweiligen Haftungsrecht der Kapitalgesellschaft beurteilt.[13] 7

III. Erfasste Ansprüche

Abgesehen von den durch §§ 224 Abs. 2 bis Abs. 4 vorgesehenen Modifikationen bezweckt die Norm keine Änderung der Haftung der persönlich haftenden Gesellschafter nach allgemeinen Vorschriften. Durch die Norm erfolgt insofern **auch keine Einschränkung oder Erweiterung hinsichtlich der Art der Gesellschaftsverbindlichkeit,** sodass grundsätzlich die Haftung für alle Verbindlichkeiten aus Verträgen, rechtsgeschäftlichen oder gesetzlichen Schuldverhältnissen (inklusive Umsatzgeschäfte mit Gesellschaftern) sowie Verbindlichkeiten kraft öffentlichen Rechts umfasst sind, für die ein Gesellschafter der formwechselnden Personengesellschafe gerade aufgrund dieser Gesellschafterposition haftet.[14] 8

§ 224 betrifft ausschließlich die Haftung als Gesellschafter. **Haftungsgründe neben der Gesellschafterhaftung,** bspw. aus Bürgschaft oder Schuldbetritt bzgl. einer Forderung gegen die Gesellschaft, sind vom § 224 nicht umfasst und werden durch eine Änderung des Haftungsregimes im Zuge eines Formwechsels nicht betroffen.[15] Dies gilt auch, wenn ein Gesellschafter für die Gesellschaft Sicherheiten bestellt hat.[16] 9

---

11) Lutter-*Hoger*, UmwG, § 224 Rz. 8; *Kühn* in: BeckOGK-UmwG, § 224 Rz. 13; Widmann/Mayer-Vossius, UmwR, § 224 UmwG Rz. 38; Semler/Stengel/Leonard-*Schlitt*, UmwG, § 224 Rz. 9.

12) *Bärwaldt/Schabacker*, NJW 1998, 1909, 1910 f.; *Bärwaldt/Schabacker*, ZIP 1998, 1293, 1296; *Joost* in: Lutter, Kölner Umwandlungsrechtstage, S. 245, 254; Kallmeyer-*Blasche*, UmwG, § 224 Rz. 7; Semler/Stengel/Leonard-*Schlitt*, UmwG, § 224 Rz. 9 m. w. N.; *Petersen*, Der Gläubigerschutz im Umwandlungsrecht, 2001, S. 115; *H. Schmidt* in: Lutter, Kölner Umwandlungsrechtstage, S. 59, 86 – zur Verschmelzung; *Wiedemann*, ZGR 1999, 568, 581; a. A. Goutier/Knopf/Tulloch-*Laumann*, UmwG, § 224 Rz. 10, der nur eine Abfindung erlaubt, bei der die Einlage nicht unterschritten wird.

13) *Joost* in: Lutter, Kölner Umwandlungsrechtstage, S. 245, 254; Lutter-*Hoger*, UmwG, § 224 Rz. 7.

14) Lutter-*Hoger*, UmwG, § 224 Rz. 4; Semler/Stengel/Leonard-*Schlitt*, UmwG, § 224 Rz. 10; Widmann/Mayer-*Vossius*, UmwR, § 224 UmwG Rz. 9 f.; *Dauner-Lieb/Tettinger* in: KölnKomm-UmwG, § 224 Rz. 9.

15) Lutter-*Hoger*, UmwG, § 224 Rz. 10; Semler/Stengel/Leonard-*Schlitt*, UmwG, § 224 Rz. 12; Kallmeyer-*Blasche*, UmwG, § 224 Rz. 3; *Kühn* in: BeckOGK-UmwG, § 224 Rz. 18; *Dauner-Lieb/Tettinger* in: KölnKomm-UmwG, § 224 Rz. 9.

16) Semler/Stengel/Leonard-*Schlitt*, UmwG, § 224 Rz. 12; Widmann/Mayer-*Vossius*, UmwR, § 39f UmwG Rz. 72; *K. Schmidt/Schneider*, BB 2003, 1961, 1965 f.; Lutter-*Hoger*, UmwG, § 224 Rz. 9.

10 In zeitlicher Hinsicht betrifft die Haftung aus § 126 HGB n. F. bzw. § 721 BGB Verbindlichkeiten, die vor dem Formwechsel (Eintragung des Formwechsels ins Register) begründet wurden.[17] Ob eine **Altverbindlichkeit** vorliegt, ist anhand der Grundsätze zu ermitteln, die in vergleichbaren Fällen für das Ausscheiden persönlich haftender Gesellschafter aus einer Gesellschaft entwickelt wurden. Denn gewollt ist eine Angleichung zwischen der Nachhaftung beim Formwechsel und beim Ausscheiden.

11 Es müssen daher die **wesentlichen Entstehungsvoraussetzungen** der Verbindlichkeit bereits vor Eintragung des Formwechsels vorliegen, mithin bereits ein Rechtsgrund bestehen.[18] Weitere Voraussetzungen können erst später hinzutreten, ohne dass dies etwas an der Einordnung als Altverbindlichkeit ändern würde.[19] Unschädlich ist darüber hinaus ebenfalls, wenn die **Fälligkeit** der Verbindlichkeit erst **nach Eintragung** liegt (vgl. § 224 Abs. 2). Bei **Rückzahlungsansprüchen aus Darlehensbeziehungen** der Personengesellschaft, dürfte es im Regelfall darauf ankommen, ob der Darlehensvertrag vor dem Formwechsel abgeschlossen wurde.[20]

12 Hat die Personengesellschaft vor dem Formwechsel ein **Angebot** unterbreitet, das erst **nach dem Formwechsel** angenommen wird, so ist die Haftung des Gesellschafters bereits vor dem Formwechsel begründet.[21] Aber auch wenn gegenüber der Gesellschaft ein Angebot unterbreitet wurde, das diese erst nach dem Formwechsel, mithin als Kapitalgesellschaft annimmt, spricht aus Gründen des Gläubigerschutzes vieles für eine Haftung des persönlich haftenden Gesellschafters.[22] Es ist nämlich nicht auszuschließen, dass der Anbietende das Angebot gerade im Hinblick auf die persönliche Haftung seiner Gesellschafter unterbreitet hat.

13 Auch bei **gesetzlichen Schuldverhältnissen** kommt es darauf an, wann der Anspruch begründet wurde. Die Abgrenzung ist im Einzelfall jedoch schwierig.[23] Bei unerlaubten Handlungen wird man nicht auf den Zeitpunkt der Verletzungshandlung, sondern auf die Rechtsgutsverletzung abstellen müssen.[24] Bei Bereicherungsansprüchen wird es maßgeblich auf den Zeitpunkt der Leistung ankommen.[25]

14 Eine Analogie der neu geschaffenen Begrenzung der Haftung nach § 728b Abs. 1 Satz 2 BGB und § 137 Abs. 1 Satz 1 HGB, wonach der Gesellschafter nur auf Schadensersatz haftet, wenn auch die **zum Schadensersatz führende Verletzung vertraglicher oder gesetzlicher**

17) Lutter-*Hoger*, UmwG, § 224 Rz. 5; Semler/Stengel/Leonard-*Schlitt*, UmwG, § 224 Rz. 2; Widmann/Mayer-*Vossius*, UmwR, § 224 UmwG Rz. 9; zu Zweifelsfällen *Dauner-Lieb/Tettinger* in: KölnKomm-UmwG, § 224 Rz. 12 f.

18) *Dauner-Lieb/Tettinger* in: KölnKomm-UmwG, § 224 Rz. 10 f.

19) St. Rspr.: BGH, Urt. v. 21.12.1970 – II ZR 258/67, BGHZ 55, 267, 269 f. = NJW 1971, 1268; BGH, Urt. v. 25.11.1985 – II ZR 80/85, ZIP 1986, 226 = NJW 1986, 1690; BGH, Urt. v. 27.9.1999 – II ZR 356/98, NZG 2000, 135 = NJW 2000, 208; BGH, Urt. v. 29.4.2002 – II ZR 330/00, BGHZ 150, 373, 376 = NJW 2002, 1277 – alle zu Dauerschuldverhältnissen; BAG, Urt. v. 19.5.2004 – 5 AZR 405/03, NJW 2004, 3287 f. = NZG 2004, 1105 – zu Lohnforderungen von Arbeitnehmern.

20) So auch *Dauner-Lieb/Tettinger* in: KölnKomm-UmwG, § 224 Rz. 12.

21) *Dauner-Lieb/Tettinger* in: KölnKomm-UmwG, § 224 Rz. 13, die eine Haftung des ausgeschiedenen Gesellschafters für den o. g. Fall als zweifelhaft erachten; vgl. auch Staub-*Habersack*, HGB, § 126 Rz. 63.

22) So auch *Dauner-Lieb/Tettinger* in: KölnKomm-UmwG, § 224 Rz. 13; Staub-*Habersack*, HGB, § 126 Rz. 63.

23) Vgl. mit Lösungsansätzen *Dauner-Lieb/Tettinger* in: KölnKomm-UmwG, § 224 Rz. 14.

24) So zutr. *Lüneborg*, ZIP 2012, 2229, 2236 f.; a. A. aber *Dauner-Lieb/Tettinger* in: KölnKomm-UmwG, § 224 Rz. 14; Kallmeyer-*Blasche*, UmwG, § 224 Rz. 3; Semler/Stengel/Leonard-*Schlitt*, UmwG, § 224 Rz. 11 – Vollendung des Tatbestands.

25) Überzeugend und instruktiv *Lüneborg*, ZIP 2012, 2229, 2229 f.; anders abgrenzend jedoch: BGH, Urt. v. 17.1.2012 – II ZR 197/10, Rz. 15, DStR 2012, 469, 470 = NZG 2012, 221; *Dauner-Lieb/Tettinger* in: KölnKomm-UmwG, § 224 Rz. 14; Staub-*Habersack*, HGB, § 126 Rz. 69; *K. Schmidt/Drescher* in: MünchKomm-HGB, § 128 Rz. 59; Henssler/Strohn-*Steitz*, GesR, § 128 HGB Rz. 52.

Pflichten vor dem Formwechsel eingetreten ist, hilft hingegen nicht weiter.[26] Sowohl der Standort der Norm, als auch der Wortlaut erscheinen für eine treffsichere Eingrenzung ungeeignet und zu weitgehend. Die Haftung der Gesellschafter für Altverbindlichkeiten ist grundsätzlich auf Erfüllung und nicht auf Schadensersatz gerichtet.[27]

Die Haftung für **nach dem Formwechsel neu begründete Verbindlichkeiten** richtet sich nicht nach §§ 126 ff. HGB n. F. bzw. §§ 721 ff. BGB, sondern nach dem Recht der neuen Rechtsform.[28] Ebenfalls nicht von § 224 umfasst ist die **Haftung des formwechselnden Rechtsträgers.** Nach dem Identitätsprinzip bleibt der Rechtsträger unabhängig von seiner Rechtsform Inhaber des Vermögens und damit auch der Verbindlichkeiten. Die Kapitalgesellschaft oder Genossenschaft ist also **Schuldner** der Verbindlichkeit **der vorherigen Personen(handels)gesellschaft.**[29] Auf das Verhältnis zwischen der Haftung der Gesellschafter und der Gesellschaft neuer Rechtsform finden im Außenverhältnis die zu § 126 HGB n. F. entwickelten Grundsätze Anwendung.[30] 15

IV. Enthaftung nach § 224 Abs. 2 bis 4

1. Allgemeines

Die Haftung der Gesellschafter nach Formwechsel soll im Grundsatz haftungsrechtlich wie das Ausscheiden aus der Gesellschaft behandelt werden. Daher kann auf die **Auslegungsgrundsätze zu § 137 HGB** weitgehend verwiesen werden.[31] 16

Die Ratio der Enthaftung ist, dass der Gesellschafter aus der Stellung des persönlich haftenden Gesellschafters mit Formwechsel ausscheidet und dann nur noch für bereits begründete Verbindlichkeiten der Gesellschaft haften soll. Folglich sind § 224 Abs. 2 bis 4 nicht anwendbar, wenn ein persönlich haftender Gesellschafter der Personengesellschaft **auch in der neuen Rechtsform der KGaA die Rolle des persönlich haftenden Gesellschafters übernimmt.** Hintergrund dieser Ausnahme ist, dass eine Haftung für Altverbindlichkeiten über § 278 Abs. 2 AktG besteht und fortbesteht.[32] Wenn aus der Position des persönlich haftenden Gesellschafters jedoch gar nicht ausgeschieden wird, gibt es **kein Bedürfnis für eine Nachhaftungsbegrenzung.**[33] 17

Anerkanntermaßen finden die Nachhaftungsbegrenzungen ebenfalls auf die persönliche Haftung des **Kommanditisten** Anwendung, da es keine nachvollziehbaren Gründe gibt, warum ein Kommanditist einer schärferen Nachhaftung unterliegen sollte, zumal er i. R. des § 176 HGB ohnehin wie ein persönlich haftender Gesellschafter behandelt wird.[34] Die Enthaftung, wie § 224 generell, umfasst **ausschließlich die Haftung als Gesellschafter.** 18

26) So auch *Dauner-Lieb/Tettinger* in: KölnKomm-UmwG, § 224 Rz. 11a.

27) BGH, Urt. v. 14.2.1957 – II ZR 190/55, BGHZ 23, 302 = NJW 1957, 871; BGH, Urt. v. 11.12.1978 – II ZR 235/77, BGHZ 73, 217, 222 = NJW 1979, 1361.

28) Lutter-*Hoger*, UmwG, § 224 Rz. 6.

29) Lutter-*Hoger*, UmwG, § 202 Rz. 7, 11, 33.

30) Vgl. zu diesen Grundsätzen Ebenroth/Boujong-*Noack*, HGB, § 126 Rz. 25; Hopt-*Roth*, HGB, § 126 Rz. 19 f.

31) Lutter-*Hoger*, UmwG, § 224 Rz. 12; *Kühn* in: BeckOGK-UmwG, § 224 Rz. 20; Kallmeyer-*Blasche*, UmwG, § 224 Rz. 9; Semler/Stengel/Leonard-*Schlitt*, UmwG, § 224 Rz. 13; s. a. BGH, Urt. v. 27.11.2009 – LwZR 15/09, NZM 2010, 280 = AG 2010, 251.

32) Semler/Stengel/Leonard-*Schlitt*, UmwG, § 224 Rz. 15; Kallmeyer-*Blasche*, UmwG, § 224 Rz. 9.

33) Lutter-*Hoger*, UmwG, § 224 Rz. 14.

34) Kallmeyer-*Blasche*, UmwG, § 224 Rz. 8; Semler/Stengel/Leonard-*Schlitt*, UmwG, § 224 Rz. 16; Lutter-*Hoger*, UmwG, § 224 Rz. 16; *Dauner-Lieb/Tettinger* in: KölnKomm-UmwG, § 224 Rz. 7; Sagasser/Bula-*Sagasser/Luke*, Umwandlungen, § 30 Rz. 160.

Haftungsgründe neben der Gesellschafterhaftung sind von der Enthaftung nicht umfasst (siehe hierzu schon Rz. 9).[35)]

2. Voraussetzungen der Enthaftung

19 Die Enthaftung tritt zunächst bei allen Verbindlichkeiten gegen den persönlich haftenden Gesellschafter aus seiner Gesellschafterstellung ein, die **nach Ablauf von fünf Jahren fällig werden.** Weiterhin tritt Enthaftung ein, wenn die Verbindlichkeit zwar vor Ablauf von fünf Jahren fällig geworden ist, diese Verbindlichkeit **aber nicht** gegenüber dem Gesellschafter in einer nach § 197 Abs. 1 Nr. 3 bis 5 BGB bezeichneten Art **festgestellt** ist oder eine gerichtliche oder behördliche **Vollstreckungsmaßnahme** vorgenommen oder beantragt wurde.

20 Die Enthaftung ist als rechtsvernichtende Einwendung von Amts wegen zu beachten und mit ihrem Ablauf **erlischt der Anspruch.**[36)] Die Enthaftung wirkt immer nur für jeden Gesellschafter einzeln, **gegenüber der Gesellschaft bleibt die Verbindlichkeit bestehen.**[37)] Sie haftet für den Anspruch nach § 202 Abs. 1 Nr. 1; die **Verjährung** ist gleich derjenigen vor dem Formwechsel, der Lauf der Verjährungsfrist wird nicht unterbrochen.[38)]

a) Fälligkeit vor Ablauf von fünf Jahren

21 Die Verbindlichkeit, auf der die Gesellschafterhaftung beruht, muss zunächst innerhalb von fünf Jahren nach dem Formwechsel fällig werden. Die Fälligkeit richtet sich nach § 271 BGB und tritt, sofern nichts anderen vereinbart wurde, mit Entstehen der Forderung ein (§ 271 Abs. 1 BGB). Die **Hauptbedeutung** in der Praxis kommt § 224 Abs. 2 somit bei **Dauerschuldverhältnissen** zu, die teilweise erst nach dem Ablauf der Fünf-Jahres-Frist fällig werden.[39)]

22 Verbindlichkeiten gegen den Gesellschafter, die erst nach Ablauf der Fünf-Jahres-Frist fällig werden, erlöschen, ohne dass der Gläubiger dies einseitig verhindern kann.[40)]

23 Maßgeblich ist zunächst die **Fälligkeit** der Forderung **gegenüber der Gesellschaft** (§ 128 HGB). Einwendungen des Schuldners oder ein Zurückbehaltungsrecht gemäß §§ 273, 320 BGB hindern die Fälligkeit eines Anspruchs grundsätzlich nicht.[41)]

24 **Vereinbarungen zwischen der Gesellschaft und dem Gläubiger**, die vor dem Formwechsel erfolgt sind, sind stets auch für den Gesellschafter maßgeblich.[42)] **Nach dem Formwechsel** getroffene Vereinbarungen zwischen der Gesellschaft und dem Gläubiger wirken sich nur **zugunsten des Gesellschafters** aus.[43)] **Stundungen**[44)] ebenso wie ein pactum de non

---

35) Lutter-*Hoger*, UmwG, § 224 Rz. 10; Semler/Stengel/Leonard-*Schlitt*, UmwG, § 224 Rz. 12; Kallmeyer-*Blasche*, UmwG, § 224 Rz. 3; *Kühn* in: BeckOGK-UmwG, § 224 Rz. 18; *Dauner-Lieb/Tettinger* in: KölnKomm-UmwG, § 224 Rz. 9.

36) Lutter-*Hoger*, UmwG, § 224 Rz. 32.

37) *Dauner-Lieb/Tettinger* in: KölnKomm-UmwG, § 224 Rz. 16.

38) Lutter-*Hoger*, UmwG, § 224 Rz. 35; *Dauner-Lieb/Tettinger* in: KölnKomm-UmwG, § 224 Rz. 16.

39) Lutter-*Hoger*, UmwG, § 224 Rz. 17; *Kühn* in: BeckOGK-UmwG, § 224 Rz. 29; Semler/Stengel/Leonard-*Schlitt*, UmwG, § 224 Rz. 17; Kallmeyer-*Blasche*, UmwG, § 224 Rz. 12.

40) Lutter-*Hoger*, UmwG, § 224 Rz. 17; Semler/Stengel/Leonard-*Schlitt*, UmwG, § 224 Rz. 17; *Dauner-Lieb/Tettinger* in: KölnKomm-UmwG, § 224 Rz. 18 und Rz. 22 – zur seltenen Ausnahme des nicht voll Geschäftsfähigen ohne gesetzlichem Vertreter; vgl. Semler/Stengel/Leonard-*Schlitt*, UmwG, § 224 Rz. 32 – zur Hemmung des Fristablaufs.

41) Lutter-*Hoger*, UmwG, § 224 Rz. 18.

42) *Dauner-Lieb/Tettinger* in: KölnKomm-UmwG, § 224 Rz. 27.

43) *Dauner-Lieb/Tettinger* in: KölnKomm-UmwG, § 224 Rz. 28; Semler/Stengel/Leonard-*Ihrig*, UmwG, § 45 a. F. Rz. 32; Widmann/Mayer-*Vossius*, UmwR, § 39f UmwG Rz. 78.

44) Vgl. BGH, Beschl. v. 25.3.1998 – VIII ZR 298/97, NJW 1998, 2060 = MDR 1998, 857.

petendo[45] schlagen auch auf das Verhältnis zum Gesellschafter durch mit der Folge, dass eine Enthaftung nach Ablauf der Fünf-Jahres-Frist eintritt, wenn die Verbindlichkeit bis dahin nicht gegenüber der Gesellschaft zu erfüllen war.

Eine Vereinbarung über die **Vorverlagerung der Fälligkeit** zwischen der Gesellschaft und dem Gläubiger wirken jedoch nicht zulasten des Gesellschafters.[46] Weiterhin sind Vereinbarungen zwischen dem Gesellschafter und dem Gläubiger sowohl **haftungserhaltend** als auch **die Haftung ausschließend** möglich.[47] 25

Die **Fünf-Jahres-Frist** des § 224 Abs. 2 beginnt nach § 224 Abs. 3 Satz 1 mit dem Tag der Bekanntgabe der Eintragung des Formwechsels in das Handelsregister (§ 201 Satz 2).[48] Die Bekanntmachung richtet sich nach § 10 Satz 1 HGB. Die Frist endet gemäß § 188 Abs. 2 mit dem Ablauf des Tages, der dem Tag der Bekanntmachung zahlenmäßig entspricht.[49] 26

b) Enthaftungsvermeidende Vorgänge

Tritt **Fälligkeit** der Verbindlichkeit **vor Ablauf der Fünf-Jahres-Frist** ein, kommt es dennoch mit Ablauf der Frist zu einer Enthaftung, wenn nicht ein enthaftungsvermeidender Vorgang vorliegt. Enthaftungsvermeidende Vorgänge sind: 27

- nach § 224 Abs. 2 Halbs. 2 die Feststellung des Anspruchs nach § 197 Abs. 1 Nr. 3–5 BGB (siehe hierzu unter Rz. 31),
- Vollstreckungshandlungen (siehe hierzu unter Rz. 33),
- bei öffentlich-rechtlichen Verbindlichkeiten, der Erlass eines Verwaltungsaktes (siehe hierzu unter Rz. 34) oder
- nach § 224 Abs. 4 das Anerkenntnis durch den Gesellschafter selbst (siehe hierzu unter Rz. 35).

Mit Ausnahme des Erlasses eine Verwaltungsaktes bei Verbindlichkeiten eines Hoheitsträgers, liegen diese Voraussetzungen nicht alleine in der Hand des Gläubigers. 28

Um den Gläubiger vor daraus resultierenden Nachteilen zu schützen, bestimmt § 224 Abs. 3 Satz 2 – auch wenn es sich bei § 224 Abs. 2 technisch nicht um eine Verjährungs-, sondern eine Ausschlussfrist handelt – zusätzlich **bestimmte Hemmungsvorschriften** aus dem Verjährungsrecht für anwendbar (siehe hierzu unter Rz. 36).[50] Sinn und Zweck ist es, dem Gesellschafter Gewissheit über seine Inanspruchnahme als persönlich haftender Gesellschafter zu verschaffen. 29

Sie können allesamt schon vor dem Formwechsel vorgenommen oder eingeholt werden.[51] Die enthaftungsvermeidenden Vorgänge müssen nicht nach dem Formwechsel im Zeitraum 30

45) Vgl. *Dauner-Lieb/Tettinger* in: KölnKomm-UmwG, § 224 Rz. 26, der wegen des Schutzwecks richtigerweise für eine Gleichstellung mit der Stundung plädiert.

46) *Dauner-Lieb/Tettinger* in: KölnKomm-UmwG, § 224 Rz. 28; Semler/Stengel/Leonard-*Ihrig*, UmwG, § 45 a. F. Rz. 32; Lutter-*H. Schmidt*, UmwG, § 39f Rz. 18a.

47) *Dauner-Lieb/Tettinger* in: KölnKomm-UmwG, § 224 Rz. 29; Lutter-*Hoger*, UmwG, § 224 Rz. 33; Kallmeyer-*Blasche*, UmwG, § 224 Rz. 19; Semler/Stengel/Leonard-*Schlitt*, UmwG, § 224 Rz. 36; *K. Schmidt/Schneider*, BB 2003, 1961, 1965 f.

48) Schmitt/Hörtnagl-*Rinke*, UmwG/UmwStG, § 224 UmwG Rz. 2; *Dauner-Lieb/Tettinger* in: KölnKomm-UmwG, § 224 Rz. 17.

49) Semler/Stengel/Leonard-*Schlitt*, UmwG, § 224 Rz. 31; Lutter-*Hoger*, UmwG, § 224 Rz. 30; *Dauner-Lieb/Tettinger* in: KölnKomm-UmwG, § 224 Rz. 17.

50) Lutter-*Hoger*, UmwG, § 224 Rz. 31, 32; *Dauner-Lieb/Tettinger* in: KölnKomm-UmwG, § 224 Rz. 19; Widmann/Mayer-Vossius, UmwR, § 224 UmwG Rz. 23.

51) *Kühn* in: BeckOGK-UmwG, § 224 Rz. 31; Lutter-*Hoger*, UmwG, § 224 Rz. 20; Semler/Stengel/Leonard-*Schlitt*, UmwG, § 224 Rz. 20, 27; *K. Schmidt/Schneider*, BB 2003, 1961, 1963.

der Fünf-Jahres-Frist ergehen, sondern entfalten auch ihre enthaftungsvermeidende Wirkung, wenn sie **bereits vor dem Formwechsel vorliegen.**[52)]

aa) Feststellung des Anspruchs (§ 197 Abs. 1 Nr. 3–5 BGB)

31 Bei der Feststellung des Anspruchs geht es um die Erlangung eines Vollstreckungstitels gegen den Gesellschafter. Dieser kann durch rechtskräftige Feststellung des Anspruchs (§ 197 Abs. 1 Nr. 3 BGB) erlangt werden. Dazu kann der Gläubiger **Leistungs- oder Feststellungklage** gegen den Gesellschafter erheben und das Urteil oder ein Schiedsspruch (§ 1055 ZPO) muss innerhalb der fünf Jahre rechtskräftig werden. Eine Feststellungsklage dürfte sich immer dann anbieten, wenn die **Fälligkeit erst kurz vor Fristablauf eintreten wird** und somit das Risiko besteht, dass ein Leistungsurteil nicht mehr rechtzeitig ergeht. Das nach § 256 ZPO erforderliche **Feststellungsinteresse** liegt jeweils im Interesse an der Vermeidung einer Enthaftung. Das Urteil oder der Schiedsspruch muss den Anspruch gegen den Gesellschafter und nicht nur gegen die Gesellschaft titulieren.

32 Die Enthaftung hindernd wirken auch die Feststellung von Ansprüchen **in vollstreckbaren Vergleichen oder Urkunden** (§ 197 Abs. 1 Nr. 4 BGB) oder die vollstreckbare Feststellung des Anspruchs im **Insolvenzverfahren** (§ 197 Abs. 1 Nr. 5 BGB).[53)]

bb) Vollstreckungshandlung

33 Eine Enthaftung wird ebenfalls durch die Vornahme oder Beantragung von Vollstreckungshandlungen verhindert. Sofern der **Antrag** jedoch **unzulässig** ist, kommt es trotzdem zu einer Enthaftung.[54)] Denn über § 224 Abs. 3 Satz 2 i. V. m. § 212 Abs. 2 und 3 BGB läuft die Fünf-Jahres-Frist unverändert ab, sofern die Maßnahmen auf Antrag des Gläubigers aufgehoben werden, dem Antrag wegen gesetzlicher Mängel nicht stattgegeben wird oder der Antrag bzw. die Vollstreckungshandlungen zurückgenommen werden.[55)] In Anbetracht der die Enthaftung verhindernden Wirkung der Anspruchsfeststellung nach § 197 Abs. 1 Nr. 3 BGB und der hemmenden Wirkung durch Rechtsverfolgung (§ 224 Abs. 3 Satz 2 UmwG, § 204 BGB), verbleibt praktisch kein Anwendungsbereich dieses enthaftungsvermeidenden Vorgangs.[56)]

cc) Geltendmachung durch Verwaltungsakt

34 Insoweit für öffentlich-rechtliche Verbindlichkeiten die Geltendmachung der Gesellschafterhaftung durch Verwaltungsakt nach dem einschlägigen Recht zulässig ist, kann eine Enthaftung auch auf diese Weise verhindert werden. Der Verwaltungsakt (§ 35 Satz 1 VwVfG) muss hierzu **lediglich innerhalb der Frist** von fünf Jahren erlassen und bekannt gegeben werden (§ 41 VwVfG).[57)] Die Regelung **privilegiert** die **Verbindlichkeiten der öffentlichen Hand,** was vor allem bei Forderungen des Fiskus und bei Sozialabgaben eine praktische Rolle spielen dürfte.

---

52) *Dauner-Lieb/Tettinger* in: KölnKomm-UmwG, § 224 Rz. 33; Semler/Stengel/Leonard-*Schlitt*, UmwG, § 224 Rz. 20; krit. zu § 160 HGB a. F. *Maier-Reimer*, DB 2002, 1818, 1820 f.

53) *Kühn* in: BeckOGK-UmwG, § 224 Rz. 38 ff., 41; Semler/Stengel/Leonard-*Schlitt*, UmwG, § 224 Rz. 26; *Dauner-Lieb/Tettinger* in: KölnKomm-UmwG, § 224 Rz. 32; Lutter-*Hoger*, UmwG, § 224 Rz. 25, 26.

54) Lutter-*Hoger*, UmwG, § 224 Rz. 28.

55) Semler/Stengel/Leonard-*Schlitt*, UmwG, § 224 Rz. 29.

56) Kallmeyer-*Blasche*, UmwG, § 224 Rz. 15; Semler/Stengel/Leonard-*Schlitt*, UmwG, § 224 Rz. 28; *Dauner-Lieb/Tettinger* in: KölnKomm-UmwG, § 224 Rz. 35.

57) Lutter-*Hoger*, UmwG, § 224 Rz. 29; *Dauner-Lieb/Tettinger* in: KölnKomm-UmwG, § 224 Rz. 36; Semler/Stengel/Leonard-*Schlitt*, UmwG, § 224 Rz. 30.

dd) Anerkenntnis (§ 224 Abs. 4)

Eine Enthaftung ist auch ausgeschlossen, sofern ein Gesellschafter einen Anspruch schriftlich anerkannt hat. Der Gesellschafter ist nicht mehr schutzwürdig und muss dann bereits durch das Anerkenntnis mit der Inanspruchnahme rechnen. Das Anerkenntnis muss **vor Ablauf der fünfjährigen** Frist erfolgen, andernfalls kann eine Enthaftung nicht mehr verhindert werden. Das Anerkenntnis nach Ablauf der Frist kann aber eine neue **Haftung begründen.**[58] Ebenso wie die anderen enthaftungsvermeidenden Vorgänge kann auch das Anerkenntnis bereits vor dem Formwechsel erfolgt sein.[59] Aus ihm muss der Anerkennungswille klar hervorgehen. Die Anforderungen des § 781 BGB müssen indes nicht erfüllt sein. Aus Gründen der Rechtssicherheit ist Schriftform gemäß § 126 BGB und damit die Unterzeichnung durch den Anerkennenden erforderlich. Es ist zudem möglich, dass **nur ein teilweises Anerkenntnis** abgegeben wird und der Rest durch die Gläubiger im Zweifel gerichtlich geltend gemacht werden muss.[60] 35

ee) Hemmungstatbestände

Nach § 224 Abs. 3 Satz 2 gelten die Vorschriften zur Hemmung der Verjährung §§ 204, 206, 210, 211 und 212 Abs. 2 und 3 BGB entsprechend. Obwohl es sich bei der Enthaftung nicht um eine Verjährung handelt, sind die Rechtsgedanken übertragbar. Anders als die enthaftungsvermeidenden Vorgänge nach § 224 Abs. 2 Halbs. 2 und § 224 Abs. 4 führen Hemmungstatbestände nicht zu einer generellen Aufhebung der Enthaftung, sondern lediglich zu einer **Ablaufhemmung der Fünf-Jahres-Frist.**[61] 36

In der Praxis besonders relevant ist § 204 BGB, die Hemmung bei Erhebung einer Klage. Im Zusammenspiel mit § 197 Abs. 1 Nr. 3 BGB, also der Feststellung des Anspruchs, bedeutet dies, dass eine Klageerhebung, ebenso wie der Beginn eines schiedsrichterlichen Verfahrens die Hemmung der Frist und damit – im Falle des Erfolgs der Klage – die Enthaftung bewirken. 37

Der Anspruch muss **im Klagewege gegen den Gesellschafter** und nicht gegen die Gesellschaft geltend gemacht werden. Eine Rechtsverfolgung gegenüber der Gesellschaft hat keinen Einfluss auf die Frist des § 224 Abs. 2.[62] Sofern eine Schiedsabrede besteht, muss die Klage vor dem Schiedsgericht erhoben werden (§ 224 Abs. 3 Satz 2 i. V. m. § 204 Abs. 1 Nr. 11 BGB). Es genügt der Eingang des Antrags bei Gericht, wenn die Zustellung beim Beklagten demnächst erfolgt (§§ 253 Abs. 1, 167 ZPO). 38

Sowohl eine Leistungsklage als auch eine Feststellungsklage entfalten Hemmungswirkung.[63] Beachtlich ist jedoch, dass eine Klage auf einen Anspruch, der **erst nach Ablauf der Fünf-Jahres-Frist fällig** wird, ungeachtet der Hemmungswirkung der Klage, nicht mehr gegenüber dem Gesellschafter geltend gemacht werden kann und die Klage unbegründet ist.[64] Gleiche Hemmungswirkung tritt durch die Zustellung eines Mahnbescheids im **Mahn-** 39

58) Lutter-*H. Schmidt*, UmwG, § 39f Rz. 24; Lutter-*Hoger*, UmwG, § 224 Rz. 27; Semler/Stengel/Leonard-*Ihrig*, UmwG, § 45 a. F. Rz. 52; *Dauner-Lieb/Tettinger* in: KölnKomm-UmwG, § 224 Rz. 34.

59) Semler/Stengel/Leonard-*Schlitt*, UmwG, § 224 Rz. 27; Semler/Stengel/Leonard-*Ihrig*, UmwG, § 45 a. F. Rz. 52, a. A. für die Spaltung Semler/Stengel/Leonard-*Seulen*, UmwG, § 133 Rz. 95.

60) Lutter-*Hoger*, UmwG, § 224 Rz. 27.

61) Semler/Stengel/Leonard-*Schlitt*, UmwG § 224 Rz. 32.

62) Lutter-*Hoger*, UmwG, § 224 Rz. 34.

63) *Dauner-Lieb/Tettinger* in: KölnKomm-UmwG, § 224 Rz. 20; Lutter-*Hoger*, UmwG, § 224 Rz. 23; Semler/Stengel/Leonard-*Schlitt*, UmwG, § 224 Rz. 21 f.

64) *Dauner-Lieb/Tettinger* in: KölnKomm-UmwG, § 224 Rz. 20; Semler/Stengel/Leonard-*Schlitt*, UmwG, § 224 Rz. 17.

verfahren (§ 204 Abs. 1 Nr. 3 BGB), sowie die Geltendmachung der **Aufrechnung** im Prozess (§ 204 Abs. 1 Nr. 5 BGB) ein.[65)]

40 In der Praxis weniger relevant ist die Hemmung der Verjährung bei höherer Gewalt (§ 206 BGB), die Hemmung von Ansprüchen eines nicht voll Geschäftsfähigen ohne gesetzlichen Vertreter (§ 210 BGB) sowie die Hemmung von Ansprüchen, die zu einem Nachlass gehören, solange die Erbschaft noch nicht angenommen ist oder der Anspruch aus anderen Gründen nicht geltend gemacht werden kann (§ 211 BGB). In den Fällen der §§ 210 und 211 BGB kann es jedoch ausnahmsweise dazu kommen, dass Ansprüche, die an sich erst nach Ablauf der Fünf-Jahres-Frist fällig werden, zu einer Nachhaftung führen und zwar in den Fällen in denen die Fälligkeit einer Verbindlichkeit von der **Ausübung eines Gestaltungsrechts des Gläubigers** abhängt, welches dieser wegen der in §§ 210, 211 BGB regelten Umstände nicht ausüben kann.[66)] In diesen Fällen profitiert der Gläubiger von der durch §§ 210, 211 BGB verlängerten Frist.

41 Der **Verweis auf § 212 Abs. 2 und Abs. 3 BGB** hat allenfalls die **klarstellende Funktion**, dass die verjährungsunterbrechende Wirkung von Vollstreckungshandlungen nach § 224 Abs. 2 Halbs. 2 entfällt, wenn dem Antrag des Gläubigers nicht stattgegeben wird, der Antrag vor der Vollstreckungshandlung zurückgenommen oder die Vollstreckungshandlung auf Antrag des Gläubigers oder wegen Mangels der gesetzlichen Voraussetzungen aufgehoben wird.[67)]

V. Innenverhältnis

1. Verhältnis zur Gesellschaft

42 **§ 224 wirkt nur im Außenverhältnis** gegenüber Gläubigern der Gesellschaft, nicht jedoch im Innenverhältnis zwischen dem Gesellschafter und der Gesellschaft.

43 Wie das Verhältnis von Gesellschafter und Gesellschaft in dem Fall ist, dass der Gesellschafter nach dem Formwechsel eine Drittforderung getilgt hat, ist gesetzlich nicht geregelt. Ohne Formwechsel würde die Gesellschaft im Innenverhältnis alleine haften, der Gesellschafter hätte einen **Ausgleichsanspruch** gegen sie (§ 716 Abs. 1 BGB, § 105 Abs. 3 HGB).[68)] Zwar besteht nach dem Formwechsel die Personengesellschaft nicht mehr, sodass eine direkte Anwendung der Normen hier ausscheidet. Unzweifelhaft muss aber der Ausgleichsanspruch **im Ergebnis bestehen bleiben**. Es ist jedoch kein Grund ersichtlich, aus dem das Verhältnis von Gesellschaft und Gesellschafter sich nach dem Formwechsel derart ändern sollte, dass dem Gesellschafter kein Ausgleichsanspruch mehr zustehen sollte. Daher wird man § 716 Abs. 1 BGB bzw. § 105 Abs. 3 HGB entsprechend heranziehen können,[69)] wobei anderweitig in der Literatur herangezogene Anspruchsgrundlagen ebenso vertretbar erscheinen.[70)]

---

65) *Kühn* in: BeckOGK-UmwG, § 224 Rz. 37; Lutter-*Hoger*, UmwG, § 224 Rz. 22; *Dauner-Lieb/Tettinger* in: KölnKomm-UmwG, § 224 Rz. 20.

66) Semler/Stengel/Leonard-*Schlitt*, UmwG, § 224 Rz. 32; *Dauner-Lieb/Tettinger* in: KölnKomm-UmwG, § 224 Rz. 22.

67) *Dauner-Lieb/Tettinger* in: KölnKomm-UmwG, § 224 Rz. 24; Semler/Stengel/Leonard-*Schlitt*, UmwG, § 224 Rz. 33.

68) Ebenroth/Boujong-*Wertenbruch*, HGB, § 105 Rz. 667; Hopt-*Roth*, HGB, § 105 Rz. 29; vgl. zum alten Recht BGH, Urt. v. 2.7.1962 – II ZR 204/60, BGHZ 37, 299, 301 = NJW 1962, 1863, 1864.

69) Lutter-*Hoger*, UmwG, § 224 Rz. 36; Semler/Stengel/Leonard-*Schlitt*, UmwG, § 224 Rz. 38; Kallmeyer-*Blasche*, UmwG, § 224 Rz. 18; Goutier/Knopf/Tulloch-*Laumann*, UmwG, § 224 Rz. 14. *Dauner-Lieb/Tettinger* in: KölnKomm-UmwG, § 224 Rz. 37.

70) *Dauner-Lieb/Tettinger* in: KölnKomm-UmwG, § 224 Rz. 37 f. – m. w. N. zu unterschiedlichen Anspruchsgrundlagen.

2. Verhältnis zu den Gesellschaftern

Vor dem Formwechsel besteht zwischen den Gesellschaftern einer Personengesellschaft **Gesamtschuldnerschaft.** Gemäß § 426 Abs. 1 BGB besteht ein Ausgleichsanspruch im Innenverhältnis und gemäß § 426 Abs. 2 BGB kommt es zum Forderungsübergang auf den Gesellschafter, der den Gläubiger befriedigt hat.[71] Auch hier besteht kein Anlass an dieser Haftung im Innenverhältnis nach dem Formwechsel etwas zu ändern.[72] 44

Es ist jedoch zu differenzieren: Ein **Regressanspruch** besteht gegenüber dem Mitgesellschafter auch dann, wenn im Verhältnis zwischen Gläubiger und Mitgesellschafter bereits die Enthaftung eingetreten ist, wenn dies allein auf einem Verhalten des Gläubigers – bspw. bei Klageerhebung gegen den einen aber nicht gegen den anderen Gesellschafter – beruht.[73] Ist jedoch der Gesellschafter dafür **selbst mitverantwortlich**, dass in seiner Person keine Enthaftung eingetreten ist, weil etwa eine die Enthaftung ausschließende Vereinbarung getroffen hat, so stehen dem Gesellschafter gegen den bereits enthafteten Mitgesellschafter keine Regressansprüche zu. 45

Allerdings kommt eine Inanspruchnahme der Gesellschafter nur subsidiär zur Inanspruchnahme der Gesellschaft in Betracht. **Sie haften also nur subsidiär.**[74] 46

71) Ebenroth/Boujong-*Noack*, HGB, § 126 Rz. 51 ff.; Hopt-*Roth*, HGB, § 126 Rz. 27.
72) Lutter-*Hoger*, UmwG, § 224 Rz. 37; Semler/Stengel/Leonard-*Schlitt*, UmwG, § 224 Rz. 39; Kallmeyer-*Blasche*, UmwG, § 224 Rz. 18.
73) *Dauner-Lieb/Tettinger* in: KölnKomm-UmwG, § 224 Rz. 40.
74) *Dauner-Lieb/Tettinger* in: KölnKomm-UmwG, § 224 Rz. 41.

§ 225
Prüfung des Abfindungsangebots

[1]Im Falle des § 217 Abs. 1 Satz 2 ist die Angemessenheit der angebotenen Barabfindung nach § 208 in Verbindung mit § 30 Abs. 2 nur auf Verlangen eines Gesellschafters zu prüfen. [2]Die Kosten trägt die Gesellschaft.

Übersicht

I. Normzweck

§ 225 stellt eine Einschränkung zur in § 208 i. V. m. § 30 Abs. 2 verankerten grundsätzlich obligatorischen Angemessenheitsprüfung eines Abfindungsangebots nach § 217 Abs. 1, 2, § 207 dar. Für den Formwechsel einer Personengesellschaft in eine Kapitalgesellschaft ist die **Angemessenheitsprüfung fakultativ** und wird nur auf Verlangen eines Gesellschafters durchgeführt.[1] Damit entspricht § 225 dem für die Verschmelzung geltenden § 39e. Die 1

1) Lutter-*Hoger*, UmwG, § 225 Rz. 1; Semler/Stengel/Leonard-*Schlitt*, UmwG, § 225 Rz. 1.

Regelung soll einen „effektiven Minderheitenschutz“ gewähren.[2)] Teilweise wird als Regelungszweck auch angegeben, dass der Gesellschafter einer Personengesellschaft per se selbst in der Lage sei einzuschätzen, ob er das Abfindungsangebot selber beurteilen kann.[3)] Richtig erscheint es bei Personengesellschaften die Prüfung der Angemessenheit der Barabfindung nicht stets, sondern **nur auf Anforderung** durchzuführen, da es sich bei Personengesellschaften im Regelfall um kleinere Gesellschaften mit einem **überschaubaren Gesellschafterbestand** handelt und der Gesellschafter einer Personengesellschaft im Regelfall selbst in die Geschäftsführung der Gesellschaft involviert ist und damit über mehr Informationen verfügt.

II. Mehrheitsbeschluss

2 Die Regelung des § 225 kommt nur zur Anwendung, wenn der Gesellschaftsvertrag eine **Mehrheitsentscheidung** gemäß § 217 Abs. 1 Satz 2 **vorsieht**. Andernfalls entfällt das Erfordernis des Abfindungsangebots (§ 194 Abs. 1 Nr. 6), da die Gesellschafter bereits durch ihren Widerspruch den Formwechsel verhindern können und somit nicht auf ein Abfindungsangebot bei Ausscheiden aus der Gesellschaft angewiesen sind.[4)]

3 **Kein Fall des Mehrheitsbeschlusses** ist der einstimmige Beschluss für den Formwechsel bei Vorliegen einer Mehrheitsregelung, wenn also eine Mehrheit der Gesellschafterstimmen für den Formwechsel ausgereicht hätte.[5)]

4 **Umstritten** ist die Frage, ob die Norm **entsprechende Anwendung** findet, wenn eine einstimmige Entscheidung nur deshalb zustande gekommen ist, da manche Gesellschafter entgegen ihres tatsächlichen Willens **durch ihre Treuepflicht** zur Zustimmung **gezwungen waren**. Teilweise wird dies bejaht mit dem Argument, dass diese Gesellschafter überstimmten Minderheitsgesellschaftern im Prinzip gleichstehen würden. Des Weiteren könne nicht formal auf die Zustimmung an sich abgestellt werden. Die Zustimmungspflicht diene der Absicherung des Formwechsels. Gäbe es sie nicht, käme man aber zum gleichen Ergebnis, wenn man die Gegenstimme für unbeachtlich hielte. Dann müsse aber ein Abfindungsangebot und ein korrespondierendes Prüfrecht bestehen.[6)] Die wohl überwiegende und vorzugswürdige Ansicht hingegen stellt darauf ab, dass **im Grunde ein einstimmiger Beschluss** vorliegt und kein Grund ersichtlich ist, die Gesellschaft zusätzlich durch Abfindungszahlungen zu belasten.[7)]

III. Prüfungsverlangen (§ 225 Satz 1)

1. Berechtigter

5 Berechtigt ein Prüfungsverlangen zu äußern ist grundsätzlich **jeder Gesellschafter** unabhängig von seiner Gesellschafterstellung und vor allem auch **unabhängig von seiner späteren**

---

2) Begr. RegE UmwBerG, BR-Drucks. 75/94, S. 151, 98. A. A. Goutier/Knopf/Tulloch-*Laumann*, UmwG, § 225 Rz. 3 – m. Verweis darauf, dass der Minderheitengesellschafter besser geschützt wäre, wenn es generell immer zu einer Angemessenheitsprüfung kommen würde; krit. auch *Dauner-Lieb/Tettinger* in: KölnKomm-UmwG, § 225 Rz. 1.

3) Lutter-*Hoger*, UmwG, § 225 Rz. 1; Semler/Stengel/Leonard-*Schlitt*, UmwG, § 225 Rz. 1.

4) Schmitt/Hörtnagl-*Rinke*, UmwG/UmwStG, § 225 UmwG Rz. 1; Widmann/Mayer-*Vossius*, UmwR, § 225 UmwG Rz. 2; Lutter-*Hoger*, UmwG, § 225 Rz. 2; Kallmeyer-*Lanfermann*, UmwG, § 225 Rz. 1.

5) Kallmeyer-*Lanfermann*, UmwG, § 225 Rz. 2.

6) Widmann/Mayer-*Vossius*, UmwR, § 225 UmwG Rz. 11; *Dauner-Lieb/Tettinger* in: KölnKomm-UmwG, § 225 Rz. 5.

7) Kallmeyer-*Lanfermann*, UmwG, § 225 Rz. 2; Semler/Stengel/Leonard-*Schlitt*, UmwG, § 225 Rz. 5.

Abstimmung über den Formwechsel.[8] So soll jedem Gesellschafter die ausreichende Entscheidungsgrundlage für seine Zustimmung oder Ablehnung gewährleistet werden, ohne, dass er sich seines Abstimmungsverhalten schon vor der Abstimmung über den Formwechselbeschluss sicher sein muss.

Zudem kann auch für einen in **der Gesellschaft verbleibenden Gesellschafter** die Angemessenheit einer an ausscheidende Gesellschafter gezahlten Abfindung von Relevanz sein. Die Barabfindung wird nämlich **aus dem Vermögen der Gesellschaft** und so indirekten dem der Gesellschafter gezahlt. Sie haben also ein Interesse daran keine vermögensmäßige Benachteiligung durch zu hoch gezahlte Abfindungen zu erleiden.[9] Vor diesem Hintergrund sollte eine Gesellschafterversammlung zur Abstimmung über einen Formwechselbeschluss bei Verlangen einer Prüfung wenn möglich erst nach Vorlage des Prüfberichts einberufen werden.[10] Eine **Vertretung** ist zulässig, sofern sie im Gesellschaftsvertrag erlaubt wird oder kein Widerspruch dagegen erhoben wird.[11] 6

2. Form

Gesetzlich bestehen keine Anforderungen an die Form des Verlangens, sodass dieses grundsätzlich **auch mündlich** wirksam ist,[12] solange eindeutig aus ihm hervorgeht, dass der Gesellschafter eine sachverständige Überprüfung der Angemessenheit wünscht.[13] Aus Gründen der Rechtssicherheit empfiehlt es sich in der Praxis dennoch das Verlangen schriftlich abzugeben.[14] 7

Das Prüfungsverlangen ist darüber hinaus **befristungs- und bedingungsfeindlich**, außer die Bedingung steht im Belieben der Gesellschafter.[15] **Empfänger** der Erklärung sind grundsätzlich die Geschäftsführung der Gesellschaft oder in der Versammlung der Versammlungsleiter.[16] 8

3. Frist

Praktisch **sinnvoll** und ratsam ist es die Überprüfung des Abfindungsangebots **vor Beschlussfassung über den Formwechselbeschluss** zu verlangen und durchzuführen.[17] Es besteht jedoch keinerlei gesetzliche Vorgabe dazu bis wann das Verlangen zu stellen ist, was zu unterschiedlichen Auffassungen zu der Frage in der Literatur führt. Gesichert scheint 9

8) Lutter-*Hoger*, UmwG, § 225 Rz. 3; Kallmeyer-*Lanfermann*, UmwG, § 225 Rz. 3; Semler/Stengel/Leonard-*Schlitt*, UmwG, § 225 Rz. 7; Widmann/Mayer-*Vossius*, UmwR, § 225 UmwG Rz. 8; *Dauner-Lieb/Tettinger* in: KölnKomm-UmwG, § 225 Rz. 6; *Kühn* in: BeckOGK-UmwG, § 225 Rz. 7.

9) Lutter-*Hoger*, UmwG, § 225 Rz. 3; Kallmeyer-*Lanfermann*, UmwG, § 225 Rz. 3; Semler/Stengel/Leonard-*Schlitt*, UmwG, § 225 Rz. 7; Widmann/Mayer-*Vossius*, UmwR, § 225 UmwG Rz. 8, 26; *Dauner-Lieb/Tettinger* in: KölnKomm-UmwG, § 225 Rz. 4, 6; Schmitt/Hörtnagl-*Rinke*, UmwG/UmwStG, § 225 UmwG Rz. 1, 4.

10) Kallmeyer-*Lanfermann*, UmwG, § 225 Rz. 4.

11) Semler/Stengel/Leonard-*Schlitt*, UmwG, § 225 Rz. 8.

12) Lutter-*Hoger*, UmwG, § 225 Rz. 4; Semler/Stengel/Leonard-*Schlitt*, UmwG, § 225 Rz. 8; Goutier/Knopf/Tulloch-*Laumann*, UmwG, § 225 Rz. 3.

13) Schmitt/Hörtnagl-*Rinke*, UmwG/UmwStG, § 225 UmwG Rz. 2; *Althoff/Narr* in: NK-UmwG, § 225 Rz. 8.

14) Lutter-*Hoger*, UmwG, § 225 Rz. 4; Semler/Stengel/Leonard-*Schlitt*, UmwG, § 225 Rz. 8; *Weiler* in: MünchHdb. GesR, Bd. 8, § 38 Rz. 465.

15) Widmann/Mayer-*Vossius*, UmwR, § 225 UmwG Rz. 17.

16) *Dauner-Lieb/Tettinger* in: KölnKomm-UmwG, § 225 Rz. 7; Lutter-*H. Schmidt*, UmwG, § 39e Rz. 5; Widmann/Mayer-*Vossius*, UmwR, § 39e UmwG Rz. 13 ff.

17) Lutter-*Hoger*, UmwG, § 225 Rz. 4.

zu sein, dass das Überprüfungsverlangen auch noch **in der beschlussfassenden Sitzung** gestellt werden kann.[18)]

10 Unterschiedlich beurteilt wird jedoch die Frage, **ob eine Prüfung auch noch danach verlangt werden kann**. Während manche dies ablehnen und den Gesellschafter auf eine Nachprüfung im Spruchverfahren (§ 212 i. V. m. § 1 Nr. 4 SpruchG) verweisen,[19)] ist ein solches Begehren mit der vorzugswürdigen überwiegenden Auffassung[20)] möglich. Das Spruchverfahren soll zusätzlichen Schutz bieten und nicht anstelle von § 225 treten.[21)] Sowohl der klare Wortlaut von § 225, als auch der Telos der Vorschrift, dass es auch nach der Beschlussfassung noch i. R. der Annahme des Barabfindungsangebots auf die Überprüfung der Angemessenheit ankommen kann, sprechen demnach für die Zulässigkeit eines nachträglichen Überprüfungsverlangens, auch wenn das Formwechselverfahren hierdurch in die Länge gezogen wird. Eine Grenze besteht dort, wo das **Hinauszögern rechtsmissbräuchlich** ist.[22)]

11 Eine Frist ergibt sich schließlich denklogisch daraus, dass ein Überprüfungsverlangen stets rechtsmissbräuchlich ist, wenn das Abfindungsangebot **gar nicht mehr angenommen werden kann**. Dies ist jedenfalls zwei Monaten nach der Bekanntmachung der Eintragung der Fall. § 209 Satz 1 regelt, dass ein Abfindungsangebot nur binnen zweier Monate nach Bekanntmachung der Eintragung angenommen werden kann.[23)] Damit ein Überprüfungsverlangen seinen Zweck erfüllen kann, muss das Abfindungsverlangen eine angemessene Zeit vor Ablauf der Zweimonatsfrist erklärt werden.[24)]

12 Im Übrigen kann eine Frist für das Prüfungsverlangen **gesellschaftsvertraglich festgelegt** werden,[25)] oder bereits in der Unterrichtung gemäß § 216 i. V. m. einem Hinweis auf das Prüfrecht nach § 225 enthalten sein.[26)]

IV. Rücknahme und Verzicht

13 Das Überprüfungsverlangen steht grundsätzlich zur Disposition des Gesellschafters.[27)] Es kann mithin von dem Antragssteller wieder zurückgenommen werden.

14 Gemäß § 208 i. V. m. § 30 Abs. 2 Satz 3 ist auch ein **Verzicht** der Gesellschafter auf das Überprüfungsverlangen möglich. Der Wortlaut des § 30 Abs. 2 Satz 3 „Berechtigten" führt insoweit in die Irre, als bei Verzicht vor oder in der beschlussfassenden Versammlung häufig noch nicht feststehen wird, wer später dem Formwechsel zustimmt oder nicht, so dass alle

18) *Dauner-Lieb/Tettinger* in: KölnKomm-UmwG, § 225 Rz. 9; Semler/Stengel/Leonard-*Schlitt*, UmwG, § 225 Rz. 9.

19) *Dauner-Lieb/Tettinger* in: KölnKomm-UmwG, § 225 Rz. 11.

20) *Weiler* in: MünchHdb. GesR, Bd. 8, § 38 Rz. 465; *Kühn* in: BeckOGK-UmwG, § 225 Rz. 9; Semler/Stengel/Leonard-*Schlitt*, UmwG, § 225 Rz. 9; Widmann/Mayer-*Vossius*, UmwR, § 225 UmwG Rz. 21.

21) Semler/Stengel/Leonard-*Schlitt*, UmwG, § 225 Rz. 9; Schmitt/Hörtnagl-*Rinke*, UmwG/UmwStG, § 225 UmwG Rz. 4.

22) Semler/Stengel/Leonard-*Schlitt*, UmwG, § 225 Rz. 9; Widmann/Mayer-*Vossius*, UmwR, § 225 UmwG Rz. 21; *Kühn* in: BeckOGK-UmwG, § 225 Rz. 9; *Dauner-Lieb/Tettinger* in: KölnKomm-UmwG, § 225 Rz. 14.

23) Lutter-*Hoger*, UmwG, § 225 Rz. 4; Semler/Stengel/Leonard-*Schlitt*, UmwG, § 225 Rz. 9; Kallmeyer-*Lanfermann*, UmwG, § 225 Rz. 5; Schmitt/Hörtnagl-*Rinke*, UmwG/UmwStG, § 225 UmwG Rz. 4; Goutier/Knopf/Tulloch-*Laumann*, UmwG, § 225 Rz. 3; *Althoff/Narr* in: NK-UmwG, § 225 Rz. 9; zweifelnd *Dauner-Lieb/Tettinger* in: KölnKomm-UmwG, § 225 Rz. 10, 11.

24) Schmitt/Hörtnagl-*Rinke*, UmwG/UmwStG, § 225 Rz. 4; Semler/Stengel/Leonard-*Schlitt*, UmwG, § 225 Rz. 9.

25) Lutter-*Hoger*, UmwG, § 225 Rz. 4; Kallmeyer-*Lanfermann* UmwG, § 225 Rz. 4.

26) Semler/Stengel/Leonard-*Schlitt*, UmwG, § 225 Rz. 9; *Kühn* in: BeckOGK-UmwG, § 225 Rz. 9.

27) Widmann/Mayer-*Vossius*, UmwR, § 225 UmwG Rz. 28; Semler/Stengel/Leonard-*Schlitt*, UmwG, § 225 Rz. 10; *Dauner-Lieb/Tettinger* in: KölnKomm-UmwG, § 225 Rz. 14.

Gesellschafter **potentiell abfindungsberechtigt** sind.[28] Im Ergebnis können daher alle Gesellschafter verzichten. Allein die Befugnis ein Prüfungsverlangen zu stellen und die Verzichtsberechtigung müssen personell übereinstimmen.[29] Der Verzicht muss **notariell beurkundet** werden (§ 208 i. V. m. § 30 Abs. 2 Satz 3).

15 Der Verzicht hat in der Praxis eine große Bedeutung, da sofern **alle Gesellschafter auf das Prüfungsrecht verzichten**, dies zu einer **erheblichen Beschleunigung** des Formwechselverfahrens führen kann.[30] Wenn ein Gesellschafter den Verzicht erklärt hat, kann er danach kein Prüfungsverlangen mehr erheben, selbst dann nicht, wenn nicht alle Gesellschafter den Verzicht erklärt haben und es daher nicht zur beschriebenen Verfahrensbeschleunigung kommt. Ein Prüfungsverlangen trotz Verzichts wäre rechtsmissbräuchlich (venire contra factum proprium).[31]

16 **Unzulässig** ist ein **genereller Verzicht im Gesellschaftsvertrag.**[32] Der Verzicht auf das Prüfungsverlangen ist weiterhin nicht gleichzusetzen mit dem Verzicht auf die **Barabfindung**. Auch wer auf die Barabfindung verzichtet hat, kann ein Interesse an der Prüfung der Höhe der Barabfindung haben.[33]

V. Prüfung

17 Der unabhängige Prüfer wird gemäß § 30 Abs. 2 Satz 2 i. V. m. § 10 auf Antrag des geschäftsführenden Gesellschafters durch ein Gericht bestellt. Er erstellt einen schriftlichen Bericht (§ 30 Abs. 2 Satz 2 i. V. m. § 12), der an die Geschäftsführung der Gesellschaft, und auf deren Verlangen (welches im Prüfungsverlangen erfolgen kann) auch an die von der Geschäftsführung ausgeschlossenen Gesellschafter zu übermitteln ist.[34] In Anbetracht des Zwecks des Prüfungsverlangens ist entgegen einiger Stimmen in der Literatur[35] nicht erkennbar, warum die Übersendung nur an die Geschäftsführung der Gesellschaft erfolgen soll.

VI. Kosten (§ 225 Satz 2)

18 Um den Gesellschafter nicht schon aufgrund des Kostendrucks davon abzuhalten eine Überprüfung der Angemessenheit der Barabfindung zu verlangen,[36] regelt § 225 Satz 2, dass im Innenverhältnis die Gesellschaft die Pflicht zur Kostentragung trifft. Im Außenverhältnis entsteht eine Verbindlichkeit der Gesellschaft, für die die persönlich haftenden Gesellschafter nach den allgemeinen Grundsätzen haften.[37]

---

28) Lutter-*Hoger*, UmwG, § 208 Rz. 22.

29) Lutter-*Hoger*, UmwG, § 225 Rz. 6.

30) Lutter-*Hoger*, UmwG, § 225 Rz. 6; *Dauner-Lieb/Tettinger* in: KölnKomm-UmwG, § 225 Rz. 15.

31) Widmann/Mayer-*Vossius*, UmwR, § 225 UmwG Rz. 25; Kallmeyer-*Lanfermann*, UmwG, § 225 Rz. 6; Schmitt/Hörtnagl-*Rinke*, UmwG/UmwStG, § 225 UmwG Rz. 3.

32) *Dauner-Lieb/Tettinger* in: KölnKomm-UmwG, § 225 Rz. 15; *Kühn* in: BeckOGK-UmwG, § 225 Rz. 12.

33) *Kühn* in: BeckOGK-UmwG, § 225 Rz. 12; Kallmeyer-*Lanfermann*, UmwG, § 225 Rz. 6; *Dauner-Lieb/Tettinger* in: KölnKomm-UmwG, § 225 Rz. 15.

34) *Dauner-Lieb/Tettinger* in: KölnKomm-UmwG, § 225 Rz. 18; Widmann/Mayer-*Vossius*, UmwR, § 225 UmwG Rz. 33.

35) Semler/Stengel/Leonard-*Schlitt*, UmwG, § 225 Rz. 11; Kallmeyer-*Blasche*, UmwG, § 216 Rz. 5; Lutter-*Hoger*, UmwG, § 208 Rz. 20 – alle mit Verweis auf BGH, Urt. v. 29.1.2001 – II ZR 368/98, BB 2001, 485 = ZIP 2001, 412.

36) Schmitt/Hörtnagl-*Rinke*, UmwG/UmwStG, § 225 UmwG Rz. 5.

37) Lutter-*Hoger*, UmwG, § 225 Rz. 7; Semler/Stengel/Leonard-*Schlitt*, UmwG, § 225 Rz. 12.

VII. Rechtsfolgen

19 Eine Beifügung des Bericht über die Abfindungsprüfung oder eine Stellungnahme zu deren Ausbleiben oder Verzicht ist **der Anmeldung nicht beizufügen.**[38)]

20 Der Abfindungsberechtigte kann jederzeit auch eine **gerichtliche Bestimmung der Angemessenheit im Spruchverfahren** nach § 212 einleiten. Dieses Recht wird weder durch einen Verzicht noch durch § 225 ausgeschlossen.[39)]

21 Ob darüber hinaus auch die Möglichkeit besteht, den Beschluss beim Ausbleiben der verlangten Prüfung trotz ordnungsgemäßem Prüfungsverlangen, **als nichtig** im Wege einer Feststellungsklage **anzugreifen,** ist hingegen zweifelhaft.[40)] Wenn § 210 bestimmt, dass eine Klage gegen die Wirksamkeit des Formwechselbeschlusses **nicht darauf gestützt werden kann,** dass die Barabfindung nicht angemessen ist, so spricht vieles dafür, dass gleiches auch für Nichtigkeitsklage gestützt auf das Ausbleiben einer Prüfung trotz Verlangen gilt.[41)]

38) *Dauner-Lieb/Tettinger* in: KölnKomm-UmwG, § 225 Rz. 20.

39) Lutter-*Hoger*, UmwG, § 225 Rz. 8; *Weiler* in: MünchHdb. GesR, Bd. 8, § 38 Rz. 465; *Kühn* in: BeckOGK-UmwG, § 225 Rz. 15; zweifelnd, sofern keine konkreten Vorbehalte bei Verzicht genannt wurden: Semler/Stengel/Leonard-*Schlitt*, UmwG, § 225 Rz. 13.

40) Mit ausf. Überlegungen *Dauner-Lieb/Tettinger* in: KölnKomm-UmwG, § 225 Rz. 22; Kallmeyer-*Lanfermann*, UmwG, § 39e Rz. 19, bejaht Feststellungsinteresse für jene Gesellschafter, die eine Prüfung verlangt haben.

41) Lutter-*Hoger*, UmwG, § 208 Rz. 21, § 210 Rz. 3 ff.; *Dauner-Lieb/Tettinger* in: KölnKomm-UmwG, § 225 Rz. 22.

Zweiter Unterabschnitt
Formwechsel von Partnerschaftsgesellschaften

§ 225a
Möglichkeit des Formwechsels*)

Eine Partnerschaftsgesellschaft kann auf Grund eines Formwechselbeschlusses nach diesem Gesetz nur die Rechtsform einer Kapitalgesellschaft oder einer eingetragenen Genossenschaft erlangen.

*) § 225a geändert durch Art. 1 des Gesetzes zur Umsetzung der Umwandlungsrichtlinie und zur Änderung weiterer Gesetze (UmRUG), v. 22.2.2023, BGBl. I 2023, Nr. 51; § 225a eingefügt durch Art. 1 des Gesetzes zur Änderung des Umwandlungsgesetzes, des Partnerschaftsgesellschaftsgesetzes und anderer Gesetze (UmwGÄndG), v. 22.7.1998, BGBl. I 1998, 1878.

Literatur: *Bartodziej*, Neukodifikation des deutschen Umwandlungsrechts – Das Umwandlungsbereinigungsgesetz, BuW 1994, 788; *Bayer/Irmberger*, Nochmals: Die Rechtsformen freiberuflicher Tätigkeit, DZWIR 1995, 177; *Lieder*, Modernisierung des Personengesellschaftsrechts – Der Regierungsentwurf des MoPeG in der rechtspolitischen Analyse, ZRP 2021, 34; *Schmidt, K.*, Die Freiberufliche Partnerschaft – Zum neuen Gesetz zur Schaffung von Partnerschaftsgesellschaften, NJW 1995, 1; *Stuber*, Das Partnerschaftsgesetz unter besonderer Berücksichtigung der Belange der Anwaltschaft, WiB 1994, 705; *Wertenbruch*, Partnerschaftsgesellschaft und neues Umwandlungsrecht, ZIP 1995, 712.

Übersicht

I. Normzweck

§§ 225a bis 225c enthalten Sonderregelungen zur PartG, die entweder direkt auf die Regelungen des Formwechsels der Personengesellschaften verweisen (§ 225c) oder sich eng an diesen Regelungen orientieren (§§ 225a und 225b). Der § 225a entspricht § 214 Abs. 1:[1] Eine PartG kann via Formwechsel nur in die **Rechtsform einer Kapitalgesellschaft oder einer eG** umgewandelt werden. 1

Für eine weitergehende Regelung des Formwechsels besteht laut der Gesetzbegründung kein Bedürfnis.[2] § 225a ist aber nach seinem klaren Wortlaut nur auf Änderungen der Rechtsform „nach diesem Gesetz" anwendbar. Daher sind Änderungen der Rechtsform außerhalb des UmwG nicht möglich.[3] 2

Eine PartG wird durch **Löschung** aus dem Register und Weiterführung der freiberuflichen Tätigkeit regelmäßig eine **GbR** – oder mit der Öffnung der Personenhandelsgesellschaften für freie Berufe (§ 107 Abs. 1 Satz 2 HGB) eine **oHG oder** eine **KG** (einschließlich einer GmbH & Co. KG) werden, soweit das Berufsrecht dies zulässt.[4] 3

Für den **Formwechsel in eine GbR** steht zusätzlich auch der **Statuswechsel** nach § 4 Abs. 4 PartGG i. V. m. § 107 Abs. 3 HGB, § 707c BGB zur Verfügung.[5] **Umgekehrt** kann eine GbR in eine PartG formwechseln, indem die Voraussetzungen des PartGG erfüllt werden, insbesondere wenn eine Anmeldung nach § 4 PartGG erfolgt. 4

Ein Formwechsel **in eine Kapitalgesellschaft** ist **auch außerhalb des UmwG möglich**, indem alle Gesellschafteranteile der PartG in eine Kapitalgesellschaft eingebracht werden,[6] oder in einem zweistufigen Verfahren erst die Partnerschaft aus dem Register gelöscht wird, die freiberufliche Tätigkeit fortgeführt wird und die GbR dann ihre Anteile auf eine Kapitalgesellschaft überträgt.[7] 5

Den **Hauptanwendungsfall des § 225a** sah der Gesetzgeber in einem Formwechsel in eine Kapitalgesellschaft, wenn der Kreis der Partner sich vergrößert, der Bedarf an Kapital steigt[8] oder die Partner in einer größer werdenden Partnerschaft die persönliche Haftung jenseits der Berufshaftung scheuen. 6

II. Formwechselnde Rechtsträger

Als formwechselnder Rechtsträger gemäß § 225a kommt allein die Partnerschaft gemäß §§ 1 ff. PartGG, einschließlich der **PartG mbB** gemäß § 8 Abs. 4 PartGG in Betracht. Die PartG ist eine Gesellschaft von Angehörigen freier Berufe, die Dienstleistungen höherer Art persönlich erbringen (§ 1 PartGG). 7

---

1) Lutter-*Hoger*, UmwG, § 225a Rz. 1; Henssler/Strohn-*Drinhausen/Keinath*, GesR, § 255a UmwG Rz. 1.

2) Begr. RegE UmwGÄndG, BT-Drucks. 13/8808, S. 15.

3) *Dauner-Lieb/Tettinger* in: KölnKomm-UmwG, § 225a Rz. 2; Semler/Stengel/Leonard-*Schlitt*, UmwG, § 225a Rz. 7.

4) Lutter-*Hoger*, UmwG, § 225a Rz. 5; *Dauner-Lieb/Tettinger* in: KölnKomm-UmwG, § 225a Rz. 2; *Schäfer* in: MünchKomm-BGB, § 1 PartGG Rz. 31; RegE MoPeG, BT-Drucks. 19/27635, S. 3; *Lieder*, ZRP 2021, 34, 36.

5) *Dauner-Lieb/Tettinger* in: KölnKomm-UmwG, § 225a Rz. 2.

6) *Schäfer* in: MünchKomm-BGB, § 1 PartGG Rz. 29; *K. Schmidt*, NJW 1995, 1, 7; *Bartodziej*, BuW 1994, 788, 790 – Umwandlung einer Kapitalgesellschaft in eine Partnerschaft mit Zwischenschritt über eine BGB-Gesellschaft.

7) *Wertenbruch*, ZIP 1995, 712, 715; Lutter-*Hoger*, UmwG, § 225a Rz. 5.

8) Begr RegE Gesetz zur Schaffung von Partnerschaftsgesellschaften, BT-Drucks. 12/6152, S. 8; Lutter-*Hoger*, UmwG, § 225a Rz. 1.

8 Die PartG **besteht wirksam ab Eintragung** ins Partnerschaftsregister (§ 7 Abs. 1 PartGG). Kommt es vorher zur Ausübung freiberuflicher Tätigkeit, liegt eine **freiberufliche GbR** vor.[9] Diese GbR aus Gesellschaftern, die freiberuflich tätig sind, ist von §§ 225a ff. nicht umfasst.[10] Es kommt auf die Rechtsform und nicht auf die freiberufliche Tätigkeit an.

III. Rechtsträger neuer Rechtsform

9 Der Rechtsträger neuer Rechtsform kann für die Partnerschaft gemäß § 225a nur eine Kapitalgesellschaft i. S. des § 3 Abs. 1 Nr. 2 also eine **GmbH, AG oder KGaA** sein, oder ein **e. V.** Dies gilt i. R. des Umwandlungsrechts weiterhin unabhängig davon, dass das MoPeG die strenge Rechtsformtrennung zwischen Gewerbe und Freiberuf insoweit auflockert, dass Freiberufler nach § 107 Abs. 1 Satz 2 HGB n. F. auch eine oHG oder KG[11] gründen können.

IV. Verstöße

10 Bei § 225a handelt es sich um **zwingendes Recht**. Ein Verstoß führt im Zweifel zur Nichtigkeit des Beschlusses,[12] wenn er nicht als Beschluss über eine außerhalb des UmwG zulässige Umwandlungsmaßnahme auszulegen ist.

---

9) Ganz h. M. *Schäfer* in: MünchKomm-BGB, § 7 PartGG Rz. 4; *Bayer/Irmberger*, DZWIR 1995, 177, 179 f.; Meilicke/Graf v. Westphalen/Hoffmann/Lenz/Wolff-*Meilicke*, PartGG, § 7 Rz. 4–8; *Stuber*, WiB 1994, 705, 708; Henssler/Strohn-*Hirtz*, GesR, § 7 PartGG Rz. 4.

10) Lutter-*Hoger*, UmwG, § 225a Rz. 2; *Kühn* in: BeckOGK-UmwG, § 225a Rz. 3.

11) *Lieder*, ZRP 2021, 34, 36; Lutter-*Hoger*, UmwG, § 225a Rz. 3.

12) *Dauner-Lieb/Tettinger* in: KölnKomm-UmwG, § 225a Rz. 5; Semler/Stengel/Leonard-*Schlitt*, UmwG, § 225a Rz. 6; *Kühn* in: BeckOGK-UmwG, § 225a Rz. 6; Kallmeyer-*Blasche*, UmwG, § 225a Rz. 3.

§ 225b

Formwechselbericht und Unterrichtung der Partner*)

[1]Ein Formwechselbericht ist nur erforderlich, wenn ein Partner der formwechselnden Partnerschaft gemäß § 6 Abs. 2 des Partnerschaftsgesellschaftsgesetzes von der Geschäftsführung ausgeschlossen ist. [2]Von der Geschäftsführung ausgeschlossene Partner sind entsprechend § 216 zu unterrichten.

*) § 225b geändert durch Art. 1 des Gesetzes zur Umsetzung der Umwandlungsrichtlinie und zur Änderung weiterer Gesetze (UmRUG), v. 22.2.2023, BGBl. I 2023, Nr. 51; § 225b eingefügt durch Art. 1 des Gesetzes zur Änderung des Umwandlungsgesetzes, des Partnerschaftsgesellschaftsgesetzes und anderer Gesetze (UmwGÄndG), v. 22.7.1998, BGBl. I 1998, 1878.

Übersicht

I. Normzweck

1 Nach **§ 225b Satz 1** muss ein Formwechselbericht nur dann erstellt werden, wenn **ein Partner von der Geschäftsführung ausgeschlossen wird**. Damit entspricht die Regelung § 215, nach der, der nach § 192 anzufertigende, Umwandlungsbericht nicht erforderlich

ist, wenn alle Gesellschafter der formwechselnden Gesellschaft zur Geschäftsführung berechtigt sind.[1)]

§ 225b Satz 2 hingegen entspricht § 216 und regelt eine **Unterrichtungspflicht** der Partner, die von der Geschäftsführung ausgeschlossen werden.[2)] Hintergrund der Normen ist, dass nur der nicht zur Geschäftsführung Berechtigte, sich nicht selbst die nötigen Informationen über den Formwechsel beschaffen kann (siehe § 215 Rz. 2 ff. [*Allmendinger*]).[3)] Diese **muss er dann dem Formwechselbericht entnehmen** können. Im **Umkehrschluss** ist ein Formwechselbericht immer dann entbehrlich, wenn alle Partner zur Geschäftsführung berechtigt sind und sich kraft ihres Amtes informieren können. Dies ist der gesetzliche Regelfall nach § 6 Abs. 3 Satz 2 PartGG i. V. m. § 116 Abs. 1 HGB. 2

II. Formwechselbericht (§ 225b Satz 1)

Nach § 192 ist ein Formwechselbericht anzufertigen, der u. a. die **Gründe** für den Formwechsel, die **künftigen Beteiligungen** in rechtlicher und wirtschaftlicher Hinsicht, sowie einen **Entwurf des Formwechselbeschlusses** enthält. Ein solcher ist nur dann entbehrlich, wenn kein Partner von der Geschäftsführung ausgeschlossen ist. 3

Beim vertraglichen Ausschluss (§ 6 Abs. 2 PartGG) differenziert das PartGG. In der PartG kann ein Partner nicht von der Geschäftsführung hinsichtlich der Erbringung der freiberuflichen Leistung ausgeschlossen werden, wohl aber von der **Geschäftsführung in Bezug auf sonstige Geschäfte**. Zur Erhaltung des Prinzips der Selbstorganschaft gilt dies nur für einzelne Gesellschafter, nicht für alle.[4)] Entsprechend dieser Besonderheit erfasst § 225b nur den Ausschluss der Gesellschafter von der Geschäftsführungsbefugnis sonstiger Geschäfte. Wenn ein Gesellschafter von dieser sonstigen Geschäftsführung gemäß § 6 Abs. 2 PartGG ausgeschlossen wird, ist ein Formwechselbericht erforderlich.[5)] 4

Soweit, wie in PartG häufig, **Ausschüsse** für bestimmte Tätigkeiten der Geschäftsführung gebildet wurden oder bspw. bestimmte Entscheidungen unter den **Partnern eines Standortes** getroffen werden dürfen, stellt dies kein Ausschluss der übrigen Partner von der Geschäftsführung nach § 6 Abs. 2 PartGG dar. Vielmehr handelt es sich dabei um Ausschüsse der Gesamtgeschäftsführung der Partnerschaft. 5

III. Unterrichtung (§ 225b Satz 2)

Insoweit ein Partner von der Geschäftsführung für sonstige Geschäfte (§ 6 Abs. 2 PartGG) ausgeschlossen ist, muss eine Unterrichtung gemäß § 216 auch beim Formwechsel der PartG erfolgen. Dies umfasst, die **Ankündigung des Beschlussgegenstandes** in Textform, die **Übersendung** des Formwechselberichts, sowie ggf. ein **Abfindungsangebot** gemäß § 207.[6)] Zum Inhalt und Zeitpunkt der Unterrichtung gilt § 216 entsprechend (siehe § 216 Rz. 7 ff., 15 ff. [*Allmendinger*]). 6

---

1) Begr. RegE UmwGÄndG, BT-Drucks. 13/8808, S. 15, 12; Semler/Stengel/Leonard-*Schlitt*, UmwG, § 225b Rz. 1; Kallmeyer-*Blasche*, UmwG, § 225b Rz. 1; Lutter-*Hoger*, UmwG, § 225b Rz. 1.

2) *Kühn* in: BeckOGK-UmwG, § 225b Rz. 4; Widmann/Mayer-*Vossius*, UmwR, § 225b UmwG Rz. 8.

3) *Dauner-Lieb*/*Tettinger* in: KölnKomm-UmwG, § 225b Rz. 1; Kallmeyer-*Blasche*, UmwG, § 225b Rz. 1; Lutter-*Hoger*, UmwG, § 225b Rz. 1.

4) Vgl. hierzu ausf. *Schäfer* in: MünchKomm-BGB, § 6 PartGG Rz. 11 ff.

5) Lutter-*Hoger*, UmwG, § 225b Rz. 4, Widmann/Mayer-*Vossius*, UmwR, § 225b UmwG Rz. 3.

6) Kallmeyer-*Blasche*, UmwG, § 225b Rz. 3; *Dauner-Lieb*/*Tettinger* in: KölnKomm-UmwG, § 225b Rz. 2.

§ 225c
Anzuwendende Vorschriften*)

Auf den Formwechsel einer Partnerschaftsgesellschaft sind § 214 Abs. 2 und die §§ 217 bis 225 entsprechend anzuwenden.

*) § 225c eingefügt durch Art. 1 des Gesetzes zur Änderung des Umwandlungsgesetzes, des Partnerschaftsgesellschaftsgesetzes und anderer Gesetze (UmwGÄndG), v. 22.7.1998, BGBl. I 1998, 1878.

Literatur: *Sommer/Treptow*, Die „Umwandlung" einer Partnerschaftsgesellschaft in eine PartG mbB und ihre Folgen, NJW 2013, 3269.

Übersicht

I. Normzweck

1 Mit der Verweisung des § 225c auf die §§ 214, 217–225 finden im Endeffekt alle Regelungen des Unterabschnittes der §§ 214 ff. auf die PartG entsprechende Anwendung, sodass der Formwechsel der PartG im Ergebnis wie der Formwechsel einer Personengesellschaft zu behandeln ist.[1] § 225a entspricht der Regelung des § 214 Abs. 1 und § 225b entspricht den Regelungen der §§ 215 und 216.[2] Die Regelungstechnik des Gesetzes erscheint hier unnötig kompliziert.

II. Besonderheiten

2 Der Verweis des § 225c auf § 224 Abs. 1 ist nicht ganz passend, da die Partner der PartG nicht nach § 126 HGB oder § 721 BGB haften. Die unbeschränkte persönliche **gesamtschuldnerische Haftung der Partner** ergibt sich bei der PartG hingegen aus **§ 8 Abs. 1 PartGG.**[3] § 224 ist aber problemlos „entsprechend" anzuwenden, mit der Folge, dass die **Nachhaftungsbegrenzung** für vor dem Formwechsel begründete Verbindlichkeiten der PartG gilt.[4]

3 Eine **Ausnahme von der persönlichen Haftung** aller Partner besteht für den Fall, der **Haftung für berufliche Fehler** eines oder mehrerer Partner. Waren nur einzelne Partner mit der Bearbeitung eines Auftrags befasst, so haften nur diese für berufliche Fehler neben der Partnerschaft (§ 8 Abs. 2 PartGG). Nach § 8 Abs. 4 PartGG haftet nur die **Gesellschaft,** wenn die Partnerschaft eine zu diesem Zweck durch Gesetz vorgegebene **Berufshaftpflichtversicherung** unterhält.

4 Weiterhin bestimmt § 8 Abs. 3 PartGG, dass **gesetzliche Haftungsbegrenzungen** für Ansprüche aus Schäden wegen fehlerhafter Berufsausübung für einzelne Berufsgruppen erhalten bleiben. Ausgerechnet zu diesen Besonderheiten der PartG treffen §§ 225a bis 225c **keine Regelung** i. R. des Formwechsels.

5 Soweit eine Haftung wegen Berufsausübungsfehlern bereits vor dem Formwechsel entstanden ist, so gilt § 224 entsprechend, jedoch lediglich für die Partner, welche mit der

1) Lutter-*Hoger*, UmwG, § 225c Rz. 1; *Dauner-Lieb/Tettinger* in: KölnKomm-UmwG, § 225c Rz. 1; Semler/Stengel/Leonard-*Schlitt*, UmwG, § 225c Rz. 1.

2) Begr. RegE UmwGÄndG, BT-Drucks. 13/8808, S. 15.

3) *Kühn* in: BeckOGK-UmwG, § 225c Rz. 6; Kallmeyer-*Blasche*, UmwG, § 225c Rz. 2; Lutter-*Hoger*, UmwG, § 225c Rz. 5.

4) Lutter-*Hoger*, UmwG, § 225c Rz. 5; *Dauner-Lieb/Tettinger* in: KölnKomm-UmwG, § 225c Rz. 1; *Kühn* in: BeckOGK-UmwG, § 225c Rz. 6.

Bearbeitung des Falles betraut waren.[5] Dies gilt auch für die Enthaftungsregelung in § 224 Abs. 2 bis Abs. 4. **Problematisch ist der Fall**, dass zwar das Mandatsverhältnis vor dem Formwechsel begründet wurde, der **Berufsausübungsfehler jedoch erst nach dem Formwechsel** erfolgt ist. Für eine persönliche Haftung der befassten Partner, könnte sprechen, dass der Gläubiger bei der Beauftragung einer PartG auf die persönliche Haftung vertrauen durfte.[6] Gegen ein Fortwirken der persönlichen Haftung der befassten Partner spricht jedoch, die **grundsätzlich umfassende Wirkung des Formwechsels.**

Außerdem ist der Formwechsel **im Register öffentlich**, so dass der Auftraggeber den Auftrag mit dem Formwechsel **beenden kann**, wenn es ihm auf die persönliche Haftung ankommt. Daher **haftet** bei einem Berufsausübungsfehler nach dem Formwechsel richtigerweise **nur die Kapitalgesellschaft.**[7] 6

Die gesetzlichen **Haftungsbegrenzungen** für Ansprüche aus Schäden wegen fehlerhafter Berufsausübung für einzelne Berufsgruppen, bleiben vom Formwechsel unberührt und wirken auch zugunsten der Kapitalgesellschaft, wenn der Berufsausübungsfehler vor dem Formwechsel begangen wurde.[8] Ist die persönliche Berufshaftung nach § 8 Abs. 4 PartGG ausgeschlossen, stellt sich das Problem einer Nachhaftung nicht.[9] 7

5) Lutter-*Hoger*, UmwG, § 225c Rz. 5; Semler/Stengel/Leonard-*Schlitt*, UmwG, § 225c Rz. 4; *Dauner-Lieb/Tettinger* in: KölnKomm-UmwG, § 225c Rz. 2a.

6) *Sommer/Treptow*, NJW 2013, 3269, 3273.

7) So auch *Dauner-Lieb/Tettinger* in: KölnKomm-UmwG, § 225c Rz. 2a.

8) *Dauner-Lieb/Tettinger* in: KölnKomm-UmwG, § 225c Rz. 2a.

9) *Dauner-Lieb/Tettinger* in: KölnKomm-UmwG, § 225c Rz. 2b.

Zweiter Abschnitt
Formwechsel von Kapitalgesellschaften

Erster Unterabschnitt
Allgemeine Vorschriften

§ 226
Möglichkeit des Formwechsels*)

Eine Kapitalgesellschaft kann auf Grund eines Formwechselbeschlusses nach diesem Gesetz nur die Rechtsform einer Gesellschaft des bürgerlichen Rechts, einer Personenhandelsgesellschaft, einer Partnerschaftsgesellschaft, einer anderen Kapitalgesellschaft oder einer eingetragenen Genossenschaft erlangen.

*) § 226 geändert durch Art. 1 des Gesetz zur Umsetzung der Umwandlungsrichtlinie und zur Änderung weiterer Gesetze (UmRUG), v. 22.2.2023, BGBl. I 2023, Nr. 51; § 226 i. d. F. des UmwBerG geändert durch Art. 1 des Gesetzes zur Änderung des Umwandlungsgesetzes, des Partnerschaftsgesellschaftsgesetzes und anderer Gesetze (UmwGÄndG), v. 22.7.1998, BGBl. I 1998, 1878.

Literatur: *Kallmeyer*, Das neue Umwandlungsgesetz, ZIP 1994, 1746; *Kossmann/Heinrich*, Möglichkeiten der Umwandlung einer bestehenden SE, ZIP 2007, 164; *Meister*, Die Auswirkungen des MoMiG auf das Umwandlungsrecht, NZG 2008, 767; *Oplustil/Schneider*, Zur Stellung der europäischen Aktiengesellschaft im Umwandlungsrecht, NZG 2003, 13; *Richard/Weinheimer*, Der Weg zurück: Going Private, BB 1999, 1613; *Schall*, Ohne Mindestkapital von England nach Deutschland wechseln – die UG & Co. GmbH als Zielrechtsträger eines grenzüberschreitenden

Formwechsels, GmbHR 2017, 25; *Tettinger*, UG (umwandlungsbeschränkt) – Die Unternehmergesellschaft nach dem MoMiG-Entwurf und das UmwG, Der Konzern 2008, 75.

Übersicht

I. Allgemeines

1. Systematik, Norminhalt und Normzweck

1 Die **besonderen Vorschriften** zum Formwechsel von Kapitalgesellschaften sind im Zweiten Abschnitt des Zweiten Teils der Vorschriften über den Formwechsel normiert (§§ 226 bis 257). Die Regelungen sind unterteilt in Allgemeine Vorschriften (§§ 226 bis 227), Vorschriften zum Formwechsel von Kapitalgesellschaften in Personengesellschaften (§§ 228 bis 237), Vorschriften zum Formwechsel von Kapitalgesellschaften in Kapitalgesellschaften anderer Rechtsform (§§ 238 bis 250) und Vorschriften zum Formwechsel von Kapitalgesellschaften in eG (§§ 251 bis 257).

2 § 226 bestimmt, welche Zielrechtsformen für den Formwechsel von Kapitalgesellschaften zur Verfügung stehen. Da § 226 lediglich die in § 191 Abs. 2 abschließend normierten Rechtsformen übernimmt und i. Ü. keine eigenständige Regelung trifft, fehlt § 226 ein **originär eigener Regelungsgehalt.**[1] § 226 stellt lediglich klar, dass sämtliche der in § 191 Abs. 2 aufgezählten Rechtsträger als Zielrechtsformen für den Formwechsel von Kapitalgesellschaften zur Verfügung stehen und dass der Formwechsel von Kapitalgesellschaften in andere Rechtsformen unzulässig ist.

3 Ausgeschlossen ist damit der Formwechsel einer Kapitalgesellschaft in z. B. einen rechtsfähigen Verein, einen VVaG oder eine Anstalt des öffentlichen Rechts.[2] Nicht ausgeschlossen sind hingegen **alternative Gestaltungsmöglichkeiten** außerhalb des UmwG, mit denen ein „Rechtsformwechsel" einer Kapitalgesellschaft bewirkt werden kann.[3]

2. Normentwicklung

4 Bis zum Inkrafttreten des UmwG 1994 war der Formwechsel von Kapitalgesellschaften in Personengesellschaften nur i. R. der sog. übertragenden Umwandlung möglich, während der Formwechsel von Kapitalgesellschaften in Kapitalgesellschaften anderer Rechtsform als identitätswahrende Umwandlung geregelt war. Diese Unterscheidung hat der Gesetzgeber aufgehoben. Der Formwechsel gemäß §§ 190 ff. erfolgt nunmehr einheitlich als **identitätswahrende Umwandlung.**[4] Abweichend vom Rechtszustand vor Inkrafttreten des UmwG 1994 hat der Formwechsel von Kapitalgesellschaften in Personengesellschaften auch nicht mehr zur Folge, dass Gesellschafter, die dem mehrheitlich beschlossenen Formwechsel widersprechen, kraft Gesetzes aus der Gesellschaft ausscheiden. Vielmehr gilt auch in einem

1) Vgl. *Sparfeld* in: BeckOGK-UmwG, § 226 Rz. 3; Semler/Stengel/Leonard-*Ihrig*, UmwG, § 226 Rz. 2; Kallmeyer-*Blasche*, UmwG, § 226 Rz. 1; ähnl. *Althoff/Narr* in: NK-UmwG, § 226 Rz. 1.

2) Vgl. Begr. RegE z. UmwBerG, BR-Drucks. 75/94, S. 136.

3) Vgl. Widmann/Mayer-*Vossius*, UmwR, § 226 UmwG Rz. 4; *Dauner-Lieb/Tettinger* in: KölnKomm-UmwG, § 226 Rz. 2; Lutter-*Göthel*, UmwG, § 226 Rz. 3; *Sparfeld* in: BeckOGK-UmwG, § 226 Rz. 65.

4) Vgl. *Dauner-Lieb/Tettinger* in: KölnKomm-UmwG, § 226 Rz. 8; Semler/Stengel/Leonard-*Ihrig*, UmwG, § 226 Rz. 5.

solchen Fall das **Prinzip der Anteilsinhaberkontinuität**. Die Gesellschafter bleiben grundsätzlich auch an dem Rechtsträger neuer Rechtsform beteiligt; sie haben aber das Recht gegen Barabfindung auszuscheiden. Seit Inkrafttreten des UmwG 1994 ist schließlich auch der Formwechsel einer Kapitalgesellschaft in eine Kapitalgesellschaft & Co. KG möglich;[5] dasselbe gilt für den Formwechsel in eine eG.

Seit der Änderung des UmwG im Jahr 1998[6] können Kapitalgesellschaften im Wege des Formwechsels auch in **PartG** umgewandelt werden. Nachträglich wurde die Beschränkung des Formwechsels von Kapitalgesellschaften auf eingetragene GbRs eingefügt. Während der Wortlaut in § 191 Abs. 2 im Zuge der Änderung des Personengesellschaftsrechts durch das MoPeG[7] entsprechend angepasst wurde, ist dies bei § 226 (wohl aufgrund eines Redaktionsversehens)[8] nicht geschehen. Lediglich terminologischer Natur ist schließlich die Änderung des Wortlauts in § 226 durch das UmRUG[9], wonach der Begriff „Umwandlungsbeschluss" durch „Formwechselbeschluss" ersetzt wurde. 5

3. Motive für einen Formwechsel einer Kapitalgesellschaft

Die Gründe für den Formwechsel einer Kapitalgesellschaft in eine andere Rechtsform sind vielfältig. So können **steuerliche Gesichtspunkte** den Formwechsel in eine Personengesellschaft nahelegen.[10] Dies gilt z. B. bei der Vorbereitung einer Unternehmensnachfolge, da bei einem Formwechsel einer Kapitalgesellschaft in eine Personengesellschaft unter bestimmten Voraussetzungen Bewertungsvorteile bei der Erbschafts- und Schenkungssteuer erzielt werden können.[11] Daneben kann mit einem Formwechsel in eine Personengesellschaft die Vermeidung von **Publizitätsvorschriften** bezweckt werden.[12] Personengesellschaft müssen – im Unterschied zu Kapitalgesellschaften (§§ 325 bis 329 HGB) – grundsätzlich weder ihren Jahresabschluss offenlegen, noch einen Lagebericht erstatten. Allerdings gilt dies nicht für größere Personengesellschaften gemäß PublG[13] und Kapitalgesellschaften & Co. KGs gemäß § 264a HGB. Ein weiteres Motiv für den Formwechsel einer Kapitalgesellschaft in eine Personengesellschaft kann die Vermeidung der **unternehmerischen Mitbestimmung** sein.[14] Auch hierbei ist zu beachten, dass die Kapitalgesellschaft & Co. KG unter bestimmten Voraussetzungen den Kapitalgesellschaften gleichgestellt ist und demselben Mitbestimmungsregime unterliegen kann wie diesen (z. B. § 4 MitbestG). Mitunter kann mit einem Formwechsel in eine Personengesellschaft die Vermeidung der 6

5) Vgl. *Dauner-Lieb/Tettinger* in: KölnKomm-UmwG, § 226 Rz. 8; Semler/Stengel/Leonard-*Ihrig*, UmwG, § 226 Rz. 6.

6) Gesetz zur Änderung des Umwandlungsgesetzes, des Partnerschaftsgesellschaftsgesetzes und anderer Gesetze (UmwGÄndG), v. 22.7.1998, BGBl. I 1998, 1978.

7) Gesetz zur Modernisierung des Personengesellschaftsrechts (Personengesellschaftsrechtsmodernisierungsgesetz – MoPeG), v. 10.8.2021, BGBl. I 2021, 3436.

8) So auch Lutter-*Göthel*, UmwG, § 226 Rz. 1.

9) Gesetz zur Umsetzung der Umwandlungsrichtlinie und zur Änderung weiterer Gesetze (UmRUG), v. 22.2.2023, BGBl. I 2023, 51.

10) Vgl. *Dauner-Lieb/Tettinger* in: KölnKomm-UmwG, § 226 Rz. 10; Lutter-*Göthel*, UmwG, § 226 Rz. 5; Semler/Stengel/Leonard-*Ihrig*, UmwG, § 226 Rz. 7; *Althoff/Narr* in: NK-UmwG, § 226 Rz. 3; Kallmeyer-*Blasche*, UmwG, § 226 Rz. 3.

11) Vgl. *Althoff/Narr* in: NK-UmwG, § 190 Rz. 14.

12) Vgl. *Dauner-Lieb/Tettinger* in: KölnKomm-UmwG, § 226 Rz. 10; Lutter-*Göthel*, UmwG, § 226 Rz. 8; Semler/Stengel/Leonard-*Ihrig*, UmwG, § 226 Rz. 7; *Althoff/Narr* in: NK-UmwG, § 226 Rz. 3; Kallmeyer-*Blasche*, UmwG, § 226 Rz. 3.

13) Gesetz über die Rechnungslegung von bestimmten Unternehmen und Konzernen (PublG), v. 15.8.1969, BGBl. I 1969, 1189.

14) Vgl. Lutter-*Göthel*, UmwG, § 226 Rz. 7 Semler/Stengel/Leonard-*Ihrig*, UmwG, § 226 Rz. 7; *Althoff/Narr* in: NK-UmwG, § 226 Rz. 3; Kallmeyer-*Blasche*, UmwG, § 226 Rz. 3.

für Kapitalgesellschaften geltenden Regeln zur **Kapitalaufbringung und -erhaltung** bezweckt werden.[15] Durch den **Formwechsel einer AG** in eine andere Rechtsform kann die aktienrechtliche Formstrenge (§ 23 Abs. 5 AktG) vermieden und den Meldepflichten im AktG bzw. WpHG entgangen werden; daneben entfallen bei einem solchen Formwechsel in der Regel auch die Kosten für den Aufsichtsrat.[16] Für börsennotierte Gesellschaften mag sich schließlich ein Rechtsformwechsel in eine nicht notierungsfähige Rechtsform anbieten, um hierdurch die Denotierung zu erreichen, ohne die börsenrechtlich vorgesehenen Vorschriften für das Delisting (§ 39 Abs. 2 bis Abs. 6 BörsG) einhalten zu müssen (sog. **kaltes Delisting**).[17]

II. Formwechsel nach dem UmwG

1. Formwechselnde Rechtsträger

7 § 226 regelt den Formwechsel von Kapitalgesellschaften. Kapitalgesellschaften sind nach der Legaldefinition in § 3 Abs. 1 Nr. 2 (i. V. m. § 191 Abs. 1 Nr. 2) die **GmbH**, die **AG** und die **KGaA**. Die **UG (haftungsbeschränkt)** ist eine Rechtsformvariante der GmbH und wie diese tauglicher Ausgangsrechtsträger eines Formwechsels i. S. von § 226.[18] Zu beachten ist, dass sich der Übergang der UG (haftungsbeschränkt) in die Rechtsform der GmbH ausschließlich nach Maßgabe des § 5a Abs. 5 GmbHG vollzieht und die §§ 226 ff. in diesem Zusammenhang keine Anwendung finden.[19] Die Europäische Aktiengesellschaft (SE) mit Sitz in Deutschland ist gemäß Art. 9 Abs. 1 lit. c Ziff. ii SE-VO i. V. m. Art. 10 der SE-VO[20] der deutschen AG gleichgestellt und damit ebenfalls tauglicher Ausgangsrechtsträger eines Formwechsels i. S. von § 226.[21] Art. 66 SE-VO, der den Formwechsel einer SE in eine AG ihres Sitzstaates regelt, ist nicht abschließend.[22] Der Formwechsel einer SE ist damit – sofern die Sperrfrist gemäß § 66 Abs. 1 Satz 2 SE-VO eingehalten ist[23] – nicht nur in eine AG, sondern auch in die anderen in § 226 genannten Rechtsformen möglich.[24]

8 **Kapitalgesellschaften im Gründungsstadium**, also solche vor Eintragung im Handelsregister, sind keine tauglichen Ausgangsrechtsträger eines Formwechsels i. S. von § 226.[25]

---

15) Vgl. *Dauner-Lieb/Tettinger* in: KölnKomm-UmwG, § 226 Rz. 10; Semler/Stengel/Leonard-*Ihrig*, UmwG, § 226 Rz. 7; *Althoff/Narr* in: NK-UmwG, § 226 Rz. 3.

16) Vgl. *Dauner-Lieb/Tettinger* in: KölnKomm-UmwG, § 226 Rz. 10; Lutter-*Göthel*, UmwG, § 226 Rz. 6; Semler/Stengel/Leonard-*Ihrig*, UmwG, § 226 Rz. 7; *Althoff/Narr* in: NK-UmwG, § 226 Rz. 3.

17) Vgl. *Dauner-Lieb/Tettinger* in: KölnKomm-UmwG, § 226 Rz. 11; Lutter-*Göthel*, UmwG, § 226 Rz. 9; *Richard/Weinheimer*, BB 1999, 1613, 1616.

18) Vgl. *Dauner-Lieb/Tettinger* in: KölnKomm-UmwG, § 226 Rz. 2; Lutter-*Göthel*, UmwG, § 226 Rz. 1; *Althoff/Narr* in: NK-UmwG, § 226 Rz. 5; Kallmeyer-*Blasche*, UmwG, § 226 Rz. 4; a. A. Widmann/Mayer-*Vossius*, UmwR, § 226 UmwG Rz. 6.

19) Vgl. Lutter-*Göthel*, UmwG, § 226 Rz. 1; *Sparfeld* in: BeckOGK-UmwG, § 226 Rz. 8; *Althoff/Narr* in: NK-UmwG, § 226 Rz. 5; Kallmeyer-*Blasche*, UmwG, § 226 Rz. 4; *Tettinger*, Der Konzern 2008, 75, 76.

20) Verordnung (EG) Nr. 2157/2001 des Rates v. 8.10.2001 über das Statut der Europäischen Gesellschaft (SE) (SE-VO), ABl. (EU) L 294/1 v. 10.11.2001.

21) Vgl. *Dauner-Lieb/Tettinger* in: KölnKomm-UmwG, § 226 Rz. 5; Lutter-*Göthel*, UmwG, § 226 Rz. 3; *Sparfeld* in: BeckOGK-UmwG, § 226 Rz. 9; *Althoff/Narr* in: NK-UmwG, § 226 Rz. 6; Kallmeyer-*Blasche*, UmwG, § 226 Rz. 4.

22) Vgl. *Dauner-Lieb/Tettinger* in: KölnKomm-UmwG, § 226 Rz. 5; *Oplustil/Schneider*, NZG 2003, 13, 15 f.; *Kossmann/Heinrich*, ZIP 2007, 164, 168; a. A. Widmann/Mayer-*Vossius*, UmwR, § 226 UmwG Rz. 6.

23) Vgl. *Dauner-Lieb/Tettinger* in: KölnKomm-UmwG, § 226 Rz. 5; Kallmeyer-*Blasche*, UmwG, § 226 Rz. 4; *Oplustil/Schneider*, NZG 2003, 13, 15 f.; a. A. *Sparfeld* in: BeckOGK-UmwG, § 226 Rz. 18.

24) Vgl. auch OLG Frankfurt/M., Beschl. v. 2.12.2010 • 5 Sch 3/10, NZG 2012, 351 = BeckRS 2011, 16034 – Umwandlung einer SE in eine KGaA.

25) Vgl. Widmann/Mayer-*Vossius*, UmwR, § 226 UmwG Rz. 5; *Dauner-Lieb/Tettinger* in: KölnKomm-UmwG, § 226 Rz. 7; *Sparfeld* in: BeckOGK-UmwG, § 226 Rz. 61; *Althoff/Narr* in: NK-UmwG, § 226 Rz. 7; Kallmeyer-*Blasche*, UmwG, § 226 Rz. 5.

Dies ergibt sich bereits daraus, dass die in § 3 Abs. 1 Nr. 2 (i. V. m. § 191 Abs. 1 Nr. 2) genannten Kapitalgesellschaften deren Entstehung und damit auch deren Eintragung im Handelsregister voraussetzen.[26] Nach Abschluss des Gesellschaftsvertrages bzw. der Satzung – und vor Eintragung im Handelsregister – können die Gesellschafter aber bereits einen Formwechselbeschluss fassen und den Formwechsel zum Handelsregister mit der Maßgabe anmelden, dass der Formwechsel erst nach Eintragung der formwechselnden Kapitalgesellschaft im Handelsregister eingetragen wird.[27]

Aufgelöste Kapitalgesellschaften können gemäß § 191 Abs. 3 taugliche Ausgangsrechtsträger eines Formwechsels i. S. von § 226 sein, wenn ihre Fortsetzung in der bisherigen Rechtsform beschlossen werden könnte (siehe oben § 191 Rz. 26 ff. [*Schaper/Meven*]). Dies ist bei Kapitalgesellschaften nicht mehr der Fall, wenn bereits mit der Verteilung des Gesellschaftsvermögens begonnen wurde.[28] Ist bereits Vermögen verteilt worden, kommt ein Formwechsel der aufgelösten Kapitalgesellschaft selbst dann nicht in Betracht, wenn die erhaltene Leistung zurückgewährt wird. 9

2. Rechtsträger neuer Rechtsform

Rechtsräger neuer Rechtsform können beim Formwechsel einer Kapitalgesellschaft alle in § 191 Abs. 2 genannten Rechtsträger sein. Im Einzelnen sind dies die GbR, Personenhandelsgesellschaften, die PartG, Kapitalgesellschaften anderer Rechtsform sowie die eG. Seit Inkrafttreten des MoPeG setzt der Rechtsformwechsel einer Kapitalgesellschaft in eine **GbR** zwingend die Eintragung der GbR im Gesellschaftsregister voraus. Dass der Wortlaut in § 226 – im Gegensatz zu dem in § 191 Abs. 2 Nr. 1 – nicht angepasst wurde und immer noch von der „Gesellschaft bürgerlichen Rechts" und nicht von der „eingetragenen Gesellschaft bürgerlichen Rechts" spricht, dürfte ein Redaktionsversehen sein.[29] Personenhandelsgesellschaften sind nach der Legaldefinition in § 191 Abs. 1 Nr. 1 (und § 3 Abs. 1 Nr. 1) die **oHG** und die **KG**. Mitumfasst ist davon auch die **Kapitalgesellschaft & Co. KG.**[30] Für den Formwechsel einer Kapitalgesellschaft in eine Personengesellschaft sind die Sondervorschriften in §§ 228 bis 237 zu beachten. Insbesondere muss die Personengesellschaft zum Zeitpunkt des Wirksamwerdens des Formwechsels mindestens zwei Gesellschafter haben.[31] Ebenfalls zulässig ist nach § 226 der Formwechsel in die **PartG**. Dabei ist zu beachten, dass ein solcher Formwechsel gemäß § 228 Abs. 2 nur möglich ist, wenn alle Gesellschafter des Rechtsträgers neuer Rechtsform natürliche Personen und Angehörige eines freien Berufes sind (vgl. § 1 Abs. 1 und 2 PartGG). Die Partnerschaftsgesellschaft mit beschränkter Berufshaftung **(PartG mbB)** ist eine Variante der PartG und als solche ebenfalls mögliche Zielrechtsform eines Formwechsels gemäß § 226.[32] Eine formwechselnde Umwandlung ist auch in die **EWIV** möglich, da diese gemäß § 1 EWIV-Ausführungsgesetz der OHG gleichgestellt ist.[33] Die **AG**, die **GmbH** und die **KGaA** können als Kapitalgesellschaften 10

26) Vgl. Semler/Stengel/Leonard-*Ihrig*, UmwG, § 226 Rz. 9; Kallmeyer-*Blasche*, UmwG, § 226 Rz. 5.

27) Vgl. *Dauner-Lieb/Tettinger* in: KölnKomm-UmwG, § 226 Rz. 7; *Sparfeld* in: BeckOGK-UmwG, § 226 Rz. 61; Kallmeyer-*Blasche*, UmwG, § 226 Rz. 5.

28) Vgl. *Dauner-Lieb/Tettinger* in: KölnKomm-UmwG, § 226 Rz. 6; *Sparfeld* in: BeckOGK-UmwG, § 226 Rz. 62; Semler/Stengel/Leonard-*Ihrig*, UmwG, § 226 Rz. 9.

29) So auch Lutter-*Göthel*, UmwG, § 226 Rz. 1.

30) Vgl. Lutter-*Göthel*, UmwG, § 226 Rz. 1; *Sparfeld* in: BeckOGK-UmwG, § 226 Rz. 51; Kallmeyer-*Blasche*, UmwG, § 226 Rz. 6.

31) Vgl. Widmann/Mayer-*Vossius*, UmwR, § 226 UmwG Rz. 9; Kallmeyer-*Blasche*, UmwG, § 226 Rz. 6; *Weiler* in: MünchHdb. GesR, Bd. 8, § 38 Rz. 13.

32) Vgl. *Sparfeld* in: BeckOGK-UmwG, § 226 Rz. 52.

33) Vgl. Lutter-*Göthel*, UmwG, § 226 Rz. 1; *Althoff/Narr* in: NK-UmwG, § 226 Rz. 11; a. A. Widmann/Mayer-*Vossius*, UmwR, § 226 UmwG Rz. 11; *Sparfeld* in: BeckOGK-UmwG, § 226 Rz. 49.

nicht nur Ausgangsrechtsträger, sondern auch Zielrechtsträger eines Formwechsels gemäß § 226 sein. Gemäß § 226 ist schließlich auch die formwechselnde Umwandlung einer Kapitalgesellschaft in die Rechtsform der **eG** möglich.

11 Die **UG** (**haftungsbeschränkt**) kann nicht Zielrechtsträger eines Formwechsels sein, da sie gemäß § 5a Abs. 2 GmbHG nur durch Bargründung gegründet werden kann und der Formwechsel einer Sachgründung gleichkommt.[34)] Die **SE** kann ebenfalls nicht Zielrechtsträger eines Formwechsels gemäß § 226 sein, da die Gründung einer SE durch Formwechsel abschließend in Art. 2 Abs. 4 SE-VO geregelt sind.[35)] Ähnliches gilt für die Societas Cooperativa Europaea (**SCE**), bei der die Gründung durch Formwechsel abschließend in Art. 2 Abs. 1 SCE-VO geregelt ist.[36)] Kein Rechtsträger neuer Rechtsform eines Formwechsels einer Kapitalgesellschaft können sein: die Partenreederei, die stille Gesellschaft, der (rechtsfähige und nicht rechtsfähige) Verein, der genossenschaftliche Prüfungsverband, natürliche Personen (z. B. Einzelkaufmann), die VVaG sowie die Körperschaft und Anstalt des öffentlichen Rechts.[37)]

3. Rechtsfolge bei Verstoß

12 Bei Wahl einer gemäß § 226 nicht zulässigen Zielrechtsform ist der Formwechselbeschluss nichtig.[38)] Der Formwechsel in eine unzulässige Rechtsform kann auch nicht durch Eintragung des Formwechsels im Handelsregister gemäß § 202 Abs. 3 herbeigeführt werden; vielmehr ist die Eintragung von Amts wegen zu löschen.[39)]

III. Formwechsel außerhalb des UmwG

13 Dass die Rechtsform von Kapitalgesellschaften auch außerhalb des UmwG geändert werden kann und die §§ 226 ff. insoweit nicht abschließend sind, ergibt sich neben § 1 Abs. 2 aus § 190 Abs. 2 UmwG, der ausdrücklich auf Rechtsformänderungen außerhalb des UmwG Bezug nimmt.[40)] Möglich ist etwa die **Einbringung** sämtlicher Aktiva und Passiva einer Kapitalgesellschaft in einen anderen Rechtsträger anderer Rechtsform im Wege der Singularrechtsnachfolge.[41)] Dies führt zwar nicht automatisch zur Beendigung der Kapitalgesellschaft; allerdings gilt die Kapitalgesellschaft wegen Vermögenslosigkeit als aufgelöst, so dass das Erlöschen der Firma aufgrund voll beendeter Liquidation zum Handelsregister angemeldet werden kann (vgl. § 394 FamFG i. V. m. 60 Abs. 1 Nr. 7 GmbHG bzw. § 262 Abs. 1 Nr. 6 AktG). Möglich ist auch die **Totalausgliederung** sämtlicher Aktiva und Passiva einer Kapitalgesellschaft auf einen Rechtsträger anderer Rechtsform gemäß §§ 123 ff., so dass die Kapitalgesellschaft nach der Totalausgliederung aufgelöst und ihre Beteiligung an dem neuen Rechtsträger an die Gesellschafter der Kapitalgesellschaft übertragen werden kann. Zu nennen ist in diesem Zusammenhang auch die Möglichkeit eines Formwechsels einer **AG** in eine **SE**, der abschließend in der SE-VO geregelt ist.

14 Kein Formwechsel außerhalb des UmwG ist der Übergang der **UG** (haftungsbeschränkt) in eine GmbH gemäß § 5a Abs. 5 GmbHG, da die UG (haftungsbeschränkt) und die GmbH

34) Vgl. Widmann/Mayer-*Vossius*, UmwR, § 226 UmwG Rz. 11; *Sparfeld* in: BeckOGK-UmwG, § 226 Rz. 55; *Rose* in: HK-UmwG, § 226 Rz. 8; *Schall*, GmbHR 2017, 25, 26.

35) Vgl. Widmann/Mayer-*Vossius*, UmwR, § 226 UmwG Rz. 11; *Sparfeld* in: BeckOGK-UmwG, § 226 Rz. 59.

36) Vgl. Widmann/Mayer-*Vossius*, UmwR, § 226 UmwG Rz. 11; *Sparfeld* in: BeckOGK-UmwG, § 226 Rz. 60.

37) Vgl. Widmann/Mayer-*Vossius*, UmwR, § 226 UmwG Rz. 11.

38) Vgl. Kallmeyer-*Blasche*, UmwG, § 226 Rz. 7.

39) Vgl. Kallmeyer-*Berger*, UmwG, § 202 Rz. 56.

40) Vgl. Lutter-*Göthel*, UmwG, § 226 Rz. 3.

41) Vgl. Widmann/Mayer-*Vossius*, UmwR, § 226 UmwG Rz. 14; *Sparfeld* in: BeckOGK-UmwG, § 226 Rz. 66; *Rose* in: HK-UmwG, § 226 Rz. 6.

dieselbe Rechtsform in zwei unterschiedlichen Varianten darstellen und der Übergang der UG (haftungsbeschränkt) in die GmbH sich durch Satzungsänderung vollzieht.[42] Mit dem Ausscheiden sämtlicher persönlich haftender Gesellschafter aus einer KGaA kann ebenfalls kein Formwechsel in eine AG erreicht werden, da dies vielmehr lediglich zur Auflösung der KGaA führt.[43]

---

42) Vgl. *Sparfeld* in: BeckOGK-UmwG, § 226 Rz. 68; *Meister*, NZG 2008, 767.

43) Vgl. Widmann/Mayer-*Vossius*, UmwR, § 226 UmwG Rz. 18; *Sparfeld* in: BeckOGK-UmwG, § 226 Rz. 67; Schmitt/Hörtnagl-*Rinke*, UmwG/UmwStG, § 226 UmwG Rz. 5; a. A. *Kallmeyer*, ZIP 1994, 1746, 1751; unklar *Dauner-Lieb/Tettinger* in: KölnKomm-UmwG, § 226 Rz. 12.

§ 227
Nicht anzuwendende Vorschriften

Die §§ 207 bis 212 sind beim Formwechsel einer Kommanditgesellschaft auf Aktien nicht auf deren persönlich haftende Gesellschafter anzuwenden.

Literatur: Siehe die Literaturangaben zu § 226.

Übersicht

I. Überblick
1. Norminhalt

1 § 227 enthält eine **Sondervorschrift** für das Ausscheiden des persönlich haftenden Gesellschafters einer KGaA i. R. eines Formwechsels gemäß § 226. Die Vorschrift bestimmt, dass die besonderen Abfindungsregelungen in §§ 207 bis 212 für Gesellschafter, die gegen Barabfindung aus dem formwechselnden Rechtsträger ausscheiden, auf das Ausscheiden des persönlich haftenden Gesellschafters einer KGaA keine Anwendung finden. Dessen Abfindung richtet sich ausschließlich nach den allgemeinen gesellschaftsrechtlichen Grundsätzen.

2. Normzweck

2 Im Unterschied zum Formwechsel einer KGaA in eine Kapitalgesellschaft oder eine eG, bei denen der **persönlich haftende Gesellschafter** der KGaA gemäß § 247 Abs. 3 bzw. § 255 Abs. 3 zwingend aus der Gesellschaft ausscheidet, bleibt dieser beim Formwechsel einer KGaA in eine Personengesellschaft grundsätzlich mitgliedschaftlich beteiligt, wenn er nicht gemäß § 233 Abs. 3 Satz 3 sein Ausscheiden erklärt. Während damit dem persönlich haftenden Gesellschafter der KGaA im Falle des Formwechsels in eine Kapitalgesellschaft oder eine eG bereits begrifflich kein Abfindungsanspruch gemäß §§ 207 ff. zustehen kann, da er über keine umgewandelten Anteile bzw. Mitgliedschaften i. S. von § 207 Abs. 1 verfügt, ist dies bei einem Formwechsel der KGaA in eine Personengesellschaft grundsätzlich möglich. Um hier einen **Gleichlauf zu schaffen** und dem persönlich haftenden Gesellschafter beim Formwechsel in eine Personengesellschaft **keine zusätzliche Alternative** zu eröffnen, das Wirksamwerden des Formwechsels abzuwarten, um anschließend ein (ggf. höheres)

Barabfindungsangebot anzunehmen, hat der Gesetzgeber auch beim Formwechsel der KGaA in eine Personengesellschaft die Geltung der Abfindungsregelungen in §§ 207 bis 212 ausgeschlossen.[1)]

3. Normgeschichte

3 § 227 knüpft an die **Rechtslage vor Inkrafttreten des UmwG 1994** an.[2)] Zwar kannte das alte Recht keine dem § 227 entsprechende Regelung. Allerdings sah dieses weder bei einem Formwechsel in eine Kapitalgesellschaft (§§ 368 Satz 2, 387 Abs. 2 Satz 1 AktG a. F.) noch bei einem solchen in eine Personengesellschaft ein Abfindungsangebot an den ausscheidenden persönlich haftenden Gesellschafter der formwechselnden KGaA vor.[3)]

II. Abfindungsanspruch des ausscheidenden persönlich haftenden Gesellschafters

4 § 227 setzt den Formwechsel einer **KGaA** voraus. Unerheblich ist, in welche Zielrechtsform die KGaA umgewandelt wird.[4)] Die Bestimmung regelt die Abfindung des aus der formwechselnden KGaA ausscheidenden **persönlich haftenden Gesellschafters** – unabhängig von dessen Rechtsnatur (z. B. auch juristische Person).[5)] Keine Anwendung findet § 227 auf **Kommanditaktionäre.**[6)] Ist der persönlich haftenden Gesellschafter gleichzeitig auch Kommanditaktionär der formwechselnden KGaA, gelten für ihn im Hinblick auf seine Stellung als Kommanditaktionär weiterhin die Regelungen der §§ 207 bis 212, sofern diese nicht gemäß § 250 bei einem Formwechsel in eine AG ausgeschlossen sind.

5 Relevant wird § 227 nur in Fällen, in denen die Satzung der KGaA eine **mehrheitliche Beschlussfassung** der persönlich haftenden Gesellschafter der KGaA über den Formwechsel vorsieht. Denn wenn der Formwechselbeschluss – gemäß dem gesetzlichen Regelfall (§§ 233 Abs. 3 Satz 1, 240 Abs. 3 Satz 1, 252 Abs. 3) – die Zustimmung sämtlicher persönlich haftenden Gesellschafter der KGaA voraussetzt, wäre die Geltung der §§ 207 bis 212 bereits begrifflich ausgeschlossen, da es insofern an einem widersprechenden Gesellschafter i. S. von § 207 Abs. 1 Satz 1 fehlt.[7)]

6 § 227 knüpft an das **Ausscheiden des persönlich haftenden Gesellschafters** der KGaA infolge eines Formwechsels an. Dies ist bei einem Formwechsel einer KGaA in eine andere **Kapitalgesellschaft** (§ 247 Abs. 3) oder eine **eG** (§ 255 Abs. 3) stets der Fall. Bei einem Formwechsel in eine **Personengesellschaft** scheidet der persönlich haftenden Gesellschafter der KGaA nur aus, wenn er sein Ausscheiden gemäß § 233 Abs. 3 Satz 3 erklärt. Tut er dies nicht, setzt sich seine Beteiligung an dem Rechtsträger neuer Rechtsform fort.[8)] Ebenfalls keine Anwendung findet § 227, wenn der persönlich haftende Gesellschafter im Zuge des Formwechsels in eine KG die Rechtstellung eines Kommanditisten übernimmt.[9)] Eine

---

1) Vgl. Widmann/Mayer-*Vossius*, UmwR, § 227 UmwG Rz. 4; *Dauner-Lieb/Tettinger* in: KölnKomm-UmwG, § 227 Rz. 4; Henssler/Strohn-*Drinhausen-Keinath*, GesR, § 227 UmwG Rz. 1.

2) Vgl. Begr. RegE UmwG bei *Ganske*, Umwandlungsrecht, S. 47.

3) Vgl. *Dauner-Lieb/Tettinger* in: KölnKomm-UmwG, § 227 Rz. 7.

4) Vgl. Widmann/Mayer-*Vossius*, UmwR, § 227 UmwG Rz. 5.

5) Vgl. Semler/Stengel/Leonard-*Ihrig*, UmwG, § 227 Rz. 2.

6) Vgl. *Dauner-Lieb/Tettinger* in: KölnKomm-UmwG, § 227 Rz. 6; Lutter-*Göthel*, UmwG, § 227 Rz. 1; *Sparfeld* in: BeckOGK-UmwG, § 227 Rz. 12; Semler/Stengel/Leonard-*Ihrig*, UmwG, § 227 Rz. 2; Kallmeyer-*Blasche*, UmwG, § 227 Rz. 3.

7) Vgl. *Dauner-Lieb/Tettinger* in: KölnKomm-UmwG, § 227 Rz. 3.

8) Vgl. Widmann/Mayer-*Vossius*, UmwR, § 227 UmwG Rz. 8; *Dauner-Lieb/Tettinger* in: KölnKomm-UmwG, § 227 Rz. 4; *Sparfeld* in: BeckOGK-UmwG, § 227 Rz. 8; Semler/Stengel/Leonard-*Ihrig*, UmwG, § 227 Rz. 5.

9) Vgl. Lutter-*Göthel*, UmwG, § 227 Rz. 3; *Sparfeld* in: BeckOGK-UmwG, § 227 Rz. 20; Semler/Stengel/Leonard-*Ihrig*, UmwG, § 227 Rz. 5; Kallmeyer-*Blasche*, UmwG, § 227 Rz. 2.

Auseinandersetzung findet in diesem Fall nicht statt, da der persönlich haftenden Gesellschafter in der Gesellschaft verbleibt und lediglich seine Gesellschafterstellung ändert.[10)]

7 Der Abfindungsanspruch des ausscheidenden persönlich haftenden Gesellschafters bestimmt sich nach den **allgemeinen gesellschaftsrechtlichen Grundsätzen**. Sieht die Satzung der KGaA – wie in der Praxis üblich[11)] – eine Abfindungsregelung für den Fall des Ausscheidens des persönlich haftenden Gesellschafters aus der KGaA vor, ist diese auch beim Ausscheiden des persönlich haftenden Gesellschafters infolge eines Formwechsels uneingeschränkt anwendbar.[12)] Fehlt es an einer Satzungsregelung, ergibt sich der Abfindungsanspruch des persönlich haftenden Gesellschafters aus § 278 Abs. 2 AktG i. V. m. §§ 161 Abs. 2, 135 HGB.[13)] Für die Ermittlung der Abfindungshöhe ist grundsätzlich ein Auseinandersetzungsbilanz zu erstellen. Eine Vermögensaufstellung für den Fall eines Formwechsels in eine Personengesellschaft ist seit Aufhebung des § 229 nicht mehr erforderlich. Der Abfindungsanspruch entsteht kraft Gesetzes mit Wirksamwerden des Formwechsels; er ist vorbehaltlich einer anderweitigen Satzungsregelung auch zu diesem Zeitpunkt fällig.[14)]

III. Nachhaftung des ausscheidenden persönlich haftenden Gesellschafters

8 Die Nachhaftung des aufgrund Formwechsels ausscheidenden persönlich haftenden Gesellschafters ist in § 227 nicht geregelt. Sie richtet sich nach den **allgemeinen Grundsätzen**. Danach haftet der persönlich haftende Gesellschafter gemäß § 278 Abs. 2 AktG i. V. m. §§ 161 Abs. 2, 137 HGB für sämtliche bis zur Eintragung des Formwechsels im Handelsregister begründeten Verbindlichkeiten des formwechselnden Rechtsträgers.[15)] Scheidet der persönlich haftende Gesellschafter nicht aus, sondern übernimmt er im Zuge des Formwechsels die Stellung eines Kommanditisten, gelten für die Nachhaftung gemäß § 237 die zeitlichen Beschränkungen des § 224. § 224 findet auch Anwendung bei einem Formwechsel einer KGaA in eine Kapitalgesellschaft gemäß § 249 sowie bei einem Formwechsel in eine eG gemäß § 257.

10) Vgl. Widmann/Mayer-*Vossius*, UmwR, § 227 UmwG Rz. 25; Lutter-*Göthel*, UmwG, § 227 Rz. 3; *Sparfeld* in: BeckOGK-UmwG, § 227 Rz. 20; Kallmeyer-*Blasche*, UmwG, § 227 Rz. 2.

11) Vgl. Semler/Stengel/Leonard-*Ihrig*, UmwG, § 227 Rz. 8.

12) Vgl. Widmann/Mayer-*Vossius*, UmwR, § 227 UmwG Rz. 15; Lutter-*Göthel*, UmwG, § 227 Rz. 3; *Sparfeld* in: BeckOGK-UmwG, § 227 Rz. 15; Schmitt/Hörtnagl-*Rinke*, UmwG/UmwStG, § 227 UmwG Rz. 1.

13) Vgl. Widmann/Mayer-*Vossius*, UmwR, § 227 UmwG Rz. 15; Lutter-*Göthel*, UmwG, § 227 Rz. 3; Semler/Stengel/Leonard-*Ihrig*, UmwG, § 227 Rz. 7; Kallmeyer-*Blasche*, UmwG, § 227 Rz. 2.

14) Vgl. Lutter-*Göthel*, UmwG, § 227 Rz. 4; Semler/Stengel/Leonard-*Ihrig*, UmwG, § 227 Rz. 10; Kallmeyer-*Blasche*, UmwG, § 227 Rz. 2.

15) Vgl. *Dauner-Lieb/Tettinger* in: KölnKomm-UmwG, § 227 Rz. 5; Lutter-*Göthel*, UmwG, § 227 Rz. 5; Semler/Stengel/Leonard-*Ihrig*, UmwG, § 227 Rz. 11; *Rose* in: HK-UmwG, § 227 Rz. 5.

Zweiter Unterabschnitt
Formwechsel in eine Personengesellschaft

§ 228

Möglichkeit des Formwechsels[*)]

(1) Durch den Formwechsel kann eine Kapitalgesellschaft die Rechtsform einer Personenhandelsgesellschaft nur erlangen, wenn der Unternehmensgegenstand im Zeitpunkt des Wirksamwerdens des Formwechsels den Vorschriften über die Gründung einer offenen Handelsgesellschaft (§ 105 Absatz 1 und § 107 Absatz 1 des Handelsgesetzbuchs) genügt.

(2) [1]Ein Formwechsel in eine Partnerschaftsgesellschaft ist nur möglich, wenn im Zeitpunkt seines Wirksamwerdens alle Anteilsinhaber des formwechselnden Rechtsträgers natürliche Personen sind, die einen Freien Beruf ausüben (§ 1 Abs. 1 und 2 des Partnerschaftsgesellschaftsgesetzes). [2]§ 1 Abs. 3 des Partnerschaftsgesellschaftsgesetzes bleibt unberührt.

(3) Ein Formwechsel in eine Gesellschaft bürgerlichen Rechts ist nur möglich, wenn die Gesellschaft kein Handelsgewerbe gemäß § 1 Absatz 2 des Handelsgesetzbuchs betreibt.

*) § 228 geändert durch Art. 60 des Gesetzes zur Modernisierung des Personengesellschaftsrechts (Personengesellschaftsrechtsmodernisierungsgesetz – MoPeG), v. 10.8.2021, BGBl. I 2021, 3436; § 228 geändert durch Art. 1 des Zweiten Gesetzes zur Änderung des Umwandlungsgesetzes (2. UmwGÄndG), v. 19.4.2007, BGBl. I 2007, 542; § 228 geändert durch Art. 1 des Gesetzes zur Änderung des Umwandlungsgesetzes, des Partnerschaftsgesellschaftsgesetzes und anderer Gesetze, v. 22.7.1998 (UmwGÄndG), BGBl. I 1998, 1878; § 228 i. d. F. des UmwBerG geändert durch Art. 7 des Gesetzes zur Neuregelung des Kaufmanns- und Firmenrechts und zur Änderung anderer handels- und gesellschaftsrechtlicher Vorschriften (Handelsrechtsreformgesetz – HRefG), v. 22.6.1998, BGBl. I 1998, 1474.

Literatur: *Bärwaldt/Schabacker*, Der Formwechsel als modifizierte Neugründung, ZIP 1998, 1293; *Heckschen*, Die Entwicklung des Umwandlungsrechts aus Sicht der Rechtsprechung und Praxis, DB 1998, 1385; *Kallmeyer*, Das neue Umwandlungsrecht, ZIP 1994, 1746; *Mülbert*, Die rechtsfähige Personengesellschaft: Rechtsfähigkeit, akzessorische Mitgliederhaftung und das Umwandlungsrecht, AcP 199 (1999), 38; *Schmidt, K.*, Formwechsel zwischen GmbH und GmbH & Co. KG – Zur Gesellschafteridentität bei der Beteiligung einer Personengesellschaft am Formwechsel, GmbHR 1995, 693; *Schmidt, K.*, Gesetzliche Gestaltung und dogmatisches Konzept eines neuen Umwandlungsgesetzes – Überlegungen zur legislatorischen Praxis und Theorie, ZGR 1990, 580; *Tettinger*, Der hilfsweise Umwandlungsbeschluss als Gestaltungsoption – Konserviert die beabsichtigte Streichung des § 228 Abs. 2 Umwandlungsgesetz ein Missverständnis?, Der Konzern 2006, 844; *Weiler*, Grenzen der Dispositionsfreiheit bei der umwandlungsrechtlichen Anteilsgewähr, Zugleich Replik auf Heckschen, GmbHR 2021, 8, GmbHR 2021, 473.

Übersicht

I. Überblick

1. Norminhalt

1 § 228 enthält Vorgaben für den Formwechsel einer Kapitalgesellschaft in eine Personenhandelsgesellschaft, eine PartG und eine GbR. Während § 228 Abs. 1 bestimmt, dass für den Formwechsel in eine Personenhandelsgesellschaft der Unternehmensgegenstand im Zeitpunkt des Wirksamwerdens des Formwechsels den Vorschriften über die Gründung einer Personenhandelsgesellschaft genügen muss, stellt § 228 Abs. 3 klar, dass ein Form-

wechsel in eine GbR ausgeschlossen ist, wenn die Gesellschaft ein Handelsgewerbe gemäß § 1 Abs. 2 HGB betreibt. § 228 Abs. 2 macht den Formwechsel in eine PartG davon abhängig, dass alle Anteilsinhaber des formwechselnden Rechtsträgers natürliche Personen sind, die einen freien Beruf ausüben. Da § 228 damit im Ergebnis lediglich Vorschriften des Gründungsrechts der jeweiligen Zielrechtsform wiedergibt, die bereits in § 197 Satz 1 für anwendbar erklärt werden, kommt der Norm **kein eigener Regelungsgehalt** zu.[1] § 228 listet die Voraussetzungen für den Formwechsel in die jeweilige Zielrechtsform nicht abschließend auf; die Vorschrift befasst sich auch nicht mit dem Formwechsel in andere Personengesellschaften (z. B. EWIV).

2. Normentwicklung

2 Unter Geltung des **UmwG 1969** kam die Umwandlung einer Kapitalgesellschaft in eine Personenhandelsgesellschaft – mit Ausnahme der land- und forstwirtschaftlichen Betriebe i. S. von § 3 HGB a. F. – grundsätzlich nur in Betracht, wenn die umzuwandelnde Gesellschaft ein vollkaufmännisches Gewerbe i. S. der §§ 1 bis 3 HGB a. F. betrieb. War dies nicht der Fall, stand gemäß § 21 UmwG a. F. die Umwandlung in eine GbR offen. Dies änderte sich mit der **Reform des Begriffs des Handelsgewerbes** im Zuge des HRefG.[2] Fortan konnten Unternehmen unabhängig von Art und Umfang ihres Handelsgewerbes, d. h. auch sog. kleingewerbliche Unternehmen, in eine Personenhandelsgesellschaft umgewandelt werden. Da damit aus Sicht des Gesetzgebers die Einordnungsschwierigkeiten zwischen GbR und Personenhandelsgesellschaft beseitigt waren, kam es im Zuge des 2. UmwGÄndG[3] zur **Streichung des § 228 Abs. 2** in seiner ursprünglichen Fassung. Bis dahin war in § 228 Abs. 2 a. F. die hilfsweise Umwandlung in eine GbR für den Fall vorgesehen, dass eine Umwandlung in eine Personenhandelsgesellschaft mangels tauglichem Unternehmensgegenstand unzulässig war. § 228 Abs. 2 enthält seitdem Vorgaben für den Formwechsel in eine PartG, die mit der Integration des PartG in das Umwandlungsrecht[4] ursprünglich in Absatz 3 geregelt waren. Durch das **MoPeG**[5] wurde § 228 schließlich um einen neuen Absatz 3 ergänzt, der klarstellt, dass ein Formwechsel einer Kapitalgesellschaft in eine GbR nur zulässig ist, wenn die Gesellschaft kein Handelsgewerbe i. S. von § 1 Abs. 2 HGB betreibt. Da bei handelsgewerblicher Tätigkeit die Umwandlung in eine GbR auch zuvor ausgeschlossen war, folgt aus der Ergänzung keine Änderung der bisherigen Rechtslage.

II. Formwechsel in eine Personenhandelsgesellschaft (§ 228 Abs. 1)

1. Unternehmensgegenstand

3 Der Formwechsel einer Kapitalgesellschaft in eine Personenhandelsgesellschaft setzt gemäß § 228 Abs. 1 voraus, dass der Unternehmensgegenstand im Zeitpunkt des Wirksamwerdens des Formwechsels den Anforderungen der §§ 105 Abs. 1, § 107 Abs. 1 HGB genügt. Dies ist stets der Fall, wenn die Gesellschaft einen **Gewerbebetrieb** betreibt. Dabei kommt es – seit

1) Vgl. *Dauner-Lieb/Tettinger* in: KölnKomm-UmwG, § 227 Rz. 1; ähnl. Semler/Stengel/Leonard-*Ihrig*, UmwG, § 227 Rz. 1.

2) Gesetz zur Neuregelung des Kaufmanns- und Firmenrechts und zur Änderung anderer handels- und gesellschaftsrechtlicher Vorschriften (Handelsrechtsreformgesetz – HRefG), v. 22.6.1998, BGBl. I 1998, 1474.

3) Zweites Gesetz zur Änderung des Umwandlungsgesetzes (2. UmwGÄndG), v. 19.4.2007, BGBl. I 2007, 542.

4) Gesetz zur Änderung des Umwandlungsgesetzes, des Partnerschaftsgesellschaftsgesetzes und anderer Gesetze (UmwGÄndG), v. 22.7.1998, BGBl. I 1998, 1878.

5) Gesetz zur Modernisierung des Personengesellschaftsrechts (Personengesellschaftsrechtsmodernisierungsgesetz – MoPeG), v. 10.8.2021, BGBl. I 2021, 3436.

der Reform des Begriffs des Handelsgewerbes im Zuge des HRefG[6] – auf Art und Umfang des Gewerbetriebes nicht an. Betreibt die formwechselnde Kapitalgesellschaft ein Handelsgewerbe i. S. von § 1 Abs. 2 HGB, sind bereits die Voraussetzungen des § 105 Abs. 1 erfüllt. Ist dies nicht der Fall, kann die Gesellschaft das Unternehmen gemäß § 107 Abs. 1 Satz1 HGB als Personenhandelsgesellschaft betreiben, wenn die Firma des Unternehmens in das Handelsregister eingetragen ist. Hierfür reicht wiederum die Eintragung des Formwechsels.[7] Entsprechendes gilt für Gesellschaften, die **eigenes Vermögen verwalten**. Auch diese können gemäß § 107 Abs. 1 Satz 1 mit der Eintragung in das Handelsregister als Personenhandelsgesellschaften betrieben werden. In der **Praxis** wird der Formwechsel in eine Personenhandelsgesellschaft daher – wenn überhaupt – nur äußerst selten aufgrund der Anforderungen an den Unternehmensgegenstand gemäß § 228 Abs. 1 scheitern.[8]

4 Auch Kapitalgesellschaften, deren Zweck die gemeinsame Ausübung **freier Berufe** durch ihre Gesellschafter ist, steht der Formwechsel in eine Personenhandelsgesellschaft grundsätzlich offen. Voraussetzung hierfür ist, dass das anwendbare Berufsrecht die Eintragung als Personenhandelsgesellschaft zulässt (§ 107 Abs. 1 Satz 2 HGB). Dies ist etwa bei Steuerberatern und Steuerbevollmächtigen (§ 49 Abs. 2 Nr. 1 StBerG), Wirtschaftsprüfer (§ 27 WPO) und Rechtsanwälten (§ 59b Abs. 2 Satz 1 Nr. 1 BRAO) der Fall.

2. Gesellschafter

5 Der Formwechsel einer Kapitalgesellschaft in eine Personenhandelsgesellschaft wird neben dem Unternehmensgegenstand zudem durch den Kreis der Rechtssubjekte, die Gesellschafter einer Personenhandelsgesellschaft sein können, beschränkt. Gesellschafter einer Personenhandelsgesellschaft können **natürliche Personen** (unabhängig von ihrer Geschäftsfähigkeit), **juristische Personen, Vorgesellschaften**, andere **Personenhandelsgesellschaften** (oHG, KG) und **Genossenschaften** (sofern mit deren Zwecksetzung vereinbar) sein.[9] Die **GbR** kann ebenfalls Gesellschafterin einer Personenhandelsgesellschaft sein, wenn sie gemäß § 707a Abs. 1 Satz 2 im Gesellschafterregister eingetragen ist (sog. Voreintragungsobliegenheit)[10]. Schließlich gehört der **Verein ohne Rechtspersönlichkeit** i. S. von § 54 BGB ebenfalls zum Kreis der zulässigen Gesellschafter,[11] auch wenn die Aufnahme eines solchen in eine Personenhandelsgesellschaft regelmäßig unzweckmäßig sein dürfte, da sämtliche Vereinsmitglieder in das Handelsregister eingetragen werden müssten.[12] **Ausländische Gesellschaften** können ebenfalls Gesellschafter einer (inländischen) Personenhandelsgesellschaft sein. Dies setzt voraus, dass sie aufgrund ihrer rechtlichen Struktur einer Gesellschaft deutschen Rechts entsprechen, die als Gesellschafterin an

6) Vgl. Gesetz zur Neuregelung des Kaufmanns- und Firmenrechts und zur Änderung anderer handels- und gesellschaftsrechtlicher Vorschriften (Handelsrechtsreformgesetz – HRefG), v. 22.6.1998, BGBl. I 1998, 1474.

7) Vgl. *Dauner-Lieb/Tettinger* in: KölnKomm-UmwG, § 228 Rz. 11; Lutter-*Göthel*, UmwG, § 228 Rz. 5; *Sparfeld* in: BeckOGK-UmwG, § 228 Rz. 15; Semler/Stengel/Leonard-*Ihrig*, UmwG, § 228 Rz. 10.

8) Vgl. *Dauner-Lieb/Tettinger* in: KölnKomm-UmwG, § 228 Rz. 13; Semler/Stengel/Leonard-*Ihrig*, UmwG, § 228 Rz. 7; Kallmeyer-*Blasche*, UmwG, § 228 Rz. 3.

9) Vgl. Lutter-*Göthel*, UmwG, § 228 Rz. 13; *Sparfeld* in: BeckOGK-UmwG, § 228 Rz. 23; Semler/Stengel/Leonard-*Ihrig*, UmwG, § 228 Rz. 17; *Rose* in: HK-UmwG, § 226 Rz. 7.

10) Vgl. *Dauner-Lieb/Tettinger* in: KölnKomm-UmwG, § 228 Rz. 21; Lutter-*Göthel*, UmwG, § 228 Rz. 14; *Althoff/Narr* in: NK-UmwG, § 228 Rz. 4; Kallmeyer-*Blasche*, UmwG, § 228 Rz. 4.

11) Vgl. Lutter-*Göthel*, UmwG, § 228 Rz. 16; *Sparfeld* in: BeckOGK-UmwG, § 228 Rz. 25; Semler/Stengel/Leonard-*Ihrig*, UmwG, § 228 Rz. 17; a. A. Widmann/Mayer-*Vossius*, UmwR, § 228 UmwG Rz. 87; *Althoff/Narr* in: NK-UmwG, § 228 Rz. 6; Kallmeyer-*Blasche*, UmwG, § 228 Rz. 5; *Rose* in: HK-UmwG, § 226 Rz. 8.

12) Vgl. Lutter-*Göthel*, UmwG, § 228 Rz. 16; *Sparfeld* in: BeckOGK-UmwG, § 228 Rz. 25.

einer Personenhandelsgesellschaft beteiligt sein kann.[13] Dabei ist bei juristischen Personen ausländischen Rechts zusätzlich erforderlich, dass ihre nach Maßgabe der jeweiligen ausländischen Rechtsordnung erworbene Rechtsfähigkeit auch im Inland anerkannt ist.[14]

Die **eheliche Gütergemeinschaft**, die **Erbengemeinschaft**, die **Bruchteilsgemeinschaft** und auch die **stille Gesellschaft** scheiden dagegen als taugliche Gesellschafter einer Personenhandelsgesellschaft aus.[15] Soll eine Kapitalgesellschaft, an der Gesellschafter beteiligt sind, die nicht Gesellschafter einer Personenhandelsgesellschaft sein können, in eine Personenhandelsgesellschaft durch Formwechsel umgewandelt werden, ist die **vorherige Auseinandersetzung** über die Anteile an der Kapitalgesellschaft erforderlich.[16] Diese kann auch nach Fassung des Formwechselbeschlusses vereinbart werden.[17] Allerdings kann die Eintragung des Formwechsels in das Handelsregister erst erfolgen, wenn dem Registergericht der Nachweis über die Auseinandersetzung vorliegt.[18] 6

3. Haftung

Mit Wirksamwerden des Formwechsels gilt für die Haftung der Gesellschafter das Haftungsregime der neuen Rechtsform.[19] Handelt es sich bei dem Zielrechtsträger um eine **oHG**, haften sämtliche Gesellschafter sowohl für Verbindlichkeiten, die ab dem Zeitpunkt des Wirksamwerdens des Formwechsels begründet werden, als auch für Altverbindlichkeiten der umgewandelten Kapitalgesellschaft uneingeschränkt persönlich; dabei kann mangels praktischer Relevanz offen bleiben, ob sich die Haftung aus § 126 HGB[20] oder (analog)[21] § 127 HGB[22] ergibt. Dasselbe gilt nach § 161 Abs. 2 HGB bei einem Formwechsel in eine **KG** für die Haftung des persönlich haftenden Gesellschafters.[23] Die Haftung des Kommanditisten ist gemäß §§ 171, 172, 173 HGB beschränkt und kommt nur insoweit in Betracht, als der Wert des auf den betreffenden Kommanditisten entfallenden Anteils am Vermögen der formwechselnden Kapitalgesellschaft nicht ausreicht, um die für den Kommanditisten eingetragene Haftsumme zu decken.[24] Eine Haftung aus § 176 HGB scheidet aus.[25] 7

---

13) Vgl. *Dauner-Lieb/Tettinger* in: KölnKomm-UmwG, § 228 Rz. 22; Lutter-*Göthel*, UmwG, § 228 Rz. 15; Semler/Stengel/Leonard-*Ihrig*, UmwG, § 228 Rz. 17; *Althoff/Narr* in: NK-UmwG, § 228 Rz. 5; Kallmeyer-*Blasche*, UmwG, § 228 Rz. 4.

14) Vgl. Lutter-*Göthel*, UmwG, § 228 Rz. 15; Semler/Stengel/Leonard-*Ihrig*, UmwG, § 228 Rz. 17; Kallmeyer-*Blasche*, UmwG, § 228 Rz. 4.

15) Vgl. *Dauner-Lieb/Tettinger* in: KölnKomm-UmwG, § 228 Rz. 20; Lutter-*Göthel*, UmwG, § 228 Rz. 16; *Sparfeld* in: BeckOGK-UmwG, § 228 Rz. 24; Semler/Stengel/Leonard-*Ihrig*, UmwG, § 228 Rz. 18.

16) Vgl. Lutter-*Göthel*, UmwG, § 228 Rz. 50; *Sparfeld* in: BeckOGK-UmwG, § 228 Rz. 26; Semler/Stengel/Leonard-*Ihrig*, UmwG, § 228 Rz. 19; Kallmeyer-*Blasche*, UmwG, § 228 Rz. 5.

17) Vgl. *Dauner-Lieb/Tettinger* in: KölnKomm-UmwG, § 228 Rz. 38; Kallmeyer-*Blasche*, UmwG, § 228 Rz. 5; a. A. Widmann/Mayer-*Vossius*, UmwR, § 228 UmwG Rz. 66; Lutter-*Göthel*, UmwG, § 228 Rz. 5; *Sparfeld* in: BeckOGK-UmwG, § 228 Rz. 26; Semler/Stengel/Leonard-*Ihrig*, UmwG, § 228 Rz. 19 – Auseinandersetzung spätestens im Formwechselbeschluss.

18) Vgl. Widmann/Mayer-*Vossius*, UmwR, § 228 UmwG Rz. 67; Kallmeyer-*Blasche*, UmwG, § 228 Rz. 5.

19) Vgl. *Dauner-Lieb/Tettinger* in: KölnKomm-UmwG, § 228 Rz. 33; Lutter-*Göthel*, UmwG, § 228 Rz. 19; Semler/Stengel/Leonard-*Ihrig*, UmwG, § 228 Rz. 39; Kallmeyer-*Blasche*, UmwG, § 228 Rz. 14.

20) Vgl. *Mülbert*, AcP 199 (1999), 38, 84.

21) Vgl. Lutter-*Göthel*, UmwG, § 228 Rz. 19; *K. Schmidt*, ZGR 1990, 580, 583 f.

22) Vgl. Widmann/Mayer-*Vossius*, UmwR, § 228 UmwG Rz. 30.

23) So auch *Dauner-Lieb/Tettinger* in: KölnKomm-UmwG, § 228 Rz. 34; Kallmeyer-*Blasche*, UmwG, § 228 Rz. 14.

24) Vgl. *Dauner-Lieb/Tettinger* in: KölnKomm-UmwG, § 228 Rz. 34; Semler/Stengel/Leonard-*Ihrig*, UmwG, § 228 Rz. 42; Kallmeyer-*Blasche*, UmwG, § 228 Rz. 14.

25) Vgl. Widmann/Mayer-*Vossius*, UmwR, § 228 UmwG Rz. 35; Kallmeyer-*Blasche*, UmwG, § 228 Rz. 14.

III. Formwechsel in eine PartG (§ 228 Abs. 2)

1. Gesellschafter

8 Den Formwechsel einer Kapitalgesellschaft in eine PartG macht § 228 Abs. 2 Satz 1 davon abhängig, dass im Zeitpunkt seines Wirksamwerdens alle Anteilsinhaber des formwechselnden Rechtsträgers **natürliche Personen** sind, die einen **freien Beruf** i. S. von § 1 Abs. 1 und 2 PartGG ausüben. Zudem darf dem Formwechsel gemäß § 228 Abs. 2 Satz 2 i. V. m. § 1 Abs. 3 PartGG **kein Berufsrechtsvorbehalt** entgegenstehen. Wirksam wird der Formwechsel mit seiner Eintragung in das Partnerschaftsregister.

9 Liegen die Voraussetzungen des § 228 Abs. 2 Satz 1 nicht vor, wird der Formwechsel in die PartG nur wirksam, wenn Gesellschafter, die den persönlichen Anforderungen nicht genügen, **aus der Gesellschaft ausscheiden**. Richtigerweise genügt hierfür das Ausscheiden aus der Gesellschaft mit Wirkung auf den Zeitpunkt des Wirksamwerdens des Formwechsels.[26] Das Ausscheiden kann anlässlich der Beschlussfassung über den Formwechsel oder sogar im Formwechselbeschluss selbst erklärt werden.[27]

2. Haftung

10 Mit Wirksamwerden des Formwechsels in eine PartG haften die Partner für Altverbindlichkeiten der Gesellschaft gemäß § 8 Abs. 1 Satz 2 PartGG i. V. m. § 721a BGB uneingeschränkt persönlich. Die Haftungsbeschränkung gemäß § 8 Abs. 2 PartGG gilt nur für Aufträge, die nach Wirksamwerden des Formwechsels zustande kommen, und somit nicht für Altverbindlichkeiten.[28] Dasselbe gilt für die Haftungsbeschränkung gemäß § 8 Abs. 4 PartGG, die erst ab dem Zeitpunkt der Eintragung der Part GmbB in das Partnerschaftsregister eingreift.[29]

IV. Formwechsel in eine GbR (§ 228 Abs. 3)

1. Unternehmensgegenstand

11 Der durch das MoPeG[30] neu eingefügte § 228 Abs. 3 sieht vor, dass der Formwechsel einer Kapitalgesellschaft in eine GbR nur zulässig ist, wenn die Gesellschaft **kein Handelsgewerbe** i. S. von § 1 Abs. 2 HGB betreibt. Da dies auch schon vor dem MoPeG der Fall war, hat die Regelung insofern lediglich klarstellenden Charakter.[31] Neu ist hingegen, dass seit Inkrafttreten des MoPeG gemäß § 191 Abs. 2 nur die eingetragene GbR (**eGbR**) Zielrechtsform eines Formwechsels sein kann. Konsequenterweise ist der Formwechsel auch nicht mehr in das Register der formwechselnden Gesellschaft, sondern in das Gesellschaftsregister der Ziel-eGbR einzutragen.[32]

12 Während der Formwechsel in eine Personengesellschaft für Kapitalgesellschaften, die ein Handelsgewerbe i. S. von § 1 Abs. 2 HGB betreiben, damit nur als Formwechsel in eine Personenhandelsgesellschaft möglich ist, besteht bei Kapitalgesellschaften, die ein Kleingewerbe betreiben, eigenes Vermögen verwalten (§ 107 Abs. 1 Satz 1 HGB) oder einer frei-

---

26) Vgl. Lutter-*Göthel*, UmwG, § 228 Rz. 21; Semler/Stengel/Leonard-*Ihrig*, UmwG, § 228 Rz. 48; *Althoff/Narr* in: NK-UmwG, § 228 Rz. 18; Kallmeyer-*Blasche*, UmwG, § 228 Rz. 10.

27) Vgl. Lutter-*Göthel*, UmwG, § 228 Rz. 21; Semler/Stengel/Leonard-*Ihrig*, UmwG, § 228 Rz. 48.

28) Vgl. Widmann/Mayer-*Vossius*, UmwR, § 228 UmwG Rz. 40.1; Lutter-*Göthel*, UmwG, § 228 Rz. 36a; *Sparfeld* in: BeckOGK-UmwG, § 228 Rz. 57; Kallmeyer-*Blasche*, UmwG, § 228 Rz. 14.

29) Vgl. Lutter-*Göthel*, UmwG, § 228 Rz. 36b; *Sparfeld* in: BeckOGK-UmwG, § 228 Rz. 57.

30) Gesetz zur Modernisierung des Personengesellschaftsrechts (Personengesellschaftsrechtsmodernisierungsgesetz – MoPeG), v. 10.8.2021, BGBl. I 2021, 3436.

31) Vgl. Lutter-*Göthel*, UmwG, § 228 Rz. 24; *Sparfeld* in: BeckOGK-UmwG, § 228 Rz. 35.

32) Vgl. Lutter-*Göthel*, UmwG, § 228 Rz. 25.

beruflichen Tätigkeit nachgehen (§ 107 Abs. 1 Satz 2 HGB), die **Wahlmöglichkeit** zwischen einem Formwechsel in eine eGbR oder einem Formwechsel in eine Personenhandelsgesellschaft.[33] Fälle, in denen ein Formwechsel in eine Personengesellschaft nur als Formwechsel in eine eGbR möglich ist, sind denkbar – in der Praxis aber kaum relevant.[34]

2. Gesellschafter

Personen, die **Gesellschafter einer Personenhandelsgesellschaft** sein können, können grundsätzlich auch Gesellschafter einer GbR sein (siehe oben Rz. 5). Das gilt insbesondere für die eGbR und den Verein ohne Rechtspersönlichkeit i. S. von § 54 BGB.[35] Ebenso wie bei der Personenhandelsgesellschaft können eheliche Gütergemeinschaften, Bruchteilsgemeinschaften, Erbengemeinschaften und stille Gesellschafter nicht Gesellschafter einer GbR sein.[36] 13

3. Haftung

Das Haftungsmodell der oHG ist nunmehr auch für die GbR gesetzlich verankert. Die GbR-Gesellschafter haften damit uneingeschränkt persönlich sowohl für Verbindlichkeiten, die ab dem Zeitpunkt des Wirksamwerdens des Formwechsels begründet werden, als auch für **Altverbindlichkeiten** der umgewandelten Kapitalgesellschaft; wie bei der Haftung der oHG-Gesellschafter kann auch hier mangels praktischer Relevanz offen bleiben, ob sich diese Haftung aus § 721 BGB[37] oder aus § 721a BGB (analog)[38] ergibt. 14

V. Sonderthemen

1. Formwechsel in eine EWIV

Der Formwechsel einer Kapitalgesellschaft in eine EWIV ist in § 228 nicht geregelt. Dies bedeutet nicht, dass ein solcher unzulässig wäre.[39] Vielmehr ergibt sich aus der fehlenden Nennung in § 228 lediglich, dass für einen solchen Formwechsel gemäß § 197 auf die Gründungsvorschriften der EWIV zurückzugreifen ist. Mit Blick auf den **Unternehmensgegenstand** bedeutet dies, dass dieser bei Wirksamwerden des Formwechsels den Anforderungen des § 3 Abs. 1 EWIV-VO genügen muss. Die Vereinigung muss daher dem Zweck dienen, die wirtschaftliche Tätigkeit ihrer Mitglieder zu erleichtern oder zu entwickeln sowie die Ergebnisse dieser Tätigkeit zu verbessern oder zu steigern; sie darf nicht den Zweck haben, Gewinn für sich selbst zu erzielen. **Mitglieder** einer EWIV können sowohl natürliche Personen als auch Gesellschaften und andere juristische Einheiten i. S. von Art. 4 Abs. 1 lit. a und b EWIV-VO sein. Allerdings können nur solche natürlichen Personen Mitglied einer EWIV sein, die eine gewerbliche, kaufmännische, handwerkliche, landwirtschaftliche oder freiberufliche Tätigkeit in der Gemeinschaft ausüben oder dort andere 15

---

33) Vgl. *Dauner-Lieb/Tettinger* in: KölnKomm-UmwG, § 228 Rz. 15; Lutter-*Göthel*, UmwG, § 228 Rz. 31; Semler/Stengel/Leonard-*Ihrig*, UmwG, § 228 Rz. 29.

34) Vgl. Bsp. bei Lutter-*Göthel*, UmwG, § 228 Rz. 32: Rechtsformwechsel einer auf Eigennutzung von Vermögensgegenständen ausgerichteten Innengesellschaft (z. B. Grundstücks-GbR zwischen Eheleuten); vgl. hierzu *Dauner-Lieb/Tettinger* in: KölnKomm-UmwG, § 228 Rz. 12, die darauf hinweisen, dass solche Gesellschaften kaum in der Ausgangsrechtsform einer Kapitalgesellschaft verfasst sein werden.

35) Vgl. Lutter-*Göthel*, UmwG, § 228 Rz. 34; Semler/Stengel/Leonard-*Ihrig*, UmwG, § 228 Rz. 32; Kallmeyer-*Blasche*, UmwG, § 228 Rz. 9; *Rose* in: HK-UmwG, § 226 Rz. 15.

36) Vgl. Lutter-*Göthel*, UmwG, § 228 Rz. 34; *Sparfeld* in: BeckOGK-UmwG, § 228 Rz. 42; Semler/Stengel/Leonard-*Ihrig*, UmwG, § 228 Rz. 32; *Rose* in: HK-UmwG, § 226 Rz. 15.

37) So *Dauner-Lieb/Tettinger* in: KölnKomm-UmwG, § 228 Rz. 35.

38) So Lutter-*Göthel*, UmwG, § 228 Rz. 37.

39) Vgl. *Dauner-Lieb/Tettinger* in: KölnKomm-UmwG, § 228 Rz. 5; Kallmeyer-*Blasche*, UmwG, § 228 Rz. 1.

Dienstleistungen erbringen.[40] Das **Haftungsregime der EWIV** ähnelt dem der oHG. Bei einem Formwechsel einer Kapitalgesellschaft in eine EWIV haften sämtliche Mitglieder der EWIV uneingeschränkt persönlich sowohl für Verbindlichkeiten, die ab dem Zeitpunkt des Wirksamwerdens des Formwechsels begründet werden, als auch für Altverbindlichkeiten der umgewandelten Kapitalgesellschaft.[41]

2. Formwechsel in eine Kapitalgesellschaft & Co. KG

16 Bei dem Formwechsel einer Kapitalgesellschaft in eine Kapitalgesellschaft & Co. KG ist erforderlich, dass in der Zielrechtsform ein Gesellschafter die Stellung des persönlich haftenden Gesellschafters übernimmt. Übernimmt dies einer der Gesellschafter der formwechselnden Kapitalgesellschaft, ergeben sich keine Besonderheiten. Schwierigkeiten entstehen, wenn keiner der Gesellschafter der formwechselnden Kapitalgesellschaft bereit ist, (zumindest vorübergehend) persönlich haftender Gesellschafter der Kapitalgesellschaft & Co. KG zu sein. In diesem Fall, muss der zukünftige persönlich haftenden Gesellschafter der Gesellschaft beitreten. Streitig wird beurteilt, ob dieser Beitritt auch **zum Zeitpunkt des Wirksamwerdens des Formwechsels** erfolgen kann.

17 **Zum Teil** wird dies **abgelehnt** und für erforderlich gehalten, dass der (künftige) persönlich haftende Gesellschafter zunächst eine Beteiligung an der formwechselnden Kapitalgesellschaft innehaben muss, bevor der Formwechsel eingetragen werden kann und wirksam wird.[42] Begründet wird dies unter Verweis auf das Prinzip der Anteilsinhaberperpetuierung. Danach sei außer in den gesetzlich geregelten Fällen zwingend, dass Anteilsinhaber der Zielrechtsform nur werden könne, wer vor dem Wirksamwerden des Formwechsels auch an dem formwechselnden Rechtsträger beteiligt war.[43]

18 Richtigerweise ist mit der mittlerweile h. M. davon auszugehen, dass der Beitritt des persönlich haftenden Gesellschafters auch zum Zeitpunkt des Wirksamwerdens des Formwechsels erklärt werden kann und eine vorherige Beteiligung des persönlich haftenden Gesellschafters an der formwechselnden Kapitalgesellschaft nicht erforderlich ist.[44] Dies ergibt sich bereits aus der entsprechenden Möglichkeit beim Formwechsel in die KGaA gemäß § 218 Abs. 2. Da die Interessenlage beim Formwechsel in eine Kapitalgesellschaft & Co. KG diesbezüglich derjenigen beim Formwechsel in eine KGaA entspricht, ist § 218 Abs. 2 analog auf den Formwechsel in eine Kapitalgesellschaft & Co. KG anzuwenden. Auch aus dem Umstand, dass der Gesetzgeber die Möglichkeit des Beitritts zum Zeitpunkt des Wirksamwerdens des Formwechsels lediglich für die KGaA normiert hat, ergibt sich nicht, dass dies nicht auch für den Formwechsel in die Kapitalgesellschaft & Co. KG gelten kann. Der Gesetzgeber hat die Kapitalgesellschaft & Co. KG im UmwG bewusst ungeregelt gelassen.[45] Zu dieser Ansicht tendiert mittlerweile auch die Rechtsprechung.[46]

19 Für die **Praxis** empfiehlt es sich, mit dem Registergericht zu klären, ob es einen Beitritt zum Zeitpunkt des Wirksamwerdens des Formwechsels für ausreichend hält. Wenn dies im Ein-

40) Vgl. *Jung* in: Jung/Krebs/Stiegler, Gesellschaftsrecht in Europa, § 7 Rz. 129.

41) Vgl. *Dauner-Lieb/Tettinger* in: KölnKomm-UmwG, § 228 Rz. 34.

42) Vgl. *Simons* in: BeckOGK-UmwG,§ 202 Rz. 47; *Weiler*, GmbHR 2021, 473, 475 ff.; *Heckschen*, DB 1998, 1385, 1397; *Kallmeyer*, ZIP 1994, 1746, 1751.

43) Vgl. *Simons* in: BeckOGK-UmwG, § 202 Rz. 47.

44) Vgl. *Dauner-Lieb/Tettinger* in: KölnKomm-UmwG, § 228 Rz. 27; Lutter-*Göthel*, UmwG, § 228 Rz. 46; Semler/Stengel/Leonard-*Ihrig*, UmwG, § 228 Rz. 23; Kallmeyer-*Blasche*, UmwG, § 228 Rz. 7; *K. Schmidt*, GmbHR 1995, 693.

45) Vgl. *Dauner-Lieb/Tettinger* in: KölnKomm-UmwG, § 228 Rz. 27; Lutter-*Göthel*, UmwG, § 228 Rz. 47.

46) Vgl. OLG Oldenburg, Beschl. v. 19.12.2019 – 12 W 133/19, NZG 2020, 193 = RNotZ 2020, 580; KG Berlin, Beschl. v. 19.12.2018 – 22 W 85/18, NZG 2019, 310 = DStR 2019, 294; vgl. auch BGH, Urt. v. 9.5.2005 – II ZR 29/03, NZG 2005, 722, 723 = DStR 2005, 1539, 1550 (obiter dictum).

zelfall nicht der Fall sein sollte, bietet sich die Vereinbarung einer Treuhand dergestalt an, dass dem zukünftigen persönlich haftenden Gesellschafter vor dem Wirksamwerden des Formwechsels treuhänderisch ein (Kleinst-)Anteil an der formwechselnden Kapitalgesellschaft übertragen wird, den dieser unmittelbar nach dem Wirksamwerden des Formwechsels zurücküberträgt.[47)]

3. Formwechsel einer Einpersonen-Kapitalgesellschaft

Der Formwechsel in eine Personen- bzw. PartG setzt voraus, dass an der Zielgesellschaft **mindestens zwei Gesellschafter** bzw. Partner beteiligt sind. Einer Einpersonen-Kapitalgesellschaft, die in eine Personen- bzw. PartG umgewandelt werden soll, muss daher zwingend ein weiterer Gesellschaft bzw. Partner beitreten. Wie bei dem Formwechsel in eine Kapitalgesellschaft & Co. KG[48)] stellt sich auch hier die Frage, ob der Beitritt des Gesellschafters vor dem Wirksamwerden des Formwechsels erfolgen muss oder ob auch ein **Beitritt zum Zeitpunkt des Wirksamwerdens des Formwechsels** genügt. Einigkeit besteht darin, dass ein Beitritt vor der Fassung des Formwechselbeschlusses auch hier nicht erforderlich ist. Indes wird vereinzelt verlangt, dass aufgrund des Prinzips der Anteilsinhaberperpetuierung der hinzutretenden Gesellschafter bzw. Partner zumindest bereits vor dem Wirksamwerden des Formwechsels an der formwechselnden Kapitalgesellschaft beteiligt sein müsse.[49)] 20

Wie beim Formwechsel in die Kapitalgesellschaft & Co. KG vermag diese Ansicht auch beim Formwechsel einer Einpersonen-Kapitalgesellschaft nicht zu überzeugen. So hat der BGH in einem obiter dictum klargestellt, dass aus dem Prinzip der Anteilsinhaberperpetuierung lediglich folge, dass Berechtigte, die zum Zeitpunkt der Eintragung des Formwechsels Anteilsinhaber sind, auch Mitglieder des Rechtsträgers neuer Rechtsform werden.[50)] Aus dem benannten Prinzip ergibt sich damit nicht, dass der beitretende Gesellschafter bzw. Partner zwingend auch an der formwechselnden Kapitalgesellschaft beteiligt sein muss. Mit der h. M. reicht daher auch bei dem Formwechsel einer Einpersonen-Kapitalgesellschaft in eine Personen- bzw. PartG, wenn der Beitritt des neuen Gesellschafters bzw. Partners zum Zeitpunkt des Wirksamwerdens des Formwechsels erklärt wird.[51)] 21

Auch hierbei empfiehlt es sich für die **Praxis**, mit dem Registergericht zu klären, ob es einen Beitritt zum Zeitpunkt des Wirksamwerdens des Formwechsels für ausreichend hält. Ist dies nicht der Fall, ist dafür Sorge zu tragen, dass dem (künftigen) weiteren Gesellschafter vor der Eintragung des Formwechsels in das Handelsregister Anteile an der formwechselnden Kapitalgesellschaft – sei es durch Anteilsübertragung oder durch Kapitalerhöhung – gewährt werden.[52)] 22

4. Hilfsformwechsel

Bis zum Inkrafttreten des 2. UmwGÄndG war in § 228 Abs. 2 a. F. der sog. Hilfsformwechsel geregelt. Danach konnten die Gesellschafter der formwechselnden Kapitalgesell- 23

---

47) Vgl. *Dauner-Lieb/Tettinger* in: KölnKomm-UmwG, § 228 Rz. 28; Lutter-*Göthel*, UmwG, § 228 Rz. 49; Semler/Stengel/Leonard-*Ihrig*, UmwG, § 228 Rz. 25 ff.; Kallmeyer-*Blasche*, UmwG, § 228 Rz. 7.

48) Vgl. Lutter-*Göthel*, UmwG, § 228 Rz. 50; *Sparfeld* in: BeckOGK-UmwG, § 228 Rz. 26; Semler/Stengel/Leonard-*Ihrig*, UmwG, § 228 Rz. 19; Kallmeyer-*Blasche*, UmwG, § 228 Rz. 5.

49) Vgl. *Weiler* in: MünchHdb. GesR, Bd. 8, § 38 Rz. 3.

50) Vgl. BGH, Urt. v. 9.5.2005 – II ZR 29/03, NZG 2005, 722, 723 = DStR 2005, 1539, 1550.

51) Vgl. Lutter-*Göthel*, UmwG, § 228 Rz. 48; *Sparfeld* in: BeckOGK-UmwG, § 228 Rz. 20; Semler/Stengel/Leonard-*Ihrig*, UmwG, § 228 Rz. 14; *Althoff/Narr* in: NK-UmwG, § 228 Rz. 9; Kallmeyer-*Blasche*, UmwG, § 228 Rz. 8; *Rose* in: HK-UmwG, § 226 Rz. 6; *Bärwaldt/Schabacker*, ZIP 1998, 1293, 1298.

52) Vgl. Lutter-*Göthel*, UmwG, § 228 Rz. 49; Semler/Stengel/Leonard-*Ihrig*, UmwG, § 228 Rz. 15.

schaft im Formwechselbeschluss hilfsweise die Umwandlung in eine GbR vorsehen, wenn der Unternehmensgegenstand dem Formwechsel in eine Personenhandelsgesellschaft entgegenstand. Das Bedürfnis für eine solche Regelung wurde gemeinhin darin gesehen, dass unklar sein konnte, ob im Einzelfall die Schwelle zum vollkaufmännischen Gewerbe überschritten ist und damit der Weg in die Personenhandelsgesellschaft offensteht (§§ 4 Abs. 2, 105 HGB a. F.). Nachdem der Gesetzgeber im Zuge des HRefG die Rechtsform der Personenhandelsgesellschaften auch für kleingewerbliche Unternehmen geöffnet hat, hielt der Gesetzgeber die Regelungen des § 228 Abs. 2 a. F. für entbehrlich.[53]

24 Aus der **Streichung des § 228 Abs. 2 a. F.** durch das 2. UmwGÄndG wird teilweise geschlossen, dass damit die Möglichkeit eines hilfsweisen Formwechsels generell ausgeschlossen sei.[54] Dies vermag nicht zu überzeugen.[55] Hätte der Gesetzgeber die Möglichkeit des Hilfsformwechsels ausschließen wollen, hätte er dies ausdrücklich normieren können (und müssen). Auch aus der Gesetzesbegründung ergibt sich nicht, dass der Gesetzgeber durch die Streichung des § 228 Abs. 2 a. F. den Hilfsformwechsel für generell unzulässig erklären wollte.[56] Daher wird man aus dem Fehlen eines gesetzlichen Verbots methodisch eher auf die grundsätzliche Zulässigkeit von Gestaltungen, die einen Hilfsformwechsel zum Gegenstand haben, schließen können. Es sind keine Gründe ersichtlich, warum z. B. die Fassung eines bedingten Formwechselbeschlusses nur möglich sein soll, wenn dies aufgrund einer gesetzlichen Regelung vorgesehen ist.[57] Dies gilt unabhängig von der Zielrechtsform.[58] Bezog sich die Möglichkeit des hilfsweisen Formwechsels unter § 228 Abs. 2 a. F. lediglich auf die GbR, besteht nunmehr auch die Möglichkeit des hilfsweisen Formwechsels in eine Personenhandelsgesellschaft, wenn die Voraussetzungen für den Formwechsel in eine GbR – z. B. aufgrund Bestehen eines vollkaufmännischen Geschäftsbetriebs – oder in eine PartG – z. B. mangels Vorliegen einer freiberuflicher Betätigung – nicht erfüllt sind.

25 In der **Praxis** empfiehlt sich in diesen Fällen der Weg über zwei Formwechselbeschlüsse.[59] Während der Hauptbeschluss ohne Einschränkungen den Formwechsel in die angestrebte Rechtsform vorsehen sollte, sollte der hilfsweise gefasste Formwechsel unter der Bedingung gestellt werden, dass die Anmeldung auf Eintragung des Formwechsels in die angestrebte Rechtsform (rechtskräftig) abgewiesen wird.[60]

VI. Rechtsfolgen bei Verstoß gegen § 228

26 Sind die Voraussetzungen gemäß § 228 nicht erfüllt, hat das Registergericht die **Eintragung** des Formwechsels in das Handelsregister zu **verweigern**.[61] Wird der Formwechsel dennoch in das Handelsregister eingetragen, führt dies gemäß § 202 Abs. 3 dazu, dass der Rechtsträger seine bisherige Rechtsform verliert und in derjenigen Rechtsform fortbesteht,

53) Begr. RegE 2. UmwGÄndG, BT-Drucks. 16/2919, S. 19.

54) Vgl. Lutter-*Göthel*, UmwG, § 228 Rz. 38; *Althoff/Narr* in: NK-UmwG, § 228 Rz. 16; *Rose* in: HK-UmwG, § 226 Rz. 3; unklar: *Dauner-Lieb/Tettinger* in: KölnKomm-UmwG, § 228 Rz. 32.

55) Vgl. *Sparfeld* in: BeckOGK-UmwG, § 228 Rz. 39; Semler/Stengel/Leonard-*Ihrig*, UmwG, § 228 Rz. 36; Kallmeyer-*Blasche*, UmwG, § 228 Rz. 12; Henssler/Strohn-*Drinhausen/Keinath*, GesR, § 228 UmwG Rz. 9.

56) So auch Kallmeyer-*Blasche*, UmwG, § 228 Rz. 12.

57) Vgl. Semler/Stengel/Leonard-*Ihrig*, UmwG, § 228 Rz. 36; *Tettinger*, Der Konzern 2006, 844, 846 f.

58) Vgl. Semler/Stengel/Leonard-*Ihrig*, UmwG, § 228 Rz. 36.

59) Vgl. *Dauner-Lieb/Tettinger* in: KölnKomm-UmwG, § 228 Rz. 32.

60) Vgl. Kallmeyer-*Blasche*, UmwG, § 228 Rz. 12.

61) Vgl. *Dauner-Lieb/Tettinger* in: KölnKomm-UmwG, § 228 Rz. 37; Kallmeyer-*Blasche*, UmwG, § 228 Rz. 15.

die sich nach den **allgemeinen gesellschaftsrechtlichen Vorschriften** ergibt.[62] Wird etwa eine Personenhandelsgesellschaft eingetragen, obwohl die Gesellschaft kein Gewerbe betreibt, entsteht durch die Eintragung des Formwechsels eine GbR.[63] Wird hingegen eine GbR eingetragen, obwohl die Gesellschaft ein Gewerbe betreibt, entsteht eine oHG; die Gesellschafter sind in diesem Fall gemäß § 106 Abs. 3 verpflichtet, die Eintragung der oHG in das Handelsregister zu veranlassen.[64] Ähnliches gilt bei einem Formwechsel in eine PartG, wenn die Voraussetzungen des § 228 Abs. 2 nicht vorliegen; auch in einem solchen Fall entsteht je nach Unternehmensgegenstand eine oHG oder eine GbR.[65]

Das Auseinanderfallen von tatsächlicher Rechtslage und eingetragener Rechtsform kann 27
Konsequenzen für die **Haftung der Gesellschafter** bzw. Partner haben. Wird eine oHG eingetragen, obwohl eine GbR entsteht – oder eine GbR, obwohl eine oHG vorliegt –, hat dies auf die Gesellschafterhaftung keine Konsequenzen, da das Haftungsmodell der GbR demjenigen der oHG entspricht. Anders ist dies, wenn eine KG eingetragen wird, obwohl eine GbR vorliegt, da das GbR-Recht keine Beschränkung der Gesellschafterhaftung kennt. In diesem Fall wird erwogen, die GbR-Gesellschafter, die als Kommanditisten eingetragen sind, unter Verweis auf die Grundsätze der Rechtsscheinhaftung wie Kommanditisten (ähnlich beschränkt) sowohl für Altverbindlichkeiten als auch für Neuverbindlichkeiten haften zu lassen.[66] Gegen eine unbeschränkte Haftung der als Kommanditisten im Handelsregister eingetragenen Gesellschafter spricht in diesem Fall in der Tat, dass die Gläubiger bei unbeschränkter Haftung besser stünden, als wenn die Eintragung im Handelsregister der Wirklichkeit entspräche.[67]

62) Vgl. *Dauner-Lieb/Tettinger* in: KölnKomm-UmwG, § 228 Rz. 39; Lutter-*Göthel*, UmwG, § 228 Rz. 41; Kallmeyer-*Blasche*, UmwG, § 228 Rz. 16.

63) Vgl. *Dauner-Lieb/Tettinger* in: KölnKomm-UmwG, § 228 Rz. 40; Kallmeyer-*Blasche*, UmwG, § 228 Rz. 16.

64) Vgl. *Dauner-Lieb/Tettinger* in: KölnKomm-UmwG, § 228 Rz. 40; Semler/Stengel/Leonard-*Ihrig*, UmwG, § 228 Rz. 28; Kallmeyer-*Blasche*, UmwG, § 228 Rz. 16.

65) Vgl. *Dauner-Lieb/Tettinger* in: KölnKomm-UmwG, § 228 Rz. 40; Semler/Stengel/Leonard-*Ihrig*, UmwG, § 228 Rz. 49; Kallmeyer-*Blasche*, UmwG, § 228 Rz. 16; Henssler/Strohn-*Drinhausen*/Keinath, GesR, § 228 UmwG Rz. 10.

66) Vgl. Lutter-*Göthel*, UmwG, § 228 Rz. 43 f.; a. A. *Dauner-Lieb/Tettinger* in: KölnKomm-UmwG, § 228 Rz. 42 ff., die zumindest bei Altverbindlichkeiten eine Haftungsbeschränkung für kaum begründbar halten.

67) Vgl. Lutter-*Göthel*, UmwG, § 228 Rz. 43; a. A. *Dauner-Lieb/Tettinger* in: KölnKomm-UmwG, § 228 Rz. 42 f., die davon ausgehen, dass die Grundsätze der Rechtsscheinhaftung in diesem Fall keine Anwendung finden können.

§ 229
(aufgehoben)

Die Vorschrift enthielt besondere Bestimmungen für die gemäß § 192 Abs. 2 a. F. erforderliche **Vermögensaufstellung** als Teil des Umwandlungsberichts bei dem Formwechsel einer KGaA in eine Personengesellschaft. Mit der Streichunng des § 192 Abs. 2 a. F. durch das 2. UmwGÄndG[1] wurde auch § 229 aufgehoben. 1

1) Zweites Gesetz zur Änderung des Umwandlungsgesetzes (2. UmwGÄndG), v. 19.4.2007, BGBl. I 2007, 542.

§ 230
Vorbereitung der Versammlung der Anteilsinhaber*)

(1) Die Geschäftsführer einer formwechselnden Gesellschaft mit beschränkter Haftung haben allen Gesellschaftern spätestens zusammen mit der Einberufung der Gesellschafterversammlung, die den Formwechsel beschließen soll, diesen Formwechsel als Gegenstand der Beschlußfassung in Textform anzukündigen und den Formwechselbericht zu übersenden.

(2) [1]Der Formwechselbericht einer Aktiengesellschaft oder einer Kommanditgesellschaft auf Aktien ist von der Einberufung der Hauptversammlung an, die den Formwechsel beschließen soll, in dem Geschäftsraum der Gesellschaft zur Einsicht der Aktionäre auszulegen. [2]Auf Verlangen ist jedem Aktionär und jedem von der Geschäftsführung ausgeschlossenen persönlich haftenden Gesellschafter unverzüglich und kostenlos eine Abschrift des Formwechselberichts zu erteilen. [3]Der Formwechselbericht kann dem Aktionär und dem von der Geschäftsführung ausgeschlossenen persönlich haftenden Gesellschafter mit seiner Einwilligung auf dem Wege elektronischer Kommunikation übermittelt werden. [4]Die Verpflichtungen nach den Sätzen 1 und 2 entfallen, wenn der Formwechselbericht für denselben Zeitraum über die Internetseite der Gesellschaft zugänglich ist.

*) § 230 geändert durch Art. 1 des Gesetzes zur Umsetzung der Umwandlungsrichtlinie und zur Änderung weiterer Gesetze (UmRUG), v. 22.2.2023, BGBl. I 2023, Nr. 51; § 230 geändert durch Art. 1 des Dritten Gesetz zur Änderung des Umwandlungsgesetzes (3. UmwGÄndG), v. 11.7.2011, BGBl. I 2011, 1338; § 230 geändert durch Art. 4 des Gesetzes zur Umsetzung der Aktionärsrechterichtlinie (ARUG), v. 30.7.2009, BGBl. I 2009, 2479; § 230 i. d. F. des UmwBerG geändert durch Art. 26 des Gesetzes zur Anpassung der Formvorschriften des Privatrechts und anderer Vorschriften an den modernen Rechtsgeschäftsverkehr, v. 13.7.2001, BGBl. I 2001, 1542.

Literatur: *Bayer/Illhardt*, Einberufung der Gesellschafterversammlung durch den abberufenen GmbH-Geschäftsführer bzw. den nicht wirksam bestellten Komplementär einer Publikums-KG?, NZG 2017, 801; *Meyer-Landrut/Kiem*, Der Formwechsel einer Publikums-Aktiengesellschaft, (Teil I) WM 1997, 1361 und (Teil II) WM 1997, 1413; *Schmidt, J.*, Die Änderung der umwandlungsrechtlichen Informationspflichten durch das ARUG, NZG 2008, 734; *Tettinger*, Gesellschaftsrechtliche Einberufungsfristen, Kündigungsfristen und der Anwendungsbereich des § 193 BGB – Verschiedene Blickwinkel auf vergleichbare Probleme?, GmbHR 2008, 346; *van Venrooy*, Delegation der Einberufungsbefugnis der Geschäftsführer aus § 49 Abs. 1 GmbHG, GmbHR 2000, 166; *Wicke*, Gründungen mit Bar- oder Sacheinlagen und Gesellschafterbeschlüsse im Onlineverfahren: Neuerungen durch das DiREG, GmbHR 2022, 516.

Übersicht

I. Norminhalt und Normzweck

Gemäß § 193 Abs. 1 Satz 2 ist der Formwechselbeschluss zwingend in einer Anteilsinhaberversammlung zu fassen. § 230 **modifiziert und ergänzt** für den Fall des Formwechsels einer Kapitalgesellschaft in eine Personengesellschaft die allgemeinen Vorschriften zur Vorbereitung und Einberufung der GmbH-Gesellschafterversammlung (§§ 49, 51 GmbHG) bzw. der AG-/KGaA-Hauptversammlung (§§ 121 ff., 278 Abs. 3, 286 Nr. 6 AktG). So sieht § 230 Abs. 1 für die GmbH die **Pflicht zur Ankündigung des Formwechsels** als Gegenstand der Beschlussfassung spätestens mit der Einberufung der Gesellschafterversammlung vor, während sich diese Pflicht bei der AG bzw. KGaA bereits aus § 124 Abs. 2 Satz 2 AktG (i. V. m. § 278 Abs. 3 AktG) ergibt. Den Gesellschaftern bzw. (Kommandit-)Aktionären der formwechselnden Kapitalgesellschaft muss vor der Beschlussfassung zudem der gemäß § 192 zu erstattende **Formwechselbericht zugänglich** gemacht werden. Bei der GmbH muss dieser den Gesellschafter individuell übersendet werden (§ 230 Abs. 1); bei der AG bzw. KGaA genügt hingegen grundsätzlich die Auslegung des Formwechselberichts zur Einsichtnahme in den Geschäftsräumen der Gesellschaft bzw. die Veröffentlichung auf der Internetseite der Gesellschaft (§ 230 Abs. 2). 1

Durch die Vorgaben in § 230 soll sichergestellt werden, dass sich die Gesellschafter bzw. (Kommandit-)Aktionäre der formwechselnden Kapitalgesellschaft **rechtzeitig und angemessen** auf die Beschlussfassung über den Formwechsel in eine Personengesellschaft **vorbereiten** können.[1] Aus Sicht des Gesetzgebers ist dies erforderlich, da der Formwechsel für die Gesellschafter bzw. (Kommandit-)Aktionäre „wegen der Einschränkung ihrer Rechte ein besonders bedeutsamer Vorgang"[2] ist. 2

II. Vorbereitung der GmbH-Gesellschafterversammlung (§ 230 Abs. 1)

1. Einberufung, Ankündigung und Berichtsübersendung

Die Vorbereitung der GmbH-Gesellschafterversammlung gemäß § 230 Abs. 1 ist durch **drei Elemente** gekennzeichnet:[3] die Einberufung der Gesellschafterversammlung, die Ankündigung des Formwechsels als Gegenstand der Beschlussfassung und die Übersendung des Formwechselberichts. 3

Für die **Einberufung** der GmbH-Gesellschafterversammlung gelten die §§ 49 ff. GmbHG. Danach muss sich aus der Einberufung ergeben, dass eine Gesellschafterversammlung stattfindet, für welche Gesellschaft die Einberufung erfolgt, wann und wo die Gesellschafterversammlung stattfindet und von wem die Einberufung ausgeht.[4] Soll eine virtuelle Gesellschafterversammlung stattfinden, ist in der Einberufung zudem anzugeben, wie sich die Gesellschafter zu der Gesellschafterversammlung elektronisch zuschalten können; dabei 4

1) Vgl. *Dauner-Lieb/Tettinger* in: KölnKomm-UmwG, § 230 Rz. 1; *Sparfeld* in: BeckOGK-UmwG, § 230 Rz. 2; Semler/Stengel/Leonard-*Ihrig*, UmwG, § 230 Rz. 1; *Althoff/Narr* in: NK-UmwG, § 230 Rz. 1.

2) Begr. Fraktionsentwurf UmwBerG, BT-Drucks. 12/6699, S. 153.

3) Vgl. *Dauner-Lieb/Tettinger* in: KölnKomm-UmwG, § 230 Rz. 3; Semler/Stengel/Leonard-*Ihrig*, UmwG, § 230 Rz. 4.

4) Vgl. Noack/Servatius/Haas-*Noack*, GmbHG, § 51 Rz. 18 ff.

können die Zugangsdaten zur virtuellen Gesellschafterversammlung auch separat bis zum Versammlungsbeginn übermittelt werden.[5)]

5 Während § 51 Abs. 2 GmbHG lediglich vorsieht, dass der Zweck der Gesellschafterversammlung in der Einberufung mitgeteilt werden „soll", sieht § 230 Abs. 1 im Falle des Formwechsels zwingend vor, dass dieser als Gegenstand der Beschlussfassung spätestens zusammen mit der Einberufung **angekündigt** werden muss. Hierfür ist erforderlich, dass sich aus der Einberufung ergibt, dass über einen Formwechsel verhandelt und ein Beschluss gefasst werden soll; zudem ist die Zielrechtsform anzugeben.[6)] Ausreichend ist, wenn ein entsprechend formulierter Tagesordnungspunkt in die Einberufung aufgenommen wird.[7)] Nicht erforderlich ist die Widergabe des Wortlauts des angestrebten Formwechselbeschlusses.[8)]

6 Ebenfalls spätestens mit der Einberufung zur Gesellschafterversammlung ist den Gesellschaftern der **Formwechselbericht** zu **übersenden**, sofern dieser nicht gemäß § 192 Abs. 2 entbehrlich ist. Teil des Formwechselberichts ist gemäß § 192 Abs. 1 Satz 3 der Entwurf des Formwechselbeschlusses, der wiederum gemäß § 234 Nr. 3 den Gesellschaftsvertrag der durch den Formwechsel entstehenden Personengesellschaft enthält.

2. Zuständigkeit

7 Die Zuständigkeit für die Einberufung der Gesellschafterversammlung bestimmt sich nach den allgemeinen gesellschaftsrechtlichen Vorschriften. Danach erfolgt die Einberufung gemäß § 49 Abs. 1 durch die **Geschäftsführer**. Einberufungsberechtigt ist jeder Geschäftsführer – unabhängig von der konkreten Regelung der Geschäftsführung bzw. Vertretung.[9)] Der Geschäftsführer darf sich bei der Einberufung vertreten lassen.[10)] Nicht einberufungsbefugt sind Geschäftsführer, die wirksam abberufen wurden oder ihr Amt niedergelegt haben, selbst wenn sie noch im Handelsregister eingetragen sind.[11)] Ergänzende Einberufungskompetenzen – z. B. des (obligatorischen oder fakultativen) Aufsichtsrats gemäß § 52 Abs. 1 GmbHG i. V. m. § 111 Abs. 3 AktG bzw. der Gesellschafterminderheit gemäß § 50 Abs. 3 GmbHG – bleiben unberührt; sie sind im Zusammenhang mit einem Formwechsel allerdings von geringer praktischer Relevanz.[12)]

3. Adressat

8 Adressat der Einberufung und des zu übersendenden Formwechselberichts sind **alle Gesellschafter** – auch solche ohne Stimmrecht.[13)] Dabei gilt als Gesellschafter gemäß § 16

5) Vgl. Lutter-*Göthel*, UmwG, § 230 Rz. 16b; *Wicke*, GmbHR 2022, 516, 522.

6) Vgl. *Dauner-Lieb/Tettinger* in: KölnKomm-UmwG, § 230 Rz. 5.

7) Vgl. Widmann/Mayer-*Vossius*, UmwR, § 230 UmwG Rz. 9; Semler/Stengel/Leonard-*Ihrig*, UmwG, § 230 Rz. 10; *Althoff/Narr* in: NK-UmwG, § 230 Rz. 6; Kallmeyer-*Blasche*, UmwG, § 230 Rz. 3.

8) Vgl. *Dauner-Lieb/Tettinger* in: KölnKomm-UmwG, § 230 Rz. 5.

9) Vgl. OLG Düsseldorf, Urt. v. 14.11.2003 – 16 U 95/98, NZG 2004, 916, 921 = DStR 2004, 1188; Lutter-*Göthel*, UmwG, § 230 Rz. 3; *Sparfeld* in: BeckOGK-UmwG, § 226 Rz. 5; Kallmeyer-*Blasche*, UmwG, § 230 Rz. 5; Schmitt/Hörtnagl-*Rinke*, UmwG/UmwStG, § 226 UmwG Rz. 4.

10) Vgl. OLG Düsseldorf, Urt. v. 14.11.2003 – 16 U 95/98, NZG 2004, 916, 921 = DStR 2004, 1188; Noack/Servatius/Haas-*Noack*, GmbHG, § 49 Rz. 6; *van Venrooy*, GmbHR 2000, 166; a. A. Scholz-*Seibt*, GmbHG, § 49 Rz. 12.

11) Vgl. BGH, Urt. v. 8.11.2016 – II ZR 304/15, NZG 2017, 182 = NJW 2017, 1471; *Sparfeld* in: BeckOGK-UmwG, § 226 Rz. 5; Noack/Servatius/Haas-*Noack*, GmbHG, § 49 Rz. 3; a. A. *Bayer/Illhardt*, NZG 2017, 801, 805 ff.

12) Vgl. *Dauner-Lieb/Tettinger* in: KölnKomm-UmwG, § 230 Rz. 6; *Sparfeld* in: BeckOGK-UmwG, § 226 Rz. 6; Kallmeyer-*Blasche*, UmwG, § 230 Rz. 5.

13) Vgl. BGH, Urt. v. 12.7.1971 – II ZR 127/69, BB 71, 1025 = NJW 1971, 2225; BGH, Urt. v. 13.2.2006 – II ZR 200/04, NZG 2006, 349, 350 = NJW-RR 2006, 831, 832; Lutter-*Göthel*, UmwG, § 230 Rz. 10.

Abs. 1 GmbHG, wer als solcher in der im Handelsregister aufgenommenen Gesellschafterliste eingetragen ist.[14)] Bei der Mitberechtigung an einem Geschäftsanteil genügt gemäß § 18 Abs. 1, 3 GmbHG die Einberufung, Ankündigung und Übersendung des Formwechselberichts an einen Mitberechtigten, sofern nicht ein gemeinsamer Vertreter der Mitberechtigten vorhanden ist; ist ein gemeinsamer Vertreter vorhanden und der Gesellschaft bekannt, hat die Einberufung, Ankündigung und Übersendung des Formwechselberichts entweder an diesen oder an alle Mitberechtigten zu erfolgen.[15)] Sollte im Einzelfall ein Gesellschafter von der Teilnahme an der Gesellschafterversammlung ausgeschlossen sein (z. B. bei Anordnung obligatorischer Gruppenvertretung)[16)], braucht dieser weder zur Gesellschafterversammlung eingeladen werden, noch muss ihm gegenüber die Ankündigung des Formwechselbeschluss und die Übersendung des Formwechselberichts gemäß § 230 Abs. 1 erfolgen.[17)]

Sind neben den Gesellschaftern auch Dritte (z. B. Aufsichtsratsmitglieder) berechtigt, an 9
der Gesellschafterversammlung teilzunehmen, sind solche **teilnahmeberechtigten Dritten** im Falle des Formwechsels ebenfalls einzuberufen. Eine Pflicht zur Ankündigung des Formwechselbeschlusses und Übersendung des Formwechselberichts, auch den teilnahmeberechtigten Dritten gegenüber, ist mit Blick auf den Wortlaut des § 230 Abs. 1 allerdings abzulehnen.[18)]

Die Einberufung, Ankündigung und Übersendung des Formwechselberichts hat an die 10
durch den Gesellschafter gegenüber der Gesellschaft **zuletzt bekannt gegebene Adresse** zu erfolgen.[19)] Etwas anderes gilt, wenn der Gesellschaft bekannt ist, dass der Gesellschafter nicht unter der angegebenen, sondern einer anderen Adresse erreichbar ist; in diesem Fall hat die Einberufung, Ankündigung und Übersendung des Formwechselberichts an die aktuelle Adresse des Gesellschafters zu erfolgen.[20)]

4. Frist

Die Ankündigung des Formwechselbeschlusses muss gemäß § 230 Abs. 1 spätestens mit 11
der Einberufung der Gesellschafterversammlung erfolgen. Die Frist zur Einberufung der Gesellschafterversammlung beträgt gemäß § 51 Abs. 1 Satz 2 GmbHG **mindestens eine Woche**. Der Gesellschaftsvertrag kann im Einzelfall eine längere Frist für die Einberufung der Gesellschafterversammlung vorsehen;[21)] in diesem Fall ist die verlängerte Frist auch für die Ankündigung des Formwechselbeschlusses maßgeblich.[22)] Eine generelle Verkürzung der Einberufungs- und damit Ankündigungsfrist ist nicht möglich.[23)] Ebenfalls nicht

---

14) Vgl. OLG Zweibrücken, Beschl. v. 15.12.2011 • 3 W 144/11, NZG 2012, 471 = RNotZ 2012, 292; Lutter-*Göthel*, UmwG, § 230 Rz. 10; *Sparfeld* in: BeckOGK-UmwG, § 230 Rz. 7; Kallmeyer-*Blasche*, UmwG, § 230 Rz. 6; Noack/Servatius/Haas-*Noack*, GmbHG, § 51 Rz. 3.

15) Vgl. Noack/Servatius/Haas-*Servatius*, GmbHG, § 18 Rz. 11; *Altmeppen*, GmbHG, § 18 Rz. 20.

16) Vgl. hierzu Scholz-*Seibt*, GmbHG, § 51 Rz. 5.

17) Vgl. *Dauner-Lieb/Tettinger* in: KölnKomm-UmwG, § 230 Rz. 8; Noack/Servatius/Haas-*Noack*, GmbHG, § 51 Rz. 3.

18) Vgl. *Dauner-Lieb/Tettinger* in: KölnKomm-UmwG, § 230 Rz. 9.

19) Vgl. *Dauner-Lieb/Tettinger* in: KölnKomm-UmwG, § 230 Rz. 10; Lutter-*Göthel*, UmwG, § 230 Rz. 11; Noack/Servatius/Haas-*Noack*, GmbHG, § 51 Rz. 3.

20) Vgl. *Dauner-Lieb/Tettinger* in: KölnKomm-UmwG, § 230 Rz. 10.

21) Vgl. *Dauner-Lieb/Tettinger* in: KölnKomm-UmwG, § 230 Rz. 12; Lutter-*Göthel*, UmwG, § 230 Rz. 12; *Sparfeld* in: BeckOGK-UmwG, § 230 Rz. 10.

22) Vgl. *Sparfeld* in: BeckOGK-UmwG, § 230 Rz. 10; Schmitt/Hörtnagl-*Rinke*, UmwG/UmwStG, § 226 UmwG Rz. 2.

23) Vgl. OLG Naumburg, Urt. v. 23.2.1999 – 7 U (Hs) 25/98, NZG 2000, 44 = BeckRS 1999, 12241; *Sparfeld* in: BeckOGK-UmwG, § 230 Rz. 10.

anwendbar ist bei der Ankündigung des Formwechsels als Beschlussgegenstand § 51 Abs. 4 GmbH, wonach Beschlussgegenstände bis drei Tage vor der Gesellschafterversammlung auch nachträglich angekündigt werden können.[24)]

12 Die Frist **beginnt** ab dem Tag, an dem bei ordnungsgemäßer postalischer Beförderung mit dem Zugang bei allen Gesellschaftern der GmbH zu rechnen ist.[25)] Die Zustellungszeit beträgt bei Postsendungen innerhalb Deutschlands in der Regel zwei Tage und bei Auslandssendungen in der Regel vier Tage.[26)] Für die Berechnung der Frist gelten **§§ 187 ff. BGB**;[27)] dies gilt indes nicht für § 193 BGB.[28)]

13 Die Ankündigung des Formwechsels als Beschlussgegenstand kann auch schon **vor der Einberufung** der Gesellschafterversammlung erfolgen.[29)] Eine solche Vorabankündigung liegt insbesondere dann nahe, wenn der Entwurf des Formwechselbeschlusses dem Betriebsrat gemäß § 194 Abs. 2 spätestens einen Monat vor dem Tag der Beschlussfassung zugeleitet werden muss; die Gesellschafter sollten in der Praxis möglichst nicht erst nach dem Betriebsrat über den anstehenden Formwechsel unterrichtet werden.[30)] Eine Vorabankündigung ist aber auch i. Ü. sinnvoll, da die Mindestfrist in § 51 Abs. 1 Satz 2 GmbHG für eine angemessene Vorbereitung auf die Gesellschafterversammlung knapp bemessen ist.[31)] Auch in Fällen der Vorabankündigung ist jedoch zu beachten, dass der Formwechsel als Beschlussgegenstand in der Einberufung der Gesellschafterversammlung **erneut angekündigt werden muss.**[32)]

14 Die **Übersendung des Formwechselberichts** kann ebenfalls bereits vor der Einberufung der Gesellschafterversammlung erfolgen. Eine nochmalige Zusendung gemeinsam mit der Einberufung ist hingegen – im Unterschied zur Vorabankündigung (siehe oben Rz. 14) – nicht erforderlich. Ausreichend ist, wenn in der Einberufung auf den bereits übersandten Formwechselbericht Bezug genommen wird.[33)]

5. Form

15 Für die **Einberufung** der Gesellschafterversammlung verlangt § 51 Abs. 1 Satz 1 GmbHG, dass diese mittels **eingeschriebenem Brief** erfolgt. Hierfür reicht die Einberufung mittels Einwurf-Einschreiben aus.[34)] Wenn die Einberufung mittels eingeschriebenem Brief zu

24) Vgl. *Dauner-Lieb/Tettinger* in: KölnKomm-UmwG, § 230 Rz. 14; Lutter-*Göthel*, UmwG, § 230 Rz. 13; *Sparfeld* in: BeckOGK-UmwG, § 230 Rz. 10; Semler/Stengel/Leonard-*Ihrig*, UmwG, § 230 Rz. 9.

25) Vgl. BGH, Urt. v. 30.3.1987 – II ZR 180/86, BGHZ 100, 264, 267 = NJW 1987, 2580; Lutter-*Göthel*, UmwG, § 230 Rz. 12; Noack/Servatius/Haas-*Noack*, GmbHG, § 51 Rz. 25.

26) Vgl. *Dauner-Lieb/Tettinger* in: KölnKomm-UmwG, § 230 Rz. 12; Lutter-*Göthel*, UmwG, § 230 Rz. 12; Noack/Servatius/Haas-*Noack*, GmbHG, § 51 Rz. 19.

27) Vgl. *Dauner-Lieb/Tettinger* in: KölnKomm-UmwG, § 230 Rz. 13; Lutter-*Göthel*, UmwG, § 230 Rz. 14; *Sparfeld* in: BeckOGK-UmwG, § 230 Rz. 10; Noack/Servatius/Haas-*Noack*, GmbHG, § 51 Rz. 26.

28) Vgl. Lutter-*Göthel*, UmwG, § 230 Rz. 14; Noack/Servatius/Haas-*Noack*, GmbHG, § 51 Rz. 26; *Tettinger*, GmbHR 2008, 346; a. A. Scholz-*Seibt*, GmbHG, § 49 Rz. 13.

29) Vgl. *Dauner-Lieb/Tettinger* in: KölnKomm-UmwG, § 230 Rz. 14; *Sparfeld* in: BeckOGK-UmwG, § 230 Rz. 11; Kallmeyer-*Blasche*, UmwG, § 230 Rz. 2.

30) Vgl. *Sparfeld* in: BeckOGK-UmwG, § 230 Rz. 11; Kallmeyer-*Blasche*, UmwG, § 230 Rz. 2; *Rose* in: HK-UmwG, § 230 Rz. 6.

31) Vgl. Kallmeyer-*Blasche*, UmwG, § 230 Rz. 2.

32) Vgl. *Sparfeld* in: BeckOGK-UmwG, § 230 Rz. 11; Semler/Stengel/Leonard-*Ihrig*, UmwG, § 230 Rz. 8; Kallmeyer-*Blasche*, UmwG, § 230 Rz. 2.

33) Vgl. *Dauner-Lieb/Tettinger* in: KölnKomm-UmwG, § 230 Rz. 15.

34) Vgl. LG Mannheim, Urt. v. 8.3.2007 – 23 O 10/06, BeckRS 2007, 17486 = NZG 2008, 111; *Dauner-Lieb/Tettinger* in: KölnKomm-UmwG, § 230 Rz. 19; Noack/Servatius/Haas-*Noack*, GmbHG, § 51 Rz. 16.

erfolgen hat, muss sie namentlich unterzeichnet werden.[35] Der Gesellschaftsvertrag kann von § 51 Abs. 1 Satz 1 GmbHG abweichen und Erleichterungen bezüglich des Formerfordernisses bei der Einberufung der Gesellschafterversammlung vorsehen (z. B. E-Mail).

Eine Erleichterung ist bei der Ankündigung des Formwechsels als Beschlussgegenstand nicht möglich.[36] Die **Ankündigung** muss gemäß § 230 Abs. 1 mindestens in **Textform** erfolgen. Hierfür ist gemäß § 126b BGB erforderlich, dass die Erklärung auf einem dauerhaften Datenträger abgegeben und die Person des Erklärenden genannt wird. Diesen Anforderungen genügt die Erklärung per Email oder Messenger-Dienst (z. B. WhatsApp) genauso wie die Übersendung eines Datenträgers (z. B. USB-Stick), auf dem die betreffende Erklärung gespeichert ist.[37] Sofern die Ankündigung des Formwechsels zusammen mit der Einberufung der Gesellschafterversammlung erfolgt, wird das Textformerfordernis bereits durch das für die Einberufung zu beachtende Formerfordernis erfüllt, sofern dieses mindestens Textform vorsieht.[38] Relevant wird das Textformerfordernis des § 230 Abs. 1 vor diesem Hintergrund in der Regel erst dann, wenn die Ankündigung bereits vor der Einberufung der Gesellschafterversammlung erfolgt. 16

Nicht eindeutig geregelt ist die Frage, welche Formvorschrift für die **Übersendung des Formwechselberichts**, der gemäß § 192 Abs. 1 Satz 1 schriftlich zu erstellen ist, gilt. Die h. M. geht richtigerweise davon aus, dass auch für die Übersendung des Formwechselberichts Textform zu verlangen ist.[39] 17

III. Vorbereitung der AG-/KGaA-Hauptversammlung (§ 230 Abs. 2)

Die Einberufung der Hauptversammlung der AG bzw. KGaA, die gemäß § 193 Abs. 1 Satz 2 über den Formwechsel der Kapitalgesellschaft in eine Personengesellschaft beschließt, richtet sich nach den allgemeinen Regelungen in §§ 121 ff. AktG. Ergänzt werden diese Vorschriften durch § 230 Abs. 2, der besondere Vorgaben für die Zugänglichmachung des Formwechselberichts enthält. 18

1. Einberufung der Hauptversammlung

a) Zuständigkeit

Die Einberufung der Hauptversammlung fällt bei der AG gemäß § 121 Abs. 2 Satz 1 AktG in den Zuständigkeitsbereich des **Vorstands** bzw. bei der KGaA gemäß § 283 Abs. 6 AktG des **persönlich haftenden Gesellschafters.** Dieses Einberufungsrecht kann durch die Satzung der AG bzw. KGaA nicht ausgeschlossen werden (§ 23 Abs. 5 AktG).[40] Wie bei der GmbH (siehe oben Rz. 7), ist die Befugnis des Aufsichtsrats gemäß § 111 Abs. 3 AktG bzw. der Aktionärsminderheit gemäß § 122 Abs. 3 AktG zur Einberufung der Hauptversammlung beim Formwechsel in der Praxis bedeutungslos.[41] 19

---

35) Vgl. BGH, Urt. v. 9.1.2024 – II ZR 220/22, NZG 2024, 452 = DNotZ 2024, 533; Noack/Servatius/Haas-*Noack*, GmbHG, § 51 Rz. 16; a. A. Lutter-*Göthel*, UmwG, § 230 Rz. 8; diff. *Dauner-Lieb/Tettinger* in: KölnKomm-UmwG, § 230 Rz. 19.

36) Vgl. *Sparfeld* in: BeckOGK-UmwG, § 230 Rz. 9.

37) Vgl. *Dauner-Lieb/Tettinger* in: KölnKomm-UmwG, § 230 Rz. 17; *Althoff/Narr* in: NK-UmwG, § 230 Rz. 10.

38) Vgl. *Sparfeld* in: BeckOGK-UmwG, § 230 Rz. 9; Kallmeyer-*Blasche*, UmwG, § 230 Rz. 7.

39) Vgl. *Dauner-Lieb/Tettinger* in: KölnKomm-UmwG, § 230 Rz. 21; *Althoff/Narr* in: NK-UmwG, § 230 Rz. 12; a. A. Semler/Stengel/Leonard-*Ihrig*, UmwG, § 230 Rz. 21 – Übersendung mit eingeschriebenem Brief.

40) Vgl. Lutter-*Göthel*, UmwG, § 230 Rz. 20.

41) Vgl. Kallmeyer-*Blasche*, UmwG, § 230 Rz. 7.

b) Adressat

20 Adressat der Einberufung sind **alle (Kommandit-)Aktionäre** – auch solche ohne Stimmrecht. Bei der KGaA sind neben den Kommanditaktionären auch die nicht geschäftsführungsbefugten persönlichen haftenden Gesellschafter einzuladen.[42)]

c) Form

21 Die Einberufung erfolgt grundsätzlich durch **Bekanntmachung** in den Gesellschaftsblättern der formwechselnden AG (§ 121 Abs. 4 Satz 1 AktG) bzw. KGaA (§ 121 Abs. 4 Satz 1 AktG i. V. m. § 278 Abs. 3), also im Bundesanzeiger (§ 25 AktG). Die Einberufung kann nach § 121 Abs. 4 Satz 2 AktG (i. V. m. § 278 Abs. 3) durch **eingeschriebenen Brief** erfolgen, wenn alle (Kommandit-)Aktionäre der AG bzw. KGaA namentlich bekannt sind und die Satzung nichts anderes bestimmt. Bei Namensaktien ergeben sich Name und Anschrift der (Kommandit-)Aktionäre aus dem Aktienregister (§ 67 Abs. 1 Satz 1 AktG). Bei Inhaberaktien werden regelmäßig nicht alle (Kommandit-)Aktionäre bekannt sein; in diesen Fällen bleibt es bei der Einberufung durch Bekanntmachung in den Gesellschaftsblättern.

22 Sind **nicht alle (Kommandit-)Aktionäre** der AG bzw. KGaA **bekannt**, empfiehlt es sich, die unbekannte (Kommandit-)Aktionäre in der Einladung aufzufordern, ihren Aktienbesitz unter Nennung von Vor- und Nachname, Geburtsort und Wohnort offenzulegen.[43)] Zwar besteht keine gesetzliche Pflicht hierzu.[44)] Insbesondere bei einem Formwechsel in eine KG bietet sich diese Vorgehensweise an, um möglichst viele Kommanditisten in der Handelsregisteranmeldung benennen zu können.[45)]

d) Frist

23 Die Hauptversammlung ist gemäß § 123 Abs. 1 Satz 1 AktG mit einer Mindestfrist von **dreißig Tagen** vor dem Tag der Hauptversammlung einzuberufen, wobei gemäß § 123 Abs. 1 Satz 2 AktG der Tag der Einberufung nicht mitzuzählen ist. Diese Frist kann per Satzung verlängert, aber nicht verkürzt werden.[46)] Für die Fristberechnung maßgeblich ist der Tag des tatsächlichen Erscheinens der Bekanntmachung in den Gesellschafterblättern.[47)] Bei Bekanntmachung per Einschreiben kommt es gemäß § 121 Abs. 4 Satz 2 AktG auf den Tag an, an dem das letzte Einschreiben abgesandt wird. Für die Fristberechnung enthält § 121 Abs. 7 AktG gegenüber den §§ 187 ff. BGB eigenständige Vorgaben; d. h., dass insbesondere § 193 BGB keine Anwendung findet.[48)]

e) Inhalt

24 Der Inhalt der Einberufung richtet sich nach § 121 Abs. 3 AktG. Die Einberufung muss danach Firma und Sitz der Gesellschaft, Zeit und Ort der Hauptversammlung und die **Tages-**

---

42) Vgl. *Bachmann* in: BeckOGK-AktG, § 285 Rz. 5; *Herfs* in: MünchHdb. GesR, Bd. 8, § 78 Rz. 36; *Reichert/Balke* in: Reichert, ArbHdb. Hauptversammlung, § 51 Rz. 13.

43) Vgl. Lutter-*Göthel*, UmwG, § 230 Rz. 46; *Sparfeld* in: BeckOGK-UmwG, § 230 Rz. 15; Kallmeyer-*Blasche*, UmwG, § 230 Rz. 9.

44) Vgl. *Dauner-Lieb/Tettinger* in: KölnKomm-UmwG, § 230 Rz. 28; Lutter-*Göthel*, UmwG, § 230 Rz. 46; *Sparfeld* in: BeckOGK-UmwG, § 230 Rz. 15; Kallmeyer-*Blasche*, UmwG, § 230 Rz. 9; *Meyer-Landrut/Kiem* WM 1997, 1413, 1414; a. A. BayObLG, Beschl. v. 5.7.1996 – 3Z BR 114/96, BayObLGZ 1996, 154 = DStR 1996, 1658.

45) Vgl. *Sparfeld* in: BeckOGK-UmwG, § 230 Rz. 15; Kallmeyer-*Blasche*, UmwG, § 230 Rz. 9.

46) Vgl. *Kubis* in: MünchKomm-AktG, § 123 AktG Rz. 7; *Dauner-Lieb/Tettinger* in: KölnKomm-UmwG, § 230 Rz. 23; *Sparfeld* in: BeckOGK-UmwG, § 230 Rz. 16.

47) Vgl. *Kubis* in: MünchKomm-AktG, § 123 AktG Rz. 4; *Dauner-Lieb/Tettinger* in: KölnKomm-UmwG, § 230 Rz. 23; Lutter-*Göthel*, UmwG, § 230 Rz. 24; Semler/Stengel/Leonard-*Ihrig*, UmwG, § 230 Rz. 19.

48) Vgl. *Koch*, AktG, § 121 Rz. 24.

ordnung enthalten. Zudem sind die Bedingungen anzugeben, von denen die Teilnahme an der Hauptversammlung und die Ausübung des Stimmrechts abhängt. § 121 Abs. 4b AktG enthält spezifische Anforderungen für die Vorbereitung einer virtuellen Hauptversammlung i. S. von § 118a AktG.

Bei geplanter Satzungsänderung bzw. bei Verträgen, die nur mit der Zustimmung der Hauptversammlung wirksam werden, ist gemäß § 124 Abs. 2 Satz 2 zusätzlich der Wortlaut der vorgeschlagenen Satzungsänderung bzw. der wesentliche Inhalt des Vertrages bekannt zu geben. Hieran anknüpfend wird zu Recht verlangt, dass bei einem Formwechsel der **Wortlaut des Formwechselbeschlusses** einschließlich des Wortlauts des vorgesehenen Gesellschaftsvertrages der Personengesellschaft bekannt zu machen ist.[49] 25

Nicht in die Bekanntmachung mitaufzunehmen ist hingegen der **Formwechselbericht**.[50] Er ist gemäß § 230 Abs. 2 lediglich auszulegen und den Aktionären auf Wunsch zu übersenden bzw. alternativ auf der Internetseite der Gesellschaft zugänglich zu machen. Für die Praxis empfiehlt sich, in der Einberufung auf die Auslegung des Formwechselberichts in dem Geschäftsraum der Gesellschaft bzw. der Veröffentlichung des Formwechselberichts auf der Internetseite der Gesellschaft hinzuweisen.[51] Ebenfalls nicht bekannt gemacht werden muss das **Abfindungsangebot**, dessen Mitteilung in § 231 geregelt ist.[52] 26

2. Zugänglichmachung des Formwechselberichts

a) Auslegung des Formwechselberichts

Der Formwechselbericht ist gemäß § 230 Abs. 2 Satz 1 von der Einberufung der Hauptversammlung an in dem Geschäftsraum der Gesellschaft auszulegen. Erforderlich dafür ist, dass den (Kommandit-)Aktionären die Einsichtnahme in den Formwechselbericht zu den **üblichen Geschäftszeiten** der Gesellschaft ermöglicht wird.[53] Dabei muss der Formwechselbericht nicht im Original ausgelegt werden; Druckexemplare sind ausreichend.[54] Weiterer Unterlagen (z. B. Prüfbericht) brauchen nicht ausgelegt zu werden.[55] Der Formwechselbericht ist – unabhängig vom Satzungssitz der Gesellschaft – in einem Raum der **Hauptverwaltung der Gesellschaft** zugänglich zu machen. Ist die Hauptverwaltung auf mehrere Gebäude verteilt, sollte der Formwechselbericht in jedem dieser Gebäude ausgelegt werden.[56] Der Formwechselbericht ist vom **Zeitpunkt** der Einberufung der Hauptversammlung an auszulegen. Bei der Einberufung durch Bekanntmachung ist dies der Zeitpunkt der tatsächlichen Veröffentlichung der Bekanntmachung im Bundesanzeiger. Erfolgt die Einberufung der Hauptversammlung durch eingeschriebenen Brief, empfiehlt es sich, nicht 27

49) Vgl. LG Hanau, Urt. v. 2.11.1995 – 5 O 149/95, AG 1996, 184 = ZIP 1996, 422; *Dauner-Lieb/Tettinger* in: KölnKomm-UmwG, § 230 Rz. 25; ähnl. Lutter-*Göthel*, UmwG, § 230 Rz. 38; Semler/Stengel/Leonard-*Ihrig*, UmwG, § 230 Rz. 12 ff.; *Sparfeld* in: BeckOGK-UmwG, § 230 Rz. 17 f.; Kallmeyer-*Blasche*, UmwG, § 230 Rz. 10; a. A. *Meyer-Landrut/Kiem* WM 1997, 1413, 1414.

50) Vgl. *Dauner-Lieb/Tettinger* in: KölnKomm-UmwG, § 230 Rz. 28; Lutter-*Göthel*, UmwG, § 230 Rz. 31; *Sparfeld* in: BeckOGK-UmwG, § 230 Rz. 17; Kallmeyer-*Blasche*, UmwG, § 230 Rz. 10.

51) Vgl. Kallmeyer-*Blasche*, UmwG, § 230 Rz. 10.

52) Vgl. *Dauner-Lieb/Tettinger* in: KölnKomm-UmwG, § 230 Rz. 26; Semler/Stengel/Leonard-*Ihrig*, UmwG, § 230 Rz. 14; Kallmeyer-*Blasche*, UmwG, § 230 Rz. 10.

53) Vgl. Widmann/Mayer-*Vossius*, UmwR, § 230 UmwG Rz. 40; *Dauner-Lieb/Tettinger* in: KölnKomm-UmwG, § 230 Rz. 31; *Sparfeld* in: BeckOGK-UmwG, § 230 Rz. 20; Semler/Stengel/Leonard-*Ihrig*, UmwG, § 230 Rz. 29.

54) Vgl. *Dauner-Lieb/Tettinger* in: KölnKomm-UmwG, § 230 Rz. 30; *Sparfeld* in: BeckOGK-UmwG, § 230 Rz. 20.

55) Vgl. *Dauner-Lieb/Tettinger* in: KölnKomm-UmwG, § 230 Rz. 30; Lutter-*Göthel*, UmwG, § 230 Rz. 42; *Sparfeld* in: BeckOGK-UmwG, § 230 Rz. 45; Kallmeyer-*Blasche*, UmwG, § 230 Rz. 11.

56) Vgl. *Dauner-Lieb/Tettinger* in: KölnKomm-UmwG, § 230 Rz. 31; *Sparfeld* in: BeckOGK-UmwG, § 230 Rz. 19.

erst auf den Zeitpunkt des erwarteten (ersten) Zugangs bei den (Kommandit-)Aktionären abzustellen,[57] sondern bereits auf den Tag der Absendung der Einberufung.[58]

28 Die Pflicht zur Auslegung des Formwechselberichts gemäß § 230 Abs. 2 Satz 1 **entfällt**, wenn der Formwechselbericht gemäß § 192 Abs. 2 entbehrlich ist. **Verzichten** die (Kommandit-)Aktionäre auf die Erstattung des Formwechselberichts, müssen die Verzichtserklärungen gemäß § 192 Abs. 2 Satz 2 notariell beurkundet werden. Der Verzicht erfolgt in der Praxis häufig gemeinsam mit der Fassung des Formwechselbeschlusses. Erforderlich ist dies jedoch nicht; der Verzicht kann grundsätzlich sowohl vor[59] der Fassung des Formwechselbeschlusses als auch danach[60] erklärt und beurkundet werden. Spätester Zeitpunkt für die Abgabe der Verzichtserklärung ist mit Blick auf § 199 der Zeitpunkt der Registeranmeldung.

b) Erteilung von Abschriften des Formwechselberichts

29 Auf Verlangen ist gemäß § 230 Abs. 2 Satz 2 jedem (Kommandit-)Aktionär – unabhängig vom Stimmrecht –[61] und jedem von der Geschäftsführung ausgeschlossenen persönlich haftenden Gesellschafter **unverzüglich** und **kostenlos** eine Abschrift des Formwechselberichts zu übermitteln. Mitumfasst sind dabei auch etwaige Anlagen zum Formwechselbericht (z. B. Entwurf des Formwechselbeschlusses, Entwurf des (zukünftigen) Gesellschaftsvertrages). Die Gesellschaft kann die Erteilung der Abschrift von dem Nachweis der Aktionärsstellung abhängig machen.[62] Sie hat die Kosten für die Erstellung und Übersendung der Abschriften zu tragen, nicht aber die Kosten für die Anforderung und den Nachweis der Aktionärsstellung.[63]

30 Die Übermittlung der Abschrift des Formwechselberichts kann gemäß § 230 Abs. 2 Satz 3 mit Einwilligung des (Kommandit-)Aktionärs bzw. des nicht geschäftsführungsbefugten persönlich haftenden Gesellschafters **im Wege elektronischer Kommunikation** erfolgen (z. B. als Datenanhang einer Email). Wie die Einwilligung seitens des (Kommandit-)Aktionärs bzw. des von der Geschäftsführung ausgeschlossenen persönlich haftenden Gesellschafters angesehen werden kann, ist gesetzlich nicht geregelt. Die Einwilligung kann vor diesem Hintergrund auch konkludent erfolgen. In der Praxis empfiehlt sich die Regelung dieser Frage in der Satzung.[64] Wenn im Einzelfall die individuelle Übermittlung an sämtliche (Kommandit-)Aktionäre und sämtliche nicht geschäftsführungsbefugte persönlich haftende Gesellschafter erfolgt, sollte der Formwechselbericht aus Vorsichtsgründen dennoch gemäß § 230 Abs. 2 Satz 1 ausgelegt werden, da sich § 230 Abs. 2 Satz 3 ausweislich des Wortlauts nur auf § 230 Abs. 2 Satz 2 bezieht.[65]

---

57) Vgl. *Dauner-Lieb/Tettinger* in: KölnKomm-UmwG, § 230 Rz. 32; Kallmeyer-*Blasche*, UmwG, § 230 Rz. 11.

58) Vgl. Lutter-*Göthel*, UmwG, § 230 Rz. 43; Semler/Stengel/Leonard-*Ihrig*, UmwG, § 230 Rz. 28.

59) Vgl. Widmann/Mayer-*Mayer*, UmwR, § 192 UmwG Rz. 16; *Petersen* in: KölnKomm-UmwG, § 230 Rz. 26; Kallmeyer-*Berger*, UmwG, § 192 Rz. 60.

60) Vgl. Lutter-*Hoger*, UmwG, § 192 Rz. 46; Kallmeyer-*Berger*, UmwG, § 192 Rz. 60.

61) Vgl. Lutter-*Göthel*, UmwG, § 230 Rz. 44; *Sparfeld* in: BeckOGK-UmwG, § 230 Rz. 22; Semler/Stengel/Leonard-*Ihrig*, UmwG, § 230 Rz. 30; Kallmeyer-*Blasche*, UmwG, § 230 Rz. 12.

62) Vgl. *Dauner-Lieb/Tettinger* in: KölnKomm-UmwG, § 230 Rz. 33; Lutter-*Göthel*, UmwG, § 230 Rz. 44; Semler/Stengel/Leonard-*Ihrig*, UmwG, § 230 Rz. 30.

63) Vgl. *Dauner-Lieb/Tettinger* in: KölnKomm-UmwG, § 230 Rz. 33; Semler/Stengel/Leonard-*Ihrig*, UmwG, § 230 Rz. 30.

64) Vgl. *Sparfeld* in: BeckOGK-UmwG, § 230 Rz. 22; Kallmeyer-*Blasche*, UmwG, § 230 Rz. 12.

65) Vgl. *Dauner-Lieb/Tettinger* in: KölnKomm-UmwG, § 230 Rz. 33a.

c) Zugänglichmachung über die Internetseite der Gesellschaft

31 Gemäß § 230 Abs. 2 Satz 4 kann der Formwechselbericht auch über die **Internetseite der Gesellschaft** zugänglich gemacht werden. In diesem Fall entfallen sowohl die Pflicht zur Auslegung des Formwechselberichts gemäß § 230 Abs. 2 Satz 1 als auch die Pflicht zur Übermittlung von Abschriften des Formwechselberichts gemäß § 230 Abs. 2 Satz 2. Dafür ist erforderlich, dass der Abruf des Formwechselberichts über die Internetseite der Gesellschaft ab der Einberufung für den gesamten Zeitraum bis zur Hauptversammlung (grundsätzlich)[66] **durchgängig** möglich ist; eine Beschränkung der Möglichkeit des Abrufs während der üblichen Geschäftszeiten der Gesellschaft scheidet aus.[67] Zudem muss der Formwechselbericht für den Durchschnittsaktionär ohne Weiteres auf der Internetseite auffindbar sein.[68] Dem genügt auch der auf der Internetseite der Gesellschaft leicht zu findende Verweis auf die Seite eines Dritten (z. B. HV-Dienstleister).[69] Nicht geregelt ist, in welchem **elektronischen Format** der Formwechselbericht auf der Internetseite abrufbar sein muss. In der Praxis ist die Gesellschaft gut beraten, die Einsichtnahme über die Internetseite zu erleichtern, so dass der Formwechselbericht z. B. (auch) als Druckfassung verfügbar sein sollte.[70]

IV. Verzicht

32 Die (Kommandit-)Aktionäre und die persönlich haftenden Gesellschafter können im Einzelfall auf die Einhaltung der Einberufungs- und Informationspflichten gemäß § 230 verzichten; ein genereller Verzicht (z. B. in der Satzung) ist unzulässig.[71] Der Verzicht muss – anders als der Verzicht auf die Erstattung des Formwechselberichts gemäß § 192 Abs. 2 Satz 2 – **nicht notariell beurkundet** werden.[72] In der Praxis empfiehlt sich, einen solchen Verzicht zumindest schriftlich festzuhalten, wenn er nicht – wie üblich – zusammen mit dem Formwechselbeschluss protokolliert wird.

V. Rechtsfolgen von Verstößen gegen § 230

33 Ob Mängel bei der Vorbereitung der Hauptversammlung zur Nichtigkeit oder zur Anfechtbarkeit des gefassten Formwechselbeschlusses führen, bestimmt sich nach **§§ 241 ff. AktG**. Dies gilt auch für die GmbH.[73]

34 **Nichtigkeit** tritt bei Einberufungsmängeln ein, wenn ein Verstoß gegen § 121 Abs. 2, Abs. 3 Satz 1 AktG oder § 121 Abs. 4 AktG vorliegt.[74] Dies ist insbesondere der Fall, wenn die Einberufung der Gesellschafter- bzw. Hauptversammlung gar nicht oder durch einen Unbefugten erfolgt; dasselbe gilt in der Regel auch, falls die Einberufung nicht in der erforder-

66) Vgl. Kallmeyer-*Blasche*, UmwG, § 230 Rz. 13 – kein Verstoß gegen § 230 Abs. 2 Satz 4 bei von der Gesellschaft unverschuldeter Unterbrechungen der Abrufbarkeit bzw. Unterbrechung aufgrund von Systemwartung.

67) Vgl. *Althoff/Narr* in: NK-UmwG, § 230 Rz. 21.

68) Vgl. *Dauner-Lieb/Tettinger* in: KölnKomm-UmwG, § 230 Rz. 33b; *Sparfeld* in: BeckOGK-UmwG, § 230 Rz. 24; Kallmeyer-*Blasche*, UmwG, § 230 Rz. 13; *J. Schmidt*, NZG 2008, 734, 735.

69) Vgl. *Dauner-Lieb/Tettinger* in: KölnKomm-UmwG, § 230 Rz. 33b.

70) Vgl. *Althoff/Narr* in: NK-UmwG, § 230 Rz. 21.

71) Vgl. *Sparfeld* in: BeckOGK-UmwG, § 230 Rz. 26; Semler/Stengel/Leonard-*Ihrig*, UmwG, § 230 Rz. 5; Kallmeyer-*Blasche*, UmwG, § 230 Rz. 14.

72) Vgl. Kallmeyer-*Blasche*, UmwG, § 230 Rz. 14.

73) Vgl. *Dauner-Lieb/Tettinger* in: KölnKomm-UmwG, § 230 Rz. 41; Lutter-*Göthel*, UmwG, § 230 Rz. 47; *Sparfeld* in: BeckOGK-UmwG, § 230 Rz. 27; Semler/Stengel/Leonard-*Ihrig*, UmwG, § 230 Rz. 33; Kallmeyer-*Blasche*, UmwG, § 230 Rz. 15; Noack/Servatius/Haas-*Noack*, GmbHG, Anh. § 47 Rz. 1.

74) Vgl. zusammenfassend *Koch*, AktG, § 241 Rz. 8 ff.

lichen Form erfolgt oder die Mindestangaben fehlen.[75] Verstöße gegen § 230 Abs. 1 und 2 führen in diesem Zusammenhang lediglich zur **Anfechtbarkeit** des Formwechselbeschlusses.

35 Einberufungsmängel können **geheilt** werden, wenn die Beschlüsse in einer Vollversammlung ohne Widerspruch gefasst werden.[76] Bei fristgerecht erhobener Anfechtungsklage greift die **Registersperre** gemäß § 198 Abs. 3 i. V. m. § 16 Abs. 1 und 2. Mit Eintragung des Formwechsels tritt hingegen Bestandsschutz des Formwechsels und eine Heilung möglicherweise gegebener Mängel ein.[77]

75) Vgl. *Sparfeld* in: BeckOGK-UmwG, § 230 Rz. 27; Semler/Stengel/Leonard-*Ihrig*, UmwG, § 230 Rz. 34.

76) Vgl. *Dauner-Lieb/Tettinger* in: KölnKomm-UmwG, § 230 Rz. 44; Lutter-*Göthel*, UmwG, § 230 Rz. 50 f.; *Sparfeld* in: BeckOGK-UmwG, § 230 Rz. 27; Semler/Stengel/Leonard-*Ihrig*, UmwG, § 230 Rz. 35; Kallmeyer-*Blasche*, UmwG, § 230 Rz. 15.

77) Vgl. Semler/Stengel/Leonard-*Ihrig*, UmwG, § 230 Rz. 37.

§ 231
Mitteilung des Abfindungsangebots*)

[1]Das Vertretungsorgan der formwechselnden Gesellschaft hat den Gesellschaftern oder Aktionären spätestens zusammen mit der Einberufung der Gesellschafterversammlung oder der Hauptversammlung, die den Formwechsel beschließen soll, das Abfindungsangebot nach § 207 zu übersenden. [2]Der Übersendung steht es gleich, wenn das Abfindungsangebot im Bundesanzeiger und den sonst bestimmten Gesellschaftsblättern bekanntgemacht wird.

*) § 231 geändert durch Art. 2 des Gesetzes zur Änderung von Vorschriften über Verkündung und Bekanntmachungen sowie der Zivilprozessordnung, des Gesetzes betreffend die Einführung der Zivilprozessordnung und der Abgabenordnung (BAnzDiG), v. 22.12.2011, BGBl. I 2011, 3044; § 231 i. d. F. des UmwBerG geändert durch Art. 8 des Gesetzes über elektronische Handelsregister und Genossenschaftsregister sowie das Unternehmensregister (EHUG), v. 10.11.2006, BGBl. I 2006, 2553.

Literatur: Siehe die Literaturangaben zu §§ 207, 230.

Übersicht

I. Norminhalt und Normzweck

1 Wie § 230 (siehe oben § 230 Rz. 1 [*Berjasevic*]) enthält auch § 231 **Ergänzungsregelungen** zu den Vorschriften des GmbH- bzw. Aktienrechts zur Einberufung der Gesellschafter- (§§ 49, 51 GmbHG) bzw. Hauptversammlung (§§ 121 ff., 278 Abs. 3, 286 Nr. 6 AktG). Die Vorschrift regelt die Mitteilung des **Abfindungsangebots gemäß § 207**.

2 Gemäß § 207 Abs. 1 Satz 2 hat der formwechselnde Rechtsträger jedem Anteilsinhaber, der gegen den Formwechselbeschluss Widerspruch zur Niederschrift erklärt, den Erwerb seiner umgewandelten Anteile oder Mitgliedschaften gegen eine angemessene Barabfindung

anzubieten. Da das Abfindungsangebot gemäß § 209 nur innerhalb einer bestimmten Frist angenommen werden kann, soll durch § 231 sichergestellt werden, dass die Anteilsinhaber **rechtzeitig** vor der über den Formwechsel beschließenden Gesellschafter- bzw. Hauptversammlung unmittelbaren **Zugang zu dem Abfindungsangebot** erhalten. Für nicht ausreichend hielt der Gesetzgeber in diesem Zusammenhang die bloße Verpflichtung zur Auslage des Abfindungsangebots in dem Geschäftsraum der formwechselnden Gesellschaft – selbst für den Fall, dass die Anteilsinhaber eine kostenlose Abschrift des Abfindungsangebots anfordern.[1]

II. Übersendung des Abfindungsangebots (§ 231 Satz 1)

1. Erforderlichkeit eines Abfindungsangebots

3 Die Mitteilungspflicht gemäß § 231 setzt voraus, dass die formwechselnde Kapitalgesellschaft ein **Abfindungsangebot gemäß § 207** unterbreiten muss. Eines solchen Angebots bedarf es gemäß § 194 Abs. 1 Nr. 6 nicht, wenn die formwechselnde Kapitalgesellschaft nur einen Gesellschafter hat oder wenn der Formwechsel der Zustimmung aller Gesellschafter bedarf. Letzteres ist nicht nur der Fall, wenn die Satzung der formwechselnden Kapitalgesellschaft für den Formwechselbeschluss Einstimmigkeit verlangt, sondern gemäß § 233 Abs. 1 auch dann, wenn der Formwechsel in die Rechtsform der GbR, oHG, EWIV oder der PartG erfolgen soll. Erforderlich ist ein Abfindungsangebot gemäß § 207 damit lediglich beim **Formwechsel in eine KG**, da hierüber gemäß § 233 Abs. 2 grundsätzlich mit qualifizierter Mehrheit beschlossen werden kann, so dass auch nur bei einem Formwechsel in eine KG die Vorgaben in § 231 relevant werden.

4 Eines Abfindungsangebot gemäß § 207 bedarf es auch dann nicht, wenn die Anteilsinhaber darauf in notariell beurkundeter Form **verzichten.**[2] Erforderlich ist, dass alle Gesellschafter bzw. (Kommandit-)Aktionäre der formwechselnden Kapitalgesellschaft einen solchen Verzicht erklären. Nicht erforderlich ist, dass auch der persönlich haftenden Gesellschafter der formwechselnden KGaA auf das Abfindungsangebot verzichtet, da diesem gemäß § 227 ohnehin kein Abfindungsangebot gemäß § 207 zu unterbreiten ist.[3] In der Praxis empfiehlt es sich – nicht zuletzt mit Blick auf das auch für die Verzichtserklärung zu beachtende Beurkundungserfordernis –, die Verzichtserklärungen in der über den Formwechsel beschließenden Gesellschafter- bzw. Hauptversammlung zu protokollieren. Allerdings muss dann auch sichergestellt sein, dass in der Gesellschafter- bzw. Hauptversammlung tatsächlich alle Gesellschafter bzw. (Kommandit-)Aktionäre auf das Abfindungsangebot verzichten.[4]

2. Zuständigkeit

5 Die Zuständigkeit für die Übersendung des Abfindungsangebots liegt gemäß § 231 Satz 1 beim **Vertretungsorgan** der formwechselnden Kapitalgesellschaft. Dessen Mitglieder müssen bei der Übersendung des Abfindungsangebots in **vertretungsberechtigter Anzahl** handeln.[5] Dies ergibt sich daraus, dass den Anteilsinhabern mit Übersendung des Abfindungsangebots ein Angebot zum Abschluss eines Vertrages, der die formwechselnden

1) Begr. Fraktionsentwurf UmwBerG, BT-Drucks. 12/6699, S. 153 f.

2) Vgl. *Dauner-Lieb/Tettinger* in: KölnKomm-UmwG, § 231 Rz. 6; Lutter-*Göthel*, UmwG, § 231 Rz. 8; *Sparfeld* in: BeckOGK-UmwG, § 231 Rz. 5; Semler/Stengel/Leonard-*Ihrig*, UmwG, § 231 Rz. 5; Kallmeyer-*Blasche*, UmwG, § 231 Rz. 3.

3) Vgl. *Dauner-Lieb/Tettinger* in: KölnKomm-UmwG, § 231 Rz. 6.

4) Vgl. *Sparfeld* in: BeckOGK-UmwG, § 231 Rz. 5; Kallmeyer-*Blasche*, UmwG, § 231 Rz. 3.

5) Vgl. *Dauner-Lieb/Tettinger* in: KölnKomm-UmwG, § 231 Rz. 8; wohl auch *Althoff/Narr* in: NK-UmwG, § 231 Rz. 4.

Kapitalgesellschaft bindet, unterbreitet wird.[6)] Vor diesem Hintergrund bleibt es selbst dann bei der Zuständigkeit des Vertretungsorgans für die Übersendung des Abfindungsangebots, wenn im Einzelfall die Einberufung zur Gesellschafter- bzw. Hauptversammlung, die über den Formwechsel beschließt, ausnahmsweise kraft Satzung einem anderen Organ bzw. Gesellschafter/(Kommandit-)Aktionär obliegt.[7)]

3. Adressat

6 Gemäß § 231 Satz 1 ist das Abfindungsangebot den **Gesellschaftern** bzw. **(Kommandit-) Aktionären** der formwechselnden Kapitalgesellschaft zu übersenden. Da persönlich haftenden Gesellschaftern einer formwechselnden KGaA gemäß § 227 kein Abfindungsangebot unterbreitet werden muss, ist nicht ersichtlich, warum ihnen dieses gemäß § 231 Satz 1 dennoch übermittelt werden sollte.[8)] Ein etwaiges Informationsinteresse am Inhalt des Abfindungsangebots können nicht nach § 207 berechtigte Anteilsinhaber durch Einsichtnahme in den Formwechselbericht, der das Abfindungsangebots als Teil des Formwechselbeschlusses enthält, befriedigen.[9)]

4. Frist

7 Das Abfindungsangebot ist gemäß § 231 Satz 1 **spätestens** zusammen mit der Einberufung der über den Formwechsel entscheidenden Gesellschafter- bzw. Hauptversammlung zu übersenden. Insbesondere bei der GmbH ist die gesetzliche Frist zur Einberufung der Gesellschafterversammlung mit nur einer Woche (§ 51 Abs. 1 Satz 2 GmbHG) relativ knapp bemessen. Falls der Gesellschaftsvertrag der formwechselnden GmbH keine längere Einberufungsfrist vorsieht, sollte das Abfindungsangebot daher bereits vor der Einberufung der Gesellschafterversammlung erfolgen, um den Gesellschaftern eine angemessene Prüfung des Abfindungsangebots zu ermöglichen.[10)] Zumindest sollte sichergestellt werden, dass die Gesellschafter über den geplanten Formwechsel (und das Abfindungsangebot) nicht erst nach dem Betriebsrat, dem der Entwurf des Formwechselbeschlusses gemäß § 194 Abs. 2 spätestens einen Monat vor dem Tag der Beschlussfassung zugeleitet werden muss, unterrichtet werden (siehe oben § 230 Rz. 13 [*Berjasevic*]). Eine Rechtspflicht zur Vorabübersendung des Abfindungsangebots besteht allerdings nicht.[11)]

5. Form

8 § 231 Satz 1 regelt nicht, in welcher **Form** die Übersendung des Abfindungsangebots zu erfolgen hat. Teilweise wird vertreten, dass in Analogie zu § 51 Abs. 1 Satz 1 GmbHG bzw. § 121 Abs. 4 Satz 2 AktG die Übersendung mittels eingeschriebenen Briefs zu erfolgen habe.[12)] Die h. M. geht zu Recht davon aus, dass für die Übersendung des Abfindungsan-

6) Vgl. *Dauner-Lieb/Tettinger* in: KölnKomm-UmwG, § 231 Rz. 8; Kallmeyer-*Blasche*, UmwG, § 231 Rz. 6.

7) Vgl. *Dauner-Lieb/Tettinger* in: KölnKomm-UmwG, § 231 Rz. 8; Semler/Stengel/Leonard-*Ihrig*, UmwG, § 231 Rz. 7.

8) Vgl. Widmann/Mayer-*Vossius*, UmwR, § 231 UmwG Rz. 8; *Dauner-Lieb/Tettinger* in: KölnKomm-UmwG, § 231 Rz. 9; *Sparfeld* in: BeckOGK-UmwG, § 231 Rz. 15.

9) Vgl. *Dauner-Lieb/Tettinger* in: KölnKomm-UmwG, § 231 Rz. 9.

10) Vgl. *Dauner-Lieb/Tettinger* in: KölnKomm-UmwG, § 231 Rz. 14; Lutter-*Göthel*, UmwG, § 231 Rz. 3; *Sparfeld* in: BeckOGK-UmwG, § 231 Rz. 17; Semler/Stengel/Leonard-*Ihrig*, UmwG, § 231 Rz. 10; Kallmeyer-*Blasche*, UmwG, § 231 Rz. 4.

11) Vgl. Semler/Stengel/Leonard-*Ihrig*, UmwG, § 231 Rz. 10; so wohl auch Lutter-*Göthel*, UmwG, § 231 Rz. 3.

12) Vgl. Semler/Stengel/Leonard-*Ihrig*, UmwG, § 231 Rz. 9.

gebots Textform gemäß § 126b BGB ausreicht.[13)] Zwar kann die Übersendung des Abfindungsangebots mittels eingeschriebenen Briefs zweckmäßig sein, wenn sie gemeinsam mit der Einberufung der Gesellschafter- bzw. Hauptversammlung erfolgt und die Einberufung durch eingeschriebenen Brief erfolgt. Rechtlich zwingend ist dies jedoch nicht.

Die Übersendung des Abfindungsangebots gemäß § 231 Satz 1 setzt voraus, dass die **Namen** sämtlicher Adressaten bekannt sind; zusätzlich müssen die für die Einhaltung des Textformerfordernisses erforderlichen **Kontaktdaten** sämtlicher Adressaten bekannt sein (z. B. Anschrift, Email-Adresse). Ist dies nicht der Fall, kommt nur die Bekanntmachung des Abfindungsangebots gemäß § 231 Satz 2 in Betracht. 9

6. Entbehrlichkeit der Übersendung

Erfolgt eine **Übersendung des Formwechselberichts** an die Gesellschafter gemäß § 230 Abs. 1, stellt sich die Frage, ob es einer eigenen Mitteilung des Abfindungsangebots bedarf, da das Abfindungsangebot als Bestandteil des Entwurfs des Formwechselbeschlusses (§ 194 Abs. 1 Nr. 6) bereits im Formwechselbericht (§ 192 Abs. 1 Satz 3) zu finden ist. Dasselbe gilt, wenn das Abfindungsangebot in der **Bekanntmachung des Formwechselbeschlusses** gemäß § 124 Abs. 2 Satz 2 AktG veröffentlicht wird. Teilweise wird in diesen Fällen eine eigene Mitteilung des Abfindungsangebots gemäß § 231 für entbehrlich gehalten.[14)] Berechtigterweise wird hiergegen eingewandt, dass die Übersendung des Formwechselberichts ebenso wie die Bekanntmachung des Formwechselbeschlusses lediglich der Information der Gesellschafter bzw. (Kommandit-)Aktionäre dient. Diese Vorgänge sind nicht ohne Weiteres als rechtsgeschäftliche Willenserklärung der formwechselnden Kapitalgesellschaft zur Abgabe eines Abfindungsangebots an die Abfindungsberechtigten zu bewerten.[15)] Daher sollte in der Praxis – nicht zuletzt mit Blick auf den vergleichsweise geringen Aufwand – immer (zusätzlich) auch eine Übersendung des Abfindungsangebots gemäß § 231 durchgeführt werden.[16)] 10

III. Bekanntmachung des Abfindungsangebots (§ 231 Satz 2)

Einer Übersendung des Abfindungsangebots bedarf es gemäß § 231 Satz 2 nicht, wenn das Abfindungsangebot im **Bundesanzeiger** oder den sonst bestimmten Gesellschaftsblättern bekannt gemacht wird. Eine Bekanntmachung des Abfindungsangebots im Bundesanzeiger bzw. den sonstigen Gesellschaftsblättern bietet sich insbesondere dann an, wenn die Kapitalgesellschaft über eine Vielzahl von Gesellschaftern verfügt.[17)] Alternativlos ist die Bekanntmachung des Abfindungsangebots im Bundesanzeiger bzw. den sonstigen Gesellschaftsblättern, wenn die Kapitalgesellschaft nicht die Kontaktdaten sämtlicher Gesellschafter bzw. (Kommandit-)Aktionäre kennt.[18)] 11

13) Vgl. *Sparfeld* in: BeckOGK-UmwG, § 231 Rz. 12; Kallmeyer-*Blasche*, UmwG, § 231 Rz. 5; Schmitt/Hörtnagl-*Rinke*, UmwG/UmwStG, § 226 UmwG Rz. 2; Henssler/Strohn-*Drinhausen/Keinath*, GesR, § 231 UmwG Rz. 2; ähnl. *Dauner-Lieb/Tettinger* in: KölnKomm-UmwG, § 231 Rz. 12.

14) Vgl. Widmann/Mayer-*Vossius*, UmwR, § 231 UmwG Rz. 2; *Sparfeld* in: BeckOGK-UmwG, § 231 Rz. 10; Schmitt/Hörtnagl-*Rinke*, UmwG/UmwStG, § 226 UmwG Rz. 1; wohl auch Lutter-*Göthel*, UmwG, § 231 Rz. 4.

15) Vgl. *Dauner-Lieb/Tettinger* in: KölnKomm-UmwG, § 231 Rz. 15.

16) Vgl. Kallmeyer-*Blasche*, UmwG, § 231 Rz. 7.

17) Vgl. Lutter-*Göthel*, UmwG, § 231 Rz. 4.

18) Vgl. Lutter-*Göthel*, UmwG, § 231 Rz. 4; Schmitt/Hörtnagl-*Rinke*, UmwG/UmwStG, § 226 UmwG Rz. 2, Rz. 9.

IV. Verzicht

12 Wenn die Gesellschafter bzw. (Kommandit-)Aktionäre nicht auf das Abfindungsangebot gemäß § 207 verzichten, können sie zumindest auf die Einhaltung der **Form- und Fristvorschriften** zur Mitteilung des Abfindungsanspruchs gemäß § 231 verzichten.[19] Eine Form ist hierfür – im Unterschied zum Verzicht auf das Abfindungsangebot (siehe oben Rz. 4) – nicht erforderlich.[20] In der Praxis empfiehlt sich zu Dokumentationszwecken zumindest eine textliche Fixierung. Wird auf „sämtliche Formen und Fristen der Einberufung und Ankündigung der Gesellschafterversammlung" verzichtet, liegt hierin auch ein Verzicht auf die Zuleitung des Abfindungsangebots gemäß § 231.[21]

V. Rechtsfolgen bei Verstößen gegen § 231

13 Verstöße gegen § 231 begründen einen Mangel des Formwechselbeschlusses. Allerdings berechtigen diese gemäß § 210 nicht zur Anfechtung des Formwechselbeschlusses; vielmehr ist die Verletzung der Pflichten aus § 231 allein i. R. des **Spruchverfahrens** geltend zu machen.[22]

19) Vgl. Widmann/Mayer-*Vossius*, UmwR, § 231 UmwG Rz. 15 ff.; *Dauner-Lieb/Tettinger* in: KölnKomm-UmwG, § 231 Rz. 7; *Sparfeld* in: BeckOGK-UmwG, § 231 Rz. 19; Kallmeyer-*Blasche*, UmwG, § 231 Rz. 3.

20) Vgl. Widmann/Mayer-*Vossius*, UmwR, § 231 UmwG Rz. 17; *Sparfeld* in: BeckOGK-UmwG, § 231 Rz. 19.

21) Vgl. Widmann/Mayer-*Vossius*, UmwR, § 231 UmwG Rz. 21; *Sparfeld* in: BeckOGK-UmwG, § 231 Rz. 19.

22) Vgl. *Dauner-Lieb/Tettinger* in: KölnKomm-UmwG, § 231 Rz. 16; Lutter-*Göthel*, UmwG, § 231 Rz. 9; *Sparfeld* in: BeckOGK-UmwG, § 231 Rz. 20 ff.; Semler/Stengel/Leonard-*Ihrig*, UmwG, § 231 Rz. 10; Kallmeyer-*Blasche*, UmwG, § 231 Rz. 4; Henssler/Strohn-*Drinhausen/Keinath*, GesR, § 231 UmwG Rz. 9; a. A. Widmann/Mayer-*Vossius*, UmwR, § 231 UmwG Rz. 22.

§ 232

Durchführung der Versammlung der Anteilsinhaber*)

(1) [1]In der Gesellschafterversammlung oder in der Hauptversammlung, die den Formwechsel beschließen soll, ist der Formwechselbericht auszulegen. [2]In der Hauptversammlung kann der Formwechselbericht auch auf andere Weise zugänglich gemacht werden.

(2) Der Entwurf des Formwechselbeschlusses einer Aktiengesellschaft oder einer Kommanditgesellschaft auf Aktien ist von deren Vertretungsorgan zu Beginn der Verhandlung mündlich zu erläutern.

*) § 232 geändert durch Art. 1 des Gesetzes zur Umsetzung der Umwandlungsrichtlinie und zur Änderung weiterer Gesetze, v. 22.2.2023 (UmRUG), BGBl. I 2023, Nr. 51; § 232 i. d. F. des UmwBerG geändert durch Art. 4 des Gesetzes zur Umsetzung der Aktionärsrechterichtlinie (ARUG), v. 30.7.2009, BGBl. I 2009, 2479.

Literatur: *Schmidt, J.*, Die Änderung der umwandlungsrechtlichen Informationspflichten durch das ARUG, NZG 2008, 734; *Windbichler*, Die Rechte der Hauptversammlung bei Unternehmenszusammenschlüssen durch Vermögensübertragung, AG 1981, 169.

Übersicht

I. Norminhalt

§ 232 enthält spezifische Regelungen über die **Information der Gesellschafter bzw- (Kommandit-)Aktionäre** während der Gesellschafter- bzw. Hauptversammlung, die den Formwechsel beschließen soll. § 232 Abs. 1 gilt für alle Kapitalgesellschaften und sieht vor, dass während der Gesellschafter- bzw. Hauptversammlung der Formwechselbericht auszulegen ist. § 232 Abs. 2 betrifft nur die AG bzw. KGaA und verpflichtet das jeweilige Vertretungsorgan, den Formwechselbeschluss zu Beginn der Verhandlung zu erörtern. 1

§ 232 ist im **Kontext zu den sonstigen Informationsrechten** der Gesellschafter bzw. (Kommandit-)Aktionäre im Zusammenhang mit den Formwechsel zu sehen. Während §§ 230, 231 die Unterrichtung der Gesellschafter bzw. (Kommandit-)Aktionäre im Vorfeld der Gesellschafter- bzw. Hauptversammlung regelt, fokussiert § 232 Informationen, die **während der Gesellschafter- bzw. Hauptversammlung** zur Verfügung gestellt werden müssen. Die Verpflichtung zur Auslegung des Formwechselberichts gemäß § 232 Abs. 1 gilt zusätzlich zu der Verpflichtung, den Formwechselbericht an die GmbH-Gesellschafter zu übersenden (gemäß § 230 Abs. 1), während sie bei der AG bzw. KGaA die bereits bestehende Verpflichtung zur Auslegung des Formwechselberichts im Geschäftsraum der Gesellschaft (§ 230 Abs. 2) für den Zeitraum der Hauptversammlung fortsetzt. Die Pflicht gemäß § 232 Abs. 2, den Entwurf des Formwechselbeschlusses zu erläutern, gilt nur für die AG bzw. KGaA. Bei der GmbH können die Gesellschafter entsprechende Erläuterungen i. R. ihres allgemeinen Auskunfts- und Einsichtsrechts gemäß § 51a GmbHG verlangen. 2

II. Auslegung des Formwechselberichts (§ 232 Abs. 1)

Gemäß § 232 Abs. 1 Satz 1 ist in der Gesellschafter- bzw. Hauptversammlung, die den Formwechsel beschließen soll, der **Formwechselbericht** auszulegen. Nicht vorgesehen ist die Auslegung des Prüfungsberichts über die Angemessenheit des vorgesehenen Barabfindungsangebots.[1] Auskünfte hierzu können Gesellschafter bzw. (Kommandit-)Aktionäre i. R. ihrer allgemeinen Auskunfts- und Einsichtsrechte gemäß § 51a GmbHG bzw. § 131 AktG verlangen.[2] 3

Die Pflicht zur Auslegung des Formwechselberichts gilt für die gesamte Dauer der Gesellschafter- bzw. Hauptversammlung, d. h. ab **Versammlungsbeginn bis Versammlungsende.**[3] Die Ansicht, die die Pflicht zur Auslegung des Formwechselberichts bereits mit Beschlussfassung enden lassen will,[4] verkennt, dass Aktionäre ihren Widerspruch zum Formwechselbeschluss gemäß § 245 Abs. 1 Nr. 1 AktG bis zum Versammlungsende erklären können und bis zum diesem Zeitpunkt daher auch Zugang zum Formwechselbericht haben sollten.[5] 4

1) Vgl. Widmann/Mayer-*Vossius*, UmwR, § 232 UmwG Rz. 9; *Dauner-Lieb/Tettinger* in: KölnKomm-UmwG, § 232 Rz. 7; Lutter-*Göthel*, UmwG, § 232 Rz. 3; *Sparfeld* in: BeckOGK-UmwG, § 232 Rz. 6; Semler/Stengel/Leonard-*Ihrig*, UmwG, § 232 Rz. 6; Kallmeyer-*Blasche*, UmwG, § 232 Rz. 3; Schmitt/Hörtnagl-*Rinke*, UmwG/UmwStG, § 232 UmwG Rz. 1.

2) Vgl. *Dauner-Lieb/Tettinger* in: KölnKomm-UmwG, § 232 Rz. 7; Lutter-*Göthel*, UmwG, § 232 Rz. 3; *Sparfeld* in: BeckOGK-UmwG, § 232 Rz. 6.

3) Vgl. *Dauner-Lieb/Tettinger* in: KölnKomm-UmwG, § 232 Rz. 7; *Sparfeld* in: BeckOGK-UmwG, § 232 Rz. 5; Kallmeyer-*Blasche*, UmwG, § 232 Rz. 2; Schmitt/Hörtnagl-*Rinke*, UmwG/UmwStG, § 232 UmwG Rz. 1.

4) Vgl. Widmann/Mayer-*Vossius*, UmwR, § 232 UmwG Rz. 12.

5) Vgl. *Dauner-Lieb/Tettinger* in: KölnKomm-UmwG, § 232 Rz. 7.

5 Der Formwechselbericht muss **physisch** ausliegen. Dabei genügt die Auslegung von Druckexemplaren.[6] Je nach Anzahl der Gesellschafter bzw. (Kommandit-)Aktionäre kann die Auslegung mehrerer Exemplare notwendig sein, um den Gesellschaftern bzw. (Kommandit-)Aktionären die Einsichtnahme in den Formwechselbericht während der Gesellschafter- bzw. Hauptversammlung zu ermöglichen.[7] Bei der AG bzw. KGaA besteht gemäß § 232 Abs. 1 Satz 2 daneben die Möglichkeit, den Formwechselbericht **auf andere Weise** zugänglich zu machen. In Betracht kommen hierfür z. B. vor Ort aufgestellte Monitore, auf denen der Formwechselbericht einsehbar ist;[8] nicht ausreichend ist dagegen die während der Gesellschafter- bzw. Hauptversammlung bestehende Möglichkeit, den Formwechselbericht im Internet abzurufen.[9] Findet die Hauptversammlung virtuell statt, gelten für die Auslegung des Formwechselberichts die Vorgaben in § 118a Abs. 6 AktG.[10] Danach ist der Formwechselbericht während des Zeitraums der Versammlung über die Internetseite der Gesellschaft oder eine über diese zugängliche Internetseite eines Dritten zugänglich zu machen.

III. Erläuterung des Formwechselbeschlusses (§ 232 Abs. 2)

1. Anwendungsbereich

6 Gemäß § 232 Abs. 2 ist der Entwurf des Formwechselbeschlusses einer **AG bzw. KGaA** von deren Vertretungsorgan zu Beginn der Verhandlung mündlich zu erläutern. Für die GmbH fehlt eine entsprechende Regelung.

2. Zuständigkeit

7 Für die Erläuterung des Formwechselbeschlusses zuständig ist das Vertretungsorgan der AG bzw. KGaA, d. h. der **Vorstand** bei der AG oder der geschäftsführungsbefugte **persönlich haftende Gesellschafter** bei der KGaA. Welches Organmitglied die Erläuterung des Formwechselbeschlusses konkret übernimmt, ist der Entscheidung des Vertretungsorgans überlassen. Möglich ist grundsätzlich sogar eine Delegation auf Dritte (z. B. Wirtschaftsprüfer, beurkundender Notar). Allerdings ist die Delegation auf Dritte nur insoweit zulässig, als es nicht um Kernelemente des Formwechselbeschlusses (z. B. strategische und wirtschaftliche Gründe für den Formwechsel) geht;[11] diese sind zwingend vom Vertretungsorgan zu erläutern.

3. Zeitpunkt

8 Die Erläuterung muss zu **Beginn der Verhandlung** erfolgen. Gemeint ist damit nicht der Beginn der Hauptversammlung, sondern der Beginn der Verhandlung des Tagesordnungs-

6) Vgl. Widmann/Mayer-*Vossius*, UmwR, § 232 UmwG Rz. 11; *Dauner-Lieb/Tettinger* in: KölnKomm-UmwG, § 232 Rz. 6.

7) Vgl. *Dauner-Lieb/Tettinger* in: KölnKomm-UmwG, § 232 Rz. 6.

8) Vgl. Widmann/Mayer-*Vossius*, UmwR, § 232 UmwG Rz. 11; *Dauner-Lieb/Tettinger* in: KölnKomm-UmwG, § 232 Rz. 6; Lutter-*Göthel*, UmwG, § 232 Rz. 2; *Sparfeld* in: BeckOGK-UmwG, § 232 Rz. 7; Kallmeyer-*Blasche*, UmwG, § 232 Rz. 2.

9) Vgl. Lutter-*Göthel*, UmwG, § 232 Rz. 2; *Sparfeld* in: BeckOGK-UmwG, § 232 Rz. 7; Schmitt/Hörtnagl-*Rinke*, UmwG/UmwStG, § 232 UmwG Rz. 1; *J. Schmidt*, NZG 2008, 734, 735.

10) Vgl. *Dauner-Lieb/Tettinger* in: KölnKomm-UmwG, § 232 Rz. 6a; Lutter-*Göthel*, UmwG, § 232 Rz. 2a.

11) Vgl. Widmann/Mayer-*Vossius*, UmwR, § 232 UmwG Rz. 25; *Dauner-Lieb/Tettinger* in: KölnKomm-UmwG, § 232 Rz. 9; *Sparfeld* in: BeckOGK-UmwG, § 232 Rz. 12; Semler/Stengel/Leonard-*Ihrig*, UmwG, § 232 Rz. 11; *Althoff/Narr* in: NK-UmwG, § 232 Rz. 13; Kallmeyer-*Blasche*, UmwG, § 232 Rz. 3.

punkts Formwechsel.[12] Zu Beginn der Verhandlung erfolgt die Erläuterung auch dann, wenn vor Eintritt in die Generaldebatte berichtet wird.[13]

4. Inhalt

Der Formwechsel ist bereits gemäß § 192 Abs. 1 Satz 1 im Formwechselbericht rechtlich 9
und wirtschaftlich zu erläutern und zu begründen. Die mündliche Erläuterungspflicht gemäß § 232 Abs. 2 hat sich hieran zu orientieren. Der Umfang der Erläuterungen des Formwechselbeschlusses in der Hauptversammlung kann daher nicht über den Umfang des Formwechselberichts hinausgehen.[14] Zudem brauchen die Details des Formwechselberichts auch nicht noch einmal in der Hauptversammlung wiederholt zu werden. Vielmehr genügt es den Anforderungen des § 232 Abs. 2, wenn das Vertretungsorgan den **wesentlichen Inhalt des Formwechselberichts** in verständlicher Form zusammenfasst.[15] Dabei reichen knappe und stichpunktartige Ausführungen in der Regel aus.[16] Zu erläutern sind insbesondere die rechtlichen und wirtschaftlichen Gründe für den angestrebten Formwechsel, Bewertungsfragen und das Abfindungsangebot.[17] Ebenfalls zu erläutern sind etwaig eingetretene Veränderungen seit Abfassung des Formwechselberichts.[18] Weitere Informationen können sich die Aktionäre durch Ausübung ihres Fragerechts verschaffen.[19] Nicht zu folgen ist schließlich der Ansicht, wonach die Anforderungen an die mündlichen Erläuterungen umso niedriger sind, je mehr schriftliches Informationsmaterial den Aktionären zur Verfügung gestellt wird.[20]

IV. Allgemeine Auskunftsrechte

Die allgemeinen Auskunftsrechte der Gesellschafter bzw. (Kommandit-)Aktionäre gemäß 10
§ 51a GmbHG bzw. § 131 AktG bleiben **unberührt.**[21] Von besonderer Relevanz ist in diesem Zusammenhang das Auskunftsrecht der GmbH-Gesellschafter gemäß § 51a GmbHG, da diese keinen Anspruch auf mündliche Erläuterung des Formwechselbeschlusses gemäß § 232 Abs. 2 haben. Der Anspruch aus § 51a GmbH ist weit zu verstehen und umfasst u. a. auch die wirtschaftlichen und rechtlichen Hintergründe eines geplanten Formwechsels, das Barabfindungsangebot nebst Bewertungsmethode und die Ergebnisse des Prüfungsbe-

12) Vgl. Widmann/Mayer-*Vossius*, UmwR, § 232 UmwG Rz. 21; *Dauner-Lieb/Tettinger* in: KölnKomm-UmwG, § 232 Rz. 10; *Sparfeld* in: BeckOGK-UmwG, § 232 Rz. 11.

13) Vgl. Widmann/Mayer-*Vossius*, UmwR, § 232 UmwG Rz. 21; *Sparfeld* in: BeckOGK-UmwG, § 232 Rz. 11; Semler/Stengel/Leonard-*Ihrig*, UmwG, § 232 Rz. 8; Kallmeyer-*Blasche*, UmwG, § 232 Rz. 3.

14) Vgl. Lutter-*Göthel*, UmwG, § 232 Rz. 5; *Sparfeld* in: BeckOGK-UmwG, § 232 Rz. 9; Semler/Stengel/Leonard-*Ihrig*, UmwG, § 232 Rz. 9.

15) Vgl. Widmann/Mayer-*Vossius*, UmwR, § 232 UmwG Rz. 17; *Dauner-Lieb/Tettinger* in: KölnKomm-UmwG, § 232 Rz. 11; Lutter-*Göthel*, UmwG, § 232 Rz. 5; *Sparfeld* in: BeckOGK-UmwG, § 232 Rz. 9; Semler/Stengel/Leonard-*Ihrig*, UmwG, § 232 Rz. 9; Kallmeyer-*Blasche*, UmwG, § 232 Rz. 4.

16) Vgl. Henssler/Strohn-*Drinhausen/Keinath*, GesR, § 232 UmwG Rz. 4.

17) Vgl. Lutter-*Göthel*, UmwG, § 232 Rz. 11; Semler/Stengel/Leonard-*Ihrig*, UmwG, § 232 Rz. 9; Kallmeyer-*Blasche*, UmwG, § 232 Rz. 4.

18) Vgl. *Dauner-Lieb/Tettinger* in: KölnKomm-UmwG, § 232 Rz. 14; Lutter-*Göthel*, UmwG, § 232 Rz. 10; *Sparfeld* in: BeckOGK-UmwG, § 232 Rz. 10; Semler/Stengel/Leonard-*Ihrig*, UmwG, § 232 Rz. 9.

19) Vgl. Lutter-*Göthel*, UmwG, § 232 Rz. 8; *Sparfeld* in: BeckOGK-UmwG, § 232 Rz. 9; Kallmeyer-*Blasche*, UmwG, § 232 Rz. 4.

20) So Widmann/Mayer-*Vossius*, UmwR, § 232 UmwG Rz. 28; wie hier *Sparfeld* in: BeckOGK-UmwG, § 232 Rz. 9; Semler/Stengel/Leonard-*Ihrig*, UmwG, § 232 Rz. 10.

21) Vgl. *Dauner-Lieb/Tettinger* in: KölnKomm-UmwG, § 232 Rz. 16; Lutter-*Göthel*, UmwG, § 232 Rz. 10; *Sparfeld* in: BeckOGK-UmwG, § 232 Rz. 13; Semler/Stengel/Leonard-*Ihrig*, UmwG, § 232 Rz. 12; *Althoff/Narr* in: NK-UmwG, § 232 Rz. 14; Kallmeyer-*Blasche*, UmwG, § 232 Rz. 5.

richts.[22] Zu allen diesen Punkten kann anlässlich der Beschlussfassung über den Formwechsel Auskunft von den GmbH-Geschäftsführern verlangt werden. Das Auskunfts- und Fragerecht der (Kommandit-)Aktionäre gemäß § 131 AktG wird in der Praxis in diesem Zusammenhang hauptsächlich für Nachfragen zu den Erläuterungen des Vorstands bzw. des persönlich haftenden Gesellschafters gemäß § 232 Abs. 2 genutzt.

V. Verzicht

11 Die Gesellschafter bzw. (Kommandit-)Aktionäre können gemäß § 192 Abs. 1 Satz 1 auf den **Formwechselbericht** verzichten. Tun sie dies – in notariell beurkundeter Form gemäß § 192 Abs. 1 Satz 1 –, entfällt die Pflicht zur Auslegung des Formwechselberichts gemäß § 232 Abs. 1.

12 Daneben können die Gesellschafter bzw. (Kommandit-)Aktionäre auch auf die **Einhaltung der Informationspflichten** gemäß § 232 verzichten.[23] Der Verzicht ist formfrei möglich.[24] Er kann auch konkludent erfolgen, z. B. wenn die Gesellschafter bzw. (Kommandit-)Aktionäre in der Versammlung auf die Einhaltung sämtlicher Formalia verzichten; dasselbe gilt für die Fassung des Formwechselbeschlusses ohne Rüge des Mangels.[25] Ein genereller Verzicht auf die Einhaltung der Informationspflichten gemäß § 232 in der Satzung ist nicht zulässig.[26]

VI. Rechtsfolgen bei Verstößen gegen § 232

13 Bei Verstößen gegen die Informationspflichten gemäß § 232 greifen die **allgemeinen Rechtsfolgen**. Beschlüsse, die unter Verstoß gegen § 232 gefasst werden, sind danach grundsätzlich anfechtbar; dies gilt gleichermaßen für Verstöße gegen die Pflicht zur Auslegung des Formwechselberichts gemäß § 232 Abs. 1 wie auch für Verstöße gegen die Pflicht zur Erläuterung des Formwechselbeschlusses gemäß § 232 Abs. 2. Im letzteren Fall ist die Geltendmachung des Verstoßes allerdings ausgeschlossen, wenn kein (Kommandit-)Aktionär den Versuch unternommen hat, die unzureichenden Erläuterungen durch Ausübung des Auskunfts- und Fragerechts gemäß § 131 AktG ergänzen zu lassen.[27] Eine Anfechtung des Formwechselbeschlusses ist gemäß § 210 ebenfalls ausgeschlossen, wenn der Mangel in der fehlerhaften Erläuterung des Barabfindungsangebots liegt; in diesem Fall ist der (Kommandit-)Aktionär auf das Spruchverfahren verwiesen.[28]

---

22) Vgl. Semler/Stengel/Leonard-*Ihrig*, UmwG, § 232 Rz. 14.

23) Vgl. Widmann/Mayer-*Vossius*, UmwR, § 232 UmwG Rz. 29; *Dauner-Lieb/Tettinger* in: KölnKomm-UmwG, § 232 Rz. 18; Lutter-*Göthel*, UmwG, § 232 Rz. 15; *Sparfeld* in: BeckOGK-UmwG, § 232 Rz. 18; Semler/Stengel/Leonard-*Ihrig*, UmwG, § 232 Rz. 16; *Rose* in: HK-UmwG, § 232 Rz. 1.

24) Vgl. Widmann/Mayer-*Vossius*, UmwR, § 232 UmwG Rz. 29; Lutter-*Göthel*, UmwG, § 232 Rz. 15.

25) Vgl. Widmann/Mayer-*Vossius*, UmwR, § 232 UmwG Rz. 30 f.; Lutter-*Göthel*, UmwG, § 232 Rz. 15; *Sparfeld* in: BeckOGK-UmwG, § 232 Rz. 18; Semler/Stengel/Leonard-*Ihrig*, UmwG, § 232 Rz. 16; Kallmeyer-*Blasche*, UmwG, § 232 Rz. 2.

26) Vgl. Widmann/Mayer-*Vossius*, UmwR, § 232 UmwG Rz. 29; *Dauner-Lieb/Tettinger* in: KölnKomm-UmwG, § 232 Rz. 18; Lutter-*Göthel*, UmwG, § 232 Rz. 15; *Sparfeld* in: BeckOGK-UmwG, § 232 Rz. 18; Semler/Stengel/Leonard-*Ihrig*, UmwG, § 232 Rz. 16; Henssler/Strohn *Drinhausen/Keinath*, GesR, § 232 UmwG Rz. 6.

27) Vgl. *Dauner-Lieb/Tettinger* in: KölnKomm-UmwG, § 232 Rz. 19; Lutter-*Göthel*, UmwG, § 232 Rz. 8; *Sparfeld* in: BeckOGK-UmwG, § 232 Rz. 17; Kallmeyer-*Blasche*, UmwG, § 232 Rz. 8.

28) Vgl. *Dauner-Lieb/Tettinger* in: KölnKomm-UmwG, § 232 Rz. 19; Semler/Stengel/Leonard-*Ihrig*, UmwG, § 232 Rz. 20; Kallmeyer-*Blasche*, UmwG, § 232 Rz. 8.

§ 233
Beschluß der Versammlung der Anteilsinhaber*)

(1) Der Formwechselbeschluss der Gesellschafterversammlung oder der Hauptversammlung bedarf, wenn die formwechselnde Gesellschaft die Rechtsform einer Gesellschaft des bürgerlichen Rechts, einer offenen Handelsgesellschaft oder einer Partnerschaftsgesellschaft erlangen soll, der Zustimmung aller anwesenden Gesellschafter oder Aktionäre; ihm müssen auch die nicht erschienenen Anteilsinhaber zustimmen.

(2) [1]Soll die formwechselnde Gesellschaft in eine Kommanditgesellschaft umgewandelt werden, so bedarf der Formwechselbeschluss einer Mehrheit von mindestens drei Vierteln der bei der Gesellschafterversammlung einer Gesellschaft mit beschränkter Haftung abgegebenen Stimmen oder des bei der Beschlußfassung einer Aktiengesellschaft oder einer Kommanditgesellschaft auf Aktien vertretenen Grundkapitals; § 50 Abs. 2 und § 65 Abs. 2 sind entsprechend anzuwenden. [2]Der Gesellschaftsvertrag oder die Satzung der formwechselnden Gesellschaft kann eine größere Mehrheit und weitere Erfordernisse bestimmen. [3]Dem Formwechsel müssen alle Gesellschafter oder Aktionäre zustimmen, die in der Kommanditgesellschaft die Stellung eines persönlich haftenden Gesellschafters haben sollen.

(3) [1]Dem Formwechsel einer Kommanditgesellschaft auf Aktien müssen ferner deren persönlich haftende Gesellschafter zustimmen. [2]Die Satzung der formwechselnden Gesellschaft kann für den Fall des Formwechsels in eine Kommanditgesellschaft eine Mehrheitsentscheidung dieser Gesellschafter vorsehen. [3]Jeder dieser Gesellschafter kann sein Ausscheiden aus dem Rechtsträger für den Zeitpunkt erklären, in dem der Formwechsel wirksam wird.

*) § 233 geändert durch Art. 1 des Gesetzes zur Umsetzung der Umwandlungsrichtlinie und zur Änderung weiterer Gesetze, v. 22.2.2023 (UmRUG), BGBl. I 2023, Nr. 51; § 233 i. d. F. des UmwBerG geändert durch Art. 1 des Gesetzes zur Änderung des Umwandlungsgesetzes, des Partnerschaftsgesellschaftsgesetzes und anderer Gesetze (UmwGÄndG), v. 22.7.1998, BGBl. I 1998, 1878.

Literatur: *Kiem*, Die Stellung der Vorzugsaktionäre bei Umwandlungsmaßnahmen, ZIP 1997, 1627.

Übersicht

I. Norminhalt, Normzweck und Normentwicklung

1 § 233 regelt die **Mehrheits- und Zustimmungserfordernisse** beim Formwechsel einer Kapitalgesellschaft in eine Personengesellschaft. Die Vorschrift ergänzt dabei § 193, der zwar das Beschlusserfordernis für den Formwechsel, allerdings keine Vorgaben zu den Mehrheitserfordernissen normiert. § 233 beruht auf dem **Leitgedanken**, dass den Anteilsinhabern der formwechselnden Kapitalgesellschaft die Übernahme der persönlichen Haftung in der Personengesellschaft nicht aufgezwungen werden darf.[1]

2 Vor diesem Hintergrund verlangt § 233 Abs. 1 für den **Formwechsel in eine GbR, oHG oder PartG** die Zustimmung sämtlicher bei der Beschlussfassung anwesenden Gesellschafter oder (Kommandit-)Aktionäre der formwechselnden Kapitalgesellschaft – einschließlich der rechtsgeschäftlichen Zustimmung der bei der Beschlussfassung nicht erschienenen Anteilsinhaber. Für den **Formwechsel in eine KG** genügt gemäß § 233 Abs. 2 grundsätzlich die Beschlussfassung mit einer Drei-Viertel-Mehrheit; allerdings müssen auch hierbei zumindest alle Gesellschafter bzw. (Kommandit-)Aktionäre, die in der KG die Rolle des persönlich haftenden Gesellschafters übernehmen, dem Formwechsel zustimmen. Schließlich normiert § 233 Abs. 3, dass bei einem **Formwechsel einer KGaA** – selbst beim Formwechsel in eine KG – sämtliche persönlich haftenden Gesellschafter der KGaA zustimmen müssen, wobei diese zudem gemäß § 233 Abs. 3 Satz 2 ihr Ausscheiden zum Zeitpunkt des Wirksamwerdens des Formwechsels erklären können.

3 Das UmwG 1969 folgte beim Formwechsel in eine Personengesellschaft einem etwas **anderen Konzept** als das UmwG 1994.[2] Auch unter dem UmwG 1969 war gewährleistet, dass durch den Formwechsel die Übernahme der persönlichen Haftung von der Zustimmung der jeweiligen Anteilsinhaber abhing (§§ 17 Abs. 1, 20 Satz 1, 21 Abs. 2, 23 Satz 2 UmwG 1969). Allerdings konnte der Formwechsel – auch in die GbR oder oHG – mehrheitlich beschlossen werden – mit der Folge, dass die nicht zustimmenden Gesellschafter aus der Gesellschaft ausschieden (§§ 19 Abs. 1, 20 Satz 1, 22 Abs. 1 UmwG 1969).

II. Allgemeine Beschlussanforderungen

1. Beschlussgegenstand

4 Beschlussgegenstand ist der **Formwechselbeschluss** einer Kapitalgesellschaft gemäß § 193. Der Zustimmung gemäß § 233 bedarf der gesamte Inhalt des Formwechselbeschlusses. Der Mindestinhalt des Beschlusses ergibt sich aus § 194 Abs. 1 i. V. m. § 234. Gemäß § 234 Nr. 3 muss der Formwechselbeschluss bei einem Formwechsel in eine Personengesellschaft auch den Gesellschaftsvertrag der Zielrechtsform enthalten. Dies führt dazu, dass der Gesellschaftsvertrag der Personengesellschaft – entgegen dem sonst für Personengesellschaften geltenden Grundsatz – ebenfalls notariell beurkundet werden muss. Zudem wird der Gesellschaftsvertrag der Personengesellschaft gemäß § 199 im Handelsregister veröffentlicht und ist damit einsehbar.[3]

2. Versammlungserfordernis

5 Gemäß § 193 Abs. 1 Satz 2 kann der Formwechselbeschluss nur in einer **Versammlung der Anteilsinhaber** gefasst werden. Eine Beschlussfassung ohne Abhaltung einer Versammlung, die z. B. bei der GmbH grundsätzlich zulässig ist (§ 48 Abs. 2 GmbHG), ist nicht

---

1) Vgl. Begr. Fraktionsentwurf UmwBerG, BT-Drucks. 12/6699, S. 154; so auch *Dauner-Lieb/Tettinger* in: KölnKomm-UmwG, § 233 Rz. 1.

2) Vgl. *Dauner-Lieb/Tettinger* in: KölnKomm-UmwG, § 233 Rz. 3.

3) Vgl. *Sparfeld* in: BeckOGK-UmwG, § 233 Rz. 4.

möglich.[4] Dies gilt selbst dann, wenn diese Art der Beschlussfassung im Gesellschaftsvertrag bzw. der Satzung der formwechselnden Kapitalgesellschaft ausdrücklich vorgesehen ist.[5]

Wenn der Gesellschaftsvertrag bzw. die Satzung für die Beschlussfähigkeit der Versammlung keine Mindestteilnehmerzahl vorsieht, genügt die **Anwesenheit nur eines Gesellschafters** bzw. (Kommandit-)Aktionärs.[6] In diesem Fall können die übrigen Gesellschafter bzw. (Kommandit-)Aktionäre ihre Zustimmung auch außerhalb der Versammlung erklären. Dies gilt auch für die persönlich haftenden Gesellschafter einer formwechselnden KGaA. Diese müssen, sofern sie geschäftsführungsbefugt und vertretungsberechtigt sind, zwar an der Hauptversammlung teilnehmen, sind gemäß § 285 Abs. 1 AktG aber nicht stimmberechtigt.[7] 6

Die Versammlung der Anteilsinhaber kann schließlich auch **virtuell** stattfinden. Dies gilt sowohl für die Hauptversammlung der formwechselnden AG bzw. KGaA, die gemäß § 118a AktG als vollwertige Versammlung ausgestaltet ist, als auch für die Gesellschafterversammlung der GmbH.[8] 7

3. Stellvertretung

Die Gesellschafter bzw. (Kommandit-)Aktionäre können sich bei der Beschlussfassung vertreten lassen. Dies folgt für die **rechtsgeschäftliche Stellvertretung** aus § 47 Abs. 3 GmbHG (für die GmbH) bzw. aus § 134 Abs. 3 Satz 1 i. V. m. § 278 Abs. 3 (für die AG/KGaA). Für die Vollmachtserteilung gilt dabei gemäß § 167 Abs. 2 BGB nicht das Formerfordernis der notariellen Beurkundung für den Formwechselbeschluss (§ 193 Abs. 3).[9] Vielmehr genügt hierfür grundsätzlich die Erteilung in **Textform** (§ 126b BGB); dies gilt sowohl für die GmbH (§ 47 Abs. 3) als auch für die AG/KGaA (§ 134 Abs. 3 Satz 3 AktG i. V. m. § 278 Abs. 3 AktG). **Inhaltlich** reicht eine allgemein gehaltene Stimmrechtsvollmacht nicht aus. Erforderlich ist, dass die Vollmacht ausdrücklich auch den Formwechsel als Beschlussgegenstand mitumfasst.[10] 8

Bei Mehrfachvertretung durch den Bevollmächtigten ist **§ 181 BGB** einschlägig, da durch den Formwechselbeschluss auch der Gesellschaftsvertrag der Personengesellschaft, der die Beziehungen der Gesellschafter untereinander regelt, beschlossen wird.[11] In der Erteilung der Vollmacht an einen Mitgesellschafter bzw. (Kommandit-)Aktionär wird in der Regel auch eine Befreiung von den Beschränkungen des § 181 BGB liegen;[12] dies gilt auch 9

4) Vgl. *Dauner-Lieb/Tettinger* in: KölnKomm-UmwG, § 233 Rz. 5; Lutter-*Göthel*, UmwG, § 233 Rz. 5; *Sparfeld* in: BeckOGK-UmwG, § 233 Rz. 5; Semler/Stengel/Leonard-*Ihrig*, UmwG, § 233 Rz. 12; *Althoff/Narr* in: NK-UmwG, § 233 Rz. 4.

5) Vgl. *Sparfeld* in: BeckOGK-UmwG, § 233 Rz. 5.

6) Vgl. *Dauner-Lieb/Tettinger* in: KölnKomm-UmwG, § 233 Rz. 5; Lutter-*Göthel*, UmwG, § 233 Rz. 5; *Sparfeld* in: BeckOGK-UmwG, § 233 Rz. 5; Semler/Stengel/Leonard-*Ihrig*, UmwG, § 233 Rz. 12; *Althoff/Narr* in: NK-UmwG, § 233 Rz. 4; Kallmeyer-*Blasche*, UmwG, § 233 Rz. 2.

7) Vgl. *Dauner-Lieb/Tettinger* in: KölnKomm-UmwG, § 233 Rz. 6.

8) Vgl. *Dauner-Lieb/Tettinger* in: KölnKomm-UmwG, § 233 Rz. 7a f., die allerdings die Möglichkeit einer virtuellen GmbH-Gesellschafterversammlung in diesem Zusammenhang bezweifeln.

9) Vgl. Widmann/Mayer-*Vossius*, UmwR, § 233 UmwG Rz. 18; *Sparfeld* in: BeckOGK-UmwG, § 233 Rz. 8.

10) Vgl. Lutter-*Göthel*, UmwG, § 233 Rz. 38; *Sparfeld* in: BeckOGK-UmwG, § 233 Rz. 8; Semler/Stengel/Leonard-*Ihrig*, UmwG, § 233 Rz. 6; Kallmeyer-*Blasche*, UmwG, § 233 Rz. 4.

11) Vgl. *Dauner-Lieb/Tettinger* in: KölnKomm-UmwG, § 233 Rz. 5; Lutter-*Göthel*, UmwG, § 233 Rz. 5; *Sparfeld* in: BeckOGK-UmwG, § 233 Rz. 5; Semler/Stengel/Leonard-*Ihrig*, UmwG, § 233 Rz. 12; *Althoff/Narr* in: NK-UmwG, § 233 Rz. 4; Kallmeyer-*Blasche*, UmwG, § 233 Rz. 2.

12) Vgl. BGH, Urt. v. 24.11.1975 – II ZR 89/74, NJW 1976, 958 = DNotZ 1976, 496; *Dauner-Lieb/Tettinger* in: KölnKomm-UmwG, § 233 Rz. 9; Lutter-*Göthel*, UmwG, § 233 Rz. 41; *Sparfeld* in: BeckOGK-UmwG, § 233 Rz. 8; Semler/Stengel/Leonard-*Ihrig*, UmwG, § 233 Rz. 7; Kallmeyer-*Blasche*, UmwG, § 233 Rz. 4.

für die Vollmachtserteilung an einen Vertreter, der für den Gesellschafter bzw. (Kommandit-)Aktionär erkennbar auch weiterer Gesellschafter bzw. (Kommandit-)Aktionär vertritt (zB institutionelle Vertreter).[13)]

10 Die nachträgliche **Genehmigung vollmachtloser Vertretung** ist grundsätzlich möglich – z. B. i. R. der Beschlussfassung gemäß § 233 Abs. 2.[14)] Dies gilt allerdings nicht für die Beschlussfassung beim Formwechsel in die GbR, oHG oder PartG gemäß § 233 Abs. 1.[15)] In diesen Fällen gilt der Gesellschafter bzw. (Kommandit-)Aktionär bei vollmachtloser bzw. mangelhafter Vertretung als nicht in der Gesellschafter-/Hauptversammlung erschienen; seine Zustimmung kann er nur noch gemäß § 233 Abs. 1 Halbs. 2 i. V. m. § 193 Abs. 3 Satz 1 in notariell beurkundeter Form erteilen.[16)]

4. Zustimmung Dritter

11 In bestimmten Fällen ist die Zustimmung Dritter erforderlich. **Minderjährige**, die an der formwechselnden Kapitalgesellschaft beteiligt sind, werden bei der Stimmabgabe zum Formwechselbeschluss gemäß § 1629 BGB grundsätzlich von ihren Eltern vertreten, wobei diese hierfür gemäß § 1643 Abs. 1 BGB i. V. m. §§ 1852 Nr. 1 und 2 BGB der Genehmigung des Betreuungsgerichts bedürfen.[17)] Sind die Eltern selbst an der formwechselnden Kapitalgesellschaft beteiligt, ist gemäß §§ 1629 Abs. 2 Satz 1, 1824, 1809 BGB zusätzlich ein Ergänzungspfleger zu bestellen.[18)]

12 Die Zustimmung des **Ehegatten** kann gemäß § 1365 BGB erforderlich sein, wenn die Beteiligung an der formwechselnden Kapitalgesellschaft das ganze oder nahezu das ganze Vermögen des Gesellschafters bzw. (Kommandit-)Aktionärs ausmacht.[19)] Dabei gilt das Zustimmungserfordernis gemäß § 1365 BGB nur für Ja-Stimmen zum Formwechselbeschluss, da nur diese eine Veränderung des Vermögensbestandes zur Folge haben können.[20)] Zusätzlich ist für die Anwendbarkeit des § 1365 BGB erforderlich, dass die Mitgesellschafter bzw. -aktionäre wissen, dass der jeweilige Mitgesellschafter über sein Vermögen im Ganzen bzw. das wesentliche Vermögen verfügt oder ihnen zumindest Umstände bekannt sind, aus denen sich dies ergibt.[21)] Vor allem in Fällen, in denen die formwechselnde Kapitalgesellschaft über eine größere Zahl an Gesellschaftern bzw. (Kommandit-)Aktionären verfügt, werden die

---

13) Vgl. *Dauner-Lieb/Tettinger* in: KölnKomm-UmwG, § 233 Rz. 9.

14) Vgl. *Dauner-Lieb/Tettinger* in: KölnKomm-UmwG, § 233 Rz. 27; *Sparfeld* in: BeckOGK-UmwG, § 233 Rz. 25; Semler/Stengel/Leonard-*Ihrig*, UmwG, § 233 Rz. 22; Kallmeyer-*Blasche*, UmwG, § 233 Rz. 7; a. A. Lutter-*Göthel*, UmwG, § 233 Rz. 88.

15) Vgl. Widmann/Mayer-*Vossius*, UmwR, § 233 UmwG Rz. 17; *Dauner-Lieb/Tettinger* in: KölnKomm-UmwG, § 233 Rz. 9; Lutter-*Göthel*, UmwG, § 233 Rz. 88; *Sparfeld* in: BeckOGK-UmwG, § 233 Rz. 9; Semler/Stengel/Leonard-*Ihrig*, UmwG, § 233 Rz. 11; Kallmeyer-*Blasche*, UmwG, § 233 Rz. 4.

16) Vgl. *Dauner-Lieb/Tettinger* in: KölnKomm-UmwG, § 233 Rz. 9; Lutter-*Göthel*, UmwG, § 233 Rz. 88; *Sparfeld* in: BeckOGK-UmwG, § 233 Rz. 9; Semler/Stengel/Leonard-*Ihrig*, UmwG, § 233 Rz. 11; Kallmeyer-*Blasche*, UmwG, § 233 Rz. 4.

17) Vgl. *Dauner-Lieb/Tettinger* in: KölnKomm-UmwG, § 233 Rz. 18; Lutter-*Göthel*, UmwG, § 233 Rz. 49 f.; Kallmeyer-*Blasche*, UmwG, § 233 Rz. 16.

18) Vgl. Widmann/Mayer-*Vossius*, UmwR, § 233 UmwG Rz. 35; *Dauner-Lieb/Tettinger* in: KölnKomm-UmwG, § 233 Rz. 18; *Sparfeld* in: BeckOGK-UmwG, § 233 Rz. 21; Kallmeyer-*Blasche*, UmwG, § 233 Rz. 16.

19) Vgl. Widmann/Mayer-*Vossius*, UmwR, § 233 UmwG Rz. 29; *Dauner-Lieb/Tettinger* in: KölnKomm-UmwG, § 233 Rz. 19 ff.; *Sparfeld* in: BeckOGK-UmwG, § 233 Rz. 21; Semler/Stengel/Leonard-*Ihrig*, UmwG, § 233 Rz. 9; Kallmeyer-*Blasche*, UmwG, § 233 Rz. 16; a. A. Kallmeyer-*Zimmermann*, UmwG, § 193 Rz. 26.

20) Vgl. Semler/Stengel/Leonard-*Ihrig*, UmwG, § 233 Rz. 9.

21) Vgl. *Dauner-Lieb/Tettinger* in: KölnKomm-UmwG, § 233 Rz. 23; Kallmeyer-*Blasche*, UmwG, § 233 Rz. 16.

Mitgesellschafter bzw. -aktionäre nur äußerst selten über eine entsprechende Kenntnis verfügen.[22)]

13 Unterliegt die Beteiligung an der Kapitalgesellschaft der **Testamentsvollstreckung**, kann neben der Zustimmung des Testamentsvollstreckers zusätzlich die Zustimmung der Erben erforderlich sein. Dies ist etwa der Fall, wenn für die Erben durch den Formwechsel weitergehende Verpflichtungen begründet werden.[23)]

III. Formwechsel in GbR, oHG oder PartG (§ 233 Abs. 1)

1. Einstimmige Beschlussfassung

14 Mit Blick auf die unbeschränkte Haftung der Gesellschafter der GbR, der oHG oder der PartG ordnet § 233 Abs. 1 an, dass der Formwechselbeschluss in der Gesellschafter- bzw. Hauptversammlung der formwechselnden Kapitalgesellschaft **einstimmig** gefasst werden muss. Erforderlich ist dabei auch die Zustimmung nicht stimmberechtigter Gesellschafter bzw. (Kommandit-)Aktionäre.[24)] Stimmenthaltungen sind keine Zustimmung.[25)] Gesellschafter bzw. (Kommandit-)Aktionäre, die in der Gesellschafter- bzw. Hauptversammlung gegen den Formwechselbeschluss gestimmt oder sich der Stimme enthalten haben, können ihre Zustimmung nicht mehr nachholen – auch nicht gemäß § 233 Abs. 1 Halbs. 2.[26)] Wenn auch nur ein Gesellschafter bzw. (Kommandit-)Aktionär gegen den Formwechsel stimmt oder sich der Stimme enthält, fehlt es an der erforderlichen Mehrheit gemäß § 233 Abs. 1.[27)]

2. Zustimmung nicht erschienener Gesellschafter bzw. (Kommandit-)Aktionäre

15 Neben der einstimmigen Beschlussfassung in der Gesellschafter- bzw. Hauptversammlung verlangt § 233 Abs. 1 Halbs. 2, dass auch die **in der Versammlung nicht erschienenen** Gesellschafter bzw. (Kommandit-)Aktionäre dem Formwechselbeschluss zustimmen. Als nicht erschienen gelten dabei sowohl diejenigen, die in der Versammlung nicht persönlich anwesend waren, als auch diejenigen, die in der Versammlung nicht (wirksam) vertreten worden sind.[28)]

16 Die Zustimmung bedarf gemäß § 193 Abs. 3 Satz 1 i. V. m. § 233 Abs. 1 Satz 1 Halbs. 2 der **notariellen Beurkundung.**[29)] Sie ist gegenüber der formwechselnden Kapitalgesellschaft abzugeben – und nicht gegenüber den Gesellschaftern bzw. (Kommandit-)Aktionären.[30)] Erforderlich ist die Übersendung einer Ausfertigung der notariell beurkundeten Zustimmungserklärung; eine einfache oder beglaubigte Abschrift reicht nicht aus.[31)]

---

22) So auch *Dauner-Lieb/Tettinger* in: KölnKomm-UmwG, § 233 Rz. 23.

23) Vgl. Widmann/Mayer-*Vossius*, UmwR, § 233 UmwG Rz. 39; Kallmeyer-*Blasche*, UmwG, § 233 Rz. 16.

24) Vgl. Widmann/Mayer-*Vossius*, UmwR, § 233 UmwG Rz. 20; *Dauner-Lieb/Tettinger* in: KölnKomm-UmwG, § 233 Rz. 13; Lutter-*Göthel*, UmwG, § 233 Rz. 4; *Sparfeld* in: BeckOGK-UmwG, § 233 Rz. 10; Kallmeyer-*Blasche*, UmwG, § 233 Rz. 2; *Kiem*, ZIP 1997, 1627, 1630.

25) Vgl. *Sparfeld* in: BeckOGK-UmwG, § 233 Rz. 11; Semler/Stengel/Leonard-*Ihrig*, UmwG, § 233 Rz. 11.

26) Vgl. *Sparfeld* in: BeckOGK-UmwG, § 233 Rz. 11; Semler/Stengel/Leonard-*Ihrig*, UmwG, § 233 Rz. 11.

27) Vgl. Widmann/Mayer-*Vossius*, UmwR, § 233 UmwG Rz. 45; *Dauner-Lieb/Tettinger* in: KölnKomm-UmwG, § 233 Rz. 8; Lutter-*Göthel*, UmwG, § 233 Rz. 7; *Sparfeld* in: BeckOGK-UmwG, § 233 Rz. 11; Semler/Stengel/Leonard-*Ihrig*, UmwG, § 233 Rz. 11; Kallmeyer-*Blasche*, UmwG, § 233 Rz. 2.

28) Vgl. Lutter-*Göthel*, UmwG, § 233 Rz. 6; *Sparfeld* in: BeckOGK-UmwG, § 233 Rz. 12; Semler/Stengel/Leonard-*Ihrig*, UmwG, § 233 Rz. 11.

29) Vgl. *Dauner-Lieb/Tettinger* in: KölnKomm-UmwG, § 233 Rz. 10; Lutter-*Göthel*, UmwG, § 233 Rz. 14; *Sparfeld* in: BeckOGK-UmwG, § 233 Rz. 12; Semler/Stengel/Leonard-*Ihrig*, UmwG, § 233 Rz. 13; Kallmeyer-*Blasche*, UmwG, § 233 Rz. 2.

30) Vgl. *Dauner-Lieb/Tettinger* in: KölnKomm-UmwG, § 233 Rz. 10; Lutter-*Göthel*, UmwG, § 233 Rz. 15; Semler/Stengel/Leonard-*Ihrig*, UmwG, § 233 Rz. 14; Kallmeyer-*Blasche*, UmwG, § 233 Rz. 2.

31) Vgl. Kallmeyer-*Blasche*, UmwG, § 233 Rz. 2.

17 Die Zustimmungserklärung kann sowohl **vor**, als auch **nach** der **Beschlussfassung** der Gesellschafter- bzw. Hauptversammlung erteilt werden.[32] Dabei muss sich die Zustimmung auf den in der Gesellschafter- bzw. Hauptversammlung gefassten Formwechselbeschluss bzw. bei vorheriger Zustimmung auf seinen Entwurf beziehen. Im letzteren Fall ist zu beachten, dass der Entwurf – bis auf redaktionelle Änderungen – mit dem tatsächlich gefassten Formwechselbeschluss übereinstimmen muss; ist dies nicht der Fall, ist eine erneute Zustimmungserklärung erforderlich.[33]

18 Eine **Frist** für den Zugang der Zustimmungserklärung enthält das Gesetz nicht. In der Praxis empfiehlt es sich, im Formwechselbeschluss eine Frist vorzusehen, wonach dieser hinfällig wird, wenn die Zustimmungserklärungen nicht innerhalb der im Formwechselbeschluss bestimmten Frist zugehen.[34] Bis zum Ablauf der Frist können sich die an der Beschlussfassung beteiligten Gesellschafter bzw. (Kommandit-)Aktionäre nicht von ihrer Stimmabgabe lösen.[35] Dies gilt auch für Zustimmungserklärungen, die nach dem Beschluss der Gesellschafter- bzw. Hauptversammlung erteilt werden. Wird die Zustimmung vor Beschlussfassung erteilt, können die betreffenden Gesellschafter bzw. (Kommandit-)Aktionäre in der Gesellschafter- bzw. Hauptversammlung gegen den Formwechselbeschluss stimmen und damit ihre vorherige Zustimmung widerrufen;[36] nach Beschlussfassung ist ein solcher Widerruf bis zum Ablauf der gesetzten Frist nicht mehr möglich.

19 Der Formwechselbeschluss wird erst mit Zugang der letzten Zustimmungserklärung **wirksam**. Bis dahin ist er schwebend unwirksam.[37]

3. Keine Zustimmungspflicht

20 Die Gesellschafter bzw. (Kommandit-)Aktionäre sind in ihrer Entscheidung über den Formwechsel grundsätzlich frei. Eine **Zustimmungsverpflichtung kraft Treupflicht** mag theoretisch begründbar sein, praktisch ist sie angesichts der persönlichen Haftung der Gesellschafter bzw. Partner der GbR, oHG und PartG und der Möglichkeit eines Formwechsels in die KG kaum denkbar.[38] Aus denselben Erwägungen ist auch die Herleitung einer **Zustimmungspflicht aus Stimmbindungsverträgen** abzulehnen.[39]

32) Vgl. Widmann/Mayer-*Vossius*, UmwR, § 233 UmwG Rz. 46; *Dauner-Lieb/Tettinger* in: KölnKomm-UmwG, § 233 Rz. 10; Lutter-*Göthel*, UmwG, § 233 Rz. 15; *Sparfeld* in: BeckOGK-UmwG, § 233 Rz. 15; Semler/Stengel/Leonard-*Ihrig*, UmwG, § 233 Rz. 15; Kallmeyer-*Blasche*, UmwG, § 233 Rz. 2.

33) Vgl. *Dauner-Lieb/Tettinger* in: KölnKomm-UmwG, § 233 Rz. 10; Lutter-*Göthel*, UmwG, § 233 Rz. 13; Semler/Stengel/Leonard-*Ihrig*, UmwG, § 233 Rz. 16.

34) Vgl. *Dauner-Lieb/Tettinger* in: KölnKomm-UmwG, § 233 Rz. 11; *Sparfeld* in: BeckOGK-UmwG, § 233 Rz. 15; Semler/Stengel/Leonard-*Ihrig*, UmwG, § 233 Rz. 14; *Rose* in: HK-UmwG, § 233 Rz. 13.

35) Vgl. *Dauner-Lieb/Tettinger* in: KölnKomm-UmwG, § 233 Rz. 11; Lutter-*Göthel*, UmwG, § 233 Rz. 16; *Sparfeld* in: BeckOGK-UmwG, § 233 Rz. 14; Semler/Stengel/Leonard-*Ihrig*, UmwG, § 233 Rz. 17; Kallmeyer-*Blasche*, UmwG, § 233 Rz. 3.

36) Vgl. *Dauner-Lieb/Tettinger* in: KölnKomm-UmwG, § 233 Rz. 12; *Sparfeld* in: BeckOGK-UmwG, § 233 Rz. 16; Semler/Stengel/Leonard-*Ihrig*, UmwG, § 233 Rz. 15; Kallmeyer-*Blasche*, UmwG, § 233 Rz. 3; a. A. Lutter-*Göthel*, UmwG, § 233 Rz. 11.

37) Vgl. *Dauner-Lieb/Tettinger* in: KölnKomm-UmwG, § 233 Rz. 10; *Sparfeld* in: BeckOGK-UmwG, § 233 Rz. 17; Semler/Stengel/Leonard-*Ihrig*, UmwG, § 233 Rz. 19; Kallmeyer-*Blasche*, UmwG, § 233 Rz. 3.

38) Vgl. *Dauner-Lieb/Tettinger* in: KölnKomm-UmwG, § 233 Rz. 15; *Sparfeld* in: BeckOGK-UmwG, § 233 Rz. 17; Semler/Stengel/Leonard-*Ihrig*, UmwG, § 233 Rz. 21; *Althoff/Narr* in: NK-UmwG, § 233 Rz. 11; Kallmeyer-*Blasche*, UmwG, § 233 Rz. 5.

39) Vgl. *Dauner-Lieb/Tettinger* in: KölnKomm-UmwG, § 233 Rz. 17; *Sparfeld* in: BeckOGK-UmwG, § 233 Rz. 20.

IV. Formwechsel in KG (§ 233 Abs. 2)

Auch beim Formwechsel in eine KG ist gemäß § 233 Abs. 2 Satz 3 die Zustimmung sämtlicher Gesellschafter, die in der zukünftigen Rechtsform die Stellung als persönlich haftender Gesellschafter übernehmen, erforderlich. Damit ist auch beim Formwechsel einer Kapitalgesellschaft in eine KG sichergestellt, dass den Gesellschaftern bzw. (Kommandit-) Aktionären die Übernahme der persönlichen Haftung in der (zukünftigen) Personengesellschaft nicht aufgezwungen werden kann. Im Übrigen lässt § 233 Abs. 2 Satz 1 für den Formwechsel in eine KG die allgemein für gesellschaftsvertrags- bzw. satzungsändernde Beschlüsse erforderliche Mehrheit ausreichen. 21

1. Mehrheitsbeschluss

Für den Formwechselbeschluss der **GmbH-Gesellschafterversammlung** bedarf es gemäß § 233 Abs. 2 Satz 1 einer Mehrheit von drei Vierteln der abgegebenen Stimmen. Dies entspricht dem Mehrheitserfordernis des § 53 Abs. 2 Satz 1 GmbHG für Abänderungen des Gesellschaftsvertrages der GmbH. Stimmenthaltungen werden nicht mitgezählt.[40] Stimmrechtslose Gesellschaftsanteile finden keine Berücksichtigung.[41] Dies gilt auch für Gesellschafter, die vom Stimmrecht ausgeschlossen sind.[42] Mehrstimmrechte sind demgegenüber zu berücksichtigen.[43] Maßgeblich sind nur die in der Gesellschafterversammlung abgegebenen Stimmen; eine Stimmabgabe außerhalb der Gesellschafterversammlung sieht § 233 Abs. 2 Satz 1 – im Unterschied zu § 233 Abs. 1 – nicht vor.[44] Die Gesellschafter können sich bei der Stimmabgabe in der Gesellschafterversammlung vertreten lassen. Tritt ein Vertreter ohne Vertretungsmacht auf, kann dessen Stimmabgabe durch den Gesellschafter – im Unterschied zu § 233 Abs. 1 – (siehe oben Rz. 10) genehmigt werden.[45] 22

Für den Formwechselbeschluss der **Hauptversammlung** der AG bzw. KGaA bedarf es gemäß § 233 Abs. 2 Satz 1 einer Mehrheit von drei Viertel des bei Beschlussfassung vertretenen Grundkapitals. Erforderlich ist zudem gemäß § 133 Abs. 1 AktG die Mehrheit der abgegebenen Stimmen. Wie bei der GmbH (siehe oben Rz. 22) werden auch bei der AG bzw. KGaA nur die Ja- und Nein-Stimmen mitgezählt.[46] Stimmenthaltungen finden bei der Berechnung der Kapitalmehrheit ebenso wenig Berücksichtigung wie stimmrechtslose Vorzugsaktien.[47] Im Unterschied zur Rechtslage bei der GmbH (siehe oben Rz. 22) ist die Stimmabgabe ohne Teilnahme an der Hauptversammlung zulässig, sofern die Voraus- 23

40) Vgl. *Dauner-Lieb/Tettinger* in: KölnKomm-UmwG, § 233 Rz. 26; Semler/Stengel/Leonard-*Ihrig*, UmwG, § 233 Rz. 21; *Althoff/Narr* in: NK-UmwG, § 233 Rz. 16; Kallmeyer-*Blasche*, UmwG, § 233 Rz. 7.

41) Vgl. *Dauner-Lieb/Tettinger* in: KölnKomm-UmwG, § 233 Rz. 26; *Sparfeld* in: BeckOGK-UmwG, § 233 Rz. 28; Semler/Stengel/Leonard-*Ihrig*, UmwG, § 233 Rz. 21.

42) Vgl. *Dauner-Lieb/Tettinger* in: KölnKomm-UmwG, § 233 Rz. 26; Lutter-*Göthel*, UmwG, § 233 Rz. 24; Semler/Stengel/Leonard-*Ihrig*, UmwG, § 233 Rz. 21; a. A. *Althoff/Narr* in: NK-UmwG, § 233 Rz. 16; Kallmeyer-*Blasche*, UmwG, § 233 Rz. 7.

43) Vgl. *Dauner-Lieb/Tettinger* in: KölnKomm-UmwG, § 233 Rz. 26; Semler/Stengel/Leonard-*Ihrig*, UmwG, § 233 Rz. 21; Kallmeyer-*Blasche*, UmwG, § 233 Rz. 7.

44) Vgl. Lutter-*Göthel*, UmwG, § 233 Rz. 23; *Sparfeld* in: BeckOGK-UmwG, § 233 Rz. 29; Semler/Stengel/Leonard-*Ihrig*, UmwG, § 233 Rz. 22; Kallmeyer-*Blasche*, UmwG, § 233 Rz. 6; wohl auch *Dauner-Lieb/Tettinger* in: KölnKomm-UmwG, § 233 Rz. 29; a. A. *Althoff/Narr* in: NK-UmwG, § 233 Rz. 19.

45) Vgl. *Dauner-Lieb/Tettinger* in: KölnKomm-UmwG, § 233 Rz. 27; Semler/Stengel/Leonard-*Ihrig*, UmwG, § 233 Rz. 22; Kallmeyer-*Blasche*, UmwG, § 233 Rz. 7; a. A. Lutter-*Göthel*, UmwG, § 233 Rz. 88.

46) Vgl. *Dauner-Lieb/Tettinger* in: KölnKomm-UmwG, § 233 Rz. 31; Lutter-*Göthel*, UmwG, § 233 Rz. 22; Kallmeyer-*Blasche*, UmwG, § 233 Rz. 7.

47) Vgl. *Dauner-Lieb/Tettinger* in: KölnKomm-UmwG, § 233 Rz. 31; Lutter-*Göthel*, UmwG, § 233 Rz. 22; Semler/Stengel/Leonard-*Ihrig*, UmwG, § 233 Rz. 23; *Althoff/Narr* in: NK-UmwG, § 233 Rz. 17; Kallmeyer-*Blasche*, UmwG, § 233 Rz. 7.

setzungen des § 118 Abs. 1 AktG erfüllt sind.[48] Die (Kommandit-)Aktionäre können sich bei der Stimmabgabe in der Hauptversammlung vertreten lassen; die Stimmabgabe durch einen Vertreter ohne Vertretungsmacht kann genehmigt werden.

24 Der **Gesellschaftsvertrag** bzw. die **Satzung** der formwechselnden Gesellschaft kann gemäß § 233 Abs. 2 Satz 2 eine größere Mehrheit und weitere Erfordernisse für den Formwechselbeschluss vorsehen. Die Einführung eines Quorums ist danach ebenso zulässig wie die Nachbildung des Einstimmigkeitsprinzips gemäß § 233 Abs. 1.[49] Ein gänzlicher Ausschluss des Formwechsels ist indes unbeachtlich.[50] Ebenfalls unzulässig sind Erleichterungen, die der Gesellschaftsvertrag bzw. die Satzung für den Formwechselbeschluss vorsieht.[51] Die verschärfenden Bestimmungen im Gesellschaftsvertrag bzw. in der Satzung müssen sich nicht konkret auf den Formwechsel beziehen; ausreichend ist, dass sie allgemein für die Änderung des Gesellschaftsvertrages bzw. der Satzung gelten.[52]

2. Besondere Zustimmungserfordernisse

25 Gemäß § 233 Abs. 2 Satz 1 Halbs. 2 sind bei einem Formwechsel in eine KG § 50 Abs. 2 UmwG und § 65 Abs. 2 entsprechend anzuwenden. Folglich bedarf der **Formwechselbeschluss einer GmbH** gemäß § 233 Abs. 2 Satz 1 Halbs. 2 i. V. m. § 50 Abs. 2 zusätzlich der Zustimmung derjenigen Gesellschafter, denen im Gesellschaftsvertrag Minderheitsrechte oder besondere Rechte bei der Geschäftsführung, der Bestellung der Geschäftsführer oder hinsichtlich eines Vorschlagsrechts für die Geschäftsführung eingeräumt werden, sofern der Formwechsel diese Rechte beeinträchtigt. Hierdurch soll sichergestellt werden, dass die besonderen Rechte den betroffenen Gesellschaftern nicht ohne Zustimmung entzogen werden.[53] Entsprechend entfällt das Zustimmungserfordernis gemäß § 233 Abs. 2 Satz 1 Halbs. 2 i. V. m. § 50 Abs. 2, wenn den Inhabern der Sonderrechte in der neuen Rechtsform gleichwertige Rechte eingeräumt werden.[54] Die Zustimmung bedarf gemäß § 193 Abs. 3 Satz 1 der notariellen Beurkundung. Sie kann innerhalb der Gesellschafterversammlung oder außerhalb als vorherige Einwilligung oder nachträgliche Genehmigung erteilt werden.[55] Wird die Zustimmung außerhalb der Gesellschafterversammlung erklärt, ist der Gesellschaft eine Ausfertigung der notariell beurkundeten Zustimmungserklärung zu übersenden; eine einfache oder beglaubigte Abschrift reicht nicht aus (siehe oben Rz. 16).

26 Bei einem **Formwechselbeschluss einer AG bzw. KGaA** in eine KG bedarf es gemäß § 233 Abs. 2 Satz 1 Halbs. 2 i. V. m. § 65 Abs. 2 für den Fall, dass mehrere Aktiengattungen i. S. von § 11 AktG vorhanden sind, eines notariell zu beurkundenden Sonderbeschlusses der (Kommandit-)Aktionäre jeder Gattung. Dafür ist erforderlich, dass jede Gruppe in gesonderter Abstimmung oder gesonderter Versammlung dem Formwechsel mit einer Drei-Viertel-Mehrheit des bei der Beschlussfassung vertretenen Grundkapitals zustimmt. Kein Sonderbeschlusses ist bei stimmrechtslosen Vorzugsaktien erforderlich; vielmehr sind den

48) Vgl. *Dauner-Lieb/Tettinger* in: KölnKomm-UmwG, § 233 Rz. 30.

49) Vgl. *Dauner-Lieb/Tettinger* in: KölnKomm-UmwG, § 233 Rz. 33; Semler/Stengel/Leonard-*Ihrig*, UmwG, § 233 Rz. 24.

50) Vgl. *Dauner-Lieb/Tettinger* in: KölnKomm-UmwG, § 233 Rz. 33; Semler/Stengel/Leonard-*Ihrig*, UmwG, § 233 Rz. 24.

51) Vgl. Widmann/Mayer-*Vossius*, UmwR, § 233 UmwG Rz. 68; *Sparfeld* in: BeckOGK-UmwG, § 233 Rz. 31; Semler/Stengel/Leonard-*Ihrig*, UmwG, § 233 Rz. 20.

52) Vgl. *Dauner-Lieb/Tettinger* in: KölnKomm-UmwG, § 233 Rz. 34; Lutter-*Göthel*, UmwG, § 233 Rz. 20; Semler/Stengel/Leonard-*Ihrig*, UmwG, § 233 Rz. 24; Kallmeyer-*Blasche*, UmwG, § 233 Rz. 6.

53) Vgl. *Sparfeld* in: BeckOGK-UmwG, § 233 Rz. 34; Semler/Stengel/Leonard-*Ihrig*, UmwG, § 233 Rz. 27.

54) Vgl. *Sparfeld* in: BeckOGK-UmwG, § 233 Rz. 34; Semler/Stengel/Leonard-*Ihrig*, UmwG, § 233 Rz. 27.

55) Vgl. *Sparfeld* in: BeckOGK-UmwG, § 233 Rz. 36.

Vorzugsaktionären gemäß § 204 i. V. m. § 23 bei dem Rechtsträger neuer Rechtsform gleichwertige Rechte einzuräumen.[56)]

27 Sieht der Gesellschaftsvertrag bzw. die Satzung der formwechselnden Kapitalgesellschaft eine **Vinkulierungsklausel** dergestalt vor, dass für die Übertragung der Geschäftsanteile bzw. Aktien die Zustimmung einzelner Gesellschafter bzw. (Kommandit-)Aktionäre erforderlich ist, müssen diese gemäß § 193 Abs. 2 ebenfalls zustimmen.[57)] Die Zustimmung kann innerhalb der Gesellschafter- bzw. Hauptversammlung oder außerhalb als vorherige Einwilligung oder nachträgliche Genehmigung erteilt werden; sie bedarf gemäß § 193 Abs. 3 Satz 1 der notariellen Beurkundung. Wird die Zustimmung außerhalb der Gesellschafterversammlung erklärt, ist der Gesellschaft eine Ausfertigung der notariell beurkundeten Zustimmungserklärung zu übersenden; eine einfache oder beglaubigte Abschrift reicht nicht aus (siehe oben Rz. 16).

3. Zustimmung künftiger persönlich haftender Gesellschafter

28 Gemäß § 233 Abs. 2 Satz 3 müssen dem Formwechsel zusätzlich auch noch alle Gesellschafter oder (Kommandit-)Aktionäre zustimmen, die in der KG die Stellung eines **persönlich haftenden Gesellschafters** übernehmen sollen. Dies gilt unabhängig davon, ob die betreffenden Anteilsinhaber in der formwechselnden Kapitalgesellschaft ein Stimmrecht haben.[58)] Die Zustimmungserklärung bedarf gemäß § 193 Abs. 3 Satz 1 der notariellen Beurkundung. Sie kann innerhalb der Gesellschafter- bzw. Hauptversammlung oder außerhalb als vorherige Einwilligung oder nachträgliche Genehmigung erteilt werden. Wird die Zustimmung außerhalb der Gesellschafterversammlung erklärt, ist der Gesellschaft eine Ausfertigung der notariell beurkundeten Zustimmungserklärung zu übersenden; eine einfache oder beglaubigte Abschrift reicht nicht aus (siehe oben Rz. 16).

29 Die Zustimmung von Gesellschaftern bzw. (Kommandit-)Aktionären, die in der KG die Stellung von **Kommanditisten** haben sollen, ist nicht erforderlich. Dies gilt nach dem Wortlaut von § 233 Abs. 2 Satz 3 ausnahmslos – also auch für den Fall, dass das Reinvermögen der Gesellschaft die den Kommanditisten zugewiesene Haftsumme nicht deckt.[59)] Die Gesellschafter bzw. (Kommandit-)Aktionäre haben in diesem Fall die Möglichkeit, den Formwechselbeschluss anzufechten.

V. Formwechsel einer KGaA (§ 233 Abs. 3)

1. Zustimmung der persönlich haftenden Gesellschafter

30 Bei einem Formwechsel einer KGaA in eine Personengesellschaft bedarf es zusätzlich zum Formwechselbeschluss der Hauptversammlung, auf den § 233 Abs. 1 und Abs. 2 Anwendung finden, der **Zustimmung der persönlich haftenden Gesellschafter** gemäß § 233 Abs. 3. Dies gilt unabhängig davon, ob die persönlich haftenden Gesellschafter in der zukünftigen Rechtsform die Stellung als persönlich haftender Gesellschafter oder als Kommanditist übernehmen.[60)] Selbst wenn ein persönlich haftender Gesellschafter von seinem Austritts-

---

56) Vgl. Lutter-*Göthel*, UmwG, § 233 Rz. 31; Semler/Stengel/Leonard-*Ihrig*, UmwG, § 233 Rz. 26.

57) Vgl. *Dauner-Lieb/Tettinger* in: KölnKomm-UmwG, § 233 Rz. 39; Kallmeyer-*Blasche*, UmwG, § 233 Rz. 11.

58) Vgl. *Dauner-Lieb/Tettinger* in: KölnKomm-UmwG, § 233 Rz. 35; Lutter-*Göthel*, UmwG, § 233 Rz. 27; Semler/Stengel/Leonard-*Ihrig*, UmwG, § 233 Rz. 25; Kallmeyer-*Blasche*, UmwG, § 233 Rz. 10.

59) Vgl. Semler/Stengel/Leonard-*Ihrig*, UmwG, § 233 Rz. 25; ähnl. *Dauner-Lieb/Tettinger* in: KölnKomm-UmwG, § 233 Rz. 37; a. A. Kallmeyer-*Blasche*, UmwG, § 233 Rz. 10.

60) Vgl. Widmann/Mayer-*Vossius*, UmwR, § 233 UmwG Rz. 108; *Sparfeld* in: BeckOGK-UmwG, § 233 Rz. 47; Kallmeyer-*Blasche*, UmwG, § 233 Rz. 12.

recht gemäß § 233 Abs. 3 Satz 3 Gebrauch macht, ist seine Zustimmung zum Formwechsel erforderlich.[61]

31 Grundsätzlich ist gemäß § 233 Abs. 3 Satz 1 die Zustimmung **aller persönlich haftenden Gesellschafter** erforderlich. Die Zustimmung muss als empfangsbedürftige Willenserklärung gegenüber der Hauptversammlung oder dem Aufsichtsrat erklärt werden.[62] Sie kann als vorherige Einwilligung oder als nachträgliche Zustimmung erteilt werden. Die Zustimmungserklärung bedarf gemäß § 193 Abs. 3 Satz 1 der notariellen Beurkundung,[63] die in der Niederschrift über die Hauptversammlung oder in einer separaten, der Niederschrift als Anlage beizufügenden Urkunde erfolgen kann.[64] Stimmt ein persönlich haftender Gesellschafter in seiner Eigenschaft als Kommanditaktionär für den Formwechselbeschluss und geht dies aus dem Protokoll der Hauptversammlung hervor, wird man hierin auch eine Zustimmung gemäß § 233 Abs. 3 Satz 1 erblicken können.[65] Da hierdurch allerdings nicht das Formerfordernis der notariellen Beurkundung gewahrt sein dürfte,[66] sollte in der Praxis in diesen Fällen die Zustimmung gemäß § 233 Abs. 3 Satz 1 (auch) separat erfolgen. Persönlich haftenden Gesellschaftern, die gleichzeitig Kommanditaktionäre sind, steht es frei, ihre Zustimmung zum Formwechsel gemäß § 233 Abs. 3 Satz 1 zu erklären, obwohl sie in der Hauptversammlung gegen den Formwechselbeschluss stimmen und Widerspruch zu Protokoll erklären.[67] Ein **widersprüchliches Verhalten** ist hierin nicht zu sehen, da auf diese Weise der Formwechsel möglich bleibt und der persönlich haftende Gesellschafter als Kommanditaktionär gegen Abfindung aus der Gesellschaft ausscheiden kann.[68] Erklärt ein persönlich haftender Gesellschafter sein Ausscheiden aus der Gesellschaft gemäß § 233 Abs. 3 Satz 3, liegt hierin zugleich seine Zustimmung zum Formwechsel gemäß § 233 Abs. 3 Satz 1;[69] allerdings ist die Zustimmung nur wirksam, wenn sie gemäß § 193 Abs. 3 Satz 1 in notariell beurkundeter Form vorliegt.[70] Soll bei einem Formwechsel in eine KG der bisherige persönlich haftende Gesellschafter der KGaA auch in der KG die Stellung als persönlich haftender Gesellschafter übernehmen, bedarf es einer gesonderten Zustimmung gemäß § 233 Abs. 2 Satz 3; die Zustimmung des persönlich haftenden Gesellschafters der formwechselnden KGaA gemäß § 233 Abs. 3 Satz 2 ersetzt diese nicht.[71]

32 Für den Fall des Formwechsels in eine KG kann die **Satzung** gemäß § 233 Abs. 3 Satz 2 anstatt der Zustimmung sämtlicher persönlich haftender Gesellschafter der KGaA eine

61) Vgl. Widmann/Mayer-*Vossius*, UmwR, § 233 UmwG Rz. 119; *Sparfeld* in: BeckOGK-UmwG, § 233 Rz. 47.

62) Vgl. *Dauner-Lieb/Tettinger* in: KölnKomm-UmwG, § 233 Rz. 73; Semler/Stengel/Leonard-*Ihrig*, UmwG, § 233 Rz. 35.

63) Vgl. *Dauner-Lieb/Tettinger* in: KölnKomm-UmwG, § 233 Rz. 73; *Sparfeld* in: BeckOGK-UmwG, § 233 Rz. 48; Semler/Stengel/Leonard-*Ihrig*, UmwG, § 233 Rz. 36; Kallmeyer-*Blasche*, UmwG, § 233 Rz. 12.

64) Vgl. *Dauner-Lieb/Tettinger* in: KölnKomm-UmwG, § 233 Rz. 73; Lutter-*Göthel*, UmwG, § 233 Rz. 80; *Perlitt* in: MünchKomm-AktG, § 285 Rz. 53.

65) Vgl. Lutter-*Göthel*, UmwG, § 233 Rz. 75; Semler/Stengel/Leonard-*Ihrig*, UmwG, § 233 Rz. 35; a. A. *Dauner-Lieb/Tettinger* in: KölnKomm-UmwG, § 233 Rz. 74.

66) Vgl. *Dauner-Lieb/Tettinger* in: KölnKomm-UmwG, § 233 Rz. 74.

67) Vgl. *Dauner-Lieb/Tettinger* in: KölnKomm-UmwG, § 233 Rz. 75; Lutter-*Göthel*, UmwG, § 233 Rz. 76; *Sparfeld* in: BeckOGK-UmwG, § 233 Rz. 49; Semler/Stengel/Leonard-*Ihrig*, UmwG, § 233 Rz. 36; Kallmeyer-*Blasche*, UmwG, § 233 Rz. 12.

68) Vgl. Lutter-*Göthel*, UmwG, § 233 Rz. 76; Semler/Stengel/Leonard-*Ihrig*, UmwG, § 233 Rz. 36.

69) Vgl. *Dauner-Lieb/Tettinger* in: KölnKomm-UmwG, § 233 Rz. 76; *Sparfeld* in: BeckOGK-UmwG, § 233 Rz. 52; Semler/Stengel/Leonard-*Ihrig*, UmwG, § 233 Rz. 39.

70) Vgl. *Dauner-Lieb/Tettinger* in: KölnKomm-UmwG, § 233 Rz. 76.

71) Vgl. Lutter-*Göthel*, UmwG, § 233 Rz. 74; *Sparfeld* in: BeckOGK-UmwG, § 233 Rz. 49; Semler/Stengel/Leonard-*Ihrig*, UmwG, § 233 Rz. 37; Henssler/Strohn-*Drinhausen/Keinath*, GesR, § 233 UmwG Rz. 9; Kallmeyer-*Blasche*, UmwG, § 233 Rz. 12; einschränkend *Dauner-Lieb/Tettinger* in: KölnKomm-UmwG, § 233 Rz. 80.

Mehrheitsentscheidung dieser Gesellschafter vorsehen. Zulässig ist eine solche Satzungsregelung allerdings nur insofern, als sie die Mehrheit aller persönlich haftenden Gesellschafter der formwechselnden KGaA verlangt; die Mehrheit der in der Versammlung erschienenen persönlich haftenden Gesellschafter genügt nicht.[72] Die Mehrheit bestimmt sich dabei nach der Kopfzahl, nicht nach der Beteiligungshöhe.[73] In der Satzung können i. Ü. zusätzliche Voraussetzungen oder größere als die gesetzlich vorgesehene Mehrheit vorgesehen werden. Das Zustimmungserfordernis gemäß § 233 Abs. 3 Satz 1 kann durch die Satzung nicht abbedungen werden.[74]

2. Ausscheiden persönlich haftender Gesellschafter

Jeder persönlich haftende Gesellschafter einer KGaA kann gemäß § 233 Abs. 3 Satz 3 bei einem Formwechsel in eine Personengesellschaft sein Ausscheiden aus dem Rechtsträger für den Zeitpunkt erklären, in dem der Formwechsel wirksam wird. Den persönlich haftenden Gesellschaftern steht damit ein **Wahlrecht** zu, auch nach dem Formwechsel in der Gesellschaft zu verbleiben (z. B. als Kommanditist) oder ihren Austritt zu erklären. Die Austrittserklärung ist formlos möglich.[75] Das Gesetz sieht zudem auch keine Frist für die Abgabe bzw. den Zugang der Austrittserklärung vor. Die Ausübung des Austrittsrechts ist damit bis spätestens zum Zeitpunkt des Wirksamwerdens des Formwechsels, d. h. bis zur Eintragung des Formwechsels in das Handelsregister möglich.[76] In der Praxis liegen die Austrittserklärungen der persönlich haftenden Gesellschafter regelmäßig bereits vor der Beschlussfassung über den Formwechsel vor, so dass die Mitgesellschafter bzw. Kommanditaktionäre ihre Entscheidung über den Formwechsel in Kenntnis darüber treffen können. Eine entsprechende Pflicht der persönlich haftenden Gesellschafter, ihren Austritt bis zur Fassung des Formwechselbeschlusses zu erklären, existiert nicht.[77] Sie ergibt sich auch nicht aus der gesellschaftsrechtlichen Treuepflicht, da einem persönlich haftenden Gesellschafter, der sich ggf. der Mehrheitsentscheidung gemäß § 233 Abs. 3 Satz 2 fügen muss, nicht zugemutet werden kann, sich vor der Entscheidung über den Formwechsel festzulegen.[78] Das Austrittsrecht gemäß § 233 Abs. 3 Satz 2 kann durch die Satzung nicht abbedungen werden.[79] 33

VI. Beschlussmängel

Bei Beschlussmängeln gelten die §§ 241 ff. AktG – direkt beim Formwechsel einer AG bzw. KGaA und entsprechend beim Formwechsel einer GmbH.[80] Mit Blick auf § 233 34

---

72) Vgl. Widmann/Mayer-*Vossius*, UmwR, § 233 UmwG Rz. 112; Semler/Stengel/Leonard-*Ihrig*, UmwG, § 233 Rz. 38; *Rose* in: HK-UmwG, § 233 Rz. 25; Kallmeyer-*Blasche*, UmwG, § 233 Rz. 13; a. A. *Dauner-Lieb/Tettinger* in: KölnKomm-UmwG, § 233 Rz. 78.

73) Vgl. Widmann/Mayer-*Vossius*, UmwR, § 233 UmwG Rz. 114; Lutter-*Göthel*, UmwG, § 233 Rz. 77; Semler/Stengel/Leonard-*Ihrig*, UmwG, § 233 Rz. 38; a. A. *Dauner-Lieb/Tettinger* in: KölnKomm-UmwG, § 233 Rz. 78.

74) Vgl. Lutter-*Göthel*, UmwG, § 233 Rz. 78; Semler/Stengel/Leonard-*Ihrig*, UmwG, § 233 Rz. 38.

75) Vgl. Lutter-*Göthel*, UmwG, § 233 Rz. 82; Semler/Stengel/Leonard-*Ihrig*, UmwG, § 233 Rz. 39; Kallmeyer-*Blasche*, UmwG, § 233 Rz. 15.

76) Vgl. Widmann/Mayer-*Vossius*, UmwR, § 233 UmwG Rz. 136; Kallmeyer-*Blasche*, UmwG, § 233 Rz. 15; ähnl. *Dauner-Lieb/Tettinger* in: KölnKomm-UmwG, § 233 Rz. 88, die allerdings bezüglich des spätesten Zeitpunkts für die Austrittserklärung auf die Klagefrist des § 195 Abs. 1 zurückgreifen möchten.

77) So aber Lutter-*Göthel*, UmwG, § 233 Rz. 82; Semler/Stengel/Leonard-*Ihrig*, UmwG, § 233 Rz. 39.

78) Vgl. *Dauner-Lieb/Tettinger* in: KölnKomm-UmwG, § 233 Rz. 88; Semler/Stengel/Leonard-*Ihrig*, UmwG, § 233 Rz. 39; *Weiler* in: MünchHdb. GesR, Bd. 8, § 38 Rz. 77.

79) Vgl. Widmann/Mayer-*Vossius*, UmwR, § 233 UmwG Rz. 135; Lutter-*Göthel*, UmwG, § 233 Rz. 82; Semler/Stengel/Leonard-*Ihrig*, UmwG, § 233 Rz. 40.

80) Vgl. Lutter-*Göthel*, UmwG, § 233 Rz. 83; *Sparfeld* in: BeckOGK-UmwG, § 233 Rz. 54; Semler/Stengel/Leonard-*Ihrig*, UmwG, § 233 Rz. 42; Kallmeyer-*Blasche*, UmwG, § 233 Rz. 17.

bedeutet dies, dass Formwechselbeschlüsse, die nicht mit den erforderlichen Mehrheiten zustande gekommen sind, nichtig und nicht nur anfechtbar sind.[81] Zudem ist der Formwechselbeschluss, solange die erforderlichen Zustimmungserklärungen nicht vorliegen, schwebend unwirksam.

81) Vgl. Lutter-*Göthel*, UmwG, § 233 Rz. 84; Kallmeyer-*Blasche*, UmwG, § 233 Rz. 17; a. A. *Sparfeld* in: BeckOGK-UmwG, § 233 Rz. 54 und Semler/Stengel/Leonard-*Ihrig*, UmwG, § 233 Rz. 42, die lediglich von Anfechtbarkeit ausgehen.

§ 234
Inhalt des Formwechselbeschlusses*)

In dem Formwechselbeschluss müssen auch enthalten sein:

1. **die Bestimmung des Sitzes der Personengesellschaft;**
2. **beim Formwechsel in eine Kommanditgesellschaft die Angabe der Kommanditisten sowie des Betrages der Einlage eines jeden von ihnen;**
3. **der Gesellschaftsvertrag der Personengesellschaft.**

*) § 234 geändert durch Art. 60 des Gesetzes zur Modernisierung des Personengesellschaftsrechts (Personengesellschaftsrechtsmodernisierungsgesetz – MoPeG), v. 10.8.2021, BGBl. I 2021, 3436; § 234 geändert durch Art. 1 des Gesetzes zur Umsetzung der Umwandlungsrichtlinie und zur Änderung weiterer Gesetze (UmRUG), v. 22.2.2023, BGBl. I 2023, Nr. 51; § 234 geändert durch Art. 1 des Zweiten Gesetzes zur Änderung des Umwandlungsgesetzes (2. UmwGÄndG), v. 19.4.2007, BGBl. I 2007, 542; § 234 i. d. F. des UmwBerG geändert durch Art. 1 des Gesetzes zur Änderung des Umwandlungsgesetzes, des Partnerschaftsgesellschaftsgesetzes und anderer Gesetze (UmwGÄndG), v. 22.7.1998, BGBl. I 1998, 1878.

Literatur: *Drinhausen*, Regierungsentwurf eines Zweiten Gesetzes zur Änderung des Umwandlungsgesetzes – ein Gewinn für die Praxis, BB 2006, 2313.

Übersicht

I. Norminhalt, Normentwicklung und Mängelfolgen

1 § 234 **ergänzt** die **allgemeinen Bestimmungen** über den Inhalt des Formwechselbeschlusses in § 194 für den Formwechsel einer Kapitalgesellschaft in eine Personengesellschaft. Neben den dort genannten Mindestangaben verlangt § 234 die Bestimmung des Sitzes des Rechtsträgers neuer Rechtsform (§ 234 Nr. 1), die Angabe der Kommanditisten und des Betrages ihrer jeweiligen Einlage bei einem Formwechsel in eine KG (§ 234 Nr. 2) sowie die Integration des künftigen Gesellschaftsvertrages in den Formwechselbeschluss (§ 234 Nr. 3).

2 Während die Vorgaben in § 234 Nr. 1 und Nr. 2 auf **Regelungen des UmwG 1969** beruhen,[1] war die Einbeziehung des Gesellschaftsvertrages in den Formwechselbeschluss (§ 234 Nr. 3) im UmwG zunächst nicht vorgesehen. Der Gesetzgeber sah von einer solchen Einbeziehung ab, da der Gesellschaftsvertrag der GbR und der Personenhandelsge-

1) Vgl. § 17 Abs. 2 und § 20 Satz 2 des Gesetzes zur Neufassung des Umwandlungsgesetzes, v. 6.11.1969, BGBl. I 1969, 2081.

sellschaften nicht formbedürftig ist.[2] Erst mit Einführung des PartG, das für den Partnerschaftsvertrag die Schriftform vorsah,[3] wurde die Aufnahme des Partnerschaftsvertrages in den Formwechselbeschluss in § 234 Nr. 3 geregelt. Nachdem zwischenzeitlich Unsicherheit über die Frage aufgekommen war, ob das Mehrheitserfordernis nach § 233 Abs. 2 auch für den Beschluss über den künftigen Gesellschaftsvertrag der Personengesellschaft gilt,[4] wurde die Pflicht zur Aufnahme des Gesellschaftsvertrags in den Formwechselbeschluss durch das Zweite Gesetz zur Änderung des Umwandlungsgesetzes[5] auf alle Personengesellschaften erstreckt.

Finden sich – wie in der Praxis üblich – die Angaben gemäß § 234 Nr. 1 und Nr. 2 auch im (künftigen) Gesellschaftsvertrag der Personengesellschaft, ist das Erfordernis, diese im Formwechselbeschluss vorzusehen, auch dadurch erfüllt, dass auf die entsprechende **Angaben im Gesellschaftsvertrag,** der gemäß § 234 Nr. 3 Bestandteil des Formwechselbeschlusses ist, **verwiesen** wird.[6] Verstöße gegen die Vorgaben in § 234 führen zur **Nichtigkeit** des Formwechselbeschlusses.[7] 3

II. Sitz der Personengesellschaft (§ 234 Nr. 1)

Gemäß § 234 Nr. 1 ist der Sitz der Personengesellschaft im Formwechselbeschluss anzugeben. Damit soll dem Bedürfnis Rechnung getragen werden, das für die Anmeldung des Formwechsels zuständige Registergericht eindeutig zu bestimmen.[8] Gemäß § 706 Satz 1 BGB – auf den die §§ 105 Abs. 3, 161 Abs. 2 HGB für die oHG bzw. KG und § 1 Abs. 4 PartGG für die PartG verweisen – ist der Sitz der Personengesellschaft der **Verwaltungssitz**, d. h. der Ort, an dem deren Geschäfte tatsächlich geführt werden. Gemäß § 706 Satz 2 BGB kann auch ein vom Verwaltungssitz abweichender Ort im Inland als **Vertragssitz** festgelegt werden. Hierdurch soll nicht zuletzt Kapitalgesellschaften mit ausländischem Verwaltungssitz der Formwechsel in eine Personengesellschaft ermöglicht werden.[9] Der bisherige Sitz der formwechselnden Kapitalgesellschaft braucht nicht beibehalten zu werden.[10] Wird im Zuge des Formwechsels der Sitz der Gesellschaft verlegt, ist der Formwechsel sowohl bei dem bisher zuständigen als auch bei dem nach der **Sitzverlegung** zuständigen Registergericht anzumelden (§ 198 Abs. 2 Satz 2 und Satz 3). 4

2) Vgl. Begr. Fraktionsentwurf UmwBerG, BT-Drucks. 12/6699, S. 154.
3) Das Schriftformerfordernis in § 3 Abs. 1 PartGG a. F. wurde mittlerweile durch das Personengesellschaftsrechtsmodernisierungsgesetz (MoPeG) aufgehoben.
4) Vgl. *Sparfeld* in: BeckOGK-UmwG, § 234 Rz. 2; Semler/Stengel/Leonard-*Ihrig*, UmwG, § 234 Rz. 3; *Drinhausen*, BB 2006, 2313, 2317.
5) Zweites Gesetz zur Änderung des Umwandlungsgesetzes (2. UmwGÄndG), v. 19.4.2007, BGBl. I 2007, 542.
6) Vgl. *Dauner-Lieb/Tettinger* in: KölnKomm-UmwG, § 234 Rz. 3; Lutter-*Göthel*, UmwG, § 234 Rz. 15; *Sparfeld* in: BeckOGK-UmwG, § 234 Rz. 2; Semler/Stengel/Leonard-*Ihrig*, UmwG, § 234 Rz. 4; Kallmeyer-*Blasche*, UmwG, § 234 Rz. 1.
7) Vgl. BayObLG, Beschl. v. 5.7.1996 – 3Z BR 114/96, AG 1996, 468 = NJW 1997, 747; *Dauner-Lieb/Tettinger* in: KölnKomm-UmwG, § 234 Rz. 1; Semler/Stengel/Leonard-*Ihrig*, UmwG, § 234 Rz. 16; Schmitt/Hörtnagl-*Rinke*, UmwG/UmwStG, § 234 UmwG Rz. 1.
8) Vgl. Begr. Fraktionsentwurf UmwBerG, BT-Drucks. 12/6699, S. 154.
9) Vgl. Begr. RegE MoPeG, BT-Drucks. 19/27635, S. 143; Lutter-*Göthel*, UmwG, § 234 Rz. 16a; *Sparfeld* in: BeckOGK-UmwG, § 234 Rz. 8.
10) Vgl. Lutter-*Göthel*, UmwG, § 234 Rz. 16b; *Sparfeld* in: BeckOGK-UmwG, § 234 Rz. 10; Semler/Stengel/Leonard-*Ihrig*, UmwG, § 234 Rz. 5; *Althoff/Narr* in: NK-UmwG, § 234 Rz. 3; Kallmeyer-*Blasche*, UmwG, § 234 Rz. 2.

III. Besondere Angaben bei Formwechsel in KG (§ 234 Nr. 2)

5 Gemäß § 234 Nr. 2 sind beim Formwechsel einer Kapitalgesellschaft in eine KG die Kommanditisten sowie der Betrag der Einlagen eines jeden von ihnen im Formwechselbeschluss anzugeben. Für die **Bezeichnung der Kommanditisten** wird überwiegend in Anlehnung an die Handelsregisteranmeldung gemäß §§ 162 Abs. 1, 106 Abs. 2 Nr. 2 HGB die Nennung von Name, Vorname, Geburtsdatum und Wohnort verlangt.[11)] Richtigerweise reicht es aber auch schon aus, wenn die Angaben im Formwechselbeschluss so erfolgen, dass über die Identität der Kommanditisten kein Zweifel besteht.[12)] Dies ist nicht nur der Fall, wenn die Namen und Wohnorte der zukünftigen Kommanditisten angegeben werden;[13)] ausreichend ist vielmehr auch eine inhaltlich eindeutige Sammelbezeichnung (z. B. „alle Aktionäre mit Ausnahme von [Name des künftigen persönlich haftenden Gesellschafters]").[14)] In der Praxis empfiehlt es sich mit Blick auf die unklare Rechtslage, sämtliche gemäß §§ 162 Abs. 1, 106 Abs. 2 Nr. 2 HGB erforderlichen Angaben in den Formwechselbeschluss aufzunehmen.[15)] Nicht erforderlich ist, dass bei Beschlussfassung bereits die künftige Verteilung der Gesellschafterpositionen in der KG feststeht; vielmehr genügt es, wenn aus den im Formwechselbeschluss enthaltenen Bestimmungen und dem Abstimmungsverhalten bzw. aus weiteren Erklärungen der Gesellschafter vor der Handelsregisteranmeldung erkennbar ist, welche Gesellschafter welche Gesellschafterpositionen in der KG übernehmen.[16)]

6 Probleme können Fälle bereiten, in denen nicht alle Gesellschafter bzw. (Kommandit-)Aktionäre der formwechselnden Gesellschaft bekannt sind. Bei einem Formwechsel in eine GbR, oHG oder PartG führt das Vorhandensein **unbekannter Gesellschafter/(Kommandit-)Aktionäre** aufgrund des Einstimmigkeitsprinzips gemäß § 233 Abs. 1 (siehe oben § 233 Rz. 14 [*Berjasevic*]) dazu, dass ein Formwechsel nicht möglich ist, solange nicht alle Gesellschafter bzw. (Kommandit-)Aktionäre bekannt sind. Bei einem Formwechsel in eine **KG** genügt im Gegensatz dazu grundsätzlich eine Drei-Viertel-Mehrheit gemäß § 233 Abs. 2 Satz 1 (siehe oben § 233 Rz. 22 [*Berjasevic*]); allerdings ist auch bei einem solchen Formwechsel die Benennung der Kommanditisten gemäß § 234 Nr. 2 erforderlich. Selbst wenn man für das Erfordernis gemäß § 234 Nr. 2 die Verwendung einer Sammelbezeichnung ausreichen lässt (siehe oben Rz. 5), wird die Benennung der Kommanditisten spätestens bei der Registeranmeldung relevant.

7 Dies ist insbesondere bei einem Formwechsel einer **AG bzw. KGaA** in eine KG eine Herausforderung, wenn die AG bzw. KGaA Inhaberaktien ausgegeben hat, da bei diesen die Namen der (Kommandit-)Aktionäre in der Regel nicht bekannt sein dürften. Eine **Lösung** bietet hier § 35, der gemäß § 213 auch auf den Formwechsel einer AG bzw. KGaA Anwendung findet.[17)] Gemäß § 35 Satz 1 Halbs. 1 ist für die Bezeichnung der unbekannt gebliebenen (Kommandit-)Aktionäre die Angabe des auf sie entfallenden Teils des Grund-

---

11) Vgl. Widmann/Mayer-*Vossius*, UmwR, § 234 UmwG Rz. 9; Lutter-*Göthel*, UmwG, § 234 Rz. 18; Schmitt/Hörtnagl-*Rinke*, UmwG/UmwStG, § 234 UmwG Rz. 3; *Rose* in: HK-UmwG, § 234 Rz. 6; Henssler/Strohn-*Drinhausen/Keinath*, GesR, § 234 UmwG Rz. 3; *Schöne*, EWiR 1996, 619, 620 (Urteilsanm.).

12) Vgl. *Dauner-Lieb/Tettinger* in: KölnKomm-UmwG, § 234 Rz. 10; Semler/Stengel/Leonard-*Ihrig*, UmwG, § 234 Rz. 7; Kallmeyer-*Blasche*, UmwG, § 234 Rz. 3.

13) Vgl. Semler/Stengel/Leonard-*Ihrig*, UmwG, § 234 Rz. 7.

14) Vgl. *Dauner-Lieb/Tettinger* in: KölnKomm-UmwG, § 234 Rz. 10; Kallmeyer-*Blasche*, UmwG, § 234 Rz. 3.

15) So auch *Sparfeld* in: BeckOGK-UmwG, § 234 Rz. 12.

16) Vgl. Vgl. *Dauner-Lieb/Tettinger* in: KölnKomm-UmwG, § 234 Rz. 11; Kallmeyer-*Blasche*, UmwG, § 234 Rz. 3.

17) Vgl. BayObLG, Beschl. v. 5.7.1996 – 3Z BR 114/96, AG 1996, 468 = NJW 1997, 747; *Dauner-Lieb/Tettinger* in: KölnKomm-UmwG, § 234 Rz. 12; Lutter-*Göthel*, UmwG, § 234 Rz. 19; *Sparfeld* in: BeckOGK-UmwG, § 234 Rz. 14; Semler/Stengel/Leonard-*Ihrig*, UmwG, § 234 Rz. 11; Kallmeyer-*Blasche*, UmwG, § 234 Rz. 4.

kapitals der Gesellschaft und der auf sie nach dem Formwechsel entfallenden Anteile ausreichend. Werden die so bezeichneten Anteilsinhaber später bekannt, ist dies dem Registergericht mitzuteilen, das eine Berichtigung des Handelsregisters gemäß § 35 Satz 2 von Amts wegen vornimmt. Bis zum Bekanntwerden ruht das Stimmrecht gemäß § 35 Satz 3 UmwG.

Die Anwendbarkeit des § 35 hängt nicht davon ab, dass die (Kommandit-)Aktionäre in 8
der Einladung zur Hauptversammlung auffordert werden, ihre Beteiligungen unter Angabe von Namen, Vornamen, Geburtsdatum, Wohnort und Nummern der Aktienurkunden mitzuteilen[18] – auch wenn dies aus praktischer Sicht zu empfehlen ist. Ebenso wenig ist erforderlich, dass die formwechselnde AG bzw. KGaA in der Anmeldung des Formwechsels zur Eintragung in das Handelsregister ernsthafte Ermittlungsbemühungen darlegt.[19] Allerdings ist eine **Sammelbezeichnung** gemäß § 35 Satz 1 Halbs. 1 nur zulässig, wenn die Anteile der unbekannten (Kommandit-)Aktionäre zusammen 5 % des Grundkapitals der formwechselnden Kapitalgesellschaft nicht überschreiten (§ 35 Satz 1 Halbs. 2). Daraus folgt, dass ein Formwechsel einer AG bzw. KGaA in eine Personengesellschaft grundsätzlich nicht möglich ist, wenn mehr als 5 % des Grundkapitals auf unbekannte (Kommandit-)Aktionäre entfallen.[20] In einem solchen Fall bleibt es der formwechselnden AG bzw. KGaA unbenommen, durch geeignete Maßnahmen (z. B. Kapitalerhöhung) die Voraussetzungen für die Anwendbarkeit des § 35 zu schaffen. § 35 findet auf die **GmbH** keine Anwendung.[21] Allerdings dürfte bei dieser das Vorhandensein unbekannter Gesellschafter mit Blick auf § 16 Abs. 1 GmbHG regelmäßig kein Problem darstellen.[22]

Gemäß § 234 Nr. 2 UmwG ist auch der **Betrag der Einlage** jedes Kommanditisten anzu- 9
geben. Gemeint ist dabei die Hafteinlage – d. h. der Betrag, mit dem der Kommanditist im Außenverhältnis haftet.[23] Die von der Hafteinlage zu unterscheidende, im Innenverhältnis zwischen den Gesellschaftern versprochene Pflichteinlage ist ebenfalls im Formwechselbeschluss anzugeben; allerdings nicht gemäß § 234 Nr. 2, sondern bereits aufgrund der Vorgaben in § 194 Abs. 1 Nr. 3 und 4.[24] Die Einlage der Kommanditisten wird durch das Reinvermögen der formwechselnden Kapitalgesellschaft erbracht. Erreicht der auf den betreffenden Kommanditisten entfallende Anteil des tatsächlichen Reinvermögens der formwechselnden Kapitalgesellschaft nicht den Wert der für ihn geltenden Hafteinlage, haftet der Kommanditist gemäß § 171 Abs. 1 HGB persönlich bis zur Höhe der Hafteinlage; die Haftung ist ausgeschlossen, soweit die Hafteinlage erbracht ist. Daneben scheidet eine Haftung der Kommanditisten gemäß § 176 Abs. 1 HGB aus.[25] Mit Zustimmung der betroffenen Gesellschafter bzw. (Kommandit-)Aktionäre ist schließlich auch ein sog. nicht verhältnis-

18) Vgl. *Dauner-Lieb/Tettinger* in: KölnKomm-UmwG, § 234 Rz. 13; Lutter-*Göthel*, UmwG, § 234 Rz. 20; Semler/Stengel/Leonard-*Ihrig*, UmwG, § 234 Rz. 11; Kallmeyer-*Blasche*, UmwG, § 234 Rz. 4; a. A. BayObLG, Beschl. v. 5.7.1996 – 3Z BR 114/96, AG 1996, 468 = NJW 1997, 747.

19) Vgl. *Dauner-Lieb/Tettinger* in: KölnKomm-UmwG, § 234 Rz. 13; Lutter-*Göthel*, UmwG, § 234 Rz. 20; *Sparfeld* in: BeckOGK-UmwG, § 234 Rz. 15; Semler/Stengel/Leonard-*Ihrig*, UmwG, § 234 Rz. 11; Kallmeyer-*Blasche*, UmwG, § 234 Rz. 4; *Schöne*, EWIR 1996, 619, 620 (Urteilsanm.).

20) Vgl. *Dauner-Lieb/Tettinger* in: KölnKomm-UmwG, § 234 Rz. 14; *Sparfeld* in: BeckOGK-UmwG, § 234 Rz. 17; Semler/Stengel/Leonard-*Ihrig*, UmwG, § 234 Rz. 12a; Kallmeyer-*Blasche*, UmwG, § 234 Rz. 4; unklar: Lutter-*Göthel*, UmwG, § 234 Rz. 30.

21) Vgl. Widmann/Mayer-*Wälzholz*, UmwR, § 35 UmwG Rz. 4; *Sparfeld* in: BeckOGK-UmwG, § 234 Rz. 18.

22) Ähnlich *Sparfeld* in: BeckOGK-UmwG, § 234 Rz. 18; Kallmeyer-*Blasche*, UmwG, § 234 Rz. 4.

23) Vgl. Widmann/Mayer-*Vossius*, UmwR, § 234 UmwG Rz. 13; *Dauner-Lieb/Tettinger* in: KölnKomm-UmwG, § 234 Rz. 16; Lutter-*Göthel*, UmwG, § 234 Rz. 32; *Sparfeld* in: BeckOGK-UmwG, § 234 Rz. 19; Semler/Stengel/Leonard-*Ihrig*, UmwG, § 234 Rz. 8; Kallmeyer-*Blasche*, UmwG, § 234 Rz. 5.

24) Vgl. Widmann/Mayer-*Vossius*, UmwR, § 234 UmwG Rz. 13; *Dauner-Lieb/Tettinger* in: KölnKomm-UmwG, § 234 Rz. 16; *Sparfeld* in: BeckOGK-UmwG, § 234 Rz. 19; Semler/Stengel/Leonard-*Ihrig*, UmwG, § 234 Rz. 8.

25) Vgl. Lutter-*Göthel*, UmwG, § 234 Rz. 37; *Sparfeld* in: BeckOGK-UmwG, § 234 Rz. 20; Semler/Stengel/Leonard-*Ihrig*, UmwG, § 234 Rz. 9; Kallmeyer-*Blasche*, UmwG, § 234 Rz. 7.

wahrender Formwechsel möglich, also die Festsetzung der Einlagen in Abweichung von den bisherigen Beteiligungsquoten.[26)]

IV. Gesellschaftsvertrag der Personengesellschaft (§ 234 Nr. 3)

10 Gemäß § 234 Nr. 2 ist der Gesellschaftsvertrag der Personengesellschaft zwingender Bestandteil des Formwechselbeschlusses. Dies hat zur Folge, dass der Gesellschaftsvertrag **notariell zu beurkunden** ist,[27)] obwohl Gesellschaftsverträge von Personengesellschaften im allgemeinen[28)] keiner Form bedürfen. Allerdings bedeutet dies nicht, dass auch künftige Änderungen des Gesellschaftsvertrages der Personengesellschaft demselben Formerfordernis unterliegen.[29)] In der Praxis empfiehlt sich eine entsprechende Klarstellung im Gesellschaftsvertrag.[30)] Als Bestandteil des Formwechselbeschlusses unterliegt der Gesellschaftsvertrag der Personengesellschaft der **Registerpublizität.**[31)] Zudem ist er gemäß § 194 Abs. 2 auch dem **Betriebsrat** zuzuleiten.[32)]

11 Ist nicht erwünscht, dass der finale Wortlaut des Gesellschaftsvertrages der Personengesellschaft zum Handelsregister eingereicht bzw. dem Betriebsrat zugeleitet wird, bietet es sich in der Praxis an, i. R. des Formwechselbeschlusses zunächst nur einen rudimentären Gesellschaftsvertrag zu beschließen, der sich auf den gesetzlichen Mindestinhalt beschränkt, und den Gesellschaftsvertrag nach Wirksamwerden des Formwechsels abzuändern, wobei sich die Gesellschafter auf den Inhalt des finalen Gesellschaftsvertrages bereits vor Wirksamwerden des Formwechsels einigen können.[33)] Dass sich der in den Formwechselbeschluss aufzunehmende Gesellschaftsvertrag inhaltlich auf die Angaben beschränken kann, die gemäß §§ 194 Abs. 1 Nr. 1 bis 5, 234 Nr. 1 und 2 sowie aufgrund des jeweils anwendbaren Gründungsrechts der neuen Rechtsform zwingend erforderlich sind, ist unstreitig.[34)] Ebenfalls geklärt ist die Frage, ob der Gesellschaftsvertrag i. R. des **Formwechsels in eine KG** gemäß § 233 Abs. 2 Satz 1 grundsätzlich auch mit einer Drei-Viertel-Mehrheit beschlossen werden kann. Sie ist – spätestens seit der Änderung des § 234 Nr. 3 durch das Zweite Gesetz zur Änderung des Umwandlungsgesetzes[35)] – zu bejahen.[36)]

---

26) Vgl. Lutter-*Göthel*, UmwG, § 234 Rz. 34; *Sparfeld* in: BeckOGK-UmwG, § 234 Rz. 19; Kallmeyer-*Blasche*, UmwG, § 234 Rz. 6.

27) Vgl. *Dauner-Lieb/Tettinger* in: KölnKomm-UmwG, § 234 Rz. 7; Kallmeyer-*Blasche*, UmwG, § 234 Rz. 8; unklar: Lutter-*Göthel*, UmwG, § 234 Rz. 38; *Sparfeld* in: BeckOGK-UmwG, § 234 Rz. 25 und Semler/Stengel/Leonard-*Ihrig*, UmwG, § 234 Rz. 14, die „Schriftform" verlangen.

28) Seit Aufhebung des § 3 Abs. 1 PartGG a. F. durch das MoPeG gilt dies auch für den Partnerschaftsvertrag; davor war Schriftform vorgeschrieben.

29) Vgl. *Dauner-Lieb/Tettinger* in: KölnKomm-UmwG, § 234 Rz. 7; Kallmeyer-*Blasche*, UmwG, § 234 Rz. 8.

30) So auch *Dauner-Lieb/Tettinger* in: KölnKomm-UmwG, § 234 Rz. 7.

31) Vgl. *Dauner-Lieb/Tettinger* in: KölnKomm-UmwG, § 234 Rz. 6; Lutter-*Göthel*, UmwG, § 234 Rz. 40; *Sparfeld* in: BeckOGK-UmwG, § 234 Rz. 25; *Althoff/Narr* in: NK-UmwG, § 234 Rz. 7; Kallmeyer-*Blasche*, UmwG, § 234 Rz. 8.

32) Vgl. *Dauner-Lieb/Tettinger* in: KölnKomm-UmwG, § 234 Rz. 6; *Sparfeld* in: BeckOGK-UmwG, § 234 Rz. 25; Kallmeyer-*Blasche*, UmwG, § 234 Rz. 8.

33) Vgl. *Sparfeld* in: BeckOGK-UmwG, § 234 Rz. 26; *Althoff/Narr* in: NK-UmwG, § 234 Rz. 7.

34) Vgl. *Dauner-Lieb/Tettinger* in: KölnKomm-UmwG, § 234 Rz. 5; Lutter-*Göthel*, UmwG, § 234 Rz. 39; Semler/Stengel/Leonard-*Ihrig*, UmwG, § 234 Rz. 17; Kallmeyer-*Blasche*, UmwG, § 234 Rz. 9.

35) Vgl. Begr. RegE 2. UmwGÄndG, BT-Drucks. 16/2919, S. 19 f.

36) Vgl. *Dauner-Lieb/Tettinger* in: KölnKomm-UmwG, § 234 Rz. 5; *Sparfeld* in: BeckOGK-UmwG, § 234 Rz. 25; Semler/Stengel/Leonard-*Ihrig*, UmwG, § 234 Rz. 19; Kallmeyer-*Blasche*, UmwG, § 234 Rz. 8.

§ 235
Anmeldung des Formwechsels[*)]

Die Anmeldung nach § 198 ist durch das Vertretungsorgan der formwechselnden Gesellschaft vorzunehmen.

*) § 235 i. d. F. des UmwBerG geändert durch Art. 60 des Gesetzes zur Modernisierung des Personengesellschaftsrechts (Personengesellschaftsrechtsmodernisierungsgesetz – MoPeG), v. 10.8.2021, BGBl. I 2021, 3436.

Übersicht

I. Norminhalt und Normentwicklung

1 Gemäß § 235 ist die Anmeldung des Formwechsels einer Kapitalgesellschaft in eine Personengesellschaft durch das Vertretungsorgan der formwechselnden Gesellschaft vorzunehmen. Die Vorschrift **ergänzt** insoweit die allgemeinen Bestimmungen zur Registeranmeldung gemäß §§ 198, 199.

2 Die Regelung entspricht § 235 Abs. 2 a. F. Gemäß § 235 Abs. 1 a. F. war bis zum Inkrafttreten des **MoPeG**[1)] bei einem Formwechsel in eine GbR gemäß § 235 Abs. 1 a. F. statt der neuen Rechtsform der Formwechsel der Kapitalgesellschaft selbst zur Eintragung in das Register, in dem die formwechselnde Gesellschaft eingetragen war, anzumelden. Der Grund hierfür war, dass bei Formwechsel in eine GbR kein Register zur Eintragung dieser Zielrechtsform zur Verfügung stand. Dies hat sich geändert; für die Eintragung der GbR steht gemäß § 707 BGB das Gesellschaftsregister zur Verfügung. Folglich konnte § 235 Abs. 1 a. F. ersatzlos gestrichen werden.

II. Zuständigkeit für die Registeranmeldung

3 Die Anmeldung des Formwechsels einer Kapitalgesellschaft in eine Personengesellschaft erfolgt gemäß § 235 ausschließlich durch das **Vertretungsorgan der formwechselnden Kapitalgesellschaft.** § 235 verdrängt die allgemeinen Gründungsvorschriften der künftigen Zielrechtform und vermeidet dadurch, dass die Anmeldung durch sämtliche Gesellschafter bzw. Partner der GbR (§ 707 Abs. 4 Satz 1 BGB), oHG (§ 106 Abs. 7 Satz 1 HGB), KG (§§ 161 Abs. 2, 106 Abs. 7 Satz 1 HGB) oder PartG (§ 4 Abs. 1 Satz 1 PartGG) erfolgen muss. Zuständig für die Anmeldung des Formwechsels sind bei der GmbH deren Geschäftsführer, bei der AG deren Vorstand und bei der KGaA deren persönlich haftende Gesellschafter.[2)] Die Anmeldung hat in vertretungsberechtigter Zahl zu erfolgen.[3)] Die unechte

1) Gesetz zur Modernisierung des Personengesellschaftsrechts (Personengesellschaftsrechtsmodernisierungsgesetz – MoPeG), v. 10.8.2021, BGBl. I 2021, 3436.

2) Vgl. Kallmeyer-*Blasche*, UmwG, § 235 Rz. 2; *Möhrle* in: MünchHdb. GesR, Bd. 1, § 6 Rz. 26.

3) Vgl. *Sparfeld* in: BeckOGK-UmwG, § 235 Rz. 10; Semler/Stengel/Leonard-*Ihrig*, UmwG, § 235 Rz. 7; Schmitt/Hörtnagl-*Rinke*, UmwG/UmwStG, § 235 UmwG Rz. 4.

Gesamtvertretung ist ausreichend;[4] die alleinige Vertretung durch Prokuristen ist indes unzulässig.[5]

4 Die Vertretung bei der Anmeldung mittels **Vollmacht** ist grundsätzlich möglich, wobei die Vollmacht gemäß § 12 Abs. 1 Satz 2 HGB der öffentlichen Beglaubigung bedarf.[6] Allerdings kommt eine rechtsgeschäftliche Vertretung aufgrund des höchstpersönlichen Charakters der Negativerklärung gemäß § 198 Abs. 3, § 16 Abs. 2 nur in Betracht, wenn ein Freigabebeschluss nach § 198 Abs. 3, § 16 Abs. 3 vorliegt oder auf die Negativerklärung gemäß § 198 Abs. 3, § 16 Abs. 2 Satz 2 verzichtet wurde.[7]

5 § 235 begründet keine **Pflicht** der Vertretungsorgane der formwechselnden Kapitalgesellschaft zur Anmeldung des Formwechsels. Eine solche Pflicht ergibt sich allerdings indirekt daraus, dass die Mitglieder des Vertretungsorgans aus ihrem Organverhältnis verpflichtet sind, den Formwechselbeschluss der Gesellschafter- bzw. Hauptversammlung umzusetzen.[8] Unterlassen sie dies, haften sie für daraus entstehende Schäden.[9]

III. Inhalt und Form der Registeranmeldung

6 Inhalt und Form der Registeranmeldung bestimmen sich nach den **§§ 198, 199** (siehe oben § 198 Rz. 21, § 199 Rz. 5 ff. [*Fiedler*]). Ferner ist bei der Registeranmeldung gemäß § 197 das **Gründungsrecht** der jeweiligen Zielrechtsform zu beachten.

7 Bei einem Formwechsel in eine **oHG** sind über die Verweisung in § 197 Namen, Vornamen, Geburtsdaten und Wohnorte (§ 106 Abs. 2 Nr. 2 lit. a HGB) bzw. Firma, Sitz und Geschäftsanschrift (§ 106 Abs. 2 Nr. 2 lit. b HGB) der (zukünftigen) Gesellschafter anzugeben; bei der **KG** hat die Anmeldung zusätzlich Angaben zu den Kommanditisten und ihrer jeweiligen Haftungssumme zu enthalten (§ 162 Abs. 1 HGB). Anzugeben sind ferner Firma, Name und Sitz (§ 106 Abs. 2 Nr. 1 HGB) sowie die Vertretungsbefugnis der Gesellschafter (§ 106 Abs. 2 Nr. 3). Nicht erforderlich ist bei einem Formwechsel einer Kapitalgesellschaft in eine oHG bzw. KG die sonst übliche Versicherung, dass die Gesellschaft nicht bereits im Gesellschafts- oder Partnerschaftsregister eingetragen ist (§ 106 Abs. 2 Nr. 4 HGB).[10] Tritt i. R. des Formwechsels ein neuer Gesellschafter als persönlich haftender Gesellschafter der zukünftigen Zielrechtsform bei (z. B. beim Formwechsel in eine GmbH & Co. KG), ist auch dessen Beitritt zur Eintragung in das Handelsregister anzumelden.[11]

8 Bei einem Formwechsel in eine **GbR** sind Namen, Vornamen, Geburtsdaten und Wohnorte (§ 707 Abs. 2 Nr. 2 lit. a BGB) bzw. Firma/Name, Sitz und ggf. Register und -nummer (§ 707 Abs. 2 Nr. 2 lit. b BGB) der (zukünftigen) Gesellschafter in der Anmeldung anzugeben. Ferner hat die Anmeldung Angaben zu Namen, Sitz und Anschrift innerhalb der EU (§ 707 Abs. 2 Nr. 1) der Gesellschaft sowie der Vertretungsbefugnis der (zukünftigen)

4) Vgl. Widmann/Mayer-*Vossius*, UmwR, § 235 UmwG Rz. 8; *Sparfeld* in: BeckOGK-UmwG, § 235 Rz. 11; Semler/Stengel/Leonard-*Ihrig*, UmwG, § 235 Rz. 8; Kallmeyer-*Blasche*, UmwG, § 235 Rz. 2; Schmitt/Hörtnagl-*Rinke*, UmwG/UmwStG, § 235 UmwG Rz. 4.

5) Vgl. Widmann/Mayer-*Vossius*, UmwR, § 235 UmwG Rz. 11; *Sparfeld* in: BeckOGK-UmwG, § 235 Rz. 11; Semler/Stengel/Leonard-*Ihrig*, UmwG, § 235 Rz. 8; Kallmeyer-*Blasche*, UmwG, § 235 Rz. 2.

6) Vgl. Widmann/Mayer-*Vossius*, UmwR, § 235 UmwG Rz. 14; *Sparfeld* in: BeckOGK-UmwG, § 235 Rz. 11; Kallmeyer-*Blasche*, UmwG, § 235 Rz. 2.

7) Vgl. *Sparfeld* in: BeckOGK-UmwG, § 235 Rz. 11; Kallmeyer-*Blasche*, UmwG, § 235 Rz. 2.

8) Vgl *Dauner-Lieb/Tettinger* in: KölnKomm-UmwG, § 235 Rz. 5; Lutter-*Göthel*, UmwG, § 235 Rz. 16; Kallmeyer-*Blasche*, UmwG, § 235 Rz. 2.

9) Vgl. Widmann/Mayer-*Vossius*, UmwR, § 235 UmwG Rz. 35; Kallmeyer-*Blasche*, UmwG, § 235 Rz. 2.

10) Vgl. *Dauner-Lieb/Tettinger* in: KölnKomm-UmwG, § 235 Rz. 8.

11) Widmann/Mayer-*Vossius*, UmwR, § 235 UmwG Rz. 6; *Dauner-Lieb/Tettinger* in: KölnKomm-UmwG, § 235 Rz. 5.

Gesellschafter (§ 707 Abs. 2 Nr. 3 BGB) zu enthalten. Bei einem Formwechsel in eine **PartG** hat die Anmeldung gemäß § 4 Abs. 1 Satz 2 PartGG i. V. m. § 5 Abs. 1 PartGG Namen, Sitz und Gegenstand der PartG, Namen, Vornamen, Geburtsdatum und Wohnort jedes Partners sowie den in der Partnerschaft ausgeübten Beruf und Angaben der Vertretungsbefugnis enthalten. Bei einem Formwechsel einer Kapitalgesellschaft in eine GbR bzw. PartG ist zu beachten, dass dies mit einer Änderung der Registerart i. S. von § 198 Abs. 2 Satz 2 verbunden ist.

Der Registeranmeldung sind schließlich folgende **Anlagen** beizufügen: Formwechselbeschluss nebst Gesellschaftsvertrag der Personengesellschaft; Zustimmungserklärungen einzelner Gesellschafter/(Kommandit-)Aktionäre; Formwechselbericht, falls ein solcher erforderlich ist; ggf. Verzichtserklärungen einzelner Gesellschafter/(Kommandit-)Aktionäre (z. B. auf Formwechselbericht gemäß § 192 Abs. 3); Nachweis über rechtzeitige Zuleitung des Entwurfs des Formwechselbeschlusses an den Betriebsrat gemäß § 194 Abs. 2 (in der Regel durch Empfangsbekenntnis des Betriebsratsvorsitzenden) bzw. Erklärung, dass kein Betriebsrat besteht; ggf. Nachweis über behördliche Genehmigung, falls eine solche für die Ausübung der Geschäftstätigkeit in der neuen Rechtsform erforderlich ist; Urkunde über den Beitritt eines neuen persönlich haftenden Gesellschafters, falls ein solcher Beitritt im Zuge des Formwechsels erfolgt (z. B. bei Formwechsel in GmbH & Co. KG).[12] 9

12) Widmann/Mayer-*Vossius*, UmwR, § 235 UmwG Rz. 30; *Sparfeld* in: BeckOGK-UmwG, § 235 Rz. 13.

§ 236
Wirkungen des Formwechsels

Mit dem Wirksamwerden des Formwechsels einer Kommanditgesellschaft auf Aktien scheiden persönlich haftende Gesellschafter, die nach § 233 Abs. 3 Satz 3 ihr Ausscheiden aus dem Rechtsträger erklärt haben, aus der Gesellschaft aus.

Literatur: *Pilz*, Rechtspraktische Überlegungen zu Abfindungsklauseln in Gesellschaftsverträgen, BB 1994, 1021; *Rasner*, Abfindungsklauseln bei Personengesellschaften, ZHR 158 (1994), 292.

Übersicht

I. Norminhalt und Normentwicklung

§ 236 befasst sich mit dem Zeitpunkt des Ausscheidens des persönlich haftenden Gesellschafters einer KGaA bei einem Formwechsel in eine Personengesellschaft. Die übrigen Wirkungen des Formwechsels ergeben sich – entgegen der insoweit zu weit gefassten Überschrift – aus § 202. Gemäß § 202 Abs. 1 Nr. 2 Satz 1 bleiben die Gesellschafter bzw. (Kommandit-)Aktionäre der formwechselnden Kapitalgesellschaft grundsätzlich auch nach dem Formwechsel an dem Rechtsräger neuer Rechtsform beteiligt. Die **Ausnahme** hiervon normiert § 236 für den Fall, dass persönlich haftende Gesellschafter der formwechselnden KGaA ihr Ausscheiden aus der Gesellschaft erklären. 1

Während das **UmwG 1969** beim Formwechsel einer KGaA in eine Personengesellschaft noch zwingend das Ausscheiden der persönlich haftenden Gesellschafter der KGaA aus 2 der Gesellschaft vorsah,[1] gewährt das UmwG diesen ein Wahlrecht: sie können auch nach dem Formwechsel an der Gesellschaft beteiligt bleiben oder aus der Gesellschaft ausscheiden, wenn sie dies gemäß § 233 Abs. 3 Satz 3 erklären.

II. Ausscheiden des persönlich haftenden Gesellschafters

3 § 236 betrifft nur den **Formwechsel der KGaA in eine Personengesellschaft.** Sie gilt nicht für den Formwechsel der KGaA in eine andere Zielrechtsform. Vielmehr ist das Ausscheiden des persönlich haftenden Gesellschafters der formwechselnden KGaA sowohl bei einem Formwechsel in eine andere Kapitalgesellschaft (§ 247 Abs. 3) als auch bei einem Formwechsel in eine eG (§ 255 Abs. 3) zwingend.

4 Der persönlich haftende Gesellschafter der formwechselnden KGaA scheidet nur aufgrund einer entsprechenden **Erklärung** gemäß § 233 Abs. 3 Satz 3 aus der Gesellschaft aus. Liegt eine solche Erklärung nicht bis zum Zeitpunkt der Eintragung des Formwechsels in das Handelsregister vor, bleibt der persönlich haftende Gesellschafter auch an dem Rechtsträger neuer Rechtsform beteiligt.

5 Erklärt der persönlich haftende Gesellschafter der KGaA sein Ausscheiden aus der Gesellschaft gemäß § 233 Abs. 3 Satz 3, scheidet dieser gemäß § 236 **mit Wirksamwerden des Formwechsels** aus der Gesellschaft aus. Der persönlich haftende Gesellschafter der KGaA bleibt damit bis zu diesem Zeitpunkt Gesellschafter des formwechselnden Rechtsträger, wird aber zu keinem Zeitpunkt Gesellschafter des Rechtsträgers neuer Rechtsform.[2] Der Formwechsel wird gemäß § 202 Abs. 1 Satz 1 i. V. m. § 198 Abs. 1 mit Eintragung des Formwechsels im Register, in dem der formwechselnde Rechtsträger eingetragen ist, wirksam. Kommt es im Zuge des Formwechsels zu einer Sitzverlegung oder erfolgt ein Formwechsel in eine GbR bzw. PartG, wird der Formwechsel gemäß § 202 Abs. 2 i. V. m. § 198 Abs. 2 erst mit Eintragung des Rechtsträgers neuer Rechtsform in das für diesen zuständige Register wirksam.

III. Rechtsfolgen des Ausscheidens

6 Mit dem Ausscheiden des persönlich haftenden Gesellschafters der KGaA aus der Gesellschaft gemäß § 236 steht diesem ein **Abfindungsanspruch** zu. Dieser ergibt sich nicht aus § 207, der gemäß § 227 bei dem Formwechsel einer KGaA in eine Personengesellschaft keine Anwendung findet, sondern bestimmt sich nach den allgemeinen gesellschaftsrechtlichen Grundsätzen. In der Praxis finden sich in der Satzung der KGaA regelmäßig Auseinandersetzungsregelungen.[3] Fehlen diese ausnahmsweise, richtet sich das Abfindungsanspruch des persönlich haftenden Gesellschafters nach § 278 Abs. 2 AktG i. V. m. § 161 Abs. 2, § 105 Abs. 3 HGB, §§ 728 ff. BGB.[4]

7 Ausgeschiedene persönlich haftende Gesellschafter der KGaA unterliegen der **Nachhaftung** für Verbindlichkeiten der KGaA, die bis zum Wirksamwerden des Formwechsels begründet wurden. Die Nachhaftung richtet sich nach den allgemeinen Vorschriften und ist gemäß § 278 Abs. 2 AktG i. V. m. § 161 Abs. 2, § 137 Abs. 1 Satz 1 HGB auf fünf Jahre begrenzt. Die Nachhaftungsfrist beginnt mit dem Ausscheiden, d. h. mit Wirksamwerden

---

1) Vgl. *Dauner-Lieb/Tettinger* in: KölnKomm-UmwG, § 236 Rz. 1; Semler/Stengel/Leonard-*Ihrig*, UmwG, § 236 Rz. 3.

2) Vgl. *Dauner-Lieb/Tettinger* in: KölnKomm-UmwG, § 236 Rz. 2.

3) Vgl. *Dauner-Lieb/Tettinger* in: KölnKomm-UmwG, § 236 Rz. 6; *Piltz*, BB 1994, 1021 f.; *Rasner*, ZHR 158 (1994), 292, 294 f.

4) Vgl. *Dauner-Lieb/Tettinger* in: KölnKomm-UmwG, § 236 Rz. 6; *Sparfeld* in: BeckOGK-UmwG, § 236 Rz. 8; Semler/Stengel/Leonard-*Ihrig*, UmwG, § 236 Rz. 6; Kallmeyer-*Blasche*, UmwG, § 236 Rz. 3.

des Formwechsels.[5] Anders als bei § 224 Abs. 3 beginnt die Frist bereits mit der Eintragung des Formwechsels in das Handelsregister und nicht erst mit dem Tag der Bekanntmachung der Eintragung. Bei Inanspruchnahme ausgeschiedener persönlich haftender Gesellschafter der KGaA durch Gesellschaftsgläubiger, steht diesen ein Ausgleichsanspruch gegen die Gesellschaft bzw. den (anderen ehemaligen) persönlich haftenden Gesellschaftern zu.[6]

IV. Verbleib des Gesellschafters in der Gesellschaft

Scheidet der persönlich haftende Gesellschafter der KGaA mangels Erklärung gemäß § 233 Abs. 3 Satz 3 nicht aus der Gesellschaft aus, bestimmt sich seine Rechtsstellung nach dem Gesellschaftsvertrag. Übernimmt er in dem Rechtsträger neuer Rechtsform ebenfalls die Stellung als persönlich haftender Gesellschafter, haftet er unverändert und zeitlich unbeschränkt auch für vor dem Formwechsel begründete Verbindlichkeiten.[7] Übernimmt er bei einem Formwechsel in eine KG die Stellung als Kommanditist, ist seine Nachhaftung gemäß § 237 i. V. m. § 224 Abs. 3 auf fünf Jahre beschränkt. 8

5) Vgl. *Dauner-Lieb/Tettinger* in: KölnKomm-UmwG, § 236 Rz. 7; *Sparfeld* in: BeckOGK-UmwG, § 236 Rz. 10; Semler/Stengel-*Ihrig*, UmwG, § 236 Rz. 7; Kallmeyer-*Blasche*, UmwG, § 236 Rz. 3.

6) Vgl. Kallmeyer-*Blasche*, UmwG, § 236 Rz. 3.

7) Vgl. *Dauner-Lieb/Tettinger* in: KölnKomm-UmwG, § 236 Rz. 9; Lutter-*Göthel*, UmwG, § 236 Rz. 5; *Sparfeld* in: BeckOGK-UmwG, § 236 Rz. 11; Semler/Stengel/Leonard-*Ihrig*, UmwG, § 236 Rz. 11; Kallmeyer-*Blasche*, UmwG, § 236 Rz. 3.

§ 237
Fortdauer und zeitliche Begrenzung der persönlichen Haftung

Erlangt ein persönlich haftender Gesellschafter einer formwechselnden Kommanditgesellschaft auf Aktien beim Formwechsel in eine Kommanditgesellschaft die Rechtsstellung eines Kommanditisten, so ist auf seine Haftung für die im Zeitpunkt des Formwechsels begründeten Verbindlichkeiten der formwechselnden Gesellschaft § 224 entsprechend anzuwenden.

Literatur: Siehe die Literaturangaben zu § 224.

Übersicht

I. Norminhalt

§ 237 betrifft den Formwechsel einer KGaA in eine KG und stellt klar, dass die bereits vor dem Formwechsel begründete Haftung des **persönlich haftenden Gesellschafters der KGaA** für Verbindlichkeiten der Gesellschaft auch dann bestehen bleibt, wenn dieser in der KG die Rechtsstellung eines **Kommanditisten** übernimmt.[1] Der Regelungsgehalt des § 237 beschränkt sich darauf, in diesem Fall § 224 für entsprechend anwendbar zu erklären. 1

1) Vgl. Widmann/Mayer-*Vossius*, UmwR, § 237 UmwG Rz. 1; *Dauner-Lieb/Tettinger* in: KölnKomm-UmwG, § 237 Rz. 1; Semler/Stengel/Leonard-*Ihrig*, UmwG, § 237 Rz. 2; Kallmeyer-*Blasche*, UmwG, § 237 Rz. 1.

2 Keine Anwendung findet § 224, wenn der persönlich haftende Gesellschafter der formwechselnden KGaA – wie in der Praxis üblich – diese Gesellschafterstellung auch in der KG übernimmt; in diesem Fall haftet er unbeschränkt auch für die vor dem Wirksamwerden des Formwechsels begründeten Verbindlichkeiten der Gesellschaft (siehe oben § 236 Rz. 8 [*Berjasevic*]). Keine Anwendung findet § 224 zudem, wenn der persönlich haftende Gesellschafter der formwechselnden KGaA gemäß § 233 Abs. 3 Satz 3 sein Ausscheiden aus der Gesellschaft erklärt; in diesem Fall richtet sich die Nachhaftung des ausscheidenden persönlich haftenden Gesellschafters nach den allgemeinen Vorschriften (siehe oben § 236 Rz. 7 [*Berjasevic*]). Nicht erfasst ist schließlich die Haftung von Gesellschaftern, die sich das erste Mal als persönlich haftende Gesellschafter an der KG beteiligen; diese haften unbegrenzt auch für die vor dem Wirksamwerden des Formwechsels begründeten Verbindlichkeiten der Gesellschaft.[2)]

II. Nachhaftung gemäß § 237 i. V. m. § 224

3 Erlangt der persönlich haftende Gesellschafter einer formwechselnden KGaA im Zuge des Formwechsels in einer KG die Stellung eines Kommanditisten, erklärt § 237 die Haftungsregelung des § 224 für entsprechend anwendbar. Dabei handelt es sich um einen **Rechtsgrundverweis**;[3)] verwiesen wird folglich sowohl auf den Tatbestand, als auch auf die Rechtsfolgen des § 224.

4 Gemäß § 224 Abs. 1 bleibt die vor dem Wirksamwerden des Formwechsels begründete Haftung persönlich haftender Gesellschafter für Verbindlichkeiten der Gesellschaft auch dann bestehen, wenn diese im Zuge des Formwechsels in eine Gesellschafterstellung mit Haftungsbeschränkung wechseln. Gemäß § 224 Abs. 2 gilt dies indes nur für Verbindlichkeiten, die bis zum Ablauf von **fünf Jahren** nach dem Wirksamwerden des Formwechsels fällig werden und daraus Ansprüche gegen den haftenden Gesellschafter in einer in § 197 Abs. 1 Nr. 3 bis 5 BGB bezeichneten Art festgestellt sind oder eine gerichtliche oder behördliche Vollstreckungshandlung vorgenommen oder beantragt wird, wobei bei öffentlich-rechtlichen Verbindlichkeiten der Erlass eines Verwaltungsakts ausreicht. Diese zeitliche Begrenzung beginnt – im Unterschied zur Nachhaftung gemäß § 236 ausscheidender persönlich haftender Gesellschafter – (siehe oben § 236 Rz. 7 [*Berjasevic*]) nicht bereits mit der Eintragung des Formwechsels, sondern gemäß § 224 Abs. 3 erst mit dem Tag der **Bekanntmachung der Eintragung** der neuen Rechtsform in das Register. Die Ausschlussfrist in § 224 Abs. 3 gilt nur zu Gunsten des ehemals persönlich haftenden Gesellschafters, nicht jedoch für die Gesellschaft oder die übrigen Gesellschafter.[4)]

5 Wird der ehemals persönlich haftende Gesellschafter aufgrund § 237 i. V. m. § 224 von Gesellschaftsgläubigern in Anspruch genommen, hat er einen **Ausgleichsanspruch** gegen die Gesellschaft.[5)] Zudem können ihm Ausgleichsansprüche gegen weitere, ehemals persönlich haftende Gesellschafter der KGaA sowie persönlich haftende Gesellschafter des Rechtsträgers neuer Rechtsform zustehen,[6)] wobei die Inanspruchnahme der (ehemaligen) persönlich haftenden Gesellschafter untereinander nur anteilig und nach Abzug des jeweils selbst zu tragenden Anteils erfolgen kann.[7)]

---

2) Vgl. *Dauner-Lieb/Tettinger* in: KölnKomm-UmwG, § 237 Rz. 3; Kallmeyer-*Blasche*, UmwG, § 237 Rz. 1.

3) Widmann/Mayer-*Vossius*, UmwR, § 237 UmwG Rz. 11; *Sparfeld* in: BeckOGK-UmwG, § 237 Rz. 8.

4) Vgl. Kallmeyer-*Blasche*, UmwG, § 237 Rz. 2.

5) Vgl. BGH, Urt. v. 2.7.1962 – II ZR 204/60, BGHZ 37, 299, 301 = WM 1962, 905; *Sparfeld* in: BeckOGK-UmwG, § 237 Rz. 10; Semler/Stengel/Leonard-*Ihrig*, UmwG, § 237 Rz. 6.

6) Vgl. *Sparfeld* in: BeckOGK-UmwG, § 237 Rz. 10; Semler/Stengel/Leonard-*Ihrig*, UmwG, § 237 Rz. 6; Kallmeyer-*Blasche*, UmwG, § 237 Rz. 2.

7) Vgl. Semler/Stengel/Leonard-*Ihrig*, UmwG, § 237 Rz. 6.

III. Haftung für Verbindlichkeiten der KG

Für alle **nach Eintragung des Formwechsels** begründeten Verbindlichkeiten der KG haftet der ehemalige persönlich haftende Gesellschafter der KGaA wie jeder andere Kommanditist den Gesellschaftsgläubigern gegenüber nach den **allgemeinen Grundsätzen.**[8] Insbesondere ist seine Haftung gemäß § 171 Abs. 1 Halbs. 2 HGB ausgeschlossen, soweit die Hafteinlage geleistet ist. Die Einlage wird durch das Reinvermögen der formwechselnden Kapitalgesellschaft erbracht. Erreicht der auf den betreffenden Kommanditisten entfallende Anteil des tatsächlichen Reinvermögens der formwechselnden Kapitalgesellschaft nicht den Wert der für ihn geltenden Hafteinlage, haftet der Kommanditist gemäß § 171 Abs. 1 HGB bis zur Höhe der Hafteinlage persönlich. 6

8) Vgl. Widmann/Mayer-*Vossius*, UmwR, § 237 UmwG Rz. 7; *Sparfeld* in: BeckOGK-UmwG, § 237 Rz. 13.

Dritter Unterabschnitt
Formwechsel in eine Kapitalgesellschaft anderer Rechtsform

§ 238
Vorbereitung der Versammlung der Anteilsinhaber*)

[1]Auf die Vorbereitung der Gesellschafterversammlung oder der Hauptversammlung, die den Formwechsel beschließen soll, sind die §§ 230 und 231 entsprechend anzuwenden. [2]§ 192 Abs. 2 bleibt unberührt.

*) § 238 i. d. F. des UmwBerG geändert durch Art. 1 des Zweiten Gesetzes zur Änderung des Umwandlungsgesetzes (2. UmwGÄndG), v. 19.4.2007, BGBl. I 2007, 542.

Literatur: *Bungert/Leyendecker*, Die Neuregelung des Delisting, ZIP 2016, 49; *Wienecke/Schulz*, Durchführung eines Delistings, AG 2016, 809.

Übersicht

I. Allgemeines

1. Systematik

§ 238 leitet innerhalb des Zweiten Abschnitt des Zweiten Teils der Vorschriften über den Formwechsel die **besonderen Vorschriften** zum Formwechsel von Kapitalgesellschaften in Kapitalgesellschaften anderer Rechtsform (§§ 238 bis 250) ein. Diese Normen modifizieren und ergänzen – dem Baukastenprinzip des UmwG folgend[1] – sowohl die Allgemeinen Vorschriften über den Formwechsel von Kapitalgesellschaften (§§ 226 bis 227) als auch die Allgemeinen Vorschriften über den Formwechsel (§§ 190 bis 213). Daneben finden bei dem Formwechsel von Kapitalgesellschaften in Kapitalgesellschaften anderer 1

1) Vgl. Semler/Stengel/Leonard-*Stengel*, UmwG, Einl. A. Rz. 51.

Rechtsform gemäß § 197 Satz 1 die Gründungsvorschriften der Zielrechtsform – u. a. die Vorschriften über die Kapitalaufbringung – Anwendung.

2. Norminhalt

2 § 238 **ergänzt** die rechtsformspezifischen Vorschriften über die Vorbereitung der Gesellschafterversammlung (§§ 48 ff. GmbHG) bzw. der Hauptversammlung der AG/KGaA (§§ 121 ff. AktG), indem § 238 Satz 1 die **§§ 230, 231** bzgl. der Vorbereitung der Gesellschafter- bzw. Hauptversammlung, die über den Formwechsel beschließen soll, für entsprechend anwendbar erklärt. Die Regelung in § 238 Satz 2, wonach § 192 Abs. 2 unberührt bleibt, ist lediglich klarstellender Natur.

3. Anwendungsbereich

3 Soweit § 238 Satz 1 auf § 230 Abs. 1 verweist, betrifft dies ausschließlich den **Formwechsel einer GmbH**. Der Formwechsel einer GmbH in eine AG ist der in der Praxis häufigste Fall eines Formwechsels zwischen Kapitalgesellschaften[2] und wird vor allem dann in Betracht gezogen, wenn sich die Gesellschaft z. B. durch einen Börsengang einem größeren Investorenkreis öffnen will (sog. Going Public).[3] Der Verweis auf § 230 Abs. 2 betrifft ausschließlich den **Formwechsel einer AG oder KGaA**. In der Praxis kann der Formwechsel einer AG bzw. KGaA in eine GmbH insbesondere sinnvoll sein, um z. B. nach dem Erwerb einer AG bzw. KGaA von den flexiblen Gestaltungsmöglichkeiten des GmbHG Gebrauch machen zu können.[4] Bis zur gesetzlichen Neuregelung des Delistings wurde der Formwechsel einer börsennotierten AG bzw. KGaA in eine nicht börsenfähige GmbH nicht selten auch dazu genutzt, um einen Rückzug der Gesellschaft von der Börse gegen den Willen von Minderheitsaktionären zu erzwingen (sog. Cold Delisting).[5] Seit der Einführung von § 39 Abs. 2 Satz 3 Nr. 1 BörsG ist ein solches Vorgehen nicht mehr erforderlich.[6] Soweit § 238 Satz 1 bezüglich der **Mitteilung des Abfindungsangebots** auf § 231 verweist, hat dieser Verweis für den Formwechsel zwischen AG und KGaA keine Bedeutung, da gemäß § 250 in solchen Fällen die Pflicht zur Abgabe eines Abfindungsangebots entfällt; gleiches gilt gemäß § 227 für den Formwechsel einer KGaA in eine GmbH für die persönlich haftenden Gesellschafter der KGaA.

II. Vorbereitung der GmbH-Gesellschafterversammlung

4 Für die Einberufung der Gesellschafterversammlung der GmbH, die über den Formwechsel beschließen soll, gelten die §§ 49 ff. GmbHG. Ergänzt werden diese Bestimmungen durch § 238 Satz 1 i. V. m. § 230 Abs. 1. Danach muss gemäß § 230 Abs. 1 spätestens mit der Einberufung der Gesellschafterversammlung der Formwechsel als **Gegenstand der Beschlussfassung** angekündigt werden; zudem ist den Gesellschaftern – ebenfalls spätestens mit der Einberufung der Gesellschafterversammlung – der **Formwechselbericht** zuzusenden, sofern dieser nicht nach § 192 Abs. 2 entbehrlich ist. Da für den Formwechsel einer Kapitalgesellschaft in eine Kapitalgesellschaft anderer Rechtsform die gleichen Regelungen

---

2) Vgl. Lutter-*Hoger*, UmwG, Vor §§ 190 ff. Rz. 18; *Herfs/Link* in: BeckOGK-UmwG, § 238 Rz. 3; Semler/Stengel/Leonard-*Arnold*, UmwG, § 238 Rz. 2.

3) Vgl. *Herfs/Link* in: BeckOGK-UmwG, § 238 Rz. 3; Semler/Stengel/Leonard-*Arnold*, UmwG, § 238 Rz. 2.

4) Vgl. Semler/Stengel/Leonard-*Arnold*, UmwG, § 238 Rz. 2.

5) Vgl. *Herfs/Link* in: BeckOGK-UmwG, § 238 Rz. 3; Semler/Stengel/Leonard-*Arnold*, UmwG, § 238 Rz. 2.

6) Vgl. *Herfs/Link* in: BeckOGK-UmwG, § 238 Rz. 3; Semler/Stengel/Leonard-*Arnold*, UmwG, § 238 Rz. 2; *Bungert/Leyendecker-Langner*, ZIP 2016, 49; *Wienecke/Schulz*, AG 2016, 809.

gelten wie für den Formwechsel einer Kapitalgesellschaft in eine Personengesellschaft, kann an dieser Stelle im Übrigen nach oben, siehe § 230 Rz. 3 ff. (*Berjasevic*), verwiesen werden.

Gemäß § 231, auf den § 238 Satz 1 ebenfalls verweist, hat die Geschäftsführung der formwechselnden GmbH den Gesellschaftern spätestens zusammen mit der Einberufung der Gesellschafterversammlung, die den Formwechsel beschließen soll, das **Abfindungsangebot** gemäß § 207 zu übersenden bzw. im Bundesanzeiger und den sonstigen Gesellschaftsblättern bekannt zu machen. Der Übersendung bzw. Bekanntmachung des Abfindungsangebots bedarf es nicht, wenn das Abfindungsangebot gemäß § 194 Abs. 1 Nr. 6 entbehrlich ist bzw. auf dieses oder auf dessen Übersendung bzw. Bekanntmachung von sämtlichen Gesellschaftern wirksam verzichtet wird. Auch an dieser Stelle kann i. Ü. nach oben, siehe § 231 Rz. 3 ff. [*Berjasevic*], verwiesen werden. 5

III. Vorbereitung der AG-/KGaA-Hauptversammlung

Die Einberufung der AG-/KGaA-Hauptversammlung richtet sich nach §§ 121 ff. AktG, die durch § 238 Satz 1 i. V. m. § 230 Abs. 2 ergänzt werden. Gemäß § 230 Abs. 2 Satz 1 ist der **Formwechselbericht** – nebst Entwurf des Formwechselbeschlusses gemäß § 192 Abs. 1 Satz 3 – von der Einberufung der Hauptversammlung an, die den Formwechsel beschließen soll, in dem Geschäftsraum der Gesellschaft zur Einsicht auszulegen. Dabei ist jedem (Kommandit-)Aktionär und jedem von der Geschäftsführung ausgeschlossenen persönlich haftenden Gesellschafter gemäß § 230 Abs. 2 Satz 2 unverzüglich und kostenlos eine Abschrift des Formwechselberichts zu erteilen, wobei eine Übermittlung im Wege der elektronischen Kommunikation bei Einwilligung des betreffenden (Kommandit-)Aktionärs bzw. persönlich haftenden Gesellschafters gemäß § 230 Abs. 2 Satz 3 ausreichend ist. Wird der Formwechselbericht gemäß § 230 Abs. 2 Satz 4 über die Internetseite der Gesellschaft zugänglich gemacht, entfallen sowohl die Pflicht zur Auslegung des Formwechselberichts gemäß § 230 Abs. 2 Satz 1 als auch die Pflicht zur Übermittlung von Abschriften des Formwechselberichts gemäß § 230 Abs. 2 Satz 2. Die Pflichten gemäß § 238 Satz 1 i. V. m. § 230 Abs. 2 gelten nicht, wenn der Formwechselbericht gemäß § 192 Abs. 2 Satz 1 nicht erforderlich ist; zudem können die (Kommandit-)Aktionäre und die von der Geschäftsführung ausgeschlossenen persönlich haftenden Gesellschafter auf die Einhaltung der Einberufungs- und Informationspflichten gemäß § 230 verzichten (siehe hierzu i.Ü. § 230 Rz. 18 ff. [*Berjasevic*]). 6

Beim Formwechsel einer AG bzw. KGaA ist den (Kommandit-)Aktionären gemäß § 238 Satz 1 i. V. m. § 231 spätestens zusammen mit der Einberufung der Hauptversammlung, die den Formwechsel beschließen soll, das **Abfindungsangebot** gemäß § 207 zu übersenden bzw. im Bundesanzeiger bekannt zu machen. Da ein solches Abfindungsangebot gemäß § 250 bei einem Formwechsel zwischen AG und KGaA nicht erforderlich ist, gilt die Pflicht gemäß § 231 beim Formwechsel einer AG bzw. KGaA nur, wenn die Zielrechtsform eine **GmbH** ist. Selbst bei einem Formwechsel in eine GmbH erhalten die persönlich haftenden Gesellschafter der KGaA gemäß § 227 kein Abfindungsangebot gemäß § 207 (siehe hierzu i. Ü. § 231 Rz. 3 ff. [*Berjasevic*]). 7

IV. Entbehrlichkeit des Formwechselberichts

Gemäß § 192 Abs. 2 ist ein Formwechselbericht nicht erforderlich, wenn an dem formwechselnden Rechtsträger nur ein Anteilsinhaber beteiligt ist oder wenn alle Anteilsinhaber auf die Erstattung des Formwechselberichts verzichtet haben. Da § 192 Abs. 2 als allgemeine Vorschrift über den Formwechsel – auch ohne entsprechende Regelung – auf den Formwechsel von Kapitalgesellschaften in Kapitalgesellschaften anderer Rechtsform anwendbar 8 ist, hat die Regelung in § 238 Satz 2, wonach § 192 Abs. 2 unberührt bleibt, (wenn überhaupt)[7)] lediglich Klarstellungsfunktion.[8)]

V. Rechtsfolgen mangelhafter Vorbereitung

9 Bei Verstößen gegen § 238 Satz 1 i. V. m. § 230 bzw. § 231 gelten die Ausführungen oben, siehe unter § 230 Rz. 30 und § 231 Rz. 13 [*Berjasevic*], entsprechend.

7) Vgl. Lutter-*Göthel*, UmwG, § 238 Rz. 9, der § 238 Satz 2 für „entbehrlich" hält; ähnl. Schmitt/Hörtnagl-*Rinke*, UmwG/UmwStG, § 238 UmwG Rz. 2 – „eigentlich überflüssig".

8) Vgl. *Petersen* in: KölnKomm-UmwG, § 238 Rz. 4; Semler/Stengel/Leonard-*Arnold*, UmwG, § 238 Rz. 12; Kallmeyer-*Blasche*, UmwG, § 238 Rz. 1.

§ 239

Durchführung der Versammlung der Anteilsinhaber[*)]

(1) [1]In der Gesellschafterversammlung oder in der Hauptversammlung, die den Formwechsel beschließen soll, ist der Formwechselbericht auszulegen. [2]In der Hauptversammlung kann der Formwechselbericht auch auf andere Weise zugänglich gemacht werden.

(2) Der Entwurf des Formwechselbeschlusses einer Aktiengesellschaft oder einer Kommanditgesellschaft auf Aktien ist von deren Vertretungsorgan zu Beginn der Verhandlung mündlich zu erläutern.

*) § 239 geändert durch Art. 1 des Gesetzes zur Umsetzung der Umwandlungsrichtlinie und zur Änderung weiterer Gesetze (UmRUG), v. 22.2.2023, BGBl. I 2023, Nr. 51; § 239 i. d. F. des UmwBerG geändert durch Art. 4 des Gesetzes zur Umsetzung der Aktionärsrechterichtlinie (ARUG), v. 30.7.2009, BGBl. I 2009, 2479.

Übersicht

I. Norminhalt

1 Während § 238 die Information der Gesellschafter bzw. (Kommandit-)Aktionäre im Vorfeld der Gesellschafter- bzw. Hauptversammlung regelt, enthält § 239 Vorschriften über die Information der Gesellschafter bzw- (Kommandit-)Aktionäre **während der Gesellschafter- bzw. Hauptversammlung**, die den Formwechsel beschließen soll. § 239 Abs. 1 Satz 1 gilt für alle Kapitalgesellschaften, § 239 Abs. 1 Satz 2 und § 239 Abs. 2 nur für die AG und die KGaA.

II. Auslage des Formwechselberichts (§ 239 Abs. 1)

2 In Ergänzung zu den allgemeinen GmbH- bzw. aktienrechtlichen Informationsrechten gemäß §§ 51 ff. GmbHG bzw. §§ 129 ff. AktG (i. V. m. § 278 Abs. 3) bestimmt § 239 Abs. 1 Satz 1, dass in der GmbH-Gesellschafterversammlung bzw. in der AG-/KGaA-Hauptversammlung der Formwechselbericht auszulegen ist. Für die AG und KGaA sieht § 239 Abs. 1 Satz 2 eine Erleichterung dahingehend vor, dass der Formwechselbericht in der Hauptversammlung auch auf andere Weise (z. B. Bildschirmterminals) zugänglich gemacht werden kann. § 239 Abs. 1 entspricht wörtlich § 232 Abs. 1, so dass i. Ü. auf die entsprechende Kommentierung zu § 232 Abs. 1 verwiesen werden kann (siehe oben § 232 Rz. 3 ff. [*Berjasevic*]).

III. Erläuterung des Formwechselbeschlusses (§ 239 Abs. 2)

Gemäß § 239 Abs. 2 ist der Formwechselbeschluss einer AG oder KGaA zu Beginn der Verhandlung des Formwechsels auf der Hauptversammlung mündlich zu erläutern. Für die GmbH fehlt eine entsprechende Regelung. § 239 Abs. 2 entspricht wörtlich § 232 Abs. 2, so dass auch in diesem Zusammenhang auf die entsprechende Kommentierung zu § 232 Abs. 2 verwiesen werden kann (siehe oben § 232 Rz. 6 ff. [*Berjasevic*]). 3

§ 240

Beschluß der Versammlung der Anteilsinhaber*)

(1) [1]Der Formwechselbeschluss bedarf einer Mehrheit von mindestens drei Vierteln der bei der Gesellschafterversammlung einer Gesellschaft mit beschränkter Haftung abgegebenen Stimmen oder des bei der Beschlußfassung einer Aktiengesellschaft oder einer Kommanditgesellschaft auf Aktien vertretenen Grundkapitals; § 65 Abs. 2 ist entsprechend anzuwenden. [2]Der Gesellschaftsvertrag oder die Satzung der formwechselnden Gesellschaft kann eine größere Mehrheit und weitere Erfordernisse, beim Formwechsel einer Kommanditgesellschaft auf Aktien in eine Aktiengesellschaft auch eine geringere Mehrheit bestimmen.

(2) [1]Dem Formwechsel einer Gesellschaft mit beschränkter Haftung oder einer Aktiengesellschaft in eine Kommanditgesellschaft auf Aktien müssen alle Gesellschafter oder Aktionäre zustimmen, die in der Gesellschaft neuer Rechtsform die Stellung eines persönlich haftenden Gesellschafters haben sollen. [2]Auf den Beitritt persönlich haftender Gesellschafter ist § 221 entsprechend anzuwenden.

(3) [1]Dem Formwechsel einer Kommanditgesellschaft auf Aktien müssen ferner deren persönlich haftende Gesellschafter zustimmen. [2]Die Satzung der formwechselnden Gesellschaft kann eine Mehrheitsentscheidung dieser Gesellschafter vorsehen.

*) § 240 i. d. F. des UmwBerG geändert durch Art. 1 des Gesetzes zur Umsetzung der Umwandlungsrichtlinie und zur Änderung weiterer Gesetze (UmRUG), v. 22.2.2023, BGBl. I 2023, Nr. 51.

Literatur: *Kiem*, Die Stellung der Vorzugsaktionäre bei Umwandlungsmaßnahmen, ZIP 1997, 1627; *Schröder/Wirsch*, Formwechsel und anschließender Squeeze-Out, ZGR 2012, 660.

Übersicht

I. Norminhalt

§ 240 regelt die **Mehrheits- und Zustimmungserfordernisse** beim Formwechsel einer Kapitalgesellschaft in eine Kapitalgesellschaft anderer Rechtsform und ergänzt insoweit § 193, der zwar das Beschlusserfordernis für den Formwechsel, allerdings keine Vorgaben zu den Mehrheitserfordernissen normiert. § 240 wird wiederum durch die §§ 241, 242 ergänzt, die weitere Vorschriften über Zustimmungsrechte einzelner Gesellschafter enthalten. 1

2 **§ 240 Abs. 1** gilt – mit Ausnahme von § 240 Abs. 1 Satz 2 Halbs. 2 – für jede Kapitalgesellschaft – d. h. GmbH, AG und KGaA. **§ 240 Abs. 2** findet nur auf den Formwechsel einer GmbH oder AG in eine KGaA Anwendung, während **§ 240 Abs. 3** den umgekehrten Fall betrifft, d. h. den Rechtsformwechsel einer KGaA in eine Kapitalgesellschaft anderer Rechtsform.

II. Mehrheitserfordernisse und Sonderbeschlüsse (§ 240 Abs. 1)

1. Formwechsel einer GmbH

3 Der Formwechselbeschluss einer GmbH bedarf gemäß § 240 Abs. 1 Satz 1 Halbs. 1 grundsätzlich einer Mehrheit von mindestens **drei Vierteln** der bei der Gesellschafterversammlung **abgegebenen Stimmen**. Stimmenthaltungen zählen nicht.[1] Der Gesellschaftsvertrag kann gemäß § 240 Abs. 1 Satz 2 ein größeres Mehrheitserfordernis bis hin zur Einstimmigkeit, nicht jedoch eine geringere Mehrheit vorsehen.[2] Nicht erforderlich ist dabei, dass sich die entsprechende Bestimmung im Gesellschaftsvertrag auf den Formwechsel bezieht; es reicht, wenn für die Änderung des Gesellschaftsvertrages generell ein größeres Mehrheitserfordernis normiert ist.[3] Daneben **kann** der Gesellschaftsvertrag für den Formwechselbeschluss gemäß § 240 Abs. 1 Satz 1 auch **weitere Erfordernisse vorsehen**. Der Gesellschaftsvertrag kann z. B. die zusätzliche Zustimmung bestimmter Gesellschafter, ein Mindestquorum der vertretenen Gesellschafter, eine bestimmte Kapitalmehrheit sowie besondere Regelungen zum Abstimmungsverfahren (z. B. Abhaltung einer weiteren Versammlung bei Nichterreichen des Mindestquorums) regeln.[4] Unzulässig sind hingegen gesellschaftsvertragliche Regelungen, die die Wirksamkeit des Formwechselbeschlusses von der Zustimmung gesellschaftsfremder Dritter abhängig machen.[5] Ebenfalls nicht möglich ist ein völliger Ausschluss der Möglichkeit des Formwechsels; eine solche Regelung kann allerdings dahingehend umgedeutet werden, dass der Formwechsel einen einstimmigen Beschluss aller Gesellschafter voraussetzt.[6]

4 Gemäß § 240 Abs. 1 Satz 1 Halbs. 2 ist § 65 Abs. 2 auf den Formwechselbeschluss entsprechend anwendbar. Neben dem Formwechselbeschluss sind daher zusätzlich **Sonderbeschlüsse** zu fassen, wenn bei der formwechselnden Kapitalgesellschaft mehrere Gattungen von Aktien vorhanden sind. Allerdings gilt dies – ausweislich des insoweit eindeutigen Wortlauts in § 65 Abs. 2 – nur für Fälle des Formwechsels einer AG oder einer KGaA.[7] Für den Fall, dass bei einem Formwechsel einer GmbH unterschiedliche Gattungen von GmbH-Geschäftsanteilen existieren, enthält das Gesetz keine ausdrückliche Regelungen. Das Erfordernis eines Sonderbeschlusses richtet sich beim Formwechsel einer GmbH daher

---

1) Vgl. *Petersen* in: KölnKomm-UmwG, § 240 Rz. 3a; Lutter-*Göthel*, UmwG, § 240 Rz. 2; *Herfs/Link* in: BeckOGK-UmwG, § 240 Rz. 5.

2) Vgl. *Petersen* in: KölnKomm-UmwG, § 240 Rz. 1; Lutter-*Göthel*, UmwG, § 240 Rz. 4; *Herfs/Link* in: BeckOGK-UmwG, § 240 Rz. 5; Semler/Stengel/Leonard-*Arnold*, UmwG, § 240 Rz. 9; Kallmeyer-*Blasche*, UmwG, § 240 Rz. 2.

3) Vgl. Widmann/Mayer-*Rieger*, UmwR, § 240 UmwG Rz. 25; *Petersen* in: KölnKomm-UmwG, § 240 Rz. 9; Lutter-*Göthel*, UmwG, § 240 Rz. 4; *Herfs/Link* in: BeckOGK-UmwG, § 240 Rz. 5; Semler/Stengel/Leonard-*Arnold*, UmwG, § 240 Rz. 9; Kallmeyer-*Blasche*, UmwG, § 240 Rz. 2; *Schröder/Wirsch*, ZGR 2012, 660, 687.

4) Vgl. Widmann/Mayer-*Rieger*, UmwR, § 240 UmwG Rz. 20; Lutter-*Göthel*, UmwG, § 240 Rz. 4; *Herfs/Link* in: BeckOGK-UmwG, § 240 Rz. 6; Semler/Stengel/Leonard-*Arnold*, UmwG, § 240 Rz. 11.

5) Vgl. Widmann/Mayer-*Rieger*, UmwR, § 240 UmwG Rz. 22; Lutter-*Göthel*, UmwG, § 240 Rz. 4; *Herfs/Link* in: BeckOGK-UmwG, § 240 Rz. 6; Semler/Stengel/Leonard-*Arnold*, UmwG, § 240 Rz. 11.

6) Vgl. Widmann/Mayer-*Rieger*, UmwR, § 240 UmwG Rz. 21; *Herfs/Link* in: BeckOGK-UmwG, § 240 Rz. 7; Semler/Stengel/Leonard-*Arnold*, UmwG, § 240 Rz. 12.

7) Vgl. Widmann/Mayer-*Rieger*, UmwR, § 240 UmwG Rz. 32; *Petersen* in: KölnKomm-UmwG, § 240 Rz. 3b; Lutter-*Göthel*, UmwG, § 240 Rz. 8; *Herfs/Link* in: BeckOGK-UmwG, § 240 Rz. 8.

nach den Regelungen des Gesellschaftsvertrages.[8] Ergibt die Auslegung des Gesellschaftsvertrages nichts Gegenteiliges, ist zum Schutz der Inhaber von besonderen, durch den Gesellschaftsvertrag geschaffenen GmbH-Geschäftsanteilen gemäß § 179 Abs. 3 Satz 1 AktG analog ein Sonderbeschluss erforderlich, falls das bisherige Verhältnis der Anteilsgattungen zum Nachteil einer Gattung verändert wird.[9] Dasselbe gilt, wenn durch den Formwechsel bestimmte Rechte von Anteilsgattungen entfallen.[10]

Kein Sonderbeschluss ist bei Vorhandensein stimmrechtsloser GmbH-Geschäftsanteile erforderlich, sofern nicht der Gesellschaftsvertrag anderes regelt.[11] Die Inhaber solcher Geschäftsanteile haben gemäß §§ 204, 23 einen Anspruch auf Gewährung gleichwertiger Rechte beim Rechtsträger in neuer Rechtsform. Sind die stimmrechtslosen GmbH-Geschäftsanteile ohne Vorabgewinn ausgegeben worden, was bei der GmbH,[12] nicht hingegen bei der AG bzw. KGaA (§ 12 Satz 2 AktG), möglich ist, sind den Inhabern solcher Geschäftsanteile in der AG bzw. KGaA entweder stimmberechtigte Aktien oder Vorzugsaktien ohne Stimmrecht – also nicht nur gleichwertige, sondern höherwertige Rechte – zu gewähren.[13] 5

2. Formwechsel einer AG

Für den Formwechselbeschluss einer AG ist neben einer Mehrheit von mindestens **drei Vierteln** des bei der Beschlussfassung **vertretenen Grundkapitals** gemäß § 240 Abs. 1 Satz 1 Halbs. 1 zusätzlich die **Mehrheit der abgegebenen Stimmen** gemäß § 133 Abs. 1 AktG erforderlich. Stimmenthaltungen zählen nicht.[14] Auch bei der AG kann die Satzung gemäß § 240 Abs. 1 Satz 2 ein größeres Mehrheitserfordernis, nicht jedoch eine geringere Mehrheit vorsehen. 6

Sind bei der AG mehrere Aktiengattungen vorhanden, haben die Inhaber dieser Aktiengattungen gemäß § 240 Abs. 1 Satz 1 Halbs. 2 i. V. m. § 65 Abs. 2 einen **Sonderbeschluss** zu fassen. Für diesen gilt grundsätzlich ebenfalls eine Mehrheit von mindestens drei Vierteln des bezüglich der einzelnen Aktiengattungen vertretenen Grundkapitals, wobei die Satzung größere Mehrheiten und weitere Erfordernisse vorsehen kann. Ein Sonderbeschluss der Inhaber von Vorzugsaktien ohne Stimmrecht ist erforderlich, wenn das Stimmrecht gemäß § 140 Abs. 2 AktG wieder auflebt, d. h. der Vorzug nicht bedient wurde.[15] Im Übrigen bedarf es keines Sonderbeschlusses der Inhaber von Vorzugsaktien ohne Stimmrecht – auch nicht gemäß § 141 Abs. 1 AktG analog.[16] Der **Zustimmung sämtlicher Aktionäre** bedarf es schließlich, wenn bei einem Formwechsel einer AG in eine GmbH teilweise nicht 7

8) Vgl. Lutter-*Göthel*, UmwG, § 240 Rz. 8; *Herfs/Link* in: BeckOGK-UmwG, § 240 Rz. 9; Semler/Stengel/Leonard-*Arnold*, UmwG, § 240 Rz. 16.

9) Vgl. *Petersen* in: KölnKomm-UmwG, § 240 Rz. 3b; Lutter-*Göthel*, UmwG, § 240 Rz. 8; *Herfs/Link* in: BeckOGK-UmwG, § 240 Rz. 9; Semler/Stengel/Leonard-*Arnold*, UmwG, § 240 Rz. 16.

10) Vgl. *Petersen* in: KölnKomm-UmwG, § 240 Rz. 3b; Lutter-*Göthel*, UmwG, § 240 Rz. 8.

11) Vgl. Widmann/Mayer-*Rieger*, UmwR, § 240 UmwG Rz. 78; *Petersen* in: KölnKomm-UmwG, § 240 Rz. 3b; Lutter-*Göthel*, UmwG, § 240 Rz. 9; *Herfs/Link* in: BeckOGK-UmwG, § 240 Rz. 10; Semler/Stengel/Leonard-*Arnold*, UmwG, § 240 Rz. 17.

12) Vgl. Lutter/Hommelhoff-*Bayer*, GmbHG, § 14 Rz. 5.

13) Vgl. Lutter-*Göthel*, UmwG, § 240 Rz. 9; *Herfs/Link* in: BeckOGK-UmwG, § 240 Rz. 11.

14) Vgl. *Petersen* in: KölnKomm-UmwG, § 240 Rz. 4; Lutter-*Göthel*, UmwG, § 240 Rz. 2; *Herfs/Link* in: BeckOGK-UmwG, § 240 Rz. 12.

15) Vgl. *Petersen* in: KölnKomm-UmwG, § 240 Rz. 7; Lutter-*Göthel*, UmwG, § 240 Rz. 7; *Herfs/Link* in: BeckOGK-UmwG, § 240 Rz. 12; Semler/Stengel/Leonard-*Arnold*, UmwG, § 240 Rz. 15.

16) Vgl. *Petersen* in: KölnKomm-UmwG, § 240 Rz. 7; Semler/Stengel/Leonard-*Arnold*, UmwG, § 240 Rz. 15; *Kiem*, ZIP 1997, 1627, 1630; a. A. Lutter-*Göthel*, UmwG, § 240 Rz. 7; *Herfs/Link* in: BeckOGK-UmwG, § 240 Rz. 17.

eingezahlte Aktien vorhanden sind, da mit Wirksamwerden des Formwechsels die Ausfallhaftung der GmbH-Gesellschafter gemäß § 24 GmbHG greift.[17)]

III. Formwechsel der GmbH/AG in eine KGaA (§ 240 Abs. 2)

8 Für den Formwechsel einer GmbH oder AG in eine KGaA verlangt § 240 Abs. 2 Satz 1 zusätzlich die Zustimmung aller Gesellschafter oder Aktionäre, die die **Stellung eines persönlich haftenden Gesellschafters** in der KGaA übernehmen sollen. Hierdurch ist sichergestellt, dass die Übernahme der unbeschränkten persönlichen Haftung in der KGaA nicht ohne die Zustimmung des jeweils betroffenen Gesellschafters bzw. Aktionärs erfolgt.[18)] Da das Stamm- bzw. Grundkapital der formwechselnden Kapitalgesellschaft gemäß § 247 Abs. 1 automatisch in das Grundkapital der KGaA umgewandelt wird, erwirbt der Gesellschafter bzw. Aktionär, der in der KGaA die Stellung als persönlich haftender Gesellschafter übernehmen soll, nur eine Beteiligung ohne Kapitaleinlage.[19)]

9 Erfolgt der **Beitritt** eines bislang nicht beteiligten Dritten als persönlich haftender Gesellschafter der KGaA mit Wirkung zum Zeitpunkt des Wirksamwerdens des Formwechsels, bedarf dieser gemäß § 240 Abs. 2 Satz 2 i. V. m. § 221 Satz 1 der **notariellen Beurkundung**. Zudem muss die **Satzung der KGaA** durch den beitretenden persönlich haftenden Gesellschafter gemäß § 240 Abs. 2 Satz 2 i. V. m. § 221 Satz 2 **genehmigt** werden. Während die Zustimmung eines Gesellschafters gemäß § 240 Abs. 2 Satz 1 sowohl vor als auch in der Gesellschafter- bzw. Hauptversammlung, die über den Formwechsel beschließen soll, erklärt werden kann,[20)] kann die Genehmigung der Satzung durch den beitretende persönlich haftenden Gesellschafter erst nach Fassung des Formwechselbeschlusses erfolgen.[21)]

IV. Formwechsel einer KGaA (§ 240 Abs. 3)

10 Für den Formwechsel einer KGaA ist neben einem Beschluss der Hauptversammlung mit einer Mehrheit von mindestens drei Vierteln des bei der Beschlussfassung vertretenen Grundkapitals gemäß § 240 Abs. 1 Satz 1 Halbs. 1 und der Stimmmehrheit gemäß § 278 Abs. 3 AktG i. V. m. § 133 Abs. 1 AktG zusätzlich gemäß § 240 Abs. 3 Satz 1 die **Zustimmung aller persönlich haftenden Gesellschafter** erforderlich. Der Grund hierfür ist, dass die persönlich haftenden Gesellschafter der KGaA mit Wirksamwerden des Formwechsels gemäß § 247 Abs. 2 aus der Gesellschaft ausscheiden und dies nicht gegen ihren Willen erfolgen soll.[22)]

11 Das Zustimmungserfordernis der persönlich haftenden Gesellschafter gemäß § 240 Abs. 3 Satz 1 kann nicht abbedungen werden.[23)] Die Satzung kann gemäß § 240 Abs. 3 Satz 2 aber eine **Mehrheitsentscheidung** der persönlich haftenden Gesellschafter vorsehen. Zulässig ist eine solche Satzungsregelung allerdings nur insofern, als sie die Mehrheit aller

---

17) Vgl. *Herfs/Link* in: BeckOGK-UmwG, § 240 Rz. 18.

18) Vgl Begr. Fraktionsentwurf UmwG z. § 240, BT-Drucks. 12/6699, S. 156.

19) Vgl. *Petersen* in: KölnKomm-UmwG, § 240 Rz. 12; Lutter-*Göthel*, UmwG, § 240 Rz. 12; *Herfs/Link* in: BeckOGK-UmwG, § 240 Rz. 27; Semler/Stengel/Leonard-*Arnold*, UmwG, § 240 Rz. 22.

20) Vgl. Lutter-*Göthel*, UmwG, § 240 Rz. 13; *Herfs/Link* in: BeckOGK-UmwG, § 240 Rz. 28; Semler/Stengel/Leonard-*Arnold*, UmwG, § 240 Rz. 23.

21) Vgl. Lutter-*Göthel*, UmwG, § 240 Rz. 13; *Herfs/Link* in: BeckOGK-UmwG, § 240 Rz. 28; Semler/Stengel/Leonard-*Arnold*, UmwG, § 240 Rz. 25.

22) Vgl. Widmann/Mayer-*Rieger*, UmwR, § 240 UmwG Rz. 58; *Petersen* in: KölnKomm-UmwG, § 240 Rz. 13; Lutter-*Göthel*, UmwG, § 240 Rz. 14; *Herfs/Link* in: BeckOGK-UmwG, § 240 Rz. 20; Semler/Stengel/Leonard-*Arnold*, UmwG, § 240 Rz. 27; Kallmeyer-*Blasche*, UmwG, § 240 Rz. 6.

23) Vgl. Widmann/Mayer-*Rieger*, UmwR, § 240 UmwG Rz. 65; Lutter-*Göthel*, UmwG, § 240 Rz. 15; *Herfs/Link* in: BeckOGK-UmwG, § 240 Rz. 21; Semler/Stengel/Leonard-*Arnold*, UmwG, § 240 Rz. 27; Kallmeyer-*Blasche*, UmwG, § 240 Rz. 6.

persönlich haftenden Gesellschafter der formwechselnden KGaA verlangt; die Mehrheit der in der Versammlung erschienenen persönlich haftenden Gesellschafter genügt nicht (siehe oben § 233 Rz. 32 [*Berjasevic*]). Die Mehrheit bestimmt sich dabei nach der Kopfzahl, nicht nach der Beteiligungshöhe.[24)] Die Möglichkeit der Mehrheitsentscheidung gemäß § 240 Abs. 3 Satz 2 muss sich in der Satzung ausdrücklich auf den Formwechsel beziehen. Nicht ausreichend ist, wenn auf Umwandlungsvorgänge im Allgemeinen Bezug genommen wird;[25)] eine generell vorgesehene Mehrheitsentscheidung z. B. für Satzungsänderungen genügt ebenfalls nicht.[26)]

Die Zustimmungserklärung der persönlich haftenden Gesellschafter bedarf gemäß § 193 Abs. 3 Satz 1 der **notariellen Beurkundung**, die in der Niederschrift über die Hauptversammlung oder in einer separaten, der Niederschrift als Anlage beizufügenden Urkunde erfolgen kann.[27)] **Persönlich haftenden Gesellschaftern**, die gleichzeitig Kommanditaktionäre sind, steht es frei, ihre Zustimmung zum Formwechsel gemäß § 240 Abs. 3 Satz 1 zu erklären, obwohl sie in der Hauptversammlung gegen den Formwechselbeschluss stimmen und Widerspruch zu Protokoll erklären. Ein widersprüchliches Verhalten ist hierin nicht zu sehen, da auf diese Weise der Formwechsel möglich bleibt und der persönlich haftende Gesellschafter als Kommanditaktionär gegen Abfindung aus der Gesellschaft ausscheiden kann.[28)] Anders ist dies, wenn der persönlich haftende Gesellschafter in seiner Eigenschaft als Kommanditaktionär für den Formwechsel stimmt, seine Zustimmung als persönlich haftender Gesellschafter aber verweigert. In diesem Fall kann er auf Abgabe der Zustimmungserklärung gemäß § 240 Abs. 3 Satz 1 in Anspruch genommen werden.[29)] Die Zustimmungserklärung des persönlich haftenden Gesellschafters einer KGaA ist überdies auch dann erzwingbar, wenn die Voraussetzungen für seinen Ausschluss aus der Gesellschaft aus wichtigem Grund gemäß § 278 Abs. 2 AktG i. V. m. § 134 HGB vorliegen.[30)] 12

V. Weitere Zustimmungserfordernisses

Weitere Zustimmungserfordernisse ergeben sich, wenn einzelnen Gesellschaftern bzw. (Kommandit-)Aktionären **Sonderrechte** (z. B. Mehrstimmrechte, Vetorechte, Entsendungsrechte, erhöhte Gewinnrechte) zustehen und diesen in dem Rechtsträger neuer Rechtsform keine entsprechenden Rechte gewährt werden. Dies ergibt sich aus § 35 BGB, der ein allgemeines verbandsrechtliches Prinzip normiert.[31)] Sieht der Gesellschaftsvertrag bzw. die Satzung der formwechselnden Kapitalgesellschaft eine **Vinkulierungsklausel** dergestalt vor, dass für die Übertragung der Geschäftsanteile bzw. Aktien die Zustimmung einzelner oder aller Gesellschafter bzw. (Kommandit-)Aktionäre erforderlich ist, müssen diese dem Formwechsel gemäß § 193 Abs. 2 ebenfalls zustimmen. 13

24) Vgl. Widmann/Mayer-*Rieger*, UmwR, § 240 UmwG Rz. 69.

25) Vgl. Widmann/Mayer-*Rieger*, UmwR, § 240 UmwG Rz. 67; *Herfs/Link* in: BeckOGK-UmwG, § 240 Rz. 21; Semler/Stengel/Leonard-*Arnold*, UmwG, § 240 Rz. 27; a. A. *Petersen* in: KölnKomm-UmwG, § 240 Rz. 13a; Lutter-*Göthel*, UmwG, § 240 Rz. 15.

26) Vgl. Widmann/Mayer-*Rieger*, UmwR, § 240 UmwG Rz. 67; *Petersen* in: KölnKomm-UmwG, § 240 Rz. 13a; Lutter-*Göthel*, UmwG, § 240 Rz. 15; *Herfs/Link* in: BeckOGK-UmwG, § 240 Rz. 21; Semler/Stengel/Leonard-*Arnold*, UmwG, § 240 Rz. 27.

27) Vgl. Lutter-*Göthel*, UmwG, § 240 Rz. 16.

28) Vgl. Lutter-*Göthel*, UmwG, § 240 Rz. 17; *Herfs/Link* in: BeckOGK-UmwG, § 240 Rz. 22; Semler/Stengel/Leonard-*Arnold*, UmwG, § 240 Rz. 28.

29) Vgl. Lutter-*Göthel*, UmwG, § 240 Rz. 17; *Herfs/Link* in: BeckOGK-UmwG, § 240 Rz. 23; Semler/Stengel/Leonard-*Arnold*, UmwG, § 240 Rz. 28.

30) Vgl. Lutter-*Göthel*, UmwG, § 240 Rz. 18; *Herfs/Link* in: BeckOGK-UmwG, § 240 Rz. 24; Semler/Stengel/Leonard-*Arnold*, UmwG, § 240 Rz. 29.

31) Vgl. Lutter-*Göthel*, UmwG, § 240 Rz. 19; *Herfs/Link* in: BeckOGK-UmwG, § 240 Rz. 29; Semler/Stengel/Leonard-*Arnold*, UmwG, § 240 Rz. 30; *Schröder/Wirsch*, ZGR 2012, 660, 688.

14 Anders als bei einem Formwechsel in eine Personengesellschaft (siehe oben § 233 Rz. 11 [*Berjasevic*]) ist für den Formwechsel einer Kapitalgesellschaft in eine Kapitalgesellschaft anderer Rechtsform bei der Vertretung **minderjähriger Gesellschafter** bzw. (Kommandit-)Aktionäre durch ihre Eltern keine Genehmigung durch das Familiengericht gemäß § 1852 Nr. 2 BGB erforderlich.[32] Einer Genehmigung bedarf es selbst dann nicht, wenn bei einem Formwechsel einer AG bzw. KGaA in eine GmbH Aktionäre ihre Einlage nicht voll erbracht haben und daher eine Haftung der minderjährigen Gesellschafter gemäß § 24 GmbHG droht, da eine solche Haftung lediglich eine Nebenfolge des Formwechsels ist und damit nicht unter dem Anwendungsbereich des § 1854 Nr. 4 BGB fällt.[33] Einer **Zustimmung des Ehegatten** gemäß § 1365 BGB bedarf es für den Formwechsel einer Kapitalgesellschaft in eine Kapitalgesellschaft anderer Rechtsform grundsätzlich ebenfalls nicht; ausnahmsweise ist eine Zustimmung erforderlich, wenn bei dem Rechtsträger neuer Rechtsform erstmalig eine Vinkulierung der Anteile vorgesehen ist.[34]

VI. Rechtsfolge

15 Bei Beschlussmängeln gelten die §§ 241 ff. AktG direkt beim Formwechsel einer AG bzw. KGaA und entsprechend beim Formwechsel einer GmbH (siehe oben § 233 Rz. 34 [*Berjasevic*]). Mit Blick auf § 240 bedeutet dies, dass Formwechselbeschlüsse, die nicht mit den erforderlichen Mehrheiten zustande gekommen sind, nichtig und nicht nur anfechtbar sind. Bis zum Vorliegen der erforderlichen Zustimmungserklärungen ist der Formwechselbeschluss schwebend unwirksam (siehe oben § 233 Rz. 34 [*Berjasevic*]).

32) Vgl. Lutter-*Göthel*, UmwG, § 240 Rz. 22; *Herfs/Link* in: BeckOGK-UmwG, § 240 Rz. 33; Semler/Stengel/Leonard-*Arnold*, UmwG, § 240 Rz. 32; a. A. Kallmeyer-*Blasche*, UmwG, § 240 Rz. 7.

33) Vgl. Lutter-*Göthel*, UmwG, § 240 Rz. 23.

34) Vgl. Lutter-*Göthel*, UmwG, § 240 Rz. 25; *Herfs/Link* in: BeckOGK-UmwG, § 240 Rz. 34; Semler/Stengel/Leonard-*Arnold*, UmwG, § 240 Rz. 35; Kallmeyer-*Blasche*, UmwG, § 240 Rz. 7.

§ 241
Zustimmungserfordernisse beim Formwechsel einer Gesellschaft mit beschränkter Haftung*)

(1) Werden durch den Formwechselbeschluss einer formwechselnden Gesellschaft mit beschränkter Haftung die Aktien in der Satzung der Aktiengesellschaft oder der Kommanditgesellschaft auf Aktien auf einen höheren als den Mindestbetrag nach § 8 Abs. 2 oder 3 des Aktiengesetzes und abweichend vom Nennbetrag der Geschäftsanteile der formwechselnden Gesellschaft gestellt, so muss dem jeder Gesellschafter zustimmen, der sich nicht dem Gesamtnennbetrag seiner Geschäftsanteile entsprechend beteiligen kann.

(2) Auf das Erfordernis der Zustimmung einzelner Gesellschafter ist ferner § 50 Abs. 2 entsprechend anzuwenden.

(3) Sind einzelnen Gesellschaftern außer der Leistung von Kapitaleinlagen noch andere Verpflichtungen gegenüber der Gesellschaft auferlegt und können diese wegen der einschränkenden Bestimmung des § 55 des Aktiengesetzes bei dem Formwechsel nicht aufrechterhalten werden, so bedarf der Formwechsel auch der Zustimmung dieser Gesellschafter.

*) § 241 geändert durch Art. 1 des Gesetzes zur Umsetzung der Umwandlungsrichtlinie und zur Änderung weiterer Gesetze (UmRUG), v. 22.2.2023, BGBl. I 2023, Nr. 51; § 241 geändert durch Art. 17 des Gesetzes zur Modernisierung des GmbH-Rechts und zur Bekämpfung von Missbräuchen (MoMiG), v. 23.10.2008, BGBl. I 2008, 2026; § 241 i. d. F. des UmwBerG geändert durch Art. 2 des Gesetzes über die Zulassung von Stückaktien (Stückaktiengesetz – StückAG), v. 25.3.1998, BGBl. I 1998, 590.

Literatur: *Kort*, Die Registereintragung gesellschaftsrechtlicher Strukturänderungen nach dem Umwandlungsgesetz und nach dem Gesetz zur Unternehmensintegrität und Modernisierung des Anfechtungsrechts (UMAG), BB 2005, 1577.

Übersicht

I. Norminhalt und Normzweck

§ 241 normiert besondere Zustimmungserfordernisse für den **Formwechsel einer GmbH** 1 in eine Kapitalgesellschaft anderer Rechtsform. Danach bedarf es der Zustimmung durch die betroffenen GmbH-Gesellschafter bei einem nicht-verhältniswahrenden Formwechsel (§ 241 Abs. 1), bei Bestehen von Sonderrechten gemäß § 50 Abs. 2 (§ 241 Abs. 2) sowie beim Wegfall von Nebenleistungspflichten (§ 241 Abs. 3).

§ 241 bezweckt den Schutz der bei Fassung des Formwechselbeschlusses überstimmten 2 GmbH-Gesellschafter. Sie stellt einen **Kompromiss** dar zwischen der Möglichkeit, den Formwechselbeschluss (bereits) mit einer qualifizierten Mehrheit gemäß § 240 Abs. 1 fassen zu können, und den berechtigten Interessen einzelner überstimmter GmbH-Gesellschafter, durch den Formwechsel keine Nachteile zu erleiden.[1] Solche Nachteile können entstehen, wenn sich der betreffende Gesellschafter nach dem Formwechsel nicht mehr mit dem Gesamtnennbetrag seiner GmbH-Geschäftsanteile an der AG bzw. KGaA beteiligen kann; dasselbe gilt, wenn durch den Formwechsel Sonderrechte, die den betreffenden GmbH-Gesellschaftern in dem Gesellschaftsvertrag der GmbH eingeräumt wurden, beeinträchtigt werden.[2]

II. Zustimmung bei nicht-verhältniswahrendem Formwechsel (§ 241 Abs. 1)

Mit dem Wirksamwerden des Formwechsels wird das bisherige Stammkapital der form- 3 wechselnden GmbH gemäß § 247 Abs. 1 zum Grundkapital der Kapitalgesellschaft neuer Rechtsform. Die Geschäftsanteile der GmbH-Gesellschafter werden im Zuge dessen zu Nennbetrags- oder Stückaktien der AG bzw. KGaA (§ 8 Abs. 1 AktG).[3] Die auf die Aktien entfallenden Beträge des Grundkapitals können entsprechend den Beträgen der Geschäftsanteile der formwechselnden GmbH festgesetzt werden. Gemäß § 243 Abs. 3 Satz 1 ist aber auch eine Festsetzung der auf die Aktien entfallenden Beträge des Grundkapitals möglich, die von der bisherigen Verteilung auf die GmbH-Geschäftsanteile abweicht. In einem solchen Fall ist gemäß § 241 Abs. 1 die Zustimmung derjenigen GmbH-Gesellschafter erforderlich,

1) Vgl. Widmann/Mayer-*Rieger*, UmwR, § 241 UmwG Rz. 1; *Herfs/Link* in: BeckOGK-UmwG, § 241 Rz. 6; Semler/Stengel/Leonard-*Mutter*, UmwG, § 241 Rz. 1.

2) Vgl. Lutter-*Göthel*, UmwG, § 241 Rz. 1; Semler/Stengel/Leonard-*Mutter*, UmwG, § 241 Rz. 1.

3) Vgl. Lutter-*Göthel*, UmwG, § 241 Rz. 2; *Herfs/Link* in: BeckOGK-UmwG, § 241 Rz. 5; Kallmeyer-*Blasche*, UmwG, § 241 Rz. 2.

die sich nicht dem Gesamtnennbetrag ihrer GmbH-Geschäftsanteile entsprechend am Grundkapital des Rechtsträgers neuer Rechtsform beteiligen können.

4 Eine Zustimmung gemäß § 241 Abs. 1 ist daher **nicht erforderlich**, wenn die Ausgabe der Aktien gemäß § 8 Abs. 2 Satz 1 AktG bzw. § 8 Abs. 3 Satz 3 AktG zum Mindestbetrag von 1 € erfolgt, da in einem solchen Fall sämtliche GmbH-Geschäftsanteile in Aktien umgewandelt werden können.[4)] Unschädlich ist auch, wenn der Nennwert der einzelnen GmbH-Geschäftsanteile nicht auf den Betrag lautet, der auf die für die einzelnen GmbH-Geschäftsanteile gewährten Aktien entfällt, sofern nur der Gesamtnennwert der dem GmbH-Gesellschafter im Zuge des Formwechsels gewährten Aktien seiner Beteiligung am Stammkapital der formwechselnden GmbH entspricht.[5)] **Erforderlich** ist eine Zustimmung gemäß § 241 Abs. 1 hingegen, wenn der Nennbetrag der Aktien bzw. der auf die einzelnen Stückaktien entfallende anteilige Betrag derart festgesetzt wird, dass sich der betreffende GmbH-Gesellschafter überhaupt nicht am Grundkapital des Kapitalgesellschaft neuer Rechtsform beteiligen kann – z. B. wenn der Nennbetrag der Aktien auf 100 € festgesetzt wird, während der GmbH-Gesellschafter lediglich einen GmbH-Geschäftsanteil im Nennbetrag von 50 € hält. Zudem besteht eine Zustimmungspflicht gemäß § 241 Abs. 1 auch dann, wenn die GmbH-Geschäftsanteile nicht vollständig in Aktien umgewandelt werden können und **freie Spitzen entstehen** – z. B. wenn ein GmbH-Gesellschafter zwei GmbH-Geschäftsanteile im Nennbetrag von je 150 € hält und der Nennbetrag der Aktien auf 200 € festgesetzt wird, da sich der GmbH-Gesellschafter in einem solchen Fall i. H. von insgesamt 100 € (freie Spitze) nicht beteiligen könnte.

5 In der **Praxis** empfiehlt es sich regelmäßig, den Nennbetrag der Aktien bzw. den auf die einzelnen Stückaktien entfallenden anteiligen Betrag so zu bemessen, dass keine freien Spitzen entstehen. Dies ist mittlerweile problemlos möglich, da der Nennbetrag sowohl von GmbH-Geschäftsanteilen gemäß § 5 Abs. 2 Satz 1 GmbH als auch derjenige von Nennbetragssaktien gemäß § 8 Abs. 2 Satz 1 AktG auf 1 € lauten können; für Stückaktien ergibt sich Entsprechendes gemäß § 8 Abs. 3 Satz 3 AktG. Lautet das Stammkapital der formwechselnden GmbH noch auf Deutsche Mark, empfiehlt es sich, das Stammkapital vor oder im Zuge des Formwechsels auf Euro-Beträge umzustellen.

III. Zustimmung bei Minderheits- und Sonderrechten (§ 241 Abs. 2)

6 Gemäß § 241 Abs. 2 ist auf das Zustimmungserfordernis einzelner GmbH-Gesellschafter **§ 50 Abs. 2 entsprechend** anwendbar. Werden durch den Formwechsel einer GmbH in eine Kapitalgesellschaft anderer Rechtsform auf dem Gesellschaftsvertrag beruhende Minderheitsrechte eines einzelnen GmbH-Gesellschafters oder die einzelnen GmbH-Gesellschaftern nach dem Gesellschaftsvertrag zustehenden besonderen Rechte in der Geschäftsführung der GmbH, bei der Bestellung der Geschäftsführer oder hinsichtlich eines Vorschlagsrechts für die Geschäftsführung beeinträchtigt, so bedarf der Formwechselbeschluss gemäß § 241 Abs. 2 i. V. m. § 50 Abs. 2 der Zustimmung der betroffenen GmbH-Gesellschafter. Eine solche Beeinträchtigung kann in der Praxis häufig dadurch vermieden werden, dass den jeweiligen Gesellschaftern in der neuen Satzung äquivalente Rechte zuerkannt werden. Ist dies – z. B. aufgrund der zwingenden aktienrechtlicher Vorschriften bzgl. der Bestellung und Abberufung des Vorstandes gemäß §§ 84 ff. AktG[6)] – nicht möglich, ist die Zu-

4) Vgl. Lutter-*Göthel*, UmwG, § 241 Rz. 5; *Herfs/Link* in: BeckOGK-UmwG, § 241 Rz. 5; Semler/Stengel/Leonard-*Mutter*, UmwG, § 241 Rz. 8; Kallmeyer-*Blasche*, UmwG, § 241 Rz. 4.

5) Vgl. Widmann/Mayer-*Rieger*, UmwR, § 241 UmwG Rz. 17; *Herfs/Link* in: BeckOGK-UmwG, § 241 Rz. 6; Semler/Stengel/Leonard-*Mutter*, UmwG, § 241 Rz. 12; Kallmeyer-*Blasche*, UmwG, § 241 Rz. 2.

6) Vgl. Widmann/Mayer-*Rieger*, UmwR, § 241 UmwG Rz. 30; *Petersen* in: KölnKomm-UmwG, § 241 Rz. 10; *Herfs/Link* in: BeckOGK-UmwG, § 241 Rz. 10; Semler/Stengel/Leonard-*Mutter*, UmwG, § 241 Rz. 17.

stimmung derjenigen GmbH-Gesellschafter, deren Sonderrechte durch den Formwechsel betroffen werden, erforderlich.

Gleiches gilt, wenn durch den Formwechsel andere als in § 50 Abs. 2 genannte gesellschafts- 7
vertragliche Sonderrechte einzelner GmbH-Gesellschafter beeinträchtigt werden. In Betracht kommen z. B. Mehrstimmrechte, Vetorechte, erhöhte Gewinnrechte oder besondere Informationsrechte.[7] Die Regelung in § 50 Abs. 2 ist insoweit nicht abschließend, sondern enthält einen allgemeinen Rechtsgedanken.[8] Werden durch den Formwechsel **Sonderrechte i. S. des § 35 BGB** einzelner GmbH-Gesellschafter beeinträchtigt, müssen die betroffenen Gesellschafter dem Formwechsel daher ebenfalls zustimmen.[9]

IV. Zustimmung bei Wegfall von Nebenleistungspflichten (§ 241 Abs. 3)

Ein weiteres Zustimmungserfordernis besteht gemäß § 241 Abs. 3, wenn im Zuge des 8
Formwechsels einer GmbH in eine Kapitalgesellschaft anderer Rechtsform gesellschaftsvertraglichen **Nebenleistungspflichten** einzelner Gesellschafter wegfallen. Hierzu kann es kommen, da bei der GmbH aufgrund der im GmbH-Recht geltenden Gestaltungsfreiheit die Begründung gesellschaftsvertraglicher Nebenleistungspflichten der Gesellschafter sehr weitgehend möglich ist, während § 55 AktG Nebenleistungspflichten bei der AG bzw. KGaA nur im Fall vinkulierter Namensaktien und nur als wiederkehrende, nicht in Geld bestehende Leistungen zulässt. Während z. B. die Verpflichtung zur Einbringung eines Grundstücks als Gegenstand einer Nebenleistungspflicht im GmbH-Recht möglich ist, ist dies i. R. des § 55 Abs. 1 unzulässig; dasselbe gilt für die Verpflichtung zur Übernahme eines Amtes in der Geschäftsführung oder auch im Beirat bzw. Aufsichtsrat.[10]

Dass auch die Beseitigung einer Nebenleistungspflicht den betroffenen Gesellschafter be- 9
lasten kann, so dass der Formwechsel seiner Zustimmung gemäß § 241 Abs. 3 bedarf, wird ohne Weieteres deutlich, wenn mit der Nebenleistungspflicht Rechte des betroffenen Gesellschafters korrespondieren – z. B. Anspruch auf Kaufpreis, Mietzins, Lizenzgebühr.[11] § 241 Abs. 3 findet vor diesem Hintergrund keine Anwendung, wenn der Wegfall der Nebenleistungspflicht für den betroffenen Gesellschafter **ausschließlich vorteilhaft** ist.[12] Gleiches gilt, wenn die mit der Nebenleistungspflicht korrespondierende Rechte gesellschaftsvertraglich als **entziehbare Rechte** ausgestaltet sind bzw. diese durch eine entsprechende Änderung des Gesellschaftsvertrages entgegen dem Willen des betroffenen Gesellschafters beseitigt werden könnten.[13] Andererseits ist § 241 Abs. 3 auch dann anwend-

---

7) Vgl. *Herfs/Link* in: BeckOGK-UmwG, § 241 Rz. 11; Semler/Stengel/Leonard-*Mutter*, UmwG, § 241 Rz. 18.

8) Vgl. Begr. RegE UmwBerG, BR-Drucks. 75/94, S. 156; Lutter-*Göthel*, UmwG, § 241 Rz. 10; *Herfs/Link* in: BeckOGK-UmwG, § 241 Rz. 11; Semler/Stengel/Leonard-*Mutter*, UmwG, § 241 Rz. 18; Kallmeyer-*Blasche*, UmwG, § 241 Rz. 6.

9) Vgl. *Petersen* in: KölnKomm-UmwG, § 241 Rz. 12; Lutter-*Göthel*, UmwG, § 241 Rz. 10; *Herfs/Link* in: BeckOGK-UmwG, § 241 Rz. 11; Semler/Stengel/Leonard-*Mutter*, UmwG, § 241 Rz. 18; Kallmeyer-*Blasche*, UmwG, § 241 Rz. 6.

10) Vgl. Widmann/Mayer-*Rieger*, UmwR, § 241 UmwG Rz. 34, m. weit. Bsp.

11) Vgl. Lutter-*Göthel*, UmwG, § 241 Rz. 12; *Herfs/Link* in: BeckOGK-UmwG, § 241 Rz. 14; Kallmeyer-*Blasche*, UmwG, § 241 Rz. 8.

12) Vgl. Widmann/Mayer-*Rieger*, UmwR, § 241 UmwG Rz. 45; *Petersen* in: KölnKomm-UmwG, § 241 Rz. 15; Lutter-*Göthel*, UmwG, § 241 Rz. 14; *Herfs/Link* in: BeckOGK-UmwG, § 241 Rz. 14; Semler/Stengel/Leonard-*Mutter*, UmwG, § 241 Rz. 25; Kallmeyer-*Blasche*, UmwG, § 241 Rz. 8.

13) Vgl. Widmann/Mayer-*Rieger*, UmwR, § 241 UmwG Rz. 48 f.; Lutter-*Göthel*, UmwG, § 241 Rz. 13; *Herfs/Link* in: BeckOGK-UmwG, § 241 Rz. 14; Semler/Stengel/Leonard-*Mutter*, UmwG, § 241 Rz. 26; Kallmeyer-*Blasche*, UmwG, § 241 Rz. 8.

bar, wenn eine für **alle Gesellschafter** geltende Nebenleistungspflicht wegfällt.[14] Einer Zustimmung der betroffenen Gesellschafter bedarf es gemäß § 241 Abs. 3 schließlich auch dann, wenn die Fortführung der Nebenleistungspflicht **nur schuldrechtlich** vereinbart und nicht (auch) in der Satzung geregelt wird.[15]

V. Sonstige Zustimmungserfordernisse

10 Neben den in § 241 UmwG normierten Zustimmungserfordernissen können sich weitere Zustimmungsvorbehalte aus anderen Regelungen ergeben. Enthält der Gesellschaftsvertrag der formwechselnden GmbH z. B. eine **Vinkulierungsklausel**, wonach die Abtretung der Geschäftsanteile von der Zustimmung einzelner oder aller Gesellschafter abhängt, bedarf auch der Formwechselbeschluss gemäß § 193 Abs. 2 UmwG der Zustimmung der betreffenden bzw. aller Gesellschafter.[16] Daneben können sich Zustimmungserfordernisse auch aus dem **Gesellschaftsvertrag** der formwechselnden GmbH ergeben. Dafür muss sich der gesellschaftsvertragliche Zustimmungsvorbehalt nicht ausdrücklich auf den Formwechsel beziehen; es genügt, wenn Änderungen des Gesellschaftsvertrages allgemein der Zustimmung einzelner oder aller Gesellschafter unterstellt sind.[17] Gesellschaftsvertragliche Zustimmungsvorbehalte zu Gunsten einzelner bzw. aller Gesellschafter für den Fall der Auflösung der Gesellschaft begründen hingegen kein Zustimmungserfordernis für den Fall des Formwechsels der GmbH in eine Kapitalgesellschaft anderer Rechtsform.[18]

VI. Zustimmungserklärung

11 Die Zustimmungserklärung bedarf gemäß § 193 Abs. 3 Satz 1 der **notariellen Beurkundung**. Sie ist gegenüber der formwechselnden GmbH abzugeben. Erforderlich ist die Übersendung einer Ausfertigung der notariell beurkundeten Zustimmungserklärung; eine einfache oder beglaubigte Abschrift reicht nicht aus.[19] Die Zustimmung kann vor, in oder auch nach der Gesellschafterversammlung, die über den Formwechsel beschließt, erklärt werden.[20] Erfolgt die Zustimmung in der Gesellschafterversammlung, ist zu beachten, dass die positive Stimmabgabe für den Formwechselbeschluss die Zustimmung gemäß § 241 nicht ersetzt.[21] Die Zustimmungserklärung ist schließlich gemäß § 199 zum **Handelsregister** einzureichen.

14) Vgl. Widmann/Mayer-*Rieger*, UmwR, § 241 UmwG Rz. 41; Lutter-*Göthel*, UmwG, § 241 Rz. 11; *Herfs/Link* in: BeckOGK-UmwG, § 241 Rz. 14; Semler/Stengel/Leonard-*Mutter*, UmwG, § 241 Rz. 28; Kallmeyer-*Blasche*, UmwG, § 241 Rz. 9.

15) Vgl. Lutter-*Göthel*, UmwG, § 241 Rz. 15; *Herfs/Link* in: BeckOGK-UmwG, § 241 Rz. 14; Semler/Stengel/Leonard-*Mutter*, UmwG, § 241 Rz. 27; Kallmeyer-*Blasche*, UmwG, § 241 Rz. 9.

16) Vgl. Widmann/Mayer-*Rieger*, UmwR, § 241 UmwG Rz. 52; Lutter-*Göthel*, UmwG, § 241 Rz. 16; *Herfs/Link* in: BeckOGK-UmwG, § 241 Rz. 15; Semler/Stengel/Leonard-*Mutter*, UmwG, § 241 Rz. 29; Kallmeyer-*Blasche*, UmwG, § 241 Rz. 10.

17) Vgl. Widmann/Mayer-*Rieger*, UmwR, § 241 UmwG Rz. 53; Lutter-*Göthel*, UmwG, § 241 Rz. 17; *Herfs/Link* in: BeckOGK-UmwG, § 241 Rz. 15; Semler/Stengel/Leonard-*Mutter*, UmwG, § 241 Rz. 30; Kallmeyer-*Blasche*, UmwG, § 241 Rz. 10.

18) Vgl. Widmann/Mayer-*Rieger*, UmwR, § 241 UmwG Rz. 54; Semler/Stengel/Leonard-*Mutter*, UmwG, § 241 Rz. 30.

19) Vgl. Kallmeyer-*Blasche*, UmwG, § 241 Rz. 11; a. A. *Herfs/Link* in: BeckOGK-UmwG, § 241 Rz. 16.

20) Vgl. Lutter-*Göthel*, UmwG, § 241 Rz. 18; *Herfs/Link* in: BeckOGK-UmwG, § 241 Rz. 16; Kallmeyer-*Blasche*, UmwG, § 241 Rz. 11.

21) Vgl. Lutter-*Göthel*, UmwG, § 241 Rz. 19; Semler/Stengel/Leonard-*Mutter*, UmwG, § 241 Rz. 31; Kallmeyer-*Blasche*, UmwG, § 241 Rz. 11.

VII. Rechtsfolgen

Fehlt die gemäß § 241 Abs. 2 oder § 241 Abs. 3 erforderliche Zustimmung auch nur eines betroffenen Gesellschafters, ist der Formwechselbeschluss **schwebend unwirksam**; wird die Zustimmung von mindestens einem betroffenen Gesellschafter verweigert, führt dies zur endgültigen Unwirksamkeit des Formwechselbeschlusses.[22] 12

Fehlt hingegen die Zustimmung gemäß § 241 Abs. 1 ist – bei Erreichen der erforderlichen Mehrheit – der Formwechselbeschluss **wirksam**; lediglich die Festlegung der Nennbeträge ist unwirksam.[23] Bei erfolgter Anfechtung des Formwechselbeschlusses sind in diesem Fall die Anteile vom Gericht derart festzusetzen, dass sich die betroffenen Gesellschafter bestmöglich an der Kapitalgesellschaft neuer Rechtsform beteiligen können.[24] 13

Der Formwechsel darf bei fehlender Zustimmung – auch derjenigen gemäß § 241 Abs. 1 – nicht eingetragen werden. Trägt der zuständige Registerrichter den Formwechsel trotz Fehlens der erforderlichen Zustimmung ein, wird der Formwechsel gemäß § 202 Abs. 3 **bestandskräftig.**[25] In diesen Fällen können betroffene Gesellschafter Amtshaftungsansprüche[26] oder Schadensersatzansprüche gemäß § 205 geltend machen,[27] wobei sich diese nicht auf Rückgängigmachung des Formwechsels erstrecken können.[28] 14

22) Vgl. Widmann/Mayer-*Rieger*, UmwR, § 241 UmwG Rz. 58; Lutter-*Göthel*, UmwG, § 241 Rz. 21; *Herfs/Link* in: BeckOGK-UmwG, § 241 Rz. 17; Semler/Stengel/Leonard-*Mutter*, UmwG, § 241 Rz. 33; Kallmeyer-*Blasche*, UmwG, § 241 Rz. 12.

23) Vgl. Widmann/Mayer-*Rieger*, UmwR, § 241 UmwG Rz. 56; *Petersen* in: KölnKomm-UmwG, § 241 Rz. 7; Lutter-*Göthel*, UmwG, § 241 Rz. 21; Semler/Stengel/Leonard-*Mutter*, UmwG, § 241 Rz. 34; Kallmeyer-*Blasche*, UmwG, § 241 Rz. 12; a. A. *Herfs/Link* in: BeckOGK-UmwG, § 241 Rz. 17.

24) Vgl. Semler/Stengel/Leonard-*Mutter*, UmwG, § 241 Rz. 34.

25) Vgl. *Petersen* in: KölnKomm-UmwG, § 241 Rz. 3; Lutter-*Göthel*, UmwG, § 241 Rz. 22; *Herfs/Link* in: BeckOGK-UmwG, § 241 Rz. 17; Semler/Stengel/Leonard-*Mutter*, UmwG, § 241 Rz. 35; Kallmeyer-*Blasche*, UmwG, § 241 Rz. 12.

26) Vgl. BGH, Urt. v. 5.10.2006 – III ZR 283/05, NJW 2007, 224 = ZIP 2006, 2312; OLG Hamm, Urt. v. 9.11.2005 – 11 U 70/04, NZG 2006, 274 = ZIP 2006, 1296.

27) Vgl. Lutter-*Göthel*, UmwG, § 241 Rz. 22; *Herfs/Link* in: BeckOGK-UmwG, § 241 Rz. 17; Semler/Stengel/Leonard-*Mutter*, UmwG, § 241 Rz. 36; Kallmeyer-*Blasche*, UmwG, § 241 Rz. 12.

28) Vgl. Semler/Stengel/Leonard-*Mutter*, UmwG, § 241 Rz. 36; *Kort*, BB 2005, 1577, 1578.

§ 242

Zustimmungserfordernis beim Formwechsel einer Aktiengesellschaft oder einer Kommanditgesellschaft auf Aktien*)

Wird durch den Formwechselbeschluss einer formwechselnden Aktiengesellschaft oder Kommanditgesellschaft auf Aktien der Nennbetrag der Geschäftsanteile in dem Gesellschaftsvertrag der Gesellschaft mit beschränkter Haftung abweichend vom Betrag der Aktien festgesetzt, so muss der Festsetzung jeder Aktionär zustimmen, der sich nicht mit seinem gesamten Anteil beteiligen kann.

*) § 242 geändert durch Art. 1 des Gesetzes zur Umsetzung der Umwandlungsrichtlinie und zur Änderung weiterer Gesetze (UmRUG), v. 22.2.2023, BGBl. I 2023, Nr. 51; § 242 geändert durch Art. 17 des Gesetzes zur Modernisierung des GmbH-Rechts und zur Bekämpfung von Missbräuchen (MoMiG), v. 23.10.2008, BGBl. I 2008, 2026; § 242 i. d. F. des UmwBerG geändert durch Art. 2 des Gesetzes über die Zulassung von Stückaktien (Stückaktiengesetz – StückAG), v. 25.3.1998, BGBl. I 1998, 590.

Übersicht

I. Norminhalt und Normzweck

1 § 242 normiert ein besonderes Zustimmungserfordernis für den **Formwechsel einer AG bzw. KGaA** in eine GmbH. Wird im Zuge eines solchen Formwechsels der Nennbetrag der GmbH-Geschäftsanteile der GmbH abweichend vom Nennbetrag der einzelnen Aktie bzw. dem Betrag des rechnerisch auf die einzelne Stückaktie entfallenden Teils des Grundkapitals festgesetzt, muss der Festsetzung jeder (Kommandit-)Aktionär zustimmen, der sich nicht mit seinem gesamten Anteil beteiligen kann.

2 § 242 gilt als **Pendant zu § 241 Abs. 1.**[1] Ähnlich wie § 241 Abs. 1 bezweckt § 242 den Schutz derjenigen (Kommandit-)Aktionäre, die sich infolge der Festsetzung des Nennbetrages der GmbH-Geschäftsanteile nicht mit ihrem gesamten vor dem Formwechsel bestehenden Anteil an der GmbH beteiligen können.

II. Zustimmung bei nicht-verhältniswahrendem Formwechsel

3 Mit dem Wirksamwerden des Formwechsels einer AG bzw. KGaA in eine GmbH wird das bisherige Grundkapital des formwechselnden Rechtsträger gemäß § 247 Abs. 1 zum Stammkapital der GmbH. Die Aktien der (Kommandit-)Aktionäre werden im Zuge dessen zu Geschäftsanteilen der GmbH. Die auf die GmbH-Geschäftsanteile entfallenden Beträge des Stammkapitals können entsprechend den Beträgen der Aktien der formwechselnden AG bzw. KGaA festgesetzt werden. Gemäß § 243 Abs. 3 Satz 1 ist aber auch eine Festsetzung der auf die GmbH-Geschäftsanteile entfallenden Beträge des Stammkapitals möglich, die von der bisherigen Verteilung der auf die Aktien entfallenden Beträge des Grundkapitals der AG bzw. KGaA abweicht. In einem solchen Fall ist gemäß § 242 die Zustimmung derjenigen (Kommandit-)Aktionäre erforderlich, die sich nicht mit dem gesamten von ihnen bisher gehaltenen Aktienkapital am Stammkapital der GmbH beteiligen können. Dabei kommt es nicht auf den Betrag der einzelnen Anteile an, sondern auf einen Vergleich zwischen dem **Gesamtnennbetrag** der gehaltenen Nennbetragsaktien (bzw. dem gesamten auf die gehaltenen Stückaktien entfallenden Teilbetrag des Grundkapitals der AG bzw. KGaA) und dem Gesamtnennbetrag der jeweils für diese Aktien vorgesehenen GmbH-Geschäftsanteile an.[2]

4 Bei der Festlegung der Nennbeträge der GmbH-Geschäftsanteile sind die (Kommandit-) Aktionäre **weitgehend** frei.[3] So können z. B. mehrere Aktien zu einem GmbH-Geschäftsanteil festgelegt werden, pro gehaltener Aktie mehrere GmbH-Geschäftsanteile übernommen werden und – soweit dies nicht willkürlich erfolgt – die Beträge der GmbH-Geschäftsanteile für einzelne Aktionäre unterschiedlich festgelegt werden.[4] Zwingend vorgegeben ist allerdings gemäß § 243 Abs. 3 Satz 2, dass der Nennbetrag der GmbH-Anteile auf volle Euro lautet. Insofern erscheint auch eine entsprechende teleologische Reduktion des § 242 dahingehend gerechtfertigt, dass eine Zustimmung gemäß § 242 nicht erforderlich ist, wenn die abweichende Festsetzung zwingende Folge der Vorgaben in § 243 Abs. 3

1) Vgl. *Petersen* in: KölnKomm-UmwG, § 242 Rz. 1; Lutter-*Göthel*, UmwG, § 242 Rz. 1; *Herfs/Link* in: BeckOGK-UmwG, § 242 Rz. 2; Kallmeyer-*Blasche*, UmwG, § 242 Rz. 1.

2) Vgl. *Herfs/Link* in: BeckOGK-UmwG, § 242 Rz. 5; Kallmeyer-*Blasche*, UmwG, § 242 Rz. 2.

3) Vgl. Widmann/Mayer-*Rieger*, UmwR, § 242 UmwG Rz. 5; *Petersen* in: KölnKomm-UmwG, § 242 Rz. 5; Lutter-*Göthel*, UmwG, § 242 Rz. 4; *Herfs/Link* in: BeckOGK-UmwG, § 242Rz. 4.

4) Vgl. *Petersen* in: KölnKomm-UmwG, § 242 Rz. 5; Lutter-*Göthel*, UmwG, § 242 Rz. 7, 9; *Herfs/Link* in: BeckOGK-UmwG, § 242 Rz. 4; Semler/Stengel/Leonard-*Mutter*, UmwG, § 242 Rz. 8.

Satz 2 ist;[5] im Übrigen ist dies nur bei Stückaktien denkbar, da Nennbetragsaktien gemäß § 8 Abs. 2 AktG ebenfalls auf volle Euro lauten müssen. Nicht zulässig ist schließlich die Ermächtigung der Geschäftsführung der GmbH im Formwechselbeschluss der AG bzw. KGaA, die Nennbeträge der GmbH-Geschäftsanteile nach eigenem Ermessen festzulegen.[6]

Bei **unbekannten (Kommandit-)Aktionären**, die bei Namensaktien aufgrund des Aktienregister gemäß § 67 Abs. 2 AktG in der Regel nicht vorkommen, ist die Einholung der gemäß § 242 erforderlichen Zustimmung äußert schwierig. In der Praxis empfiehlt sich in solchen Fällen, für jede Aktie einen GmbH-Geschäftsanteil, der dem Anteil der Aktie am Grundkapital entspricht, auszugeben.[7] Ebenso lässt sich das Zustimmungserfordernis gemäß § 242 dadurch vermeiden, dass für jeden (Kommandit-)Aktionär ein Geschäftsanteil i. H. des Gesamtbetrags der von ihm gehaltenen Aktien festgelegt wird oder der Nennwert der GmbH-Geschäftsanteile auf einen Euro festgesetzt wird.[8] Soweit die von den Aktienbeträgen abweichende Festsetzung der Nennbeträge der GmbH-Geschäftsanteile lediglich Folge der Vorgaben in § 243 Abs. 3 Satz 2 ist, besteht – wie dargestellt (siehe oben Rz. 4) – kein Zustimmungsvorbehalt gemäß § 242. Keine Lösung besteht darin, die Aktien sämtlicher unbekannten (Kommandit-)Aktionäre zu einem gemeinsamen GmbH-Geschäftsanteil zusammenzulegen, da ein solches Vorgehen unzulässig ist.[9] 5

III. Sonstige Zustimmungserfordernisse

§ 242 ist **nicht abschließend**. Auch wenn § 242 keine dem § 241 Abs. 2 entsprechende Regelung enthält, ist auch bei einem Formwechsel einer AG bzw. KGaA in eine GmbH die Zustimmung derjenigen (Kommandit-)Aktionäre erforderlich, deren Sonderrechte i. S. des § 35 BGB durch den Formwechsel beeinträchtigt werden; dasselbe gilt, wenn durch den Formwechsel in der Satzung festgesetzte Sondervorteile i. S. des § 26 AktG beeinträchtigt werden, soweit in der GmbH gesellschaftsvertraglich keine entsprechenden Rechte gewährt werden.[10] Demgegenüber greift beim Formwechsel einer AG bzw. KGaA in eine GmbH § 193 Abs. 2 nicht ein, da bei der AG bzw. KGaA die Übertragung von Aktien nicht von der Zustimmung einzelner (bzw. aller) (Kommandit-)Aktionäre abhängig gemacht werden kann.[11] 6

IV. Zustimmungserklärung

Die Zustimmungserklärung bedarf gemäß § 193 Abs. 3 Satz 1 der **notariellen Beurkundung**. Sie ist gegenüber der formwechselnden AG bzw. KGaA abzugeben. Erforderlich ist die Übersendung einer Ausfertigung der notariell beurkundeten Zustimmungserklärung; eine einfache oder beglaubigte Abschrift reicht nicht aus. Die Zustimmung kann vor, in 7

5) Vgl. Widmann/Mayer-*Rieger*, UmwR, § 242 UmwG Rz. 6.2; *Herfs/Link* in: BeckOGK-UmwG, § 242 Rz. 5; Semler/Stengel/Leonard-*Mutter*, UmwG, § 242 Rz. 5; Kallmeyer-*Blasche*, UmwG, § 242 Rz. 3.

6) Vgl. Widmann/Mayer-*Rieger*, UmwR, § 242 UmwG Rz. 4; *Petersen* in: KölnKomm-UmwG, § 242 Rz. 5; Lutter-*Göthel*, UmwG, § 242 Rz. 3; *Herfs/Link* in: BeckOGK-UmwG, § 242 Rz. 4; Semler/Stengel/Leonard-*Mutter*, UmwG, § 242 Rz. 2.

7) Vgl. *Petersen* in: KölnKomm-UmwG, § 242 Rz. 6; Lutter-*Göthel*, UmwG, § 242 Rz. 17; *Herfs/Link* in: BeckOGK-UmwG, § 242 Rz. 9; Semler/Stengel/Leonard-*Mutter*, UmwG, § 242 Rz. 10; Kallmeyer-*Blasche*, UmwG, § 242 Rz. 3.

8) Vgl. *Herfs/Link* in: BeckOGK-UmwG, § 242 Rz. 9; Semler/Stengel/Leonard-*Mutter*, UmwG, § 242 Rz. 10; Kallmeyer-*Blasche*, UmwG, § 242 Rz. 3.

9) Vgl. Widmann/Mayer-*Rieger*, UmwR, § 242 UmwG Rz. 10; Lutter-*Göthel*, UmwG, § 242 Rz. 19; *Herfs/Link* in: BeckOGK-UmwG, § 242 Rz. 9; Semler/Stengel/Leonard-*Mutter*, UmwG, § 242 Rz. 10; Kallmeyer-*Blasche*, UmwG, § 242 Rz. 3.

10) Vgl. *Herfs/Link* in: BeckOGK-UmwG, § 242 Rz. 8.

11) Vgl. Semler/Stengel/Leonard-*Mutter*, UmwG, § 242 Rz. 12.

oder auch nach der Hauptversammlung, die über den Formwechsel beschließt, erklärt werden.[12] Erfolgt die Zustimmung in der Hauptversammlung, ist zu beachten, dass die positive Stimmabgabe für den Formwechselbeschluss die Zustimmung gemäß § 242 nicht ersetzt.[13] Die Zustimmungserklärung ist schließlich gemäß § 199 zum **Handelsregister** einzureichen.

V. Rechtsfolgen

8 Fehlt die Zustimmung gemäß § 242, ist – bei Erreichen der erforderlichen Mehrheit – der Formwechselbeschluss gleichwohl **wirksam**; lediglich die Festlegung der Anteile am Stammkapital ist gegenüber denjenigen (Kommandit-)Aktionären, die ihre Zustimmung verweigern, unwirksam. In Fällen berechtigter Verweigerung der Zustimmung haben die jeweiligen (Kommandit-)Aktionäre gegen die Gesellschaft einen Anspruch auf Neufestsetzung der Geschäftsanteile; diesen können sie grundsätzlich auch klageweise geltend machen.

9 Der Formwechsel darf bei fehlender Zustimmung gemäß § 242 nicht eingetragen werden; eine dennoch erfolgte Eintragung führt gemäß § 202 Abs. 3 zur **Bestandskraft** des Formwechsels. Den betroffenen (Kommandit-)Aktionären stehen in solchen Fällen ggf. Amtshaftungs- bzw. Schadensersatzansprüche gemäß § 205 zu; diese erstrecken sich allerdings nicht auf Rückgängigmachung des Formwechsels.

---

12) Vgl. Widmann/Mayer-*Rieger*, UmwR, § 242 UmwG Rz. 16; Lutter-*Göthel*, UmwG, § 242 Rz. 12.
13) Vgl. Lutter-*Göthel*, UmwG, § 242 Rz. 11; Semler/Stengel/Leonard-*Mutter*, UmwG, § 242 Rz. 13.

§ 243
Inhalt des Formwechselbeschlusses*)

(1) [1]Auf den Formwechselbeschluss ist § 218 entsprechend anzuwenden. [2]Festsetzungen über Sondervorteile, Gründungsaufwand, Sacheinlagen und Sachübernahmen, die in dem Gesellschaftsvertrag oder in der Satzung der formwechselnden Gesellschaft enthalten sind, sind in den Gesellschaftsvertrag oder in die Satzung der Gesellschaft neuer Rechtsform zu übernehmen. [3]§ 26 Abs. 4 und 5 des Aktiengesetzes bleibt unberührt.

(2) Vorschriften anderer Gesetze über die Änderung des Stammkapitals oder des Grundkapitals bleiben unberührt.

(3) [1]In dem Gesellschaftsvertrag oder in der Satzung der Gesellschaft neuer Rechtsform kann der auf die Anteile entfallende Betrag des Stamm- oder Grundkapitals abweichend vom Betrag der Anteile der formwechselnden Gesellschaft festgesetzt werden. [2]Bei einer Gesellschaft mit beschränkter Haftung muss er auf volle Euro lauten.

*) § 243 geändert durch Art. 1 des Gesetzes zur Umsetzung der Umwandlungsrichtlinie und zur Änderung weiterer Gesetze (UmRUG), v. 22.2.2023, BGBl. I 2023, Nr. 51; § 243 geändert durch Art. 17 des Gesetzes zur Modernisierung des GmbH-Rechts und zur Bekämpfung von Missbräuchen (MoMiG), v. 23.10.2008, BGBl. I 2008, 2026; § 243 geändert durch Art. 3 § 4 des Gesetzes zur Einführung des Euro (Euro-Einführungsgesetz – EuroEG), v. 9.6.1998, BGBl. I 1998, 1242; § 243 i. d. F. des UmwBerG geändert durch Art. 2 des Gesetzes über die Zulassung von Stückaktien (Stückaktiengesetz – StückAG), v. 25.3.1998, BGBl. I 1998, 590.

Literatur: *Reichert*, Folgen der Anteilsvinkulierung für Umstrukturierungen von Gesellschaften mit beschränkter Haftung und Aktiengesellschaften nach dem Umwandlungsgesetz 1995, GmbHR 1995, 176.

Übersicht

I. Norminhalt

1 § 243 Abs. 1 ergänzt die Vorschriften des § 194 bezüglich des Inhalts des Formwechselbeschlusses bei einem Formwechsel einer Kapitalgesellschaft in eine Kapitalgesellschaft anderer Rechtsform. § 243 Abs. 2 regelt die Möglichkeit von Änderungen des Grund- bzw. Stammkapitals im Zuge des Formwechsels. § 243 Abs. 3 befasst sich schließlich mit der Stückelung des Grund- bzw. Stammkapitals der Kapitalgesellschaft neuer Rechtsform.

II. Angaben im Formwechselbeschluss

2 Der Inhalt des Formwechselbeschlusses bestimmt sich zunächst nach § 194 Abs. 1. Die dort normierten Mindestangaben sind auch in dem Beschluss über den Formwechsel einer Kapitalgesellschaft in eine Kapitalgesellschaft anderer Rechtsform aufzunehmen.[1] Daneben verlangt § 243 Abs. 1 Satz 1 i. V. m. § 218 Abs. 1 die Aufnahme des vollständigen Gesellschaftsvertrags der GmbH bzw. die Feststellung der vollständigen Satzung der AG bzw. KGaA in dem Formwechselbeschluss.

1. Mindestangaben gemäß § 194 Abs. 1

3 Wie bei jedem Formwechsel sind auch bei dem Formwechsel einer Kapitalgesellschaft in eine Kapitalgesellschaft anderer Rechtsform die Vorgaben in § 194 Abs. 1 zu beachten (siehe hierzu ausführlich § 194 Rz. 4 ff. [*Schaper/Meven*]). Danach muss der Formwechselbeschluss die **Rechtsform** des Rechtsträgers neuer Rechtsform (GmbH, AG oder KGaA) angeben (§ 194 Abs. 1 Nr. 1). Für die ebenfalls im Formwechselbeschluss anzugebende **Firma** des Rechtsträgers neuer Rechtsform (§ 194 Abs. 1 Nr. 2) gelten die Vorgaben in § 200 sowie das Gründungsrecht der neuen Rechtsform (§ 197 Satz 1 i. V. m. § 4 GmbHG bzw. §§ 4, 279 AktG). In den Formwechselbeschluss ist gemäß § 194 Abs. 1 Nr. 3 ebenfalls aufzunehmen, dass die bisherigen Gesellschafter bzw. (Kommandit-)Aktionäre zu **Gesellschaftern bzw. (Kommandit-)Aktionären** des Rechtsträgers neuer Rechtsform werden. Dabei muss der Formwechselbeschluss beim Formwechsel in die KGaA gemäß § 243 Abs. 1 Satz 1 i. V. m. § 218 Abs. 2 zudem vorsehen, dass mindestens ein bisheriger Gesellschafter bzw. Aktionär oder ein Dritter die Stellung als persönlich haftender Gesellschafter der KGaA übernimmt. Bei Formwechsel aus der KGaA in eine Kapitalgesellschaft anderer Rechtsform ergibt sich bereits aus § 247 Abs. 3, dass der persönlich haftenden Gesellschafter der KGaA mit Wirksamwerden des Formwechsels aus der Gesellschaft ausscheidet. **In der Praxis** empfiehlt sich dennoch ein klarstellender Hinweis hierzu im Formwechselbeschluss.[2]

---

1) Vgl. *Petersen* in: KölnKomm-UmwG, § 243 Rz. 3; Lutter-*Göthel*, UmwG, § 243 Rz. 2; *Herfs/Link* in: BeckOGK-UmwG, § 243 Rz. 38; Semler/Stengel/Leonard-*Mutter*, UmwG, § 243 Rz. 4; *Althoff/Narr* in: NK-UmwG, § 243 Rz. 4; Kallmeyer-*Blasche*, UmwG, § 243 Rz. 2; *Rose* in: HK-UmwG, § 243 Rz. 1.

2) Vgl. Lutter-*Göthel*, UmwG, § 243 Rz. 6; *Herfs/Link* in: BeckOGK-UmwG, § 243 Rz. 41; Semler/Stengel/Leonard-*Mutter*, UmwG, § 243 Rz. 4; Kallmeyer-*Blasche*, UmwG, § 243 Rz. 6.

4 Die erforderlichen Angaben gemäß § 194 Abs. 1 Nr. 3 können mit denjenigen gemäß § 194 Abs. 1 Nr. 4 verbunden werden.[3)] Gemäß § 194 Abs. 1 Nr. 4 ist im Formwechselbeschluss die **künftige Beteiligung** der Gesellschafter bzw. (Kommandit-)Aktionäre an der Kapitalgesellschaft neuer Rechtsform nach **Zahl, Art und Umfang** zu bestimmen. Bei einer Gesellschaft mit überschaubarem Anteilsinhaberkreis empfiehlt sich die namentliche Auflistung der Gesellschafter bzw. (Kommandit-)Aktionäre und ihrer Anteile. Zwingend ist eine solche namentliche Nennung indes nicht.[4)] Zulässig – und im Falle eines großen Anteilsinhaberkreises bzw. bei unbekannten (Kommandit-)Aktionären in der Praxis häufig unvermeidbar – ist die pauschale Angabe, wie viele Geschäftsanteile bzw. Aktien auf jeden einzelnen Gesellschafter bzw. (Kommandit-)Aktionär entfallen, oder auch die schlichte Angabe des Maßstabs der Zuteilung (z. B. „Für jede Aktie im Nennbetrag von […] € erhält dessen Inhaber […] Geschäftsanteile im Nennbetrag von […] €").[5)] Die Art der Beteiligung ergibt sich aus der betreffenden Zielrechtsform (d. h. Geschäftsanteile, Nennbetrags- oder Stückaktien); der Umfang der Beteiligung bestimmt sich nach der Anzahl und dem Nennwert der Anteile (bzw. bei Stückaktien nach dem auf die einzelne Aktie entfallenden anteiligen Betrag des Grundkapitals).

5 Werden einzelnen Gesellschaftern bzw. (Kommandit-)Aktionären **Sonderrechte** in der Kapitalgesellschaft neuer Rechtsform gewährt, sind diese gemäß § 194 Abs. 1 Nr. 5 im Formwechselbeschluss anzugeben. Bei Sonderrechten, die einzelnen Gesellschaftern bzw. (Kommandit-)Aktionären in der formwechselnden Gesellschaft eingeräumt wurden und die in der Kapitalgesellschaft neuer Rechtsform aufgrund der auf diese anwendbaren Bestimmungen nicht aufrechterhalten werden können, sind die Maßnahmen zur Abgeltung dieser Rechte in dem Formwechselbeschluss aufzunehmen.[6)]

6 Gemäß § 194 Abs. 1 Nr. 6 ist bei einem Formwechsel einer Kapitalgesellschaft in eine Kapitalgesellschaft anderer Rechtsform zudem auch ein **Abfindungsangebot** gemäß § 207 im Formwechselbeschluss vorzusehen. Ein solches Abfindungsangebot ist im Falle eines Formwechsels zwischen einer AG und einer KGaA gemäß § 250 nicht erforderlich; ebensowenig ist gemäß § 227 bei einem Formwechsel einer KGaA in eine AG bzw. GmbH dem persönlich haftenden Gesellschafter ein Abfindungsangebot gemäß § 207 zu unterbreiten. Schließlich hat der Formwechselbeschluss gemäß § 194 Abs. 1 Nr. 7 die **Folgen des Formwechsels für die Arbeitnehmer** und ihre Vertretungen sowie die insoweit vorgesehenen Maßnahmen zu enthalten.

2. Gesellschaftsvertrag bzw. Satzung des Rechtsträgers neuer Rechtsform

7 Gemäß § 243 Abs. 1 Satz 1 i. V. m. § 218 Abs. 1 muss in dem Formwechselbeschluss der **vollständige Gesellschaftsvertrag** bzw. die **vollständige Satzung** des Rechtsträgers neuer Rechtsform enthalten sein. Dadurch soll dokumentiert werden, in welcher Fassung der Gesellschaftsvertrag bzw. die Satzung des Rechtsträgers neuer Rechtsform vom Zeitpunkt des Wirksamwerdens des Formwechsels an gilt; i. Ü. wird durch die Aufnahme des vollständigen Gesellschaftsvertrages bzw. der vollständigen Satzung im Formwechselbeschluss

---

3) Vgl. Lutter-*Göthel*, UmwG, § 243 Rz. 6; *Herfs/Link* in: BeckOGK-UmwG, § 243 Rz. 44; Semler/Stengel/Leonard-*Mutter*, UmwG, § 243 Rz. 5.

4) Vgl. Lutter-*Göthel*, UmwG, § 243 Rz. 8; *Herfs/Link* in: BeckOGK-UmwG, § 243 Rz. 44; Semler/Stengel/Leonard-*Mutter*, UmwG, § 243 Rz. 5; Kallmeyer-*Blasche*, UmwG, § 243 Rz. 2.

5) Vgl. Lutter-*Göthel*, UmwG, § 243 Rz. 8; Semler/Stengel/Leonard-*Mutter*, UmwG, § 243 Rz. 5; Kallmeyer-*Blasche*, UmwG, § 243 Rz. 2.

6) Vgl. Lutter-*Göthel*, UmwG, § 243 Rz. 14; *Herfs/Link* in: BeckOGK-UmwG, § 243 Rz. 46.

erreicht, dass dem Handelsregister, bei dem der Formwechsel anzumelden ist, stets der vollständige Wortlaut des Gesellschaftsvertrags bzw. der Satzung vorliegt.[7)]

Gemäß § 243 Abs. 1 Satz 2 sind Festsetzungen über **Sondervorteile, Gründungsaufwand, Sacheinlagen und Sachübernahmen**, die in dem Gesellschaftsvertrag bzw. der Satzung der formwechselnden Kapitalgesellschaft enthalten sind, in den Gesellschaftsvertrag bzw. die Satzung der Kapitalgesellschaft neuer Rechtsform aufzunehmen. Dies gilt unabhängig davon, ob der Gründungsaufwand bereits beglichen ist oder die Sacheinlagen bzw. -übernahmen bereits erbracht wurden.[8)] § 243 Abs. 1 Satz 2 betrifft nur die bereits in dem Gesellschaftsvertrag bzw. der Satzung der formwechselnden Kapitalgesellschaft enthaltenen Festsetzungen.[9)] Werden diese nicht in den Gesellschaftsvertrag bzw. die Satzung der Kapitalgesellschaft neuer Rechtsform aufgenommen, gehen die Rechte, die auf den betreffenden Festsetzungen beruhen, unter.[10)] **Nicht erforderlich** ist die Übernahme der Festsetzungen über **Sondervorteile** und den Gründungsaufwand gemäß § 243 Abs. 1 Satz 3 i. V. m. § 26 Abs. 5 AktG, wenn die Gesellschaft bereits 30 Jahre im Handelsregister eingetragen ist und die Rechtsverhältnisse, die den Festsetzungen zugrunde liegen, seit mindestens fünf Jahren abgewickelt sind. Dasselbe gilt für die Festsetzung von **Sacheinlagen und Sachübernahmen** gemäß § 27 Abs. 5 AktG.[11)] Änderungen der Festsetzungen über Sondervorteile, Gründungsaufwand, Sacheinlagen und Sachübernahmen im Gesellschaftsvertrag bzw. in der Satzung der Kapitalgesellschaft neuer Rechtsform sind gemäß § 243 Abs. 1 Satz 3 i. V. m. § 26 Abs. 4 AktG (bzw. § 27 Abs. 5 AktG) möglich, wenn die Gesellschaft bereits fünf Jahre im Handelsregister eingetragen ist – wobei für den Fristbeginn die ursprüngliche Eintragung der Gesellschaft und nicht die Eintragung des Formwechsels maßgeblich ist.[12)] § 26 AktG gilt für die GmbH sinngemäß, so dass dessen Fristen auch für die Beseitigung bzw. Änderung der Festsetzungen über Sondervorteile und den Gründungsaufwand beim Formwechsel einer GmbH Anwendung finden.[13)] 8

Mit dem Formwechsel einer Kapitalgesellschaft in eine Kapitalgesellschaft anderer Rechtsform gehen i. d. R. zahlreiche Änderungen des Gesellschaftsvertrages bzw. der Satzung einher. **Obligatorische Änderungen** betreffen z. B. die Änderung der Firma sowie ggf. der Organstruktur (z. B. Einrichtung eines Aufsichtsrats). Daneben sind vor allem terminologische Änderungen vorzunehmen, die sich inbesondere beim Formwechsel zwischen GmbH und AG bzw. KGaA ergeben, da das GmbHG und das AktG unterschiedliche Begrifflichkeiten verwenden (z. B. Geschäftsführung/Vorstand, Gesellschafterversammlung/Hauptversammlung, Gesellschafter/(Kommandit-)Aktionär, Stammkapital/Grundkapital, Geschäftsanteil/Aktie). Schließlich können Änderungen des Gesellschaftsvertrages bzw. 9

7) Vgl. Begr. RegE UmwBerG, BR-Drucks. 75/94, S. 156 f.; Lutter-*Göthel*, UmwG, § 243 Rz. 19 f.; Semler/Stengel/Leonard-*Mutter*, UmwG, § 243 Rz. 6; *Althoff/Narr* in: NK-UmwG, § 243 Rz. 5.

8) Vgl. Semler/Stengel/Leonard-*Mutter*, UmwG, § 243 Rz. 14; Kallmeyer-*Blasche*, UmwG, § 243 Rz. 4; Schmitt/Hörtnagl-*Rinke*, UmwG/UmwStG, § 243 UmwG Rz. 3.

9) Vgl. Widmann/Mayer-*Rieger*, UmwR, § 243 UmwG Rz. 16; *Petersen* in: KölnKomm-UmwG, § 243 Rz. 6; Lutter-*Göthel*, UmwG, § 243 Rz. 22; *Herfs/Link* in: BeckOGK-UmwG, § 243 Rz. 51; Semler/Stengel/Leonard-*Mutter*, UmwG, § 243 Rz. 14; Kallmeyer-*Blasche*, UmwG, § 243 Rz. 4.

10) Vgl. Widmann/Mayer-*Rieger*, UmwR, § 243 UmwG Rz. 21; *Petersen* in: KölnKomm-UmwG, § 243 Rz. 6; Lutter-*Göthel*, UmwG, § 243 Rz. 25; Semler/Stengel/Leonard-*Mutter*, UmwG, § 243 Rz. 19; *Althoff/Narr* in: NK-UmwG, § 243 Rz. 14; Kallmeyer-*Blasche*, UmwG, § 243 Rz. 4; Schmitt/Hörtnagl-*Rinke*, UmwG/UmwStG, § 243 UmwG Rz. 3.

11) Vgl. Widmann/Mayer-*Rieger*, UmwR, § 243 UmwG Rz. 19; *Petersen* in: KölnKomm-UmwG, § 243 Rz. 8; Lutter-*Göthel*, UmwG, § 243 Rz. 24; *Herfs/Link* in: BeckOGK-UmwG, § 243 Rz. 54; Semler/Stengel/Leonard-*Mutter*, UmwG, § 243 Rz. 18; Kallmeyer-*Blasche*, UmwG, § 243 Rz. 5.

12) Vgl. Widmann/Mayer-*Rieger*, UmwR, § 243 UmwG Rz. 18; *Herfs/Link* in: BeckOGK-UmwG, § 243 Rz. 55.

13) Vgl. *Herfs/Link* in: BeckOGK-UmwG, § 243 Rz. 53; Semler/Stengel/Leonard-*Mutter*, UmwG, § 243 Rz. 15; Kallmeyer-*Blasche*, UmwG, § 243 Rz. 5.

der Satzung notwendig sein, die sich aus den unterschiedlichen Vorgaben des materiellen Rechts ergeben (z. B. Satzungsstrenge gemäß § 23 Abs. 5 AktG).

10 Werden obligatorische Änderungen im Zuge des Formwechsels nicht durchgeführt, hat dies nicht die Unwirksamkeit des Formwechselbeschlusses zur Folge.[14] Allerdings kann der Registerrichter die Eintragung verweigern, wenn der Gesellschaftsvertrag bzw. die Satzung einen der in § 9c Abs. 2 GmbH bzw. § 38 Abs. 4 AktG genannten Mängel enthält.[15]

11 Den Gesellschaftern bzw. (Kommandit-)Aktionären steht es i. Ü. frei, im Zuge des Formwechsels den Gesellschaftsvertrag bzw. die Satzung auch hinsichtlich solcher Regelungen zu ändern, die durch den Wechsel der Rechtsform nicht zwingend veranlasst sind (sog. **fakultative Änderungen**). Allerdings gelten für fakultative Änderungen, die im Zuge des Formwechsels vorgenommen werden, nicht die Mehrheitserfordernisse des Formwechselbeschlusses; vielmehr sind denjenigen Mehrheits- bzw. Zustimmungserfordernissen anwendbar, die bei der formwechselnden Kapitalgesellschaft für eine entsprechende Änderung des Gesellschaftsvertrages bzw. der Satzung erforderlich gewesen wären.[16] Werden diese Mehrheits- bzw. Zustimmungserfordernisse nicht erfüllt, ist die entsprechende Änderung des Gesellschaftsvertrages bzw. der Satzung unwirksam; es bleibt dann grundsätzlich bei der bisherigen Regelung.[17]

3. Besondere Angaben beim Formwechsel in eine KGaA

12 Bei einem Formwechsel in eine KGaA muss der Formwechselbeschluss gemäß § 243 Abs. 1 Satz 1 i. V. m. § 218 Abs. 2 vorsehen, dass sich an der KGaA mindestens ein Gesellschafter bzw. Aktionär der formwechselnden Kapitalgesellschaft als **persönlich haftender Gesellschafter** beteiligt oder dass der KGaA ein persönlich haftender Gesellschafter beitritt. Die genaue Bezeichnung des persönlich haftenden Gesellschafters (d. h. Namen, Vornamen und Wohnort bzw. – bei Gesellschaften als persönlich haftende Gesellschafter – Firma und Sitz) ergibt sich aus der Satzung der KGaA, die gemäß § 243 Abs. 1 Satz 1 i. V. m. § 218 Abs. 1 Bestandteil des Formwechselbeschlusses ist; diese Informationen brauchen nicht zusätzlich auch noch im Formwechselbeschluss aufgenommen zu werden.[18]

III. Änderungen des Stamm- bzw. Grundkapitals

13 Gemäß § 247 Abs. 1 wird das bisherige Stammkapital der formwechselnden GmbH zum Grundkapital der neuen AG oder KGaA bzw. das bisherige Grundkapital der formwechselnden AG oder KGaA zum Stammkapital der neuen GmbH. Die Höhe der Stamm- bzw. Grundkapitalziffer bleibt unberührt.[19] Soll das Stamm- bzw. Grundkapital des formwechselnden Rechtsträgers im Zuge des Formwechsels geändert werden, sind gemäß § 243 Abs. 2 die allgemeinen **Vorschriften über die Kapitalerhöhung bzw. -herabsetzung** einschlägig. Erforderlich ist danach die Durchführung einer förmlichen Kapitalmaßnahme. Hierdurch soll gewährleistet werden, dass die einschlägigen Schutzvorschriften bei Kapitalmaßnah-

---

14) Vgl. Lutter-*Göthel*, UmwG, § 243 Rz. 28; Semler/Stengel/Leonard-*Mutter*, UmwG, § 243 Rz. 10; *Althoff/Narr* in: NK-UmwG, § 243 Rz. 8.

15) Vgl. Semler/Stengel/Leonard-*Mutter*, UmwG, § 243 Rz. 10; *Althoff/Narr* in: NK-UmwG, § 243 Rz. 8.

16) Vgl. Widmann/Mayer-*Rieger*, UmwR, § 243 UmwG Rz. 11; *Petersen* in: KölnKomm-UmwG, § 243 Rz. 9; Lutter-*Göthel*, UmwG, § 243 Rz. 35; Henssler/Strohn-*Drinhausen/Keinath*, GesR, § 243 UmwG Rz. 2; *Reichert*, GmbHR 1995, 176, 193 f.; a. A. Semler/Stengel/Leonard-*Mutter*, UmwG, § 243 Rz. 13.

17) Vgl. Widmann/Mayer-*Rieger*, UmwR, § 243 UmwG Rz. 12; Lutter-*Göthel*, UmwG, § 243 Rz. 36.

18) Vgl. Lutter-*Göthel*, UmwG, § 243 Rz. 18; Semler/Stengel/Leonard-*Mutter*, UmwG, § 243 Rz. 20.

19) Vgl. Widmann/Mayer-*Rieger*, UmwR, § 243 UmwG Rz. 22; *Petersen* in: KölnKomm-UmwG, § 243 Rz. 10; Lutter-*Göthel*, UmwG, § 243 Rz. 39; *Herfs/Link* in: BeckOGK-UmwG, § 243 Rz. 9; Semler/Stengel/Leonard-*Mutter*, UmwG, § 243 Rz. 21; Kallmeyer-*Blasche*, UmwG, § 243 Rz. 7.

men nicht durch einen Formwechsel umgangen werden.[20] Veränderungen des Stamm- bzw. Grundkapitals im Zuge des Formwechsels können z. B. erforderlich sein, um das Mindestkapital einer AG oder KGaA zu erreichen oder um eine bestehende Unterbilanz zu beseitigen.[21]

14 Das auf die Kapitalmaßnahme **anwendbare Recht** hängt grundsätzlich davon ab, welchem Recht die Kapitalgesellschaft im Zeitpunkt des Wirksamwerdens der Kapitaländerung unterliegt. Erfolgt z. B. die Eintragung der Kapitalmaßnahme vor der Eintragung des Formwechsels, ist das Recht des Rechtsträgers alter Rechtsform anwendbar; erfolgt hingegen die Eintragung der Kapitalmaßnahme nach dem Wirksamwerden des Formwechsels, findet das Recht des Rechtsträgers neuer Rechtsform Anwendung.[22] Dies gilt unabhängig davon, in welcher Reihenfolge die Anmeldung zur Eintragung der Kapitalmaßnahme und diejenige zur Eintragung des Formwechsels erfolgen.[23] **Ausnahmsweise** findet zwingend das Recht des Rechtsträgers neuer Rechtsform auf die Kapitalmaßnahme Anwendung. Dies ist der Fall, wenn die Kapitalmaßnahme von der Wirksamkeit des Formwechsels abhängt.[24] Erforderlich hierfür ist, dass im Kapitalerhöhungsbeschluss die Kapitalmaßnahme ausdrücklich von der Wirksamkeit des Formwechsels abhängig gemacht wird und dies auch in der Anmeldung der Kapitalmaßnahme zum Handelsregister zum Ausdruck gebracht wird.[25] In der Praxis empfiehlt sich in solchen Fällen, mit dem Registergericht Rücksprache zu halten, so dass die Eintragungen der Kapitalmaßnahme und des Formwechsels in der gewünschten Reihenfolge erfolgen.

15 **Genehmigtes Kapital** bleibt beim Formwechsel einer Kapitalgesellschaft in eine Kapitalgesellschaft neuer Rechtsform fortbestehen, soweit dies mit dem Recht des Rechtsträgers neuer Rechtsform gemäß § 55a GmbHG (bei der GmbH) bzw. §§ 202 ff. AktG (bei der AG bzw. KGaA) vereinbar ist.[26] Demgegenüber kann noch nicht ausgenutztes **bedingtes Kapital** beim Formwechsel einer AG bzw. KGaA in eine GmbH nicht aufrechterhalten werden, da die GmbH als Zielrechtsform kein bedingtes Kapital kennt.[27]

IV. Abweichende Festsetzung des Nennbetrags der Anteile

16 Gemäß § 243 Abs. 3 Satz 1 können die Nennbeträge der Anteile bzw. bei Stückaktien der auf die einzelnen Anteile entfallende Betrag des Grundkapitals im Gesellschaftsvertrag bzw. in der Satzung des Rechtsträgers neuer Rechtsform **grundsätzlich frei** festgesetzt werden.

---

20) Vgl. Lutter-*Göthel*, UmwG, § 243 Rz. 41; *Herfs/Link* in: BeckOGK-UmwG, § 243 Rz. 9; Semler/Stengel/Leonard-*Mutter*, UmwG, § 243 Rz. 21; Kallmeyer-*Blasche*, UmwG, § 243 Rz. 7.

21) Vgl. Lutter-*Göthel*, UmwG, § 243 Rz. 410; *Petersen* in: KölnKomm-UmwG, § 243 Rz. 10; *Herfs/Link* in: BeckOGK-UmwG, § 243 Rz. 10; Semler/Stengel/Leonard-*Mutter*, UmwG, § 243 Rz. 22; Kallmeyer-*Blasche*, UmwG, § 243 Rz. 7.

22) Vgl. Widmann/Mayer-*Rieger*, UmwR, § 243 UmwG Rz. 24; *Petersen* in: KölnKomm-UmwG, § 243 Rz. 12; Lutter-*Göthel*, UmwG, § 243 Rz. 24; *Herfs/Link* in: BeckOGK-UmwG, § 243 Rz. 12; Semler/Stengel/Leonard-*Mutter*, UmwG, § 243 Rz. 23; *Althoff/Narr* in: NK-UmwG, § 243 Rz. 20; Kallmeyer-*Blasche*, UmwG, § 243 Rz. 8.

23) Vgl. *Herfs/Link* in: BeckOGK-UmwG, § 243 Rz. 12; Semler/Stengel/Leonard-*Mutter*, UmwG, § 243 Rz. 23; *Althoff/Narr* in: NK-UmwG, § 243 Rz. 20.

24) Vgl. Widmann/Mayer-*Rieger*, UmwR, § 243 UmwG Rz. 27; Lutter-*Göthel*, UmwG, § 243 Rz. 44; *Herfs/Link* in: BeckOGK-UmwG, § 243 Rz. 17; Semler/Stengel/Leonard-*Mutter*, UmwG, § 243 Rz. 25; a. A. Kallmeyer-*Blasche*, UmwG, § 243 Rz. 8.

25) Vgl. Semler/Stengel/Leonard-*Mutter*, UmwG, § 243 Rz. 25.

26) Vgl. Widmann/Mayer-*Rieger*, UmwR, § 243 Rz. 42; *Herfs/Link* in: BeckOGK-UmwG, § 243 Rz. 22; Semler/Stengel/Leonard-*Mutter*, UmwG, § 243 Rz. 26; *Althoff/Narr* in: NK-UmwG, § 243 Rz. 22; Kallmeyer-*Blasche*, UmwG, § 243 Rz. 9.

27) Vgl. Widmann/Mayer-*Rieger*, UmwR, § 243 Rz. 41; *Herfs/Link* in: BeckOGK-UmwG, § 243 Rz. 23; Semler/Stengel/Leonard-*Mutter*, UmwG, § 243 Rz. 27; *Althoff/Narr* in: NK-UmwG, § 243 Rz. 23; Kallmeyer-*Blasche*, UmwG, § 243 Rz. 9.

Nicht ausreichend ist die Festsetzung lediglich im Formwechselbeschluss und nicht auch im Gesellschaftsvertrag bzw. in der Satzung.[28] Einschränkungen bei der Festsetzung ergeben sich bei der GmbH als Zielrechtsform insofern, als bei ihr gemäß § 243 Abs. 3 Satz 2 i. V. m. § 5 Abs. 2 Satz 1 GmbHG der auf die Anteile entfallende Betrag des Stammkapitals auf volle Euro lauten muss. Dasselbe gilt bei **Nennbetragsaktien** gemäß § 8 Abs. 2 Satz 4 AktG; zudem müssen Nennbetragsaktien gemäß § 8 Abs. 2 Satz 1 AktG auf mindestens 1 € lauten. Bei **Stückaktien** darf schließlich der auf die einzelne Aktie entfallende anteilige Betrag des Grundkapitals 1 € nicht unterschreiten (§ 8 Abs. 3 Satz 3 AktG). Die Beträge der Anteile sind so festzusetzen, dass sich alle Gesellschafter bzw. (Kommandit-)Aktionäre möglichst gemäß ihrer bisherigen Beteiligung am Rechtsträger neuer Rechtsform beteiligen können.[29]

17 Bei einer abweichende Festsetzung bedarf es unter den Voraussetzungen des § 241 bzw. § 242 der Zustimmung derjenigen Gesellschafter bzw. (Kommandit-)Aktionäre, die sich nicht mit dem Gesamtbetrag ihrer bisherigen Anteile am Stamm- bzw. Grundkapital des Rechtsträgers neuer Rechtsform beteiligen können. Schließlich darf die Festsetzung auch nicht gegen das Willkürverbot verstoßen (z. B. Festsetzung von Geschäftsanteilen mit übermäßig hohen Nennbeträgen, um die Fungibilität der Anteile zu beschränken).[30]

28) Vgl. Widmann/Mayer-*Rieger*, UmwR, § 243 UmwG Rz. 54; Semler/Stengel/Leonard-*Mutter*, UmwG, § 243 Rz. 29.

29) Vgl. Widmann/Mayer-*Rieger*, UmwR, § 243 UmwG Rz. 56; Lutter-*Göthel*, UmwG, § 243 Rz. 49; *Herfs/Link* in: BeckOGK-UmwG, § 243 Rz. 25; Schmitt/Hörtnagl-*Rinke*, UmwG/UmwStG, § 243 UmwG Rz. 9.

30) Vgl. *Herfs/Link* in: BeckOGK-UmwG, § 243 Rz. 26; Schmitt/Hörtnagl-*Rinke*, UmwG/UmwStG, § 243 UmwG Rz. 9.

§ 244

Niederschrift über den Formwechselbeschluss; Gesellschaftsvertrag*)

(1) In der Niederschrift über den Formwechselbeschluss sind die Personen, die nach § 245 Abs. 1 bis 3 den Gründern der Gesellschaft gleichstehen, namentlich aufzuführen.

(2) Beim Formwechsel einer Aktiengesellschaft oder einer Kommanditgesellschaft auf Aktien in eine Gesellschaft mit beschränkter Haftung braucht der Gesellschaftsvertrag von den Gesellschaftern nicht unterzeichnet zu werden.

*) § 244 i. d. F. des UmwBerG geändert durch Art. 1 des Gesetzes zur Umsetzung der Umwandlungsrichtlinie und zur Änderung weiterer Gesetze (UmRUG), v. 22.2.2023, BGBl. I 2023, Nr. 51.

Literatur: *Kerschbaumer*, Praktische Probleme bei der Anwendung der GmbH-Gründungsvorschriften beim Formwechsel von der AG in die GmbH nach § 197 UmwG, NZG 2011, 892.

Übersicht

I. Norminhalt und Normzweck

1 Gemäß **§ 244 Abs. 1** sind in der Niederschrift über den Formwechselbeschluss die Personen namentlich aufzuführen, die nach § 245 Abs. 1 bis 3 den Gründern der Gesellschaft gleichstehen. Sinn und Zweck der Vorschrift ist die Identifizierung derjenigen Personen, gegen welche ggf. Gründerhaftungsansprüche geltend gemacht werden können.[1] **§ 244 Abs. 2** stellt klar, dass der Gesellschaftsvertrag der GmbH als Rechtsträger neuer Rechtsform von den Gesellschaftern nicht unterzeichnet werden muss. Nach dem Gründungsrecht der GmbH, das gemäß § 197 Satz 1 bei einem Formwechsel in eine GmbH Anwendung findet, wäre dies erforderlich (§ 2 Abs. 1 Satz 2 GmbHG).

II. Nennung der den Gründern gleichstehenden Personen (§ 244 Abs. 1)

1. Anwendungsbereich

2 Die Notwendigkeit, die den Gründern der Gesellschaft gleichstehende Personen in der Niederschrift über den Formwechsel aufzuführen, besteht nur in den in § 245 Abs. 1 bis 3 genannten Fällen. § 244 Abs. 1 findet daher keine Anwendung auf den **Formwechsel einer AG bzw. KGaA in eine GmbH.**[2] Dies ergibt sich sowohl aus der Gesetzesbegründung[3], als auch aus dem Wortlaut des § 244 Abs. 1, der nicht auf § 245 Abs. 4 verweist.[4]

3 Bei einem **Formwechsel einer GmbH in eine AG bzw. KGaA** sind diejenigen Gesellschafter, die für den Formwechsel gestimmt haben, in der Niederschrift über den Formwechselbeschluss aufzuführen, da diese gemäß § 245 Abs. 1 Satz 1 an die Stelle der Gründer treten. Bei einem Formwechsel einer GmbH in eine KGaA sind gemäß § 245 Abs. 1 Satz 1 zusätzlich alle persönlich haftenden Gesellschafter in der Niederschrift zu nennen. Treten die persönlich haftenden Gesellschafter erst nach der Gesellschafterversammlung der GmbH, die über den Formwechsel beschließt, bei, müssen diese nicht in der Niederschrift über den Formwechselbeschluss aufgeführt werden; vielmehr genügt für deren Identifizierung die Nennung in der notariell zu beurkundenden Beitrittserklärung.[5]

4 Bei einem **Formwechsel einer AG in eine KGaA** stehen gemäß § 245 Abs. 2 Satz 1 die künftigen persönlich haftenden Gesellschafter den Gründern der Gesellschaft gleich. Unklar ist, ob diese gemäß § 244 Abs. 1 auch in der Niederschrift über den Formwechselbeschluss namentlich aufzuführen sind. Während der Wortlaut des § 244 Abs. 1, der auch auf § 245 Abs. 2 Satz 1 verweist, dies nahelegt,[6] geht die Gesetzesbegründung davon aus, dass eine namentliche Nennung der persönlich haftenden Gesellschafter in der Niederschrift über den Formwechselbeschluss nicht erforderlich ist.[7] In der Praxis empfiehlt sich bereits aus

---

1) Vgl. Widmann/Mayer-*Rieger*, UmwR, § 244 UmwG Rz. 6; *Petersen* in: KölnKomm-UmwG, § 244 Rz. 1; Lutter-*Göthel*, UmwG, § 244 Rz. 3; Semler/Stengel/Leonard-*Mutter*, UmwG, § 244 Rz. 7; *Althoff/Narr* in: NK-UmwG, § 244 Rz. 2; Kallmeyer-*Blasche*, UmwG, § 244 Rz. 1; Schmitt/Hörtnagl-*Rinke*, UmwG/UmwStG, § 244 UmwG Rz. 1.

2) Vgl. Widmann/Mayer-*Rieger*, UmwR, § 244 UmwG Rz. 11; *Petersen* in: KölnKomm-UmwG, § 244 Rz. 6; Lutter-*Göthel*, UmwG, § 244 Rz. 10; *Herfs/Link* in: BeckOGK-UmwG, § 244 Rz. 12; Semler/Stengel/Leonard-*Mutter*, UmwG, § 244 Rz. 4; Kallmeyer-*Blasche*, UmwG, § 244 Rz. 6; *Kerschbaumer*, NZG 2011, 892, 896.

3) Vgl. Begr. Fraktionsentwurf UmwG z. § 244, BT-Drucks. 12/6699, S. 157.

4) Vgl. Lutter-*Göthel*, UmwG, § 244 Rz. 10; *Herfs/Link* in: BeckOGK-UmwG, § 244 Rz. 12; Semler/Stengel/Leonard-*Mutter*, UmwG, § 244 Rz. 4; Kallmeyer-*Blasche*, UmwG, § 244 Rz. 6.

5) Vgl. Widmann/Mayer-*Rieger*, UmwR, § 244 UmwG Rz. 8; Lutter-*Göthel*, UmwG, § 244 Rz. 5; *Herfs/Link* in: BeckOGK-UmwG, § 244 Rz. 5; Kallmeyer-*Blasche*, UmwG, § 244 Rz. 3; a. A. Semler/Stengel/Leonard-*Mutter*, UmwG, § 244 Rz. 10.

6) Vgl. Widmann/Mayer-*Rieger*, UmwR, § 244 UmwG Rz. 10; Lutter-*Göthel*, UmwG, § 244 Rz. 8; *Herfs/Link* in: BeckOGK-UmwG, § 244 Rz. 8; Kallmeyer-*Blasche*, UmwG, § 244 Rz. 4.

7) Vgl. Begr. Fraktionsentwurf UmwG z. § 244, BT-Drucks. 12/6699, S. 157.

Vorsichtsgründen die namentliche Nennung der künftigen persönlich haftenden Gesellschafter der KGaA in der Niederschrift über den Formwechselbeschluss.[8] Erfolgt der Beitritt der persönlich haftenden Gesellschafter erst nach der Hauptversammlung der AG, die über den Formwechsel beschließt, genügt wiederum die Nennung in der notariell zu beurkundenden Beitrittserklärung.[9]

5 Bei einem **Formwechsel einer KGaA in eine AG** sind die persönlich haftenden Gesellschafter der KGaA gemäß § 244 Abs. 1 namentlich in der Niederschrift über den Formwechselbeschluss aufzuführen. Nur diese treten gemäß § 245 Abs. 3 Satz 1 in einem solchen Fall an die Stelle der Gründer der Gesellschaft.

2. Erforderliche Angaben

6 Welche konkreten Angaben bei der namentlichen Nennung der Personen, die nach § 245 Abs. 1 bis 3 den Gründern der Gesellschaft gleichstehen, erforderlich sind, lässt § 244 Abs. 1 offen. Mit Blick auf den Zweck der Norm, die Identifikation der Gründer im Hinblick auf eine mögliche Gründerhaftung zu ermöglichen, und in **Anlehnung an § 106 Abs. 2 Nr. 2 HGB** erscheint es sachgerecht, bei natürlichen Personen die Angabe von Name, Vorname, Geburtsdatum und Wohnort (§ 106 Abs. 2 Nr. 2 lit. a HGB) und bei juristischen Personen die Angabe von Firma oder Name, Rechtsform, Sitz, Register und Registernummer (§ 106 Abs. 2 Nr. 2 lit. b HGB) zu verlangen.[10]

3. Rechtsfolgen bei Verstoß

7 Die fehlende bzw. unrichtige namentlichen Nennung der den Gründern gleichstehenden Personen gemäß § 244 Abs. 1 führt weder zur Nichtigkeit noch zur Anfechtbarkeit des Formwechselbeschlusses.[11] Allerdings liegt ein **Eintragungshindernis** vor, so dass das Registergericht befugt ist, die Eintragung des Formwechsels zu verweigern.[12]

III. Keine Unterzeichnung des Gesellschaftsvertrages (§ 244 Abs. 2)

8 Gemäß § 244 Abs. 2 muss der Gesellschaftsvertrag, der nach § 243 Abs. 1 Satz 1 i. V. m. § 218 Inhalt des Formwechselbeschlusses ist, beim **Formwechsel einer AG bzw. KGaA in eine GmbH** nicht von den Gesellschaftern unterzeichnet werden. In der Praxis bedeutet dies insbesondere beim Formwechsel von Publikumsgesellschaften eine nicht unerhebliche Erleichterung.[13] § 244 Abs. 2 lässt sich im Umkehrschluss aber nicht entnehmen, dass beim **Formwechsel einer GmbH in eine AG bzw. KGaA** die Unterzeichnung der

---

8) Vgl. Widmann/Mayer-*Rieger*, UmwR, § 244 UmwG Rz. 10; Lutter-*Göthel*, UmwG, § 244 Rz. 9; *Herfs/Link* in: BeckOGK-UmwG, § 244 Rz. 9; Kallmeyer-*Blasche*, UmwG, § 244 Rz. 4.

9) Vgl. Kallmeyer-*Blasche*, UmwG, § 244 Rz. 4.

10) Vgl. Kallmeyer-*Blasche*, UmwG, § 244 Rz. 7; a. A. *Herfs/Link* in: BeckOGK-UmwG, § 244 Rz. 14, und Semler/Stengel/Leonard-*Mutter*, UmwG, § 244 Rz. 8, die die Angabe von Name, Vorname und Wohnort genügen lassen, wohingegen nach *Petersen* in: KölnKomm-UmwG, § 244 Rz. 2, die Angaben den Maßgaben der ZPO (§§ 130 Nr. 1, 253 Abs. 4 ZPO) genügen müssen.

11) Vgl. Widmann/Mayer-*Rieger*, UmwR, § 244 UmwG Rz. 13; Lutter-*Göthel*, UmwG, § 244 Rz. 12; *Herfs/Link* in: BeckOGK-UmwG, § 244 Rz. 16; Semler/Stengel/Leonard-*Mutter*, UmwG, § 244 Rz. 11; *Althoff/Narr* in: NK-UmwG, § 244 Rz. 6; Kallmeyer-*Blasche*, UmwG, § 244 Rz. 8.

12) Vgl. Widmann/Mayer-*Rieger*, UmwR, § 244 UmwG Rz. 14; Lutter-*Göthel*, UmwG, § 244 Rz. 13; *Herfs/Link* in: BeckOGK-UmwG, § 244 Rz. 16; Semler/Stengel/Leonard-*Mutter*, UmwG, § 244 Rz. 12; *Althoff/Narr* in: NK-UmwG, § 244 Rz. 6; Kallmeyer-*Blasche*, UmwG, § 244 Rz. 8.

13) Vgl. Semler/Stengel/Leonard-*Mutter*, UmwG, § 244 Rz. 13.

Satzung erforderlich ist.[14] Wenn dies im konkreten Einzelfall z. B. aufgrund des überschaubar großen Gesellschafterkreises möglich ist, sollte in der Praxis die Satzung aus Vorsichtsgründen dennoch unterschrieben werden.[15]

14) Vgl. Widmann/Mayer-*Rieger*, UmwR, § 244 UmwG Rz. 15 ff.; Semler/Stengel/Leonard-*Mutter*, UmwG, § 244 Rz. 15; Kallmeyer-*Blasche*, UmwG, § 244 Rz. 9; Schmitt/Hörtnagl-*Rinke*, UmwG/UmwStG, § 244 UmwG Rz. 2; a. A. *Petersen* in: KölnKomm-UmwG, § 244 Rz. 10; *Herfs/Link* in: BeckOGK-UmwG, § 244 Rz. 19.

15) Vgl. Semler/Stengel/Leonard-*Mutter*, UmwG, § 244 Rz. 15; *Althoff/Narr* in: NK-UmwG, § 244 Rz. 7; Kallmeyer-*Blasche*, UmwG, § 244 Rz. 9.

§ 245

Rechtsstellung als Gründer; Kapitalschutz*)

(1) [1]Bei einem Formwechsel einer Gesellschaft mit beschränkter Haftung in eine Aktiengesellschaft oder in eine Kommanditgesellschaft auf Aktien treten bei der Anwendung der Gründungsvorschriften des Aktiengesetzes an die Stelle der Gründer die Gesellschafter, die für den Formwechsel gestimmt haben, sowie beim Formwechsel einer Gesellschaft mit beschränkter Haftung in eine Kommanditgesellschaft auf Aktien auch beitretende persönlich haftende Gesellschafter. [2]§ 220 ist entsprechend anzuwenden. [3]§ 52 des Aktiengesetzes ist nicht anzuwenden, wenn die Gesellschaft mit beschränkter Haftung vor dem Wirksamwerden des Formwechsels bereits länger als zwei Jahre in das Register eingetragen war.

(2) [1]Beim Formwechsel einer Aktiengesellschaft in eine Kommanditgesellschaft auf Aktien treten bei der Anwendung der Gründungsvorschriften des Aktiengesetzes an die Stelle der Gründer die persönlich haftenden Gesellschafter der Gesellschaft neuer Rechtsform. [2]§ 220 ist entsprechend anzuwenden. [3]§ 52 des Aktiengesetzes ist nicht anzuwenden.

(3) [1]Beim Formwechsel einer Kommanditgesellschaft auf Aktien in eine Aktiengesellschaft treten bei der Anwendung der Gründungsvorschriften des Aktiengesetzes an die Stelle der Gründer die persönlich haftenden Gesellschafter der formwechselnden Gesellschaft. [2]§ 220 ist entsprechend anzuwenden. [3]§ 52 des Aktiengesetzes ist nicht anzuwenden.

(4) Beim Formwechsel einer Aktiengesellschaft oder einer Kommanditgesellschaft auf Aktien in eine Gesellschaft mit beschränkter Haftung ist ein Sachgründungsbericht nicht erforderlich.

*) § 245 i. d. F. UmwBerG geändert durch Art. 1 des Zweiten Gesetzes zur Änderung des Umwandlungsgesetzes (2. UmwGÄndG), v. 19.4.2007, BGBl. I 2007, 542.

Literatur: *Bärwaldt/Schabacker*, Der Formwechsel als modifizierte Neugründung, ZIP 1998, 1293; *Busch*, Die Deckung des Grundkapitals bei Formwechsel einer GmbH in eine Aktiengesellschaft, AG 1995, 555; *Carlé/Bauschatz*, Der Ausgleichsposten nach § 220 Abs. 1 UmwG im Umwandlungs- und Umwandlungssteuerrecht, GmbHR 2001, 1149; *Habersack/Schürnbrand*, Das Schicksal gebundener Ansprüche beim Formwechsel, NZG 2007, 81.

Übersicht

I. Norminhalt

1 Gemäß § 197 Satz 1 finden auf den Formwechsel grundsätzlich die für die neue Rechtsform geltenden Gründungsvorschriften Anwendung. § 245 konkretisiert § 197 Satz 1, indem die Norm festlegt, wer bei dem Formwechsel einer Kapitalgesellschaft in eine Kapitalgesellschaft anderer Rechtsform als **Gründer** zu behandeln ist. Dies ist insofern erforderlich, als es bei einem Formwechsel aufgrund der Identität des Rechtsträgers alter Rechtsform mit dem Rechtsträger neuer Rechtsform rechtstechnisch nicht zu einer Neugründung kommt.[1] Daneben regelt § 245 Fragen des **Kapitalschutzes** (§ 220) sowie der **Nachgründung** (§ 52 AktG).

II. Rechtsstellung als Gründer

1. Formwechsel einer GmbH in eine AG (§ 245 Abs. 1 Satz 1 Alt. 1)

2 Gemäß § 245 Abs. 1 Satz 1 Alt. 1 treten bei einem Formwechsel einer GmbH in eine AG die Gesellschafter, die für den Formwechsel gestimmt haben, an die Stelle der Gründer. Die Gründerverantwortung wird damit nur denjenigen Gesellschaftern auferlegt, die den Formwechsel **aktiv** unterstützen.[2] Gesellschafter, die gegen den Formwechselbeschluss stimmen, sich der Stimmabgabe enthalten oder der Gesellschafterversammlung, die über den Formwechsel beschließt, fernbleiben, werden damit nicht als Gründer behandelt.[3] Entsprechend lässt sich das Haftungsrisiko, das aus der Behandlung als Gründer resultiert, dadurch beschränken, dass nur ein Gesellschafter dem Formwechselbeschluss zustimmt, während die anderen Gesellschafter sich enthalten oder der Abstimmung fernbleiben.[4]

3 Umstritten ist die Frage, ob Gesellschafter als Gründer zu behandeln sind, die zwar **gegen den Formwechselbeschluss stimmen, sich enthalten oder der Abstimmung fernbleiben,** die aber ihre **anderweitig erforderliche Zustimmung** zum Formwechsel erteilen (z. B. gemäß § 241 Abs. 1 bzw. § 193 Abs. 2). Zum Teil wird hierin eine aktive Unterstützung des Formwechsels gesehen – mit der Folge, dass die betreffenden Gesellschafter ebenfalls der Gründerverantwortung unterliegen.[5] Diese Ansicht steht nicht nur im Widerspruch zum Wortlaut des § 245 Abs. 1, wonach nur solche Gesellschafter als Gründer zu behandeln sind, die „für den Formwechsel gestimmt haben", sie führt auch zu unbilligen Ergebnis-

1) Vgl. *Petersen* in: KölnKomm-UmwG, § 245 Rz. 1; *Herfs/Link* in: BeckOGK-UmwG, § 245 Rz. 1; *Althoff/Narr* in: NK-UmwG, § 245 Rz. 1; Kallmeyer-*Blasche*, UmwG, § 245 Rz. 1.

2) Vgl. *Herfs/Link* in: BeckOGK-UmwG, § 245 Rz. 10; Semler/Stengel/Leonard-*Scheel*, UmwG, § 245 Rz. 8; Kallmeyer-*Blasche*, UmwG, § 245 Rz. 1.

3) Vgl. *Herfs/Link* in: BeckOGK-UmwG, § 245 Rz. 9; *Rose* in: HK-UmwG, § 245 Rz. 4.

4) Vgl. *Herfs/Link* in: BeckOGK-UmwG, § 245 Rz. 11; Semler/Stengel/Leonard-*Scheel*, UmwG, § 245 Rz. 12; Kallmeyer-*Blasche*, UmwG, § 245 Rz. 2.

5) Vgl. Widmann/Mayer-*Rieger*, UmwR, § 245 UmwG Rz. 17; *Petersen* in: KölnKomm-UmwG, § 245 Rz. 11; Lutter-*Göthel*, UmwG, § 245 Rz. 19; Schmitt/Hörtnagl-*Rinke*, UmwG/UmwStG, § 245 UmwG Rz. 3.

sen z. B. bei Gesellschaftern, die gegen den Formwechsel stimmen, weil sie ihn nicht mitttragen, die aber zugunsten der Mitgesellschafter den Formwechsel auch nicht verhindern wollen.[6] Gesellschafter, die gegen den Formwechselbeschluss stimmen, sich enthalten oder der Abstimmung fernbleiben, und die eine anderweitig erforderliche Zustimmung zum Formwechsel erteilen, sind daher **nicht** gemäß § 245 Abs. 1 Satz 1 Alt. 1 **wie Gründer zu behandeln.**[7] Da die Rechtsfrage höchstrichterlich noch nicht geklärt ist, kann das Risiko, dass die betroffenen Gesellschafter wie Gründer zu behandeln sind, in der Praxis dadurch beseitig bzw. minimiert werden, dass zustimmungsbegründenden Vorschriften im GmbH-Gesellschaftsvertrag vor dem Formwechselbeschluss aufgehoben werden.[8]

Der vom Gesetz gewählte formale Anknüpfungspunkt (d. h. Ja-Stimme zum Formwechselbeschluss) führt in Konsequenz dazu, dass auch solche Gesellschafter gemäß § 245 Abs. 1 Satz 1 Alt. 1 als Gründer zu behandeln sind, die nur deshalb für den Formwechselbeschluss gestimmt haben, weil sie hierzu aufgrund **gesellschaftsrechtlicher Treuepflicht** verpflichtet waren.[9] Eine teleologische Reduktion des § 245 Abs. 1 Satz 1 Alt. 1 ist nicht geboten; vielmehr ist bereits bei der Frage, ob aufgrund der gesellschaftsrechtlichen Treuepflicht eine Pflicht zur Zustimmung zum Formwechsel besteht, zu berücksichtigen, dass die Zustimmung eine entsprechende Gründerverantwortung nach sich zieht.[10] 4

Kommt es nach Fassung des Formwechselbeschlusses und vor Eintragung des Formwechsels im Handelsregister zu einem **Gesellschafterwechsel** ist bzgl. der Stellung als Gründer zu differenzieren: Geht der Geschäftsanteil im Wege der Gesamtrechtsnachfolge über (z. B. Erbfall) oder wird dieser durch Einzelrechtsnachfolge übertragen (z. B. Veräußerung an einen Dritten), tritt der Rechtsnachfolger bzw. Erwerber anstelle des vormaligen Gesellschafters in die Gründerstellung ein.[11] Nicht wie Gründer zu behandeln sind demgegenüber Gesellschafter, die nach Fassung des Formwechselbeschlusses aufgrund eines originären Erwerbs von Geschäftsanteilen (z. B. Kapitalerhöhung vor Eintragung des Formwechsels) in die Gesellschaft eintreten.[12] 5

2. Formwechsel einer GmbH in eine KGaA (§ 245 Abs. 1 Satz 1 Alt. 2)

Auch bei einem Formwechsel einer GmbH in eine KGaA sind diejenigen Gesellschafter, die für den Formwechsel gestimmt haben, Gründer i. S. von § 245 Abs. 1 Satz 1 Alt. 1. Daneben sind gemäß § 245 Abs. 1 Satz 1 Alt. 2 auch **beitretende persönlich haftende Gesellschafter** als Gründer zu behandeln. Da diese i. d. R. keine (ausreichenden) Informationen über die rechtlichen und wirtschaftlichen Verhältnisse der formwechselnden Gesellschaft haben, steht ihnen ein entsprechender **Auskunftsanspruch** gegen die Gesellschaft zu[13] – wobei 6

6) Vgl. Henssler/Strohn-*Drinhausen/Keinath*, GesR, § 245 UmwG Rz. 3.

7) Vgl. *Herfs/Link* in: BeckOGK-UmwG, § 245 Rz. 17; Semler/Stengel/Leonard-*Scheel*, UmwG, § 245 Rz. 5; Kallmeyer-*Blasche*, UmwG, § 245 Rz. 2; Henssler/Strohn-*Drinhausen/Keinath*, GesR, § 245 UmwG Rz. 3; wohl auch *Althoff/Narr* in: NK-UmwG, § 245 Rz. 4.

8) Vgl. *Althoff/Narr* in: NK-UmwG, § 245 Rz. 4.

9) Vgl. Widmann/Mayer-*Rieger*, UmwR, § 245 UmwG Rz. 19; *Herfs/Link* in: BeckOGK-UmwG, § 245 Rz. 19; Semler/Stengel/Leonard-*Scheel*, UmwG, § 245 Rz. 13; *Althoff/Narr* in: NK-UmwG, § 245 Rz. 5.

10) Vgl. *Herfs/Link* in: BeckOGK-UmwG, § 245 Rz. 20.

11) Vgl. Widmann/Mayer-*Rieger*, UmwR, § 245 UmwG Rz. 20; Semler/Stengel/Leonard-*Scheel*, UmwG, § 245 Rz. 15; *Althoff/Narr* in: NK-UmwG, § 245 Rz. 6; a. A. Lutter-*Göthel*, UmwG, § 245 Rz. 61; *Herfs/Link* in: BeckOGK-UmwG, § 245 Rz. 14; *Petersen* in: KölnKomm-UmwG, § 245 Rz. 8 – jeweils für den Fall der Einzelrechtsnachfolge.

12) Vgl. Lutter-*Göthel*, UmwG, § 245 Rz. 21; *Herfs/Link* in: BeckOGK-UmwG, § 245 Rz. 13; Henssler/Strohn-*Drinhausen/Keinath*, GesR, § 245 UmwG Rz. 3; Kallmeyer-*Blasche*, UmwG, § 245 Rz. 2.

13) Vgl. Widmann/Mayer-*Rieger*, UmwR, § 245 UmwG Rz. 24; Lutter-*Göthel*, UmwG, § 245 Rz. 20; *Herfs/Link* in: BeckOGK-UmwG, § 245 Rz. 22; Kallmeyer-*Blasche*, UmwG, § 245 Rz. 3; *Rose* in: HK-UmwG, § 245 Rz. 6.

die beitretenden persönlich haftenden Gesellschafter in der Praxis ihren Beitritt regelmäßig bereits von einer umfassenden Information abhängig machen werden.[14]

7 Im Gesetz nicht (ausdrücklich) geregelt ist, ob auch **bisherige Gesellschafter**, die nicht für den Formwechsel gestimmt haben, weil sie z. B. an der Abstimmung nicht teilgenommen haben, und die in der KGaA die Stellung als persönlich haftender Gesellschafter übernehmen sollen, als Gründer zu behandeln sind. Diese müssen dem Formwechsel gemäß § 240 Abs. 2 Satz 1 ebenfalls zustimmen. Es ist kein Grund ersichtlich, warum die neu beitretenden persönlich haftenden Gesellschafter, nicht aber auch die bisherigen Gesellschafter, die nach dem Formwechsel die Stellung als persönlich haftender Gesellschafter einnehmen, als Gründer zu behandeln sind, so dass eine entsprechende Anwendung des § 245 Abs. 1 Satz 1 Alt. 2 auf Letztere angezeigt ist.[15] Der Begründung eines besonderen Auskunftsanspruchs – wie bei den beitretenden persönlich haftenden Gesellschaftern – bedarf es in einem solchen Fall nicht, da die bisherigen Gesellschafter ihren Informationsbedarf bereits aufgrund ihres umfassenden Auskunfts- und Informationsanspruchs gemäß § 51a GmbHG befriedigen können.[16]

3. Formwechsel einer AG in eine KGaA (§ 245 Abs. 2 Satz 1)

8 Bei einem Formwechsel einer AG in eine KGaA treten gemäß § 245 Abs. 2 Satz 1 die **persönlich haftenden Gesellschafter** an die Stelle der Gründer. Dies gilt unabhängig davon, ob sie bereits Aktionäre der formwechselnden AG sind oder als Externe im Zuge des Formwechsels neu beitreten.[17] Im Unterschied zum Formwechsel einer GmbH in eine KGaA gelten Aktionäre nicht bereits deshalb als Gründer, weil sie für den Formwechsel gestimmt haben.[18]

9 Da die Informationsrechte der Aktionäre in der Regel nicht ausreichen, um die rechtlichen und wirtschaftlichen Verhältnisse der formwechselnden AG sowie den Stand des Formwechsels ausreichend beurteilen zu können, haben sowohl beitretende persönlich haftende Gesellschafter als auch bisherige Aktionäre, die in der KGaA die Stellung als persönlich haftender Gesellschafter übernehmen, einen entsprechenden **Auskunftsanspruch** gegen die formwechselnde AG.[19] In der Praxis empfiehlt es sich, diesen Auskunftsanspruch in einer Vereinbarung mit der formwechselnden AG – insbesondere bzgl. Art und Umfang der Auskunft – zu konkretisieren.[20]

4. Formwechsel einer KGaA in eine AG (§ 245 Abs. 3 Satz 1)

10 Anders als noch vor Inkrafttreten des UmwG 1994 ist der Formwechsel einer KGaA in eine AG nicht mehr nur als Satzungsänderung ausgestaltet; vielmehr handelt es sich um einen Rechtsformwechsel, auf den gemäß § 197 Satz 1 die aktienrechtlichen Gründungsvorschriften Anwendung finden. Vor diesem Hintergrund bestimmt § 245 Abs. 3 Satz 1,

---

14) Vgl. Lutter-*Göthel*, UmwG, § 245 Rz. 20; *Herfs/Link* in: BeckOGK-UmwG, § 245 Rz. 22; *Rose* in: HK-UmwG, § 245 Rz. 6.

15) Vgl. *Herfs/Link* in: BeckOGK-UmwG, § 245 Rz. 23; Semler/Stengel/Leonard-*Scheel*, UmwG, § 245 Rz. 19 ff.; Kallmeyer-*Blasche*, UmwG, § 245 Rz. 3.

16) Vgl. *Herfs/Link* in: BeckOGK-UmwG, § 245 Rz. 24; Kallmeyer-*Blasche*, UmwG, § 245 Rz. 3.

17) Vgl. Widmann/Mayer-*Rieger*, UmwR, § 245 UmwG Rz. 22; *Herfs/Link* in: BeckOGK-UmwG, § 245 Rz. 25; Henssler/Strohn-*Drinhausen/Keinath*, GesR, § 245 UmwG Rz. 4.

18) Vgl. Widmann/Mayer-*Rieger*, UmwR, § 245 UmwG Rz. 23; Lutter-*Göthel*, UmwG, § 245 Rz. 22; Semler/Stengel/Leonard-*Scheel*, UmwG, § 245 Rz. 25; *Althoff/Narr* in: NK-UmwG, § 245 Rz. 9.

19) Vgl. *Herfs/Link* in: BeckOGK-UmwG, § 245 Rz. 27; Semler/Stengel/Leonard-*Scheel*, UmwG, § 245 Rz. 24; *Althoff/Narr* in: NK-UmwG, § 245 Rz. 10; Kallmeyer-*Blasche*, UmwG, § 245 Rz. 4.

20) Vgl. Semler/Stengel/Leonard-*Scheel*, UmwG, § 245 Rz. 24; *Althoff/Narr* in: NK-UmwG, § 245 Rz. 10.

dass bei einem Formwechsel einer KGaA in eine AG die **persönlich haftenden Gesellschafter der formwechselnden KGaA** an die Stelle der Gründer treten. Dies ist insofern ungewöhnlich, als die persönlich haftenden Gesellschafter mit Wirksamwerden des Formwechsels gemäß § 247 Abs. 2 zwingend aus der Gesellschaft ausscheiden.[21] Maßgeblicher Zeitpunkt für die Stellung als persönlich haftender Gesellschafter der KGaA – und damit für die Gründerstellung in der AG – ist die Eintragung des Formwechsels in das Handelsregister.[22]

Streitig ist, ob persönlich haftende Gesellschafter der KGaA auch dann gemäß § 245 Abs. 3 Satz 1 als Gründer einzustufen sind, wenn der Formwechsel in die AG aufgrund eines **Mehrheitsbeschlusses** gemäß § 240 Abs. 3 Satz 2 **gegen ihren Willen** durchgeführt wird. Ein Teil des Schrifttums verneint dies und befürwortet eine teleologische Reduktion des § 245 Abs. 3 Satz 1; es sei nicht zu rechtfertigen, die Gründerpflichten auch persönlich haftenden Gesellschaftern aufzubürden, die gegen den Formwechsel stimmen.[23] Nach einer a. A. ist die formale Anknüpfung an die Stellung als persönlich haftender Gesellschafter ohne Differenzierung zwischen zustimmenden und überstimmten persönlich haftenden Gesellschaftern gerechtfertigt, da auch überstimmte persönlich haftende Gesellschafter auf die Einhaltung der Gründungsvorschriften – insbesondere bei der Erstellung des Gründungsberichts nach § 32 AktG – entscheidenden Einfluss haben können.[24] Nicht zuletzt mit Blick auf den Wortlaut des § 245 Abs. 3 Satz 1, der keine Differenzierung zwischen zustimmenden und überstimmten persönlich haftenden Gesellschaftern vorsieht, wird man davon ausgehen müssen, dass auch überstimmte persönlich haftende Gesellschafter gemäß § 245 Abs. 3 Satz 1 als Gründer gelten. Allerdings sollte diesen dann gemäß § 139 Abs. 1 HGB analog auch ein Anspruch gegen die Mitgesellschafter zuerkannt werden, wonach sie ihre Beteiligung als persönlich haftende Gesellschafter vor Wirksamwerden des Formwechsels in die eines **Kommanditaktionärs umwandeln** können.[25] 11

5. Formwechsel einer AG bzw. KGaA in eine GmbH (§ 245 Abs. 4)

Im Gegensatz zu den übrigen in § 245 geregelten Varianten des Formwechsels enthält das UmwG für den Formwechsel einer AG bzw. KGaA in eine GmbH keine Regelung bzgl. der Behandlung bestimmter Gesellschafter als Gründer. Vielmehr normiert § 245 Abs. 4, dass bei einem solchen Formwechsel kein Sachgründungsbericht erforderlich ist, so dass für eine mögliche Gründerhaftung (z. B. gemäß § 9a GmbHG) auch der maßgebliche Anknüpfungspunkt fehlt. Daraus kann man schließen, dass der Gesetzgeber beim Formwechsel einer AG bzw. KGaA in eine GmbH **niemandem** eine Gründerstellung zuweisen wollte.[26] Auch wenn die Begründung hierfür, wonach bei einem Formwechsel einer AG bzw. KGaA in eine GmbH der formwechselnde Rechtsträger ohnehin schärferen Kapitalschutzvorschriften 12

21) Vgl. Widmann/Mayer-*Rieger*, UmwR, § 245 UmwG Rz. 25; *Herfs/Link* in: BeckOGK-UmwG, § 245 Rz. 28.

22) Vgl. Semler/Stengel/Leonard-*Scheel*, UmwG, § 245 Rz. 28; Kallmeyer-*Blasche*, UmwG, § 245 Rz. 5; a. A. Widmann/Mayer-*Rieger*, UmwR, § 245 UmwG Rz. 25, und Henssler/Strohn-*Drinhausen/Keinath*, GesR, § 245 UmwG Rz. 5, die auf den Zeitpunkt der Beschlussfassung über den Formwechsel abstellen.

23) Vgl. Widmann/Mayer-*Rieger*, UmwR, § 245 UmwG Rz. 26; *Petersen* in: KölnKomm-UmwG, § 245 Rz. 16.

24) Vgl. Lutter-*Göthel*, UmwG, § 245 Rz. 25; Henssler/Strohn-*Drinhausen/Keinath*, GesR, § 245 UmwG Rz. 6; *Althoff/Narr* in: NK-UmwG, § 245 Rz. 12; Kallmeyer-*Blasche*, UmwG, § 245 Rz. 5; *Rose* in: HK-UmwG, § 245 Rz. 15.

25) Vgl. Semler/Stengel/Leonard-*Scheel*, UmwG, § 245 Rz. 32.

26) Vgl. *Petersen* in: KölnKomm-UmwG, § 245 Rz. 26; Lutter-*Göthel*, UmwG, § 245 Rz. 26; *Herfs/Link* in: BeckOGK-UmwG, § 245 Rz. 31; Semler/Stengel/Leonard-*Scheel*, UmwG, § 245 Rz. 33; *Althoff/Narr* in: NK-UmwG, § 245 Rz. 13; Kallmeyer-*Blasche*, UmwG, § 245 Rz. 6; *Rose* in: HK-UmwG, § 245 Rz. 17.

unterliegt als die Gesellschaft neuer Rechtsform,[27] zweifelhaft erscheint,[28] fehlt es für eine Analogie zu den § 245 Abs. 1 bis 3 an einer planwidrigen Regelungslücke.[29]

III. Entsprechende Anwendung des § 220

1. Reinvermögensdeckung (§ 220 Abs. 1)

13 § 220 Abs. 1 normiert den Grundsatz der Reinvermögensdeckung. Dieser gilt sowohl beim **Formwechsel einer GmbH in eine AG bzw. KGaA** (§ 245 Abs. 1 Satz 2) als auch beim **Formwechsel zwischen einer AG und einer KGaA** (§ 245 Abs. 2 Satz 2 bzw. § 245 Abs. 3 Satz 2). Danach ist ein Formwechsel nur dann möglich, wenn das Grundkapital des Rechtsträgers neuer Rechtsform durch das Reinvermögen der formwechselnden Gesellschaft gedeckt ist. Maßgeblich sind dabei nicht die Buchwerte, sondern die Verkehrswerte des zu bewertenden Vermögens.[30] Abzustellen ist auf den Zeitpunkt der Registeranmeldung.[31] In der Praxis wird die formwechselnde Gesellschaft in der Regel ein Unternehmen tragen, so dass eine Unternehmensbewertung nach den anerkannten Grundsätzen vorzunehmen ist.[32] Für den Nachweis der Kapitaldeckung ist der Bericht des Gründungsprüfers ausreichend.[33] Ausgeschlossen ist der Formwechsel in eine AG bzw. KGaA folglich, wenn bei dem Rechtsträger neuer Rechtsform eine materielle Unterbilanz (oder sogar eine Überschuldung) bestehen würde; eine rein formelle Unterbilanz ist unschädlich.[34] Eine Unterbilanz liegt vor, wenn das Aktivvermögen nach Abzug der Verbindlichkeiten das Grundkapital des Rechtsträgers neuer Rechtsform nicht erreicht.[35] Besteht eine materielle Unterbilanz, kann diese in der Praxis durch Auffüllen des Vermögens, Reduzierung der Verbindlichkeiten oder auch durch eine dem Formwechsel vorausgehende Kapitalherabsetzung beseitigt werden.[36]

14 Keine Anwendung findet der Grundsatz der Reinvermögensdeckung hingegen beim **Formwechsel einer AG bzw. KGaA in eine GmbH**, da § 245 Abs. 4 nicht auf § 220 Abs. 1 verweist. Ein solcher Formwechsel ist mithin auch bei Vorliegen einer materiellen Unterbilanz möglich.[37] Der Gesetzgeber hielt die Erleichterung beim Formwechsel einer AG bzw. KGaA in eine GmbH für gerechtfertigt, da in diesem Fall der formwechselnde Rechts-

27) Vgl. Begr. Fraktionsentwurf UmwG z. § 245, BT-Drucks. 12/6699, S. 157.

28) Vgl. Kallmeyer-*Blasche*, UmwG, § 245 Rz. 6.

29) Vgl. *Herfs/Link* in: BeckOGK-UmwG, § 245 Rz. 31; Henssler/Strohn-*Drinhausen/Keinath*, GesR, § 245 UmwG Rz. 7.

30) Vgl. Widmann/Mayer-*Rieger*, UmwR, § 245 UmwG Rz. 45; *Petersen* in: KölnKomm-UmwG, § 245 Rz. 18; *Herfs/Link* in: BeckOGK-UmwG, § 245 Rz. 42; Kallmeyer-*Blasche*, UmwG, § 245 Rz. 7; *Habersack/Schürnbrand*, NZG 2007, 81, 84.

31) Vgl. Widmann/Mayer-*Vossius*, UmwR, § 220 UmwG Rz. 16; Semler/Stengel/Leonard-*Schlitt*, UmwG, § 220 Rz. 15; Kallmeyer-*Blasche*, UmwG, § 220 Rz. 5; *Carlé/Bauschatz*, GmbHR 2001, 1149, 1150; a. A. Widmann/Mayer-*Rieger*, UmwR, § 245 UmwG Rz. 48; *Herfs/Link* in: BeckOGK-UmwG, § 245 Rz. 44.

32) Vgl. *Herfs/Link* in: BeckOGK-UmwG, § 245 Rz. 43; *Busch*, AG 1995, 555, 558.

33) Vgl. Widmann/Mayer-*Rieger*, UmwR, § 245 UmwG Rz. 48; *Herfs/Link* in: BeckOGK-UmwG, § 245 Rz. 43; Kallmeyer-*Blasche*, UmwG, § 220 Rz. 13.

34) Vgl. *Petersen* in: KölnKomm-UmwG, § 245 Rz. 18; *Herfs/Link* in: BeckOGK-UmwG, § 245 Rz. 46; Kallmeyer-*Blasche*, UmwG, § 245 Rz. 7; Schmitt/Hörtnagl-*Rinke*, UmwG/UmwStG, § 245 UmwG Rz. 6.

35) Vgl. Kallmeyer-*Blasche*, UmwG, § 220 Rz. 5.

36) Vgl. Lutter-*Göthel*, UmwG, § 245 Rz. 12a; *Althoff/Narr* in: NK-UmwG, § 245 Rz. 15; Kallmeyer-*Blasche*, UmwG, § 245 Rz. 7.

37) Vgl. *Herfs/Link* in: BeckOGK-UmwG, § 245 Rz. 48; Semler/Stengel/Leonard-*Scheel*, UmwG, § 245 Rz. 44; Henssler/Strohn-*Drinhausen/Keinath*, GesR, § 245 UmwG Rz. 7; *Althoff/Narr* in: NK-UmwG, § 245 Rz. 7; Kallmeyer-*Blasche*, UmwG, § 245 Rz. 8.

träger ohnehin schärferen Kapitalschutzvorschriften unterliegt als der Rechtsträger neuer Rechtsform.[38)]

2. Angaben im Gründungsbericht (§ 220 Abs. 2)

Aufgrund des Verweises in § 197 Satz 1 ist sowohl bei einem **Formwechsel einer GmbH in eine AG bzw. KGaA** als auch beim **Formwechsel zwischen einer AG und einer KGaA** gemäß § 32 AktG ein Gründungsbericht zu erstellen. Beim **Formwechsel in die GmbH** ist die Erstellung eines solchen Berichts gemäß § 245 Abs. 4 hingegen nicht erforderlich. 15

Beim Gründungsbericht handelt es sich um einen vom Formwechselbericht i. S. von § 192 Abs. 1 zu unterscheidenden Bericht, der anders als der Formwechselbericht **nicht verzichtbar** ist und mit diesem auch nicht zusammengefasst werden kann.[39)] Während der Formwechselbericht vor allem der Information der Anteilseigner im Hinblick auf die Fassung des Formwechselbeschlusses dient, befasst sich der Gründungsbericht mit dem **Hergang des Formwechsels.**[40)] 16

Der **Gründungsbericht** hat gemäß § 197 Satz 1 i. V. m. § 32 Abs. 2 insbesondere 17

– Angaben zum Inhalt des bereits gefassten Formwechselbeschlusses,
– zur Durchführung der Gesellschafter- bzw. Hauptversammlung,
– zur Bestellung der Organe der Gesellschafter neuer Rechtsform,
– zur Bestellung des Abschlussprüfers,
– zum Jahresergebnis der letzten beiden Geschäftsjahre sowie
– zu den Anschaffungs- und Herstellungskosten aus den letzten beiden Jahren zu enthalten.

Daneben ist gemäß § 197 Satz 1 i. V. m. § 32 Abs. 3 anzugeben, 18

– ob und in welchem Umfang im Zusammenhang mit dem Formwechsel für Rechnung eines Mitglieds des Aufsichtsrats oder des Vorstands (bzw. im Falle der KGaA eines persönlich haftenden Gesellschafters) Aktien übernommen worden sind und
– ob und in welcher Weise ein Mitglied des Aufsichtsrats oder des Vorstandes (bzw. im Falle der KGaA ein persönlich haftender Gesellschafter) sich einen besonderen Vorteil oder für den Formwechsel oder dessen Vorbereitung eine Entschädigung oder Belohnung ausbedungen hat;
– zusätzlich muss der Gründungsbericht gemäß § 220 Abs. 2, auf den jeweils in Satz 2 von § 245 Abs. 1 bis Abs. 3 verwiesen wird, den **bisherigen Geschäftsverlauf** sowie die **Lage der formwechselnden Gesellschaft** darstellen (siehe oben § 220 Rz. 23 ff. [*Allmendinger*]). Hierfür gelten dieselben Anforderungen wie für den Lagebericht gemäß § 289 HGB.[41)]
– Schließlich ist in dem Gründungsbericht auch die gemäß § 220 Abs. 1 erforderliche Reinvermögensdeckung darzulegen.[42)] Erforderlich hierfür sind Angaben, die eine Reinvermögensdeckung plausibel und für die Gründungsprüfer und das Registergericht nach-

38) Vgl. Begr. Fraktionsentwurf UmwG z. § 245, BT-Drucks. 12/6699, S. 157, krit. hierzu Semler/Stengel/Leonard-*Scheel*, UmwG, § 245 Rz. 45.

39) Vgl. Lutter-*Göthel*, UmwG, § 245 Rz. 39; *Herfs/Link* in: BeckOGK-UmwG, § 245 Rz. 59; Semler/Stengel/Leonard-*Scheel*, UmwG, § 245 Rz. 49.

40) Vgl. Widmann/Mayer-*Rieger*, UmwR, § 245 UmwG Rz. 52; *Herfs/Link* in: BeckOGK-UmwG, § 245 Rz. 59; Semler/Stengel/Leonard-*Scheel*, UmwG, § 245 Rz. 48 f.

41) Vgl. Widmann/Mayer-*Rieger*, UmwR, § 245 UmwG Rz. 56; Lutter-*Göthel*, UmwG, § 245 Rz. 42.

42) Vgl. Widmann/Mayer-*Rieger*, UmwR, § 245 UmwG Rz. 57; Lutter-*Göthel*, UmwG, § 245 Rz. 43; *Herfs/Link* in: BeckOGK-UmwG, § 245 Rz. 62.

vollziehbar darlegen.[43] Regelmäßig reicht hierfür eine Bezugnahme auf das bilanzielle Eigenkapital und Erläuterungen dazu, weshalb die Bilanzansätze zutreffend sind.[44] Umfangreichere Erläuterungen zur Reinvermögensdeckung sind in der Regelbei Vorliegen einer formellen Unterbilanz erforderlich.[45]

19 Den Gründungsbericht haben gemäß § 197 Satz 1 i. V. m. § 32 Abs. 1 AktG die **Gesellschafter** zu erstatten, die nach § 245 an die Stelle der Gründer treten. Der Gründungsbericht hat schriftlich zu erfolgen und ist von den Gesellschaftern, die als Gründer gelten, zu unterzeichnen; Stellvertretung bei der Unterzeichnung des Gründungsberichts ist unzulässig.[46] Verweigert einer der Gesellschafter die Unterzeichnung des Gründungsberichts, ist dies unschädlich, wenn die Unterzeichner auch ohne den sich verweigernden Gesellschafter die für den Formwechsel erforderliche Mehrheit erreichen.[47] Durch die Verweigerung der Unterzeichnung des Gründungsberichts kann sich der betreffende Gesellschafter nur dann seiner Verantwortung für den Gründungsbericht entziehen, wenn er seine abweichende Auffassung dem Registergericht meldet.[48]

3. Gründungsprüfung (§ 220 Abs. 3 Satz 1)

20 Bei einem **Formwechsel in eine AG bzw. KGaA** ist zudem eine Gründungsprüfung gemäß § 220 Abs. 3 Satz 1 durchzuführen; dies ergibt sich bei einem Formwechsel einer GmbH in eine AG bzw. KGaA aus § 245 Abs. 1 Satz 2 und bei einem Formwechsel zwischen einer AG und einer KGaA aus § 245 Abs. 2 Satz 2 bzw. § 245 Abs. 3 Satz 2. Bei einem **Formwechsel in eine GmbH** ist eine Gründungsprüfung nicht erforderlich; vielmehr erfolgt in einem solchen Fall lediglich eine Prüfung der ordnungsgemäßen Durchführung und Anmeldung des Formwechsels durch das Registergericht (§ 9c GmbHG.)[49]

21 Die Gründungsprüfung ist gemäß § 197 Satz 1 i. V. m. § 33 Abs. 1 AktG durch den Vorstand – bzw. beim Formwechsel in eine KGaA durch den persönlich haftenden Gesellschafter – und den Aufsichtsrat des Rechtsträgers neuer Rechtsform durchzuführen. Zusätzlich hat gemäß § 220 Abs. 3 Satz 1 eine Prüfung des Formwechsels durch einen oder mehrere **externe Prüfer** zu erfolgen. Eine externe Prüfung durch den beurkundenden Notar gemäß § 197 Satz 1 i. V. m. § 33 Abs. 1 AktG kommt nicht in Betracht;[50] vielmehr sind die Prüfer gemäß § 197 Satz 1 i. V. m. § 33 Abs. 3 Satz 2 AktG durch das Gericht zu bestellen, wobei die Gesellschaft ein Vorschlagsrecht hat.[51] Inhalt und Gegenstand der Prüfung durch den externen Prüfer entsprechen im Wesentlichen dem Inhalt und Gegenstand der Prüfung durch den Vorstand bzw. den persönlich haftenden Gesellschaftern und dem Aufsichtsrat gemäß § 197 Satz 1 i. V. m. § 33 Abs. 1 AktG, wobei die Prüfung durch den externen Prüfer sich zudem auch auf die Prüfung gemäß § 197 Satz 1 i. V. m. § 33 Abs. 1 AktG erstreckt.[52] Zu prüfen sind insbesondere die Angaben zur Reinvermögens-

43) Vgl. *Herfs/Link* in: BeckOGK-UmwG, § 245 Rz. 62.

44) Vgl. *Herfs/Link* in: BeckOGK-UmwG, § 245 Rz. 63.

45) Vgl. *Herfs/Link* in: BeckOGK-UmwG, § 245 Rz. 65.

46) Vgl. Lutter-*Göthel*, UmwG, § 245 Rz. 46; *Herfs/Link* in: BeckOGK-UmwG, § 245 Rz. 60; *Althoff/Narr* in: NK-UmwG, § 245 Rz. 19.

47) Vgl. Widmann/Mayer-*Rieger*, UmwR, § 245 UmwG Rz. 59; Lutter-*Göthel*, UmwG, § 245 Rz. 46; *Althoff/Narr* in: NK-UmwG, § 245 Rz. 19; a. A. *Herfs/Link* in: BeckOGK-UmwG, § 245 Rz. 60 – Unterzeichnung durch einen Gründer; Semler/Stengel/Leonard-*Scheel*, UmwG, § 245 Rz. 52 f. – Unterzeichnung durch alle Gründer.

48) Vgl. *Herfs/Link* in: BeckOGK-UmwG, § 245 Rz. 60.

49) Vgl. *Herfs/Link* in: BeckOGK-UmwG, § 245 Rz. 67; Lutter-*Göthel*, UmwG, § 245 Rz. 55.

50) Vgl. *Herfs/Link* in: BeckOGK-UmwG, § 245 Rz. 66; Lutter-*Göthel*, UmwG, § 245 Rz. 48.

51) Vgl. *Herfs/Link* in: BeckOGK-UmwG, § 245 Rz. 66; Lutter-*Göthel*, UmwG, § 245 Rz. 48.

52) Vgl. Widmann/Mayer-*Rieger*, UmwR, § 245 UmwG Rz. 69.

deckung.[53] Über die Prüfung ist gemäß § 197 Satz 1 i. V. m. § 34 Abs. 2 AktG ein schriftlicher Prüfungsbericht zu erstatten; dieser ist gemäß § 197 Satz 1 i. V. m. § 34 Abs. 3 Satz 1 AktG beim Gericht und bei der Geschäftsführung der Gesellschaft neuer Rechtsform einzureichen.

IV. Gründerhaftung

Eine Gründerhaftung kommt nur bei einem **Formwechsel in eine AG oder KGaA** in Betracht. Beim **Formwechsel in eine GmbH** scheidet eine Gründerhaftung aus, da § 245 in diesen Fällen keine Gleichstellung zwischen Gesellschaftern und Gründern anordnet.[54] Insbesondere besteht bei einem Formwechsel in eine GmbH auch keine Haftung gemäß § 9a GmbHG – u. a. weil ein Sachgründungsbericht gemäß § 245 Abs. 4 nicht erforderlich ist.[55] 22

Die gemäß § 245 der Gründerverantwortung unterliegenden Gesellschafter haften in erster Linie gemäß § 46 Abs. 1 Satz 1 AktG für **unrichtige und unvollständige Angaben** im Gründungsbericht.[56] Daneben kommt eine Haftung wegen nicht ordnungsgemäß festgesetztem Gründungsaufwand gemäß § 46 Abs. 1 Satz 3 AktG sowie für vorsätzliche oder grob fahrlässige Schädigung der Gesellschaft durch Gründungsaufwand gemäß § 46 Abs. 2 AktG in Betracht. Die übrigen Haftungstatbestände des § 46 AktG finden keine Anwendung. Dies gilt auch für die Handelndenhaftung gemäß § 41 Abs. 2 Satz 2 AktG.[57] Ebenso wenig unterliegen die als Gründer geltenden Gesellschafter der Differenzhaftung analog § 9 Abs. 1 GmbHG, wenn das Reinvermögen des formwechselnden Rechtsträgers nicht das Grundkapital des Rechtsträgers neuer Rechtsform deckt.[58] 23

V. Nachgründung

Für den Fall eines **Formwechsels einer GmbH in eine AG bzw. KGaA** bestimmt § 245 Abs. 1 Satz 3, dass § 52 AktG keine Anwendung findet, wenn die formwechselnde GmbH vor dem Wirksamwerden des Formwechsels länger als zwei Jahre in das Register eingetragen war. Ist dies nicht der Fall, gilt gemäß § 52 Abs. 1 Satz 1 AktG die Nachgründungsfrist von zwei Jahren, wobei diese ebenfalls mit der Eintragung der formwechselnden GmbH im Handelsregister und nicht erst mit dem Wirksamwerden des Formwechsels beginnt.[59] 24

Bei einem **Formwechsel zwischen einer AG und einer KGaA** ist § 52 AktG gemäß § 245 Abs. 2 Satz 3 bzw. § 245 Abs. 3 Satz 3 nicht anwendbar. Dies bedeutet aber nicht, dass eine ggf. noch laufende Zwei-Jahres-Frist gemäß § 52 Abs. 1 Satz 1 AktG mit Wirksamwerden 25

53) Vgl. Widmann/Mayer-*Rieger*, UmwR, § 245 UmwG Rz. 67; *Herfs/Link* in: BeckOGK-UmwG, § 245 Rz. 66; Lutter-*Göthel*, UmwG, § 245 Rz. 49.

54) Vgl. Lutter-*Göthel*, UmwG, § 245 Rz. 60; *Herfs/Link* in: BeckOGK-UmwG, § 245 Rz. 67; Semler/Stengel/Leonard-*Scheel*, UmwG, § 245 Rz. 64; *Althoff/Narr* in: NK-UmwG, § 245 Rz. 26.

55) Vgl. Lutter-*Göthel*, UmwG, § 245 Rz. 60; Semler/Stengel/Leonard-*Scheel*, UmwG, § 245 Rz. 64; *Herfs/Link* in: BeckOGK-UmwG, § 245 Rz. 67; Henssler/Strohn-*Drinhausen/Keinath*, GesR, § 245 UmwG Rz. 10.

56) Vgl. *Herfs/Link* in: BeckOGK-UmwG, § 245 Rz. 76.

57) Vgl. *Herfs/Link* in: BeckOGK-UmwG, § 245 Rz. 83; a. A. *Bärwaldt/Schabacker*, ZIP 1998, 1293, 1298.

58) Vgl. *Herfs/Link* in: BeckOGK-UmwG, § 245 Rz. 74; Henssler/Strohn-*Drinhausen/Keinath*, GesR, § 245 UmwG Rz. 10; *Busch*, AG 1995, 555, 559; a. A. Semler/Stengel/Leonard-*Schlitt*, UmwG, § 220 Rz. 22; Schmitt/Hörtnagl-*Winter*, UmwG/UmwStG, § 197 UmwG Rz. 30.

59) Vgl. Lutter-*Göthel*, UmwG, § 245 Rz. 63; Semler/Stengel/Leonard-*Scheel*, UmwG, § 245 Rz. 68 ff.; *Althoff/Narr* in: NK-UmwG, § 245 Rz. 27; Kallmeyer-*Blasche*, UmwG, § 245 Rz. 11; a. A. Widmann/Mayer-*Rieger*, UmwR, § 245 UmwG Rz. 76; *Herfs/Link* in: BeckOGK-UmwG, § 245 Rz. 93.

des Formwechsels erlischt; vielmehr läuft diese auch nach dem Formwechsel weiter.[60] Das GmbH-Recht kennt keine Regeln zur Nachgründung. Eine Nachgründung scheidet daher bei einem **Formwechsel einer AG bzw. KGaA** in eine GmbH aus.[61]

---

60) Vgl. Lutter-*Göthel*, UmwG, § 245 Rz. 64; *Herfs/Link* in: BeckOGK-UmwG, § 245 Rz. 94; *Althoff/Narr* in: NK-UmwG, § 245 Rz. 28; Kallmeyer-*Blasche*, UmwG, § 245 Rz. 12.

61) Vgl. Lutter-*Göthel*, UmwG, § 245 Rz. 65; *Herfs/Link* in: BeckOGK-UmwG, § 245 Rz. 95; Semler/Stengel/Leonard-*Scheel*, UmwG, § 245 Rz. 73; *Althoff/Narr* in: NK-UmwG, § 245 Rz. 29; Kallmeyer-*Blasche*, UmwG, § 245 Rz. 12.

§ 246
Anmeldung des Formwechsels

(1) Die Anmeldung nach § 198 ist durch das Vertretungsorgan der formwechselnden Gesellschaft vorzunehmen.

(2) Zugleich mit der neuen Rechtsform oder mit dem Rechtsträger neuer Rechtsform sind die Geschäftsführer der Gesellschaft mit beschränkter Haftung, die Vorstandsmitglieder der Aktiengesellschaft oder die persönlich haftenden Gesellschafter der Kommanditgesellschaft auf Aktien zur Eintragung in das Register anzumelden.

(3) § 8 Abs. 2 des Gesetzes betreffend die Gesellschaften mit beschränkter Haftung und § 37 Abs. 1 des Aktiengesetzes sind auf die Anmeldung nach § 198 nicht anzuwenden.

Übersicht

I. Norminhalt

1 § 246 konkretisiert und ergänzt die Regelungen in §§ 198, 199. § 246 Abs. 1 legt die **Zuständigkeit für die Anmeldung** des Formwechsels einer Kapitalgesellschaft in eine Kapitalgesellschaft anderer Rechtsform fest. § 246 Abs. 2 bestimmt, dass mit der Anmeldung des Formwechsels auch die jeweiligen **Vertretungsorgane des Rechtsträgers neuer Rechtsform** anzumelden sind. Gemäß § 243 Abs. 3 finden § 8 Abs. 2 GmbHG bzw. § 37 Abs. 1 AktG, wonach die Geschäftsführer bzw. der Vorstand eine **Versicherung über die ordnungsgemäße Leistung der Einlagen** abgeben müssen, keine Anwendung.

II. Anmeldung

1. Zuständigkeit für die Anmeldung (§ 246 Abs. 1)

2 Gemäß § 246 Abs. 1 ist für die Anmeldung des Formwechsels einer Kapitalgesellschaft in eine Kapitalgesellschaft anderer Rechtsform zur Eintragung in das Handelsregister das Vertretungsorgan der formwechselnden Gesellschaft zuständig. Bei einem Formwechsel in eine GmbH ist dies der **Geschäftsführer,** bei einem Formwechsel in eine AG der **Vorstand** und

bei einem Formwechsel in eine KGaA der **persönlich haftende Gesellschafter**, soweit er nicht von der Geschäftsführung und Vertretung ausgeschlossen ist.

Die Anmeldung muss nicht durch sämtliche Mitglieder des Vertretungsorgans erfolgen; es genügt die Anmeldung in **vertretungsberechtigter Zahl.**[1] **Unechte Gesamtvertretung** ist ebenso zulässig wie die **rechtsgeschäftliche Vertretung** bei der Anmeldung, sofern die Vollmacht gemäß § 12 Abs. 1 Satz 2 notariell beglaubigt (oder beurkundet) ist.[2] In der Praxis ist die Vertretung bei der Anmeldung aufgrund Vollmacht selten; sie ist im Übrigen auch nur dann sinnvoll, wenn es keiner Negativerklärung gemäß § 198 Abs. 3 i. V. m. § 16 Abs. 2 bedarf, da diese aufgrund ihres höchstpersönlichen Charakters nur von den Mitgliedern der Vertretungsorgane abgegeben werden kann.[3] 3

Die Vertretungsorgane haben die **Pflicht als Organ**, den Formwechselbeschluss der Gesellschafter- bzw. Hauptversammlung umzusetzen und den Formwechsel anzumelden. Eine Erzwingung der Anmeldung ist gemäß § 350 Abs. 2 nicht möglich; allerdings machen sich die Mitglieder des Vertretungsorgans ggf. schadensersatzpflichtig, wenn sie die Anmeldung nicht oder schleppend betreiben.[4] 4

2. Form

Die Anmeldung muss gemäß § 12 Abs. 1 Satz 1 HGB elektronisch in öffentlich beglaubigter Form erfolgen. Dabei kann die öffentliche Beglaubigung gemäß § 12 Abs. 1 Satz 2 HGB (mittlerweile)[5] auch mittels Videokommunikation erfolgen. 5

3. Zuständiges Gericht

Der Formwechsel ist gemäß § 198 Abs. 1 bei dem Gericht, in dessen Register die formwechselnde Kapitalgesellschaft eingetragen ist, anzumelden. 6

III. Inhalt

1. Allgemeiner Inhalt

Gemäß § 198 Abs. 1 ist auch beim Formwechsel einer Kapitalgesellschaft in eine Kapitalgesellschaft anderer Rechtsform zunächst der Formwechsel selbst – d. h. die **neue Rechtsform** – anzumelden. Daneben muss der **Neuabschluss des Gesellschaftsvertrags** bzw. die Feststellung der Satzung angemeldet werden. Beim Bestehen von **Prokura** ist deren Fortbestehen nicht anzumelden; allerdings empfiehlt sich in der Praxis ein entsprechender Hin- 7

---

1) Vgl. Widmann/Mayer-*Rieger*, UmwR, § 246 UmwG Rz. 8; *Petersen* in: KölnKomm-UmwG, § 246 Rz. 3; Lutter-*Göthel*, UmwG, § 246 Rz. 5; *Herfs/Link* in: BeckOGK-UmwG, § 246 Rz. 6; Semler/Stengel/Leonard-*Scheel*, UmwG, § 246 Rz. 2; *Althoff/Narr* in: NK-UmwG, § 246 Rz. 3; Kallmeyer-*Blasche*, UmwG, § 246 Rz. 2; Schmitt/Hörtnagl-*Rinke*, UmwG/UmwStG, § 246 UmwG Rz. 2; *Rose* in: HK-UmwG, § 246 Rz. 1.

2) Vgl. Widmann/Mayer-*Rieger*, UmwR, § 246 UmwG Rz. 10 f.; *Petersen* in: KölnKomm-UmwG, § 246 Rz. 3; Lutter-*Göthel*, UmwG, § 246 Rz. 5; *Herfs/Link* in: BeckOGK-UmwG, § 246 Rz. 6; Semler/Stengel/Leonard-*Scheel*, UmwG, § 246 Rz. 3 f.; Kallmeyer-*Blasche*, UmwG, § 246 Rz. 2.

3) Vgl. Widmann/Mayer-*Rieger*, UmwR, § 246 UmwG Rz. 11; Lutter-*Göthel*, UmwG, § 246 Rz. 5; *Herfs/Link* in: BeckOGK-UmwG, § 246 Rz. 6; Semler/Stengel/Leonard-*Scheel*, UmwG, § 246 Rz. 4; *Althoff/Narr* in: NK-UmwG, § 246 Rz. 3; Kallmeyer-*Blasche*, UmwG, § 246 Rz. 2; *Rose* in: HK-UmwG, § 246 Rz. 2.

4) Vgl. *Herfs/Link* in: BeckOGK-UmwG, § 246 Rz. 6; Semler/Stengel/Leonard-*Scheel*, UmwG, § 246 Rz. 5; Kallmeyer-*Blasche*, UmwG, § 246 Rz. 2.

5) Neugefasst durch das Gesetz zur Umsetzung der Digitalisierungsrichtlinie (DiRUG), v. 5.7.2021, BGBl. I 2021, 3338, sowie durch das Gesetz zur Ergänzung der Regelungen zur Umsetzung der Digitalisierungsrichtlinie und zur Änderung weiterer Vorschriften, v. 15.7.2022, BGBl. I 2022, 1146.

weis in der Registeranmeldung.[6] Dies gilt auch für etwaige **Zweigniederlassungen** des formwechselnden Rechtsträgers, die fortbestehen sollen.[7] Gemäß § 24 Abs. 2 Satz 1 HRV ist die **Lage der Geschäftsräume** anzugeben. Nicht erforderlich – in der Praxis aber durchaus üblich – sind Angaben zum Grund- bzw. Stammkapital der Gesellschaft neuer Rechtsform in der Registeranmeldung.

2. Gesetzlicher Vertreter des Rechtsträgers neuer Rechtsform (§ 246 Abs. 2)

8 Mit der Anmeldung des Formwechsels sind gemäß § 246 Abs. 2 auch sämtliche[8] **gesetzlichen Vertreter** der Gesellschaft neuer Rechtsform anzumelden – d. h. beim Formwechsel in eine GmbH deren Geschäftsführer, beim Formwechsel in eine AG deren Vorstandsmitglieder und beim Formwechsel in eine KGaA deren persönlich haftende Gesellschafter, sofern sie nicht von der Geschäftsführung und Vertretung der Gesellschaft ausgeschlossen sind. Dabei ist gemäß § 197 Satz 1 i. V. m. § 8 Abs. 4 Nr. 2 GmbHG bzw. § 37 Abs. 3 Nr. 2 AktG (i. V. m. § 283 Nr. 1 AktG) auch die **abstrakte und konkrete Vertretungsbefugnis** der gesetzlichen Vertreter anzugeben. Diese müssen gemäß § 197 Satz 1 i. V. m. § 8 Abs. 3 GmbHG bzw. § 37 Abs. 2 AktG (i. V. m. § 283 Nr. 1 AktG) in der Anmeldung **versichern**, dass keine Umstände ihrer Bestellung entgegenstehen und sie über die unbeschränkte Auskunftspflicht gegenüber dem Gericht belehrt worden sind.

3. Negativerklärungen

9 Die Vertretungsorgane der Gesellschaft neuer Rechtsform haben gemäß § 198 Abs. 3 i. V. m. § 16 Abs. 2 Satz 1 bei der Anmeldung zu erklären, dass eine **Klage gegen die Wirksamkeit des Formwechselbeschlusses** nicht oder nicht fristgemäß erhoben oder eine solche Klage rechtskräftig abgewiesen oder zurückgenommen worden ist. Eine solche Erklärung können nur die Mitglieder des Vertretungsorgans abgeben; eine Abgabe durch rechtsgeschäftlich Bevollmächtigte oder durch Prokuristen scheidet aus.

10 Der Entwurf des Formwechselbeschlusses ist gemäß § 194 Abs. 2 spätestens einen Monat vor dem Tage der Gesellschafter- bzw. Hauptversammlung, die über den Formwechsel beschließt, dem zuständigen Betriebsrat des formwechselnden Rechtsträgers zuzuleiten. Falls kein Betriebsrat besteht, ist eine Versicherung über das **Nichtbestehen des Betriebsrates** abzugeben. Auch diese sollte vorsichtshalber nur von den Mitgliedern des Vertretungsorgans abgegeben werden.[9]

4. Einzureichende Unterlagen

11 Welche Anlagen der Anmeldung beizufügen sind, ergibt sich aus § 199 sowie aus § 197 Satz 1 i. V. m. den jeweiligen Gründungsvorschriften. Beim **Formwechsel in eine AG bzw. KGaA** sind dies:[10]

1. Niederschrift über den Formwechselbeschluss einschließlich der Satzung der AG bzw. KGaA;
2. Verzeichnis der den Gründern gemäß § 245 gleichstehenden Gesellschaftern;

---

6) Vgl. *Herfs/Link* in: BeckOGK-UmwG, § 246 Rz. 10; *Althoff/Narr* in: NK-UmwG, § 246 Rz. 6; Kallmeyer-*Blasche*, UmwG, § 246 Rz. 4.

7) Vgl. Widmann/Mayer-*Rieger*, UmwR, § 246 UmwG Rz. 18; *Herfs/Link* in: BeckOGK-UmwG, § 246 Rz. 10; *Althoff/Narr* in: NK-UmwG, § 246 Rz. 6.

8) Vgl. Widmann/Mayer-*Rieger*, UmwR, § 246 UmwG Rz. 42; *Herfs/Link* in: BeckOGK-UmwG, § 246 Rz. 11; Kallmeyer-*Blasche*, UmwG, § 246 Rz. 3.

9) Vgl. Semler/Stengel/Leonard-*Scheel*, UmwG, § 246 Rz. 9.

10) Vgl. *Herfs/Link* in: BeckOGK-UmwG, § 246 Rz. 16.

3. Zustimmungserklärung einzelner Gesellschafter, soweit nach dem UmwG erforderlich;
4. Formwechselbericht bzw. Erklärung über den Verzicht auf die Erstellung des Formwechselberichts;
5. Urkunde über den Beitritt des persönlich haftenden Gesellschafters – bei Formwechsel in eine KGaA;
6. Aufsichtsratsbeschluss über die Bestellung des Vorstands;
7. Beschluss über Bestellung des Aufsichtsrats nebst Liste mit Namen, Beruf und Wohnort der Mitglieder des Aufsichtsrats;
8. Gründungsbericht;
9. Gründungsprüfungsbericht von Vorstand und Aufsichtsrat;
10. Gründungsprüfungsbericht des externen Prüfers;
11. Berechnung des Gründungsaufwands;
12. beglaubigte Abschrift oder Ausfertigung der Bestellung der Abschlussprüfer;
13. Nachweis über fristgerechte Zuleitung des Entwurfs des Formwechselbeschlusses an den Betriebsrat gemäß § 194 Abs. 2 bzw. Versicherung, dass kein Betriebsrat besteht.

Beim **Formwechsel in eine GmbH** sind folgende Unterlagen einzureichen:[11)] 12

1. Niederschrift über den Formwechselbeschluss einschließlich des Gesellschaftsvertrags der GmbH;
2. Beschluss über Bestellung von Geschäftsführung und – soweit vorgesehen und Mitglieder nicht gemäß § 203 im Amt bleiben – von Aufsichtsrat nebst Liste der Mitglieder des Aufsichtsrats;
3. Zustimmungserklärung einzelner Gesellschafter bzw. (Kommandit-)Aktionäre, soweit nach dem UmwG erforderlich;
4. Formwechselbericht bzw. Erklärung über den Verzicht auf die Erstellung des Formwechselberichts;
5. Nachweis über fristgerechte Zuleitung des Entwurfs des Formwechselbeschlusses an den Betriebsrat gemäß § 194 Abs. 2 bzw. Versicherung, dass kein Betriebsrat besteht;
6. Liste der Gesellschafter bzw. im Fall unbekannter Aktionäre Angabe des insgesamt auf sie entfallenden Teils des Grundkapitals nebst Bezeichnung der auf sie nach dem Formwechsel entfallenden Anteile (sog. Sammelvermerk).

5. Keine Erklärung zur Leistung der Einlagen (§ 246 Abs. 3)

Gemäß § 246 Abs. 3 ist eine **Erklärung gemäß § 8 Abs. 2 GmbHG bzw. § 37 Abs. 1 AktG** 13
nicht erforderlich. In der Anmeldung des Formwechsels ist also nicht – wie bei der Gründung – zu versichern, dass die Leistungen auf die Geschäftsanteile bzw. Aktien bewirkt sind und dass der Gegenstand der Leistung sich endgültig in der freien Verfügung des jeweiligen Vertretungsorgans befindet. Die Nichtanwendbarkeit von § 8 Abs. 2 GmbHG bzw. § 37 Abs. 1 AktG folgt nicht zuletzt daraus, dass bei einem Formwechsel wegen der Identität der Rechtsträger gar keine Einlage geleistet wird.[12)]

11) Vgl. *Herfs/Link* in: BeckOGK-UmwG, § 246 Rz. 17.

12) Vgl. Widmann/Mayer-*Rieger*, UmwR, § 246 UmwG Rz. 75.

§ 247
Wirkungen des Formwechsels*)

(1) Durch den Formwechsel wird das bisherige Stammkapital einer formwechselnden Gesellschaft mit beschränkter Haftung zum Grundkapital der Gesellschaft neuer Rechtsform oder das bisherige Grundkapital einer formwechselnden Aktiengesellschaft oder Kommanditgesellschaft auf Aktien zum Stammkapital der Gesellschaft neuer Rechtsform.

(2) Durch den Formwechsel einer Kommanditgesellschaft auf Aktien scheiden deren persönlich haftende Gesellschafter als solche der Gesellschaft aus.

*) § 247 i. d. F. des UmwBerG geändert durch Art. 1 des Zweiten Gesetzes zur Änderung des Umwandlungsgesetzes (2. UmwGÄndG), v. 19.4.2007, BGBl. I 2007, 542.

Literatur: *Heidinger*, Die Euroumstellung beim Formwechsel von Kapitalgesellschaften, NZG 2000, 532.

Übersicht

I. Norminhalt

1 § 247 ergänzt die Regelungen in § 202 in Fällen des Formwechsels einer Kapitalgesellschaft in eine Kapitalgesellschaft anderer Rechtsform. Während § 247 Abs. 1 die Wirkung des Formwechsels auf das **Grund- bzw. Stammkapital** normiert, regelt § 247 Abs. 2 das **Ausscheiden des persönlich haftenden Gesellschafters** bei einem Formwechsel einer KGaA.

II. Stamm- bzw. Grundkapital (§ 247 Abs. 1)

2 Gemäß § 247 Abs. 1 wird das bisherige Stammkapital der formwechselnden GmbH zum Grundkapital der neuen AG oder KGaA bzw. das bisherige Grundkapital der formwechselnden AG oder KGaA zum Stammkapital der neuen GmbH. Durch den Formwechsel findet danach eine **begriffliche Änderung** von Stamm- zu Grundkapital bzw. umgekehrt statt. Das Nominalkapital der Gesellschaft – d. h. die **Kapitalziffer** – bleibt unverändert. Dies gilt auch für den Formwechsel zwischen AG und KGaA, obwohl es in diesen Fällen schon gar keiner begrifflichen Änderung bedarf, da bei beiden Rechtsformen vom Grundkapital gesprochen wird;[1] dies dürfte auch der Grund dafür sein, dass der Formwechsel einer AG in eine KGaA oder umgekehrt in § 247 Abs. 1 keine Erwähnung findet.[2] Dass sich das Nominalkapital der Gesellschaft beim Formwechsel einer Kapitalgesellschaft in eine Kapitalgesellschaft anderer Rechtsform nicht ändert, ist eine Konsequenz des **Identitätsprinzips**,[3] welches in § 202 Abs. 1 Nr. 1 zum Ausdruck kommt (siehe oben § 202 Rz. 12 ff. [*Fiedler*]).

1) Vgl. Widmann/Mayer-*Rieger*, UmwR, § 247 UmwG Rz. 9; *Petersen* in: KölnKomm-UmwG, § 247 Rz. 2; Lutter-*Göthel*, UmwG, § 247 Rz. 3; *Herfs*/*Link* in: BeckOGK-UmwG, § 247 Rz. 5; Semler/Stengel/Leonard-*Scheel*, UmwG, § 247 Rz. 2; *Althoff*/*Narr* in: NK-UmwG, § 247 Rz. 6; Kallmeyer-*Blasche*, UmwG, § 247 Rz. 2.

2) Vgl. Semler/Stengel/Leonard-*Scheel*, UmwG, § 247 Rz. 2; *Althoff*/*Narr* in: NK-UmwG, § 247 Rz. 6.

3) Vgl. *Herfs*/*Link* in: BeckOGK-UmwG, § 247 Rz. 5; Kallmeyer-*Blasche*, UmwG, § 247 Rz. 2.

§ 247 Abs. 1 sieht lediglich eine Identität hinsichtlich des Gesamtbetrages des Nominalkapitals vor; die Stückelung der Anteile kann gemäß § 243 Abs. 3 Satz 1 im Zuge des Formwechsels geändert werden.[4] **Kapitalmaßnahmen** sind im Zuge des Formwechsels ebenfalls zulässig – allerdings nur nach den allgemeinen Vorschriften des GmbH- bzw. Aktienrechts (§ 243 Abs. 2). Möglich ist z. B. eine vereinfachte Kapitalherabsetzung, wenn die Voraussetzungen gemäß §§ 58a ff. GmbHG bzw. §§ 229 ff. AktG erfüllt sind. Dabei kann die vereinfachte Kapitalherabsetzung gemäß § 58e GmbHG bzw. § 234 AktG auch mit bilanzieller Rückwirkung durchgeführt werden, so dass das veränderte Nennkapital bereits im Jahresabschluss für das letzte vor der Beschlussfassung über die Kapitalherabsetzung abgelaufene Geschäftsjahr ausgewiesen wird. Wird eine solche Kapitalherabsetzung mit einer anschließenden Kapitalerhöhung verbunden, kann auch diese gemäß §§ 58 f. GmbHG bzw. § 235 AktG mit bilanzieller Rückwirkung durchgeführt werden. Kapitalmaßnahmen können i. R. des Formwechsels erforderlich sein, um z. B. eine Unterbilanz zu beseitigen oder das Mindestkapital der AG bzw. KGaA zu erreichen.[5] Ebenfalls (vor oder) im Zuge des Formwechsels sollten Kapitalmaßnahmen durchgeführt werden, um Differenzen bei der Umstellung des Stamm- bzw. Grundkapitals auf Euro zu glätten, wenn das Stamm- bzw. Grundkapital der formwechselnden Gesellschaft immer noch auf Deutsche Mark lautet.[6] 3

III. Ausscheiden persönlich haftender Gesellschafter (§ 247 Abs. 2)

Beim Formwechsel einer KGaA in eine Kapitalgesellschaft anderer Rechtsform scheiden deren persönlich haftenden Gesellschafter mit Wirksamwerden des Formwechsels gemäß § 247 Abs. 2 **zwingend** aus der Gesellschaft aus. Dies gilt jedoch nur für ihre Rechtsstellung als persönlich haftende Gesellschafter. Sind sie zugleich als Kommanditaktionäre an der KGaA beteiligt, bleibt diese Rechtsstellung von § 247 Abs. 2 unberührt und sie erhalten im Zuge des Formwechsels insoweit Geschäftsanteile bzw. Aktien der Gesellschaft neuer Rechtsform.[7] Persönlich haftende Gesellschafter der KGaA haben – soweit sie nicht auch Kommanditaktionäre sind – keinen Anspruch auf Beteiligung an der Kapitalgesellschaft neuer Rechtsform;[8] dies gilt auch für den Fall, dass die Satzung für die Zustimmung der persönlich haftenden Gesellschafter zum Formwechsel gemäß § 240 Abs. 3 Satz 2 eine Mehrheitsentscheidung vorsieht.[9] Will sich ein persönlich haftender Gesellschafter der KGaA an der Kapitalgesellschaft neuer Rechtsform beteiligen, kann er dies durch Anteilserwerb i. R. einer Sach- oder Barkapitalerhöhung vor oder nach dem Formwechsel.[10] Dabei kann er auch seinen Abfindungsanspruch für erbrachte Sondereinlagen im Wege einer Sach- 4

4) Vgl. Widmann/Mayer-*Rieger*, UmwR, § 247 UmwG Rz. 13; Lutter-*Göthel*, UmwG, § 247 Rz. 6; *Herfs/Link* in: BeckOGK-UmwG, § 247 Rz. 6; Semler/Stengel/Leonard-*Scheel*, UmwG, § 247 Rz. 5; *Althoff/Narr* in: NK-UmwG, § 247 Rz. 7; Kallmeyer-*Blasche*, UmwG, § 247 Rz. 3.

5) Vgl. Lutter-*Göthel*, UmwG, § 247 Rz. 7; *Herfs/Link* in: BeckOGK-UmwG, § 247 Rz. 8; Kallmeyer-*Blasche*, UmwG, § 247 Rz. 4.

6) Vgl. *Herfs/Link* in: BeckOGK-UmwG, § 247 Rz. 7; Kallmeyer-*Blasche*, UmwG, § 247 Rz. 2; *Heidinger*, NZG 2000, 532, 533; ausf. hierzu Lutter-*Göthel*, UmwG, § 247 Rz. 5.

7) Vgl. Widmann/Mayer-*Rieger*, UmwR, § 247 UmwG Rz. 30; *Petersen* in: KölnKomm-UmwG, § 247 Rz. 7; *Herfs/Link* in: BeckOGK-UmwG, § 247 Rz. 13; Semler/Stengel/Leonard-*Scheel*, UmwG, § 247 Rz. 10; *Althoff/Narr* in: NK-UmwG, § 247 Rz. 9; Kallmeyer-*Blasche*, UmwG, § 247 Rz. 5.

8) Vgl. Widmann/Mayer-*Rieger*, UmwR, § 247 UmwG Rz. 44; *Petersen* in: KölnKomm-UmwG, § 247 Rz. 6; Lutter-*Göthel*, UmwG, § 247 Rz. 18; *Herfs/Link* in: BeckOGK-UmwG, § 247 Rz. 11; Semler/Stengel/Leonard-*Scheel*, UmwG, § 247 Rz. 17; Kallmeyer-*Blasche*, UmwG, § 247 Rz. 5.

9) Vgl. Semler/Stengel/Leonard-*Scheel*, UmwG, § 247 Rz. 17; Kallmeyer-*Blasche*, UmwG, § 247 Rz. 5.

10) Vgl. *Herfs/Link* in: BeckOGK-UmwG, § 247 Rz. 12; Semler/Stengel/Leonard-*Scheel*, UmwG, § 247 Rz. 3.

kapitalerhöhung einbringen;[11] eine direkte Umwandlung der Sondereinlage in Geschäftsanteile bzw. in Aktien ohne Sachkapitalerhöhung ist nicht möglich.[12]

5 Für den Verlust der Stellung als persönlich haftender Gesellschafter ist keine Abfindung zu zahlen.[13] Hat ein persönlich haftender Gesellschafter eine Sondereinlage i. S. von § 281 Abs. 2 AktG erbracht, steht ihm ein **Abfindungsanspruch** gegen die Gesellschaft gemäß § 278 Abs. 2 AktG i. V. m. §§ 161 Abs. 2, 105 Abs. 2 HGB, § 728 BGB zu, soweit die Satzung keine abweichenden Regelungen vorsieht.[14] Die Höhe des Anspruchs richtet sich nach einer aufzustellenden Auseinandersetzungsbilanz.[15] Die Abfindung ist regelmäßig in bar zu leisten; eine Abfindung in Aktien ist ebenfalls möglich.[16] Hat der persönlich haftende Gesellschafter keine Sondereinlage i. S. von § 281 Abs. 2 AktG erbracht, ist eine Auseinandersetzung in der Regel entbehrlich; etwas anders gilt, wenn die Satzung eine Beteiligung des persönlich haftenden Gesellschafters an den stillen Reserven der KGaA vorsieht.[17]

6 Für die bis zur Wirksamkeit des Formwechsels begründeten Verbindlichkeiten haften ausscheidende persönlich haftende Gesellschafter der KGaA gemäß § 278 Abs. 2 AktG i. V. m. § 161 Abs. 2, § 137 Abs. 1 Satz 1 HGB **fünf Jahre** lang. Bei Inanspruchnahme ausgeschiedener persönlich haftender Gesellschafter der KGaA durch Gesellschaftsgläubiger steht diesen ein Ausgleichsanspruch gegen die Gesellschaft neuer Rechtsform bzw. den anderen ehemaligen persönlich haftenden Gesellschaftern zu.[18] Für nach dem Wirksamwerden des Formwechsels begründete Verbindlichkeiten der Gesellschaft neuer Rechtsform haften die persönlich haftenden Gesellschafter der formwechselnden KGaA nicht – auch nicht aus Rechtsscheinsgesichtspunkten.[19]

11) Vgl. Widmann/Mayer-*Rieger*, UmwR, § 247 UmwG Rz. 31; Lutter-*Göthel*, UmwG, § 247 Rz. 19; *Herfs/Link* in: BeckOGK-UmwG, § 247 Rz. 12; Semler/Stengel/Leonard-*Scheel*, UmwG, § 247 Rz. 3; *Althoff/Narr* in: NK-UmwG, § 247 Rz. 5.

12) Vgl. Semler/Stengel/Leonard-*Scheel*, UmwG, § 247 Rz. 3; *Althoff/Narr* in: NK-UmwG, § 247 Rz. 5.

13) Vgl. Widmann/Mayer-*Rieger*, UmwR, § 247 UmwG Rz. 38; Semler/Stengel/Leonard-*Scheel*, UmwG, § 247 Rz. 3.

14) Vgl. Widmann/Mayer-*Rieger*, UmwR, § 247 UmwG Rz. 35; *Petersen* in: KölnKomm-UmwG, § 247 Rz. 7; Lutter-*Göthel*, UmwG, § 247 Rz. 19; *Herfs/Link* in: BeckOGK-UmwG, § 247 Rz. 14; Semler/Stengel/Leonard-*Scheel*, UmwG, § 247 Rz. 12; Kallmeyer-*Blasche*, UmwG, § 247 Rz. 6.

15) Vgl. Lutter-*Göthel*, UmwG, § 247 Rz. 20; *Herfs/Link* in: BeckOGK-UmwG, § 247 Rz. 14; Semler/Stengel/Leonard-*Scheel*, UmwG, § 247 Rz. 13.

16) Vgl. Lutter-*Göthel*, UmwG, § 247 Rz. 21; *Herfs/Link* in: BeckOGK-UmwG, § 247 Rz. 14.

17) Vgl. Widmann/Mayer-*Rieger*, UmwR, § 247 UmwG Rz. 38; *Herfs/Link* in: BeckOGK-UmwG, § 247 Rz. 14; Semler/Stengel/Leonard-*Scheel*, UmwG, § 247 Rz. 14.

18) Vgl. Widmann/Mayer-*Rieger*, UmwR, § 247 UmwG Rz. 40; Lutter-*Göthel*, UmwG, § 247 Rz. 23; *Herfs/Link* in: BeckOGK-UmwG, § 247 Rz. 15; Semler/Stengel/Leonard-*Scheel*, UmwG, § 247 Rz. 16; Kallmeyer-*Blasche*, UmwG, § 247 Rz. 6.

19) Vgl. Widmann/Mayer-*Rieger*, UmwR, § 247 UmwG Rz. 39; *Petersen* in: KölnKomm-UmwG, § 247 Rz. 7; *Herfs/Link* in: BeckOGK-UmwG, § 247 Rz. 15; Semler/Stengel/Leonard-*Scheel*, UmwG, § 247 Rz. 15; Kallmeyer-*Blasche*, UmwG, § 247 Rz. 6; a. A. Lutter-*Göthel*, UmwG, § 247 Rz. 22.

§ 248
Umtausch der Anteile

(1) Auf den Umtausch der Geschäftsanteile einer formwechselnden Gesellschaft mit beschränkter Haftung gegen Aktien ist § 73 des Aktiengesetzes, bei Zusammenlegung von Geschäftsanteilen § 226 des Aktiengesetzes über die Kraftloserklärung von Aktien entsprechend anzuwenden.

(2) Auf den Umtausch der Aktien einer formwechselnden Aktiengesellschaft oder Kommanditgesellschaft auf Aktien gegen Geschäftsanteile einer Gesellschaft mit beschränk-

ter Haftung ist § 73 Abs. 1 und 2 des Aktiengesetzes, bei Zusammenlegung von Aktien § 226 Abs. 1 und 2 des Aktiengesetzes über die Kraftloserklärung von Aktien entsprechend anzuwenden.

(3) Einer Genehmigung des Gerichts bedarf es nicht.

Übersicht

I. Norminhalt

§ 248 UmwG regelt den Umtausch und die Zusammenlegung von Geschäftsanteilen bzw. Aktien der formwechselnden Gesellschaft unter Verweis auf §§ 73, 226 AktG. Die Vorschrift betrifft die **praktische Abwicklung** des Umtauschs von GmbH-Geschäftsanteilen und Aktien, die sich daraus ergibt, dass mit Wirksamwerden des Formwechsels die bisherigen Gesellschafter bzw. (Kommandit-)Aktionäre gemäß § 202 Abs. 1 Nr. 2 Satz 1 UmwG an dem Rechtsträger neuer Rechtsform nach den für diesen geltenden Vorschriften beteiligt sind.[1] § 248 findet auf den Formwechsel einer GmbH in eine AG bzw. KGaA (§ 248 Abs. 1) sowie einer AG bzw. KGaA in eine GmbH (§ 248 Abs. 2) Anwendung. Nicht erfasst ist der Formwechsel zwischen einer AG und einer KGaA, da in diesen Fällen die Beteiligung sowohl vor als auch nach dem Formwechsel durch Aktien verkörpert wird. 1

II. Formwechsel einer GmbH in eine AG bzw. KGaA (§ 248 Abs. 1)

1. Umtausch (§ 248 Abs. 1 i. V. m. § 73 AktG)

Beim Formwechsel einer GmbH in eine AG bzw. KGaA richtet sich das **Umtauschverfahren** nach § 248 Abs. 1 UmwG i. V. m. § 73 AktG.[2] Obwohl das Gesetz von „Umtausch" spricht, kommt es bei der Umwandlung von Geschäftsanteilen an der formwechselnden GmbH in Aktien einer AG bzw. KGaA nur äußerst selten zu einem Austausch verkörperter Anteilsscheine gegen Aktienurkunden. Dies liegt daran, dass Anteilsscheine über GmbH-Geschäftsanteile in der Praxis nur selten ausgegeben werden.[3] Selbst wenn ausnahmsweise Anteilsscheine für Geschäftsanteile ausgegeben wurden, scheitert ein Austausch von Anteilsscheinen gegen Aktienurkunden in der Praxis nicht selten auch daran, dass bei der AG bzw. KGaA, in die der Formwechsel erfolgen soll, der Anspruch auf Verbriefung der Aktienrechte gemäß § 10 Abs. 5 AktG ausgeschlossen ist.[4] 2

Falls **keine verbrieften Anteilsscheine** über GmbH-Geschäftsanteile vorhanden sind und einzelverbriefte Aktienurkunden ausgegeben werden sollen, ist mit Umtausch i. S. des § 248 3

1) Vgl. Widmann/Mayer-*Rieger*, UmwR, § 248 UmwG Rz. 2; Lutter-*Göthel*, UmwG, § 248 Rz. 1; *Herfs/Link* in: BeckOGK-UmwG, § 248 Rz. 2; Kallmeyer-*Blasche*, UmwG, § 248 Rz. 1.

2) Vgl. Lutter-*Göthel*, UmwG, § 248 Rz. 2; *Herfs/Link* in: BeckOGK-UmwG, § 248 Rz. 5; Kallmeyer-*Blasche*, UmwG, § 248 Rz. 2.

3) Vgl. Widmann/Mayer-*Rieger*, UmwR, § 248 UmwG Rz. 8; Lutter-*Göthel*, UmwG, § 248 Rz. 3; *Herfs/Link* in: BeckOGK-UmwG, § 248 Rz. 7; Semler/Stengel/Leonard-*Scheel*, UmwG, § 248 Rz. 1; *Althoff/Narr* in: NK-UmwG, § 248 Rz. 2; Kallmeyer-*Blasche*, UmwG, § 248 Rz. 2.

4) Vgl. Lutter-*Göthel*, UmwG, § 248 Rz. 3; *Herfs/Link* in: BeckOGK-UmwG, § 248 Rz. 7.

Abs. 1 die Zuteilung und Ausgabe von Aktienurkunden gegen Nachweis der Mitgliedschaft zu verstehen.[5] Gemäß § 248 Abs. 1 i. V. m. § 73 AktG kann die Gesellschaft in diesem Fall ihre Gesellschafter, die mit Wirksamwerden des Formwechsels zu Aktionären werden, zur Abholung der ihnen zustehenden Aktienurkunden auffordern. Eine solche Aufforderung ist indes nicht verpflichtend;[6] wirken die Aktionäre freiwillig mit, ist eine Aufforderung auch nicht erforderlich.[7] Die Bedeutung des § 248 Abs. 1 besteht vor diesem Hintergrund primär darin zu regeln, welche Möglichkeiten der Gesellschaft offenstehen, wenn die Abholung der Aktienurkunden nicht freiwillig erfolgt.[8]

4 Entschließt sich die Gesellschaft zur **Aufforderung, die zugeteilten Aktien abzuholen,** muss diese gemäß § 73 Abs. 2 Satz 2 AktG i. V. m. § 64 Abs. 2 AktG unter Fristsetzung dreimal in den Geschäftsblättern bekannt gemacht werden, wobei die erste Bekanntmachung mindestens drei Monate und die letzte Bekanntmachung mindestens einen Monat vor Fristablauf erfolgen muss; zudem hat zwischen den einzelnen Bekanntmachungen jeweils ein Zeitraum von mindestens drei Wochen zu liegen. Die Aufforderung zur Abholung der zugeteilten Aktien kann erst nach Fassung des Formwechselbeschlusses erfolgen;[9] nicht erforderlich ist, dass der Formwechsel bereits im Handelsregister eingetragen ist. Mit der Aufforderung ist auf die Möglichkeit der **Hinterlegung** der Aktienurkunden gemäß § 73 Abs. 3 AktG i. V. m. §§ 372 ff. BGB hinzuweisen.[10] Die Aufforderung bedarf gemäß § 248 Abs. 3 keiner Genehmigung des Registergerichts. Zuständig für die Durchführung des Umtauschverfahrens und somit auch für die Aufforderung ist bis zur Eintragung des Formwechsels das Vertretungsorgan des formwechselnden Rechtsträgers und danach das Vertretungsorgan des Rechtsträgers neuer Rechtsform.[11] Aktionären, die sich innerhalb der Frist unter Nachweis ihrer bisherigen Gesellschafterstellung an der formwechselnden GmbH melden, sind die ihnen zustehenden Aktienurkunden auszuhändigen.[12] **Nicht abgeholte Aktien** können nach Fristablauf gemäß §§ 372 ff. BGB hinterlegt werden.[13] Ist der betreffende Gesellschafter namentlich im Formwechselbeschluss genannt, reicht für seine Legitimation der Nachweis seiner Identität; anderenfalls (z. B. bei späterem Erwerb) kann die Legitimation durch Verweis auf die im Handelsregister aufgenommene Gesellschafterliste der formwechselnden GmbH oder durch Vorlage notarieller Urkunden, mit denen eine ununterbrochene Abtretungskette von dem im Formwechselbeschluss genannten Gesellschafter bis zum neuen Gesellschafter nachgewiesen wird, erfolgen.[14]

5 Sind ausnahmsweise **verbriefte Anteilsscheine über GmbH-Geschäftsanteile** ausgegeben, kann die Gesellschaft zudem die Anteilsscheine nach Maßgabe des § 73 AktG **für kraft-**

---

5) Vgl. *Petersen* in: KölnKomm-UmwG, § 248 Rz. 3; Lutter-*Göthel*, UmwG, § 248 Rz. 4; *Herfs/Link* in: BeckOGK-UmwG, § 248 Rz. 8; Kallmeyer-*Blasche*, UmwG, § 248 Rz. 2.

6) Vgl. Lutter-*Göthel*, UmwG, § 248 Rz. 4; *Herfs/Link* in: BeckOGK-UmwG, § 248 Rz. 9; Kallmeyer-*Blasche*, UmwG, § 248 Rz. 2.

7) Vgl. *Herfs/Link* in: BeckOGK-UmwG, § 248 Rz. 9.

8) Vgl. *Herfs/Link* in: BeckOGK-UmwG, § 248 Rz. 10.

9) Vgl. Widmann/Mayer-*Rieger*, UmwR, § 248 UmwG Rz. 17; Lutter-*Göthel*, UmwG, § 248 Rz. 4; *Herfs/Link* in: BeckOGK-UmwG, § 248 Rz. 11; Semler/Stengel/Leonard-*Scheel*, UmwG, § 248 Rz. 5; Kallmeyer-*Blasche*, UmwG, § 248 Rz. 3; a. A. Schmitt/Hörtnagl-*Rinke*, UmwG/UmwStG, § 248 UmwG Rz. 2.

10) Vgl. Lutter-*Göthel*, UmwG, § 248 Rz. 6; Henssler/Strohn-*Drinhausen/Keinath*, GesR, § 248 UmwG Rz. 2; Kallmeyer-*Blasche*, UmwG, § 248 Rz. 3.

11) Vgl. Widmann/Mayer-*Rieger*, UmwR, § 248 UmwG Rz. 7; *Herfs/Link* in: BeckOGK-UmwG, § 248 Rz. 4; Kallmeyer-*Blasche*, UmwG, § 248 Rz. 3.

12) Vgl. Lutter-*Göthel*, UmwG, § 248 Rz. 7; *Herfs/Link* in: BeckOGK-UmwG, § 248 Rz. 12.

13) Vgl. Lutter-*Göthel*, UmwG, § 248 Rz. 7; *Herfs/Link* in: BeckOGK-UmwG, § 248 Rz. 12; Semler/Stengel/Leonard-*Scheel*, UmwG, § 248 Rz. 10; *Althoff/Narr* in: NK-UmwG, § 248 Rz. 7.

14) Vgl. Widmann/Mayer-*Rieger*, UmwR, § 248 UmwG Rz. 14; *Herfs/Link* in: BeckOGK-UmwG, § 248 Rz. 8; Semler/Stengel/Leonard-*Scheel*, UmwG, § 248 Rz. 4.

los erklären. Erforderlich hierfür ist, dass die Aktionäre unter Androhung der Kraftloserklärung zur Einreichung der Anteilsscheine und – falls einzelverbriefte Aktienurkunden ausgegeben werden sollen – zur Abholung neuer Aktienurkunden aufgefordert werden. Dabei ist die Aufforderung gemäß § 73 Abs. 2 Satz 2 AktG i. V. m. § 64 Abs. 2 AktG unter Fristsetzung dreimal in den Geschäftsblättern bekannt zu machen, wobei die erste Bekanntmachung mindestens drei Monate und die letzte Bekanntmachung mindestens einen Monat vor Fristablauf erfolgen muss; zudem hat zwischen den einzelnen Bekanntmachungen jeweils ein Zeitraum von mindestens drei Wochen zu liegen.

Werden Anteilsscheine **nicht innerhalb der Frist eingereicht**, können diese gemäß § 73 Abs. 2 Satz 3 und Satz 4 AktG für kraftlos erklärt werden. Eine Genehmigung des Registergerichts ist gemäß § 248 Abs. 3 hierfür nicht erforderlich. Ein praktisches Bedürfnis für eine Kraftloserklärung der Anteilsscheine über GmbH-Geschäftsanteile besteht grundsätzlich nicht, da diese keinen Wertpapiercharakter haben und daher – im Unterschied zu Aktien – auch keinen Verkehrsschutz genießen;[15] zudem sind sie nicht erforderlich, um Mitgliedschaftsrechte auszuüben.[16] Die Kraftloserklärung der Anteilsscheine über GmbH-Geschäftsanteile liegt folgerichtig im Ermessen der Gesellschaft.[17] Erforderlich ist die Kraftloserklärung der Anteilsscheine über GmbH-Geschäftsanteile wiederum, wenn die Aktienurkunden des Rechtsträgers neuer Rechtsform hinterlegt werden sollen (§ 73 Abs. 3 Satz 1 AktG).[18] 6

2. Zusammenlegung (§ 248 Abs. 1 i. V. m. § 226 AktG)

Werden bei einem Formwechsel einer GmbH in eine AG bzw. KGaA die Gesellschafter nicht im Gesamtnennbetrag ihrer Geschäftsanteile an der Kapitalgesellschaft neuer Rechtsform beteiligt und stimmen sie dieser Festsetzung gemäß § 241 Abs. 1 zu, sind die nicht beteiligungsfähigen Spitzen zu neuen Aktien zusammenzulegen.[19] Hierfür ist das Verfahren gemäß § 248 Abs. 1 i. V. m. § 226 AktG durchzuführen. In der Praxis lässt sich die Zusammenlegung von Geschäftsanteilen dadurch vermeiden, dass der Aktiennennbetrag bzw. im Falle von Stückaktien der auf einzelne Stückaktien entfallende Betrag des Grundkapitals so bemessen wird, dass keine nicht beteiligungsfähigen Spitzen entstehen und alle Gesellschafter gemäß ihrer bisherigen Beteiligung am Rechtsträger neuer Rechtsform beteiligt werden können.[20] Entsprechend gering ist die **Praxisrelevanz** des Verfahrens gemäß § 248 Abs. 1 i. V. m. § 226 AktG.[21] 7

Das **Verfahren zur Zusammenlegung** gemäß § 248 Abs. 1 i. V. m. § 226 AktG **ähnelt** dem **Umtauschverfahren** nach § 248 Abs. 1 UmwG i. V. m. § 73 AktG. Auch hier können die betroffenen Anteile nach Aufforderung zur Einreichung der zusammenzulegenden Anteile gemäß § 226 Abs. 2 i. V. m. § 64 Abs. 2 AktG nach entsprechender Androhung für kraftlos erklärt werden.[22] Dies gilt unabhängig davon, ob Anteilsscheine über GmbH- 8

15) Vgl. Lutter-*Göthel*, UmwG, § 248 Rz. 9; *Herfs*/*Link* in: BeckOGK-UmwG, § 248 Rz. 15; Semler/Stengel/Leonard-*Scheel*, UmwG, § 248 Rz. 8.

16) Vgl. Semler/Stengel/Leonard-*Scheel*, UmwG, § 248 Rz. 8; *Althoff*/*Narr* in: NK-UmwG, § 248 Rz. 2.

17) Vgl. Semler/Stengel/Leonard-*Scheel*, UmwG, § 248 Rz. 8; *Althoff*/*Narr* in: NK-UmwG, § 248 Rz. 4.

18) Vgl. Widmann/Mayer-*Rieger*, UmwR, § 248 UmwG Rz. 19; Semler/Stengel/Leonard-*Scheel*, UmwG, § 248 Rz. 12; Kallmeyer-*Blasche*, UmwG, § 248 Rz. 3; a. A. *Althoff*/*Narr* in: NK-UmwG, § 248 Rz. 8.

19) Vgl. Lutter-*Göthel*, UmwG, § 248 Rz. 12; *Herfs*/*Link* in: BeckOGK-UmwG, § 248 Rz. 17; Semler/Stengel/Leonard-*Scheel*, UmwG, § 248 Rz. 16; Kallmeyer-*Blasche*, UmwG, § 248 Rz. 4.

20) Vgl. Lutter-*Göthel*, UmwG, § 248 Rz. 13; *Herfs*/*Link* in: BeckOGK-UmwG, § 248 Rz. 17; Kallmeyer-*Blasche*, UmwG, § 248 Rz. 4.

21) Vgl. Kallmeyer-*Blasche*, UmwG, § 248 Rz. 4.

22) Vgl. ausf. *Althoff*/*Narr* in: NK-UmwG, § 248 Rz. 14 ff.

Geschäftsanteile ausgegeben wurden oder nicht.[23] Nach Ablauf des Aufforderungsverfahrens werden die nicht beteiligungsfähigen Spitzen zusammengelegt und die durch die Zusammenlegung entstandenen Aktien gemäß § 226 Abs. 3 Satz 1 AktG grundsätzlich öffentlich versteigert. Der Verwertungserlös ist an die ehemaligen Inhaber, die sich gegenüber der Gesellschaft zu legitimieren haben (siehe oben Rz. 3), auszuzahlen; zuständig hierfür ist das Vertretungsorgan des Rechtsträgers neuer Rechtsform.[24] Wird der Verwertungserlös nicht abgeholt, kann er gemäß § 226 Abs. 3 Satz 6 AktG hinterlegt werden. Gesellschafter, die die öffentliche Versteigerung von ihnen gehaltener Spitzen vermeiden wollen, haben die Möglichkeit, die von ihnen gehaltenen Spitzen zu veräußern oder Spitzen hinzu zu erwerben, die zusammengelegt glatte Beträge ergeben.[25]

III. Formwechsel einer AG bzw. KGaA in eine GmbH

1. Umtausch (§ 248 Abs. 2 i. V. m. § 73 Abs. 1 und 2 AktG)

9 Auch beim Formwechsel einer AG bzw. KGaA in eine GmbH findet in der Regel kein „Umtausch" i. S. eines Urkundentausches statt.[26] Dies liegt zum einen daran, dass Aktien häufig nicht verbrieft sind; zum anderen werden verbrieften Anteilsscheine über GmbH-Geschäftsanteile in der Praxis äußerst selten ausgegeben.[27] **Umtausch i. S. von § 248 Abs. 2** ist daher als Einreichung der Aktienurkunden der formwechselnden AG bzw. KGaA, falls solche ausgegeben wurden, und Festlegung, welche Geschäftsanteile der GmbH als Rechtsträger neuer Rechtsform den (bisherigen) Aktionären zugeordnet werden, zu verstehen.[28] Die Aktionäre legitimieren sich durch Einreichung der Aktienurkunden; sind solche nicht ausgegeben, haben sich die Aktionäre anderweitig zu legitimieren (z. B. durch Vorlage einer Bankbestätigung).[29]

10 Auch beim Umtauschverfahren gemäß § 248 Abs. 2 ist ein Vorgehen nach § 73 Abs. 1 und Abs. 2 AktG nicht erforderlich, wenn alle Aktionäre der formwechselnden Kapitalgesellschaft ihre Aktien bzw. – falls solche nicht ausgegeben wurden – sonstige Legitimationsnachweise **freiwillig** einreichen.[30] Die eingereichten Aktien sind sodann zu vernichten oder durch Lochen oder Stempeln ungültig zu machen;[31] einer zusätzlichen Kraftloserklärung bedarf es nicht.[32]

11 Muss das **Verfahren gemäß § 248 Abs. 2 i. V. m. § 73 Abs. 1 und Abs. 2 AktG** durchgeführt werden, sind die Aktionäre zur Abgaben ihrer Aktienurkunden oder Beibringung sonstiger Legitimationsnachweise aufzufordern; falls ausnahmsweise Anteilsscheine über GmbH-Geschäftsanteile ausgegeben werden, sind die Aktionäre zusätzlich auch zur Abholung der Anteilsscheine aufzufordern. Das Verfahren gemäß § 248 Abs. 2 i. V. m. § 73

23) Vgl. Lutter-*Göthel*, UmwG, § 248 Rz. 14; Semler/Stengel/Leonard-*Scheel*, UmwG, § 248 Rz. 19; Kallmeyer-*Blasche*, UmwG, § 248 Rz. 5; Schmitt/Hörtnagl-*Rinke*, UmwG/UmwStG, § 248 UmwG Rz. 2; a. A. *Herfs/Link* in: BeckOGK-UmwG, § 248 Rz. 19; *Althoff/Narr* in: NK-UmwG, § 248 Rz. 13.

24) Vgl. Lutter-*Göthel*, UmwG, § 248 Rz. 17.

25) Vgl. Lutter-*Göthel*, UmwG, § 248 Rz. 18; Semler/Stengel/Leonard-*Scheel*, UmwG, § 248 Rz. 22; *Herfs/Link* in: BeckOGK-UmwG, § 248 Rz. 22.

26) Vgl. Semler/Stengel/Leonard-*Scheel*, UmwG, § 248 Rz. 23.

27) Vgl. *Herfs/Link* in: BeckOGK-UmwG, § 248 Rz. 23; Semler/Stengel/Leonard-*Scheel*, UmwG, § 248 Rz. 23.

28) Vgl. Widmann/Mayer-*Rieger*, UmwR, § 248 UmwG Rz. 39; Kallmeyer-*Blasche*, UmwG, § 248 Rz. 6.

29) Vgl. Lutter-*Göthel*, UmwG, § 248 Rz. 20; *Herfs/Link* in: BeckOGK-UmwG, § 248 Rz. 24; Kallmeyer-*Blasche*, UmwG, § 248 Rz. 6.

30) Vgl. *Herfs/Link* in: BeckOGK-UmwG, § 248 Rz. 24; Kallmeyer-*Blasche*, UmwG, § 248 Rz. 6.

31) Vgl. Lutter-*Göthel*, UmwG, § 248 Rz. 31; *Herfs/Link* in: BeckOGK-UmwG, § 248 Rz. 24; Kallmeyer-*Blasche*, UmwG, § 248 Rz. 6.

32) Vgl. Lutter-*Göthel*, UmwG, § 248 Rz. 31; *Herfs/Link* in: BeckOGK-UmwG, § 248 Rz. 24.

Abs. 1 und Abs. 2 AktG entspricht weitgehend dem Aufforderungsverfahren beim Formwechsel einer GmbH in eine AG oder KGaA (siehe oben Rz. 3). Nicht eingereichte Aktien hat die Gesellschaft nach dreimaliger Aufforderung gemäß § 73 Abs. 1 und Abs. 2 AktG i. V. m. § 64 Abs. 2 AktG und Androhung der Kraftloserklärung für kraftlos zu erklären; ein Ermessen steht ihr hierbei – trotz der Formulierung in § 73 Abs. 1 AktG – nicht zu.[33] Einer Genehmigung durch das Registergericht bedarf es für die Kraftloserklärung gemäß § 248 Abs. 3 nicht. Werden ausnahmsweise Anteilsscheine über GmbH-Geschäftsanteile ausgegeben und wurden diese nicht abgeholt, können die Anteilsscheine gemäß §§ 372 ff. BGB hinterlegt werden – auch wenn § 248 Abs. 2 nicht auf § 73 Abs. 3 AktG verweist.[34]

2. Zusammenlegung (§ 248 Abs. 2 i. V. m. § 226 Abs. 1 und 2 AktG)

Werden bei einem Formwechsel einer AG bzw. KGaA in eine GmbH die Nennbeträge der GmbH-Geschäftsanteile so gewählt, dass nicht beteiligungsfähige Spitzen entstehen, und stimmen die (Kommandit-)Aktionäre dieser Festsetzung gemäß § 242 zu, bestimmt sich das Verfahren zur Zusammenlegung nach den **Vorgaben in § 248 Abs. 2 i. V. m. § 226 Abs. 1 und 2 AktG**. Danach kann die Gesellschaft die Aktionäre auffordern, Aktien, die nicht vollständig in einen GmbH-Geschäftsanteil umgewandelt werden können, einzureichen oder – falls keine Aktienurkunden ausgegeben sind – eine sonstige Legitimation für den entsprechenden Spitzenbetrag vorzulegen.[35] Dabei können die Gesellschafter bestimmen, dass die Gesellschaft die Spitzenbeträge für ihre Rechnung verwerten soll.[36] Alternativ können sich die Gesellschafter aber auch zusammenschließen, um die jeweils von ihnen gehaltenen nicht beteiligungsfähige Spitzen gemeinsam in einen oder mehrere GmbH-Geschäftsanteile umzutauschen, wobei die so erworbenen Geschäftsanteil von den Gesellschaftern in der Regel in Form einer Bruchteilsgemeinschaft gemäß §§ 741 ff. BGB (und seltener als GbR gemäß §§ 705 ff. BGB) gehalten werden.[37] Soweit Aktienurkunden eingereicht werden, sind diese zu vernichten oder durch Lochen oder Stempeln ungültig zu machen, wobei es einer zusätzlichen Kraftloserklärung nicht bedarf.[38] 12

Werden Aktien mit nicht beteiligungsfähigen Spitzen – bzw. sonstige Nachweise der auf die betreffenden Aktionäre entfallenden Spitzenbeträge – trotz Aufforderung **nicht eingereicht**, hat die Gesellschaft die Aktien für kraftlos zu erklären.[39] Für die kraftlos erklärten Aktien erhalten die Gesellschafter GmbH-Geschäftsanteile, welche diese dann in Bruchteilsgemeinschaft gemäß §§ 741 ff. BGB halten;[40] dabei steht die Entscheidung, welche Spitzen welcher Gesellschafter zu einem GmbH-Geschäftsanteil zusammengefasst werden, 13

---

33) Vgl. Widmann/Mayer-*Rieger*, UmwR, § 248 UmwG Rz. 47; *Petersen* in: KölnKomm-UmwG, § 248 Rz. 8; Lutter-*Göthel*, UmwG, § 248 Rz. 22; *Herfs/Link* in: BeckOGK-UmwG, § 248 Rz. 25; Schmitt/Hörtnagl-*Rinke*, UmwG/UmwStG, § 226 UmwG Rz. 6.

34) Vgl. *Petersen* in: KölnKomm-UmwG, § 248 Rz. 8; *Herfs/Link* in: BeckOGK-UmwG, § 248 Rz. 26; Semler/Stengel/Leonard-*Scheel*, UmwG, § 248 Rz. 25; Kallmeyer-*Blasche*, UmwG, § 248 Rz. 7; a. A. Henssler/Strohn-*Drinhausen/Keinath*, GesR, § 248 UmwG Rz. 4; Schmitt/Hörtnagl-*Rinke*, UmwG/UmwStG, § 248 UmwG Rz. 6.

35) Vgl. Lutter-*Göthel*, UmwG, § 248 Rz. 29; *Herfs/Link* in: BeckOGK-UmwG, § 248 Rz. 27.

36) Vgl. Lutter-*Göthel*, UmwG, § 248 Rz. 29; *Herfs/Link* in: BeckOGK-UmwG, § 248 Rz. 28; Semler/Stengel/Leonard-*Scheel*, UmwG, § 248 Rz. 27.

37) Vgl. Widmann/Mayer-*Rieger*, UmwR, § 248 UmwG Rz. 58; *Herfs/Link* in: BeckOGK-UmwG, § 248 Rz. 28; Semler/Stengel/Leonard-*Scheel*, UmwG, § 248 Rz. 27.

38) Vgl. Widmann/Mayer-*Rieger*, UmwR, § 248 UmwG Rz. 61; Lutter-*Göthel*, UmwG, § 248 Rz. 31; *Herfs/Link* in: BeckOGK-UmwG, § 248 Rz. 28; Semler/Stengel/Leonard-*Scheel*, UmwG, § 248 Rz. 28.

39) Vgl. Widmann/Mayer-*Rieger*, UmwR, § 248 UmwG Rz. 59; Lutter-*Göthel*, UmwG, § 248 Rz. 32; *Herfs/Link* in: BeckOGK-UmwG, § 248 Rz. 29; Semler/Stengel/Leonard-*Scheel*, UmwG, § 248 Rz. 29.

40) Vgl. Lutter-*Göthel*, UmwG, § 248 Rz. 30; *Herfs/Link* in: BeckOGK-UmwG, § 248 Rz. 29; Semler/Stengel/Leonard-*Scheel*, UmwG, § 248 Rz. 30.

im Ermessen der Geschäftsführung der GmbH.[41] Anders als beim Formwechsel einer GmbH in eine AG bzw. KGaA ist eine Versteigerung der zusammengelegten Geschäftsanteile ohne Zustimmung der betroffenen Gesellschafter allerdings nicht zulässig; dies ergibt sich aus dem fehlenden Verweis auf § 226 Abs. 3 AktG in § 248 Abs. 2 AktG.[42]

IV. Übertragung von Anteilen nach Formwechsel

14 Mit Wirksamwerden des Formwechsels wandelt sich die Beteiligung der Anteilsinhaber an der formwechselnden Gesellschaft in eine Beteiligung an dem Rechtsträger neuer Rechtsform. Da die Anteile am formwechselnden Rechtsträger nach Eintragung des Formwechsels nicht automatisch ihre Verkehrsfähigkeit verlieren, sondern erst nach Kraftloserklärung,[43] stellt sich die Frage, wie die Beteiligung an der neuen Rechtsform übertragen werden kann, wenn einzelne Anteile noch nicht i. S. des § 248 UmwG i. V. m. § 73 AktG „umgetauscht" worden sind.

15 Beim **Formwechsel einer GmbH** in eine AG bzw. KGaA erfolgt die Übertragung der Anteile mit Wirksamwerden des Formwechsels nach den aktienrechtlichen Vorgaben.[44] Bei nicht verbrieften Aktien erfolgt die Übertragung durch Abtretung gemäß §§ 413, 398 BGB;[45] bei verbrieften Aktien kommt neben der Abtretung auch die Übertragung nach sachen- und wertpapierrechtlichen Vorschriften (z. B. Indossament, Übereignung und Übergabe der Aktienurkunde) in Betracht.[46] Eine Übertragung nach GmbH-Grundsätzen ist unzulässig.[47]

16 Beim **Formwechsel einer AG oder KGaA** in eine GmbH wird die Beteiligung der (Kommandit-)Aktionäre an der formwechselnden AG bzw. KGaA mit Wirksamwerden des Formwechsels zu einer GmbH-Beteiligung. Die Übertragung der Beteiligung richtet sich ab diesem Zeitpunkt nach dem GmbH-Recht und erfolgt durch Abschluss eines gemäß § 15 Abs. 3 GmbHG notariell zu beurkundenden Abtretungsvertrages.[48] Daneben ist bis zur Kraftloserklärung der Aktienurkunden bzw. deren Einreichung bei der Gesellschaft, die Übertragung des GmbH-Geschäftsanteils auch durch Einigung und Übergabe der Aktienurkunde gemäß §§ 929 ff. BGB möglich.[49]

---

41) Vgl. Widmann/Mayer-*Rieger*, UmwR, § 248 UmwG Rz. 60; Lutter-*Göthel*, UmwG, § 248 Rz. 30; Semler/Stengel/Leonard-*Scheel*, UmwG, § 248 Rz. 30.

42) Vgl. Lutter-*Göthel*, UmwG, § 248 Rz. 33; *Herfs/Link* in: BeckOGK-UmwG, § 248 Rz. 29; Semler/Stengel/Leonard-*Scheel*, UmwG, § 248 Rz. 31; Kallmeyer-*Blasche*, UmwG, § 248 Rz. 8.

43) Vgl. Lutter-*Göthel*, UmwG, § 248 Rz. 34.

44) Vgl. Semler/Stengel/Leonard-*Scheel*, UmwG, § 248 Rz. 32, Kallmeyer-*Blasche*, UmwG, § 248 Rz. 10; Schmitt/Hörtnagl-*Rinke*, UmwG/UmwStG, § 226 UmwG Rz. 4.

45) Vgl. LG Berlin, Urt. v. 27.8.1993 – 85 O 140/93, NJW-RR 1994, 807, 808 = AG 1994, 378, 379; Widmann/Mayer-*Rieger*, UmwR, § 248 UmwG Rz. 66; Kallmeyer-*Blasche*, UmwG, § 248 Rz. 10.

46) Vgl. Widmann/Mayer-*Rieger*, UmwR, § 248 UmwG Rz. 67; Semler/Stengel/Leonard-*Scheel*, UmwG, § 248 Rz. 32; Kallmeyer-*Blasche*, UmwG, § 248 Rz. 10.

47) Vgl. *Herfs/Link* in: BeckOGK-UmwG, § 248 Rz. 32; *Althoff/Narr* in: NK-UmwG, § 248 Rz. 29.

48) Vgl. Widmann/Mayer-*Rieger*, UmwR, § 248 UmwG Rz. 72; Lutter-*Göthel*, UmwG, § 248 Rz. 30; Semler/Stengel/Leonard-*Scheel*, UmwG, § 248 Rz. 32.

49) Vgl. BGH, Urt. v. 2.7.1956 – II ZR 124/55, BGHZ 21, 175 = NJW 1956, 1317; Widmann/Mayer-*Rieger*, UmwR, § 248 UmwG Rz. 73; Lutter-*Göthel*, UmwG, § 248 Rz. 36; *Herfs/Link* in: BeckOGK-UmwG, § 248 Rz. 36; *Althoff/Narr* in: NK-UmwG, § 248 Rz. 30; Schmitt/Hörtnagl-*Rinke*, UmwG/UmwStG, § 248 UmwG Rz. 10; a. A. Semler/Stengel/Leonard-*Scheel*, UmwG, § 248 Rz. 33 ff.; (wohl auch) Kallmeyer-*Blasche*, UmwG, § 248 Rz. 11.

§ 248a
Gewährung zusätzlicher Aktien*)

[1]Die §§ 72a und 72b gelten für einen Formwechsel in eine Aktiengesellschaft oder eine Kommanditgesellschaft auf Aktien entsprechend. [2]Der Formwechselbeschluss hat die Erklärung gemäß § 72a Absatz 1 Satz 1 zu enthalten.

*) § 248a eingefügt durch Art. 1 des Gesetzes zur Umsetzung der Umwandlungsrichtlinie und zur Änderung weiterer Gesetze (UmRUG), v. 22.2.2023, BGBl. I 2023, Nr. 51.

Literatur: *Drescher*, Die Änderungen des Spruchverfahrensgesetzes, AG 2023, 337; *Habrich*, Die Verbesserung des Umtauschverhältnisses mit Zusatzaktien, AG 2022, 567; *Lieder/Hilser*, Die Ersetzungsbefugnis bei umwandlungsrechtlichen Nachbesserungsansprüchen nach dem UmRUG, ZIP 2023, 1.

Übersicht

I. Norminhalt und Normzweck

1 Die durch das UmRUG[1)] eingefügten §§ 72a, 72b schaffen für die Verschmelzung einer AG, KGaA und einer SE die Möglichkeit, statt einer baren Zuzahlung nach § 15 Abs. 1 zusätzliche Aktien der übernehmenden Gesellschaft zu gewähren.[2)] Die an der Verschmelzung beteiligten Rechtsträger können nach § 72a Abs. 1 im Verschmelzungsvertrag die Gewährung zusätzlicher Aktien vereinbaren.[3)] § 72b regelt die Ausgabe zusätzlich zu gewährender Aktien durch Kapitalerhöhung gegen Sacheinlage.[4)]

2 § 248a, der ebenfalls durch das UmRUG eingefügt wurde, regelt die Möglichkeit der **Gewährung zusätzlicher Aktien** statt einer baren Zuzahlung gemäß § 196 Satz 1 im Falle des Formwechsels in eine AG oder KGaA und verweist hierzu auf die §§ 72a, 72b.[5)] § 248a eröffnet formwechselnden Rechtsträgern die Möglichkeit, ihre Liquidität zu schonen, insbesondere wenn die Höhe einer baren Zuzahlung noch unklar ist.[6)] Von § 248a erfasst sind **nur innerdeutsche Formwechsel.**[7)] § 248a bezieht sich **nur auf die Verbesserung des Beteiligungsverhältnisses durch bare Zuzahlung** gemäß § 196 und nicht auch auf den Barabfindungsanspruch nach § 207, so dass sein Anwendungsbereich in der Praxis gering ist.[8)]

---

1) Gesetz zur Umsetzung der Umwandlungsrichtlinie und zur Änderung weiterer Gesetze (UmRUG), v. 22.2.2023, BGBl. I 2023, Nr. 51.

2) Vgl. Begr. RegE UmRUG, BT-Drucks. 20/3822, S. 74 ff; *Petersen* in: KölnKomm-UmwG, § 248 Rz. 1; Schmitt/Hörtnagl-*Rinke*, UmwG/UmwStG, § 248a UmwG Rz. 1; *Lieder/Hilser*, ZIP 2023, 1, 2.

3) Vgl. *Petersen* in: KölnKomm-UmwG, § 248a Rz. 1; Schmitt/Hörtnagl-*Rinke*, UmwG/UmwStG, § 248a UmwG Rz. 1; *Habrich*, AG 2022, 567, 570.

4) Vgl. *Petersen* in: KölnKomm-UmwG, § 248a Rz. 1; Henssler/Strohn-*Drinhausen/Keinath*, GesR, § 248a UmwG Rz. 2.

5) Vgl. Begr. RegE UmRUG, BT-Drucks. 20/3822, S. 86 f.; *Petersen* in: KölnKomm-UmwG, § 248 Rz. 1; Schmitt/Hörtnagl-*Rinke*, UmwG/UmwStG, § 248a UmwG Rz. 1; Kallmeyer-*Oppenhoff*, UmwG, § 248a Rz. 1.

6) Vgl. Begr. RegE UmRUG, BT-Drucks. 20/3822, S. 74; *Althoff/Narr* in: NK-UmwG, § 248a Rz. 1.

7) Vgl. Begr. RegE UmRUG z. § 333 UmwG, BT-Drucks. 20/3822, S. 116; Kallmeyer-*Oppenhoff*, UmwG, § 248a Rz. 1.

8) Vgl. *Herfs/Link* in: BeckOGK-UmwG, § 248a Rz. 3.

II. Gewährung zusätzlicher Aktien

3 Die **Gewährung zusätzlicher Aktien** ist nur bei einem Formwechsel in eine AG oder KGaA möglich und richtet sich inhaltlich nach § 72a Abs. 1.[9)] Hinsichtlich des Umfangs und der Beschränkungen des Anspruchs wird auf die Kommentierung zu § 72a Rz. 6 ff. [*Nolden*] verwiesen. Die zu gewährenden Aktien können entweder eigene Aktien oder aufgrund Kapitalerhöhung neu geschaffene Aktien sein. Werden die zusätzlichen Aktien durch eine **Kapitalerhöhung gegen Sacheinlage** geschaffen, gelten die Vorgaben in § 72b. Für die Einzelheiten kann auf die Kommentierung zu § 72b Rz. 5 ff. [*Nolden*] verwiesen werden.

4 Nach § 248a Satz 2 tritt der Formwechselbeschluss an die Stelle des Verschmelzungsvertrags.[10)] In diesem ist festzulegen, dass eine Nachbesserung durch die Gewährung zusätzlicher Aktien anstatt durch eine bare Zuzahlung geleistet werden soll. Die Ersetzung der baren Zuzahlung durch die Gewährung zusätzlicher Aktien ist **nur insgesamt** möglich; ein teilweiser Ausgleich durch Aktien ist unzulässig.[11)]

5 Der Anspruch auf Gewährung zusätzlicher Aktien kann gemäß § 10a Abs. 3 SpruchG im **Spruchverfahren** durchgesetzt werden.[12)]

---

9) Vgl. Schmitt/Hörtnagl-*Rinke*, UmwG/UmwStG, § 248a UmwG Rz. 1; Kallmeyer-*Oppenhoff*, UmwG, § 248a Rz. 2.

10) Vgl. Kallmeyer-*Oppenhoff*, UmwG, § 248a Rz. 2.

11) Vgl. *Herfs/Link* in: BeckOGK-UmwG, § 248a Rz. 6; Kallmeyer-*Oppenhoff*, UmwG, § 248a Rz. 2.

12) Vgl. Begr. RegE UmRUG z. § 10a SpruchG, BT-Drucks. 20/3822, S. 128; *Herfs/Link* in: BeckOGK-UmwG, § 248a Rz. 7; *Drescher*, AG 2023, 337, 343.

§ 249
Gläubigerschutz

Auf den Formwechsel einer Kommanditgesellschaft auf Aktien in eine Gesellschaft mit beschränkter Haftung oder in eine Aktiengesellschaft ist auch § 224 entsprechend anzuwenden.

Übersicht

I. Norminhalt

1 § 249 regelt die **Nachhaftung** des persönlich haftenden Gesellschafters beim Formwechsel einer KGaA in eine GmbH oder eine AG. Sie knüpft daran an, dass der persönlich haftende Gesellschafter durch den Formwechsel einer KGaA gemäß § 247 Abs. 2 aus der Gesellschaft ausscheiden. § 249 verweist auf § 224, der die Fortdauer und die zeitliche Begrenzung der persönlichen Haftung des persönlich haftenden Gesellschafter beim Formwechsel einer Personengesellschaft in eine Kapitalgesellschaft regelt.

II. Voraussetzungen

2 § 249 enthält eine **Rechtsgrundverweisung**, weswegen der ausscheidende Gesellschafter nur dann der Nachhaftung unterliegt, wenn sämtliche Voraussetzungen des § 224 erfüllt

sind.[1] Gemäß § 224 Abs. 2 ist die Haftung des ausscheidenden Gesellschafters auf eine Frist von fünf Jahren begrenzt; diese beginnt mit dem Wirksamwerden des Formwechsels, also mit der **Bekanntmachung der Eintragung** des Formwechsels in das Handelsregister.[2] Hinsichtlich etwaiger Einzelfragen wird auf die Kommentierung zu § 224 [*Allmendinger*] verwiesen.

Der ausscheidende persönlich haftende Gesellschafter unterliegt auch dann der Nachhaftung, wenn er **nach dem Formwechsel** per Anteilserwerb in die Gesellschaft eintritt oder aufgrund einer (ebenfalls von ihm gehaltenen) Kommanditbeteiligung durch den Formwechsel in der Gesellschaft als Gesellschafter verbleibt.[3] 3

III. Rechtsfolgen

Die Nachhaftung des persönlich haftenden Gesellschafters umfasst sämtliche – binnen der Fünf-Jahres-Frist fällig werdenden – Verbindlichkeiten, die nach dem Formwechsel gemäß § 197 Abs. 1 Nr. 3 bis 5 BGB festgestellt wurden oder bei denen eine gerichtliche oder behördliche Vollstreckungsmaßnahme durchgeführt oder beantragt wurde. Dem in Anspruch genommenen Gesellschafter steht ein Ausgleichsanspruch gegen die Gesellschaft und ggf. subsidiär gegen ehemalige persönlich haftende Gesellschafter der KGaA zu.[4] Eine Haftung aus anderem Rechtsgrund (z. B. Nachhaftung aus Nachschusspflicht) bleibt unberührt.[5] 4

1) Vgl. Widmann/Mayer-*Vossius*, UmwR, § 249 UmwG Rz. 4; *Petersen* in: KölnKomm-UmwG, § 249 Rz. 3; Lutter-*Göthel*, UmwG, § 249 Rz. 1; Kallmeyer-*Blasche*, UmwG, § 249 Rz. 2.

2) Vgl. *Herfs/Link* in: BeckOGK-UmwG, § 249 Rz. 4; Semler/Stengel/Leonard-*Scheel*, UmwG, § 249 Rz. 3; *Petersen* in: KölnKomm-UmwG, § 249 Rz. 4; Kallmeyer-*Blasche*, UmwG, § 249 Rz. 2.

3) Vgl. Semler/Stengel/Leonard-*Scheel*, UmwG, § 249 Rz. 2.

4) Vgl. Lutter-*Hoger*, UmwG, § 224 Rz. 36; Semler/Stengel/Leonard-*Schlitt*, UmwG, § 224 Rz. 38; Kallmeyer-*Blasche*, UmwG, § 249 Rz. 2.

5) Vgl. *Herfs/Link* in: BeckOGK-UmwG, § 249 Rz. 8.

§ 250
Nicht anzuwendende Vorschriften

Die §§ 207 bis 212 sind auf den Formwechsel einer Aktiengesellschaft in eine Kommanditgesellschaft auf Aktien oder einer Kommanditgesellschaft auf Aktien in eine Aktiengesellschaft nicht anzuwenden.

Übersicht

I. Norminhalt

§ 250 schließt die Anwendung der Vorschriften über die Barabfindung widersprechender Anteilsinhaber in den §§ 207 bis 212 für den Formwechsel einer AG in eine KGaA und umgekehrt aus. Die Vorschrift beruht auf der Einschätzung des Gesetzgebers, dass sich die Rechtsstellung des einzelnen (Kommandit-)Aktionärs durch einen solchen Formwechsel **nicht wesentlich ändert** und dass es diesen auch bei einem Formwechsel gegen ihren Willen zugemutet werden kann, in der Gesellschaft zu verbleiben oder ihre Anteile selbst zu veräußern.[1] Vor diesem Hintergrund ist auch eine teleologische Reduktion des § 250 für Fälle, 1

1) Vgl. Begr. Fraktionsentwurf UmwBerG, BT-Drucks. 12/6699, S. 159.

in denen mit dem Formwechsel ausnahsweise eine wesentliche Veränderung der Rechtsposition des (Kommandit-)Aktionärs einhergeht,[2] abzulehnen.[3]

II. Ausschluss der §§ 207 bis 212

2 Durch den Ausschluss der §§ 207 bis 212 steht dem widersprechenden (Kommandit-)Aktionär beim Formwechsel einer KGaA in eine AG und umgekehrt **kein Anspruch auf Übernahme oder Abfindung** zu. Für persönlich haftende Gesellschafter einer KGaA folgt dies bereits aus § 227, so dass § 250 beim Formwechsel einer KGaA nur für Kommanditaktionäre relevant ist.[4] Zu beachten ist, dass § 250 auch die Anwendung von § 211 ausschließt. Dies hat zur Folge, dass eine (mögliche) Vinkulierung der Aktien ihrer freien Veräußerbarkeit entgegenstehen kann.[5]

3 Da die (Kommandit-)Aktionäre beim Formwechsel einer AG in eine KGaA oder umgekehrt kein Abfindungsangebot erhalten, erübrigen sich schließlich auch Angaben zum Barabfindungsangebot (z. B. im Formwechselbeschluss bzw. -bericht oder in der Einladung zur Hauptversammlung).[6]

2) Vgl. *Petersen* in: KölnKomm-UmwG, § 250 Rz. 4.

3) Vgl. Semler/Stengel/Leonard-*Scheel*, UmwG, § 250 Rz. 2; Kallmeyer-*Blasche*, UmwG, § 250 Rz. 1.

4) Vgl. Schmitt/Hörtnagl-*Rinke*, UmwG/UmwStG, § 227 UmwG Rz. 1; Semler/Stengel/Leonard-*Scheel*, UmwG, § 250 Rz. 3; Kallmeyer-*Blasche*, UmwG, § 250 Rz. 2.

5) Vgl. Semler/Stengel/Leonard-*Scheel*, UmwG, § 250 Rz. 4; Kallmeyer-*Blasche*, UmwG, § 250 Rz. 2.

6) Vgl. *Herfs/Link* in: BeckOGK-UmwG, § 250 Rz. 5; Semler/Stengel/Leonard-*Scheel*, UmwG, § 250 Rz. 3; Kallmeyer-*Blasche*, UmwG, § 250 Rz. 2.

Vierter Unterabschnitt
Formwechsel in eine eingetragene Genossenschaft

§ 251

Vorbereitung und Durchführung der Versammlung der Anteilsinhaber*)

(1) [1]Auf die Vorbereitung der Gesellschafterversammlung oder der Hauptversammlung, die den Formwechsel beschließen soll, sind die §§ 229 bis 231 entsprechend anzuwenden. [2]§ 192 Abs. 2 bleibt unberührt.

(2) Auf die Gesellschafterversammlung oder die Hauptversammlung, die den Formwechsel beschließen soll, ist § 239 Abs. 1 Satz 1, auf die Hauptversammlung auch § 239 Abs. 1 Satz 2 und Abs. 2 entsprechend anzuwenden.

*) § 251 geändert durch Art. 4 des Gesetzes zur Umsetzung der Aktionärsrechterichtlinie (ARUG), v. 30.7.2009, BGBl. I 2009, 2479; § 251 i. d. F. des UmwBerG geändert durch Art. 1 des Zweiten Gesetzes zur Änderung des Umwandlungsgesetzes (2. UmwGÄndG), v. 19.4.2007, BGBl. I 2007, 542.

Übersicht

I. Allgemeines

Das **Fünfte Buch des UmwG** stellt mit der Möglichkeit des Formwechsels ein Rechtsinstrument zur Verfügung mittels dessen ein Rechtsträger seine Rechtsform ändern kann. Vor Inkrafttreten des UmwG waren nur **einige Fallgruppen des Formwechsels** im AktG und dem UmwG 1969 zugelassen. Im Hinblick auf eGs ist auszuführen, dass diese nach den §§ 385m bis 385q AktG a. F. lediglich in die Rechtsform einer AG wechseln konnten.[1] 1

Die §§ 251 bis 257 regeln nun ausdrücklich den **Formwechsel einer Kapitalgesellschaft in eine eG.** Die vorgenannten Vorschriften regeln in erster Linie, dass von der Kapitalgesellschaft bei einem Formwechsel einzuhaltende Verfahren, das sich eng an die **auch sonst für den Formwechsel einer Kapitalgesellschaft gelten Verfahrensregeln anlehnt.** Auf der besonderen Struktur der Genossenschaft beruhen dagegen vor allem diejenigen Vorschriften, die den Wechsel von der Kapitalbeteiligung der einzelnen Anteilsinhaber zur Mitgliedschaft bei der Genossenschaft betreffen.[2] 2

II. Vorbereitung der Gesellschafterversammlung (§ 251 Abs. 1)

Die Vorschrift des § 251 schreibt für die Vorbereitung der Versammlung der Anteilsinhaber sowie für deren Unterrichtung dasselbe Verfahren vor, welches auch in anderen Fällen des Formwechsels einer Kapitalgesellschaft eingehalten werden soll. 3

Auf die **Vorbereitung der Gesellschafterversammlung oder der Hauptversammlung** die letzten Endes den Formwechsel beschließen soll, sind die **§§ 229 bis 231 entsprechend anzuwenden.** Insoweit wird auf die Kommentierungen zu den vorgenannten Vorschriften verwiesen. Die Regelung des §§ 251 Abs. 1 Satz 1 verweist insbesondere darauf, dass auch die Regelung des § 229 entsprechend anzuwenden ist. Hier ist darauf hinzuweisen, dass es sich insoweit um ein Redaktionsversehen handelt, da die Regelung des **§ 229 zwischenzeitlich aufgehoben** wurde. 4

Die Regelung des § 230 **unterscheidet** in den Absätzen 1 und 2 nach der Rechtsform des formwechselnden Rechtsträgers. § 230 Abs. 1 regelt insoweit die Vorbereitung der Anteilsinhaberversammlung, wenn es sich bei dem **formwechselnden Rechtsträger um eine GmbH** handelt. Durch § 230 Abs. 1 wird das allgemeine Auskunfts- und Einsichtsrecht der Gesellschafter einer formwechselnden GmbH konkretisiert. Der Formwechsel ist für diese wegen der Einschränkung ihrer Rechte ein besonders bedeutsamer Vorgang. Daher sollen die Gesellschafter rechtzeitig auf die bevorstehende Beschlussfassung hingewiesen werden und durch die Übersendung des Formwechselberichts, der nach der Regelung des § 192 Abs. 1 Satz 2 zudem einen Entwurf des Formwechselbeschlusses enthalten muss, die für ihre Zustimmung zu den Formwechsel entscheidenden Informationen enthalten.[3] 5

§ 230 Abs. 2 Satz 1 regelt die Vorbereitung der Anteilsinhaberversammlung, wenn es sich bei dem formwechselnden Rechtsträger **um eine AG oder eine KGaA handelt.** Beim Formwechsel einer AG oder KGaA genügt es nach § 230 Abs. 2 Satz 1 den Formwechselbericht im **Geschäftsraum der Gesellschaft auszulegen.**[4] Zu beachten ist hierbei, dass die Einsichtnahme durch die Aktionäre während **der üblichen Geschäftszeiten uneingeschränkt gewährleistet sein muss.** Nach § 230 Abs. 2 Satz 2 ist auf Verlangen jedem Aktionär und jedem von der Geschäftsführung ausgeschlossenem persönlich haftenden Gesellschafter **unverzüglich und kostenlos** eine Abschrift des Formwechselberichts zu erteilen. Gemäß § 230 Abs. 2 Satz 3 und 4 wird die Vorbereitung der Hauptversammlung der formwechselnden 6

1) Vgl. hierzu mit einer umfassenden Einführung: Beuthien-*Wolff*, GenG, §§ 190 ff. UmwG Rz. 1 ff.
2) Begr. RegE UmwBerG, BR-Drucks. 75/94, S. 159.
3) Begr. RegE UmwBerG, BR-Drucks. 75/94, S. 153.
4) Schmitt/Hörtnagl-*Rinke*, UmwG/UmwStG, § 251 UmwG Rz. 4.

Gesellschaft insoweit erleichtert, wenn der Formwechselbericht **im gesamten relevanten Zeitraum über die Internetseite der AG zugänglich ist.** Eine Übersendung des Formwechselberichts im Wege der elektronischen Kommunikation z. B. per E-Mail ist ebenfalls möglich, sofern und soweit ein Aktionär oder ein von der Geschäftsführung ausgeschlossener persönlich haftender Gesellschafter eine Einwilligung für den elektronischen Kommunikationsweg erteilt hat (vgl. § 230 Abs. 2 Satz 3).

7 § 251 Abs. 1 Satz 1 i. V. m. § 231 enthält eine Regelung **unabhängig von der Rechtsform,** wonach die Kapitalgesellschaft das Abfindungsangebot entweder individuell oder durch eine öffentliche Bekanntmachung den Anteilsinhabern **bekannt machen bzw. mitteilen muss.** Die Regelung bezweckt, dass alle Anteilsinhaber einen unmittelbaren Zugang zu dem Abfindungsangebot erhalten, da dieses Angebot nur innerhalb einer bestimmten Frist nach Durchführung des Formwechsels angenommen werden kann (vgl. § 209). Eine Auslegung des Angebots in den Geschäftsräumen der formwechselnden Gesellschaft wäre in einem solchen Fall, selbst dann wenn eine kostenlose Anschrift angefordert werden würde bzw. könnte, nicht ausreichend.[5)]

8 § 251 Abs. 1 Satz 2 stellt insoweit klar das § 192 Abs. 2 unberührt bleibt. Demnach kann auf die Abfassung eines Formwechselberichts verzichtet werden, wenn an dem formwechselnden Rechtsträger entweder nur **ein Anteilsinhaber** beteiligt ist oder wenn **alle Anteilsinhaber** auf die Erstattung des Formwechselberichts **verzichten.** Die Verzichtserklärung ist notariell zu beurkunden (vgl. § 192 Abs. 2 Satz 2).

III. Durchführung der Anteilsinhaberversammlung (§ 251 Abs. 2)

9 Gemäß § 251 Abs. 2 findet die Regelung des § 239 **umfassend für die AG und die KGaA Anwendung** und **eingeschränkt auf die GmbH.** Sowohl für die GmbH als auch für die Hauptversammlung einer AG bzw. KGaA gilt, dass zur Vermeidung etwaiger Beschlussanfechtungen der Formwechselbericht gemäß § 193 Abs. 1 Satz 2 in der Anteilsinhaberversammlung auszulegen ist. Im Unterschied zur GmbH kann in der Hauptversammlung der AG bzw. KGaA der Formwechselbericht nach § 239 Abs. 1 Satz 2 auch elektronisch bekannt gemacht werden. In der Hauptversammlung einer AG bzw. KGaA besteht zudem das Erfordernis einer mündlichen Erläuterung des Formwechselbeschlusses zu Beginn der Verhandlung.[6)]

5) Begr. RegE UmwBerG, BR-Drucks. 75/94, S. 153.
6) Begr. RegE UmwBerG, BR-Drucks. 75/94, S. 156.

§ 252

Beschluß der Versammlung der Anteilsinhaber[*)]

(1) Der Formwechselbeschluss der Gesellschafterversammlung oder der Hauptversammlung bedarf, wenn die Satzung der Genossenschaft eine Verpflichtung der Mitglieder zur Leistung von Nachschüssen vorsieht, der Zustimmung aller anwesenden Gesellschafter oder Aktionäre; ihm müssen auch die nicht erschienenen Anteilsinhaber zustimmen.

(2) [1]Sollen die Mitglieder nicht zur Leistung von Nachschüssen verpflichtet werden, so bedarf der Formwechselbeschluss einer Mehrheit von mindestens drei Vierteln der bei der Gesellschafterversammlung einer Gesellschaft mit beschränkter Haftung abgegebenen Stimmen oder des bei der Beschlußfassung einer Aktiengesellschaft oder einer

Kommanditgesellschaft auf Aktien vertretenen Grundkapitals; § 50 Abs. 2 und § 65 Abs. 2 sind entsprechend anzuwenden. [2]Der Gesellschaftsvertrag oder die Satzung der formwechselnden Gesellschaft kann eine größere Mehrheit und weitere Erfordernisse bestimmen.

(3) Auf den Formwechsel einer Kommanditgesellschaft auf Aktien ist § 240 Abs. 3 entsprechend anzuwenden.

*) § 252 geändert durch Art. 1 des Gesetzes zur Umsetzung der Umwandlungsrichtlinie und zur Änderung weiterer Gesetze (UmRUG), v. 22.2.2023, BGBl. I 2023, Nr. 51; § 252 i. d. F. des UmwBerG geändert durch Art. 14 des Gesetzes zur Einführung der Europäischen Genossenschaft und zur Änderung des Genossenschaftsrechts (SCEEG), v. 14.8.2006, BGBl. I 2006, 1911.

Übersicht

I. Allgemeines

1 Fassung aufgrund des **UmRUG** vom 22.2.2023, in Kraft getreten am 1.3.2023. Es erfolgte lediglich eine **redaktionelle Anpassung**; der Begriff „Umwandlungsbeschluss" wurde durch den Begriff „Formwechselbeschluss" ersetzt.[1] Die Vorschrift stellt die für den Umwandlungsbeschluss unterschiedlichen Mehrheitserfordernisse auf. Hierbei unterscheidet die Regelung danach, ob die Satzung der eG eine Verpflichtung der Mitglieder zur Leistung von Nachschüssen nach § 6 Nr. 3 GenG getroffen hat (vgl. § 252 Abs. 1), und danach, ob die Satzung die Mitglieder der eG nicht zur Leistung von Nachschüssen verpflichtet sind (vgl. § 252 Abs. 2).

2 Die Regelung des § 252 Abs. 3 enthält eine Klarstellung dahingehend dass bei einem Formwechsel einer KGaA auch die **persönlich haftenden Gesellschafter zustimmen** müssen. Es ist bei dieser Gelegenheit darauf hinzuweisen, dass die Satzung der Genossenschaft insoweit eine Mehrheitsentscheidung dieser Gesellschafter vorsehen kann (vgl. § 240 Abs. 3).

II. Einstimmigkeit nach § 252 Abs. 1

3 Sieht die Satzung der Genossenschaft für den Fall dass die Gläubiger des Rechtsträgers in der Insolvenz nicht befriedigt werden, eine summenmäßig beschränkte oder gar unbeschränkte Nachschusspflicht der Mitglieder vor, so soll der Formwechsel nach der Regelung des § 252 Abs. 1 nur mit Zustimmung **aller Anteilsinhaber** der formwechselnden Gesellschaft möglich sein. Der Sinn und Zweck dieser Regelung besteht darin, dass sich die Rechtsstellung der Gesellschafter bzw. Aktionäre durch eine Umqualifizierung ihrer Anteile i. R. des Formwechsels verschlechtert.[2] Nach § 252 Abs. 1 Halbs. 2 müssen auch die nicht erschienenen Anteilsinhaber dem Formwechselbeschluss zustimmen.

4 Hierbei handelt es sich um ein sehr strenges Mehrheitserfordernis, welches ausgelöst wird, wenn die **Satzung eine Nachschusspflicht gemäß § 6 Nr. 3 GenG** der künftigen eingetragenen Genossenschaft vorsieht. Wie bereits dargelegt, kommt es hierbei nicht darauf an, ob die Nachschusspflicht betragsmäßig begrenzt ist oder nicht. Insoweit ähnelt der Fall der Umwandlung einer Kapitalgesellschaft in eine GbR oder in eine oHG, so dass der Form-

1) Gesetz zur Umsetzung der Umwandlungsrichtlinie und zur Änderung weiterer Gesetze (UmRUG), v. 22.2.2023, BGBl. I 2023, Nr. 51, S. 23.

2) Schmitt/Hörtnagl-*Rinke*, UmwG/UmwStG, § 252 UmwG Rz. 1.

wechselbeschluss nach der Gesetzesbegründung denselben strengen Anforderungen zu unterwerfen ist.[3)]

III. Mehrheitsentscheidung nach § 252 Abs. 2

5 Im Unterschied zu der Regelung des § 252 Abs. 1, soll ein Beschluss nach § 252 Abs. 2 zu einem Formwechsel in eine Genossenschaft ohne Nachschusspflicht nach § 6 Nr. 3 GenG mit denselben Mehrheiten gefasst werden können, die nach dem Gesetz für eine Abänderung eines Gesellschaftsvertrages nach § 53 Abs. 2 GmbHG oder eine Satzungsänderung i. S. des § 179 Abs. 2 und 3 AktG ausreicht.[4)] Es gilt insoweit dasselbe wie bei einem Formwechsel einer Kapitalgesellschaft in eine KG oder in eine Kapitalgesellschaft anderer Rechtsform. Demgemäß bedarf in den Fällen des § 252 Abs. 2 der Formwechselbeschluss der Drei-Viertel-Mehrheit.

6 Nach § 252 Abs. 2 Satz 1 Halbs. 2 sind die Regelungen des § 50 Abs. 2 sowie des § 65 Abs. 2 entsprechend anzuwenden. Die beiden vorgenannten Vorschriften enthalten **besondere Zustimmungserfordernisse die unabhängig von der i. Ü. notwendigen Beschlussmehrheit gelten**. § 50 Abs. 2 sieht die Zustimmung derjenigen Gesellschafter vor, die durch den Formwechsel ein Sonderrecht i. S. des § 35 BGB verlieren. Die Zustimmung ist nach § 193 Abs. 3 Satz 1 in notarieller Form zu erklären. Dagegen verlangt die Regelung des § 65 Abs. 2 die Zustimmung zu durch mit normaler Mehrheit zu fassender Sonderbeschlüsse, wenn **mehrere Gattungen von Aktien vorhanden sind.** Insoweit wird auf die Kommentierungen zu § 50 Abs. 2 und § 65 Abs. 2 verwiesen. Nach § 252 Abs. 2 Satz 2 kann der Gesellschaftsvertrag oder die Satzung der formwechselnden Gesellschaften jeweils eine größere Mehrheit und weitere Formerfordernisse bestimmen.

IV. Formwechsel einer KGaA (§ 252 Abs. 3)

7 § 252 Abs. 3 bestimmt, dass auf den Formwechsel einer KGaA die Regelung **des § 240 Abs. 3 entsprechend** anzuwenden ist. Die Regelung wonach Komplementäre einer formwechselnden KGaA dem Formwechsel zustimmen müssen, entspricht den allgemein geltenden Grundsätzen. Die Zulassung einer Mehrheitsentscheidung entspricht der Regelung des § 240 Abs. 3 Satz 2, so dass auf die Kommentierungen zu § 240 (siehe § 240 [*Berjasevic*]) verwiesen wird.

3) Begr. RegE UmwBerG, BR-Drucks. 75/94, S. 159.
4) Begr. RegE UmwBerG, BR-Drucks. 75/94, S. 159.

§ 253
Inhalt des Formwechselbeschlusses[*)]

(1) [1]In dem Formwechselbeschluss muß auch die Satzung der Genossenschaft enthalten sein. [2]Eine Unterzeichnung der Satzung durch die Mitglieder ist nicht erforderlich.

(2) [1]Der Formwechselbeschluss muß die Beteiligung jedes Mitglieds mit mindestens einem Geschäftsanteil vorsehen. [2]In dem Beschluß kann auch bestimmt werden, daß jedes Mitglied bei der Genossenschaft mit mindestens einem und im übrigen mit so vielen Geschäftsanteilen, wie sie durch Anrechnung seines Geschäftsguthabens bei dieser Genossenschaft als voll eingezahlt anzusehen sind, beteiligt wird.

*) § 253 geändert durch Art. 1 des Gesetzes zur Umsetzung der Umwandlungsrichtlinie und zur Änderung weiterer Gesetze (UmRUG), v. 22.2.2023, BGBl. I 2023, Nr. 51; § 253 i. d. F. des UmwBerG geändert durch Art. 14 des Gesetzes zur Einführung der Europäischen Genossenschaft und zur Änderung des Genossenschaftsrechts (SCEEG), v. 14.8.2006, BGBl. I 2006, 1911.

Übersicht

I. Allgemeines

1 Durch das UmRUG (in Kraft getreten am 1.3.2023) wurden lediglich redaktionelle Änderungen vorgenommen. So wurde in der Überschrift das Wort „Umwandlungsbeschlusses" durch das Wort „Formwechselbeschlusses" ersetzt. In § 253 Abs. 1 Satz 1 und Abs. 2 Satz 1 erfolgte ebenfalls nur eine redaktionelle Anpassung, so wurde jeweils das Wort „Umwandlungsbeschluß" durch das Wort „Formwechselbeschluss" ersetzt.[1]

2 Bei der Regelung des § 253 handelt es sich um eine Parallelvorschrift zu § 218, die den Formwechsel einer Personengesellschaft in eine eG zum Gegenstand hat.[2]

II. Formwechselbeschluss i. S. des § 253 Abs. 1

3 Bei dem Formwechselbeschluss nach § 253 handelt es sich um einen solchen i. S. des § 193. Nach der Legaldefinition des § 193 handelt es sich bei einem Formwechselbeschluss um einen Beschluss der Anteilsinhaber des formwechselnden Rechtsträgers. Der notwendige Inhalt des Formwechselbeschlusses wird durch § 194 festgelegt. Die in § 194 genannten Festlegungen müssen nicht vollumfänglich in einem wirksamen Beschluss enthalten sein. Dies gilt insbesondere dann, wenn eine der darin aufgeführten Voraussetzungen nicht gegeben ist.[3] Neben der Regelung des § 194 sind hinsichtlich des Inhalts des Formwechselbeschlusses die rechtsformspezifischen Ergänzungen der §§ 214 ff. zu beachten. Bei der Rechtsform der eG hat der Formwechselbeschluss auch die Satzung derselben zu enthalten. Ohne eine solche Regelung wäre die Anwendung des § 252 nicht möglich, da die Satzung der eG nach § 6 Nr. 3 GenG festlegt, ob überhaupt eine Nachschusspflicht der Mitglieder besteht oder nicht.[4]

4 Beim **Satzungsinhalt von eGs** ist zwischen Pflichtinhalten und „Kann"-Inhalten zu unterscheiden. Der notwendige Satzungsmindestinhalt ergibt sich aus den §§ 6, 7 und 36 Abs. 1 Satz 2 GenG. Hierzu zählen Regelungen zur Firma, zum Sitz, zur Nachschusspflicht und zur Zusammensetzung des Aufsichtsrates. In der Praxis ist festzustellen, dass die eG grundsätzlich Mustersatzungen verwenden, die diesen von den Genossenschaftsverbänden zur Verfügung gestellt werden. Bei diesen Mustersatzungen handelt es sich um unverbindliche Empfehlungen der Verbände.[5]

5 **§ 18 Satz 2 GenG** enthält eine Regelung zu den sog. **„Kann-Inhalten"** einer Satzung. Kann-Inhalte bedürfen um wirksam zu werden, der Aufnahme in die Satzung der eG. Bei den „Kann-Inhalten" ist zu beachten, dass das GenG grundsätzlich die Freiheit der eingetragenen Genossenschaften, mithin der Genossen, anerkennt, deren Organisation und die mitgliedschaftlichen Beziehungen zwischen den Mitgliedern selbstbestimmt auszugestalten (Satzungsautonomie). Die eG wird jedoch, ebenso wie die Rechtsform der AG, vom Grundsatz der Gesetzesstrenge beherrscht. § 18 Satz 2 GenG regelt daher den Vorrang des Gesetzes, so das bei eGs zunächst immer das GenG maßgeblich ist und erst dann in einem zweiten Schritt, wenn das dieses selbst keine zwingende und abschließende Regelung enthält, die

1) Beschlussempfehlung und Bericht d. Ausschusses RA z. UmRUG, BT-Drucks. 20/5237, S. 22.
2) Schmitt/Hörtnagl-*Rinke*, UmwG/UmwStG, § 253 UmwG Rz. 1.
3) Schmitt/Hörtnagl-*Winter*, UmwG/UmwStG, § 194 UmwG Rz. 1.
4) Semler/Stengel/Leonard-*Bonow*, UmwG, § 253 Rz. 3.
5) Beuthien-*Beuthien*, GenG, § 6 Rz. 1.

Satzung der Genossenschaft zum Tragen kommt. Sinn und Zweck dieser Regelung ist es der besonderen Schutzbedürftigkeit der Mitglieder einer Genossenschaft Rechnung zu tragen, denen in der Praxis sehr häufig die unternehmerische und rechtliche Erfahrung fehlt.

III. Mitgliederbeteiligung nach § 253 Abs. 2

6 Die Regelung des § 253 Abs. 2 bestimmt, dass der Formwechselbeschluss die Beteiligung jedes Mitglieds mit mindestens einem Geschäftsanteil vorzusehen hat. Die Regelung des § 253 Abs. 2 korrespondiert inhaltlich weitestgehend mit derjenigen des § 218 Abs. 3, so dass auf die Kommentierungen zu § 218 vollumfänglich verwiesen wird (siehe § 218 Rz. 58 ff. [*Allmendinger*]). Beide Regelungen konkretisieren die Regelung des § 194 Abs. 1 Nr. 3 durch die Festlegung von Ober- und Untergrenzen.[6)]

6) Begr. RegE UmwBerG, BR-Drucks. 75/94, S. 149 und S. 159.

§ 254
Anmeldung des Formwechsels*)

(1) Die Anmeldung nach § 198 einschließlich der Anmeldung der Satzung der Genossenschaft ist durch das Vertretungsorgan der formwechselnden Gesellschaft vorzunehmen.

(2) Zugleich mit der Genossenschaft sind die Mitglieder ihres Vorstandes zur Eintragung in das Register anzumelden.

*) § 253 i. d. F. des UmwBerG geändert durch Art. 14 des Gesetzes zur Einführung der Europäischen Genossenschaft und zur Änderung des Genossenschaftsrechts (SCEEG), v. 14.8.2006, BGBl. I 2006, 1911.

Übersicht

I. Allgemeines

1 Durch das SCEEG vom 14.8.2006, in Kraft getreten am 18.8.2006, erfolgte lediglich eine redaktionelle Anpassung: In § 254 Abs. 1 wurden die Wörter „des Statuts" durch die Wörter „der Satzung" ersetzt.[1)]

2 Für den Formwechsel ist die **Eintragung** in das Register von **konstitutiver Bedeutung.** Hierbei regelt grundsätzlich § 198 die Anmeldung, die Art der Eintragung und etwaige hierbei zu beachtenden Reihenfolgen. § 198 bestimmt jedoch nicht, **wer** die Anmeldung vorzunehmen hat. Wer den Rechtsformwechsel anzumelden hat, wird rechtsformspezifisch in den besonderen **Regelungen der §§ 214 ff.** bestimmt.

II. Anmeldepflicht nach § 254 Abs. 1

3 § 254 Abs. 1 sieht vor, dass die Anmeldung nach § 198 einschließlich der Anmeldung der Satzung der eG durch das jeweilige Vertretungsorgan der formwechselnden Gesellschaft vorzunehmen ist. Vergleichbare Regelungen enthalten § 235 beim Formwechsel in eine Personengesellschaft und § 246 Abs. 1 bei einem Formwechsel in eine Kapitalgesellschaft an-

1) RegE SCEEG, BT-Drucks. 16/1025, S. 45.

derer Form. Bei der Fragen nach dem „wer“, also letztlich derjenigen nach der oder den anmeldepflichtigen Personen, ist nach der Rechtsform des jeweiligen Rechtsträgers zu unterscheiden. Bei einer AG ist dies der Vorstand derselben bzw. die persönlich haftenden Gesellschafter bei einer KGaA. Bei einer GmbH ist die Anmeldung von den Geschäftsführern derselben vorzunehmen. Die Anmeldung ist jeweils in der zur Vertretung der Gesellschaft berechtigenden Anzahl vorzunehmen.[2)]

III. Anmeldung des Formwechsels nach § 254 Abs. 1

Nach § 197 sind auf den Formwechsel die für die neue Rechtsform geltenden **Gründungsvorschriften** anzuwenden. Der Sinn und Zweck dieser Regelung besteht darin, zu verhindern, dass der Wechsel des rechtsformspezifischen Normsystems dazu führt, dass strenge und im Interesse des Rechtsverkehrs stehende Normen, die bei einer Gründung eines bestimmten Rechtsträgers zu beachten wären, umgangen werden.[3)] In der Praxis bedeutet dies, dass bei einer Anmeldung des Formwechsels, die Satzung der eG nicht nur nach § 199 beizufügen ist, vielmehr ist die Anmeldung auch nach den **Regeln des GenG** (§ 11 Abs. 2 GenG) erforderlich. Die Gründungsvorschriften dürfen jedoch nicht uneingeschränkt für anwendbar erklärt werden, da hierdurch im Ergebnis stets eine Neugründung erforderlich würde, die durch einen Formwechsel gerade vermieden werden soll.[4)] Aus diesem Grund sieht die Regelung des § 254 Abs. 1 vor, dass die Anmeldung der Genossenschaft und der Satzung dem Vertretungsorgan **der formwechselnden Kapitalgesellschaft obliegt**. Dies stellt eine bewusste und vom Gesetzgeber ausdrücklich gewollte Erleichterung zum Verfahren nach dem für Genossenschaften geltenden Gründungsrecht des § 11 Abs. 2 Nr. 1 GenG dar.[5)] 4

Diese vorgenannte Erleichterung im Verfahren zeigt sich bei einer genauen Betrachtung der Regelungen nach § 11 Abs. 2 GenG und den §§ 197 Satz 2 sowie 253 Abs. 1 Satz 2. Nach der Regelung des § 11 Abs. 1 Nr. 1 GenG muss die Satzung der eingetragenen Genossenschaft von **mindestens drei Mitgliedern** unterzeichnet sein. Die Regelung des § 192 Satz 2 enthält eine Beschränkung des Gründerrechts nach welcher die Vorschriften, die für eine Gründung eine Mindestanzahl vorschreibt, nicht anzuwenden sind. Demgemäß stellt die Regelung des § 253 Abs. 1 Satz 2, wonach eine **Unterzeichnung** der Satzung durch die Mitglieder **nicht erforderlich** ist, eine **zulässige Ausnahme** von der Gründungsvorschrift des § 11 Abs. 1 Nr. 1 GenG dar. Gegen eine solche Abweichung von den Regelungen des Gründungsrechts wird die Frage aufgeworfen, ob nicht eine Unterzeichnung durch wenigstens drei Mitglieder auch bei einem Formwechsel geboten ist.[6)] Hiergegen lässt sich jedoch einwenden, dass zu befürchten ist, dass bei einem Formwechsel die **Mindestanzahl an Mitgliedern nicht oder nur schwer erreicht** wird. Zudem ist hierbei zu berücksichtigen, dass der Formwechsel stets einen bereits gegründeten Rechtsträger betrifft, so dass dieser nicht davon abhängig gemacht wird, dass er von einer bestimmten Anzahl an Personen beschlossen wird. 5

IV. Unzulässigkeit der Fremdorganschaft

Die Regelung des § 254 Abs. 2 sieht vor, dass die Genossenschaft und die **Mitglieder ihres Vertretungsorgans gleichzeitig** zur Eintragung in das Genossenschaftsregister angemeldet 6

2) Semler/Stengel/Leonard-*Bonow*, UmwG, § 254 Rz. 6.
3) Schmitt/Hörtnagl-*Winter*, UmwG/UmwStG, § 197 UmwG Rz. 3.
4) Begr. RegE UmwBerG, BR-Drucks. 75/94, S. 141.
5) Begr. RegE UmwBerG, BR-Drucks. 75/94, S. 159.
6) Schmitt/Hörtnagl-*Rinke*, UmwG/UmwStG, § 254 UmwG Rz. 1.

werden, um sofort Klarheit über die Vertretungsverhältnisse zu schaffen.[7] Die Mitglieder des Vorstands der eingetragenen Genossenschaft müssen nach § 9 Abs. 2 Satz 1 GenG Mitglieder derselben sein. Folglich ist die **Mitgliedschaft Amtsvoraussetzung.** Die Mitgliedschaft als Amtsvoraussetzung ist Ausdruck des förderungszweckbezogenen, genossenschaftlichen Selbstverwaltungsgrundsatzes.[8]

7) Begr. RegE UmwBerG, BR-Drucks. 75/94, S. 160.

8) Beuthien-*Beuthien*, GenG, § 9 Rz. 6 f.

§ 255

Wirkungen des Formwechsels*)

(1) [1]Jeder Anteilsinhaber, der die Rechtsstellung eines Mitglieds erlangt, ist bei der Genossenschaft nach Maßgabe des Formwechselbeschlusses beteiligt. [2]Eine Verpflichtung zur Übernahme weiterer Geschäftsanteile bleibt unberührt. [3]§ 202 Abs. 1 Nr. 2 Satz 2 ist mit der Maßgabe anzuwenden, daß die an den bisherigen Anteilen bestehenden Rechte Dritter an den durch den Formwechsel erlangten Geschäftsguthaben weiterbestehen.

(2) Das Gericht darf eine Auflösung der Genossenschaft von Amts wegen nach § 80 des Genossenschaftsgesetzes nicht vor Ablauf eines Jahres seit dem Wirksamwerden des Formwechsels aussprechen.

(3) Durch den Formwechsel einer Kommanditgesellschaft auf Aktien scheiden deren persönlich haftende Gesellschafter als solche aus dem Rechtsträger aus.

*) § 255 geändert durch Art. 1 des Gesetzes zur Umsetzung der Umwandlungsrichtlinie und zur Änderung weiterer Gesetze (UmRUG), v. 22.2.2023, BGBl. I 2023, Nr. 51; § 255 i. d. F. des UmwBerG geändert durch Art. 14 des Gesetzes zur Einführung der Europäischen Genossenschaft und zur Änderung des Genossenschaftsrechts (SCEEG), v. 14.8.2006, BGBl. I 2006, 1911.

Übersicht

I. Allgemeines

1 Die Änderungen durch das UmRUG enthielt eine lediglich redaktionelle Anpassung; es wurde das Wort „Umwandlungsbeschluss“ durch das Wort „Formwechselbeschluss“ ersetzt.[1]

2 **§ 255 Abs. 1** enthält eine Regelung wie die Gesellschafter bzw. Aktionäre an der **künftigen eingetragenen Genossenschaft beteiligt** werden. Die praktische Bedeutung der Regelung des **§ 255 Abs. 2** ist äußerst gering und enthält eine **Modifikation des § 80 Abs. 1 GenG** dahingehend, dass die Auflösung der eG wegen Unterschreitung der Mitgliederanzahl von Amts wegen **nicht vor Ablauf eines Jahres nach dem Wirksamwerden des Formwechsels ausgesprochen werden darf.** Die Vorschrift des **§ 255 Abs. 3** regelt das Ausscheiden der **persönlich haftenden Gesellschafter** einer KGaA.

1) Gesetz zur Umsetzung der Umwandlungsrichtlinie und zur Änderung weiterer Gesetze (UmRUG), v. 22.2.2023, BGBl. I 2023, Nr. 51, S. 24.

II. Mitgliederbeteiligung (§ 255 Abs. 1)

3 § 255 Abs. 1 konkretisiert die Regelung des § 202. Durch den Formwechsel soll jeder Gesellschafter einer GmbH bzw. ein Aktionär oder Kommanditaktionär **mindestens einen Geschäftsanteil** der formwechselnden Gesellschaft erlangen. Die Beteiligung mit mehr als einem Geschäftsanteil setzt voraus, dass durch den Formwechselbeschluss und durch die Festsetzung der Satzung die notwendigen Voraussetzungen dafür geschaffen worden sind. Nach der Regelung des § 7a Abs. 1 des GenG kann das Statut bestimmen, dass sich ein Mitglied mit mehr als einem Geschäftsanteil beteiligen darf. Sofern und soweit der Betrag des Geschäftsanteils oder der Geschäftsanteile eines Genossen hinter dem Wert seiner **bisherigen Beteiligung zurückbleibt**, so ist die Differenz nach § 256 Abs. 2 **auszugleichen**; insoweit wird auf die Kommentierung zu § 256 verwiesen (siehe § 256 Rz. 4 [*Brčić*]).

4 Nach § 255 Abs. 1 Satz 2 bleibt eine Verpflichtung zur Übernahme weiterer Geschäftsanteile unberührt. Daraus folgt, dass für den Umfang der Beteiligung eines Mitglieds an der eG nicht nur der Inhalt des Formwechselbeschlusses maßgeblich ist, **sondern auch eine darüber hinausgehende Festsetzung in der Satzung.**[2] Ein Mitglied kann sich zumindest dann mit mehr als einem Geschäftsanteil beteiligen, wenn die Satzung dies **ausdrücklich gestattet** (vgl. § 7a Abs. 1 Satz 1 GenG). Die **nähere** verfahrensrechtliche **Ausgestaltung** der Übernahme mehrerer Geschäftsanteile kann einer **Geschäftsanweisung bzw. Geschäftsordnung** überlassen bleiben.[3] Die Satzung darf nach § 7a Abs. 1 Satz 2 zudem eine **Höchstzahl** festsetzen. Nach § 7a Abs. 2 GenG kann die Satzung auch bestimmen, dass die Mitglieder sich mit **mehreren Geschäftsanteilen zu beteiligen haben** (Pflichtbeteiligung).[4] Diese Pflichtbeteiligung muss zwingend gleich sein (vgl. § 7a Abs. 2 Satz 2 GenG).

5 § 255 Abs. 1 Satz 3 regelt, dass § 202 Abs. 1 Nr. 2 Satz 2 mit der Maßgabe anzuwenden ist, das die an den bisherigen Anteilen bestehenden **Rechte Dritter** an den durch den Formwechsel erlangten Geschäftsguthaben weiterbestehen. Unter „Rechten Dritter" i. S. dieser Vorschrift müssen **nicht nur alle Pfandrechte verstanden werden**, darunter fallen auch alle Formen des **Nießbrauchs** sowie zulässige Unterbeteiligung.[5]

III. Verweis auf § 80 GenG (§ 255 Abs. 2)

6 Nach § 197 Satz 2 soll ein Formwechsel grundsätzlich nicht an denjenigen Vorschriften scheitern, die für die Gründung des Rechtsträgers in seiner jeweils neuen Form eine Mindestanzahl der Gründer vorschreiben.[6] Die Regelung enthält insoweit also eine **Erleichterung für den Formwechsel**. Aus diesem Grund bleiben diejenigen Vorschriften unangewendet die auch den Fortbestand des Rechtsträgers davon abhängig machen, dass eine bestimmte Mitgliederzahl erreicht wird.[7] § 255 Abs. 2 enthält eine Klarstellung und eine Verweisung auf § 80 GenG. Danach soll die zu kurze Frist des § 80 GenG von sechs Monaten auf ein Jahr verlängert werden.

IV. Ausscheiden persönlich haftender Gesellschafter (§ 255 Abs. 3)

7 **Für den Fall des Formwechsels einer KGaA** enthält § 255 Abs. 3 eine Regelung die das Ausscheiden der persönlich haftenden Gesellschafter aus dem jeweiligen Rechtsträger vor-

2) Schmitt/Hörtnagl-*Rinke*, UmwG/UmwStG, § 256 UmwG Rz. 5.
3) RG, Urt. v. 19.12.1900 – Rep. I. 252/00, RGZ 47, 146, 151.
4) Zur Pflichtbeteiligung: Beuthien-*Beuthien*, GenG, § 7a Rz. 5 ff.
5) Schmitt/Hörtnagl-*Rinke*, UmwG/UmwStG, § 256 UmwG Rz. 6.; vgl. hierzu auch Beuthien-*Beuthien*, GenG, § 22 Rz. 21 ff.
6) Begr. RegE UmwBerG, BR-Drucks. 75/94, S. 160.
7) Begr. RegE UmwBerG, BR-Drucks. 75/94, S. 160.

sieht. Die Regelung erfolgte in Anlehnung an **vormaligen Regelungen** des § 368 Satz 2 und § 367 Abs. 1 AktG (a. F.). Mit dem **Ausscheiden der persönlich haftenden Gesellschafter** treten nach der Regelung des § 254 Abs. 2 an deren Stelle **die Vorstände der Genossenschaft.** Da es in einer Genossenschaft keine Anteilsinhaber gibt, die Gläubigern gegenüber persönlich unbeschränkt haften, und da der Formwechsel zum Verlust bisheriger Geschäftsführung und Vertretungsbefugnisse führt, ist der Formwechsel mit den Verhältnissen beim Formwechsel einer KGaA in eine Kapitalgesellschaft anderer Form vergleichbar. **Nach der Gesetzesbegründung** rechtfertigt dies eine übereinstimmende Regelung beider Fallgruppen in diesem Punkt.[8)]

8 Den persönlich haftenden Gesellschaftern steht ein **Abfindungsanspruch** nach den Regelungen der § 278 Abs. 2 AktG, § 161 Abs. 2 HGB, § 105 Abs. 3 HGB und § 728 BGB zu.[9)] Dies gilt jedoch nur insoweit, falls nicht durch die Satzung oder durch eine besondere Vereinbarung etwas anderes bestimmt wird oder eine Abfindung ausnahmsweise entbehrlich ist.[10)] Der Anspruch richtet sich gegen den nun in der Rechtsform der eG bestehenden Rechtsträger.[11)] Die Nachhaftung der persönlich haften Gesellschafter bestimmt sich nach Maßgabe der §§ 257 und 224.

8) Begr. RegE UmwBerG, BR-Drucks. 75/94, S. 160.
9) Semler/Stengel/Leonard-*Bonow*, UmwG, § 255 Rz. 17.
10) Schmitt/Hörtnagl-*Rinke*, UmwG/UmwStG, § 256 UmwG Rz. 7.
11) BGH, Urt. v. 24.1.1974 – II ZR 128/71, DB 1974, 572 = BB 1974, 522.

§ 256
Geschäftsguthaben; Benachrichtigung der Mitglieder[*)]

(1) Jedem Mitglied ist als Geschäftsguthaben der Wert der Geschäftsanteile oder der Aktien gutzuschreiben, mit denen es an der formwechselnden Gesellschaft beteiligt war.

(2) [1]Übersteigt das durch den Formwechsel erlangte Geschäftsguthaben eines Mitglieds den Gesamtbetrag der Geschäftsanteile, mit denen es bei der Genossenschaft beteiligt ist, so ist der übersteigende Betrag nach Ablauf von sechs Monaten seit dem Tage, an dem die Eintragung der Genossenschaft in das Register bekannt gemacht worden ist, an das Mitglied auszuzahlen. [2]Die Auszahlung darf jedoch nicht erfolgen, bevor die Gläubiger, die sich nach § 204 in Verbindung mit § 22 gemeldet haben, befriedigt oder sichergestellt sind.

(3) Die Genossenschaft hat jedem Mitglied unverzüglich nach der Bekanntmachung der Eintragung der Genossenschaft in das Register in Textform mitzuteilen:

1. den Betrag seines Geschäftsguthabens;

2. den Betrag und die Zahl der Geschäftsanteile, mit denen es bei der Genossenschaft beteiligt ist;

3. den Betrag der von dem Mitglied nach Anrechnung seines Geschäftsguthabens noch zu leistenden Einzahlung oder den Betrag, der nach Absatz 2 an das Mitglied auszuzahlen ist;

4. den Betrag der Haftsumme der Genossenschaft, sofern die Mitglieder Nachschüsse bis zu einer Haftsumme zu leisten haben.

*) § 256 geändert durch Art. 4 des Gesetzes zur Umsetzung der Aktionärsrechterichtlinie (ARUG), v. 30.7.2009, BGBl. I 2009, 2479; § 256 geändert durch Art. 8 des Gesetzes über elektronische Handelsregister und Genossenschaftsregister sowie das Unternehmensregister (EHUG), v. 10.11.2006, BGBl. I 2006, 2553; § 256 geändert durch Art. 14 des Gesetzes zur Einführung der Europäischen Genossenschaft und zur Änderung des Genossenschaftsrechts (SCEEG), v. 14.8.2006, BGBl. I 2006, 1911; § 256 i. d. F. des UmwBerG geändert durch Art. 26 des Gesetzes zur Anpassung der Formvorschriften des Privatrechts und anderer Vorschriften an den modernen Rechtsgeschäftsverkehr, v. 13.7.2001, BGBl. I 2001, 1542.

Übersicht

I. Allgemeines

1 Die Regelung des § 256 Abs. 1 stellt sicher dass die Anteilsinhaber durch den Formwechsel von der Kapitalbeteiligung zur Mitgliedschaft **keine Vermögenseinbußen** erleiden.[1] Die Regelung des § 256 Abs. 2 enthält eine Parallelregelung zu § 87 Abs. 2 und sieht die Möglichkeit der **baren Zuzahlung** für denjenigen Fall vor, dass durch den Formwechsel erlangte Geschäftsguthaben eines Mitglieds den Gesamtbetrag der Geschäftsanteile übersteigt.[2] § 256 Abs. 3 ist der Regelung des § 93 Abs. 2 GenG a. F. nachgebildet und entspricht nun den Regelungen des § 89 Abs. 2 Nr. 1, 2, 4 und 5.[3]

II. Geschäftsguthaben (§ 256 Abs. 1)

2 Um sicherzustellen das durch den Wechsel der Kapitalbeteiligung zur Mitgliedschaft keine Vermögenseinbußen entstehen sieht § 256 Abs. 1 vor, dass jedem Genossen **der Wert seiner bisherigen Beteiligung** an der formwechselnden Gesellschaft als Geschäftsguthaben gutzuschreiben ist. Der **Begriff des Geschäftsguthabens** ist von demjenigen des Geschäftsanteils zu unterscheiden. Der genossenschaftsrechtliche **Geschäftsanteil** ist lediglich als eine gesellschaftsrechtlich erhebliche Zahl, nämlich als **Höchstbetrag** zu begreifen, bis zu dem sich jedes Mitglied mit Einlagen an der eG beteiligen darf und zwar bei Vorhandensein mehrerer Geschäftsanteile mehrfach.[4] Beim Geschäftsguthaben handelt es sich um denjenigen Betrag, mit dem das einzelne Mitglied nach **Maßgabe der Bilanz wertmäßig an der eingetragenen Genossenschaft beteiligt ist.**[5] Das Geschäftsguthaben bildet mit der gesetzlichen Rücklage und den anderen Ergebnisrücklagen das **Eigenkapital** der eG und stellt – im Gegensatz zum konstanten Geschäftsanteil – eine variable Größe dar.[6]

3 Wirtschaftlich darf der Wechsel der Rechtsform und die damit verbundene Umqualifizierung der Anteile **keine Nachteile für den Anteilsinhaber mit sich bringen.** Und inwieweit das Geschäftsguthaben auch durch Geschäftsanteile repräsentiert wird richtet sich **allein nach dem Inhalt der Satzung der eingetragenen Genossenschaft.**[7]

1) Begr. RegE UmwBerG, BR-Drucks. 75/94, S. 160.
2) Begr. RegE UmwBerG, BR-Drucks. 75/94, S. 160.
3) Schmitt/Hörtnagl-*Rinke*, UmwG/UmwStG, § 256 UmwG Rz. 3.
4) Beuthien-*Beuthien*, GenG, § 7 Rz. 1.
5) Lang/Weidmüller-*Holthaus/Lehnhof*, GenG, § 7 Rz. 5.
6) Beuthien-*Beuthien*, GenG, § 7 Rz. 4.
7) BVerfG, Urt. v. 7.8.1962 – 1 BvL 16/60, BVerfGE 14, 263 = NJW 1962, 1667.

III. Bare Zuzahlung nach § 256 Abs. 2

4 Bei der Regelung des § 256 Abs. 2 handelt sich um einen auf der **besonderen Struktur der Genossenschaft beruhenden Zahlungsausgleich.**[8] Führt die Umsetzung des Formwechselbeschlusses dazu, dass das Geschäftsguthaben des Mitglieds nicht vollständig **im Wege einer Umqualifizierung** der Anteile durch zugewendete Anteile an der eG ausgeglichen wird, so steht dem Mitglied **hinsichtlich der Differenz** grundsätzlich ein Anspruch auf Gewährung barer Zuzahlung zu.[9] Bei einem Anspruch auf bare Zuzahlung müssen die umgewandelten Anteile und Mitgliedschaftsrechte an dem Unternehmen neuer Rechtsform **quotal** dem Anteil an dem Eigenkapital des umgewandelten Rechtsträgers **entsprechen.**[10] Die nähere Ausgestaltung des Anspruchs folgt der für die Verschmelzung und unter Beteiligung von eG vorgesehenen Regelung (vgl. § 87 Abs. 2). Fällig wird die bare Zuzahlung sechs Monate nach Wirksamwerden (§ 256 Abs. 2 Satz 1) des Formwechsels i. S. des § 202. Zu beachten ist hierbei, dass nach § 256 Abs. 2 Satz 2 eine Auszahlung **nicht vor Befriedigung oder Sicherstellung der Gläubiger erfolgen darf.** Eine höhenmäßigen Begrenzung der baren Zuzahlung ist nicht vorgesehen.[11]

IV. Pflicht zur Mitteilung (§ 256 Abs. 3)

5 Die Regelung des § 256 Abs. 3 ist derjenigen des § 93i Abs. 2 GenG nachgebildet.[12] Demgemäß sieht § 256 Abs. 3 eine **unverzügliche Mitteilungspflicht der Genossenschaft** insbesondere über den Betrag seines Geschäftsguthaben und der Zahl der Geschäftsanteile vor. **Adressat** dieser Verpflichtung ist die Genossenschaft, so dass der Vorstand der eG in der Pflicht steht (vgl. § 254 Abs. 2). Die Mitteilungen sind **jedem Mitglied** und somit individuell und unverzüglich i. S. des § 121 BGB in Textform (§ 126b BGB) zu erteilen. Der Sinn und Zweck dieser Regelung besteht vor allem darin, den Mitgliedern insbesondere ihre **Rechtsstellung zu verdeutlichen.**[13]

6 Die **Besonderheiten der Beteiligung an einer Genossenschaft** sowie die Möglichkeit, dass der Formwechsel zu Zahlungsansprüchen der Genossenschaft gegen die Genossen oder der Genossen gegen die Genossenschaft führt, machen eine solche zusätzliche Informationen **nach dem Willen des Gesetzgebers erforderlich.**[14]

---

8) Begr. RegE UmwBerG, BR-Drucks. 75/94, S. 160.
9) Schmitt/Hörtnagl-*Rinke*, UmwG/UmwStG, § 256 UmwG Rz. 5.
10) OLG Brandenburg, Beschl. v. 30.3.2006 – 5 W (Lw) 169/00.
11) Schmitt/Hörtnagl-*Rinke*, UmwG/UmwStG, § 256 UmwG Rz. 5.
12) Begr. RegE UmwBerG, BR-Drucks. 75/94, S. 160.
13) Schmitt/Hörtnagl-*Rinke*, UmwG/UmwStG, § 256 UmwG Rz. 7.
14) Begr. RegE UmwBerG, BR-Drucks. 75/94, S. 160.

§ 257

Gläubigerschutz

Auf den Formwechsel einer Kommanditgesellschaft auf Aktien ist auch § 224 entsprechend anzuwenden.

Übersicht

I. Allgemeines

Für den Gläubigerschutz sollen die gleichen Grundsätze gelten wie bei einem Formwechsel einer AG oder einer KGaA in eine GmbH.[1] Die Schutzwürdigkeit der Gläubiger ergibt sich bei dem Formwechsel einer Kapitalgesellschaft in eine Genossenschaft bereits daraus, dass nach § 256 Abs. 2 vorzunehmende Ausgleichszahlungen die Haftungsmasse verringern. 1

II. Ausscheiden der persönlich haftenden Gesellschafter

Hinsichtlich des Schutzes der Gläubiger ist zu beachten, dass durch den Formwechsel einer KGaA deren persönlich haftende Gesellschafter als solche aus dem Rechtsträger ausscheiden (vgl. § 255 Abs. 3). Insoweit verweist die Regelung des § 257 auf § 224, wonach die **Fortdauer der persönlichen Haftung** der persönlich haftenden Gesellschafter **in zeitlicher Hinsicht begrenzt** ist. Demnach besteht nach § 224 Abs. 2 die persönliche Haftung bis zum Ablauf von fünf Jahren fort. Maßgeblich für den Fristbeginn ist nach§ 224 Abs. 3 Satz 1 der Tag an dem die Eintragung der neuen Rechtsform oder des Rechtsträgers neuer Rechtsform in das Register bekannt gemacht wurde. 2

Ein **Ausschluss** der Nachhaftung im Außenverhältnis ist **nicht möglich.**[2] Den persönlich haftenden Gesellschaftern verbleibt im **Innenverhältnis** ein Freistellungsanspruch gegen die eG.[3] Denkbar sind hiervon abweichende Vereinbarungen, ebenso wie eine Verjährung etwaiger Ansprüche zu einem früheren Zeitpunkt.[4] Im Übrigen wird auf die Kommentierungen zu § 224 verwiesen (siehe § 224 Rz. 36 ff. und 42 ff. [*Allmendinger*]). 3

1) Begr. RegE UmwBerG, BR-Drucks. 75/94, S. 160.

2) Semler/Stengel/Leonard-*Bonow*, UmwG, § 257 Rz. 5, Semler/Stengel/Leonard-*Schlitt*, UmwG, § 224 Rz. 2.

3) Semler/Stengel/Leonard-*Bonow*, UmwG, § 257 Rz. 7.

4) Schmitt/Hörtnagl-*Rinke*, UmwG/UmwStG, § 257 UmwG Rz. 1.

Dritter Abschnitt
Formwechsel eingetragener Genossenschaften

§ 258
Möglichkeit des Formwechsels[*)]

(1) Eine eingetragene Genossenschaft kann auf Grund eines Formwechselbeschlusses nach diesem Gesetz nur die Rechtsform einer Kapitalgesellschaft erlangen.

(2) Der Formwechsel ist nur möglich, wenn auf jedes Mitglied, das an der Gesellschaft neuer Rechtsform beteiligt wird, als beschränkt haftender Gesellschafter ein Geschäftsanteil, dessen Nennbetrag auf volle Euro lautet, oder als Aktionär mindestens eine volle Aktie entfällt.

*) § 258 geändert durch Art. 1 des Gesetzes zur Umsetzung der Umwandlungsrichtlinie und zur Änderung weiterer Gesetze (UmRUG), v. 22.2.2023, BGBl. I 2023, Nr. 51; § 258 geändert durch Art. 17 des Gesetzes zur Modernisierung des GmbH-Rechts und zur Bekämpfung von Missbräuchen (MoMiG), v. 23.10.2008, BGBl. I 2008, 2026; § 258 geändert durch Art. 14 des Gesetzes zur Einführung der Europäischen Genossenschaft und zur Änderung des Genossenschaftsrechts (SCEEG), v. 14.8.2006, BGBl. I 2006, 1911; § 258 geändert durch Art. 3 § 4 des Gesetzes zur Einführung des Euro (Euro-Einführungsgesetz – EuroEG), v. 9.6.1998, BGBl. I 1998, 1242; § 258 i. d. F. des UmwBerG geändert durch Art. 2 des Gesetzes über die Zulassung von Stückaktien (Stückaktiengesetz – StückAG), v. 25.3.1998, BGBl. I 1998, 590.

Übersicht

I. Allgemeines

1 Der dritte Abschnitt enthält die für den Formwechsel einer eG **zusätzlich erforderlichen Vorschriften.** Die Regelungen des Dritten Abschnitts folgen nach der Gesetzesbegründung weitgehend den Vorschriften über die **formwechselnde Umwandlung einer eG in eine AG.**[1)]

2 Die Regelung des § 258 Abs. 1 lässt den Formwechsel **in jede Art von Kapitalgesellschaft** zu. In § 258 Abs. 2 werden sodann objektive Voraussetzungen für die Zulässigkeit des Formwechsels formuliert. Hierbei ergänzt die Regelung des § 258 Abs. 2 die Regelung des § 194 Abs. 1 Nr. 3 und 4 und legt fest, dass ein Formwechsel nur dann möglich ist, wenn jedes Mitglied eine Beteiligung am Rechtsträger neuer Rechtsform erhält, **die eine gewisse Mindestgröße erreicht.**[2)]

II. Formwechsel in eine Kapitalgesellschaft (§ 258 Abs. 1)

3 Nach der Regelung des § 258 Abs. 1 kann die eG aufgrund eines Formwechselbeschlusses **nur die Rechtsform einer Kapitalgesellschaft erlangen.** Kapitalgesellschaften sind nach der Legaldefinition des § 3 Abs. 1 Nr. 2 die GmbH, die AG und die KGaA. Der **Formwechselbeschluss** erfolgt nach den Regelungen der §§ 193 und 194 in der Mitgliederversammlung der Mitglieder (Generalversammlung) bzw. in der Vertreterversammlung (§§ 43, 43a GenG). Insoweit wird auf die Kommentierung zu den §§ 193 und 194 verwiesen.

III. Beteiligung am neuen Rechtsträger (§ 258 Abs. 2)

4 Die Regelung des § 258 Abs. 2 dient insbesondere dem Schutz von Mitgliedern mit **kleinen Anteilen.**[3)] Der Formwechsel in eine GmbH ist nur möglich, wenn jedes Mitglied einen Geschäftsanteil an der GmbH erhält, **der auf volle Euro lautet.** Damit wird § 5 Abs. 2 Satz 1 GmbHG ins Umwandlungsrecht übernommen.[4)] Wandelt sich eine eG in eine AG oder eine KGaA, so muss jedes Mitglied mindestens eine volle Aktie erhalten.[5)]

5 Die Höhe der Nennbeträge der Geschäftsanteile ist gemäß § 194 Abs. 1 Nr. 3 und 4 festzulegen und ergibt sich aus dem Wert der **Beteiligung jedes Mitglieds an der formwechselnden eingetragenen Genossenschaft.**[6)]

1) Begr. RegE UmwBerG, BR-Drucks. 75/94, S. 160.
2) Schmitt/Hörtnagl-*Rinke*, UmwG/UmwStG, § 258 UmwG Rz. 2.
3) Semler/Stengel/Leonard-*Bonow*, UmwG, § 258 Rz. 5.
4) Beuthien-*Wolff*, GenG, §§ 190 ff. UmwG Rz. 4.
5) Beuthien-*Wolff*, GenG, §§ 190 ff. UmwG Rz. 4.
6) Vgl. hierzu ausf.: Schmitt/Hörtnagl-*Rinke*, UmwG/UmwStG, § 258 UmwG Rz. 6 ff.

§ 259
Gutachten des Prüfungsverbandes[*)]

Vor der Einberufung der Generalversammlung, die den Formwechsel beschließen soll, ist eine gutachtliche Äußerung des Prüfungsverbandes einzuholen, ob der Formwechsel mit den Belangen der Mitglieder und der Gläubiger der Genossenschaft vereinbar ist,

insbesondere ob bei der Festsetzung des Stammkapitals oder des Grundkapitals § 263 Abs. 2 Satz 2 und § 264 Abs. 1 beachtet sind (Prüfungsgutachten).

*) § 259 i. d. F. des UmwBerG geändert durch Art. 14 des Gesetzes zur Einführung der Europäischen Genossenschaft und zur Änderung des Genossenschaftsrechts (SCEEG), v. 14.8.2006, BGBl. I 2006, 1911.

Übersicht

I. Allgemeines

1 Die Regelung des § 259 entspricht im Wesentlichen derjenigen des § 81, so dass auf die Kommentierungen des § 81 [*Stiegler*] verwiesen wird.

2 Die Regelung des § 259 ist im Zusammenhang mit den Regelungen des § 260 sowie des § 261 über die **Vorbereitung der Durchführung der Generalversammlung** zu sehen. Nach der Regelung des § 260 Abs. 3 Satz 1 ist das Prüfungsgutachten in Vorbereitung der Generalversammlung der eG und den **Geschäftsräumen auszulegen oder über die Internetseite der Genossenschaft zugänglich zu machen** (§ 260 Abs. 3 Satz 3).

II. Form des Gutachtens

3 Beim Formwechsel einer eG hat der zuständige Prüfungsverband gemäß § 259 ein Gutachten darüber zu erstatten, ob der Formwechsel mit den **Belangen der Mitglieder und den Gläubigern der Genossenschaft vereinbar** ist. Dabei ist insbesondere zu untersuchen, ob die im Entwurf des Formwechselbeschlusses vorgesehene Festsetzung des Stammkapitals bei einer GmbH bzw. des Grundkapitals bei einer AG oder KGaA den Anforderungen der § 263 Abs. 2 Satz 2 sowie § 264 Abs. 1 genügt.[1]

4 Nach § 261 Abs. 2 Satz 1 ist das Gutachten in der Generalversammlung zu verlesen, woraus folgt, **dass das Gutachten zwingend schriftlich zu verfassen ist.**[2] Der Prüfungsverband darf nicht darüber entscheiden, ob auf entsprechende Anforderungen ein Gutachten i. S. des § 259 überhaupt erstellt wird oder nicht, denn die formwechselnde eG ist **Pflichtmitglied** bei einem Prüfungsverband nach § 54 GenG und zur Vorbereitung und Durchführung des Formwechsels notwendigerweise auf das Vorhandensein eines Gutachtens angewiesen.[3]

III. Inhalt des Gutachtens

5 In der Abfassung des Prüfungsgutachtens ist der genossenschaftliche Prüfungsverband grundsätzlich frei.[4] Die Mitglieder sollen das **Gutachten insbesondere als Ratschlag und als Grundlage für ihre Entscheidungsfindung** i. R. von § 262 ansehen.[5] eine **Bindung der Mitglieder an das Gutachten besteht insoweit nicht.** Der Prüfungsverband hat sich mit dem Inhalt des Formwechselbeschlusses auseinanderzusetzen. Neben der Beachtung der Regelung des § 258 Abs. 2 muss zudem eine materielle Aussage zum Sinn und Zweck des Formwechsels für die Mitglieder und die Gläubiger der eG getroffen werden.[6]

1) Beuthien-*Wolff*, GenG, §§ 190 ff. UmwG Rz. 8.
2) Semler/Stengel/Leonard-*Bonow*, UmwG, § 259 Rz. 8.
3) Schmitt/Hörtnagl-*Rinke*, UmwG/UmwStG, § 259 UmwG Rz. 4.
4) Schmitt/Hörtnagl-*Rinke*, UmwG/UmwStG, § 259 UmwG Rz. 7.
5) Beuthien-*Wolff*, GenG, §§ 190 ff. UmwG Rz. 8.
6) Schmitt/Hörtnagl-*Rinke*, UmwG/UmwStG, § 259 UmwG Rz. 5 ff.

IV. Schutzgesetz i. S. des § 823 Abs. 2 BGB

6 § 259 ist **Schutzgesetz i. S. von § 823 Abs. 2 BGB.**[7] Dies bedeutet dass bei schuldhafter Pflichtverletzung eine **deliktische Haftung des Prüfungsverbandes** droht. Nähere Regelungen zur Haftung des Prüfungsverbandes enthalten die Regelungen §§ 53 GenG.[8]

7) Semler/Stengel/Leonard-*Bonow*, UmwG/UmwStG, § 259 UmwG Rz. 14.

8) Vgl. hierzu Beuthien-*Schöpflin*, GenG, §§ 53 ff. GenG.

§ 260
Vorbereitung der Generalversammlung*)

(1) [1]Der Vorstand der formwechselnden Genossenschaft hat allen Mitgliedern spätestens zusammen mit der Einberufung der Generalversammlung, die den Formwechsel beschließen soll, diesen Formwechsel als Gegenstand der Beschlußfassung in Textform anzukündigen. [2]In der Ankündigung ist auf die für die Beschlußfassung nach § 262 Abs. 1 erforderlichen Mehrheiten sowie auf die Möglichkeit der Erhebung eines Widerspruchs und die sich daraus ergebenden Rechte hinzuweisen.

(2) [1]Auf die Vorbereitung der Generalversammlung sind § 230 Absatz 2 und § 231 Satz 1 entsprechend anzuwenden. [2]§ 192 Abs. 2 bleibt unberührt.

(3) [1]In dem Geschäftsraum der formwechselnden Genossenschaft ist von der Einberufung der Generalversammlung an, die den Formwechsel beschließen soll, außer den sonst erforderlichen Unterlagen auch das nach § 259 erstattete Prüfungsgutachten zur Einsicht der Mitglieder auszulegen. [2]Auf Verlangen ist jedem Mitglied unverzüglich und kostenlos eine Abschrift dieses Prüfungsgutachtens zu erteilen. [3]Die Verpflichtungen nach den Sätzen 1 und 2 entfallen, wenn das Prüfungsgutachten für denselben Zeitraum über die Internetseite der Genossenschaft zugänglich ist.

*) § 260 geändert durch Art. 5 des Gesetzes zum Bürokratieabbau und zur Förderung der Transparenz bei Genossenschaften (GenTraG), v. 17.7.2017, BGBl. I 2017, 2434; § 260 geändert durch Art. 4 des Gesetzes zur Umsetzung der Aktionärsrechterichtlinie (ARUG), v. 30.7.2009, BGBl. I 2009, 2479; § 260 geändert durch Art. 1 des Zweiten Gesetzes zur Änderung des Umwandlungsgesetzes (2. UmwGÄndG), v. 19.4.2007, BGBl. I 2007, 542; § 260 geändert durch Art. 14 des Gesetzes zur Einführung der Europäischen Genossenschaft und zur Änderung des Genossenschaftsrechts (SCEEG), v. 14.8.2006, BGBl. I 2006, 1911; § 260 i. d. F. des UmwBerG geändert durch Art. 26 des Gesetzes zur Anpassung der Formvorschriften des Privatrechts und anderer Vorschriften an den modernen Rechtsgeschäftsverkehr, v. 13.7.2001, BGBl. I 2001, 1542.

Literatur: *Denga*, Zur Reform des Genossenschaftsrecht, NZG 2024, 1155; *Kreuz/Reif*, Stellungnahme zur geplanten Genossenschaftsrechtsreform, ZIP 2024, 2802.

Übersicht

I. Allgemeines

1 § 260 regelt die Vorbereitung der Generalversammlung. Nach § 260 Abs. 1 legt den Zeitpunkt und den Inhalt der Ankündigung des Formwechsels fest. § 260 Abs. 2 enthält für die Vorbereitung der Generalversammlung im Interesse einer möglichst einheitlichen Handhabung des Umwandlungsverfahrens dieselben Erfordernisse wie für den Formwechsel

einer AG oder einer KGaA in einen Rechtsträger anderer Form.[1] Die Regelung des § 260 Abs. 3 soll **im Interesse einer umfassenden Unterrichtung** der Mitglieder auch das Gutachten ist an der Vorbereitung des Formwechsels zu beteiligenden Prüfungsverbandes in den Geschäftsräumen der Genossenschaft zur Einsicht ausgelegt werden.

Die Regelung des § 260 ist nicht dispositiv, sie dient dem Schutz der Mitglieder der form wechselnden eG.[2] 2

II. Ankündigung der Beschlussfassung (§ 260 Abs. 1)

Vor der Generalversammlung, die den Formwechselbeschluss fassen soll, hat der Vorstand der formwechselnden eG denselben nach § 260 **anzukündigen.** Zunächst ist der Tagesordnungspunkt Formwechsel als Gegenstand der Beschlussfassung **zusammen mit der Einberufung der Generalversammlung in Textform nach § 126b BGB anzukündigen.**[3] Die Ankündigung muss auf die Möglichkeit gegen den Formwechsel **Widerspruch zu erheben** und auf die **sich daraus ergebenden Folgen hinweisen** (§ 260 Abs. 1 Satz 2). Hinsichtlich der Möglichkeit Widerspruch zu erheben ist gleichfalls sowohl auf die Frist als auch die Form, in der ein Widerspruch ausgeübt werden kann, hinzuweisen.[4] Hinzuweisen ist gleichfalls auf die Mehrheitserfordernisse sowie den Abfindungsanspruch. Der Umfang der Ankündigung richtet sich dabei nach den zu § 46 Abs. 1 Satz 2 GenG entwickelten Grundsätzen. Das heißt, sie muss so genau sein, dass sich der Gegenstand der Versammlung erkennen lässt.[5] 3

Die **Einberufung der Generalversammlung** hat demnach in der durch die Satzung bestimmten Weise mit einer **Frist** von mindestens zwei Wochen zu erfolgen (vgl. § 46 Abs. 1 GenG). Nach der **Neufassung** von § 46 Abs. 2 GenG beträgt die **Mindestfrist** nunmehr **eine Woche.** 4

Missachtet der Vorstand die Ankündigungspflicht nach § 260 Abs. 1 kann dies zur Beschlussanfechtung führen. Kommt es dennoch zur Eintragung und zur endgültigen Aufrechterhaltung des Formwechsels nach § 202 Abs. 3, ist eine **Schadenersatzpflicht der Mitglieder des Vorstandes** nach den Regelungen der § 205 und § 206 denkbar.[6] 5

III. Unterrichtung der Mitglieder (§ 260 Abs. 2 und 3)

§ 260 Abs. 2 und Abs. 3 sehen für den Formwechsel **eine umfassende Unterrichtung der Mitglieder im Vorfeld des Formwechselbeschlusses** vor. Beginnend mit der Einberufung der Generalversammlung sind **in den Geschäftsräumen** der eG der Formwechselbericht (§ 260 Abs. 2 Satz 1, § 230 Abs. 2 Satz 1) samt des Entwurfs des Formwechselbeschlusses (§ 192 Abs. 1 Satz 3) sowie das Prüfungsgutachten (§ 260 Abs. 3 Satz 1) zur Einsicht der Mitglieder auszulegen. Durch das **Gesetz zur Stärkung der genossenschaftlichen Rechtsform**[7], soll der fortschreitenden Digitalisierung in der Praxis nach dem GenG noch stärker Rechnung getragen werden. Die angedachten Maßnahmen zur Digitalisierung der Genossenschaft bauen auf den allgemeinen **post-Corona-Maßnahmen** des Gesellschaftsrechts auf, welche kontaktlose Verfahren im Verbandsrecht befördert haben.[8] So sieht der RegE 6

1) Begr. RegE UmwBerG, BR-Drucks. 75/94, S. 161.

2) Schmitt/Hörtnagl-*Rinke*, UmwG/UmwStG, § 260 UmwG Rz. 1.

3) Beuthien-*Wolff*, GenG, §§ 190 ff. UmwG Rz. 10.

4) Beuthien-*Wolff*, GenG, §§ 190 ff. UmwG Rz. 10.

5) BGH, Urt. v. 4.7.1960 – II ZR 168/58, WM 1960, 859, 860 = NJW 1960, 1861.

6) Schmitt/Hörtnagl-*Rinke*, UmwG/UmwStG, § 260 UmwG Rz. 4.

7) RegE Gesetz zur Stärkung der genossenschaftlichen Rechtsform, BR-Drucks. 557/24; m. einem ausf. Überblick zum RegE: *Denga*, NZG 2024, 1155 ff.; *Kreuz/Reif*, ZIP 2024, 2802 ff.

8) *Denga*, NZG 2024, 1155, 1156.

des Gesetzes zur Stärkung der genossenschaftlichen Rechtsform insbesondere vor, dass die meisten **Schriftformerfordernisse** des GenG künftig durch die **Textform als gesetzlichen Regelfall** ersetzt werden.[9)] Als dritte Möglichkeit neben der Auslegung in den Geschäftsräumen und der Zugänglichmachung im Internet sollen die Unterlagen den Mitgliedern auch **direkt elektronisch übermittelt werden können.**[10)] Insbesondere durch den bereits angesprochenen Wandel von der Schrift- zur Textform, kann insbesondere künftig E-Mai-Kommunikation formgerecht erfolgen, um auf diese Weise zu einer Entbürokratisierung des Verbandslebens beizutragen.[11)] Die angedachten Änderungen sind hierbei bemüht, die jeweils mit der Schriftform bezweckten Schutz-, Warn- und Beweisfunktion zu erhalten.[12)]

7 **Jedem Mitglied** ist auf Verlangen unverzüglich und kostenlos eine **Abschrift** der vorgenannten Unterlagen zu erteilen (vgl. §§ 260 Abs. 2 Satz 1, 230 Abs. 2 Satz 2; § 260 Abs. 3 Satz 2). Erteilt ein Mitglied sein **Einverständnis** hierzu, können die Unterlagen auch **digital zur Verfügung gestellt werden** (vgl. § 260 Abs. 2 Satz 1, § 230 Abs. 2 Satz 3).

8 Sofern und soweit gemäß § 192 Abs. 2 **kein Formwechselbericht zu erstellen** ist, entfällt auch die Pflicht zur Auslegung und Abschriftserteilung (§ 260 Abs. 2 Satz 2). Ferner ist es möglich die Unterlagen auch über die Internetseite der eG zugänglich zu machen, was insoweit eine Auslage in den Geschäftsräumen sowie eine Abschriftserteilung (§ 260 Abs. 2 Satz 1, § 230 Abs. 2 Satz 4, Abs. 3 Satz 3) entbehrlich macht.

9 **Adressat der Verpflichtungen** ist das Vertretungsorgan des formwechselnden Rechtsträgers und somit der Vorstand der eG.[13)] Bei Nichtbeachtung ist, wie bereits dargelegt, eine **Anfechtung des Formwechselbeschlusses** denkbar. Kommt es dennoch zur Eintragung und damit zum Ausschluss eine Unwirksamkeitsklage nach § 202 Abs. 3 kann bei Vorliegen entsprechender Kausalität, Schadenersatz nach Maßgabe von § 205 und § 206 zu leisten sein.[14)]

9) *Kreuz/Reif*, ZIP 2024, 2802, 2803 f.
10) RegE Gesetz zur Stärkung der genossenschaftlichen Rechtsform, BR-Drucks. 557/24, S. 66.
11) RegE Gesetz zur Stärkung der genossenschaftlichen Rechtsform, BR-Drucks. 557/24, S. 21.
12) *Denga*, NZG 2024, 1155, 1156.
13) Schmitt/Hörtnagl-*Rinke*, UmwG/UmwStG, § 260 UmwG Rz. 7.
14) Schmitt/Hörtnagl-*Rinke*, UmwG/UmwStG, § 260 UmwG Rz. 7.

§ 261
Durchführung der Generalversammlung*)

(1) [1]In der Generalversammlung, die den Formwechsel beschließen soll, ist der Formwechselbericht, sofern er nach diesem Buch erforderlich ist, und das nach § 259 erstattete Prüfungsgutachten auszulegen. [2]Der Vorstand hat den Formwechselbeschluss zu Beginn der Verhandlung mündlich zu erläutern.

(2) [1]Das Prüfungsgutachten ist in der Generalversammlung zu verlesen. [2]Der Prüfungsverband ist berechtigt, an der Generalversammlung beratend teilzunehmen.

*) § 261 i. d. F. des UmwBerG geändert durch Art. 1 des Gesetzes zur Umsetzung der Umwandlungsrichtlinie und zur Änderung weiterer Gesetze (UmRUG), v. 22.2.2023, BGBl. I 2023, Nr. 51.

Literatur: *Denga*, Zur Reform des Genossenschaftsrecht, NZG 2024, 1155; *Kreuz/Reif*, Stellungnahme zur geplanten Genossenschaftsrechtsreform, ZIP 2024, 2802.

Übersicht

I. Allgemeines

Nach § 261 Abs. 1 soll für die Unterrichtung der Mitglieder in der Generalversammlung oder der Vertreter in einer Vertreterversammlung grundsätzlich dasselbe gelten wie bei der Durchführung der Gesellschafterversammlung bzw. der Hauptversammlung einer formwechselnden Kapitalgesellschaft. Hinzu kommt des Weiteren die Pflicht zur Auslegung des nach § 259 zu erstattenden Prüfungsgutachtens.[1) 1

§ 261 Abs. 2 sieht die **Berechtigung des Prüfungsverbandes** vor an der Generalversammlung teilzunehmen und die dort ebenfalls vorgeschriebene Verlesung des Prüfungsgutachtens vorzunehmen. 2

II. Durchführung der Generalversammlung (§ 261 Abs. 1 und 2)

Die Generalversammlung, die über den Formwechsel zu beschließen hat, ist nach der Regelung des § 261 durchzuführen. Die Regelung entspricht der verschmelzungsrechtlichen Vorschrift des § 83. 3

In der Generalversammlung sind das Prüfungsgutachten und der ggf. erforderliche Formwechselbericht auszulegen. Die Aufgabe, die vorgenannten Unterlagen auszulegen, **kann der Vorstand an seine Mitarbeiter delegieren.**[2) 4

Nach § 261 Abs. 1 Satz 2 hat der Vorstand den Formwechselbeschluss zu Beginn der Generalversammlung **mündlich zu erläutern**. Im Unterschied hierzu ist gemäß § 261 Abs. 2 das **Prüfungsgutachten in der Generalversammlung zu verlesen**. Gemeint ist i. S. dieser Vorschrift ein **vollständiges verlesen, nur auszugsweise vorgenommene Zitate sind unzulässig.**[3) Gemäß § 261 Abs. 2 Satz 2 hat der Prüfungsverband ein Recht zur Teilnahme an der Generalversammlung um ggf. beratend Stellung nehmen zu können. Die Mitglieder sind nach allgemeinen Regeln berechtigt Auskunft zu verlangen.[4) 5

Durch das geplante **Gesetz zur Stärkung der genossenschaftlichen Rechtsform**[5), soll der fortschreitenden Digitalisierung in der Praxis nach dem GenG noch stärker Rechnung getragen werden. Des Weiteren soll durch den RegE mit verschiedenen Maßnahmen, wie z. B. Regelungen zur Beschleunigung der Gründung, die Attraktivität der Genossenschaft als Rechtsform gesteigert werden.[6) So soll nach der Regelung des § 15 Abs. 1 GenG der **Beitritt** zu einer Genossenschaft künftig auch digital möglich sein, etwa per E-Mail.[7) 6

Die Generalversammlung kann in den Formen des **§ 43b GenG** stattfinden. Nach der vorgenannten Regelung des § 43b GenG kann die Generalversammlung als 7

– Präsenzversammlung (§ 43b Abs. 1 Nr. 1 GenG),
– virtuelle Versammlung (§ 43b Abs. 1 Nr. 2 GenG),

---

1) Begr. RegE UmwBerG, BR-Drucks. 75/94, S. 161.

2) Beuthien-*Wolff*, GenG, §§ 190 ff. UmwG Rz. 10.

3) Schmitt/Hörtnagl-*Rinke*, UmwG/UmwStG, § 261 UmwG Rz. 5.

4) Schmitt/Hörtnagl-*Rinke*, UmwG/UmwStG, § 261 UmwG Rz. 4.

5) RegE Gesetz zur Stärkung der genossenschaftlichen Rechtsform, BR-Drucks. 557/24; m. einem ausf. Überblick zum RegE: *Denga*, NZG 2024, 1155 ff.; *Kreuz/Reif*, ZIP 2024, 2802 ff.

6) *Kreuz/Reif*, ZIP 2024, 2802, 2804 ff., m. einem detaillierten Überblick.

7) *Denga*, NZG 2024, 1155, 1156.

– hybride Versammlung (§ 43b Abs. 1 Nr. 3 GenG) oder
– Versammlung im gestreckten Verfahren (§ 43b Abs. 1 Nr. 4 GenG)

stattfinden.

8 Dies bedarf insoweit keiner gesetzlichen Klarstellung.[8)] Der BGH hat bereits im Jahr 2021 klargestellt, dass eine Versammlung nach § 13 GenG **nicht zwingend eine Versammlung unter physischer Anwesenheit** der Teilnehmer sein muss.[9)] Daher ist künftig vorgesehen, dass insbesondere bei hybriden Veranstaltungen, die Teilnehmenden auch elektronisch abstimmen können. Die vorgesehenen Änderungen des GenG sehen zudem vor, dass i. R. von Versammlungen der Genossenschaft **in weiterem Umfang auch digitale Instrumente** eingesetzt werden können.[10)] Zur Vorbereitung von Umwandlungen können Informationen ebenfalls digital zur Verfügung gestellt werden, so dass es in § 261 der ergänzenden Regelungen bedarf, dass **virtuell teilnehmenden Mitgliedern** die Unterlagen, statt diese in der Generalversammlung auszulegen, elektronisch zugänglich zu machen sind.[11)]

---

8) RegE Gesetz zur Stärkung der genossenschaftlichen Rechtsform, BR-Drucks. 557/24, S. 66.

9) BGH, Beschl. v. 5.10.2021 – II ZB 7/21, ZIP 2021, 2276 = WM 2021, 2151.

10) *Denga*, NZG 2024, 1155, 1157.

11) RegE Gesetz zur Stärkung der genossenschaftlichen Rechtsform, BR-Drucks. 557/24, S. 66.

§ 262
Beschluß der Generalversammlung[*)]

(1) [1]Der Formwechselbeschluss der Generalversammlung bedarf einer Mehrheit von mindestens drei Vierteln der abgegebenen Stimmen. [2]Er bedarf einer Mehrheit von neun Zehnteln der abgegebenen Stimmen, wenn spätestens bis zum Ablauf des dritten Tages vor der Generalversammlung mindestens 100 Mitglieder, bei Genossenschaften mit weniger als 1.000 Mitgliedern ein Zehntel der Mitglieder, durch eingeschriebenen Brief Widerspruch gegen den Formwechsel erhoben haben. [3]Die Satzung kann größere Mehrheiten und weitere Erfordernisse bestimmen.

(2) Auf den Formwechsel in eine Kommanditgesellschaft auf Aktien ist § 240 Abs. 2 entsprechend anzuwenden.

*) § 262 geändert durch Art. 1 des Gesetzes zur Umsetzung der Umwandlungsrichtlinie und zur Änderung weiterer Gesetze (UmRUG), v. 22.2.2023, BGBl. I 2023, Nr. 51; § 262 i. d. F. des UmwBerG geändert durch Art. 14 des Gesetzes zur Einführung der Europäischen Genossenschaft und zur Änderung des Genossenschaftsrechts (SCEEG), v. 14.8.2006, BGBl. I 2006, 1911.

Literatur: *Knorr*, Widerspruch und Stimmabgabe bei Umwandlungen, insbesondere beim Formwechsel von Genossenschaften, NZG 2019, 1285.

Übersicht

I. Allgemeines

1 Das UmwG sieht in der Regelung des § 262 ein System **unterschiedlich großer Mehrheiten als Mindestanforderungen** vor, die durch die Satzung ggf. noch verschärft werden können (vgl. § 262 Abs. 1 Satz 3). Demnach gilt für die Beschlussfassung nach § 262 Abs. 1

das Mehrheitserfordernis, wonach der Formwechselbeschluss **einer Mehrheit von drei Vierteln oder von neun Zehnteln der abgegebenen Stimmen** in der Generalversammlung bzw. der Vertreterversammlung bedarf (§ 262 Abs. 1 Satz 1).

Durch den Verweis in § 262 Abs. 2 wird sichergestellt, das in einer künftigen KGaA kein Mitglied der formwechselnden Genossenschaft **ohne sein Einverständnis die Stellung eines persönlich haftenden Gesellschafters erhält.** Für den Beitritt neu hinzukommender persönlich haftender Gesellschafter sollen dieselben Formvorschriften gelten wie auch sonst beim Formwechsel eines Rechtsträgers in eine KGaA.[1] 2

Die Beschlussfassung **in offener Abstimmung** richtet sich nach den Regeln des GenG (vgl. §§ 43 ff. GenG). Das Erfordernis einer **notariellen Beurkundung** folgt aus § 193 Abs. 3 Satz 1. Gleiches gilt für die nach § 262 Abs. 2 und § 240 Abs. 2 Satz 1 erforderlichen **Zustimmungserklärungen** sowie für die **Beitrittserklärung** eines persönlich haftenden Gesellschafters, der zu einer eG, die sich in eine KGaA umwandelt, hinzutritt (§ 262 Abs. 2, § 240 Abs. 2 Satz 2, § 221 Satz 1). Das Erfordernis eines Beschlusses der Generalversammlung ist zwingend, weil es sich beim Beschluss des Formwechsels **um eine Grundlagenentscheidung handelt**, die nur in einer Versammlung der Anteilsinhaber gefasst werden kann (vgl. § 193 Abs. 1 Satz 2).[2] 3

II. Mehrheiten und Widerspruch (§ 262 Abs. 1)

Der Formwechselbeschluss bedarf ebenso wie der Verschmelzungsbeschluss nach § 84 Satz 1 einer Mehrheit von drei Vierteln der abgegebenen Stimmen in der Generalversammlung bzw. der Vertreterversammlung (§ 262 Abs. 1 Satz 1). Nach § 262 Abs. 1 Satz 2 **erhöht sich diese Mehrheit auf neun Zehntel** der abgegebenen Stimmen, wenn mindestens 100 Mitglieder oder 10 % der Mitglieder bis zum Ablauf des dritten Tages vor der Generalversammlung **durch eingeschriebenen Brief**, Widerspruch gegen den Formwechsel erhoben haben (§ 262 Abs. 1 Satz 2). In diesem Fall verschieben sich die Mehrheitserfordernisse in der Generalversammlung von 75 % auf 90 %, so dass eine Zustimmung für den Formwechsel nur dann zustande kommt, wenn 90 % der **anwesenden Mitglieder** in der Generalversammlung für den Formwechselbeschluss stimmen.[3] 4

Bei der Berechnung der Mehrheiten kommt **es allein auf die abgegebenen Stimmen an, Stimmenthaltungen** sowie **unberechtigt abgegebene oder ungültige Stimmen zählen** hierbei **nicht.**[4] Der Gesetzgeber gibt den Mitgliedern beim Formwechsel einer Genossenschaft somit nicht nur die Möglichkeit, ihre Meinungsbildung über den Formwechsel schon vor der Generalversammlung kundzutun, sondern vielmehr erhalten diese Mitglieder ferner die Möglichkeit, **Einfluss auf die Mehrheitserfordernisse in der Generalversammlung** zu nehmen.[5] 5

Für den **Widerspruch** reicht es aus, dass aus diesem die Ablehnung des Formwechsels deutlich wird. Er muss nicht explizit als solcher bezeichnet werden.[6] Ferner muss sich i. R. des Widerspruchs, die widersprechende Person die Geltendmachung des Abfindungsanspruchs **nicht** vorbehalten.[7] 6

1) Begr. RegE UmwBerG, BR-Drucks. 75/94, S. 161.
2) Schmitt/Hörtnagl-*Rinke*, UmwG/UmwStG, § 262 UmwG Rz. 2.
3) *Knorr*, NZG 2019, 1285, 1288.
4) Schmitt/Hörtnagl-*Rinke*, UmwG/UmwStG, § 262 UmwG Rz. 5.
5) *Knorr*, NZG 2019, 1285, 1288.
6) Beuthien-*Wolff*, GenG, §§ 190 ff. UmwG Rz. 13.
7) Lutter-*Bayer*, UmwG, § 262 Rz. 7.

7 Mit **Zugang** nach § 130 Abs. 1 Satz 1 BGB ist der Widerspruch bei der eG erhoben. Entsprechend der Regelungen der §§ 187 Abs. 1 und 188 Abs. 1 BGB ist die Frist rückwärts zu berechnen, der Tag der Generalversammlung zählt nicht mit. Es dürfen **sämtliche Mitglieder**, nicht nur die Mitglieder der Vertreterversammlung, Widerspruch erheben.[8] Denn die Möglichkeit durch Widerspruch, die in der General- bzw. Vertreterversammlung erforderliche Mehrheit zu erhöhen, soll sicherstellen, dass die Entscheidung für den Formwechsel bei möglichst **allen davon betroffenen Mitgliedern Rückhalt findet.**[9]

III. Formwechsel in eine KGaA (§ 262 Abs. 2)

8 Beim Formwechsel in eine KGaA ist nach § 262 Abs. 2 die Regelung des § 240 Abs. 2 zu beachten. Demnach ist bei einem Formwechsel in eine KGaA die Zustimmung der künftigen persönlich haftenden Gesellschafter in **notariell beurkundeter Form** nach § 193 Abs. 3 Satz 1 notwendig. Der Sinn und Zweck der Regelung ist darin zu sehen, dass die persönlich haftenden Gesellschafter einer KGaA nach den Regelungen der § 278 Abs. 2 AktG, § 181 Abs. 2 und § 128 HGB den Gläubigern der Gesellschaft unmittelbar mit ihrem gesamten Privatvermögen haften, und daher **schutzbedürftiger** sind als Aktionäre oder GmbH Gesellschafter, die – über ihre Aktie oder ihren Geschäftsanteil hinaus – kein Haftungsrisiko tragen.[10] Im Übrigen wird auf die Kommentierungen zu § 240 [*Berjasevic*] verwiesen.

8) Schmitt/Hörtnagl-*Rinke*, UmwG/UmwStG, § 262 UmwG Rz. 7.
9) Beuthien-*Wolff*, GenG, §§ 190 ff. UmwG Rz. 13.
10) Beuthien-*Wolff*, GenG, §§ 190 ff. UmwG Rz. 15.

§ 263
Inhalt des Formwechselbeschlusses*)

(1) Auf den Formwechselbeschluss sind auch die §§ 218, 243 Abs. 3 und § 244 Abs. 2 entsprechend anzuwenden.

(2) [1]In dem Beschluß ist bei der Festlegung von Zahl, Art und Umfang der Anteile (§ 194 Abs. 1 Nr. 4) zu bestimmen, daß an dem Stammkapital oder an dem Grundkapital der Gesellschaft neuer Rechtsform jedes Mitglied, das die Rechtsstellung eines beschränkt haftenden Gesellschafters oder eines Aktionärs erlangt, in dem Verhältnis beteiligt wird, in dem am Ende des letzten vor der Beschlußfassung über den Formwechsel abgelaufenen Geschäftsjahres sein Geschäftsguthaben zur Summe der Geschäftsguthaben aller Mitglieder gestanden hat, die durch den Formwechsel Gesellschafter oder Aktionäre geworden sind. [2]Der Nennbetrag des Grundkapitals ist so zu bemessen, daß auf jedes Mitglied möglichst volle Aktien entfallen.

(3) [1]Die Geschäftsanteile einer Gesellschaft mit beschränkter Haftung sollen auf einen höheren Nennbetrag als hundert Euro nur gestellt werden, soweit auf die Mitglieder der formwechselnden Genossenschaft volle Geschäftsanteile mit dem höheren Nennbetrag entfallen. [2]Aktien können auf einen höheren Betrag als den Mindestbetrag nach § 8 Abs. 2 und 3 des Aktiengesetzes nur gestellt werden, soweit volle Aktien mit dem höheren Betrag auf die Mitglieder entfallen. [3]Wird das Vertretungsorgan der Aktiengesellschaft oder der Kommanditgesellschaft auf Aktien in der Satzung ermächtigt, das Grundkapital bis zu einem bestimmten Nennbetrag durch Ausgabe neuer Aktien gegen Einlagen zu erhöhen, so darf die Ermächtigung nicht vorsehen, daß das Vertretungsorgan über den Ausschluß des Bezugsrechts entscheidet.

*) § 263 geändert durch Art. 1 des Gesetzes zur Umsetzung der Umwandlungsrichtlinie und zur Änderung weiterer Gesetze (UmRUG), v. 22.2.2023, BGBl. I 2023, Nr. 51; § 263 geändert durch Art. 14 des Gesetzes zur Einführung der Europäischen Genossenschaft und zur Änderung des Genossenschaftsrechts (SCEEG), v. 14.8.2006, BGBl. I 2006, 1911; § 263 geändert durch Art. 3 § 4 des Gesetzes zur Einführung des Euro (Euro-Einführungsgesetz – EuroEG), v. 9.6.1998, BGBl. I 1998, 1242; § 263 i. d. F. des UmwBerG geändert durch Art. 2 des Gesetzes über die Zulassung von Stückaktien (Stückaktiengesetz – StückAG), v. 25.3.1998, BGBl. I 1998, 590.

Übersicht

I. Allgemeines

1 Die Regelung des § 263 ergänzt die des § 194 und schreibt **weitere Anforderungen für den Inhalt des Formwechselbeschlusses** i. S. von § 193 und § 262 vor.[1)]

2 Nach § 263 Abs. 1 soll der Formwechselbeschluss zumindest als Anlage den **vollständigen Text des Gesellschaftsvertrags oder der Satzung der Gesellschaft neuer Rechtsform** und nicht nur die für den Formwechsel unerlässlichen Änderungen gegenüber dem Statut der formwechselnden Gesellschaft enthalten.[2)] § 263 Abs. 2 und 3 konkretisieren § 194 Abs. 1 Nr. 4. Die Regelung gilt nur für die Beteiligung künftiger GmbH-Gesellschafter oder Aktionäre, weil Komplementäre einer KGaA **nicht am Nennkapital der Gesellschaft beteiligt werden.** Der für die Umwandlung der Mitgliedschaft bei der Genossenschaft in eine Kapitalbeteiligung an dem Rechtsträger neuer Rechtsform vorgesehene Maßstab und die sonst für das Nennkapital vorgesehenen Grundsätze entsprechen den allgemeinen Regelungen.[3)]

II. Inhalt des Formwechselbeschlusses

3 Bei einem Formwechsel fehlt es an einem Formwechselsvertrag, so dass allein der Formwechselbeschluss die Einzelheiten eines Formwechsels festlegt. Hierbei werden die allgemeinen Vorschriften des § 194 für formwechselnde eGs durch die Regelung des § 263 **ergänzt.** Das Gesetz legt hierbei nur den **notwendigen Mindestinhalt des Formwechselbeschlusses** fest. Der Inhalt des Beschlusses kann darüber hinausgehen, diese Inhalte nehmen dann aber nicht an der dinglichen Wirkung des Formwechsels teil.[4)]

4 Im Formwechselbeschluss ist die Rechtsform des Zielrechtsträgers anzugeben (§ 194 Abs. 1 Nr. 1). Für formwechselnde eG **muss dies eine Kapitalgesellschaft i. S. der Regelung des § 3 Abs. 1 Nr. 2 sein.**

5 Des Weiteren muss der Formwechselbeschluss nach der Regelung des § 263 Abs. 1 und des § 218 Abs. 1 Satz 1 auch die **Satzung des Rechtsträgers neuer Form** enthalten. Nach § 194 Abs. 1 Nr. 2 muss die **Firma,** die der Rechtsträger nach dem Formwechsel führen wird, im Formwechselbeschluss angegeben sein.

6 Die ebenfalls nach § 194 Abs. 1 Nr. 3 erforderliche Angabe der Beteiligung der bisherigen Mitglieder an dem Rechtsträger neuer Rechtsform ist insoweit nur klarstellend, denn der Rechtsträger wahrt beim Formwechsel seine Identität, so dass sich der Kreis der Anteilsinhaber in der Regel nicht verändert.[5)] Aus der Regelung des § 202 Abs. 1 Nr. 2 folgt, dass

1) Begr. RegE UmwBerG, BR-Drucks. 75/94, S. 161.

2) Begr. RegE UmwBerG, BR-Drucks. 75/94, S. 161.

3) Begr. RegE UmwBerG, BR-Drucks. 75/94, S. 161.

4) Beuthien-*Wolff*, GenG, §§ 190 ff. UmwG Rz. 18.

5) Begr. Fraktionsentwurf UmwBerG, BT-Drucks. 12/6699, S. 139 f.

die Anteilsinhaber des Rechtsträgers alter Rechtsform **auch am Rechtsträger neue Rechtsform beteiligt sind**, unabhängig von der Festlegung innerhalb des Formwechselbeschlusses.

7 Von besonderer Bedeutung ist die Angabe von Zahl, Art und Umfang der Beteiligungen am Rechtsträger neuer Rechtsform innerhalb des Formwechselbeschlusses (§ 194 Abs. 1 Nr. 4).[6] Wesentlich ist hierbei insbesondere die Angabe der **Beteiligungsart** beim Formwechsel in eine KGaA. Hier muss mindestens ein Mitglied oder ein i. R. des Formwechsels beitretender **persönlich haftender Gesellschafter** werden, dies muss der Formwechselbeschluss festlegen (§ 263 Abs. 1, § 218 Abs. 2). Kerngedanke des Formwechsels ist **die Festlegung der Zahl und des Umfangs der Beteiligungen**, insbesondere Formzahl und ggf. Nennbetrag der Aktien bzw. Anzahl und Betrag der Geschäftsanteile der einzelnen GmbH-Gesellschafter.[7]

8 Für den Fall, dass **einzelnen Mitgliedern** der formwechselnden eG **Sonderrechte am Rechtsträger neuer Rechtsform gewährt werden**, so weicht dies vom Grundsatz der **genossenschaftlichen Gleichbehandlungs nach § 18 GenG ab.**[8] Darüber muss die Generalversammlung nach der Regelung des § 194 Abs. 1 Nr. 5 im Formwechselbeschluss in Kenntnis gesetzt werden. Regelungen, durch die einzelnen Inhabern besondere Rechte in der formwechselnden eingetragenen Genossenschaft gewährt werden, sind in den Formwechselbeschluss aufzunehmen. Nicht in den Formwechselbeschluss aufzunehmen, sind dagegen Rechte die allen Mitgliedern in gleichem Maße eingeräumt werden.[9]

9 Nach § 207 muss der Formwechselbeschluss ein **Abfindungsangebot** enthalten. Der Pflicht eine angemessene Barabfindung anzubieten, wird der formwechselnde Rechtsträger **nicht bereits dadurch gerecht**, dass er dieses Angebot in den Formwechselbeschluss nach § 194 Abs. 1 Nr. 6 aufnimmt. Darüber hinaus muss die Barabfindung den einzelnen betroffenen Mitgliedern **angeboten** werden, das Angebot muss diesen zugehen.[10]

10 Des Weiteren muss der Formwechselbeschluss die **kollektiv- und individuellarbeitsrechtlichen Folgen** des Formwechsels darstellen (§ 194 Abs. 1 Nr. 7). Der Entwurf des Formwechselsbeschlusses muss den Betriebsrat der formwechselnden eG spätestens **einen Monat** vor der Generalversammlung, die den Formwechsel beschließen soll, **zugeleitet** werden (§ 194 Abs. 2). Wie sich aus der Regelung des § 199 ergibt, ist der **Nachweis** dieser Zuleitung **Eintragungsvoraussetzung** des Formwechsels.

6) Schmitt/Hörtnagl-*Rinke*, UmwG/UmwStG, § 262 UmwG Rz. 5 ff.
7) Umfassende Übersicht hierzu: Beuthien-*Wolff*, GenG, §§ 190 ff. UmwG Rz. 19 ff.
8) Vgl. hierzu Beuthien-*Beuthien*, GenG, § 18 Rz. 60 ff.
9) Beuthien-*Wolff*, GenG, §§ 190 ff. UmwG Rz. 22.
10) Schmitt/Hörtnagl-*Rinke*, UmwG/UmwStG, § 262 UmwG Rz. 7.

§ 264
Kapitalschutz[*)]

(1) Der Nennbetrag des Stammkapitals einer Gesellschaft mit beschränkter Haftung oder des Grundkapitals einer Aktiengesellschaft oder einer Kommanditgesellschaft auf Aktien darf das nach Abzug der Schulden verbleibende Vermögen der formwechselnden Genossenschaft nicht übersteigen.

(2) Beim Formwechsel in eine Gesellschaft mit beschränkter Haftung sind die Mitglieder der formwechselnden Genossenschaft nicht verpflichtet, einen Sachgründungsbericht zu erstatten.

(3) [1]Beim Formwechsel in eine Aktiengesellschaft oder in eine Kommanditgesellschaft auf Aktien hat die Gründungsprüfung durch einen oder mehrere Prüfer (§ 33 Abs. 2 des Aktiengesetzes) in jedem Fall stattzufinden. [2]Jedoch sind die Mitglieder der formwechselnden Genossenschaft nicht verpflichtet, einen Gründungsbericht zu erstatten; die §§ 32, 35 Abs. 1 und 2 und § 46 des Aktiengesetzes sind nicht anzuwenden. [3]Die für Nachgründungen in § 52 Abs. 1 des Aktiengesetzes bestimmte Frist von zwei Jahren beginnt mit dem Wirksamwerden des Formwechsels.

*) § 264 i. d. F. des UmwBerG geändert durch Art. 14 des Gesetzes zur Einführung der Europäischen Genossenschaft und zur Änderung des Genossenschaftsrechts (SCEEG), v. 14.8.2006, BGBl. I 2006, 1911.

Übersicht

I. Allgemeines

1 Der Formwechsel ändert die innere Struktur und das für die Außenbeziehungen des Rechtsträgers maßgebende Normensystem.[1] **§ 264 Abs. 1** bestimmt daher, dass der Nennbetrag des künftigen Stamm oder Grundkapitals der Gesellschaft neuer Rechtsform durch **das Reinvermögen der formwechselnden Genossenschaft gedeckt sein muss.** Zum Schutz der Gläubiger ist eine solche Regelung ebenso wie beim Formwechsel einer Personengesellschaft in eine Kapitalgesellschaft erforderlich, weil der formwechselnde Rechtsträger in beiden Fällen, anders als eine Kapitalgesellschaft, **kein gebundenes Nennkapital hat.**[2] Da den Mitgliedern eine Verantwortung als Gründer nicht zuzumuten ist, werden sie durch **§ 264 Abs. 2 und Abs. 3** von der Verpflichtung zur Erstattung eines Sachgründungsberichts oder eines Gründungsberichts freigestellt.[3]

II. Kapitaldeckung (§ 264 Abs. 1)

2 Beim Formwechsel wird der Zielrechtsträger nicht neu gegründet. Daher sind wegen der Regelung des § 197 Satz 1 Halbs. 1 die **Gründungsvorschriften entsprechend anwendbar.** Der Nennbetrag des Stammkapitals einer GmbH oder des Grundkapitals einer AG bzw. einer KGaA darf das nach **Abzug der Schulden verbleibende Vermögen** (Reinvermögen) der formwechselnden Genossenschaft **nicht** übersteigen (§ 264 Abs. 1). Damit wird das Prinzip der Identität des Rechtsträgers vor und nach Wirksamwerden des Formwechsels **relativiert.**[4] Liegt im Zeitpunkt der Umwandlung eine Sach- und Rechtslage vor, die eine Geltendmachung der Altverbindlichkeiten, z. B. i. R. eines wirksamen **Rangrücktritts**, nicht erlaubt, so dass diese Verbindlichkeiten nicht zu passivieren sind, existiert ein bilanzielles Vermögen, welches sich unter **Außerachtlassung der Altkreditverbindlichkeiten** errechnet, womit der Regelung des § 264 UmwG genüge getan ist.[5] Der maßgebende Betrag des Stamm- bzw. Grundkapitals ergibt sich aus dem **Gesellschaftsvertrag bzw. der Satzung.**

3 Obwohl der Formwechsel die Identität des Rechtsträgers unberührt lässt, besteht damit die Gefahr eines Wechsels in eine Rechtsform, **ohne den schärferen Anforderungen an deren Gründung zu genügen.**[6] Aus diesem Grund gelten auch beim Formwechsel gemäß § 197 **die Gründungsvorschriften der Zielrechtsform.** Diese Gründungsvorschriften sind

1) Begr. Fraktionsentwurf UmwBerG, BT-Drucks. 12/6699, S. 141.
2) Begr. RegE UmwBerG, BR-Drucks. 75/94, S. 162.
3) Begr. RegE UmwBerG, BR-Drucks. 75/94, S. 162.
4) Schmitt/Hörtnagl-*Rinke*, UmwG/UmwStG, § 264 UmwG Rz. 1.
5) OLG Naumburg, Beschl. v. 1.8.2003 – 7 Wx 2/03, GmbHR 2003, 1432 = ZIP 2004, 566.
6) Beuthien-*Wolff*, GenG, §§ 190 ff. UmwG Rz. 24.

teilweise schon bei der Abfassung des Formwechselbeschlusses zu beachten, so etwa bei der Erstellung der neuen Satzung, die diesem Beschluss beizufügen ist.[7)]

III. Ausnahmen von Gründungsvorschriften (§ 264 Abs. 2 und 3)

4 Für die Rechtsform wechselnde eG bestehen **Ausnahmen von der Geltung der Gründungsvorschriften.** Nach der Regelung des § 197 Satz 2 Var. 2, Satz 3 sind die Vorschriften über die **Bildung und Zusammensetzung des ersten Aufsichtsrats nicht anzuwenden,** so dass von vornherein **Arbeitnehmervertreter** zu beteiligen sind.[8)] Ob bei einem Formwechsel Neuwahlen stattfinden oder die bisherigen Aufsichtsratsmitglieder **im Amt bleiben** richtet sich nach den Regelungen des § 203. Insoweit wird auf die Kommentierungen zu § 203 [*Schaper/Meven*] verwiesen.

5 Wie bereits dargelegt, ist es nach dem **Willen des Gesetzgebers den Mitgliedern einer Genossenschaft nicht zuzumuten Gründerverantwortung zu übernehmen.**[9)] Daher müssen sie beim Formwechsel in eine GmbH **keinen Sachgründungsbericht** nach § 5 Abs. 4 Satz 2 GmbHG erstellen (§ 264 Abs. 2). Ein **Gründungsbericht** gemäß § 32 AktG muss beim Formwechsel in eine AG oder KGaA **nicht erstellt werden.** Nach der Regelung des § 264 Abs. 3 Satz 2 sind die Mitglieder zudem von den Regelungen der § 35 Abs. 1, Abs. 2 und § 46 AktG befreit.

6 § 264 Abs. 3 Satz 1 stellt zudem klar, dass bei einem Formwechsel einer eG in eine AG oder KGaA stets eine **Gründungsprüfung** nach § 33 Abs. 2 AktG stattfinden muss, da ein **Formwechsel einer Sachgründung entspricht.**[10)] § 264 Abs. 3 Satz 2 konkretisiert insoweit § 197 Satz 1 Halbs. 2. Die **Gründungsprüfer** können keine Nachweise oder Aufklärungen beanspruchen, ferner können sie eine gerichtliche Entscheidung über die Reichweite der Auskunftspflicht **nicht** anstrengen.[11)] Auch darin wird der **besondere Schutz der Mitglieder** deutlich, wonach diesen eine Verantwortung für den Gründungsprüfungsbericht nicht zuzumuten ist.[12)]

7) Beuthien-*Wolff*, GenG, §§ 190 ff. UmwG Rz. 24.
8) Beuthien-*Wolff*, GenG, §§ 190 ff. UmwG Rz. 24.
9) Begr. Fraktionsentwurf UmwBerG, BT-Drucks. 12/6699, S. 162.
10) Beuthien-*Wolff*, GenG, §§ 190 ff. UmwG Rz. 24.
11) Schmitt/Hörtnagl-*Rinke*, UmwG/UmwStG, § 261 UmwG Rz. 1.
12) Begr. RegE UmwBerG, BR-Drucks. 75/94, S. 162.

§ 265
Anmeldung des Formwechsels

[1]Auf die Anmeldung nach § 198 ist § 222 Abs. 1 Satz 1 und Abs. 3 entsprechend anzuwenden. [2]Der Anmeldung ist das nach § 259 erstattete Prüfungsgutachten in Urschrift oder in öffentlich beglaubigter Abschrift beizufügen.

Übersicht

I. Anmeldungsverpflichtung und Gegenstand der Anmeldung

1 Auf die Anmeldung nach § 198 sind die Regelungen des § 222 Abs. 1 Satz 1 und Satz 3 entsprechend anzuwenden. Die Verpflichtung zur Anmeldung ergibt sich aus den Regelungen des § 265 Satz 1 i. V. m. § 222.

Gegenstand der Anmeldung zum **Genossenschaftsregister** ist, wie sich aus § 198 Abs. 2 Satz 3 ergibt, die Umwandlung.[1] Sachlich ist damit kein anderer Inhalt gemeint als der der Anmeldung des Rechtsträgers neuer Rechtsform, was in der Regelung des § 198 Abs. 3 Satz 3 zum Ausdruck kommt.[2] Die nach § 198 Abs. 2 Satz 3 vorgeschriebene Anmeldung der Umwandlung kann auch durch den **Vorstand** der formwechselnden Genossenschaft vorgenommen werden.[3] 2

II. Prüfungsgutachten

Der Anmeldung ist das nach § 259 erstattete Prüfungsgutachten in Urschrift oder in öffentlich beglaubigter Abschrift beizufügen (vgl. § 265 Satz 2). Die Regelung vervollständigt in Ergänzung der anzuwendenden Gründungsvorschriften sowie des § 199 den Katalog derjenigen **Anlagen**, die der Anmeldung der Kapitalgesellschaft zur Eintragung in das Register beizufügen sind.[4] Sinn und Zweck der Einreichung des Prüfungsgutachtens besteht darin, das Registergericht zu unterrichten und macht darüber hinaus das Gutachten dem Publikum allgemein zugänglich.[5] 3

1) Beuthien-*Beuthien*, GenG, §§ 190 ff. UmwG Rz. 27.
2) Beuthien-*Beuthien*, GenG, §§ 190 ff. UmwG Rz. 27.
3) Begr. RegE UmwBerG, BR-Drucks. 75/94, S. 162.
4) Begr. RegE UmwBerG, BR-Drucks. 75/94, S. 162.
5) Begr. RegE UmwBerG, BR-Drucks. 75/94, S. 162.

§ 266
Wirkungen des Formwechsels

(1) [1]Durch den Formwechsel werden die bisherigen Geschäftsanteile zu Anteilen an der Gesellschaft neuer Rechtsform und zu Teilrechten. [2]§ 202 Abs. 1 Nr. 2 Satz 2 ist mit der Maßgabe anzuwenden, daß die an den bisherigen Geschäftsguthaben bestehenden Rechte Dritter an den durch den Formwechsel erlangten Anteilen und Teilrechten weiterbestehen.

(2) Teilrechte, die durch den Formwechsel entstehen, sind selbständig veräußerlich und vererblich.

(3) [1]Die Rechte aus einer Aktie einschließlich des Anspruchs auf Ausstellung einer Aktienurkunde können nur ausgeübt werden, wenn Teilrechte, die zusammen eine volle Aktie ergeben, in einer Hand vereinigt sind oder wenn mehrere Berechtigte, deren Teilrechte zusammen eine volle Aktie ergeben, sich zur Ausübung der Rechte zusammenschließen. [2]Der Rechtsträger soll die Zusammenführung von Teilrechten zu vollen Aktien vermitteln.

Übersicht

I. Allgemeines

Mit **Eintragung des Rechtsträgers** neuer Rechtsform **besteht** nach der Regelung des § 202 Abs. 1 Nr. 1 **der formwechselnde Rechtsträger in derjenigen Rechtsform weiter die der Formwechselbeschluss festgelegt hat.** Konkret bedeutet dies, dass, von der Eintragung der Kapitalgesellschaft als Rechtsträger an, die eG als GmbH, AG oder KGaA wei- 1 terbesteht. § 266 Abs. 1 konkretisiert hierbei die Regelung des § 202 Abs. 2 i. V. m. Abs. 1 Nr. 2. § 266 Abs. 1 Satz 1 enthält eine **Klarstellung** wonach an die Stelle der bisherigen Beteiligung bei der Genossenschaft nicht nur volle Geschäfts Anteile oder Aktien, sondern nach Maßgabe des Formwechselbeschlusses, auch Teilrechte treten.[1)]

2 Die **bisherigen Anteile an der eG werden umqualifiziert**, so dass sie zu Anteilen an der Gesellschaft neuer Rechtsform bzw. zu Teilrechten derselben werden. Folglich ist Gegenstand der Umqualifizierung **der Geschäftsanteile das Maß der abstrakten Beteiligungsgröße** an der eG.[2)] Die eigentlich entscheidende Rolle bei der Umqualifizierung erlangt jedoch das **Geschäftsguthaben**, weil es den Wert der Beteiligung an der eG repräsentiert und seinerseits den Maßstab für die Festlegungen im Formwechselbeschluss **über die künftige Beteiligung am Rechtsträger neuer Rechtsform ist.**[3)]

II. Wirkungen der Eintragung

3 Mit Eintragung des neuen Rechtsträgers wechselt auch die Rechtsform. Es findet kein Vermögensübergang statt, **vielmehr bleibt die Identität des Rechtsträgers erhalten.**[4)] Im Hinblick auf die Mitgliedschaft im **genossenschaftlichen Prüfungsverband** ergeben sich keine Besonderheiten, diese bleibt bestehen. Denkbar ist allerdings, dass ein Ausschlussgrund besteht, sofern und soweit die Voraussetzungen des § 63b Abs. 2 GenG nicht mehr gegeben sind. Insoweit wird auf die spezialgesetzliche Literatur verwiesen.[5)]

4 Vom formwechselnden Rechtsträger **erteilte Prokuren bleiben bestehen**, ohne dass es einer Neuanmeldung zum nunmehr zuständigen Handelsregister in der Form des § 12 Abs. 1 HGB bedürfte.[6)] Dergleichen gilt für **bereits anhängige Prozesse**, diese können ohne Parteiwechsel fortgesetzt werden.[7)]

5 Nach der Regelung des § 266 Abs. 1 Satz 2 i. V. m. § 202 Abs. 1 Nr. 2 Satz 2 bestehen **dingliche rechte Dritter** an den bisherigen Geschäftsguthaben, bzw. an dem künftigen Anspruch des Mitglieds auf sein **Auseinandersetzungsguthaben**, an den durch den Formwechsel erlangten Anteilen und Teilrechten fort.[8)]

6 Die Genossenschaftsmitgliedschaft an einer eG **endet nicht nach oder analog § 77a GenG** mit ihrer Umwandlung durch Formwechsel.[9)] Ein Grund, die Rechtsfolgen aus § 77a GenG auf den Tatbestand der Umwandlung durch Formwechsel **analog** anzuwenden besteht nicht, da die Regelung des § 77a GenG eine **Ausnahmevorschrift** darstellt, die einen offensichtlichen Systembezug zu § 77 GenG besitzt und damit **eng auszulegen** ist.[10)] Für eine analoge Anwendung besteht nur dann Raum, wenn der Sachverhalt dem „Tod" des Mitgliedes entspricht.[11)]

7 Nach § 202 Abs. 1 Nr. 2 Satz 1 i. V. m. § 266 Abs. 1 Satz 1 werden die **bisherigen Geschäftsanteile durch den Formwechsel zu Anteilen an der Gesellschaft neuer Rechtsform, bzw. zu Teilrechten.** Eine **Definition** dessen was ein Teilrecht ist **enthält das UmwG** nicht.

1) Begr. RegE UmwBerG, BR-Drucks. 75/94, S. 162.
2) Lang/Weidmüller-*Holthaus/Lehnhof*, GenG, §§ 2 ff.
3) Schmitt/Hörtnagl-*Rinke*, UmwG/UmwStG, § 266 UmwG Rz. 1.
4) Begr. Fraktionsentwurf UmwBerG, BT-Drucks. 12/6699, S. 144.
5) Beuthien-*Schöpflin*, GenG, § 63b Rz. 2 ff.
6) OLG Köln, Beschl. v. 6.5.1996 – 2 Wx 9/96, GmbHR 1996, 773, 774 = DNotZ 1996, 700.
7) OLG Köln, Urt. v. 5.8.2003 – 3 U 30/03, GmbHR 2003, 1489, 1491 = ZIP 2004, 238.
8) Beuthien-*Wolff*, GenG, §§ 190 ff. UmwG Rz. 32a.
9) OLG Naumburg, Urt. v. 12.12.2019 – 1 U 125/19, NZG 2020, 715 = Rpfleger 2020, 350.
10) Beuthien-*Beuthien*, GenG, § 77a Rz. 1.
11) OLG Naumburg, Urt. v. 12.12.2019 – 1 U 125/19, NZG 2020, 715 = Rpfleger 2020, 350.

Eine in der **vormaligen Regelung** des § 263 Abs. 2 Satz 2 a. F. enthaltene Legaldefinition wurde gestrichen.[12] Unter einem Teilrecht i. S. des Absatz 2 ist auch ein Teil eines Geschäftsanteils **an einer GmbH** zu verstehen. Im Rechtsverkehr erfahren diese Teilrechte durch § 264 Abs. 2 eine rechtliche Verselbständigung und **sind veräußerlich und vererblich.**[13] Ungeachtet dessen ist auch weiterhin davon auszugehen, dass ein Teilrecht dann entsteht, wenn auf ein Mitglied ein Teil einer vollen Aktie oder eines vollen Geschäftsanteils entfällt.[14] Welche Anteile oder Teilrechte entstehen, richtet sich nach den Festlegungen des Formwechselbeschlusses. Teilrechte gewähren inhaltlich dieselben Rechte wie die entsprechenden Vollrechte.[15]

Besonderheiten ergeben sich dann, wenn ein Mitglied in der formwechselnden eG **seine Mitgliedschaft gekündigt hat**, aber beim Eintritt des Formwechsels noch nicht ausgeschieden ist. Anders als bei einer Verschmelzung bei Genossenschaften läuft die Kündigung **nicht weiter**, da Kapitalgesellschaften keine Kündigung von Anteilen durch deren Inhaber kennen.[16] In der Folge erwirbt ein betroffenes Mitglied eine Gesellschafterstellung **in der Zielgesellschaft**, kann aber gegen eine Abfindung i. R. des Formwechsels ausscheiden. Mitglieder die erst nach dem Ende des letzten Geschäftsjahres Mitglied geworden sind, scheiden mit dem Wirksamwerden des Formwechsels aus dem Rechtsträger aus.[17] 8

12) Gesetz über die Zulassung von Stückaktien (Stückaktiengesetz – StückAG), v. 25.3.1998, BGBl. I 1998, 590.
13) Schmitt/Hörtnagl-*Rinke*, UmwG/UmwStG, § 266 UmwG Rz. 5.
14) Beuthien-*Wolff*, GenG, §§ 190 ff. zum UmwG Rz. 32.
15) Schmitt/Hörtnagl-*Rinke*, UmwG/UmwStG, § 266 UmwG Rz. 5.
16) Beuthien-*Wolff*, GenG, §§ 190 ff. UmwG Rz. 32a.
17) Beuthien-*Wolff*, GenG, §§ 190 ff. UmwG Rz. 32a.

§ 267
Benachrichtigung der Anteilsinhaber*)

(1) [1]Das Vertretungsorgan der Gesellschaft neuer Rechtsform hat jedem Anteilsinhaber unverzüglich nach der Bekanntmachung der Eintragung der Gesellschaft in das Register deren Inhalt sowie die Zahl und, mit Ausnahme von Stückaktien, den Nennbetrag der Anteile und des Teilrechts, die auf ihn entfallen sind, in Textform mitzuteilen. [2]Dabei soll auf die Vorschriften über Teilrechte in § 266 hingewiesen werden.

(2) [1]Zugleich mit der Mitteilung ist deren wesentlicher Inhalt in den Gesellschaftsblättern bekanntzumachen. [2]Der Hinweis nach Absatz 1 Satz 2 braucht in die Bekanntmachung nicht aufgenommen zu werden.

*) § 267 geändert durch Art. 26 des Gesetzes zur Anpassung der Formvorschriften des Privatrechts und anderer Vorschriften an den modernen Rechtsgeschäftsverkehr, v. 13.7.2001, BGBl. I 2001, 1542; § 267 i. d. F. des UmwBerG geändert durch Art. 2 des Gesetzes über die Zulassung von Stückaktien (Stückaktiengesetz – StückAG), v. 25.3.1998, BGBl. I 1998, 590.

Übersicht

I. Allgemeines

Die Regelung des § 267 enthält eine Pflicht zur **Unterrichtung der an der Gesellschaft neuer Rechtsform beteiligten Anteilsinhaber über die Höhe ihrer Beteiligung.** Die 1

Benachrichtigungspflicht soll auch zugunsten der Gesellschafter einer aus dem Formwechsel hervorgehenden GmbH bestehen.[1] Nach der Regelung des § 267 Abs. 2 ist zum gleichen Zeitpunkt, wie die Absendung der jeweiligen persönlichen Mitteilungen, in den Gesellschaftsblättern eine Bekanntmachung aufzunehmen.[2] Die Bekanntmachung bezieht sich nur auf die Regelung des § 267 Abs. 1 Satz 2, auf die Vorschriften über Teilrechte muss demgemäß nicht hingewiesen werden (vgl. § 266 Abs. 2 Satz 2).

II. Mitteilung (§ 267 Abs. 1)

2 Die ehemaligen Mitglieder sind jeweils einzeln über **die sie betreffenden Auswirkungen des Formwechsels in Kenntnis zu setzen.** Daher muss jedem Anteilsinhaber des Rechtsträgers neuer Rechtsform **unverzüglich** i. S. des § 121 Abs. 1 Satz 1 BGB in Textform nach § 126b BGB der **Inhalt der Bekanntmachung der Eintragung** des Rechtsträgers neuer Rechtsform in das Handelsregister seines Sitzes sowie Zahl und Nennbetrag seiner Anteile und seines Teilrechts mitgeteilt werden (vgl. § 267 Abs. 1). Mitzuteilen sind die Geschäftsführer der GmbH, der Vorstand der AG oder die persönlich haftenden Gesellschafter der KGaA.[3]

3 Die Mitteilung ist auch an diejenigen Anteilsinhaber zu richten, die nach § 262 Abs. 1 Satz 2 dem Formwechsel **widersprochen** haben und sich damit die Möglichkeit eröffnet haben gegen Barabfindung nach § 270 und § 207 aus dem Rechtsträger auszuscheiden.[4] Durch die **Annahme eines solchen Angebots** als solches scheidet der Anteilsinhaber **noch nicht aus der Gesellschaft aus.** Bis zum Erwerb seiner Anteile durch die Gesellschaft, also bis zum Vollzug des Abfindungsvertrages, ist dieser noch Anteilsinhaber und als solcher nach § 267 Abs. 1 Satz 1 zu benachrichtigen.[5]

III. Bekanntmachung (§ 267 Abs. 2)

4 Nach § 267 Abs. 2 ist in den Gesellschaftsblättern gleichzeitig der wesentliche Inhalt der Mitteilung an die Anteilsinhaber bekannt zu machen. Diese Bekanntmachung besteht aus der **vollständigen Registereintragung der Gesellschaft** nicht aber auch aus den konkreten Beteiligungen der einzelnen Anteilsinhaber.[6] Insoweit reichen die im Formwechselbeschluss vorgesehenen Regeln zur Bemessung der einzelnen Beteiligung, die sich aus der registergerichtlichen Bekanntmachung ergeben.[7] Beim Formwechsel in eine **AG bzw. KGaA** ist in die Bekanntmachung gemäß § 268 Abs. 1 auch die Aufforderung an die Aktionäre aufzunehmen, die ihnen zustehenden Aktien abzuholen.

1) Begr. RegE UmwBerG, BR-Drucks. 75/94, S. 162.
2) Lutter-*Bayer*, UmwG, § 267 Rz. 5.
3) Beuthien-*Wolff*, GenG, §§ 190 ff. UmwG Rz. 35.
4) Beuthien-*Wolff*, GenG, §§ 190 ff. UmwG Rz. 37.
5) Beuthien-*Wolff*, GenG, §§ 190 ff. UmwG Rz. 35. A. A. Lutter-*Bayer*, UmwG, § 267 Rz. 2.
6) Beuthien-*Wolff*, GenG, §§ 190 ff. UmwG Rz. 37.
7) Lutter-*Bayer*, UmwG, § 267 Rz. 5.

§ 268

Aufforderung an die Aktionäre; Veräußerung von Aktien

(1) [1]In der Mitteilung nach § 267 sind Aktionäre aufzufordern, die ihnen zustehenden Aktien abzuholen. [2]Dabei ist darauf hinzuweisen, daß die Gesellschaft berechtigt ist, Aktien, die nicht binnen sechs Monaten seit der Bekanntmachung der Aufforderung in den Gesellschaftsblättern abgeholt werden, nach dreimaliger Androhung für Rech-

nung der Beteiligten zu veräußern. [3]Dieser Hinweis braucht nicht in die Bekanntmachung der Aufforderung in den Gesellschaftsblättern aufgenommen zu werden.

(2) [1]Nach Ablauf von sechs Monaten seit der Bekanntmachung der Aufforderung in den Gesellschaftsblättern hat die Gesellschaft neuer Rechtsform die Veräußerung der nicht abgeholten Aktien anzudrohen. [2]Die Androhung ist dreimal in Abständen von mindestens einem Monat in den Gesellschaftsblättern bekanntzumachen. [3]Die letzte Bekanntmachung muß vor dem Ablauf von einem Jahr seit der Bekanntmachung der Aufforderung ergehen.

(3) [1]Nach Ablauf von sechs Monaten seit der letzten Bekanntmachung der Androhung hat die Gesellschaft die nicht abgeholten Aktien für Rechnung der Beteiligten zum amtlichen Börsenpreis durch Vermittlung eines Kursmaklers und beim Fehlen eines Börsenpreises durch öffentliche Versteigerung zu veräußern. [2]§ 226 Abs. 3 Satz 2 bis 6 des Aktiengesetzes ist entsprechend anzuwenden.

Übersicht

I. Allgemeines

Die Regelung des § 268 ist derjenigen des § 214 AktG nachgebildet. § 268 ergänzt § 267 hinsichtlich des weiteren Inhalts der persönlichen Mitteilung und der Bekanntmachung. 1

II. Mitteilung (§ 268 Abs. 1)

Beim Formwechsel einer **eG in eine AG bzw. KGaA** ist in die persönliche Mitteilung nach § 268 Abs. 1 Satz 1 zugleich eine **Aufforderung an die Aktionäre aufzunehmen**, dass diese die ihnen zustehenden **Aktien abzuholen haben**. Diesen Anforderungen ist bereits dann genüge getan, wenn der Gesetzestext der des § 268 Abs. 2 und 3 wiedergegeben wird.[1] Die Bekanntmachung i. S. von § 267 Abs. 2 Satz 1 muss die Aufforderung zur Abholung der Aktien i. S. von § 268 Abs. 1 Satz 1 enthalten. Abholung der Aktien bedeutet, den Abschluss eines Begebungsvertrags und die Übereignung der vom Vertretungsorgan der neuen Gesellschaft ausgestellten Aktienurkunden.[2] 2

III. Veräußerung von Aktien (§ 268 Abs. 2 und 3)

Nach der Bekanntmachung i. S. von § 268 Abs. 1 Satz 3 ist die **Veräußerung** von **nicht abgeholten Aktien** sechs Monate nach der Bekanntmachung **anzudrohen**. Enthält die Bekanntmachung Fehler oder wird der **vorgeschriebene Zeitablauf nicht beachtet**, darf die Veräußerung nach § 268 Abs. 3 nicht stattfinden.[3] Die Regelung des § 268 Abs. 3 ermöglicht die Verwertung der nicht abgeholten Aktien durch den Rechtsträger neuer Rechtsform. Die Veräußerung ist durch das Vertretungsorgan der AG bzw. KGaA einzuleiten.[4] 3

Durch die Veräußerung **nicht abgeholter Aktien** nach § 268 Abs. 2 und Abs. 3 sollen diese in die Hände von Aktionären gelangen, von denen erhofft wird, dass sie ihre Rechte in der Hauptversammlung wahrnehmen.[5] Den Veräußerungserlös hat die Gesellschaft, abzüglich der entstandenen Kosten, jeweils an den Aktionär auszubezahlen.[6] 4

1) Schmitt/Hörtnagl-*Rinke*, UmwG/UmwStG, § 268 UmwG Rz. 2.
2) Lutter-*Bayer*, UmwG, § 268 Rz. 3.
3) Schmitt/Hörtnagl-*Rinke*, UmwG/UmwStG, § 268 UmwG Rz. 4.
4) Schmitt/Hörtnagl-*Rinke*, UmwG/UmwStG, § 268 UmwG Rz. 4.
5) Beuthien-*Wolff*, GenG, §§ 190 ff. UmwG Rz. 38.
6) Beuthien-*Wolff*, GenG, §§ 190 ff. UmwG Rz. 38.

§ 269
Hauptversammlungsbeschlüsse; genehmigtes Kapital*)

[1]Solange beim Formwechsel in eine Aktiengesellschaft oder in eine Kommanditgesellschaft auf Aktien die abgeholten oder nach § 268 Abs. 3 veräußerten Aktien nicht insgesamt mindestens sechs Zehntel des Grundkapitals erreichen, kann die Hauptversammlung der Gesellschaft neuer Rechtsform keine Beschlüsse fassen, die nach Gesetz oder Satzung einer Kapitalmehrheit bedürfen. [2]Das Vertretungsorgan der Gesellschaft darf während dieses Zeitraums von einer Ermächtigung zu einer Erhöhung des Grundkapitals keinen Gebrauch machen.

*) § 269 i. d. F. des UmwBerG geändert durch Art. 2 des Gesetzes über die Zulassung von Stückaktien (Stückaktiengesetz – StückAG), v. 25.3.1998, BGBl. I 1998, 590.

Übersicht

I. Allgemeines

1 Aus § 268 Abs. 3 Satz 1 ergibt sich die Verpflichtung der Gesellschaft zur Veräußerung von nicht abgeholten Aktien. § 269 ist im Zusammenhang mit den Regelungen des § 268, insbesondere von Absatz 2 und 3 zu sehen. Danach sollen nicht abgeholte Aktien durch Veräußerung in die Hände von solchen Aktionären gelangen, von denen man sich erhofft, dass diese in der Hauptverhandlung ihre Rechte wahrnehmen werden.[1)]

2 Die Regelung des § 269 soll nun sicherstellen, dass besonders bedeutsame Beschlüsse nicht auf einer unzureichenden Legitimationsgrundlage gefasst werden.[2)] § 269 regelt das **Verbot das Grundkapital zu erhöhen**, so lange die nicht abgeholten Aktien nicht veräußert wurden, und soll auf diese Weise verhindern, dass die ursprünglichen Anteilsinhaber durch den Beitritt Dritter gegen ihren Willen an Einfluss verlieren.[3)]

II. Grundlagenbeschlüsse

3 Grundlagenbeschlüsse sind Beschlüsse der Hauptversammlung nach dem AktG, die nach Gesetz oder Satzung einer Kapitalmehrheit bedürfen.[4)] Die Regelung des § 269 Satz 1 untersagt nun der AG bzw. der KGaA, die Fassung von solchen Grundlagenbeschlüssen durch die Hauptversammlung (vgl. § 269 Satz 1). Dies gilt zumindest, wenn und soweit die Aktien nicht gemäß § 268 Abs. 2 oder 3 abgeholt oder veräußert wurden und die Zusagen nicht mindestens sechs Zehntel des Grundkapitals ausmachen (vgl. § 269 Satz 1). Die Regelung stellt insoweit eine Einschränkung der Handlungsfähigkeit der Gesellschaft dar, so dass es im ureigensten Interesse der Gesellschaft ist, diesen Zustand zu überwinden und dass Verfahren nach § 268 Abs. 2 und 3 zügig durchzuführen.

4 Nach § 269 Satz 2 darf das Vertretungsorgan der Gesellschaft von einer Ermächtigung zu einer Erhöhung des Grundkapitals keinen Gebrauch machen, so lange eine Abholung oder Veräußerung der Akien nach § 268 Abs. 2 und 3 nicht stattgefunden hat. Eine Erhöhung des Grundkapitals darf somit erst ab Erreichung der Sechs-Zehntel-Grenze aus § 269 Satz 1 Gebrauch gemacht werden.

---

1) Beuthien-*Wolff*, GenG, §§ 190 ff. UmwG Rz. 53.

2) Beuthien-*Wolff*, GenG, §§ 190 ff. UmwG Rz. 53.

3) Lutter-*Bayer*, UmwG, § 269 Rz. 3.

4) Schmitt/Hörtnagl-*Rinke*, UmwG/UmwStG, § 269 UmwG Rz. 1, m. einer Übersicht von Beschlüssen nach dem AktG, bei denen es sich um Grundlagenbeschlüsse handelt.

§ 270
Abfindungsangebot*)

(1) Das Abfindungsangebot nach § 207 Abs. 1 Satz 1 gilt auch für jedes Mitglied, das dem Formwechsel bis zum Ablauf des dritten Tages vor dem Tage, an dem der Formwechselbeschluss gefaßt worden ist, durch eingeschriebenen Brief widersprochen hat.

(2) [1]Zu dem Abfindungsangebot ist eine gutachtliche Äußerung des Prüfungsverbandes einzuholen. [2]§ 30 Abs. 2 Satz 2 und 3 ist nicht anzuwenden.

*) § 270 geändert durch Art. 1 des Gesetzes zur Umsetzung der Umwandlungsrichtlinie und zur Änderung weiterer Gesetze (UmRUG), v. 22.2.2023, BGBl. I 2023, Nr. 51; § 270 geändert durch Art. 14 des Gesetzes zur Einführung der Europäischen Genossenschaft und zur Änderung des Genossenschaftsrechts (SCEEG), v. 14.8.2006, BGBl. I 2006, 1911; § 270 i. d. F. des UmwBerG geändert durch Art. 1 des Gesetzes zur Änderung des Umwandlungsgesetzes, des Partnerschaftsgesellschaftsgesetzes und anderer Gesetze (UmwGÄndG), v. 22.7.1998, BGBl. I 1998, 1878.

Literatur: *Knorr*, Widerspruch und Stimmabgabe bei Umwandlungen, insbesondere beim Formwechsel von Genossenschaften, NZG 2019, 1285.

Übersicht

I. Allgemeines

1 § 270 erleichtert für widersprechende Mitglieder die Voraussetzungen für einen Abfindungsanspruch und erweitert die Möglichkeit zur Einlegung des Widerspruchs in zeitlicher Hinsicht auf einen bestimmten Zeitraum vor der Beschlussfassung.[1] Wie sich aus § 207 ergibt, ist die Möglichkeit zur Annahme eines Angebots auf Barabfindung **nur den widersprechenden Anteilsinhabern** eröffnet. Insoweit wird auf die Kommentierungen zu § 207 [*Seulen*] verwiesen.

2 Der Formwechselbeschluss einer eG muss von der Generalversammlung nach § 262 Satz 1 und Satz 2 regelmäßig nur mit einer **Mehrheit von drei Vierteln oder neun Zehntel** gefasst werden, so dass das einzelne Mitglied **keine Möglichkeit hat den Formwechsel einer eG zu verhindern.** In der Konsequenz kann das einzelne Mitglied durch den Formwechsel Anteilsinhaber einer Kapitalgesellschaft werden, der das Mitglied selbst nicht beigetreten wäre.[2] Demgemäß gewähren die §§ 207 bis 212 und § 270 dem einzelnen Mitglied unter bestimmten Voraussetzungen das Recht gegen angemessene Barabfindung aus dem Rechtsträger in seiner neuen Rechtsform auszuscheiden.

II. Abfindungsberechtigte (§ 270 Abs. 1)

3 Wie bereits eingangs erwähnt, steht die Möglichkeit zur Annahme eines Angebots auf Barabfindung gemäß § 207 **nur widersprechenden Anteilsinhabern** zu. Der Regelfall ist der **zur Niederschrift erklärte Widerspruch** gegen den Formwechselbeschluss nach § 207 Abs. 1 Satz 1. Dem Widerspruch steht es jedoch gleich, wenn das Mitglied nach den §§ 207 Abs. 2 und 29 Abs. 2 **unverschuldet** an der Erhebung des Widerspruchs gehindert war oder wenn ein nicht erschienener Anteilsinhaber zu der Versammlung der Anteilsinhaber

1) *Knorr*, NZG 2019, 1285, 1287.
2) Beuthien-*Wolff*, GenG, §§ 190 ff. UmwG Rz. 43.

zu Unrecht nicht zugelassen wurde bzw. die Versammlung nicht ordnungsgemäß einberufen worden ist. Dasselbe gilt, wenn der Gegenstand der Beschlussfassung nicht ordnungsgemäß bekannt gemacht worden ist (vgl. § 29 Abs. 2). Eine solche Ausnahme ist aus **Gründen der Gleichbehandlung** geboten, weil es dem Anteilsinhaber nicht zum Nachteil gereichen soll, wenn dieser unverschuldet an der Erhebung des Widerspruchs gehindert war.[3)]

III. Angebot

4 Nach § 194 Abs. 1 Nr. 6 muss der Inhalt des Angebots auf Abschluss eines Abfindungsvertrages bereits im Formwechselbeschluss wiedergegeben werden. Wie sich des Weiteren aus der Regelung des § 207 Abs. 1 Satz 1 ergibt, ist die Barabfindung jedem widersprechenden Anteilsinhaber anzubieten. Nach § 130 Abs. 1 Satz 1 BGB umfasst dies auch den **Zugang des Angebots**, was zur Konsequenz hat, dass die formwechselnde Gesellschaft das Abfindungsangebot sämtlichen Mitgliedern übersenden muss, und zwar verbunden mit dem Hinweis, dass dieses nur für diejenigen Mitglieder gilt, die später gemäß der §§ 207 und 270 anspruchsberechtigt werden.[4)] Das Angebot ist **nicht formbedürftig**, da der Abfindungsvertrag lediglich schuldrechtliche Pflichten regelt, aber selbst noch nicht den Übergang der umgewandelten Anteile herbeiführt und somit auch nicht derjenigen Form unterliegt die für die Anteilsübertragung zu beachten ist.[5)]

5 In denjenigen Fällen in denen der Formwechselbeschluss durch eine Vertreterversammlung gefasst wird, wird vereinzelt angenommen, dass mittels einer **analogen Anwendung** von § 90 Abs. 3 Satz 2, jedem Mitglied, welches nicht Vertreter ist, einen Anspruch auf ein Abfindungsangebot zuzubiligen.[6)] Dem ist jedoch nicht zuzustimmen, da es bereits an der für eine analoge Anwendung des § 90 Abs. 3 Satz 2 erforderlichen Regelungslücke fehlt.[7)] Der Gesetzgeber hat mit der Regelung des § 270 bereits einen ausreichenden Schutz für das nicht anwesende Mitglied geschaffen, indem es für den Fall des Formwechsels einer Genossenschaft bereits **zeitlich vor der Mitgliederversammlung** Widerspruch einlegen kann.[8)] Ferner ist anzuführen, dass bereits die Interessenlage bei einer Verschmelzung eine **andere** ist, als bei einem Formwechsel.[9)] Im Rahmen einer Verschmelzung eröffnet die Regelung des § 90 Abs. 3 Satz 2 denjenigen Mitgliedern, **die selbst nicht Vertreter** sind, die **einzige Möglichkeit** nicht gegen ihren Willen Anteilsinhaber des übernehmenden Rechtsträgers werden zu müssen.[10)] Im Unterschied hierzu steht bei einem Formwechsel denjenigen Mitgliedern, die nicht Vertreter sind, ein Widerspruch durch eingeschriebenen Brief zu, was einen im Ergebnis zumutbaren Weg darstellt, aus dem Rechtsträger auszuscheiden.[11)]

IV. Angemessenheit des Angebots

6 Wie sich aus § 30 Abs. 1 und 2 ergibt, muss die Barabfindung **angemessen** sein. Danach sind für die Barabfindung die Verhältnisse des formwechselnden Rechtsträgers zum Zeit-

3) Begr. RegE UmwBerG, BR-Drucks. 75/94, S. 94.
4) Beuthien-*Wolff*, GenG, §§ 190 ff. UmwG Rz. 43.
5) Beuthien-*Wolff*, GenG, §§ 190 ff. UmwG Rz. 50.
6) Schmitt/Hörtnagl-*Rinke*, UmwG/UmwStG, § 270 UmwG Rz. 2.
7) Lutter-*Bayer*, UmwG, § 270 Rz. 5; *Knorr*, NZG 2019, 1285, 1287.
8) *Knorr*, NZG 2019, 1285, 1287; Beuthien-*Wolff*, GenG, §§ 190 ff. UmwG Rz. 47; a. A. Schmitt/Hörtnagl-*Rinke*, UmwG/UmwStG, § 270 UmwG Rz. 2.
9) Beuthien-*Wolff*, GenG, §§ 190 ff. UmwG Rz. 50.
10) Beuthien-*Wolff*, GenG, §§ 190 ff. UmwG Rz. 50.
11) Beuthien-*Wolff*, GenG, §§ 190 ff. UmwG Rz. 47.

punkt der Fassung des Formwechselbeschlusses zu berücksichtigen (vgl. § 30 Abs. 1 und 2). Hierbei ist vom „wahren Wert" des Rechtsträgers auszugehen, der in der Regel nach der sog. **Ertragswertmethode** zu bestimmen ist.[12] Die Barabfindung ist von der Bekanntmachung der Eintragung des Rechtsträgers neuer Form an zu verzinsen (vgl. § 30 Abs. 1 Satz 2 i. V. m. § 15 Abs. 2 Satz 1).

V. Verzichtbarkeit des Angebots

Das Abfindungsangebot ist nach § 194 Abs. 1 Nr. 6 notwendiger Bestandteil des Formwechselbeschlusses und dient dem Schutz der Mitglieder. Dennoch kann auf das Abfindungsangebot verzichtet werden, wenn alle Mitglieder in notariell beurkundete Form verzichtet haben.[13] 7

VI. Gutachtliche Äußerung des Prüfungsverbandes (§ 270 Abs. 2)

Nach § 270 Abs. 2 ist zu dem **Abfindungsangebot** eine gutachtliche Äußerung des Prüfungsverbandes einzuholen. Für die Prüfung der Barabfindung ist alleine der genossenschaftliche Prüfungsverband zuständig, der an die Stelle des Verschmelzungsprüfers i. S. von § 30 Abs. 2 Satz 1 tritt. § 270 Abs. 2 Satz 2 erklärt die Regelungen des § 30 Abs. 2 Satz 2 und 3 ausdrücklich für nicht anwendbar, so dass sich die gutachtliche Äußerung des Prüfungsverbandes nicht an den Formalien der §§ 10 bis 12 ausrichten muss. Durch die Nichtanwendbarkeit des § 12 muss insbesondere **kein förmlicher Prüfungsbericht** i. S. der vorgenannten Vorschrift erstattet werden. Die Äußerung des Prüfungsverbandes wird jedoch grundsätzlich schriftlich vorzunehmen sein, wenngleich nicht in Schriftform i. S. der Regelung des § 126 BGB.[14] 8

Wurde, wie oben (siehe Rz. 7) dargelegt, **wirksam** auf das Abfindungsangebot verzichtet, so entfällt auch die Verpflichtung nach § 270 Abs. 2 die Äußerung des Prüfungsverbandes einzuholen.[15] 9

12) OLG Düsseldorf, Beschl. v. 4.7.2012 – I-26 W 8/10 (AktE), AG 2012, 797 = NZG 2012, 1260.
13) OLG Dresden, Beschl. v. 19.3.2008 – 1 W 27/08, 1 W 0027/08, NL-BzAR 2008, 256 ff.
14) Schmitt/Hörtnagl-*Rinke*, UmwG/UmwStG, § 270 UmwG Rz. 3.
15) OLG Dresden, Beschl. v. 19.3.2008 – 1 W 27/08, 1 W 0027/08, NL-BzAR 2008, 256 ff.

§ 271

Fortdauer der Nachschußpflicht*)

[1]Wird über das Vermögen der Gesellschaft neuer Rechtsform binnen zwei Jahren nach dem Tage, an dem ihre Eintragung in das Register bekannt gemacht worden ist, das Insolvenzverfahren eröffnet, so ist jedes Mitglied, das durch den Formwechsel die Rechtsstellung eines beschränkt haftenden Gesellschafters oder eines Aktionärs erlangt hat, im Rahmen der Satzung der formwechselnden Genossenschaft (§ 6 Nr. 3 des Genossenschaftsgesetzes) zu Nachschüssen verpflichtet, auch wenn es seinen Geschäftsanteil oder seine Aktie veräußert hat. [2]Die §§ 105 bis 115a des Genossenschaftsgesetzes sind mit der Maßgabe entsprechend anzuwenden, daß nur solche Verbindlichkeiten der Gesellschaft zu berücksichtigen sind, die bereits im Zeitpunkt des Formwechsels begründet waren.

*) § 271 geändert durch Art. 8 des Gesetzes über elektronische Handelsregister und Genossenschaftsregister sowie das Unternehmensregister (EHUG), v. 10.11.2006, BGBl. I 2006, 2553; § 271 i. d. F. des UmwBerG geändert durch Art. 14 des Gesetzes zur Einführung der Europäischen Genossenschaft und zur Änderung des Genossenschaftsrechts (SCEEG), v. 14.8.2006, BGBl. I 2006, 1911.

Übersicht

I. Allgemeines

1 Durch die Änderungen des EHUG vom 10.11.2006, in Kraft getreten am 1.1.2007 erfolgte lediglich eine redaktionelle Anpassung der Vorschrift.[1]

2 Die Regelung dient grundsätzlich dem Schutz der Gläubiger einer formwechselnden Genossenschaft. Abweichend hiervon soll die Nachschusspflicht jedoch auf die Befriedigung von Altverbindlichkeiten beschränkt werden, damit eine ungerechtfertigte Besserstellung von Neugläubigern vermieden wird.[2]

II. Fortdauer der Nachschusspflicht

3 § 271 ordnet die **Fortdauer der Nachschusspflicht** nach den §§ 105 bis 115a GenG an, wenn innerhalb eines Zeitraums von **zwei Jahren** nach dem Wirksamwerden des Formwechsels ein **Insolvenzverfahren** eröffnet wird. Betroffen von dieser Nachschusspflicht sind insbesondere diejenigen Mitglieder, die durch den Wechsel der Form Anteilsinhaber der Kapitalgesellschaft geworden sind, wobei Teilrechte insoweit ausreichend sind.[3] Es haften alle Mitglieder fort, die durch den Formwechsel anderenfalls aus ihrer Nachschusspflicht entlassen würden („jedes Mitglied"). Daher sind auch diejenigen Mitglieder, die zunächst Anteilsinhaber der Kapitalgesellschaft geworden sind und dann gegen eine angemessene Barabfindung **ausgeschieden sind**, der Nachhaftung unterworfen.[4]

4 Die **Veräußerung eines Geschäftsanteils** ändert an der Nachhaftung nichts, so dass sich ein Mitglied nach der Regelung des § 271 Satz 1 derselben nicht durch Veräußerung seines Anteils entziehen kann. Zu beachten ist jedoch, dass sich die Nachschusspflicht nur auf diejenigen Verbindlichkeiten des Rechtsträgers erstreckt, die bereits **im Zeitpunkt des Formwechsels begründet waren** (vgl. § 271 a. E.), da nur für diese Verbindlichkeiten die Gläubiger von einer Nachschusspflicht der Mitglieder ausgehen durften.[5]

5 **Begründet ist eine Verbindlichkeit** jedenfalls dann, sobald die Rechtsgrundlage für sie gelegt worden ist, was bei rechtsgeschäftlichen Verbindlichkeiten regelmäßig mit **Abschluss des Vertrages** der Fall ist, sofern und soweit aus demselben ohne Hinzutreten weiterer Abreden die Verpflichtung entstanden ist.[6] Zu beachten sind hierbei insbesondere **Dauerschuldverhältnisse**, da mit Abschluss des Vertrages, der ein Dauerschuldverhältnis begründet, bereits **jede daraus resultierende Einzelverbindlichkeit**, begründet ist.[7] Beispielsweise tritt für im Wege der Gesamtrechtsnachfolge übertragene Miet- oder Leasingverträge die persönliche Haftung auch für Mietzinsforderungen oder Leasingraten ein, die Zeiträume nach dem Wirksamwerden der Verschmelzung betreffen.[8] Insoweit wird auf die Kommentierung zu § 39f [*Behme*] verwiesen.

---

1) Beschlussempfehlung und Bericht d. Ausschusses RA z. EHUG, BT-Drucks. 16/2781, S. 59.
2) Begr. RegE UmwBerG, BR-Drucks. 75/94, S. 163.
3) Beuthien-*Wolff*, GenG, §§ 190 ff. UmwG Rz. 53.
4) Semler/Stengel/Leonard-*Bonow*, UmwG, § 271 Rz. 10.
5) Beuthien-*Wolff*, GenG, §§ 190 ff. UmwG Rz. 53.
6) Schmitt/Hörtnagl-*Missio*, UmwG/UmwStG, § 39f UmwG Rz. 5 ff.
7) Schmitt/Hörtnagl-*Missio*, UmwG/UmwStG, § 39f UmwG Rz. 5 ff.
8) BGH, Urt. v. 8.10.1984 – II ZR 312/83, NJW 1985, 1899 = ZIP 1985, 212.

Vierter Abschnitt
Formwechsel rechtsfähiger Vereine

Erster Unterabschnitt
Allgemeine Vorschriften

§ 272
Möglichkeit des Formwechsels*)

(1) Ein rechtsfähiger Verein kann auf Grund eines Formwechselbeschlusses nur die Rechtsform einer Kapitalgesellschaft oder einer eingetragenen Genossenschaft erlangen.

(2) Ein Verein kann die Rechtsform nur wechseln, wenn seine Satzung oder Vorschriften des Landesrechts nicht entgegenstehen.

*) § 272 i. d. F. des UmwBerG geändert durch Art. 1 des Gesetzes zur Umsetzung der Umwandlungsrichtlinie und zur Änderung weiterer Gesetze (UmRUG), v. 22.2.2023, BGBl. I 2023, Nr. 51.

Literatur: *Balzer*, Die Umwandlung von Vereinen der Fußball-Bundesligen in Kapitalgesellschaften zwischen Gesellschafts-, Vereins- und Verbandsrecht, ZIP 2001, 175; *Fuhrmann*, Ausgliederung der Berufsfußballabteilungen auf eine AG, GmbH oder eG?, 1999; *Lagodinsky*, Die Zeit ist reif für ein europäisches Vereinsrecht!, npoR 2023, 70; *Lutz*, Formwechsel eines eingetragenen Vereins in eine GmbH, BWNotZ 2013, 106; *Petersen*, Schenkungsteuer bei der identitätswahrenden Umwandlung eines Vereins in eine AG?, BB 1997, 1981; *Philipp*, Gesellschaftsrecht: Statut für grenzübergreifende Vereine, EuZW 2024, 491; *Schmidt, J.*, Ein neuer Anlauf für einen europäischen Verein, NZG 2023, 1245; *Schwenn*, Praxisleitfaden zum Formwechsel eines eingetragenen Vereins in eine gemeinnützige GmbH, npoR 2017, 192; *Segna*, Der Kommissionsvorschlag für eine Richtlinie über europäische grenzübergreifende Vereine, GPR 2024, 226; *Segna*, Bundesligavereine und Börse, ZIP 1997, 1901; *Terner*, Abschied vom Europäischen Verein?, ZEuP 2007, 96; *Vollmer*, Der europäische Verein, ZHR 157 (1993), 373; *Weißmann*, Wenn die Lizenzspielerabteilung zum Selbstzweck wird – die Rechtsformverfehlung bei eingetragenen Profifußballvereinen und Auswegmöglichkeiten, SpoPrax 2025, 111; *Wöffen*, ECBA (European Cross-Border Association) – Vorteile der Rechtsform und Fragen zum Richtlinienentwurf, npor 2024, 68; *Wöffen*, Geniestreich der Kommission: Die Rechtsform des europäischen grenzübergreifenden Vereins (European Cross-Border Association – ECBA), ZIP 2023, 2185.

Übersicht

I. Normzweck und systematische Einordnung

1. Regelungsgehalt

1 § 272 bildet die zentrale Eröffnungsnorm für den Formwechsel rechtsfähiger Vereine. Die Vorschrift konkretisiert die allgemeine Regelung des § 191 Abs. 1 Nr. 4 (siehe dazu § 191 Rz. 16 [*Schaper/Meven*]) und bestimmt **abschließend** sowohl den Kreis der formwechselfähigen Rechtsträger als auch die zulässigen Zielrechtsformen. Im Unterschied zu den Regelungen über Verschmelzung und Spaltung differenziert das UmwG beim Formwechsel nicht zwischen eingetragenen und wirtschaftlichen Vereinen, sondern knüpft ausschließlich an das **Merkmal der Rechtsfähigkeit** an.[1] Der Formwechsel bewirkt gemäß § 202 Abs. 1 Nr. 1, dass der Verein in der Rechtsform der Kapitalgesellschaft oder Genossenschaft fortbesteht. Der identitätswahrende Formwechsel eines rechtsfähigen Vereins in eine Kapitalgesellschaft ist auch **steuerlich weitgehend neutral** und ermöglicht den Übergang sämtlicher Verträge, Vermögenswerte und Geschäftsbeziehungen des Vereins auf den geplanten Zielrechtsträger des Formwechsels.[2] Im Zuge des UmRUG 2023 wurde einheitlich und damit auch in Bezug auf § 272 Abs. 1 die Terminologie des „Umwandlungsbeschlusses" in die des Formwechselbeschlusses geändert. Materiell gingen damit jedoch keine Abweichungen einher.

2 Der Gesetzgeber verfolgte mit der Einführung der §§ 272 ff. primär das **Ziel**, einem bei wirtschaftlich tätigen Vereinen hervorgetretenen praktischen Bedürfnis Rechnung zu tragen.[3] Die Beschränkung auf wirtschaftliche Vereine wurde jedoch bewusst unterlassen, da die Abgrenzung zwischen **echten Idealvereinen** und solchen mit **wirtschaftlichem Geschäftsbetrieb** im Einzelfall erhebliche Schwierigkeiten bereiten kann.[4] Durch die zunehmende Verbreitung gemeinnütziger Kapitalgesellschaften besteht auch für ideelle Vereine ein wachsendes Interesse an der Möglichkeit eines identitätswahrenden Rechtsformwechsels.[5] Daher ist auch der entsprechende Wechsel eines rechtsfähigen Vereins (in der Regel ein **e. V.**) in eine **gGmbH** der praktisch mit Abstand häufigste Anwendungsfall der §§ 272 ff. Besonders für Vereine, die **an der Grenze zur wirtschaftlichen Tätigkeit operieren** und von Registergerichten zur Rechtsformänderung gedrängt werden, bietet der Formwechsel eine rechtssichere Gestaltungsoption ohne Vermögensübertragung. Hintergrund ist, dass Idealvereine als solche – vorbehaltlich des sog. Nebenzweckprivilegs[6] – grundsätzlich nicht wirtschaftlich tätig werden dürfen (vgl. § 21 BGB) und ansonsten aus dem Vereinsregister zwangsgelöscht werden können.[7]

3 In der Praxis besitzt der Formwechsel eines Idealvereins gleichwohl **wenig Bedeutung**. Soll eine Umwandlung durchgeführt werden, erfolgt diese fast ausschließlich durch eine

---

1) *Leuering* in: KölnKomm-UmwG, § 272 Rz. 3.
2) Vgl. BFH, Urt. v. 14.2.2007 – II R 66/05, GmbHR 2007, 890; s. bereits auch *Petersen*, BB 1997, 1981, 1983.
3) Begr. Fraktionsentwurf UmwBerG, BT-Drucks. 12/6699, S. 163.
4) Begr. Fraktionsentwurf UmwBerG, BT-Drucks. 12/6699, S. 163.
5) *Leuering* in: KölnKomm-UmwG, § 272 Rz. 4; *Kirchhain* in: Schauhoff/Kirchhain, Hdb. Gemeinnützigkeit, § 20 Rz. 181.
6) Vgl. nur BGH, Beschl. v. 11.9.2018 – II ZB 11/17, ZIP 2018, 2165 = NZG 2018, 1392.
7) Vgl. insofern zur Gestaltungsoption des Formwechsels gemäß §§ 272 ff. KG Berlin, Beschl. v. 16.2.2016 – 22 W 71/15, MDR 2016, 403 = Rpfleger 2016, 423; *Weißmann*, SpoPrax 2025, 111, 113; s. a. *Reul* in: BeckOGK-UmwG, § 272 Rz. 2.

Neugründung einer gGmbH, der Übertragung des Vereinsvermögens im Wege des Asset Deals und eine darauffolgende Vereinsauflösung. Hintergrund ist, dass beim Formwechsel alle Vereinsmitglieder zwingend Gesellschafter der neuen GmbH werden, was bei Vereinen mit hunderten oder tausenden Mitgliedern praktisch nicht durchführbar ist. Zudem muss das Vermögen des Vereins um den Nennbetrag des Kapitals der entstehenden Kapitalgesellschaft höher sein als die Schulden des Vereins (vgl. § 277 i. V. m. § 264). Ein Formwechsel gemäß §§ 272 ff. ist daher regelmäßig nur für **kleine Familienvereine oder wirtschaftliche Vereine mit wenigen Mitgliedern** praktikabel.[8] So haben auch die meisten Fußball-Bundesliga-Vereine nicht den Formwechsel nach §§ 272 ff. gewählt, sondern sich für eine **Ausgliederung** gemäß § 123 Abs. 3 entschieden.[9] Bei der Ausgliederung geht das gesamte Vermögen des e. V. auf die Kapitalgesellschaft als übernehmenden Rechtsträger über, wobei der eingetragene Verein im Gegenzug Anteile an ihr erhält.[10]

2. Verhältnis zu den allgemeinen Vorschriften

4 Die Durchführung eines Vereinsformwechsels richtet sich nach einem **zweistufigen Regelungssystem.**[11] Zunächst gelangen die allgemeinen Formwechselvorschriften der §§ 190–213 zur Anwendung. Ergänzend treten die besonderen Bestimmungen der **§§ 272–290** hinzu. Dabei regeln **§§ 273–282** den Formwechsel in eine Kapitalgesellschaft, während die §§ 283–290 Sondervorschriften für den Formwechsel in eine eG enthalten.

II. Formwechselfähige Rechtsträger

1. Rechtsfähigkeit des Ausgangsrechtsträgers

5 Initiale Voraussetzung für die Formwechselmöglichkeit eines Vereins ist dessen Rechtsfähigkeit. Das UmwG ermöglicht rechtsfähigen Vereinen ausschließlich die Beteiligung als formwechselnder Rechtsträger. **Als Rechtsträger neuer Rechtsform scheiden Vereine** hingegen **aus** (vgl. § 191 Abs. 2).[12] Unerheblich ist der Zeitpunkt des Erwerbs der Rechtspersönlichkeit sowie die Frage, ob das Vereinsvermögen in übertragbare Anteile zerlegt ist.[13]

2. Eingetragene Vereine (e. V.'s)

6 e. V.'s i. S. des **§ 21 BGB** sind uneingeschränkt formwechselfähig. Diese Vereine erlangen ihre Rechtsfähigkeit durch konstitutive Eintragung in das Vereinsregister. Diese **Idealvereine** können ihre ideellen Zwecke ebenso in der Rechtsform einer Kapitalgesellschaft weiterverfolgen, wie rechtsformverfehlte Vereine ihren wirtschaftlichen Geschäftsbetrieb fortführen können.[14]

3. Wirtschaftliche Vereine

7 Wirtschaftliche Vereine gemäß **§ 22 BGB**, die ihre Rechtsfähigkeit durch staatliche Verleihung erlangt haben, sind ebenfalls formwechselfähig. Die Art des Rechtsfähigkeitserwerbs ist dabei für die Formwechselmöglichkeit ohne Bedeutung.[15]

8) Vgl. auch *Schwenn*, npor 2017, 192.
9) So bereits *Balzer*, ZIP 2001, 175, 176 f.; s. a. *Segna*, ZIP 1997, 1901, 1904.
10) *Weißmann*, SpoPrax 2025, 111, 114.
11) Lutter-*Bayer*, UmwG, § 272 Rz. 1.
12) *Leuering* in: KölnKomm-UmwG, § 272 Rz. 5.
13) Lutter-*Bayer*, UmwG, § 272 Rz. 4.
14) *Leuering* in: KölnKomm-UmwG, § 272 Rz. 3; in diesem Sinne auch OLG Hamm, Beschl. v. 19.9.2012 – I-8 AktG 2/12, AG 2013, 307 = NZG 2013, 388.
15) Lutter-*Bayer*, UmwG, § 272 Rz. 4; *Leuering* in: KölnKomm-UmwG, § 272 Rz. 5.

4. Altrechtliche Vereine

8 Aufgrund der Gleichstellung in **§ 351** sind auch altrechtliche Vereine i. S. des § 163 EGBGB formwechselfähig. Diese Vereine haben ihre Rechtsfähigkeit vor Inkrafttreten des BGB erlangt und werden den rechtsfähigen Vereinen gleichgestellt. § 351 Satz 1 bringt für körperschaftlich strukturierte juristische Personen alten Rechts die für wirtschaftliche Vereine geltenden Vorschriften des UmwG zur Anwendung. Es gelten somit ebenfalls die §§ 272 ff., wobei auch die Einschränkung des Formwechsels nur in eine Kapitalgesellschaft oder eingetragenen Genossenschaft zu beachten ist (siehe auch § 351 Rz. 10 [*Stiegler*]).

5. Aufgelöste Vereine

9 Auch aufgelöste rechtsfähige Vereine können einen Formwechsel durchführen, soweit ihre Fortsetzung in der bisherigen Rechtsform **noch beschlossen werden kann** (vgl. § 191 Abs. 3). Dies setzt jedoch voraus, dass der Verein als rechtsfähiger Verein fortgesetzt werden kann.[16] Daran fehlt es insbesondere, wenn der Verein weniger als drei Mitglieder aufweist.[17]

6. Ausblick: Europäischer Verein (ECBA)

10 Das Projekt eines europäischen (grenzüberschreitenden) Vereins wird auf europäischer Ebene schon seit vielen Jahren diskutiert.[18] Neuen Wind brachte ein im September 2023 von der EU-Kommission veröffentlichter Entwurf über **„europäische grenzübergreifende Vereine“** (ECBA).[19] Auch der Koalitionsvertrag der aktuellen Bundesregierung thematisiert und unterstützt diesen Vorschlag. Die ECBA als supranationale Rechtsform der EU kann grundsätzlich Rechtsträger i. S. des § 1 Abs. 1 und damit formwechselfähig sein. Voraussetzung ist jedoch, dass die jeweilige supranationale Rechtsform ihren maßgebenden **Sitz** in Deutschland hat.[20] Maßgebender Sitz ist grundsätzlich derjenige, der als Verweis auf das subsidiär zur Geltung kommende mitgliedstaatliche (deutsche) Recht dient (siehe auch § 1 Rz. 15 [*Stiegler*]). In gewissem Einklang mit § 24 BGB bestimmt Art. 4 Nr. 1 des Kommissionvorschlags insofern den Sitz für maßgebend, der an die Registrierung oder Tätigkeit des ECBA anknüpft. Zudem ist zu beachten, dass ein ECBA nur dann vom Anwendungsbereich des UmwG umfasst sein kann, wenn der jeweiligen europäische Rechtsakt keine abschließenden, vorrangig zur Geltung kommenden Regelungen hinsichtlich des Formwechsels und dessen Verfahren bestimmt.

7. Nicht-formwechselfähige Vereinigungen

11 Vereine **ohne Rechtspersönlichkeit** sind nicht vom Anwendungsbereich der §§ 272 ff. umfasst (siehe bereits Rz. 1). **Nicht eingetragene Vereine** sowie **Vorvereine** bedürfen zunächst einer die Rechtsfähigkeit begründenden Registrierung oder Genehmigung. Allerdings kann für Vorvereine ein Formwechsel unter der aufschiebenden Bedingung der Er-

16) *Reul* in: BeckOGK-UmwG, § 272 Rz. 6.

17) *Limmer*, Hdb. Unternehmensumwandlung, Kap. 8 Rz. 400.

18) EU-Kommission, Vorschlag für eine Verordnung (EWG) des Rates über das Statut des Europäischen Vereins, COM(91) 273 endg., v. 6.3.1992; s. a. *Vollmer*, ZHR 157 (1993), 373; *Terner*, ZEuP 2007, 96; *Lagodinsky*, npoR 2023, 70.

19) EU-Kommission, Vorschlag für eine Richtlinie des Europäischen Parlaments und des Rates über europäische grenzübergreifende Vereine, COM(2023) 516 final, v. 5.9.2023; dazu *J. Schmidt*, NZG 2023, 1245; *Segna*, GPR 2024, 226; *Philipp*, EuZW 2024, 491; *Wöffen*, npor 2024, 68; *Wöffen*, ZIP 2023, 2185.

20) Ferner zur Umwandlung von nationalen Vereinen in einen ECBA s. Art. 17 des Kommissionsvorschlags COM(2023) 516 final.

langung der Rechtsfähigkeit beschlossen werden.[21] Bei nicht eingetragenen Vereinen ist eine Eintragung allein zum Zweck der Erfassung vom Anwendungsbereich des UmwG unschädlich.[22]

12 Auch **ausländische Vereine** (zum grenzüberschreitenden Formwechsel siehe Rz. 17) können mangels eines Inlandssitzes ihre Rechtsform nach den Vorschriften des UmwG nicht wechseln, selbst wenn sie gemäß § 23 BGB Rechtsfähigkeit im Inland besitzen.[23]

III. Zulässige Zielrechtsformen (§ 272 Abs. 1)

13 § 272 Abs. 1 **beschränkt** die zulässigen Zielrechtsformen, also die Rechtsformen die Zielrechtsträger eines Vereinsformwechsels sein können. Die Norm ist insofern lex specialis in Bezug auf § 191 Abs. 2.

1. Kapitalgesellschaften

14 Als Zielrechtsform kommen sämtliche Kapitalgesellschaften i. S. des § 3 Abs. 1 Nr. 2 in Betracht, also die **GmbH,** die **AG** und die **KGaA**. Obgleich „nur" Sonderform der GmbH, ist ein Formwechsel in einen UG (haftungsbeschränkt) allerdings aufgrund des gemäß § 5a Abs. 2 Satz 2 GmbHG geltenden Sacheinlageverbots unzulässig.[24] Auch eine SE kann aufgrund der Vorgaben der SE-VO[25] nicht Zielrechtsträger sein. In Abhängigkeit von der gewählten Zielrechtsform gelten dann die spezifischen Formwechselbestimmungen, also die §§ 238–250. Für den Formwechsel in eine KGaA ist die Regelung des § 240 Abs. 2 entsprechend anzuwenden (§ 275 Abs. 3). Der praktisch bedeutsamste Fall ist der Formwechsel in eine GmbH, wobei sich bei Idealvereinen insbesondere die Umwandlung in eine gemeinnützige GmbH (gGmbH) anbietet.[26]

2. Eingetragene Genossenschaften (eG)

15 Alternativ zur Kapitalgesellschaft kann ein rechtsfähiger Verein die Rechtsform einer **eG** erlangen. Es kommen dann weitgehend die Spezialvorschriften der §§ 251–257 zur Geltung, sofern die §§ 272 ff. nicht Abweichendes bestimmen. Die Option des Formwechsels in eine Genossenschaft ist insbesondere für Vereine mit **genossenschaftlicher Struktur** oder Zielsetzung von Bedeutung. Tatsächlich wird die Rechtsform der Genossenschaft immer attraktiver, vor allem für Sportvereine. Gleichwohl wurde aber in den prominenten Fällen (insbesondere Football Cooperative St. Pauli eG; Auf Schalke eG) eine eigenständige Genossenschaft neu gegründet mittels Singularsukzession (Anteilskauf) statt umwandlungsrechtlicher Vermögensübertragung.[27]

3. Ausgeschlossene Rechtsformen

16 § 272 Abs. 1 weicht von den allgemeinen Möglichkeiten des § 191 Abs. 2 ab, der zusätzlich Personengesellschaften und die GbR als Zielrechtsform vorsieht. Der Formwechsel

21) *Reul* in: BeckOGK-UmwG, § 272 Rz. 8 f.; Semler/Stengel/Leonard-*Katschinski*/*Wolf*, UmwG, § 272 Rz. 10.

22) *Leuering* in: KölnKomm-UmwG, § 272 Rz. 6.

23) *Reul* in: BeckOGK-UmwG, § 272 Rz. 7; Lutter-*Bayer*, UmwG, § 272 Rz. 4; *Leuering* in: KölnKomm-UmwG, § 272 Rz. 7.

24) *Reul* in: BeckOGK-UmwG, § 272 Rz. 12.

25) Verordnung (EG) Nr. 2157/2001 des Rates v. 8.10.2001 über das Statut der Europäischen Gesellschaft (SE) (SE-VO), ABl. (EU) L 294/1 v. 10.11.2001.

26) Vgl. *Schwenn*, npoR 2017, 192; *Lutz*, BWNotZ 2013, 106.

27) Vgl. früher bereits *Balzer*, ZIP 2001, 175, 176; entsprechend zur Ausgliederung auf eine Genossenschaft *Fuhrmann*, Ausgliederung der Berufsfußballabteilungen auf eine AG, GmbH oder eG?, S. 207 ff.

eines Vereins in eine GbR, oHG oder KG ist demnach ausgeschlossen. Der Gesetzgeber sah hierfür **kein praktisches Bedürfnis.**[28] Soll dennoch ein Übergang in eine Personengesellschaft erfolgen, besteht die Möglichkeit des Verzichts auf die Rechtsfähigkeit. Der Verein unterfällt dann als Verein ohne Rechtspersönlichkeit den Regeln der GbR (vgl. § 54 Abs. 1 Satz 2 BGB). Betreibt er ein Handelsgewerbe, wandelt er sich kraft Gesetzes zur oHG oder bei entsprechenden Haftungsbeschränkungen in eine KG.[29]

IV. Grenzüberschreitender Vereinsformwechsel

17 Nicht nur für (Personen- und Kapital-) Gesellschaften, sondern grundsätzlich auch für innerhalb der EU bestehende Vereine kann das rechtliche sowie organisatorische Bedürfnis bestehen, ihren **Sitz in einen anderen EU-Mitgliedstaat** zu **verlegen** und damit ggf. einen Formwechsel in eine Vereinsform des entsprechenden Zuzugsstaates zu vollziehen. Als Sitz eines Vereins gilt dabei gemäß § 24 BGB dessen Verwaltungssitz, d. h. wo die maßgebenden Entscheidungen des Leitungsgremiums in tatsächliches Handeln umgesetzt werden.

18 Rechtlicher Ausgangspunkt der **Zulässigkeit einer EU-grenzüberschreitenden Sitzverlegung** einer juristischen Person ist die weitreichende **Niederlassungsfreiheit** für Gesellschaften gemäß Art. 49, 54 AEUV. Insbesondere durch verschiedene EuGH-Entscheidungen ist mittlerweile umfassend die Möglichkeit eines grenzüberschreitenden Formwechsels aus bzw. in einen anderen EU-Mitgliedstaat gewährleistet (siehe Einl. Rz. 185 [*Stiegler*]). Problematisch ist hierbei jedoch, dass die entsprechenden Zulässigkeitserwägungen sich nur auf Kapitalgesellschaften, aus deutscher Sicht, also insbesondere die GmbH und AG, beziehen. Maßgebend für die Übertragung der bestehenden EuGH-Rechtsprechung auf Vereine ist die Frage, ob es sich beim sitzverlegenden Verein um einen Wirtschaftsverein (§ 22 BGB) oder einen Idealverein (§ 21 BGB) handelt, mithin, ob i. S. des Art. 54 Abs. 2 AEUV ein **Erwerbszweck** vorliegt. Bei **Wirtschaftsvereinen** ist hiervon auszugehen, so dass sich diese grundsätzlich auf die Niederlassungsfreiheit berufen und insofern Ausgangs- als auch Zielrechtsträger eines grenzüberschreitenden Formwechsels sein können. Für **Idealvereine** gilt dies jedoch nicht, da Rechtsgebilde aus dem Anwendungsbereich des Art. 54 Abs. 2 AEUV herausfallen, die nicht auf Teilnahme am wirtschaftlichen Wettbewerb angelegt sind.[30] Ein grenzüberschreitender Formwechsel i. S. einer Sitzverlegung eines Idealvereins ist daher nicht europarechtlich verbürgt und wird aus deutscher Sicht insofern für unzulässig erachtet.[31]

19 Die Frage nach der praktischen **Durchführung** einer grenzüberschreitenden formwechselnden Sitzverlegung stellt sich mithin nur beim wirtschaftlichen Verein. Dabei ist allerdings fraglich, ob nicht bereits die Regelung des § 191 Abs. 2 dem grenzüberschreitenden Formwechsel eines ausländischen in einen inländischen (deutschen) Verein entgegensteht.[32] Im Ergebnis ist dies vor allem unter Berücksichtigung der Aussagen der **Vale-Entscheidung** des EuGH aus umwandlungsrechtlicher Sicht nicht möglich.[33] Denkbar ist allerdings die (faktische) Durchführung eines grenzüberschreitenden Formwechsels von einen ausländischem in einen inländischen Verein.[34] Aufgrund **faktischer Verlegung des Verwaltungssitzes** des Vereins nach Deutschland und zusätzlich der entsprechenden Anpassung der

28) Begr. Fraktionsentwurf UmwBerG, BT-Drucks. 12/6699, S. 163 f.
29) Vgl. Semler/Stengel/Leonard-*Katschinski/Wolf*, UmwG, § 272 Rz. 14.
30) *Stiegler*, ZStV 2021, 148, 149 (Urteilsanm.).
31) Vgl. OLG Zweibrücken, Beschl. v. 27.9.2005 – 3 W 170/05, NZG 2005, 1019 = NotBZ 2006, 405.
32) *Stiegler*, ZStV 2021, 148, 149 (Urteilsanm.).
33) KG Berlin, Beschl. v. 27.11.2020 – 22 W 13/20, NZG 2021, 429 = NotBZ 2021, 268.
34) *Klaaßen-Kaiser* in: MünchHdb. GesR, Bd. 8, § 32 Rz. 35.

Vereinssatzung kann durchaus ein entsprechender Formwechsel, wenn dann auch nicht gemäß den umwandlungsrechtlichen Vorschriften vollzogen werden.

V. Satzungs- und Landesrechtsvorbehalt (§ 272 Abs. 2)

1. Entgegenstehende Satzungsbestimmungen

§ 272 **Abs.** 2 statuiert einen **Satzungsvorbehalt** parallel zu den Regelungen des § 99 Abs. 1 (siehe dazu § 99 Rz. 22 [*Knaier*]) und des § 149 Abs. 1 (siehe § 149 Rz. 5 [*Knaier*]).[35] Ein Formwechsel ist daher ausgeschlossen, wenn die Vereinssatzung diesem entgegensteht bzw. diesen explizit verbietet. Als entgegenstehende Satzungsregelungen können dabei nicht nur ausdrückliche Bestimmungen in Betracht kommen, sondern auch, soweit sich bestimmte Satzungsregelungen nach ihrem Sinn und Zweck mit einem Wechsel der Rechtsform nicht in Einklang bringen lassen.[36] Dies ist ggf. durch Auslegung zu ermitteln.[37] Voraussetzung für die Annahme eines satzungsmäßigen Formwechselverbots bleibt allerdings, dass sich hierfür konkrete Anhaltspunkte in der Satzung finden lassen.[38] Solche dem Formwechsel sinngemäß entgegenstehenden Satzungen finden sich insbesondere bei Vereinen, deren Zweck nicht auf einen wirtschaftlichen Geschäftsbetrieb gerichtet ist, oder bei wirtschaftlichen Vereinen mit gemeinnütziger Zwecksetzung. 20

2. Landesrechtliche Vorbehalte

Das UmwG berücksichtigt ferner entgegenstehende Vorschriften des Landesrechts. Dies stellt § 272 Abs. 2 ausdrücklich klar. Dieser Vorbehalt erklärt sich aus der Besonderheit wirtschaftlicher Vereine, die ihre Rechtsfähigkeit durch staatliche Verleihung erlangen (vgl. § 22 BGB). Da die Einzelheiten der Verleihung bzw. Genehmigung der jeweilige Landesgesetzgeber regelt, sollen im Hinblick auf den **Vorrang des Bundesrechts** etwaige landesrechtliche Vorbehalte angemessen berücksichtigt werden können.[39] Derzeit bestehen jedoch keine landesrechtlichen Beschränkungen, die einem Formwechsel entgegenstehen.[40] 21

3. Möglichkeit der Satzungsänderung

Widerspricht die Satzung dem Umwandlungsvorhaben, bedarf es einer vorherigen Satzungsänderung. Soweit die Anforderungen an einen **Satzungsänderungsbeschluss** mit denen des Formwechselbeschlusses korrespondieren, können beide Beschlüsse zeitgleich gefasst werden.[41] Es genügt, wenn die Satzungsänderung und der Formwechsel gleichzeitig im Vereinsregister eingetragen werden.[42] Die Satzungsänderung muss dabei denklogisch eine logische Sekunde vor dem Wirksamwerden des Formwechsels eingetragen werden. 22

35) *Leuering* in: KölnKomm-UmwG, § 272 Rz. 9.
36) Begr. Fraktionsentwurf UmwBerG, BT-Drucks. 12/6699, S. 164.
37) *Leuering* in: KölnKomm-UmwG, § 272 Rz. 9; vgl. auch Lutter-*Bayer*, UmwG, § 272 Rz. 5.
38) *Limmer*, Hdb. Unternehmensumwandlung, Kap. 8 Rz. 401; Semler/Stengel/Leonard-*Katschinski*/*Wolf*, UmwG, § 272 Rz. 16.
39) Begr. Fraktionsentwurf UmwBerG, BT-Drucks. 12/6699, S. 164.
40) Semler/Stengel/Leonard-*Katschinski*/*Wolf*, UmwG, § 272 Rz. 3; *Lutz*, BWNotZ 2013, 106.
41) *Leuering* in: KölnKomm-UmwG, § 272 Rz. 9.
42) Lutter-*Bayer*, UmwG, § 272 Rz. 12; *Lutz*, BWNotZ 2013, 106.

Zweiter Unterabschnitt
Formwechsel in eine Kapitalgesellschaft

§ 273

Möglichkeit des Formwechsels*)

Der Formwechsel ist nur möglich, wenn auf jedes Mitglied, das an der Gesellschaft neuer Rechtsform beteiligt wird, als beschränkt haftender Gesellschafter ein Geschäftsanteil, dessen Nennbetrag auf volle Euro lautet, oder als Aktionär mindestens eine volle Aktie entfällt.

*) § 273 geändert durch Art. 17 des Gesetzes zur Modernisierung des GmbH-Rechts und zur Bekämpfung von Missbräuchen (MoMiG), v. 23.10.2008, BGBl. I 2008, 2026; § 273 geändert durch Art. 3 § 4 des Gesetzes zur Einführung des Euro (Euro-Einführungsgesetz – EuroEG), v. 9.6.1998, BGBl. I 1998, 1242; § 273 i. d. F. des UmwBerG geändert durch Art. 2 des Gesetzes über die Zulassung von Stückaktien (Stückaktiengesetz – StückAG), v. 25.3.1998, BGBl. I 1998, 590.

Literatur: Siehe auch die Literaturangaben bei § 272. *Lutz*, Formwechsel eines eingetragenen Vereins in eine GmbH, BWNotZ 2013, 106; *Kuthe*, Der Referentenentwurf eines Zweiten Gesetzes zur Finanzierung von zukunftssichernden Investitionen (ZuFinG II), BB 2024, 2371; *Schmoll*, Zukunftsfinanzierungsgesetz II – Erwartbares, Erhofftes und Überraschendes, NZG 2024, 1197; *Schwenn*, Praxisleitfaden zum Formwechsel eines eingetragenen Vereins in eine gemeinnützige GmbH, npoR 2017, 192.

Übersicht

I. Normzweck und systematische Einordnung

1. Regelungsgehalt des § 273

1 § 273 normiert die **zwingende Mindestbeteiligung** jedes Vereinsmitglieds an der durch den Formwechsel entstehenden Kapitalgesellschaft. Kernfunktion der Vorschrift ist die rechnerisch einfache Sicherstellung, dass sämtliche Vereinsmitglieder an dem neuen Rechtsträger beteiligt werden.[1] Zugleich bezweckt die Norm, durch die Festlegung von Beteiligungsuntergrenzen die Entstehung kleinster Teilrechte zu verhindern.[2] Eine vergleichbare Vorgabe bestand bereits in der Vorgängernorm des § 385d Abs. 1 AktG a. F. § 273 wurde durch Art. 17 Nr. 9 des Gesetzes zur Modernisierung des GmbH-Rechts und zur Bekämpfung von Missbräuchen (**MoMiG**) vom 23.10.2008 mit Wirkung zum 1.11.2008 geändert. Hintergrund dieser Änderung war die Neufassung des § 5 Abs. 2 GmbHG, wonach der Nennbetrag eines Geschäftsanteils nunmehr auf volle Euro lauten muss.

1) *Leuering* in: KölnKomm-UmwG, § 273 Rz. 1; Schmitt/Hörtnagl-*Hörtnagl/Rinke*, UmwG/UmwStG, § 273 UmwG Rz. 1.

2) Begr. Fraktionsentwurf UmwBerG, BT-Drucks. 12/6699, S. 164.

In der Praxis erweist sich die zwingende Beteiligung sämtlicher Vereinsmitglieder als erhebliche **Herausforderung**, insbesondere bei mitgliederstarken Vereinen. Da nach § 273 i. V. m. § 5 Abs. 2 Satz 1 GmbHG der jeweils zu gewährende Geschäftsanteil mindestens einen Euro betragen muss, ist ein Formwechsel in eine GmbH nur möglich, wenn das Vereinsvermögen mindestens 25.000 € beträgt.[3] Die Angaben über Zahl, Art und Umfang der zu gewährenden Anteile müssen im Formwechselbeschluss nach § 194 Abs. 1 Nr. 4 enthalten sein. Die Zuweisung der konkreten Anteilshöhe erfolgt sodann anhand des § 276 Abs. 2 (siehe dazu § 276 Rz. 13 [*Stiegler*]).[4] 2

2. Systematische Stellung

§ 273 steht in unmittelbarem Zusammenhang mit § 272, der die grundsätzliche Möglichkeit des Vereinsformwechsels eröffnet. Während § 272 die formwechselfähigen Rechtsträger und zulässigen Zielrechtsformen bestimmt, konkretisiert § 273 die hierfür erforderliche Mindestbeteiligung der Mitglieder.[5] Eine Parallele findet sich in § 258 Abs. 2 für den Formwechsel einer Genossenschaft (siehe dazu § 258 Rz. 4 [*Brčić*]) sowie in § 291 Abs. 2 für den Formwechsel eines VVaG (siehe § 291 Rz. 8 [*Mallmann*]). 3

II. Mindestbeteiligung der Vereinsmitglieder

1. Grundsatz der zwingenden Beteiligung

Beim Formwechsel eines rechtsfähigen Vereins in eine Kapitalgesellschaft muss jedes Vereinsmitglied an der neuen Kapitalgesellschaft beteiligt werden. Diese zwingende Beteiligung aller Mitglieder ist Ausdruck des sog. **Identitätsgrundsatzes**, wonach während des Formwechsels grundsätzlich kein Mitglied aus dem Verein ausscheiden oder ihm beitreten kann.[6] Hierin unterscheidet sich der Formwechsel grundlegend von anderen Umwandlungsarten, bei denen ein Ausscheiden gegen Abfindung möglich ist. 4

2. Formwechsel in eine GmbH

Bei einem Formwechsel in eine GmbH ist die Beteiligung der Vereinsmitglieder am Stammkapital so festzusetzen, dass auf jedes an der GmbH beteiligte Mitglied ein Geschäftsanteil entfällt, dessen Nennbetrag auf volle Euro lautet. Entsprechend der allgemeinen Regelung des § 5 Abs. 2 Satz 1 GmbHG beträgt der Mindestnennbetrag eines Geschäftsanteils einen Euro (**1 €**). Fragen der ungleichmäßigen Quotelung bei der Beteiligung am Stammkapital richten sich nach § 276.[7] Das GmbHG gestattet es den Gesellschaftern grundsätzlich auch **mehrere Geschäftsanteile** zu übernehmen. Für den Formwechsel bedeutet dies, dass ein Vereinsmitglied durchaus mehr als einen Geschäftsanteil erhalten kann, sofern die in § 276 Abs. 2 normierten Verteilungsmaßstäbe (siehe dazu § 276 Rz. 13 [*Stiegler*]) eingehalten werden. 5

3. Formwechsel in eine AG oder KGaA

Bei einem Formwechsel in eine AG oder KGaA erhält jeder neue Aktionär wenigstens eine volle Aktie.[8] Entsprechend der Gründungsvorschrift des § 8 Abs. 2, 3 AktG muss dabei 6

3) *Schwenn*, npoR 2017, 192, 194.
4) *Lutz*, BWNotZ 2013, 106, 109; *Schwenn*, npoR 2017, 192, 195.
5) *Reul* in: BeckOGK-UmwG, § 273 Rz. 2; Lutter-*Bayer*, UmwG, § 273 Rz. 1.
6) Vgl. *Limmer*, Hdb. Unternehmensumwandlung, Kap. 8 Rz. 423.
7) *Leuering* in: KölnKomm-UmwG, § 273 Rz. 3.
8) Lutter-*Bayer*, UmwG, § 273 Rz. 2; *Leuering* in: KölnKomm-UmwG, § 273 Rz. 4; Semler/Stengel/Leonard-*Katschinski*/*Wolf*, UmwG, § 273 Rz. 3.

jede Aktie einen Mindestnennbetrag von einem Euro (1 €) aufweisen. Bei Stückaktien muss der rechnerische Anteil am Grundkapital ebenfalls mindestens einen Euro betragen. Die durch das StoFöG im Jahr 2026 erfolgte Erweiterung des § 8 AktG durch einen neuen Absatz 7 könnte Einfluss auf die Formwechselpraxis eines Vereins in eine AG haben.[9] Denn damit wurde sowohl die Ausgabe von Nenn- als auch Stückaktien zu einem Mindestbetrag von nur 1 Cent anstelle von bisher 1 € und damit die Einführung sog. Penny Stocks möglich (siehe dazu auch Einl. Rz. 7 [*Stiegler*]).[10] Es reichte daher auch beim Formwechsel ein Mindestnennbetrag von 1 Cent.

III. Verhältnis zu weiteren Vorschriften

7 Zur Frage, unter welchen Voraussetzungen höhere oder unterschiedlich hohe Anteile gebildet werden können, gelten die Verteilungsmaßstäbe des **§ 276 Abs. 2.**[11] Diese Vorschrift legt abschließend die Maßstäbe fest, nach denen eine unterschiedlich hohe Beteiligung der Vereinsmitglieder festgesetzt werden darf. Der vereinsrechtliche Grundsatz, dass mangels abweichender Satzungsregelungen alle Vereinsmitglieder gleiche Rechte und Pflichten haben, wird dabei durch § 276 Abs. 2 modifiziert.

8 Im Übrigen bleibt es bei den **allgemeinen Vorschriften** des GmbHG und des AktG.[12] Insbesondere § 197 ordnet an, dass auf den Formwechsel die für die neue Rechtsform geltenden Gründungsvorschriften anzuwenden sind; die zwingenden Kapitalaufbringungsregeln der AG oder KGaA bzw. GmbH sind daher zu beachten. Zu berücksichtigen ist ferner, dass das Reinvermögen des Vereins das Stammkapital der GmbH abdecken muss. Es darf somit keine Unterpari-Emission vorliegen.

9) Gesetz zur Förderung privater Investitionen und des Finanzstandorts (Standortfördergesetz – StoFöG), v. 4.2.2026, BGBl. I 2026, Nr. 33.

10) Vgl. allg. auch *Schmoll*, NZG 2024, 1197; *Kuthe*, BB 2024, 2371 f.

11) Lutter-*Bayer*, UmwG, § 273 Rz. 1.

12) *Reul* in: BeckOGK-UmwG, § 273 Rz. 4; Lutter-*Bayer*, UmwG, § 273 Rz. 2.

§ 274

Vorbereitung und Durchführung der Mitgliederversammlung*)

(1) [1]Auf die Vorbereitung der Mitgliederversammlung, die den Formwechsel beschließen soll, sind die §§ 229, 230 Abs. 2 Satz 1 und 2, § 231 Satz 1 und § 260 Abs. 1 entsprechend anzuwenden. [2]§ 192 Abs. 2 bleibt unberührt.

(2) Auf die Mitgliederversammlung, die den Formwechsel beschließen soll, ist § 239 Abs. 1 Satz 1 und Abs. 2 entsprechend anzuwenden.

*) § 274 geändert durch Art. 4 des Gesetzes zur Umsetzung der Aktionärsrechterichtlinie (ARUG), v. 30.7.2009, BGBl. I 2009, 2479; § 274 i. d. F. des UmwBerG geändert durch Art. 1 des Zweiten Gesetzes zur Änderung des Umwandlungsgesetzes (2. UmwGÄndG), v. 19.4.2007, BGBl. I 2007, 542.

Literatur: Siehe auch die Literaturangaben bei § 272. *Lutz*, Formwechsel eines eingetragenen Vereins in eine GmbH, BWNotZ 2013, 106; *Schwenn*, Praxisleitfaden zum Formwechsel eines eingetragenen Vereins in eine gemeinnützige GmbH, npoR 2017, 192.

Übersicht

I. Normzweck und systematische Einordnung

1. Regelungsgehalt des § 274

1 § 274 regelt die Vorbereitung und Durchführung der Mitgliederversammlung, die über den Formwechsel eines rechtsfähigen Vereins beschließen soll. Die Vorschrift differenziert dabei zwischen der **Vorbereitungsphase**, § 274 Abs. 1 (siehe Rz. 5) und der **Durchführung** der Versammlung selbst, § 274 Abs. 2 (siehe Rz. 15). Der Gesetzgeber stärkt bei der Vorbereitung zur Beschlussfassung die Interessen und Rechte der Vereinsmitglieder, indem er ihnen die besondere Schutzbedürftigkeit zuerkennt, die er für Genossen beim Formwechsel einer Genossenschaft in eine Kapitalgesellschaft vorsieht.[1] Für die Durchführung der Mitgliederversammlung ist hingegen grundsätzlich dasselbe Verfahren einzuhalten wie beim Formwechsel von Kapitalgesellschaften und eGs.[2]

2 Allgemein empfiehlt es sich, einen genauen **Zeit- und Maßnahmenplan** aufzustellen, um einen ordnungsgemäßen Ablauf des Vereinsformwechsels sicherzustellen.[3] Die **Ladung** sollte den Formwechsel in möglichst genauer und bestimmter Form darstellen. Es sollte angegeben werden, dass der Verein durch einen Formwechsel gemäß den Vorgaben des UmwG umgewandelt, der Verein dementsprechend gelöscht wird und die Vereinsmitglieder Geschäftsanteile an der GmbH erhalten. Ebenfalls ist es ratsam, auf die erforderlichen **Mehrheiten** hinzuweisen. Weiterhin sollte ein **Entwurf des Formwechselbeschlusses** der Ladung beigelegt werden.[4] Schließlich ist bereits in der Ladung auf das Recht zur **Einsichtnahme** und zum Erhalt des Formwechselberichts hinzuweisen.[5] Die **Verzichtserklärungen** auf den Formwechselbericht können vorab oder zusammen mit dem Formwechselbeschluss abgegeben werden.

2. Systematische Einordnung

3 Die für die Vorbereitung und Durchführung der Mitgliederversammlung anzuwendenden Regeln ergeben sich aus einem **dreistufigen Regelungssystem.**[6] Zunächst gelangen die allgemeinen Vorschriften über den Formwechsel der §§ 190 ff. zur Anwendung. Sodann sind die allgemeinen bürgerlich-rechtlichen Regelungen des Vereinsrechts zu beachten. Ergänzend treten die besonderen Vorschriften des § 274 hinzu, der durch Verweisungen auf andere Vorschriften des UmwG eine Reihe von Modifikationen enthält.[7] Für den Formwechsel in eine eG normiert § 283 ein zu § 274 deckungsgleiches Verfahren.

1) Begr. Fraktionsentwurf UmwBerG, BT-Drucks. 12/6699, S. 164.
2) *Leuering* in: KölnKomm-UmwG, § 274 Rz. 2.
3) *Schwenn*, npoR 2017, 192, 194.
4) *Schwenn*, npoR 2017, 192, 195.
5) *Leuering* in: KölnKomm-UmwG, § 274 Rz. 2.
6) *Leuering* in: KölnKomm-UmwG, § 274 Rz. 4.
7) *Reul* in: BeckOGK-UmwG, § 274 Rz. 2; Lutter-*Bayer*, UmwG, § 274 Rz. 1.

4 § 274 Abs. 1 Satz 1 verweist nach wie vor auf die aufgehobene Vorschrift des § 229 a. F. Dies ist als ein **Redaktionsfehler** des Gesetzgebers zu betrachten.[8)] Der Verweis auf § 230 wurde mit Art. 4 Nr. 13 lit. a ARUG auf § 230 Abs. 2 Satz 1, 2 spezifiziert. Hintergrund ist, dass an § 230 Abs. 2 ein neuer Satz 3 angefügt wurde, auf den § 274 Abs. 1 nicht verweisen sollte.

II. Vorbereitung der Mitgliederversammlung (§ 274 Abs. 1)

1. Formwechselbericht

5 Der gemäß § 192 aufzustellende Formwechselbericht ist auch beim Formwechsel eines Vereins nach näherer Maßgabe von § 192 Abs. 2 entbehrlich (§ 274 Abs. 1 Satz 2). Der Bericht ist daher nicht erforderlich, wenn alle Vereinsmitglieder durch notariell beurkundete Erklärung **auf seine Erstattung verzichten** oder wenn die Zahl der Vereinsmitglieder auf eins herabgesunken ist und das Amtsgericht dem Verein die Rechtsfähigkeit noch nicht entzogen hat (vgl. § 73 BGB).[9)] Bei Vereinen wird ein Verzicht angesichts der typischerweise größeren Zahl der Mitglieder allerdings unpraktikabel sein.[10)] **Mängel** am Formwechselbericht bieten die Hauptangriffsfläche für Klagen gegen den Formwechselbeschluss. Diese können den gesamten Formwechsel blockieren. Daher erscheint es sinnvoll, dass der Vereinsvorstand den Bericht vorsorglich erstellt, wenn auch nur geringe Zweifel an einem vollständigen Verzicht bestehen.[11)]

2. Einberufung der Mitgliederversammlung

6 Die Einberufung der Mitgliederversammlung wird vom UmwG selbst nicht geregelt. Insofern bleibt es bei den allgemeinen Bestimmungen der **§§ 32, 37 BGB** und der **Satzung** des Vereins.[12)] Für die Einberufung ist, soweit die Satzung nichts anderes bestimmt, der Vorstand i. S. des § 26 BGB zuständig. Das Vereinsrecht kennt keine Vorschrift, in welcher Form die Mitgliederversammlung einzuberufen ist. In § 58 Nr. 4 BGB ist allerdings bestimmt, dass diese **Form** in der Satzung festgelegt werden kann. Für den Formwechsel folgt aus §§ 274 Abs. 1, 260 Abs. 1, dass Textform vorgeschrieben, aber auch im Grundsatz ausreichend ist.[13)]

7 Bei der Einberufung hat der Vorstand ferner eine angemessene **Frist** einzuhalten. Im Schrifttum wird teilweise die Dreißig-Tage-Frist analog § 123 Abs. 1 AktG befürwortet, sofern keine andere Satzungsregelung vorhanden ist.[14)] In Anbetracht der großen Bedeutung dieser Mitgliederversammlung, in der über die weitere rechtliche Existenz der Organisation entschieden wird, sollte eher eine großzügige Einberufungsfrist angesetzt werden.[15)]

3. Ankündigung der Beschlussfassung

8 Spätestens zusammen mit der Einladung ist der Formwechsel als Gegenstand der Beschlussfassung in Textform (vgl. § 126b BGB) anzukündigen (§ 274 Abs. 1 Satz 1 i. V. m. § 260 Abs. 1 Satz 1). Aufgrund dieses Erfordernisses muss **neben** einer etwaigen **Bekanntma-**

---

8) Lutter-*Bayer*, UmwG, § 274 Rz. 3; *Leuering* in: KölnKomm-UmwG, § 274 Rz. 3.

9) Lutter-*Bayer*, UmwG, § 274 Rz. 2.

10) *Limmer*, Hdb. Unternehmensumwandlung, Kap. 8 Rz. 404.

11) So *Schwenn*, npoR 2017, 192, 194.

12) *Limmer*, Hdb. Unternehmensumwandlung, Kap. 8 Rz. 405; *Reul* in: BeckOGK-UmwG, § 274 Rz. 1.

13) *Limmer*, Hdb. Unternehmensumwandlung, Kap. 8 Rz. 405; *Reul* in: BeckOGK-UmwG, § 274 Rz. 11; *Lutz*, BWNotZ 2013, 106, 108.

14) So *Limmer*, Hdb. Unternehmensumwandlung, Kap. 8 Rz. 405.

15) *Schwenn*, npoR 2017, 192, 195.

chung in den Vereinsblättern den Vereinsmitgliedern auch diese Ankündigung **in Textform zugehen**. Eine bloße Bekanntmachung in einem öffentlichen Blatt ist nicht ausreichend.[16] Die Ankündigung hat gegenüber jedem einzelnen Mitglied zu erfolgen.[17] Gemäß § 32 Abs. 1 Satz 2 BGB muss die Mitteilung der **Tagesordnung** in der Einladung so genau sein, dass die Mitglieder über die Notwendigkeit einer Teilnahme entscheiden und sich sachgerecht vorbereiten können.

Darüber hinaus ist in der Ankündigung auf die für die Beschlussfassung nach § 275 erforderlichen **Mehrheiten** hinzuweisen (§ 274 Abs. 1 Satz 1 i. V. m. § 260 Abs. 1 Satz 2). Es ist also darüber zu informieren, ob der Beschluss nach § 275 Abs. 1 der Zustimmung aller Vereinsmitglieder bedarf oder nach § 275 Abs. 2 eine Mehrheit von 75 % nötig ist.[18] Des Weiteren bedarf es der Information, dass sich die Mehrheit unter den Voraussetzungen des § 275 Abs. 2 Satz 2 auf 90 % erhöhen kann. 9

Schließlich ist in der Ankündigung auf die Möglichkeit der Erhebung eines **Widerspruchs** und die sich daraus ergebenden Rechte hinzuweisen (§ 274 Abs. 1 Satz 1 i. V. m. § 260 Abs. 1 Satz 2). Diese **Informationspflicht** betrifft, sofern es sich nicht um einen gemeinnützigen Verein handelt (vgl. § 282 Abs. 2), zum einen das Widerspruchsrecht des § 207 Abs. 1 Satz 1 und das daraus resultierende Recht, eine **Barabfindung** zu beanspruchen. Dabei ist auch auf die **Annahmefrist** (vgl. § 209), auf den Ausschluss von Klagen gegen den Formwechselbeschluss wegen nicht angemessener oder fehlender Barabfindung (vgl. § 210) und die Möglichkeit einer gerichtlichen Nachprüfung der Abfindung (vgl. § 212) hinzuweisen.[19] 10

4. Übersendung des Abfindungsangebots

Spätestens mit Einberufung der Mitgliederversammlung ist **sämtlichen** Vereinsmitgliedern das Abfindungsangebot nach § 207 zu **übersenden** (§ 274 Abs. 1 Satz 1 i. V. m. § 231 Satz 1). Die Übersendung kann auch schon vor Einberufung der Mitgliederversammlung erfolgen, nicht jedoch später.[20] Eine bloße Auslegung des Abfindungsangebots in den Räumen des Vereins genügt nicht.[21] Da § 274 Abs. 1 Satz 1 nicht auch auf § 231 Satz 2 verweist, genügt es anders als beim Formwechsel von Kapitalgesellschaften auch **nicht**, das Abfindungsangebot im Bundesanzeiger oder etwaigen Veröffentlichungsblättern des Vereins bekannt zu machen. Dahinter steht die zutreffende Überlegung, dass **Vereinsmitglieder insoweit schutzbedürftiger** sind als Anteilseigner von Kapitalgesellschaften, für die ein flächendeckender Informationsfluss mittels öffentlicher Publikationsformen fremd ist.[22] Die Übersendungspflicht bezieht sich dabei nur auf das Angebot selbst. Nicht erforderlich ist es, dass auch der **Prüfungsbericht** nach §§ 208, 30 mitübersandt wird. 11

Zu beachten ist aber, dass gemäß § 282 Abs. 2 die § 282 Abs. 1 und §§ 207 bis 212 auf den Formwechsel eines e. V., der nach § 5 Abs. 1 Nr. 9 KStG von der Körperschaftsteuer befreit ist **(gemeinnütziger Verein)**, nicht anzuwenden sind. Das Verbot der Barabfindung bei gemeinnützigen Vereinen ergibt sich daraus, dass das Vereinsvermögen im Fall der Auflösung wiederum gemeinnützigen Zwecken zugeführt werden muss. Ein Verstoß hiergegen führt zu einem rückwirkenden Verlust der Steuervergünstigung.[23] 12

16) *Limmer*, Hdb. Unternehmensumwandlung, Kap. 8 Rz. 408; *Lutz*, BWNotZ 2013, 106, 108.

17) *Limmer*, Hdb. Unternehmensumwandlung, Kap. 8 Rz. 408.

18) *Reul* in: BeckOGK-UmwG, § 274 Rz. 14; Lutter-*Bayer*, UmwG, § 274 Rz. 6.

19) *Reul* in: BeckOGK-UmwG, § 274 Rz. 18; Lutter-*Bayer*, UmwG, § 274 Rz. 7.

20) Lutter-*Bayer*, UmwG, § 274 Rz. 9.

21) Lutter-*Bayer*, UmwG, § 274 Rz. 9.

22) *Leuering* in: KölnKomm-UmwG, § 274 Rz. 18.

23) *Lutz*, BWNotZ 2013, 106, 108.

5. Auslegung und Übersendung des Formwechselberichts

13 Der gemäß § 192 zu erstellende Formwechselbericht des Vereinsvorstands ist von der Einberufung der Mitgliederversammlung an in den Räumen des Vereins auszulegen. Außerdem ist jedem Vereinsmitglied auf Verlangen unverzüglich und kostenlos eine **Abschrift** zuzusenden (§ 274 Abs. 1 Satz 1 i. V. m. § 230 Abs. 2). Den Vereinsmitgliedern soll damit die Möglichkeit eröffnet werden, sich rechtzeitig vor der Mitgliederversammlung mit dem Formwechselbericht und der in ihm enthaltenen rechtlichen und wirtschaftlichen Erläuterung und Begründung des beabsichtigten Formwechsels zu befassen.[24] Die Auslegung hat nach § 230 Abs. 2 Satz 1 **in dem Geschäftsraum des Vereins** zu erfolgen, also dort, wo die Verwaltung des Vereins geführt wird. Sofern der Verein keine eigenen Geschäftsräume unterhält, wird man die Auslegung in den, gegebenenfalls auch privaten, Räumen verlangen müssen, in denen der Vorstand tatsächlich den Vereinsgeschäften nachgeht.[25] Dies kann dann z. B. auch der Wohnraum des (einzigen) Vereinsvorstands sein. Alternativ kommt der Amtsraum eines Notars in Betracht.[26]

14 Die **Auslegung** des Formwechselberichts und die Abschrifterteilung können mangels Verweises auf § 230 Abs. 2 Satz 4 **nicht dadurch ersetzt werden**, dass der Bericht auf der Internetseite des Vereins eingestellt wird und dort abrufbar ist. Ebenso wenig kommt eine Zusendung per E-Mail in Betracht, da auch nicht auf § 230 Abs. 2 Satz 3 verwiesen wird.[27] Denkbar mag zwar ein Verzicht auf diese Pflichten sein. Da ein solcher aber von allen Vereinsmitgliedern zu erstatten wäre, ist dies praktisch kaum durchführbar oder zumindest nur bei sehr kleiner Mitgliederzahl. Das UmwG schreibt ferner nicht ausdrücklich vor, dass die Vereinsmitglieder mit der Einladung auf ihre Rechte zur Einsichtnahme und zur Anforderung von Kopien des Formwechselberichts hinzuweisen sind. Gleichwohl verlangt der Informationszweck einen solchen Hinweis, da die Informationsrechte andernfalls mangels Kenntnis der Vereinsmitglieder vielfach leerlaufen würden.[28]

III. Durchführung der Mitgliederversammlung (§ 274 Abs. 2)

1. Auslegungspflicht in der Versammlung

15 Auch in der Mitgliederversammlung ist der gemäß § 192 zu erstattende Formwechselbericht auszulegen (§ 274 Abs. 2 i. V. m. § 239 Abs. 1 Satz 1). Die Auslegung hat in Papierform zu erfolgen. Ein Recht auf Kopie bzw. Abschrift ist diesbezüglich damit jedoch nicht verbunden.[29] Die in § 239 Abs. 1 Satz 2 vorgesehene Möglichkeit, den Formwechselbericht in der entsprechenden Versammlung auf andere Weise zugänglich zu machen, gilt für das Vereinsrecht nicht. § 274 Abs. 2 verweist nur auf § 239 Abs. 1 Satz 1, nicht hingegen auch auf § 239 Abs. 1 Satz 2.[30]

2. Mündliche Erläuterungspflicht des Vorstands

16 Bestandteil des Formwechselberichts ist ein Entwurf des Formwechselbeschlusses (vgl. § 192 Abs. 1 Satz 3). Dieser **Entwurf des Formwechselbeschlusses** ist zu Beginn der Mitgliederversammlung vom Vorstand mündlich zu erläutern (§ 274 Abs. 2 i. V. m. § 239 Abs. 2). Die Erläuterungen haben sich auf den gesamten Inhalt des Formwechselbeschlusses zu erstrecken, insbesondere also auf die in § 194 Abs. 1 aufgeführten Mindestbestimmungen sowie die

24) Lutter-*Bayer*, UmwG, § 274 Rz. 10; *Leuering* in: KölnKomm-UmwG, § 274 Rz. 20.
25) Lutter-*Bayer*, UmwG, § 274 Rz. 10.
26) *Leuering* in: KölnKomm-UmwG, § 274 Rz. 20.
27) *Reul* in: BeckOGK-UmwG, § 274 Rz. 20; Lutter-*Bayer*, UmwG, § 274 Rz. 10.
28) Lutter-*Bayer*, UmwG, § 274 Rz. 11; *Leuering* in: KölnKomm-UmwG, § 274 Rz. 21.
29) Ähnlich *Reul* in: BeckOGK-UmwG, § 274 Rz. 29.
30) *Limmer*, Hdb. Unternehmensumwandlung, Kap. 8 Rz. 411.

gemäß § 276 Abs. 1, § 218 Abs. 1 im Formwechselbeschluss enthaltene Satzung der neuen Kapitalgesellschaft.[31] Zentrale Punkte der **Erläuterung** sind die Rechtsnatur der neuen Rechtsform, die Beteiligung der Mitglieder an der neuen Kapitalgesellschaft sowie die Satzung der neuen Kapitalgesellschaft und die Berechnung des Barabfindungsangebots. Dabei wird das Schwergewicht vor allem auf Informationen zu den wesentlichen **Strukturmerkmalen** der neuen Rechtsform und der Satzung, zu der Höhe des Stamm- bzw. Grundkapitals und dem Maßstab, nach dem die Anteile der Vereinsmitglieder festgesetzt wurden, liegen.

Darüber hinaus besteht die Pflicht des Vertretungsorgans, in der Mitgliederversammlung **Fragen der Mitglieder zu beantworten**, die sich ergänzend oder erweiternd auf den Formwechselbericht sowie auf andere Gegenstände des Formwechsels beziehen, soweit sie geeignet sind, die rechtlichen und wirtschaftlichen Hintergründe und Ziele sowie die Einzelheiten des Formwechsels beurteilen zu können.[32] 17

3. Besonderheiten bei virtuellen Versammlungen

Für den Formwechsel ist ein Beschluss der Vereinsmitglieder erforderlich, der nur in einer Mitgliederversammlung gefasst werden kann (vgl. § 193 Abs. 1). Durch die Neufassung des § 32 Abs. 2 BGB wird seit dem 21.3.2023 sowohl die **hybride** als auch die **virtuelle Durchführung** der Mitgliederversammlung ausdrücklich gestattet. Auch § 193 Abs. 1 Satz 2 steht dem nicht entgegen.[33] Im Falle einer virtuellen Versammlung muss auf eine andere Möglichkeit der Zurverfügungstellung des Formwechselberichts zurückgegriffen werden, um den virtuell teilnehmenden Mitgliedern zu ermöglichen, während der Versammlung auf diesen zuzugreifen. Auch der Umstand, dass § 274 Abs. 1 Satz 1 nicht auf § 230 Abs. 4 verweist, der es erlaubt, im Vorfeld der Versammlung auf die Zurverfügungstellung des Formwechselberichts auf der Internetseite des Vereins auszuweichen, führt zu keinem anderen Ergebnis.[34] Sieht die Satzung in zulässiger Weise eine Delegiertenversammlung vor, so tritt diese an die Stelle der Mitgliederversammlung. Die Beschlussfassung über einen Formwechsel muss mithin de lege lata nicht zwingend der Mitgliederversammlung vorbehalten bleiben. § 32 Abs. 3 BGB, der eine versammlungslose Beschlussfassung in Textform[35] ermöglicht, ist nicht anzuwenden, da § 193 Abs. 1 Satz 2 ausdrücklich eine Versammlung der Vereinsmitglieder fordert. 18

IV. Rechtsfolgen bei Verstößen

Fehlerhafte Beschlüsse, die unter Missachtung wesentlicher Verfahrensgrundsätze der Vorbereitung und Durchführung der Mitgliederversammlung zustande kommen, führen zur **Anfechtbarkeit des Formwechselbeschlusses.**[36] Die Anfechtungsfrist beträgt grundsätzlich einen Monat. Weitere Voraussetzungen ergeben sich aus den §§ 195, 196, 210. Davon ausgenommen ist die Verletzung der Informationspflichten zum Barabfindungsangebot. Hierfür ist, wie auch für die fehlerhafte Berechnung des Barabfindungsangebots, das **Spruchverfahren** das einschlägige Rechtsmittel. Die Verantwortlichkeit der Vertretungsorgane bei Verstößen gegen die Organisations- und Informationspflichten aus § 274 behandeln §§ 205 f. und begründen einen Schadensersatzanspruch gegen den Vereinsvorstand.[37] 19

31) Lutter-*Bayer*, UmwG, § 274 Rz. 12.
32) *Leuering* in: KölnKomm-UmwG, § 274 Rz. 23.
33) Lutter-*Bayer*, UmwG, § 274 Rz. 1.
34) Lutter-*Bayer*, UmwG, § 274 Rz. 12.
35) Bis zum 31.12.2024: Schriftform.
36) *Leuering* in: KölnKomm-UmwG, § 274 Rz. 24.
37) *Leuering* in: KölnKomm-UmwG, § 274 Rz. 25; Semler/Stengel/Leonard-*Katschinski*/*Wolf*, UmwG, § 274 Rz. 10; für die Nichtigkeit des Beschlusses hingegen *Reul* in: BeckOGK-UmwG, § 274 Rz. 34; Lutter-*Bayer*, UmwG, § 274 Rz. 13.

§ 275
Beschluß der Mitgliederversammlung*)

(1) Der Formwechselbeschluss der Mitgliederversammlung bedarf, wenn der Zweck des Rechtsträgers geändert werden soll (§ 33 Abs. 1 Satz 2 des Bürgerlichen Gesetzbuchs), der Zustimmung aller anwesenden Mitglieder; ihm müssen auch die nicht erschienenen Mitglieder zustimmen.

(2) [1]In anderen Fällen bedarf der Formwechselbeschluss einer Mehrheit von mindestens drei Vierteln der abgegebenen Stimmen. [2]Er bedarf einer Mehrheit von mindestens neun Zehnteln der abgegebenen Stimmen, wenn spätestens bis zum Ablauf des dritten Tages vor der Mitgliederversammlung wenigstens hundert Mitglieder, bei Vereinen mit weniger als tausend Mitgliedern ein Zehntel der Mitglieder, durch eingeschriebenen Brief Widerspruch gegen den Formwechsel erhoben haben. [3]Die Satzung kann größere Mehrheiten und weitere Erfordernisse bestimmen.

(3) Auf den Formwechsel in eine Kommanditgesellschaft auf Aktien ist § 240 Abs. 2 entsprechend anzuwenden.

*) § 275 geändert durch Art. 1 des Gesetzes zur Umsetzung der Umwandlungsrichtlinie und zur Änderung weiterer Gesetze (UmRUG), v. 22.2.2023, BGBl. I 2023, Nr. 51; § 275 i. d. F. des UmwBerG geändert durch Art. 5 des Gesetzes zur Erleichterung elektronischer Anmeldungen zum Vereinsregister und anderer vereinsrechtlicher Änderungen (VereinRÄndG), v. 24.9.2009, BGBl. I 2009, 3145.

Literatur: Siehe auch die Literaturangaben bei § 272. *Lutz*, Formwechsel eines eingetragenen Vereins in eine GmbH, BWNotZ 2013, 106; *Thölke*, Die Umwandlung eines gemeinnützigen Vereins in eine Stiftung, npoR 2017, 54.

Übersicht

I. Normzweck und systematische Einordnung

1. Regelungsgehalt

1 § 275 regelt die für den Formwechselbeschluss eines rechtsfähigen Vereins erforderlichen Mehrheiten. Das UmwG differenziert beim Formwechsel des Vereins in § 275 erstmalig ausdrücklich hinsichtlich der für den Formwechselbeschluss notwendigen **Abstimmungsmehrheiten**. Die regelmäßig erforderliche Drei-Viertel-Mehrheit wird nach dem Vorbild des § 33 BGB bei Zweckänderungen zugunsten eines einstimmigen Beschlusses aller Mitglieder verändert. Hierdurch wird die Möglichkeit verhindert, die grundlegende Vorschrift

des § 33 Abs. 1 Satz 2 BGB zu umgehen und eine Änderung des Vereinszwecks gegen den Willen einzelner Mitglieder durchzusetzen.[1)]

2. Systematische Stellung

Für den Formwechsel ist ein notariell zu **beurkundender Formwechselbeschluss** der Mitgliederversammlung nötig (vgl. § 193). Das UmwG unterscheidet danach, ob im Zuge des Formwechsels der **Zweck des Vereins** geändert werden soll oder nicht. Mit Zweckänderung bedarf es der Zustimmung sämtlicher Mitglieder, vgl. § 275 Abs. 1 (siehe Rz. 4). Ohne Zweckänderung ist grundsätzlich eine Mehrheit von 75 %, unter bestimmten Voraussetzungen eine höhere Mehrheit erforderlich, vgl. § 275 Abs. 2 (siehe Rz. 8). Beim Formwechsel in eine **KGaA** ist darüber hinaus die Zustimmung der künftig persönlich haftenden Gesellschafter nötig, § 275 Abs. 3 (siehe Rz. 13). 2

Grundsätzlich sind für die **Beschlussfassung** die Mitglieder in ihrer Versammlung zuständig. Eine Übertragung dieser Kompetenz ist unzulässig. Die Beteiligung eines **weiteren Vereinsorgans** kann dagegen durchaus in der Satzung vorgesehen werden.[2)] Mit der Bezugnahme auf **§ 33 Abs. 1 Satz 2 BGB** in § 275 Abs. 1 hat der Gesetzgeber die Identität der Begriffe der Zweckänderung sichergestellt.[3)] Während § 33 Abs. 1 Satz 2 BGB aufgrund von § 40 BGB dispositiv ist, schließt § 1 Abs. 3 die Umgehung des § 275 Abs. 1 aus. Dies bedeutet im Ergebnis, dass für den Formwechsel strengere Regelungen gelten als für einfache Satzungsänderungen nach Vereinsrecht. 3

II. Mehrheitserfordernis bei Änderung des Vereinszwecks (§ 275 Abs. 1)

Gemäß § 275 Abs. 1 bedarf der Formwechselbeschluss der Zustimmung aller anwesenden sowie nicht anwesenden Vereinsmitglieder, wenn durch die Umwandlung der Zweck des Rechtsträgers i. S. des § 33 Abs. 1 Satz 2 BGB geändert werden soll. Enthält die Vereinssatzung für Änderungen des Vereinszwecks eine Abweichung vom **Einstimmigkeitserfordernis** des § 33 Abs. 1 Satz 2 BGB, wäre es nach dem Zweck des § 275 Abs. 1, Umgehungen zu verhindern, an sich gerechtfertigt, auch für den Formwechselbeschluss vom Einstimmigkeitserfordernis abzusehen.[4)] § 1 Abs. 3 Satz 1 steht dem jedoch entgegen, so dass es auch in solchen Fällen für den Formwechsel beim Einstimmigkeitsprinzip bleibt.[5)] Die geplante Zweckänderung ist im Formwechselbericht offenzulegen.[6)] Für **andere Umwandlungsarten** wie z. B. die Verschmelzung gilt § 275 Abs. 1 weder direkt noch analog.[7)] 4

1. Begriff der Zweckänderung

Der Begriff der Zweckänderung ist ebenso wie bei § 33 Abs. 1 BGB zu verstehen.[8)] Erfasst werden Fälle, die die charakterlichen Wesensmerkmale des Vereins nachhaltig tangieren. Darunter fällt nicht schon jede Änderung der Satzungsregelung über die Zweckbestimmung des Vereins, sondern nur, wenn die „große Linie, um derentwillen sich die Mitglieder zusammengeschlossen haben", d. h. der **„Charakter" des Vereins**, verändert werden soll.[9)] 5

1) Begr. Fraktionsentwurf UmwBerG, BT-Drucks. 12/6699, S. 164.
2) *Leuering* in: KölnKomm-UmwG, § 275 Rz. 2.
3) *Leuering* in: KölnKomm-UmwG, § 275 Rz. 4.
4) Lutter-*Bayer*, UmwG, § 275 Rz. 4.
5) *Reul* in: BeckOGK-UmwG, § 275 Rz. 5.
6) Lutter-*Bayer*, UmwG, § 275 Rz. 5.
7) OLG Hamm, Beschl. v. 19.9.2012 – I-8 AktG 2/12, AG 2013, 307 = NZG 2013, 388.
8) Lutter-*Bayer*, UmwG, § 275 Rz. 3; *Leuering* in: KölnKomm-UmwG, § 275 Rz. 4.
9) Aus jüngerer Zeit OLG Nürnberg, Beschl. v. 5.10.2022 – 12 W 2303/22, RPfleger 2023, 111 = NZG 2023, 1377; LG München I, Urt. v. 21.10.2022 – 25 O 2792/22, NotBZ 2023, 121 = MDR 2023, 509.

Der Gesetzgeber sieht den Fall der Zweckänderung besonders dann als gegeben an, wenn der künftige Unternehmensgegenstand im Betrieb eines Handelsgewerbes bestehen soll, der formwechselnde Rechtsträger jedoch ein Idealverein ist, dessen Zweck bisher noch nicht auf einen wirtschaftlichen Geschäftsbetrieb gerichtet war.[10] Da Kapitalgesellschaften nicht zwangsläufig einen wirtschaftlichen Zweck verfolgen müssen, führt nicht jede Umwandlung eines Idealvereins in eine Kapitalgesellschaft zu einer Änderung des Vereinszwecks.[11] Allein die Tatsache des Formwechsels begründet daher noch keine maßgebliche Zweckänderung.[12]

2. Einstimmigkeitserfordernis

6 Nach § 275 Abs. 1 ist für den Formwechselbeschluss bei Änderung des Vereinszwecks die Zustimmung **aller** in der Mitgliederversammlung **anwesenden** Vereinsmitglieder nötig. Darüber hinaus müssen auch die nicht erschienenen Mitglieder zustimmen.

3. Zustimmung nicht erschienener Mitglieder

7 Die Zustimmungserklärungen der nicht erschienenen Mitglieder können vor oder nach dem Zeitpunkt der Mitgliederversammlung abgegeben werden.[13] Sie bedürfen ebenso wie der Formwechselbeschluss und in Abweichung zu § 33 Abs. 1 Satz 2 BGB der **notariellen Beurkundung** (vgl. § 193 Abs. 3 Satz 1). Wenn das UmwG die Zustimmung nicht erschienener Mitglieder außerhalb der Mitgliederversammlung genügen lässt, wird man darüber hinaus annehmen können, dass Mitglieder, die in der Mitgliederversammlung noch gegen die Umwandlung gestimmt haben, nachträglich ihre Zustimmung geben können.[14] Auch dazu bedarf es entsprechend § 193 Abs. 3 Satz 1 der notariellen Form.

III. Mehrheitserfordernis bei Beibehaltung des Vereinszwecks (§ 275 Abs. 2)

1. Drei-Viertel-Mehrheit als Grundsatz

8 § 275 Abs. 2 regelt die Mehrheitserfordernisse, wenn der Vereinszweck unberührt bleibt. Dient der Formwechsel der Verwirklichung des bisherigen Vereinszwecks mit anderen Mitteln, kann er mehrheitlich beschlossen werden, wobei grundsätzlich eine Mehrheit von mindestens 75 % der erschienenen Mitglieder ausreichend ist (§ 275 Abs. 2 Satz 1). Nicht erschienene Vereinsmitglieder zählen bei der Berechnung dieser Mehrheit nicht mit. Ebenso sind Stimmenthaltungen nicht mitzuzählen. Die Berechnung der Mehrheit setzt sich allein aus den wirksam abgegebenen Ja- und Nein-Stimmen zusammen.[15]

2. Erhöhung auf Neunzehntelmehrheit bei Widerspruch

9 Hat sich schon vor der Mitgliederversammlung eine qualifizierte Minderheit von Mitgliedern gegen den Formwechsel ausgesprochen, so erhöht sich das Mehrheitserfordernis auf 90 % der erschienenen Mitglieder (§ 275 Abs. 2 Satz 2). Bei Vereinen mit weniger als 1.000 Mitgliedern ist ein Widerspruch von mindestens 10 % der Vereinsmitglieder nötig, bei Vereinen mit **1.000 oder mehr Mitgliedern** genügt der Widerspruch von mindestens 100 Vereinsmitgliedern. Der Widerspruch muss nicht als solcher bezeichnet sein. Es genügt

10) Begr. Fraktionsentwurf UmwBerG, BT-Drucks. 12/6699, S. 164.

11) In diesem Sinne *Reul* in: BeckOGK-UmwG, § 275 Rz. 10.

12) *Lutz*, BWNotZ 2013, 106, 109; *Thölke*, npoR 2017, 54, 56.

13) Lutter-*Bayer*, UmwG, § 275 Rz. 2.

14) Lutter-*Bayer*, UmwG, § 275 Rz. 2.

15) *Reul* in: BeckOGK-UmwG, § 275 Rz. 13; Lutter-*Bayer*, UmwG, § 275 Rz. 6; *Leuering* in: KölnKomm-UmwG, § 275 Rz. 7.

jede Erklärung, aus der sich ergibt, dass das Mitglied mit dem Formwechsel nicht einverstanden ist.[16] Eine Begründung des Widerspruchs ist nicht erforderlich.[17]

3. Fristberechnung und Formerfordernisse des Widerspruchs

Der Widerspruch muss durch **eingeschriebenen Brief** erfolgen und dem Verein spätestens 10
bis zum Ablauf des dritten Tages vor der Mitgliederversammlung zugehen. In Betracht kommen Einschreibebriefe mit oder ohne Rückschein sowie Einwurfeinschreiben, wobei der unterschiedliche Zugangszeitpunkt des jeweiligen Einschreibens zu berücksichtigen ist.[18] Das Festhalten erscheint trotz des klaren Wortlauts des § 275 Abs. 2 Satz 2 antiquiert und sollte de lege ferenda zumindest in die Schriftform, bestenfalls Textform herabgestuft werden. Wirkliche Nachweisprobleme ergeben sich dadurch bei Lichte betrachtet nicht.

Für die **Fristberechnung** sind die Grundsätze des § 121 Abs. 7 AktG analog heranzuzie- 11
hen.[19] Rückwärts gerechnet muss der Widerspruch zuletzt am dritten Wochentag vor dem Tag der Mitgliederversammlung als eingeschriebener Brief eingegangen sein, wobei der Tag der Mitgliederversammlung nicht mitgerechnet wird.

4. Satzungsautonomie

Die Vereinssatzung kann die erforderliche Mehrheit erhöhen. Ferner kann die Satzung 12
weitere Erfordernisse bestimmen, z. B. die Zustimmung einzelner Vereinsmitglieder oder eine bestimmte Mindestpräsenz in der Mitgliederversammlung (vgl. § 275 Abs. 2 Satz 3). **Erleichterungen** gegenüber den Mehrheitserfordernissen des § 275 Abs. 2 kann die Satzung hingegen **nicht vorsehen**. Die Grenze der satzungsrechtlichen Regelungsbefugnis ziehen insofern die Mehrheitserfordernisse nach § 275 Abs. 2 Satz 1, 2. Auch insoweit gelten für den Formwechsel aufgrund der Regelung des § 1 Abs. 3 strengere Regelungen als für einfache Satzungsänderungen, für welche § 40 BGB auch Erleichterungen gegenüber der gesetzlichen Drei-Viertel-Mehrheit des § 33 Abs. 1 Satz 1 BGB zulässt.

IV. Formwechsel in eine KGaA (§ 275 Abs. 3)

Für den Formwechsel in eine KGaA ist gemäß § 275 Abs. 3 die Vorschrift des **§ 240 Abs. 2** 13
entsprechend anzuwenden. Es müssen daher alle Vereinsmitglieder zustimmen, die in der KGaA die Stellung eines persönlich haftenden Gesellschafters (Komplementärs) erlangen sollen (§ 240 Abs. 2 Satz 1). Diese Zustimmung bedarf der **notariellen Beurkundung** (vgl. § 193 Abs. 3 Satz 1). § 275 Abs. 3 i. V. m. § 240 Abs. 2 ersetzt dabei aber nicht § 275 Abs. 1, 2.

Neben der Zustimmung aller Vereinsmitglieder zum Formwechsel des Vereins nach der 14
Maßgabe der vorbenannten Absätze ist eine ausdrückliche Zustimmung der Vereinsmitglieder, die in die **Rechtsposition eines persönlich haftenden Gesellschafters** hineinwachsen, erforderlich.[20] Sind dabei in der Niederschrift über die Mitgliederversammlung die persönlich haftenden Gesellschafter als erschienen aufgeführt und ein einstimmiger Beschluss der Erschienenen festgestellt, ist eine gesonderte Zustimmung nicht erforderlich.[21] Alles andere wäre bloße Förmelei und daher redundant. Sieht der Formwechselbeschluss

16) Lutter-*Bayer*, UmwG, § 275 Rz. 7.
17) *Reul* in: BeckOGK-UmwG, § 275 Rz. 17; Lutter-*Bayer*, UmwG, § 275 Rz. 7; *Leuering* in: KölnKomm-UmwG, § 275 Rz. 10.
18) *Leuering* in: KölnKomm-UmwG, § 275 Rz. 10.
19) Lutter-*Bayer*, UmwG, § 275 Rz. 7.
20) *Leuering* in: KölnKomm-UmwG, § 275 Rz. 12.
21) *Leuering* in: KölnKomm-UmwG, § 275 Rz. 12.

den Beitritt eines persönlich haftenden Gesellschafters vor, der dem bisher Verein nicht angehörte, gilt § 221 entsprechend (vgl. § 240 Abs. 2 Satz 2). Der Beitritt muss also notariell beurkundet werden, und der beitretende persönlich haftende Gesellschafter muss die Satzung der KGaA genehmigen.[22)]

22) *Reul* in: BeckOGK-UmwG, § 275 Rz. 33; Lutter-*Bayer*, UmwG, § 275 Rz. 9.

§ 276
Inhalt des Formwechselbeschlusses[*)]

(1) Auf den Formwechselbeschluss sind auch die §§ 218, 243 Abs. 3, § 244 Abs. 2 und § 263 Abs. 2 Satz 2, Abs. 3 entsprechend anzuwenden.

(2) Die Beteiligung der Mitglieder am Stammkapital oder am Grundkapital der Gesellschaft neuer Rechtsform darf, wenn nicht alle Mitglieder einen gleich hohen Anteil erhalten sollen, nur nach einem oder mehreren der folgenden Maßstäbe festgesetzt werden:

1. **bei Vereinen, deren Vermögen in übertragbare Anteile zerlegt ist, der Nennbetrag oder der Wert dieser Anteile;**
2. **die Höhe der Beiträge;**
3. **bei Vereinen, die zu ihren Mitgliedern oder einem Teil der Mitglieder in vertraglichen Geschäftsbeziehungen stehen, der Umfang der Inanspruchnahme von Leistungen des Vereins durch die Mitglieder oder der Umfang der Inanspruchnahme von Leistungen der Mitglieder durch den Verein;**
4. **ein in der Satzung bestimmter Maßstab für die Verteilung des Überschusses;**
5. **ein in der Satzung bestimmter Maßstab für die Verteilung des Vermögens;**
6. **die Dauer der Mitgliedschaft.**

*) § 276 geändert durch Art. 1 des Gesetzes zur Umsetzung der Umwandlungsrichtlinie und zur Änderung weiterer Gesetze (UmRUG), v. 22.2.2023, BGBl. I 2023, Nr. 51; § 276 i. d. F. des UmwBerG geändert durch Art. 2 des Gesetzes über die Zulassung von Stückaktien (Stückaktiengesetz – StückAG), v. 25.3.1998, BGBl. I 1998, 590.

Literatur: Siehe auch die Literaturangaben bei § 272. *Lutz*, Formwechsel eines eingetragenen Vereins in eine GmbH, BWNotZ 2013, 106.

Übersicht

I. Normzweck und systematische Einordnung

1. Regelungsgehalt

Der **Inhalt** des Formwechselbeschlusses richtet sich in erster Linie nach § 194. § 276 regelt **zusätzliche Anforderungen an den Beschlussinhalt** im Wesentlichen durch die Verweisungen in § 276 Abs. 1. Dabei werden für die Feststellung der Satzung der neuen Gesellschaft dieselben Grundsätze übernommen, die beim Formwechsel von Kapitalgesellschaften in Kapitalgesellschaften anderer Rechtsform gelten (vgl. § 218, § 243 Abs. 3, § 244 Abs. 2). Ergänzend wird für die Bemessung des Stamm- bzw. Grundkapitals und der Geschäftsanteile bzw. Aktien der neuen Gesellschaft auf Regeln über den Formwechsel von Genossenschaften verwiesen (vgl. § 263 Abs. 2 Satz 2, Abs. 3). 1

2. Systematische Stellung

§ 276 Abs. 1 regelt ergänzend zu § 194 den **Beschlussinhalt** des Formwechselbeschlusses und sieht hierfür bei der **Einbeziehung des Gesellschaftsvertrags oder der Satzung** der Gesellschaft neuer Rechtsform in den Formwechselbeschluss dieselben Grundsätze vor, die auch beim Formwechsel von Kapitalgesellschaften in Kapitalgesellschaften anderer Rechtsform gelten.[1] § 276 Abs. 2 legt die Maßstäbe fest, die für die **Bemessung der Anteile** der einzelnen Vereinsmitglieder an der Gesellschaft neuer Rechtsform zugrunde gelegt werden dürfen.[2] Der ursprüngliche § 276 Abs. 2 Satz 2 der Vorschrift wurde durch das Stückaktiengesetz vom 25.3.1998 aufgehoben. 2

§ 276 vervollständigt den nach § 194 erforderlichen Inhalt des Formwechselbeschlusses für den Formwechsel eines rechtsfähigen Vereins in eine Kapitalgesellschaft. Die Angaben über die zu gewährenden Anteile, die in einem Formwechselbeschluss berücksichtigt werden müssen, regelt § 194 Abs. 1 Nr. 4 (siehe dazu § 194 Rz. 13 [*Schaper/Meven*]). Die **Zuweisung** der Anteilshöhe erfolgt dagegen anhand des § 276 Abs. 2, der die Beteiligung der Vereinsmitglieder am neuen Rechtsträger bestimmt. 3

II. Feststellung der Satzung (§ 276 Abs. 1)

1. Verweisung auf § 218

§ 276 Abs. 1 verweist zunächst auf § 218, wobei nur jene Teile des § 218 gemeint sind, die den Formwechsel in eine Kapitalgesellschaft betreffen.[3] Danach muss in dem Formwechselbeschluss die Satzung der neuen GmbH, AG oder KGaA festgestellt werden (vgl. § 218 4

1) *Leuering* in: KölnKomm-UmwG, § 276 Rz. 1.
2) Lutter-*Bayer*, UmwG, § 276 Rz. 2.
3) Lutter-*Bayer*, UmwG, § 276 Rz. 3; *Leuering* in: KölnKomm-UmwG, § 276 Rz. 3.

Abs. 1 Satz 1). Hierfür gelten die entsprechenden Gründungsvorschriften des AktG und GmbHG (vgl. § 197). Der grundsätzliche Verweis in § 218 wird inhaltlich durch § 276 beschränkt, der ausschließlich Kapitalgesellschaften regelt, so dass die Regelungen in § 218 Abs. 1 Satz 2 und Abs. 3 keine Berücksichtigung finden.[4)]

2. Unterzeichnungserfordernisse

5 Beim Formwechsel in eine **GmbH** ist abweichend von § 2 Abs. 1 Satz 2 GmbHG eine Unterzeichnung des Gesellschaftsvertrags durch sämtliche Gesellschafter nicht erforderlich (vgl. § 276 Abs. 1 i. V. m. § 244 Abs. 2). Das Gleiche gilt nach allgemeiner Ansicht auch bei Formwechsel in eine AG oder KGaA.[5)] Die **Unterzeichnungspflicht** sämtlicher Gründungsmitglieder ergibt sich im AktG aus § 23 Abs. 1 AktG. Diese Voraussetzung wird jedoch mit dem Formwechselbeschluss gegenstandslos, da der Formwechsel allein durch den Beschluss erfolgt und dabei die Satzung formwirksam festsetzt.[6)] Der **Gesellschaftsvertrag** ist als verlesungspflichtige Anlage gemäß § 9 Abs. 1 Satz 2 BeurkG dem Formwechselbeschluss beizufügen.[7)] Eine Unterzeichnung des Gesellschaftsvertrages ist gemäß §§ 276 Abs. 1, 218 Abs. 1 Satz 2 nicht erforderlich.[8)]

3. Besonderheiten beim Formwechsel in eine KGaA

6 Beim Formwechsel in eine KGaA gilt überdies **§ 218 Abs. 2.**[9)] Es muss also entweder mindestens ein Vereinsmitglied die Rechtsstellung eines **persönlich haftenden Gesellschafters** übernehmen, oder der Gesellschaft muss ein Dritter als persönlich haftender Gesellschafter beitreten. Sieht der Formwechselbeschluss den Beitritt eines persönlich haftenden Gesellschafters vor, welcher dem Verein nicht angehört hat, ist der Beitritt notariell zu beurkunden und der beitretende persönlich haftende Gesellschafter muss die Satzung genehmigen (siehe auch § 275 Rz. 14 [*Stiegler*]).

III. Festlegung der Kapital- und Anteilshöhe (§ 276 Abs. 1)

1. Bemessung des Stamm- bzw. Grundkapitals

7 Als Bestandteil der Satzung sind die Höhe des Stamm- oder Grundkapitals der Gesellschaft neuer Rechtsform und die **Nennbeträge** der einzelnen Geschäftsanteile oder Aktien, bei Stückaktien deren Zahl, festzulegen. Hierfür gilt zunächst **§ 243 Abs. 3** entsprechend. Satz 1 dieser Vorschrift erlaubt es, den auf die neuen Geschäftsanteile oder Aktien entfallenden Anteil am Stamm- oder Grundkapital abweichend vom Nennbetrag der Anteile der formwechselnden Gesellschaft festzusetzen. Das hat beim Formwechsel eines Vereins regelmäßig keine Bedeutung, weil die Vereinsmitglieder am Vermögen nicht beteiligt sind.[10)] § 243 Abs. 3 Satz 2 stellt klar, dass der Nennbetrag eines GmbH-Anteils in Übereinstimmung mit § 5 Abs. 2 Satz 1 GmbHG auf volle Euro lauten muss.[11)]

8 Für **AGs** bleibt es auch ohne besondere Verweisung bei den allgemeinen aktienrechtlichen Vorschriften, wonach bei Nennbetragsaktien der Mindestnennbetrag der Aktie auf 1 € und

---

4) *Leuering* in: KölnKomm-UmwG, § 276 Rz. 3.

5) *Reul* in: BeckOGK-UmwG, § 276 Rz. 5; Lutter-*Bayer*, UmwG, § 276 Rz. 3; *Leuering* in: KölnKomm-UmwG, § 276 Rz. 4.

6) *Leuering* in: KölnKomm-UmwG, § 276 Rz. 4.

7) *Lutz*, BWNotZ 2013, 106, 110.

8) *Lutz*, BWNotZ 2013, 106, 110.

9) Lutter-*Bayer*, UmwG, § 276 Rz. 3.

10) Lutter-*Bayer*, UmwG, § 276 Rz. 5; *Leuering* in: KölnKomm-UmwG, § 276 Rz. 7.

11) *Reul* in: BeckOGK-UmwG, § 276 Rz. 9; Lutter-*Bayer*, UmwG, § 276 Rz. 5.

höhere Nennbeträge auf volle Euro lauten müssen und bei Stückaktien der auf die einzelne Aktie entfallende Anteil am Grundkapital 1 € nicht unterschreiten darf (§ 8 Abs. 2 und 3 AktG).[12] § 276 Abs. 1 i. V. m. § 263 Abs. 2 Satz 2 bestimmt, dass der Nennbetrag des Stammkapitals oder das Grundkapital so zu bemessen ist, dass auf jedes Vereinsmitglied möglichst ein voller Geschäftsanteil oder eine volle Aktie oder ein möglichst hoher Teil des Geschäftsanteils oder einer Aktie entfällt.

2. Vermeidung von Teilrechten

9 Im Übrigen gilt **§ 263 Abs. 2 Satz 2** und **Abs. 3** entsprechend. Nach § 263 Abs. 2 Satz 2 ist beim Formwechsel in eine AG oder KGaA das Grundkapital so zu bemessen, dass auf jedes Vereinsmitglied möglichst volle Aktien entfallen. Eine Aktienstückelung mit einem höheren Nennbetrag oder Anteil am Grundkapital als 1 € ist gemäß § 263 Abs. 3 Satz 2 nur möglich, soweit die Vereinsmitglieder volle Aktien mit dem höheren Betrag erhalten. Die Vorschrift verfolgt den Zweck, die Entstehung von Teilrechten möglichst zu verhindern, und in der Praxis wird es in aller Regel möglich sein, ohne Teilrechte auszukommen.[13]

10 Für den Formwechsel **in eine GmbH** schreibt § 263 Abs. 2 Satz 2 nicht vor, den Nennbetrag des Stammkapitals so zu bemessen, dass auf jedes Vereinsmitglied möglichst volle Geschäftsanteile entfallen. Nach § 263 Abs. 3 Satz 1 sollen die einzelnen GmbH-Anteile auf einen höheren Nennbetrag als 100 € nur festgesetzt werden, wenn auf alle Vereinsmitglieder volle Geschäftsanteile mit dem höheren Nennbetrag entfallen. Die Nennbeträge sind bis zur möglichen Untergrenze von 1 € so zu wählen, dass Teilrechte möglichst vermieden werden.[14]

3. Besonderheiten bei Stückaktien

11 Bei Stückaktien ist die Vermeidung von Teilrechten regelmäßig möglich, bei Nennbeträgen nur ausnahmsweise, wenn nämlich zur Bildung voller Aktien sowohl die Senkung als auch die Aufstockung des Grundkapitals rechtlich oder faktisch unmöglich ist.[15]

4. Genehmigtes Kapital und Bezugsrechtsausschluss

12 Für den Fall, dass mit dem Formwechsel in eine AG oder KGaA ein genehmigtes Kapital (vgl. § 202 Abs. 1 AktG) geschaffen wird, schließt **§ 263 Abs. 3 Satz 3** es aus, den Vorstand zum Bezugsrechtsausschluss zu ermächtigen. Insoweit weicht die Vorschrift von § 203 Abs. 2 Satz 1 AktG ab. Möglich bleibt es jedoch, dass die Satzung selbst den Ausschluss des Bezugsrechts anordnet. Für diesen Fall werden die Aktionäre mittels Formwechselbeschluss an der Satzungsfestlegung beteiligt.[16]

IV. Beteiligung der Vereinsmitglieder am neuen Rechtsträger (§ 276 Abs. 2)

1. Gleichmäßige Verteilung nach Köpfen

13 Die Vereinsmitglieder sollen grundsätzlich mit gleich hohen Anteilen, also nach Köpfen, an der neuen Gesellschaft beteiligt werden.[17] Das kommt im Gesetzeswortlaut dadurch zum Ausdruck, dass **§ 276 Abs. 2** die Festsetzung gleich hoher Anteile ohne weiteres als zulässig erachtet und die Festsetzung unterschiedlicher Anteile einschränkt. Es spiegelt über-

12) Lutter-*Bayer*, UmwG, § 276 Rz. 5; *Leuering* in: KölnKomm-UmwG, § 276 Rz. 8.

13) *Reul* in: BeckOGK-UmwG, § 276 Rz. 12; Lutter-*Bayer*, UmwG, § 276 Rz. 6.

14) *Reul* in: BeckOGK-UmwG, § 276 Rz. 14; Lutter-*Bayer*, UmwG, § 276 Rz. 7.

15) *Leuering* in: KölnKomm-UmwG, § 276 Rz. 9.

16) Lutter-*Bayer*, UmwG, § 276 Rz. 8; *Leuering* in: KölnKomm-UmwG, § 276 Rz. 11.

17) *Reul* in: BeckOGK-UmwG, § 276 Rz. 17; Lutter-*Bayer*, UmwG, § 276 Rz. 10.

dies den vereinsrechtlichen Grundsatz wider, dass mangels abweichender Satzungsbestimmungen alle Vereinsmitglieder **gleiche Rechte und Pflichten** haben. In manchen Fällen können gleich hohe Anteile unangemessen sein. Das UmwG gestattet deshalb ausnahmsweise die Festsetzung unterschiedlicher Anteile nach den in § 276 Abs. 2 **Nr. 1 bis 6** (siehe dazu Rz. 14 ff.) i. E. aufgeführten Maßstäben. Ob und in welcher Weise hiervon Gebrauch gemacht wird, entscheiden die Vereinsmitglieder bis zur Grenze des Willkürverbots nach freiem Ermessen.[18] Demgemäß kann es im Einzelfall auch willkürlich sein, auf die Bemessungsmöglichkeiten des § 276 Abs. 2 Nr. 1 bis 6 nicht zurückzugreifen und die Beteiligung unter Missachtung der durch § 276 Abs. 2 Nr. 1 bis 6 erfassten Umstände mit gleich hohen Anteilen festzusetzen.[19]

2. Die einzelnen Verteilungsmaßstäbe

a) Nennbetrag oder Wert übertragbarer Anteile (Abs. 2 Nr. 1)

14 § 276 Abs. 2 **Nr. 1** erlaubt bei Vereinen, deren Vermögen in übertragbare Anteile zerlegt ist, eine ungleichmäßige Festsetzung der neuen Anteile nach dem Nennbetrag oder dem Wert der Vereinsanteile. Auf der Basis des BGB-Vereinsrechts können Anteile am Vereinsvermögen nicht geschaffen werden.[20] In Betracht kommt § 276 Abs. 2 Nr. 1 daher nur für Vereine, die vor Inkrafttreten des BGB die Rechtsfähigkeit durch staatliche Verleihung erlangt haben und daher gemäß Art. 82 EGBGB weiterhin den Vorschriften der alten Landesgesetze unterstehen (sog. altrechtliche Vereine, siehe dazu § 351 Rz. 8 [*Stiegler*]).

b) Höhe der Beiträge (Abs. 2 Nr. 2)

15 § 276 Abs. 2 **Nr. 2** lässt eine ungleichmäßige Verteilung nach der Höhe der Vereinsbeiträge zu. In dieser Variante können dem Verein erbrachte Gesamtleistungen berücksichtigt werden.[21] Dieser Maßstab ist sowohl bei wirtschaftlichen als auch bei e. V.'s einschlägig.

c) Umfang vertraglicher Leistungsbeziehungen (Abs. 2 Nr. 3)

16 § 276 Abs. 2 **Nr. 3** betrifft Vereine, die zu allen oder einem Teil ihrer Mitglieder in vertraglichen Geschäftsbeziehungen stehen. In diesem Fall können entweder der Umfang der Inanspruchnahme von Leistungen des Vereins durch die Mitglieder oder der Umfang der Inanspruchnahme von Leistungen der Mitglieder durch den Verein als Verteilungsmaßstab zugrunde gelegt werden.[22] Bei e. V.'s betrifft dies regelmäßig Aktivitäten des Idealvereins, die das Nebenzweckprivileg umfassen.

d) Satzungsmäßiger Maßstab für die Überschussverteilung (Abs. 2 Nr. 4)

17 § 276 Abs. 2 **Nr. 4** lässt einen etwa in der Vereinssatzung bestimmten Maßstab für die Verteilung des Überschusses als Maßstab für eine ungleichmäßige Verteilung der Gesellschaftsanteile zu. Dies ist vor allem für wirtschaftliche Vereine von Bedeutung.[23]

18) Lutter-*Bayer*, UmwG, § 276 Rz. 10.
19) *Leuering* in: KölnKomm-UmwG, § 276 Rz. 13.
20) Lutter-*Bayer*, UmwG, § 276 Rz. 11.
21) *Reul* in: BeckOGK-UmwG, § 276 Rz. 27; Lutter-*Bayer*, UmwG, § 276 Rz. 12.
22) Lutter-*Bayer*, UmwG, § 276 Rz. 13; *Leuering* in: KölnKomm-UmwG, § 276 Rz. 18.
23) *Leuering* in: KölnKomm-UmwG, § 276 Rz. 19.

e) Satzungsmäßiger Maßstab für die Vermögensverteilung (Abs. 2 Nr. 5)

Entsprechend gestattet § 276 Abs. 2 **Nr. 5** einen in der Vereinssatzung bestimmten Maßstab für die Verteilung des Vermögens als zulässigen Verteilungsmaßstab. 18

f) Dauer der Mitgliedschaft (Abs. 2 Nr. 6)

§ 276 Abs. 2 **Nr. 6** erlaubt eine ungleichmäßige Verteilung der neuen Gesellschaftsanteile nach der bisherigen Dauer der Mitgliedschaft im Verein. Auch in dieser Variante können dem Verein erbrachte Gesamtleistungen berücksichtigt werden.[24] 19

3. Kombinationsmöglichkeiten

Die Verknüpfung, die Beteiligung am Kapital des neuen Rechtsträgers teilweise nach dem einheitlichen Pro-Kopf-Verteilungsgrundsatz und teilweise nach einem oder mehreren Maßstäben des § 276 Abs. 2 Nr. 1 bis 6 zu berechnen, ist zulässig.[25] Es ist demnach möglich, einen Teil des Stamm- bzw. Grundkapitals **gleichmäßig nach Köpfen und nur den Rest ungleichmäßig** nach einem oder mehreren der in § 276 Abs. 2 genannten Maßstäbe zu verteilen.[26] 20

4. Nicht-verhältniswahrender Formwechsel

Die in § 276 Abs. 2 Nr. 1 bis 6 genannten Festsetzungskriterien über das Beteiligungsverhältnis am neuen Rechtsträger sind grundsätzlich abschließend. Eine anders gelagerte Verteilung ist im Ausgangspunkt nicht statthaft.[27] Demgegenüber ist im Allgemeinen ein **nicht-verhältniswahrende Formwechsel** anerkannt (siehe auch Einl. Rz. 85 [*Stiegler*]). Auch für den Formwechsel von rechtsfähigen Vereinen lässt sich die Tatsache vorbringen, dass eine Änderung des Umfangs der Beteiligung ein Minus zum Austritt des Anteilsinhabers darstellt und mit Zustimmung der betroffenen Anteilsinhaber stattfinden kann.[28] So gesehen kann im Formwechselbeschluss für einzelne Vereinsmitglieder mit deren **Zustimmung** von dem einheitlichen Pro-Kopf-Verteilungsgrundsatz und/oder den Maßstäben des § 276 Abs. 2 Nr. 1 bis 6 abgerückt und ein frei gewählter Beteiligungsmaßstab festgesetzt werden. Darüber hinaus ist denkbar, dass die Beteiligung der Vereinsmitglieder am neuen Rechtsträger abweichend von den Maßstäben des § 276 Abs. 2 festzusetzen, wenn sämtliche Vereinsmitglieder dem zustimmen.[29] 21

V. Praktische Hinweise

Die **Prüfungsfolge** bei der Festsetzung der Beteiligung ist wie folgt: 22

- Zunächst ist zu prüfen, ob alle Mitglieder einen gleich hohen Anteil erhalten sollen. In diesem Fall bedarf es § 276 Abs. 2 nicht.
- Hat der Verein Sondervorschriften, die auf anderen Kriterien für die Verteilung des Vereinsvermögens abstellen, dann muss die Verteilung der neuen Anteile nach dem Maßstab des § 276 Abs. 2 erfolgen.[30]

---

24) *Reul* in: BeckOGK-UmwG, § 276 Rz. 2; Lutter-*Bayer*, UmwG, § 276 Rz. 12.

25) *Leuering* in: KölnKomm-UmwG, § 276 Rz. 14.

26) Lutter-*Bayer*, UmwG, § 276 Rz. 15.

27) *Leuering* in: KölnKomm-UmwG, § 276 Rz. 20.

28) *Reul* in: BeckOGK-UmwG, § 276 Rz. 33; *Leuering* in: KölnKomm-UmwG, § 276 Rz. 20.

29) *Reul* in: BeckOGK-UmwG, § 276 Rz. 33; Lutter-*Bayer*, UmwG, § 276 Rz. 16.

30) *Limmer*, Hdb. Unternehmensumwandlung, Kap. 8 Rz. 428.

- Im Rahmen des Formwechsels ist zu beachten, dass das Reinvermögen des Vereins das Stammkapital der GmbH abdeckt. Es darf somit keine Unterpari-Emission vorliegen.[31] Sofern dies nicht sichergestellt ist, sollte der hierzu erforderliche Betrag in das Vereinsvermögen vor Wirksamwerden des Formwechsels eingebracht werden.[32]
- Beim Formwechsel des Vereins in eine GmbH gilt § 5 Abs. 2 GmbHG, so dass der künftige GmbH-Gesellschafter auch mehrere Geschäftsanteile übernehmen kann. Außerdem gilt beim Formwechsel in die GmbH, dass der Nennbetrag jedes Geschäftsanteils auf volle Euro lauten muss. Gemäß § 263 Abs. 3 i. V. m. § 276 Abs. 1 sollen die Geschäftsanteile einer GmbH nur auf einen höheren Nennbetrag als 100 € gestellt werden, soweit auf die Mitglieder des Vereins volle Geschäftsanteile mit dem höheren Nennwert entfallen.[33]

---

31) *Lutz*, BWNotZ 2013, 106, 110.

32) *Lutz*, BWNotZ 2013, 106, 110.

33) *Limmer*, Hdb. Unternehmensumwandlung, Kap. 8 Rz. 430.

§ 277
Kapitalschutz

Bei der Anwendung der für die neue Rechtsform maßgebenden Gründungsvorschriften ist auch § 264 entsprechend anzuwenden.

Literatur: Siehe auch die Literaturangaben bei § 272. *Lutz*, Formwechsel eines eingetragenen Vereins in eine GmbH, BWNotZ 2013, 106; *Schwenn*, Praxisleitfaden zum Formwechsel eines eingetragenen Vereins in eine gemeinnützige GmbH npoR 2017, 192.

Übersicht

I. Normzweck und systematische Einordnung

1. Regelungsgehalt

1 Nach § 197 sind auf den Formwechsel die für die neue Rechtsform geltenden Gründungsvorschriften anzuwenden, insbesondere also auch die Bestimmungen des AktG und des GmbHG, die der realen Kapitalaufbringung dienen. § 264 enthält hierzu für den Formwechsel einer Genossenschaft in eine Kapitalgesellschaft einige Sonderregelungen. Gemäß

§ 277 sind diese auf den Formwechsel eines Vereins in eine Kapitalgesellschaft entsprechend anzuwenden. Parallele Regeln über das Verbot einer Unterpari-Emission finden sich in § 220 (Formwechsel von Personengesellschaften) und § 295 (Formwechsel von VVaG).

2. Systematische Stellung

Die bereits über die Anordnung des § 197 zu berücksichtigenden **Gründungsvorschriften** 2 nach dem GmbHG und AktG zur realen Kapitalerbringung werden durch die Verweisung in **§ 264** modifiziert.[1] In Ermangelung eines festen Nennkapitals beim formwechselnden Verein ordnen § 277 i. V. m. § 264 den auch bei der Umwandlung von Vereinen anzuwendenden Grundsatz der Reinvermögensdeckung an (siehe Rz. 3). Zudem ergeben sich aus dem Verweis weitere Erleichterungen bei der Gründung. Ebenso wie beim Formwechsel einer Genossenschaft in eine Kapitalgesellschaft spielt auch beim Formwechsel des Vereins in eine Kapitalgesellschaft der Kapitalschutz eine zentrale Rolle.[2]

II. Kapitaldeckung

1. Grundsatz der Reinvermögensdeckung

Im Rahmen des Formwechsels ist zu prüfen, dass das Reinvermögen des Vereins das Stamm- 3 kapital der GmbH bzw. das Grundkapital der AG oder KGaA abdeckt. Sofern dies nicht sichergestellt ist, sollte der hierzu erforderliche Betrag **in das Vereinsvermögen vor Wirksamwerden des Formwechsels eingebracht** werden.[3] Da Verzögerungen und Kostenbelastungen im Eintragungsverfahren zu vermeiden sind, sollte man sich im Vorhinein über das vorhandene Vereinsvermögen im Klaren sein und erforderlichenfalls entsprechende Beträge zuführen.[4] Zum Nachweis über ein ausreichend vorhandenes Reinvermögen empfiehlt sich in der Praxis das Einholen einer **Werthaltigkeitsbescheinigung** eines Wirtschaftsprüfers, welche beim Registergericht mit eingereicht wird.[5]

Die Verweisung auf **§ 264 Abs. 1** stellt klar, dass der Nennbetrag des Stamm- bzw. Grund- 4 kapitals der neuen Gesellschaft das nach Abzug der Schulden verbleibende Vermögen des formwechselnden Vereins nicht übersteigen darf (siehe auch § 264 Rz. 2 [*Brčić*]). Mit der entsprechenden Anwendung des § 264 Abs. 1 wird sichergestellt, dass der Nennbetrag des Stamm- bzw. Grundkapitals nicht höher sein darf als das Reinvermögen des Vereins. Das um die Schulden des Vereins bereinigte Vereinsvermögen muss sich daher in jedem Fall zumindest auf den Mindestnennbetrag des Stamm- bzw. Grundkapitals belaufen.[6]

2. Verbot der Unterpari-Emission

Im Zusammenhang mit dem Gebot der Reinvermögensdeckung ist auch das Verbot einer 5 Unterpari-Emission zu beachten. Sofern dies nicht sichergestellt ist, sollte der hierzu erforderliche Betrag in das Vereinsvermögen vor **Wirksamwerden** des Formwechsels eingebracht werden.[7] Eine Barzahlung der Nennbeträge durch die Vereinsmitglieder (und damit späteren GmbH-Gesellschafter) ist weder erforderlich noch möglich, weil die Erfüllung der

1) *Leuering* in: KölnKomm-UmwG, § 277 Rz. 1.
2) *Limmer*, Hdb. Unternehmensumwandlung, Kap 8 Rz. 439.
3) *Lutz*, BWNotZ 2013, 106, 110.
4) *Schwenn*, npoR 2017, 192, 194.
5) *Schwenn*, npoR 2017, 192, 194.
6) *Leuering* in: KölnKomm-UmwG, § 277 Rz. 2.
7) *Reul* in: BeckOGK-UmwG, § 277 Rz. 3; *Lutz*, BWNotZ 2013, 106, 110.

Einlageverpflichtungen der GmbH-Gesellschafter durch Sacheinlage erfolgt, indem das Vereinsvermögen in die GmbH eingebracht wird.[8)]

3. Ermittlung des Vereinsvermögens und Ausgleich von Differenzen

6 Der Wert des Vereinsvermögens ist grundsätzlich anhand der Buchwerte der letzten Bilanz zu ermitteln und ggf. durch eine Vermögensaufstellung abzusichern. Im Zweifel müssen **stille Reserven** aufgedeckt und die Summe der Teilwerte (wahre Wert) des Vereinsvermögens ermittelt werden.[9)] Sollte das Registergericht hinsichtlich der Werthaltigkeit Zweifel haben, kann es die Gründungsprüfung auch mittels eines **Bewertungsgutachtens** durchführen. Zum Nachweis über ein ausreichend vorhandenes Reinvermögen empfiehlt sich in der Praxis das Einholen einer **Werthaltigkeitsbescheinigung** eines Wirtschaftsprüfers, welche beim Registergericht mit eingereicht wird (siehe bereits Rz. 3). Übersteigt das Vereinsvermögen den jeweiligen Nennbetrag, dann müssen entsprechende **Rücklagen als Passivposten** ausgewiesen werden.[10)]

III. Sachgründungsbericht und Gründungsprüfung

1. Befreiung vom Sachgründungsbericht beim Formwechsel in eine GmbH

7 Die entsprechende Anwendung von **§ 264 Abs. 2** betrifft den Formwechsel in eine GmbH.[11)] Die Vorschrift befreit die Vereinsmitglieder von dem nach § 5 Abs. 4 Satz 2 GmbHG an sich erforderlichen Sachgründungsbericht (siehe auch § 264 Rz. 5 [*Brčić*]). Im Fall des Formwechsels in eine GmbH ergibt sich aus §§ 277, 264 somit eine Erleichterung, da ein Sachgründungsbericht gemäß § 5 Abs. 4 GmbHG nicht erforderlich ist. Die Mitglieder des formwechselnden Vereins sind gemäß der entsprechenden Anwendung des § 264 Abs. 2, 3 weder verpflichtet, im Fall eines Zielrechtsträgers in der Rechtsform einer GmbH einen Sachgründungsbericht nach § 5 Abs. 4 Satz 2 GmbHG vorzulegen, noch im Fall eines Zielrechtsträgers in der Rechtsform einer AG oder KGaA einen Gründungsbericht nach § 32 AktG zu erstatten.[12)]

2. Befreiung vom Gründungsbericht beim Formwechsel in eine AG oder KGaA

8 Die Verweisung auf **§ 264 Abs. 3** betrifft den Formwechsel in eine AG oder KGaA. Die Vereinsmitglieder sind nicht verpflichtet, den in § 32 AktG an sich vorgeschriebenen Gründungsbericht zu erstatten (vgl. § 264 Abs. 3 Satz 2).

3. Gründungsprüfung bei Formwechsel in eine AG oder KGaA

9 Die nach **§ 33 Abs. 2 AktG** für bestimmte Gründungssituationen vorgeschriebene Gründungsprüfung durch einen oder mehrere gerichtlich bestellte Prüfer ist auch beim Formwechsel erforderlich (vgl. § 264 Abs. 3 Satz 1). Die Gründungsprüfung durch einen oder mehrere gerichtlich bestellte Prüfer ist bei einem Formwechsel in eine AG oder KGaA weiterhin zwingend.

---

8) *Schwenn*, npoR 2017, 192, 194.

9) *Reul* in: BeckOGK-UmwG, § 277 Rz. 7; *Leuering* in: KölnKomm-UmwG, § 277 Rz. 3.

10) *Leuering* in: KölnKomm-UmwG, § 277 Rz. 2.

11) *Reul* in: BeckOGK-UmwG, § 277 Rz. 10; Lutter-*Bayer*, UmwG, § 277 Rz. 3.

12) *Leuering* in: KölnKomm-UmwG, § 277 Rz. 4.

IV. Gründerhaftung

1. Ausschluss der Gründerhaftung nach § 46 AktG

Die Vereinsmitglieder sind von der in § 46 AktG an sich vorgesehenen Haftung befreit (vgl. **§ 264 Abs. 3 Satz 2**). Die Verantwortlichkeit der Vereinsmitglieder für die Richtigkeit und Vollständigkeit der Angaben im Gründungsstadium einer AG oder KGaA nach § 46 AktG wird in § 264 Abs. 3 ausdrücklich ausgeschlossen (siehe auch § 264 Rz. 6 [*Brčić*]), da eine solche Haftung den Mitgliedern nicht zugemutet werden soll.[13] 10

2. Gründerhaftung nach § 9a GmbHG

Hingegen sind die Vereinsmitglieder nach dem Wortlaut von **§ 264 Abs. 2** nicht von der Gründerhaftung nach § 9a GmbHG befreit, während § 264 Abs. 3 für den Fall des Formwechsels in eine AG oder KGaA die Gründerhaftung nach § 46 AktG ausschließt. Es kann sich hierbei nur um ein gesetzliches Redaktionsversehen handeln. Richtigerweise ist anzunehmen, dass entsprechend § 246 Abs. 3 Satz 2 auch § 9a GmbHG nicht anwendbar ist.[14] 11

3. Nachgründungsvorschriften

Die Regelungen des **§ 52 AktG** über Nachgründungsverträge, durch die die Gesellschaft in den ersten zwei Jahren seit Eintragung von einem Gründer oder einem mit mehr als 10 % beteiligten Aktionär für mehr als 10 % ihres Grundkapitals Vermögensgegenstände erwirbt, gelten auch nach einem Formwechsel.[15] Die in § 52 Abs. 1 AktG bestimmte Zwei-Jahres-Frist beginnt in diesem Fall mit dem Wirksamwerden des Formwechsels (vgl. § 264 Abs. 3 Satz 3). 12

---

13) Begr. Fraktionsentwurf UmwBerG, BT-Drucks. 12/6699, S. 165.

14) Lutter-*Bayer*, UmwG, § 277 Rz. 3; Semler/Stengel/Leonard-*Katschinski*/*Wolf*, UmwG, § 277 Rz. 7; *Leuering* in: KölnKomm-UmwG, § 277 Rz. 6; *Reul* in: BeckOGK-UmwG, § 277 Rz. 15.

15) Lutter-*Bayer*, UmwG, § 277 Rz. 5.

§ 278
Anmeldung des Formwechsels

(1) Auf die Anmeldung nach § 198 ist § 222 Abs. 1 und 3 entsprechend anzuwenden.

(2) [1]Ist der formwechselnde Verein nicht in ein Handelsregister eingetragen, so hat sein Vorstand den bevorstehenden Formwechsel durch das in der Vereinssatzung für Veröffentlichungen bestimmte Blatt, in Ermangelung eines solchen durch dasjenige Blatt bekanntzumachen, das für Bekanntmachungen des Amtsgerichts bestimmt ist, in dessen Bezirk der formwechselnde Verein seinen Sitz hat. [2]Die Bekanntmachung tritt an die Stelle der Eintragung der Umwandlung in das Register nach § 198 Abs. 2 Satz 3. [3]§ 50 Abs. 1 Satz 4 des Bürgerlichen Gesetzbuchs ist entsprechend anzuwenden.

Literatur: Siehe die Literaturangaben bei § 272.

Übersicht

I. Normzweck und systematische Einordnung

1 Die Grundnorm für die Anmeldung des Formwechsels bildet **§ 198**, wobei auch § 198 Abs. 2 gilt, da sich das zuständige Register ändert. Es bedarf daher **zweier Anmeldungen**: Die Anmeldung beim Vereinsregister und die Anmeldung der GmbH oder AG oder KGaA beim zuständigen Handelsregister.[1] Neben der konstitutiven Eintragung in das neue Register schreibt § 198 Abs. 2 Satz 3 zusätzlich eine Anmeldung des Formwechsels zur Eintragung in das alte Register vor, wenn der Verein bislang im Vereinsregister oder in einem wegen Sitzverlegung künftig nicht mehr zuständigen Handelsregister eingetragen war. Diese Eintragung ist für den Formwechsel **konstitutiv** (vgl. § 202 Abs. 2). Der Formwechsel ist zur Eintragung daher sowohl in das Register der entstehenden Kapitalgesellschaft als auch in das Register des formwechselnden Vereins anzumelden. Hierfür benennt § 278 Abs. 1 zunächst die zur Anmeldung **verpflichteten** und berechtigten **Personen** entsprechend der Vorschriften in § 222 Abs. 1, 3 und erweitert die gemäß § 198 bei der Registeranmeldung anzuzeigenden Angaben.[2] Im Weiteren regelt § 278 Abs. 2 abweichend von § 198 Abs. 2 Satz 3 den Fall, dass die Umwandlung des formwechselnden Vereins mangels Eintragung im Handelsregister dort nicht eingetragen werden kann und daher an Stelle der Eintragung eine Bekanntmachung tritt.

II. Anmeldung des Formwechsels (§ 278 Abs. 1)

1. Anmeldung zum Handelsregister der neuen Kapitalgesellschaft

2 Die Anmeldung des Formwechsels nach § 198 Abs. 1 oder Abs. 2 Satz 2 zum Handelsregister der neuen Kapitalgesellschaft hat durch **alle Mitglieder** des künftigen Vertretungsorgans zu erfolgen (§ 278 Abs. 1 i. V. m. § 222 Abs. 1 Satz 1). Beim Formwechsel in eine AG ist damit der gesamte Vorstand der AG zuständig (vgl. § 78 AktG). Beim Formwechsel in eine GmbH sind anmeldepflichtig deren Geschäftsführer (vgl. § 35 GmbHG). Beim Formwechsel in eine KGaA haben die persönlich haftenden Gesellschafter die Anmeldung vorzunehmen.

2. Anmeldepflichtige Personen

3 An der Anmeldung zur Eintragung des Formwechsels in das Handelsregister der neuen Kapitalgesellschaft sind **alle Mitglieder des Vertretungsorgans** der künftigen Kapitalgesellschaft sowie alle Mitglieder des **Aufsichtsrats** beteiligt (§ 222 Abs. 1 Satz 1). Letzteres betrifft eine neue AG oder KGaA in jedem Fall, eine GmbH nur, soweit die Bildung eines Aufsichtsrats explizit gesetzlich normiert wird. Beim Formwechsel in eine AG oder KGaA müssen darüber hinaus alle Mitglieder des künftigen Aufsichtsrats die Anmeldung vornehmen. Gleiches gilt beim Formwechsel in eine GmbH, sofern bei dieser auf Grund gesetzlicher Vorschriften, z. B. der einschlägigen Mitbestimmungsgesetze, ein Pflicht-Aufsichtsrat zu bilden ist (§ 222 Abs. 1 Satz 1). Die Anmeldung nur in vertretungsberechtigter Anzahl genügt jeweils nicht.[3]

1) *Reul* in: BeckOGK-UmwG, § 278 Rz. 4; Lutter-*Bayer*, UmwG, § 278 Rz. 1.
2) *Leuering* in: KölnKomm-UmwG, § 278 Rz. 1.
3) *Reul* in: BeckOGK-UmwG, § 278 Rz. 13; *Limmer*, Hdb. Unternehmensumwandlung, Kap. 8 Rz. 442.

3. Anmeldung zum Register des formwechselnden Vereins

Die Anmeldung des Formwechsels nach § 198 Abs. 2 Satz 3 zu dem bislang für den Verein zuständigen Register kann ebenfalls durch die Mitglieder des künftigen Vertretungsorgans und eines etwaigen künftigen Aufsichtsrats erfolgen. Da diese Anmeldung jedoch keine konstitutive Wirkung für den Formwechsel hat, kann sie alternativ auch durch den **bisherigen Vereinsvorstand** vorgenommen werden (§ 278 Abs. 1 i. V. m. § 222 Abs. 3). Die Anmeldung der Umwandlung zur Eintragung in das Vereinsregister des formwechselnden Vereins kann somit auch vom Vorstand des Vereins in vertretungsberechtigter Zahl vorgenommen werden (§ 222 Abs. 3 i. V. m. § 278 Abs. 1).[4] Ein praktisches Bedürfnis besteht dazu jedoch nicht, da die in § 222 Abs. 1 bestimmten Personen regelmäßig auch die Anmeldung des formwechselnden Vereins vornehmen können.[5] 4

4. Inhalt der Anmeldung

Aus § 222 Abs. 1 Satz 2 folgt die Pflicht, neben den bei einer Anmeldung des Formwechsels in § 198 bestimmten Inhaltsangaben zusätzlich aus Klarstellungsgründen die Mitglieder der neuen Geschäftsführung und damit verbunden den Umfang deren Vertretungsberechtigung anzumelden.[6] Zugleich mit der Anmeldung des Formwechsels sind die Mitglieder des neuen Geschäftsführungsorgans zur Eintragung in das Register anzumelden (§ 278 Abs. 1 i. V. m. § 222 Abs. 1 Satz 2). Da gemäß § 197 jeweils das Gründungsrecht anzuwenden ist, richtet sich auch der weitere Inhalt der Anmeldung nach den jeweiligen Gründungsvorschriften.[7] 5

III. Bekanntmachung an Stelle der Eintragung (§ 278 Abs. 2)

1. Anwendungsbereich

Nach § 278 Abs. 2 hat der Vorstand des formwechselnden Vereins, sofern der Verein nicht in ein Handelsregister eingetragen ist (weil er ein Handelsgewerbe betreibt, vgl. § 33 HGB), den bevorstehenden Formwechsel **durch Veröffentlichung** bekannt zu machen. Die besondere Bekanntmachung nach § 278 Abs. 2 ist nur erforderlich, wenn der Verein nicht in ein Handelsregister eingetragen ist, gleichgültig, ob die Eintragung zu Recht nicht besteht, oder an sich eine Eintragung gemäß § 33 Abs. 1 HGB hätte erfolgen müssen. Entgegen seinem Wortlaut richtet sich § 278 Abs. 2 nach allgemeiner Meinung **ausschließlich an wirtschaftliche oder altrechtliche Vereine**, die nicht in das Handelsregister nach Maßgabe der §§ 33 oder 2 HGB eingetragen wurden.[8] Die Norm sieht für diesen Fall eine Bekanntmachung des bevorstehenden Formwechsels in einem Veröffentlichungsblatt vor. Obwohl auch ideelle e. V.'s entsprechend im Handelsregister aufgenommen werden können, besteht für diese ein solches Bedürfnis nicht, da sie mit der Eintragung im Vereinsregister eine für den Formwechsel gemäß § 198 Abs. 2 Satz 3 benötigte Eintragungsstelle vorweisen.[9] 6

2. Wirkung der Bekanntmachung

Die Bekanntmachung **ersetzt** die gemäß § 198 Abs. 2 Satz 3 an sich erforderliche **Eintragung** in das für den Verein bislang zuständige Register (§ 278 Abs. 2 Satz 2). Gemäß § 278 Abs. 2 Satz 2 und 3 tritt die Bekanntmachung an die Stelle der Eintragung der Umwand- 7

4) *Limmer*, Hdb. Unternehmensumwandlung, Kap. 8 Rz. 443.
5) *Leuering* in: KölnKomm-UmwG, § 278 Rz. 4.
6) *Leuering* in: KölnKomm-UmwG, § 278 Rz. 3.
7) *Reul* in: BeckOGK-UmwG, § 278 Rz. 16; *Limmer*, Hdb. Unternehmensumwandlung, Kap. 8 Rz. 444.
8) *Reul* in: BeckOGK-UmwG, § 278 Rz. 21 f.; *Leuering* in: KölnKomm-UmwG, § 278 Rz. 5.
9) *Leuering* in: KölnKomm-UmwG, § 278 Rz. 5.

lung in das Registergericht nach § 198 Abs. 2 Satz 3.[10] Die Eintragung des Formwechsels in das Handelsregister darf erst erfolgen, wenn zuvor die Bekanntmachung nach § 278 Abs. 2 vorgenommen worden ist (vgl. § 198 Abs. 2 Satz 5).

3. Zeitpunkt des Wirksamwerdens

8 Die Bekanntmachung gilt mit dem **Ablauf des zweiten Tages** nach der Veröffentlichung als erfolgt (§ 278 Abs. 2 Satz 3 i. V. m. § 50 Abs. 1 Satz 4 BGB).[11] So erreicht bspw. eine am 1. eines Monats veröffentlichte Bekanntmachung mit Ablauf des 3. des Monats ihre Wirkung.[12] Frühestens dann kann die konstitutive Eintragung im Handelsregister der neuen Kapitalgesellschaft erfolgen (§ 198 Abs. 2 Satz 3).[13] Wird die Bekanntmachung beispielsweise am 15. eines Monats veröffentlicht, gilt sie mit Ablauf des 17. des Monats als bewirkt, so dass die Eintragung frühestens am 18. erfolgen darf.[14]

---

10) Lutter-*Bayer*, UmwG, § 278 Rz. 6.
11) *Reul* in: BeckOGK-UmwG, § 278 Rz. 28; Lutter-*Bayer*, UmwG, § 278 Rz. 6.
12) *Leuering* in: KölnKomm-UmwG, § 278 Rz. 8.
13) *Leuering* in: KölnKomm-UmwG, § 278 Rz. 8.
14) Vgl. Begr. Fraktionsentwurf UmwBerG, BT-Drucks. 12/6699, S. 165.

§ 279
(aufgehoben)

Literatur: Siehe die Literaturangaben bei § 272.

1 § 279 wurde mit Wirkung vom 1.1.2007 durch das Gesetz über elektronische Handelsregister und Genossenschaftsregister sowie das Unternehmensregister Gesetz vom 10.11.2006 (**EHUG**)[1] aufgehoben. Das EHUG verfolgte das Ziel einer umfassenden Modernisierung des Registerrechts durch Einführung elektronischer Handels-, Genossenschafts- und Unternehmensregister. Im Zuge dieser Reform wurden zahlreiche Vorschriften über **Zusatzbekanntmachungen** aufgehoben, um das Bekanntmachungsrecht zu vereinfachen und zu entbürokratisieren. Der Gesetzgeber hielt die in § 279 vorgesehene zusätzliche Bekanntmachung der Beteiligungsmaßstäbe für entbehrlich. Die wesentlichen Informationen über den Formwechsel ergeben sich bereits aus der Eintragung im Handelsregister und den dort hinterlegten Dokumenten, insbesondere dem Formwechselbeschluss und der Satzung der neuen Gesellschaft. Eine gesonderte Veröffentlichung der Beteiligungsmaßstäbe erschien daher nicht mehr erforderlich.[2]

2 Bis zur seiner ersatzlosen Streichung enthielt § 279 verschiedene **Bekanntmachungspflichten.**[3] Aufgrund der vormaligen Regelung war die Eintragung der neuen Kapitalgesellschaft durch das für die Anmeldung der Eintragung zuständige Registergericht durch den Bundesanzeiger und durch mindestens ein anderes Blatt ihrem ganzen Inhalt nach bekannt zu machen. Dabei waren die Beteiligungsmaßstäbe anzugeben, die nach § 276 Abs. 2 für die Festsetzung der Beteiligung der Vereinsmitglieder am Grund- oder Stammkapital der neuen Kapitalgesellschaft angewandt wurden.

---

1) § 279 aufgehoben durch Art. 8 des Gesetzes über elektronische Handelsregister und Genossenschaftsregister sowie das Unternehmensregister (EHUG), v. 10.11.2006, BGBl. I 2006, 2553.
2) Vgl. auch Lutter-*Bayer*, UmwG, § 279 Rz. 1; *Leuering* in: KölnKomm-UmwG, § 279 Rz. 1.
3) S. a. *Reul* in: BeckOGK-UmwG, § 279 Rz. 2.

§ 280
Wirkungen des Formwechsels

[1]Durch den Formwechsel werden die bisherigen Mitgliedschaften zu Anteilen an der Gesellschaft neuer Rechtsform und zu Teilrechten. [2]§ 266 Abs. 1 Satz 2, Abs. 2 und 3 ist entsprechend anzuwenden.

Literatur: Siehe die Literaturangaben bei § 272.

Übersicht

I. Normzweck und systematische Einordnung

1. Regelungsgehalt

1 Die Umwandlung der Vereinsmitgliedschaften in Anteile an der Kapitalgesellschaft erfolgt kraft Gesetzes mit der konstitutiven Eintragung der neuen Kapitalgesellschaft in das Handelsregister. Ein gesonderter Übertragungsakt ist nicht erforderlich.[1)] Der Formwechsel eines rechtsfähigen Vereins in eine Kapitalgesellschaft stellt auch **keine Auflösung des Vereins** im bürgerlich-rechtlichen Sinn oder i. S. des § 7 Abs. 1 Nr. 9 Satz 1 ErbStG dar.[2)] Der Verein besteht in der Rechtsform der Kapitalgesellschaft fort. § 280 regelt in diesem Zusammenhang die Wirkungen des Formwechsels eines rechtsfähigen Vereins in eine Kapitalgesellschaft im Hinblick auf die Umwandlung der bisherigen **Vereinsmitgliedschaften.** Die Vorschrift ergänzt die allgemeine Regelung des § 202, indem sie ausdrücklich eine Beteiligung der früheren Vereinsmitglieder durch **Teilrechte** zulässt. Durch die Verweisung auf § 266 Abs. 1 Satz 2, Abs. 2 und 3 werden zudem der Fortbestand dinglicher Rechte Dritter sowie die Verfügbarkeit und Ausübung der eingeräumten Teilrechte geregelt.

2. Systematische Stellung

2 Der Wechsel der Rechtsform wird mit dem Zeitpunkt der Eintragung der neuen Kapitalgesellschaft in das Handelsregister wirksam (vgl. § 202). § 280 steht im Zusammenhang mit dieser allgemeinen Wirkungsvorschrift. Die einzelnen unmittelbaren Rechtsfolgen des Formwechsels regelt § 202, wonach u. a. die Vereinsmitglieder zu Gesellschaftern der neuen Kapitalgesellschaft werden (§ 202 Abs. 1 Nr. 2). § 280 konkretisiert diese Regelung für den spezifischen Fall des Formwechsels rechtsfähiger Vereine in Kapitalgesellschaften.[3)] Die Vorschrift hat ihr Pendant in § 288, der die Wirkungen des Formwechsels eines rechtsfähigen Vereins in eine eG regelt.

---

1) Lutter-*Bayer*, UmwG, § 280 Rz. 1; *Leuering* in: KölnKomm-UmwG, § 280 Rz. 1.
2) BFH, Urt. v. 14.2.2007 – II R 66/05, BStBl. II 2007, 621 = GmbHR 2007, 890.
3) Lutter-*Bayer*, UmwG, § 280 Rz. 1.

II. Umwandlung der Mitgliedschaften in Anteile (§ 280 Satz 1)

1. Wirksamwerden des Formwechsels

3 Mit Eintragung der Gesellschaft neuer Rechtsform in das Handelsregister wird der Formwechsel wirksam und die Vereinsmitglieder sind an der neuen Kapitalgesellschaft nach den für die neue Rechtsform geltenden Vorschriften beteiligt (vgl. § 202 Abs. 1 Nr. 2 Satz 1). Die **Eintragung des Formwechsels ins Handelsregister** ist konstitutiv (§ 202 Abs. 2). Ab diesem Zeitpunkt erlangen die früheren Vereinsmitglieder die Stellung von Gesellschaftern der neuen Kapitalgesellschaft, ohne dass es hierfür eines weiteren Übertragungsaktes bedarf.[4]

2. Beteiligung durch volle Anteile

4 Die Beteiligung der Vereinsmitglieder kann einerseits **in vollen Aktien** oder **Geschäftsanteilen** bestehen. Zahl, Art und Umfang der Anteile, welche die Vereinsmitglieder durch den Formwechsel erlangen sollen, müssen im Formwechselbeschluss bestimmt werden (vgl. § 194 Abs. 1 Nr. 4). Beim Formwechsel in eine **GmbH** muss die Beteiligung der Vereinsmitglieder am Stammkapital so festgesetzt werden, dass auf jedes Mitglied, das an der GmbH beteiligt wird, ein Geschäftsanteil entfällt, dessen Nennbetrag auf volle Euro lautet (vgl. § 273). Bei Umwandlung in eine **AG oder KGaA** muss jedes Vereinsmitglied, das an der Gesellschaft beteiligt wird, mindestens eine volle Aktie erhalten.

3. Beteiligung durch Teilrechte

5 § 280 **Satz 1** ergänzt die Regelung des § 202, indem er eine Beteiligung der früheren Vereinsmitglieder durch Teilrechte zulässt. Teilrechte sind aufgrund des Verteilungsmaßstabs entstehende Anteile an einer vollen Aktie bzw. einem vollen Geschäftsanteil.[5] Für diesen Fall erklärt § 280 Satz 1 ausdrücklich, dass auch die Teilrechte **an Stelle der** ursprünglich **vollwertigen Mitgliedschaften** treten können. Die Bildung von Teilrechten ist nicht völlig ausgeschlossen, sondern Teilrechte können entstehen, wenn sich bei der Umrechnung freie Spitzen ergeben. Dies kommt allerdings nur in eher theoretischen Ausnahmefällen in Betracht, in denen es wegen § 7 AktG nicht möglich ist, das Grundkapital auf den nächst niedrigeren zur Erzeugung voller Aktien nötigen Betrag zu senken und in denen das Vereinsvermögen nicht ausreicht, um es auf den nächst höheren Betrag festzusetzen.

III. Entsprechende Anwendung des § 266 (§ 280 Satz 2)

1. Fortbestand dinglicher Rechte

6 Nach § 280 **Satz 2** ist auch § 266 Abs. 1 Satz 2 entsprechend anwendbar, der für den Formwechsel einer eG bestimmt, dass die an den bisherigen Geschäftsguthaben bestehenden dinglichen Rechte Dritter (**Pfandrecht, Nießbrauch**) an den durch den Formwechsel erlangten Anteilen und Teilrechten weiterbestehen. Aus der entsprechenden Anwendung des § 266 Abs. 1 Satz 2 i. V. m. § 280 Satz 2 folgt, dass bisher bestehende Rechte Dritter an der Vereinsmitgliedschaft an den durch den Formwechsel erlangten Anteilen und Teilrechten fortbestehen.[6] Dies kann Vereine betreffen, deren Vermögen in übertragbare Anteile zerlegt ist (vgl. § 276 Abs. 2 Nr. 1). Bestehen an solchen Anteilen dingliche Rechte Dritter, setzen sich diese an den Aktien- bzw. Geschäftsanteilen fort.[7]

---

4) *Leuering* in: KölnKomm-UmwG, § 280 Rz. 1.

5) Lutter-*Bayer*, UmwG, § 280 Rz. 1.

6) *Reul* in: BeckOGK-UmwG, § 280 Rz. 3; Lutter-*Bayer*, UmwG, § 280 Rz. 2; *Leuering* in: KölnKomm-UmwG, § 280 Rz. 3.

7) Lutter-*Bayer*, UmwG, § 280 Rz. 2.

Ist das Vereinsvermögen nicht in Anteile zerlegt, besitzen die Mitglieder aufgrund entsprechender Satzungsregelungen jedoch vermögensrechtliche Ansprüche gegen den Verein (z. B. Anspruch auf Gewinnausschüttung, Zahlung eines Ausscheidensguthabens) und bestehen an diesen Vermögensrechten dingliche Rechte Dritter, setzen sich diese an den **entsprechenden Vermögensrechten**, die sich mit der Aktie bzw. dem neuen Geschäftsanteil verbinden, **fort.**[8] Da die Mitgliedschaft in e. V.'s regelmäßig die Nutzung des Vereinsvermögens in den Vordergrund stellt und aufgrund der Regelung des § 38 BGB daher auch regelmäßig eine Übertragung der Mitgliedschaft bzw. der daraus resultierenden Rechte nicht vorgesehen ist, dürfte dieser Fall selten eintreten.[9] Er setzt eine satzungsrechtliche Zuweisung von Vermögenswerten an die Vereinsmitglieder und die Regelung der Übertragbarkeit der Mitgliedschaftsrechte voraus. Bei wirtschaftlichen Vereinen bietet sich eine solche Bestimmung an.[10] 7

2. Veräußerlichkeit und Vererblichkeit der Teilrechte

Mit der Verweisung des § 280 Satz 2 auf **§ 266 Abs. 2** wird die Verfügbarkeit der eingeräumten Teilrechte geregelt. Danach sind die durch den Formwechsel entstehenden Teilrechte selbständig veräußerlich und vererblich. Die Teilrechte sind somit verkehrsfähige Vermögensgegenstände, die unabhängig von anderen Anteilen oder Teilrechten übertragen werden können.[11] Dies ermöglicht es den Inhabern von Teilrechten, diese zu veräußern oder sie im Wege der **Erbfolge** zu übertragen. 8

3. Ausübung von Teilrechten

Mit der Verweisung des § 280 Satz 2 auf **§ 266 Abs. 3** wird die Ausübung der eingeräumten Teilrechte geregelt. Danach können Rechte aus diesen nur im Vollumfang ausgeübt werden. Rechte aus einer vollen Aktie oder einem vollen Geschäftsanteil können nur ausgeübt werden, wenn sich mehrere Teilrechte, die zusammen eine volle Aktie oder einen vollen Geschäftsanteil ergeben, in einer Hand vereinigen oder wenn mehrere Teilrechtsinhaber, deren Teilrechte zusammen ein Vollrecht ergeben, sich zur Rechtsausübung zusammenschließen (§ 280 Satz 2 i. V. m. § 266 Abs. 3).[12] 9

8) Lutter-*Bayer*, UmwG, § 280 Rz. 2.
9) *Reul* in: BeckOGK-UmwG, § 280 Rz. 3; *Leuering* in: KölnKomm-UmwG, § 280 Rz. 3.
10) *Leuering* in: KölnKomm-UmwG, § 280 Rz. 3.
11) *Reul* in: BeckOGK-UmwG, § 280 Rz. 6; Lutter-*Bayer*, UmwG, § 280 Rz. 1; *Leuering* in: KölnKomm-UmwG, § 280 Rz. 2.
12) Lutter-*Bayer*, UmwG, § 280 Rz. 1; *Leuering* in: KölnKomm-UmwG, § 280 Rz. 2.

§ 281

Benachrichtigung der Anteilsinhaber; Veräußerung von Aktien; Hauptversammlungsbeschlüsse

(1) Auf die Benachrichtigung der Anteilsinhaber durch die Gesellschaft, auf die Aufforderung von Aktionären zur Abholung der ihnen zustehenden Aktien und auf die Veräußerung nicht abgeholter Aktien sind die §§ 267 und 268 entsprechend anzuwenden.

(2) Auf Beschlüsse der Hauptversammlung der Gesellschaft neuer Rechtsform sowie auf eine Ermächtigung des Vertretungsorgans zur Erhöhung des Grundkapitals ist § 269 entsprechend anzuwenden.

Literatur: Siehe die Literaturangaben bei § 272.

Übersicht

I. Normzweck und systematische Einordnung

1. Regelungsgehalt

1 § 281 regelt die **Rechtsfolgen** des Formwechsels eines rechtsfähigen Vereins in eine Kapitalgesellschaft im Hinblick auf die Information der Anteilsinhaber sowie auf den Umgang mit nicht abgeholten Aktien und auf Beschlüsse der neuen Gesellschaft. Nach dem Formwechsel sollen die Anteilsinhaber über ihre Beteiligung an der Gesellschaft neuer Rechtsform **unterrichtet** und beim Formwechsel in eine AG oder KGaA zur Abholung der ihnen zustehenden Aktien aufgefordert werden.[1)] Aufgrund vergleichbarer Interessenlage löst das die Rechtsfragen nach dem Formwechsel mit einem Verweis in die genossenschaftlichen Vorschriften der §§ 267 f. Aus gleichen Gründen wird die Situation bei nicht abgeholten Aktien und die daraus resultierende eingeschränkte Beschlussfähigkeit der Hauptversammlung einer AG oder KGaA sowie das Verbot der Erhöhung des Grundkapitals durch das Vertretungsorgan mit einem Verweis in § 269 geregelt.[2)]

2. Systematische Stellung

2 § 281 knüpft an das Wirksamwerden des Formwechsels nach § 202 und die Umwandlung der Mitgliedschaften nach § 280 an. Sie betrifft den Zeitraum **nach vollzogenem Formwechsel** und dient der Information der neuen Anteilsinhaber sowie dem Schutz ihrer Rechte.[3)] Die Vorschrift hat ihr **Pendant in § 289 Abs. 2**, der für den Formwechsel eines rechtsfähigen Vereins in eine eG auf § 256 Abs. 3 verweist.

II. Benachrichtigung der Anteilsinhaber (§ 281 Abs. 1)

1. Mitteilungspflicht

3 Gemäß § 281 **Abs. 1** i. V. m. § 267 Abs. 1 ist das **Vertretungsorgan der neuen Kapitalgesellschaft** verpflichtet, sämtliche Anteilsinhaber über den Formwechsel zu informieren. Bei der GmbH obliegt diese Pflicht den Geschäftsführern, bei der AG dem Vorstand und bei der KGaA den persönlich haftenden Gesellschaftern.[4)]

4 Die Mitteilungspflicht erstreckt sich auf **sämtliche früheren Vereinsmitglieder**, d. h. auch auf solche, die dem Formwechsel widersprochen, aber die Barabfindung noch nicht ange-

---

1) *Leuering* in: KölnKomm-UmwG, § 281 Rz. 1.
2) Vgl. Begr. Fraktionsentwurf UmwBerG, BT-Drucks. 12/6699, S. 166.
3) *Leuering* in: KölnKomm-UmwG, § 281 Rz. 1.
4) *Reul* in: BeckOGK-UmwG, § 281 Rz. 2; Lutter-*Bayer*, UmwG, § 281 Rz. 1.

nommen haben.[5)] Die früheren Vereinsmitglieder sind bis zur Annahme der Barabfindung Anteilsinhaber der neuen Kapitalgesellschaft und daher von der Mitteilungspflicht erfasst.

Die Mitteilung hat in **Textform** (vgl. § 126b BGB) zu erfolgen. Der **Zeitpunkt** der Mitteilung wird dabei durch das Wort „unverzüglich" (vgl. § 121 BGB) bestimmt. Die Mitteilung hat mithin ohne schuldhaftes Zögern nach Bekanntmachung der Eintragung der neuen Gesellschaft in das Handelsregister zu erfolgen.[6)] 5

Gegenstand der Mitteilung ist zunächst der Inhalt der bewirkten Bekanntmachung der Handelsregistereintragung. Ferner ist die konkrete zahlenmäßige Beteiligung an der neuen Kapitalgesellschaft anzugeben, d. h. die Zahl der auf den jeweiligen Anteilsinhaber entfallenden Anteile.[7)] Soweit Nennbetragsaktien ausgegeben werden, ist auch der Nennbetrag der auf den jeweiligen Anteilseigner entfallenden Anteile mitzuteilen. Ebenso ist ein Umrechnungsergebnis über Teilrechte mitzuteilen, wenn solche gebildet wurden. Die Mitteilung der bloßen abstrakten Berechnung, wie sie im Umwandlungsbeschluss erfolgt, genügt hingegen nicht.[8)] 6

2. Bekanntmachung in den Gesellschaftsblättern

Zugleich mit der Mitteilung ist deren wesentlicher Inhalt in den Gesellschaftsblättern der neuen Gesellschaft bekannt zu machen (§ 281 Abs. 1 i. V. m. § 267 Abs. 2). Der **wesentliche Inhalt** der Mitteilung gemäß § 267 Abs. 1 ist zeitgleich zusätzlich in den Gesellschaftsblättern bekannt zu machen, wobei die Inhaltsangaben dieser Bekanntmachung nicht eindeutig bestimmt sind.[9)] Ausdrücklich bedarf es keines Hinweises auf die Vorschriften über die Teilrechte. Im Übrigen genügt es nach überwiegender Ansicht, den Inhalt der registergerichtlichen Bekanntmachung wiederzugeben.[10)] 7

III. Abholung und Veräußerung von Aktien (§ 281 Abs. 1)

Die weitere Verweisung in § 281 Abs. 1 auf § 268 hat nur für **AG** und **KGaA** als Gesellschaft neuer Rechtsform Bedeutung. Beim Formwechsel in eine GmbH ist § 268 nicht anwendbar, da bei der GmbH keine Aktien ausgegeben werden, die abgeholt werden müssten.[11)] 8

1. Aufforderung zur Abholung der Aktien

Aus § 281 Abs. 1 i. V. m. § 268 folgt zunächst, dass die Aktionäre sowohl in der Mitteilung nach § 267 Abs. 1 Satz 1 als auch **in der Bekanntmachung** gemäß § 267 Abs. 2 aufzufordern sind, ihre Aktien abzuholen. Zugleich ist in die Mitteilung nach § 267 Abs. 1 der Hinweis aufzunehmen, dass die Gesellschaft berechtigt ist, Aktien, die nicht binnen sechs Monaten seit der Bekanntmachung der Aufforderung abgeholt werden, nach nochmals dreimaliger Androhung für Rechnung der Beteiligten zu veräußern (§ 281 Abs. 1 i. V. m. § 268 Abs. 1 Satz 2). Im ersteren Fall sind die Aktionäre über das Veräußerungsverfahren **aufzuklären**, das bei Nichtabholung der Aktien nach § 268 vorgesehen ist.[12)] Dieser Hinweis braucht in den Gesellschaftsblättern nicht bekannt gemacht zu werden (§ 281 Abs. 1 i. V. m. § 268 Abs. 1 Satz 3). 9

5) *Reul* in: BeckOGK-UmwG, § 281 Rz. 3; *Leuering* in: KölnKomm-UmwG, § 281 Rz. 2.
6) Lutter-*Bayer*, UmwG, § 281 Rz. 1; *Leuering* in: KölnKomm-UmwG, § 281 Rz. 2; Semler/Stengel/Leonard-*Katschinski/Wolf*, UmwG, § 281 Rz. 2.
7) Lutter-*Bayer*, UmwG, § 281 Rz. 1; *Leuering* in: KölnKomm-UmwG, § 281 Rz. 2.
8) Lutter-*Bayer*, UmwG, § 281 Rz. 1; *Leuering* in: KölnKomm-UmwG, § 281 Rz. 2.
9) *Leuering* in: KölnKomm-UmwG, § 281 Rz. 3.
10) *Reul* in: BeckOGK-UmwG, § 281 Rz. 4; *Leuering* in: KölnKomm-UmwG, § 281 Rz. 3.
11) *Reul* in: BeckOGK-UmwG, § 281 Rz. 7; Lutter-*Bayer*, UmwG, § 281 Rz. 2; Semler/Stengel/Leonard-*Katschinski/Wolf*, UmwG, § 281 Rz. 3.
12) *Reul* in: BeckOGK-UmwG, § 281 Rz. 10; *Leuering* in: KölnKomm-UmwG, § 281 Rz. 4.

2. Veräußerungsverfahren bei Nichtabholung

10 Nach Ablauf der **Sechs-Monats-Frist** kann das Veräußerungsverfahren nach näherer Maßgabe von § 268 Abs. 2 und 3 durchgeführt werden. Hiernach ist die Veräußerung der nicht innerhalb von sechs Monaten abgeholten Aktien für Rechnung der beteiligten Aktionäre möglich, wenn ihre Veräußerung entsprechend der Vorgaben in § 268 Abs. 2 dreimal angedroht wurde. Das Veräußerungsverfahren regelt § 268 Abs. 3 (siehe dazu § 268 Rz. 3 [*Brčić*]).

IV. Verbot von Kapitalmehrheitsbeschlüssen und genehmigtem Kapital (§ 281 Abs. 2)

11 Die weitere Verweisungsregel für AG und KGaA aus **§ 281 Abs. 2** i. V. m. § 269 betrifft den Fall, in dem die abgeholten oder nach § 268 Abs. 3 veräußerten Aktien **nicht insgesamt sechs Zehntel** (60 %) des Grundkapitals erreichen. Damit sollen die Beteiligungsverhältnisse der früheren Vereinsmitglieder vorübergehend gesichert und ein zu schneller Einfluss außenstehender Dritter unterbunden werden.[13]

1. Beschränkung der Hauptversammlungsbeschlüsse

12 Solange nicht mindestens 60 % der Aktien abgeholt oder nach § 268 Abs. 3 veräußert sind, können **keine** Hauptversammlungsbeschlüsse gefasst werden, die einer Kapitalmehrheit bedürfen (§ 281 Abs. 2 i. V. m. § 269). Zum **Schutz von Minderheitsaktionären** sind bis zur Zuordnung von 60 % des Grundkapitals Beschlüsse, die nach dem Gesetz oder der Satzung einer Kapitalmehrheit bedürfen, untersagt.[14] Werden solche Beschlüsse notwendig, ist der Vorstand gehalten, die Veräußerung der nicht abgeholten Aktien nach § 268 Abs. 3 voranzutreiben.

2. Verbot der Ausnutzung genehmigten Kapitals

13 Der Vorstand der Gesellschaft kann während dieses Zeitraums ein genehmigtes Kapital **nicht** ausnutzen (§ 281 Abs. 2 i. V. m. § 269). Aus gleichen Gründen ist eine durch Satzung genehmigte Kapitalerhöhung durch den Vorstand nach §§ 202 ff. AktG unzulässig.[15] Auch dies dient jeweils dem Minderheitenschutz.[16]

---

13) *Leuering* in: KölnKomm-UmwG, § 281 Rz. 5.

14) *Leuering* in: KölnKomm-UmwG, § 281 Rz. 5; Semler/Stengel/Leonard-*Katschinski*/*Wolf*, UmwG, § 281 Rz. 4.

15) *Leuering* in: KölnKomm-UmwG, § 281 Rz. 5.

16) *Reul* in: BeckOGK-UmwG, § 281 Rz. 14; Lutter-*Bayer*, UmwG, § 281 Rz. 3; Semler/Stengel/Leonard-*Katschinski*/*Wolf*, UmwG, § 281 Rz. 5.

§ 282

Abfindungsangebot[*)]

(1) Auf das Abfindungsangebot nach § 207 Abs. 1 Satz 1 ist § 270 Abs. 1 entsprechend anzuwenden.

(2) Absatz 1 und die §§ 207 bis 212 sind auf den Formwechsel eines eingetragenen Vereins, der nach § 5 Abs. 1 Nr. 9 des Körperschaftsteuergesetzes von der Körperschaftsteuer befreit ist, nicht anzuwenden.

*) § 282 geändert durch Art. 1 des Gesetzes zur Änderung des Umwandlungsgesetzes, des Partnerschaftsgesellschaftsgesetzes und anderer Gesetze (UmwGÄndG), v. 22.7.1998, BGBl. I 1998, 1878.

Literatur: Siehe auch die Literaturangaben bei § 272. *Grüter/Mitsch*, Keine Steuerneutralität des Formwechsels eines eingetragenen Vereins in eine Kapitalgesellschaft?, DStR 2001, 1827; *Lutz*, Formwechsel eines eingetragenen Vereins in eine GmbH, BWNotZ 2013, 106; *Neye*, Das neue Umwandlungsgesetz vor der Verabschiedung im Bundestag, ZIP 1994, 917; *Schwenn*, Praxisleitfaden zum Formwechsel eines eingetragenen Vereins in eine gemeinnützige GmbH, npoR 2017, 192.

Übersicht

I. Normzweck und systematische Einordnung

1. Regelungsgehalt

1 § 282 regelt das Abfindungsangebot beim Formwechsel eines rechtsfähigen Vereins in eine Kapitalgesellschaft. Die Vorschrift enthält zwei Regelungskomplexe: § 282 Abs. 1 erweitert den Kreis der abfindungsberechtigten Vereinsmitglieder, indem er den Widerspruch vor der Mitgliederversammlung dem Widerspruch zur Niederschrift in der Versammlung gleichstellt. § 282 Abs. 2 schließt für **gemeinnützige Vereine** die Anwendung der Abfindungsvorschriften **vollständig aus**. Im Formwechselbeschluss ist diesbezüglich klarzustellen, dass die §§ 207–212 gemäß § 282 Abs. 2 nicht anwendbar sind.[1] Da der Formwechselbeschluss gemäß § 275 Abs. 1 grundsätzlich der Zustimmung aller Vereinsmitglieder bedarf (siehe § 275 Rz. 6 [*Stiegler*]), entfällt allerdings bei Einstimmigkeit ohnehin die praktische Relevanz eines Abfindungsangebots.[2] In diesem Fall kann auf das Angebot und die Annahme jedweden Abfindungsangebots von allen Gesellschaftern ausdrücklich verzichtet werden.[3] Die Angemessenheit des Abfindungsangebots ist grundsätzlich gemäß § 208 i. V. m. § 30 durch einen Wirtschaftsprüfer zu prüfen.[4]

2. Systematische Stellung

2 § 282 bildet den Abschluss der Vorschriften über den Formwechsel eines rechtsfähigen Vereins in eine Kapitalgesellschaft (§§ 273–282). Die Vorschrift knüpft an die allgemeinen Regelungen über die **Barabfindung in §§ 207–212** an und modifiziert diese für den spezifischen Fall des Formwechsels eines rechtsfähigen Vereins. Die Vereinsmitglieder soll damit die Möglichkeit eröffnet werden, gegen angemessene Abfindung aus der Gesellschaft neuer Rechtsform auszuscheiden.[5] § 282 Abs. 2 ist die Parallelregel zu **§ 104a**, der für die Verschmelzung eines gemeinnützigen Vereins den Barabfindungsanspruch ausschließt (siehe dazu § 104a Rz. 12 [*Knaier*]). Für den Formwechsel eines rechtsfähigen Vereins in eine eingetragene Genossenschaft enthält § 290 eine vergleichbare Regelung, die ihrerseits auf § 282 Abs. 2 verweist.

1) *Lutz*, BWNotZ 2013, 106, 113; *Schwenn*, npoR 2017, 192, 196.
2) *Lutz*, BWNotZ 2013, 106, 113.
3) Vgl. Schauhoff/Kirchhain-*Kirchhain*, Hdb. der Gemeinnützigkeit, § 20 Rz. 183; *Schwenn*, npoR 2017, 192, 196.
4) *Grüter/Mitsch*, DStR 2001, 1827, 1829.
5) Lutter-*Bayer*, UmwG, § 282 Rz. 1.

II. Erweiterung des Abfindungsangebots (§ 282 Abs. 1)

1. Abfindungsanspruch nach § 207

3 Nach § 207 Abs. 1 Satz 1 hat der formwechselnde Verein jedem Vereinsmitglied, das gegen den Formwechselbeschluss Widerspruch zur Niederschrift erklärt, den Erwerb seiner Anteile an der Gesellschaft neuer Rechtsform gegen eine angemessene Barabfindung anzubieten. Der Anspruch auf Barabfindung setzt mithin grundsätzlich voraus, dass das Vereinsmitglied in der Mitgliederversammlung, die den Formwechselbeschluss fasst, seinen **Widerspruch zur Niederschrift** erklärt. Das Abfindungsangebot ist dabei bereits vor der Beschlussfassung zu unterbreiten und spätestens mit Einberufung der Mitgliederversammlung sämtlichen Vereinsmitgliedern nach § 207 zu übersenden (§ 274 Abs. 1 Satz 1 i. V. m. § 231 Satz 1).[6]

2. Erweiterung durch § 270 Abs. 1

4 Das allgemeine Barabfindungsangebot, das bei zur Niederschrift erklärtem Widerspruch gegen den Formwechselbeschluss nach § 207 einem jeden widersprechenden Vereinsmitglied unterbreitet werden muss, wird durch § 282 Abs. 1 mit der **entsprechenden Anwendung des § 270 Abs. 1** erweitert.[7] So berechtigt nicht nur ein in der Mitgliederversammlung erklärter Widerspruch zur Annahme einer Barabfindung gegen Ausscheiden aus der neuen Kapitalgesellschaft, sondern ebenfalls ein zuvor durch eingeschriebenen Brief erklärter Widerspruch gegen den Formwechselbeschluss. Der rechtzeitige und formgerechte Widerspruch vor der Mitgliederversammlung ersetzt daher den Widerspruch zu Protokoll in der Versammlung.[8] Der Gesetzgeber wollte damit den Vereinsmitgliedern eine erleichterte Möglichkeit eröffnen, ihren Widerspruch zu erklären, ohne persönlich an der Mitgliederversammlung teilnehmen zu müssen.[9]

5 Der Widerspruch muss **spätestens am dritten Tag** vor dem Tag der Mitgliederversammlung, in der der Formwechselbeschluss gefasst worden ist, durch Einschreibebrief erklärt werden (§ 282 Abs. 1 i. V. m. § 270 Abs. 1). Für die Berechnung der Frist gelten die allgemeinen Vorschriften der §§ 187 ff. BGB. Der rechtzeitige Widerspruch vor der Mitgliederversammlung löst dieselben **Rechtsfolgen aus wie der Widerspruch zur Niederschrift** in der Versammlung.[10] Das widersprechende Vereinsmitglied kann mithin das Abfindungsangebot annehmen und gegen angemessene Barabfindung aus der Gesellschaft neuer Rechtsform ausscheiden. Die Annahmefrist, der Ausschluss von Klagen gegen den Umwandlungsbeschluss wegen nicht angemessener oder fehlender Barabfindung und die Möglichkeit einer gerichtlichen Nachprüfung der Abfindung richten sich nach §§ 209–212.

III. Ausschluss der Barabfindung bei gemeinnützigen Vereinen (§ 282 Abs. 2)

6 Gemäß § 282 Abs. 2 sind die Regelungen über die Barabfindung widersprechender Vereinsmitglieder (§§ 207–212) auf gemeinnützige Vereine i. S. von **§ 5 Abs. 1 Nr. 9 KStG** nicht anwendbar. § 282 Abs. 2 nimmt daher gemeinnützige Vereine aus dem Anwendungsbereich der §§ 207–212 heraus.[11] Erfasst werden davon solche Vereine, die ausschließlich und unmittelbar gemeinnützigen, mildtätigen oder kirchlichen Zwecken dienen (vgl. § 5 Abs. 1 Nr. 9 KStG i. V. m. §§ 51–68 AO). Die Regelung entspricht der Vorschrift des § 104a, die auch für die Verschmelzung eines gemeinnützigen Vereins den Barabfindungs-

6) *Leuering* in: KölnKomm-UmwG, § 282 Rz. 1.

7) *Leuering* in: KölnKomm-UmwG, § 282 Rz. 1.

8) Lutter-*Bayer*, UmwG, § 282 Rz. 1; Semler/Stengel/Leonard-*Katschinski*/*Wolf*, UmwG, § 282 Rz. 2.

9) Vgl. Begr. Fraktionsentwurf UmwBerG, BT-Drucks. 12/6699, S. 166.

10) Lutter-*Bayer*, UmwG, § 282 Rz. 1; *Leuering* in: KölnKomm-UmwG, § 282 Rz. 1.

11) Vgl. nur *Neye*, ZIP 1994, 917, 918.

anspruch ausschließt (siehe dazu § 104a Rz. 12 [*Knaier*]). Darüber hinaus wird befürwortet, dass die Regelung des § 282 Abs. 2 auch für andere steuerbegünstige Verbände analog anzuwenden sei.[12)]

1. Rechtsfolgen des Ausschlusses

Für frühere Mitglieder gemeinnützig, mildtätig oder kirchlich dienender Vereine besteht damit grundsätzlich **keine Möglichkeit**, aus der neuen Kapitalgesellschaft gegen Barabfindung im Zuge des Formwechsels auszuscheiden.[13)] Im Formwechselbeschluss sollte daher klargestellt werden, dass es sich bei dem formwechselnden Rechtsträger um einen gemeinnützigen steuerbegünstigten Verein handelt, der gemäß § 5 Abs. 1 Nr. 9 KStG von der Körperschaftsteuer befreit ist, und dass gemäß § 282 Abs. 2 die Vereinsmitglieder **kein Abfindungsangebot** gemäß § 207 erhalten (siehe bereits Rz. 3). 7

2. Verbleibende Rechte der Vereinsmitglieder

Den Vereinsmitgliedern bleiben für diesen Fall zunächst die im Vorfeld zum Formwechselbeschluss gewährten Abstimmungsrechte nach § 275.[14)] Das **allgemeine Austrittsrecht** der widersprechenden Vereinsmitglieder bleibt unberührt (vgl. § 39 BGB).[15)] Ferner steht den Vereinsmitgliedern später die Veräußerung der Anteile an der Kapitalgesellschaft offen.[16)] 8

12) Semler/Stengel/Leonard-*Katschinski/Wolf*, UmwG, § 282 Rz. 9.

13) Schauhoff/Kirchhain-*Kirchhain*, Hdb. der Gemeinnützigkeit, § 20 Rz. 182; *Leuering* in: KölnKomm-UmwG, § 282 Rz. 2.

14) *Leuering* in: KölnKomm-UmwG, § 282 Rz. 2.

15) *Reul* in: BeckOGK-UmwG, § 282 Rz. 4; Lutter-*Bayer*, UmwG, § 282 Rz. 2.

16) *Leuering* in: KölnKomm-UmwG, § 282 Rz. 2.

Dritter Unterabschnitt
Formwechsel in eine eingetragene Genossenschaft

§ 283

Vorbereitung und Durchführung der Mitgliederversammlung*)

(1) [1]Auf die Vorbereitung der Mitgliederversammlung, die den Formwechsel beschließen soll, sind die §§ 229 und 230 Abs. 2 Satz 1 und 2, § 231 Satz 1 und § 260 Abs. 1 entsprechend anzuwenden. [2]§ 192 Abs. 2 bleibt unberührt.

(2) Auf die Mitgliederversammlung, die den Formwechsel beschließen soll, ist § 239 Abs. 1 Satz 1 und Abs. 2 entsprechend anzuwenden.

*) § 283 geändert durch Art. 4 des Gesetzes zur Umsetzung der Aktionärsrechterichtlinie (ARUG), v. 30.7.2009, BGBl. I 2009, 2479; § 283 i. d. F. des UmwBerG geändert durch Art. 1 des Zweiten Gesetzes zur Änderung des Umwandlungsgesetzes (2. UmwGÄndG), v. 19.4.2007, BGBl. I 2007, 542.

Literatur: Siehe die Literaturangaben bei § 272.

Die **§§ 283 bis 290** regeln den Formwechsel eines rechtsfähigen Vereins **in eine eG**. Das UmwG lehnt sich bei der Regelung des Formwechsels eines Vereins in eine Genossenschaft dabei an zwei unterschiedliche Formwechselverfahren an.[1)] Für die Vorbereitung und Durchführung der Mitgliederversammlung sowie den Umwandlungsbeschluss wird weitge- 1

1) *Leuering* in: KölnKomm-UmwG, § 283 Rz. 1.

hend das Verfahren für den Formwechsel eines rechtsfähigen Vereins in eine Kapitalgesellschaft übernommen. Der Inhalt des Umwandlungsbeschlusses und die Wirkungen des Formwechsels werden dagegen aufgrund der genossenschaftlichen Besonderheiten im Wesentlichen an die des Formwechsels einer Kapitalgesellschaft in eine eG angeglichen.

2 Der **Ablauf** des Formwechsels eines Vereins in eine Genossenschaft vollzieht sich im Hinblick auf die Vorbereitung und Durchführung der Mitgliederversammlung wie folgt:

- Zunächst ist der Formwechselbericht nach § 192 zu erstatten, sofern nicht alle Vereinsmitglieder auf seine Erstattung verzichten.
- Sodann ist grundsätzlich das Abfindungsangebot nach §§ 208, 30 Abs. 2 zu prüfen.
- Die Mitgliederversammlung ist einzuberufen, wobei der Formwechselbericht in den Geschäftsräumen auszulegen und auf Verlangen zu versenden ist (§ 283 Abs. 1 i. V. m. §§ 260 Abs. 1, 230 Abs. 2, 231 Satz 1).
- In der Mitgliederversammlung selbst ist der Formwechselbericht auszulegen und der Formwechsel zu erläutern (§ 283 Abs. 2 i. V. m. § 239).

3 Der Formwechsel eines rechtsfähigen Vereins in eine eG ist zwar bereits seit 1995 möglich und im UmwG enthalten, wird jedoch **in der Praxis kaum durchgeführt**. Hintergrund ist, dass die Kombination aus Pflichtmitgliedschaft im Prüfungsverband, regelmäßigen Prüfungskosten und komplexer Organstruktur die eG für umwandlungswillige Vereine deutlich weniger attraktiv als die gGmbH als Zielrechtsträger (siehe auch § 272 Rz. 3 [*Stiegler*]). Die Option des Formwechsels in eine Genossenschaft ist daher allenfalls für Vereine mit bereits genossenschaftlicher Struktur oder Zielsetzung von Bedeutung. Auch aus den Statistiken der DGRV (Deutscher Genossenschafts- und Raiffeisenverband) oder der regionalen Prüfungsverbände lassen sich verlässlich kaum Zahlen entnehmen.

4 **§ 283** selbst eröffnet den Regelungskomplex als Vorschrift über die Vorbereitung und Durchführung der beschlussfassenden Mitgliederversammlung. Die Vorschrift differenziert zwischen der **Vorbereitung** der Mitgliederversammlung (§ 283 Abs. 1) und deren **Durchführung** (§ 283 Abs. 2). Absatz 1 betrifft die vorbereitenden Maßnahmen, insbesondere die Erstellung des Formwechselberichts, die Einberufung der Versammlung, die Ankündigung der Beschlussfassung, die Übersendung des Abfindungsangebots sowie die Auslegung und Versendung des Formwechselberichts. Absatz 2 regelt die Pflichten während der Versammlung selbst. Da § 283 **wörtlich der Regelung des § 274** betreffend des Vereinsformwechsels in eine Kapitalgesellschaft entspricht, kann ansonsten auf die dortigen Ausführungen verwiesen werden (siehe dazu § 274 Rz. 5 ff. [*Stiegler*]). Für die Vorbereitung und Durchführung der Mitgliederversammlung normiert § 283 mithin ein zu § 274 deckungsgleiches Verfahren.[2] Ebenso wie bei § 274 Abs. 1 stellt auch der Verweis in § 283 Abs. 1 auf § 229 ein Redaktionsversehen dar, da diese Norm nicht mehr existiert.[3] Der Verweis geht daher ins Leere und ist unbeachtlich.

2) *Leuering* in: KölnKomm-UmwG, § 283 Rz. 3.
3) Vgl. nur *Bloehs* in: BeckOGK-UmwG, § 283 Rz. 3.

§ 284

Beschluß der Mitgliederversammlung*)

¹Der Formwechselbeschluss der Mitgliederversammlung bedarf, wenn der Zweck des Rechtsträgers geändert werden soll (§ 33 Abs. 1 Satz 2 des Bürgerlichen Gesetzbuchs) oder wenn die Satzung der Genossenschaft eine Verpflichtung der Mitglieder der Genossenschaft zur Leistung von Nachschüssen vorsieht, der Zustimmung aller anwe-

senden Mitglieder; ihm müssen auch die nicht erschienenen Mitglieder zustimmen. [2]Im übrigen ist § 275 Abs. 2 entsprechend anzuwenden.

*) § 284 geändert durch Art. 1 des Gesetzes zur Umsetzung der Umwandlungsrichtlinie und zur Änderung weiterer Gesetze (UmRUG), v. 22.2.2023, BGBl. I 2023, Nr. 51; § 284 i. d. F. des UmwBerG geändert durch Art. 14 des Gesetzes zur Einführung der Europäischen Genossenschaft und zur Änderung des Genossenschaftsrechts (SCEEG), v. 14.8.2006, BGBl. I 2006, 1911.

Literatur: Siehe die Literaturangaben bei § 272.

Übersicht

I. Normzweck und systematische Einordnung

1. Regelungsgehalt

§ 284 regelt die erforderlichen **Mehrheiten** für den Formwechselbeschluss der Mitgliederversammlung beim Formwechsel eines rechtsfähigen Vereins in eine eG. Die Vorschrift unterscheidet zwischen Formwechselbeschlüssen, die der Zustimmung **aller** Vereinsmitglieder bedürfen (Satz 1), und solchen, denen die Zustimmung einer **qualifizierten Mehrheit** der Vereinsmitglieder ausreicht (Satz 2). Diese Differenzierung trägt dem Umstand Rechnung, dass bestimmte Strukturänderungen die Mitgliedschaft derart fundamental berühren, dass sie nur bei vollständiger Zustimmung aller Betroffenen erfolgen dürfen.[1] 1

2. Systematische Stellung

§ 284 steht im Kontext der §§ 283–290, die den Formwechsel eines rechtsfähigen Vereins in eine eG regeln. Während § 283 die Vorbereitung und Durchführung der Mitgliederversammlung betrifft, normiert § 284 die materiellen **Anforderungen an den Formwechselbeschluss** hinsichtlich der erforderlichen Mehrheiten.[2] 2

§ 284 lehnt sich eng an **§ 275** an, der die Mehrheitserfordernisse beim Formwechsel eines rechtsfähigen Vereins in eine Kapitalgesellschaft regelt. Die einzelnen Voraussetzungen stimmen im Wesentlichen mit den in § 275 getroffenen überein.[3] Jedoch geht § 284 Satz 1 über § 275 Abs. 1 hinaus, indem neben der Zweckänderung auch die **Nachschusspflicht** der Genossen als zusätzlicher Fall des Einstimmigkeitserfordernisses normiert wird.[4] Diese zusätzliche Tatbestandsvariante findet indes ihre Parallele in § 252 Abs. 1 beim Formwechsel einer Kapitalgesellschaft in eine Genossenschaft (siehe dazu § 252 Rz. 3 [*Brčić*]). 3

II. Zustimmungserfordernis aller Mitglieder (§ 284 Satz 1)

§ 284 Satz 1 **Alt. 1** verlangt die Zustimmung aller Vereinsmitglieder, wenn der Formwechsel mit einer **Änderung des Vereinszwecks** verbunden ist.[5] Mit der Hereinnahme des **§ 33 Abs. 1 Satz 2 BGB** in den Wortlaut der Norm hat der Gesetzgeber die Identität der Begriffe der Zweckänderung sichergestellt. Dient der Formwechsel dagegen der Verwirkli- 4

1) *Leuering* in: KölnKomm-UmwG, § 284 Rz. 1.

2) Lutter-*Göthel*, UmwG, § 284 Rz. 1.

3) *Bloehs* in: BeckOGK-UmwG, § 284 Rz. 5; *Leuering* in: KölnKomm-UmwG, § 284 Rz. 1; Semler/Stengel/Leonard-*Katschinski*/*Wolf*, UmwG, § 284 Rz. 1.

4) Lutter-*Göthel*, UmwG, § 284 Rz. 2.

5) *Leuering* in: KölnKomm-UmwG, § 284 Rz. 2.

chung des bisherigen Vereinszwecks in einer anderen Rechtsform, liegt keine Zweckänderung vor, und es gelten die Mehrheitserfordernisse nach § 284 Satz 2 i. V. m. § 275 Abs. 2.[6] Insgesamt ist § 284 Satz 1 Alt. 1 **mit § 275 Abs. 1 materiell identisch**, weshalb weitergehend umfassend auf die dortigen Ausführungen verwiesen werden kann (siehe § 275 Rz. 4 ff. [*Stiegler*]).

5 § 284 Satz 1 **Alt. 2** normiert das Einstimmigkeitserfordernis für den Fall, dass die Satzung der neuen Genossenschaft eine **Verpflichtung** der Genossen **zur Leistung von Nachschüssen** vorsieht. Nachschüsse sind zusätzliche Zahlungsverpflichtungen der Genossen, die im Insolvenzfall über die Pflichtzahlung auf gezeichnete Geschäftsanteile hinausgehende anteilige Zahlungen vorsehen können, soweit das Vermögen der Genossenschaft zur Deckung der Verbindlichkeiten nicht ausreicht.[7] Gemäß § 6 Nr. 3 GenG muss die Satzung der Genossenschaft zwingend Bestimmungen über die Nachschusspflicht enthalten. Ordnet die Satzung eine unbeschränkte oder eine auf eine Haftsumme beschränkte Nachschusspflicht an, gilt das Einstimmigkeitserfordernis nach § 284 Satz 1.[8]

III. Qualifizierte Mehrheit (§ 284 Satz 2)

6 Verbindet sich mit dem Formwechsel weder eine Zweckänderung des Vereins noch eine Nachschusspflicht der künftigen Genossen, gelten die Mehrheitserfordernisse nach § 284 Satz 2 i. V. m. § 275 Abs. 2.[9] Danach bedarf der Formwechselbeschluss einer Mehrheit von mindestens **drei Vierteln der erschienenen Mitglieder** (vgl. § 275 Abs. 2 Satz 1). Ferner kann umfassend auf die dortigen Ausführungen zu § 275 Abs. 2 verwiesen werden (siehe § 275 Rz. 8 ff. [*Stiegler*]).

---

6) *Limmer*, Hdb. Unternehmensumwandlung, Kap. 8 Rz. 417.
7) *Leuering* in: KölnKomm-UmwG, § 284 Rz. 2.
8) *Bloehs* in: BeckOGK-UmwG, § 284 Rz. 8; Lutter-*Göthel*, UmwG, § 284 Rz. 2.
9) Lutter-*Göthel*, UmwG, § 284 Rz. 3; Semler/Stengel/Leonard-*Katschinski*/*Wolf*, UmwG, § 284 Rz. 6.

§ 285
Inhalt des Formwechselbeschlusses*)

(1) Auf den Formwechselbeschluss ist auch § 253 Abs. 1 und Abs. 2 Satz 1 entsprechend anzuwenden.

(2) Sollen bei der Genossenschaft nicht alle Mitglieder mit der gleichen Zahl von Geschäftsanteilen beteiligt werden, so darf die unterschiedlich hohe Beteiligung nur nach einem oder mehreren der in § 276 Abs. 2 Satz 1 bezeichneten Maßstäbe festgesetzt werden.

*) § 285 i. d. F. des UmwBerG geändert durch Art. 1 des Gesetzes zur Umsetzung der Umwandlungsrichtlinie und zur Änderung weiterer Gesetze (UmRUG), v. 22.2.2023, BGBl. I 2023, Nr. 51.

Literatur: Siehe die Literaturangaben bei § 272.

Übersicht

I. Normzweck und systematische Einordnung

1. Regelungsgehalt

§ 285 ergänzt den nach § **194** erforderlichen **Mindestinhalt** des Formwechselbeschlusses für den Formwechsel eines rechtsfähigen Vereins in eine eG. Die Vorschrift gliedert sich in zwei Regelungskomplexe: § 285 Abs. 1 erweitert § 194 durch Verweisung auf die entsprechenden Regelungen über den Formwechsel einer Kapitalgesellschaft in eine eG (vgl. § **253**) § 285 Abs. 2 legt durch Verweisung auf § **276 Abs. 2** die Maßstäbe fest, die für die Verteilung der Geschäftsanteile an der neuen Genossenschaft auf die einzelnen Vereinsmitglieder zugrunde gelegt werden dürfen.[1] 1

2. Systematische Stellung

§ 285 steht wiederum im Kontext der §§ **283–290**, die den Formwechsel eines rechtsfähigen Vereins in eine eG regeln. Während § 283 die Vorbereitung und Durchführung der Mitgliederversammlung betrifft und § 284 die erforderlichen Mehrheiten normiert, bestimmt § 285 den notwendigen Inhalt des Formwechselbeschlusses. Die Vorschrift lehnt sich dabei an § 276 an, der den Inhalt des Formwechselbeschlusses beim Formwechsel eines rechtsfähigen Vereins in eine Kapitalgesellschaft regelt. Anders als § 276 verweist § 285 jedoch nicht auf die Vorschriften über den Formwechsel von Kapitalgesellschaften in Kapitalgesellschaften anderer Rechtsform, sondern auf die genossenschaftsspezifischen Regelungen des § 253.[2] 2

II. Satzung der neuen Genossenschaft (§ 285 Abs. 1)

Gemäß § 285 Abs. 1 i. V. m. § 253 Abs. 1 Satz 1 muss die Satzung der Genossenschaft im Formwechselbeschluss enthalten sein. Wie beim Formwechsel in Kapitalgesellschaften üblich, muss mithin auch hier der Beschluss die **Satzung** der neuen Genossenschaft **enthalten**. Für den Inhalt der Satzung gelten die entsprechenden Gründungsvorschriften des GenG (vgl. § 197).[3] Die Satzung muss daher insbesondere die in **§ 6 GenG** vorgeschriebenen Angaben enthalten, einschließlich der zwingend aufzunehmenden Bestimmungen über die Nachschusspflicht (§ 6 Nr. 3 GenG).[4] 3

Aufgrund des vollumfänglichen Verweises des § 285 Abs. 1 auf § 253 Abs. 1 und Abs. 2 Satz 1 kann umfassend auf die Kommentierung dieser Vorschriften verwiesen werden (siehe § 253 Rz. 3, 6 [*Brčić*]). 4

III. Zulässige Maßstäbe für ungleiche Beteiligung (§ 285 Abs. 2)

Die Vereinsmitglieder sollen grundsätzlich mit einer **gleichen Zahl** von Geschäftsanteilen beteiligt werden.[5] Das kommt in § 285 Abs. 2 dadurch zum Ausdruck, dass das Gesetz die Festsetzung einer gleichen Zahl von Anteilen ohne weiteres als zulässig erachtet und die Festsetzung unterschiedlicher Anteilszahlen einschränkt. Darin spiegelt sich zugleich der vereinsrechtliche Grundsatz wieder, dass mangels abweichender Regelungen in der Vereinssatzung alle Vereinsmitglieder gleiche Rechte und Pflichten haben. § 285 Abs. 2 geht 5

1) Lutter-*Göthel*, UmwG, § 285 Rz. 1; *Leuering* in: KölnKomm-UmwG, § 285 Rz. 1.
2) *Leuering* in: KölnKomm-UmwG, § 285 Rz. 1.
3) Lutter-*Göthel*, UmwG, § 285 Rz. 2; *Leuering* in: KölnKomm-UmwG, § 285 Rz. 1; Semler/Stengel/Leonard-*Katschinski*/*Wolf*, UmwG, § 285 Rz. 2.
4) Lutter-*Göthel*, UmwG, § 285 Rz. 2.
5) Lutter-*Göthel*, UmwG, § 285 Rz. 6; Semler/Stengel/Leonard-*Katschinski*/*Wolf*, UmwG, § 285 Rz. 3.

mithin davon aus, dass die Vereinsmitglieder **regelmäßig** mit einer gleichen Anzahl von Geschäftsanteilen beteiligt werden.[6)]

6 In manchen Fällen können gleich hohe Beteiligungen jedoch unangemessen sein.[7)] § 285 Abs. 2 gestattet deshalb durch Verweisung auf § 276 Abs. 2 **ausnahmsweise die Festlegung unterschiedlicher Anteilszahlen** nach den in § 276 Abs. 2 Nr. 1 bis 6 i. E. aufgeführten Maßstäben.[8)] Sofern eine gleiche Beteiligung zu unsachgemäßen Ergebnissen führt, ist unter einer oder mehreren Voraussetzungen des § 276 Abs. 2 Satz 1 Nr. 1 bis 6 die Festlegung unterschiedlicher Anzahl von Geschäftsanteilen zulässig. Im Übrigen kann für die zulässigen Beteiligungsmaßstäbe umfassend auf die Ausführungen zu § 276 Abs. 2 verwiesen werden (siehe § 276 Rz. 13 ff. [*Stiegler*]).

---

6) Lutter-*Göthel*, UmwG, § 285 Rz. 6; *Leuering* in: KölnKomm-UmwG, § 285 Rz. 2.
7) Lutter-*Göthel*, UmwG, § 285 Rz. 6.
8) Lutter-*Göthel*, UmwG, § 285 Rz. 6; *Leuering* in: KölnKomm-UmwG, § 285 Rz. 2.

§ 286
Anmeldung des Formwechsels

Auf die Anmeldung nach § 198 sind die §§ 254 und 278 Abs. 2 entsprechend anzuwenden.

Literatur: Siehe die Literaturangaben bei § 272.

Übersicht

I. Normzweck und systematische Einordnung

1. Regelungsgehalt

1 § 286 erweitert die allgemeinen Bestimmungen über die Anmeldung des Formwechsels gemäß **§ 198** durch zwei weitere **Verweise**. Zunächst werden die Person der Anmeldungsverpflichteten und der Inhalt der Anmeldung durch **§ 254** mitbestimmt. Ferner macht eine fehlende Registrierung des formwechselnden Vereins ein Bekanntmachungsverfahren nach **§ 278 Abs. 2** erforderlich.

2. Systematische Stellung

2 Die Bestimmung **ergänzt** die Anmeldevorschriften des § 198 in ähnlicher Weise, wie dies durch § 278 für den Formwechsel eines Vereins in eine Kapitalgesellschaft geschieht. § 286 steht im Kontext der §§ 283–290, die den Formwechsel eines rechtsfähigen Vereins in eine eG regeln. Während § 285 den Inhalt des Formwechselbeschlusses normiert, betrifft § 286 die registerrechtliche Umsetzung des Formwechsels. Diese allgemeinen Anmeldevorschriften werden durch § 286 abgeändert und ergänzt. Insoweit unterscheidet sich der Formwechsel eines Vereins in eine Genossenschaft vom Formwechsel in eine Kapitalge-

sellschaft, bei welchem § 278 durch Verweisung auf § 222 Abs. 1, 3 die Zuständigkeit zur Anmeldung regelt und ergänzende Bestimmungen zu ihrem Inhalt enthält.[1)]

II. Anmeldung durch den Vereinsvorstand (§ 254)

Neben § 198 verweist § 286 vollumfänglich auf § **254** betreffend des Formwechsels einer Kapitalgesellschaft in eine eG. Hieraus ergibt sich, dass die Anmeldung **durch den Vorstand** des formwechselnden Vereins vorzunehmen ist (§ 254 Abs. 1). Abweichend zu § 278 Abs. 1 nimmt mithin sowohl die Anmeldung des Formwechsels zum Vereinsregister als auch die Anmeldung der neuen Genossenschaft zum Genossenschaftsregister der bisherige Vorstand des formwechselnden Vereins vor.[2)] Hierfür reicht wie beim Formwechsel einer Kapitalgesellschaft in eine eG eine Mitwirkung der Mitglieder des Vertretungsorgans in vertretungsberechtigter Anzahl aus.[3)] Im Übrigen kann auf die Ausführungen zu § 254 verwiesen werden (siehe § 254 Rz. 3 ff. [*Brčić*]). 3

III. Bekanntmachungspflicht bei nicht im Handelsregister e. V.'s (§ 278 Abs. 2)

Zusätzlich zu § 198 und § 264 bringt § 286 die Norm des **§ 278 Abs. 2** entsprechend zur Anwendung. Insofern kann umfassend auf die dortigen Ausführungen zu § 278 Abs. 2 verwiesen werden (siehe § 278 Rz. 6 [*Stiegler*]). Vor allem ist dabei zu beachten, dass die Vorschrift nur formwechselnde **wirtschaftliche Vereine**, die nicht nach § 33 HGB im Handelsregister eingetragen sind, umfasst und insofern keine Idealvereine. 4

IV. Besonderheiten bei der Anmeldung

Da gemäß § 197 jeweils das **Gründungsrecht** anzuwenden ist, richtet sich auch der weitere Inhalt der Anmeldung nach den jeweiligen Gründungsvorschriften. Beim Formwechsel in eine Genossenschaft sind daher insbesondere die **Vorschriften des GenG** über die Anmeldung einer Genossenschaft zu beachten. Der Anmeldung sind **beizufügen:** 5

- Eine elektronisch beglaubigte Abschrift des Formwechselbeschlusses, die auch die Satzung und die Bestellung des ersten Aufsichtsrates enthält,
- eine elektronisch beglaubigte Abschrift der Satzung,
- eine elektronisch beglaubigte Abschrift des Formwechselberichtes des Vorstandes,
- eine elektronisch beglaubigte Abschrift über die Urkunde der Bestellung des Vorstandes durch den Aufsichtsrat,
- eine elektronisch beglaubigte Abschrift der Bescheinigung des Prüfungsverbandes, dass die Genossenschaft zum Beitritt zugelassen ist, sowie
- eine elektronisch beglaubigte Abschrift der gutachterlichen Äußerung des Prüfungsverbandes, dass nach den persönlichen oder wirtschaftlichen Verhältnissen, insbesondere der Vermögenslage der Genossenschaft, eine Gefährdung der Belange der Genossenschaft oder der Gläubiger der Genossenschaft nicht zu besorgen ist.

In der Anmeldung ist ferner zu erklären, dass **Klagen** gegen den Formwechselbeschluss nicht erhoben worden sind.[4)] 6

---

1) *Leuering* in: KölnKomm-UmwG, § 286 Rz. 1.

2) *Leuering* in: KölnKomm-UmwG, § 286 Rz. 2.

3) *Bloehs* in: BeckOGK-UmwG, § 286 Rz. 4; Lutter-*Göthel*, UmwG, § 286 Rz. 2; Semler/Stengel/Leonard-*Katschinski*/*Wolf*, UmwG, § 286 Rz. 2.

4) *Limmer*, Hdb. Unternehmensumwandlung, Kap. 8 Rz. 450.

§ 287
(aufgehoben)

Literatur: Siehe die Literaturangaben bei § 272.

1 § 287 wurde mit Wirkung vom 1.1.2007 durch das Gesetz über elektronische Handelsregister und Genossenschaftsregister sowie das Unternehmensregister (**EHUG**)[1] aufgehoben. Das EHUG verfolgte das Ziel einer umfassenden Modernisierung des Registerrechts durch Einführung elektronischer Handels-, Genossenschafts- und Unternehmensregister. Im Zuge dieser Reform wurden zahlreiche Vorschriften über **Zusatzbekanntmachungen** aufgehoben, um das Bekanntmachungsrecht zu vereinfachen und zu entbürokratisieren. Der Gesetzgeber hielt die in § 287 vorgesehene zusätzliche Bekanntmachung der Beteiligungsmaßstäbe für entbehrlich. Die wesentlichen Informationen über den Formwechsel ergeben sich bereits aus der Eintragung im Handelsregister und den dort hinterlegten Dokumenten, insbesondere dem Formwechselbeschluss und der Satzung der neuen Gesellschaft. Eine gesonderte Veröffentlichung der Beteiligungsmaßstäbe erschien daher nicht mehr erforderlich.

2 Bis zur seiner ersatzlosen Streichung enthielt § 287 verschiedene **Bekanntmachungspflichten.** Aufgrund der vormaligen Regelung war die Eintragung der neuen Kapitalgesellschaft durch das für die Anmeldung der Eintragung zuständige Registergericht durch den Bundesanzeiger und durch mindestens ein anderes Blatt ihrem ganzen Inhalt nach bekannt zu machen. Dabei waren die Beteiligungsmaßstäbe anzugeben, die nach § 285 Abs. 2 i. V. m. § 276 Abs. 2 für die Festsetzung der Beteiligung der Vereinsmitglieder am Grund- oder Stammkapital der neuen Kapitalgesellschaft angewandt wurden.

1) Art. 8 des Gesetzes über elektronische Handelsregister und Genossenschaftsregister sowie das Unternehmensregister (EHUG), v. 10.11.2006, BGBl. I 2006, 2553.

§ 288
Wirkungen des Formwechsels*)

(1) [1]Jedes Mitglied, das die Rechtsstellung eines Mitglieds der Genossenschaft erlangt, ist bei der Genossenschaft nach Maßgabe des Formwechselbeschlusses beteiligt. [2]Eine Verpflichtung zur Übernahme weiterer Geschäftsanteile bleibt unberührt. [3]§ 255 Abs. 1 Satz 3 ist entsprechend anzuwenden.

(2) Das Gericht darf eine Auflösung der Genossenschaft von Amts wegen nach § 80 des Genossenschaftsgesetzes nicht vor Ablauf eines Jahres seit dem Wirksamwerden des Formwechsels aussprechen.

*) § 288 geändert durch Art. 1 des Gesetzes zur Umsetzung der Umwandlungsrichtlinie und zur Änderung weiterer Gesetze (UmRUG), v. 22.2.2023, BGBl. I 2023, Nr. 51; § 288 i. d. F. des UmwBerG geändert durch Art. 14 des Gesetzes zur Einführung der Europäischen Genossenschaft und zur Änderung des Genossenschaftsrechts (SCEEG), v. 14.8.2006, BGBl. I 2006, 1911.

Literatur: Siehe die Literaturangaben bei § 272.

Übersicht

I. Normzweck und systematische Einordnung

1. Regelungsgehalt

§ 288 regelt die Wirkungen des Formwechsels eines rechtsfähigen Vereins in eine eG. § 288 Abs. 1 betrifft die **Rechtsstellung der neuen Genossen**, Absatz 2 die **Rechtsstellung der Genossenschaft**. Die Vorschrift verdeutlicht und ergänzt die allgemeinen Wirkungen des Formwechsels nach § 202.[1] Beim Formwechsel eines rechtsfähigen Vereins in eine eG ist hinsichtlich der Wirkungen des Formwechsels zunächst zu beachten, dass der Formwechsel mit Eintragung der neuen Genossenschaft in das Genossenschaftsregister wirksam wird (vgl. § 202).[2] Die Vereinsmitglieder erlangen die Rechtsstellung eines Genossen und sind bei der Genossenschaft nach Maßgabe des Formwechselbeschlusses beteiligt. Die Zahl der Geschäftsanteile, mit denen die einzelnen Genossen beteiligt werden, bestimmt der Formwechselbeschluss. Ferner ist zu beachten, dass die Satzung der Genossenschaft zusätzliche Pflichten zur Übernahme weiterer Geschäftsanteile vorsehen kann.[3] 1

2. Systematische Stellung

Die Wirkung der Eintragung der neuen Rechtsform im Register regelt bereits § 202. § 288 Abs. 1 Satz 1 hebt dabei lediglich die **Folge des § 202 Abs. 1 Nr. 2 Satz 1** hervor, wonach die Vereinsmitglieder gemäß den Feststellungen des Umwandlungsbeschlusses (vgl. § 285) an der neuen Genossenschaft zu beteiligen sind. § 288 Abs. 1 **entspricht insoweit § 255 Abs. 1**, der für den Formwechsel einer Kapitalgesellschaft in eine Genossenschaft gilt.[4] Im Unterschied sieht § 288 für den Formwechsel in eine Genossenschaft jedoch **keine Entstehung von Teilrechten** vor. Hintergrund ist, dass es bei der eG keine dem Aktienrecht vergleichbaren Teilrechte gibt. Die Beteiligung der Genossen erfolgt vielmehr durch volle Geschäftsanteile, deren Zahl im Formwechselbeschluss festgelegt wird (§ 285 Abs. 1 i. V. m. § 253 Abs. 2 Satz 1). 2

II. Rechtsstellung der Genossen (§ 288 Abs. 1)

Mit Eintragung der neuen Genossenschaft in das Genossenschaftsregister wird der Formwechsel wirksam. Die Vereinsmitglieder sind nunmehr an der Genossenschaft nach den für sie geltenden Vorschriften beteiligt (vgl. § 202 Abs. 1 Nr. 2 Satz 1). Die Einzelheiten der Beteiligung ergeben sich aus dem zugrunde liegenden **Formwechselbeschluss.** 3

1. Beteiligung nach Maßgabe des Formwechselbeschlusses (Abs. 1Satz 1)

§ 288 Abs. 1 Satz 1 soll diese Rechtsfolge verdeutlichen.[5] Jedes Mitglied, das die Rechtsstellung eines Mitglieds der Genossenschaft erlangt, ist bei der Genossenschaft nach Maßgabe 4

1) Vgl. Begr. Fraktionsentwurf UmwBerG, BT-Drucks. 12/6699, S. 167.

2) Lutter-*Göthel*, UmwG, § 288 Rz. 1.

3) Lutter-*Göthel*, UmwG, § 288 Rz. 2.

4) *Leuering* in: KölnKomm-UmwG, § 288 Rz. 3.

5) Vgl. Begr. Fraktionsentwurf UmwBerG, BT-Drucks. 12/6699, S. 167.

des Formwechselbeschlusses beteiligt. In diesem muss jedem Vereinsmitglied zumindest **ein Geschäftsanteil zugewiesen** werden. Eine höhere Beteiligung aller Mitglieder an der Genossenschaft mit mehreren Geschäftsanteilen ist ebenfalls zulässig und kann auf der Grundlage der §§ 276 Abs. 2, 285 Abs. 2 im Formwechselbeschluss bestimmt werden.

2. Verpflichtung zur Übernahme weiterer Geschäftsanteile (Abs. 1 Satz 2)

5 § 288 Abs. 1 Satz 2 eröffnet die Möglichkeit, durch die Satzung der Genossenschaft **Rechte oder Pflichten der Genossen zu bestimmen**, über die im Formwechselbeschluss festgelegte Beteiligung hinaus weitere Geschäftsanteile an der Genossenschaft übernehmen zu können oder zu müssen (vgl. § 7a GenG). Die Satzung der Genossenschaft kann mithin bestimmen, dass die Genossen **weitere Geschäftsanteile** als Pflichtbeteiligung zu übernehmen haben (§ 197 Satz 1 i. V. m. § 7a Abs. 2 GenG).[6] Eine solche statutarische Verpflichtung zur Übernahme weiterer Geschäftsanteile bleibt unberührt (§ 288 Abs. 1 Satz 2).

6 Die Zulässigkeit dieser Mehrbeteiligung steht unter dem **Vorbehalt der Beachtung** allgemeiner **genossenschaftlicher Zumutbarkeits- und Rechtfertigungsgrundsätze.**[7] Sie ist mithin nur zulässig, soweit sie sachlich geboten und für den Genossen zumutbar ist. Für die Gewährung eines Kündigungsrechts analog § 67a GenG besteht hingegen kein Bedürfnis, da ohnehin jedes widersprechende Vereinsmitglied gegen Abfindung ausscheiden kann (vgl. §§ 207, 290). Allerdings ist anzunehmen, dass die Verpflichtung zur Übernahme weiterer Anteile analog § 67a Abs. 2 Satz 4 GenG diejenigen Mitglieder nicht trifft, die ihr **Austrittsrecht** ausüben.[8] Für sie greift dann trotz der zunächst wirksam erlangten Rechtsstellung eines Genossen und der damit übernommenen Satzungspflichten die befreiende Wirkung des § 67a Abs. 2 Satz 5 GenG analog.[9]

3. Dingliche Rechte Dritter (Abs. 1 Satz 3)

7 Schließlich ist **§ 255 Abs. 1 Satz 3** entsprechend anzuwenden (§ 288 Abs. 1 Satz 3). Die Vorschrift bestimmt für den Formwechsel einer Kapitalgesellschaft in eine Genossenschaft, dass etwaige dingliche Rechte Dritter an den bisherigen Mitgliedschaftsrechten an den durch den Formwechsel erlangten Geschäftsguthaben weiter bestehen bleiben. Soweit solche dinglichen Rechte ausnahmsweise existieren, bestehen diese infolge des Formwechsels nunmehr an dem Geschäftsguthaben des Genossen weiter. Dies kann Vereine betreffen, deren Vermögen in übertragbare Anteile zerlegt ist oder deren Mitglieder aufgrund entsprechender Satzungsregelungen vermögensrechtliche Ansprüche gegen den Verein besitzen.[10]

III. Rechtsstellung der Genossenschaft (§ 288 Abs. 2)

1. Ausschluss der Zwangsauflösung

8 § 288 Abs. 2 schließt die gemäß **§ 80 GenG** vorgesehene gerichtliche Auflösung einer Genossenschaft, bei welcher die Zahl der Genossen **weniger als drei** beträgt, für eine einjährige Übergangsfrist aus. Neben des durch § 197 Satz 2 modifiziert zu beachtenden Gründungsrechts regelt § 288 Abs. 2 insofern, dass § 80 GenG nicht vor Ablauf eines Jahres seit dem Wirksamwerden des Formwechsels anwendbar ist.

6) Lutter-*Göthel*, UmwG, § 288 Rz. 2.

7) *Leuering* in: KölnKomm-UmwG, § 288 Rz. 2.

8) Semler/Stengel/Leonard-*Katschinski/Wolf*, UmwG, § 288 Rz. 6.

9) *Leuering* in: KölnKomm-UmwG, § 288 Rz. 2; Semler/Stengel/Leonard-*Katschinski/Wolf*, UmwG, § 288 Rz. 7.

10) Vgl. *Bloehs* in: BeckOGK-UmwG, § 288 Rz. 3.

2. Einjährige Übergangsfrist

Eine Genossenschaft muss grundsätzlich mindestens **drei Genossen** haben (§ 4 GenG). 9
Da gemäß § 73 BGB der formwechselnde Verein aus lediglich drei Mitgliedern bestehen kann, ist er unmittelbar der Gefahr einer Auflösung ausgesetzt, wenn die Mitgliederzahl nach dem Formwechsel unter diese Mindestgrenze sinkt. So, wie die Unterschreitung der Mindestzahl von drei Gründern (§ 4 GenG) den Formwechsel nicht hindern soll (§ 197 Satz 2), soll sie auch nicht sofort nach vollzogenem Formwechsel zu einer Zwangsauflösung führen.[11] Die Genossenschaft erhält mithin eine Frist von einem Jahr, um die Mindestmitgliederzahl zu erreichen.[12]

11) Lutter-*Göthel*, UmwG, § 288 Rz. 4.
12) *Leuering* in: KölnKomm-UmwG, § 288 Rz. 4.

§ 289
Geschäftsguthaben; Benachrichtigung der Mitglieder*)

(1) Jedem Mitglied der Genossenschaft kann als Geschäftsguthaben auf Grund des Formwechsels höchstens der Nennbetrag der Geschäftsanteile gutgeschrieben werden, mit denen es bei der Genossenschaft beteiligt ist.

(2) § 256 Abs. 3 ist entsprechend anzuwenden.

*) § 289 i. d. F. des UmwBerG geändert durch Art. 14 des Gesetzes zur Einführung der Europäischen Genossenschaft und zur Änderung des Genossenschaftsrechts (SCEEG), v. 14.8.2006, BGBl. I 2006, 1911.

Literatur: Siehe die Literaturangaben bei § 272.

Übersicht

I. Normzweck und systematische Einordnung

1. Regelungsgehalt

§ 289 regelt die **Gutschrift** des Geschäftsguthabens und die **Benachrichtigung** der Ge- 1
nossen beim Formwechsel eines rechtsfähigen Vereins in eine eG. § 289 Abs. 1 bestimmt die Obergrenze der Gutschrift des Geschäftsguthabens, § 289 Abs. 2 verweist auf die Mitteilungspflichten nach § 256 Abs. 3.

2. Systematische Stellung

§ 289 betrifft die **Rechtsfolgen nach Eintragung** der neuen Genossenschaft und ergänzt 2
die Wirkungen des Formwechsels nach §§ 202, 288. Die Norm steht in engem Zusammenhang mit **§ 256**, der für den Formwechsel einer Kapitalgesellschaft in eine Genossenschaft gilt. Während § 256 Abs. 1 und 2 beim Formwechsel einer Kapitalgesellschaft eine Gut-

schrift des Geschäftsguthabens in voller Höhe des Unternehmensvermögens und ggf. Auszahlungen vorsieht, weicht § 289 Abs. 1 hiervon ab.[1] Die Benachrichtigung der Genossen erfolgt hingegen nach denselben Grundsätzen (§ 289 Abs. 2 i. V. m. § 256 Abs. 3).

II. Geschäftsguthaben (§ 289 Abs. 1)

1. Begriff des Geschäftsguthabens

3 Das Geschäftsguthaben gibt den Betrag der **tatsächlichen finanziellen Beteiligung** der Genossen an der Genossenschaft wieder. Es muss den neuen Genossen infolge des Formwechsels erstmalig zugewiesen werden.[2] Welcher Betrag den einzelnen Genossen aufgrund des Formwechsels als Geschäftsguthaben gutzuschreiben ist, muss im Formwechselbeschluss bestimmt werden (§ 194 Abs. 1 Nr. 4). Streng **abzugrenzen** vom **Geschäftsguthaben** ist der **Geschäftsanteil**, also der Betrag, bis zu welchem sich die Genossen mit Einlagen beteiligen können (vgl. § 7 Nr. 1 GenG).

2. Höchstgrenze der Gutschrift

4 § 289 Abs. 1 legt fest, dass jedem Genossen als Geschäftsguthaben **höchstens der Nennbetrag** der ihm zufallenden Geschäftsanteile gutgeschrieben werden kann. Diese Regelung entspricht den allgemeinen genossenschaftsrechtlichen Grundsätzen, wonach das Geschäftsguthaben den Nennbetrag des Geschäftsanteils nicht überschreiten darf.[3]

3. Unterschreitung des Nennbetrags

5 Es ist nicht erforderlich, dass die gutgeschriebenen Geschäftsguthaben den Nennbetrag der Geschäftsanteile oder auch nur die Höhe der Pflichteinzahlungen (vgl. § 7 Nr. 1 GenG) erreichen.[4] Die Gutschrift **kann** dahinter **zurückbleiben**. Es besteht dann eine Verpflichtung der Genossen, die fehlenden Pflichteinzahlungen auf die Geschäftsanteile nach Maßgabe von § 7 Nr. 1, § 50 GenG zu leisten, und das Recht, bis zur vollen Höhe des Anteils über die Pflichteinzahlung hinaus freiwillige Einzahlungen zu erbringen.[5]

4. Zusätzliche Leistungspflichten der Genossen

6 Die gutgeschriebenen Geschäftsguthaben müssen nicht dem Nennbetrag der Geschäftsanteile oder der Höhe der Pflichteinzahlung entsprechen.[6] Es können mithin **zusätzliche Leistungspflichten** der neuen Genossen an die Genossenschaft begründet werden. Solche weiteren Zahlungsverpflichtungen können jedoch nur in Übereinstimmung mit den allgemeinen genossenschaftlichen **Zumutbarkeitsgrundsätzen** auferlegt werden.[7] Für eine Festlegung der Geschäftsanteile und erst recht der Pflichteinzahlungen auf Beträge, die über das gutgeschriebene Geschäftsguthaben hinausgehen, wird man eine sachliche Rechtfertigung fordern müssen.[8] Von dieser Leistungspflicht können sich nur diejenigen analog § 67a

1) *Leuering* in: KölnKomm-UmwG, § 289 Rz. 1.
2) *Bloehs* in: BeckOGK-UmwG, § 289 Rz. 4; *Leuering* in: KölnKomm-UmwG, § 289 Rz. 1.
3) Lutter-*Göthel*, UmwG, § 289 Rz. 2; ähnlich *Bloehs* in: BeckOGK-UmwG, § 289 Rz. 8.
4) Lutter-*Göthel*, UmwG, § 289 Rz. 2.
5) Lutter-*Göthel*, UmwG, § 289 Rz. 2.
6) *Leuering* in: KölnKomm-UmwG, § 289 Rz. 2.
7) Lutter-*Göthel*, UmwG, § 289 Rz. 2; *Leuering* in: KölnKomm-UmwG, § 289 Rz. 2.
8) Lutter-*Göthel*, UmwG, § 289 Rz. 2; *Leuering* in: KölnKomm-UmwG, § 289 Rz. 2.

Abs. 2 Satz 5 GenG befreien, die das Austrittsrecht gegen Barabfindung nach §§ 207, 290 geltend machen.[9)]

5. Keine Auszahlungspflicht bei Überschreiten des Vereinsvermögens

7 Eine Gutschrift unterschiedlicher Geschäftsguthaben pro Geschäftsanteil wird man für **unzulässig** ansehen müssen.[10)] Die zulässigen Differenzierungen dürften in § 285 Abs. 2, der Unterschiede bei der Zahl der Geschäftsanteile einschränkt, abschließend geregelt sein.

III. Benachrichtigung der Genossen (§ 289 Abs. 2)

1. Verweis auf § 256 Abs. 3

8 § 289 Abs. 2 verweist auf § 256 Abs. 3. Für die im Anschluss an den Formwechsel zur Unterrichtung der Genossen vorgesehene **unverzügliche Mitteilungspflicht** der Genossenschaft sieht das dieselbe Weise vor wie beim Formwechsel einer Kapitalgesellschaft in eine eG gemäß § 256 Abs. 3.[11)]

2. Inhalt der Mitteilungspflicht

9 Nach § 256 Abs. 3 hat die Genossenschaft jedem Genossen **unverzüglich nach Bekanntmachung** der Eintragung der Genossenschaft in das Register die in § 256 Abs. 3 Nr. 1 bis 4 aufgeführten Mitteilungen zu machen. Die Mitteilung umfasst

- Informationen über das Geschäftsguthaben des Genossen,
- seine Geschäftsanteile,
- seine noch zu leistenden Einzahlungen und
- seine etwaigen Nachschusspflichten.

10 Die in § 256 Abs. 3 Nr. 3 vorgesehene Mitteilung über den Betrag, der nach § 256 Abs. 2 an den Genossen auszuzahlen ist, entfällt beim Formwechsel eines Vereins, da hier wegen § 289 Abs. 1 Auszahlungspflichten gemäß § 256 Abs. 2 nicht in Betracht kommen.[12)]

---

9) Lutter-*Göthel*, UmwG, § 289 Rz. 2; *Leuering* in: KölnKomm-UmwG, § 289 Rz. 2; a. A. Semler/Stengel/Leonard-*Katschinski*/*Wolf*, UmwG, § 289 Rz. 6.

10) Lutter-*Göthel*, UmwG, § 289 Rz. 4; Semler/Stengel/Leonard-*Katschinski*/*Wolf*, UmwG, § 289 Rz. 7.

11) Vgl. Begr. Fraktionsentwurf UmwBerG, BT-Drucks. 12/6699, S. 167.

12) Lutter-*Göthel*, UmwG, § 289 Rz. 5; Semler/Stengel/Leonard-*Katschinski*/*Wolf*, UmwG, § 289 Rz. 7.

§ 290
Abfindungsangebot*)

Auf das Abfindungsangebot nach § 207 Abs. 1 Satz 2 sind § 270 Abs. 1 sowie § 282 Abs. 2 entsprechend anzuwenden.

*) § 290 i. d. F. des UmwBerG geändert durch Art. 1 des Gesetzes zur Änderung des Umwandlungsgesetzes, des Partnerschaftsgesellschaftsgesetzes und anderer Gesetze (UmwGÄndG), v. 22.7.1998, BGBl. I 1998, 1878.

Literatur: Siehe die Literaturangaben bei § 272.

Übersicht

I. Normzweck und systematische Einordnung

1. Regelungsgehalt

1 § 290 regelt das Abfindungsangebot beim Formwechsel eines rechtsfähigen Vereins in eine eG. Die Vorschrift betrifft den **Minderheitenschutz** widersprechender Vereinsmitglieder und ergänzt die allgemeinen Vorschriften der §§ 207–212. Sie verweist auf **§ 270 Abs. 1**, der die Erweiterung des Kreises der abfindungsberechtigten Mitglieder betrifft, sowie auf **§ 282 Abs. 2**, der gemeinnützige Vereine von den Abfindungsregelungen ausnimmt.

2. Systematische Stellung

2 § 290 entspricht in seiner Struktur § 282, der für den Formwechsel eines Vereins in eine Kapitalgesellschaft gilt.[1] Beide Vorschriften erweitern den Kreis der abfindungsberechtigten Mitglieder durch Verweis auf § 270 Abs. 1 und nehmen gemeinnützige Vereine von den Abfindungsregelungen aus.

II. Ausweitung des Abfindungsangebots

3 Nach **§ 207 Abs. 1 Satz 1** ist an sich jedem Vereinsmitglied, das gegen den Formwechselbeschluss Widerspruch zur Niederschrift erklärt hat, der Erwerb seiner umgewandelten Mitgliedschaften gegen eine angemessene Barabfindung anzubieten. Vereinsmitglieder, die ihren Widerspruch gegen den Formwechselbeschluss in der Mitgliederversammlung zur Niederschrift erklärt haben, sind zum Austritt aus der Genossenschaft berechtigt und erhalten für diesen Fall eine Barabfindung als Ausgleich (vgl. § 207 Abs. 1 Satz 1).

4 Dies nimmt § 290 Abs. 1 in Bezug und bestimmt, dass in diesem Fall **§ 270 Abs. 1** zur Geltung kommt (siehe dazu § 270 Rz. 3 [*Brčić*]). Aufgrund dieses Verweisung gilt dieses Abfindungsangebot auch für die Vereinsmitglieder, die dem Formwechsel **spätestens am dritten Tag vor der Mitgliederversammlung**, in der der Formwechselbeschluss gefasst worden ist, durch Einschreibebrief widersprochen haben.[2] Der rechtzeitige und formgerechte **Widerspruch** vor der Mitgliederversammlung ersetzt mithin den Widerspruch zu Protokoll in der Versammlung.[3] Diese Erweiterung dient dem Schutz derjenigen Vereinsmitglieder, die an der Mitgliederversammlung nicht teilnehmen können oder wollen. Sie erleichtert insoweit für widersprechende Mitglieder die Voraussetzung für einen Abfindungsanspruch.

5 Die **Frist** für den schriftlichen Widerspruch berechnet sich nach allgemeinen Regeln. Der Widerspruch muss spätestens am dritten Tag vor dem Tag der Mitgliederversammlung beim Verein eingegangen sein. Maßgeblich ist der Eingang des Einschreibebriefs, nicht dessen Absendung.

6 Da eine Genossenschaft **keine eigenen Anteilen** erwerben kann, ist gemäß § 207 Abs. 1 Satz 2 eine Barabfindung für den Fall anzubieten, dass das Vereinsmitglied sein Ausscheiden aus der Genossenschaft erklärt.[4] Im Unterschied zum Formwechsel in eine Kapitalgesellschaft erwirbt die Genossenschaft mithin nicht die Anteile des widersprechenden Mit-

1) *Leuering* in: KölnKomm-UmwG, § 290 Rz. 2.
2) *Bloehs* in: BeckOGK-UmwG, § 290 Rz. 2; Lutter-*Göthel*, UmwG, § 290 Rz. 1; Semler/Stengel/Leonard-*Katschinski*/*Wolf*, UmwG, § 290 Rz. 1.
3) Lutter-*Göthel*, UmwG, § 290 Rz. 1; Semler/Stengel/Leonard-*Katschinski*/*Wolf*, UmwG, § 290 Rz. 1.
4) Lutter-*Göthel*, UmwG, § 290 Rz. 1.

glieds, sondern das Mitglied scheidet gegen Zahlung einer Barabfindung aus der Genossenschaft aus.

III. Ausschluss des Abfindungsangebots bei gemeinnützigen Vereinen

§ 290 verweist zudem auf die Regelung des **§ 282 Abs. 2** für den Formwechsel eines gemeinnützigen Vereins in eine Kapitalgesellschaft. Hieraus folgt der Ausschluss der Gewährung von Abfindungen an die Mitglieder dieser Vereine. Das allgemeine Austrittsrecht der widersprechenden Vereinsmitglieder bleibt davon allerdings unberührt. Im Übrigen kann umfassend auf die Ausführungen zu § 282 Abs. 2 verwiesen werden (siehe § 282 Rz. 6 [*Stiegler*]). 7

Fünfter Abschnitt
Formwechsel von Versicherungsvereinen auf Gegenseitigkeit

§ 291
Möglichkeit des Formwechsels*)

(1) Ein Versicherungsverein auf Gegenseitigkeit, der kein kleinerer Verein im Sinne des § 210 des Versicherungsaufsichtsgesetzes ist, kann auf Grund eines Formwechselbeschlusses nur die Rechtsform einer Aktiengesellschaft erlangen.

(2) Der Formwechsel ist nur möglich, wenn auf jedes Mitglied des Vereins, das an der Aktiengesellschaft beteiligt wird, mindestens eine volle Aktie entfällt.

*) § 291 geändert durch Art. 1 des Gesetzes zur Umsetzung der Umwandlungsrichtlinie und zur Änderung weiterer Gesetze (UmRUG), v. 22.2.2023, BGBl. I 2023, Nr. 51; § 291 geändert durch Art. 2 des Gesetzes zur Modernisierung der Finanzaufsicht über Versicherungen (VAMoG), v. 1.4.2015, BGBl. I 2015, 434; § 291 i. d. F. des UmwBerG geändert durch Art. 2 des Gesetzes über die Zulassung von Stückaktien (Stückaktiengesetz – StückAG), v. 25.3.1998, BGBl. I 1998, 590.

Übersicht

I. Überblick

Nach § 291 kann lediglich ein **„großer" VVaG** seine Rechtsform wechseln und dies auch nur in die Rechtsform einer Versicherungs-AG. Diese Begrenzung auf Versicherungs-AG als Rechtsträger neuer Rechtsform ist dem Umstand geschuldet, dass VVaG Versicherungsgeschäft betreiben und das Versicherungsgeschäft nur in einer der in § 8 Abs. 2 VAG genannten Rechtsformen weitergeführt werden kann. 1

Der **Formwechsel vom VVaG in** die Rechtsform der **Versicherungs-AG** hat bislang keine praktische Bedeutung. Dies dürfte vor allem daran liegen, dass der VVaG bei einem Formwechsel unter Umständen einen erheblichen Teil seines Vereinsvermögens über eine Barabfindung gemäß § 207 an die Mitglieder ausbezahlen muss. 2

II. Mögliche Formwechsel (§ 291 Abs. 1)

Formwechselnder Rechtsträger können nur „große" VVaGs sein; dies gilt unter den Voraussetzungen der § 191 Abs. 3 UmwG i. V. m. § 206 VAG auch dann, wenn der „große" VVaG aufgelöst ist. 3

4 § 291 Abs. 1 schließt die Möglichkeit des Formwechsels für **kleinere Vereine i. S. des § 210 VAG** aus (zum kleineren Verein siehe § 118 Rz. 3 [*Mallmann*]). Kleinere Vereine dürfen **keine formwechselnde Rechtsträger** sein, weil ein nur eingeschränkt der Versicherungsaufsicht unterfallender kleiner Verein nach dem vollzogenem Formwechsel als Versicherungs-AG trotz unverändert geringem Geschäftsumfang vollumfänglich der Versicherungsaufsicht unterworfen wäre.[1)]

5 Rechtsträger **neuer Rechtsform** kann nur die „AG" sein. Es muss sich i. S. der Legaldefinition des § 109 Satz 2 um eine Versicherungs-AG handeln, also um eine AG, die den Betrieb von Versicherungsgeschäften zum Gegenstand hat. **Versicherungs-AG** i. S. des § 291 ist **nur die AG.**

6 Die **SE** ist – wenngleich vom Wortlaut erfasst (siehe § 109 Rz. 8 [*Mallmann*]) – keine AG i. S. des § 291. Der Formwechsel von einer VVaG in eine SE ist **unzulässig** nach der SE-VO.[2)] Art. 2 Abs. 4 SE-VO verbietet eine Umwandlung in eine SE von einem VVaG als Ausgangsrechtsform. Zudem ist der Formwechsel keine zulässige Gründungsform für eine SE gemäß Art. 2 Abs. 2 SE-VO.

7 Der **umgekehrte Fall** eines Formwechsels von Versicherungs-AG in VVaG ist **unzulässig.** VVaG können gemäß § 191 Abs. 2 kein Rechtsträger neuer Rechtsform sein.

III. Zusätzliche Anforderung an den Formwechsel (§ 291 Abs. 2)

8 § 291 Abs. 2 lässt den Formwechsel vom VVaG in eine Versicherungs-AG nur unter der Bedingung zu, dass auf **jedes Mitglied des VVaG**, welches an der Versicherungs-AG beteiligt wird, **mindestens eine volle Aktie** entfällt. Eine Kompensation durch Geldzahlung reicht in der Regel nicht.

9 Die **Ausnahme** zu Absatz 2 regelt § 294 Abs. 1 Satz 2. Mitglieder, die dem VVaG **weniger als drei Jahre** vor der Beschlussfassung **angehören**, müssen keine Aktie erhalten.

10 Die Mindestbeteiligung nach § 291 Abs. 2 verbietet es nicht, den Mitgliedern des formwechselnden Versicherungsvereins **mehrere Aktien** der formgewechselten Versicherungs-AG zuzuteilen. Auch die Zuteilung mehrerer Aktien muss jedoch den **Kapitalschutzvorschriften** der §§ 295, 264 Abs. 1 sowie dem **Gleichbehandlungsgrundsatz** des § 294 Abs. 3 i. V. m. § 177 Abs. 1 VAG genügen.[3)] Die Regelung stimmt mit der für formwechselnde Genossenschaften und rechtsfähige Vereine vorgesehenen Regelungen überein.[4)]

IV. Aufsichtsrechtliche Anforderungen

11 Wirksamkeitsvoraussetzung für den Formwechsel ist die **Genehmigung** der Aufsichtsbehörde gemäß § 14 Abs. 1 Satz 1 VAG.

1) *Broichhausen* in: KölnKomm-UmwG, § 291 Rz. 3.
2) Verordnung (EG) Nr. 2157/2001 des Rates v. 8.10.2001 über das Statut der Europäischen Gesellschaft (SE) (SE-VO), ABl. (EU) L 294/1 v. 10.11.2001.
3) *Scheel/Harzenetter* in: BeckOGK-UmwG § 291 Rz. 29.
4) Begr. Fraktionsentwurf UmwBerG, BT-Drucks. 12/6699, S. 167.

§ 292
Vorbereitung und Durchführung der Versammlung der obersten Vertretung[*)]

(1) Auf die Vorbereitung der Versammlung der obersten Vertretung, die den Formwechsel beschließen soll, sind die §§ 229 und 230 Abs. 2 Satz 1 und 2, § 231 Satz 1 und § 260 Abs. 1 entsprechend anzuwenden.

(2) Auf die Durchführung der Versammlung der obersten Vertretung, die den Formwechsel beschließen soll, ist § 239 Abs. 1 Satz 1 und Abs. 2 entsprechend anzuwenden.

*) § 292 i. d. F. des UmwBerG geändert durch Art. 4 des Gesetzes zur Umsetzung der Aktionärsrechterichtlinie (ARUG), v. 30.7.2009, BGBl. I 2009, 2479.

Übersicht

I. Normzweck

§ 292 soll die umfassende Information der Mitglieder vor und nach der Versammlung der obersten Vertretung, die über den Formwechsel beschließt, sicherstellen.[1] 1

II. Vorbereitung der Versammlung der obersten Vertretung (§ 292 Abs. 1)

§ 292 Abs. 1 verweist auf 2

- **§ 230 Abs. 2 Satz 1:** Der Vorstand des VVaG hat den Formwechselbericht im Geschäftsraum des VVaG vor der Einberufung der obersten Vertretung auszulegen. Der Formwechselbericht muss damit notwendigerweise vor der Einberufung der obersten Vertretung bereits erstellt sein, damit ist zugleich der späteste Zeitpunkt festgelegt, an dem der Formwechselbericht erstellt sein muss.[2] Der notwendige Inhalt des Formwechselberichts folgt aus § 192; der Formwechselbericht ist nur bei einem Verzicht aller VVaG-Mitglieder auf seine Erstellung entbehrlich gemäß § 192 Abs. 2 Satz 1 Var. 2.
- **§ 230 Abs. 2 Satz 2:** Recht des VVaG-Mitglieds auf Erteilung einer Abschrift des Formwechselberichts;
- **§ 231 Satz 1:** Der VVaG-Vorstand hat den VVaG-Mitgliedern das Abfindungsangebot nach § 207 rechtzeitig zu übersenden; die Übersendung kann nicht durch die Bekanntmachung im Bundesanzeiger oder in anderen Blättern ersetzt werden.[3] Praktische Probleme bei der Übersendung des Abfindungsangebots an die VVaG-Mitglieder lassen sich über eine analoge Anwendung von § 13 Abs. 1 VVG lösen.[4]
- **§ 260 Abs. 1:** Ankündigungs- und Hinweispflicht des VVaG-Vorstands im Hinblick auf den von der obersten Vertretung zu schließenden Formwechselbeschluss.

Die weitere Verweisung in § 292 Abs. 1 auf den enfallenen § 229 ist obsolet. 3

III. Durchführung der Versammlung der obersten Vertretung (§ 292 Abs. 2)

§ 292 Abs. 2 verweist auf 4

- **§ 239 Abs. 1 Satz 1:** Der VVaG-Vorstand ist zur Auslegung des Formwechselberichts in der obersten Vertretung, die über den Formwechsel beschließen soll, verpflichtet.
- **§ 239 Abs. 2:** Der VVaG-Vorstand hat den Entwurf des Formwechselbeschlusses zu Beginn der Verhandlung mündlich zu erläutern.

1) *Broichhausen* in: KölnKomm-UmwG, § 292 Rz. 1.
2) Vgl. *Broichhausen* in: KölnKomm-UmwG, § 292 Rz. 13.
3) Vgl. Begr. Fraktionsentwurf UmwBerG, BT-Drucks. 12/6699, S. 168.
4) Vgl. *Broichhausen* in: KölnKomm-UmwG, § 292 Rz. 19 m. w. N.

IV. Prüfung der Barabfindung (§§ 208, 30)

5 Die §§ 208, 30 gelten auch für den Formwechsel von VVaG, so dass die **Angemessenheit der Barabfindung** grundsätzlich durch den Vorstand des VVaG oder einen auf Antrag des Vorstandes vom Gericht bestellten Umwandlungsprüfer zu prüfen ist. Über das Ergebnis der Prüfung ist gemäß §§ 208, 30 Abs. 2 Satz 2, 12 Abs. 1 Satz 1 ein schriftlicher Bericht anzufertigen.[5)]

5) *Broichhausen* in: KölnKomm-UmwG, § 292 Rz. 28.

§ 293

Beschluß der obersten Vertretung[*)]

[1]Der Formwechselbeschluss der obersten Vertretung bedarf einer Mehrheit von mindestens drei Vierteln der abgegebenen Stimmen. [2]Er bedarf einer Mehrheit von neun Zehnteln der abgegebenen Stimmen, wenn spätestens bis zum Ablauf des dritten Tages vor der Versammlung der obersten Vertretung wenigstens hundert Mitglieder des Vereins durch eingeschriebenen Brief Widerspruch gegen den Formwechsel erhoben haben. [3]Die Satzung kann größere Mehrheiten und weitere Erfordernisse bestimmen.

*) § 293 i. d. F. des UmwBerG geändert durch Art. 1 des Gesetzes zur Umsetzung der Umwandlungsrichtlinie und zur Änderung weiterer Gesetze (UmRUG), v. 22.2.2023, BGBl. I 2023, Nr. 51.

Übersicht

I. Normzweck

1 § 293 dient dem **Minderheitenschutz**, dies insbesondere im Hinblick auf den nach § 294 Abs. 1 Satz 2 möglichen Auschluss von Mitgliedern. Zusätzlich bezweckt § 293 Satz 2 die **Kapitalerhaltung** des formwechselnden VVaG, da bei einer großen Anzahl widersprechender Mitglieder durch die Zahlung von Abfindungen gemäß § 300 ein erheblicher Kapitalabfluss droht.[1)]

II. Anwendungsbereich

2 Umstritten ist, ob § 293 Satz 2 wegen der vergleichbaren Interessenlage analog auf die **Mischverschmelzung** und auf die Auf- und Abspaltung von Versicherungs-AGs anzuwenden ist.[2)]

III. Drei-Viertel-Mehrheit (§ 293 Satz 1)

3 Der **Formwechselbeschluss** der obersten Vertretung bedarf einer Mehrheit von drei Vierteln der abgegeben Stimmen. Die oberste Vertretung kann aus den Mitgliedern des VVaG oder deren Vertretern bestehen.[3)] Von den Mitgliedern bzw. Vertretern muss eine Mehrheit von

1) *Broichhausen* in: KölnKomm-UmwG, § 293 Rz. 2; *Scheel/Harzenetter* in: BeckOGK-UmwG, § 293 Rz. 6.

2) Dafür: Semler/Stengel/Leonard-*Niemeyer*, UmwG, § 293 Rz. 4; *Broichhausen* in: KölnKomm-UmwG, § 293 Rz. 3; dagegen – mangels Vorliegen einer planwidrigen Regelungslücke – *Scheel/Harzenetter* in: BeckOGK-UmwG, § 112 Rz. 47.

3) Maßgeblich für die Frage, ob sich die oberste Vertretung aus den Mitgliedern oder aus Vertretern der Mitglieder bildet ist gemäß § 184 VAG die Satzungsbestimmung.

drei Vierteln dem Formwechselbeschluss zustimmen. Maßgeblich sind nach dem Wortlaut die **abgegebenen Stimmen.** Nicht als abgegebene Stimmen zählen Stimmenthaltungen und ungültige Stimmen.[4)]

IV. Größere Mehrheit (§ 293 Satz 2)

4 Der Formwechselbeschluss bedarf einer **Mehrheit von neun Zehnteln** der abgegebenen Stimmen, wenn spätestens bis zum Ablauf des dritten Tages vor der Versammlung der obersten Vertretung wenigstens 100 Mitglieder des Vereins durch eingeschriebenen Brief **Widerspruch** gegen den Formwechsel erhoben haben.

5 **Widerspruchsberechtigt** sind nach § 293 Satz 2 die „Mitglieder" des VVaG. Das gilt auch dann, wenn die oberste Vertretung aus Vertretern der Mitglieder besteht. Das Widerspruchsrecht ist nicht an die Stimmberechtigung in der Mitgliedervertreterversammlung gekoppelt.[5)]

6 Das Mitglied hat die **Widerspruchserklärung** durch eingeschrieben Brief an den VVaG zu übermitteln. Damit setzt der Widerspruch gemäß § 293 Satz 2 die Schriftform voraus. Das Mitglied muss den Widerspruch mindestens zum Ablauf des dritten Tages vor der Versammlung erheben. Streitig ist die Anwendbarkeit des § 193 BGB.[6)]

7 Für das einzelne VVaG-Mitglied ist der Widerspruch notwendig, um den **Anspruch auf die Barabfindung** nach § 300 geltend machen zu können. Für den VVaG erhöht sich bei einer entsprechenden Anzahl an Widersprüchen die Beschlussmehrheit auf 90 % der abgegebenen Stimmen.[7)]

V. Abweichende Satzungsbestimmung (§ 293 Satz 3)

8 Als weitere Erfordernisse kommen formelle Anforderungen und Zustimmung bestimmter Mitglieder in Betracht.[8)] § 293 Satz 3 öffnet nur den Weg für zusätzliche Erfordernisse **für den Beschluss** der obersten Vertretung. Hingegen kann die Satzung keine zusätzlichen Anforderungen an die Ausübung des **Widerspruchrechts** stellen oder die höhere Mehrheit von einer größeren Anzahl an Widersprüchen abhängig machen.[9)]

4) *Scheel/Harzenetter* in: BeckOGK-UmwG, § 293 Rz. 4.
5) *Scheel/Harzenetter* in: BeckOGK-UmwG, § 293 Rz. 9.
6) *Broichhausen* in: KölnKomm-UmwG, § 293 Rz. 7 m. w. N.
7) *Scheel/Harzenetter* in: BeckOGK-UmwG, § 293 Rz. 15, 16.
8) *Scheel/Harzenetter* in: BeckOGK-UmwG, § 293 Rz. 17.
9) Semler/Stengel/Leonard-*Niemeyer*, UmwG § 293 Rz. 14; *Scheel/Harzenetter* in: BeckOGK-UmwG, § 293 Rz. 19.

§ 294
Inhalt des Formwechselbeschlusses[*)]

(1) [1]Auf den Formwechselbeschluss sind auch § 218 Abs. 1 und § 263 Abs. 3 Satz 2 und 3 entsprechend anzuwenden. [2]In dem Formwechselbeschluss kann bestimmt werden, daß Mitglieder, die dem formwechselnden Verein weniger als drei Jahre vor der Beschlußfassung über den Formwechsel angehören, von der Beteiligung an der Aktiengesellschaft ausgeschlossen sind.

(2) [1]Das Grundkapital der Aktiengesellschaft ist in der Höhe des Grundkapitals vergleichbarer Versicherungsunternehmen in der Rechtsform der Aktiengesellschaft festzusetzen. [2]Würde die Aufsichtsbehörde einer neu zu gründenden Versicherungs-Ak-

tiengesellschaft die Erlaubnis zum Geschäftsbetrieb nur bei Festsetzung eines höheren Grundkapitals erteilen, so ist das Grundkapital auf diesen Betrag festzusetzen, soweit dies nach den Vermögensverhältnissen des formwechselnden Vereins möglich ist. [3]Ist eine solche Festsetzung nach den Vermögensverhältnissen des Vereins nicht möglich, so ist der Nennbetrag des Grundkapitals so zu bemessen, daß auf jedes Mitglied, das die Rechtsstellung eines Aktionärs erlangt, möglichst volle Aktien entfallen.

(3) Die Beteiligung der Mitglieder am Grundkapital der Aktiengesellschaft darf, wenn nicht alle Mitglieder einen gleich hohen Anteil erhalten sollen, nur nach einem oder mehreren der folgenden Maßstäbe festgesetzt werden:

1. **die Höhe der Versicherungssumme;**
2. **die Höhe der Beiträge;**
3. **die Höhe der Deckungsrückstellung in der Lebensversicherung;**
4. **der in der Satzung bestimmte Maßstab für die Verteilung des Überschusses;**
5. **ein in der Satzung bestimmter Maßstab für die Verteilung des Vermögens;**
6. **die Dauer der Mitgliedschaft.**

*) § 294 geändert durch Art. 1 des Gesetzes zur Umsetzung der Umwandlungsrichtlinie und zur Änderung weiterer Gesetze (UmRUG), v. 22.2.2023, BGBl. I 2023, Nr. 51; § 294 i. d. F. des UmwBerG geändert durch Art. 2 des Gesetzes über die Zulassung von Stückaktien (Stückaktiengesetz – StückAG), v. 25.3.1998, BGBl. I 1998, 590.

Übersicht

I. Satzung der Versicherungs-AG (§ 294 Abs. 1 Satz 1 i. V. m. § 218 Abs. 1 Satz 1)

1 Im Formwechselbeschluss der obersten Vertretung ist über die Satzung der Versicherungs-AG zu beschließen. Eine Unterzeichnung der Satzung durch alle Mitglieder des formwechselnden VVaG ist nicht erforderlich.

II. Nennbetrag der Aktien der Versicherungs-AG (§ 294 Abs. 1 Satz 1 i. V. m. § 263 Abs. 3 Satz 2)

2 § 263 Abs. 3 Satz 2 bestimmt, dass Aktien nur dann auf einen höheren Betrag als den Mindestbetrag nach § 8 Abs. 2, 3 AktG gestellt werden dürfen, soweit volle Aktien mit dem höheren Betrag auf die **Mitglieder** entfallen. Auf diese Weise verhindert die Vorschrift die Entstehung von Teilrechten, deren Ausübung gemäß § 213 Abs. 2 AktG erheblich erschwert ist.[1)]

III. Verwässerungsschutz (§ 294 Abs. 1 Satz 1 i. V. m. § 263 Abs. 3 Satz 3)

3 Nach § 263 Abs. 3 Satz 3 darf eine dem Vorstand erteilte **Ermächtigung zur Erhöhung** des genehmigten Kapitals entgegen § 203 Abs. 2 Satz 1 AktG nicht vorsehen, dass der Vorstand auch über den **Ausschluss des Bezugsrechts** entscheidet. Denn der Umwandlungs-

1) *Broichhausen* in: KölnKommentar-UmwG, § 294 Rz. 4.

beschluss bedarf – anders als die Gründungsvereinbarung bei der AG – nicht der Zustimmung aller Mitglieder.[2)]

IV. **Ausschluss von Mitgliedern (§ 294 Abs. 1 Satz 2)**

§ 294 Abs. 1 Satz 2 ermöglicht es dem formwechselnden VVaG Mitglieder, die dem VVaG **noch keine drei Jahre angehört haben**, auch gegen ihren Willen durch den Umwandlungsbeschluss von der Beteiligung an der Versicherungs-AG auszuschließen. Dahinter steht der Gedanke, dass Mitglieder, die dem formwechselnden VVaG erst kurze Zeit angehören, noch keinen besonderen Schutz verdienen.[3)] 4

Der formwechselnde VVaG ist bei seiner Entscheidung über den Ausschluss von Mitgliedern an den **Gleichbehandlungsgrundsatz** (§ 177 VAG) gebunden. Der Gleichbehandlungsgrundsatz verbietet es dem VVaG zwischen den einzelnen Mitgliedern oder Arten von Versicherungsverhältnissen ohne sachlichen Grund zu differenzieren.[4)] 5

V. **Festsetzung des Grundkapitals (§ 294 Abs. 2)**

Entgegen dem Wortlaut von § 294 Abs. 2 kommt es nicht auf die Höhe des Grundkapitals an, sondern auf die **Höhe der Eigenmittel**. § 294 Abs. 2 Satz 1 und Satz 2 sind deshalb dahingehend auszulegen, dass beim Formwechsel eines VVaG das Grundkapital der Versicherungs-AG unter **Auflösung der stillen Reserven** in einer Höhe festzusetzen ist, die zusammen mit den anderen Bestandteilen des Eigenkapitals und den in § 89 Abs. 3 Nr. 2 VAG aufgeführten nachrangigen Verbindlichkeiten den notwendigen **Mindestkapitalanforderungen** gemäß § 122 VAG i. V. m. Kapitalausstattungsverordnung entspricht, um auf diese Weise die Genehmigung durch die Aufsichtsbehörde nach § 14 VAG sicherzustellen. 6

---

2) Semler/Stengel/Leonard-Niemeyer, UmwG § 294 Rz. 3.

3) Semler/Stengel/Leonard-Niemeyer, UmwG § 294 Rz. 5.

4) *Broichhausen* in: KölnKomm-UmwG, § 294 Rz. 9.

§ 295
Kapitalschutz

Bei der Anwendung der Gründungsvorschriften des Aktiengesetzes ist auch § 264 Abs. 1 und 3 entsprechend anzuwenden.

Übersicht

I. **Normzweck**

§ 295 ordnet zum Schutz der Gläubiger der Versicherungs-AG an, dass das Grundkapital der Versicherungs-AG das **Reinvermögen** des formwechselnden VVaG nicht übersteigen darf (sog. Verbot der materiellen Unter-Pari-Emission). 1

Das Reinvermögen ist als Bezugsgröße notwendig, weil VVaG kein festes Nennkapital haben. 2

II. Kapitaldeckung (§ 295 i. V. m. § 264 Abs. 1)

3 Maßgeblicher Zeitpunkt für die Reinvermögensdeckung ist die Anmeldung der Umwandlung zum Handelsregister.[1] Bei der Ermittlung des Reinvermögens können Vermögensgegenstände mit **Buchwerten oder Verkehrswerten** angesetzt werden. Nachschuss- und Umlageforderungen gegen die Mitglieder sind, soweit sie im Zeitpunkt der Beschlussfassung über den Formwechsel bereits entstanden und werthaltig sind, bei der Ermittlung des Reinvermögens zu berücksichtigen.

III. Gründungsprüfung (§ 295 i. V. m. § 264 Abs. 3 Satz 1)

4 Die Vorschrift hat **klarstellenden Charakter**. Die Notwendigkeit der Gründungsprüfung folgt bereits aus §§ 197 Satz 1, 33 Abs. 2 Nr. 4. Der Hergang des Formwechsels ist durch die Mitglieder des Vorstands und des Aufsichtsrats sowie durch einen vom Gericht bestellten Gründungsprüfer zu prüfen.[2] Gegenstand der Gründungsprüfung ist die **Reinvermögensdeckung**. Dabei ist stets der in der Vermögensaufstellung ausgewiesene wirkliche Wert der Gegenstände und Verbindlichkeiten des formwechselnden VVaG zu prüfen.[3] Der **Prüfungsbericht** ist nach § 34 Abs. 3 AktG bei Gericht einzureichen und kann von jedermann eingesehen werden.

IV. Befreiung der Mitglieder von Gründungsvorschriften (§ 295 i. V. m. § 264 Abs. 3 Satz 2)

5 Aus Praktikabilitätsgründen[4] sind die Mitglieder des formwechselnden VVaG von der Verpflichtung zur Erstellung eines Gründungsberichts (§ 32 AktG), von den Auskunftspflichten gegenüber den Gründungsprüfern (§ 35 Abs. 1 AktG) und von der Gründungshaftung (§ 46 AktG) befreit.

V. Rechtsfolgen bei Verstoß

6 Wird das Grundkapital unter Verstoß gegen den Grundsatz der Reinvermögensdeckung festgesetzt oder eine Gründungsprüfung nicht ordnungsgemäß durchgeführt, besteht ein **Eintragungshindernis** gemäß § 197 UmwG i. V. m. § 38 AktG. Darüber hinaus **haften** die **Vorstands- und Aufsichtsratsmitglieder** der Versicherungs-AG sowie die Gründungsprüfer, sofern sie bei der Gründungsprüfung ihre Pflichten verletzen, der Versicherungs-AG als Gesamtschuldner auf Ersatz des entstandenen Schadens. Neben Ansprüchen von Gläubigern der Versicherungs-AG gemäß § 93 Abs. 5 AktG kommen strafrechtliche Sanktionen gemäß §§ 399 Abs. 1 Nr. 1, 403 AktG in Betracht.[5]

---

1) Semler/Stengel/Leonard-*Niemeyer*, UmwG, § 295 Rz. 8, 9.
2) Semler/Stengel/Leonard-*Niemeyer*, UmwG, § 295 Rz. 10.
3) *Broichhausen* in: KölnKomm-UmwG, § 295 Rz. 5.
4) Semler/Stengel/Leonard-*Niemeyer*, UmwG, § 295 Rz. 3,
5) Semler/Stengel/Leonard-*Niemeyer*, UmwG, § 295 Rz. 11.

§ 296
Anmeldung des Formwechsels

Auf die Anmeldung nach § 198 ist § 246 Abs. 1 und 2 entsprechend anzuwenden.

Übersicht

I. Regelungsgehalt

Die Anmeldepflicht folgt aus § 198 Abs. 1. § 296 erklärt § 246 Abs. 1, 2 auf die Anmeldung für entsprechend anwendbar. 1

II. Anmeldung durch VVaG-Vorstand (§§ 296, 246 Abs. 1, 2)

Zuständig für die Handelsregisteranmeldung ist der Vorstand des formwechselnden VVaG.[1] 2

Anzumelden sind die Rechtsform (§ 246 Abs. 1) und die Vorstandsmitglieder der Versicherungs-AG (§ 246 Abs. 2). 3

Die **Handelsregisteranmeldung** ist gemäß § 198 Abs. 1 bei dem Registergericht vorzunehmen, in dem der formwechselnde VVaG eingetragen ist. Ist mit dem Formwechsel eine **Sitzverlegung** verbunden, gilt § 198 Abs. 2 Satz 2. 4

1) Insofern sind die Anforderungen gegenüber der Gründungsvorschrift des § 36 Abs. 1 AktG herabgesetzt, der die Handelsregisteranmeldung durch alle Gründer und alle Mitglieder des Vorstands und Aufsichtsrats vorsieht.

§ 297
(aufgehoben)[1]

1) § 297 aufgehoben durch Art. 8 des Gesetzes über elektronische Handelsregister und Genossenschaftsregister sowie das Unternehmensregister (EHUG), v. 10.11.2006, BGBl. I 2006, 2553, m. W. v. 1.1.2007.

§ 298
Wirkungen des Formwechsels*)

[1]Durch den Formwechsel werden die bisherigen Mitgliedschaften zu Aktien und Teilrechten. [2]§ 266 Abs. 1 Satz 2, Abs. 2 und 3 ist entsprechend anzuwenden.

*) § 298 i. d. F. des UmwBerG geändert durch Art. 8 des Gesetzes über elektronische Handelsregister und Genossenschaftsregister sowie das Unternehmensregister (EHUG), v. 10.11.2006, BGBl. I 2006, 2553.

Übersicht

I. Normzweck

§ 298 dient der Vermeidung von Teilrechten. 1

II. Umwandlung der VVaG-Mitgliedschaften in Aktien und Teilrechte (§ 298 Satz 1)

2 § 298 Satz 1 stellt klar, dass durch den Formwechsel grundsätzlich die VVaG-Mitgliedschaften zu Aktien und Teilrechten der Versicherungs-AG werden.[1)] Zur vollen Aktie, die jedes VVaG-Mitglied mindestens erhält (§ 291 Abs. 2) können Teilrechte im Fall des § 294 Abs. 2 Satz 3 hinzukommen.

III. Schutz der Rechte Dritter (§§ 298 Satz 2, 266 Abs. 1 Satz 2)

3 Diese Regelung ist beim VVaG erforderlich, weil nicht über die Mitgliedschaft im VVaG als solche verfügt werden kann, sondern nur über die Ansprüche auf Überschuss (§ 194 Abs. 1 Satz 1 VAG) und den Liquidationserlös (§ 205 Abs. 2 Satz 1 VAG). An diesen Ansprüchen begründete Rechte bestehen gemäß §§ 298, 266 Abs. 1 Satz 2 nach dem Formwechsel an den Aktien oder Teilrechten an der Versicherungs-AG fort.[2)]

IV. Verwertbarkeit von Teilrechten (§ 298 Satz 2 i. V. m. § 266 Abs. 2)

4 Die Vorschrift stellt klar, was gemäß § 213 AktG gilt, dass Teilrechte selbständig veräußert und vererbt werden können. Die Regelung soll die wirtschaftliche Verwertbarkeit von Teilrechten gewährleisten.[3)] Die Übertragung von Teilrechten richtet sich nach §§ 398, 413 BGB.

V. Ausübung von Teilrechten (§ 298 Satz 3 i. V. m. § 266 Abs. 3 Satz 1)

5 Die Regelung entspricht § 213 Abs. 2 AktG.

VI. Zusammenführung von Teilrechten (§ 298 Satz 3 i. V. m. § 266 Abs. 3 Satz 2)

6 Der Rechtsträger soll die Zusammenführung von Teilrechten zu vollen Aktien vermitteln. Die Erfüllung dieser Pflicht kann sowohl durch die Vermittlung des Kaufs von Aktien als auch durch die Förderung des Zusammenschlusses von Teilrechtsinhabern erfolgen.[4)]

---

1) Das gilt nicht, wenn die Beteiligung an der Versicherungs-AG ausgeschlossen ist gemäß § 294 Abs. 1 Satz 2.
2) *Broichhausen* in: KölnKomm-UmwG, § 298 Rz. 8.
3) *Broichhausen* in: KölnKomm-UmwG, § 298 Rz. 3.
4) *Broichhausen* in: KölnKomm-UmwG, § 298 Rz. 7.

§ 299

Benachrichtigung der Aktionäre; Veräußerung von Aktien; Hauptversammlungsbeschlüsse

(1) Auf die Benachrichtigung der Aktionäre durch die Gesellschaft ist § 267, auf die Aufforderung zur Abholung der ihnen zustehenden Aktien und auf die Veräußerung nicht abgeholter Aktien ist § 268 entsprechend anzuwenden.

(2) [1]Auf Beschlüsse der Hauptversammlung der Aktiengesellschaft sowie auf eine Ermächtigung des Vorstandes zur Erhöhung des Grundkapitals ist § 269 entsprechend anzuwenden. [2]Die Aufsichtsbehörde kann Ausnahmen von der entsprechenden Anwendung des § 269 Satz 1 zulassen, wenn dies erforderlich ist, um zu verhindern, daß der Aktiengesellschaft erhebliche Nachteile entstehen.

1 § 299 stimmt mit einer Ausnahme mit den Parallelregelungen beim Formwechsel einer eingetragenen Genossenschaft und eines rechtsfähigen Vereins überein (§§ 267–269, 281). Die Abweichung besteht darin, dass die Aufsichtsbehörde nach § 299 Abs. 2 Satz 2 bei der entsprechenden Anwendung des § 269 Satz 1 Ausnahmen zulassen kann.

§ 300
Abfindungsangebot*)

Auf das Abfindungsangebot nach § 207 Abs. 1 Satz 1 ist § 270 Abs. 1 entsprechend anzuwenden.

*) § 300 i. d. F. des UmwBerG geändert durch Art. 1 des Gesetzes zur Änderung des Umwandlungsgesetzes, des Partnerschaftsgesellschaftsgesetzes und anderer Gesetze (UmwGÄndG), v. 22.7.1998, BGBl. I 1998, 1878.

Übersicht

I. Anspruch auf Barabfindung

Der Anspruch auf Barabfindung setzt ein **Barabfindungsangebot** (§ 207) und dessen **Annahme** (§ 209) voraus. 1

Der formwechselnde VVaG hat nur VVaG-Mitgliedern ein Barabfindungsangebot zu unterbreiten, die nicht gemäß § 294 Abs. 1 Satz 2 an der Beteiligung an der Versicherungs-AG ausgeschlossen sind.[1] 2

Zudem setzt das Barabfindungsangebot voraus 3

- einen **Widerspruch** des VVaG-Mitglieds (zum Widerspruch siehe oben § 293 Rz. 5 f. [*Mallmann*]). Der Verweis in § 300 auf § 270 Abs. 1 ermöglicht es jedem VVaG-Mitglied, den Widerspruch außerhalb der obersten Vertretung, die über den Formwechselbeschluss beschließt, schriftlich zu erklären. Dies ist vor allem für die VVaG-Mitglieder relevant, die nicht der obersten Vertretung angehören, weil diese als Vertreterversammlung gebildet ist.[2] Bei einer Vertreterversammlung ist der schriftliche Widerspruch die einzige Möglichkeit für die VVaG-Mitglieder zur Wahrung des Anspruchs auf Barabfindung. Die Frist für den schriftlichen Widerspruch ist nur dann gewahrt, wenn der eingeschriebene Brief mit dem Widerpruch beim formwechselnden VVaG drei Tage vor der Versammlung der obersten Vertretung eingeht.[3]
- Eine **Ablehnung** des VVaG-Mitglieds in der Abstimmung über den Formwechsel.[4]

Die Annahme des Barabfindungsangebots bedarf nach § 209 keiner Form und kann auch lediglich hinsichtlich eines Teils der gewährten Aktien und Teilrechte erklärt werden. Die Berechnung der Ausschlussfristen des § 209 erfolgt nach §§ 187 Abs. 2 Satz 1, § 188 Abs. 2 BGB.[5] 4

II. Klageausschluss/Spruchverfahren

Das VVaG-Mitglied kann die Unangemessenheit der Barabfindung nicht im Wege einer Anfechtung des Formwechselbeschlusses geltend machen (§ 210), sondern lediglich i. R. des Spruchverfahrens (§ 212). 5

1) Semler/Stengel/Leonard-*Niemeyer*, UmwG, § 300 Rz. 7.
2) *Broichhausen* in: KölnKomm-UmwG, § 300 Rz. 2.
3) *Broichhausen* in: KölnKomm-UmwG, § 300 Rz. 4.
4) Die Frage ist str., zum Streitstand s. *Broichhausen* in: KölnKomm-UmwG, § 300 Rz. 5.
5) Semler/Stengel/Leonard-*Niemeyer*, UmwG, § 300 Rz. 15.

Sechster Abschnitt
Formwechsel von Körperschaften und Anstalten des öffentlichen Rechts

§ 301
Möglichkeit des Formwechsels

(1) Soweit gesetzlich nichts anderes bestimmt ist, kann eine Körperschaft oder Anstalt des öffentlichen Rechts durch Formwechsel nur die Rechtsform einer Kapitalgesellschaft erlangen.

(2) Der Formwechsel ist nur möglich, wenn die Körperschaft oder Anstalt rechtsfähig ist und das für sie maßgebende Bundes- oder Landesrecht einen Formwechsel vorsieht oder zuläßt.

Literatur: *Baums/Teichmann*, Der European Model Company Act (EMCA) – Inspiration für Gesetzgeber und Wissenschaft im Kapitalgesellschaftsrecht, AG 2018, 562; *Bayer*, 1000 Tage neues Umwandlungsrecht – eine Zwischenbilanz, ZIP 1997, 1613; *Bayer/Wirth*, Eintragung der Spaltung und Eintragung der neuen Rechtsträger – oder: Pfadsuche im Verweisungsdschungel des neuen Umwandlungsrecht, ZIP 1996, 817; *Busch*, Die Nachhaftung des Anstalts- bzw. Gewährträgers bei Privatisierung der Rechtsform öffentlich-rechtlicher Kreditinstitute, AG 1997, 357; *Caspers*, Das Gesetz zur Ergänzung der handelsrechtlichen Vorschriften über die Änderung der Unternehmensform, WM 1969, Sonderbeilage Nr. 3 zu Teil IV Nr. 36, S. 3; *Ehlers*, Die Anstalt öffentlichen Rechts als neue Unternehmensform der kommunalen Wirtschaft, ZHR 167 (2003), 546; *Fleischer*, Legal Transplants im deutschen Aktienrecht, NZG 2004, 1129; *Fleischer*, Gesetz und Vertrag als alternative Problemlösungsmodelle im Gesellschaftsrecht, ZHR 168 (2004), 673; *Gaß*, Die Umwandlung gemeindlicher Unternehmen, Würzburg 2003 (Diss.); *Heckschen*, Umstrukturierungen unter Beteiligung der öffentlichen Hand in private Rechtsformen und umgekehrt, GmbHR 2018, 779; *Heckschen/Weitbrecht*, Formwechsel öffentlicher Rechtsträger in private Rechtsformen, NZG 2018, 761; *Hefekäuser*, Die Deutsche Telekom AG – Von der öffentlich-rechtlichen zur privatrechtlichen Zielsetzung in Unternehmen der öffentlichen Hand, ZGR 1996, 385; *Koch, P.*, Am Anfang stand die Städte-Feuersozietät, VW 2003, 384; *Koch, J./Holle*, Vom Staatsunternehmen zur börsennotierten Aktiengesellschaft – Die Satzung der Deutschen Telekom AG, in: Fleischer/Mock, Große Gesellschaftsverträge aus Geschichte und Gegenwart, 2021, S. 875; *Kollhosser*, Der Wandel der Westfälischen Landschaft (gem. § 385a AktG), AG 1988, 281; *Kost/Geerling*, Rechtliche Vorgaben für Restrukturierungen im Sparkassensektor, BKR 2003, 690; *Lange*, Privatisierung der Rechtsform, 1984; *Pauli*, Die Umwandlung von Kommunalunternehmen, BayVbl. 2008, 325; *Maultzsch*, Die Grenzen des Erfüllungsanspruchs aus dogmatischer und ökonomischer Sicht, AcP 207 (2007), 530; *Petersen*, Der Gläubigerschutz im Umwandlungsrecht, München 2001 (Habil.); *Reinhardt*, Die Deutsche Bahn AG – Von der öffentlich-rechtlichen zur privatrechtlichen Zielsetzung in Unternehmen der öffentlichen Hand, ZGR 1996, 374; *Schmidt, R.*, Der Übergang öffentlicher Aufgabenerfüllung in private Rechtsformen, ZGR 1996, 345; *Schön*, Der Einfluß öffentlich-rechtlicher Zielsetzungen auf das Statut privatrechtlicher Eigengesellschaften der öffentlichen Hand: Gesellschaftsrechtliche Analyse, ZGR 1996, 429; *Spannowsky*, Der Einfluß öffentlich-rechtlicher Zielsetzungen auf das Statut privatrechtlicher Eigengesellschaften in öffentlicher Hand: Öffentlich-rechtliche Vorgaben, insbesondere zur Ingerenzpflicht, ZGR 1996, 400; *Timm*, Die Sanierung der sog. Treuhandunternehmen zwischen Marktkonformität und Insolvenzrecht, ZIP 1991, 413; *Unberath/Cziupka*, Dispositives Recht welchen Inhalts? Antworten der ökonomischen Analyse des Rechts, AcP 209 (2009), 37; *Watson*, Legal Transplants, 1974; *Westermann, H.*, Überlegungen zur Umwandlung einer juristischen Person öffentlichen Rechts in eine AG, in: Festschrift für Martin

Luther, 1976, S. 191; *Wiedemann*, Identität beim Rechtsformwechsel, ZGR 1999, 568; *Witte/Rafiqpoor*, Privatisierung öffentlich-rechtlicher Kreditinstitute, WM 2003, 1885; *Zöllner*, Aktienrechtsreform in Permanenz – Was wird aus den Rechten des Aktionärs?, AG 1994, 336.

Übersicht

I. Allgemeines

1. Regelungsgehalt

1 Die Vorschrift ergänzt das Recht des Formwechsels (§§ 190 ff.) für den besonders gelagerten Fall des Formwechsels von Körperschaften und Anstalten des öffentlichen Rechts. § 301 **begrenzt die Möglichkeit** des Formwechsels in zweierlei Hinsicht:

- Zum einen reduziert die Norm die Auswahl der Zielrechtsform grundsätzlich auf die Kapitalgesellschaft (Abs. 1),
- zum anderen schränkt die Vorschrift den Formwechsel ein, indem sie Anforderungen an die Formwechselfähigkeit aufstellt (Abs. 2).

2. Vorgängerregelungen und Gesetzgebungshistorie

2 Der Formwechsel von Körperschaften und Anstalten des öffentlichen Rechts ist keine Erfindung des UmwG 1994. Vielmehr stehen die §§ 301 bis 304 ganz im Zeichen der **Kontinuität:** Schon zuvor bestand seit 1969 die Möglichkeit des Formwechsels für Körperschaften und Anstalten des öffentlichen Rechts in eine AG (§ 385a Abs. 1 und 2 AktG a. F.) oder eine GmbH (§ 59 Abs. 1 und 2 UmwG 1969).[1] Daher ist zu bezweifeln, dass die §§ 301 bis 304 tatsächlich – wie vereinzelt kritisch vertreten wird – ein „Tribut an die Hochblüte neoliberaler Deregulierungseuphorie der 1980er und 1990er Jahre"[2] darstellen. Die wesentliche Neuerung im Vergleich zu den Vorgängerreglungen ist, dass nunmehr auch der Formwechsel in die KGaA ermöglicht wird.[3] Insofern kann mit *Zöllner* zumindest für den Formwechsel von Körperschaften und Anstalten des öffentlichen Rechts durchaus davon die Rede sein, dass das UmwG 1994 vorrangig dem „systematisch-ästhetische[n]

1) Gesetz zur Neufassung des Umwandlungsgesetzes v. 6.11.1969, BGBl. I 1969, 2081.
2) So Mayer/Widmann-*Vossius*, UmwR, § 301 UmwG Rz. 1.
3) Begr. RegE UmwBerG, BR-Drucks. 75/94, bei *Ganske*, Umwandlungsrecht, S. 297.

Anliegen des Gesetzgebers" diente.[4] Da der Gesetzgeber betont, die Vorgängerregelungen „in modifizierter Form" zu übernehmen,[5] kann grundsätzlich das Schrifttum zur früheren Rechtslage ergänzend herangezogen werden. Dasselbe gilt für die Gesetzesmaterialien[6] zu den §§ 385a ff. AktG a. F., die deutlich umfangreicher ausfallen als die Begründung zu den Nachfolgevorschriften des UmwG 1994.

3 Dass im Jahr **1969** die Möglichkeit des Formwechsels **erstmals auch für Körperschaften und Anstalten des öffentlichen Rechts** eröffnet wurde, beruht in zweierlei Hinsicht auf Impulsen des damaligen Bundestagsabgeordneten *Arved Deringer*[7]: Als „Anstoß"[8] gilt die Kleine Anfrage des Abgeordneten *Deringer* und der CDU/CSU-Fraktion vom 26.6.1967, in der (auch) der „Übergang von der Rechtsform einer juristischen Person des öffentlichen Rechts [...] zur Kapitalgesellschaft" als wünschenswert bezeichnet wurde.[9] Zudem wurde im Bericht des Rechtsausschusses unter Federführung *Deringers* – in Übereinstimmung mit dem Wunsch des Bundesrats[10] – vorgeschlagen, den Formwechsel von Körperschaften und Anstalten des öffentlichen Rechts auch in eine GmbH zuzulassen.[11] Als Kandidaten für zukünftige Formwechsel hatte der Gesetzgeber **öffentlich-rechtliche Versicherungsunternehmen** vor Augen.[12] Davon zeugte § 385a Abs. 2 Satz 2 AktG a. F., der für den Formwechsel von Versicherungsunternehmen eine behördliche Genehmigung voraussetzte. Dass die Formwechselbestimmungen nicht in das Versicherungsaufsichtsrecht, sondern stattdessen in das damalige AktG und das UmwG 1969 eingefügt wurden, beruhte allein darauf, dass ein zukünftiges Bedürfnis für einen Formwechsel anderer Körperschaften und Anstalten des öffentlichen Rechts nicht auszuschließen war.[13]

3. Vergleichbare Regelungen in Nachbarländern

4 Ein vergleichbarer Formwechselvorgang ist in **Österreich** bekannt. Dort wurde der Formwechsel des deutschen Umwandlungsrechts (§§ 301 bis 304) als „legal transplant"[14] vom österreichischen Recht übernommen, um die **NÖ Umweltschutzanstalt**, eine Körperschaft des öffentlichen Rechts, in eine Kapitalgesellschaft umwandeln zu können, ohne eine Ver-

---

4) So allgemein zum UmwG 1994 *Zöllner*, AG 1994, 336, 340, der bloß in der Spaltung „das wirklich Neue" sieht.

5) Begr. RegE UmwBerG, BR-Drucks. 75/94, bei *Ganske*, Umwandlungsrecht, S. 296.

6) Begr. RegE UmwG 1969, BT-Drucks. V/3165, S. 19 ff.

7) Vgl. das Porträt zu *Deringer* in: Pöllath/Saenger, 200 Jahre Wirtschaftsanwälte in Deutschland, S. 71, 91 f.

8) So der Einblick eines damaligen Ministerialrats in den Gesetzgebungsprozess *Caspers*, WM 1969, Sonderbeilage Nr. 3 zu Teil IV Nr. 36, S. 3, 15; auf die Kleine Anfrage ausdrücklich Bezug nehmend Begr. RegE UmwG 1969, BT-Drucks. V/3165, S. 19 f.; dazu und zur weiteren Entstehungsgeschichte *Lange*, Privatisierung der Rechtsform, S. 8 ff.

9) Kleine Anfrage des Abgeordneten *Deringer* und der Fraktion der CDU/CSU v. 26.6.1967, BT-Drucks. V/1945.

10) Stellungnahme BRat z. UmwG 1969, BT-Drucks. V/3165, S. 23, die „[k]ommunalpolitische Gründe" anführt.

11) Bericht d. RA über den von der BReg eingebrachten Entwurf eines Gesetzes über die Umwandlung von Personenhandelsgesellschaften und von Unternehmen eines Einzelkaufmanns sowie von Körperschaften und Anstalten des öffentlichen Rechts, BT-Drucks. V/4253, S. 1.

12) Begr. RegE UmwG 1969, BT-Drucks. V/3165, S. 20; *Caspers*, WM 1969, Sonderbeilage Nr. 3 zu Teil IV Nr. 36, S. 3, 15; vgl. auch den Redebeitrag *Deringers* in: BT-Verhandlungen, 5. Wahlperiode, 191. Sitzung v. 23.10.1968, S. 10359.

13) Begr. RegE UmwG 1969, BT-Drucks. V/3165, S. 20; *Caspers*, WM 1969, Sonderbeilage Nr. 3 zu Teil IV Nr. 36, S. 3, 16.

14) Dazu im gesellschaftsrechtlichen Kontext instruktiv *Fleischer*, NZG 2004, 1129 ff.; grundlegend *Watson*, Legal Transplants, 1974.

mögensübertragung zu benötigen.[15] Bemerkenswerterweise bezog sich der Initiativantrag zum entsprechenden Bundesgesetz[16] ausdrücklich auf die deutschen Regelungen der §§ 301 bis 304.[17]

5 Das **Fusionsgesetz**[18] der **Schweiz** beinhaltet in den Art. 99 bis 101 Vorschriften zur Fusion, Umwandlung und Vermögensübertragung unter Beteiligung von Instituten des öffentlichen Rechts. Diese wecken verschiedentlich Erinnerungen an die §§ 301 bis 304 des deutschen Umwandlungsrechts, weisen aber auch Unterschiede auf: Art. 100 Abs. 1 Satz 1 FusG verweist zunächst auf die übrigen Vorschriften des FusG. Ähnlich wie § 302 Satz 1 lässt Art. 100 Abs. 1 Satz 2 FusG zu, dass das öffentliche Recht abweichende Regelungen trifft. In jedem Fall müssen aber – zum Teil vergleichbar mit § 303 Abs. 1 – die Art. 99 bis 101 FusG beachtet werden (Art. 100 Abs. 1 Satz 3 FusG), wozu insbesondere der Gläubigerschutz in Gestalt der Inventarbewertung[19] (Art. 100 Abs. 2 FusG) und die Verantwortlichkeit von Bund, Kantonen und Gemeinden (Art. 101 FusG) zählen. Auffällig ist, dass der Kreis der möglichen Zielrechtsformen deutlich größer ist als im deutschen Umwandlungsrecht (siehe dazu Rz. 20 ff.) und neben Kapitalgesellschaften auch Genossenschaften, Vereine und Stiftungen umfasst, Art. 99 Abs. 1 lit. b FusG. Ferner ist bemerkenswert, dass die Umwandlung eines Instituts des öffentlichen Rechts nach der Gesetzesbegründung mit einer Vermögensübertragung einhergehe, was eine Besonderheit der Umwandlung nach Art. 99 ff. FusG sei.[20] Das ist ein markanter Unterschied zum deutschen Recht, das auch für den Formwechsel von Körperschaften und Anstalten des öffentlichen Rechts von der Identitätswahrung ausgeht (siehe dazu § 304 Rz. 7 [*Döding*]).

4. Formwechsel als Privatisierungsinstrument

6 Der Formwechsel einer Körperschaft oder Anstalt des öffentlichen Rechts in eine privatrechtlich organisierte Kapitalgesellschaft bewirkt eine sog. **formelle Privatisierung.**[21]

15) Dazu im Kontext der Grunderwerbsteuer UFS Wien, Berufungsentscheidung, v. 10.9.2009, RV/1808-W/05.

16) Bundesgesetz über Maßnahmen anlässlich der Umwandlung der NÖ Umweltschutzanstalt in eine Kapitalgesellschaft (NR: GP XXI IA 421/A AB 685 S. 74. BR: AB 6418 S. 679.), v. 3.8.2001, BGBl. I Nr. 90/2001.

17) Antrag der Abgeordneten Mag. *Johanna Mikl-Leitner*, Mag. *Reinhard Firlinger* und Kollegen betreffend ein Bundesgesetz über Maßnahmen anlässlich der Umwandlung der NÖ Umweltschutzanstalt in eine Kapitalgesellschaft, 421/A XXI.GP, 3.4.2001 („Als ausländische Vorbilder kann auf die §§ 301 ff des deutschen Umwandlungsgesetzes hingewiesen werden, in dem ebenfalls der Formwechsel von Körperschaften und Anstalten des öffentlichen Rechtes, und zwar auch von solchen, die dem Landesrecht unterliegen, ermöglicht wird. Die in diesem Entwurf für die NÖ Umweltschutzanstalt vorgesehenen Maßnahmen sind den Bestimmungen des deutschen Umwandlungsrechtes gleichwertig.“).

18) Bundesgesetz v. 3.10.2003 über Fusion, Spaltung, Umwandlung und Vermögensübertragung (Fusionsgesetz – FusG), SR 221.301.

19) Zum Gläubigerschutz als Normzweck: Botschaft v. 13.6.2000 zum Bundesgesetz über Fusion, Spaltung, Umwandlung und Vermögensübertragung (Fusionsgesetz – FusG), BBl 2000 4337, 4482.

20) Botschaft zum Bundesgesetz über Fusion, Spaltung, Umwandlung und Vermögensübertragung (Fusionsgesetz; FusG) v. 13.6.2000, BBl 2000 4337, 4482 Fn. 186 („In dieser Hinsicht weist die Umwandlung eines Instituts des öffentlichen Rechts in einen privatrechtlichen Rechtsträger einen dogmatischen Unterschied auf zur Umwandlung im Sinne der Art. 53 ff. Im Gegensatz zu diesen Vorschriften handelt es sich um eine Umwandlung, die mit einer Vermögensübertragung verbunden ist.“).

21) *Wolfers/Voland* in: MünchHdb. GesR, Bd. 8, § 38 Rz. 470; *Otting* in: BeckOGK-UmwG, § 301 Rz. 6; vgl. auch Widmann/Mayer-*Heckschen*, UmwR, § 168 UmwG Rz. 53 ff.; *Foerster* in: BeckOGK-UmwG, § 168 Rz. 7; *H. Westermann* in: FS Luther, S. 191, 193 – „Privatisierung der Rechtsform nach“; zum Begriff auch *R. Schmidt*, ZGR 1996, 345, 347 ff.

a) Motive für Privatisierungen durch Formwechsel

7 Die Motive für Privatisierungsvorhaben sind so vielfältig wie die Landschaft der Körperschaften und Anstalten des öffentlichen Rechts selbst. Sie können an dieser Stelle nicht erschöpfend, sondern nur kursorisch dargestellt werden.[22)]

8 Beispiele für Formwechsel von Körperschaften und Anstalten des öffentlichen Rechts finden sich allen voran im **Bank- und Versicherungswesen;**[23)] man denke exemplarisch an die Deutsche Genossenschaftsbank (DG Bank)[24)] (heutige DZ Bank AG), Postbank[25)], Provinzial Rheinland Leben[26)] und WestLB[27)]. Das ist nicht überraschend, hatte der Gesetzgeber das Bank- und Versicherungswesen doch schon bei der erstmaligen Einführung der Formwechselmöglichkeit im Jahr 1969 vor Augen (siehe dazu Rz. 3).[28)] Der soweit ersichtlich erste Formwechsel einer Körperschaft oder Anstalt des öffentlichen Rechts wurde von der damaligen Bayrischen Staatsbank am 16.11.1970 vollzogen.[29)] Bei Formwechseln der öffentlich-rechtlich organisierten Finanzbranche wird als Vorteil der privaten Rechtsform typischerweise angeführt, dass die **Eigenkapitalaufnahme** ermöglicht bzw. verbessert wird.[30)] Dasselbe gilt für Organisationen mit hohem Investitionsbedarf. So war eines der Motive für die **Telekom-Privatisierung**, den branchenbedingten Finanzierungsbedarf durch den Formwechsel in eine AG und einen darauf folgenden Börsengang zu bewältigen.[31)] Immer wieder wird auch der **steigende Wettbewerb mit privatrechtlich organisierten Akteuren** als Beweggrund für den Formwechsel angegeben.[32)] Insbesondere soll die Privatisierung eine **internationale Betätigung** ermöglichen.[33)] Der Formwechsel kann zudem der erste Schritt sein, um sodann eine **Verschmelzung** mit einem anderen Rechtsträger durchzuführen[34)] oder im Nachgang **mit privaten Akteuren zu kooperieren.**[35)]

9 Nicht nur die Vorteile der privatrechtlichen Rechtsform können als Motiv für einen Formwechsel dienen. Es ist daneben denkbar, dass der Formwechsel durchgeführt wird, um mit der öffentlich-rechtlichen Organisationsform zugleich die **damit einhergehenden Nachteile**

---

22) Mit ausf. Darstellung *Gaß*, Die Umwandlung gemeindlicher Unternehmen, S. 58 ff.; vgl. allgemein zu „Entscheidungskriterien für die Wahl der Rechtsform" *Gaß/Wurzel* in: Wurzel/Schraml/Gaß, Rechtspraxis der kommunalen Unternehmen, K. Rz. 1 ff.

23) Vgl. *Busch*, AG 1997, 357, wonach die Kreditbranche „in hohem Maße ‚privatisierungsträchtig'" sei.

24) Gesetz zur Umwandlung der Deutschen Genossenschaftsbank, Körperschaft des öffentlichen Rechts (DG Bank-Umwandlungsgesetz), v. 13.8.1998, BGBl. I 1998, 2102.

25) Art. 3 des Gesetzes zur Neuordnung des Postwesens und der Telekommunikation (Postneuordnungsgesetz – PTNeu OG), v. 14.9.1994, BGBl. I 1994, 2325, 2339 ff.

26) Dazu ausf. *P. Koch*, VW 2003, 384 ff.

27) Art. 1 § 8 ff. des Gesetzes zur Neuregelung der Rechtsverhältnisse der öffentlich-rechtlichen Kreditinstitute in Nordrhein-Westfalen, v. 2.7.2002, GV. NRW 2002, 283, 284 f.

28) Begr. RegE UmwG 1969, BT-Drucks. V/3165, S. 20.

29) Bekanntmachung v. 18.12.1970, BayGVbl. 1970, 682; Gesetz zur Umwandlung der Bayerischen Staatsbank in eine Aktiengesellschaft, v. 23.7.1970, BayGVbl. 1970, 302.

30) Zu dieser Erwägung am Bsp. der Westfälischen Landschaft *Kollhosser*, AG 1988, 281; ähnl. zum Formwechsel der DG Bank Begr. RegE DG Bank-Umwandlungsgesetz, BT-Drucks. 13/10366, S. 8.

31) Begr. RegE PTNeuOG, BT-Drucks. 12/7270, S. 6 i. V. m. BT-Drucks. 12/6718, S. 75; *Hefekäuser*, ZGR 1996, 385, 390; *J. Koch/Holle* in: Fleischer/Mock, Große Gesellschaftsverträge aus Geschichte und Gegenwart, S. 875, 889, die die damalige Investitionsfinanzierung als „entscheidende Schwachstelle" bezeichnen.

32) So im Zuge der Einführung der §§ 385a ff. AktG a. F. Begr. RegE UmwG 1969, BT-Drucks. V/3165, S. 20; *Otting* in: BeckOGK-UmwG, § 301 Rz. 9.

33) Zur Telekom-Privatisierung Begr. RegE PTNeuOG, BT-Drucks. 12/7270, S. 6 i. V. m. BT-Drucks. 12/6718, S. 75; *Hefekäuser*, ZGR 1996, 385, 391.

34) *H. Westermann* in: FS Luther, S. 191, 192, m. Hinweis auf den Formwechsel der Bayrischen Staatsbank.

35) *Gaß/Wurzel* in: Wurzel/Schraml/Gaß, Rechtspraxis der kommunalen Unternehmen, K. Rz. 28 f.; *Gaß*, Die Umwandlung gemeindlicher Unternehmen, S. 126 f.

abzustreifen.[36] Das gilt insbesondere für das **Personalwesen,**[37] wenngleich kurzfristige Effekte die Ausnahme bleiben dürften.[38] Dass mit der Organisationsform einer Körperschaft oder Anstalt des öffentlichen Rechts auch Vorteile gegenüber den privatrechtlichen Gesellschaftsformen einhergehen können, soll freilich nicht in Abrede gestellt werden.[39]

b) Praxisrelevanz der §§ 301 ff.

Lässt sich die Bedeutung von Privatisierungen per Formwechsel nicht leugnen, wird die Praxisrelevanz der §§ 301 ff. **mitsamt des allgemeinen Formwechselrechts der §§ 190 ff. i. V. m. § 302 Satz 1 häufig angezweifelt.**[40] Als Ursache wird das Erfordernis der **Formwechselermächtigung** aus § 301 Abs. 2 angeführt, wonach das maßgebende Bundes- oder Landesrecht einen Formwechsel ausdrücklich vorsehen oder zulassen müsse (siehe dazu Rz. 29).[41] Wenn es ohnehin einer öffentlich-rechtlichen Regelung bedürfe, liege es nahe, gleich den gesamten Formwechselvorgang soweit zulässig (§ 1 Abs. 2) spezialgesetzlich zu regeln.[42] Dieser Weg stehe im Anwendungsbereich des UmwG indes nur dem Bundesgesetzgeber offen. Der Landesgesetzgeber könne aber gemäß § 302 Satz 1 zumindest die allgemeinen Bestimmungen des Formwechselrechts (§§ 190 bis 213) ausschließen (siehe dazu § 302 Rz. 3 [*Döding*]).[43] 10

In der Tat wird die Geltung der umwandlungsrechtlichen Bestimmungen häufig auf das zulässige Minimum reduziert. So wurde bspw. der Formwechsel der DG Bank (heutige DZ Bank AG) durchgeführt, ohne auf die Vorschriften des UmwG zurückzugreifen, § 1 Abs. 1 Satz 2 DG Bank-UmwG. Dem Schrifttum ist ferner zuzugestehen, dass Formwechsel von Körperschaften und Anstalten des öffentlichen Rechts genauso wie sonstige Privatisierungsvorhaben häufig **erst durch begleitende Gesetze durchgeführt** werden können. Das belegt eindrucksvoll die **Telekom-Privatisierung:** Dort waren sieben neue Gesetze und mehr als 100 Gesetzes- und Verordnungsänderungen erforderlich, damit die Telekom und die übrigen Geschäftsbereiche der Deutschen Bundespost schließlich zu AGs werden konnten.[44] Gleichwohl verlieren die umwandlungsrechtlichen Bestimmungen nicht jegliche Relevanz, nur weil ihre Anwendung durch spezielles Bundesgesetz ausgeschlossen oder durch spezielles Landesgesetz eingeschränkt werden kann. 11

Auf **Ebene der Rechtssetzung** ist die Signifikanz der Vorschriften des UmwG nicht geringer als die Bedeutung dispositiven Rechts im Allgemeinen. Letztere besteht u. a. darin, 12

---

36) *Otting* in: BeckOGK-UmwG, § 301 Rz. 8 – „Flucht aus den Bindungen des öffentlich-rechtlichen Organisationsrechts".

37) *Otting* in: BeckOGK-UmwG, § 301 Rz. 8; *Gaß*, Die Umwandlung gemeindlicher Unternehmen, S. 128 ff.; dazu im Kontext der Privatisierung der Deutschen Bahn aus Sicht eines damaligen Vorstandsmitglieds *Reinhardt*, ZGR 1996, 374, 377; zu den Privatisierungsfolgen auf Arbeits- und Dienstverhältnisse *Steffek/Pfeiffer* in: Groeger, Arbeitsrecht im Öffentlichen Dienst, § 29 Rz. 154 ff.

38) Vgl. zur Telekom-Privatisierung *Hefekäuser*, ZGR 1996, 385, 392, wonach die „Beschäftigungsverhältnisse der Beamten im wesentlichen unverändert" fortbestanden.

39) Vgl. dazu *Ehlers*, ZHR 167 (2003), 546, 550 ff.

40) So – wenngleich mit unterschiedlicher Intensität – Lutter-*H. Schmidt*, UmwG, Vor § 301 Rz. 3 – „eher nur geringe Bedeutung"; Semler/Stengel/Leonard-*Krebs*, UmwG, § 301 Rz. 11 – „gering"; Widmann/Mayer-*Vossius*, UmwR, § 301 UmwG Rz. 4 – „im derzeitigen Zeitpunkt gering"; *Otting* in: BeckOGK-UmwG, § 301 Rz. 2 – „begrenzte Bedeutung"; *Narr* in: NK-UmwG, § 301 Rz. 7 – „verschwindend gering"; dagegen von einem „Wandel" berichtend *Leuering* in: KölnKomm-UmwG, § 301 Rz. 2.

41) Semler/Stengel/Leonard-*Krebs*, UmwG, § 301 Rz. 11; *Narr* in: in: NK-UmwG, § 301 Rz. 7; *Otting* in: BeckOGK-UmwG, § 301 Rz. 2.

42) Semler/Stengel/Leonard-*Krebs*, UmwG, § 301 Rz. 11; Lutter-*H. Schmidt*, UmwG, Vor § 301 Rz. 3; *Narr* in: NK-UmwG, § 301 Rz. 7.

43) Lutter-*H. Schmidt*, UmwG, Vor § 301 Rz. 3; *Narr* in: NK-UmwG, § 301 Rz. 8.

44) Dazu und zur „spezialgesetzlichen Verschmelzung zur Neugründung" *J. Koch/Holle* in: Fleischer/Mock, Große Gesellschaftsverträge aus Geschichte und Gegenwart, 2021, S. 875, 891 ff.

über bewährte Regelungen zu informieren.[45] Die Normen des UmwG stellen also wegen § 302 Satz 1 ein Angebot des Bundesgesetzgebers an den Landesgesetzgeber dar, auf die allgemeinen Formwechselbestimmungen der §§ 190 ff. zurückzugreifen.[46] Hinsichtlich des Formwechsels „seiner" Körperschaften oder Anstalten des öffentlichen Rechts hat das UmwG für den Bundesgesetzgeber nur den Charakter eines Rohentwurfs, den er nach Belieben verändern kann. Die §§ 301 ff., 190 ff. sind für ihn also nicht mehr – aber auch nicht weniger! – als eine **Mustervorlage**. Diese muss freilich noch durch weitere Bestimmungen ergänzt werden, um den Besonderheiten der jeweiligen Körperschaft oder Anstalt des öffentlichen Rechts gerecht zu werden (siehe dazu § 302 Rz. 5 ff. [*Döding*]).

13 Auf **Ebene der Rechtsanwendung** kommt den Bestimmungen des UmwG eine nicht zu unterschätzende **Bedeutung bei der Auslegung** etwaiger bundes- bzw. landesrechtlicher Spezialgesetze zu. Das verdeutlicht exemplarisch der Formwechsel der DG Bank: Wie soeben geschildert fand dieser außerhalb des UmwG statt. Dennoch gelangte der BGH zu der Auffassung, dass es sich um eine „identitätswahrende Umwandlung" handle.[47] Die Bedeutung des Ausschlusses der UmwG-Bestimmungen liege vor allem darin, dass es – anders als in §§ 192, 193 vorgesehen – keines Umwandlungsbeschlusses sowie -berichts bedürfe und der Umwandlung eine Rückwirkung zukomme.[48] Der BGH legt der Auslegung etwaiger bundes- bzw. landesrechtlicher Spezialgesetze also offenbar sein Vorverständnis des Formwechsels, wie er im UmwG normiert ist, zugrunde. Nach alldem mag die unmittelbare Bedeutung der §§ 301 ff., 190 ff. eingeschränkt sein; die **mittelbare Relevanz** für Formwechsel von Körperschaften oder Anstalten des öffentlichen Rechts ist dennoch nicht zu unterschätzen.

5. Schnittstelle zwischen öffentlichem Recht und Gesellschaftsrecht

14 Tauscht ein Rechtsträger sein öffentlich-rechtliches „Rechtskleid"[49] gegen ein privatrechtliches Gewand, liegt dieser Formwechsel auf der Schnittstelle zwischen öffentlichem Recht und Gesellschaftsrecht. Das wirft sowohl auf Rechtssetzungs-[50] als auch Rechtsanwendungsebene[51] komplexe Fragen nach dem Verhältnis und den Aufgaben dieser beiden Regelungsmaterien auf.

a) Verhältnis zwischen öffentlichem Recht und Gesellschaftsrecht

15 Treffen zwei konkurrierende Regelungen aufeinander, stellt sich die Frage, welche der beiden Anwendungsvorrang genießt. Das ist beim Formwechsel von Körperschaften und Anstalten des öffentlichen Rechts, die dem **Bundesrecht** unterliegen, leicht zu beantwor-

45) *Fleischer*, ZHR 168 (2004), 673, 693; dazu auch *Armour/Hansmann/Kraakman/Pargendler* in: Kraakman/Armour/Davies et al., The Anatomy of Corporate Law, S. 18.

46) Vgl. zum dispositiven Recht im Allgemeinen *Unberath/Cziupka*, AcP 209 (2009), 37, 43 – „Dienstleistung des Staates"; *Maultzsch*, AcP 207 (2007), 530, 547 – „eine Art ‚Service' für die Vertragsparteien".

47) BGH, Beschl. v. 27.2.2004 – IXa ZB 162/03, NZG 2004, 728, 729 = ZIP 2004, 666.

48) BGH, Beschl. v. 27.2.2004 – IXa ZB 162/03, NZG 2004, 728, 729 = ZIP 2004, 666.

49) Mit diesem gängigen Bild zum Formwechsel schon *Wiedemann*, ZGR 1999, 568, 570; Lutter-*Hoger*, UmwG, Vor § 190 Rz. 2.

50) Vgl. *Caspers*, WM 1969, Sonderbeilage Nr. 3 zu Teil IV Nr. 36, S. 3, 15, wonach der Formwechsel von Körperschaften und Anstalten des öffentlichen Rechts nicht schon i. R. der Aktienrechtsreform 1965, sondern erst 1969 in das Aktienrecht eingefügt wurde, „offenbar weil es zu schwierig war, eine befriedigende Formulierung für die Abgrenzung des öffentlichen und privat-rechtlichen Bereichs bei einer derartigen Umwandlung zu finden".

51) Auf „Schwierigkeiten für den Rechtsanwender" hinweisend *Heckschen/Weitbrecht*, NZG 2018, 761, 764; *Heckschen*, GmbHR 2018, 779, 780 – „komplexe Transaktionsstruktur".

ten: **Das jüngere Gesetz ist vorrangig** (lex posterior derogat legi priori).[52] In diesem Fall stellt sich nicht die Frage, ob und wie weit der Gestaltungsspielraum öffentlich-rechtlicher Bestimmungen durch die §§ 301 ff. eingeschränkt wird.

Anders sieht es aus, wenn Körperschaften und Anstalten des öffentlichen Rechts, die dem **Landesrecht** unterliegen, einen Formwechsel anstreben. Im Ausgangspunkt ist das (bundesrechtliche) Gesellschaftsrecht gegenüber dem Landesrecht vorrangig (Art. 31 GG).[53] Allerdings kehrt § 302 Satz 1 insbesondere aus kompetenzrechtlichen Erwägungen diese wohlbekannte Ordnung um: Demnach besteht hinsichtlich weiter Teile der Formwechselbestimmungen das sog. **Primat des öffentlichen Rechts** (siehe dazu näher § 302 Rz. 3 [*Döding*]). Das gilt jedoch nicht ausnahmslos. So stellt vor allem § 303 Abs. 1 die alte Ordnung wieder her und ordnet die Geltung des sog. **Außengründungsrechts und des § 220** an. Davon kann das Landesrecht nicht abweichen (siehe dazu § 303 Rz. 3 [*Döding*]). Der Formwechsel von Körperschaften und Anstalten des öffentlichen Rechts, die dem Landesrecht unterliegen, erhält durch all dies eine **Komplexität**, die zumindest in dieser Gestalt im übrigen Umwandlungsrecht weniger verbreitet ist. Zwar wird das Dickicht des umwandlungsrechtlichen „Verweisungsdschungel[s]“[54] deutlich gelichtet, wenn das eigens für den Formwechselvorgang geschaffene landesrechtliche Spezialgesetz die Anwendung der §§ 190 bis 213 ausschließt. Stattdessen stellt sich aber die Frage, an welche weitere bundesrechtliche Regelung das Landesrecht – um in der Metapher zu bleiben – die Axt legen darf. Das ist das **Urproblem** der §§ 301 bis 304, auf dem fast jeder rechtsdogmatische Streitpunkt fußt. 16

b) Regelungsdualismus

Der Formwechsel von Körperschaften und Anstalten öffentlichen Rechts unterliegt einem **Regelungsdualismus.**[55] Einerseits ist das öffentliche Recht zu beachten, weil die Ausgangsrechtsform öffentlich-rechtlich ist. Andererseits ist das Umwandlungsrecht einschlägig, weil die Zielrechtsform im privatrechtlichen Gesellschaftsrecht angesiedelt ist. Beide Regelungsmaterien haben ihre jeweils eigenen Fragestellungen im Wesentlichen unabhängig voneinander zu lösen. Nicht jeder Formwechsel, der gesellschaftsrechtlich möglich wäre, ist aus öffentlich-rechtlicher Perspektive zulässig. Nicht jede Formwechselvoraussetzung, die das öffentliche Recht aufstellt, kann umwandlungsrechtlich nachgebildet werden.[56] 17

Das **öffentliche Recht** hat sich mit der Frage zu befassen, ob der Zustand, der nach Vollzug des Formwechsels erreicht wird, mit den öffentlich-rechtlichen Vorgaben vereinbar ist. So ist zu fragen, ob die **konkrete Tätigkeit in der Organisationsform einer Kapitalgesellschaft durchgeführt** werden darf.[57] Aus haushalts- und kommunalrechtlicher Perspektive 18

52) *Narr* in: NK-UmwG, § 301 Rz. 8; *Heckschen/Weitbrecht*, NZG 2018, 761, 763; vgl. auch Lutter-*H. Schmidt*, UmwG, Vor § 301 Rz. 4.

53) Zum „Vorrang des Gesellschaftsrechts“ schon *R. Schmidt*, ZGR 1996, 345, 350, der indes darauf hinweist, dass die kompetenzielle Grenze zwischen Gesellschaftsrecht und Kommunalrecht i. E. zu klären sei.

54) *Bayer/Wirth*, ZIP 1996, 817; aufgegriffen und fortgeführt in *Bayer*, ZIP 1997, 1613, 1626.

55) Ähnl. *H. Westermann* in: FS Luther, S. 191, 195 – „zwei Schichten hoheitlicher Mitwirkung“; so auch im Kontext der Rechtsformwahl öffentlicher Unternehmen *Teichmann* in: Hommelhoff/Hopt/Leyens, Unternehmensführung durch Vorstand und Aufsichtsrat, § 50 Rz. 2 – „im Sinne eines hin- und herwandernden Blicks“; vgl. auch *Timm*, ZIP 1991, 413, 417, wonach sich „im Vorstadium die beiden Rechtsordnungen von Ausgangs- und Zielrechtsform [überlappen]“.

56) Vgl. *Teichmann* in: Hommelhoff/Hopt/Leyens, Unternehmensführung durch Vorstand und Aufsichtsrat, § 50 Rz. 5 f., wonach sich das Gesellschaftsrecht nicht zur Erfüllung öffentlich-rechtlicher Bedürfnisse anpassen müsse.

57) *Otting* in: BeckOGK-UmwG, § 301 Rz. 38; Semler/Stengel/Leonard-*Krebs*, UmwG, § 301 Rz. 34 f.; Widmann/Mayer-*Vossius*, UmwR, § 301 UmwG Rz. 12 ff.; vgl. am Bsp. des Maßregelvollzugs OLG Schleswig, Beschl. v. 19.10.2005 – 2 W 120/05, OLGR 2005, 787 = GesR 2005, 561, 563.

ist zu prüfen, ob die öffentliche Hand mit **Haftungsrisiken** belastet wird.[58] Das setzt der Gestaltungsmöglichkeit beim – zumindest umwandlungsrechtlich zulässigen (siehe dazu Rz. 20) – Formwechsel in eine KGaA öffentlich-rechtliche Grenzen.[59] Ganz zentral ist außerdem die öffentlich-rechtliche Vorgabe, dass sich die öffentliche Hand durch den Formwechsel nicht jeglichen Einflusses entledigen darf, sondern sich **gewisse Einwirkungsmöglichkeiten** bewahren muss (sog. **Ingerenzpflicht**).[60]

19 Zu den **Aufgaben des Gesellschaftsrechts** im Allgemeinen[61] und der **Formwechselvorschriften des UmwG** im Besonderen gehört der **Gläubigerschutz.**[62] Anders als bei der Verschmelzung und vor allem der Spaltung erklärt sich das Bedürfnis nach gläubigerschützenden Regelungen beim Formwechsel nicht durch Änderungen am Vermögensbestand. Vielmehr erfolgt der Formwechsel **identitätswahrend, ohne eine Vermögensübertragung zu bewirken** (siehe dazu § 304 Rz. 7 [*Döding*]). Stattdessen ist der Schutz der Gläubiger im Formwechselrecht vorgesehen, weil sich durch den Wechsel des Rechtskleids die „Haftungsverfassung" ändert.[63] Mit diesem „Kernproblem der Umwandlung"[64] sehen sich Gläubiger einer formwechselnden Körperschaft oder Anstalt des öffentlichen Rechts in besonderer Weise konfrontiert. Sie befinden sich in einer **vulnerablen Position:** Wie *Schön* herausgearbeitet hat, steht die Leistungsfähigkeit des Kapitalschutzrechts in Zweifel, wenn ein von der öffentlichen Hand gehaltenes Unternehmen die Gewinnerzielung gegenüber etwaigen öffentlich-rechtlichen Zwecken als nachrangig behandelt.[65] Zudem können die Länder und vor allem der Bund die Formwechselbestimmungen erheblich beeinflussen (siehe dazu bereits Rz. 10 ff.). Dem begegnet das Formwechselrecht mit § 303 Abs. 1, wonach das sog. **Außengründungsrecht sowie § 220 zumindest für das Landesrecht abweichungsfest** ist (siehe dazu § 303 Rz. 3 [*Döding*]). Im Übrigen dürfte die Eigentumsgarantie aus Art. 14 Abs. 1 Satz 1 GG einer allzu starken Gläubigerbenachteiligung (etwa durch bundesrechtliches Spezialgesetz) spätestens auf verfassungsrechtlicher Ebene Grenzen setzen.[66]

II. Zulässige Zielrechtsformen (§ 301 Abs. 1)

1. Grundsatz: Beschränkung auf Kapitalgesellschaften

20 § 301 Abs. 1 schränkt den Kreis der zulässigen neuen Rechtsform erheblich ein. Eröffnet der allgemeinere § 191 Abs. 2 noch den Formwechsel in bestimmte Personengesellschaften (Nr. 1), Kapitalgesellschaften (Nr. 2) und eingetragene Genossenschaften (Nr. 3), ist für Körperschaften und Anstalten des öffentlichen Rechts (grundsätzlich) nur die **Kapitalgesellschaft als einzig zulässige Zielrechtsform** vorgesehen (§ 301 Abs. 1). Der Begriff der

58) *Teichmann* in: Hommelhoff/Hopt/Leyens, Unternehmensführung durch Vorstand und Aufsichtsrat, § 50 Rz. 19; *Gaß* in: Burgi/Habersack, Hdb. Öffentliches Recht des Unternehmens, § 21 Rz. 62; so im Kontext des bundesrechtlichen § 65 Abs. 1 Nr. 2 BHO *Mann* in: Burgi/Habersack, Hdb. Öffentliches Recht des Unternehmens, § 21 Rz. 42.

59) *Mann* in: Burgi/Habersack, Hdb. Öffentliches Recht des Unternehmens, § 21 Rz. 42.

60) *Otting* in: BeckOGK-UmwG, § 301 Rz. 36; zur sog. Ingerenzpflicht ausf. *Spannowsky*, ZGR 1996, 400, 403 und passim; *Teichmann* in: Hommelhoff/Hopt/Leyens, Unternehmensführung durch Vorstand und Aufsichtsrat, § 50 Rz. 15 f.; zu § 65 Abs. 1 Nr. 3 BHO *Mann* in: Burgi/Habersack, Hdb. Öffentliches Recht des Unternehmens, § 21 Rz. 45.

61) *Armour/Hertig/Kanda* in: Kraakman/Armour/Davies et al., The Anatomy of Corporate Law, S. 107 ff.; *Bachmann/Eidenmüller/Engert/Fleischer/Schön*, Rechtsregeln für die geschlossene Kapitalgesellschaft, S. 9 ff., 112 ff.

62) Instruktiv *Petersen*, Der Gläubigerschutz im Umwandlungsrecht, 2001, S. 25 ff.; *K. Schmidt*, GesR, § 13 II, S. 373 f.

63) *K. Schmidt*, GesR, § 13 II, S. 373.

64) *K. Schmidt*, GesR, § 12 IV, S. 355.

65) *Schön*, ZGR 1996, 429, 452 ff.

66) Dazu *Wolfers/Voland* in: MünchHdb. GesR, Bd. 8, § 74 Rz. 64 ff.

Kapitalgesellschaft umfasst nach § 3 Abs. 1 Nr. 2 UmwG, der gemäß § 191 Abs. 1 Nr. 2 i. V. m. § 302 Satz 1 auch für den hiesigen Umwandlungskontext maßgeblich ist, drei Rechtsformen: **GmbH, AG, KGaA**. Die einzige Neuerung im Vergleich zu den Vorgängerregelungen § 385a Abs. 1 AktG a. F. und § 59 Abs. 1 UmwG 1969 ist, dass seit Inkrafttreten der Kodifikation des UmwG auch der Formwechsel in die KGaA möglich ist.[67)]

Kapitalgesellschaften und dennoch **unzulässige Zielrechtsträger** sind die UG (haftungsbeschränkt) und die SE: Die **UG (haftungsbeschränkt)** (§ 5a GmbHG) scheidet nach h. M. schon im allgemeinen Formwechselrecht (§§ 190 ff.) als Zielrechtsträger aus.[68)] Das wird u. a. mit den Kapitalaufbringungsvorgaben aus § 5a Abs. 2 Satz 2 GmbHG begründet, die für die UG (haftungsbeschränkt) ein „Sacheinlageverbot“[69)] vorsehen.[70)] Weil das Formwechselrecht auf den Sachgründungsbericht Bezug nehme (§§ 220 Abs. 2, 245 Abs. 4) und der Formwechsel daher eine Sachgründung darstelle, stünde § 5a Abs. 2 Satz 2 GmbHG dem Formwechsel in eine UG (haftungsbeschränkt) entgegen.[71)] Das gilt auch für den Formwechsel von Körperschaften und Anstalten des öffentlichen Rechts.[72)] Der Ausschluss der UG (haftungsbeschränkt) als Zielrechtsreform beruht auf (überzeugenden) GmbH-rechtlichen Erwägungen. Es ist daher kein Grund ersichtlich, warum das spezielle Formwechselrecht (§ 301 Abs. 1) in dieser Frage von allgemeinen Formwechselgrenzen und den GmbH-rechtlichen Vorschriften abweichen sollte. Auch der **Ausschluss der SE** als Zielrechtsträger resultiert aus den rechtsformspezifischen Gründungsvorgaben. Zu Recht wird darauf hingewiesen, dass der Numerus Clausus der Gründungsformen aus Art. 2 SE-VO[73)] einem Formwechsel von Körperschaften und Anstalten des öffentlichen Rechts in die SE entgegensteht.[74)] 21

2. Erweiterung durch Gesetz

Schon nach dem Gesetzeswortlaut besteht die Beschränkung der neuen Rechtsform auf Kapitalgesellschaften nur, „soweit gesetzlich nichts anderes bestimmt ist“ (§ 301 Abs. 1 Halbs. 1). Dieser Zusatz wurde im Gesetzgebungsverfahren eingefügt, damit „genossenschaftlich strukturierte[n] Kreditinstitute[n]“, die den Status einer Körperschaft oder Anstalt des öffentlichen Rechts haben, der Formwechsel in die eingetragene Genossenschaft durch Landesrecht eröffnet werden kann.[75)] Das Schrifttum betont richtigerweise, dass die **Erweiterungsmöglichkeit** nicht auf diesen Anwendungsfall begrenzt ist.[76)] 22

Umstritten ist, **ob** die Erweiterungsmöglichkeit **ihrerseits umwandlungsrechtlichen Schranken unterliegt**: Nach einer vereinzelt geäußerten Auffassung könne die Möglichkeit des Formwechsels durch gesetzliche Regelung i. S. des § 301 Abs. 1 Halbs. 1 nur auf die zulässigen Zielrechtsträger des allgemeinen Formwechselrechts (§ 191 Abs. 2) ausgedehnt 23

67) Begr. RegE UmwBerG, BR-Drucks. 75/94, bei *Ganske*, Umwandlungsrecht, S. 297.

68) Lutter-*Hoger*, UmwG, § 191 Rz. 5; *Foerster* in: BeckOGK-UmwG, § 301 Rz. 15; gleichsinnig aus dem GmbH-rechtlichen Schrifttum etwa Lutter/Hommelhoff-*Kleindiek*, GmbHG, § 5a Rz. 70; *H. P. Westermann* in: Scholz, GmbHG, § 5a Rz. 35.

69) Lutter/Hommelhoff-*Kleindiek*, GmbHG, § 5a Rz. 20; Bork/Schäfer-*Schäfer*, GmbHG, § 5a Rz. 23.

70) Lutter-*Hoger*, UmwG, § 191 Rz. 5; *Berninger*, GmbHR 2010, 63, 67.

71) Lutter-*Hoger*, UmwG, § 191 Rz. 5.

72) Ebenso Lutter-*H. Schmidt*, UmwG § 301 Rz. 9a; Schmitt/Hörtnagl-*Rinke*, UmwG/UmwStG, § 301 UmwG Rz. 4; a. A. *Schwedhelm/Stenert*, Die Unternehmensumwandlung, Rz. 2085.1.

73) Dazu *Casper* in: BeckOGK-AktG, Art. 2 SE-VO Rz. 2.

74) Widmann/Mayer-*Vossius*, UmwR, § 301 UmwG Rz. 22; *Wolfers/Voland* in: MünchHdb. GesR, Bd. 8, § 38 Rz. 473.

75) Begr. RegE UmwBerG, BR-Drucks. 75/94, bei *Ganske*, Umwandlungsrecht, S. 297.

76) Semler/Stengel/Leonard-*Krebs*, UmwG, § 301 Rz. 26; Lutter-*H. Schmidt*, UmwG, § 301 Rz. 10; *Narr* in: NK-UmwG, § 301 Rz. 14.

werden.[77] Dem tritt die h. M. entgegen.[78] Das wird zum Teil mit § 1 Abs. 2 begründet, der eine Umwandlung außer in den bereits geregelten Fällen (nur) dann zulässt, wenn dies ein Bundes- oder ein Landesgesetz ausdrücklich vorsieht.[79] Ein anderer – im Ergebnis gleichgerichteter – Begründungsansatz betont, dass weder der Wortlaut noch die Gesetzesbegründung darauf hindeuten, dass der Gesetzgeber zukünftigen Gesetzen Gestaltungsgrenzen auferlegen wollte.[80]

24 Der h. M. ist zu folgen. Dafür spricht zusätzlich die Regelungssystematik der §§ 301 ff., wonach das Formwechselrecht grundsätzlich dem für die formwechselnde Körperschaft oder Anstalt maßgebenden Bundes- oder Landesrecht untergeordnet wird (§ 302 Satz 1) und nur ausnahmsweise – etwa § 303 Abs. 1 – vorrangig ist.[81]

25 Stehen dagegen Normen des Zielrechtsträgers – etwa die Gründungsvorschriften – dem Formwechsel der Körperschaft oder Anstalt des öffentlichen Rechts entgegen, kann eine Abweichung davon nicht auf § 301 Abs. 1 Halbs. 1 gestützt werden. Das ist besonders augenscheinlich bei der SE, deren Numerus Clausus der Gründungsformen in Art. 2 SE-VO (dazu bereits Rz. 21) nicht (z. B. durch landesrechtliche Formwechselbestimmungen) unterlaufen werden darf.

III. Formwechselfähige Rechtsträger (§ 301 Abs. 2)

1. Körperschaft oder Anstalt des öffentlichen Rechts

26 Als formwechselfähige Rechtsträger kommen Körperschaften und Anstalten des öffentlichen Rechts in Betracht (§ 191 Abs. 1 Nr. 6). **Körperschaften des öffentlichen Rechts** werden gemeinhin bezeichnet als „durch staatlichen Hoheitsakt geschaffene rechtsfähige und mitgliedschaftlich verfasste Organisationen, die öffentliche Aufgaben unter staatlicher Aufsicht wahrnehmen".[82] Die **Anstalt öffentlichen Rechts** wird definiert als eine „organisatorische Zusammenfassung persönlicher und sachlicher Mittel, die in der Hand eines Trägers der öffentlichen Verwaltung einem besonderen öffentlichen Zweck dauernd zu dienen bestimmt ist".[83] Auffällig ist dabei, dass sich das umwandlungsrechtliche Schrifttum auf die verwaltungsrechtliche Literatur bezieht.[84] Das Begriffsverständnis dürfte in der Tat **verwaltungsrechtsakzessorisch** sein. Dafür spricht, dass der Gesetzgeber im UmwG keine eigene Begriffsbestimmung vornimmt und Fachbegriffe nutzt, die im Verwaltungsrecht schon seit Langem etabliert sind. Zudem dürfte die erforderliche Verzahnung des öffentlichen Rechts und des Gesellschaftsrechts kaum gelingen, wenn zwischen den beiden Rechtsdisziplinen schon bei diesem zentralen Aspekt Uneinigkeit bestünde.

---

77) Widmann/Mayer-*Vossius*, UmwR, § 301 UmwG Rz. 23.

78) Semler/Stengel/Leonard-*Krebs*, UmwG, § 301 Rz. 29; *Heckschen/Weitbrecht*, NZG 2018, 761, 767; *Narr* in: NK-UmwG, § 301 Rz. 15; Lutter-*H. Schmidt*, UmwG, § 301 Rz. 10; *Otting* in: BeckOGK-UmwG, § 301 Rz. 25.

79) Semler/Stengel/Leonard-*Krebs*, UmwG, § 301 Rz. 29; *Narr* in: NK-UmwG, § 301 Rz. 15; Lutter-*H. Schmidt*, UmwG, § 301 Rz. 10; *Otting* in: BeckOGK-UmwG, § 301 Rz. 25.

80) *Heckschen/Weitbrecht*, NZG 2018, 761, 767.

81) Ebenso *Heckschen/Weitbrecht*, NZG 2018, 761, 767.

82) Mit dieser gängigen Definition etwa *Otting* in: BeckOGK-UmwG, § 301 Rz. 19; *Wolfers/Voland* in: MünchHdb. GesR, Bd. 8, § 74 Rz. 100; Widmann/Mayer-*Vossius*, UmwR, § 301 Rz. 17; ganz ähnl. Lutter-*H. Schmidt*, UmwG, § 301 Rz. 3; *Narr* in: NK-UmwG, § 301 Rz. 10; jeweils unter Bezugnahme auf *Maurer/Waldhoff*, Allg. VerwR, § 23 Rz. 38.

83) Zu dieser ebenfalls gängigen Definition *Otting* in: BeckOGK-UmwG, § 301 Rz. 20; Lutter-*H. Schmidt*, UmwG, § 301 Rz. 4.

84) Insb. *Otting* in: BeckOGK-UmwG, § 301 Rz. 20, der ausdrücklich auf den Verwaltungsrechtler *Otto Mayer* Bezug nimmt; ausf. auch – wenngleich zu den Vorgängerregelungen – *Lange*, Privatisierung der Rechtsform, S. 17 ff.

Nicht zum Kreis der formwechselfähigen Rechtsträger i. S. des § 301 Abs. 2 zählt nach allgemeiner Auffassung die Stiftung öffentlichen Rechts.[85] 27

2. Rechtsfähigkeit

Voraussetzung für die Formwechselfähigkeit ist nach dem Normwortlaut des § 301 Abs. 2, dass die Körperschaft oder Anstalt des öffentlichen Rechts **rechtsfähig** ist. Das ist schon deshalb unabdingbar, weil ansonsten unklar wäre, welches Vermögen die formgewechselte Kapitalgesellschaft hält.[86] Aus diesem Grund ist die Anforderung an die Rechtsfähigkeit nach h. M. nicht erreicht, wenn eine Körperschaft oder Anstalt öffentlichen Rechts bloß teilrechtsfähig ist.[87] Ob eine Körperschaft oder Anstalt des öffentlichen Rechts rechtsfähig ist, bestimmt sich nach den dafür maßgebenden Vorschriften des öffentlichen Rechts.[88] Insofern besteht auch an dieser Stelle eine **Akzessorietät zum öffentlichen Recht.** 28

3. Formwechselermächtigung im Bundes- bzw. Landesrecht

§ 301 Abs. 2 stellt die Voraussetzung auf, dass das für die Körperschaft oder Anstalt maßgebende Bundes- oder Landesrecht den Formwechsel vorsieht oder zulässt. Daraus ergeben sich zwei Aussagen: Erstens statuiert die Vorschrift, dass Körperschaften und Anstalten des öffentlichen Rechts – grundsätzlich – keinen Formwechsel vornehmen können. Das ist ein markanter Unterschied zu § 168 UmwG, wonach das maßgebende Bundes- oder Landesrecht einer Ausgliederung nur „nicht entgegensteh[en]" darf.[89] Besteht eine Möglichkeit des Formwechsels für eine Körperschaft oder Anstalt des öffentlichen Rechts, ist dies also die „Ausnahme vom Regelfall".[90] Zweitens enthält § 301 Abs. 2 den Regelungsgehalt, dass es stets eines öffentlich-rechtlichen Akts in Gestalt einer bundes- oder landesrechtlichen Ermächtigungsgrundlage bedarf. 29

Dem **Ausnahmecharakter**, den § 301 Abs. 2 der Formwechselmöglichkeit zuschreibt, entnimmt die h. M. zu Recht, dass der Formwechsel **ausdrücklich** gestattet sein muss.[91] Für dieses Normverständnis spricht maßgeblich der Wortlautvergleich zwischen § 301 Abs. 2 („vorsieht oder zulässt") und § 168 („nicht entgegensteht").[92] Auch die Gesetzgebungs- 30

85) BAG, Urt. v. 21.3.2024 – 2 AZR 113/23, NZA 2024, 860, 862 Rz. 31; Lutter-*H. Schmidt*, UmwG, § 301 Rz. 5; Semler/Stengel/Leonard-*Krebs*, UmwG, § 301 Rz. 22; Widmann/Mayer-*Vossius*, UmwR, § 301 UmwG Rz. 21.

86) So *Otting* in: BeckOGK-UmwG, § 301 Rz. 18; Lutter-*H. Schmidt*, UmwG, § 301 Rz. 6; *Gaß*, Die Umwandlung gemeindlicher Unternehmen, S. 219 f.

87) Lutter-*H. Schmidt*, UmwG, § 301 Rz. 6; Semler/Stengel/Leonard-*Krebs*, UmwG, § 301 Rz. 21; *Narr* in: NK-UmwG, § 301 Rz. 18; zur Vorgängerregelung *Lange*, Privatisierung der Rechtsform, S. 31 f.; *H. Westermann* in: FS Luther, S. 191, 195; a. A. bei „klare[r] Vermögenstrennung" *Wolfers/Voland* in: MünchHdb. GesR, Bd. 8, § 38 Rz. 472.

88) Allg. Auffassung, etwa Lutter-*H. Schmidt*, UmwG, § 301 Rz. 6; Semler/Stengel/Leonard-*Krebs*, UmwG, § 301 Rz. 21; Widmann/Mayer-*Vossius*, UmwR, § 301 UmwG Rz. 27; *Narr* in: NK-UmwG, § 301 Rz. 18; Schmitt/Hörtnagl-*Rinke*, UmwG, § 301 Rz. 2; gleichsinnig zu den Vorgängerregelungen *Caspers*, WM 1969, Sonderbeilage Nr. 3 zu Teil IV Nr. 36, S. 3, 16; *Semler/Grunewald* in: Geßler/Hefermehl/Eckardt/Kropff, AktG, § 385a Rz. 4.

89) Mit diesem Vergleich zwischen § 301 Abs. 2 und § 168 schon Lutter-*H. Schmidt*, UmwG, § 301 Rz. 7; *Heckschen/Weitbrecht*, NZG 2018, 761, 762.

90) *Heckschen/Weitbrecht*, NZG 2018, 761, 762.

91) Semler/Stengel/Leonard-*Krebs*, UmwG, § 301 Rz. 31; *Narr* in: NK-UmwG, § 301 Rz. 19; *Witte/Rafiqpoor*, WM 2003, 1885, 1890; *Kost/Geerling*, BKR 2003, 690, 695; ebenso und mit ausf. Stellungnahme zur Gegenauffassung *Heckschen/Weitbrecht*, NZG 2018, 761, 768.; a. A. *Gaß*, Die Umwandlung gemeindlicher Unternehmen, S. 216 ff.; *Pauli*, BayVbl. 2008, 325, 328 f.

92) Widmann/Mayer-*Vossius*, UmwR, § 301 UmwG Rz. 29; Lutter-*H. Schmidt*, UmwG, § 301 Rz. 7; *Kost/Geerling*, BKR 2003, 690, 695.

historie lässt sich dafür anführen.[93] Eröffnet daher das bloße Schweigen keine Formwechselmöglichkeit, ist an das Reden wiederum keine hohe Anforderung zu stellen; eine Ermächtigungsgrundlage, die bloß die Erlaubnis zum Formwechsel ausdrücklich statuiert und ansonsten keine weiteren Regelungen trifft, genügt.[94] Ferner stellt § 301 Abs. 2 **keine umwandlungsrechtlichen Anforderungen an die Rechtsnormqualität** der bundes- bzw. landesrechtlichen Ermächtigungsgrundlage auf.[95] Vorgaben an Rechtsnormqualität[96] und Inhalt[97] der Ermächtigungsgrundlage können demgegenüber aus dem öffentlichen Recht stammen.

93) Schon bei der Vorgängerregelung des § 385a AktG a. F. eine ausdrückliche Regelung als erforderlich ansehend Begr. RegE UmwG 1969, BT-Drucks. V/3165, S. 20.

94) Semler/Stengel/Leonard-*Krebs*, UmwG, § 301 Rz. 31; *Otting* in: BeckOGK-UmwG, § 301 Rz. 27.

95) Lutter-*H. Schmidt*, UmwG, § 301 Rz. 8; *Peus/Stenneken* in: HK-UmwG, § 301 Rz. 3; *Heckschen/Weitbrecht*, NZG 2018, 761, 762; noch zur Vorgängerregelung *Kollhosser*, AG 1988, 281, 282; *H. Westermann* in: FS Luther, S. 191, 196.

96) Dazu *Wolfers/Voland* in: MünchHdb. GesR, Bd. 8, § 38 Rz. 476.

97) Dazu etwa *Otting* in: BeckOGK-UmwG, § 301 Rz. 35 ff.; Semler/Stengel/Leonard-*Krebs*, UmwG, § 301 Rz. 34 ff.

§ 302
Anzuwendende Vorschriften

[1]Die Vorschriften des Ersten Teils sind auf den Formwechsel nur anzuwenden, soweit sich aus dem für die formwechselnde Körperschaft oder Anstalt maßgebenden Bundes- oder Landesrecht nichts anderes ergibt. [2]Nach diesem Recht richtet es sich insbesondere, auf welche Weise der Gesellschaftsvertrag oder die Satzung der Gesellschaft neuer Rechtsform abgeschlossen oder festgestellt wird, wer an dieser Gesellschaft als Anteilsinhaber beteiligt wird und welche Person oder welche Personen den Gründern der Gesellschaft gleichstehen; die §§ 28 und 29 des Aktiengesetzes sind nicht anzuwenden.

Literatur: Siehe auch die Literaturangaben bei § 301. *Baums/Teichmann*, Der European Model Company Act (EMCA) – Inspiration für Gesetzgeber und Wissenschaft im Kapitalgesellschaftsrecht, AG 2018, 562; *Burgard*, Wem gehören die Sparkassen?, WM 2008, 1997; *Caspers*, Das Gesetz zur Ergänzung der handelsrechtlichen Vorschriften über die Änderung der Unternehmensform, WM 1969, Sonderbeilage Nr. 3 zu Teil IV Nr. 36, S. 3; *Fleischer*, Gesetz und Vertrag als alternative Problemlösungsmodelle im Gesellschaftsrecht, ZHR 168 (2004), 673; *Gaß*, Die Umwandlung gemeindlicher Unternehmen, Würzburg 2003 (Diss.); *Gottschalk*, Der „erste" Aufsichtsrat bei Umwandlung einer Anstalt öffentlichen Rechts in eine mitbestimmte Aktiengesellschaft, NZG 2003, 713; *Heckschen/Weitbrecht*, Formwechsel öffentlicher Rechtsträger in private Rechtsformen, NZG 2018, 761; *Kollhosser*, Der Wandel der Westfälischen Landschaft (gem. § 385a AktG), AG 1988, 281; *Lecheler*, Die Umwandlung einer Körperschaft des öffentlichen Rechts in eine Aktiengesellschaft, in Festschrift für Hartmut Maurer, 2001, S. 665; *Meyer-Ladewig*, Die Umwandlung von Unternehmen in Gesellschaften mit beschränkter Haftung nach dem neuen handelsrechtlichen Umwandlungsgesetz, GmbHR 1969, 231; *Pauli*, Die Umwandlung von Kommunalunternehmen, BayVbl. 2008, 325; *Schmidt, L.*, Die Bedeutung des Model Business Corporation Act im US-amerikanischen Gesellschaftsrecht, RIW 2016, 718; *Teichmann*, Die Europäische Privatgesellschaft (SPE), in: VGR, Gesellschaftsrecht in der Diskussion 2008, 2009; *Westermann, H.*, Überlegungen zur Umwandlung einer juristischen Person öffentlichen Rechts in eine AG, in: Festschrift für Martin Luther, 1976, S. 191.

Übersicht

I. Allgemeines

1. Regelungsgehalt

1 § 302 regelt, welche Vorschriften des allgemeinen Formwechselrechts, d. h. des Ersten Teils des Fünften Buchs (§§ 190 bis 213), auf den Formwechsel von Körperschaften und Anstalten des öffentlichen Rechts Anwendung finden. Demnach sind die §§ 190 bis 213 **grundsätzlich anwendbar**, solange das für die formwechselnde Körperschaft oder Anstalt maßgebende Bundes- oder Landesrecht nichts anderes bestimmt, § 302 Satz 1. Zudem begegnet die Vorschrift in § 302 Satz 2 Halbs. 1 einem **rechtsformspezifischen Phänomen** von Körperschaften und Anstalten des öffentlichen Rechts: Sie haben **keine Anteilsinhaber** i. S. des § 2. Da diesen im Formwechselvorgang an mehreren Stellen eine bedeutende Rolle zukommt, sind für den Formwechsel von Körperschaften und Anstalten des öffentlichen Rechts Modifikationen am allgemeinen Formwechselrecht erforderlich.

2. Vorgängerregelungen

2 Entsprechende Regelungen fanden sich bereits in den Vorgängerregelungen (§ 59 Abs. 3 und Abs. 4 UmwG 1969, § 385a Abs. 3 und Abs. 4 AktG a. F.). Der Wortlaut des § 302 weicht von seinen Vorgängern nur insoweit ab, als er den **Vorrang der öffentlich-rechtlichen Vorschriften deutlicher betont.**[1] Inhaltliche Änderungen hat der Gesetzgeber dadurch nicht beabsichtigt.[2]

II. „Primat des öffentlichen Rechts" (§ 302 Satz 1)

3 Aus § 302 Satz 1 folgt, dass die für die jeweilige Körperschaft oder Anstalt maßgebenden Regelungen des öffentlichen Rechts Vorrang gegenüber den §§ 190 bis 213 genießen (**„Primat des öffentlichen Rechts"**)[3]. Der Hintergrund dieses **Anwendungsvorrangs** wird verbreitet als kompetenzrechtlich eingeordnet.[4] So habe der Bundesgesetzgeber für Körperschaften und Anstalten des öffentlichen Rechts, die dem Landesrecht unterfallen, **keine**

1) Semler/Stengel/Leonard-*Krebs*, UmwG, § 302 Rz. 6.

2) Begr. RegE UmwBerG, BR-Drucks. 75/94, bei *Ganske*, Umwandlungsrecht, S. 298 – „in Übereinstimmung mit dem geltenden Recht".

3) Mit dieser gängigen Bezeichnung Semler/Stengel/Leonard-*Krebs*, UmwG, § 302 Rz. 2; Widmann/Mayer-*Vossius*, UmwR, § 302 UmwG Rz. 1; *Wolfers/Voland* in: MünchHdb. GesR, Bd. 8, § 38 Rz. 478; *Gottschalk*, NZG 2003, 713; *Gaß*, Die Umwandlung gemeindlicher Unternehmen, S. 221.

4) So etwa *Otting* in: BeckOGK-UmwG, § 302 Rz. 2; *Wolfers/Voland*, in: MünchHdb. GesR, Bd. 8, § 38 Rz. 478; Schmitt/Hörtnagl-*Rinke*, UmwG, § 302 Rz. 1; *Pauli*, BayVBl. 2008, 325, 329; zur Vorgängerregelung des § 385a AktG a. F. schon *H. Westermann* in: FS Luther, S. 191, 196.; *Zöllner* in: KölnKomm-AktG, 1985, § 385a Rz. 3.

Gesetzgebungskompetenz.[5] Für diese – nicht unumstrittene[6] – Einordnung spricht auch die Gesetzgebungshistorie, wonach der Bundesgesetzgeber bei Erlass der Vorgängerregelungen (§§ 385a ff. AktG a. F.) ebenfalls davon ausging, den Formwechsel von juristischen Personen des öffentlichen Rechts, die Landesrecht unterfallen, nicht umfassend und abschließend regeln zu können.[7] Der kompetenzrechtliche Aspekt vermag indes nicht zu erklären, warum der Bundesgesetzgeber keine umfassende Regelung für „seine" Körperschaften und Anstalten geschaffen hat, die – nicht unähnlich einem Modellgesetz[8] – zumindest den Charakter eines unverbindlichen Regelungsangebots hätte einnehmen können, um Bund und Ländern als Orientierung zu dienen (zur fehlenden Bindung öffentlich-rechtlicher Gestaltungen des Bundesrechts durch das UmwG siehe schon § 301 Rz. 12 [*Döding*]). Genauso bedeutsam wie kompetenzrechtliche Erwägungen dürfte für die Entstehung des § 302 Satz 1 daher gewesen sein, dass sich die Landschaft der Körperschaften und Anstalten des öffentlichen Rechts durch **Heterogenität** auszeichnet. Das setzt der Möglichkeit, für alle Körperschaften und Anstalten des öffentlichen Rechts ein abschließendes Formwechselregime zu bestimmen, schon von vornherein enge Grenzen.[9] Will eine Körperschaft oder Anstalt des öffentlichen Rechts ihr maßgeschneidertes Rechtskleid gegen privatrechtliche Stangenware tauschen, ist ein „one-size-fits-all-Ansatz" für diesen Prozess fehl am Platz. Insofern folgerichtig hat der Gesetzgeber die Formwechselbestimmungen „so allgemein wie möglich gehalten".[10]

4 Die **Normqualität** ist unerheblich: Ganz gleich, ob es sich dabei um ein **formelles Gesetz**, eine **Rechtsverordnung**, einen **Verwaltungsakt** oder um eine **Bestimmung in der Satzung der Körperschaft oder Anstalt** handelt, kommt der öffentlich-rechtlichen Vorschrift Vorrang zu.[11]

III. Regelungsauftrag zur Kompensation des Fehlens von Anteilsinhabern (§ 302 Satz 2)

5 Körperschaften des öffentlichen Rechts haben Mitglieder;[12] Anstalten des öffentlichen Rechts haben dagegen Benutzer und einen Anstaltsträger.[13] Beiden Rechtsformen ist gemein, dass sie **keine Anteilsinhaber** haben.[14] Dieses **rechtsformspezifische Phänomen**

---

5) Semler/Stengel/Leonard-*Krebs*, UmwG, § 302 Rz. 4; *Lecheler* in: FS Maurer, S. 665, 669; zu den Vorgängerregelungen gleichsinnig *Lange*, Privatisierung der Rechtsform, S. 37 ff.

6) *Heckschen/Weitbrecht*, NZG 2018, 761, 764 – „Zugeständnis, welches sich nicht aus Kompetenzgesichtspunkten ergibt".

7) BT-Drucks. V/2082, S. 2; Begr. RegE UmwG 1969, BT-Drucks. V/3165, S. 20.

8) Dazu etwa im Kontext des European Model Company Act *Baums/Teichmann*, AG 2018, 562, 564 ff.; zum US-amerikanischen Model Business Corporation Act und seiner „Vorbildfunktion" *L. Schmidt*, RIW 2016, 718, 720 ff.

9) Semler/Stengel/Leonard-*Krebs*, UmwG, § 302 Rz. 4; *Wolfers/Voland* in: MünchHdb. GesR, Bd. 8, § 38 Rz. 478; Schmitt/Hörtnagl-*Rinke*, UmwG, § 302 Rz. 1; *Gottschalk*, NZG 2003, 713, 714; zur Vorgängerregelung des § 385a AktG a. F. schon *H. Westermann* in: FS Luther, S. 191, 196.

10) So zu den inhaltsgleichen Vorgängerreglungen der §§ 385a ff. AktG a. F. *Meyer-Landrut* in: GroßkommAktG, 3. Aufl. 1975, § 385a Anm. 1.

11) Lutter-*H. Schmidt*, UmwG, § 302 Rz. 3; *Otting* in: BeckOGK-UmwG, § 302 Rz. 3; Semler/Stengel/Leonard-*Krebs*, UmwG, § 302 Rz. 5; *Narr* in: NK-UmwG, § 302 Rz. 2; *Wolfers/Voland* in: MünchHdb. GesR, Bd. 8, § 38 Rz. 479; *Lecheler* in: FS Maurer, S. 665, 672; *Leuering* in: KölnKomm-UmwG, § 302 Rz. 2.

12) *Maurer/Waldhoff*, Allg. VerwR, § 23 Rz. 41.

13) *Maurer/Waldhoff*, Allg. VerwR, § 23 Rz. 53 f.

14) Lutter-*H. Schmidt*, UmwG, Vor § 301 Rz. 4; Semler/Stengel/Leonard-*Krebs*, UmwG, § 302 Rz. 3; *Narr* in: NK-UmwG, § 302 Rz. 1; so auch zum konkreten Fall der als Anstalt des öffentlichen Rechts organisierten Sparkassen *Burgard*, WM 2008, 1997, 2001 – „Zivilrechtlich betrachtet gehören die Sparkassen regelmäßig nicht ihren Trägern, sondern niemandem.".

erweist sich bei der Anwendung der §§ 190 bis 213 und auch i. Ü. als Problem.[15] Dort wird auf die Anteilsinhaber des formwechselnden Rechtsträgers verschiedentlich Bezug genommen: Sie sind Adressat des Formwechselberichts (§ 192 Abs. 1 Satz 1), fassen den Formwechselbeschluss (§ 193 Abs. 1), müssen bei Widerspruch gegen den Formwechselbeschluss ein Angebot auf Barabfindung erhalten (§ 207 Abs. 1) und bleiben nach Wirksamwerden des Formwechsels am formgewechselten Rechtsträger beteiligt (§ 202 Abs. 1 Nr. 2 Satz 1). Eine Schlüsselrolle im Formwechselvorgang kommt den Anteilsinhabern zudem zu, weil sie mit dem Formwechselbeschluss zugleich die „Organisationsgrundlage" der neuen Rechtsform schaffen.[16] Nach § 218 Abs. 1 Satz 1, der mit Ausnahme des Formwechsels von Körperschaften und Anstalten des öffentlichen Rechts auf alle übrigen Formwechsel in Kapitalgesellschaften kraft Normverweis Anwendung findet (vgl. §§ 243 Abs. 1 Satz 1, 263 Abs. 1, 276 Abs. 1, 294 Abs. 1 Satz 1),[17] zählt der Gesellschaftsvertrag bzw. die Satzung nämlich zum notwendigen Inhalt des Formwechselbeschlusses.

Fehlen beim Formwechsel von Körperschaften und Anstalten des öffentlichen Rechts auf 6
Seite des **formwechselnden Rechtsträgers** die **Anteilsinhaber**, stellt sich die Frage, wer funktional an deren Stelle tritt. Insbesondere ist zu klären, wer mit Wirksamwerden des Formwechsels zum Anteilsinhaber der Kapitalgesellschaft wird. Diese und weitere Fragen sind durch öffentlich-rechtliche Bestimmungen zu beantworten; § 302 Satz 2 Halbs. 1 stellt einen **Regelungsauftrag** dar, der durch „öffentlich-rechtliches Umwandlungsrecht"[18] erfüllt werden muss. Ein solcher Regelungsauftrag zeichnet sich dadurch aus, dass der Gesetzgeber das „Ob" einer Regelung vorgibt, während er das „Wie" dem jeweils zuständigen Entscheidungsträger überlässt.[19] Für die Qualifizierung des § 302 Satz 2 Halbs. 1 als Regelungsauftrag spricht auch die Gesetzesbegründung zur Vorgängervorschrift in § 385a Abs. 3 AktG a. F., der den Formwechsel von Körperschaften und Anstalten des öffentlichen Rechts erstmals vorsah. Seinem Wortlaut nach „muß" durch Bundes- oder Landesrecht bestimmt werden, wer Aktien erhalten und wer Gründer sein soll.[20] Der bislang verbreitete Terminus des „Regelungsvorbehalts"[21] spiegelt die Erforderlichkeit einer Regelung nicht wider, dürfte aber i. Ü. dem hier Vertretenen entsprechen.

Es ist zu betonen, dass der Regelungsauftrag unabhängig davon gilt, ob die allgemeinen 7
Formwechselbestimmungen der §§ 190 bis 213 Anwendung finden oder durch öffentlich-rechtliche Vorschriften nach Maßgabe des § 302 Satz 1 ersetzt werden.[22] Einen Formwechsel, an dessen Ende keine Anteilsinhaber der formgewechselten Kapitalgesellschaft existieren, kann es nicht geben. Dem Regelungsgeber, der für das jeweilige öffentlich-rechtliche Umwandlungsrecht zuständig ist, sind daher die Inhalte des § 302 Satz 2 Halbs. 1 gewissermaßen ins Hausaufgabenheft geschrieben.

---

15) *Lecheler* in: FS Maurer, S. 665, 671.

16) Lutter-*Hoger*, UmwG, § 218 Rz. 1; *Kühn* in: BeckOGK-UmwG, § 218 Rz. 7.

17) Darauf bereits hinweisend *Heckschen/Weitbrecht*, NZG 2018, 761, 765.

18) Mit dieser Bezeichnung schon Lutter-*H. Schmidt*, UmwG, § 302 Rz. 3.

19) *Fleischer*, ZHR 168 (2004), 673, 697; *Hommelhoff* in: Lutter/Wiedemann, Gestaltungsfreiheit im Gesellschaftsrecht, S. 36, 58 – „Gestaltungsfreiheit stimuliert und verwirklicht der obligatorische Regelungsauftrag in besonderer Weise: als Zwang zu ihrer Ausübung."; zum „Funktionsmechanismus der Regelungsaufträge" auch *Teichmann* in: VGR, Gesellschaftsrecht in der Diskussion 2008, IV. 1 a).

20) Begr. RegE UmwG 1969 z. § 385a AktG, BT-Drucks. V/3165, S. 20 f.; Geßler/Hefermehl/Eckardt/Kropff-*Semler/Grunewald*, AktG, § 385a Rz. 6 ff.

21) *Wolfers/Voland* in: MünchHdb. GesR, Bd. 8, § 38 Rz. 480; Lutter-*H. Schmidt*, UmwG, § 302 Rz. 5; Semler/Stengel/Leonard-*Krebs*, UmwG, § 302 Rz. 6.

22) *Heckschen/Weitbrecht*, NZG 2018, 761, 766.

1. Gegenstände des Regelungsauftrags (§ 302 Satz 2 Halbs. 1)

8 Die in § 302 Satz 2 Halbs. 1 aufgeführten Gegenstände sind schon nach dem Normwortlaut („insbesondere") nicht als abschließende Auflistung zu verstehen.[23] Ein Bedarf nach weiteren Regelungen kann sich unter anderem hinsichtlich des Formwechselberichts und -beschlusses ergeben.[24]

9 Von Bedeutung für das Normverständnis des § 302 Satz 2 Halbs. 1 ist das **Verhältnis dieser Vorschrift zu § 303 Abs. 1**, der die Frage der Anwendbarkeit bestimmter Normen dem Gestaltungsraum des (landesrechtlichen) öffentlich-rechtlichen Umwandlungsrechts entzieht (siehe dazu § 303 Rz. 3 [*Döding*]). Der Regelungsauftrag des § 302 Satz 2 Halbs. 1 scheint sich auf den ersten Blick in Widerspruch zu § 303 Abs. 1 zu setzen, wonach außer den für die neue Rechtsform maßgeblichen Gründungsvorschriften auch § 220 anzuwenden ist. Beispielsweise die Feststellung einer Satzung, die § 302 Satz 2 Halbs. 1 als Gegenstand des Regelungsauftrags bezeichnet, gehört nämlich zu den aktienrechtlichen Gründungsvorschriften. Aufgelöst wird diese – bloß scheinbare – Normenkollision durch eine **begrenzende Auslegung**, wonach das zwingend anwendbare Recht nur das „Außengründungsrecht" umfasst (dazu näher § 303 Rz. 3 ff. [*Döding*]).[25] Dazu zählen die Regelungen zur Kapitalaufbringung und zum Kapitalschutz, zur Gründungsprüfung und zur Verantwortlichkeit der Gründer.[26] Das rechtsformspezifische **Innengründungsrecht**, dessen (grundsätzliche) Anwendbarkeit bereits aus §§ 302 Satz 1, 197 Satz 1 folgt, kann und muss dagegen durch öffentlich-rechtliches Umwandlungsrecht näher ausgeformt werden. Der Regelungsauftrag des § 302 Satz 2 Halbs. 1 bezieht sich allein auf Aspekte des Innengründungsrechts.

a) Abschluss des Gesellschaftsvertrags bzw. Feststellung der Satzung

10 Das öffentliche Umwandlungsrecht hat zu bestimmen, **auf welche Weise der Gesellschaftsvertrag oder die Satzung der Gesellschaft neuer Rechtsform abgeschlossen oder festgestellt wird** (§ 302 Satz 2 Halbs. 1). Bereits in der Gesetzesbegründung zur erstmaligen Einführung der Formwechselmöglichkeit (§ 385a AktG a. F.) werden mehrere Gestaltungsoptionen aufgezeigt: Es sei eine öffentlich-rechtliche Regelung möglich, wonach die Feststellung der Satzung „in der Form des § 23 Abs. 1 AktG" durch ein „Beschlußorgan" oder „eigens dafür benannte Personen" erfolge.[27] Als Handlungsmöglichkeiten seien aber auch ein **formelles Gesetz** und – bei einer entsprechenden gesetzlichen Grundlage – eine **Rechtsverordnung** und ein **Verwaltungsakt** einer Behörde denkbar.[28] Diese gesetzgeberische Intention aus dem Jahr 1968/1969 ist für die **historische Auslegung** des § 302 Satz 2 Halbs. 1 heranzuziehen, weil der Gesetzgeber des UmwG 1994 die Vorgängerregelungen im Wesentlichen unverändert übernommen hat (siehe dazu § 301 Rz. 2 [*Döding*]).[29]

---

23) *Leuering* in: KölnKomm-UmwG, § 302 Rz. 1.

24) Lutter-*H. Schmidt*, UmwG, § 302 Rz. 5.

25) Semler/Stengel/Leonard-*Krebs*, UmwG, § 302 Rz. 25; Lutter-*H. Schmidt*, UmwG, § 302 Rz. 4; *Lecheler* in: FS Maurer, S. 665, 669; *Leuering* in: KölnKomm-UmwG, § 302 Rz. 7; a. A. *Heckschen/Weitbrecht*, NZG 2018, 761, 766 f., wonach „die Praxis […] von der Anwendbarkeit des gesamten Gründungsrechts gem. § 302 S. 1 iVm § 197 S. 1 UmwG ausgehen" müsse.

26) Semler/Stengel/Leonard-*Krebs*, UmwG, § 302 Rz. 25.

27) Begr. RegE UmwG 1969 z. § 385a AktG, BT-Drucks. V/3165, S. 20; gleichsinnig zum Formwechsel in die GmbH *Meyer-Ladewig*, GmbHR 1969, 231, 234.

28) Begr. RegE UmwG 1969 z. § 385a AktG, BT-Drucks. V/3165, S. 20.

29) Begr. RegE UmwBerG, BR-Drucks. 75/94, bei *Ganske*, Umwandlungsrecht, S. 298 – „in Übereinstimmung mit dem geltenden Recht".

Das Schrifttum zu § 302 Satz 2 Halbs. 1 gelangt – wenngleich mit anderer Begründung – zu demselben Ergebnis.[30)]

Der **Inhalt** des Gesellschaftsvertrags bzw. der Satzung muss die **Mindestvorgaben des § 3 GmbHG bzw. des § 23 Abs. 3 AktG** erfüllen. Von diesem Mindestinhalt kann nicht durch oder aufgrund Bestimmungen des öffentlich-rechtlichen Umwandlungsrechts abgewichen werden.[31)] Das wird offenbar bisweilen mit der Nähe zum Außengründungsrecht begründet.[32)] Maßgeblich dürfte auch hier die **historische Auslegung** sein: Dass der gesellschaftsrechtlich angeordnete statutarische Mindestinhalt nicht unterschritten werden darf, findet sich bereits ausdrücklich in den Gesetzesmaterialien zur Vorgängerregelung.[33)] Nichts anderes dürfte für den Formwechsel in eine KGaA und dem aktienrechtlich vorgesehenen Mindestinhalt der Satzung (§ 280 AktG) gelten. 11

Hinsichtlich der **Form** wird i. E. uneinheitlich beurteilt, ob die in § 2 Abs. 1 Satz 1 GmbHG, § 23 Abs. 1 Satz 1 AktG und § 280 Abs. 1 Satz 1 AktG vorgesehene notarielle Beurkundung unabdingbar ist oder durch öffentlich-rechtliches Umwandlungsrecht für entbehrlich erklärt werden kann. Nach der **h. M.** kann das öffentlich-rechtliche Umwandlungsrecht von der **Beurkundungspflicht** unabhängig davon abweichen, ob die Feststellung der Satzung durch ein Beschlussorgan bzw. dafür bestimmte Personen oder durch Gesetz, Rechtsverordnung bzw. Verwaltungsakt erfolgt.[34)] Das wird mit dem **Normwortlaut** („Weise") begründet, der auch die Frage der Beurkundungspflicht umfasse.[35)] Einige Überzeugungskraft hat das Argument, dass es sich bei der Beurkundung um keinen Teil des zwingenden Außengründungsrechts i. S. des § 303 Abs. 1 handle.[36)] In der Tat ist aus Gläubigerperspektive **kein Schutzzweck** ersichtlich, der die Beachtung von § 2 Abs. 1 Satz 1 GmbHG, § 23 Abs. 1 Satz 1 AktG bzw. § 280 Abs. 1 Satz 1 AktG als unabdingbar erscheinen lässt. Die **historische Auslegung** ist indes uneindeutig: Einerseits sehen die Gesetzesmaterialien zur Vorgängerregelung vor, dass die Feststellung der Satzung „u. U. abweichend von § 23 Abs. 1 AktG" geregelt werden dürfe.[37)] Andererseits ist darin – neben dem Gesetz, der Rechtsverordnung und dem Verwaltungsakt – nur die Option aufgeführt, die Satzung durch ein Organ oder dafür benannte Personen „in der Form des § 23 Abs. 1 AktG" festzustellen.[38)] Wenngleich die besseren Gründe dafür sprechen, dass von der Beurkundungspflicht durch öffentlich-rechtliches Umwandlungsrecht abgewichen werden kann, dürfte es für die Praxis daher ratsam sein, jedenfalls bei einer Feststellung der Satzung durch ein Beschlussorgan bzw. dafür benannte Personen eine notarielle Beurkundung vorzunehmen.[39)] 12

30) Semler/Stengel/Leonard-*Krebs*, UmwG, § 302 Rz. 21 ff.; Lutter-*H. Schmidt*, UmwG, § 302 Rz. 6; *Otting* in: BeckOGK-UmwG, § 302 Rz. 36.

31) Ebenso *Otting* in: BeckOGK-UmwG, § 302 Rz. 37; Semler/Stengel/Leonard-*Krebs*, UmwG, § 302 Rz. 26; *Narr* in: NK-UmwG, § 302 Rz. 7; Widmann/Mayer-*Vossius*, UmwR, § 302 UmwG Rz. 58 und Rz. 60; *Leuering* in: KölnKomm-UmwG, § 302 Rz. 8.

32) In diese Richtung Semler/Stengel/Leonard-*Krebs*, UmwG, § 302 Rz. 26; Lutter-*H. Schmidt*, UmwG, § 302 Rz. 4.

33) Begr. RegE UmwG 1969 z. § 385a AktG, BT-Drucks. V/3165, S. 20.

34) Lutter-*H. Schmidt*, UmwG, § 302 Rz. 7; Semler/Stengel/Leonard-*Krebs*, UmwG, § 302 Rz. 27; *Otting* in: BeckOGK-UmwG, § 302 Rz. 37; *Leuering* in: KölnKomm-UmwG, § 302 Rz. 8; *Narr* in: NK-UmwG, § 302 Rz. 7; *Peus/Stenneken* in: HK-UmwG, § 302 Rz. 3.

35) Lutter-*H. Schmidt*, UmwG, § 302 Rz. 7.

36) Lutter-*H. Schmidt*, UmwG, § 302 Rz. 7.

37) Begr. RegE UmwG 1969 z. § 385a AktG, BT-Drucks. V/3165, S. 20.

38) Begr. RegE UmwG 1969 z. § 385a AktG, BT-Drucks. V/3165, S. 20; vgl. auch *Caspers*, WM 1969, Sonderbeilage Nr. 3 zu Teil IV Nr. 36, S. 3, 16 – „Erst wenn alle diese sachlichen Voraussetzungen gegeben sind, können sich die Beteiligten zum Notar begeben und die Satzung feststellen."

39) Vgl. mit einem ähnlichen – wenngleich deutlich weitreichenderen – Rat schon *Heckschen/Weitbrecht*, NZG 2018, 761, 767 Fn. 50.

b) Bestimmung der zukünftigen Anteilsinhaber

13 Ein zentraler Gegenstand des Regelungsauftrags ist, die **zukünftigen Anteilsinhaber** zu bestimmen (§ 302 Satz 2 Halbs. 1). Auf die allgemeine Formwechselvorschrift des § 202 Abs. 1 Nr. 2 Satz 1 kann trotz des (grundsätzlich) bestehenden Verweises in § 302 Satz 1 nicht abgestellt werden.[40] Die darin vorgesehene Anteilsinhaberidentität ist beim Formwechsel von Körperschaften und Anstalten des öffentlichen Rechts ausgeschlossen, weil diese keine Anteilsinhaber aufweisen (siehe dazu Rz. 5). Zwar hat die Körperschaft öffentlichen Rechts zumindest Mitglieder. Es ist dennoch nicht erforderlich, dass die Mitglieder zu Anteilsinhabern des formgewechselten Rechtsträgers werden.[41] Deren mitgliedschaftlichen Rechte, die – wie bereits die Gesetzesmaterialien zur Vorgängerregelung betonen[42] – nur ein Recht auf Teilnahme an den Leistungen der Körperschaft umfassen, erfordern regelmäßig **keine Fortführung in Gestalt einer Anteilsinhaberschaft.**[43] Bei der Entscheidung, wer mit Wirksamwerden des Formwechsels zum Anteilsinhaber wird, besteht also ein weitreichender Entscheidungsspielraum. Auch durch die Bestimmung der Gründer (siehe dazu Rz. 14) sowie durch die Bestimmung der Personen, die die Satzung feststellen, wird dieser Entscheidungsspielraum nicht verengt.[44] Vielmehr sind diese Aspekte unabhängig voneinander zu klären. Gewährt das UmwG einige Flexibilität, können sich dagegen Einschränkungen aus dem öffentlichen Recht ergeben.[45]

c) Bestimmung der Gründer

14 Das öffentlich-rechtliche Umwandlungsrecht muss festlegen, **wer einem Gesellschaftsgründer gleichsteht** (§ 302 Satz 2 Halbs. 1). Diese übernehmen die Aufgaben der formspezifischen Gründungsvorgaben, die nach §§ 302 Satz 1, 197 Satz 1 und §§ 303 Abs. 1, 220 bei dem Formwechsel zu beachten sind. Damit sie diese Aufgaben effektiv erfüllen können, wird betont, dass die Anzahl der Gründer klein bleiben und sie „möglichst sachverständig" sein sollen.[46] Die Bestimmung bloß eines einzigen Gründers ist möglich (§§ 302 Satz 1, 197 Satz 2).[47] Zählt die Verantwortlichkeit der Gründer zum sog. Außengründungsrecht, das der Modifikation durch öffentlich-rechtliches Umwandlungsrecht entzogen ist,[48] spricht einiges dafür, dass sich die dem vorgelagerte Frage der **Gründerfähigkeit** ebenfalls allein nach dem GmbHG[49] bzw. AktG[50] richtet. Etwaige Abweichungen dieser Auffassung

---

40) *Heckschen/Weitbrecht*, NZG 2018, 761, 765.

41) Lutter-*H. Schmidt*, UmwG, § 302 Rz. 9; *Otting* in: BeckOGK-UmwG, § 302 Rz. 44; ebenso und mit Hinweis auf „monetäre Ausgleichsmöglichkeiten" *Leuering* in: KölnKomm-UmwG, § 302 Rz. 11; zur Vorgängerregelung *Kollhosser*, AG 1988, 281, 284.

42) Begr. RegE UmwG 1969 z. § 385a AktG, BT-Drucks. V/3165, S. 20; zu § 59 Abs. 3 UmwG 1969 *Meyer-Ladewig*, GmbHR 1969, 231, 234 f.

43) Semler/Stengel/Leonard-*Krebs*, UmwG, § 302 Rz. 16; *Otting* in: BeckOGK-UmwG, § 302 Rz. 44; anders für den Sonderfall „vermögenswerte[r] Rechte [...], die nur durch eine gesellschaftsrechtliche Beteiligung der Mitglieder/Benutzer uneingeschränkt aufrechterhalten werden können" Widmann/Mayer-*Vossius*, UmwR, § 302 UmwG Rz. 22.

44) Lutter-*H. Schmidt*, UmwG, § 302 Rz. 9; Semler/Stengel/Leonard-*Krebs*, UmwG, § 302 Rz. 15.

45) Lutter-*H. Schmidt*, UmwG, § 302 Rz. 9; *Otting* in: BeckOGK-UmwG, § 302 Rz. 43; zur Zuweisung der Komplementärstellung an die öffentliche Hand bei Formwechsel in eine KGaA Semler/Stengel/Leonard-*Krebs*, UmwG, § 302 Rz. 15.

46) *Kollhosser*, AG 1988, 281, 284; Semler/Stengel/Leonard-*Krebs*, UmwG, § 302 Rz. 28.

47) Lutter-*H. Schmidt*, UmwG, § 302 Rz. 11.

48) Semler/Stengel/Leonard-*Krebs*, UmwG, § 302 Rz. 25.

49) Dazu *Fleischer* in: MünchKomm-GmbHG, § 1 Rz. 50 ff.

50) Dazu *Koch*, AktG, § 2 Rz. 5 ff.

zum Schrifttum[51] dürften im Ergebnis jedoch äußerst gering sein. Zwischen der Auswahl der Gründer und der Bestimmung der zukünftigen Anteilsinhaber sowie der Personen, die die Satzung feststellen bzw. den Gesellschaftsvertrag abschließen, besteht **keine Interdependenz** (§ 302 Satz 2 Halbs. 2, siehe dazu Rz. 13).

Wird entgegen § 302 Satz 2 Halbs. 1 **kein Gründer bestimmt**, behilft sich das Schrifttum damit, die Gründerstellung denjenigen zuzuweisen, die den Gesellschaftsvertrag geschlossen bzw. die Satzung festgestellt haben.[52] Dem ist beizupflichten. Stellt eine Person die Satzung fest, steht sie dem Gründungsprozess erheblich näher als eine Person, die bloß als zukünftiger Anteilsinhaber bestimmt wird.[53] 15

2. Keine Anwendbarkeit der §§ 28, 29 AktG (§ 302 Satz 2 Halbs. 2)

Nach § 302 Satz 2 Halbs. 2 sind die §§ 28, 29 AktG nicht anzuwenden. In § 28 AktG ist vorgesehen, dass zwischen den Aktionären, die die Satzung festgestellt haben, und den Gründern Identität besteht. Nach § 29 AktG übernehmen die Gründer die Aktien. Wie bereits vorstehend erläutert besteht ein solch zwingender Zusammenhang zwischen Satzungsfeststellung, Aktionärsstellung und Gründereigenschaft beim Formwechsel von Körperschaften und Anstalten des öffentlichen Rechts nicht (siehe dazu Rz. 13 f.). Das gilt für die Zielrechtsform der AG, der GmbH und der KGaA gleichermaßen.[54] Zu Recht wird es als bloßes Redaktionsversehen bezeichnet, dass § 280 Abs. 3 AktG – die Parallelvorschrift der KGaA-Gründung zu § 28 AktG – in § 302 Satz 2 Halbs. 2 nicht ausgeschlossen wird.[55] 16

51) Lutter-*H. Schmidt*, UmwG, § 302 Rz. 11; Semler/Stengel/Leonard-*Krebs*, UmwG, § 302 Rz. 28; *Leuering* in: KölnKomm-UmwG, § 302 Rz. 14.

52) So erstmals (noch zur Vorgängerregelung) Geßler/Hefermehl/Eckardt/Kropff-*Semler/Grunewald*, AktG, § 385a Rz. 8; dem folgend Semler/Stengel/Leonard-*Krebs*, UmwG, § 302 Rz. 29; Lutter-*H. Schmidt*, UmwG, § 302 Rz. 11; Widmann/Mayer-*Vossius*, UmwR, § 302 UmwG Rz. 71; *Narr* in: NK-UmwG, § 302 Rz. 9; *Leuering* in: KölnKomm-UmwG, § 302 Rz. 14.

53) Geßler/Hefermehl/Eckardt/Kropff-*Semler/Grunewald*, AktG, § 385a Rz. 8.

54) Lutter-*H. Schmidt*, UmwG, § 302 Rz. 12; *Narr* in: NK-UmwG, § 302 Rz. 11; Semler/Stengel/Leonard-*Krebs*, UmwG, § 302 Rz. 30.

55) Lutter-*H. Schmidt*, UmwG, § 302 Rz. 12; Semler/Stengel/Leonard-*Krebs*, UmwG, § 302 Rz. 30.

§ 303

Kapitalschutz; Zustimmungserfordernisse

(1) Außer den für die neue Rechtsform maßgebenden Gründungsvorschriften ist auch § 220 entsprechend anzuwenden.

(2) [1]Ein Formwechsel in eine Kommanditgesellschaft auf Aktien bedarf der Zustimmung aller Anteilsinhaber, die in dieser Gesellschaft die Stellung eines persönlich haftenden Gesellschafters haben sollen. [2]Auf den Beitritt persönlich haftender Gesellschafter ist § 221 entsprechend anzuwenden.

Literatur: Siehe auch die Literaturangaben bei § 301. *Gottschalk*, Der „erste" Aufsichtsrat bei Umwandlung einer Anstalt öffentlichen Rechts in eine mitbestimmte Aktiengesellschaft, NZG 2003, 713; *Heckschen/Weitbrecht*, Formwechsel öffentlicher Rechtsträger in private Rechtsformen, NZG 2018, 761; *Kallmeyer*, Der Formwechsel der GmbH oder GmbH & Co. in die AG oder KGaA zur Vorbereitung des Going public, GmbHR 1995, 888; *Lecheler*, Die Umwandlung einer Körperschaft des öffentlichen Rechts in eine Aktiengesellschaft, in Festschrift für Hartmut Maurer, 2001, S. 665; *Lutter*, Zur Reform von Umwandlung und Fusion, ZGR 1990, 392; *Petersen*,

Der Gläubigerschutz im Umwandlungsrecht, München 2001 (Habil.); *Priester*, Personengesellschaften im Umwandlungsrecht – Praxisrelevante Fragen und offene Posten, DStR 2005, 788; *Schmidt, K.*, Gläubigerschutz bei Umstrukturierungen, ZGR 1993, 366.

Übersicht

I. Allgemeines

1. Regelungsgehalt

1 § 303 Abs. 1 ordnet die **Anwendbarkeit der GmbH- bzw. aktienrechtlichen Gründungsvorschriften sowie des** § 220 an. Die Gründungsvorschriften sind bereits nach §§ 302 Satz 1, 197 Satz 1 anzuwenden, sofern keine abweichende öffentlich-rechtliche Bestimmung besteht. Der eigentliche Regelungsgehalt des in § 303 Abs. 1 enthaltenen Normverweises auf das AktG bzw. GmbHG liegt daher darin, die Anwendbarkeit der rechtsformspezifischen Gründungsvorschriften – zumindest im Verhältnis zu landesrechtlichen Bestimmungen – **abweichungsfest** auszugestalten. Entgegen dem zu weit gefassten Wortlaut betrifft § 303 Abs. 1 aber nur das sog. **Außengründungsrecht** (siehe dazu Rz. 4). § 303 Abs. 2 statuiert für den Formwechsel in eine KGaA ein **Zustimmungserfordernis.**

2. Vorgängerregelungen

2 Regelungen zur Anwendbarkeit der Gründungsvorschriften sowie zum Kapitalschutz fanden sich bereits in den Vorgängerregelungen (§ 59 Abs. 4 UmwG 1969, §§ 385a Abs. 4, 385b AktG a. F.).[1] Mit Einführung des § 303 haben sich mehrere Änderungen inhaltlicher und redaktioneller Art ergeben. Gänzlich neu ist § 303 Abs. 2, der der erstmaligen Möglichkeit des Formwechsels in eine KGaA Rechnung trägt.

II. Kapitalschutz (§ 303 Abs. 1)

1. Anwendbarkeit des sog. Außengründungsrechts

3 Nach § 303 Abs. 1 ist § 220 **entsprechend anzuwenden.** Die darin außerdem adressierte Anwendbarkeit der rechtsformspezifischen Gründungsvorschriften ist keine Eigenheit des besonderen Formwechselregimes der §§ 301 bis 304. Vielmehr ist sie im allgemeinen Formwechselrecht (§ 197 Satz 1) vorgeschrieben, auf das bereits § 302 Satz 1 verweist.[2] Dass die Anwendbarkeit im Wortlaut des § 303 Abs. 1 erneut angeordnet wird, ist gleichwohl **nicht bloß deklaratorischer Natur.**[3] Der Regelungsgehalt dieses Normverweises erklärt sich durch das sog. Primat des öffentlichen Rechts aus § 302 Satz 1, wonach öffentlich-rechtliche Bestimmungen die Anwendbarkeit der §§ 190 bis 213 abbedingen können (siehe dazu

1) Begr. RegE UmwBerG, BR-Drucks. 75/94, bei *Ganske*, Umwandlungsrecht, S. 298.

2) Lutter-*H. Schmidt*, UmwG, § 303 Rz. 1.

3) Ebenso offenbar *Leuering* in: KölnKomm-UmwG, § 303 Rz. 1; a. A. – wenngleich wohl ohne Abweichung im Ergebnis – *Wolfers/Voland* in: MünchHdb. GesR, Bd. 8, § 38 Rz. 492; *Narr* in: NK-UmwG, § 303 Rz. 2 – „lediglich klarstellend“.

näher § 302 Rz. 3 [*Döding*]). Soweit § 303 Abs. 1 die Anwendung der Gründungsvorschriften vorschreibt, wird die **Entscheidung darüber dem Landesrecht entzogen.**[4] Wenngleich mit anderer normativer Anknüpfung gelangen die Stimmen der Literatur, die die zwingende Anwendbarkeit eines Teils der Gründungsvorschriften aus §§ 302 Satz 1, 197 Satz 1 herleiten, zu demselben Ergebnis.[5]

Umstritten ist, welche Vorschriften des Gründungsrechts dem Primat des öffentlichen Rechts entzogen und damit – zumindest für das Landesrecht – zwingend sind: Ein Teil der Literatur geht davon aus, dass das gesamte formspezifische Gründungsrecht zwingender Natur ist.[6] Die h. M. sieht demgegenüber allein das **„Außengründungsrecht"** als zwingend an.[7] Dazu zählen die Regelungen zur Kapitalaufbringung und zum Kapitalschutz, zur Gründungsprüfung und zur Verantwortlichkeit der Gründer.[8] Der Beschränkung auf das Außengründungsrecht ist zuzustimmen. Für dieses Normverständnis spricht die **Überschrift des § 303** („Kapitalschutz"), denn – in den Worten von *Marcus Lutter* – „Kapitalschutz ist Gläubigerschutz per se"[9]. Hat § 303 Abs. 1 daher eine gläubigerschützende Stoßrichtung,[10] erfordert der Normzweck keine allumfassende Anwendung aller Gründungsvorschriften. Nur soweit sie auf den **Schutz der Gläubiger** abzielen, ist es geboten, die Gründungsvorschriften vom Primat des öffentlichen Rechts auszunehmen. Das ist bspw. zu verneinen bei rein internen Vorgängen wie der Frage, wie, von wem und in welcher Form der Gesellschaftsvertrag zu schließen bzw. die Satzung festzustellen ist (siehe dazu bereits § 302 Rz. 10 ff. [*Döding*]). Zu bejahen ist es dagegen insbesondere bei der Kapitalaufbringung und -erhaltung, die einen „institutionellen Gläubigerschutz"[11] darstellen. 4

2. Kapitalaufbringung

Nach §§ 220 Abs. 1, 303 Abs. 1 darf der Nennbetrag des Stammkapitals (GmbH) bzw. des Grundkapitals (AG, KGaA) das nach Abzug der Schulden verbleibende Vermögen der Körperschaft oder Anstalt des öffentlichen Rechts – das „Reinvermögen"[12] – nicht übersteigen. Es gilt das sog. **Prinzip der Reinvermögensdeckung.**[13] Dabei sind entsprechend der Recht- 5

---

4) *Leuering* in: KölnKomm-UmwG, § 303 Rz. 1; *Gottschalk*, NZG 2003, 713; *Otting* in: BeckOGK-UmwG, § 303 Rz. 2.

5) Etwa Lutter-*H. Schmidt*, UmwG, § 303 Rz. 1.

6) Widmann/Mayer-*Vossius*, UmwR, § 303 UmwG Rz. 4, demzufolge „die für die Gründung des neuen Rechtsträgers geltenden Vorschriften uneingeschränkt zur Anwendung kommen müssen"; *Heckschen/Weitbrecht*, NZG 2018, 761, 766 f., wonach „die Praxis […] von der Anwendbarkeit des gesamten Gründungsrechts gem. § 302 S. 1 i. V. m. § 197 S. 1 UmwG ausgehen" müsse.

7) Lutter-*H. Schmidt*, UmwG, § 303 Rz. 1; Semler/Stengel/Leonard-*Krebs*, UmwG, § 303 Rz. 1; *Lecheler* in: FS Maurer, S. 665, 669; *Leuering* in: KölnKomm-UmwG, § 303 Rz. 1; ebenso *Otting* in: BeckOGK-UmwG, § 303 Rz. 2.

8) Semler/Stengel/Leonard-*Krebs*, UmwG, § 302 Rz. 25; ähnl. auch Lutter-*H. Schmidt*, UmwG, § 302 Rz. 4; *Lecheler* in: FS Maurer, S. 665, 669 – „Kapitalaufbringung und ihre Sicherung".

9) *Lutter*, ZGR 1990, 392, 412; aufgegriffen von *Petersen*, Der Gläubigerschutz im Umwandlungsrecht, 2001, S. 83.

10) Vgl. auch *Otting* in: BeckOGK-UmwG, § 303Rz. 2 – „Vorrang von Teilen des Gründungsrechts mit Gläubiger- und Kapitalschutzwirkung"; *Wolfers/Voland* in: MünchHdb. GesR, Bd. 8, § 38 Rz. 487 – „Schutz des Kapitals und der Gläubiger".

11) Grundlegend *K. Schmidt*, ZGR 1993, 366, 367 ff., der den „institutionellen" vom „individuellen Gläubigerschutz" unterscheidet; ausf. *Petersen*, Der Gläubigerschutz im Umwandlungsrecht, 2001, S. 67, wonach die in den Gründungsvorschriften angeordnete Kapitalaufbringung „dem neuen Rechtsträger zugunsten der Gläubiger ein Mindestmaß an Stabilität verleiht"; dazu auch *Wiedemann*, GesR, S. 556 ff.

12) *Leuering* in: KölnKomm-UmwG, § 303 Rz. 5.

13) *Otting* in: BeckOGK-UmwG, § 303 Rz. 3; *Narr* in: NK-UmwG, § 303 Rz. 4; ebenso das Schrifttum zu § 220 Kallmeyer-*Blasche/Lanfermann*, UmwG, § 220 Rz. 4; *Priester*, DStR 2005, 788, 793; *Kühn* in: BeckOGK-UmwG, § 220 Rz. 7.

sprechung und h. M. zu § 220[14] die Verkehrswerte anzusetzen.[15] Hinsichtlich der weiteren Details zu § 220 Abs. 1 wird auf die entsprechende Kommentierung verwiesen (siehe dazu § 220 Rz. 6 [*Allmendinger*]).

6 Der **Mindestbetrag** folgt für das Stammkapital der GmbH (25.000 €) aus § 303 Abs. 1 i. V. m. § 5 Abs. 1 GmbHG und für das Grundkapital der AG bzw. KGaA (50.000 €) aus § 303 Abs. 1 i. V. m. § 7 AktG.[16] Die ordnungsgemäße Kapitalaufbringung wird vom Registergericht geprüft, das die Eintragung bei Unterdeckung versagt (§ 38 Abs. 1 Satz 2 AktG bzw. § 9c Abs. 1 GmbHG).[17]

3. Gründungs- bzw. Sachgründungsbericht

7 Beim Formwechsel in eine AG oder KGaA bzw. GmbH ist ein **Gründungs-** (§ 32 Abs. 1 AktG) **bzw. Sachgründungsbericht** (§ 5 Abs. 4 Satz 2 GmbHG) zu erstatten.[18] Nach §§ 220 Abs. 2, 303 Abs. 1 sind zusätzlich der „bisherige Geschäftsverlauf und die Lage" der Körperschaft oder Anstalt des öffentlichen Rechts darzulegen. Das wirft die Frage auf, wie weit der Bericht zum Geschäftsverlauf zurückreichen muss. Der Wortlaut der Norm ist denkbar umfassend und scheint sich auf den gesamten Zeitraum seit Entstehung der Körperschaft oder Anstalt zu beziehen. Dementsprechend ging ein Teil des früheren Schrifttums zur gleichlautenden Vorgängerregelung (§ 385b Abs. 1 AktG a. F.) davon aus, dass der gesamte Zeitraum „mit einer sich mit der Nähe zur Gegenwart steigernden Genauigkeit" aufzunehmen sei.[19] Mit Blick auf die anderslautenden Gesetzesmaterialien – dazu sogleich – ist das nicht überzeugend. Nach der mittlerweile ganz h. M. muss sich der Bericht über den bisherigen Geschäftsverlauf grundsätzlich bloß auf die **letzten zwei Geschäftsjahre** beziehen, wobei im **Ausnahmefall** bei entsprechender Relevanz auch weiter zurückliegende Umstände aufzunehmen seien.[20]

8 Dem ist (zumindest im Wesentlichen) zuzustimmen. Das **Schrifttum** zu § 220 verweist überzeugend auf die formspezifischen Gründungsvorschriften (§ 32 Abs. 2 Satz 2 Nr. 3 AktG, § 5 Abs. 4 Satz 2 GmbHG), die einen Berichtszeitraum von zwei Geschäftsjahren vorsehen.[21] Die Literatur zu § 303 trägt zutreffend vor, dass der Gesetzeszweck keinen längeren Berichtszeitraum erfordere.[22] Ergänzend kann die **historische Auslegung** herangezogen werden: Aufschlussreich sind die Gesetzesmaterialien zur Vorgängerregelung des § 385b Abs. 1 AktG a. F., wonach sich der Bericht auf die letzten beiden Geschäftsjahre

---

14) OLG Frankfurt/M., Beschl. v. 19.3.2015 – 20 W 160/13, ZIP 2015, 1229, 1231 = NJW-RR 2016, 414; Kallmeyer-*Blasche/Lanfermann*, UmwG, § 220 Rz. 6; Lutter-*Hoger*, UmwG, § 220 Rz. 10; Semler/Stengel/Leonard-*Schlitt*, UmwG, § 220 Rz. 13; *Priester*, DStR 2005, 788, 793; a. A. *Kallmeyer*, GmbHR 1995, 888, 889 Fn. 8.

15) *Leuering* in: KölnKomm-UmwG, § 303 Rz. 6; Lutter-*H. Schmidt*, UmwG, § 303 Rz. 3.

16) Lutter-*H. Schmidt*, UmwG, § 303 Rz. 4; *Otting* in: BeckOGK-UmwG, § 303 Rz. 3.

17) *Otting* in: BeckOGK-UmwG, § 303 Rz. 3, Semler/Stengel/Leonard-*Krebs*, UmwG, § 303 Rz. 4.

18) *Otting* in: BeckOGK-UmwG, § 303 Rz. 4 und 6.

19) *Zöllner* in: KölnKomm-AktG, 1985, § 385b Rz. 2; ebenso v. Godin/Wilhelmi-*S. Wilhelmi*, AktG, 1971, § 385b Anm. 1; a. A. *Caspers*, WM 1969, Sonderbeilage Nr. 3 zu Teil IV Nr. 36, S. 3, 16, – „die letzten beiden Geschäftsjahre".

20) *Otting* in: BeckOGK-UmwG, § 303 Rz. 5; *Leuering* in: KölnKomm-UmwG, § 303 Rz. 8; Semler/Stengel/Leonard-*Krebs*, UmwG, § 303 Rz. 9; abw., da auf Kalenderjahre abstellend, *Narr* in: NK-UmwG, § 303 Rz. 6; ohne zeitliche Ausdehnung im Einzelfall Widmann/Mayer-*Vossius*, UmwR, § 303 UmwG Rz. 16.

21) Semler/Stengel/Leonard-*Schlitt*, UmwG, § 220 Rz. 25; Kallmeyer-*Blasche/Lanfermann*, UmwG, § 220 Rz. 16; leicht abw. Lutter-*Hoger*, UmwG, § 220 Rz. 23 – *„mindestens* der Verlauf der letzten beiden Geschäftsjahre" (Hervorhebung durch d. Verf.).

22) Widmann/Mayer-*Vossius*, UmwR, § 303 UmwG Rz. 17; *Narr* in: NK-UmwG, § 303 Rz. 6.

der Körperschaft oder Anstalt des öffentlichen Rechts zu beziehen habe.[23] Diese Erwägungen dürften weiterhin von Belang sein, weil nach den Gesetzesmaterialien zu § 303 Abs. 1 hinsichtlich des Kapitalschutzes die „Grundsätze des geltenden Rechts“ übernommen werden sollten.[24] Daneben fragt sich, ob es eine Ausdehnung des Berichtszeitraums im Einzelfall, wie es die h. M. befürwortet, **überhaupt benötigt**. Einer formalen Gründungsregelung zum Gründungs- bzw. Sachgründungsbericht dürfte es im Gegenteil besser zu Gesicht stehen, auf leicht handhabbare und damit rechtssichere Kriterien abzustellen. Vor allem mit Blick auf die eindeutige Gesetzesbegründung ist hinsichtlich des „bisherigen Geschäftsverlaufs“ davon auszugehen, dass der **Berichtszeitraum stets bloß die letzten beiden Geschäftsjahre** umfassen muss.

4. Gründungsprüfung

Beim Formwechsel in eine **AG oder KGaA** muss **stets** eine Gründungsprüfung i. S. der §§ 33 ff. AktG erfolgen, §§ 220 Abs. 3 Satz 1, 303 Abs. 1.[25] Das gilt ausweislich des Normwortlauts („in jedem Fall“) unabhängig davon, ob ein Fall des § 33 Abs. 2 Nr. 1 bis 4 AktG vorliegt.[26] Die externe Prüfung durch den Gründungsprüfer tritt **ergänzend neben die interne Prüfung durch den Vorstand und Aufsichtsrat** (§ 33 Abs. 1 AktG).[27] Der Gründungsprüfer wird vom zuständigen Registergericht bestellt (§ 33 Abs. 3 Satz 2 AktG).[28] Der Umfang der Gründungsprüfung richtet sich nach § 34 Abs. 1 AktG und umfasst als Prüfungsgegenstand insbesondere die Reinvermögensdeckung i. S. des § 220 Abs. 1.[29] Für den Formwechsel in eine **GmbH** ist keine Gründungsprüfung erforderlich.[30] 9

5. Beginn der Nachgründungsfrist

Nach §§ 220 Abs. 3 Satz 2, 303 Abs. 1 beginnt bei einem Formwechsel in eine AG bzw. KGaA die zweijährige Nachgründungsfrist des § 52 Abs. 1 Satz 1 AktG mit dem Wirksamwerden des Formwechsels. Der maßgebliche Zeitpunkt ist daher die Eintragung in das Handelsregister (§ 304 Satz 1) (siehe dazu § 304 Rz. 5 f. [*Döding*]). Die aktienrechtlichen Regelungen zur Nachgründung bezwecken, Umgehungen der Kapitalaufbringung zu verhindern.[31] Hinsichtlich ihrer Details soll an dieser Stelle bloß auf die Kommentierungen zum AktG verwiesen werden. 10

III. Zustimmungserfordernis beim Formwechsel in eine KGaA (§ 303 Abs. 2)

§ 303 Abs. 2 Satz 1 ordnet speziell für den Formwechsel in eine KGaA ein weiteres Erfordernis an: Demnach ist die Zustimmung der Person erforderlich, die die Stellung des 11

23) Begr. RegE UmwG 1969 z. § 385b AktG, BT-Drucks. V/3165, S. 21.

24) Begr. RegE UmwBerG, BR-Drucks. 75/94, bei *Ganske*, Umwandlungsrecht, S. 298.

25) Mit Praxishinweisen *Heckschen/Weitbrecht*, NZG 2018, 761, 768 f. – „frühzeitige Einbindung […] unabdingbar“.

26) Semler/Stengel/Leonard-*Krebs*, UmwG, § 303 Rz. 10; *Leuering* in: KölnKomm-UmwG, § 303 Rz. 9 – „Rechtsfolgenverweis“; gleichsinnig zur Vorgängerregelung des § 385b Abs. 2 AktG a. F. *Zöllner* in: KölnKomm-AktG, 1985, § 385b Rz. 2.

27) Semler/Stengel/Leonard-*Krebs*, UmwG, § 303 Rz. 10.

28) Semler/Stengel/Leonard-*Schlitt*, UmwG, § 220 Rz. 30; Lutter-*Hoger*, UmwG, § 220 Rz. 24.

29) Kallmeyer-*Blasche/Lanfermann*, UmwG, § 220 Rz. 18; Lutter-*H. Schmidt*, UmwG, § 303 Rz. 6; *Leuering* in: KölnKomm-UmwG, § 303 Rz. 9.

30) Allg. Auffassung, etwa Semler/Stengel/Leonard-*Krebs*, UmwG, § 303 Rz. 10; Kallmeyer-*Blasche/Lanfermann*, UmwG, § 220 Rz. 18; Lutter-*Hoger*, UmwG, § 220 Rz. 25.

31) BGH, Urt. v. 9.7.2007 – II ZR 62/06 (Lurgi), Rz. 18, BGHZ 173, 145, 154 f. = NZG 2007, 754; BGH, Urt. v. 18.2.2008 – II ZR 132/06, (Rheinmöve), Rz. 11, BGHZ 175, 265, 270 f. = AG 2008, 1026; *Koch*, AktG, § 52 Rz. 1.

persönlich haftenden Gesellschafters i. S. des § 278 Abs. 1 AktG in der KGaA einnehmen soll. Das Zustimmungserfordernis ist die **Kehrseite zu § 302 Satz 2 Halbs. 1**, wonach die zukünftigen Anteilsinhaber durch öffentlich-rechtliche Bestimmungen festzulegen sind (zu diesem Regelungsauftrag siehe dazu bereits § 302 Rz. 13 [*Döding*]). Da niemandem ohne seine Zustimmung die persönliche Haftung aufgezwungen werden darf, ist § 303 Abs. 2 Satz 1 das Korrektiv für die durch Hoheitsakt vorgenommene Anteilseignerbestimmung.[32] Die **Zustimmungserklärung des künftigen Komplementärs** ist gemäß § 302 Satz 1 i. V. m. § 199 der Registeranmeldung beizufügen.[33] Zudem ist die Zustimmungserklärung **notariell zu beurkunden**, § 302 Satz 1 i. V. m. § 193 Abs. 3 Satz 1.[34] Von diesem Formerfordernis kann nicht durch öffentlich-rechtliche Bestimmungen abgewichen werden, weil § 303 Abs. 2 Satz 1 den künftigen Komplementär gerade vor dem öffentlich-rechtlichen Umwandlungsrecht schützen soll.

12 § 303 Abs. 2 Satz 2 sieht vor, dass **§ 221** auf den Beitritt eines persönlich haftenden Gesellschafters **entsprechend anzuwenden** ist. Gemäß § 303 Abs. 2 Satz 2 i. V. m. § 221 Satz 1 ist die **Erklärung des beitretenden Komplementärs notariell zu beurkunden**. Zudem muss dieser die **Satzung der KGaA genehmigen**, § 303 Abs. 2 Satz 2 i. V. m. § 221 Satz 2. Das Verhältnis von Satz 1 und Satz 2 des § 303 Abs. 2 wird im Schrifttum uneinheitlich eingeordnet: Vielfach wird § 303 Abs. 2 Satz 2 für „bislang nicht am Ausgangsrechtsträger beteiligte Dritte" herangezogen, während § 303 Abs. 2 Satz 1 für bereits daran Beteiligte die richtige Norm sei.[35] *H. Schmidt* differenziert demgegenüber – überzeugend – nach dem Weg, auf dem der künftige Komplementär in seine Position gelangt: Wird er bereits durch öffentlich-rechtliches Umwandlungsrecht zum persönlich haftenden Gesellschafter bestimmt, sei § 303 Abs. 2 Satz 1 anzuwenden; ansonsten werde er durch eine Beitrittserklärung zum Komplementär, sodass § 303 Abs. 2 Satz 2 Anwendung finde.[36]

IV. Bildung des Aufsichtsrats

13 Die umwandlungsrechtlichen Vorgaben zur Bildung des Aufsichtsrats sind **nicht abweichungsfest**, sodass öffentlich-rechtliche Vorschriften gemäß § 302 Satz 1 anderweitige Regelungen treffen können (zur Diskontinuität etwaiger Aufsichtsgremien von Körperschaften und Anstalten des öffentlichen Rechts siehe § 304 Rz. 10 [*Döding*]). Möglich ist daher die sog. **öffentlich-rechtliche Lösung**, die vom allgemeinen Formwechselrecht (§ 197 Satz 2 und Satz 3) abweicht und die Vorschriften über die Bildung und Zusammensetzung des ersten Aufsichtsrats für anwendbar erklärt.[37] Demgegenüber wird der Aufsichtsrat bei der sog. **privatrechtliche Lösung** nach Maßgabe des § 197 i. V. m. § 302 Satz 1 gebildet, wonach die Vorschriften über die Bildung und Zusammensetzung des ersten Aufsichtsrats nicht anzuwenden sind (§ 197 Satz 2), wohl aber § 31 AktG Anwendung findet (§ 197 Satz 3).[38]

32) Lutter-*H. Schmidt*, UmwG, § 303 Rz. 8; Semler/Stengel/Leonard-*Krebs*, UmwG, § 303 Rz. 13; *Narr* in: NK-UmwG, § 303 Rz. 8; Schmitt/Hörtnagl-*Rinke*, UmwG/UmwStG, § 303 UmwG Rz. 2.

33) Lutter-*H. Schmidt*, UmwG, § 303 Rz. 8.

34) Lutter-*H. Schmidt*, UmwG, § 303 Rz. 8; *Leuering* in: KölnKomm-UmwG, § 303 Rz. 11; Maulbetsch/Klumpp/Rose-*Peus/Stenneken*, UmwG, § 303 Rz. 4.

35) *Narr* in: NK-UmwG, § 303 Rz. 9; Semler/Stengel/Leonard-*Krebs*, UmwG, § 303 Rz. 14; Schmitt/Hörtnagl-*Rinke*, UmwG/UmwStG, § 303 UmwG Rz. 2.

36) Lutter-*H. Schmidt*, UmwG, § 303 Rz. 9.

37) Instruktiv *Gottschalk*, NZG 2003, 713, 714 f., der – allerdings noch vor der Einführung des § 197 Satz 3 – für die Wahl der öffentlich-rechtlichen Lösung plädiert und exemplarisch auf § 14 WestLBUmwG hinweist; *Otting* in: BeckOGK-UmwG, § 302 Rz. 38; Semler/Stengel/Leonard-*Krebs*, UmwG, § 302 Rz. 35; *Narr* in: NK-UmwG, § 303 Rz. 3.

38) *Gottschalk*, NZG 2003, 713, 714 f.; *Narr* in: NK-UmwG, § 303 Rz. 3.

§ 304
Wirksamwerden des Formwechsels

[1]Der Formwechsel wird mit der Eintragung der Kapitalgesellschaft in das Handelsregister wirksam. [2]Mängel des Formwechsels lassen die Wirkungen der Eintragung unberührt.

Literatur: Siehe auch die Literaturangaben bei § 301. *Berninger*, Handelsregistereintragung des Formwechsels einer AG in die Rechtsform der GmbH bzw. umgekehrt, GmbHR 2004, 659; *Ehlers*, Die Anstalt öffentlichen Rechts als neue Unternehmensform der kommunalen Wirtschaft, ZHR 167 (2003), 546; *Gaß*, Die Umwandlung gemeindlicher Unternehmen, Würzburg 2003 (Diss.); *Gottschalk*, Der „erste" Aufsichtsrat bei Umwandlung einer Anstalt öffentlichen Rechts in eine mitbestimmte Aktiengesellschaft, NZG 2003, 713; *Heckschen/Weitbrecht*, Formwechsel öffentlicher Rechtsträger in private Rechtsformen, NZG 2018, 761; *Meyer-Ladewig*, Die Umwandlung von Unternehmen in Gesellschaften mit beschränkter Haftung nach dem neuen handelsrechtlichen Umwandlungsgesetz, GmbHR 1969, 231; *Petersen*, Der Gläubigerschutz im Umwandlungsrecht, München 2001 (Habil.); *Preußner*, Organisationsrecht des Aufsichtsrates von Anstalten des Öffentlichen Rechts – Rechtliche Aspekte zur Tätigkeit von Aufsichtsräten am Beispiel der Landesbank Berlin (LBB), LKV 2004, 299; *Schmidt, K.*, Gläubigerschutz bei Umstrukturierungen, ZGR 1993, 366; *Westermann, H.*, Überlegungen zur Umwandlung einer juristischen Person öffentlichen Rechts in eine AG, in: Festschrift für Martin Luther, 1976, S. 191; *Wiedemann*, Identität beim Rechtsformwechsel, ZGR 1999, 568; *Zöllner*, Bemerkungen zu allgemeinen Fragen des Referentenentwurfs eines Umwandlungsgesetzes, ZGR 1993, 334.

Übersicht

I. Allgemeines

1. Regelungsgehalt

1 Die Vorschrift bestimmt die Eintragung der Kapitalgesellschaft in das Handelsregister als den **Zeitpunkt**, zu dem der Formwechsel der Körperschaft oder Anstalt des öffentlichen Rechts **wirksam** wird (Satz 1). Ab der Eintragung unterliegt die Organisation des formgewechselten Rechtsträgers nicht länger dem öffentlichem Recht, sondern richtet sich nach dem privatrechtlichen GmbHG bzw. AktG. Zudem werden durch die Eintragung etwaige Mängel **geheilt** (Satz 2).

2. Vorgängerregelungen

2 Entsprechende Regelungen zum Zeitpunkt des Wirksamwerdens fanden sich bereits in den Vorgängerregelungen (§ 59 Abs. 5 UmwG 1969, § 385c AktG a. F.).[1] Im Vergleich zur früheren Fassung ist der Wortlaut des § 304 Satz 2 neu.

1) Begr. RegE, bei *Ganske*, Umwandlungsrecht, S. 298 – „in Übereinstimmung mit dem geltenden Recht".

II. Registereintragung als Wirksamkeitserfordernis (§ 304 Satz 1)

1. Registeranmeldung

3 Die Registeranmeldung und die **Frage, welches Registergericht zuständig ist**, richten sich nach § 198.[2] Welche **Personen zur Anmeldung verpflichtet** sind, ist in §§ 301 bis 304 nicht geregelt. Damit ist der Formwechsel der Körperschaft oder Anstalt des öffentlichen Rechts der einzige Formwechselfall, für den der Gesetzgeber keine ausdrückliche Regelung getroffen hat.[3] Das Schrifttum zieht gestützt auf §§ 302 Satz 1, 197 Satz 1 – soweit ersichtlich einhellig – das **Gründungsrecht der neuen Rechtsform** heran.[4] Beim Formwechsel in die GmbH hat die Registeranmeldung daher durch sämtliche Geschäftsführer zu erfolgen, §§ 78, 7 Abs. 1 GmbHG. Der beim Formwechsel in eine AG bzw. KGaA anmeldungspflichtige Personenkreis umfasst gemäß § 36 Abs. 1 AktG (AG) bzw. § 36 Abs. 1 i. V. m. § 278 Abs. 3 AktG (KGaA) alle Gründer und sämtliche Mitglieder des Vorstands und des Aufsichtsrats.

4 Uneinheitlich wird beurteilt, ob die **Zuständigkeit der Anmeldungspflicht durch (landesrechtliche) Vorschriften des öffentlichen Rechts modifiziert** werden kann. Die überwiegende Auffassung verneint die Abweichungsmöglichkeit, indem sie sich darauf stützt, dass die Gründungsvorschriften nicht zur Disposition des (landesrechtlichen) öffentlich-rechtlichen Umwandlungsrechts stehen.[5] Dem ist zu folgen, da das sog. Außengründungsrecht nach § 303 Abs. 1 abweichungsfest ist (siehe dazu § 303 Rz. 4 [*Döding*]). Die Frage, wer die Aufgabe der Anmeldung übernehmen soll, mag zwar auf den ersten Blick eine bloß interne Angelegenheit sein. Der Kreis der anmeldungspflichtigen Personen bestimmt im Aktienrecht aber zugleich die Adressaten der Verantwortlichkeit nach §§ 46 bis 48 AktG, die die Kapitalaufbringung absichern sollen und dadurch den Gläubigerschutz bezwecken.[6] Schon die Frage, wer die Anmeldung vorzunehmen hat, ist daher dem Außengründungsrecht zuzuordnen, von dem nicht durch (landesrechtliches) öffentlich-rechtliches Umwandlungsrecht abgewichen werden kann. Gestaltungsspielraum besteht indes hinsichtlich der Frage, wer Gründer ist (siehe dazu § 302 Rz. 14 [*Döding*]).

2. Wirkungen des Formwechsels

a) Wirksamkeitszeitpunkt

5 Die Eintragung in das Handelsregister ist das Tor zwischen öffentlich-rechtlichem und privatrechtlichem Organisationsrecht: Sie wirkt **konstitutiv**[7] und markiert daher den **Wirksamkeitszeitpunkt.**[8]

6 Umstritten ist, ob durch (landesrechtliches) öffentlich-rechtliches Umwandlungsrecht von § 304 Satz 1 abgewichen werden kann, indem für das Wirksamwerden ein **späterer Zeit-**

---

2) *Narr* in: NK-UmwG, § 304 Rz. 3; *Leuering* in: KölnKomm-UmwG, § 304 Rz. 1.

3) So schon Semler/Stengel/Leonard-*Krebs*, UmwG, § 304 Rz. 2; Lutter-*H. Schmidt*, UmwG, § 304 Rz. 3.

4) Semler/Stengel/Leonard-*Krebs*, UmwG, § 304 Rz. 2; Lutter-*H. Schmidt*, UmwG, § 304 Rz. 3; *Otting* in: BeckOGK-UmwG, § 304 Rz. 2; *Narr* in: NK-UmwG, § 304 Rz. 3; Widmann/Mayer-*Vossius*, UmwR, § 302 UmwG Rz. 76; Maulbetsch/Klumpp/Rose-*Peus/Stenneken*, UmwG, § 304 Rz. 1; gleichsinnig zur Vorgängerregelung des § 59 UmwG 1969 *Mayer-Ladewig*, GmbHR 1969, 231, 235.

5) Semler/Stengel/Leonard-*Krebs*, UmwG, § 302 Rz. 32; Widmann/Mayer-*Vossius*, UmwR, § 302 UmwG Rz. 76; a. A. Lutter-*H. Schmidt*, UmwG, § 304 Rz. 3a.

6) Vgl. zu diesem Normzweck der §§ 46 ff. AktG BGH, Urt. v. 27.2.1975 – II ZR 111/72, BGHZ 64, 52, 57 f. = NJW 1975, 974; *Koch*, AktG, § 46 Rz. 1; *Pentz* in: MünchKomm-AktG, § 46 Rz. 5; K. Schmidt/Lutter-*Bayer*, AktG, § 48 Rz. 1.

7) *Otting* in: BeckOGK-UmwG, § 304 Rz. 6; *Berninger*, GmbHR 2004, 659, 661; ebenso zur Vorgängerregelung *H. Westermann* in: FS Luther, S. 191, 199.

8) Vgl. OLG Naumburg, Urt. v. 22.1.2004 – 7 U 133/03, NZG 2004, 775, 777.

punkt angeordnet wird. Dafür wird argumentiert, dass der Landesgesetzgeber den Formwechsel auch gänzlich außerhalb des UmwG durchführen könne.[9] Wenn das öffentliche Recht die Möglichkeit des Formwechsels vorsehe (§ 301 Abs. 2), könne es dabei auch vorschreiben, dass der Formwechsel zu einem späteren Zeitpunkt wirksam werde.[10] Dem ist zu widersprechen: § 301 Abs. 2 betrifft nur das Ob, nicht das Wie und damit auch nicht das Wann des Formwechsels. Dass der Landesgesetzgeber den Formwechsel auch außerhalb des UmwG durchführen könnte, kann nicht begründen, warum eine Abweichung bei einem i. R. des UmwG vollzogenen Formwechsel bestehen soll. Das sog. Primat des öffentlichen Rechts (siehe dazu § 302 Rz. 3 [*Döding*]) gestattet nach § 302 Satz 1 die Abweichung von den §§ 190 bis 213. Die Gegenauffassung wäre nur dann richtig, wenn sich der Wirksamkeitszeitpunkt allein aus dem allgemeinen Formwechselrecht (§ 202 Abs. 1 Nr. 1) ergeben würde.[11] Daher ist die Möglichkeit, durch (landesrechtliche) öffentlich-rechtliche Vorschriften den Wirksamkeitszeitpunkt aus § 304 Satz 1 zu verändern, **abzulehnen.**[12]

b) Identitätswahrung

7 Nicht anders als die übrigen Formwechselfälle des UmwG wirkt auch der Formwechsel einer Körperschaft oder Anstalt des öffentlichen Rechts **identitätswahrend.**[13] Die Körperschaft oder Anstalt besteht – wie schon die Vorgängervorschriften in § 59 Abs. 5 UmwG 1969, § 385c AktG a. F. treffend lauteten – „als" GmbH, AG oder KGaA „weiter".[14] Die „Rechtsfigur der Identität" zeichnet sich dadurch aus, dass es anders als bei der Verschmelzung und der Spaltung zu keinem Vermögensübergang kommt.[15] Stattdessen gilt „wirtschaftliche Kontinuität", wonach das Aktiv- und Passivvermögen unverändert bleibt.[16] Wie bei allen Formwechseln besteht hinsichtlich der Organisationsverfassung „Diskontinuität".[17] Besonders ist dagegen, dass beim Formwechsel von Körperschaften oder Anstalten des öffentlichen Rechts **keine Identität der Anteilsinhaber** vorliegt (siehe dazu sogleich Rz. 9).[18]

9) Semler/Stengel/Leonard-*Krebs*, UmwG, § 304 Rz. 4.

10) Lutter-*H. Schmidt*, UmwG, § 304 Rz. 1 – m. Verweis auf § 10 Abs. 1 des Berliner Sparkassengesetzes v. 28.6.2005, GVBl. Berlin 2005, 346; ebenso *Otting* in: BeckOGK-UmwG, § 304 Rz. 7 f.

11) Vgl. auch (allerdings im Zusammenhang mit der Heilungswirkung) Lutter-*H. Schmidt*, UmwG, § 304 Rz. 6, wonach „sich der Regelungsvorbehalt für öffentliches Recht in § 302 Satz 1 UmwG nicht auf § 304 UmwG bezieht".

12) Ebenso *Wolfers/Voland* in: MünchHdb. GesR, Bd. 8, § 38 Rz. 485; *Leuering* in: KölnKomm-UmwG, § 304 Rz. 2; *Narr* in: NK-UmwG, § 304 Rz. 1.

13) BFH, Urt. v. 8.10.2008 – I R 3/06, BStBl. II 2010, 186 = DStRE 2009, 263, 265; ebenso BGH, Beschl. v. 27.2.2004 – IXa ZB 162/03, NZG 2004, 728 = ZIP 2004, 666, der allerdings zu einem außerhalb des UmwG erfolgten Formwechsel der früheren Deutschen Genossenschaftsbank entschied, vgl. § 1 Abs. 1 Satz 2 des Gesetzes zur Umwandlung der Deutschen Genossenschaftsbank (DG Bank-Umwandlungsgesetz) v. 13.8.1998, BGBl. I 1998, 2102; Semler/Stengel/Leonard-*Krebs*, UmwG, § 304 Rz. 3; Lutter-*H. Schmidt*, UmwG, § 304 Rz. 5; *Gaß*, Die Umwandlung gemeindlicher Unternehmen, S. 226 f.

14) Nicht unkritisch zum Regelungsmodell der Identität, wenngleich wohlwollender zum erzielten Ergebnis *Zöllner* in: KölnKomm-AktG, 1985, § 385a Rz. 11; *Zöllner*, ZGR 1993, 334, 336 f.

15) Instruktiv *K. Schmidt*, GesR, § 12 IV., S. 354; Semler/Stengel/Leonard-*Krebs*, UmwG, § 304 Rz. 3; Lutter-*H. Schmidt*, UmwG, § 304 Rz. 5.

16) Lutter-*H. Schmidt*, UmwG, § 304 Rz. 5; zur Vorgängerreglung ebenso *Meyer-Landrut* in: Großkomm-AktG, § 385c; zum allgemeinen Formwechselrecht *Wiedemann*, ZGR 1999, 568, 579 f.; Lutter-*Hoger*, UmwG, § 202 Rz. 23.

17) *Otting* in: BeckOGK-UmwG, § 304 Rz. 9; zum allgemeinen Formwechselrecht Lutter-*Hoger*, UmwG, § 202 Rz. 8 f.; *Wansleben* in: MünchHdb. GesR, Bd. 8, § 36 Rz. 2.

18) Lutter-*H. Schmidt*, UmwG, § 304 Rz. 5.

c) **Sonstige Wirkungen des Formwechsels**

8 Die sonstigen Wirkungen richten sich – sofern keine anderweitigen Bestimmungen des gemäß § 302 Satz 1 vorrangigen öffentlichen Rechts bestehen[19] – im Wesentlichen nach dem allgemeinen Formwechselrecht (§§ 202 ff.).[20]

9 Eine Ausnahme besteht für die **Beteiligung der Anteilsinhaber an der formgewechselten Kapitalgesellschaft**, die niemals aus §§ 302 Satz 1, 202 Abs. 1 Nr. 2 Satz 1 folgt: Mit der Eintragung werden stattdessen die Personen, die **das öffentliche Recht bestimmt** hat, zu Anteilsinhabern. Weil bei Körperschaften und Anstalten des öffentlichen Rechts keine Anteilsinhaber existieren, richtet § 302 Satz 2 Halbs. 1 den Regelungsauftrag an das öffentliche Recht, die zukünftigen Anteilsinhaber zu bestimmen (siehe dazu näher § 302 Rz. 13 [*Döding*]).

10 Ebenso wenig besteht hinsichtlich der **Besetzung des Aufsichtsrats** Kontinuität: Nach § 203 Satz 1 bleiben Aufsichtsratsmitglieder beim formgewechselten Rechtsträger im Amt, wenn der Aufsichtsrat dort „in gleicher Weise" gebildet und zusammengesetzt wird. Eine solche „Amtskontinuität"[21] scheidet beim Formwechsel einer Körperschaft oder Anstalt des öffentlichen Rechts aus. Zwar ist denkbar, dass die Körperschaft oder Anstalt bereits ein Aufsichtsgremium (z. B. Verwaltungsrat)[22] hat. Allerdings wird dieses nicht „in gleicher Weise" i. S. des § 203 Satz 1 gebildet und zusammengesetzt, sodass das Aufsichtsgremium nach dem Formwechsel nicht fortbesteht.[23] Ist ein neuer Aufsichtsrat zu bilden, bieten sich dafür mit der sog. **privatrechtlichen Lösung** und der sog. **öffentlich-rechtlichen Lösung** zwei konkurrierende Wege an (siehe dazu § 303 Rz. 13 [*Döding*]).

11 Bedeutsam ist der **umwandlungsrechtliche Gläubigerschutz**: Die Gläubiger können unter den Voraussetzungen des § 22, der gemäß §§ 302 Satz 1, 204 grundsätzlich Anwendung findet, **Sicherheitsleistungen** verlangen.[24] Dabei handelt es sich nach der Typologie *Karsten Schmidts* um einen „individuellen Gläubigerschutz", weil es – im Gegensatz zum „institutionellen Gläubigerschutz" – um die Forderungen individualisierbarer Gläubiger geht.[25] Bemerkenswert ist, dass der individuelle Gläubigerschutz aus § 22 zur Disposition des öffentlich-rechtlichen Umwandlungsrechts steht (§ 302 Satz 1),[26] während der institutionelle Gläubigerschutz der formspezifischen Gründungsvorschriften[27] dem Einfluss (zumindest) landesrechtlicher Bestimmungen entzogen ist (§ 303 Abs. 1, siehe dazu näher

19) Allg. Meinung, exemplarisch Semler/Stengel/Leonard-*Krebs*, UmwG, § 304 Rz. 4; *Leuering* in: KölnKomm-UmwG, § 304 Rz. 3; Widmann/Mayer-*Vossius*, UmwR, § 304 UmwG Rz. 4; *Gaß*, Die Umwandlung gemeindlicher Unternehmen, S. 226.

20) Lutter-*H. Schmidt*, UmwG, § 304 Rz. 5; Widmann/Mayer-*Vossius*, UmwR, § 304 UmwG Rz. 4.

21) Lutter-*Hoger*, UmwG, § 203 Rz. 2.

22) Zum Verwaltungsrat einer Anstalt des öffentlichen Rechts *Ehlers*, ZHR 167 (2003), 546, 562 ff.

23) *Gottschalk*, NZG 2003, 713, 714; *Narr* in: NK-UmwG, § 303 Rz. 3; Semler/Stengel/Leonard-*Krebs*, UmwG, § 302 Rz. 35; *Preußner*, LKV 2004, 299, 301; Lutter-*Hoger*, UmwG, § 203 Rz. 8; i. Erg. ebenso Widmann/Mayer-*Vossius*, UmwR, § 203 UmwG Rz. 20; Schmitt/Hörtnagl-*Winter*, UmwG/UmwStG, § 203 UmwG Rz. 4; anders im Einzelfall wohl *Simons* in: BeckOGK-UmwG, § 197 Rz. 64.

24) *Leuering* in: KölnKomm-UmwG, § 304 Rz. 3; Semler/Stengel/Leonard-*Krebs*, UmwG, § 304 Rz. 6; *Gaß*, Die Umwandlung gemeindlicher Unternehmen, S. 227.

25) *K. Schmidt*, ZGR 1993, 366, 367 f. und 381 ff.; *K. Schmidt*, GesR, § 12 III., S. 349; aufgegriffen und fortgeführt von *Petersen*, Der Gläubigerschutz im Umwandlungsrecht, 2001, S. 16 ff.

26) So auch Semler/Stengel/Leonard-*Krebs*, UmwG, § 304 Rz. 6; Widmann/Mayer-*Vossius*, UmwR, § 304 UmwG Rz. 5; Lutter-*H. Schmidt*, UmwG, § 304 Rz. 5a.

27) *K. Schmidt*, ZGR 1993, 366, 368 ff.; zu den „Gründungsvorschriften als Stabilitätsgarantie" *Petersen*, Der Gläubigerschutz im Umwandlungsrecht, 2001, S. 66.

§ 303 Rz. 4 ff. [*Döding*]). Nach Berichten aus der Praxis werde von der Abdingbarkeit des Anspruchs auf Sicherheitsleistung (§ 22) „reger Gebrauch" gemacht.[28)]

III. Heilung (§ 304 Satz 2)

Mit Handelsregistereintragung gelangt der Formwechsel **endgültig** zu seiner Wirksamkeit. Etwaige Mängel des Formwechsels werden nach § 304 Satz 2 **geheilt.**[29)] Damit steht die Vorschrift im Einklang mit dem „Prinzip des umwandlungsrechtlichen Bestandsschutzes"[30)], das neben dem Formwechsel- auch das Verschmelzungs- und das Spaltungsrecht beherrscht (§§ 20 Abs. 2, 131 Abs. 2, 202 Abs. 3). Schon der Wortlaut der Norm („Mängel des Formwechsels") differenziert nicht zwischen Mängeln des Privatrechts und solchen des öffentlichen Rechts. Daher lässt das Fehlen öffentlich-rechtlicher Formwechselerfordernisse – z. B. aufsichtsbehördlicher Genehmigungen – die Wirksamkeit unberührt.[31)] Die Heilung tritt auch ein, wenn die Formwechselermächtigung i. S. des § 301 Abs. 2 unwirksam ist oder sogar gänzlich fehlt.[32)] 12

Eine **Abweichung von der angeordneten Heilungswirkung** ist durch (landesrechtliches) öffentlich-rechtliches Umwandlungsrecht nicht möglich.[33)] Nach einem Teil der Literatur soll eine Amtslöschung (§ 395 FamFG) bei einem dauerhaften **Verstoß gegen „fundamentale Prinzipien des öffentlichen Rechts"** ausnahmsweise in Betracht kommen.[34)] Die Löschungsmöglichkeit ist jedoch allenfalls denkbar, wenn das Resultat des Formwechsels den Verstoß begründet. Verfahrensfehler genügen keinesfalls. Zudem ist dabei besonders große Zurückhaltung geboten, um den Normzweck nicht zu unterlaufen.[35)] 13

---

28) So *Heckschen/Weitbrecht*, NZG 2018, 761, 769 – m. Hinweis auf die Formwechsel u. a. der SachsenLB (Art. 1 § 1 Abs. 4 SachsenLBUmwG) und der WestLB (§ 8 Abs. 4 WestLBUmwG), wonach jeweils die Anwendung der §§ 190 bis 213 ausgeschlossen wird.

29) Semler/Stengel/Leonard-*Krebs*, UmwG, § 304 Rz. 5; *Wolfers/Voland* in: MünchHdb. GesR, Bd. 8, § 38 Rz. 486; *Gaß*, Die Umwandlung gemeindlicher Unternehmen, S. 226.

30) *Lieder* in: MünchHdb. GesR, Bd. 8, § 4 Rz. 38.

31) Lutter-*H. Schmidt*, UmwG, § 304 Rz. 6; *Leuering* in: KölnKomm-UmwG, § 304 Rz. 4; *Otting* in: BeckOGK-UmwG, § 304 Rz. 10; Maulbetsch/Klumpp/Rose-*Peus/Stenneken*, UmwG, § 304 Rz. 2; vgl. auch Semler/Stengel/Leonard-*Krebs*, UmwG, § 304 Rz. 5, wonach ein Verwaltungsrechtsstreit mit Eintragung in der Hauptsache erledigt sei; ebenso *Narr* in: NK-UmwG, § 304 Rz. 8; Widmann/Mayer-*Vossius*, UmwR, § 304 UmwG Rz. 8.

32) Lutter-*H. Schmidt*, UmwG, § 304 Rz. 6.

33) Lutter-*H. Schmidt*, UmwG, § 304 Rz. 6; *Leuering* in: KölnKomm-UmwG, § 304 Rz. 4.

34) Schmitt/Hörtnagl-*Rinke*, UmwG/UmwStG, § 304 UmwG Rz. 3; *Wolfers/Voland* in: MünchHdb. GesR, Bd. 8, § 38 Rz. 486; Widmann/Mayer-*Vossius*, UmwR, § 301 UmwG Rz. 12; deutlich zurückhaltender *Otting* in: BeckOGK-UmwG, § 304 Rz. 11.

35) Ebenso *Otting* in: BeckOGK-UmwG, § 304 Rz. 11 – „in […] Ausnahmefällen", „jedoch nur in sehr engen Grenzen".

Sechstes Buch
Grenzüberschreitende Umwandlung

Erster Teil
Grenzüberschreitende Verschmelzung

§ 305
Grenzüberschreitende Verschmelzung*)

(1) Eine grenzüberschreitende Verschmelzung ist eine Verschmelzung, bei der mindestens eine der beteiligten Gesellschaften dem Recht eines anderen Mitgliedstaats der Europäischen Union oder eines anderen Vertragsstaats des Abkommens über den Europäischen Wirtschaftsraum unterliegt.

(2) [1]Auf die Beteiligung einer Kapitalgesellschaft (§ 3 Absatz 1 Nummer 2) an einer grenzüberschreitenden Verschmelzung sind die Vorschriften des Ersten Teils und des Zweiten, Dritten und Vierten Abschnitts des Zweiten Teils des Zweiten Buches entsprechend anzuwenden, soweit sich aus diesem Teil nichts anderes ergibt. [2]Auf die Beteiligung einer Personenhandelsgesellschaft (§ 3 Absatz 1 Nummer 1) an einer grenzüberschreitenden Verschmelzung sind die Vorschriften des Ersten Teils und des Zweiten Unterabschnitts des Ersten Abschnitts des Zweiten Teils des Zweiten Buches entsprechend anzuwenden, soweit sich aus diesem Teil nichts anderes ergibt.

*) § 305 geändert durch Art. 34 des Gesetzes zur Förderung geordneter Kreditzweitmärkte und zur Umsetzung der Richtlinie (EU) 2021/2167 über Kreditdienstleister und Kreditkäufer sowie zur Änderung weiterer finanzrechtlicher Bestimmungen (Kreditzweitmarktförderungsgesetz), v. 22.12.2023, BGBl. I 2023, Nr. 411; § 305 n. F. (§ 122a a. F.) Paragraphenzählung und Text geändert durch Art. 1 des Gesetzes zur Umsetzung der Umwandlungsrichtlinie und zur Änderung weiterer Gesetze (UmRUG), v. 22.2.2023, BGBl. I 2023, Nr. 51; § 122a a. F. (§ 305 n. F.) eingefügt durch Art. 1 des Zweiten Gesetzes zur Änderung des Umwandlungsgesetzes (2. UmwGÄndG), v. 19.4.2007, BGBl. I 2007, 542.

Literatur: *Baschnagel/Hilser*, Grenzüberschreitende Umwandlungen von Personengesellschaften nach dem MoPeG und dem UmRUG – aktuelle Entwicklungen sowie rechtspolitische und rechtsdogmatische Perspektiven, ZPG 2024, 81; *Baschnagel/Hilser*, Grenzüberschreitende Umwandlungen von Personengesellschaften: Zulässigkeit, Formen und praktische Gestaltung, ZPG 2023, 449; *Bayer/Schmidt, J.*, BB-Gesetzgebungs- und Rechtsprechungsreport zum Europäischen Unternehmensrecht 2018/19, Teil I: Company Law Package, BB 2019, 1922; *Bormann/Stelmaszczyk*, Grenzüberschreitende Spaltungen und Formwechsel nach dem EU-Company Law Package, ZIP 2019, 353; *Bormann/Stelmaszczyk*, Grenzüberschreitende Verschmelzungen nach dem EU-Company Law Package, ZIP 2019, 300; *Bungert*, Das neue Recht der grenzüberschreitenden Spaltungen in der EU, in: Festschrift für Gerd Krieger, 2020, S. 109; *Bungert/Becker*, Der finale EU-Richtlinienentwurf zu grenzüberschreitenden Formwechseln, Verschmelzungen und Spaltungen, DB 2019, 1609; *Bungert/de Raet*, Grenzüberschreitender Formwechsel in der EU, DB 2014, 761; *Engel/Haubner*, Die GmbH mit gebundenem Vermögen und das Europarecht, DStR 2022, 844; *Schmidt, J.*, Die weitreichende Reform des Umwandlungsrechts, NJW 2023, 1241; *Schmidt, J.*, Der UmRUG-Referentenentwurf: grenzüberschreitende Umwandlungen 2.0 – und vieles mehr, (Teil 1) NZG 2022, 579; *Schollmeyer*, Gesetzesentwurf und Gesetzgebungsverfahren, ZGR-Sonderheft 26 (2023), 31; *Schulte*, Grenzüberschreitende Heraus- und Hineinverschmelzung der GmbH in der Praxis des Registerverfahrens, GmbHR 2025, 407.

Übersicht

I. Entstehung und Zweck der Vorschrift

1 Die Regelungen zur grenzüberschreitenden Verschmelzung wurzeln in der für die europäischen Mitgliedstaaten in **Art. 49, 54 AEUV** primärrechtlich normierten **Niederlassungsfreiheit**. Diese garantieren nicht nur die identitätswahrende Mobilität von Gesellschaften, sondern auch (rechtsformwechselnde) grenzüberschreitende Umwandlungen. Die §§ 305 ff. sind eine Kodifizierung dieser Grundfreiheit.

2 Diese Mobilität von Gesellschaften hat der EuGH in einer Reihe von Entscheidungen entwickelt. Nach einigen Entscheidungen zur identitätswahrenden Sitzverlegung (sog. Zuzugsfälle)[1)] hatte sich der EuGH im Jahr 2005 in der Rechtsache **SEVIC Systems AG** mit der Zulässigkeit einer Verschmelzung einer deutschen AG auf eine luxemburgische SA zu beschäftigen. Das **deutsche Registergericht** hatte den Antrag auf Eintragung der Verschmelzung **abgewiesen**, da das deutsche UmwG nur die Verschmelzung von Rechtsträgern mit Sitz im Inland vorsehe. Der EuGH entschied, dass diese unterschiedliche Behandlung von innerstaatlichen und grenzüberschreitenden Verschmelzungen **gegen die Niederlassungsfreiheit verstoße.**[2)]

3 Nur zwei Tage nach der auf die primärrechtliche Niederlassungsfreiheit (Art. 49, 54 AEUV) gestützten Entscheidung des EuGH in der Rechtssache SEVIC Systems AG trat die erste **Verschmelzungsrichtlinie (2005/56/EG)**[3)] in Kraft, welche erstmals eine sekundärrechtliche Grundlage zur Harmonisierung der nationalen Verschmelzungsvorschriften von **Kapitalgesellschaften** aus verschiedenen Mitgliedstaaten sowie des EWR schaffte.[4)] Sonstige Umwandlungen von Kapitalgesellschaften (Formwechsel, Spaltungen) und Verschmelzungen von Personengesellschaften waren nicht Gegenstand der Verschmelzungsrichtlinie (2005/56/EG).

4 In Deutschland erfolgte die Umsetzung der Verschmelzungsrichtlinie (2005/56/EUG) durch die mit dem UmRUG aufgehobenen Vorschriften der **§§ 122a ff. a. F.**, welche erstmals die grenzüberschreitende Verschmelzung von EU und EWR-Kapitalgesellschaften regelten. Der deutsche Gesetzgeber entschied sich dabei für eine richtliniennahe Umsetzung der grenzüberschreitenden Verschmelzung ohne Angleichung der nationalen Umwandlungsvorschriften, was zu einer teilweise (zumindest begrifflich) unglücklichen Diskrepanz führte. Während § 122c a. F. den Begriff **Verschmelzungsplan** verwendete und damit den korporativen Charakters dieses zentralen Dokuments der Verschmelzung betonte, enthielt

1) EuGH, Urt. v. 9.3.1999 – Rs. C-212/97 (Centros), NJW 1999, 2027 = NZG 1999, 298; EuGH, Urt. v. 5.11.2022 – Rs. C-208/00 (Überseering), NZG 2002, 1164 = NJW 2002, 3614; EuGH, Urt. v. 30.9.2005 – Rs. C-167/01 (Inspire Art), NJW 2003, 3331 = NZG 2003, 1064.

2) EuGH, Urt. v. 13.12.2005 – Rs. C-411/03 (SEVIC Systems AG), NZG 2006, 112 = NJW 2006, 425.

3) Richtlinie 2005/56/EG des Europäischen Parlaments und des Rates v. 26.10.2005 über die Verschmelzung von Kapitalgesellschaften aus verschiedenen Mitgliedstaaten (Verschmelzungsrichtlinie [grenzüberschreitend]), ABl. (EG) L 310/1 v. 25.11.2005.

4) Ausf. *Kleinhenz*, Die grenzüberschreitende Verschmelzung unter Beteiligung deutscher Unternehmen nach Umsetzung der Richtlinie 2005/56/EG, 2008.

§ 5 für die nationale Umwandlung weiterhin den Begriff **Verschmelzungsvertrag**, welcher einen schuldrechtlichen Charakter implizierte.[5)]

Im Jahr 2017 entschied der EuGH in der Rechtssache **Polbud**[6)] in konsequenter Weiterentwicklung seiner bisherigen Rechtsprechung zur Mobilität von Gesellschaften, dass auch die identitätswahrende isolierte Satzungssitzverlegung von der Niederlassungsfreiheit geschützt sei. Bereits 2012 hatte der EuGH dies in der Rechtssache **VALE**[7)] für die kombinierte Verlegung von Satzungs- und Verwaltungssitz bejaht. Spätestens seit der Polbud-Entscheidung war klar, dass die Niederlassungsfreiheit auf sämtliche Umwandlungsformen (einschließlich der grenzüberschreitenden Spaltung) zu erstrecken war. In der Praxis waren grenzüberschreitende Formwechsel trotz der klaren Rechtsprechung des EuGH aufgrund der Handhabung der Registergerichte nicht rechtssicher möglich. Deshalb wurden die Rufe nach einer Normierung sämtlicher grenzüberschreitenden Umwandlungsformen laut(er).[8)] 5

Mit dem sog. **Company Law Package** des Jahres 2018 legte die EU-Kommission die **Umwandlungsrichtlinie** (EU 2019/2121 zur Änderung der Gesellschaftsrechtsrichtlinie ((EU) 2017/1132)) vor, welche die Harmonisierungen von sämtlichen grenzüberschreitenden Umwandlungen in der EU zum Gegenstand hat. Nach Beschlussfassung im EU-Parlament am 18.4.2019 trat die Umwandlungsrichtlinie in Kraft und schaffte neben den bereits bestehenden Regelungen zu nationalen und grenzüberschreitenden Verschmelzungen auch eine **sekundärrechtliche Grundlage** für grenzüberschreitende Formwechsel, Spaltungen und Verschmelzungen. Hinsichtlich der Verschmelzungen strebt der europäische Gesetzgeber im Ausgangspunkt eine Harmonisierung der Vorschriften zur nationalen Verschmelzung an (Art. 87–Art. 117). Die Regelungen zur grenzüberschreitenden Verschmelzung (Art. 118–Art. 134) fordern von den Mitgliedstaaten keine separate Regelung von grenzüberschreitenden Verschmelzungen, sondern zielen vor allem darauf ab, Diskriminierungen zwischen nationalen und grenzüberschreitenden Verschmelzungen zu verhindern.[9)] 6

Der deutsche Gesetzgeber hat die Umwandlungsrichtlinie mit dem **UmRUG**[10)] umgesetzt, was zum 1.3.2023 in Kraft getreten ist. Neben den erstmals geregelten grenzüberschreitenden Formwechseln und grenzüberschreitenden Spaltungen wurden durch das UmRUG auch die Vorschriften zur grenzüberschreitenden Verschmelzung systematisch und inhaltlich in den §§ 305 ff. geregelt. 7

II. Allgemeines

Die grenzüberschreitende Verschmelzung ist statt in den entfallenden §§ 122a ff. nun in den §§ 305 ff. geregelt, wobei die in den §§ 1 bis 122 geregelte **nationale Verschmelzung als Grundfall** gilt. Zum Ausdruck kommt dieses **Verweismodell**[11)] in § 305 Abs. 2. Entsprechende Regelungen finden sich in den Vorschriften zur grenzüberschreitenden Spaltung (§ 320 Abs. 2) und zum grenzüberschreitenden Formwechsel (§ 333 Abs. 2), die vor- 8

5) Habersack/Drinhausen-*Kiem*, SE-Recht, § 307 UmwG Rz. 7 ff.

6) EuGH, Urt. v. 25.10.2018 – Rs. C-106/16 (Polbud – Wykonawstwo sp. zo.o.), NZG 2017, 1308 = NJW 2017, 3639.

7) EuGH, Urt. v. 12.7.2012 – Rs. C-378/10 (VALE Építési kft), NZG 2012, 871 = NJW 2012, 2715.

8) S. nur *Bungert/de Raet*, DB 2014, 761 (zugleich Bespr. von OLG Nürnberg, Beschl. v. 19.6.2013 – 12 W 520/13 (Moor Park II), ZIP 2014, 128 = NZG 2014, 349). Zur Praxis einzelner Registergerichte auch ohne Normierung grenzüberschreitende Formwechsel einzutragen und den jeweiligen Anforderungen s. *Zimmermann/Pogorzelski* in: Beck'sches Notar-HdB, § 28 Rz. 296, sowie die dortigen Nachw. in Fn. 335.

9) *de Raet* in: Kindler/Lieder, European Corporate Law, Art. 118 Rz. 45.

10) Gesetz zur Umsetzung der Umwandlungsrichtlinie und zur Änderung weiterer Gesetze (UmRUG), v. 22.2.2023, BGBl. I 2023, Nr. 51.

11) *J. Schmidt*, NJW 2023, 1241.

behaltlich von Sonderregeln auf die Vorschriften für die nationale Umwandlung verweisen.

9 Eine darüber hinausgehende Harmonisierung der (grenzüberschreitenden) Umwandlungsformen untereinander erfolgte – obwohl es sich angeboten hätte – nicht. Keine der drei nun im UmwG geregelten grenzüberschreitenden Formwechsel bildet ein Grundmodell, auf dem die jeweiligen anderen beiden Umwandlungsformen aufbauen. Der Gesetzgeber hat auch auf einen allgemeinen Teil verzichtet. Nichtsdestotrotz bestehen bei allen drei Umwandlungsformen neben der formalen Anforderungen an den Ablauf der Umwandlung die drei gleichen Grundfragen, welche oftmals Anlass oder Hinderungsgrund für grenzüberschreitende Umwandlungen sind: **Gläubigerschutz, Minderheitenschutz, Schutz des Mitbestimmungsniveaus.** Dementsprechend finden sich in den Vorschriften zur grenzüberschreitenden Spaltung (§§ 320 bis 332) und zum grenzüberschreitenden Formwechsel (§§ 333 bis 345) oftmals Parallelvorschriften zu den jeweiligen Vorschriften zur grenzüberschreitenden Verschmelzung.

III. Begriff der grenzüberschreitenden Verschmelzung (§ 305 Abs. 1)

10 § 305 Abs. 1 enthält die **Legaldefinition** der grenzüberschreitenden Verschmelzung.

1. Verschmelzung

11 § 305 Abs. 1 enthält zum Begriff der Verschmelzung keinen ausdrücklichen Verweis auf § 2, welcher die Vorschriften zur nationalen Verschmelzung definiert. Maßgeblich ist daher der Verschmelzungsbegriff aus Art. 119 Abs. 2 der Gesellschaftsrechtsrichtlinie, der jedoch wie die vergleichbare Regelung des deutschen Rechts zwischen der **Verschmelzung zur Aufnahme** und der **Verschmelzung zur Neugründung** differenziert; beide sind zulässige Umwandlungsformen im Sinne des Verschmelzungsbegriffs gemäß § 305 Abs. 1.

12 Die in der Praxis bedeutsame und in der Umwandlungsrichtlinie ausdrücklich aufgeführte Verschmelzung, bei der sich sämtliche Anteile in der Hand des übernehmenden Rechtsträgers befinden (sog. **Konzernverschmelzung**, vgl. Art. 119 Abs. 2 Gesellschaftsrechtsrichtlinie) ist nach deutschem Verständnis eine Verschmelzung zur Aufnahme und ist daher nicht gesondert genannt. Auch sie ist als grenzüberschreitende Konzernverschmelzung zulässig.[12)]

13 Hervorzuheben ist, dass Verschmelzungen i. S. des § 305 Abs. 1 nur grenzüberschreitende Verschmelzungen von **Kapitalgesellschaften** (sowie, als Sonderregelung infolge des Brexit, die Hereinverschmelzung von Personenhandelsgesellschaften mit in der Regel nicht mehr als 500 Arbeitnehmern) sind. Leider hat weder der europäische Gesetzgeber den Mut aufgebracht, die **grenzüberschreitende (Direkt-)Verschmelzung von Personengesellschaften** sekundärrechtlich zu normieren, noch hat der deutsche nationale Gesetzgeber von der grundsätzlich bestehenden Möglichkeit der überschießenden Umsetzung Gebrauch gemacht.[13)] Denn es besteht z. B. aus steuerrechtlichen oder regulatorischen Gründen (z. B. bei Immobiliengesellschaften oder Fondskonstruktionen) ein praktischer Bedarf direkter grenzüberschreitender Umwandlungen von Personengesellschaften. Klar ist: Die **Niederlassungsfreiheit** erstreckt sich auch auf die grenzüberschreitende (Direkt-)Verschmelzung von Personengesellschaften.[14)] Die Rechtsprechung des EuGH und die nunmehr europa-

12) *Klett* in: BeckOGK-UmwG, § 305 Rz. 17 m. w. N., und *Klaaßen-Kaiser* in: KölnKomm-UmwG, § 305 Rz. 13 m. w. N.

13) *Bayer/J. Schmidt*, BB 2019, 1922, 1935; *Bormann/Stelmaszczyk*, ZIP 2019, 300, 302; *Bormann/Stelmaszczyk*, ZIP 2019, 353, 354; *Bungert* in: FS Krieger, S. 109, 110 f.; *Bungert/Becker*, DB 2019, 1609; *J. Schmidt*, NJW 2023, 1241; *J. Schmidt*, NZG 2022, 579, 580; *Schulte*, GmbHR 2025, 407, 408.

14) *Baschnagel/Hilser*, ZPG 2023, 449; *J. Schmidt*, NZG 2022, 579, 580.

weiten Harmonisierungen der drei grenzüberschreitenden Umwandlungsformen Verschmelzung, Spaltung und Formwechsel dürften allerdings vorsichtigen Anlass zur Hoffnung geben, dass **Registergerichte** auch die Eintragung von grenzüberschreitenden Verschmelzungen von Personengesellschaften ermöglichen.[15] Dies gilt umso mehr, da der fehlende harmonisierte Mitbestimmungsschutz, der seit jeher als Argument gegen eine Normierung der grenzüberschreitenden Verschmelzung von Personengesellschaften vorgebracht wird,[16] in den praktischen Fällen, in denen ein Bedürfnis für eine grenzüberschreitende (Direkt-) Verschmelzung von Personengesellschaften besteht, irrelevant ist, da es sich meist um (weitgehend) **arbeitnehmerlose Gesellschaften** handelt. Deshalb lässt § 306 Abs. 1 Nr. 2 zumindest (aber inkonsequent auch nur) die Hineinverschmelzung auf eine Personenhandelsgesellschaft (zur Aufnahme oder Neugründung), die in deren Regel nicht mehr als 500 Arbeitnehmer hat, zu.

Keine (Missbrauchs-)Bedenken bestehen gegen **Hilfskonstruktionen**, wie die Umwandlung einer deutschen Personengesellschaft in eine deutsche Kapitalgesellschaft, eine anschließende Umwandlung in eine Kapitalgesellschaft eines anderen Mitgliedstaats und sodann eine Umwandlung in eine Personengesellschaft eben dieses Mitgliedstaats.[17] 14

2. Grenzüberschreitendes Element

Die Vorschriften gelten nicht für die Verschmelzung von rein deutschen Gesellschaften, für die weiterhin die §§ 2 bis 122 ff. maßgeblich sind. Umgekehrt gelten die Vorschriften nicht für Verschmelzungen unter – aus deutscher Sicht – rein ausländischen Gesellschaften, auch wenn diese EU/EWR-Gesellschaften sind. 15

a) Beteiligung mindestens einer deutschen Gesellschaft

Mindestens eine der an der Verschmelzung beteiligten Gesellschaften muss eine **deutsche (Kapital-)Gesellschaft** i. S. der Art. 119 Nr. 1 lit. b Gesellschaftsrechtsrichtlinie sein, also eine GmbH, AG, KGaA. Maßgeblich für die Bestimmung, ob es sich um eine **deutsche** Kapitalgesellschaft handelt, ist das **Gesellschaftsstatut** sowie die entsprechen Regelungen zur Sitzbestimmung (§ 4a GmbHG, § 5 AktG). Auch eine GmbH oder AG mit Satzungssitz in Deutschland, aber einem Verwaltungssitz im (EU-)Ausland, ist eine deutsche Gesellschaft i. S. des § 305.[18] Theoretisch ist also eine grenzüberschreitende Verschmelzung nach den deutschen Vorschriften über die grenzüberschreitende Verschmelzung denkbar, obwohl keine der beteiligten Gesellschaften ihren Verwaltungssitz in Deutschland hat.[19] 16

Umstritten ist, ob die **inländische SE** (d. h. eine SE mit Satzungssitz in Deutschland) tauglicher deutscher Rechtsträger einer grenzüberschreitenden Verschmelzung nach den §§ 305 ff. sein kann. Im Zentrum steht dabei die Diskussion, ob die SE als inländische Kapitalgesellschaft so wie die GmbH und AG zu behandeln ist, oder ob nicht nur die Verschmelzung einer SE abschließend durch die **SE-VO** geregelt ist.[20] Dass eine SE mit Sitz in Deutschland beteiligungsfähiger deutscher Rechtsträger einer grenzüberschreitenden Verschmelzung gemäß §§ 305 bis 319 sein kann, ergibt sich richtigerweise bereits aus Art. 9 Abs. 1 17

---

15) Zur Zulässigkeit eines grenzüberschreitenden Formwechsels von Personengesellschaften: OLG Oldenburg, Beschl. v. 30.6.2020 – 12 W 23/20, NZG 2014, 349 = NJW Spezial 2020, 496, m. Anm. *Leuering*.

16) Dazu, wenngleich ebenfalls krit. *Baschnagel/Hilser*, ZPG 2024, 81, 83; *Schollmeyer*, ZGR-Sonderheft 26 (2023), 31, 43; *J. Schmidt*, NZG 2022, 579, 580.

17) Dazu auch zur Rechtslage nach dem MoPeG: *Baschnagel/Hilser* ZPG 2024, 81, 83.

18) Ausf. *Klett* in: BeckOGK-UmwG, § 306 Rz. 8 ff. m. w. N.

19) Dazu auch Schmitt/Hörtnagl-*Hörtnagl*, UmwG/UmwStG, § 305 UmwG Rz. 8.

20) Zum Streitstand *Klett* in: BeckOGK-UmwG, § 306 Rz. 13 ff. m. w. N.

lit. c Ziff. ii, Art. 10 SE-VO. Danach ist die SE mit Sitz in Deutschland einer deutschen AG gleichzustellen.[21)]

18 Inländische **Genossenschaften** sind zwar Kapitalgesellschaften i. S. des Art. 119 Nr. 1 lit. b Gesellschaftsrechtsrichtlinie,[22)] jedoch nach § 306 Abs. 2 Nr. 1 keine Gesellschaften, die an einer grenzüberschreitenden Verschmelzung beteiligt sein können.

19 Für die derzeit diskutierte **GmgV** soll eine Umwandlungssperre bestehen, welche allerdings ein Verstoß gegen die Niederlassungsfreiheit und damit europarechtswidrig wäre.[23)] Auch sie muss daher mit deutschem Satzungssitz zulässiger deutscher Rechtsträger einer grenzüberschreitenden Verschmelzung sein können.

20 Es gibt keine Mindestdauer für das Bestehen der beteiligten Gesellschaft als **deutsche (Kapital-)Gesellschaft** i. S. des Art. 119 Nr. 1 lit. b Gesellschaftsrechtsrichtlinie, bevor sie an einer Umwandlung teilnehmen kann. Taugliche Beteiligte einer grenzüberschreitenden Umwandlung i. S. des § 305 sind daher auch solche Gesellschaften i. S. von der Art. 119 Nr. 1 lit, b Gesellschaftsrechtsrichtlinie, die aus einer kurz zuvor vorgenommenen Umwandlung einer deutschen Personengesellschaft oder ausländischen Kapitalgesellschaft hervorgegangen sind (siehe dazu bereits Rz. 14).

b) Beteiligung mindestens einer EU/EWR-Gesellschaft

21 Neben der Beteiligung einer inländischen Gesellschaft muss mindestens eine der an der Verschmelzung beteiligten Gesellschaften eine sog. EU/EWR-Gesellschaft sein. Maßgeblich ist das auf die Gesellschaft anwendbare Recht, welches ebenfalls nach dem **Gesellschaftskollisionsrecht** zu bestimmen ist.[24)]

22 Ob eine Gesellschaft dem Recht eines **EU-Mitgliedstaats** unterliegt, ist nach dem Kollisionsrecht des jeweiligen Mitgliedstaats zu ermitteln. Entscheidend ist daher, ob eine Gesellschaft nach dem jeweiligen Recht des EU-Mitgliedstaats eine inländische Gesellschaft i. S. der Regelungen ist, welche die Art. 118 ff. Gesellschaftsrechtsrichtlinie umsetzen und mit den §§ 305 ff. vergleichbar ist. EU-Mitgliedstaaten, welche auf inländische Gesellschaften die Sitztheorie anwenden (Deutschland und Luxemburg)[25)], müssen allerdings bei grenzüberschreitenden Sachverhalten aufgrund der Niederlassungsfreiheit (Art. 49, 54 AEUV) und der Rechtsprechung des EuGH in den sog. Wegzugsfällen (s. dazu die Rechtssache **VALE**)[26)] auch solche Gesellschaften als Inlandsgesellschaften anerkennen, die nach dem Recht dieses Mitgliedstaats gegründet worden sind, aber ihren Verwaltungssitz in einen anderen EU-Mitgliedstaat verlegt haben.[27)] Denkbar ist also eine grenzüber-

---

21) *de Raet* in: Kindler/Lieder, European Corporate Law, Art. 119 Rz. 7; *Klett* in: BeckOGK-UmwG, § 306 Rz. 13; *Lutter/Bayer/J. Schmidt*, Europäisches Unternehmens- und Kapitalmarktrecht, Rz. 22.18; Lutter-*Bayer/J. Schmidt*, UmwG, § 306 Rz. 13 m. w. N.

22) Dazu *Brosius* in: Kindler/Lieder, European Corporate Law, Art. 2 Rz. 14.; Lutter-*Bayer/J. Schmidt*, UmwG, § 306 Rz. 13 m. w. N. zur Erfassung; *Stiegler* in: Jung/Krebs/Stiegler, Gesellschaftsrecht in Europa, § 24 Rz. 21.

23) Eingehend *Engel/Haubner*, DStR 2022, 844.

24) *Klett* in: BeckOGK-UmwG, § 305 Rz. 22; Schmitt/Hörtnagl-*Hörtnagl*, UmwG/UmwStG, § 305 UmwG Rz. 21; Lutter-*Bayer/J. Schmidt*, UmwG, § 305 Rz. 27 m. w. N. zu § 122a a. F.; *Stiegler* in: Jung/Krebs/Stiegler, Gesellschaftsrecht in Europa, § 24 Rz. 29 m. w. N.

25) *Klett* in: BeckOGK-UmwG, § 305 Rz. 23 – m. Verweis auf Art. 159 Loi du 10.8.1915 concernant les sociétés commerciales für Luxemburg.

26) EuGH, Urt. v. 12.7.2012 – Rs. C-378/10 (VALE Építési kft), NZG 2012, 871 = NJW 2012, 2715.

27) *Klett* in: BeckOGK-UmwG, § 305 Rz. 24; Schmitt/Hörtnagl-*Hörtnagl*, UmwG/UmwStG, § 305 UmwG Rz. 8.

schreitende Verschmelzung von Gesellschaften mit dem Verwaltungssitz im gleichen EU-Mitgliedstaat.[28)]

Die vorgenannten Erwägungen gelten für Gesellschaften **aus EWR-Vertragsstaaten**[29)] entsprechend. Auch insoweit ist das auf sie anwendbare Recht nach dem Recht des jeweiligen EWR-Vertragsstaats unter Berücksichtigung der Niederlassungsfreiheit und der Rechtsprechung des EuGH zu bestimmen. 23

§ 305 umfasst nur solche **EU/EWR-(Kapital-)Gesellschaften**, die in den Anwendungsbereich von Art. 119 Nr. 1 lit. b Gesellschaftsrechtsrichtlinie fallen. Maßgeblich sind also die dem § 306 entsprechenden Vorschriften des jeweiligen EU/EWR-Mitgliedstaats. Ob ein EU/EWR-Mitgliedstaat in überschießender Umsetzung der Umwandlungsrichtlinie auch inländische Personengesellschaften dieses EU/EWR-Mitgliedstaat zu tauglichen Rechtsträgern von grenzüberschreitenden Verschmelzungen bestimmt hat, ist aus Sicht des deutschen Rechts unbeachtlich und führt nicht zu einer direkten Anwendung der §§ 305 ff. Da auch die grenzüberschreitende Verschmelzung von Personengesellschaften europarechtlich anzuerkennen ist, wird man die §§ 305 ff. jedoch jedenfalls dann entsprechend auf grenzüberschreitende Verschmelzungen unter Beteiligung von Personengesellschaften aus EU/EWR-Mitgliedstaats anwenden müssen. 24

Möglich und nicht missbräuchlich ist die Verwendung einer Gesellschaft als EU/EWR-Gesellschaft, die aus einer **kurz zuvor vorgenommenen Umwandlung** einer deutschen Gesellschaft in die jeweilige hervorgegangen ist (z. B. durch einen grenzüberschreitenden Formwechsel). Gesellschaftsrechtlich bestehen allerdings keine Vorteile, die Regelungen zur grenzüberschreiten Verschmelzung (§§ 305 ff.), statt zur nationalen Verschmelzung (§§ 1 ff.) zu verwenden. 25

c) Weitere Beteiligte

Gesellschaften aus Drittstaaten, also solchen Staaten, die weder EU-Mitgliedstaaten noch EWR-Vertragsstaaten sind, können nicht Partei einer grenzüberschreitenden Verschmelzung sein (z. B. die UK Limited).[30)] Im Gegenteil, die Beteiligung einer solchen Drittgesellschaft führt zur Unanwendbarkeit der Vorschriften über die grenzüberschreitende Verschmelzung,[31)] und zwar auch dann, wenn ansonsten die Voraussetzungen einer grenzüberschreitenden Verschmelzung vorlägen. Eine Verschmelzung unter einer US-amerikanischen Limited, einer deutschen GmbH und einer spanischen SRL ist daher nicht möglich, und zwar auch dann nicht, wenn – was nicht der Fall ist – das spanische Recht eine grenzüberschreitende Verschmelzung mit Gesellschaften aus diesem Drittstaat zulassen würde. Relevant ist dies vor allem seit dem Brexit für Verschmelzungen unter der Beteiligung von UK-Gesellschaften. 26

IV. Verweisungsmodell (§ 305 Abs. 2)

Der Gesetzgeber hat sich in Anlehnung an die Gesellschaftsrechtsrichtlinie für ein **Verweisungsmodell**[32)] (auch **„Baukastensystem"**)[33)] entschieden. Die Vorschriften des UmwG 27

28) Schmitt/Hörtnagl-*Hörtnagl*, UmwG/UmwStG, § 305 UmwG Rz. 8; Kallmeyer-*Biller/Wilk*, UmwG, § 305 Rz. 3.

29) Anlage XXII Nr. 1 zum Abkommen über den EWR, ABl. (EG) L 1/3 v. 3.1.1994.

30) Kallmeyer-*Biller/Wilk*, UmwG, § 305 Rz. 3.

31) Hinsichtlich der (passiven) Verschmelzungsfähigkeit von US-Gesellschaften umstr. s. dazu *Sitter* in: NK-UmwG, § 305 Rz. 12; *Klett* in: BeckOGK-UmwG, § 306 Rz. 39.

32) Lutter-*Bayer/J. Schmidt*, UmwG, § 305 Rz. 31 m. w. N. zu § 122a a. F.; *Schulte*, GmbHR 2025, 407.

33) Schmitt/Hörtnagl-*Hörtnagl*, UmwG/UmwStG, § 305 UmwG Rz. 12.

über die nationale Verschmelzung bilden die Grundlage für die grenzüberschreitende Verschmelzung. Die §§ 305 ff. gehen vor, soweit sie ausdrückliche Sonderregelungen enthalten oder sich solche anhand der sonstigen hergebrachten Auslegungsmethoden (insbesondere Systematik und Telos) ergeben.[34)]

28 Diese systematische Annäherung ist mit Blick auf die Niederlassungsfreiheit und Akzeptanz von grenzüberschreitenden Verschmelzungen zu begrüßen. Es besteht kein Anlass, die grenzüberschreitende Verschmelzung anders zu regeln als die nationale Verschmelzung, soweit dafür nicht zwingende Sachgründe bestehen.

29 Die Verweisungen gelten entsprechend der Gesetzgebungskompetenz des deutschen Gesetzgebers nur für diejenigen Kapital- und Personengesellschaften, welche als **deutsche Rechtsträger** an der grenzüberschreitenden Verschmelzung teilnehmen. Für die ausländischen Rechtsträger, die als EU/EWR-Gesellschaften Beteiligte der Verschmelzung sind, gelten die entsprechenden Regelungen der jeweiligen Mitgliedstaaten.

30 Gemäß **§ 305 Abs. 2 Satz 1** bilden die Vorschriften über die nationale Verschmelzung von **deutschen Kapitalgesellschaften** auch die Grundlage für die grenzüberschreitende Verschmelzung von Kapitalgesellschaften, und zwar gemäß dem Wortlaut der Vorschriften des Ersten Teils und des Zweiten, Dritten und Vierten Abschnitts des Zweiten Teils des Zweiten Buches des UmwG. Dies sind neben den allgemeinen Vorschriften (§§ 2 bis 38) die Vorschriften über die Verschmelzung von GmbHs (§§ 46 bis 59), AGs (§§ 60 bis 76) und KGaAs (§ 78).

31 Für Personenhandelsgesellschaften regelt **§ 305 Abs. 2 Satz 2**, dass die Vorschriften über die nationale Verschmelzung von **deutschen Personenhandelsgesellschaften** auch die Grundlage für die grenzüberschreitende Verschmelzung Personenhandelsgesellschaften ist, soweit diese gemäß den §§ 305 ff. zulässig sind. Dies sind neben den allgemeinen Vorschriften (§§ 2 bis 38) die §§ 40 bis 42 über die Verschmelzung von Personenhandelsgesellschaften. Zu beachten ist, dass dies auch die GmbH & Co. KG sowie sonstige Personenhandelsgesellschaften, deren persönlich haftender Gesellschaft eine Kapitalgesellschaft ist, erfasst.[35)]

34) Lutter-*Bayer/J. Schmidt*, UmwG, § 305 Rz. 34, 37 m. w. N. zu § 122a a. F.

35) Lutter-*Bayer/J. Schmidt*, UmwG, § 305 Rz. 35 f. m. w. N. zu § 122 a. F.

§ 306
Verschmelzungsfähige Gesellschaften[*)]

(1) An einer grenzüberschreitenden Verschmelzung können beteiligt sein:

1. als übertragende, übernehmende oder neue Gesellschaften Kapitalgesellschaften im Sinne des Artikels 119 Nummer 1 der Richtlinie (EU) 2017/1132 des Europäischen Parlaments und des Rates vom 14. Juni 2017 über bestimmte Aspekte des Gesellschaftsrechts (ABl. L 169 vom 30.6.2017, S. 46), die zuletzt durch die Verordnung (EU) 2021/23 (ABl. L 22 vom 22.1.2021, S. 1) geändert worden ist, die

a) nach dem Recht eines Mitgliedstaats der Europäischen Union oder eines anderen Vertragsstaats des Abkommens über den Europäischen Wirtschaftsraum gegründet worden sind und

b) ihren satzungsmäßigen Sitz, ihre Hauptverwaltung oder ihre Hauptniederlassung in einem Mitgliedstaat der Europäischen Union oder einem anderen Vertragsstaat des Abkommens über den Europäischen Wirtschaftsraum haben, sowie

2. als übernehmende oder neue Gesellschaften Personenhandelsgesellschaften im Sinne des § 3 Absatz 1 Nummer 1 mit in der Regel nicht mehr als 500 Arbeitnehmern.

(2) [1]An einer grenzüberschreitenden Verschmelzung können nicht beteiligt sein:

1. Genossenschaften, selbst wenn sie nach dem Recht eines anderen Mitgliedstaats der Europäischen Union oder eines anderen Vertragsstaats des Abkommens über den Europäischen Wirtschaftsraum unter die Definition des Artikels 2 Nummer 1 der Richtlinie fallen, sowie

2. Gesellschaften,

a) deren Zweck es ist, die vom Publikum bei ihnen eingelegten Gelder nach dem Grundsatz der Risikostreuung gemeinsam anzulegen, und

b) deren Anteile auf Verlangen der Anteilsinhaber unmittelbar oder mittelbar zulasten des Vermögens der Gesellschaft zurückgenommen oder ausgezahlt werden.

[2]Den Rücknahmen oder Auszahlungen im Sinne des Satzes 1 Nummer 2 Buchstabe b gleichgestellt sind Handlungen, mit denen eine solche Gesellschaft sicherstellen will, dass der Börsenwert ihrer Anteile nicht erheblich von deren Nettoinventarwert abweicht.

*) § 306 n. F. (§ 122b a. F.) Paragraphenzählung und Text geändert durch Art. 1 des Gesetzes zur Umsetzung der Umwandlungsrichtlinie und zur Änderung weiterer Gesetze (UmRUG), v. 22.2.2023, BGBl. I 2023, Nr. 51; § 122b a. F. (§ 306 n. F.) eingefügt durch Art. 1 des Zweiten Gesetzes zur Änderung des Umwandlungsgesetzes (2. UmwGÄndG), v. 19.4.2007, BGBl. I 2007, 542.

Literatur: *Bayer/Schmidt, J.*, BB-Gesetzgebungs- und Rechtsprechungsreport zum Europäischen Unternehmensrecht 2018/19, (Teil I), BB 2019, 1922 und (Teil II) BB 2019, 2178; *Bayer/Schmidt, J.*, Die neue Richtlinie über die grenzüberschreitende Verschmelzung von Kapitalgesellschaften, NJW 2006, 401; *Bormann/Stelmaszczyk*, Grenzüberschreitende Spaltungen und Formwechsel nach dem EU-Company Law Package, ZIP 2019, 353; *Bungert*, Das neue Recht der grenzüberschreitenden Spaltungen in der EU, in: Festschrift für Gerd Krieger, 2020, S. 109; *Bungert/Becker*, Der finale EU-Richtlinienentwurf zu grenzüberschreitenden Formwechseln, Verschmelzungen und Spaltungen, DB 2019, 1609; *Heckschen/Knaier*, Größte Reform des Umwandlungsrechts – nicht nur Richtlinienumsetzung!, (Teil II) GmbHR 2022, 613; *Lutz*, Hinweise für den Vertragsgestalter bei einer grenzüberschreitenden Verschmelzung unter dem besonderen Gesichtspunkt der Hinausverschmelzung, BWNotZ 2010, 23; *Schmidt, J.*, Der UmRUG-Referentenentwurf: grenzüberschreitende Umwandlungen 2.0 – und vieles mehr, (Teil 1) NZG 2022, 579; *Schmidt, J.*, Grenzüberschreitender Formwechsel in der EU Eckpunkte des Rechtsrahmens und Herausforderungen bei der Umsetzung, ZEuP 2020, 565; *Schmidt, J.*, Auswirkungen des Brexits im Bereich des Gesellschaftsrechts, ZIP 2019, 1093; *Thomale/Schmid*, Das neue Recht der grenzüberschreitenden Umwandlung – Eine Einführung, (Teil I) NotBZ 2023, 91.

Übersicht

I. Entstehung und Zweck der Vorschrift

1 § 306 regelt, welche Gesellschaften (Rechtsträger) an einer grenzüberschreitenden Verschmelzung i. S. der §§ 305 bis 319 beteiligt sein können. Dieser **persönliche Anwendungsbereich** basiert auf den Vorgaben der Gesellschaftsrechtsrichtlinie[1] und entspricht im Wesentlichen dem bereits bislang im deutschen Umwandlungsrecht geltenden Konzept für grenzüberschreitende Verschmelzungen. § 306 entspricht im Kern § 122b a. F. Die Vorschrift wurde inhaltlich unverändert übernommen und lediglich in eine andere Struktur eingebettet,[2] so dass für Streitfragen auch die zu § 122b a. F. ergangene Rechtsprechung und Literatur herangezogen werden kann.[3]

2 § 306 Abs. 1 setzt **Art. 119 Nr. 1 der Gesellschaftsrechtsrichtlinie** um und normiert positiv, welche (deutschen) Rechtsträger Beteiligte einer grenzüberschreitenden Verschmelzung sein können.[4] § 306 Abs. 2 setzt **Art. 120 Nr. 2 der Gesellschaftsrechtsrichtlinie** um und normiert, dass bestimmte Rechtsträger (Genossenschaften, OGAWs) nicht an einer grenzüberschreitenden Verschmelzung beteiligt sein können (siehe Rz. 20 ff.).

3 Entsprechend der Richtlinie und der Gesetzgebungskompetenz gelten die Regelungen des § 306 nur für die **deutschen Rechtsträger**, die an einer (deutschen) grenzüberschreitenden Verschmelzung beteiligt sind (siehe § 305 Rz. 2 [*de Raet/Brunk*]). Ob und in welchem Umfang Gesellschaften aus anderen Mitgliedstaaten taugliche beteiligte Rechtsträger einer grenzüberschreitenden Verschmelzung sind, ist aus Sicht des deutschen Rechts an Art. 119 Gesellschaftsrechtsrichtlinie zu messen. Aus Sicht des betroffenen Mitgliedstaats ist maßgeblich, ob die betreffende Rechtsform von den nationalen Vorschriften, mit denen die Mitgliedstaaten die Vorgaben der Gesellschaftsrechtsrichtlinie umgesetzt haben, erfasst wird.

II. Allgemeines

4 § 306 Abs. 1 basiert europarechtlich auf **Art. 119 Nr. 1 der Gesellschaftsrechtsrichtlinie.** Art. 119 Nr. 1 lit. a Gesellschaftsrechtsrichtlinie verweist auf den Anhang II der Gesellschaftsrechtsrichtlinie, welcher die verschmelzungsfähigen Gesellschaften definiert, namentlich alle **Gesellschaften mit beschränkter Haftung (Kapitalgesellschaften, im Englischen „corporations")**.[5] Durch das EWR-Abkommen werden auch die vergleichbaren Rechtsformen der EWR-Staaten in den Anwendungsbereich einbezogen.[6] Kerngedanke dieser Regelung ist es, Gesellschaften zu erfassen, die eine **eigene Rechtspersönlichkeit** besitzen und deren **Gesellschafter nicht persönlich haften**.[7] Art. 119 der Gesellschaftsrechtsrichtlinie stellt außerdem sicher, dass die verschiedenen Rechtsformen der Mitgliedstaaten Regelungen enthalten, die mit § 306 vergleichbar sind, sodass auch Gesellschaften in anderen Mitgliedstaaten i. S. des Art. 119 Nr. 1 der Gesellschaftsrechtsrichtlinie als verschmelzungsfähig gelten, soweit es sich um Gesellschaften mit eigener Rechtspersönlichkeit handelt und die Gesellschafter nicht persönlich haften.

---

1) Richtlinie (EU) 2017/1132 des Europäischen Parlaments und des Rates v. 14.6.2017 über bestimmte Aspekte des Gesellschaftsrechts (Gesellschaftsrechtsrichtlinie), ABl. (EU) L 169/46 v. 30.6.2017.

2) Vgl. Begr. RegE UmRUG, BR-Drucks. 371/22; Lutter-*Bayer/J. Schmidt*, UmwG, § 306 Rz. 4.

3) Vgl. z. B. Semler/Stengel/Leonard-*Leonard/Drinhausen*, UmwG, 5. Aufl., § 122b Rz. 1 ff.

4) *de Raet* in: Kindler/Lieder, European Corporate Law, Art. 119 Rz. 1 ff.

5) *de Raet* in: Kindler/Lieder, European Corporate Law, Art. 119 Rz. 1 ff.

6) Anlage XXII Nr. 1 zum Abkommen über den Europäischen Wirtschaftsraum, ABl. (EG) Nr. 1 L 1/3 v. 3.1.1994.

7) *de Raet* in: Kindler/Lieder, European Corporate Law, Art. 118 Rz. 47; *Klett* in: BeckOGK-UmwG, § 306 Rz. 7; Lutter-*Bayer/J. Schmidt*, UmwG, § 306 Rz. 14.

Diese sog. **kleine Generalklausel** stellt sicher, dass die Richtlinie nicht nur die ausdrücklich im Anhang II aufgelisteten Gesellschaften umfasst, sondern auch dynamisch sämtliche (auch zukünftige) haftungsbeschränkte Gesellschaftsformen mit eigener Rechtspersönlichkeit erfasst.[8)] Ob eine Gesellschaft eines anderen Mitgliedstaats unter § 306 fällt, lässt sich in der Praxis nur durch Hinzuziehung durch rechtliche Berater aus dem betreffenden Mitgliedstaats sowie deren Würdigung von Art. 119 Nr. 1 lit. a der Gesellschaftsrechtsrichtlinie und der umgesetzten Vorschrift im nationalen Recht – also einer Vorschrift, die § 306 entspricht – beurteilen. 5

Bedauerlich – und europarechtlich nur schwer nachvollziehbar – **regeln weder die Gesellschaftsrechtlichtlinie noch § 306 die Beteiligung von Personengesellschaften** als Rechtsträger grenzüberschreitender Verschmelzungen.[9)] Im Lichte der Rechtsprechung des EuGH zur Niederlassungsfreiheit[10)] (siehe § 305 Rz. 5 [*de Raet/Brunk*]) kann kein Zweifel daran bestehen, dass auch Personenhandelsgesellschaften beteiligte Rechtsträger von grenzüberschreitenden Verschmelzungen sein können.[11)] Der deutsche Gesetzgeber hätte die Gesellschaftsrechtsrichtlinie ohne weiteres überschießend umsetzen können, indem er in § 306 auch Personengesellschaften als taugliche beteiligte Rechtsträger einer grenzüberschreitenden Verschmelzung normiert hätte.[12)] Hilfreich wäre dies allerdings nur bedingt gewesen, da eine grenzüberschreitende Verschmelzung von Personengesellschaften **ohne durch eine Richtlinie harmonisierte nationale Vorschrift** in sämtlichen Mitgliedstaaten **faktisch unmöglich** ist.[13)] In der Praxis bleibt die Verschmelzung von Personengesellschaften daher, abgesehen von den gesetzlich geregelten Ausnahmen, irrelevant. 6

§ 306 regelt sodann negativ, welche Rechtsträger nicht Beteiligte einer grenzüberschreitenden Verschmelzung sein können. Diese **Ausnahmen** basieren auf Art. 120 Gesellschaftsrechtsrichtlinie. 7

III. Verschmelzungsfähige Gesellschaften (§ 306 Abs. 1)

1. Deutsche Gesellschaften mit EU-/EWR Gesellschaften als Gegenpart

Aus Sicht des deutschen Umwandlungsrechts muss mindestens eine der Gesellschaften einer grenzüberschreitenden Verschmelzung eine deutsche Gesellschaft i. S. des § 306 Abs. 1 sein (siehe Rz. 9, 11 ff., § 305 Rz. 16 ff. [*de Raet/Brunk*]), mindestens eine weitere Ge- 8

8) *de Raet* in: Kindler/Lieder, European Corporate Law, Art. 119 Rz. 6; *Lutter/Bayer/J. Schmidt*, Europäisches Unternehmens- und Kapitalmarktrecht, Rz. 22.17; Lutter-*Bayer/J. Schmidt*, UmwG, § 306 Rz. 14 m. w. N. wie z. B. *Bayer/J. Schmidt*, NJW 2006, 401.

9) *J. Schmidt*, NZG 2022, 579, 580; *Heckschen/Knaier*, GmbHR 2022, 613, 621 f.; *Sitter* in: NK-UmwG, § 306 Rz. 7; *Klaaßen-Kaiser* in: KölnKomm-UmwG, § 306 Rz. 8; *de Raet* in: Kindler/Lieder, European Corporate Law, Art. 119 Rz. 4.

10) EuGH, Urt. v. 9.3.1999 – Rs. C-212/97 (Centros), NJW 1999, 2027 = NZG 1999, 298; EuGH, Urt. v. 5.11.2022 – Rs. C-208/00 (Überseering), NZG 2002, 1164 = NJW 2002, 3614; EuGH, Urt. v. 30.9.2005, – Rs. C-167/01 (Inspire Art), NJW 2003, 3331 = NZG 2003, 1064; EuGH, Urt. v. 12.7.2012 – Rs. C-378/10 (VALE Építési kft), NJW 2012, 2715 = NZG 2012, 871; EuGH, Urt. v. 25.10.2018 – Rs. C-106/16 (Polbud – Wykonawstwo sp. zo.o.), NJW 2017, 3639 = NZG 2017, 1308.

11) *Klaaßen-Kaiser* in: KölnKomm-UmwG, § 306 Rz. 10; *de Raet* in: Kindler/Lieder, European Corporate Law, Art. 119 Rz. 1 ff.

12) *Bayer/J. Schmidt*, BB 2019, 1922, 1935; *Bormann/Stelmaszczyk*, ZIP 2019, 353, 354; *Bungert* in: FS Krieger, S. 109, 110 f.; *Bungert/Becker*, DB 2019, 1609 f.; *J. Schmidt* ZEuP 2020, 565, 566; *J. Schmidt* NZG 2022, 579, 580; *J. Schmidt*, Stellungnahme für den BT-Rechtsausschuss, S. 5, abrufbar unter https://www.bundestag.de/resource/blob/918824/Stellungnahme_Schmidt.pdf (Abrufdatum: 26.2.2026); *Wicke*, Stellungnahme für den BT-Rechtsausschuss, S. 12, abrufbar unter https://www.bundestag.de/resource/blob/919390/Stellungnahme_Wicke.pdf (Abrufdatum: 26.2.2026); sowie zu früheren Gesetzgebungsvorhaben: *Bayer/J. Schmidt*, NZG 2006, 841; *Drinhausen/Keinath*, BB 2006, 725, 732; *DAV* (Handelsrechtausschuss), NZG 2006, 737, 740; *Vetter*, AG 2006, 613, 616 f.

13) Vgl. auch: Beschlussempfehlung und Bericht d. Ausschusses R/V z. 4. UmwGÄndG, BT-Drucks. 19/6466, S. 3 f.

sellschaft eine i. S. von Art. 119 der Gesellschaftsrechtsrichtlinie verschmelzungsfähige EU-/EWR-Gesellschaft sein. Zudem darf keine der beteiligten Gesellschaften eine Gesellschaft aus einem Drittstaat sein. In den Anwendungsbereich der §§ 305 bis 319 fallen also nur Gesellschaften unter Beteiligung einerseits mindestens einer oder mehrere deutschen Gesellschaften i. S. des § 306 Abs. 1 und andererseits einer oder mehrerer EU-/EWR-Gesellschaften i. S. von Art. 119 Gesellschaftsrechtsrichtlinie.[14)]

9 Ob eine Gesellschaft eine **deutsche Gesellschaft i. S. des § 306 Abs. 1** ist, bestimmt sich nach dem Wortlaut der Vorschrift aufgrund deren unionsrechtlicher Grundlage danach, ob die Gesellschaft in Deutschland gegründet worden ist (**Gründungstheorie**). Maßgeblich ist also der **Satzungssitz**. Gesellschaften mit Satzungssitz in Deutschland und Verwaltungssitz in einem EU-/EWR-Mitgliedstaat oder Drittstaat sind mithin deutsche Gesellschaften i. S. des § 306 Abs. 1.[15)] Es kommt insbesondere nicht darauf an, ob die Gesellschaften auch tatsächlich in Deutschland aktiv sind oder ob sie lediglich Verschmelzungsvehikel sind.[16)]

10 Entsprechendes gilt bei der Bestimmung von **EU-/EWR-Gesellschaften**. Ob eine Gesellschaft eine EU-/EWR-Gesellschaft i. S. des Art. 119 Abs. 1 der Gesellschaftsrechtsrichtlinie ist, bestimmt sich nach dem **Satzungssitz**. Gesellschaften mit Satzungssitz in einem EU-/EWR-Mitgliedstaat (mit Ausnahme von Deutschland) gelten also als EU-/EWR-Gesellschaften, auch wenn sie ihren Verwaltungssitz in Deutschland oder einem Drittstaat haben.[17)]

2. Deutsche Kapitalgesellschaften

11 Bereits der Wortlaut von § 306 Abs. 1 schränkt den Kreis der aus deutscher Sicht verschmelzungsfähigen Gesellschaften auf (deutsche) **Kapitalgesellschaften** ein. Dies sind neben der AG, der KGaA insbesondere die **GmbH** (einschließlich der UG [haftungsbeschränkt] gemäß § 5a GmbHG). Diese Rechtsformen sind auch in Anhang II zu Art. 119 Nr. 1 lit. a der Gesellschaftsrechtrichtlinie aufgeführt, auf den § 306 Abs. 1 verweist. Sie können in jeglicher Hinsicht an einer grenzüberschreitenden Verschmelzung beteiligt sein, d. h. sowohl als übernehmender oder übertragender Rechtsträger (bei der Verschmelzung zur Aufnahme) oder als neuer Rechtsträger (bei der Verschmelzung zur Neugründung).

12 Art. 119 Nr. 1 lit. b, der von dem Verweis in § 306 Abs. 1 ebenfalls umfasst ist, enthält zudem eine Öffnungsklausel (**kleine Generalklausel**). Diese stellt sicher, dass die Richtlinie nicht nur die ausdrücklich im Anhang II aufgelisteten Gesellschaften umfasst, sondern auch dynamisch sämtliche **(auch zukünftige) Kapitalgesellschaften**, die der deutsche Gesetzgeber in Zukunft schafft, sofern diese eine eigene Rechtspersönlichkeit haben und dem Konzept der beschränkten Haftung unterliegen, also ein Stammkapital haben, das als alleinige Haftungsmasse zur Verfügung steht. In Betracht kommt insoweit, die derzeit diskutierte **GmgV**.

13 In zeitlicher Hinsicht sind Gesellschaften **von der Gründung bis zur Liquidation** erfasst: **Nicht erfasst (str.)**[18)] sind daher sog. **Vorgesellschaften** wie die Vor-GmbH (nach Ab-

14) *Klaaßen-Kaiser* in: KölnKomm-UmwG, § 306 Rz. 3; Kallmeyer-*Biller/Wilk*, UmwG, § 305 Rz. 3; Lutter-*Bayer/J. Schmidt*, UmwG, § 306 Rz. 16.

15) *Klaaßen-Kaiser* in: KölnKomm-UmwG, § 306 Rz. 4; *Klett* in: BeckOGK-UmwG, § 306 Rz. 8 ff. und Rz. 13 ff.

16) Dazu ausf. Lutter-*Bayer/J. Schmidt*, UmwG, § 306 Rz. 14.

17) Henssler/Strohn-*Polley*, GesR, § 306 UmwG Rz. 9; Schmitt/Hörtnagl-*Hörtnagl*, UmwG/UmwStG, § 122b UmwG Rz. 12; Kallmeyer-*Biller-Wilk*, UmwG, § 306 Rz. 5.

18) *Lutz*, BWNotZ 2010, 23, 27 m. w. N. zum Streitstand; *Sitter* in: NK-UmwG, § 306 Rz. 8; Henssler/Strohn-*Polley*, GesR, § 306 UmwG Rz. 5a; *Klett* in: BeckOGK-UmwG, § 306 Rz. 12.

schluss des Gesellschaftsvertrags, aber vor Eintragung der Gesellschaft), denn ihnen fehlt das für eine Kapitalgesellschaft prägende Merkmal der Eintragung. Dies ist in der Praxis beim Zeitablauf zu beachten, sofern neu zu gründende (Zweck-)Gesellschaften Beteiligte der grenzüberschreitenden Verschmelzung sein sollen. Jedenfalls aus Gründen der Rechtssicherheit ist deren Eintragung abzuwarten, bevor mit gesetzlich vorgeschriebenen Schritten der grenzüberschreitenden Verschmelzung begonnen wird. Am anderen Ende des Lebenszyklus von Gesellschaften ist zu beachten, dass **in Liquidation befindliche Gesellschaften** ebenfalls nicht beteiligter Rechtsträger einer grenzüberschreitenden Verschmelzung sein können (**str.**)[19]. Sofern aber noch nicht mit der Vermögensverteilung begonnen wurde und die Möglichkeit der Fortsetzung der Gesellschaft besteht, kann eine bereits in Liquidation befindliche Gesellschaft nach § 305 Abs. 2 i. V. m. § 3 Abs. 3 übertragende Gesellschaft einer grenzüberschreitenden Verschmelzung sein.[20]

3. Sonderfall: SE

14 Hinsichtlich der Beteiligungsfähigkeit der SE ist zu differenzieren: Dass eine SE mit Sitz in Deutschland beteiligungsfähiger deutscher Rechtsträger einer grenzüberschreitenden Verschmelzung gemäß §§ 305 bis 319 sein kann, ergibt sich bereits aus Art. 9 Abs. 1 lit. c Ziff. ii, Art. 10 SE-VO[21]. Danach ist die SE mit Sitz in Deutschland **einer deutschen AG gleichzustellen.**[22] Dies ermöglicht die grenzüberschreitende Verschmelzung auf eine deutsche SE und die grenzüberschreitende Verschmelzung einer deutschen SE auf einen Rechtsträger eines anderen EU-/EWR-Mitgliedstaats, der tauglicher Beteiligter einer grenzüberschreitenden Verschmelzung sein kann.

15 Umstritten ist, **in welchen Konstellationen** die **SE-VO vorrangig** gilt: Richtigerweise gilt dies ausschließlich für die grenzüberschreitende Verschmelzung zur Neugründung einer SE. Diese ist abschließend in Art. 2 Abs. 1 SE-VO i. V. m. Art. 17 ff. SE-VO geregelt.[23]

16 Teilweise wird vertreten, dass die **zweijährige Sperrfrist** des Art. 66 Abs. 1 Satz 2 SE-VO entsprechend auf grenzüberschreitende Verschmelzungen unter Beteiligung einer SE Anwendung finde, da diese für einen Formwechsel geltende Frist andernfalls umgangen werden könne.[24] Diese Auffassung kann jedoch nur für den Fall der grenzüberschreitenden Verschmelzung einer SE als übertragende Gesellschaft gelten, da der Schutzweck des Art. 66 SE-VO nur hier greift.[25] In der Praxis wird gleichwohl zu beachten sein, wie die (deutschen) Registergerichte sich hierzu positionieren.

19) *Sitter* in: in: NK-UmwG, § 306 Rz. 8, der auf die Aufrechterhaltung des § 3 Abs. 3 neben § 315 Abs. 3 Satz 2 aufmerksam macht – m. Verweis auf *Thomale/Schmid*, NotBZ 2023, 91, 95; Schmitt/Hörtnagl-*Hörtnagl*, UmwG/UmwStG, § 306 Rz. 5; *Klett* in: BeckOGK-UmwG, § 306 Rz. 10.

20) *Sitter* in: in: NK-UmwG, § 306 Rz. 8 – m. Verweis auf: *Thomale/Schmid* NotBZ 2023, 91, 95; Schmitt/Hörtnagl-*Hörtnagl*, UmwG/UmwStG, § 306 Rz. 5; *Klett* in: BeckOGK-UmwG, § 306 Rz. 10; für § 3 Abs. 3: Lutter-*Drygala*, UmwG, § 3 Rz. 25 f.; Schmitt/Hörtnagl-*Winter*, UmwG/UmwStG, § 3 Rz. 46.

21) Verordnung (EG) Nr. 2157/2001 des Rates v. 8.10.2001 über das Statut der Europäischen Gesellschaft (SE) (SE-VO), ABl. (EU) L 294/1 v. 10.11.2001.

22) Habersack/Drinhausen-*Drinhausen*, SE-VO, Art. 66 Rz. 36; *de Raet* in: Kindler/Lieder, European Corporate Law, Art. 119 Rz. 7; *Klett* in: BeckOGK-UmwG, § 306 Rz. 13; Lutter-*Bayer/J. Schmidt*, UmwG, § 306 Rz. 13 m. w. N.

23) Habersack/Drinhausen-*Drinhausen*, SE-VO, Art. 66 Rz. 35; *Stiegler* in: Jung/Krebs/Stiegler, Gesellschaftsrecht in Europa, § 24 Rz. 20; *Lutter/Bayer/J. Schmidt*, Europäisches Unternehmens- und Kapitalmarktrecht, Rz. 22.18; Henssler/Strohn-*Polley*, GesR, § 306 UmwG Rz. 4; *Klett* in: BeckOGK-UmwG, § 306 Rz. 13; *de Raet* in: Kindler/Lieder, European Corporate Law, Art. 119 Rz. 7; Lutter-*Bayer/J. Schmidt*, UmwG, § 306 Rz. 13 m. w. N.

24) Henssler/Strohn-*Polley*, GesR, § 306 UmwG Rz. 4 – m. w. N. zur Befürwortung der analogen Anwendung.

25) Habersack/Drinhausen-*Drinhausen*, SE-VO Art. 66 Rz. 42.

4. Ausgewählte Personen(handels)gesellschaften

17 Wenngleich Personengesellschaften aufgrund der Niederlassungsfreiheit und der dazu ergangenen Rechtsprechung des EuGH Partei einer grenzüberschreitenden Verschmelzung sein können, fallen sie nicht in den Anwendungsbereich der Gesellschaftsrechtsrichtlinie und auch nicht von § 306, da der deutsche Gesetzgeber sich gegen eine überschießende Umsetzung entschieden hat. Eine **Ausnahme** hierzu normiert § 306 Abs. 1 Nr. 2, wonach (deutsche) Personen(handels)gesellschaften (also **oHG und KG sowie GmbH & Co. KG**) i. S. des § 3 Abs. 1 Nr. 1 mit in der Regel nicht mehr als 500 Arbeitnehmern als übernehmender oder neue Rechtsträger Beteiligte einer grenzüberschreitenden Verschmelzung sein können.

18 Die Grenze von 500 Arbeitnehmern wurde festgelegt, damit eine Gesellschaft nicht aus der für die GmbH & Co. KG im Gegensatz zur GmbH nicht geltende Drittelmitbestimmung nach dem DrittelbG[26] flüchten kann.[27]

19 Die Vorschrift wurde im Zuge des **Brexit** geschaffen und sollte die Verschmelzung von UK-Limiteds auf deutsche Personen(handels)gesellschaften ermöglichen.[28] Zu Recht wird darauf hingewiesen, dass diese Ausnahme in der Praxis nicht zur Anwendung kam, da das Britische Companies House sich (unionsrechtswidrig) mit allen Mitteln gegen den umwandelnden Wegzug von UK-Gesellschaften mit Verwaltungssitz in Deutschland wehrte und weiterhin wehrt.[29] Die Vorschrift wird daher weitgehend bedeutungslos bleiben.

IV. Nicht-verschmelzungsfähige Gesellschaften (§ 306 Abs. 2)

20 Gemäß § 306 Abs. 2 Nr. 1 können **Genossenschaften** und gemäß § 306 Abs. 2 Nr. 2 können **OGAWs** (Organismen für gemeinsame Anlagen in Wertpapieren) nicht beteiligte Rechtsträger einer grenzüberschreitenden Verschmelzung sein.

21 Genossenschaften wären als Kapitalgesellschaften grundsätzlich zulässige Beteiligte einer grenzüberschreitenden Verschmelzung. Art. 120 Abs. 2 der Gesellschaftsrechtlichtlinie erlaubt es allerdings den Mitgliedstaaten, diese Gesellschaften aus dem Anwendungsbereich auszunehmen. Von dieser Möglichkeit hat Deutschland Gebrauch gemacht. Hintergrund dieser Ausnahme ist, dass das **Recht der Genossenschaften** anders als das Recht der sonstigen Kapitalgesellschaften innerhalb der EU-/EWR **nicht hinreichend harmonisiert** ist, so dass eine grenzüberschreitende Verschmelzung faktisch kaum möglich ist. In der Praxis bedeutet dies insbesondere, dass genossenschaftliche Banken wie Volksbanken oder auch genossenschaftliche Wohnungsbaugesellschaften nicht Beteiligte einer grenzüberschreitenden Verschmelzung sein können.

22 **OGAWs** sind hingegen gemäß Art. 120 Nr. 3 Gesellschaftsrechtsrichtlinie zwingend aus dem Anwendungsbereich auszunehmen. Die Mitgliedstaaten haben insofern kein Wahlrecht. Hintergrund ist, dass für derartige Investmentvermögen (KVGs gemäß dem KAGB in Deutschland vergleichbar) gemäß der sog. OGAW-Richtlinie spezialgesetzlichen Vorschriften unterliegen.[30]

---

26) Gesetz über die Drittelbeteiligung der Arbeitnehmer im Aufsichtsrat (Drittelbeteiligungsgesetz – DrittelbG), v. 18.5.2004, BGBl. I 2004, 974.

27) Lutter-*Bayer/J. Schmidt*, UmwG, § 306 Rz. 26; *Klaaßen-Kaiser* in: KölnKomm-UmwG, § 306 Rz. 9 – m. Verweis auf: Begr. RegE 4. UmwÄndG z. § 122b a. F., BT-Drucks. 19/5463, S. 10.

28) Lutter-*Bayer/J. Schmidt*, UmwG, § 306 Rz. 23; Begr. RegE 4. UmwGÄndG, BT-Drucks. 19/5463, S. 7; *Bayer/J. Schmidt*, BB 2019, 2178, 2188.

29) Lutter-*Bayer/J. Schmidt*, UmwG, § 306 Rz. 23; *J. Schmidt*, ZIP 2019, 1093, 1098, 1100; *Bayer/J. Schmidt*, BB 2019, 2178, 2188.

30) *de Raet* in: Kindler/Lieder, European Corporate Law, Art. 119 Rz. 9 f.

§ 307
Verschmelzungsplan*)

(1) Das Vertretungsorgan einer beteiligten Gesellschaft stellt zusammen mit den Vertretungsorganen der übrigen beteiligten Gesellschaften einen gemeinsamen Verschmelzungsplan auf.

(2) Der Verschmelzungsplan oder sein Entwurf muss mindestens folgende Angaben enthalten:

1. Rechtsform, Firma und Sitz der übertragenden und übernehmenden oder neuen Gesellschaft,
2. das Umtauschverhältnis der Gesellschaftsanteile und gegebenenfalls die Höhe der baren Zuzahlungen,
3. die Einzelheiten hinsichtlich der Übertragung der Gesellschaftsanteile der übernehmenden oder neuen Gesellschaft,
4. die voraussichtlichen Auswirkungen der Verschmelzung auf die Beschäftigung,
5. den Zeitpunkt, von dem an die Gesellschaftsanteile deren Inhabern das Recht auf Beteiligung am Gewinn gewähren, sowie alle Besonderheiten, die eine Auswirkung auf dieses Recht haben,
6. den Zeitpunkt, von dem an die Handlungen der übertragenden Gesellschaften unter dem Gesichtspunkt der Rechnungslegung als für Rechnung der übernehmenden oder neuen Gesellschaft vorgenommen gelten (Verschmelzungsstichtag),
7. die Rechte, die die übernehmende oder neue Gesellschaft den mit Sonderrechten ausgestatteten Gesellschaftern und den Inhabern von anderen Wertpapieren als Gesellschaftsanteilen gewährt, oder die für diese Personen vorgeschlagenen Maßnahmen,
8. etwaige besondere Vorteile, die den Mitgliedern der Verwaltungs-, Leitungs-, Aufsichts- oder Kontrollorgane der an der Verschmelzung beteiligten Gesellschaften gewährt werden,
9. sofern einschlägig den Errichtungsakt der aus der grenzüberschreitenden Verschmelzung hervorgehenden Gesellschaft und, falls sie Gegenstand eines gesonderten Aktes ist, die Satzung,
10. gegebenenfalls Angaben zu dem Verfahren, nach dem die Einzelheiten über die Beteiligung der Arbeitnehmer an der Festlegung ihrer Mitbestimmungsrechte in der aus der grenzüberschreitenden Verschmelzung hervorgehenden Gesellschaft geregelt werden,
11. Angaben zur Bewertung des Aktiv- und Passivvermögens, das auf die übernehmende oder neue Gesellschaft übertragen wird,
12. den Stichtag derjenigen Bilanzen der an der Verschmelzung beteiligten Gesellschaften, die zur Festlegung der Bedingungen der Verschmelzung verwendet werden,
13. die Einzelheiten zum Angebot einer Barabfindung gemäß § 313,
14. Angaben über Sicherheiten, die den Gläubigern angeboten werden,
15. im Fall der Verschmelzung auf eine Personenhandelsgesellschaft gemäß § 306 Absatz 1 Nummer 2
    a) für jeden Anteilsinhaber eines übertragenden Rechtsträgers die Bestimmung, ob ihm in der übernehmenden oder der neuen Personenhandelsgesellschaft die Stel-

lung eines persönlich haftenden Gesellschafters oder eines Kommanditisten gewährt wird,

b) der festgesetzte Betrag der Einlage jedes Gesellschafters,

16. Informationen über die Auswirkungen der grenzüberschreitenden Verschmelzung auf Betriebsrenten und Betriebsrentenanwartschaften.

(3) Die Angaben über den Umtausch der Anteile (Absatz 2 Nummer 2, 3 und 5) und die Einzelheiten zum Angebot einer Barabfindung (Absatz 2 Nummer 13) entfallen, wenn

1. sich alle Anteile der übertragenden Gesellschaft in der Hand der übernehmenden Gesellschaft befinden oder

2. den Anteilsinhabern der übertragenden Gesellschaft keine Anteile gewährt werden und dieselbe Person

a) alle Anteile der übertragenden und der übernehmenden Gesellschaft besitzt,

b) alle Anteile an solchen Gesellschaften besitzt, die gemeinsam alle Anteile an der übertragenden oder an der übernehmenden Gesellschaft besitzen, oder

c) alle Anteile an solchen Gesellschaften besitzt, bei denen sich die Inhaberschaft an Anteilen bis zu der übertragenden oder der übernehmenden Gesellschaft fortsetzt.

(4) Der Verschmelzungsplan muss notariell beurkundet werden.

*) § 307 n. F. (§ 122c a. F.) Paragraphenzählung und Text geändert durch Art. 1 des Gesetzes zur Umsetzung der Umwandlungsrichtlinie und zur Änderung weiterer Gesetze (UmRUG), v. 22.2.2023, BGBl. I 2023, Nr. 51; § 122c a. F. (§ 307 n. F.) geändert durch das Vierte Gesetz zur Änderung des Umwandlungsgesetzes (4. UmwGÄndG), v. 19.12.2018, BGBl. I 2018, 2694; § 122c a. F. (§ 307 n. F.) eingefügt durch Art. 1 des Zweiten Gesetzes zur Änderung des Umwandlungsgesetzes (2. UmwGÄndG), v. 19.4.2007, BGBl. I 2007, 542.

Literatur: Siehe auch die Angaben bei § 305. *Bachmann*, Außer Wesen nichts gewesen?, ZHR 185 (2021), 52; *Bungert/Strothotte*, Grenzüberschreitende Umwandlungsmaßnahmen: Praxiserfahrungen mit dem neuen Recht, DB 2024, 2814; *Drinhausen/Keinath*, Referentenentwurf eines Gesetzes zur Umsetzung der Umwandlungsrichtlinie, BB 2022, 1346; *Drinhausen/Keinath*, Referentenentwurf eines Zweiten Gesetzes zur Änderung des Umwandlungsgesetzes – Erleichterung grenzüberschreitender Verschmelzungen für deutsche Kapitalgesellschaften?, BB 2006, 725; *Frenzel*, Grenzüberschreitende Verschmelzung von Kapitalgesellschaften, RIW 2008, 12; *Heckschen*, Die Reform des Umwandlungsrechts – eine erste Bestandsaufnahme, DNotZ 2024, 404; *Holzborn/Mayston*, Grenzüberschreitender „Downstream Merger" bei Streubesitz und Börsenhandel, ZIP 2012, 2380; *Kiem*, Die Ermittlung der Verschmelzungswertrelation bei der grenzüberschreitenden Verschmelzung, ZGR 2007, 542; *Löbbe*, Die grenzüberschreitende Umwandlung nach dem UmRUG, ZHR 187 (2023), 498; *Louven*, Umsetzung der Verschmelzungsrichtlinie, ZIP 2006, 2021; *Schulte*, Grenzüberschreitende Heraus- und Hineinverschmelzung der GmbH in der Praxis des Registerverfahrens, GmbHR 2025, 407; *Stelmaszczyk*, Grenzüberschreitende Umwandlungen nach dem UmRUG, DNotZ 2023, 752; *Teichmann*, Einführung der Europäischen Aktiengesellschaft – Grundlagen der Ergänzung des europäischen Statuts durch den deutschen Gesetzgeber, ZGR 31 (2002), 383; *Vetter*, Die Regelung der grenzüberschreitenden Verschmelzung im UmwG, AG 2006, 613; *Weiler*, Änderungen des Umwandlungsgesetzes durch das UmRUG, NotBZ 2024, 321.

Übersicht

I. Allgemeines

1. Überblick und Normzweck

1 Grundlage der grenzüberschreitenden Verschmelzung ist der von den beteiligten Gesellschaften aufzustellende gemeinsame Verschmelzungsplan. Dieser legt die wesentlichen Modalitäten der grenzüberschreitenden Verschmelzung fest. Zu diesem Zweck normiert § 307 (§ 122c a. F.) Vorgaben für **Aufstellung, Inhalt und Form des Verschmelzungsplans.** Danach ist der Verschmelzungsplan gemäß § 307 Abs. 1 durch die Vertretungsorgane der beteiligten Gesellschaften aufzustellen (siehe Rz. 6 ff.), und zwar mit den in § 307 Abs. 2 i. E. bezeichneten Mindestinhalten (siehe Rz. 18 ff.). Erleichterungen für Konzernverschmelzungen regelt § 307 Abs. 3 (siehe Rz. 59 ff.). Gemäß § 307 Abs. 4 muss der Verschmelzungsplan notariell beurkundet werden (siehe Rz. 64 ff.).

2. Normgenese und unionsrechtlicher Hintergrund

2 Die Regelung zum Verschmelzungsplan geht überwiegend auf **Art. 122 Gesellschaftsrechtsrichtlinie**[1] (ursprünglich auf Art. 5 der Verschmelzungsrichtlinie[2]) zurück und wurde

---

1) Richtlinie (EU) 2017/1132 des Europäischen Parlaments und des Rates v. 14.6.2017 über bestimmte Aspekte des Gesellschaftsrechts (Gesellschaftsrechtsrichtlinie), ABl. (EU) L 169/46 v. 30.6.2017.

2) Richtlinie 2005/56/EG des Europäischen Parlaments und des Rates v. 26.10.2005 über die Verschmelzung von Kapitalgesellschaften aus verschiedenen Mitgliedstaaten (Verschmelzungsrichtlinie), ABl. (EG) L 310/1 v. 25.11.2005.

m. W. v. 25.4.2007 durch das 2. UmwGÄndG[3] zunächst in § 122c a. F. eingefügt. Durch das 4. UmwGÄndG[4] wurde die Regelung zum 1.1.2019 erweitert, insbesondere § 122c Abs. 2 Nr. 13 a. F. ergänzt (mittlerweile § 307 Abs. 2 Nr. 15; siehe dazu unten Rz. 55 f.). Im Zuge der Umsetzung der Umwandlungsrichtlinie[5] durch das **UmRUG**[6] wurde die Regelung m. W. v. 1.3.2023 in § 307 überführt und an die mit der Umwandlungsrichtlinie verbundenen Neuerungen angepasst: In § 307 Abs. 2 wurden die Regelungen der Nr. 8 (siehe Rz. 38) und Nr. 9 (siehe Rz. 40 ff.) den Vorgaben der Umwandlungsrichtlinie entsprechend geändert und Nr. 13 (Angebot einer Barabfindung, siehe Rz. 50 f.), Nr. 14 (Angaben über den Gläubigern angebotene Sicherheiten, siehe Rz. 52 ff.) und Nr. 16 (Auswirkungen auf Betriebsrenten und -anwartschaften, siehe Rz. 57 f.) ergänzt.[7] In Umsetzung von Art. 132 Abs. 1 Spiegelstrich 1 Gesellschaftsrechtsrichtlinie wurde zudem § 307 Abs. 3 gegenüber § 122c Abs. 3 a. F. neu gefasst bzw. erweitert, sodass neben der Tochter-Mutter-Verschmelzung nunmehr auch weitere Konzernkonstellationen erfasst sind, in denen Angaben zum Umtausch der Anteile und zum Angebot einer Barabfindung entfallen (siehe näher Rz. 59 ff.).[8]) Näher zum unionsrechtlichen Hintergrund der grenzüberschreitenden Verschmelzung siehe § 305 Rz. 1 ff. [*de Raet/Brunk*]).

3. Systematik

3 Bei § 307 handelt es sich um eine **Sonderregelung (i. S. von § 305 Abs. 2)** gegenüber den Regelungen zum Verschmelzungsvertrag (§§ 4 ff.). Soweit der Regelungsbereich des § 307 reicht, werden die Vorschriften zur nationalen Verschmelzung daher verdrängt. Dies betrifft insbesondere die Regelungen zum Inhalt des Verschmelzungsvertrags in § 5 Abs. 1, die daher nicht ergänzend zu den Mindestangaben des § 307 Abs. 2 heranzuziehen sind.[9] § 307 Abs. 3 Nr. 1 entspricht § 5 Abs. 2.[10] Die in § 5 Abs. 3 vorgesehene Zuleitung des Verschmelzungsvertrags an den Betriebsrat findet bei der grenzüberschreitenden Verschmelzung keine direkte oder entsprechende Anwendung (siehe unten Rz. 67 f.).

4 Die Vorschrift des § 307 betrifft nur die an der grenzüberschreitenden Verschmelzung beteiligten **deutschen Gesellschaften.** Für die an der grenzüberschreitenden Gesellschaften beteiligten ausländischen Gesellschaften ist das Recht am jeweiligen Satzungssitz maßgeblich (vgl. Art. 121 Abs. 1 lit. b Gesellschaftsrechtsrichtlinie).

5 **Parallelvorschriften** zu § 307 sind § 322 (Spaltungsplan) für die grenzüberschreitende Spaltung und § 335 (Formwechselplan) für den grenzüberschreitenden Formwechsel.

II. Aufstellung des Verschmelzungsplans (§ 307 Abs. 1)

6 Gemäß Absatz 1 stellen die Vertretungsorgane (zur Aufstellungskompetenz siehe Rz. 9 ff.) der beteiligten Gesellschaften einen **gemeinsamen Verschmelzungsplan** auf.

3) Zweites Gesetz zur Änderung des Umwandlungsgesetzes (2. UmwGÄndG), v. 19.4.2007, BGBl. I 2007, 542.

4) Viertes Gesetz zur Änderung des Umwandlungsgesetzes (4. UmwGÄndG), v. 19.12.2018, BGBl. I 2018, 2694.

5) Richtlinie (EU) 2019/2121 des Europäischen Parlaments und des Rates v. 27.11.2019 zur Änderung der Richtlinie (EU) 2017/1132 in Bezug auf grenzüberschreitende Umwandlungen, Verschmelzungen und Spaltungen (Umwandlungsrichtlinie), ABl. (EU) L 321/1 v. 12.12.2019.

6) Gesetz zur Umsetzung der Umwandlungsrichtlinie und zur Änderung weiterer Gesetze, v. 22.2.2023, BGBl. I 2023, Nr. 51 v. 28.2.2023.

7) Vgl. Begr. RegE UmRUG, BT-Drucks. 20/3822, S. 88.

8) Begr. RegE UmRUG, BT-Drucks. 20/3822, S. 88.

9) *Klaaßen-Kaiser* in: KölnKomm-UmwG, § 307 Rz. 1a.

10) Begr. RegE 2. UmwÄndG z. § 122c Abs. 3 a. F., BT-Drucks. 16/2919, S. 15.

1. Rechtsnatur des Verschmelzungsplans

7 Der gemeinsame Verschmelzungsplan i. S. des § 307 entspricht funktional dem für innerstaatliche Verschmelzungen erforderlichen Verschmelzungsvertrag i. S. der §§ 4 ff. Anders als beim Verschmelzungsvertrag handelt es sich beim Verschmelzungsplan jedoch – schon der abweichenden Terminologie nach – nicht auch um einen schuldrechtlichen Vertrag, sondern um einen reinen **gesellschaftsrechtlichen Organisationsakt.**[11] Diese Einordnung entspricht dem zu Art. 122 Gesellschaftsrechtsrichtlinie bestehenden Verständnis und ist daher europarechtlich vorgegeben.[12] Folgerichtig verlangt § 307 – anders als § 5 Abs. 1 Nr. 2 – keine Vereinbarung über Vermögensübertragung und Anteilsgewährung.[13]

8 Als gesellschaftsrechtlicher Organisationsakt begründet der Verschmelzungsplan als solcher grundsätzlich keine schuldrechtlichen Rechte und Pflichten zwischen den Vertragsparteien. Den an der Verschmelzung beteiligten Gesellschaften steht es aber frei, im Zusammenhang mit der Verschmelzung **schuldrechtliche Verpflichtungen** einzugehen. Dies kann im Verschmelzungsplan selbst erfolgen;[14] in der Praxis üblich und empfehlenswert ist jedoch der Abschluss eines gesonderten Vertragsdokuments (sog. **Business Combination Agreement**) im Vorfeld der Verschmelzung.[15]

2. Aufstellungskompetenz

9 Gemäß Art. 122 Gesellschaftsrechtsrichtlinie sind für die Aufstellung des Verschmelzungsplans die „Leitungs- oder Verwaltungsorgane" der sich verschmelzenden Gesellschaften zuständig. Dagegen stellt § 307 Abs. 1 auf das jeweilige **Vertretungsorgan** ab. Diese abweichende Kompetenzzuweisung ist insoweit unschädlich, als sich Leitungs- und Vertretungsorgan entsprechen, also bei der AG (Vorstand), GmbH (Geschäftsführer), der KGaA (Komplementäre) und der dualistisch verfassten SE (Leitungsorgan).[16] Bei der monistisch verfassten SE ist dagegen in richtlinienkonformer Auslegung des Abs. 1 nicht das Vertretungsorgan (d. h. die geschäftsführenden Direktoren, vgl. § 41 SEAG)[17] für die Aufstellung des Verschmelzungsplans zuständig, sondern abweichend davon der Verwaltungsrat als Leitungsorgan (vgl. § 22 Abs. 1 SEAG).[18]

10 Bei der Aufstellung des Verschmelzungsplans (bzw. seines Entwurfs, siehe Rz. 15) müssen die Vertretungsorgane **in vertretungsberechtigter Anzahl** handeln.[19] Eine unechte Ge-

---

11) Lutter-*Bayer/J. Schmidt*, UmwG, § 307 Rz. 10; *Klaaßen-Kaiser* in: KölnKomm-UmwG, § 307 Rz. 2; *Klett* in: BeckOGK-UmwG, § 307 Rz. 11; Henssler/Strohn-*Polley*, GesR, § 307 UmwG Rz. 5; *Sitter* in: NK-UmwG, § 307 Rz. 7; *Frenzel*, RIW 2008, 12, 16.

12) Zu Art. 122 Gesellschaftsrechtsrichtlinie vgl. *de Raet* in: Kindler/Lieder, European Corporate Law, Art. 122 Rz. 3 ff.; *Lutter/Bayer/J. Schmidt*, Europäisches Unternehmens- und Kapitalmarktrecht, Rz. 22.35; ebenso zur Parallelvorschrift des Art. 20 Abs. 1 SE-VO, vgl. *Sitter* in: NK-UmwG, § 307 Rz. 7; *Teichmann*, ZGR 2002, 383, 419 f.

13) Lutter-*Bayer/J. Schmidt*, UmwG, § 307 Rz. 10; *Frenzel*, RIW 2008, 12, 16.

14) Vgl. nur Lutter-*Bayer/J. Schmidt*, UmwG, § 307 Rz. 11, 72.

15) Lutter-*Bayer/J. Schmidt*, UmwG, § 307 Rz. 11; *Frenzel*, RIW 2008, 12, 16; ferner *Klaaßen-Kaiser* in: KölnKomm-UmwG, § 307 Rz. 2a; *Klett* in: BeckOGK-UmwG, § 307 Rz. 11; *Sitter* in: NK-UmwG, § 307 Rz. 7 a. E.; Semler/Stengel/Leonard-*Drinhausen*, UmwG, § 307 Rz. 6.

16) Lutter-*Bayer/J. Schmidt*, UmwG, § 307 Rz. 12; *Klett* in: BeckOGK-UmwG, § 307 Rz. 21; *Sitter* in: NK-UmwG, § 307 Rz. 8.

17) Gesetz zur Ausführung der Verordnung (EG) Nr. 2157/2001 des Rates v. 8.10.2001 über das Statut der Europäischen Gesellschaft (SE) (SE-Ausführungsgesetz – SEAG), v. 22.12.2004, BGBl. I 2004, 3675.

18) Lutter-*Bayer/J. Schmidt*, UmwG, § 307 Rz. 13 – „offenkundiges Redaktionsversehen"; ebenso *Klaaßen-Kaiser* in: KölnKomm-UmwG, § 307 Rz. 2b; *Klett* in: BeckOGK-UmwG, § 307 Rz. 21; Habersack/Drinhausen-*Kiem*, SE-Recht, § 307 UmwG Rz. 12; *Sitter* in: NK-UmwG, § 307 Rz. 9.

19) Lutter-*Bayer/J. Schmidt*, UmwG, § 307 Rz. 12; Schmitt/Hörtnagl-*Hörtnagl*, UmwG/UmwStG, § 307 UmwG Rz. 9; *Klett* in: BeckOGK-UmwG, § 307 Rz. 21.

samtvertretung durch ein Mitglied des Vertretungsorgans und einen dazu berechtigten Prokuristen ist möglich.[20]

11 Die Vertretungsorgane können sich bei Aufstellung bzw. Beurkundung des Verschmelzungsplans auch durch **Bevollmächtigte** vertreten lassen.[21] Die Bevollmächtigung kann grundsätzlich formfrei erfolgen; in der Praxis ist es aber üblich, die Vollmachten zu Nachweiszwecken zumindest in Schrift- bzw. Textform zu erteilen. Darüber hinaus ist im Falle einer Hereinverschmelzung regelmäßig eine notarielle Errichtung bzw. Beglaubigung der Vollmacht erforderlich, weil über die Verweise in §§ 305 Abs. 2 Satz 1, 36 Abs. 2 die jeweils einschlägigen Gründungsvorschriften zu beachten sind (z. B. § 2 Abs. 2 GmbHG, § 23 Abs. 1 Satz 2 AktG; näher siehe § 36 Rz. 25 f. [*Redenius-Hövermann/Laufersweiler*]).[22]

3. Gemeinsame Aufstellung

12 Die Aufstellung setzt eine **dokumentierte Verständigung** der zuständigen Organe aller beteiligten Gesellschaften über den Inhalt des Verschmelzungsplans voraus.[23] Dies gleicht – auch wenn es sich bei dem Verschmelzungsplan nicht um einen Vertrag handelt (siehe oben Rz. 7) – dem äußeren Erscheinungsbild nach einem Vertragsschluss. Die gemeinsame Aufstellung mündet in einen für alle beteiligten Gesellschaften **gemeinsamen Verschmelzungsplan.**[24]

4. Sprache

13 Der Verschmelzungsplan ist grundsätzlich (zumindest: auch) in **deutscher Sprache** abzufassen. Dies ergibt sich unmittelbar zwar weder aus § 307 noch aus der Gesellschaftsrechtsrichtlinie, folgt jedoch aus dem Beurkundungserfordernis (§ 5 Abs. 1 BeurkG) und der in § 308 Abs. 1 Satz 1 vorgesehenen Einreichung zum Handelsregister (§ 488 Abs. 3 Satz 1 i. V. m. § 184 GVG).[25] Ob stattdessen die Vorlage einer beglaubigten Übersetzung ausreicht,[26] ist nicht sicher geklärt.[27]

14 In der Praxis empfiehlt sich in jedem Fall die Anfertigung einer **mehrsprachigen Fassung** (z. B. in Spaltenform), welche die Sprachen aller beteiligten Gesellschaften berücksichtigt. Dabei sollte in dem Verschmelzungsplan per sog. Konfliktklausel **eine der Sprachfassungen als vorrangig** festgelegt werden, um dem Erfordernis eines gemeinsamen, gleichlautenden Verschmelzungsplans zu genügen.[28] Insoweit wird empfohlen, der Amtssprache am Sitz des übernehmenden Rechtsträgers den Vorrang einzuräumen.[29] Schwierigkeiten können jedoch entstehen, soweit zwei oder mehrere der beteiligten Rechtsordnungen verlangen, dass der Verschmelzungsplan zwingend in ihrer jeweiligen Amtssprache abzufassen ist.[30]

---

20) *Klett* in: BeckOGK-UmwG, § 307 Rz. 22.

21) Lutter-*Bayer/J. Schmidt*, UmwG, § 307 Rz. 12; *Klett* in: BeckOGK-UmwG, § 307 Rz. 23.

22) *Klett* in: BeckOGK-UmwG, § 307 Rz. 23.

23) Lutter-*Bayer/J. Schmidt*, UmwG, § 307 Rz. 12; Schmitt/Hörtnagl-*Hörtnagl*, UmwG/UmwStG, § 307 UmwG Rz. 10.

24) Schmitt/Hörtnagl-*Hörtnagl*, UmwG/UmwStG, § 307 UmwG Rz. 6; *Klaaßen-Kaiser* in: KölnKomm-UmwG, § 307 Rz. 33; *Klett* in: BeckOGK-UmwG, § 307 Rz. 14.

25) Lutter-*Bayer/J. Schmidt*, UmwG, § 307 Rz. 94; *Weiler*, NotBZ 2024, 321, 325.

26) Dafür Schmitt/Hörtnagl-*Hörtnagl*, UmwG/UmwStG, § 307 UmwG Rz. 6; *Klaaßen-Kaiser* in: KölnKomm-UmwG, § 307 Rz. 35; *Klett* in: BeckOGK-UmwG, § 307 Rz. 17.

27) Zweifelnd Lutter-*Bayer/J. Schmidt*, UmwG, § 307 Rz. 94.

28) Lutter-*Bayer/J. Schmidt*, UmwG, § 307 Rz. 95; *Klaaßen-Kaiser* in: KölnKomm-UmwG, § 307 Rz. 36; *Weiler*, NotBZ 2024, 321, 325.

29) Entsprechende Empfehlung bei *Holzborn/Mayston*, ZIP 2012, 2380, 2383.

30) Vgl. Lutter-*Bayer/J. Schmidt*, UmwG, § 307 Rz. 95; *Holzborn/Mayston*, ZIP 2012, 2380, 2383.

In diesem Fall sollte eine Lösung in Abstimmung mit den jeweils beteiligten Registerstellen gesucht werden.

5. Entwurf des Verschmelzungsplans

§§ 307, 308 betreffen nicht nur den Verschmelzungsplan, sondern ausdrücklich auch dessen **Entwurf**. Dadurch wird klargestellt, dass der Planentwurf inhaltlich denselben Anforderungen unterliegt wie der finale Verschmelzungsplan. Relevant ist diese Regelung, soweit gemäß **§ 305 Abs. 2 i. V. m. §§ 13, 4 Abs. 2** zunächst über den Entwurf des Verschmelzungsplans Beschluss gefasst werden soll (hierzu siehe § 4 Rz. 50 ff. [*Redenius-Hövermann/Laufersweiler*]). Da der Entwurf mit der beurkundeten Fassung des Verschmelzungsplans übereinstimmen muss, bietet dieses Vorgehen in der Regel jedoch keinen greifbaren Vorteil, weshalb in der Praxis eine Beurkundung des Verschmelzungsplans vor Fassung des Zustimmungsbeschlusses üblich ist.[31] 15

6. Nachträgliche Änderungen

Bis zur Beschlussfassung der Anteilsinhaber nach § 305 Abs. 2 i. V. m. § 13 kann das Vertretungsorgan den Verschmelzungsplan bzw. seinen Entwurf ändern bzw. aufheben. Die **Änderungs- bzw. Aufhebungskompetenz** folgt insoweit aus der Aufstellungskompetenz des Vertretungsorgans. Sobald die Anteilsinhaber dem Verschmelzungsplan zugestimmt haben, kann das Vertretungsorgan über eine nachträgliche Änderung oder Aufhebung des Verschmelzungsplans nicht mehr allein bestimmen, sondern bedarf erneut einer entsprechenden Zustimmung der Anteilsinhaber. Insoweit entfaltet der Zustimmungsbeschluss im Innenverhältnis Bindungswirkung.[32] 16

Im Falle von **Änderungen** des Verschmelzungsplans oder Entwurfs **nach Einreichung zum Handelsregister** bzw. Bekanntmachung ist unverzüglich die geänderte Fassung beim Handelsregister einzureichen und bekannt zu machen (siehe § 308 Rz. 10 [*de Raet/Brunk*]). 17

III. Inhalt des Verschmelzungsplans (§ 307Abs. 2)

Der Verschmelzungsplan muss mindestens die in § 307 Abs. 2 genannten Angaben enthalten. Dabei geht der Katalog weitgehend (nämlich Abs. 2 Nr. 1 bis 14) auf **Art. 122 Satz 2 lit. a bis lit. n** Gesellschaftsrechtsrichtlinie zurück. Die in Abs. 2 Nr. 15 und 16 genannten Angaben sind dagegen nicht durch die Gesellschaftsrechtsrichtlinie vorgegeben, sondern wurden vom deutschen Gesetzgeber als zusätzliche Anforderungen ergänzt. Ob dies vor dem Hintergrund des mit der europäischen Regelung verbundenen Harmonisierungsziels zulässig ist, wird in Zweifel gezogen.[33] 18

Bei den in § 307 Abs. 2 genannten Angaben handelt es sich um **Mindestangaben**, die der Verschmelzungsplan zwingend zu enthalten hat (zu den Ausnahmen in Konzernkonstellationen nach § 307 Abs. 3 siehe unten Rz. 63). Den beteiligten Rechtsträgern steht es frei, weitere Regelungsinhalte (z. B. schuldrechtliche Verpflichtungen) in den Verschmelzungsplan bzw. seinen Entwurf aufzunehmen.[34] In der Regel ist es jedoch vorzugswürdig, ent- 19

31) *Klett* in: BeckOGK-UmwG, § 307 Rz. 15.

32) Vgl. *Rieckers/Cloppenburg* in: BeckOGK-UmwG § 13 Rz. 31; Schmitt/Hörtnagl-*Winter*, UmwG/UmwStG, § 13 UmwG Rz. 8.

33) So zu § 122c a. F. *Drinhausen/Keinath*, BB 2006, 725, 727; *Louven*, ZIP 2006, 2021, 2025; **a. A.** – für Zulässigkeit – Lutter-*Bayer/J. Schmidt*, UmwG, § 307 Rz. 16; vgl. auch *de Raet* in: Kindler/Lieder, European Corporate Law, Art. 122 Rz. 46 ff.

34) Vgl. Begr. RegE. 2. UmwÄndG, BT-Drucks. 16/2919, S. 15; Lutter-*Bayer/J. Schmidt*, UmwG, § 307 Rz. 72; *Klett* in: BeckOGK-UmwG, § 307 Rz. 89.

sprechende Regelungen außerhalb des Verschmelzungsplans in einer gesonderten Vereinbarung zu treffen (siehe bereits Rz. 8).

1. Rechtsform, Firma und Sitz (§ 307 Abs. 2 Nr. 1)

20 Nach § 307 Abs. 2 Nr. 1 (Art. 122 Satz 2 lit. a Gesellschaftsrechtsrichtlinie)[35] sind zunächst **Rechtsform, Firma** und **(Satzungs-)Sitz** aller beteiligten Gesellschaften (d. h. der übertragenden und der übernehmenden bzw. ggf. der neuen Gesellschaften) anzugeben. Dies entspricht der Sache nach § 5 Abs. 1 Nr. 1 (siehe dazu § 5 Rz. 11 ff. [*Redenius-Hövermann/Laufersweiler*]). Durch die Regelung soll eine eindeutige Identifizierung dieser Rechtsträger ermöglicht werden.[36]

21 Hinsichtlich der **Rechtsform** empfiehlt sich eine gesonderte Angabe, auch wenn sich selbige bereits aus der jeweiligen Firma ergibt.[37] Bei Kapitalgesellschaften i. S. des § 306 Abs. 1 Nr. 1 sollte die Bezeichnung an Anhang II der Gesellschaftsrechtsrichtlinie orientiert werden, wobei – dies gilt entsprechend für Personengesellschaften i. S. des § 306 Abs. 1 Nr. 2 – die ausgeschriebene Version vorzuziehen ist.[38] Auf **Änderungen der Firma** im Zuge der Verschmelzung sollte in dem Verschmelzungsplan hingewiesen werden, z. B. durch Zusatz („künftig: […]") hinter der noch gültigen Firmierung.[39]

2. Umtauschverhältnis und ggf. Höhe der baren Zuzahlungen (§ 307 Abs. 2 Nr. 2)

22 Gemäß § 307 Abs. 2 Nr. 2 (Art. 122 Satz 2 lit. b Gesellschaftsrechtsrichtlinie)[40] ist das **Umtauschverhältnis der Gesellschaftsanteile** und **ggf. die Höhe der baren Zuzahlungen** anzugeben. Damit entspricht die Angabepflicht weitgehend § 5 Abs. 1 Nr. 3 für nationale Verschmelzungen (siehe dazu § 5 Rz. 32 ff. [*Redenius-Hövermann/Laufersweiler*]), setzt abweichend davon aufgrund des eingeschränkten Anwendungsbereichs der §§ 305 ff. jedoch keine Angaben über die Mitgliedschaft voraus.[41] Bei den von § 307 Abs. 3 umfassten Konzernverschmelzungen sind die Angaben insgesamt entbehrlich (siehe näher Rz. 63).

a) Umtauschverhältnis

23 Bei der Angabe über das Umtauschverhältnis handelt es sich um einen **Kernbestandteil des Verschmelzungsplans**, da das Umtauschverhältnis Ausdruck der Wertrelation der beteiligten Gesellschaften ist und damit zugleich über die zukünftigen Beteiligungsverhältnisse am übernehmenden bzw. neuen Rechtsträger bestimmt.[42] Dieser herausragenden wirtschaftlichen Bedeutung entsprechend werden die Anteilsinhaber dem Verschmelzungsplan in der Regel auch nur zustimmen, wenn mit der Verschmelzung keine Verschlechterung ihrer Vermögenslage verbunden ist, sie also – ggf. unter Berücksichtigung barer Zuzahlungen – angemessen am übernehmenden bzw. neuen Rechtsträger beteiligt werden.

---

35) Dazu *de Raet* in: Kindler/Lieder, European Corporate Law, Art. 122 Rz. 18 f.

36) Lutter-*Bayer/J. Schmidt*, UmwG, § 307 Rz. 18; *Klett* in: BeckOGK-UmwG, § 307 Rz. 26.

37) So auch *Klett* in: BeckOGK-UmwG, § 307 Rz. 26.

38) Ebenso Schmitt/Hörtnagl-*Hörtnagl*, UmwG/UmwStG, § 307 UmwG Rz. 12.

39) *Klett* in: BeckOGK-UmwG, § 307 Rz. 26; ferner Lutter-*Bayer/J. Schmidt*, UmwG, § 307 Rz. 18; Schmitt/Hörtnagl-*Hörtnagl*, UmwG/UmwStG, § 307 UmwG Rz. 12.

40) Dazu *Lutter/Bayer/J. Schmidt*, Europäisches Unternehmens- und Kapitalmarktrecht, Rz. 22.42; *de Raet* in: Kindler/Lieder, European Corporate Law, Art. 122 Rz. 20 ff.

41) Zur Bedeutung der Angabe über die Mitgliedschaft bei nationalen Verschmelzungen Kallmeyer-*Lanfermann*, UmwG, § 5 Rz. 17.

42) Vgl. Lutter-*Bayer/J. Schmidt*, UmwG, § 307 Rz. 21; Schmitt/Hörtnagl-*Hörtnagl*, UmwG/UmwStG, § 307 UmwG Rz. 13; *Klett* in: BeckOGK-UmwG, § 307 Rz. 27; Kallmeyer-*Lanfermann*, UmwG, § 307 Rz. 11 f.

Die Ermittlung des Umtauschverhältnisses setzt eine **Bewertung aller beteiligten Gesellschaften** voraus. Dabei ist es entscheidend, dass die Bewertungen vergleichbar sind, d. h. möglichst dieselben oder zumindest vergleichbare Bewertungsmethoden angewendet werden.[43] Insoweit fehlt es jedoch an rechtsvereinheitlichenden Richtlinienvorgaben.[44] Zudem kann sich die Bewertungsfrage angesichts unterschiedlicher Bewertungstraditionen in den Mitgliedstaaten[45] mitunter schwierig gestalten. Für die Praxis ist daher dringend zu empfehlen, dass sich die Vertretungsorgane der beteiligten Gesellschaften **frühzeitig auf einen gemeinsamen, verbindlichen Bewertungsmaßstab verständigen.**[46] 24

Die eigentliche Angabe des Umtauschverhältnisses erfolgt in einer der Angabe im Verschmelzungsvertrag gem. § 5 Abs. 1 Nr. 3 entsprechenden Weise, sodass auf die dortigen Ausführungen verwiesen werden kann (siehe § 5 Rz. 35 ff. [*Redenius-Hövermann/Laufersweiler*]). Eine über die Angabe des Umtauschverhältnisses hinausgehende, **ergänzende Erläuterung** (z. B. zu den angewandten Bewertungsmethoden)[47] ist im Verschmelzungsplan **nicht erforderlich**; sie ist aber gemäß § 309 Abs. 4 i. V. m. § 8 Abs. 1 Nr. 2 lit. a in den Verschmelzungsbericht aufzunehmen (siehe § 309 Rz. 15 [*de Raet/Brunk*]). 25

b) Bare Zuzahlung

Anzugeben ist – ebenso wie bei nationalen Verschmelzungen (siehe § 5 Rz. 43 ff. [*Redenius-Hövermann/Laufersweiler*]) – die Höhe etwaiger barer Zuzahlungen. Für die insoweit geltenden **Zuzahlungshöchstbeträge** ist das auf die übernehmende bzw. neue Gesellschaft anwendbare Recht maßgeblich.[48] Bei Anwendung deutschen Rechts ist, entsprechend der Richtlinienregelung des Art. 119 Nr. 2 lit. a und lit b Gesellschaftsrechtsrichtlinie, die Höhe der Zuzahlungen auf 10 % des Gesamtnennbetrags bzw. des rechnerischen Werts der gewährten Geschäftsanteile der übernehmenden Gesellschaft begrenzt (vgl. §§ 54 Abs. 4, 68 Abs. 3).[49] Unterliegt die übernehmende oder neue Gesellschaft ausländischem Recht, kommt es darauf an, ob nach diesem Recht höhere Zuzahlungen gestattet sind.[50] Wenn es sich bei der übernehmenden oder neuen Gesellschaft um eine deutsche AG, KGaA oder SE handelt, können die beteiligten Gesellschaften gemäß § 305 Abs. 2 i. V. m. § 72a im Verschmelzungsplan erklären, dass anstelle einer baren Zuzahlung zusätzliche Aktien der übernehmenden Gesellschaft gewährt werden.[51] 26

43) Lutter-*Bayer/J. Schmidt*, UmwG, § 307 Rz. 22.

44) Mit Forderung nach Harmonisierung *de Raet* in: Kindler/Lieder, European Corporate Law, Art. 122 Rz. 22 – „would be extremely helpful"; ähnl. *Lutter/Bayer/J. Schmidt*, Europäisches Unternehmens- und Kapitalmarktrecht, Rz. 22.42.

45) Bsp. bei Lutter-*Bayer/J. Schmidt*, UmwG, § 307 Rz. 22; *Lutter/Bayer/J. Schmidt*, Europäisches Unternehmens- und Kapitalmarktrecht, Rz. 22.42; *Kiem*, ZGR 2007, 542, 554 ff.

46) Zur damit verbundenen Pflichtenlage für den Vorstand *Kiem*, ZGR 2007, 542, 565 ff.

47) Vgl. aber Kallmeyer-*Lanfermann*, UmwG, § 307 Rz. 11, nach dem sich die Festlegung der Bewertungsmethode (auch) im Verschmelzungsplan empfiehlt; ebenso *Klett* in: BeckOGK-UmwG, § 307 Rz. 29.

48) Lutter-*Bayer/J. Schmidt*, UmwG, § 307 Rz. 22.

49) Lutter-*Bayer/J. Schmidt*, UmwG, § 307 Rz. 23; *Klett* in: BeckOGK-UmwG, § 307 Rz. 31; krit. zur Barzahlungsschranke *Bachmann*, ZHR 185 (2021), 52 ff.

50) Insoweit besteht für Mitgliedstaaten gemäß Art. 116 Gesellschaftsrechtsrichtlinie ein entsprechendes Optionsrecht, hierzu *de Raet* in: Kindler/Lieder, European Corporate Law, Art. 122 Rz. 1 ff.; vgl. auch Lutter-*Bayer/J. Schmidt*, UmwG, § 307 Rz. 23; nach *Klett* in: BeckOGK-UmwG, § 307 Rz. 31 ist die 10 %-Grenze bei jeglicher Beteiligung einer deutschen Gesellschaft zwingend zu beachten; ebenso *Klaßen-Kaiser* in: KölnKomm-UmwG, § 307 Rz. 11.

51) Eingehend *Löbbe*, ZHR 187 (2023), 498, 514 ff.

3. Übertragung der Gesellschaftsanteile (§ 307 Abs. 2 Nr. 3)

27 Nach § 307 Abs. 2 Nr. 3 (Art. 122 Satz 2 lit. c Gesellschaftsrechtsrichtlinie)[52] hat der Verschmelzungsplan Angaben zu den **Einzelheiten hinsichtlich der Übertragung der Gesellschaftsanteile** der übernehmenden oder neuen Gesellschaft zu enthalten. Dies entspricht inhaltlich der Angabepflicht aus § 5 Abs. 1 Nr. 4 für nationale Verschmelzungen, weshalb auf die dortige Kommentierung verwiesen werden kann (siehe § 5 Rz. 49 ff. [*Redenius-Hövermann/Laufersweiler*]); wie bei Absatz 2 Nr. 2 (siehe oben Rz. 22) bedarf es aufgrund des eingeschränkten Anwendungsbereichs wiederum keiner mitgliedschaftsbezogenen Angaben.[53] Bei Konzernverschmelzungen i. S. des Absatz 3 sind die Angaben entbehrlich (siehe unten Rz. 63).

28 Handelt es sich beim **übertragenden Rechtsträger** um eine **deutsche AG, KGaA** oder **SE**, ist zu beachten, dass gemäß § 305 Abs. 2 die Vorschriften der **§§ 71 ff.** anzuwenden sind und daher ein Treuhänder zur Entgegennahme der Anteile und einer etwaigen baren Zuzahlung zu bestellen ist (siehe dazu näher § 71 Rz. 1 ff. [*Nolden*]). Hingegen finden diese Vorschriften im Falle der Hereinverschmelzung keine Anwendung, da insoweit das (ausländische) Recht des übertragenden Rechtsträgers maßgeblich ist.[54]

4. Auswirkungen auf die Beschäftigung (§ 307 Abs. 2 Nr. 4)

29 Anzugeben sind nach § 307 Abs. 2 Nr. 4 (Art. 122 Satz 2 lit. d Gesellschaftsrechtsrichtlinie)[55] die **voraussichtlichen Auswirkungen** der grenzüberschreitenden Verschmelzung **auf die Beschäftigung.** Damit ist die Angabepflicht einerseits gegenüber der für nationale Verschmelzungen geltenden Bestimmung des § 5 Abs. 1 Nr. 9, nach der auch Angaben zu den Folgen der Verschmelzung für Arbeitnehmervertretungen sowie zu den vorgesehenen Maßnahmen zu machen sind (siehe § 5 Rz. 95 ff. [*Redenius-Hövermann/Laufersweiler*]), inhaltlich beschränkt; andererseits wird sie insoweit durch die speziellen Regelungen des § 307 Abs. 2 Nr. 10 (siehe unten Rz. 43 f.) und Nr. 16 (siehe unten Rz. 57 f.) komplementiert.[56]

30 Die Angabepflicht betrifft die voraussichtlichen – d. h. mit hinreichender Wahrscheinlichkeit eintretenden[57] – **Auswirkungen** auf die Beschäftigung, wobei auch auf die Beschäftigung bei den an der Verschmelzung beteiligten ausländischen Gesellschaften einzugehen ist.[58] Da sich die im Verschmelzungsplan enthaltenen Informationen ausschließlich an die Anteilsinhaber und nicht auch an die Arbeitnehmer richten, können die Angaben auf diejenigen Informationen beschränkt werden, die **aus Sicht der Anteilsinhaber relevant** sind (z. B. Angaben zum Mitarbeiterbestand, infolge der Verschmelzung eintretender Änderungen und damit verbundenen Kosten).[59] Die **Arbeitnehmer** werden über die für sie relevanten Auswirkungen der grenzüberschreitenden Verschmelzung hingegen

52) Dazu *de Raet* in: Kindler/Lieder, European Corporate Law, Art. 122 Rz. 23.

53) Lutter-*Bayer/J. Schmidt*, UmwG, § 307 Rz. 25.

54) Lutter-*Bayer/J. Schmidt*, UmwG, § 307 Rz. 26; Kallmeyer-*Biller/Wilk*, UmwG, § 307 Rz. 14; Schmitt/Hörtnagl-*Hörtnagl*, UmwG/UmwStG, § 307 UmwG Rz. 18; *Klett* in: BeckOGK-UmwG, § 307 Rz. 29.

55) Näher *Lutter/Bayer/J. Schmidt*, Europäisches Unternehmens- und Kapitalmarktrecht, Rz. 22.44; *de Raet* in: Kindler/Lieder, European Corporate Law, Art. 122 Rz. 24 f.

56) Vgl. Lutter-*Bayer/J. Schmidt*, UmwG, § 307 Rz. 30; Schmitt/Hörtnagl-*Hörtnagl*, UmwG/UmwStG, § 307 UmwG Rz. 19; *Klett* in: BeckOGK-UmwG, § 307 Rz. 35; Kallmeyer-*Müller-Bonanni*, UmwG, § 307 Rz. 16.

57) Schmitt/Hörtnagl-*Hörtnagl*, UmwG/UmwStG, § 307 UmwG Rz. 19.

58) *Klett* in: BeckOGK-UmwG, § 307 Rz. 36.

59) Vgl. Lutter-*Bayer/J. Schmidt*, UmwG, § 307 Rz. 30; *Klaßen-Kaiser* in: KölnKomm-UmwG, § 307 Rz. 12; nach *Klett* in: BeckOGK-UmwG, § 307 Rz. 36, können außerdem Angaben zur Mitbestimmung erforderlich sein.

(nur) durch den **Verschmelzungsbericht** informiert (siehe näher § 309 Rz. 19 ff. [*de Raet/Brunk*]).[60]

5. Zeitpunkt der Gewinnbeteiligung (§ 307 Abs. 2 Nr. 5)

Gemäß § 307 Abs. 2 Nr. 5 (Art. 122 Satz 2 lit. e Gesellschaftsrechtsrichtlinie)[61] muss der Verschmelzungsplan den **Zeitpunkt**, von dem an die Gesellschaftsanteile deren Inhabern das Recht auf **Beteiligung am Gewinn** gewähren, sowie alle Besonderheiten, die eine Auswirkung auf dieses Recht haben, angeben. Dies entspricht im Wesentlichen der Angabepflicht aus § 5 Abs. 1 Nr. 5 (siehe dazu § 5 Rz. 60 [*Redenius-Hövermann/Laufersweiler*]). Bei Konzernverschmelzungen i. S. des Absatz 3 sind die Angaben wiederum entbehrlich (siehe unten Rz. 63). 31

Der Zeitpunkt der Gewinnbeteiligung ist von den Parteien **frei wählbar**; im Regelfall, allerdings rechtlich nicht zwingend, wird insoweit ein Gleichlauf mit dem Verschmelzungsstichtag (siehe Rz. 33) hergestellt.[62] Zudem wird für die Praxis allgemein empfohlen, auf erwartbare Verfahrensverzögerungen mit einer **variablen Festlegung der Stichtage** zu reagieren.[63] Beispielsweise. kann vereinbart werden, dass sich der Stichtag jeweils um ein Jahr (bzw. sukzessive weitere Jahre) verschiebt, wenn die Verschmelzung bis zur gewählten (bzw. jeweils vorangegangenen) Festlegung nicht im Handelsregister eingetragen wurde.[64] 32

6. Verschmelzungsstichtag (§ 307 Abs. 2 Nr. 6)

Nach § 307 Abs. 2 Nr. 6 (Art. 122 Satz 2 lit. f Gesellschaftsrechtsrichtlinie)[65] anzugeben ist der Verschmelzungsstichtag, d. h. der **Zeitpunkt**, von dem an die Handlungen der übertragenden Gesellschaften unter dem Gesichtspunkt der Rechnungslegung als **für Rechnung der übernehmenden oder neuen Gesellschaft** vorgenommen gelten. Dies entspricht § 5 Abs. 1 Nr. 6 (siehe dazu § 5 Rz. 69 ff. [*Redenius-Hövermann/Laufersweiler*]). 33

Nach deutschem Recht kann der Stichtag **frei gewählt** werden; zweckmäßig ist ein Gleichlauf mit dem Stichtag für die Gewinnbeteiligung nach § 307 Abs. 2 Nr. 5, wobei sich wie bei diesem eine variable Regelung empfiehlt (siehe oben Rz. 32).[66] In der Regel folgt der Verschmelzungsstichtag unmittelbar auf den **Stichtag der Schlussbilanz** (§ 17 Abs. 2 Satz 1), für die auch bei der grenzüberschreitenden Verschmelzung die Acht- 34

60) Ebenso Lutter-*Bayer/J. Schmidt*, UmwG, § 307 Rz. 30; Schmitt/Hörtnagl-*Hörtnagl*, UmwG/UmwStG, § 307 UmwG Rz. 19; *Klaaßen-Kaiser* in: KölnKomm-UmwG, § 307 Rz. 13; *Klett* in: BeckOGK-UmwG, § 307 Rz. 36; unter Hinweis auf § 308 Abs. 1 Nr. 4 lit. b **abw.** Kallmeyer-*Müller-Bonanni*, UmwG, § 307 Rz. 17 ff. – „ebenso umfassend wie nach § 5 Abs. 1 Nr. 9 UmwG darzustellen".

61) Hierzu *de Raet* in: Kindler/Lieder, European Corporate Law, Art. 122 Rz. 26.

62) Näher Schmitt/Hörtnagl-*Hörtnagl*, UmwG/UmwStG, § 307 UmwG Rz. 19; *Klett* in: BeckOGK-UmwG, § 307 Rz. 39.

63) *Klett* in: BeckOGK-UmwG, § 307 Rz. 39; Kallmeyer-*Biller/Wilk*, UmwG, § 307 Rz. 21; Lutter-*Bayer/J. Schmidt*, UmwG, § 307 Rz. 32; *Lutz*, BWNotZ 2010, 23, 30.

64) Vgl. zum Verschmelzungsstichtag *Klett* in: BeckOGK-UmwG, § 307 Rz. 46.1; mit entsprechender Gestaltung *Bungert* in: Münchener Vertragshdb, Bd. 1, XI. 1. (dort § 8); zur Zulässigkeit solcher Gestaltungen BGH, Urt. v. 4.12.2012 – II ZR 17/12, Rz. 13 ff., AG 2013, 165 = NZG 2013, 233.

65) Hierzu *de Raet* in: Kindler/Lieder, European Corporate Law, Art. 122 Rz. 27 ff.; *Lutter/Bayer/J. Schmidt*, Europäisches Unternehmens- und Kapitalmarktrecht, Rz. 22.43.

66) Lutter-*Bayer/J. Schmidt*, UmwG, § 307 Rz. 37; *Klett* in: BeckOGK-UmwG, § 307 Rz. 46; Kallmeyer-*Lanfermann*, UmwG, § 307 Rz. 25; *Sitter* in: NK-UmwG, § 307 Rz. 21; vgl. zur Zulässigkeit variabler Stichtagsregelungen auch BGH, Urt. v. 4.12.2012 – II ZR 17/12, Rz. 13 ff., AG 2013, 165 = NZG 2013, 233.

Monats-Frist des § 17 Abs. 2 Satz 4 gilt (siehe näher § 315 Rz. 19 [*de Raet/Brunk*]).[67] Für die an der grenzüberschreitenden Verschmelzung beteiligten ausländischen Rechtsträger sind ggf. abweichende Regelungen in den jeweiligen ausländischen Rechtsordnungen zu beachten.[68]

7. Sonderrechte (§ 307 Abs. 2 Nr. 7)

35 § 307 Abs. 2 Nr. 7 (Art. 122 Satz 2 lit. g Gesellschaftsrechtsrichtlinie)[69] bezieht sich auf die Rechte, die den mit Sonderrechten ausgestatteten Gesellschaftern und den Inhabern von anderen Wertpapieren als Gesellschaftsanteilen in der übernehmenden bzw. neuen Gesellschaft gewährt werden, oder die für diese Personen vorgeschlagenen Maßnahmen.

36 Die Angabepflicht entspricht zwar weitgehend derjenigen aus **§ 5 Abs. 1 Nr. 7** (siehe dazu § 5 Rz. 78 ff. [*Redenius-Hövermann/Laufersweiler*]), weicht jedoch teilweise von dieser ab: Sie ist einerseits enger, da sie nur solche Gesellschafter erfasst, die bereits **vor der Verschmelzung mit Sonderrechten ausgestattet** waren; Angaben zu Gesellschaftern, denen im Zuge der Verschmelzung erstmals Sonderrechte gewährt werden, fallen nicht darunter.[70] Insoweit wird zum Teil empfohlen, Angaben zu neu gewährten Sonderrechten (freiwillig) zu ergänzen.[71] Enger ist auch der Personenkreis der erfassten Nichtgesellschafter, da § 307 Abs. 2 Nr. 7 im Gegensatz zu § 5 Abs. 1 Nr. 7 nur **Inhaber von Wertpapieren** erfasst. Hierunter fallen insbesondere Inhaber von Schuldverschreibungen und Genussrechten.[72] Bei **stillen Beteiligungen** handelt es sich dagegen nicht um Wertpapiere, sodass Angaben hierzu in der Regel nicht erforderlich sind.[73] Dessen ungeachtet ist regelmäßig davon auszugehen, dass die stille Beteiligung im Wege der Universalsukzession auf die übernehmende bzw. neue Gesellschaft übergeht (§ 305 Abs. 2 i. V. m. § 20 Abs. 1 Nr. 1).[74] Die Angabepflicht aus § 307 Abs. 2 Nr. 7 geht andererseits über § 5 Abs. 1 Nr. 7 hinaus, weil sie auch solche Sonderrechte erfasst, die **allen (und nicht nur einzelnen) Gesellschaftern** bzw. Anteilsinhabern gewährt werden.[75]

37 Die Angabepflicht bezieht sich auf **Sonderrechte aller Art**, z. B. Mehrfach- und Höchststimmenrechte, Gewinnvorzüge, Entsenderechte und Vorerwerbsrechte.[76] Gehen im Zuge der Verschmelzung bestehende Sonderrechte unter und sollen ihre Inhaber im Gegenzug

67) Schmitt/Hörtnagl-*Hörtnagl*, UmwG/UmwStG, § 307 UmwG Rz. 22; *Klett* in: BeckOGK-UmwG, § 307 Rz. 41; *Sitter* in: NK-UmwG, § 307 Rz. 21.

68) Näher *Klett* in: BeckOGK-UmwG, § 307 Rz. 43 f.; Kallmeyer-*Lanfermann*, UmwG, § 307 Rz. 24; mit Wunsch nach EU-weiter Harmonisierung der Stichtagsregelung Lutter-*Bayer/J. Schmidt*, UmwG, § 307 Rz. 36; *Lutter/Bayer/J. Schmidt*, Europäisches Unternehmens- und Kapitalmarktrecht, Rz. 22.43; *de Raet* in: Kindler/Lieder, European Corporate Law, Art. 122 Rz. 30.

69) Hierzu *de Raet* in: Kindler/Lieder, European Corporate Law, Art. 122 Rz. 31.

70) Vgl. Lutter-*Bayer/J. Schmidt*, UmwG, § 307 Rz. 39; Schmitt/Hörtnagl-*Hörtnagl*, UmwG/UmwStG, § 307 UmwG Rz. 23; *Klaaßen-Kaiser* in: KölnKomm-UmwG, § 307 Rz. 14; *Klett* in: BeckOGK-UmwG, § 307 Rz. 47; *Sitter* in: NK-UmwG, § 307 Rz. 23; Kallmeyer-*Biller/Wilk*, UmwG, § 307 Rz. 26.

71) Insb. Lutter-*Bayer/J. Schmidt*, UmwG, § 307 Rz. 39; *Klaaßen-Kaiser* in: KölnKomm-UmwG, § 307 Rz. 14; Kallmeyer-*Biller/Wilk*, UmwG, § 307 Rz. 26; i. Erg. auch *Klett* in: BeckOGK-UmwG, § 307 Rz. 47.

72) Vgl. Lutter-*Bayer/J. Schmidt*, UmwG, § 307 Rz. 40; Schmitt/Hörtnagl-*Hörtnagl*, UmwG/UmwStG, § 307 UmwG Rz. 24; *Klett* in: BeckOGK-UmwG, § 307 Rz. 48.

73) Ebenso *Klaaßen-Kaiser* in: KölnKomm-UmwG, § 307 Rz. 14; LG Itzehoe Urt. v. 31.1.2023 – 5 HKO 22/22, Rz. 36, BeckRS 2023, 44542; offengelassen in OLG Schleswig, Urt. v. 6.3.2024 – 9 U 11/23, Rz. 53 f., NZG 2024, 553.

74) Vgl. OLG Schleswig, Urt. v. 6.3.2024 – 9 U 11/23, Rz. 54, NZG 2024, 553.

75) Vgl. Lutter-*Bayer/J. Schmidt*, UmwG, § 307 Rz. 39; Schmitt/Hörtnagl-*Hörtnagl*, UmwG/UmwStG, § 307 UmwG Rz. 24; *Klaaßen-Kaiser* in: KölnKomm-UmwG, § 307 Rz. 14; *Klett* in: BeckOGK-UmwG, § 307 Rz. 48; *Sitter* in: NK-UmwG, § 307 Rz. 23; Kallmeyer-*Biller/Wilk*, UmwG, § 307 Rz. 26.

76) Lutter-*Bayer/J. Schmidt*, UmwG, § 307 Rz. 40; *Klett* in: BeckOGK-UmwG, § 307 Rz. 48; *Sitter* in: NK-UmwG, § 307 Rz. 24.

eine Abfindung erhalten, ist dies als „vorgeschlagene Maßnahme“ i. S. des § 307 Abs. 2 Nr. 7 ebenfalls anzugeben.[77] Werden keine Sonderrechte gewährt, muss der Verschmelzungsplan **keine Negativerklärung** enthalten.[78]

8. Sondervorteile (§ 307 Abs. 2 Nr. 8)

Gemäß § 307 Abs. 2 Nr. 8 (Art. 122 Satz 2 lit. h Gesellschaftsrechtsrichtlinie)[79] sind im Verschmelzungsplan etwaige **besondere Vorteile** anzugeben, die den **Mitgliedern der Verwaltungs-, Leitungs-, Aufsichts- oder Kontrollorgane** der sich verschmelzenden Gesellschaften gewährt werden. Dies entspricht inhaltlich weitgehend § 5 Abs. 1 Nr. 8 (siehe dazu § 5 Rz. 87 ff. [*Redenius-Hövermann/Laufersweiler*]), bleibt jedoch dahinter zurück, weil sie allein die im Zuge der Verschmelzung an – obligatorische oder fakultative[80] – Organe gewährten Sondervorteile erfasst. Anders als bei § 5 Abs. 1 Nr. 8 sind Abschluss- und Verschmelzungsprüfer und sonstige Sachverständige nicht erfasst.[81] 38

Sondervorteile sind **Vergütungen aller Art**, die anlässlich der Verschmelzung gewährt werden und nicht Gegenleistung für die erbrachte Tätigkeit darstellen (z. B. Entschädigungen für die vorzeitige Beendigung der Organstellung, Prämien für das Zustandekommen der Verschmelzung oder die Zusage über eine künftige Besetzung von Organpositionen).[82] Die Angabepflicht dient dazu, den Gesellschaftern die mit der Gewährung von Sondervorteilen ggf. verbundenen Interessenkonflikte der Organe offenzulegen.[83] Werden keine Sondervorteile gewährt, muss der Verschmelzungsplan **keine Negativerklärung** enthalten.[84] 39

9. Errichtungsakt bzw. Satzung (§ 307 Abs. 2 Nr. 9)

Gemäß § 307 Abs. 2 Nr. 9 (Art. 122 Satz 2 lit. i Gesellschaftsrechtsrichtlinie)[85] hat der Verschmelzungsplan Angaben – je nachdem, was einschlägig ist – zum Errichtungsakt bzw. zur Satzung der aus der grenzüberschreitenden Verschmelzung hervorgehenden Gesellschaft zu enthalten.[86] Diese Angabepflicht hat in § 5 Abs. 1 keine inhaltliche Entsprechung. Bei nationalen Verschmelzungen müssen Gesellschaftsvertrag, Partnerschaftsvertrag oder Satzung gemäß § 37 zudem nur bei der Verschmelzung durch Neugründung im Verschmelzungsvertrag enthalten sein bzw. festgestellt werden. Demgegenüber gilt bei grenzüberschreitenden Verschmelzungen die Angabepflicht aus Abs. 2 Nr. 9 in jedem Fall, d. h. auch bei der Verschmelzung durch Aufnahme.[87] Damit soll dem **besonderen Informationsinteresse der Gesellschafter** Rechnung getragen werden, das daraus folgt, 40

77) Lutter-*Bayer/J. Schmidt*, UmwG, § 307 Rz. 40; Schmitt/Hörtnagl-*Hörtnagl*, UmwG/UmwStG, § 307 UmwG Rz. 24; *Klett* in: BeckOGK-UmwG, § 307 Rz. 50; Kallmeyer-*Biller/Wilk*, UmwG, § 307 Rz. 26.

78) Zu § 5 Abs. 1 Nr. 7 OLG Frankfurt/M., Beschl. v. 4.4.2011 – 20 W 466/10, Rz. 13, AG 2011, 793 = NZG 2011, 1278; für entsprechende (freiwillige) Angabe aber *Klett* in: BeckOGK-UmwG, § 307 Rz. 51.

79) Hierzu *de Raet* in: Kindler/Lieder, European Corporate Law, Art. 122 Rz. 32 f.

80) Lutter-*Bayer/J. Schmidt*, UmwG, § 307 Rz. 43; *Klett* in: BeckOGK-UmwG, § 307 Rz. 52.

81) *Klaßen-Kaiser* in: KölnKomm-UmwG, § 307 Rz. 15; krit. Lutter-*Bayer/J. Schmidt*, UmwG, § 307 Rz. 42 f.

82) Vgl. *Klett* in: BeckOGK-UmwG, § 307 Rz. 53; ferner Lutter-*Bayer/J. Schmidt*, UmwG, § 307 Rz. 44; Schmitt/Hörtnagl-*Hörtnagl*, UmwG/UmwStG, § 307 UmwG Rz. 24.

83) Näher *de Raet* in: Kindler/Lieder, European Corporate Law, Art. 122 Rz. 33.

84) Für freiwillige Angabe – „kann zweckmäßig sein“ – *Klett* in: BeckOGK-UmwG, § 307 Rz. 53.

85) Hierzu *de Raet* in: Kindler/Lieder, European Corporate Law, Art. 122 Rz. 34 f.

86) Nicht jedoch den Errichtungsakt der übertragenden Gesellschaft, vgl. *Bungert/Strothotte*, DB 2024, 2814, 2815 f.; zur Begrifflichkeit des „Errichtungsakts“ *Heckschen*, DNotZ 2024, 404, 407.

87) Vgl. Lutter-*Bayer/J. Schmidt*, UmwG, § 307 Rz. 47; Schmitt/Hörtnagl-*Hörtnagl*, UmwG/UmwStG, § 307 UmwG Rz. 26; *Klaßen-Kaiser* in: KölnKomm-UmwG, § 307 Rz. 16a; *Klett* in: BeckOGK-UmwG, § 307 Rz. 55.

dass sich die Gesellschafter bei der grenzüberschreitenden Verschmelzung zum Teil einer für sie „fremden" Rechtsordnung gegenübersehen.[88] Die Angabepflicht besteht unabhängig davon, ob die Satzung im Zuge der grenzüberschreitenden Verschmelzung geändert wird oder nicht.[89]

41 Es ist zulässig und in der Praxis üblich, Errichtungsakt bzw. Satzung nicht mit ihrem jeweiligen Wortlaut in den Verschmelzungsplan aufzunehmen, sondern **als Anlage beizufügen** und im Verschmelzungsplan lediglich darauf zu verweisen.[90] Weitere Erläuterungen im Verschmelzungsplan sind dann nicht erforderlich.[91]

42 Hat die Anteilsinhaberversammlung dem Verschmelzungsplan ihre Zustimmung erteilt, kann die Satzung später (d. h. bis zum Wirksamwerden der Verschmelzung) **nicht ohne Weiteres geändert** werden.[92] Vielmehr ist in der Regel entweder ein erneuter Zustimmungsbeschluss einzuholen oder – was sich vielfach anbieten dürfte – die Satzungsänderung erst nach erfolgter Verschmelzung durchzuführen.

10. Arbeitnehmerbeteiligung (§ 307 Abs. 2 Nr. 10)

43 Nach § 307 Abs. 2 Nr. 10 (Art. 122 Satz 2 lit. j Gesellschaftsrechtsrichtlinie)[93] sind ggf. Angaben zu dem Verfahren zu machen, nach dem die Einzelheiten über die Beteiligung der Arbeitnehmer an der Festlegung ihrer Mitbestimmungsrechte in der aus der grenzüberschreitenden Verschmelzung hervorgehenden Gesellschaft geregelt werden. Es handelt sich dabei um ein Spezifikum der grenzüberschreitenden Umwandlung, sodass die Angabepflicht keine Entsprechung in § 5 findet. Hintergrund ist das in Art. 133 Gesellschaftsrechtsrichtlinie vorgesehene **Beteiligungsverfahren,**[94] das im deutschen Recht im **MgVG**[95] umgesetzt ist. Die Angabepflicht setzt voraus, dass ein solches Beteiligungsverfahren überhaupt erforderlich ist („ggf."), was sich im deutschen Recht vor allem nach § 5 MgVG richtet.[96] Der Verschmelzungsplan braucht **keine Negativerklärung** zu enthalten, wenn die Durchführung des Arbeitnehmerbeteiligungsverfahren nicht erforderlich ist.[97]

44 Die Angabepflicht dient primär der Information der Anteilsinhaber; die Arbeitnehmer und ggf. ihre Vertretungen werden vor allem durch den Verschmelzungsbericht informiert.[98] Die Angaben im Verschmelzungsplan können sich daher auf die aus Sicht der Anteilsinhaber **wesentlichen Grundzüge** des Beteiligungsverfahrens, einschließlich der gesetzlichen Auffanglösung (im deutschen Recht: §§ 23 ff. MgVG), sowie die angestrebte Verfahrens-

88) Lutter-*Bayer/J. Schmidt*, UmwG, § 307 Rz. 46; *Klett* in: BeckOGK-UmwG, § 307 Rz. 55.

89) Lutter-*Bayer/J. Schmidt*, UmwG, § 307 Rz. 47; *Klaaßen-Kaiser* in: KölnKomm-UmwG, § 307 Rz. 16a; *Klett* in: BeckOGK-UmwG, § 307 Rz. 56.

90) Lutter-*Bayer/J. Schmidt*, UmwG, § 307 Rz. 47.

91) *Klett* in: BeckOGK-UmwG, § 307 Rz. 56.

92) Ausf. und diff. *Klett* in: BeckOGK-UmwG, § 307 Rz. 57 ff.; ferner Lutter-*Bayer/J. Schmidt*, UmwG, § 307 Rz. 47.

93) *de Raet* in: Kindler/Lieder, European Corporate Law, Art. 122 Rz. 36 f.

94) Dazu *de Raet* in: Kindler/Lieder, European Corporate Law, Art. 122 Rz. 1 ff.; *Lutter/Bayer/J. Schmidt*, Europäisches Unternehmens- und Kapitalmarktrecht, Rz. 22.159 ff.

95) Gesetz über die Mitbestimmung der Arbeitnehmer bei einer grenzüberschreitenden Verschmelzung (MgVG), v. 21.12.2006, BGBl. I 2006, 3332.

96) Ausf. Schmitt/Hörtnagl-*Hörtnagl*, UmwG/UmwStG, § 307 UmwG Rz. 27; *Klaaßen-Kaiser* in: KölnKomm-UmwG, § 307 Rz. 19; *Klett* in: BeckOGK-UmwG, § 307 Rz. 63 ff.; Kallmeyer-*Müller-Bonanni*, UmwG, § 307 Rz. 33; *Sitter* in: NK-UmwG, § 307 Rz. 28.

97) **A. A.** Semler/Stengel/Leonard-*Drinhausen*, UmwG, § 307 Rz. 31; mit entsprechender Empfehlung auch Kallmeyer-*Müller-Bonanni*, UmwG, § 307 Rz. 33.

98) Lutter-*Bayer/J. Schmidt*, UmwG, § 307 Rz. 49; *Sitter* in: NK-UmwG, § 307 Rz. 27.

strategie beschränken.[99] Das (**Verhandlungs-)Ergebnis** ist – außer in den Fällen des § 23 Abs. 1 Nr. 3 MgVG – nur mitzuteilen, wenn das Beteiligungsverfahren bei Aufstellung des Verschmelzungsplans bereits abgeschlossen ist.[100] Die Angabe von Zwischenergebnissen vor Abschluss des Beteiligungsverfahrens ist hingegen nicht erforderlich.[101]

11. Bewertung des Aktiv- und Passivvermögens (§ 307 Abs. 2 Nr. 11)

§ 307 Abs. 2 Nr. 11 (Art. 122 Satz 2 lit. k Gesellschaftsrechtsrichtlinie)[102] verlangt Angaben zur Bewertung des Aktiv- und Passivvermögens, das auf die aus der grenzüberschreitenden Verschmelzung hervorgehende Gesellschaft übertragen wird. Dies meint nicht die Angabe konkreter Wertansätze für einzelne Aktiv- und Passivposten, sondern es ist nach der **Bewertungsmethode** gefragt, mit der die Vermögensgegenstände und Schulden der übertragenen Gesellschaft in das Rechnungswesen der übernehmenden bzw. neuen Gesellschaft übertragen werden. Dabei kommt eine Bewertung zu den **Anschaffungskosten** oder zu **Buch-**, **Zeit-** oder **Zwischenwerten** in Betracht.[103] Über den Wortlaut hinaus sind Angaben nicht nur zur Bewertung, sondern auch zum **Ansatz von Bilanzposten** zu machen, sofern insoweit Wahlrechte bestehen.[104] 45

Zum Inhalt des Verschmelzungsvertrags (§ 5 Abs. 1) findet sich keine vergleichbare Regelung. Bei der innerstaatlichen Verschmelzung genügt es daher, wenn die Festlegungen bei der Aufstellung des Jahresabschlusses des übernehmenden bzw. neuen Rechtsträgers getroffen werden (siehe § 24 Rz. 21 [*Lubberich*]). Demgegenüber sollen nach h. M. bei der grenzüberschreitenden Verschmelzung die Festlegungen **bereits endgültig im Verschmelzungsplan selbst zu treffen** sein. Die Angabe, dass die endgültige Festlegung erst im Zusammenhang mit der Aufstellung des Jahresabschlusses erfolgen wird, soll dementsprechend nicht genügen.[105] 46

12. Bilanzstichtag (§ 307 Abs. 2 Nr. 12)

Anzugeben sind nach § 307 Abs. 2 Nr. 12 (Art. 122 Satz 2 lit. l Gesellschaftsrechtsrichtlinie)[106] ferner der Stichtag derjenigen Bilanzen der an der Verschmelzung beteiligten Gesellschaften, die zur Festlegung der Bedingungen der Verschmelzung verwendet werden, d. h. verschmelzungsrelevant sind. Bei innerstaatlichen Verschmelzungen gibt es keine entsprechende Regelung zum Inhalt des Verschmelzungsvertrags gemäß § 5 Abs. 1. 47

Nach dem eindeutigen Wortlaut der Vorschrift sind nur die **Stichtage der verschmelzungsrelevanten Bilanzen** anzugeben, nicht hingegen sind die Bilanzen selbst oder gar die 48

99) Lutter-*Bayer/J. Schmidt*, UmwG, § 307 Rz. 50; Schmitt/Hörtnagl-*Hörtnagl*, UmwG/UmwStG, § 307 UmwG Rz. 27; *Klaaßen-Kaiser* in: KölnKomm-UmwG, § 307 Rz. 19; *Klett* in: BeckOGK-UmwG, § 307 Rz. 61; *Sitter* in: NK-UmwG, § 307 Rz. 27.

100) Lutter-*Bayer/J. Schmidt*, UmwG, § 307 Rz. 50; zweifelnd Schmitt/Hörtnagl-*Hörtnagl*, UmwG/UmwStG, § 307 UmwG Rz. 27.

101) So auch *Klett* in: BeckOGK-UmwG, § 307 Rz. 62.

102) *de Raet* in: Kindler/Lieder, European Corporate Law, Art. 122 Rz. 38 ff.

103) Eingehend Kallmeyer-*Lanfermann*, UmwG, § 307 Rz. 37.

104) Schmitt/Hörtnagl-*Hörtnagl*, UmwG/UmwStG, § 307 UmwG Rz. 30; Kallmeyer-*Lanfermann*, UmwG, § 307 Rz. 38.

105) Vgl. Lutter-*Bayer/J. Schmidt*, UmwG, § 307 Rz. 53; Kallmeyer-*Lanfermann*, UmwG, § 307 Rz. 39; Semler/Stengel/Leonard-*Drinhausen*, UmwG, § 307 Rz. 36; Habersack/Drinhausen-*Kiem*, SE-Recht, § 307 UmwG Rz. 39; **a. A.** Schmitt/Hörtnagl-*Hörtnagl*, UmwG/UmwStG, § 307 UmwG Rz. 32; *Klaaßen-Kaiser* in: KölnKomm-UmwG, § 307 Rz. 23; *Klett* in: BeckOGK-UmwG, § 307 Rz. 69; Henssler/Strohn-*Polley*, GesR, § 307 UmwG Rz. 23; *Vetter*, AG 2006, 613, 619.

106) *de Raet* in: Kindler/Lieder, European Corporate Law, Art. 122 Rz. 42.

Jahresabschlüsse in den Verschmelzungsplan aufzunehmen.[107] Dies bezieht sich stets auf die Bilanzen **aller übertragenden Gesellschaften** sowie im Falle einer Verschmelzung durch Aufnahme auch der **übernehmenden Gesellschaft**. Die Verschmelzungsrelevanz einer Bilanz ergibt sich u. a. aus ihrer Bedeutung für die Buchwertfortführung, die Erfolgszurechnung von Geschäftsvorfällen (Verschmelzungsstichtag) und den Zeitpunkt der Gewinnberechtigung.[108] Im Falle einer übertragenden deutschen Gesellschaft kommt es daher auf die **Schlussbilanz** an (siehe dazu auch § 315 Rz. 19 [*de Raet/Brunk*]), bei ausländischen übertragenden Gesellschaften auf die jeweils vergleichbare Bilanz.[109] Bei der übernehmenden Gesellschaft dürfte es in der Regel zweckmäßig sein, auf die letzte Bilanz vor Beginn des laufenden Geschäftsjahres abzustellen (regelmäßig der 31.12.) bzw. einen Gleichlauf mit dem Stichtag der Schlussbilanz(en) herzustellen.[110]

49 Der Stichtag der **Eröffnungsbilanz der neuen Gesellschaft** bei der Verschmelzung zur Neugründung ist nach zutreffender Ansicht **nicht anzugeben**, da es sich insoweit nicht um eine Bilanz handelt, die zur Festlegung der Bedingungen der Verschmelzung verwendet wird.[111] Soll der Stichtag der Eröffnungsbilanz im Verschmelzungsplan gleichwohl angegeben werden, ist dafür auf den Verschmelzungsstichtag abzustellen, nicht auf die dingliche Vermögensübertragung.[112]

13. Barabfindung (§ 307 Abs. 2 Nr. 13)

50 Gemäß § 307 Abs. 2 Nr. 13 (Art. 122 Satz 2 lit. m Gesellschaftsrechtsrichtlinie)[113] sind im Verschmelzungsplan die **Einzelheiten zum Angebot einer Barabfindung gemäß § 313** anzugeben. Die Regelung bezweckt, die Anteilsinhaber im Verschmelzungsplan über das Angebot und die Höhe einer Barabfindung zu informieren, um ihnen auf dieser Grundlage eine informierte Abstimmung über die grenzüberschreitende Verschmelzung zu ermöglichen.[114] Entsprechend dieser Ratio entfällt die Angabepflicht bei den von **§ 307 Abs. 3** erfassten Konzernverschmelzungen (siehe näher Rz. 59 ff.).

51 Zu den anzugebenden Einzelheiten gehört zum einen die **Höhe der angebotenen Barabfindung**; eine nähere Begründung der Abfindungshöhe bedarf es im Verschmelzungsplan (anders als im Verschmelzungsbericht, siehe § 309 Rz. 14 f. [*de Raet/Brunk*]) nicht. Zum anderen ist anzugeben, dass das Angebot nur für diejenigen Anteilsinhaber gilt, die gegen den Verschmelzungsbeschluss der jeweiligen übertragenden Gesellschaft Widerspruch zur Niederschrift erklären (§ 313 Abs. 1 Satz 1 Halbs. 1). Darüber hinaus sind die **Modalitäten** der Annahme des Barabfindungsangebots und die sich aus der Annahme ergebenden **Rechtsfolgen** darzulegen, wobei insoweit eine allgemeine Darstellung entsprechend § 313

---

107) Lutter-*Bayer/J. Schmidt*, UmwG, § 307 Rz. 57; Schmitt/Hörtnagl-*Hörtnagl*, UmwG/UmwStG, § 307 UmwG Rz. 34; *Klett* in: BeckOGK-UmwG, § 307 Rz. 71.

108) Einzelheiten bei Kallmeyer-*Lanfermann*, UmwG, § 307 Rz. 43; vgl. auch Schmitt/Hörtnagl-*Hörtnagl*, UmwG/UmwStG, § 307 UmwG Rz. 34; *Klett* in: BeckOGK-UmwG, § 307 Rz. 73.

109) Lutter-*Bayer/J. Schmidt*, UmwG, § 307 Rz. 57; *Klaaßen-Kaiser* in: KölnKomm-UmwG, § 307 Rz. 24; *Klett* in: BeckOGK-UmwG, § 307 Rz. 73.

110) *Klett* in: BeckOGK-UmwG, § 307 Rz. 73; ähnl. Schmitt/Hörtnagl-*Hörtnagl*, UmwG/UmwStG, § 307 UmwG Rz. 34.

111) Lutter-*Bayer/J. Schmidt*, UmwG, § 307 Rz. 57 – „denknotwendig"; Kallmeyer-*Lanfermann*, UmwG, § 307 Rz. 42; zu § 122c a. F. Habersack/Drinhausen-*Kiem*, SE-Recht, § 307 UmwG Rz. 40; **a. A.** Schmitt/Hörtnagl-*Hörtnagl*, UmwG/UmwStG, § 307 UmwG Rz. 34; *Klett* in: BeckOGK-UmwG, § 307 Rz. 73.

112) *Klett* in: BeckOGK-UmwG, § 307 Rz. 73.

113) *de Raet* in: Kindler/Lieder, European Corporate Law, Art. 122 Rz. 43.

114) Lutter-*Bayer/J. Schmidt*, UmwG, § 307 Rz. 59.

Abs. 2 bis 5 genügt, wenn der Tag der Anteilseignerversammlung bei Aufstellung des Verschmelzungsplans – wie üblich – noch nicht feststeht.[115)]

14. Den Gläubigern angebotene Sicherheiten (§ 307 Abs. 2 Nr. 14)

§ 307 Abs. 2 Nr. 14 verlangt Angaben über Sicherheiten, die den Gläubigern angeboten werden. Die Angabepflicht wurde im Zuge des UmRUG neu geschaffen und setzt Art. 122 Satz 2 lit. n Gesellschaftsrechtsrichtlinie[116)] um (siehe oben Rz. 2). Sie **ergänzt die Bestimmungen des § 314 zum Schutz der Gläubiger der übertragenden Gesellschaft.** Dem Regelungszweck nach beschränkt sich der Anwendungsbereich auf Fälle der Hinausverschmelzung einer deutschen Gesellschaft.[117)] In Fällen der Hereinverschmelzung können jedoch freiwillig – ohne Rechtspflicht – Angaben zu etwaigen, den Gläubigern der übernehmenden Gesellschaft gemäß § 305 Abs. 2 i. V. m. § 22 angebotenen Sicherheiten ergänzend in den Verschmelzungsplan aufgenommen werden.[118)] 52

Die Angabepflicht erschließt sich erst in der **Zusammenschau mit § 314.** Danach haben die (Alt-)Gläubiger der übertragenden Gesellschaft Anspruch auf Sicherheitsleistung, soweit die Erfüllung ihrer Forderungen durch die grenzüberschreitende Verschmelzung gefährdet wird (siehe näher § 314 Rz. 3 ff. [*de Raet/Brunk*]). Mit Blick auf diesen Anspruch kann die übertragende Gesellschaft den potenziell gefährdeten Gläubigern im Verschmelzungsplan Sicherheiten anbieten, sodass gemäß § 307 Abs. 2 Nr. 14 entsprechende Angaben zu den angebotenen Sicherheiten zu machen sind. Die Gesellschaft kann jedoch auch darauf verzichten, ihren Gläubigern von sich aus Sicherheiten anzubieten, und braucht dann **keine Angaben im Verschmelzungsplan zu machen.**[119)] Unter den Voraussetzungen des § 314 Abs. 1 können die Gläubiger gleichwohl Sicherheiten verlangen und diesen Anspruch auch gerichtlich geltend machen mit der Folge, dass die Verschmelzung gemäß § 316 Abs. 2 Satz 3 einstweilen nicht eingetragen werden kann (siehe § 316 Rz. 14 f. [*de Raet/Brunk*]). Das **Angebot angemessener Sicherheiten** im Verschmelzungsplan hilft der übertragenden Gesellschaft somit vor allem dabei, ein zeit- und kostenintensives gerichtliches Verfahren zu vermeiden.[120)] 53

Sofern den Gläubigern Sicherheiten angeboten werden sollen, hat der Verschmelzungsplan zumindest allgemeine Angaben zur **Art und Höhe der Sicherheiten** (i. S. der §§ 232 ff. BGB) sowie zum **begünstigten Gläubigerkreis** zu enthalten.[121)] 54

15. Angaben bei der Verschmelzung auf eine Personengesellschaft (§ 307 Abs. 2 Nr. 15)

Die Angabepflichten aus § 307 Abs. 2 Nr. 15 (§ 122c Abs. 2 Nr. 13 a. F) gehen auf das 4. UmwGÄndG zurück. Sie finden keine Grundlage in der Gesellschaftsrechtsrichtlinie, sondern sind letztlich Folge der überschießenden Anwendung der Vorschriften über die 55

115) *Klett* in: BeckOGK-UmwG, § 307 Rz. 75; vgl. zum Inhalt der Angabepflicht auch Lutter-*Bayer/J. Schmidt*, UmwG, § 307 Rz. 60.

116) *de Raet* in: Kindler/Lieder, European Corporate Law, Art. 122 Rz. 44.

117) Lutter-*Bayer/J. Schmidt*, UmwG, § 307 Rz. 65.

118) Lutter-*Bayer/J. Schmidt*, UmwG, § 307 Rz. 65; Schmitt/Hörtnagl-*Hörtnagl*, UmwG/UmwStG, § 307 UmwG Rz. 36; *Drinhausen/Keinath*, BB 2022, 1346, 1347.

119) Vgl. Lutter-*Bayer/J. Schmidt*, UmwG, § 307 Rz. 63; Schmitt/Hörtnagl-*Hörtnagl*, UmwG/UmwStG, § 307 UmwG Rz. 36; *Bungert/Strothotte*, DB 2024, 2814, 2816; *Stelmaszczyk*, DNotZ 2023, 752, 755; *Weiler*, NotBZ 2024, 321, 327.

120) Lutter-*Bayer/J. Schmidt*, UmwG, § 307 Rz. 63; *Stelmaszczyk*, DNotZ 2023, 752, 756.

121) Näher Lutter-*Bayer/J. Schmidt*, UmwG, § 307 Rz. 64; *Klaaßen-Kaiser* in: KölnKomm-UmwG, § 307 Rz. 29; *Stelmaszczyk*, DNotZ 2023, 752, 756.

grenzüberschreitende Verschmelzung auf Personengesellschaften (ausführlicher siehe § 306 Rz. 17 ff. [*de Raet/Brunk*]).[122)]

56 Im Falle einer Verschmelzung auf eine Personengesellschaft gemäß § 306 Abs. 1 Nr. 2 ist nach § 307 Abs. 2 Nr. 15 lit. a für jeden Anteilsinhaber eines übertragenden Rechtsträgers anzugeben, ob ihm in der übernehmenden bzw. neuen Personenhandelsgesellschaft die Stellung eines persönlich haftenden Gesellschafters oder eines Kommanditisten gewährt wird. Gemäß § 307 Abs. 2 Nr. 15 lit. b bedarf es darüber hinaus für jeden Gesellschafter der Angabe des festgesetzten Betrags der Einlage. Dies entspricht den bei nationalen Verschmelzungen im Verschmelzungsvertrag aufzunehmenden Angaben aus § 40 Abs. 1 (siehe dazu § 40 Rz. 4 ff. [*Behme*]).

16. Auswirkungen auf Betriebsrenten und Betriebsanwartschaften (§ 307 Abs. 2 Nr. 16)

57 Gemäß § 307 Abs. 2 Nr. 16 hat der Verschmelzungsplan Informationen über die Auswirkungen der grenzüberschreitenden Verschmelzung auf **Betriebsrenten und Betriebsrentenanwartschaften** zu enthalten. Die Angabepflicht wurde durch das UmRUG eingeführt.[123)] Sie findet zwar keine unmittelbare Grundlage in Art. 122 Gesellschaftsrechtsrichtlinie. Allerdings zählt **ErwG 24 der Umwandlungsrichtlinie** derzeitige und ehemalige Arbeitnehmer mit unverfallbaren Betriebsrentenanwartschaften sowie Personen, die Betriebsrentenleistungen erhalten, zu den bei grenzüberschreitenden Verschmelzungen potenziell zu schützenden Gläubigern.[124)]

58 Die Angabepflicht bezweckt, die Betroffenen **frühzeitig** über die mit der grenzüberschreitenden Verschmelzung verbundenen Auswirkungen auf ihre Betriebsrenten und Betriebsanwartschaften **zu informieren**, damit diese ggf. einen Antrag auf Sicherheitsleistung gemäß § 314 prüfen können.[125)] Laut der Gesetzesbegründung soll dafür die Darstellung ausschließlich im arbeitnehmerspezifischen Abschnitt des Verschmelzungsberichts (siehe dazu § 309 Rz. 19 ff. [*de Raet/Brunk*]) nicht genügen, weil der Informationszugriff insoweit auf die Arbeitnehmer und ihre Vertretungen beschränkt ist. Aufgrund der Veröffentlichung des Verschmelzungsplans im Handelsregister ermöglicht die Angabepflicht aus § 307 Abs. 2 Nr. 16 hingegen auch Dritten (z. B. dem Pensions-Sicherungs-Verein auf Gegenseitigkeit – PSVaG), im Vorfeld der Verschmelzung auf die entsprechenden Informationen zuzugreifen.[126)]

IV. Besonderheiten bei Konzernverschmelzungen (§ 307 Abs. 3)

59 Gemäß § 307 Abs. 3 sind die **Angaben** nach Absatz 2 Nr. 2, 3, 5 und 13 **bei bestimmten Arten von Konzernverschmelzungen entbehrlich**, da die Verschmelzung ohne Gewährung von Anteilen erfolgt. Dabei müssen die für die Privilegierung maßgeblichen Voraus-

---

122) Lutter-*Bayer/J. Schmidt*, UmwG, § 307 Rz. 66.

123) Begr. RegE UmRUG, BT-Drucks. 20/3822, S. 88.

124) Vgl. auch Begr. RegE UmRUG, BT-Drucks. 20/3822, S. 88: „Eine grenzüberschreitende Verschmelzung kann sich auf erworbene Betriebsrentenanwartschaften der aktuellen und ehemaligen Arbeitnehmer sowie auf Betriebsrenten der Versorgungsempfänger auswirken."; näher Lutter-*Bayer/J. Schmidt*, UmwG, § 307 Rz. 70; Schmitt/Hörtnagl-*Hörtnagl*, UmwG/UmwStG, § 307 UmwG Rz. 38; *Stelmaszczyk*, DNotZ 2023, 752, 756 f.

125) Begr. RegE UmRUG, BT-Drucks. 20/3822, S. 88; *Klaßen-Kaiser* in: KölnKomm-UmwG, § 307 Rz. 30; das Bestehen entsprechender Sicherungsansprüche angesichts der Absicherung durch den PSVaG bezweifelnd Schmitt/Hörtnagl-*Hörtnagl*, UmwG/UmwStG, § 307 UmwG Rz. 38.

126) Begr. RegE UmRUG, BT-Drucks. 20/3822, S. 88; *Stelmaszczyk*, DNotZ 2023, 752, 757; die Zweckmäßigkeit einer über den Verschmelzungsbericht hinausgehenden Angabepflicht im Verschmelzungsplan bezweifelnd *Klett* in: BeckOGK-UmwG, § 307 Rz. 81.

setzungen erst bei Wirksamwerden der Verschmelzung vorliegen, sodass vorbereitende Transaktionsschritte auch noch während der Wartefristen umgesetzt werden können.[127)]

Die Regelung setzt **Art. 132 Abs. 1 Spiegelstrich 1** der Gesellschaftsrechtsrichtlinie um.[128)] 60
Ob das europäische Recht und das deutsche Recht in ihren jeweiligen Anwendungsbereichen von gleichen Prämissen ausgehen, ist jedoch nicht sicher geklärt. Dies betrifft das Negativmerkmal in § 307 Abs. 3 Nr. 2, wonach ein privilegierter Sidestep-Merger (siehe näher Rz. 62) nur vorliegt, wenn den Anteilsinhabern der übertragenden Gesellschaft i. R. der Verschmelzung **keine Anteile gewährt** werden. Der deutsche Gesetzgeber geht insoweit davon aus, dass die Anteilsgewährung nur dann entfällt, wenn die Anteilsinhaber aller übertragenden Gesellschaften hierauf verzichten (§ 305 Abs. 2 i. V. m. § 54 Abs. 1 Satz 3 bzw. § 68 Abs. 1 Satz 3).[129)] Demgegenüber wird zu Art. 132 Abs. 1 Spiegelstrich 1 der Gesellschaftsrechtsrichtlinie vertreten, dass bei einem Sidestep-Merger i. S. des Art. 119 Nr. 2 lit. d Gesellschaftsrechtsrichtlinie eine Anteilgewährung gar nicht erfolgen darf.[130)] Ob das Verständnis des deutschen Gesetzgebers vor diesem Hintergrund richtlinienkonform ist, kann letztlich nur der EuGH entscheiden.[131)] Bis zu einer Klärung empfiehlt es sich für die Praxis, i. S. einer kumulativen Rechtsanwendung jeweils der strengsten Rechtsordnung den Vorrang einzuräumen, d. h. im Zweifel auch dann Verzichtserklärungen der betroffenen Anteilseigner einzuholen, wenn dies nach den anderen beteiligten Rechtsordnungen nicht erforderlich ist.[132)]

1. Erfasste Arten von Konzernverschmelzungen

§ 307 Abs. 3 Nr. 1 betrifft den Fall, dass sich alle Anteile der übertragenden Gesellschaft 61
rechtlich in der Hand der übernehmenden Gesellschaft befinden, d. h. eine 100%ige Tochtergesellschaft auf ihre Muttergesellschaft verschmolzen wird (**Upstream-Merger**).[133)]

§ 307 Abs. 3 Nr. 2 erfasst Fälle, bei denen sich alle Anteile an den beteiligten Gesellschaf- 62
ten **unmittelbar oder mittelbar** in der Hand derselben Person befinden (**Sidestep-Merger**) und i. R. der Verschmelzung den Anteilsinhabern der übertragenden Gesellschaft **keine Anteile gewährt** (siehe zuvor Rz. 60) werden.[134)] Dabei kommt es gemäß § 307 Abs. 3 Nr. 2 lit. c nicht darauf an, über wie viele Zwischengesellschaften die mittelbare Anteilsinhaberschaft besteht, sofern sie im Ergebnis an einem Punkt – z. B. am Ende der Beteiligungskette bei der ultimativen Konzernmutter – zusammenläuft.[135)] Für die Anwendung des Absatz 3 Nr. 2 spielt es zudem keine Rolle, ob es sich bei der Person, die unmittelbar oder mittelbar sämtliche Anteile an den beteiligten Gesellschaften hält, um eine natürliche oder juristische Person bzw. eine Personengesellschaft handelt.[136)]

127) *Klaßen-Kaiser* in: KölnKomm-UmwG, § 307 Rz. 31; *Bungert/Strothotte*, DB 2024, 2814, 2817.

128) RegE UmRUG, BT-Drucks. 20/3822, S. 88.

129) RegE UmRUG, BT-Drucks. 20/3822, S. 88; Lutter-*Bayer/J. Schmidt*, UmwG, § 307 Rz. 82; zur Verzichtsmöglichkeit auch *Heckschen*, DNotZ 2024, 404, 408.

130) Vgl. Lutter-*Bayer/J. Schmidt*, UmwG, § 307 Rz. 82.

131) Ebenso Lutter-*Bayer/J. Schmidt*, UmwG, § 307 Rz. 83.

132) Mit weitergehender Differenzierung Lutter-*Bayer/J. Schmidt*, UmwG, § 307 Rz. 84 f.; vgl. auch *Klaßen-Kaiser* in: KölnKomm-UmwG, § 307 Rz. 4.

133) Dazu Schmitt/Hörtnagl-*Hörtnagl*, UmwG/UmwStG, § 307 UmwG Rz. 40; *Klaßen-Kaiser* in: KölnKomm-UmwG, § 307 Rz. 31; *Klett* in: BeckOGK-UmwG, § 307 Rz. 90.

134) Illustrative Darstellung der von § 307 Abs. 3 Nr. 2 erfassten Fälle bei Lutter-*Bayer/J. Schmidt*, UmwG, § 307 Rz. 78; vgl. auch Schmitt/Hörtnagl-*Hörtnagl*, UmwG/UmwStG, § 307 UmwG Rz. 40; zum Teil abw. Verständnis bei *Klett* in: BeckOGK-UmwG, § 307 Rz. 90, wonach § 307 Abs. 3 Nr. 2 lit. c insb. die Mutter-Tochter-Verschmelzung (Downstream-Merger) betrifft.

135) Lutter-*Bayer/J. Schmidt*, UmwG, § 307 Rz. 78.

136) Lutter-*Bayer/J. Schmidt*, UmwG, § 307 Rz. 79.

2. Entbehrliche Angaben

63 Sind die Voraussetzungen des § 307 Abs. 3 Nr. 1 oder Nr. 2 erfüllt, können die Angaben

- zum Umtauschverhältnis gemäß Absatz 2 Nr. 2 (siehe Rz. 22 ff.),
- zur Anteilsübertragung gemäß Absatz 2 Nr. 3 (siehe Rz. 27 f.),
- zum Zeitpunkt der Gewinnbeteiligung gemäß Absatz 2 Nr. 5 (siehe Rz. 31 f.) sowie
- zum Angebot einer Barabfindung gemäß Absatz 2 Nr. 13 (siehe Rz. 50 f.)

entfallen. Der Grund für diese Erleichterungen ist, dass die **Angaben gegenstandslos** sind, da keine Anteilsgewährung erfolgt bzw. **keine Minderheitsgesellschafter** vorhanden sind, deren Interessen durch das Angebot einer Barabfindung gewahrt werden müssten.[137)]

V. Notarielle Beurkundung (§ 307 Abs. 4)

64 Aus der Gesellschaftsrechtsrichtlinie ergeben sich für den Verschmelzungsplan keine Formerfordernisse; nach **Art. 121 Abs. 1 lit. b Gesellschaftsrechtsrichtlinie** kommt es insoweit auf die Formvorschriften derjenigen Rechtsordnungen an, denen die an der grenzüberschreitenden Verschmelzung beteiligten Gesellschaften unterliegen. Der deutsche Gesetzgeber hat von dieser Öffnungsklausel Gebrauch gemacht und verlangt gemäß § 307 Abs. 4 eine **notarielle Beurkundung** des Verschmelzungsplans. Dies entspricht der Parallelvorschrift bei der innerstaatlichen Verschmelzung hinsichtlich des Verschmelzungsvertrags in § 6.

65 Aus Art. 121 Abs. 1 lit. b Gesellschaftsrechtsrichtlinie folgt, dass jede beteiligte Gesellschaft die für sie geltenden Vorschriften und Formalitäten zu beachten hat. Entsprechend können für die grenzüberschreitende Verschmelzung **Doppel- und Mehrfachbeurkundungen** erforderlich sein, sofern das auf die anderen beteiligten Gesellschaften anwendbare Recht strengere, abweichende oder zusätzliche Formerfordernisse aufstellt.[138)] Hinzu kommt, dass ausweislich der Gesetzesbegründung für die Erfüllung des Formerfordernisses die allgemeinen Regelungen, insbesondere das vom **BGH**[139)] festgelegte **Erfordernis der Gleichwertigkeit bei Auslandsbeurkundungen**, gelten sollen.[140)] Durch eine Auslandsbeurkundung wird das Beurkundungserfordernis aus § 307 Abs. 4 mithin nur gewahrt, sofern die ausländische Beurkundung der deutschen gleichwertig ist. Gleichwertigkeit ist gegeben, wenn die ausländische Urkundsperson nach Vorbildung und Stellung im Rechtsleben eine der Tätigkeit des deutschen Notars entsprechende Funktion ausübt und für die Errichtung der Urkunde ein Verfahrensrecht zu beachten hat, das den tragenden Grundsätzen des deutschen Beurkundungsrechts entspricht.[141)]

66 Wird zunächst nur über den Entwurf des Verschmelzungsplans Beschluss gefasst (siehe oben Rz. 15), ist eine **Nachbeurkundung** erforderlich.

---

137) Lutter-*Bayer*/*J. Schmidt*, UmwG, § 307 Rz. 86 f.

138) Lutter-*Bayer*/*J. Schmidt*, UmwG, § 307 Rz. 90; vgl. auch *Klaßen-Kaiser* in: KölnKomm-UmwG, § 307 Rz. 32; *Heckschen*, DNotZ 2024, 404, 409; *Stelmaszczyk*, DNotZ 2023, 752, 764; *Schulte*, GmbHR 2025, 407, 411.

139) BGH, Beschl. v. 16.2.1981 – II ZB 8/80, BGHZ 80, 76 = NJW 1981, 1160; BGH, Beschl. v. 17.12.2013 – II ZB 6/13, BGHZ 199, 270 = NJW 2014, 2026; BGH, Urt. v. 21.10.2014 – II ZR 330/13, NJW 2015, 336 = NZG 2015, 18.

140) Begr. RegE 2. UmwÄndG z. § 122c Abs. 4 a. F., BT-Drucks. 16/2919, S. 15.

141) BGH, Beschl. v. 17.12.2013 – II ZB 6/13, Rz. 14, BGHZ 199, 270 = NJW 2014, 2026; für Beurkundung ausschließlich durch deutschen Notar *Stelmaszczyk*, DNotZ 2023, 752, 761 ff., 763.

VI. Keine Zuleitung an den Betriebsrat

Die im Verschmelzungsplan enthaltenen Informationen richten sich an die Anteilseigner und **nicht an die Arbeitnehmer** der beteiligten Gesellschaften. Letztere werden nach der Systematik des Arbeitnehmerschutzes der §§ 307 ff. nur durch den **Verschmelzungsbericht** über die geplante Verschmelzung und ihre Auswirkungen auf die Beschäftigung informiert.[142] Dementsprechend sieht § 307 – anders als § 5 Abs. 3 (siehe dazu § 5 Rz. 138 [*Redenius-Hövermann/Laufersweiler*]) – **keine obligatorische Zuleitung des Verschmelzungsplans an den Betriebsrat** vor. § 5 Abs. 3 ist bei der grenzüberschreitenden Verschmelzung auch nicht über § 305 Abs. 2 anwendbar. Entsprechend braucht der Verschmelzungsplan dem Betriebsrat nicht gesondert zugeleitet zu werden; auch von einer vorsorglichen Zuleitung kann abgesehen werden.[143] 67

In der Praxis findet in der Regel gleichwohl eine Zuleitung des Verschmelzungsplans an die zuständigen Betriebsräte statt. Dies folgt aus der Regelung des **§ 310 Abs. 1 Satz 3**, wonach der Verschmelzungsplan oder sein Entwurf **gemeinsam mit dem Verschmelzungsbericht** den zuständigen Betriebsräten **zugänglich zu machen** ist, falls er im maßgeblichen Zeitpunkt, d. h. sechs Wochen vor Versammlung der Anteilseigner, die nach § 13 Abs. 1 über die Zustimmung zum Verschmelzungsplan beschließen soll (vgl. § 310 Abs. 1 Satz 1), bereits vorliegt (siehe näher § 310 Rz. 7 [*de Raet/Brunk*]). Dies dürfte regelmäßig der Fall sein, weil der Verschmelzungsbericht – bzw. jedenfalls der anteilsinhaberspezifische Abschnitt (vgl. § 309 Abs. 4) – auch dazu dient, die im Verschmelzungsplan bzw. seinem Entwurf enthaltenen Angaben i. E. rechtlich und wirtschaftlich zu erläutern und zu begründen (siehe näher § 309 Rz. 14 ff. [*de Raet/Brunk*]).[144] 68

142) Vgl. nur *Klett* in: BeckOGK-UmwG, § 307 Rz. 101.

143) Ebenso Schmitt/Hörtnagl-*Hörtnagl*, UmwG/UmwStG, § 307 UmwG Rz. 41; *Klett* in: BeckOGK-UmwG, § 307 Rz. 101; *Sitter* in: NK-UmwG, § 307 Rz. 39.

144) Ähnl. *Sitter* in: NK-UmwG, § 307 Rz. 39.

§ 308

Bekanntmachung des Verschmelzungsplans*)

(1) [1]Der Verschmelzungsplan oder sein Entwurf ist zum Register einzureichen. [2]Das Gericht hat in der Bekanntmachung nach § 10 des Handelsgesetzbuchs unverzüglich die folgenden Angaben bekannt zu machen:

1. einen Hinweis darauf, dass der Verschmelzungsplan oder sein Entwurf beim Handelsregister eingereicht worden ist,

2. Rechtsform, Firma und Sitz der an der grenzüberschreitenden Verschmelzung beteiligten Gesellschaften,

3. die Register, bei denen die an der grenzüberschreitenden Verschmelzung beteiligten Gesellschaften eingetragen sind, sowie die jeweilige Registernummer,

4. einen Hinweis an folgende Personen, dass sie der jeweiligen Gesellschaft spätestens fünf Arbeitstage vor dem Tag der Gesellschafterversammlung Bemerkungen zum Verschmelzungsplan übermitteln können:

a) an die Anteilsinhaber und Gläubiger der an der grenzüberschreitenden Verschmelzung beteiligten Gesellschaften sowie

b) an die zuständigen Betriebsräte der an der grenzüberschreitenden Verschmelzung beteiligten Gesellschaften oder, soweit es keinen Betriebsrat gibt, an die

Arbeitnehmer der an der grenzüberschreitenden Verschmelzung beteiligten Gesellschaften.

[3]Die bekannt zu machenden Angaben sind dem Register bei Einreichung des Verschmelzungsplans oder seines Entwurfs mitzuteilen. [4]Die Versammlung der Anteilsinhaber darf erst einen Monat nach der Bekanntmachung über die Zustimmung zu dem Verschmelzungsplan gemäß § 13 beschließen.

(2) Ist ein Verschmelzungsbeschluss der Anteilsinhaber der übertragenden Gesellschaft gemäß § 312 Absatz 2 in Verbindung mit § 307 Absatz 3 nicht erforderlich, so hat die übertragende Gesellschaft den Verschmelzungsplan spätestens einen Monat vor dem Tag, an dem der Verschmelzungsplan beurkundet wird, zum Register einzureichen.

(3) Ist ein Verschmelzungsbeschluss der Anteilsinhaber der übertragenden Gesellschaft erforderlich, ein Verschmelzungsbeschluss der Anteilsinhaber der übernehmenden Gesellschaft hingegen gemäß § 62 Absatz 1 nicht erforderlich, so hat die übernehmende Gesellschaft den Verschmelzungsplan einen Monat vor der Versammlung der Anteilsinhaber der übertragenden Gesellschaft, die gemäß § 13 über die Zustimmung beschließen soll, zum Register einzureichen.

(4) Ist gemäß § 312 Absatz 2 und § 62 Absatz 1 weder ein Verschmelzungsbeschluss der Anteilsinhaber der übertragenden Gesellschaft noch ein Verschmelzungsbeschluss der Anteilsinhaber der übernehmenden Gesellschaft erforderlich, so hat die übernehmende Gesellschaft den Verschmelzungsplan spätestens einen Monat vor dem Tag, an dem der Verschmelzungsplan beurkundet wird, zum Register einzureichen.

*) § 308 n. F. (§ 122d a. F.) Paragraphenzählung und Text geändert durch Art. 1 des Gesetzes zur Umsetzung der Umwandlungsrichtlinie und zur Änderung weiterer Gesetze (UmRUG), v. 22.2.2023, BGBl. I 2023, Nr. 51; § 122d a. F. (§ 308 n. F.) eingefügt durch Art. 1 des Zweiten Gesetzes zur Änderung des Umwandlungsgesetzes (2. UmwGÄndG), v. 19.4.2007, BGBl. I 2007, 542.

Literatur: Siehe auch die Angaben bei § 305. *Bungert/Strothotte*, Grenzüberschreitende Umwandlungsmaßnahmen: Praxiserfahrungen mit dem neuen Recht, DB 2024, 2814; *Runge*, MoPeG und UmRUG – Erste Praxiserfahrungen, NotBZ 2024, 253; *Weiler*, Änderungen des Umwandlungsgesetzes durch das UmRUG, NotBZ 2024, 321.

Übersicht

I. Allgemeines

1. Überblick und Normzweck

§ 308 regelt die Bekanntmachung des Verschmelzungsplans und stellt Wartefristen für den Zustimmungsbeschluss der Anteilsinhaber auf. Diese Wartefristen sollen den Anteilsinhabern, Gläubigern und Arbeitnehmern der beteiligten Gesellschaften die Möglichkeit geben, Bemerkungen zum Verschmelzungsplan zu übermitteln (vgl. § 308 Abs. 1 Satz 2 Nr. 4). Damit bezweckt die Vorschrift die möglichst frühzeitige **Information des Rechtsverkehrs** und soll dadurch den Schutz und die Partizipation der genannten Interessengruppen gewährleisten.[1] 1

Gemäß **§ 308 Abs. 1** haben die an der grenzüberschreitenden Verschmelzung beteiligten deutschen Rechtsträger den Verschmelzungsplan bzw. seinen Entwurf zum Handelsregister einzureichen (siehe Rz. 10) und dem Registergericht die in Absatz 1 Satz 2 Nr. 2 bis 4 genannten Angaben (siehe Rz. 11 f.) mitzuteilen. Das Registergericht hat sodann unverzüglich diese Angaben nach § 10 Abs. 3 HGB bekannt zu machen (siehe Rz. 14 ff.). Nach Absatz 1 Satz 4 können die Anteilseigner erst nach Ablauf von einem Monat nach erfolgter Bekanntmachung über die Zustimmung zum Verschmelzungsplan beschließen (siehe Rz. 26). **§ 308 Abs. 2 bis 4** enthalten gesonderte Fristenregelungen für die Fälle, in denen bei der übertragenden und/oder der übernehmenden Gesellschaft ein Zustimmungsbeschluss ausnahmsweise nicht erforderlich ist (siehe Rz. 27 ff.). 2

2. Normgenese und unionsrechtlicher Hintergrund

Durch das 2. UmwGÄndG[2] wurde die Regelung m. W. v. 25.4.2007 **zunächst als § 122d a. F.** eingefügt. Durch das **UmRUG**[3] wurde § 122d a. F. zum 1.3.2023 zu § 308 Abs. 1 und zugleich an die Vorgaben der Umwandlungsrichtlinie[4] angepasst; zudem wurden die Absätze 2 bis 4 ergänzt.[5] 3

§ 308 dient vor allem der Umsetzung von **Art. 123 Gesellschaftsrechtsrichtlinie**[6]; mit den Regelungen in § 308 Abs. 2 und Abs. 4 wird Art. 132 Abs. 3 Gesellschaftsrechtsrichtlinie umgesetzt.[7] Die Regelung des § 308 Abs. 1 Satz 2 Nr. 4 lit. b (Bekanntmachung des Hinweises an die Betriebsräte) setzt zudem **Art. 126c Gesellschaftsrechtsrichtlinie** um, durch den das Recht der Arbeitnehmer auf Unterrichtung und Anhörung sichergestellt 4

1) Vgl. Lutter-*Bayer/J. Schmidt*, UmwG, § 308 Rz. 6; *Klaßen-Kaiser* in: KölnKomm-UmwG, § 308 Rz. 2.

2) Zweites Gesetz zur Änderung des Umwandlungsgesetzes (2. UmwGÄndG), v. 19.4.2007, BGBl. I 2007, 542.

3) Gesetz zur Umsetzung der Umwandlungsrichtlinie und zur Änderung weiterer Gesetze (UmRUG), v. 22.2.2023, BGBl. I 2023, Nr. 51.

4) Richtlinie (EU) 2019/2121 des Europäischen Parlaments und des Rates v. 27.11.2019 zur Änderung der Richtlinie (EU) 2017/1132 in Bezug auf grenzüberschreitende Umwandlungen, Verschmelzungen und Spaltungen (Umwandlungsrichtlinie), ABl. (EU) L 321/1 v. 12.12.2019.

5) Vgl. Begr. RegE UmRUG, BT-Drucks. 20/3822, S. 88 ff.

6) Richtlinie (EU) 2017/1132 des Europäischen Parlaments und des Rates v. 14.6.2017 über bestimmte Aspekte des Gesellschaftsrechts (Gesellschaftsrechtsrichtlinie), ABl. (EU) L 169/46 v. 30.6.2017.

7) Näher zu den unionsrechtlichen Grundlagen Lutter-*Bayer/J. Schmidt*, UmwG, § 308 Rz. 2 ff.; *Klett* in: BeckOGK-UmwG, § 308 Rz. 6 ff.

wird.[8] Von den Mitgliedstaatenwahlrechten zur Bekanntmachung des Prüfungsberichts des unabhängigen Sachverständigen (Art. 123 Abs. 1 Unterabs. 2 Gesellschaftsrechtsrichtlinie) sowie zur Erfüllung der Bekanntmachungspflicht durch ununterbrochenen Zugang zu den benannten Unterlagen auf der Internetseite des Unternehmens (Art. 123 Abs. 2 und 3 Gesellschaftsrechtsrichtlinie) hat der deutsche Gesetzgeber keinen Gebrauch gemacht.[9]

3. Systematik

5 § 308 ist eine nur im Falle der grenzüberschreitenden Verschmelzung i. S. des § 305 Abs. 1 anwendbare **Sondervorschrift**. Als solche geht sie über den bei der innerstaatlichen Verschmelzung unter der Beteiligung von AGs geltenden § 61 hinaus (insbesondere hinsichtlich der bekannt zu machenden Angaben nach § 308 Abs. 1 Satz 2 Nr. 2 bis 4, siehe dazu Rz. 17 ff.) und verdrängt diesen.[10]

6 **Parallelvorschriften** sind § 323 für die grenzüberschreitende Spaltung und § 336 für den grenzüberschreitenden Formwechsel, die jeweils auf § 308 Abs. 1 verweisen.

II. Einreichung zum Handelsregister (§ 308 Abs. 1 Satz 1 und 3)

7 Gemäß § 308 Abs. 1 Satz 1 ist der Verschmelzungsplan oder sein Entwurf beim zuständigen Registergericht einzureichen (siehe Rz. 10; zur Gerichtszuständigkeit siehe Rz. 15). Dabei sind dem Gericht gemäß § 308 Abs. 1 Satz 3 die in Absatz 1 Satz 2 Nr. 1 bis 4 bekannt zu machenden Angaben mitzuteilen (siehe Rz. 11 f.).

1. Adressat der Einreichungspflicht

8 Die Einreichungspflicht trifft die an der grenzüberschreitenden Verschmelzung als **übertragende oder übernehmende Gesellschaften** beteiligten deutschen Rechtsträger.[11] Im Falle einer Verschmelzung zur Neugründung gilt die Einreichungspflicht naturgemäß **nicht für die neu gegründete Gesellschaft**, da diese im fraglichen Zeitpunkt noch nicht besteht.[12]

9 Bei der Einreichung werden die beteiligten Gesellschaften grundsätzlich durch ihre **Vertretungsorgane** (Vorstand, Geschäftsführung) – ggf. in unechter Gesamtvertretung gemeinsam mit einem Prokuristen – vertreten. Eine Bevollmächtigung anderer Personen ist zulässig; die Vollmacht bedarf wegen § 12 Abs. 1 Satz 3 HGB der notariellen Beglaubigung.[13]

2. Gegenstand der Einreichung

a) Einreichung des Verschmelzungsplans (§ 308 Abs. 1 Satz 1)

10 In Umsetzung von Art. 123 Abs. 1 lit. a Gesellschaftsrechtsrichtlinie gilt die Einreichungspflicht gemäß § 308 Abs. 1 Satz 1 zunächst für den **Verschmelzungsplan**. Das deutsche Recht geht jedoch insoweit über die europäischen Vorgaben hinaus, als statt des Verschmelzungsplans auch dessen **Entwurf** beim Registergericht eingereicht werden kann. Mit Blick auf den Schutzzweck des § 308 (siehe oben Rz. 1) ist dies unproblematisch, da die inhaltlichen Vorgaben des § 307 Abs. 2 auch für den Entwurf gelten und i. Ü. der Ent-

---

8) Begr. RegE UmRUG, BT-Drucks. 20/3822, S. 89; Lutter-*Bayer*/*J. Schmidt*, UmwG, § 308 Rz. 33; *Klaßen-Kaiser* in: KölnKomm-UmwG, § 308 Rz. 11.

9) Begr. RegE UmRUG, BT-Drucks. 20/3822, S. 88 f.

10) *Klett* in: BeckOGK-UmwG, § 308 Rz. 5.

11) *Klaßen-Kaiser* in: KölnKomm-UmwG, § 308 Rz. 3.

12) Näher *Klaßen-Kaiser* in: KölnKomm-UmwG, § 308 Rz. 3.

13) *Klaßen-Kaiser* in: KölnKomm-UmwG, § 308 Rz. 4.

wurf, über den die Anteilsinhaber gemäß § 13 abstimmen, mit der beurkundeten Fassung des Verschmelzungsplans übereinstimmen muss (siehe bereits § 307 Rz. 15 [*de Raet/Brunk*]).[14] Bei inhaltlichen Änderungen nach Einreichung bzw. Bekanntmachung i. S. des § 308 Abs. 1 ist unverzüglich die geänderte Fassung beim Handelsregister einzureichen und bekannt zu machen, ohne dass es darauf ankäme, ob die Änderungen noch die Entwurfs- oder bereits die finale Fassung des Verschmelzungsplans betreffen.[15]

b) Mitteilung bekannt zu machender Angaben (§ 308 Abs. 1 Satz 3)

Gemäß § 308 Abs. 1 Satz 3 sind dem zuständigen Registergericht bei Einreichung des Verschmelzungsplans die gemäß **§ 308 Abs. 1 Satz 2 Nr. 2 bis 4** bekannt zu machenden Angaben (siehe dazu unten Rz. 17 ff.). mitzuteilen. Die Mitteilung hat gesondert zu erfolgen, ein Verweis auf den Verschmelzungsplan genügt nicht. Durch die **gesonderte Mitteilung** soll dem Gericht die unverzügliche (siehe Rz. 24) Bekanntmachung ermöglicht werden, ohne zunächst eigene Nachforschungen anstellen zu müssen.[16] 11

Eine gesonderte Mitteilung der Einreichung des Verschmelzungsplans oder des Entwurfs i. S. des **§ 308 Abs. 1 Satz 3 Nr. 1** (siehe dazu oben Rz. 10) ist **nicht erforderlich**, weil sich dies bereits aus der Einreichung als solcher ergibt.[17] Es sind – mit Ausnahme der in Absatz 1 Satz 2 Nr. 2 und 3 genannten Angaben – auch keine zusätzlichen Angaben zum Inhalt des Verschmelzungsplans zu machen.[18] 12

3. Form der Einreichung und der Mitteilung

Gemäß **§ 12 Abs. 2 HGB** erfolgt die **Einreichung in elektronischer Form:** Soll der notariell beurkundete Verschmelzungsplan eingereicht werden, ist dieser gemäß § 12 Abs. 2 Satz 2 Halbs. 2 HGB i. V. m. § 39 BeurkG als mit einfachem elektronischem Zeugnis versehenes Dokument zu übermitteln. Dagegen genügt bei Einreichung des Entwurfs gemäß § 12 Abs. 2 Satz 2 Halbs. 1 HGB die Übermittlung einer elektronischen Aufzeichnung.[19] Für die Mitteilung nach § 308 Abs. 1 Satz 3 gilt ebenfalls § 12 Abs. 2 Satz 2 Halbs. 1 HGB (elektronische Aufzeichnung).[20] 13

III. Bekanntmachung (§ 308 Abs. 1 Satz 2)

Gemäß § 308 Abs. 1 Satz 2 hat das zuständige Registergericht (siehe Rz. 15) die in Abs. 1 Satz 2 Nr. 1 bis 4 genannten Angaben (siehe Rz. 16 ff.) gemäß § 10 Abs. 3 HGB bekannt zu machen; die Bekanntmachung hat unverzüglich zu erfolgen (siehe Rz. 24). 14

1. Zuständiges Gericht

Für die Bekanntmachung ist gemäß §§ 376, 377 Abs. 1 FamFG i. V. m. § 23a Abs. 1 Satz 1 Nr. 2, Abs. 2 Nr. 3 GVG jeweils das **Registergericht (Amtsgericht)** zuständig, in dessen Bezirk die beteiligte Gesellschaft ihren **Satzungssitz** (§ 5 AktG, § 4a GmbHG) hat. Im 15

---

14) Ebenso *Klett* in: BeckOGK-UmwG, § 308 Rz. 8.

15) Näher *Klett* in: BeckOGK-UmwG, § 308 Rz. 14; vgl. auch Lutter-*Bayer/J. Schmidt*, UmwG, § 308 Rz. 10.

16) Vgl. Schmidt/Hörtnagl-*Hörtnagl*, UmwG/UmwStG, § 308 UmwG Rz. 21; *Klett* in: BeckOGK-UmwG, § 308 Rz. 30.

17) Ebenso Schmidt/Hörtnagl-*Hörtnagl*, UmwG/UmwStG, § 308 UmwG Rz. 14.

18) Vgl. Schmidt/Hörtnagl-*Hörtnagl*, UmwG/UmwStG, § 308 UmwG Rz. 14; *Klett* in: BeckOGK-UmwG, § 308 Rz. 23.

19) Vgl. Schmidt/Hörtnagl-*Hörtnagl*, UmwG/UmwStG, § 308 UmwG Rz. 5; *Klett* in: BeckOGK-UmwG, § 308 Rz. 19.

20) Vgl. Schmidt/Hörtnagl-*Hörtnagl*, UmwG/UmwStG, § 308 UmwG Rz. 5; *Klett* in: BeckOGK-UmwG, § 308 Rz. 30.

Falle eines Doppelsitzes hat die Bekanntmachung durch beide Registergerichte zu erfolgen.[21)]

2. Inhalt der Bekanntmachung

a) Hinweis auf die Einreichung (§ 308 Abs. 1 Satz 2 Nr. 1)

16 Der Verschmelzungsplan bzw. sein Entwurf sind zwar beim zuständigen Registergericht einzureichen; sie sind jedoch nicht Gegenstand der Bekanntmachung. Stattdessen wird nach § 308 Abs. 1 Satz 2 Nr. 1 nur der **Hinweis** darauf, **dass der Verschmelzungsplan oder sein Entwurf beim Handelsregister eingereicht worden ist**, bekannt gemacht. Dieser Hinweis genügt, da der Verschmelzungsplan bzw. sein Entwurf beim Handelsregister kostenfrei abgerufen werden kann.[22)] Zusätzliche Angaben zum Inhalt des Verschmelzungsplans sind daher – mit Ausnahme der Angaben nach § 308 Abs. 1 Satz 2 Nr. 2 – nicht erforderlich (siehe bereits Rz. 12).

b) Rechtsform, Firma und Sitz der beteiligten Gesellschaften (§ 308 Abs. 1 Satz 2 Nr. 2)

17 Zweitens sind gemäß § 308 Abs. 1 Satz 2 Nr. 2 **Rechtsform, Firma und (Satzungs-)Sitz** aller an der grenzüberschreitenden Verschmelzung beteiligten Gesellschaften bekannt zu machen. Insoweit gelten die Ausführungen zu § 307 Abs. 2 Nr. 1 entsprechend (siehe dazu § 307 Rz. 20 f. [*de Raet/Brunk*]). Bei der Verschmelzung zur Neugründung gilt die Bekanntgabepflicht auch für die neue Gesellschaft.[23)] Darüber hinaus wird empfohlen, für jede der beteiligten Gesellschaften anzugeben, ob sie übertragende, übernehmende oder neue Gesellschaft ist.[24)]

c) Register und Registernummer der beteiligten Gesellschaften (§ 308 Abs. 1 Satz 2 Nr. 3)

18 Bekannt zu machen sind nach § 308 Abs. 1 Satz 2 Nr. 3 ferner die **Register**, bei denen die an der grenzüberschreitenden Verschmelzung beteiligten Gesellschaften eingetragen sind, sowie die jeweilige **Registernummer**. Existieren für eine der beteiligten Gesellschaften (in einem anderen Mitgliedstaat) mehrere Registernummern, die eine eindeutige Identifikation der Gesellschaft ermöglichen, genügt die Angabe einer dieser Nummern.[25)] Diese Angaben sollen es – zusammen mit den Informationen nach § 308 Abs. 1 Satz 2 Nr. 2 – den geschützten Verkehrskreisen ermöglichen, weitere Nachforschungen zu den beteiligten Rechtsträgern anzustellen.[26)] Die Angabepflicht bezieht sich nur auf die als **übertragende oder übernehmende Gesellschaften** beteiligten Rechtsträger; bei der Verschmelzung zur Neugründung sind entsprechende **Angaben zur neuen Gesellschaft** dagegen **nicht erforderlich**, weil diese Gesellschaft naturgemäß noch nicht im Register eingetragen ist.[27)]

21) Vgl. Lutter-*Bayer/J. Schmidt*, UmwG, § 308 Rz. 27; Schmidt/Hörtnagl-*Hörtnagl*, UmwG/UmwStG, § 308 UmwG Rz. 4; *Klett* in: BeckOGK-UmwG, § 308 Rz. 11.

22) Vgl. Schmidt/Hörtnagl-*Hörtnagl*, UmwG/UmwStG, § 308 UmwG Rz. 14; *Klett* in: BeckOGK-UmwG, § 308 Rz. 22 f.

23) Lutter-*Bayer/J. Schmidt*, UmwG, § 308 Rz. 28; Schmidt/Hörtnagl-*Hörtnagl*, UmwG/UmwStG, § 308 UmwG Rz. 15; *Klett* in: BeckOGK-UmwG, § 308 Rz. 24.

24) In diesem Sinne *Klett* in: BeckOGK-UmwG, § 308 Rz. 24; weitergehend i. S. einer Angabepflicht („ist anzugeben") Schmidt/Hörtnagl-*Hörtnagl*, UmwG/UmwStG, § 308 UmwG Rz. 15.

25) *Bungert/Strothotte*, DB 2024, 2814, 2816.

26) Nach Lutter-*Bayer/J. Schmidt*, UmwG, § 308 Rz. 30, haben die Angaben daher eine „Schlüsselfunktion".

27) Ebenso *Klaßen-Kaiser* in: KölnKomm-UmwG, § 308 Rz. 10; *Klett* in: BeckOGK-UmwG, § 308 Rz. 25; **a. A.** Schmidt/Hörtnagl-*Hörtnagl*, UmwG/UmwStG, § 308 UmwG Rz. 16, nach dem die Angabe des für die neue Gesellschaft zuständigen Registers die zukünftige Informationsrecherche erleichtern soll.

d) Hinweis auf Möglichkeit zur Stellungnahme (§ 308 Abs. 1 Satz 2 Nr. 4)

Schließlich ist in der Bekanntmachung gemäß § 308 Abs. 1 Satz 2 Nr. 4 ein **Hinweis an** 19 die **Anteilsinhaber** und **Gläubiger** (Nr. 4 lit. a) sowie an die **zuständigen Betriebsräte** bzw. – sofern es keinen Betriebsrat gibt – die **Arbeitnehmer** (Nr. 4 lit. b) der an der grenzüberschreitenden Verschmelzung beteiligten Gesellschaften aufzunehmen, dass sie der Gesellschaft bis spätestens fünf Arbeitstage vor dem Tag der Gesellschafterversammlung **Bemerkungen zum Verschmelzungsplan** übermitteln können. Da Gläubiger und Arbeitnehmer vom Tag der Gesellschafterversammlung in der Regel keine Kenntnis haben, ist in der Bekanntmachung zusätzlich entweder der **Tag der Gesellschafterversammlung** oder der **Tag, an dem die Übermittlungsfrist endet**, anzugeben.[28] Außerdem ist es zweckmäßig, eine postalische und eine elektronische **Anschrift** mitzuteilen, an die die Bemerkungen übermittelt werden können.[29]

Für die **Fristberechnung** gelten im Grundsatz die §§ 187 ff. BGB entsprechend.[30] Der 20 Begriff **Arbeitstag** umfasst im Einklang mit Art. 2 Abs. 2 FristenVO[31] alle Tage außer Feiertage, Sonntage und Sonnabende, also in der Regel die Wochentage von Montag bis Freitag.[32] Insoweit kann nicht von einem Gleichlauf mit der Wochenfrist des § 310 Abs. 3 (siehe dazu § 310 Rz. 20 [*de Raet/Brunk*]) ausgegangen werden.[33] Der Tag, an dem die Gesellschafterversammlung stattfindet, ist nicht mitzuzählen (Wortlaut: „fünf Arbeitstage *vor dem Tag* der Gesellschafterversammlung"), ebenso der Tag des Zugangs des übermittelten Hinweises bei der Gesellschaft (§§ 187 Abs. 1, 188 Abs. 1 BGB). Dementsprechend müssen zwischen dem Zugang der Bemerkung und dem Tag der Versammlung volle **fünf Arbeitstage** liegen.

Als **zuständiger Betriebsrat** kommen je nach Sachverhalt und konkreter Betroffenheit 21 auch Gesamt- bzw. Konzernbetriebsratsgremien sowie Europäische Betriebsräte oder SE-Betriebsräte in Betracht.[34] Eine Benennung der jeweils zuständigen Betriebsräte ist in der Bekanntmachung nicht erforderlich. Für die Auslage in der Gesellschafterversammlung empfiehlt es sich ohnehin, die eingegangenen Bemerkungen umfassend zu berücksichtigen.[35]

Die Gesellschafterversammlung nimmt die bei der Gesellschaft eingegangenen Bemerkun- 22 gen gemäß **§ 312 Abs. 3** zur Kenntnis, bevor sie die Zustimmung zum Verschmelzungsplan beschließt (siehe näher § 312 Rz. 16 [*de Raet/Brunk*]). Findet gemäß § 312 Abs. 2 i. V. m. § 307 Abs. 3 **keine Gesellschafterversammlung** statt, läuft das Recht zu Bemerkungen ins Leere, da die Gesellschafterversammlung die Bemerkungen dann nicht gemäß § 312 Abs. 3 zur Kenntnis nehmen kann. Unklar ist, ob in diesen Fällen dennoch ein Recht zu Bemerkungen besteht[36] oder ob dieses entfällt[37]. Zulässig – und bis zu einer

28) Begr. RegE UmRUG, BT-Drucks. 20/3822, S, 89; vgl. auch Lutter-*Bayer/J. Schmidt*, UmwG, § 308 Rz. 34; Schmidt/Hörtnagl-*Hörtnagl*, UmwG/UmwStG, § 308 UmwG Rz. 17; *Klaaßen-Kaiser* in: KölnKomm-UmwG, § 308 Rz. 13; *Klett* in: BeckOGK-UmwG, § 308 Rz. 26.

29) So auch Lutter-*Bayer/J. Schmidt*, UmwG, § 308 Rz. 36; *Klett* in: BeckOGK-UmwG, § 308 Rz. 29.

30) Vgl. Lutter-*Bayer/J. Schmidt*, UmwG, § 308 Rz. 34; *Klaaßen-Kaiser* in: KölnKomm-UmwG, § 308 Rz. 13.

31) Verordnung (EWG) 1182/71 des Rates v. 3.6.1971 zur Festlegung der Regeln für die Fristen, Daten und Termine, ABl. (EWG) L 124/1 v. 8.6.1971.

32) **A. A.** *Klaaßen-Kaiser* in: KölnKomm-UmwG, § 308 Rz. 13; anders auch *Weiler*, NotBZ 2024, 321, 326 sowie der Bericht bei *Runge*, NotBZ 2024, 253, 256, wonach unter Arbeitstag der „Kalendertag" zu verstehen sei.

33) So aber *Klaaßen-Kaiser* in: KölnKomm-UmwG, § 308 Rz. 13.

34) Begr. RegE UmRUG, BT-Drucks. 20/3822, S. 89.

35) *Klaaßen-Kaiser* in: KölnKomm-UmwG, § 308 Rz. 11.

36) Dafür *Weiler*, NotBZ 2024, 321, 326.

37) So *Bungert/Strothotte*, DB 2024, 2814, 2816.

Klärung aus Vorsichtsgründen empfehlenswert – ist es, freiwillig Bemerkungen zuzulassen und dabei Stellungnahmen bis **fünf Arbeitstage vor der Beurkundung** zu ermöglichen.[38)]

23 Die eingegangenen Bemerkungen sind gemäß **§ 315 Abs. 2 Nr. 1** bei der Anmeldung der Verschmelzung zum Handelsregister beizufügen (siehe dazu § 315 Rz. 20 [*de Raet/Brunk*]). Die Mitglieder des Vertretungsorgans haben gemäß **§ 315 Abs. 3 Nr. 2** zudem zu versichern, dass die Rechte der Arbeitnehmer gemäß § 308 Abs. 1 Satz 2 Nr. 4 lit. b eingehalten wurden (siehe § 315 Rz. 29 [*de Raet/Brunk*]).

3. Zeitpunkt der Bekanntmachung

24 Die Bekanntmachung durch das Gericht hat gemäß § 308 Abs. 1 Satz 2 **unverzüglich** zu erfolgen, d. h. ohne schuldhaftes Zögern (§ 121 Abs. 1 Satz 2 BGB). Das Gericht hat die Bekanntmachung vorzunehmen, sobald ihm der Verschmelzungsplan bzw. sein Entwurf und alle nach § 308 Abs. 1 Satz 2 Nr. 2 bis 4 bekannt zu machenden Angaben vorliegen.[39)]

IV. Fristen

25 Durch die **Fristenregelungen** in **§ 308 Abs. 1 Satz 4 und Abs. 2 bis 4** soll sichergestellt werden, dass den betroffenen Interessenträgern, insbesondere den Arbeitnehmern, ausreichende Zeit zur Verfügung steht, um den Verschmelzungsplan prüfen und von ihrem Anhörungsrecht (siehe oben Rz. 4, 19) Gebrauch machen zu können. Funktional entsprechen diese Fristen damit der Zuleitungsfrist des nur für nationale Verschmelzungen geltenden § 5 Abs. 3 (siehe § 5 Rz. 155 ff. [*Redenius-Hövermann/Laufersweiler*]). Welche der Fristen des § 308 Abs. 1 Satz 4 bzw. Abs. 2 bis 4 bei der grenzüberschreitenden Verschmelzung maßgeblich ist, hängt davon ab, ob und in welchen der beteiligten Gesellschaften eine Beschlussfassung der Anteilsinhaber über den Verschmelzungsplan (**Verschmelzungsbeschluss i. S. des § 13 Abs. 1**) erforderlich ist.

1. Regelfall (§ 308 Abs. 1 Satz 4)

26 Ist wie **im Regelfall** in allen beteiligten Gesellschaften ein Verschmelzungsbeschluss erforderlich, so gilt nach § 308 Abs. 1 Satz 4, dass **zwischen der Bekanntmachung** nach § 308 Abs. 1 Satz 2 **und der Beschlussfassung** der Anteilsinhaber mindestens ein Monat liegen muss. Entsprechend haben die Vertretungsorgane dafür Sorge zu tragen, dass sie die erforderlichen Unterlagen und Angaben so rechtzeitig bei Gericht einreichen, dass diese Frist gewahrt werden kann.[40)] Es kann sich dafür anbieten, das Gericht bereits vorzeitig über die geplante Verschmelzung zu informieren und die Einreichungsfristen abzustimmen.

2. Sonderfälle (§ 308 Abs. 2 bis 4)

27 In den § 308 Abs. 2 bis 4 sind **Sonderfälle** geregelt, in denen bei der übertragenden und/oder bei der übernehmenden Gesellschaft **kein Verschmelzungsbeschluss i. S. des § 13 gefasst zu werden braucht**. Da die §§ 305 ff. nur für die an der grenzüberschreitenden Verschmelzung beteiligten deutschen Gesellschaften gelten, ist allein deren Perspektive für die Anwendbarkeit der einzelnen Fristenregelungen maßgeblich. Entsprechend gelten § 308 Abs. 2 für übertragende und Absatz 3 und 4 für übernehmende Gesellschaften mit Sitz in Deutschland. Anders als bei § 308 Abs. 1 Satz 4 ist das **fristauslösende Ereignis** bei Absatz 2 bis 4 die **Einreichung des Verschmelzungsplans zum Handelsregister** (einschließ-

38) *Bungert/Strothotte*, DB 2024, 2814, 2816.
39) Vgl. Lutter-*Bayer/J. Schmidt*, UmwG, § 308 Rz. 26; *Klett* in: BeckOGK-UmwG, § 308 Rz. 21.
40) Vgl. *Klaaßen-Kaiser* in: KölnKomm-UmwG, § 308 Rz. 14a.

lich der Mitteilung nach § 308 Abs. 1 Satz 3; siehe oben Rz. 11 f.), nicht dessen Bekanntmachung durch das Gericht.

a) Übertragende deutsche Gesellschaft (§ 308 Abs. 2)

28 § 308 Abs. 2 betrifft den Fall, dass bei der **deutschen übertragenden Gesellschaft** gemäß § 312 Abs. 2 i. V. m. § 307 Abs. 3 ein Verschmelzungsbeschluss nicht erforderlich ist. In diesem Fall hat die übertragende Gesellschaft den Verschmelzungsplan spätestens **einen Monat vor dem Tag, an dem der Verschmelzungsplan beurkundet** wird, zum Register einzureichen. Für die Anwendbarkeit des Absatz 2 kommt es nicht darauf an, ob bei der übernehmenden Gesellschaft ein Verschmelzungsbeschluss erforderlich oder ebenfalls entbehrlich ist.[41)]

b) Übernehmende deutsche Gesellschaft (§ 308 Abs. 3 und 4)

29 § 308 Abs. 3 und 4 betreffen Fälle, in denen bei der **deutschen übernehmenden Gesellschaft** gemäß § 62 Abs. 1 ein Verschmelzungsbeschluss entbehrlich ist. Dabei ist nach der gesetzlichen Regelung wie folgt zu differenzieren:

30 Wenn **bei der übertragenden Gesellschaft ein Verschmelzungsbeschluss erforderlich** ist, hat die übernehmende Gesellschaft gemäß **§ 308 Abs. 3** den Verschmelzungsplan spätestens einen Monat vor dem Tag, an dem die Gesellschafterversammlung der übertragenden Gesellschaft im Einklang mit dem jeweils anwendbaren Recht über den Verschmelzungsplan Beschluss fasst, zum Register einzureichen. Diese Regelung dient der Umsetzung von Art. 123 Abs. 5 Gesellschaftsrechtsrichtlinie.

31 Ist dagegen auch **bei der übertragenden Gesellschaft der Verschmelzungsbeschluss entbehrlich**, kommt es gemäß **§ 308 Abs. 4** wiederum auf den Tag der Beurkundung des Verschmelzungsplans an. Entsprechend ist der Verschmelzungsplan spätestens einen Monat vor dem Tag, an dem der Verschmelzungsplan beurkundet wird, zum Register einzureichen. Damit wird Art. 132 Abs. 3 Gesellschaftsrechtsrichtlinie umgesetzt.

3. Fristberechnung

32 Für die Berechnung der Monatsfrist gelten die allgemeinen Vorschriften der §§ 187 ff. BGB. **Fristauslösendes Ereignis** ist bei § 308 Abs. 1 Satz 4 die Bekanntmachung, bei § 308 Abs. 2 bis 4 die Einreichung des Verschmelzungsplans und der ergänzenden Angaben nach Absatz 1 Satz 3 zum Handelsregister.

V. Keine Verzichtsmöglichkeit

33 Die beteiligten Gesellschaften können auf die **Einreichung und Bekanntmachung** des Verschmelzungsplans bzw. der ergänzenden Angaben nach § 308 Abs. 1 Satz 2 nicht wirksam verzichten.[42)] Grund dafür ist, dass diese Vorschriften nicht nur dem Schutz der (Minderheits-)Gesellschafter dienen, sondern auch dem Arbeitnehmer- und Gläubigerschutz

41) Vgl. Begr. RegE UmRUG, BT-Drucks. 20/3822, S. 89 f.; den Gleichlauf dieser Konstellationen begrüßend *Klaaßen-Kaiser* in: KölnKomm-UmwG, § 308 Rz. 16.

42) Lutter-*Bayer/J. Schmidt*, UmwG, § 308 Rz. 37; Schmidt/Hörtnagl-*Hörtnagl*, UmwG/UmwStG, § 308 UmwG Rz. 10; *Klaaßen-Kaiser* in: KölnKomm-UmwG, § 308 Rz. 23; *Sitter* in: NK-UmwG, § 308 Rz. 11; diff. *Klett* in: BeckOGK-UmwG, § 308 Rz. 35 f.

sowie der Information des allgemeinen Rechtsverkehrs (siehe Rz. 1).[43] Zur Frage der Verzichtsmöglichkeiten unter § 61 bei nationalen Verschmelzungen siehe § 61 Rz. 8 [*Nolden*].

34 Nach zutreffender Auffassung können die Anteilseigner auch auf die **Einhaltung der Monatsfrist** nach § 308 Abs. 1 Satz 4 nicht wirksam verzichten.[44] Auch die Fristenregelungen dienen nämlich dem Schutz von Arbeitnehmern und Gläubigern: Ihnen soll es ausweislich § 308 Abs. 1 Satz 2 Nr. 4 möglich sein, den Verschmelzungsplan innerhalb dieser Frist zu prüfen und ggf. Bemerkungen an die Gesellschaft zu übermitteln. Bei einer Verzichtsmöglichkeit der Anteilseigner liefen diese Beteiligungsrechte praktisch ins Leere. Überlegungen, wonach die Fristwahrung zumindest in den Fällen entbehrlich sein könnte, in denen auch die Arbeitnehmer auf ihre Einhaltung verzichten,[45] dürften in der Praxis kaum eine Rolle spielen.[46]

---

43) Lutter-*Bayer/J. Schmidt*, UmwG, § 308 Rz. 37; Schmidt/Hörtnagl-*Hörtnagl*, UmwG/UmwStG, § 308 UmwG Rz. 10; *Klaaßen-Kaiser* in: KölnKomm-UmwG, § 308 Rz. 23; *Klett* in: BeckOGK-UmwG, § 308 Rz. 35.

44) Ebenso *Klett* in: BeckOGK-UmwG, § 308 Rz. 37; Schmidt/Hörtnagl-*Hörtnagl*, UmwG/UmwStG, § 308 UmwG Rz. 10; a. A. *Klaaßen-Kaiser* in: KölnKomm-UmwG, § 308 Rz. 24; *Sitter* in: NK-UmwG, § 308 Rz. 11.

45) Vgl. Schmidt/Hörtnagl-*Hörtnagl*, UmwG/UmwStG, § 308 UmwG Rz. 10.

46) So mit Blick auf die mit § 316 Abs. 2 Satz 1 i. V. m. § 314 Abs. 3 verbundene dreimonatige Eintragungssperre auch *Klett* in: BeckOGK-UmwG, § 308 Rz. 37.

§ 309
Verschmelzungsbericht[*)]

(1) [1]Die Vertretungsorgane der beteiligten Gesellschaften erstellen einen Verschmelzungsbericht. [2]In diesem sind für die Anteilsinhaber und Arbeitnehmer der an der Verschmelzung beteiligten Gesellschaft die rechtlichen und wirtschaftlichen Aspekte der grenzüberschreitenden Verschmelzung und die Auswirkungen der grenzüberschreitenden Verschmelzung auf die Arbeitnehmer zu erläutern und zu begründen.

(2) [1]In einem allgemeinen Abschnitt werden mindestens die Auswirkungen der grenzüberschreitenden Verschmelzung auf die künftige Geschäftstätigkeit der Gesellschaft und ihrer etwaigen Tochtergesellschaften erläutert und begründet. [2]Daneben enthält der Bericht einen anteilsinhaberspezifischen Abschnitt nach Absatz 4 und einen arbeitnehmerspezifischen Abschnitt nach Absatz 5.

(3) [1]Die Gesellschaft kann entscheiden, ob sie anstelle eines einheitlichen Berichts gesonderte Berichte für Anteilsinhaber und Arbeitnehmer erstellt. [2]Der Bericht für Anteilsinhaber besteht aus dem allgemeinen Abschnitt und dem anteilsinhaberspezifischen Abschnitt. [3]Der Bericht für Arbeitnehmer besteht aus dem allgemeinen Abschnitt und dem arbeitnehmerspezifischen Abschnitt.

(4) In dem anteilsinhaberspezifischen Abschnitt wird über die in § 8 Absatz 1 genannten Berichtsinhalte hinaus mindestens Folgendes erläutert und begründet:

1. **die Auswirkungen der grenzüberschreitenden Verschmelzung auf die Anteilsinhaber sowie**
2. **die Rechte und Rechtsbehelfe für Anteilsinhaber gemäß § 305 Absatz 2 in Verbindung mit § 15 und gegebenenfalls mit § 72a, sowie gemäß § 313 dieses Gesetzes und § 1 Nummer 4 des Spruchverfahrensgesetzes.**

(5) In dem arbeitnehmerspezifischen Abschnitt wird mindestens Folgendes erläutert und begründet:

1. **die Auswirkungen der grenzüberschreitenden Verschmelzung auf die Arbeitsverhältnisse sowie gegebenenfalls die Maßnahmen, um diese Arbeitsverhältnisse zu sichern,**
2. **wesentliche Änderungen der anwendbaren Beschäftigungsbedingungen oder der Standorte der Niederlassungen der Gesellschaft sowie**
3. **die Auswirkungen der unter den Nummern 1 und 2 genannten Faktoren auf etwaige Tochtergesellschaften der an der grenzüberschreitenden Verschmelzung beteiligten Gesellschaft.**

(6) [1]Der Bericht für die Anteilsinhaber ist in den Fällen des § 8 Absatz 3 nicht erforderlich. [2]Der Bericht für die Anteilsinhaber der übertragenden Gesellschaft ist ferner nicht erforderlich in den Fällen des § 307 Absatz 3 Nummer 2 Buchstabe b und c. [3]Der Bericht für die Arbeitnehmer ist nicht erforderlich, wenn die an der Verschmelzung beteiligte Gesellschaft und ihre etwaigen Tochtergesellschaften keine anderen Arbeitnehmer haben als diejenigen, die dem Vertretungsorgan angehören. [4]Ein Verschmelzungsbericht ist insgesamt nicht erforderlich, wenn die Voraussetzungen der Sätze 1 oder 2 und des Satzes 3 vorliegen.

*) § 309 n. F. (§ 122e a. F.) Paragraphenzählung geändert und Text neugefasst durch Art. 1 des Gesetzes zur Umsetzung der Umwandlungsrichtlinie und zur Änderung weiterer Gesetze (UmRUG), v. 22.2.2023, BGBl. I 2023, Nr. 51; § 122e a. F. (§ 309 n. F.) eingefügt durch Art. 1 des Zweiten Gesetzes zur Änderung des Umwandlungsgesetzes (2. UmwGÄndG), v. 19.4.2007, BGBl. I 2007, 542.

Literatur: Siehe auch die Angaben bei § 305. *Bungert/Strothotte*, Grenzüberschreitende Umwandlungsmaßnahmen: Praxiserfahrungen mit dem neuen Recht, DB 2024, 2814; *Schollmeyer*, Der Verschmelzungs-, Spaltungs- und Formwechselbericht nach der neuen Umwandlungsrichtlinie, AG 2019, 541; *Stelmaszczyk*, Grenzüberschreitende Umwandlungen nach dem UmRUG, DNotZ 2023, 752.

Übersicht

I. Allgemeines

1. Überblick und Normzweck

1 Nach § 309 Abs. 1 haben die Vertretungsorgane der beteiligten Gesellschaften einen Verschmelzungsbericht zu erstellen, in dem die rechtlichen und wirtschaftlichen Aspekte der grenzüberschreitenden Verschmelzung erläutert und begründet werden. Der Verschmelzungsbericht **dient der Information der Anteilsinhaber sowie der Arbeitnehmer und Arbeitnehmervertretungen** der beteiligten Gesellschaften.[1] Entsprechend besteht der Bericht gemäß § 309 Abs. 2 neben einem allgemeinen Abschnitt, in dem die Auswirkungen der grenzüberschreitenden Verschmelzung auf die künftige Geschäftstätigkeit der Gesellschaft und ihrer Tochtergesellschaften dargestellt werden (siehe näher Rz. 12 f.), in der Regel aus einem anteilsinhaberspezifischen Abschnitt nach § 309 Abs. 4 (siehe Rz. 14 ff.) und einem arbeitnehmerspezifischen Abschnitt nach § 309 Abs. 5 (siehe Rz. 19 ff.). Gemäß § 309 Abs. 3 kann die Gesellschaft entscheiden, anstelle eines einheitlichen Berichts gesonderte Berichte für Anteilsinhaber und Arbeitnehmer zu erstellen (siehe Rz. 11). Nach § 309 Abs. 6 ist der Verschmelzungsbericht in bestimmten Fällen ganz oder teilweise entbehrlich (siehe Rz. 24 ff.).

2. Normgenese und unionsrechtlicher Hintergrund

2 Die Vorgaben zum Verschmelzungsbericht bei der grenzüberschreitenden Verschmelzung waren zunächst in **§ 122e a. F.** geregelt. Nach der Neukonzeption des **Art. 124 Gesellschaftsrechtsrichtlinie**[2] durch die Umwandlungsrichtlinie[3] wurde die Regelung durch das UmRUG[4] zum 1.3.2023 in § 309 (Erstellungspflicht und Inhalt des Verschmelzungsberichts) und § 310 (Zugänglichmachung des Verschmelzungsberichts) überführt und vollständig neu gefasst.[5] Zu den wesentlichen Neuerungen gehört insbesondere die noch stärkere Ausrichtung des Verschmelzungsberichts auf Arbeitnehmerbelange (siehe Rz. 19 ff.);[6] demgegenüber wurde der im Wortlaut des § 122e a. F. noch enthaltene Gläubigerbezug aufgegeben.[7] Zudem wurden die Fälle, in denen der Bericht ganz oder teilweise entbehrlich ist, durch die Regelung des § 309 Abs. 6 erweitert (siehe Rz. 24 ff.).

3. Systematik

3 § 309 gilt nur bei der **grenzüberschreitenden Verschmelzung** und ergänzt in diesen Fällen die Regelung des § 8 (Verschmelzungsbericht bei innerstaatlichen Verschmelzungen). Dabei kommt – neben § 8 Abs. 1 und 3, auf die in § 309 Abs. 4 bzw. Abs. 6 ausdrücklich verwiesen wird – über § 305 Abs. 2 auch die Regelung des § 8 Abs. 2 zur Anwendung (siehe näher Rz. 23).[8] Die **Zugänglichmachung des Verschmelzungsberichts** regelt § 310.

---

1) Begr. RegE UmRUG, BT-Drucks. 20/3822, S. 90.

2) Richtlinie (EU) 2017/1132 des Europäischen Parlaments und des Rates v. 14.6.2017 über bestimmte Aspekte des Gesellschaftsrechts (Gesellschaftsrechtsrichtlinie), ABl. (EU) L 169/46 v. 30.6.2017.

3) Richtlinie (EU) 2019/2121 des Europäischen Parlaments und des Rates v. 27.11.2019 zur Änderung der Richtlinie (EU) 2017/1132 in Bezug auf grenzüberschreitende Umwandlungen, Verschmelzungen und Spaltungen (Umwandlungsrichtlinie), ABl. (EU) L 321/1 v. 12.12.2019.

4) Gesetz zur Umsetzung der Umwandlungsrichtlinie und zur Änderung weiterer Gesetze (UmRUG), v. 22.2.2023, BGBl. I 2023, Nr. 51.

5) Begr. RegE UmRUG, BT-Drucks. 20/3822, S. 90.

6) Vgl. Lutter-*Bayer*/*J. Schmidt*, UmwG, § 309 Rz. 6.

7) Vgl. *Klaßen-Kaiser* in: KölnKomm-UmwG, § 309 Rz. 4; Schmitt/Hörtnagl-*Hörtnagl*, UmwG/UmwStG, § 309 UmwG Rz. 9.

8) Begr. RegE UmRUG, BT-Drucks. 20/3822, S. 90.

Parallelvorschriften sind § 324 für die grenzüberschreitende Spaltung und § 337 für den grenzüberschreitenden Formwechsel. 4

II. Erstellung des Verschmelzungsberichts

1. Erstellungskompetenz (§ 309 Abs. 1 Satz 1)

Gemäß § 309 Abs. 1 Satz 1 sind die **Vertretungsorgane der beteiligten Gesellschaften** für die Erstellung des Verschmelzungsberichts zuständig. Trotz der gewählten Formulierung handelt es sich um eine grundsätzlich für jede der beteiligten Gesellschaften durch ihr jeweiliges Vertretungsorgan gesondert zu erfüllende Berichtspflicht (zur Erstellung eines gemeinsamen Verschmelzungsberichts siehe Rz. 9). § 309 Abs. 1 Satz 1 betrifft zudem nur die an der grenzüberschreitenden Verschmelzung beteiligten **deutschen Gesellschaften**, während ausländische Gesellschaften das jeweils für sie geltende Recht zu beachten haben.[9] 5

Für die Bestimmung des zuständigen Vertretungsorgans gelten die Ausführungen bei § 307 entsprechend (siehe § 307 Rz. 9 ff. [*de Raet/Brunk*]). Der Verschmelzungsbericht braucht nicht durch sämtliche Organmitglieder unterzeichnet zu werden, sondern es genügt eine Unterzeichnung durch Mitglieder des Vertretungsorgans **in vertretungsberechtigter Anzahl**.[10] 6

2. Form und Sprache

Nach h. M. ist der Verschmelzungsbericht gemäß § 305 Abs. 2 i. V. m. § 8 Abs. 1 Satz 1 **schriftlich** zu erstatten, d. h. von den Mitgliedern des Vertretungsorgans eigenhändig zu unterzeichnen (§ 126 BGB).[11] Dem ist in der Praxis schon deshalb zu folgen, weil der Verschmelzungsbericht bei der Anmeldung der Verschmelzung zur Eintragung in das Handelsregister als Anlage beizufügen ist (§ 315 bzw. § 318) und insoweit die Einhaltung der Voraussetzungen des § 309 nachgewiesen werden muss. Für die elektronische Zugänglichmachung des Berichts nach § 310 Abs. 1 genügt eine elektronische Kopie; die Einhaltung der elektronischen Form mitsamt qualifizierter elektronischer Signatur (§ 126a BGB) ist nicht erforderlich (siehe § 310 Rz. 11 [*de Raet/Brunk*]). 7

Der Verschmelzungsbericht wird in der Regel in **deutscher Sprache** erstellt bzw. enthält zumindest auch eine deutsche Sprachfassung (z. B. bei Erstellung eines gemeinsamen Verschmelzungsberichts, siehe Rz. 9). Zwingend ist dies nicht.[12] Bei Erstellung des Berichts sollte vorrangig darauf geachtet werden, dass die jeweiligen Berichtsadressaten den Bericht verstehen können. Gerade bei einem internationalen Anteilsinhaber- bzw. Arbeitnehmerkreis kann z. B. eine englische Sprachfassung (ggf. ergänzend zur deutschen Fassung) sinnvoll sein. Wird der Verschmelzungsbericht nicht in deutscher Sprache erstellt, bedarf es bei der Vorlage an das Handelsregister einer beglaubigten Übersetzung.[13] 8

---

9) Vgl. *Klett* in: BeckOGK-UmwG, § 309 Rz. 5; *Bungert/Strothotte*, DB 2024, 2814, 2815.

10) Vgl. BGH Beschl. v. 21.5.2007 – II ZR 266/04, Rz. 26 ff., NZG 2007, 1160 = NotBZ 2007, 361 – zu § 8 Abs. 1; Lutter-*Bayer/J. Schmidt*, UmwG, § 309 Rz. 10; Schmitt/Hörtnagl-*Hörtnagl*, UmwG/UmwStG, § 309 UmwG Rz. 4; *Klaßen-Kaiser* in: KölnKomm-UmwG, § 309 Rz. 8; *Klett* in: BeckOGK-UmwG, § 309 Rz. 7.

11) Kallmeyer-*Biller/Wilk/Müller-Bonanni*, UmwG, § 309 Rz. 2; Schmitt/Hörtnagl-*Hörtnagl*, UmwG/UmwStG, § 309 UmwG Rz. 6; *Klett* in: BeckOGK-UmwG, § 309 Rz. 8; Henssler/Strohn-*Polley*, GesR, § 309 UmwG Rz. 3; **a. A.** Lutter-*Bayer/J. Schmidt*, UmwG, § 309 Rz. 15 – Textform; ebenso *Stelmaszczyk*, DNotZ 2023, 752, 767.

12) *Klaßen-Kaiser* in: KölnKomm-UmwG, § 309 Rz. 9; *Klett* in: BeckOGK-UmwG, § 309 Rz. 9; **abw.** Kallmeyer-*Biller/Wilk/Müller-Bonanni*, UmwG, § 309 Rz. 3 – gemeinsamer Verschmelzungsbericht muss in allen Amtssprachen erstellt werden.

13) *Klaßen-Kaiser* in: KölnKomm-UmwG, § 309 Rz. 9; *Klett* in: BeckOGK-UmwG, § 309 Rz. 9.

3. Gemeinsamer Verschmelzungsbericht

9 Statt gesonderter Berichte können die an der grenzüberschreitenden Verschmelzung beteiligten Gesellschaften auch einen **gemeinsamen Verschmelzungsbericht** erstellen, wenn dies nach allen beteiligten Rechtsordnungen zulässig ist.[14] Für das deutsche Recht folgt die Zulässigkeit aus **§ 305 Abs. 2 i. V. m. § 8 Abs. 1 Satz 2.**[15] Die gemeinsame Berichterstattung ist üblich und in der Regel auch vorzugswürdig, da i. R. der rechtlichen und wirtschaftlichen Erläuterungen (z. B. zum Umtauschverhältnis) ohnehin auf alle beteiligten Rechtsträger einzugehen ist.[16] Es ist aber darauf zu achten, dass auch bei gemeinsamer Berichterstattung auf die Besonderheiten und ggf. unterschiedlichen Interessen aller beteiligten Gesellschaften gesondert einzugehen ist. Entscheiden sich die Vertretungsorgane für die Erstellung eines gemeinsamen Berichts, sind die **Anforderungen sämtlicher anwendbaren Rechtsordnungen zu beachten.**[17] Zudem empfiehlt sich in der Regel die Erstellung einer mehrsprachigen Fassung (z. B. in Spaltenform), welche die Sprachen aller beteiligten Gesellschaften berücksichtigt (siehe oben Rz. 8).

III. Aufbau und Inhalt des Verschmelzungsberichts

1. Einheitlicher Bericht oder gesonderte Berichte (§ 309 Abs. 2 und 3)

10 Gemäß § 309 Abs. 2 besteht der Verschmelzungsbericht – in der Form eines **einheitlichen Berichts** – in der Regel aus drei Teilen, nämlich

- einem allgemeinen Abschnitt (siehe Rz. 12 f.), der der Information sowohl der Anteilsinhaber als auch der Arbeitnehmer dient,[18] sowie
- einem anteilsinhaberspezifischen Abschnitt (siehe Rz. 14 ff.) und
- einem arbeitnehmerspezifischen Abschnitt (siehe Rz. 19 ff.).

11 Die Gesellschaft kann sich gemäß § 309 Abs. 3 (Art. 124 Abs. 2 Unterabs. 2 Gesellschaftsrechtsrichtlinie) entscheiden, anstelle des einheitlichen Berichts **gesonderte Berichte** für Anteilsinhaber und Arbeitnehmer zu erstellen. Die gesonderten Berichte bestehen jeweils aus zwei Teilen, nämlich aus dem stets aufzunehmenden allgemeinen Teil sowie adressatenspezifisch entweder aus dem anteilsinhaberspezifischen oder dem arbeitnehmerspezifischen Abschnitt.

2. Allgemeiner Abschnitt (§ 309 Abs. 2 Satz 1)

12 Gemäß Abs. 2 Satz 1 (Art. 124 Abs. 1 Unterabs. 2 Gesellschaftsrechtsrichtlinie) werden im allgemeinen Abschnitt mindestens die **Auswirkungen** der grenzüberschreitenden Verschmelzung **auf die künftige Geschäftstätigkeit** der Gesellschaft und ihrer etwaigen Tochtergesellschaften erläutert und begründet. Berichtsumfang und -tiefe sind dabei an der Relevanz der einzelnen Angaben für die Berichtsadressaten auszurichten. Dementsprechend braucht i. R. der Erläuterung nach § 309 Abs. 2 Satz 1 in der Regel nicht auf alle Unternehmensfunktionen i. E. eingegangen zu werden, sondern es genügt, die Auswirkungen der grenzüberschreitenden Verschmelzung auf die Kernbereiche der Geschäftstätigkeit von Gesell-

14) Eingehend Lutter-*Bayer/J. Schmidt*, UmwG, § 309 Rz. 12.

15) Lutter-*Bayer/J. Schmidt*, UmwG, § 309 Rz. 13; *Klaaßen-Kaiser* in: KölnKomm-UmwG, § 309 Rz. 14; *Klett* in: BeckOGK-UmwG, § 309 Rz. 10.

16) Zu § 8 Abs. 1 Satz 2 ebenso *Fromholzer* in: BeckOGK-UmwG, § 8 Rz. 25; Schmitt/Hörtnagl-*Winter*, UmwG/UmwStG, § 8 UmwG Rz. 9; dagegen weist Böttcher/Habighorst/Schulte-*Sitter*, UmwG, § 309 Rz. 8, auf mögliche Abstimmungsschwierigkeiten hin.

17) Vgl. *Klett* in: BeckOGK-UmwG, § 309 Rz. 10.

18) Begr. RegE UmRUG, BT-Drucks. 20/3822, S. 90; Lutter-*Bayer/J. Schmidt*, UmwG, § 309 Rz. 16.

schaft und Tochtergesellschaften darzustellen.[19] Dies umfasst z. B. Informationen dazu, ob und weshalb einzelne Geschäftsbereiche im Zuge der Verschmelzung übergehen oder neu organisiert werden.[20]

Über diese Mindestangaben hinaus enthält der allgemeine Abschnitt in der Regel **allgemeine Angaben zur grenzüberschreitenden Verschmelzung**, die aus Sicht sowohl der Anteilseigner als auch der Arbeitnehmer zur Beurteilung der grenzüberschreitenden Verschmelzung relevant sein können.[21] Dies sind insbesondere die nicht-anteilseignerspezifischen Angaben zur Verschmelzung i. S. des § 8 Abs. 1 Nr. 1 (siehe dazu § 8 Rz. 11 f. [*Redenius-Hövermann/Laufersweiler*]), also z. B. Angaben zu den beteiligten Rechtsträgern und deren wirtschaftlicher und rechtlicher Ausgangslage sowie zum technischen Ablauf der Verschmelzung. Es kann sich ggf. auch anbieten, die betriebswirtschaftlichen Beweggründe für die Verschmelzung darzulegen, soweit diese nicht bloß für die Anteilseigner, sondern auch für die Arbeitnehmer von Interesse sind. 13

3. Anteilsinhaberspezifischer Abschnitt (§ 309 Abs. 4)

Der anteilsinhaberspezifische Abschnitt muss alle Angaben enthalten, die aus Sicht eines verständigen Anteilsinhabers **zur Entscheidungsfindung über die grenzüberschreitende Verschmelzung erforderlich sind.** Dabei handelt es sich mindestens um die in Abs. 4 (Art. 124 Abs. 3 Gesellschaftsrechtsrichtlinie) genannten Angaben, also die Berichtsinhalte nach § 8 Abs. 1 sowie die Auswirkungen der grenzüberschreitenden Verschmelzung auf die Anteilsinhaber (Abs. 4 Nr. 1) und die möglichen Ansprüche der Anteilsinhaber auf Ausgleich durch bare Zuzahlung oder angemessene Barabfindung (Abs. 4 Nr. 2). Die jeweiligen Angaben sind so ausführlich zu erläutern und zu begründen, dass den Anteilsinhabern eine **Plausibilitätskontrolle** (z. B. der Unternehmensbewertung) ermöglicht wird.[22] 14

Zu den anteilsinhaberspezifischen Mindestinhalten gehören demnach zunächst die in **§ 8 Abs. 1** genannten Angaben (siehe ausführlich § 8 Rz. 9 ff. [*Redenius-Hövermann/Laufersweiler*]). Mit diesem umfassenden Verweis auf § 8 Abs. 1, der der Umsetzung von Art. 124 Abs. 3 lit. a und lit. b Gesellschaftsrechtsrichtlinie dient,[23] geht § 309 Abs. 4 über die Richtlinienanforderungen hinaus. Danach hätte es nämlich genügt, auf die in § 8 Abs. 1 Nr. 2 lit. a und lit. b genannten Berichtsinhalte zu verweisen, d. h. auf die Angabepflicht betreffend das **Umtauschverhältnis** der Anteile sowie die Höhe einer anzubietenden **Barabfindung**, jeweils einschließlich der zur Ermittlung gewählten **Bewertungsmethoden.** Aufgrund des umfassenden Verweises sind jedoch auch die übrigen von § 8 Abs. 1 verlangten Berichtsinhalte aufzunehmen, einschließlich der in § 8 Abs. 1 Satz 3 und 4 genannten Angaben.[24] Neben der Erläuterung und Begründung der gewählten **Bewertungsmethoden** ist daher z. B. auf besondere **Schwierigkeiten bei der Bewertung** der beteiligten Rechtsträger einzugehen (§ 8 Abs. 1 Satz 3), die bei grenzüberschreitenden Verschmelzungen auch darin liegen können, dass es an einem einheitlichen Bewertungsmaßstab fehlt (siehe § 307 Rz. 24 [*de Raet/Brunk*]).[25] 15

---

19) Ähnl. *Klett* in: BeckOGK-UmwG, § 309 Rz. 14; **abw.** Schmitt/Hörtnagl-*Hörtnagl*, UmwG/UmwStG, § 309 UmwG Rz. 13 – Angaben zu den „konkreten geschäftlichen Funktionen (etwa Produktion, Vertrieb, Administration, Forschung und Entwicklung), die die Standorte der inländ. beteiligten Gesellschaften künftig ausüben".

20) Vgl. *Klett* in: BeckOGK-UmwG, § 309 Rz. 14; *Sitter* in: NK-UmwG, § 309 Rz. 11.

21) Beispielangaben bei Lutter-*Bayer/J. Schmidt*, UmwG, § 309 Rz. 22 f.; zu Zurückhaltung mahnend *Schollmeyer*, AG 2019, 541, 545.

22) Vgl. *Klett* in: BeckOGK-UmwG, § 309 Rz. 17.

23) Begr. RegE UmRUG, BT-Drucks. 20/3822, S. 91.

24) Vgl. Lutter-*Bayer/J. Schmidt*, UmwG, § 309 Rz. 31 f.

25) Lutter-*Bayer/J. Schmidt*, UmwG, § 309 Rz. 29; *Klett* in: BeckOGK-UmwG, § 309 Rz. 17.

16 Darüber hinaus sind nach § 309 **Abs. 4 Nr. 1** (in Umsetzung von Art. 124 Abs. 3 lit. c Gesellschaftsrechtsrichtlinie[26]) die **Auswirkungen der grenzüberschreitenden Verschmelzung auf die Anteilsinhaber** zu erläutern und zu begründen. Derartige Auswirkungen können in unterschiedlicher Gestalt auftreten, insbesondere für die Gesellschafter der übertragenden Gesellschaft(en). Beispielsweise können sich das Einflussvermögen der Gesellschafter reduzieren, die Modalitäten bzgl. der Einberufung und Durchführung der Gesellschafterversammlung ändern, abweichende Mehrheitserfordernisse oder Gewinnbeteiligungsrechte bestehen oder die sonstigen Gesellschafterrechte (einschließlich Teilnahme-, Rede- und Informationsrechte) abweichend geregelt sein.[27] Auch die steuerlichen Folgen der Verschmelzung für die Anteilsinhaber sind ggf. darzustellen, wobei dies aufgrund der individuellen Ertragssteuersituation nur typisierend erfolgen kann.[28] Zur Darstellung kann sich eine (tabellarische) Gegenüberstellung der Gesellschafterstellung vor und nach Durchführung der grenzüberschreitenden Verschmelzung anbieten; unwesentliche Auswirkungen können dabei ggf. weggelassen werden.

17 Schließlich sind die in § 309 **Abs. 4 Nr. 2** näher bezeichneten **Rechte und Rechtsbehelfe der Anteilsinhaber** zu erläutern und zu begründen. Diese Angabepflicht dient der Umsetzung von Art. 124 Abs. 3 lit. d Gesellschaftsrechtsrichtlinie.[29] Die Berichtspflicht bezieht sich einerseits auf den Anspruch der Anteilsinhaber auf Verbesserung des Umtauschverhältnisses durch **bare Zuzahlungen** (§ 305 Abs. 2 i. V. m. § 15) bzw. durch Gewährung zusätzlicher Aktien (§ 72a) sowie andererseits auf das Recht zum Austritt gegen **Barabfindung** (§ 313) und ggf. gerichtliche Überprüfung des Barabfindungsangebots im Spruchverfahren (§ 313 Abs. 1 Satz 4 i. V. m. §§ 34, 32 UmwG i. V. m. § 1 Nr. 5 SpruchG). Da das Gesetz für den Verschmelzungsbericht ausdrücklich eine Erläuterung und Begründung verlangt, genügt der bloße Hinweis auf die entsprechenden Vorschriften nicht.[30]

18 Neben den gesetzlichen Mindestinhalten sind im anteilsinhaberspezifischen Abschnitt typischerweise Angaben zu den **gesellschaftsrechtlichen, bilanziellen, steuerlichen und finanzwirtschaftlichen Folgen** der Verschmelzung für die beteiligten Rechtsträger (ggf. einschließlich verbundener Unternehmen i. S. des § 15 AktG, vgl. § 305 Abs. 2 i. V. m. § 8 Abs. 1 Satz 4) enthalten (näher § 8 Rz. 18 [*Redenius-Hövermann/Laufersweiler*]).[31] Auch auf Besonderheiten bzw. Einzelrisiken bei den beteiligten Rechtsträgern, die sich auf die Verschmelzung oder die zukünftige Gesellschaft auswirken können, sollte ergänzend eingegangen werden (z. B. Rechtsstreitigkeiten, Auswirkungen der Verschmelzung auf wichtige Verträge, z. B. durch Change-of-Control-Klauseln, ausstehende öffentlich-rechtliche bzw. kartellrechtliche Erlaubnisse und Genehmigungen etc.).

4. Arbeitnehmerspezifischer Abschnitt (§ 309 Abs. 5)

19 Im arbeitnehmerspezifischen Abschnitt sind die **Auswirkungen der grenzüberschreitenden Verschmelzung auf die Arbeitnehmer** der jeweils berichtspflichtigen Gesellschaft (bzw. bei gemeinsamer Berichterstattung: aller beteiligten Gesellschaften) zu erläutern und zu begründen. Dadurch soll eine angemessene Informationsgrundlage für die Arbeitneh-

26) Begr. RegE UmRUG, BT-Drucks. 20/3822, S. 91.

27) Mit diesen Bsp. *Schollmeyer*, AG 2019, 541, 546; vgl. auch *de Raet* in: Kindler/Lieder, European Corporate Law, Art. 124 Rz. 27; Lutter-*Bayer/J. Schmidt*, UmwG, § 309 Rz. 34.

28) Vgl. zu § 8 Abs. 1 *Fromholzer* in: BeckOGK-UmwG, § 8 Rz. 48; die Angabepflicht aufgrund der individuellen Steuersituation der Anteilsinhaber bezweifelnd Lutter-*Drygala*, UmwG, § 8 Rz. 42.

29) Begr. RegE UmRUG, BT-Drucks. 20/3822, S. 91.

30) Lutter-*Bayer/J. Schmidt*, UmwG, § 309 Rz. 35.

31) Vgl. zu § 8 Abs. 1 *Fromholzer* in: BeckOGK-UmwG, § 8 Rz. 44 ff. – zu § 8 Abs. 1; Lutter-*Drygala*, UmwG, § 8 Rz. 15.

mer bzw. die Arbeitnehmervertretungen geschaffen werden, um ihnen die Erstellung und Entwicklung einer Stellungnahme gemäß § 310 Abs. 3 zu ermöglichen (siehe dazu § 310 Rz. 20 ff. [*de Raet/Brunk*]).[32] Zu diesem Zweck muss der arbeitnehmerspezifische Abschnitt mindestens die in § 309 Abs. 5 (Art. 124 Abs. 5 Gesellschaftsrechtsrichtlinie) genannten Angaben umfassen. Diese Mindestinhalte werden durch ErwG 13 Umwandlungsrichtlinie präzisiert.[33] Zur Orientierung sollen zudem die zu § 5 Abs. 1 Nr. 9 (siehe § 5 Rz. 95 ff. [*Redenius-Hövermann/Laufersweiler*]) entwickelten Grundsätze herangezogen werden können.[34]

Zu den Mindestinhalten gehören nach § 309 Abs. 5 Nr. 1 zunächst die **Auswirkungen der grenzüberschreitenden Verschmelzung auf die Arbeitsverhältnisse** sowie ggf. die Maßnahmen, um diese Arbeitsverhältnisse zu sichern. Insoweit geht es vor allem um die Frage, ob im Zusammenhang mit der grenzüberschreitenden Verschmelzung ein Stellenabbau verbunden ist, wie dieser Stellenabbau durchgeführt werden soll und welche **Maßnahmen zur Beschäftigungssicherung** getroffen wurden oder geplant sind.[35] 20

Nach § 309 Abs. 5 Nr. 2 ist ferner über **wesentliche Änderungen der anwendbaren Beschäftigungsbedingungen** oder der Standorte der Niederlassungen der Gesellschaft zu berichten. Dabei sind gemäß ErwG 13 Umwandlungsrichtlinie wesentliche Änderungen sowohl der gesetzlichen Beschäftigungsbedingungen als auch der kollektiv- bzw. tarifvertraglichen Regelungen und länderübergreifende Betriebsvereinbarungen zu berücksichtigen. Mögliche Änderungen können nach **ErwG 13 Umwandlungsrichtlinie** betreffen: das Verwaltungsorgan und ggf. das Personal, die Ausrüstung, die Räumlichkeiten und die Vermögenswerte vor und nach dem grenzüberschreitenden Vorhaben, die Arbeitsstrukturen, Löhne und Gehälter, den Standort bestimmter Arbeitsstellen und die erwarteten Folgen für Arbeitnehmer auf diesen Arbeitsstellen sowie den sozialen Dialog auf Gesellschaftsebene, ggf. einschließlich der Vertretung von Arbeitnehmern im Verwaltungs- oder Aufsichtsorgan.[36] 21

Gemäß § 309 Abs. 5 Nr. 3 sind die Auswirkungen der Verschmelzung auf die in § 309 Abs. 5 Nr. 1 und Nr. 2 genannten Faktoren nicht nur für die an der grenzüberschreitenden Verschmelzung beteiligte Gesellschaft als solche, sondern auch für ihre **Tochtergesellschaften** anzugeben. 22

5. Weglassen nachteiliger Angaben (§ 305 Abs. 2 i. V. m. § 8 Abs. 2)

Der in **§ 8 Abs. 2** verankerte **Geheimnisschutz** ist über § 305 Abs. 2 auch bei der grenzüberschreitenden Verschmelzung anwendbar.[37] Entsprechend brauchen in den Verschmelzungsbericht solche Tatsachen nicht aufgenommen zu werden, deren Bekanntwerden geeignet ist, einem der beteiligten Rechtsträger oder einem verbundenen Unternehmen einen nicht unerheblichen Nachteil zuzufügen. Es sind jedoch die Gründe für das Weglassen der nachteiligen Angaben darzulegen. Zu den Einzelheiten siehe § 8 Rz. 19 f. [*Redenius-Hövermann/Laufersweiler*]). 23

---

32) Vgl. Begr. RegE UmRUG, BT-Drucks. 20/3822, S. 91; Lutter-*Bayer/J. Schmidt*, UmwG, § 309 Rz. 16; *Klett* in: BeckOGK-UmwG, § 309 Rz. 21.

33) Begr. RegE UmRUG, BT-Drucks. 20/3822, S. 91.

34) *Klett* in: BeckOGK-UmwG, § 309 Rz. 21; Schmitt/Hörtnagl-*Hörtnagl*, UmwG/UmwStG, § 309 UmwG Rz. 10.

35) Lutter-*Bayer/J. Schmidt*, UmwG, § 309 Rz. 37 f.

36) Vgl. Lutter-*Bayer/J. Schmidt*, UmwG, § 309 Rz. 40 f.; *Klett* in: BeckOGK-UmwG, § 309 Rz. 23.

37) Vgl. Lutter-*Bayer/J. Schmidt*, UmwG, § 309 Rz. 43 f.; Schmitt/Hörtnagl-*Hörtnagl*, UmwG/UmwStG, § 309 UmwG Rz. 14; *Klett* in: BeckOGK-UmwG, § 309 Rz. 25.

IV. Entbehrlichkeit des Verschmelzungsberichts (§ 309 Abs. 6)

24 In den in § 309 Abs. 6 geregelten Fällen ist der **Verschmelzungsbericht ganz oder teilweise entbehrlich**. Dabei werden der anteilsinhaberspezifische Abschnitt (Abs. 6 Satz 1 und 2) und der arbeitnehmerspezifische Abschnitt (Abs. 6 Satz 3) gesondert betrachtet. Der Verschmelzungsbericht ist insgesamt (nur dann) nicht erforderlich, wenn beide Abschnitte entbehrlich sind (Abs. 6 Satz 4). Die Regelung schafft eine erhebliche Erleichterung insbesondere für konzerninterne Verschmelzungen sowie für Verschmelzungen arbeitnehmerloser Gesellschaften.

1. Entbehrlichkeit des Berichts für die Anteilsinhaber (§ 309 Abs. 6 Satz 1 und 2)

25 Bezüglich der Entbehrlichkeit des Berichts für die Anteilsinhaber verweist § 309 Abs. 6 Satz 1 zunächst auf die **Fälle des § 8 Abs. 3** (siehe i. E. § 8 Rz. 21 ff. [*Redenius-Hövermann/Laufersweiler*]). Der anteilsinhaberspezifische Bericht ist danach entbehrlich,

– wenn alle Anteilsinhaber der jeweiligen Gesellschaft durch **notarielle Erklärung** auf seine Erstattung **verzichten** (§ 8 Abs. 3 Satz 1),

– wenn sich alle Anteile der übertragenden Gesellschaft in der Hand der übernehmenden Gesellschaft befinden, d. h. ein **Upstream-Merger** einer 100%igen Tochtergesellschaft vorliegt (§ 8 Abs. 1 Satz 3 Nr. 1 lit. a),

– im Falle eines **Sidestep-Mergers**, bei dem sich alle Anteile der übertragenden und der übernehmenden Gesellschaft unmittelbar in der Hand desselben Rechtsträgers befinden (§ 8 Abs. 1 Satz 3 Nr. 1 lit. b) oder

– in sonstigen Fällen, in denen die betreffende Gesellschaft **nur einen Anteilsinhaber** hat (§ 8 Abs. 1 Satz 3 Nr. 2).[38)]

26 Nach § 309 Abs. 6 Satz 2 ist der Bericht für die Anteilsinhaber außerdem in den Fällen des **§ 307 Abs. 3 Nr. 2 lit. b und lit. c** entbehrlich. Dies betrifft **Sidestep-Mergers bei mittelbarer Anteilsinhaberschaft**, d. h. Fälle, in denen sich alle Anteile der übertragenden und der übernehmenden Gesellschaft mittelbar in der Hand desselben Rechtsträgers befinden und den (unmittelbaren) Anteilsinhabern der übertragenden Gesellschaft keine Anteile gewährt werden und (siehe näher § 307 Rz. 62 [*de Raet/Brunk*]).[39)]

2. Entbehrlichkeit des Berichts für die Arbeitnehmer (§ 309 Abs. 6 Satz 3)

27 Der Bericht für die Arbeitnehmer ist gemäß § 309 Abs. 6 Satz 3 entbehrlich, wenn die an der Verschmelzung beteiligte **Gesellschaft und ihre Tochtergesellschaften keine** anderen **Arbeitnehmer** haben als diejenigen, die dem Vertretungsorgan angehören.[40)] Ein Verzicht auf die Erstellung des arbeitnehmerspezifischen Berichts durch die Arbeitnehmer bzw. ihre Vertretungen ist dagegen nicht möglich.[41)]

---

38) Vgl. i. E. Lutter-*Bayer/J. Schmidt*, UmwG, § 309 Rz. 45 ff.; *Klaaßen-Kaiser* in: KölnKomm-UmwG, § 309 Rz. 15 ff.

39) Lutter-*Bayer/J. Schmidt*, UmwG, § 309 Rz. 53 f.; *Klaaßen-Kaiser* in: KölnKomm-UmwG, § 309 Rz. 15b.

40) Näher Lutter-*Bayer/J. Schmidt*, UmwG, § 309 Rz. 55 f.; *Klaaßen-Kaiser* in: KölnKomm-UmwG, § 309 Rz. 16; vgl. auch OLG Düsseldorf, Beschl. v. 2.2.2023 – 3 Wx 22/22, Rz. 9, NZG 2023, 757 = NJW-RR 2023, 1082.

41) Vgl. Lutter-*Bayer/J. Schmidt*, UmwG, § 309 Rz. 57; *Klaaßen-Kaiser* in: KölnKomm-UmwG, § 309 Rz. 17 ff. – „rechtspolitisch bedauerlich"; *Schollmeyer*, AG 2019, 541, 547; *Stelmaszczyk*, DNotZ 2023, 752, 769.

3. Entbehrlichkeit des Verschmelzungsberichts insgesamt (§ 309 Abs. 6 Satz 4)

Gemäß § 309 Abs. 6 Satz 4 ist der Verschmelzungsbericht insgesamt nicht erforderlich, wenn sowohl der anteilsinhaberspezifische als auch der arbeitnehmerspezifische Bericht nach den vorstehenden Erwägungen (siehe Rz. 25 ff.) entbehrlich sind, also bei **kumulativer Anwendung von Absatz 6 Satz 1 oder 2 und des Satzes 3.**[42] Ist hingegen nur einer der beiden adressatenspezifischen Berichte entbehrlich, bleibt der Bericht für den jeweils anderen Adressatenkreis weiterhin erforderlich.[43] 28

42) Lutter-*Bayer/J. Schmidt*, UmwG, § 309 Rz. 58 f.; *Klaaßen-Kaiser* in: KölnKomm-UmwG, § 309 Rz. 18; *Stelmaszczyk*, DNotZ 2023, 752, 770.

43) Begr. RegE UmRUG, BT-Drucks. 20/3822, S. 91.

§ 310
Zugänglichmachung des Verschmelzungsberichts*)

(1) [1]Der einheitliche Bericht ist den Anteilsinhabern und den zuständigen Betriebsräten der an der grenzüberschreitenden Verschmelzung beteiligten Gesellschaften oder, sofern es in der jeweiligen Gesellschaft keinen Betriebsrat gibt, den Arbeitnehmern spätestens sechs Wochen vor der Versammlung der Anteilsinhaber, die nach § 13 über die Zustimmung zum Verschmelzungsplan beschließen soll, elektronisch zugänglich zu machen. [2]Erstellt die Gesellschaft gesonderte Berichte, ist innerhalb der genannten Frist den Anteilsinhabern der Bericht für die Anteilsinhaber und dem Betriebsrat oder, sofern es in der jeweiligen Gesellschaft keinen Betriebsrat gibt, den Arbeitnehmern der Bericht für die Arbeitnehmer zugänglich zu machen. [3]Falls zu dem in Satz 1 bestimmten Zeitpunkt der Verschmelzungsplan oder sein Entwurf bereits vorliegt, ist dieser gemeinsam mit dem Verschmelzungsbericht zugänglich zu machen.

(2) [1]Ist ein Verschmelzungsbeschluss der übernehmenden Gesellschaft gemäß § 62 Absatz 1 nicht erforderlich, so muss der Bericht spätestens sechs Wochen vor dem Tag der Versammlung der Anteilsinhaber der übertragenden Gesellschaft zugänglich gemacht werden. [2]Ist in den Fällen des § 308 Absatz 2 und 4 der gesonderte Bericht für die Arbeitnehmer erforderlich, so ist dieser zu den in § 308 Absatz 2 und 4 bestimmten Zeitpunkten elektronisch zugänglich zu machen.

(3) Erhält das Vertretungsorgan der an der grenzüberschreitenden Verschmelzung beteiligten Gesellschaft spätestens eine Woche vor der Versammlung der Anteilsinhaber, die nach § 13 über die Zustimmung zum Verschmelzungsplan beschließen soll, in Textform eine Stellungnahme des zuständigen Betriebsrats oder, sofern es in der Gesellschaft keinen Betriebsrat gibt, der Arbeitnehmer, so unterrichtet die Gesellschaft ihre Anteilsinhaber hiervon unverzüglich nach Fristablauf durch elektronische Zugänglichmachung des einheitlichen Berichts oder des Berichts für die Arbeitnehmer jeweils unter Beifügung einer Kopie der Stellungnahme.

*) § 310 n. F. (§ 122e a. F.) Paragraphenzählung geändert und Text neugefasst durch Art. 1 des Gesetzes zur Umsetzung der Umwandlungsrichtlinie und zur Änderung weiterer Gesetze (UmRUG), v. 22.2.2023, BGBl. I 2023, Nr. 51; § 122e a. F. (§ 310 n. F.) eingefügt durch Art. 1 des Zweiten Gesetzes zur Änderung des Umwandlungsgesetzes (2. UmwGÄndG), v. 19.4.2007, BGBl. I 2007, 542.

Literatur: Siehe auch die Angaben bei § 305. *Bungert/Strothotte*, Grenzüberschreitende Umwandlungsmaßnahmen: Praxiserfahrungen mit dem neuen Recht, DB 2024, 2814; *Stelmaszczyk*, Grenzüberschreitende Umwandlungen nach dem UmRUG, DNotZ 2023, 752.

Übersicht

I. Allgemeines

1. Überblick und Normzweck

1 § 310 regelt die Zugänglichmachung des Verschmelzungsberichts und ggf. des Verschmelzungsplans gegenüber den Anteilsinhabern und den Arbeitnehmern bzw. Arbeitnehmervertretungen. Durch die Vorschrift soll eine **möglichst frühzeitige Information** der maßgeblichen Interessengruppen über die Modalitäten der Verschmelzung sichergestellt werden, um ihnen eine informierte Entscheidung bzw. Stellungnahme zu ermöglichen.[1] **§ 310 Abs. 1** betrifft den Regelfall der Zugänglichmachung bei erforderlichem Verschmelzungsbeschluss (siehe Rz. 6 ff.) und **§ 310 Abs. 2** den Sonderfall, dass ein Verschmelzungsbeschluss der übertragenden und/oder übernehmenden Gesellschaft nicht erforderlich ist (siehe Rz. 16 ff.). **§ 310 Abs. 3** schafft dem Betriebsrat bzw. den Arbeitnehmern die Möglichkeit einer Stellungnahme zum Verschmelzungsbericht und regelt deren Zugänglichmachung an die Anteilseigner (siehe Rz. 20 ff.).

2. Normgenese und unionsrechtlicher Hintergrund

2 Die Zugänglichmachung des Verschmelzungsberichts war zunächst in **§ 122e Satz 2 a. F.** geregelt. Nach der Neukonzeption des Art. 124 Gesellschaftsrechtsrichtlinie[2] durch die Umwandlungsrichtlinie[3] wurde die Regelung durch das UmRUG[4] zum 1.3.2023 in § 310 überführt und neu gefasst.[5]

3 § 309 dient der Umsetzung von **Art. 124 Abs. 6 und 7 Gesellschaftsrechtsrichtlinie.**[6]

3. Systematik

4 § 310 betrifft die an der grenzüberschreitenden Verschmelzung beteiligten deutschen Gesellschaften.[7] Die Vorschrift ergänzt die **rechtsformspezifischen Übermittlungs- und Auslegungspflichten** der §§ 47, 63 für Kapitalgesellschaften bzw. § 42 i. V. m. § 39b für Personenhandelsgesellschaften, die bei der grenzüberschreitenden Verschmelzung über

---

1) Vgl. Lutter-*Bayer/J. Schmidt*, UmwG, § 310 Rz. 5 f.; Schmidt/Hörtnagl-*Hörtnagl*, UmwG/UmwStG, § 310 UmwG Rz. 2; *Klett* in: BeckOGK-UmwG, § 310 Rz. 2.

2) Richtlinie (EU) 2017/1132 des Europäischen Parlaments und des Rates v. 14.6.2017 über bestimmte Aspekte des Gesellschaftsrechts (Gesellschaftsrechtsrichtlinie), ABl. (EU) L 169/46 v. 30.6.2017.

3) Richtlinie (EU) 2019/2121 des Europäischen Parlaments und des Rates v. 27.11.2019 zur Änderung der Richtlinie (EU) 2017/1132 in Bezug auf grenzüberschreitende Umwandlungen, Verschmelzungen und Spaltungen (Umwandlungsrichtlinie), ABl. (EU) L 321/1 v. 12.12.2019.

4) Gesetz zur Umsetzung der Umwandlungsrichtlinie und zur Änderung weiterer Gesetze (UmRUG), v. 22.2.2023, BGBl. I 2023, Nr. 51.

5) Begr. RegE UmRUG, BT-Drucks. 20/3822, S. 91; vgl. auch Lutter-*Bayer/J. Schmidt*, UmwG, § 310 Rz. 2 ff.

6) Begr. RegE UmRUG, BT-Drucks. 20/3822, S. 91; näher Lutter-*Bayer/J. Schmidt*, UmwG, § 310 Rz. 4.

7) Vgl. Lutter-*Bayer/J. Schmidt*, UmwG, § 310 Rz. 8; *Bungert/Strothotte*, DB 2024, 2814, 2815.

die Verweisnorm des § 305 Abs. 2 ebenfalls zu beachten sind (siehe näher Rz. 12 f.).[8)] Die Regelungen zum **Inhalt des Verschmelzungsberichts** sind in § 309 enthalten.

Parallelvorschriften sind § 324 Abs. 1 Satz 2 für die grenzüberschreitende Spaltung und § 337 Abs. 1 für den grenzüberschreitenden Formwechsel, die jeweils ganz oder teilweise auf § 310 verweisen. 5

II. Zugänglichmachung des Verschmelzungsberichts (§ 310 Abs. 1 und 2)

1. Gegenstand

Gegenstand der Zugänglichmachung ist zunächst der Verschmelzungsbericht, und zwar unabhängig davon, ob es sich dabei um einen **einheitlichen Bericht** (§ 310 Abs. 1 Satz 1) oder um **gesonderte Berichte** (§ 310 Abs. 1 Satz 2) handelt (zu dieser Differenzierung siehe § 309 Rz. 10 f. [*de Raet/Brunk*]). Dabei ist nicht das schriftliche Original des Berichts zugänglich zu machen, sondern gemäß § 310 Abs. 1 Satz 1 eine elektronische Fassung (siehe unten Rz. 10 ff.). 6

Gemeinsam mit dem Verschmelzungsbericht ist gemäß § 310 Abs. 1 Satz 3 der **Verschmelzungsplan oder sein Entwurf** zugänglich zu machen, sofern dieser bei Zugänglichmachung des Verschmelzungsberichts bereits vorliegt. Davon ist regelmäßig auszugehen, weil sich der Verschmelzungsbericht, insbesondere der anteilsinhaberspezifische Abschnitt (vgl. § 309 Abs. 4 i. V. m. § 8 Abs. 1 Satz 1 Nr. 2, siehe dazu § 309 Rz. 14 ff. [*de Raet/Brunk*]), mit dem Verschmelzungsplan und den darin enthaltenen Kennzahlen auseinanderzusetzen hat. Auf diese Weise wird die Zuleitung des Verschmelzungsplans an den Betriebsrat bzw. die Arbeitnehmer praktisch zur Regel, obwohl sich die darin enthaltenen Informationen grundsätzlich nur an die Anteilseigner richten (siehe bereits § 307 Rz. 68 [*de Raet/Brunk*]). § 310 Abs. 1 Satz 3 gilt unabhängig davon, ob der Verschmelzungsbericht als einheitlicher Bericht nach § 310 Abs. 1 Satz 1 oder in Form gesonderter Berichte nach § 310 Abs. 1 Satz 2 erstellt und zugänglich gemacht wird.[9)] Nach einer in der Literatur vertretenen Ansicht soll in bestimmten Fällen eine Nachholung der Zugänglichmachung des Verschmelzungsplans nach § 310 Abs. 1 Satz 3 erforderlich sein, z. B. wenn die Fertigstellung des Verschmelzungsplans verzögert wird, um die Zugänglichmachung nach Absatz 1 Satz 3 zu umgehen.[10)] 7

2. Adressaten

Der einheitliche Bericht ist sowohl den **Anteilsinhabern** als auch dem zuständigen **Betriebsrat bzw. den Arbeitnehmern** der jeweiligen Gesellschaft zugänglich zu machen (§ 310 Abs. 1 Satz 1). Im Falle gesonderter Berichte erfolgt die Zugänglichmachung der adressatenspezifischen Berichte gegenüber der jeweils betroffenen Adressatengruppe (§ 310 Abs. 1 Satz 2). Ein Zugänglichmachen gegenüber den Stakeholdern der anderen an der grenzüberschreitenden Verschmelzung beteiligten Gesellschaften ist jeweils nicht erforderlich.[11)] 8

Zuständiger Betriebsrat ist in der Regel der Gesamtbetriebsrat.[12)] Je nach konkreter Betroffenheit können auch Konzernbetriebsratsgremien sowie Europäische beziehungsweise 9

---

8) Vgl. Begr. RegE UmRUG, BT-Drucks. 20/3822, S. 92; Lutter-*Bayer/J. Schmidt*, UmwG, § 310 Rz. 22 ff.

9) Vgl. Lutter-*Bayer/J. Schmidt*, UmwG, § 310 Rz. 20.

10) Schmidt/Hörtnagl-*Hörtnagl*, UmwG/UmwStG, § 310 UmwG Rz. 3.

11) Lutter-*Bayer/J. Schmidt*, UmwG, § 310 Rz. 9 ff.; Schmidt/Hörtnagl-*Hörtnagl*, UmwG/UmwStG, § 310 UmwG Rz. 3; *Bungert/Strothotte*, DB 2024, 2814, 2815; **a. A.** *Klett* in: BeckOGK-UmwG, § 310 Rz. 10.

12) *Klett* in: BeckOGK-UmwG, § 310 Rz. 10; Schmidt/Hörtnagl-*Hörtnagl*, UmwG/UmwStG, § 310 UmwG Rz. 4.

SE-Betriebsräte zuständig sein.[13] Bei unklarer Zuständigkeit sollte der Verschmelzungsbericht im Zweifel allen in Betracht kommenden Betriebsräten zugänglich gemacht werden.[14] Soweit kein Betriebsrat besteht oder ein bestehender Betriebsrat nicht für sämtliche Arbeitnehmer der Gesellschaft zuständig ist, hat die Zugänglichmachung des Verschmelzungsberichts unmittelbar an die Arbeitnehmer zu erfolgen.[15]

3. Art der Zugänglichmachung

10 Gemäß § 310 Abs. 1 Satz 1 a. E. ist der Verschmelzungsbericht **elektronisch zugänglich zu machen.** Dabei soll den Unternehmen bei der technischen Umsetzung ein Spielraum gewährt werden.[16] Der elektronischen Zugänglichmachung wird genügt, sofern der Verschmelzungsbericht elektronisch übermittelt oder zur Kenntnisnahme bereitgestellt wird und mit einer Kenntnisnahme durch die Adressaten gerechnet werden kann, also z. B. bei der Zugänglichmachung über **unternehmensübliche Kommunikationsmittel** (z. B. per E-Mail, über das Intranet oder sonstige Kommunikationsplattformen).[17] Möglich ist es auch, den Verschmelzungsbericht auf der **Internetseite** der Gesellschaft einzustellen, vorausgesetzt, die Adressaten werden auf die Möglichkeit der Kenntnisnahme gesondert hingewiesen.[18]

11 Für die elektronische Zugänglichmachung braucht der Verschmelzungsbericht **nicht in elektronischer Form i. S. des § 126a Abs. 1 BGB** mitsamt qualifizierter elektronischer Signatur erstellt zu werden (siehe bereits § 309 Rz. 7 [*de Raet/Brunk*]). Vielmehr genügt eine einfache elektronische Kopie, z. B. ein Scan, PDF oder vergleichbares elektronisches Format.[19]

12 Ergänzend zu § 310 sind über die Verweisnorm des § 305 Abs. 2 die **rechtsformspezifischen Übermittlungs- bzw. Auslagepflichten** zu beachten.[20] Bei **AG, KGaA und SE** ist der Verschmelzungsbericht gemäß § 63 Abs. 1 Nr. 4 von der Einberufung an bzw. spätestens einen Monat vor dem Tag der Hauptversammlung in dem Geschäftsraum der Gesellschaft zur Einsicht der Aktionäre auszulegen bzw. gemäß § 63 Abs. 4 über die Internetseite der Gesellschaft zugänglich zu machen.[21] Aktionäre können gemäß § 63 Abs. 3 zudem verlangen, dass ihnen unverzüglich und kostenlos eine Abschrift des Verschmelzungsberichts erteilt wird.[22]

13 Für die **GmbH** gilt nach § 47, dass der Verschmelzungsbericht den Gesellschaftern spätestens zusammen mit der Einberufung der Gesellschafterversammlung, die über die Zustimmung zum Verschmelzungsplan beschließen soll, zu übersenden ist.[23] Gleiches gilt

13) Begr. RegE UmRUG, BT-Drucks. 20/3822, S. 92; näher Schmidt/Hörtnagl-*Hörtnagl*, UmwG/UmwStG, § 310 UmwG Rz. 4; *Stelmaszczyk*, DNotZ 2023, 752, 768.

14) Schmidt/Hörtnagl-*Hörtnagl*, UmwG/UmwStG, § 310 UmwG Rz. 4.

15) Schmidt/Hörtnagl-*Hörtnagl*, UmwG/UmwStG, § 310 UmwG Rz. 4; *Klett* in: BeckOGK-UmwG, § 310 Rz. 10.

16) Begr. RegE UmRUG, BT-Drucks. 20/3822, S. 92; *Stelmaszczyk*, DNotZ 2023, 752, 768.

17) Begr. RegE UmRUG, BT-Drucks. 20/3822, S. 92; Lutter-*Bayer/J. Schmidt*, UmwG, § 310 Rz. 17 f.; *Klaßen-Kaiser* in: KölnKomm-UmwG, § 310 Rz. 5; *Stelmaszczyk*, DNotZ 2023, 752, 768.

18) Begr. RegE UmRUG, BT-Drucks. 20/3822, S. 92; Lutter-*Bayer/J. Schmidt*, UmwG, § 310 Rz. 18; *Stelmaszczyk*, DNotZ 2023, 752, 768.

19) *Klett* in: BeckOGK-UmwG, § 310 Rz. 12.

20) Begr. RegE UmRUG, BT-Drucks. 20/3822, S. 92; Lutter-*Bayer/J. Schmidt*, UmwG, § 310 Rz. 22 ff.; *Klaßen-Kaiser* in: KölnKomm-UmwG, § 310 Rz. 8.

21) Lutter-*Bayer/J. Schmidt*, UmwG, § 310 Rz. 23; *Klett* in: BeckOGK-UmwG, § 310 Rz. 14.

22) *Klett* in: BeckOGK-UmwG, § 310 Rz. 13.

23) Lutter-*Bayer/J. Schmidt*, UmwG, § 310 Rz. 24; *Klett* in: BeckOGK-UmwG, § 310 Rz. 14.

gemäß § 42 i. V. m. § 39b bei der Verschmelzung unter der Beteiligung einer **Personenhandelsgesellschaft** (§ 306 Abs. 1 Nr. 2, dazu § 306 Rz. 17 [*de Raet/Brunk*]).[24)]

4. Frist

a) Regelfall (Abs. 1 Satz 1)

14 Wenn die Anteilsinhaber über die Zustimmung zum Verschmelzungsplan beschließen sollen (§ 305 Abs. 2 i. V. m. § 13), ist der Verschmelzungsbericht den Berichtsadressaten gemäß § 310 Abs. 1 Satz 1 **spätestens sechs Wochen vor der den Zustimmungsbeschluss fassenden Gesellschafterversammlung** zugänglich zu machen. Damit gilt eine längere Frist als für die Bekanntmachung des Verschmelzungsplans nach § 308 Abs. 1 Satz 4 (Monatsfrist, siehe § 308 Rz. 26 [*de Raet/Brunk*]), was es bei der Zeitplanung zu berücksichtigen gilt.

15 Für die **Fristberechnung** gelten die **§§ 187 ff. BGB.**[25)] Der Tag, an dem die Gesellschafterversammlung stattfindet, ist nicht mitzuzählen. Entsprechend müssen zwischen dem Tag der Zugänglichmachung und dem Tag der Gesellschafterversammlung volle sechs Wochen liegen.[26)]

b) Sonderfälle (Abs. 2)

16 In § 310 Abs. 2 sind **Sonderfälle** geregelt, in denen bei der übertragenden und/oder der übernehmenden Gesellschaft ein **Verschmelzungsbeschluss i. S. des § 13 nicht erforderlich** ist. Dem Anwendungsbereich der §§ 305 ff. entsprechend bezieht sich die Regelung nur auf die an der grenzüberschreitenden Verschmelzung beteiligte deutsche Gesellschaft, d. h. es kommt allein darauf an, ob bei dieser Gesellschaft ein Verschmelzungsbeschluss zu fassen ist.

17 Sonderfälle für die Zugänglichmachung des Verschmelzungsberichts der deutschen **übernehmenden Gesellschaft** sind in § 310 Abs. 2 Satz 1 sowie in § 310 Abs. 2 Satz 2 i. V. m. § 308 Abs. 4 geregelt. **§ 310 Abs. 2 Satz 1** betrifft den Fall, dass bei der übernehmenden Gesellschaft gemäß § 62 Abs. 1 ein Verschmelzungsbeschluss nicht erforderlich ist. Dies ist grundsätzlich der Fall, wenn sich mindestens 90 % der Anteile an der übertragenden Gesellschaft in der Hand der übernehmenden Gesellschaft (in der Rechtsform einer AG, KGaA oder SE) befinden. In diesem Fall muss der Bericht der übernehmenden Gesellschaft spätestens sechs Wochen vor dem Tag der Gesellschafterversammlung der übertragenden Gesellschaft zugänglich gemacht werden.

18 Ist auch bei der übertragenden Gesellschaft ein Verschmelzungsbeschluss nicht erforderlich, so hat die übernehmende Gesellschaft gemäß § 310 Abs. 2 Satz 2 i. V. m. **§ 308 Abs. 4** den Bericht spätestens einen Monat vor dem Tag, an dem der Verschmelzungsplan beurkundet wird, zugänglich zu machen. Dabei bezieht sich § 310 Abs. 2 Satz 2 allein auf den **gesonderten Bericht für die Arbeitnehmer**, weil in den Fällen des § 308 Abs. 4 der gesonderte Bericht für die Anteilsinhaber gemäß § 309 Abs. 6 in der Regel nicht erforderlich ist (siehe § 309 Rz. 25 f. [*de Raet/Brunk*]).[27)]

19 § 310 Abs. 2 Satz 2 i. V. m. **§ 308 Abs. 2** bezieht sich auf eine deutsche **übertragende Gesellschaft.** Ist bei dieser Gesellschaft ein Verschmelzungsbeschluss nicht erforderlich, so hat sie den gesonderten Bericht für die Arbeitnehmer wiederum einen Monat vor dem Tag,

24) Lutter-*Bayer/J. Schmidt*, UmwG, § 310 Rz. 25.

25) *Klaßen-Kaiser* in: KölnKomm-UmwG, § 310 Rz. 2; Schmidt/Hörtnagl-*Hörtnagl*, UmwG/UmwStG, § 310 UmwG Rz. 6; *Klett* in: BeckOGK-UmwG, § 310 Rz. 17.

26) Mit Berechnungs-Bsp. Schmidt/Hörtnagl-*Hörtnagl*, UmwG/UmwStG, § 310 UmwG Rz. 6.

27) Vgl. *Klaßen-Kaiser* in: KölnKomm-UmwG, § 310 Rz. 11a.

an dem der Verschmelzungsplan beurkundet wird, zugänglich zu machen. Der gesonderte Bericht für die Anteilsinhaber ist gemäß § 309 Abs. 6 in der Regel nicht erforderlich.

III. Stellungnahmen der Arbeitnehmerseite (§ 310 Abs. 3)

20 Gemäß § 310 Abs. 3 (in Umsetzung von Art. 124 Abs. 7 Gesellschaftsrechtsrichtlinie[28]) erhalten der **zuständige Betriebsrat** (siehe dazu Rz. 9) bzw. hilfsweise die einzelnen[29] Arbeitnehmer die Möglichkeit, der Gesellschaft eine Stellungnahme zu übermitteln. Gegenstand der Stellungnahme sind der allgemeine und der arbeitnehmerspezifische Abschnitt im einheitlichen Bericht bzw. der gesonderte Bericht für die Arbeitnehmer.[30] Die Stellungnahme hat in **Textform (§ 126b BGB)** zu erfolgen. Sie ist **spätestens eine Woche vor der Gesellschafterversammlung**, die nach § 13 über die Zustimmung zum Verschmelzungsplan beschließen soll, gegenüber dem Vertretungsorgan der Gesellschaft abzugeben.

21 Die Stellungnahmen sollen den Anteilsinhabern vor ihrer Zustimmungsentscheidung die beschäftigungsspezifischen Auswirkungen der Verschmelzung aus der Perspektive der Arbeitnehmer vor Augen führen.[31] Dementsprechend haben die Vertretungsorgane der Gesellschaft rechtzeitig eingegangene Stellungnahmen **unverzüglich nach Fristablauf** zusammen mit dem (einheitlichen oder arbeitnehmerspezifischen) Bericht elektronisch an die Anteilsinhaber zu übermitteln. Für die **elektronische Übermittlung** dürfte sich in der Regel dieselbe Art der technischen Umsetzung wie bei der erstmaligen Zugänglichmachung des Verschmelzungsberichts gemäß § 310 Abs. 1 anbieten.[32]

22 Bei der **Anmeldung der Verschmelzung** zum Handelsregister sind gemäß **§ 315 Abs. 2 Nr. 2** dem Verschmelzungsbericht die rechtzeitig eingegangenen Stellungnahmen beizufügen (siehe § 315 Rz. 20 [*de Raet/Brunk*]). Darüber hinaus haben die Mitglieder des Vertretungsorgans gemäß **§ 315 Abs. 3 Nr. 2** die Einhaltung der Beteiligungsrechte der Arbeitnehmer nach § 310 Abs. 3 zu versichern (siehe § 315 Rz. 29 [*de Raet/Brunk*]).

---

28) Begr. RegE UmRUG, BT-Drucks. 20/3822, S. 92.

29) Lutter-*Bayer/J. Schmidt*, UmwG, § 310 Rz. 27; Schmidt/Hörtnagl-*Hörtnagl*, UmwG/UmwStG, § 310 UmwG Rz. 9; a. A. *Klett* in: BeckOGK-UmwG, § 310 Rz. 21 – Arbeitnehmer müssen mit einer Stimme sprechen.

30) Vgl. Lutter-*Bayer/J. Schmidt*, UmwG, § 310 Rz. 28.

31) Begr. RegE UmRUG, BT-Drucks. 20/3822, S. 92.

32) Begr. RegE UmRUG, BT-Drucks. 20/3822, S. 93.

§ 311
Verschmelzungsprüfung*)

(1) [1]Der Verschmelzungsplan oder sein Entwurf ist nach den §§ 9 bis 12 zu prüfen; die §§ 44 und 48 sind nicht anzuwenden. [2]Der Prüfungsbericht muss den Anteilsinhabern spätestens einen Monat vor dem Tag der Versammlung der Anteilsinhaber, die nach § 13 über die Zustimmung zum Verschmelzungsplan beschließen soll, zugänglich gemacht werden.

(2) [1]§ 9 Absatz 2 und § 12 Absatz 3, jeweils in Verbindung mit § 8 Absatz 3, gelten mit der Maßgabe, dass ein Verzicht aller Anteilsinhaber aller beteiligten Rechtsträger erforderlich ist. [2]Verschmelzungsprüfung und Prüfungsbericht sind ferner nicht erforderlich in den Fällen des § 307 Absatz 3 Nummer 2 Buchstabe b und c.

*) § 311 n. F. geändert durch Art. 34 Abs. 16 des Gesetzes zur Förderung geordneter Kreditzweitmärkte und zur Umsetzung der Richtlinie (EU) 2021/2167 über Kreditdienstleister und Kreditkäufer sowie zur Änderung weiterer finanzrechtlicher Bestimmungen (Kreditzweitmarktförderungsgesetz), v. 22.12.2023, BGBl. I 2023, Nr. 411; § 311 n. F. (§ 122f a. F.) Paragraphenzählung geändert und Text geändert durch Art. 1 des Gesetzes zur Umsetzung der Umwandlungsrichtlinie und zur Änderung weiterer Gesetze (UmRUG), v. 22.2.2023, BGBl. I 2023, Nr. 51; § 122f a. F. (§ 311 n. F.) eingefügt durch Art. 1 des Zweiten Gesetzes zur Änderung des Umwandlungsgesetzes (2. UmwGÄndG), v. 19.4.2007, BGBl. I 2007, 542.

Literatur: Siehe auch die Angaben bei § 305. *Heckschen/Knaier*, Größte Reform des Umwandlungsrechts – nicht nur Richtlinienumsetzung!, (Teil I) GmbHR 2022, 501.

Übersicht

I. Allgemeines

1. Überblick und Normzweck

§ 311 enthält Regelungen zur **Verschmelzungsprüfung** bei der grenzüberschreitenden Verschmelzung. Gemäß § 311 Abs. 1 Satz 1 ist der Verschmelzungsplan bzw. sein Entwurf durch einen unabhängigen Sachverständigen entsprechend der für nationale Verschmelzungen geltenden §§ 9 bis 12 zu prüfen (siehe dazu Rz. 9 ff.). § 311 Abs. 1 Satz 2 legt die Frist fest, innerhalb derer der Prüfungsbericht den Anteilsinhabern zugänglich gemacht werden muss (siehe dazu Rz. 25 f.). Nach § 311 Abs. 2 sind die Verschmelzungsprüfung bzw. der Prüfungsbericht in bestimmten Fällen entbehrlich (siehe Rz. 27 ff.). 1

Die Prüfung dient dem **Schutz der Anteilsinhaber**. Sie sollen sich auf Grundlage des Prüfungsberichts ein umfassendes Bild davon machen können, ob die Verschmelzung wirtschaftlich zweckmäßig ist und den gesetzlichen Anforderungen entspricht.[1] 2

2. Normgenese und unionsrechtlicher Hintergrund

Die Regelung zur Verschmelzungsprüfung bei der grenzüberschreitenden Verschmelzung war zunächst in **§ 122f a. F.** enthalten. Durch das UmRUG[2] wurde die Vorschrift in § 311 überführt und an die Vorgaben des durch die Umwandlungsrichtlinie[3] geänderten **Art. 125 Gesellschaftsrechtsrichtlinie**[4] angepasst. Dabei hat sich der Gesetzgeber entschieden, die 3

1) Lutter-*Bayer/J. Schmidt*, UmwG, § 311 Rz. 6; *Klaaßen-Kaiser* in: KölnKomm-UmwG, § 311 Rz. 3.

2) Gesetz zur Umsetzung der Umwandlungsrichtlinie und zur Änderung weiterer Gesetze (UmRUG), v. 22.2.2023, BGBl. I 2023, Nr. 51.

3) Richtlinie (EU) 2019/2121 des Europäischen Parlaments und des Rates v. 27.11.2019 zur Änderung der Richtlinie (EU) 2017/1132 in Bezug auf grenzüberschreitende Umwandlungen, Verschmelzungen und Spaltungen (Umwandlungsrichtlinie), ABl. (EU) L 321/1 v. 12.12.2019.

4) Richtlinie (EU) 2017/1132 des Europäischen Parlaments und des Rates v. 14.6.2017 über bestimmte Aspekte des Gesellschaftsrechts (Gesellschaftsrechtsrichtlinie), ABl. (EU) L 169/46 v. 30.6.2017.

Richtlinienvorgaben zum Teil überschießend in den auch für nationale Verschmelzungen geltenden allgemeinen Vorschriften der §§ 8 ff. umzusetzen.[5] Dies betrifft z. B. die weitergehenden inhaltlichen Vorgaben für den Prüfungsbericht aus Art. 125 Abs. 3 Gesellschaftsrechtsrichtlinie, die durch Änderung des § 12 Abs. 2 Nr. 3 umgesetzt wurden (siehe näher § 12 Rz. 5 [*Redenius-Hövermann/Laufersweiler*]). Aufgrund dieser **überschießenden Umsetzung** konnte für die Verschmelzungsprüfung in § 311 Abs. 1 Satz 1 Halbs. 1 unverändert an dem allgemeinen Verweis auf §§ 9 bis 12 festgehalten werden.

4 Die Richtlinienvorgaben zur Unabhängigkeit und zur Haftung des für die Verschmelzungsprüfung bestellten Sachverständigen aus **Art. 133a Gesellschaftsrechtsrichtlinie** hat der deutsche Gesetzgeber nicht im UmwG umgesetzt, sondern konnte es bei den über § 311 Abs. 1 Satz 1 Halbs. 1 anwendbaren Verweisen in § 11 Abs. 1 und 2 auf die für den Abschlussprüfer geltenden §§ 319 Abs. 1 bis 4, 319b HGB bzw. § 323 HGB belassen (siehe näher § 11 Rz. 1 ff. [*Redenius-Hövermann/Laufersweiler*]).[6]

3. Systematik

5 § 311 Abs. 1 Satz 1 Halbs. 1 **verweist** für die Verschmelzungsprüfung auf die Vorschriften der **§§ 9 bis 12.** Insoweit handelt es sich um eine bloße Klarstellung, da die Vorschriften auch über den allgemeinen Verweis in § 305 Abs. 2 anwendbar sind. Somit gelten bei der grenzüberschreitenden Verschmelzung für die Verschmelzungsprüfung im Ausgangspunkt die **gleichen Regelungen wie bei nationalen Verschmelzungen**. Diese werden durch § 311 Abs. 1 Satz 1 Halbs. 2 (Geltungsbereich, siehe dazu Rz. 8) und Satz 2 (Zugänglichmachung des Prüfungsberichts, siehe Rz. 25 f.) sowie Abs. 2 (Entbehrlichkeit der Verschmelzungsprüfung, siehe Rz. 27 ff.) den Richtlinienvorgaben des Art. 125 Gesellschaftsrechtsrichtlinie entsprechend geringfügig modifiziert.

6 **Parallelvorschriften** sind § 325 für die grenzüberschreitende Spaltung und § 338 für den grenzüberschreitenden Formwechsel.

II. Anwendungsbereich

7 § 311 gilt nur für die an einer **grenzüberschreitenden Verschmelzung** (§ 305 Abs. 1) beteiligten **deutschen Gesellschaften.**[7] Ausländische Gesellschaften müssen grundsätzlich (ausgenommen bei gemeinsamer Prüfung, siehe Rz. 9 ff.) die für sie geltenden ausländischen Rechtsvorschriften beachten.

8 Nach der Richtlinienvorgabe in Art. 125 Abs. 1 Satz 1 Gesellschaftsrechtsrichtlinie gilt die Prüfungspflicht für jede der an der grenzüberschreitenden Verschmelzung beteiligten Gesellschaften. In der Konsequenz finden die § 39e und § 48 bei der grenzüberschreitenden Verschmelzung gemäß **§ 311 Abs. 1 Satz 1 Halbs. 2** keine Anwendung. Anders als bei nationalen Verschmelzungen ist daher auch bei einer GmbH (§ 48) oder Personenhandelsgesellschaft (§ 42 i. V. m. § 39e) die Verschmelzungsprüfung unabhängig von einem entsprechenden Verlangen der Gesellschafter durchzuführen.

III. Verschmelzungsprüfung (§ 311 Abs. 1 Satz 1)

1. Getrennte oder gemeinsame Prüfung

9 Grundsätzlich ist die Verschmelzungsprüfung für jede der an der grenzüberschreitenden Verschmelzung beteiligten Gesellschaften getrennt durchzuführen. Stattdessen können

5) Vgl. Begr. RegE UmRUG, BT-Drucks. 20/3822, S. 8 f.; speziell zur Verschmelzungsprüfung *Heckschen/Knaier*, GmbHR 2022, 501, 513.

6) Vgl. Begr. RegE UmRUG, BT-Drucks. 20/3822, S. 93.

7) Lutter-*Bayer/J. Schmidt*, UmwG, § 311 Rz. 8.

die beteiligten Gesellschaften aber auch nach § 311 Abs. 1 Satz 1 Halbs. 1 i. V. m. §§ 10 Abs. 1 Satz 2, 12 Abs. 1 Satz 2 für eine **gemeinsame Verschmelzungsprüfung** mit einem gemeinsamen Prüfungsbericht optieren. Diese Wahlmöglichkeit entspricht den zwingenden Richtlinienvorgaben aus **Art. 125 Abs. 2 Gesellschaftsrechtsrichtlinie**, weshalb davon auszugehen ist, das sie nach allen beteiligten Rechtsordnungen besteht.[8)]

Die gemeinsame Verschmelzungsprüfung erfolgt auf **gemeinsamen Antrag** der beteiligten Gesellschaften (siehe Rz. 13). Der Antrag kann gemäß Art. 125 Abs. 2 Gesellschaftsrechtsrichtlinie in jedem Mitgliedstaat gestellt werden, dessen Recht eine der sich verschmelzenden Gesellschaften oder die aus der grenzüberschreitenden Verschmelzung hervorgehende Gesellschaft unterliegt. Die Verschmelzungsprüfung richtet sich dann prinzipiell nach dieser Rechtsordnung. Insoweit eröffnet Art. 125 Abs. 2 Gesellschaftsrechtsrichtlinie bzw. das aufgrund dieser Richtlinienbestimmung bestehende Mitgliedstaatenrecht den beteiligten Gesellschaften indirekt die Möglichkeit der **Rechtswahl**.[9)] 10

Nicht abschließend geklärt ist die **Reichweite der Rechtswahl**: Aufgrund der insoweit eindeutigen Regelung in Art. 125 Abs. 2 Gesellschaftsrechtsrichtlinie besteht zwar Einigkeit, dass die Anforderungen an die Qualifikation des Verschmelzungsprüfers und das Bestellungsverfahren (siehe dazu Rz. 13 ff.). der gewählten Rechtsordnung unterliegen.[10)] Umstritten ist jedoch, ob dies auch für die **inhaltlichen Prüfungsanforderungen** gilt. Eine verbreitete Auffassung lehnt eine entsprechende Rechtswahlmöglichkeit ab und spricht sich stattdessen i. S. der Vereinigungslösung für eine kumulative Anwendung aller beteiligten Rechtsordnungen aus.[11)] Zur Begründung wird auf die andernfalls bestehende Umgehungsgefahr hingewiesen.[12)] 11

Dagegen spricht jedoch, dass durch Art. 125 Abs. 3 Gesellschaftsrechtsrichtlinie auch die inhaltlichen Prüfungsanforderungen harmonisiert sind. Eine Umgehungsgefahr besteht daher allenfalls hinsichtlich derjenigen mitgliedstaatlichen Anforderungen, die über die Richtlinienvorgaben hinausgehen. Könnten die Mitgliedstaaten durch das Aufstellen hoher Prüfungsstandards (sog. **Gold-Plating**) die Rechtswahlmöglichkeit beschränken, würde dadurch jedoch die mit der gemeinsamen Prüfung intendierte Vereinfachung konterkariert.[13)] Überzeugender ist u. E. daher die Auffassung, nach der die mit der Antragstellung verbundene Rechtswahl auch die inhaltlichen Prüfungsanforderungen umfasst.[14)] Ungeachtet dessen werden sich die beteiligten Gesellschaften in der Praxis regelmäßig an den jeweils strengsten Vorgaben orientieren bzw. alle einschlägigen Rechtsvorschriften beachten, um ein reibungsloses Verfahren zu gewährleisten.[15)] 12

8) Vgl. *Klaaßen-Kaiser* in: KölnKomm-UmwG, § 311 Rz. 5; *Klett* in: BeckOGK-UmwG, § 311 Rz. 10; Schmidt/Hörtnagl-*Hörtnagl*, UmwG/UmwStG, § 311 UmwG Rz. 3.

9) Lutter-*Bayer/J. Schmidt*, UmwG, § 311 Rz. 10; *Klaaßen-Kaiser* in: KölnKomm-UmwG, § 311 Rz. 5 f.; *Klett* in: BeckOGK-UmwG, § 311 Rz. 11.

10) Lutter-*Bayer/J. Schmidt*, UmwG, § 311 Rz. 10; *Klaaßen-Kaiser* in: KölnKomm-UmwG, § 311 Rz. 6; *Klett* in: BeckOGK-UmwG, § 311 Rz. 11; Schmidt/Hörtnagl-*Hörtnagl*, UmwG/UmwStG, § 311 UmwG Rz. 3.

11) *Klaaßen-Kaiser* in: KölnKomm-UmwG, § 311 Rz. 7; Schmidt/Hörtnagl-*Hörtnagl*, UmwG/UmwStG, § 311 UmwG Rz. 3; Henssler/Strohn-*Polley*, GesR, § 311 UmwG Rz. 6.

12) Vgl. *Klaaßen-Kaiser* in: KölnKomm-UmwG, § 311 Rz. 7.

13) Vgl. Lutter-*Bayer/J. Schmidt*, UmwG, § 311 Rz. 10.

14) Ebenso Lutter-*Bayer/J. Schmidt*, UmwG, § 311 Rz. 10; *Klett* in: BeckOGK-UmwG, § 311 Rz. 12; Kallmeyer-*Lanfermann*, UmwG, § 311 Rz. 10.

15) Vgl. *Klett* in: BeckOGK-UmwG, § 311 Rz. 12.

2. Prüferbestellung und -qualifikation

13 Bei Anwendung deutschen Rechts richtet sich die Prüferbestellung nach § 311 Abs. 1 Satz 1 Halbs. 1 i. V. m. § 10. Bei getrennter Prüfung wird der Verschmelzungsprüfer gemäß § 10 Abs. 1 Satz 1 auf **Antrag** des jeweiligen Vertretungsorgans der beteiligten deutschen Gesellschaft durch das Landgericht bestellt; bei gemeinsamer Prüfung (siehe dazu Rz. 9 f.) ist gemäß § 10 Abs. 1 Satz 2 ein gemeinsamer Antrag der Vertretungsorgane aller an der gemeinsamen Prüfung beteiligten Rechtsträger erforderlich.

14 **Zuständig** ist gemäß **§ 10 Abs. 2 Satz 1** jedes Landgericht, in dessen Bezirk ein übertragender Rechtsträger seinen Sitz hat. Ist an der Verschmelzung keine deutsche Gesellschaft als übertragender Rechtsträger beteiligt, so ist entgegen dem Wortlaut des § 10 Abs. 2 Satz 1 das Landgericht örtlich zuständig, in dessen Bezirk der übernehmende deutsche Rechtsträger seinen Sitz hat.[16] Ist bei dem sachlich zuständigen Landgericht eine Kammer für Handelssachen gebildet, so entscheidet gemäß § 10 Abs. 2 Satz 2 deren Vorsitzender. In diesem Fall besteht eine ausschließliche **funktionelle** Zuständigkeit der Kammer für Handelssachen; ein irrtümlich an die Zivilkammer gerichteter Antrag ist von Amts wegen an die Handelskammer weiterzuleiten (siehe näher § 10 Rz. 8 [*Redenius-Hövermann/Laufersweiler*]).

15 Die **Anforderungen an den Prüfer** ergeben sich bei Anwendung deutschen Rechts grundsätzlich aus § 11 Abs. 1 Satz 1 i. V. m. §§ 319 Abs. 1 bis 4, 319b Abs. 1 HGB (siehe näher § 11 Rz. 3 ff. [*Redenius-Hövermann/Laufersweiler*]). Bei gemeinsamer Prüfung kann das deutsche Gericht aber abweichend von § 319 Abs. 1 HGB auch einen ausländischen Sachverständigen als Prüfer bestellen, wenn dieser mit dem deutschen Abschlussprüfer vergleichbare Qualifikationen aufweist.[17] Bei Unternehmen von öffentlichem Interesse ist weiterhin der in § 11 Abs. 1 Satz 2 enthaltene Verweis auf Art. 5 Abs. 1 der Abschlussprüferverordnung[18] zu beachten.

16 Zu den **Auskunfts- und Einsichtsrechten** des Verschmelzungsprüfers aus § 11 Abs. 1 Satz 1 und 5 i. V. m. § 320 Abs. 1 Satz 2 und Abs. 2 Satz 1 und 2 HGB siehe § 11 Rz. 12 ff. [*Redenius-Hövermann/Laufersweiler*].

3. Prüfungsgegenstand und -umfang

17 Prüfungsgegenstand ist nach § 311 Abs. 1 Satz 1 Halbs. 1 der **Verschmelzungsplan oder sein Entwurf**. Dagegen ist der Verschmelzungsbericht nicht zu prüfen.[19] In der Praxis wird der Verschmelzungsprüfer allerdings regelmäßig die im Verschmelzungsbericht enthaltenen ergänzenden Erläuterungen und Begründungen (siehe näher § 309 Rz. 12 ff. [*de Raet/Brunk*]) bei der Prüfung des Verschmelzungsplans berücksichtigen.[20] Zur Vermeidung von Dopplungen kann er sich bei der Erstellung des Prüfungsberichts (siehe dazu Rz. 20 ff.) zudem auf den Inhalt des Verschmelzungsberichts beziehen.

18 Im Rahmen der Verschmelzungsprüfung ist der Verschmelzungsplan bzw. sein Entwurf auf **Vollständigkeit** und **Richtigkeit** zu prüfen.[21] Die wirtschaftliche Zweckmäßigkeit der Verschmelzung ist dagegen nicht von der Prüfung umfasst.[22] Auch findet i. R. der

16) Lutter-*Bayer/J. Schmidt*, UmwG, § 311 Rz. 12; *Klaaßen-Kaiser* in: KölnKomm-UmwG, § 311 Rz. 4a.

17) Näher Kallmeyer-*Lanfermann*, UmwG, § 311 Rz. 12.

18) Verordnung (EU) 537/2014 des Europäischen Parlaments und des Rates v. 16.4.2014 über spezifische Anforderungen an die Abschlussprüfung bei Unternehmen von öffentlichem Interesse und zur Aufhebung des Beschlusses 2005/909/EG der Kommission (Abschlussprüferverordnung), ABl. (EU) L 158/77 v. 27.5.2014.

19) Vgl. Lutter-*Bayer/J. Schmidt*, UmwG, § 311 Rz. 17 f.; *Klett* in: BeckOGK-UmwG, § 311 Rz. 8.

20) Ähnl. *Klett* in: BeckOGK-UmwG, § 311 Rz. 8.

21) Näher Lutter-*Bayer/J. Schmidt*, UmwG, § 311 Rz. 19; *Klett* in: BeckOGK-UmwG, § 311 Rz. 7.

22) Vgl. Lutter-*Bayer/J. Schmidt*, UmwG, § 311 Rz. 17 f.

Verschmelzungsprüfung keine umfassende Rechtsmäßigkeitsprüfung einzelner Regelungen des Verschmelzungsplans statt.[23)]

Die inhaltlichen (Mindest-)Prüfungsanforderungen werden durch Art. 125 Abs. 3 Gesellschaftsrechtsrichtlinie vorgegeben. Danach hat sich die Prüfung insbesondere auf die **Angemessenheit des Umtauschverhältnisses** (§ 12 Abs. 2), ggf. einschließlich einer baren Zuzahlung, und der anzubietenden **Barabfindung** (§ 313 Abs. 6) zu beziehen. Zur Bewertung kann der Prüfer als gleichwertige Alternativen entweder auf den Marktpreis der Anteile (d. h. den Börsenkurs) oder auf allgemein anerkannten Bewertungsmethoden zurückgreifen (vgl. Art. 125 Abs. 3 Satz 2 Gesellschaftsrechtsrichtlinie).[24)] Im Übrigen richtet sich die Prüfung naturgemäß nach dem (Pflicht-)Inhalt des Verschmelzungsplans, sodass sich die Prüfung u. a. auch auf die Bewertung des Aktiv- und Passivvermögens (§ 307 Abs. 2 Nr. 11, siehe dazu § 307 Rz. 45 f. [*de Raet/Brunk*]) bezieht. 19

IV. Prüfungsbericht

1. Formalitäten (§ 12 Abs. 1)

Der Prüfer hat über das Ergebnis der Prüfung einen **schriftlichen Prüfungsbericht** zu erstellen, § 12 Abs. 1 Satz 1. Der Bericht kann nach § 12 Abs. 2 Satz 2 für jede der beteiligten Gesellschaften getrennt oder für alle oder mehrere Gesellschaften gemeinsam erstattet werden. Dies gilt unabhängig davon, ob eine gemeinsame oder getrennte Prüfung stattgefunden hat oder ob i. R. einer gemeinsamen Prüfung mehrere Prüfer bestellt wurden (siehe näher § 12 Rz. 2 [*Redenius-Hövermann/Laufersweiler*]). 20

Der Prüfungsbericht sollte (zumindest auch) **in deutscher Sprache** verfasst oder ins Deutsche übersetzt werden. Eine deutsche (Original-)Fassung braucht es nicht, wenn sich die Gesellschaft und sämtliche Anteilsinhaber mit einer Berichterstattung in anderer Sprache einverstanden erklären.[25)] Auch in diesem Fall ist jedoch regelmäßig eine deutsche Übersetzung zur Einreichung beim Handelsregister anzufertigen.[26)] 21

2. Inhalt (§ 12 Abs. 2)

Der (Mindest-)Inhalt des Prüfungsberichts ergibt sich aus dem oben dargestellten Prüfungsgegenstand (siehe Rz. 17 ff.). Im Prüfungsbericht ist daher anzugeben, ob die im Verschmelzungsplan enthaltenen Angaben **vollständig** und **richtig** sind. Außerdem ist der Prüfungsbericht nach § 12 Abs. 2 Satz 1 mit der Erklärung darüber abzuschließen, ob das vorgeschlagene **Umtauschverhältnis** und die Höhe der anzubietenden **Barabfindung angemessen** sind.[27)] 22

Ergänzend hat der Bericht die in § 12 Abs. 2 Satz 2 Nr. 1 bis 4 genannten Angaben zu enthalten, d. h. insbesondere die angewandten **Bewertungsmethoden** darzustellen und auf besondere **Schwierigkeiten bei der Bewertung** hinzuweisen (siehe dazu ausführlich § 12 Rz. 4 ff. [*Redenius-Hövermann/Laufersweiler*]). Diese Angabepflicht geht auf Art. 125 Abs. 3 Unterabs. 1 Satz 3 lit. a bis lit. d zurück. Bei grenzüberschreitenden Verschmelzungen besteht insoweit regelmäßig die besondere Schwierigkeit, dass es aufgrund unterschiedlicher Bewertungstraditionen in den Mitgliedstaaten an einer einheitlichen Bewertungsmethode fehlt (siehe näher § 307 Rz. 24 [*de Raet/Brunk*]). 23

23) *Klett* in: BeckOGK-UmwG, § 311 Rz. 7.
24) Näher Lutter-*Bayer/J. Schmidt*, UmwG, § 311 Rz. 22.
25) *Klaaßen-Kaiser* in: KölnKomm-UmwG, § 311 Rz. 14; *Klett* in: BeckOGK-UmwG, § 311 Rz. 20.
26) Vgl. *Klett* in: BeckOGK-UmwG, § 311 Rz. 20
27) Vgl. Lutter-*Bayer/J. Schmidt*, UmwG, § 311 Rz. 24.

24 Über den Verweis in § 311 Abs. 1 Satz 1 Halbs. 1 i. V. m. § 12 Abs. 3 gilt für den Prüfungsbericht auch die in § 8 Abs. 2 geregelte **Geheimnisschutzregelung** (siehe § 12 Rz. 10 [*Redenius-Hövermann/Laufersweiler*]).[28]

3. Zugänglichmachung (§ 311 Abs. 1 Satz 2)

25 Gemäß § 311 Abs. 1 Satz 2 muss der Prüfungsbericht den Anteilsinhabern zugänglich gemacht werden. Anders als beim Verschmelzungsbericht (elektronische Zugänglichmachung, siehe § 310 Rz. 10 ff. [*de Raet/Brunk*]) wird die **Art und Weise der Zugänglichmachung** des Prüfungsberichts in § 311 Abs. 1 Satz 2 nicht konkretisiert, sondern bleibt grundsätzlich der Gesellschaft überlassen.[29] Über die Verweisnorm des § 305 Abs. 2 sind jedoch die für die innerstaatliche Verschmelzung geltenden, rechtsformspezifischen Vorgaben zu beachten:

- Bei der AG, KGaA und SE ist der Prüfungsbericht daher gemäß § 63 Abs. 1 Nr. 5 im Geschäftsraum der Gesellschaft zur Einsicht der Aktionäre auszulegen oder gemäß § 63 Abs. 4 über die Internetseite der Gesellschaft zugänglich zu machen.
- Bei der GmbH ist der Prüfungsbericht den Gesellschaftern – unter Wahrung der Frist des § 311 Abs. 1 Satz 2 (siehe Rz. 26) – zusammen mit der Einberufung der Gesellschafterversammlung zu übersenden.[30]
- Entsprechendes dürfte für Personenhandelsgesellschaft gelten.[31]

26 Der Prüfungsbericht ist den Anteilsinhabern **spätestens einen Monat vor der Gesellschafterversammlung**, die gemäß § 13 über die Zustimmung zum Verschmelzungsplan beschließen soll, zugänglich zu machen. Für die (Rückwärts-)Fristberechnung gelten die §§ 187 ff. BGB, wobei der Tag, an dem die Gesellschafterversammlung stattfindet, wiederum nicht mitzuzählen ist (§ 187 Abs. 1).[32] Auf die Einhaltung der Frist können die Anteilsinhaber verzichten.[33]

V. Entbehrlichkeit von Verschmelzungsprüfung und Prüfungsbericht (§ 311 Abs. 2)

27 Nach der Regelung in § 311 Abs. 2 ist die Durchführung der Verschmelzungsprüfung und die Erstattung des Prüfungsberichts in bestimmten Fällen entbehrlich, nämlich

- bei Verzicht (siehe Rz. 29),
- in bestimmten Konzernkonstellationen (siehe Rz. 30) sowie
- bei Einpersonengesellschaften (siehe Rz. 31).

28 Die Vorschrift läuft somit weitgehend parallel zu der – die Entbehrlichkeit des Verschmelzungsberichts betreffenden – Regelung in § 309 Abs. 6 Satz 1 und 2 (siehe § 309 Rz. 24 ff. [*de Raet/Brunk*]).

---

28) Zur Richtlinienkonformität Lutter-*Bayer/J. Schmidt*, UmwG, § 311 Rz. 25.

29) Vgl. Begr. RegE UmRUG, BT-Drucks. 20/3822, S. 93; dazu Lutter-*Bayer/J. Schmidt*, UmwG, § 311 Rz. 29; *Klaßen-Kaiser* in: KölnKomm-UmwG, § 311 Rz. 15; *Klett* in: BeckOGK-UmwG, § 311 Rz. 19.

30) Begr. RegE UmRUG, BT-Drucks. 20/3822, S. 93; Lutter-*Bayer/J. Schmidt*, UmwG, § 311 Rz. 29; ähnl. *Klett* in: BeckOGK-UmwG, § 311 Rz. 19; nach Schmidt/Hörtnagl-*Hörtnagl*, UmwG/UmwStG, § 311 UmwG Rz. 6, empfiehlt es sich, den Gesellschaftern den Prüfungsbericht gemeinsam mit dem Verschmelzungsbericht elektronisch zugänglich zu machen.

31) Vgl. Lutter-*Bayer/J. Schmidt*, UmwG, § 311 Rz. 29.

32) Vgl. Schmidt/Hörtnagl-*Hörtnagl*, UmwG/UmwStG, § 311 UmwG Rz. 6.

33) Schmidt/Hörtnagl-*Hörtnagl*, UmwG/UmwStG, § 311 UmwG Rz. 6.

1. Verzicht

Verschmelzungsprüfung und Prüfungsbericht sind gemäß § 311 Abs. 1 Satz 1 Halbs. 1 i. V. m. § 9 Abs. 2 bzw. § 12 Abs. 3 i. V. m. § 8 Abs. 3 Satz 1 entbehrlich, wenn die Anteilsinhaber darauf verzichten, wobei gemäß § 311 Abs. 2 Satz 1 ein **Verzicht aller Anteilsinhaber aller beteiligten Rechtsträger** erforderlich ist. Dies gilt auch für GmbH und Personengesellschaften, da die §§ 39e und 48 gemäß § 311 Abs. 1 Satz 1 Halbs. 2 keine Anwendung finden (siehe oben Rz. 8). Verzichten die Anteilsinhaber auf die Verschmelzungsprüfung, liegt darin naturgemäß zugleich ein Verzicht auf den **Prüfungsbericht**. Umgekehrt führt der isolierte Verzicht auf den (schriftlichen) Prüfungsbericht nicht zur Entbehrlichkeit der Verschmelzungsprüfung (siehe § 12 Rz. 12 f. [*Redenius-Hövermann/Laufersweiler*]). In der Praxis empfiehlt es sich daher, – sofern dies gewollt ist – ausdrücklich sowohl auf die Verschmelzungsprüfung als auch den Prüfungsbericht zu verzichten. Bei deutschen Gesellschaften bedürfen die Verzichtserklärungen gemäß § 8 Abs. 3 Satz 2 der **notariellen Beurkundung**; bei ausländischen Gesellschaften gelten die Formerfordernisse des jeweiligen Sitzstaats.[34] 29

2. Konzernverschmelzungen

Verschmelzungsprüfung und Prüfungsbericht sind ferner in bestimmten Konzernkonstellationen entbehrlich.[35] Dies betrifft gemäß § 311 Abs. 1 Satz 1 Halbs. 1 i. V. m. § 9 Abs. 2 bzw. § 12 Abs. 3 i. V. m. § 8 Abs. 3 Satz 3 Nr. 1 lit. a den sog. **Upstream-Merger** einer 100%igen Tochtergesellschaft auf ihre Muttergesellschaft. Gemäß § 311 Abs. 1 Satz 1 Halbs. 1 i. V. m. § 9 Abs. 2 bzw. § 12 Abs. 3 i. V. m. § 8 Abs. 3 Satz 3 Nr. 1 lit. b sind zudem der **unmittelbare** und gemäß § 311 Abs. 2 Satz 2 i. V. m. § 307 Abs. 3 Nr. 2 lit. b und lit. c der **mittelbare Sidestep-Merger** erfasst, d. h. Fälle in denen sich alle Anteile der übertragenden und der übernehmenden Gesellschaft unmittelbar oder mittelbar in der Hand desselben Rechtsträgers befinden und – in den Fällen des § 307 Abs. 3 Nr. 2 (siehe § 307 Rz. 62 [*de Raet/Brunk*]) – den Anteilsinhabern der übertragenden Gesellschaft keine Anteile gewährt werden. 30

3. Einpersonen-Gesellschaften

Schließlich sind Verschmelzungsprüfung und Prüfungsbericht gemäß § 311 Abs. 1 Satz 1 Halbs. 1 i. V. m. § 9 Abs. 2 bzw. § 12 Abs. 3 i. V. m. § 8 Abs. 3 Satz 3 Nr. 2 entbehrlich für denjenigen an der Verschmelzung beteiligten **Rechtsträger, der nur einen Anteilsinhaber hat.**[36] Mit dieser Regelung hat der deutsche Gesetzgeber von der Mitgliedstaatenoption des Art. 125 Abs. 4 Unterabs. 2 Gesellschaftsrechtsrichtlinie Gebrauch gemacht. 31

---

34) Vgl. Lutter-*Bayer/J. Schmidt*, UmwG, § 311 Rz. 36; Schmidt/Hörtnagl-*Hörtnagl*, UmwG/UmwStG, § 311 UmwG Rz. 7; *Klaßen-Kaiser* in: KölnKomm-UmwG, § 311 Rz. 17a; *Klett* in: BeckOGK-UmwG, § 311 Rz. 25.

35) Vgl. Lutter-*Bayer/J. Schmidt*, UmwG, § 311 Rz. 38 ff.; Schmidt/Hörtnagl-*Hörtnagl*, UmwG/UmwStG, § 311 UmwG Rz. 8.

36) Begr. RegE UmRUG, BT-Drucks. 20/3822, S. 93 f.; dazu Lutter-*Bayer/J. Schmidt*, UmwG, § 311 Rz. 37.

§ 312
Zustimmung der Anteilsinhaber*)

(1) Die Anteilsinhaber können ihre Zustimmung nach § 13 davon abhängig machen, dass die Art und Weise der Mitbestimmung der Arbeitnehmer der übernehmenden oder neuen Gesellschaft ausdrücklich von ihnen bestätigt wird.

(2) In den Fällen des § 307 Absatz 3 ist ein Verschmelzungsbeschluss der Anteilsinhaber der übertragenden Gesellschaft nicht erforderlich.

(3) Die Versammlung der Anteilsinhaber nimmt den Verschmelzungsbericht, den Prüfungsbericht und etwaige Stellungnahmen nach § 308 Absatz 1 Satz 2 Nummer 4 zur Kenntnis, bevor sie die Zustimmung zum Verschmelzungsplan beschließt.

*) § 312 n. F. (§ 122g a. F.) Paragraphenzählung geändert und Text neugefasst durch Art. 1 des Gesetzes zur Umsetzung der Umwandlungsrichtlinie und zur Änderung weiterer Gesetze (UmRUG), v. 22.2.2023, BGBl. I 2023, Nr. 51; § 122g a. F. (§ 312 n. F.) eingefügt durch Art. 1 des Zweiten Gesetzes zur Änderung des Umwandlungsgesetzes (2. UmwGÄndG), v. 19.4.2007, BGBl. I 2007, 542.

Literatur: *Bayer/Schmidt, J.*, BB-Gesetzgebungs- und Rechtsprechungsreport zum Europäischen Unternehmensrecht 2018/19 – Teil I: Company Law Package, BB 2019, 1922; *Beutel*, Der neue Rahmen grenzüberschreitender Verschmelzungen in der EU, Augsburg 2008 (Diss.); *Riesenhuber*, Die Verschmelzungsrichtlinie: Basisakt für ein Europäisches Recht der Strukturmaßnahmen, NZG 2004, 15; *Schmidt, J.*, Umwandlungen im Konzern nach dem UmRUG-Regierungsentwurf: Besonderheiten bei Bericht, Prüfung und Beschluss, Der Konzern 2022, 309; *Stiegler*, Zehn Jahre Internationale Verschmelzungsrichtlinie – Erreichtes, Stand und Perspektiven, GmbHR 2016, 406.

Übersicht

I. Entstehung und Zweck der Vorschrift

1 Vor der Neufassung regelte § 122g die Zustimmung der Anteilseigner bei grenzüberschreitenden Verschmelzungen. Diese Regelung basierte ursprünglich auf Art. 9 der Verschmelzungsrichtlinie[1] und später auf Art. 126 der Gesellschaftsrechtsrichtlinie. Mit der Neufassung in § 312 wurden die Änderungen der Gesellschaftsrechtsrichtlinie[2] durch die Umwandlungsrichtlinie berücksichtigt.[3] Sie ist die Parallelvorschrift zu den entsprechenden Vorschriften für die grenzüberschreitende Spaltung (§ 326) und den grenzüberschreitenden Formwechsel (§ 329).

1) Richtlinie 2005/56/EG des Europäischen Parlaments und des Rates v. 26.10.2005 über die Verschmelzung von Kapitalgesellschaften aus verschiedenen Mitgliedstaaten (Verschmelzungsrichtlinie [grenzüberschreitend]), ABl. (EG) L 310/1 v. 25.11.2005.

2) Richtlinie (EU) 2017/1132 des Europäischen Parlaments und des Rates v. 14.6.2017 über bestimmte Aspekte des Gesellschaftsrechts (Gesellschaftsrechtsrichtlinie), ABl. (EU) L 169/46 v. 30.6.2017.

3) S. dazu m. w. N. *de Raet* in: Kindler/Lieder, European Corporate Law, Art. 126 Rz. 1 ff.

Art. 126 Gesellschaftsrechtsrichtlinie enthält die Zustimmung der Anteilseigner als **viertes Grundprinzip des europäischen Modells für Strukturmaßnahmen** und dient dem **Schutz der Anteilseigner.**[4] Dieses Prinzip geht auf die erste Richtlinie zur Harmonisierung nationaler Verschmelzungen (Verschmelzungsrichtlinie) zurück und besagt, dass fundamentale Entscheidungen von den Gesellschaftern getroffen werden müssen.[5] Es wäre europarechtswidrig, würden nationale Gesetzgeber die Kompetenz zur Entscheidung über die Durchführung einer nationalen oder grenzüberschreitenden Verschmelzung der Geschäftsführung zuweisen oder das Einflussrecht der Gesellschafter auf einen Zustimmungsvorbehalt beschränken. Stattdessen muss das **Initiativ- und Entscheidungsrecht** hierfür bei der Gesellschafterversammlung liegen. Durch die Harmonisierung des europäischen Gesellschaftsrechts ist sichergestellt, dass dieses Prinzip sowohl für nationale als auch für grenzüberschreitende Verschmelzungen in allen EU/EWR-Staaten gilt. Zulässig (und üblich) ist es, i. R. der Corporate Governance von Gesellschaften, die Durchführung einer (grenzüberschreitenden) Verschmelzung an die Zustimmung weiterer Gremien, wie etwa eines Aufsichtsrats oder Beirats zu knüpfen. Derartige **Zustimmungsvorbehalte** gelten jedoch allenfalls zusätzlich. Die Entscheidung darf – auch nicht qua Satzung – von der Gesellschafterversammlung auf andere Gremien verlagert werden.[6] 2

II. Allgemeines

Inhaltlich ergänzt die Vorschrift, §§ 305 Abs. 2, 13, welche für sämtliche Verschmelzungen festlegt, dass diese nur wirksam werden, wenn die Anteilsinhaber sämtlicher beteiligter Rechtsträger der Verschmelzung zustimmen. 3

§ 312 regelt dabei lediglich das **Erfordernis und Prozedere der Zustimmung der deutschen Rechtsträger**, die an einer grenzüberschreitenden Verschmelzung beteiligt sind. Für die – europarechtlich nicht disponible – Zustimmung der Rechtsträger aus anderen EU/EWR-Staaten sind die nationalen Vorschriften dieser EU/EWR-Staaten zu berücksichtigen, welche Art. 126 Gesellschaftsrechtsrichtlinie umsetzen. 4

Für die deutschen Rechtsträger bedeutet die **folgende Kompetenzzuweisung:** 5

Rechtsform	**Zuständige Versammlung der Anteilseigner**
GmbH	Gesellschafterversammlung
AG	Hauptversammlung
KGaA	
SE	
Personengesellschaften	Gesellschafterversammlung

4) Lutter-*Bayer*/*J. Schmidt*, UmwG, § 312 Rz. 4; *Lutter*/*Bayer*/*J. Schmidt*, Europäisches Unternehmens- und Kapitalmarktrecht, Rz. 22.32.

5) *Beutel*, Der neue rechtliche Rahmen grenzüberschreitender Verschmelzungen in der EU, 2008, S. 193; *Riesenhuber*, NZG 2004, 15, 19; *Stiegler* in: Jung/Krebs/Stiegler, Gesellschaftsrecht in Europa, § 24.72, S. 1738.

6) Lutter-*Bayer*/*J. Schmidt*, UmwG, § 312 Rz. 10 – m. Verweis auf Lutter-*Drygala*, UmwG, § 13 Rz. 4; *Goslar*/*Böttcher* in: NK-UmwG, § 13 Rz. 2; *Erkens* in: KölnKomm-UmwG, § 13 Rz. 1.

III. Zustimmung der Anteilsinhaber zum Verschmelzungsplan

1. Allgemeine Regeln zur Vorbereitung und Durchführung der Versammlung der Anteilsinhaber

6 § 312 und §§ 305, 13 regeln nur das **ob** der Zustimmung, d. h. legen fest, dass eine Zustimmung der Anteilsinhaber grundsätzlich erforderlich und in welchen Ausnahmefällen sie entbehrlich ist. Weder geregelt noch EU/EWR-weit harmonisiert ist das **wie** der Zustimmung. Die Einberufung und Durchführung der Versammlung richtet sich daher grundsätzlich **nach den für die jeweilige Rechtsform geltenden Gesetzen**, also für die GmbH das **GmbHG** und für die AG, die KGaA und die SE das **AktG.**[7] Nach der Modernisierung des Personengesellschaftsrechts durch das MoPEG[8] sind für Personenhandelsgesellschaften die §§ 109 f. HGB (i. V. m. § 161 Abs. 2 HGB) sowie der Gesellschaftsvertrag maßgeblich.

7 **Übersicht der gesellschaftsspezifischen Rechtsgrundlagen:**

Rechtsform	Einberufung der Versammlung	Durchführung der Versammlung
GmbH	§§ 49, 51 ff. GmbHG	§§ 47 ff. GmbHG
AG KGaA SE	§§ 121 ff. AktG	§§ 129 ff. AktG
Personenhandelsgesellschaften	§§ 109 f. HGB (i. V. m. § 161 Abs. 2 HGB) sowie der Gesellschaftsvertrag	§§ 109 f. HGB (i. V. m. § 161 Abs. 2 HGB) sowie der Gesellschaftsvertrag

8 Für die **ausländischen Rechtsträger**, die an einer grenzüberschreitenden Verschmelzung beteiligt sind, gelten die jeweiligen Vorschriften der **nationalen Gesetze** des jeweiligen EU/EWR-Mitgliedstaats. In der Praxis bedarf es hier einer genauen Abstimmung, da die Vorschriften für die Einberufung und Durchführung einer derartigen Versammlung in anderen EU/EWR-Mitgliedstaaten von den Vorschriften des GmbHG und AktG abweichen können. Überdies müssen die Anteilsinhaber (und Rechtsberater) der ausländischen Rechtsträger für die Vorgaben des deutschen Rechts sensibilisiert werden. Dies gilt insbesondere für das **Erfordernis der notariellen Beurkundung.** Während die Hauptversammlung einer AG, KGaA bzw. SE grundsätzlich notariell protokolliert werden muss, gilt über §§ 305 Abs. 2, 13 Abs. 3 **auch für die GmbH**, soweit diese beteiligter Rechtsträger an einer grenzüberschreitenden Verschmelzung ist. Sollte die GmbH eine große Anzahl von Gesellschaftern haben, bietet es sich an, dass die Gesellschafter – sofern die Satzung dies zulässt – einen Gesellschafter oder Dritten bevollmächtigten, für sie an der Gesellschafterversammlung teilzunehmen. Die dafür erforderliche Vollmacht ist grundsätzlich formfrei (§ 167 Abs. 2 BGB), es sind jedoch die Erfordernisse des notariellen Beurkundungswesens (Vertretungsnachweise, Apostillen) zu beachten.

2. Vorabinformation der Anteilsinhaber

9 Sonderregelungen trifft § 312 Abs. 3 hinsichtlich der **Unterlagen**, welche den Anteilsinhabern **vorab** zur Verfügung zu stellen sind. Dies sind nach dem Wortlaut der Verschmelzungsbericht, der Prüfbericht und etwaige Stellungnahme nach § 308 Abs. 1 Satz 2 Nr. 4.

7) Schmitt/Hörtnagl-*Hörtnagl*, UmwG/UmwStG, § 312 UmwG Rz. 3; *Sitter* in: NK-UmwG, § 312 Rz. 6 f., 13.

8) Gesetz zur Modernisierung des Personengesellschaftsrechts (Personengesellschaftsrechtsmodernisierungsgesetz – MoPeG), v. 10.8.2021, BGBl. I 2021, 3436.

Dieses Erfordernis ergibt sich aus und dient damit unmittelbar der Umsetzung von Art. 126 Abs. 1 der Gesellschaftsrechtrichtlinie.[9] Es besteht mithin nicht nur in Deutschland, sondern in **sämtlichen EU/EWR-Staaten.**

Das Erfordernis zur Vorabinformation ist eine Ausprägung des Schutzes der Anteilseigner. Deren Entscheidung über die Verschmelzung soll auf der Basis einer informierten Entscheidung getroffen werden. Gleichwohl ist abzustimmen, **ob und in welchem Umfang Abweichungen bestehen** oder in anderen EU/EWR-Staaten sogar darüberhinausgehende Pflichten bestehen. In der Praxis bedarf es daher einer sorgfältigen Abstimmung hinsichtlich Art, Umfang und Fristen der jeweiligen Offenlegung in den beteiligten EU/EWR-Staaten. 10

Für die deutschen Rechtsträger, die an einer grenzüberschreitenden Verschmelzung beteiligt sind, **unterscheidet** sich die **konkrete Art und Weise der Offenlegung** je nach **Rechtsträger anhand folgender Rechtsgrundlagen:** 11

Dokument und Offenlegung	Rechtsträger	Rechtsgrundlage(n)
Verschmelzungsplan oder Entwurf des Verschmelzungsplans	AG	§§ 305 Abs. 2 Satz 1, 63 Abs. 1 Nr. 1
	KGaA	§§ 305 Abs. 2 Satz 1, 78, 63 Abs. 1 Nr. 1
	SE	Art. 9 Abs. 1 lit c. Ziff. ii SE-VO, § 63 Abs. 1 Nr. 1
	GmbH	§§ 305 Abs. 2 Satz 1, 47
	Personenhandelsgesellschaft	§§ 305 Abs. 2 Satz 1, 39b
Jahresabschlüsse und Lageberichte für sämtliche an der grenzüberschreitenden Verschmelzung beteiligten Rechtsträger für die letzten drei Geschäftsjahre; ggf. Zwischenbilanzen	AG	§ 63 Abs. 1 Nr. 2, Nr. 3
	KGaA	§§ 305 Abs. 2 Satz 1, 78, 63 Abs. 1 Nr. 2, Nr. 3
	SE	Art. 9 Abs. 1 lit c. Ziff. ii SE-VO, § 63 Abs. 1 Nr. 2, Nr. 3
	GmbH	§§ 305 Abs. 2 Satz 1, 49 Abs. 2
	Personenhandelsgesellschaft	–
Verschmelzungsberichte oder gemeinsamer Verschmelzungsbericht für sämtliche an der grenzüberschreitenden Verschmelzung beteiligten Rechtsträger	AG	§ 63 Abs. 1 Nr. 4
	KGaA	§§ 305 Abs. 2 Satz 1, 78, 63 Abs. 1 Nr. 4
	SE	Art. 9 Abs. 1 lit c. Ziff. ii SE-VO, § 63 Abs. 1 Nr. 4
	GmbH	§ 305 Abs. 2 Satz 1, analog § 48 Satz 2
	Personenhandelsgesellschaft	§§ 305 Abs. 2 Satz 1, 39b

9) S. dazu *de Raet* in: Kindler/Lieder, European Corporate Law, Art. 126 Rz. 1 ff.

Dokument und Offenlegung	Rechtsträger	Rechtsgrundlage(n)
Verschmelzungsprüfungsberichte oder gemeinsamer Verschmelzungsprüfungsbericht für sämtliche an der grenzüberschreitenden Verschmelzung beteiligten Rechtsträger	AG	§ 63 Abs. 1 Nr. 5
	KGaA	§§ 305 Abs. 2 Satz 1, 78
	SE	Art. 9 Abs. 1 lit c. Ziff. ii SE-VO
	GmbH	§ 305 Abs. 2, analog § 48 Satz 2
	Personenhandelsgesellschaft	§ 305 Abs. 2 Satz 1, analog § 48 Satz 2

12 Für sämtliche Rechtsformen gilt, dass die in der vorstehenden Tabelle dargestellten rechtsformspezifischen Auslegungs- bzw. Veröffentlichungspflichten **ergänzend** zu der **Pflicht zur Zugänglichmachung des Verschmelzungsberichts gemäß § 310** bestehen. Dies mag zu Redundanzen führen, welche jedoch bereits aufgrund der Richtlinie und nicht der Umsetzung des deutschen Gesetzgebers bestehen.[10)]

13 Die **Veröffentlichungspflichten** sind wie folgt zu erfüllen: Bei der **AG, KGaA und SE** müssen die in der vorstehenden Tabelle aufgelisteten Unterlagen gemäß §§ 305 Abs. 2 Satz 1, 63 Abs. 1, 4 **spätestens einen Monat vor dem Tag Hauptversammlung** in den **Geschäftsräumen der Gesellschaft ausgelegt** oder auf der **Internetseite der Gesellschaft veröffentlicht** werden. Bei börsennotierten Gesellschaften sind darüber hinaus die jeweiligen Regelwerke der betreffenden Börsen, an denen die Gesellschaft notiert ist, sowie für im regulierten Markt notierte Gesellschaften zudem die Empfehlungen des Deutschen Corporate Governance Kodex zu beachten. Danach ist die Internetseite der Gesellschaft das zentrale Veröffentlichungsmedium der Gesellschaft und Veröffentlichungen haben jedenfalls auch dort zu erfolgen.

14 Bei der **GmbH** müssen der **Verschmelzungsplan** oder dessen Entwurf sowie die **Verschmelzungsberichte oder der gemeinsame Verschmelzungsbericht** sowie die **Verschmelzungsprüfungsberichte oder der gemeinsame Verschmelzungsprüfungsbericht** gemäß §§ 305 Abs. 2 Satz 1, 47, analog § 48 Satz 2 spätestens zusammen mit der **Einberufung der Gesellschafterversammlung,** in der über die grenzüberschreitende Verschmelzung beschlossen werden soll, den Gesellschaftern **übersandt** werden. Im Gegensatz zur AG, KGaA und SE besteht also für diese Dokumente eine aktive Übersendungspflicht. Die Jahresabschlüsse und Lageberichte sind hingegen gemäß §§ 305 Abs. 2 Satz 1, 49 Abs. 2 lediglich **ab der Einberufung auszulegen.** Hinsichtlich der Fristen gelten bei der GmbH die zur Einberufung der Gesellschafterversammlung geltenden Fristen, so dass insbesondere die Satzung der Gesellschaften maßgeblich ist.

15 Bei Personenhandelsgesellschaften gilt gemäß §§ 305 Abs. 2 Satz 1, 39b das gleiche Regime wie bei der GmbH. **Verschmelzungsplan** oder dessen Entwurf sowie die **Verschmelzungsberichte oder der gemeinsame Verschmelzungsbericht** sowie die **Verschmelzungsprüfungsberichte oder der gemeinsame Verschmelzungsprüfungsbericht** müssen den Gesellschaftern aktiv zusammen mit der Einberufung übersandt werden. Mangels eines gesetzlichen Regimes zur Einberufung von Gesellschafterversammlungen sind auch hier die Vorgaben des Gesellschaftsvertrags von Bedeutung.

16 § 312 Abs. 3 sieht zudem für alle Rechtsformen vor, dass etwaige **Stellungnahmen nach § 308 Abs. 1 Satz 2 Nr. 4** der Versammlung der Anteilseigner, also der Hauptversammlung bei der AG, KGaA und SE und der Gesellschafterversammlung bei der GmbH und Personenhandelsgesellschaften zur Kenntnis zu bringen ist. Derartige Stellungnahmen – oder

10) Lutter-*Bayer/J. Schmidt*, UmwG, § 312 Rz. 12.

Bemerkungen, wie es § 308 Abs. 1 Satz 2 Nr. 4 formuliert – dürfen **Anteilsinhaber, Gläubiger** und **Betriebsräte** bis zu fünf Arbeitstagen vor der Versammlung der Anteilseigner, in der über die Verschmelzung beschlossen werden soll, übermitteln. Da § 312 Abs. 3 keine näheren Regelungen für die Übersendung der Unterlagen trifft, sollten diese nach der strengst möglichen Form zur Verfügung gestellt werden, also bei **AG, KGaA** und **SE** durch **Auslegung in den Geschäftsräumen bzw. Veröffentlichung auf der Internetseite** und bei der **GmbH** und **Personenhandelsgesellschaften** durch **Übersendung an die Anteilseigner.**[11)]

3. Beschlussfassung in der Versammlung

Auch hinsichtlich der Durchführung und Beschlussfassung der Anteilsinhaber enthält das UmwG keine Sonderregelungen, so dass im Kern die **rechtsformspezifischen Regeln** des der §§ 129 ff. AktG für die AG, KGaA und SE und die § 47 GmbHG für die GmbH und für alle Gesellschaften (einschließlich der Personenhandelsgesellschaften) die ergänzenden Regelungen der Satzungen und Gesellschaftsverträge maßgeblich sind. 17

Die **Beschlussfassung** der Anteilseigner bezieht gemäß §§ 305 Abs. 2, 13 Abs. 1 Satz 1 formell auf den **Verschmelzungsplan**, als rechtsgestaltendes zentrales Dokument der grenzüberschreitenden Umwandlung, und zwar einschließlich etwaiger Satzungsänderungen. 18

In der Literatur wird zu Recht kritisiert, dass Art. 126 Gesellschaftsrechtsrichtlinie für grenzüberschreitende Verschmelzungen keine Mehrheit festlegt. Dies ist bereits deshalb nicht verständlich, weil die Richtlinie für grenzüberschreitende Formwechsel in Art. 86h Abs. 3 Satz 1 und für grenzüberschreibende Spaltungen in Art. 160h Abs. 3 Satz 1 Mehrheitserfordernisse enthält, welche die nationalen Gesetzgeber in nationales Recht umzusetzen haben.[12)] Überdies führt es in der Praxis dazu, dass für grenzüberschreitende Verschmelzungen **unterschiedliche Mehrheitserfordernisse** für die deutschen beteiligten Rechtsträger und ausländische beteiligte Rechtsträger gelten können. Lediglich für **AGs** gibt Art. 93 i. V. m. Art. 121 Abs. 1 lit. b vor, dass die nationalen Gesetzgeber regeln müssen, dass Beschlüsse über die Zustimmung zu einer grenzüberschreitenden Verschmelzung die Zustimmung von mindestens zwei Dritteln der Aktionäre erfordert.[13)] 19

Für die deutschen Rechtsträger ergeben sich daher **folgende Mehrheitserfordernisse:** 20

Rechtsträger	**Mehrheitserfordernis**	**Rechtsgrundlage(n)**
AG	Doppelte Mehrheit: Einfache Mehrheit der Stimmen und Mehrheit von mind. drei Vierteln des bei der Beschlussfassung vertretenen Grundkapitals.	§ 133 Abs. 1 AktG, §§ 305 Abs. 2 Satz 1, 63 Abs. 2
	Bestehen mehrere Aktiengattungen (z. B. Vorzugsaktien), sind Sonderbeschlüsse mit der jeweiligen doppelten Mehrheit erforderlich.	§§ 305 Abs. 2 Satz 1, 63 Abs. 2
	Die Satzung kann höhere Mehrheiten vorsehen.	§§ 305 Abs. 2 Satz 1, 63 Abs. 1 Satz 2

11) Lutter-*Bayer/J. Schmidt*, UmwG, § 312 Rz. 17, 23, 26.

12) Lutter-*Bayer/J. Schmidt*, UmwG, § 312 Rz. 17, 23, 26.

13) *de Raet* in: Kindler/Lieder, European Corporate Law, Art. 126 Rz. 6 ff.; *Bayer/J. Schmidt*, BB 2019, 1922, 1929.

Rechtsträger	Mehrheitserfordernis	Rechtsgrundlage(n)
KGaA	Doppelte Mehrheit: Einfache Mehrheit der Stimmen und Mehrheit von mind. drei Vierteln des bei der Beschlussfassung vertretenen Grundkapitals.	§§ 278 Abs. 3, 133 Abs. 1 AktG, §§ 305 Abs. 2 Satz 1, 78 Satz 1, 65 Abs. 1 Satz 1
	Zustimmung der persönlich haftenden Gesellschafterin (Komplementärin).	§§ 305 Abs. 2 Satz 1, 78 Satz 3
	Bestehen mehrere Aktiengattungen (z. B. Vorzugsaktien), sind Sonderbeschlüsse mit der jeweiligen doppelten Mehrheit erforderlich.	§§ 305 Abs. 2 Satz 1, 78 Satz 1, 63 Abs. 2
	Die Satzung kann höhere Mehrheiten vorsehen	§§ 305 Abs. 2 Satz 1, 63 Abs. 1 Satz 2
SE	Doppelte Mehrheit:[14)] Mehrheit von mindestens zwei Dritteln der Stimmen und Mehrheit von mind. drei Vierteln des bei der Beschlussfassung vertretenen Grundkapitals.	Art. 59 Abs. 1 SE-VO, §§ 305 Abs. 2 Satz 1, 65 Abs. 1 Satz 1
	Bestehen mehrere Aktiengattungen (z. B. Vorzugsaktien), sind Sonderbeschlüsse mit der jeweiligen doppelten Mehrheit erforderlich.	Art. 60 SE-VO
	Die Satzung kann höhere Mehrheiten vorsehen.	§§ 305 Abs. 2 Satz 1, 63 Abs. 1 Satz 2
GmbH	Mehrheit von mind. drei Vierteln der abgegebenen Stimmen[15)]	§§ 305 Abs. 2, 50 Abs. 1
	Die Satzung kann eine höhere Mehrheit oder weitere Erfordernisse (Zustimmung einzelner Gesellschafter) vorsehen.	§ 305 Abs. 2 Satz 1
Personenhandelsgesellschaft	Grundsätzlich Zustimmung aller Gesellschafter, wobei der Gesellschaftsvertrag eine niedrigere Mehrheit vorsehen kann.	§§ 305 Abs. 2 Satz 2, 39c Abs. 1

IV. Zustimmungsvorbehalt betreffend die Arbeitnehmermitbestimmung

21 Angesichts des unter § 305 Rz. 27 ff. [*de Raet/Brunk*] erläuterten Verweisungsmodells beginnt § 312 nicht mit dem Zustimmungserfordernis selbst, sondern einer **Ausnahmemöglichkeit**. Gemäß § 312 Abs. 1 können die Anteilseigner ihre Zustimmung zur grenzüberschreitenden Verschmelzung davon abhängig machen, dass die Art und Weise der Mitbestimmung der Arbeitnehmer der übernehmenden oder neuen Gesellschaft ausdrücklich von

14) Umstritten, vgl. *Sitter* in: NK-UmwG, § 312 Rz. 14; Lutter-*Bayer*, UmwG, § 122g Rz. 22; Lutter-*Bayer/J. Schmidt*, UmwG, § 312 Rz. 35 m. w. N. zu den verschiedenen Ansichten.

15) Eine Ausnahme gilt nach dem deutschen Umwandlungsrecht, wenn noch nicht alle Einlagen eingezahlt sind. In diesem Fall ist gemäß § 51 Abs. 1 die Zustimmung aller Anteilsinhaber erforderlich.

ihnen bestätigt wird. Die Vorschrift setzt Art. 126 Abs. 2 Gesellschaftsrechtsrichtlinie um und soll ermöglichen, dass die Anteilsinhaber mit ihrer Entscheidung über die Zustimmung zur grenzüberschreitenden Verschmelzung nicht warten müssen, bis sämtliche erforderlichen Zustimmungen von Arbeitnehmer(-vertretungen) vorliegen.

Dies betrifft insbesondere die Zustimmung zur Arbeitnehmermitbestimmung nach dem MgVG bzw. den entsprechenden Arbeitnehmer-Mitbestimmungsvorschriften der Rechtsordnungen der beteiligten ausländischen Rechtsträger in Umsetzung von Art. 133 Gesellschaftsrechtsrichtlinie. 22

Die **praktische Relevanz der Möglichkeit ist gering.**[16] Die gesetzliche Auffanglösung gemäß § 23 Abs. 1 Nr. 1, Nr. 3 MgVG[17] bietet hinreichende Planungssicherheit. Es besteht also kein Vorteil darin, die Beschlussfassung der Anteilseigner bereits einzuholen, bevor die jeweiligen Mitbestimmungsverfahren abgeschlossen sind. Im Übrigen stellt sich die Frage, wie die jeweilige Mitbestimmungsregelung in der Satzung abgebildet werden soll, wenn das Verfahren noch nicht abgeschlossen ist. 23

Rechtstechnisch handelt es sich bei der Erklärung des Vorbehalts als eine vom Verschmelzungsbeschluss getrennte Maßnahme. Es gelten daher nicht die Mehrheitserfordernisse, welche in der Tabelle unter (siehe Rz. 20) dargestellt sind, sondern die **einfache Stimmenmehrheit** ist ausreichend.[18] Dies gilt auch für die Erklärung der Genehmigung selbst.[19] 24

V. Ausnahmen (Konzernverschmelzungen)

§ 312 Abs. 2 normiert in Umsetzung von Art. 132 Abs. 1 der Gesellschaftsrechtsrichtlinie, dass in den Fällen des § 307 Abs. 3 ein Beschluss der Anteilseigner der übertragenden Gesellschaft nicht erforderlich ist. 25

Erfasst sind sog. **Konzernverschmelzungen**, also **Aufwärtsverschmelzungen (Upstream-Merger)** von 100%igen Tochtergesellschaften (vgl. § 307 Abs. 3 Nr. 1) sowie **Seitwärtsverschmelzungen (Sidestep-Merger)** von 100%igen Tochtergesellschaften. In diesen Fällen wäre ein Verschmelzungsbeschluss eine reine Formalie, da die übernehmende Gesellschaft, die – im Fall der Aufwärtsverschmelzung – alleinige Gesellschafterin der übertragenden Gesellschaft ist und der grenzüberschreitenden Verschmelzung bereits durch ihre Teilnahme daran zustimmt. Im Fall der Seitwärtsverschmelzung ist die übertragende Gesellschaft ebenfalls identisch mit der Gesellschafterin der übernehmenden Gesellschaft, so dass hier die gleichen Erwägungen gelten.[20] 26

---

16) So auch *Klett* in: BeckOGK-UmwG, § 312 Rz. 2.

17) Gesetz über die Mitbestimmung der Arbeitnehmer bei einer grenzüberschreitenden Verschmelzung (MgVG), v. 21.12.2006, BGBl. I 2006, S. 3332.

18) *de Raet* in: Kindler/Lieder, European Corporate Law, Art. 125 Rz. 17; Lutter-*Bayer/J. Schmidt*, UmwG, § 312 Rz. 41; sowie zum alten Recht *Stiegler*, GmbHR 2016, 406; abw. allerdings *Klett* in: BeckOGK-UmwG, § 312 Rz. 31, und *Klaaßen-Kaiser* in: KölnKomm-UmwG, § 312 Rz. 14, welche die gleichen Mehrheitserfordernisse wie für den Verschmelzungsbeschluss selbst fordern.

19) S. dazu ausf. m. w. N. zum (umstrittenen) Meinungsstand: Lutter-*Bayer/J. Schmidt*, UmwG, § 312 Rz. 44 ff.

20) S. zu den Erwägungen auch die Begr. RegE UmRUG, BR-Drucks. 371/22, S. 109, sowie ausf. *J. Schmidt*, Der Konzern 2022, 309, 314.

§ 313
Barabfindung*)

(1) [1]Unterliegt die übernehmende oder neue Gesellschaft nicht dem deutschen Recht, so hat die übertragende Gesellschaft im Verschmelzungsplan oder in seinem Entwurf jedem Anteilsinhaber, der gegen den Verschmelzungsbeschluss der Gesellschaft Widerspruch zur Niederschrift erklärt, den Erwerb seiner Anteile gegen eine angemessene Barabfindung anzubieten; nicht anzuwenden sind insoweit § 71 Absatz 4 Satz 2 des Aktiengesetzes sowie die Anordnung der Nichtigkeit des schuldrechtlichen Geschäfts über einen verbotswidrigen Erwerb nach § 33 Absatz 2 Satz 3 des Gesetzes betreffend die Gesellschaften mit beschränkter Haftung. [2]Das Abfindungsangebot steht unter der aufschiebenden Bedingung des Wirksamwerdens der grenzüberschreitenden Verschmelzung. [3]Im Verschmelzungsplan oder seinem Entwurf sind eine Postanschrift und eine elektronische Adresse anzugeben, an welche die Mitteilung nach Absatz 2 und die Annahmeerklärung nach Absatz 3 Satz 1 übermittelt werden können. [4]§ 29 Absatz 1 Satz 4 und 5 sowie Absatz 2, § 30 Absatz 1 und die §§ 32 bis 34 gelten entsprechend.

(2) Ein Anteilsinhaber, der die Annahme des Abfindungsangebots nach Absatz 1 Satz 1 beabsichtigt, hat der Gesellschaft seine Absicht spätestens einen Monat nach dem Tag, an dem die Versammlung der Anteilsinhaber der übertragenden Gesellschaft die Zustimmung zum Verschmelzungsplan beschlossen hat, mitzuteilen.

(3) [1]Das Angebot kann bis spätestens zwei Monate nach dem Tag, an dem die Versammlung der Anteilsinhaber der übertragenden Gesellschaft die Zustimmung zum Verschmelzungsplan beschlossen hat, angenommen werden. [2]Die Annahme ist ausgeschlossen, wenn die Mitteilung nach Absatz 2 nicht rechtzeitig erfolgt ist. [3]Erfolgt die Annahme vor Ablauf der Mitteilungsfrist gemäß Absatz 2, so ist die Mitteilung nicht mehr erforderlich. [4]§ 15 Absatz 4 des Gesetzes betreffend die Gesellschaften mit beschränkter Haftung bleibt unberührt.

(4) Anteilsinhaber, die das Angebot nach Maßgabe des Absatzes 3 angenommen haben, werden abweichend von § 20 Absatz 1 Nummer 3 Satz 1 mit Wirksamwerden der Verschmelzung nicht Anteilsinhaber der übernehmenden oder neuen Gesellschaft.

(5) [1]Die übernehmende oder neue Gesellschaft hat die Barabfindung spätestens zwei Wochen, nachdem die Verschmelzung wirksam geworden ist, an die Anteilsinhaber, die das Angebot nach Maßgabe des Absatzes 3 angenommen haben, zu zahlen. [2]§ 314 ist auf den Abfindungsanspruch dieser Anteilsinhaber entsprechend anzuwenden.

(6) [1]Die Angemessenheit einer nach Absatz 1 anzubietenden Barabfindung ist stets zu prüfen. [2]§ 311 ist entsprechend anzuwenden.

*) § 313 n. F. (§ 122i a. F.) Paragraphenzählung geändert und Text neugefasst durch Art. 1 des Gesetzes zur Umsetzung der Umwandlungsrichtlinie und zur Änderung weiterer Gesetze (UmRUG), v. 22.2.2023, BGBl. I 2023, Nr. 51; § 122i a. F. (§ 313 n. F.) eingefügt durch Art. 1 des Zweiten Gesetzes zur Änderung des Umwandlungsgesetzes (2. UmwGÄndG), v. 19.4.2007, BGBl. I 2007, 542.

Literatur: *Baschnagel/Hilser*, Grenzüberschreitende Umwandlungen und Austritt des dissentierenden Gesellschafters gegen Barabfindung – Mitwirkung des Notars notwendig?, BWNotZ 2023, 2; *Herfs*, Kommentar: Die marktorientierte Bewertungsmethode bei Strukturmaßnahmen und die Folgen für die Praxis, AG 2024, 653; *Mayer*, Praxisfragen des verschmelzungsrechtlichen Squeeze-out-Verfahrens, NZG 2012, 561; *Runge*, MoPeG und UmRUG – erste Praxiserfahrungen, NotBZ 2024, 253; *Schmidt, J.*, Schutz der Minderheitsgesellschafter bei grenzüberschreitenden Umwandlungen: Vorgaben der GesRRL und Umsetzung durch den UmRUG-RegE, ZGR Sonderheft 26 (2023), 229; *Schmidt, J.*, Der UmRUG-Referentenentwurf: grenzüberschreitende

Umwandlungen 2.0 – und vieles mehr, (Teil 1) NZG 2022, 579; *Stelmaszczyk*, Grenzüberschreitende Umwandlungen nach dem UmRUG, DNotZ 2023, 804.

Übersicht

I. Entstehung und Zweck der Vorschrift

§ 313 regelt die **Barabfindung** bei grenzüberschreitenden Verschmelzungen, **wenn die übernehmende oder neue Gesellschaft nicht dem deutschen Recht unterliegt**. Die übertragende Gesellschaft muss jedem **widersprechenden** Anteilsinhaber eine angemessene Barabfindung anbieten. 1

§ 313 setzt Art. 126a Abs. 1 bis 5 der Gesellschaftsrechtsrichtlinie[1)] um und ist ein **Schlüsselelement zum Schutz der Minderheitsgesellschafter** als Beteiligte einer grenzüberschreitenden Verschmelzung.[2)] Neu ist das Austrittsrecht nicht; es war bislang in § 122i a. F. geregelt, wurde durch das UmRUG jedoch grundlegend modifiziert.[3)] Kein Gesellschafter soll gezwungen sein, einer neuen Rechtsordnung unterstellt zu werden, weshalb ihm ein **Austrittsrecht gegen Barabfindung** gewährt wird.[4)] Die Zumutbarkeitsgrenze für die widersprechenden Gesellschafter der übertragenden bzw. formwechselnden Gesellschaft sei überschritten, wenn sich ihre Rechte und Pflichten infolge der grenzüberschreitenden Umwandlung nach dem Recht einer ausländischen Gesellschaftsform richten.[5)] Dementsprechend besteht es bei nationalen Verschmelzungen nicht.[6)] Beim **grenzüberschreitenden Formwechsel** (siehe § 326) und der **grenzüberschreitenden Spaltung** (siehe § 339) besteht hingegen konsequent **ebenfalls ein Austrittsrecht.** 2

Obwohl dieses Konzept zunächst überzeugend klingt, steht es bei Lichte betrachtet im Widerspruch zum Ziel der Schaffung eines harmonisierten europäischen Gesellschaftsrechts. Wenn Richtlinien und Verordnungen i. R. eines geschlossenen Systems einen angemessenen **Mindeststandard** von Anteilseignern, Arbeitnehmern und Gläubigern gewährleisten, sollte ein **Austrittsrecht** aus diesem System kein notwendiges Schutzinstrument sein. 3

Neben dem Austrittsrecht selbst sieht Art. 126a Gesellschaftsrechtsrichtlinie als weitere Schutzelemente der (Minderheits-)Anteilseigner den **Anspruch auf Verbesserung des Umtauschverhältnisses** (Art. 126a Abs. 6 und 7 Gesellschaftsrechtsrichtlinie) sowie den **Aus-** 4

---

1) Richtlinie (EU) 2017/1132 des Europäischen Parlaments und des Rates v. 14.6.2017 über bestimmte Aspekte des Gesellschaftsrechts (Gesellschaftsrechtsrichtlinie), ABl. (EU) L 169/46 v. 30.6.2017.

2) Ausf. dazu *de Raet* in: Kindler/Lieder, European Corporate Law, Art. 126a Rz. 1 ff.

3) § 122g a. F. wurde durch das Zweite Gesetz zur Änderung des Umwandlungsgesetzes (2. UmwGÄndG), v. 19.4.2007, BGBl. I 2007, 542, eingeführt; s. dazu auch Begr. RegE UmRUG, BR-Drucks. 371/22, S. 113 ff.; Begr. RefE UmRUG, S. 89 ff., abrufbar unter https://www.bmjv.de/SharedDocs/Downloads/DE/Gesetzgebung/RefE/RefE_UmRUG.pdf?__blob=publicationFile&v=4 (Abrufdatum: 26.2.2026); zur alten Rechtslage Henssler/Strohn-*Polley*, GesR, § 313 UmwG Rz. 19.

4) *Sitter* in: NK-UmwG, § 313 Rz. 2.

5) *Stelmaszczyk*, DNotZ 2023, 804, 815.

6) Außer bei Verschmelzung im Wege der Aufnahme durch einen Rechtsträger anderer Rechtsform oder einer Verschmelzung einer börsennotierten AG auf eine nichtbörsennotierte AG mit § 29 als vergleichbare Regelung (s. *Klaaßen-Kaiser* in: KölnKomm-UmwG, § 313 Rz. 1, § 29 Rz. 1 ff.).

schluss der Anfechtung wegen Bewertungsmängeln (Art. 126a Abs. 4 Gesellschaftsrechtsrichtlinie) vor.[7]

5 Art. 126a Gesellschaftsrechtsrichtlinie gibt den Mitgliedstaaten zahlreiche **Gestaltungsspielräume bei der Umsetzung** in nationales Recht. So können Mitgliedstaaten vorsehen, dass das Austrittsrecht auch den Anteilsinhabern gewährt wird, die nicht gegen die Verschmelzung gestimmt haben. Der deutsche Gesetzgeber hat davon zu Recht keinen Gebrauch gemacht. Es wäre widersprüchlich, für die grenzüberschreitende Verschmelzung zu stimmen, aber das Austrittsrecht in Anspruch zu nehmen.[8] Da der Anwendungsbereich von § 313 allerdings nur die Anteilsinhaber **deutscher übertragender Gesellschaften** umfasst, ist bei grenzüberschreitenden Verschmelzungen stets zu prüfen, ob und wie die Mitgliedstaaten der **beteiligten ausländischen Rechtsträger** das Austrittsrecht umgesetzt haben und welche Folgen dies für die betroffene grenzüberschreitende Verschmelzung hat; insbesondere wenn an der Verschmelzung Rechtsträger aus mehr als zwei Jurisdiktionen beteiligt sind.[9]

II. Allgemeines

6 Das Austrittsrecht gegen Barabfindung gilt entsprechend der Regelungskompetenz des deutschen Gesetzgebers gemäß § 313 Abs. 1 Satz 2 nur für die **widersprechenden** Gesellschafter **deutscher übertragenden Gesellschaften**, die i. R. einer grenzüberschreitenden Verschmelzung auf eine **übernehmende oder neue EU/EWR-Gesellschaft** verschmolzen werden (sog. **Hinausverschmelzung**). Das Austrittsrecht gegen Barabfindung gemäß § 313 gilt folglich nicht für Anteilsinhaber ausländischer Gesellschaften oder wenn die übernehmende oder neue Gesellschaft eine deutsche Gesellschaft ist.[10] Maßgeblich für die Bestimmung, ob eine Gesellschaft dem deutschen Recht unterliegt, ist anknüpfend an die Gründungstheorie der **Satzungssitz**.[11]

7 **Irrelevant** ist hingegen die **Nationalität** der betroffenen Minderheitsgesellschafter. Das Austrittsrecht nach § 313 steht nicht nur deutschen widersprechenden Minderheitsgesellschaftern zu, sondern auch ausländischen Minderheitsgesellschaftern, und zwar unabhängig davon, ob sie aus EU/EWR-Staaten oder Drittstaaten stammen. Die Vorschrift schützt die Wahl des „deutschen Rechtsträgers" unabhängig von der Nationalität des betroffenen Anteilsinhabers.

8 § 313 modifiziert die allgemeinen Regeln für nationale Verschmelzungen, die in den §§ 29 ff. geregelt sind, und verdrängt diese, soweit § 313 Anwendung findet. Wenn § 313 auf die **allgemeinen Regeln der §§ 29 verweist**, bleiben diese jedoch anwendbar.[12] Danach gilt Folgendes: Bei einer rechtsformwechselnden Verschmelzung, bei der eine börsennotierte Gesellschaft auf eine nicht börsennotierte Gesellschaft verschmolzen wird, müssen den Anteilsinhabern des übertragenden Rechtsträgers, die im Verschmelzungsbeschluss widersprochen haben, im Verschmelzungsvertrag oder dessen Entwurf ein **Austrittsrecht gegen Zahlung einer angemessenen Barabfindung** eingeräumt werden. Dieses Angebot muss innerhalb von zwei Monaten nach der Bekanntmachung der Wirksamkeit der Ver-

7) S. dazu sowie zu den Umsetzungsnormen in Deutschland die tabellarische Übersicht bei Lutter-*Bayer/J. Schmidt*, UmwG, § 313 Rz. 9.

8) *de Raet* in: Kindler/Lieder, European Corporate Law, Art. 126a Rz. 4; zu der nach wie vor offenen Frage, ob auch der Widerspruch zur Niederschrift ausreicht, obwohl Anteilseigner dem Verschmelzungsbeschluss zustimmen, s. *Baschnagel/Hilser*, BWNotZ 2023, 2, 3.

9) *Klaaßen-Kaiser* in: KölnKomm-UmwG, § 313 Rz. 3a.

10) *Klaaßen-Kaiser* in: KölnKomm-UmwG, § 313 Rz. 3a.

11) Lutter-*Bayer/J. Schmidt*, UmwG, § 313 Rz. 14 m. w. N.

12) *Klett* in: BeckOGK-UmwG, § 313 Rz. 11 ff.; Henssler/Strohn-*Polley*, GesR, § 313 UmwG Rz. 5.

schmelzung angenommen werden können. Die Angemessenheit der Barabfindung wird von einem dafür bestellten Prüfer überprüft.[13)]

Die Pflicht zur Gewährung eines Austrittsrechts gilt **nicht für Konzernverschmelzungen,** 9
also solche Verschmelzungen, in denen die Anteile an der betroffenen deutschen Übertragenden Gesellschaft zu 100 % in der übernehmenden deutschen Gesellschaft liegen. Bei derartigen Konzernverschmelzungen fehlt es bereits an Minderheitsgesellschaftern, welche zu schützen wären oder die einen Austritt in Erwägung ziehen könnten.[14)]

Die (grenzüberschreitende) Verschmelzung führt naturgemäß zu einem **Erwerb eigener** 10
Anteile durch die übernehmende Gesellschaft. Hierfür ist grundsätzlich das **Recht des Mitgliedstaates der übertragenen Gesellschaft** maßgeblich. In der Praxis ist deshalb zu klären ob grenzüberschreitende Verschmelzung die Kapitalerhaltungsvorschriften bzw. die sonstigen Vorgaben zum Erwerb eigener Anteile des jeweiligen EU/EWR-Mitgliedstaats verletzen. Aus deutscher Sicht wäre allerdings zu beachten, dass das Barabfindungsangebot von der deutschen übertragenden Gesellschaft gewährt wird (und sodann i. R. der Universalsukzession auf die übernehmende Gesellschaft übergeht).[15)] Um Diskussionen über das Vorliegen der Voraussetzungen für den Erwerb eigener Anteile von vorneherein abzuschneiden hat der deutsche Gesetzgeber in § 313 Abs. 1 Satz 1 bestimmt, dass die aktien- und GmbH-rechtlichen Vorschriften des betreffend den Erwerb eigener Anteile (§ 71 Abs. 4 Satz 2 AktG, § 33 Abs. 2 Satz 2 Satz 3 GmbHG) keine Anwendung finden.[16)]

III. Modalitäten und Inhalt des Barabfindungsangebots

Das Angebot ist gemäß § 313 Abs. 1 Satz 1 im **Verschmelzungsplan** (bzw. dessen **Ent-** 11
wurf) gemäß § 307 Abs. 2 Nr. 13 als dem für die grenzüberschreitende Verschmelzung zentralen Dokument **anzugeben**. Die Anteilsinhaber sollen bereits im Verschmelzungsplan über das Angebot und die Höhe einer Barabfindung informiert werden, um ihnen auf dieser Grundlage eine **informierte Abstimmung** über die grenzüberschreitende Verschmelzung zu ermöglichen.[17)]

Zum **notwendigen Inhalt** gemäß § 307 Abs. 2 Nr. 13 gehört die Bekanntmachung (§ 313 12
Abs. 1 Satz 4) sowie der genaue **Wortlaut** des Abfindungsangebots. Weiterer Mindestinhalt ist die Angabe einer Postanschrift oder einer elektronischen Adresse, an welche die Minderheitsgesellschaft, die das Angebot annehmen wollen, ihre Absichtserklärung nach § 313 Abs. 2 senden können (§ 313 Abs. 1 Satz 3).

Das Angebot zur Barabfindung steht naturgemäß unter der **aufschiebenden Bedingung** 13
des Wirksamwerdens der grenzüberschreitenden Verschmelzung (§ 313 Abs. 1 Satz 3), da das Austrittsrecht nur dann besteht, wenn die Verschmelzung tatsächlich eingetragen und wirksam wird.[18)]

Zur **Höhe** der Barabfindung enthält § 313 Abs. 1 lediglich den Hinweis, dass das Barabfin- 14
dungsangebot **angemessen** sein muss. Eine genaue Berechnungsgrundlage oder -methodik schreibt das Gesetz nicht vor, so dass die allgemeinen Grundsätze der **§§ 30 ff.** gelten. Bei börsennotierten Gesellschaften bietet sich ein Rückgriff auf den Börsenkurs an, soweit dieser

13) Dazu ausf. *Klett* in: BeckOGK-UmwG, § 313 Rz. 12.

14) *Klett* in: BeckOGK-UmwG, § 313 Rz. 21.

15) Lutter-*Bayer/J. Schmidt*, UmwG, § 313 Rz. 61.

16) Lutter-*Bayer/J. Schmidt*, UmwG, § 313 Rz. 60 f. krit. *Klett* in: BeckOGK-UmwG, § 313 Rz. 37, wonach der deutsche Gesetzgeber dafür bereits keine Regelungskompetenz habe.

17) Lutter-*Bayer/J. Schmidt*, UmwG, § 307 Rz. 59.

18) Begr. RegE UmRUG z. § 313 Abs. 1, BT-Drucks. 20/3822, S. 94 f.

aussagekräftig ist, also keine Marktenge oder andere anerkannte Anomalitäten vorliegen.[19] In zeitlicher Hinsicht ist das Angemessenheitskriterium zum Zeitpunkt der Beschlussfassung über den Verschmelzungsplan zu berücksichtigen.[20]

15 Die Angemessenheit des Angebots wird dadurch sichergestellt, dass die Barabfindung gemäß § 312 Abs. 6 von einem **unabhängigen Prüfer** zu prüfen ist, der darüber zu berichten hat. In der Praxis stellen sich bei grenzüberschreitenden Verschmelzungen insbesondere die Herausforderungen, die verschiedene Bewertungsverfahren und -ansätze der Mitgliedstaaten in Einklang zu bringen. Es ist daher unabdingbar, einen sachverständigen Prüfer auszuwählen, der mit **den Bewertungsmethoden und Marktstandards der beteiligten Jurisdiktionen** hinreichend vertraut ist.

16 Für die Barabfindungsprüfung findet gemäß § 313 Abs. 6 Satz 2 das **Verfahren zur Verschmelzungsprüfung** gemäß § 311 Anwendung. In der Praxis bietet es sich an, mit den Registergerichten abzustimmen, dass Verschmelzungs- und Barabfindungsprüfer identisch sind.[21] Dies ist nicht nur bei der grenzüberschreitenden Verschmelzung, sondern auch etwa beim (nationalen) verschmelzungsrechtlichen Squeeze-out ein bewährtes Verfahren,[22] um konfligierende Bewertungsansätze zu vermeiden.

17 Ab dem Zeitpunkt des **Wirksamwerdens der Verschmelzung** ist die Barabfindung mit einem Zinssatz von fünf Prozentpunkten über dem jeweiligen Basiszinssatz gemäß § 247 BGB zu **verzinsen** (§ 313 Abs. 1 Satz 4 i. V. m. § 30 Abs. 1 Satz 2 i. V. m. § 15 Abs. 2). Der Zeitpunkt erscheint auf den ersten Blick fragwürdig, da die Angemessenheit der Barabfindung – und damit der wirtschaftliche Stichtag – zum Zeitpunkt der Beschlussfassung über die Verschmelzung beurteilt wird. Allerdings erfolgt der Austritt – und damit die Wandlung des Gesellschaftsanteils in den Barabfindungsanspruch – erst mit dem Austritt zum Zeitpunkt des Wirksamwerdens der Verschmelzung. Es ist daher sachgerecht, den Anspruch erst ab diesem Zeitpunkt zu verzinsen.

IV. Annahme des Barabfindungsangebots

18 § 313 Abs. 2 und 3 regeln die Modalitäten der Annahme des Barabfindungsangebots. Dabei wird zwischen der **Mitteilung über die Absicht zur Annahme des Angebots (Absichtserklärung)** gemäß § 313 Abs. 2 und der **Annahmeerklärung** gemäß § 315 Abs. 3 differenziert. Diese Differenzierung ist in der Gesellschaftsrechtsrichtlinie nicht angelegt, sondern wurde vorm deutschen Gesetzgeber mit dem UmRUG eingeführt, um das Erfordernis der notariellen Beurkundung bei der grenzüberschreitenden Verschmelzung von GmbHs gemäß § 15 Abs. 4 GmbHG zu wahren.[23] Ob das Beurkundungserfordernis überhaupt greift, ist dogmatisch umstritten.[24] Für die Praxis ist die klare Regelung des Gesetzgebers jedoch zu begrüßen: Danach ist die **Mitteilung über die Absicht zur Annahme des Angebots** gemäß § 313 Abs. 2 auch bei der grenzüberschreitenden Verschmelzung von GmbH-

19) Für die börsennotierte AG stellt der BGH in seiner Entscheidung v. 31.1.2024 fest, dass für die Bewertung der Angemessenheit der Barabfindung der Rückgriff auf den Börsenwert der Gesellschaft ausreichend ist, sofern dieser aussagekräftig ist, BGH v. 31.1.2024 – II ZB 5/22, NZG 2024, 935 = DNotZ 2024, 935; vgl. dazu auch *Herfs*, AG 2024, 653, 657 – *Herfs* weist richtigerweise darauf hin, dass diese Argumentation sich auf die grenzüberschreitende Verschmelzung übertragen lässt.

20) *Klett* in: BeckOGK-UmwG, § 313 Rz. 22.

21) Zur Argumentation für einen gemeinsamen Prüfungsbericht vgl. Begr. RegE UmRUG, BR-Drucks. 371/22, S. 113.

22) S. dazu etwa *Mayer*, NZG 2012, 561, 568; *Goslar* in: BeckHdb. AG, § 15 Rz. 78.

23) *Klaßen-Kaiser* in: KölnKomm-UmwG, § 313 Rz. 10.

24) Ausf. dazu *Baschnagel/Hilser*, BWNotZ 2023, 2 ff.; krit. *J. Schmidt*, ZGR Sonderheft 26 (2023), 229, 246, sowie zur Spaltung, aber insoweit auf die grenzüberschreitende Verschmelzung übertragbar: *Verse* in: Geibel/Heinze/Verse, Binnenmarktrecht als Mehrebenensystem, S. 191, 214.

Anteilen **formfrei** möglich, da sie lediglich der Vermeidung einer Präklusion dient, aber den Anteilseigner noch nicht bindet. Die **Annahmeerklärung** gemäß § 315 Abs. 3 bedarf bei der grenzüberschreitenden Verschmelzung von GmbH-Anteilen – also, wenn die übertragende Gesellschaft eine deutsche GmbH ist – der **notariellen Beurkundung.**[25)]

Hinsichtlich des **Zeitablaufs** und der **Fristen** gilt Folgendes: Die Anteilsinhaber haben spätestens **einen Monat** nach Beschlussfassung über den Verschmelzungsplan gemäß § 313 Abs. 2 zu erklären, ob sie beabsichtigen das Barabfindungsangebot anzunehmen und damit mit Wirksamwerden aus der Gesellschaft auszutreten. Diese Absichtserklärung **bindet die Anteilsinhaber nicht**, das Angebot anzunehmen. Das Unterlassen der Absichtserklärung hat aber eine Präklusionswirkung: Nur Anteilsinhaber, welche die Absichtserklärung **frist- und formgerecht** abgeben, können später die Annahmeerklärung abgeben; es sei denn, dass sie bereits die Annahmeerklärung innerhalb der Monatsfrist für die Absichtserklärung abgeben.[26)] Die Absichtserklärung gibt den beteiligten Gesellschaften Sicherheit, wie viele Gesellschafter maximal das Barabfindungsangebot annehmen werden. Da die Erklärung formfrei ist, kann diese an die im Verschmelzungsplan dafür anzugebende Postanschrift oder elektronische Adresse übermittelt werden. Dabei müssen die Gesellschaften sicherstellen, dass die Erklärenden auch tatsächlich Gesellschafter sind bzw. dass die Absichtserklärung – insbesondere bei juristischen Personen – ordnungsgemäß durch die jeweiligen Vertretungsorgane oder ordnungsgemäß bevollmächtigte Vertreter abgegeben werden. 19

Die Frist für die Annahmeerklärung gemäß § 313 Abs. 3 berechnet sich ebenfalls nach dem Zeitpunkt der Beschlussfassung über den Verschmelzungsplan gemäß § 312. Die Annahmeerklärung ist spätestens **zwei Monate** nach dieser Beschlussfassung zu erklären. Sie bedarf bei der GmbH der notariellen Beurkundung. Bei allen anderen deutschen Rechtsträgern (AG, KGaA, SE) ist sie formfrei. Die Annahmeerklärung selbst ist **unbedingt (und muss unbedingt sein)**, auch wenn das Barabfindungsangebot selbst auf das Wirksamwerden der Verschmelzung bedingt ist. Es handelt sich um eine unbedingte Annahme eines bedingten Angebots. Dabei gilt grundsätzlich die oben erläuterte Präklusionswirkung: Nach Ablauf der einmonatigen Frist für die Absichtserklärung dürfen nur Anteilsinhaber das Angebot abgeben, welche die Absichtserklärung abgegeben haben. Vor Ablauf dieser einmonatigen Frist, können Anteilsinhaber das Angebot auch ohne vorherige Abgabe der Absichtserklärung angeben. 20

V. Zahlung der Barabfindung

Die Zahlung der Barabfindung erfolgt **nach** Wirksamwerden der Barabfindung, ist also keine Voraussetzung für deren Wirksamkeit. Sie ist gemäß § 313 Abs. 5 Satz 1 innerhalb von **zwei Wochen nach dem Wirksamwerden der Verschmelzung (also deren Eintragung)** zur Zahlung fällig. Diese Frist ist sehr kurz und es wäre wünschenswert gewesen, wenn der deutsche Gesetzgeber i. R. des Spielraums der Gesellschaftsrechtsrichtlinie, welche eine Frist von bis zu zwei Monaten erlaubt, den Gesellschaftern etwas mehr Zeit gegeben hätte, da die Abwicklung der Zahlung(en) insbesondere bei einem großen Kreis der Anteilsinhaber und Auslandsbezug – auch unter Berücksichtigung der Erfüllung etwaiger geldwäscherechtlicher Voraussetzungen – komplex sein kann. 21

25) *J. Schmidt*, NZG 2022, 579, 583; *J. Schmidt*, ZGR Sonderheft 26 (2023), 229, 246; *Runge*, NotBZ 2024, 253, 255.

26) Begr RegE UmRUG, BR-Drucks. 371/21, S. 11; *Baschnagel/Hilser*, BWNotZ 2023, 2; Lutter-*Bayer/J. Schmidt*, UmwG, § 313 Rz. 50.

22 Da die deutschen Anteilsinhaber mit der Wirksamkeit ihre Anteile „aus der Hand" und „ins Ausland" geben, bevor sie die Barabfindung erhalten, haben sie sie entsprechend dem Konzept von § 314 einen **Anspruch auf Sicherheitsleistung** (§ 313 Abs. 5 Satz 2).[27)]

VI. Überprüfung der Barabfindung im Spruchverfahren

23 Gemäß Art. 126a Abs. 4 Gesellschaftsrechtsrichtlinie müssen die Mitgliedstaaten sicherstellen, dass Anteilsinhaber die Möglichkeit der **Überprüfung** der Barabfindung **vor einer nationalen Stelle oder Behörde** haben. Der deutsche Gesetzgeber hat diese Vorgabe konsequent umgesetzt, indem die Anteilsinhaber gemäß §§ 313 Abs. 1 Satz 4, 34 Satz 1 die Möglichkeit zur Überprüfung der Barabfindung (nach dem Wortlaut der Richtlinie: Forderung einer zusätzlichen Barabfindung) im **Spruchverfahren** haben. Folgerichtig ist gemäß §§ 313 Abs. 1 Satz 4, 32 eine Anfechtungsklage gegen den Verschmelzungsbeschluss nicht mit der Begründung möglich, dass die Barabfindung nicht angemessen sei oder bewertungsrelevante Informationsmängel vorliegen.[28)] Neu ist seit dem UmRUG, dass das Spruchverfahren nur den Gesellschaftern der deutschen übertragenden Gesellschaft, nicht aber den Anteilsinhabern der beteiligten ausländischen Gesellschaften zusteht.[29)]

24 Das Verfahren dafür richtet sich (einschließlich der Fristen und Zuständigkeiten) nach dem **durch das UmRUG reformierten SpruchG**.[30)]

---

27) *Sitter* in: NK-UmwG, § 313 Rz. 32; Begr. RegE UmRUG, BR-Drucks. 371/22, S. 112.

28) *Klett* in: BeckOGK-UmwG, § 313 Rz. 46; Schmitt/Hörtnagl-*Winter*, UmwG/UmwStG, § 32 UmwG Rz. 1 ff.

29) Henssler/Strohn-*Polley*, GesR, § 313 UmwG Rz. 20.

30) Ausf. Lutter-*Bayer*/*J. Schmidt*, UmwG, § 313 Rz. 68 ff. m. w. N.; *Runge*, NotBZ 2024, 253, 255.

§ 314

Schutz der Gläubiger der übertragenden Gesellschaft[*)]

(1) Der Gläubiger einer übertragenden Gesellschaft kann verlangen, dass ihm Sicherheit geleistet wird für eine Forderung, die

1. vor der Bekanntmachung des Verschmelzungsplans oder seines Entwurfs entstanden, aber im Zeitpunkt der Bekanntmachung noch nicht fällig geworden ist, und

2. deren Erfüllung durch die Verschmelzung gefährdet wird.

(2) Die Voraussetzungen des Anspruchs nach Absatz 1 sind gegenüber dem zuständigen Gericht glaubhaft zu machen.

(3) Der Anspruch auf Sicherheitsleistung erlischt, wenn er nicht innerhalb von drei Monaten ab Bekanntmachung des Verschmelzungsplans gerichtlich geltend gemacht wurde.

(4) [1]Geleistete Sicherheiten sind freizugeben, wenn das Verschmelzungsverfahren gescheitert ist. [2]Das ist insbesondere dann der Fall, wenn

1. die Entscheidung des Gerichts über die Ablehnung der Eintragung gemäß § 316 Absatz 1 rechtskräftig ist,

2. die Ablehnung der Entscheidung über die Eintragung der Verschmelzung im Register der übernehmenden oder neuen Gesellschaft nicht mehr angefochten werden kann oder

3. das Verfahren auf Eintragung gemäß § 316 Absatz 1 oder nach dieser Eintragung das Verfahren auf Eintragung der Verschmelzung im Register der übernehmenden oder neuen Gesellschaft auf andere Weise endgültig beendet worden ist.

(5) Ausschließlich zuständig für Streitigkeiten über den Anspruch auf Sicherheitsleistung nach Absatz 1 sowie über die Freigabe nach Absatz 4 ist das Gericht, dessen Bezirk das für die Erteilung der Vorabbescheinigung zuständige Registergericht angehört.

*) § 314 n. F. (§ 122j a. F.) Paragraphenzählung geändert und Text neugefasst durch Art. 1 des Gesetzes zur Umsetzung der Umwandlungsrichtlinie und zur Änderung weiterer Gesetze (UmRUG), v. 22.2.2023, BGBl. I 2023, Nr. 51; § 122j a. F. (§ 314 n. F.) eingefügt durch Art. 1 des Zweiten Gesetzes zur Änderung des Umwandlungsgesetzes (2. UmwGÄndG), v. 19.4.2007, BGBl. I 2007, 542.

Literatur: *Baschnagel/Hilser*, Gläubigerschutz bei grenzüberschreitenden Umwandlungen nach dem UmRUG, NZG 2022, 1333; *Forsthoff*, Internationale Verschmelzungsrichtlinie: Verhältnis zur Niederlassungsfreiheit und Vorwirkung; Handlungszwang für Mitbestimmungsreform, DStR 2006, 613; *Heckschen*, Mehrheitserfordernisse, Missbrauchskontrolle und Gläubigerschutz bei grenzüberschreitender Umwandlung in der Krise, in: Festschrift für Andreas Heidinger 2023, S. 165; *Hüffer*, Der Schutz besonderer Rechte in der Verschmelzung, in: Festschrift für Marcus Lutter, 2000, S. 1227; *Keller*, Die Folgen des Statutenwechsels infolge der Verlegung des COMI, NZI 2021, 110; *Schmidt, J.*, Der Schutz der Gläubiger bei grenzüberschreitenden Verschmelzungen nach dem UmRUG, in: Festschrift Andreas Heidinger, 2023, S. 469; *Schmidt, J.*, Grenzüberschreitender Formwechsel in der EU Eckpunkte des Rechtsrahmens und Herausforderungen bei der Umsetzung, ZEuP 2020, 565; *Schwemmer*, Die Verlegung des centre of main interests (COMI) im Anwendungsbereich der EuInsVO, NZI 2009, 355; *Tafel*, Gläubigerschutz bei grenzüberschreitenden Umwandlungen bei Scheinauslands- und Scheininlandsgesellschaften sowie in Zessionsfällen, ZIP 2024, 2444.

Übersicht

I. Entstehung und Zweck der Vorschrift

1 § 314 ist zentraler Pfeiler des Schutzkonzepts bei grenzüberschreitenden Verschmelzungen. Während das Austrittsrecht gegen Barabfindung gemäß § 313 die Anteilsinhaber schützt, dient § 314 dem **Schutz der Gläubiger**, welche – ohne Anteilseigner zu sein – ebenfalls von den Folgen einer grenzüberschreitenden Verschmelzung betroffen sind. Sie sollen nach der Vorstellung des EU-Gesetzgebers nicht gezwungen sein, dass ihre Forderung aufgrund der grenzüberschreitenden Verschmelzung im Wege der Universalsukzession auf eine Schuldnerin übergeht, die einer neuen Rechtsordnung unterstellt ist.[1)] Gleichwohl soll ihnen – anders als Gesellschaftern – kein Recht zur Mitbestimmung über die grenzüberschreitende Verschmelzung (**kein Vetorecht**) und auch **kein Austrittsrecht (bzw. Recht zur sofortigen Liquidation ihrer Forderungen)** zustehen. Stattdessen erhalten sie einen **Anspruch auf Sicherheitsleistung**, sofern die Erfüllung der Forderung durch die grenzüberschreitende Verschmelzung gefährdet wird. Der Anspruch richtet sich gegen die übertragende Gesellschaft, welche als Schuldnerin des zu sichernden Anspruchs auch Schuldnerin des Anspruchs auf Sicherheitsleistung ist.

1) *Baschnagel/Hilser*, NZG 2022, 1333 ff.; *J. Schmidt* in: FS Heidinger, S. 469; *Klett* in: BeckOGK-UmwG, § 314 Rz 2.

2 § 314 basiert auf **Art. 126b Gesellschaftsrechtsrichtlinie**[2], welcher für grenzüberschreitende Verschmelzungen erstmals ein harmonisiertes Konzept zum Mindestschutz der Gläubiger für sämtliche EU/EWR-Mitgliedstaaten vorsieht.[3] Die Vorgängerrichtlinien verwiesen insoweit lediglich auf die subsidiär anwendbaren Vorschriften des nationalen Rechts der Mitgliedstaaten.[4] Das deutsche UmwG sah in § 122j a. F. bereits ein Art. 126b der Gesellschaftsrechtsrichtlinie entsprechendes Schutzsystem vor. In der Praxis stellte sich bei grenzüberschreitenden Verschmelzungen gleichwohl das Problem, dass andere Mitgliedstaaten erheblich divergierende Schutzsysteme vorsahen; einige Mitgliedstaaten gewährten den Gläubigern sogar ein Vetorecht.[5] Obwohl sich also aus Sicht des deutschen Rechts keine grundlegenden Änderungen ergeben, erleichtert die Harmonisierung des Gläubigerschutzes die grenzüberschreitende Verschmelzung mithin erheblich.

II. Allgemeines

3 Der Anspruch der Gläubiger auf Sicherheitsleistung gemäß § 314 ist ein sog. **ex-ante-Anspruch.** Im Gegensatz zum ex-post-Anspruch der Gläubiger auf Sicherheitsleistung bei nationalen Verschmelzungen gemäß §§ 305 Abs. 2, 22, können die Gläubiger einer grenzüberschreitenden Verschmelzung ihren Anspruch auf Sicherheitsleistung **bereits vor Wirksamwerden der Verschmelzung** geltend machen.[6]

4 § 314 gilt nur für die **Hinausverschmelzung** (aus deutscher Sicht), also für die Gläubiger deutscher Gesellschaften, die i. R. einer grenzüberschreitenden Verschmelzung als übertragende Gesellschaft auf eine bestehende oder neue übernehmende ausländische EU/EWR-Gesellschaft verschmolzen werden. Für die Gläubiger der betreffenden ausländischen EU/EWR-Gesellschaften gelten die zur Umsetzung von Art. 126b Gesellschaftsrechtsrichtlinie geschaffenen Vorschriften der jeweiligen EU/EWR-Mitgliedstaaten. Soweit Gläubiger also Forderungen gegen mehrere an einer grenzüberschreitenden Verschmelzung **beteiligte Gesellschaften** haben, gelten für die Forderungen **unterschiedliche (aber harmonisierte) Rechtsordnungen.**

5 Der Schutz Gläubiger deutscher übernehmender Gesellschaften richtet sich wie bisher nach dem ex-post-Anspruch auf Sicherheitsleistung gemäß §§ 305 Abs. 2, 22.

6 Die Aussage, es sei Gläubigern deutscher Gesellschaften nicht zumutbar, ihre Forderungen im EU/EWR-Ausland gegen eine EU/EWR-Gesellschaft durchzusetzen, wird oftmals ebenso unkritisch getätigt, wie die Aussage zu § 313, es sei Gesellschaftern einer deutschen Gesellschaft nicht zumutbar, durch die grenzüberschreitende Verschmelzung Gesellschafter einer EU/EWR-Gesellschaft zu werden (siehe § 313 Rz. 2 ff. [*de Raet/Brunk*]). Aufgrund der Harmonisierung des **internationalen Zivilprozessrechts** lassen sich die unterschiedliche Behandlung von Gläubigern der übertragenden und der übernehmenden Gesellschaft bei einer grenzüberschreitenden Verschmelzung nicht rechtfertigen (siehe Rz. 19). Es ist Gläubigern zumutbar, ihre Forderungen auch im (harmonisierten) EU/EWR-Ausland durch-

---

2) Richtlinie (EU) 2017/1132 des Europäischen Parlaments und des Rates v. 14.6.2017 über bestimmte Aspekte des Gesellschaftsrechts (Gesellschaftsrechtsrichtlinie), ABl. (EU) L 169/46 v. 30.6.2017.

3) *de Raet* in: Kindler/Lieder, European Corporate Law, Art. 126b Rz. 1 ff.

4) *de Raet* in: Kindler/Lieder, European Corporate Law, Art. 126b Rz. 4; Lutter-*Bayer/J. Schmidt*, UmwG, § 314 Rz. 14 m. w. N.

5) Lutter-*Bayer/J. Schmidt*, UmwG, § 314 Rz. 4 m. w. N.

6) *Baschnagel/Hilser*, NZG 2022, 1333, 1335, der auch die weiteren Differenzen zum Schutzkonzept der § 22 darstellt.

zusetzen.[7] Ähnlich verlief lange Zeit die Diskussion zum sog. Forum Shopping im Insolvenzrecht (Verlegung des COMI (Center of Main Interest) ins Ausland).[8]

Fehl geht deshalb auch die Diskussion, ob § 314 für Gesellschaften, die ausländischem Recht unterliegen, aber ihren Verwaltungssitz und ihre tatsächliche Geschäftstätigkeit in Deutschland haben (sog. **Scheinauslandsgesellschaften**) teleologisch zu reduzieren sei. Es wird argumentiert, in diesen Fällen bestehe kein Schutzbedürfnis, weil derartige Scheinauslandsgesellschaften in Deutschland verklagt werden können.[9] Dies verkennt die Ratio von § 314. Der Umstand, dass die übernehmende Gesellschaft nicht in Deutschland verklagt werden kann, ist nicht ausreichend, um den Anspruch auf Sicherheitsleistung gemäß § 314 zu erhalten.[10] Dementsprechend besteht auch kein Raum für eine teleologische Reduktion, wenn – gleich aus welchem Grund[11] – eine Geltendmachung der Forderung vor deutschen Gerichten möglich ist. Hinzu kommt, dass die Vorschriften der Gesellschaftsrechtsrichtlinie trotz Bewusstseins des Gesetzgebers über diese Problematik nach der Polbud-Entscheidung[12] keine Ausnahme hinsichtlich Scheinauslandsgesellschaften enthalten.[13] 7

Auch die für aufnehmende Scheininlandsgesellschaften, d. h. solche, die ihren Satzungssitz in Deutschland, aber ihren Verwaltungssitz und ihre tatsächliche Geschäftstätigkeit im Ausland haben, diskutierte analoge Anwendung[14] geht fehl, da es hier am grenzüberschreitenden Bezug fehlt.[15] 8

Umstritten ist ferner, ob § 314 teleologisch zu reduzieren ist, wenn die beteiligte deutsche übertragende Gesellschaft sich im **Insolvenz- oder Restrukturierungsverfahren** befinde. Es wird argumentiert, eine derartige teleologische Reduktion sei geboten, da die Vorschriften des Insolvenzrechts einen hinreichenden (kollektiven) Schutz der Gläubiger vorsehen und für einen individuellen Gläubigerschutz kein Raum sei.[16] Diese Argumentation überzeugt – unabhängig von der Frage, ob eine solche teleologische Reduktion unionsrechtlich überhaupt zulässig wäre[17] – nicht. Der Gesetzgeber hat die Gefahr darin gesehen, dass sich durch eine grenzüberschreitende Verschmelzung den nationalen Vorschriften zum Gläubigerschutz entzogen wird.[18] Daher hat er in § 315 Abs. 3 Satz 1 Nr. 4 Satz 2 (siehe § 315 Rz. 34 ff.) eine Versicherungs- bzw. Mitteilungspflicht der übertragenden Gesellschaft geregelt.[19] Das Problem war dem Gesetzgeber also bei der Umsetzung bekannt 9

7) Ähnl. Lutter-*Bayer/J. Schmidt*, UmwG, § 314 Rz. 24, wonach eine Forderung nicht bereits deshalb durch die grenzüberschreitende Verschmelzung gefährdet sei, weil sie zukünftig im Ausland eingeklagt werden müsse. S. a. *J. Schmidt* in: FS Heidinger, S. 469, 473, *J. Schmidt*, ZEuP 2020, 565, 583.

8) S. dazu exemplarisch: *Schwemmer*, NZI 2009, 355; *Keller*, NZI 2021, 110 ff.

9) *Klett* in: BeckOGK-UmwG, § 314 Rz 9; Henssler/Strohn-*Polley*, GesR, § 314 UmwG Rz. 3.

10) Vgl. zur Unvereinbarkeit der teleologischen Reduktion mit der Gesellschaftsrechtsrichtlinie *Tafel*, ZIP 2024, 2444, 2445, der mit dem Schutzzweck der Vorschriften der Gesellschaftsrechtsrichtlinie, auf denen § 314 beruht, und einem Vergleich mit der Vorschrift zum grenzüberschreitenden Formwechsel argumentiert.

11) Auch aufgrund von Gerichtstandsklauseln kann eine Geltendmachung der Forderung in Deutschland zulässig sein.

12) EuGH, Urt. v. 25.10.2018 – Rs. C-106/16 (Polbud – Wykonawstwo sp. zo.o.), NJW 2017, 3639 = NZG 2017, 1308, dazu *Bungert/de Raet*, DB 2014, 761.

13) *Tafel*, ZIP 2024, 2444, 2445.

14) S. hierzu etwa: Schmitt/Hörtnagl-*Hörtnagl*, UmwG/UmwStG, § 314 UmwG Rz. 5.; *Klett* in: BeckOGK-UmwG, § 314 Rz. 10.

15) Ausf. hierzu s. *Tafel*, ZIP 2024, 2444, 2446.

16) *Heckschen* in: FS Heidinger, S. 165, 174 ff.

17) Ausf. und abl. Lutter-*Bayer/J. Schmidt*, UmwG, § 314 Rz. 17.

18) Begr. RegE UmRUG, BR-Drucks. 371/22, S. 117; Lutter-*Bayer/J. Schmidt*, UmwG, § 315 Rz. 41.

19) Lutter-*Bayer/J. Schmidt*, UmwG, § 315 Rz. 41.

und eine Ausnahme im Hinblick auf den individuellen Gläubigerschutz aus § 314 wäre geregelt worden.[20)]

10 Beim grenzüberschreitenden Formwechsel (siehe § 328 Rz. 6 ff. [*Heinrichs*]) und der grenzüberschreitenden Spaltung (siehe § 341 Rz. 2 ff. [*Heinrichs*]) als weitere Formen der grenzüberschreitenden Umwandlung besteht ebenfalls ein Recht auf Sicherheitsleistung.

11 Die Gesellschaftsrechtsrichtlinie und die Vorschriften zur grenzüberschreitenden Verschmelzung gemäß §§ 305 ff. UmwG enthalten kein gesondertes Schutzregime für die sog. **Inhaber von Sonderrechten**, also (partiarischen) Rechten in (nicht an) einem Rechtsträger, die keine Stimmrechte gewähren. Dies sind z. B. Inhaber von Wandelschuldverschreibungen, Gewinnschuldverschreibungen und Genussrechten. Das Schicksal der Rechte dieser Inhaber hängt – wie bei Anteilsinhabern – vom Ergebnis des betreffenden Rechtsträgers ab, sie haben jedoch kein Stimmrecht. Ihnen sind gemäß **§ 23, der über § 305 Abs. 2 auch für die grenzüberschreitende Verschmelzung** Anwendung findet siehe § 305 Rz. 27 ff. [*de Raet/Brunk*]), gleichwertige Rechte in dem übernehmenden Rechtsträger (zu gewähren.

12 In der Praxis ist insbesondere für **Mitarbeiterbeteiligungsprogramme** wie Aktienoptionspläne zu prüfen, ob diese in den Anwendungsbereich des § 23 fallen.[21)] Für die Praxis bedeutsam ist ferner, dass nach teilweiser (allerdings umstrittener und durch die Rechtsprechung nicht bestätigter)[22)] Auffassung, **Vorzugsaktien** keine Sonderrechte sind.[23)] Es fehlt bereits an einem Schutzbedürfnis, da die Vorzugsaktionäre per Sonderbeschluss über die (grenzüberschreitende) Verschmelzung mitbestimmen.[24)] Vorzugsaktien sind daher zwar aktienrechtlich stimmrechtslos, aber umwandlungsrechtlich keine Anteile ohne Stimmrecht i. S. des § 23. Vorzugsaktionären der übertragenden Gesellschaft sind daher nach zutreffender Auffassung keine gleichwertigen Rechte im übernehmenden Rechtsträger zu gewähren (siehe § 23 Rz. 22 [*Stiegler*]).

III. Anspruchsinhalt

13 Weder die Gesellschaftsrechtsrichtlinie noch das UmwG machen Vorgaben, auf welche Art der Anspruch auf Sicherheitsleistung zu erfolgen hat. Es gelten daher die allgemeinen Regeln der §§ 232 ff. BGB.[25)] In der Praxis bietet sich eine **Bankbürgschaft bzw. Bankgarantie** an, wie sie auch für die Barabfindung beim (verschmelzungsrechtlichen) Squeeze-out gemäß § 62 Abs. 5 UmwG i. V. m. § 327b Abs. 3 AktG zu stellen ist.

14 Zur Höhe der Sicherheit enthält das Gesetz, im Gegensatz zur Barabfindung nach § 313, keine näheren Vorgaben. Der Wortlaut ist insoweit um das ungeschriebene Tatbestandsmerkmal **hinreichend** zu ergänzen.[26)] Die Sicherheit muss ausreichen, um die Erfüllung der Forderung sicherzustellen. Am einfachsten lässt sich diese Anforderung erfüllen, indem eine Sicherheit i. H. des Nennbetrags der Forderungen gestellt wird, deren Erfüllung durch die grenzüberschreitende Verschmelzung gefährdet wird. Es reicht jedoch aus, wenn die

---

20) Lutter-*Bayer/J. Schmidt*, UmwG, § 314 Rz. 18.

21) *Forsthoff*, DStR 2006, 613, 615 – zur Vorgängervorschrift § 122j a. F.; *Klett* in: BeckOGK-UmwG, § 314 Rz. 26; Lutter-*Bayer/J. Schmidt*, UmwG, § 314 Rz. 57 ff.

22) BGH, Urt. v. 23.2.2021 – II ZR 65/19, NZG 2021, 782 = ZIP 2021, 738, lässt offen, ob Vorzugsaktien Sonderrechte i. S. des § 23 sind.

23) Lutter-*Bayer/J. Schmidt*, UmwG, § 314 Rz. 57 ff.; ebenso *Hüffer* in: FS Lutter, S. 1227 1232; offengelassen allerdings von BGH, Urt. v. 23.2.2021 – II ZR 65/19, NZG 2021, 782 = ZIP 2021, 738; a. A. z. B. Widmann/Mayer-*Vossius*, UmwR, § 23 UmwG Rz. 1.10; *Grunewald* in: Lutter, UmwG, § 23 Rz. 10.

24) *Rieder* in: BeckOGK,-UmwG § 23 Rz. 8.

25) *Baschnagel/Hilser*, NZG 2022, 1333, 1335; *J. Schmidt* in: FS Heidinger, S. 469, 475.

26) Nach Begr. RegE UmRUG, BR-Drucks. 371/22, S. 114, ist das Erfordernis der Angemessenheit in dem Begriff der Sicherheit enthalten; so auch: *Sitter* in: NK-UmwG, § 314 Rz. 5.

Sicherheit lediglich in der Höhe gestellt wird, in der sie infolge der grenzüberschreitenden Verschmelzung konkret auszufallen droht.

IV. Anspruchsberechtigte Gläubiger

Zeitlich ist der Anspruch gemäß § 314 Abs. 1 Nr. 1 auf solche **(Alt-)Forderungen** beschränkt, welche **vor der Bekanntmachung des (Entwurfs des) Verschmelzungsplans entstanden** sind und zu diesem Zeitpunkt **noch nicht fällig** waren. 15

Gläubiger mit (über-)fälligen Forderungen werden als nicht schutzbedürftig angesehen, da sie ihre Forderungen sofort geltend machen können, so dass ein zusätzlicher Schutz nicht erforderlich sei.[27] Diese Argumentation greift zu kurz. Denn die Geltendmachung einer fälligen Forderung endet nicht bereits mit der Geltendmachung, sondern erst mit deren Erfüllung. Angesichts des klaren Gesetzeswortlautes bleiben Gläubigern fälliger Forderungen allerdings lediglich die Sicherungsmaßnahmen des deutschen Zivilprozessrechts, wie etwa das Arrestverfahren gemäß §§ 916 ff. ZPO. 16

Neugläubiger, also solche, deren Forderung erst nach Bekanntmachung des (Entwurfs des) Verschmelzungsplans entstehen, werden ebenfalls als **nicht schutzbedürftig** angesehen. Dies überzeugt, da die Verschmelzungsabsicht zum Zeitpunkt des Entstehens der Forderung bekannt war und – jedenfalls vertragliche Gläubiger – ihre Forderung in Kenntnis der bevorstehenden grenzüberschreitenden Verschmelzung begründet haben. 17

Im Falle des Erwerbs einer (Alt-)Forderung durch Abtretung nach Bekanntmachung des (Entwurfs des) Verschmelzungsplans ist diese zwar vom Wortlaut des § 314 Abs. 1 Nr. 1 erfasst, da diese Forderung schon vor Bekanntmachung entstanden ist, aber eine teleologische Reduktion geboten: Zessionare von (Alt-)Forderungen sind vom Schutzzweck der Norm (und der ihr zugrunde liegenden Vorschrift der Gesellschaftsrechtsrichtlinie) nicht erfasst, sofern ihnen diese Forderung erst nach Bekanntmachung des (Entwurfs) des Verschmelzungsplans abgetreten wird, denn auch sie müssten (wie Neugläubiger) das Umwandlungsvorhaben der übertragenden Gesellschaft kennen.[28] 18

Ein Anspruch auf Sicherheitsleistung besteht gemäß § 314 Abs. 1 Nr. 2 nur für Forderungen, deren **Erfüllung durch die grenzüberschreitende Verschmelzung gefährdet** wird. Allein der Umstand, dass eine grenzüberschreitende Verschmelzung durchgeführt wird, reicht nicht aus und angesichts der weitgehenden Harmonisierung des internationalen Zivilprozessrechts (IZPR) wird auch ein Verweis auf die notwendige Durchsetzung des Anspruchs in einer fremden Rechtsordnung nicht ausreichen. Praktisch relevante Fälle sind daher die Verschmelzung auf eine weniger solvente übernehmende Gesellschaft bzw. sonstige Umstände, welche in der übernehmenden Gesellschaft (oder einer anderen übertragenden Gesellschaft) begründet sind, den Gläubigern also ein Schuldner aufgedrängt wird, der nicht so solvent ist, wie die übertragende deutsche Gesellschaft.[29] Erforderlich ist eine **konkrete** Gefährdung, welche begründet dargelegt wird.[30] Nicht ausreichend ist einerseits eine abstrakte Gefährdung ohne Bezifferung, wie und warum die Bonität der übernehmenden Gesellschaft nach Wirksamkeit der grenzüberschreitenden Verschmelzung geringer ist als die der übertragenden Gesellschaft. Zugleich dürfen andererseits die Anforderungen mit Blick auf den Wortlaut, der eine Gefährdung ausreichen lässt, nicht überspannt werden. Der (teilweise) Forderungsausfall muss deshalb nicht feststehen. 19

27) *J. Schmidt* in: FS Heidinger, S. 469, 472; *Rieder* in: BeckOGK-UmwG, § 22 Rz. 9.

28) *Tafel*, ZIP 2024, 2444, 2447.

29) Lutter-*Bayer*/*J. Schmidt*, UmwG, § 314 Rz. 28; s. a. *Rieder* in: BeckOGK-UmwG, § 22 Rz. 33.

30) *Klaaßen-Kaiser* in: KölnKomm-UmwG, § 314 Rz. 10; Schmitt/Hörtnagl-*Hörtnagl*, UmwG/UmwStG, § 314 UmwG Rz. 8; *Klett* in: BeckOGK-UmwG, § 314 Rz. 19 m. w. N. – zu § 122j a. F.

V. (Gerichtliche) Geltendmachung des Anspruchs auf Sicherheitsleistung

20 Der Anspruch auf Sicherheitsleistung kann gemäß § 307 Abs. 2 Nr. 14 bereits im Verschmelzungsplan vorgesehen sein (siehe § 307 Rz. 52 ff. [*de Raet/Brunk*]). In der Praxis wird dies in den wenigsten Fällen der Fall sein. Gläubiger werden daher ihren Anspruch auf Sicherheitsleistung gerichtlich geltend machen müssen. Dies gilt entsprechend, wenn Gläubiger die im Verschmelzungsplan angebotenen Sicherheiten als zu gering erachten.

21 Zur Geltendmachung des Anspruchs auf Sicherheitsleistung ist in materieller Hinsicht zunächst zu beachten, dass § 314 Abs. 3 eine **dreimonatige Ausschlussfrist** vorsieht. Danach erlischt der Anspruch auf Sicherheitsleistung, wenn er nicht innerhalb von drei Monaten ab Bekanntmachung des Verschmelzungsplans **gerichtlich geltend gemacht** wird.[31)]

22 Der Anspruch ist gemäß § 314 Abs. 5 bei dem Gericht, dessen Bezirk das für die Erteilung der Vorabbescheinigung zuständige Registergericht angehört, geltend zu machen,[32)] also abhängig vom Streitwert das zuständige **Amts- oder Landgericht im Bezirk dieses Registergerichts.**

23 Die **Anspruchsvoraussetzungen** – insbesondere die Gefährdung der Erfüllung der Forderung – sind im gerichtlichen Verfahren gemäß § 314 Abs. 2 **glaubhaft** zu machen. Streitig werden dabei in der Praxis vor allem zwei Fragen sein:

- Ist die Erfüllung der Forderung durch die grenzüberschreitende Verschmelzung gefährdet?
- Was ist eine ausreichende Sicherheitsleistung?

24 Da es für beide Fragen auf die Bonität der betroffenen Gesellschaften ankommt, wird es hierfür regelmäßig der Hinzuziehung von **Sachverständigengutachten** bedürfen.

25 Vor Abschluss des gerichtlichen Verfahrens (und der etwaigen Leistung der Sicherheit) bzw. des Ablaufs der Antragsfrist, darf das Registergericht keine Verschmelzungsbescheinigung nach § 316 Abs. 1 ausstellen (sog. **Registersperre**) (siehe § 316 Rz. 21, 24 [*de Raet/Brunk*]). Dadurch ist sichergestellt, dass die Gläubiger, die Anspruch auf eine Sicherheitsleistung haben und diesen Anspruch geltend gemacht haben, die Sicherheit vor Wirksamwerden der Verschmelzung, welche ihre Beeinträchtigung realisiert, erhalten.

VI. Freigabe der Sicherheiten bei Scheitern der Verschmelzung

26 Aufgrund des neuen ex-ante-Schutzes der Gläubiger bedurfte es einer Regelung, was mit den Sicherheiten passiert, wenn die Verschmelzung scheitert. Der Gesetzgeber hat hierfür, in Umsetzung von Art. 126 Abs. 1 Unterabs. 3 Gesellschaftsrechtsrichtlinie, in § 314 Abs. 3 geregelt, dass Sicherheiten freizugeben sind, wenn die Verschmelzung gescheitert ist und in § 314 Abs. 4 Nr. 1 bis 3 drei **(unwiderlegbare) Regelbeispiele** normiert.

27 Mangels genauerer Modalitäten besteht der Anspruch der übertragenden Gesellschaft auf Freigabe der Sicherheiten sofort mit Eintritt dieser Voraussetzungen bzw. dem sonstigen Scheitern der Verschmelzung.

---

31) Dies ist eine Verschärfung gegenüber dem alten Recht, wonach gemäß § 122j Abs. 1 Satz 2 a. F. eine Geltendmachung gegenüber der Gesellschaft ausreichte.

32) Diese Zuständigkeitskonzentration war im Gesetzgebungsverfahren hoch umstritten; s. dazu etwa *Baschnagel/Hilser*, NZG 2022, 1333, 1337; Lutter-*Bayer/J. Schmidt*, UmwG, § 314 Rz. 31 ff.

§ 315
Anmeldung der Verschmelzung*)

(1) Das Vertretungsorgan einer übertragenden Gesellschaft hat das Vorliegen der sie betreffenden Voraussetzungen für die grenzüberschreitende Verschmelzung zur Eintragung bei dem Register des Sitzes der Gesellschaft anzumelden.

(2) § 16 Absatz 2 und 3 und § 17 gelten entsprechend mit der Maßgabe, dass in Abschrift zusätzlich Folgendes beizufügen ist:

1. **der Anmeldung etwaige Bemerkungen nach § 308 Absatz 1 Satz 2 Nummer 4 und**
2. **dem einheitlichen Bericht oder dem Bericht für die Arbeitnehmer eine etwaige Stellungnahme gemäß § 310 Absatz 3.**

(3) [1]Die Mitglieder des Vertretungsorgans haben zu versichern, dass

1. **allen Gläubigern die gemäß § 307 Absatz 2 Nummer 14 angebotene Sicherheit geleistet wurde,**
2. **die Rechte der Arbeitnehmer gemäß § 308 Absatz 1 Satz 2 Nummer 4 Buchstabe b sowie gemäß § 310 Absatz 1 und 3 eingehalten wurden,**
3. **ein zur Verhandlung über die künftige Mitbestimmung durchzuführendes Verfahren nach den Umsetzungsvorschriften zu Artikel 133 Absatz 3 und 4 der Richtlinie (EU) 2017/1132 bereits begonnen hat oder dass die Leitungen der beteiligten Gesellschaften entschieden haben, die Auffangregelung dieser Richtlinie ohne vorhergehende Verhandlung unmittelbar anzuwenden, und**
4. **sich die übertragende Gesellschaft nicht im Zustand der Zahlungsunfähigkeit, der drohenden Zahlungsunfähigkeit oder der Überschuldung gemäß § 17 Absatz 2, § 18 Absatz 2 oder § 19 Absatz 2 der Insolvenzordnung befindet.**

[2]Kann die Versicherung nach Satz 1 Nummer 4 nicht abgegeben werden, hat das Vertretungsorgan mitzuteilen, welche der dort genannten Tatbestände erfüllt sind und ob ein Insolvenzverfahren beantragt oder eröffnet wurde. [3]Nach Eröffnung des Insolvenzverfahrens trifft diese Pflicht den Insolvenzverwalter; wurde ein vorläufiger Insolvenzverwalter bestellt und dem Schuldner ein allgemeines Verfügungsverbot auferlegt, so trifft die Pflicht den vorläufigen Insolvenzverwalter.

(4) Das Vertretungsorgan teilt dem Registergericht Folgendes mit:

1. **die Zahl der Arbeitnehmer zum Zeitpunkt des Abschlusses des Verschmelzungsplans,**
2. **die Zahl der Tochtergesellschaften und ihre jeweiligen geografischen Standorte sowie**
3. **das Bestehen von Verbindlichkeiten gegenüber der öffentlichen Hand.**

(5) Das nach § 314 Absatz 5 zuständige Gericht teilt dem Registergericht auf Anforderung mit, ob innerhalb der Frist des § 314 Absatz 3 eine Sicherheitsleistung gerichtlich geltend gemacht wurde.

*) § 315 n. F. (§ 122k a. F.) Paragraphenzählung geändert und Text neugefasst durch Art. 1 des Gesetzes zur Umsetzung der Umwandlungsrichtlinie und zur Änderung weiterer Gesetze (UmRUG), v. 22.2.2023, BGBl. I 2023, Nr. 51; § 122k a. F. (§ 315 n. F.) eingefügt durch Art. 1 des Zweiten Gesetzes zur Änderung des Umwandlungsgesetzes (2. UmwGÄndG), v. 19.4.2007, BGBl. I 2007, 542.

Literatur: Siehe die Angaben bei § 305.

Übersicht

I. Allgemeines

1. Überblick und Normzweck

1 § 315 regelt die **Anmeldung der grenzüberschreitenden Verschmelzung** zur Eintragung in das Handelsregister. Die Vorschrift gilt nur für deutsche übertragende Gesellschaften, d. h. insbesondere in Fällen der Herausverschmelzung.[1)]

2 Mit der Anmeldung beginnt ein **zweistufiges Registerverfahren**, durch welches die Einhaltung der formellen und materiellen Verschmelzungsvoraussetzungen in allen beteiligten Rechtsordnungen sichergestellt werden soll. Die §§ 315 ff. bezwecken dabei die **registergerichtliche Rechtmäßigkeitskontrolle** aus Sicht des deutschen Rechts.[2)] Auf erster Stufe prüft zunächst das für die deutsche übertragende Gesellschaft zuständige Registergericht auf Grundlage der gemäß § 315 Abs. 2 bis 4 einzureichenden Unterlagen die Einhaltung der Verschmelzungsvoraussetzungen nach deutschem Recht. Sind die Voraussetzungen erfüllt, trägt das Gericht die grenzüberschreitende Verschmelzung gemäß § 316 in das Register ein und übermittelt der zuständigen Registerstelle im Zuzugsstaat eine entsprechende Verschmelzungsbescheinigung (siehe dazu § 316 Rz. 24 [*de Raet/Brunk*]). Auf zweiter Stufe prüft sodann die für die übernehmende oder neue Gesellschaft zuständige Registerstelle im Zuzugsstaat die Einhaltung der dort geltenden Verschmelzungsregelungen. Bei positivem Prüfungsergebnis wird die Verschmelzung im Zielregister eingetragen und – bei Eintritt der Wirksamkeitsvoraussetzungen nach der für den übernehmenden oder neuen Rechtsträger geltenden Rechtsordnung (§ 316 Abs. 1 Satz 3) – wirksam (zum Wirksamwerden der Verschmelzung nach deutschem Rechts siehe § 318 Rz. 25 [*de Raet/Brunk*]).

3 Innerhalb des § 315 ist die Pflicht und Kompetenz der Vertretungsorgane der übertragenden Gesellschaft zur Anmeldung in § 315 Abs. 1 geregelt (siehe Rz. 9 ff.). Aus § 315 Abs. 2 ergeben sich die der Anmeldung beizufügenden Unterlagen (siehe Rz. 18 ff.). Die Vertretungsorgane haben gegenüber dem Registergericht zudem die in § 315 Abs. 3 genannten

---

1) Vgl. Begr. RegE UmRUG, BT-Drucks. 20/3822, S. 98; *Klaaßen-Kaiser* in: KölnKomm-UmwG, § 315 Rz. 1; *Klett* in: BeckOGK-UmwG, § 315 Rz. 11.

2) Lutter-*Bayer/J. Schmidt*, UmwG, § 315 Rz. 3; Schmidt/Hörtnagl-*Hörtnagl*, UmwG/UmwStG, § 315 UmwG Rz. 1; *Klett* in: BeckOGK-UmwG, § 315 Rz. 3.

Versicherungen abzugeben (siehe Rz. 24 ff.) und die in § 315 Abs. 4 genannten ergänzenden Informationen mitzuteilen (siehe Rz. 37). Nach § 315 Abs. 5 kann sich das Registergericht darüber informieren, ob Gläubiger der Gesellschaft gemäß § 314 Sicherheitsleistungen gerichtlich geltend gemacht haben (siehe Rz. 38).

2. Normgenese und unionsrechtlicher Hintergrund

Zunächst war das Registerverfahren in **§ 122k a. F.** geregelt. Durch das UmRUG[3] wurde die Regelung erheblich erweitert und zur besseren Übersicht auf die §§ 315 bis 317 aufgeteilt.[4] Nach der Neuregelung wird die Anmeldung der Verschmelzung (§ 122k Abs. 1 a. F.) in § 315 geregelt, die registergerichtliche Prüfung und Ausstellung der Verschmelzungsbescheinigung (§ 122k Abs. 2 a. F.) in § 316 (siehe dazu § 316 Rz. 7 ff. [*de Raet/Brunk*]). Durch das UmRUG neu geschaffen wurde die Regelung zur Informationsbeschaffung durch das Registergericht in § 317 (siehe näher § 317 Rz. 5 ff. [*de Raet/Brunk*]). 4

Durch die §§ 315 ff. werden die **europäischen Regelungen in Art. 127 ff. Gesellschaftsrechtsrichtlinie** umgesetzt.[5] Die Regelungen zur Anmeldung und zur registergerichtliche Prüfung der Verschmelzung auf erster Stufe der Registerkontrolle in §§ 315 bis 317 gehen auf Art. 127 Gesellschaftsrechtsrichtlinie zurück. Die Vorgaben des Art. 127a Gesellschaftsrechtsrichtlinie zur Übermittlung der Verschmelzungsbescheinigung an die zuständige Registerstelle im Zuzugsstaat werden durch § 9b HGB umgesetzt. Mit der in § 318 vorgesehenen Registerkontrolle auf zweiter Stufe wird Art. 128 Gesellschaftsrechtsrichtlinie umgesetzt.[6] 5

3. Systematik

§ 315 stellt eine **Sonderregelung** und Ergänzung zu den für nationale Verschmelzungen geltenden **§§ 16 und 17** dar. Gemäß § 315 Abs. 2 sind die § 16 Abs. 2 und 3 sowie § 17 bei der grenzüberschreitenden Verschmelzung entsprechend anwendbar. Dagegen wird die Regelung des § 16 Abs. 1 durch § 315 Abs. 1 verdrängt. Insbesondere gilt die Anmeldeberechtigung der Vertretungsorgane der übernehmenden Gesellschaft aus § 16 Abs. 1 Satz 2 bei der grenzüberschreitenden Verschmelzung nicht (siehe Rz. 9). 6

Die §§ 315 bis 317 gelten nur für **deutsche übertragende Gesellschaften.**[7] Das Registerverfahren für deutsche übernehmende Gesellschaften ist in § 318 geregelt. Ausländische Gesellschaften haben das an ihrem Sitz geltende ausländische Recht zu beachten, mit dem die Art. 127 ff. Gesellschaftsrechtsrichtlinie umgesetzt werden.[8] Die verfahrensrechtliche Verknüpfung der anwendbaren Rechtsordnungen erfolgt durch das zweistufige Registerverfahren (siehe oben Rz. 2). 7

Parallelvorschriften sind § 329 Satz 1 für die grenzüberschreitende Spaltung und § 342 für den grenzüberschreitenden Formwechsel. 8

---

3) Gesetz zur Umsetzung der Umwandlungsrichtlinie und zur Änderung weiterer Gesetze (UmRUG), v. 22.2.2023, BGBl. I 2023, Nr. 51.

4) Begr. RegE UmRUG, BT-Drucks. 20/3822, S. 98.

5) Richtlinie (EU) 2017/1132 des Europäischen Parlaments und des Rates v. 14.6.2017 über bestimmte Aspekte des Gesellschaftsrechts (Gesellschaftsrechtsrichtlinie), ABl. (EU) L 169/46 v. 30.6.2017.

6) Vgl. die Übersicht bei Lutter-*Bayer/J. Schmidt*, UmwG, § 315 Rz. 6.

7) Lutter-*Bayer/J. Schmidt*, UmwG, § 315 Rz. 9; Schmidt/Hörtnagl-*Hörtnagl*, UmwG/UmwStG, § 315 UmwG Rz. 2; *Klaaßen-Kaiser* in: KölnKomm-UmwG, § 315 Rz. 1.

8) Lutter-*Bayer/J. Schmidt*, UmwG, § 315 Rz. 9; *Klaaßen-Kaiser* in: KölnKomm-UmwG, § 315 Rz. 2.

II. Anmeldung (§ 315 Abs. 1)

1. Anmeldeberechtigung

9 Zur Anmeldung berechtigt ist gemäß § 315 Abs. 1 das **Vertretungsorgan** der übertragenden Gesellschaft. Erforderlich, aber auch ausreichend, ist eine Anmeldung durch Organmitglieder in **vertretungsberechtigter Anzahl.**[9] Stellvertretung bei der Anmeldung ist zwar grundsätzlich möglich, bietet sich jedoch aufgrund der durch Mitglieder des Vertretungsorgans höchstpersönlich abzugebenden Versicherungen (siehe näher Rz. 24 ff.) in der Regel nicht an.[10] Die Regelung des **§ 16 Abs. 1 Satz 2**, wonach zur Anmeldung auch das Vertretungsorgan der übertragenden Gesellschaft berechtigt ist (siehe dazu § 16 Rz. 5 [*Hoefling*]), ist bei der grenzüberschreitenden Verschmelzung **nicht anwendbar.**[11]

2. Zuständiges Gericht

10 Die Anmeldung hat gemäß § 315 Abs. 1 **bei dem für den (Satzungs-)Sitz** der übertragenden deutschen Gesellschaft **zuständigen Registergericht** zu erfolgen. Weil die Anmeldung gemäß § 12 Abs. 1 Satz 1 HGB in öffentlich beglaubigter Form einzureichen ist (siehe Rz. 11), erfolgt sie in der Regel durch den beglaubigenden Notar (§ 378 Abs. 2 FamFG).

3. Form der Anmeldung

11 Für die Anmeldung gilt § 12; sie ist daher gemäß § 12 Abs. 1 Satz 1 HGB in **öffentlich beglaubigter Form** einzureichen.[12] Gemäß § 12 Abs. 1 Satz 2 ist eine öffentliche Beglaubigung mittels Videokommunikation gemäß § 40a BeurkG zulässig; damit werden die Vorgaben des Art. 127 Abs. 4 Gesellschaftsrechtsrichtlinie erfüllt.[13]

12 Die der Anmeldung **beizufügenden Unterlagen** sind, sofern sie einer notariellen Beurkundung bedürfen, gemäß § 315 Abs. 2 i. V. m. § 17 Abs. 1 in Ausfertigung oder öffentlich beglaubigter Abschrift beizufügen. Dies gilt insbesondere für

- den Verschmelzungsplan (§ 307 Abs. 4),
- den Verschmelzungsbeschluss und die Zustimmungserklärungen einzelner Anteilsinhaber bzw. nicht erschienener Anteilsinhaber (§ 305 Abs. 2 i. V. m. § 13 Abs. 3 Satz 1) sowie
- Verzichtserklärungen (z. B. betreffend die Anteilsgewährung gemäß § 305 Abs. 2 i. V. m. §§ 54 Abs. 1 Satz 3, 68 Abs. 1 Satz 3, betreffend den anteilsinhaberspezifischen Verschmelzungsbericht gemäß § 309 Abs. 6 Satz 1 i. V. m. § 8 Abs. 3 Satz 2 und betreffend Verschmelzungsprüfung und Prüfungsbericht gemäß § 311 Abs. 2 Satz 1 i. V. m. §§ 9 Abs. 2, 12 Abs. 3, 8 Abs. 3 Satz 2).

13 Sofern die Unterlagen keiner notariellen Beurkundung bedürfen (z. B der Verschmelzungs- und der Prüfungsbericht), genügt gemäß § 315 Abs. 2 i. V. m. § 17 Abs. 1 eine Beifügung in Urschrift oder Abschrift.

---

9) Lutter-*Bayer/J. Schmidt*, UmwG, § 315 Rz. 12; *Klett* in: BeckOGK-UmwG, § 315 Rz. 12.

10) *Klett* in: BeckOGK-UmwG, § 315 Rz. 12.

11) Lutter-*Bayer/J. Schmidt*, UmwG, § 315 Rz. 12; Schmidt/Hörtnagl-*Hörtnagl*, UmwG/UmwStG, § 315 UmwG Rz. 4; *Klaßen-Kaiser* in: KölnKomm-UmwG, § 315 Rz. 7; *Klett* in: BeckOGK-UmwG, § 315 Rz. 13.

12) Lutter-*Bayer/J. Schmidt*, UmwG, § 315 Rz. 63; *Klaßen-Kaiser* in: KölnKomm-UmwG, § 315 Rz. 7; *Klett* in: BeckOGK-UmwG, § 315 Rz. 14.

13) Vgl. Begr. RegE UmRUG, BT-Drucks. 20/3822, S. 98.

Die Anmeldung ist gemäß § 12 Abs. 1 Satz 1 HGB **elektronisch** einzureichen. Gleiches gilt gemäß § 12 Abs. 2 Satz 1 HGB für die der Anmeldung beizufügenden Unterlagen. 14

4. Zeitpunkt der Anmeldung

Die Anmeldung kann im Regelfall – d. h., sofern der Verschmelzungsbeschluss nicht gemäß § 312 Abs. 2 i. V. m. § 307 Abs. 3 entbehrlich ist (siehe § 312 Rz. 25 f. [*de Raet/Brunk*]) – erst nach erfolgter Beschlussfassung erfolgen. Lag dem Verschmelzungsbeschluss zunächst nur der Entwurf des Verschmelzungsplans zugrunde (§ 305 Abs. 2 i. V. m. § 4 Abs. 2), muss dieser gemäß § 307 Abs. 3 vor der Anmeldung beurkundet werden. 15

Darüber hinaus wird durch die gemäß § 315 Abs. 2 i. V. m. § 16 Abs. 2 und § 17 Abs. 2 beizufügenden Unterlagen ein zeitlicher Rahmen für die Anmeldung geschaffen: Aus der nach § 16 Abs. 2 erforderlichen **Negativerklärung** (siehe unten Rz. 22) folgt, dass die Anmeldung in der Regel **frühestens einen Monat** nach Fassung des Verschmelzungsbeschlusses erfolgen kann, es sei denn, dass die klageberechtigten Anteilsinhaber durch notariell beurkundete Verzichtserklärung auf die Klage gegen die Wirksamkeit des Verschmelzungsbeschlusses verzichten (vgl. § 16 Abs. 2 Satz 2; siehe § 16 Rz. 22 [*Hoefling*]). Der späteste Zeitpunkt für die Anmeldung ergibt sich aus der aus § 17 Abs. 2 Satz 4 folgenden **Acht-Monats-Frist** seit dem Stichtag der Schlussbilanz (siehe unten Rz. 19). 16

III. Inhalt der Anmeldung (§ 315 Abs. 2 bis 4)

1. Allgemeines

Gemäß § 315 Abs. 1 hat die übertragende Gesellschaft das **Vorliegen der sie betreffenden Voraussetzungen** für die grenzüberschreitende Verschmelzung anzumelden. Dies geschieht durch die Anmeldung, dass die deutsche Gesellschaft als übertragender Rechtsträger im Wege einer grenzüberschreitenden Verschmelzung zur Aufnahme bzw. zur Neugründung verschmolzen wird, und Einreichung der erforderlichen Unterlagen und Erklärungen nach § 315 Abs. 2 bis 4.[14] 17

2. Beizufügende Unterlagen (§ 315 Abs. 2 i. V. m. § 17)

Die der Anmeldung beizufügenden Unterlagen ergeben sich aus § 315 Abs. 2. Danach sind einerseits die in **§ 17 Abs. 1** genannten Unterlagen einzureichen, jeweils soweit sie die anmeldende Gesellschaft betreffen[15] und nicht ausnahmsweise entbehrlich sind. Dies sind der Verschmelzungsplan, der Verschmelzungsbeschluss, der Verschmelzungsbericht und der Verschmelzungsprüfungsbericht sowie die ggf. erforderlichen Zustimmungs- und Verzichtserklärungen der Anteilsinhaber (i. E. siehe § 17 Rz. 6 ff. [*Hoefling*]).[16] Zur Form der einzureichenden Unterlagen siehe oben Rz. 12. 18

Darüber hinaus ist gemäß § 315 Abs. 2 i. V. m. **§ 17 Abs. 2** die **Schlussbilanz** der übertragenden Gesellschaft beizufügen (i. E. siehe § 17 Rz. 26 ff. [*Hoefling*]). Für diese Bilanz gelten gemäß § 17 Abs. 2 Satz 2 die Vorschriften über die Jahresbilanz und deren Prüfung entsprechend. Die Schlussbilanz ist daher zu prüfen, wenn auch ein auf den Stichtag der Schlussbilanz aufgestellter Jahresabschluss kraft Gesetzes prüfungspflichtig wäre. In der Regel empfiehlt es sich aus Zeit- und Kostengründen, auf die letzte Jahresbilanz zurückzugreifen. Zu beachten ist jedoch die Acht-Monats-Frist aus § 17 Abs. 2 Satz 4, wonach 19

---

14) Vgl. *Klett* in: BeckOGK-UmwG, § 315 Rz. 15 f. – m. Formulierungs-Bsp. für die Anmeldung.

15) Die Unterlagen der anderen an der grenzüberschreitenden Verschmelzung beteiligten Gesellschaften sind nicht erforderlich, vgl. Lutter-*Bayer/J. Schmidt*, UmwG, § 315 Rz. 21; *Klett* in: BeckOGK-UmwG § 315 Rz. 18.

16) I. E. *Klaaßen-Kaiser* in: KölnKomm-UmwG, § 315 Rz. 10; *Klett* in: BeckOGK-UmwG, § 315 Rz. 19 ff.

das Registergericht die Verschmelzung nur eintragen darf, wenn die Bilanz auf einen **höchstens acht Monate vor der Anmeldung liegenden Stichtag** aufgestellt worden ist (siehe näher § 17 Rz. 38 [*Hoefling*]). Wenn diese Voraussetzung erfüllt ist, kann sie nach der Rechtsprechung des BGH auch nachgereicht werden, sofern dies zeitnah nach der Anmeldung geschieht; dies gilt unabhängig davon, ob die nachgereichte Schlussbilanz im Zeitpunkt der Anmeldung bereits erstellt war.[17] Der Bilanzstichtag ist im Verschmelzungsplan anzugeben (§ 307 Abs. 2 Nr. 12; siehe § 307 Rz. 47 f. [*de Raet/Brunk*]).

20 Beizufügen sind ferner die in § 315 Abs. 2 Nr. 1 und Nr. 2 genannten Unterlagen. Dies sind einerseits etwaige **Bemerkungen nach § 308 Abs. 1 Satz 2 Nr. 4** (siehe dazu § 308 Rz. 19 ff. [*de Raet/Brunk*]) und andererseits die zum Verschmelzungsbericht eingegangenen **Stellungnahmen gemäß § 310 Abs. 3** (siehe dazu § 310 Rz. 20 ff. [*de Raet/Brunk*]).[18] Zusammen mit den Versicherungen nach § 315 Abs. 3 Nr. 2 und Nr. 3 (siehe unten Rz. 29 ff.) ermöglicht diese Vorlagepflicht eine registergerichtliche Prüfung der Wahrung der Beteiligungsrechte der Arbeitnehmer bzw. ihrer Vertretungen und ist Grundlage der Missbrauchsprüfung nach § 316 Abs. 3 (siehe § 316 Rz. 16 ff. [*de Raet/Brunk*]). Die Gesellschaft kann ergänzend eine ihrerseits verfasste Stellungnahme zu den Bemerkungen nach § 308 Abs. 1 Satz 2 Nr. 4 einreichen.[19]

21 Dagegen braucht eine etwaige **Vereinbarung über die Mitbestimmung der Arbeitnehmer** durch die übertragende Gesellschaft nicht vorgelegt zu werden. Diese ist erst Gegenstand der Rechtmäßigkeitsprüfung durch das Registergericht der übernehmenden bzw. neuen Gesellschaft auf zweiter Stufe (vgl. Art. 128 Abs. 1 Satz 2 Gesellschaftsrechtsrichtlinie bzw. bei Anwendung deutschen Rechts § 318 Abs. 1 Satz 2).[20]

3. Negativerklärung (§ 315 Abs. 2 i. V. m. § 16 Abs. 2)

22 Über den Verweis in § 315 Abs. 2 ist zudem eine **Negativerklärung** gemäß § 16 Abs. 2 Satz 1 abzugeben. Danach hat die Gesellschaft bei der Anmeldung zu erklären, dass eine (Anfechtungs-)Klage gegen die Wirksamkeit des Verschmelzungsbeschlusses nicht oder nicht fristgemäß erhoben oder eine solche Klage rechtskräftig abgewiesen oder zurückgenommen worden ist (eingehend siehe § 16 Rz. 28 ff. [*Hoefling*]). Ohne Negativerklärung kann das Registergericht die Verschmelzung nicht eintragen und die Verschmelzungsbescheinigung nicht ausstellen. Dies hat zur Folge, dass die Verschmelzung in der Regel erst nach Ablauf der einmonatigen Anfechtungsfrist gemäß § 14 Abs. 1 eingetragen werden kann, falls nicht sämtliche **Anteilsinhaber durch notarielle Erklärung auf Erhebung der Anfechtungsklage verzichten**. Insoweit bewirkt die Anwendung von § 16 Abs. 2 Satz 1 eine Registersperre.[21]

23 Wurde fristgemäß Klage gegen die Wirksamkeit des Verschmelzungsbeschlusses erhoben, kann die Gesellschaft ggf. die **Durchführung eines Freigabeverfahrens** gemäß § 16 Abs. 3 beantragen (siehe ausführlich § 16 Rz. 38 [*Hoefling*]).

17) BGH, Beschl. v. 18.3.2025 – II ZB 1/24, NJW 2025, 2321.

18) Näher Lutter-*Bayer/J. Schmidt*, UmwG, § 315 Rz. 22 f.

19) Schmidt/Hörtnagl-*Hörtnagl*, UmwG/UmwStG, § 315 UmwG Rz. 8.

20) Vgl. Lutter-*Bayer/J. Schmidt*, UmwG, § 315 Rz. 17; Schmidt/Hörtnagl-*Hörtnagl*, UmwG/UmwStG, § 315 UmwG Rz. 8; *Klaaßen-Kaiser* in: KölnKomm-UmwG, § 315 Rz. 12; *Klett* in: BeckOGK-UmwG, § 315 Rz. 30.

21) Lutter-*Bayer/J. Schmidt*, UmwG, § 315 Rz. 24; *Klaaßen-Kaiser* in: KölnKomm-UmwG, § 315 Rz. 9; *Klett* in: BeckOGK-UmwG, § 315 Rz. 34.

4. Versicherungen (§ 315 Abs. 3)

a) Allgemeines

Bei Anmeldung hat das **Vertretungsorgan** der übertragenden Gesellschaft die in § 315 Abs. 3 Satz 1 Nr. 1 bis 4 genannten Versicherungen abzugeben. Die Versicherungen brauchen nicht durch sämtliche Organmitglieder abgegeben zu werden, sondern es genügt eine Erklärung durch Organmitglieder **in vertretungsberechtigter Anzahl.**[22] Die Versicherungen sind höchstpersönlich abzugeben; eine Vertretung ist unzulässig.[23] Gemäß § 348 Nr. 1 ist die unrichtige Abgabe der Versicherungen nach § 315 Abs. 3 Satz 1 Nr. 1 und Nr. 4 strafbewehrt. 24

b) Leistung der im Verschmelzungsplan angebotenen Sicherheit (§ 315 Abs. 3 Nr. 1)

Sofern die übertragende Gesellschaft gemäß **§ 307 Abs. 2 Nr. 14** ihren Gläubigern im Verschmelzungsplan Sicherheiten angeboten hat (siehe § 307 Rz. 52 ff. [*de Raet/Brunk*]), sind die Mitglieder des Vertretungsorgans verpflichtet, zu versichern, dass allen Gläubigern die jeweils angebotene **Sicherheit tatsächlich geleistet** wurde. Dabei ergibt sich aus dem Regelungszusammenhang mit § 314 Abs. 1 und 3, dass sich die Versicherung nur auf diejenigen Gläubiger beziehen muss, die die angebotene Sicherheit innerhalb der Drei-Monats-Frist des § 314 Abs. 3 geltend machen, da der Anspruch auf Sicherheitsleistung nach Fristablauf erlischt (§ 314 Rz. 21 [*de Raet/Brunk*]).[24] Die Gläubiger brauchen in der Versicherung nicht i. E. benannt zu werden. Hat die Gesellschaft keine sicherungsberechtigten Gläubiger, ist dies anzugeben.[25] 25

Anders als unter § 122k Abs. 1 Satz 3 a. F. muss sich die Versicherung **nicht** mehr auf die **Angemessenheit der angebotenen bzw. geleisteten Sicherheit** beziehen.[26] Wurde einem Gläubiger im Verschmelzungsplan allerdings keine Sicherheit angeboten oder ist die ihm angebotene Sicherheit nicht angemessen, kann er innerhalb der Drei-Monats-Frist des § 314 Abs. 3 seinen Anspruch auf Leistung einer angemessenen Sicherheit gerichtlich geltend machen. Bis zum Abschluss des auf Sicherheitsleistung gerichteten Verfahrens kann die Verschmelzung gemäß § 316 Abs. 2 Satz 3 nicht eingetragen werden (siehe § 316 Rz. 14 f. [*de Raet/Brunk*]). Es droht daher eine erhebliche Verfahrensverzögerung, wenn die übertragende Gesellschaft ihren Gläubigern keine bzw. keine angemessenen Sicherheiten anbietet.[27] 26

Sofern die **Anmeldung vor Ablauf der Drei-Monats-Frist des § 314 Abs. 3** erfolgt, was z. B. zur Wahrung der Acht-Monats-Frist für die Anmeldung seit dem Stichtag der Schlussbilanz erforderlich sein kann, so kann die Versicherung nach § 315 Abs. 3 Nr. 1 naturgemäß noch nicht abgegeben werden. In diesem Fall empfiehlt es sich, bei der Anmeldung auf den noch ausstehenden Fristablauf hinzuweisen und die **Versicherung nach Ablauf der Drei-Monats-Frist** nachzureichen.[28] Zur Wahrung der Acht-Monats-Frist nach § 16 Abs. 2 Satz 4 genügt diese insoweit zunächst unvollständige Anmeldung (siehe § 17 Rz. 5 27

---

22) Lutter-*Bayer/J. Schmidt*, UmwG, § 315 Rz. 25; *Klaßen-Kaiser* in: KölnKomm-UmwG, § 315 Rz. 15.

23) *Klaßen-Kaiser* in: KölnKomm-UmwG, § 315 Rz. 15; *Klett* in: BeckOGK-UmwG, § 315 Rz. 35.

24) Vgl. Schmidt/Hörtnagl-*Hörtnagl*, UmwG/UmwStG, § 315 UmwG Rz. 10.

25) *Klaßen-Kaiser* in: KölnKomm-UmwG, § 315 Rz. 16; *Klett* in: BeckOGK-UmwG, § 315 Rz. 30.

26) Vgl. Begr. RegE UmRUG, BT-Drucks. 20/3822, S. 99; *Klaßen-Kaiser* in: KölnKomm-UmwG, § 315 Rz. 16.

27) Aufgrund des damit verbundenen Missbrauchspotenzials krit. *Klett* in: BeckOGK-UmwG, § 315 Rz. 37.

28) Vgl. *Klett* in: BeckOGK-UmwG, § 315 Rz. 37; weitergehend *Klaßen-Kaiser* in: KölnKomm-UmwG, § 315 Rz. 16 – „sofort nachzumelden".

[*Hoefling*]);[29] für den Beginn der registergerichtlichen Prüfung nach § 316 muss die Anmeldung jedoch – einschließlich aller Versicherungen nach § 315 Abs. 3 – vollständig sein (siehe § 316 Rz. 21 [*de Raet/Brunk*]).

28 Die Versicherung nach § 315 Abs. 3 Nr. 1 ist gemäß § 348 Nr. 1 **strafbewehrt.** Die unrichtige Abgabe der Versicherung wird mit Freiheitsstrafe bis zu drei Jahren oder mit Geldstrafe bestraft (siehe § 348 Rz. 1 ff. [*Maske-Reiche*]).

c) Einhaltung der Rechte der Arbeitnehmer (§ 315 Abs. 3 Nr. 2)

29 Nach § 315 Abs. 3 Nr. 2 müssen die Mitglieder des Vertretungsorgans ferner versichern, dass die **Rechte der Arbeitnehmer** gemäß § 308 Abs. 1 Satz 2 Nr. 4 lit. b (siehe § 308 Rz. 19 [*de Raet/Brunk*]) sowie gemäß § 310 Abs. 1 und 3 (siehe dazu § 310 Rz. 6 ff. und Rz. 20 ff. [*de Raet/Brunk*]) eingehalten wurden. Die fristgemäß bei der Gesellschaft eingegangenen Bemerkungen und Stellungnahmen sind zudem gemäß § 315 Abs. 2 Nr. 1 und Nr. 2 der Anmeldung beizufügen (siehe oben Rz. 20). Haben die übertragende Gesellschaft und ihre etwaigen Tochtergesellschaften keine Arbeitnehmer als diejenigen, die dem Vertretungsorgan angehören (vgl. § 309 Abs. 6 Satz 3), ist dies anzugeben.[30]

30 Die Strafvorschrift des § 348 Nr. 1 bezieht sich nur auf § 315 Abs. 3 Nr. 1 und Nr. 4. Im Umkehrschluss ist die Versicherung nach § 315 Abs. 3 Nr. 2 **nicht strafbewehrt.**[31]

d) Beginn der Verhandlungen über die Mitbestimmung (§ 315 Abs. 3 Nr. 3)

31 Falls ein **Verfahren zur Verhandlung über die künftige Mitbestimmung** nach den Umsetzungsvorschriften zu Art. 133 Abs. 3 und 4 Gesellschaftsrechtsrichtlinie durchzuführen ist, haben die Mitglieder des Vertretungsorgans zu versichern, dass entweder dieses Verfahren bereits begonnen hat oder die **Auffangregelung** dieser Richtlinie ohne vorhergehende Verhandlung unmittelbar angewendet werden soll. Wird das Verhandlungsverfahren erst auf Aufforderung des Registergerichts eingeleitet, ist dies gemäß § 316 Abs. 3 Satz 4 Nr. 1 Anlass für eine Missbrauchsprüfung nach § 316 Abs. 3 Satz 1 (siehe dazu § 316 Rz. 18 [*de Raet/Brunk*]).

32 In Deutschland sind die Vorgaben des Art. 133 Gesellschaftsrechtsrichtlinie im **MgVG**[32] umgesetzt. Das Verhandlungsverfahren hat begonnen, wenn das **besondere Verhandlungsgremium konstituiert** worden ist (vgl. § 14 MgVG).[33] Die Entscheidung der Leitungsorgane, die Auffangregelung ohne vorherige Verhandlung anzuwenden, ist in Deutschland in § 23 Abs. 1 Nr. 3 geregelt.[34]

33 Die Strafvorschrift des § 348 Nr. 1 bezieht sich nur auf § 315 Abs. 3 Nr. 1 und Nr. 4. Im Umkehrschluss ist die Versicherung nach Absatz 3 Nr. 3 **nicht strafbewehrt.**[35]

---

29) OLG Brandenburg, Beschl. v. 5.2.2018 – 7 W 86/17, GmbHR 2018, 523, 524; zum Verhältnis zwischen § 17 Abs. 2 Satz 4 und Anmeldung vgl. auch Schmidt/Hörtnagl-*Hörtnagl*, UmwG/UmwStG, § 17 UmwG Rz. 44 ff.

30) *Klaaßen-Kaiser* in: KölnKomm-UmwG, § 315 Rz. 17.

31) Vgl. Lutter-*Bayer/J. Schmidt*, UmwG, § 315 Rz. 32.

32) Gesetz über die Mitbestimmung der Arbeitnehmer bei einer grenzüberschreitenden Verschmelzung (MgVG) v. 21.12.2006, BGBl. I 2006, 3332.

33) Begr. RegE UmRUG, BT-Drucks. 20/3822, S. 99; Lutter-*Bayer/J. Schmidt*, UmwG, § 315 Rz. 36; *Klaaßen-Kaiser* in: KölnKomm-UmwG, § 315 Rz. 18.

34) Näher Lutter-*Bayer/J. Schmidt*, UmwG, § 315 Rz. 37.

35) Vgl. Lutter-*Bayer/J. Schmidt*, UmwG, § 315 Rz. 38.

e) Keine Insolvenzreife der Gesellschaft (§ 315 Abs. 3 Nr. 4)

Nach § 315 Abs. 3 Nr. 4 haben die Mitglieder des Vertretungsorgans schließlich zu versichern, dass sich die übertragende Gesellschaft nicht im Zustand der Insolvenzreife, d. h. der **Zahlungsunfähigkeit** (§ 17 Abs. 2 InsO), der **drohenden Zahlungsunfähigkeit** (§ 18 Abs. 2 InsO) oder der **Überschuldung** (§ 19 Abs. 2 InsO) befindet. Kann diese Versicherung nicht abgegeben werden, hat stattdessen nach § 315 Abs. 3 Satz 2 das Vertretungsorgan oder ggf. nach § 315 Abs. 3 Satz 3 der (vorläufige) Insolvenzverwalter mitzuteilen, welche der Insolvenztatbestände erfüllt sind und ob ein Insolvenzverfahren beantragt oder eröffnet wurde. Für die Pflicht zur Abgabe bzw. den Inhalt der Versicherung spielt es keine Rolle, ob nach der EuInsVO[36] überhaupt deutsches Insolvenzrecht anwendbar ist und ob die weiteren Voraussetzungen zur Einleitung eines Insolvenzverfahrens erfüllt sind (z. B. Stellung des Eröffnungsantrags).[37] 34

Durch die **Insolvenzreife der übertragenden Gesellschaft** wird die Durchführung der grenzüberschreitenden Verschmelzung zwar nicht ausgeschlossen. Der Gesetzgeber hat sich nämlich bewusst dagegen entschieden, von einer entsprechenden Mitgliedstaatenoption (vgl. Art. 120 Abs. 5 lit. a Gesellschaftsrechtsrichtlinie) Gebrauch zu machen.[38] Dadurch wollte der Gesetzgeber es Gesellschaften in wirtschaftlicher Schieflage ermöglichen, sich im Wege grenzüberschreitender Umwandlungsmaßnahmen zu sanieren.[39] Bei bestehender Insolvenzreife besteht jedoch die Gefahr, dass sich die Gesellschaft durch die Verschmelzung zum Nachteil ihrer Gläubiger den gläubigerschützenden Vorschriften des deutschen Rechts zu entziehen versucht. Dieser Gefahr trägt die Versicherung nach § 315 Abs. 3 Nr. 4 Rechnung. Dadurch wird sichergestellt, dass das **Gericht** von der etwaigen Insolvenzreife der übertragenden Gesellschaft **Kenntnis erlangt**, um dies ggf. i. R. der vertieften **Missbrauchsprüfung** gemäß § 316 Abs. 3 berücksichtigen zu können (siehe dazu § 316 Rz. 19 [*de Raet/Brunk*]).[40] 35

Die Versicherung nach § 315 Abs. 3 Nr. 4 ist gemäß § 348 Nr. 1 **strafbewehrt**. Die unrichtige Abgabe der Versicherung wird mit Freiheitsstrafe bis zu drei Jahren oder mit Geldstrafe bestraft (siehe § 348 Rz. 1 ff. [*Maske-Reiche*]). 36

5. Mitteilungen (§ 315 Abs. 4)

Schließlich hat das Vertretungsorgan der übertragenden Gesellschaft dem Registergericht die in § 315 Abs. 4 genannten Mitteilungen zu machen. Mit der Regelung hat der deutsche Gesetzgeber von der entsprechenden Mitgliedstaatenoption in Art. 127 Abs. 3 Gesellschaftsrechtsrichtlinie Gebrauch gemacht. Mitzuteilen sind die **Zahl der Arbeitnehmer** der Gesellschaft zum Zeitpunkt des Abschlusses des Verschmelzungsplans (Abs. 4 Nr. 1), die **Zahl ihrer Tochtergesellschaften** und deren jeweilige geografische Standorte (Abs. 4 Nr. 2) sowie das Bestehen von **Verbindlichkeiten gegenüber der öffentlichen Hand** (Abs. 4 Nr. 3).[41] Die übermittelten Informationen dienen dem Registergericht als Informations- 37

36) Verordnung (EU) 2015/848 des Europäischen Parlaments und des Rates v. 20.5.2015 über Insolvenzverfahren (EuInsVO), ABl. (EU) L 141/19 v. 5.6.2019.

37) Begr. RegE UmRUG, BT-Drucks. 20/3822, S. 100; *Klaaßen-Kaiser* in: KölnKomm-UmwG, § 315 Rz. 20.

38) Vgl. Lutter-*Bayer/J. Schmidt*, UmwG, § 315 Rz. 41.

39) Begr. RegE UmRUG, BT-Drucks. 20/3822, S. 100.

40) Begr. RegE UmRUG, BT-Drucks. 20/3822, S. 100; Lutter-*Bayer/J. Schmidt*, UmwG, § 315 Rz. 41; *Klaaßen-Kaiser* in: KölnKomm-UmwG, § 315 Rz. 20.

41) Eingehend Lutter-*Bayer/J. Schmidt*, UmwG, § 315 Rz. 53 ff.; Schmidt/Hörtnagl-*Hörtnagl*, UmwG/UmwStG, § 315 UmwG Rz. 15 ff.

grundlage für die Missbrauchsprüfung gemäß § 316 Abs. 3 (siehe dazu § 316 Rz. 16 ff. [*de Raet/Brunk*]).[42)]

IV. Mitteilung über die Geltendmachung einer Sicherheitsleistung (§ 315 Abs. 5)

38 Nach § 315 Abs. 5 teilt das nach § 314 Abs. 5 zuständige Gericht (siehe § 314 Rz. 22 [*de Raet/Brunk*]) dem Registergericht auf Anforderung mit, ob innerhalb der Frist des § 314 Abs. 3 eine **Sicherheitsleistung gerichtlich geltend gemacht** wurde. Da in diesem Fall das Registergericht die Verschmelzung gemäß § 316 Abs. 2 Satz 3 nicht eintragen darf, wird es diese Information stets anfordern (müssen).[43)]

---

42) Begr. RegE UmRUG, BT-Drucks. 20/3822, S. 100; dazu krit. *Klett* in: BeckOGK-UmwG, § 315 Rz. 43.

43) Vgl. Lutter-*Bayer*/*J. Schmidt*, UmwG, § 315 Rz. 69; Schmidt/Hörtnagl-*Hörtnagl*, UmwG/UmwStG, § 315 UmwG Rz. 18.

§ 316

Verschmelzungsbescheinigung[*)]

(1) [1]Das Gericht prüft innerhalb von drei Monaten nach der Anmeldung gemäß § 315 Absatz 1 und 2, ob für die übertragende Gesellschaft die Voraussetzungen für die grenzüberschreitende Verschmelzung vorliegen. [2]Die Eintragung enthält die Bezeichnung des Verschmelzungsverfahrens und der an ihm beteiligten Gesellschaften sowie die Feststellung, dass alle einschlägigen Voraussetzungen erfüllt und alle erforderlichen Verfahren und Formalitäten erledigt sind. [3]Die Eintragung ist mit dem Vermerk zu versehen, dass die grenzüberschreitende Verschmelzung unter den Voraussetzungen des Rechts desjenigen Staates wirksam wird, dem die übernehmende oder neue Gesellschaft unterliegt. [4]Über die Eintragung stellt das Gericht von Amts wegen eine Verschmelzungsbescheinigung aus.

(2) [1]Die Eintragung gemäß Absatz 1 darf nicht vor Ablauf der Fristen gemäß § 313 Absatz 3 Satz 1 und § 314 Absatz 3 vorgenommen werden. [2]Haben alle Anteilsinhaber der übertragenden Gesellschaft der Verschmelzung zugestimmt, darf die Eintragung bereits vor Ablauf der Frist des § 313 Absatz 3 Satz 1 erfolgen. [3]Wurde ein Anspruch auf Sicherheitsleistung nach § 314 Absatz 1 gerichtlich geltend gemacht, so darf die Eintragung gemäß Absatz 1 nicht vorgenommen werden,

1. bevor die den Antrag ablehnende Entscheidung rechtskräftig ist,

2. die in der Entscheidung festgelegte Sicherheit geleistet wurde oder

3. die den Antrag teilweise ablehnende Entscheidung rechtskräftig ist und die in der Entscheidung festgelegte Sicherheit geleistet wurde.

[4]Die Leistung der Sicherheit ist dem Gericht in geeigneter Form nachzuweisen. [5]Auf Verlangen des Gerichts haben die Mitglieder des Vertretungsorgans zu versichern, dass die in der Entscheidung festgelegte Sicherheit geleistet wurde.

(3) [1]In dem Verfahren nach Absatz 1 muss das Gericht bei Vorliegen von Anhaltspunkten prüfen, ob die grenzüberschreitende Verschmelzung zu missbräuchlichen oder betrügerischen Zwecken, die dazu führen oder führen sollen, sich Unionsrecht oder nationalem Recht zu entziehen oder es zu umgehen, oder zu kriminellen Zwecken vorgenommen werden soll. [2]Liegen solche Zwecke vor, so lehnt es die Eintragung gemäß Absatz 1 ab. [3]Ist es für die Prüfung notwendig, zusätzliche Informationen zu berück-

sichtigen oder zusätzliche Ermittlungen durchzuführen, so kann die in Absatz 1 Satz 1 vorgesehene Frist um höchstens drei Monate verlängert werden. [4]Anhaltspunkte im Sinne von Satz 1 liegen insbesondere vor, wenn

1. **ein gemäß Artikel 133 Absatz 2 bis 4 der Richtlinie (EU) 2017/1132 durchzuführendes Verhandlungsverfahren erst auf Aufforderung des Gerichts eingeleitet worden ist;**
2. **die Zahl der Arbeitnehmer mindestens vier Fünftel des für die Unternehmensmitbestimmung maßgeblichen Schwellenwerts beträgt, im Zielland keine Wertschöpfung erbracht wird und der Verwaltungssitz in Deutschland verbleibt;**
3. **eine ausländische Gesellschaft durch die grenzüberschreitende Verschmelzung Schuldnerin von Betriebsrenten oder -anwartschaften wird und diese Gesellschaft kein anderweitiges operatives Geschäft hat.**

(4) Ist es wegen der Komplexität des Verfahrens ausnahmsweise nicht möglich, die Prüfung innerhalb der in Absatz 1 Satz 1 oder Absatz 3 Satz 3 vorgesehenen Fristen vorzunehmen, so hat das Gericht den Anmelder vor Ende der Frist über die Gründe für eine Verzögerung zu unterrichten.

(5) Nach Eingang einer Mitteilung des Registers, in dem die übernehmende oder neue Gesellschaft eingetragen ist, über das Wirksamwerden der Verschmelzung hat das Gericht des Sitzes der übertragenden Gesellschaft den Tag des Wirksamwerdens zu vermerken und die bei ihm aufbewahrten elektronischen Dokumente diesem Register zu übermitteln.

*) § 316 n. F. (§ 122k a. F.) Paragraphenzählung und Text geändert durch Art. 1 des Gesetzes zur Umsetzung der Umwandlungsrichtlinie und zur Änderung weiterer Gesetze (UmRUG), v. 22.2.2023, BGBl. I 2023, Nr. 51; § 122k a. F. (§ 316 n. F.) eingefügt durch Art. 1 des Zweiten Gesetzes zur Änderung des Umwandlungsgesetzes (2. UmwGÄndG), v. 19.4.2007, BGBl. I 2007, 542.

Literatur: Siehe die Angaben bei § 305.

Übersicht

I. Allgemeines

1. Überblick und Normzweck

1 § 316 regelt die **Prüfung der Verschmelzungsvoraussetzungen** sowie die Eintragung der Verschmelzung und die Ausstellung der Verschmelzungsbescheinigung durch das Registergericht. Die Vorschrift steht in einem engen Regelungszusammenhang mit § 315 und

betrifft wie dieser die **erste Stufe** der zweistufigen Rechtmäßigkeitskontrolle (siehe näher § 315 Rz. 2 [*de Raet/Brunk*]). Die Vorschrift gilt wiederum nur für **deutsche übertragende Gesellschaften**, d. h. insbesondere für Fälle der Hinausverschmelzung.[1]

2 In **§ 316 Abs. 1** ist das Verfahren der registergerichtlichen Prüfung geregelt (siehe Rz. 7 ff.). **§ 316 Abs. 2** stellt Sperrfristen zur Sicherstellung der Rechte der Anteilsinhaber und Gläubiger auf (siehe Rz. 12 ff.). **§ 316 Abs. 3** regelt die registergerichtliche Missbrauchsprüfung (siehe Rz. 16 ff.). **§ 316 Abs. 4** gestattet dem Registergericht eine Verlängerung der Prüfungsfrist in komplexen Verfahren (siehe Rz. 23). **§ 316 Abs. 5** enthält Regelungen zum Registervollzug nach Wirksamwerden der Verschmelzung (siehe Rz. 26).

2. Normgenese und unionsrechtlicher Hintergrund

3 Das für übertragende deutsche Gesellschaften geltende Registerverfahren war zunächst in **§ 122k a. F.** geregelt. Durch das **UmRUG**[2] wurde die Regelung erheblich erweitert und zur besseren Übersicht auf die §§ 315 bis 317 aufgeteilt.[3] Nach der Neuregelung wird die Anmeldung der Verschmelzung (§ 122k Abs. 1 a. F.) in § 315 geregelt (siehe dazu § 315 Rz. 9 ff. [*de Raet/Brunk*]), die registergerichtliche Prüfung und Ausstellung der Verschmelzungsbescheinigung (§ 122k Abs. 2 a. F.) in § 316. Durch das UmRUG neu hinzugekommen ist die Regelung zur Informationsbeschaffung durch das Registergericht in § 317 (siehe näher § 317 Rz. 5 ff. [*de Raet/Brunk*]).

4 § 316 setzt die europäischen Vorgaben in **Art. 127 Abs. 1, Abs. 5 bis 11 Gesellschaftsrechtsrichtlinie**[4] um.[5]

3. Systematik

5 Das Registerverfahren nach § 316 gilt nur für **grenzüberschreitende Verschmelzungen** (§ 305 Abs. 1) und dabei nur für die als übertragende Gesellschaften beteiligten deutschen Rechtsträger.[6] Zur Regelungssystematik siehe auch § 315 Rz. 7 [*de Raet/Brunk*].

6 **Parallelvorschriften** sind § 329 für die grenzüberschreitende Spaltung und § 343 für den grenzüberschreitenden Formwechsel.

II. Prüfung der Verschmelzungsvoraussetzungen (§ 316 Abs. 1 Satz 1)

1. Zuständigkeit

7 Zuständig für das registergerichtliche Prüfungsverfahren ist das in § 315 Abs. 1 bezeichnete Gericht (siehe § 315 Rz. 10 [*de Raet/Brunk*]), d. h. das **Registergericht am Satzungssitz** der übertragenden deutschen Gesellschaft.[7]

1) Vgl. Lutter-*Bayer/J. Schmidt*, UmwG, § 316 Rz. 6; *Klaaßen-Kaiser* in: KölnKomm-UmwG, § 316 Rz. 1; *Klett* in: BeckOGK-UmwG, § 316 Rz. 2; *Sitter* in: NK-UmwG, § 316 Rz. 1.

2) Gesetz zur Umsetzung der Umwandlungsrichtlinie und zur Änderung weiterer Gesetze (UmRUG), v. 22.2.2023, BGBl. I 2023, Nr. 51.

3) Begr. RegE UmRUG, BT-Drucks. 20/3822, S. 98; Lutter-*Bayer/J. Schmidt*, UmwG, § 316 Rz. 3; *Klett* in: BeckOGK-UmwG, § 316 Rz. 2.

4) Richtlinie (EU) 2017/1132 des Europäischen Parlaments und des Rates v. 14.6.2017 über bestimmte Aspekte des Gesellschaftsrechts (Gesellschaftsrechtsrichtlinie), ABl. (EU) L 169/46 v. 30.6.2017.

5) Vgl. Lutter-*Bayer/J. Schmidt*, UmwG, § 316 Rz. 4; *Klett* in: BeckOGK-UmwG, § 316 Rz. 7.

6) Vgl. Lutter-*Bayer/J. Schmidt*, UmwG, § 316 Rz. 6 f.; *Klett* in: BeckOGK-UmwG, § 316 Rz. 2.

7) Vgl. Lutter-*Bayer/J. Schmidt*, UmwG, § 316 Rz. 9; *Klett* in: BeckOGK-UmwG, § 316 Rz. 7.

2. Prüfungsgegenstand und -umfang (§ 316 Abs. 1)

Gemäß § 316 Abs. 1 Satz 1 prüft das Registergericht, ob für die übertragende Gesellschaft die **Voraussetzungen für die grenzüberschreitende Verschmelzung** vorliegen. Grundlage dieser Prüfung sind die Anmeldung nach § 315 Abs. 1 sowie die gemäß § 315 Abs. 2 bis 4 bei der Anmeldung einzureichenden Unterlagen und Erklärungen (siehe § 315 Rz. 17 ff. [*de Raet/Brunk*]). Soweit erforderlich kann das Registergericht von der Gesellschaft gemäß § 317 Satz 1 weitere Informationen und Unterlagen verlangen (siehe § 317 Rz. 9 [*de Raet/Brunk*]). 8

Das registergerichtliche Prüfungsverfahren bezieht sich insbesondere auf folgende Voraussetzungen:[8] 9

- **Verschmelzungsfähigkeit** der übertragenden Gesellschaft (§ 306);
- ordnungsgemäße Aufstellung und Bekanntmachung des **Verschmelzungsplans** (§§ 307, 308), samt beigefügter **Bemerkungen** (§ 315 Abs. 2 Nr. 1 i. V. m. § 308 Abs. 1 Satz 2 Nr. 4);
- ordnungsgemäße Erstellung und Zugänglichmachung des einheitlichen **Verschmelzungsberichts** bzw. der gesonderten Berichte für Anteilsinhaber und Arbeitnehmer (§§ 309, 310), samt beigefügter **Stellungnahmen** (§ 315 Abs. 2 Nr. 2 i. V. m. § 310 Abs. 3);
- Durchführung der **Verschmelzungsprüfung** und Erstellung eines **Verschmelzungsprüfungsberichts** (§ 311 i. V. m. §§ 9 bis 12);
- Vorliegen eines **Verschmelzungsbeschlusses** gemäß § 305 Abs. 2 i. V. m. § 13 Abs. 1 mit der Zustimmung zum Verschmelzungsplan oder seinem Entwurf sowie ggf. erforderlicher Zustimmungs- und Verzichtserklärungen;
- Vorliegen einer (ggf. geprüften) **Schlussbilanz** mit einem höchstens acht Monate vor der Anmeldung ligenden Bilanzstichtag (§ 315 Abs. 2 i. V. m. § 17 Abs. 2);
- Beachtung der Vorschriften zum **Schutz der Anteilsinhaber** (§ 313) und zum **Schutz der Gläubiger** (§ 314), wobei das Gericht nicht auch die Angemessenheit von Barabfindung und Sicherheitsleistung prüft (siehe Rz. 10); sowie
- Beginn der **Verhandlungen über die künftige Mitbestimmung** nach den Umsetzungsvorschriften zu Art. 133 Abs. 3 und 4 Gesellschaftsrechtsrichtlinie (§ 315 Abs. 3 Nr. 3).

Die **Angemessenheit** von **Umtauscherverhältnis und Barabfindung** (§ 313 Abs. 1) bzw. der angebotenen oder geleisteten **Sicherheit** (§ 314 Abs. 1) prüft das Registergericht nicht, da diese Prüfungen gesonderten Verfahren zugewiesen sind.[9] Die Prüfung der Angemessenheit des Umtauschverhältnisses und ggf. die Festlegung einer baren Zuzahlung erfolgt gemäß § 305 Abs. 2 i. V. m. § 15 Abs. 1 Satz 2 im Spruchverfahren (siehe § 15 Rz. 15 ff. [*Hoefling*]); Gleiches gilt gemäß § 313 Abs. 1 Satz 4 i. V. m. § 34 für die Angemessenheit der Barabfindung (siehe § 313 Rz. 23 f. [*de Raet/Brunk*]). Die Geltendmachung einer (angemessenen) Sicherheit erfolgt vor dem gemäß § 314 Abs. 5 örtlich zuständigen Prozessgericht (siehe § 314 Rz. 22 [*de Raet/Brunk*]). 10

Im Übrigen handelt es sich bei der registergerichtlichen Prüfung um eine **reine Rechtmäßigkeitskontrolle**; die (wirtschaftliche) Zweckmäßigkeit der grenzüberschreitenden Verschmelzung prüft das Gericht nicht.[10] Hinsichtlich des Verschmelzungsberichts und 11

8) Vgl. zum Prüfungskatalog auch Lutter-*Bayer/J. Schmidt*, UmwG, § 316 Rz. 11; *Klett* in: BeckOGK-UmwG, § 316 Rz. 11 ff.

9) Vgl. Lutter-*Bayer/J. Schmidt*, UmwG, § 316 Rz. 12; *Klett* in: BeckOGK-UmwG, § 316 Rz. 10.

10) Lutter-*Bayer/J. Schmidt*, UmwG, § 316 Rz. 12; *Klett* in: BeckOGK-UmwG, § 316 Rz. 10.

des Verschmelzungsprüfungsberichts reduziert sich die Prüfungsintensität zudem auf eine bloße Plausibilitätsprüfung (zur Missbrauchsprüfung siehe aber Rz. 16 ff.).[11]

3. Sperrfristen (§ 316 Abs. 2)

12 Nach § 316 Abs. 2 Satz 1 darf die **Eintragung** grundsätzlich **nicht vor Ablauf der Fristen** gemäß § 313 Abs. 3 Satz 1 und § 314 Abs. 3 vorgenommen werden. Die Regelung erklärt die genannten Fristen somit zu Sperrfristen für das weitere Registerverfahren.

13 Sperrwirkung entfaltet zum einen die **zweimonatige Frist** für die Annahme des **Barabfindungsangebots** gemäß § 313 Abs. 3 Satz 1 (siehe dazu § 313 Rz. 20 [*de Raet/Brunk*]). Dadurch soll sichergestellt werden, dass die Anteilsinhaber von ihrem Austrittsrecht gegen Barabfindung aus § 313 Abs. 1 tatsächlich Gebrauch machen können (und dieses Recht nicht durch vorzeitigen Registervollzug unterlaufen wird).[12] Dem Schutzzweck entsprechend darf die **Eintragung gemäß § 316 Abs. 2 Satz 2 schon vor Fristablauf** erfolgen, wenn alle Anteilsinhaber der übertragenden Gesellschaft dem Verschmelzungsbeschluss zugestimmt haben.[13] Letzteres wird sich ohne Weiteres aus der der Anmeldung beizufügenden notariellen Urkunde über den Verschmelzungsbeschluss (§ 305 Abs. 2 i. V. m. § 13 Abs. 3 Satz 1) ergeben. In den Fällen des § 307 Abs. 3 spielt die Sperrfrist naturgemäß keine Rolle, da in diesen Fällen weder eine Barabfindung anzubieten (siehe § 307 Rz. 63 [*de Raet/Brunk*]) noch ein Verschmelzungsbeschluss zu fassen ist (§ 312 Abs. 2; siehe § 312 Rz. 25 f. [*de Raet/Brunk*]).

14 Zum anderen besteht eine Eintragungssperre während der **dreimonatigen Frist** für die gerichtliche Geltendmachung der **Sicherheitsleistung** aus § 314 Abs. 3 (siehe § 314 Rz. 21 [*de Raet/Brunk*]). Dadurch soll die Einhaltung des Gläubigerschutzes aus § 314 Abs. 1 sichergestellt werden.[14] Macht ein Gläubiger sein Recht auf Sicherheitsleistung gerichtlich geltend, so **verlängert sich gemäß § 316 Abs. 2 Satz 3 die Sperrwirkung** bis zum rechtskräftigen Abschluss dieses Verfahrens und ggf. Leistung der gerichtlich festgelegten Sicherheit.[15] Die erfolgte Sicherheitsleistung ist dem Gericht gemäß § 316 Abs. 2 Satz 4 in geeigneter Form nachzuweisen (z. B. Grundbuchauszug, ggf. mit Verkehrswertgutachten bei eingetragener Hypothek, schriftliche Bestätigung des Kreditinstituts bei Bankbürgschaft).[16] auf Verlangen des Gerichts haben die Mitglieder des Vertretungsorgans zudem eine strafbewehrte (§ 348 Nr. 1) Versicherung über die Leistung der festgelegten Sicherheit abzugeben.

15 Insbesondere die mit § 316 Abs. 2 Satz 3 verbundene Verlängerung der Sperrwirkung für die Dauer des gerichtlichen Verfahrens über die Sicherheitsleistung wird kritisch betrachtet.[17] Grund dafür ist das mit der Regelung verbundene **Missbrauchspotenzial**: Sie eröffnet den Gesellschaftsgläubigern die Möglichkeit strategischer Klagen mit dem Ziel, die damit verbundene, **erhebliche Verfahrensverzögerung** dazu zu nutzen, der Gesellschaft einen ggf. inadäquaten wirtschaftlichen Vorteil für sich selbst abzuringen. Für die Gesell-

11) Vgl. *Klett* in: BeckOGK-UmwG, § 316 Rz. 14 f.; Kallmeyer-*Zimmermann*, UmwG, § 316 Rz. 4.

12) Lutter-*Bayer/J. Schmidt*, UmwG, § 316 Rz. 13; *Klaaßen-Kaiser* in: KölnKomm-UmwG, § 316 Rz. 9; *Sitter* in: NK-UmwG, § 316 Rz. 15.

13) Lutter-*Bayer/J. Schmidt*, UmwG, § 316 Rz. 14; *Klaaßen-Kaiser* in: KölnKomm-UmwG, § 316 Rz. 9; *Klett* in: BeckOGK-UmwG, § 316 Rz. 30.

14) Begr. RegE UmRUG, BT-Drucks. 20/3822, S. 102; Lutter-*Bayer/J. Schmidt*, UmwG, § 316 Rz. 15 f.; *Klaaßen-Kaiser* in: KölnKomm-UmwG, § 316 Rz. 10.

15) Vgl. Lutter-*Bayer/J. Schmidt*, UmwG, § 316 Rz. 16; *Klett* in: BeckOGK-UmwG, § 316 Rz. 32.

16) Begr. RegE UmRUG, BT-Drucks. 20/3822, S. 102; hierzu Lutter-*Bayer/J. Schmidt*, UmwG, § 316 Rz. 19; *Klaaßen-Kaiser* in: KölnKomm-UmwG, § 316 Rz. 11; *Klett* in: BeckOGK-UmwG, § 316 Rz. 32.

17) Mit deutlicher Kritik *Klett* in: BeckOGK-UmwG, § 316 Rz. 33; vgl. auch *Sitter* in: NK-UmwG, § 316 Rz. 8.

schaft, die dadurch faktisch zur Leistung aller gerichtlich geltend gemachten Sicherheiten verpflichtet sein kann, ist dies mit erheblichem Aufwand und Kosten verbunden.[18)]

4. Missbrauchskontrolle (§ 316 Abs. 3)

16 Gemäß Art. 127 Abs. 8 Gesellschaftsrechtsrichtlinie haben die Mitgliedstaaten sicherzustellen, dass keine Vorabbescheinigung ausgestellt wird, wenn die grenzüberschreitende Verschmelzung zu missbräuchlichen oder betrügerischen Zwecken, die dazu führen oder führen sollen, sich Unionsrecht oder nationalem Recht zu entziehen oder es zu umgehen, oder zu kriminellen Zwecken vorgenommen werden soll.[19)] Diese unionsrechtliche Vorgabe wurde im deutschen Recht durch das Verfahren der **Missbrauchskontrolle** in § 316 Abs. 3 umgesetzt: Danach muss das Registergericht bei Vorliegen entsprechender Anhaltspunkte prüfen, ob **missbräuchliche, betrügerische oder kriminelle Zwecke** vorliegen (§ 316 Abs. 3 Satz 1), und bei Vorliegen solcher Zwecke die Eintragung ablehnen (§ 316 Abs. 3 Satz 2).[20)]

17 Ob ein Missbrauch vorliegt, hat das Gericht auf Grundlage einer **Gesamtbetrachtung der Umstände des Einzelfalls** zu beurteilen.[21)] Als relevante Umstände kann das Gericht insbesondere die in ErwG 36 Umwandlungsrichtlinie[22)] genannten Merkmale der übernehmenden oder neuen Gesellschaft im Zuzugsstaat berücksichtigen (z. B. Branche, Investition, Nettoumsatz und Gewinn oder Verlust, Zahl der Arbeitnehmer, Vermögenswerte und ihre Belegenheit, Zusammensetzung der Bilanz, Steuersitz sowie Ort, an dem die Sozialabgaben zu entrichten sind etc.).[23)]

18 Der Missbrauch kann sich einerseits zulasten der Arbeitnehmer der übertragenden Gesellschaft auswirken.[24)] Ein solcher Missbrauch liegt vor, wenn die grenzüberschreitende Verschmelzung eine **Umgehung oder Entziehung zwingender Arbeitnehmerrechte**, insbesondere der Mitbestimmung, bezweckt.[25)] Anhaltspunkte für das Vorliegen eines Missbrauchs zulasten der Arbeitnehmer liegen nach den **Regelbeispielen** des Abs. 3 Satz 4 insbesondere vor, wenn

- ein gemäß Art. 133 Abs. 2 bis 4 Gesellschaftsrechtsrichtlinie durchzuführendes **Verhandlungsverfahren** erst auf Aufforderung des Gerichts eingeleitet worden ist (§ 316 Abs. 3 Satz 4 Nr. 1);
- die **Zahl der Arbeitnehmer** mindestens vier Fünftel des für die Unternehmensmitbestimmung maßgeblichen Schwellenwerts beträgt, im Zielland keine Wertschöpfung

18) Lutter-*Bayer/J. Schmidt*, UmwG, § 316 Rz. 17; Schmidt/Hörtnagl-*Hörtnagl*, UmwG/UmwStG, § 316 UmwG Rz. 15.

19) Vgl. *de Raet* in: Kindler/Lieder, European Corporate Law, Art. 127 Rz. 29 ff.; m. krit. Einordnung Lutter-*Bayer/J. Schmidt*, UmwG, § 316 Rz. 21 ff.

20) Lutter-*Bayer/J. Schmidt*, UmwG, § 316 Rz. 27; Schmidt/Hörtnagl-*Hörtnagl*, UmwG/UmwStG, § 316 UmwG Rz. 5; *Klaaßen-Kaiser* in: KölnKomm-UmwG, § 316 Rz. 12.

21) Lutter-*Bayer/J. Schmidt*, UmwG, § 316 Rz. 28 ff.; *Klaaßen-Kaiser* in: KölnKomm-UmwG, § 316 Rz. 13; *Klett* in: BeckOGK-UmwG, § 316 Rz. 24.

22) Richtlinie (EU) 2019/2121 des Europäischen Parlaments und des Rates v. 27.11.2019 zur Änderung der Richtlinie (EU) 2017/1132 in Bezug auf grenzüberschreitende Umwandlungen, Verschmelzungen und Spaltungen (Umwandlungsrichtlinie), ABl. (EU) L 321/1 v. 12.12.2019.

23) Vgl. Begr. RegE UmRUG, BT-Drucks. 20/3822, S. 102; Lutter-*Bayer/J. Schmidt*, UmwG, § 316 Rz. 29; *Klett* in: BeckOGK-UmwG, § 316 Rz. 24.

24) Begr. RegE UmRUG, BT-Drucks. 20/3822, S. 102; Lutter-*Bayer/J. Schmidt*, UmwG, § 316 Rz. 34; *Klaaßen-Kaiser* in: KölnKomm-UmwG, § 316 Rz. 13.

25) Begr. RegE UmRUG, BT-Drucks. 20/3822, S. 103; Lutter-*Bayer/J. Schmidt*, UmwG, § 316 Rz. 34.

erbracht wird und der Verwaltungssitz in Deutschland verbleibt (§ 316 Abs. 3 Satz 4 Nr. 2);[26] oder

- eine ausländische Gesellschaft durch die grenzüberschreitende Verschmelzung **Schuldnerin von Betriebsrenten oder -anwartschaften** wird und diese Gesellschaft kein anderweitiges operatives Geschäft hat (§ 316 Abs. 3 Satz 4 Nr. 3).[27]

19 Andererseits kann mit der grenzüberschreitenden Verschmelzung ein Missbrauch zulasten der Gläubiger oder Gesellschafter verbunden sein.[28] Eine Umgehung des **Gläubigerschutzes** kann insbesondere in der **Krise der Gesellschaft** drohen, z. B. in Fällen, in denen die Mitglieder des Vertretungsorgans wegen eingetretener Insolvenzreife der Gesellschaft keine Versicherung nach § 315 Abs. 3 Nr. 4 abgeben können (siehe § 315 Rz. 34 [*de Raet/Brunk*]). Wird in diesen Fällen weder die Eröffnung eines Insolvenz- oder ggf. Restrukturierungsverfahrens beantragt noch eine mit der grenzüberschreitenden Verschmelzung verbundene Sanierungsperspektive nachgewiesen, dürften regelmäßig missbräuchliche Zwecke anzunehmen sein.[29] Anhaltspunkte für missbräuchliche Zwecke können auch bei ausstehenden **Verbindlichkeiten gegenüber der öffentlichen Hand** (vor allem Steuer- und Sozialversicherungsverbindlichkeiten) vorliegen.[30] Ein Missbrauch zulasten der Gesellschafter kann z. B. vorliegen, wenn die grenzüberschreitende Verschmelzung dazu dienen soll, **Minderheitsgesellschafter** zu entrechten oder aus der Gesellschaft zu drängen, ohne dass das Austrittsrecht gemäß § 313 Abs. 1 einen adäquaten Ausgleich schafft (z. B. in Fällen, in denen das Beteiligungsinteresse des betroffenen Gesellschafters über die bloße Kapitalbeteiligung hinausgeht).[31] **Kriminelle Zwecke** liegen bspw. vor, wenn die Verschmelzung der Geldwäsche oder Terrorismusfinanzierung dient.[32]

20 Für die Prüfung hat das Gericht davon auszugehen, dass ein **Missbrauch nur ausnahmsweise** in Betracht kommt. Wegen der Niederlassungsfreiheit (Art. 49, 54 AEUV) kann insbesondere die Absicht, in den Genuss günstiger Rechtsvorschriften zu gelangen, für sich genommen noch keinen Missbrauch begründen,[33] auch wenn damit eine Einschränkung der Arbeitnehmer-, Gläubiger- oder Gesellschafterrechte einhergeht. Entsprechend ist auch die Missbrauchsprüfung nur im Ausnahmefall vorzunehmen, nämlich wenn **tatsächliche Anhaltspunkte** für einen Missbrauch vorliegen; andernfalls bedarf es keiner weiteren Sachverhaltsermittlungen.[34] Angesichts der weitreichenden Schutzvorschriften in den §§ 305 ff. (bzw. Art. 118 ff. Gesellschaftsrechtsrichtlinie) zugunsten aller potenziell betroffenen Interessengruppen ist der Missbrauchstatbestand zudem **eng auszulegen.**[35] Dementsprechend

---

26) Dazu krit. Lutter-*Bayer/J. Schmidt*, UmwG, § 316 Rz. 37 – Tatbestand sei „äußerst problematisch und dürfte unionsrechtswidrig sein"; ähnl. *Klaaßen-Kaiser* in: KölnKomm-UmwG, § 316 Rz. 18.

27) Zu den Regelbeispielen Lutter-*Bayer/J. Schmidt*, UmwG, § 316 Rz. 35 ff.; Schmidt/Hörtnagl-*Hörtnagl*, UmwG/UmwStG, § 316 UmwG Rz. 5 ff.; *Klaaßen-Kaiser* in: KölnKomm-UmwG, § 316 Rz. 16 ff.

28) Begr. RegE UmRUG, BT-Drucks. 20/3822, S. 102; eingehend Lutter-*Bayer/J. Schmidt*, UmwG, § 316 Rz. 41 ff.; *Klaaßen-Kaiser* in: KölnKomm-UmwG, § 316 Rz. 13.

29) Begr. RegE UmRUG, BT-Drucks. 20/3822, S. 103; Lutter-*Bayer/J. Schmidt*, UmwG, § 316 Rz. 42; *Klett* in: BeckOGK-UmwG, § 316 Rz. 23.

30) Begr. RegE UmRUG, BT-Drucks. 20/3822, S. 103; Lutter-*Bayer/J. Schmidt*, UmwG, § 316 Rz. 43; *Klett* in: BeckOGK-UmwG, § 316 Rz. 23.

31) Lutter-*Bayer/J. Schmidt*, UmwG, § 316 Rz. 46.

32) Lutter-*Bayer/J. Schmidt*, UmwG, § 316 Rz. 47; Schmidt/Hörtnagl-*Hörtnagl*, UmwG/UmwStG, § 316 UmwG Rz. 9.

33) So ausdrücklich Begr. RegE UmRUG, BT-Drucks. 20/3822, S. 103; vgl. auch Schmidt/Hörtnagl-*Hörtnagl*, UmwG/UmwStG, § 316 UmwG Rz. 10.

34) Begr. RegE UmRUG, BT-Drucks. 20/3822, S. 103; Schmidt/Hörtnagl-*Hörtnagl*, UmwG/UmwStG, § 316 UmwG Rz. 5; *Klaaßen-Kaiser* in: KölnKomm-UmwG, § 316 Rz. 14; *Klett* in: BeckOGK-UmwG, § 316 Rz. 22.

35) Lutter-*Bayer/J. Schmidt*, UmwG, § 316 Rz. 25; *Sitter* in: NK-UmwG, § 316 Rz. 22.

ist auch die Verweigerung der Eintragung der grenzüberschreitenden Verschmelzung nach § 316 Abs. 3 Satz 2 ultima ratio und kommt nur im besonderen Ausnahmefall in Betracht.[36)]

5. Prüfungsfrist

a) Grundsatz (§ 316 Abs. 1 Satz 1)

Die Prüfungsfrist beträgt gemäß § 316 Abs. 1 Satz 1 grundsätzlich **drei Monate** ab der Anmeldung der Verschmelzung gemäß § 315 Abs. 1 und 2. Fristauslösend ist nur die **vollständige Anmeldung** einschließlich aller einzureichenden Unterlagen, Versicherungen und Mitteilungen i. S. des § 315 Abs. 2 bis 4 (siehe § 315 Rz. 17 ff. [*de Raet/Brunk*]);[37)] dies gilt auch im Falle nachgereichter Versicherungen (z. B. nach § 315 Abs. 3 Nr. 1; siehe § 315 Rz. 27 [*de Raet/Brunk*]) oder bei Nachreichung der Schlussbilanz (§ 315 Rz. 19 [*de Raet/Brunk*]). Die Fristberechnung erfolgt nach §§ 187 ff. BGB.[38)] 21

b) Fristverlängerung für die Missbrauchskontrolle (§ 316 Abs. 3 Satz 3)

Liegen Anhaltspunkte für einen Missbrauch i. S. des § 316 Abs. 3 Satz 1 vor (siehe oben Rz. 16 ff.), so kann das Gericht die Prüfungsfrist gemäß Absatz 3 Satz 3 einmalig[39)] um **höchstens drei Monate** (d. h. auf höchstens sechs Monate) verlängern. Allerdings kommt eine **Fristverlängerung** nur in Betracht, **insoweit sie für die Durchführung der Missbrauchsprüfung notwendig ist**, z. B. weil zusätzliche Informationen zu berücksichtigen oder zusätzliche Ermittlungen durchzuführen sind. Das Gericht darf die Frist nicht pauschal um drei Monate verlängern, nur weil es eine Missbrauchsprüfung durchführt.[40)] 22

c) Fristverlängerung bei besonderer Komplexität (§ 316 Abs. 4)

Gemäß § 316 Abs. 4 kommt eine weitere Fristverlängerung schließlich in Betracht, wenn es **ausnahmsweise** wegen der **besonderen Komplexität des Verfahrens** nicht möglich ist, die Prüfung innerhalb der Drei-Monats-Frist nach § 316 Abs. 1 Satz 1 bzw. der verlängerten Frist von höchstens sechs Monaten nach Absatz 3 Satz 3 abzuschließen. Dabei kann die Fristverlängerung alleine mit den Verfahrensbesonderheiten des Einzelfalls begründet werden. Die generelle Komplexität grenzüberschreitender Umwandlungen oder die personelle Ausstattung des befassten Gerichts vermögen die Verlängerung nicht zu rechtfertigen.[41)] Der Anmeldende ist gemäß § 316 Abs. 4 (Art. 127 Abs. 11 Gesellschaftsrechtsrichtlinie) **vor Ende der Frist** über die Gründe für die Verzögerung **zu unterrichten.** 23

III. Eintragung und Verschmelzungsbescheinigung (§ 316 Abs. 1 Satz 2 bis 4)

Kommt das Registergericht i. R. seiner Prüfung zu dem Ergebnis, dass die **Verschmelzungsvoraussetzungen erfüllt** und alle erforderlichen Verfahren und Formalitäten erledigt sind, hat es die grenzüberschreitende Verschmelzung nach § 316 Abs. 1 Satz 2 bis 4 **in das Register einzutragen und eine Verschmelzungsbescheinigung über die Eintragung aus-** 24

36) Ebenso Lutter-*Bayer/J. Schmidt*, UmwG, § 316 Rz. 34, 41, 45; Schmidt/Hörtnagl-*Hörtnagl*, UmwG/UmwStG, § 316 UmwG Rz. 11; *Klaaßen-Kaiser* in: KölnKomm-UmwG, § 316 Rz. 15.

37) Begr. RegE UmRUG, BT-Drucks. 20/3822, S. 100; Lutter-*Bayer/J. Schmidt*, UmwG, § 316 Rz. 52; *Klaaßen-Kaiser* in: KölnKomm-UmwG, § 316 Rz. 3; *Sitter* in: NK-UmwG, § 316 Rz. 6 f.

38) Lutter-*Bayer/J. Schmidt*, UmwG, § 316 Rz. 52.

39) *Klaaßen-Kaiser* in: KölnKomm-UmwG, § 316 Rz. 14.

40) Nach *Klett* in: BeckOGK-UmwG, § 316 Rz. 27, ist Fristverlängerung zudem begründungsbedürftig; a. A. Schmidt/Hörtnagl-*Hörtnagl*, UmwG/UmwStG, § 316 UmwG Rz. 13.

41) Begr. RegE UmRUG, BT-Drucks. 20/3822, S. 104; Lutter-*Bayer/J. Schmidt*, UmwG, § 316 Rz. 55; Schmidt/Hörtnagl-*Hörtnagl*, UmwG/UmwStG, § 316 UmwG Rz. 13; *Klaaßen-Kaiser* in: KölnKomm-UmwG, § 316 Rz. 23.

zustellen.[42] Die Eintragung ist gemäß § 316 Abs. 1 Satz 3 mit dem Vermerk zu versehen, dass sich die Wirksamkeit der Verschmelzung nach den Voraussetzungen des Rechts des Zuzugsstaats richtet (sog. Vorläufigkeitsvermerk[43]). Die Verschmelzungsbescheinigung ist gemäß Art. 127a Gesellschaftsrechtsrichtlinie den zuständigen Behörden im Zuzugsmitgliedstaat über das System der Registervernetzung (BRIS) zu übermitteln. Dies erfolgt im deutschen Recht nach § 9b Abs. 2 Satz 3 Nr. 4 HGB; darüber hinaus ist die Verschmelzungsbescheinigung gemäß § 9b Abs. 1 Nr. 5 HGB i. V. m. § 9 HRV in den Registerordner aufzunehmen und dadurch öffentlich zugänglich zu machen.[44]

25 Kommt das Registergericht zu dem Ergebnis, dass die **Verschmelzungsvoraussetzungen nicht erfüllt** sind, setzt es der anmeldenden Gesellschaft bei behebbaren Hindernissen gemäß § 382 Abs. 4 FamFG zunächst eine angemessene Frist zur Beseitigung des Hindernisses. Nach fruchlosem Ablauf dieser Frist oder bei unbehebbaren Hindernissen **lehnt das Gericht** die Eintragung der Verschmelzung und Ausstellung der Verschmelzungsbescheinigung gemäß § 382 Abs. 3 FamFG i. V. m. § 38 FamFG **durch Beschluss ab.**[45]

IV. Eintragung nach Wirksamwerden der Verschmelzung (§ 316 Abs. 5)

26 Das Register des Zuzugsmitgliedstaats hat das deutsche Registergericht über das Wirksamwerden der grenzüberschreitenden Verschmelzung über das europäische System der Registervernetzung zu informieren. Erhält das deutsche Registergericht eine entsprechende Mitteilung, so hat es gemäß § 316 Abs. 5 den **Tag des Wirksamwerdens** im Register der übertragenden Gesellschaft zu vermerken und die bei ihm aufbewahrten **elektronischen Dokumente** dem Register im Zuzugsmitgliedstaat zu übermitteln.[46]

---

42) Lutter-*Bayer/J. Schmidt*, UmwG, § 316 Rz. 56; Schmidt/Hörtnagl-*Hörtnagl*, UmwG/UmwStG, § 316 UmwG Rz. 16; *Klaaßen-Kaiser* in: KölnKomm-UmwG, § 316 Rz. 4; *Klett* in: BeckOGK-UmwG, § 316 Rz. 29; zum Inhalt der Eintragung vgl. auch Kallmeyer-*Zimmermann*, UmwG, § 316 Rz. 13.

43) Vgl. Lutter-*Bayer/J. Schmidt*, UmwG, § 316 Rz. 65; Kallmeyer-*Zimmermann*, UmwG, § 316 Rz. 14.

44) Vgl. Lutter-*Bayer/J. Schmidt*, UmwG, § 316 Rz. 69 f.; *Klaaßen-Kaiser* in: KölnKomm-UmwG, § 316 Rz. 6; Kallmeyer-*Zimmermann*, UmwG, § 316 Rz. 17 f.

45) Lutter-*Bayer/J. Schmidt*, UmwG, § 316 Rz. 57 f.; *Klaaßen-Kaiser* in: KölnKomm-UmwG, § 316 Rz. 7; *Klett* in: BeckOGK-UmwG, § 316 Rz. 34; Kallmeyer-*Zimmermann*, UmwG, § 316 Rz. 16.

46) *Klaaßen-Kaiser* in: KölnKomm-UmwG, § 316 Rz. 24 ff.; vgl. auch Lutter-*Bayer/J. Schmidt*, UmwG, § 316 Rz. 72 f.; Schmidt/Hörtnagl-*Hörtnagl*, UmwG/UmwStG, § 316 UmwG Rz. 19.

§ 317
Informationen des Registergerichts[*]

[1]Soweit dies für die Prüfung gemäß § 316 erforderlich ist, kann das Gericht

1. **von der Gesellschaft Informationen und Unterlagen verlangen,**
2. **von öffentlichen inländischen Stellen Informationen und Unterlagen verlangen und von öffentlichen Stellen eines anderen Mitgliedstaats der Europäischen Union oder eines anderen Vertragsstaats des Abkommens über den Europäischen Wirtschaftsraum mit Zuständigkeiten in den von der grenzüberschreitenden Verschmelzung betroffenen Bereichen die notwendigen Informationen und Unterlagen erbitten,**
3. **von einem eingesetzten besonderen Verhandlungsgremium Informationen und Unterlagen verlangen,**
4. **einen unabhängigen Sachverständigen zuziehen sowie**

5. im Rahmen der Prüfung des § 316 Absatz 3 eine in dem sich verschmelzenden Unternehmen vertretene Gewerkschaft anhören.

[2]Ist eine inländische öffentliche Stelle in einem von einer grenzüberschreitenden Verschmelzung betroffenen Bereich zuständig, kann sie der für die Ausstellung einer Verschmelzungsbescheinigung zuständigen Stelle eines anderen Mitgliedstaats der Europäischen Union oder eines anderen Vertragsstaats des Abkommens über den Europäischen Wirtschaftsraum auf deren Ersuchen die notwendigen Informationen und Unterlagen übermitteln.

*) § 317 eingefügt durch Art. 1 des Gesetzes zur Umsetzung der Umwandlungsrichtlinie und zur Änderung weiterer Gesetze (UmRUG), v. 22.2.2023, BGBl. I 2023, Nr. 51.

Literatur: Siehe die Angaben bei § 305.

Übersicht

I. Allgemeines

1. Überblick und Normzweck

§ 317 Satz 1 ermächtigt das Registergericht, für die Zwecke der Registerprüfung nach 1
§ 316 **Informationen einzuholen** (siehe dazu Rz. 5 ff.). Nach **§ 317 Satz 2** sind umgekehrt inländische öffentliche Stellen befugt, einer ausländischen Registerstelle für die Zwecke der Registerprüfung im Ausland **Informationen bereitzustellen** (siehe Rz. 18 ff.). Damit dient die Vorschrift insgesamt einer angemessenen Informationsbereitstellung i. R. der zweistufigen Rechtmäßigkeitskontrolle (siehe näher § 315 Rz. 2 [*de Raet/Brunk*]).[1)]

2. Normgenese und unionsrechtlicher Hintergrund

§ 317 wurde durch das **UmRUG**[2)] neu geschaffen und hat daher keine Vorgängerregelung 2
in den §§ 122a ff. a. F. Mit den Regelungen in Satz 1 Nr. 1, 2 und 4 sowie Satz 2 wird **Art. 127 Abs. 12 Gesellschaftsrechtsrichtlinie** umgesetzt.[3)] Die Richtlinienkonformität der überschießenden Umsetzung in § 317 Satz 1 Nr. 3 wird vereinzelt in Zweifel gezogen.[4)]

1) Begr. RegE UmRUG, BT-Drucks. 20/3822, S. 104.

2) Gesetz zur Umsetzung der Umwandlungsrichtlinie und zur Änderung weiterer Gesetze (UmRUG), v. 22.2.2023, BGBl. I 2023, Nr. 51.

3) Vgl. Begr. RegE UmRUG, BT-Drucks. 20/3822, S. 104; Lutter-*Bayer/J. Schmidt*, UmwG, § 317 Rz. 3.

4) So *Klaßen-Kaiser* in: KölnKomm-UmwG, § 317 Rz. 5; **a. A.** Lutter-*Bayer/J. Schmidt*, UmwG, § 317 Rz. 24.

3. Systematik

3 § 317 gilt nur für grenzüberschreitende Verschmelzungen (§ 305 Abs. 1). Die Vorschrift steht in **unmittelbarem Regelungszusammenhang** mit § 316 und insbesondere der **Missbrauchskontrolle gemäß § 316 Abs. 3** (siehe dazu § 316 Rz. 16 ff. [*de Raet/Brunk*]). Ausweislich der Gesetzesbegründung soll die Vorschrift dem Registergericht nämlich ermöglichen, Sachverhalte aufzuklären, in denen bereits Anhaltspunkte für die Verfolgung missbräuchlicher Zwecke vorliegen.[5] Zur Regelungssystematik der Registerprüfung siehe auch § 315 Rz. 7 [*de Raet/Brunk*].

4 **Parallelvorschriften** sind § 329 Satz 1 für die grenzüberschreitende Spaltung und § 344 für den grenzüberschreitenden Formwechsel.

II. Informationsbeschaffung durch das Registergericht (§ 317 Satz 1)

1. Allgemeines

5 § 317 Satz 1 regelt die **Möglichkeiten der Informationsbeschaffung** durch das inländische Registergericht. Diese sollen dem Registergericht dazu dienen, sich für die Zwecke der Prüfung nach § 316 Abs. 1 die erforderliche Informationsgrundlage schaffen zu können. Darüber hinaus ermöglichen sie es dem Registergericht, i. R. der Missbrauchsprüfung nach § 316 Abs. 3 Sachverhalte aufzuklären, in denen bereits Anhaltspunkte für die Verfolgung missbräuchlicher Zwecke vorliegen.[6]

6 Gemäß § 317 Satz 1 Nr. 1 bis 3 kann das Gericht von den jeweils genannten Adressaten **Informationen und Unterlagen** verlangen. Diese Begriffe sind umfassend zu verstehen und beziehen sich auf alle erdenklichen verfügbaren Informationen und Unterlagen, gleich in welcher Form. Entsprechend kann das Gericht auch Auskunft über Umstände verlangen, die bloß in unverkörperter Form (d. h. „im Kopf" des Auskunftspflichtigen) vorliegen.[7]

2. Schranken des Informationsrechts

7 Die Informationsrechte gemäß § 317 Satz 1 sind in zweifacher Hinsicht beschränkt: Zum einen ist das Gericht zur Informationsbeschaffung nur berechtigt, **soweit dies für die Prüfung gemäß § 316 erforderlich** ist.[8] Die Informationsbeschaffung ist daher auf die Zwecke der Rechtmäßigkeitskontrolle nach § 316 Abs. 1 bzw. Missbrauchskontrolle nach § 316 Abs. 3 begrenzt. Von dem Konsultationsrecht nach § 317 Satz 1 Nr. 5 darf das Gericht nur i. R. der Missbrauchsprüfung Gebrauch machen (siehe unten Rz. 17).

8 Zum anderen darf der jeweilige Adressat des gerichtlichen Informationsverlangens die Informationsübermittlung verweigern, wenn und soweit ihr **höherrangige Interessen entgegenstehen**. Als höherrangige Interessen kommen z. B. der Schutz von Persönlichkeitsrechten von Beteiligten oder Dritten, berufliche Verschwiegenheitspflichten (z. B. aus § 18 BNotO) oder überwiegende Vertraulichkeitsinteressen anderer Art in Betracht.[9] Eine vollständige Verweigerung der Informationsgewährung kommt nicht in Betracht, soweit die höherrangigen Interessen durch andere Maßnahmen (z. B. Schwärzungen bestimmter Passagen) gewahrt werden können.[10]

5) Begr. RegE UmRUG, BT-Drucks. 20/3822, S. 104.

6) Begr. RegE UmRUG, BT-Drucks. 20/3822, S. 104.

7) Vgl. Lutter-*Bayer/J. Schmidt*, UmwG, § 317 Rz. 9 ff.

8) Begr. RegE UmRUG, BT-Drucks. 20/3822, S. 104; Lutter-*Bayer/J. Schmidt*, UmwG, § 317 Rz. 12.

9) Begr. RegE UmRUG, BT-Drucks. 20/3822, S. 104; Lutter-*Bayer/J. Schmidt*, UmwG, § 317 Rz. 13 f.

10) Begr. RegE UmRUG, BT-Drucks. 20/3822, S. 105; Lutter-*Bayer/J. Schmidt*, UmwG, § 317 Rz. 15.

3. Ermächtigungen im Einzelnen

a) Informationsverlangen an die Gesellschaft (§ 317 Satz 1 Nr. 1)

Nach § 317 Satz 1 Nr. 1 kann das Gericht Informationen und Unterlagen von der Gesellschaft verlangen. Gemeint ist nur die **deutsche übertragende Gesellschaft**, die die Verschmelzung gemäß § 315 Abs. 1 bei dem Gericht angemeldet hat.[11] Gegenüber anderen an der Verschmelzung beteiligten oder mit der übertragenden Gesellschaft i. S. der §§ 15 ff. AktG verbundenen Gesellschaften besteht dagegen kein Informationsanspruch gemäß § 317 Satz 1 Nr. 1. 9

b) Informationsverlangen an öffentlichen Stellen (§ 317 Satz 1 Nr. 2)

Das Gericht kann sein Informationsverlangen nach § 317 Satz 1 Nr. 2 auch an **inländische öffentliche Stellen** sowie **öffentliche Stellen eines anderen EU-/EWR-Mitgliedstaats** mit Zuständigkeiten in den von der grenzüberschreitenden Verschmelzung betroffenen Bereichen richten. Der Begriff „öffentliche Stelle" ist **weit auszulegen** und beschränkt sich nicht auf Verwaltungsbehörden, sondern schließt alle öffentlichen Stellen, z. B. der Rechtspflege, ein.[12] Umfasst sind daher bspw. andere Gerichte, Notare, Grundbuchämter, sonstige Registerstellen sowie Steuer- und Sozialversicherungsbehörden.[13] 10

Im Ausland ist das Informationsverlangen **nicht auf die öffentlichen Stellen des Zuzugsstaates beschränkt.**[14] Informationen können von sämtlichen inländischen und ausländischen öffentlichen Stellen verlangt werden, in deren Zuständigkeit andere an der grenzüberschreitenden Verschmelzung beteiligte Gesellschaften fallen, sowie von den für den Verwaltungssitz oder Zweigniederlassungen der beteiligten Gesellschaften zuständigen öffentlichen Stellen.[15] Dabei besteht entgegen dem Wortlaut von § 317 Satz 1 Nr. 2 („erbitten") aufgrund der europarechtlichen Vorgaben des Art. 127 Abs. 12 Gesellschaftsrechtsrichtlinie auch gegenüber ausländischen öffentlichen Stellen ein verbindliches Informationsrecht.[16] 11

Nach dem Wortlaut beschränkt § 317 Satz 1 Nr. 2 das Informationsrecht auf die **notwendigen** Informationen und Unterlagen. Inwieweit mit dem Merkmal der Notwendigkeit eine über die allgemeinen Beschränkungen (siehe dazu Rz. 7) hinausgehende Einschränkung des Informationsrechts verbunden sein soll, erschließt sich jedoch nicht.[17] Nach § 317 Satz 1 können ohnehin nur solche Informationen und Unterlagen verlangt werden, die für die Prüfung nach § 316 erforderlich – und damit zugleich notwendig – sind. 12

c) Informationsverlangen an das besondere Verhandlungsgremium (§ 317 Satz 1 Nr. 3)

Nach § 317 Satz 1 Nr. 3 kann das Gericht ferner **von einem eingesetzten besonderen Verhandlungsgremium** Informationen und Unterlagen verlangen. Dieses Informationsrecht dient insbesondere der **Missbrauchskontrolle** nach § 316 Abs. 3 (siehe § 316 Rz. 16 ff. [*de Raet/Brunk*]). Durch das Informationsrecht soll das Gericht in die Lage versetzt werden, den Sachverhalt aufzuklären, wenn Anhaltspunkte dafür bestehen, dass die grenzüberschreitende Verschmelzung von den beteiligten Gesellschaften ausschließlich vorge- 13

11) Begr. RegE UmRUG, BT-Drucks. 20/3822, S. 104; Lutter-*Bayer/J. Schmidt*, UmwG, § 317 Rz. 16.
12) Begr. RegE UmRUG, BT-Drucks. 20/3822, S. 104; Lutter-*Bayer/J. Schmidt*, UmwG, § 317 Rz. 18.
13) Lutter-*Bayer/J. Schmidt*, UmwG, § 317 Rz. 19.
14) So aber *Klett* in: BeckOGK-UmwG, § 317 Rz. 9.
15) Zutr. Lutter-*Bayer/J. Schmidt*, UmwG, § 317 Rz. 22.
16) Vgl. Lutter-*Bayer/J. Schmidt*, UmwG, § 317 Rz. 21.
17) Ebenso *Klett* in: BeckOGK-UmwG, § 317 Rz. 10.

nommen wird, um sich den Vorschriften des deutschen Rechts über die Mitbestimmung der Arbeitnehmer zu entziehen.[18)]

d) **Zuziehung eines Sachverständigen (§ 317 Satz 1 Nr. 4)**

14 In Umsetzung von Art. 127 Abs. 12 Satz 2 Gesellschaftsrechtsrichtlinie kann das Gericht nach § 317 Satz 1 Nr. 4 bei seiner Prüfung gemäß § 316 einen unabhängigen **Sachverständigen** hinzuziehen. Von dieser Befugnis kann das Gericht insbesondere Gebrauch machen, wenn es selbst nicht über die erforderliche Sachkenntnis verfügt, um das Vorliegen der Verschmelzungs- bzw. Eintragungsvoraussetzungen zu beurteilen.[19)] Die Hinzuziehung des Sachverständigen darf aber lediglich unterstützend **zur Vervollständigung der gerichtlichen Beurteilungsgrundlage** erfolgen; die endgültige Entscheidung über die Eintragung der Verschmelzung und Ausstellung der Verschmelzungsbescheinigung trifft ausschließlich das Gericht. An die Einschätzung des Sachverständigen ist das Gericht nicht gebunden.[20)]

15 Der Sachverständige muss **unabhängig** sein. Laut Gesetzesbegründung bezieht sich diese Anforderung nur auf die Unabhängigkeit von der anmeldenden Gesellschaft.[21)] Nach dem Zweck der Vorschrift, Interessenkonflikte zu vermeiden, ist jedoch ein weitergehendes Verständnis geboten; es ist zu verlangen, dass der Sachverständige **von allen an der grenzüberschreitenden Verschmelzung beteiligten Gesellschaften** und ggf. weiteren relevanten Interessenträgern (z. B. Mehrheitsgesellschaftern, Interessenvertretungen der Arbeitnehmer etc.) unabhängig ist.[22)] Nur dann ist gewährleistet, dass er seine Tätigkeit unabhängig ausführt, insbesondere ein etwaiges Gutachten unparteiisch und objektiv erstattet.[23)]

16 Der Sachverständige unterliegt i. R. seiner Sachverständigentätigkeit den jeweiligen **berufsrechtlichen Vorschriften.**[24)] Er erhält für seine Tätigkeit eine **Vergütung nach dem Justizvergütungs- und -entschädigungsgesetz** (JVEG) aus der Staatskasse. Diese Vergütung ist als Auslage nach Nr. 31005 KV GNotKG in die Gerichtskostenrechnung aufzunehmen und gemäß § 22 Abs. 1 GNotKG von der Gesellschaft als Antragstellerin zu tragen.[25)]

e) **Anhörung einer Gewerkschaft (§ 317 Satz 1 Nr. 5)**

17 Schließlich kann das Gericht nach § 317 Satz 1 Nr. 5 **für die Zwecke der Missbrauchskontrolle** gemäß § 316 Abs. 3 (siehe § 316 Rz. 16 ff. [*de Raet/Brunk*]) eine in dem sich verschmelzenden Unternehmen vertretene **Gewerkschaft anhören**. Dadurch soll die Perspektive der Arbeitnehmervertretungen Berücksichtigung finden können, wenn ausnahmsweise Anhaltspunkte für eine missbräuchliche Umgehung der Mitbestimmungsvorschriften vorliegen.[26)] Die Vorschrift geht zwar auf Gewerkschaftsinitiative zurück; sie begründet jedoch **kein Anhörungs- oder Beteiligungsrecht der Gewerkschaften**, sondern ein

18) Vgl. Begr. RegE UmRUG, BT-Drucks. 20/3822, S. 105.

19) Begr. RegE UmRUG, BT-Drucks. 20/3822, S. 105; Lutter-*Bayer/J. Schmidt*, UmwG, § 317 Rz. 25.

20) Begr. RegE UmRUG, BT-Drucks. 20/3822, S. 105; Lutter-*Bayer/J. Schmidt*, UmwG, § 317 Rz. 29; *Klaaßen-Kaiser* in: KölnKomm-UmwG, § 317 Rz. 6a.

21) Begr. RegE UmRUG, BT-Drucks. 20/3822, S. 105.

22) Ebenso Lutter-*Bayer/J. Schmidt*, UmwG, § 317 Rz. 26.

23) Zu dieser Anforderung Begr. RegE UmRUG, BT-Drucks. 20/3822, S. 105.

24) Vgl. Begr. RegE UmRUG, BT-Drucks. 20/3822, S. 105; Lutter-*Bayer/J. Schmidt*, UmwG, § 317 Rz. 27.

25) Vgl. Begr. RegE UmRUG, BT-Drucks. 20/3822, S. 105; Lutter-*Bayer/J. Schmidt*, UmwG, § 317 Rz. 28; *Klaaßen-Kaiser* in: KölnKomm-UmwG, § 317 Rz. 6c.

26) Beschlussempfehlung und Bericht d. Ausschusses RA z. UmRUG, BT-Drucks. 20/5237, S. 89; Lutter-*Bayer/J. Schmidt*, UmwG, § 317 Rz. 30; *Klaaßen-Kaiser* in: KölnKomm-UmwG, § 317 Rz. 7.

Konsultationsrecht des Gerichts.[27] Von diesem Recht darf das Gericht zudem nur Gebrauch machen, wenn und soweit dies für die Prüfung nach § 316 erforderlich ist (siehe Rz. 7). Eine Regelanhörung der Gewerkschaften bei grenzüberschreitenden Verschmelzungen lässt sich damit nicht begründen.

III. Informationsübermittlung an ausländische Registerstelle (§ 317 Satz 2)

§ 317 Satz 2 **ermächtigt inländische öffentliche Stellen**, den für die Registerprüfung zuständigen ausländischen Stellen i. R. einer grenzüberschreitenden Verschmelzung Informationen und Unterlagen **zu übermitteln.** Damit erfasst die Vorschrift den umgekehrten Fall zu Satz 1 Nr. 2 (siehe Rz. 10 ff.) und setzt ebenso die europäischen Vorgaben zum Informationsaustausch nach Art. 127 Abs. 12 Satz 1 Gesellschaftsrechtsrichtlinie um.[28] 18

Zur Informationsübermittlung verpflichtet sind alle inländischen öffentlichen Stellen (zum Begriff siehe Rz. 10), die in einem von einer grenzüberschreitenden Verschmelzung betroffenen Bereich zuständig sind.[29] **Informationsadressaten** können alle i. R. einer grenzüberschreitenden Verschmelzung für die Ausstellung einer Verschmelzungsbescheinigung zuständigen Stellen eines anderen EU-/EWR-Mitgliedstaats sein,[30] und zwar unabhängig davon, ob es sich dabei um eine Stelle im Zuzugsstaat der übernehmenden bzw. neuen Gesellschaft oder im Herkunftsstaat einer anderen übertragenden Gesellschaft handelt.[31] 19

Die inländische öffentliche Stelle entscheidet über die Informationsübermittlung nach pflichtgemäßem Ermessen.[32] Dabei beschränkt sich die Übermittlungsbefugnis auf die **notwendigen** Informationen und Unterlagen. Die ersuchte inländische Stelle darf nur solche Informationen und Unterlagen ermitteln, die für die Prüfung der Eintragungsvoraussetzungen und die Ausstellung einer Verschmelzungsbescheinigung durch die zuständige ausländische Stelle erforderlich sein können.[33] Darüber hinaus muss von der Übermittlung abgesehen werden, soweit ihr **höherrangige Interessen** entgegenstehen (siehe näher Rz. 7 f.).[34] 20

---

27) Lutter-*Bayer/J. Schmidt*, UmwG, § 317 Rz. 30.

28) Begr. RegE UmRUG, BT-Drucks. 20/3822, S. 105.

29) Lutter-*Bayer/J. Schmidt*, UmwG, § 317 Rz. 35.

30) Lutter-*Bayer/J. Schmidt*, UmwG, § 317 Rz. 36.

31) Näher Lutter-*Bayer/J. Schmidt*, UmwG, § 317 Rz. 34.

32) *Klaaßen-Kaiser* in: KölnKomm-UmwG, § 317 Rz. 9.

33) Begr. RegE UmRUG, BT-Drucks. 20/3822, S. 105; Lutter-*Bayer/J. Schmidt*, UmwG, § 317 Rz. 39.

34) Lutter-*Bayer/J. Schmidt*, UmwG, § 317 Rz. 40.

§ 318

Eintragung der grenzüberschreitenden Hereinverschmelzung[*]

(1) [1]Bei einer Verschmelzung durch Aufnahme hat das Vertretungsorgan der übernehmenden Gesellschaft die Verschmelzung zur Eintragung in das Register der übernehmenden Gesellschaft und bei einer Verschmelzung durch Neugründung haben die Vertretungsorgane der übertragenden Gesellschaften die neue Gesellschaft zur Eintragung in das Register des Sitzes der übernehmenden oder neuen Gesellschaft anzumelden. [2]Der Anmeldung sind in der Form des § 17 Absatz 1 der gemeinsame Verschmelzungsplan und gegebenenfalls die Vereinbarung über die Beteiligung der Arbeitnehmer beizufügen. [3]Auf die übernehmende Gesellschaft und die Prüfung der sie betref-

fenden Eintragungsvoraussetzungen sind § 315 Absatz 2, 3 Satz 1 Nummer 2 und 3 sowie Absatz 4, § 316 Absatz 1 Satz 1, Absatz 3 und 4 und § 317 Satz 1 entsprechend anzuwenden. [4]§ 16 Absatz 2 und 3 und § 17 sind auf die übertragenden Gesellschaften nicht anzuwenden.

(2) [1]Die über das Europäische System der Registervernetzung übermittelte Verschmelzungsbescheinigung wird als Nachweis der ordnungsgemäßen Erledigung der vorangehenden Verfahren und Formalitäten nach dem Recht desjenigen Staates, dem die übertragende Gesellschaft unterliegt, anerkannt. [2]Ist an der Verschmelzung eine Personenhandelsgesellschaft gemäß § 306 Absatz 1 Nummer 2 beteiligt, ist ergänzend zu den Unterlagen gemäß Absatz 1 ein Nachweis über die Eintragung der Verschmelzung im Register der übertragenden Gesellschaft vorzulegen. [3]Ohne diese Verschmelzungsbescheinigung darf die grenzüberschreitende Verschmelzung nicht in das Register eingetragen werden.

(3) Das Registergericht prüft insbesondere, ob

1. **die Eintragungsvoraussetzungen, die die übernehmende Gesellschaft betreffen, vorliegen,**
2. **die an der grenzüberschreitenden Verschmelzung beteiligten Gesellschaften einem gemeinsamen, gleichlautenden Verschmelzungsplan zugestimmt haben,**
3. **gegebenenfalls eine Vereinbarung über die Beteiligung der Arbeitnehmer geschlossen worden ist sowie**
4. **bei einer Verschmelzung durch Neugründung, ob die Vorschriften zur Gründung der neuen Gesellschaft eingehalten worden sind.**

(4) [1]Das Gericht des Sitzes der übernehmenden oder neuen Gesellschaft hat den Tag des Wirksamwerdens der Verschmelzung von Amts wegen jedem Register über das Europäische System der Registervernetzung mitzuteilen, bei dem eine der übertragenden Gesellschaften ihre Unterlagen zu hinterlegen hatte. [2]Ist an der Verschmelzung eine Personenhandelsgesellschaft gemäß § 306 Absatz 1 Nummer 2 beteiligt, hat das Gericht des Sitzes der übernehmenden Gesellschaft den Tag des Wirksamwerdens der Verschmelzung von Amts wegen jedem Register gemäß Satz 1 auf andere Weise mitzuteilen.

*) § 318 n. F. (§ 122l a. F.) Paragraphenzählung und Text geändert durch Art. 1 des Gesetzes zur Umsetzung der Umwandlungsrichtlinie und zur Änderung weiterer Gesetze (UmRUG), v. 22.2.2023, BGBl. I 2023, Nr. 51; § 122l a. F. (§ 318 n. F.) eingefügt durch Art. 1 des Zweiten Gesetzes zur Änderung des Umwandlungsgesetzes (2. UmwGÄndG), v. 19.4.2007, BGBl. I 2007, 542.

Literatur: *Bungert/Strothotte*, Grenzüberschreitende Umwandlungsmaßnahmen: Praxiserfahrungen mit dem neuen Recht, DB 2024, 2814; *Heinze*, Grenzüberschreitende Verschmelzung und Prüfung der Zustimmungsbeschlüsse: Der misslungene § 122l Abs. 2 UmwG und Lösungen für die Praxis, NZG 2020, 961.

Übersicht

I. Entstehung und Zweck der Vorschrift

1 § 318 regelt die Eintragung der grenzüberschreitenden Hereinverschmelzung in das zuständige Register. Die grenzüberschreitende **(Herein-)Verschmelzung** ist nach näherer Maßgabe von § 318 sowie § 9 Abs. 1 Satz 1 HRV i. V. m. § 9 HGB wie jede nationale und

grenzüberschreitende Umwandlungsmaße unter Beteiligung einer deutschen Gesellschaft in das deutsche Handelsregister einzutragen. Die dabei erfolgende Registerkontrolle ist einer der **Eckpfeiler des Schutzes der Anteilsinhaber und Gläubiger.** Das Registergericht hat das sprichwörtlich letzte Wort, bevor die Verschmelzung wirksam wird.

Die Vorschrift dient zusammen mit den Vorschriften zur **Anmeldung der Verschmelzung** (§ 315) (siehe § 315 Rz. 1 ff. [*de Raet/Brunk*]), der **Verschmelzungsbescheinigung** (§ 316) (siehe § 316 Rz. 1 ff. [*de Raet/Brunk*]) sowie der **Information des Registergerichts** (§ 317) (siehe § 317 Rz. 1 ff. [*de Raet/Brunk*]) der Umsetzung der **zweistufigen Rechtmäßigkeitskontrolle** gemäß Art. 127 bis 128 der Gesellschaftsrechtsrichtlinie[1]. Die Vorschriften **§ 315 bis 317** bilden dabei die **erste Stufe** der Rechtsmäßigkeitskontrolle für den Fall, dass die Verschmelzung aus Deutschland heraus in einen anderen Mitgliedstaat erfolgt (Herausverschmelzung). In diesem Fall erfolgt im Mitgliedstaat, in den die Verschmelzung erfolgt, die Registerkontrolle gemäß den Parallelvorschriften des Mitgliedstaats zu § 318.[2] Die Gesetzesbegründung zum UmRUG stellt daher unmissverständlich klar, dass dem inländischen Zuzugsregister keine Kompetenz zur Prüfung der nach dem Recht des Wegzugsstaates einzuhaltenden Vorschriften des Verschmelzungsverfahrens zusteht.[3] 2

Im Fall der **Hereinverschmelzung** richtet sich die erste Stufe der Rechtsmäßigkeitskontrolle nicht nach den §§ 315 bis 317, sondern den Parallelvorschriften des betreffenden Mitgliedstaats. **Die zweite Stufe** der Rechtmäßigkeitskontrolle bildet sodann § 318,[4] welcher insbesondere Art. 128 Gesellschaftsrechtsrichtlinie umsetzt.[5] Bindeglied ist die vom Ausgangsstaat zu erstellende **Verschmelzungsbescheinigung,** welche bescheinigt, dass die erste Stufe des Prüfverfahrens in dem betreffenden EU/EWR-Mitgliedstaat abgeschlossen ist. Diese Aufteilung ist sinnvoll, weil so etwaige Diskrepanzen bzgl. der jeweiligen Register der verschiedenen Mitgliedstaaten keine Auswirkung haben.[6] In der Praxis ist zu beobachten, dass **Registergerichte sich oftmals nicht an diese klare Kompetenzaufteilung halten.**[7] Eine Vorabstimmung mit den beteiligten Registergerichten ist daher unabdingbar, damit etwaigen unzulässigen Anforderungen der Registergerichte im Vorfeld Einhalt geboten werden kann und nicht durch Zwischenverfügungen das Eintragungsverfahren verzögert wird. 3

Für die anderen Formen der grenzüberschreitenden Verschmelzungen bestehen Parallelvorschriften, und zwar § 331 für die grenzüberschreitende Spaltung und § 345 für den grenzüberschreitenden Formwechsel. 4

Die Vorschrift basiert auf **§ 122l a. F.**, modifiziert diese aber.[8] 5

II. Allgemeines

Die grenzüberschreitende Verschmelzung ist – wie jede nationale Verschmelzung – gemäß § 318 beim zuständigen Register anzumelden. **§ 318 Abs. 1** regelt, welche **Anmeldungs-** 6

1) Richtlinie (EU) 2017/1132 des Europäischen Parlaments und des Rates v. 14.6.2017 über bestimmte Aspekte des Gesellschaftsrechts (Gesellschaftsrechtsrichtlinie), ABl. (EU) L 169/46 v. 30.6.2017.
2) *Klett* in: BeckOGK-UmwG, § 318 Rz. 3.
3) Begr. RegE UmRUG, BT-Drucks. 20/3822, S. 106.
4) *Klett* in: BeckOGK-UmwG, § 318 Rz. 1; Lutter-*Bayer/J. Schmidt*, UmwG, § 318 Rz. 3.
5) *de Raet* in: Kindler/Lieder, European Corporate Law, Art. 128 Rz. 1 ff.
6) Ausf. Lutter-*Bayer/J. Schmidt*, UmwG, § 318 Rz. 7 m. w. N.
7) *Bungert/Strothotte*, DB 2024, 2814.
8) *Klaaßen-Kaiser* in: KölnKomm-UmwG, § 318 Rz. 2; umfassend zu § 122l a. F. *Heinze*, NZG 2020, 961.

berechtigten (siehe Rz. 11) die Anmeldung **bei welchem Register** (siehe Rz. 10) anzumelden haben, sowie **Inhalt und Form** der Registeranmeldung (siehe Rz. 12 ff.).

7 **§ 318 Abs. 3** regelt sodann, **welche Voraussetzungen das Registergericht zu prüfen** hat, bevor die Eintragung der Verschmelzung erfolgen kann (siehe Rz. 20 ff.). Dazu gehört die Prüfung, ob die Eintragungsvoraussetzungen der übernehmenden Gesellschaft vorliegen, ob die beteiligten Gesellschaften einem gemeinsamen Verschmelzungsplan zugestimmt haben, ob eine Vereinbarung über die Beteiligung der Arbeitnehmer geschlossen wurde und ob bei einer Neugründung die Vorschriften zur Gründung der neuen Gesellschaft eingehalten wurden.

8 **§ 318 Abs. 4** (siehe Rz. 27 ff.) regelt die **Mitteilungspflichten des Gerichts** des Sitzes der übernehmenden oder neuen Gesellschaft. Das Gericht muss den Tag des Wirksamwerdens der Verschmelzung jedem Register mitteilen, bei dem eine der übertragenden Gesellschaften ihre Unterlagen hinterlegt hatte. Wenn eine Personenhandelsgesellschaft beteiligt ist, muss das Gericht des Sitzes der übernehmenden Gesellschaft den Tag des Wirksamwerdens der Verschmelzung auf andere Weise mitteilen (siehe Rz. 9).

9 Systematisch fremd, da strenggenommen ohne Regelungswirkung, behandelt **§ 318 Abs. 2** die **Anerkennung der Verschmelzungsbescheinigung**, die über das Europäische System der Registervernetzung übermittelt wird. Diese Bescheinigung dient als Nachweis der ordnungsgemäßen Erledigung der vorangehenden Verfahren und Formalitäten nach dem Recht des Staates, dem die übertragende Gesellschaft unterliegt. Wenn eine Personenhandelsgesellschaft beteiligt ist, muss zusätzlich ein Nachweis über die Eintragung der Verschmelzung im Register der übertragenden Gesellschaft vorgelegt werden. Ohne diese Bescheinigung darf die grenzüberschreitende Verschmelzung nicht eingetragen werden.

III. Registeranmeldung (§ 318 Abs. 1)

10 Die Anmeldung erfolgt gemäß § 318 Abs. 1 Satz 1 bei der grenzüberschreitenden **Verschmelzung zur Aufnahme** beim **Registergericht des Sitzes der übernehmenden Gesellschaft** und bei der grenzüberschreitenden **Verschmelzung zur Neugründung** beim **Registergericht des Sitzes der neuen Gesellschaft.**

11 Zuständig für die Anmeldung ist gemäß § 318 Abs. 1 – wie bei der nationalen Verschmelzung (siehe § 16 Rz. 5 ff. [*Hoefling*]) – das **Vertretungsorgan der übernehmenden Gesellschaft:**[9)]

Rechtsform	Vertretungsorgan	Rechtsgrundlage
GmbH	Geschäftsführer	§ 35 GmbHG
AG	Vorstand	§ 78 Abs. 1 AktG
SE	Vorstand bei der dualistischen SE, geschäftsführende Direktoren bei der monistischen SE	Art. 9 Abs. 1 SE-VO, ggf. i. V. m. § 78 Abs. 1 AktG
KGaA	Persönlich haftender Gesellschafter (Komplementär)	(§ 278 Abs. 2 AktG)

12 Die Anmeldung muss nicht von sämtlichen Mitgliedern der vorgenannten Organe unterzeichnet werden, sondern eine **Unterzeichnung in vertretungsberechtigter Zahl** ist ausreichend. Die Anmeldung selbst kann **in Vollmacht** unterzeichnet werden.[10)] Die

9) Und bei der Verschmelzung durch Neugründung die Vertretungsorgane aller übertragenden Gesellschaften, s. *Klaßen-Kaiser* in: KölnKomm-UmwG, § 318 Rz. 4.

10) *Klett* in: BeckOGK-UmwG, § 318 Rz. 7; Henssler/Strohn-*Polley*, GesR, § 318 UmwG Rz. 3; *Sitter* in: NK-UmwG, § 318 Rz. 2.

darin enthaltenen **Versicherungen** (siehe Rz. 15) sind jedoch von den Mitgliedern des Vertretungsorgans **persönlich** abzugeben,[11] sodass eine Bevollmächtigung eines nicht alleinvertretungsberechtigten Organmitglieds oder Dritter in der Praxis keine (Zeit-)Vorteile bringt.

Für die Art und Weise der Anmeldung gelten die üblichen registerrechtlichen Vorschrif- 13
ten, d. h. die Anmeldung hat gemäß **§ 12 HGB** – wie sonstige Anmeldungen zum Handelsregister – **in elektronischer Form** durch einen **deutschen Notar** zu erfolgen.[12] Für die nicht-deutschen Gesellschaften, die an einer grenzüberschreitenden Hereinverschmelzung nach Deutschland beteiligt sind, ist in der Praxis zu beachten, dass, wie auch bei sonstiger Beteiligung von ausländischen Gesellschaften an Maßnahmen, die im Handelsregister anzumelden sind, ggf. **Existenz- und Vertretungsnachweise** (z. B. durch Apostillen) beizubringen sind.[13] Zur Vermeidung von Verzögerungen und etwaigen Zwischenverfügungen empfiehlt sich daher eine Vorabstimmung mit dem die Anmeldung einreichenden Notar sowie ggf. dem zuständigen Registergericht.

Inhalt der Registeranmeldung ist zunächst die **allgemeine Angabe**, dass eine EU/EWR- 14
Gesellschaften als übertragender Rechtsträger auf eine deutsche Gesellschaft als übernehmender Rechtsträger bzw. auf eine neu gegründete deutsche Gesellschaft verschmolzen wurden.[14]

Die Anmeldung muss gemäß § 318 Abs. 1 Satz 3 neben dieser allgemeinen Angabe fol- 15
gende **Versicherungen und Mitteilungen enthalten:**[15]

Versicherung/Mitteilung	**Rechtsgrundlage**	**Besonderheit**
Versicherung über die Einhaltung der Unterrichtungs- und Anhörungsrechte der Arbeitnehmer[16] (siehe § 315 Rz. 29 f.; § 308 Rz. 19 ff.; § 310 Rz. 6 ff., 20 ff. [*de Raet/Brunk*])	§§ 318 Abs. 1 Satz 3, 315 Abs. 3 Satz 1 Nr. 2, 308 Abs. 1 Satz 2 Nr. 4 lit. b, 310 Abs. 1, 3	
Versicherung zum Verhandlungsverfahren oder Auffangregelung (siehe § 315 Rz. 31 f. [*de Raet/Brunk*])	§§ 318 Abs. 1 Satz 3, 315 Abs. 3 Satz 1 Nr. 3	Nur für deutsche übernehmende Gesellschaften.[17]
Mitteilungen zur Zahl der Arbeitnehmer (siehe § 315 Rz. 37 [*de Raet/Brunk*])	§§ 318 Abs. 1 Satz 3, 315 Abs. 4 Nr. 1	
Mitteilungen zur Zahl der Tochtergesellschaften, und deren geografischer Standorte (siehe § 315 Rz. 37 [*de Raet/Brunk*])	§§ 318 Abs. 1 Satz 3, 315 Abs. 4 Nr. 2	
Mitteilungen zur den Verbindlichkeiten gegenüber der öffentlichen Hand (siehe § 315 Rz. 37 [*de Raet/Brunk*])	§§ 318 Abs. 1 Satz 3, 315 Abs. 4 Nr. 3	

11) Henssler/Strohn-*Polley*, GesR, § 314 UmwG Rz. 3; *Sitter* in: NK-UmwG, § 318 Rz. 2.

12) *Klett* in: BeckOGK-UmwG, § 318 Rz. 10 ff.

13) *Krafka*, Registerrecht, Rz. 155.

14) Musterformulierung bei *Klett* in: BeckOGK-UmwG, § 318 Rz. 11.1.

15) *Klett* in: BeckOGK-UmwG, § 318 Rz. 18 ff.

16) Henssler/Strohn-Polley, GesR, § 318 UmwG Rz. 10.

17) Für deutsche übertragende Gesellschaften sind diese Versicherungen für die Zwecke der Ausstellung der Verschmelzungsbescheinigung gegenüber dem Registergericht in dem Verfahren über die Ausstellung dieser Bescheinigung abzugeben.

16 Der Anmeldung sind neben diesen allgemeinen Angaben folgende **Unterlagen beizufügen:**[18)]

Unterlagen	**Rechtsgrundlage**	**Besonderheit**
Gemeinsamer Verschmelzungsplan (siehe § 307 Rz. 1 ff. [*de Raet/Brunk*])	§§ 318 Abs. 1 Satz 2	Öffentlich beglaubigte Abschrift (§ 17 Abs. 1)
Vereinbarung über die Beteiligung der Arbeitnehmer (siehe Rz. 7; § 307 Rz. 43 [*de Raet/Brunk*])		Nur, falls eine solche Vereinbarung geschlossen wurde.
Verschmelzungsbeschluss (siehe § 315 Rz. 18 [*de Raet/Brunk*]; § 13 Rz. 4 ff. [*Hoefling*])	§§ 318 Abs. 1 Satz 3, 315 Abs. 2	Nur für die deutsche übernehmende oder neue Gesellschaft.[19)]
Verschmelzungsbericht (siehe § 315 Rz. 18; § 309 Rz. 1 ff. [*de Raet/Brunk*])		
Verschmelzungsprüfungsbericht (alternativ: Verzichtserklärungen) (siehe § 315 Rz. 18; § 311 Rz. 9 ff.; 27 ff [*de Raet/Brunk*])		
Schlussbilanz (siehe § 315 Rz. 19 [*de Raet/Brunk*])		
Etwaige Bemerkungen zum Verschmelzungsplan (siehe § 315 Rz. 20; § 308 Rz. 19 ff. [*de Raet/Brunk*])	§§ 318 Abs. 1 Satz 3, 315 Abs. 2 Nr. 1, 308 Abs. 1 Satz 2 Nr. 4	
Etwaige Stellungnahme des Betriebsrats (siehe § 315 Rz. 20; § 310 Rz. 20 ff. [*de Raet/Brunk*])	§§ 318 Abs. 1 Satz 3, 315 Abs. 2 Nr. 2, 310 Abs. 3	
Negativerklärung bezogen auf den Verschmelzungsbeschluss (alternativ: Freigabeerklärung nach Abschluss eines Freigabeverfahrens) (siehe § 315 Rz. 22 [*de Raet/Brunk*])	§§ 315 Abs. 2, 16 Abs. 2, 3	
Nachweis über die Eintragung der Verschmelzung im Register der übertragenden Gesellschaft (siehe Rz. 9 ff.)	§ 306 Abs. 1 Nr. 2	Nur im Sonderfall der Hereinverschmelzung auf eine Personenhandelsgesellschaft erforderlich, da in diesem Fall keine Verschmelzungsbescheinigung i. S. des § 318 Abs. 2 vorliegt.[20)]

17 Das Registergericht darf bei Bedarf gemäß § 318 Abs. 1 Satz 3 i. V. m. § 317 Satz 1 weitere Informationen und Unterlagen für die registerrechtliche Prüfung anfordern.

IV. Verschmelzungsbescheinigung (§ 318 Abs. 2)

18 Während sich die Prüfungspflicht des Registergerichts auf die deutsche (übernehmende) Gesellschaft bezieht, regelt § 318 Abs. 2 die **Anerkennung** der im jeweiligen EU/EWR-Mitgliedstaat ausgestellten **Verschmelzungsbescheinigung**. Diese Bescheinigung dient als Nachweis der ordnungsgemäßen Erledigung der Formalitäten nach dem Recht des EU/

18) Zur bisherigen praktischen Handhabung der Registergerichte *Bungert/Strothotte*, DB 2024, 2814, 2820.
19) Lutter-*Bayer/J. Schmidt*, UmwG, § 318 Rz. 27.
20) Lutter-*Bayer/J. Schmidt*, UmwG, § 318 Rz. 27; *Klaaßen-Kaiser* in: KölnKomm-UmwG, § 318 Rz. 16.

EWR-Mitgliedstaates, dem die übertragende ausländische Gesellschaft unterliegt. Dieses Verfahren entspricht den Vorschriften, welche § 315 UmwG (siehe § 315 Rz. 1 ff. [*de Raet/Brunk*]) im deutschen Umwandlungsrecht entsprechen.

Die Verschmelzungsbescheinigung ist **Ausdruck der zweistufigen Rechtmäßigkeitsprüfung**, wonach bei einer grenzüberschreitenden Hereinverschmelzung die Prüfung betreffend ausschließlich im jeweiligen Ausgangsmitgliedstaat erfolgt. **Eine erneute Prüfung in Deutschland findet nicht statt.** Das deutsche Registergericht prüft bei der Anmeldung der Verschmelzung nur die Voraussetzungen betreffend die deutsche übernehmende Gesellschaft sowie das Vorliegen der ihr automatisch über das **Europäische System der Registervernetzung (BRIS)** übermittelten Verschmelzungsbescheinigung. 19

V. Prüfung durch das Registergericht und Eintragung (§ 318 Abs. 3)

Das Registergericht prüft anhand der Anmeldung (nebst Anlagen, Versicherungen und Mitteilungen) die Eintragungsfähigkeit der grenzüberschreitenden Verschmelzung. 20

Die Prüfung bezieht sich aufgrund des zweistufigen Rechtsmäßigkeitsprüfung **ausschließlich auf die deutsche übernehmende Gesellschaft.** Sofern Registergerichte die Prüfung auch auf ausländische Gesellschaften erstrecken wollen, lässt sich dies nicht mit der Pluralformulierung in diversen Vorschriften der §§ 305 ff. („die beteiligten Gesellschaften") begründen.[21] Eine vorherige **Abstimmung** mit dem Registergericht ist daher unerlässlich, um sicherzustellen, dass das Eintragungsverfahren nicht durch Zwischenverfügungen verzögert wird. 21

Prüfungsgegenstand sind gemäß § 318 Abs. 1 Satz 3:[22] 22

Prüfungsgegenstand	Rechtsgrundlage
Fassung des **Verschmelzungsbeschlusses** (siehe § 312 Rz. 1 ff. [*de Raet/Brunk*])	§§ 318 Abs. 1 Satz 3, 312 ff.
Vorliegen und Inhalt des **Verschmelzungsplans** und dessen ordnungsgemäße **Zugänglichmachung**	§§ 318 Abs. 1 Satz 3, 307 (siehe § 307 Rz. 1 ff. [*de Raet/Brunk*])
Bekanntmachung des **Verschmelzungsplans**	§§ 318 Abs. 1 Satz 3, 308 (siehe § 308 Rz. 1 ff. [*de Raet/Brunk*])
Vorliegen und Inhalt des **Verschmelzungsbericht**	§§ 318 Abs. 1 Satz 3, 309, 310 (siehe § 309 Rz. 1 ff.; § 310 Rz. 1 ff. [*de Raet/Brunk*])
Durchführung der **Verschmelzungsprüfung**	§§ 318 Abs. 1 Satz 3, 311 (siehe § 311 Rz. 1 ff. [*de Raet/Brunk*])
Einhaltung der **Vorschriften zum Schutz der Gläubiger**	§§ 318 Abs. 1 Satz 3, 314 (siehe § 314 Rz. 3 ff. [*de Raet/Brunk*])
Einhaltung der Vorschriften zum **Schutz der Anteilsinhaber**	§§ 318 Abs. 1 Satz 3, 313 (siehe § 313 Rz. 6 ff. [*de Raet/Brunk*])
Ggf. Einhaltung der **Sachgründungsvorschriften** (nur bei Verschmelzung zur Neugründung)[23]	
Kein Missbrauch (sog. Missbrauchsprüfung)	§§ 318 Abs. 1 Nr. 4, 316 Abs. 3

21) *Bungert/Strothotte*, DB 2024, 2814.

22) Zum allgemeinen Prüfungsumfang (Zuständigkeit, Vertretungsnachweise) *Krafka*, Registerrecht, Rz. 155 – sowie zum materiellen bei Rz. 159.

23) S. dazu ausf. Henssler/Strohn-*Polley*, GesR, § 318 UmwG Rz. 17.

23 Die **Angemessenheit des Umtauschverhältnisses** (siehe § 307 Rz. 23 ff. [*de Raet/Brunk*]) sowie die **Angemessenheit des Barabfindungsangebots** (siehe § 313 Rz. 1, 14 ff. [*de Raet/Brunk*]) unterliegen hingegen **nicht** dieser Ex-ante-Prüfung durch das Registergericht, sondern werden lediglich – entsprechende Anträge vorausgesetzt – nach Eintragung der Verschmelzung im **Spruchverfahren** überprüft.

24 Die **Prüfungsfrist** des Registergerichts beträgt gemäß § 318 Abs. 1 Satz 3 i. V. m. § 316 Abs. 1 Satz 1 **drei Monate.**[24] In der Praxis ermöglicht eine sorgfältige Vorabstimmung mit dem Registergericht (ggf. sogar eine Vorabstimmung der Entwürfe der zu prüfenden Unterlagen) eine Frist von in der Regel weniger als zwei Wochen. Da das Registergericht nur die Unterlagen der deutschen übernehmenden Gesellschaft zu prüfen hat, besteht kein Grund für einen längeren Prüfungszeitraum.

25 Nach Abschluss der registerrechtlichen Prüfung erfolgt die **Eintragung** der grenzüberschreitenden Verschmelzung im Register der übernehmenden Gesellschaft und damit die **Wirksamkeit** der grenzüberschreitenden Verschmelzung gemäß § 305 Abs. 2 i. V. m. § 20.[25] Aufgrund der Regelungen zur Wirksamkeit der Verschmelzung in § 20 bedurfte es in Deutschland keiner gesonderten Vorschrift im UmwG in Umsetzung von Art. 131 Gesellschaftsrechtsrichtlinie.[26] Damit gehen grundsätzlich alle Vermögenspositionen des übertragenden Rechtsträgers, wie etwa eine stille Beteiligung, auf den übernehmenden Rechtsträger über.[27]

26 Nach der Eintragung muss das Registergericht diese gemäß §§ 305 Abs. 2, 19 Abs. 3 UmwG, § 10 HGB von Amts wegen **bekannt machen.**

27 § 318 Abs. 4 regelt schließlich, dass das Registergericht den Tag des Wirksamwerdens der Verschmelzung **automatisch** über das **Europäische System der Registervernetzung** (BRIS) an alle Register **mitteilen** muss, bei denen die übertragenden Gesellschaften ihre Unterlagen einreichen mussten. Damit ist sichergestellt, dass auch die Register der EU/EWR-Mitgliedstaaten, welche an der grenzüberschreitenden Verschmelzung beteiligt waren, von der Eintragung der grenzüberschreitenden Verschmelzung aktiv Kenntnis erlangen.

24) *Krafka*, Registerrecht, Rz. 152c; Henssler/Strohn-*Polley*, GesR, § 318 UmwG Rz. 26; Lutter-*Bayer/J. Schmidt*, UmwG, § 318 Rz. 65.

25) *Sitter* in: NK-UmwG, § 318 Rz. 11; *Klett* in: BeckOGK-UmwG, § 318 Rz. 2; *Klaaßen-Kaiser* in: KölnKomm-UmwG, § 318 Rz. 21 m. w. N.

26) *de Raet* in: Kindler/Lieder, European Corporate Law, Art. 131 Rz. 1 ff.

27) Ausdrücklich für die stille Beteiligung bei der grenzüberschreitenden Verschmelzung OLG Schleswig, Urt. v. 6.3.2024 – 9 U 11/23, NZG 2024, 553.

§ 319

Austritt des Vereinigten Königreichs Großbritannien und Nordirland aus der Europäischen Union*)

Unterliegt die übernehmende oder neue Gesellschaft dem deutschen Recht, so gilt als grenzüberschreitende Verschmelzung im Sinne dieses Teils auch eine solche, an der eine übertragende Gesellschaft beteiligt ist, die dem Recht des Vereinigten Königreichs Großbritannien und Nordirland unterliegt, sofern

1. **der Verschmelzungsplan nach § 307 Absatz 4 vor dem Ausscheiden des Vereinigten Königreichs Großbritannien und Nordirland aus der Europäischen Union oder vor dem Ablauf eines Übergangszeitraums, innerhalb dessen das Vereinigte Königreich Großbritannien und Nordirland in der Bundesrepublik Deutschland weiter-**

hin als Mitgliedstaat der Europäischen Union gilt, notariell beurkundet worden ist und

2. die Verschmelzung unverzüglich, spätestens aber zwei Jahre nach diesem Zeitpunkt mit den erforderlichen Unterlagen zur Registereintragung angemeldet wird.

*) § 319 n. F. (§ 122m a. F.) Paragraphenzählung und Text geändert durch Art. 1 des Gesetzes zur Umsetzung der Umwandlungsrichtlinie und zur Änderung weiterer Gesetze (UmRUG), v. 22.2.2023, BGBl. I 2023, Nr. 51; § 122m a. F. (§ 319 n. F.) eingefügt durch Art. 1 des Vierten Gesetzes zur Änderung des Umwandlungsgesetzes (4. UmwGÄndG), v. 19.12.2018, BGBl. I 2018, 2694.

Literatur: Siehe die Angaben bei § 305.

Die Vorschrift stellt eine **Sonderregelung aus Anlass des Brexit** dar. Danach soll es Kapitalgesellschaften, die dem Recht des Vereinigten Königreichs Großbritannien und Nordirland unterliegen, möglich sein, sich im Wege der **Hereinverschmelzung** auf eine deutsche übernehmende oder neue Gesellschaft zu verschmelzen. Voraussetzung dafür ist, dass der Verschmelzungsplan vor dem Brexit oder vor dem Ablauf des Übergangszeitraums notariell beurkundet worden ist und die Verschmelzung unverzüglich, spätestens aber zwei Jahre nach diesem Zeitpunkt mit den erforderlichen Unterlagen zur Registereintragung angemeldet wird. 1

Da das Vereinigte Königreich gemäß Art. 126 ff. Brexit-Abkommen[1] zum Ablauf des 31.12.2020 kein EU-Mitgliedstaat mehr ist, ist die Vorschrift nur anwendbar, sofern der Verschmelzungsplan vor dem 1.1.2021 beurkundet und die Verschmelzung bis zum 31.12.2022 zur Eintragung in das Handelsregister angemeldet worden ist.[2] Damit verbleibt für die Vorschrift nunmehr **kein Anwendungsbereich** mehr, sodass auf eine weitere Kommentierung verzichtet wird. 2

1) Abkommen über den Austritt des Vereinigten Königreichs Großbritannien und Nordirland aus der Europäischen Union und der Europäischen Atomgemeinschaft, ABl. (EU) C 384 I/1 v. 12.11.2019.

2) Faktisch war eine Hereinverschmelzung von UK-Gesellschaften bereits ab dem 1.1.2021 nicht mehr möglich, weil das Vereinigte Königreich keine spiegelbildlichen Regelungen zu §§ 307 ff. vorsah, vgl. Lutter-*Bayer/J. Schmidt*, UmwG, § 319 Rz. 14.

Übersicht: Siehe die Ausführungen bei § 305.

Zweiter Teil
Grenzüberschreitende Spaltung

§ 320
Grenzüberschreitende Spaltung*)

(1) Spaltungen, bei denen mindestens eine der beteiligten Gesellschaften dem Recht eines anderen Mitgliedstaats der Europäischen Union oder eines anderen Vertragsstaats des Abkommens über den Europäischen Wirtschaftsraum unterliegt (grenzüberschreitende Spaltungen), im Sinne dieses Gesetzes sind ausschließlich

1. **Spaltungen zur Neugründung im Sinne des § 123 Absatz 1 Nummer 2, Absatz 2 Nummer 2 oder Absatz 3 Nummer 2 sowie**
2. **nach Maßgabe des § 332 Spaltungen zur Aufnahme im Sinne des § 123 Absatz 1 Nummer 1, Absatz 2 Nummer 1 oder Absatz 3 Nummer 1.**

(2) Auf die Beteiligung einer Kapitalgesellschaft (§ 3 Absatz 1 Nummer 2) an einer grenzüberschreitenden Spaltung sind die Vorschriften des Ersten Teils des Dritten Buches sowie des Ersten und Zweiten Abschnitts des Zweiten Teils des Dritten Buches entsprechend anzuwenden, soweit sich aus diesem Teil nichts anderes ergibt.

(3) § 143 ist auf grenzüberschreitende Spaltungen nicht anzuwenden.

*) § 320 eingefügt durch Art. 1 des Gesetzes zur Umsetzung der Umwandlungsrichtlinie und zur Änderung weiterer Gesetze (UmRUG), v. 22.2.2023, BGBl. I 2023, Nr. 51.

Literatur: *Brandi/Schmidt, M. K.*, Die grenzüberschreitende Spaltung nach dem UmRUG, AG 2023, 297; *Bungert/Wansleben*, Grenzüberschreitende Spaltungen nach dem Richtlinienentwurf der EU-Kommission, DB 2018, 2094; *Heckschen/Knaier*, Größte Reform des Umwandlungsrechts – nicht nur Richtlinienumsetzung!, (Teil II) GmbHR 2022, 613; *Kleba*, Die grenzüberschreitende Spaltung von Kapitalgesellschaften aus deutscher Sicht, RNotZ 2016, 273; *Schmidt, J.*, Der UmRUG-Referentenentwurf: grenzüberschreitende Umwandlungen 2.0 – und vieles mehr, NZG 2022, 579; *Teichmann*, Grundlinien eines europäischen Umwandlungsrechts: Das „EU-Company Law Package 2018"; NZG 2019, 241; *Wicke*, Optionen und Komplikationen bei der Umsetzung des Richtlinienvorschlags zum grenzüberschreitenden Formwechsel, (Teil I) DStR 2018, 2642.

Übersicht

I. Grundlagen

1 § 320 wurde im Zuge der Umsetzung der Art. 160a bis 160u der Gesellschaftsrechtsrichtlinie[1] (geändert durch die Richtlinie (EU) 2019/2121[2] – nachfolgend in der geänderten Fassung) i. R. der §§ 320 bis 332 durch das UmRUG[3] neu eingefügt und trat am 1.3.2023 in Kraft.

2 Die Vorschrift definiert den **sachlichen und persönlichen Anwendungsbereich** (zusammen mit § 321) der grenzüberschreitenden Spaltung, unter der Beteiligung inländischer Kapitalgesellschaften[4] und dient mithin als Fundament, auf welchem die folgenden Regelungen fußen.[5]

3 **§ 320 Abs. 1** definiert in Umsetzung des Art. 160a Abs. 1 Gesellschaftsrechtsrichtlinie den **Begriff der grenzüberschreitenden Spaltung**. Die § 320 Abs. 1 Nr. 1 erfasst dabei in Übereinstimmung mit Art. 160b Nr. 3 Gesellschaftsrechtsrichtlinie Spaltungen zur Neugründung, § 320 Abs. 1 Nr. 2 eröffnet die Möglichkeit einer Spaltung zur Aufnahme in überschießender Umsetzung der europäischen Vorgaben unter den zusätzlichen Voraussetzungen des § 332.

4 **§ 320 Abs. 2** erklärt in seiner Eigenschaft als **grundlegende Verweisnorm** die allgemeinen Vorschriften für Kapitalgesellschaften bzgl. der Spaltungen unter inländischen Rechtsträgern sowie die besonderen Vorschriften der Spaltungen für inländische Kapitalgesellschaften – unter dem Vorbehalt der nachfolgenden **speziellen Regelungen** des Zweiten Teils – für entsprechend anwendbar.

5 **§ 320 Abs. 3** der Vorschrift normiert einen **Ausschluss** des § 143 bzgl. grenzüberschreitender Spaltungen.

1. Die Entwicklung der grenzüberschreitenden Spaltung im nationalen und europäischen Recht

6 Bis zum vollständigen Inkrafttreten des UmRUG am 1.3.2023 fehlten Vorschriften zur grenzüberschreitenden Spaltung im deutschen Recht. Zwar entschied der EuGH bereits im Jahr 2005, dass Umwandlungsvorgänge, die das Recht eines Mitgliedstaats für nationale Rechtsträger eröffnen, auch EU-Auslandsgesellschaften offenstehen müssen, um die **Niederlassungsfreiheit** (Art. 49, 54 AEUV) hinreichend zu gewährleisten.[6] Der EuGH hat allerdings nur festgelegt, dass grenzüberschreitende Umwandlungsvorgänge möglich sein müssen;[7] Einzelheiten zum Verfahren wurden nicht bestimmt.

7 Die **grenzüberschreitende Verschmelzung** wurde durch die Umsetzung der europäischen Verschmelzungsrichtlinie[8] bereits am 25.4.2007 in den §§ 122a ff. geregelt. Zur grenzüber-

1) Richtlinie (EU) 2017/1132 des Europäischen Parlaments und des Rates v. 14.6.2017 über bestimmte Aspekte des Gesellschaftsrechts (Gesellschaftsrechtsrichtlinie), ABl. (EU) L 169/46 v. 30.6.2017.
2) Richtlinie (EU) 2019/2121 des Europäischen Parlaments und des Rates v. 27.11.2019 zur Änderung der Richtlinie (EU) 2017/1132 in Bezug auf grenzüberschreitende Umwandlungen, Verschmelzungen und Spaltungen (Umwandlungsrichtlinie), ABl. (EU) L 321/1 v. 12.12.2019.
3) Gesetz zur Umsetzung der Umwandlungsrichtlinie und zur Änderung weiterer Gesetze (UmRUG), v. 22.2.2023, BGBl. I 2023, Nr. 51.
4) Begr. RegE, UmRUG, BT-Drucks. 20/3822, S. 107.
5) Lutter-*J. Schmidt*, UmwG, § 320 Rz. 13.
6) EuGH, Urt. v. 13.12.2005 – Rs. C-411/03 (SEVIC), NJW 2006, 425 = NZG 2006, 112; EuGH, Urt. v. 12.7.2012 – Rs. C-378/10 (VALE), NJW 2012, 2715 = NZG 2012, 871.
7) EuGH, Urt. v. 12.7.2012 – Rs. C-378/10 (VALE), NJW 2012, 2715 = NZG 2012, 871.
8) Richtlinie 2005/56/EG des Europäischen Parlaments und des Rates v. 26.10.2005 über die Verschmelzung von Kapitalgesellschaften aus verschiedenen Mitgliedstaaten (Verschmelzungsrichtlinie [grenzüberschreitend]), ABl. (EG) L 310/1 v. 25.11.2005.

schreitenden Spaltung existierte demgegenüber bis zum in Kraft treten der Gesellschaftsrechtsrichtlinie kein europäisches Sekundärrecht. Insofern sah der deutsche Gesetzgeber bis zu diesem Zeitpunkt auch keinen Anlass – anders als andere Mitgliedstaaten (z. B. Frankreich oder Spanien)[9] – nationales Recht zur grenzüberschreitenden Spaltung zu schaffen.[10] Zu Recht wurde von der überwiegenden Ansicht grenzüberschreitende Spaltungen analog der §§ 122a ff. in unionsrechtskonformer Auslegung als zulässig erachtet.[11]

Grenzüberschreitende Spaltungen wurden bisher allerdings selten durchgeführt, was wohl 8
zumindest auch an den damit verbundenen erheblichen **rechtlichen Unsicherheiten** gelegen haben dürfte.[12] Weder wurden die Einzelheiten des Spaltungsverfahrens bestimmt, noch gab es konkrete Vorgaben zum Schutze der Minderheitsgesellschafter, Gläubiger und Arbeitnehmer. Die Praxis griff daher auf alternative Gestaltungsmöglichkeiten zurück, die jedoch teilweise nur einen geringen Schutz aufwiesen.[13] In Betracht kamen vor allem inländische Spaltungen oder inländische Asset Deals, gefolgt von einer grenzüberschreitenden Verschmelzung.[14] Eine ähnlich gelagerte Situation bestand jedoch auch vor Inkrafttreten der Regelungen zu grenzüberschreitenden Verschmelzungen, bei welchen nach Schaffung des einheitlichen europäischen Rechtrahmens ein **signifikanter Anstieg** zu verzeichnen war.[15] Insofern ist infolge des nun harmonisierten Rechts ebenfalls ein Anstieg an grenzüberschreitenden Spaltungen zu erwarten.[16]

2. Umsetzung der europäischen Vorgaben im nationalen Recht

Die **Umsetzung** der Richtlinie erfolgte durch eine Umstrukturierung des UmwG, welches 9
nunmehr um ein neues, Sechstes Buch (§§ 305 bis 345) spezifisch zur grenzüberschreitenden Umwandlung erweitert worden ist.[17] Die vormals als §§ 122a ff. gefassten Regelungen zur grenzüberschreitenden Verschmelzung sind innerhalb dessen im Ersten Teil **(§§ 305 bis 319)** zusammengefasst. Die Regelungen zur grenzüberschreitenden Spaltung befinden sich im Zweiten Teil **(§§ 320 bis 332)**. Der dritte Teil normiert den grenzüberschreitenden Formwechsel **(§§ 333 bis 345)**.

Ebenso wie die alten Vorschriften zur grenzüberschreitenden Verschmelzung, sind auch 10
die neu eingefügten Regelungen auf die Beteiligung von Kapitalgesellschaften beschränkt. Dies hat bedauerlicherweise zur Folge, dass grenzüberschreitende Spaltungen von **Personengesellschaften** auch in Zukunft im deutschen Recht nicht geregelt sind.[18]

---

9) Rechtsvergleichend: *Bech-Bruun/Lexidale*, Study on the application of the Cross-Border Mergers Directive, 9/2013, Main Findings, S. 102 ff., abrufbar unter https://op.europa.eu/en/publication-detail/-/publication/0291c60a-df7a-11e5-8fea-01aa75ed71a1 (Abrufdatum: 26.2.2026).

10) *Stelmaszczyk* in: BeckOGK-UmwG, § 320 Rz. 8; *Teichmann*, NZG 2019, 241, 243.

11) *Kleba*, RNotZ 2016, 273, 275 ff.; Lutter-*Drygala*, UmwG, 5. Aufl., 2014, § 1 Rz. 36; Kallmeyer-*Marsch-Barner*, UmwG, 5. Aufl. 2013, Vor §§ 122a–122l Rz. 12; Schmitt/Hörtnagl/Stratz-*Hörtnagl*, UmwG/UmwStG, 6. Aufl., 2013, § 1 UmwG Rz. 60.

12) *Stelmaszczyk* in: BeckOGK-UmwG, § 320 Rz. 10; *Teichmann*, NZG 2019, 241, 243; *Bungert/Wansleben* DB 2018, 2094, 2095.

13) *Teichmann*, NZG 2019, 241, 243.

14) *Bungert/Wansleben*, DB 2018, 2094, 2095; *Heckschen* in Beck´sches Notarhandbuch, 7. Aufl., 2019, § 24 Rz. 183; *Heckschen/Knaier*, GmbHR 2022, 613.

15) *Stelmaszczyk* in: BeckOGK-UmwG, § 320 Rz. 13.

16) *Stelmaszczyk* in: BeckOGK-UmwG, § 320 Rz. 13; *Heckschen/Knaier*, GmbHR 2022, 613; *Teichmann*, NZG 2019, 241, 243.

17) Begr. RegE, UmRUG, BT-Drucks. 20/3822, S. 2.

18) Krit. dazu *J. Schmidt*, NZG 2022, 579, 580; *Wicke*, DStR 2018, 2642, 2643; *Brandi/M. K. Schmidt*, AG 2023, 297, 299 f.; *Heckschen/Knaier*, GmbHR 2022, 613, 621 f.

11 Die §§ 320 ff. finden nur Anwendung, wenn unter den beteiligten Gesellschaften mindestens ein Rechtsträger ist der dem deutschen Recht unterliegt. Ist der deutsche Rechtsträger der übertragender Rechtsträger, so sind auf diesen die Vorschriften zur Spaltung bis zum Erhalt der **Vorabbescheinigung** anzuwenden (Art. 160c Gesellschaftsrechtsrichtlinie). Sofern die Vorschriften keinen Bezug auf den übernehmenden Rechtsträger im Ausland nehmen, bzw. ab Erhalt der Vorabbescheinigung, gelten für diesen (in Ermangelung der Regelungskompetenz des deutschen Gesetzgebers ohnehin) die Bestimmungen dessen Herkunftslandes. Gleiches gilt umgekehrt für den Fall, dass der neue Rechtsträger dem deutschen Recht unterliegt.

3. Systematik

12 Die Systematik des UmwG – das sog. **„Baukastenprinzip"** – durchzieht auch das neue Sechste Buch und zeichnet sich durch umfassende Verweise auf anwendbare Regelungen zum innerstaatlichen Recht[19] sowie auf die Vorschriften zur grenzüberschreitenden Verschmelzung aus. Diese Vorschriften gelten sodann in entsprechender Anwendung auch für die grenzüberschreitende Spaltung.[20] Dies geschieht in Abweichung zum Aufbau der Gesellschaftsrechtsrichtlinie, welche die nationale und grenzüberschreitende Spaltung jeweils in ihrer Gesamtheit separat regelt.[21] Das Baukastenprinzip wird teilweise als zu schwer verständlich kritisiert, indem mangels eigenständiger Regelungen immer ein besonderes Augenmerk auf die jeweiligen Besonderheiten der maßgeblichen Umwandlungsarten gelegt werden muss.[22]

13 Mit Umsetzung der Gesellschaftsrechtsrichtlinie kam es nicht bloß zu Änderungen des UmwG, in Übereinstimmung mit Art. 160l wurde das MgFSG[23] erlassen, welches als Pendant zum MgVG bzgl. der Verschmelzung, die Vorgaben zur **Arbeitnehmermitbestimmung** bei eben jenen Arten der Umwandlung regelt.[24]

4. Zweck

14 Sinn und Zweck des § 320 ist es den Anwendungsbereich des Zweiten Teils des Sechsten Buches, sprich den der grenzüberschreitenden Spaltung, zu definieren.[25] Maßgeblich sorgt das UmRUG insgesamt für eine Harmonisierung des EU-Rechts mit dem bestehenden, nationalen System des UmwG.[26] Gerade das Zusammenspiel der umfassenden Verweise des § 320 Abs. 2 auf die Vorschriften des nationalen Spaltungsrechts und die Umsetzung der europäischen Vorgaben in den §§ 321 ff. sorgen für ein rechtssicheres, europarechtskonformes Umwandlungsverfahren.[27]

---

19) *Stiegler* in: NK-UmwG, § 320 Rz. 8; Lutter-*J. Schmidt*, UmwG, § 320 Rz. 8.

20) *Stiegler* in: NK-UmwG, § 320 Rz. 7.

21) Lutter-*J. Schmidt*, UmwG, § 320 Rz. 16.

22) *Stiegler* in: NK-UmwG, § 320 Rz. 8; *Leuering/Billerbeck* in: KölnKomm-UmwG, § 320 Rz. 2; *K. Schmidt*, GesR, § 13 I. 1. b); abw. Schmitt/Hörtnagl-*Rinke*, UmwG/UmwStG, § 320 UmwG Rz. 3.

23) Gesetz über die Mitbestimmung der Arbeitnehmer bei grenzüberschreitendem Formwechsel und grenzüberschreitender Spaltung (MgFSG), v. 4.1.2023, BGBl. I 2023, Nr. 10.

24) Semler/Stengel/Leonard-*Drinhausen*, UmwG, § 320 Rz. 2.

25) Begr. RegE, UmRUG, BT-Drucks. 20/3822, S. 107.

26) Begr. RegE, UmRUG, BT-Drucks. 20/3822, S. 48; *Teichmann*, NZG 2019, 241.

27) *Stiegler* in: NK-UmwG, § 320 Rz. 10.

5. Zeitlicher Anwendungsbereich

Für den zeitlichen Anwendungsbereich ist das **Inkrafttreten** des Gesetzes am 1.3.2023 maßgeblich, wobei die Übergangsvorschrift des § 355 zu beachten ist.[28] 15

II. Begriff der grenzüberschreitenden Spaltung und sachlicher Anwendungsbereich (§ 320 Abs. 1)

§ 320 Abs. 1 legt den sachlichen, wie persönlichen Anwendungsbereich der §§ 320 ff. fest. Die Grenzüberschreitende Spaltung wird durch § 320 Abs. 1 **legaldefiniert** und setzt in Übereinstimmung mit Art. 160a Gesellschaftsrechtsrichtlinie die Beteiligung von zumindest einer Gesellschaft voraus, die dem Recht der EU oder dem des EWR unterliegt. 16

1. Die grenzüberschreitende Spaltung

Auch der Begriff der grenzüberschreitenden Spaltung umfasst wie derjenige des nationalen Rechts in § 123 die **Aufspaltung** (§ 123 Abs. 1), die **Abspaltung** (§ 123 Abs. 2) und die **Ausgliederung** (§ 123 Abs. 3; siehe § 123 Rz. 24 ff. [*Döding/K. Wentz*]). 17

Im Falle der **Aufspaltung** (siehe vertiefend § 123 Rz. 24 [*Döding/K. Wentz*]) findet eine vollumfängliche Übertragung des Aktiv- und Passivvermögens der sich spaltenden Gesellschaft auf zwei oder mehr Gesellschaften statt. Die Ursprungsgesellschaft wird in diesem Zuge **ohne Abwicklung ihres Vermögens aufgelöst**, ihre Anteilsinhaber erhalten nunmehr Anteile an den Zielgesellschaften. 18

Im Falle der **Abspaltung** (siehe vertiefend § 123 Rz. 25 ff. [*Döding/K. Wentz*]) findet keine Auflösung der sich spaltenden Gesellschaft statt, vielmehr wird **nur ein Teil ihres Aktiv- oder Passivvermögens auf eine oder mehrere Zielgesellschaften übertragen**. Wiederum erhalten die Anteilsinhaber der Ursprungsgesellschaft nunmehr Anteile an den Zielgesellschaften. 19

Im Falle der **Ausgliederung** (siehe vertiefend § 123 Rz. 29 f. [*Döding/K. Wentz*]) findet ebenfalls keine Auflösung der Urpsrungsgesellschaft statt, auch wird wie bei der Abspaltung nur ein Teil ihres Aktiv- oder Passivvermögens auf eine mehrere Zielgesellschaften übertragen. Im Unterschied erhält jedoch hier die **Ursprungsgesellschaft die Anteile an der Zielgesellschaft** und nicht die Anteilsinhaber. 20

Die Spaltung nach § 320 Abs. 1 kann dabei sowohl zur **Neugründung** (§ 320 Nr. 1), als auch zur **Aufnahme** (§ 320 Nr. 2) erfolgen. Während die Regelungen der Spaltung zur Neugründung direkt auf Art. 160b Nr. 3 und Nr. 4 der Gesellschaftsrechtsrichtlinie zurückzuführen ist, mangelt es der Spaltung zur Aufnahme an einer entsprechenden sekundärrechtlichen Grundlage und ist mithin als **überschießende Umsetzung** der unionsrechtlichen Vorgaben zu werten.[29] Insofern beziehen sich die §§ 321–331 BGB ausschließlich auf die Aufspaltung, Abspaltung und Ausgliederung zur Neugründung.[30] Die Spaltung zur Aufnahme findet nur unter den **zusätzlichen Voraussetzungen des § 332** Anwendung (siehe § 332 Rz. 6 ff. [*Heinrichs*]).[31] Die Erweiterung des Anwendungsbereichs adressiert den in der Praxis wichtigen Anwendungsfall, einer grenzüberschreitenden Abspaltung zur Aufnahme in Form der Übertragung von Vermögensteilen zwischen Gesellschaften innerhalb der EU und des EWR durch die partielle Gesamtrechtsnachfolge.[32] 21

28) Widmann/Mayer-*Heckschen*, UmwR, § 320 UmwG Rz. 10 f.

29) Begr. RegE, UmRUG, BT-Drucks. 20/3822, S. 107; Semler/Stengel/Leonard-*Drinhausen*, UmwG, § 320 Rz. 6.

30) Begr. RegE, UmRUG, BT-Drucks. 20/3822, S. 107.

31) Begr. RegE, UmRUG, BT-Drucks. 20/3822, S. 107.

32) *Stiegler* in: NK-UmwG, § 320 Rz. 13.

22 Die Spaltung i. S. des § 320 ist **grenzüberschreitend**, sobald mindestens eine der beteiligten Gesellschaften dem deutschen Recht und zumindest eine der anderen Gesellschaften dem Recht eines EU bzw. EWR-Staates unterliegt. Diese Formulierung legt nahe, dass nicht nur bilaterale, sondern vielmehr auch multilaterale Spaltungen möglich sind.[33] Einschränkend ist in diesem Zusammenhang jedoch zu beachten, dass im Umkehrschluss zu § 320, die Spaltung eines inländischen auf einen außerhalb des Rechts eines EU-/EWR-Mitgliedstaates bestehenden Rechtsträgers nicht möglich ist, selbst wenn der Zielstaat eine solche Möglichkeit vorsieht.[34] Somit bleibt es auch in Zukunft dabei, dass Spaltungen in solchen Konstellationen über EU-/EWR-Staaten wie Luxemburg und Liechtenstein erfolgen müssen, die eine Spaltung mit Ziel jenseits dieser Grenzen ermöglichen.[35]

23 Zur Ermittlung des **anzuwendenden nationalen Umwandlungsrechts** der beteiligten EU-/EWR-Gesellschaften ist auf die Grundsätze der Sitztheorie zurückzugreifen,[36] wonach der **Satzungssitz** maßgeblich ist. Demnach findet bspw. für eine ausländische Gesellschaft mit Satzungssitz im Ausland und Verwaltungssitz im Inland, infolge des jeweiligen Gesellschaftsstatus, das Umwandlungsrechts des Satzungssitzes Anwendung.[37]

24 Allgemein ist sowohl der Begriff der beteiligten Gesellschaft als auch der grenzüberschreitende Bezug entsprechend denen des § 305 Abs. 1 zu verstehen[38] (siehe § 305 Rz. 10 ff. [*de Raet/Brunk*]).

2. Arten der Spaltung

25 Die grenzüberschreitende Spaltung kann, wie oben beschrieben, sowohl als Spaltung zur Neugründung als auch als Spaltung zur Aufnahme durchgeführt werden. Weiterhin sind **Hinaus- und Hereinspaltungen** möglich, wobei erstere eine deutsche Gesellschaft beschreibt, die eine Spaltung ins Ausland vornimmt und letztere eine ausländische Gesellschaft, die eine Spaltung mit Deutschland als Zielstaat vorsieht.[39]

26 Die Möglichkeit der **grenzüberschreitenden Spaltung zur Aufnahme** hängt für die beteiligte deutsche Gesellschaft von den **zusätzlichen Voraussetzungen** des § 332 ab (siehe oben Rz. 21). Ebenso entscheidend ist es jedoch, dass auch das mitgliedstaatliche Recht dem die andere beteiligte Gesellschaft unterliegt ein **Regelungspendant** enthält. Ansonsten müsste i. R. der Herein- oder Herausspaltung erneut auf die mit rechtlichen Unsicherheiten verbundene Lösung über Art. 49, 54 AEUV zurückgegriffen werden.[40]

27 Wie auch i. R. der inländischen Spaltung, können grenzüberschreitend **verhältniswahrende und nicht-verhältniswahrende Spaltungen** durchgeführt werden.[41] Der deutsche Gesetzgeber hat die Möglichkeit einer nicht verhältniswahrenden **Spaltung** in § 326 Abs. 3 ausdrücklich anerkannt (siehe § 326 Rz. 23 [*Heinrichs*]).[42]

---

33) Lutter-*J. Schmidt*, UmwG, § 320 Rz. 27.

34) *Leuering/Billerbeck* in: KölnKomm-UmwG, § 320 Rz. 9.

35) *Leuering/Billerbeck* in: KölnKomm-UmwG, § 320 Rz. 9.

36) *Leuering/Billerbeck* in: KölnKomm-UmwG, § 320 Rz. 5; *Kraft/Redenius-Hövermann* in: MünchHdb. GesR, Bd. 8, § 30 Rz. 14.

37) *Leuering/Billerbeck* in: KölnKomm-UmwG, § 320 Rz. 5.

38) Semler/Stengel/Leonard-*Drinhausen*, UmwG, § 320 Rz. 7.

39) *Leuering/Billerbeck* in: KölnKomm-UmwG, § 320 Rz. 4; *Kraft/Redenius-Hövermann* in: MünchHdb. GesR, Bd. 8, § 30 Rz. 2.

40) *J. Schmidt*, NZG 2022, 579, 580.

41) Lutter-*J. Schmidt*, UmwG, § 320 Rz. 27 f.

42) Lutter-*J. Schmidt*, UmwG, § 320 Rz. 27.

Auch ist die Anwendung der §§ 320 ff., nach dem Wortlaut des § 320,[43] auch i. R. von **Mischspaltungen** denkbar. Hierbei wird ein inländischer Rechtsträger im Wege einer oder mehrerer inländischer und grenzüberschreitenden Spaltungen in verschiedene Rechtsträger aufgespalten.[44] 28

III. Entsprechend Anwendbare Vorschriften bei Beteiligung einer Kapitalgesellschaft i. S. des § 3 Abs. 1 Nr. 2 (§ 320 Abs. 2)

§ 320 Abs. 2 bestimmt die **anwendbaren Vorschriften** bei Spaltung einer deutschen Kapitalgesellschaft. Ist eine Kapitalgesellschaft i. S. der § 3 Abs. 1 Nr. 2 (GmbH, AG und KGaA; siehe § 3 Rz. 12 ff. [*Berjasevic*]) an der Spaltung beteiligt, sind die Vorschriften des Ersten Teils des Dritten Buches sowie des Ersten und Zweiten Abschnitts des Zweiten Teils des Dritten Buches entsprechend anzuwenden. Mithin bilden die allgemeinen Vorschriften zur Spaltung auf nationaler Ebene auch die Grundlage für die der grenzüberschreitenden Spaltung, so dass die §§ 320–332 als ergänzende Sonderregelungen betrachtet werden können.[45] 29

1. Anwendbare Vorschriften

Konkret anwendbar sind die Vorschriften des **Ersten Teils des Dritten Buches** d. h. die allgemeinen Vorschriften der **§§ 123–137** betreffend die innerstaatliche Spaltung zur Aufnahme und zur Neugründung. In Umsetzung des Art. 160j Abs. 2 Gesellschaftsrechtsrichtlinie umfasst dieser Verweis auch insbesondere die Regelungen zur Nachhaftung gemäß § 133.[46] Weitere Vorschriften des **Zweiten Buches**, insbesondere die allgemeinen Vorschriften sowie die die Kapitalgesellschaften betreffenden Vorschriften, sind über Verweisnormen, insbesondere § 125 Abs. 1 Satz 1 entsprechend anwendbar.[47] 30

Des Weiteren verweist § 320 Abs. 2 auf die Vorschriften des **Ersten und Zweiten Abschnittes des Zweiten Teils des Dritten Buches.** Damit sind die besonderen Vorschriften der **§§ 138–146** (mit Ausnahme des durch § 320 Abs. 3 ausgenommenen **§ 143**) zur Spaltung unter Beteiligung einer **GmbH** respektive unter Beteiligung einer **AG** oder **KGaA** anwendbar. 31

Nicht anwendbar sind die Vorschriften des Dritten Buches, betreffend die Spaltungen unter Beteiligung von Rechtsträgern die **keine Kapitalgesellschaften** sind; §§ 147–173. Ebenso wenig sind die §§ 320 ff. auf die an der grenzüberschreitenden Spaltung beteiligten ausländischen Gesellschaften anwendbar,[48] vielmehr gilt für diese das Recht ihres jeweiligen Mitgliedstaates. 32

2. Allgemeiner Vorbehalt

Die Anwendung der Vorschriften des Dritten Buchs steht unter dem **allgemeinen Vorbehalt,** dass in den §§ 320 ff. keine spezielleren, abweichenden Bestimmungen getroffen oder Vorschriften für nicht anwendbar erklärt werden.[49] 33

43) „Spaltungen, bei denen mindestens eine der beteiligten Gesellschaften dem Recht eines anderen Mitgliedstaats [...] unterliegt".

44) *Leuering/Billerbeck* in: KölnKomm-UmwG, § 320 Rz. 6.

45) Lutter-*J. Schmidt*, UmwG, § 320 Rz. 31.

46) Begr. RegE, UmRUG, BT-Drucks. 20/3822, S. 107.

47) Begr. RegE, UmRUG, BT-Drucks. 20/3822, S. 107.

48) Schmitt/Hörtnagl-*Rinke*, UmwG/UmwStG, § 320 UmwG Rz. 7 und vertiefend § 1 Rz. 23 ff.

49) *Stelmaszczyk* in: BeckOGK-UmwG, § 320 Rz. 43.

IV. Ausschluss des § 143

34 Mangels entsprechender Ausnahmevorschrift in der Gesellschaftsrechtsrichtlinie wird durch § 320 Abs. 3 der § 143 aus dem durch Absatz 2 eröffneten Anwendungsbereich wieder herausgenommen.[50] Insofern sind die dort normierten Berichts-, Prüfungs- und Informationspflichten i. R. einer verhältniswahrenden grenzüberschreitenden Spaltung zur Neugründung einer AG erforderlich.

50) Begr. RegE, UmRUG, BT-Drucks. 20/3822, S. 108.

§ 321
Spaltungsfähige Gesellschaften*)

[1]An einer grenzüberschreitenden Spaltung können als übertragende oder neue Gesellschaften Kapitalgesellschaften nach Anhang II zur Richtlinie (EU) 2017/1132 beteiligt sein, wenn sie

1. **nach dem Recht eines Mitgliedstaats der Europäischen Union oder eines anderen Vertragsstaats des Abkommens über den Europäischen Wirtschaftsraum gegründet worden sind und**
2. **ihren satzungsmäßigen Sitz, ihre Hauptverwaltung oder ihre Hauptniederlassung in einem Mitgliedstaat der Europäischen Union oder einem anderen Vertragsstaat des Abkommens über den Europäischen Wirtschaftsraum haben.**

[2]§ 306 Absatz 2 Satz 1 Nummer 2 gilt entsprechend.

*) § 321 eingefügt durch Art. 1 des Gesetzes zur Umsetzung der Umwandlungsrichtlinie und zur Änderung weiterer Gesetze (UmRUG), v. 22.2.2023, BGBl. I 2023, Nr. 51.

Literatur: *Bayer/Schmidt, J.*, BB-Gesetzgebungs- und Rechtsprechungsreport zum Europäischen Unternehmensrecht 2018/19, (Teil I: Company Law Package) BB 2019, 1922; *Brandi/Schmidt, M. K.*, Die grenzüberschreitende Spaltung nach dem UmRUG, AG 2023, 297; *Brandi/Schmidt, M. K.*, Der grenzüberschreitende Formwechsel nach dem RegE zum UmRUG, DB 2022, 1880; *Bungert/Wansleben*, Grenzüberschreitende Spaltungen nach dem Richtlinienentwurf der EU-Kommission, DB 2018, 2094; *DAV (Handelsrechtsausschuss)*, Stellungnahme Nr. 31/2018, NZG 2018, 857; *Goette*, Das Gesetz zur Umsetzung der Umwandlungsrichtlinie – Ein Überblick, DStR 2023, 157; *Heckschen/Knaier*, Die größte Reform des Umwandlungsrechts: Endlich in Kraft!, GmbHR 2023, 317; *Leuering/Rubner*, Zuzug einer GmbH von der Schweiz über Luxemburg nach Deutschland, NJW-Spezial 2024, 592; *Mörsdorf*, Der Entwurf einer Richtlinie für grenzüberschreitende Umwandlungen – Meilenstein oder Scheinriese?, EuZW 2019, 141; *Schmidt, J.*, Die weitreichende Reform des Umwandlungsrechts, NJW 2023, 1241; *Recktenwald*, Die grenzüberschreitende Hinausspaltung zur Aufnahme nach dem UmRUG, (Teil I) BB 2023, 643; *Schumacher/Urhahn*, Von der Schweiz über Luxemburg nach Deutschland – Die Umwandlungsrichtlinie im Spiegel der Niederlassungsfreiheit, NZG 2024, 1171; *Stelmaszczyk*, Die neue Umwandlungsrichtlinie – harmonisierte Verfahren für grenzüberschreitende Verschmelzungen, Spaltungen und Formwechsel, GmbHR 2020, 61; *Wicke*, Optionen und Komplikationen bei der Umsetzung des Richtlinienvorschlags zum grenzüberschreitenden Formwechsel, (Teil I) DStR 2018, 2642.

Übersicht

I. Grundlagen

1 § 321 knüpft an § 320 und präzisiert in Umsetzung des Art. 160b Nr. 1 Gesellschaftsrechtsrichtlinie[1)] den persönlichen Anwendungsbereich der §§ 320 ff.[2)] **§ 321 Satz 1** konkretisiert die Gesellschaften, die an einer grenzüberschreitenden Spaltung teilhaben können. Somit stellt § 321 eine speziellere Regelung gegenüber § 124 Abs. 1 i. V. m. § 3 Abs. 1 dar, so dass diese nach § 320 Abs. 2 a. E. Vorrang genießt.

2 Erfasst sind demnach **nur Kapitalgesellschaften** nach Anhang II der Gesellschaftsrechtsrichtlinie. Mithin werden von § 321 Satz 1 – auf deutscher Seite – nur die AG, die KGaA und die GmbH (zudem die UG als Unterform der GmbH,[3)] wegen § 5a Abs. 2 Satz 2 GmbHG jedoch nur als Ausgangsrechtsträger)[4)] erfasst. Dies ist eine erhebliche Abweichung zum inländischen Spaltungsrecht. Auch ein aufgelöster Rechtsträger kann an einer grenzüberschreitenden Spaltung beteiligt sein, wenn die Fortsetzung zumindest beschlossen werden könnte (§ 320 Abs. 2 i. V. m. § 124 Abs. 2 i. V. m. § 3 Abs. 3).[5)]

3 **§ 321 Satz 2** bestimmt in Übereinstimmung mit Art. 160a Abs. 3 der Gesellschaftsrechtsrichtlinie die entsprechende Geltung des § 306 Abs. 2 Satz 1 Nr. 2.[6)]

4 In Einklang mit Art. 160b Nr. 3 und 4 der Gesellschaftsrechtsrichtlinie beschränkt sich die Vorschrift auf Spaltungen zur Neugründung. Die in überschießender Umsetzung der Gesellschaftsrechtsrichtlinie (siehe § 320 Rz. 21 [*Heinrichs*]) ermöglichte Spaltung zur Aufnahme wird durch § 332 näher bestimmt (siehe § 332 Rz. 1 [*Heinrichs*]). Von einer überschießenden Umsetzung bzgl. anderer Rechtsformen hat der Gesetzgeber mangels sekundärrechtlicher Grundlage abgesehen.[7)]

5 Eine Gesellschaft im Zustand der §§ 17 Abs. 2, 18 Abs. 2, 19 Abs. 2 InsO kann Beteiligte einer grenzüberschreitenden Spaltung sein;[8)] der nationale Gesetzgeber hat von der Option des Art. 160a Abs. 5 lit. a der Gesellschaftsrechtsrichtlinie keinen Gebrauch gemacht. Damit die grenzüberschreitende Spaltung nicht zu missbräuchlichen Zwecken gebraucht wird, nimmt das Registergericht bei entsprechenden Anhaltspunkten im Falle der Herausspaltung in der Regel eine Missbrauchsprüfung vor (§ 329 Satz 1 i. V. m. § 316 Abs. 3).

6 Organismen für gemeinsame Anlagen in Wertpapieren (**OGAW**) sind durch den Verweis des § 321 Satz 2 auf § 306 Abs. 2 Satz 1 Nr. 2 ausdrücklich ausgenommen (Art. 160a Abs. 3 Gesellschaftsrechtsrichtlinie), wovon vor allem Investmentaktiengesellschaften mit ver-

---

1) Richtlinie (EU) 2017/1132 des Europäischen Parlaments und des Rates v. 14.6.2017 über bestimmte Aspekte des Gesellschaftsrechts (Gesellschaftsrechtsrichtlinie), ABl. (EU) L 169/46 v. 30.6.2017.

2) Begr. RegE UmRUG, BT-Drucks. 20/3822, S. 108.

3) *Heckschen/Knaier*, GmbHR 2023, 317, 319.

4) BGH, Beschl. v. 11.4.2011 – II ZB 9/10, NJW 2011, 1883 = NZG 2011, 666 – zur innerstaatlichen Abspaltung; *Wicke* DStR 2018, 2642, 2643; die UG kann auch übernehmend Gesellschaft sein, wenn diese ihr Stammkapital i. R. der Hereinspaltung zur Aufnahme (§ 332) ihr Stammkapital auf mindestens 25.000 erhöht, *Stiegler* in: NK-UmwG, § 321 Rz. 8.

5) *Stelmaszczyk* in: BeckOGK-UmwG, § 321 Rz. 14.

6) Begr. RegE UmRUG, BT-Drucks. 20/3822, S. 108.

7) Begr. RegE UmRUG, BT-Drucks. 20/3822, S. 108.

8) Lutter-*J. Schmidt*, UmwG, § 321 Rz. 20.

änderlichem Kapital (§§ 108 ff. KAGB), nicht aber Kapitalverwaltungsgesellschaften (§§ 17, 92 ff. KAGB) ausgeschlossen sind.[9)]

II. Anwendung auf die SE

7 Auch die Societas Europea (SE) ist i. S. der §§ 320 ff. spaltungsfähig.[10)] Nach Art. 9 Abs. 1 lit. c Ziff. ii, Art. 10 SE-VO[11)] ist diese wie eine AG ihres Sitzstaates zu behandeln. Im Auge zu behalten sind jedoch die **abschließend normierten Gründungsmöglichkeiten** einer SE durch die SE-VO.[12)] Die SE kommt infolgedessen – im Unterschied zu den in Anhang II aufgeführten Gesellschaften, nur als übertragende oder nach den Maßgaben des § 332 als aufnehmende Gesellschaft – jedoch nicht i. R. einer Spaltung zur Neugründung als neu gegründete in Betracht.[13)]

III. Anwendung auf Personengesellschaften

8 Eine Anwendung des § 321 auf Personengesellschaften ist vom Gesetz **nicht vorgesehen** und somit unter den Voraussetzungen des UmwG nicht möglich. Der Gesetzgeber hat sich gegen eine überschießende Umsetzung entschieden[14)] und verbleibt damit in dem von Art. 160b Nr. 1 Gesellschaftsrechtsrichtlinie konturierten Anwendungsbereich, obschon die Anwendbarkeit auf Personengesellschaften in der Literatur vielfach gefordert wurde.[15)] Aus der bewussten und ausdrücklichen Entscheidung des Gesetzgebers gegen die überschießende Richtlinienumsetzung scheidet auch der alternative Weg über eine analoge Anwendung der §§ 320 ff. aus.[16)]

9 Vor dem Hintergrund der Rechtsprechung des EuGH zur **Niederlassungsfreiheit** (Art. 49, 54 AEUV) muss die grenzüberschreitende Spaltung einer Personengesellschaft auch künftig möglich sein.[17)] In diesen Fällen ist eine enge Zusammenarbeit mit dem jeweiligen Registergericht zu empfehlen.[18)]

IV. Nicht erfasste Kapitalgesellschaften

10 Vom Anwendungsbereich der §§ 321 ff. sind ferner Kapitalgesellschaften **in Liquidation** ausgenommen (Art. 160a Abs. 4 lit. a Gesellschaftsrechtsrichtlinie).[19)] Zweck dessen ist

---

9) Henssler/Strohn-*Polley*, GesR, § 306 UmwG Rz. 11; *Stiegler* in: NK-UmwG, § 321 Rz. 16.

10) *Brandi/M. K. Schmidt*, AG 2023, 297, 299; *Recktenwald*, BB 2023, 643, 644.

11) Verordnung (EG) Nr. 2157/2001 des Rates v. 8.10.2001 über das Statut der Europäischen Gesellschaft (SE) (SE-VO), ABl. (EU) L 294/1 v. 10.11.2001.

12) Vertiefend s. *Stelmaszczyk* in: BeckOGK-UmwG, § 321 Rz. 7.

13) *Casper* in: BeckOGK-AktG, Art. 2 SE-VO Rz. 46; Semler/Stengel/Leonard-*Drinhausen*, UmwG, § 321 Rz. 2; *Stelmaszczyk* in: BeckOGK-UmwG, § 321 Rz. 7; Kallmeyer-*Biller/Wilk*, UmwG, § 321 Rz. 2; *Recktenwald*, BB 2023, 643, 644; Lutter-*J. Schmidt*, UmwG, § 321 Rz. 9; a. A. *Heckschen/Knaier*, GmbHR 2023, 317 (Rz. 10 ff.).

14) Begr. RegE UmRUG, BT-Drucks. 20/3822, S. 108.

15) *Bayer/J. Schmidt*, BB 2019, 1922, 1926; *Brandi/M. K. Schmidt*, AG 2023, 297 (Rz. 14); *Bungert/Wansleben*, DB 2018, 2094, 2095; *Mörsdorf*, EuZW 2019, 141, 143; *J. Schmidt*, NJW 2023, 1241; *Goette*, DStR 2023, 157, 158; *Leuerung/Billerbeck* in: KölnKomm-UmwG, § 321 Rz. 5; *Kraft* in: MünchHdb. GesR, Bd. 8, § 30 Rz. 15; *Stelmaszczyk*, GmbHR 2020, 61, 62 f.; DAV, Handelsrechtsausschuss, Stellungnahme Nr. 31/2018, NZG 2018, 857 (Rz. 2).

16) *Leuerung/Billerbeck* in: KölnKomm-UmwG, § 321 Rz. 5.

17) Lutter-*Bayer/J. Schmidt*, UmwG, § 306 Rz. 9; Kallmeyer-*Biller/Wilk*, UmwG, § 321 Rz. 4; *Schall* in: Heidel/Hirte, Das neue PersGesR, § 17 Rz. 35 ff.

18) So zum grenzüberschreitenden Formwechsel: Henssler/Strohn-*Drinhausen/Keinath*, GesR, § 334 UmwG Rz. 3; *Brandi/M. K. Schmidt*, DB 2022, 1880, 1882.

19) *Stiegler* in: NK-UmwG, § 321 Rz. 17.

die Verhinderung von Nachteilen für die Gläubiger der Liquidationsgesellschaft oder dass diese sich einem dem deutschen Recht unterliegenden Abwicklungsverfahren entzieht.[20)]

11 Ferner sind die in Art. 160a Abs. 4 lit. b Gesellschaftsrechtsrichtlinie genannten Gesellschaften (insbesondere **Kreditinstitute** nach der Bankenabwicklungsrichtlinie 2014/59/-EU[21)]) vom Anwendungsbereich ausgenommen.[22)]

12 Auf Gesellschaften aus **Drittstaaten** finden die §§ 321 ff. keine Anwendung.[23)]

V. Gründung in einem EU-/EWR-Staat (§ 321 Nr. 1)

13 Nach der § 321 Nr. 1 muss die Gesellschaft nach dem Recht eines EU-/EWR-Staates gegründet worden sein. Dies ist nicht nur bei allen originär in einem EU-/EWR-Staat gegründeten Gesellschaft der Fall, sondern auch dann, wenn die jetzige EU-/EWR-Gesellschaft durch eine grenzüberschreitende Umwandlung aus einem Drittstaat entstanden ist.[24)] Denn bei letzterem Vorgang werden in der Regel die **Gründungsvorschriften des EU-/EWR-Staates** eingehalten worden sein.[25)] Zudem soll der Schutz der Niederlassungsfreiheit (Art. 49, 54 AEUV) nicht davon abhängen, ob die Gesellschaft ursprünglich in einem EU-/EWR-Staat bestand.[26)]

VI. Sitz, Niederlassung in einem EU-/EWR-Staat (§ 321 Nr. 2)

14 Die Gesellschaft muss zudem ihren Satzungssitz, ihre Hauptverwaltung **oder** ihre Hauptniederlassung in einem EU/EWR-Staat haben (§ 321 Nr. 2). Die drei Kriterien stehen insofern in einem **Alternativverhältnis.**

15 Der **Satzungssitz** ist der in der Satzung angegebene Sitz der Gesellschaft. Die **Hauptverwaltung** meint den Verwaltungssitz der Gesellschaft und somit den Sitz der unternehmerischen Leitung. Die **Hauptniederlassung** wird teilweise als Entsprechung zum Verwaltungssitz,[27)] teilweise als Entsprechung zum Satzungssitz[28)] und teilweise als Geschäftsschwerpunkt gesehen.[29)]

---

20) *Bayer/J. Schmidt*, BB 2019, 1922, 1927.

21) Richtlinie 2014/59/EU des Europäischen Parlaments und des Rates v. 15.5.2014 zur Festlegung eines Rahmens für die Sanierung und Abwicklung von Kreditinstituten und Wertpapierfirmen und zur Änderung der Richtlinie 82/891/EWG des Rates, der Richtlinien 2001/24/EG, 2002/47/EG, 2004/25/EG, 2005/56/EG, 2007/36/EG, 2011/35/EU, 2012/30/EU und 2013/36/EU sowie der Verordnungen (EU) Nr. 1093/2010 und (EU) Nr. 648/2012 des Europäischen Parlaments und des Rates (Bankenabwicklungsrichtlinie), ABl. (EU) L 173/190 v. 12.6.2014.

22) *Stiegler* in: NK-UmwG, § 321 Rz. 18 m. w. N.

23) *Stiegler* in: NK-UmwG, § 321 Rz. 10.

24) Ausf. Begr. zum grenzüberschreitenden Formwechsel OLG Karlsruhe, Beschl. v. 24.4.2024 – 1 W 40/23 (Wx), Rz. 15 ff., NZG 2024, 1189 – am Bsp. einer nach dem Recht der Schweiz gegründeten GmbH, mit Sitzverlegung nach Luxemburg und anschließenden Hereinformwechsel nach Deutschland (§ 345) vorgenommen hat; zust. *Leuering/Rubner*, NJW-Spezial 2024, 592; *Stiegler*, ZIP 2024, 2518 (Urteilsanm.). Der Beschluss kann entsprechend auf die grenzüberschreitende Spaltung übertragen werden, *Schumacher/Urhahn*, NZG 2024, 1171 (Rz. 24 ff.)

25) *Stiegler* in: NK-UmwG, § 321 Rz. 12; zum Formwechsel Schmitt/Hörtnagl-*Winter*, UmwG/UmwStG, § 334 UmwG Rz. 8.

26) Zum Formwechsel Schmitt/Hörtnagl-*Winter*, UmwG/UmwStG, § 334 UmwG Rz. 8.

27) So zum Formwechsel Schmitt/Hörtnagl-Winter, UmwG/UmwStG, § 334 UmwG Rz. 9.

28) So zur Verschmelzung *Klett* in: BeckOGK-UmwG, § 306 Rz. 27; Schmitt/Hörtnagl-*Hörtnagl*, UmwG/UmwStG, § 334 UmwG Rz. 9; *Luy* in: BeckOGK-UmwG, § 334 Rz. 34.

29) *Stiegler* in: NK-UmwG, § 321 Rz. 14; *Sitter* in: NK-UmwG, § 306 Rz. 11.

§ 322
Spaltungsplan*)

(1) Das Vertretungsorgan der übertragenden Gesellschaft stellt einen Spaltungsplan auf.

(2) Der Spaltungsplan oder sein Entwurf enthalten mindestens neben den in § 307 Absatz 2 Nummer 1 bis 14 und 16 genannten Angaben die folgenden Angaben:

1. **den vorgesehenen indikativen Zeitplan für die Spaltung,**
2. **bei Abspaltung und Ausgliederung etwaige Satzungsänderungen der übertragenden Gesellschaft,**
3. **eine genaue Beschreibung der Gegenstände des Aktiv- und Passivvermögens der übertragenden Gesellschaft sowie eine Erklärung, wie diese Gegenstände des Aktiv- und Passivvermögens den neuen Gesellschaften zugeteilt werden sollen oder ob sie im Fall einer Abspaltung oder Ausgliederung bei der übertragenden Gesellschaft verbleiben sollen, einschließlich Vorschriften über die Behandlung von Gegenständen des Aktiv- und Passivvermögens, die im Spaltungsplan nicht ausdrücklich zugeteilt werden, wie etwa Gegenstände des Aktiv- oder Passivvermögens, die zum Zeitpunkt der Erstellung des Plans nicht bekannt sind,**
4. **Angaben zur Bewertung des bei der übertragenden Gesellschaft verbleibenden Aktiv- und Passivvermögens sowie**
5. **bei Aufspaltung oder Abspaltung die Aufteilung der Anteile der übertragenden Gesellschaft und der neuen Gesellschaften auf die Anteilsinhaber der übertragenden Gesellschaft sowie den Maßstab für die Aufteilung.**

(3) Bei einer Ausgliederung sind die Angaben gemäß § 307 Absatz 2 Nummer 2, 3, 5, 7 und 13 nicht erforderlich.

(4) Der Spaltungsplan muss notariell beurkundet werden.

*) § 322 eingefügt durch Art. 1 des Gesetzes zur Umsetzung der Umwandlungsrichtlinie und zur Änderung weiterer Gesetze (UmRUG), v. 22.2.2023, BGBl. I 2023, Nr. 51.

Literatur: *Schmidt, J.*, BB-Gesetzgebungs- und Rechtsprechungsreport zum Europäischen Unternehmensrecht 2023/2024, BB 2024, 1859; *Bayer/Schmidt, J.*, BB-Gesetzgebungs- und Rechtsprechungsreport zum Europäischen Unternehmensrecht 2018/19, Teil I: Company Law Package, BB 2019, 1922; *Bungert/Becker*, Der finale EU-Richtlinienentwurf zu grenzüberschreitenden Formwechseln, Verschmelzungen und Spaltungen, DB 2019, 1609; *Brandi/Schmidt, M. K.*, Die grenzüberschreitende Spaltung nach dem UmRUG, AG 2023, 297; *Bungert/Strothotte*, Die grenzüberschreitende Spaltung nach dem Referentenentwurf des UmRUG, BB 2022, 1411; *Heckschen/Knaier*, Die größte Reform des Umwandlungsrechts: Endlich in Kraft!, GmbHR 2023, 317; *Heckschen/Knaier*, Größte Reform des Umwandlungsrechts – nicht nur Richtlinienumsetzung!, (Teil II) GmbHR 2022, 613; *Recktenwald*, Die grenzüberschreitende Hinausspaltung zur Aufnahme nach dem UmRUG, (Teil I) BB 2023, 643; *Schmidt, J.*, Der UmRUG-Referentenentwurf: grenzüberschreitende Umwandlungen 2.0 – und vieles mehr, NZG 2022, 635; *Stelmaszczyk*, Die neue Umwandlungsrichtlinie – harmonisierte Verfahren für grenzüberschreitende Verschmelzungen, Spaltungen und Formwechsel, GmbHR 2020, 61.

Übersicht

I. Grundlagen und Überblick

1. Inhalt und Normzweck

§ 322 wurde mit Einführung des UmRUG neu eingefügt und dient der Umsetzung von Art. 160d der Gesellschaftsrechtsrichtlinie[1)] in nationales Recht.[2)] Die Norm bestimmt die **Aufstellung eines Spaltungsplans**, der zusammen mit dem Spaltungsbericht (siehe § 324 Rz. 1 [*Heinrichs*]) die Grundlage für den Spaltungsbeschluss der Gesellschafter (§§ 326, 320 Abs. 2 i. V. m. § 125 Abs. 1 Satz 1 i. V. m. § 13 Abs. 1) darstellt. Mithin bildet der Spaltungsplan das Fundament des Spaltungsverfahrens. 1

§ 322 Abs. 1 bestimmt, dass der Spaltungsplan von dem **Vertretungsorgan der übertragenden Gesellschaft** aufzustellen ist. In § 322 Abs. 2 wird der **Mindestinhalt** des Planes konkretisiert. Dies geschieht zum einen durch den umfassenden Verweis auf die Vorgaben für den Verschmelzungsplan nach § 307 Abs. 2 Nr. 1 bis 14 sowie 16 und zum anderen durch Aufstellung für die Spaltung spezifischer Vorgaben in § 322 Nr. 1 bis 5. § 322 Abs. 3 erklärt die Angaben gemäß § 307 Abs. 2 Nr. 2, 3, 5, 7 und 13 bei einer Ausgliederung für entbehrlich. Zuletzt enthält § 322 Abs. 4 das Formerfordernis einer **notariellen Beurkundung.** 2

Zweck des Spaltungsplans ist der **Schutz berechtigter Interessen** seitens der Anteilsinhaber, Arbeitnehmer und sonstig beteiligter Personengruppen, indem diese durch den Plan über alle wesentlichen Punkte des Vorhabens informiert werden.[3)] 3

---

1) Richtlinie (EU) 2017/1132 des Europäischen Parlaments und des Rates v. 14.6.2017 über bestimmte Aspekte des Gesellschaftsrechts (Gesellschaftsrechtsrichtlinie), ABl. (EU) L 169/46 v. 30.6.2017.

2) Begr. RegE UmRUG, BT-Drucks. 20/3822, S. 108.

3) ErwG 12 Satz 1 Gesellschaftsrechtsrichtlinie.

2. Systematik

4 Das grenzüberschreitende Spaltungsverfahren ist wie das zur Verschmelzung (§§ 307, 312) und Formwechsel (§§ 335, 339) – im Einklang mit Art. 160d und 160h Gesellschaftsrechtsrichtlinie – **als zweiaktiges Verfahren** ausgestaltet, so dass der als ersten Schritt aufzustellende Spaltungsplan der nachfolgenden Zustimmung der Anteilsinhaber per Beschluss bedarf (siehe § 326 Rz. 8 [*Heinrichs*]).

5 Das innerstaatliche Pendant des grenzüberschreitenden Spaltungsplans ist der in § 126 normierte **Spaltungs- und Übernahmevertrag.** Diese weichen nicht bloß terminologisch, sondern vielmehr auch dogmatisch voneinander ab. Während der Spaltungs- und Übernahmevertrag des § 126 einen schuldrechtlichen Vertrag darstellt, ist der Spaltungsplan des § 322 als rein gesellschaftsrechtlicher Organisationsakt zu charakterisieren.[4]

3. Anwendungsbereich

6 § 322 gilt unter Berücksichtigung der europäischen Vorgaben in Art. 160b Nr. 3 Gesellschaftsrechtsrichtlinie und §§ 320, 321 zunächst nur für die **grenzüberschreitende Hinausspaltung zur Neugründung** (siehe § 320 Rz. 21 [*Heinrichs*]), die grenzüberschreitende Hinausspaltung zur Aufnahme ist in überschießender Richtlinienumsetzung erst unter den zusätzlichen Vorgaben des § 332 (siehe § 332 Rz. 6 ff. [*Heinrichs*]) möglich.

7 § 322 ist für die Hereinspaltung einer EU-/EWR-Gesellschaft nicht anwendbar, eine solche richtet sich nach dem jeweiligen Recht desjenigen Mitgliedstaates, in welchem die hereinspaltende Gesellschaft ihren Sitz hat (siehe § 320 Rz. 23 [*Heinrichs*]).

II. Zuständigkeit (§ 322 Abs. 1)

8 Für die Aufstellung des Spaltungsplans ist nach § 322 Abs. 1 einzig das **Vertretungsorgan der übertragenden Gesellschaft** zuständig. Dies ist u. a. der Vorstand einer AG (§ 78 AktG), der oder die persönlich haftenden Gesellschafter einer KGaA (§ 278 Abs. 2 AktG i. V. m. § 161 Abs. 1, 2 HGB i. V. m. §§ 124 Abs. 1, 170 Abs. 1 HGB) oder der Geschäftsführer einer GmbH (§ 35 GmbHG).

9 Im Falle der erst unter den zusätzlichen Voraussetzungen des § 332 ermöglichten **Spaltung zur Aufnahme** (§ 332 Satz 2 i. V. m. § 307 Abs. 1), ist ein **gemeinsamer Spaltungsplan** der Vertretungsorgane aller beteiligten Gesellschaften aufzustellen (siehe § 332 Rz. 19 [*Heinrichs*]).[5]

10 Als **Schutzvorschrift** zugunsten der Anteilsinhaber, Arbeitnehmer und Gläubiger der Gesellschaft, ist die Pflicht zur Erstellung eines Spaltungsplanes unabdingbar.[6]

III. Inhalt des Spaltungsplans (§ 322 Abs. 2)

11 § 322 Abs. 2 legt den **Mindestinhalt** des Spaltungsplans fest. Es steht den Beteiligten somit frei ggf. über die Vorgaben des § 322 Abs. 2 hinausgehende Angaben zu machen. Zunächst wird umfassend auf die Angaben des Verschmelzungsplanes nach § 307 Abs. 2 Nr. 1 bis 14 und 16 verwiesen, darauffolgend werden spaltungsspezifische Vorgaben in den § 322 Nr. 1 bis 5 aufgestellt.

12 **Von der Verweisung ausgenommen** ist **§ 307 Abs. 2 Nr. 15**. Dies geschieht vor dem Hintergrund, dass die Spaltung unter Beteiligung von Personenhandelsgesellschaften nicht

---

4) Lutter-*J. Schmidt*, UmwG, § 322 Rz. 10.

5) Semler/Stengel/Leonard-*Drinhausen*, UmwG, § 322 Rz. 2.

6) *Stiegler* in: NK-UmwG, § 322 Rz. 7.

dem Anwendungsbereich des Zweiten Teils unterfällt.[7] Innerhalb der geforderten Angaben ist stets dem Umstand Rechnung zu tragen, dass bei einer Spaltung – im Gegensatz zu einer Verschmelzung – nur eine übertragende Gesellschaft aber dafür mehrere neue Gesellschaften beteiligt sein können.[8]

1. Angaben des Verschmelzungsplanes (§ 322 Abs. 2 Halbs. 1 i. V. m. § 307 Abs. 2 Nr. 1 bis 14 und 16)

a) Rechtsform, Firma, Sitz

Nach der § 322 Nr. 1 sind Rechtsform, Firma und der satzungsmäßige Sitz sowohl der übertragenden als auch der übernehmenden Gesellschaft anzugeben. Umgesetzt wird Art. 160d Satz 2 lit. a Gesellschaftsrechtsrichtlinie (siehe § 307 Rz. 20 [*de Raet/Brunk*]). 13

b) Umtauschverhältnis

Im Falle der Auf- oder Abspaltung ist gemäß § 322 Nr. 2 das Umtauschverhältnis der Gesellschaftsanteile anzugeben. Daneben sind Angaben zur Höhe der Barzuzahlung zu machen, sofern die Anteilsgewährung an der übernehmenden Gesellschaft den (Wert-)Verlust der Anteile an der übertragenden Gesellschaft nicht ausreichend kompensiert. Diese Angabe ist im Falle der Ausgliederung nicht erforderlich (§ 322 Abs. 3). Umgesetzt wird Art. 160d Satz 2 lit. b i. V. m. Art. 160s Gesellschaftsrechtsrichtlinie. Siehe dazu § 307 Rz. 22 [*de Raet/Brunk*]. 14

c) Einzelheiten zur Übertragung der Gesellschaftsanteile

§ 322 Nr. 3 bestimmt, dass ebenso im Falle der Auf- oder Abspaltung Angaben zu den Einzelheiten hinsichtlich der Übertragung der Gesellschaftsanteile der übernehmenden oder neuen Gesellschaft gemacht werden müssen. Für die grenzüberschreitende Spaltung zur Aufnahme kann dies auf die Gewährung der Anteile an der neuen Gesellschaft präzisiert werden.[9] Diese Angaben sind im Falle der Ausgliederung nicht erforderlich (§ 322 Abs. 3). Umgesetzt wird Art. 160d Satz 2 lit. c i. V. m. Art. 160s Gesellschaftsrechtsrichtlinie. Siehe dazu § 307 Rz. 27 [*de Raet/Brunk*]. 15

d) Voraussichtliche Auswirkungen auf die Beschäftigung

Die voraussichtlichen Auswirkungen der Spaltung auf die Beschäftigung müssen nach § 322 Nr. 4 angegeben werden. Zweck dessen ist die frühzeitige Information über etwaige arbeitsrechtliche Konsequenzen der grenzüberschreitenden Spaltung.[10] Darunter fallen nur solche Informationen, die für die Gesellschafter relevant sind.[11] Gibt es keine Beschäftigten, empfiehlt sich ein ausdrücklicher Hinweis auf diesen Umstand.[12] Umgesetzt wird Art. 160d Satz 2 lit. e Gesellschaftsrechtsrichtlinie. Siehe dazu § 307 Rz. 29 [*de Raet/Brunk*]. 16

e) Zeitpunkt der Gewinnbeteiligung und Besonderheiten

Im Falle der Auf- oder Abspaltung ist nach § 322 Nr. 5 der Zeitpunkt, von dem an die Gesellschaftsanteile deren Inhabern das Recht auf Beteiligung am Gewinn gewähren, an- 17

7) Begr. RegE UmRUG, BT-Drucks. 20/3822, S. 108.
8) Begr. RegE UmRUG, BT-Drucks. 20/3822, S. 108.
9) *Stelmaszczyk* in: BeckOGK-UmwG, § 322 Rz. 17.
10) Böttcher/Habighorst/Schulte-*Stiegler*, UmwG, § 322 Rz. 19.
11) Lutter-*J. Schmidt*, UmwG, § 322 Rz. 30.
12) *Stelmaszczyk* in: Backlogs-UmwG, § 322 Rz. 20.

zugeben. Ebenfalls müssen alle Besonderheiten, die eine Auswirkung auf dieses Recht haben, angegeben werden. Diese Angaben sind im Falle der Ausgliederung nicht erforderlich. Umgesetzt wird Art. 160d Satz 2 lit. f i. V. m. Art. 160s Gesellschaftsrechtsrichtlinie. Siehe dazu § 307 Rz. 31 [*de Raet/Brunk*].

f) Spaltungsstichtag

18 Der Spaltungsstichtag muss angegeben werden. Dies ist per Legaldefinition in § 307 Abs. 2 Nr. 6 (mit Bezug auf die Verschmelzung) der Zeitpunkt, von dem an die Handlungen der übertragenden Gesellschaften unter dem Gesichtspunkt der Rechnungslegung als für Rechnung der übernehmenden oder neuen Gesellschaft vorgenommen gelten. Für die Festlegung des Spaltungsstichtags ist das Recht maßgeblich, welchem der übertragende Rechtsträger unterliegt (siehe § 320 Rz. 23 [*Heinrichs*]). Für deutsche Rechtsträger ist der Spaltungsstichtag also grundsätzlich frei wählbar.[13] Umgesetzt wird Art. 160d Satz 2 lit. g Gesellschaftsrechtsrichtlinie. Siehe dazu § 307 Rz. 33 [*de Raet/Brunk*].

g) Sonderrechte und Vorschläge

19 Im Falle der Auf- oder Abspaltung sind nach § 322 Nr. 7 Angaben zu den Rechten erforderlich, welche die übernehmende oder neue Gesellschaft den mit Sonderrechten ausgestatteten Gesellschaftern und den Inhabern von anderen Wertpapieren als Gesellschaftsanteile gewährt, oder den für diese Personen vorgeschlagenen Maßnahmen. Diese Angaben sind im Falle der Ausgliederung nicht erforderlich. Umgesetzt wird Art. 160d Satz 2 lit. i i. V. m. Art. 160s Gesellschaftsrechtsrichtlinie. Siehe dazu § 307 Rz. 35 [*de Raet/Brunk*].

h) Vorteile für bestimmte Organmitglieder

20 Nach § 322 Nr. 8 sind Angaben zu etwaig besonderen Vorteilen, die den Mitgliedern der Verwaltungs- Leitungs-, Aufsichts- oder Kontrollorganen der an der Spaltung beteiligten Gesellschaften gewährt werden, zu machen. Umgesetzt wird Art. 160d Satz 2 lit. h Gesellschaftsrechtsrichtlinie. Siehe dazu § 307 Rz. 38 [*de Raet/Brunk*].

i) Errichtungsakt oder Satzung etwaiger hervorgehender Gesellschaften

21 Nach § 322 Nr. 9 muss der Spaltungsplan den Errichtungsakt der aus der Spaltung hervorgehenden Gesellschaft und, falls sie Gegenstand eines gesonderten Aktes ist, die Satzung angeben. Hintergrund dessen ist, dass nicht alle europäischen Rechtsordnungen einen einheitlichen Errichtungsakt vorsehen, sondern zum Teil zwischen Gründungsurkunde und Satzung differenzieren.[14] In der Regel wird dieser Aspekt in Form eines Verweises auf den Errichtungsakt oder Satzung als Anlage in den Spaltungsplan aufgenommen.[15] Zweck dessen ist die hinreichende Information der Gesellschafter.[16] Umgesetzt wird Art. 160d Satz 2 lit. j Halbs. 1 Gesellschaftsrechtsrichtlinie. Siehe dazu § 307 Rz. 40 [*de Raet/Brunk*].

j) Verfahren zur Festlegung der Arbeitnehmer-Mitbestimmung

22 Falls einschlägig sind nach § 322 Nr. 10 Angaben zu dem Verfahren zu machen, nach dem die Einzelheiten über die Beteiligung der Arbeitnehmer an der Festlegung ihrer Mitbestimmungsrechte in der/den aus der grenzüberschreitenden Spaltung hervorgehenden

13) *Stelmaszczyk* in: BeckOGK-UmwG, § 322 Rz. 22; Lutter-*J. Schmidt*, UmwG, § 322 Rz. 37.

14) *Brandi/M. K. Schmidt*, AG 2023, 297, 302; *Bungert/Strothotte*, BB 2022, 1411, 1412; *Heckschen/Knaier*, GmbHR 2022, 501, 512.

15) *Stiegler* in: NK-UmwG, § 322 Rz. 27.

16) Lutter-*J. Schmidt*, UmwG, § 322, Rz. 47.

Gesellschaft/en geregelt werden. Umgesetzt wird Art. 160d Satz 2 lit. j Halbs. 1 Gesellschaftsrechtsrichtlinie. Siehe dazu § 307 Rz. 43 [*de Raet/Brunk*].

k) Angaben zur Bewertung des übertragenen Vermögens

Zu den Mindestangaben zählen auch nach § 322 Nr. 11 Angaben zur Bewertung des Aktiv- und Passivvermögens, das auf die übernehmende/n oder neue/n Gesellschaft/en übertragen wird. Umgesetzt wird Art. 160d Satz 2 lit. m Gesellschaftsrechtsrichtlinie. Siehe dazu § 307 Rz. 45 [*de Raet/Brunk*]. 23

l) Bilanzstichtag

Anzugeben ist nach § 322 Nr. 12 der Stichtag derjenigen Bilanzen der an der Spaltung beteiligten Gesellschaften, die zur Festlegung der Bedingungen der Spaltung verwendet werden. Erforderlich ist eine Angabe nur für die übertragende Gesellschaft, nicht für die übernehmende oder neue Gesellschaft.[17] Umgesetzt wird Art. 160d Satz 2 lit. n Gesellschaftsrechtsrichtlinie. Siehe dazu § 307 Rz. 47 [*de Raet/Brunk*]. 24

m) Einzelheiten zum Barabfindungsangebot

Im Falle der Auf- oder Abspaltung sind nach § 322 Nr. 13 auch die Einzelheiten zum Angebot einer Barabfindung gemäß § 313 anzugeben. Diese Angabe ist im Falle der Ausgliederung nicht erforderlich. Umgesetzt wird Art. 160d Satz 2 lit. p i. V. m. Art. 160s Gesellschaftsrechtsrichtlinie. Siehe dazu § 307 Rz. 50 [*de Raet/Brunk*]. 25

n) Angebotene Sicherheiten

Es sind nach § 322 Nr. 14 Angaben über Sicherheiten die den Gläubigern angeboten werden zu machen. Umgesetzt wird Art. 160d Satz 2 lit. q Gesellschaftsrechtsrichtlinie. Siehe dazu § 307 Rz. 52 [*de Raet/Brunk*]. 26

o) Auswirkungen auf Betriebsrenten (-anwartschaften)

Es sind nach § 322 Nr. 16 Angaben zu Informationen über die Auswirkungen der grenzüberschreitenden Spaltung auf Betriebsrenten und Betriebsrentenanwartschaften zu machen. Diese Vorgabe hat der nationale Gesetzgeber in überschießender Richtlinienumsetzung geschaffen. Siehe dazu § 307 Rz. 57 [*de Raet/Brunk*]. 27

2. Spaltungsspezifische Angaben (§ 322 Abs. 2 Halbs. 2)

Die spaltungsspezifischen Mindestangaben des Plans sind in § 322 Abs. 2 Nr. 1 bis 5 aufgeführt. 28

a) Indikativer Zeitplan

Anders als i. R. des Verschmelzungsplanes, jedoch im Gleichlauf mit dem Formwechselplan – § 335 Abs. 2 Nr. 5 (siehe § 335 Rz. 13 [*Heinrichs*]) –, bestimmt § 322 Abs. 2 Nr. 1 für den Spaltungsplan die Aufstellung eines indikativen – d. h. nicht verbindlichen – Zeitplanes. Zweck des Zeitplans ist die **Schaffung von Transparenz** gegenüber den betroffenen Adressaten. **Inhalt des Plans** ist die Darstellung des geplanten zeitlichen Rahmens für die Durchführung der **wesentlichen Verfahrensschritte** und Abschluss des Umwand- 29

---

17) So jedenfalls für die grenzüberschreitende Spaltung zur Neugründung *Stelmaszczyk* in: BeckOGK-UmwG, § 322 Rz. 28.

lungsverfahrens.[18] Infolge des rein indikativen Charakters sind die Angaben des Plans dann rechtmäßig, wenn sie nach kaufmännischer Einschätzung vertretbar sind.[19] **Ziel** ist es diese in die Lage zu versetzen, rechtzeitig Maßnahmen zur Sicherung oder Geltendmachung ihrer Rechte zu ergreifen.[20]

30 Die weiteren Verfahrensschritte nach Aufstellung des Spaltungsplan sind dessen Bekanntmachung, die Durchführung der Spaltungsprüfung sowie die Zugänglichmachung des daraus resultierenden Spaltungsprüfungsberichts, der Spaltungsbeschluss, die Rechtmäßigkeitskontrollen im Ausgangs- und Zielstaat und letztlich die Eintragungen als Abschluss des Spaltungsverfahrens.

31 Die Fassung des Zeitplans kann bspw. in Form eines **„Step-Plans"** geschehen.[21] Europarechtliche Grundlage des Zeitplans ist Art. 160d Satz 2 lit. d Gesellschaftsrechtsrichtlinie.

32 Die unterschiedliche Regelung hinsichtlich der Angabe eines Zeitplans bei den Plänen zur Spaltung und zum Formwechsel auf der einen und zur Verschmelzung auf der anderen Seite sowie der grundsätzliche Mehrwert eines solchen, ist Gegenstand vielfach geäußerter Kritik.

33 Die Kritik[22] des **Mehrwerts** eines indikativen Zeitplans besteht darin, dass einzelne Verfahrensschritte von Anteilsinhabern oder Dritten wie den beteiligten Registern abhängig sind, so dass es regelmäßig zu Verzögerungen kommen kann und der Zeitplan somit keine verlässliche Grundlage zur Erreichung seines angedachten Schutzzweckes darstellt. Verstärkt wird dieses Ergebnis durch den Umstand, dass – infolge des rein indikativen Charakters – Abweichungen von diesem kein **Anfechtungsrecht oder sonstige rechtliche Konsequenzen** begründen. Andere sehen in dem Zeitplan eine dennoch **wichtige Informationsquelle** der Anteilsinhaber[23] bzw. als Teil der Rechtsberatungspraxis (zumindest für interne Zwecke) keinen nennenswerten Mehraufwand.[24]

34 Der Umstand der **uneinheitlichen Regelung** des Zeitplans für die Verschmelzung, Spaltung und den Formwechsel stößt auf allgemeine Kritik.[25] Es ist nicht ersichtlich, warum der europäische Gesetzgeber die unterschiedliche Regelung vorgenommen hat. Zumal in ErwG 12 Satz 3 Gesellschaftsrechtsrichtlinie noch allgemein für jegliches „grenzüberschreitende Vorhaben" die Aufstellung eines Planes – samt eines indikativen Zeitplanes – vorgesehen ist.

b) Satzungsänderungen der übertragenden Gesellschaften

35 Für den Fall der Abspaltung oder Ausgliederung muss der Spaltungsplan etwaige **Satzungsänderungen** der **übertragenden Gesellschaft** enthalten.[26] Im Falle der **Aufspaltung** entfällt diese Angabe, da der übertragende Rechtsträger erlischt. Die grenzüberschreitende

18) Lutter-*J. Schmidt*, UmwG, § 322 Rz. 71.

19) *Stelmaszczyk* in: BeckOGK-UmwG, § 322 Rz. 33; *Stiegler* in: NK-UmwG, § 322 Rz. 44.

20) *Stiegler* in: NK-UmwG, § 322 Rz. 43.

21) So auch Schmitt/Hörtnagl-*Rinke*, UmwG/UmwStG, § 322 UmwG Rz. 22; Semler/Stengel/Leonard-*Drinhausen*, UmwG, § 322 Rz. 4.

22) *Bungert/Becker*, DB 2019, 1609, 1610; *Bungert/Strothotte*, BB 2022, 1411, 1413; *Heckschen/Knaier*, GmbHR 2023, 317, 325; *Stelmaszczyk*, GmbHR 2020, 61 (Rz. 23); *Stelmaszczyk* in: BeckOGK-UmwG, § 322 Rz. 33; *Stiegler* in: NK-UmwG, § 322 Rz. 42; Schmitt/Hörtnagl-*Rinke*, UmwG/UmwStG, § 322 UmwG Rz. 22.

23) Kindler/Lieder-*Bader/Börner*, European Corporate Law, Art. 160d CLD para. 18; Lutter-*J. Schmidt*, UmwG, § 322 Rz. 71.

24) *Brandi/M. K. Schmidt*, AG 2023, 297, 302.

25) *Bayer/Schmidt*, BB 2019, 1922, 1927; *Bungert/Becker*, DB 2019, 1609, 1610; *Stelmzczyk*, GmbHR 2020, 61 (Rz. 23); *Heckschen/Knaier*, GmbHR 2023, 317, 325; Kindler/Lieder-*Bader/Börner*, European Corporate Law, Art. 160d CLD para. 18.

26) Begr. RegE UmRUG, BT-Drucks. 20/3822, S. 108.

Spaltung ist die einzige der grenzüberschreitenden Umwandlungsmaßnahmen, für die das Gesetz nach dieser Angabe verlangt.[27] Europarechtliche Grundlage der Vorschrift ist Art. 160b lit. j Gesellschaftsrechtsrichtlinie.

Nach dem ausdrücklichen Wortlaut der Norm sind nur Änderungen der Satzung in den Spaltungsplan aufzunehmen, wobei teilweise die Aufnahme der vollständigen Satzung unter Kenntlichmachung der Änderungen über den Wortlaut der Vorschrift hinaus zumindest empfohlen wird.[28] Die **vollständige Satzung** ist zwingend nur von der (i. R. einer Spaltung zur Neugründung) **neugegründeten** (§ 322 Abs. 2 i. V. m. § 307 Abs. 2 Nr. 9) oder (i. R. einer Spaltung zur Aufnahme) **aufnehmenden** Gesellschaft anzugeben (§ 322 Abs. 2 i. V. m. § 307 Abs. 2 Nr. 9 i. V. m. § 332).[29] 36

c) Beschreibung der Vermögensgegenstände

§ 322 Abs. 2 Nr. 3 erfordert die genaue Beschreibung (Zuordnung) der **Gegenstände des Aktiv- und Passivvermögens** der übertragenden Gesellschaft sowie eine Erklärung, wie diese den Gesellschaften zugeteilt werden sollen.[30] Sinn der Vorschrift ist, dass keine Zweifel an der konkreten Zuordnung von Aktiva und Passiva im Wege der partiellen Universalsukzession zwischen den beteiligten Gesellschaften verbleiben.[31] Darüber hinaus ist festzulegen, wie mit Gegenständen des Aktiv- und Passivvermögens umgegangen werden soll, die im Spaltungsplan **nicht ausdrücklich festgelegt** worden sind. Als Beispiel nennt die Vorschrift selbst derartige Bestandteile, die zum Zeitpunkt der Planerstellung noch nicht bekannt gewesen sind. 37

Europarechtliche Grundlage ist Art. 160d Satz 2 lit. l Gesellschaftsrechtsrichtlinie, dessen Wortlaut die nationale Regelung nahezu wortgetreu wiedergibt. Das innerstaatliche Pendant ist § 126 Abs. 1 Nr. 9. Die Regelung ist vom Wortlaut her jedoch weitergefasst als ihr nationales Gegenstück, dennoch sollte für die Zuordnung – wie bei inländischen Spaltungen – die Einhaltung des **sachenrechtlichen Bestimmtheitsgrundsatzes** genügen.[32] Eine ausdrückliche Zuordnung ist auch insofern nicht erforderlich, solange sie sich auch durch entsprechende Auslegung aus dem Spaltungsplan entnehmen lässt (Umkehrschluss zu Art. 160r Abs. 4 Gesellschaftsrechtsrichtlinie).[33] Über den Verweis des § 320 Abs. 2 ist zudem § 126 Abs. 2 auf die grenzüberschreitende Spaltung anwendbar.[34] 38

Falls sich die Zuweisung von definierten Gegenständen der Aktiva und Passiva weder ausdrücklich noch durch Auslegung ermitteln lässt, gelten diese als **„vergessene Gegenstände"**.[35] Art. 160r Abs. 4 Gesellschaftsrechtsrichtlinie sieht in diesem Falle vor, dass der nicht zuteilbare Gegenstand oder sein Gegenwert auf alle begünstigten Gesellschaften bzw. im Fall einer Abspaltung oder einer Ausgliederung, auf alle begünstigten Gesellschaften und die Gesellschaft, die die Spaltung vornimmt, anteilig im Verhältnis zu dem nach dem Plan für die grenzüberschreitende Spaltung auf sie entfallenden Nettoaktivvermögen übertragen wird. 39

27) *Heckschen/Knaier*, GmbHR 2023, 317, 325.

28) Lutter-*J. Schmidt*, UmwG, § 322 Rz. 74.

29) Semler/Stengel/Leonard-*Drinhausen*, UmwG, § 322 Rz. 5.

30) Begr. RegE UmRUG, BT-Drucks. 20/3822, S. 109.

31) Lutter-*J. Schmidt*, UmwG, § 322 Rz. 79.

32) So auch *Bungert/Strothotte*, BB 2022, 1411, 1413; *Recktenwald*, BB 2023, 643, 646; Henssler/Strohn-*Galla/Cé. Müller*, GesR, § 322 UmwG Rz. 6.

33) Lutter-*J. Schmidt*, UmwG, § 322 Rz. 80.

34) Begr. RegE UmRUG, BT-Drucks. 20/3822, S. 109.

35) Lutter-*J. Schmidt*, UmwG, § 322 Rz. 83.

40 Eine das Problem adressierende, ausdrückliche Regelung lässt sich im Sechsten Buch nicht finden. Über den Verweis des § 320 Abs. 2 kann jedoch – ganz i. S. des UmwG durchziehende Baukastensystem (siehe § 320 Rz. 12 [*Heinrichs*]) – auf die Regelungen zu nationalen Spaltungsvorgängen zurückgegriffen werden. Im Detail ist zwischen der Behandlung von Gegenständen des Aktiv- und Passivvermögens bei Aufspaltung sowie denselbigen bei Abspaltung und Ausgliederung unterscheiden.

41 Für die **Aktiva** i. R. einer **Aufspaltung** ist über den Verweis des § 320 Abs. 2 auch der § 131 Abs. 3 anwendbar,[36] mitsamt dessen Rechtsfolge, dass vergessene Gegenstände auf alle übernehmenden Rechtsträger in dem Verhältnis übergehen, das sich aus dem Spaltungsplan für die Aufteilung des Überschusses der Aktivseite der Schlussbilanz über deren Passivseite ergibt; ist eine Zuteilung des Gegenstandes an mehrere Rechtsträger nicht möglich, so ist sein Gegenwert in dem bezeichneten Verhältnis zu verteilen.[37]

42 Im Gegensatz zum oben Beschriebenen enthält das Dritte Buch keine vergleichbare Regelung für die **Aktiva** i. R. einer **Abspaltung und Ausgliederung**. Eine solche ist auch nicht notwendig, indem – abseits von § 126 Abs. 1 Nr. 9 und nach ganz h. M. – jegliche nicht und auch durch Auslegung nicht zuweisbare Gegenstände bei der übertragenden Gesellschaft verbleiben.[38] Diese Lösung ist für das innerstaatliche Recht unproblematisch, steht jedoch den Vorgaben des Art. 160r Abs. 4 Gesellschaftsrechtsrichtlinie für grenzüberschreitende Vorgänge entgegen, indem dieser im Falle einer Ausgliederung oder Abspaltung auch die übertagende Gesellschaft in die Vermögensverteilung miteinbezieht. Teilweise wird dennoch davon ausgegangen, dass die vergessenen Gegenstände insofern bei der übertragenden Gesellschaft verbleiben.[39] Andere hingegen plädieren für eine richtlinienkonforme Auslegung des § 320 Abs. 2 i. V. m. § 131 Abs. 3, so dass diese auch für die grenzüberschreitende Abspaltung und Ausgliederung anwendbar sind.[40]

43 Zur Behandlung von Gegenständen vergessener **Passiva** ist für alle Umwandlungsformen auf § 320 Abs. 2 i. V. m. § 133 Abs. 3 zurückzugreifen, wonach eine zeitlich begrenzte gesamtschuldnerische Haftung aller beteiligten Rechtsträger besteht.[41] In diesem Zusammenhang entschied der EuGH im Jahr 2024, dass die gesamtschuldnerische Haftung aus Art. 137 Abs. 3 Unterabs. 2 Gesellschaftsrechtsrichtlinie auch für nicht definierte Bestandteile des Passivvermögens wie Sanierungskosten oder Umweltschäden gilt, die erst im Nachgang der Spaltung erfasst werden, jedoch zurechenbar auf das Verhalten des übertragenden Rechtsträgers zurückgehen.[42] Die Geltung dieses Urteils wird auch für die grenzüberschreitende Spaltung bejaht.[43]

d) Angaben zur Bewertung des bei der übertragenden Gesellschaft verbleibenden Aktiv- oder Passivvermögens

44 Nach § 322 Abs. 2 Nr. 4 sind Angaben zur **Bewertung** des bei der übertragenden Gesellschaft verbleibenden Aktiv- und Passivvermögens zu machen. Diese Angaben sind nur i. R. der Abspaltung oder Ausgliederung erforderlich, da die übertragende Gesellschaft i. R. der Aufspaltung aufgelöst wird. Die von Art. 160d Satz 2 lit. m Gesellschaftsrechtsricht-

36) *Stiegler* in: NK-UmwG, § 322 Rz. 48; Lutter-*J. Schmidt*, UmwG, § 322 Rz. 84.

37) So auch *Stiegler* in: NK-UmwG, § 322 Rz. 48; Lutter-*J. Schmidt*, UmwG, § 322 Rz. 84.

38) *Foerster* in: BeckOGK-UmwG, § 131 Rz. 143; *Fischer* in: NK-UmwG, § 131 Rz. 72; Schmitt/Hörtnagl-*Rinke*, UmwG/UmwStG, § 322 UmwG Rz. 108; Semler/Stengel/Leonard-*Leonard*, UmwG, § 131 Rz. 71.

39) *Stiegler* in: NK-UmwG, § 322 Rz. 48.

40) Lutter-*J. Schmidt*, UmwG, § 322 Rz. 85.

41) Lutter-*J. Schmidt*, UmwG, § 322 Rz. 86.

42) EuGH, Urt. v. 29.7.2024 – Rs. C-713/22 (LinaNova), WM 2024, 1667; *J. Schmidt*, BB 2024, 1859, 1874.

43) So *J. Schmidt*, BB 2024, 1859, 1874.

linie erforderliche Bewertung des Vermögens, das auf die übernehmende Gesellschaft übertragen wird, folgt bereits aus dem Verweis auf § 307 Abs. 2 Nr. 11.[44]

e) Aufteilung der Anteile

Im Rahmen einer Auf- oder Abspaltung sind gemäß § 322 Abs. 2 Nr. 5 **Angaben zur Aufteilung der Anteile** der übertragenden Gesellschaft und der neuen Gesellschaften auf die Anteilsinhaber der übertragenden Gesellschaft sowie den Maßstab der Aufteilung zu machen. Europarechtliche Grundlage dessen ist Art. 160d Satz 2 lit. o. Die Anforderung entspricht § 126 Abs. 1 Nr. 10 für die innerstaatliche Spaltung. Erfolgt die Spaltung nicht verhältniswahrend, findet § 326 Abs. 3 Anwendung.[45] 45

Die **Ausgliederung zur Neugründung** ist in Übereinstimmung mit Art. 160s Gesellschaftsrechtsrichtlinie von der Vorschrift nicht erfasst, alle Anteile der Gesellschaft gehen hierbei auf den, bzw. die übernehmenden Gesellschaften direkt über.[46] 46

IV. Sprache des Spaltungsplans

Weder das UmwG noch die Gesellschaftsrechtsrichtlinie enthalten Vorgaben bzgl. der Sprache des Spaltungsplans.[47] Eine entsprechende **Sprachenregelung** die im Kommissionsentwurf noch vorhanden war,[48] wurde **nicht** in der endgültigen Richtlinie **übernommen.**[49] 47

In Ermangelung einer speziellen Regelung und im Einklang mit Art. 160c Gesellschaftsrechtsrichtlinie ist auf die **allgemeinen Regelungen des nationalen Rechts** zurückzugreifen. Aus den § 329 Satz 1 i. V. m. § 315 Abs. 2 i. V. m. § 17 Abs. 1 ergibt sich, dass der Spaltungsplan der Handelsregisteranmeldung in Ausfertigung oder in öffentlich beglaubigter Abschrift beizufügen ist.[50] Diese Dokumente sind nach § 488 Abs. 3 Satz 1 FamFG i. V. m. § 184 Satz 1 GVG in deutscher Sprache einzureichen.[51] 48

Eine **zwei- oder mehrsprachige Fassung** des Spaltungsplanes (formal zu Informationszwecken) ist dabei keinesfalls verboten,[52] sondern wird vielmehr als sinnvoll erachtet.[53] 49

V. Entbehrlichkeit bestimmter Angaben bei Ausgliederung (§ 322 Abs. 3)

§ 322 Abs. 3 führt den Ausschluss bestimmter Vorgaben bei **Ausgliederung** fort und beruht auf Art. 160s Gesellschaftsrechtsrichtlinie. 50

Im Falle der Ausgliederung sind bestimmte Angaben des § 307 Abs. 2 nicht erforderlich, da nicht die Anteilsinhaber die Gesellschaftsanteile erhalten, sondern die ausgliedernde Gesellschaft selbst.[54] Davon betroffen sind Angaben zum: Umtauschverhältnis (§ 307 Abs. 2 51

---

44) Begr. RegE UmRUG, BT-Drucks. 20/3822, S. 109.

45) Begr. RegE UmRUG, BT-Drucks. 20/3822, S. 109.

46) Lutter-*J. Schmidt*, UmwG, § 322 Rz. 89.

47) *Bungert/Strothotte*, BB 2022, 1411, 1412.

48) Vorschlag für eine Richtlinie des Europäischen Parlaments und des Rates zur Änderung der Richtlinie (EU) 2017/1132 in Bezug auf grenzüberschreitende Umwandlungen, Verschmelzungen und Spaltungen, v. 25.4.2018, COM(2018) 241, Art. 160e Abs. 4.

49) *Stelmaszczyk* in: BeckOGK-UmwG, § 322 Rz. 51.

50) *Stiegler* in: NK-UmwG, § 322 Rz. 53; Lutter-*J. Schmidt*, UmwG, § 322 Rz. 110; Schmitt/Hörtnagl-*Hörtnagl*, UmwG/UmwStG, § 307 UmwG Rz. 45.

51) *Stiegler* in: NK-UmwG, § 322 Rz. 53; Lutter-*J. Schmidt*, UmwG, § 322 Rz. 110; Schmitt/Hörtnagl-*Hörtnagl*, UmwG/UmwStG, § 307 UmwG Rz. 45.

52) Vgl. *Stelmaszczyk* in: BeckOGK-UmwG, § 322 Rz. 53.

53) *Recktenwald*, BB 2023, 643, 647; Lutter-*J. Schmidt*, UmwG, § 322 Rz. 111.

54) *Heckschen/Knaier*, GmbHR 2022, 613, 615; *Recktenwald*, BB 2023, 643, 646; *J. Schmidt*, NZG 2022, 635, 636; Henssler/Strohn-*Galla/Cé. Müller*, GesR, § 322 UmwG Rz. 10.

Nr. 2), Einzelheiten zur Übertragung der Gesellschaftsanteile (§ 307 Abs. 2 Nr. 3), Zeitpunkt der Gewinnbeteiligung und Besonderheiten (§ 307 Abs. 2 Nr. 5), Sonderrechte und Vorschläge (§ 307 Abs. 2 Nr. 7), Einzelheiten zum Barabfindungsangebot (§ 307 Abs. 2 Nr. 13).

VI. Form (§ 322 Abs. 4)

52 Der Spaltungsplan bedarf der **notariellen Beurkundung.**[55] Eine sekundärrechtliche Grundlage der Beurkundungspflicht existiert nicht, vielmehr ist nach Art. 160c Gesellschaftsrechtsrichtlinie in diesem Fall das nationale Recht einschlägig. Die Norm entspricht insofern dem Formerfordernis für inländische Spaltungen (§ 125 Abs. 1 Satz 1 i. V. m. § 6).[56] Zudem müssen die Formerfordernisse des Rechts der ausländischen Gesellschaft beachtet werden, so dass in der Regel eine **Doppelbeurkundung**[57] erforderlich ist.[58]

53 Eine **Nachbeurkundung** des Spaltungsplans ist wie im nationalen Recht möglich, wenn bei Beschluss der Anteilsinhaber nur dessen Entwurf vorlag.[59]

55) Zur Frage der Beurkundung mittels Videokommunikation (verneinend): *Stelmaszczyk* in: BeckOGK-UmwG, § 322 Rz. 41 ff.

56) Begr. RegE UmRUG, BT-Drucks. 20/2388, S. 109.

57) Lutter-*J. Schmidt*, UmwG, § 322 Rz. 106.

58) Im Verhältnis Österreich und Deutschland kann auf eine Doppelbeurkundung aufgrund des gleichwertigen Beurkundungsverfahrens verzichtet werden; zur Anwendbarkeit der allgemeinen Regeln für eine Auslandsbeurkundung Lutter-*J. Schmidt*, UmwG, § 322 Rz. 107; *Stiegler* in: NK-UmwG, § 322 Rz. 55; Schmitt/Hörtnagl-*Winter*, UmwG/UmwStG, Vorb. §§ 333 ff. UmwG Rz. 31 – Formwechsel; **krit.** dazu *Luy* in: BeckOGK-UmwG, § 335 Rz. 88; *Stelmaszczyk* in: BeckOGK-UmwG, § 322 Rz. 48 ff.; zudem ist kein Echtheitsnachweis erforderlich, Art. 3 des Beglaubigungsvertrags zwischen dem Deutschen Reiche und der Republik Österreich (BGBl. II 1952, 436), *M. C. Schmidt* in: Hauschild/Kallrath/Wachter, Notarhdb. Gesellschafts- und Unternehmensrecht, § 28 Rz. 224.

59) Lutter-*J. Schmidt*, UmwG, § 322 Rz. 108.

§ 323
Bekanntmachung des Spaltungsplans[*]

§ 308 Absatz 1 gilt für die Bekanntmachung des Spaltungsplans oder seines Entwurfs entsprechend.

*) § 323 eingefügt durch Art. 1 des Gesetzes zur Umsetzung der Umwandlungsrichtlinie und zur Änderung weiterer Gesetze (UmRUG), v. 22.2.2023, BGBl. I 2023, Nr. 51.

Literatur: *Brandi/Schmidt, M. K.*, Die grenzüberschreitende Spaltung nach dem UmRUG, AG 2023, 297.

Übersicht

I. Grundlagen

1 § 323 dient der Umsetzung des Art. 160g Gesellschaftsrechtsrichtlinie, welcher eine Bekanntmachung des Spaltungsplans (§ 322) oder seines Entwurfs fordert. Zu diesem Zweck wird auf § 308 Abs. 1 verwiesen. **Zweck** der Vorschrift ist es, die Anteilsinhaber, die Gläu-

biger und die Arbeitnehmer frühzeitig über die Umwandlungsmaßnahme zu **informieren.**[1] Dadurch können vor allem die Anteilsinhaber die für sie erforderlichen Informationen für die Beschlussfassung (§§ 323, 326, 308 Abs. 1) einholen; für die Gläubiger ist die Bekanntmachung wegen des Anspruchs auf Sicherheitsleistung wichtig (§§ 328, 314). Weil an der Spaltung zur **Neugründung** nur ein Ausgangsrechtsträger beteiligt ist, ist § 308 Abs. 2 nicht anwendbar;[2] bei einer Spaltung zur Aufnahme (§ 332) sind § 308 Abs. 2 bis 4 jedoch anzuwenden.[3]

II. Einzureichende Angaben

Der Spaltungsplan oder sein Entwurf muss beim Handelsregister[4] eingereicht werden (§ 308 Abs. 1 Satz 1 UmwG, § 12 HGB). Der Spaltungsplan oder sein Entwurf muss spätestens **einen Monat vor der Anteilsinhaberversammlung** (§ 308 Abs. 1 Satz 4), auf welcher über die Zustimmung zum Spaltungsplan beschlossen wird, vom zuständigen Registergericht bekannt gemacht werden (§ 308 Abs. 1 Satz 2 UmwG, § 10 HGB). Bei einer börsennotierten Gesellschaft ist der Spaltungsplan überdies über die Internetseite der Gesellschaft zugänglich zu machen.[5] Ist der Spaltungsbeschluss der deutschen übertragenden Gesellschaft entbehrlich (§§ 332 Satz 2, 312 Abs. 2, 308 Abs. 2), muss der Spaltungsplan spätestens einen Monat vor dem Tag an dem der Spaltungsplan beurkundet wird zum Register eingereicht werden.[6] 2

Sollte der Spaltungsplan oder sein Entwurf **nach Einreichung** und vor der zustimmenden Anteilsinhaberversammlung **geändert** werden, muss unverzüglich die geänderte Fassung eingereicht werden,[7] sofern es sich um eine **wesentliche Änderung** des Spaltungsplans handelt.[8] Ob es sich um eine wesentliche Änderung handelt hängt von den Umständen des Einzelfalls ab und ist der Fall, sobald berechtigte Interessen der Stakeholder betroffen sind und dies so signifikant ist, dass eine erneute Einreichung und Bekanntmachung des Spaltungsplans oder seines Entwurfs erforderlich ist.[9] Das Verfahren und insbesondere die Frist des § 308 Abs. 1 Satz 4 beginnt erneut.[10] Rein redaktionelle Änderungen lösen jedoch keine neue Pflicht zur Einreichung und Bekanntmachung aus.[11] 3

Die **Form** der Einreichung richtet sich nach § 12 Abs. 2 HGB,[12] wobei dies regelmäßig durch den beurkundenden Notar erfolgt (§ 378 Abs. 2 FamFG).[13] 4

1) *Stelmaszczyk* in: BeckOGK-UmwG, § 323 Rz. 3*Stiegler* in: NK-UmwG, § 323 Rz. 2; Lutter-*J. Schmidt*, UmwG, § 323 Rz. 4.
2) Begr. RegE UmRUG, BT-Drucks. 20/3822, S. 109.
3) Lutter-*J. Schmidt*, UmwG, § 323 Rz. 7; Semler/Stengel/Leonard-*Drinhausen*, UmwG, § 323 Rz. 5.
4) Gemeint ist das für die übertragende deutsche Gesellschaft zuständige Registergericht, *Stiegler* in: NK-UmwG, § 323 Rz. 4; Lutter-*J. Schmidt*, UmwG, § 323 Rz. 12.
5) *Brandi/M. K. Schmidt*, AG 2023, 297, 302; *Stiegler* in: NK-UmwG, § 323 Rz. 6.
6) Lutter-*J. Schmidt*, UmwG, § 323 Rz. 16.
7) Lutter-*J. Schmidt*, UmwG, § 323 Rz. 9.
8) Zum Formwechsel *Reidt* in: KölnKomm-UmwG, § 336 Rz. 13; Schmitt/Hörtnagl-*Winter*, UmwG/UmwStG, § 336 UmwG Rz. 4.
9) Zum Formwechsel *Reidt* in: KölnKomm-UmwG, § 336 Rz. 13.
10) *Klett* in: BeckOGK-UmwG, § 308 Rz. 14; Schmitt/Hörtnagl-*Hörtnagl*, UmwG/UmwStG, § 308 UmwG Rz. 7.
11) *Klett* in: BeckOGK-UmwG, § 308 Rz. 14.
12) *Stelmaszczyk* in: BeckOGK-UmwG, § 323 Rz. 13.
13) Kallmeyer-*Biller/Wilk*, UmwG, § 323 Rz. 8.

III. Bekanntmachungen (§ 308 Abs. 1 Satz 2)

5 Die Gesellschaft hat die in § 308 Abs. 1 Satz 2 bekannt zu machenden Angaben dem Register mitzuteilen (§ 308 Abs. 1 Satz 3). Das ist ein Hinweis darauf, dass der Spaltungsplan oder sein Entwurf beim Handelsregister eingereicht worden ist (**§ 308 Nr. 1**), Rechtsform, Firma und Sitz der an der grenzüberschreitenden Spaltung beteiligten Gesellschaften (**§ 308 Nr. 2**), die Register, bei denen die an der grenzüberschreitenden Spaltung beteiligten Gesellschaften eingetragen sind sowie die jeweilige Registernummer (**§ 308 Nr. 3**) und ein Hinweis an die Anteilsinhaber und Gläubiger der beteiligten Gesellschaften (**§ 308 Nr. 4 lit. a**) und an die zuständigen Betriebsräte der beteiligten Gesellschaften oder, soweit es keinen Betriebsrat gibt, an die Arbeitnehmer der an der grenzüberschreitenden Spaltung beteiligten Gesellschaften (**§ 308 Nr. 4 lit. b**), dass sie der jeweiligen Gesellschaft spätestens fünf Arbeitstage vor dem Tag der zustimmenden Anteilsinhaberversammlung Bemerkungen zum Spaltungsplan übermitteln können.

6 § 308 Abs. 1 Satz 2 **Nr. 2** ist in der Weise anzuwenden, dass die Daten aller beteiligten Gesellschaften, auch die der neu zu gründenden(n) Gesellschaft(en), anzugeben sind.[14]

7 § 308 Abs. 1 Satz 2 **Nr. 4** (Hinweis an schutzbedürftige Personengruppen) dient der Information der betroffenen Personen (ggf. auch des Betriebsrats).[15] Weil Gläubiger und Arbeitnehmer in der Regel keine Kenntnis vom Tag der Anteilsinhaberversammlung haben werden, muss der Tag der Anteilsinhaberversammlung oder unmittelbar der Tag, an dem die Übermittlungsfrist endet, angegeben werden.[16] Die Bemerkungen zum Spaltungsplan müssen von der Anteilsinhaberversammlung zur Kenntnis genommen werden (§ 326 Abs. 2).

IV. Bekanntmachung des Spaltungsplans

8 Umstritten ist, ob auch der Spaltungsplan selbst bekanntzumachen ist.[17] Dafür spricht der Wortlaut des § 323 („Bekanntmachung des Spaltungsplans"). Zudem erfordert Art. 160g Abs. 1 lit. a Gesellschaftsrechtsrichtlinie, dass der Spaltungsplan jederzeit öffentlich zugänglich sein muss. Dies könne, insbesondere weil der Gesetzgeber aus beweistechnischen Gründen von der Möglichkeit der Veröffentlichung des Spaltungsplan auf der Website des Unternehmens abgesehen hat,[18] nur durch Bekanntmachung durch das Registergericht geschehen.[19] Dagegen spricht jedoch, dass der Spaltungsplan ohnehin kostenfrei über das Registerportal zugänglich ist und in der Handelsregisterakte somit eingesehen werden kann.[20] Es ist daher im Ergebnis davon auszugehen, dass der Spaltungsplan nicht bekanntzumachen ist.

V. Folgen der Bekanntmachung

9 Die Bekanntmachung löst die **einmonatige Frist** (§ 308 Abs. 1 Satz 4) für die Anteilsinhaberversammlung, auf welcher über die Zustimmung zum Spaltungsplan beschlossen wird, aus. Zudem wird die **dreimonatige Frist** (§ 328 i. V. m. § 314 Abs. 3) für die Geltendma-

14) *Stiegler* in: NK-UmwG, § 323 Rz. 6; Kallmeyer-*Biller/Wilk*, UmwG, § 323 Rz. 12; Lutter-*J. Schmidt*, UmwG, § 323 Rz. 23.

15) *Stiegler* in: NK-UmwG, § 323 Rz. 6.

16) Begr. RegE UmRUG, BT-Drucks. 20/3822, S. 89; *Stiegler* in: NK-UmwG, § 323 Rz. 6; *Stelmaszczyk* in: BeckOGK-UmwG, § 323 Rz. 15.

17) Dagegen Lutter-*J. Schmidt*, UmwG, § 323 Rz. 22; Schmitt/Hörtnagl-*Hörtnagl*, UmwG/UmwStG, § 308 UmwG Rz. 14; beim Formwechsel *Luy* in: BeckOGK-UmwG, § 336 Rz. 15; *Reidt* in: KölnKomm-UmwG, § 336 Rz. 7; dafür beim Formwechsel Kallmeyer-*Biller/Wilk*, UmwG, § 336 Rz. 4.

18) Begr. RegE UmRUG, BT-Drucks. 20/3822, S. 89.

19) *Stiegler* in: NK-UmwG, § 323 Rz. 7.

20) Lutter-*J. Schmidt*, UmwG, § 323 Rz. 22; zum Formwechsel *Reidt* in: KölnKomm-UmwG, § 336 Rz. 7.

chung des Anspruchs auf Sicherheitsleistung der Gläubiger gegenüber der Gesellschaft in Gang gesetzt, welche zugleich eine Registersperre bewirkt (§ 329 Satz 1 i. V. m. § 316 Abs. 2 Satz 1), sofern nicht alle Anteilsinhaber der übertragenden Gesellschaft der Spaltung zugestimmt haben (§ 329 Satz 1 i. V. m. § 316 Abs. 2 Satz 2).

§ 324

Spaltungsbericht*)

(1) [1]Das Vertretungsorgan der übertragenden Gesellschaft erstellt einen Spaltungsbericht. [2]§ 309 Absatz 1 bis 5 und § 310 Absatz 1 und 3 gelten für den Spaltungsbericht entsprechend.

(2) [1]In den Fällen des § 8 Absatz 3 Satz 1, 2 und 3 Nummer 2 und des § 135 Absatz 3 ist der Bericht für die Anteilsinhaber nicht erforderlich. [2]Der Bericht für die Arbeitnehmer ist nicht erforderlich, wenn die übertragende Gesellschaft und ihre etwaigen Tochtergesellschaften keine anderen Arbeitnehmer haben als diejenigen, die dem Vertretungsorgan angehören. [3]Der Spaltungsbericht ist insgesamt entbehrlich, wenn die Voraussetzungen der Sätze 1 und 2 vorliegen.

*) § 324 eingefügt durch Art. 1 des Gesetzes zur Umsetzung der Umwandlungsrichtlinie und zur Änderung weiterer Gesetze (UmRUG), v. 22.2.2023, BGBl. I 2023, Nr. 51.

Literatur: *Luy*, Grenzüberschreitende Umwandlungen nach dem Company Law Package, NJW 2019, 1905; *Recktenwald*, Die grenzüberschreitende Hinausspaltung zur Aufnahme nach dem UmRUG, (Teil I) BB 2023, 643; *Schmidt, J.*, Die weitreichende Reform des Umwandlungsrechts, NJW 2023, 1241; *Schmidt, J.*, Der UmRUG-Referentenentwurf: grenzüberschreitende Umwandlungen 2.0 – und vieles mehr, (Teil 2) NZG 2022, 635; *Schmidt, J.*, Grenzüberschreitender Formwechsel in der EU – Eckpunkte des Rechtsrahmens und Herausforderungen bei der Umsetzung, ZEuP 2020, 565; *Schollmeyer*, Der Verschmelzungs-, Spaltungs- und Formwechselbericht nach der neuen Umwandlungsrichtlinie, AG 2019, 541; *Stelmaszczyk*, Die neue Umwandlungsrichtlinie – harmonisierte Verfahren für grenzüberschreitende. Verschmelzungen, Spaltungen und Formwechsel, GmbHR 2020, 61; *Stelmaszczyk*, Grenzüberschreitende Spaltungen de lege lata und de lege ferenda – Teil 1: Anwendbares Recht, Anwendungsbereich, Verfahren, Der Konzern 2021, 1.

Übersicht

I. Grundlagen

1 § 324 wurde mit der Einführung des UmRUG neu in das UmwG eingefügt. Mit der Norm wird Art. 160e der Gesellschaftsrechtsrichtlinie[1] in nationales Recht umgesetzt. Demnach hat das Verwaltungs- oder Leitungsorgan der sich spaltenden Gesellschaft für die Anteilsinhaber und Arbeitnehmer einen **Bericht** zu erstellen, in welchem die **rechtlichen** und **wirtschaftlichen Aspekte** sowie die **Auswirkungen** der Spaltung auf die Arbeitnehmer erläutert werden.

2 Der Bericht dient insofern der **Information** und letztlich dem **Schutz** seiner Adressaten[2] und bildet zusammen mit dem Spaltungsplan (siehe § 322 Rz. 11 ff. [*Heinrichs*]) die **Grundlage** für die Beschlussfassung der Anteilsinhaber nach § 326 (siehe § 326 Rz. 5, 14 ff., 19 ff. [*Heinrichs*]). Der **Adressatenkreis wird im europäischen Kontext ausgeweitet.** Anders als es noch die innerstaatliche Bestimmung des § 127 vorsieht, sind im grenzüberschreitenden Kontext nicht nur die **Anteilsinhaber** der sich spaltenden Gesellschaft, sondern nunmehr auch die **Arbeitnehmer** Adressaten des Berichts.

3 Verwirklicht wird dieser Schutz zunächst ganz grundsätzlich über § 324 Abs. 1 Satz 1, welcher die **Pflicht zur Aufstellung des Spaltungsberichts** normiert. § 324 Abs. 1 Satz 2 verweist unterdessen umfassend auf die Vorschriften des § 309 Abs. 1–5 zum Verschmelzungsbericht und auf § 310 Abs. 1 und 3 zu dessen Zugänglichmachung. Demnach ist der Spaltungsbericht in einen **allgemeinen** und jeweils **spezifischen Teil** für die Anteilsinhaber und Arbeitnehmer zu unterteilen (§ 324 Abs. 1 Satz 2 i. V. m. § 309 Abs. 2). Ebenso können aber auch gesonderte Berichte für die Anteilsinhaber und Arbeitnehmer als **Einzelberichte** nach § 324 Abs. 1 Satz 2 i. V. m. § 309 Abs. 3 erstellt werden. Jeder dieser Einzelbericht hat dann wiederum einen eigenen allgemeinen Teil zu enthalten.[3] Der **Mindestinhalt** der anteilsinhaber- und arbeitnehmerspezifischen Teile ergibt sich aus § 324 Abs. 1 Satz 2 i. V. m.§ 309 Abs. 4 und 5.

4 Der Verweis auf § 310 Abs. 1 bestimmt die Pflicht zur **Zugänglichmachung** an den geschützten Personenkreis. § 324 Abs. 3 enthält Vorschriften über die Stellungnahme seitens des Betriebsrates, bzw. der Arbeitnehmer.

5 § 324 Abs. 2 enthält spezielle Regelungen, die in unterschiedlichen Konstellationen zur **Entbehrlichkeit** des Berichts führen.

6 Der **Anwendungsbereich** der Vorschrift beschränkt sich auf die **Hinausspaltung zur Neugründung** siehe § 320 Rz. 21 [*Heinrichs*]). Nur unter den zusätzlichen Vorgaben des § 332 ist die **Hinausspaltung zur Aufnahme** möglich. Die **Hineinspaltung** richtet sich nach dem Recht des Mitgliedstaates der übertragenden Gesellschaft (siehe § 320 Rz. 11 [*Heinrichs*]).

7 Die vom Verweis ausgelassenen §§ 309 Abs. 6 und 310 Abs. 2 beziehen sich auf spezielle **Konzernkonstellationen**, die mangels eines zweiten Ausgangsrechtsträgers i. R. einer Spaltung zur Neugründung nicht auftreten können.[4]

8 Die Erstellung eines **gemeinsamen Spaltungsberichts** ist zulässig, wenn auch das jeweilige nationale Recht sämtlicher beteiligter Gesellschaften dies zulässt, der Deutsche Gesetzgeber ermöglicht dies in § 324 Abs. 1 Satz 2 i. V. m. § 309 Abs. 3 Satz 1 i. V. m. § 8 Abs. 1 Satz 2.[5]

1) Richtlinie (EU) 2017/1132 des Europäischen Parlaments und des Rates v. 14.6.2017 über bestimmte Aspekte des Gesellschaftsrechts (Gesellschaftsrechtsrichtlinie), ABl. (EU) L 169/46 v. 30.6.2017.

2) ErwG 13 Gesellschaftsrechtsrichtlinie; *Stiegler* in: NK-UmwG, § 324 Rz. 2 m. w. N.; *J. Schmidt* NZG 2022, 635, 636.

3) Begr. RegE UmRUG, BT-Drucks. 20/3822, S. 90.

4) Begr. RegE UmRUG, BT-Drucks. 20/3822, S. 109.

5) *Recktenwald*, BB 2023, 643, 647 m. w. N.

II. Erstellung des Spaltungsberichts (§ 324 Abs. 1 Satz 1)

Der Spaltungsbericht i. R. einer Spaltung zur Neugründung ist § 324 Abs. 1 Satz 1 einzig durch das **Vertretungsorgan** der übertragenden Gesellschaft aufzustellen. In der Konstellation einer Spaltung zur Aufnahme, ist für **jede beteiligte Gesellschaft** – d. h. auch für die aufnehmende Gesellschaft – ein Spaltungsbericht zu erstellen. Dies ergibt sich einerseits aus dem Verweis des § 324 Abs. 1 Satz 2 auf § 309 Abs. 1 Satz 1 oder andererseits aus Vorgaben des § 332 Satz 2, der ebenso die Anwendbarkeit der Regelungen über die grenzüberschreitende Verschmelzung bestimmt.[6] 9

Im Unterschied zu dem ausdrücklich schriftlich zu verfassenden Bericht eines innerstaatlichen Spaltungsvorgangs (Art. 141 Abs. 1 Gesellschaftsrechtsrichtlinie; § 127 Satz 1)[7], ist ein solches Formerfordernis bei grenzüberschreitender Spaltung **nicht normiert** (Art. 160e Gesellschaftsrechtsrichtlinie). In Anbetracht der **Natur** des Berichts und dem Erfordernis der **Zugänglichmachung** an die Anteilsinhaber und Arbeitnehmer, als auch eine **richtlinienkonforme Auslegung** legen jedoch den Schluss nahe, dass der Bericht zumindest in **Textform** (§ 126b BGB) zu erstellen ist.[8] 10

Teilweise wird auch aus § 320 Abs. 2 i. V. m. § 125 Abs. 1 i. V. m. § 8 Abs. 1 Satz 1 gefolgert, dass der Bericht der Schriftform (§ 126 BGB) bedarf,[9] dies ist in der Praxis auch zu empfehlen. 11

III. Inhalt des Spaltungsberichts (§ 324 Abs. 1 Satz 2 i. V. m. § 309 Abs. 1 bis 5)

Der Inhalt des Spaltungsberichts wird durch den Verweis auf die Absätze 1–5 des § 309 konkretisiert. Hiernach sind in dem Spaltungsbericht nach § 309 Abs. 2 Satz 1 die **rechtlichen** und **wirtschaftlichen Aspekte** sowie die **Auswirkungen** auf die künftige Geschäftstätigkeit der Gesellschaft zu erläutern und zu begründen. Des Weiteren sind nach § 309 Abs. 2 Satz 2 die **anteilsinhaber- und arbeitnehmerspezifischen Berichte** zu erstellen, die unter den Vorgaben von § 309 Abs. 4 und 5 näher konkretisiert werden. Europäischer Hintergrund ist Art. 160e Abs. 1 und 2 Gesellschaftsrechtsrichtlinie. 12

1. Allgemeiner Abschnitt (§ 324 Abs. 1 Satz 2 i. V. m. § 309 Abs. 2)

Die Ausführungen nach § 309 Abs. 2 Satz 1 stellen dabei einen verbindlichen **Mindestinhalt** dar, indem sie über die in den anteilsinhaber- oder arbeitnehmerspezifischen Abschnitten genannten Erläuterungen hinausgehen können.[10] 13

Der Begriff der **„künftigen Geschäftstätigkeiten"** umfasst diejenigen Geschäftstätigkeiten, die Entscheidungsfindung der Anteilsinhaber beeinflussen, bzw. die Auswirkungen auf die Lage der Arbeitnehmer haben.[11] Insgesamt ist es notwendig den betroffenen Personengruppen einen umfassenden Einblick auf positive wie auch negative Aspekte des Spaltungsvorganges zu gewähren.[12] 14

Künftige Geschäftstätigkeiten in Bezug auf die Anteilsinhaber können u. a. die Erweiterung oder Reduktion des Produktportfolios oder der adressierten Märkte, Ausbau oder 15

---

6) Lutter-*J. Schmidt*, UmwG, § 324 Rz. 12.

7) Die Regelungen der Gesellschaftsrechtsrichtlinie in den Art. 135 ff. beziehen sich nur auf die Aufspaltung von AGs, der Anwendungsbereich von § 127 Satz 1 ist insofern in überschießender Richtlinienumsetzung weiter gefasst.

8) *Stelmaszczyk* in: BeckOGK-UmwG, § 324 Rz. 19; Lutter-*J. Schmidt*, UmwG, § 324 Rz. 18.

9) Henssler/Strohn-*Galla/Cé. Müller*, GesR, § 324 UmwG Rz. 2.

10) Vertiefend hierzu *Schollmeyer*, AG 2019, 541, 544; *Stelmaszczyk* in: BeckOGK-UmwG, § 324 Rz. 17.

11) *Schollmeyer*, AG 2019, 541, 545.

12) *Stiegler* in: NK-UmwG, § 324 Rz. 13.

Reduktion von Produktionsstätten oder Produktionskapazitäten, Umbau der Unternehmens- und Führungsstruktur umfassen.[13)]

16 **Künftige Geschäftstätigkeiten in Bezug auf die Arbeitnehmer** können u. a. die Eröffnung, Schließung oder Erweiterung von Betrieben und/oder Betriebsteilen, Verlagerung von Arbeitsplätzen oder geplante Entlassungen enthalten.[14)]

17 Ebenfalls sind **Tochtergesellschaften** erfasst, unter welchen jedes (auch mittelbar) kontrollierte Unternehmen zu verstehen ist.[15)]

2. Inhalt des anteilsinhaberspezifischen Abschnitts (§ 324 Abs. 1 Satz 2 i. V. m. § 309 Abs. 4)

18 Der Absatz bestimmt zunächst, dass der anteilsinhaberspezifische Abschnitt die in § 8 Abs. 1 genannten Inhalte zu enthalten hat. Darüber hinaus stellt § 309 Abs. 4 erweiterte Berichtspflichten auf. Umgesetzt wird Art. 160e Abs. 3 Gesellschaftsrechtsrichtlinie.

19 Nach § 8 Abs. 1 Satz 1 ist dabei zunächst der **grenzüberschreitende Spaltungsvorgang an sich** rechtlich und wirtschaftlich zu erläutern und zu begründen (§ 8 Abs. 1 Satz 1 Nr. 1) und danach ebenso der **Spaltungsplan oder dessen Entwurf** (§ 8 Abs. 1 Satz 1 Nr. 2). Hierfür normieren § 8 Abs. 1 Satz 1 Nr. 2 lit. a und lit. b insbesondere die Pflicht zur Erläuterung und Begründung des **Umtauschverhältnisses der Anteile** und die zu seiner Ermittlung gewählten Bewertungsmethoden sowie die Höhe der anzubietenden **Barabfindung** und die zu ihrer Ermittlung gewählte Bewertungsmethode. (siehe § 8 Rz. 13 ff. [*Redenius-Hövermann/Laufersweiler*])

20 § 309 Abs. 4 normiert über § 8 Abs. 1 hinaus noch mindestens die Erläuterung und Begründung der **Auswirkungen der grenzüberschreitenden Spaltung** auf die Anteilsinhaber (§ 309 Abs. 4 Nr. 1) sowie die **Rechte und Rechtsbehelfe** der Anteilsinhaber nach § 305 Abs. 2 i. V. m. § 15 und ggf. § 72a, sowie nach § 313 und § 1 Nr. 4 SpruchG (§ 309 Abs. 4 Nr. 2). Insbesondere ist hier auf die Schutzmaßnahmen und das Recht aus der Gesellschaft auszutreten einzugehen.[16)] Siehe dazu § 309 Rz. 16 [*de Raet/Brunk*]).

3. Inhalt des arbeitnehmerspezifischen Abschnitts (§ 324 Abs. 1 Satz 2 i. V. m. § 309 Abs. 5)

21 Die nach § 309 Abs. 5 zu erläuternden und zu begründenden Mindestangaben in Bezug auf die Arbeitnehmer sind zunächst die **Auswirkungen der grenzüberschreitenden Spaltung auf die Arbeitsverhältnisse** sowie ggf. die **Maßnahmen, um diese Arbeitsverhältnisse zu sichern** (§ 309 Abs. 5 Nr. 1). Zweck des arbeitnehmerspezifischen Abschnittes ist es diesen eine angemessene Informationsgrundlage zur Erstellung und Übermittlung einer Informierten Stellungnahme gemäß § 310 Abs. 3 (siehe Rz. 30) zu bieten.[17)] Insbesondere soll hierdurch ein etwaiger Ab- oder Aufbau von Arbeitsplätzen im Zusammenhang mit der grenzüberschreitenden Spaltung transparent werden.[18)] § 309 Abs. 5 setzt wortlautgetreu Art. 160e Abs. 5 Gesellschaftsrechtsrichtlinie um.

22 Daneben sind **wesentliche Änderungen der anwendbaren Beschäftigungsbedingungen oder der Standorte der Niederlassungen der Gesellschaft** (§ 309 Abs. 5 Nr. 2) darzule-

---

13) Lutter-*Bayer/J. Schmidt*, UmwG, § 309 Rz. 22.

14) Lutter-*Bayer/J. Schmidt*, UmwG, § 309 Rz. 23.

15) *Stiegler* in: NK-UmwG, § 324 Rz. 12.

16) ErwG 13 Satz 4 Gesellschaftsrechtsrichtlinie.

17) Begr. RegE UmRUG, BT-Drucks. 20/3822, S. 91.

18) Lutter-*J. Schmidt*, UmwG, § 324 Rz. 42.

gen. Hier soll insbesondere dargelegt werden, ob es zu wesentlichen Änderungen der Beschäftigungsbedingungen, der Kollektiv- bzw. Tarifverträge oder der länderübergreifenden Betriebsvereinbarungen und der Niederlassungen der Gesellschaft – wie etwa dem Sitz der Hauptverwaltung – kommt.[19] Auch sollte der Bericht Informationen über das Verwaltungsorgan und ggf. das Personal, die Ausrüstung, die Räumlichkeiten und die Vermögenswerte vor und nach dem grenzüberschreitenden Vorhaben und die wahrscheinlichen Änderungen der Arbeitsstrukturen, der Löhne und Gehälter, des Standorts bestimmter Arbeitsstellen und die erwarteten Folgen für Arbeitnehmer auf diesen Arbeitsstellen sowie über den sozialen Dialog auf Gesellschaftsebene beinhalten, einschließlich ggf. der Vertretung von Arbeitnehmern im Verwaltungs- oder Aufsichtsorgan enthalten.[20]

Zuletzt sind die Auswirkungen der vorgenannten Faktoren auf etwaige **Tochtergesellschaften** der an der grenzüberschreitenden Spaltung beteiligten Gesellschaft darzulegen (§ 309 Abs. 5 Nr. 3). 23

4. Geheimnisschutz

Auch ist die in § 8 Abs. 2 normierte **Geheimnisschutzregelung** über die Verweise des § 320 Abs. 2 i. V. m. § 127 Satz 2 Halbs. 1 anwendbar. Dies hat zur Folge, dass Tatsachen nicht aufgenommen werden müssen, deren Bekanntwerden geeignet ist, einem der beteiligten Rechtsträger oder einem verbundenen Unternehmen einen **nicht unerheblichen Nachteil** zuzufügen. Allerdings ist die sich hierauf berufene Gesellschaft dann verpflichtet die Gründe der Nichtaufnahme der Tatsachen in dem Bericht **darzulegen.** 24

IV. Zugänglichmachung des Spaltungsberichts (§ 324 Abs. 1 Satz 2 i. V. m. § 310 Abs. 1)

Wie auch bei der grenzüberschreitenden Verschmelzung ist der Spaltungsbericht den Anteilsinhabern und dem Betriebsrat bzw. den Arbeitnehmern nach § 310 Abs. 1 Satz 1 **mindestens sechs Wochen** vor anberaumter Beschlussfassung über den Spaltungsplan **elektronisch** zur Verfügung zu stellen. Umgesetzt wird hierbei Art. 160e Abs. 6 Gesellschaftsrechtsrichtlinie. 25

Dies kann nach § 309 Abs. 3 in einheitlicher oder in der jeweils spezifischen Form erfolgen. Im letzteren Falle muss auch nur der jeweils relevante Bericht den Betroffenen zur Verfügung gestellt werden.[21] 26

Besteht zu diesem Zeitpunkt bereits der Spaltungsplan oder dessen Entwurf, ist dieser nach § 310 Abs. 1 Satz 3 **gemeinsam mit dem Spaltungsbericht** zugänglich zu machen. 27

Die **elektronische Zugänglichmachung** ist dann erfüllt, wenn der Verschmelzungsbericht elektronisch übermittelt ist und mit einer **Kenntnisnahme** gerechnet werden kann. Mit einer Kenntnisnahme kann insbesondere dann nicht gerechnet werden, wenn der Adressat mit der Art der technischen Umsetzung nicht rechnen musste oder der Zugang zum Dokument einen unzumutbaren Aufwand seitens des Adressaten erfordert. Ansonsten sind die Unternehmen in der technischen Umsetzung des Zugänglichmachens frei. Möglich ist z. B. die Übermittlung via E-Mail, über andere Wege der unternehmensüblichen (elektronischen) Kommunikation oder eine Einstellung auf der Internetseite des Unternehmens, vorausgesetzt die Adressaten werden auf die dortige Einstellung gesondert hingewiesen.[22] 28

19) ErwG 13 Satz 6 Gesellschaftsrechtsrichtlinie.
20) ErwG 13 Satz 7 Gesellschaftsrechtsrichtlinie.
21) Begr. RegE UmRUG, BT-Drucks. 20/3822, S. 92.
22) Begr. RegE UmRUG, BT-Drucks. 20/3822, S. 92.

29 Darüber hinaus sind die **rechtsformspezifischen Formalitäten** über den Verweis des § 320 Abs. 2 auf § 125 Abs. 1 Satz 1, § 135 Abs. 1 i. V. m. § 47 bzw. § 63 Abs. 1 Nr. 4 zu beachten.[23] So ist es ausreichend, wenn der Spaltungsbericht (und ggf. der Spaltungsplan bzw. dessen Entwurf) in den **Geschäftsräumen** einer deutschen AG (oder auch **KGaA**[24] oder SE[25]) ausgelegt wird. Der Pflicht kann nach § 63 Abs. 4 auch durch das Zugänglichmachen auf der Internetseite der Gesellschaft entsprochen werden.[26] Unter einer beteiligten **GmbH** müssen die Dokumente den Gesellschaftern hingegen in Ansehung des § 47 **übersendet** werden. Ob dieser Pflicht ebenfalls durch das Bereitstellen auf der Internetseite entsprochen werden kann, ist angesichts der fehlenden Verweisung auf § 63 Abs. 4 nicht geregelt.[27]

V. Stellungnahme von Arbeitnehmerseite (§ 324 Abs. 1 Satz 2 i. V. m. § 310 Abs. 3)

30 § 310 Abs. 3 enthält die **Informationspflicht des Vertretungsorgans an die Anteilsinhaber**, sobald diesem eine **Stellungnahme des zuständigen Betriebsrats** oder, sofern es in der Gesellschaft keinen Betriebsrat gibt, der **Arbeitnehmer** zugeht. Umgesetzt wird Art. 160e Abs. 7 Gesellschaftsrechtsrichtlinie.

31 Es wird zunächst (direkt) die Informationspflicht des Vertretungsorgans an die Anteilsinhaber normiert und (indirekt) das damit korrespondierende Recht des Betriebsrates, bzw. der Arbeitnehmer der Gesellschaft eine **Stellungnahme zum arbeitnehmerspezifischen Teil** des Spaltungsberichts abzugeben. Demnach sind die Anteilsinhaber über eine Stellungnahme des Betriebsrats bzw. der Arbeitnehmer **unverzüglich** zu informieren und die Stellungnahme (ggf. zusammen mit dem Bericht für die Arbeitnehmer) elektronisch zur Verfügung zu stellen, sofern diese Stellungnahme spätestens eine Woche vor der Zustimmungsversammlung erfolgt ist. Der Arbeitnehmerseite steht insofern – unter Berücksichtigung der sechswöchigen Frist zur Zugänglichmachung des Spaltungsberichts (siehe Rz. 25) – ein Zeitraum von fünf Wochen zu, um die Stellungnahmen vorzubereiten.[28]

32 Die Gesellschaftsrechtsrichtlinie enthält keine Vorgaben zur Form der Stellungnahme. Der Gesetzesbegründung nach sollte die Stellungnahme – im Interesse der Rechtssicherheit – zumindest in **Textform** (§ 126b BGB) erfolgen.[29] Wie für den Spaltungsplan selbst (siehe Rz. 11) empfiehlt sich jedoch auch in der Praxis die Stellungnahme schriftlich abzufassen.

33 Zweck dessen ist die **Vorbereitung der Zustimmungsbeschlüsse der Anteilsinhaber**, wobei die **beschäftigungsspezifischen Auswirkungen** der Spaltung zumindest auch aus der Perspektive der Arbeitnehmer werden soll, damit die Anteilsinhaber ihre Entscheidung auf einer möglichst objektiven Informationsgrundlage treffen können.[30]

34 **Verspätete Stellungnahmen** müssen nicht mehr berücksichtigt werden. Das ergibt sich zum einen aus der Formulierung in Art. 160e Abs. 7 Gesellschaftsrechtsrichtlinie, in welchem von einer „rechtzeitigen" Stellungnahme gesprochen wird, sowie aus dem Zweck der Norm, den Anteilsinhabern in Vorbereitung des Zustimmungsbeschlusses eine möglichst objektive Informationsgrundlage zu ermöglichen.[31] Die **Unterrichtung der Anteilsin-**

23) *Stelmaszczyk* in: BeckOGK-UmwG, § 324 Rz. 21; Lutter-*J. Schmidt*, UmwG, § 324 Rz. 80.
24) Bzgl. der KGaA über § 320 Abs. 2 i. V. m. § 125 Abs. 1 Satz 1 i. V. m. § 78 Satz 1; Lutter-*J. Schmidt*, UmwG, § 324 Rz. 84 (Fn. 94).
25) Bzgl. der SE über Art. 9 Abs. 1 lit. c Ziff. ii SE-VO; Lutter-*J. Schmidt*, UmwG, § 324 Rz. 84 (Fn. 94).
26) Hierzu vertiefend *Stelmaszczyk* in: BeckOGK-UmwG, § 324 Rz. 21; Lutter-*J. Schmidt*, UmwG, § 324 Rz. 81.
27) *Stelmaszczyk* in: BeckOGK-UmwG, § 324 Rz. 21; Lutter-*J. Schmidt*, UmwG, § 324 Rz. 82.
28) Begr. RegE UmRUG, BT-Drucks. 20/3822, S. 92.
29) Begr. RegE UmRUG, BT-Drucks. 20/3822, S. 92.
30) Begr. RegE UmRUG, BT-Drucks. 20/3822, S. 92.
31) Begr. RegE UmRUG, BT-Drucks. 20/3822, S. 92.

haber erfolgt durch elektronische Zugänglichmachung, wobei es sich regelmäßig anbieten dürfte, auf dieselbe Art der erstmaligen Zugänglichmachung des Spaltungsberichts zurückzugreifen.[32)]

VI. Entbehrlichkeit des Berichts (§ 324 Abs. 2)

§ 324 Abs. 2 normiert für bestimmte Fälle die vollständige oder teilweise Entbehrlichkeit des Spaltungsberichts. 35

1. Für die Anteilsinhaber

Der Bericht ist für die Anteilsinhaber zunächst entbehrlich, wenn alle Anteilsinhaber in **notariell beurkundeter Form** auf die Erstattung des Berichts **verzichten** (§ 8 Abs. 3 Satz 1, 2) oder wenn der beteiligte Rechtsträger **nur einen Anteilsinhaber** hat (§ 8 Abs. 3 Satz 3 Nr. 2), wodurch Art. 160e Abs. 4 Gesellschaftsrechtsrichtlinie umgesetzt wird. Ebenfalls ist der Spaltungsbericht im Falle einer **Ausgliederung zur Neugründung** nach § 135 Abs. 3 entbehrlich, womit Art. 160s Gesellschaftsrechtsrichtlinie umgesetzt wird. 36

Entgegen des eindeutigen Wortlauts von Art. 160s Gesellschaftsrechtsrichtlinie welcher einen vollumfänglichen Ausschluss der Berichtspflicht i. R. einer Spaltung zur Neugründung vorsieht, ist jedoch im Hinblick auf den Ausschluss des Spaltungsberichts für die Arbeitnehmerseite eine **teleologische Reduktion** vorzunehmen, was in der Gesetzesbegründung ausführlich erläutert wird.[33)] Hintergrund dessen ist, dass in einem derartigen Fall keine einheitliche Schutzbedürftigkeit der Anteilsinhaber der Arbeitnehmer besteht. Bei der grenzüberschreitenden Spaltung zur Ausgliederung kann der Arbeitgeber in Zukunft eine ausländische Gesellschaft sein. Insofern ist der Spaltungsbericht für die Arbeitnehmer zwecks Gewährleistung ihres Schutz- und Informationsbedürfnisses (siehe Rz. 21) – gerade auch mangels Pflicht zur Aufnahme von Informationen über die Rechtsfolgen der Spaltung im Spaltungsplan (Art. 160d Gesellschaftsrechtsrichtlinie) – von essenzieller Bedeutung. Der Gesetzgeber hat diesem Umstand Rechnung getragen, indem er § 135 Abs. 3 ausschließlich in Bezug auf die Anteilsinhaber für anwendbar erklärt hat. 37

§ 8 Abs. 3 Satz 3 Nr. 1 ist von der Verweisung ausgenommen, indem die dort beschriebenen **Konzernkonstellationen** bei einer Spaltung zur Neugründung – in Ermangelung eines weiteren Ausgangsrechtsträgers – nicht auftreten können.[34)] 38

2. Für die Arbeitnehmer

Demgegenüber existiert sowohl im UmwG als auch in der Gesellschaftsrechtsrichtlinie keine eigene Verzichtsmöglichkeit seitens der Arbeitnehmerschaft,[35)] was zum Gegenstand umfassender Kritik geworden ist.[36)] 39

Dennoch sollte ein einstimmiger Verzicht seitens der Arbeitnehmer möglich sein, sofern dieser analog § 8 Abs. 3 Satz 2 mittels notariell beurkundeter Erklärung erfolgt.[37)] 40

32) Begr. RegE UmRUG, BT-Drucks. 20/3822, S. 93.

33) Begr. RegE UmRUG, BT-Drucks. 20/3822, S. 110; Lutter-*J. Schmidt*, UmwG, § 324 Rz. 55.

34) Begr. RegE UmRUG, BT-Drucks. 20/3822, S. 109 f.

35) *Luy*, NJW 2019, 1905, 1908; *J. Schmidt*, ZEuP 2020, 565, 570; *Stelmaszczyk*, GmbHR 2020, 61, 67; Lutter-*J. Schmidt*, UmwG, § 324 Rz. 69.

36) *Luy*, NJW 2019, 1905, 1908; *J. Schmidt*, ZEuP 2020, 565, 570; *J. Schmidt*, NZG 2022, 635, 637; *Schollmeyer*, AG 2019, 541, 547; Lutter-*J. Schmidt*, UmwG, § 324 Rz. 69.

37) So Semler/Stengel/Leonard-*Drinhausen*, UmwG, § 309 Rz. 11; Schmitt/Hörtnagl-*Winter*, UmwG/UmwStG, § 309 UmwG Rz. 16; a. A. *Stelmasczyk* in: BeckOGK-UmwG, § 324 Rz. 25; *Stiegler* in: NK-UmwG, § 324 Rz. 45; *Leuering/Billerbeck* in: KölnKomm-UmwG, § 324 Rz. 8; *Stelmaszczyk*, Der Konzern 2021, 1, 16.

41 Der Bericht ist für die Arbeitnehmer – in Umsetzung von Art. 160e Abs. 8 Gesellschaftsrechtsrichtlinie – nach § 324 Abs. 2 Satz 2 dann aber entbehrlich, wenn der übertragenden Gesellschaft – inklusive etwaiger Tochtergesellschaften – keine Arbeitnehmer außerhalb dem Vertretungsorgan angehören. Eine Verzichtsmöglichkeit besteht für die Arbeitnehmer nicht.[38] Grundlage der Regelung ist Art. 160e Abs. 8 Gesellschaftsrechtsrichtlinie.

3. Entbehrlichkeit des Spaltungsberichts insgesamt (§ 324 Abs. 2 Satz 3)

42 Liegen sowohl die Voraussetzungen des § 324 Abs. 2 Satz 1 als auch des Satzes 2 vor, ist der Spaltungsbericht insgesamt entbehrlich (§ 324 Abs. 2 Satz 3). § 324 Abs. 2 Satz 3 dient insofern lediglich der Klarstellung; umgesetzt wird hier Art. 160e Abs. 8 Gesellschaftsrechtsrichtlinie.[39]

38) *Stelmaszczyk* in: BeckOGK-UmwG, § 324 Rz. 25; *J. Schmidt*, NJW 2023, 1241, 1242 (Rz. 13).
39) Begr. RegE UmRUG, BT-Drucks. 20/3822, S. 110.

§ 325
Spaltungsprüfung*)

[1]Der Spaltungsplan oder sein Entwurf sind nach den §§ 9 bis 12 zu prüfen; § 48 ist nicht anzuwenden. [2]Der Prüfungsbericht muss den Anteilsinhabern spätestens einen Monat vor dem Tag der Versammlung der Anteilsinhaber, die nach § 13 über die Zustimmung zum Spaltungsplan beschließen soll, zugänglich gemacht werden.

*) § 325 eingefügt durch Art. 1 des Gesetzes zur Umsetzung der Umwandlungsrichtlinie und zur Änderung weiterer Gesetze (UmRUG), v. 22.2.2023, BGBl. I 2023, Nr. 51.

Literatur: *Bayer/Schmidt, J.*, BB-Gesetzgebungs- und Rechtsprechungsreport zum Europäischen Unternehmensrecht 2018/19 – Teil I: Company Law Package, BB 2019, 1922; *Bungert/Strothotte*, Die grenzüberschreitende Spaltung nach dem Referentenentwurf des UmRUG, BB 2022, 1411; *Schmidt, J.*, Umwandlungen im Konzern nach dem UmRUG-RegE: Besonderheiten bei Bericht, Prüfung und Beschluss, Der Konzern, 2022, 309, 312 f.

Übersicht

I. Grundlagen

1 § 325 dient der Umsetzung des Art. 160f Gesellschaftsrechtsrichtlinie[1]. Der Spaltungsplan (oder sein Entwurf) soll danach durch einen unabhängigen **Sachverständigen** geprüft werden (§ 325 Satz 1 Halbs. 1 i. V. m. §§ 9 bis 12).[2] Er hat einen **Prüfungsbericht** zu erstellen (§ 325 Satz 1 i. V. m. § 12 Abs. 1), der den Anteilsinhabern spätestens **einen Monat** vor dem Tag der Versammlung der Anteilsinhaber, die über die Zustimmung zum Formwechselplan beschließen soll, zugänglich gemacht werden muss (§ 325 Satz 2). **Zweck** der

1) Richtlinie (EU) 2017/1132 des Europäischen Parlaments und des Rates v. 14.6.2017 über bestimmte Aspekte des Gesellschaftsrechts (Gesellschaftsrechtsrichtlinie), ABl. (EU) L 169/46 v. 30.6.2017.
2) Die Anwendbarkeit der §§ 9 bis 12 ergibt sich bereits aus § 320 Abs. 2, so dass § 325 Satz 1 Halbs. 1 lediglich klarstellende Wirkung hat, Begr. RegE UmRUG, BT-Drucks. 20/3822, S. 110.

Vorschrift ist es, die Anteilsinhaber zur Vorbereitung des Spaltungsbeschlusses durch Information zu schützen;[3] durch die Prüfung des **unabhängigen** Sachverständigen wird sichergestellt, dass die Anteilsinhaber ihre Entscheidung über die Spaltung auf einer objektiven Grundlage treffen.[4]

§ 48 findet keine Anwendung (§ 325 Satz 1 Halbs. 2), weil ein Prüfungsbericht gemäß Art. 160f Gesellschaftsrechtsrichtlinie stets erstellt werden muss. Der Prüfungsbericht muss nicht erstellt werden, wenn gemäß § 9 Abs. 2 und § 12 Abs. 3 jeweils i. V. m. § 8 Abs. 3 Satz 1, 2 und 3 Nr. 2 verzichtet wird oder an der übertragenden Gesellschaft nur ein Anteilsinhaber beteiligt ist (siehe Rz. 8 ff.).[5] 2

II. Bestellung des Prüfers (§ 325 Satz 1 Halbs. 1 i. V. m. § 10)

Die Spaltung ist gemäß § 325 Satz 1 i. V. m. § 9 Abs. 1 durch einen Sachverständigen zu prüfen (zu dessen Haftung siehe § 11 Abs. 2 UmwG, § 323 HGB). Dieser Prüfer wird gemäß § 325 Satz 1 i. V. m.§ 10 auf Antrag des Vertretungsorgans durch das Landgericht **bestellt** (siehe dazu § 10 Rz. 5 ff., 8 [*Redenius-Hövermann/Laufersweiler*]). 3

III. Inhalt der Prüfung

Die Prüfung bezieht sich allein auf den Spaltungsplan oder sein Entwurf, nicht auch auf den Spaltungsbericht (§ 325 Satz 1).[6] Bei der Prüfung handelt es sich um eine **Rechtmäßigkeitskontrolle**; die (wirtschaftliche) Zweckmäßigkeit ist nicht zu prüfen.[7] Insbesondere muss die **Angemessenheit des Umtauschverhältnisses** und des **Barabfindungsangebots** geprüft werden.[8] Der Prüfungsbericht hat diesbezüglich eine Stellungnahme zu enthalten (Art. 160f Abs. 2 Satz 1 Gesellschaftsrechtsrichtlinie); ggf. ist auch eine abschließende Erklärung über die Höhe der baren Zuzahlung abzugeben (§ 320 Abs. 2 i. V. m. § 12 Abs. 2 Satz 1). Siehe vertiefend § 12 Rz. 4 ff. [*Redenius-Hövermann/Laufersweiler*]. 4

Der **Inhalt** des Prüfungsberichts ergibt sich aus **Art. 160f Abs. 2 Gesellschaftsrechtsrichtlinie.** Der Bericht muss insbesondere die zugrunde gelegten Bewertungsmethoden für die Barabfindung erläutern und beschreiben; zudem muss auf etwaige besondere Bewertungsschwierigkeiten hingewiesen werden (Art. 160f Abs. 2 Satz 3 Gesellschaftsrechtsrichtlinie). Der Sachverständige darf dafür von der Gesellschaft die erforderlichen Auskünfte erhalten (Art. 160f Abs. 2 Satz 4 Gesellschaftsrechtsrichtlinie). Die Anforderungen aus Art. 160f Abs. 2 Gesellschaftsrechtsrichtlinie sind durch §§ 313 Abs. 6, 12 Abs. 2 hinreichend umgesetzt worden. 5

Der Spaltungsprüfer hat über das Ergebnis der Prüfung **schriftlich** zu berichten (§ 325 Satz 1 Halbs. 1 i. V. m. § 12 Abs. 1 Satz 1). 6

IV. Zugänglichmachung des Prüfungsberichts (§ 325 Satz 2)

Die Modalitäten der **Zugänglichmachung** des Prüfungsberichts an die Anteilsinhaber innerhalb der Monatsfrist (§ 325 Satz 2) können von der Gesellschaft grundsätzlich gewählt werden.[9] Lediglich für die **AG** gelten besondere Anforderungen, so dass der Prüfungsbericht in den Geschäftsräumen der Gesellschaft zur Einsicht der Aktionäre oder über die 7

3) Begr. RegE UmRUG, BT-Drucks. 20/3822, S. 92.
4) Lutter-*J. Schmidt*, UmwG, § 325 Rz. 4.
5) Begr. RegE UmRUG, BT-Drucks. 20/3822, S. 110.
6) *Bayer/J. Schmidt*, BB 2019, 1922, 1929.
7) *Stiegler* in: NK-UmwG, § 325 Rz. 4.
8) § 327 Satz 1 i. V. m. § 313 Abs. 6.
9) Begr. RegE UmRUG, BT-Drucks. 20/3822, S. 93.

Internetseite der Gesellschaft zugänglich gemacht werden muss (§ 63 Abs. 1 Nr. 5, Abs. 4).[10] Für die **GmbH** bietet sich die Übermittlung des Prüfungsberichts i. R. der Einberufung der Gesellschafterversammlung an.[11] **Zweck** der Monatsfrist ist es, den Anteilsinhabern Zeit zu geben, um über die Ausübung des Stimmrechts zu entscheiden.[12]

V. Entbehrlichkeit des Prüfungsberichts

8 Nach § 325 Satz 1 Halbs. 1 i. V. m. §§ 9 Abs. 2, 12 Abs. 3 jeweils i. V. m. § 8 Abs. 3 ist eine Spaltungsprüfung und ein Spaltungsbericht entbehrlich, wenn die Gesellschaft nur einen Anteilsinhaber hat oder alle Anteilsinhaber durch notariell beurkundete Erklärung auf die Prüfung und die Erstellung verzichten.[13]

9 Zudem kann auch auf die Einhaltung der Frist des § 325 Satz 2 verzichtet werden, da bereits auf die Formwechselprüfung verzichtet werden kann.[14]

10 Des Weiteren findet gemäß § 320 Abs. 3 die Regelung des § 143 keine Anwendung, so dass die dortigen rechtsformspezifischen Ausnahmen nicht greifen.[15]

11 Bei der grenzüberschreitenden **Ausgliederung** sind Spaltungsprüfung und Spaltungsbericht nicht erforderlich (§ 320 Abs. 2 i. V. m. § 125 Abs. 1 Satz 2), da bei der Ausgliederung Angaben zum Umtauschverhältnis und zur Barabfindung im Spaltungsplan nicht aufgenommen werden müssen (§ 322 Abs. 3).

10) Begr. RegE UmRUG, BT-Drucks. 20/3822, S. 93.
11) Begr. RegE UmRUG, BT-Drucks. 20/3822, S. 93.
12) Zum Formwechsel *Luy* in: BeckOGK-UmwG, § 338 Rz. 14.
13) Henssler/Strohn-*Galla/Cé. Müller*, GesR, § 325 UmwG Rz. 4; zu Weiterem *J. Schmidt*, Der Konzern 2022, 309, 312 f.
14) Zum Formwechsel *Reidt* in: KölnKomm-UmwG, § 338 Rz. 17.
15) *Bungert/Strothotte*, BB 2022, 1411, 1414.

§ 326

Zustimmung der Anteilsinhaber*)

(1) Die Anteilsinhaber können ihre Zustimmung nach § 13 davon abhängig machen, dass die Art und Weise der Mitbestimmung der Arbeitnehmer der neuen Gesellschaft ausdrücklich von ihnen bestätigt wird.

(2) Die Versammlung der Anteilsinhaber nimmt den Spaltungsbericht, den Prüfungsbericht und etwaige Stellungnahmen nach § 323 in Verbindung mit § 308 Absatz 1 Satz 2 Nummer 4 zur Kenntnis, bevor sie die Zustimmung zum Spaltungsplan beschließt.

(3) Werden bei einer Aufspaltung oder Abspaltung die Anteile der neuen Gesellschaft den Anteilsinhabern der übertragenden Gesellschaft nicht in dem Verhältnis zugeteilt, das ihrer Beteiligung an der übertragenden Gesellschaft entspricht, so wird der Spaltungsplan nur dann wirksam, wenn ihm diejenigen Anteilsinhaber zustimmen, für die die Zuteilung nachteilig ist.

*) § 326 eingefügt durch Art. 1 des Gesetzes zur Umsetzung der Umwandlungsrichtlinie und zur Änderung weiterer Gesetze (UmRUG), v. 22.2.2023, BGBl. I 2023, Nr. 51.

Literatur: *Baschnagel/Hilser/Wagner*, Unternehmerische Mitbestimmung bei grenzüberschreitenden Umwandlungen nach dem MgFSG, RdA 2023, 103; *Heckschen/Grupe*, Squeeze-Out per nicht verhältniswahrender Umwandung?, NZG 2025, 291; *Heckschen/Knaier*, Die größte Reform des Umwandlungsrechts: Endlich in Kraft!, GmbHR 2023, 317; *Heckschen/Knaier*, Größte Reform des Umwandlungsrechts – nicht nur Richtlinienumsetzung!, (Teil II) GmbHR 2022, 613.

Übersicht

I. Grundlagen

1 § 326 dient der Umsetzung von Art. 160h Abs. 2, 3 Gesellschaftsrechtsrichtlinie[1]. Das Zustimmungserfordernis der deutschen übertragenden Gesellschaft ergibt sich bereits aus § 320 Abs. 2 i. V. m. §§ 125, 13. **Zweck** der Vorschrift ist der Schutz der Anteilsinhaber; durch das Zustimmungserfordernis wird die Mitwirkung der Anteilsinhaber an der Umwandlungsmaßnahme sichergestellt.

2 Danach können die Gesellschafter ihren Zustimmungsbeschluss unter den **Vorbehalt der Fortführung des Mitbestimmungsmodells** stellen (§ 326 Abs. 1). § 326 Abs. 2 stellt sicher, dass den Anteilsinhabern vor der Beschlussfassung (nochmals) alle erforderlichen Informationen aufgezeigt werden, insbesondere auch etwaige Stellungnahmen nach § 323 i. V. m. § 308 Abs. 1 Satz 2 Nr. 4. § 326 Abs. 3 enthält ein Sonderzustimmungserfordernis im Fall der nicht-verhältniswahrenden Auf- oder Abspaltung.

II. Einzelheiten zur Anteilsinhaberversammlung

3 Der Spaltungsbericht muss sechs Wochen vor der Versammlung (elektronisch) zugänglich gemacht werden (§ 324 Abs. 1 i. V. m.§ 310 Abs. 1; zu Einzelheiten siehe § 324 Rz. 25 [*Heinrichs*])

4 Bei der **AG** sind die in §§ 320 Abs. 2, 125 Abs. 1 Satz 1, **63 Abs. 1, 4** genannten Unterlagen vor der Hauptversammlung in den Geschäftsräumen auszulegen bzw. auf der Internetseite zu veröffentlichen. Diese Pflicht besteht **neben** der Pflicht zur Zugänglichmachung aus § 324 Abs. 1 Satz 2 i. V. m. § 310 Abs. 1, 3.[2]

5 Bei der **GmbH** sind der **Spaltungsplan** (oder sein Entwurf) und der **Spaltungsbericht** den Gesellschaftern gemäß §§ 320 Abs. 2, 125 Abs. 1 Satz 1, **47** spätestens zusammen mit der **Einberufung** der Gesellschafterversammlung, die gemäß § 13 Abs. 1 über die Zustimmung beschließen soll, zu übersenden. Diese Pflicht besteht **neben** der Pflicht zur Zugänglichmachung aus § 324 Abs. 1 Satz 2 i. V. m. § 310 Abs. 1, 3.[3] Zudem sind die §§ 48 Satz 2, 49 Abs. 2 anwendbar.[4]

6 Für die **Einberufung** gelten die für die Rechtsform allgemeinen Vorschriften (§§ 121 ff. AktG, §§ 49, 51 GmbHG). Allerdings ist die gemäß § 323 i. V. m. § 308 Abs. 1 Satz 2, 4

1) Richtlinie (EU) 2017/1132 des Europäischen Parlaments und des Rates v. 14.6.2017 über bestimmte Aspekte des Gesellschaftsrechts (Gesellschaftsrechtsrichtlinie), ABl. (EU) L 169/46 v. 30.6.2017.

2) Lutter-*J. Schmidt*, UmwG, § 326 Rz. 14.

3) Lutter-*J. Schmidt*, UmwG, § 326 Rz. 20.

4) Lutter-*J. Schmidt*, UmwG, § 326 Rz. 21 f.

erforderliche Monatsfrist zu beachten sowie die Zugänglichmachung des **Prüfungsberichts** (§ 325 Satz 2).

7 Für die **Durchführung** der Versammlung gelten die allgemeinen Vorschriften (§§ 129 ff. AktG, §§ 47 ff. GmbHG), § 320 Abs. 2.

8 Beschluss**gegenstand** ist die Zustimmung zum Spaltungsplan. Der Spaltungsplan ist dem Beschluss als Anlage beizufügen (§ 320 Abs. 2 i. V. m. § 125 Abs. 1 Satz 1 i. V. m. § 13 Abs. 3 Satz 2).

9 Für die **Beschlussmehrheit** sieht Art. 160h Abs. 3 Satz 1 Gesellschaftsrechtsrichtlinie vor, dass die Mitgliedstaaten eine Mehrheit von zwei Dritteln bis 90 % vorsehen. § 320 Abs. 2 i. V. m. §§ 125 Abs. 1 Satz 1, 50 Abs. 1 Satz 1, 65 Abs. 1 Satz 1 sieht eine **Drei-Viertel-Mehrheit** vor. Von diesem Mehrheitserfordernis kann nach unten hin nicht abgewichen werden.

10 **Unklar** ist, ob diese Begrenzung für in der **Satzung** festgelegte **höhere** Mehrheiten gilt;[5] die §§ 50 Abs. 1 Satz 2, 65 Abs. 1 Satz 2 sehen diese Möglichkeit jedenfalls vor, doch steht dies im Widerspruch zu Art. 160h Abs. 3 Satz 1 Gesellschaftsrechtsrichtlinie. Art. 160h Abs. 3 Satz 1 Gesellschaftsrechtsrichtlinie sollte dahingehend interpretiert werden, dass nur die Mitgliedstaaten nicht die Möglichkeit haben, durch Gesetz höhere Mehrheitserfordernisse festzulegen, so dass dies durch Satzung möglich ist.

11 Sofern die Zielrechtsform eine **KGaA** (oder eine damit vergleichbare ausländische Rechtsform) ist, müssen alle in der neuen Rechtsform persönlich haftenden Gesellschafter zustimmen (§ 320 Abs. 2 i. V. m. §§ 125 Satz 1, 78 Satz 3 Halbs. 1).

12 Darüber hinaus können gemäß § 326 Abs. 1 i. V. m. §§ 13 Abs. 2, 65 **besondere Zustimmungserfordernisse** bestehen.[6] Dies darf jedoch nicht dazu führen, dass dadurch ein Einstimmigkeitserfordernis eingeführt wird.[7] Sofern mehrere Aktiengattungen bestehen, ist die Zustimmung der stimmberechtigten Aktionäre jeder Gattung erforderlich (§§ 320 Abs. 2, 125 Abs. 1 Satz 1, 65 Abs. 2).[8]

13 Ausnahmsweise kann der **Beschluss** i. R. von Konzernkonstellationen bei der Spaltung zur Aufnahme gemäß §§ 332, 320 Abs. 2 i. V. m. §§ 125 Abs. 1 Satz 1, 52 Abs. 1, Abs. 4 Satz 1 UmwG **entbehrlich** sein.[9]

III. Bestätigung des Mitbestimmungsmodells (§ 326 Abs. 1)

14 Die Anteilsinhaber können ihre Zustimmung zum Spaltungsplan davon abhängig machen, dass die Art und Weise der Mitbestimmung der Arbeitnehmer der Gesellschaft neuer Rechtsform ausdrücklich von ihnen bestätigt wird (§ 326 Abs. 1).

---

5) Dafür *Stiegler* in: NK-UmwG, § 326 Rz. 5; dagegen *Stelmaszczyk* in BeckOGK-UmwG, § 326 Rz. 18; Henssler/Strohn-*Galla/Cé. Müller*, GesR, § 326 UmwG Rz. 2; Kallmeyer-*Biller/Wilk*, UmwG, § 326 Rz. 14; wohl auch *Heckschen/Knaier*, GmbHR 2023, 317, 326; *Heckschen/Knaier*, GmbHR 2022, 613, 616; dagegen beim grenzüberschreitenden Formwechsel *Reidt* in: KölnKomm-UmwG, § 339 Rz. 18; *Luy* in: BeckOGK-UmwG, § 339 Rz. 27.

6) *Stiegler* in: NK-UmwG, § 326 Rz. 6 f.; Lutter-*J. Schmidt*, UmwG, § 326 Rz. 44 ff.; zum Formwechsel *Reidt* in: KölnKomm-UmwG, § 339 Rz. 21; *Luy* in: BeckOGK-UmwG, § 339 Rz. 30; insb. zur Frage der Richtlinienkonformität besonderer Zustimmungserfordernisse *Luy* in: BeckOGK-UmwG, § 339 Rz. 30 ff.

7) *Stiegler* in: NK-UmwG, § 326 Rz. 6.

8) Lutter-*J. Schmidt*, UmwG, § 326 Rz. 41; Kallmeyer-*Biller/Wilk*, UmwG, § 326 Rz. 14; *Stiegler* in: NK-UmwG, § 326 Rz. 7.

9) *Stiegler* in: NK-UmwG, § 326 Rz. 17.

Gemäß § 4 MgFSG[10] gilt für die aus der grenzüberschreitenden Spaltung hervorgehende Gesellschaft das Mitbestimmungsrecht des Staates, in dem die neue Gesellschaft ihren Sitz hat. Allerdings wird häufig ein besonderes **Verhandlungsverfahren zur Bestimmung des zukünftigen Mitbestimmungsmodells** erforderlich sein (§§ 5 ff., 14 ff. MgFSG). Dieses kann viel Zeit in Anspruch nehmen, so dass die Anteilsinhaber bereits vor dem Abschluss dieses Verfahrens der grenzüberschreitenden Spaltung zustimmen können.[11] Durch den Zustimmungsvorbehalt wird sichergestellt, dass den Anteilsinhabern kein Mitbestimmungsmodell in der Zielgesellschaft aufgezwungen wird, welches sie als nachteilig empfinden; denn sie sind an dem Verfahren nicht beteiligt. Zu Einzelheiten siehe § 312 Rz. 21 ff. [*de Raet/ Brunk*]. 15

Der **Gebrauch des Zustimmungsvorbehalts** erfolgt in zwei Schritten: 16

- der **Vorbehalt** wird in den Spaltungsplan durch Beschluss der Anteilsinhaberversammlung mitaufgenommen; das Wirksamwerden des Spaltungsplans wird dann unter die aufschiebende Bedingung der nochmaligen Beschlussfassung gestellt.[12]
- Steht das Mitbestimmungsmodell fest, ist ein erneuter Beschluss der Anteilsinhaberversammlung erforderlich (**Bestätigungsbeschluss**).[13] Solange der Bestätigungsbeschluss nicht gefasst wird, kann die Spaltungsbescheinigung nicht erteilt werden (§ 329 Satz 1, § 316 Abs. 1 Satz 1).[14]

Beide Beschlüsse bedürfen der **notariellen Beurkundung.**[15] Welche **Mehrheit für die jeweiligen Beschlüsse** erforderlich ist, wird unterschiedlich beurteilt.[16] Bezüglich des **Vorbehalts** wird die Mehrheit, die auch für den Spaltungsbeschluss erforderlich ist, maßgeblich sein, weil der Vorbehalt nur ein unselbständiger Bestandteil des Spaltungsbeschlusses ist.[17] Für den Bestätigungsbeschluss muss dasselbe gelten, weil dieser dem Spaltungsbeschluss erst seine Wirksamkeit verleiht, es sei denn eine entsprechende Regelung wurde in den Vorbehaltsbeschluss aufgenommen, dass für die Bestätigung eine einfache Mehrheit genügt.[18] 17

Das MgFSG findet auf die grenzüberschreitende Spaltung zur Aufnahme keine Anwendung (§ 2 Abs. 2 MgFSG); die Gesellschaftsrechtsrichtlinie bezieht sich nur auf die Spaltung zur Neugründung. 18

IV. Kenntnisnahme von Dokumenten (§ 326 Abs. 2)

Die „Versammlung der Anteilsinhaber" soll den Spaltungsbericht, den Prüfungsbericht und etwaige Stellungnahmen nach § 323 i. V. m. § 308 Abs. 1 Satz 2 Nr. 4 zur Kenntnis neh- 19

10) Gesetz zur Umsetzung der Bestimmungen der Umwandlungsrichtlinie über die Mitbestimmung der Arbeitnehmer bei grenzüberschreitendem Formwechsel und grenzüberschreitender Spaltungen (MgFSG), v. 4.1.2023, BGBl. I 2023, Nr. 10. Grundlegend zum MgFSG *Baschnagel/Hilser/Wagner*, RdA 2023, 103 ff.

11) Semler/Stengel/Leonard-*Drinhausen*, UmwG, § 312 Rz. 10; Schmitt/Hörtnagl-*Winter*, UmwG/UmwStG, § 339 UmwG Rz. 5.

12) Kallmeyer-*Biller/Wilk*, UmwG, § 326 Rz. 20.

13) Kallmeyer-*Biller/Wilk*, UmwG, § 326 Rz. 23.

14) Lutter-*J. Schmidt*, UmwG, § 326 Rz. 53.

15) *Stelmaszczyk* in: BeckOGK-UmwG, § 326 Rz. 22 mit Verweis auf § 312 Rz. 1 ff.; Kallmeyer-*Biller/Wilk*, UmwG, § 326 Rz. 24.

16) Lutter-*J. Schmidt*, UmwG, § 326 Rz. 52, 55, lässt jeweils einfache Stimmenmehrheit genügen.

17) Kallmeyer-*Biller/Wilk*, UmwG, § 326 Rz. 19; *Stelmaszczyk* in BeckOGK-UmwG, § 326 Rz. 22 mit Verweis auf § 312 Rz. 1 ff.

18) Kallmeyer-*Biller/Wilk*, UmwG, § 326 Rz. 23; *Stelmaszczyk* in BeckOGK-UmwG, § 326 Rz. 22 mit Verweis auf § 312 Rz. 1 ff.

men. Die Kenntnisnahme hat sich auf die **wesentlichen Inhalte der Dokumente** zu beziehen. Auch eine Stellungnahme des Betriebsrats bzw. der Arbeitnehmer zum Spaltungsbericht (§ 324 Abs. 3) muss zur Kenntnis genommen werden; dass dies nicht in § 326 Abs. 2 aufgenommen wurde, stellt ein Redaktionsversehen dar.[19]

20 Wie § 326 Abs. 2 umgesetzt wird, wann also eine **Kenntnisnahme der Anteilsinhaber** angenommen werden kann, ist unklar. Alle genannten Dokumente sind den Anteilsinhabern zuvor zugänglich zu machen (§ 323 i. V. m. § 308 Abs. 1 Satz 2 Nr. 4, § 324 Abs. 1 i. V. m. §§ 310 Abs. 1, Abs. 3, 325 Satz 2). Teilweise wird dies als ausreichend für eine „Kenntnisnahme" erachtet,[20] weil die Anteilsinhaber dadurch bereits die Möglichkeit hatten, die Dokumente vollständig zur Kenntnis zu nehmen. Jedenfalls sei es unerheblich, auf welchem Wege die Anteilsinhaber Kenntnis von den Dokumenten erlangen.[21]

21 Mit Blick auf die Praxis ist jedenfalls zu empfehlen, dass die Dokumente in der Anteilsinhaberversammlung kurz erläutert werden[22] und die Kenntnisnahme in der Beschlussniederschrift dokumentiert wird,[23] um möglichen Beanstandungen vorzubeugen. Dass jeder einzelne Anteilsinhaber in der Versammlung die Dokumente zur Kenntnis nimmt, ist nicht erforderlich.[24]

22 Ein **Verzicht** auf die Kenntnisnahme ist nicht möglich, weil diese nicht nur dem Schutz der Anteilsinhaber, sondern auch dem Schutz der Arbeitnehmer und Gläubiger dient.[25]

V. Zustimmung betroffener Anteilsinhaber bei Nicht-verhältniswahrender Spaltung (§ 326 Abs. 3)

23 Bei der nicht-verhältniswahrenden Spaltung müssen diejenigen Anteilsinhaber, denen die Spaltung zum Nachteil gereicht, der Spaltung zustimmen (§ 326 Abs. 3). Dadurch werden die Minderheitsgesellschafter geschützt.[26] § 326 Abs. 3 ist **lex specialis** gegenüber § 128; Letzterer erfordert bei einer nationalen nicht-verhältniswahrenden Spaltung ein Einstimmigkeitserfordernis.

24 **Nachteilig** i. S. des § 326 Abs. 3 ist die Zuteilung für diejenigen Anteilsinhaber der übertragenden Gesellschaft, denen im Verhältnis zu den anderen Anteilsinhabern weniger Anteile an der neuen Gesellschaft zugeteilt werden, als es ihrer Beteiligung an der übertragenden Gesellschaft entspräche.[27] Die Zustimmungserklärungen bedürfen gemäß §§ 320 Abs. 2, 125 Abs. 1 Satz 1, 13 Abs. 3 der notariellen Beurkundung.[28] Die Zustimmung der betroffenen Anteilsinhaber kann auch außerhalb der Anteilsinhaberversammlung stattfinden (etwa bei Abwesenheit in der zustimmenden Anteilsinhaberversammlung). In keinem Fall darf ein nachteilig betroffener Anteilsinhaber übergangen werden.

19) *Stiegler* in: NK-UmwG, § 326 Rz. 15.
20) Schmitt/Hörtnagl-*Rinke*, UmwG/UmwStG, § 326 UmwG Rz. 3.
21) Zum Formwechsel *Luy* in: BeckOGK-UmwG, § 339 Rz. 48.
22) Kallmeyer-*Biller/Wilk*, UmwG, § 326 Rz. 27 f.; gegen dieses Erfordernis *Reidt* in: KölnKomm-UmwG, § 339 Rz. 12.
23) Zum Formwechsel auch *Luy* in: BeckOGK-UmwG, § 339 Rz. 49.
24) *Stiegler* in: NK-UmwG, § 326 Rz. 15.
25) *Stelmaszczyk* in BeckOGK-UmwG, § 326 Rz. 35.
26) ErwG 5 und 6 Gesellschaftsrechtsrichtlinie; Begr. RegE UmRUG, BT-Drucks. 20/3822, S. 110.
27) Begr. RegE UmRUG, BT-Drucks. 20/3822, S. 110; s. zur analogen Anwendung des § 326 Abs. 3 UmwG auf die übernehmende Gesellschaft *Heckschen/Gruppe,* NZG 2025, 291, 294.
28) Begr. RegE UmRUG, BT-Drucks. 20/3822, S. 110.

VI. Form

25 Der Spaltungsbeschluss bedarf der notariellen Beurkundung (§ 320 Abs. 2 i. V. m. § 125 Abs. 1 Satz 1 i. V. m. § 13 Abs. 3 Satz 1 UmwG), der Spaltungsplan oder sein Entwurf ist dem Beschluss als Anlage beizufügen (§ 320 Abs. 2 i. V. m. § 125 Abs. 1 Satz 1 i. V. m. § 13 Abs. 3 Satz 2). Dies gilt nur für die **Hinausspaltung**; bei der Hereinspaltung richtet sich die Form nach den Regelungen des Wegzugsstaats. Bei der **Hereinspaltung** muss jedoch die Satzung in ordnungsgemäßer Weise festgestellt werden, so dass diese **notariell beurkundet** werden muss; eine nachgelagerte Beurkundung durch einen inländischen Notar ist möglich.[29)]

26 In der Praxis wird daher – zumindest bei mangelnder Gleichwertigkeit der Beurkundungsverfahren – bei einer Hereinspaltung sowohl im Wegzugsstaat als auch in Deutschland eine Beurkundung durchzuführen sein.[30)]

VII. Anfechtungsausschluss und Spruchverfahren

27 Der Zustimmungsbeschluss kann nicht mit der Begründung angefochten werden, dass das Umtauschverhältnis der Gesellschaftsanteile unangemessen ist (§ 320 Abs. 2 i. V. m. § 125 Abs. 1 Satz 1 i. V. m. § 14 Abs. 2). Stattdessen besteht ein Anspruch auf bare Zuzahlung, der im Spruchverfahren geltend zu machen ist (§ 320 Abs. 2 i. V. m. § 125 Abs. 1 Satz 1 i. V. m. § 15).[31)] Gleiches gilt für ein unangemessenes Barabfindungsangebot (§ 320 Abs. 2 i. V. m. § 125 Abs. 1 Satz 1 i. V. m. §§ 32, 34).

29) *Stelmaszczyk* in BeckOGK-UmwG, § 326 Rz. 26.

30) Im Verhältnis Österreich und Deutschland kann auf eine Doppelbeurkundung aufgrund des gleichwertigen Beurkundungsverfahrens verzichtet werden; zur Anwendbarkeit der allgemeinen Regeln für eine Auslandsbeurkundung Lutter-*J. Schmidt*, UmwG, § 322 Rz. 107; *Stiegler* in: NK-UmwG, § 322 Rz. 55; Schmitt/Hörtnagl-*Winter*, UmwG/UmwStG, Vorb. §§ 333 ff. UmwG Rz. 31 – Formwechsel; **krit.** dazu *Luy* in: BeckOGK-UmwG, § 335 Rz. 88; *Stelmaszczyk* in: BeckOGK-UmwG, § 322 Rz. 48; zudem ist kein Echtheitsnachweis erforderlich, Art. 3 des Beglaubigungsvertrags zwischen dem Deutschen Reiche und der Republik Österreich (BGBl. II 1952, 436); *M. C. Schmidt* in: Hauschild/Kallrath/Wachter, Notarhdb. Gesellschafts- und Unternehmensrecht, § 28 Rz. 224.

31) S. Art. 160h Abs. 5 Gesellschaftsrechtsrichtlinie.

§ 327
Barabfindung[*)]

[1]§ 313 gilt für die übertragende Gesellschaft entsprechend. [2]Bei einer Ausgliederung ist ein Abfindungsangebot nicht erforderlich.

*) § 327 eingefügt durch Art. 1 des Gesetzes zur Umsetzung der Umwandlungsrichtlinie und zur Änderung weiterer Gesetze (UmRUG), v. 22.2.2023, BGBl. I 2023, Nr. 51.

Literatur: *Bungert/Strothotte*, Die grenzüberschreitende Spaltung nach dem Referentenentwurf des UmRUG, BB 2022, 1411; *Hommelhoff*, Der Schutz des Anteilsinhaber-Vermögens bei Umwandlungen nach dem RefE UmRUG, NZG 2022, 683; *Löbbe*, Die grenzüberschreitende Umwandlung nach dem UmRUG, ZHR 187 (2023), 498; *Schmidt, J.*, Die weitreichende Reform des Umwandlungsrechts, NJW 2023, 1241; *Schmidt, J.*, Der UmRUG-Referentenentwurf: grenzüberschreitende Umwandlungen 2.0 – und vieles mehr, NZG 2022, 579.

Übersicht

I. Grundlagen

1 § 327 dient der Umsetzung von Art. 160i Abs. 1 bis 5 Gesellschaftsrechtsrichtlinie[1]. § 327 Satz 1 enthält einen umfassenden Verweis auf § 313. Geregelt sind die Voraussetzungen des Barabfindungsangebots (§ 313 Abs. 1), die Modalitäten der Annahme (§ 313 Abs. 2, 3), das Ausscheiden aus der Gesellschaft (§ 313 Abs. 4) und die Zahlung der Barabfindung (§ 313 Abs. 5). Art. 160f Gesellschaftsrechtsrichtlinie erfordert die Prüfung des Barabfindungsangebots und wird in § 313 Abs. 6 umgesetzt.

2 Die Vorschrift findet lediglich auf die **Hinausspaltung** Anwendung. Das Austrittsrecht steht den Anteilsinhabern der inländischen übertragenden Gesellschaft zu. Dies gilt jedoch nur, soweit die neue(n) Gesellschaft(en) nicht dem deutschen Recht unterliegen.[2] Zudem bezieht sich das Austrittsrecht nur auf die künftigen Anteile an der übernehmenden Gesellschaft, so dass die Gesellschafter bei einer Abspaltung zwingend Anteilsinhaber der übertragenden Gesellschaft bleiben.[3] Für die **Hereinspaltung** ist das Recht des Wegzugsstaats maßgeblich.

3 Bei einer **Ausgliederung** ist ein Barabfindungsangebot nicht erforderlich (**§ 327 Satz 2**); es besteht aber weiterhin die Anfechtungsmöglichkeit für die Anteilsinhaber der übertragenden Gesellschaft (§ 320 Abs. 2 i. V. m. § 125 Abs. 1 Nr. 4).[4]

4 **Zweck** der Vorschrift ist der Anteilsinhaberschutz, insbesondere auch der Minderheitenschutz.[5] Die Minderheitsgesellschafter sollen nicht dazu gezwungen werden in einer Gesellschaft ausländischer Rechtsform verbleiben zu müssen. Aus diesem Grund hat jeder von ihnen unter den Voraussetzungen von § 327 Satz 1 i. V. m. § 313 die Möglichkeit, gegen Barabfindung aus der Gesellschaft auszuscheiden.

5 Das Barabfindungsangebot ist gemäß § 322 Abs. 2 i. V. m. § 307 Abs. 2 Nr. 13 im Spaltungsplan aufzunehmen. Über § 313 Abs. 1 Satz 4 finden in weiten Teilen die Abfindungsregeln der §§ 29 ff. Anwendung.

II. Barabfindungsangebot (§ 327 Satz 1 i. V. m. § 313 Abs. 1 Satz 1)

6 Das im Spaltungsplan oder in seinem Entwurf von der übertragenen Gesellschaft gemachte Barabfindungsangebot stellt ein **bindendes Angebot** i. S. des § 145 BGB dar.

1) Richtlinie (EU) 2017/1132 des Europäischen Parlaments und des Rates v. 14.6.2017 über bestimmte Aspekte des Gesellschaftsrechts (Gesellschaftsrechtsrichtlinie), ABl. (EU) L 169/46 v. 30.6.2017.

2) Bei einer Aufspaltung auf eine deutsche und eine französische Gesellschaft besteht das Austrittsrecht daher nur mit Blick auf die französische Gesellschaft, *Stelmaszczyk* in: BeckOGK-UmwG, § 327 Rz. 19, 23; zur nicht verhältniswahrenden Spaltung Lutter-*J. Schmidt*, UmwG, § 327 Rz. 18.

3) Begr. RegE UmRUG, BT-Drucks. 20/3822, S. 111.

4) *Bungert/Strothotte*, BB 2022, 1411, 1416.

5) Kallmeyer-*Biller*, UmwG, § 327 Rz. 2; ausf. Lutter-*J. Schmidt*, UmwG, § 327 Rz. 4 ff.

7 Das Angebot erfolgt unter der **aufschiebenden Bedingung** des Wirksamwerdens der grenzüberschreitenden Spaltung (§ 327 Satz 1 i. V. m. § 313 Abs. 1 Satz 2). **Hintergrund** ist, dass ein unbedingtes Angebot dazu führt, dass die Verpflichtung der Gesellschaft sofort begründet wird, selbst wenn die grenzüberschreitende Spaltung scheitert; dies widerspricht dem Zweck, der mit der Barabfindung einhergeht.[6] Das „Wirksamwerden" der grenzüberschreitenden Spaltung – und damit der Zeitpunkt der Annahme des Angebots – hängt von dem Recht des Zuzugsstaats ab (Art. 160q Satz 1 Gesellschaftsrechtsrichtlinie).

8 Sofern der Anteilsinhaber nicht mit dem Angebot einverstanden ist, hat er in der Anteilsinhaberversammlung ein Widerspruch zu erklären, welcher in die Niederschrift aufgenommen werden muss. Zudem muss er gegen den Zustimmungsbeschluss gestimmt haben.[7]

9 Dem Widerspruch zur Niederschrift steht es jedoch gleich, wenn ein nicht erschienener Anteilsinhaber zu der Versammlung der Anteilsinhaber zu Unrecht nicht zugelassen worden ist oder die Versammlung nicht ordnungsgemäß einberufen oder der Gegenstand der Beschlussfassung nicht ordnungsgemäß bekannt gemacht worden ist (§ 327 Satz 1 i. V. m. § 313 Abs. 1 Satz 4 i. V. m. § 29 Abs. 2). Daneben ist ein Widerspruch für Anteilsinhaber ohne Stimmrecht nicht erforderlich.[8]

10 Das Barabfindungsangebot muss **angemessen** sein. Die Angemessenheit bemisst sich insbesondere nach dem **Unternehmenswert** zum Zeitpunkt der Beschlussfassung über den Spaltungsplan (§ 327 Satz 1 i. V. m. § 313 Abs. 1 Satz 4 i. V. m. § 30 Abs. 1 Satz 1). Die Angemessenheit wird entsprechend § 327 Satz 1 i. V. m. § 313 Abs. 6 Satz 1 überprüft und in einem Prüfungsbericht (§ 327 Satz 1 i. V. m. § 313 Abs. 6 Satz 2 i. V. m. § 311 Abs. 1 Satz 1 Halbs. 1 i. V. m. § 12 Abs. 1) dargestellt (siehe Rz. 19).

11 Eine **Anfechtungsklage**, die auf die **Unangemessenheit** des Barabfindungsangebots gestützt wird, kann **nicht erhoben** werden (§ 327 Satz 1 i. V. m. § 313 Abs. 1 Satz 4 i. V. m. § 32). Dasselbe gilt auch bei bewertungsbezogenen Informationsmängeln.[9] Stattdessen können die Anteilsinhaber innerhalb von drei Monaten nach Wirksamwerden der grenzüberschreitenden Spaltung eine gerichtliche Nachprüfung im Spruchverfahren verlangen (§ 327 Satz 1 i. V. m. § 313 Abs. 1 Satz 4 i. V. m. § 34 UmwG; § 4 Abs. 1 Nr. 5 SpruchG).[10]

III. Annahme des Barabfindungsangebots (§ 327 Satz 1 i. V. m. § 313 Abs. 1 Satz 3, Abs. 2, 3)

12 Damit der Anteilsinhaber den Anspruch auf die Barabfindung geltend machen kann, muss er das Barabfindungsangebot annehmen. Der Annahmeerklärung (§ 327 Satz 1 i. V. m. § 313 Abs. 3) geht eine **Absichtserklärung** voraus (§ 327 Satz 1 i. V. m. § 313 Abs. 2; sog. **„zweistufiges Verfahren"**). Damit der Zugang dieser Erklärungen gesichert ist, muss die Gesellschaft im Spaltungsplan oder seinem Entwurf eine Postanschrift sowie eine elektronische Adresse angeben (§ 327 Satz 1 i. V. m. § 313 Abs. 1 Satz 3); seine Erklärungen hat der Anteilsinhaber wahlweise an eine der Adressen zu übermitteln.[11]

---

6) Begr. RegE UmRUG, BT-Drucks. 20/3822, S. 94.

7) H. M. *Stiegler* in: NK-UmwG, § 327 Rz. 9; Lutter-*J. Schmidt*, UmwG, § 327 Rz. 20; a. A. Kallmeyer-*Biller*, UmwG, § 327 Rz. 1.

8) Lutter-*J. Schmidt*, UmwG, § 327 Rz. 21.

9) *Stelmaszczyk* in: BeckOGK-UmwG, § 327 Rz. 32; *Stiegler* in: NK-UmwG, § 327 Rz. 7; *J. Schmidt*, NJW 2023, 1241 (Rz. 31); *Hommelhoff*, NZG 2022, 683; Lutter-*J. Schmidt*, UmwG, § 327 Rz. 75.

10) Zu Einzelheiten Lutter-*J. Schmidt*, UmwG, § 327 Rz. 63 ff.

11) Begr. RegE UmRUG, BT-Drucks. 20/3822, S. 94.

13 Die Absichtserklärung soll sicherstellen, dass die Gesellschaft frühzeitig den durch die Abfindungszahlungen **drohenden Liquiditätsabfluss abschätzen kann.**[12] Sie stellt eine Obliegenheit dar,[13] welche jedoch rechtliche Voraussetzung für die Annahme des Barabfindungsangebots (§ 327 Satz 1 i. V. m. § 313 Abs. 3 Satz 2) ist, es sei denn, der Anteilsinhaber erklärt bereits vor der **Monatsfrist** des § 327 Satz 1 i. V. m. § 313 Abs. 2 die Annahme des Barabfindungsangebots (§ 327 Satz 1 i. V. m. § 313 Abs. 3 Satz 3).[14] Allerdings begründet die Absichtserklärung keine Verpflichtung zur Annahme des Angebots gegenüber der Gesellschaft.[15] Sie kann **formfrei** erklärt werden; doch ist aus Nachweisgründen Schriftform zu empfehlen.[16]

14 Die **Annahme** kann nur innerhalb von **zwei Monaten** nachdem die Anteilsinhaberversammlung die Zustimmung zum Spaltungsplan beschlossen hat, erfolgen (§ 327 Satz 1 i. V. m. § 313 Abs. 3 Satz 1). Ein Registervollzug vor Ablauf dieser Frist ist nicht möglich (§ 329 Satz 1 i. V. m. § 316 Abs. 2 Satz 1), da die erforderliche Spaltungsbescheinigung (§ 329 Satz 3) frühestens drei Monate nach der Bekanntmachung des Spaltungsplans erteilt werden darf;[17] die Bekanntmachung muss jedoch spätestens einen Monat vor der beschlussfassenden Anteilsinhaberversammlung erfolgen (§ 323 i. V. m. § 308 Abs. 1 Satz 4). Die Annahmeerklärung ist bedingungsfeindlich.[18]

15 Die **Form** der Annahmeerklärung ist im UmwG nicht geregelt. Folglich gelten die für die jeweilige Rechtsform spezifischen Vorschriften. Bei einer GmbH ist § 15 Abs. 4 GmbHG anzuwenden (§ 327 Satz 1 i. V. m. § 313 Abs. 3 Satz 4),[19] so dass die Annahme der notariellen Beurkundung bedarf.[20] Die **Kosten** trägt die übernehmende Gesellschaft (§ 327 Satz 1 i. V. m. § 313 Abs. 1 Satz 4 i. V. m. § 29 Abs. 1 Satz 5). Bei **AG, SE und KGaA** ist die Annahme formfrei möglich; auch hier ist jedoch aus Nachweisgründen Schriftform zu empfehlen.[21]

16 Der austrittswillige Anteilsinhaber ist nicht auf die Annahme des Barabfindungsangebots beschränkt. Vielmehr kann er gemäß § 327 Satz 1 i. V. m. § 313 Abs. 1 Satz 4 i. V. m. § 33 seinen Anteil auch auf dem freien Markt veräußern und so möglicherweise einen höheren Gewinn erzielen.

17 Wer **Schuldner** des Barabfindungsangebots ist richtet sich danach, wem die Verbindlichkeit im Spaltungsplan zugewiesen ist.[22] Die beteiligten Gesellschaften haften aber ohnehin gesamtschuldnerisch gemäß § 320 Abs. 2 i. V. m. § 133 Abs. 1 Satz 1.[23]

12) ErwG 19 der Richtlinie (EU) 2019/2121 des Europäischen Parlaments und des Rates v. 27.11.2019 zur Änderung der Richtlinie (EU) 2017/1132 in Bezug auf grenzüberschreitende Umwandlungen, Verschmelzungen und Spaltungen (Umwandlungsrichtlinie), ABl. (EU) L 321/1 v. 12.12.2019; Begr. RegE UmRUG, BT-Drucks. 20/3822, S. 95.

13) Zur Dogmatik *Stelmaszczyk* in: BeckOGK-UmwG, § 327 Rz. 36; *Stiegler* in: NK-UmwG, § 327 Rz. 14 (Fn. 30).

14) Begr. RegE UmRUG, BT-Drucks. 20/3822, S. 95; Lutter-*J. Schmidt*, UmwG, § 327 Rz. 47.

15) Begr. RegE UmRUG, BT-Drucks. 20/3822, S. 95.

16) Begr. RegE UmRUG, BT-Drucks. 20/3822, S. 94 f.

17) Begr. RegE UmRUG, BT-Drucks. 20/3822, S. 95 – auch im Folgenden.

18) *Stiegler* in: NK-UmwG, § 327 Rz. 16.

19) Begr. RegE UmRUG, BT-Drucks. 20/3822, S. 96; krit. *Löbbe*, ZHR 187 (2023), 498, 508.

20) Krit. zum Formwechsel *Reidt* in: KölnKomm-UmwG, § 340 Rz. 21.

21) Begr. RegE UmRUG, BT-Drucks. 20/3822, S. 94 f.

22) Lutter-*J. Schmidt*, UmwG, § 327 Rz. 54.

23) Begr. RegE UmRUG, BT-Drucks. 20/3822, S. 111; zur prozessualen Durchsetzung s. § 5 Satz 2 SpruchG.

IV. Ausscheiden der Gesellschafter (§ 313 Abs. 4)

Nach § 327 Satz 1 i. V. m. § 313 Abs. 4 werden die Anteilsinhaber, die das Barabfindungsangebot angenommen haben, zum Zeitpunkt des Wirksamwerdens der Spaltung (Art. 160q Satz 1 Gesellschaftsrechtsrichtlinie) **kraft Gesetzes nicht Anteilsinhaber der übernehmenden Gesellschaft** (§ 327 Satz 1 i. V. m. § 313 Abs. 4). Im nationalen Spaltungsrecht werden die Anteilsinhaber noch Gesellschafter (§ 131 Abs. 1 Nr. 3) der übernehmenden Gesellschaft. Die übernehmende Gesellschaft erwirbt infolgedessen eigene Anteile, weswegen gemäß § 327 Satz 1 i. V. m. § 313 Abs. 1 Halbs. 2 UmwG die § 71 Abs. 4 Satz 2 AktG und § 33 Abs. 2 Satz 3 GmbHG nicht anwendbar sind. Gegebenenfalls kann die übernehmende Gesellschaft jedoch gesetzlich keine eigenen Anteile erwerben.[24] 18

V. Zahlungsfrist der Barabfindung (§ 313 Abs. 5)

Die übernehmende Gesellschaft muss die Barabfindung innerhalb von **zwei Wochen** nach dem Wirksamwerden der Spaltung gezahlt haben.[25] 19

Daraus folgt, dass die Anteilsinhaber ihre Anteile an der Gesellschaft mit Eintragung der Spaltung verlieren (§ 327 Satz 1 i. V. m. § 313 Abs. 4), ohne jedoch zeitgleich eine Gegenleistung zu erhalten; sie gehen somit in Vorleistung und tragen damit das **Verlustrisiko.** Wohl aus diesem Grund hat der deutsche Gesetzgeber die in Art. 160i Abs. 3 Satz 2 Gesellschaftsrechtsrichtlinie vorgesehene zweimonatige Frist nicht ausgereizt.[26] Zudem können die anspruchsberechtigten Anteilsinhaber daher in entsprechender Anwendung der §§ 328, 314 **Sicherheitsleistung** seitens der Gesellschaft verlangen Die **Höhe der Sicherheitsleistung** ist nach der angebotenen Abfindung zu bemessen, damit das Eintragungsverfahren nicht durch einen etwaigen Streit über die zutreffende Höhe der Abfindung verzögert werden kann.[27] 20

Die Barabfindung ist ferner gemäß § 327 Satz 1 i. V. m. § 313 Abs. 1 Satz 4 i. V. m. §§ 30 Abs. 1 Satz 2, 15 Abs. 2 mit jährlich fünf Prozentpunkten über dem jeweiligen Basiszinssatz nach § 247 BGB zu **verzinsen.** 21

VI. Prüfung der Barabfindung (§ 313 Abs. 6)

§ 327 Satz 1 i. V. m. § 313 Abs. 6 statuiert die Pflicht, die Angemessenheit des Barabfindungsangebots zu überprüfen und einen entsprechenden Prüfungsbericht zu erstellen. Dies erfolgt durch den unabhängigen Sachverständigen (Art. 160f Gesellschaftsrechtsrichtlinie, § 327 Satz 1 i. V. m. § 313 Abs. 6 Satz 2 i. V. m. § 311 Abs. 1 Satz 1 Halbs. 1 i. V. m. §§ 9 bis 12). Ein Prüfungsbericht ist nicht erforderlich, wenn alle Anteilsinhaber hierauf verzichten oder wenn die Gesellschaft nur einen Gesellschafter hat (§ 327 i. V. m. § 313 Abs. 6 Satz 2 i. V. m. § 311 Abs. 2 i. V. m. § 8 Abs. 3). 22

VII. Verbesserung des Umtauschverhältnisses

Nach Art. 160i Abs. 6 Satz 1 Gesellschaftsrechtsrichtlinie haben die Gesellschafter, die sich für einen Verbleib in der Gesellschaft entscheiden, einen Anspruch auf bare Zuzahlung, wenn sie das Umtauschverhältnis für unangemessen halten.[28] Art. 160i Abs. 6, 7 Gesell- 23

---

24) Eine AG kann dies wegen Art. 61 Abs. 1 lit. d Gesellschaftsrechtsrichtlinie immer, *J. Schmidt*, NZG 2022, 579, 582.

25) Auch die anderen beteiligten Gesellschaften haften für die Verbindlichkeit gemäß § 320 Abs. 2 i. V. m. § 125 Abs. 1 Satz 3 i. V. m. § 133; Begr. RegE UmRUG, BT-Drucks. 20/3822, S. 111.

26) Zum Formwechsel Schmitt/Hörtnagl-*Winter*, UmwG/UmwStG, § 340 UmwG Rz. 9.

27) Begr. RegE UmRUG, BT-Drucks. 20/3822, S. 96.

28) Weitere Anforderungen in Art. 160i Abs. 6 Satz 2, 3, Abs. 7 Gesellschaftsrechtsrichtlinie.

schaftsrechtsrichtlinie wurde durch § 320 Abs. 2 i. V. m. § 125 Abs. 1 Satz 1 i. V. m. § 15 Abs. 1 Satz 1 Halbs. 1 umgesetzt. Dieser Anspruch steht nur den Anteilsinhabern der beteiligten deutschen Gesellschaft zu. Der Anspruch besteht jedoch nur für diejenigen Anteilsinhaber, deren Recht, gegen die Wirksamkeit des Spaltungsbeschlusses Klage zu erheben, nach § 320 Abs. 2 i. V. m. § 125 Abs. 1 Satz 1 i. V. m. 14 Abs. 2 (Unangemessenheit des Umtauschverhältnisses) ausgeschlossen ist.

24 Bei der **Ausgliederung** besteht ein solcher Anspruch nicht (§ 320 Abs. 2 i. V. m. § 125 Abs. 1 Satz 1 Nr. 4),[29] auch nicht bei der Ausgliederung zur Aufnahme.[30]

25 Der Anspruch auf bare Zuzahlung ist gemäß § 320 Abs. 2 i. V. m. § 125 Abs. 1 Satz 1 i. V. m. § 15 Abs. 2 Satz 1 mit jährlich fünf Prozentpunkten über dem jeweiligen Basiszinssatz nach § 247 BGB zu **verzinsen.**

26 Eine **Anfechtungsklage**, die auf die **Unangemessenheit** des Umtauschverhältnisses gestützt wird, kann **nicht erhoben** werden (§ 320 Abs. 2 i. V. m. § 125 Abs. 1 Satz 1 i. V. m. § 14 Abs. 2). Dasselbe gilt auch bei bewertungsbezogenen Informationsmängeln.[31] Stattdessen können die Anteilsinhaber innerhalb von drei Monaten nach Wirksamwerden der grenzüberschreitenden Spaltung eine gerichtliche Nachprüfung im Spruchverfahren verlangen (§ 320 Abs. 2 i. V. m. § 125 Abs. 1 Satz 1 i. V. m. § 15 Abs. 1 Satz 2 UmwG; § 4 Abs. 1 Nr. 5 SpruchG).[32]

29) Art. 160s Gesellschaftsrechtsrichtlinie.

30) Krit. Lutter-*J. Schmidt*, UmwG, § 327 Rz. 83 f.

31) *Stelmaszczyk* in: BeckOGK-UmwG, § 327 Rz. 32;*Stiegler* in: NK-UmwG, § 327 Rz. 7; *J. Schmidt*, NJW 2023, 1241 (Rz. 31); *Hommelhoff*, NZG 2022, 683; Lutter-*J. Schmidt*, UmwG, § 327 Rz. 105.

32) Zu Einzelheiten Lutter-*J. Schmidt*, UmwG, § 327 Rz. 63 ff.

§ 328

Schutz der Gläubiger der übertragenden Gesellschaft*)

§ 314 gilt für die übertragende Gesellschaft und ihre Gläubiger entsprechend.

*) § 328 eingefügt durch Art. 1 des Gesetzes zur Umsetzung der Umwandlungsrichtlinie und zur Änderung weiterer Gesetze (UmRUG), v. 22.2.2023, BGBl. I 2023, Nr. 51.

Literatur: *Baschnagel/Hilser*, Gläubigerschutz bei grenzüberschreitenden Umwandlungen nach dem UmRUG, NZG 2022, 1333; *Brandi/Schmidt, M. K.*, Der grenzüberschreitende Formwechsel nach dem RegE zum UmRUG, DB 2022, 1880; *Bungert/Strothotte*, Die Regierungsentwürfe zu grenzüberschreitenden Verschmelzungen, Spaltungen und Formwechseln, DB 2022, 1818; *Drinhausen/Keinath*, Referentenentwurf eines Gesetzes zur Umsetzung der Umwandlungsrichtlinie, BB 2022, 1346; *Heckschen/Knaier*, Reform des Umwandlungsrechts kurz vor dem Ziel, ZIP 2022, 2205; *Schmidt, J.*, Der UmRUG-Referentenentwurf: grenzüberschreitende Umwandlungen 2.0 – und vieles mehr, (Teil 1) NZG 2022, 579; *Schmidt, J.*, Grenzüberschreitender Formwechsel in der EU – Eckpunkte des Rechtsrahmens und Herausforderungen bei der Umsetzung, ZEuP 2020, 565; *Schollmeyer*, Der Gläubigerschutz bei grenzüberschreitenden Umwandlungen nach der neuen Umwandlungsrichtlinie, ZGR 2020, 62; *Tafel*, Gläubigerschutz bei grenzüberschreitenden Umwandlungen bei Scheinauslands- und Scheininlandsgesellschaften sowie in Zessionsfällen, ZIP 2024, 2444.

Übersicht

I. Grundlagen

§ 328 wurde in Umsetzung des Art. 160j Abs. 1 Gesellschaftsrechtsrichtlinie[1)] neu in das UmwG eingefügt und gewährt mithilfe eines vollumfänglichen Verweises auf § 314 (siehe § 314 Rz. 1 ff. [*de Raet/Brunk*]) den (Alt-)Gläubigern einer sich herausspaltenden Gesellschaft zur Neugründung erstmals einen gerichtlich **durchsetzbaren Anspruch auf die Gewährung von Sicherheitsleistungen.**[2)] 1

Bis zur Umsetzung der Gesellschaftsrechtsrichtlinie[3)] existierten keine einheitlichen Bestimmungen der Mitgliedstaaten zum Schutze der Gläubiger, was nicht nur die Durchsetzung der ihnen zustehenden Forderungen gegen die sich spaltende, bzw. übertragende Gesellschaft erschwerte, sondern auch für die Gesellschaften selbst diesbezüglich zu Unsicherheiten führte.[4)] Gerade der Untergang des haftenden Rechtsträgers kann gravierende Auswirkungen auf die Rechtspositionen der Gläubiger haben.[5)] Ergänzt wird das Gläubigerschutzsystem des UmwG – in Umsetzung des Art. 160j Abs. 2 Gesellschaftsrechtsrichtlinie – durch die Anwendung der §§ 320 Abs. 2, 135 Abs. 1, 133. Diese bestimmen eine **gesamtschuldnerische Haftung** aller an der Spaltung beteiligten Rechtsträger, solange die maßgebenden Verbindlichkeiten vor dem Wirksamwerden der Spaltung begründet worden sind.[6)] 2

§ 328 i. V. m. § 314 ist nur bei der **Hinausspaltung einer inländischen Gesellschaft** anzuwenden, bei der ausschließlich deren Gläubiger anspruchsberechtigt sind. Im Falle der **Hereinspaltung** richten sich die Gläubigerschutzvorschriften nach dem für die übertragende Gesellschaft geltenden (ausländischen) Recht. Allerdings gilt über § 332 Satz 2 i. V. m. § 320 Abs. 2 i. V. m. § 125 Abs. 1 Satz 1 auch § 22 bei einer Hereinspaltung zur Aufnahme für die Gläubiger einer übernehmenden inländischen Gesellschaft. Die Gläubiger dieser Gesellschaft erhalten einen ex-post-Anspruch auf Sicherheitsleistung, was jedoch in der Praxis bisher nur eine untergeordnete Rolle gespielt hat.[7)] 3

Art. 160j Abs. 3 der Gesellschaftsrechtsrichtlinie gewährt dem nationalen Gesetzgeber darüber hinaus die Möglichkeit zur Einführung einer Regelung, die eine verpflichtende **Bonitätserklärung** seitens des Leitungsorgans der sich spaltenden Gesellschaft vorsieht. Zweck dessen ist der Schutz der Gläubiger vor dem Risiko einer nach der Spaltung auftretenden Insolvenz.[8)] In Deutschland wurde diese Regelung allerdings als nicht zweckmäßig angesehen, so dass sie **nicht umgesetzt** worden ist.[9)] 4

---

1) Richtlinie (EU) 2017/1132 des Europäischen Parlaments und des Rates v. 14.6.2017 über bestimmte Aspekte des Gesellschaftsrechts (Gesellschaftsrechtsrichtlinie), ABl. (EU) L 169/46 v. 30.6.2017.
2) Begr. RegE UmRUG, BT-Drucks. 20/3822, S. 111; grundlegend und vertiefend zum Gläubigerschutz bei grenzüberschreitenden Umwandlungen *Baschnagel/Hilser*, NZG 2022, 1333 ff.
3) Geändert durch Richtlinie (EU) 2019/2121 des Europäischen Parlaments und des Rates v. 27.11.2019 zur Änderung der Richtlinie (EU) 2017/1132 in Bezug auf grenzüberschreitende Umwandlungen, Verschmelzungen und Spaltungen (Umwandlungsrichtlinie), ABl. (EU) L 321/1 v. 12.12.2019.
4) ErwG 22 der Gesellschaftsrechtsrichtlinie.
5) *Baschnagel/Hilser*, NZG 2022, 1333 f.
6) Begr. RegE UmRUG, BT-Drucks. 20/3822, S. 111.
7) Begr. RegE UmRUG, BT-Drucks. 20/3822, S. 97; *Stelmaszczyk* in: BeckOGK-UmwG, § 328 Rz. 5.
8) ErwG 25 Satz 1 der Gesellschaftsrechtsrichtlinie.
9) Begr. RegE UmRUG, BT-Drucks. 20/3822, S. 97; *Brandi/M. K. Schmidt*, DB 2022, 1880, 1886.

5 Parallelvorschriften sind in § 314 für die grenzüberschreitende Verschmelzung (siehe § 314 Rz. 1 [*de Raet/Brunk*]) und in § 341 (siehe § 341 Rz. 1 [*Heinrichs*]) für den grenzüberschreitenden Formwechsel enthalten.

II. Sicherheitsleistung (§ 328 i. V. m. § 314 Abs. 1)

6 § 314 Abs. 1 gewährt den Gläubigern des sich spaltenden Rechtsträgers einen Anspruch auf Sicherheitsleistung, wenn diese zum einen **vor** der Bekanntmachung des Spaltungsplans nach § 323 einen (noch) **nicht fälligen Anspruch** hatten (§ 314 Abs. 1 Nr. 1) und zum anderen die Erfüllung dieses Anspruches **durch die Spaltung gefährdet ist** (§ 314 Abs. 1 Nr. 2).

7 Mithin wird durch die Vorschrift ein **ex-ante-Schutz** der Gläubiger normiert.[10] Der vorgelagerte Gläubigerschutz wird teils kritisch betrachtet, indem bereits ein einzelner Gläubiger das Spaltungsverfahren blockieren kann.[11] Dies geschieht im Wege eines **Suspensiveffekts**, hervorgerufen dadurch, dass die Eintragung der Spaltung nach dem § 329 Satz 1 i. V. m. § 316 Abs. 2 erst vorgenommen werden darf, sobald der Antrag des Gläubigers abgelehnt oder die entsprechende Sicherheit geleistet worden ist.[12]

8 In welcher Art und Weise die Sicherheitsleistung erbracht werden kann, bestimmt sich nach den **allgemeinen Vorschriften** der §§ 232 ff. BGB.[13] Bereits nach § 322 Abs. 2 i. V. m. § 307 Abs. 2 Nr. 14 (siehe § 322 Rz. 26 [*Heinrichs*]) hat die Gesellschaft im **Spaltungsplan** Angaben über die den Gläubigern angebotenen Sicherheiten zu machen. Entgegen des Wortlautes des § 307 Abs. 2 ist diese Angabe jedoch unter Berücksichtigung des Art. 160d lit. q Gesellschaftsrechtsrichtlinie fakultativ, der von „etwaigen Sicherheiten" spricht.[14] Sollte die Gesellschaft insofern keine oder zum Schutz der Gläubigerinteressen nur unzureichende Angaben gemacht haben und liegen die anspruchsbegründenden Voraussetzungen des § 314 Abs. 1 Nr. 1 und Nr. 2 vor, so können die Gläubiger ihren Anspruch auf Sicherleistung geltend machen.[15]

9 Wichtig in diesem Zusammenhang ist, dass das Recht auf Gewährung der **Sicherheitsleistung nur nachgelagert besteht.**[16] Zunächst müssen die Gläubiger die ihnen im Spaltungsplan angebotenen Sicherheiten prüfen und falls diese nicht zufriedenstellend sind, kann gerichtlich eine angemessene Sicherheitsleistung beantragt werden.[17]

1. Forderung (§ 314 Abs. 1 Nr. 1)

10 Die Forderung muss **vor Bekanntmachung des Spaltungsplanes oder seines Entwurfes** entstanden, darf jedoch **noch nicht fällig** geworden sein. Somit sind nur Forderungen von **Altgläubigern** erfasst. Neugläubiger sind nicht im gleichen Maße schutzbedürftig, da diese

10) Begr. RegE UmRUG, BT-Drucks. 20/3822, S. 97; ErwG 24 der Gesellschaftsrechtsrichtlinie; *Baschnagel/Hilser*, NZG 2022, 1333, 1335 f.; Schmitt/Hörtnagl-*Hörtnagl*, UmwG/UmwStG, § 314 UmwG Rz. 1; *Stiegler* in: NK-UmwG, § 328 Rz. 5; *Klaasen-Kaiser* in: KölnKomm-UmwG, § 314 Rz. 2; *J. Schmidt*, NZG 2022, 579, 585; *Schollmeyer* ZGR 2020, 62, 74 f.

11) *Baschnagel/Hilser*, NZG 2022, 1333, 1337 f.; *Stiegler* in: NK-UmwG, § 328 Rz. 5; *Bungert/Strothotte*, DB 2022, 1818, 1820.

12) Begr. RegE UmRUG, BT-Drucks. 20/3822, S. 97; *Stiegler* in: NK-UmwG, § 328 Rz. 5.

13) Begr. RegE UmRUG, BT-Drucks. 20/3822, S. 97.

14) So auch: *Baschnagel/Hilser*, NZG 2022, 1333, 1336; Schmitt/Hörtnagl-*Hörtnagl*, UmwG/UmwStG, § 314 UmwG Rz. 2; *Bungert/Strothotte*, BB 2022, 1411, 1416; *Drinhausen/Keinath*, BB 2022, 1346, 1347; *Stelmaszczyk* in: BeckOGK-UmwG, § 328 Rz. 17.

15) Begr. RegE UmRUG, BT-Drucks. 20/3822, S. 97.

16) *Stiegler* in: NK-UmwG, § 328 Rz. 3.

17) *Stiegler* in: NK-UmwG, § 328 Rz. 3.

bereits bei Entstehung ihrer Forderung in der Regel von der Spaltung Kenntnis hatten bzw. hätten haben müssen.[18] Ebenso verhält es sich mit Forderungen, die vor Bekanntmachung der Spaltung fällig geworden sind. Diese hätten unmittelbar geltend gemacht werden können, so dass ein zusätzlicher Schutz über den § 328 i. V. m. § 314 nicht erforderlich ist.[19] Die Vorschrift ist jedoch **teleologisch zu reduzieren**, wenn die Altforderung erst nach der Bekanntmachung abgetreten wird.[20]

2. Gefährdung (§ 314 Abs. 1 Nr. 2)

Als zweite anspruchsbegründende Voraussetzung müsste die **Erfüllung der Forderung durch die Spaltung gefährdet** sein. 11

Der bloße Umstand, dass die Altgläubiger ihre Forderung nach erfolgter Spaltung **im (EU-)Ausland geltend machen müssen**, stellt grundsätzlich keine ausreichende Gefährdung i. S. des § 314 Abs. 1 Nr. 2 dar. Dies ist denklogisch i. R. eines grenzüberschreitenden Umwandlungsvorganges immer der Fall, so dass jegliche Forderung – unter den Voraussetzungen der § 314 Abs. 1 Nr. 1 – von Altgläubigern tatbestandlich erfasst wäre.[21] Auch unter Berücksichtigung der weitgehenden Harmonisierung des Internationalen Zivilprozessrechts erscheint die bloße Rechtsdurchsetzung im Ausland nicht als hinreichende Gefahr i. S. des § 314 Abs. 1 Nr. 2.[22] Ebenso fehlt es an einer solchen, wenn der Schuldner bereits ausreichende (sonstige) Sicherheiten an den Gläubiger geleistet hat.[23] 12

Vielmehr ist eine darüber hinausgehende **konkrete Gefährdung der Erfüllung** der Gläubigerforderung notwendig.[24] Hierfür sind bspw. **erhebliche Bilanzverluste** der übernehmenden Gesellschaft, **Nachteile in der Prozessführung** wie eine längere Verfahrensdauer oder nachteilige Kostenregelungen erforderlich.[25] Nicht zu vernachlässigen sind auch mit der Spaltung einhergehenden Strukturveränderungen, die einen Abbau des **„institutionellen Gläubigerschutzes"** der beteiligten Gesellschaften dergestalt bewirken können, dass ein vormals bestehender Kapitalschutz aufgeweicht wird.[26] Diese können sich bspw. ganz grundsätzlich in Form eines für den Gläubiger nachteiligen Rechtsformwechsels materialisieren.[27] Auch ist eine konkrete Gefährdung zu bejahen, wenn der Gläubiger als Ergebnis der grenzüberschreitenden Spaltung einem neuen Schuldner gegenübersteht, **der erheblich weniger solvent ist.**[28] In seltenen Fällen kann jedoch auch bereits **die Verlagerung bedeutender Vermögensmassen ins Ausland** ausreichend sein. Dies ist allerdings nur 13

---

18) *J. Schmidt* ZEuP 2020, 565, 582.

19) *J. Schmidt* ZEuP 2020, 565, 582.

20) *Tafel*, ZIP 2024, 2444, 2447 f.

21) So auch *Klett* in: BeckOGK-UmwG, § 314 Rz. 15; Schmitt/Hörtnagl-*Hörtnagl*, UmwG/UmwStG, § 314 UmwG Rz. 8.

22) *J. Schmidt* ZEuP 2020, 565, 583; Semler/Stengel/Leonhard-*Drinhausen*, § 314 Rz. 8; Schmitt/Hörtnagl-*Hörtnagl*, UmwG/UmwStG, § 314 UmwG Rz. 8; *Klett* in: BeckOGK-UmwG, § 314 Rz. 15, 19; Lutter-*J. Schmidt*, § 328 Rz. 24.

23) Lutter-*J. Schmidt*, § 314 Rz. 27.

24) *J. Schmidt*, ZEuP 2020, 565, 583; Semler/Stengel/Leonhard-*Drinhausen*, UmwG, § 314 Rz. 8; Schmitt/Hörtnagl-*Hörtnagl*, UmwG/UmwStG, § 314 UmwG Rz. 8; *Klett* in: BeckOGK-UmwG, § 314 Rz. 15, 19; Lutter-*J. Schmidt*, UmwG, § 328 Rz. 24.

25) *Klett* in: BeckOGK-UmwG, § 314 Rz. 19; Henssler/Strohn-*Galla/Cé. Müller*, GesR, § 328 UmwG Rz. 3; Semler/Stengel/Leonhard-*Drinhausen*, § 314 UmwG Rz. 8.

26) Semler/Stengel/Leonhard-*Seulen*, UmwG, § 22 Rz. 23.

27) Semler/Stengel/Leonhard-*Seulen*, UmwG, § 22 Rz. 23.

28) Lutter-*J. Schmidt*, UmwG, § 314 Rz. 21; Semler/Stengel/Leonhard-*Drinhausen*, UmwG, § 314 Rz. 8.

dann der Fall, wenn ein inländisches Urteil im Zielstaat nicht vollstreckt werden kann, was innerhalb der EU jedoch nur selten vor kommt.[29]

III. Glaubhaftmachung gegenüber dem zuständigen Gericht (§ 314 Abs. 2, Abs. 3, Abs. 5)

14 Die durch § 314 Abs. 1 Nr. 1 und 2 aufgestellten Anspruchsvoraussetzungen sind gegenüber dem **zuständigen Gericht glaubhaft zu machen**, wenn der Gläubiger seinen Anspruch auf Sicherheitsleistungen durchsetzen will.

15 Dies stellt eine Abkehr von der Vorgängerregelung des § 122j Abs. 1 a. F. dar, welcher noch die Schuldnergesellschaft zum Adressaten der Anmeldung und Glaubhaftmachung erklärte.[30] Ebenso ist der Beweismaßstab nicht mehr nur auf die bloße Gefährdung, sondern auch **auf das Bestehen der Forderung selbst** zu beziehen. Dies verfolgt das Ziel andauernde Streitigkeiten über das Bestehen der Forderungen zu verhindern, um den angestrebten Sicherungszweck nicht zu vereiteln.[31]

16 Das (ausschließlich) **zuständige Gericht** wird in § 314 Abs. 5 bestimmt. Demnach ist das Gericht örtlich zuständig, dessen Bezirk das für die Erteilung der Vorabbescheinigung zuständige Registergericht angehört. Die sachliche Zuständigkeit richtet sich nach den allgemeinen Vorschriften der §§ 71, 23 GVG, so dass diese je nach Streitwert dem Amts- oder Landgericht zugewiesen sind.

17 Falls der Anspruch nicht innerhalb von **drei Monaten ab Bekanntmachung** des Spaltungsplanes (siehe § 323 Rz. 1 [*Heinrichs*]) gerichtlich – per Leistungsklage[32] – geltend gemacht wird, so erlischt dieser nach § 314 Abs. 3; die Geltendmachung gegenüber der Gesellschaft ist – anders als noch im Falle des § 122j a. F. – weder erforderlich noch ausreichend um diese Ausschlussfrist zu wahren.[33]

IV. Freigabe der Sicherheiten (§ 314 Abs. 4)

18 Im Falle eines **Scheiterns des Spaltungsverfahrens** sind geleistete Sicherheiten freizugeben (§ 314 Abs. 4). Eine Gefährdung der Forderung (siehe Rz. 11) kann in diesem Falle nicht mehr vorliegen.

19 Das Gesetz selbst nennt drei Fälle, in denen dies insbesondere, aber nicht abschließend, der Fall ist. Die Sicherheiten sind demnach insbesondere freizugeben, wenn die Entscheidung des Gerichts über die **Ablehnung der Eintragung** gemäß § 329 i. V. m. § 316 Abs. 1 rechtskräftig ist (§ 314 Abs. 4 Nr. 1); die Ablehnung der Entscheidung **nicht mehr anfechtbar** ist (§ 314 Abs. 4 Nr. 2) oder das Eintragungsverfahren auf **andere Weise endgültig beendet** worden ist.

20 Der Anspruch auf Freigabe ist **nach den allgemeinen Regeln und mittels Leistungsklage** als selbstständig einklagbarer und vollstreckungsfähiger Leistungsanspruch durchzusetzen.[34] Falls Ansprüche aus einem **Arbeitsverhältnis** betroffen sein sollten, steht dem Gläubiger auch aus Gründen des Arbeitnehmerschutzes der Rechtsweg zu den Arbeitsgerichten offen.[35]

29) *J. Schmidt* ZEuP 2020, 565, 583; Lutter-*J. Schmidt*, UmwG, § 328 Rz. 25; *Klett* in: BeckOGK-UmwG, § 314 Rz. 15, 19.

30) Begr. RegE UmRUG, BT-Drucks. 20/3822, S. 98.

31) Begr. RegE UmRUG, BT-Drucks. 20/3822, S. 98.

32) *Stelmaszczyk* in: BeckOGK-UmwG, § 328 Rz. 20; *Bungert/Strothotte*, DB 2022, 1818, 1820; *Heckschen/Knaier*, ZIP 2022, 2205, 2209.

33) Begr. RegE UmRUG, BT-Drucks. 20/3822, S. 98.

34) Begr. RegE UmRUG, BT-Drucks. 20/3822, S. 98.

35) Begr. RegE UmRUG, BT-Drucks. 20/3822, S. 98.

§ 329
Anmeldung und Spaltungsbescheinigung*)

[1]Die §§ 315 bis 317 sind mit Ausnahme des § 315 Absatz 3 Satz 1 Nummer 3 zweite Alternative sowie des § 316 Absatz 1 Satz 2, 3 und 4 entsprechend anzuwenden. [2]Die Eintragung ist mit dem Vermerk zu versehen, dass die grenzüberschreitende Spaltung erst mit ihrer Eintragung gemäß § 330 wirksam wird. [3]Über die Eintragung stellt das Gericht von Amts wegen eine Spaltungsbescheinigung aus.

*) § 329 eingefügt durch Art. 1 des Gesetzes zur Umsetzung der Umwandlungsrichtlinie und zur Änderung weiterer Gesetze (UmRUG), v. 22.2.2023, BGBl. I 2023, Nr. 51.

Literatur: *Bungert/Reidt*, Erweiterte Möglichkeiten grenzüberschreitender Umwandlungen – nach Abschluss des Gesetzgebungsverfahrens zum UmRUG, DB 2023, 54; *Löbbe*, Die grenzüberschreitende Umwandlung nach dem UmRUG, ZHR 187 (2023), 498; *Sauerbrey*, Der Mitbestimmungsschutz bei grenzüberschreitenden Umwandlungen nach dem UmRUGMitbestG, GmbHR 2023, 5; *Schmidt, J.*, Die weitreichende Reform des Umwandlungsrechts, NJW 2023, 1241; *Teichmann*, Mitbestimmungsschutz bei grenzüberschreitenden Umwandlungen, NZG 2023, 345.

Übersicht

I. Grundlagen

1 § 329 dient der Umsetzung von Art. 160m, 160o Gesellschaftsrechtsrichtlinie[1] und verweist zu diesem Zweck weitestgehend auf die §§ 315 bis 317.[2]

II. Anmeldung der Spaltung (§ 329 Satz 1 i. V. m. § 315)

2 § 329 Satz 1 i. V. m. § 315 regelt die Anmeldung zur **vorläufigen** Eintragung der grenzüberschreitenden **Hinausspaltung** einer deutschen übertragenden Gesellschaft. Die Anmeldung enthält auch den Antrag zum Erhalt der Spaltungsbescheinigung. Sodann müssen die neue(n) Gesellschaft(en) bei der grenzüberschreitenden Spaltung zur Neugründung bei den zuständigen Behörden des Sitzes der (jeweiligen) neuen Gesellschaft im Ausland angemeldet werden; dies richtet sich nach den nationalen Vorschriften des Zuzugsstaates, die auf Art. 160o, 160p Gesellschaftsrechtsrichtlinie basieren.[3] Für die **Hereinspaltung** gilt § 331.

1. Anmeldung (§ 315 Abs. 1)

3 Das **Vertretungsorgan** der übertragenden Gesellschaft muss das Vorliegen der (formellen und materiellen) Voraussetzungen für die grenzüberschreitende Spaltung zur Eintragung in das Register, in dem die übertragende Gesellschaft eingetragen ist, anmelden (§ 315 Abs. 1). Dafür genügt, dass die übertragende Gesellschaft ordnungsgemäß von den **Mitgliedern des Vertretungsorgans** vertreten wurde;[4] auch eine unechte Gesamtvertretung genügt.[5] Eine rechtsgeschäftliche Stellvertretung ist nur möglich, sofern die nach § 315 Abs. 3 erforderlichen höchstpersönlichen Versicherungen gesondert abgegeben werden;[6] gleiches gilt für die unechte Gesamtvertretung.[7] Davon unberührt bleibt die Möglichkeit, in der Anmeldung selbst Dritte zu bevollmächtigen (in der Regel die angestellten des Notars, der die Handelsregisteranmeldung beglaubigt hat), um Korrekturen der Anmeldung durchführen zu können.[8] Im Falle der Insolvenz ist anstelle des Vertretungsorgans der (vorläufige) Insolvenzverwalter (vgl. etwa §§ 22, 80 InsO) zur Anmeldung befugt.[9]

4 Örtlich zuständig ist das Registergericht, an welchem die Handelsregisteranmeldung zu erfolgen hat, dies ist der Ort des Satzungssitzes („bei dem Register des Sitzes der Gesellschaft").[10]

5 Die Anmeldung muss einen **Antrag** auf Erteilung der Spaltungsbescheinigung enthalten (Art. 160m Abs. 2 Gesellschaftsrechtsrichtlinie).[11] Die Anmeldung erfolgt nach den allgemeinen Regelungen (§ 12 HGB).[12]

---

1) Richtlinie (EU) 2017/1132 des Europäischen Parlaments und des Rates v. 14.6.2017 über bestimmte Aspekte des Gesellschaftsrechts (Gesellschaftsrechtsrichtlinie), ABl. (EU) L 169/46 v. 30.6.2017.

2) Begr. RegE UmRUG, BT-Drucks. 20/3822, S. 111.

3) *Luy* in: BeckOGK-UmwG, § 329 Rz. 3.

4) *Luy* in: BeckOGK-UmwG, § 342 Rz. 6.

5) Schmitt/Hörtnagl-*Winter*, UmwG/UmwStG, § 342 UmwG Rz. 2; *Luy* in: BeckOGK-UmwG, § 342 Rz. 7; *Reidt* in: KölnKomm-UmwG, § 342 Rz. 11.

6) Schmitt/Hörtnagl-*Winter*, UmwG/UmwStG, § 342 Rz. 2; *Luy* in: BeckOGK-UmwG, § 342 Rz. 7.

7) *Luy* in: BeckOGK-UmwG, § 342 Rz. 7; *Reidt* in: KölnKomm-UmwG, § 342 Rz. 34.

8) *Reidt* in: KölnKomm-UmwG, § 342 Rz. 12.

9) Vgl. Begr. RegE UmRUG, BT-Drucks. 20/3822, S. 98.

10) *Luy* in: BeckOGK-UmwG, § 342 Rz. 9.

11) So *Stiegler* in: NK-UmwG, § 329 Rz. 5 m. w. N; Henssler/Strohn-*Galla*/*Cé. Müller*, GesR, § 329 UmwG Rz. 3.

12) Vertiefend Widmann/Maier-*Stelmaszczyk*, UmwG, § 342 Rz. 38 ff.

2. Anmeldungsunterlagen (§ 315 Abs. 2)

Damit das Registergericht das Vorliegen der formellen und materiellen Voraussetzungen der grenzüberschreitenden Spaltung prüfen kann, muss der Zugriff auf die notwendigen Unterlagen vorliegen, welche das Vertretungsorgan der Anmeldung beizufügen hat.[13] Die dafür notwendigen Unterlagen ergeben sich aus § 329 Satz 1 i. V. m.§ 315 Abs. 1 i. V. m. § 17, wobei der Nachweis über die Zuleitung an den Betriebsrat nicht erforderlich ist, da die Beteiligung dessen durch den arbeitnehmerspezifischen Teil des Spaltungsberichts (§ 324 Abs. 1 Satz 2 i. V. m. §§ 309 Abs. 1 bis 5, 310 Abs. 1, 3) gewährleistet wird.[14] Benötigt das Gericht weitere Informationen kann es diese unter den Voraussetzungen des § 329 Satz 1 i. V. m. §§ 317, 315 Abs. 5 verlangen. 6

a) Beizufügende Unterlagen

Beizufügen sind[15] 7

- der Spaltungsplan (§ 342 Abs. 2 Nr. 1 lit. a bzw. §§ 342 Abs. 2, 199),
- Niederschriften der Spaltungsbeschlüsse (§§ 342 Abs. 2, 199),
- ggf. Zustimmungserklärung einzelner Anteilsinhaber (§§ 342 Abs. 2, 199),
- Bemerkungen der Anteilsinhaber zum Spaltungsplan (sofern vorhanden, vgl. § 342 Abs. 2 Nr. 2 i. V. m. § 336 i. V. m. § 308 Abs. 1 Satz 2 Nr. 4),
- Bemerkungen der Gläubiger zum Spaltungsplan (sofern vorhanden, vgl. § 342 Abs. 2 Nr. 2 i. V. m. § 336 i. V. m. § 308 Abs. 1 Satz 2 Nr. 4),
- Bemerkungen des Betriebsrats oder der Arbeitnehmer zum Spaltungsplan (sofern vorhanden, vgl. § 342 Abs. 2 Nr. 2 i. V. m. § 336 i. V. m. § 308 Abs. 1 Satz 2 Nr. 4),
- Spaltungsbericht (§§ 342 Abs. 2, 199),
- Spaltungsprüfungsbericht (§ 329 Satz 1 i. V. m. § 315 Abs. 2 i. V. m. § 17,
- Stellungnahme des Betriebsrats oder der Arbeitnehmer zum Spaltungsbericht (sofern vorhanden, vgl. § 337 Abs. 1 i. V. m. § 310 Abs. 3; § 342 Abs. 2 Nr. 2),
- Verzichtserklärungen der Anteilsinhaber (sofern vorhanden, vgl. §§ 342 Abs. 2, 198 Abs. 3, 16 Abs. 2,
- Versicherungen und Angaben gem. § 329 Satz 1 i. V. m. § 315 Abs. 3, 4[16],
- Schlussbilanz (§ 17 Abs. 2).[17]

Sind etwaige Bemerkungen und Stellungnahmen nicht vorhanden, ist eine entsprechende Negativerklärung mit Normverweis aufzunehmen.[18] 8

Bei der Anmeldung hat das Vertretungsorgan gemäß § 329 Satz 1 i. V. m. § 325 Abs. 2 i. V. m. § 16 Abs. 2 eine Erklärung über die Nichterhebung von Klagen **(Negativerklärung)** abzugeben (zur Vertiefung siehe § 16 Rz. 28 ff. [*Hoefling*]), sofern kein notariell beurkundeter Verzicht auf das Klagerecht seitens aller Anteilsinhaber vorliegt.[19] Daneben 9

---

13) Formulierungsvorschlag für eine abzugebende Erklärung *Luy* in: BeckOGK-UmwG, § 342 Rz. 12, 14.

14) Henssler/Strohn-*Galla/Cé. Müller*, GesR, § 329 UmwG Rz. 4; Kallmeyer-*Biller*, UmwG, § 329 Rz. 5; *Bungert/Strothotte*, BB 2022, 1411, 1420.

15) Überblick bei *Luy* in: BeckOGK-UmwG, § 342 Rz. 15-22.

16) *Stelmaszczyk* in: BeckOGK-UmwG, § 329 Rz. 23 ff., 30.

17) Henssler/Strohn-*Galla/Cé. Müller*, GesR, § 329 UmwG Rz. 4; so auch *Bungert/Strothotte*, BB 2022, 1411, 1420.

18) *Luy* in: BeckOGK-UmwG, § 342 Rz. 19 (bei Fn. 6).

19) Kallmeyer-*Biller*, UmwG, § 329 Rz. 3.

kann das Vertretungsorgan auch das Freigabeverfahren gemäß § 329 Satz 1 i. V. m. § 315 Abs. 2 i. V. m. § 16 Abs. 3 beantragen.

b) Nicht beizufügende Unterlagen

10 Ungeklärt ist, ob eine Vereinbarung über die Mitbestimmung der Arbeitnehmer beizufügen ist.[20] Aus § 331 Abs. 3 folgt, dass dies grundsätzlich in die Prüfungskompetenz der zuständigen Stelle des Zuzugsstaats fällt.[21] Das Registergericht kann jedoch von seinem Informationsrecht aus § 329 Satz 1 i. V. m. § 317 Gebrauch machen, insbesondere im Rahmen der Prüfung nach § 329 Satz 1 i. V. m. § 316 Abs. 3.

3. Versicherungserklärungen (§ 315 Abs. 3)

11 Die Mitglieder des Vertretungsorgans haben nach § 315 Abs. 3 mehrere Versicherungen gegenüber dem Registergericht abzugeben. Dies soll dem Registergericht eine Informationsgrundlage zur Prüfung der gesetzlichen Eintragungsvoraussetzungen verschaffen.[22] Der **Verstoß** gegen § 329 Satz 1 i. V. m. § 315 Abs. 3 Satz 1 Nr. 1 oder 4, Satz 2 ist gemäß § 348 Nr. 1 und 2 strafbewehrt. Es handelt sich um **höchstpersönliche** Erklärungen, so dass eine Stellvertretung nicht möglich ist (siehe Rz. 2). Die Versicherung kann gesondert und formlos abgegeben werden.[23]

12 Der Ausschluss des § 315 Abs. 3 Satz 1 Nr. 3 Alt. 2 i. R. des § 329 Satz 1 geht darauf zurück, dass die Leitungsorgane bei einer grenzüberschreitenden Spaltung – im Gegensatz zur grenzüberschreitenden Verschmelzung – nicht die Option haben, die gesetzlichen Auffangregelungen ohne vorherige Verhandlungen zur Anwendung zu bringen.[24]

a) Sicherheitsleistung (§ 315 Abs. 3 Satz 1 Nr. 1)

13 Die Mitglieder des Vertretungsorgans haben zu versichern, dass allen Gläubigern die gemäß § 322 Abs. 2 i. V. m. § 307 Abs. 2 Nr. 14 angebotene Sicherheit **geleistet** wurde (§ 329 Satz 1 i. V. m. § 315 Abs. 3 Satz 1 Nr. 1). Die Versicherung bezieht sich nur auf Ansprüche, die von berechtigten Gläubigern **geltend gemacht** wurden, nicht also auf alle Gläubiger. Zudem bezieht sich § 329 Satz 1 i. V. m. § 315 Abs. 3 Satz 1 Nr. 1 nicht auf den nachgelagerten Anspruch auf Sicherheitsleistung infolge einer gerichtlichen Geltendmachung nach § 328 i. V. m. § 314.[25]

b) Arbeitnehmerrechte (§ 315 Abs. 3 Satz 1 Nr. 2)

14 Die Mitglieder des Vertretungsorgans haben zu versichern, dass die Unterrichtungs- und Anhörungsrechte der Arbeitnehmer eingehalten wurden (§ 329 Satz 1 i. V. m. § 315 Abs. 3 Satz 1 Nr. 2). Darunter fällt: Die zuständigen Betriebsräte (bzw. sofern nicht vorhanden, die Arbeitnehmer) mussten die Möglichkeit haben, Bemerkungen zum Spaltungsplan (vgl. § 323 i. V. m. § 308 Abs. 1 Satz 2 Nr. 4 lit. b) an die jeweilige Gesellschaft zu übermitteln. Zudem musste der Spaltungsbericht den zuständigen Betriebsräten (bzw. sofern nicht vorhanden, den Arbeitnehmern) zugänglich gemacht werden (vgl. § 324 Abs. 1 Satz 2 i. V. m. § 310 Abs. 1). Sofern die Betriebsräte (bzw. sofern nicht vorhanden, die Arbeitnehmer)

20) Überblick bei *Luy* in: BeckOGK-UmwG, § 342 Rz. 22.

21) So auch *Reidt* in: KölnKomm-UmwG, § 342 Rz. 25; *Luy* in: BeckOGK-UmwG, § 342 Rz. 22.

22) Begr. RegE UmRUG, BT-Drucks. 20/3822, S. 99.

23) *Luy* in: BeckOGK-UmwG, § 342 Rz. 10; *Reidt* in: KölnKomm-UmwG, § 342 Rz. 36.

24) Semler/Stengel/Leonard-*Drinhausen*, UmwG, § 329 Rz. 4; *Stelmaszczyk* in: BeckOGK-UmwG, § 329 Rz. 27.

25) *Stiegler* in: NK-UmwG, § 329 Rz. 10; Semler/Stengel/Leonard-*Drinhausen*, UmwG, § 342 Rz. 9.

Stellung zum Bericht genommen hat, müssen die Anteilsinhaber hierüber informiert werden (vgl. § 324 Abs. 1 Satz 2 i. V. m. § 310 Abs. 3).

c) Verfahren zur Arbeitnehmermitbestimmung (§ 315 Abs. 3 Satz 1 Nr. 3)

Die Mitglieder des Vertretungsorgans haben zu versichern, dass das Verfahren zur Regelung der Arbeitnehmermitbestimmung bereits begonnen hat. Dabei kommt es für den „Beginn“ des Verfahrens nach der h. M. darauf an, dass das besondere Verhandlungsgremium jedenfalls konstituiert wurde (§ 15 MgFSG[26]).[27] 15

d) Nichtvorliegen von Insolvenzgründen (§ 315 Abs. 3 Satz 1 Nr. 4)

Die Mitglieder des Vertretungsorgans haben zudem nach §§ 329 Satz 1 i. V. m. § 315 Abs. 3 Satz 1 Nr. 4 zu versichern, dass sich die übertragende Gesellschaft nicht im Zustand der (drohenden) Zahlungsunfähigkeit (§§ 17 Abs. 2, 18 Abs. 2 InsO) oder der Überschuldung (§ 19 Abs. 2 InsO) befindet.[28] Die Norm bezieht sich nur auf den in den §§ 17 ff. InsO beschriebenen **Zustand**, nicht auf die weiteren Voraussetzungen zur Einleitung eines Insolvenzverfahrens.[29] Durch die Vorschrift wird dem Registergericht die Prüfung ermöglicht, ob die geplante Spaltung mit Blick auf das Insolvenzrecht missbräuchlich i. S. des § 329 Satz 1 i. V. m. § 316 Abs. 3 ist.[30] 16

Kann die Versicherung nicht abgegeben werden, ist der erfüllte Insolvenzeröffnungsgrund mitzuteilen und ob ein Insolvenzverfahren beantragt oder eröffnet ist (vgl. § 329 Satz 1 i. V. m. § 315 Abs. 3 Satz 2). Eine Falschangabe ist auch hier gemäß § 348 Nr. 2 strafbewehrt.[31] 17

Eine Herausspaltung ist, wie sich aus § 329 Satz 1 i. V. m. § 315 Abs. 3 Satz 2 ergibt, auch nach Eröffnung des Insolvenzverfahrens noch möglich. Dies setzt jedoch voraus, dass die Fortsetzung der Gesellschaft im Insolvenzverfahren noch beschlossen werden kann, so dass es der Fortsetzungsmöglichkeit i. R. eines Insolvenzplanverfahrens bedarf. Weil vor allem bei der Spaltung die Gefahr besteht, dass sich die Gesellschaft zum Nachteil ihrer Gläubiger den gläubigerschützenden deutschen Vorschiften entzieht, muss das Registergericht dieses Verhalten genau prüfen.[32] 18

4. Mitteilungspflichten (§ 315 Abs. 4)

§ 329 Satz 1 i. V. m. § 315 Abs. 4 verpflichtet die Vertretungsorgane zu weiteren (nicht strafbewehrten) Mitteilungen gegenüber dem Registergericht. Die übermittelten Informationen dienen dem Registergericht als Informationsgrundlage für die Missbrauchsprüfung gem. § 329 Satz 1 i. V. m. § 316 Abs. 3.[33] 19

---

26) Gesetz zur Umsetzung der Bestimmungen der Umwandlungsrichtlinie über die Mitbestimmung der Arbeitnehmer bei grenzüberschreitendem Formwechsel und grenzüberschreitender Spaltungen (MgFSG), v. 4.1.2023, BGBl. I 2023, Nr. 10.

27) Begr. RegE UmRUG, BT-Drucks. 20/3822, S. 99; *Stelmaszczyk* in: BeckOGK-UmwG, § 329 Rz. 27; Lutter-*J. Schmidt*, UmwG, § 342 Rz. 37; *Reidt* in: KölnKomm-UmwG, § 342 Rz. 44 ff.; a. A.: Semmler/Stengel/Leonard-*Drinhausen*, UmwG, § 342 Rz. 11; Schmitt/Hörtnagl-*Winter*, UmwG/UmwStG, § 342 UmwG Rz. 5.

28) Krit. dazu, dass auch die drohende Zahlungsunfähigkeit erfasst ist *Reidt* in: KölnKomm-UmwG, § 342 Rz. 48 ff.

29) Begr. RegE UmRUG, BT-Drucks. 20/3822, S. 99.

30) Begr. RegE UmRUG, BT-Drucks. 20/3822, S. 99.

31) *Luy* in: BeckOGK-UmwG, § 342 Rz. 29; *Reidt* in: KölnKomm-UmwG, § 342 Rz. 56.

32) Begr. RegE UmRUG, BT-Drucks. 20/3822, S. 100.

33) Begr. RegE UmRUG, BT-Drucks. 20/3822, S. 100.

20 Das Gericht kann die erforderlichen Informationen gemäß § 329 Satz 1 i. V. m. § 317 Satz 1 verlangen.[34] Werden die Informationen nicht mitgeteilt, lehnt das Gericht die Eintragung gemäß § 382 Abs. 3, 4 FamFG ab.[35]

21 Die mitzuteilende **Anzahl der Arbeitnehmer** (§ 329 Satz 1 i. V. m. § 315 Abs. 4 **Nr. 1**) ist mit Blick auf die Vier-Fünftel-Schwelle des § 5 Nr. 1 MgFSG[36] und die Missbrauchsprüfung nach § 329 Satz 1 i. V. m. § 316 Abs. 3 Satz 4 Nr. 2 Var. 1 von Relevanz. „Arbeitnehmer" i. S. dieser Vorschrift sind daher nur diejenigen, die für die Berechnung der mitbestimmungsrechtlichen Schwelle von Relevanz sind, also die Pro-Kopf-Anzahl der in **inländischen** Betrieben beschäftigten Arbeitnehmer.[37] Maßgebender Zeitpunkt ist die **Aufstellung des Spaltungsplans**, wobei auch hier der finale Entwurf des Spaltungsplans genügt.[38]

22 Die mitzuteilende **Anzahl der Tochtergesellschaften** und ihrer jeweiligen **geografischen Standorte** (§ 329 Satz 1 i. V. m. § 315 Abs. 4 **Nr. 2**) sollte zu einer eindeutigen Identifizierbarkeit führen; Firma Rechtsform, Sitz und Sitzstaat sollten angegeben werden. Unklar ist der Begriff des geografischen Standorts, doch sollte darunter aufgrund des tatsächlichen Ortsbezugs („geografisch") der Verwaltungssitz zu verstehen sein.[39]

23 Die Mitteilung darüber, ob **Verbindlichkeiten gegenüber der öffentlichen Hand** (§ 329 Satz 1 i. V. m. § 315 Abs. 4 **Nr. 3**) bestehen, dient der Missbrauchsprüfung des Registergerichts nach § 329 Satz 1 i. V. m. § 316 Abs. 3 Satz 4 Nr. 2. Als solche Verbindlichkeiten kommen insbesondere Steuerschulden, Subventionen, Verbindlichkeiten gegenüber den Sozialkassen sowie zurückzugewährende Beihilfen in Betracht.[40] Erfasst ist nur die formwechselnde Gesellschaft, nicht auch deren Tochtergesellschaften.[41]

24 Bei § 315 Abs. 4 Nr. 2 und 3 wird für den **maßgebenden Zeitpunkt** nicht auf die Aufstellung des Formwechselplans abgestellt, so dass maßgeblicher Zeitpunkt der Anmeldung ist.[42] Liegen die Voraussetzungen für eine der Mitteilungspflichten nicht vor, genügt eine **Negativerklärung.**

25 Weil eine Abspaltung oder Ausgliederung unter Umständen zu einer Kapitalherabsetzung führt, sollte das Handelsregister bei der Anmeldung auf die vor der Eintragung der grenzüberschreitenden Spaltung erforderliche Kapitalherabsetzung (vgl. §§ 139 Satz 2, 145 Satz 2) hingewiesen werden.[43]

5. Informationsrecht (§ 315 Abs. 5)

26 Das Prozessgericht muss gemäß § 329 Satz 1 i. V. m. § 315 Abs. 5 dem Registergericht auf Anforderung mitteilen, ob innerhalb der Frist des § 328 i. V. m. § 314 Abs. 3 eine Sicherheitsleistung geltend gemacht wurde. Systematisch passt die Norm eher zu § 329 Satz 1

34) Begr. RegE UmRUG, BT-Drucks. 20/3822, S. 100.
35) Begr. RegE UmRUG, BT-Drucks. 20/3822, S. 100.
36) Krit. dazu *Löbbe*, ZHR 187 (2023), 498, 532 f.
37) *Reidt* in: KölnKomm-UmwG, § 342 Rz. 58; zur Frage der Zurechnung von Arbeitnehmern in Konzerngesellschaften wegen § 5 MitbestG und § 2 Abs. 2 DrittelbG *Reidt* in: KölnKomm-UmwG, § 342 Rz. 59 f.
38) *Stiegler* in: NK-UmwG, § 329 Rz. 18.
39) *Luy* in: BeckOGK-UmwG, § 342 Rz. 34; *Reidt* in: KölnKomm-UmwG, § 342 Rz. 64.
40) *Stiegler* in: NK-UmwG, § 329 Rz. 20.
41) Zur Art der Aufstellung s. *Reidt* in: KölnKomm-UmwG, § 342 Rz. 69, der eine zusammenfassende Darstellung als sinnvoll und praxisgerecht ansieht.
42) *Luy* in: BeckOGK-UmwG, § 342 Rz. 36; Widmann/Maier-*Stelmaszczyk*, UmwR, § 342 UmwG Rz. 31.
43) *Stelmaszczyk* in: BeckOGK-UmwG, § 329 Rz. 31.

i. V. m. § 317. Die sachliche Zuständigkeit bestimmt sich nach den allgemeinen Vorschriften, so dass in der Regel der Streitwert maßgeblich sein wird.[44)]

III. Die Spaltungsbescheinigung (§ 329 Satz 1 i. V. m. § 316, § 329 Satz 2, 3)

1. Grundlagen

27 § 329 i. V. m. § 316 dient der Umsetzung der Art. 160m, 160n Gesellschaftsrechtsrichtlinie. Gegenstand ist die **vorläufige** Eintragung der grenzüberschreitenden Hinausspaltung und die damit verbundene Ausstellung der Spaltungsbescheinigung durch das zuständige deutsche Registergericht.[45)] Ohne die Bescheinigung kann die zuständige Stelle des Zuzugsstaates keine wirksamkeitsbegründende Eintragung vornehmen (Art. 160o Gesellschaftsrechtsrichtlinie).[46)] § 329 Satz 1 i. V. m. § 316 liegt damit eine **zweistufige Prüfung** zugrunde, nämlich die Prüfung im Wegzugsstaat und die Prüfung im Zuzugsstaat.[47)]

28 Im Gegensatz zur **nationalen** Spaltung wird die grenzüberschreitende Spaltung zunächst beim übertragenden Rechtsträger eingetragen. Hintergrund ist, dass dadurch erst die Spaltungsbescheinigung ausgestellt werden kann, die die zuständige Stelle im Wegzugsstaat für die dortige Eintragung benötigt. Aus diesem Grund ist die Eintragung mit dem Vermerk zu versehen, dass die grenzüberschreitende Spaltung erst mit ihrer Eintragung gemäß § 330 wirksam wird. § 330 regelt die **endgültige** Eintragung der grenzüberschreitenden Hinausspaltung beim übertragenden Rechtsträger, nachdem die neue(n) übernehmende(n) Gesellschaft(en) eingetragen wurden.[48)] Zur Hereinspaltung siehe § 331 [*Heinrichs*].

2. Prüfung; Eintragung; Spaltungsbescheinigung (§ 316 Abs. 1)

29 Innerhalb von drei Monaten, nachdem das Vertretungsorgan die grenzüberschreitende Spaltung gem. § 329 Satz 1 i. V. m. § 315 angemeldet hat, hat das Gericht dessen Voraussetzungen zu prüfen.

30 Die Frist beginnt mit Eingang der vollständigen Anmeldung, d. h. mit allen erforderlichen Erklärungen, Versicherungen und Anlagen.[49)] Der Prüfungszeitraum erstreckt sich jedoch nicht auf Rechtsmittelverfahren.[50)]

31 In den Fällen des § 329 Satz 1 i. V. m. § 316 Abs. 3 Satz 3 und Abs. 4 kann die Frist um drei Monate verlängert werden (siehe dazu sogleich Rz. 43, 50).[51)]

a) Prüfungsgegenstand

32 Der **Prüfungsgegenstand** entspricht den nach § 329 Satz 1 i. V. m. § 315 beizufügenden Unterlagen, Erklärungen und Versicherungen.[52)] Hinzukommt die Spaltungsfähigkeit (siehe § 334 Rz. 1 ff. [*Heinrichs*]). In der Regel wird das Registergericht auch prüfen, ob eine Sicherheitsleistung gerichtlich geltend gemacht wurde (vgl. § 329 Satz 1 i. V. m. § 315 Abs. 5). Eine Missbrauchsprüfung (§ 316 Abs. 3, siehe dazu unten Rz. 42 ff.) ist nur bei Anhaltspunkten vorzunehmen. Zudem muss die vollständige Satzung des geplanten Zielrechts-

44) *Sitter* in: NK-UmwG, § 314 Rz. 18.
45) Begr. RegE UmRUG, BT-Drucks. 20/3822, S. 119.
46) Begr. RegE UmRUG, BT-Drucks. 20/3822, S. 100.
47) *J. Schmidt*, ZEuP 2020, 565, 574.
48) Semler/Stengel/Leonard-*Drinhausen*, UmwG, § 330 Rz. 1.
49) Begr. RegE UmRUG, BT-Drucks. 20/3822, S. 100.
50) Begr. RegE UmRUG, BT-Drucks. 20/3822, S. 100.
51) Zum Verhältnis zu §§ 35, 36 HRV *Reidt* in: KölnKomm-UmwG, § 343 Rz. 24.
52) Überblick bei *Luy* in: BeckOGK-UmwG, § 343 Rz. 7 ff.

trägers dem Formwechselplan gemäß § 322 Abs. 2 Nr. 2, Nr. 9 beigefügt sein.[53)] **Kein** Prüfungsgegenstand ist insbesondere die Durchführung eines ggf. nach dem MgFSG erforderlichen Verfahrens zur Regelung der Arbeitnehmermitbestimmung.[54)]

b) Eintragungspflicht

33 Liegen die Voraussetzungen vor, hat das Registergericht die **Pflicht**, die Eintragung vorzunehmen und die Spaltungsbescheinigung auszustellen. Zunächst hat die Eintragung mit dem Vermerk zu erfolgen, dass die grenzüberschreitende Spaltung nur unter den Voraussetzungen des Zuzugsstaates wirksam wird (sog. **Vorläufigkeitsvermerk**, § 329 Satz 1 i. V. m. § 316 Abs. 1 Satz 3). Sobald die grenzüberschreitende Spaltung nach dem Recht des Zuzugsstaates wirksam wird, wird der Wirksamkeitsvermerk beim deutschen Registergericht eingetragen (sog. **Wirksamkeitsvermerk**, § 329 Satz 1 i. V. m. § 316 Abs. 5).

34 Liegen die Voraussetzungen nicht vor, richtet sich das weitere Verfahren nach dem FamFG, insb. § 382 Abs. 3 FamFG i. V. m. § 38 Abs. 3 Satz 1, §§ 40, 41 FamFG.[55)] Bei behebbaren Hindernissen hat das Gericht der anmeldenden Gesellschaft zunächst eine angemessene Frist zur Beseitigung zu setzen.

c) Inhalt der Eintragung

35 Der **Inhalt** der Eintragung wird insbesondere durch § 329 Satz 2 vorgegeben. Danach ist die Eintragung mit dem Vermerk zu versehen, dass die grenzüberschreitende Spaltung erst mit ihrer Eintragung gemäß § 330 wirksam wird (vgl. § 330 Abs. 1 Satz 2). Sobald die grenzüberschreitende Spaltung wirksam geworden ist, muss das deutsche Registergericht den Tag des Wirksamwerdens vermerken (§ 329 Satz 1 i. V. m. § 316 Abs. 5). § 329 Satz 1 schließt i. R. des umfassenden Verweises auf die §§ 315 bis 317 den § 316 Abs. 1 Satz 2, 3, 4 aus. § 316 Abs. 1 Satz 2 ist entgegen des Wortlauts des § 329 Satz 1 jedoch in richtlinienkonformer Auslegung anzuwenden.[56)] Die Eintragung muss daher auch

– die Bezeichnung des Spaltungsverfahrens und
– der an ihm beteiligten Gesellschaften sowie
– die Feststellung, dass alle einschlägigen Voraussetzungen erfüllt und
– alle erforderlichen Verfahren und Formalitäten erledigt sind,

enthalten.

36 Die Normen dienen dazu, eine **eindeutige Zuordnung für den Rechtsverkehr** und das Registergericht des Zuzugsstaates zu gewährleisten;[57)] es soll verhindert werden, dass die zuständige Stelle im Zuzugsstaat die Eintragungsnachricht als Grundlage der wirksamkeitsbegründenden Eintragung nicht akzeptiert.[58)] Das Datum und die UVZ-Nr. der notariellen Urkunde ist anzugeben und die an der grenzüberschreitenden Spaltung beteiligten Gesellschaften sind eindeutig zu bezeichnen (Firma, Satzungssitz, Registernummer).[59)]

---

53) *Stiegler* in: NK-UmwG, § 343 Rz. 5.

54) *Luy* in: BeckOGK-UmwG, § 343 Rz. 9; *Reidt* in: KölnKomm-UmwG, § 343 Rz. 5, 32; Semler/Stengel/Leonard-*Drinhausen*, UmwG, § 343 Rz. 4.

55) Begr. RegE UmRUG, BT-Drucks. 20/3822, S. 101.

56) *Leuering/Billerbeck* in: KölnKomm-UmwG, § 329 Rz. 58; Semler/Stengel/Leonard-*Drinhausen*, UmwG, § 329 Rz. 8; Lutter-*J. Schmidt*, UmwG, § 329 Rz. 88.

57) Begr. RegE UmRUG, BT-Drucks. 20/3822, S. 101.

58) Begr. RegE UmRUG, BT-Drucks. 20/3822, S. 101.

59) Begr. RegE UmRUG, BT-Drucks. 20/3822, S. 101; *Luy* in: BeckOGK-UmwG, § 343 Rz. 13.

d) Spaltungsbescheinigung

37 Das Gericht stellt von Amts wegen eine Spaltungsbescheinigung über die Eintragung aus (§ 329 Satz 3). Dabei handelt es sich nicht um eine eigenständige gerichtliche Entscheidung; die Bescheinigung gibt lediglich den **Inhalt der Eintragung** wieder.[60] Die Bescheinigung wird als **schlüssiger Nachweis** der ordnungsgemäßen Erledigung des vorangegangen Umwandlungsverfahrens anerkannt (Art. 160o Abs. 5 Gesellschaftsrechtsrichtlinie). Ohne die Bescheinigung darf die Eintragung beim Zuzugsstaat nicht erfolgen (vgl. Art. 160o Abs. 5 Gesellschaftsrechtsrichtlinie, § 331 Abs. 2 Satz 2 für die Hereinspaltung). Die Spaltungsbescheinigung fungiert daher als **Bindeglied** zwischen den für die Eintragung zuständigen Behörden der verschiedenen Rechtsordnungen und ist für das Verfahren daher von zentraler Bedeutung.[61]

3. Eintragungszeitpunkt (§ 316 Abs. 2)

38 § 329 Satz 1 i. V. m. § 316 Abs. 2 enthält verschiedene **Eintragungshindernisse.** Die Eintragung darf daher nicht vorgenommen werden, solange die **Frist zur Annahme des** im Spaltungsplans befindlichen **Barabfindungsangebots** (§ 327 i. V. m. § 313 Abs. 3 Satz 1: zwei Monate nach Zustimmung der Anteilsinhaberversammlung) und die materielle Ausschlussfrist zur Geltendmachung der Gläubigersicherheiten (§ 328 Abs. 1 i. V. m. § 314 Abs. 3: drei Monate ab Bekanntmachung des Spaltungsplans) noch nicht abgelaufen sind.[62]

39 Die Anteilsinhaber, die das Abfindungsangebot annehmen, werden nicht Anteilsinhaber der neuen Gesellschaft (siehe § 340 Rz. 17 [*Heinrichs*]). Könnte die grenzüberschreitende Spaltung nun eingetragen werden, obwohl die Annahmefrist noch nicht abgelaufen ist, wäre unklar, wem diese Anteile zugeordnet werden sollen. Diese Rechtsunsicherheit soll vermieden werden.[63] Sofern alle Anteilsinhaber der Spaltung **zugestimmt** haben, ist das **Abwarten dieser Frist entbehrlich** (§ 329 Satz 1 i. V. m. § 316 Abs. 3 Satz 2).

40 Auch die Frist des § 328 Abs. 1 i. V. m. § 314 Abs. 3 ist für die Gläubiger zu beachten.[64] Ist diese abgelaufen, ist **nur noch die Versicherung der Mitglieder des Vertretungsorgans** erforderlich (vgl. § 329 Satz 1 i. V. m. § 315 Abs. 4).[65] Wurde eine Sicherheit beantragt, darf das Gericht die Eintragung nur unter den Voraussetzungen des § 329 Satz 1 i. V. m. § 316 Abs. 2 Satz 3 vornehmen. Die Eintragung darf daher nicht vorgenommen werden, bevor die den Antrag ablehnende Entscheidung rechtskräftig ist (§ 316 Abs. 2 Satz 3 Nr. 1), die in der Entscheidung festgelegte Sicherheit geleistet wurde (§ 316 Abs. 2 Satz 3 Nr. 2) oder die den Antrag teilweise ablehnende Entscheidung rechtskräftig ist und die in der Entscheidung festgelegte Sicherheit geleistet wurde (§ 316 Abs. 2 Satz 3 Nr. 3).

41 Hier kommt die **starke Stellung des Gläubigers** zum Vorschein (siehe § 328 Rz. 5 [*Heinrichs*]). Durch die Norm wird die **Durchsetzung des Sicherheitsanspruchs** gewährleistet.[66] Sofern das Gericht dem Gläubigerantrag stattgegeben hat, ist die Sicherheitsleistung durch die Gesellschaft dem Registergericht nachzuweisen (§ 329 Satz 1 i. V. m. § 316 Abs. 2 Satz 4). Die Form des Nachweises liegt im Ermessen des Gerichts,[67] wird aber

60) Schmitt/Hörtnagl-*Rinke*, UmwG/UmwStG, § 329 UmwG Rz. 8.
61) *Stiegler* in: NK-UmwG, § 343 Rz. 30.
62) Begr. RegE UmRUG, BT-Drucks. 20/3822, S. 101.
63) Begr. RegE UmRUG, BT-Drucks. 20/3822, S. 101.
64) Krit. zu der damit einhergehenden starken Stellung der Gläubiger *Reidt* in: KölnKomm-UmwG, § 341 Rz. 6, 8 m. w. N.
65) Begr. RegE UmRUG, BT-Drucks. 20/3822, S. 102.
66) Begr. RegE UmRUG, BT-Drucks. 20/3822, S. 102.
67) Begr. RegE UmRUG, BT-Drucks. 20/3822, S. 102.

regelmäßig von der Art der Sicherheit abhängen. Das Gericht kann auch hier eine strafbewehrte Versicherung über die Leistung der Sicherheit verlangen (§ 329 Satz 1 i. V. m. § 316 Abs. 2 Satz 5, § 348 Satz 1 a. E.).

4. Missbrauchskontrolle (§ 316 Abs. 3)

42 Das Registergericht hat bei Vorliegen von **Anhaltspunkten** zu prüfen, ob die grenzüberschreitende Spaltung zu **missbräuchlichen Zwecken** verwendet werden könnte, die dazu führen (sollen), sich Unionsrecht oder nationalem Recht zu entziehen oder zu umgehen. Dabei kommt es stets auf die gesamten **Umstände des Einzelfalls** an. Dies dient insbesondere dem Schutz der Stakeholder, vor allem Arbeitnehmern, Betriebsrentnern, Anwartschaftsberechtigten und Gläubigern.[68] Missbräuchliche Zwecke sollen nach dem Gesetzgeber die Ausnahme vom Regelfall darstellen.[69]

43 Liegen missbräuchliche Zwecke vor, lehnt das Gericht die Eintragung gemäß § 316 Abs. 1 ab (§ 329 Satz 1 i. V. m. § 316 Abs. 3 Satz 2). Das Gericht kann wegen einer solchen Prüfung die **Prüfungsfrist** um bis zu drei Monate **verlängern** (§ 329 Satz 1 i. V. m. § 316 Abs. 3 Satz 3) und hat dies in entsprechender Anwendung von § 329 Satz 1 i. V. m. § 316 Abs. 4 der übertragenden Gesellschaft mitzuteilen.[70] Zum Zwecke der Missbrauchsprüfung kann das Gericht die erforderlichen **Informationen einholen** (§ 329 Satz 1 i. V. m. § 317, § 315 Abs. 5).

44 § 316 Abs. 3 Satz 1 ist im Lichte des durch den EuGH geprägten Missbrauchsbegriff anzuwenden.[71] In der Regel wird die Bejahung missbräuchlicher Zwecke daher voraussetzen, dass formal die Verfahrensvorschriften eingehalten werden, der Vollzug der grenzüberschreitenden Spaltung aber zu einem Ergebnis führt, das dem Ziel der Vorschriften nicht entspricht oder zuwiderläuft und dass aus diesen tatsächlichen Umständen ersichtlich ist, dass sich die beteiligten Gesellschaften durch Anwendung der Verfahrensvorschriften einen willkürlichen oder ungerechtfertigten Vorteil verschaffen möchten.[72]

45 Das Gericht soll eine Missbrauchsprüfung nach § 316 Abs. 3 nur bei **Anhaltspunkten** vornehmen. Solche **„Anhaltspunkte"** können sich insbesondere aus den übermittelten Dokumenten und Versicherungen und Mitteilungen ergeben; auch Hinweise Dritter (bspw. von Gewerkschaften) sind hierzu geeignet.[73] Insbesondere auch gläubigerbenachteiligende Zwecke können als Anhaltspunkt dienen (vgl. auch § 329 Satz 1 i. V. m. § 315 Abs. 3 Satz 1 Nr. 4.[74] § 329 Satz 1 i. V. m. § 316 Abs. 3 Satz 4 enthält eine (nicht abschließende) Aufzählung weitere Anhaltspunkte, die ein missbräuchliches Handeln aber nicht begründen;[75] sie sind eben nur „Anhaltspunkte".

a) § 316 Abs. 3 Satz 4 Nr. 1 (Verfahren über Arbeitnehmerbeteiligung)

46 Anhaltspunkte i. S. des § 316 Abs. 3 Satz 1 liegen vor, wenn das Verhandlungsverfahren zur Regelung der Arbeitnehmermitbestimmung erst auf Aufforderung des Gerichts einge-

68) *Stiegler* in: NK-UmwG, § 343 Rz. 7.

69) Begr. RegE UmRUG, BT-Drucks. 20/3822, S. 103).

70) Zu Letzterem *Stiegler* in: NK-UmwG, § 343 Rz. 22.

71) Begr. RegE UmRUG, BT-Drucks. 20/3822, S. 103.

72) Begr. RegE UmRUG, BT-Drucks. 20/3822, S. 102.

73) Begr. RegE UmRUG, BT-Drucks. 20/3822, S. 103.

74) Zu weiteren Indizien s. ErwG 36 der Umwandlungsrichtlinie (Richtlinie (EU) 2019/2121 des Europäischen Parlaments und des Rates v. 27.11.2019 zur Änderung der Richtlinie (EU) 2017/1132 in Bezug auf grenzüberschreitende Umwandlungen, Verschmelzungen und Spaltungen (Umwandlungsrichtlinie), ABl. (EU) L 321/1 v. 12.12.2019).

75) Vgl. *Stiegler* in: NK-UmwG, § 343 Rz. 10.

leitet worden ist (§ 316 Abs. 3 Satz 4 **Nr. 1**). Ein solches Verhalten könnte nahelegen, dass die Gesellschaft das Ziel verfolgt, sich den deutschen Vorschriften über das Mitbestimmungsrecht der Arbeitnehmer zu entziehen. Das Verfahren muss tatsächlich von der übertragenden Gesellschaft initiiert oder durchgeführt werden (§ 5 MgFSG).[76] Die Mitglieder des Vertretungsorgans haben auch eine entsprechende Versicherungserklärung abzugeben (s. § 329 Satz 1 i. V. m. § 315 Abs. 3 Satz 1 Nr. 3).

Anhaltspunkte können daneben auch bestehen, wenn ein solches Verhandlungsgremium zwar gebildet wird, die Unternehmensleitung aber erkennbar **keine Verhandlungen führen will.**[77] Mit Blick auf die Niederlassungsfreiheit darf die bloße Absicht, in den Genuss günstiger Rechtsvorschriften zu kommen, jedoch keinen Missbrauch begründen. 47

b) § 316 Abs. 3 Satz 4 Nr. 2

Anhaltspunkte im Sinne des § 316 Abs. 3 Satz 1 liegen vor, wenn die Zahl der Arbeitnehmer mindestens vier Fünftel des für die Unternehmensmitbestimmung maßgeblichen Schwellenwerts beträgt, im Zielland keine Wertschöpfung erbracht wird und der Verwaltungssitz in Deutschland verbleibt (§ 316 Abs. 3 Satz 4 **Nr. 2**).[78] Die Voraussetzungen müssen **kumulativ** vorliegen. Aus Nr. 2 wird ersichtlich, dass ein entsprechender Anhaltspunkt nicht besteht, wenn die Gesellschaft im Zuzugsstaat zuvor wirtschaftlich verwurzelt war, insbesondere wenn ihr Verwaltungssitz dort war oder sie dort Tochtergesellschaften hat (§ 329 Satz 1 i. V. m. § 315 Abs. 4 Nr. 2).[79] 48

c) § 316 Abs. 3 Satz 4 Nr. 3

Anhaltspunkte i. S. des § 316 Abs. 3 Satz 1 liegen zudem vor, wenn die Gesellschaft nach dem grenzüberschreitenden Formwechsel Schuldnerin von Betriebsrenten oder-anwartschaften ist und kein anderweitiges operatives Geschäft hat (§ 316 Abs. 3 Satz 4 **Nr. 3**). Der Spaltungsplan hat entsprechende Informationen hierüber zu enthalten (§ 322 Abs. 2 i. V. m. § 307 Abs. 2 Nr. 16). Die Praxisrelevanz dürfte, insbesondere aufgrund der Vorschriften des BetrAVG, gering sein.[80] 49

5. Fristverlängerung (§ 316 Abs. 4)

Das Gericht kann den Prüfungszeitraum aus Gründen der Komplexität des Verfahrens ausnahmsweise verlängern (§ 329 Satz 1 i. V. m. § 316 Abs. 4). In diesem Fall hat das Gericht den Anmeldenden vor Ende des Zeitraums über die Gründe für die Verzögerung zu unterrichten (§ 329 Satz 1 i. V. m. § 316 Abs. 4). Auch dies hängt von den Umständen des Einzelfalls ab; jedoch genügt die generelle Auslastung oder allein die Tatsache, dass es sich um eine grenzüberschreitende Spaltung handelt, nicht aus.[81] 50

6. Wirksamkeitsvermerk (§ 316 Abs. 5)

Die Spaltungsbescheinigung (§ 329 Satz 1 i. V. m. § 316 Abs. 1 Satz 4) wird durch das Registergericht an die zuständige Stelle des Zuzugsstaates über das Europäische System 51

76) *Stiegler* in: NK-UmwG, § 329 Rz. 28.
77) Begr. RegE UmRUG, BT-Drucks. 20/3822, S. 103.
78) Zur Frage der Europarechtskonformität *J. Schmidt*, NJW 2023, 1241 (Rz. 20); zweifelnd *Sauerbrey*, GmbHR 2023, 5, 11; *Teichmann*, NZG 2023, 345.
79) Begr. RegE UmRUG, BT-Drucks. 20/3822, S. 103.
80) *Bungert/Reidt*, DB 2023, 54, 56; *Löbbe*, ZHR 187 (2023), 498, 541.
81) Begr. RegE UmRUG, BT-Drucks. 20/3822, S. 104.

der Registervernetzung (BRIS) übermittelt (§ 9b Abs. 2 Satz 3 Nr. 4 HGB).[82] In der Praxis empfiehlt sich eine separate Einreichung beim zuständigen Registergericht, da das BRIS zum Teil nicht zuverlässig funktioniert. Die Spaltungsbescheinigung gilt als schlüssiger Nachweis der ordnungsgemäßen Erledigung aller Verfahren und Formalitäten (vgl. für die Hineinspaltung § 331 Abs. 2), so dass die zuständige Stelle an deren Inhalt gebunden ist (Art. 160o Abs. 5 Gesellschaftsrechtsrichtlinie).[83]

52 Nachdem das Registergericht des Zuzugsstaates die grenzüberschreitende Spaltung eingetragen hat, übermittelt es dies an das Registergericht des Wegzugsstaates, damit Letzteres das Wirksamwerden der grenzüberschreitenden Spaltung eintragen kann (**Wirksamkeitsvermerk**, § 329 Satz 1 i. V. m. § 316 Abs. 5).

IV. Informationen des Registergerichts (§ 329 Satz 1 i. V. m. § 317)

1. Grundlagen

53 § 329 Satz 1 i. V. m. § 317 setzt Art. 160m Abs. 12 Gesellschaftsrechtsrichtlinie um und enthält Bestimmungen über zusätzliche Möglichkeiten der Informationsbeschaffung durch das für die Erteilung der Spaltungsbescheinigung zuständige Registergericht.[84] Das Gericht ist gemäß § 329 Satz 1 i. V. m. § 316 dazu verpflichtet, die Voraussetzungen für die grenzüberschreitende Spaltung zu prüfen (siehe Rz. 1 ff.). Durch § 329 Satz 1 i. V. m. § 317 werden dem Gericht – insbesondere im Falle eines möglichen missbräuchlichen Zwecks (§ 329 Satz 1 i. V. m. § 316 Abs. 3) – weitere Instrumente an die Hand gegeben, um die Entscheidung nach § 329 Satz 1 i. V. m. § 316 Abs. 1 auf **hinreichender Informationsgrundlage** treffen zu können. Daneben steht auch das – in § 329 Satz 1 i. V. m. § 315 Abs. 5 systematisch verfehlte – Recht auf Informationsbeschaffung bzgl. der gerichtlichen Geltendmachung einer Sicherheitsleistung. Die Befugnisse sind letztlich eine Ausprägung des in § 26 FamFG normierten Amtsermittlungsgrundsatzes.[85]

54 Alle Maßnahmen zur Informationsbeschaffung nach § 329 Satz 1 i. V. m. § 317 Satz 1 und 2 stehen unter einem **Erforderlichkeitsvorbehalt.** Zudem können im Einzelfall auch höherrangige Interessen entgegenstehen, bspw. Persönlichkeitsrechte Beteiligter oder Dritter oder Verschwiegenheitspflichten.[86] Dies kann durch Schwärzungen oder andere mildere Maßnahmen abgefangen werden.[87]

55 **§ 329 Satz 1 i. V. m. § 317 Satz 2** regelt den umgekehrten Fall, die Hineinspaltung. Wenn eine ausländische Stelle Informationen von nationalen Stellen anfordert, um die dortige Spaltungsbescheinigung ausstellen zu können ist entgegen dem Wortlaut die inländische öffentliche Stelle zur Übermittlung der Informationen **verpflichtet** (vgl. Art. 160m Abs. 12 Satz 1 Gesellschaftsrechtsrichtlinie).[88]

2. Informationen der Gesellschaft und öffentlicher Stellen (§ 317 Satz 1 Nr. 1, 2)

56 Das Gericht kann die erforderlichen (zum Begriff siehe oben Rz. 54) Informationen von der Gesellschaft, von öffentlichen inländischen Stellen und von öffentlichen ausländischen Stellen mit Zuständigkeiten in den verschiedenen von der grenzüberschreitenden Spal-

82) Begr. RegE UmRUG, BT-Drucks. 20/3822, S. 104.
83) Vgl. auch *Luy* in: BeckOGK-UmwG, § 343 Rz. 17.
84) Begr. RegE UmRUG, BT-Drucks. 20/3822, S. 104, 119.
85) *Reidt* in: KölnKomm-UmwG, § 344 Rz. 5.
86) Begr. RegE UmRUG, BT-Drucks. 20/3822, S. 104.
87) Begr. RegE UmRUG, BT-Drucks. 20/3822, S. 105.
88) *Luy* in: BeckOGK-UmwG, § 344 Rz. 18; *Reidt* in: KölnKomm-UmwG, § 344 Rz. 18.

tung betroffenen Bereichen verlangen. Die ausländischen öffentlichen Stellen müssen solche eines EU-Mitgliedstaats oder des EWR-Abkommens sein.

Der Begriff der **„öffentlichen Stelle"** ist weit auszulegen und umfasst nicht nur Einrichtungen der öffentlichen Verwaltung, sondern etwa auch die Rechtspflege.[89] 57

3. Besonderes Verhandlungsgremium (§ 317 Satz 1 Nr. 3)

Der Gesetzgeber hat sich auch dazu entschieden, das Informationsrecht auf das nach dem MgFSG eingesetzte besondere Verhandlungsgremium (§§ 6 ff. MgFSG) zu erstrecken (§ 329 Satz 1 i. V. m. § 317 Satz 1 Nr. 3). Der Unionsgesetzgeber hatte ein solches Informationsrecht nicht vorgesehen.[90] 58

§ 329 Satz 1 i. V. m. § 317 Satz 1 Nr. 3 ist insbesondere relevant, wenn Anhaltspunkte dafür bestehen, dass die grenzüberschreitende Spaltung ausschließlich vorgenommen wird, um sich dem deutschen Mitbestimmungsrecht zu entziehen (vgl. schon § 329 Satz 1 i. V. m. § 316 Abs. 3 Satz 4 Nr. 1, 2).[91] Insbesondere kann das Registergericht erfragen, ob aus Sicht des Verhandlungsgremiums die Leitungsorgane der beteiligten Gesellschaften bemüht sind, das Verfahren ordnungsgemäß und kollegial durchzuführen.[92] 59

4. Unabhängiger Sachverständiger (§ 317 Satz 1 Nr. 4)

Das Registergericht kann einen **unabhängigen Sachverständigen** heranziehen. Dies ist insbesondere für Fälle gedacht, in denen das Gericht nicht die notwendige Fach- oder Rechtskenntnis aufweist;[93] allerdings darf dies nur der Vervollständigung der gerichtlichen Beurteilungsgrundlage dienen, insbesondere ist das Gericht nicht an Einschätzungen des Sachverständigen gebunden. Der Sachverständige muss **unabhängig** und dessen Gutachten unparteiisch und objektiv sein.[94] 60

Die Kosten sind von der übertragenden Gesellschaft zu tragen, vgl. § 22 GNotKG.[95] 61

5. Anhörung einer Gewerkschaft (§ 317 Satz 1 Nr. 5)

Speziell i. R. der Missbrauchsprüfung nach § 329 Satz 1 i. V. m. § 316 Abs. 3 kann das Gericht auch die Anhörung einer in der Gesellschaft **„vertretenen"**[96] **Gewerkschaft** verlangen. Ein allgemeines Anhördungs- oder Mitwirkungsrecht der Gewerkschaften ergibt sich jedoch hieraus nicht.[97] 62

---

89) Begr. RegE UmRUG, BT-Drucks. 20/3822, S. 104.
90) *Luy* in: BeckOGK-UmwG, § 344 Rz. 11.
91) Begr. RegE UmRUG, BT-Drucks. 20/3822, S. 105.
92) *Stiegler* in: NK-UmwG, § 344 Rz. 6.
93) Begr. RegE UmRUG, BT-Drucks. 20/3822, S. 105.
94) Begr. RegE UmRUG, BT-Drucks. 20/3822, S. 105.
95) Begr. RegE UmRUG, BT-Drucks. 20/3822, S. 105.
96) Zum Begriff *Reidt* in: KölnKomm-UmwG, § 344 Rz. 15.
97) *Bungert/Reidt*, DB 2023, 54, 56; Lutter-*J. Schmidt*, UmwG, § 344 Rz. 30; Kallmeyer-*Biller/Wilk*, UmwG, § 344 Rz. 7.

§ 330
Eintragung der grenzüberschreitenden Hinausspaltung*)

(1) [1]Die Anmeldung zur Eintragung gemäß § 329 in Verbindung mit § 315 gilt als Anmeldung zur Eintragung der grenzüberschreitenden Spaltung gemäß § 137 Absatz 2. [2]Die grenzüberschreitende Spaltung darf in das Register des Sitzes der übertragenden Gesellschaft erst eingetragen werden, nachdem jede der neuen Gesellschaften in das für sie zuständige Register eingetragen worden ist.

(2) Das Gericht des Sitzes der übertragenden Gesellschaft hat dem Register des Sitzes jeder der neuen Gesellschaften das Wirksamwerden der grenzüberschreitenden Spaltung über das Europäische System der Registervernetzung mitzuteilen.

*) § 330 eingefügt durch Art. 1 des Gesetzes zur Umsetzung der Umwandlungsrichtlinie und zur Änderung weiterer Gesetze (UmRUG), v. 22.2.2023, BGBl. I 2023, Nr. 51.

Literatur: *Brandi/Schmidt, M. K.*, Die grenzüberschreitende Spaltung nach dem UmRUG, AG 2023, 297; *Bungert/Strothotte*, Die grenzüberschreitende Spaltung nach dem Referentenentwurf des UmRUG, BB 2022, 1411, 1421.

Übersicht

I. Grundlagen

1 § 330 regelt den Registervollzug i. R. einer grenzüberschreitenden Hinausspaltung.[1] Bei der Hinausspaltung wird die grenzüberschreitende Spaltung beim Register der übertragenden Gesellschaft zunächst mit dem Vermerk versehen, dass die grenzüberschreitende Spaltung erst mit ihrer (erneuten) Eintragung beim Register der übertragenden Gesellschaft gemäß § 330 wirksam wird (sog. **Vorläufigkeitsvermerk**, § 329 Satz 2). Im Anschluss an die vorläufige Eintragung muss die neue(n) Gesellschaft(en) bei der grenzüberschreitenden Spaltung gegründet[2] und die grenzüberschreitende Spaltung bei der zuständigen Behörde(n) des Sitzes der (jeweiligen) neuen Gesellschaft im Zuzugsstaat angemeldet und eingetragen werden (zur Hereinspaltung vgl. § 331 Abs. 3, 4). Erst dann darf die grenzüberschreitende Spaltung **endgültig** bei der übertragenden Gesellschaft wirksamkeitsbegründend als Ganzes eingetragen werden (§ 330 Abs. 1 Satz 2).[3] § 330 Abs. 1 Satz 2 dient der Umsetzung von Art. 160q Gesellschaftsrechtsrichtlinie.[4] Durch § 330 Abs. 1 Satz 2 wird ein einheitlicher Wirksamkeitszeitpunkt der grenzüberschreitenden Spaltung gewährleistet.[5]

II. Anmeldung und Eintragung (§ 330 Abs. 1)

2 § 137 findet über § 320 Abs. 2 Anwendung, so dass eine erneute Anmeldung der grenzüberschreitenden Spaltung seitens der übertragenden Gesellschaft eigentlich erforderlich

1) Begr. RegE UmRUG, BT-Drucks. 20/3822, S. 111.

2) Bei der Spaltung zur Neugründung.

3) Begr. RegE UmRUG, BT-Drucks. 20/3822, S. 111; *Brandi/M. K. Schmidt*, AG 2023, 297, 308; *Bungert/Strothotte*, BB 2022, 1411, 1421.

4) Richtlinie (EU) 2017/1132 des Europäischen Parlaments und des Rates v. 14.6.2017 über bestimmte Aspekte des Gesellschaftsrechts (Gesellschaftsrechtsrichtlinie), ABl. (EU) L 169/46 v. 30.6.2017.

5) Kallmeyer-*Biller*, UmwG, § 330 Rz. 3; *Stelmaszczyk* in: BeckOGK UmwG, § 330 Rz. 9.

wäre, sobald die neue(n) Gesellschaft(en) beim Zuzugsstaat eingetragen ist. Die Anmeldung zur Eintragung gemäß § 329 i. V. m. § 315 zur Ausstellung der Spaltungsbescheinigung gilt jedoch auch als Anmeldung zur Eintragung der grenzüberschreitenden Spaltung gemäß § 137 Abs. 2 (§ 330 Abs. 1 Satz 1). Durch **§ 330 Abs. 1 Satz 1** kann das inländische Registergericht, welches die Spaltungsbescheinigung ausgestellt hat, die grenzüberschreitende Spaltung von selbst wirksamkeitsbegründend eintragen, sobald es vom Registergericht des Zuzugsstaates die Mitteilung über die Eintragung der neuen Gesellschaft(en) erhält.[6] Durch die Fiktion der Anmeldung **des § 330 Abs. 1 Satz 2** kann auf weitere Mitwirkungshandlungen der übertragenden Gesellschaft, die nach § 137 Abs. 2 eigentlich erforderlich wären, verzichtet werden.[7]

Um Rechtssicherheit zu gewährleisten kann die grenzüberschreitende Spaltung nicht mehr für nichtig erklärt werden, nachdem sie wirksam geworden ist (Art. 160u Satz 1 Gesellschaftsrechtsrichtlinie).[8] 3

III. Mitteilung der Eintragung (§ 330 Abs. 2)

Das Gericht des Sitzes der übertragenden Gesellschaft hat dem Register des Sitzes jeder der neuen Gesellschaften das Wirksamwerden der grenzüberschreitenden Spaltung über das Europäische **System der Registervernetzung** (BRIS) mitzuteilen (§ 330 Abs. 2). Zwar muss das Registergericht einen Registerauszug und den Gesellschaftsvertrag der übertragenden Gesellschaft übermitteln (§ 320 Abs. 2 i. V. m. § 130 Abs. 2 Satz 1),[9] jedoch empfiehlt sich in der Praxis, das Registergericht proaktiv über die Eintragung mittels eines beglaubigten Auszugs und Gesellschaftsvertrags der übertragenden Gesellschaft zu informieren. Die Norm dient der Umsetzung von Art. 160p Abs. 4 Gesellschaftsrechtsrichtlinie. 4

Die entsprechende Regelung für die grenzüberschreitende **Hereinspaltung** ist § 331 Abs. 4 Satz 2. 5

---

6) Begr. RegE UmRUG, BT-Drucks. 20/3822, S. 111.
7) Begr. RegE UmRUG, BT-Drucks. 20/3822, S. 111.
8) *Stiegler* in: NK-UmwG, § 330 Rz. 7.
9) Begr. RegE UmRUG, BT-Drucks. 20/3822, S. 112.

§ 331
Eintragung der neuen Gesellschaft[*]

(1) [1]Das Vertretungsorgan der übertragenden Gesellschaft hat die neue Gesellschaft zur Eintragung in das Register des Sitzes der neuen Gesellschaft anzumelden. [2]Der Anmeldung sind in der Form des § 17 Absatz 1 der Spaltungsplan und gegebenenfalls die Vereinbarung über die Beteiligung der Arbeitnehmer beizufügen. [3]§ 16 Absatz 2 und 3 sowie § 17 sind auf die übertragende Gesellschaft nicht anzuwenden.

(2) [1]Die über das Europäische System der Registervernetzung übermittelte Spaltungsbescheinigung wird als Nachweis der ordnungsgemäßen Erledigung der vorangehenden Verfahren und Formalitäten nach dem Recht desjenigen Staates, dem die übertragende Gesellschaft unterliegt, anerkannt. [2]Ohne diese Spaltungsbescheinigung kann die grenzüberschreitende Spaltung nicht in das Register eingetragen werden.

(3) Die Prüfung der Eintragungsvoraussetzungen erstreckt sich insbesondere darauf, ob gegebenenfalls eine Vereinbarung über die Beteiligung der Arbeitnehmer geschlossen worden ist und ob die Vorschriften zur Gründung der neuen Gesellschaft eingehalten worden sind.

(4) [1]Die Eintragung der neuen Gesellschaft ist mit dem Vermerk zu versehen, dass sie unter den Voraussetzungen wirksam wird, unter denen die grenzüberschreitende Spaltung nach dem Recht des Staates, dem die übertragende Gesellschaft unterliegt, wirksam wird. [2]Das Gericht des Sitzes der neuen Gesellschaft hat von Amts wegen dem Gericht des Sitzes der übertragenden Gesellschaft mitzuteilen, dass die neue Gesellschaft eingetragen wurde.

(5) Nach Eingang der Mitteilung des Registers, in dem die übertragende Gesellschaft eingetragen ist, über das Wirksamwerden der grenzüberschreitenden Spaltung ist in dem Register des Sitzes der neuen Gesellschaft der Tag des Wirksamwerdens der Spaltung einzutragen.

*) § 331 eingefügt durch Art. 1 des Gesetzes zur Umsetzung der Umwandlungsrichtlinie und zur Änderung weiterer Gesetze (UmRUG), v. 22.2.2023, BGBl. I 2023, Nr. 51.

Literatur: *Knaier*, Die Zukunft der Unternehmensmobilität im Binnenmarkt, GmbHR 2018, 607.

Übersicht

I. Grundlagen

1 § 331 regelt das Verfahren der Eintragung der aus der grenzüberschreitenden **Hereinspaltung** hervorgehenden neuen Gesellschaft. § 331 ist für die Hereinspaltung maßgeblich. § 331 Abs. 1 bis 3 dienen der Umsetzung von Art. 160o Gesellschaftsrechtsrichtlinie[1)], § 331 Abs. 4 Satz 2 dient der Umsetzung von Art. 160p Abs. 3 S. 1 Gesellschaftsrechtsrichtlinie und § 331 Abs. 5 der Umsetzung Art. 160p Abs. 2 Unterabs. 1 lit. b Gesellschaftsrechtsrichtlinie.

II. Anmeldung (§ 331 Abs. 1)

2 Das Vertretungsorgan der übertragenden Gesellschaft hat die neue Gesellschaft zur Eintragung in das Register des Sitzes der neuen Gesellschaft anzumelden. (§ 331 Abs. 1 Satz 1).[2)] Die Vertretungsbefugnis richtet sich nach dem Recht des Wegzugsstaats,[3)] welche dann mit einem beglaubigten Registerauszug oder einer notariellen Bescheinigung (ggf. mit Apostille), nachzuweisen ist.[4)] Der **Gegenstand der Anmeldung und Eintragung** ist nicht die Hereinspaltung selbst, sondern die **neue Gesellschaft.**[5)] Die Anmeldung kann auch nur in vertretungsberechtigter Zahl erfolgen; weil die Geschäftsführer einer GmbH und AG

1) Richtlinie (EU) 2017/1132 des Europäischen Parlaments und des Rates v. 14.6.2017 über bestimmte Aspekte des Gesellschaftsrechts (Gesellschaftsrechtsrichtlinie), ABl. (EU) L 169/46 v. 30.6.2017.
2) Bei der Spaltung zur Aufnahme kann dies auch durch die übernehmende deutsche Gesellschaft erfolgen (§§ 332 Satz 2, 318 Abs. 1 Satz 1), *Stiegler* in: NK-UmwG, § 331 Rz. 3.
3) *Stelmaszczyk* in: BeckOGK-UmwG, § 331 Rz. 9; Schmitt/Hörtnagl-*Rinke*, UmwG/UmwStG, § 331 UmwG Rz. 2.
4) Zum Formwechsel *Luy* in: BeckOGK-UmwG, § 345 Rz. 5; Schmitt/Hörtnagl-*Winter*, UmwG/UmwStG, § 345 UmwG Rz. 3.
5) Begr. RegE UmRUG, BT-Drucks. 20/3822, S. 112.

jedoch aufgrund des Gründungsvorgangs entsprechende **Versicherungen** abgeben (§ 37 Abs. 2 AktG, § 8 Abs. 3 GmbHG) müssen, ist dies der Praxis nicht zu empfehlen.[6] Die Anmeldung ist öffentlich zu beglaubigen (§ 12 HGB).[7]

Die **beizufügenden Unterlagen** ergeben sich aus § 331 Abs. 1 Satz 2, 3 und sind in der Form des § 17 beizufügen, demnach in Ausfertigung oder öffentlich beglaubigter Abschrift oder, soweit sie nicht notariell zu beurkunden sind, in Urschrift oder Abschrift. Beizufügen ist daher ein **Spaltungsplan** und die **Vereinbarung über die Beteiligung der Arbeitnehmer**, sofern eine solche geschlossen wurde.[8] Durch Letzteres kann das Registergericht sicherstellen, dass auch eine Mitbestimmungsregelung im deutschen Zielrechtsträger besteht.[9] Das Verfahren muss bereits beendet sein.[10] Die § 16 Abs. 2, 3 und § 17 finden keine Anwendung (§ 331 Abs. 1 Satz 3). Stattdessen wird die Spaltungsbescheinigung des ausländischen Registergerichts als schlüssiger Nachweis der Einhaltung der gesetzlichen Vorschriften im Wegzugsstaat anerkannt.[11] 3

Weitere Anlagen sind die üblichen Unterlagen die zur Gründung der entsprechenden Gesellschaft erforderlich sind (§ 331 Abs. 3, **§ 8 Abs. 1 GmbHG, § 37 Abs. 4 AktG**). So sind bei einer **GmbH** 4

- der Beschluss, der die Geschäftsführer bestellt,
- der Sachgründungsbericht (§ 138) und
- eine von den Geschäftsführern unterzeichnete Gesellschafterliste beizufügen, wobei die Gesellschafter, die das Barabfindungsangebot annehmen, nicht mitaufzunehmen sind, weil sie gem. § 327 Satz 1 i. V. m. § 313 Abs. 4 nicht Gesellschafter der neuen Gesellschaft werden.
- Sofern der Spaltungsplan – der die Satzung enthält – nicht bereits notariell beurkundet wurde, muss auch diese beigefügt werden.[12]

III. Spaltungsbescheinigung (§ 331 Abs. 2)

Die über das Europäische System der Registervernetzung (BRIS) übermittelte Spaltungsbescheinigung der ausländischen Stelle wird von dem zur Eintragung der Hereinspaltung zuständigen Registergericht **als Nachweis** der ordnungsgemäßen Erledigung der vorangehenden Verfahren und Formalitäten nach dem Recht des Wegzugsstaates **anerkannt** (§ 331 Abs. 2 Satz 1). Es empfiehlt sich die Spaltungsbescheinigung zudem proaktiv beim Handelsregister einzureichen, da das BRIS zum Teil nicht ordnungsgemäß funktioniert. Das inländische Registergericht hat daher keine Prüfungskompetenz bezüglich der im Wegzugsstaat einzuhaltenden Verfahrensvorschriften,[13] es ist an die Spaltungsbescheinigung **gebunden** (Art. 160o Abs. 5 Gesellschaftsrechtsrichtlinie). Der Spaltungsbescheinigung kommt daher eine **zentrale Bedeutung** in der zweistufigen Rechtmäßigkeitskontrolle zu (siehe § 329 Rz. 11 ff. [*Heinrichs*]). Davon unberührt bleibt jedoch **insbesondere** die Prüfung, ob eine Vereinbarung über die Beteiligung der Arbeitnehmer nach dem MgFSG[14] geschlos- 5

6) *Stiegler* in: NK-UmwG, § 331 Rz. 3.
7) Vertiefend *Stelmaszczyk* in: BeckOGK-UmwG, § 331 Rz. 12 ff.
8) Begr. RegE UmRUG, BT-Drucks. 20/3822, S. 111.
9) Henssler/Strohn-*Galla/Cé. Müller*, GesR, § 331 UmwG Rz. 2; *Bungert/Strothotte*, BB 2022, 1411, 1422.
10) Lutter-*J. Schmidt*, UmwG, § 331 Rz. 17.
11) Begr. RegE UmRUG, BT-Drucks. 20/3822, S. 112.
12) *Stelmaszczyk* in: BeckOGK-UmwG, § 331 Rz. 22.
13) Begr. RegE UmRUG, BT-Drucks. 20/3822, S. 106.
14) Gesetz zur Umsetzung der Bestimmungen der Umwandlungsrichtlinie über die Mitbestimmung der Arbeitnehmer bei grenzüberschreitendem Formwechsel und grenzüberschreitender Spaltungen (MgFSG), v. 4.1.2023, BGBl. I 2023, Nr. 10.

sen wurde und ob die Gründungsvoraussetzungen nach inländischem Recht eingehalten wurden (siehe Rz. 7 ff.).

6 Ohne die Spaltungsbescheinigung kann die grenzüberschreitende Hereinspaltung nicht in das Register eingetragen werden (§ 331 Abs. 2 Satz 2, sog. **Registersperre**).

IV. Prüfung weiterer Voraussetzungen (§ 331 Abs. 3)

7 Das Registergericht prüft, ob ggf. eine **Vereinbarung über die Beteiligung der Arbeitnehmer** geschlossen worden ist und ob die **Vorschriften zur Gründung der neuen Gesellschaft** eingehalten sind (§ 331 Abs. 3). Die Vorschrift ist **nicht abschließend** („insbesondere"), jedoch sind vertiefende weitere Prüfungspunkte mit Blick auf Absatz 2 kaum denkbar.

1. Vereinbarung über Beteiligung der Arbeitnehmer

8 Die Prüfung der **Vereinbarung über die Beteiligung der Arbeitnehmer** wird dadurch ermöglicht, dass diese als Anlage beizufügen ist (§ 331 Abs. 1 Satz 2), sofern eine solche vorhanden ist. Der Prüfungsumfang ist nicht eindeutig.[15] Nach dem Wortlaut ist maßgeblich, **„ob"** eine Vereinbarung getroffen wurde. Allerdings sollte darüber hinaus auch geprüft werden, ob das Verfahren generell in gesetzeskonformer Weise **abgeschlossen** wurde.[16] Dies ist auch für die Eintragung der grenzüberschreitenden Spaltung erforderlich.[17] Der Prüfungsumfang erstreckt sich aber **nicht** auf den **Inhalt** der getroffenen Vereinbarung.[18] Zudem prüft das Registergericht, ob die Satzung der neuen Gesellschaft Mitbestimmungsregeln nicht entgegensteht.[19] Die Prüfung findet nur statt, wenn ein solches Verfahren nach dem Recht des Wegzugsstaats überhaupt durchzuführen war.

9 Sollte eine Vereinbarung **nicht** zustande gekommen sein, obwohl das Verfahren durchzuführen war, ist statt der Vereinbarung ein **Nachweis** über die ordnungsgemäße Beendigung des Verfahrens einzureichen, etwa durch Ablauf der Verhandlungsfrist.[20]

2. Gründungsvorschriften

10 Das Registergericht muss, wie bei der nationalen Spaltung, die **Gründungsvorschriften** der neuen Gesellschaft prüfen (zu den beizufügenden Unterlagen siehe Rz. 3 f.).[21] Davon umfasst ist insbesondere auch der im Spaltungsplan enthaltene Gesellschaftsvertrag. Der sicherste Weg ist hier die Beurkundung des gesamten Spaltungsplans einschließlich der Satzung vor einem deutschen Notar (siehe § 335 Rz. 42 [*Heinrichs*]).[22] In der Regel wird daher eine Doppelbeurkundung vorgenommen.[23]

15) Lutter-*J. Schmidt*, UmwG, § 331 Rz. 17; zum Formwechsel *Luy* in: BeckOGK-UmwG, § 345 Rz. 22; *Reidt* in: KölnKomm-UmwG, § 345 Rz. 24.
16) Lutter-*J. Schmidt*, UmwG, § 331 Rz. 17; zum Formwechsel *Luy* in: BeckOGK-UmwG, § 345 Rz. 22.
17) Zum Formwechsel *Luy* in: BeckOGK-UmwG, § 345 Rz. 22.
18) *Stiegler* in: NK-UmwG, § 331 Rz. 15; zum Formwechsel *Reidt* in: KölnKomm-UmwG, § 345 Rz. 25.
19) Lutter-*J. Schmidt*, UmwG, § 331 Rz. 17.
20) Semler/Stengel/Leonard-*Drinhausen*, § 331 Rz. 3; Lutter-*J. Schmidt*, UmwG, § 331 Rz. 3.
21) *Stelmaszczyk* in: BeckOGK-UmwG, § 331 Rz. 20 ff.
22) Auch *Luy* in: BeckOGK-UmwG, § 345 Rz. 25 – zum Formwechsel.
23) Im Verhältnis Österreich und Deutschland kann auf eine Doppelbeurkundung aufgrund des gleichwertigen Beurkundungsverfahrens verzichtet werden; zur Anwendbarkeit der allgemeinen Regeln für eine Auslandsbeurkundung Lutter-*J. Schmidt*, UmwG, § 322 Rz. 107; *Stiegler* in: NK-UmwG, § 322 Rz. 55; Schmitt/Hörtnagl-*Winter*, UmwG/UmwStG, Vorb. §§ 333 ff. UmwG Rz. 31 – Formwechsel; **krit.** dazu *Luy* in: BeckOGK-UmwG, § 335 Rz. 88; *Stelmaszczyk* in: BeckOGK-UmwG, § 322 Rz. 48; zudem ist kein Echtheitsnachweis erforderlich, Art. 3 des Beglaubigungsvertrags zwischen dem Deutschen Reiche und der Republik Österreich (BGBl. II 1952, 436), *M. C. Schmidt* in: Hauschild/Kallrath/Wachter, Notarhdb. Gesellschafts- und Unternehmensrecht, § 28 Rz. 224.

Auch das **Firmenrecht** gehört zum Prüfungsinhalt.[24] Die Bestellung der für die jeweiligen Rechtsform erforderlichen Organe kann im Spaltungsbeschluss, im Gesellschaftsvertrag oder durch gesonderten Beschluss erfolgen.[25] 11

Das Registergericht nimmt außerdem, anders als bei der Hereinverschmelzung zur Aufnahme (§ 318 Abs. 1 Satz 3), **keine allgemeine Missbrauchskontrolle** vor, weil § 331 eine dem § 318 Abs. 1 Satz 3 entsprechende Regelung nicht enthält.[26] Sofern jedoch evidente Hinweise für einen Missbrauch vorliegen, darf das Registergericht die Eintragung ablehnen, wobei dies nur in seltenen Ausnahmefällen anzunehmen ist.[27] 12

Die Prüfung der verschiedenen Verfahrensschritte unterliegt im Wegzugsstaat gewissen **Fristen** (vgl. insbesondere § 329 Satz 1 i. V. m. § 316 Abs. 1). Für die Prüfung im Zielstaat besteht in § 331 jedoch keine spezielle Frist. Mit Blick auf den effet utile muss das Genehmigungsverfahren im Zielstaat jedoch in einer angemessenen Zeit durchgeführt werden, wobei sich grob an § 329 Satz 1 i. V. m. § 316 Abs. 1 orientiert werden kann.[28] 13

V. Eintragung der neuen Gesellschaft; Mitteilungspflicht (§ 331 Abs. 4)

Liegen die Voraussetzungen des § 331 Abs. 3 vor, wird die neue Gesellschaft eingetragen. Die Eintragung ist mit dem **Vermerk** zu versehen, dass sie unter den Voraussetzungen, unter denen die grenzüberschreitende Spaltung nach dem Recht des Staates, dem die übertragende Gesellschaft unterliegt, wirksam wird (§ 331 Abs. 4 Satz 1). Dadurch wird ein einheitlicher Wirksamkeitszeitpunkt erreicht. Eine Ausnahme gilt für das vollständige Fehlen der Spaltungsbescheinigung.[29] Das Gericht des Sitzes der neuen Gesellschaft hat von Amts wegen dem Gericht des Sitzes der übertragenden Gesellschaft mitzuteilen, dass die neue Gesellschaft eingetragen wurde (§ 331 Abs. 4 Satz 2). 14

Die Kommunikation erfolgt über das BRIS;[30] auch hier empfiehlt sich eine gesonderte Übermittlung. 15

VI. Eintragung des Wirksamwerdens (§ 331 Abs. 5)

Das Registergericht des übertragenden Rechtsträgers hat dem Register des Sitzes der neuen Gesellschaft(en) mitzuteilen, dass die grenzüberschreitende Spaltung wirksam geworden ist (Art. 160p Abs. 4 Gesellschaftsrechtsrichtlinie; für die Hereinspaltung vgl. § 330 Abs. 2). Sobald das Gericht der neuen Gesellschaft diese Mitteilung erhalten hat, muss es den Tag des Wirksamwerdens vermerken (§ 331 Abs. 5), da erst zu diesem Tag die Wirkungen der Spaltung eintreten.[31] 16

24) *Stiegler* in: NK-UmwG, § 331 Rz. 17.

25) *Stelmaszczyk* in: BeckOGK-UmwG, § 331 Rz. 23.

26) Zur parallelen Argumentation beim Formwechsel *Luy* in: BeckOGK-UmwG, § 345 Rz. 29; Kallmeyer-*Biller/Wilk*, UmwG, § 345 Rz. 6; *Reidt* in: KölnKomm-UmwG, § 345 Rz. 22.

27) Zur parallelen Argumentation beim Formwechsel *Reidt* in: KölnKomm-UmwG, § 345 Rz. 22.

28) Lutter-*J. Schmidt*, UmwG, § 331 Rz. 25.

29) *Knaier*, GmbHR 2018, 607, 621; Widmann/Maier-*Stelmaszczyk*, UmwR, § 345 UmwG Rz. 25.

30) Begr RegE UmRUG, BT-Drucks. 20/3822, S. 112.

31) Begr. RegE UmRUG, BT-Drucks. 20/3822, S. 112.

§ 332
Spaltung zur Aufnahme*)

[1]Die Bestimmungen dieses Teils sind auf eine grenzüberschreitende Spaltung zur Aufnahme im Sinne des § 320 Absatz 1 Nummer 2 entsprechend anzuwenden, wenn in der übertragenden Gesellschaft und den übernehmenden Gesellschaften

1. **im Fall der Spaltung einer inländischen Gesellschaft jeweils in den sechs Monaten vor Bekanntmachung des Spaltungsplans durchschnittlich weniger als 400 Arbeitnehmer,**
2. **im Fall der Aufnahme durch eine inländische Gesellschaft jeweils in den sechs Monaten vor Offenlegung des Spaltungsplans durchschnittlich weniger als vier Fünftel der Zahl der Arbeitnehmer, die für eine Mitbestimmung nach dem Recht des Staates maßgeblich sind, dem die übertragende Gesellschaft unterliegt,**

beschäftigt sind.[2] Ergeben sich Besonderheiten aus dem Umstand, dass mehrere Gesellschaften beteiligt sind, so sind ergänzend die Bestimmungen des Ersten Teils über die grenzüberschreitende Verschmelzung entsprechend anzuwenden.

*) § 332 eingefügt durch Art. 1 des Gesetzes zur Umsetzung der Umwandlungsrichtlinie und zur Änderung weiterer Gesetze (UmRUG), v. 22.2.2023, BGBl. I 2023, Nr. 51.

Literatur: *Bayer/Schmidt, J.*, BB-Gesetzgebungs- und Rechtsprechungsreport zum Europäischen Unternehmensrecht 2018/19, Teil I: Company Law Package, BB 2019, 1922; *Bungert/Becker*, Der finale EU-Richtlinienentwurf zu grenzüberschreitenden Formwechseln, Verschmelzungen und Spaltungen, DB 2019, 1609; *DAV (Handelsrechtsausschuss)*, Stellungnahme Nr. 27/2022, NZG 2018, 857; *Recktenwald*, Die grenzüberschreitende Hinausspaltung zur Aufnahme nach dem UmRUG, (Teil I) BB 2023, 643; *Schmidt, J.*, Der UmRUG-Referentenentwurf: grenzüberschreitende Umwandlungen 2.0 – und vieles mehr, (Teil 1) NZG 2022, 579; *Stelmaszczyk*, Grenzüberschreitende Spaltungen de lege lata und de lege ferenda – Teil 1: Anwendbares Recht, Voraussetzungen, Verfahren, Der Konzern 2021, 1.

Übersicht

I. Grundlagen

1 § 332 normiert die entsprechende Anwendbarkeit der §§ 320 ff. im Falle einer **grenzüberschreitende Spaltung zur Aufnahme**. Die Norm wurde in **überschießender Richtlinienumsetzung** zur Gesellschaftsrechtsrichtlinie[1)] – welche ausschließlich die Spaltung zur

1) Richtlinie (EU) 2017/1132 des Europäischen Parlaments und des Rates v. 14.6.2017 über bestimmte Aspekte des Gesellschaftsrechts (Gesellschaftsrechtsrichtlinie), ABl. (EU) L 169/46 v. 30.6.2017; geändert durch Richtlinie (EU) 2019/2121 des Europäischen Parlaments und des Rates v. 27.11.2019 zur Änderung der Richtlinie (EU) 2017/1132 in Bezug auf grenzüberschreitende Umwandlungen, Verschmelzungen und Spaltungen (Umwandlungsrichtlinie), ABl. (EU) L 321/1 v. 12.12.2019.

Neugründung zum Gegenstand hat (siehe § 320 Rz. 21 [*Heinrichs*])[2] – in das UmwG aufgenommen.[3] Trotz einer fehlenden unionsweiten Regelung steht seit der SEVIC-Entscheidung[4] aus dem Jahr 2005 fest, dass auch grenzüberschreitende Spaltungsvorgänge zur Aufnahme unter die **Niederlassungsfreiheit der Art. 49, 54 AEUV** fallen (siehe § 320 Rz. 6 [*Heinrichs*]). Der europäische Gesetzgeber hat sich dabei bewusst **gegen die Harmonisierung** grenzüberschreitender Spaltungsvorgänge zur Aufnahme entschieden, da diese Fälle als sehr komplex betrachtet werden und die Beteiligung verschiedener Behörden der Mitgliedstaaten erfordert sowie zusätzliche Risiken der Umgehung von unionsrechtlichen wie nationalen Vorschriften bergen.[5]

Die Begründung aus Straßburg stößt indes auf **verbreitete Kritik in Literatur und Praxis**.[6] 2
Dieser folgt der deutsche Gesetzgeber dem Grunde nach – in überschießender Richtlinienumsetzung – mit Schaffung des § 332.[7] Der RegE selbst führt hierzu aus, dass sich die Möglichkeit einer grenzüberschreitenden Spaltung zur Aufnahme unter den Vorgaben des UmwG aus unternehmenspraktischen Gründen gebietet und den Gesellschaftern ein wichtiges Instrument an die Hand gibt, um auf veränderte wirtschaftliche Bedingungen mit Anpassungen der Unternehmensstruktur zu reagieren.[8] Ebenso wird die Verwirklichung des EU-Binnenmarktes als Ziel der EU vorangetrieben.[9] Auch geht nicht zuletzt mit einem geregelten Umwandlungsverfahren ein verbessertes Schutzniveau gefährdeter Akteure wie Minderheitsgesellschafter, Gläubiger und Arbeitnehmer einher.[10]

Alternative Wege über die Art. 49, 54 AEUV sind demgegenüber stets mit **Rechtsunsicherheiten** verbunden (siehe § 320 Rz. 8 [*Heinrichs*]).[11] Unter dem bisher geltenden Recht, könnte ein solcher Umwandlungsvorgang auf rechtssicherer (nationaler) Grundlage nur im Wege der Spaltung auf einen neu gegründeten Rechtsträger samt einer darauffolgenden Verschmelzung auf einen bereits bestehenden Rechtsträger geschehen, der das eigentliche Ziel des gesamten Umwandlungsvorganges darstellt.[12] Ein derart gestalteter Umwandlungsvorgang ist mit **Verzögerungen** und einem nicht zu vernachlässigenden **finanziellen Mehraufwand** verbunden.[13] Zur Verwirklichung eines möglichst vollumfänglichen Schutzes und damit der Rechtssicherheit der beteiligten Gesellschaften ist es unerlässlich, dass auch der Ziel- bzw. Herkunftsstaat des ausländischen Rechtsträgers die Spaltung zur Aufnahme im jeweiligen innerstaatlichen Recht kodifiziert hat, da ansonsten ausschließlich der Weg über die Art. 49, 54 AEUV für eine direkte Spaltung zur Aufnahme offensteht.[14] 3

---

2) Art. 160b Nr. 3 und ErwG 8 Gesellschaftsrechtsrichtlinie.

3) Begr. RegE UmRUG, BT-Drucks. 20/3822, S. 112.

4) EuGH, Urt. v. 13.12.2005 – Rs. C-411/03 (Sevic), NJW 2006, 425 = NZG 2006, 112.

5) ErwG 8 Umwandlungsrichtlinie; krit. hierzu: Begr. RegE UmRUG, BT-Drucks. 20/3822, S. 113; *Stelmaszczyk* in: BeckOGK-UmwG, § 332 Rz. 4; Lutter-*J. Schmidt*, UmwG, § 332 Rz. 3.

6) *Bayer/J. Schmidt*, BB 2019, 1922, 1926; *J. Schmidt*, NZG 2022, 579, 580; *Stelmaszczyk* in: BeckOGK-UmwG, § 332 Rz. 4 m. w. N.; Lutter-*J. Schmidt*, UmwG, § 332 Rz. 3; *Bungert/Becker*, DB 2019, 1609; *Stelmaszczyk*, Der Konzern 2021, 1, 4; *DAV (Handelsrechtsausschuss)*, NZG 2018, 857, 865 f.

7) Begr. RegE UmRUG, BT-Drucks. 20/3822, S. 113; *J. Schmidt*, NZG 2022, 579, 580.

8) Begr. RegE UmRUG, BT-Drucks. 20/3822, S. 113.

9) Die Verwirklichung des EU-Binnenmarktes als Ziel der Union nach Art. 3 Abs. 3 Satz 1 EUV.

10) Begr. RegE UmRUG, BT-Drucks. 20/3822, S. 113; ErwG 5 Gesellschaftsrechtsrichtlinie; *Recktenwald*, BB 2023, 643; *J. Schmidt*, NZG 2022, 579, 580.

11) *Recktenwald*, BB 2023, 643; Kallmeyer-*Biller*, UmwG, § 332 Rz. 2.

12) Begr. RegE UmRUG, BT-Drucks. 20/3822, S. 113; *Kleba*, RNotZ 2016, 273, 274.

13) Begr. RegE UmRUG, BT-Drucks. 20/3822, S. 113.

14) Zur Abgrenzung des anwendbaren nationalen Rechts s. § 320 Rz. 11 [*Heinrichs*] sowie *Stelmaszczyk* BeckOGK-UmwG, § 320 Rz. 19; *J. Schmidt*, NZG 2022, 579, 580.

4 § 332 Satz 1 der Vorschrift erklärt zunächst die **Bestimmungen des Zweiten Teils** (die §§ 320 ff.) auf die grenzüberschreitende Spaltung zur Aufnahme für **anwendbar** und konkretisiert in der § 332 Satz 1 Nr. 1 und Nr. 2 die genauen Voraussetzungen der Anwendbarkeit. Falls mehrere Gesellschaften an der Spaltung beteiligt sind und sich hieraus Besonderheiten ergeben, bestimmt Satz 2 die Anwendbarkeit der Bestimmungen des Ersten Teils über die grenzüberschreitende Verschmelzung, namentlich der §§ 305–318.

5 Nichtsdestotrotz ist zu beachten ist, dass auch bei Nichtvorliegen der Voraussetzungen des § 332 die in den Art. 49, 54 AEUV garantierte **Niederlassungsfreiheit** eine grenzüberschreitende Spaltung zur Aufnahme ermöglicht, die jedoch dann infolge eines fehlenden präzisen Regelwerkes mit Rechtsunsicherheiten verbunden ist, siehe oben Rz. 3.

II. Anwendungsvoraussetzungen (§ 332 Satz 1)

6 Die Bestimmungen des Zweiten Teils des Sechsten Buches gelten für sich genommen nur für grenzüberschreitende Spaltungen zur Neugründung (§ 320 Abs. 1 Nr. 1). Nur unter den zusätzlichen Voraussetzungen des § 332 Satz 1 können diese auf grenzüberschreitende Spaltungen zur entsprechend angewendet werden (§ 320 Abs. 1 Nr. 2 i. V. m. § 332).

1. Anwendungsvoraussetzung der Herausspaltung (§ 332 Satz 1 Nr. 1)

7 Die Voraussetzung für die Anwendung der Vorschriften des Zweiten Teils auf grenzüberschreitende Spaltungen zur Aufnahme im Falle der Herausspaltung einer inländischen Gesellschaft ist, dass alle beteiligten Gesellschaften in den **sechs Monaten vor Bekanntmachung des Spaltungsplans** jeweils durchschnittlich **weniger als 400 Arbeitnehmer** beschäftigten.

8 Die Festlegung des Schwellenwertes auf 400 Arbeitnehmer geschieht vor dem Hintergrund, dass im Falle einer grenzüberschreitenden Spaltung zur Neugründung die Gesellschaftsrechtsrichtlinie über Art. 160l Abs. 2 Alt. 1 die **unternehmerische Mitbestimmung der Arbeitnehmer schützt**, sobald die Anzahl der Beschäftigten vier Fünftel des national festgelegten Schwellenwertes der Arbeitnehmermitbestimmung (Art. 2 lit. k der Richtlinie 2001/86/EG[15]) überschreitet. In Deutschland ist dies durch § 5 Nr. 1 MgFSG[16] und § 1 DrittelbG[17] kodifiziert. Eine Mitbestimmung nach dem DrittelbG ist demnach ab einer in der Regel beschäftigten Anzahl von 500 Arbeitnehmern erforderlich. Zweck der Vier-Fünftel-Regelung ist, dass sich die Gesellschaften durch eine grenzüberschreitende Spaltung nicht der Arbeitnehmermitbestimmung kurz vor Erreichen des Schwellenwertes entziehen.[18]

9 In diesem Kontext verdeutlichen sich jedoch die **Auswirkungen der fehlenden Regelungen** innerhalb der Gesellschaftsrechtsrichtlinie hinsichtlich der Spaltung zur Aufnahme. Art. 160l Gesellschaftsrechtsrichtlinie ist infolge dessen nicht auf diese anwendbar, so dass ein hinreichender Schutz der Arbeitnehmer in diesem Sinne nicht gewährleistet werden kann.[19] Der Gesetzgeber sah sich hierdurch dazu veranlasst den Anwendungsbereich der Vorschrift auf diejenigen Gesellschaften zu beschränken, die ohnehin nicht unter den

15) Richtlinie 2001/86/EG des Rates v. 8.10.2001 zur Ergänzung des Statuts der Europäischen Gesellschaft hinsichtlich der Beteiligung der Arbeitnehmer, ABl. (EU) L 294/22 v. 10.11.2001.

16) Gesetz über die Mitbestimmung der Arbeitnehmer bei grenzüberschreitendem Formwechsel und grenzüberschreitender Spaltung (MgFSG), v. 4.1.2023, BGBl. I 2023 Nr. 10.

17) Gesetz über die Drittelbeteiligung der Arbeitnehmer im Aufsichtsrat (Drittelbeteiligungsgesetz – DrittelbG), v. 18.5.2004, BGBl. I 2004, 974.

18) Lutter-*J. Schmidt*, UmwG, § 332 Rz. 10; *Recktenwald*, BB 2023, 643, 644.

19) Begründung RegE, UmRUG, BT-Drucks. 20/3822, S. 113.

Anwendungsbereich des DrittelbG fallen und somit ohnehin nicht von dessen Schutz profitieren würden.[20)]

10 Die Festlegung des Schwellenwertes auf die feststehende Größe von 400 Arbeitnehmern für alle beteiligten Gesellschaften **steht dabei zurecht in der Kritik.**[21)] Der Schwellenwert gilt für **alle beteiligten Gesellschaften gleich**, selbst wenn das nationale Recht der ausländischen Zielgesellschaft eine höhere Mitbestimmungsschwelle vorsieht. Auf dieser Grundlage fallen ausländische Rechtsträger als Zielgesellschaften aus dem Anwendungsbereich des UmwG heraus, bei denen – jeweils konform mit dem nationalen Recht – eine Mitbestimmung der Arbeitnehmer nicht notwendig ist, was dem intendierten **Sinn und Zweck** der Vorschrift, dem Arbeitnehmerschutz, zuwiderläuft.[22)] Es wäre von Vorteil gewesen auch im Falle der Herausspaltung eine **relative Schwelle** wie die der Vier-Fünftel-Schwelle des Art. 160l Abs. 2 Gesellschaftsrechtsrichtlinie, abhängig vom jeweils national geltenden Recht für die Zielgesellschaft zu normieren.[23)]

11 Die Anzahl von 400 Arbeitnehmern darf **sechs Monate vor Bekanntmachung des Spaltungsplanes** durchschnittlich nicht überschritten werden. Hinsichtlich der Bekanntmachung des Spaltungsplanes ist auf die §§ 323, 308 abzustellen (siehe § 323 Rz. 1 [*Heinrichs*]).

2. Anwendungsvoraussetzung bei Hineinspaltung (§ 332 Satz 1 Nr. 2)

12 Im Falle der Aufnahme einer ausländischen Gesellschaft durch eine inländische Gesellschaft im Wege der Hereinspaltung sind die Vorschriften des Zweiten Teils anwendbar, sofern die Schwelle zur Mitbestimmung der Arbeitnehmer des Staates, **dessen Recht die übertragende Gesellschaft unterliegt**, in einem Zeitraum von sechs Monaten nicht zu einem Grad von durchschnittlich vier Fünftel überschritten wurde. Auch hier erfolgt die Beschränkung unter dem Gesichtspunkt der Gewährung eines möglichst effektiven Schutzes der Arbeitnehmermitbestimmung.[24)]

13 Ebenso wie bei der § 332 Satz 1 Nr. 1 ist diese Schwelle sowohl für die übertragende als auch die übernehmende Gesellschaft maßgeblich, wodurch der Anwendungsbereich der Norm auch im Falle der Herausspaltung unsachgemäß verengt wird.[25)] Auch hier wäre es empfehlenswert gewesen an das jeweilig national geltende Recht zur Arbeitnehmermitbestimmung als Orientierungspunkt der Vier-Fünftel-Schwelle anzuknüpfen (siehe oben Rz. 10).

14 In Abweichung zum Begriff der Bekanntmachung des Spaltungsplans in der § 332 Satz 1 Nr. 1 spricht die Nr. 2 von der Offenlegung des Spaltungsplanes und orientiert sich dabei an Art. 160g Gesellschaftsrechtsrichtlinie als dessen europarechtlicher Vorlage.

III. Entsprechende Anwendung der Vorschriften über die grenzüberschreitende Spaltung zur Neugründung

15 Liegen die alternativen Voraussetzungen der § 332 Satz 1 Nr. 1 oder Nr. 2 vor, sind die Vorschriften über die grenzüberschreitende Spaltung zur Neugründung (§§ 320–331)

---

20) Begründung RegE, UmRUG, BT-Drucks. 20/3822, S. 113.

21) So auch Lutter-*J. Schmidt*, UmwG, § 332 Rz. 10; Semler/Stengel/Leonard-*Drinhausen*, UmwG, § 332 Rz. 3.

22) So auch Lutter-*J. Schmidt*, UmwG, § 332 Rz. 10; Semler/Stengel/Leonard-*Drinhausen*, UmwG, § 332 Rz. 3.

23) So auch Lutter-*J. Schmidt*, UmwG, § 332 Rz. 10; Semler/Stengel/Leonard-*Drinhausen*, UmwG, § 332 Rz. 3.

24) Begr. RegE UmRUG, BT-Drucks. 20/3822, S. 113.

25) So auch Lutter-*J. Schmidt*, UmwG, § 332 Rz. 14; Semler/Stengel/Leonard-*Drinhausen*, UmwG, § 332 Rz. 4.

auch i. R. der grenzüberschreitenden Spaltung zur Aufnahme entsprechend anzuwenden.[26] Dieser Verweis erfolgt im Gegensatz zur Systematik des nationalen Spaltungsrechts des Dritten Buches, in welchem von der Spaltung zur Neugründung auf die Spaltung zur Aufnahme verwiesen wird. Hintergrund dessen ist die fehlende sekundärrechtliche Regelung der Spaltung zur Aufnahme.[27]

16 Mit der entsprechenden Anwendbarkeit des Zweiten Teils gehen auch dessen Voraussetzungen zum sachlichen (siehe § 320 Rz. 2 [*Heinrichs*]) wie persönlichen (siehe § 321 Rz. 1 [*Heinrichs*]) Anwendungsbereich der §§ 322 ff. einher. Somit gelten ebenfalls für die Spaltung zur Aufnahme die von §§ 320, 321 aufgestellten Voraussetzungen, so dass im Ergebnis nur nach dem Recht der EU oder des EWR gegründete Kapitalgesellschaften (**AG, KGaA, GmbH, UG, SE**) erfasst sind, die auch ihren Sitz in einem dieser Staaten haben.[28] In Konsequenz sind auch die Verweisnormen, wie § 320 Abs. 2 der auf bestimmte Vorschriften zur innerstaatlichen Spaltung verweist anwendbar.[29] So umfasst auch die grenzüberschreitende Spaltung zur Aufnahme alle drei Arten der Spaltung nach § 123. Ebenfalls ist der § 125 anwendbar, welcher seinerseits auf die allgemeinen und die Kapitalgesellschaft betreffenden Vorschriften über die innerstaatliche Verschmelzung verweist.[30]

IV. Entsprechende Anwendung der Vorschriften über die grenzüberschreitende Verschmelzung (§ 332 Satz 2)

17 Ergeben sich Besonderheiten daraus, dass an der Spaltung zur Aufnahme mehrere Gesellschaften beteiligt sind, sind gemäß § 332 Satz 2 die Vorschriften der §§ 305–318 über die grenzüberschreitende Verschmelzung heranzuziehen. § 319 kann indes nicht entsprechend angewendet werden, weil dieser eine zeitlich begrenzte Sonderregelung infolge des Brexit darstellt.

18 Der Verweis auf die Vorschriften des Ersten Teils erfolgt vor dem Hintergrund, dass für die grenzüberschreitende Verschmelzung notwendigerweise das Bestehen mehrerer Ausgangsgesellschaften vorausgesetzt wird. Im Rahmen der grenzüberschreitenden Spaltung (zur Neugründung) wird aber nur von einer Ausgangsgesellschaft ausgegangen.

19 Insbesondere gilt dies bspw. hinsichtlich der Erstellung eines gemeinsamen Spaltungsplanes nach § 332 Satz 2 i. V. m. § 307 Abs. 1 oder für Konzernprivilegien z. B. nach § 332 Satz 2 i. V. m. § 309 Abs. 6 Satz 2.[31]

26) Zum Verhältnis der einzelnen Verweise zueinander s. *Stiegler* in: NK-UmwG, § 332 Rz. 9.
27) Begr. RegE UmRUG, BT-Drucks. 20/3822, S. 114.
28) So auch *Recktenwald*, BB 2023, 643.
29) *Stelmaszczyk* BeckOGK-UmwG, § 332 Rz. 13; Begr. RegE UmRUG, BT-Drucks. 20/3822, S. 114.
30) *Stelmaszczyk* BeckOGK-UmwG, § 332 Rz. 14.
31) *Stiegler* in: NK-UmwG, § 332 Rz. 8.

Dritter Teil
Grenzüberschreitender Formwechsel

§ 333

Grenzüberschreitender Formwechsel*)

(1) Ein grenzüberschreitender Formwechsel ist der Wechsel einer nach dem Recht eines Mitgliedstaats der Europäischen Union oder eines Vertragsstaats des Abkommens über den Europäischen Wirtschaftsraum gegründeten Gesellschaft in eine Rechtsform nach dem Recht eines anderen Mitgliedstaats der Europäischen Union oder Vertragsstaats des Abkommens über den Europäischen Wirtschaftsraums unter Verlegung des satzungsmäßigen Sitzes in diesen Staat.

(2) Auf den grenzüberschreitenden Formwechsel einer Kapitalgesellschaft (§ 3 Absatz 1 Nummer 2) sind vorbehaltlich der Absätze 3 und 4 die folgenden Vorschriften des Fünften Buches entsprechend anzuwenden, soweit sich aus diesem Teil nichts anderes ergibt:

1. die Vorschriften des Ersten Teils sowie

2. die Vorschriften des Ersten und Dritten Unterabschnitts des Zweiten Abschnitts des Zweiten Teils.

(3) [1]§ 245 Absatz 1 Satz 3, Absatz 2 Satz 3 und Absatz 3 Satz 3 ist nicht anzuwenden. [2]§ 245 Absatz 4 ist nur dann anzuwenden, wenn die formwechselnde Gesellschaft eine im Anhang I zur Richtlinie (EU) 2017/1132 über bestimmte Aspekte des Gesellschaftsrechts genannte Rechtsform hat. [3]Im Fall des Satzes 2 ist § 52 des Aktiengesetzes mit der Maßgabe anzuwenden, dass an die Stelle des Zeitpunkts der Eintragung der Gesellschaft neuer Rechtsform der Zeitpunkt der Eintragung der formwechselnden Gesellschaft in das für sie zuständige Register tritt.

(4) § 195 Absatz 2 und § 196 sind nicht anzuwenden.

*) § 333 eingefügt durch Art. 1 des Gesetzes zur Umsetzung der Umwandlungsrichtlinie und zur Änderung weiterer Gesetze (UmRUG), v. 22.2.2023, BGBl. I 2023, Nr. 51.

Literatur: *Heckschen/Hilser*, Grenzüberschreitender Gesellschaftszuzug aus Drittstaaten nach Deutschland am Praxisbeispiel einer Schweizer Aktiengesellschaft, (Teil I) DStR 2022, 1005; *Hushahn*, Der isolierte grenzüberschreitende Formwechsel – Zugleich Anmerkung zum Urteil des EuGH v. 25.10.2017 in der Rechtssache Polbud, RNotZ 2018, 23.

Übersicht

I. Zweck der Norm und Gesetzessystematik

1 Die Vorschrift dient der Umsetzung der Art. 86a – 86t der Umwandlungsrichtlinie[1] und kodifiziert für das deutsche Recht erstmalig den grenzüberschreitenden Formwechsel. Schon vor Erlass der Richtlinie und Umsetzung durch den nationalen Gesetzgeber war unter der Prämisse der **Niederlassungsfreiheit** (Art. 43 Abs. 1, 54 AEUV) die rechtsformwechselnde Sitzverlegung innerhalb der Mitgliedstaaten durch den EuGH anerkannt worden.[2] In der **Cartesio-Entscheidung** hat der EuGH in einem obiter dictum festgehalten, dass der Anwendungsbereich der Niederlassungsfreiheit eröffnet ist, wenn eine Gesellschaft aus einem Mitgliedstaat in einen anderen Mitgliedstaat unter Änderung des anwendbaren nationalen Rechts seinen Sitz verlegt und dabei in eine dem nationalen Recht des zweiten Mitgliedstaats unterliegende Gesellschaftsform umgewandelt wird. Der Wegzugsstaat muss den „Hinausformwechsel" in die Rechtsform eines anderen Mitgliedstaats grundsätzlich gestatten.[3] Diese Rechtsprechung wurde in der **VALE-Entscheidung** des EuGHs dadurch weiter ausgefeilt, dass auch der Zuzugsstaat aufgrund der Niederlassungsfreiheit den „Hereinformwechsel" zu gestatten hat.[4] Demnach musste das deutsche Registergericht die grenzüberschreitende Verlegung des Sitzes einer luxemburgischen Kapitalgesellschaft in die Bundesrepublik Deutschland unter damit einhergehendem Formwechsel in eine entsprechende Gesellschaft deutschen Rechts grundsätzlich anerkennen.[5] Dies galt auch für den Fall, wenn keine tatsächliche Niederlassung im Zuzugsstaat erfolgte (sog. **isolierte Satzungssitzverlegung**)[6], so dass etwa das deutsche Handelsregister von Gesellschaften, die ihren Satzungssitz aus einem Mitgliedstaat nach Deutschland verlegten, kein Nachweis der wirtschaftlichen Tätigkeit im Inland oder einen inländischen Verwaltungssitz verlangen durften.[7]

2 Nunmehr ist der grenzüberschreitende Formwechsel einer nach dem Recht eines EU- oder EWR-Mitgliedstaates gegründeten Gesellschaft in eine Rechtsform nach dem Recht eines anderen EU- oder EWR-Mitgliedstaates **in den §§ 333 bis 345 kodifiziert**. Soweit sich aus den §§ 333 ff. nichts anderes ergibt und vorbehaltlich der Regelungen in Absatz 3 und 4, sind gemäß § 333 Abs. 2 auf den grenzüberschreitenden Formwechsel einer Kapitalgesellschaft auch die Vorschriften für den inländischen Formwechsel anwendbar, und zwar die allgemeinen Vorschriften des Ersten Teils (§§ 190–213) sowie die besonderen Vorschriften des Ersten (§§ 226, 227) und des Dritten Unterabschnitts (§§ 238–250) des Zweiten Abschnitts des Zweiten Teils des Fünften Buches.

3 Der grenzüberschreitende Formwechsel dient vor allem dem Bedürfnis von Gesellschaften innerhalb der EU/EWR **durch Sitzverlegung Marktvorteile** zu erlangen, ohne dabei die bisherige Gesellschaft abzuwickeln und im Zuzugsstaat neu zu gründen. Ohne eine solche Möglichkeit würde ansonsten eine Liquidationsbesteuerung und zusätzlicher Gründungsaufwand drohen.[8]

---

1) Richtlinie (EU) 2019/2121 des Europäischen Parlaments und des Rates v. 27.11.2019 zur Änderung der Richtlinie (EU) 2017/1132 in Bezug auf grenzüberschreitende Umwandlungen, Verschmelzungen und Spaltungen (Umwandlungsrichtlinie), ABl. (EU) L 321/1 v. 12.12.2019.

2) EuGH, Urt. v. 16.12.2008 – C-210/06 (Cartesio), NJW 2009, 569.

3) EuGH, Urt. v. 16.12.2008 – Rs. C-210/06 (Cartesio), NJW 2009, 569 = NZG 2009, 61.

4) EuGH, Urt. v. 12.7.2012 – Rs. C-378/10 (VALE), NJW 2012, 2715 = NZG 2012, 871.

5) OLG Nürnberg, Beschl. v. 19.6.2013 – 12 W 520/13, DNotZ 2014, 150 = NZG 2014, 349.

6) EuGH, Urt. v. 25.10.2017 – Rs. C-106/16 (Polbud), NJW 2017, 3639 = NZG 2017, 1308.

7) *Hushahn*, RNotZ, 2018, 23, 25.

8) Sagasser/Bula-*Sagasser/Bula*, Umwandlungen, § 333 Rz. 1.

II. Anwendungsbereich

4 In sachlicher Hinsicht erfasst § 333 den Fall, dass ein nach dem Recht eines **EU- oder EWR-Mitgliedstaats** gegründete Gesellschaft unter Verlegung des Satzungssitzes in eine Rechtsform nach dem Recht eines EU- oder EWR-Mitgliedstaats wechselt. Der Formwechsel ist in diesem Fall grenzüberschreitend, da in die Rechtsform einer anderen Rechtsordnung gewechselt wird, wie etwa eine deutsche GmbH in eine irische Limited. Vom sachlichen Anwendungsbereich nicht umfasst, ist die **reine Verwaltungssitzverlegung** einer Gesellschaft innerhalb der EU oder EWR, da in diesem Fall kein Rechtsformwechsel stattfindet und daher keinen umwandlungsrechtlichen Bezug aufweist.

5 Nach der Maßgabe des § 333 Abs. 1 fallen aus dem Anwendungsbereich alle formwechselnden Satzungssitzverlegungen außerhalb der EU oder EWR. Mangels entsprechender sachrechtlicher Regelung sind grenzüberschreitende Formwechsel in und aus **Drittstaaten** nicht möglich.[9] Der persönliche Anwendungsbereich für grenzüberschreitende Formwechsel im Sinne dieses Gesetzes ist in § 334 geregelt. Für den temporären Anwendungsbereich ist das Inkrafttreten des Gesetzes[10] am 1.3.2023 maßgeblich, wobei die **Übergangsvorschrift** des § 355 zu beachten ist.[11]

III. Begriffsbestimmung

6 Anders als i. R. des inländischen Formwechsels wird in § 333 der Begriff „Gesellschaft" statt „Rechtsträger" verwendet (vgl. § 190). § 333 Abs. 2 sowie § 334 grenzen den Gesellschaftsbegriff weiter dahingehen ein, dass hierunter **Kapitalgesellschaften** gemeint sind (siehe § 334 Rz. 1 [*Heinrichs*]). Die Gesellschaft muss nach dem Recht eines Mitgliedstaats der EU oder EWR gegründet worden sein (§ 334 Satz 1 Nr. 1; siehe zur Auslegung des Begriffs „gegründet" § 334 Rz. 12 [*Heinrichs*]) und in eine Rechtsform nach dem Recht eines anderen Mitgliedstaats der EU oder EWR wechseln (§ 334 Satz 1 Nr. 2). Über den Wortlaut hinaus ist weiterhin zu verlangen, dass die Gesellschaft nicht nur im Mitgliedstaat (konstitutiv) gegründet wurde, sondern auch nach dem Recht eines Mitgliedstaates weiterhin besteht.[12] Der grenzüberschreitende Formwechsel setzt außerdem voraus, dass die formwechselnde Gesellschaft ihren **Satzungssitz** in einen anderen Mitgliedstaat verlegt. Unter dem Satzungssitz in diesem Sinne ist der von den Mitgliedern/Gründern der Gesellschaft in der Satzung festgelegte Sitz zu verstehen.[13] Hierbei kommt es nicht darauf an, dass der Verwaltungssitz als Ort, an dem die Geschäfte der Tätigkeit geführt werden, auch in den anderen Mitgliedstaat verlegt wird, so dass eine **isolierte Satzungssitzverlegung** ebenso zulässig ist. Durch die formwechselnde Satzungssitzverlegung wird die Gesellschaft ohne Auflösung, Abwicklung oder Liquidation in eine in Anhang II zur Gesellschaftsrechtsrichtlinie[14] genannten Rechtsform **identitätswahrend** umgewandelt.[15]

IV. Entsprechend anwendbare Vorschriften (§ 333 Abs. 2)

7 Aus der Zusammenschau von § 333 Abs. 2 und § 334 ergibt sich, dass der grenzüberschreitende Formwechsel nur auf Kapitalgesellschaften Anwendung findet. Vor diesem Hin-

---

9) *Heckschen/Hilser*, DStR 2022, 1005, 1007; *Luy* in: BeckOGK-UmwG, § 333 Rz. 24.

10) Gesetz zur Umsetzung der Umwandlungsrichtlinie und zur Änderung weiterer Gesetze (UmRUG), v. 22.2.2023, BGBl. I 2023, Nr. 51.

11) Widmann/Mayer-*Stelmaszczyk*, UmwR, § 333 UmwG Rz. 4.

12) *Luy* in: BeckOGK, Stand 1.1.2024, UmwG, § 333 Rz. 27.

13) Schwarze/Becker/Hatje/Schoo-*Jung*, EU-Kommentar, Art. 54 AEUV Rz. 15.

14) Richtlinie (EU) 2017/1132 des Europäischen Parlaments und des Rates v. 14.6.2017 über bestimmte Aspekte des Gesellschaftsrechts (Gesellschaftsrechtsrichtlinie), ABl. (EU) L 169/46 v. 30.6.2017.

15) Widmann/Mayer-*Stelmaszczyk*, UmwR, § 333 UmwG Rz. 12.

tergrund bestimmt § 333 Abs. 2, dass sowohl die allgemeinen **Vorschriften über den inländischen Formwechsel** als auch die besonderen für Kapitalgesellschaften rechtsformspezifischen Vorschriften aus dem Fünften Buch entsprechend anzuwenden sind. Im Konkreten handelt es sich dabei um die Vorschriften aus dem Ersten Teil des Fünften Buches (§§ 190–213) und die Ersten und Dritten Unterabschnitte des Zweiten Abschnitts des Zweiten Teils des Fünften Buches (§§ 226, 227, 238–250). Außerdem finden sich in den §§ 333–345 auch Verweise auf die Vorschriften zur grenzüberschreitenden Verschmelzung.

8 Die entsprechende Anwendung der Vorschriften für den inländischen Formwechsel steht jedoch unter doppeltem Vorbehalt. Zum einen unter dem allgemeinen Vorbehalt, dass sich aus den Vorschriften über den grenzüberschreitenden Formwechsel aus §§ 333–345 keine spezielleren Bestimmungen bestehen. Bei der Anwendung der Vorschriften des Fünfen Buches ist der Umstand zu beachten, dass die Angaben, die beim Formwechsel zwischen inländischen Rechtsformen in den Formwechselbeschluss aufzunehmen sind, beim grenzüberschreitenden Formwechsel bereits in den Formwechselplan aufzunehmen sind.[16]

9 Zum anderen sind die **speziellen Vorbehalte** der Absätze 3 und 4 zu beachten.

V. Anwendbarkeit der Nachgründungsvorschriften (§ 333 Abs. 3)

10 Nach § 333 Abs. 3 Satz 1 sind die Ausnahmevorschriften der § 245 Abs. 1 Satz 3, Abs. 2 Satz 3 und Abs. 3 Satz 3 über die Nachgründungsbestimmung des § 52 AktG auf den grenzüberschreitenden Formwechsel nicht anzuwenden. Hintergrund der Ausnahmeregelungen in § 245 ist, dass eine deutsche Kapitalgesellschaft bereits mit Gründung Kapitalaufbringungs- und Kapitalerhaltungsvorschriften unterliegt (vgl. §§ 7, 19, 30 GmbH; §§ 27 Abs. 3, 36a, 57 AktG) und daher der Beginn eines erneuten Nachgründungszeitraums nach § 52 AktG infolge eines Formwechsels entbehrlich ist. Dieser Gedanke lässt sich jedoch nicht auf den Fall übertragen, bei der eine Gesellschaft eines anderen Mitgliedstaates **in eine deutsche Kapitalgesellschaft hineinwechselt**, da nicht beurteilt werden kann, ob das Gründungsstatut der formwechselnden Gesellschaft vergleichbarer rechtsformspezifische Kapitalaufbringungs- und Kapitalerhaltungsvorschriften vorsieht.[17]

11 Für die in Anhang I zur Gesellschaftsrechtsrichtlinie aufgelisteten Gesellschaften gilt jedoch eine **Gegenausnahme.** Auf diese Gesellschaften sind, da sie der deutschen Aktiengesellschaft aufgrund der sekundärrechtlichen Harmonisierung entsprechen, die Nachgründungsvorschriften nach dem Formwechsel gemäß § 333 Abs. 3 Satz 3 nur anwendbar, wenn die Gesellschaft vor dem Formwechsel im Register des Heimatsstaats keine zwei Jahre eingetragen war. Mit Vollzug des grenzüberschreitenden Formwechsels findet kein neuer Nachgründungszeitraum statt.[18] Soweit die formwechselnde, in Anhang I gelistete Gesellschaft noch nicht mindesten 2 Jahre im entsprechenden Register eingetragen ist, ist bis zur Vollendung der Zwei-Jahres-Frist die deutschen Nachgründungsvorschriften anwendbar.[19]

12 Bei diesen Gesellschaften ist auch gemäß § 333 Abs. 3 Satz 2 i. V. m. § 245 Abs. 4 ein Sachgründungsbericht nicht erforderlich.

VI. Kein Spruchverfahren bei Rüge des Beteiligungsverhältnisses (§ 333 Abs. 4)

13 Im Rahmen des grenzüberschreitenden Formwechsels ist eine vollzugssuspendierende Klage gegen den Formwechselbeschluss wegen unangemessener Beteiligungsverhältnisse

16) Begr. RegE UmRUG, BT-Drucks. 20/3822, S. 115.

17) *Luy* in: BeckOGK-UmwG, § 333 Rz. 32; Widmann/Mayer-*Stelmaszczyk*, UmwR, § 333 UmwG Rz. 18.

18) Begr. RegE UmRUG, BT-Drucks. 20/3822, S. 116.

19) Widmann/Mayer-*Stelmaszczyk*, UmwR, § 333 UmwG Rz. 19.

möglich, da § 333 Abs. 4 die §§ 195 Abs. 2, 196 für unanwendbar erklärt. Im Gegensatz hierzu ist eine solche Klagemöglichkeit für die grenzüberschreitende Verschmelzung und grenzüberschreitende Spaltung nicht vorgesehen, da Art. 86i der Umwandlungsrichtlinie für diese Fälle einen Anspruch auf Verbesserung des Umtauschverhältnisses durch bare Zuzahlung vorsieht.

§ 334

Formwechselfähige Gesellschaften*)

[1]Im Rahmen eines grenzüberschreitenden Formwechsels können formwechselnde Gesellschaften und Gesellschaften neuer Rechtsform Kapitalgesellschaften mit einer in Anhang II zur Richtlinie (EU) 2017/1132 genannten Rechtsform sein, wenn sie

1. **nach dem Recht eines Mitgliedstaats der Europäischen Union oder eines anderen Vertragsstaats des Abkommens über den Europäischen Wirtschaftsraum gegründet worden sind und**
2. **ihren satzungsmäßigen Sitz, ihre Hauptverwaltung oder ihre Hauptniederlassung in einem Mitgliedstaat der Europäischen Union oder einem anderen Vertragsstaat des Abkommens über den Europäischen Wirtschaftsraum haben.**

[2]§ 306 Absatz 2 Satz 1 Nummer 2 gilt entsprechend.

*) § 334 eingefügt durch Art. 1 des Gesetzes zur Umsetzung der Umwandlungsrichtlinie und zur Änderung weiterer Gesetze (UmRUG), v. 22.2.2023, BGBl. I 2023, Nr. 51.

Literatur: *Bayer/Schmidt, J.*, BB-Gesetzgebungs- und Rechtsprechungsreport zum Europäischen Unternehmensrecht 2018/19, Teil I: Company Law Package, BB 2019, 1922; *Brandi/Schmidt, M. K.*, Der grenzüberschreitende Formwechsel nach dem RegE zum UmRUG, DB 2022, 1880; *Drinhausen/Keinath*, Referentenentwurf eines Gesetzes zur Umsetzung der Umwandlungsrichtlinie, BB 2022, 1346; *Goette*, Das Gesetz zur Umsetzung der Umwandlungsrichtlinie – Ein Überblick, DStR 2023, 157; *Heckschen/Knaier*, Die größte Reform des Umwandlungsrechts: Endlich in Kraft!, GmbHR 2023, 317; *Knaier*, Die Zukunft der Unternehmensmobilität im Binnenmarkt, GmbHR 2018, 607; *Reidt/Gläsner*, Der grenzüberschreitende Formwechsel unter Beteiligung von Personengesellschaften, ZPG 2024, 121; *Schmidt, J.*, Die weitreichende Reform des Umwandlungsrechts, NJW 2023, 1241; *Schön*, Die Personengesellschaft im europäischen Gesellschaftsrecht, ZHR 187 (2023), 123; *Schumacher/Urhahn*, Von der Schweiz über Luxemburg nach Deutschland – Die Umwandlungsrichtlinie im Spiegel der Niederlassungsfreiheit, NZG 2024, 1171; *Wicke*, Optionen und Komplikationen bei der Umsetzung des Richtlinienvorschlags zum grenzüberschreitenden Formwechsel, (Teil I) DStR 2018, 2642.

Übersicht

I. Grundlagen

§ 334 legt fest, welche Gesellschaften Ausgangs- und Zielrechtsformen i. R. eines grenzüberschreitenden Formwechsels sein können (vgl. auch Art. 86b Nr. 2 Gesellschaftsrechts- 1 richtlinie[1]). Erfasst sind danach **nur Kapitalgesellschaften** nach Anhang II der Gesellschaftsrechtsrichtlinie. Danach werden von § 334 Satz 1 – auf deutscher Seite – nur die AG, die KGaA und die GmbH (zudem die UG als Unterform der GmbH,[2] wegen § 5a Abs. 2 Satz 2 GmbHG jedoch nur als Ausgangsrechtsträger)[3] erfasst. Dies ist eine erhebliche Abweichung zum inländischen Formwechselrecht (vgl. § 191). Auch ein aufgelöster Rechtsträger kann an einem grenzüberschreitenden Formwechsel beteiligt sein, wenn die Fortsetzung beschlossen werden könnte (§ 333 Abs. 2, § 191 Abs. 3).[4]

2 Von einer überschießenden Umsetzung bzgl. anderer Rechtsformen hat der Gesetzgeber mangels sekundärrechtlicher Grundlage abgesehen.[5]

3 Eine Gesellschaft im Zustand der §§ 17 Abs. 2, 18 Abs. 2, 19 Abs. 2 InsO kann Beteiligte eines grenzüberschreitenden Formwechsels sein;[6] der nationale Gesetzgeber hat von der Option des Art. 86a Abs. 4 lit. a der Gesellschaftsrechtsrichtlinie keinen Gebrauch gemacht. Damit die Gesellschaft den grenzüberschreitenden Formwechsel nicht zu missbräuchlichen Zwecken gebraucht, nimmt das Registergericht bei entsprechenden Anhaltspunkten (beim Herausformwechsel) in der Regel eine Missbrauchsprüfung vor (§ 343 Abs. 3)

4 Organismen für gemeinsame Anlagen in Wertpapieren (**OGAW**) sind durch den Verweis des **§ 334 Satz 2** auf § 306 Abs. 2 Satz 1 Nr. 2 ausdrücklich ausgenommen (Art. 86a Abs. 2 Gesellschaftsrechtsrichtlinie), wovon vor allem Investmentaktiengesellschaften mit veränderlichem Kapital (§§ 108 ff. KAGB), nicht aber Kapitalverwaltungsgesellschaften (§§ 17, 92 ff. KAGB) ausgeschlossen sind.[7]

II. Anwendung auf die SE

5 Fraglich ist, inwiefern auch die **SE** von den §§ 333 ff. erfasst ist. Die **reine Sitzverlegung** der SE ist bereits von Art. 8 SE-VO[8] erfasst, so dass der Anwendungsbereich der §§ 333 ff. nicht eröffnet ist. Die SE kommt auch **nicht als Gesellschaft neuer Rechtsform** in Betracht, weil die SE-Gründungsvorschriften insofern als leges speciales gelten.[9] Die SE kommt daher i. R. der §§ 333 ff. nur als **Ausgangsrechtsform** in Betracht, nicht jedoch für den Wechsel einer SE in eine deutsche AG, weil Art. 66 SE-VO insofern lex specialis ist.[10] Im Rahmen der §§ 333 ff. gilt dann die zweijährige Sperrfrist des Art. 66 Abs. 1 Satz 2 SE-VO analog (str.).[11]

---

1) Richtlinie (EU) 2017/1132 des Europäischen Parlaments und des Rates v. 14.6.2017 über bestimmte Aspekte des Gesellschaftsrechts (Gesellschaftsrechtsrichtlinie), ABl. (EU) L 169/46 v. 30.6.2017.

2) *Heckschen/Knaier* GmbHR 2023, 317, 319.

3) BGH, Beschl. v. 11.4.2011 – II ZB 9/10, NJW 2011, 1883 = NZG 2011, 666 – zur innerstaatlichen Abspaltung; *Wicke,* DStR 2018, 2642, 2643; *Stiegler* in: NK-UmwG, § 334 Rz. 8.

4) *Luy* in: BeckOGK-UmwG, § 334 Rz. 25; *Reidt* in: KölnKomm-UmwG, § 334 Rz. 3; Widmann/Mayer-*Stelmaszczyk*, UmwR, § 334 UmwG Rz. 14 ff.

5) Begr. RegE UmRUG, BT-Drucks. 20/3822, S. 116.

6) *Luy* in: BeckOGK-UmwG, § 334 Rz. 23 f.; Lutter-*J. Schmidt*, UmwG, § 334 Rz. 19.

7) Henssler/Strohn-*Polley*, GesR, § 306 UmwG Rz. 11; *Stiegler* in: NK-UmwG, § 334 Rz. 17.

8) Verordnung (EG) Nr. 2157/2001 des Rates v. 8.10.2001 über das Statut der Europäischen Gesellschaft (SE) (SE-VO), ABl. (EU) L 294/1 v. 10.11.2001.

9) *Luy* in: BeckOGK-UmwG, § 334 Rz. 9; *Reidt* in: KölnKomm-UmwG, § 334 Rz. 7.

10) *Luy* in: BeckOGK-UmwG, § 334 Rz. 10; Lutter-*J. Schmidt*, UmwG, § 334 Rz. 8; Kallmeyer-*Biller/Wilk*, UmwG, § 334 Rz. 1; Semler/Stengel/Leonard-*Drinhausen*, UmwG, § 334 Rz. 3; a. A. *Stiegler* in: NK-UmwG, § 334 Rz. 10.

11) Dafür *Luy* in: BeckOGK-UmwG, § 334 Rz. 10; Lutter-*J. Schmidt*, UmwG, § 334 Rz. 8; Henssler/Strohn-*Drinhausen/Keinath*, UmwG, § 334 Rz. 2; dagegen *Reidt* in: KölnKomm-UmwG, § 334 Rz. 6.

III. Anwendung auf Personengesellschaften

Eine Anwendung des § 334 auf Personengesellschaften ist vom Gesetz nicht vorgesehen. 6
Der Gesetzgeber hat sich gegen eine überschießende Umsetzung entschieden,[12] obschon dies in der Literatur vielfach gewünscht wurde.[13] Aufgrund der Rechtsprechung des EuGH zur Niederlassungsfreiheit (Art. 49, 54 AEUV) muss ein grenzüberschreitender Formwechsel einer Personengesellschaft dennoch auch künftig möglich sein.

Fraglich ist, **welche nationalen Regelungen** für einen grenzüberschreitenden Formwech- 7
sel einer Personengesellschaft gelten. Vor dem UmRUG wurde vielfach auf eine analoge Anwendung der §§ 190 ff., 214 ff. zurückgegriffen.[14] Doch stellt sich nun die Frage, ob auf die §§ 333 ff. zurückgegriffen werden kann. Die bewusste Entscheidung des Gesetzgebers gegen eine überschießende Umsetzung wird teilweise dahingehend interpretiert, dass eine Analogie aufgrund einer planwidrigen Regelungslücke nicht möglich sei.[15] Der nationale Gesetzgeber soll aber einen von der Niederlassungsfreiheit geschützten Bereich nicht vollständig (sondern nur teilweise) ausschließen können, weswegen eine Analogie als möglich anzusehen ist.[16] Eine Analogie der §§ 333 ff. ist vor allem mit Blick auf das dort geregelte Verfahren gegenüber den §§ 190 ff., 214 ff. vorteilhaft. Zwar regeln die §§ 333 ff. – im Gegensatz zu den §§ 190 ff., 214 ff. – nur das Recht der Kapitalgesellschaften. Für den Fall, dass sich eine Analogie einer Regelung der §§ 333 ff. jedoch als ungeeignet erweist, kann man hilfsweise auf die Regelungen der §§ 190 ff., 214 ff. zurückgreifen.[17] Die §§ 333 ff. stellen insofern das Grundgerüst dar, welches durch die §§ 190 ff., 214 ff. unter Umständen modifiziert und ergänzt wird.[18] Dies entspricht auch dem Regelungskonzept des Gesetzgebers, welches er in § 333 Abs. 2 gewählt hat.

Da die oben genannte Streitfrage von den Gerichten jedoch nicht einheitlich gehandhabt 8
wird, ist eine enge Zusammenarbeit mit dem jeweiligen Registergericht zu empfehlen.[19]

IV. Nicht erfasste Kapitalgesellschaften

Vom Anwendungsbereich der §§§ 333 ff. sind ferner Kapitalgesellschaften in **Liquidation** 9
ausgenommen (Art. 86a Abs. 3 lit. a Gesellschaftsrechtsrichtlinie).[20] Dies soll verhindern, dass Gläubiger benachteiligt werden oder dass sich einem geordneten Abwicklungsverfahren durch den grenzüberschreitenden Formwechsel entzogen wird.[21]

---

12) Begr. RegE UmRUG, BT-Drucks. 20/3822, S. 116.

13) *J. Schmidt*, NJW 2023, 1241; *Goette*, DStR 2023, 157, 158; ZPG 2024, 121 ff. – dort m. w. N. in Fn. 22.

14) ZPG 2024, 121 (Rz. 25).

15) Semler/Stengel/Leonard-*Drinhausen*, UmwG, § 334 Rz. 2; *Drinhausen/Keinath*, BB 2022, 1346, 1354; *Brandi/M. K. Schmidt*, DB 2022, 1880, 1882.

16) Ausf. *Luy* in: BeckOGK-UmwG, § 334 Rz. 17 ff.; *Reidt* in: KölnKomm-UmwG, § 333 Rz. 64; Schmitt/Hörtnagl-*Winter*, UmwG/UmwStG, § 334 UmwG Rz. 5; *Reidt/Gläsner*, ZPG 2024, 121 ff.; a. A. Kallmeyer-*Biller/Wilk*, UmwG, § 334 Rz. 4.

17) *Luy* in: BeckOGK-UmwG, § 334 Rz. 21.

18) *Reidt/Gläsner*, ZPG 2024, 121 (Rz. 24 ff.); *Luy* in: BeckOGK-UmwG, § 334 Rz. 17 ff.;Widmann/Mayer-*Stelmaszczyk*, UmwR, § 334 UmwG Rz. 20 a. E.;Schmitt/Hörtnagl-*Winter*, UmwG/UmwStG, § 334 UmwG Rz. 5; *Schön*, ZHR 187 (2023), 123, 156 ff., 162.

19) Henssler/Strohn-*Drinhausen/Keinath*, GesR, § 334 UmwG Rz. 3; *Brandi/M. K. Schmidt*, DB 2022, 1880, 1882.

20) Dies kommt durch § 333 Abs. 2 Nr. 1 i. V. m. § 193 Abs. 3 zum Ausdruck, weil die „Fortsetzung“ (§ 191 Abs. 3) nicht beschlossen werden kann, solange die Verteilung des Vermögens unter den Anteilsinhabern nicht begonnen wurde, *Stiegler* in: NK-UmwG, § 334 Rz. 18.

21) *Knaier*, GmbHR 2018, 607, 617; *Bayer/J. Schmidt*, BB 2019, 1922, 1927.

10 Ferner sind die in Art. 86a Abs. 3 lit. b Gesellschaftsrechtsrichtlinie genannten Gesellschaften (insbesondere Kreditinstitute nach der Bankenabwicklungsrichtlinie[22]) vom Anwendungsbereich ausgenommen.[23]

11 Auf Gesellschaften aus **Drittstaaten** finden die §§ 333 ff. keine Anwendung.[24]

V. Gründung in EU-/EWR-Staat (§ 334 Satz 1 Nr. 1)

12 Die Gesellschaft muss **nach dem Recht eines EU-/EWR-Staates gegründet** worden sein (§ 334 Satz 1 Nr. 1). Dies ist nicht nur bei allen originär in einem EU-/EWR-Staat gegründeten Gesellschaften der Fall, sondern auch dann, wenn die jetzige EU-/EWR-Gesellschaft durch eine grenzüberschreitende Umwandlung aus einem Drittstaat entstanden ist.[25] Denn bei letzterem Vorgang werden in der Regel die Gründungsvorschriften des EU-/EWR-Staates eingehalten worden sein.[26] Zudem soll der Schutz der Niederlassungsfreiheit (Art. 49, 54 AEUV) nicht davon abhängen, ob die Gesellschaft ursprünglich in einem nicht EU-/EWR-Staat bestand.[27]

VI. Sitz/Niederlassung in der EU-/EWR (§ 334 Satz 1 Nr. 2)

13 Die Gesellschaft muss zudem ihren Satzungssitz, ihre Hauptverwaltung **oder** ihre Hauptniederlassung in einem EU-/EWR-Staat haben (§ 334 Satz 1 Nr. 2). Die drei Kriterien stehen also in einem **Alternativverhältnis**.

14 Der **Satzungssitz** ist der in der Satzung angegebene Sitz der Gesellschaft. Die **Hauptverwaltung** meint den Verwaltungssitz der Gesellschaft, also den Sitz der unternehmerischen Leitung. Die Hauptniederlassung wird teilweise als Entsprechung zum Verwaltungssitz,[28] teilweise als Entsprechung zum Satzungssitz.[29] und teilweise als Geschäftsschwerpunkt gesehen.[30]

---

22) Richtlinie 2014/59/EU des Europäischen Parlaments und des Rates v. 15.5.2014 zur Festlegung eines Rahmens für die Sanierung und Abwicklung von Kreditinstituten und Wertpapierfirmen und zur Änderung der Richtlinie 82/891/EWG des Rates, der Richtlinien 2001/24/EG, 2002/47/EG, 2004/25/EG, 2005/56/EG, 2007/36/EG, 2011/35/EU, 2012/30/EU und 2013/36/EU sowie der Verordnungen (EU) Nr. 1093/2010 und (EU) Nr. 648/2012 des Europäischen Parlaments und des Rates (Bankenabwicklungsrichtlinie), ABl. (EU) L 173/190 v. 12.6.2014.

23) *Stiegler* in: NK-UmwG, § 334 Rz. 19 m. w. N.

24) *Stiegler* in: NK-UmwG, § 334 Rz. 11; Schmitt/Hörtnagl-*Winter*, UmwG/UmwStG, § 334 UmwG Rz. 8.

25) Ausf. Begr. OLG Karlsruhe, Beschl. v. 24.4.2024 – 1 W 40/23 (Wx), Rz. 15 ff., NZG 2024, 1189 = ZIP 2024, 2593, am Bsp. einer nach dem Recht der Schweiz gegründeten GmbH, die ihren Sitz nach Luxemburg verlegt und ihre Rechtsform in eine S.à.r.l. geändert hat, welche anschließend einen Hereinformwechsel nach Deutschland (§ 345) vorgenommen hat; zust. *Leuering/Rubner*, NJW-Spezial 2024, 592 (Urteilsanm.); *Schumacher/Urhahn*, NZG 2024, 1171; *Stiegler*, ZIP 2024, 2518 (Urteilsanm.).

26) *Stiegler* in: NK-UmwG, § 334 Rz. 13; Schmitt/Hörtnagl-*Winter*, UmwG/UmwStG, § 334 UmwG Rz. 8.

27) Schmitt/Hörtnagl-*Winter*, UmwG/UmwStG, § 334 UmwG Rz. 8.

28) Schmitt/Hörtnagl-*Winter*, UmwG/UmwStG, § 334 UmwG Rz. 8.

29) *Luy* in: BeckOGK-UmwG, § 334 Rz. 34; *Klett* in: BeckOGK-UmwG, § 306 Rz. 27.

30) *Stiegler* in: NK-UmwG, § 334 Rz. 15; *Sitter* in: NK-UmwG, § 306 Rz. 11.

§ 335

Formwechselplan*)

(1) Das Vertretungsorgan der grenzüberschreitend formwechselnden Gesellschaft stellt einen Formwechselplan auf.

(2) Der Formwechselplan oder sein Entwurf muss mindestens folgende Angaben enthalten:

1. Rechtsform, Firma und Sitz der formwechselnden Gesellschaft,

2. die Rechtsform, die die Gesellschaft durch den Formwechsel erlangen soll,

3. die Firma und den Sitz der Gesellschaft neuer Rechtsform,

4. sofern einschlägig den Errichtungsakt der Gesellschaft neuer Rechtsform und, falls sie Gegenstand eines gesonderten Aktes ist, die Satzung,

5. den vorgesehenen indikativen Zeitplan für den grenzüberschreitenden Formwechsel,

6. die Beteiligung der bisherigen Anteilsinhaber an dem Rechtsträger nach den für die neue Rechtsform geltenden Vorschriften sowie Zahl, Art und Umfang der Anteile, welche die Anteilsinhaber durch den Formwechsel erlangen sollen,

7. die Rechte, die die Gesellschaft neuer Rechtsform den mit Sonderrechten ausgestatteten Anteilsinhabern und den Inhabern von anderen Wertpapieren als Gesellschaftsanteilen gewährt, oder die für diese Personen vorgeschlagenen Maßnahmen,

8. die Sicherheiten, die den Gläubigern angeboten werden,

9. die etwaigen besonderen Vorteile, die den Mitgliedern der Verwaltungs-, Leitungs-, Aufsichts- oder Kontrollorgane der Gesellschaft gewährt werden,

10. eine Darstellung der Förderungen oder Beihilfen, die die Gesellschaft in den letzten fünf Jahren erhalten hat,

11. die Einzelheiten zum Angebot einer Barabfindung gemäß § 340,

12. die voraussichtlichen Auswirkungen des grenzüberschreitenden Formwechsels auf die Beschäftigung der Arbeitnehmer,

13. gegebenenfalls Angaben zu dem Verfahren, nach dem die Einzelheiten der Beteiligung der Arbeitnehmer an der Festlegung ihrer Mitbestimmungsrechte in der Gesellschaft neuer Rechtsform geregelt werden, sowie

14. die Auswirkungen des grenzüberschreitenden Formwechsels auf Betriebsrenten und Betriebsrentenanwartschaften.

(3) Der Formwechselplan muss notariell beurkundet werden.

*) § 335 eingefügt durch Art. 1 des Gesetzes zur Umsetzung der Umwandlungsrichtlinie und zur Änderung weiterer Gesetze (UmRUG), v. 22.2.2023, BGBl. I 2023, Nr. 51.

Literatur: *Baschnagel/Hilser*, Gläubigerschutz bei grenzüberschreitenden Umwandlungen nach dem UmRUG, NZG 2022, 1333; *Bücker/Kopp*, Erste Praxiserfahrungen mit einem grenzüberschreitenden Hereinformwechsel nach dem neuen UmwG in die Rechtsform der Aktiengesellschaft, AG 2023, 764; *Schmidt, J.*, Der UmRUG-Referentenentwurf: grenzüberschreitende Umwandlungen 2.0 – und vieles mehr, NZG 2022, 635; *Schollmeyer*, Der Gläubigerschutz bei grenzüberschreitenden Umwandlungen nach der neuen Umwandlungsrichtlinie, ZGR 2020, 62.

Übersicht

I. Grundlagen

1 § 335 dient der Umsetzung von Art. 86d Gesellschaftsrechtsrichtlinie[1)] und normiert die inhaltlichen Anforderungen an den Formwechselplan. Die §§ 333 ff. sehen ein **zweistufiges Verfahren** – Formwechselplan und Formwechselbeschluss (vgl. §§ 335, 339) – vor; dieses Verfahren weicht von dem nationalen einstufigen Verfahren (nur Formwechselbeschluss, vgl. § 194 Abs. 1), welches lediglich einen Formwechselbeschluss vorsieht (vgl. § 194 Abs. 1), ab. In der Praxis wird in der Regel mit dem Entwurf des Formwechselplans gearbeitet,[2)] so dass sich in der Praxis keine wesentlichen Unterschiede zum innerstaatlichen Formwechsel mit Blick auf die Aufstellung des Formwechselplans ergeben.[3)] Die nach § 335 Abs. 3 erforderliche notarielle Beurkundung wird in der Praxis daher regelmäßig mit der Beurkundung des Formwechselbeschlusses zusammenfallen.

2 **Zweck** des Formwechselplans ist es, die wichtigsten Informationen des Formwechsels offenzulegen, um die berechtigten Interessen aller Beteiligten zu berücksichtigen.[4)] Dabei geht es vor allem um den Schutz der Anteilsinhaber; denn infolge des grenzüberschreitenden Formwechsels verändern sich deren mitgliedschaftlichen Rechte. Bei dem Formwechselplan handelt es sich um einen **gesellschaftsrechtlichen Organisationsakt.**[5)] Gemeinsam mit dem Formwechselbericht (§ 337) bilden sie die **Grundlage für die Beschlussfassung** der Anteilsinhaber.[6)]

3 Der Formwechselplan ist beim Herausformwechsel in **deutscher Sprache** zu entwerfen (vgl. § 488 Abs. 3 FamFG i. V. m. § 184 GVG). Beim Hereinformwechsel gilt bzgl. der Sprache die Regelung des jeweiligen Wegzugsstaats; eine deutsche Fassung ist wegen der in dem Wegzugsstaat ausgestellten Formwechselbescheinigung (§ 345 Abs. 2) nicht erforderlich,

1) Richtlinie (EU) 2017/1132 des Europäischen Parlaments und des Rates v. 14.6.2017 über bestimmte Aspekte des Gesellschaftsrechts (Gesellschaftsrechtsrichtlinie), ABl. (EU) L 169/46 v. 30.6.2017.

2) Zur Zulässigkeit etwa §§ 335 Abs. 2, 336, 338.

3) *Luy* in: BeckOGK-UmwG, § 335 Rz. 5.1; Semler/Stengel/Leonard-*Drinhausen*, UmwG, § 335 Rz. 1; Schmitt/Hörtnagl-*Winter*, UmwG/UmwStG, § 335 UmwG Rz. 3.

4) ErwG 12 Gesellschaftsrechtsrichtlinie.

5) Lutter-*J. Schmidt*, UmwG, § 335 Rz. 7; *Reidt* in: KölnKomm-UmwG, § 335 Rz. 3, 11.

6) *Stiegler* in: NK-UmwG, § 335 Rz. 6.

diese ist jedoch ggf. beglaubigt zu übersetzen. In der **Praxis** sollte mit einem **mehrsprachigen** Dokument gearbeitet werden.[7] Wird beim Herausformwechsel der Formwechselplan in einer Fremdsprache beurkundet, ist eine beglaubigte deutsche Übersetzung beim Registergericht einzureichen.[8]

Der Formwechselplan oder sein Entwurf ist dem zuständigen Betriebsrat oder, sofern ein solcher nicht vorhanden ist, den Arbeitnehmern mit dem Formwechselbericht zugänglich zu machen (§§ 337 Abs. 1, 310 Abs. 1). Er muss dem Betriebsrat aber **nicht** gemäß § 194 Abs. 2 zugeleitet werden. Dessen Beteiligung wird über § 336 i. V. m. § 308 Abs. 1 und § 337 Abs. 1 i. V. m. § 310 Abs. 1 gewährleistet. 4

Wird der Formwechselplan nach der Beurkundung **geändert**, löst dies eine erneute Pflicht zur Beurkundung aus. Zu wesentlichen Änderungen nach Bekanntmachung des Formwechselplans (siehe § 336 Rz. 3 [*Heinrichs*]). 5

II. Formwechselplan (§ 335 Abs. 1)

Das **Vertretungsorgan** ist dazu **verpflichtet**, einen Formwechselplan aufzustellen. Es genügt, wenn dies in vertretungsberechtigter Anzahl oder in Stellvertretung durch Bevollmächtigte geschieht.[9] Für ein Konzernunternehmen ist bzgl. der Aufstellung des Formwechselplans keine Ausnahme vorgesehen (anders beim Formwechselbericht, vgl. § 337 Abs. 3 Satz 1 i. V. m. § 192 Abs. 2 Satz 1 Var. 1). Hintergrund ist der Zweck des Formwechselplans, **alle** berechtigten Interessen zu berücksichtigen, nicht nur die der Anteilsinhaber (siehe Rz. 2).[10] Ein Verzicht ist daher auch bei einer Tochtergesellschaft nicht möglich. 6

III. Inhalt des Formwechselplans (§ 335 Abs. 2)

Die im Formwechselplan erforderlichen **Mindestangaben** sind ähnlich dem Formwechselbeschluss beim innerstaatlichen Formwechsel (vgl. § 194).[11] Daneben können weitere Angaben aufgenommen werden, allerdings nicht in dem Maße, dass die gesetzlichen Mindestanforderungen in den Hintergrund treten.[12] Der Gesetzgeber hat sich mit § 335 Abs. 2 Nr. 6 und 14 dazu entschieden, über die Anforderungen des Art. 86d Gesellschaftsrechtsrichtlinie hinauszugehen. 7

Sind gewisse Punkte obsolet (bspw. § 335 Abs. 2 Nr. 12 mangels Arbeitnehmer), sollte dies im Formwechselplan durch eine **Negativerklärung** festgestellt und unter Umständen kurz begründet werden, um dem Registergericht die Arbeit zu erleichtern und etwaigen Beanstandungen des Registergerichts aufgrund eines Anscheins der Unvollständigkeit zuvorzukommen. 8

1. Alte bzw. neue Rechtsform, Firma und Sitz (§ 335 Abs. 2 Nr. 1 bis 3)

Im Formwechselplan müssten Rechtsform, Firma und Sitz sowohl des Ausgangsrechtsträgers als auch des Zielrechtsträgers angegeben werden (§ 335 Abs. 2 Nr. 1 bis 3). Ge- 9

7) So auch Lutter-*J. Schmidt*, UmwG, § 335 Rz. 64; Kallmeyer-*Biller/Wilk/Müller-Bonanni*, UmwG, § 335 Rz. 13.

8) Schmitt/Hörtnagl-*Winter*, UmwG/UmwStG, § 335 UmwG Rz. 4.

9) Schmitt/Hörtnagl-*Winter*, UmwG/UmwStG, § 335 UmwG Rz. 4; zur SE *Reidt* in: KölnKomm-UmwG, § 335 Rz. 14.

10) Vgl. *Stiegler* in: NK-UmwG, § 335 Rz. 8.

11) Muster bei Widmann/Mayer-*Stelmaszczyk*, UmwR, § 335 UmwG Rz. 44.

12) *Stiegler* in: NK-UmwG, § 335 Rz. 12.

meint ist der **Satzungssitz;**[13] der Verwaltungssitz kann im Wegzugsstaat verbleiben.[14] Die zusätzliche Angabe der Handelsregisternummer des Ausgangsrechtsträgers ist zu empfehlen.

10 Die Angaben zum Zielrechtsträger dienen insbesondere dem **Schutz der Anteilsinhaber**, damit diese sich über die rechtlichen und wirtschaftlichen Rahmenbedingungen der neuen Rechtsform informieren können.[15] Die Vorschrift dient auch den **Gläubigern**, falls diese ihren Anspruch auf Sicherheitsleistung gerichtlich geltend machen wollen (§§ 341 Abs. 1, 314).

2. Errichtungsakt und ggf. Satzung des Zielrechtsträgers (§ 335 Abs. 2 Nr. 4)

11 Der Formwechselplan soll, sofern einschlägig, den Errichtungsakt der Gesellschaft neuer Rechtsform und, falls sie Gegenstand eines gesonderten Aktes ist, die Satzung enthalten (§ 335 Abs. 2 Nr. 4). Nicht alle europäischen Rechtsordnungen sehen einen einheitlichen Errichtungsakt vor, sondern differenzieren zum Teil zwischen Gründungsurkunde und Satzung.[16] Die Satzung neuer Rechtsform kann als **Anlage zum Formwechselplan** beigefügt werden. Sie wird vom Registergericht nicht inhaltlich überprüft.[17]

12 Es ist zu empfehlen die Satzung in der **Sprache** des Ziel- und Wegzugsstaates beizufügen.[18]

3. Indikativer Zeitplan (§ 335 Abs. 2 Nr. 5)

13 Der Formwechselplan muss einen „indikativen" Zeitplan enthalten (vgl. auch § 322 Abs. 2 Nr. 1).[19] Die Angabe der **wesentlichen Verfahrensschritte** (Formwechselbericht, -prüfung, -beschluss, Kontrolle der beteiligten Register und Eintragung) und die damit einhergehende Dauer in Angabe der Kalenderwochen sind ausreichend.[20]

14 Auf dem Zeitplan können Stakeholder aufbauen, um die Geltendmachung bzw. Absicherung ihrer Rechte zu planen. Eine Abweichung löst keine Rechtsfolgen aus, sofern der Zeitplan auf vernünftigen kaufmännischen Erwägungen beruht; ist das nicht der Fall, ist der Beschluss **anfechtbar.**[21]

4. Beteiligungsverhältnisse (§ 335 Abs. 2 Nr. 6)

15 Der Formwechselplan muss die Beteiligung der bisherigen Anteilsinhaber an dem Rechtsträger nach den für die neue Rechtsform geltenden Vorschriften sowie Zahl, Art und Umfang der Anteile, welche die Anteilsinhaber durch den Formwechsel erlangen sollen, enthalten (§ 335 Abs. 2 Nr. 6). Diese Angaben gehen nicht auf die Gesellschaftsrechtsrichtlinie, sondern auf den nationalen Gesetzgeber zurück. Die Vorschrift ist nahezu wortgleich mit § 194 Abs. 1 Nr. 3 und dient der **Information der Anteilsinhaber.**[22]

---

13) Schmitt/Hörtnagl-*Winter*, UmwG/UmwStG, § 335 UmwG Rz. 9; Kallmeyer-*Biller/Wilk/Müller-Bonanni*, UmwG, § 335 Rz. 17.

14) EuGH, Urt. v. 25.10.2017 – Rs. C-106/16 (Polbud), NZG 2017, 1308 = NJW 2017, 3639.

15) *Stiegler* in: NK-UmwG, § 335 Rz. 17.

16) *J. Schmidt*, NZG 2022, 635 (Fn. 6); Schmitt/Hörtnagl-*Winter*, UmwG/UmwStG, § 335 UmwG Rz. 10.

17) *Stiegler* in: NK-UmwG, § 335 Rz. 21.

18) *Luy* in: BeckOGK-UmwG, § 335 Rz. 30.1.

19) Bsp. bei *Luy* in: BeckOGK-UmwG, § 335 Rz. 35; Schmitt/Hörtnagl-*Winter*, UmwG/UmwStG, § 335 UmwG Rz. 11.

20) Semler/Stengel/Leonard-*Drinhausen*, UmwG, § 322 Rz. 4; Lutter-*J. Schmidt*, UmwG, § 335 Rz. 22.

21) Widmann/Mayer/*Stelmaszczyk*, UmwR, § 335 UmwG Rz. 14; Kallmeyer/*Biller/Wilk/Müller-Bonanni*, UmwG, § 335 Rz. 21; *Stiegler* in: NK-UmwG, § 335 Rz. 24.

22) Begr. RegE UmRUG, BT-Drucks. 20/3822, S. 117.

16 Es muss angegeben werden, **ob** die bisherigen Anteilsinhaber weiterhin beteiligt sind.[23] Der **Umfang** der Anteile richtet sich nach der quotalen Beteiligung. Die **Zahl** der Anteile ist die konkrete Zahl der Anteile, die jeder einzelne Anteilsinhaber erlangen soll.[24] Die **Art** der Anteile richtet sich nach der Gesellschaft neuer Rechtsform (Aktie, Geschäftsanteil etc.); sofern in der Gesellschaft verschiedene **Arten** von Geschäftsanteilen bestehen (bspw. Stamm- und Vorzugsaktien), ist eine nähere Angabe erforderlich, jedoch nicht im Hinblick auf die mit den Anteilen einhergehenden Rechte. **Nicht** erfasst ist die Stimmkraft (dazu Nr. 7, siehe Rz. 18).

17 Mit Blick darauf, dass zum Zeitpunkt der Aufstellung nicht klar ist, wer ein etwaiges **Barabfindungsangebot** annimmt (und dadurch nicht Gesellschafter der Gesellschaft neuer Rechtsform wird, vgl. § 340 Abs. 4), handelt es sich hierbei um eine **hypothetische Annahme**; die Angabe kann unter entsprechendem Vorbehalt erfolgen, wobei dies nicht zwingend ist, weil das Gesetz selbst dies vorsieht.[25]

5. Rechte von Sonderrechtsinhabern (§ 335 Abs. 2 Nr. 7)

18 Der Formwechselplan muss die Rechte, die die Gesellschaft neuer Rechtsform den mit Sonderrechten ausgestatteten Anteilsinhabern und den Inhabern von anderen Wertpapieren als Gesellschaftsanteilen gewährt, oder die für diese Personen vorgeschlagenen Maßnahmen enthalten (§ 335 Abs. 2 Nr. 7).[26] Mangels gesetzgeberischer Erwägungen muss zur Auslegung auf § 194 Abs. 1 Nr. 5 und insbesondere § 307 Abs. 2 Nr. 7 zurückgegriffen werden. Erfasst sind daher nur solche Sonderrechte, die den Anteilsinhabern bei dem **deutschen Ausgangsrechtsträger gewährt** werden.[27] **Nicht erfasst** sind daher solche Rechte, die i. R. des grenzüberschreitenden Formwechsels gewährt werden.[28] Beispiele hierfür sind Vorzugsaktien, Mehrstimmrechte, Bestellungsrechte und Rechte auf Geschäftsführung und Schuldverschreibungen.

6. Gläubigersicherheiten (§ 335 Abs. 2 Nr. 8)

19 Der Formwechselplan muss Angaben zu den Sicherheiten machen, die den Gläubigern angeboten werden (vgl. auch § 341 Abs. 1 i. V. m. § 314).[29] Die Wahrscheinlichkeit eines verzögernden und kostspieligen Verfahrens zur Sicherheitsbestimmung (§ 341) kann durch die Gesellschaft dadurch verringert werden.[30] Bei der Angabe handelt es sich nicht um ein Angebot i. S. der §§ 145, 147 BGB, weil der **Formwechselplan lediglich ein Verfahrensdokument** darstellt, welches keine schuldrechtlichen Bindungen begründet.[31] Ist das Angebot unzureichend oder unterbleibt die Leistung der angebotenen Sicherheit gegenüber einem berechtigten Gläubiger, **kann** der Gläubiger seinen Anspruch auf angemessene Sicherheitsleistung bei dem gemäß § 314 Abs. 5 i. V. m. § 341 Abs. 1 zuständigen Gericht gemäß § 341 Abs. 1 i. V. m. § 314 gerichtlich geltend machen. In der Folge blockiert das die Eintragung (vgl. § 343 Abs. 2 Satz 3).

---

23) Formulierungsbsp. bei Lutter-*J. Schmidt*, UmwG, § 335 Rz. 27.

24) *Luy* in: BeckOGK-UmwG, § 335 Rz. 39.

25) *Luy* in: BeckOGK-UmwG, § 335 Rz. 37.

26) Zur Frage der Richtlinienkonformität *Luy* in: BeckOGK-UmwG, § 335 Rz. 49.

27) Lutter-*J. Schmidt*, UmwG, § 335 Rz. 32.

28) *Luy* in: BeckOGK-UmwG, § 335 Rz. 47; krit. Lutter-*J. Schmidt*, UmwG, § 335 Rz. 32.

29) Zu einer möglichen Formulierung s. *Reidt* in: KölnKomm-UmwG, § 335 Rz. 38.

30) *Luy* in: BeckOGK-UmwG, § 335 Rz. 53 m. w. N.; Lutter-*J. Schmidt*, UmwG, § 335 Rz. 35.

31) *Reidt* in: KölnKomm-UmwG, § 335 Rz. 37; *Schollmeyer*, ZGR 2020, 62, 73 f. – zur grenzüberschreitenden Verschmelzung.

20 In welcher Art und Weise Sicherheit geleistet werden kann, richtet sich nach den §§ 232 ff. BGB.[32)]

21 Aus dem Wortlaut des Art. 86d lit. f Gesellschaftsrechtsrichtlinie („etwaige Sicherheiten") folgt, dass ein solches Angebot **nicht verpflichtend** ist.[33)] Die Gesellschaft kann es daher auch darauf ankommen lassen, dass ein Gläubiger seinen Anspruch aus §§ 341 Abs. 1, 314 durchsetzt.[34)]

22 Die Mitglieder des Vertretungsorgans haben bei der Anmeldung zum Handelsregister eine **strafbewehrte Versicherungserklärung** abzugeben, dass die Sicherheiten entsprechend geleistet wurden (vgl. §§ 342 Abs. 3 Nr. 1, 348 Nr. 1).

23 Selbst wenn keine Sicherheiten angeboten werden, sollte in den Plan eine Erklärung aufgenommen werden, dass den Gläubigern bei Vorliegen der Voraussetzungen Sicherheit geleistet wird, um Beanstandungen des Registergerichts zu vermeiden.[35)]

7. Sondervorteile (§ 335 Abs. 2 Nr. 9)

24 Der Formwechselplan hat die etwaigen besonderen Vorteile, die den Mitgliedern der Verwaltungs-, Leitungs-, Aufsichts- oder Kontrollorgane der Gesellschaft gewährt werden, zu enthalten (§ 335 Abs. 2 Nr. 9). Dadurch sollen sich die Anteilsinhaber einen Überblick über **mögliche Interessenkonflikte** der Organe verschaffen können.[36)] Ein **besonderer Vorteil** ist jede Vergünstigung, die ohne Gegenleistung aufgrund des Formwechsels gewährt wird.[37)] Dies sind vor allem finanzielle Vorteile, aber auch etwa die Zusage einer Organstellung, nicht jedoch die Wiederbestellung in gleicher Funktion bei der neuen Gesellschaft.[38)]

25 Die Aufzählung der Organe in § 335 Abs. 2 Nr. 9 ist sehr weit gefasst, weswegen auch ein etwaiger **Beirat einer GmbH** erfasst ist, jedoch nur, wenn dieser auch eine überwachende oder leitende Funktion ausübt.[39)]

26 Auch wenn keine besonderen Vorteile gewährt werden, sollte, um Beanstandungen des Registergerichts zu verhindern, eine **Negativerklärung** aufgenommen werden.

8. Förderungen und Beihilfen (§ 335 Abs. 2 Nr. 10)

27 Der Formwechselplan hat eine Darstellung der Förderungen oder Beihilfen, die die Gesellschaft in den letzten fünf Jahren erhalten hat, zu enthalten. Dadurch sollen **öffentliche Gläubiger** geschützt werden; denn diese haben die Leistungen unter Umständen an Bedingungen geknüpft, die durch den grenzüberschreitenden Formwechsel verletzt werden könnten.[40)]

---

32) Begr. RegE UmRUG, BT-Drucks. 20/3822, S. 97; Formulierungsbsp. bei *Reidt* in: KölnKomm-UmwG, § 335 Rz. 38.

33) *Baschnagel/Hilser*, NZG 2022, 1333, 1336; *Luy* in: BeckOGK-UmwG, § 335 Rz. 52; Schmitt/Hörtnagl-*Winter*, UmwG/UmwStG, § 335 UmwG Rz. 14.

34) Lutter-*J. Schmidt*, UmwG, § 335 Rz. 35.

35) *Luy* in: BeckOGK-UmwG, § 335 Rz. 54.

36) Schmitt/Hörtnagl-*Winter*, UmwG/UmwStG, § 335 UmwG Rz. 15.

37) Lutter-*J. Schmidt*, UmwG, § 335 Rz. 40.

38) *Reidt* in: KölnKomm-UmwG, § 335 Rz. 41; *Luy* in: BeckOGK-UmwG, § 335 Rz. 57.

39) *Luy* in: BeckOGK-UmwG, § 335 Rz. 58; *Stiegler* in: NK-UmwG, § 335 Rz. 35.

40) Krit. Lutter-*J. Schmidt*, UmwG, § 335 Rz. 41; *Stiegler* in: NK-UmwG, § 335 Rz. 36; Schmitt/Hörtnagl-*Winter*, UmwG/UmwStG, § 335 UmwG Rz. 16; a. A. *Luy* in: BeckOGK-UmwG, § 335 Rz. 61, die den Zweck insb. darin sehen, dem Registergericht die Informationen für die Missbrauchsprüfung nach § 34 Abs. 3 zu geben.

Förderungen und Beihilfen sind staatliche Leistungen ohne angemessene (marktübliche) Gegenleistung.[41] Die Begriffe sind folglich **weit auszulegen**, wobei sich an Art. 107 AEUV orientiert werden kann.[42] 28

Maßgeblich sind die fünf Jahre **vor Aufstellung** des Formwechselplans.[43] Nicht erfasst sind solche Leistungen, die **konzernverbundene Gesellschaften** erhalten haben. 29

9. Barabfindungsangebot (§ 335 Abs. 2 Nr. 11)

Der Formwechselplan muss die Einzelheiten zum Barabfindungsgebot (vgl. § 340) enthalten. Dies stellt ein **verbindliches Angebot** (§ 145 BGB) zum Kauf der Anteile des Gesellschafters dar, welches unter der aufschiebenden Bedingung der Wirksamkeit des Formwechsels (§ 340 Abs. 1 Satz 2) steht (Einzelheiten siehe § 340 Rz. 6 ff. [*Heinrichs*]). Dadurch können die Gesellschafter sich einen Überblick über die (von einem Sachverständigen zu prüfenden, vgl. § 340 Abs. 6 Satz 1) wirtschaftlichen Bedingungen verschaffen. 30

Die anzugebenden **Einzelheiten** sind dabei die Höhe der Abfindung[44] und die Angebotsadressaten (siehe § 340 Rz. 7 f. [*Heinrichs*]).[45] Zudem ist eine Postanschrift sowie eine **elektronische Adresse** anzugeben, an welche die Mitteilung nach § 340 Abs. 2 Satz 1 (Absichtserklärung) und die Annahmeerklärung nach § 340 Abs. 3 Satz 1 übermittelt werden kann (§ 340 Abs. 1 Satz 3).[46] Von der Aufnahme des Barabfindungsangebots kann im Falle eines **notariell zu beurkundenden Verzichts** abgesehen werden.[47] Wird hiervon Gebrauch gemacht, sollte dies im Formwechselplan klargestellt werden.[48] Weil in der Praxis jedoch in der Regel zunächst der Entwurf des Plans eingereicht wird und die notarielle Beurkundung erst mit dem Formwechselbeschluss zusammenfällt, wäre eine Negativerklärung im Formwechselplanentwurf spekulativ.[49] Auch bei einer Einmann-Gesellschaft ist ein Barabfindungsangebot nicht erforderlich. 31

Weil der Wortlaut des § 335 dies, im Gegensatz zu § 194 Abs. 1 Nr. 6 Halbs. 2 nicht hergibt, sollte ein möglicher **Verzicht** vorab mit dem zuständigen Registergericht abgestimmt werden.[50] 32

10. Auswirkungen auf Arbeitnehmer (§ 335 Abs. 2 Nr. 12)

Der Formwechselplan hat die voraussichtlichen Auswirkungen des Formwechsels auf die Beschäftigung der Arbeitnehmer zu enthalten (§ 335 Abs. 2 Nr. 12). **Nicht erfasst** sind die Auswirkungen auf die **Mitbestimmung** (siehe Nr. 13, Rz. 37 f.). Die Vorschrift dient nicht der Information der Arbeitnehmer, sondern vielmehr den **Anteilsinhabern**.[51] Die Arbeitnehmer werden nämlich durch den arbeitnehmerspezifischen Teil im Formwechselbericht (§ 337 i. V. m. § 309 Abs. 5) geschützt. Die Informationen im Formwechselbe- 33

41) Semler/Stengel/Leonard-*Drinhausen*, UmwG, § 335 Rz. 11; Lutter-*J. Schmidt*, UmwG, § 335 Rz. 42.

42) Lutter-*J. Schmidt*, UmwG, § 335 Rz. 42.

43) *Luy* in BeckOGK-UmwG, § 335 Rz. 64;*Reidt* in: KölnKomm-UmwG, § 335 Rz. 48; a. A. *Stiegler* in: NK-UmwG, § 335 Rz. 36, der auf den Zeitpunkt der notariellen Beurkundung des Formwechselplans abstellt.

44) Die sich nach dem Unternehmenswert zum Bewertungsstichtag gemäß § 340 Abs. 1 Satz 4 i. V. m. § 208 i. V. m. § 30 Abs. 1 Satz 2 richtet, *Reidt* in: KölnKomm-UmwG, § 335 Rz. 51.

45) Semler/Stengel/Leonard-*Drinhausen*, UmwG, § 307 Rz. 38.

46) *Stiegler* in: NK-UmwG, § 335 Rz. 39.

47) *Luy* in: BeckOGK-UmwG, § 335 Rz. 68; *Stiegler* in: NK-UmwG, § 335 Rz. 40.

48) *Luy* in: BeckOGK-UmwG, § 335 Rz. 68.

49) *Stiegler* in: NK-UmwG, § 335 Rz. 40.

50) Kallmeyer-*Biller/Wilk/Müller-Bonanni*, UmwG, § 335 Rz. 28.

51) Lutter-*J. Schmidt*, UmwG, § 335 Rz. 50.

richt erfordern detailliertere Ausführungen als die im Formwechselplan.[52] Unklar ist, ob der Formwechselplan solche Angaben enthalten muss, die für die Gesellschafter irrelevant sind.[53] Im Zweifel ist eine umfangreiche Darstellung zu empfehlen, um Beanstandungen des Registergerichts zu verhindern.

34 Die Angaben haben lediglich **Prognosecharakter** („voraussichtlich"), müssen also **nicht konkret festgelegt** werden. Daher ist es für die Wirksamkeit des Formwechselplans grds. unbeachtlich, wenn die eingetretenen Auswirkungen im Nachhinein von den ursprünglich gedachten Auswirkungen abweichen.

35 Mögliche **Auswirkungen** können etwa Versetzungen, Kündigungen und Neueinstellungen sein. Die Angaben sind – wegen des separaten Abschnitts im Formwechselbericht (vgl. § 337 Abs. 1 i. V. m. § 309 Abs. 5) – eher kurz zu halten. Insbesondere bei einer bloßen Sitzverlegung, wo die oben genannten Auswirkungen in der Regel ohnehin nicht einschlägig sein werden, genügt eine Negativerklärung.[54]

36 Dieser Abschnitt sowie der des Formwechselberichts (vgl. § 337 Abs. 1 i. V. m. § 309 Abs. 5) bilden die Grundlage der Prüfung durch den Betriebsrat (vgl. § 337 Abs. 1 i. V. m. § 310 Abs. 1).

11. Verfahren über Arbeitnehmermitbestimmung (§ 335 Abs. 2 Nr. 13)

37 Im Formwechselplan müssen ggf. Angaben zu dem Verfahren, nach dem die Einzelheiten der Beteiligung der Arbeitnehmer an der Festlegung ihrer Mitbestimmungsrechte in der Gesellschaft neuer Rechtsform geregelt werden, gemacht werden (§ 335 Abs. 2 Nr. 13). Das Verfahren für den **Hereinformwechsel** ist im **MgFSG**[55] geregelt; beim Herausformwechsel ist das entsprechende Gesetz des Zielstaats maßgeblich. Durch die Angaben können Anteilsinhaber entscheiden, ob sie von ihrem Zustimmungsvorbehalt (§ 339 Abs. 1) Gebrauch machen. Die Darstellung der Grundzüge ist ausreichend (vgl. schon oben zu Nr. 12 wegen des Formwechselberichts, siehe Rz. 33 ff.).[56]

38 Ist ein solches Verfahren erforderlich, muss der Formwechselplan eine Darstellung der Grundzüge des Verfahrens und seiner **möglichen Ergebnisse** enthalten.[57] Mögliche Ergebnisse sind etwa der Abschluss einer Vereinbarung, das Eingreifen der gesetzlichen Auffangregelung oder der Abbruch von Verhandlungen;[58] wurde das Verfahren bereits vor Offenlegung des Formwechselplans eingeleitet, ist das konkrete Ergebnis bereits anzugeben.[59]

12. Auswirkungen auf Betriebsrenten(-anwartschaften) (§ 335 Abs. 2 Nr. 14)

39 Der Formwechselplan muss die Auswirkungen des grenzüberschreitenden Formwechsels auf Betriebsrenten und Betriebsrentenanwartschaften enthalten (§ 335 Abs. 2 Nr. 14). Diese erforderlichen Angaben gehen nicht auf die Gesellschaftsrechtsrichtlinie, sondern auf den

52) Formulierungsbsp. bei *Luy* in: BeckOGK-UmwG, § 335 Rz. 73.

53) *Luy* in: BeckOGK-UmwG, § 335 Rz. 77.

54) Formulierungsvorschlag bei *Luy* in: BeckOGK-UmwG, § 335 Rz. 73; Semler/Stengel/Leonard-*Drinhausen*, UmwG,§ 335 Rz. 13.

55) Gesetz zur Umsetzung der Bestimmungen der Umwandlungsrichtlinie über die Mitbestimmung der Arbeitnehmer bei grenzüberschreitendem Formwechsel und grenzüberschreitender Spaltungen (MgFSG), v. 4.1.2023, BGBl. I 2023, Nr. 10.

56) Lutter-*J. Schmidt*, UmwG, § 335 Rz. 53.

57) Semler/Stengel/Leonard-*Drinhausen*, UmwG, § 335 Rz. 13; *Luy* in: BeckOGK-UmwG, § 335 Rz. 80; Schmitt/Hörtnagl-*Winter*, UmwG/UmwStG, § 335 UmwG Rz. 19.

58) Semler/Stengel/Leonard-*Drinhausen*, UmwG, § 335 Rz. 13.

59) Lutter-*J. Schmidt*, UmwG, § 335 Rz. 53.

nationalen Gesetzgeber zurück.[60] Dadurch werden Arbeitnehmer und deren Vertretungen über diese Rechtsfolgen im Vorfeld unterrichtet, so dass sie die **Statthaftigkeit eines Antrags** nach §§ 341, 314 **prüfen können.**[61] Unter die Auswirkungen fällt etwa die Durchsetzbarkeit der Ansprüche, insbesondere mit Blick auf die (möglicherweise) gerichtliche Geltendmachung.[62]

Eine Darstellung ausschließlich im arbeitnehmerspezifischen Abschnitt des Formwechselberichts genügt nicht.[63] 40

IV. Form des Formwechselplans (§ 335 Abs. 3)

Der Formwechselplan ist bei einem **Herausformwechsel** notariell zu beurkunden.[64] Die notarielle Beurkundung gewährleistet, dass den Gläubigern zur Prüfung etwaiger Ansprüche ein den Vorschriften des UmwG entsprechendes Dokument als Prüfungsgrundlage zur Verfügung gestellt wird.[65] Eine Auslandsbeurkundung dürfte nicht zulässig sein.[66] 41

Ob eine **notarielle Beurkundung** des Formwechselplans bei einem **Hereinformwechsel** erforderlich ist, ist **unklar**. Grundsätzlich sind nur die Formvorschriften des Wegzugsstaats zu berücksichtigen. Die notarielle Beurkundung der Satzung des Rechtsträgers neuer Rechtsform ist hingegen stets erforderlich. Diese ist dem Formwechselplan anzuhängen, so dass von einem Beurkundungserfordernis (auch) für den Formwechselplan auszugehen ist.[67] In der Regel wird daher eine Doppelbeurkundung erforderlich sein.[68] 42

60) Begr. RegE UmRUG, BT-Drucks. 20/3822, S. 117.
61) Begr. RegE UmRUG, BT-Drucks. 20/3822, S. 88.
62) Semler/Stengel/Leonard-*Drinhausen*, UmwG, § 307 Rz. 42.
63) Begr. RegE UmRUG, BT-Drucks. 20/3822, S. 88, 117.
64) Ausf. Widmann/Mayer-*Stelmaszczyk*, UmwR, § 335 UmwG Rz. 29 ff.
65) Begr. RegE UmRUG, BT-Drucks. 20/3822, S. 117.
66) *Luy* in: BeckOGK-UmwG, § 335 Rz. 88.
67) *Bücker/Kopp*, AG 2023, 764, 765 ff.
68) Im Verhältnis Österreich und Deutschland kann auf eine Doppelbeurkundung aufgrund des gleichwertigen Beurkundungsverfahrens verzichtet werden; zur Anwendbarkeit der allgemeinen Regeln für eine Auslandsbeurkundung Lutter-*J. Schmidt*, UmwG, § 322 Rz. 107; *Stiegler* in: NK-UmwG, § 322 Rz. 55; Schmitt/Hörtnagl-*Winter*, UmwG/UmwStG, Vorb. §§ 333 ff. UmwG Rz. 31 – Formwechsel; **krit.** dazu *Luy* in: BeckOGK-UmwG, § 335 Rz. 88; *Stelmaszczyk* in: BeckOGK-UmwG, § 322 Rz. 48; zudem ist kein Echtheitsnachweis erforderlich, Art. 3 des Beglaubigungsvertrags zwischen dem Deutschen Reiche und der Republik Österreich (BGBl. II 1952, 436), *M. C. Schmidt* in: Hauschild/Kallrath/Wachter, Notarhdb. Gesellschafts- und Unternehmensrecht, § 28 Rz. 224.

§ 336

Bekanntmachung des Formwechselplans[*]

§ 308 Absatz 1 gilt für die Bekanntmachung des Formwechselplans und seines Entwurfs entsprechend.

*) § 336 eingefügt durch Art. 1 des Gesetzes zur Umsetzung der Umwandlungsrichtlinie und zur Änderung weiterer Gesetze (UmRUG), v. 22.2.2023, BGBl. I 2023, Nr. 51.

Übersicht

I. Grundlagen

1 § 336 dient der Umsetzung des Art. 86g Gesellschaftsrechtsrichtlinie[1], welcher eine Bekanntmachung des Formwechselplans (§ 335) und seines Entwurfs fordert. Zu diesem Zweck wird auf **§ 308 Abs. 1 verwiesen. Zweck** der Vorschrift ist es, die Anteilsinhaber, die Gläubiger und die Arbeitnehmer frühzeitig über die Umwandlungsmaßnahme zu **informieren.**[2] Dadurch können vor allem die Anteilsinhaber die für sie erforderlichen Informationen für die Beschlussfassung (vgl. §§ 336, 339, 308 Abs. 1) einholen; für die Gläubiger ist die Bekanntmachung wegen des Anspruchs auf Sicherheitsleistung wichtig (§§ 341, 314).

II. Einzureichende Angaben

2 Der Formwechselplan oder sein Entwurf muss beim Handelsregister[3] eingereicht werden (§ 308 Abs. 1 Satz 1 UmwG, § 12 HGB). Der Formwechselplan oder sein Entwurf muss spätestens **einen Monat vor der Anteilsinhaberversammlung** (vgl. § 308 Abs. 1 Satz 4), auf welcher über die Zustimmung zum Formwechselplan beschlossen wird, vom zuständigen Registergericht bekannt gemacht werden (§ 308 Abs. 1 Satz 2 UmwG, § 10 HGB).

3 Sollte der Formwechselplan oder sein Entwurf **nach Einreichung** und vor der zustimmenden Anteilsinhaberversammlung **geändert** werden, muss unverzüglich die geänderte Fassung eingereicht werden,[4] sofern es sich um eine **wesentliche Änderung** des Formwechselplans handelt.[5] Dies hängt von den Umständen des Einzelfalls ab und ist der Fall, wenn berechtigte Interessen der Stakeholder betroffen sind und dies so signifikant ist, dass eine erneute Einreichung und Bekanntmachung des Formwechselplans oder seines Entwurfs erforderlich ist.[6] Das Verfahren und insbesondere die Frist des § 308 Abs. 1 Satz 4 beginnt erneut.[7] Rein redaktionelle Änderungen lösen jedoch keine erneute Pflicht zur Einreichung und Bekanntmachung aus.[8]

4 Die **Form** der Einreichung richtet sich nach § 12 Abs. 2 HGB,[9] wobei dies regelmäßig durch den beurkundenden Notar erfolgt (§ 378 Abs. 2 FamFG).[10]

III. Bekanntmachungen (§ 308 Abs. 1 Satz 2)

5 Die Gesellschaft hat die in § 308 Abs. 1 Satz 2 bekannt zu machenden Angaben dem Register mitzuteilen (§ 308 Abs. 1 Satz 3). Das sind ein **Hinweis** darauf, dass der Formwechselplan oder sein Entwurf beim Handelsregister eingereicht worden ist (§ 308 Abs. 1 Satz 2 Nr. 1), Rechtsform, Firma und Sitz der an dem grenzüberschreitenden Formwechsel beteiligten Gesellschaft (§ 308 Abs. 1 Satz 2 Nr. 2), das Register, bei dem, die an dem grenzüberschreitenden Formwechsel beteiligten, Gesellschafter eingetragen sind sowie die

1) Richtlinie (EU) 2017/1132 des Europäischen Parlaments und des Rates v. 14.6.2017 über bestimmte Aspekte des Gesellschaftsrechts (Gesellschaftsrechtsrichtlinie), ABl. (EU) L 169/46 v. 30.6.2017.

2) *Luy* in: BeckOGK-UmwG, § 336 Rz. 4*Stiegler* in: NK-UmwG, § 336 Rz. 2; Lutter-*J. Schmidt*, UmwG, § 336 Rz. 4.

3) Gemeint ist das Registergericht des Bezirks des Satzungssitzes der Gesellschaft, Lutter-*J. Schmidt*, UmwG, § 336 Rz. 12.

4) Lutter-*J. Schmidt*, UmwG, § 336 Rz. 9.

5) *Reidt* in: KölnKomm-UmwG, § 336 Rz. 13; Schmitt/Hörtnagl-*Winter*, UmwG/UmwStG, § 336 UmwG Rz. 4.

6) *Reidt* in: KölnKomm-UmwG, § 336 Rz. 13.

7) *Luy* in: BeckOGK-UmwG, § 336 Rz. 11.

8) *Luy* in: BeckOGK-UmwG, § 336 Rz. 10.

9) Widmann/Mayer-*Stelmaszczyk*, UmwR, § 336 UmwG Rz. 16.

10) Kallmeyer-*Biller/Wilk*, UmwG, § 336 Rz. 9.

Registernummer (§ 308 Abs. 1 Satz 2 Nr. 3) und ein Hinweis an die Anteilsinhaber und Gläubiger der formwechselnden Gesellschaft (§ 308 Abs. 1 Satz 2 Nr. 4 lit. a) und an den zuständigen Betriebsrat der formwechselnden Gesellschaft oder, soweit es keinen Betriebsrat gibt, an die Arbeitnehmer der formwechselnden Gesellschaft (§ 308 Abs. 1 Satz 2 Nr. 4 lit. b), dass sie der Gesellschaft spätestens **fünf Arbeitstage** vor dem Tag der zustimmenden Anteilsinhaberversammlung **Bemerkungen zum Formwechselplan** übermitteln können.

6 § 308 Abs. 1 Satz 2 **Nr. 2** ist in der Weise anzuwenden, dass (nur) die formwechselnde Gesellschaft jeweils die „alte" und die „neue" Rechtsform, Firma und Sitz bekannt macht (vgl. Art. 86g Abs. 3 lit. a Gesellschaftsrechtsrichtlinie, der auch auf die Daten im Zuzugsmitgliedstaat abstellt;[11)] denn beim Formwechsel ist naturgemäß nur ein Rechtsträger beteiligt. Das anzugebende Register und die Registernummer der formwechselnden Gesellschaft (§ 308 Abs. 1 Satz 2 **Nr. 3**) bezieht sich hingegen nur auf das der deutschen formwechselnden Gesellschaft, nicht auch auf den Zielstaat.

7 § 308 Abs. 1 Satz 2 **Nr. 4** (Hinweis an schutzbedürftige Personengruppen) dient der Information der betroffenen Personen (ggf. auch des Betriebsrats).[12)] Weil Gläubiger und Arbeitnehmer in der Regel keine Kenntnis vom Tag der Anteilsinhaberversammlung haben werden, muss der Tag der Anteilsinhaberversammlung oder unmittelbar der Tag, an dem die Übermittlungsfrist endet, angegeben werden.[13)] Die Bemerkungen der zum Formwechselplan müssen von der Anteilsinhaberversammlung zur Kenntnis genommen werden (§ 339 Abs. 2)

IV. Bekanntmachung des Formwechselplans?

8 Umstritten ist, ob auch der Formwechselplan selbst bekannt zu machen ist.[14)] Dafür spricht der Wortlaut des § 336 („Bekanntmachung des Formwechselplans"). Zudem erfordert Art. 86g Abs. 1 lit. a Gesellschaftsrechtsrichtlinie, dass der Formwechselplan jederzeit öffentlich zugänglich sein muss. Dies könne, insbesondere weil der Gesetzgeber aus beweistechnischen Gründen von der Möglichkeit der Veröffentlichung des Formwechselplans auf der Website des Unternehmens abgesehen hat,[15)] nur durch Bekanntmachung durch das Registergericht geschehen.[16)] Dagegen spricht jedoch, dass der Formwechselplan **ohnehin kostenfrei über das Registerportal zugänglich** ist, in der Handelsregisterakte also eingesehen werden kann.[17)] Der Formwechselplan ist daher nicht bekannt zu machen.

V. Folgen der Bekanntmachung

9 Die Bekanntmachung löst die **einmonatige Frist** (§ 308 Abs. 1 Satz 4) für die Anteilsinhaberversammlung, in welcher über die Zustimmung zum Formwechselplan beschlossen wird, aus. Zudem wird die **dreimonatige Frist** (§ 341 Abs. 1 i. V. m. § 314 Abs. 3) für die Geltendmachung des Anspruchs auf Sicherheitsleistung der Gläubiger gegenüber der Gesellschaft in Gang gesetzt, welche zugleich eine Registersperre bewirkt (§ 343 Abs. 2 Satz 1), sofern nicht alle Anteilsinhaber dem Formwechsel zugestimmt haben (§ 343 Abs. 2 Satz 2).

---

11) *Stiegler* in: NK-UmwG, § 336 Rz. 6; Lutter-*J. Schmidt*, UmwG, § 336 Rz. 21.

12) *Stiegler* in: NK-UmwG, § 336 Rz. 6.

13) Begr. RegE UmRUG, BT-Drucks. 20/3822, S. 89; krit. zum Erfordernis dieser Angabe *Luy* in: BeckOGK-UmwG, § 336 Rz. 20; *Reidt* in: KölnKomm-UmwG, § 336 Rz. 8.

14) Dagegen *Luy* in: BeckOGK-UmwG, § 336 Rz. 16; *Reidt* in: KölnKomm-UmwG, § 336 Rz. 7; Lutter-*J. Schmidt*, UmwG, § 336 Rz. 21; Schmitt/Hörtnagl-*Winter*, UmwG/UmwStG, § 335 Rz. 3; dafür Kallmeyer-*Biller/Wilk*, UmwG, § 336 Rz. 4.

15) Begr. RegE UmwG, BT-Drucks. 20/3822, S. 89.

16) *Stiegler* in: NK-UmwG, § 336 Rz. 7.

17) Lutter-*J. Schmidt*, UmwG, § 336 Rz. 21; *Reidt* in: KölnKomm-UmwG, § 336 Rz. 7.

§ 337
Formwechselbericht*)

(1) § 309 Absatz 1, 2, 3 und 5 sowie § 310 Absatz 1, 2 und 3 gelten für den Formwechselbericht entsprechend.

(2) In dem anteilsinhaberspezifischen Abschnitt wird über die in § 192 Absatz 1 genannten Berichtsinhalte hinaus mindestens Folgendes erläutert und begründet:

1. die Auswirkungen des grenzüberschreitenden Formwechsels auf die Anteilsinhaber sowie

2. die Rechte und Rechtsbehelfe der Anteilsinhaber gemäß § 340 dieses Gesetzes und gemäß § 1 Nummer 4 des Spruchverfahrensgesetzes.

(3) [1]Der Bericht für die Anteilsinhaber ist in den Fällen des § 192 Absatz 2 nicht erforderlich. [2]Der Bericht für die Arbeitnehmer ist nicht erforderlich, wenn die Gesellschaft und ihre etwaigen Tochtergesellschaften keine anderen Arbeitnehmer haben als diejenigen, die dem Vertretungsorgan angehören. [3]Der Formwechselbericht ist insgesamt nicht erforderlich, wenn die Voraussetzungen der Sätze 1 und 2 vorliegen.

*) § 337 eingefügt durch Art. 1 des Gesetzes zur Umsetzung der Umwandlungsrichtlinie und zur Änderung weiterer Gesetze (UmRUG), v. 22.2.2023, BGBl. I 2023, Nr. 51.

Literatur: *Luy*, Grenzüberschreitende Umwandlungen nach dem Company Law Package, NJW 2019, 1905; *Schmidt, J.*, Der UmRUG-Referentenentwurf: grenzüberschreitende Umwandlungen 2.0 – und vieles mehr, (Teil II), NZG 2022, 635; *Schmidt, J.*, Umwandlungen im Konzern nach dem UmRUG-RegE: Besonderheiten bei Bericht, Prüfung und Beschluss, Der Konzern 2022, 309; *Schmidt, J.*, Grenzüberschreitender Formwechsel in der EU Eckpunkte des Rechtsrahmens und Herausforderungen bei der Umsetzung, ZEuP 2020, 565; *Schollmeyer*, Der Verschmelzungs-, Spaltungs- und Formwechselbericht nach der neuen Umwandlungsrichtlinie, AG 2019, 541; *Stelmaszczyk*, Grenzüberschreitende Spaltungen de lege lata und de lege ferenda, Der Konzern 2021, 1.

Übersicht

I. Grundlagen

1 § 337 dient der Umsetzung von Art. 86e Gesellschaftsrechtsrichtlinie[1] und enthält Bestimmungen über Inhalt und Übermittlung des Formwechselberichts.[2] **Zweck** des Berichts

1) Richtlinie (EU) 2017/1132 des Europäischen Parlaments und des Rates v. 14.6.2017 über bestimmte Aspekte des Gesellschaftsrechts (Gesellschaftsrechtsrichtlinie), ABl. (EU) L 169/46 v. 30.6.2017.

2) Begr. RegE UmRUG, BT-Drucks. 20/3822 S. 117; Grundlegend zu Verschmelzungs-, Spaltungs- und Formwechselbericht *Schollmeyer*, AG 2019, 541 ff.

ist es, die Anteilsinhaber und Arbeitnehmer zu informieren und zu schützen,[3] indem die (rechtlichen und wirtschaftlichen) **Hintergründe** des grenzüberschreitenden Formwechsels erläutert und begründet werden.[4] Der Bericht und der Formwechselplan bilden die **Grundlage** für den Zustimmungsbeschluss der Anteilsinhaber (siehe § 335 Rz. 2 [*Heinrichs*]).

Der **Inhalt** des Formwechselberichts ergibt sich aus **§ 337 Abs. 1 i. V. m. § 309 Abs. 1–3, 5, § 337 Abs. 2.** Er untergliedert sich in einen **allgemeinen Teil** (§ 337 Abs. 1 i. V. m. § 309 Abs. 2), einen **anteilsinhaber-** und einen **arbeitnehmerspezifischen Teil** (§ 337 Abs. 1 i. V. m. § 309 Abs. 2).[5] Die Gesellschaft kann die Berichte gesondert für Anteilsinhaber und Arbeitnehmer erstellen (sog. Einzelberichte, § 337 Abs. 1 i. V. m. § 309 Abs. 3); jeder Einzelbericht hat den allgemeinen Teil zu enthalten.[6] Der Mindestinhalt des anteilsinhaberspezifischen Teils ergibt sich aus § 337 Abs. 2, der des arbeitnehmerspezifischen Teils aus § 337 Abs. 1 i. V. m. § 309 Abs. 5. 2

Die Pflicht zur **Zugänglichmachung** an den geschützten Personenkreis ergibt sich aus **§ 337 Abs. 1 i. V. m. § 310 Abs. 1–3.** 3

Keine Anwendung finden § 309 Abs. 6 und § 310 Abs. 2, da dieser Konzernkonstellationen betrifft. Aus diesem Grund ist auch der Verweis des § 337 Abs. 1 auf § 310 Abs. 2 als ein Redaktionsversehen einzuordnen.[7] 4

Die unrichtige Darstellung von ausgewählten Angaben im Formwechselbericht ist gemäß § 346 Abs. 1 Nr. 1 strafbewehrt. Die Mitglieder des Vertretungsorgans haben zudem gemäß § 342 Abs. 3 Satz 1 Nr. 2 zu versichern, dass die Rechte der Arbeitnehmer gemäß § 337 Abs. 1 i. V. m. § 310 Abs. 1 eingehalten wurden. 5

II. Inhalt des Formwechselberichts (§ 337 Abs. 1 i. V. m. § 309 Abs. 1–3, 5, § 337 Abs. 2)

Der von den Vertretungsorganen[8] erstellte Formwechselbericht soll die rechtlichen und wirtschaftlichen Aspekte des grenzüberschreitenden Formwechsels und die Auswirkungen auf die Arbeitnehmer erläutern (§ 337 Abs. 1 i. V. m. § 309 Abs. 1). Der **Umfang** der Ausführungen muss den Adressaten einerseits dazu in die Lage versetzen, die Zweckmäßigkeit des Formwechsels i. R. einer Plausibilitätskontrolle zu überprüfen;[9] andererseits darf die Informationsfunktion des Formwechselberichts nicht durch die Aufnahme unzähliger Informationen konterkariert werden.[10] 6

Die Trennung zwischen dem **allgemeinen Teil** und dem **anteilsinhaber-** und **arbeitnehmerspezifischen Teilen** sollte zum Zwecke der Übersichtlichkeit visuell klar zum Ausdruck kommen.[11] 7

---

3) Begr. RegE UmRUG, BT-Drucks. 20/3822 S. 90.

4) *Luy* in: BeckOGK-UmwG, § 337 Rz. 2.

5) Begr. RegE UmRUG, BT-Drucks. 20/3822 S. 90.

6) Begr. RegE UmRUG, BT-Drucks. 20/3822 S. 90.

7) Schmitt/Hörtnagl-*Winter*, UmwG/UmwStG, § 337 UmwG Rz. 9; Semler/Stengel/Leonard-*Drinhausen*, UmwG, § 337 Rz. 7; *Luy* in: BeckOGK-UmwG, § 337 Rz. 3.

8) Vertretungsberechtigte Anzahl genügt, aufgrund des § 346 Abs. 1 Nr. 1 ist eine Stellvertretung indes nicht möglich, auch Schmitt/Hörtnagl-*Winter*, UmwG/UmwStG, § 337 UmwG Rz. 3.

9) OLG Jena, Beschl. v. 5.11.2008 – 6 W 288/08, NJW-RR 2009, 182, 183 f. = AG 2009, 582.

10) *Reidt* in: KölnKomm-UmwG, § 337 Rz. 12.

11) *Stiegler* in: NK-UmwG, § 337 Rz. 8.

1. Allgemeiner Abschnitt

8 Der allgemeine Abschnitt enthält **mindestens** die Auswirkungen des grenzüberschreitenden Formwechsels auf die künftige Geschäftstätigkeit der Gesellschaft und ihrer etwaigen Tochtergesellschaften (§ 337 Abs. 1 i. V. m. § 309 Abs. 2 Satz 1). Diese Auswirkungen sind zu **erläutern** und **begründen.** Insoweit sind die Umstände und Folgen sowie die Vor- und Nachteile darzustellen.[12] Der Bericht soll außerdem Informationen über das Verwaltungsorgan, die Ausrüstung und die Räumlichkeiten enthalten (ErwG 13 Umwandlungsrichtlinie[13]).

9 Die **rechtlichen** Auswirkungen sind in der Regel der Wechsel des Gesellschaftsstatuts und die neuen Vorschriften über das Leitungsorgan.[14] Die **wirtschaftlichen** Auswirkungen können etwa steuerliche Vorteile, die Erschließung eines neuen Marktes oder Ähnliches sein. Diesbezüglich kann auf § 192 Rz. 8 f. [*Schaper/Meven*] verwiesen werden.

10 Als **Tochtergesellschaft** ist jedes (auch mittelbar) kontrollierte Unternehmen zu verstehen.[15] In der Regel werden die Auswirkungen auf die Tochtergesellschaften nicht gravierend sein,[16] so dass jedenfalls eine Negativerklärung zu empfehlen ist. So sind neue Gesellschafterlisten einzureichen oder das Anteilsregister zu ändern.

2. Anteilsinhaberspezifischer Abschnitt (§ 337 Abs. 2)

11 Im anteilsinhaberspezifischen Abschnitt werden folgende Punkte über § 192 Abs. 1 hinaus mindestens erläutert und begründet:

- die Auswirkungen auf die Anteilsinhaber (§ 337 Abs. 2 Nr. 1) sowie
- die Rechte und Rechtsbehelfe der Anteilsinhaber gemäß § 340 (§ 337 Abs. 2 Nr. 2) und gemäß § 1 Nr. 4 SpruchG (§ 337 Abs. 2).

12 Von § 337 Abs. 2 Nr. 1 sind auch wesentliche Aspekte des Gesellschaftsrechts des Zielstaates erfasst, insbesondere auch Satzungsbestimmungen,[17] die den Minderheitenschutz betreffen.[18]

13 Im Hinblick auf § 337 Abs. 2 Nr. 2 sollte auf Modalitäten, Fristen und Höhe der Barabfindung einzugehen sein (siehe § 340 Rz. 5 ff. [*Heinrichs*]).[19] Ein bloßer Hinweis auf die entsprechenden Vorschriften genügt nicht.[20] Zum Rechtsbehelf siehe § 340 Rz. 10 [*Heinrichs*].

14 Auch die Bewertungsmethoden, die zur Ermittlung der Höhe der Barabfindung angewendet wurden, müssen aufgenommen werden, wobei auch auf Bewertungsschwierigkeiten hinzuweisen ist (§ 337 Abs. 2 i. V. m. § 192 Abs. 1 Satz 2 i. V. m. § 8 Abs. 1 Satz 3); vertiefend dazu siehe § 192 Rz. 13 [*Schaper/Meven*]).

15 Handelt es sich bei der formwechselnden Gesellschaft um ein verbundenes Unternehmen (§ 15 AktG), sind auch Angaben über alle für den Formwechsel wesentlichen Angelegen-

12) *Stiegler* in: NK-UmwG, § 337 Rz. 13, 16.

13) Richtlinie (EU) 2019/2121 des Europäischen Parlaments und des Rates v. 27.11.2019 zur Änderung der Richtlinie (EU) 2017/1132 in Bezug auf grenzüberschreitende Umwandlungen, Verschmelzungen und Spaltungen (Umwandlungsrichtlinie), ABl. (EU) L 321/1 v. 12.12.2019.

14) *Stiegler* in: NK-UmwG, § 337 Rz. 14.

15) *Stiegler* in: NK-UmwG, § 337 Rz. 12; *Reidt* in: KölnKomm-UmwG, § 337 Rz. 31 ff.

16) *Stiegler* in: NK-UmwG, § 337 Rz. 15.

17) Die Satzung ist ohnehin gemäß § 335 Abs. 2 Nr. 4 ein Bestandteil des Formwechselplans.

18) Schmitt/Hörtnagl-*Winter*, UmwG/UmwStG, § 337 UmwG Rz. 6, verweisend auf *Luy* in: BeckOGK-UmwG, § 337 Rz. 24 f.

19) *Luy* in: BeckOGK-UmwG, § 337 Rz. 26.

20) Lutter-*J. Schmidt*, UmwG, § 337 Rz. 32.

heiten der anderen verbundenen Unternehmen zu machen (§ 337 Abs. 2 i. V. m. § 192 Abs. 1 Satz 2 i. V. m. § 8 Abs. 2); vertiefend dazu siehe § 192 Rz. 14 ff. [*Schaper/Meven*]).

3. Arbeitnehmerspezifischer Abschnitt

Im arbeitnehmerspezifischen Abschnitt werden folgende Punkte mindestens erläutert und begründet: 16

- die **Auswirkungen** des grenzüberschreitenden Formwechsels auf die Arbeitsverhältnisse sowie ggf. die Maßnahmen, um diese Arbeitsverhältnisse zu sichern,
- **wesentliche Änderungen** der anwendbaren Beschäftigungsbedingungen oder der Standorte der Niederlassungen der Gesellschaft sowie
- die Auswirkungen der unter den (§ 337 Abs. 2 Nr. 1 und 2 genannten Faktoren auf etwaige **Tochtergesellschaften** der grenzüberschreitend formwechselnden Gesellschaft (§ 337 Abs. 1 i. V. m. § 309 Abs. 5).

Erfasst ist damit insbesondere die Darstellung der arbeitsrechtlichen Auswirkungen, etwa Veränderungen des Arbeitsverhältnisses, der betrieblichen und unternehmerischen Mitbestimmung oder die Fortgeltung von Betriebsvereinbarungen.[21] Auch die Änderung des Hauptverwaltungssitzes ist erfasst (ErwG 13 Umwandlungsrichtlinie). 17

4. Form

Der Formwechselbericht muss nicht in Schriftform erstellt werden, es genügt **Textform**;[22] in der Praxis empfiehlt sich, den Formwechselbericht jedoch schriftlich auszufertigen. 18

5. Nicht aufzunehmende Angaben

Solche Tatsachen, deren Bekanntwerden geeignet ist, der Gesellschaft oder einem verbundenen Unternehmen einen nicht unerheblichen Nachteil zuzufügen, sind gemäß §§ 333 Abs. 2 Nr. 1, 192 Abs. 1 Satz 2, 8 Abs. 2 nicht aufzunehmen.[23] 19

Im Gegensatz zum nationalen Formwechsel (§ 192 Abs. 1 Satz 3) muss der Formwechselbericht **nicht zwingend einen Entwurf des Formwechselbeschlusses** enthalten.[24] Dies ergibt sich aus § 337 Abs. 1 i. V. m. § 310 Abs. 1 Satz 3 („falls").[25] 20

6. Fehlerhaftigkeit des Formwechselberichts

Ist der Formwechselbericht fehlerhaft, ist der Beschluss über die Zustimmung zum grenzüberschreitenden Formwechsel anfechtbar; dies gilt jedoch nicht mit Blick auf die Angaben über das Barabfindungsangebot (§ 340 Abs. 1 Satz 4 i. V. m. § 210). 21

III. Zugänglichmachung des Formwechselberichts (§ 337 Abs. 1 i. V. m. § 310)

1. Zugänglichmachung (§ 337 Abs. 1)

Der Formwechselbericht muss den Anteilsinhabern und den zuständigen Betriebsräten (sofern Letztere nicht vorhanden: den Arbeitnehmern) elektronisch zugänglich gemacht werden (§ 337 Abs. 1 i. V. m. § 310 Abs. 1). 22

---

21) *Luy* in: BeckOGK-UmwG, § 337 Rz. 28; vertiefend auch Kallmeyer-*Müller-Bonanni*, UmwG, § 337 Rz. 10.

22) Ausf. *Stiegler* in: NK-UmwG, § 337 Rz. 7; *Luy* in: BeckOGK-UmwG, § 337 Rz. 12; Lutter-*J. Schmidt*, UmwG, § 337 Rz. 14; a. A. *Reidt* in: KölnKomm-UmwG, § 337 Rz. 7.

23) *Luy* in: BeckOGK-UmwG, § 337 Rz. 32; Lutter-*J. Schmidt*, UmwG, § 337 Rz. 40.

24) *Reidt* in: KölnKomm-UmwG, § 337 Rz. 20.

25) *Stiegler* in: NK-UmwG, § 337 Rz. 10.

23 Dabei können die **zuständigen Betriebsräte** je nach konkreter Betroffenheit auch Gesamt- bzw. Konzernbetriebsratsgremien sowie europäische bzw. SE-Betriebsräte sein.[26)] Ist nur die formwechselnde Gesellschaft beteiligt, wird der Konzernbetriebsrat in der Regel unzuständig sein.[27)]

24 Eine Kenntnisnahme ist nicht erforderlich.[28)] Der **elektronischen Zugänglichmachung** ist genügt, wenn der Formwechselbericht so bereitgestellt wird, dass mit einer Kenntnisnahme gerechnet werden kann. Die Zugänglichmachung kann etwa per E-Mail erfolgen; jedenfalls darf die Möglichkeit der Kenntnisnahme nicht unzumutbar sein.[29)]

25 Der Formwechselplan muss **spätestens sechs Wochen vor der Anteilsinhaberversammlung**, die gemäß § 13 über die Zustimmung beschließen soll, zugänglich gemacht werden (§ 337 Abs. 1 i. V. m. § 310 Abs. 1 Satz 1).

26 Haben die Vertretungsorgane **getrennte** Berichte erstellt (§ 337 Abs. 1 i. V. m. § 309 Abs. 3), ist den Anteilsinhabern der anteilsinhaberspezifische Teil und dem Betriebsrat (bzw. Arbeitnehmern) der arbeitnehmerspezifische Teil zuzuleiten (§ 337 Abs. 1 i. V. m. § 310 Abs. 1 Satz 2).

27 Weitere **Unterrichtungs- und Anhörungsrechte und -verfahren**, die dem Schutz der Arbeitnehmer dienen (insbesondere nach dem KSchG[30)], BetrVG[31)], sind unabhängig vom Vollzug des Formwechselverfahrens einzuhalten.[32)] Gleiches gilt für etwaige **Übermittlungs- und Auslegungspflichten** (insb. nach §§ 333 Abs. 2, 238 Satz 1, 230 Abs. 2).[33)]

28 Sofern der Formwechselplan oder sein Entwurf bereits im Zeitpunkt der Zugänglichmachung des Formwechselberichts vorliegen, ist dieser gemeinsam mit dem Bericht zugänglich zu machen (§ 337 Abs. 1 i. V. m. § 310 Abs. 1 Satz 3); jedenfalls ab dem Zeitpunkt der Bekanntmachung des Formwechselplans (§ 336 i. V. m. § 308) kann der Betriebsrat diesen zur Kenntnis nehmen.

2. Stellungnahme (§ 337 Abs. 1, § 310 Abs. 3)

29 Betriebsrat bzw. Arbeitnehmer können zum Formwechselbericht Stellung nehmen. Diese Stellungnahme ist den Anteilsinhabern gemäß § 310 Abs. 3 zuzuleiten, damit diese die beschäftigungsspezifischen Auswirkungen aus Perspektive der Arbeitnehmer nachvollziehen können.[34)] Die Form der Stellungnahme ist nicht konkretisiert, wobei die Begründung im Interesse der Rechtssicherheit mindestens **Textform** empfiehlt.[35)]

30 § 337 Abs. 1 i. V. m. § 310 Abs. 3 geht, sofern ein Betriebsrat nicht vorhanden ist, von einer Stellungnahme **„der Arbeitnehmer"** aus, so dass man vom Wortlaut her davon ausgehen kann, dass lediglich **eine** Stellungnahme der Arbeitnehmer erfolgt. Wenn ein Betriebsrat jedoch nicht vorhanden ist, ist eine gemeinsame Stellungnahme aller Arbeitnehmer eine organisatorische Herausforderung.[36)] Aus diesem Grund ist davon auszugehen, dass

26) Begr. RegE UmRUG, BT-Drucks. 20/3822 S. 92.
27) *Reidt* in: KölnKomm-UmwG, § 337 Rz. 23.
28) Begr. RegE UmRUG, BT-Drucks. 20/3822 S. 92.
29) Begr. RegE UmRUG, BT-Drucks. 20/3822 S. 92.
30) Kündigungsschutzgesetz (KSchG) i. d. F. v. 25.8.1969 (Neufassung), BGBl. I 1969, 1317.
31) Betriebsverfassungsgesetz (BetrVG), v. 25.9.2001 (Neufassung), BGBl. I 2001, 2518.
32) Begr. RegE UmRUG, BT-Drucks. 20/3822, S. 91.
33) Lutter-*J. Schmidt*, UmwG, § 337 Rz. 61.
34) Begr. RegE UmRUG, BT-Drucks. 20/3822 S. 92.
35) Begr. RegE UmRUG, BT-Drucks. 20/3822 S. 92.
36) Lutter-*J. Schmidt*, UmwG, § 337 Rz. 66.

jeder Arbeitnehmer eine individuelle Stellungnahme abgeben kann;[37)] jede Stellungnahme sollte nach § 337 Abs. 1 i. V. m. § 310 Abs. 3 zugeleitet werden.[38)]

Die Stellungnahme ist der Handelsregisteranmeldung in Abschrift beizufügen (§ 342 Abs. 2 Nr. 2). 31

IV. Entbehrlichkeit (§ 337 Abs. 3)

Ist an der Gesellschaft nur ein Anteilsinhaber beteiligt oder haben die Anteilsinhaber auf die Erstellung eines Formwechselberichts mittels einer notariell beurkundeten Erklärung verzichtet, ist der anteilsinhaberspezifische Teil des Formwechselberichts entbehrlich (§§ 337 Abs. 3 Satz 1, 192 Abs. 2).[39)] Eine Entbehrlichkeit analog § 215 scheidet hingegen aus, weil die Gesellschaftsrechtsrichtlinie dahingehend abschließend ist.[40)] 32

Der arbeitnehmerspezifische Teil des Formwechselberichts ist nicht erforderlich, wenn die Gesellschaft und etwaige Tochtergesellschaften keine anderen Arbeitnehmer haben als diejenigen, die dem Vertretungsorgan angehören (§ 337 Abs. 3 Satz 2). 33

Demgegenüber existiert sowohl im UmwG als auch in der Gesellschaftsrechtsrichtlinie keine eigene **Verzichtsmöglichkeit seitens der Arbeitnehmerschaft**,[41)] was zum Gegenstand umfassender Kritik geworden ist.[42)] Dennoch sollte ein einstimmiger Verzicht seitens der Arbeitnehmer möglich sein, sofern dies analog § 8 Abs. 3 Satz 2 mittels notariell beurkundeter Erklärung erfolgt.[43)] 34

Folglich ist der gesamte Bericht entbehrlich, wenn die Voraussetzungen des Satz 1 und 2 vorliegen (§ 337 Abs. 3). 35

V. Fehlerhaftigkeit des Formwechselberichts

Ist der Formwechselbericht fehlerhaft, ist der Beschluss über die Zustimmung zum grenzüberschreitenden Formwechsel anfechtbar; dies gilt jedoch nicht mit Blick auf die Angaben über das Barabfindungsangebot (§ 340 Abs. 1 Satz 4 i. V. m. § 210). 36

---

37) Lutter-*J. Schmidt*, UmwG, § 337 Rz. 66.

38) *Luy* in: BeckOGK-UmwG, § 337 Rz. 47.

39) Allg. zu Umwandlungen im Konzern *J. Schmidt*, Der Konzern 2022, 309 ff.

40) *Reidt* in: KölnKomm-UmwG, § 337 Rz. 29.

41) *Luy*, NJW 2019, 1905, 1908; *J. Schmidt*, ZEuP 2020, 565, 570; *Stelmaszczyk*, GmbHR 2020, 61, 67; Lutter-*J. Schmidt*, UmwG, § 324 Rz. 69.

42) *Luy*, NJW 2019, 1905 (1908); *J. Schmidt*, ZEuP 2020, 565, 570; *J. Schmidt*, NZG 2022, 635, 637; *Schollmeyer*, AG 2019, 541, 547; Lutter-*J. Schmidt*, UmwG, § 324 Rz. 69.

43) Semler/Stengel/Leonard-*Drinhausen*, UmwG, § 309 Rz. 11; a. A. *Luy* in: BeckOGK-UmwG, § 337 Rz. 34; *Luy*, NJW 2019, 1905, 1908; Lutter-*J. Schmidt*, UmwG, § 337 Rz. 49; *Stiegler* in: NK-UmwG, § 337 Rz. 44; *Reidt* in: KölnKomm-UmwG, § 337 Rz. 30; *Stelmaszczyk*, Der Konzern 2021, 1, 16.

§ 338

Formwechselprüfung[*)]

(1) [1]Der Formwechselplan oder sein Entwurf ist nach den §§ 9 bis 11 und 12 Absatz 1 zu prüfen. [2]§ 48 ist nicht anzuwenden. [3]Der Prüfungsbericht muss den Anteilsinhabern spätestens einen Monat vor dem Tag der Versammlung der Anteilsinhaber, die über die Zustimmung zum Formwechselplan beschließen soll, zugänglich gemacht werden.

(2) § 9 Absatz 2 und § 12 Absatz 3 jeweils in Verbindung mit § 8 Absatz 3 Satz 1, 2 und 3 Nummer 2 sind entsprechend anzuwenden.

*) § 338 eingefügt durch Art. 1 des Gesetzes zur Umsetzung der Umwandlungsrichtlinie und zur Änerung weiterer Gesetze (UmRUG), v. 22.2.2023, BGBl. I 2023, Nr. 51.

Literatur: *Bayer/Schmidt, J.*, BB-Gesetzgebungs- und Rechtsprechungsreport zum Europäischen Unternehmensrecht 2018/19 – Teil I: Company Law Package, BB 2019, 1922; *Schmidt, J.*, Umwandlungen im Konzern nach dem UmRUG-RegE: Besonderheiten bei Bericht, Prüfung und Beschluss, Der Konzern 2022, 309.

Übersicht

I. Grundlagen

1 § 338 dient der Umsetzung des Art 86f Gesellschaftsrechtslinie[1]. Der Formwechselplan (oder sein Entwurf) soll danach durch einen unabhängigen **Sachverständigen** geprüft werden (§ 338 Abs. 1 Satz 1 i. V. m. §§ 9 bis 11). Er hat einen **Prüfungsbericht** zu erstellen (§ 338 Abs. 1 Satz 1 i. V. m. § 12 Abs. 1), der den Anteilsinhabern spätestens einen Monat vor dem Tag der Versammlung der Anteilsinhaber, die über die Zustimmung zum Formwechselplan beschließen soll, zugänglich gemacht werden muss (§ 338 Abs. 1 Satz 3). **Zweck** der Vorschrift ist es, die Anteilsinhaber zur Vorbereitung des Formwechselbeschlusses durch Information zu schützen;[2] durch die Prüfung des **unabhängigen** Sachverständigen wird sichergestellt, dass die Anteilsinhaber ihre Entscheidung über den Formwechsel bzw. die Geltendmachung des Abfindungsangebots (vgl. § 340 Abs. 6) auf einer objektiven Grundlage treffen.[3] Formwechselbericht und Prüfungsbericht bilden die Grundlage der Entscheidungsfindung für die Anteilsinhaber.[4]

2 Mangels eines Rechtsträgerwechsels kommt es zu keinem Anteilsumtausch, so dass § 12 Abs. 2 vom Verweis nicht erfasst ist.[5] § 48 findet keine Anwendung (§ 338 Abs. 1 Satz 2), weil ein Prüfungsbericht gemäß Art. 86f Gesellschaftsrechtslinie ohnehin immer erstellt werden muss (sofern nicht verzichtet wird, § 338 Abs. 2; siehe Rz. 8 ff.).[6]

II. Bestellung des Prüfers (§ 338 Abs. 1 Satz 1 i. V. m. § 10)

3 Der Formwechsel ist gemäß § 338 Abs. 1 Satz 1 i. V. m. § 9 Abs. 1 durch einen Sachverständigen zu prüfen (zu dessen Haftung § 11 Abs. 2 UmwG, § 323 HGB). Dieser Prüfer wird gemäß § 338 Abs. 1 Satz 1 i. V. m. § 10 auf Antrag des Vertretungsorgans durch das Landgericht **bestellt** (zu den Einzelheiten siehe § 10 Rz. 5 ff., 8 [*Redenius-Hövermann/Laufersweiler*]).

III. Inhalt der Prüfung

4 Die Prüfung bezieht sich allein auf den Formwechselplan oder sein Entwurf, nicht auch auf den Formwechselbericht (§ 338 Abs. 1 Satz 1).[7] Bei der Prüfung handelt es sich um eine **Rechtmäßigkeitskontrolle**; die (wirtschaftliche) Zweckmäßigkeit ist nicht zu prüfen.[8]

1) Richtlinie (EU) 2017/1132 des Europäischen Parlaments und des Rates v. 14.6.2017 über bestimmte Aspekte des Gesellschaftsrechts (Gesellschaftsrechtsrichtlinie), ABl. (EU) L 169/46 v. 30.6.2017.
2) Begr. RegE UmRUG, BT-Drucks. 20/3822, S. 92.
3) Widmann/Mayer-*Stelmaszczyk*, UmwR, § 338 UmwG Rz. 2; *Stiegler* in: NK-UmwG, § 338 Rz. 1 f.
4) *Reidt* in: KölnKomm-UmwG, § 338 Rz. 1.
5) Begr. RegE UmRUG, BT-Drucks. 20/3822, S. 118.
6) Begr. RegE UmRUG, BT-Drucks. 20/3822, S. 110.
7) *Bayer/J. Schmidt*; BB 2019, 1922, 1929.
8) *Stiegler* in: NK-UmwG, § 338 Rz. 4; Schmitt/Hörtnagl-*Winter*, UmwG/UmwStG, § 338 UmwG Rz. 2.

Insbesondere muss (wie auch im nationalen Recht, §§ 208, 30) die **Angemessenheit des Barabfindungsangebots** (§§ 335 Abs. 2 Nr. 11, 340 Abs. 1) geprüft werden, wobei § 12 Abs. 2 entsprechend anzuwenden ist (§ 340 Abs. 6). Der Prüfer muss dabei eine abschließende Erklärung darüber aufnehmen, ob die angebotene Barabfindung angemessen ist.[9]

Der **Inhalt** des Prüfungsberichts ergibt sich aus **Art. 86f Abs. 2 Gesellschaftsrechtsrichtlinie.** Der Bericht muss eine Stellungnahme zur Angemessenheit der Barabfindung enthalten (Art. 86f Abs. 2 Satz 1 Gesellschaftsrechtsrichtlinie). Insbesondere müssen die zugrunde gelegten Bewertungsmethoden (etwa Börsenkurs) für die Barabfindung erläutert und beschrieben werden und welche besonderen Bewertungsschwierigkeiten möglicherweise aufgetreten sind (siehe Art. 86f Abs. 2 Satz 3 Gesellschaftsrechtsrichtlinie). Der Sachverständige darf dafür von der Gesellschaft die erforderlichen Auskünfte erhalten (Art. 86f Abs. 2 Satz 4 Gesellschaftsrechtsrichtlinie). Die Anforderungen aus Art. 86f Abs. 2 Gesellschaftsrechtsrichtlinie sind durch §§ 340 Abs. 6, 12 Abs. 2 hinreichend umgesetzt worden. 5

Die Modalitäten der **Zugänglichmachung** des Prüfungsberichts an die Anteilsinhaber innerhalb der Monatsfrist (§ 338 Abs. 1 Satz 2) können von der Gesellschaft grundsätzlich gewählt werden.[10] Lediglich für die **AG** gelten besondere Anforderungen (§ 63 Abs. 1 Nr. 5, Abs. 4);[11] die Zugänglichmachung kann auch über § 333 Abs. 2 i. V. m. §§ 238, 230 Abs. 2 erfolgen. Für die **GmbH** bietet sich die Übermittlung des Prüfungsberichts i. R. der Einberufung der Gesellschafterversammlung an.[12] **Zweck** der Monatsfrist ist es, den Anteilsinhabern Zeit zu geben, um über die Ausübung des Stimmrechts zu entscheiden.[13] 6

Der Formwechselprüfer hat über das Ergebnis der Prüfung **schriftlich** zu berichten (§ 338 Abs. 1 Satz 1 i. V. m. § 12 Abs. 1 Satz 1). 7

IV. Entbehrlichkeit des Prüfungsberichts (§ 338 Abs. 2)

Nach § 338 Abs. 2 i. V. m. §§ 9 Abs. 2, 12 Abs. 3, § 8 Abs. 3 ist eine Formwechselprüfung und ein Formwechselbericht entbehrlich, wenn die Gesellschaft nur einen Anteilsinhaber hat oder alle Anteilsinhaber durch notariell beurkundete Erklärung auf die Prüfung und die Erstellung verzichten.[14] 8

Ob auch § 8 Abs. 2 über § 338 Anwendung findet, ist nach dem Wortlaut unklar. Einerseits verweist § 338 Abs. 2 auf § 12 Abs. 3, der wiederum auf § 8 Abs. 2 verweist. Andererseits ist nach §§ 338 Abs. 2, 12 Abs. 3 i. V. m. § 8 Abs. 3 anzuwenden, so dass gerade nicht auf § 8 Abs. 2 verwiesen wird. Für eine Anwendung des § 8 Abs. 2 spricht, dass dadurch ein Gleichlauf mit dem Formwechselbericht geschaffen wird (siehe § 337 Rz. 33 [*Heinrichs*]).[15] 9

Zudem kann auch auf die Einhaltung der Frist des § 338 Abs. 1 Satz 3 verzichtet werden, da bereits auf die Formwechselprüfung verzichtet werden kann.[16] 10

9) *Reidt* in: KölnKomm-UmwG, § 338 Rz. 13.

10) Begr. RegE UmRUG, BT-Drucks. 20/3822, S. 93.

11) Begr. RegE UmRUG, BT-Drucks. 20/3822, S. 93.

12) Begr. RegE UmRUG, BT-Drucks. 20/3822, S. 93.

13) *Luy* in: BeckOGK-UmwG, § 338 Rz. 14.

14) *J. Schmidt*, Der Konzern 2022, 309, 312.

15) Dafür auch *Stiegler* in: NK-UmwG, § 338 Rz. 11; *Luy* in: BeckOGK-UmwG, § 338 Rz. 15.1.

16) So *Reidt* in: KölnKomm-UmwG, § 338 Rz. 17.

§ 339
Zustimmung der Anteilsinhaber*)

(1) Die Anteilsinhaber können ihre Zustimmung zum Formwechselplan nach § 193 Absatz 1 davon abhängig machen, dass die Art und Weise der Mitbestimmung der Arbeitnehmer der Gesellschaft neuer Rechtsform ausdrücklich von ihnen bestätigt wird.

(2) Die Versammlung der Anteilsinhaber nimmt den Formwechselbericht, den Prüfungsbericht und etwaige Stellungnahmen nach § 336 in Verbindung mit § 308 Absatz 1 Satz 2 Nummer 4 zur Kenntnis, bevor sie die Zustimmung zum Formwechselplan beschließt.

*) § 339 eingefügt durch Art. 1 des Gesetzes zur Umsetzung der Umwandlungsrichtlinie und zur Änderung weiterer Gesetze (UmRUG), v. 22.2.2023, BGBl. I 2023, Nr. 51.

Literatur: *Baschnagel/Hilser/Wagner*, Unternehmerische Mitbestimmung bei grenzüberschreitenden Umwandlungen nach dem MgFSG, RdA 2023, 103.

Übersicht

I. Grundlagen

1 § 339 dient der Umsetzung von Art. 86h Abs. 1, 2 Gesellschaftsrechtslinie[1]. Das Zustimmungserfordernis ergibt sich bereits aus § 333 Abs. 2 Nr. 1 i. V. m. § 193. **Zweck** der Vorschrift ist der Schutz der Anteilsinhaber; durch das Zustimmungserfordernis wird die Mitwirkung der Anteilsinhaber an der Umwandlungsmaßnahme sichergestellt.

2 Danach können die Gesellschafter ihren Zustimmungsbeschluss unter den Vorbehalt der Fortführung des Mitbestimmungsmodells stellen (§ 339 Abs. 1). § 339 Abs. 2 stellt sicher, dass den Anteilsinhabern vor der Beschlussfassung (nochmals) alle erforderlichen Informationen aufgezeigt werden, insbesondere auch etwaige Stellungnahmen nach § 336 i. V. m. § 308 Abs. 1 Satz 2 Nr. 4.

II. Einzelheiten zur Anteilsinhaberversammlung

3 Der **Formwechselbericht** muss sechs Wochen vor der Versammlung (elektronisch) zugänglich gemacht werden (§ 337 Abs. 1 i. V. m. § 310 Abs. 1; zu Einzelheiten siehe § 337 Rz. 22 ff. [*Heinrichs*]). Hinzu kommt die Pflicht zur Übermittlung (GmbH: § 230 Abs. 1, in **Textform**) bzw. Auslegung (AG: § 230 Abs. 2, durch Auslegung in Gesellschaftsräumen oder auf der **Internetseite**) des **Formwechselberichts** und des **Barabfindungsangebots** gemäß § 333 Abs. 2 Nr. 2 i. V. m. § 238 i. V. m. §§ 230, 231. Ist die Erstellung eines Formwechselberichts entbehrlich (§ 337 Abs. 3), entfällt zugleich die Übermittlungs- bzw. Auslegungspflicht (§ 238 Satz 2).

4 Für die **Einberufung** gelten die für die Rechtsform allgemeinen Vorschriften (§§ 121 ff. AktG, §§ 49, 51 GmbHG). Allerdings ist die gemäß § 336 i. V. m. § 308 Abs. 1 Satz 2, 4 erforderliche Monatsfrist zu beachten sowie die Zugänglichmachung des **Prüfungsberichts**

1) Richtlinie (EU) 2017/1132 des Europäischen Parlaments und des Rates v. 14.6.2017 über bestimmte Aspekte des Gesellschaftsrechts (Gesellschaftsrechtsrichtlinie), ABl. (EU) L 169/46 v. 30.6.2017.

(§ 338 Abs. 1 Satz 3). Hinzukommen die Übermittlungs- bzw. Auslegungspflicht bzgl. des Formwechselberichts (siehe oben Rz. 3).

Nicht erforderlich ist die Zuleitung an den **Betriebsrat** gemäß § 333 Abs. 2 Nr. 1, 194 Abs. 2.[2] Denn die Informationsfunktion wird bereits durch den Formwechselplan übernommen, welcher unter den Voraussetzungen der § 337 Abs. 1 i. V. m. § 310 Abs. 1 Satz 3 dem Betriebsrat mit dem Formwechselbericht zugänglich gemacht werden muss. 5

Für die **Durchführung** der Versammlung gelten die allgemeinen Vorschriften (§§ 129 ff. AktG, §§ 47 ff. GmbHG). Insbesondere findet § 239 Abs. 2 Anwendung, so dass der Formwechselplan oder sein Entwurf zu erläutern ist.[3] 6

Beschluss**gegenstand** ist die Zustimmung zum Formwechselplan (anders im nationalen Recht, wo alle Angaben Teil des Beschlusses sind, § 194). Der Formwechselplan sollte dem Beschluss als Anlage beigefügt werden, um Nachfragen des Registergerichts zu vermeiden.[4] 7

Für die **Beschlussmehrheit** sieht Art. 86h Abs. 3 Satz 1 Gesellschaftsrechtsrichtlinie vor, dass die Mitgliedstaaten eine Mehrheit von zwei Dritteln bis 90 % vorsehen. § 333 Abs. 2 Satz 1 Nr. 1, 2 Alt. 2 i. V. m. §§ 193 Abs. 1, 240 Abs. 1 sieht eine **Drei-Viertel-Mehrheit** vor. 8

Durch die **Satzung** kann eine **geringere** Mehrheit jedenfalls **nicht** vorgesehen werden, weil durch die mit dem grenzüberschreitenden Formwechsel einhergehende Sitzverlegung eine Satzungsänderung beschlossen wird.[5] **Unklar** ist, ob diese Begrenzung auch für eine in der **Satzung** festgelegte **größere** Mehrheit gilt;[6] die §§ 50 Abs. 1 Satz 2, 65 Abs. 1 Satz 2 sehen diese Möglichkeit jedenfalls vor, doch steht dies im Widerspruch zu Art. 86h Abs. 3 Satz 1 Gesellschaftsrechtslinie. Art. 86h Abs. 3 Satz 1 Gesellschaftsrechtslinie sollte dahingehend interpretiert werden, dass nur die Mitgliedstaaten nicht die Möglichkeit haben, durch Gesetz höhere Mehrheitserfordernisse festzulegen, so dass dies durch Satzung möglich ist. 9

Sofern die Zielrechtsform eine **KGaA** (oder eine damit vergleichbare ausländische Rechtsform) ist, müssen alle in der neuen Rechtsform persönlich haftenden Gesellschafter zustimmen (§ 333 Abs. 2 Nr. 2 i. V. m. § 240 Abs. 2 Satz 1).[7] 10

Darüber hinaus können gemäß § 333 Abs. 2 Nr. 1 i. V. m. § 193 Abs. 2 **besondere Zustimmungserfordernisse** bestehen.[8] Der Anwendung des § 193 Abs. 2 steht auch Art. 86h Abs. 4 Gesellschaftsrechtslinie, der die Mitgliedstaaten im Einzelfall dazu ermächtigt, ein Sonderzustimmungsrecht einzelner Gesellschafter vorzusehen, nicht entgegen. Insbesondere sind §§ 241 f., 50 Abs. 2 zu beachten. Dies darf jedoch nicht dazu führen, dass dadurch ein Einstimmigkeitserfordernis eingeführt wird.[9] Sofern mehrere Aktiengattungen 11

2) *Reidt* in: KölnKomm-UmwG, § 339 Rz. 8; *Luy* in: BeckOGK-UmwG, § 339 Rz. 16; Schmitt/Hörtnagl-*Winter*, UmwG/UmwStG, § 333 UmwG Rz. 7.

3) *Luy* in: BeckOGK-UmwG, § 339 Rz. 20; Lutter-*J. Schmidt*, UmwG, § 339 Rz. 23.

4) *Luy* in: BeckOGK-UmwG, § 339 Rz. 23; *Reidt* in: KölnKomm-UmwG, § 339 Rz. 15; Kallmeyer-*Biller/Wilk*, UmwG, § 339 Rz. 12.

5) *Stiegler* in: NK-UmwG, § 339 Rz. 3.

6) Dafür *Stiegler* in: NK-UmwG, § 339 Rz. 5; dagegen *Reidt* in: KölnKomm-UmwG, § 339 Rz. 18; *Luy* in: BeckOGK-UmwG, § 339 Rz. 27; Schmitt/Hörtnagl-*Winter*, UmwG/UmwStG, § 339 UmwG Rz. 4; Kallmeyer-*Biller/Wilk*, UmwG, § 339 Rz. 13.

7) *Reidt* in: KölnKomm-UmwG, § 339 Rz. 20.

8) *Reidt* in: KölnKomm-UmwG, § 339 Rz. 21; *Luy* in: BeckOGK-UmwG, § 339 Rz. 30; *Stiegler* in: NK-UmwG, § 339 Rz. 6; insb. zur Frage der Richtlinienkonformität besonderer Zustimmungserfordernisse *Luy* in: BeckOGK-UmwG, § 339 Rz. 30 ff.

9) *Stiegler* in: NK-UmwG, § 339 Rz. 6.

bestehen, ist die Zustimmung der stimmberechtigten Aktionäre jeder Gattung erforderlich (§§ 333 Abs. 2 Nr. 2, 240 Abs. 1 Satz 1 Halbs. 2, 65 Abs. 2).[10)]

III. Bestätigung des Mitbestimmungsmodells (§ 339 Abs. 1)

12 Die Anteilsinhaber können ihre Zustimmung zum Formwechselplan davon abhängig machen, dass die Art und Weise der Mitbestimmung der Arbeitnehmer der Gesellschaft neuer Rechtsform ausdrücklich von ihnen bestätigt wird (§ 339 Abs. 1).[11)]

13 Gemäß § 4 MgFSG[12)] gilt für die Gesellschaft neuer Rechtsform das Mitbestimmungsrecht des Staates, in dem die neue Gesellschaft ihren Sitz hat. Allerdings wird häufig ein besonderes **Verhandlungsverfahren** zur Bestimmung des zukünftigen Mitbestimmungsmodells erforderlich sein (vgl. §§ 5 ff., 14 ff. MgFSG). Dieses kann viel Zeit in Anspruch nehmen, so dass die Anteilsinhaber bereits vor dem Abschluss dieses Verfahrens dem grenzüberschreitenden Formwechsel zustimmen können.[13)] Durch den Zustimmungsvorbehalt wird sichergestellt, dass den Anteilsinhabern kein Mitbestimmungsmodell aufgezwungen wird, welches sie als nachteilig empfinden; denn sie sind an dem Verfahren nicht beteiligt.

14 Der **Gebrauch des Zustimmungsvorbehalts** erfolgt in zwei Schritten:

– der **Vorbehalt** wird in den Formwechselplan durch Beschluss der Anteilsinhaberversammlung mitaufgenommen; das Wirksamwerden des Formwechselplans wird dann unter die aufschiebende Bedingung der nochmaligen Beschlussfassung gestellt.[14)]
– Steht das Mitbestimmungsmodell fest, ist ein erneuter Beschluss der Anteilsinhaberversammlung erforderlich (**Bestätigungsbeschluss**).[15)] Solange der Bestätigungsbeschluss nicht gefasst wird, kann die Formwechselbescheinigung nicht erteilt werden.[16)] Beide Beschlüsse bedürfen der notariellen Beurkundung.[17)]

15 Welche **Mehrheit für die jeweiligen Beschlüsse** erforderlich ist, wird unterschiedlich beurteilt.[18)] Bezüglich des **Vorbehalts** wird die Mehrheit, die auch für den Formwechselbeschluss erforderlich ist, maßgeblich sein, weil der Vorbehalt nur ein unselbständiger Bestandteil des Formwechselbeschlusses ist.[19)] Für den Bestätigungsbeschluss muss dasselbe gelten, weil dieser dem Formwechselbeschluss erst seine Wirksamkeit verleiht, es sei denn eine entsprechende Regelung wurde in den Vorbehaltsbeschluss aufgenommen, dass für die Bestätigung eine einfache Mehrheit genügt.[20)]

---

10) Kallmeyer-*Biller/Wilk*, UmwG, § 339 Rz. 13; *Stiegler* in: NK-UmwG, § 339 Rz. 7.

11) Zur geringen praktischen Relevanz *Luy* in: BeckOGK-UmwG, § 339 Rz. 40.

12) Gesetz zur Umsetzung der Bestimmungen der Umwandlungsrichtlinie über die Mitbestimmung der Arbeitnehmer bei grenzüberschreitendem Formwechsel und grenzüberschreitender Spaltungen (MgFSG), v. 4.1.2023, BGBl. I 2023, Nr. 10. Grundlegend zum MgFSG *Baschnagel/Hilser/Wagner*, RdA 2023, 103 ff.

13) Semler/Stengel/Leonard-*Drinhausen*, UmwG, § 312 Rz. 10; Schmitt/Hörtnagl-*Winter*, UmwG/UmwStG, § 339 UmwG Rz. 5.

14) *Stiegler* in: NK-UmwG, § 339 Rz. 15.

15) Kallmeyer-*Biller/Wilk*, UmwG, § 339 Rz. 20.

16) *Luy* in: BeckOGK-UmwG, § 339 Rz. 42; Kallmeyer-*Biller/Wilk*, UmwG, § 339 Rz. 17; Lutter-*J. Schmidt*, UmwG, § 339 Rz. 40.

17) *Luy* in: BeckOGK-UmwG, § 339 Rz. 46; Kallmeyer-*Biller/Wilk*, UmwG, § 339 Rz. 21.

18) Lutter-*J. Schmidt*, UmwG, § 339 Rz. 39, 42, lässt jeweils einfache Stimmenmehrheit genügen.

19) Kallmeyer-*Biller/Wilk*, UmwG, § 339 Rz. 16; Widmann/Mayer-*Stelmaszczyk*, UmwR, § 339 UmwG Rz. 23; *Reidt* in: KölnKomm-UmwG, § 339 Rz. 25.

20) Kallmeyer-*Biller/Wilk*, UmwG, § 339 Rz. 20; *Luy* in: BeckOGK-UmwG, § 339 Rz. 44; Widmann/Mayer-*Stelmaszczyk*, UmwR, § 339 UmwG Rz. 24; *Reidt* in: KölnKomm-UmwG, § 339 Rz. 26.

IV. Kenntnisnahme von Dokumenten (§ 339 Abs. 2)

16 Die „Versammlung der Anteilsinhaber" soll den Formwechselbericht, den Prüfungsbericht und etwaige Stellungnahmen nach § 336 i. V. m. § 308 Abs. 1 Satz 2 Nr. 4 zur Kenntnis nehmen. Die Kenntnisnahme hat sich auf die wesentlichen Inhalte der Dokumente zu beziehen. Auch eine Stellungnahme des Betriebsrats bzw. der Arbeitnehmer zum Formwechselbericht (§ 337 Abs. 3) muss zur Kenntnis genommen werden; dass dies nicht in § 339 Abs. 2 aufgenommen wurde, stellt ein Redaktionsversehen dar.[21)]

17 Wie § 339 Abs. 2 umgesetzt wird, wann also eine **Kenntnisnahme der Anteilsinhaber** angenommen werden kann, ist unklar. Jedenfalls der **Formwechselbericht** ist gemäß §§ 333 Abs. 2 Nr. 2, **239 Abs. 1 Satz 1 auszulegen.**[22)] Alle genannten Dokumente sind den Anteilsinhabern zudem zuvor zugänglich zu machen (§ 336 i. V. m. § 308 Abs. 1 Satz 2 Nr. 4, § 337 Abs. 1 i. V. m. §§ 310 Abs. 1, Abs. 3, 338 Abs. 1 Satz 3). Teilweise wird dies als ausreichend für eine „Kenntnisnahme" erachtet,[23)] weil die Anteilsinhaber dadurch bereits die Möglichkeit hatten, die Dokumente vollständig zur Kenntnis zu nehmen. Jedenfalls sei es unerheblich, auf welchem Wege die Anteilsinhaber Kenntnis von den Dokumenten erlangen.[24)]

18 Mit Blick auf die Praxis ist jedenfalls zu empfehlen, dass die Dokumente in der Gesellschafterversammlung kurz erläutert werden[25)] und die Kenntnisnahme in der Beschlussniederschrift dokumentiert wird,[26)] um möglichen Beanstandungen vorzubeugen. Dass jeder einzelne Anteilsinhaber in der Versammlung die Dokumente zur Kenntnis nimmt, ist nicht erforderlich.[27)]

19 Ein **Verzicht** auf die Kenntnisnahme ist nicht möglich, weil diese nicht nur dem Schutz der Anteilsinhaber, sondern auch dem Schutz der Arbeitnehmer und Gläubiger dient.[28)]

V. Form

20 Der Formwechselbeschluss bedarf der notariellen Beurkundung (§§ 333 Abs. 2 Nr. 1, 193 Abs. 3). Dies gilt nur für den **Hinausformwechsel**; beim Hereinformwechsel richtet sich die Form nach den Regelungen des Wegzugsstaats. Beim **Hereinformwechsel** muss jedoch die Satzung in ordnungsgemäßer Weise festgestellt werden, so dass diese **notariell beurkundet** werden muss; eine nachgelagerte Beurkundung durch einen inländischen Notar ist möglich.[29)]

21 In der Praxis wird daher – zumindest bei mangelnder Gleichwertigkeit der Beurkundungsverfahren – bei einem Hereinformwechsel sowohl im Wegzugsstaat als auch in Deutschland eine Beurkundung durchzuführen sein.[30)]

---

21) *Reidt* in: KölnKomm-UmwG, § 339 Rz. 11; *Stiegler* in: NK-UmwG, § 339 Rz. 16.
22) *Luy* in: BeckOGK-UmwG, § 339 Rz. 18.
23) *Stiegler* in: NK-UmwG, § 339 Rz. 16.
24) *Luy* in: BeckOGK-UmwG, § 339 Rz. 48.
25) Gegen dieses Erfordernis *Reidt* in: KölnKomm-UmwG, § 339 Rz. 12.
26) *Luy* in: BeckOGK-UmwG, § 339 Rz. 49.
27) *Reidt* in: KölnKomm-UmwG, § 339 Rz. 12; *Luy* in: BeckOGK-UmwG, § 339 Rz. 48.
28) Widmann/Mayer-*Stelmaszczyk*, UmwR, § 339 Rz. 37.
29) Widmann/Mayer-*Stelmaszczyk*, UmwR, § 339 Rz. 28; *Luy* in: BeckOGK-UmwG, § 339 Rz. 35.
30) Im Verhältnis Österreich und Deutschland kann wohl auf eine Doppelbeurkundung aufgrund des gleichwertigen Beurkundungsverfahrens verzichtet werden; zur Anwendbarkeit der allgemeinen Regeln für eine Auslandsbeurkundung Lutter-*J. Schmidt*, UmwG, § 322 Rz. 107; *Stiegler* in: NK-UmwG, § 322 Rz. 55; Schmitt/Hörtnagl-*Winter*, UmwG/UmwStG, Vorb. §§ 333 ff. UmwG Rz. 31 – Formwechsel; **krit.** dazu *Luy* in: BeckOGK-UmwG, § 335 Rz. 88; *Stelmaszczyk* in: BeckOGK-UmwG, § 322 Rz. 48; zudem ist kein Echtheitsnachweis erforderlich, Art. 3 des Beglaubigungsvertrags zwischen dem Deutschen Reiche und der Republik Österreich (BGBl. II 1952, 436), *M. C. Schmidt* in: Hauschild/Kallrath/Wachter, Notarhdb. Gesellschafts- und Unternehmensrecht, § 28 Rz. 224.

VI. Fehlerhafter Beschluss

22 Für den Zustimmungsbeschluss gelten die allgemeinen Vorschriften. Die Klage kann jedoch nicht auf eine zu **niedrige Bemessung des Barabfindungsangebots** gestützt werden (§ 340 Abs. 1 Satz 3, § 210); dies richtet sich nach § 333 Abs. 2 Nr. 2 i. V. m. § 212 UmwG i. V. m. § 1 Nr. 4 SpruchG. Die **Unangemessenheit des Beteiligungsverhältnisses** kann hingegen mit einer Klage gegen den Beschluss geltend gemacht werden (vgl. § 333 Abs. 4). Eine Klage hat Suspensiveffekt und stellt daher ein Eintragungshindernis dar (§§ 342 Abs. 2, 198 Abs. 3, 16 Abs. 2).

§ 340
Barabfindung*)

(1) [1]Die formwechselnde Gesellschaft hat im Formwechselplan oder seinem Entwurf jedem Anteilsinhaber, der gegen den Zustimmungsbeschluss der Anteilsinhaber Widerspruch zur Niederschrift erklärt, den Erwerb seiner Anteile oder Mitgliedschaften gegen eine angemessene Barabfindung anzubieten; nicht anzuwenden sind insoweit § 71 Absatz 4 Satz 2 des Aktiengesetzes und die Anordnung der Nichtigkeit des schuldrechtlichen Geschäfts über einen verbotswidrigen Erwerb nach § 33 Absatz 2 Satz 3 des Gesetzes betreffend die Gesellschaften mit beschränkter Haftung. [2]Das Abfindungsangebot steht unter der aufschiebenden Bedingung des Wirksamwerdens des grenzüberschreitenden Formwechsels. [3]Im Formwechselplan oder seinem Entwurf sind eine Postanschrift sowie eine elektronische Adresse anzugeben, an welche die Mitteilung nach Absatz 2 Satz 1 und die Annahmeerklärung nach Absatz 3 Satz 1 übermittelt werden können. [4]§ 207 Absatz 1 Satz 2 und 3, Absatz 2 sowie § 208 in Verbindung mit § 30 Absatz 1 und den §§ 210 bis 212 gelten entsprechend.

(2) Ein Anteilsinhaber, der die Annahme des Abfindungsangebots nach Absatz 1 Satz 1 beabsichtigt, hat der Gesellschaft seine Absicht spätestens einen Monat nach dem Tag, an dem die Versammlung der Anteilsinhaber die Zustimmung zum Formwechselplan beschlossen hat, mitzuteilen.

(3) [1]Das Abfindungsangebot kann bis spätestens zwei Monate nach dem Tag, an dem die Versammlung der Anteilsinhaber der formwechselnden Gesellschaft die Zustimmung zum Formwechselplan beschlossen hat, angenommen werden. [2]Die Annahme ist ausgeschlossen, wenn die Mitteilung nach Absatz 2 nicht rechtzeitig erfolgt ist. [3]Erfolgt die Annahme vor Ablauf der Mitteilungsfrist nach Absatz 2, so ist die Mitteilung nicht mehr erforderlich. [4]§ 15 Absatz 4 des Gesetzes betreffend die Gesellschaften mit beschränkter Haftung bleibt unberührt.

(4) Anteilsinhaber, die das Abfindungsangebot nach Maßgabe des Absatzes 3 angenommen haben, werden abweichend von § 202 Absatz 1 Nummer 2 mit Wirksamwerden des Formwechsels nicht Anteilsinhaber der Gesellschaft neuer Rechtsform.

(5) [1]Die Gesellschaft neuer Rechtsform hat die Barabfindung spätestens zwei Wochen nachdem der Formwechsel wirksam geworden ist an die Anteilsinhaber, die das Angebot nach Maßgabe des Absatzes 3 angenommen haben, zu zahlen. [2]§ 341 ist auf den Abfindungsanspruch dieser Anteilsinhaber entsprechend anzuwenden.

(6) [1]Die Angemessenheit einer nach Absatz 1 anzubietenden Barabfindung ist stets zu prüfen. [2]§ 12 Absatz 2 und § 338 sind entsprechend anzuwenden.

*) § 340 eingefügt durch Art. 1 des Gesetzes zur Umsetzung der Umwandlungsrichtlinie und zur Änderung weiterer Gesetze (UmRUG), v. 22.2.2023, BGBl. I 2023, Nr. 51.

Literatur: *Hommelhoff*, Der Schutz des Anteilsinhaber-Vermögens bei Umwandlungen nach dem RefE UmRUG, NZG 2022, 683; *Schmidt, J.*, die weitreichende Reform des Umwandlungsrechts, NJW 2023, 1241; *Schmidt, J.*, Der UmRUG-Referentenentwurf: grenzüberschreitende Umwandlungen 2.0 – und vieles mehr, NZG 2022, 579; *Löbbe*, Die grenzüberschreitende Umwandlung nach dem UmRUG, ZHR 187 (2023), 498.

Übersicht

I. Grundlagen

§ 340 Abs. 1 bis 5 dient der Umsetzung von Art. 86i Gesellschaftsrechtsrichtlinie[1]. Geregelt sind die Voraussetzungen des Barabfindungsangebots (§ 340 Abs. 1), die Modalitäten der Annahme (§ 340 Abs. 2, 3), das Ausscheiden aus der Gesellschaft (§ 340 Abs. 4) und die Zahlung der Barabfindung (§ 340 Abs. 5). Art. 86f Gesellschaftsrechtsrichtlinie erfordert die Prüfung des Barabfindungsangebots, was in § 340 Abs. 6 umgesetzt wurde. 1

Die Vorschrift findet lediglich auf den **Hinausformwechsel** Anwendung; für den Hereinformwechsel ist das Recht des Wegzugsstaats maßgeblich. 2

Zweck der Vorschrift ist der Anteilsinhaberschutz, insbesondere auch der Minderheitenschutz. Die Minderheitsgesellschafter sollen nicht dazu gezwungen werden in einer Gesellschaft ausländischer Rechtsform verbleiben zu müssen. Aus diesem Grund hat jeder von ihnen unter den Voraussetzungen des § 340 die Möglichkeit, gegen Barabfindung aus der Gesellschaft auszuscheiden. 3

§ 340 ist eine Parallelnorm zu § 313. Das Barabfindungsangebot ist gemäß § 335 Abs. 2 Nr. 11 im Formwechselplan aufzunehmen. Über § 340 Abs. 1 Satz 4 finden in weiten Teilen die Abfindungsregeln der §§ 207 ff. Anwendung. 4

II. Barabfindungsangebot (§ 340 Abs. 1 Satz 1)

Das im Formwechselplan oder in seinem Entwurf gemachte Barabfindungsangebot stellt ein **bindendes Angebot** i. S. des § 145 BGB dar (siehe schon § 335 Rz. 30 [*Heinrichs*]). 5

Das Angebot erfolgt unter der **aufschiebenden Bedingung** des Wirksamwerdens des grenzüberschreitenden Formwechsels (§ 340 Abs. 1 Satz 2). **Hintergrund** ist, dass ein unbedingtes Angebot dazu führt, dass die Verpflichtung der Gesellschaft sofort begründet wird, selbst wenn der grenzüberschreitende Formwechsel scheitert; dies widerspricht dem Zweck, der mit der Barabfindung einhergeht.[2] Das „Wirksamwerden" – und damit der Zeitpunkt der Annahme des Angebots – hängt von dem Recht des Zuzugsstaats ab (Art. 86q Satz 1 Gesellschaftsrechtsrichtlinie). 6

1) Richtlinie (EU) 2017/1132 des Europäischen Parlaments und des Rates v. 14.6.2017 über bestimmte Aspekte des Gesellschaftsrechts (Gesellschaftsrechtsrichtlinie), ABl. (EU) L 169/46 v. 30.6.2017.

2) Begr. RegE UmRUG, BT-Drucks. 20/3822, S. 94.

7 Sofern der Anteilsinhaber nicht mit dem Angebot einverstanden ist, hat er in der Anteilsinhaberversammlung ein **Widerspruch** zu erklären, welcher in die Niederschrift aufgenommen werden muss. Zudem muss er gegen den Zustimmungsbeschluss gestimmt haben.[3)]

8 Dem Widerspruch zur Niederschrift steht es jedoch gleich, wenn ein nicht erschienener Anteilsinhaber zu der Versammlung der Anteilsinhaber **zu Unrecht nicht zugelassen** worden ist oder die Versammlung nicht ordnungsgemäß einberufen oder der Gegenstand der Beschlussfassung nicht ordnungsgemäß bekannt gemacht worden ist (§ 340 Abs. 1 Satz 4 i. V. m. § 207 Abs. 2 i. V. m. § 29 Abs. 2). Daneben ist ein Widerspruch für Anteilsinhaber ohne Stimmrecht nicht erforderlich.[4)]

9 Das Barabfindungsangebot muss **angemessen** sein. Die Angemessenheit bemisst sich insbesondere nach dem **Unternehmenswert** zum Zeitpunkt der Beschlussfassung über den Formwechselplan (§ 340 Abs. 1 Satz 4 i. V. m. § 208 i. V. m. § 30 Abs. 1 Satz 1). Die Angemessenheit wird entsprechend § 340 Abs. 6 Satz 1 überprüft und in einem Prüfungsbericht (§ 340 Abs. 6 Satz 2 i. V. m. § 338 Abs. 1 Satz 1 i. V. m. § 12 Abs. 1 dargestellt (siehe Rz. 20).

10 Eine **Anfechtungsklage**, die auf die **Unangemessenheit** des Barabfindungsangebots gestützt wird, kann **nicht erhoben** werden (§ 340 Abs. 1 Satz 4 i. V. m. § 210).[5)] Dasselbe soll auch bei bewertungsbezogenen Informationsmängeln gelten.[6)] Stattdessen können die Anteilsinhaber innerhalb von drei Monaten nach Wirksamwerden des grenzüberschreitenden Formwechsels eine gerichtliche Nachprüfung im **Spruchverfahren** verlangen (§ 340 Abs. 1 Satz 4 i. V. m. § 212 UmwG; § 4 Abs. 1 Nr. 5 SpruchG).[7)]

11 Die §§ 333 ff. sehen nicht vor, dass das **Barabfindungsangebot entbehrlich** sein kann. Das Barabfindungsangebot dient jedoch nur dem Schutz der Gesellschafter. Sofern **alle** Gesellschafter daher auf das Barabfindungsangebot **verzichten**, ist dies zulässig.[8)] In diesem Fall ist der Verzicht analog §§ 9 Abs. 2, 8 Abs. 3 Satz 2 notariell zu beurkunden.[9)] Um Beanstandungen des Registergerichts zu vermeiden, sollte dies im Formwechselplan klargestellt werden, sofern ein Verzicht vereinbart wird. Dies ist jedoch in gewisser Hinsicht spekulativ, weil zum Zeitpunkt der Aufstellung des Formwechselplans nicht feststeht, dass alle Anteilsinhaber einen Verzicht erklären werden.[10)] Insofern sollte sich eng mit den Anteilsinhabern abgestimmt werden.

III. Annahme des Barabfindungsangebots (§ 340 Abs. 1 Satz 3, Abs. 2, 3)

12 Damit der Anteilsinhaber den Anspruch auf die Barabfindung geltend machen kann, muss er das Barabfindungsangebot annehmen. Der Annahmeerklärung (§ 340 Abs. 3) geht eine

3) H. M. *Stiegler* in: NK-UmwG, § 340 Rz. 10 – m. w. N. in Fn. 21; Schmitt/Hörtnagl-*Winter*, UmwG/UmwStG, § 340 UmwG Rz. 3; a. A. wohl *Reidt* in: KölnKomm-UmwG, § 340 Rz. 13; Kallmeyer-*Biller/Wilk*, UmwG, § 340 Rz. 3. Zu den Hintergründen Widmann/Mayer-*Stelmaszczyk*, UmwR, § 340 UmwG Rz. 31.

4) *Luy* in: BeckOGK-UmwG, § 340 Rz. 11 a. E.; Lutter-*J. Schmidt*, UmwG, § 340 Rz. 14.

5) Zur Anwendbarkeit bei einem zu **hohen** Barabfindungsangebot s. *Luy* in: BeckOGK-UmwG, § 340 Rz. 22–24.

6) *Luy* in: BeckOGK-UmwG, § 340 Rz. 20; *Stiegler* in: NK-UmwG, § 340 Rz. 8; Widmann/Mayer-*Stelmaszczyk*, UmwR, § 340 UmwG Rz. 42; *J. Schmidt*, NJW 2023, 1241 (Rz. 31); *Hommelhoff*, NZG 2022, 683.

7) Vertiefend *Reidt* in: KölnKomm-UmwG, § 340 Rz. 38 ff.

8) *Luy* in: BeckOGK-UmwG, § 340 Rz. 17*Stiegler* in: NK-UmwG, § 340 Rz. 4;*Reidt* in: KölnKomm-UmwG, § 340 Rz. 28; zum innerstaatlichen Formwechsel Semler/Stengel/Leonard-*Kalss*, UmwG, § 207 Rz. 17; dies gilt auch für börsennotierte Gesellschaften, *Luy* in: BeckOGK-UmwG, § 340 Rz. 18.

9) S. nur *Luy* in: BeckOGK-UmwG, § 340 Rz. 17.

10) *Stiegler* in: NK-UmwG, § 335 Rz. 40.

Absichtserklärung voraus (§ 340 Abs. 2; sog. **„zweistufiges Verfahren"**). Damit der Zugang dieser Erklärungen gesichert ist, muss die Gesellschaft im Formwechselplan oder seinem Entwurf eine Postanschrift sowie eine elektronische Adresse angeben (§ 340 Abs. 1 Satz 3); seine Erklärungen hat der Anteilsinhaber wahlweise an eine der Adressen zu übermitteln.

Die Absichtserklärung soll sicherstellen, dass die Gesellschaft frühzeitig den durch die Abfindungszahlungen drohenden Liquiditätsabfluss abschätzen kann.[11] Sie stellt eine Obliegenheit dar,[12] welche jedoch rechtliche Voraussetzung für die Annahme des Barabfindungsangebots (§ 340 Abs. 3 Satz 2) ist, es sei denn, der Anteilsinhaber erklärt bereits vor der **Monatsfrist** des § 340 Abs. 2 die Annahme des Barabfindungsangebots (§ 340 Abs. 3 Satz 3).[13] Allerdings begründet die Absichtserklärung keine Verpflichtung zur Annahme des Angebots gegenüber der Gesellschaft.[14] Sie kann **formfrei** erklärt werden; doch ist aus Nachweisgründen Schriftform zu empfehlen.[15] 13

Die **Annahme** kann nur innerhalb von **zwei Monaten** nachdem die Anteilsinhaberversammlung die Zustimmung zum Formwechselplan beschlossen hat, erfolgen (§ 340 Abs. 3 Satz 1). Ein Registervollzug vor Ablauf dieser Frist ist nicht möglich (§ 343 Abs. 2 Satz 1), da die erforderliche Formwechselbescheinigung (§ 343 Abs. 1 Satz 4) frühestens drei Monate nach der Bekanntmachung des Formwechselplans erteilt werden darf;[16] die Bekanntmachung muss jedoch spätestens einen Monat vor der beschlussfassenden Anteilsinhaberversammlung erfolgen (§ 336 i. V. m. § 308 Abs. 1 Satz 4). Die Annahmeerklärung ist bedingungsfeindlich.[17] 14

Die **Form** der Annahmeerklärung ist im UmwG nicht geregelt. Folglich gelten die für die jeweilige Rechtsform spezifischen Vorschriften. Bei einer GmbH ist § 15 Abs. 4 GmbHG anzuwenden (§ 340 Abs. 3 Satz 4),[18] so dass die Annahme der notariellen Beurkundung bedarf.[19] Die **Kosten** trägt der formwechselnde Rechtsträger (§ 340 Abs. 1 Satz 4 i. V. m. § 207 Abs. 1 Satz 3). Bei AG, SE und KGaA ist die Annahme formfrei möglich; auch hier ist jedoch aus Nachweisgründen Schriftform zu empfehlen.[20] 15

Der austrittswillige Anteilsinhaber ist nicht auf die Annahme des Barabfindungsangebots beschränkt. Vielmehr kann er gemäß § 340 Abs. 1 Satz 4 i. V. m. § 211 seinen Anteil auch auf dem freien Markt veräußern und so möglicherweise einen höheren Gewinn erzielen. 16

IV. Ausscheiden der Gesellschafter (§ 340 Abs. 4)

Nach § 340 Abs. 4 werden die Anteilsinhaber, die das Barabfindungsangebot angenommen haben, zum Zeitpunkt des Wirksamwerdens des Formwechsels (Art. 86q Satz 1 Gesellschaftsrechtsrichtlinie) **kraft Gesetzes nicht Anteilsinhaber des Rechtsträgers neuer Rechtsform** (§ 340 Abs. 4). Im nationalen Formwechselrecht werden die Anteilsinhaber 17

11) Begr. RegE UmRUG, BT-Drucks. 20/3822, S. 95, die wiederum auf ErwG 19 der Umwandlungsrichtlinie verweist (Richtlinie (EU) 2019/2121 des Europäischen Parlaments und des Rates v. 27.11.2019 zur Änderung der Richtlinie (EU) 2017/1132 in Bezug auf grenzüberschreitende Umwandlungen, Verschmelzungen und Spaltungen (Umwandlungsrichtlinie), ABl. (EU) L 321/1 v. 12.12.2019).

12) Zur Dogmatik *Luy* in: BeckOGK-UmwG, § 340 Rz. 27.1; *Stiegler* in: NK-UmwG, § 340 Rz. 16 (Fn. 35).

13) Begr. RegE UmRUG, BT-Drucks. 20/3822, S. 95.

14) Begr. RegE UmRUG, BT-Drucks. 20/3822, S. 95.

15) Begr. RegE UmRUG, BT-Drucks. 20/3822, S. 94 f., empfiehlt jedenfalls Textform.

16) Begr. RegE UmRUG, BT-Drucks. 20/3822, S. 95, auch im Folgenden.

17) *Stiegler* in: NK-UmwG, § 340 Rz. 18.

18) Begr. RegE UmRUG, BT-Drucks. 20/3822, S. 96; krit. *Löbbe*, ZHR 187 (2023), 498, 508.

19) Krit. *Reidt* in: KölnKomm-UmwG, § 340 Rz. 21.

20) Begr. RegE UmRUG, BT-Drucks. 20/3822, S. 94 f., empfiehlt jedenfalls Textform.

noch Gesellschafter (§ 202 Abs. 1 Nr. 2) des Rechtsträgers neuer Rechtsform.[21] Der Rechtsträger neuer Rechtsform erwirbt infolgedessen eigene Anteile, weswegen gemäß § 340 Abs. 1 Halbs. 2 die Regelungen von § 71 Abs. 4 Satz 2 AktG und § 33 Abs. 2 Satz 3 GmbHG nicht anwendbar sind. Gegebenenfalls kann der Rechtsträger neuer Rechtsform jedoch gesetzlich keine eigenen Anteile erwerben.[22] In diesem Fall bleibt der Austrittswillige zunächst Anteilsinhaber des Rechtsträgers neuer Rechtsform und kann sodann seinen Austritt aus der Gesellschaft gegeben Barabfindung erklären (§ 340 Abs. 1 Satz 4 i. V. m. § 207 Abs. 1 Satz 2).[23]

V. Zahlungsfrist der Barabfindung (§ 340 Abs. 5)

18 Der Rechtsträger neuer Rechtsform muss die Barabfindung innerhalb von **zwei Wochen** nach dem Wirksamwerden des Formwechsels gezahlt haben. Daraus folgt, dass die Anteilsinhaber ihre Anteile an dem Rechtsträger mit Eintragung des Formwechsels verlieren (vgl. § 340 Abs. 4), ohne jedoch zeitgleich eine Gegenleistung zu erhalten; sie gehen somit in Vorleistung und tragen damit das **Verlustrisiko.** Wohl aus diesem Grund hat der deutsche Gesetzgeber nicht die in Art. 86i Abs. 3 Satz 2 Gesellschaftsrechtsrichtlinie vorgesehene zweimonatige Frist ausgereizt.[24] Zudem können die anspruchsberechtigten Anteilsinhaber daher in entsprechender Anwendung der §§ 341, 314 **Sicherheitsleistung** seitens der Gesellschaft verlangen; durch den Verweis wird zudem die internationale Zuständigkeit deutscher Gerichte ermöglicht (§ 341 Abs. 2). Die **Höhe der Sicherheitsleistung** ist nach der angebotenen Abfindung zu bemessen, damit das Eintragungsverfahren nicht durch einen etwaigen Streit über die zutreffende Höhe der Abfindung verzögert werden kann.[25]

19 Die Barabfindung ist ferner gemäß § 340 Abs. 1 Satz 4 i. V. m. §§ 208, 30 Abs. 1 Satz 2, 15 Abs. 2 mit jährlich fünf Prozentpunkten über dem jeweiligen Basiszinssatz nach § 247 BGB zu **verzinsen.**

VI. Prüfung der Barabfindung (§ 340 Abs. 6)

20 § 340 Abs. 6 statuiert die Pflicht, die Angemessenheit des Barabfindungsangebots zu überprüfen und einen entsprechenden Prüfungsbericht zu erstellen. Dies erfolgt durch den unabhängigen Sachverständigen (Art. 86f Gesellschaftsrechtsrichtlinie, § 340 Abs. 6 Satz 2 i. V. m. § 338 i. V. m. §§ 9–11). Laut der Begründung ist eine Prüfung stets erforderlich, so dass § 250 nicht anzuwenden ist.[26] Eine Prüfungspflicht entfällt folgerichtig, wenn auf das Barabfindungsangebot verzichtet wird (zur Zulässigkeit und den Anforderungen siehe Rz. 11). Ferner ist ein Prüfungsbericht nicht bei einer Einpersonen-Gesellschaft erforderlich.[27]

21) *Simons* in: BeckOGK-UmwG, § 207 Rz. 32.

22) Eine AG kann dies wegen Art. 61 Abs. 1 lit. d Gesellschaftsrechtsrichtlinie immer, *J. Schmidt*, NZG 2022, 579, 582.

23) *Stiegler* in: NK-UmwG, § 340 Rz. 12; zum innerstaatlichen Formwechsel *Simons* in: BeckOGK-UmwG, § 207 Rz. 47.

24) Schmitt/Hörtnagl-*Winter*, UmwG/UmwStG, § 340 UmwG Rz. 9.

25) Begr. RegE UmRUG, BT-Drucks. 20/3822, S. 96.

26) Begr. RegE UmRUG, BT-Drucks. 20/3822, S. 118.

27) *Luy* in: BeckOGK-UmwG, § 340 Rz. 49; *Stiegler* in: NK-UmwG, § 340 Rz. 7.

§ 341
Gläubigerschutz*)

(1) § 314 gilt für die formwechselnde Gesellschaft und ihre Gläubiger entsprechend.

(2) [1]Für Klagen von Gläubigern wegen einer Forderung gegen die formwechselnde Gesellschaft sind unbeschadet unionsrechtlicher Vorschriften auch die deutschen Gerichte international zuständig, sofern die Forderung vor der Bekanntmachung des Formwechselplans oder seines Entwurfs entstanden ist und die Klage innerhalb von zwei Jahren nach Wirksamwerden des grenzüberschreitenden Formwechsels erhoben wird. [2]Der Gerichtsstand im Inland bestimmt sich nach dem letzten Sitz des formwechselnden Rechtsträgers.

*) § 341 eingefügt durch Art. 1 des Gesetzes zur Umsetzung der Umwandlungsrichtlinie und zur Änderung weiterer Gesetze (UmRUG), v. 22.2.2023, BGBl. I 2023, Nr. 51.

Literatur: *Baschnagel/Hilser*, Gläubigerschutz bei grenzüberschreitenden Umwandlungen nach dem UmRUG, NZG 2022, 1333; *Bungert/Strothotte*, Die grenzüberschreitende Spaltung nach dem Referentenentwurf des UmRUG, BB 2022, 1411; *Schmidt, J.*, Grenzüberschreitender Formwechsel in der EU Eckpunkte des Rechtsrahmens und Herausforderungen bei der Umsetzung, ZEuP 2020, 565; *Tafel*, Gläubigerschutz bei grenzüberschreitenden Umwandlungen bei Scheinauslands- und Scheininlandsgesellschaften sowie in Zessionsfällen, ZIP 2024, 2444.

Übersicht

I. Grundlagen

1 § 341 setzt Art. 86j Gesellschaftsrechtsrichtlinie[1] um. Durch die entsprechende Anwendung von § 314 soll der Schutz der (Alt-)Gläubiger i. R. eines grenzüberschreitenden Formwechsels gewährleistet werden, indem sie den Anspruch auf Sicherheitsleistung gerichtlich geltend machen können.[2] Allerdings hat die formwechselnde Gesellschaft im Formwechselplan gemäß § 335 Abs. 2 Nr. 8 bereits die Gläubigersicherheiten anzubieten. Die gerichtliche Geltendmachung der Sicherheitsleistung ist daher nur möglich, wenn die Gläubiger der Gesellschaft die angebotenen Sicherheitsleistungen für „nicht zufriedenstellend" (Art. 86j Abs. 1 Unterabs. 2 Gesellschaftsrechtsrichtlinie) erachten.

II. Sicherheitsleistung (§ 341 Abs. 1 i. V. m. § 314 Abs. 1)

2 Ein Gläubiger des formwechselnden Rechtsträgers hat einen Anspruch auf Sicherheitsleistung, wenn er **vor** Bekanntmachung des Formwechselplans (§ 336) einen **nicht fälligen Anspruch** hatte (§ 341 Abs. 1 i. V. m. § 314 Abs. 1 Nr. 1) und die Erfüllung dieses Anspruchs **gefährdet** ist (§ 341 Abs. 1 Satz 1 i. V. m. § 314 Abs. 1 Nr. 2). Wäre der Anspruch bereits

1) Richtlinie (EU) 2017/1132 des Europäischen Parlaments und des Rates v. 14.6.2017 über bestimmte Aspekte des Gesellschaftsrechts (Gesellschaftsrechtsrichtlinie), ABl. (EU) L 169/46 v. 30.6.2017.

2) Grundlegend und vertiefend zum Gläubigerschutz bei grenzüberschreitenden Umwandlungen *Baschnagel/Hilser*, NZG 2022, 1333 ff.

fällig, bedürfte der Gläubiger keines Schutzes, weil er dann auf Erfüllung klagen könnte.[3] Wird die Forderung **nach** Bekanntmachung fällig, kann der Gläubiger weiterhin Sicherheitsleistung verlangen.[4] Die §§ 341 Abs. 1, 314 sind jedoch teleologisch zu reduzieren, wenn die Altforderung[5] erst nach der Bekanntmachung abgetreten wird.[6]

3 Bei **Scheinauslandsgesellschaften**[7] sind die §§ 341 Abs. 1, 314 nicht teleologisch zu reduzieren.[8] Zwar spricht dafür, dass die §§ 314, 341 die Gläubiger vor Verlust des inländischen Gerichtsstands schützen wollen.[9] Die Umwandlungsrichtlinie[10] sieht als bewusste Entscheidung des Unionsgesetzgebers keine Ausnahme für Scheinauslandsgesellschaften vor.[11]

4 Bei **Scheininlandsgesellschaften**[12] sind die §§ 341, 314 auch nicht analog anzuwenden,[13] da es an einer grenzüberschreitenden Komponente fehlt.[14] Außerdem sind die deutschen Gerichte aufgrund von Art. 63 Abs. 1 lit. a Brüssel Ia-VO international zuständig,[15] so dass es an einer planwidrigen Regelungslücke mangelt.

5 Von § 341 Abs. 1 i. V. m. § 314 Abs. 1 sind **vertragliche und gesetzliche Forderungen** erfasst, auch öffentlich-rechtlicher Art; gleiches gilt für Forderungen der Anteilseigner, allerdings nicht sofern es sich um Sozialansprüche handelt.[16] Auch Ansprüche gegen Anteilsinhaber der formwechselnden Gesellschaft sind nicht erfasst. Dingliche Ansprüche sind nur erfasst, wenn sie ihrerseits nicht als Sicherheit fungieren.

6 Dem Gläubigerschutz nach § 341 Abs. 1 i. V. m. § 314 Abs. 1 kommt beim grenzüberschreitenden Formwechsel in der Regel keine große Bedeutung zu.[17] Der Gläubiger muss glaubhaft machen, dass seine Forderung **gefährdet** ist.[18] Bei Verschmelzungen und Spaltungen wird eine Gefährdung üblicherweise mit Blick auf die sich möglicherweise negativ auswirkende Vermögensvermischung der beteiligten Rechtsträger geltend gemacht. Diese Gefährdungslage besteht jedoch bei einem grenzüberschreitenden Formwechsel nicht. Allein der künftige Sitz im EU-Ausland vermag eine Gefährdung daher nicht zu begründen.[19] Als Gründe für eine konkrete Gefährdung können etwa

– Prozesskosten trotz Obsiegens,

---

3) Schmitt/Hörtnagl-*Winter*, UmwG/UmwStG, § 341 UmwG Rz. 2; *Luy* in: BeckOGK-UmwG, § 341 Rz. 15.

4) *Luy* in: BeckOGK-UmwG, § 341 Rz. 15; *Reidt* in: KölnKomm-UmwG, § 341 Rz. 19.

5) Altforderung ist eine solche, die in der Person des Gläubigers der formwechselnden Gesellschaft vor der Bekanntmachung entstanden, aber erst nach Offenlegung fällig geworden ist.

6) *Tafel*, ZIP 2024, 2444, 2447 f.

7) Scheinauslandsgesellschaften sind solche mit EU-ausländischer Rechtsform mit Verwaltungssitz im Inland.

8) Für eine teleologische Reduktion Schmitt/Hörtnagl-*Hörtnagl*, UmwG/UmwStG, § 314 UmwG Rz. 5; *Klett* in: BeckOGK-UmwG, § 314 Rz. 9.

9) *Tafel*, ZIP 2024, 2444, 2445.

10) Richtlinie (EU) 2019/2121 des Europäischen Parlaments und des Rates v. 27.11.2019 zur Änderung der Richtlinie (EU) 2017/1132 in Bezug auf grenzüberschreitende Umwandlungen, Verschmelzungen und Spaltungen (Umwandlungsrichtlinie), ABl. (EU) L 321/1 v. 12.12.2019.

11) *Tafel*, ZIP 2024, 2444, 2445; *Luy* in: BeckOGK-UmwG, § 341 Rz. 8.

12) Scheininlandsgesellschaft ist eine Gesellschaft deutschen Rechts, deren Verwaltungssitz im Ausland liegt.

13) Für eine analoge Anwendung Schmitt/Hörtnagl-*Hörtnagl*, UmwG/UmwStG, § 314 UmwG Rz. 5.

14) *Tafel*, ZIP 2024, 2444, 2446.

15) *Tafel*, ZIP 2024, 2444, 2446.

16) Dazu und im Weiteren Kallmeyer-*Oppenhoff*, UmwG, § 22 Rz. 2.

17) So auch *Luy* in: BeckOGK-UmwG, § 341 Rz. 16; *Reidt* in: KölnKomm-UmwG, § 341 Rz. 1, 22.

18) Vertiefend *Stiegler* in: NK-UmwG, § 341 Rz. 11 f.

19) *Luy* in: BeckOGK-UmwG, § 341 Rz. 17; *Reidt* in: KölnKomm-UmwG, § 341 Rz. 21.

- die längere Dauer von Gerichtsprozessen[20] oder
- ein deutlich niedrigeres Kapitalschutzniveau der neuen Rechtsform angeführt werden.[21]

Im Einzelnen dürfte jedoch insbesondere das Kapitalschutzniveau ohne eine aufwändiges Rechtsgutachten kaum glaubhaft zu machen sein. Aufgrund des § 341 Abs. 2 kann eine Gefährdung nicht mit Blick auf einen ausländischen Gerichtsstand geltend gemacht werden.[22] 7

Die Mitglieder des Vertretungsorgans müssen gemäß § 342 Abs. 3 Satz 1 Nr. 1 versichern, dass die angebotene Sicherheit **geleistet** wurde. Dies geschieht in der Regel i. R. einer **Sicherungsabrede**; erfolgt keine Einigung, muss der Gläubiger das gerichtliche Verfahren betreiben.[23] Das Recht auf Sicherheitsleistung führt zu einer sehr **starken Position der Gläubiger**, weil diese das Umwandlungsverfahren durch den **Suspensiveffekt**, der mit der gerichtlichen Geltendmachung einhergeht (§ 343 Abs. 2 Satz 3), nicht unerheblich verzögern können.[24] Man kann versuchen, problematische Gläubiger dazu zu bewegen, ihren gerichtlichen Anspruch auf Sicherheitsleistung nicht geltend zu machen, indem sich im Vorhinein geeinigt wird und auf die Sicherheitsleistung verzichtet wird.[25] 8

Besteht ein solcher Anspruch, muss der Rechtsträger den anspruchsberechtigten Gläubigern die Sicherheitsleistung im Formwechselplan anbieten (§ 335 Abs. 2 Nr. 8). Die Art und Weise der Sicherheitsleistung bestimmt sich nach den §§ 232 ff. BGB. Die zu leistende Sicherheit muss **„angemessen"** sein (Art. 86j Abs. 1 Unterabs. 2 Gesellschaftsrechtsrichtlinie). Dies ist der Fall, wenn die Sicherheit die Forderung in voller Höhe deckt, die Gesellschaft neuer Rechtsform dieselbe Bonität hat und wenn sie vor demselben Gericht geltend gemacht werden kann, wie der gesicherte Anspruch gegen die Gesellschaft.[26] 9

III. Glaubhaftmachung (§ 341 Abs. 1 i. V. m. § 314 Abs. 2)

Der Gläubiger hat die Voraussetzungen des Anspruchs gegenüber dem zuständigen ordentlichen Gericht **glaubhaft** zu machen (§ 341 Abs. 1 i. V. m. § 314 Abs. 2 UmwG i. V. m. § 294 ZPO). 10

Die Glaubhaftmachung erstreckt sich auf die **Gefährdung und das Bestehen der Forderung.** Durch Letzteres wird verhindert, dass die Sicherheitsleistung wegen zu langen Streits über das Bestehen der Forderung im Ergebnis zu spät kommt und so der angestrebte Sicherungszweck vereitelt wird.[27] 11

IV. Befristete gerichtliche Geltendmachung (§ 314 Abs. 3)

Sind die dem Gläubiger im Formwechselplan oder auf sein Verlangen gemäß § 314 Abs. 1 hin angebotenen Sicherheiten nicht geeignet oder nicht ausreichend, so kann der Gläubiger seinen Anspruch auf Sicherheitsleistung gemäß § 314 Abs. 3 innerhalb von drei Mona- 12

---

20) Schmitt/Hörtnagl-*Winter*, UmwG/UmwStG, § 341 UmwG Rz. 2; *Luy* in: BeckOGK-UmwG, § 341 Rz. 17.

21) *Luy* in: BeckOGK-UmwG, § 341 Rz. 17; zu weiteren Fällen *Reidt* in: KölnKomm-UmwG, § 341 Rz. 21 ff.

22) Henssler/Strohn-*Drinhausen/Keinath*, GesR, § 341 UmwG Rz. 2; *J. Schmidt*, ZEuP 2020, 565, 583.

23) *Stiegler* in: NK-UmwG, § 341 Rz. 4.

24) Krit. dazu *Luy* in BeckOGK-UmwG, § 341 Rz. 5.1 ff.; *Reidt* in: KölnKomm-UmwG, § 341 Rz. 8; *Bungert/Strothotte* BB 2022, 1411, 1416; *Baschnagel/Hilser* NZG 2022, 1333, 1340; auch Widmann/Mayer-*Stelmaszczyk*, UmwR, § 341 UmwG Rz. 13.

25) *Luy* in: BeckOGK-UmwG, § 341 Rz. 5.3.

26) *Luy* in: BeckOGK-UmwG, § 341 Rz. 20; *J. Schmidt*, ZEuP 2020, 565, 583.

27) Begr. RegE UmRUG, BT-Drucks. 20/3822, S. 98.

ten ab Bekanntmachung des Formwechselplans gerichtlich geltend machen.[28] Die Frist beginnt, entgegen dem Wortlaut, nicht zwingend mit Bekanntmachung des Formwechselplans; es genügt auch die Bekanntmachung des Formwechsel**entwurfs.**[29] Nach Ablauf der dreimonatigen Frist erlischt der Anspruch.

13 Hat ein Gläubiger von der Möglichkeit der gerichtlichen Geltendmachung Gebrauch gemacht, hindert dies das Registergericht an der Eintragung (§ 343 Abs. 2 Satz 3). Das Registergericht kann diese Informationen gemäß § 342 Abs. 5 unmittelbar bei den zuständigen Prozessgerichten anfordern.[30]

V. Freigabe der Sicherheiten (§ 341 Abs. 1 i. V. m. § 314 Abs. 4)

14 Der Gläubiger muss die Sicherheiten wieder freigeben, wenn der Formwechsel gescheitert ist. Wird der Formwechsel nicht vollzogen, besteht kein Anlass für die Gewährung der Sicherheit.[31] Die in § 314 Abs. 4 genannten Beispiele sind dabei **unwiderlegliche Vermutungen.**[32] Der Wortlaut („insbesondere") legt zwar nahe, dass es auch noch weitere Gründe für das Scheitern des Formwechsels gibt. Jedoch ist der Tatbestand des § 314 Abs. 4 Satz 2 Nr. 3 als Auffangklausel konstruiert, so dass ein „ungeschriebener" Fall des Scheiterns kaum denkbar ist.[33]

15 Hintergrund der Regelung ist, dass die formwechselnde Gesellschaft die Sicherheiten bereits vor der Anmeldung zur Eintragung des Herausformwechsels leisten muss (§ 342 Abs. 3 Satz 1 Nr. 1, § 343 Abs. 2 Satz 3 Nr. 2, 3, Satz 4) und dass die Sicherheitsleistung nicht an die Wirksamkeit des grenzüberschreitenden Formwechsels geknüpft ist.[34]

16 Hat der Gläubiger ursprünglich eine Sicherheitsleistung erhalten, seine Forderung im Nachhinein jedoch abgetreten, hat die formwechselnde Gesellschaft gemäß § 314 Abs. 4 analog einen Anspruch auf Freigabe der Sicherheiten.[35]

VI. Gerichtszuständigkeiten (§ 341 Abs. 1 i. V. m. § 314 Abs. 5; § 341 Abs. 2)

17 Gemäß § 341 Abs. 1 i. V. m. § 314 Abs. 5[36] ist für Streitigkeiten über den Anspruch auf Sicherheitsleistung und den Freigabeanspruch **örtlich ausschließlich** das Gericht zuständig, dessen Bezirk das für die Erteilung der Formwechselbescheinigung (§ 343 Abs. 1) zuständige Registergericht angehört. Die Durchsetzung des Freigabeanspruchs erfolgt daher in der Regel im Zivilprozess; im Fall von Ansprüchen aus einem Arbeitsverhältnis kann daher auch der Rechtsweg zu den Arbeitsgerichten eröffnet sein.[37]

18 Das zuständige Gericht prüft bzgl. des Anspruchs aus § 341 Abs. 1 alle materiell-rechtlichen Voraussetzungen und zudem die dargestellten Sicherheiten im Formwechselplan (§ 335 Abs. 2 Nr. 8); es kann auch Sicherheitsleistungen festlegen (§ 343 Abs. 2 Satz 3 Nr. 2).

28) Schmitt/Hörtnagl-*Winter*, UmwG/UmwStG, § 341 UmwG Rz. 3.
29) *Luy* in: BeckOGK-UmwG, § 341 Rz. 26;*Stiegler* in: NK-UmwG, § 341 Rz. 16 a. E.
30) Schmitt/Hörtnagl-*Winter*, UmwG/UmwStG, § 341 UmwG Rz. 3.
31) Begr. RegE UmRUG, BT-Drucks. 20/3822, S. 98.
32) Begr. RegE UmRUG, BT-Drucks. 20/3822, S. 98.
33) *Stiegler* in: NK-UmwG, § 341 Rz. 19 a. E.
34) *Stiegler* in: NK-UmwG, § 341 Rz. 17.
35) *Tafel*, ZIP 2024, 2444, 2448 f.
36) S. auch OLG München, Urt. v. 16.9.2024 – 17 U 1521/24 e, BeckRS 2024, 24338.
37) Begr. RegE UmRUG, BT-Drucks. 20/3822, S. 98.

Die für die Klagen nach § 341 Abs. 1 i. V. m. § 314 Abs. 5 zuständige Gericht ist gemäß § 342 Abs. 5 dazu verpflichtet, dem Registergericht auf Anforderung mitzuteilen, ob eine Sicherheitsleistung geltend gemacht wurde. 19

Für Klagen der Gläubiger, die sich **nicht** nach § 314 Abs. 1, 4 richten, sieht § 341 Abs. 2 einen **besonderen Gerichtsstand** vor. Dafür muss die Forderung vor Bekanntmachung des Formwechsels entstanden sein (vgl. schon § 314 Abs. 1 Nr. 1) und das prozessuale Verfahren muss innerhalb von zwei Jahren nach Wirksamwerden des Formwechsels eingeleitet werden. Davon bleiben weitere Gerichtsstände – sowohl inländische als auch europäische – unberührt.[38] Die **örtliche Zuständigkeit** bemisst sich nach dem satzungsmäßigen Sitz (§ 4a GmbHG, § 5 AktG) des formwechselnden Rechtsträgers **vor** dem Wirksamwerden des Formwechsels. **Zweck** der Vorschrift ist es, dass die Gläubiger ihre Forderungen auch bei dem Gerichtsstand geltend machen können, der bei Begründung der Forderung bestand.[39] Sie sollen also vor „forum shopping" geschützt werden. 20

VII. Folgen eines Verstoßes

Hat die formwechselnde Gesellschaft keine (angemessene) Sicherheit im Formwechselplan geleistet, erlischt der Anspruch des Gläubigers, wenn er sein Recht nicht rechtzeitig gerichtlich geltend macht. Macht er sein Recht gerichtlich geltend, führt dies zu dem entsprechenden Suspensiveffekt (siehe dazu Rz. 6). 21

Fraglich ist daneben, ob es sich bei den §§ 341, 314 um Schutzgesetze i. S. des § 823 Abs. 2 BGB handelt. Der Zweck der Vorschrift (Gläubigerschutz) spricht zwar dafür. Allerdings darf die Annahme der Schutzgesetzeigenschaft nicht dazu führen, dass die materielle Ausschlussfrist des § 314 Abs. 3 unterlaufen wird.[40] 22

38) Begr. RegE UmRUG, BT-Drucks. 20/3822, S. 118.
39) *Luy* in: BeckOGK-UmwG, § 341 Rz. 33.
40) *Luy* in: BeckOGK-UmwG, § 341 Rz. 32; *Reidt* in: KölnKomm-UmwG, § 341 Rz. 14.

§ 342
Anmeldung des Formwechsels[*]

(1) Das Vertretungsorgan der Gesellschaft hat das Vorliegen der Voraussetzungen für den grenzüberschreitenden Formwechsel zur Eintragung in das Register, in dem der formwechselnde Rechtsträger eingetragen ist, anzumelden.

(2) § 198 Absatz 3 in Verbindung mit § 16 Absatz 2 und 3 sowie § 199 gelten entsprechend mit der Maßgabe, dass zusätzlich

1. der Anmeldung

a) der Formwechselplan in Ausfertigung oder öffentlich beglaubigter Abschrift sowie

b) etwaige Bemerkungen nach § 336 in Verbindung mit § 308 Absatz 1 Satz 2 Nummer 4 in Abschrift und

2. dem einheitlichen Bericht oder dem Bericht für die Arbeitnehmer eine etwaige Stellungnahme gemäß § 337 Absatz 1 in Verbindung mit § 310 Absatz 3 in Abschrift

beizufügen sind.

(3) [1]Die Mitglieder des Vertretungsorgans haben zu versichern, dass

1. allen Gläubigern die gemäß § 335 Absatz 2 Nummer 8 angebotene Sicherheit geleistet wurde,

2. die Rechte der Arbeitnehmer gemäß § 336 in Verbindung mit § 308 Absatz 1 Satz 2 Nummer 4 Buchstabe b sowie gemäß § 337 Absatz 1 in Verbindung mit § 310 Absatz 1 und 3 eingehalten wurden,

3. ein zur Verhandlung über die künftige Mitbestimmung durchzuführendes Verfahren nach den Umsetzungsvorschriften zu Artikel 86l Absatz 3 und 4 der Richtlinie (EU) 2017/1132 begonnen hat und

4. sich die Gesellschaft nicht im Zustand der Zahlungsunfähigkeit, der drohenden Zahlungsunfähigkeit oder der Überschuldung gemäß § 17 Absatz 2, § 18 Absatz 2 oder § 19 Absatz 2 der Insolvenzordnung befindet.

[2]Kann die Versicherung nach Satz 1 Nummer 4 nicht abgegeben werden, hat das Vertretungsorgan mitzuteilen, welcher der dort genannten Tatbestände erfüllt ist und ob ein Insolvenzverfahren beantragt oder eröffnet wurde. [3]Nach Eröffnung des Insolvenzverfahrens trifft diese Pflicht den Insolvenzverwalter; wurde ein vorläufiger Insolvenzverwalter bestellt und dem Schuldner ein allgemeines Verfügungsverbot auferlegt, so trifft die Pflicht den vorläufigen Insolvenzverwalter.

(4) Das Vertretungsorgan teilt dem Registergericht Folgendes mit:

1. die Zahl der Arbeitnehmer zum Zeitpunkt der Aufstellung des Formwechselplans,

2. die Zahl der Tochtergesellschaften und ihre jeweiligen geografischen Standorte sowie

3. das Bestehen von Verbindlichkeiten gegenüber der öffentlichen Hand.

(5) Das nach § 341 Absatz 1 in Verbindung mit § 314 Absatz 5 zuständige Gericht teilt dem Registergericht auf Anforderung mit, ob innerhalb der Frist des § 341 Absatz 1 in Verbindung mit § 314 Absatz 3 eine Sicherheitsleistung gerichtlich geltend gemacht wurde.

*) § 342 eingefügt durch Art. 1 des Gesetzes zur Umsetzung der Umwandlungsrichtlinie und zur Änderung weiterer Gesetze (UmRUG), v. 22.2.2023, BGBl. I 2023, Nr. 51.

Übersicht

I. Grundlagen

1 § 342 dient der Umsetzung von Art. 86m Gesellschaftsrechtsrichtlinie[1] und regelt die Anmeldung zur Eintragung des grenzüberschreitenden **Hinaus**formwechsels (einer deutschen Gesellschaft). Für den **Herein**formwechsel gilt § 345, nicht § 342.

1) Richtlinie (EU) 2017/1132 des Europäischen Parlaments und des Rates v. 14.6.2017 über bestimmte Aspekte des Gesellschaftsrechts (Gesellschaftsrechtsrichtlinie), ABl. (EU) L 169/46 v. 30.6.2017.

II. Anmeldung (§ 342 Abs. 1)

2 Das **Vertretungsorgan** muss das Vorliegen der (formellen und materiellen) Voraussetzungen für den grenzüberschreitenden Formwechsel zur Eintragung in das Register, in dem der formwechselnde Rechtsträger eingetragen ist, anmelden (§ 342 Abs. 1). Dafür genügt, dass die formwechselnde Gesellschaft ordnungsgemäß von den **Mitgliedern des Vertretungsorgans** vertreten wurde;[2] auch eine unechte Gesamtvertretung genügt.[3] Eine rechtsgeschäftliche **Stellvertretung** ist nur möglich, sofern die nach § 342 Abs. 3 erforderlichen höchstpersönlichen Versicherungen gesondert abgegeben werden;[4] gleiches gilt für die unechte Gesamtvertretung.[5] Davon unberührt bleibt die Möglichkeit, in der Anmeldung selbst Dritte zu bevollmächtigen (in der Regel die angestellten des Notars, der die Handelsregisteranmeldung beglaubigt hat), um Korrekturen der Anmeldung durchführen zu können.[6] Im Falle der Insolvenz ist anstelle des Vertretungsorgans der (vorläufige) Insolvenzverwalter (vgl. etwa §§ 22, 80 InsO) zur Anmeldung befugt.[7]

3 Das **örtlich zuständige Registergericht** ist das Gericht, bei dem die Handelsregisteranmeldungen erfolgen, also der Ort des Satzungssitzes („das Register, in dem der formwechselnde Rechtsträger eingetragen ist").[8]

4 Die Anmeldung muss einen Antrag auf Erteilung der Formwechselbescheinigung enthalten (Art. 86m Abs. 2 Gesellschaftsrechtsrichtlinie).[9]

5 Die Anmeldung erfolgt nach den allgemeinen Regelungen (vgl. § 12 HGB).[10]

III. Anmeldungsunterlagen (§ 342 Abs. 2)

6 Damit das Registergericht das Vorliegen der formellen und materiellen Voraussetzungen des grenzüberschreitenden Formwechsels prüfen kann, muss der Zugriff auf die notwendigen Unterlagen vorliegen, welche das Vertretungsorgan der Anmeldung beizufügen hat.[11] Die dafür notwendigen Unterlagen ergeben sich aus § 342 Abs. 2 (i. V. m. § 199), wobei der Nachweis über die Zuleitung an den Betriebsrat nicht erforderlich ist, da die Beteiligung dessen durch den arbeitnehmerspezifischen Teil des Formwechselberichts (§ 337 Abs. 1 i. V. m. §§ 309 Abs. 1 bis 3, 5, 310) gewährleistet wird; § 194 Abs. 2 findet beim grenzüberschreitenden Formwechsel daher keine Anwendung.[12] Benötigt das Gericht weitere Informationen kann es diese unter den Voraussetzungen der §§ 344, 342 Abs. 5 verlangen.

1. Beizufügende Unterlagen

7 Beizufügen sind daher:[13]
– der Formwechselplan (§ 342 Abs. 2 Nr. 1 lit. a bzw. § 342 Abs. 2, § 199),

2) Vgl. nur *Luy* in: BeckOGK-UmwG, § 342 Rz. 6.
3) Schmitt/Hörtnagl-*Winter*, UmwG/UmwStG, § 342 UmwG Rz. 2; *Luy* in: BeckOGK-UmwG, § 342 Rz. 7; *Reidt* in: KölnKomm-UmwG, § 342 Rz. 11.
4) Schmitt/Hörtnagl-*Winter*, UmwG/UmwStG, § 342 UmwG Rz. 2; *Luy* in: BeckOGK-UmwG, § 342 Rz. 7.
5) *Luy* in: BeckOGK-UmwG, § 342 Rz. 7; *Reidt* in: KölnKomm-UmwG, § 342 Rz. 34.
6) *Reidt* in: KölnKomm-UmwG, § 342 Rz. 12.
7) Vgl. Begr. RegE UmRUG, BT-Drucks. 20/3822, S. 98.
8) *Luy* in: BeckOGK-UmwG, § 342 Rz. 9; *Stiegler* in: NK-UmwG, § 342 Rz. 4.
9) So *Stiegler* in: NK-UmwG, § 342 Rz. 5 m. w. N.
10) Vertiefend Widmann/Maier-*Stelmaszczyk*, UmwR, § 342 UmwG Rz. 38 ff.
11) Formulierungsvorschlag für eine abzugebende Erklärung *Luy* in: BeckOGK-UmwG, § 342 Rz. 12, 14.
12) *Luy* in: BeckOGK-UmwG§ 342 Rz. 20; *Reidt* in: KölnKomm-UmwG, § 342 Rz. 23; a. A. Kallmeyer-*Biller/Wilk*, UmwG, § 342 Rz. 5.
13) Vgl. etwa *Stiegler* in: NK-UmwG, § 342 Rz. 7; *Reidt* in: KölnKomm-UmwG, § 342 Rz. 20.

- Niederschrift des Formwechselbeschlusses (§ 342 Abs. 2, § 199),
- ggf. Zustimmungserklärung einzelner Anteilsinhaber (§ 342 Abs. 2, § 199),
- Bemerkungen der Anteilsinhaber zum Formwechselplan (sofern vorhanden, vgl. § 342 Abs. 2 Nr. 2 i. V. m. § 336 i. V. m. § 308 Abs. 1 Satz 2 Nr. 4),
- Bemerkungen der Gläubiger zum Formwechselplan (sofern vorhanden, vgl. § 342 Abs. 2 Nr. 2 i. V. m. § 336 i. V. m. § 308 Abs. 1 Satz 2 Nr. 4),
- Bermerkungen des Betriebsrats oder der Arbeitnehmer zum Formwechselplan (sofern vorhanden, vgl. § 342 Abs. 2 Nr. 2 i. V. m. § 336 i. V. m. § 308 Abs. 1 Satz 2 Nr. 4),
- Formwechselbericht (§ 342 Abs. 2, § 199),
- Stellungnahme des Betriebsrats oder der Arbeitnehmer zum Formwechselbericht (sofern vorhanden, vgl. § 337 Abs. 1 i. V. m. § 310 Abs. 3; § 342 Abs. 2 Nr. 2),
- Verzichtserklärungen der Anteilsinhaber (sofern vorhanden, vgl. § 342 Abs. 2, § 198 Abs. 3, § 16 Abs. 2,
- Versicherungen und Angaben gemäß § 342 Abs. 3, 4 (gesonderte Abgabe möglich, siehe Rz. 2).

8 Sind etwaige Bemerkungen und Stellungnahmen **nicht vorhanden**, ist eine entsprechende **Negativerklärung** mit Normverweis aufzunehmen.[14)]

9 Bei der Anmeldung hat das Vertretungsorgan gemäß § 342 Abs. 2 i. V. m. § 198 Abs. 3 i. V. m. § 16 Abs. 2 eine Erklärung über die **Nichterhebung von Klagen (Negativerklärung)** abzugeben (siehe zur Vertiefung die Kommentierung zu § 16 [*Hoefling*]), sofern kein notariell beurkundeter Verzicht auf das Klagerecht seitens aller Anteilsinhaber vorliegt. Daneben kann das Vertretungsorgan auch das Freigabeverfahren gemäß § 342 Abs. 2 i. V. m. § 198 Abs. 3 i. V. m. § 16 Abs. 3 beantragen.

2. Nicht beizufügende Unterlagen

10 Der Formwechsel**prüfungsbericht** (§ 338) ist nach § 342 Abs. 2 i. V. m. § 199 **nicht** beizufügen. Teilweise wird dies als Redaktionsversehen betrachtet mit der Folge, dass er gleichwohl beizufügen ist.[15)] Das Registergericht könnte den Formwechselprüfungsbericht jedoch ohnehin gemäß § 344 verlangen.[16)] Um eine Verzögerung der Anmeldung zu vermeiden, sollte der Prüfungsbericht (oder die Erklärung über seinen Verzicht) von selbst beigefügt werden.[17)]

11 Ungeklärt ist, ob eine **Vereinbarung über die Mitbestimmung** der Arbeitnehmer beizufügen ist.[18)] Aus § 345 Abs. 3 folgt, dass dies grundsätzlich in die Prüfungskompetenz der zuständigen Stelle des Zuzugsstaats fällt.[19)] Das Registergericht kann jedoch von seinem Informationsrecht aus § 344 Gebrauch machen, insbesondere i. R. der Prüfung nach § 343 Abs. 3.

IV. Versicherungserklärungen (§ 342 Abs. 3)

12 Die Mitglieder des Vertretungsorgans haben nach § 342 Abs. 3 mehrere Versicherungen gegenüber dem Registergericht abzugeben. Dies soll dem Registergericht eine Informations-

---

14) Vgl. *Luy* in: BeckOGK-UmwG, § 342 Rz. 19 (bei Fn. 7, 8).
15) Schmitt/Hörtnagl-*Winter*, UmwG/UmwStG, § 342 UmwG Rz. 3.
16) Schmitt/Hörtnagl-*Winter*, UmwG/UmwStG, § 342 UmwG Rz. 3.
17) *Reidt* in: KölnKomm-UmwG, § 342 Rz. 21.
18) Überblick bei *Luy* in: BeckOGK-UmwG, § 342 Rz. 22.
19) So auch *Reidt* in: KölnKomm-UmwG, § 342 Rz. 25; *Luy* in: BeckOGK-UmwG, § 342 Rz. 22.

grundlage zur Prüfung der gesetzlichen Eintragungsvoraussetzungen verschaffen.[20] Der Verstoß gegen § 342 Abs. 3 Satz 1 Nr. 1 oder 4, Satz 2 ist gemäß § 348 Nr. 1 und 2 strafbewehrt. Es handelt sich um **höchstpersönliche** Erklärungen, so dass eine Stellvertretung nicht möglich ist (siehe Rz. 2). Die Versicherung kann gesondert und formlos abgegeben werden.[21]

1. Sicherheitsleistung (§ 342 Abs. 3 Nr. 1)

Die Mitglieder des Vertretungsorgans haben zu versichern, dass allen Gläubigern die gemäß § 335 Abs. 2 Nr. 8 angebotene Sicherheit **geleistet** wurde (§ 342 Abs. 3 Satz 1 Nr. 1). Die Versicherung bezieht sich nur auf Ansprüche, die von berechtigten Gläubigern **geltend gemacht** wurden, nicht also auf alle Gläubiger. Zudem bezieht sich § 342 Abs. 3 Satz 1 Nr. 1 nicht auf den nachgelagerten Anspruch auf Sicherheitsleistung infolge einer gerichtlichen Geltendmachung nach § 341 Abs. 1 i. V. m. § 314.[22] 13

2. Arbeitnehmerrechte (§ 342 Abs. 3 Nr. 2)

Die Mitglieder des Vertretungsorgans haben zu versichern, dass die Unterrichtungs- und Anhörungsrechte der Arbeitnehmer eingehalten wurden (§ 342 Abs. 3 Satz 1 Nr. 2). Darunter fällt: Der Betriebsrat (bzw. sofern nicht vorhanden, die Arbeitnehmer) musste die Möglichkeit haben, Bemerkungen zum Formwechselplan (s. § 336 i. V. m. § 308 Abs. 1 Satz 2 Nr. 4 lit. b) an die formwechselnde Gesellschaft zu übermitteln. Zudem musste der Formwechselbericht dem Betriebsrat (bzw. sofern nicht vorhanden, den Arbeitnehmern) zugänglich gemacht werden (vgl. § 337 i. V. m. § 310 Abs. 1). Sofern der Betriebsrat (bzw. sofern nicht vorhanden, die Arbeitnehmer) Stellung zum Bericht genommen hat, müssen die Anteilsinhaber hierüber informiert werden (vgl. § 337 i. V. m. § 310 Abs. 3). 14

3. Verfahren zur Arbeitnehmermitbestimmung (§ 342 Abs. 3 Nr. 3)

Die Mitglieder des Vertretungsorgans haben zu versichern, dass das Verfahren zur Regelung der Arbeitnehmermitbestimmung bereits begonnen hat. Dabei kommt es für den „Beginn“ des Verfahrens nach der h. M. darauf an, dass das besondere Verhandlungsgremium jedenfalls konstituiert wurde (vgl. § 15 MgFSG[23]).[24] 15

4. Nichtvorliegen von Insolvenzgründen (§ 342 Abs. 3 Nr. 4)

Die Mitglieder des Vertretungsorgans haben zudem nach § 342 Abs. 3 Satz 1 Nr. 4 zu versichern, dass sich die Gesellschaft nicht im Zustand der (drohenden) Zahlungsunfähigkeit (§§ 17 Abs. 2, 18 Abs. 2 InsO) oder der Überschuldung (§ 19 Abs. 2 InsO) befindet.[25] Die Norm bezieht sich nur auf den in den §§ 17 ff. InsO beschriebenen **Zustand**, nicht auf die weiteren Voraussetzungen zur Einleitung eines Insolvenzverfahrens.[26] Durch die 16

20) Begr. RegE UmRUG, BT-Drucks. 20/3822, S. 99.

21) *Luy* in: BeckOGK-UmwG, § 342 Rz. 10; *Reidt* in: KölnKomm-UmwG, § 342 Rz. 36.

22) *Stiegler* in: NK-UmwG, § 342 Rz. 12; Semler/Stengel/Leonard-*Drinhausen*, UmwG, § 342 Rz. 9.

23) Gesetz zur Umsetzung der Bestimmungen der Umwandlungsrichtlinie über die Mitbestimmung der Arbeitnehmer bei grenzüberschreitendem Formwechsel und grenzüberschreitender Spaltungen (MgFSG), v. 4.1.2023, BGBl. I 2023, Nr. 10.

24) Begr. RegE UmRUG, BT-Drucks. 20/3822, S. 99; *Luy* in: BeckOGK-UmwG, § 342 Rz. 26; Lutter-*J. Schmidt*, UmwG, § 342 Rz. 37; *Reidt* in: KölnKomm-UmwG, § 342 Rz. 44 ff.; a. A. Semler/Stengel/Leonard-*Drinhausen*, UmwG, § 342 Rz. 11; Schmitt/Hörtnagl-*Winter*, UmwG/UmwStG, § 342 UmwG Rz. 5.

25) Krit. dazu, dass auch die drohende Zahlungsunfähigkeit erfasst ist *Reidt* in: KölnKomm-UmwG, § 342 Rz. 48 ff.

26) Begr. RegE UmRUG, BT-Drucks. 20/3822, S. 99.

Vorschrift wird dem Registergericht die Prüfung ermöglicht, ob der geplante Formwechsel mit Blick auf das Insolvenzrecht missbräuchlich i. S. der § 343 Abs. 3 ist.[27)]

17 Kann die Versicherung nicht abgegeben werden, ist der erfüllte Insolvenzeröffnungsgrund mitzuteilen und ob ein Insolvenzverfahren beantragt oder eröffnet ist (vgl. § 342 Abs. 3 Satz 2). Eine Falschangabe ist auch hier gemäß § 348 Nr. 2 strafbewehrt.[28)]

18 Ein Herausformwechsel ist, wie sich aus § 342 Abs. 3 Satz 2 ergibt, auch nach Eröffnung des Insolvenzverfahrens noch möglich. Dies setzt jedoch voraus, dass die Fortsetzung der Gesellschaft im Insolvenzverfahren noch beschlossen werden kann, so dass es der Fortsetzungsmöglichkeit i. R. eines Insolvenzplanverfahrens bedarf.

V. Mitteilungspflichten (§ 342 Abs. 4)

19 § 342 Abs. 4 verpflichtet die Vertretungsorgane zu weiteren (nicht strafbewehrten) Mitteilungen gegenüber dem Registergericht. Die übermittelten Informationen dienen dem Registergericht als Informationsgrundlage für die Missbrauchsprüfung gemäß § 343 Abs. 3.[29)]

20 Das Gericht kann die erforderlichen Informationen gemäß § 344 Satz 1 verlangen.[30)] Werden die Informationen nicht mitgeteilt, lehnt das Gericht die Eintragung gemäß § 382 Abs. 3, 4 FamFG ab.[31)]

21 Die mitzuteilende **Anzahl der Arbeitnehmer** (§ 342 Abs. 4 **Nr. 1**) ist mit Blick auf die Vier-Fünftel-Schwelle des § 5 Nr. 1 MgFSG und die Missbrauchsprüfung nach § 343 Abs. 3 Satz 4 Nr. 2 Var. 1 von Relevanz. „Arbeitnehmer" i. S. dieser Vorschrift sind daher nur diejenigen, die für die Berechnung der mitbestimmungsrechtlichen Schwelle von Relevanz sind, also die Pro-Kopf-Anzahl der in **inländischen** Betrieben beschäftigten Arbeitnehmer.[32)] Maßgebender Zeitpunkt ist die **Aufstellung des Formwechselplans**, wobei auch hier der finale Entwurf des Formwechselplans genügt.[33)]

22 Die mitzuteilende **Anzahl der Tochtergesellschaften** und ihrer jeweiligen **geografischen Standorte** (§ 342 Abs. 4 **Nr. 2**) sollte zu einer eindeutigen Identifizierbarkeit führen; Firma Rechtsform, Sitz und Sitzstaat sollten angegeben werden. Unklar ist der Begriff des geografischen Standorts, doch sollte darunter aufgrund des tatsächlichen Ortsbezugs („geografisch") der Verwaltungssitz zu verstehen sein.[34)]

23 Die Mitteilung darüber, ob **Verbindlichkeiten gegenüber der öffentlichen Hand** (§ 342 Abs. 4 **Nr. 3**) bestehen, dient der Missbrauchsprüfung des Registergerichts nach § 343 Abs. 3 Satz 4 Nr. 2. Als solche Verbindlichkeiten kommen insbesondere Steuerschulden, Subventionen, Verbindlichkeiten gegenüber den Sozialkassen sowie zurück zu gewährende Beihilfen in Betracht.[35)] Erfasst ist nur die formwechselnde Gesellschaft, nicht auch deren Tochtergesellschaften.[36)]

---

27) Begr. RegE UmRUG, BT-Drucks. 20/3822, S. 99.

28) Vgl. *Stiegler* in: NK-UmwG, § 342 Rz. 20; vertiefend *Reidt* in: KölnKomm-UmwG, § 342 Rz. 56.

29) Begr. RegE UmRUG, BT-Drucks. 20/3822, S. 100.

30) Begr. RegE UmRUG, BT-Drucks. 20/3822, S. 100.

31) Begr. RegE UmRUG, BT-Drucks. 20/3822, S. 100.

32) *Reidt* in: KölnKomm-UmwG, § 342 Rz. 58; zur Frage der Zurechnung von Arbeitnehmern in Konzerngesellschaften wegen § 5 MitbestG und § 2 Abs. 2 DrittelbG *Reidt* in: KölnKomm-UmwG, § 342 Rz. 59 f.

33) *Stiegler* in: NK-UmwG, § 342 Rz. 22.

34) *Luy* in: BeckOGK-UmwG, § 342 Rz. 34; *Reidt* in: KölnKomm-UmwG, § 342 Rz. 64.

35) *Stiegler* in: NK-UmwG, § 342 Rz. 24.

36) Zur Art der Aufstellung s. *Reidt* in: KölnKomm-UmwG, § 342 Rz. 69, der eine zusammenfassende Darstellung als sinnvoll und praxisgerecht ansieht.

Bei § 342 Abs. 4 **Nr. 2 und** 3 wird für den maßgebenden Zeitpunkt nicht auf die Aufstellung des Formwechselplans abgestellt, so dass maßgeblicher Zeitpunkt der Anmeldung ist.[37)] 24

Liegen die Voraussetzungen für eine der Mitteilungspflichten nicht vor, genügt eine Negativerklärung. 25

VI. Informationsrecht (§ 342 Abs. 5)

Das Prozessgericht muss gemäß § 342 Abs. 5 dem Registergericht auf Anforderung mitteilen, ob innerhalb der Frist des § 341 Abs. 1 i. V. m. § 314 Abs. 3 eine Sicherheitsleistung geltend gemacht wurde. Systematisch passt die Norm eher zu § 344. Die sachliche Zuständigkeit bestimmt sich nach den allgemeinen Vorschriften, so dass in der Regel der Streitwert maßgeblich sein wird.[38)] 26

---

37) *Luy* in: BeckOGK-UmwG, § 342 Rz. 36; Widmann/Maier-*Stelmaszczyk*, UmwR, § 342 UmwG Rz. 31.

38) *Stiegler* in: NK-UmwG, § 314 Rz. 18.

§ 343
Formwechselbescheinigung*)

(1) [1]Das Gericht prüft innerhalb von drei Monaten nach der Anmeldung gemäß § 342 Absatz 1 und 2, ob für die Gesellschaft die Voraussetzungen für den grenzüberschreitenden Formwechsel vorliegen. [2]Die Eintragung enthält die Bezeichnung des Formwechselverfahrens und der formwechselnden Gesellschaft sowie die Feststellung, dass alle einschlägigen Voraussetzungen erfüllt und alle Verfahren und Formalitäten erledigt wurden. [3]Die Eintragung ist mit dem Vermerk zu versehen, dass der grenzüberschreitende Formwechsel unter den Voraussetzungen des Rechts desjenigen Staates wirksam wird, in den die Gesellschaft ihren Sitz verlegt. [4]Über die Eintragung stellt das Gericht von Amts wegen eine Formwechselbescheinigung aus.

(2) [1]Die Eintragung gemäß Absatz 1 darf nicht vor Ablauf der Fristen gemäß § 340 Absatz 3 Satz 1 und gemäß § 341 Absatz 1 in Verbindung mit § 314 Absatz 3 vorgenommen werden. [2]Haben alle Anteilsinhaber dem Formwechsel zugestimmt, darf die Eintragung bereits vor Ablauf der Frist des § 340 Absatz 3 Satz 1 erfolgen. [3]Wurde ein Anspruch auf Sicherheitsleistung gemäß § 341 Absatz 1 in Verbindung mit § 314 Absatz 3 gerichtlich geltend gemacht, so darf die Eintragung gemäß Absatz 1 nicht vorgenommen werden,

1. **bevor die den Antrag ablehnende Entscheidung rechtskräftig ist,**
2. **die in der Entscheidung festgelegte Sicherheit geleistet wurde oder**
3. **die den Antrag teilweise ablehnende Entscheidung rechtskräftig ist und die in der Entscheidung festgelegte Sicherheit geleistet wurde.**

[4]Die Leistung der Sicherheit ist dem Gericht in geeigneter Form nachzuweisen. [5]Auf Verlangen des Gerichts haben die Mitglieder des Vertretungsorgans zu versichern, dass die in der Entscheidung festgelegte Sicherheit geleistet wurde.

(3) [1]In dem Verfahren nach Absatz 1 muss das Gericht bei Vorliegen von Anhaltspunkten prüfen, ob der grenzüberschreitende Formwechsel zu missbräuchlichen oder betrügerischen Zwecken, die dazu führen oder führen sollen, sich dem Recht der Europäischen Union oder nationalem Recht zu entziehen oder es zu umgehen, oder zu kriminellen Zwecken vorgenommen werden soll. [2]Liegen solche Zwecke vor, so lehnt es

die Eintragung gemäß Absatz 1 ab. [3]Ist es für die Prüfung notwendig, zusätzliche Informationen zu berücksichtigen oder zusätzliche Ermittlungen durchzuführen, so kann die in Absatz 1 Satz 1 vorgesehene Frist um höchstens drei Monate verlängert werden. [4]Anhaltspunkte im Sinne von Satz 1 liegen insbesondere vor, wenn

1. **ein gemäß Artikel 86l Absatz 2 bis 4 der Richtlinie (EU) 2017/1132 durchzuführendes Verhandlungsverfahren erst auf Aufforderung des Gerichts eingeleitet worden ist;**
2. **die Zahl der Arbeitnehmer mindestens vier Fünftel des für die Unternehmensmitbestimmung maßgeblichen Schwellenwerts beträgt, im Zielland keine Wertschöpfung erbracht wird und der Verwaltungssitz in Deutschland verbleibt;**
3. **die Gesellschaft nach dem grenzüberschreitenden Formwechsel Schuldnerin von Betriebsrenten oder -anwartschaften ist und kein anderweitiges operatives Geschäft hat.**

(4) Ist es wegen der Komplexität des Verfahrens ausnahmsweise nicht möglich, die Prüfung innerhalb der in Absatz 1 Satz 1 oder Absatz 3 Satz 3 vorgesehenen Fristen vorzunehmen, so hat das Gericht den Anmeldenden vor Ende des Zeitraums über die Gründe für die Verzögerung zu unterrichten.

(5) Nach Eingang der Mitteilung des Registers, in das die Gesellschaft neuer Rechtsform eingetragen ist, über das Wirksamwerden des grenzüberschreitenden Formwechsels hat das Gericht des Sitzes der formwechselnden Gesellschaft den Tag des Wirksamwerdens zu vermerken.

*) § 343 eingefügt durch Art. 1 des Gesetzes zur Umsetzung der Umwandlungsrichtlinie und zur Änderung weiterer Gesetze (UmRUG), v. 22.2.2023, BGBl. I 2023, Nr. 51.

Literatur: *Bungert/Reidt*, Erweiterte Möglichkeiten grenzüberschreitender Umwandlungen – nach Abschluss des Gesetzgebungsverfahrens, DB 2023, 54; *Löbbe*, Die grenzüberschreitende Umwandlung nach dem UmRUG, ZHR 187 (2023), 498; *Schmidt, J.*, Grenzüberschreitender Formwechsel in der EU Eckpunkte des Rechtsrahmens und Herausforderungen bei der Umsetzung, ZEuP 2020, 565; *Schmidt, J.*, Die weitreichende Reform des Umwandlungsrechts, NJW 2023, 1241; *Sauerbrey*, Der Mitbestimmungsschutz bei grenzüberschreitenden Umwandlungen nach dem UmRUGMitbestG, GmbHR 2023, 5; *Teichmann*, Mitbestimmungsschutz bei grenzüberschreitenden Umwandlungen, NZG 2023, 234.

Übersicht

I. Grundlagen

1 § 343 dient der Umsetzung der Art. 86m, 86n Gesellschaftsrechtsrichtlinie[1] und ist Parallelvorschrift zu § 316. Gegenstand ist die **vorläufige** Eintragung des grenzüberschrei-

1) Richtlinie (EU) 2017/1132 des Europäischen Parlaments und des Rates v. 14.6.2017 über bestimmte Aspekte des Gesellschaftsrechts (Gesellschaftsrechtsrichtlinie), ABl. (EU) L 169/46 v. 30.6.2017.

tenden Hinausformwechsels und die damit verbundene Ausstellung der Formwechselbescheinigung durch das zuständige deutsche Registergericht.[2] Ohne die Bescheinigung kann die zuständige Stelle des Zuzugsstaates keine wirksamkeitsbegründende Eintragung vornehmen (Art. 86o Gesellschaftsrechtsrichtlinie).[3] § 343 liegt damit eine **zweistufige Prüfung** zugrunde, nämlich die Prüfung im Wegzugsstaat und die Prüfung im Zuzugsstaat.[4]

II. Prüfung; Eintragung; Formwechselbescheinigung (§ 343 Abs. 1)

Innerhalb von drei Monaten, nachdem das Vertretungsorgan den grenzüberschreitenden Formwechsel gemäß § 342 angemeldet hat, hat das Gericht dessen Voraussetzungen zu prüfen. 2

Die Frist beginnt mit Eingang der vollständigen Anmeldung, d. h. mit allen erforderlichen Erklärungen, Versicherungen und Anlagen.[5] Der Prüfungszeitraum erstreckt sich jedoch nicht auf Rechtsmittelverfahren.[6] 3

In den Fällen der § 343 Abs. 3 Satz 3 und Abs. 4 kann die Frist um drei Monate verlängert werden (dazu sogleich).[7] 4

1. Prüfungsgegenstand

Der **Prüfungsgegenstand** entspricht den nach § 342 beizufügenden Unterlagen, Erklärungen und Versicherungen.[8] Hinzu kommt die Formwechselfähigkeit (siehe § 334 Rz. 1 ff.). In der Regel wird das Registergericht auch prüfen, ob eine Sicherheitsleistung gerichtlich geltend gemacht wurde (§ 342 Abs. 5). Eine Missbrauchsprüfung (§ 343 Abs. 3, dazu sogleich) ist nur bei Anhaltspunkten vorzunehmen. Zudem muss die vollständige Satzung des geplanten Zielrechtsträgers dem Formwechselplan gemäß § 335 Abs. 2 Nr. 4 beigefügt sein.[9] **Kein** Prüfungsgegenstand ist insbesondere die Durchführung eines ggf. nach dem MgFSG[10] erforderlichen Verfahrens zur Regelung der Arbeitnehmermitbestimmung.[11] 5

2. Eintragungspflicht

Liegen die Voraussetzungen vor, hat das Registergericht die **Pflicht**, die Eintragung vorzunehmen und die Formwechselbescheinigung auszustellen. Zunächst hat die Eintragung mit dem Vermerk zu erfolgen, dass der grenzüberschreitende Formwechsel nur unter den Voraussetzungen des Zuzugsstaates wirksam wird (sog. **Vorläufigkeitsvermerk**, § 343 Abs. 1 Satz 3). Sobald der grenzüberschreitende Formwechsel nach dem Recht des Zuzugsstaates wirksam wird, wird der Wirksamkeitsvermerk beim deutschen Registergericht eingetragen (sog. **Wirksamkeitsvermerk**, § 343 Abs. 5). 6

2) Begr. RegE UmRUG, BT-Drucks. 20/3822, S. 119.

3) Begr. RegE UmRUG, BT-Drucks. 20/3822, S. 100.

4) *J. Schmidt*, ZEuP 2020, 565, 574.

5) Begr. RegE UmRUG, BT-Drucks. 20/3822, S. 100.

6) Begr. RegE UmRUG, BT-Drucks. 20/3822, S. 100.

7) Zum Verhältnis zu §§ 35, 36 HRV *Reidt* in: KölnKomm-UmwG, § 343 Rz. 24.

8) Überblick bei *Luy* in: BeckOGK-UmwG, § 343 Rz. 7 f.

9) *Stiegler* in: NK-UmwG, § 343 Rz. 5.

10) Gesetz zur Umsetzung der Bestimmungen der Umwandlungsrichtlinie über die Mitbestimmung der Arbeitnehmer bei grenzüberschreitendem Formwechsel und grenzüberschreitender Spaltungen (MgFSG), v. 4.1.2023, BGBl. I 2023, Nr. 10.

11) *Luy* in: BeckOGK-UmwG, § 343 Rz. 9; *Reidt* in: KölnKomm-UmwG, § 343 Rz. 5, 32; Semler/Stengel/Leonard-*Drinhausen*, UmwG, § 343 Rz. 4.

7 Liegen die Voraussetzungen nicht vor, richtet sich das weitere Verfahren nach dem FamFG, insbesondere § 382 Abs. 3 FamFG i. V. m. §§ 38 Abs. 3 Satz 1, 40, 41 FamFG.[12] Bei behebbaren Hindernissen hat das Gericht der anmeldenden Gesellschaft zunächst eine angemessene Frist zur Beseitigung zu setzen.

3. Inhalt der Eintragung

8 Der **Inhalt** der Eintragung wird insbesondere durch § 343 Abs. 1 Satz 2, 3 vorgegeben. Die Normen dienen dazu, eine eindeutige Zuordnung für den Rechtsverkehr und das Registergericht des Zuzugsstaates zu gewährleisten;[13] es soll verhindert werden, dass die zuständige Stelle im Zuzugsstaat die Eintragungsnachricht als Grundlage der wirksamkeitsbegründenden Eintragung nicht akzeptiert.[14] Das Datum und die UVZ-Nr. der notariellen Urkunde ist anzugeben und die an dem Formwechsel beteiligten Gesellschaften sind eindeutig zu bezeichnen (Firma, Satzungssitz, Registernummer).[15]

4. Formwechselbescheinigung

9 Das Gericht stellt von Amts wegen eine Formwechselbescheinigung über die Eintragung aus (§ 343 Abs. 1 Satz 4). Dabei handelt es sich nicht um eine eigenständige gerichtliche Entscheidung; die Bescheinigung gibt lediglich den **Inhalt der Eintragung** wieder.[16] Die Bescheinigung wird von der für die Eintragung im Zuzugsstaat zuständigen Behörde als **schlüssiger Nachweis** der ordnungsgemäßen Erledigung des vorangegangen Umwandlungsverfahrens anerkannt (Art. 86o Abs. 5 Gesellschaftsrechtsrichtlinie). Ohne die Bescheinigung darf die Eintragung beim Zuzugsstaat nicht erfolgen (Art. 86o Abs. 5 Gesellschaftsrechtsrichtlinie, § 345 Abs. 2 Satz 2 für den Hereinformwechsel). Die Formwechselbescheinigung fungiert daher als **Bindeglied** zwischen den für die Eintragung zuständigen Behörden der verschiedenen Rechtsordnungen und ist für das Verfahren daher von zentraler Bedeutung.[17]

III. Eintragungszeitpunkt (§ 343 Abs. 2)

10 § 343 Abs. 2 enthält **verschiedene Eintragungshindernisse.** Die Eintragung darf nicht vorgenommen werden, solange die Frist zur Annahme des im Formwechselplan befindlichen Barabfindungsangebots (§ 340 Abs. 3 Satz 1: zwei Monate nach Zustimmung der Anteilsinhaberversammlung) und die materielle Ausschlussfrist zur Geltendmachung der Gläubigersicherheiten (§ 341 Abs. 1 i. V. m. § 314 Abs. 3: drei Monate ab Bekanntmachung des Formwechselplans) noch nicht abgelaufen sind.[18]

11 Die **Anteilsinhaber**, die das Abfindungsangebot annehmen, werden nicht Anteilsinhaber der neuen Gesellschaft (siehe § 340 Rz. 17 [*Heinrichs*]). Könnte der grenzüberschreitende Formwechsel nun eingetragen werden, obwohl die Annahmefrist noch nicht abgelaufen ist, wäre unklar, wem diese Anteile zugeordnet werden sollen. Diese Rechtsunsicherheit soll vermieden werden.[19] Sofern alle Anteilsinhaber dem Formwechsel zugestimmt haben, ist das Abwarten dieser Frist entbehrlich (§ 343 Abs. 3 Satz 2).

---

12) Begr. RegE UmRUG, BT-Drucks. 20/3822, S. 101.
13) Begr. RegE UmRUG, BT-Drucks. 20/3822, S. 101.
14) Begr. RegE UmRUG, BT-Drucks. 20/3822, S. 101
15) Begr. RegE UmRUG, BT-Drucks. 20/3822, S. 101; *Luy* in: BeckOGK-UmwG, § 343 Rz. 13.
16) Schmitt/Hörtnagl-*Winter*, UmwG/UmwStG, § 343 UmwG Rz. 5.
17) *Stiegler* in: NK-UmwG, § 343 Rz. 30.
18) Begr. RegE UmRUG, BT-Drucks. 20/3822, S. 101.
19) Begr. RegE UmRUG, BT-Drucks. 20/3822, S. 101.

Auch die Frist des § 341 Abs. 1 i. V. m. § 314 Abs. 3 ist für die **Gläubiger** zu beachten.[20] 12
Ist diese abgelaufen, ist nur noch die Versicherung der Mitglieder des Vertretungsorgans erforderlich (§ 342 Abs. 4).[21] Wurde eine Sicherheit beantragt, darf das Gericht die Eintragung nur unter den Voraussetzungen des § 343 Abs. 2 Satz 3 vornehmen. Die Eintragung darf daher **nicht vorgenommen werden, bevor**

- die den Antrag ablehnende Entscheidung rechtskräftig ist (§ 343 Abs. 2 Satz 3 Nr. 1),
- die in der Entscheidung festgelegte Sicherheit geleistet wurde (§ 343 Abs. 2 Satz 3 Nr. 2) oder
- die den Antrag teilweise ablehnende Entscheidung rechtskräftig ist und die in der Entscheidung festgelegte Sicherheit geleistet wurde (§ 343 Abs. 2 Satz 3 Nr. 3).

Hier kommt die starke Stellung des Gläubigers zum Vorschein (siehe § 341 Rz. 5 [*Heinrichs*]). 13
Durch die Norm wird die **Durchsetzung des Sicherheitsanspruchs** gewährleistet.[22] Sofern das Gericht dem Gläubigerantrag stattgegeben hat, ist die Sicherheitsleistung durch die Gesellschaft dem Registergericht nachzuweisen (§ 343 Abs. 2 Satz 4). Die Form des Nachweises liegt im Ermessen des Gerichts,[23] wird aber regelmäßig von der Art der Sicherheit abhängen. Das Gericht kann auch hier eine strafbewehrte Versicherung über die Leistung der Sicherheit verlangen (§ 343 Abs. 2 Satz 5, § 348 Satz 1 a. E.).

IV. Missbrauchskontrolle (§ 343 Abs. 3)

Das Registergericht hat bei Vorliegen von **Anhaltspunkten** zu prüfen, ob der grenzüberschreitende Formwechsel zu **missbräuchlichen Zwecken** verwendet werden könnte, die dazu führen (sollen), sich Unionsrecht oder nationalem Recht zu entziehen oder zu umgehen. Dabei kommt es stets auf die gesamten **Umstände des Einzelfalls** an. Dies dient insbesondere dem Schutz der Stakeholder, vor allem Arbeitnehmern, Betriebsrentnern, Anwartschaftsberechtigten und Gläubigern.[24] Missbräuchliche Zwecke sollen nach dem Gesetzgeber die Ausnahme vom Regelfall darstellen.[25] Liegen missbräuchliche Zwecke vor, lehnt das Gericht die Eintragung nach § 343 Abs. 1 ab (§ 343 Abs. 3 Satz 2). Das Gericht kann wegen einer solchen Prüfung die Prüfungsfrist um bis zu drei Monate verlängern (§ 343 Abs. 3 Satz 3) und hat dies in entsprechender Anwendung von § 343 Abs. 4 der formwechselnden Gesellschaft mitzuteilen.[26] Zum Zwecke der Missbrauchsprüfung kann das Gericht die erforderlichen Informationen einholen (§§ 344, 342 Abs. 5). 14

§ 343 Abs. 3 Satz 1 ist im Lichte des **durch den EuGH geprägten Missbrauchsbegriff** anzuwenden.[27] In der Regel wird die Bejahung missbräuchlicher Zwecke daher voraussetzen, dass formal die Verfahrensvorschriften eingehalten werden, der Vollzug des grenzüberschreitenden Formwechsels aber zu einem Ergebnis führt, das dem Ziel der Vorschriften nicht entspricht oder zuwiderläuft und dass aus diesen tatsächlichen Umständen ersichtlich ist, dass sich die beteiligten Gesellschaften durch Anwendung der Verfahrensvorschriften einen willkürlichen oder ungerechtfertigten Vorteil verschaffen möchten.[28] 15

20) Krit. zu der damit einhergehenden starken Stellung der Gläubiger *Reidt* in: KölnKomm-UmwG, § 341 Rz. 6, 8 m. w. N.
21) Begr. RegE UmRUG, BT-Drucks. 20/3822, S. 102.
22) Begr. RegE UmRUG, BT-Drucks. 20/3822, S. 102.
23) Begr. RegE UmRUG, BT-Drucks. 20/3822, S. 102.
24) *Stiegler* in: NK-UmwG, § 343 Rz. 7.
25) Begr. RegE UmRUG, BT-Drucks. 20/3822, S. 103.
26) Zu Letzterem *Stiegler* in: NK-UmwG, § 343 Rz. 22.
27) Begr. RegE UmRUG, BT-Drucks. 20/3822, S. 103.
28) Begr. RegE UmRUG, BT-Drucks. 20/3822, S. 102.

16 Das Gericht soll eine Missbrauchsprüfung nach § 343 Abs. 3 nur bei **Anhaltspunkten** vornehmen. Solche **„Anhaltspunkte"** können sich insbesondere aus den übermittelten Dokumenten und Versicherungen und Mitteilungen ergeben; auch Hinweise Dritter (bspw. von Gewerkschaften) sind hierzu geeignet.[29] Insbesondere auch gläubigerbenachteiligende Zwecke können als Anhaltspunkt dienen (vgl. auch § 342 Abs. 3 Satz 1 Nr. 4).[30] § 343 Abs. 3 Satz 4 enthält eine (nicht abschließende) Aufzählung weitere Anhaltspunkte, die ein missbräuchliches Handeln aber nicht begründen;[31] sie sind eben nur „Anhaltspunkte".

1. § 343 Abs. 3 Satz 4 Nr. 1 (Verfahren über Arbeitnehmerbeteiligung)

17 **Anhaltspunkte** i. S. des § 343 Abs. 3 Satz 1 liegen vor, wenn das Verhandlungsverfahren zur Regelung der Arbeitnehmermitbestimmung erst auf Aufforderung des Gerichts eingeleitet worden ist (§ 343 Abs. 3 Satz 4 **Nr.** 1). Ein solches Verhalten könnte nahelegen, dass die Gesellschaft das Ziel verfolgt, sich den deutschen Vorschriften über das Mitbestimmungsrecht der Arbeitnehmer zu entziehen. Das Verfahren muss tatsächlich von der formwechselnden Gesellschaft initiiert oder durchgeführt werden (§ 5 MgFSG).[32] Die Mitglieder des Vertretungsorgans haben auch eine entsprechende Versicherungserklärung abzugeben (vgl. § 342 Abs. 3 Satz 1 Nr. 3).

18 Anhaltspunkte können daneben auch bestehen, wenn ein solches Verhandlungsgremium zwar gebildet wird, die Unternehmensleitung aber erkennbar keine Verhandlungen führen will.[33] Mit Blick auf die Niederlassungsfreiheit darf die bloße Absicht, in den Genuss günstiger Rechtsvorschriften zu kommen, jedoch keinen Missbrauch begründen.

2. § 343 Abs. 3 Satz 4 Nr. 2

19 Anhaltspunkte i. S. des § 343 Abs. 3 Satz 1 liegen vor, wenn die Zahl der Arbeitnehmer mindestens vier Fünftel des für die Unternehmensmitbestimmung maßgeblichen Schwellenwerts beträgt, im Zielland keine Wertschöpfung erbracht wird und der Verwaltungssitz in Deutschland verbleibt (§ 343 Abs. 3 Satz 4 **Nr. 2**).[34] Die Voraussetzungen müssen **kumulativ** vorliegen. Aus Nr. 2 wird ersichtlich, dass ein entsprechender Anhaltspunkt nicht besteht, wenn die Gesellschaft im Zuzugsstaat zuvor wirtschaftlich verwurzelt war, insbesondere wenn ihr Verwaltungssitz dort war oder sie dort Tochtergesellschaften hat (§ 342 Abs. 4 Nr. 2).[35] Auch eine isolierte Satzungssitzverlegung bildet daher noch keinen Anhaltspunkt i. S. des § 343 Abs. 3.[36]

3. § 343 Abs. 3 Satz 4 Nr. 3

20 Anhaltspunkte i. S. des § 343 Abs. 3 Satz 1 liegen zudem vor, wenn die Gesellschaft nach dem grenzüberschreitenden Formwechsel Schuldnerin von Betriebsrenten oder –anwartschaften ist und kein anderweitiges operatives Geschäft hat (§ 343 Abs. 3 Satz 4 **Nr. 3**).

29) Begr. RegE UmRUG, BT-Drucks. 20/3822, S. 103.

30) Zu weiteren Indizien s. ErwG 36 der Umwandlungsrichtlinie (Richtlinie (EU) 2019/2121 des Europäischen Parlaments und des Rates v. 27.11.2019 zur Änderung der Richtlinie (EU) 2017/1132 in Bezug auf grenzüberschreitende Umwandlungen, Verschmelzungen und Spaltungen (Umwandlungsrichtlinie), ABl. (EU) L 321/1 v. 12.12.2019).

31) S. *Stiegler* in: NK-UmwG, § 343 Rz. 10.

32) *Stiegler* in: NK-UmwG, § 343 Rz. 11.

33) Begr. RegE UmRUG, BT-Drucks. 20/3822, S. 103.

34) Zur Frage der Europarechtskonformität *J. Schmidt*, NJW 2023, 1241 (Rz. 20); zweifelnd *Sauerbrey*, GmbHR 2023, 5, 11; *Teichmann*, NZG 2023, 345.

35) Begr. RegE UmRUG, BT-Drucks. 20/3822, S. 103.

36) *Luy* in: BeckOGK-UmwG, § 343 Rz. 50; *Stiegler* in: NK-UmwG, § 343 Rz. 12.

Der Formwechselplan hat entsprechende Informationen hierüber zu enthalten (§ 335 Abs. 2 Nr. 14). Die Praxisrelevanz dürfte, insbesondere aufgrund der Vorschriften des BetrAVG[37], gering sein.[38]

V. Fristverlängerung (§ 343 Abs. 4)

21 Das Gericht kann den Prüfungszeitraum aus Gründen der **Komplexität** des Verfahrens ausnahmsweise verlängern (§ 343 Abs. 4). In diesem Fall hat das Gericht den Anmeldenden vor Ende des Zeitraums über die Gründe für die Verzögerung zu unterrichten (§ 343 Abs. 4). Auch dies hängt von den Umständen des Einzelfalls ab; jedoch genügt die generelle Auslastung oder allein die Tatsache, dass es sich um einen grenzüberschreitenden Formwechsel handelt, nicht aus.[39]

VI. Wirksamkeitsvermerk (§ 343 Abs. 5)

22 Die Formwechselbescheinigung (§ 343 Abs. 1 Satz 4) wird durch das Registergericht an die zuständige Stelle des Zuzugsstaates über das Europäische System der Registervernetzung (BRIS) übermittelt (§ 9b Abs. 2 Satz 3 Nr. 4 HGB).[40] In der Praxis empfiehlt sich eine **separate Einreichung beim zuständigen Registergericht**, da das BRIS zum Teil nicht zuverlässig funktioniert. Die Formwechselbescheinigung gilt als schlüssiger Nachweis der ordnungsgemäßen Erledigung aller Verfahren und Formalitäten (vgl. für den Hineinformwechsel § 345 Abs. 2), so dass die zuständige Stelle an deren Inhalt gebunden ist (Art. 86o Abs. 5 Gesellschaftsrechtsrichtlinie).[41] Nachdem das Registergericht des Zuzugsstaates den grenzüberschreitenden Formwechsel eingetragen hat, übermittelt es dies an das Registergericht des Wegzugsstaates, damit Letzteres das Wirksamwerden des grenzüberschreitenden Formwechsels eintragen kann (**Wirksamkeitsvermerk**, § 343 Abs. 5, Abs. 1 Satz 3).

37) Gesetz zur Verbesserung der betrieblichen Altersversorgung (Betriebsrentengesetz – BetrAVG), v. 19.12.1974, BGBl. I 1974, 3610.
38) *Bungert/Reidt*, DB 2023, 54, 56; *Löbbe*, ZHR 187 (2023), 498, 541.
39) Begr. RegE UmRUG, BT-Drucks. 20/3822, S. 104.
40) Begr. RegE UmRUG, BT-Drucks. 20/3822, S. 104.
41) S. a. *Luy* in: BeckOGK-UmwG, § 343 Rz. 16.

§ 344
Informationen des Registergerichts*)

¹Soweit dies für die Prüfung gemäß § 343 erforderlich ist, kann das Gericht

1. **von der Gesellschaft Informationen und Unterlagen verlangen,**
2. **von öffentlichen inländischen Stellen Informationen und Unterlagen verlangen und von öffentlichen Stellen eines anderen Mitgliedstaats der Europäischen Union oder eines anderen Vertragsstaats des Abkommens über den Europäischen Wirtschaftsraum mit Zuständigkeiten in den verschiedenen vom grenzüberschreitenden Formwechsel betroffenen Bereichen die notwendigen Informationen und Unterlagen erbitten,**
3. **von einem eingesetzten besonderen Verhandlungsgremium Informationen und Unterlagen verlangen,**
4. **einen unabhängigen Sachverständigen zuziehen sowie**
5. **im Rahmen der Prüfung des § 343 Absatz 3 eine in dem formwechselnden Unternehmen vertretene Gewerkschaft anhören.**

[2]Ist eine inländische öffentliche Stelle in einem von dem grenzüberschreitenden Formwechsel betroffenen Bereich zuständig, so kann sie der für die Ausstellung einer Formwechselbescheinigung zuständigen Stelle eines anderen Mitgliedstaats der Europäischen Union oder eines anderen Vertragsstaats des Abkommens über den Europäischen Wirtschaftsraum auf deren Ersuchen die notwendigen Informationen und Unterlagen übermitteln.

*) § 344 eingefügt durch Art. 1 des Gesetzes zur Umsetzung der Umwandlungsrichtlinie und zur Änderung weiterer Gesetze (UmRUG), v. 22.2.2023, BGBl. I 2023, Nr. 51.

Literatur: *Bungert/Reidt*, Erweiterte Möglichkeiten grenzüberschreitender Umwandlungen – nach Abschluss des Gesetzgebungsverfahrens zum UmRUG, DB 2023, 54.

Übersicht

I. Grundlagen

1 Die Vorschrift setzt Art. 86m Abs. 12 Gesellschaftsrechtsrichtlinie[1)] um und enthält Bestimmungen über zusätzliche Möglichkeiten der Informationsbeschaffung durch das für die Erteilung der Formwechselbescheinigung zuständige Registergericht.[2)] Sie entspricht § 317. Das Gericht ist gemäß § 343 dazu verpflichtet, die Voraussetzungen für den grenzüberschreitenden Formwechsel zu prüfen (siehe § 343 Rz. 1 ff. [*Heinrichs*]). Durch § 344 werden dem Gericht – insbesondere im Falle eines möglichen missbräuchlichen Zwecks (§ 343 Abs. 3) – weitere Instrumente an die Hand gegeben, um die Entscheidung nach § 343 Abs. 1 auf **hinreichender Informationsgrundlage** treffen zu können. Daneben steht auch das – in § 342 Abs. 5 systematisch verfehlte – Recht auf Informationsbeschaffung bzgl. der gerichtlichen Geltendmachung einer Sicherheitsleistung. Die Befugnisse sind letztlich eine Ausprägung des in § 26 FamFG normierten Amtsermittlungsgrundsatzes.[3)]

2 Alle Maßnahmen zur Informationsbeschaffung nach § 344 Satz 1 und 2 stehen unter einem **Erforderlichkeitsvorbehalt.** Zudem können im Einzelfall auch höherrangige Interessen entgegenstehen, bspw. Persönlichkeitsrechte Beteiligter oder Dritter oder Verschwiegenheitspflichten.[4)] Dies kann durch Schwärzungen oder andere mildere Maßnahmen abgefangen werden.[5)]

3 § 344 **Satz 2** regelt den umgekehrten Fall, den **Hineinformwechsel.** Wenn eine ausländische Stelle Informationen von nationalen Stellen anfordert, um die dortige Formwechselbescheinigung ausstellen zu können ist entgegen dem Wortlaut die inländische öffentliche Stelle zur Übermittlung der Informationen **verpflichtet** (Art. 86m Abs. 12 Satz 1 Gesellschaftsrechtsrichtlinie).[6)]

1) Richtlinie (EU) 2017/1132 des Europäischen Parlaments und des Rates v. 14.6.2017 über bestimmte Aspekte des Gesellschaftsrechts (Gesellschaftsrechtsrichtlinie), ABl. (EU) L 169/46 v. 30.6.2017.
2) Begr. RegE UmRUG, BT-Drucks. 20/3822, S. 104, 119.
3) *Reidt* in: KölnKomm-UmwG, § 344 Rz. 5.
4) Begr. RegE UmRUG, BT-Drucks. 20/3822, S. 104.
5) Begr. RegE UmRUG, BT-Drucks. 20/3822, S. 105.
6) *Luy* in: BeckOGK-UmwG, § 344 Rz. 18; *Reidt* in: KölnKomm-UmwG, § 344 Rz. 18.

II. Informationen der Gesellschaft und öffentlicher Stellen (§ 344 Satz 1 Nr. 1, 2)

Das Gericht kann die erforderlichen (zum Begriff siehe oben Rz. 2) Informationen von der Gesellschaft, von öffentlichen inländischen Stellen und von öffentlichen ausländischen Stellen mit Zuständigkeiten in den verschiedenen vom grenzüberschreitenden Formwechsel betroffenen Bereichen verlangen. Die ausländischen öffentlichen Stellen müssen solche eines EU-Mitgliedstaats oder des EWR-Abkommens sein. 4

Der Begriff der **„öffentlichen Stelle"** ist weit auszulegen und umfasst nicht nur Einrichtungen der öffentlichen Verwaltung, sondern etwa auch die Rechtspflege.[7] 5

III. Besonderes Verhandlungsgremium (§ 344 Satz 1 Nr. 3)

Der Gesetzgeber hat sich auch dazu entschieden, das Informationsrecht auf das nach dem MgFSG[8] eingesetzte besondere Verhandlungsgremium (§§ 6 ff. MgFSG) zu erstrecken (§ 344 Satz 1 Nr. 3). Der Unionsgesetzgeber hatte ein solches Informationsrecht nicht vorgesehen.[9] 6

§ 344 Satz 1 Nr. 3 ist insbesondere relevant, wenn Anhaltspunkte dafür bestehen, dass der grenzüberschreitende Formwechsel ausschließlich vorgenommen wird, um sich dem deutschen Mitbestimmungsrecht zu entziehen (siehe schon § 343 Rz. 17 ff. [*Heinrichs*]).[10] Insbesondere kann das Registergericht erfragen, ob aus Sicht des Verhandlungsgremiums das Leitungsorgan der formwechselnden Gesellschaft bemüht ist, das Verfahren ordnungsgemäß und kollegial durchzuführen.[11] 7

IV. Unabhängiger Sachverständiger (§ 344 Satz 1 Nr. 4)

Das Registergericht kann einen unabhängigen Sachverständigen heranziehen. Dies ist insbesondere für Fälle gedacht, in denen das Gericht nicht die notwendige Fach- oder Rechtskenntnis aufweist;[12] allerdings darf dies nur der Vervollständigung der gerichtlichen Beurteilungsgrundlage dienen, insbesondere ist das Gericht **nicht** an Einschätzungen des Sachverständigen **gebunden.** 8

Der Sachverständige muss **unabhängig** und dessen Gutachten unparteiisch und objektiv sein.[13] Die Kosten sind von der formwechselnden Gesellschaft zu tragen, vgl. § 22 GNotKG.[14] 9

V. Anhörung einer Gewerkschaft (§ 344 Satz 1 Nr. 5)

Speziell i. R. der Missbrauchsprüfung nach § 343 Abs. 3 kann das Gericht auch die Anhörung einer in der Gesellschaft **„vertretenen"**[15] **Gewerkschaft** verlangen. Ein allgemeines Anhörungs- oder Mitwirkungsrecht der Gewerkschaften ergibt sich jedoch hieraus nicht.[16] 10

---

7) Begr. RegE UmRUG, BT-Drucks. 20/3822, S. 104.

8) Gesetz über die Mitbestimmung der Arbeitnehmer bei grenzüberschreitendem Formwechsel und grenzüberschreitender Spaltung (MgFSG), v. 4.1.2023, BGBl. I 2023, Nr. 10.

9) *Luy* in: BeckOGK-UmwG, § 344 Rz. 11.

10) Begr. RegE UmRUG, BT-Drucks. 20/3822, S. 105.

11) *Stiegler* in: NK-UmwG, § 344 Rz. 6.

12) Begr. RegE UmRUG, BT-Drucks. 20/3822, S. 105.

13) Begr. RegE UmRUG, BT-Drucks. 20/3822, S. 105.

14) Begr. RegE UmRUG, BT-Drucks. 20/3822, S. 105.

15) Zum Begriff *Reidt* in: KölnKomm-UmwG, § 344 Rz. 15.

16) *Bungert/Reidt*, DB 2023, 54, 56; Lutter-*J. Schmidt*, UmwG, § 344 Rz. 30; Kallmeyer-*Biller/Wilk*, UmwG, § 344 Rz. 7.

§ 345
Eintragung des grenzüberschreitenden Hereinformwechsels*)

(1) [1]Das Vertretungsorgan der formwechselnden Gesellschaft hat die Gesellschaft neuer Rechtsform bei dem zuständigen Gericht zur Eintragung in das für die Rechtsform maßgebende Register anzumelden. [2]Der Anmeldung sind in der Form des § 17 Absatz 1 der Formwechselplan und gegebenenfalls die Vereinbarung über die Beteiligung der Arbeitnehmer beizufügen. [3]§ 198 Absatz 3 und § 199 sind auf die formwechselnde Gesellschaft nicht anzuwenden.

(2) [1]Die über das Europäische System der Registervernetzung übermittelte Formwechselbescheinigung wird als Nachweis der ordnungsgemäßen Erledigung der vorangehenden Verfahren und Formalitäten nach dem Recht desjenigen Staates, dem die formwechselnde Gesellschaft unterliegt, anerkannt. [2]Ohne die Formwechselbescheinigung kann der grenzüberschreitende Formwechsel nicht in das Register eingetragen werden.

(3) Die Prüfung der Eintragungsvoraussetzungen erstreckt sich insbesondere darauf, ob gegebenenfalls eine Vereinbarung über die Beteiligung der Arbeitnehmer geschlossen worden ist und ob die Vorschriften zur Gründung der Gesellschaft neuer Rechtsform eingehalten worden sind.

(4) Das Gericht des Sitzes der Gesellschaft neuer Rechtsform hat das Wirksamwerden des grenzüberschreitenden Formwechsels dem Register mitzuteilen, in dem die formwechselnde Gesellschaft ihre Unterlagen zu hinterlegen hatte.

*) § 345 eingefügt durch Art. 1 des Gesetzes zur Umsetzung der Umwandlungsrichtlinie und zur Änderung weiterer Gesetze (UmRUG), v. 22.2.2023, BGBl. I 2023, Nr. 51.

Literatur: *Bücker/Kropp*, Erste Praxiserfahrungen mit einem grenzüberschreitenden Hereinformwechsel nach dem neuen UmwG in die Rechtsform der Aktiengesellschaft, AG 2023, 764; *Hushahn*, Grenzüberschreitende Formwechsel im EU-/EWR-Raum – die identitätswahrende statutenwechselnde Verlegung des Satzungssitzes in der notariellen Praxis, RNotZ 2014, 137; *Knaier*, Die Zukunft der Unternehmensmobilität im Binnenmarkt, GmbHR 2018, 607.

Übersicht

I. Grundlagen

1 § 345 regelt die Anmeldung zur Eintragung des grenzüberschreitenden **Herein**formwechsels und dient der Umsetzung von Art. 86o Gesellschaftsrechtsrichtlinie[1] (§ 345 Abs. 1 bis 3) und Art. 86p Abs. 3 Satz 1 Gesellschaftsrechtsrichtlinie (§ 345 Abs. 4). Sie ist die maßgebliche Vorschrift für den Hereinformwechsel. Weitere für den Hereinformwechsel relevante Vorschriften sind insbesondere §§ 333 Abs. 3 und 344 Satz 2; über § 333 Abs. 2

1) Richtlinie (EU) 2017/1132 des Europäischen Parlaments und des Rates v. 14.6.2017 über bestimmte Aspekte des Gesellschaftsrechts (Gesellschaftsrechtsrichtlinie), ABl. (EU) L 169/46 v. 30.6.2017.

Nr. 1, § 197 sind zudem die Gründungsvorschriften der jeweiligen Zielrechtsform zu beachten.[2)]

II. Anmeldung (§ 345 Abs. 1)

2 Das Vertretungsorgan der formwechselnden Gesellschaft hat die Gesellschaft neuer Rechtsform bei dem zuständigen Gericht zur Eintragung in das für die Rechtsform maßgebende Register anzumelden (§ 345 Abs. 1 Satz 1). Die Vertretungsbefugnis richtet sich nach dem Recht des Wegzugsstaats, wobei ein beglaubigter Registerauszug oder eine notarielle Bescheinigung (ggf. mit Apostille), nachzuweisen ist.[3)] Die Anmeldung kann nur durch den formwechselnden Ausgangsrechtsträger erfolgen, weil der Zielrechtsträger zu diesem Zeitpunkt noch nicht existiert.[4)] Die Anmeldezuständigkeit des Vertretungsorgans der formwechselnden Gesellschaft entspricht § 246 Abs. 1.[5)] Der **Gegenstand der Anmeldung** ist nicht der Formwechsel selbst, sondern die Gesellschaft neuer Rechtsform (Wortlaut des § 345 Abs. 1 Satz 1).[6)] Dementsprechend sind gemäß §§ 333 Abs. 2 Nr. 2, 246 Abs. 2 auch die Mitglieder des Vertretungsorgans neuer Rechtsform mit anzumelden;[7)] Geschäftsführer einer GmbH und AG müssen aufgrund des Gründungsvorgangs die entsprechenden **Versicherungen** abgeben (§ 37 Abs. 2 AktG, § 8 Abs. 3 GmbHG). Die Anmeldung kann auch in vertretungsberechtigter Zahl erfolgen; aufgrund der abzugebenden Versicherungen ist dies der Praxis jedoch nicht zu empfehlen. Sie ist öffentlich zu beglaubigen (§ 12 HGB).[8)]

3 Die **beizufügenden Unterlagen** ergeben sich aus § 345 Abs. 1 Satz 2, 3 und sind in der Form des § 17, also in Ausfertigung oder öffentlich beglaubigter Abschrift oder, soweit sie nicht notariell zu beurkunden sind, in Urschrift oder Abschrift beizufügen. Danach ist der **Formwechselplan** (der auch die deutschsprachige[9)] Satzung enthält, vgl. § 335 Abs. 2 Nr. 4) und die **Vereinbarung über die Beteiligung der Arbeitnehmer** beizufügen, sofern eine solche geschlossen wurde. Durch Letzteres kann das Registergericht sicherstellen, dass auch eine Mitbestimmungsregelung im deutschen Zielrechtsträger besteht.[10)] Das Verfahren muss bereits beendet sein.[11)]

4 **Weitere Anlagen** sind die üblichen Unterlagen die zur Gründung der entsprechenden Gesellschaft erforderlich sind (vgl. § 345 Abs. 3 UmwG, **§ 8 Abs. 1 GmbHG**, **§ 37 Abs. 4 AktG**). So sind bei einer **GmbH**

– der Beschluss, der die Geschäftsführer bestellt,
– der Sachgründungsbericht, sofern er nicht gemäß §§ 333 Abs. 3 Satz 2, 245 Abs. 4 entbehrlich ist[12)] und

---

2) S. § 345 Abs. 3, der insoweit nur klarstellenden Charakter hat, Begr. RegE UmRUG, BT-Drucks. 20/3822, S. 107.

3) *Luy* in: BeckOGK-UmwG, § 345 Rz. 5; Schmitt/Hörtnagl-*Winter*, UmwG/UmwStG, § 345 UmwG Rz. 3.

4) *Stiegler* in: NK-UmwG, § 345 Rz. 3.

5) Begr. RegE UmRUG, BT-Drucks. 20/3822, S. 119; zur Frage der Anwendbarkeit des § 246 Abs. 3: *Reidt* in: KölnKomm-UmwG, § 345 Rz. 15.

6) Semler/Stengel/Leonard-*Drinhausen*, UmwG, § 345 Rz. 3; Formulierungsbsp. bei *Luy* in: BeckOGK-UmwG, § 345 Rz. 10.

7) Semler/Stengel/Leonard-*Drinhausen*, UmwG, § 345 Rz. 3; Schmitt/Hörtnagl-*Winter*, UmwG/UmwStG, § 345 UmwG Rz. 3.

8) Vertiefend Widmann/Mayer-*Stelmaszczyk*, UmwR, § 345 UmwG Rz. 17 ff.

9) § 488 Abs. 3 FamFG i. V. m. § 184 Satz 1 GVG.

10) *Stiegler* in: NK-UmwG, § 345 Rz. 7.

11) Lutter-*J. Schmidt*, UmwG, § 345 Rz. 15.

12) Vertiefend *Luy* in: BeckOGK-UmwG, § 345 Rz. 26; *Reidt* in: KölnKomm-UmwG, § 345 Rz. 32 ff.

- eine von den Geschäftsführern unterzeichnete Gesellschafterliste beizufügen, wobei die Gesellschafter, die das Barabfindungsangebot annehmen, nicht mitaufzunehmen sind, weil sie gemäß § 340 Abs. 4 nicht Gesellschafter der Gesellschaft neuer Rechtsform werden.[13)]
- Der Nennbetrag des Grund- bzw. Stammkapitals muss zudem das nach Abzug der Verbindlichkeiten verbleibende Vermögen decken (§ 333 Abs. 2 Nr. 2 i. V. m. § 245 Abs. 1 Satz 2 i. V. m. § 220 Abs. 1), wobei der Nachweis in der Regel durch eine aktuelle Bilanz des formwechselnden Rechtsträgers erfolgen kann.[14)]
- Sofern der Formwechselplan – der die Satzung enthält – nicht bereits notariell beurkundet wurde, muss auch diese beigefügt werden.[15)]

5 **Nicht beizufügen** sind gemäß § 345 Abs. 1 Satz 3 die in § 199 genannten Unterlagen, also Gesellschafterbeschluss, Zustimmungserklärungen und Formwechselbericht bzw. Verzichtserklärungen. Auch eine Negativerklärung nach § 16 Abs. 2, 3 ist nicht erforderlich. Hintergrund ist, dass dies Verfahrensschritte sind, die nur den Wegzugsstaat betreffen.[16)] Die Formwechselbescheinigung wird über das Europäische System der Registervernetzung (BRIS) übermittelt, so dass auch diese zwar grundsätzlich nicht beizufügen ist. In der Praxis empfiehlt sich jedoch auch eine Einreichung der Formwechselbescheinigung, da das BRIS nicht zuverlässig funktioniert.

III. Formwechselbescheinigung (§ 345 Abs. 2)

6 Die über das BRIS übermittelte[17)] **Formwechselbescheinigung** der ausländischen Stelle wird von dem zur Eintragung des Hereinformwechsels zuständigen Registergericht **als Nachweis** der ordnungsgemäßen Erledigung der vorangehenden Verfahren und Formalitäten nach dem Recht des Wegzugsstaates **anerkannt** (§ 345 Abs. 2 Satz 1). Es empfiehlt sich die Formwechselbescheinigung zudem proaktiv beim Handelsregister einzureichen, da das BRIS zum Teil nicht ordnungsgemäß funktioniert. Das inländische Registergericht hat daher keine Prüfungskompetenz bzgl. der im Wegzugsstaat einzuhaltenden Verfahrensvorschriften,[18)] es ist an die Formwechselbescheinigung **gebunden** (vgl. Art. 86o Abs. 5 Gesellschaftsrechtsrichtlinie). Der Formwechselbescheinigung kommt daher eine **zentrale Bedeutung** in der zweistufigen Rechtmäßigkeitskontrolle zu (siehe § 343 Rz. 1 [*Heinrichs*]) Davon unberührt bleibt jedoch **insbesondere** die Prüfung, ob eine Vereinbarung über die Beteiligung der Arbeitnehmer nach dem MgFSG[19)] geschlossen wurde und ob die Gründungsvoraussetzungen nach inländischem Recht eingehalten wurden (§ 345 Abs. 3; siehe Rz. 8 ff.).

7 Ohne die Formwechselbescheinigung kann der grenzüberschreitende Formwechsel nicht in das Register eingetragen werden (§ 345 Abs. 2 Satz 2).

---

13) Schmitt/Hörtnagl-*Winter*, UmwG/UmwStG, § 345 UmwG Rz. 4; *Luy* in: BeckOGK-UmwG, § 345 Rz. 17; *Stiegler* in: NK-UmwG, § 345 Rz. 9.

14) *Stiegler* in: NK-UmwG, § 345 Rz. 9; s. a. *Hushahn*, RNotZ 2014, 137, 152.

15) *Luy* in: BeckOGK-UmwG, § 345 Rz. 17.

16) *Luy* in: BeckOGK-UmwG, § 345 Rz. 16; auch *Stiegler* in: NK-UmwG, § 345 Rz. 8.

17) Bei Funktionslosigkeit des BRIS aufgrund technischer Probleme genügt auch die Übermittlung durch die formwechselnde Gesellschaft selbst, *Luy* in: BeckOGK-UmwG, § 345 Rz. 21.

18) Begr. RegE UmRUG, BT-Drucks. 20/3822, S. 106.

19) Gesetz zur Umsetzung der Bestimmungen der Umwandlungsrichtlinie über die Mitbestimmung der Arbeitnehmer bei grenzüberschreitendem Formwechsel und grenzüberschreitender Spaltungen (MgFSG), v. 4.1.2023, BGBl. I 2023, Nr. 10.

IV. Prüfung weiterer Voraussetzungen (§ 345 Abs. 3)

Das Registergericht prüft, ob ggf. eine **Vereinbarung über die Beteiligung der Arbeitnehmer** geschlossen worden ist und ob die **Vorschriften zur Gründung der formwechselnden Gesellschaft neuer Rechtsform** eingehalten sind (§ 345 Abs. 3). Die Vorschrift ist **nicht abschließend** („insbesondere"), jedoch sind vertiefende weitere Prüfungspunkte mit Blick auf Absatz 2 kaum denkbar.[20] 8

1. Vereinbarung über Beteiligung der Arbeitnehmer

Die Prüfung der **Vereinbarung über die Beteiligung der Arbeitnehmer** wird dadurch ermöglicht, dass diese als Anlage beizufügen ist (§ 345 Abs. 1 Satz 2), sofern eine solche vorhanden ist. Der Prüfungsumfang ist nicht eindeutig.[21] Nach dem Wortlaut ist maßgeblich, **„ob"** eine Vereinbarung getroffen wurde. Allerdings sollte darüber hinaus auch geprüft werden, ob das Verfahren generell in gesetzeskonformer Weise **abgeschlossen** wurde.[22] Dies ist auch für die Eintragung des grenzüberschreitenden Formwechsels erforderlich.[23] Der Prüfungsumfang erstreckt sich aber **nicht** auf den **Inhalt** der getroffenen Vereinbarung.[24] Zudem prüft das Registergericht, ob die Satzung der Gesellschaft neuer Rechtsform Mitbestimmungsregeln nicht entgegensteht.[25] Die Prüfung findet nur statt, wenn ein solches Verfahren nach dem Recht des Wegzugsstaats überhaupt durchzuführen war (Wortlaut „gegebenenfalls"). 9

Sollte eine Vereinbarung **nicht** zustande gekommen sein, obwohl das Verfahren durchzuführen war, ist statt der Vereinbarung ein **Nachweis** über die ordnungsgemäße Beendigung des Verfahrens einzureichen, etwa durch Ablauf der Verhandlungsfrist.[26] 10

2. Gründungsvorschriften

Das Registergericht muss, wie beim nationalen Formwechsel, die **Gründungsvorschriften** der neuen Rechtsform prüfen (den beizufügenden Unterlagen siehe Rz. 3 ff.).[27] Davon umfasst ist insbesondere auch der im Formwechselplan enthaltene Gesellschaftsvertrag (der von der zuständigen Stelle des Wegzugsstaates **nicht** inhaltlich überprüft wird siehe § 335 Rz. 11 [*Heinrichs*]). Der sicherste Weg ist hier die Beurkundung des gesamten Formwechselplans einschließlich der Satzung vor einem deutschen Notar (siehe § 335 Rz. 42 [*Heinrichs*]).[28] In der Regel wird daher eine Doppelbeurkundung vorgenommen.[29] Über 11

---

20) *Stiegler* in: NK-UmwG, § 345 Rz. 13; zur Frage ob ein Verwaltungssitz in Deutschland mit Blick auf ErwG 44 Satz 3 Umwandlungsrichtlinie (Richtlinie (EU) 2019/2121 des Europäischen Parlaments und des Rates v. 27.11.2019 zur Änderung der Richtlinie (EU) 2017/1132 in Bezug auf grenzüberschreitende Umwandlungen, Verschmelzungen und Spaltungen (Umwandlungsrichtlinie), ABl. (EU) L 321/1 v. 12.12.2019) gefordert werden kann *Stiegler* in: NK-UmwG, § 345 Rz. 23.

21) *Luy* in: BeckOGK-UmwG, § 345 Rz. 22; *Reidt* in: KölnKomm-UmwG, § 345 Rz. 24.

22) Lutter-*J. Schmidt*, UmwG, § 345 Rz. 15; *Luy* in: BeckOGK-UmwG, § 345 Rz. 22.

23) Vgl. *Luy* in: BeckOGK-UmwG, § 345 Rz. 22.

24) *Stiegler* in: NK-UmwG, § 345 Rz. 15; *Reidt* in: KölnKomm-UmwG, § 345 Rz. 25.

25) Vertiefend *Luy* in: BeckOGK-UmwG, § 345 Rz. 23; Lutter-*J. Schmidt*, UmwG, § 345 Rz. 15.

26) Henssler/Strohn-*Drinhausen/Keinath*, GesR, § 345 UmwG Rz. 1.

27) Ausf. Widmann/Mayer-*Stelmaszczyk*, UmwR, § 345 UmwG Rz. 29 ff.

28) Auch *Luy* in: BeckOGK-UmwG, § 345 Rz. 25.

29) Im Verhältnis Österreich und Deutschland kann auf eine Doppelbeurkundung aufgrund des gleichwertigen Beurkundungsverfahrens verzichtet werden; zur Anwendbarkeit der allgemeinen Regeln für eine Auslandsbeurkundung Lutter-*J. Schmidt*, UmwG, § 345 Rz. 107; Schmitt/Hörtnagl-*Winter*, UmwG/UmwStG, Vorb. §§ 333 ff. UmwG Rz. 31 – Formwechsel; **krit.** dazu *Luy* in: BeckOGK-UmwG, § 335 Rz. 88; Widmann/Mayer-*Stelmaszczyk*, UmwR, § 345 UmwG Rz. 48; zudem ist kein Echtheitsnachweis erforderlich, Art. 3 des Beglaubigungsvertrags zwischen dem Deutschen Reiche und der Republik Österreich (BGBl. II 1952, 436), *M. C. Schmidt* in: Hauschild/Kallrath/Wachter, Notarhdb. Gesellschafts- und Unternehmensrecht, § 345 Rz. 224.

§ 333 Abs. 2 Nr. 2 ist auch § 247 Abs. 1 anwendbar, so dass die Satzung einen Hinweis enthalten sollte, dass das Mindestkapital durch den grenzüberschreitenden Formwechsel aufgebracht wird.[30] Sollte das bisherige Mindestkapital niedriger sein als nach dem Recht des Zielstaats vorgegeben, muss der Gesellschaftsvertrag das Mindestkapital auf den gesetzlich vorgegebenen Betrag festsetzen.[31]

12 Auch das Firmenrecht gehört zum Prüfungsinhalt.[32]

13 Ist die Zielrechtsform eine **AG**, muss ein Aufsichtsrat bestellt werden; dies kann im Formwechselplan selbst oder durch einen separaten Beschluss durch die Gründer i. S. des § 245 Abs. 1 erfolgen.[33] Auch die §§ 245 Abs. 1 Satz 3, Abs. 2 Satz 3, Abs. 3 Satz 3 sind nicht anwendbar, so dass grundsätzlich ein Nachgründungszeitraum gemäß § 52 AktG entsteht (§ 333 Abs. 3 Satz 1).[34]

14 Das Registergericht nimmt außerdem, anders als bei der Hereinverschmelzung zur Aufnahme (vgl. § 318 Abs. 1 Satz 3), **keine allgemeine Missbrauchskontrolle** vor, weil § 345 eine dem § 318 Abs. 1 Satz 3 entsprechende Regelung nicht enthält.[35] Sofern jedoch evidente Hinweise für einen Missbrauch vorliegen, darf das Registergericht die Eintragung ablehnen, wobei dies nur in seltenen Ausnahmefällen anzunehmen ist.[36]

15 Die Prüfung der verschiedenen Verfahrensschritte unterliegt im Wegzugsstaat gewissen **Fristen** (insbesondere § 343 Abs. 1). Für die Prüfung im Zielstaat besteht in § 345 jedoch keine spezielle Frist. Mit Blick auf den effet utile muss das Genehmigungsverfahren im Zielstaat jedoch in einer angemessenen Zeit durchgeführt werden, wobei sich grob an § 343 Abs. 1 orientiert werden kann.[37]

V. Eintragung; Mitteilungspflicht (§ 345 Abs. 4)

16 Liegen die Voraussetzungen vor, wird die Gesellschaft neuer Rechtsform eingetragen, wodurch der grenzüberschreitende Formwechsel wirksam wird (§§ 333 Abs. 2 Nr. 1, 202 Abs. 1). Die Gesellschaft neuer Rechtsform besteht ab diesem Zeitpunkt (§§ 333 Abs. 2 Nr. 1, 202 Abs. 2). Der Inhalt der Bekanntmachung der Eintragung (§§ 333 Abs. 2 Nr. 1 i. V. m. § 201 i. V. m. § 10 HGB) ergibt sich aus § 46a Abs. 1 HRV. Der grenzüberschreitende Formwechsel wird in seinem Bestand geschützt, kann also nicht für nichtig erklärt werden (§ 333 Abs. 2 Nr. 1, § 202 Abs. 3; Art. 86t Abs. 1 Gesellschaftsrechtsrichtlinie). Eine Ausnahme gilt für das vollständige Fehlen der Formwechselbescheinigung.[38]

17 § 345 Abs. 4 dient der Umsetzung von Art. 86p Abs. 3 Satz 1 Gesellschaftsrechtsrichtlinie. Das Registergericht hat das Wirksamwerden des grenzüberschreitenden Formwechsels dem Register des Wegzugsstaats anzuzeigen. Die Kommunikation erfolgt über das BRIS;[39] auch hier empfiehlt sich eine gesonderte Übermittlung. Dadurch kann das Register des Wegzugsstaats die Löschung der alten formwechselnden Gesellschaft vornehmen (Art. 86p Abs. 3 Satz 2). Für den Fall des Hinausformwechsels ist dies in § 343 Abs. 5, § 46a Abs. 2 HRV geregelt.

---

30) Schmitt/Hörtnagl-*Winter*, UmwG/UmwStG, § 345 UmwG Rz. 7; *Luy* in: BeckOGK-UmwG, § 345 Rz. 34.
31) Widmann/Mayer-*Stelmaszczyk*, UmwR, § 345 UmwG Rz. 40.
32) *Stiegler* in: NK-UmwG, § 345 Rz. 18.
33) Vertiefend *Bücker/Kopp*; AG 2023, 764, 767 (Rz. 15 ff.).
34) Vertiefend *Luy* in: BeckOGK-UmwG, § 345 Rz. 27 f.; *Reidt* in: KölnKomm-UmwG, § 345 Rz. 30.
35) *Luy* in: BeckOGK-UmwG, § 345 Rz. 30; Kallmeyer-*Biller/Wilk*, UmwG, § 345 Rz. 6; *Reidt* in: KölnKomm-UmwG, § 345 Rz. 22.
36) *Reidt* in: KölnKomm-UmwG, § 345 Rz. 22.
37) Lutter-*J. Schmidt*, UmwG, § 345 Rz. 22.
38) *Knaier*, GmbHR 2018, 607, 621; Widmann/Mayer-*Stelmaszczyk*, UmwR, § 345 UmwG Rz. 25.
39) Begr. RegE UmRUG, BT-Drucks. 20/3822, S. 119.

Anhang zu § 345
Mitbestimmung i. R. grenzüberschreitender Umwandlungen

Literatur: *Brandes*, Mitbestimmungsvermeidung mittels grenzüberschreitender Verschmelzungen, ZIP 2008, 2193; *Forst*, Die Beteiligungsvereinbarung nach § 21 SEBG, Bonn 2010 (Diss.) (zit.: Beteiligungsvereinbarung); *Habersack*, Grundsatzfragen der Mitbestimmung in SE und SCE sowie bei grenzüberschreitender Verschmelzung, ZHR 171 (2007), 613; *Kisker*, Unternehmerische Mitbestimmung in der Europäischen Gesellschaft, der Europäischen Genossenschaft und bei grenzüberschreitender Verschmelzung im Vergleich, RdA 2006, 206; *Linden*, Die Mitbestimmungsvereinbarung der dualistisch verfassten Societas Europaea (SE), 2012; *Lunk/Hinrichs*, Die Mitbestimmung der Arbeitnehmer bei grenzüberschreiten-den Verschmelzungen nach dem MgVG, NZA 2007, 773; *Mückl*, Mitbestimmung bei Gründung einer Societas Europaea (SE) – „Sein" oder Sollen?, BB 2018, 2868; *Mückl/Blunck*, Mitbestimmungsrecht bei grenzüberschreitenden Umwandlungen – Die Arbeitnehmerbeteiligung in den aktuellen Gesetzesentwürfen zur Umsetzung der Richtlinie (EU) 2019/2121, DB 2022, 1640; *Mückl/Blunck*, Mehr Mitbestimmung wagen? – Die Pläne der Ampel-Koalition für die Unternehmensmitbestimmung und Gestaltungsstrategien für Unternehmen, DB 2022, 735; *Mückl/Götte*, Wie gelingt der Auftakt zur Arbeitnehmerbeteiligung bei SE-Gründung? – Richtige Aufforderung und Information in der Praxis, BB 2017, 1845; *Müller-Bonanni/Jenner/Thomas*, Mitbestimmungsrechtliche Folgen grenzüberschreitender Verschmelzungen, Umwandlungen und Spaltungen nach der RL (EU) 2019/2121, NZG 2021, 764; *Nagel*, SE und Einfrieren der Mitbestimmung, ZIP 2022, 208; *Nikoleyczik/Führ*, Mitbestimmungsgestaltung im grenzüberschreitenden Konzern – Unter besonderer Berücksichtigung der SE und grenzüberschreitender Verschmelzungen, DStR 2010, 1743; *Pütz*, Die Unternehmensmitbestimmung nach dem „Company Law Package" der EU – Erste Überlegungen zur Umsetzung der neugefassten Mobilitäts-Richtlinie (EU) 2017/1132 in das deutsche Recht, AG 2020, 117; *Rudolph/Wickler*, Keine Beteiligung der Arbeitnehmer bei Aktivierung einer Vorrats-SE? – Besprechung von EuGH Urt. v. 16.5.2024 – C-706/22, NZA 2024, 761, NZA 2024, 889; *Sagan*, Eine deutsche Geschlechterquote für die europäische Aktiengesell-schaft, RdA 2015, 255; *Schockenhoff*, Rechtspolitische Initiativen zur Erweiterung der unternehmerischen Mitbestimmung, AG 2012, 185; *Selent*, Die Mitbestimmung nach dem Company Law Package aus Perspektive des deutschen Kompromissvorschlags zur europäischen Mitbestimmung, NZG 2018, 1171; *Simon/Deuchler*, Die EuGH-Entscheidung zur Sitzgarantie von Gewerkschaften bei der formgewechselten SE – Klarstellung mit neuen Fragen, NZA 2022, 1451; *Thomale*, Mitbestimmungsvermeidung durch Gründung einer SE, NZG 2022, 1; *Titze*, Unternehmensmitbestimmung bei grenzüberschreitendem Formwechsel und grenzüberschreitender Spaltung, NZA 2021, 752; *Uffmann*, Autonomieverschiebungen in der SE-Beteiligungsrichtlinie – zum Urteil des EuGH in der Rechtssache IG Metall und ver.di/SAP, EuZA 2024, 73.

Übersicht

I. Vorbemerkung

1 An der Unternehmensmitbestimmung scheiden sich bereits im nationalen Recht die Geister.[1] Während die einen sie überhöhen,[2] lehnen andere sie vollkommen ab.[3] Empirisch sind ihre Auswirkungen bislang kaum nachgewiesen.[4] Vor allem die Mitbestimmung der Arbeitnehmer in Unternehmensorganen erwies sich allerdings auch immer wieder als Hindernis einer europäischen Rechtsvereinheitlichung,[5] weil die Traditionen sehr unterschiedlich sind.[6] Sie reichen – grob zusammengefasst – von einem völligen Ausschluss der Unternehmensmitbestimmung,[7] über eine Beschränkung auf staatliche bzw. kürzlich privatisierte Unternehmen,[8] bis zu einer an die Mitarbeiterzahl anknüpfenden (unterschiedlich großen) Arbeitnehmervertretung in Leitungsorganen privatwirtschaftlicher Unternehmen.[9] Es ist daher nicht überraschend, dass die **unionsrechtlichen Regeln** die Unternehmensmitbestimmung betreffend auf **Kompromissen** beruhen, die unter bestimmten Bedingungen nutzbar gemacht werden können, um von den nationalen Vorgaben zur Unternehmensmitbestimmung abzuweichen.

---

1) Vgl. den Überblick bei *Mückl/Blunck*, DB 2022, 735.

2) Vgl. z. B. abrufbar unter https://www.boeckler.de/de/context.htm?page=imu/podcasts-34761-wie-mitbestimmung-bei-der-bewaeltigung-multipler-krisen-hilft-50334.htm (Abrufdatum: 13.1.2026).

3) Vgl. z. B. *Thomale*, NZG 2022, 1.

4) In diesem Sinne auch *Schockenhoff*, AG 2012, 185, 187; Vorteile abl. z. B. *Thomale*, NZG 2022, 1 unter Hinweis auf *Addison/Schnabel*, Worker Directors, 2009; Vorteile annehmend *Hay*, abrufbar unter https://www.euractiv.com/section/economy-jobs/opinion/codetermination-from-an-economic-perspective/ (Abrufdatum: 13.1.2026).

5) Für viele *Naber/Sittard* in: MünchHdb. ArbR, § 383 Rz. 5 m. w. N.

6) Guter Überblick – auch zu Erkenntnisquellen – bei *Forst* in: Gaul/Ludwig/Forst, EuMitbestR, § 1 Rz. 170 ff., 181 ff.

7) Z. B. Italien, Estland, Lettland, Litauen, Belgien, Rumänien, Bulgarien, Island, Zypern, Malta.

8) Z. B. Spanien, Irland, Portugal, Griechenland, Polen, Tschechien.

9) Z. B. Deutschland, Frankreich, Luxemburg, Niederlande, Schweden, Norwegen.

II. Der Begriff der „Mitbestimmung"

Zunächst soll allerdings kurz der Begriff „Unternehmensmitbestimmung" bzw. „Mitbestimmung" eingeordnet werden. Seine historisch erste Definition auf europäischer Ebene findet sich in Art. 2 lit. k Richtlinie 2001/86/EG[10]. „Mitbestimmung" ist danach 2

> „die Einflussnahme des Organs zur Vertretung der Arbeitnehmer und/oder der Arbeitnehmervertreter auf die Angelegenheiten einer Gesellschaft durch
>
> – die Wahrnehmung des Rechts, einen Teil der Mitglieder des Aufsichts- oder des Verwaltungsorgans der Gesellschaft zu wählen oder zu bestellen, oder
>
> – die Wahrnehmung des Rechts, die Bestellung eines Teils der oder aller Mitglieder des Aufsichts- oder des Verwaltungsorgans der Gesellschaft zu empfehlen und/oder abzulehnen."[11]

Die Definition der Mitbestimmung in Art. 2 lit. k Richtlinie 2003/72/EG[12] entspricht dem für die Europäische Genossenschaft (SCE) weitgehend. Eine Besonderheit[13] ist das Recht der Arbeitnehmer auf Teilnahme an der **Generalversammlung** bzw. Sektoren- oder Sektionsversammlung nach Art. 9 Richtlinie 2003/72/EG. Ein entsprechendes Recht ist in einigen Mitgliedstaaten (nicht in Deutschland)[14] vorgesehen, wird aber – soweit vorhanden – nach Art. 9 Richtlinie 2003/72/EG unter bestimmten Voraussetzungen erhalten, insbesondere im Fall der Umwandlungsgründung. 3

Für die grenzüberschreitende Verschmelzung verweist Art. 133 Abs. 2 Satz 1 Richtlinie (EU) 2017/1132[15] auf Art. 2 lit. k Richtlinie 2001/86/EG. Wegen Art. 133 Abs. 2 lit. a Richtlinie (EU) 2017/1132 zählt zur Mitbestimmung i. S. der Richtlinie (EU) 2017/1132 allerdings ferner das Recht, Arbeitnehmer **vertretende Mitglieder** für die dort genannten Ausschüsse zu wählen oder zu bestellen oder deren Wahl oder Bestellung zu empfehlen und/oder abzulehnen.[16] 4

Art. 86l Abs. 2 Satz 1 Richtlinie (EU) 2017/1132 verweist für die Definition der Mitbestimmung bei einer grenzüberschreitenden Umwandlung (in der Terminologie des deutschen UmwG „Formwechsel") ebenfalls auf Art. 2 lit. k Richtlinie 2001/86/EG. Dasselbe gilt wegen Art. 160l Abs. 21 Richtlinie (EU) 2017/1132 bei einer grenzüberschreitenden Spaltung. 5

III. Nationale Umsetzungsgesetze

Für die in der Praxis in ihrer Bedeutung kontinuierlich zunehmende Mitbestimmung in Unternehmen auf der Basis europäischen Unionsrechts existieren abhängig entweder von der Rechtsform oder der Umwandlungsmaßnahme **vier unterschiedliche Umsetzungsgesetze:** 6

– die Mitbestimmung in Europäischen Gesellschaften (SE) mit Sitz in Deutschland ist im Gesetz über die Beteiligung der Arbeitnehmer in einer Europäischen Gesellschaft (SE-Beteiligungsgesetz – **SEBG**)[17] geregelt;

---

10) Richtlinie 2001/86/EG des Rates v. 8.10.2001 zur Ergänzung des Statuts der Europäischen Gesellschaft hinsichtlich der Beteiligung der Arbeitnehmer, ABl. (EU) L 294/22 v. 10.11.2001.

11) Für die Praxis ist das im zweiten Spiegelstrich angesprochene Kooptationsmodell nicht mehr relevant. Denn es galt ausschließlich in den Niederlanden, wurde dort aber im Jahre 2004 abgeschafft, vgl. nur Lutter/Hommelhoff/Teichmann-*Oetker*, SE-Kommentar, § 2 SEBG Rz. 40.

12) Richtlinie 2003/72/EG des Rates v. 22.7.2003 zur Ergänzung des Statuts der Europäischen Genossenschaft hinsichtlich der Beteiligung der Arbeitnehmer (SCE-Richtlinie), ABl. (EU) L 207/55 v. 18.8.2003.

13) Zu Besonderheiten im Verhandlungsverfahren nach Art. 8 Richtlinie 2003/72/EG vgl. *Forst* in: Gaul/Ludwig/Forst, EuMitbestR, § 3 Rz. 82 ff.; *Kisker*, RdA 2006, 206, 208; *Riesenhuber*, EuArbR, § 32 Rz. 72.

14) *Kisker*, RdA 2006, 206, 208.

15) Richtlinie (EU) 2017/1132 des Europäischen Parlaments und des Rates v. 14.6.2017 über bestimmte Aspekte des Gesellschaftsrechts (Gesellschaftsrechtsrichtlinie), ABl. (EU) L 169/46 v. 30.6.2017.

16) Habersack/Drinhausen-*Thüsing/Forst*, SE-Recht, § 1 MgVG Rz. 6.

17) Gesetz über die Beteiligung der Arbeitnehmer in einer Europäischen Gesellschaft (SE-Beteiligungsgesetz – SEBG), v. 22.12.2004, BGBl. I 2004, 3675, 3686.

- die Mitbestimmung in Europäischen Genossenschaften (SCE) mit Sitz in Deutschland ist im Gesetz über die Beteiligung der Arbeitnehmer und Arbeitnehmerinnen in einer Europäischen Genossenschaft (SCE-Beteiligungsgesetz – **SCEBG**)[18] geregelt;
- die Mitbestimmung in Gesellschaften deutschen Rechts, die aus einer Verschmelzung mit Unternehmen aus anderen Mitgliedstaaten der EU oder des EWR hervorgehen, ist im Gesetz über die Mitbestimmung der Arbeitnehmer bei einer grenzüberschreitenden Verschmelzung (**MgVG**)[19] geregelt;
- die Mitbestimmung in Gesellschaften deutschen Rechts, die aus einem Formwechsel oder einer Spaltung unter Beteiligung von Unternehmen aus anderen Mitgliedstaaten der EU oder des EWR hervorgehen, ist im Gesetz über die Mitbestimmung der Arbeitnehmer bei grenzüberschreitendem Formwechsel und grenzüberschreitender Spaltung (**MgFSG**)[20] geregelt.

IV. Ansatzpunkte und Intensität der Mitbestimmung

1. Unternehmensmitbestimmung bzw. betriebliche Konsultation

7 Nur bei **der SE und der SCE** kommen für die Mitbestimmung zwei Ansatzpunkte in Betracht:

- **Unternehmensmitbestimmung:** In der dualistisch verfassten (also mit Vorstand und Aufsichtsrat versehenen) SE oder SCE der Aufsichtsrat, in der monistisch verfassten der Verwaltungsrat.
- **Betriebliche Mitbestimmung durch Konsultation:** Durch ein als „SE-Betriebsrat" bzw. „SCE-Betriebsrat" bezeichnetes Konsultationsorgan, das außerhalb der gesellschaftsrechtlichen Organisation steht und kompetenzmäßig am ehesten einem deutschen Wirtschaftsausschuss (§ 106 BetrVG) vergleichbar ist.

8 Im Rahmen grenzüberschreitender Verschmelzungen, Spaltungen oder Formwechsel ist kein zusätzliches Konsultationsgremium auf betrieblicher Ebene vorgesehen. Die nachfolgende Darstellung konzentriert sich auf die Unternehmensmitbestimmung.

2. Intensität der Mitbestimmung

9 Die Intensität der Unternehmensmitbestimmung hängt zunächst einmal davon ab, ob und ggf. in welchem **Unternehmensorgan** (Aufsichtsrat, Verwaltungsrat) sie stattfindet und wie dieses nach dem jeweils anwendbaren Gesetz zusammengesetzt ist.

10 Von den für die Mitbestimmung in Betracht kommenden Organen hat der **Verwaltungsrat** in der SE sowie der SCE mit monistischer Struktur die am weitesten reichenden Kompetenzen, weil ihm die Geschäftsführung obliegt.

11 Findet die Mitbestimmung im **Aufsichtsrat** statt, ist sie auf die Kontrolle der Geschäftsführung beschränkt. Abhängig von der Rechtsform ist sie dabei unterschiedlich stark ausgeprägt: Insbesondere wegen der Personalkompetenz, die Vorstandsmitglieder zu bestellen (Art. 39 Abs. 2 SE-VO[21], Art. 37 Abs. 2 SCE-VO[22], ist die Position des mitbestimm-

18) Gesetz über die Beteiligung der Arbeitnehmer und Arbeitnehmerinnen in einer Europäischen Genossenschaft (SCE-Beteiligungsgesetz – SCEBG), v. 14.8.2006, BGBl. I 2006, 1911, 1917.

19) Gesetz über die Mitbestimmung der Arbeitnehmer bei einer grenzüberschreitenden Verschmelzung (MgVG), v. 21.12.2006, BGBl. I 2006, 3332.

20) Gesetz über die Mitbestimmung der Arbeitnehmer bei grenzüberschreitendem Formwechsel und grenzüberschreitender Spaltung (MgFSG), v. 4.1.2023, BGBl. I 2023 Nr. 10.

21) Verordnung (EG) Nr. 2157/2001 des Rates v. 8.10.2001 über das Statut der Europäischen Gesellschaft (SE) (SE-VO), ABl. (EU) L 294/1 v. 10.11.2001.

22) Verordnung (EG) Nr. 1435/2003 des Rates v. 22.7.2003 über das Statut der Europäischen Genossenschaft (SCE) (SCE-VO), ABl.(EU) L 207/1 v. 18.8.2003.

ten Aufsichtsrats in der SE und der SCE am stärksten ausgeprägt. Mit Blick auf das „Vorher-Nachher-Prinzip" (siehe dazu Rz. 14) zeigt sich das z. B. im Vergleich mit der GmbH: Das Recht, die Geschäftsführung zu bestellen, hat in der GmbH nur ein paritätisch mitbestimmter Aufsichtsrat (§ 31 MitbestG)[23], während die Personalkompetenz bei einer dem DrittelbG unterfallenden GmbH bei den Gesellschaftern liegt. Auch bei der KGaA fehlt dem Aufsichtsrat die Personalkompetenz. Sie steht nach § 278 Abs. 2 AktG i. V. m. §§ 124 Abs. 1, 161 Abs. 2 und 170 Abs. 1 HGB grundsätzlich den persönlich haftenden Gesellschaftern zu.

3. Unternehmensmitbestimmung in der SE

Der Anwendungsbereich des deutschen SEBG ist eröffnet, wenn die SE ihren Sitz im Inland hat (§ 3 Abs. 1 Satz 1 SEBG). 12

a) Grundlagen

Unter „Mitbestimmung" in der SE ist nach der Definition in § 2 Abs. 12 SEBG ausschließlich die Unternehmensmitbestimmung, also eine auf Aufsichtsrat oder Verwaltungsrat bezogene Beteiligung, zu verstehen. 13

Für die SE gibt es – anders als nach dem Regelungsmodell der deutschen Mitbestimmungsgesetze – keine eigenständige, von objektiven Merkmalen des Unternehmens abhängige Regelung zur Mitbestimmung. Die SE als solche erscheint demnach zunächst mitbestimmungsfrei. Stattdessen ist die Mitbestimmung in der SE abhängig von dem in den Gründerunternehmen bestehenden **Mitbestimmungsstatus**. Dabei gelten zwei Grundsätze: 14

- Vorrangig soll die Mitbestimmung möglichst durch Vereinbarung im Gründungsstadium der SE festgelegt werden (§ 1 Abs. 2 SEBG – **„Vorrang der Verhandlungslösung"**)[24]. Erst bei einem Scheitern der Verhandlungen greift eine gesetzliche Auffangregelung (§§ 34 ff. SEBG).
- Zum anderen soll das in den Gründerunternehmen im Zeitpunkt der Gründung der SE bestehende Mitbestimmungsniveau in der SE nicht ohne Zustimmung der Arbeitnehmer unterschritten werden (**„Vorher-Nachher-Prinzip"**)[25].

Eine Mindestzahl von Arbeitnehmern ist, anders als nach deutschem Recht, nicht Voraussetzung der Mitbestimmung. Konsequenterweise sieht das SE-Recht keine Anpassung von Mitbestimmungsrechten beim Anwachsen der Arbeitnehmerzahl vor (**„Einfriereffekt"**)[26]. 15

Nach Art. 12 Abs. 2 SE-VO ist die Durchführung eines **Verhandlungsverfahren** über die Beteiligung der Arbeitnehmer grundsätzlich Voraussetzung der Eintragung der SE. Etwas anderes gilt nur bei der Gründung einer arbeitnehmerlosen Vorrats-SE.[27] Soweit eine solche in der Praxis weit verbreitet erworben und nachfolgend mit einem Unternehmen ausgestattet wird (sog. „Aktivierung"), macht dies – vorbehaltlich eines Missbrauchs[28] – keine Nachholung eines Arbeitnehmerbeteiligungsverfahrens erforderlich, wie der EuGH in der Sache „Olympus"[29] klargestellt hat. Das BAG[30] hat sich dem inzwischen angeschlossen. 16

23) Mitbestimmungsgesetz (MitbestG), v. 4.5.1976, BGBl. I 1976, 1153.
24) *Uffmann* in: MünchHdb. ArbR, § 368 Rz. 15.
25) Vgl. ErwG 18 zur SE-Richtlinie; *Jacobs* in: MünchKomm-AktG, Vorb. SEBG Rz. 15; Nagel/Freis/Kleinsorge-*Kleinsorge*, SEBG/SCEBG/MgVG, Einf. SE Rz. 24 ff.
26) Vgl. z. B. *Nagel*, ZIP 2022, 208 ff.
27) EuGH, Urt. v. 16.5.2024 – Rs. C-706/22 (O SE & Co. KG), Rz. 40, ZIP 2024, 1257.
28) Vgl. dazu z. B. *Rudolph/Wickler*, NZA 2024, 889, 892 f.
29) EuGH, Urt. v. 16.5.2024 – Rs. C-706/22 (O SE & Co. KG), Rz. 40, ZIP 2024, 1257.
30) BAG, Beschl. v. 26.11.2024 – 1 ABR 3/23, NZG 2025, 805; BAG, Beschl. v. 26.11.2024 – 1 ABR 6/23, ZIP 2025, 959.

b) Beteiligungsvereinbarung

17 Auf Arbeitnehmerseite wird die Vereinbarung durch das nach §§ 4 ff. SEBG zu bildende besondere Verhandlungsgremium verhandelt und abgeschlossen.

aa) Verzicht auf eine Mitbestimmung

18 Es kann **mit doppelter Zwei-Drittel-Mehrheit** (bezogen auf die Zahl seiner Mitglieder und die Zahl der von ihnen vertretenen Arbeitnehmer) mit der Folge beschließen, von Verhandlungen Abstand zu nehmen, dass in der SE keine auf dem SEBG basierende Arbeitnehmerbeteiligung stattfindet (§ 16 SEBG). Ausgeschlossen ist dies nur, wenn die SE durch Umwandlung eines mitbestimmten Unternehmens gegründet werden soll (§ 16 Abs. 3 SEBG). Wird eine Beteiligungsvereinbarung abgeschlossen, so muss diese also grundsätzlich keine Mitbestimmung vorsehen.

bb) Schranken bei einer Umwandlungsgründung

19 Etwas anderes gilt nach § 21 Abs. 6 SEBG lediglich in Fällen der Umwandlungsgründung, in denen die Beteiligungsvereinbarung „in Bezug auf alle Komponenten der Arbeitnehmerbeteiligung" das in der umzuwandelnden Gesellschaft bestehende Maß an Mitbestimmung weiterhin **gewährleisten** muss. In der Sache „SAP" hat der **EuGH**[31] – zu Unrecht[32] – einem unionsrechtlich einheitlichen Verständnis dieser Vorgabe eine **Absage erteilt**. Von dem zugrunde liegenden Art. 4 Abs. 4 der Richtlinie 2001/86/EG geschützt sind danach alle nach dem nationalen Recht der sich umwandelnden Gesellschaft prägenden Elemente der Mitbestimmung, im deutschen Recht insbesondere die **Sitzgarantie der Gewerkschaften** nach dem MitbestG. Die Mitgliederzahl des Aufsichtsrats bleibt hingegen auch bei einer Umwandlungsgründung verkleinerbar.

cc) Minderung der Mitbestimmung

20 Auch eine Minderung der Mitbestimmung ist nach § 15 Abs. 4 SEBG zulässig. Gemeint ist damit ein niedrigerer Anteil der Arbeitnehmervertreter im Aufsichts- oder Verwaltungsrat als der höchste bei einer der beteiligten Gesellschaften bisher bestehende Anteil. Ein Beschluss des Besonderen Verhandlungsgremiums (BVG) kann indes ebenfalls nur mit doppelter Zwei-Drittel-Mehrheit gefasst werden (§ 15 Abs. 3 SEBG), sofern sich die Mitbestimmung bisher

- im Fall der Verschmelzungsgründung der SE auf wenigstens ein Viertel und
- im Fall der Gründung der SE als Holding oder Tochter auf mindestens die Hälfte der Arbeitnehmer der beteiligten Unternehmen und betroffenen Töchter

erstreckt.

dd) Erhöhung der Mitbestimmung

21 Ein höheres Maß an Mitbestimmung als in den Gründungsgesellschaften kann vereinbart werden, soweit die sich aus zwingenden Vorschriften über die Verfassung der SE ergebenden **Grenzen gewahrt werden**. So ist nach Art. 50 Abs. 2 Satz 2 SE-VO im Fall der paritätischen Besetzung des Aufsichtsrats oder Verwaltungsrats das Zweitstimmrecht des gemäß Art. 42 Satz 2, 45 Satz 2 SE-VO immer der Anteilseignerseite zugehörigen Vorsitzenden nicht disponibel.

---

31) EuGH, Urt. v. 18.10.2022 – Rs. C-677/20 (IG Metall/ver.di), ZIP 2022, 2170.

32) Vgl. zur Kritik z. B. *Uffmann*, EuZA 2024, 73 ff.

ee) Inhalt der Beteiligungsvereinbarung im Übrigen

Einen Katalog zwingender Inhalte regelt § 21 Abs. 3 SEBG nicht, wie sein Eingangssatz mithilfe eines Vorbehalts deutlich macht. Für die Mitbestimmung allerdings drei Themenkreise angesprochen: 22

- die Zahl der Mitglieder des Verwaltungs- oder des Aufsichtsorgans der SE, welche die Arbeit-nehmer wählen oder bestellen können oder deren Bestellung sie empfehlen oder ablehnen können,
- das Verfahren, nach denen die Arbeitnehmer diese Mitglieder wählen oder bestellen oder deren Be-stellung empfehlen oder ablehnen können, und
- die Rechte dieser Mitglieder.

In Bezug auf diese Regelungen besteht ein **Ermessen** („für den Fall"), das ergänzende Regelungsgegenstände nicht ausschließt, soweit sie sich auf die Mitbestimmung i. S. des § 2 Abs. 12 SEBG beziehen. Wegen dieser Begrenzung der Vereinbarungsautonomie sind Regelungen zur inneren Arbeitsweise des Verwaltungs- oder Aufsichtsorgans unzulässig.[33] Dasselbe gilt für Regelungen zu den Mitgliedern des Leitungsorgans bzw. den geschäftsführenden Direktoren des Verwaltungsorgans.[34] Auch die **personelle Zusammensetzung** des Aufsichts- oder Verwaltungsorgans kann nicht in der Beteiligungsvereinbarung geregelt werden.[35] Ob Vorgaben zum **Geschlechterverhältnis** ebenso unzulässig sind wie Regelungen über die Modalitäten der Gesamterfüllung (§ 17 Abs. 2, § 24 Abs. 3 SEAG), ist umstritten.[36] Da die Mitbestimmung i. S. des § 2 Abs. 2 SEBG nur die Arbeitnehmervertreter umfasst, spricht viel für die restriktive Auffassung, wobei ggf. eine richtlinienkonforme Auslegung geboten sein kann.[37] Zulässig sind jedenfalls Bestimmungen, welche die Zusammensetzung der Arbeitnehmervertreter im Aufsichts- oder Verwaltungsorgan ausgestalten.[38] Ferner kann die Beteiligungsvereinbarung die Zahl der Arbeitnehmervertreter und deren Anteil regeln.[39] Ob ferner auch die **Größe des Verwaltungs- oder Aufsichtsorgans** zulässiger Regelungsinhalt einer Beteiligungsvereinbarung sein kann, wird kontrovers diskutiert.[40] 23

Zulässig (und empfehlenswert) ist jedenfalls eine **Regelung zum Verfahren für die Bestellung oder Wahl** der Arbeitnehmervertreter (§ 21 Abs. 3 Nr. 2 SEBG). Regelbar (und sinnvollerweise zu regeln) sind auch die Rechtsfolgen von Wahlfehlern, insbesondere die 24

33) *Forst*, Beteiligungsvereinbarung, S. 295 ff.; Habersack/Henssler/Höpfner-*Höpfner*, MitbestR, § 21 SEBG Rz. 49 f.; *Jacobs* in: MünchKomm-AktG, § 21 SEBG Rz. 52 ff.; Lutter/Hommelhoff/Teichmann-*Oetker*, SE-Kommentar, § 21 SEBG Rz. 87; *Sagan* in: NK-Ges. ArbR, § 21 SEBG Rz. 25; Franzen/Gallner/Oetker-*Oetker*, EuArbR, Art. 4 RL 2001/86/EG Rz. 16 m. w. N. auch zur gegenteiligen Minderheitsauffassung.

34) *Forst*, Beteiligungsvereinbarung, S. 301 ff.; Habersack/Drinhausen-*Hohenstatt*/*Müller-Bonanni*, SE-Recht, § 21 SEBG Rz. 27; *Sagan* in: NK-Ges. ArbR, § 21 SEBG Rz. 25.

35) *Mückl* in: Preis/Sagan, EuArbR, Rz. 10.177.

36) Dafür Franzen/Gallner/Oetker-*Oetker*, EuArbR, Art. 4 RL 2001/86/EG Rz. 17; a. A. Nagel/Freis/Kleinsorge-*Freis*, SEBG, § 21 Rz. 25, und tendenziell Beschlussempfehlung und Bericht d. Ausschusses FSFJ z. BGleiG, BT-Drucks. 18/4227, S. 22.

37) Vgl. *Sagan*, RdA 2015, 255 ff.

38) Näher *Mückl* in: Preis/Sagan, EuArbR, Rz. 10.179 m. w. N.

39) *Mückl* in: Preis/Sagan, EuArbR, Rz. 10.180.

40) Vgl. zum Streitstand Franzen/Gallner/Oetker-*Oetker*, EuArbR, Art. 4 RL 2001/86/EG Rz. 18 m. zahlr. Nachw.

Rahmenbedingungen für eine Anfechtung der Wahl (Anfechtungsfrist, Anfechtungsberechtigung).[41]

25 Soweit § 21 Abs. 3 Nr. 3 SEBG auch **„die Rechte dieser Mitglieder"** zum zulässigen Inhalt einer Beteiligungsvereinbarung zählt, sind – wie sich aus der Regelungssystematik ergibt – die Rechte der Arbeitnehmervertreter gemeint. Denkbar[42] sind Regelungen z. B. zur individuellen Rechtsstellung (etwa Schulungsansprüche oder Freistellungen), aber auch Regelungen zu ihren organschaftlichen Rechten, z. B. zu gesonderten Zusammenkünften der Arbeitnehmervertreter vor einer Sitzung des Aufsichts- oder Verwaltungsorgans. Umgekehrt sind auch die Pflichten der Arbeitnehmervertreter als Pendant zu ihren Rechten in den Schranken der gesetzlichen Vorgaben zulässiger Regelungsgegenstand.[43]

c) Gesetzliche Auffangregelung

26 Kommt eine Beteiligungsvereinbarung nicht zustande, ohne dass das BVG nach § 16 SEBG verzichtet hätte, greift die gesetzliche Auffanglösung ein (§§ 22 ff. SEBG, für die Mitbestimmung gelten die §§ 34 ff. SEBG). Bei allen grenzüberschreitenden Umstrukturierungsmaßnahmen hat zwar normativ die **Verhandlungslösung Vorrang**. In der Praxis finden die Verhandlungen aber „im Schatten" der Auffanglösung statt, „die dementsprechend die Verhandlungserwartungen prägt".[44]

27 §§ 34 ff. SEBG differenzieren hinsichtlich der Anwendung der gesetzlichen Auffangregelung zwischen den verschiedenen Formen der Gründung einer SE.

aa) Gründung durch Umwandlung

28 Im Fall einer Umwandlungsgründung bleibt gemäß §§ 35 Abs. 1 Nr. 1, 36 Abs. 1 SEBG die **Regelung zur Mitbestimmung erhalten**, die in der Gesellschaft vor der Umwandlung bestand. Diese Voraussetzungen sind zweifellos erfüllt, wenn in einer Gesellschaft tatsächlich ein entsprechendes Verwaltungs- oder Aufsichtsorgan eingerichtet worden ist.

29 Ist die umzuwandelnde Gesellschaft hingegen zwar vom Anwendungsbereich einer entsprechenden gesetzlichen Regelung erfasst, wurde aber eine Besetzung des Aufsichts- oder Verwaltungsorgans mit Arbeitnehmervertretern unterlassen, stellt sich die Frage, ob der **Ist-Zustand oder** der **Soll-Zustand** maßgeblich ist. Sie wird in der deutschen Rechtsprechung und Literatur **kontrovers diskutiert.**[45] Jedenfalls für das deutsche Recht sprechen die besseren Gründe für ein Abstellen auf den Ist-Zustand.[46] Die deutsche obergerichtliche Rechtsprechung[47] stellt auf den Soll-Zustand ab, während die instanzgerichtliche Recht-

---

41) *Forst*, Beteiligungsvereinbarung, S. 290 ff.; *Jacobs* in: MünchKomm-AktG, § 21 SEBG Rz. 47; Franzen/Gallner/Oetker-*Oetker*, EuArbR, Art. 4 RL 2001/86/EG Rz. 21; *Mückl* in: Preis/Sagan, EuArbR, Rz. 10.181; a. A. *Linden*, Die Mitbestimmungsvereinbarung der dualistisch verfassten Societas Europaea (SE), S. 159.

42) Vgl. z. B. *Feuerborn* in: KölnKomm-AktG, § 21 SEBG Rz. 58 ff.; Habersack/Henssler/Höpfner-*Höpfner*, MitbestR, § 21 SEBG Rz. 46; *Jacobs* in: MünchKomm-AktG, § 21 SEBG Rz. 49.

43) Habersack/Henssler/Höpfner-*Höpfner*, MitbestR, § 21 SEBG Rz. 47; Habersack/Drinhausen-*Hohenstatt/Müller-Bonanni*, SE-Recht, § 21 SEBG Rz. 27; *Jacobs* in: MünchKomm-AktG, § 21 SEBG Rz. 50; *Linden*, Die Mitbestimmungsvereinbarung der dualistisch verfassten Societas Europaea (SE), S. 164 f.; a. A. *Forst*, Beteiligungsvereinbarung, S. 284 f.

44) Statt vieler *Riesenhuber*, EuArbR, § 32 Rz. 15 m. w. N.

45) Vgl. zum Streitstand Franzen/Gallner/Oetker-*Oetker*, EuArbR, Art. 7 RL 2001/86/EG Rz. 10 ff.

46) Ausf. *Mückl*, BB 2018, 2868 ff.

47) OLG Frankfurt/M., Beschl. v. 27.8.2018 – 21 W 29/18, NZG 2018, 1254; OLG München, Beschl. v. 26.3.2020 – 31 Wx 278/18, NZG 2020, 783.

sprechung[48)] eher das Gegenteil annimmt. Der BGH hat sich zwar hinsichtlich der Grundsatzfrage für offen erklärt,[49)] allerdings angenommen, dass ein vor der Umwandlung eingeleitetes Statusverfahren den Ist-Zustand mitprägt.[50)] Das kann man dahin verstehen, dass der BGH eher dem Ist-Zustand zuneigt. Noch weitergehend will das OLG München[51)] bereits Diskussionen um den Mitbestimmungsstatus als den Ist-Zustand prägenden Umstand berücksichtigen.

bb) Gründung durch Verschmelzung

Bei Gründung einer SE durch Verschmelzung ist die Gesellschaft nach §§ 34 Abs. 1 Nr. 2 lit. a, 35 Abs. 2 Alt. 1 SEBG nicht allein deshalb mitbestimmt, weil in einer der an der Verschmelzung beteiligten Gesellschaften eine Form der Mitbestimmung bestand. Erforderlich ist zusätzlich, dass diese **mindestens 25 % der Arbeitnehmer** der beteiligten Gesellschaften **erfasst**. Wird dieser Schwellenwert unterschritten, kann das Besondere Verhandlungsgremium (BVG) gemäß § 34 Abs. 1 Nr. 2 lit. b SEBG allerdings beschließen, sie zur Anwendung zu bringen. Mangels abweichender Vorgaben ist dafür eine absolute doppelte Mehrheit erforderlich.[52)] Nicht obsolet ist aber, dass in einer der beteiligten Gesellschaften überhaupt eine Mitbestimmung besteht. Die gesetzliche Auffangregelung ist dementsprechend nicht anwendbar, wenn in keiner der beteiligten Gesellschaften eine Form der Mitbestimmung bestand. Hierüber kann sich auch das BVG nicht durch einen Beschluss hinwegsetzen[53)]. 30

Abweichend von §§ 35 Abs. 1 Nr. 1 SEBG stellt § 34 Abs. 1 Nr. 2 SEBG seinem Wortlaut nach nicht auf die **Geltung** eines Mitbestimmungssystems, sondern auf dessen **Bestand** in den beteiligten Gesellschaften ab. Das spricht jedenfalls in dieser Variante für die – auch insoweit umstrittene[54)] – Maßgeblichkeit des Ist-Zustands. 31

Nach Art. 7 Abs. 2 Unterabs. 1 lit. b Richtlinie 2001/86/EG ist die **„Gesamtzahl der Arbeitnehmer"** bezogen auf „alle beteiligten Gesellschaften" maßgeblich. Hiervon sind unstreitig alle Arbeitnehmer umfasst, die bei beteiligten Gesellschaften i. S. von Art. 2 lit. b Richtlinie 2001/86/EG in den Mitgliedstaaten (nicht in Drittstaaten) beschäftigt sind. Der Einbezug von Arbeitnehmern, die bei **Tochtergesellschaften** in den Mitgliedstaaten beschäftigt sind (vgl. § 34 Abs. 1 Nr. 2 SEBG), ist mit einer verbreiteten Ansicht[55)] richtlinienwidrig. 32

Für die **Berechnung** der jeweiligen Arbeitnehmerzahl enthält § 34 Abs. 1 Nr. 2 SEBG keine Vorgaben. Maßgeblich ist hierfür grundsätzlich die in der Information nach § 4 SEBG mitgeteilte Zahl der in den Gesellschaften und Betrieben jeweils beschäftigten Ar- 33

48) LG Frankfurt/M., Beschl. v. 23.11.2017 – 3-05 O 63/17, NZG 2018, 820; LG Berlin, Beschl. v. 1.4.2019 – 102 O 120/17, AktG, ZIP 2019, 2057; LG München I, Beschl. v. 26.6.2018 – 38 O 15760/17, ZIP 2018, 1546.

49) BGH, Beschl. v. 23.7.2019 – II ZB 20/18, Rz. 31, NZG 2019, 1157.

50) BGH, Beschl. v. 23.7.2019 – II ZB 20/18, Rz. 34 ff., NZG 2019, 1157.

51) OLG München, Beschl. v. 26.3.2020 – 31 Wx 278/18, NZG 2020, 783.

52) Franzen/Gallner/Oetker-*Oetker*, EuArbR, Art. 7 RL 2001/86/EG Rz. 13.

53) Franzen/Gallner/Oetker-*Oetker*, EuArbR, Art. 7 RL 2001/86/EG Rz. 15 m. w. N.

54) Vgl. zum Streitstand Franzen/Gallner/Oetker-*Oetker*, EuArbR, Art. 7 RL 2001/86/EG Rz. 14 m. w. N.

55) *Feuerborn* in: KölnKomm-AktG, § 34 SEBG Rz. 25; *Forst* in: Gaul/Ludwig/Forst, EuMitbestR, § 2 Rz. 468; Habersack/Henssler/Höpfner-*Habersack*, MitbestR, § 34 SEBG Rz. 4; Annuß/Kühn/Rudolph/Rupp-*Rudolph*, EBRG, § 34 SEBG Rz. 18; *Sagan* in: NK-Ges. ArbR, § 34 SEBG Rz. 7; Habersack/Drinhausen-*Hohenstatt/Müller-Bonanni*, SE-Recht, § 34 SEBG Rz. 9; a. A. *Carlson* in: NK-EBRG, Mitbestimmung der Arbeitnehmer in der SE Rz. 132; *Jacobs* in: MünchKomm-AktG, § 34 SEBG Rz. 17; Nagel/Freis/Kleinsorge-*Nagel*, SEBG, § 34 Rz. 8.

beitnehmer.[56] In Abhängigkeit von den Arbeitsrechtsordnungen in den jeweiligen Mitgliedstaaten können hierzu nicht nur diejenigen Arbeitnehmer gehören, die zu der Gesellschaft bzw. dem Rechtsträger des Betriebes in einem Arbeitsverhältnis stehen.[57]

cc) Gründung einer Holding- oder Tochtergesellschaft

34 Bei Gründung einer Holding- oder einer Tochtergesellschaft in der **Rechtsform der SE** gilt die **Auffanglösung** nach §§ 34 Abs. 1 Nr. 3 lit. a, 35 Abs. 2 Alt. 2 SEBG mit der Maßgabe, dass das auf die „Gesamtzahl der Arbeitnehmer" bezogene notwendige Quorum der Mitbestimmungserstreckung auf „mindestens 50 %" erhöht wird.

35 „Tochtergesellschaften" in diesem Sinne sind unstreitig solche, die im Wege einer primären Gründung als „Tochter-SE" nach Art. 2 Abs. 3, 35 f. SE-VO errichtet werden. Ob auch Sekundärgründungen als „SE-Tochter" nach Art. 3 Abs. 2 SE-VO hierunter fallen, ist bislang nicht entschieden. Voraussetzung hierfür ist, dass die Richtlinie 2001/86/EG solche Sekundärgründungen überhaupt erfasst.[58]

dd) Umfang der Mitbestimmung

36 Für den Fall einer Umwandlungsgründung gibt § 35 Abs. 1 SEBG vor, dass die Regelung zur Mitbestimmung erhalten bleibt, die in der Gesellschaft vor der Umwandlung bestand. Die Richtlinie 2001/86/EG spricht insoweit von einem **Erhalt aller Komponenten** der Mitbestimmung. Zum Begriff „alle Komponenten der Mitbestimmung der Arbeitnehmer" hat der **EuGH** in seinem Urteil vom 18.10.2022[59] zur Parallelvorschrift des Art. 4 Abs. 4 Richtlinie 2001/86/EG entschieden, dass diese Qualifikation eingreift, wenn die betreffende Komponente

> „[…] ein prägendes Element der innerstaatlichen Regelung der Mitbestimmung der Arbeitnehmervertreter darstellt, das eingeführt wurde, um die Mitbestimmung der Arbeitnehmer im Unternehmen zu stärken, und ihm nach diesem Recht ein zwingender Charakter zukommt […]".

37 Dann gehöre „dieses Verfahrenselement zu „alle[n] Komponenten der Arbeitnehmerbeteiligung" i. S. von Art. 4 Abs. 4 der Richtlinie 2001/86." Damit wird die bislang heftig umstrittene Frage der Konkretisierung der „Komponenten der Mitbestimmung"[60] nicht aufgelöst, sondern dasselbe Abgrenzungsproblem begegnet der Praxis „nun unter der Fragestellung, welche Elemente der Unternehmensmitbestimmung „prägend" in dem genannten Sinne sind".[61] Klar ist nach der Entscheidung des EuGH, dass die im MitbestG enthaltene **Sitzgarantie der Gewerkschaften** in Form eines durch einen getrennten Wahlgang abgesicherten Vorschlagsrechts für die Arbeitnehmervertreter hierzu zu zählen ist.[62] In Verbindung mit der Legaldefinition der Mitbestimmung in Art. 2 lit. k Richtlinie 2001/86/EG ist ebenfalls klar, dass – in Übereinstimmung mit der überwiegenden Ansicht[63] –

56) *Mückl/Götte*, BB 2017, 1845, 1849.
57) Franzen/Gallner/Oetker-*Oetker*, EuArbR, Art. 7 RL 2001/86/EG Rz. 18.
58) Vgl. zum Streitstand Franzen/Gallner/Oetker-*Oetker*, EuArbR, Art. 1 RL 2001/86/EG Rz. 6 f. m. w. N.
59) EuGH, Urt. v. 18.10.2022 – Rs. C-677/20 (IG Metall/ver.di), Rz. 39, ZIP 2022, 2170.
60) Vgl. zum Streitstand Franzen/Gallner/Oetker-*Oetker*, EuArbR, Anh. RL 2001/86/EG Rz. 14 f. m. w. N.
61) *Simon/Deuchler*, NZA 2022, 1451, 1453 f.
62) BAG, Beschl. v. 23.3.2023 – 1 ABR 43/18, NZA 2023, 1125.
63) *Feuerborn* in: KölnKomm-AktG, § 35 SEBG Rz. 12; *Forst* in: Gaul/Ludwig/Forst, EuMitbestR, § 2 Rz. 483; Habersack/Henssler/Höpfner-*Habersack*, MitbestR, § 35 SEBG Rz. 6; Habersack/Drinhausen-*Hohenstatt/Müller-Bonanni*, SE-Recht, § 35 SEBG Rz. 3; *Jacobs* in: MünchKomm-AktG, § 35 SEBG Rz. 9; Annuß/Kühn/Rudolph/Rupp-*Rudolph*, § 35 SEBG Rz. 4; *Sagan* in: NK-Ges. ArbR, § 35 SEBG Rz. 3; a. A. *Carlson* in: NK-EBRG, Mitbestimmung der Arbeitnehmer in der SE Rz. 135; Schubert/Wißmann/Kleinsorge-*Kleinsorge*, MitbestR, EU-Recht Rz. 123; Nagel/Freis/Kleinsorge-*Nagel*, SEBG, § 35 Rz. 2.

der **Anteil der Arbeitnehmervertreter** im Aufsichts- oder Verwaltungsorgan der SE erfasst ist, **nicht aber die Größe des Aufsichtsrats** als solche. Nicht erfasst dürften ferner insbesondere die Bestimmungen zur **inneren Ordnung** des Aufsichtsrats in den §§ 27–29 MitbestG, aber auch die Bestellung eines **Arbeitsdirektors** (§ 33 MitbestG, § 13 Montan-MitbestG) sein, zumal letzterer schon nicht Mitglied des Aufsichtsorgans ist.

Für die SE-Gründung durch Verschmelzung normiert § 35 Abs. 2 Satz 2 SEBG, dass der höchste Anteil an Arbeitnehmervertretern im Aufsichts- oder Verwaltungsorgan der beteiligten Gesellschaften für das Aufsichts- oder Verwaltungsorgan der SE maßgebend ist. Da dem Wortlaut nach nur der **„Anteil"** maßgeblich ist, ist die Zahl der Arbeitnehmervertreter unerheblich, solange ihr Anteil unter den Mitgliedern des Aufsichts- oder Verwaltungsorgans der SE unverändert bleibt. Da Teil 3 lit. b Unterabs. 1 des Anhangs der Richtlinie 2001/86/EG zudem ausdrücklich auf den Anteil bei den „beteiligten Gesellschaften" abstellt, **spielen betroffene Tochtergesellschaften keine Rolle**. Damit steht die Auffangregelung insbesondere einer Verkleinerung des Aufsichtsrats nicht entgegen.[64] Ebenso wenig sind andere Regelungen aus gesetzlichen Vorschriften zur Mitbestimmung, die bei den beteiligten Gesellschaften galten, für die SE aufrechtzuerhalten.[65] Das „Vorher-Nachher-Prinzip" ist also schwächer ausgestaltet. 38

Die Vorgaben des § 35 Abs. 2 Satz 2 SEBG für die Gründung einer Holding- oder Tochter-SE entsprechen denen zur Verschmelzungsgründung (siehe Rz. 38). 39

§ 36 Abs. 1 SEBG regelt die **Verteilung** der auf die Arbeitnehmerseite entfallenden **Sitze** in dem Aufsichts- oder Verwaltungsorgan auf die Mitgliedstaaten und weist diese Aufgabe für Deutschland (und in Abs. 2 hilfsweise auch für andere Mitgliedstaaten) dem **SE-Betriebsrat** zu. Maßstab für die Verteilung sind dem Wortlaut nach nicht nur die in den einzelnen Mitgliedstaaten beschäftigten Arbeitnehmer der SE, sondern auch ihrer Tochtergesellschaften und Betriebe. Der Einbezug von Tochtergesellschaften geht über den Wortlaut der Richtlinie 2001/86/EG hinaus. § 36 Abs. 1 Satz 2 und 3 SEBG regelt den Sonderfall, dass ein oder mehrere Mitgliedstaaten bei einer anteilmäßigen Verteilung unberücksichtigt bleiben. Für diesen Fall ist – von dem Vertretungsorgan (d. h. in Deutschland vom SE-Betriebsrat) – ein bei bloßer Verteilung nach Maßgabe der Anteile an sich zu berücksichtigender Vertreter herauszunehmen und stattdessen ein **Vertreter aus einem ansonsten vertretungslosen Mitgliedstaat** zu bestellen. Diese Vorgabe ist zwingend und eine Zuweisung von Sitzen an einen bereits berücksichtigten Mitgliedstaat offensichtlich unzulässig.[66] 40

Zur **Verteilung der Geschlechter** unter den Mitgliedern des Aufsichts- oder Verwaltungsorgans sowie unter den jeweiligen Vertretern der Arbeitnehmer macht Teil 3 Unterabs. 3 des Anhangs der Richtlinie 2001/86/EG ebenso wenig Vorgaben wie zur Auswahl der Arbeitnehmervertreter, Fehlern bei der Auswahl oder für die Abberufung. Insoweit obliegt es den Mitgliedstaaten, entsprechende Regelungen zu schaffen.[67] **Deutschland** hat dies in **§ 36 Abs. 3 und 4 SEBG** umgesetzt. Regeln zur Abberufung und Anfechtung der Wahl der Arbeitnehmervertreter finden sich in § 37 SEBG, während § 38 SEBG den Grundsatz der gleichen Berechtigung und Verpflichtung der Arbeitnehmervertreter umsetzt. 41

64) Franzen/Gallner/Oetker-*Oetker*, EuArbR, Anh. RL 2001/86/EG Rz. 18.

65) Franzen/Gallner/Oetker-*Oetker*, EuArbR, Anh. RL 2001/86/EG Rz. 18.

66) Vgl. für die grenzüberschreitende Verschmelzung OLG Frankfurt/M., Beschl. v. 23.8.2023 – 21 W 13/23, NZG 2024, 109.

67) Franzen/Gallner/Oetker-*Oetker*, EuArbR, Anh. RL 2001/86/EG Rz. 23.

4. Unternehmensmitbestimmung in der SCE

42 Mit der SCE steht seit 2006 eine weitere auf europäischem Unionsrecht, der SCE-VO und der Richtlinie 2003/72/EG, beruhende Rechtsform zur Verfügung, in der Unternehmen grenzüberschreitend organisiert sein können. Die SCE-VO und die Richtlinie 2003/72/EGwerden in Deutschland durch das SCEAG[68] und das GenG sowie das SCEBG umgesetzt und ergänzt. Mit Blick auf die Arbeitnehmerbeteiligung **gleicht die SCE stark der SE:**

43 Grundsätzlich wird auch hier die autonome Regelung von Fragen der Arbeitnehmerbeteiligung bezweckt (§ 21 Abs. 3 SCEBG), wobei wiederum das Mitbestimmungsniveau durch dieselben Mechanismen abgesichert wird, die auch bei der SE zur Anwendung kommen: Im Rahmen der **Verhandlungslösung** erfolgt die Absicherung vor allem durch das **Vorher-Nachher-Prinzip** (§§ 21 Abs. 5, 35 SCEBG) sowie durch **Beschlussquoren** (i) für den Fall der Minderung der Mitbestimmung (§ 15 Abs. 3, 4 SCEBG) sowie (ii) für den Fall der Nichtaufnahme oder des Abbruchs der Verhandlungen (§ 16 SCEBG). Die **Auffanglösung** knüpft erneut daran an, welcher Anteil der Arbeitnehmer zuvor der Mitbestimmung unterlag (§ 34 SCEBG). Die Vorschriften des SCEBG stimmen insoweit mit dem SEBG fast völlig überein, sofern die SCE durch mindestens zwei juristische Personen oder im Wege der Umwandlung einer Genossenschaft nationalen Rechts gegründet wird.

44 **Besonderheiten** ergeben sich allerdings mit Blick darauf, dass an der Gründung auch **natürliche Personen beteiligt** (§ 40 SCEBG) und die Arbeitnehmerzahlen daher gering sein können: Wird eine SCE unter Beteiligung natürlicher Personen gegründet und befindet sich unter den Gründern **nur eine oder keine juristische Person**, gelten für die Unternehmensmitbestimmung folgende Regeln: Nach § 41 Abs. 1 SCEBG gelten die für eine Gründung durch zwei oder mehr juristische Personen geltenden Vorschriften über das Verhandlungsverfahren und die gesetzliche Auffangregelung entsprechend, wenn die Gründer einschließlich der „betroffenen Tochtergesellschaften" insgesamt mindestens 50 Arbeitnehmer, verteilt auf mindestens zwei Mitgliedstaaten, beschäftigen. Die Anwendung der Auffanglösung ist allerdings nur möglich, wenn auch eine juristische Person an der Gründung beteiligt ist. Denn nur dann kann eine i. S. des „Vorher-Nachher-Prinzips" nach § 34 Abs. 1 Nr. 3 SCEBG fortzuführende Mitbestimmung bestehen; bei natürlichen Personen ist sie ausgeschlossen. Sind bei den Gründern einschließlich der „betroffenen Tochtergesellschaften" insgesamt weniger als 50 Arbeitnehmer oder in nur einem Mitgliedstaat mindestens 50 Arbeitnehmer beschäftigt, gilt für die SCE das auf inländische Genossenschaften anwendbare Mitbestimmungsrecht (§ 41 Abs. 2 SCEBG), sofern nicht die SCE und ihrer Tochtergesellschaften mindestens 50 Arbeitnehmer aus mehr als einem Mitgliedstaat beschäftigen (§ 41 Abs. 3 Nr. 2 SCEBG) oder mindestens ein Drittel der Arbeitnehmer die Anwendung des „Vorher-Nachher-Prinzips" beantragen (§ 41 Abs. 3 Nr. 1 SCEBG).

5. Unternehmensmitbestimmung bei grenzüberschreitender Verschmelzung

45 Seit 2007 ist die Verschmelzung von AG, KGaA und GmbH, die nach dem Recht eines Mitgliedstaats der EU oder des EWR verfasst sind, mit entsprechenden Gesellschaften anderer Mitgliedstaaten möglich (seit 1.3.2023: §§ 305 bis 319). Eine punktuelle Erweiterung der grenzüberschreitenden Verschmelzungsmöglichkeiten erfolgte anlässlich des

68) Gesetz zur Ausführung der Verordnung (EG) Nr. 1435/2003 des Rates v. 22.7.2003 über das Statut der Europäischen Genossenschaft (SCE) (SCE-Ausführungsgesetz – SCEAG), v. 14.8.2006, BGBl. I 2006, 1911.

Brexits durch das Vierte Gesetzes zur Änderung des UmwG[69], durch das erstmals auch **Personenhandelsgesellschaften** in den Regelungsbereich der §§ 305 ff. (§§ 122a ff. a. F.) einbezogen wurden.

Anders als bei der SE und der SCE geht aus einer grenzüberschreitenden Verschmelzung keine Gesellschaft supranationaler Rechtsform hervor, sondern der **aufnehmende Rechtsträger** hat eine **nationale Rechtsform.** Art. 133 der Richtlinie 2017/1132/EU (zuvor Art. 16 Richtlinie 2005/56/EG), dessen Umsetzung in Deutschland das MgVG dient, regelt, welchem Mitbestimmungsregime der aufnehmende Rechtsträger unterliegt. 46

Der Anwendungsbereich des **MgVG** ist nur eröffnet, wenn aus der grenzüberschreitenden Verschmelzung eine Kapitalgesellschaft oder Personenhandelsgesellschaft deutschen Rechts – als übernehmendes oder als neu gegründetes Unternehmen – hervorgeht (§ 3 Abs. 1 Satz 1 MgVG – „Hineinverschmelzung"). Lediglich einzelne Verfahrenselemente des MgVG mit Inlandsbezug finden nach § 3 Abs. 1 Satz 2 MgVG auch bei Verschmelzungen aus Deutschland „heraus" Anwendung. Das deutsche Mitbestimmungsrecht wird vom MgVG verdrängt, soweit es von diesem nicht in Bezug genommen wird. 47

a) Vorgaben zur Mitbestimmung

Ausgangspunkt der Mitbestimmung ist nach § 4 MgVG, Art. 133 Abs. 1 Richtlinie (EU) 2017/1132 das Mitbestimmungsregime des Staates, in dem der **aufnehmende Rechtsträger** seinen **satzungsmäßigen**[70] **Sitz** hat.[71] Dies gilt auch dann, wenn der Verwaltungssitz vom Satzungssitz abweicht (also z. B. dann, wenn der Verwaltungssitz abweichend vom Satzungssitz in Deutschland verbleibt).[72] 48

Das Mitbestimmungsregime des Sitzstaates des aufnehmenden Rechtsträgers findet in den nachfolgend (siehe unten Rz. 51 ff.) beschriebenen drei Fällen keine (unmittelbare) Anwendung. Stattdessen besteht eine **Verhandlungspflicht** bzw. **Verhandlungsoption**[73], die – wenn Verhandlungen durchgeführt werden oder die gesetzliche Auffanglösung eingreift (zu den Handlungsoptionen der Parteien siehe unter Rz. 59 ff.) – ein **supranationales Mitbestimmungsregime** zur Anwendung bringt, in dessen Rahmen nationale Vorgaben lediglich mittelbar eine Rolle spielen können. Verhindert werden soll dadurch, dass das Mitbestimmungsniveau absinkt („Vorher-Nachher-Prinzip").[74] 49

Bei den nachfolgend (siehe unter Rz. 51 ff.) beschriebenen **drei Fällen** handelt es sich nach dem Verständnis der Rechtsprechung des EuGH[75] durch die h. M.[76] **um selbständige Tatbestände**, nicht optionale Varianten, welche die Mitgliedstaaten wählen könnten. Die Gegenansicht (sog. Kumulationstheorie)[77] ist jedenfalls seit der Neufassung von 50

69) Gesetz zur Umsetzung der Richtlinie (EU) 2016/2341 des Europäischen Parlaments und des Rates vom 14. Dezember 2016 über die Tätigkeiten und die Beaufsichtigung von Einrichtungen der betrieblichen Altersversorgung (EbAV) (Neufassung), v. 19.11.2018, BGBl. I 2018, 49.

70) Vgl. nur Franzen/Gallner/Oetker-*Oetker*, EuArbR, Art. 133 RL (EU) 2017/1132 Rz. 6 m. w. N.

71) Habersack/Drinhausen-*Thüsing/Forst*, SE-Recht, § 1 MgVG Rz. 7; *Naber/Sittard* in: MünchHdb. ArbR, § 383 Rz. 23.

72) Habersack/Drinhausen-*Thüsing/Forst*, SE-Recht, § 1 MgVG Rz. 14; Franzen/Gallner/Oetker-*Oetker*, EuArbR, Art. 133 RL (EU) 2017/1132 Rz. 6 m. w. N.

73) Vgl. Habersack/Drinhausen-*Thüsing/Forst*, SE-Recht, § 1 MgVG Rz. 15.

74) Habersack/Drinhausen-*Thüsing/Forst*, SE-Recht, § 1 MgVG Rz. 16 ff.; *Naber/Sittard* in: MünchHdb. ArbR, § 386 Rz. 5.

75) EuGH, Urt. v. 20.6.2013 – Rs. C-635/11 (Kommission ./. Niederlande), ECLI:EU:C:2013:408.

76) Vgl. Habersack/Drinhausen-*Thüsing/Forst*, SE-Recht, § 1 MgVG Rz. 15; *Naber/Sittard* in: MünchHdb. ArbR, § 386 Rz. 24; zum Streitstand nur Franzen/Gallner/Oetker-*Oetker*, EuArbR, Art. 133 RL (EU) 2017/1132 Rz. 8 ff. m. w. N.

77) Vgl. zu ihr Franzen/Gallner/Oetker-*Oetker*, EuArbR, Art. 133 RL (EU) 2017/1132 Rz. 9, 10a m. w. N.

Art. 133 Abs. 2 Halbs. 1 Richtlinie (EU) 2017/1132 durch Art. 1 Nr. 20 Richtlinie (EU) 2019/2121[78] nicht mehr vertretbar.[79]

b) Supranationale Mitbestimmung

51 Nach § 5 Nr. 1 MgVG kommt das Verhandlungsverfahren des MgVG zunächst dann zur Anwendung, wenn die durchschnittliche Arbeitnehmerzahl mindestens einer der beteiligten Gesellschaften **in den sechs Monaten vor der Offenlegung** des Verschmelzungsplans **vier Fünftel des Schwellenwerts** erreicht, der die Mitbestimmung im Sitzstaat der jeweiligen Gesellschaft auslöst („Vier-Fünftel-Regelung").[80] Für die Ermittlung der **Arbeitnehmerzahl** gilt Folgendes: Die Durchschnittsberechnung erfordert eine Rückwärtsrechnung, für die es nicht darauf ankommt, ob die Arbeitnehmerzahl den maßgeblichen Schwellenwert in der Regel überschritten hat.[81] Vielmehr ist für jeden Kalendertag die Beschäftigtenzahl zu ermitteln und die addierte Gesamtzahl durch die Zahl der Kalendertage zu dividieren. Für das Eingreifen der Verhandlungspflicht ist ausreichend, wenn die durchschnittliche Zahl der Arbeitnehmer die Quote von 4/5 erreicht. § 5 Nr. 1 MgVG bleibt nach dem Normzweck auch dann anwendbar, wenn die durchschnittliche Arbeitnehmerzahl den maßgeblichen Schwellenwert überschreitet.[82] Da § 5 Nr. 1 MgVG für die maßgebliche Arbeitnehmerzahl auf einen in der Vergangenheit liegenden Durchschnitt abstellt (sechs Monate vor der Offenlegung des gemeinsamen Plans), kommt es grundsätzlich nicht auf die zukünftige Beschäftigungszahl bzw. deren Entwicklung an. Steht aber fest, dass der Schwellenwert in der Zukunft dauerhaft nicht mehr erreicht werden wird, ist eine (wortlautkorrigierende) teleologische Auslegung vorzugswürdig, die ein Verhandlungsverfahren entbehrlich macht.[83] Nach dem klaren Wortlaut des § 5 Nr. 1 MgVG sind Arbeitnehmer von Tochtergesellschaften nicht in die Berechnung einzubeziehen,[84] so dass nur auf die beteiligten Gesellschaften selbst abzustellen ist.[85]

52 Nach § 5 Nr. 2 MgVG erfolgt eine Mitbestimmungsregelung nach dem MgVG ferner, wenn das **Sitzrecht der hervorgehenden Gesellschaft** nicht mindestens **den gleichen Umfang an Mitbestimmung** vorsieht, wie er in den jeweiligen an der Verschmelzung beteiligten Gesellschaften bestand. Insoweit können vor allem Länder wie Dänemark oder Österreich betroffen sein, die niedrigere Schwellenwerte für die Mitbestimmung vorsehen.[86]

78) Richtlinie (EU) 2019/2121 des Europäischen Parlaments und des Rates v. 27.11.2019 zur Änderung der Richtlinie (EU) 2017/1132 in Bezug auf grenzüberschreitende Umwandlungen, Verschmelzungen und Spaltungen (Umwandlungsrichtlinie), ABl. (EU) L 321/1 v. 12.12.2019.

79) Zutreffend Franzen/Gallner/Oetker-*Oetker*, EuArbR, Art. 133 RL (EU) 2017/1132 Rz. 11; für die Praxis war die Frage bereits durch den EuGH entschieden, Habersack/Drinhausen-*Thüsing/Forst*, SE-Recht, § 1 MgVG Rz. 15 m. w. N.

80) Zur Bewertung dieser Regelung und den Handlungsoptionen der Parteien vgl. *Mückl* in: Preis/Sagan, EuArbR, Rz. 10.48 f.

81) Vgl. zu dem Streit bei der gleichgelagerten Vorgabe in Art. 2 Abs. 2 Richtlinie 2009/38/EG z. B. Franzen/Gallner/Oetker-*Oetker*, EuArbR, Art. 2 RL 2009/38/EG Rz. 32 m. w. N.

82) *Pütz*, AG 2020, 117, 119; Franzen/Gallner/Oetker-*Oetker*, EuArbR, Art. 133 RL (EU) 2017/1132 Rz. 19.

83) Vgl. zum dem Streitstand bei der gleichgelagerten Vorgabe in Art. 2 Abs. 2 Richtlinie 2009/38/EG im selben Sinne Franzen/Gallner/Oetker-*Oetker*, EuArbR, Art. 2 RL 2009/38/EG Rz. 33 m. w. N.

84) So bereits die h. M. zur früheren Fassung von Art. 133 Abs. 2 Halbs. 1 Richtlinie (EU) 2017/1132, vgl. Franzen/Gallner/Oetker-*Oetker*, EuArbR, Art. 133 RL (EU) 2017/1132 Rz. 12 m. w. N. Zur Neufassung ebenso Franzen/Gallner/Oetker-*Oetker*, EuArbR, Art. 133 RL (EU) 2017/1132 Rz. 19; a. A. *Selent*, NZG 2018, 1171, 1173; *Pütz*, AG 2020, 117, 119.

85) *Naber/Sittard* in: MünchHdb. ArbR, § 386 Rz. 13; Habersack/Drinhausen-*Thüsing/Forst*, SE-Recht, § 5 MgVG Rz. 10; *Gaul/Ludwig* in: Gaul/Ludwig/Forst, EuMitbestR, § 5 Rz. 87.

86) *Gutkès* in: Sagasser/Bula, Umwandlungen, § 13 Rz. 374.

Für die Fragen des Bestands und der Minderung der Mitbestimmung gelten folgende Grundsätze:

Hinsichtlich des „Bestands" der Mitbestimmung stellen sich hier spiegelbildlich dieselben Fragen, die bei einer SE-Gründung i. R. von Art. 3 Abs. 4, Abs. 6 Unterabs. 3, Art. 4 Abs. 4 Richtlinie 2001/86/EG und i. R. der Auffanglösung nach Teil 3 lit. b des Anhangs der Richtlinie 2001/86/EG maßgeblich sind (siehe dazu Rz. 29). Sie sind auch im selben Sinne zu beantworten. Als bestehende Mitbestimmungssysteme sind nach Auffassung der Kommission[87] und der wohl h. M.[88] allerdings auch freiwillig errichtete Mitbestimmungssysteme anzusehen. **53**

Aus Gründen der Praktikabilität und Rechtssicherheit wird der **Umfang der Mitbestimmung** nach § 5 Nr. 2 MgVG formal nach dem **Anteil der Arbeitnehmervertreter** im Aufsichts- oder Verwaltungsorgan bestimmt. Maßgeblich ist allein ein quantitativer und kein qualitativer Vergleich.[89] Konsequenz der rein quantitativen Anknüpfung ist nach h. M.,[90] dass weder eine geringere absolute Zahl der Arbeitnehmervertreter noch der Systemwechsel in der Leitungsstruktur oder andere Rechtspositionen (z. B. Repräsentanz von Gewerkschaftsvertretern) in den Vergleich einzubeziehen sind und zum Eingreifen von § 5 Nr. 2 MgVG führen. Nicht auszuschließen ist zwar, dass dies im Lichte der Entscheidung des EuGH[91] zu Art. 4 Abs. 4 Richtlinie 2001/86/EG und der daran anknüpfenden Rechtsprechung des BAG[92] zu § 21 Abs. 6 Satz 1 SEBG neu diskutiert werden wird. Der Wegfall eines Arbeitsdirektors i. S. des § 33 MitbestG oder eines weiteren Mitglieds im Aufsichtsrat i. S. des § 4 Abs. 2 lit. c Montan-MitbestG erfüllt indes unter keinen Umständen die Voraussetzungen des § 5 Nr. 2 MgVG, da es sich schon nicht um „Arbeitnehmervertreter" handelt.[93] Maßgeblicher Zeitpunkt für die Beurteilung der Minderung ist derjenige der Information der Arbeitnehmer bzw. ihrer Vertretungen nach § 6 MgVG.[94] **54**

Der Tatbestand des § 5 Nr. 3 MgVG schließlich liegt dann vor, wenn das **Sitzrecht** der hervorgehenden Gesellschaft für Arbeitnehmer in Betrieben der hervorgehenden Gesellschaft, die sich in anderen Mitgliedstaaten befinden, **nicht den gleichen Anspruch auf Ausübung von Mitbestimmung wie für inländische Arbeitnehmer vorsieht**. Maßgeblich ist danach insbesondere, ob die Arbeitnehmer im Sitzstaat der aus der Verschmelzung hervorgehenden Gesellschaft aktiv und/oder passiv wahlberechtigt sind.[95] Denn die Ausübung des Wahlrechts i. R. eines Mitbestimmungssystems ist als eine „Ausübung von Mitbestimmungsrechten" zu bewerten.[96] Keine Rolle spielt demgegenüber der Umfang der Mitbestimmung.[97] Die deutschen Mitbestimmungsgesetze lassen eine Beteiligung auslän- **55**

---

87) Vorschlag für eine Richtlinie des Europäisches Parlaments und des Rates über die Verschmelzung von Kapitalgesellschaften aus verschiedenen Mitgliedstaaten, v. 18.11.2003, KOM(2003), 703, 7.

88) *Naber/Sittard* in: MünchHdb. ArbR, § 386 Rz. 14; *Gutkès* in: Sagasser/Bula, Umwandlungen, § 13 Rz. 373 m. w. N.

89) *Gaul/Ludwig* in: Gaul/Ludwig/Forst, EuMitbestR, § 5 Rz. 90; *v. Morgen* in: NK-Ges. ArbR, §§ 4–5 MgVG Rz. 5; *Naber/Sittard* in: MünchHdb. ArbR, § 386 Rz. 18; Habersack/Drinhausen-*Thüsing/Forst*, SE-Recht, § 5 MgVG Rz. 16; Franzen/Gallner/Oetker-*Oetker*, EuArbR, Art. 133 RL (EU) 2017/1132 Rz. 19.

90) Vgl. nur Franzen/Gallner/Oetker-*Oetker*, EuArbR, Art. 133 RL (EU) 2017/1132 Rz. 21 m. w. N.

91) EuGH, Urt. v. 18.10.2022 – Rs. C-677/20 (IG Metall/ver.di), ZIP 2022, 2170.

92) BAG, Beschl. v. 23.3.2023 – 1 ABR 43/18, NZA 2023, 1125.

93) Franzen/Gallner/Oetker-*Oetker*, EuArbR, Art. 133 RL (EU) 2017/1132 Rz. 21 m. w. N.

94) Vgl. Annuß/Kühn/Rudolph/Rupp-*Annuß*, EBRG, § 5 MgVG Rz. 10.

95) *Naber/Sittard* in: MünchHdb. ArbR, § 386 Rz. 25.

96) *Brandes*, ZIP 2008, 2193, 2196; *v. Morgen* in: NK-Ges. ArbR, §§ 4–5 MgVG Rz. 6; *Kisker*, RdA 2006, 206, 211; *Nikoleyczik/Führ*, DStR 2010, 1743, 1744.

97) Franzen/Gallner/Oetker-*Oetker*, EuArbR, Art. 133 RL (EU) 2017/1132 Rz. 23.

discher Arbeitnehmer unter Verweis auf das Territorialitätsprinzip bisher nicht zu.[98] Das gilt – soweit ersichtlich – aber für alle Mitgliedstaaten.[99]

56 Nach wohl h. M. setzt die Anwendung von § 5 Nr. 3 MgVG zudem voraus, dass die Arbeitnehmer außerhalb des Sitzstaates vor der Verschmelzung bei der an der Verschmelzung beteiligten Gesellschaft **Mitbestimmungsrechte ausüben konnten.**[100] Nach der Gegenansicht kann es aus teleologischen Gründen[101] i. S. einer abstrakten Betrachtung nicht darauf ankommen.[102] Die besseren Gründe sprechen allerdings für das Erfordernis einer **konkreten Benachteiligung:**[103] Die Richtlinie (EU) 2017/1132, deren Umsetzung § 5 Nr. 3 MgVG dient, will grenzüberschreitende Verschmelzungen erleichtern und dabei die Mitbestimmungsrechte von Arbeitnehmern sichern (ErwG 65 ff. Richtlinie (EU) 2017/1132). Wären schon bei abstrakten Nachteilen Verhandlungen erforderlich, würden grenzüberschreitende Verschmelzungen aber nicht erleichtert, sondern erschwert, ohne dass dadurch konkrete Mitbestimmungsrechte gesichert würden. Außerdem deutet der Wortlaut des Art. 133 Abs. 2 lit. b Richtlinie (EU) 2017/1132 in mehreren Sprachfassungen darauf hin, dass Mitbestimmungsrechte konkret bestehen müssen.[104] Schließlich bestünde bei einer Auslegung i. S. einer abstrakten Benachteiligung für die Leitungen die Möglichkeit, einen mitbestimmungsfreien Status dauerhaft dadurch zu konservieren, dass unmittelbar die Auffanglösung gewählt wird.[105] Auch würde eine abstrakte Betrachtung des § 5 Nr. 3 MgVG die Verweisung auf das Sitzrecht nach § 4 MgVG entgegen der gesetzlichen Systematik bedeutungslos machen.[106]

c) Gestaltung der Mitbestimmung

57 Art. 133 der Richtlinie 2017/1132/EU und das MgVG regeln das Recht der Arbeitnehmerbeteiligung für das aus der Verschmelzung hervorgehende Unternehmen durch Rückgriff auf das „Vorher-Nachher-Prinzip" nach dem Vorbild der für SE geltenden Vorschriften, allerdings mit **einigen Abweichungen**. Maßgeblich für das Mitbestimmungsstatut soll indes auch hier in erster Linie eine Beteiligungsvereinbarung sein, die zwischen dem aus Arbeitnehmervertretern gebildeten Besonderen Verhandlungsgremium (BVG) auf der einen und den Leitungen der an der Verschmelzung beteiligten Gesellschaften auf der anderen Seite abgeschlossen wird (§ 22 MgVG).

58 § 22 MgVG übernimmt für den Inhalt der Beteiligungsvereinbarung mit Blick auf die Mitbestimmung ebenfalls weitestgehend die Regelungsinhalte von § 21 Abs. 3 SEBG. Keine Anwendung kraft Verweisung findet bei einer grenzüberschreitenden Verschmel-

---

98) Vgl. nur Schubert/Wißmann/Kleinsorge-*Schubert*, MitbestR, § 3 MitbestG Rz. 42 ff.; Widmann/Mayer-*Titze*, UmwR, Anh. 2: Mitbestimmungsrecht Rz. 104.2.

99) *Naber/Sittard* in: MünchHdb. ArbR, § 386 Rz. 26.

100) *Forst* in: Gaul/Ludwig/Forst, EuMitbestR, § 5 Rz. 38; *Gaul/Ludwig* in: Gaul/Ludwig/Forst, EuMitbestR, § 5 Rz. 98; Habersack/Henssler/Höpfner-*Habersack*, MitbestR, § 5 MgVG Rz. 6; *Naber/Sittard* in: MünchHdb. ArbR, § 386 Rz. 29 ff.; Habersack/Drinhausen-*Thüsing/Forst*, SE-Recht, § 5 MgVG Rz. 20.

101) Zum Streit um den teleologischen Gehalt der Norm vgl. z. B. Franzen/Gallner/Oetker-*Oetker*, EuArbR, Art. 133 RL (EU) 2017/1132 Rz. 24.

102) Annuß/Kühn/Rudolph/Rupp-*Annuß*, EBRG, § 5 MgVG Rz. 12; *v. Morgen* in: NK-Ges. ArbR, §§ 4–5 MgVG Rz. 6; *Kienast* in: Gaul/Ludwig/Forst, EuMitbestR, § 5 Rz. 124; Schubert/Wißmann/Kleinsorge-*Kleinsorge*, MitbestR, EU-Recht Rz. 178; wohl auch *Habersack*, ZHR 171 (2007), 613, 622.

103) Zum Folgenden Habersack/Drinhausen-*Thüsing/Forst*, SE-Recht, § 1 MgVG Rz. 21; *Naber/Sittard* in: MünchHdb. ArbR, § 386 Rz. 31 ff.

104) Habersack/Drinhausen-*Thüsing/Forst*, SE-Recht, § 1 MgVG Rz. 21; *Naber/Sittard* in: MünchHdb. ArbR, § 386 Rz. 34 ff.

105) *Naber/Sittard* in: MünchHdb. ArbR, § 386 Rz. 34 ff.

106) Widmann/Mayer-*Titze*, UmwR, Anh. 2: Mitbestimmungsrecht, Rz. 104.2.

zung die Schutznorm des § 21 Abs. 4 SEBG. Sie ist allerdings auch nicht erforderlich, weil das BVG durch Nichtaufnahme oder Abbruch der Verhandlungen einen mitbestimmten Status bzw. jedenfalls die Option hierauf nach dem Sitzstaatrecht erzwingen kann (siehe Rz. 63), soweit nicht die Leitungen unmittelbar die gesetzliche Auffangregelung wählen und dadurch den erreichten mitbestimmten Status konservieren (siehe Rz. 59 ff.).

d) Handlungsoptionen

Die zentrale Besonderheit im Vergleich zu dem Verhandlungsverfahren bei der SE liegt bei einer grenzüberschreitenden Verschmelzung nämlich darin, dass die Organe der beteiligten Gesellschaften nach § 15 Abs. 3 Satz 1 MgVG die Möglichkeit haben, das **Verhandlungsverfahren** dadurch **zu vermeiden**, dass sie sich entscheiden, „unmittelbar" (nämlich ohne Verhandlungen mit der Arbeitnehmerseite) die **gesetzliche Auffanglösung anzuwenden.** 59

Voraussetzung hierfür ist, dass in einer der beteiligten Gesellschaften ein Mitbestimmungssystem besteht (§ 15 Abs. 3 Satz 2 MgVG). Hinsichtlich des Bestehens eines Systems der Mitbestimmung stellen sich hier spiegelbildlich dieselben Fragen, die bei einer SE-Gründung i. R. von § 21 Abs. 6 SEBG und i. R. der Auffanglösung nach § 34 SEBG maßgeblich sind. Sie sind auch im selben Sinne zu beantworten (siehe oben unter Rz. 29). Umstritten ist, ob es sich bei der durch § 15 Abs. 3 Satz 1 MgVG eröffneten Option einer direkten Wahl der Auffanglösung durch die Leitungen um eine **Rechtsgrund-**[107)] **oder** eine **Rechtsfolgenverweisung**[108)] handelt. Die besseren Gründe sprechen für eine Qualifikation als Rechtsfolgenverweisung. 60

Die Fragestellung, was gilt, wenn sowohl die Leitungen der beteiligten Gesellschaften die Anwendung der Auffanglösung nach § 15 Abs. 3 Satz 1 MgVG beschließen, als auch das BVG die Nichtaufnahme oder den Abbruch der Verhandlungen (§ 18 MgVG, siehe dazu Rz. 63), war schon bislang mit der h. M.[109)] nach dem **Prioritätsprinzip** zu beantworten, da der jeweilige Beschluss die jeweilige Rechtsfolge bereits herbeiführt. Der zeitlich nachfolgende Beschluss geht daher ins Leere.[110)] Art. 133 Abs. 8 Satz 1 Richtlinie (EU) 2017/1132 stellt ohenhin klar, dass die Erstentscheidung bei den Leitungen liegt.[111)] 61

Obwohl damit feststeht, dass für die Ausübung der Option das Bestehen eines BVG noch nicht erforderlich ist, ist ein solches – entgegen einer verbreiteten Meinung in der Literatur – **nicht entbehrlich,**[112)] weil andernfalls die Auffangregelung nicht vollziehbar ist. 62

§ 18 MgVG eröffnet dem BVG die Option, die **Verhandlungen nicht aufzunehmen oder abzubrechen.** Rechtsfolge ist hier – abweichend von der Lösung des SE-Rechts (siehe Rz. 18) – die Anwendung des Mitbestimmungsrechts des Sitzstaates (§ 18 Satz 2 MgVG). 63

e) Gesetzliche Auffangregelung

Wie bei der SE richtet sich das von der Auffangregelung vorgeschriebene Mitbestimmungsniveau nach dem höchsten bei den beteiligten Gesellschaften vor der Verschmelzung bestehenden Niveau (§ 24 Abs. 1 Satz 2 MgVG). Die Hürde für das Eingreifen der gesetzli- 64

107) In diesem Sinne *Lunk/Hinrichs*, NZA 2007, 773, 779; *v. Morgen* in: NK-Ges. ArbR, §§ 23–28 MgVG Rz. 3.

108) So die wohl h. M., vgl. nur Franzen/Gallner/Oetker-*Oetker*, EuArbR, Art. 133 RL (EU) 2017/1132 Rz. 59 m. w. N.

109) Franzen/Gallner/Oetker-*Oetker*, EuArbR, Art. 133 RL (EU) 2017/1132 Rz. 57.

110) *Riesenhuber*, EuArbR, § 33 Rz. 46.

111) Vgl. *Müller-Bonanni/Jenner/Thomas*, NZG 2021, 764, 766.

112) Wie hier Franzen/Gallner/Oetker-*Oetker*, EuArbR, Art. 133 RL (EU) 2017/1132 Rz. 61 m. w. N. auch zur Gegenansicht.

chen Auffangregelung im Fall des Scheiterns der Verhandlungen ist nach § 23 Abs. 1 Satz 2 Nr. 1 MgVG aber höher als bei Gründung einer SE im Wege der Verschmelzung. Die einem Mitbestimmungsstatut unterliegenden beteiligten Unternehmen müssen nicht nur – wie bei der SE – mindestens ein Viertel der von der Gründung betroffenen Arbeitnehmer beschäftigen, sondern **ein Drittel**.

f) Nachfolgende Umwandlungen

65 Infolge Beteiligungsvereinbarung oder kraft Gesetzes bestehende Mitbestimmungsregelungen nach dem MgVG sollen nicht im Anschluss an eine grenzüberschreitende Verschmelzung durch Umwandlungen (nach innerstaatlichem Recht) entfallen, sondern sind vorübergehend geschützt (§§ 30 f. MgVG).

6. Unternehmensmitbestimmung bei grenzüberschreitendem Formwechsel und grenzüberschreitender Spaltung

66 Mit Art. 86l und Art. 160l der Richtlinie 2017/1132/EU i. d. F. der Richtlinie 2019/2121/EU wurde ein sekundärrechtlich einheitlicher Rechtsrahmen zur Durchführung von grenzüberschreitendem Formwechsel und grenzüberschreitender Spaltung zur Neugründung innerhalb der EU sowie des EWR geschaffen. Übertragen auf den grenzüberschreitenden Formwechsel und die grenzüberschreitende Spaltung wird darin mit Blick auf die Mitbestimmung im Wesentlichen das Verhandlungsmodell der SE (inkl. „Vorher-Nachher-Prinzip").

67 Umgesetzt wird dies in Deutschland durch das **MgFSG**. Der Anwendungsbereich des MgFSG ist in §§ 1 und 3 geregelt, während sich die Vorgaben für das einschlägige Mitbestimmungsregime in § 4 (nationales Mitbestimmungsregime) und § 5 (durch Arbeitnehmerbeteiligungsverfahren zu bestimmendes Mitbestimmungsregime) finden.

a) Anwendungsbereich des MgFSG

68 Nach § 1 Abs. 1 MgFSG gilt das Gesetz für die Mitbestimmung in den Unternehmensorgangen einer Gesellschaft deutscher Rechtsform, die aus einem grenzüberschreitenden Formwechsel oder einer grenzüberschreitenden Spaltung hervorgeht und – wie § 3 Abs. 1 MgFSG klarstellt – ihren Satzungssitz in Deutschland hat („Herein-Umwandlung"). Der Formwechsel oder die Spaltung deutscher Gesellschaften in die Rechtsordnung eines anderen Mitgliedstaates („Heraus-Umwandlung") unterliegt dagegen im Grundsatz dem Umsetzungsgesetz desjenigen Mitgliedstaates, in dem die hervorgehende Gesellschaft künftig ihren Sitz hat. Hierzu trifft das UmwG ergänzende Regelungen (vgl. §§ 305 ff.).

b) Vorgaben zur Mitbestimmung

69 Ebenso wie § 4 MgVG im Bereich der grenzüberschreitenden Verschmelzung sieht § 4 MgFSG für grenzüberschreitende Vorhaben i. S. des § 2 Abs. 2 MgFSG vor, dass sich die Unternehmensmitbestimmung grundsätzlich nach dem Recht des Mitgliedstaates richtet, in dem die aus dem grenzüberschreitenden Vorhaben **hervorgehende Gesellschaft ihren Sitz hat.**

70 Dieser Grundsatz wird zugunsten einer **Verhandlungslösung** mit einem Besonderen Verhandlungsgremium (BVG) durchbrochen, wenn einer der drei in § 5 MgFSG genannten Ausnahmetatbestände vorliegt, die strukturell denen des § 5 MgVG entsprechen. Ziel der Verhandlungen mit dem BVG ist der Abschluss einer Vereinbarung über die Mitbestimmung der Arbeitnehmer in der aus dem grenzüberschreitenden Vorhaben hervorgehenden Gesellschaft, § 16 Abs. 1 MgFSG. Anders als bei der SE-Gründung sind weitere Formen der Arbeitnehmerbeteiligung (Bildung eines SE-Betriebsrats) nicht Gegenstand einer solchen Vereinbarung; § 16 Abs. 1 MgFSG entspricht insofern der Parallelnorm des § 15 Abs. 1 MgVG. Die **Dauer der Verhandlungen** beträgt bis zu sechs Monate ab dem Tag, zu dem zur konstituierenden Sitzung des BVG eingeladen wurde. Sie kann einvernehmlich auf bis zu ein Jahr verlängert werden (§ 23 MgFSG). Auch diese Vorgaben sind bereits aus dem MgVG bekannt (vgl. § 21 MgVG).

c) Beteiligungsvereinbarung

Der **Mindestinhalt** der Beteiligungsvereinbarung ist in § 24 Abs. 1 MgFSG geregelt; daneben gibt es in § 24 Abs. 3 aufgezählte „Soll-Inhalte". Dies entspricht der Systematik von § 22 MgVG. Anders als im MgVG existiert mit § 24 Abs. 2 MgFSG jedoch eine Parallelvorschrift zu § 21 Abs. 6 SEBG, die es explizit verbietet, ein in der formwechselnden oder der sich spaltenden Gesellschaft bereits vorhandenes Mitbestimmungsniveau kraft Vereinbarung abzusenken. 71

d) Mitbestimmung kraft Gesetzes

Kommt es nicht zum Abschluss einer Beteiligungsereinbarung nach § 24 MgFSG, findet nach § 25 MgFSG die **gesetzliche Auffanglösung** Anwendung, wenn 72

- dies zwischen dem BVG und der Leitung der formwechselnden oder der sich spaltenden Gesellschaft vereinbart wird oder
- die Frist für die Verhandlungen über eine individuelle Vereinbarung erfolglos abläuft, ohne dass das BVG einen Beschluss über die Nichtaufnahme oder den Abbruch von Verhandlungen gefasst hat (siehe dazu Rz. 75).

Die in § 23 Abs. 1 Satz 1 Nr. 3 MgVG vorgesehene Möglichkeit für die Leitungen, per Beschluss die Regelungen über die Mitbestimmung kraft Gesetzes **ohne vorhergehende Verhandlungen** mit dem BVG zur Anwendung zu bringen, **kennt das MgFSG hingegen nicht.** 73

Der **Umfang der Mitbestimmung** kraft Gesetzes entspricht demjenigen, der bei der Gesellschaft vor Durchführung des grenzüberschreitenden Vorhabens bestand. Gemäß § 26 Abs. 1 MgFSG bleiben „alle Komponenten der Mitbestimmung der Arbeitnehmer" erhalten. Hiermit soll das „Vorher-Nachher-Prinzip"[113] normiert und ein möglichst umfassender Bestandsschutz geschaffen werden.[114] 74

e) Abbruch/Nichtaufnahme der Verhandlungen durch das BVG

Ferner hat das BVG die Möglichkeit, die Nichtaufnahme oder den Abbruch von Verhandlungen mit der Leitung zu beschließen (§ 19 Satz 1 MgFSG). **Rechtsfolge** dessen ist, dass das für die aus dem grenzüberschreitenden Vorhaben hervorgehende Gesellschaft geltende nationale Mitbestimmungsregime weiterhin Anwendung findet (§ 19 Satz 3 MgFSG). Sofern der relevante Schwellenwert erreicht ist, wäre demnach bei der aus dem grenzüberschreitenden Vorhaben hervorgehenden Gesellschaft ein nach Maßgabe des DrittelbG bzw. MitbestG besetzter Aufsichtsrat zu errichten. Im Ausland beschäftigte Arbeitnehmer blieben dabei unberücksichtigt (siehe oben Rz. 55). Der Beschluss nach § 19 Satz 1 MgFSG bedarf einer qualifizierten Mehrheit von zwei Dritteln der Mitglieder des BVG, die mindestens zwei Drittel der Arbeitnehmer vertreten müssen (§ 19 Satz 2 MgFSG). 75

---

113) Art. 86l Abs. 3 lit. g, Art. 160l Abs. 3 lit. g Richtlinie (EU) 2017/1132, jew. i. V. m. Anh. Teil 3 lit. a SE-Richtlinie.

114) RefE BMAS z. MgFSG, S. 56, abrufbar unter https://www.bmas.de/DE/Service/Gesetze-und-Gesetzesvorhaben/umsetzung-mitbestimmungsrechtliche-regelungen-umwandlungsrichtlinie.html (Abrufdatum: 22.1.2026).

f) Gestaltungsmöglichkeiten

76 Zielt das grenzüberschreitende Vorhaben u. a. darauf ab, das vorhandene Mitbestimmungsniveau unabhängig von der Entwicklung der Arbeitnehmerzahl in der Zukunft festzuschreiben, sind die Gestaltungsmöglichkeiten i. R. des MgFSG aus Gesellschaftssicht **eher begrenzt**. Jedenfalls der dauerhafte Zustand der Mitbestimmungsfreiheit dürfte sich in der Praxis nicht durch einen grenzüberschreitenden Formwechsel oder eine grenzüberschreitende Spaltung erreichen lassen: Während die Tatbestände gemäß § 5 Nr. 2 und 3 MgFSG das Bestehen eines Mitbestimmungssystems voraussetzen und damit für die Perpetuierung einer vorhandenen Mitbestimmungsfreiheit ausscheiden, könnte dieses Ziel theoretisch über die 4/5-Regelung nach § 5 Nr. 1 MgFSG erreicht werden – hier wird die Verhandlungspflicht ja gerade bereits vor dem Erreichen des für die Unternehmensmitbestimmung relevanten Schwellenwerts ausgelöst. Da die Leitung der sich umwandelnden oder sich spaltenden Gesellschaft aber keine Möglichkeit hat, durch Beschluss die sofortige Anwendbarkeit der gesetzlichen Auffangregelungen herbeizuführen (siehe Rz. 73), wäre für die Anwendbarkeit erforderlich, dass die **sechsmonatige Frist** für die Verhandlungen mit dem BVG erfolglos **verstreicht**. Dies kann das BVG allerdings verhindern, indem es nach § 19 Satz 1 MgFSG beschließt, die Verhandlungen vor Fristablauf abzubrechen und so die nationalen Mitbestimmungsregelungen des Mitgliedstaates, in dem die aus dem grenzüberschreitenden Vorhaben hervorgehende Gesellschaft ihren Sitz hat, zur Anwendung zu bringen.[115]

g) Sonderfragen der grenzüberschreitenden Spaltung

77 Spezifische Fragen stellen sich bei der grenzüberschreitenden Spaltung. Nach § 7 Satz 1 MgFSG ist für jede neue Gesellschaft ein separates Besonderes Verhandlungsgremium (BVG) zu bilden. Hierauf kann verzichtet werden,[116] wenn aus der grenzüberschreitenden Spaltung mehrere Gesellschaften **mit Sitz im Inland** hervorgehen und die Zusammensetzung der jeweiligen besonderen Verhandlungsgremien identisch wäre (§ 7 Satz 2 MgFSG). Wann Identität vorleigt, bleibt allerdings unklar.[117] Ausreichen sollte, wie der Verweis auf § 8 und § 10 Abs. 3 MgFSG zeigt, dass die auf das Inland entfallende Anzahl von Sitzen für jede Gesellschaft identisch ist und dieselben betroffenen Tochtergesellschaften bzw. betroffenen Betriebe in gleicher Weise vertreten sind.[118] § 7 Satz 2 MgFSG schreibt die Bildung eines einzigen BVG jedoch nicht vor, sondern lässt sie lediglich ausreichen. **Es empfiehlt sich nicht, von der Ausnahmebestimmung Gebrauch zu machen.** Sie findet keine Entsprechung in Art. 160l Richtlinie (EU) 2017/1132. Zudem kann die Situation eintreten, dass für mehrere Gesellschaften ein BVG gebildet wird, im Anschluss aber nur bei einer dieser Gesellschaften Änderungen eintreten, die nach § 8 Abs. 2 MgFSG eine neue Zusammensetzung des BVG erfordern. Da § 7 Satz 2 MgFSG auch auf § 8 Abs. 2 MgFSG verweist, wäre in diesem Fall für eine Ausnahme von § 7 Satz 1 MgFSG kein Raum mehr.

78 Das deutsche Recht ergänzt den richtlinienbasierten Schutz bei grenzüberschreitenden Spaltungen durch nationale Regelungen zur Mitbestimmungsbeibehaltung in der sich spaltenden Gesellschaft. Gemäß § 132a Abs. 1 i. V. m. § 320 Abs. 2 sind die vor einer grenzüberschreitenden Abspaltung oder Ausgliederung geltenden Vorschriften zur Mitbestimmung für einen Zeitraum von fünf Jahren nach Wirksamwerden der Abspaltung oder Ausgliederung weiterhin anwendbar (i. E. siehe § 132a Rz. 2, 17 [*Mückl*]). Bei der grenzüberschreitenden Ausgliederung kommt auch eine Anwendung des § 1 MitbestBeiG in Betracht.

115) S. dazu auch *Titze*, NZA 2021, 752, 755.

116) Vgl. zum optionalen Charakter auch Lutter-*Sagan*, UmwG, § 7 MgFSG Rz. 1.

117) Vgl. schon *Mückl/Blunck*, DB 2022, 1640, 1644.

118) Lutter-*Sagan*, UmwG, § 7 MgFSG Rz. 1.

Siebentes Buch
Strafvorschriften und Zwangsgelder

§ 346
Unrichtige Darstellung*)

(1) Mit Freiheitsstrafe bis zu drei Jahren oder mit Geldstrafe wird bestraft, wer als Mitglied eines Vertretungsorgans, als vertretungsberechtigter Gesellschafter oder Partner, als Mitglied eines Aufsichtsrats oder als Abwickler eines an einer Umwandlung beteiligten Rechtsträgers bei dieser Umwandlung

1. die Verhältnisse des Rechtsträgers einschließlich seiner Beziehungen zu verbundenen Unternehmen in einem in diesem Gesetz vorgesehenen Bericht (Verschmelzungsbericht, Spaltungsbericht, Übertragungsbericht, Formwechselbericht), in Darstellungen oder Übersichten über den Vermögensstand, in Vorträgen oder Auskünften in der Versammlung der Anteilsinhaber unrichtig wiedergibt oder verschleiert, wenn die Tat nicht in § 331 Nr. 1 oder Nr. 1a des Handelsgesetzbuchs mit Strafe bedroht ist, oder

2. in Aufklärungen und Nachweisen, die nach den Vorschriften dieses Gesetzes einem Verschmelzungs-, Spaltungs- oder Übertragungsprüfer zu geben sind, unrichtige Angaben macht oder die Verhältnisse des Rechtsträgers einschließlich seiner Beziehungen zu verbundenen Unternehmen unrichtig wiedergibt oder verschleiert.

(2) Ebenso wird bestraft, wer als Geschäftsführer einer Gesellschaft mit beschränkter Haftung, als Mitglied des Vorstands einer Aktiengesellschaft, als zur Vertretung ermächtigter persönlich haftender Gesellschafter einer Kommanditgesellschaft auf Aktien oder als Abwickler einer solchen Gesellschaft in einer Erklärung nach § 52 über die Zustimmung der Anteilsinhaber dieses Rechtsträgers oder in einer Erklärung nach § 140 oder § 146 Abs. 1 über die Deckung des Stammkapitals oder Grundkapitals der übertragenden Gesellschaft unrichtige Angaben macht oder seiner Erklärung zugrunde legt.

*) § 313 a. F. (§ 346 n. F.) Paragraphenzählung und Text geändert durch Art. 1 des Gesetzes zur Umsetzung der Umwandlungsrichtlinie und zur Änderung weiterer Gesetze (UmRUG), v. 22.2.2023, BGBl. I 2023, Nr. 51; § 313 a. F. (§ 346 n. F.) geändert durch Art. 1 des Dritten Gesetzes zur Änderung des Umwandlungsgesetzes (3. UmwGÄndG), v. 11.7.2011, BGBl. I 2011, 1338; § 313 i. d. F. des UmwBerG (§ 346 n. F.) geändert durch Art. 8 Abs. 10 des Gesetzes zur Einführung internationaler Rechnungslegungsstandards und zur Sicherung der Qualität der Abschlussprüfung (Bilanzrechtsreformgesetz – BilReG), v. 4.12.2004, BGBl. I 2004, 3166.

Übersicht

I. Normzweck

1 § 346 soll die Richtigkeit und Vollständigkeit der im Zusammenhang mit einer Umwandlung abgegebenen tatbestandlichen Erklärungen schützen.[1)] **Schutzgut** des § 346 ist das Individualinteresse der **Anteilsinhaber** der an der Umwandlung beteiligten Rechtsträger und (bei § 346 Abs. 2 Var. 2) auch der **Gläubiger** der Gesellschaft.[2)]

2 Strittig ist, ob daneben auch das Vertrauen der **Allgemeinheit** in die Richtigkeit und Vollständigkeit im Umwandlungsverfahren getätigter Erklärungen geschützt ist.[3)] Für die Einbeziehung der Allgemeinheit in den Schutzzweck spricht zum einen die Ausgestaltung als Offizialdelikt, zum anderen der Wortlaut der Vorschrift, nachdem unrichtige Angaben ohne Rücksicht darauf strafbar sein sollen, ob sie im Einzelfall zu Schäden bei den Anteilseignern oder Gläubigern führen.[4)]

3 § 346 UmwG ist ein **abstraktes Gefährdungsdelikt.**[5)]

II. Unrichtige Angaben (§ 346 Abs. 1)

1. Täterkreis

4 Täter i. S. des § 346 Abs. 1 Nr. 1 kann grundsätzlich nur eine **natürliche Person** sein, die in der **Funktion** als Mitglied eines Vertretungsorgans, als vertretungsberechtigter Gesellschafter oder Partner, Mitglied eines Aufsichtsrates oder als Abwickler eines an der Umwandlung beteiligten Rechtsträgers tätig wird. Daneben kommt jedoch auch eine strafrechtliche Haftung von Personen in Betracht, die die **Organstellung** faktisch ausüben (sog. faktischer Geschäftsführer oder faktischer Vorstand).

a) Organe

5 Aufgrund des eindeutigen Wortlauts der Vorschrift können **nur Organe** Täter sein, eine rechtsgeschäftliche Vollmacht, etwa Prokura oder Handlungsvollmacht, ist nicht ausreichend.[6)] Damit fallen neben den **Geschäftsführern** einer GmbH und den **Vorständen** einer AG auch die **vertretungsberechtigten Gesellschafter** von Personengesellschaften wie einer oHG oder einer KG oder KGaA in den Täterkreis.[7)] Vom möglichen Täterkreis umfasst

1) Graf/Jäger/Wittig-*v. Häfen*, Wirtschafts- und Steuerstrafrecht, § 346 UmwG Rz. 1; Hennsler/Strohn-*Drinhausen/Keinath/Raum*, GesR, § 346 UmwG Rz. 1.

2) Begr. Fraktionsentwurf UmwBerG, BT-Drucks. 12/6699, S. 171, 172; Widmann/Mayer-*Vossius*, UmwR, § 346 UmwG Rz. 2; Esser/Rübenstahl/Saliger/Tsambikakis-*Lauterwein/Xylander*, Wirtschaftsstrafrecht, § 313 UmwG Rz. 3 f.; *Meyberg* in: MünchHdb. GesR, Bd. 8, § 71 Rz. 7; *M. Meier* in: Limmer, Hdb. Unternehmensumwandlung, Kap. 13 Rz. 5; *Helck/Böttcher* in: NK-UmwG, § 346 Rz. 2.

3) Dafür Graf/Jäger/Wittig-*v. Häfen*, Wirtschafts- und Steuerstrafrecht, § 346 UmwG Rz. 2; Kallmeyer-*Oppenhoff*, UmwG, § 346 Rz. 2; Esser/Rübenstahl/Saliger/Tsambikakis-*Lauterwein/Xylander*, Wirtschaftsstrafrecht, § 313 UmwG Rz. 3; *Helck/Böttcher* in: NK-UmwG, § 346 Rz. 2.; dagegen *M. Krüger/Wengenroth/Krafka* in: BeckOGK-UmwG, § 346 Rz. 10; Habersack/Wicke-*M. Krüger/Wengenroth*, UmwG, 2. Aufl., 2021, § 313 Rz. 10; Lutter-*Kuhlen/Lauterwein*, UmwG, § 346 Rz. 4.

4) Graf/Jäger/Wittig-*v. Häfen*, Wirtschafts- und Steuerstrafrecht, § 346 UmwG Rz. 1.

5) Widmann/Mayer-*Vossius*, UmwR, § 346 UmwG Rz. 5; *Helck/Böttcher* in: NK-UmwG, § 346 Rz. 2; *M. Meier* in: Limmer, Hdb. Unternehmensumwandlung, Kap. 13 Rz. 3; *Rönnau* in: KölnKomm-UmwG, § 346 Rz. 17.

6) Graf/Jäger/Wittig-*v. Häfen*, Wirtschafts- und Steuerstrafrecht, § 346 UmwG Rz. 5; *Meyberg* in: MünchHdb. GesR, Bd. 8, § 71 Rz. 19.

7) Graf/Jäger/Wittig-*v. Häfen*, Wirtschafts- und Steuerstrafrecht, § 346 UmwG Rz. 6; Esser/Rübenstahl/Saliger/Tsambikakis-*Lauterwein/Xylander*, Wirtschaftsstrafrecht, § 313 UmwG Rz. 11 – 13.

sind sowohl der obligatorische als auch der fakultative **Aufsichtsrat** einer GmbH. Dagegen kommen Mitglieder eines **Beirats oder Verwaltungsrats** nicht in Betracht, was ein Umkehrschluss zu § 84 Abs. 2 Nr. 2 GmbHG zeigt.[8)]

Ebenfalls kein vertretungsberechtigter Gesellschafter ist der aufgrund einer Prokura handelnde geschäftsführende **Kommanditist**, da seine Vertretungsmacht sich auf Rechtsgeschäft (Prokura) und nicht auf seine Organstellung gründet.[9)] 6

b) Faktische Ausübung der Organstellung oder Einsetzen eines Strohmanns

Auch ein faktischer Geschäftsführer kann sich nach § 346 strafbar machen. Der BGH vertritt in ständiger Rechtsprechung die mögliche strafrechtliche Verantwortlichkeit des faktischen Geschäftsführers einer GmbH[10)] oder GmbH & Co KG[11)] und des faktischen Vorstandsmitglieds einer AG[12)]. Dem ist zuzustimmen.[13)] Wer im Geschäftsverkehr als Geschäftsführer oder Vorstand auftritt, ohne wirksam bestellt zu sein, muss angesichts der ansonsten eröffneten Missbrauchs- und Umgehungsmöglichkeiten gleich einem tatsächlichen Geschäftsführer oder Vorstand haftbar sein. Auf der anderen Seite muss sich ein Geschäftsführer, der zwar förmlich bestellt ist, jedoch lediglich als **Strohmann** fungiert, ebenfalls als Täter behandeln lassen.[14)] 7

2. Tathandlung

Tathandlung nach § 346 Abs. 1 ist die **objektiv unrichtige Wiedergabe** der Verhältnisse des Rechtsträgers in Berichten, Darstellungen, Übersichten, Vorträgen oder Auskünften. 8

a) Unrichtige Angaben oder Verschleierung in Berichten und in anderer Form (§ 346 Abs. 1 Nr. 1)

Unrichtige Widergabe oder die Verschleierung meint die objektive Unrichtigkeit. Dies umfasst auch die **Unvollständigkeit**, wenn berechtigterweise Vollständigkeit erwartet werden kann, und die bewusst und **unnötig unübersichtliche Darstellung**.[15)] 9

Verhältnisse des Rechtsträgers sind alle Umstände, die für die Beurteilung des Rechtsträgers und dessen künftige Entwicklung im Zusammenhang mit der Umwandlung erheblich sein können.[16)] Dies umfasst z. B. den zwingenden Inhalt von Berichten nach dem UmwG, zu erstellende Darstellungen und zu gebende Erläuterungen und Auskünfte.[17)] 10

---

8) H. M., z. B. Graf/Jäger/Wittig-*v. Häfen*, Wirtschafts- und Steuerstrafrecht, § 346 UmwG Rz. 6; *Helck/Böttcher* in: NK-UmwG, § 346 Rz. 4; Esser/Rübenstahl/Saliger/Tsambikakis-*Lauterwein/Xylander*, Wirtschaftsstrafrecht, § 313 UmwG Rz. 15; *Rönnau* in: KölnKomm-UmwG, § 346 Rz. 33.

9) Widmann/Mayer-*Vossius*, UmwR, § 346 UmwG Rz. 13.

10) BGH, Urt. v. 24.6.1952 – 1 StR 153/52, BGHSt 3, 32, 37 f.; BGH, Urt. v. 28.6.1966 – 1 StR 414/65, BGHSt 21, 101, 103 = MDR 1966, 857; BGH, Urt. v. 22.9.1982 – 3 StR 287/82, BGHSt 31, 118, 122 = GmbHR 1983, 43; BGH, Beschl. v. 28.5.2002 – 5 StR 16/02, BGHSt 47, 318, 324 = NZG 2002, 721.

11) BGH, Urt. v. 25.7.1984 – 3 StR 192/84, BGHSt 33, 21, 24 = NJW 1984, 2958; BGH, Urt. v. 6.11.1986 – 1 StR 327/86, BGHSt 34, 221, 223 = DB 1987, 425.

12) BGH, Urt. v. 28.6.1966 – 1 StR 414/65, BGHSt 21, 101, 104 ff. = MDR 1966, 857.

13) So auch *Meyberg* in MünchHdb. GesR, Bd. 8, § 71 Rz. 20; Lutter-*Kuhlen/Lauterwein*, UmwG, § 346 Rz. 10.

14) Widmann/Mayer-*Vossius*, UmwR, § 346 UmwG Rz. 14; *Rönnau* in: KölnKomm-UmwG, § 346 Rz. 42.

15) Graf/Jäger/Wittig-*v. Häfen*, Wirtschafts- und Steuerstrafrecht, § 346 UmwG Rz. 12; Kallmeyer-Oppenhoff, UmwG, § 346 Rz. 5; *Rönnau* in: KölnKomm-UmwG, § 346 Rz. 55.

16) Widmann/Mayer-*Vossius*, UmwR, § 346 UmwG Rz. 29; *Helck/Böttcher* in: NK-UmwG, § 346 Rz. 7.

17) Widmann/Mayer-*Vossius*, UmwR, § 346 UmwG Rz. 33; nicht erfasst werden Berichte, die im UmwG nicht vorgesehen sind, *Helck/Böttcher* in: NK-UmwG, § 346 Rz. 8.

11 Dagegen führt das **vollständige Fehlen** von Angaben bzw. die Verweigerung von Vorträgen und Auskünften nicht – auch nicht aufgrund von Unterlassen – zur Strafbarkeit nach § 346.[18)]

b) Unrichtige Angaben oder Verschleierung gegenüber Prüfer (§ 346 Abs. 1 Nr. 2)

12 § 346 Abs. 1 Nr. 2 stellt die unrichtige Widergabe oder Verschleierung bei Auskünften und Hinweisen gegenüber dem Prüfer unter Strafe. Er setzt also die **Durchführung einer Pflichtprüfung** nach dem UmwG voraus. Dies umfasst die die Verschmelzungsprüfung (§§ 9 bis 12), die Spaltungsprüfung (§§ 125 i. V. m. §§ 9 bis 12) und die Übertragungsprüfung (§§ 176 i. V. m. §§ 125, 9 bis 12). Auch die Pflichtprüfung der Angemessenheit einer Barabfindung ist erfasst.

13 Da der **Formwechsel** keine Pflichtprüfung kennt, ist Absatz 1 Nr. 2 grundsätzlich nicht auf den Formwechsel anwendbar, eine Strafbarkeit kann hier jedoch wegen unrichtiger Angaben nach § 346 Abs. 1 Nr. 1 in Betracht kommen.[19)]

3. Vollendung, Versuch, Unterlassen

14 Die unrichtige Darstellung ist als **Äußerungsdelikt** nach h. M. mit Zugang der jeweiligen Erklärung bei zumindest einem Adressaten vollendet.[20)] Die **Möglichkeit der Kenntnisnahme** reicht aus, es kommt aufgrund des Charakters als Gefährdungsdelikt weder auf die tatsächliche Kenntnisnahme noch auf die Beeinflussung durch die unrichtige Darstellung an.[21)]

15 Der Versuch ist nicht strafbar (§ 23 Abs. 1 StGB).

16 Grundsätzlich ist eine unrichtige Darstellung auch **durch Unterlassen möglich**, soweit der Täter eine Garantenstellung hat. Dies kann aufgrund der treuhänderischen Stellung als Funktionsträger der Fall sein.[22)] Jedoch ist anerkannt, dass das **vollständige Unterlassen** von Angaben straflos ist.[23)] Für § 13 StGB bleiben damit regelmäßig nur Fälle, in denen eigene oder fremde unrichtige Erklärungen trotz erkannter Möglichkeit nicht korrigiert werden.[24)] In der Praxis wird der Anwendungsbereich für ein strafbares Unterlassen daher eher gering sein.[25)]

III. Falsche Erklärung (§ 346 Abs. 2)

1. Täterkreis

17 Auch § 346 Abs. 2 ist ein Sonderdelikt, der Täterkreis von Absatz 2 unterscheidet sich jedoch vom dem des Absatz 1. Täter nach § 346 Abs. 2 können Geschäftsführer einer GmbH, Vorstandsmitglieder einer AG, vertretungsberechtigte Komplementäre einer KGaA oder Abwickler einer GmbH, AG oder KGaA sein.

18 Liegt eine falsche Versicherung nach §§ **140, 146** vor, können Täter nur die entsprechenden Vertretungsorgane des **übertragenden** Rechtsträgers sein.[26)] Demgegenüber können bei einer

18) Widmann/Mayer-*Vossius*, UmwR, § 346 UmwG Rz. 44; *Rönnau* in: KölnKomm UmwG, § 346 Rz. 90 m. w. N.

19) Graf/Jäger/Wittig-*v. Häfen*, Wirtschafts- und Steuerstrafrecht, § 346 UmwG Rz. 21; s. für den grenzüberschreitenden Formwechsel aber § 338, *Rönnau* in: KölnKomm-UmwG, § 346 Rz. 64.

20) Habersack/Wicke-*M. Krüger/Wengenroth*, UmwG § 313 Rz. 65; Lutter-*Kuhlen/Lauterwein*, UmwG, § 346 Rz. 32; *Helck/Böttcher* in: NK-UmwG, § 346 Rz. 11.

21) *Helck/Böttcher* in: NK-UmwG, § 346 Rz. 2, 11; *Meyberg* in: MünchHdb. GesR, Bd. 8, § 71 Rz. 14.

22) Lutter-*Kuhlen/Lauterwein*, UmwG, § 346 Rz. 33.

23) Lutter-*Kuhlen/Lauterwein*, UmwG, § 346 Rz. 33; *Rönnau* in: KölnKomm-UmwG, § 346 Rz. 90 m. w. N.

24) Vgl. *Rönnau* in: KölnKomm UmwG, § 346 Rz. 93.

25) Lutter-*Kuhlen/Lauterwein*, UmwG, § 346 Rz. 33.

26) Widmann/Mayer-*Vossius*, UmwR, § 346 UmwG Rz. 63; *Rönnau* in: KölnKomm-UmwG, § 346 Rz. 73.

falschen Versicherung nach § 52 die Vertretungsorgane **beider Rechtsträger** sein, soweit deren Anteilsinhaber dem Verschmelzungsbeschluss zustimmen müssen, d. h. der jeweilige Rechtsträger eine GmbH, AG oder KGaA ist.[27)] Auch bei Absatz 2 kann ein bloßes **faktisches Organ** Täter i. S. der Vorschrift sein.[28)]

2. Tathandlung

19 Tathandlung i. S. des § 346 Abs. 2 ist das Tätigen unrichtiger Angaben oder das Zugrundelegen solcher Angaben bei der Erklärung des Täters **gegenüber dem Registergericht**. Der Täter muss also unrichtigerweise angeben, dass entweder die nach § 51 Abs. 1 erforderlichen Zustimmungserklärungen vorliegen oder das Stamm- bzw. Grundkapital der Übertragerin auch unter Berücksichtigung des Verlusts infolge Abspaltung durch Aktivvermögen gedeckt ist.

3. Vollendung, Versuch, Unterlassen

20 Da Adressat der falschen Versicherung i. S. des § 346 Abs. 2 das Handelsregister ist, ist mit **Eingang** der Erklärung beim Handelsregister die Tat vollendet.[29)] Der Versuch ist gemäß § 23 Abs. 1 StGB nicht strafbar. Ein Unterlassen ist bei einer Garantenpflicht nach § 13 StGB tatbestandsmäßig.

IV. Vorsatz, Irrtum

21 Alle Varianten des § 346 setzen **Vorsatz** voraus (§ 15 StGB), bedingter Vorsatz genügt.[30)] Die **Abgrenzung** von grober Fahrlässigkeit und bedingtem Vorsatz ist umstritten und kann im Einzelfall schwierig sein.[31)]

22 Ein den Vorsatz ausschließender **Tatbestandsirrtum** (§ 16 Abs. 1 StGB) kommt z. B. in Betracht, wenn ein Handelnder die Angaben unzutreffenderweise für richtig hält, da er auf die Richtigkeit der Informationen durch einen dafür zuständigen Mitarbeiter vertraut hat.[32)]

23 Dagegen wird ein **Verbotsirrtum** nach § 17 StGB, der zudem nur bei Unvermeidbarkeit die Schuld ausschließen würde, in der Regel nicht begründbar sein, da die handelnden Personen stets die Möglichkeit haben qualifizierten Rechtsrat einzuholen.[33)]

V. Rechtswidrigkeit, Schuld

24 Die Verwirklichung des Tatbestands indiziert die Rechtswidrigkeit. Zwar kommen auch hier Rechtsfertigungsgründe wie z. B. die Einwilligung in Betracht. Zu beachten ist jedoch, dass nach zutreffender Ansicht wegen der **Einbeziehung der Gläubiger** in den Schutzbereich der Vorschrift auch die Gläubiger einwilligen müssen.[34)] Dies wird in der Praxis selten vorkommen.

---

27) Widmann/Mayer-*Vossius*, UmwR, § 346 UmwG Rz. 64; *Rönnau* in: KölnKomm-UmwG, § 346 Rz. 73.

28) Lutter-*Kuhlen/Lauterwein*, UmwG, § 346 Rz. 21; *Helck/Böttcher* in: NK-UmwG, § 346 Rz. 19; *Rönnau* in: KölnKomm-UmwG, § 346 Rz. 72.

29) Widmann/Mayer-*Vossius*, UmwR, § 346 UmwG Rz. 72; *Helck/Böttcher* in: NK-UmwG, § 346 Rz. 11.

30) *Helck/Böttcher* in: NK-UmwG, § 346 Rz. 9.

31) Lutter-*Kuhlen/Lauterwein*, UmwG, § 346 Rz. 25.

32) Lutter-*Kuhlen/Lauterwein*, UmwG, § 346 Rz. 26; vgl. auch *Rönnau* in: KölnKomm-UmwG, § 346 Rz. 94.

33) Lutter-*Kuhlen/Lauterwein*, UmwG, § 346 Rz. 26; vgl. zu den hohen Anforderungen an die Unvermeidbarkeit *Rönnau* in: KölnKomm-UmwG, § 346 Rz. 96 f.

34) Lutter-*Kuhlen/Lauterwein*, UmwG, § 346 Rz. 24; Graf/Jäger/Wittig-*v. Häfen*, Wirtschafts- und Steuerstrafrecht, § 346 UmwG Rz. 32.

25 Relevanter kann der Fall des **rechtfertigenden Notstands** bei wegen Unvollständigkeit unrichtigen Angaben, wenn das Organ andernfalls gegen das Gebot der Ad-hoc-Mitteilung nach § 15 WpHG verstoßen würde.[35]

VI. Konkurrenzen

26 § 346 Abs. 1 Nr. 1 UmwG tritt aufgrund gesetzlich angeordneter Subsidiarität hinter § 331 Nr. 1 HGB zurück. Dies gilt jedoch nicht, wenn die Tat wegen § 334 Abs. 1 HGB eine bloße Ordnungswidrigkeit darstellt, da dann die Tat nicht i. S. des Wortlauts „in § 331 Nr. 1 des Handelsgesetzbuchs mit Strafe bedroht" ist.[36] Die Vorschrift ist nach einer Ansicht auch gegenüber den Gründungsstraftaten (§§ 399, 400 AktG und § 82 GmbHG) subsidiär.[37] Nach einer a. A. genießt Absatz 1 Nr. 1 gegenüber den Parallelvorschriften, die sich auf die Gründung beziehen, als lex specialis Vorrang.[38]

27 § 346 Abs. 1 Nr. 1 ist gegenüber Absatz 2 subsidiär, da die in Absatz 2 genannten unrichtigen Angaben zu §§ 140, 146 Abs. 1 in der Regel Darstellungen über den Vermögensstand betreffen.[39]

VII. Rechtsfolgen, Verjährung

28 Ein Verstoß gegen § 346 wird mit Freiheitsstrafe bis zu drei Jahren oder Geldstrafe geahndet, die Vorschrift stellt somit ein Vergehen dar. Gemäß § 78 Abs. 3 Nr. 4 StGB verjährt die Verfolgung nach fünf Jahren. Die Verjährungsfrist beginnt gemäß § 78a Satz 1 StGB mit **Tatbeendigung**. Nach der h. M. ist dies die **Tatvollendung**,[40] nach der Gegenseite kommt es auf eine **tatsächliche Kenntnisnahme** durch einen Adressaten an.[41] Dies überzeugt nicht, da die Beendigung bei einem **abstrakten Gefährdungsdelikt** mit Vornahme der tatbestandsmäßigen Handlung eintritt.[42] Für diese kommt es wie oben ausgeführt nicht auf eine tatsächliche Kenntnisnahme durch einen Adressaten an.[43]

---

35) Widmann/Mayer-*Vossius*, UmwR, § 346 UmwG Rz. 48.

36) Widmann/Mayer-*Vossius*, UmwR, § 346 UmwG Rz. 75; *Rönnau* in: KölnKomm-UmwG, § 346 Rz. 107; Habersack/Wicke-*M. Krüger/Wengenroth*, UmwG, § 313 Rz. 87.

37) Widmann/Mayer-*Vossius*, UmwR, § 346 UmwG Rz. 76.

38) *Rönnau* in: KölnKomm-UmwG, § 346 Rz. 108; *M. Meier* in: Limmer, Hdb. Unternehmensumwandlung, Kap. 13 Rz. 28.

39) Widmann/Mayer-*Vossius*, UmwR, § 346 UmwG Rz. 76; Habersack/Wicke-*M. Krüger/Wengenroth*, UmwG, § 313 Rz. 86.

40) Lutter-*Kuhlen/Lauterwein*, UmwG, § 346 Rz. 36; *Helck/Böttcher* in: NK-UmwG, § 346 Rz. 10.

41) *Rönnau* in: KölnKomm-UmwG, § 346 Rz. 102, 111.

42) BGH, Urt. v. 3.10.1989 – 1 StR 372/89, BGHSt 36, 255, 257 = NJW 1990, 194; Lackner/Kühl/Heger-*Heger*, StGB, § 78a Rz. 3; *Mitsch* in: MünchKomm-StGB, § 78a Rz. 5.

43) Widmann/Mayer-*Vossius*, UmwR, § 346 UmwG Rz. 5; *Helck/Böttcher* in: NK-UmwG, § 346 Rz. 2; *M. Meier* in: Limmer, Hdb. Unternehmensumwandlung, Kap. 13 Rz. 3; *Rönnau* in: KölnKomm-UmwG, § 346 Rz. 17; Lutter-*Kuhlen/Lauterwein*, UmwG, § 346 Rz. 36.

§ 347
Verletzung der Berichtspflicht[*]

(1) Mit Freiheitsstrafe bis zu drei Jahren oder mit Geldstrafe wird bestraft, wer als Verschmelzungs-, Spaltungs- oder Übertragungsprüfer oder als Gehilfe eines solchen Prüfers über das Ergebnis einer aus Anlaß einer Umwandlung erforderlichen Prüfung falsch berichtet oder erhebliche Umstände in dem Prüfungsbericht verschweigt.

(2) Handelt der Täter gegen Entgelt oder in der Absicht, sich oder einen anderen zu bereichern oder einen anderen zu schädigen, so ist die Strafe Freiheitsstrafe bis zu fünf Jahren oder Geldstrafe.

*) § 314 i. d. F. des UmwBerG (§ 347 n. F.) Paragraphenzählung geändert durch Art. 1 des Gesetzes zur Umsetzung der Umwandlungsrichtlinie und zur Änderung weiterer Gesetze (UmRUG), v. 22.2.2023, BGBl. I 2023, Nr. 51.

Übersicht

I. Normzweck

1 § 347 soll das Vertrauen der Anteilsinhaber der an der Umwandlung beteiligten Rechtsträger und auch der Gläubiger der Gesellschaft in die **Integrität des Umwandlungsprüfers** schützen.[1] Die Vorschrift ist außerdem ein **Schutzgesetz i. S. des § 823 Abs. 2 BGB** und begründet eine **Haftung** des Umwandlungsprüfers zum zivilrechtlichen Schadensersatz.[2]

2 § 347 ist ein **Sonderdelikt** und ein **abstraktes Gefährdungsdelikt.**[3] Die Vorschrift setzt somit nicht das Entstehen eines tatsächlichen Schadens voraus.

II. Strafbarkeit (§ 347 Abs. 1)

1. Strafbarkeit

3 Täter i. S. des § 347 Abs. 1 kann grundsätzlich nur der **bestellte** Verschmelzungs-, Spaltungs- oder Übertragungsprüfer **oder der Gehilfe** eines solchen Prüfers sein. Ist der Umwandlungsprüfer eine **juristische Person**, gilt § 14 StGB.[4] Dagegen kann der Formwechselprüfer nicht Täter sein, da die Vorschrift lediglich von **Verschmelzung, Spaltung oder Übertragung** spricht.

4 **Mängel bei der Bestellung** des Prüfers führen nicht zur Straflosigkeit, solange der Handelnde die Prüfungstätigkeit tatsächlich ausübt.[5] Ein überhaupt nicht gerichtlich bestellter Prüfer, der nur im Einvernehmen mit den beteiligten Rechtsträgern handelt, kann jedoch

1) Widmann/Mayer-*Vossius*, UmwR, § 347 UmwG Rz. 1; *Helck/Böttcher* in: NK-UmwG, § 347 Rz. 1; *Rönnau* in: KölnKomm-UmwG, § 347 Rz. 2; *M. Meier* in: Limmer, Hdb. Unternehmensumwandlung, Kap. 13 Rz. 30; Park-*Gercke/Stirner*, Kapitalmarktstrafrecht, § 347 UmwG Rz. 2.

2) Widmann/Mayer-*Vossius*, UmwR, § 347 UmwG Rz. 1; *Helck/Böttcher* in: NK-UmwG, § 347 Rz. 2; *Rönnau* in: KölnKomm-UmwG, § 347 Rz. 4; *M. Meier* in: Limmer, Hdb. Unternehmensumwandlung, Kap. 13 Rz. 30; Kallmeyer-*Oppenhoff*, UmwG, § 347 Rz. 1; Park-*Gercke/Stirner*, Kapitalmarktstrafrecht, § 347 UmwG Rz. 3.

3) Widmann/Mayer-*Vossius*, UmwR, § 347 UmwG Rz. 3; *Helck/Böttcher* in: NK-UmwG, § 347 Rz. 2; Hennsler/Strohn-*Raum*, GesR, § 347 UmwG Rz. 1; *Rönnau* in: KölnKomm-UmwG, § 347 Rz. 5; *Meyberg* in: MünchHdb. GesR, Bd. 8, § 71 Rz. 36, 37; Park-*Gercke/Stirner*, Kapitalmarktstrafrecht, § 347 UmwG Rz. 4; Graf/Jäger/Wittig-*v. Häfen*, Wirtschafts- und Steuerstrafrecht, § 347 UmwG Rz. 21.

4) Widmann/Mayer-*Vossius*, UmwR, § 347 UmwG Rz. 7; Lutter-*Kuhlen/Lauterwein*, UmwG, § 347 Rz. 4; *Helck/Böttcher* in: NK-UmwG, § 347 Rz. 6; Hennsler/Strohn-*Raum*, GesR, § 347 UmwG Rz. 1; *Rönnau* in: KölnKomm-UmwG, § 347 Rz. 6, 9; Kallmeyer-*Oppenhoff*, UmwG, § 347 Rz. 3.

5) Lutter-*Kuhlen/Lauterwein*, UmwG, § 347 Rz. 4; *Helck/Böttcher* in: NK-UmwG, § 347 Rz. 4; *Rönnau* in: KölnKomm-UmwG, § 347 Rz. 8; *Meyberg* in: MünchHdb. GesR, Bd. 8, § 71 Rz. 37; *M. Meier* in: Limmer, Hdb. Unternehmensumwandlung, Kap. 13 Rz. 31; Kallmeyer-*Oppenhoff*, UmwG, § 347 Rz. 2; Park-*Gercke/Stirner*, Kapitalmarktstrafrecht, § 347 UmwG Rz. 11.

kein Täter i. S. der Vorschrift sein, da § 10 eine gerichtliche Bestellung und nicht nur ein faktisches Handeln im Rechtsverkehr oder rechtsgeschäftliche Bestellung voraussetzt.[6)]

5 **Gehilfe** i. S. des § 347 Abs. 1 ist der Prüfungsassistent, der Begriff des Gehilfen ist insoweit nicht identisch mit dem des § 27 StGB.[7)] Bloße Schreib- oder Bürokräfte, deren Hilfstätigkeit keinen spezifischen Bezug zur Prüfung hat, sind – auch vor dem Hintergrund der Gleichstellung mit dem Täter im § 347 – nicht als Gehilfen einzustufen.[8)] Diese können sich jedoch als Teilnehmer i. S. der §§ 26, 27 StGB strafbar machen.

2. Tathandlung

6 Tathandlung nach § 347 Abs. 1 ist das **falsche Berichten über das Ergebnis** einer Umwandlungsprüfung oder das **Verschweigen erheblicher Umstände** im Prüfungsbericht. Das Verschweigen erheblicher Umstände stellt hier einen besonderen Fall des Unterlassens unter Strafe. Kein falsches Berichten liegt vor, wenn der Prüfer über von ihm zu ermittelnde Umstände **getäuscht wird** und daher bereits das Ergebnis der Prüfung falsch ist.[9)]

7 Das **Verschweigen** hat sich auf erhebliche Umstände zu beziehen. Dies sind Umstände, die im Prüfungsbericht erwähnt werden müssen. Irrelevant ist es für die Strafbarkeit, wen allgemeine Umstände wie etwa die allgemeine Wirtschaftsentwicklung verschwiegen werden.[10)]

8 Eine Strafbarkeit nach § 347 setzt zudem voraus, dass die Prüfung **aus Anlass einer Umwandlung erforderlich** war. Eine freiwillige Prüfung kann also keine Strafbarkeit begründen.[11)] Allerdings kommt in einem solchen Fall die Teilnahme an einem Vermögensdelikt wie etwa § 263 oder § 266 StGB in Betracht, wenn der falsche Bericht der Verwirklichung eines solchen Delikts dient.

III. Qualifikation (§ 347 Abs. 2)

9 Das **Strafmaß** erhöht sich auf Freiheitsstrafe von bis zu fünf Jahren oder Geldstrafe, wenn der Täter **gegen Entgelt** (§ 11 Abs. 1 Nr. 9 StGB) oder mit der Absicht handelt, sich oder einen anderen zu bereichern oder einen anderen zu schädigen. Gegen Entgelt handelt, wer durch ein bereits geleistetes oder zukünftig erwartetes Entgelt zur Tat bestimmt wird.[12)] Nach einer Ansicht darf das Entgelt nicht lediglich dem **üblichen Honorar** für die Prüfungstätigkeit entsprechen.[13)] Nach der Gegenansicht ist nicht erforderlich, dass im Ver-

6) Lutter-*Kuhlen/Lauterwein*, UmwG, § 347 Rz. 4; *Rönnau* in: KölnKomm-UmwG, § 347 Rz. 8.

7) Lutter-*Kuhlen/Lauterwein*, UmwG, § 347 Rz. 4; Widmann/Mayer-*Vossius*, UmwR, § 347 UmwG Rz. 8; *Rönnau* in: KölnKomm-UmwG, § 347 Rz. 10.

8) Lutter-*Kuhlen/Lauterwein*, UmwG, § 347 Rz. 4; *Helck/Böttcher* in: NK-UmwG, § 347 Rz. 5; *Rönnau* in: KölnKomm-UmwG, § 347 Rz. 11; *M. Meier* in: Limmer, Hdb. Unternehmensumwandlung, Kap. 13 Rz. 31; Kallmeyer-*Oppenhoff*, UmwG, § 347 Rz. 2; *Krafka* in: BeckOGK-UmwG, § 347 Rz. 10.

9) Lutter-*Kuhlen/Lauterwein*, UmwG, § 347 Rz. 7; *Helck/Böttcher* in: NK-UmwG, § 347 Rz. 8; *Rönnau* in: KölnKomm-UmwG, § 347 Rz. 16; *M. Meier* in: Limmer, Hdb. Unternehmensumwandlung, Kap. 13 Rz. 35; Kallmeyer-*Oppenhoff*, UmwG, § 347 Rz. 4; Widmann/Mayer-*Vossius*, UmwR, § 347 UmwG Rz. 16.

10) Lutter-*Kuhlen/Lauterwein*, UmwG, § 347 Rz. 8; *Rönnau* in: KölnKomm-UmwG, § 347 Rz. 18; Widmann/Mayer-*Vossius*, UmwR, § 347 UmwG Rz. 19.

11) Lutter-*Kuhlen/Lauterwein*, UmwG, § 347 Rz. 6; *Rönnau* in: KölnKomm-UmwG, § 347 Rz. 13; *Meyberg* in: MünchHdb. GesR, Bd. 8, § 71 Rz. 38.

12) Lutter-*Kuhlen/Lauterwein*, UmwG, § 347 Rz. 11; *Rönnau* in: KölnKomm-UmwG, § 347 Rz. 22; Kallmeyer-*Oppenhoff*, UmwG, § 347 Rz. 10; *Krafka* in: BeckOGK-UmwG, § 347 Rz. 22; *Helck/Böttcher* in: NK-UmwG, § 347 Rz. 15.

13) Widmann/Mayer-*Vossius*, UmwR, § 347 UmwG Rz. 28; *Rönnau* in: KölnKomm-UmwG, § 347 Rz. 22; *M. Meier* in: Limmer, Hdb. Unternehmensumwandlung, Kap. 13 Rz. 39; *Krafka* in: BeckOGK-UmwG, § 347 Rz. 22.

gleich zum Grundtatbestand eine Unrechtssteigerung vorliegt.[14] Nach beiden Ansichten liegt jedoch jedenfalls eine Strafbarkeit vor, wenn das Entgelt gerade **dafür geleistet** wird, dass der Handelnde falsch oder unvollständig über eine Prüfung berichtet.

Mit der erforderlichen **Absicht** handelt, wer mit dem Willen zur Erzielung eines Vermögens- 10
vorteils oder zur Zufügung eines Nachteils jeder Art (z. B. auch Rufschädigung) handelt.[15] **Unerheblich** ist dabei, ob der Vermögensvorteil oder der Nachteil **tatsächlich eingetreten ist.**[16] Absicht bedeutet zielgerichtetes Wollen (dolus directus 1. Grades).[17]

IV. Vorsatz, Irrtum

Eine Strafbarkeit nach § 347 Abs. 1 setzt Vorsatz voraus, **bedingter** Vorsatz genügt.[18] Bei 11
beiden Tathandlungen hat sich der Vorsatz auf die Falschheit des Berichts zu erstrecken.[19] Die Abgrenzung von grober Fahrlässigkeit und bedingtem Vorsatz ist umstritten und kann im Einzelfall schwierig sein.[20] Für die Strafschärfung in **§ 347 Abs. 2 Alt. 2** ist zusätzlich die Bereicherungs- oder Schädigungsabsicht erforderlich.

Ein den Vorsatz ausschließender **Tatbestandsirrtum** (§ 16 Abs. 1 Satz 1 StGB) kommt z. B. 12
in Betracht, wenn der Berichtende aufgrund arbeitsteiligen Vorgehens bei der Prüfung gutgläubig unzutreffende Angaben eines anderen Prüfers oder Prüfergehilfen übernimmt und darauf vertraut.[21]

V. Rechtswidrigkeit, Schuld

Die Verwirklichung des Tatbestands **indiziert** die Rechtswidrigkeit. Wie bei § 346 kom- 13
men theoretisch auch bei § 347 Rechtsfertigungsgründe wie z. B. die Einwilligung in Betracht, dürften in der Praxis jedoch kaum vorkommen, da **auch bei § 347 die Gläubiger** in den Schutzbereich der Vorschrift **einbezogen** sind. Ein Verbotsirrtum nach § 17 StGB wird z. B. dann in Betracht kommen, wenn der Prüfer berichtet, ohne selbst die Prüfung vorgenommen zu haben und trotzdem von der Richtigkeit der Prüfung überzeugt ist.[22]

VI. Konkurrenzen

Beide Tathandlungen, das unrichtige Berichten und das Verschweigen erheblicher Um- 14
stände sind keinen selbständigen Handlungen, sondern nur unterschiedliche Aspekte der-

14) Lutter-*Kuhlen/Lauterwein*, UmwG, § 347 Rz. 12; *Meyberg* in: MünchHdb. GesR, Bd. 8, § 71 Rz. 40.

15) Widmann/Mayer-*Vossius*, UmwR, § 347 UmwG Rz. 29; *Helck/Böttcher* in: NK-UmwG, § 347 Rz. 16, 17; *Rönnau* in: KölnKomm-UmwG, § 347 Rz. 23, 24; Kallmeyer-*Oppenhoff*, UmwG, § 347 Rz. 10; *Krafka* in: BeckOGK-UmwG, § 347 Rz. 23, 25; Graf/Jäger/Wittig-*v. Häfen*, Wirtschafts- und Steuerstrafrecht, § 347 UmwG Rz. 16 f.

16) Semler/Stengel/Leonard-*Taschke/Zapf*, UmwG, § 347 Rz. 19, 20; *Rönnau* in: KölnKomm-UmwG, § 347 Rz. 22; *M. Meier* in: Limmer, Hdb. Unternehmensumwandlung, Kap. 13 Rz. 40, 41; Widmann/Mayer-*Vossius*, UmwR, § 347 UmwG Rz. 30; *Krafka* in: BeckOGK-UmwG, § 347 Rz. 23, 25.

17) Lutter-*Kuhlen/Lauterwein*, UmwG, § 347 Rz. 12; *Helck/Böttcher* in: NK-UmwG, § 347 Rz. 16, 17; *Krafka* in: BeckOGK-UmwG, § 347 Rz. 31; Graf/Jäger/Wittig-*v. Häfen*, Wirtschafts- und Steuerstrafrecht, § 347 UmwG Rz. 16 f.

18) Lutter-*Kuhlen/Lauterwein*, UmwG, § 347 Rz. 10; *Rönnau* in: KölnKomm-UmwG, § 347 Rz. 20; *Helck/Böttcher* in: NK-UmwG, § 347 Rz. 14; Kallmeyer-*Oppenhoff*, UmwG, § 347 Rz. 8; Widmann/Mayer-*Vossius*, UmwR, § 347 UmwG Rz. 25; Park-*Gercke/Stirner*, Kapitalmarktstrafrecht, § 347 UmwG Rz. 23.

19) *Rönnau* in: KölnKomm-UmwG, § 347 Rz. 20, 29; Hennsler/Strohn-*Raum*, GesR, § 347 UmwG Rz. 5a; Graf/Jäger/Wittig-*v. Häfen*, Wirtschafts- und Steuerstrafrecht, § 347 UmwG Rz. 19.

20) Zu § 346 Lutter-*Kuhlen/Lauterwein*, UmwG, § 346 Rz. 25.

21) Lutter-*Kuhlen/Lauterwein*, UmwG, § 347 Rz. 10; *Rönnau* in: KölnKomm-UmwG, § 347 Rz. 30; Graf/Jäger/Wittig-*v. Häfen*, Wirtschafts- und Steuerstrafrecht, § 347 UmwG Rz. 19.

22) *Rönnau* in: KölnKomm-UmwG, § 347 Rz. 31; Graf/Jäger/Wittig-*v. Häfen*, Wirtschafts- und Steuerstrafrecht, § 347 UmwG Rz. 20 zu § 346 Lutter-*Kuhlen/Lauterwein*, UmwG, § 346 Rz. 26.

selben Verletzung der Berichtspflicht.[23] Liegen **beide Tathandlungen** vor, ist § 347 deshalb nur einmal verwirklicht. Gegenüber § 403 AktG und § 332 HGB geht § 347 in seinem Anwendungsbereich vor.[24] Dient die Verletzung der Berichtspflicht zur Begehung eines Betruges oder einer Untreue, kommt damit Tateinheit in Betracht.[25]

VII. Rechtsfolgen und Verjährung

15 Ein Verstoß gegen § 347 Abs. 1 wird mit Freiheitsstrafe bis zu drei Jahren oder Geldstrafe geahndet, die Vorschrift stellt somit ein Vergehen dar. Verwirklicht der Täter die Qualifikation, erhöht sich der Strafrahmen auf bis zu fünf Jahre Freiheitsstrafe.

16 Sowohl für das Grunddelikt als auch die für die Qualifikation verjährt die Verfolgung gemäß § 78 Abs. 3 Nr. 4 StGB nach fünf Jahren.

23) Semler/Stengel/Leonard-*Taschke/Zapf*, UmwG § 347 Rz. 27; *Rönnau* in: KölnKomm-UmwG, § 347 Rz. 35; Graf/Jäger/Wittig-*v. Häfen*, Wirtschafts- und Steuerstrafrecht, § 347 UmwG Rz. 24; Park-*Gercke/Stirner*, Kapitalmarktstrafrecht, § 347 UmwG Rz. 30; *M. Meier* in: Limmer, Hdb. Unternehmensumwandlung, Kap. 13 Rz. 43; Lutter-*Kuhlen/Lauterwein*, UmwG, § 347 Rz. 18; *Krafka* in: BeckOGK-UmwG, § 347 Rz. 39.

24) Graf/Jäger/Wittig-*v. Häfen*, Wirtschafts- und Steuerstrafrecht, § 347 UmwG Rz. 24; Park-*Gercke/Stirner*, Kapitalmarktstrafrecht, § 347 UmwG Rz. 30; *M. Meier* in: Limmer, Hdb. Unternehmensumwandlung, Kap. 13 Rz. 44; s. a. Begr. Fraktionsentwurf UmwBerG, BT-Drucks. 12/6699, S. 172 – „Spezialvorschrift".

25) Semler/Stengel/Leonard-*Taschke/Zapf*, UmwG § 347 Rz. 28; *Rönnau* in: KölnKomm-UmwG, § 347 Rz. 38; Lutter-*Kuhlen/Lauterwein*, UmwG, § 347 Rz. 18; *Krafka* in: BeckOGK-UmwG, § 347 Rz. 41.

§ 348
Falsche Angaben*)

Mit Freiheitsstrafe bis zu drei Jahren oder mit Geldstrafe wird bestraft, wer

1. **entgegen § 315 Absatz 3 Satz 1 Nummer 1 oder 4 oder § 316 Absatz 2 Satz 5, jeweils auch in Verbindung mit § 329 Satz 1, entgegen § 342 Absatz 3 Satz 1 Nummer 1 oder 4 oder § 343 Absatz 2 Satz 5 eine Versicherung nicht richtig abgibt oder**
2. **entgegen § 315 Absatz 3 Satz 2, auch in Verbindung mit § 329 Satz 1, oder entgegen § 342 Absatz 3 Satz 2 eine Mitteilung nicht richtig macht.**

*) § 314a a. F. (§ 348 n. F.) Paragraphenzählung und Text geändert durch Art. 1 des Gesetzes zur Umsetzung der Umwandlungsrichtlinie und zur Änderung weiterer Gesetze (UmRUG), v. 22.2.2023, BGBl. I 2023, Nr. 51; § 314a i. d. F. des UmwBerG (§ 348 n. F.) geändert durch Art. 1 des Zweiten Gesetzes zur Änderung des Umwandlungsgesetzes (2. UmwGÄndG), v. 19.4.2007, BGBl. I 2007, 542.

Übersicht

I. Normzweck

1 § 348 dient dem **Schutz des Vermögens der Gläubiger** des übertragenden oder formwechselnden Rechtsträgers, deren Sicherungsinteresse im Falle einer **grenzüberschreitenden Umwandlung** gefährdet sein kann.[1] Auch § 348 ist ein Sonderdelikt und ein abstraktes

1) Graf/Jäger/Wittig-*v. Häfen*, Wirtschafts- und Steuerstrafrecht, § 348 UmwG Rz. 1; Lutter-*Kuhlen/Lauterwein*, UmwG, § 348 Rz. 2; Kallmeyer-*Oppenhoff*, UmwG, § 348 Rz. 1.

Gefährdungsdelikt.[2)] Die Vorschrift setzt somit nicht das Entstehen eines tatsächlichen Schadens voraus.

II. Strafbarkeit

1. Täterkreis

Durch die Verweisung auf die in § 348 genannten Vorschriften wird deutlich, dass als Täter i. S. des § 348 nur die Mitglieder des Vertretungsorgans **des übertragenden oder formwechselnden deutschen Rechtsträgers** in Betracht kommen, da die Rechtmäßigkeitskontrolle der Registergerichte nur für deutsche Rechtsträger gilt.[3)] Die Ausführungen zum faktischen Geschäftsführer i. R. des § 346 gelten entsprechend (siehe § 346 Rz. 7 [*Maske-Reiche*]. 2

Meldet die Gesellschaft in unechter Gesamtvertretung durch einen Geschäftsführer bzw. Vorstand **zusammen mit einem Prokuristen** an, kann auch der Prokurist tauglicher Täter i. S. des § 348 sein.[4)] Da § 348 ein eigenhändiges Delikt ist, ist **Mittäterschaft ausgeschlossen.** Anstiftung oder Beihilfe sind jedoch möglich. 3

2. Tathandlung

Tathandlungen sind **Versicherungen oder Mitteilungen**, die im Zuge der grenzüberschreitenden Umwandlung oder des Formwechsels **nicht richtig abgegeben** werden. **Unterbleiben** die Versicherungen oder Mitteilungen **ganz**, ist dies **nicht strafbar**.[5)] 4

§ 348 Abs. 1 stellt **drei Formen von unrichtigen Versicherungen** unter Strafe: 5

- Zum einen macht sich strafbar, wer unrichtig versichert, dass allen Gläubigern die im Verschmelzungs-, Spaltungs- oder Formwechselplan angebotene Sicherheit geleistet wurde (§ 315 Abs. 3 Satz 1 Nr. 1, § 316 Abs. 2 Satz 5 bzw. § 343 Abs. 3 Satz 1 Nr. 1).
- Zweitens ist strafbar, wer im Falle, dass die Gläubiger ihren Anspruch auf Sicherheitsleistung gerichtlich geltend gemacht haben, unrichtig versichert, dass die durch gerichtliche Entscheidung festgelegte Sicherheit geleistet wurde (§ 343 Abs. 2 Satz 5).
- In der dritten Alternative macht sich strafbar, wer unrichtig versichert, dass die Gesellschaft nicht zahlungsunfähig (§ 17 Abs. 2 InsO), drohend zahlungsunfähig (§ 18 Abs. 2 InsO) oder überschuldet (§ 19 Abs. 2 InsO) ist (§ 315 Abs. 3 Satz 1 Nr. 1–4 bzw. § 342 Abs. 3 Satz 1 Nr. 4).

3. Vorsatz, Irrtum

§ 348 ist ein Vorsatzdelikt, bedingter Vorsatz genügt.[6)] Der bedingte Vorsatz muss sich sowohl darauf beziehen, dass dem Gläubiger ein Recht auf Sicherheitsleistung zusteht, als auch darauf, dass die Sicherheit nicht angemessen ist und nicht oder nicht angemessen ge- 6

2) Lutter-*Kuhlen/Lauterwein*, UmwG, § 348 Rz. 2; Henssler/Strohn-*Raum*, GesR, § 348 UmwG Rz. 3 – bzgl. des Sonderdelikts; *Rönnau* in: KölnKomm-UmwG, § 348 Rz. 2 – bzgl. abstrakten Gefährdungsdelikts.

3) *Rönnau* in: KölnKomm-UmwG, § 348 Rz. 8; Graf/Jäger/Wittig-*v. Häfen*, Wirtschafts- und Steuerstrafrecht, § 348 UmwG Rz. 3; Widmann/Mayer-*Vossius*, UmwR, § 348 UmwG Rz. 4; Lutter-*Kuhlen/Lauterwein*, UmwG, § 348 Rz. 9.

4) Widmann/Mayer-*Vossius*, UmwR, § 348 UmwG Rz. 4; Kallmeyer-*Oppenhoff*, UmwG, § 348 Rz. 3; *Helck/Böttcher* in: NK-UmwG, § 348 Rz. 5.

5) Lutter-*Kuhlen/Lauterwein*, UmwG, § 348 Rz. 3; Graf/Jäger/Wittig-*v. Häfen*, Wirtschafts- und Steuerstrafrecht, § 348 UmwG Rz. 5; *M. Meier* in: Limmer, Hdb. Unternehmensumwandlung, Kap. 13 Rz. 51; *Rönnau* in: KölnKomm-UmwG, § 348 Rz. 19.

6) Widmann/Mayer-*Vossius*, UmwR, § 348 UmwG Rz. 9; *Helck/Böttcher* in: NK-UmwG, § 348 Rz. 9; *Rönnau* in: KölnKomm-UmwG, § 348 Rz. 20.

leistet wird.[7] Damit wird ein Vorsatz insbesondere dann nicht gegeben sein, wenn der Anspruch des Gläubigers der Höhe nach unklar oder dem Grunde nach ungewiss ist.

7 Irrt der Täter darüber, dass alle Gläubiger eine Sicherheitsleistung erhalten haben, unterliegt er einem Tatbestandsirrtum.[8]

III. Rechtswidrigkeit, Schuld

8 Die Verwirklichung des Tatbestands indiziert die Rechtswidrigkeit. Wenn sich der Handelnde wegen der Ansprüche der Gläubiger **rechtlich beraten** lassen hat, dürfte eine Strafbarkeit spätestens auf subjektiver Ebene oder auf der Verschuldensebene ausscheiden.[9] Irrt der Täter darüber, dass Gläubiger keinen Anspruch auf Sicherheitsleistung haben, unterliegt er einem bloßen Verbotsirrtum.[10]

IV. Konkurrenzen

9 § 348 kann mit § 346 in Tateinheit stehen, dagegen ist eine Tateinheit mit § 347 wegen des unterschiedlichen Täterkreises ausgeschlossen. Daneben kann § 348 ebenso wie § 346 und § 347 in Zusammenhang mit Betrug oder Untreue stehen. Stellen die unrichtigen Angaben lediglich strafbare Vorbereitungshandlungen für den Betrug oder die Untreue dar, kommt Tatmehrheit nach § 53 in Betracht.[11]

V. Rechtsfolgen, Verjährung

10 Ein Verstoß gegen § 347 Abs. 1 wird mit Freiheitsstrafe bis zu drei Jahren oder Geldstrafe geahndet, die Vorschrift stellt somit ein Vergehen dar.

11 Sowohl für das Grunddelikt als auch die für die Qualifikation verjährt die Verfolgung gemäß § 78 Abs. 3 Nr. 4 StGB nach fünf Jahren gerechnet ab Vollendung der Tat (Zugang der falschen Angabe beim Handelsregister).

---

7) Widmann/Mayer-*Vossius*, UmwR, § 348 UmwG Rz. 9; a. A. ausdrücklich *Rönnau* in: KölnKomm-UmwG, § 348 Rz. 20, 26; a. A. i. Erg., da der Vorsatz sich nur auf die Unrichtigkeit der abgegebenen Versicherung oder Mitteilung beziehen müsse *Helck/Böttcher* in: NK-UmwG, § 348 Rz. 9; Kallmeyer-*Oppenhoff*, UmwG, § 348 Rz. 4.

8) Graf/Jäger/Wittig-*v. Häfen*, Wirtschafts- und Steuerstrafrecht, § 348 UmwG Rz. 9; *Rönnau* in: KölnKomm-UmwG, § 348 Rz. 26.

9) Bzgl. der subjektiven Ebene Widmann/Mayer-*Vossius*, UmwR, § 348 UmwG Rz. 9; bzgl. der Verschuldensebene wohl i. Erg. *Rönnau* in: KölnKomm-UmwG, § 348 Rz. 26.

10) Graf/Jäger/Wittig-*v. Häfen*, Wirtschafts-und Steuerstrafrecht, § 348 UmwG Rz. 9; Lutter-*Kuhlen/Lauterwein*, UmwG, § 348 Rz. 8.

11) Widmann/Mayer-*Vossius*, UmwR, § 348 UmwG Rz. 12.

§ 349

Verletzung der Geheimhaltungspflicht[*]

(1) Mit Freiheitsstrafe bis zu einem Jahr oder mit Geldstrafe wird bestraft, wer ein Geheimnis eines an einer Umwandlung beteiligten Rechtsträgers, namentlich ein Betriebs- oder Geschäftsgeheimnis, das ihm in seiner Eigenschaft als

1. **Mitglied des Vertretungsorgans, vertretungsberechtigter Gesellschafter oder Partner, Mitglied eines Aufsichtsrats oder Abwickler dieses oder eines anderen an der Umwandlung beteiligten Rechtsträgers,**
2. **Verschmelzungs-, Spaltungs- oder Übertragungsprüfer oder Gehilfe eines solchen Prüfers**

bekannt geworden ist, unbefugt offenbart, wenn die Tat im Falle der Nummer 1 nicht in § 85 des Gesetzes betreffend die Gesellschaften mit beschränkter Haftung, § 404 des Aktiengesetzes oder § 151 des Genossenschaftsgesetzes, im Falle der Nummer 2 nicht in § 333 des Handelsgesetzbuchs mit Strafe bedroht ist.

(2) [1]Handelt der Täter gegen Entgelt oder in der Absicht, sich oder einen anderen zu bereichern oder einen anderen zu schädigen, so ist die Strafe Freiheitsstrafe bis zu zwei Jahren oder Geldstrafe. [2]Ebenso wird bestraft, wer ein Geheimnis der in Absatz 1 bezeichneten Art, namentlich ein Betriebs- oder Geschäftsgeheimnis, das ihm unter den Voraussetzungen des Absatzes 1 bekannt geworden ist, unbefugt verwertet.

(3) [1]Die Tat wird nur auf Antrag eines der an der Umwandlung beteiligten Rechtsträger verfolgt. [2]Hat ein Mitglied eines Vertretungsorgans, ein vertretungsberechtigter Gesellschafter oder Partner oder ein Abwickler die Tat begangen, so sind auch ein Aufsichtsrat oder ein nicht vertretungsberechtigter Gesellschafter oder Partner antragsberechtigt. [3]Hat ein Mitglied eines Aufsichtsrats die Tat begangen, sind auch die Mitglieder des Vorstands, die vertretungsberechtigten Gesellschafter oder Partner oder die Abwickler antragsberechtigt.

*) § 315 a. F. (§ 349 n. F.) Paragraphenzählung geändert durch Art. 1 des Gesetzes zur Umsetzung der Umwandlungsrichtlinie und zur Änderung weiterer Gesetze (UmRUG), v. 22.2.2023, BGBl. I 2023, Nr. 51; § 315 a. F. (§ 349 n. F.) geändert durch Art. 2 des Gesetzes zur Modernisierung der Finanzaufsicht über Versicherungen (VAMoG), v. 1.4.2015, BGBl. I 2015, 434; § 315 i. d. F. des UmwBerG (§ 349 n. F.) geändert durch Art. 14 des Gesetzes zur Einführung der Europäischen Genossenschaft und zur Änderung des Genossenschaftsrechts (SCEEG), v. 14.8.2006, BGBl. I 2006, 1911.

Übersicht

I. Normzweck

§ 349 dient zum einen dem **Schutz des Vermögens und des Geheimhaltungsinteresses der Gesellschaft**, zum anderen dem **Schutz der Anteilseigner**, deren insoweit mit dem Gesellschaftsinteresse eine Einheit bilden.[1)] Dagegen sind die Interessen der Arbeitnehmer und der Gläubiger der Gesellschaft nicht in den Schutzbereich einbezogen.[2)] Dies folgt daraus, dass ihre Interessen aus einer Verletzung der Geheimhaltungspflicht nicht automatisch betroffen sind und daraus, dass § 349 ein Antragsdelikt ist. § 349 ist ein abstraktes Gefährdungsdelikt, die Vorschrift setzt somit nicht das Entstehen eines tatsächlichen Schadens voraus.[3)] 1

1) Semler/Stengel/Leonard-*Taschke/Zapf*, UmwG, § 349 Rz. 2.; *M. Meier* in: Limmer, Hdb. Unternehmensumwandlung, Kap. 13 Rz. 56.

2) Widmann/Mayer-*Vossius*, UmwR, § 349 UmwG Rz. 1; *M. Meier* in: Limmer, Hdb. Unternehmensumwandlung, Kap. 13 Rz. 56; Kallmeyer-*Oppenhoff*, UmwG, § 349 Rz. 1.

3) Esser/Rübenstahl/Saliger/Tsambikakis-*Tsambikakis*, Wirtschaftsstrafrecht, § 315 UmwG Rz. 3; Widmann/Mayer-*Vossius*, UmwR, § 349 UmwG Rz. 2; *Hohn* in: KölnKomm-UmwG, § 349 Rz. 14.

II. Strafbarkeit (§ 349 Abs. 1)

1. Täterkreis

2 Täter i. S. des § 348 können die **Mitglieder des Vertretungsorgans** der Gesellschaft (also Geschäftsführer, Vorstandsmitglieder und vertretungsbefugte Gesellschafter, Abwickler, Mitglieder eines Aufsichtsrats, Umwandlungsprüfer oder der Gehilfe eines solchen Prüfers) sein. Auch § 349 ist ein Sonderdelikt. Andere als die genannten Personen kommen somit nicht als Täter in Betracht.[4] Jedoch kann ebenso wie bei § 346 auch der **faktische Geschäftsführer** Täter sein. Die Ausführungen zum faktischen Geschäftsführer i. R. des § 346 gelten entsprechend (siehe § 346 Rz. 7 [*Maske-Reiche*]. Mittäterschaft, Anstiftung oder Beihilfe sind möglich.

2. Tathandlung: unbefugte Offenbarung eines Geheimnisses

3 Tathandlung i. S. des § 349 Abs. 1 ist das unbefugte Offenbaren eines Geheimnisses einer an der Umwandlung **beteiligten Gesellschaft**, das dem Täter in der ihn als Täter qualifizierenden Eigenschaft bekannt geworden ist. Damit scheidet eine Strafbarkeit aus, wenn der Täter das Geheimnis **privat** erfahren hat.[5]

4 Als Regelbeispiel für ein Geheimnis i. S. des § 349 werden in Absatz 1 und 2 Betriebs- und Geschäftsgeheimnisse genannt. Ein **Geheimnis** i. S. des § 349 liegt deshalb bei allen Arten von Geschäftsgeheimnissen i. S. von **§ 2 Abs. 1 GeschGehG** vor. Damit ist ein Geschäftsgeheimnis eine Information, die weder insgesamt noch in der genauen Anordnung und Zusammensetzung ihrer Bestandteile den Personen in den Kreisen, die üblicherweise mit dieser Art von Informationen umgehen, allgemein bekannt oder ohne Weiteres zugänglich ist und daher von wirtschaftlichem Wert ist und die Gegenstand von den Umständen nach angemessenen Geheimhaltungsmaßnahmen durch ihren rechtmäßigen Inhaber ist und bei der ein berechtigtes Interesse an der Geheimhaltung besteht.

5 Auch **Betriebsgeheimnisse** fallen unter das GeschGehG, sofern diese Kriterien erfüllt sind.[6] Betriebsgeheimnisse betreffen in der Regel den technischen Bereich, Geschäftsgeheimnisse den kaufmännischen Bereich, eine genaue Abgrenzung ist i. R. des § 349 jedoch nicht erforderlich.[7]

6 Ein Geheimnis wird **offenbart**, wenn es einem Dritten mitgeteilt wird, bei schriftlicher Mitteilung genügt die Möglichkeit der Kenntnisnahme.[8] Eine Strafbarkeit nach § 349 Abs. 1 setzt zudem voraus, dass das Geheimnis zum Zeitpunkt der Tathandlung noch ein Geheimnis der Gesellschaft war. Hatte die Gesellschaft das Geheimnis vor der Tat bereits offenbart und ist es dadurch offenkundig geworden, ist der Tatbestand nicht verwirklicht.[9]

7 **Unbefugt** ist die Offenbarung, wenn sie dem Geheimhaltungsinteresse der betroffenen Gesellschaft widerspricht. Dies ist dann nicht der Fall, wenn das Geheimnis i. R. der **Erfül-**

---

4) Widmann/Mayer-*Vossius*, UmwR, § 349 UmwG Rz. 4; *M. Meier* in: Limmer, Hdb. Unternehmensumwandlung, Kap. 13 Rz. 58; Kallmeyer-*Oppenhoff*, UmwG, § 349 Rz. 3.

5) Widmann/Mayer-*Vossius*, UmwR, § 349 UmwG Rz. 8, 21; Kallmeyer-*Oppenhoff*, UmwG, § 349 Rz. 3; *Helck/Böttcher* in: NK-UmwG, § 349 Rz. 5.

6) Semler/Stengel/Leonard-*Taschke/Zapf*, UmwG, § 349 Rz. 8.

7) Kallmeyer-*Oppenhoff*, UmwG, § 349 Rz. 5; Semler/Stengel/Leonard-*Taschke/Zapf*, UmwG, § 349 Rz. 10.

8) Semler/Stengel/Leonard-*Taschke/Zapf*, UmwG, § 349 Rz. 18; *M. Meier* in: Limmer, Hdb. Unternehmensumwandlung, Kap. 13 Rz. 65; *Helck/Böttcher* in: NK-UmwG, § 349 Rz. 8; *Hohn* in: KölnKomm-UmwG, § 349 Rz. 51; a. A. Lutter-*Kuhlen/Lauterwein*, UmwG, § 349 Rz. 12.

9) *Hohn* in: KölnKomm-UmwG, § 349 Rz. 50; Semler/Stengel/Leonard-*Taschke/Zapf*, UmwG, § 349 Rz. 19; *M. Meier* in: Hdb. Unternehmensumwandlung, Kap. 13 Rz. 65; Lutter-*Kuhlen/Lauterwein*, UmwG, § 349 Rz. 13.

lung der gesetzlichen Pflicht, z. B. zur Erfüllung gesetzlicher Auskunftspflichten gegenüber Anteilsinhabern oder Aufsichtsorganen, offenbart wurde.[10)]

III. Qualifikation (§ 349 Abs. 2)

Die Qualifikation i. S. des § 349 Abs. 2 weist **zwei mögliche Alternativen** auf, das 8

- Handeln gegen Entgelt oder in Bereicherungs- oder Schädigungsabsicht und
- das unbefugte Verwerten.

1. Handeln gegen Entgelt oder in Bereicherungs- oder Schädigungsabsicht

Strafschärfend wirkt es sich zum einen aus, wenn der Täter das Geheimnis offenbart, um sich oder einen Dritten zu bereichern oder den betroffenen Rechtsträger zu schädigen. 9

2. Unbefugtes Verwerten des Geheimnisses

Unbefugt ein Geheimnis verwertet, wer das Geheimnis offenbart, um sich einen materiellen Vorteil zu verschaffen. Der **Vorteil**, den sich der Täter zu verschaffen sucht, muss dabei nicht identisch mit einem Vermögensnachteil des betroffenen Rechtsträgers sein.[11)] 10

Die Tat ist **vollendet**, sobald der Täter aus seiner Sicht die konkrete Aussicht auf einen Vermögensvorteil geschaffen hat.[12)] Auch das Verwenden eines Geheimnisses zum **Insiderhandel** kann damit eine Verwertung darstellen, selbst wenn der betroffene Rechtsträger damit nicht geschädigt wird.[13)] 11

IV. Vorsatz, Irrtum

§ 349 ist ein Vorsatzdelikt, bedingter Vorsatz genügt.[14)] Irrt der Handelnde damit über die Einordnung einer Tatsache als Geheimnis, handelt er in einem Erlaubnistatbestandsirrtum. 12

V. Rechtswidrigkeit, Schuld

Die Verwirklichung des Tatbestands indiziert die Rechtswidrigkeit.[15)] Als Rechtfertigungsgrund kommen vor allem ein rechtfertigender Notstand nach § 34 StGB oder die Wahrnehmung berechtigter Interessen nach § 193 StGB in Betracht.[16)] 13

VI. Strafantrag, Konkurrenzen (§ 349 Abs. 3)

§ 349 ist ein **absolutes Antragsdelikt**, antragsberechtigt ist damit nach zutreffender Ansicht nur der betroffene Rechtsträger, dessen Geheimhaltungsinteressen verletzt sind.[17)] 14

---

10) Widmann/Mayer-*Vossius*, UmwR, § 349 UmwG Rz. 17; *M. Meier* in: Limmer, Hdb. Unternehmensumwandlung, Kap. 13 Rz. 68; i. Erg. ebenso Kallmeyer-*Oppenhoff*, UmwG, § 349 Rz. 8; *Hohn* in: KölnKomm-UmwG, § 349 Rz. 44 – das Offenbaren sei unter den Voraussetzungen gerechtfertigt.

11) Lutter-*Kuhlen/Lauterwein*, UmwG, § 349 Rz. 20; Widmann/Mayer-*Vossius*, UmwR, § 349 UmwG Rz. 29; i. Erg. *Hohn* in: KölnKomm-UmwG, § 349 Rz. 56.

12) Esser/Rübenstahl/Saliger/Tsambikakis-*Tsambikakis*, Wirtschaftsstrafrecht, § 315 UmwG Rz. 12; *Helck/Böttcher* in: NK-UmwR, § 349 UmwG Rz. 16; Semler/Stengel/Leonard-*Taschke/Zapf*, UmwG, § 349 Rz. 31.

13) Lutter-*Kuhlen/Lauterwein*, UmwG, § 349 Rz. 20; a. A. *Hohn* in: KölnKomm-UmwG, § 349 Rz. 56.

14) Semler/Stengel/Leonard-*Taschke/Zapf*, UmwG, § 349 Rz. 34; Widmann/Mayer-*Vossius*, UmwR, § 349 UmwG Rz. 26; *Hohn* in: KölnKomm-UmwG, § 349 Rz. 58; Kallmeyer-*Oppenhoff*, UmwG, § 349 Rz. 9; *Helck/Böttcher* in: NK-UmwR, § 349 UmwG Rz. 16; Graf/Jäger/Wittig-*v. Häfen*, Wirtschafts- und Steuerstrafrecht, § 349 UmwG Rz. 14.

15) Widmann/Mayer-*Vossius*, UmwR, § 349 UmwG Rz. 22.

16) Widmann/Mayer-*Vossius*, UmwR, § 349 UmwG Rz. 23; bzgl. § 34 StGB *M. Meier* in: Limmer, Hdb. Unternehmensumwandlung, Kap. 13 Rz. 78, sowie Lutter-*Kuhlen/Lauterwein*, UmwG, § 349 Rz. 17 – a. A. bzgl. § 193 StGB.

17) *Hohn* in: KölnKomm-UmwG, § 349 Rz. 60; Lutter-*Kuhlen/Lauterwein*, UmwG, § 349 Rz. 21; Semler/Stengel/Leonard-*Taschke/Zapf*, UmwG, § 349 Rz. 43; a. A. Henssler/Strohn-*Raum*, GesR, § 349 UmwG Rz. 2; *Meyberg* in:MünchHdb. GesR, Bd. 8, § 71 Rz. 54.

Die anderen an der Umwandlung beteiligten Rechtsträger und die Anteilsinhaber sind somit – soweit es nicht den Fall des geschäftsführenden Gesellschafters betrifft – trotz Einbeziehung in den Schutzbereich der Norm nicht antragsberechtigt.[18)]

15 § 349 Abs. 1 Nr. 1 ist kraft Gesetzes subsidiär gegenüber § 85 GmbHG, § 404 AktG, § 151 GenG. § 349 Abs. 1 Nr. 2 ist kraft Gesetzes subsidiär gegenüber § 333 HGB. § 349 geht den §§ 203, 204 StGB als lex specialis vor und kann in Tateinheit mit § 17 UmwG stehen.[19)]

VII. Rechtsfolgen, Verjährung

16 Ein Verstoß gegen § 349 Abs. 1 wird mit Freiheitsstrafe bis zu einem Jahr oder Geldstrafe geahndet, die Vorschrift stellt somit ein Vergehen dar. Im Rahmen der Qualifikation erhöht sich der Strafrahmen auf bis zu zwei Jahre oder Geldstrafe.

17 Sowohl für das Grunddelikt als auch für die Qualifikation verjährt die Verfolgung gemäß § 78 Abs. 3 Nr. 4 StGB nach fünf Jahren gerechnet ab Vollendung der Tat.

18) *M. Meier* in: Limmer, Hdb. Unternehmensumwandlung, Kap. 13 Rz. 80; *Helck/Böttcher* in: NK-UmwG, § 349 Rz. 18; Widmann/Mayer-*Vossius*, UmwR, § 349 UmwG Rz. 33.

19) Widmann/Mayer-*Vossius*, UmwR, § 349 UmwG Rz. 36 f.; Esser/Rübenstahl/Saliger/Tsambikakis-*Tsambikakis*, Wirtschaftsstrafrecht, § 315 UmwG Rz. 15.

§ 350

Zwangsgelder*)

(1) [1]Mitglieder eines Vertretungsorgans, vertretungsberechtigte Gesellschafter, vertretungsberechtigte Partner oder Abwickler, die § 13 Abs. 3 Satz 3 sowie § 125 Satz 1, § 176 Abs. 1, § 177 Abs. 1, § 178 Abs. 1, § 179 Abs. 1, § 180 Abs. 1, § 184 Abs. 1, § 186 Satz 1, § 188 Abs. 1 und § 189 Abs. 1, jeweils in Verbindung mit § 13 Abs. 3 Satz 3, sowie § 193 Abs. 3 Satz 2 nicht befolgen, sind hierzu von dem zuständigen Registergericht durch Festsetzung von Zwangsgeld anzuhalten; § 14 des Handelsgesetzbuchs bleibt unberührt. [2]Das einzelne Zwangsgeld darf den Betrag von fünftausend Euro nicht übersteigen.

(2) Die Anmeldungen einer Umwandlung zu dem zuständigen Register nach § 16 Absatz 1, den §§ 38, 129 und 137 Absatz 1 und 2, § 176 Absatz 1, § 177 Absatz 1, § 178 Absatz 1, § 179 Absatz 1, § 180 Absatz 1, § 184 Absatz 1, den §§ 186 und 188 Absatz 1, § 189 Absatz 1, den §§ 198, 222, 235, 246, 254, 265 und 278 Absatz 1, den §§ 286, 296 und § 315, auch in Verbindung mit § 329 Satz 1, § 318 Absatz 1, auch in Verbindung mit § 329 Satz 1, § 331 Absatz 1, den §§ 342 sowie § 345 Absatz 1 werden durch Festsetzung von Zwangsgeld nicht erzwungen.

*) § 316 a. F. (§ 350 n. F.) Paragraphenzählung und Text geändert durch Art. 1 des Gesetzes zur Umsetzung der Umwandlungsrichtlinie und zur Änderung weiterer Gesetze (UmRUG), v. 22.2.2023, BGBl. I 2023, Nr. 51; § 316 a. F. (§ 350 n. F.) geändert durch Art. 1 des Zweiten Gesetzes zur Änderung des Umwandlungsgesetzes (2. UmwGÄndG), v. 19.4.2007, BGBl. I 2007, 542; § 316 i. d. F. des UmwBerG (§ 350 n. F.) geändert durch Art. 5 des Gesetzes zur Namensaktie und zur Erleichterung der Stimmrechtsausübung (Namensaktiengesetz – NaStraG), v. 18.1.2001, BGBl. I 2001, 123.

Übersicht

I. Normzweck

§ 350 **konkretisiert** den Kreis der zwangsgeldbewehrten Pflichten gegenüber § 14 HGB und bestimmt, dass auch die **Übergabe von bestimmten Dokumenten** bei Umwandlungsmaßnahmen erzwungen werden kann.[1] Er dient damit in erster Linie dem **Schutz der Anteilseigner** und sanktioniert die Missachtung ihres Rechts, Abschriften von Dokumenten wie dem Verschmelzungs-, Spaltungsvertrag, von deren Entwürfen oder Beschlüssen zu erhalten.[2] 1

§ 350 **Abs. 2** schränkt wiederrum § 14 HGB ein und stellt klar, dass jedoch eine **Anmeldung** der jeweiligen Umwandlung zum Handelsregister **nicht erzwungen werden kann.** Unterbleibt die Anmeldung der Umwandlung ganz, sind somit die Anteilsinhaber zur Durchsetzung ihrer Ansprüche auf die ordentlichen Gerichte verwiesen.[3] Sobald die Umwandlung jedoch angemeldet wurde, könnten Folgeanmeldungen oder die Einreichung weiterer Unterlagen erneut Gegenstand von Zwangsgeldern sein. 2

§ 350 stellt kein Ordnungswidrigkeitsverfahren dar, sondern eine **Beugemaßnahme**, daher richtet sich die Durchsetzung auch nicht nach dem StGB, sondern dem **FamFG.**[4] 3

II. Normvoraussetzungen

1. Normadressaten

Adressaten i. S. des § 350 sind die vertretungsberechtigten Geschäftsführungsorgane des beteiligten Rechtsträgers, also Geschäftsführer, Vorstandmitglieder und vertretungsbefugte Gesellschafter, oder Abwickler. Besteht ein Vertretungsorgan aus mehreren Mitgliedern, ist jedes einzelne Adressat der Pflicht.[5] 4

2. Tathandlung

Tathandlung i. S. des § 350 Abs. 1 ist die Nichterteilung einer Abschrift des entsprechenden Umwandlungsbeschlusses, Vertragsentwurfs oder Vertrages an den Anteilsinhaber.[6] 5

---

1) *Helck/Böttcher* in: NK-UmwG, § 350 Rz. 1; *Hohn* in: KölnKomm-UmwG, § 350 Rz. 1; Semler/Stengel/Leonard-*Zessel/Schwanna*, UmwG, § 350 Rz. 1; Kallmeyer-*Oppenhoff*, UmwG, § 350 Rz. 1; Widmann/Mayer-*Vossius*, UmwR, § 350 UmwG Rz. 1; Graf/Jäger/Wittig-*v. Häfen*, Wirtschafts- und Steuerstrafrecht, § 350 UmwG Rz. 2.

2) *Hohn* in: KölnKomm-UmwG, § 350 Rz. 1; Lutter-*Kuhlen/Lauterwein*, UmwG, § 350 Rz. 3; Widmann/Mayer-*Vossius*, UmwR, § 350 UmwG Rz. 2; *M. Meier* in: Limmer, Hdb. Unternehmensumwandlung, Kap. 13 Rz. 84.

3) Widmann/Mayer-*Vossius*, UmwR, § 350 UmwG Rz. 3; Graf/Jäger/Wittig-*v. Häfen*, Wirtschafts- und Steuerstrafrecht, § 350 UmwG Rz. 4; *Hohn* in: KölnKomm-UmwG, § 350 Rz. 1.

4) *Helck/Böttcher* in: NK-UmwG, § 350 Rz. 8 f.; *Hohn* in: KölnKomm-UmwG, § 350 Rz. 2, 10; Lutter-*Kuhlen/Lauterwein*, UmwG, § 350 Rz. 6, 8; Semler/Stengel/Leonard-*Zessel/Schwanna*, UmwG, § 350 Rz. 4.

5) Kallmeyer-*Oppenhoff*, UmwG, § 350 Rz. 4; *M. Meier* in: Limmer, Hdb. Unternehmensumwandlung, Kap. 13 Rz. 85 f.; Widmann/Mayer-*Vossius*, UmwR, § 350 UmwG Rz. 10.

6) Lutter-*Kuhlen/Lauterwein*, UmwG, § 350 Rz. 3; Semler/Stengel/Leonard-*Zessel/Schwanna*, UmwG, § 350 Rz. 2; *Helck/Böttcher* in: NK-UmwG, § 350 Rz. 3; Widmann/Mayer-*Vossius*, UmwR, § 350 UmwG Rz. 5; Kallmeyer-*Oppenhoff*, UmwG, § 350 Rz. 2; *Hohn* in: KölnKomm-UmwG, § 350 Rz. 5; *M. Meier* in: Limmer, Hdb. Unternehmensumwandlung, Kap. 13 Rz. 87.

3. Anteilsinhaber und Entstehen des Anspruchs

6 Anteilsinhaber i. S. des § 350 Abs. 1 ist nur, wer zum Zeitpunkt, zu dem sein Verlangen auf Abschrift dem Vertretungsorgan des betreffenden Rechtsträgers zugeht, Anteilsinhaber ist.[7)]

4. Kein Verweisen auf Möglichkeit der Einsichtnahme in das Handelsregister

7 Der Anteilsinhaber kann nicht darauf verwiesen werden, dass es die Möglichkeit gibt, eine Abschrift der zum Handelsregister eingereichten Dokumente zu verlangen.[8)]

III. Rechtsmissbräuchlichkeit

8 Im Einzelfall kann das Verlangen des Anteilsinhabers rechtsmissbräuchlich sein, etwa, wenn Unterlagen zu einer bereits lang zurückliegenden Umwandlung verlangt werden, die schon archiviert sind bzw. nach Ablauf steuerlicher Aufbewahrungspflichten ausgesondert wurden.[9)]

IV. Schuld

9 Da § 350 **keine Strafnorm**, sondern eine Beugemaßmahme darstellt, setzt die Verhängung des Zwangsgeldes nicht voraus, dass das Nichterteilen der Abschrift schuldhaft erfolgt ist.[10)]

V. Verfahren

10 Für das Verfahren gelten die **§§ 388 bis 391 FamFG**. Nachdem das Registergericht Kenntnis von der Nichterteilung der Abschriften erlangt hat, wird das Verfahrens **von Amts wegen** durchgeführt. Die Kenntniserlangung setzt somit keinen förmlichen Antrag des Anteilsinhabers, aber einen entsprechenden **Hinweis** voraus, in dem der Anteilsinhaber schlüssig seine Anteilsinhaberstellung und die Nichterfüllung des Anspruchs nach § 350 darlegt.[11)]

11 Das Registergericht fordert dann mit **Einleitungsverfügung** das Geschäftsführungsorgan zur **Stellungnahme** auf, setzt eine Frist, innerhalb dieser das Unterlassen zu rechtfertigen ist und droht ein bereits betragsmäßig bestimmtes Zwangsgeld an. Zwangsgelder bei mehreren Unterlassungen sind wegen § 350 Abs. 1 Satz 2 nicht zusammenzurechnen. Gibt der Adressat innerhalb der festgesetzten Frist keine Stellungnahme ab oder legt er nicht fristgerecht Einspruch ein, setzt das Registergericht das Zwangsgeld fest und treibt dieses bei Nichtzahlung bei.

7) Widmann/Mayer-*Vossius*, UmwR, § 350 UmwG Rz. 6.

8) *M. Meier* in: Limmer, Hdb. Unternehmensumwandlung, Kap. 13 Rz. 87.

9) Widmann/Mayer-*Vossius*, UmwR, § 350 UmwG Rz. 13.

10) Lutter-*Kuhlen/Lauterwein*, UmwG, § 350 Rz. 6; Semler/Stengel/Leonard-*Zessel/Schwanna*, UmwG, § 350 Rz. 5; Widmann/Mayer-*Vossius*, UmwR, § 350 UmwG Rz. 16; *Helck/Böttcher* in: NK-UmwG, § 350 Rz. 8; Kallmeyer-*Oppenhoff*, UmwG, § 350 Rz. 5.

11) Widmann/Mayer-*Vossius*, UmwR, § 350 UmwG Rz. 18, 19; *Helck/Böttcher* in: NK-UmwG, § 350 Rz. 9.

Achtes Buch
Übergangs- und Schlußvorschriften

§ 351
Umwandlung alter juristischer Personen*)

[1]Eine juristische Person im Sinne des Artikels 163 des Einführungsgesetzes zum Bürgerlichen Gesetzbuche kann nach den für wirtschaftliche Vereine geltenden Vorschriften dieses Gesetzes umgewandelt werden. [2]Hat eine solche juristische Person keine Mitglieder, so kann sie nach den für Stiftungen geltenden Vorschriften dieses Gesetzes umgewandelt werden.

*) § 317 a. F. (§ 351 n. F.) Paragraphenzählung geändert durch Art. 1 des Gesetzes zur Umsetzung der Umwandlungsrichtlinie und zur Änderung weiterer Gesetze (UmRUG), v. 22.2.2023, BGBl. I 2023, Nr. 51.

Literatur: *Düwell*, Änderung des Umwandlungsgesetzes, jurisPR-ArbR 39/2022 Anm. 1; *Großfeld/Irriger*, Intertemporales Unternehmensrecht, JZ 1988, 531; *Holzer*, Königlich privilegierte Feuerschützengesellschaften im Rechtsverkehr, MittBayNot 2018, 108; *Mayer*, Erste Zweifelsfragen bei der Unternehmensspaltung, DB 1995, 861; *Oberst*, Nutzanteile an Körperschaftswaldungen, MittBayNot 1956, 151; *Schollmeyer*, Neuerungen für Umwandlungen durch das UmRUG, NJW-Spezial 2023, 207; *Schwalm*, Das neue Stiftungsrecht – Ein Kompendium zur Stiftungsrechtsreform (auch) für die notarielle Praxis (Teil 1), NotBZ 2022, 81; *Schwalm*, Stiftungsrechtsreform ante portas? – Kernbotschaften für die Stiftungspraxis, ZEV 2021, 68; *Simons*, Die Neuerungen durch das UmRUG (sowie das MoPeG und das DiRUG/DiReG) im Recht des innerstaatlichen Formwechsels, AG 2023, 754; *Vogel/Witte*, Umstrukturierung von Stiftungen im Gesundheitswesen – Rechtsfragen bei der Ausgliederung von Krankenhaus- und Pflegeheimbetrieben, GesR 2011, 143; *Wollin*, Der Referentenentwurf eines Gesetzes zur Umsetzung der Umwandlungsrichtlinie (UmRUG-E), ZIP 2022, 989.

Übersicht

I. Übergangs- und Schlussvorschrift zum UmwG im Überblick

1 Wie grundsätzlich jedes Gesetz enthält auch das UmwG Übergangs- und Schlussbestimmungen. Diese sind im Zuge der Reform durch das **UmRUG**[1] mit Wirkung seit dem 1.3.2023 in den **§§ 351–355** geregelt. In diesen sind verschiedene Aspekte thematisiert, die sich aus dem Fortbestand von Rechtsträgern alten Rechts, aus der Überleitung bereits vor dem Inkrafttreten des UmwG 1994 begonnener Umwandlungen sowie hinsichtlich der Haftung für Altverbindlichkeiten ergeben.[2] Zudem befinden sich Übergangsbestimmungen in Bezug auf Gesetze, die seinerzeit Änderungen des bestehenden UmwG bewirkten.

2 Die bis zum Inkrafttreten des UmRUG im Siebten Buch des UmwG geregelten Übergangs- und Schlussbestimmungen finden sich aufgrund der Einfügung eines neuen Sechsten

1) Gesetz zur Umsetzung der Umwandlungsrichtlinie und zur Änderung weiterer Gesetze (UmRUG), v. 22.2.2023, BGBl. I 2023, Nr. 51.

2) Begr. Fraktionsentwurf UmwBerG, BT-Drucks. 12/6699, S. 173.

Buches zu den „Grenzüberschreitenden Umwandlungen" (§§ 305–345) nunmehr im **Achten Buch** des Gesetzes und bilden insofern dessen Abschluss. Nach der früheren Fassung des UmwG vor dem UmRUG enthielten die Übergangs- und Schlussbestimmungen noch verschiedene **arbeitsrechtliche Bestimmungen** im Zusammenhang mit Umwandlungsmaßnahmen (zum umwandlungsrechtlichen Arbeitnehmerschutz siehe auch Einl. Rz. 129 ff. [*Stiegler*]). Diese finden sich nunmehr hierin nicht mehr und wurden inhaltlich in andere Abschnitte des Gesetzes überführt. Dies ist zu begrüßen, da die entsprechenden Vorschriften in der Tat keine Schlussvorschriften darstellen und deren systematische Stellung verfehlt erschien.[3] Der ehemalige § 322 findet sich nunmehr „ohne inhaltliche Änderungen"[4] im neuen § 132 Abs. 1, der ehemalige § 323 Abs. 1 im neuen § 132 Abs. 2, der ehemalige § 323 Abs. 2 im neuen § 35a Abs. 1, der ehemalige § 324 im neuen § 35a Abs. 2 und schließlich der ehemalige § 325 im neuen § 132a. Die entsprechenden Normen wurden daher systematisch dahin verschoben, wo sie inhaltlich passend hingehören; Fragen des Interessenausgleichs und Betriebsübergangs in das Verschmelzungsrecht[5] und die sonstigen Regelungen in das Spaltungsrecht.[6]

3 Gemäß Art. 1 Nr. 66 des UmRUG werden die **„bisherigen §§ 317 bis 321"** zu den neuen „§§ 351 bis 354". Zählt man daher genau nach, soll offensichtlich ein Paragraf im Zuge der entsprechenden Reform wegfallen. Bei inhaltlicher Betrachtung der neuen §§ 351–354 im Vergleich zu den §§ 317–321 alter Fassung betrifft dies **§ 320 a. F.** bezüglich der Aufhebung des UmwG 1969.[7] In der Tat ist die Aufhebung des früheren Gesetzes durch das seinerzeit neue UmwG 1994 nunmehr gegenstandslos und brauchte bei der Umnummerierung im Zuge des UmRUG 2023 nicht mehr mitgezählt werden.[8] Gleichwohl hat der Gesetzgeber die Vorschrift des § 320 a. F. als solches nicht explizit aufgehoben, sodass sie formal fortbesteht. Da die diesbezüglich materiellen Gesichtspunkte aber unzweifelhaft sind, kann es sich hierbei nur um ein **Redaktionsversehen** handeln.[9] Oder aber ging der Gesetzgeber offenbar fälschlich davon aus, dass die materiell gegenstandslose, aber formell gültige Norm nicht aufgehoben werden müsse. So oder so spielt es für die Praxis keine Rolle mehr.

II. Inhalt und Bedeutung des § 351

4 Mit § 351 sollen Umwandlungsmöglichkeiten nach dem UmwG für juristische Personen, die vor Inkrafttreten des BGB am 1.1.1900 bereits bestanden und daher eigentlich nicht von Buch 1, Abschnitt 1, Titel 2 (§§ 21–89) des BGB erfasst sind,[10] gewährleistet werden. Sowohl die von § 351 (i. V. m. Art. 163 EGBGB) thematisierten altrechtlichen als auch die „neuen" juristische Personen besitzen dabei als Kerncharakteristikum **Rechtsfähigkeit.**[11] Je nach Ausgestaltung wird diese entweder durch staatliche Verleihung – wie vor allem früher i. R. des Konzessionssystems und heute noch beim wirtschaftlichen

3) Vgl. Begr. RegE UmRUG, BT-Drucks. 20/3822, S. 72, 84; *Düwell*, jurisPR-ArbR 39/2022 Anm. 1; *Wollin*, ZIP 2022, 989, 990.

4) Begr. RegE UmRUG, BT-Drucks. 20/3822, S. 83.

5) Vgl. Begr. RegE UmRUG, BT-Drucks. 20/3822, S. 72.

6) Vgl. Begr. RegE UmRUG, BT-Drucks. 20/3822, S. 84.

7) Allg. zum zeitlichen Anwendungsbereich des UmwG 1994 auch *Mayer*, DB 1995, 861.

8) *Schollmeyer*, NJW-Spezial 2023, 207; *Annuß* in: BeckOGK-UmwG, § 355 Rz. 1; *Giedinghagen/Leuering* in: KölnKomm-UmwG, § 355 Rz. 1.

9) *Simons*, AG 2023, 754, 764.

10) Zum Begriff der „altrechtlichen (teil-)rechtsfähigen Verbänden" inkl. juristischer Personen, die vor dem Inkrafttreten des BGB errichtet worden sind BGH, Beschl. v. 29.6.2017 – V ZB 18/15, ZIP 2018, 751.

11) Erman-*Westermann*, BGB, Vor § 21 Rz. 1.

Verein – oder aufgrund konstitutiver Eintragung in ein öffentliches Register begründet.[12] Was darüber hinaus unter einer juristischen Person i. S. des § 351 Satz 1 i. V. m. Art. 163 EGBGB zu verstehen ist, bemisst sich grundsätzlich nach damaligem Landesrecht.[13] Keine juristische Person sind in diesem Zusammenhang Vereine ohne Rechtsfähigkeit oder Personengesellschaften.[14]

5 § 351 soll entsprechenden **juristischen Personen alten Rechts** der „Übergang in die Rechtsform einer Kapitalgesellschaft und damit unter bestimmten Voraussetzungen [der] Zugang zum Kapitalmarkt" eröffnen.[15] Gemäß dieses Zwecks können sie daher **nur** übertragender bzw. Ausgangsrechtsträger und **nicht** übernehmender bzw. Zielrechtsträger einer Umwandlung nach dem UmwG sein.[16] § 351 differenziert dabei, ob es sich um eine körperschaftlich strukturierte juristische Person handelt (Satz 1) oder um eine mitgliederlose juristische Person (Satz 2). Je nachdem kommen unterschiedliche Vorschriften des UmwG zur Anwendung.

6 Für die Praxis hat die Vorschrift eine **äußerst geringe Bedeutung**, da es nur noch sehr wenige solcher altrechtlichen juristischen Personen gibt.[17] Vor allem die ehemalige Hamburger Sparkasse (Haspa) sowie die ehemalige Carl-Zeiss-Stiftung, die beide solche juristischen Personen alten Rechts darstellten,[18] sind mittlerweile auf AGs ausgegliedert worden.[19]

III. Umwandlungsfähige Rechtsträger

7 § 351 bestimmt, welche juristischen Personen alten Rechts wie nach den Vorgaben des UmwG umgewandelt werden können. Dabei wird nach der **Art der juristischen Person** alten Rechts **differenziert.** § 351 Satz 1 umfasst körperschaftlich strukturierte juristische Personen, also solche, die im Gegensatz zu den von § 351 Satz 2 erfassten Gebilden Mitglieder bzw. Anteilsinhaber besitzen.[20] Anders als die Vorgängernorm des § 62 UmwG 1969 werden von § 351 daher nicht mehr nur die vor Inkrafttreten des BGB konzessionierten wirtschaftlichen Vereine, sondern grundsätzlich sämtliche altrechtlichen juristischen Personen umfasst.[21]

8 Unabhängig von der Art der juristischen Person alten Rechts ist Voraussetzung der Umwandlungsfähigkeit aber, dass es sich um eine juristische Person i. S. des **Art. 163 EGBGB** handelt. Nach allgemeiner Meinung ist der Wortlaut des § 351 Satz 1 aber zu eng gefasst, sodass auch **sonstige juristische Personen alten Rechts** dazu zählen, die eigentlich nicht hiervon umfasst sind.[22] Dies gilt vor allem für nicht-rechtsfähige wirtschaft-

12) Vgl. nur *Neuner*, BGB AT, § 16 Rz. 2.

13) Staudinger-*Mittelstädt*, BGB, Art. 163 EGBGB Rz. 2; im umwandlungsrechtlichen Kontext auch Henssler/Strohn-*Heidinger/Knaier*, GesR, § 351 UmwG Rz. 4; Lutter-*Seyfahrt*, UmwG, § 351 Rz. 4.

14) *Säcker* in: MünchKomm-BGB, Art. 163 EGBGB Rz. 1; Staudinger-*Mittelstädt*, BGB, Art. 163 EGBGB Rz. 15. Bei Personen(handels-)gesellschaften ist die Registereintragung insofern gerade nicht konstitutive Gründungsvoraussetzung bzw. nicht verpflichtend (GbR).

15) Begr. Fraktionsentwurf UmwBerG, BT-Drucks. 12/6699, S. 173; vgl. auch Henssler/Strohn-*Heidinger/Knaier*, GesR, § 351 UmwG Rz. 1; Widmann/Mayer-*Schwarz*, UmwR, § 351 UmwG Rz. 2.

16) Henssler/Strohn-*Heidinger/Knaier*, GesR, § 351 UmwG Rz. 3; Lutter-*Seyfahrt*, UmwG, § 351 Rz. 1; *Kumkar/Kumkar* in: NK-UmwG, § 351 Rz. 1; Semler/Stengel/Leonard-*Krebs*, UmwG, § 351 Rz. 1.

17) Henssler/Strohn-*Heidinger/Knaier*, GesR, § 351 UmwG Rz. 1; Lutter-*Seyfahrt*, UmwG, § 351 Rz. 2; *Kumkar/Kumkar* in: NK-UmwG, § 351 Rz. 1; Semler/Stengel/Leonard-*Krebs*, UmwG, § 351 Rz. 1; Widmann/Mayer-*Schwarz*, UmwR, § 351 UmwG Rz. 3.

18) Zur Rechtsnatur der ehemaligen Hamburger Sparkasse RG, Urt. v. 15.6.1927 – V 347/26, RGZ 117, 257.

19) Lutter-*Seyfahrt*, UmwG, § 351 Rz. 2.

20) *Annuß* in: BeckOGK-UmwG, § 351 Rz. 3.

21) Widmann/Mayer-*Schwarz*, UmwR, § 351 UmwG Rz. 1.

22) *Annuß* in: BeckOGK-UmwG, § 351 Rz. 2; Semler/Stengel/Leonard-*Krebs*, UmwG, § 351 Rz. 3; Widmann/Mayer-*Schwarz*, UmwR, § 351 UmwG Rz. 4.

liche Vereine gemäß Art. 82 EGBGB sowie die von Art. 163 EGBGB ausgenommen Vereinigungen nach Art. 164–166 EGBGB. Im Bereich des intertemporalen Privatrechts wird zwar akzeptiert, dass Art. 163 EGBGB nicht auf Körperschaften anwendbar ist, die den besonderen Regelungen der Art. 82, 164–166 EGBGB unterliegen, was zunächst allgemein auch in Bezug auf die Regelungen zu den Übergangsvorschriften des UmwG gilt,[23] jedoch ist aufgrund der Gesetzesgenese und dem Zweck des § 351 (§ 317 a. F.) eine für Umwandlungen abweichende Beurteilung angezeigt.[24] Auch die in Art. 164–166 EGBGB genannten Rechtsträger sind daher erfasst.[25] Die Ausnahme des letzten Teilsatzes des Art. 163 EGBGB finden keine Anwendung.[26] Für die Praxis ist die Umwandlungsfähigkeit alter Realgemeinden (Art. 164 EGBGB) sowie Bayerischer und Sächsischer Vereine (Art. 165 f. EGBGB) aber ohnehin mittlerweile bedeutungslos. Zu ihnen zählen/zählten vor allem solche Verbände, mit deren Mitgliedschaft eine Benutzung des Grund und Bodens zu land- und forstwirtschaftlichen Zwecken verbunden ist,[27] wie z. B. Alpen-, Wald-,[28] Weide- und Markgenossenschaften, die bayerischen Feuerschützengesellschaft[29] sowie sog. Brunnengesellschaften.[30]

9 Im Kontext des mittelbaren Verweises in § 351 Satz 2 auf Art. 163 EGBGB („solche juristische Person") bedürfen insbesondere sog. **Altstiftungen** und deren Rechtsfähigkeit nochmals einer besonderen Betrachtung. Altstiftungen, die vor Inkrafttreten des BGB bereits bestanden, fehlt es an einer staatlichen Genehmigung oder Anerkennung i. S. des § 80 Abs. 2 BGB, weshalb sie aufgrund des Wortlautes des § 161 eigentlich nicht ausgegliedert werden können. Nichtrechtsfähige Stiftungen (sog. Treuhandstiftungen)[31] sind generell nicht umwandlungsfähig nach dem UmwG. Altstiftungen inklusive sog. historische Familienstiftungen[32] weisen allerdings grundsätzlich alle erforderlichen Merkmale einer Stiftung nach heutigem Verständnis[33] auf und haben insofern vor Inkrafttreten des BGB („gewohnheitsrechtlich") Rechtsfähigkeit erlangt und diese gemäß Art. 163 EGBGB beibehalten.[34] Über Art. 163 EGBGB finden auch die Regelungen der §§ 85–89 BGB (a. F.) entsprechende Anwendung. Im umwandlungsrechtlichen Kontext bestimmt § 351 Satz 2, dass eine solche Altstiftung als mitgliederlose juristische Person doch die Möglichkeit einer Ausgliederung nach den §§ 161 ff. besitzt.[35] Der Verweis in Art. 163 EGBGB auf die §§ 85–89 BGB wurde durch die Stiftungsrechtsreform dabei nicht angepasst, was verwundert. Ob dies ein bloßes Redaktionsversehen darstellt oder doch eine Geltungsbeschränkung für Altstiftungen zugunsten der früheren Rechtslage, ist unklar;[36] Ersteres erscheint aber wahrscheinlicher, sodass auch in Bezug auf Art. 163 EGBGB das neue Stiftungsrecht gilt.

23) Dazu *Großfeld/Irriger*, JZ 1988, 531, 534.
24) Lutter-*Seyfahrt*, UmwG, § 351 Rz. 3.
25) *Annuß* in: BeckOGK-UmwG, § 351 Rz. 2; Henssler/Strohn-*Heidinger/Knaier*, GesR, § 351 UmwG Rz. 3; Lutter-*Seyfahrt*, UmwG, § 351 Rz. 3; *Kumkar/Kumkar* in: NK-UmwG, § 351 Rz. 3; Semler/Stengel/Leonard-*Krebs*, UmwG, § 351 Rz. 3; Widmann/Mayer-*Schwarz*, UmwR, § 351 UmwG Rz. 4.
26) Insofern zur weiten Auslegung des Verweises auf Art. 163 EGBGB Lutter-*Seyfahrt*, UmwG, § 351 Rz. 3.
27) BayObLG, Beschl. v. 17.1.1991 – BReG 2 Z 98/90, BayObLGZ 27, 8.
28) Dazu *Oberst*, MittBayNot 1956, 151, 154.
29) Dazu *Holzer*, MittBayNot 2018, 108.
30) *Säcker* in: MünchKomm-BGB, Art. 163 EGBGB Rz. 3.
31) Zum Begriff vgl. *Stolte* in: NK-StiftR, S. 47 f.
32) Zur Historie dieser auch *Bartodziej* in: NK-StiftR, S. 35.
33) Zur Legaldefinition einer rechtsfähigen Stiftung s. mittlerweile § 80 Abs. 1 Satz 1 BGB.
34) OLG Hamm, Urt. v. 5.5.1987 – 29 U 175/86, BeckRS 2009, 24866; a. A. *Vogel/Witte*, GesR 2011, 143, 145.
35) *Vogel/Witte*, GesR 2011, 143, 145.
36) *Schwalm*, NotBZ 2022, 81, 82; *Schwalm*, ZEV 2021, 68, 74.

IV. Umwandlungsmöglichkeiten

10 Bei den Umwandlungsmöglichkeiten setzt sich die Unterscheidung zwischen körperschaftlich strukturierten und mitgliederlosen juristischen Personen alten Rechts fort (siehe bereits Rz. 5).[37] § 351 Satz 1 bringt für Erstere die für **wirtschaftliche Vereine** nach § 22 BGB geltenden Vorschriften des UmwG zur Anwendung. Es gelten daher auch die für wirtschaftliche Vereine bestehenden Einschränkungen der zur Verfügung stehenden Umwandlungsarten. An einer **Verschmelzung** können „Altvereine" bzw. vergleichbare Vereinigungen (siehe Rz. 8) daher nur als übertragende Rechtsträger beteiligt sein (vgl. § 3 Abs. 2 Nr. 1). Zudem können sie ihr Vermögen nur auf Personenhandels-, Kapitalgesellschaften oder auf eine eingetragene Genossenschaft durch Aufnahme oder Neugründung eines solchen Rechtsträgers übertragen und die geltende Vereinssatzung oder das für sie geltende alte Landesrecht darf der Verschmelzung nicht entgegenstehen (vgl. § 99 Abs. 1).[38] Entsprechendes gilt über § 124 Abs. 1 auch für **Spaltungen**, sodass sich ein Altverein an einer Aufspaltung, Abspaltung und Ausgliederung nur als übertragender Rechtsträger beteiligen kann. Im Hinblick auf einen **Formwechsel** differenziert § 191 zwar anders als § 3 bei den übertragenden Umwandlungen nicht zwischen dem eingetragenen Idealverein und dem wirtschaftlichen Verein, jedoch besteht hier für beide Arten zusammengefasst als „rechtsfähige Vereine" nur die Möglichkeit der Beteiligung als Ausgangs- und nicht als Zielrechtsträger des Formwechsels (vgl. § 191 Abs. 1 Nr. 4). Zudem gelten die Beschränkungen nach § 272, sodass nur ein Formwechsel in eine Kapitalgesellschaft oder eingetragenen Genossenschaft möglich ist und auch nur, wenn die Vereinssatzung oder die Vorschriften des Landesrechts dem nicht entgegenstehen.

11 Für rechtsfähige **Altstiftungen** als mitgliederlose juristische Personen bringt § 351 Satz 2 die für die Umwandlung von Stiftungen geltenden Vorschriften des UmwG zur Anwendung. Für diese kommt daher lediglich eine **Ausgliederung** nach den §§ 161 ff. in Betracht; aber auch nur, soweit das seinerzeit geltende Landesrecht und die Satzung der entsprechenden Altstiftung dem nicht entgegenstehen.[39] Sofern das einschlägige Stiftungsrecht dies vorsieht, bedarf es zudem der staatlichen Genehmigung zur Ausgliederung (vgl. § 164 Abs. 1). Auch gelten unbenommen die Voraussetzungen des § 161.[40] Möglich ist aber ggf. auch eine Zu- oder Zusammenlegung außerhalb des UmwG nach den neuen §§ 86 ff. BGB (siehe dazu § 1 Rz. 45 ff. [*Stiegler*]). § 351 Satz 2 ist insofern nicht abschließend im Hinblick auf die Umstrukturierungsmöglichkeit dieser.

---

37) Vgl. auch *Kumkar/Kumkar* in: NK-UmwG, § 351 Rz. 4.

38) Widmann/Mayer-*Schwarz*, UmwR, § 351 UmwG Rz. 7.

39) *Annuß* in: BeckOGK-UmwG, § 351 Rz. 4.

40) Vgl. Widmann/Mayer-*Schwarz*, UmwR, § 351 UmwG Rz. 11.

§ 352

Eingeleitete Umwandlungen; Umstellung auf den Euro[*)]

(1) [1]Die Vorschriften dieses Gesetzes sind nicht auf solche Umwandlungen anzuwenden, zu deren Vorbereitung bereits vor dem 1. Januar 1995 ein Vertrag oder eine Erklärung beurkundet oder notariell beglaubigt oder eine Versammlung der Anteilsinhaber einberufen worden ist. [2]Für diese Umwandlungen bleibt es bei der Anwendung der bis zu diesem Tage geltenden Vorschriften.

(2) [1]Wird eine Umwandlung nach dem 31. Dezember 1998 in das Handelsregister eingetragen, so erfolgt eine Neufestsetzung der Nennbeträge von Anteilen einer Kapital-

gesellschaft als übernehmendem Rechtsträger, deren Anteile noch der bis dahin gültigen Nennbetragseinteilung entsprechen, nach den bis zu diesem Zeitpunkt geltenden Vorschriften. ²Wo dieses Gesetz für einen neuen Rechtsträger oder einen Rechtsträger neuer Rechtsform auf die jeweils geltenden Gründungsvorschriften verweist oder bei dem Formwechsel in eine Kapitalgesellschaft anderer Rechtsform die Vorschriften anderer Gesetze über die Änderung des Stammkapitals oder des Grundkapitals unberührt läßt, gilt dies jeweils auch für die entsprechenden Überleitungsvorschriften zur Einführung des Euro im Einführungsgesetz zum Aktiengesetz und im Gesetz betreffend die Gesellschaften mit beschränkter Haftung; ist ein neuer Rechtsträger oder ein Rechtsträger neuer Rechtsform bis zum 31. Dezember 1998 zur Eintragung in das Handelsregister angemeldet worden, bleibt es bei der Anwendung der bis zu diesem Tage geltenden Gründungsvorschriften.

*) § 318 a. F. (§ 352 n. F.) Paragraphenzählung geändert durch Art. 1 des Gesetzes zur Umsetzung der Umwandlungsrichtlinie und zur Änderung weiterer Gesetze (UmRUG), v. 22.2.2023, BGBl. I 2023, Nr. 51.

Literatur: *DNotI*, Formwechsel einer 100.000 DM-GmbH in eine Aktiengesellschaft, DNotI-Report 2000, 103; *Heidinger*, Die Euroumstellung beim Formwechsel von Kapitalgesellschaften, NZG 2000, 532; *Schaumburg*, Die Verschmelzung von Kapitalgesellschaften und Personenhandelsgesellschaften nach neuem Umwandlungssteuerrecht, FR 1995, 211; *Seibert*, Die Umstellung des Gesellschaftsrechts auf den Euro, ZGR 1998, 1; *Sprockhoff*, Besonderheiten im Kapitalgesellschaftsrecht bei der Umstellung auf den Euro, NZG 1998, 889; *Steffan/Schmidt*, Die Auswirkungen der Euro-Einführung bei GmbH, Genossenschaft und Personengesellschaft sowie im Umwandlungsrecht, DB 1998, 709; *Terbrack*, Die Euro-Umstellung bei der eingetragenen Genossenschaft, NZG 2000, 1106.

Übersicht

I. Überblick

1 § 352 wurde durch das **UmRUG**[1] mit Wirkung zum 1.3.2023 neu geschaffen. Inhaltlich wird indes die vorherige Regelung des **§ 318 a. F.** 1:1 übernommen, sodass keine materiellen Neuerungen im Vergleich zum alten Recht bestehen.[2] In der seinerzeit verabschiedeten Fassung des § 318 enthielt die Norm zunächst nur einen Absatz, der sich mit vor Inkrafttreten des UmwG 1994 zum 1.1.1995 bereits eingeleiteten Umwandlungen und das auf diese anwendbare Recht beschäftigte. Im Zuge der Einführung des **Euro** als europäisches Zahlungsmittel und des Erlasses des diesbezüglichen Euro-Einführungsgesetzes[3] wurde § 318 a. F. ein zweiter Absatz angefügt, der sich mit einer etwaig erforderlichen Währungsumstellung von der Deutschen Mark (DM) auf Euro i. R. einzelner Umwandlungsvorgänge befasst.

1) Gesetz zur Umsetzung der Umwandlungsrichtlinie und zur Änderung weiterer Gesetze (UmRUG), v. 22.2.2023, BGBl. I 2023, Nr. 51.

2) Vgl. Begr. RegE UmRUG, BT-Drucks. 20/3822, S. 120; *Giedinghagen/Leuering* in: KölnKomm-UmwG, § 355 Rz. 1.

3) Gesetz zur Einführung des Euro (Euro-Einführungsgesetz – EuroEG), v. 9.6.1998, BGBl. I 1998, 1242.

II. Übergangsbestimmung für (ehemals) laufende Umwandlungen (§ 352 Abs. 1)

§ 352 Abs. 1 enthält eine Übergangsvorschrift für bereits begonnene, aber zum Zeitpunkt des Inkrafttretens des UmwG 1994 noch nicht abgeschlossene, Umwandlungsmaßnahmen. Zeitlicher Bezugspunkt sind zum einen „qualitative Vorbereitungshandlungen"[4] in Bezug auf eine geplante Umwandlung und zum anderen der Abschluss des Umwandlungsverfahrens aufgrund Wirksamwerden der Umwandlung. Nur wenn entsprechende Vorbereitungshandlungen **vor dem 1.1.1995** erfolgt sind und die Umwandlung bis zu diesem Tag noch nicht ins Handelsregister eingetragen wurde, kommt es zur Anwendung des alten Rechts. Für Umwandlungen vor dem 1.1.1995 ist somit altes (Umwandlungs-)recht anzuwenden (§ 352 Abs. 1 Satz 2).[5] Insofern war die Regelung erforderlich, um bereits eingeleitete Umwandlungsvorgänge und die für sie bisher maßgebenden Vorschriften von Umwandlungen, die dem neuen UmwG unterliegen, abzugrenzen.[6] Als umwandlungsrechtliche **Vorbereitungshandlungen** benennt § 352 Abs. 1 Satz 1 in diesem Zusammenhang die notarielle Beurkundung bzw. Beglaubigung des Umwandlungsvertrags/-plans oder Erklärungen, insbesondere des Verzichts der Anteilsinhaber, sowie die bereits erfolgte Einberufung der beschließenden Gesellschafter- bzw. Hauptversammlung. 2

Die Regelung des § 352 Abs. 1 ist **zwingend** und steht nicht zur Disposition der Parteien.[7] Diese können also nicht für die Geltung der Regelungen des (seinerzeit neuen) UmwG optieren. Sie soll allerdings analog für Umwandlungen nach den Vorschriften des Landwirtschaftsanpassungsgesetzes **(LwAnpG)** gelten.[8] Auf andere, mit Unternehmensumwandlungen im wirtschaftlichen Ergebnis vergleichbare Maßnahmen, wie z. B. die Begründung eines Vertragskonzerns, kommt die Norm hingegen nicht analog zur Anwendung, da insofern bewusst nur Umwandlungen geregelt werden sollten.[9] Unabhängig davon besitzt § 352 Abs. 1 heute, mehr als 30 Jahre nach Inkrafttreten des UmwG, **keine praktische Relevanz** mehr, da entsprechende Vorbereitungshandlungen entweder längst abgeschlossen wurden oder die geplante Umwandlung endgültig gescheitert ist.[10] 3

III. Übergangsregelung zur Euroumstellung (§ 352 Abs. 2)

Durch das Euro-Einführungsgesetz **(EuroEG)** wurde dem damaligen § 318 ein zweiter Absatz angefügt, der sich mit der Umstellung auf den Euro (€) i. R. von Unternehmensumwandlungen auseinandersetzt.[11] Das EuroEG trat am **1.1.1999** in Kraft und führte im Wege der Euroumstellung im Kapitalgesellschaftsrecht zur Anpassung insbesondere der Vorschriften zum Stamm- bzw. Grundkapital sowie Nennbetragshöhe. 4

4) *Schaumburg*, FR 1995, 211.

5) Vgl. auch BVerwG, Urt. v. 12.12.1995 – 1 A 2/92, NJW 1996, 2521; OLG Frankfurt/M., Urt. v. 19.5.2006 – 25 U 28/05, ZIP 2007, 331.

6) Begr. Fraktionsentwurf UmwBerG, BT-Drucks. 12/6699, S. 173.

7) *Annuß* in: BeckOGK-UmwG, § 352 Rz. 2; *Kumkar/Kumkar* in: NK-UmwG, § 352 Rz. 2.

8) BGH, Beschl. v. 28.4.1995 – BLw 9/94, ZIP 1995, 1127.

9) LG Ingolstadt, Urt. v. 7.1.1997 – 1 HK O 382/96, ZIP 1997, 145.

10) *Annuß* in: BeckOGK-UmwG, § 352 Rz. 2; Henssler/Strohn-*Heidinger/Knaier*, GesR, § 352 UmwG Rz. 1; *Kumkar/Kumkar* in: NK-UmwG, § 352 Rz. 3; Lutter-*Bayer*, UmwG, § 352 Rz. 5; Semler/Stengel/Leonard-*Krebs*, UmwG, § 352 Rz. 1; Widmann/Mayer-*Fronhöfer*, UmwR, § 352 UmwG Rz. 2.

11) Speziell dazu *Heidinger*, NZG 2000, 532; *Seibert*, ZGR 1998, 1; *Sprockhoff*, NZG 1998, 889; *Steffan/Schmidt*, DB 1998, 709; *Terbrack*, NZG 2000, 1106.

1. Überblick und Bedeutung

5 Anders als § 352 Abs. 1 hat die Regelung auch heute noch, wenngleich nicht zu überschätzende, Bedeutung.[12] Dies liegt daran, dass sie gerade keine Euroumstellung im Zuge einer Umwandlung zwingend vorschreibt. § 352 Abs. 2 differenziert dabei zwischen **zwei** verschiedenen **Konstellationen.**[13] Satz 1 bezieht sich auf übertragende Umwandlung zur Aufnahme (siehe Rz. 6), während Satz 2 (siehe Rz. 9) sowohl übertragende Umwandlung zur Neugründung als auch formwechselnde Umwandlungen (Formwechsel) thematisiert.

2. Übertragende Umwandlungen zur Aufnahme

6 Gemäß § 352 Abs. 2 Satz 1 erfolgt eine Neufestsetzung der Nennbeträge von Anteilen einer Kapitalgesellschaft als übernehmendem Rechtsträger noch nach altem Recht (also in DM), wenn die entsprechenden Anteile noch der bis dahin gültigen Nennbetragseinteilung in DM entsprechen und die Umwandlung erst nach dem 31.12.1998 als Stichtag ins Handelsregister eingetragen und damit wirksam wird. Die Regelung bezieht sich allein auf die Neufestsetzung des Stamm- bzw. Grundkapitals bei übertragenden Umwandlungen zur Aufnahme, also entsprechende **Verschmelzungen** und **Spaltungen**. Umwandlungen zur Neugründung werden davon abweichend von § 352 Abs. 2 Satz 2 geregelt (siehe Rz. 9). Nach Ansicht des Gesetzgebers stellt die Aufnahme des übertragenden Rechtsträgers keinen Anlass dar, die übernehmende Gesellschaft zur Umstellung ihres Kapitals auf den Euro und Glättung ihrer Nennbeträge zu zwingen.[14] Diesbezüglich besteht daher ein gesetzlicher **„Bestandsschutz"** der noch auf DM lautenden Anteilsnennbeträge.[15] Im Umkehrschluss spielt eine Euroumstellung der Anteilsnennbeträge bei bestehenden Alt-Gesellschaft als übertragende Rechtsträger einer Umwandlung grundsätzlich keine Rolle, zumindest, wenn nicht eine Kapitalherabsetzung nach § 139 oder § 145 erforderlich ist.[16]

7 Aber auch bei der von § 352 Abs. 2 Satz 1 erfassten Konstellation muss es zu einer Euroumstellung kommen, wenn es im Zuge der Umwandlung zu einer Änderung (i. d. R. Erhöhung) des Stamm- bzw. Grundkapitals der übernehmenden Alt-Gesellschaft kommt.[17] Hintergrund ist, dass gemäß § 1 Abs. 1 Satz 4 EGGmbHG und § 3 Abs. 5 EGAktG **Kapitalmaßnahmen** seit dem 1.1.1999 grundsätzlich nur noch bei gleichzeitiger Umstellung der Nennbeträge von DM auf Euro und unter Geltung des seit diesem Zeitpunktes neuen Rechts erfolgen dürfen.[18] Da im Vorfeld oder im Zusammenhang mit einer übertragenden Umwandlung aber häufig auch Kapitalmaßnahmen bei den beteiligten Gesellschaften vollzogen werden, ist die praktische Relevanz der Norm ebenfalls eher gering.[19]

8 Weiterhin bezieht sich § 352 Abs. 2 Satz 1 nur auf **Kapitalgesellschaften**. Personengesellschaften, inklusive die GmbH & Co. KG,[20] sind daher nicht erfasst. Der Gesetzgeber sah

12) Henssler/Strohn-*Heidinger/Knaier*, GesR, § 352 UmwG Rz. 3, wirklich „hoch" ist die Bedeutung dabei aber wohl nicht (mehr).

13) Vgl. auch Begr. RegE EuroEG, BT-Drucks. 13/9347, S. 40; Widmann/Mayer-*Fronhöfer*, UmwR, § 352 UmwG Rz. 12; Henssler/Strohn-*Heidinger/Knaier*, GesR, § 352 UmwG Rz. 6.

14) Begr. RegE EuroEG, BT-Drucks. 13/9347, S. 40.

15) Begr. RegE EuroEG, BT-Drucks. 13/9347, S. 40; Henssler/Strohn-*Heidinger/Knaier*, GesR, § 352 UmwG Rz. 7; *Kumkar/Kumkar* in: NK-UmwG, § 352 Rz. 5; Semler/Stengel/Leonard-*Krebs*, UmwG, § 352 Rz. 11.

16) Henssler/Strohn-*Heidinger/Knaier*, GesR, § 352 UmwG Rz. 11.

17) Vgl. Begr. RegE EuroEG, BT-Drucks. 13/9347, S. 40.

18) Die Übergangsregelungen des § 1 Abs. 1 Satz 2 EGGmbHG und § 3 Abs. 2 Satz 1 EGAktG bis 31.12.2001 sind mittlerweile längst abgelaufen, vgl. hierzu Henssler/Strohn-*Heidinger/Knaier*, GesR, § 352 UmwG Rz. 8.

19) *Annuß* in: BeckOGK-UmwG, § 352 Rz. 4; Lutter-*Bayer*, UmwG, § 352 Rz. 5.

20) Vgl. Henssler/Strohn-*Heidinger/Knaier*, GesR, § 352 UmwG Rz. 5.

hier offenbar kein Regelungsbedürfnis.[21] Gleiches gilt für Rechtsträger, die als solches keine Anteile besitzen, wie z. B. Stiftungen oder Genossenschaften.[22] Da es zum damaligen Zeitpunkt die Europäische Aktiengesellschaft (SE) noch nicht gab, ist die Norm auch für Umwandlungen dieser, sofern der Anwendungsbereich des UmwG überhaupt eröffnet ist (siehe dazu § 1 Rz. 15 [*Stiegler*]), gegenstandslos.

3. Übertragende Umwandlungen zur Neugründung und Formwechsel

§ 352 Abs. 2 Satz 2 enthält Übergangsvorschriften für übertragende Umwandlungen zur Neugründung und für den Formwechsel. Die Norm bezieht sich ebenfalls nur auf **Kapitalgesellschaften** und erlangt keine Geltung für die Umwandlung einer Personengesellschaft als neuer bzw. Zielrechtsträger. Thematisiert werden zudem wiederum nur die Kapitalbeträge beim neuen bzw. Zielrechtsträger als Kapitalgesellschaft und nicht dem übertragenden bzw. Ausgangsrechtsträger. 9

Maßgebender Stichtag ist der **31.12.1998**, also der letzte Tag vor Geltung des durch das EuroEG geänderten (Kapitalgesellschafts-)rechts. Wurde die Verschmelzung/Spaltung zur Neugründung oder der Formwechsel am 31.12.1998[23] oder eher[24] zur Eintragung ins Handelsregister **angemeldet**, gilt altes Recht, also das bis dahin geltende Gründungsrecht der jeweiligen Kapitalgesellschaft. Bestehende DM-Kapitalbeträge konnten somit beibehalten werden.[25] Zu welchem Zeitpunkt hingegen die Eintragung der Umwandlung und damit deren rechtliche Wirksamkeit erfolgte, ist unerheblich. Dies macht auch Sinn, da die Handelsregisteranmeldung und nicht -eintragung aus Sicht der beteiligten Personen der letzte (gestalterische) Akt ist. Gleichwohl gilt die ggf. vorteilhafte Anwendung alten Rechts nur dann, wenn die Anmeldung auch beim sachlich und örtlich zuständigen Registergericht erfolgt ist, denn nur dann ist überhaupt eine zulässige Anmeldung als solches erfolgt.[26] 10

Für erfasste Umwandlungsfälle, die **nach dem 31.12.1998** zur Eintragung ins Handelsregister angemeldet werden, verweist § 352 Abs. 2 Satz 2 auf die Geltung des neuen Gründungsrechts der jeweiligen Kapitalgesellschaft in der seit 1.1.1999 bestehenden Fassung. Nach Ablauf der Übergangszeit (bis zum 31.12.2001, vgl. § 1 Abs. 2 Satz 1 EGGmbHG, § 3 Abs. 3 EGAktG) muss das Stamm- bzw. Grundkapital und der Nennbetrag der Anteile daher auf Euro lauten und den diesbezüglich gesetzlichen Vorgaben entsprechen.[27] 11

Da im umwandlungsrechtlichen Kontext ein **Formwechsel** als Sachgründung fingiert wird (vgl. § 197 Satz 1), gelten auch hier für den Zielrechtsträger die allgemein-gesellschafsrechtlichen Gründungsvorschriften, sofern die Anmeldung zur Eintragung der Umwandlung ins Handelsregister erst nach dem 31.12.1998 erfolgt ist.[28] In diesem Kontext besagt § 352 Abs. 2 Satz 2 aber nun, dass die Norm des § 243 Abs. 2[29] sich auch auf die einschlägigen Bestimmungen des EGAktG und EGGmbHG bezieht, was dazu führt, dass fak- 12

21) *Annuß* in: BeckOGK-UmwG, § 352 Rz. 3; Semler/Stengel/Leonard-*Krebs*, UmwG, § 352 Rz. 10; Widmann/Mayer-*Fronhöfer*, UmwG, § 352 UmwG Rz. 11.

22) Allg. zur Euro-Umstellung bei Genossenschaften *Terbrack*, NZG 2000, 1106, 1109.

23) Sprachlich fehlerhaft daher Semler/Stengel/Leonard-*Krebs*, UmwG, § 352 Rz. 14 – „vor dem 31.12.1998".

24) Für Anmeldungen ab dem 1.1.1999 gilt im Umkehrschluss neues Recht.

25) Henssler/Strohn-*Heidinger/Knaier*, GesR, § 352 UmwG Rz. 12; Semler/Stengel/Leonard-*Krebs*, UmwG, § 352 Rz. 14.

26) Ob die Anmeldung materiell korrekt ist, spielt i. R. dessen hingegen keine Rolle.

27) *DNotI*, DNotI-Report 2000, 103, 104.

28) Vgl. auch Henssler/Strohn-*Heidinger/Knaier*, GesR, § 352 UmwG Rz. 15.

29) „Vorschriften anderer Gesetze über die Änderung des Stammkapitals oder des Grundkapitals bleiben unberührt."

tisch ein **Konflikt mit § 247 Abs. 1** hervorgerufen wird.[30] Denn dieser besagt wiederum, dass bei einem Formwechsel das bisherige Stammkapital der GmbH zum Grundkapital der AG/KGaA als Zielrechtsträger (und vice versa) wird. Erfolgte die Anmeldung zur Handelsregistereintragung des Formwechsels daher zwischen dem 1.1.1999 und dem 31.12.2001, konnte dies zu einem Verstoß der allgemein-gesellschaftsrechtlichen Teilbarkeitsregelung führen, da trotz Befugnis zur Bezeichnung des Stammkapitals auf DM anstelle von Euro eine Umrechnung zu erfolgen hatte (vgl. § 1 Abs. 2 Satz 2 EGGmbHG).[31] Im Ergebnis sprechen jedoch bessere Gründe dafür, in diesem Fall die Regelung des § 247 Abs. 1 als vorrangig geltende, umwandlungsrechtliche lex specialis zu sehen, anstelle deren teleologischen Reduktion zu bejahen.[32] Praktisch spielt es mittlerweile aber ohnehin keine große Rolle mehr.

30) *Annuß* in: BeckOGK-UmwG, § 352 Rz. 7; *Heidinger*, NZG 2000, 532, 533; Semler/Stengel/Leonard-*Krebs*, UmwG, § 352 Rz. 19.

31) Vgl. auch *Altmeppen*, GmbHG, § 1 EGGmbHG Rz. 17.

32) So auch *Annuß* in: BeckOGK-UmwG, § 352 Rz. 7; i. Erg. auch Widmann/Mayer-*Fronhöfer*, UmwG, § 352 UmwG Rz. 46 ff.; a. A. *Heidinger*, NZG 2000, 532, 533; Semler/Stengel/Leonard-*Krebs*, UmwG, § 352 Rz. 19.

§ 353
Enthaftung bei Altverbindlichkeiten*)

[1]Die §§ 45, 133 Abs. 1, 3 bis 5, §§ 157, 167, 173, 224, 237, 249 und 257 sind auch auf vor dem 1. Januar 1995 entstandene Verbindlichkeiten anzuwenden, wenn

1. **die Umwandlung danach in das Register eingetragen wird und**
2. **die Verbindlichkeiten nicht später als vier Jahre nach dem Zeitpunkt, an dem die Eintragung der Umwandlung in das Register bekannt gemacht worden ist, fällig werden oder nach Inkrafttreten des Gesetzes zur zeitlichen Begrenzung der Nachhaftung von Gesellschaftern vom 18. März 1994 (BGBl. I S. 560) begründet worden sind.**

[2]Auf später fällig werdende und vor Inkrafttreten des Gesetzes zur zeitlichen Begrenzung der Nachhaftung von Gesellschaftern vom 18. März 1994 (BGBl. I S. 560) entstandene Verbindlichkeiten sind die §§ 45, 49 Abs. 4, §§ 56, 56f Abs. 2, § 57 Abs. 2 und § 58 Abs. 2 des Umwandlungsgesetzes in der durch Artikel 10 Abs. 8 des Gesetzes vom 19. Dezember 1985 (BGBl. I S. 2355) geänderten Fassung der Bekanntmachung vom 6. November 1969 (BGBl. I S. 2081) mit der Maßgabe anwendbar, daß die Verjährungsfrist ein Jahr beträgt. [3]In den Fällen, in denen das bisher geltende Recht eine Umwandlungsmöglichkeit nicht vorsah, verjähren die in Satz 2 genannten Verbindlichkeiten entsprechend den dort genannten Vorschriften.

*) § 319 a. F. (§ 353 n. F.) Paragraphenzählung geändert durch Art. 1 des Gesetzes zur Umsetzung der Umwandlungsrichtlinie und zur Änderung weiterer Gesetze (UmRUG), v. 22.2.2023, BGBl. I 2023, Nr. 51; § 319 a. F. geändert durch Art. 8 des Gesetzes über elektronische Handelsregister und Genossenschaftsregister sowie das Unternehmensregister (EHUG), v. 10.11.2006, BGBl. I 2006, 2553.

Literatur: *Lieb*, „Haftungsklarheit für den Mittelstand"? Offene (Übergangs-)Fragen nach Erlass des Nachhaftungsbegrenzungsgesetzes, GmbHR 1994, 657; *Nitsche*, Das neue Nachhaftungsbegrenzungsgesetz – Vertragsübergang kraft Gesetzes?, ZIP 1994, 1919; *Reichold*, Das neue Nachhaftungsbegrenzungsgesetz, NJW 1994, 1617.

Übersicht

I. Überblick und Bedeutung

§ 353 enthält Übergangsregelungen für die **Nachhaftungsbegrenzung** von persönlich haftenden Gesellschaftern, die im Zuge der Umwandlung als Anteilsinhaber ausscheiden. Sie bestimmt dabei besondere Verjährungsregelungen für Altverbindlichkeiten, die vor dem Inkrafttreten des UmwG am 1.1.1995 entstanden sind. Durch das UmRUG[1] wurde die Norm von ihrem früheren Standort in § 319 zu dem heutigen Standort ohne Inhaltsänderungen verschoben.[2] 1

Der Gesetzgeber hielt die Norm für solche Fälle erforderlich, in denen einerseits die allgemeine Übergangsvorschrift des § 352 (§ 318 a. F.) nicht greifen kann (also die Umwandlung ausschließlich nach neuem Recht erfolgt), andererseits aber Altverbindlichkeiten betroffen sind, die sowohl vor Inkrafttreten des UmwG als auch des Nachhaftungsbegrenzungsgesetzes aus dem Jahr 1994 **(NachhBG)**[3] begründet worden sind.[4] Zweck des § 353 ist in diesem Zusammenhang die Herstellung eines **Interessenausgleichs** zwischen den ausscheidenden Anteilsinhabern und den Altgläubigern der nunmehr umgewandelten Gesellschaft.[5] Mittlerweile, mehr als 30 Jahre seit dem Inkrafttreten des UmwG zum 1.1.1995, hat die Vorschrift allerdings **keine praktische Bedeutung** mehr.[6] Dies gilt erst recht, da selbst die vor Geltung des UmwG entstandenen Altverbindlichkeiten, die ggf. der maximalen 30jährigen Verjährungsfrist unterliegen, spätestens nach Ablauf des 31.12.2024 grundsätzlich verjährt sind. 2

Die Norm knüpft an jene Regelungen an, in denen das UmwG eine Enthaftung vorsieht. Nach dem Wortlaut des § 353 Satz 1 sind dies die §§ 45, 133 Abs. 1, 3-5, 157, 167, 173, 224, 237, 249, 257. Im Zuge des **MoPeG** (siehe auch Einl. Rz. 51 [*Stiegler*]) wurde die Haftungsregelung des § 45 allerdings aufgehoben und in den neuen § 39f transferiert. Der Verweis des § 353 Satz 1 auf § 45 ist daher aufgrund des diesbezüglich offensichtlichen Redaktionsversehens als Verweis auf § 39f zu lesen.[7] 3

II. Anwendbares Recht

§ 353 differenziert im Hinblick auf die Ermittlung des anwendbaren Rechts zwischen den Entstehungszeitpunkten der jeweiligen Verbindlichkeiten. Auf Verbindlichkeiten, die **ab dem 1.1.1995** begründet wurden, sind die Nachhaftungsvorschriften des UmwG uneingeschränkt anwendbar.[8] Dies gilt allerdings dann nicht, wenn die Umwandlung zwar vor dem 1.1.1995 zur Eintragung ins Handelsregister angemeldet wurde, aber die entsprechende Eintragung und damit Wirksamkeit der Umwandlung erst danach erfolgte.[9] 4

---

1) Gesetz zur Umsetzung der Umwandlungsrichtlinie und zur Änderung weiterer Gesetze (UmRUG), v. 22.2.2023, BGBl. I 2023, Nr. 51.

2) Vgl. Begr. RegE UmRUG, BT-Drucks. 20/3822, S. 120; *Annuß* in: BeckOGK-UmwG, § 353 Rz. 1; Henssler/Strohn-*Heidinger*, GesR, § 353 UmwG Rz. 1; Lutter-*Schwab*, UmwG, § 353 Rz. 1; Widmann/Mayer-*Vossius*, UmwR, § 353 UmwG Rz. 1.

3) Gesetz zur zeitlichen Begrenzung der Nachhaftung von Gesellschaftern (NachhBG), v. 18.3.1994, BGBl. I 1994, 560; speziell dazu *Lieb*, GmbHR 1994, 657; *Nitsche*, ZIP 1994, 1919; *Reichold*, NJW 1994, 1617.

4) Begr. Fraktionsentwurf UmwBerG, BT-Drucks. 12/6699, S. 173.

5) *Kumkar/Kumkar* in: NK-UmwG, § 353 Rz. 3; Semler/Stengel/Leonard-*Krebs*, UmwG, § 353 Rz. 1; Widmann/Mayer-*Vossius*, UmwR, § 353 UmwG Rz. 3.

6) Henssler/Strohn-*Heidinger*, GesR, § 353 UmwG Rz. 1; *Kumkar/Kumkar* in: NK-UmwG, § 353 Rz. 1; Schmitt/Hörtnagl-*Hörtnagl*, UmwG, § 353 Rz. 1.

7) Lutter-*Schwab*, UmwG, § 353 Rz. 1; in diesem Sinne Widmann/Mayer-*Vossius*, UmwR, § 353 UmwG Rz. 7.

8) Lutter-*Schwab*, UmwG, § 353 Rz. 3; *Kumkar/Kumkar* in: NK-UmwG, § 353 Rz. 4; Semler/Stengel/Leonard-*Krebs*, UmwG, § 353 Rz. 4.

9) Lutter-*Schwab*, UmwG, § 353 Rz. 11; *Kumkar/Kumkar* in: NK-UmwG, § 353 Rz. 4; Semler/Stengel/Leonard-*Krebs*, UmwG, § 353 Rz. 5.

5 Für **nach** dem Inkrafttreten des **NachhBG** am 26.3.1994 begründete Verbindlichkeiten sind ebenfalls die Nachhaftungsvorschriften des UmwG anwendbar, sofern die Umwandlung nach Inkrafttreten des UmwG am 1.1.1995 in das Handelsregister eingetragen wurde.[10)]Hintergrund ist, dass das UmwG die Regelungen des NachhBG inhaltlich vollständig übernimmt und daher die Gläubiger der umwandlungswilligen Gesellschaft bei einer danach entstandenen Verbindlichkeit bereits mit einer Enthaftung rechnen mussten.[11)]

6 Bei Verbindlichkeiten, die **vor** dem Inkrafttreten des **NachhBG** am 26.3.1994 begründet wurden, ist zu differenzieren, ob die Verbindlichkeiten innerhalb von vier Jahren nach Bekanntmachung der Umwandlung fällig werden oder ob die Fälligkeit erst zu einem späteren Zeitpunkt eintritt (vgl. § 353 Satz 1 Nr. 2). Wurde die Umwandlung unter Geltung des UmwG wirksam und die Altverbindlichkeit innerhalb von vier Jahren nach Bekanntmachung der Umwandlung fällig, kommen die Nachhaftungsvorschriften des UmwG zur Anwendung. Bei Fälligkeit der Verbindlichkeiten später als vier Jahre nach Bekanntmachung der Umwandlung kommt es darauf an, ob die Umwandlungsmöglichkeit bereits nach alten Recht vor dem UmwG vorgesehen war. Ist dies der Fall, kommt die Regelung des § 353 Satz 2 zur Anwendung.[12)] Danach finden für die Nachhaftung die **einschlägigen Regelungen des alten Umwandlungsrechts** (UmwG 1969) in der durch das NachhBG angepassten Fassung Anwendung, wobei eine verkürzte Verjährungsfrist von einem Jahr gilt.[13)] Dem Gesetzgeber ging es also im Ergebnis darum, den Gläubigern nach Eintritt der Fälligkeit einen Zeitraum von mindestens **einem Jahr** zur Geltendmachung der Forderung einzuräumen, bevor die Forderung verjährt.[14)] In den Fällen, in denen das alte Recht eine Umwandlungsmöglichkeit hingegen nicht vorsah, verjähren die entsprechenden Altverbindlichkeiten gemäß den einschlägigen Vorschriften des ehemaligen UmwG 1969 (§ 353 Satz 3).

---

10) Begr. Fraktionsentwurf UmwBerG, BT-Drucks. 12/6699, S. 173.

11) Begr. Fraktionsentwurf UmwBerG, BT-Drucks. 12/6699, S. 173 f.; Lutter-*Schwab*, UmwG, § 353 Rz. 4; *Kumkar/Kumkar* in: NK-UmwG, § 353 Rz. 5.

12) *Kumkar/Kumkar* in: NK-UmwG, § 353 Rz. 8.

13) *Lieb*, GmbHR 1994, 657, 659; *Reichold*, NJW 1994, 1617, 1621.

14) *Annuß* in: BeckOGK-UmwG, § 353 Rz. 2.

§ 354

Übergangsvorschrift zum Gesetz zur Umsetzung der Aktionärsrechterichtlinie, zum Dritten Gesetz zur Änderung des Umwandlungsgesetzes und zum Finanzmarktintegritätsstärkungsgesetz[*)]

(1) Im Fall des § 15 Abs. 2 Satz 1 bleibt es für die Zeit vor dem 1. September 2009 bei dem bis dahin geltenden Zinssatz.

(2) § 16 Abs. 3 Satz 3 Nr. 2 in der Fassung des Gesetzes zur Umsetzung der Aktionärsrechterichtlinie vom 30. Juli 2009 (BGBl. I S. 2479) ist nicht auf Freigabeverfahren und Beschwerdeverfahren anzuwenden, die vor dem 1. September 2009 anhängig waren.

(3) § 62 Absatz 4 und 5, § 63 Absatz 2 Satz 5 bis 7, § 64 Absatz 1 sowie § 143 in der Fassung des Dritten Gesetzes zur Änderung des Umwandlungsgesetzes vom 11. Juli 2011 (BGBl. I S. 1338) sind erstmals auf Umwandlungen anzuwenden, bei denen der Verschmelzungs- oder Spaltungsvertrag nach dem 14. Juli 2011 geschlossen worden ist.

(4) [1]§ 11 in der ab 1. Juli 2021 geltenden Fassung ist erstmals auf die Prüfung von Verschmelzungen anzuwenden, deren Verschmelzungsvertrag nach dem 31. Dezember 2021 geschlossen wurde. [2]§ 11 in der bis einschließlich 30. Juni 2021 geltenden Fassung ist letztmals auf die Prüfung von Verschmelzungen anzuwenden, deren Verschmelzungsvertrag vor dem 1. Januar 2022 geschlossen wurde.

*) § 321 a. F. (§ 354 n. F.) Paragraphenzählung geändert durch Art. 1 des Gesetzes zur Umsetzung der Umwandlungsrichtlinie und zur Änderung weiterer Gesetze (UmRUG), v. 22.2.2023, BGBl. I 2023, Nr. 51 (Anm.: Änderung sinngemäß konsolidiert); § 321 a. F. Titel geändert sowie Abs. 4 eingefügt durch Art. 14 des Finanzmarktintegritätsstärkungsgesetzes (FISG), v. 3.6.2021, BGBl. I 2021, 1534; § 321 a. F. Titel geändert sowie Abs. 3 eingefügt durch Art. 1 des Dritten Gesetzes zur Änderung des Umwandlungsgesetzes (3. UmwGÄndG), v. 11.7.2011, BGBl. I 2011, 1338; § 321 a. F. eingefügt durch Art. 4 des Gesetzes zur Umsetzung der Aktionärsrechterichtlinie (ARUG), v. 30.7.2009, BGBl. I 2009, 2479.

Literatur: *Düwell*, Das Dritte Gesetz zur Änderung des Umwandlungsgesetzes, jurisPR-ArbR 30/2011 Anm. 1; *Kläsener/Wasse*, Erste Freigabebeschlüsse nach dem ARUG – Erkenntnisse, Probleme und Konsequenzen für die Praxis, AG 2010, 202; *Wagner*, Der Regierungsentwurf für ein Drittes Gesetz zur Änderung des Umwandlungsgesetzes, DStR 2010, 1629.

Übersicht

I. Überblick, Zweck und Normgenese

1 § 354 enthält besondere Regelungen für das Inkrafttreten von Vorschriften, die durch das ARUG, das 3. Gesetz zur Änderung des UmwG und das Finanzmarktintegritätsgesetz in das UmwG eingefügt wurden. Dabei werden die allgemeinen Vorschriften bezüglich Übergangsvorschriften für bestimmte Fälle modifiziert.[1)] Insofern werden die **Zeitpunkte der Anwendbarkeit** verschiedener Änderungen des UmwG abweichend vom eigentlichen Inkrafttreten der Gesetzesänderungen geregelt.[2)] Dies soll eine klare Abgrenzung zwischen altem und neuem, durch die jeweiligen Gesetze geänderten Bestimmungen des UmwG gewährleisten und somit für Rechtsklarheit für die Betroffenen sorgen (siehe bezüglich § 354 Abs. 2 auch Rz. 5).

2 Durch das UmRUG[3)] wurde die Norm von ihrem früheren Standort in § 321 zu dem heutigen Standort ohne Inhaltsänderungen verschoben.[4)] Die **originäre Fassung des § 321 a. F.** hatte für bestimmte Konstellationen ein „Übergangsmandat des Betriebsrats bei [einer] Betriebsspaltung" vorgesehen.[5)] Im Zuge des Betriebsverfassungs-Reformgesetz[6)]

1) Henssler/Strohn-*Heidinger/Knaier*, GesR, § 354 UmwG Rz. 1; Lutter-*Hoger*, UmwG, § 354 Rz. 1.

2) Schmitt/Hörtnagl-*Hörtnagl*, UmwG, § 354 Rz. 1.

3) Gesetz zur Umsetzung der Umwandlungsrichtlinie und zur Änderung weiterer Gesetze (UmRUG), v. 22.2.2023, BGBl. I 2023, Nr. 51.

4) Vgl. Begr. RegE UmRUG, BT-Drucks. 20/3822, S. 120; *Annuß* in: BeckOGK-UmwG, § 354 Rz. 1; Widmann/Mayer-*Wälzholz*, UmwR, § 354 UmwG Rz. 1.

5) Vgl. zu einem entsprechenden Übergangsmandat bereits BAG, Urt. v. 31.5.2000 – 7 ABR 78/98, NZA 2000, 1350.

6) Gesetzes zur Reform des Betriebsverfassungsgesetzes (BetrVerf-Reformgesetz), v. 23.7.2001, BGBl. I 2001, 1852.

wurde zum 28.7.2001 jedoch eine allgemeine Regelung zum Übergangsmandat des Betriebsrats in § 21a BetrVG geschaffen.[7] Da diese Bestimmung in Absatz 3 klarstellt, dass ein Übergangsmandat auch „im Zusammenhang mit […] einer Umwandlung nach dem Umwandlungsgesetz" besteht, wurde § 321 in seiner ursprünglichen Fassung obsolet und damit aufgehoben.[8] Da seitdem § 321 a. F. unbelegt war, entschied sich der Gesetzgeber die im Zuge des Gesetzes zur Umsetzung der Aktionärsrechterichtlinie (**ARUG**)[9] notwendig gewordenen Übergangsbestimmungen hierin einzuführen. Seit dem 1.9.2009 gab es daher wieder einen § 321 a. F. Allerdings zunächst nur mit zwei Absätzen. Absatz 3 (siehe dazu Rz. 7) wurde durch das Dritte Gesetz zur Änderung des Umwandlungsgesetzes (**3. UmwGÄndG**)[10] eingefügt, Absatz 4 (siehe dazu Rz. 8) im Jahr 2021 durch das Gesetz zur Stärkung der Finanzmarktintegrität (**FISG**)[11].

II. Übergangsregelung zum Zinssatz bei barer Zuzahlung (§ 354 Abs. 1)

3 Gemäß § 354 Abs. 1 kommt in Bezug auf die Verzinsung der an einen widersprechenden Anteilsinhaber zu leistenden baren Zuzahlung nach § 15 Abs. 2 Satz 1 aufgrund Unangemessenheit des verschmelzungsrechtlichen Umtauschverhältnisses oder Anteilsgegenwertes erst **nach dem Inkrafttreten des ARUG** (1.9.2009) der neue Zinssatz von **5 %** über dem zivilrechtlichen Basiszinssatz zur Anwendung. Davor bleibt es beim früheren Zinssatz des § 15 Abs. 2 Satz 1 a. F. von 2 % über dem jeweiligen Diskontsatz der Deutschen Bundesbank.[12] Der Zinssatz wurde durch das ARUG erhöht, um den übernehmenden Rechtsträger davon abzuhalten, das Spruchverfahren zu verzögern und seine Zahlungspflicht hinauszuschieben.[13] Allgemein ist eine Verzinsung der baren Zuzahlung erforderlich,[14] weil zwischen der Wirksamkeit der Verschmelzung aufgrund Eintragung und der ggf. durch das nach § 2 SpruchG zuständige Gericht festzulegenden endgültigen Höhe der Barzuzahlungen ein nicht unerheblicher Zeitraum bestehen kann, der nicht zulasten des betroffenen Anteilsinhabers gehen soll.[15]

4 Über den Verweis in § 30 Abs. 1 Satz 2 gilt die Übergangsvorschrift des § 354 Abs. 1 auch für **Barabfindungs**ansprüche eines Anteilsinhabers bei einer Verschmelzung.[16] Zudem gilt sie aufgrund verschiedener Verweise in anderen Normen auf § 15 Abs. 2 Satz 1 u. a. für die **Spaltung** (vgl. § 125 Abs. 1 Satz 1), den **Formwechsel** (vgl. § 195 Satz 3, § 208) und grenzüberschreitende Umwandlungen (vgl. z. B. § 313).[17]

III. Übergangsregelung zum Anteilsbesitz im Freigabeverfahren (§ 354 Abs. 2)

5 Gemäß § 354 Abs. 2 ist der im Zuge des ARUG geänderte § 16 Abs. 3 Satz 3 Nr. 2 nicht auf Freigabeverfahren und Beschwerdeverfahren anzuwenden, die vor dem 1.9.2009 anhängig

7) Vgl. BAG, Urt. v. 15.2.2007 – 8 AZR 397/06, ZIP 2007, 1227 – „allgemeines betriebsverfassungsrechtliches Übergangsmandat".

8) *Annuß* in: BeckOGK-UmwG, § 354 Rz. 1; vgl. auch LAG Baden-Württemberg, Urt. v. 8.2.2017 – 4 Sa 34/16, ZIP 2017, 1176.

9) Gesetz zur Umsetzung der Aktionärsrechterichtlinie (ARUG), v. 30.7.2009, BGBl. I 2009, 2479.

10) Drittes Gesetz zur Änderung des Umwandlungsgesetzes (3. UmwGÄndG), v. 11.7.2011, BGBl. I 2011, 1338.

11) Gesetz zur Stärkung der Finanzmarktintegrität (FISG), v. 3.6.2021, BGBl. I 2021, 1534.

12) Begr. RegE ARUG, BT-Drucks. 16/11642, S. 44.

13) Lutter-*Hoger*, UmwG, § 354 Rz. 2.

14) Zur Verfassungskonformität vgl. auch BVerfG, Beschl. v. 30.5.2007 – 1 BvR 1267/06, 1 BvR 1280/06, AG 2007, 697.

15) Vgl. *Rieckers/Cloppenburg* in: BeckOGK-UmwG, § 15 Rz. 27; Lutter-*Decher*, UmwG, § 15 Rz. 11.

16) Lutter-*Hoger*, UmwG, § 354 Rz. 3; Widmann/Mayer-*Wälzholz*, UmwR, § 354 UmwG Rz. 3.

17) Lutter-*Hoger*, UmwG, § 354 Rz. 3; Widmann/Mayer-*Wälzholz*, UmwR, § 354 UmwG Rz. 3.

waren. **§ 16 Abs. 3** wurde seinerzeit dahingehend erweitert, dass ein Freigabe- und Beschwerdeverfahren betreffend einer erhobenen Klage gegen die Wirksamkeit eines Verschmelzungsbeschlusses auch dann statthaft ist, wenn der Kläger nicht mindestens einen anteiligen Betrag von mind. 1.000 € am verschmelzungswilligen Rechtsträger hält. Nach § 354 Abs. 2 gilt dieses **Bagatellquorum** also nicht für entsprechende Verfahren, die vor dem Inkrafttreten des ARUG anhängig geworden sind. Dies soll sicherstellen, dass der Maßstab für die Begründetheit eines Freigabeantrags in laufenden Freigabeverfahren unverändert bleibt.[18] Nur in Verfahren, die seit dem 1.9.2009 anhängig waren, ist daher einem Freigabeantrag stattzugeben, wenn der Kläger nicht binnen einer Woche nach Zustellung des Antrags durch Urkunden nachgewiesen hat, dass er seit Bekanntmachung der Einberufung der Versammlung der Anteilsinhaber an dem betroffenen Rechtsträger einen entsprechenden Mindestbetrag hält.[19] Ein Verstoß gegen den Grundsatz des Verbots der Rückwirkung liegt dabei aber nicht vor, da der Übergangsvorschrift keine echte, sondern lediglich eine zulässige unechte Rückwirkung zukommt.[20]

Keine Übergangsregelung enthält § 354 Abs. 2 für die **übrigen Änderungen des § 16** 6
durch das ARUG. Daraus folgt im Umkehrschluss, dass ausgenommen von § 16 Abs. 3 Satz 3 Nr. 2 die Norm insoweit auch für Verfahren gilt, die bereits vor dem 1.9.2009 anhängig waren.[21]

IV. Übergangsregelung zum 3. UmwGÄndG (§ 354 Abs. 3)

Anknüpfungspunkt des § 354 Abs. 3 ist das zum 14.7.2011 in Kraft getretene 7
3. UmwGÄndG. Dieses wurde aufgrund der Verpflichtung zur Umsetzung der europäischen Änderungsrichtlinie 2009/109/EG erforderlich. Die in § 354 Abs. 3 aufgeführten Vorschriften gelten erstmals für Umwandlungen, bei denen der Verschmelzungs- oder Spaltungsvertrag **nach dem 14.7.2011 geschlossen** wurde. Dies soll der Rechtssicherheit dienen[22] und damit einen hinreichenden Vertrauensschutz bewirken.[23] Bei der genannten Vorschrift des § 62 Abs. 4 geht es um die Entbehrlichkeit des Hauptversammlungsbeschlusses bei einer Konzernverschmelzung, bei § 62 Abs. 5 um die Möglichkeit eines verschmelzungsrechtlichen Squeeze-Outs, bei den seinerzeit neu eingefügten § 63 Abs. 2 Satz 5–7 um die Entbehrlichkeit einer Zwischenbilanz bei allseitigem Verzicht, bei § 64 Abs. 1 um die Unterrichtungspflicht des Vorstands bei wesentlichen Vermögensänderungen und bei § 143 um die anzuwendenden Vorschriften bei einer verhältniswahrenden Spaltung zur Neugründung. Bei dieser ist im Kontext des § 354 Abs. 3 zeitlich gemäß § 136 Satz 2 auf den Tag der Aufstellung des **Spaltungsplans** abzustellen.[24] Auch wenn nicht explizit vom Wortlaut umfasst („[v]ertrag"), gilt in diesem Zusammenhang § 354 Abs. 3 auch in Bezug auf den Spaltungs*plan* bei einer Spaltung zur Neugründung.[25]

---

18) Begr. RegE ARUG, BT-Drucks. 16/11642, S. 44.

19) Henssler/Strohn-*Heidinger*/*Knaier*, GesR, § 354 UmwG Rz. 3; Lutter-*Hoger*, UmwG, § 354 Rz. 5; Semler/Stengel/Leonard-*Stengel*, UmwG, § 354 Rz. 3.

20) OLG Stuttgart, Beschl. v. 19.10.2009 – 20 AR (Freig) 1/09, AG 2010, 89; *Kläsener*/*Wasse*, AG 2010, 202, 205.

21) Henssler/Strohn-*Heidinger*/*Knaier*, GesR, § 354 UmwG Rz. 3; Lutter-*Hoger*, UmwG, § 354 Rz. 6; *Kumkar*/*Kumkar* in: NK-UmwG, § 354 Rz. 4; Widmann/Mayer-*Wälzholz*, UmwR, § 354 UmwG Rz. 9.

22) Begr. RegE 3. UmwGÄndG, BT-Drucks. 17/3122, S. 15.

23) Henssler/Strohn-*Heidinger*/*Knaier*, GesR, § 354 UmwG Rz. 4; Lutter-*Hoger*, UmwG, § 354 Rz. 8; *Kumkar*/*Kumkar* in: NK-UmwG, § 354 Rz. 5; Widmann/Mayer-*Wälzholz*, UmwR, § 354 UmwG Rz. 1.1.

24) *Düwell*, jurisPR-ArbR 30/2011 Anm. 1.

25) Henssler/Strohn-*Heidinger*/*Knaier*, GesR, § 354 UmwG Rz. 4; Lutter-*Hoger*, UmwG, § 354 Rz. 8; *Kumkar*/*Kumkar* in: NK-UmwG, § 354 Rz. 6; *Wagner*, DStR 2010, 1629, 1635; Widmann/Mayer-*Wälzholz*, UmwR, § 354 UmwG Rz. 14.

V. Übergangsregelung zum Finanzmarktintegritätsstärkungsgesetz (§ 354 Abs. 4)

8 Gemäß § 354 Abs. 4 betrifft die Stellung und Verantwortlichkeit der Verschmelzungsprüfer nach § 11. Diese aufgrund der Vorgaben der EU-Abschlussprüferverordnung[26] durch das FISG mit Wirkung zum 1.7.2021 geänderte Norm soll erstmals auf Verschmelzungsprüfungen anzuwenden sein, deren Verschmelzungsvertrag **nach dem 31.12.2021** geschlossen wurde (§ 354 Abs. 4 Satz 1). In der vor dem durch das FISG geänderten Fassung ist § 11 hingegen **letztmals** auf eine Verschmelzungsprüfung anzuwenden, deren Verschmelzungsvertrag vor dem 1.1.2022 (also bis zum 31.12.2021) geschlossen wurde. Dies gilt jeweils über § 125 Abs. 1 Satz 1 auch für die innerstaatliche Spaltung sowie die grenzüberschreitende Verschmelzung und Spaltung.[27] Es kommt dabei jeweils nicht auf die Aufstellung des Entwurfs an, sondern auf den Zeitpunkt des tatsächlichen Vertragsabschlusses.[28] Auch etwaig noch fehlende Zustimmungsbeschlüsse oder aufschiebende Bedingungen sind insofern irrelevant.[29]

---

26) Verordnung (EU) Nr. 537/2014 des Europäischen Parlaments und des Rates v. 16.4.2014 über spezifische Anforderungen an die Abschlussprüfung bei Unternehmen von öffentlichem Interesse und zur Aufhebung des Beschlusses 2005/909/EG, ABl. (EU) L 158/77 v. 27.5.2014.

27) Henssler/Strohn-*Heidinger/Knaier*, GesR, § 354 UmwG Rz. 5; Widmann/Mayer-*Wälzholz*, UmwR, § 354 UmwG Rz. 15.

28) Begr. RegE FISG, BT-Drucks. 19/26966, S. 114.

29) Begr. RegE FISG, BT-Drucks. 19/26966, S. 114; *Kumkar/Kumkar* in: NK-UmwG, § 354 Rz. 7; Widmann/Mayer-*Wälzholz*, UmwR, § 354 UmwG Rz. 15.

§ 355

Übergangsvorschrift zum Gesetz zur Umsetzung der Umwandlungsrichtlinie und zur Änderung weiterer Gesetze*)

(1) Eine Verschmelzung, eine Spaltung oder ein Formwechsel kann von den beteiligten Rechtsträgern in Übereinstimmung mit den Bestimmungen des Zweiten, Dritten und Fünften Buches in deren jeweils vor dem 1. März 2023 geltenden Fassung durchgeführt werden, wenn

1. **der Verschmelzungsvertrag oder der Spaltungs- und Übernahmevertrag vor dem 1. März 2023 geschlossen, der Verschmelzungs- oder Spaltungsplan vor dem 1. März 2023 aufgestellt oder der Formwechselbeschluss als Umwandlungsbeschluss vor dem 1. März 2023 gefasst wurde und**
2. **die Umwandlung bis zum 31. Dezember 2023 zur Eintragung angemeldet wurde.**

(2) [1]§ 14 Absatz 2, § 15 Absatz 1 und § 312 in der ab dem 1. März 2023 geltenden Fassung sind erstmals auf Umwandlungen anzuwenden, für die der Zustimmungsbeschluss der Anteilsinhaber nach dem 28. Februar 2023 gefasst worden ist. [2]§ 307 Absatz 2 Nummer 14, die §§ 314 und 316 Absatz 2 in der ab dem 1. März 2023 geltenden Fassung sind erstmals auf grenzüberschreitende Verschmelzungen anzuwenden, für die der Verschmelzungsplan nach dem 28. Februar 2023 bekannt gemacht worden ist.

*) § 355 eingefügt durch Art. 1 des Gesetzes zur Umsetzung der Umwandlungsrichtlinie und zur Änderung weiterer Gesetze (UmRUG), v. 22.2.2023, BGBl. I 2023, Nr. 51.

Literatur: *DAV*, Stellungnahme zum Referentenentwurf eines Gesetzes zur Umsetzung der Umwandlungsrichtlinie, NZG 2022, 849; *Fink/Chilevych*, Grenzüberschreitende Formwechsel nach und aus Deutschland – Vorauseilende Umsetzung der Änderungen der EU-Mobilitäts-

Richtlinie, NZG 2020, 544; *Goette*, Das Gesetz zur Umsetzung der Umwandlungsrichtlinie – Ein Überblick, DStR 2023, 157; *Heckschen/Knaier*, Die größte Reform des Umwandlungsrechts: Endlich in Kraft!, GmbHR 2023, 317; *Heckschen/Stelmaszczyk*, Grenzüberschreitende Umwandlungen in der Übergangszeit bis zur Transformation der neuen Umwandlungsrichtlinie, BB 2020, 1734; *Löbbe*, Die grenzüberschreitende Umwandlung nach dem UmRUG, ZHR 187 (2023), 498; *Luy*, Neues zur Praxis des grenzüberschreitenden Formwechsels im Übergangszeitraum, BWNotZ 2020, 11; *Schollmeyer*, Der Gläubigerschutz bei grenzüberschreitenden Umwandlungen nach der neuen Umwandlungsrichtlinie, ZGR 2020, 60; *Stiegler*, Umwandlungsrechtliche Änderungen im Zuge des 4. Bürokratieentlastungsgesetzes, GmbHR 2024, 234.

Übersicht

I. Überblick

§ 355 wurde im Zuge des **UmRUG**[1] neu eingefügt[2] und enthält **Übergangsbestimmungen** 1 in Bezug auf die Anwendung der durch dieses am 1.3.2023 geänderte Vorschriften des UmwG.[3] Mit dem UmRUG wurde die durch die Richtlinie 2019/2121[4] (sog. Umwandlungs- bzw. Mobilitätsrichtlinie) geänderte Richtlinie 2017/1132 (Gesellschaftsrechtsrichtlinie) in das deutsche Recht umgesetzt (siehe auch Einl. Rz. 52 [*Stiegler*]).[5] Kerninhalt des UmRUG war dabei die umfassende Regulierung des Rechts grenzüberschreitender Umwandlungen innerhalb der EU und damit der erstmaligen Normierung von Vorschriften für die grenzüberschreitende Spaltung (§§ 320 ff.) und den grenzüberschreitenden Formwechsel (§§ 333 ff.). § 355 trägt dabei dem Umstand Rechnung, dass sich für Umwandlungsverfahren, die bereits vor Inkrafttreten des UmRUG eingeleitet wurden, mit dessen Inkrafttreten die einzuhaltenden Verfahrensbestimmungen ändern.[6] Dies soll der **Rechtssicherheit** dienen,[7] da andernfalls für laufende Umwandlungsverfahren negative Konsequenzen begründet werden könnten.[8] § 355 Abs. 1 befasst sich in diesem Zusammenhang mit den anzuwenden Verfahrensvorschriften, wenn die jeweilige Umwandlung zwar bereits vor dem 1.3.2023 eingeleitet, aber erst nach dem 31.12.2023 zur Eintragung angemeldet wurde (siehe Rz. 4). § 355 Abs. 2 bezieht sich auf den zeitlichen Geltungsbereich der anwendbaren Anteilsinhaber- und Gläubigerschutzbestimmungen (siehe Rz. 7).

1) Gesetz zur Umsetzung der Umwandlungsrichtlinie und zur Änderung weiterer Gesetze (UmRUG), v. 22.2.2023, BGBl. I 2023, Nr. 51.

2) Zur missglückten Zählweise *Annuß* in: BeckOGK-UmwG, § 355 Rz. 1; siehe auch § 351 Rz. 3 *(Stiegler)*.

3) Begr. RegE UmRUG, BT-Drucks. 20/3822, S. 120; Lutter-*Bayer*, UmwG, § 355 Rz. 1; *Kumkar/Kumkar* in: NK-UmwG, § 355 Rz. 1.

4) Richtlinie (EU) 2019/2121 des Europäischen Parlaments und des Rates v. 27.11.2019 zur Änderung der Richtlinie (EU) 2017/1132 in Bezug auf grenzüberschreitende Umwandlungen, Verschmelzungen und Spaltungen (Mobilitätsrichtlinie), ABl. (EU) L 321/1 v. 12.12.2019.

5) Zur Gesetzgebungsgeschichte und dem verspäteten Inkrafttreten vgl. *Heckschen/Knaier*, GmbHR 2023, 317 ff.

6) Begr. RegE UmRUG, BT-Drucks. 20/3822, S. 120; *Annuß* in: BeckOGK-UmwG, § 355 Rz. 2.

7) Henssler/Strohn-*Galla/Cé. Müller*, GesR, § 355 UmwG Rz. 1.

8) Kallmeyer-*Oppenhoff*, UmwG, § 355 Rz. 1.

2 Zeitlicher Anknüpfungspunkt ist jeweils das Datum des Inkrafttretens des UmRUG, mithin der **1.3.2023.** Ab diesem Zeitpunkt finden grundsätzlich alle Bestimmungen in aktueller Fassung Anwendung.[9] Bestimmungen, die an die Wirkung der Eintragung anknüpfen, finden auf Umwandlungsvorgänge Anwendung, die nach Inkrafttreten dieses Gesetzes eingetragen werden.[10] Nach fast zweijährigem Bestehen des durch das UmRUG geänderten UmwG hat die Übergangsvorschrift allerdings kaum noch eine Bedeutung, vor allem da Umwandlungen, die bis zum 31.12.2023 zur Eintragung angemeldet wurden, mittlerweile entweder erfolgreich eingetragen und damit wirksam geworden oder final mangels erfolgter Eintragung gescheitert sind.

3 Auf spätere umwandlungsrechtliche Änderungen wie z. B. in Bezug auf das MoPeG[11] oder das Vierte Bürokratieentlastungsgesetz[12] bezieht sich § 355 nicht. Auch die **Vermögensübertragung** (§§ 174 ff.) als vierte Umwandlungsart des UmwG ist nicht angesprochen. Dies mag man auf den ersten Blick als ein – beim UmRUG durchaus mehrfach vorkommendes (siehe z. B. § 351 Rz. 3 [*Stiegler*]; § 353 Rz. 3 [*Stiegler*]) – Redaktionsversehen sehen. Bei genauerer Betrachtung wird jedoch erkennbar, dass durch das UmRUG keine Normen der §§ 174–189 materiell oder formell geändert wurde und somit auch keine Bezugnahme in § 355 Abs. 1 auf die Vermögensübertragung erforderlich war.

II. Anzuwendende Verfahrensvorschriften (§ 355 Abs. 1)

4 Gemäß § 355 Abs. 1 kann bei einer Verschmelzung, einer Spaltung oder einem Formwechsel die Umwandlungsmaßnahme noch nach altem Recht durchgeführt werden, wenn der jeweilige Umwandlungsvertrag oder -plan[13] vor dem 1.3.2023 geschlossen/aufgestellt/gefasst wurde **(§ 355 Abs. 1 Nr. 1) und** die jeweilige Umwandlung bis zum 31.12.2023 zur Eintragung angemeldet wurde **(§ 355 Abs. 1 Nr. 2)**. § 355 Abs. 1 enthält somit zugunsten der beteiligten Rechtsträger eine **Ausnahme** von dem Grundsatz, dass mit Inkrafttreten des UmRUG ausschließlich die Bestimmungen der neuen Gesetzesfassung Anwendung finden.[14] Dies ermöglicht eine flexible und rechtssichere Konzeption des Umwandlungsverfahrens.[15] Ein bereits eingeleitetes Umwandlungsverfahren muss nicht erneut vorgenommen werden, nur weil das geänderte UmwG vor Vollzug des Verfahrens in Kraft getreten ist.[16] Die beteiligten Rechtsträger konnten die Umwandlung daher auf Grundlage der Verfahrensbestimmungen des UmwG in der bis zum 28.2.2023 geltenden Fassung konzipieren und durchführen.[17] Danach war die Anwendung alten Rechts hingegen ausgeschlossen. Andererseits können die beteiligten Rechtsträger gleichwohl schon das neue Umwandlungsrecht für sich gelten lassen, obwohl die zeitlichen Vorgaben des § 355 Abs. 1 eigentlich eingehalten wurden. Es besteht daher nur die **Möglichkeit** der diesbe-

---

9) Begr. RegE UmRUG, BT-Drucks. 20/3822, S. 120; Lutter-*Bayer*, UmwG, § 355 Rz. 1; Schmitt/Hörtnagl-*Winter*, UmwG, § 355 Rz. 1.

10) Begr. RegE UmRUG, BT-Drucks. 20/3822, S. 120.

11) Gesetz zur Modernisierung des Personengesellschaftsrechts (Personengesellschaftsrechtsmodernisierungsgesetz – MoPeG), v. 10.8.2021, BGBl. I 2021, 3436.

12) Viertes Gesetz zur Entlastung der Bürgerinnen und Bürger, der Wirtschaft sowie der Verwaltung von Bürokratie (Viertes Bürokratieentlastungsgesetz), v. 29.10.2024, BGBl. I 2024, 323. Zu den diesbezüglich umwandlungsrechtlichen Änderungen *Stiegler*, GmbHR 2024, 234.

13) In Abhängigkeit von der jeweiligen Umwandlungsart bzw. -variante.

14) Begr. RegE UmRUG, BT-Drucks. 20/3822, S. 120; Lutter-*Bayer*, UmwG, § 355 Rz. 2; Schmitt/Hörtnagl-*Winter*, UmwR, § 355 UmwG Rz. 2.

15) Begr. RegE UmRUG, BT-Drucks. 20/3822, S. 121; *Kumkar/Kumkar* in: NK-UmwG, § 355 Rz. 2.

16) Begr. RegE UmRUG, BT-Drucks. 20/3822, S. 121.

17) Begr. RegE UmRUG, BT-Drucks. 20/3822, S. 120 f.; Lutter-*Bayer*, UmwG, § 355 Rz. 2.

züglichen Anwendung alten Rechts, nicht aber die Pflicht.[18] Diese Möglichkeit der Anwendung alten Rechts hatte zur Folge, dass das Registergericht die Eintragung der Umwandlung bzw. die Ausstellung der Verschmelzungsbescheinigung bei einer grenzüberschreitenden Verschmelzung nicht aufgrund der eingetretenen Änderungen des UmwG durch das UmRUG **ablehnen** konnte.[19] Ebenso konnte ein Anteilsinhaberbeschluss einer nach § 355 Abs. 1 durchgeführten Umwandlung nicht mit der Rüge angefochten werden, es seien die Bestimmungen in der seit dem 1.3.2023 geltenden Gesetzesfassung nicht eingehalten worden.[20]

Der i. R. des § 355 Abs. 1 Nr. 1 maßgebende **Zeitpunkt** ist der Abschluss des Verschmelzungs-, Spaltungs- oder Übernahmevertrags bzw. die Aufstellung des Verschmelzungs- oder Spaltungsplans bzw. die Fassung des Formwechselbeschlusses. Der jeweilige Zeitpunkt lässt sich dabei anhand der **notariellen Beurkundung** des entsprechenden Dokuments nachweisen.[21] 5

Gemäß § 355 Abs. 1 **Nr. 2** ist Voraussetzung der Anwendung alten Rechts zudem, dass die jeweilige Umwandlung spätestens am 31.12.2023 zur Handelsregistereintragung angemeldet wurde. Dadurch soll verhindert werden, dass durch einen frühzeitigen Abschluss des umwandlungsrechtlichen Grundlagendokuments das Umwandlungsverfahren zeitlich unbegrenzt nach den alten Verfahrensbestimmungen durchgeführt werden kann.[22] Insofern ist es auch nachvollziehbar, dass § 355 Abs. 1 die Frist des § 17 Abs. 2 Satz 4 unberührt lässt,[23] was dazu führt, dass bei dem wohl in den meisten Fällen gewählten Schlussbilanzstichtag zum 31.12.2022 eine Anmeldung des Umwandlungsvorgangs bis zum 31.8.2023 zu erfolgen hatte.[24] Unberührt bleiben ferner die Bestimmungen, die nicht Verfahrensschritte, sondern z. B. die Wirksamkeit der Umwandlung oder den **Registervollzug** betreffen.[25] Diese Einschränkung wurde erst im Laufe des Gesetzgebungsverfahrens durch den Regierungsentwurf eingefügt.[26] So finden etwa die §§ 315–318 stets ab Inkrafttreten des UmRUG Anwendung.[27] Dies gilt auch für die mit dem Registervollzug zusammenhängenden Bestimmungen betreffend des grenzüberschreitenden Informationsaustauschs über das Europäische System der Registervernetzung (BRIS, vgl. § 9b HGB) ab Inkrafttreten des UmRUG.[28] 6

III. Anzuwendende Schutzvorschriften für Gläubiger und Anteilsinhaber (§ 355 Abs. 2)

Gemäß § 355 Abs. 2 kommen einzelne anteilsinhaber- und gläubigerschützende Regelungen des neuen Rechts **erstmals** zur Anwendung, wenn der Zustimmungsbeschluss der Anteilsinhaber (§ 355 Abs. 2 Satz 1) bzw. der Verschmelzungsplan bei einer grenzüberschrei- 7

18) Kallmeyer-*Oppenhoff*, UmwG, § 355 Rz. 3.

19) Begr. RegE UmRUG, BT-Drucks. 20/3822, S. 121.

20) Begr. RegE UmRUG, BT-Drucks. 20/3822, S. 121.

21) Begr. RegE UmRUG, BT-Drucks. 20/3822, S. 121.; Henssler/Strohn-*Galla/Cé. Müller*, GesR, § 355 UmwG Rz. 2; *Kumkar/Kumkar* in: NK-UmwG, § 355 Rz. 3.

22) Begr. RegE UmRUG, BT-Drucks. 20/3822, S. 121.

23) Begr. RegE UmRUG, BT-Drucks. 20/3822, S. 121; Lutter-*Bayer*, UmwG, § 355 Rz. 3; Kallmeyer-*Oppenhoff*, UmwG, § 355 Rz. 4; Schmitt/Hörtnagl-*Winter*, UmwR, § 355 UmwG Rz. 3.

24) Henssler/Strohn-*Galla/Cé. Müller*, GesR, § 355 UmwG Rz. 2.

25) Begr. RegE UmRUG, BT-Drucks. 20/3822, S. 121; Lutter-*Bayer*, UmwG, § 355 Rz. 4; Schmitt/Hörtnagl-*Winter*, UmwR, § 355 UmwG Rz. 4.

26) Krit. dazu *DAV*, NZG 2022, 849, 859.

27) Begr. RegE UmRUG, BT-Drucks. 20/3822, S. 121; konkret in Bezug auf die Versicherung nach § 315 Abs. 3 *Kumkar/Kumkar* in: NK-UmwG, § 355 Rz. 5.

28) Begr. RegE UmRUG, BT-Drucks. 20/3822, S. 121.

tenden Verschmelzung (§ 355 Abs. 2 Satz 2) **nach dem 28.2.2023**, mithin unter Geltung des neuen Rechts, gefasst bzw. bekannt gemacht worden ist. § 355 Abs. 2 bezieht sich also auf die durch das neue Recht eingetretenen Änderungen, die sich für die Anteilsinhaber und die Gläubiger der an der Umwandlung beteiligten Rechtsträger ergeben.[29] Anders als bei § 355 Abs. 1 (siehe Rz. 4) besteht aber keine Möglichkeit der abweichenden (früheren) Geltung neuen Rechts.[30] Hintergrund der Regelungen des § 355 Abs. 2 ist, dass eine geänderte Gesetzesfassung nach Einleitung eines Umwandlungsverfahrens zu Unklarheiten hinsichtlich des **einschlägigen Rechtsschutzregimes** führen kann. Durch die Bestimmungen soll insofern verhindert werden, dass durch etwaige mit Inkrafttreten des UmRUG verbundene Friktionen die Anteilsinhaber oder Gläubiger schutzlos gestellt werden. Ebenso soll verhindert werden, dass diesbezüglich dieselbe Rüge mit mehreren Rechtsbehelfen verfolgt werden kann.[31] Eine vergleichbare Übergangsbestimmung besteht gemäß § 17 Abs. 3 SpruchG, wobei allerdings auf den 31.1.2023 abgestellt wird.[32]

1. Anteilsinhaberschutzbestimmungen (§ 355 Abs. 2 Satz 1)

8 § 355 Abs. 2 Satz 1 trägt dem Umstand Rechnung, dass nach den durch das UmRUG geänderten Bestimmungen der **§§ 14 f.** die Anteilsinhaber des übernehmenden Rechtsträgers den Zustimmungsbeschluss nicht mehr unter dem Gesichtspunkt eines unangemessenen Umtauschverhältnisses anfechten und ihr Rechtsschutzziel stattdessen im nachgelagerten Spruchverfahren verfolgen können.[33] Dies bedeutet, dass bei Umwandlungsvorgängen, bei denen der Zustimmungsbeschluss der Anteilsinhaber **vor dem 1.3.2023** gefasst wurde, für die Anteilsinhaber eines übernehmenden Rechtsträgers weiterhin die Möglichkeit zur Klage gegen die Wirksamkeit eines Verschmelzungsbeschlusses wegen der Unangemessenheit des Umtauschverhältnisses nach § 14 Abs. 1 a. F. besteht, diese jedoch auch keinen Anspruch auf Verbesserung des Umtauschverhältnisses haben (vgl. § 15 Abs. 1 a. F.). Wird der Zustimmungsbeschluss hingegen nach dem 28.2.2023 gefasst, sind die geänderten §§ 14 Abs. 2, 15 Abs. 1 anzuwenden, wonach nicht nur die Anteilsinhaber des übertragenden, sondern auch des übernehmenden Rechtsträgers einen Anspruch auf Verbesserung des Umtauschverhältnisses haben. Maßgeblicher Zeitpunkt für den Wechsel des Rechtsschutzregimes ist also der Zeitpunkt, in dem der Zustimmungsbeschluss gefasst wird.[34]

9 Da § 55 Abs. 3 und § 69 Abs. 3 direkt auf die Norm des § 14 Abs. 2 verweisen, gilt diesbezüglich die Übergangsvorschrift des § 355 Abs. 2 Satz 1 auch für GmbH- bzw. AG-**Verschmelzungen mit Kapitalerhöhung.**[35] In der Tat sah dies der erste Regierungsentwurf des UmRUG sogar noch explizit vor, was aufgrund Redundanz aber richtigerweise im Laufe des Gesetzgebungsverfahrens wieder entfernt wurde.

10 Betreffend eine grenzüberschreitende Verschmelzung verweist § 355 Abs. 2 Satz 1 zudem vollständig auf § 312. Die Gesetzesbegründung führt dazu aus, dass

> „[f]ür grenzüberschreitende Verschmelzungen kann künftig entgegen § 122h UmwG gegenwärtiger Fassung der Zustimmungsbeschluss nicht mehr unter dem Gesichtspunkt eines unangemessenen Umtauschverhältnisses angefochten werden. Auch insoweit ist nun die Geltend-

29) Lutter-*Bayer*, UmwG, § 355 Rz. 5.
30) Kallmeyer-*Oppenhoff*, UmwG, § 355 Rz. 3.
31) Begr. RegE UmRUG, BT-Drucks. 20/3822, S. 121.
32) *Goette*, DStR 2023, 157, 164; *Kumkar/Kumkar* in: NK-UmwG, § 355 Rz. 9.
33) Begr. RegE UmRUG, BT-Drucks. 20/3822, S. 121.
34) Begr. RegE UmRUG, BT-Drucks. 20/3822, S. 121.
35) Kallmeyer-*Oppenhoff*, UmwG, § 355 Rz. 6.

machung eines Ausgleichs durch bare Zuzahlung im nachgelagerten Spruchverfahren generell statthafter Rechtsbehelf".[36)]

Unklar ist, in welchem Zusammenhang vor allem **§ 312 Abs. 1** hier steht. Denn dieser 11
bestimmt inhalts- und wortgleich mit § 122g Abs. 1 a. F.,[37)] dass die Anteilsinhaber ihre Zustimmung davon abhängig machen können, dass die Art und Weise der Mitbestimmung der Arbeitnehmer der übernehmenden oder neuen Gesellschaft ausdrücklich von ihnen bestätigt wird. Es erfolgte daher gerade keine materielle Rechtsänderung, sodass diesbezüglich eine Übergangsvorschrift obsolet ist. Ähnliches gilt für den Verweis auf § 312 Abs. 2, dessen Änderungen im Vergleich zu § 122g a. F. grundsätzlich keinen Bezugspunkt zur Anfechtung/Geltendmachung eines unangemessenen Umtauschverhältnisses haben. § 122h a. F. wurde hingegen durch das UmRUG materiell ersatzlos gestrichen und § 305 Abs. 2 i. d. F. des UmRUG verweist vorbehaltlos auf §§ 14 Abs. 2, 15 Abs. 1.[38)] Richtiger wäre daher vielmehr gewesen zu formulieren, dass § 122h in der Fassung bis einschließlich den 28.2.2023 anzuwenden sei, wenn der Zustimmungsbeschluss der Anteilsinhaber bis zu diesem Datum gefasst worden ist. Der Verweis des § 355 Abs. 2 Satz 1 auf § 312 geht hingegen faktisch ins Leere und führt in Bezug auf die neu eingefügte Kenntnisnahmepflicht des § 312 Abs. 3 sogar ggf. zu Unklarheiten, was durch die Übergangsvorschrift eigentlich vermieden werden sollte.

2. Gläubigerschutz bei der grenzüberschreitenden Verschmelzung (§ 355 Abs. 2 Satz 1)

Mit Inkrafttreten des UmRUG änderten sich auch die Gläubigerschutzbestimmungen bei 12
grenzüberschreitenden Verschmelzungen. Dies betraf sowohl die Frist als auch die Modalitäten der Geltendmachung des Anspruchs auf Sicherheitsleistung der Gläubiger (vgl. § 314).[39)] Gemäß § 355 Abs. 2 Satz 2 finden deshalb die § 307 Abs. 2 Nr. 14, § 314 und § 316 Abs. 2 erstmals auf grenzüberschreitende Verschmelzungen Anwendung, deren Verschmelzungsplan nach dem 28.2.2023 bekannt gemacht worden ist. Der genaue Zeitpunkt lässt sich über das Datum der **Bekanntmachung im Handelsregister** nachweisen.[40)] Die Rechtsfolgen sind damit auch für die beteiligten Gläubiger vorhersehbar.[41)]

§ 355 Abs. 2 Satz 2 bezieht sich **nur** auf die Neuregelungen für eine grenzüberschreitende 13
Verschmelzung und nicht auf die neu eingefügten §§ 320 ff. und §§ 333 ff. für eine grenzüberschreitende Spaltung und einen grenzüberschreitenden Formwechsel. Dies mag verständlich sein, da für diese erstmals im Zuge des UmRUG gesetzliche Regelungen geschaffen wurden. Vorher behalf man sich in der Regel mit einer analogen Anwendung des jeweils innerstaatlichen Umwandlungsrechts zzgl. (partieller) Ergänzung um einzelne Regelungen der §§ 122a ff. a. F. analog. Für Verwirrung sorgte in diesem Zusammenhang eine Entscheidung des **OLG Saarbrücken** aus dem Jahr 2020,[42)] also bereits nach Inkrafttreten der EU-Umwandlungsrichtlinie, aber noch vor Geltung des UmRUG. Das Gericht war der Auffassung, dass schon vor der Verabschiedung, geschweige denn dem Inkrafttreten, des UmRUG von einer Vorwirkung der zugrunde liegenden Umwandlungsrichtlinie ausgegangen werden müsse mit der Konsequenz, dass bei einem grenzüberschreitenden

---

36) Begr. RegE UmRUG, BT-Drucks. 20/3822, S. 121.

37) Explizit Begr. RegE UmRUG, BT-Drucks. 20/3822, S. 94.

38) Vgl. auch Kallmeyer-*Biller/Wilk*, UmwG, § 305 Rz. 7.

39) Begr. RegE UmRUG, BT-Drucks. 20/3822, S. 122; Schmitt/Hörtnagl-*Winter*, UmwR, § 355 UmwG Rz. 5.

40) Begr. RegE UmRUG, BT-Drucks. 20/3822, S. 122; Lutter-*Bayer*, UmwG, § 355 Rz. 5; Kallmeyer-*Oppenhoff*, UmwG, § 355 Rz. 7.

41) Begr. RegE UmRUG, BT-Drucks. 20/3822, S. 122; Lutter-*Bayer*, UmwG, § 355 Rz. 5.

42) OLG Saarbrücken, Beschl. v. 7.1.2020 – 5 W 79/19, ZIP 2020, 712.

Herausformwechsel aus Deutschland unbenommen die neuen Gläubigerschutzbestimmungen zur Anwendung kommen. Dies wurde in der Literatur zu Recht überwiegend kritisiert,[43] da es in der Tat keine rechtliche Grundlage dafür gab. Zwar verweist der nunmehrige § 341 Abs. 1 vollumfänglich auf die ebenfalls von § 355 Abs. 2 Satz 2 angesprochene Regelung des § 314, jedoch enthält **§ 341 Abs. 2 Satz 1** eine hierzu gesonderte Gerichtsstandregelung.[44] Gerade deren zeitliche Anwendung unter Berücksichtigung des gleichen Bezugspunkts wie bei § 355 Abs. 2 Satz 2, nämlich der Bekanntmachung des Umwandlungsplans, sorgte dann aber in einer Entscheidung des **OLG München** für Unklarheiten.[45] Das Gericht argumentierte dabei, dass die Norm des § 341 Abs. 2 Satz 1 i. d. F. des UmRUG vor allem nicht die Zulässigkeit einer Gläubigerklage nachträglich wieder beseitigen können, da dies eine „echte[n] Rückwirkung zum Nachteil der Klägerin" darstellen würde, welche u. a. gegen den Vorrang des EU-Rechts verstoße.[46] Der BGH äußerte sich in seiner Revisionsentscheidung hierzu nicht und ließ dies insofern offen[47] All dies zeigt, dass der Gesetzgeber des UmRUG vielleicht doch gut beraten gewesen wäre, in § 355 Abs. 2 Satz 2 nicht nur die grenzüberschreitende Verschmelzung, sondern auch die anderen grenzüberschreitenden Umwandlungen anzusprechen.

43) So *Heckschen/Stelmaszczyk*, BB 2020, 1734; *Luy*, BWNotZ 2020, 11; *Krafczyk/Liebig*, GmbHR 2020, 656 (Urteilsanm.); *Fink/Chilevych*, NZG 2020, 544.

44) Speziell dazu *Löbbe*, ZHR 187 (2023), 498, 528 f.; zum zugrunde liegenden Art. 86j Abs. 4 Gesellschaftsrechtsrichtlinie *Schollmeyer*, ZGR 2020, 60, 87 f.

45) OLG München, Urt. v. 16.9.2024 – 17 U 1521/24 e, BeckRS 2024, 24338.

46) OLG München, Urt. v. 16.9.2024 – 17 U 1521/24 e, BeckRS 2024, 24338.

47) BGH, Urt. v. 7.10.2025 – II ZR 112/24, ZIP 2025, 3177 = NZG 2025, 178.

Stichwortverzeichnis

G